W9-AGD-611

Dictionnaire encyclopédique

Auzou

2004

Direction générale
Philippe Auzou.

Directrice de la rédaction
Françoise Guerard.

Rédaction : Édimages.

Auteurs : Marie-Anne Barrier, Anne du Bosquet, Philippe Doray, Laurence Garcette, Michel Garnier, Joëlle Guyon-Vernier, Bernard Jourdes, Isabelle de Laborde Lassale, Carole Lalève, Laurent Legendre, Alice Marchand, Daniel Pozner, Pierre Sommé, Évelyne Urdy, Jean Vignot, Catherine de Viviès.

Direction technique
Roland Kessler.

Direction artistique
Marie-Madeleine Vincensini.

Secrétariat de rédaction
Emmanuelle Lallemand, Marie Olivero, Élisa Mercier, Vicente Villacampa, Sophie Dreyfus, Julia Couzinet.

Création graphique, iconographie et légendes
Farida Hourchani-Jeannet.

Consultants
Nathalie Jongen-Peyroux, Françoise Leblanc, Alain Dessale, Dominique Pruneddu.

Administration
Michèle Halimi, Danielle Bernau, Armand Le Philippe, Gisèle Vivier, Nathalie Pourcelot.

Marketing & Développement librairies
Alain Sabot.

Développement à l'exportation
Noëlle Brasseur.

Photographies
Thema Equipo Editorial et archives Éditions Philippe Auzou.
© ADAGP ET SPADEM pour les œuvres contemporaines.

Cartes
© GÉO-ATLAS - GRAPHI-OGRE.

L'éditeur exprime ses remerciements à tous ceux qui ont contribué à la mise au point de cet ouvrage, permettant d'éviter des erreurs et de préciser des informations, en particulier à Bernard Bazin, Aimée Béressi, Jean-Paul Béressi, Élisabeth Brisson, Olivia Burton, Étienne Colas des Francs, Dominique Darbois, Jean-Louis Faventines, Bertrand Guillot, François-Xavier de Laborde Lassale, Brigitte Massin, Minouche Pastier, Valérie Posener, Raphaël Poyto, Marianne Schwab.

Dépôt légal juillet 2003

Imprimé en Italie par Canale - Relié en France par Partenaires.

La présente édition est mise à jour en juin 2003.

Dictionnaire encyclopédique Auzou

2004

noms communs

noms propres

Préface

Emmanuel Le Roy Ladurie
Membre de l'Institut

Les monstres plus ou moins géants des origines (A), la plèbe ou la glèbe féconde, productive et prolifique (B), les héros et les guerriers (C), les dieux et les saints (D), tels seraient, d'après l'illustre philosophe italien Giambattista Vico[1], librement interprété ici même, les quatre degrés d'une hiérarchie des classifications. À l'exception d'un seul élément (A), disparu pour la circonstance, Dumézil en reprendra dans l'ordre les entités diverses avec ses trois fonctions bien connues, *ARATORES, BELLATORES, ORATORES* : ceux qui labourent (B), produisent puis reproduisent tout et le reste à partir du bon peuple plébéien ; ceux qui font la guerre (C) ; ceux qui prient les dieux (D), et qui dirigent, informent, régentent la société globale.

Bref, distinguons à notre tour, pour la bonne bouche : les monstruosités (A); les fécondités (B); les bellicosités ou combativités (C); les religiosités (D), autrement dit, quant à ces dernières, tout ce qui domine ou dessine l'architecture symbolique des sociétés historiques ou actuelles : religion, politique, État, science, art, culture... Dès lors, qu'en est-il des réalités humaines, si diverses, qu'affrontent dans l'ordre alphabétique les innombrables entrées de notre dictionnaire ?

1°/ Côté *MONSTRES* d'abord, passons vite : l'article **dinosaures**[2] nous offre en direct, sur le mode fantasmatique, le combat d'un tricératops dont les cornes pointues entreprennent de transpercer le ventre d'un tyrannosaure. Quelques dizaines de tonnes de chair vivante ou de viande du pré-tertiaire sont ainsi mises en jeu dans ce duel d'une autre époque et qui flatte au plus haut point notre imaginaire. Autre créature d'épouvante, supplémentaire : le **Frankenstein** mis au monde en 1817-1818 par la *teen-ager* Mary Shelley, productrice du monstre le plus épouvantable qui soit jamais sorti de la cervelle d'une jeune fille. Et puis le **cyclope**, autre flatulence tératologique, avec son œil au milieu du front. Que ferons-nous enfin de ces aberrations (monstrueuses ?) du genre humain qui s'appellent **Hitler, Staline,** ou pourquoi pas **Mao,** avec leurs dizaines de millions de victimes ? Des monstres eux aussi, ou bien des hommes comme vous et moi ? La querelle des historiens allemands *(HISTORIKERSTREIT)* a longuement débattu de ce problème conceptuel, et nous renvoyons le lecteur aux discussions qui mirent aux prises à ce propos quelques professeurs d'Outre-Rhin...

2°/ Nous avons dit en second lieu *FÉCONDITÉS,* ou encore, répétons-le avec d'autres mots plus crus : tout ce qui concerne le ventre et le bas-ventre, et donc la nourriture comme la sexualité; si toutefois l'on veut bien admettre, à la Schopenhauer, que celle-ci ne prend sens, fût-ce théoriquement, qu'en tant qu'elle est ordonnée un jour ou l'autre à la production d'enfants, vis-à-vis de telle ou telle fille ou femme. Le désir sexuel incarnant ou annonçant, selon ce même Schopenhauer, la génération future qui frappe à la porte. Naturellement, la controverse fait rage à ce propos, et le dictionnaire marque bien les différences entre la période renaissante et classique, voire impressionniste, où la femme est perçue comme une invite à la sensualité : voyez ci-après le *« Vénus et Adonis »* du très érotisant **Carrache**, et à peine moins vif *« Le Déjeuner sur l'herbe »* de **Manet**, sans parler du *« Bal du Moulin de la Galette »* de **Renoir**. Et puis par ailleurs, en réaction sans doute à ce tout-venant des attraits « périmés » (?) du deuxième sexe, les formidables machines anti-désirantes et anti-désirables dont le dictionnaire avec raison ne cache aucunement les appas singuliers : soit les *« Women »* de **Willem De Kooning** et, si géniales soient-elles mais décidément bien anguleuses, les très catalanes *« Demoiselles d'Avignon »* de **Picasso**, ainsi que l'humoristique *« Hector et Andromaque »* de **De Chirico** : l'héroïne troyenne porte son triangle en bandoulière ou en dorsal, cependant que l'homme, pour autant qu'on puisse en juger, semble ne rien porter du tout dans ce genre, avançant tout au plus un visage tranché d'un coup de haut en bas, à la manière (splendide) du futur *Bernanos* de William Chattaway. On fera quand même une exception pour la très vénusoïdale *« Galatée »* de **Dali**, femme éclatée sans doute mais dont on ne peut pas dire qu'elle soit un remède contre l'amour, tant s'en faut... Il reste vrai qu'au siècle dernier (vingtième de liste), *« on ne naissait pas femme, on le devenait » (sic),* selon **Simone de Beauvoir**, qu'on n'est pas obligé de croire sur parole à ce propos. L'émancipation féminine, à tout le moins, fut des plus réelles entre 1914 et 2000. C'est l'un des multiples aspects du féminisme.

(1) Auteur de « La Scienza Nuova », récemment traduit en français par Alain Pons - Paris (Fayard).

(2) Les termes en caractères gras font explicitement référence à des entrées, biographies, articles ou illustrations du présent dictionnaire encyclopédique.

L'autre *FÉCONDITÉ,* celle de la bonne terre bien de chez nous, donatrice des nourritures terrestres, renvoie le lecteur au monde immense de la production (agricole) et plus généralement de l'économie tout entière en sa modernisation contemporaine, embrassant désormais de nos jours les diverses branches de l'artisanat, du commerce, de la finance. Bornons-nous, sur le premier point concernant les cultivateurs, à citer l'article **Bloch (Marc)**, qui se réfère lui-même expressément à l'ouvrage fondamental de cet auteur, *« Les caractères originaux de l'histoire rurale française »*, lesquels « caractères » faisaient partie incidemment d'une triade de livres du même historien dont les deux autres sommets concernaient les nobles seigneurs de la « féodalité » guerrière et la royauté sacrée, religieuse et «thaumaturgique». On retrouve ainsi dans l'œuvre de Bloch, ruralité incluse, trois des principales fonctions signalées au début de notre préface.

L'article **Bordeaux**, avec la formidable expansion de cette ville au XVIIIe siècle, basée sur le sucre antillais et la vigne girondine, jette un pont pour sa part entre l'agriculture tropicale (sucrière) et la viticulture hexagonale. L'entrée **cachalot** (animal de 20 m de long pour quelques dizaines de tonnes, le cas échéant) nous rattache à la pêche industrielle comme à l'extraction (anti-écologique) d'huile de baleine et d'ambre gris. À cheval sur deux océans qui jadis étaient eux-mêmes tout frétillants de cétacés, le Nouveau continent nous a donné en cadeau post-colombien le **dindon**, « galliforme glougloutant, phasianidé garni de caroncules ». Initialement plus contiguë à notre littoral d'Europe, l'extraction du sel marin nous vaut aux pages ci-devant **féodales** la reproduction d'une belle miniature d'un manuscrit du *Quattrocento,* concernant colportage et taxation du chlorure de sodium aux portes d'une enceinte fortifiée, citadine et bas-médiévale. Pour la modernité négociante, financière et industrielle, on se reportera, par exemple, à l'entrée **Francfort-sur-le-Main,** ville qui fut camp de légions romaines, et devenue notamment depuis **Adenauer** capitale du business de R.F.A., y compris quant aux modalités boursières aujourd'hui quelque peu maladives. L'**euro**, dûment signalé, nous expédie directement vers l'article **Danemark,** pays ouvert à l'Europe mais fermé à la monnaie unique, au sein de laquelle les Européens attendent de tout cœur et de pied ferme cette petite nation scandinave *(« Entrez dans l'euro, Messieurs les Danois, etc. »).*

3°/ Nous devons mentionner par ailleurs, après les fécondités, la fonction *MILITAIRE* à la Vico-Dumézil : celle des héros, des guerriers, des nobles d'épée, des braves à trois poils, des généraux triomphants et (ou) battus. Une geste épique qui joue les prolongations, jalonnée au fil des pages par le dictionnaire, dans un « désordre » alphabétique inévitable. **Énée** le Troyen ouvre la marche, faisant des moulinets sanglants avec son glaive, depuis l'Asie Mineure jusqu'à l'Afrique carthaginoise, en attendant Rome, ville d'Énéide, et si belliqueuse elle aussi lors de tant de siècles. La connétablie française a ses figures de légende ou de proue, depuis **Du Guesclin**, le fléau des Anglais, jusqu'à Lesdiguières, Dauphinois de Vizille, peu glorieusement converti sur le tard (presque octogénaire) aux dogmes catholiques. Le château-fort, avec ses barbacanes, a connu lui aussi un apogée au Moyen Âge, en attendant d'abdiquer devant le château de plaisance, à remparts faibles ou nuls, dont **Blois** est l'un des plus anciens fleurons, daté de **Louis XII** et de **François Ier**. Le soldat duelliste, libre-penseur et matamore, contemporain de **Louis XIII**, est incarné par **Cyrano de Bergerac**, auquel **Rostand** puis **Depardieu** ont donné la réputation rajeunie que l'on sait.

Parmi les erreurs militaires de **Louis XIV**, pas tellement nombreuses au total, citons son refus d'incorporer dans l'armée du royaume le prince **Eugène**, pourtant neveu de **Mazarin.** Eugène ira porter ailleurs ses très grands talents stratégiques, devenant du coup le prodigieux maréchal du Reich de l'empereur d'Autriche, ennemi juré des Français. Et que penser d'**Exelmans**, cavalier d'élite, autre maréchal (napoléonien celui-là), qui vainquit à **Austerlitz** et donnera son nom à l'un de nos boulevards ? Du haut de ses montures, Exelmans vit ainsi défiler la quasi-dizaine de régimes constitutionnels qui gouvernèrent l'hexagone de 1775 à 1852, dates respectives de la naissance et de la mort du très équestre maréchal : effectivement, nous vivons aujourd'hui la République, fille putative et pourtant réussie des désastres de Sedan (1870), ceux-ci militaires plus souvent qu'à leur tour.

En 1893, **Edvard Munch** peint *« Le Cri »,* hurlement d'épouvante. Annonce-t-il, ce cri, l'horreur qu'éprouve par avance une personne inconnue face au hachis humain, au hachoir déchaîné, massacreur de millions de soldats lors de la **Première Guerre mondiale**, la plus rude de toutes en ce qui nous concerne ?

Le XXe siècle a connu ou propulsé quelques grandes carrières d'officiers généraux, belles ou malaisées, périlleuses et quelquefois mal terminées. On pense au couple difficile qu'ont formé **Pétain** et **De Gaulle**, le futur libérateur ayant été longtemps l'intime du vainqueur de Verdun. Inversons les termes : De Gaulle et Pétain; Don Quichotte et Sancho Pança; l'épée et le bouclier (de la Nation), selon un mot célèbre que l'homme de Colombey reprendra un jour à son compte tout en lui apportant de fortes nuances. Épée hélas trop courte, ébréchée même; et bouclier percé comme une écumoire... Saluons, pour clore ce parcours sous les armes plus que bi-millénaire, saluons l'étonnante performance, guerrière elle aussi, des **États-Unis** : ils sont parvenus à mettre sur pied en une soixantaine d'ans (1940-2000) une formidable tradition militaire, celle de leur armée de terre notamment. Réussite et tradition stupéfiantes : l'une et l'autre avaient exigé, de la France et de la Prusse, des siècles de mise au point, siècles glorieux parfois mais accompagnés de désastres catastrophiques, à l'occasion, sur les champs de bataille.

4°/ Deux mots enfin sur la catégorie sommitale (Dumézil), celle des *DIEUX* (Vico). Mise en œuvre, autrement dit, des fonctions religieuses et divines, mais aussi politiques et justicières, administratives et culturelles. Ce que **Marx** appelait simplement, d'une façon générale, les superstructures de la société, et qui, en termes d'individus, concernent les clercs et les hommes d'État, les administratifs et les créateurs. De ce genre de « messieurs » et de « dames » d'importance, ou de « messieurs-dames », le dictionnaire est bien sûr bourré jusqu'à la gueule.

Nous permettra-t-on ici, la place rédactionnelle étant mesurée, de nous en tenir aux plus hautes catégories, essentiellement cléricales, puisque aussi bien il s'agit d'abord, en termes dumézilens, d'une fonction religieuse. Nous laisserons aux lecteurs, friands de politique et de réflexion étatique, le soin d'aborder par eux-mêmes la liste, en pointillés très alphabétiques eux aussi, des hommes et des femmes qui ont manifesté (par exemple) la plus forte dose d'ouverture politique, qualité attractive par excellence : je pense à **Catherine de Médicis, Henri IV, Choiseul** et pourquoi pas (série non limitative) **Robert Schuman** ou **Krouchtchev**... Et puis quelques grands réalisateurs : **Clinton,** fauteur de paix (impossible ?) au Moyen-Orient ; **Helmut Kohl**, l'un des plus grands hommes d'État de la fin du XXe siècle (il n'y en avait pas des bottes !), réalisant sous le toit de l'Europe l'unification allemande sans verser le sang. Quelle différence avec **Bismarck,** pour ne point parler du nazisme.

Religieusement parlant, on se bornera ici, en toute simplicité, à signaler quelques articles : **saint Augustin** d'abord, injectant jusque dans l'intimité du christianisme une formidable théorie de la grâce, tautologiquement omnipotente puisque émanée du Tout-Puissant. Conception de la grâce qui fera encore les beaux jours ou les choux gras du **calvinisme** et du **jansénisme** (voir par exemple l'article **Arnauld**), cette ultime doctrine (janséniste) ayant néanmoins bien d'autres cordes à son arc, telles que la propension gallicane, l'exigence d'une démocratisation de l'Église et... parfois la messe en français. Autre homme fort auquel nous venons de faire plus ou moins indirectement allusion : **Calvin** et le calvinisme, celui-ci ayant constitué depuis les XVIe et XVIIe siècles, on l'oublie trop, l'un des produits majeurs de l'exportation française dans le monde. N'est-ce pas le calvinisme qui, dans les débuts du moins, a façonné à partir du Massachussetts les États-Unis (originels), devenus aujourd'hui détenteurs de la première puissance mondiale et successeurs à leur manière, conceptuellement du moins, de la romanité impériale des grandes périodes antonines ?

Dans un registre analogue, relatif aux confessions chrétiennes, on jettera un coup d'œil sur l'article **catholicisme**, avec son allusion au célibat des prêtres. La reviviscence démographique du clergé d'Europe ne passe-t-elle point par l'intégration aux ordres sacrés d'hommes mariés, et même, *horresco referens,* sera-t-il permis d'évoquer l'admission des femmes à la prêtrise ? Les huguenots français d'aujourd'hui font assez large place aux « pastourelles », qui ne semblent pas créer d'insolubles difficultés. Les « papistes » auront-ils un jour leurs « prêtresses », si l'on me permet d'employer momentanément ce mot, sans aucun doute mal choisi ? *« Not with this pope »* répondront certaines personnes, si grand qu'ait été néanmoins le pape **Jean-Paul II**, tombeur du communisme en Europe de l'Est. Admettons-en l'augure. Dès lors un autre souverain pontife, ultérieur, entreprendra-t-il d'accomplir ce que Sa Sainteté polonaise (j'écris en 2002) n'a pas voulu ou pu réaliser, en fait de conjugalité des titulaires du sacerdoce ? On se bornera ici à poser cette question qui n'est qu'une énigme d'avenir, non sans curiosités prémonitoires... Mais gare au bûcher de l'hérétique...

Allevard, le 24 juillet 2002

Emmanuel Le Roy Ladurie

Note au lecteur

Ce dictionnaire est riche de plus de 55 000 articles (ou entrées) et de plus de 100 000 définitions. Il donne des informations complètes et modernes tant sur la langue française que sur les lieux et les personnages qui ont eu, ou ont encore, une importance géographique, économique, historique, religieuse et culturelle. Vous y trouverez définis plus de 30 000 mots, usuels ou rares, anciens ou tout nouveaux, d'origine nationale ou étrangère, qu'ils appartiennent au vocabulaire de la vie quotidienne ***(air bag, internaute, environnemental, PACS, remasteriser)*** ou à celui, plus spécialisé, des sciences, des arts et des techniques : les sciences de la vie, la physique, la technologie ***(archéobactéries, image-orthicon, supraconductivité...)*** ; les philosophies et les religions ***(créationniste, montanisme, yézidis...)*** ; l'ethnologie ***(potlatch, lévirat...)***, l'économie et la politique ***(sendériste, perestroïka, cartel, joint-venture)***, les arts plastiques, la littérature, la musique ***(acméisme, manuélin, vedutiste, macchiaioli, gongorisme, dodécaphonisme...)***. Vous y repérerez, en outre, de très nombreux sigles d'emploi courant ***(A.D.N., T.G.V., U.M.T.S...)***.

Tous les articles sont classés selon un ordre alphabétique strict, sans que soient séparés mots de la langue et noms propres : à la suite immédiate de ***Lénine,*** on trouvera ***léninisme,*** aucun mot ne vient se glisser entre ***Racine*** et ***racinien.*** Pour tous les mots de la langue, le dictionnaire donne la catégorie grammaticale (nom, article, adjectif, pronom, préposition, conjonction, interjection, verbe ou adverbe), le genre (masculin ou féminin), éventuellement le nombre (singulier ou pluriel). Si nécessaire, les pluriels irréguliers et les variantes orthographiques sont indiqués. Pour les mots qui sont passés directement d'une langue étrangère dans la langue française, la langue d'origine est indiquée entre parenthèses : par exemple, à ***obi,*** on indique *(mot japonais)*. La liste des abréviations utilisées figure page xv.

Lorsque deux mots de même orthographe ont des sens différents, on les distingue en les faisant suivre d'un chiffre entre crochets en gras (Par exemple, **air [1]** : fluide ; **air [2]** : mélodie ; **air [3]** : allure générale). Pour tous les verbes, on indique leur catégorie grammaticale verbe transitif (éventuellement transitif indirect), intransitif, impersonnel, défectif, pronominal. Le chiffre entre crochets renvoie au tableau de conjugaison.

Tous les articles sont enrichis d'exemples qui précisent l'emploi des mots définis ; des citations littéraires, choisies dans les littératures anciennes comme dans les littératures modernes, donnent une couleur supplémentaire à la description de notre langue.

Si les mots définis ont plusieurs sens, ces sens sont classés de manière à faciliter la lecture. Ce classement s'ordonne en groupements indiqués par des marques claires et visibles. Une lettre majuscule en gras (**A**, **C**...) indique que le texte de l'article est divisé en fonction des catégories grammaticales. Un chiffre romain en gras (**I**, **II**...) indique une importante nuance de sens. Une barre oblique / indique des nuances plus fines. Les vocabulaires de spécialité (mathématiques, physique, biologie, philosophie, littérature...) sont signalés par des abréviations en lettres majuscules (MATH., PHYS., BIOL., PHILO., LITTÉR...). La liste de ces abréviations figure page XV.

Si vous désirez compléter votre information, vous vous reporterez aux développements proprement encyclopédiques qui, pour la commodité de la lecture, sont séparés du texte de l'article par un losange (♦). Dans le cas où ces informations sont suffisamment importantes pour constituer un article à elles seules, elles sont annoncées par le signe • et font l'objet d'un encadré sur fond de couleur. Sur la tranche, l'onglet de couleur permet de repérer les lettres de l'alphabet. Le fond vert amande signale un article sur les États du monde ; le fond bleu, un article sur les villes et régions ; le fond sable, un article d'informations générales ; le fond bleu nuit, un article sur l'astronomie ou l'astrophysique ; le fond noir, un article sur l'art.

Les noms propres (on en compte plus de 30 000) couvrent un très large panorama ; aux hommes et aux lieux de toute origine et de toutes les époques de l'histoire sont consacrés des articles aussi riches que précis, soigneusement actualisés. Plusieurs centaines d'œuvres font l'objet de substantiels développements, qu'il s'agisse de littérature ***(Crime et Châtiment, Hernani, Gatsby le Magnifique, Genji monogatari, L'Iliade, La Divine Comédie...)***, de philosophie ***(Discours de la méthode, L'Être et le Néant, Phénoménologie de l'esprit...)***, de théâtre ***(La Mouette, Othello ou le Maure de Venise, Phèdre...)***, de musique ***(La Flûte enchantée, Orfeo, Pelléas et Mélisande, Porgy and Bess, La Symphonie fantastique...)***, de cinéma ***(Intolérance, Lola Montès, Un chien andalou, L'Avventura...)***, d'arts plastiques, de sculpture ***(Le Penseur, La Liberté éclairant le monde...)*** ou de peinture ***(La Joconde, Le Radeau de la Méduse, Les Demoiselles d'Avignon...)***. Tous les noms commençant par **saint** sont classés dans un ordre alphabétique strict : ***Sainte-Beuve*** suit immédiatement ***Saint-Domingue.*** Les personnages historiques portant le même prénom sont classés dans l'ordre suivant : les saints ; les papes ; les empereurs romains ; les empereurs du Saint-Empire romain germanique ; les souverains des autres pays, selon l'ordre alphabétique du pays. Les personnages historiques portant le même nom sont classés par ordre chronologique, selon leurs dates de naissance. Lorsqu'un personnage et un lieu portent le même nom, le nom de lieu précède le nom de personne.

Le dictionnaire au fil des pages…

Pour apprécier les grands auteurs de la littérature mondiale

Pour enrichir ses connaissances, préparer un exposé

Pour découvrir ou redécouvrir les grandes villes et régions du monde

Le dictionnaire au fil des pages…

Un dictionnaire encylopédique qui ouvre sur le monde, l'histoire, les sciences, la philosophie

Couronnement de **Charlemagne**, image populaire du début du XXe siècle.

Charlemagne (Charles Ier le Grand, dit) 747-814 Roi des Francs en 768 et empereur d'Occident en 800. Fils de Pépin le Bref, il devient le seul héritier du royaume à la mort de son frère Carloman en 771. Intelligent et tenace, c'est avant tout un guerrier. Son œuvre de conquérant est immense: 53 campagnes en 46 ans de règne. En Italie, il soumet Didier, roi des Lombards (774). En Germanie, il brise la révolte de Tassilon, duc de Bavière, et après plusieurs campagnes « difficiles et atroces » (Éginhard), triomphe des Saxons commandés par Witikind. Aux populations pacifiées, il impose le christianisme comme religion officielle. En Europe centrale, il repousse les Slaves au-delà de l'Elbe. Ailleurs, sa stratégie est surtout défensive; elle se caractérise par la formation de *marches*, régions frontières particulièrement défendues et confiées à des gouverneurs (les marquis). C'est ainsi qu'en dépit de l'épisode malheureux de Roncevaux, il conquiert la marche d'Espagne. À l'ouest, il organise la marche de Bretagne; à l'est, la marche d'Autriche, après l'extermination des Avars. Par ses conquêtes, Charlemagne a reconstitué l'Empire romain d'Occident. Protecteur et propagateur du catholicisme, il est couronné empereur des Romains par le pape Léon III. Grand administrateur, il publie les lois dites *Capitulaires*. Dans les provinces, il délègue ses pouvoirs à des comtes qu'il fait surveiller par des inspecteurs appelés *missi dominici*. Il encourage l'instruction et protège les lettres et les arts, favorisant ainsi la renaissance carolingienne. Il fit d'Aix-la-Chapelle sa capitale, et l'on peut encore y admirer la chapelle palatine où il fut enterré.

Charleroi 207 000 *h*. Ville de Belgique (Région wallonne), sur la Sambre. Centre houiller et métallurgique. Les alentours furent le théâtre de violents combats entre Français et Allemands du 21 au 23 août 1914 (*bataille de Charleroi*).

Charles nom de nombreux souverains.

EMPIRE D'OCCIDENT ET SAINT-EMPIRE ROMAIN GERMANIQUE

Charles Ier Voir **Charlemagne**
Charles II Voir **Charles II le Chauve**, roi de France

Charles III le Gros 839-888 Empereur d'Occident de 881 à 887. Fils de Louis le Germanique, roi d'Alémanie de 876 à 882, roi de Germanie en 882, et enfin, régent de France en 884, pendant la minorité de Charles III le Simple. Faible et incapable de défendre l'Empire contre les Normands, il est déposé par les féodaux en 887 à la diète de Tribur.

Charles IV de Luxembourg 1316-1378 Roi de Bohême en 1347, empereur germanique en 1355. Fils de Jean l'Aveugle tué à Crécy en 1346, il est élevé à la cour de France. Devenu empereur, il publie en 1356 la *Bulle d'or* qui fait du Saint Empire romain germanique une institution purement allemande et indépendante du pape. Faute de pouvoir exercer un pouvoir réel sur l'Empire, morcelé en des centaines d'États, il mène une politique d'acquisitions territoriales qui en fait un des princes allemands les plus puissants. Il fonde les universités de Vienne et de Prague (1347).

Charles V ou **Charles Quint** 1500-1558 Roi d'Espagne sous le nom de Charles Ier de 1516 à 1556, empereur germanique de 1519 à 1556. Il est le fils de Philippe le Beau, archiduc d'Autriche qui lui lègue les possessions des Habsbourg, et de Jeanne la Folle, fille de Ferdinand d'Aragon, dont il hérite la Castille, l'Aragon, le royaume de Naples et la Sicile ainsi que les colonies américaines; il possède un « empire sur lequel le soleil ne se couche jamais ». Prince bourguignon élevé en Flandre, il a le français pour langue maternelle, parlera toujours mal l'allemand et ne découvre l'Espagne qu'à l'adolescence, à la mort de son grand-père Ferdinand. Si fabuleux que soit son héritage, la nécessité de respecter les privilèges locaux, l'absence de tout lien ethnique et la dispersion de ses territoires font de cet immense empire une mosaïque de pays difficiles à gouverner dont l'administration le contraint à d'incessants voyages. Une âpre compétition l'oppose au roi de France pour le titre d'empereur, qu'il obtient finalement de haute lutte en 1519 grâce aux subsides des Fugger. Ambitieux, il rêve alors de fonder l'empire chrétien universel, mais François Ier, malgré son échec de 1519, n'a pas désarmé. Charles Quint le bat et le fait prisonnier à Pavie en 1525, victoire qui n'est nullement décisive: il doit lutter ensuite sur plusieurs fronts contre les alliés de François Ier: le pape Clément VII, Henri VIII d'Angleterre et les princes luthériens d'Allemagne. […]

Charles VI, empereur germanique.

Charles Quint.

ANGLETERRE

Charles Ier 1600-1649 Roi d'Angleterre, d'Écosse et d'Irlande en 1625. […] de ce *Court Parlement* (il ne siégera que d'avril à mai), qu'il renvoie également. Il se résout à de nouvelles élections. Le *Long Parlement*, constitué en 1640, fait exécuter Strafford en 1641 et le roi doit s'enfuir devant la révolte. C'est le début de la guerre civile entre *Cavaliers* et *Têtes Rondes*. Charles Ier, battu par Cromwell en 1645, se réfugie chez les Écossais, qui le vendront au Parlement anglais. Il sera décapité en 1649.

Charles II 1630-1685 Roi d'Angleterre, d'Écosse et d'Irlande en 1660. Fils de Charles Ier et d'Henriette de France, sœur de Louis XIII, il est rappelé d'exil et restauré par le général Monk, après la mort de Cromwell. Absolutiste comme son père, mais plus prudent, il évite de heurter le Parlement dont il peut presque se passer, grâce aux subsides de son cousin Louis XIV. Sous son règne sera adoptée la loi de l'*habeas corpus* (1679). […]

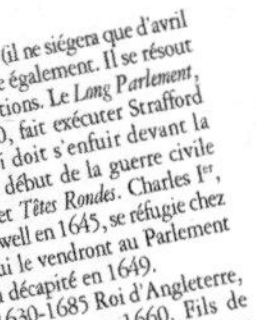

TANTRISME

Shiva et Sakti.

TANZANIE

Géographie physique et humaine

Économie

L'information complétée par une iconographie riche et originale

Souverains et chefs d'État de tous les pays du monde

Une carte de situation pour chaque pays

Le dictionnaire au fil des pages...

De nombreuses cartes géographiques, dont celles des départements

De nombreux exposés synthétiques illustrés de schémas

Chaque lettre de l'alphabet repérée par un onglet

Sur fond vert amande, un article encyclopédique pour chaque État

Les drapeaux de tous les États du monde

Le dictionnaire au fil des pages…

Une documentation exceptionnelle

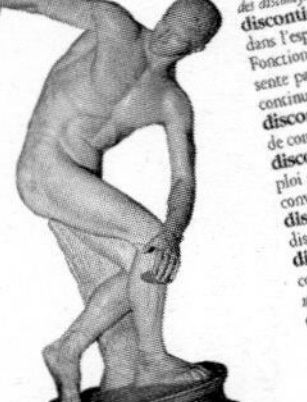

Copie en marbre du **discobole**, sculpture de Miron (Ve s. av. J.-C.)

Pont romain sur le Guadalquivir.

Des thèmes de société mis en lumière par des centaines d'encadrés

Le dictionnaire au fil des pages...

Des cartes historiques, témoins de la mémoire des hommes

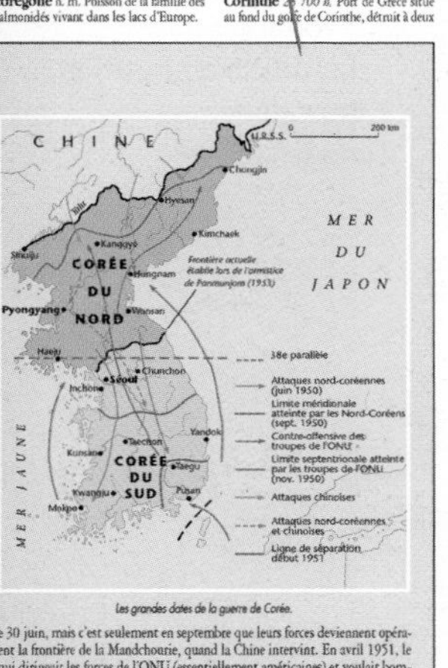

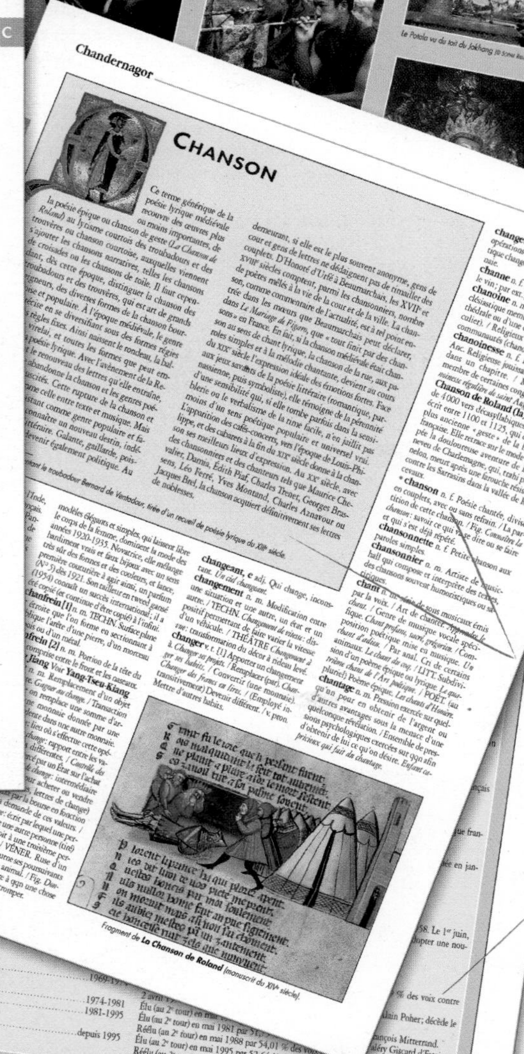

• Annonce d'un développement encyclopédique dans un encadré

Des tableaux synoptiques parfaitement actualisés

Du bon usage du dictionnaire...

[1] [2] [3] **Marque indiquant différents sens**

Mots de même orthographe, de sens et (parfois) catégorie grammaticale différents

son [1] n. m. Sensation auditive produite par la vibration d'une onde acoustique ; cette vibration. *Percevoir un faible son.* / Volume sonore. *Monter le son.* / Ensemble des techniques d'enregistrement et de reproduction des sons. *Preneur, ingénieur du son.* ◆ Le son résulte d'une variation périodique de pression...

Annonce d'un développement encyclopédique

son [2] n. m. Enveloppe du grain des céréales que l'on sépare par mouture. *Farine de son*, qui contient du son. / Fig. *Tache de son*, de rousseur.

son, sa, ses [3] (au f. sing., on emploie *son* au lieu de *sa* devant une voyelle ou un *h* muet) adj. poss. de la troisième personne du sing. Qui est à lui, à elle. *Rendez-lui sa facture.*

Catégorie grammaticale

Division du texte de l'article en fonction des catégories grammaticales

preneur, euse n. et adj. **A.** n. Personne qui prend (qqch., qqn). *Preneur d'otages.* / Acquéreur. *Trouver preneur.* / Locataire. *Le bailleur et le preneur.* **B.** adj. Qui est utilisé pour prendre. *Benne preneuse.*

Mode de conjugaison suivi du numéro renvoyant au tableau de conjugaisons

écarter v. t. / v. pron. [1] **A.** Éloigner l'un de l'autre, les uns des autres (des parties d'un tout). *Écarter les bras.* / Éloigner en séparant, en mettant à distance. *Écarter un enfant du bord du trottoir.* / Au fig. *Écarter un candidat,* rejeter sa candidature. / Détourner (qqch, qqn) de son but. *La menace est écartée.* / **B.** v. pron. Se séparer, se diviser. *La foule s'écarta pour laisser passer les secours.* / Se détourner. *S'écarter du droit chemin, de son propos.*

Importantes nuances de sens

lieu [2] n. m. **I.** Portion déterminée de l'espace ; endroit, localité, pays. *Lieu d'arrivée, de départ, du train, du car.* / GRAMM. *Complément de lieu* : complément circonstanciel indiquant l'endroit où se passe une action. / MATH. *Lieu géométrique* : ligne, surface dont les points ont une même propriété ; au fig., endroit où se rencontrent divers éléments qui se conjuguent ou se contredisent. *La famille est souvent le lieu géométrique de bien des conflits.* **II.** Local ou édifice considérés du point de vue de leur fonction. *Lieu public, privé. Lieu de loisir.* **III.** (Au pluriel) Endroit où l'on travaille ; logement. *Visite des lieux.*

Vocabulaire de spécialité

Marque de vocabulaire

Nuance de sens

Du bon usage du dictionnaire : abréviations

Abréviations courantes

abrév. abréviation
absol. absolu, absolument
abus. abusivement
adj. adjectif
adv. adverbe, adverbial
anc. ancien, anciennement
ant. antonyme
ap., apr. après
arg. argot, argotique
art. article
auj. aujourd'hui
av. avant
conj. conjonction, conjonctif (ive)
cour. courant, couramment
déf. défini
dém. démonstratif
didac. didactique
dir. direct
ellip. elliptiquement
env. environ
euph. euphémisme
ex. exemple
ext. extension
f. féminin
fam. familier
fig. figuré
gén. généralement
h. habitant
i. intransitif
impers. impersonnel
ind. indirect
inter. interrogatif (ive)
interj. interjection
inv. invariable
J.-C. Jésus-Christ
litt. littéraire
loc. locution
m. masculin
métaph. métaphore
méton. métonymie
min. minute
mod. moderne
n. nom
notam. notamment
oppos. opposition
p.-ê. peut-être
partic. particulier, particulièrement
péjor. péjoratif
pers. personnel
pl., plur. pluriel
poét. poétique
pop. populaire
poss. possessif
prép. préposition
pron. pronom, pronominal
qqch. quelque chose
qqn quelqu'un
rég. régional
rel. relatif (ive)
s. siècle
sing. singulier
spéc., spécial. spécialement
subst. substantif, substantivement
syn. synonyme
t. transitif
v. verbe
vx vieux

Indications de vocabulaire de spécialité

ADM., ADMIN. administration
AÉRON. aéronautique
AGRIC. agriculture
ANAT. anatomie
ANTHROP. anthropologie
ANTIQ. antiquité
ARBOR., ARBORIC. arboriculture
ARCHI., ARCHIT. architecture
ASTROL. astrologie
ASTRON. astronomie
AVIAT. aviation
BIOCHIM. biochimie
BIOL. biologie
BOT., BOTAN. botanique
BOUCH. boucherie
BX-A., BX-ARTS beaux-arts
CATHOL. catholique
CH. DE FER chemin de fer
CHASSE
CHIM. chimie
CHIR. chirurgie
CHORÉGR. chorégraphie
CIN. cinéma
COMM. commerce
COMPTA. comptabilité
CONSTR. construction
CUIS. cuisine
DR. droit
DR. CANON. droit canonique
DR. COMM. droit commercial
DR. FISC. droit fiscal
DR. INTERNAT. droit international
ÉCOL. écologie
ÉCON. économie
ÉGYPT. égyptienne
ÉLECTR. électricité
ÉLECTRON. électronique
EMBRYOL. embryologie
ÉQUIT. équitation
ETHNOL. ethnologie
FÉOD. féodal, féodalité
FIN. finance
FISC. fiscal, fiscalité
GÉNÉT. génétique
GÉOGR. géographie
GÉOL. géologie
GÉOM. géométrie
GÉOMORPH. géomorphologie
GÉOPH. géophysique
GR. grec, grecque
GRAMM. grammaire
HÉRALD. héraldique
HIST. histoire
HORTIC. horticulture
HYDROL. hydrologie
IMPR., IMPRIM. imprimerie
INFORM., INFORMAT. informatique
INTERNAT. international
JEUX
LING. linguistique
LITTÉR. littérature
LITURG. liturgie
LOG. logique
MAR. marine
MATH. mathématiques
MÉCAN. mécanique
MÉD. médecine
MÉTALL. métallurgie
MÉTÉO. météorologie
MILIT. militaire
MINÉR., MINÉRAL. minéralogie
MUS. musique
MYTH. mythologie
NUCL. nucléaire
OCÉAN. océanographie
OPT. optique
PALÉONT. paléontologie
PATHOL. pathologie
PÂTIS. pâtisserie
PÊCHE
PHARM. pharmacie
PHILO. philosophie
PHON., PHONÉT. phonétique
PHOTO. photographie
PHYS. physique
PHYSIOL. physiologie
POLIT. politique
POÉT. poétique
PRÉHIST. préhistoire
PSYCHANAL. psychanalyse
PSYCHIATR. psychiatrie
PSYCHOL. psychologie
PSYCHOPATHOL. psychopathologie
RELIG. religion
RHÉT. rhétorique
ROM. romain, romaine
SPORT
STATIS. statistique
SYLVIC. sylviculture
TECH., TECHN. technique
TECHNOL. technologie
TÉLÉCOM. télécommunications
TEXT. textile
THÉÂTRE
THÉOL. théologie
TRAV. PUBL. travaux publics
TYPO. typographie
URBAN. urbanisme
VÉN., VÉNER. vénerie
VERSIF. versification
VÉTÉR. vétérinaire
ZOOL. zoologie

Alvar **Aalto**.

à prép. **I.** (Introduit un complément de verbe ou de nom exprimant le lieu, qu'il s'agisse de la position, de la destination, de la localisation corporelle, de la distance, du chemin parcouru) *Je suis à la campagne. Je vais à Paris. J'ai mal à un bras. J'irai de Paris à Marseille.* / (Introduit un complément exprimant le temps, qu'il s'agisse du moment [avec ou sans simultanéité], de l'éloignement dans l'avenir, de l'intervalle) *Le déjeuner est servi à midi. Il a bondi à mon entrée. La réunion est remise à la semaine prochaine. Autrefois, la journée de travail allait du lever du soleil à son coucher.* / (Marque l'attribution, qu'il s'agisse du destinataire ou de l'appartenance [dans ce dernier cas, ne se construit qu'avec le verbe *être* ou un pronom personnel complément de nom]) *Écrire à ses parents. Le chien est à la voisine. Une parente à moi.* / (Indique la manière, le mode, le moyen) *Courir à perdre haleine. Vendre à perte. Coudre à la main.* / (Indique un rapport de distribution) *Location à l'année.* / (Introduit un nombre, une évaluation) *Tout à dix francs ! Nous serons de cinquante à cent convives.* **II.** (En outre, vide de sens, la prép. *à* introduit le complément d'objet indirect d'un verbe) *Je tiens à la vie. Il consent à venir.* / (Introduit le complément d'objet d'un nom issu d'un verbe transitif indirect) *Son consentement à la fusion des deux entreprises.* / (Introduit le complément de certains adjectifs) *Lent à démarrer.*

Aa *80 km* Fleuve côtier du nord de la France.

Aalto (Alvar) 1898-1976 Architecte finlandais. Bien que fidèle aux principes du fonctionnalisme, Aalto sait modeler les formes dans un souci plastique en utilisant les matériaux traditionnels des pays scandinaves (bois, brique...). *Maison de la Culture* à Helsinki (1958), *Maison Carré* (résidence du mécène Louis Carré) à Bazoches en France (1958). On lui doit également des dessins de mobilier.

Aar ou **Aare** *295 km* Rivière de Suisse. Née dans le massif de l'Aar, elle coule du sud au nord dans une vallée élargie par des lacs (Interlaken, Thoune), arrose Berne, puis longe le Jura avant de se jeter dans le Rhin. Le massif de l'Aar culmine au-dessus de *4000 m*. Le Rhin et le Rhône y prennent leur source.

Aaron Personnage biblique. Frère aîné de Moïse, il construisit une idole (un taureau – ou un veau – d'or) alors que Moïse se trouvait dans le Sinaï. Il devint le premier grand prêtre des Hébreux.

abaca n. m. (mot espagnol) Bananier des Philippines. *La gaine de la feuille d'abaca fournit une fibre textile, le chanvre de Manille.*

abacos, abakos ou **abacost** n. m. En Afrique, vêtement pour homme, sorte de veston souple, à manches courtes ou longues, se portant sans chemise ni cravate, mais souvent avec un foulard, et considéré autrefois au Zaïre (aujourd'hui République du Congo) comme le costume national obligatoire de cérémonie.

Abaca.

Le Sacré-Cœur, à Paris, monument construit sur les plans de **Paul Abadie**.

Abadan *296000 h.* Port de l'Iran, dans le golfe Persique. L'Anglo-Iranian Oil Company y avait installé en 1910 une gigantesque raffinerie de pétrole qui a continué de fonctionner après la nationalisation (1950) des pétroles iraniens. La ville a entièrement brûlé pendant la guerre Iran / Irak (1980-1988) et la raffinerie a été en partie remise en service en 1989.

Abadie (Paul) 1812-1884 Architecte français, auteur des plans du Sacré-Cœur de Montmartre.

abaisse n. f. CUIS. Pâte aplatie et amincie au rouleau à pâtisserie.

abaisse-langue n. n. inv. Petite palette utilisée pour abaisser la langue quand on examine la gorge.

abaissement n. m. Action de descendre, de faire passer de haut en bas. *Abaissement d'un bras, d'une manette.* / Diminution d'intensité ou de valeur. *Abaissement de la température, des salaires.* / Fig. Fait de s'humilier ; avilissement.

abaisser v. t. [1] Mettre plus bas. *Abaisser un store.* / Diminuer la hauteur, l'intensité, la valeur de. *Abaisser un tarif.* / Fig. Humilier, avilir.

abajoue n. f. ZOOL. Poche située à l'intérieur des joues de certaines espèces de singes et de rongeurs, qui leur permet de garder en réserve des aliments.

abakos Voir **abacos**

abandon n. m. Action de renoncer à quelque chose. *Abandon de ses biens.* / Action de quitter, de se retirer. *Abandon d'un navire en perdition.* / SPORT Action d'abandonner dans une compétition, un combat de boxe, de catch. *Victoire de X par abandon du tenant du titre à la troisième reprise.* / État de celui, celle qu'on abandonne, de la chose qu'on abandonne. *Ils ont laissé leur mère dans un désolant état d'abandon.* / DR. *Abandon du domicile conjugal* : fait, pour un des époux, de quitter le domicile légal du couple. *Abandon*

A

de famille: fait de cesser de subvenir aux besoins de sa famille. / Fig. Fait de se laisser aller sans réserve. *Se confier à qqn dans un instant d'abandon.* / loc. adv. *À l'abandon*: dans un état de désordre, de laisser-aller. *Jardin à l'abandon.*

abandonner v. t. [1] Renoncer à. *Abandonner ses biens, ses études.* / Quitter (un lieu). / Délaisser, quitter (qqn). / Confier, céder (qqch.) à qqn. *Je lui ai abandonné la présidence.* / v. pron. *S'abandonner à*: se laisser aller à.

abaque n. m. MATH. Graphique qui représente, de façon simple et immédiatement lisible, les résultats approchés de calculs complexes. / Boulier. / ARCHIT. Tablette saillante couronnant le chapiteau d'une colonne.

abasourdi, e adj. Rendu sourd. / Fig. Étourdi, frappé de stupeur.

abasourdir v. t. [2] Rendre sourd / Fig. Étourdir, frapper de stupeur. *Cette nouvelle va les abasourdir.*

abasourdissement n. m. Action d'abasourdir; état de qui est abasourdi.

abâtardir v. t. [2] Faire dégénérer. *Abâtardir une lignée de pur-sang.*

abâtardissement n. m. Action d'abâtardir; résultat de cette action. *Abâtardissement d'une espèce végétale par croisements successifs.*

abbatial, e, aux adj. et n. f. Qui concerne une abbaye, un abbé, une abbesse. / n. f. Église d'une abbaye. *L'abbatiale de Saint-Sever.*

abatis Voir **abattis**

abat-jour n. m. inv. Dispositif fixé autour d'une lampe pour en réfléchir ou en atténuer la lumière.

abats n. m. pl. Sous-produits comestibles (viscères essentiellement) des animaux de boucherie et des volailles qui ne font pas partie de la carcasse.

abattage n. m. Action de faire tomber. *Abattage des arbres.* / Action de tuer un animal destiné à la consommation. / Action de détacher le minerai de la paroi d'une mine. / Fig. *Avoir de l'abattage*: s'imposer par son brio, sa prestance.

abattant n. m. Pièce de menuiserie pivotant autour d'un axe horizontal pour se lever ou s'abaisser. *Un bureau à abattant.*

abattée n. f. MAR. Changement de cap d'un voilier qui quitte le lit du vent. AVIAT. Brusque piqué dû à une perte de vitesse.

abattement n. m. Fait d'être affaibli physiquement ou moralement. / Découragement après un échec. / DR. FISC. Fraction des revenus imposables exonérée d'impôts.

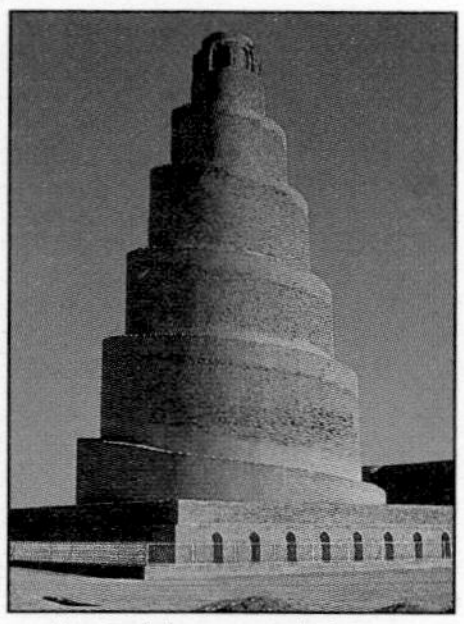

Minaret de la mosquée de Samarra, érigée sous la dynastie des **Abbassides**.

L'**abbaye** bénédictine de Saint-Martin-du-Canigou (Pyrénées-Orientales), fondée en 1007, culmine à plus 1000 mètres d'altitude.

abattis ou **abatis** n. m. Abats de volaille. / Fig. fam. Membres (du corps de qqn). *Gare à tes abattis!* / Aux Antilles, terrain déboisé dont on n'a pas ôté les souches.

abattoir n. m. Établissement où l'on procède à l'abattage des animaux de boucherie.

abattre v. t. [1] Faire tomber. *Abattre un arbre, un mur.* / Tuer (un animal). / Affaiblir physiquement ou moralement. / *Abattre ses cartes*: étaler ses cartes; au fig., révéler ses intentions. / v. pron. *S'abattre sur*: tomber brusquement sur.

abattu, e adj. Mis à bas, tombé. *Un arbre abattu.* / Fig. Affaibli, déprimé. *Avoir l'air abattu.*

Abbas ibn-Abd el-Mouttalib ?-v. 653 Important commerçant da La Mecque, oncle de Mahomet, il se convertit à l'islam; c'est de son petit-fils Abou el-Abgas qu'est issue la dynastie des Abbassides.

Abbas Ier le Grand 1571-1628 Chah de Perse de la dynastie des Séfévides. Homme de guerre, il conquit la presque totalité de l'Afghanistan, repoussa les Ouzbeks, battit les Ottomans en 1606, leur reprenant l'Azerbaïdjan et la Géorgie, s'empara de Bagdad et, allié des Anglais, prit Ormuz aux Portugais. Bon administrateur, il fit construire des route, encouragea l'artisanat et le commerce et fit d'Ispahan, sa capitale, une ville au grand rayonnement intellectuel et culturel. Chiite, persécuteur des sunnites, il se montra tolérant avec les chrétiens, permettant l'établissement en Perse des carmes et des capucins.

Abbas (Ferhat) 1899-1985 Homme politique algérien. Dès 1943, il écrivit le *Manifeste du peuple algérien.* Il quitta le territoire algérien en 1954 et devint, au Caire, président (1958-1961) du gouvernement provisoire de la République algérienne (G.P.R.A.). Après l'accession de l'Algérie à l'indépendance en 1962, il présida l'Assemblée constituante. Exclu du G.P.R.A., puis du F.L.N. (1963), il se retira de la vie politique.

Abbassides Dynastie de 37 califes arabes descendant d'Abbas (566-652), oncle de Mahomet. Elle détrône les Omeyyades en 750. Se désintéressant de l'Afrique et de l'Espagne, elle s'installe à Bagdad du VIIIe au XIIIe siècle, mais le siège du califat est transféré temporairement à Samarra de 836 à 892. La dynastie connaît son apogée sous les califats d'Harun al-Rachid et de son fils Al-Mamun. Le luxe des princes abbassides suscite alors un art raffiné, dérivé d'influences sassanides et qu'illustrent palais et mosquées, ainsi que les contes des *Mille et Une Nuits* (écrits pour l'essentiel entre le VIIIe et le XIIe siècle et sans cesse remaniés jusqu'au XVe siècle). L'empire abbasside tombe sous les coups d'une invasion mongole en 1258.

abbatial, e, aux adj. et n. f. Qui concerne une abbaye, un abbé, une abbesse. / n. f. Église d'une abbaye. *L'abbatiale de Saint-Sever.*

abbaye n. f. Monastère, d'hommes ou de femmes, jouissant d'une autonomie juridique.

Abbaye (prison de l') Prison de l'abbaye de Saint-Germain-des-Prés, à Paris. Construite en 1631, démolie en 1854, elle fut un des lieux des massacres de Septembre 1792.

abbé n. m. Supérieur d'une abbaye. / Titre donné en France à un prêtre séculier. *L'appellation « monsieur l'abbé » a tendance à tomber en désuétude depuis le concile Vatican II (1962-1965).*

abbesse n. f. Supérieure d'un monastère de femmes ayant le statut d'abbaye.

Abbeville *23 787 h.* Chef-lieu d'arrondissement de la Somme, sur la Somme. Ancien port, marché agricole, centre textile. Église Saint-Vulfram (XVe-XVIe siècle), de style flamboyant.

abbevillien adj. et n. m. PRÉHIST. Se dit d'un faciès culturel du Paléolithique inférieur, qui se caractérise par l'existence d'outils de silex grossièrement taillés sur les deux faces, et qui doit son nom au fait que Boucher de Perthes découvrit en 1844 des outils de ce type près d'Abbeville. / n. m. Ce faciès.

Abbott (Berenice) 1898-1991 Photographe américaine. Élève de Man Ray, elle ouvre un studio à Paris en 1926, découvre Atget et sauve son œuvre de l'oubli. Attachée au style documentaire, elle est aussi l'auteur de portraits et de nombreuses illustrations scientifiques.

abcès n. m. MÉD. Amas de pus contenu dans une cavité formée aux dépens des tissus environnants nécrosés. *Abcès chaud*, accompagné de réactions inflammatoires. *Abcès froid*, sans réaction inflammatoire (abcès tuberculeux). / Fig. *Abcès de fixation*: moyen utilisé pour bloquer un processus jugé dangereux afin d'éviter qu'il se propage.

Abdallah ou **Abdullah ibn Hussein** 1882-1951 Le premier roi de Jordanie. Fils de Hussein ibn Ali, chérif de la Mecque et roi du Hedjaz, il est roi d'Irak en 1920, son frère Fayçal devenant roi de Syrie. La Syrie étant placée sous mandat français, Fayçal devient roi d'Irak et émir de Transjordanie sous mandat britannique. Abdullah se proclame en 1946 roi de Transjordanie qui devient en 1949 royaume hachémite de Jordanie, et annexe (1950) la Cisjordanie. Il a été assassiné à Jérusalem par un jeune Palestinien. **Abdallah II** 1962 Arrière-petit-fils du précédent, roi de Jordanie depuis 1999.

Abd al-Rahman ibn Abdullah Gouverneur d'Andalousie, il fut vaincu à Poitiers en 732 par Charles Martel et périt au combat.

Abd al-Rahman Nom de plusieurs princes omeyyades qui ont régné sur une partie de l'Espagne du VIIIe au Xe siècle. **Abd al-Rahman Ier** 731-788 Chassé de Bagdad par les Abbassides qui avaient massacré sa famille, il forme une armée en Afrique du Nord et fonde l'émirat omeyyade de Cordoue en 756. **Abd al-Rahman II** 792-852 Tient une cour brillante à Cordoue. **Abd al-Rahman III** 891-961 Émir de Cordoue, il s'attribue le titre de calife en 929, étend la domination omeyyade en Andalousie et fonde la première école de médecine d'Europe.

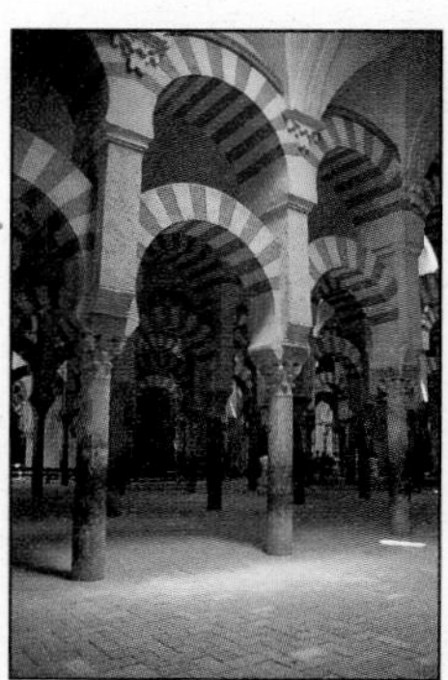

Intérieur de la mosquée **Abd al-Rahman Ier**, Cordoue, Espagne, VIIIe siècle.

Abdalwadides Dynastie berbère qui eut pour capitale Tlemcen et régna sur une partie (la région située entre Bougie et Tlemcen d'une part, et la mer et les contreforts de l'Atlas saharien d'autre part) de l'Algérie actuelle de 1235 à 1389.

Abd el-Kader 1808-1883 Émir arabe d'Algérie. Dès 1832, il lutte contre la France qui reconnaît son autorité sur l'ouest du pays (1834-1835) puis (1837-1840) sur la province d'Oran et une partie de la province d'Alger, côte exclue. Il rompt cet accord en 1839. Le duc d'Aumale prend sa smala en 1843. Traqué, il poursuit la lutte plusieurs années, puis, épuisé, se livre aux Français en 1847. Prisonnier en France, il est libéré en 1852. Retiré à Bursa, en Turquie, puis à Damas en 1855, il soutient la France pendant la guerre de 1870. Il a poursuivi des recherches théologiques et enrichi la poésie classique arabe de nombreux poèmes.

abdication n. f. Action de renoncer à l'exercice d'une fonction, d'un pouvoir. *Abdication d'un souverain.* / Fig. Renoncement. *Abdication de la raison devant la passion.*

abdiquer v. t. [1] Renoncer à (un pouvoir). (Emploi absol.) *Le roi a abdiqué.* / Fig. *Abdiquer sa liberté.*

abdomen n. m. Cavité de la partie inférieure du tronc limitée en haut par le diaphragme, en bas par le bassin, en arrière par les vertèbres lombaires, en avant par les muscles abdominaux. *L'abdomen contient la plus grande partie de l'appareil digestif, de l'appareil urinaire et une partie de l'appareil génital féminin, le foie, la rate.* / Partie postérieure du corps des arthropodes. *L'abdomen d'un insecte.*

abdominal, ale, aux adj. et n. m. pl. Qui concerne l'abdomen. / n. m. pl. Muscles de l'abdomen. *Faire des abdominaux*: faire des exercices de musculation destinés à développer ces muscles.

abducteur adj. m. et n. m. ANAT. *Muscle abducteur*: muscle qui permet à un membre de s'écarter de l'axe médian vertical du corps. / n. m. Ce muscle. *L'abducteur du bras s'appelle le deltoïde.*

abduction n. f. Mouvement par lequel un membre s'écarte de l'axe médian vertical du corps. Ant. adduction.

Abdullah Voir **Abdallah**

Abdul Rahman (Teng-Ku) 1903-1990 Homme politique malais, Premier ministre depuis l'indépendance de son pays, en 1957, jusqu'en 1970, date à laquelle il démissionna.

Abe Kobo (Abe Kimifusa, dit) 1924-1993 Écrivain japonais. Son thème majeur est l'enfermement: *La Femme des sables* (1962), *L'Homme-Boîte* (1973).

abécédaire n. m. Vieilli. Livre qui sert à apprendre la lecture aux enfants.

abeille n. f. Insecte social de l'ordre des hyménoptères, généralement velu, à ailes membraneuses, dont les femelles sont pourvues d'un aiguillon venimeux.

♦ Les abeilles ont été domestiquées pour le miel qu'elles produisent. Les abeilles domestiques, comme certaines abeilles sauvages, sont des insectes sociaux. Elles vivent en colonies qui se composent d'une reine, seule femelle féconde, qui peut pondre jusqu'à 3 000 œufs par jour, de nombreuses ouvrières – femelles stériles – et de mâles appelés « faux-bourdons ».

Abel Deuxième fils d'Adam et d'Ève. Son frère Caïn le tua par jalousie.

Abel (Karl Friedrich) 1723-1787 Musicien et compositeur allemand, un des derniers virtuoses de la viole de gambe; il s'associa, à Londres, avec Jean-Chrétien Bach pour fonder la société des concerts Bach-Abel.

Abel (Niels) 1802-1829 Mathématicien norvégien. Il étudia les fonctions elliptiques et découvrit une nouvelle classe d'équations, les *équations abéliennes*.

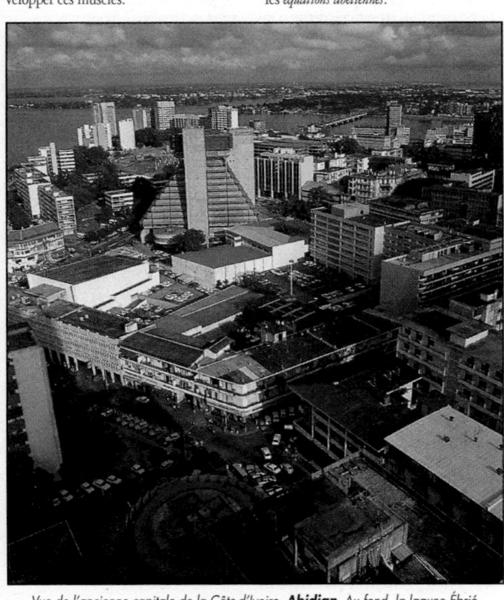

Vue de l'ancienne capitale de la Côte-d'Ivoire, **Abidjan**. Au fond, la lagune Ébrié.

Abélard (Pierre) 1079-1142 Philosophe et théologien français. Son recours à la raison en matière de foi l'expose aux condamnations de l'Église (en 1121 et en 1140). Il élabore une théorie, le *conceptualisme*, selon laquelle l'idée n'est pas réductible au mot (*nominalisme*) mais n'est pas non plus une réalité en soi (*réalisme*). Chanoine de Notre-Dame, il est le maître d'Héloïse, qu'il épouse en secret. Ces amours sont tragiques: l'oncle d'Héloïse, le chanoine Fulbert, le fait émasculer. Il se retire alors à Saint-Denis et Héloïse prend le voile à Argenteuil. Poursuivant son enseignement malgré l'opposition de saint Bernard, il fonde l'abbaye du Paraclet, près de Nogent-sur-Seine, dont Héloïse prendra la tête, et se retire enfin à Saint-Gildas-de-Rhuy dont il devient abbé.

abélien, enne adj. Qui concerne les théories mathématiques de Nicolas Abel. *Fonction abélienne. Ensemble abélien.*

Abencérages Famille, ou faction, maure de Grenade, donnée pour rivale des Zégris au XVe siècle. Les péripéties sans doute légendaires de son histoire inspirèrent à Chateaubriand *Les Aventures du dernier Abencérage*, 1826.

aber n. m. (mot breton) En Bretagne, vallée fluviale envahie par la mer.

Aberdeen *218 200 h.* Port d'Écosse, centre de pêche et d'industries. Cathédrale des XIVe et XVe siècles.

aberrance n. f. STATIS. Dans une série statistique, écart notable d'une grandeur par rapport à la valeur moyenne.

aberrant, e adj. Qui s'écarte de la norme. / Contraire au bon sens. *Une proposition aberrante.*

aberration n. f. Jugement erroné; égarement de l'imagination. *Agir dans un moment d'aberration.* / OPT. Déformation d'une image provoquée par le système optique lui-même qui modifie l'apparence de l'objet observé. *Aberration géométrique*, due aux défauts de convergence des instruments d'optique. *Aberration climatique*, due à la dispersion de la lumière dont la réfraction se fait différemment suivant les fréquences lumineuses. / ASTRON. Écart entre la direction réelle d'un astre et sa direction apparente, pour l'observateur soumis aux mouvements de la Terre. / MÉD. *Aberration chromosomique*: anomalie affectant les chromosomes soit dans leur structure, soit dans leur nombre. *La trisomie 21 (ou mongolisme) est une maladie due à une aberration chromosomique.*

abêtir v. t. [2] Rendre bête, plus bête.

abêtissement n. m. Action d'abêtir. / État d'une personne abêtie. *Sombrer dans un abêtissement total.*

abhorrer v. t. [1] Avoir en horreur.

Abidjan *2 492 500 h.* Port de la Côte-d'Ivoire, sur la lagune Ébrié. Un canal de 3 km le relie à l'océan Atlantique. Cette ville moderne, qui fut la capitale de la Côte d'Ivoire jusqu'en 1983, a une université importante. L'industrie est diversifiée: centrales thermiques, raffinerie de pétrole, industrie agro-alimentaire (cacao, café). Aéroport international. Voie ferrée en direction du Burkina Faso.

abiétacées n. f. pl. BOT. Famille de plantes gymnospermes dont le feuillage, réduit à des épines, est généralement persistant. *Les sapins, les pins, les cèdres et les mélèzes sont des abiétacées.* Syn. pinacées.

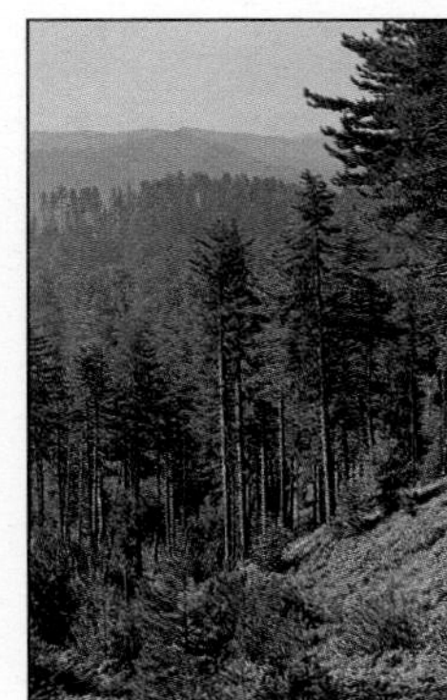

Forêt de sapins, de la famille des **abiétacées**.

abîme n. m. GÉOMORPH. Gouffre d'une profondeur insondable. / Fig. Différence extrême qui sépare, qui empêche de se comprendre. *Il y a un abîme entre ces deux hommes politiques.* / Fig. Situation dramatique, désespérée. *être au bord de l'abîme.* / Litt. Profondeur insondable. *L'abîme du péché.*

abîmer v. t. [1] Détériorer, endommager. *La grêle abîme les cultures.* / v. pron. Se détériorer. / Sombrer, s'engloutir.

ab intestat loc. adv. DR. En l'absence de testament. *Mourir ab intestat*, sans avoir fait de testament.

abject, e adj. Répugnant, immonde. *Un être abject.*

abjection n. f. État d'extrême dégradation morale; avilissement.

abjuration n. f. Action d'abjurer.

abjurer v. t. [1] Renier solennellement (une religion, une croyance, une idée). *Abjurer la foi chrétienne.*

Abkhazie *8 600 km² 506 000 h.* République autonome au sein de la Géorgie, sur la mer Noire. Capitale *Soukhoumi.* C'est la Colchide antique (célèbre par le mythe de la Toison d'or). En 1864, les Russes, qui en avaient fait un protectorat en 1810, la prirent définitivement à l'empire ottoman. Depuis l'indépendance de la Géorgie (1991), la minorité musulmane de l'Abkhazie est en lutte contre le pouvoir central.

ablatif n. m. GRAMM. Sixième cas de la déclinaison latine qui indique l'éloignement, l'origine, le moyen. / *Ablatif absolu*: en latin, proposition circonstancielle dont les termes sont à l'ablatif et n'ont pas de lien grammatical avec la proposition principale.

ablation n. f. CHIR. Opération qui consiste à enlever une partie du corps (organe, tissu) ou un élément étranger (tumeur). / GÉOMORPH. Désagrégation des matériaux d'un relief par érosion, décomposition, etc.

ablette n. f. Petit poisson d'eau douce comestible de la famille des cyprinidés, aux écailles argentées, courant en Europe.

ablution n. f. Rite de purification pratiqué dans certaines religions, qui prescrit de laver son corps ou une partie de son corps. / (Au plur.) Eau et vin que l'officiant catholique se verse sur les doigts après la communion. / Fam. *Faire ses ablutions*: se laver.

A

Jeune **aborigène** d'Australie.

Le grand temple d'**Abou-Simbel** édifié sous Ramsès II (v. 1250 av. J.-C., Égypte). Les quatre colosses de la façade, d'une hauteur de 20 m environ, représentent le pharaon.

abnégation n. f. Renoncement, oubli de soi, en faveur d'autrui.
aboi n. m. Aboiement. / (Au plur.) Cris de la meute autour de la bête traquée dans une chasse à courre. / Situation de la bête encerclée par la meute. / Fig. *être aux abois*: être dans une situation désespérée.
aboiement n. m. Cri du chien. *Des aboiements l'ont réveillé.*
abolir v. t. [2] Procéder à l'abolition de.
abolition n. f. Action d'annuler, d'abroger. *Abolition de l'esclavage.*
abolitionnisme n. m. Doctrine qui défend le principe de l'abolition d'une institution, d'une loi, telles l'abolition de l'esclavage au XIXe siècle, l'abolition de la peine de mort de nos jours.
abolitionniste n. Partisan de l'abolitionnisme.
abominable adj. Horrible, inspirant l'abomination. *Un spectacle abominable.* / Par ext. Très déplaisant. *Quel temps abominable!*
abomination n. f. Sentiment d'horreur qui inspire de la répulsion. *Avoir qqn, qqch. en abomination.* / Ce qui suscite l'horreur, la répulsion. *Ce champ de bataille est une abomination.*
abominer v. t. [1] Avoir en horreur.
abondamment adv. Avec abondance.
abondance n. f. Grande quantité. *L'abondance des récoltes.* / Ressources, richesses considérables, supérieures aux besoins de première nécessité. *Le règne de l'abondance.* / *Corne d'abondance*: corne remplie de fleurs, de fruits, symbole de la richesse. / *Parler d'abondance*, avec facilité et brio.
abondant, e adj. Qui abonde. *D'abondantes réserves de nourriture.*
abondement n. m. FIN. Dans le cadre d'un plan d'épargne d'entreprise ou de l'actionnariat salarié, versement complémentaire effectué par l'entreprise à un organisme officiel.
abonder v. i. [1] Exister en abondance. *Les vignes abondent en France.* / *Abonder en, de.* Avoir en abondance. *Une région qui abonde en sites touristiques.* / *Abonder dans le sens de qqn*: ajouter des arguments, des informations, à l'opinion que soutient, au témoignage qu'apporte cette personne.
abonné, e n. et adj. Qui a pris un abonnement. / Subst. *Les abonnés au téléphone.*
abonnement n. m. Convention par laquelle un client demande à son fournisseur de lui fournir régulièrement, et pour une somme forfaitaire, un produit, un service. *Abonnement à un journal. Abonnement téléphonique.*
abonner v. t. [1] Prendre un abonnement pour (qqn). *Abonner ses enfants à une publication.* / v. pron. *S'abonner à une publication.*
abonnir v. t. [2] Rendre bon, améliorer.
abord n. m. Accès. *Rivage d'un abord difficile.* / Fig. Manière de s'adresser à quelqu'un, de l'accueillir. *Une personne d'abord peu engageant.* / (Au plur.) Alentours. *Les abords d'une ville.* / loc. adv. *D'abord, tout d'abord*: avant tout autre chose. / *De prime abord, au premier abord*: à première vue.
abordable adj. Accessible. *Prix abordable*, raisonnable.
abordage n.m. Assaut d'un navire ennemi. / Action d'accoster, d'arriver au rivage.
aborder v. t. [1] Se lancer à l'abordage de (un navire). / Atteindre (un rivage, un lieu). / Fig. S'avancer vers (qqn) pour lui parler. / Commencer à traiter (une question).
aborigène adj. et n. Qui est né dans le pays où il vit. / n. Premier habitant d'un pays par oppos. à celui qui s'y est installé ensuite. *Les aborigènes d'Australie.*
abortif, ive adj. Se dit d'une substance ou d'une intervention provoquant l'avortement. *Médicament abortif.*
abouchement n. m. Action d'appliquer bout à bout deux tubes, deux conduits, deux tuyaux, etc.
aboucher v. t. [1] TECH. Pratiquer l'abouchement de. / v. pron. *S'aboucher avec*: entrer en contact avec (qqn). / *S'aboucher à*: s'appliquer part un bout à (qqch.). *Le tuyau souple s'abouche à la bonbonne.*
Aboukir Bourgade d'Égypte au nord-est d'Alexandrie. En 1798, la flotte anglaise, commandée par Nelson, détruisit la flotte française dans la rade d'Aboukir, alors que sur terre Bonaparte vainquait les Turcs.
abouler v. t. [1] Argot. Remettre, donner. *Aboule ton assiette.* / v. pron. Venir. *Aboule-toi vite fait!*
aboulie n. f. Trouble pathologique caractérisé par la difficulté ou l'impossibilité d'agir, de se décider.
aboulique adj. Souffrant d'aboulie.
Abou-Simbel ou **Abu Simbel** Localité de la Haute-Égypte, sur la rive gauche du Nil. Ramsès II y fit creuser deux magnifiques sanctuaires dans le grès rose. La bataille de Kadesh est représentée sur un mur de la cour intérieure du temple principal, consacré à la famille de Ramsès II. Le plus petit temple est dédié à son épouse favorite, Néfertari. Les sanctuaires ont été démontés en raison de la construction du haut barrage d'Assouan et réédifiés (1963-1968) au-dessus du niveau du Nil, grâce à des fonds internationaux collectés par l'Unesco.
about n. m. Extrémité d'une pièce de bois ou de métal, façonnée pour être assemblée avec une autre.
About (Edmond) 1828-1885 Romancier français. *Le Roi des montagnes* (1857) et *l'Homme à l'oreille cassée* (1861) ont connu un succès populaire.
À bout de souffle Film de J.-L. Godard (1959), son premier long métrage, qui le lança, ainsi que la vedette masculine, J.-P. Belmondo, et la vedette féminine, l'Américaine Jean Seberg (1938-1979).
abouter v. t. [1] Joindre par le bout.
abouti, e adj. Accompli, arrivé à bonne fin.
aboutir v. t. ind. / v. i. [2] Toucher par un bout (à), se terminer (dans). *Le sentier aboutit à une rivière.* / Fig. Avoir pour résultat. / v. i. Réussir.
aboutissants n. m. pl. *Les tenants et aboutissants d'une affaire*: ses implications précises.
aboutissement n. m. Résultat. *L'aboutissement d'un projet.*
aboyer v. i. [1] Crier, en parlant du chien.
aboyeur, euse n. Chien qui aboie. / Personne dont le métier exige qu'elle parle fort, qu'elle crie (des annonces, notamment).
abracadabra n. m. Formule cabalistique qui passait pour dotée de pouvoirs magiques. *Abracadabra, montre-toi!*
abracadabrant, e adj. Incroyable.
Abraham (plaines d') Plateau situé à l'est de la ville de Québec. Le 13 septembre 1759, le général anglais James Wolfe y vainquit le général français Montcalm, de sorte que la France perdit le Canada. Les deux généraux furent mortellement blessés.
Abraham Patriarche hébreu qui aurait vécu à Ur (Chaldée) au XIXe siècle av. J.-C., vénéré par les Juifs, les Arabes et les chrétiens, qui voient en lui le fondateur du monothéisme. Dieu lui ordonna de se circoncire ainsi que son peuple en signe de l'alliance qu'il concluait avec lui. Pour éprouver sa foi, Dieu lui demanda de sacrifier son fils Isaac qu'il avait eu de Sara, sa femme, mais un ange arrêta son geste.
Abrahams (Peter) 1919 Écrivain sud-africain d'expression anglaise. Métis, il a dénoncé l'apartheid dans des œuvres autobiographiques: *Je ne suis pas un homme libre* (1954) et des romans: *Une couronne pour Udomo* (1956). Il a retrouvé les mêmes conflits à la Jamaïque: *Cette île entre autres* (1966), *Une pluie d'enfer* (1991).
Abrantès (Laure, duchesse d'**)** Voir **Junot** (Laure Permon)
abraser v. t. [1] User par abrasion.
abrasif, ive adj. et n. m. Qui use par frottement. / n. m. Corps très dur (émeri, pierre ponce), utilisé souvent en poudre, pour user, nettoyer, polir par frottement.
abrasion n. f. Usure par frottement. *Abrasion des rochers par la mer.*
abréaction n. f. PSYCHANAL. Réaction émotionnelle par laquelle un sujet se libère d'un traumatisme antérieur qu'il avait refoulé.
abrégé, e adj. et n. m. Dont on a diminué la durée, la longueur. / n. m. Résumé des points essentiels d'un texte, d'une théorie. / Livre qui contient en résumé ce qui se rapporte à une science, une technique. *Un abrégé de géométrie.* / *Écrire en abrégé*, à l'aide d'abréviations, en peu de mots.
abréger v. t. [1] Diminuer la durée, la longueur de. *Abréger ses vacances.*
abreuver v. t. [1] Faire boire (un animal, une personne). *Abreuver le bétail.* / Fig. Accabler sous l'excès. *Abreuver de coups.* / v. pron. Boire. *S'abreuver à la fontaine.*
abreuvoir n. m. Lieu ou récipient destiné à faire boire les animaux domestiques.
abréviation n. f. Réduction d'un mot ou d'un groupe de mots par le retranchement de certaines lettres. *Abréviation de boulevard en « bd ».* / Mot abrégé. *« Math » est l'abréviation de mathématiques.*

Abraham et Melchisédech, Retable du Saint-Sacrement de Dierick Bouts, 1464-1468, (Église Saint-Pierre de Louvain, Belgique).

abri n. m. Endroit où l'on est protégé du danger, des intempéries, du soleil. / MILIT. Construction destinée à protéger des projectiles, des gaz toxiques, des retombées radioactives. *Abri antiatomique.* / *Abri fiscal*: secteur économique où les investissements sont encouragés par des avantages concédés par les pouvoirs publics (réduction d'impôts, etc.). / loc. adv. *À l'abri*: dans un endroit sûr. / loc. prép. *À l'abri de*: protégé contre. *Être à l'abri de la pluie sous un auvent.*
abribus n. m. (nom déposé) Petit abri à l'emplacement de certains arrêts d'autobus et dont des panneaux servent souvent à l'affichage publicitaire.
abricot n. m. Fruit (drupe) charnu et comestible de l'abricotier, dont la peau et la chair sont jaune orangé et qui contient un noyau lisse.
abricotier n. m. Arbre fruitier de la famille des rosacées qui produit les abricots.
abri-sous-roche n. m. Cavité située à la base d'un massif rocheux et qui servait d'habitat aux hommes préhistoriques. Pl. Des *abris-sous-roche.*
abriter v. t. [1] Mettre à l'abri. *Le nid abrite les oisillons.* / v. pron. *S'abriter de la pluie.*
abrogation n. f. DR. Action d'abroger; résultat de cette action. *L'abrogation d'une loi par le Parlement.*
abroger v. t. [1] DR. Abolir, rendre nul. *Abroger une loi.*
abrupt, e adj. et n. m. Qui est escarpé, en à-pic. *Montagne abrupte.* / n. m. Pente raide, très escarpée.
abruptement adv. De manière abrupte.
abruti, e adj. En état d'abrutissement.
abrutir v. t. [2] Mettre en état d'abrutissement. *Le bruit des explosions abrutit les combattants.*
abrutissement n. m. État d'une personne dont l'intelligence est amoindrie par des facteurs extérieurs. *Abrutissement dû au travail, à la fatigue, au bruit.*
Abruzzes (les) *10 794 km² 1 263 000 h.* Région de l'Italie, au centre des Apennins. Capitale *L'Aquila*. Région de montagnes calcaires (Gran Sasso *2 914 m*) bordée par une côté étroite et sablonneuse sur l'Adriatique. Le Parc national des Abruzzes est, en Europe, un des derniers refuges du loup.
A.B.S. n. m. (Sigle de l'allemand *Antiblockiersystem.*) Système antiblocage qui permet, lorsque les freins sont sollicités violemment, de ne pas bloquer les roues d'un véhicule automobile
Absalon Fils de David. Il se révolta contre son père et, lors de sa fuite, accrocha sa longue chevelure dans les branches d'un arbre. Il fut alors tué par Joab, malgré les ordres de David.
abscisse n. f. MATH. Mesure algébrique de la distance d'un point d'un axe orienté à l'origine de cet axe. / L'une des coordonnées servant à déterminer la position d'un point sur un plan ou dans l'espace. *L'axe des abscisses.*
abscons, onse adj. Difficile à comprendre. *Tenir des propos abscons.*
absence n. f. Fait d'être absent d'un endroit donné; fait d'être éloigné. / Manque. *Absence de goût.* / PSYCHIATR. Perte momentanée de la conscience chez un malade. / Défaut d'attention. / DR. État d'une personne disparue depuis longtemps et dont on ne sait si elle est encore vivante.
absent, e adj. et n. Qui n'est pas présent dans un lieu. Ant. présent
absentéisme n. m. Fait d'être absent, de façon fréquente, de son lieu de travail, de

Feuilles d'**absinthe**.

son école, etc. *Taux d'absentéisme élevé dans une entreprise.*
absentéiste n. Qui pratique l'absentéisme.
absenter (s') v. pron. [1] S'éloigner momentanément (d'un lieu).
abside n. f. Espace, en forme d'hémicycle ou de polygone, situé à l'extrémité d'une église, derrière le chœur, et souvent divisé en petites chapelles, dites *chapelles rayonnantes.*
absidiole n. f. Chacune des petites chapelles attenantes à l'abside.
absinthe n. f. Plante aromatique à saveur amère de la famille des composées, poussant dans les lieux incultes. / Liqueur alcoolique obtenue par macération de cette plante, dont la fabrication est interdite en France.
absolu, e adj. et n. m. **A.** adj. Qui est sans restriction, total. *Un pouvoir absolu, une confiance absolue.* / Qui est sans concession, entier. *Caractère absolu.* / Parfait. *Un amour absolu.* / MATH. *Valeur absolue*: valeur d'un nombre réel sans son signe algébrique. **B.** n. m. Ce qui existe en soi, ne dépend d'aucune condition et ne fait référence à aucune autre chose. / Perfection suprême. *La recherche de l'absolu.*
absolument adv. De manière absolue. / Totalement. *Absolument convaincu.* / Impérativement. *Avoir absolument besoin de qqch.* / GRAMM. *Verbe transitif employé absolument*, sans complément d'objet. *Dans « l'art d'aimer », le verbe « aimer » est employé absolument.*
absolution n. f. RELIG. Pardon des péchés accordé au nom de Dieu, en confession, par un prêtre catholique au pécheur qui se repent. / DR. Acte émis par un tribunal qui constate la réalité d'une infraction mais reconnaît qu'elle ne donne lieu à aucune sanction pénale.
absolutisme n. m. Exercice sans aucun contrôle du pouvoir politique par un souverain, un chef d'État; doctrine des partisans de cette forme d'exercice du pouvoir.
absolutiste n. Partisan de l'absolutisme.
absorber v. t. [1] Laisser (un fluide) pénétrer et imprégner (une substance). *Le buvard absorbe l'encre.* / Avaler (qqch). *Absorber rapidement son repas.* / Fig. *Absorber une société concurrente*, prendre son contrôle. *Être absorbé dans ses pensées*, inattentif aux présences environnantes.
absorption n. f. Action d'absorber. *Absorption de l'encre par un buvard.* / Action d'ingérer. *Une absorption exagérée de nourriture.* / Fig. Action, pour une entreprise, de prendre le contrôle d'une autre; résultat de cette action.
absoudre v. t. [3] Donner l'absolution à; pardonner.
absoute n. f. LITURG. CATHOL. Avant le concile de Vatican II, dernière prière du prêtre, lors de la messe de funérailles, accompagnée d'encensements et d'aspersions d'eau bénite, destinée à attirer sur le défunt la miséricorde de Dieu.

abstème adj. et n. Qui ne boit pas de vin.
abstenir (s') v. pron. [3] Renoncer à agir, se garder de faire (qqch.). *S'abstenir de parler.* / Se priver volontairement de (qqch), être abstinent. *S'abstenir de fumer une cigarette.*
abstention n. f. Fait de s'abstenir. / Fait de ne pas participer à un vote.
abstentionnisme n. m. Attitude de ceux qui ne participent pas ou décident volontairement de ne pas participer à un vote.
abstentionniste n. Celui, celle qui pratique l'abstentionnisme.
abstinence n. f. Action de se priver de certains aliments ou de certaines satisfactions pour des raisons religieuses, éthiques ou médicales.
abstinent, e adj. Qui pratique l'abstinence.
abstract n. m. Résumé du contenu d'un texte ou d'un article d'ordre scientifique, technique.
abstraction n. f. Opération de l'esprit par laquelle on isole un des éléments d'un tout pour le considérer seul sans tenir compte de l'ensemble dont il fait partie. (En raisonnant par abstraction, on arrive à la notion de concept: ainsi, en partant de l'ensemble de tous les hommes, en réunissant tous les traits communs au genre humain et en écartant les multiples particularités propres à chaque individu, on définit le concept *homme*.) / *Faire abstraction de qqch.*: ne pas en tenir compte. / Idée abstraite. / Caractère abstrait de la figuration. *Abstraction géométrique.*
• **abstrait, e** adj. et n. m. Par abstraction. / n. m. *L'abstrait s'oppose au concret.* / *Art abstrait, peintre abstrait*, qui ne cherchent pas à représenter la réalité visible.
♦ Appelé également *art non figuratif*, l'art abstrait ne cherche pas à reproduire la réalité extérieure mais à communiquer des impressions par des constructions géométriques (Mondrian, Delaunay) ou selon une inspiration lyrique (Pollock). L'un des pionniers, Kandinsky, est passé de la seconde tendance à la première dans les années 1920 pour revenir, après 1930, à sa première inspiration lyrique.
abstraire v. t. [3] Isoler par abstraction. / v. pron. *S'abstraire*: s'isoler en esprit par la réflexion, la méditation; faire abstraction de (qqch.).
abstrus, e adj. Abscons.
absurde adj. et n. m. Qui est contraire à la logique ou déraisonnable. *Comportement absurde. Idée absurde.* / MATH. *Raisonnement par l'absurde*: raisonnement qui prouve l'évidence d'une vérité, d'une démonstration en montrant l'impossibilité de la proposition contraire. / PHILO. Chez les existentialistes (Sartre, Camus), notion qui traduit l'impossibilité pour l'être confronté au monde de trouver la justification de sa condition humaine.
absurdement adv. De façon absurde.
absurdité n. f. Caractère de ce qui est contraire au bon sens. / Chose absurde. *Dire des absurdités.*
Abu Bakr 573-634 Beau-père de Mahomet, auquel il succéda (632). Il acheva l'unification de la péninsule arabique, puis entreprit la conquête musulmane hors d'Arabie.
Abu Dhabi *73 548 km² 1 000 000 h.* Un des Émirats arabes unis, sur le golfe Persique. La moitié de la population vit dans la ville principale, *Abu Dhabi*, capitale des Émirats. Il possède de riches gisements de pétrole.
abus n. m. Usage excessif ou néfaste de qqch. *L'abus de médicaments est dangereux.* / Injustice, excès. *Commettre des abus.* / DR. *Abus d'autorité, de pouvoir*: fait, pour un fonctionnaire, d'outrepasser les droits que lui confère sa fonction. / *Abus de confiance*: acte commis par qqn qui trompe la confiance d'autrui, notam. en détournant des fonds qui lui ont été confiés.
abuser v. t. ind. [1] Faire un usage abusif (de qqch.). / *Abuser d'une femme,* la violer. / v. t. dir. *Abuser qqn,* le tromper.
abusif adj. Qui constitue un abus. *Employer des procédés abusifs.*
Abu Simbel Voir **Abou Simbel**
abusivement adv. De manière abusive.
Abydos Site de la Haute-Égypte, à *70 km* en aval de Thèbes. Ville sainte d'Osiris, un des plus grands centres religieux de l'Égypte pharaonique où l'on a découvert les tombes des plus anciens souverains égyptiens, ceux de l'époque thinite, et qui a gardé les ruines du temple érigé par Séthi Ier où se trouve la liste gravée des pharaons de Ménès à Séthi ou *Tables d'Abydos*. On voit encore le temple de Ramsès II et de nombreux cénotaphes commémoratifs que les pharaons faisaient élever auprès des sanctuaires où l'on célébrait les mystères du dieu Osiris, mort et ressuscité.
abyme n. m. *En abyme*: en littérature, en peinture, se dit d'un élément intégré à l'intérieur d'un récit, d'un tableau et qui présente des similitudes avec le sujet central.

Temple de Ramsès II, à **Abydos**.

A

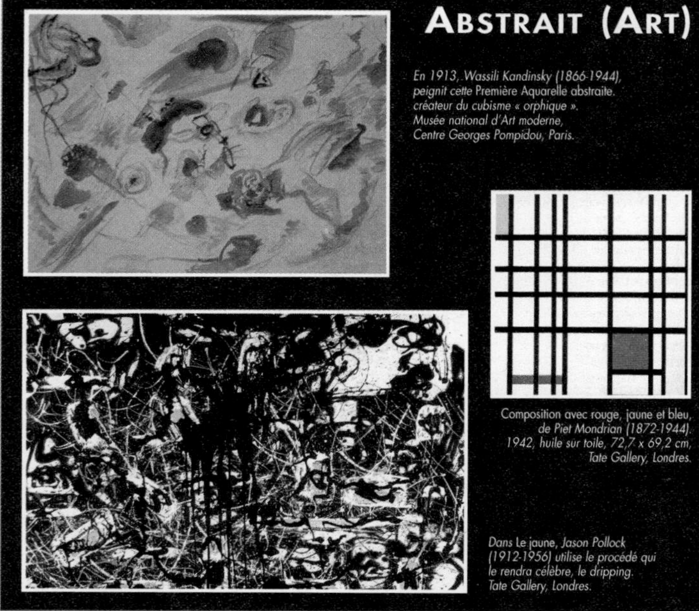
ABSTRAIT (ART)
En 1913, Wassili Kandinsky (1866-1944), peignit cette Première Aquarelle abstraite, créateur du cubisme « orphique ». Musée national d'Art moderne, Centre Georges Pompidou, Paris.
Composition avec rouge, jaune et bleu, de Piet Mondrian (1872-1944). 1942, huile sur toile, 72,7 x 69,2 cm, Tate Gallery, Londres.
Dans Le jaune, Jason Pollock (1912-1956) utilise le procédé qui le rendra célèbre, le dripping. Tate Gallery, Londres.

abyssal, e, aux adj. Des abysses. *Poissons abyssaux.* / Fig. Gigantesque, énorme. *Une ignorance abyssale.*
abysse n. m. Fosse océanique profonde, située près des continents ou des archipels, qui peut atteindre jusqu'à 10 000 mètres.
Abyssinie Ancien nom de l'Éthiopie.
acabit n. m. Péjor. Genre, sorte, espèce, en parlant de personnes. *Fréquenter des individus de tout acabit.*
acacia n. m. BOT. Arbre ou arbrisseau de la famille des légumineuses (papilionacées). (La plupart des espèces d'acacias croissent dans les régions équatoriales. Une espèce d'acacia à petites fleurs jaunes en forme de boules, cultivée dans le Midi de la France, est connue sous le nom de mimosa.) / *Faux acacia* ou robinier : arbre à fleurs blanches et odorantes, aux rameaux épineux.
académicien, enne n. Membre d'une académie.
académie n. f. Société de savants, d'écrivains ou d'artistes. / *L'Académie* : l'Académie française. / École où se pratique un art, une activité. *Académie de peinture, de danse.* / BX-ARTS. Nu (dessin, peinture) qui n'entre pas dans une composition. / Circonscription universitaire. *L'académie d'Aix-Marseille.*
académique adj. D'une académie. / *Style académique*, conventionnel, sans personnalité.
académisme n. m. Tendance à suivre les enseignements traditionnels, les modèles conventionnels, les règles académiques dans le domaine artistique et littéraire.
Acadie Région orientale du Canada français, l'Acadie fut cédée à l'Angleterre au traité d'Utrecht en 1713.
acadien, enne adj. et n. Qui concerne l'Acadie. / n. m. Parler francophone utilisé en Acadie.
acajou n. m. Arbre de la famille des méliacées poussant dans les régions tropicales. / Bois d'un brun rougeâtre, très utilisé en ébénisterie et en marqueterie. (Dès la fin du XVIIe siècle on utilisa le bois très dur de l'acajou d'Amérique : Antilles, Amérique tropicale. L'acajou d'Afrique, qui donne un bois plus clair, appartient à une espèce voisine.)
acalèphes n. m. pl. ZOOL. Classe d'invertébrés marins (cnidaires) à laquelle appartiennent la plupart des méduses, dont certaines peuvent atteindre 2,5 m de diamètre et posséder des tentacules de 30 m de long.
acanthacées n. f. pl. BOT. Famille de plantes dicotylédones des régions chaudes, dont le type est l'acanthe.
acanthe n. f. BOT. Plante ornementale de la famille des acanthacées, d'origine tropicale, cultivée dans la région méditerranéenne. *L'acanthe, à feuilles très découpées, produit des fleurs d'un blanc rosé disposées en épis, érigées au sommet de sa tige.* / *Feuille d'acanthe* ou *acanthe* : motif décoratif du chapiteau corinthien, qui reproduit la feuille de cette plante.
acanthocéphales n. m. pl. ZOOL. Embranchement d'animaux vermiformes caractérisés par leur trompe munie de nombreux crochets. *Les acanthocéphales, dans leur forme adulte, vivent en parasites dans l'intestin des vertébrés.*
a cappella loc. adv. (mots italiens) MUS. *Chanter a cappella* : chanter sans être accompagné d'instruments de musique.
Acapulco *592 000 h.* Port du Mexique sur le Pacifique ; il commerce avec l'Extrême-Orient depuis le XVIe siècle. Station balnéaire, au sud de Mexico.
acariâtre adj. D'un comportement désagréable, hargneux, irritable. *Une personne acariâtre.*
acariens n. m. pl. ZOOL. Ordre d'arachnides pour la plupart de très petite taille (parfois microscopiques), dont certaines espèces sont parasites, telles la tique et l'aoûtat, et d'autres sont responsables d'allergies à la poussière.
accablé, e adj. Qui supporte qqch. de fatigant. / Fig. Déprimé, défait. *Avoir l'air accablé.*
accablement n. m. État d'une personne abattue par la fatigue, le chagrin, la souffrance, etc.
accabler v. t. [1] Imposer à (qqn) une charge physique ou morale excessive. *La chaleur, le chagrin l'accable.*
accalmie n. f. Apaisement temporaire au cours d'une tempête. / Fig. Répit momentané après une période d'agitation.
accaparement n. m. Fait de conserver pour soi, pour son proche usage. *Accaparement du pouvoir.* / ÉCON. Fait d'acquérir une grande quantité de valeurs ou de marchandises pour en faire monter le prix.
accaparer v. t. [1] Prendre, garder pour son usage exclusif. *Accaparer les honneurs.* / Occuper entièrement l'esprit, le temps de (qqn). *Son travail l'accapare.*
accapareur, euse n. Personne qui accapare. *La révolte contre les accapareurs fut aux sources de la Révolution française.*
accastillage n. m. Vx. Ensemble des parties du navire situées hors de l'eau. / Mod. Ensemble des aménagements, des appareils, des accessoires nécessaires à la manœuvre d'un navire.

Le mimosa est un **acacia** réputé pour le parfum et la forme de ses fleurs jaunes.

L'**Académie** des sciences, à Chisinau, en Moldavie.

Acapulco, au Mexique, sur la côte du Pacifique.

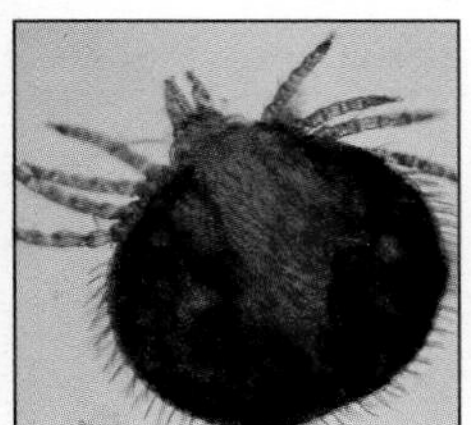
*Les **acariens** sont des arachnides de très petite taille ; certains sont même microscopiques.*

accastiller v. t. [1] MAR. Munir (un navire) de son accastillage.
accéder v. t. ind. [1] *Accéder à* : donner accès à ; parvenir à. *La route accède à la mer.* / Fig. *Accéder au pouvoir.* / Répondre favorablement (à une demande).
accelerando adv. (mot italien) MUS. En accélérant le tempo.
accélérateur, trice adj. et n. m. Qui accélère. / n. m. Dispositif qui régule l'admission du mélange de gaz combustibles dans le moteur d'un véhicule dans le but de modifier sa vitesse. *Appuyer sur l'accélérateur.* / CHIM. Corps qui active une réaction. / PHYS. NUCL. *Accélérateur de particules* : appareil qui communique à des particules élémentaires chargées (électrons, protons) une grande énergie cinétique, ce qui permet de les diriger sur une cible (qu'elle soit faite d'une matière solide, liquide ou gazeuse) pour en briser les noyaux atomiques. *On utilise les accélérateurs de particules pour étudier leur structure ou pour créer d'autres particules.* / Rég. En Afrique, tout aphrodisiaque.
accélération n. f. Accroissement de la vitesse. *L'accélération d'un véhicule. Accélération dans l'exécution d'un plan.* / MÉCAN. Quotient de la variation de la vitesse d'un mobile par l'intervalle de temps qui correspond à cette variation.
accéléré, e adj et n. m. Qui a subi une accélération. *Formation accélérée.* / n. m. CIN. Procédé technique, utilisé durant la prise de vues, et qui permet, au moment de la projection, de représenter les images filmées à un rythme plus rapide que la réalité. *Filmer l'éclosion d'une fleur en accéléré.*
accélérer v. t. [1] Augmenter la vitesse de. *Accélérer le pas.* / v. i. Aller plus vite, de plus en plus vite. *Accélérer à fond.*
accent n. m. Prononciation particulière propre aux usagers d'une langue dans un pays, une région, une ville, un milieu social. / Fig. *Mettre l'accent sur qqch.* : souligner son importance. / PHONÉT. Renforcement de l'intonation en intensité, en hauteur ou en durée porté sur certaines syllabes. *Accent tonique.* / GRAMM. En français, signe graphique placé au-dessus d'une voyelle pour indiquer sa prononciation (*l'accent aigu* [´], *l'accent grave* [`], *l'accent circonflexe* [^]. *L'accent circonflexe permet en outre de différencier des homonymes* {*mur et mûr*}).
accenteur n. m. ZOOL. Petit passeau à bec fin, au plumage brun et gris, souvent posé au sol.
accentuation n. f. Fait de prononcer un mot en respectant l'accent tonique. / Fait de placer un accent sur une voyelle. *Faute d'accentuation.* / Fait de mettre en relief, d'amplifier. *Accentuation des traits pour caricaturer un personnage.*
accentué, e adj. Surmonté d'un accent. / Mis en relief, souligné.
accentuer v. t. [1] Ajouter un accent à. / Souligner, intensifier. *L'évolution de la situation accentue notre désaccord.*
acceptable adj. Qu'il est possible d'accepter. *Une proposition acceptable.*
acceptation n. f. Action de prendre, de recevoir, d'assumer qqch. *L'acceptation d'un don. L'acceptation du devoir.* / DR. Acte par lequel une personne donne son accord formel. *Acceptation d'un contrat.*
accepter v. t. [1] Recevoir, prendre de bon gré. *Accepter un cadeau.* / Admettre. *Accepter la défaite.*
acception n. f. Sens d'un mot. *Acception figurée, familière, vieillie.* / DR. *Sans acception de personne* : sans préférence pour telle ou telle personne.
accès n. m. Passage pour atteindre un lieu, y pénétrer. *Accès interdit. Une côte rocheuse d'accès difficile.* / Manifestation brusque et aiguë. *Un accès de fièvre, de larmes, de fureur, de rire.* / INFORM. Procédé utilisé pour rechercher ou entrer une donnée dans la mémoire d'un ordinateur.
accessibilité n. f. Caractère accessible.
accessible adj. Auquel il est possible d'accéder. / Fig. *Une pensée accessible*, facile à comprendre.
accession n. f. Fait d'accéder à. *Accession à un poste de ministre. Accession à l'indépendance.*
accessit n. m. Distinction attribuée à un candidat, de moindre valeur qu'un prix. *Obtenir un accessit d'histoire et le deuxième prix de français.*
accessoire n. m. Élément qui vient s'ajouter à l'élément principal d'un objet, d'une machine. *Accessoires de voiture, d'appareil ménager.* / Élément du décor, de l'éclairage, des costumes dans une représentation, un spectacle. / Élément qui accompagne une tenue vestimentaire et s'y assortit (sacs, gants, foulard, ceinture, etc.).
accessoirement adv. De manière accessoire.
accessoiriser v. t. [1] Dans le langage de la mode, donner un, des accessoires à. *Accessoiriser sa tenue par des bijoux fantaisie.*

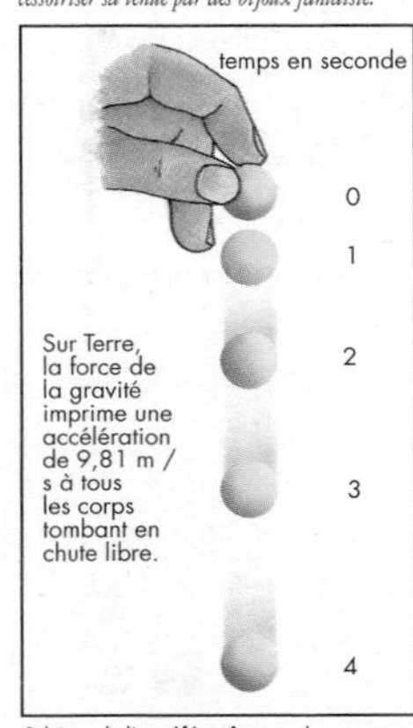
temps en seconde
0
1
2
3
4
Sur Terre, la force de la gravité imprime une accélération de 9,81 m / s à tous les corps tombant en chute libre.
*Schéma de l'**accélération** par la pesanteur.*

accessoiriste n. Personne chargée de s'occuper des accessoires au théâtre, au cinéma, à la télévision.
accident n. m. Événement imprévu et brutal entraînant des conséquences malheureuses, des dommages matériels ou corporels. *Un accident d'avion.* / *Accident de terrain* : dénivellation. / MÉD. Affection qui se manifeste de façon soudaine. *Accident vasculaire.* / MUS. Dièse, bémol ou bécarre qui ne sont pas à la clef. / PHILO. Ce qui est contingent et dont la disparition n'altère pas la substance, l'essence de l'être. / loc. adv. *Par accident* : par hasard.
accidenté, e adj. et n. *Terrain accidenté*, inégal, de surface irrégulière. / Qui a subi un accident. *Camion accidenté.* / n. *Les accidentés du week-end.*
accidentel, elle adj. Qui advient par accident. *Une rencontre accidentelle.*
accidentellement adv. Par hasard, fortuitement.
accidentologie n. f. Étude des accidents, de leurs causes.
acclamation n. f. Ensemble des cris qui marquent l'enthousiasme d'une foule. / *Par acclamation* : sans avoir recours à un scrutin.
acclamer v. t. [1] Saluer par des acclamations. *Acclamer le vainqueur.*
acclimatation n. f. Action d'acclimater ou de s'acclimater. / *Jardin d'acclimatation*, où l'on a rassemblé des animaux divers, souvent d'origine lointaine, et des plantes généralement rares ou exotiques.
acclimatement n. m. Fait, pour un organisme vivant, d'être acclimaté, de s'acclimater. *Acclimatement d'une plante tropicale dans une région tempérée.*
acclimater v. t. [1] Habituer (un organisme vivant) à un climat, un biotope différent de son milieu d'origine. *Acclimater une plante.* / v. pron. *Certaines plantes s'acclimatent plus facilement que d'autres.* / Fig. S'habituer à un nouvel environnement familial, social ou professionnel, à de nouvelles conditions de vie. *Bien qu'il ne soit pas en France depuis longtemps, cet enfant s'est bien acclimaté à son milieu scolaire.*
accointance n. f. (Le plus souvent au plur.) Péjor. Relation. *Avoir des accointances dans les milieux politiques.*
accolade n. f. Action d'embrasser en mettant le bras autour du cou pour accueillir, féliciter qqn. *Donner l'accolade.* / HIST. Au Moyen Âge, pendant l'adoubement, coup du plat de l'épée donné sur l'épaule du nouveau chevalier. / Signe graphique ({ ou }) unissant plusieurs lignes. / ARCHIT. Arc dont les courbes symétriques rappellent la forme d'une accolade horizontale, motif caractéristique de l'art gothique flamboyant.
accoler v. t. [1] Joindre fermement.
accommodant, e adj. Enclin à l'accommodement. *Un type accommodant.*
accommodation n. f. ÉCOL. Adaptation d'un organisme à un milieu extérieur qui n'est pas le sien, par l'acquisition de caractères nouveaux. / PHYSIOL. Modification de la courbure du cristallin de l'œil qui permet de garder la vision nette d'un objet quand la distance change.
accommodement n. m. Conciliation, arrangement. *Certains accommodements restent possibles.*
accommoder v. t. [1] Apprêter (des aliments). *Accommoder des restes.* / v. pron. S'adapter (à). *S'accommoder à la chaleur.* / Se satisfaire (de), accepter. *S'accommoder du temps qui passe.*

accompagnateur, trice n. Personne qui accompagne. / MUS. Musicien accompagnant un chanteur, un soliste.
accompagnement n. m. Action d'accompagner. / MUS. Partie instrumentale qui soutient la mélodie. / CUIS. Ce qui est servi avec le plat principal. *Viande avec accompagnement de légumes variés.*
accompagner v. t. [1] Aller avec (qqn) ; escorter. *Accompagner son enfant à l'école.* / Fig. Se joindre à, compléter ; agrémenter. *Il accompagna son geste d'un sourire.* / v. pron. *Sa fièvre s'accompagne de toux.* / MUS. Soutenir par un accompagnement.
accompli, e adj. Parfaitement, complètement fini, réalisé. *Un vœu accompli.* / *Fait accompli*, auquel on ne peut rien changer. *Il m'a mis devant le fait accompli.* / Fig. Qui a atteint le summum de la réussite dans son genre. *Un homme du monde accompli.*
accomplir v. t. [2] Mener à son terme. *Accomplir son mandat.* / Faire ; s'acquitter de. *Accomplir son travail, une promesse.* / v. pron. Se réaliser.
accomplissement n. m. Action d'exécuter, de réaliser qqch. *Accomplissement d'une tâche.* / Ce qui est réalisé ; résultat. *Accomplissement de ses désirs, de ses rêves.*
accord n. m. Entente entre des personnes. *Vivre en accord parfait.* / Harmonie, concordance. *Accord de la pensée et de l'action.* / Pacte, convention. *Conclure un accord. Accord commercial.* / *D'un commun accord* : de façon unanime. / Fam. *D'accord* : c'est entendu. / GRAMM. Rapport de concordance établi par des règles de la syntaxe entre deux ou plusieurs mots. *Accord du verbe avec son sujet.* / MUS. Groupe d'au moins trois notes jouées en même temps.
accordailles n. f. pl. Vx. Fiançailles.
accordéon n. m. Instrument de musique portatif muni d'un soufflet dont l'air fait vibrer les anches de métal actionnées par des touches ou des boutons.
accordéoniste n. Musicien jouant de l'accordéon.
accorder v. t. [1] I. Octroyer, donner. *Accorder son autorisation.* / Établir un accord, une entente, une harmonie entre (des personnes, des choses). *Accorder deux adversaires contre un troisième. Savoir accorder ses désirs aux réalités.* / v. pron. *Les deux frères s'accordent en tout.* / *S'accorder* : s'octroyer. **II.** MUS. Régler la justesse (d'un instrument de musique) sur un certain ton. *Accorder une guitare.* / v. pron. *S'accorder en la.* / Fig. *Accorder ses violons* : se mettre d'accord. **III.** GRAMM. Faire correspondre entre les mots d'une phrase les marques de genre, de nombre ou de personne. *Savoir accorder le participe passé en fonction de l'auxiliaire.* / v. pron. *L'adjectif s'accorde avec le nom,* prend ses marques de genre et de nombre de celles du nom.
accordeur, euse n. MUS. Personne dont le métier consiste à régler la justesse du ton de certains instruments de musique.

Accordéon.

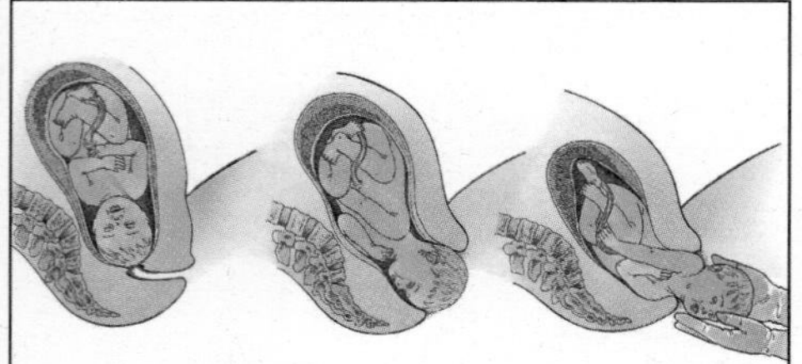

Phases principales d'un ***accouchement*** *normal.*

accore adj. MAR. Abrupt, en parlant du littoral, plongeant directement en eaux profondes.
accort, e adj. Agréable, avenant. *Une soubrette accorte.*
accostage n. m. Action d'approcher, de se mettre bord à bord. *Accostage d'un navire.*
accoster v. t. [1] MAR. Se placer le long de (un quai, un autre navire). / Fig. Aborder (qqn).
accotement n. m. Espace compris, de chaque côté d'une route, entre la chaussée et le fossé. / Partie du ballast d'une voie de chemin de fer située à l'extérieur des deux côtés des rails.
accouchée n. f. Femme qui vient d'accoucher.
accouchement n. m. Ensemble des phénomènes physiologiques qui précèdent l'expulsion du fœtus et du placenta hors du corps de la mère, et permettent la naissance. / *Accouchement à terme*, qui se produit, en moyenne après 270 jours de grossesse. / *Accouchement prématuré*, qui se produit entre six et huit mois, environ, de grossesse. / *Accouchement au forceps*, à l'aide d'un instrument destiné à saisir la tête du fœtus pour aider à son expulsion. / *Accouchement par césarienne*, par intervention chirurgicale. / *Accouchement sans douleur*: méthode destinée à atténuer les douleurs de la femme enceinte au moment de la naissance, comportant des exercices de relaxation et une préparation psychologique.
accoucher v. i. [1] Donner naissance (à un enfant). / v. t. dir. Aider (une femme) à enfanter.
accoucheur, euse n. Spécialiste des accouchements.
accouder (s') v. pron. [1] S'appuyer sur le coude, les coudes. *S'accouder au bar.*
accoudoir n. m. Appui pour le coude. *Les accoudoirs d'un fauteuil.*
accouplement n. m. Union sexuelle d'un mâle et d'une femelle d'une espèce animale. / Union de plusieurs éléments mécaniques, électriques, de même nature, destinée à les rendre solidaires.
accoupler v. t. [1] Réunir par couple. *Accoupler des bœufs sous le joug.* / *Accoupler une jument à l'étalon,* faire s'unir sexuellement des chevaux. / v. pron. S'unir sexuellement. *Des chiens s'accouplent dans la rue.*
accourir v. i. [3] Venir en courant, en hâte.
accoutrement n. m. Action d'accoutrer; tenue vestimentaire ridicule ou insolite.
accoutrer v. t. [1] Péjor. Habiller (qqn) de manière ridicule ou insolite. *Accoutrer un clown.* / v. pron. *S'accoutrer de manière voyante.*
accoutumance n. f. Fait de s'habituer peu à peu à qqch. *Accoutumance au froid.* / MÉD. Processus par lequel un organisme s'habitue progressivement à l'absorption de certaines substances dont il faut ensuite augmenter les doses pour qu'elles continuent à agir. *Accoutumance aux médicaments, aux stupéfiants.*
accoutumer v. t. [1] Habituer.
accouvage n. m. Procédé ayant pour but de faire éclore les œufs en couveuse artificielle.
Accra *738 500 h.* Capitale du Ghana dans le golfe de Guinée. Port exportateur de cacao et d'or; grande raffinerie de pétrole.
accréditation n. f. Action de donner à qqn qualité pour représenter officiellement un État. *Accréditation d'un ambassadeur auprès d'un gouvernement étranger.*
accréditer v. t. [1] Rendre crédible, vraisemblable. / Donner une accréditation à.
accréditif n. m. Lettre par laquelle une banque permet à un de ses clients de se faire accorder un crédit par une autre banque. / Ce crédit lui-même.
accrétion n. f. ASTRON. Processus d'accroissement de la masse d'un astre par l'attraction qu'il exerce sur les matériaux (gaz, poussières) qui l'environnent.
accro adj. et n. Fam. Dépendant (d'une drogue); passionné (de). *Elle est devenue accro à l'héroïne. Les accros des jeux vidéo.*
accroc n. m. Déchirure faite par qqch. de pointu. / Difficulté, incident fâcheux. *Plan qui se déroule sans accroc.*
accrochage n. m. Action de suspendre à un crochet. / Collision sans gravité. / MILIT. Combat de courte durée entre de petites unités. / Fam. Dispute.
accroche n. f. Dans le langage de la publicité et des médias, élément de texte destiné à attirer l'attention du lecteur.
accroche-cœur (s) n. m. Mèche de cheveux bouclés en forme de crochet.
accrocher v. t. [1] Suspendre à un crochet. / Heurter, pour un véhicule. / Retenir, arrêter (qqn, qqch.). / v. pron. Se cramponner (à). / Fam. Se disputer.
accrocheur, euse adj. Qui attire l'attention. *Une publicité accrocheuse.* / Qui s'accroche, tenace. *Les joueurs sont plus accrocheurs qu'hier.*
accroissement n. m. Augmentation en quantité, en intensité. *Accroissement de la population.* / Différence entre la valeur finale et la valeur initiale d'une quantité.
accroître v. t. [3] Agrandir, augmenter en quantité, en intensité. *Accroître ses gains.*
accroupir (s') v. pron. [2] S'asseoir sur les talons.
accrue, e adj. Augmenté.
accueil n. m. Manière de recevoir une personne. *Accueil chaleureux.* / *Centre d'accueil*: lieu où l'on reçoit des voyageurs, des personnes réfugiées, immigrées, sinistrées, pour leur venir en aide.
accueillant, e adj. Qui accueille chaleureusement; où l'on reçoit un accueil chaleureux. *Une femme accueillante. Un restaurant accueillant.*
accueillir v. t. [3] Recevoir d'une certaine manière (qqn, qqch.). *Il accueillit la nouvelle avec stupeur.* / Donner l'hospitalité à.
acculer v. t. [1] Pousser dans un endroit où l'on ne peut plus reculer. *Acculer contre le mur.* / Fig. *Les manifestations ont acculé le gouvernement à la négociation.*
acculturation n. f. ETHNOL. Processus d'acquisition, par un individu ou un groupe d'individus, de certaines valeurs culturelles appartenant à un autre groupe d'individus avec lequel il se trouve en contact.
accumulateur n. m. Appareil capable d'emmagasiner de l'énergie puis de la restituer progressivement. / *Accumulateur électrique*: appareil qui accumule de l'énergie électrique, obtenue par réaction chimique, qu'il restitue ensuite sous forme de courant électrique. *Batterie d'accumulateurs d'une voiture.*
accumulation n. f. Action d'accumuler; résultat de cette action. *Une accumulation d'objets.* / Fig. *Une accumulation d'erreurs.* / *Chauffage par accumulation*: système de chauffage qui permet d'emmagasiner de l'énergie électrique à certaines heures du jour ou de la nuit pour restituer, à l'heure prévue, la chaleur ainsi emmagasinée.
accumuler v. t. [1] Amasser, rassembler en grande quantité. *Accumuler de la poussière.*
accusateur, trice adj. et n. Qui accuse. *Tendre un doigt accusateur.* / Subst. *Accusateur public*: magistrat chargé du ministère public, pendant la Révolution française.
accusatif n. m. LING. Dans les langues à déclinaison, cas utilisé pour indiquer le complément d'objet direct.
accusation n. f. Action de mettre qqn en cause, de lui imputer une faute, un crime. *Être victime de graves accusations. Accusation injustifiée.* / DR. Action de déférer devant la justice une personne pour un délit, un crime, passible de sanction. / *L'accusation*: le ministère public qui présente les charges contre l'accusé face à la défense. / *Acte d'accusation*: exposé des infractions imputées à un accusé. / *Chefs d'accusation*: motifs de l'accusation.
accusé, e n. Qui a fait l'objet d'une accusation.
accuser v. t. [1] Imputer une faute à (qqn); mettre en accusation. / Fig. Accentuer, mettre en relief.
ace n. m. (mot anglais) Au tennis, balle de service qui n'est pas reprise par l'adversaire.
acéphale adj. et n. m. Qui est dépourvu de tête. *Certains mollusques, comme les huîtres, les moules, sont acéphales.* / n. m. *Un acéphale.*
acéracées n. f. pl. BOTAN. Famille de dicotylédones qui groupe des arbres à feuilles opposées, dont l'érable et le sycomore ou faux platane.
acerbe adj. Qui est dur et blessant. *Des paroles acerbes.*
acéré, e adj. Pointu. *Un stylet acéré.* / Fig. Mordant. *Une critique acérée.*
acétal n. m. CHIM. Composé organique résultant de la combinaison d'une molécule d'aldéhyde (ou de cétone) et de molécules d'alcool. *L'acétal ordinaire est de formule* $CH_3 - CH (OCH_2H_5)_2$.
acétamide n. m. CHIM. Amide de l'acide acétique, de formule CH_3CONH_2.
acétate n. m. CHIM. Sel ou ester de l'acide acétique. *Les acétates de vinyle et de cellulose sont à la base de la fabrication de nombreuses matières plastiques.*
acétique adj. Qui a la nature, le goût du vinaigre. / CHIM. *Acide acétique*: acide de formule CH_3COOH résultant de l'oxydation de l'alcool éthylique. *Le vinaigre, riche en acide acétique, lui doit sa saveur piquante.*
acétobacter n. m. inv. BIOL. Bactérie qui oxyde partiellement l'éthanol et le transforme en acide acétique. *Les acétobacter sont utilisés pour la fabrication du vinaigre.*
acétone n. f. CHIM. Liquide incolore, odorant et volatil de formule CH_3CONH_2, utilisé comme solvant des substances organiques. *L'acétone est la plus simple des cétones.*
acétonémie n. f. MÉD. Présence anormale d'acétone dans le sang, fréquente chez les diabétiques.
acétonurie n. f. MÉD. Présence anormale d'acétone dans les urines.
acétylcholine n. f. BIOCHIM. Neurotransmetteur qui transmet l'influx nerveux d'une fibre nerveuse motrice aux muscles ainsi que, dans certains cas, d'un neurone à l'autre.
acétylcoenzyme A n. f. BIOCHIM. Molécule associant l'acide acétique à une coenzyme dérivée de l'acide pantothénique (vitamine B); son rôle est essentiel dans de nombreux processus métaboliques (comme la biosynthèse des acides gras).
acétylène n. m. CHIM. Hydrocarbure insaturé de formule C_2H_2, le plus simple des alcynes.
♦ L'acétylène est un composé gazeux inflammable, préparé à partir de carbure de calcium mis au contact de l'eau. Sa combustion dégage une grande quantité de chaleur qui, utilisée notam. dans le chalumeau oxyacétylénique, permet d'atteindre des températures de 3 000 °C. Il intervient comme agent de synthèse dans de nombreux composés utilisés dans l'industrie: résines vinyliques, caoutchouc synthétique, fibres textiles artificielles, etc.
acétylsalicylique adj. CHIM. *Acide acétylsalicylique*: aspirine, de formule CO_2H-C_6H_4-O-CO-CH_3.
Achab 874-853 av. J.-C. Roi d'Israël. Son épouse Jézabel, fille du roi de Tyr, introduisit en Israël le paganisme et fit persécuter les fidèles du judaïsme.
Achaïe Région de la Grèce antique, dans le nord du Péloponnèse. Au XIIIe siècle, les croisés étendirent ce nom à tout le Péloponnèse, qu'ils nommèrent aussi Morée. Aujourd'hui, l'Achaïe forme un nome de la Grèce, dont le chef-lieu est *Patras*.
achaine Voir **akène**
achalandé, e adj. Vx Qui a beaucoup de chalands, de clients. / (D'emploi critique) *Boutique bien achalandée*, qui propose un grand choix de marchandises.

*Bas-relief trouvé dans une nécropole d'****Achaïe****.*

*Darius III à la bataille d'Issus (333 av. J.-C.); sa mort 3 ans plus tard mit fin à la dynastie des **Achéménides**.*

achaler v. t. [1] Au Canada, contrarier, déranger, incommoder (qqn).

Achantis ou **Ashantis** Peuple établi dans le centre du Ghana. Guerriers remarquables qui résistèrent aux Anglais jusqu'en 1901, les Achantis sont également connus pour leur habileté à travailler l'or.

Achard (Marcel) 1899-1974 Dramaturge français. L'auteur de *Jean de la lune* (1929) et de *Patate* (1956) pare ses comédies d'une fantaisie rêveuse, voire amère.

achards n. m. pl. Préparation d'origine indienne composée de fruits et de légumes macérés dans du vinaigre, utilisée comme condiment.

acharnement n. m. Agressivité, violence tenace. *Se battre avec acharnement.* / Ardeur obstinée. *Acharnement au travail.* / *Acharnement thérapeutique*: comportement qui consiste à mettre toutes les techniques thérapeutiques existantes pour maintenir en vie un malade en phase terminale.

acharner (s') v. pron. [1] Agir avec acharnement. *S'acharner sur un ennemi.*

achat n. m. Acquisition faite contre paiement. *L'achat d'une maison.* / Objet acquis. *Payer ses achats à la caisse.*

ache n. f. Plante de la famille des ombellifères comprenant diverses espèces dont l'une des plus connues, le céleri, est cultivée.

Achebe (Chinua) 1930 Écrivain nigérian d'expression anglaise. Quatre de ses romans *Le Monde s'effondre* (1958), *Le Malaise* (1960), *La Flèche de Dieu* (1964) et *Le Démagogue* (1966) couvrent l'histoire du Nigeria depuis la conquête coloniale jusqu'après l'indépendance.

Achéenne (ligue) Fédération de douze cités de l'Achaïe antique, au Vᵉ siècle av. J.-C. Elle se reconstitua au IIIᵉ siècle et s'empara d'Athènes en 229. Les Romains la vainquirent à Leucopetra en 146 av. J.-C. et conquirent la Grèce cette même année.

Achéens Peuples qui envahirent la Grèce vers 2000 av. J.-C. Ils fondèrent une civilisation brillante à Mycènes et Tirynthe (Argolide). Responsables de l'expédition contre Troie qu'ils menèrent sous le commandement d'Agamemnon, roi d'Argos, ils semblent avoir, un temps, dominé le monde grec. L'invasion dorienne les refoula, à partir de 1180 av. J.-C. en Arcadie, au centre du Péloponnèse.

Achéménides Dynastie perse fondée au VIIᵉ ou au VIIIᵉ siècle av. J.-C. dont l'ancêtre, Achéménès (dont on sait fort peu de choses, mais dont l'existence n'est sans doute pas légendaire) aurait régné vers 700-690 sur les contreforts du Zagros. À partir de 550, elle étend progressivement sa domination sur l'Orient ancien. Unifié, l'empire perse est le plus vase de l'Antiquité, allant de la Méditerranée à l'Inde. La vie économique se développe et une nouvelle religion se répand, la religion mazdéenne réformée par Zarathoustra. Puis les guerres médiques menées contre les Grecs voient la défaite de Darius, à Marathon (490) et de Xerxès, à Salamine (480). Les ruines de Persépolis, capitale de Darius, montrent encore les fenêtres de son palais et les colonnes gigantesques couronnées de têtes animales de la salle du trône dont les murs de brique ont disparu. Outre les dimensions imposantes de ses édifices, l'art achéménide se caractérise par une inspiration animalière aux formes puissantes. La frise des Archers, en céramique (Paris, Louvre) témoigne de la monumentalité du décor à la polychromie séduisante et aux matériaux les plus divers. Il faut encore citer l'orfèvrerie qui, reprenant les thèmes de la sculpture, est d'une exécution parfaite. La fin tragique de Darius III, assassiné en 330 av. J.-C. après sa défaite par Alexandre le Grand, met fin à la dynastie et à son empire.

acheminement n. m. Action d'acheminer. *L'acheminement du courrier.*

acheminer v. t. [1] Diriger (qqch.) vers une destination. *Acheminer des marchandises.*

Achéron MYTH. GR. Fleuve des Enfers.

acheter v. t. [1] Obtenir (un bien) contre paiement. / Fig. Corrompre (qqn).

achètes n. m. pl. ZOOL. Classe d'annélides (sangsues) dépourvus d'appendices et de soies, à la métamérie moins marquée que chez les autres annélides, généralement munis de ventouses. Syn. hirudinées.

acheteur, euse n. Personne qui achète. *Le vendeur et l'acheteur.*

acheuléen adj. et n. m. PRÉHIST. Se dit d'un faciès culturel du Paléolithique inférieur, caractérisé par la taille d'outils en silex à deux faces (appelés bifaces), d'une facture plus soignée que ceux de l'abbevillien. *Outillage acheuléen.* / n. m. Ce faciès. *L'Acheuléen tient son nom de Saint-Acheul, localité de la Somme.*

achevé, e adj. Terminé, accompli. *Une œuvre achevée.* / Fig. *C'est un escroc achevé,* parfait dans son genre.

achèvement n. m. Action de mener quelque chose à bonne fin; résultat de cette action. *Achèvement d'un ouvrage.*

achever v. t. [1] Mener à sa fin (qqch. qui a été commencé). / Porter le coup mortel à.

Achille MYTH. GR. Fils de Pélée et de la déesse Thétis qui le plongea dans le Styx pour le rendre invulnérable (mais une feuille se colla sur son talon, qui resta vulnérable); il apparaît dans l'*Iliade* comme le plus brave des héros grecs au siège de Troie. Pour venger son ami Patrocle, il tue le prince troyen Hector, mais Pâris le touche d'une flèche au talon.

Achkhabad *410 000 h.* Capitale de la république du Turkménistan. Ville industrielle et centre administratif, elle est située dans un paysage désertique.

achondroplasie n. f. MÉD. Maladie héréditaire caractérisée par une ossification prématurée des cartilages provoquant un arrêt de la croissance en longueur des membres et entraînant un type spécifique de nanisme.

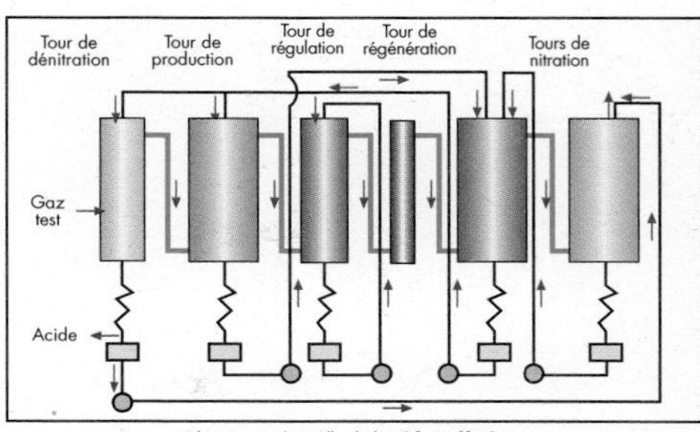

*Obtention industrielle de l'**acide sulfurique**.*

achondroplasique adj. et n. MÉD. Atteint d'achondroplasie. *Un nain achondroplasique.* / n. *Un service médical réservé aux achondroplasiques.*

achoppement n. m. *Pierre d'achoppement*: obstacle ou difficulté qui peut entraîner l'échec d'une entreprise, d'un travail, d'un projet.

achopper v. i. [1] Être arrêté (par). *Achopper sur une difficulté.*

achoura n. f. RELIG. En Islam, fête religieuse du dixième jour de la nouvelle année, au cours de laquelle les chiites commémorent la mort de Hussein.

achromatique adj. PHYS. Qualifie un système d'optique dont les aberrations chromatiques (irisations, etc.) ont été considérablement corrigées. *Objectif achromatique.*

achromatisme n. m. PHYS. Qualité, propriété d'un système d'optique achromatique.

achromatopsie n. f. MÉD. Affection de l'œil qui fait perdre, totalement ou partiellement, la perception des couleurs. *Le daltonisme est une forme particulière d'achromatopsie.*

acide adj. et n. m. **A.** adj. De saveur aigre. *Le prunellier a des fruits acides.* / CHIM. Qui présente les propriétés d'un acide. *Une solution acide.* / Fig. *Des propos acides,* faits pour blesser. **B.** n. m. CHIM. Nom générique de corps chimiques qui fournissent des protons agissant sur une base ou un métal en produisant des sels, de l'eau et de la chaleur. / *Acide aminé:* aminoacide.

acidifier v. t. [1] Rendre acide; transformer en acide.

acidimétrie n. f. Mesure de la concentration d'une solution acide.

acidité n. f. Goût, saveur acide. *L'acidité d'un fruit.* / CHIM. Caractère acide d'un corps chimique par oppos. à son alcalinité. *L'acidité d'une solution se mesure par son pH (potentiel hydrogène) et elle sera dite* « solution acide » *si son pH est inférieur à 7.*

acidose n. f. MÉD. Proportion anormale d'acide dans le plasma sanguin provoquant un déséquilibre acido-basique au sein de l'organisme et entraînant certains troubles.

acidulé, e adj. D'un goût acide, aigrelet. *Bonbons acidulés.*

acier n. m. Alliage composé essentiellement de fer et de carbone (teneur en carbone: 0,05 à 1,5 %), obtenu par oxydation de l'affinage de la fonte.

♦ Métal dur et malléable, l'acier possède des propriétés qui peuvent considérablement varier (résistance, malléabilité, etc.) suivant les traitements mécaniques et thermiques qu'on lui applique, et selon sa teneur en carbone. Les aciers dits *spéciaux* résultent de l'alliage avec certains autres éléments: chrome, nickel, manganèse, etc. *Les aciers au chrome*, d'une teneur de 1 à 4 % en chrome, sont très durs. Ils se fragilisent au-delà de 4 %. *Les aciers nickel-chrome* sont très utilisés, notamment les *aciers inoxydables* (de teneur de 18 % de chrome et de 8 % de nickel). *Les aciers au manganèse* présentent une grande résistance mécanique. *Les aciers chrome-tungstène* conservent leur très grande dureté à haute température et sont employés à la fabrication d'outils à coupe rapide.

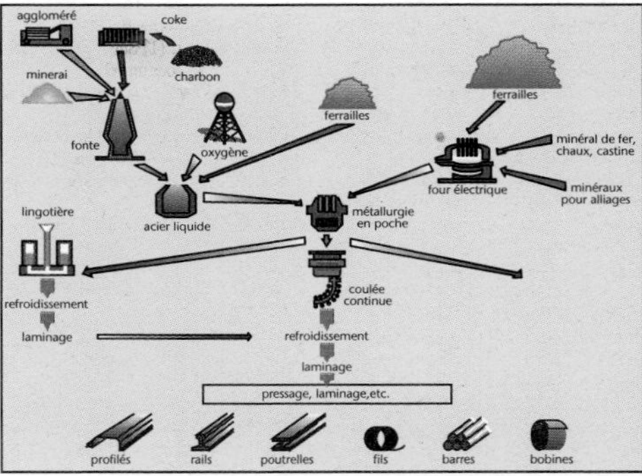

*Fabrication de l'**acier** à partir de minerai de fer ou de ferraille.*

*L'**Aconcagua**, avec ses 6 959 m, est le plus haut sommet d'Amérique. Il est situé dans la province de Mendoza, en Argentine.*

aciérie n. f. Usine produisant de l'acier.
acineux, euse adj. ANAT. *Glande acineuse*, qui est faite d'éléments arrondis (les acini) regroupant des cellules sécrétrices en grappe, autour de canaux. *Les pancréas, les glandes salivaires sont des glandes acineuses.*
acinus n. m. ANAT. Élément d'une glande acineuse. Pl. Des *acini*.
Acis MYTH. GR. Berger, aimé de Galatée, il suscita la jalousie du cyclope Polyphème qui l'écrasa sous un rocher.
acmé n. m. Litt. Apogée, phase culminante. *L'acmé d'une culture, d'une civilisation.*
acméisme n. m. LITTÉR. Mouvement littéraire russe né juste avant la Première Guerre mondiale au sein d'un groupe d'écrivains qui affirmaient que l'œuvre d'art appartenait tout entière au monde sensible qu'il faut aimer pour son existence même et qui défendaient la clarté de l'expression et la limpidité du style. *Les principaux représentants de l'acméisme furent Anna Akhmatova et Ossip Mandelstam.*
acné n. f. MÉD. Affection de la peau due à un fonctionnement excessif des glandes sébacées, provoquant l'apparition de comédons, de lésions inflammatoires (pustules, etc.), particulièrement sur le visage. *Acné juvénile.*
acnéique adj. MÉD. De l'acné, atteint d'acné.
acœlomate adj. et n. m. ZOOL. Se dit d'un animal qui ne possède pas de cœlome. *Certains vers, comme le ténia, la douve sont acœlomates.* / n. m. *Un acœlomate.*
acolytat n. m. RELIG. CATHOL. Anc. Autrefois, le plus élevé des quatre ordres mineurs (aujourd'hui nommés *ministères*).
acolyte n. m. Anc. Clerc qui avait reçu l'acolytat. / Mod. Clerc qui seconde et assiste le prêtre à l'autel. / (Souvent péjor.) Compagnon, complice.
acompte n. m. Paiement partiel, effectué à l'avance sur le total d'une somme due. *Demander un acompte sur son salaire.*
Aconcagua *6 959 m* Volcan éteint d'Argentine, l'un des plus hauts sommets des Andes et du continent américain.
aconit n. m. BOT. Plante toxique, de la famille des renonculacées, dont les fleurs ont cinq sépales, l'un recouvrant les autres comme un capuchon. *On connaît plus de 400 espèces d'aconits en Europe et en Asie.*
aconitine n. f. PHARM. Alcaloïde extrait de la racine d'une renonculacée vénéneuse, l'*aconit napel*, utilisé à faible dose en médecine. *À dose élevée, l'aconitine est mortelle (paralysie des muscles respiratoires).*
a contrario loc. adv. (mots latins) PHILO. *Raisonnement a contrario* : raisonnement qui, à partir d'une opposition dans les hypothèses, conclut à une opposition dans les conclusions. *Un raisonnement a contrario peut servir de base à une argumentation erronée.*
à contre loc. adv. MAR. Dont le point d'écoute est au vent. *Bordées à contre.*
acoquiner (s') v. pron. [1] Péjor. Se lier (avec qqn). *Il s'est acoquiné avec un escroc notoire.*
Açores (les) *2 314 km² 260 000 h.* Archipel portugais de l'Atlantique, qui s'étend entre *1 500* et *2 100 km* au large de Lisbonne, et qui comprend neuf îles : Sao Miguel, Santa Maria, Terceira, Pico, Faial, Sao Jorge, Graciosa, Flores et Corvo. Capitale *Ponta Delgada* (sur l'île de Sao Miguel). L'activité volcanique est intense aux Açores dont le climat, doux et humide, favorise les cultures fruitières et l'acclimatation de plantes exotiques tout en facilitant l'élevage laitier. La traditionnelle pêche au cachalot, qui faisait autrefois la richesse de l'archipel, est à peu près abandonnée. Terceira abrite une importante base américaine à Lajes. L'anticyclone des Açores, centre de hautes pressions, régit en partie le climat de l'Europe.

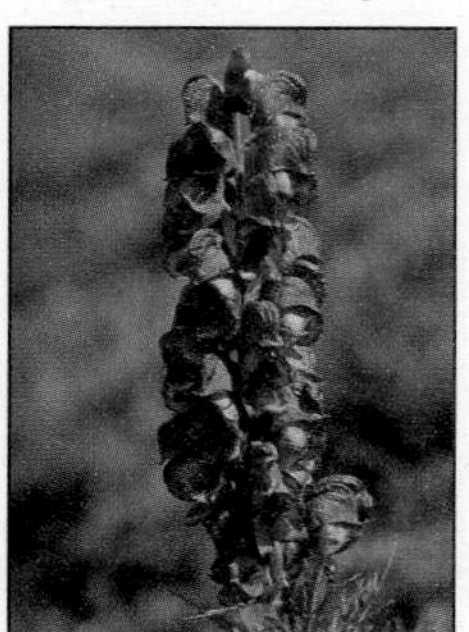

*Épi d'**aconit**, une plante vénéneuse des régions montagneuses, qui peut atteindre une hauteur de 1 m.*

à-côté n. m. Chose secondaire, annexe, d'appoint. *Ne pas négliger les à-côtés de l'affaire.* / Recette, gain d'appoint. *Quelques à-côtés pour améliorer l'ordinaire.*
à-coup n. m. Mouvement discontinu, commençant et s'arrêtant brusquement. *Avancer par à-coups.*
acouphène n. m. MÉD. Bourdonnement, sifflement perçu par l'oreille en absence de toute excitation sonore extérieure.
acousticien, enne n. Spécialiste d'acoustique.
acoustique adj. et n. f. Qui concerne l'ouïe. *Appareil acoustique.* / n. f. Branche de la physique qui étudie la production, la propagation, la réception et la reproduction des sons. / Ensemble des qualités d'un lieu en ce qui concerne la propagation des sons. *Bonne acoustique d'une salle de concert.*
acquéreur n. m. Personne qui acquiert.
acquérir v. t. [3] Entrer en possession de (un bien). / Réussir à obtenir (une qualité, un droit). *Acquérir de l'expérience.*
acquêt n. m. Bien acquis à titre onéreux par l'un des époux ou par les deux au cours du mariage, et qui devient leur propriété commune. *Communauté réduite aux acquêts.*
acquiescement n. m. Consentement. *Hocher la tête en signe d'acquiescement.*
acquiescer v. t. ind. [1] *Acquiescer à* : consentir à, approuver. *Il acquiesça à sa requête.*
acquis, e adj. et n. m. **A.** adj. Que l'on a obtenu. *Avantages acquis.* / Qui n'est pas inné ou héréditaire. *Maladie acquise.* **B.** n. m. Ensemble de connaissances ou de droits obtenus par l'expérience, le travail, des actions particulières. *Les acquis sociaux.*
acquisitif, ive adj. De l'acquisition. / DR. *Prescription acquisitive* : période au terme de laquelle le bien prescrit est acquis à celui qui peut attester d'une possession continue.
acquisition n. f. Action de devenir propriétaire. *Faire l'acquisition d'une voiture.* / Ce que l'on a acheté ou obtenu. *Être satisfait de ses acquisitions. L'acquisition du savoir.*
acquit n. m. Reconnaissance écrite d'un règlement. / *Pour acquit* : formule que l'on porte sur une facture, un mémoire, une lettre de change pour certifier que le paiement a été effectué. / Fig. *Par acquit de conscience* : pour n'avoir aucun reproche à se faire. *Vérifier un renseignement par acquit de conscience.*
acquit-à-caution n. m. DR. FISC. Titre délivré par l'administration pour que des marchandises soumises à un impôt, à des droits de douane, puissent circuler avant que le règlement de ces taxes ait été effectué. Pl. Des *acquits-à-caution*.
acquittement n. m. Action d'acquitter, de s'acquitter. *Acquittement des droits de succession.* / DR. Fait, pour un tribunal, de déclarer un accusé non coupable.
acquitter v. t. [1] Payer (un dû). / Déclarer non coupable. / v. pron. Se libérer (d'une dette, d'un devoir). *S'acquitter d'une promesse.*
acra n. m. CUIS. Beignet (souvent de morue) très relevé frit dans de l'huile bouillante. *Les acras sont un plat traditionnel des Antilles.*
acre n. f. Ancienne mesure de superficie en Angleterre (environ 40 ares) et en France (environ 50 ares).
Acre *153 000 km² 385 000 h.* État de l'ouest du Brésil. Capitale *Rio Branco*. C'est une région au climat chaud et humide, productrice de caoutchouc.
âcre adj. Qui irrite, pique au goût ou à l'odorat.
Acre ou **Akko** *45 400 h.* Port d'Israël sur la Méditerranée. Cette ancienne forteresse des croisés (Saint-Jean-d'Acre) est devenue une ville industrielle.
âcreté n. f. Caractère de ce qui est âcre.
acridiens n. m. pl. ZOOL. Famille d'insectes orthoptères sauteurs à antennes courtes, couramment appelés criquets.
acrimonie n. f. Mauvaise humeur qui se traduit par des paroles aigres, blessantes. *Des reproches pleins d'acrimonie.*
acrimonieux, euse adj. Exprimant de l'acrimonie. *Critiques acrimonieuses.*
acrobate n. Artiste pratiquant l'acrobatie, personne exécutant des acrobaties. *Les acrobates et les saltimbanques.* / ZOOL. Petit marsupial arboricole, de la taille d'une souris, qui possède une membrane de chaque côté du corps (du coude au genou) lui permettant de planer.
acrobatie n. f. Technique pratiquée par un artiste exécutant des exercices d'agilité, d'équilibre, des tours de force, au cours d'un spectacle. *Faire un numéro d'acrobatie.* / Exercice ainsi exécuté. *Faire des acrobaties.*
acrocéphalie n. f. MÉD. Malformation crânienne due à la soudure prématurée de certaines sutures, qui donne au crâne une forme allongée en hauteur, en pain de sucre.
acrocyanose n. f. MÉD. Syndrome caractérisé par une cyanose permanente affectant particulièrement les extrémités du corps (mains, pieds).
acroléine n. f. CHIM. Aldéhyde de formule $CH_2 = CH\text{-}CHO$ qui se forme en faibles quantités dans la pyrolyse des corps gras.
acromégalie n. f. MÉD. Hypertrophie des mains et des pieds, accompagnée d'une déformation du visage, due à un dérèglement de l'hypophyse.
acromion n. m. ANAT. Apophyse aplatie prolongeant l'omoplate, qui surplombe l'articulation de l'épaule.
acronyme n. m. Sigle qui se prononce sans épeler chacune des lettres qui le composent. *R.E.R. est un sigle, Unesco est un acronyme.*
acropole n. f. Partie fortifiée d'une cité grecque, située en hauteur et où étaient édifiés des sanctuaires.

***Acrobatie** de saltimbanques, d'après une œuvre du peintre Jose Maria Sert y Badia.*

A

Acropole Citadelle de l'Athènes antique, l'Acropole, consacrée à Athéna, fut ornée de temples (*Parthénon*, *Érechthéion*, *Athéna Niké*) et d'une entrée monumentale (les *Propylées*) au Ve siècle av. J.-C. Sa réalisation, à l'époque de Périclès, est l'œuvre des architectes Ictinos, Callicratès et Mnésiclès, sous les ordres du sculpteur Phidias.

acrostiche n. m. Poème dont les lettres initiales de chaque vers lues dans le sens vertical forment un mot qui désigne le nom de l'auteur ou le nom de celui auquel il est dédié ou encore un mot relatif au sujet du poème.

acrotère n. m. ARCHIT. Socle situé au-dessus et aux extrémités d'un fronton. Ornement posé sur ce socle.

acrylique adj. et n. m. *Acide acrylique*: acide de formule $H_2C = CH - CO_2H$. *Les résines acryliques, dérivées de l'acide acrylique, sont utilisées pour la préparation de peintures.* / *Fibre acrylique* ou (n. m.) *acrylique*: fibre textile synthétique. *Vêtement en acrylique.*

acte [1] n. m. **I.** Ce qui est accompli par qqn. *Un acte de courage. Acte insensé.* / PSYCHAN. *Acte manqué*: acte révélant une distorsion entre ce que souhaite consciemment le sujet et ce qu'il refoule dans son inconscient (lapsus, oubli, etc.). / loc. adj. PHILO. *En acte*: qui est déjà accompli, réalisé (par oppos. à ce qui est en puissance, virtuel). / RELIG. CATHOL. *Acte de contrition*: manifestation de contrition qui implique le ferme propos de ne plus se rendre coupable d'un péché confessé et absous. **II.** DR. Manifestation de volonté comportant des conséquences juridiques. *Acte unilatéral*, où n'intervient que la volonté d'un seul (donation, testament, par exemple). *Acte bilatéral*, qui constate un accord (contrat, par exemple). / Texte qui constate, établit, de façon légale, un fait, un contrat. *Acte d'état civil. Un acte notarié. Signer un acte de vente.* / *Prendre acte de qqch.*: faire constater juridiquement qqch. dans les formes légales; (cour.) prendre note de qqch., en tenir compte. / *Faire acte de*: agir en tant que. *Faire acte de propriétaire, de locataire…* / Par ext., cour. *Faire acte de générosité, de prudence*: manifester de la générosité, de la prudence. / *Faire acte de présence*: paraître dans un endroit sans s'y attarder. / *Dont acte*: formule utilisée pour mettre un terme final à un acte juridique; (cour.) formule qui indique que l'on a pris bonne note de ce qui précède. **III.** Recueil de comptes rendus de séances, de colloques, de congrès. *Actes du colloque Mozart.*

acte [2] n. m. Partie d'une pièce de théâtre, parfois subdivisée en scènes. *Le décor change à la fin du deuxième acte.*

Actéon MYTH. GR. Chasseur qui surprend Artémis au bain. Irritée, la déesse le change en cerf et il devient la proie de ses propres chiens.

Actes des Apôtres Livre du Nouveau Testament écrit en grec et attribué à l'évangéliste saint Luc. Il relate les premiers temps de l'évangélisation, de l'Ascension du Christ à l'incarcération de saint Paul, à Rome.

acteur, trice n. Comédien qui interprète un rôle au théâtre, au cinéma. / Personne qui participe de façon active à un événement, à l'élaboration de qqch. *Interroger les témoins et les acteurs d'un accident.*

A.C.T.H. n. f. Sigle de l'anglais *AdrenoCorticoTrophicHormone*. Hormone qui stimule les sécrétions de la glande corticosurrénale.

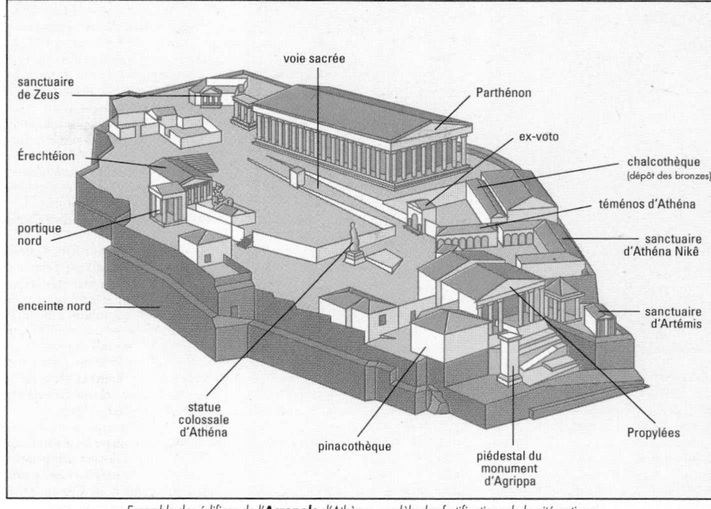

*Ensemble des édifices de l'**Acropole** d'Athènes, modèle des fortifications de la cité antique.*

actif, ive adj. et n. m. **A.** adj. Qui agit, qui déploie de l'énergie. *Une femme très active.* *Vie active*: partie de la vie durant laquelle qqn exerce une activité professionnelle. / *Population active*: partie de la population composée de personnes qui exercent un emploi ou en cherchent un. / *Voie active*: forme grammaticale dans laquelle le sujet du verbe est considéré comme agissant. / MILIT. *Armée active* ou *l'active*: ensemble des militaires en service sous les drapeaux, en temps de paix. / *Officier d'active*: officier de carrière. **B.** n. m. COMPTA. Ensemble des biens et des créances que possède une entreprise, par opposition au passif qui représente les dettes et les charges de cette entreprise.

actine n. f. BIOCHIM. Protéine entrant dans la composition des fibres musculaires, associée à la myosine. *L'actine intervient dans la contraction musculaire.*

acting-out n. m. inv. (mot anglais) PSYCHAN. Durant une analyse, acte accompli par le sujet, qui tend à laisser apparaître son désir inconscient et peut être le signe précurseur du passage à l'acte.

actinide n. m. CHIM. Chacun des éléments radioactifs qui suivent l'actinium (numéro atomique Z = 89) dans la classification périodique des éléments.

actinie n. f. ZOOL. Polype hexacoralliaire de l'ordre des cnidaires, vivant isolé fixé sur les rochers. *Les actinies sont nommées couramment « anémones de mer ».*

*L'**actinie** ou anémone de mer.*

actinique adj. Qualifie des radiations susceptibles d'avoir une action chimique sur certains corps. *Effets actiniques dus aux rayons ultraviolets.*

actinium n. m. CHIM. Élément de symbole Ac, de numéro atomique Z = 89, de masse atomique 227.

actinomycètes n. m. pl. BIOL. Classe de bactéries filamenteuses à mycélium très fin ramifié, parfois pathogènes, dont certaines synthétisent des antibiotiques. *Les actinomycètes ont longtemps été considérés à tort comme des champignons, auxquels ils ressemblent.*

actinopodes n. m. pl. ZOOL. Embranchement de protozoaires marins ou d'eau douce, caractérisés par leurs pseudopodes rayonnants. *Les radiolaires et les héliozoaires sont des actinopodes.*

actinoptérygiens n. m. pl. ZOOL. Sous-classe d'ostéichthyens, dont les nageoires sont soutenues par des rayons ossifiés, les lépidotriches. *La plupart des poissons actuels sont des actinoptérygiens.*

action [1] n. f. Faculté, pour qqn, d'accomplir qqch. par volonté ou par impulsion. *Préférer l'action à la réflexion.* / Ce que l'on réalise, que l'on accomplit. *Action pleine de générosité. Accepter la responsabilité de ses actions.* / Lutte, généralement collective, menée dans un but déterminé. *Action syndicale.* / Effet, transformation résultant d'un agent extérieur. *Action d'un médicament. Action de la chaleur sur un corps chimique.* / Enchaînement de faits, d'événements dans une œuvre théâtrale, littéraire, cinématographique. *Roman historique dont l'action se passe au Moyen Âge.*

action [2] n. f. FIN. Titre possédé par un particulier, une institution, et représentant une part du capital d'une société. *Acheter des actions.*

Action française (l') Journal quotidien d'extrême droite (1908-1944) dirigé par Charles Maurras et Léon Daudet. Il fut le porte-parole du mouvement nationaliste et royaliste du même nom dont l'*Enquête sur la monarchie*, écrite par Maurras en 1900, avait fixé la doctrine. En tant que mouvement, l'Action française se signala par des actions violentes et un antisémitisme affiché. Condamné par le pape Pie XI en 1926, il vit son interdiction levée par Pie XII en 1939. Favorable au régime de Vichy, le journal fut interdit à la Libération.

actionnaire n. Propriétaire d'actions dans une entreprise.

actionnariat n. m. Ensemble des actionnaires.

actionner v. t. [1] Mettre (qqch.) en mouvement. *Actionner une pompe.*

Actium Ville du nord-ouest de la Grèce antique, au large de laquelle Octavien (le futur Auguste) remporta une victoire navale décisive contre Antoine et Cléopâtre en 31 av. J.-C.

activation n. f. Action d'activer. / PHYS. NUCL. Action de rendre une substance radioactive.

activer v. t. [1] Augmenter l'activité de. *Activer la digestion.* / *Activer une réaction chimique*, l'accélérer par un apport quelconque. / *Activer un feu*, le rendre plus intense par un apport d'oxygène.

activisme n. m. PHILO. Attitude philosophique qui privilégie la valeur de l'action, le pragmatisme au détriment des principes théoriques. / Doctrine qui prône l'action directe et le recours à la violence dans la lutte politique.

activiste n. Partisan de l'activisme.

activité n. f. Faculté d'accomplir une action, de produire un effet. *Activité de la pensée. Activité d'un médicament.* / Dynamisme. *Être d'une activité débordante.* / Occupation. *Activités sportives.* / Ensemble d'actions menées dans un but déterminé. *Activité commerciale d'un pays.*

actuaire n. m. Spécialiste chargé des statistiques et du calcul des probabilités dans le domaine des assurances, de la finance.

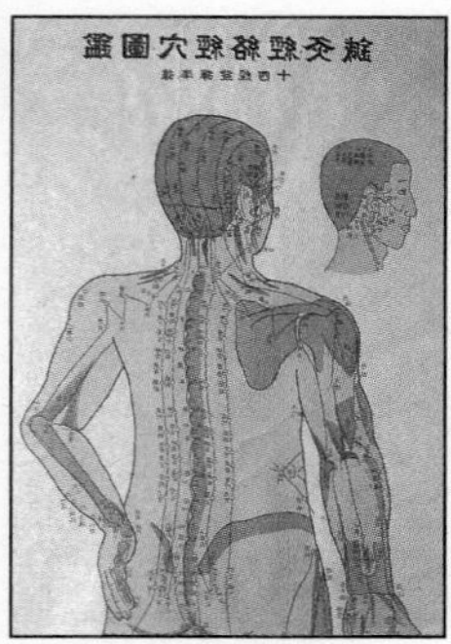

Points utilisés en **acuponcture**, une thérapeutique chinoise très ancienne.

Représentation d'**Adam**, sur un chapiteau d'époque romane.

actualisation n. f. Action de rendre actuel, de replacer une chose, une idée dans le présent. *Actualisation d'un dictionnaire.* / PHILO. Passage de la virtualité à l'acte, à la réalisation.
actualiser v. t. [1] Rendre actuel, mettre à jour. *Actualiser son carnet d'adresses.*
actualité n. f. Ensemble des événements actuels ou récents. *L'actualité politique.* / Caractère de ce qui est contemporain. *Un problème d'actualité.* / (Au plur.) Informations. *Suivre les actualités télévisées.*
actuariat n. m. Profession d'actuaire; domaine dans lequel un actuaire exerce son activité.
actuariel, elle adj. Effectué par les actuaires. *Calculs actuariels.*
actuel, elle adj. Qui existe dans le temps présent. *Le langage actuel.*
acuité n. f. Caractère de ce qui est aigu, intense. *Acuité d'un son, d'une douleur.* / Degré de sensibilité. *Acuité de l'ouïe.* / Pénétration, grande perspicacité. *Acuité de l'esprit.*
aculéates n. m. pl. ZOOL. Groupe d'insectes hyménoptères dotés d'un aiguillon venimeux (parfois réduit ou absent). *Les abeilles, les guêpes, les fourmis sont des aculéates.*
acuponcteur ou **acupuncteur, trice** n. Personne qui pratique l'acuponcture.
acuponcture ou **acupuncture** n. f. Méthode thérapeutique d'origine chinoise, qui remonte à la plus haute Antiquité, consistant, pour le praticien, à introduire de fines aiguilles métalliques en des points strictement déterminés de la peau.
acutangle adj. GÉOM. *Triangle acutangle*: triangle dont les trois angles sont aigus.
acyclique adj. CHIM. *Composés acycliques :* composés organiques à chaîne d'atomes ouverte. / BOT. *Fleur acyclique*, dont les pièces florales sont insérées en spirale.
Adac ou **A.D.A.C.** Acronyme pour *avion à décollage et à atterrissage courts.*
adage n. m. Maxime populaire exprimant une règle de conduite ou une vérité d'ordre général.
adagio adv. et n. m. (mot italien) MUS. Suivant un mouvement lent. / n. m. Morceau de musique exécuté sur un tempo lent.
Adalbéron v. 920-989 Archevêque de Reims qui fit élire roi Hugues Capet et le sacra (987).
Adam Le premier homme, selon la Genèse. Façonné par Dieu avec du limon, le souffle divin lui communique la vie, mais la faute originelle, qui lui fait goûter, avec Ève, au fruit défendu de l'arbre de la science du bien et du mal, a voué l'humanité à la souffrance et à la mort.
Adam (Lambert Sigisbert, dit **Adam l'Aîné)** 1700-1759, sculpteur français; il réalise pour le bassin de Neptune, dans les jardins de Versailles, le groupe de *Neptune et Amphitrite*, d'un style baroque très mouvementé. **Nicolas Sébastien**, dit **Adam le Jeune** 1705-1778, frère du précédent, travaille notamment à Montpellier, Rome et Nancy. À Paris, on lui doit la décoration de l'hôtel Soubise, d'un style rocaille très élégant. **François Gaspard** 1710-1761, frère des deux précédents : après avoir collaboré avec ses frères, il se met au service de Frédéric II de Prusse; plusieurs de ses œuvres sont conservées à Potsdam.
Adam (Robert) 1728-1792 Architecte, décorateur et ornemaniste écossais. Après un séjour en Italie et en Croatie, où il étudie les monuments antiques, il crée avec son frère James un style de décoration néo-classique (*Kedleston Hall*, *Osterley Park*).
Adam de la Halle ou **Adam le Bossu** v. 1240-v. 1285 Trouvère français. *Le Jeu de la feuillée* et *Le Jeu de Robin et Marion* font de ce musicien picard, le premier à avoir pratiqué la polyphonie, l'un des grands créateurs du théâtre en France.
adamantin, e adj. Qui a la dureté et l'éclat du diamant.
Adamaoua ou **Adamawa** Plateau élevé d'Afrique de l'Ouest s'étendant sur le nord du Cameroun et l'est du Nigeria.
adamisme n. m. RELIG. Nudisme pratiqué dans un contexte religieux. / Par ext. (rare) Nudisme.
adamites n. m. pl. HIST., RELIG. Membres d'une secte gnostique du IIe siècle qui, voulant imiter Adam au paradis terrestre, refusaient tout vêtement. / Hétérodoxes de Bohême (XVe siècle) qui niaient la présence réelle, se jugeaient au-dessus du péché et pratiquaient le nudisme. / Sing. *Un adamite.*

Le hall de Syon House (1760, Brentford, Middlesex) est un bon exemple des innovations apportées par **Robert Adam** à la décoration et à l'aménagement des intérieurs.

Portrait de **John Adams**, deuxième président des États-Unis.

Adamov (Arthur) 1908-1970 Dramaturge français d'origine russo-arménienne. Après des pièces relevant du théâtre de l'absurde (*L'Invasion*, 1950), le souci d'un théâtre politiquement engagé le rapproche de Brecht : *Ping-Pong* (1955), *Paolo Paoli* (1958).
Adams (Samuel) 1722-1803 Homme politique américain. Il crée le Caucus Club pour regrouper les partisans de l'indépendance américaine.
Adams (John) 1735-1826 Homme d'État américain. Aux côtés de Washington et de Jefferson, il est l'un des protagonistes de l'indépendance, après avoir toutefois essayé d'éviter la rupture avec l'Angleterre. Il succéda à Washington à la présidence des États-Unis de 1797 à 1801. **John Quincy** 1767-1848, fils du précédent, sixième président des États-Unis (1825-1829). Il participa à l'élaboration de la doctrine Monroe et lutta contre l'esclavage.
Adams (Ansel) 1902-1984 Photographe américain, chantre de la beauté des paysages naturels de l'Ouest américain.
adaptateur, trice n. Personne qui adapte une œuvre littéraire. / n. m. Dispositif permettant le fonctionnement d'une machine, d'un appareil dans des conditions d'utilisation pour lesquelles ils n'étaient pas conçus au départ. *Adaptateur de prise électrique.*
adaptation n. f. Action d'adapter, de s'adapter. *Adaptation d'un roman au cinéma. Cet enfant a montré une grande faculté d'adaptation.*
adapter v. t. [1] **A.** v. t. Rendre (une chose) solidaire (d'une autre); ajuster. / En parlant d'une œuvre de l'esprit, en modifier le style, le contenu; la transposer d'un mode d'expression dans un autre. *Adapter pour la jeunesse un roman pour adultes. Adapter une pièce de théâtre au cinéma.* / Rendre (un dispositif, un ensemble de mesures) aptes à fonctionner dans des conditions différentes de ce qui avait été prévu à l'origine. *Adapter le programme du cours de français à des non-francophones.* **B.** v. pron. En parlant d'êtres vivants, s'habituer, s'acclimater. *S'adapter à un climat. S'adapter à une famille d'accueil.* / En parlant de choses, s'ajuster. *Ce trépied s'adapte à la caméra.*
Adav ou **A.D.A.V.** n. m. Acronyme pour *avion à décollage et à atterrissage verticaux.*
addax n. m. ZOOL. Antilope des régions semi-désertiques d'Afrique septentrionale, aux cornes en spirale.
addenda n. m. pl. (mot latin) Notes ajoutées à la fin d'une œuvre.

Le centre-ville d'**Addis-Abeba**.

Paysage de la terre **Adélie**.

addictif, ive adj. De l'addiction ; qui concerne l'addiction. *Conduite addictive.*
addiction n. f. Fait de s'adonner à une drogue et d'en être dépendant.
addictologie n. f. Étude des conduites addictives, de leurs causes et de leurs conséquences.
Addis-Abeba ou **Addis-Ababa** *2316400 h.* Capitale de l'Éthiopie, fondée en 1888, à *2500 m* d'altitude. Placée au terminus de la ligne du chemin de fer de Djibouti, c'est un centre industriel et commercial. Siège permanent de l'Organisation de l'unité africaine (O.U.A.) depuis 1963.
Addison (Joseph) 1672-1719 Écrivain anglais. Membre du parti whig, il fonde avec Steele le *Spectator*. Il livre dans ce périodique, sous une forme narrative, ses réflexions sur les mœurs anglaises qu'il juge d'un point de vue où se mêle à un puritanisme bourgeois une indulgente ironie. Un de ses personnages, Sir Roger de Coverley, incarne le gentilhomme campagnard du XVIIIe siècle.
Addison (Thomas) 1793-1860 Médecin anglais. Il a étudié la maladie des glandes surrénales connue sous le nom de *maladie bronzée* ou *maladie d'Addison*.
additif, ive adj. et n. m. Que l'on ajoute ; qui s'additionne. *Un rapport de 100 pages reliées et 20 feuilles additives.* / n. m. Ce qui est ajouté à autre chose. *Additif à un texte de loi, à un rapport. Produit alimentaire sans additif.*
addition n. f. Action d'ajouter. / Opération arithmétique destinée à calculer la somme de plusieurs nombres et symbolisée par le signe +. / Note représentant la somme à payer dans un restaurant, un café. / CHIM. *Produit d'addition* : produit obtenu avec divers corps (carbures d'hydrogène non saturés ou d'autres corps) dans lequel deux atomes de carbone sont unis par une double ou triple liaison. *Le chlorure d'éthylène est un produit d'addition issu de l'action du chlore sur l'éthylène sans élimination d'aucun produit.*
additionnel, elle adj. Qui est ou doit être ajouté.
additionner v. t. [1] Ajouter (une chose à une autre) pour obtenir un total, un ensemble. *Additionner des chiffres. Additionner son vin d'eau.*
additionneur n. m. INFORM. Circuit d'un ordinateur permettant des additions par calcul analogique ou numérique.
additivé, e adj. *Carburant additivé,* auquel on apporte un additif qui, en augmentant l'indice d'octane, empêche l'encrassement d'un moteur.
adducteur adj. m. et n. m. ANAT. *Muscle adducteur* ou *un adducteur* : muscle qui permet d'effectuer les mouvements qui rapprochent un membre de l'axe médian du corps. *L'adducteur du pouce.* / *Canal adducteur* ou *un adducteur* : canal qui achemine des eaux vers un autre canal, vers un réservoir.
adduction n. f. ANAT. Mouvement par lequel un membre se rapproche de l'axe médian vertical du corps. Ant. abduction.
Adélaïde *1 071 100 h.* Ville et port (*Port Adélaïde*) d'Australie, capitale de l'État d'Australie-Méridionale.
Adèle de Champagne Voir **Alix de Champagne**
Adélie (terre) *388 500 km²* Région côtière de l'Antarctique, dont Dumont d'Urville, qui lui donna le prénom de sa femme, fit une possession française. Des bases scientifiques y sont installées. Cette terre constitue un refuge pour une multitude d'oiseaux.
Adelphes (les) Comédie de Térence (160 av. J.-C.) inspirée de Ménandre. Elle met en scène le désaccord de deux pères sur les procédés d'éducation.
Aden (golfe d') Partie de l'océan Indien comprise entre la mer d'Oman et la côte des Somalis.
Aden *400800 h.* Ville de la République du Yémen, base stratégique et port actif. La région d'Aden fut une colonie britannique de 1839 à 1962.
Adenauer (Konrad) 1876-1967 Homme politique allemand. Maire de Cologne (1917), il est suspendu de ses fonctions par les nazis (1933), et se retire dans sa propriété près du Rhin, où il est arrêté à deux reprises (1934 et 1944), mais il est chaque fois relâché. En 1946, il est l'un des fondateurs du parti démocrate-chrétien. Chancelier de 1949 à 1963, il œuvre au redressement spectaculaire de l'économie allemande, ainsi qu'à la réconciliation franco-allemande et à la création de l'Europe des Six.
Adenet, dit **le Roi** v. 1240-v. 1300 Trouvère brabançon qui transposa dans un style courtois certaines chansons de geste : *Berthe au grand pied*, *les Enfances Ogier*. Il est également l'auteur d'un roman, *Cléomadès*, dont le merveilleux fait rebondir les aventures.
adénine n. f. BIOCHIM., GÉNÉT. Une des bases puriques qui constituent les acides nucléiques.
adénite n. f. MÉD. Inflammation aiguë ou chronique des ganglions lymphatiques qui deviennent palpables et douloureux.
adénocarcinome n. m. MÉD. Tumeur maligne affectant les tissus glandulaires.
adénome n. m. MÉD. Tumeur bénigne se développant à partir d'une glande. *Adénome du sein.*
adénopathie n. f. MÉD. Nom générique de certaines affections des ganglions lymphatiques.
adénosine n. f. BIOCHIM. Nucléoside formé par la combinaison d'une molécule d'adénine avec une molécule de ribose.
adénosine-phosphate n. f. BIOCHIM. Nucléotide formé de la combinaison d'une molécule d'adénosine et d'une ou plusieurs molécules d'acide phosphorique. *On distingue l'adénosine monophosphate (A.M.P.), l'adénosine diphosphate (A.D.P.) et l'adénosine triphosphate (A.T.P.).*
adénovirus n. m. BIOL. Virus dont la capside renferme une molécule d'acide désoxyribonucléique (virus à A.D.N.).
adepte n. Personne initiée aux enseignements et aux rites secrets d'une doctrine ésotérique, d'une secte. / Partisan d'une doctrine, d'une religion. / Personne qui aime pratiquer une activité. *Adepte de la marche à pied.*
adéquat, e adj. En état d'adéquation.
adéquation n. f. Adaptation parfaite à l'objet. *Adéquation du fond et de la forme.*
Ader (Clément) 1841-1925 Ingénieur français, inventeur du premier engin volant propulsé, expérimenté en 1890, qu'il baptise *avion*.
adhérence n. f. Fait, pour un objet, un corps, d'être fermement accolé, joint à une surface, à un autre objet. *Pneus ayant une bonne adhérence au sol.* / MÉD. Accolement pathologique de deux organes ou de deux tissus.

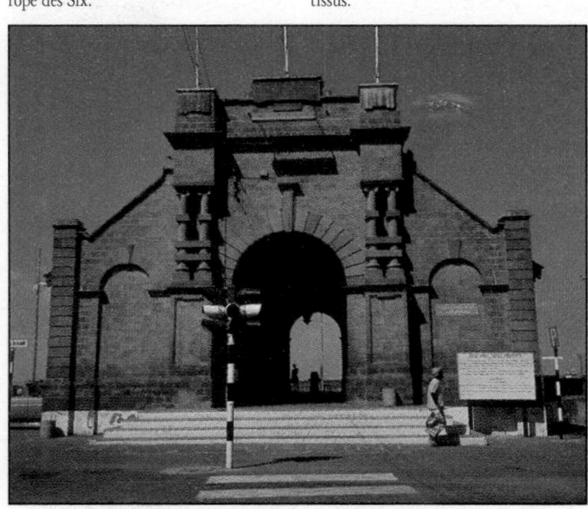
Porte monumentale du port d'**Aden**, au Yémen.

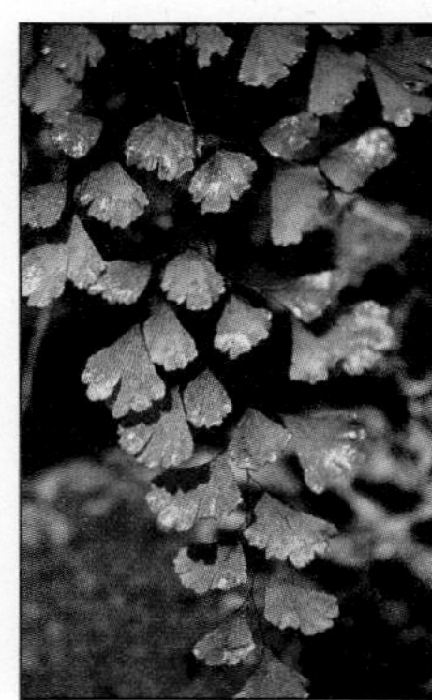
Adiantum.

adhérent, e adj. et n. Qui adhère. BOT. *Ovaire adhérent*, soudé par ses côtés aux enveloppes florales. / n. Personne affiliée à une association, une organisation, un parti politique.
adhérer v. t. ind. [1] *Adhérer à* : coller, s'attacher fortement à. / Fig. Se rallier (à). *Adhérer à un parti, à une idée.*
adhésif, ive adj. et n. m. Qui adhère. *Étiquettes adhésives.* / n. m. Papier ou tissu dont un des côtés est enduit d'un produit destiné à adhérer, à coller à une surface.
adhésion n. f. Approbation, accord. *Adhésion à un projet.* / Affiliation à un parti, une association. / DR. *Contrat d'adhésion* : contrat dont les clauses sont fixées par l'une des deux parties sans que l'autre partie puisse les remettre en question (abonnement téléphonique, par ex.). / PHYS. Force qui maintient jointes les surfaces de deux corps.
ad hoc loc. adj. (mots latins) Qui est parfaitement approprié à un usage, à une situation. *Trouver la solution ad hoc pour résoudre une difficulté.*
adiabatique adj. PHYS. *Transformation adiabatique,* qui se produit sans échange de chaleur avec le milieu extérieur.
adiantum n. m. BOT. Fougère de la famille des polypodiacées cultivée à des fins ornementales pour la finesse de son feuillage.
adieu interj. et n. m. Mot employé pour saluer une personne que l'on quitte pour longtemps ou pour toujours. / n. m. Séparation d'avec quelqu'un. *Un dernier adieu* : une cérémonie funèbre. / *Faire ses adieux à un ami* : prendre congé d'un ami qu'on ne doit pas revoir.
Adieu aux armes (l') 1929 Roman d'Ernest Hemingway qui conte les amours d'un jeune Américain et d'une infirmière anglaise engagés dans la Première Guerre mondiale.
à Dieu va (t) ! interj. À la grâce de Dieu !
Adige *410 km* Rivière d'Italie. Née dans les Alpes, elle traverse le Trentin et la Vénétie avant de se jeter dans l'Adriatique.
adipeux, euse adj. Qui contient de la graisse, gras. / ANAT. *Tissu adipeux* : tissu conjonctif chargé de lipides constituant une réserve nutritive.
adipose n. f. MÉD. Surcharge graisseuse pathologique au niveau du tissu cellulaire qui peut être à l'origine d'une obésité.

adiposité n. f. Accumulation de graisse dans les tissus cellulaires, le plus souvent localisée à certaines parties du corps. *Adiposité qui affecte les hanches.*
adjacent, e adj. Qui est situé près, à côté de. *Rue adjacente à une avenue.* / GÉOM. *Angles adjacents*: deux angles possédant le même sommet et un côté commun et qui sont situés de part et d'autre de ce côté.
adjectif, ive n. m. et adj. GRAMM. Mot dont le rôle est de qualifier ou de déterminer le sens du substantif auquel il se rapporte. *L'adjectif qualificatif peut être épithète (« un petit chat ») ou attribut (« ces chats sont noirs ») et s'accorde avec le substantif qu'il accompagne.* / adj. Qui fait fonction d'adjectif, qui en a la valeur. *Emploi adjectif.*
adjectival, ale, aux adj. De l'adjectif; qui a valeur d'adjectif. *Usage adjectival.*
adjectivement adv. GRAMM. Avec valeur d'adjectif. *Substantif employé adjectivement.*
adjoindre v. t. [3] Associer (une personne, une chose) à une autre pour renforcer ou compléter. *Adjoindre une pièce au dossier. Je lui ai adjoint un assistant.*
adjoint, e adj. et n. Associé à titre d'auxiliaire. *Maire adjoint.* / n. Personne dont le rôle consiste à aider une autre personne ou à la suppléer dans ses fonctions. *Mon adjointe est très compétente.*
adjonction n. f. Action d'associer, d'ajouter; ce qui est ajouté. *Adjonction de sucre dans un produit. Adjonction d'une clause dans un contrat.*
adjudant n. m. Sous-officier de l'armée de terre ou de l'air, dont le grade est intermédiaire entre celui de sergent-chef (ou de maréchal des logis-chef) et celui d'adjudant-chef.
adjudant-chef n. m. Militaire ayant atteint le plus haut grade dans la hiérarchie des sous-officiers.
adjudicataire n. Bénéficiaire d'une adjudication.
adjudicateur, trice n. Personne qui met en adjudication.
adjudication n. f. DR. Attribution, par acte de justice, d'un bien mis aux enchères. *Adjudication administrative*: attribution d'un marché public à celle des entreprises concurrentes offrant les meilleurs prix et les meilleures prestations.
adjuger v. t. [1] Attribuer par jugement, par adjudication. / v. pron. S'approprier. *S'adjuger un bon bénéfice.*
adjuration n. f. Action d'adjurer; prière, supplication, demande instante. *Céder aux adjurations de qqn.*
adjurer v. t. [1] Prier (qqn) instamment. *Je vous adjure de vous taire.*
adjuvant n. m. et adj. MÉD. Médicament servant à renforcer ou à compléter l'action du médicament principal. / Tout ce qui sert à renforcer l'action de qqch. / adj. *Produit adjuvant.*
Adler (Victor) 1852-1918 Homme politique autrichien. Socialiste, compagnon de Engels, il lutta pour le suffrage universel direct.
Adler (Alfred) 1870-1937 Médecin et psychologue autrichien. Il est en désaccord avec la théorie freudienne des pulsions fondée sur la libido: selon lui, un sentiment d'infériorité empêche le névrosé de s'adapter à la société.
Adler Famille de comédiens du théâtre yiddish américain, d'origine russe. **Jacob** 1855-1926 Il eut un rôle de premier plan dans le développement du théâtre yiddish aux États-Unis à la fin du XIXe et au début du XXe siècle. Il a fondé l'*Independant Yiddish Art Company*. Il a joué notamment le roi Lear dans *The Jewish King Lear*, de Jacob Gordin (1892). **Sara Levitzky**, madame **Jacob Adler** 1858-1953 Épouse du précédent. Émigrée aux États-Unis en 1884, à la suite des persécutions antisémites dans la Russie tsariste, elle contribue avec son mari au développement du théâtre yiddish new-yorkais. Elle a joué dans plus de 300 pièces, notamment *Résurrection*, adaptée du roman de Léon Tolstoï par Jacob Gordin. **Stella** 1901-1992 Fille de Jacob et Sara, elle joua dans de nombreuses pièces, en particulier au sein du *Group Theater* à New York, et enseigna le métier d'acteur (notam. à Marlon Brando), s'inspirant des principes de Stanislavski, avec qui elle avait travaillé en 1934. Elle a fondé, en 1949, le *Stella Adler Theater Studio.*
ad libitum loc. adv. (mots latins) À volonté ou au gré, au choix de chacun.
Admète MYTH. GR. Roi grec, fondateur de Phères et l'un des Argonautes, il donne asile à Apollon exilé de l'Olympe. En récompense, le dieu obtient des Parques que, le jour de sa mort, Admète puisse se faire remplacer par quelqu'un qui veuille descendre à sa place aux Enfers. Son épouse Alceste consentira au sacrifice.
admettre v. t. [3] Accepter d'accueillir, recevoir. *Les musées n'admettent pas les animaux. Admettre qqn dans un groupe, une société.* / Reconnaître la validité, la valeur de. *Admettre une théorie.* / Tolérer, autoriser. *Je n'admets pas le mensonge.*

ADN

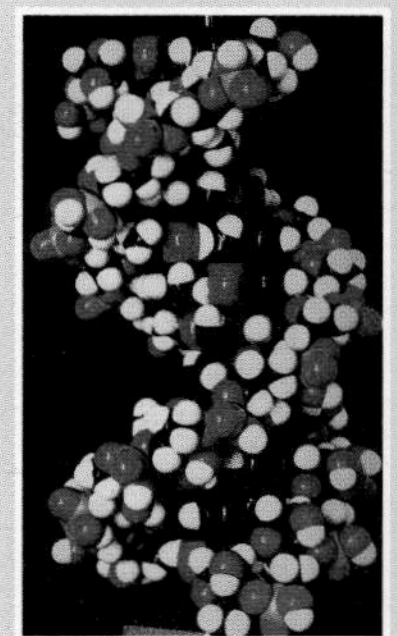

Structure de l'ADN.

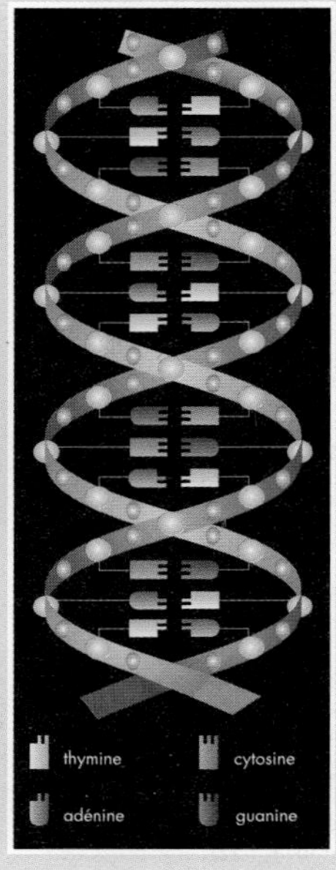

La molécule d'ADN est formée de deux chaînes de nucléotides. Chaque nucléotide comprend une molécule de sucre (désoxyribose), un groupement phosphate et une base organique azotée (adénine, guanine, thymine, cytosine). L'assemblage spatial de ces deux chaînes, la double hélice de l'ADN, permet d'expliquer la capacité de réplication fidèle de cette macromolécule.

administrateur, trice n. Personne chargée de la gestion des biens d'une personne, d'une entreprise, de l'État. / Membre d'un conseil d'administration. / *Administrateur de biens*: mandataire chargé de la gestion de biens immobiliers. / *Administrateur judiciaire*: personne désignée par la justice pour assurer la gestion d'une entreprise en règlement judiciaire.
administratif, ive adj. De l'administration. *Tribunal administratif.*
administration n. f. Gestion d'une affaire, d'un bien, d'une entreprise. / *Conseil d'administration*: réunion des administrateurs d'une société, d'une association. / *L'Administration*: l'ensemble des personnes et des services qui assurent la gestion des affaires publiques. / Autorité chargée de la gestion d'un service public; ses employés; son siège. *Administration des douanes.* / Fait de dispenser. *Administration des sacrements.*
administrativement adv. D'un point de vue administratif; selon les règles de l'administration.
administré, e n. Celui, celle qui dépend d'une administration.
administrer v. t. [1] Gérer (des affaires). / Donner, dispenser. *Administrer les sacrements. Administrer un remède.*
admirable adj. Digne d'admiration. *Un pays admirable.*
admirablement adv. De manière admirable.
admirateur, trice n. Celui, celle qui éprouve une grande admiration pour (qqn). *Il a été couvert de fleurs par ses admiratrices.*
admiratif, ive adj. Exprimant l'admiration. *Un regard admiratif.*
admiration n. f. Sentiment de respect, d'émerveillement que l'on éprouve devant ce qui est extrêmement beau, remarquable. *Être rempli d'admiration pour qqn, pour qqch.*
admirer v. t. [1] Considérer avec admiration. *Admirer un héros. Admirer les étoiles.*
admis, e adj. Reçu. *Admis à un examen.* / *Admis à*: autorisé à. *Admis à faire valoir ses droits à une pension complémentaire.* / Dont on reconnaît la valeur; valide; accepté. *Selon la théorie la plus communément admise par les spécialistes.* / TECH. Qui a pénétré dans une enceinte close. *Gaz admis dans un cylindre.*
admissibilité n. f. Caractère de ce qui est admissible. *Admissibilité d'une théorie.* / Fait d'être admissible. *Admissibilité à un examen.*
admissible adj. Qu'il est possible d'admettre. *Cette attitude n'est pas admissible.* / Admis, après avoir été reçu aux épreuves éliminatoires d'un examen, d'un concours, à en subir les épreuves complémentaires.
admission n. f. Fait d'être accepté ou reçu. *Admission à un emploi, à un examen.* / TECH. *Soupape d'admission*: ouverture par laquelle les gaz entrent dans le cylindre d'un moteur à explosion.
admittance n. f. ÉLECTR. Quotient de l'intensité efficace du courant qui parcourt un dipôle par la tension efficace aux bornes de ce dernier. Ant. impédance.
admonestation n. f. Sévère remontrance.
admonester v. t. [1] Faire une admonestation à. *Admonester un enfant.*
admonition n. f. DR. CANON. Avertissement donné par l'évêque avant d'en venir à l'excommunication. / Litt. Réprimande.
• **A.D.N.** n. m. BIOCHIM. Sigle d'*acide désoxyribonucléique*, acide nucléique qui emmagasine l'information génétique.
ad nauseam loc. adv. (mots latins) Jusqu'à la nausée, jusqu'à en être dégoûté.
adobe n. m. Brique d'argile que l'on fait sécher au soleil au lieu de la faire cuire.
adolescence n. f. Période de la vie qui suit l'enfance et qui précède l'âge adulte. *L'adolescence, qui débute à la puberté, a une durée variable liée à la croissance, et s'achève entre 18 et 20 ans.*
adolescent, e adj. et n. De l'adolescence. *Un comportement adolescent.* / n. Qui est dans l'adolescence. *Les adolescents et les adultes.*
Adolphe Écrit en 1806, publié en 1816, ce roman autobiographique de Benjamin Constant est l'histoire d'un amour dissous par les inquiétudes d'un jeune homme aux tendances narcissiques. Son trouble annonce le mal du siècle dont souffrira la génération romantique.
Adolphe-Frédéric 1710-1771 Roi de Suède en 1751. Manquant d'autorité, il assiste sans intervenir à la lutte des Bonnets et des Chapeaux (conservateurs et libéraux).
Adonaï Un des noms de Dieu dans la Bible.
adonis n. m. Litt. Jeune homme d'une très grande beauté. / BOT. Plante de la famille des renonculacées, à fleurs rouges ou jaunes, dont certaines sont très vénéneuses. / ZOOL. Papillon diurne dont les ailes sont d'un bleu très vif.
Adonis MYTH. GR. Jeune homme d'une grande beauté aimé d'Aphrodite. Blessé à mort par un sanglier, il est changé en anémone par la déesse.
adonner (s') v. pron. [1] Se livrer (à une pratique). *S'adonner au sport.*

adopter v. t. [1] Prendre légalement pour fils ou pour fille. / Faire sien, considérer comme sien. *Adopter une coutume.* / Approuver par un vote.

adoptianisme n. THEOL. Théorie hétérodoxe du IIe siècle qui considère que le Christ n'était pas Fils de Dieu de toute éternité, mais l'est devenu lors de son baptême parce que Dieu l'a adopté.

adoptif, ive adj. Qui a été adopté ; qui a légalement adopté. *Enfant adoptif. Parents adoptifs.*

adoption n. f. Acte juridique qui permet à qqn de prendre légalement une personne pour fils ou fille. *Adoption plénière*, qui fait de l'adopté un enfant ayant tous les droits d'un enfant légitime. *Adoption simple*, qui laisse certains droits et certains devoirs à la famille d'origine. / Action de donner son approbation. *Adoption d'une loi.* / Fait de reconnaître comme sien. *Pays, patrie d'adoption.*

adorable adj. Digne d'être adoré. / Très plaisant. *Des enfants adorables.*

adorateur, trice adj. et n. Qui adore. *Un regard adorateur.* / n. *Les adorateurs du feu.*

adoration n. f. Culte rendu à Dieu, à une divinité ou à un objet divinisé. / RELIG. Glorification de la souveraineté de Dieu (culte de latrie). *L'adoration du Saint Sacrement.* / Amour passionné. *Avoir une adoration pour ses enfants.*

adorer v. t. [1] Rendre un culte à (Dieu, une divinité). *Adorer une idole.* / Aimer passionnément. *Adorer son enfant. J'adore sa peinture.*

Adorno (Theodor) 1903-1969 Philosophe allemand. Cofondateur de l'école de Francfort (1923), il synthétisa les acquis de la philosophie, du marxisme et de l'esthétique ; il étudia tout particulièrement la *Philosophie de la musique nouvelle* (1949).

Adonis, *sculpture néo-classique du Danois Bertel Thorvaldsen (Thorvaldsen Museum, Copenhague).*

ados n. m. AGRIC. Talus de terre aménagé pour protéger les cultures de primeurs.

adosser v. t. [1] Appuyer le dos, la face postérieure de. *Adosser un appentis à un mur.* / v. pron. *Le garage s'adosse à la grange.*

Adoua ou **Adwa** *16 000 h.* Ville d'Éthiopie, dans le Tigré. La défaite que Ménélik II infligea aux Italiens en 1896 découragea leur entreprise coloniale et constitua un symbole pour l'Afrique entière.

adoubement n. m. Au Moyen Âge, cérémonie au cours de laquelle un jeune noble était armé chevalier.

adouber v. t. [1] Armer chevalier.

adoucir v. t. [2] Rendre plus doux aux sens. *Adoucir le goût, la peau, un son.* / Fig. Rendre moins violent, moins rude. *Adoucir une expression, une peine.* / v. pron. *Le temps s'est adouci.*

adoucissant, e adj. et n. m. Qui est destiné à atténuer, à soulager l'irritation. *Crème adoucissante.* / n. m. *Un adoucissant.*

adoucissement n. m. Action de rendre plus doux ; fait de devenir plus doux. *Adoucissement du climat.* / Fig. Atténuation. *Adoucissement d'un chagrin.* / TECH. Réduction des sels de calcium et de magnésium de l'eau afin de la rendre utilisable, consommable.

adoucisseur n. m. Dispositif servant à l'adoucissement de l'eau.

Adour *335 km* Rivière du sud-ouest de la France. Née près du Tourmalet, elle draine le Pays Basque et se jette dans l'Atlantique. Son régime est irrégulier.

A.D.P. n. f. BIOCHIM. Sigle d'*adénosine diphosphate.*

ad patres loc. adv. (mots latins) *Envoyer ad patres* : tuer.

adragant n. m., **adragante** ou **adraganthe** n. f. Produit gommeux qui exsude du tronc de certains astragales, utilisé dans l'industrie (notamment pharmaceutique). / adj. *Gomme adragante.*

Adraste Roi mythique d'Argos. Il prit le parti de Polynice chassé de Thèbes par son frère Étéocle. Il mena contre ce dernier la guerre des Sept Chefs.

adrénaline n. f. BIOL. Hormone sécrétée principalement par les glandes médullosurrénales. *L'adrénaline est un médiateur chimique aux effets multiples ; elle met l'organisme en état de réagir en cas de stress, notamment en accélérant le rythme cardiaque.*

adressage n. m. INFORM. Action d'accéder au contenu d'une mémoire en utilisant une adresse.

adresse [1] n. f. Caractère adroit de. *Tours d'adresse.*

adresse [2] n. f. Indication du lieu où réside une personne, une entreprise. *Carnet d'adresses.* / Expression des vœux d'une assemblée à une autorité, un souverain. / INFORM. Repère permettant de localiser une information dans la mémoire d'un ordinateur. / INFORM. *Adresse IP* : information permettant la localisation d'un ordinateur sur internet. / INFORM. *Adresse électronique* : adresse de courrier électronique.

adresser v. t. [1] **A.** v. t. Faire parvenir à (une certaine adresse). *Adressez ce courrier chez moi.* / Envoyer (qqn) à qqn. *Adresser un patient à un confrère.* / Dire (une parole), faire (un geste) à l'attention de qqn. *Adresser une prière, un sourire.* **B.** v. pron. Parler (à). *C'est à vous que je m'adresse.* / Avoir recours (à). *S'adresser au service compétent.*

adret n. m. En montagne, versant d'une vallée exposé au soleil. *Le versant opposé à l'adret s'appelle l'ubac.*

***Adulaire** des Alpes ou pierre de lune.*

Adrets (François de Beaumont, baron des) 1513-1586 Il fut durant les guerres de Religion un ennemi acharné des catholiques. Revenu au catholicisme, il montra la même cruauté contre les protestants.

Adriatique (mer) *131 500 km²* Golfe allongé et peu profond de la Méditerranée, compris entre les péninsules italienne et balkanique.

adroit, e adj. Qui fait bien ce qu'il fait, habile (dans ses gestes). *Un bricoleur adroit. Il est adroit de ses mains.* / Fig. Qui dénote de l'ingéniosité, de l'habileté. *Un adroit plagiat.* Ant. maladroit.

adroitement adv. Avec adresse.

adsorption n. f. CHIM., PHYS. Fixation, à la surface d'une substance, d'ions libres, d'atomes ou de molécules.

adulaire n. f. Pierre fine d'un blanc nacré formée de feldspath, appelée aussi *pierre de lune.*

adulation n. f. Flatterie servile et exagérée. / Admiration passionnée et aveugle.

aduler v. t. [1] Admirer à l'excès. *Aduler un chanteur vedette.*

adulte adj. et n. Qui a achevé sa croissance. *Animal adulte. Entrer dans l'âge adulte.* / n. Personne adulte.

adultération n. f. Action d'altérer, de falsifier ; résultat de cette action. *Adultération d'une substance, de la vérité.*

adultère adj. et n. m. Qui entretient des relations sexuelles avec une personne autre que son conjoint. *Mari adultère.* / n. m. Infidélité conjugale.

adultérer v. t. [1] Frelater.

adultérin, e adj. Né de l'adultère. *Enfant adultérin.*

advection n. f. MÉTÉO. Déplacement horizontal d'une masse d'air. *Brouillards d'advection.*

advenir v. imp. [3] Se produire, avoir lieu. *Quoi qu'il advienne, je serai là.*

adventice adj. AGRIC. *Plantes adventices* : mauvaises herbes. / Fig. Qui se surajoute ; annexe. *Texte annoté de commentaires adventices.*

adventif, ive adj. BOT. Qualifie un organe qui croît sur une plante en un point qui n'est pas celui où il devrait normalement se développer. *Racines adventives*, qui se développent sur la tige de la plante.

adventiste n. et adj. Membre d'un mouvement religieux né aux États-Unis en 1831 et qui attend le retour imminent sur terre du Messie. / adj. *Église adventiste.*

adverbe n. m. GRAMM. Mot invariable qui modifie ou complète le sens d'un mot (verbe, adjectif ou un autre adverbe). *On distingue les adverbes de manière, de quantité, de temps, de lieu, d'affirmation, de négation, d'interrogation.*

adverbial, e adj. De l'adverbe. / Qui a la fonction d'un adverbe. *Locution adverbiale.*

adverbialement adv. En fonction d'averbe.

adversaire n. Personne contre laquelle on lutte au cours d'un combat, d'un procès, d'une épreuve sportive, etc.

adverse adj. Opposé. *Affrontement de deux camps adverses.* / DR. *Partie adverse*, contre laquelle on plaide dans un procès.

adversité n. f. Litt. Mauvaise fortune. / Succession d'échecs, de revers.

ad vitam æternam loc. adv. (mots latins) Fam. Pour toujours. *Tu vas porter du rouge ad vitam æternam ?*

Adwa Voir **Adoua**

adynamie n. f. MÉD. Extrême faiblesse.

aède n. m. Poète de la Grèce antique qui chantait les exploits des héros de ses œuvres en s'accompagnant de la lyre. *Homère fut le plus grand des aèdes.*

Ægos Potamos Voir **Aigos Potamos**

A.E.L.E. Sigle de *Association européenne de libre-échange*, fondée en 1959 pour réunir les États européens qui appartenaient à l'O.C.D.E. mais non à la Communauté (puis Union) européenne. Elle a aujourd'hui quatre membres : l'Islande, le Liechtenstein, la Norvège et la Suisse.

æpyornis ou **épyornis** n. m. ZOOL. Ratite géant qui mesurait environ trois mètres de haut et pesait près de 450 kilogrammes ; l'espèce s'est éteinte après l'arrivée de l'homme à Madagascar, île dont elle était endémique. *Les œufs d'æpyornis sont les plus gros œufs d'oiseaux connus, leur volume correspond à celui de 7 œufs d'autruche, de 12 000 œufs de colibri.*

aérage n. m. Ventilation de l'air destinée à assurer une atmosphère respirable dans les galeries souterraines, les mines.

aérateur n. m. Dispositif servant à l'aération.

aération n. f. Fait de renouveler l'air ; ventilation. *Bouche, conduit d'aération.*

aérer v. t. [1] Renouveler l'air de, exposer à l'air. *Aère ta chambre, tes draps.* / Fig. Rendre moins compact. *Aérer un texte.*

aérien, enne adj. Qui se rapporte à l'air. *Courants aériens.* / Qui est situé, édifié ou installé dans l'air, à l'air libre, en suspension dans l'air. *Pont aérien. Ligne électrique aérienne.* / Qui concerne les aéronefs. *Navigation aérienne. Trafic aérien.* / Fig. Léger comme l'air. *Grâce, démarche, gestes aériens.*

aérium n. m. Établissement sanitaire où des convalescents peuvent vivre au grand air, dans un climat favorable à leur rétablissement.

aérobie adj. BIOL. Qualifie un micro-organisme qui ne se développe que dans une atmosphère contenant de l'oxygène gazeux.

aérobiose n. f. BIOL. Ensemble des conditions de vie nécessaires aux organismes aérobies. Ant. anaérobiose.

aéro-club n. m. Club réunissant des adeptes de sports, d'activités aéronautiques, tels que le pilotage, le vol à voile, etc. Pl. Des *aéro-clubs.*

aérocolie n. f. MÉD. Accumulation d'air dans le côlon parfois responsable de troubles de la digestion (ballonnements, etc.).

aérodrome n. m. Terrain d'aviation comprenant des pistes de décollage et d'atterrissage et les installations nécessaires à l'entretien des avions.

aérodynamique n. f. et adj. Science des phénomènes physiques liés à l'interférence des mouvements entre les corps solides et l'air qui les environne. / adj. Dont la forme est conçue pour réduire la résistance de l'air. *Formes aérodynamiques de la carrosserie d'une voiture.*

***Aérogare** de frêt.*

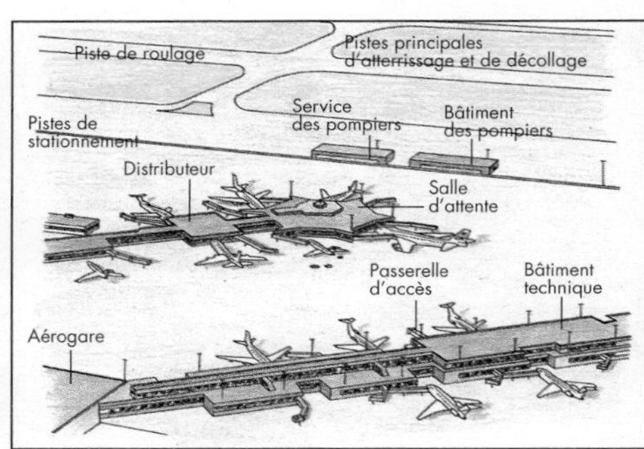

*Les différentes installations d'un **aéroport**.*

***Aéroglisseur** (ou hovercraft) britannique assurant les liaisons France-Angleterre.*

aérodynamisme n. m. Caractère aérodynamique (de qqch.).
aérodyne n. m. Tout engin volant plus lourd que l'air (avion, hélicoptère, planeur, etc.).
aérofrein n. m. Système de freinage aérodynamique d'un avion, d'une voiture de course.
aérogare n. f. Bâtiments d'un aéroport destinés aux voyageurs et aux marchandises. / Point de départ et d'arrivée d'autocars assurant le transport des voyageurs entre une ville et son ou ses aéroports.
aérogastrie n. f. MÉD. Accumulation excessive d'air dans l'estomac, parfois responsable de certains troubles gastriques (douleurs, brûlures, etc.).
aéroglisseur n. m. Véhicule qui se déplace sur la terre ou sur l'eau au moyen d'un coussin rempli d'air, placé sous sa structure.
aérographe n. m. (nom déposé) Pulvérisateur à air comprimé qui sert à projeter des couleurs liquides, des encres, utilisé par certains graphistes.
aérolithe n. m. ASTRON. Vieilli Fragment minéral provenant de l'espace, qui tombe à la surface de la Terre.
aérologie n. f. Étude des phénomènes caractéristiques des hautes couches atmosphériques (troposphère, stratosphère).
aéromodélisme n. m. Technique de la construction et de l'utilisation des modèles réduits d'avions.
aéronautique adj. et n. f. Qui concerne la navigation aérienne. / n. f. Science de la navigation aérienne; technique de la construction des aéronefs.
aéronaval, ale, als adj. et n. f. Qui concerne l'aviation et la marine. / n. f. *L'aéronavale*: en France, l'ensemble des forces aériennes au service de la Marine nationale.
aéronef n. m. Tout véhicule capable de s'élever et de se mouvoir dans l'air. *Les hélicoptères, les avions, les aérostats sont des aéronefs.*
aéronomie n. f. Science des phénomènes physiques et chimiques qui se produisent dans la haute atmosphère.
aérophagie n. f. MÉD. Déglutition d'air qui pénètre dans l'œsophage et l'estomac s'accompagnant de troubles divers (éructations, etc.). *Une crise d'aérophagie.*
aéroplane n. m. Vieilli Avion.
aéroport n. m. Ensemble des installations nécessaires au fonctionnement du transport aérien. *Pistes d'atterrissage, tour de contrôle d'un aéroport.*
aéroporté, e adj. MILIT. Qualifie les troupes, les militaires transportés par voie aérienne et parachutés sur l'objectif. *Division aéroportée.*
aéropostal, e, aux adj. Qui concerne la poste aérienne.
aérosol n. m. PHYS. Suspension dans un gaz sous pression de fines particules solides ou liquides. / Appareil permettant la vaporisation de gaz ou de liquide sous pression. *Médicament en aérosol.*
aérospatial, ale, aux adj. et n. f. Qui concerne l'aéronautique et l'astronautique. / n. f. *L'aérospatiale*: l'ensemble des techniques et des industries aérospatiales.
aérostat n. m. Aéronef composé d'une nacelle suspendue à une enveloppe étanche gonflée par un gaz plus léger que l'air, qui lui permet de s'élever dans l'air et dont la forme ascensionnelle est d'autant plus grande que sa densité moyenne, inférieure à celle de l'air, est plus faible. Les premiers aérostats (les montgolfières), dus aux frères Montgolfier, fonctionnaient avec de l'air chaud. Les appareils suivants furent ensuite équipés de moteurs alimentés à l'hydrogène, puis à l'hélium. Les ballons dirigeables, les ballons-sondes, utilisés en météorologie, sont des aérostats.
aérostation n. f. Technique de la construction et de la manœuvre des aérostats.
aérostatique adj. et n. f. Qui concerne l'aérostation. / n. f. Science qui étudie les rapports d'équilibre entre des fluides élastiques.
aérostier n. m. Pilote d'aérostat.
aérotechnique n. f. Application des lois de l'aérodynamique à la conception des avions et des engins spatiaux.
aérotrain n. m. (nom déposé) Aéroglisseur à grande vitesse se déplaçant sur une voie spéciale à rail unique.
æschne n. f. ZOOL. Grande libellule aux couleurs vives atteignant 7 à 10 cm d'envergure.
Aetius v. 390-454 Général romain. Imposant son autorité à Galla Placidia, il dirigea l'Empire (sans le titre d'empereur) avec elle pendant la minorité de Valentinien III à partir de 433 et organisa la résistance aux invasions barbares; ainsi, Attila fut vaincu aux champs Catalauniques (451). Valentinien III le fit assassiner.
Afars ou **Danakils** Peuple établi entre la mer Rouge et le plateau éthiopien. Ils constituent une importante minorité de Djibouti.
affabilité n. f. Qualité d'une personne affable. *Recevoir un invité avec affabilité.*
affable adj. Aimable, courtois. *Une personne affable.*
affabulation n. f. Enchaînement des faits dans une œuvre d'imagination. / Représentation plus ou moins travestie des faits, de la vérité. *Les affabulations d'un jeune enfant.*
affabuler v. i. [1] Se livrer à des affabulations.
affacturage n. m. Gestion des créances d'une entreprise par un organisme extérieur, prestataire de services, qui se charge de leur recouvrement.
affadir v. t. [2] Rendre fade. *Affadir un mets.*
affaiblir v. t. [2] Rendre faible. *La vieillesse affaiblit le corps.*
affaiblissement n. m. Fait de perdre sa vigueur, son énergie. *Affaiblissement dû à la maladie.*
affaire n. f. Occupation propre à qqn. *Avoir une affaire urgente à régler.* / Difficulté, problème embarrassant. *Ce voyage, c'est toute une affaire! Se tirer d'affaire. Être hors d'affaire.* / Ce qui met en jeu l'intérêt de qqn. *Ce n'est pas votre affaire. Affaire d'honneur, de cœur. Avoir affaire à qqn*: être en rapport avec qqn. / Entreprise. *Travailler dans une affaire d'import-export.* / Ensemble de faits qui relèvent de la justice; scandale. *Une affaire de fraude fiscale. L'affaire Dreyfus.* / (Au plur.) Activités commerciales, financières. *Faire des affaires. Un homme d'affaires. Chiffre d'affaires*: total des ventes réalisées par une entreprise pendant un temps déterminé. / Activités administratives relevant de l'État. *Le ministre des Affaires étrangères.* / Objets personnels. *Perdre ses affaires.*
affairer (s') v. pron. [1] S'empresse, s'activer.
affairisme n. m. Comportement qui consiste à subordonner toute activité à la recherche du profit, à la spéculation, en dehors de toute considération d'ordre moral.
affairiste adj. et n. De l'affairisme, qui pratique l'affairisme. *Comportement affairiste. C'est un affairiste sans scrupule.*
affaissement n. m. Tassement, écroulement. *Affaissement du sol.* / Fig. Affaiblissement, accablement.
affaisser v. t. [1] Provoquer l'affaissement de. / v. pron. (Plus usité.) S'effondrer. *Le toit s'est affaissé.* / Tomber sans forces. *Il s'affaissa sur le sol.*
affaitage ou **affaitement** n. m. Dressage d'un oiseau de proie pour la chasse. *L'affaitage d'un faucon.*
affaler v. t. [1] MAR. Faire descendre, laisser tomber. *Affaler le foc.* / v. pron. Se laisser tomber. *S'affaler sur son lit.*
affamer v. t. [1] Susciter par privation de nourriture la faim de.
affect n. m. PSYCHOL. État affectif que l'on considère comme un des deux registres de la pulsion, l'autre étant la représentation.
affectation [1] n. f. Destination (d'une chose) à un but déterminé. *Affectation d'une somme d'argent à l'achat d'une voiture.* / Désignation (d'un fonctionnaire ou d'un militaire) à une fonction ou à un poste déterminé; cette fonction, ce poste. *Recevoir, rejoindre son affectation.*

affectation [2] n. f. Comportement qui manque de naturel. *Rire avec affectation.* / Action de feindre un sentiment que l'on n'éprouve pas. *Affectation de tristesse.*
affecté, e [1] adj. Qui a reçu une affectation (en parlant d'une personne). *Fonctionnaire affecté à la direction des Finances.*
affecté, e [2] adj. Feint, simulé. *Chagrin affecté.* / Maniéré, manquant de naturel. *Langage affecté.*
affecté, e [3] adj. Chagriné, peiné. *Il semble très affecté par la maladie de sa femme.* / MATH. Muni (d'un coefficient, un exposant). *12^2 est un nombre affecté d'un exposant positif.*
affecter [1] v. t. [1] Désigner (qqn) à une fonction, à un poste. / Destiner (qqch.) à tel usage.
affecter [2] v. t. [1] Feindre avec une certaine ostentation. *Affecter un air d'indifférence.* / *Affecter la forme de*: prendre la forme de.
affecter [3] v. t. [1] Produire un effet, généralement négatif, sur. *La cirrhose affecte le foie. Cela n'affectera en rien notre amitié.* / MATH. Munir (d'un coefficient, un exposant) pour obtenir une variante.
affectif, ive adj. De l'affect. *Plaisir, douleur, tendresse, et en général les sentiments et les émotions, sont des états affectifs.*
affection n. f. Sentiment de tendresse envers qqn. / MÉD. Maladie. *Affection bénigne.*
affectionné, e adj. Qui a, qui montre de l'affection.
affectionner v. t. [1] Aimer. *J'affectionne la campagne en hiver.*
affectivité n. f. PSYCHOL. Ensemble des manifestations affectives (émotions, impressions, sentiments et passions) d'une personne, par oppos. à ce qui relève de l'intelligence et de la réflexion (mémoire, etc.).
affectueusement adv. Avec affection.
affectueux, euse adj. Qui éprouve, manifeste de l'affection. *Un enfant affectueux.*
afférent, e adj. DR. Qui revient, par partage, à qqn, à chacun. *Part afférente.* / Qui se rapporte à. *Les dossiers en cours et les pièces afférentes.*
affermage n. m. DR. COMM. Location d'une exploitation rurale à une personne qui s'engage, en contrepartie, à payer une somme d'argent.
affermer v. t. [1] Louer (un bien) à ferme. *Affermer une terre agricole.*
affermir v. t. [2] Rendre ferme, plus ferme. *Affermir un sol.*
affermissement n. m. Action d'affermir, de rendre plus résistant ; résultat de cette action. *Affermissement des muscles.* / Fig. *Affermissement du pouvoir.*
afféterie n. f. Litt. Affectation dans les gestes ou la manière de parler.
affichage n. m. Action de faire connaître qqch. par affiche ; son résultat. *Affichage publicitaire, électoral.* / Dispositif permettant la visualisation de données, de renseignements. *Affichage d'un document sur l'écran d'un ordinateur.*
affiche n. f. Avis, illustré ou non, placardé dans un lieu public. *Affiche judiciaire*: affiche apposée à la suite d'une décision judiciaire. *Affiche publicitaire*, destinée à promouvoir un produit. / *Tenir l'affiche*: pour un spectacle, être joué durant une longue période en raison de son succès.
afficher v. t. [1] Apposer (une affiche). / Faire connaître par voie d'affiches, par affichage électronique. *Afficher les prix. L'écran affiche les heures.* Fig. Montrer avec ostentation. *Afficher son bonheur.* / v. pron. Fig. *S'afficher avec son amant.*
affichiste n. Artiste spécialiste de l'affiche illustrée. / Individu, entreprise qui conçoit, fabrique, loue des panneaux d'affichage.
affidavit n. m. DR. Déclaration faite sous serment par un étranger porteur de valeurs pour obtenir l'exonération de taxes lorsque ces valeurs ont déjà été taxées dans le pays d'origine ; certificat attestant de cette démarche.
affidé, e n. et adj. Vx De confiance. *Un voisin affidé.* / n. m. Mod., péjor. Espion, homme de main. *Il a réuni ses affidés.*
affilage n. m. Action d'aiguiser la lame d'un outil.
affilée (d') loc. adv. À la suite ; de manière continue. *Travailler plusieurs heures d'affilée.*
affiliation n. f. Action d'affilier ; état résultant de cette action. *Affiliation à un club.*
affilier v. t. [1] Faire entrer (une personne, une personne morale) dans un groupement. *Affilier une association à une mutuelle.* / v. pron. *S'affilier à un organisme.*
affin, e adj. Présentant des affinités. / MATH. *Géométrie affine*, dans laquelle les transformations s'opèrent par affinité.
affinage n. m. Purification des métaux ou du verre par élimination des éléments étrangers qu'ils contiennent. *Affinage de la fonte, de l'argent.* / Dernier stade de maturation des fromages.
affiner v. t. [1] **A.** v. t. Rendre plus fin. *Affiner une lame.* / Mener à maturation. *Affiner un camembert.* / Rendre plus subtil. *Affiner son esprit.* / Par ext. Purifier. *Affiner un métal précieux.* **B.** v. pron. Devenir plus fin, plus subtil. *Un plaisir qui s'affine avec le temps.*
affineur, euse n. Spécialiste de l'affinage.
affinité n. f. Harmonie, concordance de goûts, d'opinions entre deux personnes. / Ressemblance, lien entre deux choses. / CHIM. Aptitude des corps à se combiner. *L'affinité de l'oxygène pour les métaux.* / GÉOM. *Transformation par affinité*: transformation plane qui fait correspondre à un point de coordonnées (x, y) un point (x, ky) où k est un nombre réel constant.
Affinités électives (les) 1809 Roman de Goethe. Deux jeunes époux découvrent l'attirance fatale qui les entraîne chacun vers un de leurs hôtes.
affirmatif, ive adj. et n. f. **A.** adj. Exprimant l'affirmation, une affirmation. *Ton affirmatif. Se montrer trop affirmatif.* / GRAMM. *Proposition affirmative*, n'exprimant ni négation, ni interrogation. **B.** n. f. *Répondre par l'affirmative*: répondre positivement (à une proposition).
affirmation n. f. Action d'affirmer ; ce que l'on affirme. *Affirmation péremptoire. Affirmation sans fondement.* / Fait de manifester, d'affirmer sa personnalité avec autorité. *L'affirmation sans nuance de ses compétences.*
affirmer v. t. [1] Donner pour vrai, certain. *Vous affirmez que cette date est exacte ? — Je l'affirme.* / v. pron. Devenir plus ferme, plus déterminé. *Son caractère s'est affirmé.*
affixe n. m. GRAMM. Élément placé au début d'un mot (*préfixe*), au milieu (*infixe*) ou à la fin (*suffixe*) qui en modifie le sens ou la fonction grammaticale. *Dans « injustement », la racine est « juste », les affixes sont « in » et « ment ».*
affleurement n. m. Action d'affleurer, état de ce qui affleure. / Partie d'une couche géologique qui dépasse légèrement à la surface du sol. *Affleurement de rochers sur une plage.*
affleurer v. t. et v. i. [1] Atteindre le niveau de la surface de (qqch.) *Le liquide affleure le bord du verre.* / v. i. *Récif qui affleure.*
affliction n. f. Profonde tristesse.

*Le Rio Negro, au Brésil, est un **affluent** de l'Amazone, remarquable par sa largeur.*

affliger v. t. [1] Plonger dans l'affliction ; navrer profondément. *Son orgueil m'afflige.*
affluence n. f. Foule nombreuse réunie dans un même endroit. / Abondance (choses).
affluent n. m. Cours d'eau qui se jette dans un autre, généralement plus important, au point de confluence. *La Marne est un affluent de la Seine.*
affluer v. i. [1] Couler abondamment vers. *Après la rupture des digues, l'eau a afflué dans les rues et noyé de nombreuses maisons.* / Fig. *La foule afflue au passage du défilé*, se masse au long de son cours.
afflux n. m. Flux soudain et abondant de liquide organique dans une partie du corps. *Afflux de sang au cerveau.* / Arrivée de nombreuses personnes, en un même point, dans un court laps de temps. *Un afflux de clients.*
affolement n. m. Perte de la maîtrise de soi à la suite d'une émotion violente. / PHYS. État de l'aiguille d'une boussole, d'un compas affolée.
affoler v. t. [1] Rendre fou, comme fou. *Affoler un troupeau par des cris.* / v. pron. Devenir fou, comme fou. *S'affoler pour un rien.* / PHYS. *Affoler une boussole, un compas*: faire subir à son aiguille de brusques variations irrégulières.
affouage n. m. DR. Droit de ramasser du bois dans une forêt communale. / Part de bois revenant à chacun des bénéficiaires de ce droit.
affouillement n. m. Creusement et dégradation des rives et des côtes par l'eau, les remous et les tourbillons.
affranchi, e adj. et n. Qui a été libéré de la servitude, de l'esclavage. / Qui s'est libéré de ses préjugés intellectuels, sociaux, etc. *Esprit affranchi des conventions de la morale.* / n. Esclave affranchi. / Personne qui vit en marge des règles sociales et morales. *C'est un petit malfrat, un affranchi.*

AFGHANISTAN

Superficie : *652 225 km²* – **Nombre d'habitants :** *environ 20 000 000 h.* – **Capitale :** *Kaboul*
Villes principales : *Ghazni, Herat, Kandahar* – **Système politique :** *République*
Langue (s) : *dari (persan oriental) et pachtou (officielles), turkmène, ouzbek, kirghize, baloutchi*
Religion (s) : *islam sunnite et chiite* – **Monnaie (s) :** *afghani*

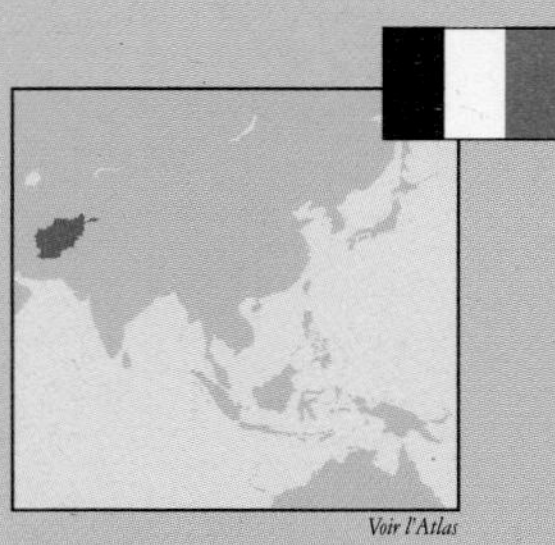

Voir l'Atlas

Géographie

Pays montagneux, aride (élevage nomade, peaux d'astrakan). Les villes, *Kaboul*, *Kandahar*, *Herat*, se sont implantées dans les vallées où les paysans pratiquent une polyculture intensive.

Économie

Les ressources naturelles sont peu exploitées : pétrole, rubis.

Les lacs de Band-i-Amir, dans les montagnes de l'Hindou Kouch, en Afghanistan.

Histoire

Siège d'une très ancienne civilisation, le pays fut converti à l'islam au IXe siècle. La diversité des monuments témoigne de la multitude des influences exercées par l'Inde, la Grèce et l'islam sur la civilisation et l'art afghans.

Jusqu'au XIXe siècle, le pays fut disputé par de nombreuses dynasties féodales. Objet des convoitises de la Russie tsariste et de l'empire britannique des Indes, il fut le théâtre de deux guerres coloniales (1839-1842 et 1878-1881) et ne put être réellement conquis par les Britanniques qui durent se contenter de lui imposer un semi-protectorat et d'obtenir le droit d'en délimiter les frontières.

État-tampon entre la Russie (qui avait abandonné ses revendications territoriales en 1907) et les Indes, l'Afghanistan s'administra de manière autonome jusqu'à ce qu'il acquière son indépendance (1919) sous l'autorité de l'émir Amanollah qui se proclama roi. Un coup d'État le renversa et, après une période de troubles, le trône revint (1929) à un de ses cousins, le conservateur Nadir Chah.

À ce dernier, assassiné en 1933, succéda son fils, Zahir Chah. En 1973, un coup d'État militaire mené par un cousin du roi, Mohammed Daoud, instaure la république avec l'appui de la gauche. Le nouveau régime se rapproche de l'Occident et une révolution, soutenue par les Soviétiques, éclate en 1978 ; Daoud et presque toute sa famille sont capturés et exécutés.

En septembre 1979, le président Taraki, prosoviétique, est renversé et tué. L'URSS intervient en décembre de cette année. Jusqu'en mai 1988, l'armée soviétique s'embourbera dans ce conflit, la résistance rurale et islamiste recevant l'aide du Pakistan et la lutte contre l'occupant mettant en sourdine la vieille antinomie Tadjiks-Pashtouns. L'armée soviétique, impuissante à pacifier le pays, se retire en 1989 et les vainqueurs, incapables de s'entendre pour profiter de leur victoire, se déchirent violemment.

Le tombeau de l'émir Abd al-Rahman Khan, à Kaboul, qui régna sur l'Afghanistan de 1880 à sa mort en 1901.

Alors que les Tadjiks semblent l'emporter dans les années 1992-1995, de jeunes fanatiques islamistes, les talibans, formés au Pakistan et recevant l'aide de forces islamistes internationales, conquièrent des régions entières. Ils prennent Kaboul en septembre 1996 et contrôlent bientôt la quasi-totalité du pays. Réfugiés dans le nord, les Tadjiks se manifestent par soubresauts en 1997, 1998 et 1999, et animent la coalition opposée au pouvoir taliban (Alliance du Nord). Les talibans ne cessent d'étendre leur pouvoir, prenant peu à peu le contrôle total de l'Afghanistan. Leur régime islamiste, d'un rigorisme extrême, a instauré la chariah, imposant à tout le pays un islam intégriste et déniant tout droit aux femmes.

En octobre 2001, en réponse aux attentats terroristes de New York et Washington (11 septembre), le pays a été bombardé par l'aviation américaine, prélude à une vaste opération militaire au sol. Les talibans finalement vaincus, un gouvernement provisoire se met en place début 2002. Depuis, des troubles sporadiques agitent certaines régions et la sécurité n'est pas assurée partout. La démocratie tarde à se mettre en place, malgré d'indiscutables progrès (abolition de la charia, ouverture de l'enseignement aux filles, notamment).

affranchir v. t. [2] Rendre libre (un esclave). / Par ext. Libérer d'une dépendance, d'une contrainte. *Afranchir une colonie qui devient ainsi indépendante. La douceur de son regard m'a affranchie de toute crainte.* / Fam. Mettre au courant. / Acquitter l'affranchissement de (une lettre).

affranchissement n. m. Action de rendre libre, indépendant. *Affranchissement d'un esclave.* / Paiement d'une taxe postale à l'aide d'un timbre. *Affranchissement d'une lettre.*

affres n. f. pl. Litt. Tourment, souffrance extrême. *Les affres de la mort.*

affrètement n. m. Location d'un véhicule, d'un moyen de transport. *Affrètement d'un bateau, d'un avion, d'un camion.*

affréter v. t. [1] Louer (un navire, un moyen de transport) pour un temps ou un voyage déterminé.

affréteur n. m. Personne qui prend en location un bateau, un avion, etc. pour transporter des marchandises.

affreusement adv. De manière affreuse.

affreux, euse adj. Qui suscite l'horreur, l'abomination. *Je n'ai pas voulu regarder, c'était trop affreux.* / Désagréable. *Quel temps affreux !*

affriolant, e adj. Qui séduit, suscite le désir. *Un décolleté affriolant.*

affront n. m. Offense faite en public avec la volonté d'humilier, d'exprimer son mépris. / *Réparer un affront*, le venger.

affrontement n. m. Action de faire face résolument, avec courage, à une difficulté, un péril, un adversaire. / MILIT. Combat. / MÉD. *Affrontement des bords d'une plaie* : mise en contact des deux bords de la plaie pour faciliter la cicatrisation.

affronter v. t. [1] Combattre (un adversaire) ; faire résolument face à (une menace, une difficulté). *Affronter la misère.* / MÉD. Réunir (une plaie) par les bords.

affublement n. m. (Rare) Tenue vestimentaire inadéquate, ridicule.

affubler v. t. [1] Habiller (qqn) d'un vêtement inadéquat, ridicule. *On l'affubla d'une robe trop grande.* / v. pron. *S'affubler d'un caraco vert vif.*

affût n. m. MILIT. Matériel utilisé pour transporter et pointer une pièce d'artillerie. / CHASSE Endroit où le chasseur se poste pour attendre et tirer le gibier. / *Être à l'affût* : attendre le moment favorable pour agir.

affûtage n. m. Action d'aiguiser. *Affûtage de couteaux, de ciseaux.*

affûter v. t. [1] Aiguiser (le tranchant d'un outil, d'une lame).

affûtiaux n. m. pl. Petits objets ornementaux sans valeurs.

afghan, e adj. et n. De l'Afghanistan. *Les villes afghanes. Un (e) Afghan (e).*

• **Afghanistan** État d'Asie, entre l'Iran, à l'ouest, et la Chine, à l'est.

aficionado n. m. (mot espagnol) Amateur de courses de taureaux. / Amateur enthousiaste. *Les aficionados du vélo.*

afin de loc. prép. (suivi de l'infinitif). Pour. *Préparez vos dossiers afin d'être prêt pour la réunion.* / loc. conj. (suivi du subjonctif). *Afin que* : pour que. *Rappelez-moi demain afin que nous vous confirmions le rendez-vous.*

afocal, ale, aux adj. Qualifie un système optique dont les foyers sont rejetés à l'infini.

a fortiori loc. adv. (mots latins) À plus forte raison.

africain, e adj. et n. De l'Afrique. *Les langues africaines. Un (e) Africain (e).*

African National Congress (ANC ou A.N.C.) *(Congrès national africain)* Parti nationaliste d'Afrique du Sud, créé en 1912. Il adopta le nom actuel en 1923. Nelson Mandela, emprisonné de 1962 à 1990, demeura son président en titre. En 1994, l'A.N.C. remporta les premières élections libres et Mandela dirigea le gouvernement jusqu'en 1999. À cette date, il a soutenu la candidature de son vice-président, Thabo

Mbeki qui lui succède après la victoire remportée par l'ANC aux élections de 1999.

africaniser v. t. [1] Donner un caractère africain à. / Spécial. Utiliser des moyens techniques et humains africains pour remplacer (des structures économiques ou politiques, du personnel, etc.) *Africaniser l'administration.*

africanisme n. m. Terme, tournure propre au français d'Afrique subsaharienne.

africaniste n. Spécialiste de l'étude des langues et des civilisations africaines.

afrikaans n. m. Langue d'origine néerlandaise parlée en République d'Afrique du Sud, dont elle est une des langues officielles.

Afrikakorps Nom donné aux armées allemandes envoyées de 1941 à 1943 en Libye, en Égypte et en Tunisie, sous le haut commandement du maréchal Rommel.

afrikaner ou **afrikander** adj. et n. Désigne les habitants de race blanche d'Afrique du Sud, pour la plupart d'origine néerlandaise, et dont la langue est l'*afrikaans*.

•**Afrique** Un des cinq continents du monde.

•**Afrique du Sud (république d')** État fédéral situé à l'extrémité sud de l'Afrique, constitué par les anciennes colonies anglaises du Cap, du Natal, de l'Orange et du Transvaal.

afro adj. inv. Se dit d'une coiffure faite de cheveux longs frisés qui forment autour du visage une masse importante.

afro-américain, e adj. et n. Aux États-Unis, qualifie ce qui est, ceux qui sont d'origine africaine. *La littérature afro-américaine. / n. Les Afro-Américains.*

aga Voir **agha**

agacement n. m. Irritation, mécontentement mêlés d'impatience.

agacer v. t. [1] Mettre dans un état d'agacement.

agacerie n. f. (Rare au sing.) Coquetterie taquine. *Tenter de séduire par des agaceries.*

Agadir *137 000 h.* Ville et port de pêche du Maroc, sur l'Atlantique, Agadir fut en 1911 le théâtre d'un incident franco-allemand. En 1960, un tremblement de terre a détruit la ville, reconstruite depuis.

Aga Khan Voir **Agha Khan**

agalactie ou **agalaxie** n. f. Absence de sécrétion lactée chez la femme après son accouchement.

Agamemnon MYTH. GR. Roi de Mycènes et d'Argos, fils d'Atrée, époux de Clytemnestre, père d'Électre, Iphigénie et Oreste. Chef des Grecs, lors de l'expédition de Troie, immobilisé à Aulis par des vents contraires, il sacrifie Iphigénie pour obtenir des dieux des vents favorables. De retour à Mycènes, Clytemnestre le fait assassiner par son amant, Égisthe. Poussé par Électre, Oreste venge leur père. De nombreuses œuvres littéraires ont, dans l'Antiquité, pris pour thème la légende des Atrides : *l'Iliade* d'Homère, *Agamemnon* d'Eschyle et de Sénèque, *Iphigénie à Aulis* d'Euripide ; ce thème a, en outre, largement inspiré les écrivains dans les temps modernes.

agami n. m. ZOOL. Oiseau d'Amérique du Sud appartenant à l'ordre des gruiformes, à plumage essentiellement noir, à bec court et long cou, de la taille d'un faisan. *L'agami est parfois appelé « oiseau-trompette », en raison de son cri perçant.*

agamidés n. m. pl. ZOOL. Famille de lézards, ressemblant aux iguanes, qui vivent dans les régions chaudes de l'Ancien monde et dont, chez certaines espèces, les mâles présentent des crêtes, des collerettes, etc. *Le dragon volant, le moloch, le fouette-queue sont des agamidés.*

agamie n. f. BIOL. Reproduction sans fécondation.

agammaglobulinémie n. f. MÉD. Déficit ou absence de gammaglobulines dans le plasma sanguin, diminuant les défenses immunitaires.

agape n. f. HIST. Repas pris en commun chez les premiers chrétiens. / (Au plur.) Repas, généralement abondant, réunissant des amis.

Agar Esclave égyptienne de Sara, la femme stérile d'Abraham. Elle donne à Abraham un fils, Ismaël, avec lequel elle doit fuir au désert la haine de Sara. Les Arabes tiennent Ismaël pour leur ancêtre.

agar-agar n. m. Substance obtenue à partir de certaines algues marines, utilisée en bactériologie, dans certaines industries (encollage), en pharmacie, en cuisine (gelées). Syn. gélose. Pl. Des *agars-agars*.

agaric n. m. Champignon basidiomycète sans volve ni anneau, à lamelles colorées. *Le champignon de Paris est un agaric.*

agaricacées n. f. pl. Famille de champignons basidiomycètes groupant des espèces comestibles, tel l'*agaric*, et des espèces vénéneuses, telle l'*amanite phalloïde*.

Agassiz (Louis) 1807-1873 Naturaliste suisse, ses travaux ont porté en particulier sur l'histoire naturelle des poissons et la géologie des glaciers. *Recherches sur les poissons fossiles* (1833-1842), *Études sur les glaciers* (1840), *Système glaciaire* (1847).

agate n. f. Roche siliceuse dure composée de couches concentriques diversement colorées, variété de calcédoine utilisée pour la fabrication de bijoux, d'objets d'art (camées, vases, etc.). / Objet en agate.

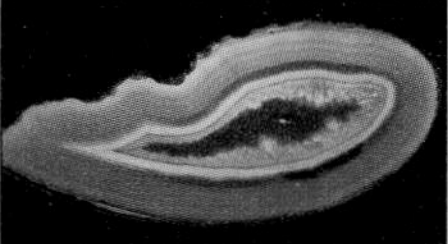

Coupe d'une **agate**, reconnaissable aux veines concentriques de couleurs différentes.

agave n. m. Plante de la famille des amaryllidacées, d'origine mexicaine, acclimatée dans le Bassin méditerranéen, qui ne fleurit qu'une seule fois en donnant une inflorescence en longue hampe pouvant atteindre 10 m de hauteur. *Les feuilles de l'agave, à pointe acérée et disposées en rosette, fournissent des fibres textiles (sisal), et sa sève fermentée une boisson alcoolique (pulque).*

Agde *34 300 h.* Ville de l'Hérault. Jadis principal port du Languedoc, aujourd'hui ensablé, Agde vit du commerce des vins. Cathédrale fortifiée du XIIe siècle.

âge n. m. Temps écoulé à partir de la naissance. *Indiquez votre nom et votre âge.* / Période, phase de la vie d'une personne. *Enfant en bas âge* : très jeune enfant. *Âge ingrat* : âge qui correspond à peu près à la puberté. *Troisième âge* : âge qui correspond au passage à la retraite. *Avoir un certain âge* : n'être plus très jeune. / *Âge légal* : âge fixé par la loi pour exercer certains droits. / PSYCHOL. *Âge mental* : niveau mental d'un enfant mesuré d'après une série de tests spécifiques ; niveau d'aptitude intellectuelle d'un adulte. / Période de l'histoire de l'humanité. *Âge de la pierre polie. L'âge de la pierre* : la préhistoire. / *Âge d'or* : période de prospérité.

On préfère aujourd'hui ne pas parler de vieillesse mais de 3e **âge** (lors du passage à la retraite), puis de 4e âge après 75 ans, et enfin de 5e âge.

âgé, e adj. Vieux (en parlant de personnes). *Un homme âgé.* / *Âgé de* : dont l'âge est de. *Il est à peine âgé de 20 ans.*

Âge d'or (l') 1930 Film français de Buñuel, qui écrivit le scénario en collaboration avec S. Dali. Vantant avec frénésie la « toute-puissance du désir », ce film surréaliste fit scandale lors de sa sortie à Paris.

Agen *47 000 h.* Chef-lieu du département du Lot-et-Garonne, sur la Garonne. Cette vieille ville, établie à un carrefour de routes, est aujourd'hui le marché d'une riche région agricole et un centre d'industries alimentaires et chimiques. Cathédrale Saint-Caprais (romano-gothique), hôtels du XVIIIe siècle.

Agenais ou **Agenois** Ancien pays de France dont la capitale était Agen. Propriété des comtes de Poitiers, puis de l'Angleterre, apanage de Marguerite de Valois (la reine Margot), il fut réuni définitivement à la couronne de France en 1592.

agence n. f. Entreprise commerciale qui sert d'intermédiaire, qui propose un certain nombre de services à ses clients. *Une agence de voyages. Une agence de publicité. Une agence immobilière.* / Locaux, bureaux d'une telle entreprise. / Organisme public chargé de coordonner des actions, de transmettre des informations. *L'Agence nationale pour l'emploi.* / Succursale bancaire.

Agence nationale pour l'emploi (A.N.P.E.) Établissement public, créé en 1967, qui dépend du ministère du Travail. Elle a pour fonction d'aider les demandeurs d'emploi dans leurs recherches.

agencement n. m. Action d'agencer ; résultat de cette action. *L'agencement d'un salon. Agencement des pièces d'un mécanisme.*

agencer v. t. [1] Disposer (divers éléments) selon un certain ordre, une certaine cohérence. *Agencer divers ornements.*

agenda n. m. Carnet comportant les mois, les jours et les dates, sur lequel on note ce que l'on prévoit de faire. *Agenda de bureau.*

agénésie n. f. PATHOL. Absence ou interruption du développement d'un tissu ou d'un organe au cours du développement de l'embryon, entraînant certaines atrophies. / Incapacité de procréer.

agenouillement n. m. Action de s'agenouiller ; résultat de cette action.

agenouiller (s') v. pron. [1] Se mettre à genoux. *S'agenouiller en signe de déférence.*

Vue aérienne d'**Agen** ; au premier plan, une écluse du canal du Midi.

A

AFRIQUE

Vue de Rabat, la capitale du Maroc. Au premier plan, les remparts dits « muraille des Andalous », au fond, la côte de l'océan Atlantique.

Géographie physique et humaine

Vaste comme trois fois l'Europe, l'Afrique est une terre massive, aux contours réguliers. C'est une table élevée de roches anciennes. Le relief est constitué d'amples plateaux usés par l'érosion, plongeant doucement vers de vastes cuvettes intérieures (Niger, Tchad, Congo), de fossés d'effondrement occupés par des lacs (Tanganyika) et bordés de hauts massifs volcaniques (Kilimandjaro, Kenya, Ruwenzori). Presque toute l'Afrique est un bloc rigide, demeuré étranger aux grands plissements qui ont bouleversé les autres continents. Seule la formation du relief de l'Afrique du Nord se rattache au plissement alpin (Atlas). Enfin, des côtes basses, une puissante barre en font un continent difficilement pénétrable.

Traversée par l'équateur et les tropiques, l'Afrique est un continent chaud. Au fur et à mesure que l'on s'éloigne de l'équateur, on passe d'un climat chaud et pluvieux en permanence au climat tropical : alternance d'une saison sèche et d'une saison des pluies. La végétation varie avec l'importance des pluies : la forêt, dense autour de l'équateur, devient de plus en plus clairsemée. Aux herbes de la savane tropicale succèdent la steppe puis le désert (Sahara, Kalahari).

Depuis le début des années 1970, le Sahel (au sud du Sahara) se désertifie. L'Afrique a une population faible et inégalement répartie. Toutefois, elle est passée de 320 millions d'habitants en 1968 à 700 millions en 1995. On rencontre les plus fortes densités dans la vallée du Nil, les régions des savanes ou les zones tempérées. La population active, concentrée dans les grandes villes commerciales, pour la plupart anciens centres religieux (Le Caire) ou coloniaux (Le Cap), a été rejointe par des populations entières privées de ressources dans les zones rurales et qui s'entassent dans des bidonvilles. Ainsi, Kinshasa est passé de 400 000 h., dans les années 1960, à plus de 3 millions ; Lagos de 650 000 h. à plus de 6 millions ; Khartoum, de 140 000 h. à 2 millions. La population africaine est formée de deux groupes. Au nord du Sahara, des Blancs, utilisant des parlers arabes et berbères ; au sud, des Noirs, parlant une multitude de langues, groupées en grandes familles : chamito-sémitique au nord (arabe, berbère, langues éthiopiennes, langues couchitiques), bantoue et soudanaise au centre, khoisan ou khoin (Hottentots et Boschimans) au sud ; s'y ajoute le malgache qui appartient à la famille malayo-polynésienne. Cette multitude de langues reflète la multitude des ethnies. Dans certains États, plus de cent langues sont parlées, de sorte qu'on doit recourir à des langues véhiculaires, africaines (arabe, swahili notam.) ou européennes (français, anglais, portugais essentiellement).

Au nord, l'islam est la religion de presque tous, avec les notables exceptions de l'Égypte (copte pour environ 10 % de sa population) et de l'Éthiopie (chrétienne monophysite en très grande partie). Au sud, l'islam, le christianisme (Église catholique et Églises protestantes) et les religions traditionnelles (longtemps dites à tort animistes) se partagent la population.

Économie

Ressource essentielle de l'Afrique, l'agriculture associe des modes de culture traditionnels (brûlis) à des méthodes modernes (mécanisation, irrigation). Des pasteurs nomades parcourent les steppes et les déserts. La faible productivité, la médiocrité des sols, les aléas du climat expliquent l'insuffisance des ressources alimentaires alors que les cultures d'exportation sont soumises aux fluctuations des cours mondiaux. C'est pourquoi non seulement l'Afrique, notamment l'Afrique subsaharienne, possède le niveau de vie moyen le plus bas du monde, mais encore elle présente des disparités selon qu'on envisage les populations urbaines ou paysannes, ou encore les revenus de telle ou telle classe sociale ; les inégalités sont encore plus tranchées quand on passe d'un pays à un autre, d'une région à une autre. La découverte de richesses minières et énergétiques, leur exploitation croissante (or, uranium, diamants, cuivre, pétrole, gaz naturel, etc.) n'ont pas permis l'industrialisation de l'Afrique, faute de main-d'œuvre qualifiée, de capitaux et de machines. La présence européenne a fait naître une économie tournée vers l'exportation : exploitation minière et plantations. L'Afrique reste morcelée en une multitude d'États

La mosquée Bourguiba à Monastir en Tunisie. L'islam est la religion dominante dans les pays de la moitié nord de l'Afrique.

Paysage steppique typique du nord de l'Afrique : Matmata, en Tunisie.

qui vivent dans une situation de dépendance économique à l'égard des acheteurs internationaux. Son agriculture, au demeurant assez pauvre ou donnant des produits qui ne suscitent plus grand intérêt sur les marchés mondiaux, est non seulement mal adaptée à ses besoins alimentaires mais évolue trop lentement. Malgré les possibilités minières de certaines régions (Sahara, Katanga, Transvaal, Mauritanie), un lourd retard industriel pèse sur l'économie africaine. La situation a été aggravée par l'épidémie de sida, qui atteint tous les États et décime prioritairement la population des enfants et des jeunes adultes, surtout dans les villes, ce qui prive le continent d'une partie de sa main-d'œuvre qualifiée et de ses cadres. À cela s'ajoutent les conflits sanglants qui continuent de ravager de nombreuses régions (Côte-d'Ivoire, Sierra-Leone, République démocratique du Congo…).

Histoire

L'Afrique fut peuplée dès l'époque préhistorique. La brillante civilisation égyptienne est tournée vers la Méditerranée ; elle a eu peu de contacts avec les peuples de l'intérieur de l'Afrique organisés en chefferies ou en royaumes qui, parfois, atteignirent la dimension de véritables empires. Quant à l'Afrique du Nord, colonisée par les Romains, après qu'ils eurent détruit Carthage (146 av. J.-C.), elle passa successivement sous les dominations byzantine, arabe et enfin turque.

La conquête arabe, au VIIe siècle, amena, en même temps que l'introduction de l'islam en Afrique, des contacts commerciaux entre l'Afrique du Nord et l'Afrique subsaharienne. Du XVe au XIXe siècle, l'Afrique demeure pour les Européens un monde inconnu et redouté : ceux-ci se contentent d'établir des comptoirs dans les régions côtières où ils font le commerce des esclaves, de l'or, de l'ivoire. Au XIXe siècle, commence l'exploration des régions intérieures et leur colonisation, enjeu des rivalités politiques entre les principaux États européens, qui se partagent l'Afrique à la conférence de Berlin (1885). Depuis 1950, un rapide mouvement de décolonisation a provoqué l'émiettement du continent en de jeunes États qui, le plus souvent, ont conservé des liens économiques et culturels avec les pays dont ils dépendaient autrefois.

A

AFRIQUE (SUITE)

Carte physique de l'Afrique.

A

Afrique du Sud (République d')

Superficie : *1 219 090 km²* – **Nombre d'habitants :** *43 337 000 h.* – **Capitales :** *Prétoria, Le Cap* – **Villes principales :** *Johannesburg, Durban, Soweto* – **Système politique :** *république* **Langue (s) :** *afrikaans, anglais (officielles), langues bantoues et khoïsan* – **Religion (s) :** *christianisme (protestantisme très majoritaire), religions africaines, hindouisme* – **Monnaie (s) :** *rand*

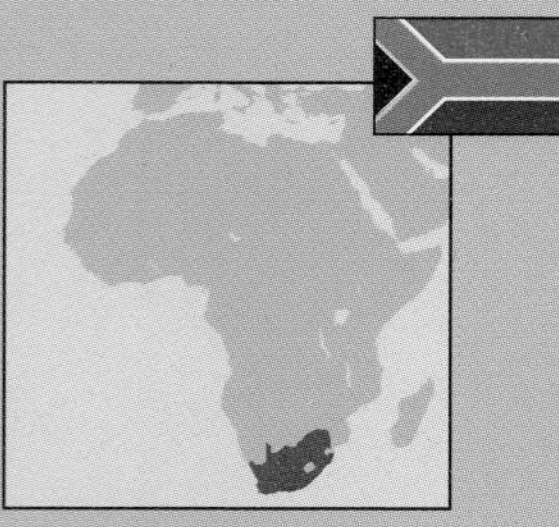

Géographie physique et humaine

Le pays est composé d'un vaste plateau granitique. À l'est, la chaîne des Drakensberg, vigoureux escarpement volcanique, isole une étroite plaine côtière. L'intérieur est chaud et steppique. La frange littorale offre de grands contrastes climatiques : au sud, climat méditerranéen dans la région du Cap ; à l'ouest, le courant froid de Benguela raréfiant les pluies, le désert du Namib borde l'Océan ; à l'est, la côte très arrosée (zone tropicale humide ouverte à l'alizé austral) est couverte d'une forêt dense. La population, très inégalement répartie, comprend 76 % de Noirs, presque exclusivement bantous (dont 22 % de Zoulous), 13 % de Blancs (concentrés dans quelques grandes villes), 8,5 % de Métis et 2,5 % d'Asiatiques. Près de 60 % des Sud-Africains sont protestants, moins de 8 % sont catholiques, les hindous sont relativement nombreux et les religions traditionnelles ont encore une grande vigueur.

Vue aérienne du quartier de Green Point dans la ville du Cap.

Économie

Mise en valeur par les Européens, la République d'Afrique du Sud est la principale puissance économique du continent africain.

Son économie est à la fois diversifiée et équilibrée, fondée sur l'agriculture et l'exploitation minière, mais les mesures internationales adoptées contre l'apartheid de 1985 à 1992 ont provoqué une crise durable. La croissance a repris en 1995, mais moindre qu'on ne l'espérait. L'agriculture est prospère : on trouve, sur les plateaux, de vastes exploitations de blé et de maïs.

Le littoral oriental est consacré à la culture de la canne à sucre, tandis que les cultures méditerranéennes occupent le sud. L'élevage extensif de moutons lainiers est pratiqué dans les régions les plus sèches.

La réforme agraire a été décrétée en 1996 (les Blancs possédaient 70 % des terres, les meilleures), mais son application est lente. L'Afrique du Sud exporte tous ses produits agricoles mais les produits de l'extraction minière : or du Transvaal (40 % de la production mondiale), diamants de Kimberley, houille, uranium, manganèse, antimoine et chrome, tiennent la première place dans le volume de ses exportations. L'industrialisation, qu'avait favorisée l'afflux des devises étrangères, est diversifiée entre la métallurgie, les textiles et les engrais.

L'essor de l'économie depuis la Seconde Guerre mondiale a entraîné la croissance des villes et des ports comme Le Cap, Durban et Johannesburg, mais Maputo est un immense débouché situé au Mozambique. Les accords avec ce pays, avec tous les États de l'Afrique australe, voire de l'Afrique subsaharienne tout entière, devraient être profitables à tous. Cette ouverture a constitué l'une des grandes préoccupations du gouvernement de Nelson Mandela (1994-1999).

Histoire

Les premiers habitants furent des Boschimans et des Hottentots. Venus du nord, les Bantous, au Ier siècle de notre ère, introduisirent dans le pays l'agriculture et l'élevage du mouton, puis des bovins.

À partir du IXe siècle, le commerce des perles et de l'ivoire effleura les régions du nord et les Arabes fréquentèrent les côtes orientales, sans s'y attarder ni y fonder d'établissement. Le Portugais Bartolomeu Dias atteignit (1487) le cap de Bonne-Espérance, que son compatriote Vasco de Gama franchit en 1497.

À partir de 1652, date de la fondation, par la Compagnie hollandaise des Indes orientales, d'un comptoir de ravitaillement dans la baie de la Table (sud du pays, près de l'actuelle ville du Cap), quelques Néerlandais (*boers* : « paysans ») s'implantèrent, s'organisèrent en 1657 et furent rejoints par d'autres Européens, en particulier, à partir de 1685 (révocation de l'édit de Nantes), par des huguenots français.

Les colons, peu nombreux, utilisaient bon nombre d'esclaves domestiques (Noirs d'Angola et Hottentots) et côtoyaient des Asiatiques (Javanais et Malais) et des Malgaches déportés en Afrique du Sud. Cette cohabitation donna naissance à une importante population de métis. Certains blancs s'installèrent dans la région du Cap comme agriculteurs et viticulteurs, d'autres se firent pasteurs nomades, repoussant sans cesse les

Marchands ambulants dans le centre de Kroonstad, ville située au sud de Johannesburg.

Boshimans et les Hottentots hors de leurs terres. En 1779, ils se heurtèrent aux Bantous, adversaires autrement plus redoutables que les bergers boshimans ; organisés en puissantes chefferies, ils menèrent la vie dure aux colons pendant cent ans : les « guerres cafres » ne prirent fin qu'en 1879, avec la défaite des Zoulous.

En 1795, les Britanniques occupèrent Le Cap. En 1833, ils abolirent l'esclavage. Mécontents, les Boers organisèrent le Grand Trek (Grande Migration) vers les régions nommées ensuite Transvaal et Natal, vainquant les populations locales (notamment les Zoulous en 1840 à Blood River, puis de 1873 à 1879) ; ils y fondèrent de petites républiques autonomes et les Britanniques reconnurent l'indépendance de deux d'entre elles : le Transvaal (1852) et l'État libre d'Orange (1854) avant d'annexer, en 1877, le Transvaal riche en gisements diamantifères.

La guerre éclata ; d'abord vaincue (1881), la Grande-Bretagne fut contrainte de reconnaître l'autonomie du Transvaal par les conventions de Pretoria (1881) et de Londres (1884). Le financier anglais Cecil Rhodes, premier ministre du Cap, fut à l'origine d'une politique d'annexion plus ou moins déguisée (en 1890, mise sous protectorat du Bechuanaland [aujourd'hui Botswana] et prise de contrôle de la rive gauche du Limpopo) qui, en 1896, aboutit à une intervention armée contre les Boers. Londres le désavoua, il donna sa démission et des négociations s'engagèrent.

En 1899, soutenu par l'Allemagne, le président du Transvaal, Paul Krüger, rompit les pourparlers ; ainsi commença la guerre des Boers contre les Britanniques.

Ceux-ci la remportèrent en 1902 et annexèrent le Transvaal et l'État libre d'Orange, qui en 1910 s'unirent au Natal et à la province du Cap dans l'Union sud-africaine, État quasiment indépendant de Londres qui promulgua des lois racistes dès 1913.

En 1912, les Africains fondèrent l'African National Congress (A.N.C.). En 1931, Londres accorda l'indépendance à l'Union. En 1948, celle-ci fit de l'apartheid une institution, toujours plus

AFRIQUE DU SUD (RÉPUBLIQUE D') (SUITE)

rigoureuse. En 1960, l'opinion internationale condamna vigoureusement l'apartheid et l'Union sortit du Commonwealth, devenant une république (1961).
En 1962, Nelson Mandela, président de l'A.N.C., fut emprisonné et condamné à perpétuité en 1964.
En 1976, une manifestation d'écoliers, à Soweto, entraîna une féroce répression (plus de 500 morts); l'ONU décréta l'embargo sur les ventes d'armes. En 1985, cet embargo s'étendit à toute l'économie, qui entra en crise.
Jusqu'alors partisan de l'apartheid, Frederick De Klerk, président en 1989, fit libérer Mandela

Beaucoup de Blancs se sentaient menacés, dans les années 1980, par le durcissement du combat des Noirs pour l'égalité des droits.

en 1990. Les premières élections multiraciales, en avril 1994, donnèrent le pouvoir à l'A.N.C. de Mandela, président en mai.
Les affrontements entre l'A.N.C. et les Zoulous du Natal (devenu KwaZulu-Natal), hostiles à l'A.N.C. depuis 1985, demeurèrent limités. De Klerk devint vice-président mais il démissionna en 1996.
En 1997, la réforme agraire décidée par Mandela entraîna la démission des autres ministres blancs. En 1998, Mandela annonça qu'il ne briguerait pas un nouveau mandat et son vice-président Thabo Mbeki lui succéda à la tête de l'État en 1999.

Carte physique de l'Afrique du Sud.

agent n. m. **I.** GRAMM. Personne ou chose qui effectue l'action dont il est question ou qui se trouve dans l'état qu'exprime le verbe. *Dans les phrases « je vais à la poste » et « la neige est tombée toute la nuit », « je » et « neige » sont agents et sont également sujets des verbes « vais » et « est tombée ».* / *Complément d'agent*: complément d'un verbe à la forme passive désignant la personne ou la chose qui effectue l'action. *Dans « la lettre est lue par tout le monde », « tout le monde » est complément d'agent.* / Toute chose qui produit un effet, provoque une réaction. *Un acide est un agent chimique.* **II.** Personne qui agit pour le compte de qqn, au nom d'une société, d'une administration. *Agent d'assurances. Agent d'affaires*: mandataire, personne qui traite d'affaires pour le compte d'un particulier. *Agent de change*: officier ministériel chargé de négocier des valeurs en Bourse. *Agent diplomatique*, qui représente un gouvernement. / *Agent secret*: espion. / Anc. *Agent de police*: fonctionnaire chargé de faire respecter l'ordre sur la voie publique. *Le rôle des agents de police est aujourd'hui assuré par des gardiens de la paix.* / Absol. *Bonjour, monsieur l'agent, pouvez-vous m'indiquer où se trouve la rue X ?*

Agésilas Roi de Sparte de v. 400 à v. 360 av. J.-C. Il vainquit les Perses en Asie et les Athéniens à la bataille de Coronée (394), mais les Thébains le vainquirent à Mantinée (362).

aggiornamento n. m. (mot italien) Terme utilisé par le pape Jean XXIII, au cours du deuxième concile du Vatican, pour désigner l'adaptation de l'Église aux réalités du monde actuel.

agglomérat n. m. GÉOL. Regroupement naturel de substances minérales ou de roches diverses formant un amas plus ou moins compact.

agglomération n. f. Groupement dense de population. *L'agglomération parisienne*: l'ensemble de Paris et de sa banlieue. / Action d'agglomérer.

aggloméré n. m. Combustible formé de poussier broyé, mêlé de brai ou de goudron. / Matériau de construction formé du mélange de diverses matières réunies par un liant. / Bois reconstitué à partir de copeaux mêlés et compressés avec de la colle. *Planche en aggloméré.*

***Agglomération**: l'île de Kowloon, à Hong Kong, où vivent 80 000 habitants au kilomètre carré.*

A

agglomérer v. t. [1] Réunir en une même masse. *Le vent froid a aggloméré la neige.* / v. pron. *S'agglomérer en congères.*
agglutination n. f. Action d'agglutiner ; état résultant de cette action. / BIOL. Réaction spécifique caractérisée pas la réunion en amas d'éléments tels que des bactéries ou des hématies, en présence de l'anticorps correspondant.
agglutiner v. t. [1] Assembler, joindre, coller en une masse compacte.
agglutinine n. f. BIOL. Anticorps dont la fixation sur l'antigène correspondant se manifeste par une réaction d'agglutination.
agglutinogène n. m. BIOL. Antigène présent à la surface de certaines cellules et qui provoque leur agglutination en présence de l'agglutinine correspondante. *Les antigènes ABO des globules rouges sont des agglutinogènes.*
aggravation n. f. Accroissement de la gravité d'un phénomène, d'un événement néfaste. *Aggravation d'un conflit, d'une maladie.*
aggraver v. t. [1] Rendre plus grave, plus pénible. / v. pron. *Son cas s'est aggravé.*
agha ou **aga** n. m. Dignitaire musulman. / Anc. Chef supérieur au caïd, en Algérie, avant 1962.
Agha Khan ou **Aga Khan** Titre du chef (imam) des ismaéliens. **Agha Khan III** 1877-1957 fut un ami de la Grande-Bretagne, dont il a servi les intérêts au cours de la Première Guerre mondiale, ordonnant aux musulmans ismaéliens vivant dans l'Empire britannique de se mettre au service des Alliés. Actif promoteur de la Société des Nations, il y représenta l'Inde et la présida en 1937. À l'occasion de certains de ses anniversaires, il recevait l'équivalent de son poids en or, diamants ou platine. Il a choisi son petit-fils Karim (né en 1936) pour lui succéder sous le nom d'**Agha Khan IV**.
Agheila (El-) ou **Al-Aghayla** Localité de Libye d'où Rommel lança ses offensives contre les Anglais en 1941 et 1942.
Aghlabides Dynastie musulmane qui régna sur l'Ifriqiya pendant tout le IXe siècle. Sa capitale était Kairouan. En 910, les Fatimides lui succédèrent.
agile adj. Dont les mouvements sont aisés. *Il est agile pour son âge.* / Fig. *Un esprit agile.*
agilité n. f. État de ce qui est agile.
agio n. m. Ensemble des frais retenus par une banque sur certaines opérations.
agiotage n. m. Action d'agioter.
agioter v. t. [1] Spéculer frauduleusement sur les changes.
agioteur, euse n. Celui, celle qui agiote. *Les agioteurs et les boursicoteurs.*
agir v. i. / v. pron. impers. [2] **A.** v. i. Entreprendre des actions. *Réfléchir avant d'agir.* / Se conduire de telle façon. *Agir en traître, à la légère.* / Avoir un effet, une influence (sur qqn, qqch.). *Fumer agit sur la santé.* **B.** v. pron. impers. *Il s'agit de* : il est question de. *Il s'agit des études de votre fils.* / (suivi d'un infinitif) *Il s'agit de* : il faut ; il est nécessaire, important, essentiel de. *Il s'agit de savoir si vous avez ou non les moyens de réaliser cette opération.*
agissements n. m. pl. Manière d'agir, comportements indélicats, malhonnêtes.
agitateur, trice n. Personne qui provoque ou entretient des troubles sociaux, politiques.
agitation n. f. État de ce qui est secoué, animé de mouvements irréguliers. *Agitation des eaux d'un fleuve.* / Activité désordonnée provoquée par un trouble, une angoisse. *Agitation d'un malade.* / Mouvement collectif provoqué par une insatisfaction d'ordre social ou politique et s'exprimant par des manifestations, des grèves, des actions qui troublent l'ordre public. *Agitation politique.*
agitato adv. (mot italien) MUS. Mention indiquant qu'un morceau doit être joué d'une manière rapide, enlevée.
agiter v. t. [1] Remuer vivement. *Agiter les bras, un drapeau.* / Mettre dans un état d'agitation. / v. pron. *Le malade s'agite.*
aglyphe adj. et n. m. ZOOL. (En parlant des serpents) Dont les dents ne comportent ni sillon ni canal d'inoculation. *La salive des serpents aglyphes, même lorsqu'elle est légèrement venimeuse, ne peut être inoculée.*
agnat n. m. DR. Parent par les mâles.
agnathes n. m. pl. ZOOL. Groupe de vertébrés aquatiques à l'allure de poissons, dépourvus de mâchoire et de nageoires paires. *La lamproie et la myxine sont des agnathes.*
agnelet n. m. Petit agneau.
agneline n. f. Laine frisée et soyeuse qui provient de la première tonte de l'agneau.
agnelle Voir **agneau**
Agnelli (Giovanni, dit **Gianni)** 1921-2003 Industriel italien. Petit-fils du fondateur de la Fiat, à qui il succède, il donne à l'entreprise une dimension internationale. Collectionneur averti, grand sportif, il pratique le mécénat d'entreprise (patronage de la Juventus, le club de football créé par son père, restauration de monuments publics, ouverture d'un musée sur le toit du siège social historique de la société...) et mène une vie fastueuse. Pour les Italiens, il est le dernier des condottieri, le Médicis des temps modernes. À sa mort, son petit-fils lui succède.
Agnès (sainte) Vierge de Salerne, martyrisée en 303, sous le règne de Dioclétien.

*La lamproie fait partie des **agnathes** ; elle ne possède pas de mâchoire, mais une ventouse buccale munie de dents cornées.*

agneau, agnelle n. Petit de la brebis. / Chair de l'agneau. *Côtelettes d'agneau.* / Fig. *Être doux comme un agneau* : être extrêmement doux, pacifique. / *Agneau pascal* : agneau immolé par les juifs au moment de la Pâque pour commémorer l'exode hors d'Égypte. / *L'Agneau de Dieu, l'Agneau mystique* : Jésus-Christ sacrifié sur la croix pour racheter les péchés des hommes.
Agneau mystique (l') Retable que Jan Van Eyck exécuta pour la cathédrale Saint-Bavon de Gand. Achevé en 1432, ce chef-d'œuvre marque l'irruption du réalisme dans la peinture flamande.
agnelage n. m. Mise bas, chez la brebis. / Époque de l'année où, dans les élevages traditionnels, la brebis met bas. *Les techniques modernes permettent de provoquer l'agnelage au moment le plus favorable pour l'éleveur.*
agneler v. i. [1] Mettre bas, en parlant de la brebis.
Agnès de France 1171-1220 Fille de Louis VII, roi de France. Elle épousa à neuf ans Alexis II Comnène puis (1183) Andronic Ier Comnène, assassin de son premier mari.
Agnès de Méran ?-1201 Troisième épouse de Philippe Auguste. Ce dernier la répudia (ou, plutôt, feignit de la répudier) en 1200 pour, sur les ordres du pape, reprendre sa deuxième femme, Isambour de Danemark. Elle mourut en couches peu après.
Agnon (Samuel Joseph Czaczkes, dit **Samuel)** 1888-1970 Écrivain israélien de langue hébraïque ; ses œuvres évoquent la vie en exil des juifs polonais, leur misère entre les deux guerres mondiales, le martyr du peuple juif et le retour à la terre promise.
agnosie n. f. MÉD. Trouble caractérisé par l'impossibilité de reconnaître ce que l'on voit, ce que l'on entend, ce que l'on touche, dû à une perturbation affectant, non pas les organes sensoriels, mais les fonctions du cerveau.
agnosticisme n. m. Doctrine philosophique qui professe que la connaissance de tout ce qui se situe au-delà de l'expérience matérielle est inaccessible à l'esprit humain, que l'absolu est inconnaissable pour l'homme.
agnostique adj. et n. Relatif à l'agnosticisme. / Personne professant l'agnosticisme. *Les agnostiques et les mystiques.*
agnus Dei n. m. inv. (mots latins : *agneau de Dieu*) Premiers mots d'une prière de la messe en latin, dite avant la communion. / Médaillon de cire bénit par le pape représentant l'Agneau mystique.
agonie n. f. Période ultime de la vie, précédant la mort, caractérisée par une altération des fonctions physiques et de la conscience. *Être à l'agonie.* / Fig. Phase finale, déclin qui annonce la disparition de qqch. *L'agonie de l'Empire romain.*
agonir v. t. [2] *Agonir qqn d'injures*, l'injurier abondamment. / Absol. *Il s'est fait agonir.*
agoniser v. i. [1] Être à l'agonie. *Il a agonisé pendant plusieurs jours.*
agoniste adj. *Muscles agonistes*, qui contribuent à un même mouvement.
agora n. f. HIST. Place publique des cités grecques de l'Antiquité, à la fois centre de la vie politique et religieuse et lieu d'échanges commerciaux (marché).
agoraphobe adj. PSYCHIATR. Qui souffre d'agoraphobie.
agoraphobie n. f. PSYCHIATR. Peur morbide des espaces vides, des lieux publics.
Agoult (Marie de Flavigny, comtesse **d')** 1805-1876 Femme de lettres française. En 1833, elle quitta son mari et ses enfants pour Liszt auquel elle donna trois enfants : Blandine, qui épousa Émile Ollivier, Daniel, mort jeune, et Cosima, qui épousa Wagner. Elle signa Daniel Stern des ouvrages historiques et politiques : *Lettres républicaines* (1848) et un roman : *Nélida* (1846).
agouti n. m. ZOOL. Gros rongeur d'Amérique du Sud et d'Amérique Centrale, haut sur pattes, à l'arrière-train plus développé que l'avant-train. *Les agoutis ont une course rapide ; leur allure a quelque chose de celle d'une petite antilope.*
Agra *956000 h.* Ville de l'Inde sur la Yamuna. Ville religieuse, marché agricole et centre industriel, Agra est aussi un haut lieu de l'architecture moghole du XVIIe siècle (mosquée de la Perle, mausolée du Taj Mahal).
agrafe n. f. Petit crochet de métal fixé sur un vêtement et servant à sa fermeture. / Attache de métal permettant de relier plusieurs feuilles de papier à l'aide d'une agrafeuse. / Petite bande de métal munie de pointes qui sert à réunir les deux bords d'une plaie. / Crampon de fer qui unit les différents éléments d'une construction.
agrafer v. t. [1] Fixer (qqch.) avec des agrafes. / Pop. Arrêter. *Il s'est fait agrafer par les flics.*
agrafeuse n. f. Machine à agrafer.
agraire adj. Qui concerne les terres. *L'are est une unité de mesure agraire.* / Qui concerne la propriété, la répartition des terres. *Réforme agraire*, qui vise à établir une répartition plus égalitaire des terres agricoles.
agrammatical, ale, aux adj. Qui n'est pas grammatical.

Agriculture *en terrasses.*

agrandir v. t. [2] Rendre plus grand. *Agrandir une maison.* / PHOTO. *Agrandir un cliché*: en tirer une épreuve plus grande que le négatif d'origine. / v. pron. *Le trou s'est agrandi.*
agrandissement n. m. Action d'agrandir; résultat de cette action. *L'agrandissement de la ville est récent.* / *Agrandissement photographique*: tirage d'une épreuve agrandie; épreuve ainsi obtenue.
agrandisseur n. m. Appareil qui permet d'agrandir une photographie à partir du négatif.
agranulocytose n. f. MÉD. Diminution ou disparition complète de certains globules blancs du sang.
agraphie n. f. MÉD. Trouble neurologique caractérisé par l'incapacité d'écrire.
agrarien, enne n. et adj. Partisan des propriétaires ruraux, qu'il s'agisse de grands propriétaires ou de paysans. / adj. *Parti agrarien.*
agréable adj. Digne d'être agréé, plaisant. *Un moment agréable.* / n. m. *Savoir joindre l'utile à l'agréable.*
agréer v. t. [1] Accepter. *Veuillez agréer mes excuses.*
agrégat n. m. Assemblage de substances différentes formant une masse compacte. *Agrégat de minerais.*
agrégatif, ive n. Personne qui prépare le concours de l'agrégation.
agrégation n. f. Réunion d'éléments divers formant une masse homogène. / Concours destiné à assurer le recrutement de professeurs de l'enseignement secondaire ou de l'enseignement supérieur. *Passer l'agrégation de philosophie, de droit, de médecine.*
agrégé, e n. Personne qui a été reçue au concours de l'agrégation.
agréger v. t. [1] Réunir (des éléments solides distincts). / v. pron. *S'agréger à une bande d'amis*, y être admis.
agrément n. m. Consentement. *Prendre une décision sans l'agrément de son supérieur hiérarchique. Donner son agrément pour la réalisation d'un projet.* / Qualité de ce qui plaît, distrait, de ce qui est agréable. *Conversation pleine d'agrément.* / loc. adj. *D'agrément*: dont le but est le plaisir et non l'utilité ou le profit. *Voyage d'agrément. Jardin d'agrément.*
agrémenter v. t. [1] Enjoliver, orner.
agrès n. m. pl. MAR. Ensemble de câbles, voiles, cordages qui servent à manœuvrer un bateau. / SPORT Appareils de gymnastique, tels que corde lisse, perche, trapèze.

agresser v. t. [1] Se rendre coupable d'une agression sur (qqn, une institution). *Agresser un enfant, un État.* / Par ext. Porter atteinte à l'intégrité de. *Détergent qui agresse la peau.*
agresseur n. m. Personne qui agresse. / (En appos.) *État agresseur*: en droit international, état qui en agresse un autre.
agressif, ive adj. Qui agresse. *Geste agressif.* / Qui cherche à provoquer une réaction. *Attitude agressive.*
agression n. f. Attaque violente, soudaine envers qqn qui n'a manifesté aucun signe d'hostilité, de provocation.
agressivement adv. De façon agressive.
agressivité n. f. Caractère agressif (de qqn, de qqch.). *Donner libre cours à son agressivité. Agressivité des propos dans un discours, une discussion.*
agreste adj. Litt. Champêtre.
Agricola (en latin **Cnaeus Julius Agricola**) 40-93 Général et consul romain. Envoyé en Bretagne (Angleterre actuelle) en 77, il en acheva la conquête en 84 et en fit la première circumnavigation, établissant ainsi qu'il s'agissait d'une île. Son gendre Tacite fit son éloge funèbre (*Vie d'Agricola*).
agricole adj. Qui pratique l'agriculture. *La population du canton est essentiellement agricole.* / Qui concerne l'agriculture, qui en est issu. *Produits agricoles.*
agriculteur, trice n. Personne qui pratique l'agriculture.
agriculture n. f. Exploitation et mise en valeur du sol ayant pour but la production de végétaux et l'élevage d'animaux nécessaires à l'alimentation des hommes.
Agrigente *55 800 h.* Ville d'Italie, en Sicile. Fondée au VIe siècle av. J.-C. par des Grecs, elle appartint ensuite aux Carthaginois puis aux Romains. Les Sarrasins lui donnèrent le nom de *Kerkent*, puis les Normands celui de *Girgenti* qu'elle garda jusqu'en 1927. Centre commercial d'une région agricole et centre touristique, elle est célèbre pour ses temples doriques (de la Concorde, de Zeus Olympien, d'Héra Lacinia, des Dioscures, d'Héraclès), construits par les Grecs aux VIe-Ve siècles av. J.-C.
agrile n. m. ZOOL. Insecte de l'ordre des coléoptères à corps allongé, de coloration métallique, dont les larves vivent sous l'écorce des arbres ou dans la tige de plantes ligneuses.

Agrumes *(citrons).*

agrion n. m. ZOOL. Petite libellule à corps fin, de couleur vive, appelée aussi demoiselle.
agriote n. m. ZOOL. Coléoptère dont la larve s'attaque aux racines des céréales et de la betterave.
agripaume n. f. BOT. Plante vivace de la famille des labiées, à tige dressée, aux propriétés toniques. *L'agripaume était autrefois utilisée contre les maladies de cœur.*
Agrippa (en latin **Marcus Vipsianus Agrippa**) 63-12 av. J.-C. Général et sénateur romain; ami et conseiller de l'empereur Auguste dont il épousa la fille en 21. Il fit construire à Rome deux théâtres, des temples et des thermes; administrateur en Gaule, il est à l'origine des travaux du pont du Gard et de l'organisation du réseau routier.
Agrippa Menenius Voir **Menenius Agrippa**
agripper v. t. [1] Saisir avec force. *Il a agrippé son adversaire par le bras.* / v. pron. *S'agripper au bastingage.*
Agrippine l'Aînée 14 av. J.-C.-33 apr. J.-C. Princesse romaine, fille d'Agrippa, épouse de Germanicus dont elle eut neuf enfants, parmi lesquels Caligula.
Agrippine la Jeune 16-59 Fille d'Agrippine l'Aînée, elle se maria trois fois. De son union avec Domitius Ahenobarbus naquit Néron. Divorcée, elle épousa un patricien, qu'elle fit assassiner, puis, en troisièmes noces, l'empereur Claude et lui fit adopter Néron qu'elle maria à Octavie, fille de Claude. Éliminant de la succession impériale le prétendant légitime, Britannicus, fils de Claude, elle fit monter Néron sur le trône après avoir fait empoisonner son mari. Elle continua d'exercer son autorité sur le nouvel empereur, mais ce dernier se lassa et la fit assassiner.
agroalimentaire adj. et n. m. Qui concerne la transformation des produits de l'agriculture en produits destinés à l'alimentation des hommes et des animaux. / n. m. *L'agroalimentaire*: l'ensemble des industries assurant la fabrication de tels produits.
agrochimie n. f. Branche de la chimie qui élabore des produits pour l'agriculture.
agrologie n. f. Science qui étudie les terres cultivables du point de vue de leur exploitation agricole.
agronome n. Spécialiste d'agronomie. (En appos.) *Ingénieur agronome.*
agronomie n. f. Science théorique de l'exploitation agricole.
agropastoral, ale, aux adj. Relatif à l'agriculture et à l'élevage. *Communauté, société agropastorale.*
agrotis n. m. ZOOL. Noctuelle dont la chenille, enterrée le jour à la base des plantes dont elle se nourrit, sort la nuit pour les manger. *Les vers gris, qui peuvent être très nuisibles aux cultures de céréales, sont des larves d'agrotis.*
agrumes n. m. pl. Terme générique désignant les fruits des arbres du genre *citrus*, tels que les citrons, les oranges, les pamplemousses, les mandarines. / Sing. *Un agrume.*
aguerri, e adj. Habitué aux dangers, aux épreuves de la guerre. *Des troupes aguerries.*
aguerrir v. t. [2] Habituer aux dangers, aux épreuves de la guerre. / Par ext. *L'expérience les a aguerris.* / v. pron. *Il faut s'aguerrir pour savoir résister à ses ennemis.*
aguerrissement n. m. Fait d'aguerrir, de s'aguerrir. *La période d'aguerrissement des soldats fut trop brève.*
aguets n. m. pl. *Être aux aguets*: guetter, s'attendre à quelque chose.
agueusie n. f. MÉD. Perte du sens du goût.
aguicher v. t. [1] Exciter (le désir de) par des manières provocantes. *Elle l'a aguiché.*

Ruines du temple dédié à Junon, désse du mariage, Ve siècle av. J.-C., ***Agrigente*** *(Sicile).*

aguicheur, euse adj. et n. Qui aguiche. *Un clin d'œil aguicheur.* / n. f. *C'est une aguicheuse.*
ah! ou **ha!** interj. et n. m. inv. (Exprime une forte émotion) *Ah! te voilà enfin!* / (Renforce négation ou affirmation) *Ah! ça jamais!* / *Ah, ah!* (Exprime la moquerie, la dérision) *Ah, ah! quelle surprise!* / n. m. inv. *Pousser des oh! et des ah!*
ahan n. m. Vx ou litt. Pénible effort physique; plainte, soupir accompagnant cet effort.
ahaner v. i. [1] Faire un effort physique en gémissant.
Ahmedabad ou **Ahmadabad** *3 300 000 h.* Ville de l'Inde, le centre industriel le plus important du pays. Mosquées mogholes (XVe et XVIe siècles).
Ahriman Dieu du mal dans la religion mazdéenne.
ahuri, e adj. et n. Stupéfait, hébété. / n. *Où avez-vous trouvé cet ahuri?*
ahurir v. t. [2] Étourdir, plonger dans la stupeur.
ahurissant, e adj. Qui ahurit. / Fig. Extrêmement étonnant. *Une ahurissante désinvolture.*
ahurissement n. m. Étonnement profond, stupeur.
aï n. m. ZOOL. Mammifère édenté de l'ordre des xénarthres, vivant dans la forêt brésilienne, appelé aussi *paresseux* en raison de la lenteur de ses mouvements. *Muni de trois doigts, l'aï est un paresseux tridactyle.*
Aïcha 614-678 Une des femmes du prophète Mahomet, son épouse favorite, qui joua un rôle politique important tant du vivant du prophète qu'après sa mort.
aiche Voir **èche**
aide [1] n. f. Assistance, appui, que l'on apporte à quelqu'un. / *À l'aide de*: avec, au moyen de. *À l'aide!*: au secours! / Secours accordé aux personnes qui ne peuvent subvenir elles-mêmes à leurs besoins. *Aide sociale.* / (Au plur.) ÉQUIT. Ensemble des moyens dont dispose un cavalier pour faire avancer et diriger son cheval (rênes, jambes, éperons, mors, etc.). / (Au plur.) HIST. Prestations pécuniaires que le vassal devait à son suzerain; sous l'Ancien Régime, taxes sur les ventes de marchandises achetées ou échangées. / *Cour des aides*: cour qui jugeait les litiges relatifs à ces impôts indirects. *La cour des aides disparut à la Révolution.*
aide [2] n. Personne qui assiste qqn dans un travail, une activité, un métier. / *Aide ménagère*, qui assiste pour les soins du ménage les personnes qui ne peuvent pas (ou plus) les assumer seules. / *Aide soignante*: personne qui seconde le personnel infirmier dans les hôpitaux. / *Aide de camp*: officier attaché à un chef militaire.
Aïd el-Fitr ou **Aïd el-Séghir** Fête religieuse musulmane de la fin du ramadan.
Aïd el-Kébir ou **Aïd el-Adha** Fête religieuse musulmane qui commémore le sacrifice d'Abraham, célébrée au moment du pèlerinage à La Mecque et marquée par le sacrifice d'un mouton.
aide-mémoire n. m. inv. Abrégé relatif à un sujet déterminé, auquel on peut recourir quand la mémoire fait défaut.
aider v. t. [1] Apporter une aide à. *Aider qqn à manger.* / v. t. ind. *Aider à l'essor d'une cité.* / v. pron. Se servir (de qqch.). *S'aider d'une canne pour marcher.*
aïe! interj. (Pour exprimer la souffrance physique, la contrariété) *Aïe! tu me fais mal! Aïe! le voilà qui arrive, les difficultés commencent.*
aïeul, e n. Le grand-père, la grand-mère. Pl. Des *aïeuls, aïeules.* / Litt. *Les aïeux*: les ancêtres d'une famille, d'un peuple.
aigle [1] n. m. Oiseau de proie de l'ordre des falconiformes. *L'aigle, oiseau diurne, de grande envergure, possède un bec puissant et recourbé et ses pattes sont armées de griffes puissantes appelées serres; il construit son nid, appelé aire, dans les rochers de grande montagne.* / IMPRIM. Anc. *Grand aigle*: format de papier de 75 x 106 cm. *Petit aigle*: format de 60 x 94 cm. / Fig. *Ce n'est pas un aigle*: il n'est pas très intelligent. / *Un regard d'aigle*: perçant.

QUELQUES AIGLES

Aigle impérial

Aigle royal

Pygargue

aigle [2] n. f. Femelle de l'aigle. / Enseigne ou figure héraldique représentant un aigle. *Les aigles napoléoniennes.*
Aigle (l') ASTRON. Constellation de l'hémisphère boréal. Voir **constellation**.
aiglefin Voir **églefin**
aiglon, onne n. Petit de l'aigle.
Aiglon (l') 1900 Drame en vers d'Edmond Rostand qui retrace la courte vie et la mort du duc de Reichstadt, le fils de Napoléon, hanté par la grandeur paternelle.
Aigos Potamos ou **Ægos Potamos** Rivière de Thrace à l'embouchure de laquelle le Lacédémonien Lysandre infligea (405 av. J.-C.) une défaite navale aux Athéniens, défaite qui mit fin à la guerre du Péloponnèse.
aigre adj. et n. De saveur désagréablement acide. *Le lait tourné devient aigre.* / Par ext. *Sonorité aigre*, perçante, désagréable. / n. m. Fig. *Tourner à l'aigre*: devenir désagréable.
aigre-doux, douce adj. Dont la saveur est à la fois aigre et douce. *Sauce aigre-douce.* / Fig. Dont l'apparente douceur dissimule aigreur ou acrimonie. *Une remarque aigre-douce.*
aigrefin n. m. Escroc.
aigrelet, ette adj. Un peu aigre. *Une saveur aigrelette.*
aigrette n. f. Touffe de plumes que certaines espèces d'oiseaux portent sur la tête. *Aigrette d'un paon, d'un héron.* / Bouquet de plumes sur certaines coiffures. *L'aigrette d'un casque militaire.* / Bijou, parure qui orne la tête, le front. *Aigrette de diamants, de perles.* / BOT. Touffe de poils fins surmontant certaines graines, certains fruits. *Aigrette d'un chardon.* / ZOOL. Grand héron blanc portant de longues plumes sur la tête.
aigreur n. f. Caractère de ce qui est aigre. *Aigreur du vinaigre, d'un fruit vert.* / Fig. Amertume, acrimonie. *Des remarques pleines d'aigreur.* / *Aigreurs d'estomac*: sensations désagréables de brûlure, d'acidité dans l'œsophage, dues à une digestion difficile.
aigri, e adj. et n. Rendu, devenu aigre. / Fig. (À propos de personnes) Insatisfait, acariâtre. *Elle est aigrie et revendicative.* / n. *C'est un aigri.*
aigrir v. t. / v. i. [2] Rendre aigre. *Aigrir la sauce d'une salade avec du vinaigre.* / v. pron. *S'aigrir en vieillissant.* / v. i. Devenir aigre. *Cette boisson a aigri.*
aigu, ë adj. et n. m. **I.** Qui est pointu, tranchant. *Le fer aigu d'une lance.* / *Angle aigu*, inférieur à 90°. Ant. obtus. / Fig. Qui est vif, subtil. *Intelligence aiguë.* / Qui atteint brusquement une grande intensité. *Douleur aiguë.* / MÉD. *Maladie aiguë* (par oppos. à *chronique*), survenant et évoluant rapidement. **II.** Dont la fréquence est élevée dans la gamme. *Voix aiguë. Son aigu.* / n. m. Son ou registre aigu.
aigue-marine n. f. Pierre fine, dont la couleur d'un bleu-vert très pâle rappelle celle de l'eau de mer. *L'aigue-marine est une variété de béryl.* Pl. Des *aigues-marines.*
Aigues-Mortes *5 000 h.* Ville du Gard, où Saint Louis s'embarqua pour la croisade en 1248. Aujourd'hui à 7 *km* de la mer, elle garde une enceinte du XIIIe siècle. La tour de Constance fut une prison sous l'Ancien Régime.
aiguière n. f. Vase à long col, monté sur pied, muni d'une anse et d'un bec verseur.
aiguillage n. m. CH. DE FER Dispositif commandant des rails mobiles, destiné à faire passer un train, un convoi d'une voie sur une autre.

Aiguière *en argent du XVIe siècle.*

aiguille n. f. Petite tige d'acier taillée en pointe à l'une de ses extrémités et percée d'un trou (chas) à l'autre extrémité pour y passer un fil, qui sert à coudre. *Les travaux d'aiguille*: la couture. / Fig. *Chercher une aiguille dans une botte de foin*: chercher qqch. en ayant peu de chances de le trouver. *De fil en aiguille*: d'une chose à une autre; une idée, une parole en entraînant une autre. / Tige effilée. *Aiguille à tricoter.* / Petite tige mobile sur un cadran. *Aiguilles de montre. Aiguille aimantée.* / CH. DE FER Position de rails mobiles, commandée par un levier, servant à l'aiguillage d'un convoi. / GÉOGR. Sommet, rocher en forme d'aiguille. *L'aiguille d'Étretat.* / BOT. Feuille effilée de certains conifères. *Aiguilles de pin.*
aiguillée n. f. COUT. Longueur de fil sur laquelle on a enfilé une aiguille.
aiguiller v. t. [1] CH. DE FER Diriger (un train) en manœuvrant l'aiguille. / Fig. Orienter (qqn, qqch.). *Aiguiller un enfant dans ses études.*
Aiguilles-Rouges (les) Massif cristallin des Alpes, en France, au nord du mont Blanc, qui culmine au Belvédère (*2 966 m*).
aiguillette n. f. Cordon qui servait, autrefois, à fermer ou à orner certains vêtements. *Haut-de-chausses fixé au pourpoint par des aiguillettes.* Fig. *Nouer l'aiguillette à (qqn)*, le rendre impuissant par maléfice. / Ornement d'un uniforme militaire. / BOUCH. Mince morceau de chair découpé en long sur la poitrine d'une volaille. *Aiguillettes de canard.* / Partie du romsteck. *Une grillade dans l'aiguillette.*
aiguilleur n. m. CH. DE FER Employé dont la fonction est d'aiguiller. / AÉRON. *Aiguilleur du ciel*: contrôleur du trafic aérien.
aiguillon n. m. Bâton terminé par une pointe de fer dont les bouviers se servaient autrefois pour faire avancer les bœufs. / ZOOL. Dard de certains insectes. / Fig. Ce qui excite, stimule. *Le désir de pouvoir est un puissant aiguillon.*
aiguillonner v. t. [1] Exciter à l'aide d'un aiguillon. / Fig. Stimuler.
aiguisage n. m. Action d'aiguiser; résultat de cette action.
aiguise-crayon n. m. Au Canada, taille-crayon.
aiguiser v. t. [1] Rendre aigu (un tranchant, une lame). / Fig. Stimuler. *Aiguiser l'appétit, la curiosité.*

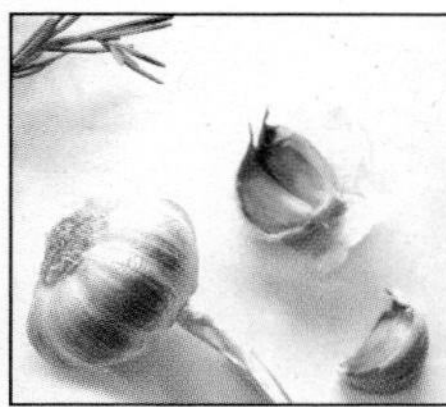

Gousses d'**ail**.

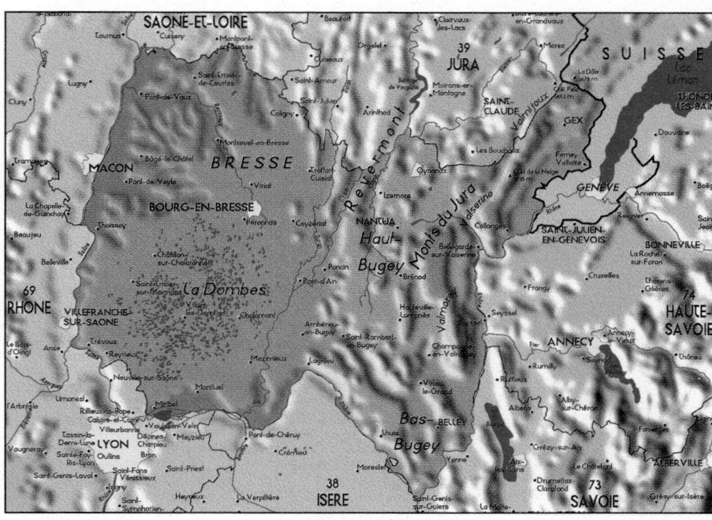

Département de l'**Ain**.

aïkido n. m. (mot japonais) Art martial japonais qui consiste à neutraliser l'adversaire en détournant ou en utilisant ses mouvements. *L'aïkido n'est pas un sport de combat mais un sport de défense qui a pour finalité le développement harmonieux des adversaires en présence et exclut la notion de compétition et de valorisation personnelle.*

ail n. m. Plante potagère de la famille des liliacées. *Le bulbe comestible de l'ail, ou gousse, à saveur piquante, est très utilisé en cuisine.* Pl. *ails* ou *aulx*.

ailante n. m. BOT. Arbre de la famille des simarubacées, d'origine tropicale, pouvant atteindre de 20 à 30 m de haut. *Connu sous le nom de vernis du Japon, l'ailante est utilisé comme arbre ornemental.*

aile n. f. I. Organe du vol. *L'aile est constituée, chez les oiseaux, par le membre antérieur entier, par la main chez les chauves-souris et par un appendice particulier chez certains insectes.* / Morceau de volaille ou de gibier à plume qui correspond à son membre antérieur. *Aile de poulet. Aile de perdrix.* / Fig. *Prendre qqn sous son aile*, sous sa protection. *Battre de l'aile*: être dans une situation difficile. *Rogner les ailes à qqn*, le priver de son pouvoir, de ses moyens d'action. *Avoir des ailes*: aller très vite ou se sentir libre, sans souci. *Voler de ses propres ailes*: agir sans l'aide d'autrui. **II.** Armature de métal située de chaque côté de la carlingue d'un avion et servant de surface de sustentation. / Châssis de bois recouvert de toile qui, poussé par le vent, met en mouvement la meule d'un moulin à vent. **III.** Pièce de la carrosserie d'une voiture, qui recouvre une roue. / ARCHIT. Corps latéral d'un bâtiment construit dans l'alignement ou à l'équerre du corps central. / MILIT. Chacun des corps de troupes disposés de part et d'autre du corps central d'une armée en ordre de bataille. / *Aile du nez*: chacune des parties latérales du nez situées de part et d'autre de l'arête.

ailé, e adj. Pourvu d'ailes. *Insectes ailés.* / BOT. Pourvu d'une membrane analogue à une aile. *Corolles ailées.*

aileron n. m. Extrémité de l'aile des oiseaux. / Nageoires de certains poissons. *Les ailerons des requins.* / AVIAT. Volet métallique mobile disposé à l'arrière de l'aile d'un avion et qui lui permet de virer.

ailette n. f. Plaque métallique fixée à un projectile pour équilibrer son mouvement. / Lame en saillie sur un moteur ou un radiateur pour faciliter la diffusion de la chaleur. / Aube du rotor d'une turbine.

ailier n. m. Dans certains sports collectifs (football, rugby, etc.), joueur placé aux extrémités de la ligne d'attaque d'une équipe. / AVIAT. Appareil volant à l'extérieur et en retrait d'une patrouille de chasse.

ailleurs adv. et n. m. inv. **A.** adv. En un autre endroit. *Il habite ailleurs.* / loc. adv. *D'ailleurs*: en outre. *Il ne m'aime pas, d'ailleurs il n'aime personne.* / *Par ailleurs*: d'autre part. *Il est fort honnête, mais par ailleurs peu aimable.* **B.** n. m. inv. Litt. Endroit lointain, lieu éloigné, dans l'espace ou le temps. *Vertiges d'un ailleurs*, ouvrage de Chloé Dubreuil.

ailloli ou **aïoli** n. m. Mayonnaise à l'huile d'olive et à l'ail pilé. / Plat de morue et de légumes servi avec de l'ailloli.

Aile d'un avion de ligne.

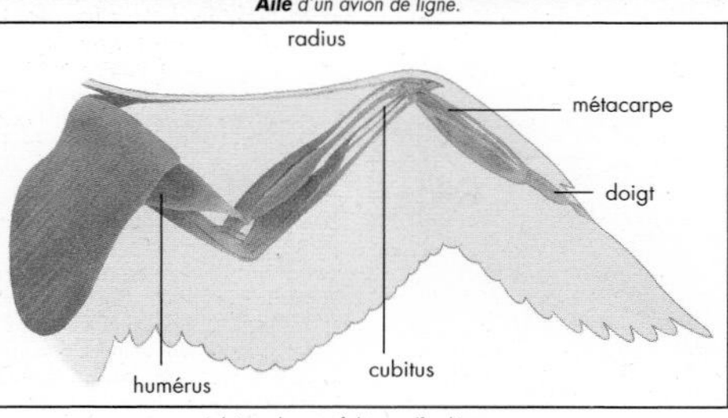

Schéma descriptif d'une **aile** d'oiseau.

Ailly (Pierre d') 1350-1420 Cardinal français, confesseur de Charles VI. Il lutta pour mettre fin au grand schisme d'Occident et proposa une réforme de l'Église.

aimable adj. Digne d'être aimé. / Courtois, affable. *Dire des mots aimables.*

aimablement adv. Avec amabilité.

aimant [1] n. m. Corps possédant la propriété d'exercer des forces magnétiques attirant le fer ou certains autres métaux, comme l'oxyde de fer ou *magnétite*, dit *aimant naturel*, ou d'autres matériaux (acier, acier au nickel, acier au cobalt, etc.) dits *aimants artificiels* ou (absol.) *aimants*.

aimant, e [2] adj. Qui a, qui manifeste de l'affection, de l'amour. *Un fils aimant.*

aimantation n. f. Action d'aimanter ; résultat de cette action.

aimanter v. t. [1] Communiquer à (un corps) des propriétés magnétiques. *Aimanter un morceau de fer.*

aimer v. t. [1] Éprouver de l'affection pour ; être amoureux de. *Aimer son prochain. Aimer son épouse.* / Avoir du goût, une inclination pour. *Aimer le piano. Aimer danser.* / v. t. ind. *Il aime à parler.*

Ain *205 km* Rivière de France. Née dans le Jura, elle se jette dans le Rhône, en amont de Lyon.

Ain (département de l') [01] *5 762 km² 471 019 h.* Chef-lieu *Bourg-en-Bresse*. Département qui fait partie de la Région Rhône-Alpes. Il s'étend sur trois régions : le Bugey, montagneux, qui fait partie du Jura (polyculture et élevage bovin) ; la Bresse, pays de collines argileuses (spécialisée dans l'élevage de volailles) ; la Dombes, au sud (pisciculture). Le pays de Gex, à l'est du département, est une zone franche liée économiquement à Genève. L'Ain a une population dispersée, essentiellement agricole. On y travaille le bois, les matières plastiques (Oyonnax), les textiles. Le barrage de Génissiat, sur le Rhône, se trouve dans l'Ain.

aine n. f. ANAT. Partie du corps entre le bas-ventre et le haut de la cuisse.

aîné, e adj. et n. Né le premier (des enfants d'une même famille). *Ma fille aînée.* / n. *Je préfère l'aîné, il est plus sage.* / Personne plus âgée qu'une autre. *Respecter ses aînés.*

aînesse n. f. DR. Anc. *Droit d'aînesse*: droit privilégiant l'aîné des enfants mâles d'une famille dans la succession de ses parents. *Le droit d'aînesse a été aboli à la Révolution.*

Airbus A310.

Aïnous ou **Aïnos** Ethnie des îles Sakhaline, Kouriles (Russie) et Hokkaido (Japon). Venus de Sibérie dans des temps reculés, ses membres ne sont plus aujourd'hui que quelques dizaines de milliers.

ainsi adv. De cette façon. *Il faut toujours agir ainsi.* / De la même manière ; de même. *Comme le soleil éclaire les ténèbres, ainsi l'étude éclaire l'ignorance* (Boiste). / loc. conj. *Ainsi que* : comme. *Ainsi que je vous l'ai dit, nous arriverons la semaine prochaine.*

Ainsi parlait Zarathoustra 1883-1885 Poème philosophique en prose de Friedrich Nietzsche qui proclame la mort de Dieu, c'est-à-dire des valeurs morales traditionnelles, et qui propose, avec exaltation, la création de valeurs nouvelles.

aïoli Voir **ailloli**

air [1] n. m. Allure générale d'une personne. *Un air distingué. Un individu à l'air louche.* / *Un air de famille* : une ressemblance. / Comportement, attitude que l'on adopte momentanément. *Prendre un air vexé, un air méchant.* / *Avoir l'air* : paraître. *Cet enfant a l'air heureux. Avoir un air bête.* / *Prendre des grands airs* : adopter une attitude de supériorité envers les autres.

air [2] n. m. Fluide gazeux qui constitue l'atmosphère autour de la Terre. *Mesurer la pollution de l'air dans les villes. Vivre au grand air.* / Ce fluide en mouvement. *Ouvrir les fenêtres pour laisser entrer de l'air frais. Air chaud qui souffle du désert.* / Fig. Atmosphère, climat ambiant. *Il y a de la révolte dans l'air.* ♦ L'air pur est un mélange composé de 21 % d'oxygène, de 78 % d'azote et de 1 % d'un mélange de gaz rares : néon, argon, krypton, xénon et radon. C'est un gaz sans odeur ni saveur, incolore sous une faible épaisseur, bleuté sous une grande couche. Il se liquéfie à - 193 °C, sous la pression atmosphérique ; la distillation de l'air liquide permet d'obtenir ses différents composants. Un litre d'air pèse 1,293 g, ce qui explique la pression atmosphérique qui est de 76 cm de mercure à la surface de la Terre. Mauvais conducteur de la chaleur et de l'électricité, il est utilisé comme isolant (briques creuses). L'air atmosphérique contient des impuretés : vapeur d'eau, gaz carbonique ou autres gaz, particules solides au voisinage du sol. Le gaz carbonique qui apparaît lors des combustions sert à la fonction chlorophyllienne des plantes. Les impuretés jouent un rôle dans l'action de l'air sur les métaux : le vert-de-gris sur le cuivre, la rouille sur le fer.

air [3] n. m. Mélodie interprétée par un instrument. *Un air de violon.* / Morceau de musique destiné à être chanté. *Un air d'opéra.* / Chanson. *De vieux airs populaires.* / Thème musical accompagnant des paroles. *Siffloter un air connu.*

airain n. m. Vx. Bronze. *Un vase d'airain.* / loc. adj. Fig. *D'airain* : d'une fermeté, d'une dureté impitoyable. *Un cœur d'airain.*

air bag n. m. (nom déposé) Coussin qui se gonfle brusquement sous l'effet d'un choc pour servir de protection au passager d'un véhicule.

Airbus Avion de transport construit, depuis 1972, par plusieurs pays européens, dont la France.

aire n. f. Toute surface plane. / Grand espace plat où l'on battait le grain. *Une aire à blé.* / Nid que certains oiseaux de proie construisent sur la surface plane d'un rocher. *L'aire d'un vautour.* / *Aire d'atterrissage* : surface balisée de signaux lumineux d'où les avions décollent et où ils atterrissent. / *Aire de lancement* : terrain aménagé pour le lancement d'un engin spatial. / MATH. Surface d'une figure géométrique. *Calculer l'aire d'un triangle.* / MAR. *Aire de vent* : chacune des 32 divisions de la rose des vents. / Étendue géographique où l'on rencontre une espèce animale ou végétale donnée. / Zone ou domaine où certains faits spécifiques se produisent. *Aire culturelle. Aire d'influence* : zone sur laquelle s'étend l'influence d'un pays, d'une religion, d'un pouvoir politique, etc.

airedale n. m. Chien terrier de grande taille, à poil dur, d'origine anglaise, élevé pour la chasse et comme chien d'agrément.

airelle n. f. Arbrisseau de la famille des éricacées croissant dans les bois ou en montagne et dont les fruits sont des baies comestibles rouges ou noir bleuté, telle la myrtille.

Airelle.

Air France Compagnie de transports aériens fondée en 1933, devenue en 1948 une société d'économie mixte. Elle a absorbé Air Inter en 1997.

Air Inter Ancienne société de transports aériens fondée en 1954 pour exploiter les lignes intérieures françaises, absorbée par Air France et devenue Air France Europe.

Airy (sir **George**) 1801-1892 Astronome britannique. Élève (1819) du Trinity College de Cambridge, il est professeur de mathématiques en 1823. Il est ensuite astronome à l'observatoire de Cambridge dont il est directeur jusqu'en 1835, date à laquelle il est nommé astronome royal à l'observatoire de Greenwich. On lui doit en particulier l'invention des lentilles cylindriques pour la correction de l'astigmatisme.

ais n. m. TECH. Planchette rigide utilisée au cours des travaux de reliure.

aisance n. f. Grâce et facilité naturelle du geste, du comportement, du langage. *Parler avec aisance.* / Situation de fortune qui permet de vivre dans le confort. *Vivre dans l'aisance.* / (Au plur.) *Lieux d'aisances*, ou (vx) *cabinet d'aisances* : lieu où l'on s'isole pour évacuer ses excréments.

aise [1] n. f. État d'une personne qui n'est pas gênée ou embarrassée. *Être, se sentir à l'aise, à son aise.* / (Au plur.) *Prendre ses aises* : s'installer sans se préoccuper de gêner les autres. *Aimer ses aises*, son confort, son bien-être personnel.

aise [2] adj. Vieilli ou litt. Heureux. *Vous aimez ce plat, j'en suis fort aise.*

aisé, e adj. Qui se fait facilement, commodément. *La critique est aisée.* / Qui paraît fait avec aisance. *Style aisé.* / Qui vit dans l'aisance. *Des gens aisés.*

aisément adv. Facilement.

Aisne *280 km* Rivière de France. Née dans l'Argonne, elle arrose Soissons et se jette dans l'Oise. Son débit très régulier permet la navigation sur *117 km*, en partie grâce à un canal latéral que prolonge le canal des Ardennes. Sur ses rives se déroulèrent d'importantes batailles en 1917 (*Chemin des Dames*) et en 1940.

Aisne (département de l') [02] *7 369 km² 537 259 h.* Chef-lieu *Laon*. Département qui fait partie de la Région Picardie. Situé au sud du Bassin parisien, il s'étend sur des régions variées : la Thiérache, au nord-est, humide et bocagère (élevage), les plateaux limoneux du Vermandois, du Soissonnais et du Valois (cultures intensives du blé et de la betterave). Dans les vallées (Marne, Aisne, Oise), riches en cultures maraîchères, les villes se sont implantées. Département agricole (premier producteur de betterave), l'Aisne a aussi des industries agroalimentaires et mécaniques. Laon, cité médiévale, est un centre administratif.

aisselle n. f. ANAT. Creux situé au-dessous de la jonction du bras et du thorax. / BOT. Angle que forme une feuille avec la partie de la tige où elle s'attache.

Aix-en-Provence *123 842 h.* Ville des Bouches-du-Rhône. Station thermale, la ville moderne construite autour du vieil Aix est un centre intellectuel (université), administratif (cour d'appel), industriel (préparation des amandes) et artistique (festival de musique, musées). **Histoire** Fondée par les Romains en 122 av. J.-C. (*Aqua Sextia*), Aix devint au XIIe siècle la capitale du comté de Provence. Son université a été créée en 1409.

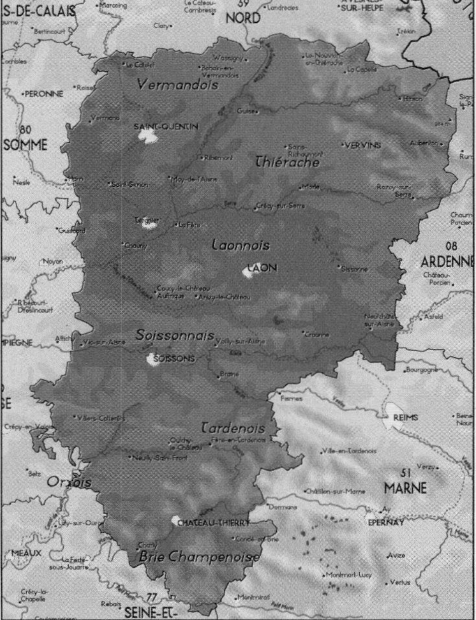

Département de l'**Aisne**.

Place de l'Hôtel de Ville à **Aix-en-Provcence**.

Le port d'**Aix-les-Bains**.

La ville a été progressivement rattachée au domaine royal entre 1501 et 1535. La cathédrale Saint-Sauveur (XIIe siècle) renferme un baptistère du VIe siècle et le *Triptyque du Buisson ardent,* de Nicolas Froment; hôtels des XVIIe et XVIIIe siècles; musées. Aix est la patrie de Vauvenargues, Van Loo et Cézanne.

Aix-la-Chapelle (en allemand, *Aachen*) *247 100 h.* Ville d'Allemagne, en Rhénanie-du-Nord-Westphalie. Centre industriel à proximité d'un bassin houiller, station thermale. Charlemagne a fait de cette ancienne cité romaine la capitale de son empire. Il est enterré dans la chapelle Palatine de la cathédrale.

Aix-les-Bains *24 683 h.* Ville de Savoie, sur le bord oriental du lac du Bourget. Station de sports d'hiver et ville thermale. Vestiges de monuments romains.

Ajaccio *58 949 h.* Chef-lieu du département de Corse-du-Sud, sur la côte occidentale de l'île, au fond du golfe d'Ajaccio. C'est une station balnéaire, un centre touristique (cathédrale du XVIe siècle, maison natale de Napoléon) et un port commercial actif.

Ajanta Site archéologique de l'Inde, près d'Hyderabad. Des sanctuaires bouddhiques, creusés dans une falaise, sont décorés de sculptures et de peintures murales, réalisées entre le IIe siècle av. J.-C. et le VIIe siècle après J.-C., qui racontent la vie de Bouddha.

Ajax MYTH. GR. Nom de deux héros grecs de la guerre de Troie. **Ajax**, fils d'Oïlée, roi des Locriens, fit naufrage au retour de Troie et périt dans les flots pour avoir profané le temple d'Athéna en violant et en enlevant la prêtresse Cassandre. **Ajax**, fils de Télamon, roi de Salamine, dans un accès de délire provoqué par la déception de ne point se voir attribuer les armes d'Achille, égorgea les troupeaux des Grecs qu'il prit pour ses adversaires. Revenu de son égarement, il se donna la mort.

Ajjer ou **Adjer** Confédération de Touareg établis sur un plateau gréseux du Sahara algérien, auquel ils ont donné leur nom: *le tassili des Ajjer* (ou *Adjer*), où des abris sous-roche (explorés à partir de 1956) présentent d'innombrables peintures et gravures qu'on date d'environ 3500 av. J.-C.

ajonc n. m. Arbuste épineux de la famille des légumineuses (papilionacées), à fleurs jaunes, dont la taille varie de 1 à 4 m, qui pousse sur les sols siliceux.

ajour n. m. Partie évidée dans une sculpture. / Partie évidée dans une broderie ou un tissu. Syn. *jour.*

ajourer v. t. [1] Percer de jours; orner de jours. *Ajourer un drap. Une nappe ajourée.*

ajournement n. m. Report, renvoi à une date ultérieure. *Ajournement d'une conférence, d'une réunion.*

ajourner v. t. [1] Remettre à plus tard. *Ajourner une réunion.* / Renvoyer (un candidat) à une autre session d'examen.

ajout n. m. Élément que l'on joint à ce qui existait à l'origine. *Prévoir des ajouts au texte original.*

ajouter v. t. [1] Mettre en plus. *Ajouter un couvert.* / Dire en plus. *N'ajoutez plus un mot.* / Litt. *Ajouter foi à*: croire à. / v. t. ind. Augmenter. *Son retard ajoute à mon inquiétude.*

ajustage n. m. TECH. Action d'ajuster (une pièce mécanique); assemblage précis.

ajustement n. m. Action d'ajuster; résultat de cette action.

ajuster v. t. [1] Adapter exactement (une chose) à. / TECH. Adapter exactement les dimensions d'une pièce mécanique à une autre en vue d'un assemblage.

ajusteur n. m. Ouvrier spécialisé dans l'ajustage.

Akaba Voir **Aqaba**

akène ou **achaine** n. m. BOT. Fruit sec à enveloppe dure qui contient une seule graine, tels le gland, la noisette.

Akhenaton ou **Akhnaton** Voir **Aménophis IV**

Akhmatova (Anna Andreïevna Gorenko, dite **Anna)** 1889-1966 Poétesse russe, la principale représentante de l'*acméisme*. Prise dans le tourbillon des arrestations et déportations arbitraires des années trente, elle verra disparaître au Goulag son fils et son mari. Elle-même ne sera pas arrêtée, mais interdite de publication. Elle ne sera réhabilitée qu'après la mort de Staline. Principaux ouvrages: *Le Soir*, 1912; *Le Rosaire*, 1914; *Anno Domini MCMXXI*, 1922; *Requiem*, 1935-1940, publié seulement en 1963; *Poème sans héros*, 1960.

Aki-Hito 1933 Empereur du Japon. Fils de Hiro-Hito, il lui succéda en 1989.

Akinari Voir **Ueda Akinari**

akinésie n. f. MÉD. Trouble neurologique caractérisé par l'incapacité de faire certains mouvements, observé notam. dans la maladie de Parkinson.

Akkad (pays d') Région de la Mésopotamie centrale qui, au IIIe millénaire, forma un puissant royaume. Il comprenait Sumer et la Babylonie. La cité d'Akkad dont la région tire son nom n'a pas été retrouvée. / L'art akkadien, élégant, nous est connu par des statuettes de terre cuite, la *stèle de Narâm Sin*, les cylindres-sceaux.

akkadien, enne adj. et n. m. Du pays d'Akkad. / n. m. Langue sémitique autrefois parlée en Mésopotamie, écrite en caractères cunéiformes.

akkavit Voir **aquavit**

akko Voir **Acre**

Aksoum ou **Axoum** *17 800 h.* Ville d'Éthiopie. Jadis capitale d'un royaume du même nom, puissant du Ier (ou du IIe) au Ve siècle, Aksoum, dont le roi avait été converti au christianisme au début du IVe siècle par un jeune Syrien naufragé sur les côtes de la mer Rouge, saint Frumence, est resté un centre religieux du christianisme monophysite (les empereurs d'Éthiopie ont toujours fait reconnaître et consacrer leur pouvoir dans sa cathédrale) et possède de magnifiques obélisques.

Alabama *134 000 km² 4 319 200 h.* État du sud des États-Unis. Capitale *Montgomery*. L'État est drainé par le fleuve du même nom qui se jette dans le golfe du Mexique, à Mobile. Les richesses minières (charbon, bauxite), la valeur des terres noires consacrées à la culture du coton et du tabac, l'abondance de la main-d'œuvre noire expliquent la prospérité économique de l'Alabama. Entré dans l'Union en 1819, il fit sécession en 1861, rejoignant la Confédération des onze États du sud.

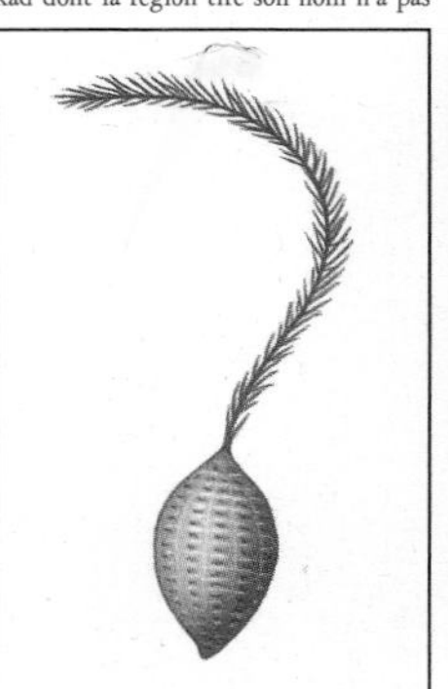

Akène.

Art **akkadien :** Ebih-Il, intendant du palais de Mari ; albâtre, (Paris, musée du Louvre).

A

alacrité n. f. Litt. Enjouement, gaieté pleine d'entrain.

Aladin ou la lampe merveilleuse L'un des contes les plus célèbres des *Mille et Une Nuits*. Un jeune Chinois, Aladin, possède une lampe aux pouvoirs extraordinaires qu'un magicien veut lui voler, mais en vain.

Alagoas *28 107 km² 2 690 000 h.* État du nord-est du Brésil. Capitale *Maceio*.

Alain (Émile Auguste Chartier, dit**)** 1868-1951 Philosophe français. Ses multiples *Propos* (parus dans la *Dépêche de Rouen*, puis dans la *Nouvelle Revue française* à partir de 1908, puis réunis en recueils sous des titres divers) témoignent d'un esprit nourri par la tradition rationaliste.

Alain (Jehan) 1911-1940 Compositeur (pièces pour orgue et piano) et organiste français, à l'imagination puissante et à l'exécution remarquable, tué au combat.

Alain-Fournier (Henri Alban Fournier, dit**)** 1886-1914 Romancier français. Le style poétique du *Grand Meaulnes* (1913) évoque, au sortir de l'enfance, le besoin d'absolu et d'amour. Disparu au cours d'un combat dès septembre 1914, ses restes ont été retrouvés et identifiés en 1991.

Alains Peuple de nomades que les Huns chassèrent de Scythie au IVe siècle. Ils pénétrèrent alors dans l'Empire romain et vinrent jusqu'en Gaule et en Espagne, où certains s'assimilèrent à la population locale.

alaise ou **alèse** n. f. Toile souvent imperméable que l'on place sous le drap de dessous pour protéger le matelas d'un lit.

Alamans Confédération de tribus guerrières germaniques établies au IIIe siècle sur la rive droite du Rhin qu'elles tentèrent constamment de franchir. En 496, Clovis les vainquit à Tolbiac (aujourd'hui Zülpich, près de Cologne). Acceptant la suzeraineté franque, les Alamans formèrent le duché d'Alémanie (VIe-VIIIe siècle).

alambic n. m. Appareil de distillation, qui comprend une chaudière où est chauffé le liquide à distiller et un serpentin réfrigéré où se condensent les vapeurs, utilisé notam. pour la distillation des liquides alcoolisés.

alambiqué, e adj. Exagérément complexe. *Propos alambiqués.*

Alamein (El-) Localité d'Égypte, à l'ouest d'Alexandrie, où le général britannique Montgomery infligea une défaite décisive à Rommel (octobre-novembre 1942).

Alamo Ancien monastère situé près de San Antonio, au Texas, que les Mexicains prirent aux Texans lors d'une célèbre bataille (6 mars 1836), dite « bataille de Fort Alamo ». Davy Crockett y trouva la mort.

Aland *1 505 km² 25 200 h.* Province de Finlande, jouissant d'une large autonomie depuis 1920 (les habitants sont de langue suédoise) ; l'archipel est constitué de 6 554 îles ou îlots.

*Prisonniers allemands à El-**Alamein**.*

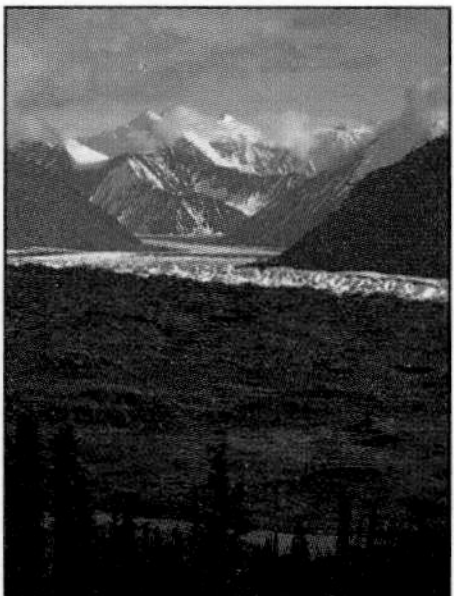

*L'**Alaska**, le plus grand État des États-Unis.*

alangui, e adj. Atteint de langueur. *Un corps alangui.*

alanguir v. t. [2] Frapper de langueur. *Le soleil l'alanguit.* / v. pron. *S'alanguir dans un hamac.*

alanguissement n. m. État d'une personne alanguie.

alanine n. f. BIOCHIM. Acide aminé présent dans les protéines.

Alaouites ou **Alawites** Membres d'une dynastie fondée par les chérifs du Tafilalet, qui règne sur le Maroc depuis le XVIIe siècle. / Membres d'une secte chiite de Syrie originaire des monts Alaouites (au nord du Liban), à laquelle appartient, tout comme son père Hafez el-Assad, l'actuel chef de l'État syrien, ce qui donne à la secte un rôle politique très important.

Alarcón (Pedro de) 1833-1891 Romancier espagnol. Son œuvre porte la marque de ses revirements : révolutionnaire actif, anticlérical converti peu à peu au catholicisme conservateur. Sa nouvelle *Le Tricorne* (1874) inspira un ballet à Manuel de Falla.

À la recherche du temps perdu Titre général du roman de Marcel Proust publié de 1913 à 1927. Le héros, explorant les profondeurs de sa mémoire et de sa sensibilité, découvre, au-delà de l'expérience décevante du monde, la vérité éternelle de l'œuvre d'art. Ce chef-d'œuvre compte sept parties : *Du côté de chez Swann* (1913), *À l'ombre des jeunes filles en fleurs* (1918, prix Goncourt 1919), *Le Côté de Guermantes* (1920), *Sodome et Gomorrhe* (1922), *La Prisonnière* (posthume, 1923), *Albertine disparue* (dit aussi *La Fugitive*, posthume, 1925), *Le Temps retrouvé* (posthume, 1927).

Alaric Nom de deux rois wisigoths. **Alaric Ier** 370-410 Roi en 395. Il a dévasté la Grèce et pillé Rome. **Alaric II** ?-507 Roi en 484, il a régné sur l'Espagne et une partie de la Gaule. Il fut tué en 507 par Clovis à la bataille de Vouillé.

alarme n. f. Appel aux armes face à l'imminence d'un danger. *Donner l'alarme.* / *Signal d'alarme* : dispositif d'alerte destiné à provoquer l'arrêt d'un train en cas de danger. / Grande inquiétude, frayeur à l'approche d'un danger.

alarmer v. t. [1] Mettre en alarme, inquiéter vivement. / v. pron. *S'alarmer au moindre bruit.*

alarmiste n. et adj. Personne qui répand des bruits inquiétants, des propos parfois sans fondement. / adj. *Des nouvelles, des propos alarmistes*, qui tendent à provoquer l'inquiétude.

Alaska *1 530 700 km² 606 300 h.* État des États-Unis (depuis 1959) à l'extrémité nord-ouest du Canada. Capitale *Juneau*. Deux chaînes de montagnes (mont McKinley, point culminant de l'Amérique du Nord *6 187 m*) encadrent la dépression du Yukon. La pêche dans les fjords, les forêts, le pétrole, l'hydroélectricité sont les principales ressources de ce pays peu peuplé, au climat dur. Séparé de la Sibérie par les *90 km* du détroit de Béring, l'Alaska a été vendu en 1867 par la Russie aux États-Unis. Construite en 1942, la route de l'Alaska, l'*Alkan*, relie en 2 500 km la base de Fairbanks au reste des États-Unis, en passant par la Colombie-Britannique.

alaudidés n. m. pl. ZOOL. Famille d'oiseaux passériformes dont l'alouette est le type.

Alawites Voir **Alaouites**

Albains (monts) Collines volcaniques d'Italie, dans le Latium.

albanais, e adj. et n. D'Albanie. *La côte albanaise. Les Albanais sont en majorité musulmans.* / n. m. Langue officielle de l'Albanie qui appartient au groupe des langues indo-européennes.

• **Albanie** État de la péninsule des Balkans.

Albano (lac d') Lac de cratère, situé en Italie, dans les monts Albains, sur les bords duquel s'élève Castel Gandolfo, résidence d'été du pape.

Albany *101 100 h.* Ville des États-Unis, capitale de l'État de New York. Industries mécaniques et chimiques.

albâtre n. m. Variété de calcite (*albâtre calcaire*) semi-translucide, veiné de couches diversement colorées. / Variété de gypse d'un blanc très pur. *L'albâtre a été utilisé en sculpture depuis l'Antiquité, puis notamment en Angleterre, au XIVe siècle (tombeaux, retables) et plus tard pour la création d'objets d'art.*

albatros n. m. ZOOL. Oiseau des mers du Sud de très grande taille, aux ailes longues et étroites, appartenant à l'ordre des procellariiformes. *Certains albatros peuvent excéder 3,50 m d'envergure.*

Albe (Fernando Álvarez de Toledo, duc **d')** 1508-1582 Général espagnol au service de Charles Quint et de Philippe II. Il institua le Tribunal du sang pour réprimer les soulèvements des Pays-Bas (Pays-Bas et Belgique actuels). Cette répression sanguinaire renforça la lutte qui aboutit plus tard à la libération des Pays-Bas (au sens actuel).

*Sculpture en **albâtre**, Angleterre, XIVe siècle.*

*Isaac **Albeniz**, compositeur espagnol.*

Albe-la-Longue Ville du Latium, fondée, dit la légende, par Ascagne, fils d'Énée, vers 1150 av. J.-C. Au cours des ultimes combats qui, au temps de Tullus Hostilius, troisième roi de Rome, soumirent la ville aux Romains, aurait eu lieu le fameux combat des Horaces contre les Curiaces.

albédo n. m. PHYS., ASTRON. Proportion de l'énergie lumineuse réfléchie ou diffusée par un corps.

Albee (Edward) 1928 Dramaturge américain. Ses pièces de théâtre se proposent de montrer un tableau de la société américaine d'aujourd'hui, selon un point de vue inspiré de Freud. *Qui a peur de Virginia Woolf ?* (1962), *Delicate balance* (1998).

Albeniz (Isaac) 1860-1909 Compositeur et pianiste espagnol, auteur de pièces pour piano d'un goût pittoresque et romantique qui empruntent souvent au folklore national (*Iberia* 1905-1908).

Alberoni (Julio ou **Giulio)** 1664-1752 Fils d'un jardinier italien, il parvint grâce à son esprit et à son habileté à devenir cardinal, Premier ministre (1716-1719) et grand d'Espagne. Mais il fut disgracié par Philippe V pour n'avoir pas réussi dans ses multiples et ambitieux projets dont le but était de rendre à l'Espagne sa gloire passée. De 1719 à sa mort, il intrigua en Italie auprès du pape.

Albers (Josef) 1888-1976 Peintre et dessinateur américain d'origine allemande, membre du Bauhaus dont il diffusa les théories aux États-Unis après son départ d'Allemagne. Privilégiant le carré (*Homage to the Square*, série de tableaux commencée en 1950), il synthétisa ses recherches dans son ouvrage *Interaction of Color* (1963).

Albert (canal) Canal reliant l'Escaut à la Meuse entre Anvers et Liège, il dessert une région d'industrie houillère et métallurgique. Il servit en 1940 de ligne de défense.

Albert (lac) *4 500 km²* Lac d'Afrique centrale, frontière entre la république démocratique du Congo et l'Ouganda.

Albert Ier (Albert de Habsbourg) v. 1250-1308 Empereur d'Allemagne en 1298, il ne parvint pas à établir son autorité et fut assassiné. **Albert II (Albert de Habsbourg)** 1397-1439 Empereur d'Allemagne en 1438, il combattit les Turcs et mourut au combat.

Albert Ier 1848-1922 Prince de Monaco, fondateur de l'Institut océanographique de Paris et du Musée océanographique de Monaco.

ALBANIE

Superficie : *28 748 km²* – **Nombre d'habitants :** *3 422 000 h.* – **Capitale :** *Tirana*
Villes principales : *Durrës, Elbasan, Shkodra* – **Système politique :** *république*
Langue (s) : *albanais* – **Religion (s) :** *islam, christianisme (orthodoxe et catholique)* – **Monnaie (s) :** *lek*

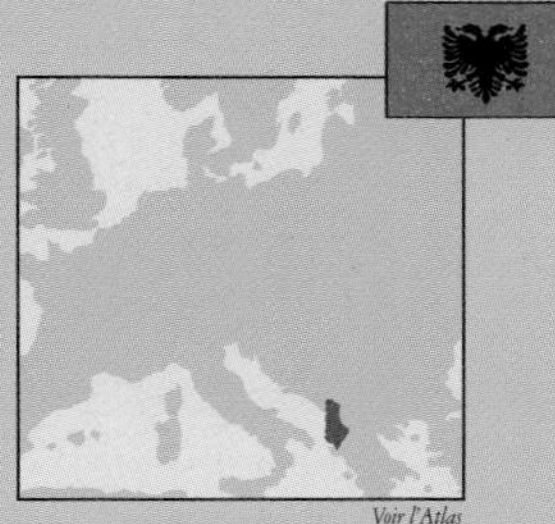

Voir l'Atlas

Vue de Tirana, capitale de l'Albanie.

Outre les plages de la mer Adriatique qui borde tout l'ouest du pays, l'Albanie possède de nombreux autres lieux de détente : ici, par exemple, une plage située au bord du lac Ohrid.

Géographie

L'ensemble du pays est montagneux, à l'exception de quelques plaines littorales. La bordure de l'Adriatique regroupe la quasi-totalité d'une population anciennement islamisée en très grande partie. Seule une étroite frange littorale échappe aux excès du climat continental. L'agriculture (blé, maïs, tabac) et surtout l'élevage restent les fondements de l'économie. La faiblesse des ressources minières et énergétiques (pétrole de Berat, lignite, nickel, chrome, cuivre), l'absence de capitaux et de techniciens, l'isolement politique du pays ont paralysé le développement industriel.

Histoire

Colonisée par les Grecs dès le VIIe siècle av. J.-C., province romaine puis byzantine, l'Albanie passe pendant deux cents ans (IXe-XIe siècle) sous tutelle bulgare, avant d'être reprise par Byzance puis conquise par la Serbie. Elle tombe au XVe siècle sous la domination ottomane dont elle ne se libère qu'en 1912. Après un bref intermède de gouvernement provisoire (1912-1913), les grandes puissances décidèrent de faire de l'Albanie un État neutre et indépendant et choisirent (1914) pour souverain le prince Guillaume de Wied qui ne put se maintenir que six mois. Les quatre années de guerre furent un temps d'anarchie totale : la ligne de front traversait le pays qui servit de champ de bataille et aucune autorité ne put s'imposer, d'autant que, dès 1918, les plans de partage du pays se multiplièrent au gré des appétits des vainqueurs. Finalement, l'Albanie entra à la S.D.N. en décembre 1920 en tant qu'État souverain dans ses frontières de 1913. Les luttes de faction reprirent de plus belle et, en 1923, le grand féodal Ahmed Zogu, Premier ministre, ne put venir à bout de l'opposition. Un soulèvement éclata en 1924 et il dut s'enfuir en juin à la suite de la prise de Tirana par les insurgés. Revenu en décembre, il reprit le pouvoir, se fit proclamer président de la République et devint en 1928, grâce à une révision constitutionnelle, Zog Ier, roi des Albanais. Le 7 avril 1939, l'Italie s'empara de l'Albanie dont Victor Emmanuel III devint roi sans jamais y résider. La résistance s'organisa et, en 1944, le Comité antifasciste de révolution nationale (communiste) se transforma en gouvernement provisoire sous la direction d'Enver Hodja. Les élections à l'Assemblée constituante (1945) affermirent définitivement son pouvoir (93 % des voix pour le « Front démocratique » dominé par le parti communiste) qu'il exercera en dictateur. Sous sa férule, se comportant en « forteresse assiégée », totalement isolé du reste de l'Europe et soumis à un stalinisme de combat, le pays, dont les dirigeants ne pouvaient admettre la déstalinisation, a rompu avec l'URSS en 1961 pour s'aligner sur la Chine jusqu'à la rupture de 1978. De plus en plus pauvre, ayant perdu son dernier allié, le pays s'enfonça dans la misère. Quand le communisme s'effondra, en 1989-1990, le parti communiste (rebaptisé socialiste) remporta les élections en 1991 mais fut vaincu en 1992 par le parti démocratique de Sali Berisha qui devint président de la République mais ne put porter remède à aucun des maux qui accablaient l'Albanie. Dans une atmosphère de marasme économique et de corruption généralisée, le mécontentement gronda, l'émigration clandestine (en Italie, notamment) reprit. Berisha démissionna en 1997. Ses successeurs socialistes ne purent bâtir une économie dans une conjoncture aussi alarmante, alors que la révolte des Albanais du Kosovo mobilisait leurs efforts. La normalisation intervenue au Kosovo après l'intervention de l'OTAN n'a pas rétabli la prospérité du pays.

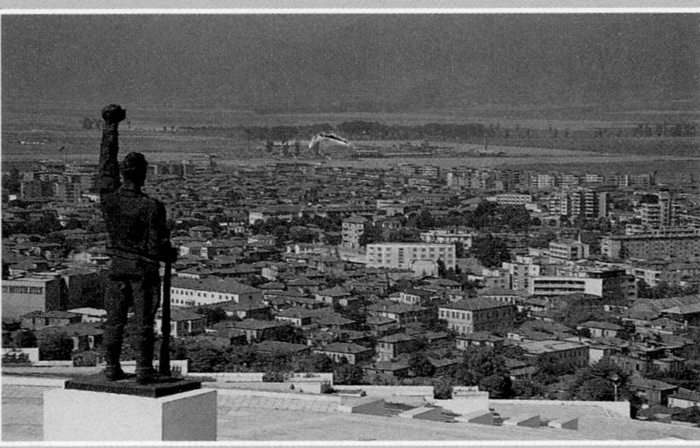

Vue générale de Korce, au sud-est de l'Albanie.
Érigé sur une colline qui domine la ville, un monument rappelle la résistance albanaise contre les forces fascistes durant la Seconde Guerre mondiale.

A

Santa Maria Novella de Florence, dont la façade fut modernisée au XVe siècle par l'architecte et humaniste italien Leon Battista **Alberti**.

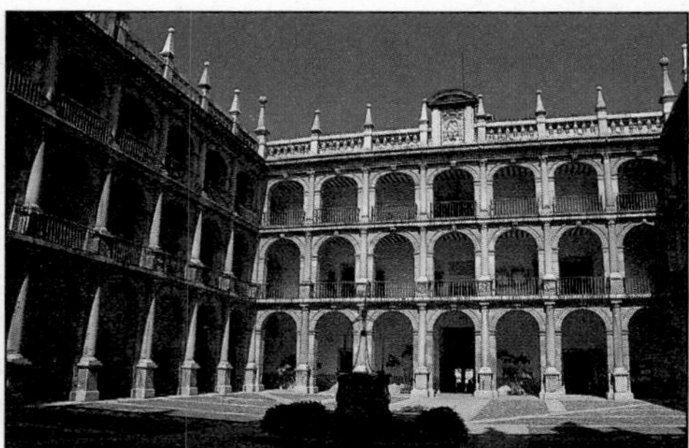
Université fondée vers 1500 par le cardinal Jimenez de Cisneros à **Alcala de Henares**, province de Madrid, Espagne.

Rafael **Alberti**, poète espagnol.

Albert Ier 1875-1934 Roi des Belges en 1909. Son attitude courageuse pendant la guerre de 1914-1918 lui valut d'être surnommé le Roi-Chevalier. **Albert II** 1934 Roi des Belges. Frère cadet de Baudouin Ier, il lui succéda à sa mort (1993).

Albert le Grand (saint) 1193 ?-1280 Savant, philosophe et théologien allemand. Dominicain, il poursuivit en France et en Allemagne une longue carrière d'enseignant; introducteur des philosophies grecques et arabes en Occident, il fut le maître de saint Thomas d'Aquin.

Alberta *661 161 km² 2 747 000 h.* Province du Canada, à l'est de la Colombie-Britannique. Capitale *Edmonton.* Ressources agricoles (céréales) et énergétiques (pétrole, gaz naturel).

Alberti (Leon Battista) 1404-1472 Architecte, sculpteur, musicien et humaniste italien. Le temple Malatesta à Rimini, le palais Rucellai et la façade de Santa Maria Novella à Florence témoignent d'un goût prononcé pour le modèle antique, qu'il sut renouveler; Sant'Andrea, à Mantoue, offre l'un des premiers modèles d'église à nef unique. Théoricien, il a laissé des traités sur la peinture et sur l'architecture.

Alberti (Rafael) 1902-1999 Poète, dramaturge, peintre espagnol. Il a exercé la peinture avant de faire paraître *Marinero en tierra* (*Le Marin à terre*, 1925), son premier recueil de poèmes. Son recueil le plus célèbre, *Sobre los ángeles* (*Sur les anges*, 1929) se rapproche du surréalisme. À partir de 1931, son œuvre (théâtre, notamment) devient plus politique. Il s'engage dans la guerre civile espagnole, dans le camp républicain, puis s'exile (Argentine, Italie) jusqu'à la fin de la dictature franquiste (1977).

Albertina Palais de Vienne où sont conservés un million de dessins et de gravures. Le fonds initial est la collection du duc Albert de Saxe-Teschen, qui fit ce legs en 1822.

Albertville *17 411 h.* Chef-lieu d'arrondissement de Savoie où se déroulèrent les jeux Olympiques d'hiver de 1992.

Albi *46 579 h.* Chef-lieu du département du Tarn, sur le Tarn. Ancien marché agricole, rattaché à la France en 1249, Albi est aujourd'hui une ville industrielle (métallurgie, textiles). Sainte-Cécile, cathédrale fortifiée du XIIIe siècle et le palais de la Berbie, ancien archevêché, transformé en musée (musée Toulouse-Lautrec) sont les principaux monuments.

albigeois, e adj. et n. D'Albi. / n. m. pl. Membres, nommés aussi *cathares*, d'une secte chrétienne hétérodoxe née dans les Balkans au Xe siècle et implantée en France méridionale et dans la ville d'Albi vers le XIIe siècle.

◆ La doctrine cathare reprend la tradition manichéenne selon laquelle le monde est gouverné par deux principes opposés: le mal, inhérent à la matière et identifié à Satan, le bien, émanation de l'esprit et de la nature incorporelle de Dieu. À partir de cette séparation radicale du spirituel et du charnel, les cathares rejetèrent le dogme du Christ incarné. Puritains inflexibles, ils furent excommuniés par le pape Innocent III (1209), massacrés par les armées de Simon de Montfort, puis de son fils Amaury (à partir de 1218), et exterminés par l'Inquisition sur le bûcher de Montségur en 1244.

albinisme n. m. MÉD. Absence congénitale de pigmentation due à une anomalie héréditaire pouvant affecter l'homme et certains animaux. *Partiel ou général, l'albinisme se manifeste par certains traits caractéristiques: peau extrêmement blanche, cheveux blond clair ou blancs, iris de l'œil d'une teinte rosée.*

Albi.

Albinoni (Tomaso) 1671-1750 Musicien italien, disciple de Corelli, il donna une large production de concerti et quelques opéras.

albinos adj. et n. Qui est atteint d'albinisme.

Albion Nom donné par les Anciens et les poètes à la Grande-Bretagne, en raison de la blancheur de ses falaises (en latin, *albus* signifie « blanc »).

Albret (maison d') Famille princière du sud-ouest de la France qui régna sur la Navarre et dont descendait Henri IV, fils de Jeanne d'Albret, reine de Navarre.

albugo n. m. MÉD. Tache blanche apparaissant sur la cornée ou sur l'ongle.

album n. m. Cahier destiné à contenir des photographies, des dessins, des timbres. / Livre constitué essentiellement d'illustrations. / MUS. Enregistrement de plusieurs morceaux de musique réunis en un ou plusieurs disques et formant un ensemble.

albumen n. m. BOT. Tissu contenant des réserves nutritives nécessaires au développement de la graine chez les angiospermes. / Blanc de l'œuf.

albumine n. f. Variété de protéine soluble dans l'eau, que l'on trouve notamment dans le plasma sanguin, le blanc de l'œuf, le lait.

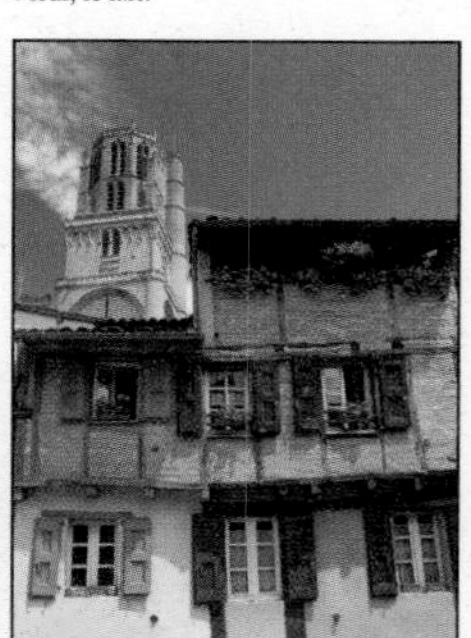
Maison **albigeoise**.

albuminurie n. f. MÉD. Présence anormale d'albumine dans les urines. Syn. protéinurie.

Albuquerque (Alfonso de) 1453-1515 Navigateur et conquistador portugais. Vice-roi des Indes (1508), il renforça la puissance portugaise en Asie.

alcade n. m. (mot espagnol) Maire, en Espagne et en Amérique latine. / Autrefois, juge en Espagne et dans les territoires sous administration espagnole.

Alcala de Henares *160 000 h.* Cette ville d'Espagne, patrie de Cervantès, conserve des couvents et des palais du XVe siècle.

Alcala Zamora (Niceto) 1877-1949 Homme politique espagnol. Premier président de la République en 1931, il fut renversé par le Front populaire en 1936 et se réfugia en Argentine.

alcali n. m. CHIM. Nom générique des hydroxydes des métaux alcalins. *Alcalis caustiques*: soude, potasse, ammoniaque.

alcalimétrie n. f. CHIM. Dosage d'une solution alcaline.

alcalin, e adj. CHIM. Qui possède les propriétés d'une base. / *Métaux alcalins*: éléments chimiques monovalents regroupés dans la première colonne de la classification périodique des éléments. *Les métaux alcalins, au nombre de six, sont le lithium, le sodium, le potassium, le rubidium, le césium et le francium.*

alcalinité n. f. Caractère alcalin.

alcalino-terreux, euse adj. CHIM. *Métaux alcalino-terreux*: famille de métaux regroupant le calcium, le strontium, le baryum et le radium dans la deuxième colonne de la classification des éléments.

alcaloïde n. m. Substance organique d'origine végétale, le plus souvent cristallisée, dont la molécule contient toujours un atome d'azote qui, comme l'azote ammoniacal, lui donne des propriétés basiques. *Les alcaloïdes produisent sur l'organisme des effets physiologiques intenses, parfois toxiques; la caféine, la nicotine, la morphine, la strychnine sont des alcaloïdes.*

alcalose n. f. MÉD. Concentration basique excessive dans le sang.

Alcamène Ve s. av. J.-C. Sculpteur grec, élève de Phidias.

alcane n. m. CHIM. Nom générique des hydrocarbures saturés acycliques de formule C_nH_{2n+2}. *Le méthane, l'éthane, le propane, le butane sont des alcanes.*

alcazar n. m. (mot espagnol) Palais fortifié des rois maures, en Espagne. *Alcazars de Tolède, de Ségovie, de Cordoue, de Séville.*

alcène n. m. CHIM. Nom générique des hydrocarbures acycliques dont la molécule possède une double liaison entre deux atomes de carbone.
Alceste MYTH. GR. Femme d'Admète. Morte pour sauver son mari, elle fut ramenée sur terre par Héraclès qui la sortit des Enfers.
Alceste Personnage principal du *Misanthrope* de Molière. Refusant les convenances et l'hypocrisie du monde, il se retranche derrière un rigorisme moral qui l'éloigne de son aimée, Célimène, et de toute la société.
alchimie n. f. Ensemble des connaissances et des pratiques se fondant sur une tradition ésotérique très ancienne et tendant, par des manipulations chimiques expérimentales, à libérer l'esprit et la matière des limites qui les entravent.
alchimiste n. Personne qui pratique l'alchimie. *Les alchimistes du Moyen Âge tentèrent de découvrir la pierre philosophale capable de transmuter les métaux en or, mais aussi la panacée, remède universel (élixir de longue vie) qui guérirait tous les maux et donnerait à l'homme l'immortalité.*
Alcibiade v. 450-404 av. J.-C. Général athénien, parent de Périclès, élève de Socrate. Aussi beau que riche, il afficha une conduite non seulement peu respectueuse de la tradition - il fut accusé d'avoir renversé des statues d'Hermès et d'avoir tourné en dérision les mystères d'Éleusis - mais encore peu soucieuse de fidélité à ses engagements politiques. Après avoir été l'instigateur de la désastreuse expédition en Sicile qu'il dirigeait en 415, il trahit Athènes en se mettant au service de Sparte, puis des Perses. Rentré en grâce, il mena ses compatriotes à la victoire contre Sparte mais l'échec d'un de ses lieutenants, dont il fut tenu pour responsable, le força à s'exiler en Thrace. Les Lacédémoniens et les Perses s'entendirent pour le faire assassiner.
alcidés n. m. pl. ZOOL. Famille d'oiseaux marins de l'ordre des charadriiformes, au plumage généralement blanc et noir, dont les pattes sont situées à l'arrière du corps. *Les alcidés, qui vivent dans l'hémisphère nord, sont adaptés à la nage et, contrairement aux manchots (qui vivent dans l'hémisphère sud), sont également capables de voler. Les pingouins, les guillemots, les macareux sont des alcidés.*
Alcinoos MYTH. GR. Roi des Phéaciens, père de Nausicaa. Dans l'*Odyssée*, il accueille Ulysse naufragé.

L'**Alcazar** de Ségovie, Espagne, XIe siècle.

Le Laboratoire de **l'alchimiste** *de Giovanni Stradano, 1570 (Palazzo della Signoria, Florence).*

Alcmène MYTH. GR. Femme d'Amphitryon. Zeus la séduit en prenant les traits de son époux. De ces amours naît Héraclès.
Alcméonides (les) Puissante famille noble d'Athènes, dont Périclès et Alcibiade étaient issus.
Alcobaça *5 200 h.* Ville du Portugal. Abbaye cistercienne du XIIe siècle. Tombeaux de Pierre Ier et d'Inès de Castro.
alcool n. m. CHIM. Substance organique possédant un ou plusieurs groupements hydroxyles -OH. / Liquide incolore volatil, obtenu par distillation de jus sucrés fermentés. / Boisson à forte teneur en alcool, obtenue par distillation. *Alcool de poire.* / Boisson contenant de l'alcool. *Régime sans alcool.*
alcoolat n. m. Produit de la distillation de l'alcool sur une substance aromatique. *L'eau de Cologne est un alcoolat.*
alcoolémie n. f. Taux d'alcool dans le sang qui se mesure en grammes par litre (g / l).
alcoolique adj. et n. Qui contient de l'alcool. / n. m. Personne qui consomme trop d'alcool et en devient dépendante. *Les alcooliques sont des toxicomanes.*
alcoolisation n. f. Augmentation de la teneur en alcool d'un liquide. Syn. *alcoolification.*
alcoolisé, ée adj. À quoi on a incorporé de l'alcool. *Boissons alcoolisées.*
alcooliser v. t. [1] Incorporer de l'alcool à.
alcoolisme n. m. Abus de boissons alcoolisées. / Dépendance à l'alcool, résultant de l'absorption régulière d'alcool.
alcoologie n. f. Étude de l'alcoolisme considéré globalement, des points de vue médical, biologique, économique, sociologique, psychologique.
alcoologue n. Spécialiste d'alcoologie.
alcoométrie n. f. Ensemble des méthodes et des procédés permettant de mesurer la teneur en alcool des liquides.
alcootest n. m. (nom déposé) Appareil permettant de mesurer l'alcoolémie d'une personne en évaluant la teneur en alcool de l'air qu'elle a expiré.
Alcott (Louisa May) 1832-1888 Romancière américaine : *Les Quatre Filles du Dr March* (1868).
alcôve n. f. Renfoncement aménagé dans une chambre pour y aménager un lit. *Secrets d'alcôve*, qui concernent la vie intime d'un couple.
alcoyl, alcoyle Voir **alkyle**
Alcuin v. 735-804 Théologien anglo-saxon. Pour Charlemagne, il dirigea l'école palatine (Aix-la-Chapelle) et celle de Tours et contribua à la réforme scolaire carolingienne.

Alexandre le Grand.
Copie romaine d'une sculpture attribuée à Euphranos de Corinthe (IVe siècle av. J.-C., Glyptothèque, Munich).

alcyne n. m. CHIM. Nom générique des hydrocarbures acétyléniques dont la molécule possède une triple liaison entre deux atomes de carbone.

alcyon [1] n. m. ZOOL. Nom commun de certains cnidaires octocoralliaires.

alcyon [2] n. m. MYTH. GR. Oiseau marin fabuleux dont la rencontre était considérée comme un présage de bon augure.

alcyonaires n. m. pl. ZOOL. Syn. d'*octocoralliaires*.

aldéhyde n. m. CHIM. Nom générique des composés organiques possédant le groupement -CHO (dans lequel l'atome d'oxygène est lié à l'atome de carbone par une double liaison). *Le formol, ou méthanal, est un aldéhyde.*

al dente loc. adj. et adv. (mots italiens) Se dit d'un aliment que l'on a fait cuire de manière qu'il demeure un peu croquant. *Spaghetti al dente.* / loc. adv. *Faire cuire* des haricots verts al dente.

Aldobrandini Famille florentine. **Ippolito** 1536-1505 Pape (1592) sous le nom de Clément VIII. **Pietro** 1572-1521 Neveu du précédent. Prélat, il fit construire la *villa Aldobrandini* à Frascati.

aldol n. m. CHIM. Composé résultant de l'addition, en milieu basique, d'un aldéhyde sur un autre, possédant à la fois les fonctions *ALD*éhyde et alco*OL*.

aldose n. m. BIOCHIM. Ose portant une fonction aldhéyde. *Le glucose est un aldose.*

aldostérone n. f. Hormone des glandes corticosurrénales régulant les échanges de sodium et de potassium au niveau du rein.

Aldrich (Robert) 1918-1983 Cinéaste américain, chantre de l'héroïsme (*Bronco Apache*, 1954 ; *Le Grand Couteau*, 1955 ; *Les Douze Salopards*, 1967) ou humoriste à la verve parodique (*En quatrième vitesse*, 1955).

Aldrin (Edwin) 1930 Astronaute américain d'Apollo XI. Deuxième piéton de la Lune en 1969.

ale n. f. Bière anglaise fabriquée avec du malt peu torréfié.

aléa n. m. Circonstance imprévisible, hasard généralement défavorable. *Les aléas de l'existence.*

aléatoire adj. Qui tient du hasard ; qui est incertain. *Projet, entreprise aléatoire.* / MATH. Qui est soumis aux lois de la probabilité. *Fonction aléatoire.* / MUS. *Musique aléatoire*, qui inclut une part d'indétermination, d'improvisation dans sa création ou son interprétation.

Alechinsky (Pierre) 1927 Peintre et graveur belge. Membre du groupe Cobra, il développa un art « littéraire », tantôt figuratif, tantôt abstrait.

Alemán (Mateo) 1547-1614 Écrivain espagnol, qui mourut au Mexique. Son roman picaresque *Guzman de Alfarache* (1599) fut imité par le Français Lesage (1732).

Alémanie Région de Germanie peuplée par les Alamans qui s'étendait sur une partie de la Suisse, l'Alsace, le pays de Bade, le Wurtemberg et la Souabe, érigée en duché sous la suzeraineté mérovingienne. Charles Martel supprima le duché en 739.

alémanique adj. et n. m. Relatif à la Suisse de langue allemande. / n. m. Haut allemand, parlé notamment en Suisse alémanique.

Alembert (Jean Le Rond d') 1717-1783 Mathématicien et écrivain français. Auteur d'un *Traité de dynamique* (1743), il s'intéresse à la physique (*Traité de l'équilibre et du mouvement des fluides*, 1744, *Théorie générale des vents*, 1745), à l'astronomie (*Précession des équinoxes*, 1749) et pose en mathématiques et en physique des principes qui portent son nom. Il collabore à l'*Encyclopédie* dont il rédige le *Discours préliminaire* (1751) et de nombreux articles philosophiques et scientifiques ; son article sur Genève déclenche une querelle avec Rousseau. Sa correspondance avec Voltaire révèle les opinions tranchées de cet « esprit universel ».

ALÉNA ou **Alena** Acronyme pour *Accord de libre-échange nord-américain* (en anglais NAFTA : *North-American Free Trade Agreement*) conclu par le Canada, les États-Unis et le Mexique, et entré en vigueur le 1er janvier 1994.

Alençon *29 988 h.* Chef-lieu du département de l'Orne, sur la Sarthe. Centre textile célèbre pour son école dentellière (point d'Alençon). Église Notre-Dame du XVe siècle.

alène ou **alêne** n. f. Poinçon d'acier droit ou courbé utilisé par les cordonniers pour percer le cuir avant de le coudre.

alentour adv. Dans le voisinage. *J'ai vu rôder des sangliers alentour.*

alentours n. m. pl. Lieux environnants. *Les alentours d'une maison.*

Aléoutiennes (îles) Archipel de 150 îles et îlots volcaniques prolongeant la presqu'île d'Alaska. L'élevage de moutons et la chasse des phoques sont les ressources principales. Les États-Unis y ont installé plusieurs bases aériennes.

Alep *1 542 000 h.* Ville commerciale et industrielle au nord de la Syrie. Citadelle (XIIe-XVIe siècle). Mosquées (XIe, XIIIe, XVIe et XVIIe siècles). **Histoire** Hittite (IIe millénaire av. J.-C.), assyrienne (738 av. J.-C.), la ville est sous domination achéménide jusqu'à la conquête d'Alexandre (332 av. J.-C.) puis est intégrée à l'empire romain (65 av. J.-C.) avant d'être détruite par les Perses et conquise par les Arabes. Alep connut son âge d'or entre le VIIIe et le Xe siècle puis déclina. Les Mongols (1260) la ravagèrent et elle passa sous domination ottomane (1516-1918). Les Français créèrent en 1920 l'État indépendant d'Alep avant de le rattacher à la Syrie (alors sous mandat) en 1924.

aleph n. m. Première lettre de l'alphabet hébreu. / MATH. Nombre cardinal caractérisant la puissance d'un ensemble infini.

alerte n. f. Signal avertissant d'un danger. *Donner l'alerte. Alerte au feu.* / Signe qui laisse présager un danger. *Consulter un médecin à la première alerte.*

alerter v. t. [1] Mettre en alerte, prévenir d'un danger. *Alerter les autorités.*

Alès *41 037 h.* Ville du Gard, en bordure des Cévennes, centre industriel à proximité d'un bassin houiller qui n'est plus exploité. Richelieu y signa en 1629 l'Édit de grâce mettant fin à la dernière guerre de Religion.

alésage n. m. MECAN. Opération consistant à polir et à calibrer exactement l'intérieur d'une pièce de métal. / Diamètre intérieur d'un cylindre de moteur, de l'âme d'un canon, du corps d'une pompe.

alèse Voir **alaise**

aléseur n. m. Ouvrier spécialiste de l'alésage.

aléseuse n. f. Machine à aléser.

Alésia Place forte gauloise où Vercingétorix se rendit à César qui l'assiégeait, en 52 av. J.-C. On situe aujourd'hui le site antique d'Alésia à Alise-Sainte-Reine (Côte-d'Or, près de Montbard).

Aletsch Glacier suisse, dans le massif de l'Aar, le plus long d'Europe (*25 km*). Au nord, le mont Aletschhorn culmine à 4 195 mètres.

aleurone n. f. BOT. Corpuscule protéique abondant dans certaines graines et servant de substance de réserve.

alevin n. m. Jeune poisson élevé pour repeupler les rivières, les lacs ou les étangs.

aleviner v. t. [1] Peupler d'alevins.

Alexander (Harold, comte Alexander of Tunis**)** 1891-1969 Maréchal anglais. Il dirige l'évacuation de Dunkerque en 1940. Chassé de Birmanie par les Japonais en 1942, il commande les forces alliées en Tunisie puis en Italie. Il est ensuite (1945-1952) gouverneur général du Canada.

Alexandra Feodorovna 1872-1918 Princesse allemande (Alice de Hesse), épouse du tsar Nicolas II, elle subit l'influence de Raspoutine. Elle fut assassinée avec sa famille par les bolcheviks.

Alexandre VI Voir **Borgia**

Alexandre Nom de plusieurs souverains.

MACÉDOINE

Alexandre Ier ?-462 av. J.-C. Roi de Macédoine en 500. Il fut l'alliée des Grecs. **Alexandre II** ?-367 av. J.-C. Roi en 369, il mourut assassiné. **Alexandre III le Grand** 356-323 av. J.-C. Fils de Philippe II de Macédoine et élève d'Aristote, il est roi de Macédoine en 336. Après la soumission de la Grèce et la destruction de Thèbes, il pénètre en Asie et écrase les Perses commandés par Darius au Granique (334) et à Issos (333) ; il s'empare de Tyr et fonde Alexandrie en Égypte. Traversant l'Euphrate et le Tigre, il bat définitivement les Perses à Arbèles en 331. Il occupe alors Babylone, Suse, détruit Persépolis. Fasciné par l'Orient, il va jusqu'à l'Indus en 326, mais ses soldats épuisés refusent de le suivre et il rentre à Babylone. Sa mort prématurée, à l'âge de 33 ans, met fin à cet empire éphémère dont les territoires sont partagés entre ses lieutenants.

RUSSIE

Alexandre Ier 1777-1825 Empereur en 1801, fils de Paul Ier qu'il laisse assassiner. Converti aux conceptions libérales anglaises, il abolit la censure, la torture et accroît le rôle du Sénat. Vaincu par Napoléon à Austerlitz (décembre 1805), Eylau (1807) et Friedland (1807), il signe avec lui le traité de Tilsit (juillet 1807). Il rompt l'alliance en 1812 et après l'échec français en Russie, il entre à Paris avec les Alliés en mars 1814 et favorise le retour de Louis XVIII. Il suggère et signe en 1815 le traité de la Sainte-Alliance. **Alexandre II** 1818-1881. Empereur en 1855. Il met fin à la guerre de Crimée en signant avec la France le traité de Paris (1856). Il abolit le servage (1861), réforme l'administration, la justice et l'enseignement. Entré en guerre contre la Turquie (1877) avec l'appui de l'Allemagne, il est vite abandonné par Bismarck et doit signer le traité de Berlin (1878) qui limite les ambitions russes. Il donne un nouvel élan à la pénétration russe en Asie centrale, achève la conquête du Caucase et développe le réseau ferroviaire. Désireux de moderniser les institutions politiques, il décide de convoquer les élus dans un conseil qui préfigurerait la Douma. Le jour même (1er mars 1881) de la signature de l'acte constitutionnel promulguant cette réforme, le tsar (surnommé le Libérateur) est assassiné par des révolutionnaires nihilistes. **Alexandre III** 1845-1894 Empereur en 1881. Succédant à son père dans des circonstances tragiques, il prend le contre-pied de la politique menée par ce dernier. Il accentue la russification des pays baltes, de la Pologne et de la Finlande. Poussé par son épouse, la princesse Dagmar de Danemark devenue la tsarine Marie, il s'éloigne de l'Allemagne et se rapproche de la France, concluant l'alliance franco-russe qui équilibre le rapport de forces entre les deux camps qui se partageaient virtuellement l'Europe.

Alexandre Ier Obrénovitch 1876-1903 Roi de Serbie en 1889. Autoritaire et brouillon, très impopulaire, il est assassiné à la suite d'une conjuration militaire fomentée sous les auspices de la famille rivale des Karageorgevitch.

Alexandre Ier Karageorgévitch 1888-1934 Roi de Yougoslavie en 1921, fils de Pierre Ier de Serbie. Favorisant les Serbes, en lutte contre les différents nationalismes à l'intérieur de son pays, il instaure la dictature (1929) et est assassiné à Marseille par des terroristes croates.

Alexandre Farnèse 1545-1592 Duc de Parme et gouverneur des Pays-Bas. Sur ordre de Philippe II d'Espagne, il vient en aide aux catholiques français contre Henri IV.

Alexandre Nevski v. 1220-1263 Grand-duc de Novgorod (1236-1251), puis grand-prince de Vladimir. Vainqueur des Suédois sur les bords de la Neva (1240, victoire qui lui donna son surnom : *Nevski* signifie « de la Neva ») et des chevaliers Porte-Glaive (1242), il parvint à réduire le tribut dû aux Mongols. Héros populaire de l'histoire russe, il a été canonisé par l'Église orthodoxe. Eisenstein en a fait le héros de son film *Alexandre Nevski* (1938).

Alexandrie *3 380 000 h.* Ville d'Égypte située sur le delta du Nil, port commercial et industriel qui exporte le coton égyptien. **Histoire** Fondée par Alexandre le Grand, en 331 av. J.-C., célèbre dans l'Antiquité pour son phare haut de 180 m (dans l'île de Pharos) et sa riche bibliothèque, Alexandrie fut un centre artistique et littéraire de l'Orient au temps des Ptolémées et, jusqu'au IIIe siècle, l'un des principaux foyers de la civilisation hellénistique. Sa fameuse bibliothèque, riche de 700 000 volumes, fut incendiée deux fois : lors de la révolte de la ville contre César (48-47 av. J.-C.) et, au début du Ve siècle, par les chrétiens qui la considéraient comme un repaire du paganisme. Alexandrie fut prise par les Arabes (642), les Turcs (1517), les Français (1798), les Anglais (1882).

alexandrin n. m. Vers de douze syllabes dont le nom a pour origine le *Roman d'Alexandre*, poème du XIIe siècle. *Redécouvert par Ronsard au XVIe siècle, l'alexandrin devient, au XVIIe siècle, le mode d'expression privilégié des auteurs du théâtre classique.*

Les rues d'**Alger** à l'annonce de l'indépendance proclamée le 1er juillet 1962.

alexandrin, e adj. et n. m. D'Alexandrie. / De l'école d'Alexandrie. *Poètes alexandrins.*

alexie n. f. MÉD. Incapacité pathologique de lire, de comprendre le sens des mots écrits.

Alexis Nom de plusieurs empereurs d'Orient. **Alexis Ier Comnène** 1048-1118 Empereur (1081) qui reprit aux Turcs la partie occidentale de l'Asie Mineure lors de la première croisade. **Alexis II Comnène** 1167-1183, Empereur à douze ans (1180), époux d'Agnès de France, il régna sous la tutelle de sa mère et fut étranglé par son tuteur Andronic Ier. **Alexis III Ange** ?-v. 1210 Empereur en 1195, il renversa son frère Isaac II et fut renversé en 1203. En fuite, il fut retrouvé (1204) et emprisonné par son gendre Théodore Lascaris. **Alexis IV Ange le Jeune** ?-1204 Empereur en 1203, fils d'Isaac II, il fut mis sur le trône par les Latins et renversé par Alexis V ; il fut renversé par Alexis Doukas Murzuphle et périt étranglé. **Alexis V Doukas Murzuphle** ?-1204. Empereur en 1204. Gendre d'Alexis III, il fut, après la prise de Constantinople par les croisés, condamné comme régicide par l'empereur latin Baudouin de Flandre qui le fit précipiter de la colonne de Théodose.

Alexis Ier Comnène 1182-1222 Fondateur en 1204, après la prise de Constantinople par les croisés, de l'empire de Trébizonde.

Alexis Mikhaïlovitch 1629-1676 Empereur de Russie, deuxième tsar (1645-1676) de la famille des Romanov, père de Pierre le Grand, Ivan V et Fedor III.

Alexis Petrovitch 1690-1718 Tsarévitch, fils de Pierre le Grand. Déchu de ses droits d'héritier par son père contre lequel il avait conspiré, il fut incarcéré et mourut en prison.

Alexis Nicolaievitch 1904-1918 Tsarévitch, unique fils de Nicolas II, assassiné avec toute sa famille par les bolcheviks.

Alexis (Jacques Stephen) 1922 ?-1961 Écrivain (*Compère Général Soleil*, 1955) et homme politique haïtien. Opposant à la dictature de Duvalier, il fut sans doute torturé et assassiné par les tontons-macoutes.

alezan, e adj. et n. m. Qualifie un cheval ou un mulet dont la robe est de couleur fauve.

alfa n. m. Herbe de la famille des graminées croissant en Afrique du Nord, dont on utilise les feuilles pour la fabrication de nattes, de cordes, de pâte à papier.

Alfieri (Vittorio, comte**)** 1749-1803 Poète tragique italien. Il exprime dans ses tragédies (*Saül*, *Oreste*, *Myrrha*), ses essais *De la tyrannie* (1777-1789), *Du prince et des lettres* (1778-1786), ses écrits polémiques (*Misogallo*, « le Gallophobe », 1789), ses poèmes une aspiration profonde à la liberté dont il se détourna à la suite des événements de la Révolution française.

Alfonsin Foulkes (Raul) 1926 Homme d'État argentin. Président de la République en 1983, au sortir de la dictature militaire, il fut battu aux élections de 1989 par le péroniste Carlos Menem.

Alfred le Grand (saint) v. 849-899 Roi des Anglo-Saxons. Il reprit Londres (886) et tout le reste de l'Angleterre aux Danois. Fin lettré, il traduisit du latin en anglo-saxon l'*Histoire ecclésiastique* de Bède et la *Consolation* de Boèce.

Alfven (Hannes) 1908-1995. Physicien suédois. Le premier, il fait état du rôle joué par le plasma atmosphérique dans la formation des aurores boréales. Il défend le principe de la magnétohydrodynamique et de ses applications, notamment dans son implication en cosmologie et dans le modèle du big bang. Spécialiste des plasmas chauds, dont il étudie les propriétés de stabilité dans la perspective de leurs applications pour la maîtrise de la fusion thermonucléaire, il s'insurge contre la prolifération des réacteurs à fission nucléaire dont il redoute les pollutions engendrées par les difficultés de stockage de leurs déchets radioactifs.

algarade n. f. Brusque altercation, querelle. *Algarade entre deux conducteurs.*

Algarve *4 960 km² 367 000 h.* Province et région méridionale du Portugal. Capitale *Faro*. Autrefois uniquement vouée à la polyculture (vin, olivier, figuier), la région connaît un très fort développement touristique (plages).

algazelle n. f. ZOOL. Grande antilope du Sahara aux longues cornes striées, effilées, recourbées en arrière.

algèbre n. f. Partie des mathématiques qui traite du calcul des grandeurs en les représentant par des lettres. / *L'algèbre de Boole*, utilisant une numération binaire pour l'étude des relations logiques, a une application dans le fonctionnement des ordinateurs.

algébrique adj. De l'algèbre. *Formule algébrique.*

Alger *1 691 000 h.* Capitale de l'Algérie. En raison de sa situation dans une baie accueillante, au débouché d'un arrière-pays riche, le port d'Alger a une grande activité commerciale. C'est aussi un centre administratif et industriel (industries alimentaires, chimiques et textiles). La casbah est inscrite au patrimoine mondial de l'Unesco et la ville compte plusieurs mosquées anciennes : mosquée malikite (XIe-XIVe siècle), mosquée de la Pêcherie (XVIIe siècle). **Histoire** Dépendant de l'Empire ottoman, Alger devint à partir du XVIe siècle, grâce au corsaire Barberousse, un centre redouté de piraterie que l'échec d'un débarquement tenté par Charles Quint en 1541 rendit inexpugnable jusqu'à l'expédition française de 1830 qui fit de la ville le siège du gouvernement général de l'Algérie. En 1944, Alger est le siège du Gouvernement provisoire de la République française. En mai 1958, l'insurrection d'Alger entraîne la chute de la IVe République. En avril 1961, un putsch des généraux partisans de l'Algérie française ne dure que quelques jours. Dans l'Algérie indépendante, Alger a connu un grand essor démographique : l'agglomération excède les 4 millions d'habitants.

• **Algérie** République du nord-ouest de l'Afrique, sur la Méditerranée.

algérien, enne adj. et n. m. D'Algérie. *Le Sahara algérien. Les Algériens et les Marocains.*

A

ALGÉRIE

Superficie: *2 381 741 km²* – **Nombre d'habitants:** *29 473 000 h.* – **Capitale:** *Alger*
Villes principales: *Oran, Constantine, Annaba* – **Système politique:** *république*
Langue (s): *arabe (officielle), berbère, français* – **Religion (s):** *islam* – **Monnaie (s):** *dinar*

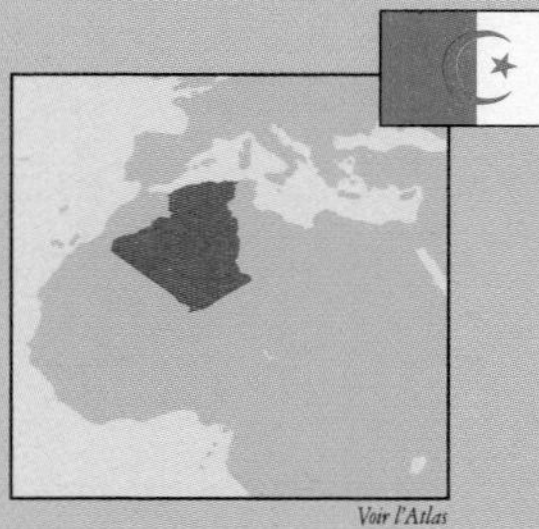

Voir l'Atlas

Géographie

Étroites et allongées entre les chaînons boisés du Tell, les plaines de la bordure nord, de climat méditerranéen, contrastent avec les hauts plateaux secs de l'intérieur, dominés par l'Atlas saharien. Elles sont irriguées et intensément cultivées. L'agriculture algérienne produit du blé, du vin, des fruits (agrumes et dattes essentiellement), des primeurs (tomates notam.) du tabac, de la pomme de terre, de la betterave à sucre, des olives.

Les autres ressources proviennent de l'élevage du mouton, des volailles, du lapin ; la production de lait est relativement faible tout comme celle de viande bovine. La pêche est largement pratiquée. Mais les événements qui ont suivi l'indépendance (départ massif des colons, occupation improvisée des grandes exploitations agricoles) et les politiques dirigistes successives et souvent contradictoires menées sans esprit de suite depuis 1962 (loi d'autogestion, création de coopératives, nationalisation d'une grande partie des terres) ont plongé dans le marasme une agriculture autrefois orientée vers la métropole.

Plusieurs graves sécheresses, notamment celle de 1988, ont aggravé la situation et le pays n'est pas autosuffisant sur le plan alimentaire. L'industrie, encore sous-développée, est concentrée dans les grandes villes (Alger, Oran, Constantine) : minoteries, textiles.

L'Algérie est, après la Libye, le principal producteur africain de pétrole et de gaz, qui constituent 98 % des recettes commerciales. Mais la fluctuation des prix des hydrocarbures (très forte baisse dans les années 80, stabilisation, puis très forte remontée en 1999-2000), le remboursement de la dette et les malversations ont empêché l'Algérie de bâtir une économie saine, alors que la population a doublé de 1968 à 1998.

Les remarquables richesses touristiques (sites antiques, plages, montagnes, palmeraies, désert du Sahara) sont peu ou mal exploitées, l'infrastructure hôtelière étant embryonnaire et la guerre civile larvée qui ensanglante le pays depuis 1991 décourageant les voyageurs.

Histoire

Peuplée de Berbères, cette région est en partie soumise au royaume de Numidie, vaincu au Iᵉʳ siècle av. J.-C. par Rome, qui divise la Maurétanie en deux provinces impériales, la Maurétanie tingitane, à l'ouest, et la Maurétanie césarienne à l'est, la partie orientale de l'Algérie actuelle étant rattachée à la province proconsulaire d'Afrique.

Christianisée au IIIᵉ siècle, la région est successivement occupée par les Vandales, Vᵉ siècle, par les Byzantins, VIᵉ siècle, par les Arabes, VIIᵉ siècle, par les Turcs, XVᵉ-XIXᵉ siècle et devient un centre de piraterie (les frères Barberousse). Conquis en grande partie par la France de 1830 à 1847, le pays est longtemps encore le théâtre de rébellions sporadiques : le sud de la Kabylie et les oasis ne sont soumis qu'en 1857, de sanglantes révoltes éclatent presque jusqu'à la fin du siècle (insurrection de Kabylie, 1871).

L'occupation du Sahara se poursuit jusqu'en 1899. Devenue « territoire français » en 1848, l'Algérie est divisée en trois départements (Alger, Oran, Constantine) qui voient affluer de très nombreux colons : paysans français en quête de terres, viticulteurs chassés du Languedoc par le désastre du phylloxéra, ouvriers des ateliers nationaux de 1848, Alsaciens et Lorrains refusant l'annexion allemande de 1871, Maltais, Espagnols… Les nouveaux venus se mêlent sans vraiment se fondre à une population arabe et berbère musulmane, d'une part, et d'autre part à une importante communauté juive dont les membres acquièrent la nationalité française en 1870 (décret Crémieux).

Seuls les Français (de souche ou naturalisés) ont le droit de vote. Pendant la Seconde Guerre mondiale, les Américains débarquent en Algérie (1942). En 1943, de Gaulle et Giraud créent à Alger le Comité français de libération nationale. En 1945, à Sétif et à Guelma, des manifestations d'anciens combattants dégénèrent en émeutes sanglantes matées par une répression aussi sanglante.

Les édifices de Timimoune sont de style soudanais.

On rencontre en Algérie, ce pays de contrastes, des villes modernes comme Alger, et d'autres qui semblent résister au temps, comme El Oued (ci-dessus).

Ces événements donnent un nouvel élan aux mouvements nationalistes et une insurrection (la « Toussaint rouge ») éclate dans les Aurès le 1ᵉʳ novembre 1954 sous la direction du Front de libération nationale (FLN) : c'est le début d'une guerre qui, après de multiples péripéties politiques et militaires, aboutit aux accords d'Évian (18 mars 1962) et à la reconnaissance de l'indépendance algérienne, proclamée le 5 juillet de la même année. Soutenu par l'armée, que dirige Houari Boumediene, Ahmed Ben Bella prend le pouvoir en septembre. Boumediene le renverse (19 juin 1965) et renforce les pouvoirs du F.L.N., parti unique de plus en plus soumis à la corruption. À la mort de Boumediene (1978), le F.L.N. désigne Chadli Bendjedid, élu président (1979), réélu (1984 et 1988), qui fait voter une Constitution multipartiste (1989), alors que l'islamisme se répand en Algérie.

En décembre 1991, le Front islamique du Salut (FIS) remporte le premier tour des élections législatives. Bendjedid démissionne ; l'armée annule les élections, appelle le chef historique Mohamed Boudiaf (en exil) à la tête d'un Haut Comité et renforce la répression contre les islamistes. En juin 1992, Boudiaf est assassiné. Le général Liamine Zeroual le remplace. Élu président (novembre 1995), créateur d'un parti qui remporte les législatives (1997), il ne peut empêcher la violence islamiste de s'accroître au point que l'Union européenne envoie des observateurs (1998), mais aucune solution n'est adoptée pour arrêter le calvaire du peuple algérien.

De nouvelles élections générales, en avril 1999, portent au pouvoir Abdelaziz Bouteflika qui tente de rétablir la concorde civile en faisant libérer de nombreux islamistes. Le niveau de vie demeure bas malgré malgré les bons indicateurs macroéconomiques. Un séisme a fait, en mai 2003, des centaines de morts dans la région d'Alger, suscitant la colère populaire devant l'incurie des pouvoirs publics.

*Le port de pêche d'**Algésiras** situé sur le détroit de Gibraltar en Espagne.*

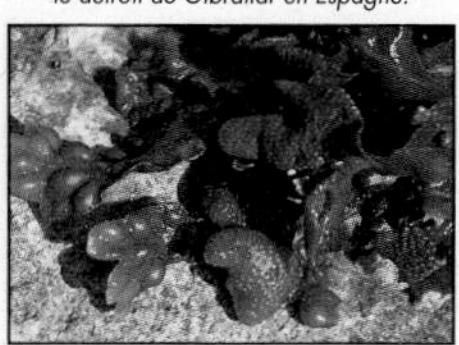

***Algue** marine du genre Fucus.*

Algésiras *101 300 h.* Port d'Espagne sur le détroit de Gibraltar possédant des raffineries de pétrole. Une conférence internationale, qui reconnut à la France des droits sur le Maroc, s'y est tenue en 1906.

algide adj. MÉD. Qui se caractérise par une sensation anormale de froid intense.

algie n. f. MÉD. Douleur physique quelle que soit sa cause, son origine.

alginate n. m. CHIM. Sel de l'acide alginique. *L'alginate est utilisé dans diverses industries, pour la fabrication de colle, celle des prothèses dentaires, etc.*

algine n. f. Matière gélatineuse extraite de certaines algues brunes. *L'algine est utilisée dans nombreuses industries (papeterie, alimentation, pharmacie, etc.).*

alginique adj. CHIM. *Acide alginique*: acide de masse moléculaire élevée, que l'on trouve dans l'algine.

algol n. m. INFORM. Langage utilisé pour programmer des calculs et leurs applications scientifiques.

Algonkins ou **Algonquins** Ensemble de peuples amérindiens d'Amérique du Nord dont des survivants (moins de 10 000 personnes) habitent le Canada.

algorithme n. m. MATH. Suite finie de raisonnements ou d'opérations permettant de résoudre certains problèmes.

Algren (Nelson) 1919-1981 Romancier américain: *l'Homme au bras d'or* (1949) qui connut un grand succès dans les années 1950-1970, et dont la plupart des romans ont été portés à l'écran. Il a entretenu une abondante correspondance avec Simone de Beauvoir.

algue n. f. Organisme eucaryote, unicellulaire ou pluricellulaire, photosynthétique, de structure simple, le plus souvent aquatique. *Les algues (algues vertes, ou chlorophycées; algues rouges, ou rhodophycées; algues brunes, ou phéophycées) sont traditionnellement incluses dans le règne végétal.*

Al Hadj Omar ou **El Hadj Omar** Voir **Omar (el-Hadj)**

Alhambra (de l'arabe *al-Hamra*, « la [ville] rouge ») Résidence des anciens rois maures à Grenade (Espagne) qui date en partie du XIIIe siècle. L'art musulman y atteint son apogée à un moment ultime de son développement. Les fontaines d'albâtre, les colonnes de marbre, les revêtements de céramique créent la magie de la cour des Lions.

Ali Baba et les 40 voleurs.

Ali v. 600-661 Époux de Fatima, fille de Mahomet, calife en 656. Déposé en 659, il fut assassiné. Il reste pour les chiites le vrai successeur de Mahomet.

alias adv. et n. m. inv. (mot latin) Mot suivant le nom d'une personne pour introduire son surnom, son pseudonyme ou, à l'inverse, son nom d'origine. *François Marie Arouet alias Voltaire.* / n. m. INFORM. Copie virtuelle qui permet d'ouvrir directement l'original d'un fichier.

Ali Baba Héros d'un conte des *Mille et Une Nuits*. Une phrase, devenue proverbiale, *Sésame, ouvre-toi*, lui donne accès aux richesses entassées dans la caverne de quarante voleurs.

alibi n. m. (mot latin) DR. Moyen de défense d'un accusé par lequel il prouve qu'il ne se trouvait pas sur les lieux du crime ou du délit au moment où celui-ci a été commis. / Fig. Ce que l'on invoque pour s'excuser; prétexte.

Alicante *267 400 h.* Port d'Espagne sur la Méditerranée. Chef-lieu d'une province agricole (vins, agrumes) et centre industriel (industries chimiques).

Alice au pays des merveilles *1865* Récit féerique de Lewis Carroll: comme dans un rêve, une petite fille voyage au pays du *nonsense*.

alidade n. f. Règle graduée, mobile autour d'un axe fixe, munie d'un viseur et d'un vernier, servant à mesurer les angles. / Partie mobile du théodolite.

aliénable adj. DR. Que l'on peut aliéner.

aliénation n. f. DR. Action de céder un bien, un droit. / PSYCHIATR. Vieilli *Aliénation mentale*: folie. / PHILO. Selon Marx, condition de l'être humain dépossédé de lui-même et asservi par un système de valeurs existant dont il est dépendant et qu'il subit sans l'avoir choisi. / État d'asservissement d'un individu, d'un groupe, d'une société. *Aliénation de la femme dans certaines sociétés traditionnelles.*

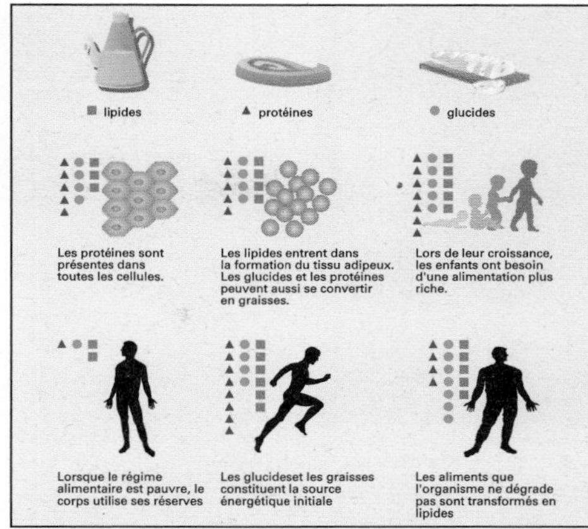

■ lipides
▲ protéines
● glucides
Les protéines sont présentes dans toutes les cellules.
Les lipides entrent dans la formation du tissu adipeux. Les glucides et les protéines peuvent aussi se convertir en graisses.
Lors de leur croissance, les enfants ont besoin d'une alimentation plus riche.
Lorsque le régime alimentaire est pauvre, le corps utilise ses réserves
Les glucideset les graisses constituent la source énergétique initiale
Les aliments que l'organisme ne dégrade pas sont transformés en lipides

*Résumé schématique des éléments basiques des **aliments** et de leurs différentes utilisations.*

aliéné, e adj. et n. Qui a été cédé par aliénation. *Biens aliénés.* / n. Vieilli Malade mental. *Un asile d'aliénés.*

aliéner v. t. [1] DR. Céder, vendre (un bien, un droit). / Abandonner (un droit naturel). *Aliéner sa liberté.* / v. pron. *S'aliéner qqn*, susciter son hostilité.

aliéniste n. MED. Spécialiste de l'aliénation mentale.

Aliénor d'Aquitaine v. 1122-1204 Fille du duc d'Aquitaine, elle épousa (1137) le roi de France Louis VII, lui apportant en dot un immense et riche territoire: Guyenne, Gascogne, Poitou, Marche, Limousin, Angoumois, Périgord, Saintonge. Répudiée en 1152, elle se remaria aussitôt avec Henri Plantagenêt, futur (1154) roi d'Angleterre (Henri II), apportant ainsi à la couronne anglaise les provinces d'Aquitaine. Elle eut huit enfants de cette deuxième union et vécut plus volontiers en Aquitaine (qu'elle continuait à gouverner) qu'en Angleterre. Elle complota avec ses fils contre son mari qui la fit enfermer pendant quinze ans, d'abord à Chinon, puis, après un bref passage à Winchester, à Salisbury. Elle ne dut sa liberté qu'à l'avènement de son fils, Richard Cœur de Lion (1189). Cultivée, elle contribua au rayonnement de la poésie des troubadours.

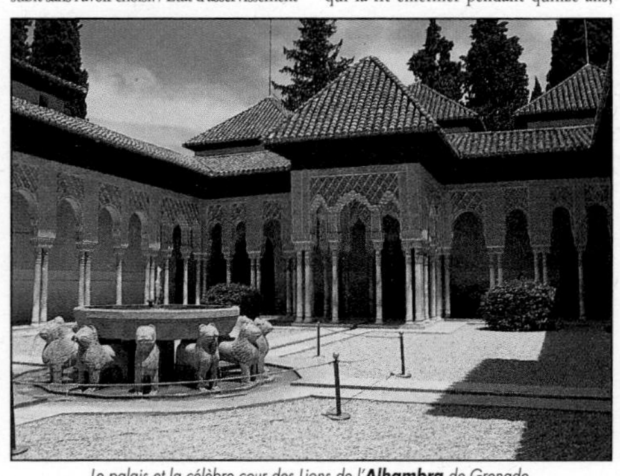

*Le palais et la célèbre cour des Lions de l'**Alhambra** de Grenade.*

Aligarh *480 500 h.* Ville de l'Inde, dans l'Uttar Pradesh. Siège d'une grande université musulmane.

alignement n. m. Action de disposer en ligne. *Alignement d'une troupe.* / Disposition en ligne droite. *Les alignements de Carnac*: ensemble de pierres dressées (menhirs) en rangées parallèles. / DR. Détermination, par mesure administrative, du tracé des voies publiques et des limites autorisées aux riverains en matière de construction. *Bâtiment frappé d'alignement.*

aligner v. t. [1] Disposer en ligne. *Aligner les chevaux au départ.* / Mettre bout à bout, selon un ordre cohérent. *Aligner des idées.* / Mettre en conformité. *Aligner une monnaie*: déterminer la valeur de cette monnaie par rapport à une (d'autres) monnaie (s) étrangère (s). / v. pron. *S'aligner sur la concurrence.*

aligoté n. m. Cépage de Bourgogne à raisin blanc. / Vin produit à partir de ce cépage.

aliment n. m. Toute substance assimilable par un être vivant et qui sert à sa nutrition. / Fig. Ce qui nourrit, développe. *La lecture, aliment de l'imagination.* / (Au plur.) DR. Ensemble des moyens de subsistance nécessaires à qqn dans le besoin.

alimentaire adj. Propre à servir d'aliment. *Pâtes alimentaires.* / Relatif à l'alimentation. *Régime alimentaire.* / DR. *Obligation alimentaire*: obligation faite à certaines personnes (enfants, petits-enfants, notam.) d'assurer la subsistance d'un parent dans le besoin. *Pension alimentaire*: pension assurant la subsistance d'une personne. / Péjor. *Travail alimentaire*: travail dont seule la rémunération présente quelque intérêt.

alimentation n. f. Action d'alimenter, de s'alimenter; résultat de cette action.

alimenter v. t. [1] Nourrir. *Alimenter son chat.* / Par ext. Approvisionner. *Une source alimente la cité en eau.* / Fig. Entretenir. *Alimenter la rumeur.*

A

*L'**allaitement** contribue à renforcer les liens mère-enfant.*

alinéa n. m. Dans un texte, espace laissé en blanc avant le commencement d'une ligne. / Passage d'un texte délimité par ces espaces.
alios n. m. Grès imperméable de couleur rougeâtre ou noirâtre, formé de grains de sable agglomérés sous l'effet d'un ciment ferrugineux ou organique et que l'on trouve notamment dans les sols des Landes.
Ali Pacha de Tebelen (ou **Tepelenë**) v. 1741-1822 Pacha de Ioannina (Janina en français, Tepelenë en albanais). Il occupa l'Albanie et l'Épire et réprima cruellement la révolte des Souliotes, ces chrétiens de Souli, en Épire, qui rejetaient sa domination. Bon administrateur, il développa l'Albanie et conquit à l'intérieur de l'empire ottoman une autonomie que le sultan toléra jusqu'en 1819. Assiégée par l'armée turque, il s'enferma à Janina où il fut égorgé.
aliquote adj. f. MATH. *Partie aliquote*: partie (ou diviseur) contenue un nombre entier de fois dans un tout. *Deux est une partie aliquote de huit.*
alise n. f. Fruit de l'alisier, rouge, au goût aigrelet.
Alise-Sainte-Reine *674 h.* Commune de la Côte-d'Or; voir Alésia.
alisier n. m. Arbre de la famille des rosacées, à fleurs blanches dont le fruit rouge est l'alise et dont le bois est employé en ébénisterie.
alismacées n. f. pl. Famille de plantes aquatiques monocotylédones très vivaces à laquelle appartient la sagittaire.
alité, e adj. Demeuré au lit. *Des malades alités.*
alitement n. m. Fait de garder le lit (pour une personne malade ou fatiguée).
aliter v. t. [1] Faire garder le lit à (qqn). *La maladie l'a alité pendant une semaine.* / v. pron. Se mettre au lit. *Il s'est alité pendant plusieurs jours.*
Alix ou **Adèle de Champagne** ?-1206 Reine de France. Troisième et dernière épouse de Louis VII. Elle assura la régence quand son fils Philippe Auguste partit en croisade.
alizé n. m. et adj. m. Vent régulier soufflant toute l'année sur près du tiers de la surface terrestre, des hautes pressions subtropicales vers les basses pressions équatoriales. *L'alizé boréal de l'hémisphère Nord est un vent N-E – S-O, l'alizé austral de l'hémisphère Sud est un vent S-E – N-O.* / adj. m. *Les vents alizés.*
alkékenge n. m. BOT. Plante ornementale de la famille des solanacées dont les baies rouge vif sont enfermées dans une poche orangée, appelée aussi *amour-en-cage.*
alkyle n. f. CHIM. Radical monovalent obtenu par élimination d'un atome d'hydrogène d'un alcane. Syn. alcoyle, alcoyl.
Allah Dieu, en arabe, vocable utilisé aussi bien par les musulmans que par les chrétiens arabophones.
Allais (Alphonse) 1854-1905 Humoriste français. Témoin sarcastique de la Belle Époque, il est l'un des grands humoristes français. *À se tordre* (1891), *le Captain Cap, sa vie, ses breuvages* (1902).
allaitement n. m. Action d'alimenter un nourrisson, un petit d'animal avec du lait. / Action de nourrir au sein.
allaiter v. t. [1] Nourrir de son lait. *Mère qui allaite son enfant.*
allant, e adj. et n. m. Actif, remuant. *Un vieillard plutôt allant.* / n. m. *Avoir de l'allant*: être actif, plein d'entrain.
allantoïde n. f. ZOOL. Annexe embryonnaire propre aux amniotes (reptiles, oiseaux et mammifères), dont le rôle est lié aux fonctions de respiration, de nutrition et d'excrétion.
alléchant, e adj. Attirant, séduisant.
allécher v. t. [1] Attirer en excitant le goût, l'odorat. / Fig. Attirer, séduire. *Allécher qqn par des promesses.*
allée n. f. Chemin dans une forêt, un parc, un jardin. / Avenue, voie bordée d'arbres dans une ville. / Passage, dans un bâtiment. *Allée centrale d'une salle de spectacles.* / (Au plur.) *Faire des allées et venues*, des déplacements dans un sens, puis dans l'autre.
allégation n. f. Ce qui est cité comme preuve; ce que l'on affirme pour se justifier. *Vérifier les allégations d'un témoin.*
allège n. f. CONSTR. Mur d'appui sous une fenêtre. / MAR. Embarcation plate ou chaland utilisé pour charger et décharger les navires.
allégeance n. f. FÉOD. Fidélité du vassal envers son suzerain.
allégement ou **allègement** n. m. Diminution de poids. / Fig. Diminution. *Allégement des impôts.*
alléger v. t. [1] Rendre (qqch.) plus léger, moins lourd. *Alléger un bât.* / Fig. Rendre plus supportable. *Alléger les impôts. Alléger une peine.*
Alleghanys Rebord du plateau appalachien.
allégorie n. f. Expression d'une idée, d'une abstraction par le biais de représentations, de descriptions métaphoriques. *La tentation d'Ève par le serpent est une allégorie symbolisant la condition humaine exposée au mal, au péché.* / Œuvre artistique ou littéraire qui utilise ce mode d'expression.
allégorique adj. Qui procède de l'allégorie.
allègre adj. Plein d'entrain. *Marcher d'un pas allègre.*
allègrement adv. Avec allégresse.
allégresse n. f. Joie éclatante. *Des chants, des clameurs d'allégresse.*
Allégret (Marc) 1900-1973 Cinéaste français. Neveu d'André Gide pour lequel il tourna le *Voyage au Congo* (1927), il a révélé au public Simone Simon dans *Lac aux dames* (1934) et Gérard Philipe dans *Les Petites du quai aux fleurs* (1943). Son film le plus célèbre est *Entrée des artistes* (1938), avec Louis Jouvet. **Yves** 1907-1987 Cinéaste français. Frère du précédent, il réalisa notam. *Dédée d'Anvers* (1948), *Les Orgueilleux* (1952), *La Meilleure part* (1956).
allegretto adv. et n. m. (mot italien) MUS. D'un mouvement moins vif que l'allegro. / n. m. *Un allegretto*: un mouvement joué allegretto.
allegro adv. et n. m. (mot italien) MUS. D'un mouvement vif et joyeux. / n. m. Premier mouvement d'une sonate.
alléguer v. t. [1] Faire valoir (une autorité) pour se justifier. *Alléguer le droit coutumier.* / *Alléguer de*: prétexter de. *Alléguer de diverses raisons.*
allèle n. m. GÉNÉT. Chacune des formes possibles d'un même gène, situées à un même locus génétique. *Un allèle dominant impose, chez l'individu, l'expression du caractère qu'il détermine; un allèle récessif ne s'exprime que s'il est porté simultanément par les deux chromosomes homologues.*
alléluia interj. et n. m. Cri d'allégresse des prières en hébreu, repris dans la liturgie chrétienne. / n. m. Verset, précédé et suivi de ce mot, chanté avant l'évangile au cours de la messe catholique.
• **Allemagne** (en allemand, *Bundesrepublik Deutschland*) État de l'Europe centrale bordé au nord par la mer du Nord, la Baltique et le Danemark, au sud par la Suisse et l'Autriche.
allemand, e adj. et n. D'Allemagne. *Les plaines allemandes. Les Allemands et les Scandinaves.* / n. m. Langue indo-européenne parlée en Allemagne et dans d'autres pays ou régions (Autriche, Suisse alémanique, etc.).

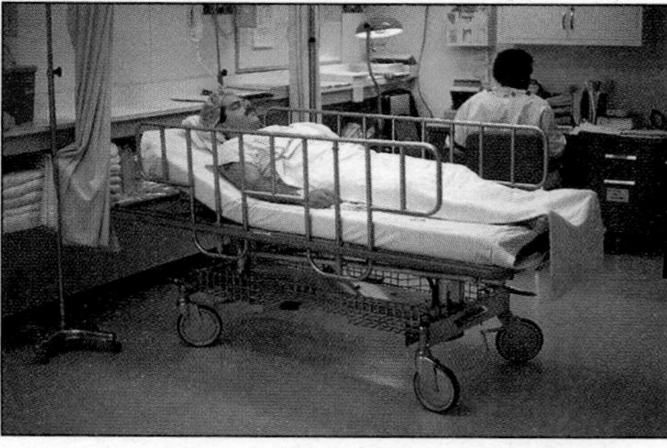

*Malade **alité**.*

*Radio Days, film réalisé par Woody **Allen** en 1987.*

Allen (Allen Stewart Konigsberg, dit **Woody)** 1935 Acteur, cinéaste et écrivain américain. Cultivant le comique (*Prends l'oseille et tire-toi*, 1969), il affina son art à partir d'*Annie Hall* (1977), mêlant avec humour réflexion sur le couple, sur la psychanalyse, sur l'angoisse existentielle: *Manhattan* (1979), *la Rose pourpre du Caire* (1985), *Hannah et ses sœurs* (1986), *Alice* (1990), *Harry dans tous ses états* (1998).
Allenby (Edmund Henry Hynman, lord**)** 1861-1936 Maréchal anglais. Il a joué un rôle important dans la politique poursuivie par l'Angleterre au Proche-Orient et en Égypte entre les deux guerres. À la tête des troupes britanniques, il occupe la Palestine et la Syrie (1918).
Allende (Salvador) 1908-1973 Homme politique chilien. Socialiste, il conclut avec les communistes l'Union populaire et fut élu président de la République en 1970. Face aux difficultés, il se résolut à nommer chef des armées le général Pinochet en août 1973. Celui-ci le renversa, à la tête d'une junte, le 11 septembre. Allende se suicida dans le palais présidentiel.
allène n. m. CHIM. Hydrocarbure de formule $H_2C = C = CH_2$.
aller [1] v. i. [3] Se déplacer (vers). *Aller à pied, en bus, vite. Aller à Rome.* / être dans tel état. *Il ira mieux demain. Ça va ? Ça va de soi*: c'est tout naturel. / Convenir. *Cette robe te va bien.* / Aller (+ infinitif.): être sur le point de. *Il va mourir.* / v. pron. *S'en aller*: partir; disparaître. *Le vernis s'en va.*
aller [2] n. m. Action de se diriger vers un lieu; trajet effectué d'un lieu à un autre. *Faire un aller en train.* / Titre de transport pour un tel trajet. *Prendre un aller et retour pour Lille.* / loc. adv. Fig. *Au pis aller*: dans l'hypothèse la moins favorable. / n. m. *Un pis-aller*: la moins favorable des hypothèses, des solutions.
allergène n. m. MÉD. Substance susceptible de provoquer une allergie.
allergie n. f. MÉD. Réaction excessive et inadaptée d'un organisme à une substance étrangère (allergène) à laquelle il a été sensibilisé au cours d'un précédent contact. *Les allergies ont des formes très variées: asthme, urticaire, troubles digestifs ou nerveux, etc.*
allergique adj. MÉD. De l'allergie. / Qui développe une allergie. *Sujet allergique au pollen.*
allergologie n. f. MÉD. Étude de l'allergie et de ses manifestations morbides.

ALLEMAGNE

Superficie : *357 237 km²* – **Nombre d'habitants :** 82 190 000 h. – **Capitale :** *Berlin*
Villes principales : *Hambourg, Munich, Cologne* – **Système politique :** *république fédérale*
Langue (s) : *allemand* – **Religion (s) :** *protestantisme, catholicisme* – **Monnaie (s) :** *euro*

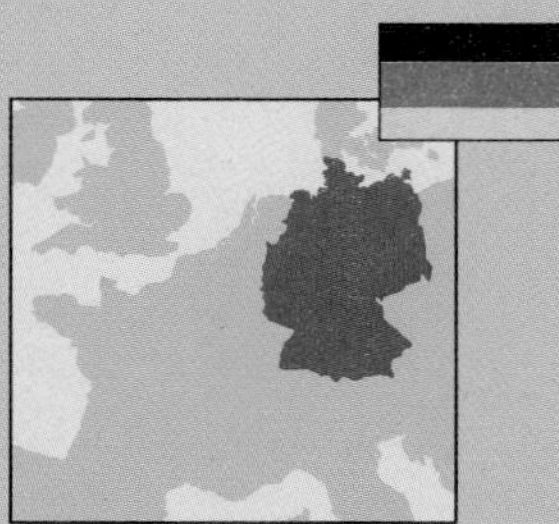

Voir l'Atlas

Géographie physique et humaine

L'Allemagne juxtapose du nord au sud trois zones de relief: une grande plaine glaciaire, une zone hercynienne et une zone alpine. La plaine du Nord, faite de débris morainiques (sables), couverte de landes et de tourbières, est bordée au sud par une bande de lœss, la région des Börde, et s'ouvre sur la mer du Nord et la Baltique par une côte marécageuse entaillée par les profonds estuaires de l'Elbe et de la Weser où se sont installés les ports : Brême, Hambourg. L'Allemagne moyenne est une mosaïque topographique, ordonnée autour du plissement hercynien qui est l'ossature du relief allemand. Des massifs anciens (massif schisteux rhénan, Harz, Vogelsberg, Rhön, Forêt-Noire, monts de Thuringe) dominent de petites plaines actives (Hesse, Thuringe, Souabe et Franconie). Transition entre le monde hercynien et le monde alpin, l'Allemagne du Sud englobe la retombée des Alpes (Préalpes calcaires) et le plateau bavarois, bordé au nord par la plaine du Danube. Le grand axe rhénan recoupe à l'ouest ces trois zones. Long couloir de plaines, la Rhénanie est la région la plus active de tout le pays par la richesse de son agriculture et surtout par la puissance des foyers industriels qui s'échelonnent le long du fleuve (Sarre, Aix-la-Chapelle, Ruhr). Les caractéristiques continentales du climat de l'Allemagne s'accentuent d'ouest en est. Les hivers sont longs et rigoureux, plus doux dans le sud où l'été est souvent chaud. Carrefour de routes, l'Allemagne est un très ancien carrefour de peuples. L'industrialisation a concentré, dès le siècle dernier, la population dans les villes. Aujourd'hui, l'urbanisation dépasse les 80 %.

Économie

En 1949, l'Allemagne, qui commence à peine à relever ses ruines, est partagée en deux : à l'ouest la République fédérale d'Allemagne (R.F.A.), à l'est la République démocratique allemande (R.D.A.). En peu d'années, le pays exsangue qu'était la R.F.A. en 1945 devient la première puissance économique d'Europe. Sachant s'adapter à la « mondialisation », la R.F.A. a renoncé à la sidérurgie, développant chimie, automobile, technologies de pointe, secteur bancaire, etc. De son côté, la R.D.A. peine à se reconstruire et ne réussit pas à créer une économie moderne. Depuis la réunification des deux Allemagne (1990), cette économie connaît des difficultés, car la modernisation de l'ancienne R.D.A. se révèle coûteuse. En outre, les avantages sociaux des travailleurs freinent la compétitivité et le chômage (commun à la plupart des pays de l'Union européenne) pose des problèmes cruciaux. Le déficit public s'est creusé et l'Allemagne ne parvient plus à respecter le pacte de stabilité européen.

Histoire

Peuplée par les Germains, l'ancienne Germanie résiste à la conquête romaine qui se borne à la colonisation de la région rhénane à l'ouest et de la région danubienne au sud. Intégrée dans l'Empire romain d'Occident que Charlemagne restaure en 800, la Germanie constitue un royaume, au profit de Louis le Pieux, que consacre le traité de Verdun en 843. La faiblesse des derniers Carolingiens permet à la féodalité de morceler le territoire ; par là se dessine un des traits dominants de l'histoire allemande pendant des siècles. En 962, Otton le Grand, duc de Saxe, fonde le Saint Empire romain germanique qui dure jusqu'en 1806 : romain parce qu'il se rattache à la tradition carolingienne et par là à l'Empire romain d'Occident, germanique parce que son chef est roi de Germanie. La couronne impériale n'est pas héréditaire, elle est élective et le plus souvent attribuée aux membres d'une seule et même famille. Elle est tout d'abord entre les mains des descendants d'Otton III, ensuite dans celles de la dynastie franconienne, avant d'échoir aux Hohenstaufen (1138-1254). La mort du dernier des Hohenstaufen marque le début d'un période d'anarchie (1256-1273) dite « Grand Interrègne ». Les princes allemands portent au pouvoir des personnages sans grande personnalité qui se succèdent jusqu'au XVe siècle. Le morcellement de l'Allemagne en plus de 300 territoires, plus ou moins souverains, réduit l'autorité de l'empereur à être plus morale que réelle. Des conflits opposent, pendant deux siècles, le pape et l'empereur, qui désire désigner les évêques allemands. En 1077, Henri IV excommunié doit venir implorer, à Canossa, le pardon du souverain pontife. Le concordat de Worms, en 1122, ne met pas fin à la querelle. **Frédéric Ier** dit Frédéric Barberousse (1152-1190) tente de restaurer l'autorité impériale aux dépens des seigneurs allemands et des villes italiennes. À la mort de Frédéric II en 1250, l'Allemagne sombre dans l'anarchie.

Le château et les jardins de Nymphenburg, à Munich.

Otton II, empereur germanique.

Rodolphe de Habsbourg (1273-1291), puis **Louis de Bavière** (1314-1346) consacrent leurs efforts à la réorganisation de l'Allemagne. La Bulle d'or de 1356 proclame l'indépendance de l'Empire face à la papauté. L'élection impériale est confiée à sept Électeurs. Malgré le morcellement politique, les rivalités entre États, l'Allemagne est un pays riche et commerçant. Mais l'organisation constitutionnelle reste rudimentaire : l'empereur est assisté par des conseils sans pouvoir réel, et par la Diète ou Reichstag qui siège à Ratisbonne. En 1438, l'élection d'Albert II de Habsbourg confie définitivement la couronne impériale à la dynastie autrichienne. C'est d'Allemagne que part au XVIe siècle le mouvement de la Réforme ; la seule unité que l'Allemagne conservait disparaît : il y a désormais une Allemagne catholique et une Allemagne protestante. Au XVIIe siècle, le prestige des Hohenzollern s'accroît dans une Allemagne qu'a ruinée la guerre de Trente Ans (1618-1648) : 10 des 16 millions d'Allemands ont été tués. Frédéric II de Hohenzollern, roi de Prusse de 1740 à 1786, agrandit les possessions territoriales de la Prusse aux dépens de l'Autriche (annexion de la Silésie en 1742). Le réveil culturel du XVIIIe siècle se traduit dans le domaine politique par le règne du « despotisme éclairé » qu'incarnent en Prusse Frédéric II et en Autriche Joseph II de Habsbourg-Lorraine, élu empereur germanique en 1764. Les idées de la Révolution française, favorablement accueillies par les intellectuels allemands, valent à Napoléon d'être salué comme l'espoir de régénération de l'Allemagne. Mais bientôt les ambitions de l'Empereur renversent l'opinion du pays qui, mobilisé par la Prusse, chasse l'envahisseur. Il n'en reste pas moins que Napoléon est le premier artisan de l'unité allemande : volontairement, en réduisant à trente-deux le nombre des États de la nouvelle Confédération du Rhin qui

A

ALLEMAGNE (SUITE)

L'Allemagne et les pays voisins au XIXe siècle.

remplace le Saint Empire en 1806; involontairement, en mobilisant contre lui les forces vives de la nation allemande. Réprimés mais non anéantis en 1815, les mouvements libéraux participent à la vague révolutionnaire qui balaie l'Europe durant les premiers mois de 1848. Les souverains, en particulier le roi de Prusse, doivent accorder des Constitutions. Mais la réaction fait suite à la révolution. Le Parlement, réuni à Francfort, n'aboutit à rien et la Prusse, qui a remplacé, comme leader des États allemands, l'Autriche devenue un empire distinct en 1806, renonce à réformer le statut de la Confédération germanique. Cependant, la Prusse jouit en Allemagne d'une influence économique croissante grâce à l'extension du Zollverein (union douanière). La victoire de Sadowa (1866) oblige l'Autriche à accepter une réorganisation de l'Allemagne. Bismarck fonde alors la Confédération d'Allemagne du Nord qui devient, en 1871, l'Empire allemand lorsque les princes d'Allemagne du Sud consentent à y entrer. Guillaume Ier est proclamé, en 1871, empereur d'Allemagne dans la galerie des Glaces à Versailles, après avoir vaincu Napoléon III. Les ambitions extérieures de l'Allemagne, devenue une grande puissance industrielle, contribuent à provoquer la Première Guerre mondiale qui éclate en 1914. L'Allemagne vaincue fait l'expérience d'une république démocratique (Constitution de Weimar, 1919) dans des conditions particulièrement difficiles. La crise économique de 1929 rejette les Allemands vers le nationalisme et permet à Hitler d'accéder à la chancellerie le 30 janvier 1933. Il impose au pays la dictature d'un parti unique qui doit assurer la domination du « peuple des seigneurs ». Persécutant les opposants, pratiquant un antisémitisme institutionnel qui aboutira au massacre de six millions de juifs, il dénonce le traité de Versailles, militarise la rive gauche du Rhin, lance une politique de grands travaux qui affermit la puissance économique et militaire du pays, annexe l'Autriche et démembre la Tchécoslovaquie en s'arrogeant le pays des Sudètes. Le 1er septembre 1939, il envahit la Pologne avec la bénédiction de l'URSS avec qui le Troisième Reich avait signé un traité (pacte germano-soviétique du 23 août 1939), ce qui déclenche la Seconde Guerre mondiale (1939-1945). L'Allemagne est finalement vaincue par une coalition de nombreux pays groupés autour de la Grande-Bretagne et de la France, auxquels se sont ralliés les États-Unis après Pearl Harbor et s'est jointe l'Union soviétique brutalement envahie par l'armée allemande en juin 1941. Hitler se suicide. Le territoire allemand, occupé par les Alliés, est partagé en quatre zones, française, britannique, américaine, soviétique; la fusion des trois zones américaine, britannique et française aboutit en 1949 au partage de l'Allemagne en deux États: la République fédérale d'Allemagne, tournée vers l'Occident, et la République démocratique allemande, sous influence soviétique.

La République fédérale d'Allemagne de 1949 à 1990

Occupant *248 980 km²*, divisée en dix Länder, plus Berlin-Ouest, enclave dans la R.D.A., elle a pour capitale *Bonn*. Les chanceliers chrétiens-démocrates (C.D.U.) exercent d'abord le pouvoir: Konrad Adenauer (1949-1963), qui réalise la réconciliation franco-allemande et contribue puissamment à la construction européenne; Ludwig Erhard (1963-1966); K. G. Kiesinger (1966-1969); puis deux chanceliers sociaux-démocrates (S.P.D.) se succèdent: Willi Brandt (1969-1974) et Helmut Schmidt (1974-1982). C'est alors qu'intervient le plus long « règne », celui d'Helmut Kohl, chrétien-démocrate, qui parvient à réunifier les deux Allemagne.

La République démocratique allemande de 1949 à 1990

Occupant *108 178 km²*, elle a pour capitale *Berlin-Est*. Très vite, elle s'oppose aux départs massifs vers l'Ouest et construit le mur de Berlin, qui devient un symbole jusqu'à son ouverture, puis sa destruction pacifique sous les coups des Berlinois (1989).

ALLEMAGNE (SUITE)

Industrie sidérurgique à Thale, petite ville située au pied du massif de Harz en Saxe-Anhalt.

Ses dirigeants font partie des communistes les plus « durs » d'Europe de l'Est : W. Pieck (1949-1960), W. Ulbricht (1960-1973), W. Stoph (1973-1976), E. Honecker (1976-1989). En 1989, la Hongrie, « démocratie populaire » où l'on n'entrait pas librement, ouvre sa frontière autrichienne. Débute alors l'exode de nombreux Allemands de l'Est qui, par la Hongrie, atteignent l'Autriche et l'Allemagne de l'Ouest. Ces départs massifs sonnent le glas de la R.D.A. : jusqu'à la réunification, E. Krenz assure une sorte d'intérim. En mars 1990, des élections libres sont remportées par une coalition que dominent les chrétiens-démocrates qui consacrent leurs forces à la réunification. Celle-ci se produit le 3 octobre 1990.

L'Allemagne réunifiée

Chancelier de la R.F.A., H. Kohl devient le chancelier de l'Allemagne réunifiée. Il consacre des sommes colossales au développement de l'ancienne R.D.A. et décrète, conformément à ses promesses, la parité entre les monnaies des deux Allemagne. Mais le chômage s'accroît à l'Est, où le malaise s'installe (montée de groupes fascistes). Toutefois, des augmentations de salaires, en 1993, à l'Est comme à l'Ouest, à la suite d'une reprise économique, et son prestige de réunificateur contribuent à sa victoire aux élections de 1994. Mais la reprise est fragile. En 1998, le corps électoral préfère jouer la carte social-démocrate, et le nouveau chancelier, Gerhard Schröder, tente de mettre au point un audacieux plan de lutte contre le chômage et entame d'importantes réformes de structure, notamment une réforme du code de la nationalité qui brise le tablou du "droit du sang" pour faire place, dans certaines conditions, au "droit du sol". Malgré les difficultés économiques, il est réélu (de justesse) en 2002 et annonce des économies sévères dont la perspective suscite le mécontentement. Si le SPD a essuyé un revers aux élections législatives partielles de février 2003, il a été victorieux, en mai, lors d'autres élections partielles.

Culture

L'aire géographique de la culture allemande dépassant largement les frontières de l'Allemagne, elle-même germanique, sur les pays d'Europe centrale, certains écrivains, artistes ou musiciens bien que n'étant pas de nationalité allemande, mais autrichienne, tchèque ou suisse, ont été inclus dans ces aperçus historiques d'une culture à laquelle ils se rattachent naturellement.

Littérature

Si, dès le XIIIe siècle, l'épopée populaire du *Chant des Nibelungen* et de *Gudrun*, la chanson de Cour inspirée des chansons de geste françaises, et enfin l'art courtois du *Minnesang* illustrent les débuts de la langue allemande, le latin se réserve le domaine de la prose savante et sacrée jusqu'à ce que les écrivains et les prédicateurs mystiques du XIVe siècle fassent appel à l'allemand pour rendre leur enseignement plus accessible aux fidèles. C'est en obéissant au même souci d'efficacité qu'au XVIe siècle Luther fait usage de l'allemand pour diffuser ses thèses. La traduction de la Bible qu'il donne alors prouve la maturité de la langue qui, non seulement s'est fixée, mais, à partir de son foyer d'origine, en Saxe, a étendu son usage à l'ensemble des territoires du Saint Empire. Cependant cette naissance de l'allemand moderne, qu'illustrent le talent réaliste de Hans Sachs et de Fischart ainsi que la pensée mystique de Böhme ou d'Angelus Silesius, ne crée pas pour autant une littérature dont le registre déborderait la poésie ou la spéculation religieuse. Il faut attendre Lessing (auteur du célèbre essai *Laocoon*, 1766-1768), et la philosophie des lumières, ou *Aufklärung*, pour que la littérature allemande, sous l'action de multiples influences, françaises ou anglaises, naisse au cœur de cette Allemagne encore féodale et étroitement attachée à la pensée religieuse. En 1770, se constitue le mouvement du *Sturm und Drang* (« Tempête et Élan ») qui réagit contre l'Aufklärung et annonce le romantisme. C'est alors qu'apparaissent les deux plus célèbres figures de la littérature allemande : Goethe et Schiller. Dès 1790, l'inquiétude des jeunes générations va susciter le romantisme allemand d'abord avec Hölderlin, Jean-Paul Richter, Tieck, les frères Schlegel, Novalis..., ensuite, au début du XIXe siècle, avec Arnim, Brentano, Kleist, Chamisso, Hoffmann, Büchner. Mais si le romantisme donne les plus belles pages du lyrisme allemand, il se détourne, comme en France, des seules valeurs subjectives ; ainsi, le mouvement de la « Jeune Allemagne » et Henri Heine s'adonnent à la polémique politique. Ce réalisme nouveau qui se perpétue jusqu'à la fin du siècle est relayé aux alentours de 1890 par l'école impressionniste. En cette fin de siècle, avec Stefan George, Hofmannsthal et Rilke, la poésie l'emporte sur le théâtre qui est cependant servi par Wedekind et Sudermann. Dès les débuts du XXe siècle, la littérature allemande, à côté de la pérennité de son école poétique, connaît un essor romanesque qui développe considérablement le roman éthique, créé par Goethe, ou fantastique, illustré par Arnim ou Hoffmann. En effet, Thomas Mann, Hermann Hesse, pour ne citer que les principaux, exposent au sein de fictions narratives une inquiétude existentielle, qui caractérise Franz Kafka. Cependant, alors que Robert von Musil nous restitue le souvenir du monde révolu de la Vienne impériale, Salomon, Jünger, Böll nous livrent dans leurs romans une réalité sociale marquée par les bouleversements du XXe siècle. L'œuvre de Bertolt Brecht domine, malgré un didactisme parfois un peu sec, le théâtre allemand contemporain ; ses pièces doivent leur accent de conviction à son engagement politique, dont la certitude contraste avec l'interrogation qui se devine derrière le goût du fantastique et de l'imaginaire chez un Günter Grass ou un Dürrenmatt, et derrière les recherches les plus formelles d'Arno Schmidt et de Thomas Bernhard.

Maisons anciennes d'une rue de Bacharach en Rhénanie-Palatinat, un des lander les plus occidentaux de l'Allemagne.

Philosophie

Si l'on en croit Schopenhauer qui disait que dans tout philosophe allemand il y a un théologien qui sommeille, la préoccupation fondamentale de la philosophie allemande semble tournée vers une recherche métaphysique de la transcendance. Même si, avec Albert le Grand, la philosophie allemande apporte sa contribution à la pensée logique de la scolastique, dès les spéculations de maître Eckhart, de Tauler et de Suso, elle crée un mode de communication avec Dieu, moins rationnel que mystique, qui, bien avant la Réforme de Luther, tend à écarter la théologie de la stricte orthodoxie. Luther ouvre à la spéculation, par la pratique de la libre interprétation des Écritures, un champ métaphysique illimité. Cependant la théorie de la connaissance ne reste pas étrangère à la pensée allemande. Leibniz, mathématicien tout autant que philosophe, correspondait avec Arnauld et Spinoza, bien que disciple de Descartes dont il accepte l'essentiel de la doctrine ; il renforce le rationalisme cartésien par un retour à la logique et un souci de soumettre toute existence, y

A

ALLEMAGNE (SUITE)

L'hôtel de ville de style gothique de la ville de Francfort-sur-le-Main, reconstruit après 1945.

compris l'existence divine, à la souveraineté de la Raison. Alors que la théologie, sous l'influence de la pensée protestante, prend de plus en plus le caractère d'une interprétation très libre, la philosophie va perdre confiance dans les jugements de la Raison et connaître, avec la réflexion de Kant, une crise dans laquelle on peut voir l'aube de la pensée moderne. En effet, Kant admet la possibilité de la connaissance, et par là de la science, grâce à l'idéalité transcendantale du sujet, mais refuse toute conclusion en matière de métaphysique. Cependant il affirme la possibilité d'une morale rationnelle qui, indépendante de la métaphysique et de la théologie, trouve son ressort principal dans les décisions du sujet qui se plie aux exigences de la loi morale. Après lui, Hegel tend, grâce à la pensée dialectique, à sortir la métaphysique de ses contradictions : introduisant un point de vue historique, il fait de l'Esprit le transcendant par excellence qui se réalise à travers l'histoire. Mais cet idéalisme absolu, s'il est accepté par les « hégéliens de droite » (Fichte, Schelling), est récusé par les « hégéliens de gauche » (Feuerbach), d'où procède la pensée de Marx qui, à partir d'une analyse économique de l'histoire, crée la doctrine du matérialisme dialectique. La fin du XIXe siècle voit, à côté de ce développement de l'hégélianisme, s'établir la continuité de la pensée kantienne qui, à travers Brentano, influe profondément sur la phénoménologie de Husserl. À partir de ce dernier, la philosophie allemande trouve en Heidegger un métaphysicien qui, approfondissant le souci de fonder la science, hérité de Husserl, tente de retrouver une philosophie de l'être. C'est encore à Husserl que se rattache la réflexion morale de Max Scheler qui réagit contre le formalisme moral de Kant, tandis que l'influence husserlienne se diffuse en France où elle marque profondément Sartre et Merleau-Ponty. D'autre part, dans la seconde partie du XIXe siècle, Nietzsche remet en cause et le christianisme et le rationalisme occidental dans une œuvre qui, en même temps qu'elle représente l'attitude existentielle par excellence, témoigne, à l'aube de l'époque contemporaine, d'une pathétique recherche des valeurs. Freud, enfin, en créant la psychanalyse où l'intérêt de la doctrine psychologique ne le cède en rien à l'efficacité de la thérapeutique, met en place une des écoles les plus importantes qui, avec la phénoménologie (Heidegger) et le marxisme (notamment de l'école de Francfort : Adorno, Benjamin, Marcuse...), se partagent la réflexion de la culture moderne.

Beaux-Arts

Après Charlemagne, qui fit édifier à Aix-la-Chapelle la chapelle Palatine, inspirée de Saint-Vital de Ravenne, le style roman connaît un essor remarquable dans la région rhénane où les cathédrales de Mayence, de Spire et de Worms se caractérisent par l'ampleur de leurs dimensions et la multiplicité de leurs tours qui contrastent avec la sévérité du décor. À la même époque, l'art des bronziers donne les portes d'Hildesheim - tandis que l'enluminure des manuscrits perpétue un genre implanté outre-Rhin dès l'époque carolingienne. L'influence française ouvre l'Allemagne au gothique. Tandis que, sur le modèle de la cathédrale de Laon, s'édifient les cathédrales de Bamberg et de Naumburg, Amiens inspire celle de Cologne. L'emploi de la brique dans le nord du pays donne un gothique vertical et rigide. La fin du Moyen Âge, enfin, met au point les églises à nef d'égale hauteur ou Hallenkirche. Alors que la sculpture donne les chefs-d'œuvre de la cathédrale de Naumburg au XIIIe siècle, la fin du Moyen Âge voit se constituer le style baroque et pathétique des sculpteurs de l'Allemagne du Sud (Stwosz, Krafft, Riemenschneider). La peinture, représentée par de nombreuses écoles de primitifs, témoigne des qualités graphiques et de la richesse du détail dont font preuve les maîtres de la gravure du XVe siècle et qu'illustrent, à l'aube de la Renaissance, Conrad Witz, Schongauer, Grünewald. Tardive, la Renaissance substitue à l'ornementation gothique une nouvelle grammaire décorative plutôt qu'elle ne suscite une architecture nouvelle. De même, en peinture, Dürer, Holbein et Cranach manifestent une forte originalité vis-à-vis de la Renaissance italienne. Passés les déchirements de la guerre de Trente Ans, les cours des princes allemands suscitent, à l'imitation de Versailles, un cadre fastueux où les influences françaises importées par les architectes de Louis XIV sont bientôt relayées par l'adoption du baroque romain. Celui-ci trouve en Allemagne et en Autriche l'ultime et brillant développement du rococo avec les frères Zimmermann, Neumann, Hildebrandt, qui couvrent la Bavière et l'Autriche d'églises, de monastères et de palais d'un style exubérant et somptueux. Le rococo, qui se perpétue jusqu'à la fin du siècle malgré l'essor du néo-classicisme suscité par Winckelmann, fait alors place à un académisme assez froid qui a tôt fait de tomber dans le « néo-grec », auquel le XIXe siècle ajoutera les productions du néo-roman et du néo-gothique. La peinture, sous influence étrangère au XVIIIe siècle, trouve dans les nazaréens, à l'époque romantique, une nouvelle sensibilité qui toutefois prend ses références dans l'Italie du Quattrocento. Le XXe siècle verra naître en Allemagne l'architecture moderne, bientôt suivie par les arts décoratifs grâce aux recherches du Bauhaus. Des mouvements picturaux successifs, *Die Brücke* (« Le pont ») et *Der Blaue Reiter* (« Le cavalier bleu »), se dégagent, outre l'expressionnisme affirmé de Nolde, Kirschner, et les premières tentatives d'art abstrait, celles du Russe Kandinsky et du Suisse Klee.

Musique

Si au Moyen Âge la musique allemande ne présente aucun caractère qui différencie nettement son apport au grégorien ou plus tard à la polyphonie, toutefois, dès le XVIe siècle, la Réforme suscite la mise au point du choral qui inspire les formes musicales jusqu'au XVIIIe siècle. De plus, tous les genres musicaux mis au point en Italie, du madrigal au concerto en passant par l'opéra et l'oratorio, pénètrent en Allemagne où la seconde moitié du XVIIe siècle voit apparaître les premiers grands noms de la musique allemande. Schütz, Pachelbel, Buxtehude cultivent un art austère qui, combiné aux influences italienne et française, va être déterminant sur la formation de Jean-Sébastien Bach. Tandis que celui-ci coule une inspiration géniale dans un apport traditionnel, Haendel, plus sensible à l'influence italienne, crée une musique à proprement parler baroque, fortement expressive et éclatante. La seconde moitié du XVIIIe siècle voit l'école instrumentale de Mannheim, et l'opéra de Gluck, marquer les débuts de l'école classique qui s'épanouit dans une suite prodigieuse de talents et de génies à partir de Haydn dont l'œuvre abondante assure la transition entre les deux siècles. Mozart, qui illustre tous les genres, annonce les accents du romantisme dans les dernières œuvres d'une vie trop courte. À partir de Beethoven, le romantisme déploie toutes les ressources du lyrisme bientôt illustré par Weber, Schubert, Mendelssohn, Schumann, et dont Wagner, qui vient plus tard dans le siècle, marque avec la poésie magique de ses opéras l'art vocal et l'orchestre d'un aspect inédit tandis que Brahms prolonge jusqu'à l'extrême fin du siècle l'esprit du romantisme. Si l'Allemagne ne connaît pas l'équivalent de l'impressionnisme musical français, il revient à Schönberg et à l'école de Vienne de bouleverser l'écriture musicale par l'invention de l'atonalité de la musique sérielle qui semble être devenue la langue musicale de notre époque. Après 1945, son plus illustre représentant en Allemagne est Stockhausen.

Cinéma

La période la plus féconde du cinéma allemand est celle de l'expressionnisme de Murnau et de Fritz Lang ; après l'éclipse due à l'ère nazie, le cinéma allemand n'a pas encore retrouvé sa vraie dimension, malgré l'apparition de nouveaux talents (Straub, Fassbinder, Wenders).

Les tours de la Deutsch Bank à Francfort-sur-le-Main, centre financier, commercial et industriel.

L'Europe à l'époque de la ***Sainte-Alliance****.*

allergologue n. MÉD. Médecin spécialiste d'allergologie.

alleu n. m. FÉOD. Terre libre dont le propriétaire ne dépendait d'aucun seigneur et qui était exempte de redevances.

alliage n. m. MÉTALL. Corps obtenu en incorporant à un métal un ou plusieurs éléments, métalliques ou non. (Les alliages ont des propriétés physiques ou chimiques différentes suivant leurs composants. L'acier est un alliage de fer et de carbone, le laiton, un alliage de cuivre et de zinc. Les alliages légers sont des alliages à base d'aluminium).

alliance n. f. Union par mariage. / Anneau de mariage. / Lien civil entre les époux et entre les membres de leurs familles. *Cousins par alliance.* / Accord conclu entre des pays, des souverains dans le but de défendre ensemble leurs intérêts. *Traité d'alliance.* / THÉOL. Pacte entre Dieu et le peuple hébreu (Ancienne Alliance) étendu à toute la descendance spirituelle d'Abraham (Nouvelle Alliance).

Alliance (Quadruple-) Conclue en 1718 entre la France, l'Angleterre, les Provinces-Unies et l'Autriche pour le maintien du traité d'Utrecht.

Alliance (Quadruple-) Pacte conclu en 1815 entre les signataires de la Sainte-Alliance et la Grande-Bretagne, pour prolonger la Sainte-Alliance.

Alliance (Quadruple-) Traité conclu en 1834 entre la France, la Grande-Bretagne, l'Espagne et le Portugal pour éloigner don Carlos du trône d'Espagne au profit d'Isabelle II et pour soutenir Marie de Bragance sur le trône portugais.

Alliance (Sainte-) Pacte d'inspiration religieuse signé à Paris en 1815 entre le tsar Alexandre Ier, l'empereur d'Autriche François Ier et le roi de Prusse Frédéric-Guillaume III « au nom de la Très Sainte et Indivisible Trinité » pour contenir les progrès du jacobinisme républicain en Europe.

Défilé de la Victoire des ***Alliés*** *à Paris en 1919* (L'Illustration).

Alliance (Triple-) Pacte conclu entre l'Angleterre, la Hollande et la Suède contre Louis XIV (1668).

Alliance (Triple-) ou **Triplice** Traité qui, sous l'impulsion de Bismarck, fut signé en mai 1882 entre l'Allemagne, l'Autriche-Hongrie et l'Italie pour isoler la France. Le rapprochement entre la France et la Russie (1890), l'hostilité de l'Italie envers l'Autriche le font échouer quand, en 1915, l'Italie entre en guerre contre les Puissances centrales.

Alliance française Association fondée en 1883 pour la diffusion du français à l'étranger; elle crée des écoles, fait connaître la littérature et le cinéma français.

allié, e adj. et n. Qui est uni à d'autres par une alliance, un traité. / *Les Alliés* : les pays qui se sont unis pour combattre l'Allemagne durant les deux guerres mondiales. / Qui a des liens familiaux créés par un mariage. *Familles alliées.* / n. Personne qui apporte son appui, son soutien. *Une précieuse alliée.*

allier v. t. [1] Unir par une alliance. / Combiner des métaux pour constituer un alliage. / Fig. Unir des éléments différents. *Allier la générosité à la ruse.* / v. pron. Contracter une alliance. *S'allier contre un ennemi commun.*

Allier *410 km* Rivière du Massif central. Née en Lozère, l'Allier gagne, par des gorges pittoresques, les plaines de Langeac, de Brioude et d'Issoire, puis la fertile Limagne, avant de se jeter dans la Loire, au « bec d'Allier ».

*Les gorges de l'****Allier****.*

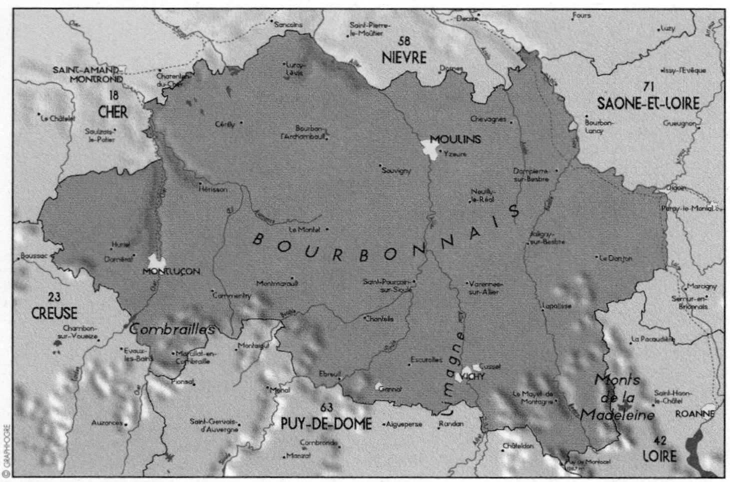

*Département de l'**Allier**.*

Allier (département de l') [03] *7 340 km^2 357 710 h.* Chef-lieu *Moulins.* Département du nord du Massif central, qui fait partie de la Région Auvergne. À l'ouest l'élevage prédomine dans la montagne bourbonnaise, tandis que les plaines de l'Est (la riche Limagne et la Sologne amendée) portent des cultures céréalières. L'industrie s'est implantée autour du bassin houiller de Commentry, à Moulins (constructions mécaniques) et à Montluçon (pneumatiques). Vichy est la première station thermale française.

***Alligator**.*

alligator n. m. Reptile de l'ordre des crocodiliens que son museau large et court différencie des vrais crocodiles, dont une espèce vit en Amérique et une autre en Chine, et dont la taille peut atteindre 5 m de long.
allitération n. f. Répétition de consonnes, de sons, dans une succession de mots, qui crée un effet de style ou qui donne plus de force à l'expression de la pensée. *Le vers de Racine « Pour qui sont ces serpents qui sifflent sur vos têtes » utilise des allitérations.*
allô ! interj. qui marque conventionnellement le début d'un appel téléphonique ou la réponse à un appel.
Allobroges Peuple de l'ancienne Gaule, établi dans le Dauphiné et la Savoie actuels.
allocataire n. Bénéficiaire d'une allocation. *Informer de leurs droits les allocataires.*
allocation n. f. Prestation en argent. *Allocations familiales.*
allocution n. f. Discours de brève durée. *Une allocution du chef de l'État.*

allogamie n. f. BOT. Pollinisation des fleurs d'une plante par le pollen d'une fleur appartenant à la même plante ou à une plante de la même espèce.
allogène adj. et n. Qui est d'une origine ethnique différente de celle des autochtones d'un pays.
allonge n. f. BOUCH. Crochet pour suspendre les quartiers de viande. / SPORT Longueur de bras. *Boxeur avantagé par son allonge.*
Al-Mamum Voir **Mamum**
allongement n. m. Action d'allonger ; résultat de cette action.
allonger v. t. [1] **A.** v. t. Rendre plus long. *Allonger une jupe.* / Tendre, étendre. *Allonger les bras.* / Fig. *Allonger un café*, y ajouter de l'eau. **B.** v. pron. S'étaler sur toute sa longueur. *Il s'est allongé par terre.* / Devenir plus long, dans l'espace, en durée. *Les jours s'allongent.*

allopathie n. f. Méthode thérapeutique de la médecine classique qui utilise des remèdes provoquant des effets contraires à ceux de la maladie traitée (par opposition à *homéopathie*).
allophone adj. et n. Qualifie une personne dont la langue maternelle est une langue autre que celle utilisée dans la communauté où elle vit.
allostérie n. f. BIOCHIM. Propriété qu'ont certaines protéines de modifier la conformation d'un site en réponse à la liaison d'une molécule à un autre site, distant, de cette même protéine.
allostérique adj. BIOCHIM. *Une protéine allostérique*, qui possède la propriété d'allostérie.
allotropie n. f. CHIM. Propriété de certains corps simples ou composés, pouvant se présenter sous plusieurs formes différant par leurs structures.

allotropique adj. CHIM. De l'allotropie. *Le diamant et le graphite sont deux variétés allotropiques du carbone.*
allouer v. t. [1] Donner, accorder (de l'argent, du temps).
allozyme n. f. BIOCHIM. Chacune des formes possibles d'une même enzyme qui se distinguent par une mobilité électrophorétique différente.
allumage n. m. Action d'enflammer (un combustible), de faire fonctionner un appareil (de chauffage, d'éclairage). *Allumage d'un feu, d'un radiateur, d'une lampe.* / TECHNOL. Inflammation du mélange combustible dans un moteur à explosion. / Système assurant cette inflammation.
allumé, e adj. et n. Fam. Un peu fou, excité. / n. Passionné. *Les allumés des séries télévisées.*
allumer v. t. [1] Mettre le feu à. *Allumer un cigare.* / Enflammer pour éclairer. *Allumer une bougie.* / Par ext. *Allumer une lampe.* / Fam. Éclairer. *Allumer le salon.* / Fam. Faire fonctionner. *Allumer la radio.* / Fig. Provoquer, susciter. *Allumer le désir.*
allumette n. f. Bâtonnet de bois ou de carton dont l'une des extrémités est enduite d'une substance destinée à s'enflammer par frottement. / Petit gâteau de pâte feuilletée, de forme allongée. *Allumettes au fromage.*
allumeur n. m. TECHNOL. Dispositif servant à enflammer le mélange gazeux d'un moteur à explosion. / Dispositif destiné à la mise à feu d'une charge explosive. / *Allumeur de réverbères* : employé chargé, autrefois, d'allumer et d'éteindre les réverbères éclairant les voies publiques.
allumeuse n. f. Fam. Femme qui provoque le désir des hommes sans toujours vouloir le satisfaire ; aguicheuse.
allure n. f. Manière de se déplacer. *Avancer d'une allure décidée.* / Vitesse de déplacement. *Conduire à vive allure.* / ÉQUIT. Progression plus ou moins rapide d'un cheval. *Les trois allures naturelles du cheval sont le pas, le trot et le galop.* / MAR. Direction d'un bateau à voiles par rapport à celle du vent. / Manière de se tenir, de se comporter. *Allure suspecte. Avoir de l'allure*, de l'élégance, de la distinction.
allusif, ive adj. Qui procède de l'allusion. *Formule allusive.*

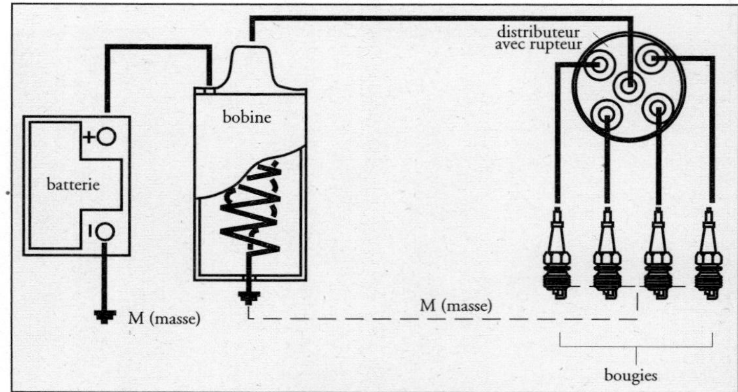

*Système d'**allumage** du moteur d'une automobile.*

A

Diego de **Almagro** en chemin vers l'échafaud (gravure du XVIe siècle).

allusion n. f. Mot ou phrase qui fait penser à une personne ou à une chose sans les citer expressément.
alluvion n. f. (Surtout au plur.) GÉOL. Dépôt de matériaux (gravier, galets, boue, sable) laissés par un cours d'eau sur ses rives, quand son débit n'est plus suffisant pour les entraîner.
allyle n. m. CHIM. Radical monovalent dérivant du propène par rupture d'une liaison carbone-hydrogène. *Le chlorure d'allyle est utilisé dans la fabrication de résines synthétiques.*
Alma *120 km* Rivière de l'Ukraine, en Crimée, près de laquelle les Franco-Anglais remportèrent une victoire sur les Russes en 1854.
Alma-Ata Voir **Almaty**
Almageste (l') (IIe siècle) Recueil d'observations astronomiques de Ptolémée.
Almagro (Diego de) 1475-1538 Conquistador espagnol. Avec Pizarro, il s'empara du Pérou puis pénétra au Chili. Mais Pizarro, en conflit avec lui, le battit à Salinas et le fit étrangler. **Almagro le Jeune** 1518-1542 Fils du précédent ; il tua Pizarro en 1541 mais fut exécuté par son successeur Vaca de Castro.

Paysage désertique des environs d'**Almería**, ville portuaire du sud de l'Espagne, en Andalousie.

almanach n. m. Calendrier qui contient des indications diverses (astronomiques, météorologiques, conseils pratiques, recettes de cuisine).
almandin n. m. Variété de grenat alumineux, d'un brun sombre, utilisé en joaillerie, encore appelé *escarboucle*.
Almaty *1 176 000 h.* (*Viernyï* de 1854 à 1921, *Alma-Ata* de 1921 à 1993) Ville du Kazakhstan, capitale du pays jusqu'en 1997. Centre universitaire et industriel (métallurgie de l'aluminium).
almée n. f. Danseuse et chanteuse en Orient.
Almería 157 500 h. Port d'Espagne (Andalousie) sur la Méditerranée, exportateur de raisin. Forteresse maure.
Almodovar (Pedro) 1950 Cinéaste espagnol à l'érotisme sulfureux et à l'humour grinçant : *Femmes au bord de la crise de nerfs* (1987), *Talons aiguilles* (1991), *Tout sur ma mère* (1999).
Almohades Dynastie berbère. C'était à l'origine un mouvement réformateur religieux qui condamnait la stricte observance rituelle des Almoravides. En 1147, son chef prit Marrakech et s'empara du pouvoir. Les Almohades régnèrent jusqu'en 1269 sur l'Afrique du Nord et une partie de l'Espagne, mais, dès 1212 (victoire des chrétiens à Las Navas de Tolosa), leur pouvoir avait décliné.
Almoravides Dynastie berbère qui, après avoir conquis l'Afrique du Nord, où elle fonda Marrakech en 1062, réunit l'Espagne musulmane et le Maghreb en un seul royaume. Les Almohades les renversèrent en 1147.
Almquist (Carl Jonas Love) 1793-1866 Poète suédois. Dans son anthologie *Le Livre de l'églantine* (1832-1835), romantisme, intimisme et réalisme se mêlent.
aloès n. m. Plante de la famille des liliacées, à feuilles charnues, desquelles on extrait un suc amer utilisé en médecine comme purgatif.
alogique adj. Étranger à la logique.
aloi n. m. Titre légal d'une monnaie, indiquant la proportion de métal fin dans son alliage. / Fig. *De bon, de mauvais aloi* : de bonne, de mauvaise qualité. *Une réputation de mauvais aloi.*
Along (baie d') Baie du golfe du Tonkin semée de pittoresques rochers calcaires.
alopécie n. f. MÉD. Chute générale ou partielle des poils ou des cheveux.
alors adv. À ce moment. *Il vivait alors en province.* / Dans ce cas. *Il s'agit alors d'une erreur matérielle.*
alose n. f. ZOOL. Poisson de la famille des clupéidés, proche du hareng et de la sardine, qui vit en mer mais migre en eau douce pour frayer.
alouate n. m. ZOOL. Singe platyrrhinien, de la famille des cébidés, à queue préhensile et à sacs laryngiens très développés, appelé aussi singe hurleur.
alouette n. f. Oiseau insectivore de la famille des alaudidés, qui niche au sol, mais vole à haute altitude. *L'alouette des champs, au plumage brunâtre, est commune en Europe.*
alourdir v. t. [2] Rendre plus lourd. *Alourdir une charge. Alourdir une peine.* / Rendre moins alerte. *L'âge l'a alourdi.* / Rendre moins souple. *Alourdir une phrase.*
aloyau n. m. BOUCH. Pièce de bœuf comprise entre la région des reins et la croupe. *L'aloyau comprend le filet, le contre-filet et le rumsteck.*
alpaga n. m. ZOOL. Mammifère ruminant de la famille des camélidés élevé en troupeaux en Amérique du Sud, notamment en Bolivie et au Pérou, dont les poils longs et très fins fournissent une laine très recherchée. / Étoffe tissée avec la laine de cet animal.
alpage n. m. Pâturage situé en haute montagne.
alpaguer v. t. [1] Fam. S'emparer de, arrêter. *Les flics l'ont alpagué à la sortie du magasin.*
alpe n. f. Alpage.
• **Alpes** Principale chaîne de montagnes d'Europe centrale qui s'étend sur la France, la Suisse, l'Allemagne, l'Autriche, l'Italie et la Slovénie.
Alpes australiennes Partie méridionale de la Cordillère australienne qui culmine au mont Kosciusko *2230 m*.
Alpes dinariques Massif des Balkans qui s'étend de la Slovénie, à l'ouest, jusqu'à la Bulgarie et la Grèce, à l'est. Elles culminent à *2 527 m*.
Alpes françaises Du lac de Genève à la Méditerranée, les Alpes françaises dressent au-dessus des plaines du Rhône une chaîne de hautes montagnes (mont Blanc, point culminant d'Europe *4808 m*). Alpes du Sud

ALPES

Grand arc constitué au tertiaire, allongé de Nice à Vienne sur plus de *1 200 km* et large de *120 à 150 km*, les Alpes ont une structure complexe : les hauts massifs cristallins (mont Blanc *4 808 m*, mont Rose, mont Cervin) sont bordés de chaînes calcaires moins élevées, les Préalpes. Les glaciers qui ont recouvert les Alpes au quaternaire ont marqué ce relief : vallées en auge souvent occupées par des lacs pittoresques (lac de Lugano).
De profondes vallées donnent accès au cœur de la montagne et rendent la circulation relativement aisée. Des cols et des tunnels permettent de franchir la chaîne (mont Blanc, Fréjus, Saint-Gothard).
Le climat des Alpes est humide et froid. La végétation varie avec l'altitude. Les cultures et la prairie occupent les régions basses ; la forêt et les alpages recouvrent les hauteurs moyennes, les rocailles et les neiges éternelles, les sommets.

Le col de Pordoi dans les Alpes dolomitiques.

La Jungfrau («jeune fille ») dans les Alpes bernoises, dont l'extrémité constitue le massif de l'Aar.

Les communications difficiles sont à l'origine d'un mode de vie original que le développement récent de l'industrie et du tourisme tend à faire disparaître. L'économie traditionnelle des Alpes est fondée sur l'élevage, la polyculture et la petite industrie domestique (bois). Deux ressources nouvelles sont exploitées : l'énergie hydroélectrique et le tourisme (sports d'hiver). Les villages de montagne se sont peu à peu dépeuplés au profit des vallées où se sont installées les grandes villes industrielles : Grenoble, Innsbruck, Salzbourg.

Alpes dolomitiques.

A

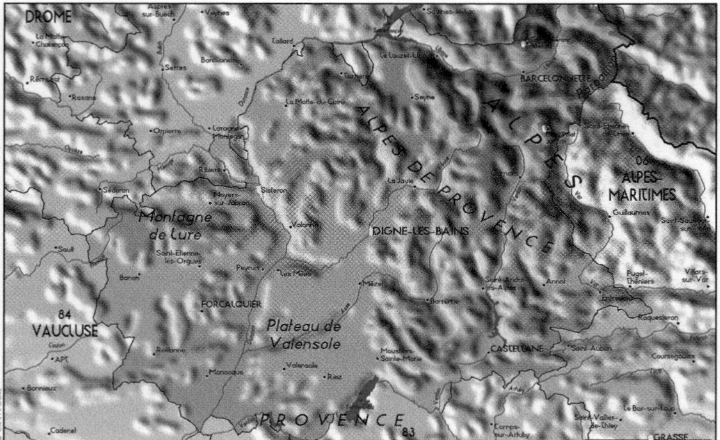

Département des **Alpes-de-Haute-Provence**.

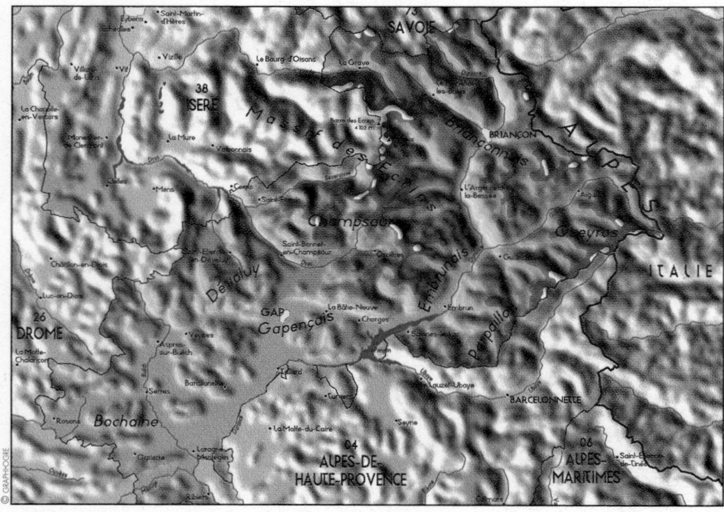

Département des **Hautes-Alpes**.

et Alpes du Nord s'opposent dans tous les domaines. Élevées, verdoyantes et boisées, les Alpes du Nord connaissent une économie en plein essor, favorisée par la facilité de pénétration du sillon alpin, par l'abondance de l'énergie hydroélectrique et la prospérité de l'élevage bovin. Un réseau moderne de routes et de voies ferrées permet l'industrialisation (électrochimie, électrométallurgie à Ugine, constructions mécaniques de Grenoble) et le développement (tourisme en été et en hiver). La population se concentre dans les villes et surtout à Grenoble, capitale technique, universitaire et touristique des Alpes. Sèches et moins élevées, les Alpes du Sud ont un relief plus compact et plus confus. La vallée de la Durance constitue le seul axe de circulation. Sur les sols rocailleux et ravinés, la végétation est faite de broussailles où pâturent des moutons. Les deux seuls foyers d'activité sont la vallée de la Durance et les Alpes-Maritimes. Gap et Briançon sont de petites villes peu actives. Le déclin et le dépeuplement des Alpes du Sud s'opposent au dynamisme des Alpes du Nord.

Alpes-de-Haute-Provence (département des) [04] *6 944 km² 130 883 h.* Chef-lieu *Digne.* Département du sud-est de la France, qui fait partie de la Région Provence-Alpes-Côte-d'Azur. À l'ouest s'étendent les montagnes de Lure et du Luberon (partie des Préalpes calcaires), tandis qu'à l'est le plateau de Valensole est dominé par les Préalpes de Digne. Ce département agricole (culture de la lavande et élevage ovin) possède un petit gisement de lignite dans la région de Forcalquier et produit en abondance de l'énergie hydroélectrique (barrage de Castillon sur la Durance). Deux routes touristiques longent les très belles gorges du Verdon.

Alpes (département des Hautes-) [05] *5 599 km² 113 300 h.* Chef-lieu *Gap.* Département du sud-est de la France qui fait partie de la Région Provence-Alpes-Côte-d'Azur. Chevauchant la vallée de la Durance sur la zone intra-alpine (Briançonnais, Queyras, Champsaur, Embrunais) et à l'ouest sur les Préalpes du Sud (Gapençais, Bochaine, Dévoluy), c'est un département aux maigres ressources. L'énergie du barrage de Serre-Ponçon, sur la Durance, est exportée hors du département. Les villes, petites, sont situées dans les vallées et s'animent aux saisons touristiques : Briançon, Gap, Embrun.

Alpes-Maritimes (département des) [06] *4 299 km² 971 829 h.* Chef-lieu *Nice.* Département du sud-est de la France, qui fait partie de la Région Provence-Alpes-Côte-d'Azur. Il est formé au nord des hautes vallées du Var, de la Tinée et de la Vésubie, à l'est du massif cristallin du Mercantour et au sud des Préalpes de Nice. La Côte d'Azur est la principale richesse du département ; les devises apportées par le tourisme, la présence d'une population dense, urbaine, ont favorisé une industrialisation spécialisée : parfum, confection, confiserie. L'activité agricole (fleurs, fruits) est limitée par l'insuffisance de l'irrigation. L'activité intellectuelle est également intense (université de Nice, complexe scientifique et industriel de Sophia-Antipolis).

Alpes néo-zélandaises Chaîne de montagnes dans l'île du Sud, en Nouvelle-Zélande.

alpestre adj. Qui concerne les Alpes, propre aux Alpes.

alpha n. m. Première lettre de l'alphabet grec (α, A). / Fig. *L'alpha et l'oméga* : le commencement et la fin. / PHYS. NUCL. *Rayonnement alpha* : rayonnement de noyaux d'hélium (*particules alpha*) émis par certains corps radioactifs. / MÉD. *Rythme alpha* : rythme normal observé sur l'électrocardiogramme d'un adulte en état d'éveil et au repos.

alphabet n. m. Ensemble des lettres servant à reproduire les sons d'une langue. / Livre destiné à apprendre à lire.

alphabétique adj. De l'alphabet. / Selon l'ordre de l'alphabet. *Liste alphabétique.*

alphabétiquement adv. En ordre alphabétique.

alphabétisation n. f. Action d'alphabétiser.

alphabétiser v. t. [1] Enseigner la lecture et l'écriture à. *Alphabétiser des enfants, des adultes.*

alphanumérique adj. Qui comporte ou qui utilise à la fois des lettres, des chiffres et des signes conventionnels (*, %, etc.). *Clavier alphanumérique.*

Alphonse Nom de plusieurs souverains

ARAGON

Alphonse Ier le Batailleur v. 1013-1134 Roi d'Aragon et de Navarre en 1104, il remporta de nombreux succès sur les Maures. **Alphonse II Raymond le Chaste** 1152-1196 Roi en 1162, il conquit à la France le Roussillon et le Béarn et régna sur la Provence à partir de 1166. **Alphonse III le Bienfaisant** 1264-1291 Roi d'Aragon et de Sicile en 1285. **Alphonse IV le Débonnaire** 1299-1336 Roi en 1327, il entra en conflit avec son fils (futur Pierre IV) **Alphonse V le Grand**, v. 1396-1458 Roi d'Aragon et de Sicile en 1416, il s'empara de Naples aux

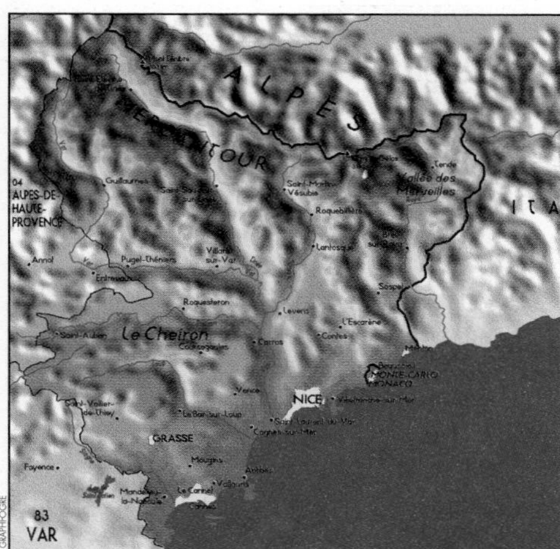

Département des **Alpes-Maritimes**.

dépens de René d'Anjou et y tint une cour brillante.

ASTURIES, LEON ET CASTILLE

Alphonse Ier le Catholique v. 693-757, Roi des Asturies en 739, il enleva aux Maures la Galice, le León et la Castille. **Alphonse II le Chaste** v. 739-842 Roi en 783, puis de 791 à 835, il lutta contre les Maures et abdiqua en 835. **Alphonse III le Grand** v. 838-910. Il conquit le León et la Vieille-Castille et partagea son royaume entre ses trois fils. **Alphonse IV le Moine** ?-932 Roi de León et des Asturies (924-927), il fut dépossédé et enfermé dans un monastère par son frère. **Alphonse V le Noble** 994-1027 Roi de León et des Asturies en 999, il périt en combattant les Maures. **Alphonse VI le Vaillant** v. 1042-1109 Roi de León et de Castille en 1072, il prit Tolède aux Maures. **Alphonse VII le Bon** v. 1105-1157 Roi de León et de Castille en 1126, plusieur fois vainqueur des Maures, il prit le titre d'empereur des Espagnes et partagea son royaume entre ses fils. **Alphonse VIII le Noble** 1155-1214 Roi de Castille en 1158, il vainquit les Maures à Las Navas de Tolosa en juillet 1212, ce qui porta un coup très rude à la domination arabe. **Alphonse IX** 1166-1230 Roi de León en 1188. **Alphonse X le Sage** 1221-1284 Roi de Castille et du León en 1252, il fut empereur germanique de 1267 à 1272. Poète (il s'attacha à fixer la langue castillane) et savant, il sut tirer parti des divers courants intellectuels (juif, arabe, chrétien) de la civilisation espagnole de son temps, fit dresser des tables astronomiques, dites tables Alphonsines, promulgua un code de lois, *Las siete partidas*, et inspira la première tentative d'écriture d'une histoire de l'Espagne, *Crónica general*. **Alphonse XI le Vengeur** 1311-1350 Roi de Castille et de León eb 1312, il lutta contre les Maures et périt au siège de Gibraltar.

ESPAGNE

Alphonse XII 1857-1885 Roi en 1874, fils d'Isabelle II; son règne fut marqué par les dissensions carlistes. **Alphonse XIII** 1886-1941 Fils posthume du précédent; après la régence de sa mère, la reine Marie-Christine, il monta sur le trône en 1902. En 1931, la République fut proclamée et il s'exila.

PORTUGAL

Alphonse Ier le Conquérant 1109-1185, fils d'Henri de Bourgogne, comte du Portugal sous suzeraineté castillane. Premier roi de Portugal indépendant, proclamé roi (1140) par ses soldats après sa victoire sur les Maures à Ourique (1139). Son titre fut confirmé par le pape en 1143, ce qui affranchit définitivement le Portugal de la Castille. **Alphonse II le Gros** v. 1185-1223 Roi en 1211, il participa à la bataille de Las Navas de Tolosa. **Alphonse III le Boulonnais** 1210-1279 Roi en 1248, il conquit l'Algarve sur les Maures mais fut excommunié pour avoir répudié sa première femme, Mahaut, comtesse de Boulogne, afin d'épouser Béatrice de Castille. **Alphonse IV le Brave** 1290-1357 Roi en 1325, il écrasa les Maures à Tarifa en 1340, avec Alphonse XI de Castille. **Alphonse V l'Africain** 1432-1481 Roi en 1438; soucieux d'étendre les possessions portugaises en Afrique, il y mena plusieurs expéditions. **Alphonse VI** 1643-1683 Roi en 1656, faible d'esprit, il fut déposé en 1667; son armée, victorieuse des Espagnols, avait assuré l'indépendance du Portugal.

Portrait d'**Alphonse XII**, roi d'Espagne de 1874 à 1885.

alpin, e adj. Relatif aux Alpes et par ext., à la haute montagne. *Sommets alpins. Flore alpine.* / Relatif à l'alpinisme. *Club alpin.* / SPORT *Ski alpin*: ski combinant le slalom et la descente. / *Chasseurs alpins*: membres d'une unité militaire spécialisée, regroupant des soldats entraînés pour les combats en montagne.

alpinisme n. m. Sport des ascensions en montagne.

alpiniste n. Personne pratiquant l'alpinisme.

Alpujarras Région montagneuse de l'Espagne du Sud où les Maures se réfugièrent après la prise de Grenade (1492).

al-Qaida («la Base ») Organisation islamiste de combat, créée par Oussama Ben Laden vers 1985. Riche à la fois de la considérable fortune de son fondateur, de dons venus du monde entier et - sans doute - des subsides de certains États musulmans, elle s'est consacrée à la formation et à l'armement de nombreux militants venus combattre en Afghanistan au temps des talibans. On lui impute des activités terroristes dans le monde entier (en particulier la destruction des tours du World Trade Center de New York et du Pentagone en 2001), mais elle demeure mystérieuse, aussi mystérieuse que le sort d'Oussama Ben Laden qui n'a été vu nulle part depuis la fin du régime des talibans.

• **Alsace** Ancienne province de France. Les villes libres d'Alsace sont rattachées à la France par le traité de Westphalie (1648).

Alsace *8280 km² 1701000 h.* Région de France composée de deux départements: Bas-Rhin et Haut-Rhin. Chef-lieu *Strasbourg*. Des Vosges au Rhin, l'Alsace comprend le versant oriental des Vosges, entaillé de vallées profondes (Dollern, Thur), les collines sous-vosgiennes et la plaine d'Alsace, fossé tectonique remblayé par les alluvions du Rhin et les dépôts tertiaires. Le climat semi-continental (étés chauds et humides, hivers froids et secs) favorise l'ensoleillement propice à la culture de la vigne et des arbres fruitiers. Les vignobles réputés (traminer, riesling, sylvaner) sont localisés sur les collines sous-vosgiennes. La betterave, le houblon, le blé poussent dans la plaine. La vie industrielle est active; dominée depuis longtemps par les textiles (laine et coton), elle doit aujourd'hui se reconvertir (exploitation de la potasse, aujourd'hui en recul [les mines seront fermées en 2004], industries chimiques) et développe un pôle alimentaire (charcuterie, vins très largement exportés) et automobile (Peugeot à Sausheim). Les villes sont des marchés situés sur les grandes voies de passage du Rhin et de l'Ill: Colmar (foire au vin), Mulhouse (centre textile) et surtout Strasbourg qui a une dimension européenne.

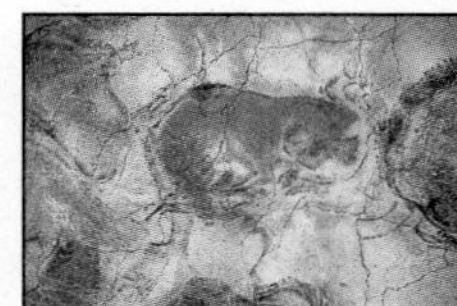

Peinture rupestre d'**Altamira**.

Alsace (ballon d') Sommet des Vosges méridionales, *1 247 m*. Sports d'hiver.

Alsace (grand canal d') Canal de navigation sur la rive gauche du Rhin, reliant Bâle à Strasbourg, équipé de huit barrages hydroélectriques.

Alsace-Lorraine Ensemble des territoires annexés par l'Allemagne de 1871 à 1918 et de 1940 à 1944.

alsacien, enne adj. et n. D'Alsace. *Le vignoble alsacien. Les Alsaciens et les Lorrains.* / n. m. Parler germanique utilisé en Alsace.

Altaï Chaîne de montagnes qui sépare la Russie, d'une part, et la Mongolie et la Chine, d'autre part; elle culmine au mont Bieloukha *(4 506 m)*.

altaïque adj. LING. *Langues altaïques*: famille de langues regroupant les langues turques, mongoles et toungouses.

Altamira (grottes d') Grottes situées dans la province de Santander en Espagne, découvertes en 1875. Les nombreuses peintures rupestres qui décorent ses parois représentent essentiellement des bisons. Leurs dates d'exécution varieraient entre 15000 et 13000 av. J.-C.

Altdorfer (Albrecht) v. 1480-1538 Peintre allemand, élève de Dürer. Il peint des compositions d'un style fouillé jusqu'à la surcharge: *la Bataille d'Alexandre*.

altération n. f. Modification de la nature ou de la substance d'une chose. *Altération d'une roche sous l'action des phénomènes atmosphériques.* / Modification qui dégrade l'état initial de qqch. *Altération des couleurs.* Syn. détérioration. / Falsification. *Altération d'un contrat, d'une monnaie.* / MUS. Signe qui modifie la hauteur de ton d'une note, tels le dièse, le bémol, le bécarre.

altercation n. f. Bref échange de propos désobligeants. Syn. querelle.

alter ego n. m. inv. (mots latins: *autre moi*). Personne à laquelle on accorde une confiance totale; ami inséparable.

altérer v. t. [1] Modifier par altération. / Donner soif à.

altérité n. f. PHILO. Caractère de ce qui est autre, distinct, par oppos. à l'*identité*.

alternance n. f. Phénomène de succession régulière dans le temps ou dans l'espace. *Alternance de marnes et de calcaires. Alternance des jours et des nuits.* / POLIT. Succession au pouvoir de partis de tendances politiques différentes. / ÉLECTR. Demi-période d'un courant alternatif.

alternateur n. m. Machine génératrice de courant électrique alternatif.

alternatif, ive adj. Se dit de choses, ou de phénomènes, qui se succèdent. *Cultures alternatives*: cultures de plantes différentes qui se succèdent sur une même terre. / MÉCAN. *Mouvement alternatif*, qui s'effectue successivement dans un sens puis dans l'autre. / ÉLECTR. *Courant alternatif*, dont l'intensité reprend au bout d'une demi-période la même valeur, mais changée de signe.

A

Alsace

L'Alsace, sauf le Territoire de Belfort, est annexée par l'Allemagne de 1871 à 1918 et, dans sa totalité, de 1940 à 1944.
Placée au carrefour des influences française et allemande, l'Alsace s'est parée au cours des siècles de monuments prestigieux.

L'architecture

Illustrée dès l'époque romane (Marmoutier, Murbach), elle donne à l'art gothique un de ses chefs-d'œuvre, la cathédrale de Strasbourg, dont la façade édifiée par Erwin de Steinbach tient autant de l'art de l'orfèvre que du talent de l'architecte. Au XVIIIe siècle, le palais Rohan, construit sur les dessins de Robert de Cotte, est l'un des plus beaux exemples du rococo français.

Construit au XVe siècle, le château du Haut-Kœnigsbourg a été presque intégralement reconstruit (1900 - 1908).

La peinture

Particulièrement brillante à la fin du Moyen Âge, elle donne l'art raffiné de Martin Schongauer qui contraste avec l'expressionnisme pathétique de Mathis Grünewald (retable d'Issenheim, aujourd'hui au musée de Colmar).

Les arts décoratifs

Ils se sont particulièrement développés au XVIIIe siècle. L'orfèvrerie continue alors une tradition depuis longtemps implantée et la céramique connaît les fabriques de faïence et de porcelaine que relève le décor typique des bouquets de fleurs de Hannong. Par ailleurs, l'Alsace montre encore nombre de villages ou de petites villes qui ont gardé l'aspect traditionnel des maisons à colombages et des constructions de grès rose (Kaiserberg).

La cathédrale de Strasbourg.

Enseigne alsacienne.

Maisons anciennes de Kaiserberg.

alternative n. f. Choix, généralement inévitable, entre deux solutions, deux attitudes dont l'une exclut l'autre. *Fuir ou combattre, telle était l'alternative.* / (Au plur.) Succession de phénomènes opposés qui se répètent. *Des alternatives de beau et mauvais temps.*

alternativement adv. Tour à tour.

alterne adj. BOT. *Feuilles alternes*: feuilles disposées à niveau différent le long d'une tige. *L'orme est un arbre à feuilles alternes.* / MATH. *Angles alternes*: angles situés de part et d'autre d'une sécante qui coupe deux droites. *Les angles alternes internes sont ceux qui se trouvent entre les deux droites et les angles alternes externes, ceux situés à l'extérieur des deux droites.*

alterner v. i. / v. t. [1] Se succéder à tour de rôle. *Voir alterner la nuit et le jour.* / v. t. Faire se succéder. *Alterner les couleurs.*

altesse n. f. Titre honorifique des princes et des princesses. *Son Altesse royale.* / Personne titulaire de ce titre.

Althusser (Louis) 1918-1990 Philosophe français qui a voulu renouveler la compréhension de Marx: *Pour Marx* (1965). Ses livres posthumes, *L'Avenir dure longtemps* et *Journal de captivité* (1994), sont d'un ton plus personnel.

altier, ère adj. Qui exprime de l'orgueil. *Son air altier m'a intimidé.*

altimètre n. m. PHYS. Appareil de mesure de l'altitude, d'après la pression atmosphérique au point où se fait la mesure.

altiport n. m. Terrain d'atterrissage aménagé en haute montagne.

altise n. f. ZOOL. Insecte coléoptère sauteur de la famille des chrysomélidés, phytophage, nuisible aux plantes potagères et à la vigne.

altiste n. Musicien jouant de l'alto.

altitude n. f. Élévation verticale d'un lieu par rapport au niveau de la mer. / *Altitude d'une montagne.* / Élévation par rapport au sol. *Avion volant à basse altitude.* / *Mal d'altitude*: ensemble des troubles dus à la raréfaction de l'air en montagne.

Altman (Robert) 1925 Cinéaste américain contestataire: *M.A.S.H.* (1970), *Short Cuts* (1993).

alto n. m. MUS. Instrument à cordes plus grand que le violon et accordé à une quinte plus grave que celui-ci. / La voix de femme la plus grave, appelée plus couramment *contralto*.

altocumulus n. m. Nuage blanc ou gris composé de gros flocons qui donnent au ciel un aspect pommelé, généralement situé à une altitude moyenne de 4 000 mètres.

altostratus n. m. Nuage formant une couche grisâtre s'étalant dans le ciel comme un voile et se situant entre 2 000 et 6 000 mètres d'altitude.

altruisme n. m. Disposition à se dévouer à autrui de manière généreuse et désintéressée. / PHILO. Doctrine qui considère le dévouement aux autres comme la règle essentielle de la moralité. Ant. égoïsme.

altruiste adj. et n. Qui est inspiré par l'altruisme, fait preuve d'altruisme. *Un comportement altruiste.* / Subst. *Un altruiste.*

altuglas n. m. (nom déposé) Matière synthétique résistante, translucide ou teintée.

alucite n. f. ZOOL. Papillon de petite taille, aux ailes le plus souvent divisées en plusieurs lobes bordés de franges. / Teigne des blés.

aluminate n. m. CHIM. Sel obtenu par la combinaison d'une base alcaline avec de l'alumine jouant le rôle d'un acide.

alumine n. f. Oxyde ou hydroxyde d'aluminium. (Il existe de nombreuses variétés d'alumine: cristallisée, elle constitue le corindon; colorée par différents oxydes métalliques, elle constitue certaines pierres précieuses, tels le rubis, le saphir, la topaze, l'améthyste; riche en oxyde de fer, elle constitue la bauxite).

aluminium n. m. Élément métallique de symbole Al, de numéro atomique Z = 13, de masse atomique 26,98. / Métal blanc, de densité 2,7, fondant à 660 °C, très bon conducteur de la chaleur et de l'électricité et de haut pouvoir réflecteur. ♦ À l'état pur, l'aluminium est un métal mou dont les qualités mécaniques sont peu intéressantes, mais ses nombreux alliages sont, en revanche, très utilisés dans l'industrie: l'*alpax* dans la construction de carters et de boîtes de vitesses, le *duralumin* en aéronautique, etc. Très léger, l'aluminium est également utilisé dans le bâtiment, dans la fabrication d'emballages, d'ustensiles de cuisine.

alun n. m. CHIM. Sulfate double hydraté d'un métal trivalent (comme l'aluminium, le chrome, etc.) et d'un métal alcalin (ou d'ammonium), tel l'alun d'aluminium et de potassium, utilisé en tannerie, en peinture, etc.

alunir v. i. [2] Se poser sur la Lune. (n. b. Le mot est d'emploi critiqué; les puristes préfèrent « *atterrir sur la Lune* ».)

alunissage n. m. Action d'alunir. *Le premier alunissage a été effectué le 21 juillet 1969 par la mission américaine Apollo XI.* (n. b. Le mot soulève les mêmes critiques qu'*alunir*; les puristes préfèrent « *atterrissage sur la Lune* ».)

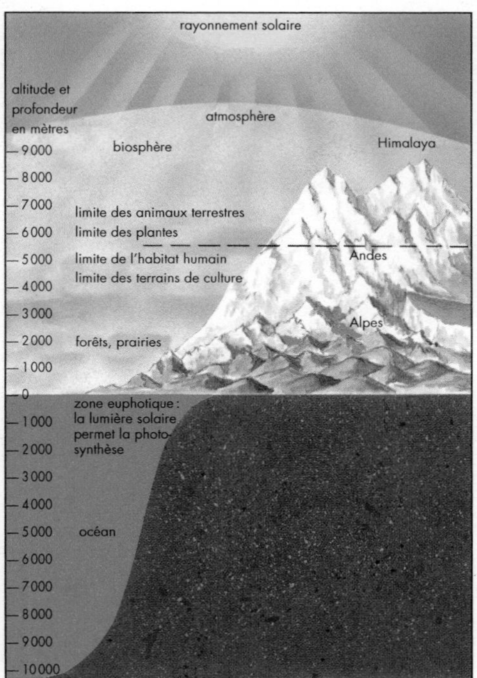

*L'**altitude** et la proximité de la mer sont des facteurs climatiques déterminants qui exercent une influence de première importance sur la faune et la flore.*

*Pedro de **Alvarado**, conquistador espagnol. Il participa à la conquête du Mexique aux côtés de Cortés.*

*Édition du XVIe siècle d'**Amadis de Gaule**, roman de chevalerie espagnol dont le héros servit de modèle à Don Quichotte.*

Alvarado (Pedro de) 1485-1541 Conquistador espagnol. Pendant la conquête du Mexique, Cortés lui confia le gouvernement de Mexico.

Alvarez (Luis Walter) 1911-1988 Physicien américain. Sous la direction d'Arthur Compton, il réalise l'une des premières mesures du rayonnement cosmique. Chercheur au Laboratoire des radiations de Berkeley, il démontre qu'un électron de la couche atomique K, la plus profonde, est absorbé par le noyau, tandis qu'est émis un neutrino (alors indécelable). Il découvre (1938) le magnétisme du proton, celui de l'hélium 3 et du tritium (1939), puis la radioactivité de cet élément. Il effectue (1940) la première mesure du moment magnétique du neutron et participe au projet Manhattan. Dans les années 1970, avec l'aide de son fils géologue, il émet l'hypothèse de l'origine extraterrestre de la concentration anormale d'iridium trouvée dans la couche sédimentaire située à la jonction du Crétacé et du Paléogène. Il meurt avant la découverte, en 1991, de l'astroblème de Chicxulub (Mexique, péninsule du Yucatán) daté d'environ soixante cinq millions d'années.

Alvarez Bravo (Manuel) 1902-2002 Photographe mexicain influencé par le surréalisme, au style ironique et raffiné.

Alvear (Carlos Maria de) 1788-1852 Luttant pour l'indépendance de l'Argentine, il battit les Espagnols à Montevideo en 1814 et les Brésiliens à Ituzaingo en 1827.

alvéolaire adj. ANAT. Qui concerne des alvéoles.

alvéole n. m. ou (couramment) n. f. Cellule de cire façonnée par les abeilles. / ANAT. *Alvéole dentaire* : cavité des os maxillaires où sont enchâssées les racines des dents. *Alvéole pulmonaire* : petite poche du tissu pulmonaire, située à l'extrémité d'une bronchiole et au niveau de laquelle s'effectuent les échanges respiratoires. / GÉOL. Cavité creusée dans une roche homogène par une érosion chimique ou mécanique.

alvéolite n. f. MÉD. Toute inflammation des alvéoles pulmonaires ou dentaires.

alyte n. m. ZOOL. Batracien terrestre, appelé aussi *crapaud accoucheur* car il porte, enroulés autour de ses pattes, les chapelets d'œufs pondus par la femelle, qu'il humidifie jusqu'à leur éclosion.

Alzheimer (Alois) 1864-1917 Neurologue allemand qui identifia et décrivit pour la première fois la maladie qui porte son nom. La *maladie d'Alzheimer* est caractérisée par une dégénérescence cérébrale progressive entraînant un affaiblissement des facultés mentales. Elle débute généralement par des symptômes tels que des troubles de la mémoire qui s'aggravent peu à peu, des troubles du comportement social, du langage, de la motricité, de la perception, pour aboutir à la démence.

Alzon (Emmanuel Daudé d') 1810-1880 Ecclésiastique français, fondateur de la congrégation religieuse des assomptionnistes.

amabilité n. f. Politesse pleine de prévenance ; courtoisie.

Amadis de Gaule 1508 Héros du roman espagnol du même nom, de Garcia Rodriguez de Montalvo, qui reprend et refond un texte original du début du XIVe siècle. Chevalier courtois, Amadis accomplit pour Oriane de merveilleux exploits.

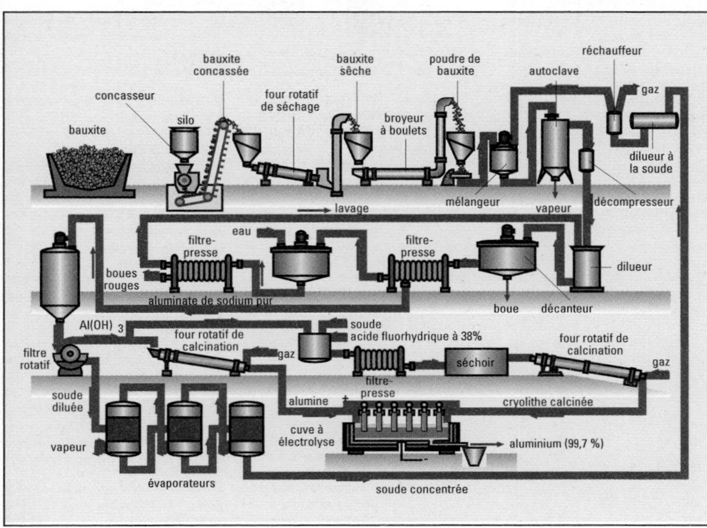

*Procédé de fabrication de l'**aluminium**.*

Amado (Jorge) 1912-2001 Écrivain brésilien, conteur réaliste des mœurs de son pays : *Bahia de tous les saints* (1935), *Terre violente* (1942), *Tocaia Grande* (1984).
amadou n. m. Matière spongieuse tirée d'un champignon, l'*amadouvier*, parasite du chêne, du peuplier et qui, une fois traitée, devient très inflammable.
amadouer v. t. [1] Apaiser (qqn), l'amener, par la douceur, à ce que l'on souhaite. *Mes sourires l'ont amadoué.*
amaigrir v. t. [2] Rendre plus maigre.
amaigrissement n. m. Fait de maigrir ; état d'une personne qui a maigri. *Cure d'amaigrissement.*
Amal Mouvement politique et militaire des chiites du Liban, créé en 1975.
Amalécites Tribus nomades qui, installées au sud du Neguev, furent exterminées par David.
Amalfi *6 000 h.* Port d'Italie, célèbre pour la beauté de son site, sur le golfe de Salerne. Cathédrale du XIe siècle de style roman normand.
amalgame n. m. CHIM. Alliage du mercure avec un autre métal. / Mélange, assemblage disparate. *Cette théorie est un amalgame de préjugés.* / Procédé qui consiste à assimiler, de façon abusive, des adversaires à des groupes, à des idées qui les discréditent.
amalgamer v. t. [1] Faire l'amalgame de, un amalgame entre.
Amalthée MYTH. GR. Chèvre qui allaita Zeus et fut transformée en étoile ; une de ses cornes devint la corne d'abondance.
aman n. m. (mot arabe) Chez les musulmans, grâce accordant la vie sauve à un ennemi. *Demander l'aman.*

Rameau, graine et fruit de l'**amandier**.

amande n. f. Fruit de l'amandier, riche en huile. / Graine contenue dans un noyau. / *Des yeux en amande*, dont la forme allongée rappelle celle de l'amande.
amandier n. m. Arbre de la famille des rosacées, à fleurs blanches, originaire d'Asie, dont le fruit est l'amande.
amanite n. f. Champignon à lamelles, comportant une volve et un anneau au pied, très commun dans les forêts d'Europe. *Certaines espèces d'amanites sont comestibles (oronge), mais la plupart sont très toxiques (amanite tue-mouches) et parfois mortelles (amanite phalloïde).*
Amanollah 1892-1960 Émir puis roi d'Afghanistan (1919-1929). Il arracha à la Grande-Bretagne l'indépendance de son pays (1921), qu'il voulut moderniser, mais les traditionalistes le contraignirent à abdiquer.
amant, e n. Vx Personne qui aime qqn et qui en est aimé en retour. *Roméo et Juliette, les amants de Vérone.* / n. m. Homme qui a des relations sexuelles avec une femme qui n'est pas son épouse. / Plur. Deux personnes entretenant entre elles des relations affectives et sexuelles. *La vie a séparé les amants.*

Anneau d'**amarrage**.

Amapa *142 358 km² 450 000 h.* État du nord du Brésil. Capitale *Macapa.* Territoire fédéral créé en 1943, devenu État en 1988.
amarantacées n. f. pl. BOT. Famille de plantes des régions tropicales et subtropicales dont certaines espèces sont cultivées pour leurs qualités ornementales.
amarante n. f., n. m. et adj. inv. **A.** n. f. Plante de la famille des amarantacées dont les fleurs sont groupées en épis denses aux couleurs vives et dont une espèce, appelée aussi *queue-de-renard*, présente des grappes de fleurs pourpres. / n. m. Arbre de Guyane, dit aussi *acajou de Cayenne*, au bois violet. / Colorant alimentaire. **B.** adj. inv. Qui est d'une couleur rouge pourpre.
amareyeur n. m. Ouvrier qui travaille à l'entretien et à l'exploitation des parcs à huîtres.
amaril, e adj. MÉD. *Virus amaril* : virus de la fièvre jaune.
amariner v. t. [1] Habituer (qqn) à la mer, à la navigation.
Amarnah Voir **Tell el-Amarnah**
amarnien, enne adj. Qui concerne la ville égyptienne de Tell-el Amarna, capitale du pharaon Akhnaton, et l'art de cette époque.
amarrage n. m. Action d'attacher un bateau avec une amarre. / État de ce qui est amarré. / Liaison opérée dans l'espace entre deux engins spatiaux.
amarre n. f. Cordage utilisé pour maintenir un bateau à un quai.
amarrer v. t. [1] Fixer (une embarcation) avec une amarre. *Amarrer un navire.*
amaryllidacées n. f. pl. BOT. Famille de plantes monocotylédones originaires de régions sèches tropicales ou subtropicales, dont certaines sont cultivées en Europe, tels le narcisse, le perce-neige, l'amaryllis, la jonquille, l'agave.
amaryllis n. f. BOT. Plante à bulbe d'Afrique du Sud, à très grandes fleurs, au parfum suave.

Manaus, la capitale de l'État d'**Amazonas**.

amas n. m. Amoncellement d'objets divers entassés les uns sur les autres. *Amas de ferraille.* / ASTRON. Groupement d'étoiles ou de galaxies d'un même système. *Amas stellaire globulaire* : groupement très dense d'étoiles, de forme plus ou moins sphérique. *Amas stellaire ouvert* : ensemble d'un petit nombre d'étoiles clairsemées.
amasser v. t. [1] Recueillir en masse. *Amasser des pierres, les honneurs.*
Amaterasu MYTH. Déesse shintoïste du Soleil et de la fertilité, ancêtre mythique des empereurs du Japon.
amateur n. m. Personne qui aime et recherche quelque chose. *Un amateur de vins. Un amateur d'art. Un amateur de musique.* / Personne qui s'adonne à un art ou à toute autre activité pour son seul plaisir sans en faire sa profession. *Peintre amateur. Épreuve sportive réservée aux amateurs.* / Péjor. Personne qui manque de sérieux ; dilettante. *Travailler en amateur.*
amateurisme n. SPORT Statut de l'amateur qui, à l'inverse des professionnels, n'est pas rémunéré pour la pratique de son sport. / Caractère d'un travail réalisé sans le soin et le savoir-faire du professionnel.
amaurose n. f. MÉD. Perte partielle ou complète de la vue, due à une lésion de la rétine, du nerf optique ou des centres nerveux.
Amaury Ier v. 1135-1174 Roi de Jérusalem (1163-1174). **Amaury II** 1144-1205 Roi de Chypre (1194-1205) et de Jérusalem (1197-1205) par son mariage avec la reine Isabelle, veuve d'Henri II de Champagne. Il ne put jamais entrer en possession de ses États.
Amazonas *1 558 987 km² 2 450 000 h.* État du nord du Brésil. Capitale *Manaus.* Le plus vaste État du Brésil (trois fois la superficie de la France) a une population extrêmement faible (moins de 2 h. / km²) concentrée essentiellement à Manaus.
amazone n. f. Cavalière. / *Monter en amazone*, avec les deux jambes du même côté du cheval. / Longue jupe portée par une cavalière qui monte en amazone.

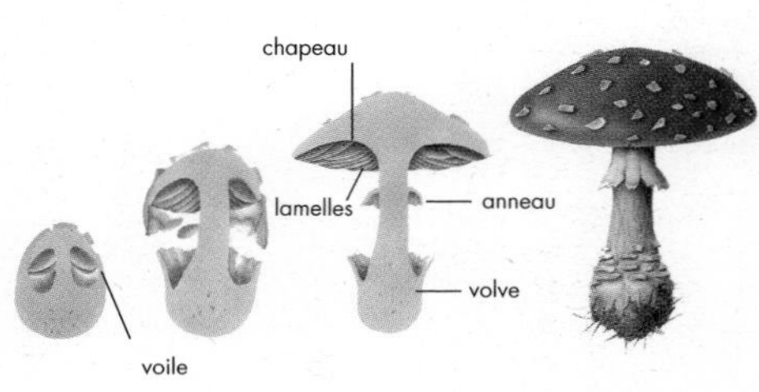

Phases de développement d'une **amanite**.

Amazone *6 500 km* Le plus grand fleuve de l'Amérique du Sud depuis les sources de l'Apurimac et le premier du monde par son débit. Il prend sa source dans les Andes, arrose le Pérou, la Colombie et le Brésil, avant de se jeter dans l'Atlantique.
Amazones (les) MYTH. GR. Tribu légendaire de femmes guerrières de la région du Pont. La reine Hippolyte combattit Héraclès. La reine Penthésilée qui aida les Troyens fut tuée par Achille ; celui-ci pleura sur sa beauté. Thésée épousa la reine Antiope.
Amazonie Région du nord du Brésil drainée par l'Amazone. La forêt équatoriale envahie par les lianes et d'immenses arbres reste difficile à pénétrer. Très peu peuplée, l'Amazonie connaît au début du XXe siècle une période de prospérité fondée sur l'exploitation des hévéas et la production du caoutchouc. Les villes (Manaus, Belém) se trouvent en bordure. La richesse des ressources minières (or, fer, manganèse, pétrole, étain) a conduit à des défrichements qui ont gravement perturbé la vie des tribus amérindiennes et a provoqué la construction de la Transamazonienne. Les conséquences de cette mise en valeur à vocation industrielle tant sur l'écosystème que sur la vie des autochtones n'ont pas encore été totalement évaluées, mais suscitent déjà l'inquiétude internationale.
ambages n. f. pl. *Sans ambages* : de façon directe et franche. *Parler sans ambages.*
Ambartzoumian (Victor Amazaspovitch) 1908-1996 Astrophysicien arménien. Sa théorie selon laquelle « la Terre et les êtres vivants qu'elle abrite ne sont que poussières d'étoiles » fait référence aux théories de la naissance des étoiles et de leur interaction avec le milieu interstellaire dont elles sont issues. À partir de 1947 il met en évidence l'existence d'un certain type d'associations stellaires dans la Galaxie. Il est le premier à comprendre ce qu'implique le « principe catastrophe » dans le processus de la naissance des étoiles et le premier (1956) à avancer l'hypothèse que les noyaux des galaxies jouent le rôle essentiel dans leur formation.
ambassade n. f. Représentation permanente d'un État auprès d'un gouvernement étranger. / Ensemble du personnel assurant cette représentation ; bâtiments abritant les services d'un ambassadeur. / Démarche. *Envoyer qqn en ambassade.*
ambassadeur, drice n. Représentant diplomatique attitré d'un État auprès d'un autre État.
Ambert *7 420 h.* Chef-lieu d'arrondissement du Puy-de-Dôme, sur la Dore, spécialisé dans la fabrication de chapelets et le travail de la dentelle.
ambiance n. f. Atmosphère qui règne dans un endroit. *Ambiance chaleureuse.* / Gaieté, entrain. *Mettre de l'ambiance.*
ambianceur n. m. En Afrique, personne qui met de l'ambiance. / Fêtard.
ambiant, e adj. Qui constitue le milieu, l'atmosphère où évolue un être vivant. *L'air ambiant.*
ambidextre adj. et n. Qui se sert de ses deux mains avec la même adresse.
ambigu, uë adj. Équivoque, ayant plusieurs sens. *Donner une réponse ambiguë à une question claire.*
ambiguïté n. f. Caractère de ce qui est ambigu. *Ambiguïté d'une réponse.*
ambitieux, euse adj. Qui a, exprime de l'ambition. *Un homme, un projet ambitieux.*

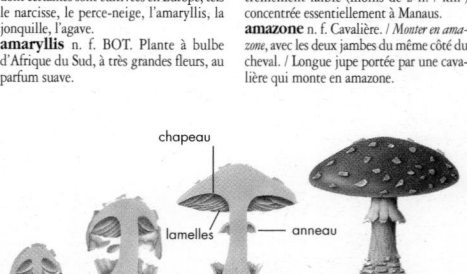

L'**Amazone,** au confluent du rio Negro.

ambition n. f. Désir très vif d'atteindre la gloire, le succès. *Avoir de l'ambition.*

ambivalence n. f. Caractère de ce qui a deux sens, deux valeurs opposés. *Ambivalence du sens d'un mot.* / PSYCHOL. Fait d'éprouver en même temps deux sentiments contradictoires. *Ambivalence de la passion.*

ambivalent, e adj. Doué d'ambivalence.

amble n. m. Allure d'un quadrupède qui avance en levant simultanément les deux pattes, les deux jambes du même côté. *La girafe, l'éléphant vont l'amble.*

amblyope adj. et n. MÉD. Atteint d'amblyopie.

amblyopie n. f. MÉD. Diminution de l'acuité visuelle.

amblystome n. m. ZOOL. Amphibien urodèle dont la larve néoténique est l'axolotl.

Amboine ou **Ambon** *313 100 h.* Ville de l'archipel des Moluques (Indonésie), capitale de la province des Moluques, située sur l'île du même nom.

Amboise *10 982 h.* Ville d'Indre-et-Loire, centre d'industries légères (chaussures). Château Renaissance.

Amboise (conjuration d') mars 1560 Inspirée par Condé et préparée par des protestants, elle avait pour but d'éliminer la famille catholique des Guise qui inspirait la politique du jeune François II. La conjuration échoua après la trahison d'un avocat parisien, Pierre des Avenelles, et fut cruellement réprimée.

Amboise (Georges d') 1460-1510 Cardinal. Ministre de Louis XII, il réduisit les impôts et réforma la justice. Il tenta sans succès de se faire élire pape.

ambon n. m. ARCHIT. Tribune située à l'entrée du chœur de certaines églises.

ambre n. m. MINÉR. *Ambre jaune* ou *succin*: résine fossile de conifères de la période oligocène. *Dur, cassant, translucide, de couleur jaune allant jusqu'au rouge, l'ambre jaune est utilisé en bijouterie et pour la préparation des vernis ; il attire les corps légers quand il a été frotté, particularité qui lui a donné son nom grec, « electron », d'où dérive le mot « électricité ».* / *Ambre gris*: concrétion intestinale du cachalot, dont l'odeur de musc en fait un composant recherché pour la fabrication de parfums.

ambrer v. t. [1] Donner à (qqch.) l'odeur, la couleur de l'ambre.

Ambroise (saint) v. 340-397 Évêque de Milan, Père de l'Église latine, il écrivit de nombreux traités dogmatiques *(De l'incarnation, De l'esprit saint, De la foi),* des sermons et des oraisons funèbres. Attaché à l'indépendance de l'Église par rapport au pouvoir impérial, il contraignit l'empereur Théodose à faire publiquement pénitence après le massacre de Thessaloniciens dont ce dernier s'était rendu coupable. Il baptisa saint Augustin.

ambroisie n. f. MYTH. GR. Nourriture qui conférait aux dieux de l'Olympe leur immortalité.

Ambrosienne (bibliothèque) Bibliothèque fondée à Milan en 1602. Son nom célèbre saint Ambroise.

ambulacre n. m. ZOOL. Chacun des petits organes terminés par une ventouse dont sont dotés divers échinodermes (oursins, étoiles de mer) et qui leur sert d'organe de locomotion.

ambulance n. f. Véhicule destiné au transport des malades, des blessés.

ambulancier, ère n. Personne conduisant une ambulance, employée dans une ambulance.

ambulant, e adj. et n. Qui se déplace pour exercer son métier. *Marchand ambulant.* / n. m. *Ravitaillement par ambulants.*

ambulatoire adj. ZOOL. Qualifie, chez les animaux dépourvus de véritables pattes, les organes de la locomotion. / MÉD. *Traitement ambulatoire*, pratiqué sans hospitalisation.

âme n. f. Principe de vie, de pensée, qui, uni au corps, anime l'être humain. *Rendre l'âme*: mourir. / RELIG. Principe immortel qui, distinct du corps, lui survivra après la mort et sera jugé par Dieu. *Sauver son âme. Recommander son âme à Dieu.* / Conscience morale ; sensibilité. *Agir en son âme et conscience. Avoir des états d'âme*: avoir des hésitations, des scrupules, parfois exagérés, sur la façon dont on doit se conduire. *Avoir du vague à l'âme*: être mélancolique. / Personne, individu. *Un village de 2 000 âmes.* / Caractère particulier, propre à un groupe. *L'âme d'un peuple.* / Personne qui est à l'origine de qqch. *L'âme d'une révolte.* / Partie centrale, élément essentiel. *L'âme d'une poutre.* / MUS. Cylindre en bois qui transmet les vibrations à toutes les parties d'un instrument à cordes. / *Âme d'un canon*: partie évidée à l'intérieur du tube.

Amédée de Savoie 1845-1890 Roi d'Espagne. Élu roi en 1870, il ne put gouverner et abdiqua en 1873.

Amédée Nom de neuf comtes ou ducs de Savoie du XIe au XVe siècle. **Amédée VIII** 1383-1451 réunit le Piémont à la Savoie. Élu pape par les dissidents du concile de Bâle (1439) sous le nom de Félix V, il se soumit à Nicolas V (1449) qui le fit cardinal et le nomma légat en Savoie ; c'est le dernier antipape.

amélioration n. f. Modification destinée à rendre meilleur, plus satisfaisant. *Amélioration des conditions de vie. Travaux d'amélioration.*

améliorer v. t. [1] Rendre meilleur. *Améliorer ses performances.*

amen! interj. Mot hébreu (en français *ainsi soit-il*) qui termine de nombreuses prières juives et chrétiennes. / Fam. *Dire amen à tout*: tout accepter.

aménagement n. m. Arrangement, organisation dans un but déterminé. / Résultat de cette action. *L'aménagement de bureaux. Aménagement d'une cuisine.* / *Aménagement du territoire*: organisation de l'espace urbain et rural d'un pays, qui vise à sa mise en valeur économique, en tenant compte de ses ressources naturelles et des besoins de ses habitants.

aménager v. t. [1] Procéder à l'aménagement de. *Aménager sa maison, ses horaires.*

amende n. f. DR. Peine pécuniaire infligée pour une infraction aux lois, aux règlements, ou pour réparer un dommage. / *Mettre qqn à l'amende*, lui infliger une peine légère, une pénalité dans un jeu. / HIST. *Amende honorable*: peine infamante abolie en 1791 qui consistait à avouer publiquement ses fautes. / Mod. *Faire amende honorable*: admettre ses torts.

amendement n. m. Modification d'un texte de loi au cours de débats devant une assemblée. *Voter un amendement.* / AGRIC. Amélioration des propriétés physiques d'un sol ; substance destinée à rendre une terre plus fertile.

amender v. t. [1] Procéder à l'amendement de (une loi, un sol).

amène adj. Aimable, courtois. *Des manières amènes.*

Statue funéraire d'**Aménophis IV**, pharaon de la XVIIIe dynastie, époux de Néfertiti.

amener v. t. [1] Faire venir (qqn) avec soi. / Conduire (qqn) en un lieu. / Fig. Pousser, inciter. *Cette dispute l'a amené à partir.* / Causer, occasionner. *Le jeu amena sa perte.* / MAR. Abaisser. *Amener les voiles.*

aménité n. f. Politesse pleine de charme et d'affabilité. *Traiter quelqu'un avec aménité.*

Aménophis Nom de quatre pharaons d'Égypte de la XVIIIe dynastie. **Aménophis Ier** v. 1558-1530 av. J.-C. Il fit construire le temple d'Amon à Karnak. **Aménophis II** v. 1450-1425 On a retrouvé sa tombe dans la Vallée des Rois, recouverte de peintures particulièrement élégantes. **Aménophis III** v. 1410-1372 Son règne marque l'apogée de la puissance égyptienne et de l'art égyptien classique qu'illustrent le temple de Louksor et les colosses de Memnon, seuls vestiges d'un immense temple funéraire érigé, en face de Thèbes, sur la rive gauche du Nil. Il introduisit en Égypte la religion d'Aton. **Aménophis IV** 1372-1354 av. J.-C. L'instauration du nouveau culte d'Aton qu'il tenta d'imposer à la place du culte du dieu dynastique Amon est à l'origine du conflit qui le contraignit à installer sa capitale à Akhetaton (aujourd'hui Tell el-Amarna) et à y régner sous le nom d'Akhnaton.

aménorrhée n. f. MÉD. Absence pathologique des règles chez une femme en âge d'être réglée.

amenuiser v. t. [1] Rendre plus petit, plus menu.

amer [1] n. m. MAR. Repère porté sur une carte et correspondant à tout point du littoral très visible depuis la mer.

amer, ère [2] adj. De saveur âpre, désagréable. *Fruit amer.*

amèrement adv. Avec amertume.

America's Cup Coupe que la reine Victoria remit en 1851 au voilier américain America. Tous les quatre ans, le New York Yacht Club organise une épreuve de voile dont le vainqueur reçoit cette coupe.

américain, e adj. et n. D'Amérique. *Littoral américain.* / Des États-Unis d'Amérique. *Impérialisme américain. Un Américain à Paris.* / n. m. Langue anglaise parlée aux États-Unis d'Amérique. Syn. Anglo-américain.

Américain à Paris (Un) Comédie musicale. Partition du compositeur américain George Gershwin. Portée à l'écran par Vicente Minnelli (1950), Gene Kelly en fut le chorégraphe et l'interprète principal.

Vendeur **ambulant** de rafraîchissements à Saint-Domingue.

Éros (personnification de l'amour) et Psyché, personnification de l'**âme**.

A

Femmes **amérindiennes**, dans la région du lac Titicaca au Pérou et en Bolivie.

américaniser v. t. [1] Donner un caractère américain à.

américanisme n. m. Ensemble des études ethnographiques, archéologiques, linguistiques, consacrées au continent américain. / LING. Particularité de la syntaxe, du vocabulaire, de la prononciation de l'anglais parlé aux États-Unis. / Engouement, parfois excessif, pour les habitudes, les mœurs pratiquées aux États-Unis.

américium n. m. Élément radioactif artificiel de la famille des actinides, de symbole Am, de numéro atomique Z = 95, de masse atomique 243.

amérindien, enne adj. et n. Indien d'Amérique.

• **Amérique** Un des cinq continents *42 203 982 km² 759 800 000 h.* Étendu sur *18 000 km* du nord, Terre de Peary (Groenland), au sud, Terre de Feu (Chili).

Amérique latine Ensemble formé par les anciennes colonies espagnoles et portugaises de l'Amérique du Sud et de l'Amérique centrale.

Amérique précolombienne Ce nom désigne le continent américain d'avant la conquête européenne, notamment les grands empires de l'Amérique latine.

amerloque adj. et n. Péjor. Américain, Américaine. *Il n'aime pas les Amerloques.*

amerrir v. i. [2] Se poser sur l'eau. *L'hydravion amerrit.*

amerrissage n. m. Action d'amerrir ; résultat de cette action. *Un amerrissage réussi.*

amertume n. f. Saveur amère. *Amertume du café.* / Sentiment de rancœur mêlé de tristesse consécutif à une déception, à un échec.

Âmes mortes (les) Roman inachevé de Gogol en deux tomes dont l'un fut publié en 1842 et l'autre, inachevé, est posthume (1852). À travers une description réaliste du servage et des maux de la Russie tsariste, c'est un tableau pessimiste de l'humanité que brosse l'écrivain.

amétabole adj. et n. m. (À propos d'insectes) Dont le développement larvaire mène à la maturité sexuelle sans métamorphose.

améthyste n. f. Variété de quartz de couleur violette. *L'améthyste est une pierre fine très utilisée en bijouterie et en orfèvrerie.*

amétropie n. f. MÉD. Anomalie de la vision due à une mise au point défectueuse de l'image sur la rétine (hypermétropie, myopie, astigmatisme).

ameublement n. m. Ensemble du mobilier d'une habitation. *Un ameublement hétéroclite.*

ameublir v. t. [2] AGRIC. Rendre (une terre) meuble, plus meuble. / DR. Faire entrer (un immeuble) dans la communauté légale des époux.

ameuter v. t. [1] Réunir (les chiens) en meute. / Provoquer l'attroupement de. *L'accident ameuta les passants.*

Amhara (s) Peuple du plateau occidental de l'Éthiopie, chrétiens monophysites.

amharique adj. et n. m. Des Amharas. / n. m. Langue sémitique parlée dans la partie centrale du plateau abyssin, en Éthiopie, devenue langue officielle du pays. / adj. *La grammaire amharique.*

ami, e n. et adj. Personne pour laquelle on ressent de l'amitié. *Des amis d'enfance.* / *Petit (e) ami (e),* avec lequel, laquelle on entretient un liaison amoureuse. / adj. *Un pays ami.*

Ami du peuple (l') Journal révolutionnaire rédigé par Marat et qui parut de septembre 1789 au 14 juillet 1793.

amiable adj. Qui se fait de gré à gré. *Accord amiable.* / loc. adv. *À l'amiable* : de gré à gré, par conciliation. *Règlement à l'amiable.*

amiante n. m. MINÉR. Silicate naturel hydraté de magnésium et de calcium, de structure fibreuse. Les fibres d'amiante, possédant des qualités d'incombustibilité et d'isolation, ont été largement utilisées dans l'industrie du bâtiment. Mais à la suite de l'apparition de maladies extrêmement graves, tels les asbestoses (fibroses pulmonaires), les cancers bronchiques, etc., dues à l'inhalation de poussières d'amiante, la législation, en France, interdit, depuis 1997, la fabrication, la transformation, l'importation, l'exportation et la cession de l'amiante, à de rarissimes exceptions près.

amiante-ciment n. m. Synonyme de fibrociment. Pl. Des *amiantes-ciments.*

amibe n. f. ZOOL. Protozoaire vivant en eau douce ou salée qui se déplace en rampant au moyen de pseudopodes. *L'amibe est un organisme unicellulaire simple qui se reproduit par mitose ; certaines amibes sont des parasites de l'homme et des animaux.*

amibiase n. f. MÉD. Maladie parasitaire due à des amibes présentes au niveau du gros intestin, provoquant un syndrome dysentérique, et pouvant atteindre d'autres viscères, en particulier le foie.

amibien, enne adj. De l'amibe, dû à une amibe. *Dysenterie amibienne.*

amical, e adj. et n. f. Inspiré par l'amitié. *Un geste amical.* / n. f. Association regroupant des personnes qui ont, ou ont eu, une activité commune. *Une amicale d'anciens élèves.*

amicalement adv. De façon amicale.

Amici (Giovanni Battista) 1786-1863 Astronome italien, inventeur de l'objectif du microscope à immersion.

amide n. m. CHIM. Composé organique dérivant de l'ammoniac ou des amines par substitution d'un ou plusieurs groupements alcyle à un ou plusieurs atomes d'hydrogène.

Henri-Frédéric **Amiel**, à l'âge de 40 ans.

amidon n. m. Substance blanche constituant la réserve glucidique de divers végétaux (racine, tubercule, graine), stockée dans certains organes. / Solution de grains d'amidon broyés dans de l'eau chaude, utilisée pour empeser le linge.

amidonner v. t. [1] Empeser avec de l'amidon.

Amiel (Henri Frédéric) 1821-1881 Poète et moraliste suisse. Son *Journal*, écrit de 1839 à sa mort, publié partiellement (1882-1884), puis intégralement depuis 1976, révèle la curieuse expérience de dépersonnalisation à laquelle les abus d'une introspection systématique l'ont amené.

Amiens *131 872 h.* Chef-lieu du département de la Somme et de la Région Picardie, sur la Somme. Amiens est un important marché agricole, un centre d'industries anciennes (textiles et métallurgie) et récentes (pneumatiques). Cette ville moderne reconstruite après la Seconde Guerre mondiale possède une cathédrale gothique du XIIIe siècle. La paix d'Amiens, signée en 1802 entre la France et l'Angleterre, mit fin à la deuxième coalition.

Amin Dada (Idi) 1925 Homme politique ougandais. Chef de l'armée (1964), il prit la place du président Obote (1971). Dictateur sanguinaire et extravagant, il fut renversé en 1979.

amincir v. t. [2] Rendre plus mince ; faire paraître plus mince.

amine n. f. CHIM. Composé organique azoté, dérivé de l'ammoniac par substitution partielle ou totale des alkyles aux atomes d'hydrogène.

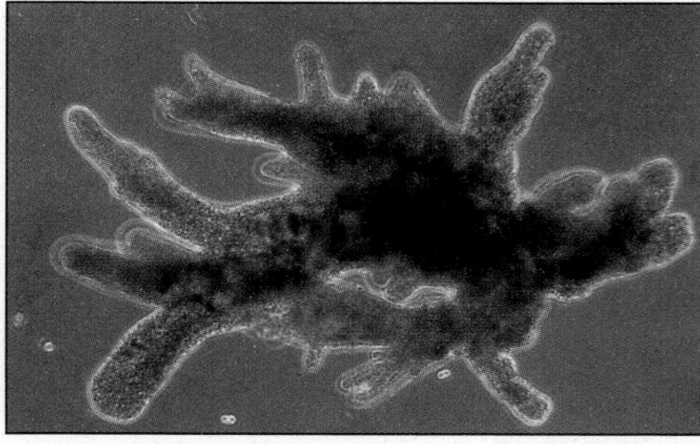
Amibe.

La cathédrale d'**Amiens**.

Vue d'**Amman**, capitale de la Jordanie.

aminé, e adj. Qui indique la présence d'une fonction amine dans un composé organique. *Acide aminé* : aminoacide.

a minima loc. adv. (mots latins) DR. *Appel a minima* : appel qu'interjette le ministère public quand il juge trop légère la peine infligée par un tribunal.

aminoacide n. m. BIOCHIM. Composé organique ayant les fonctions acide et amine, constituant principal des protéines et de la matière vivante. Syn. acide aminé.

aminoglycoside n. m. BIOCHIM. Oligosaccharide aminé aux propriétés antibiotiques qui arrête la croissance bactérienne en agissant sur les ribosomes. *La streptomycine est un aminoglycoside.*

aminoside n. m. BIOCHIM. Synonyme d'*aminoglycoside.*

amiral, ale, aux n. et adj. Militaire du grade le plus élevé dans la marine nationale. / adj. m. *Bâtiment amiral* : navire ayant à son bord l'amiral ou le chef d'escadre.

amirauté n. f. Corps des amiraux. / Siège du haut commandement de la marine.

Amirauté (îles de l') *2 000 km² 29 700 h.* Archipel de Mélanésie situé au nord-est de la Papouasie-Nouvelle-Guinée, dont il dépend. Coprah.

amish n. inv. et adj. inv. Membre d'une communauté mennonite américaine. *Les amish se groupent essentiellement en Pennsylvanie.* / adj. *Une famille amish.*

amitié n. f. Affection qui lie deux personnes et qui ne se fonde ni sur les liens de parenté, ni sur un sentiment amoureux. *Se lier d'amitié avec qqn. Une profonde amitié.* / *Amitié particulière* : relation, liaison unissant deux personnes homosexuelles. / (Au plur.) Témoignages de sympathie ; paroles affectueuses. *Je vous envoie toutes mes amitiés.*

Amman *965 000 h.* Capitale de la Jordanie, centre commercial et industriel.

Amérique

Géographie

Trois éléments caractérisent le relief du continent américain : les boucliers anciens, les plaines de sédimentation et une chaîne de montagnes secondaires et tertiaires qui, de l'Alaska à la Terre de Feu, constitue l'épine dorsale du continent. Les boucliers, au nombre de trois, sont situés à l'est : bouclier canadien, socle brésilien, plateau de Patagonie. Cependant les deux premiers ont subi des cassures et des plissements hercyniens selon une orientation sud-ouest-nord-est. Les Appalaches (mont Mitchell *2037 m*), en Amérique du Nord, en sont un exemple.

À ces trois zones à l'altitude élevée qui culminent à 2000 m en Patagonie s'opposent les plaines qui se trouvent au centre des deux continents d'Amérique du Nord et d'Amérique du Sud. Au nord, drainées au Canada par le Mackenzie et aux États-Unis par le Mississippi, deux plaines flanquent le nord et le sud du bouclier canadien. Les grandes plaines d'Amérique du Sud sont constituées, du nord au sud, par les bassins du Paraná et du Paraguay et, d'ouest en est, par les bassins de l'Orénoque et de l'Amazone. Le climat conditionne la végétation du continent. Située pour sa plus grande partie dans la zone tempérée, l'Amérique du Nord a un climat continental, les chaînes côtières de l'est s'opposant aux influences océaniques. À la toundra, au nord, succède la forêt de conifères.

Le centre du continent est le domaine de la prairie. En revanche, en Amérique du Sud, le climat équatorial et la forêt vierge règnent sur le bassin de l'Amazone et sur les Guyanes, le climat tropical sur la quasi-totalité du plateau brésilien ; cependant, la forêt tropicale cède la place à la prairie puis à la steppe dans le sud du Brésil. En Argentine, dans la pampa, ou prairie, on retrouve un climat tempéré.

Du désert d'Atacama, sur la côte chilienne, au désert froid et pierreux de Patagonie, une diagonale désertique traverse le continent sud-américain. De grands réseaux hydrographiques couvrent le continent américain : Mackenzie, Saint-Laurent, Mississippi en Amérique du Nord, Amazone, Orénoque, Paraná en Amérique du Sud. L'Amérique est un continent peu peuplé (densité : 18 h. au km^2).

La grande variété des sols et des climats et la pluralité des facteurs économiques expliquent l'inégalité de la répartition d'un peuplement récent, résultant de l'immigration européenne en Amérique du Nord, plus ancien et fortement métissé en Amérique latine. L'opposition ethnique et culturelle des deux parties du continent, anglo-saxon au nord, hispano-portugais au centre et au sud, a été déterminée par la colonisation de l'Amérique du XVIe au XIXe siècle.

Chicago, troisième ville des États-Unis par sa population. Au fond, le lac Michigan.

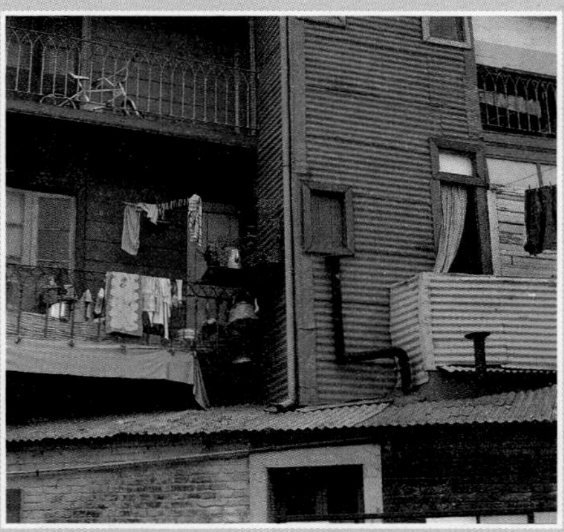

Habitations vivement colorées du quartier de la Boca à Buenos Aires, en Argentine.

Économie

L'économie du Canada et des États-Unis, puissances mondiales, contraste avec le sous-développement des autres pays américains. L'économie de ces deux pays repose sur l'exploitation d'énormes ressources naturelles (pétrole, fer, charbon, cuivre), sur la culture intensive du coton, de la canne à sucre et des céréales, et, de plus en plus, sur les technologies de pointe et le secteur bancaire. Les pays d'Amérique latine ont encore, pour beaucoup, une économie de type colonial (exploitation des mines, cultures tropicales d'exportation, élevage extensif dans les plaines et les montagnes). Le développement de l'économie sud-américaine dépend étroitement de l'aide technique et financière des États-Unis et, plus récemment, de celle d'autres puissances mondiales.

Histoire

Les premiers Européens qui ont abordé le continent américain sont les Vikings (qui découvrirent le Groenland au Xe siècle et poussèrent très probablement leur exploration jusqu'aux côtes du Labrador vers l'an 1000). Lorsque Christophe Colomb débarque aux Antilles en 1492, le continent est peuplé de quelques millions d'hommes arrivés de Sibérie 40 000 ou 30 000 ans auparavant par le détroit de Behring, alors à sec. Au nord, ils s'organisèrent en groupes sédentaires ou nomades, développant des civilisations d'une grande diversité. Au sud du continent, les forêts sont à peine peuplées de tribus nomades de chasseurs-cueilleurs dont l'histoire nous est encore très mal connue, tandis que dans les Andes d'impressionnantes métropoles témoignent de la complexité de l'organisation religieuse, sociale et politique des groupes qui s'y étaient établis. Le sud de l'Amérique du Nord (Mexique) connut très tôt des civilisations d'agriculteurs sédentaires très évoluées (architecture et art d'une remarquable qualité, écriture pictographique, calendrier complexe…). Au XVe siècle, les Mayas, établis dans la péninsule du Yucatan, les Aztèques sur les hauts plateaux du Mexique et les Incas au Pérou forment de grands empires décadents que les conquistadores espagnols et portugais, Cortés, Pizarro, Pedro de Alvaro, vont facilement renverser. La colonisation de l'Amérique du Nord, œuvre des Français et des Anglais, débute au XVIe siècle. La première colonie anglaise, la Virginie, est créée en 1584. Québec est fondé en 1608. Explorée à la fin du XVIIe siècle, la Louisiane devient colonie française en 1731. Les tribus indiennes, prises entre deux feux par la rivalité anglo-française, s'allient tantôt aux uns, tantôt aux autres, et sont décimées

A

AMÉRIQUE (SUITE)

par l'alcool, le maladies importées et la brutalité des conquérants, brutalité à laquelle fait souvent écho une réelle sauvagerie (massacre de missionnaires, les « martyrs de la Nouvelle-France » notam.). En 1763, la France perd le Canada, qui rejoint les autres colonies britanniques.
Celles-ci se révoltent contre l'Angleterre ; commence alors la guerre d'Indépendance des États-Unis (1776-1783). La Louisiane est vendue aux États-Unis en 1803. Entre 1816 et 1825, l'Amérique espagnole profite de l'affaiblissement de l'Espagne et se morcelle en multiples États indépendants, sous l'impulsion de San Martin (pays andins), Iturbide (Mexique), Bolivar et Sucre.

Stèle sculptée découverte sur le site maya de Copán au Honduras.

Le Brésil, vice-royauté portugaise où s'était en 1807 réfugié le roi du Portugal Jean VI qui fuyait les troupes napoléoniennes, se proclame indépendant en 1822 : son fils, laissé sur place comme régent, prend le titre d'empereur du Brésil (Pierre Ier).
Du nord au sud, l'Amérique est aujourd'hui totalement indépendante, à l'exception de quelques départements français d'outre-mer, de la collectivité territoriale française de Saint-Pierre-et-Miquelon et de quelques îles des Antilles dépendant de la Couronne britannique, du Danemark et des Pays-Bas.
La dépendance économique, et parfois politique, des nations d'Amérique latine à l'égard des États-Unis est grande. L'exemple de Cuba, qui a nationalisé les biens américains en 1960, a suscité des espoirs déçus : le régime n'a pas renoncé à ses méthodes répressives, le pays s'est peu ouvert sur l'extérieur et l'économie est en piteux état. Depuis 1994, le Canada, les États-Unis et le Mexique se sont groupés dans l'ALÉNA, marché commun nord-américain.
Depuis 1995, le Mercosur, marché commun sud-américain, regroupe l'Argentine, le Brésil, le Paraguay et l'Uruguay.

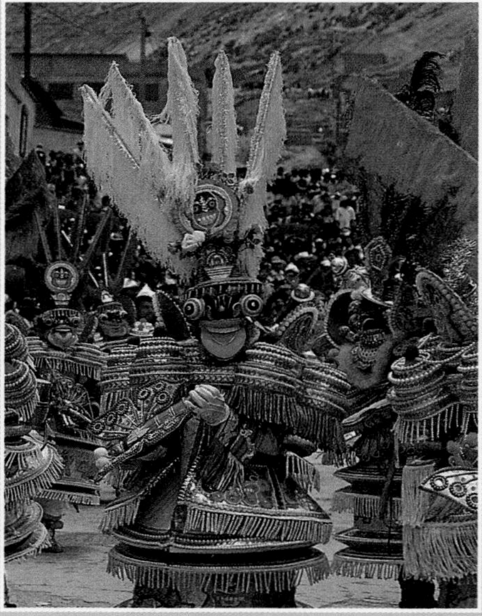

Symphonie de couleurs pour le carnaval de Oruro (Bolivie).

Ruines du château de Tulum, dans l'État de Quintana Roo, au Mexique.

Palais présidentiel de Lima, au Pérou.

Ammon Fils de Loth, ancêtre éponyme des Ammonites.
Ammon Voir **Amon**
ammoniac [1] n. m. Composé gazeux d'hydrogène et d'azote, de formule NH_3, appelé aussi *gaz ammoniac*. (Incolore, suffocant, très soluble dans l'eau, l'ammoniac se liquéfie facilement à – 33 °C. La synthèse de l'ammoniac est de la plus haute importance industrielle : fabrication des sels d'ammonium, de l'acide nitrique, etc. L'ammoniac liquéfié est utilisé dans les circuits de fonctionnement de machines frigorifiques).
ammoniac, aque [2] adj. *Sel ammoniac* : chlorure d'ammonium.
ammoniacal, ale, aux adj. De l'ammoniac ; qui contient de l'ammoniac, en a les propriétés. *Odeur ammoniacale.*
ammoniaque n. f. Solution aqueuse du gaz ammoniac.
ammonite n. f. PALÉONT. Mollusque céphalopode fossile, dont la coquille en spirale rappelle la forme d'une corne de bélier. *Les multiples espèces d'ammonites sont caractéristiques de l'ère secondaire.*
Ammonites Peuple sémitique qui, selon la Bible, s'installa sur la rive droite du Jourdain au XIVe siècle av. J.-C. et affronta les Hébreux, qui le soumirent au VIIIe siècle av. J.-C.
ammonium n. m. CHIM. Cation de formule NH_4^+.
ammophile adj. et n. f. BOT. Se dit des plantes qui poussent sur le sable. Syn. psammophile. / n. f. ZOOL. Insecte hyménoptère qui vit dans le sable. *L'ammophile nourrit ses larves de chenilles qu'elle paralyse avec son aiguillon.*
amnésie n. f. Perte partielle ou totale, temporaire ou définitive, de la mémoire. *L'amnésie rétrograde porte sur les événements antérieurs à la survenue du traumatisme, l'amnésie antérograde porte sur les faits postérieurs au traumatisme.*
amnésique adj. et n. Frappé d'amnésie. / Subst. *Un amnésique.*
Amnesty International Association internationale fondée en 1961 pour dénoncer la répression politique partout où elle se produit dans le monde. Son secrétariat général siège à Londres.
amniocentèse n. f. MÉD. Prélèvement de liquide amniotique par ponction effectuée au niveau de la cavité utérine d'une femme enceinte qui permet de déceler d'éventuelles anomalies du fœtus.
amnios n. m. BIOL. Annexe embryonnaire formant une poche remplie de liquide, qui hydrate et protège l'embryon et permet son développement. *Chez les mammifères, on nomme aussi l'amnios « poche des eaux ».*

*Entrée du temple d'**Amon**, à Louxor, construit par Aménophis III au XIVe siècle avant J.-C. Ramsès décora son entrée de deux obélisques (dont l'une se trouve place de la Concorde à Paris).*

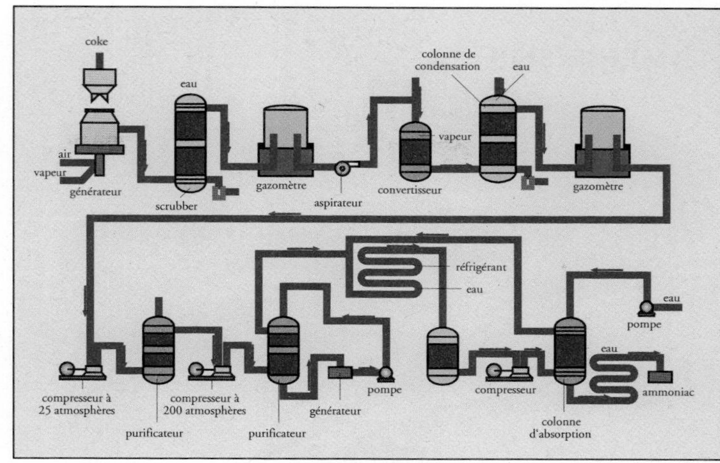

*Processus de fabrication de l'**ammoniac**.*

amnioscopie n. f. MÉD. Examen du liquide amniotique pratiqué à l'aide d'un endoscope que l'on fait glisser dans le col de l'utérus jusqu'au contact avec la poche des eaux.
amniote n. m. ZOOL. Vertébré dont les annexes embryonnaires comportent à la fois l'amnios et l'allantoïde. *Les oiseaux, les reptiles et les mammifères sont des amniotes.*
amniotique adj. De l'amnios. *Liquide amniotique.*
amnistie n. f. Loi qui abolit une catégorie de délits. *Amnistie fiscale, politique. Amnistie générale, partielle. Contrairement à la grâce qui ne supprime que l'exécution de la peine, l'amnistie annule à la fois la condamnation et ses effets.*
amnistier v. t. [1] Faire bénéficier (qqn, qqch.) d'une amnistie.
Amnon Fils aîné de David, que son frère Absalon tua pour le punir d'avoir violé leur sœur Thamar.
amocher v. t. [1] Fam. Abîmer.
amodiation n. f. DR. Location d'une terre moyennant des redevances en nature ou en argent.
amodier v. t. [1] DR. Louer (un terrain, un bien foncier) par amodiation.
amoindrir v. t. [2] Rendre moindre, diminuer. *Amoindrir des revenus.* / Affaiblir. *La maladie l'a amoindri.*
amoindrissement n. m. Action d'amoindrir ; résultat de cette action.
amollir v. t. [2] Rendre mou. / Fig. Affaiblir.
Amon ou **Ammon** MYTH. ÉGYPT. Dieu de Thèbes en Égypte, identifié par les prêtres au dieu Soleil (Rê). Il est le plus souvent représenté avec une tête de bélier.
amonceler v. t. [1] Grouper en monceau, en tas. / v. pron. *Les vieux cartons s'amoncellent dans le couloir.*
amoncellement n. m. Fait d'amonceler ; état de ce qui est amoncelé.
amont n. m. Partie d'un cours d'eau comprise entre sa source et un point déterminé. / *En amont de*, plus près de la source par rapport à un point déterminé d'un cours d'eau.
amoral, e adj. Qui ignore, néglige le devoir moral. / Ant. moral.
amoralisme n. m. Attitude d'une personne amorale. / PHILO. Doctrine qui nie l'existence d'une règle morale universelle.
amoralité n. f. Caractère de qqn, de qqch. qui ne tient pas compte des règles de la morale ou qui est étranger à la notion de morale. *Amoralité des lois de la nature.*
amorce n. f. Appât destiné à attirer le poisson, le gibier. / Substance détonante destinée à déclencher l'explosion d'une charge de poudre. / Ébauche d'un ouvrage. *L'amorce d'une route.* / Fig. Commencement. *L'amorce d'un dialogue.*
amorcer v. t. [1] Garnir (un hameçon) d'une amorce, d'un appât. / Par ext. Munir (une charge, une arme) de son amorce ; déclencher la mise en route de (un mécanisme). / Fig. Entreprendre la réalisation de. *Amorcer un geste. Amorcer un travail.*
amorphe adj. Sans énergie, abattu. *Vous n'allez pas rester amorphe toute la journée !* / CHIM. Sans structure ordonnée. *Les gaz sont amorphes.*
amortir v. t. [2] Atténuer les effets de. *Amortir un choc, une chute.* / Fig. Rendre moins vif, moins violent. *Le temps amortit les passions.* / COMPTA. Réaliser l'amortissement de. *Amortir l'achat d'une machine-outil* ou, par ext., *amortir une machine-outil.*
amortissement n. m. Action d'amortir. *Amortissement d'un bruit, d'un choc.* / État qui en résulte. / FIN. Remboursement d'une dette par tranches successives jusqu'à son extinction. / FISC. Procédure comptable établissant le constat de diminution de la valeur d'un bien du fait de l'usure, du vieillissement. / *Caisse d'amortissement* : caisse destinée à l'extinction progressive de la dette publique. / ARCHIT. Ornement placé au sommet d'un édifice et dont la charge amortit l'aplomb de ce qu'il couronne (pinacle surmontant un contrefort, etc.).
amortisseur n. m. Dispositif servant à atténuer la violence d'un choc, l'intensité d'un son, la vibration d'une machine. *Les amortisseurs d'une voiture.*
Amos VIIIe s. av. J.-C. « Pris par Yahvé de derrière le troupeau », ce berger devint un des douze petits prophètes juifs.
Amou-Daria (autrefois *Oxus*) Fleuve d'Asie centrale (*2 600 km*), né dans le Pamir et qui se jette dans la mer d'Aral. Il sert de frontière entre l'Afghanistan, d'une part, le Tadjikistan, l'Ouzbékistan et le Turkménistan, d'autre part.
amour n. m. et (littéraire) n. f. pl. Sentiment d'attachement profond, à la fois affectif et sexuel, qu'une personne éprouve à l'égard d'une autre. *Vivre un grand amour.* / Personne aimée. *Mon amour.* / *Faire l'amour* : avoir des relations sexuelles. / Litt. (Au fém. pluriel) Liaison amoureuse. *De folles amours.* / Affection qui unit les membres d'une même famille. *Amour maternel. Amour filial.* / Attachement intense et désintéressé à Dieu, à autrui, à un idéal, une valeur, une idée. *Amour du prochain. Amour de la justice, de la vérité.* / Goût, prédilection pour qqch. *L'amour du sport. L'amour des livres.*
amour (De l') 1822 Essai de Stendhal qui distingue diverses sortes d'amour (amour physique, amour-passion, etc.). Un passage analyse les étapes de la cristallisation amoureuse.
Amour Fleuve d'Extrême-Orient (*4 354 km*) qui se jette dans la mer d'Okhotsk. Il marque la frontière entre la Sibérie et la Chine du Nord-Est.
amouracher (s') v. pron. [1] Devenir soudain amoureux. Elle s'est amouraché d'un bon à rien.
amourette [1] n. f. Amour passager, sans importance.
amourette [2] n. f. BOT. Plante des bois désignant quelquefois le muguet. / *Bois d'amourette* : bois dur et lourd d'un arbre exotique, utilisé en marqueterie.
amourettes n. f. pl. CUIS. Morceaux de moelle épinière du bœuf, du mouton ou de veau utilisés comme garniture pour certains plats.
amoureusement adv. Avec amour.

amoureux, euse adj. et n. De l'amour. *Sentiments amoureux.* / Qui ressent de l'amour. *Être amoureux fou.* / n. Personne qui ressent, pour qui on ressent de l'amour. *Se promener avec son amoureux.*

amour-propre n. m. Sentiment très vif qu'une personne a de sa valeur personnelle, de sa dignité. *Une blessure d'amour-propre.* Pl. Des *amours-propres*.

Amours (les) Titre général de quatre recueils de poésies publiés par Ronsard en 1552, 1553 et 1578. Il y célèbre ses amours pour Cassandre et pour Marie dans un style où l'influence de Pétrarque se mêle à celle de la poésie latine. Après vingt-cinq ans d'interruption, il publiera en 1578 les deux livres *Sonnets pour Hélène*, dont l'un s'achève ainsi : « Cueillez dès aujourd'hui les roses de la vie. »

amovible adj. Qui est conçu pour être détaché, enlevé. *Anorak à capuchon amovible.* / Qui peut être déplacé d'un poste à un autre. *Fonctionnaire amovible.*

A.M.P. n. f. BIOCHIM. Sigle d'*adénosine monophosphate*

ampélidacées n. f. pl. BOT. Famille de plantes dicotylédones, comprenant des arbustes et arbrisseaux volubiles et sarmenteux telle la vigne.

ampélopsis n. m. BOT. Nom scientifique de la vigne vierge.

ampérage n. m. ELECTR. Intensité d'un courant électrique.

ampère n. m. PHYS. Unité SI (système international) d'intensité de courant électrique, de symbole A, qui correspond à l'intensité qui parcourt deux fils conducteurs parallèles, infinis, de diamètre négligeable, placés dans le vide à un mètre l'un de l'autre, qui exercent l'un sur l'autre une force de 2.10^{-7} newton par mètre de longueur.

Ampère (André Marie) 1775-1836 Physicien et mathématicien français. Il découvrit les lois de l'action mutuelle des aimants et des courants, et les lois fondamentales de l'électrodynamique et de l'électromagnétisme; il est l'inventeur du télégraphe électrique et, avec Arago, de l'électroaimant. Il appliqua le calcul des probabilités à la théorie mathématique du jeu.

ampère-heure n. m. Quantité d'électricité transportée par un courant d'un ampère en une heure (symbole Ah). Pl. Des *ampères-heures*.

ampèremètre n. m. Appareil gradué servant à mesurer l'intensité d'un courant électrique.

amphétamine n. f. Substance qui exerce une action excitante sur le système nerveux. *Les amphétamines ont parfois été utilisées comme anorexigènes et, frauduleusement, car toxiques (elles entraînent l'accoutumance), comme stimulant physique des athlètes avant une épreuve : c'est un des agents du dopage.*

amphiarthrose n. f. ANAT. Articulation semi-mobile qui ne permet que des mouvements d'une portée limitée, telles les articulations entre les vertèbres.

amphibie adj. et n. m. Qui peut vivre sur terre et dans l'eau. *La grenouille est amphibie.* / Qui peut fonctionner sur terre et dans l'eau. *Char amphibie.*

amphibiens n. m. pl. ZOOL. Classe de vertébrés tétrapodes à peau nue, riche en glandes qui sécrètent un mucus souvent venimeux, qui maintient la peau humide. ♦ Le développement des amphibiens comporte des métamorphoses. Les larves, aquatiques, respirent à l'aide de branchies. Au stade adulte, les amphibiens, aquatiques ou adaptés à la vie terrestre, ont un mode de respiration pulmonaire et cutanée. On distingue, parmi les amphibiens actuels, les anoures (grenouilles, crapauds), les urodèles (tritons, salamandres) et les apodes.

amphibole n. f. GÉOL. Famille de silicates, en général de couleur foncée, qui entrent dans la composition des roches éruptives et métamorphiques.

amphibologie n. f. Sens équivoque d'une phrase dû à une construction involontairement ambiguë (par ex. : *elle apporte des fruits à ses parents qui sont dans le panier d'osier).*

amphibologique adj. Caractérisé par l'amphibologie.

amphictyon n. m. ANTIQ. Membre du conseil de l'amphictyonie.

amphictyonie n. f. ANTIQ. Association groupant, en Grèce, des cités ou des peuples autour d'un même sanctuaire.

amphigouri n. m. Discours ou écrit obscur et inintelligible.

Amphion MYTH. GR. Fils de Zeus et d'Antiope, la fille du roi de Thèbes. Il reconstruisit les murs de Thèbes en charmant les pierres au son de sa lyre.

amphioxus n. m. ZOOL. Petit animal marin de l'embranchement des céphalocordés, dont le squelette est réduit à la corde et l'œil à une tache oculaire. *L'amphioxus vit dans le sable, près des rivages.*

amphipodes n. m. pl. ZOOL. Ordre de crustacés dont le corps, aplati latéralement, est dépourvu de carapace. *Certaines espèces d'amphipodes, tel le talitre (ou puce de mer), sont marines, d'autres vivent en eau douce.*

amphisbène n. m. ZOOL. Reptile (ordre des squamates) fouisseur dont la forme rappelle celle d'un gros ver de terre. *L'amphisbène est aussi appelé « serpent à deux têtes » à cause de la ressemblance entre sa tête et sa queue, et du fait qu'il se déplace indifféremment en avant ou en arrière.*

Amphissa *7 144 h.* Ville de Grèce, en Phocide. Exploitation de la bauxite.

amphithéâtre n. m. ANTIQ. ROM. Vaste édifice rond ou ovale, garni de gradins. / Salle de cours à gradins. / Étage supérieur d'un théâtre, comportant des gradins.

Amphitrite MYTH. GR. Fille de l'Océan. Poséidon la fit enlever par un dauphin pour l'épouser.

amphitryon n. m. Litt. Maître de maison qui reçoit des invités pour un repas.

Amphitryon MYTH. GR. Roi de Tirynthe. Zeus, pour séduire son épouse Alcmène, prit son apparence. De cette union naquit Héraclès.

Amphitryon 1668 Comédie en trois actes de Molière inspirée d'une pièce de Plaute. Une métamorphose divine provoque de piquants quiproquos entre Amphitryon et son valet Sosie mis en présence de leurs doubles : Jupiter et Mercure.

amphore n. f. ANTIQ. Vase ovoïde, à deux anses, à pied ou à base pointue, utilisé pour conserver et transporter des liquides ou des grains.

amphotère adj. CHIM. Qualifie une substance qui a les propriétés d'une base et d'un acide selon le milieu.

ample adj. Large, vaste. *Un geste ample.* / Fig. Abondant. *Faire ample provision de* : se fournir en abondance de.

amplement adv. Abondamment. *Il s'est amplement rempli les poches.* / Largement. *C'est amplement suffisant.*

ampleur n. f. Caractère de ce qui est ample. *Ampleur d'une robe.* / Fig. *L'ampleur d'un sujet.*

ampli n. m. Abréviation d'amplificateur. / *Ampli-tuner* : élément d'une chaîne haute-fidélité comportant un amplificateur et un tuner. *Des amplis-tuners*.

ampliation n. f. DR. Copie authentifiée de l'original d'un acte officiel. / *Pour ampliation* :

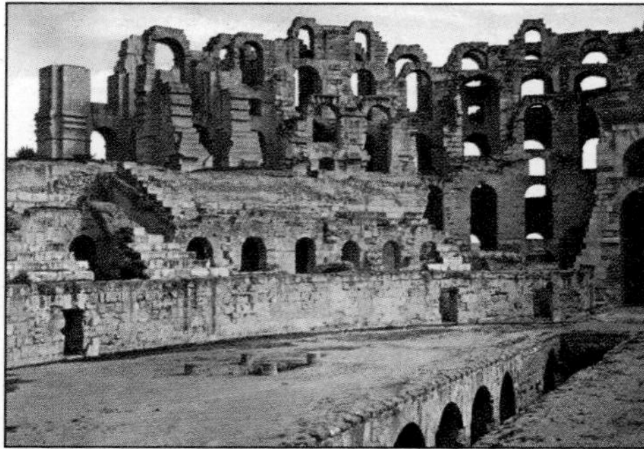

*Détail de l'**amphithéâtre** romain d'El-Djem, en Tunisie.*

Amphores (Djerba, Tunisie).

formule au bas d'un acte qui complète un acte précédent. / ANAT. Dilatation du volume du thorax au moment de l'inspiration.
amplificateur n. m. ÉLECTRON. Appareil qui amplifie un signal trop faible pour être utilisé directement.
amplification n. f. ÉLECTRON. Action d'amplifier (un signal); résultat de cette action. / LITTÉR. Développement (d'un sujet).
amplifier v. t. [1] Augmenter l'ampleur, les dimensions, l'intensité de. / Fig. Exagérer l'importance de. *Amplifier ses succès.*
amplitude n. f. Écart entre les valeurs extrêmes des températures. *Amplitude diurne.* / *Amplitude d'une marée*: écart entre le niveau de la haute mer et le niveau de la basse mer suivante. / PHYS. Valeur maximale d'une grandeur variable dans le temps ou dans l'espace.
ampoule n. f. Petit récipient en verre, fin aux extrémités, bombé au centre, contenant un liquide. *Médicament en ampoule.* / Contenu de ce récipient. *Prendre une ampoule par jour.* / Globe en verre généralement rempli d'un gaz inerte et renfermant le filament des lampes à incandescence ou les électrodes des tubes électroniques. *Ampoule électrique.* / MÉD. Cloque, située sous la peau et remplie de sérosité, produite par un frottement prolongé, une brûlure.
ampoulé, e adj. Emphatique. *Style ampoulé.*
amputation n. f. CHIR. Ablation totale ou partielle d'un membre, d'un organe par intervention chirurgicale. *Amputation d'un bras.*
amputer v. t. [1] Pratiquer l'amputation de. *Amputer un blessé.*
Amritsar *708 800 h.* Ville de l'Inde (Pendjab), centre religieux des Sikhs; carrefour commercial important (foires). Temple d'or (XVIe-XVIIIe siècle).
Amsterdam *723 000 h.* Capitale politique des Pays-Bas, en Hollande septentrionale, au confluent de l'Ij et de l'Amstel (la capitale administrative est La Haye). Port important. Foyer industriel (bois, produits alimentaires, constructions aéronautiques et mécaniques, textiles). Centre, le plus important d'Europe, de la taille du diamant. Développée en cercles concentriques à partir d'un petit port de pêche sur l'Amstel, la ville doit sa prospérité au port qui, dès le XVIe siècle, entretint des relations avec l'Orient (Indes néerlandaises), alors qu'elle était depuis le XIVe siècle membre de la Ligue hanséatique. Aux XVIIe et XVIIIe siècles, les grandes compagnies commerciales hollandaises assurèrent la diffusion des nombreux

Amsterdam.

Amulette antique égyptienne.

produits précieux et rares qu'elles importaient, et Amsterdam devint la principale place financière d'Europe (avec Londres). Construite sur pilotis, la ville, sillonnée par 60 canaux enjambés par 600 ponts, garde l'aspect pittoresque qui lui a valu d'être appelée la « Venise du Nord ». Le Rijksmuseum possède une des plus belles collections de peintures d'Europe (Rembrandt). Le Stedelijkmuseum recèle une importante collection de Van Gogh. En 1997, le traité d'Amsterdam a complété le traité de Maastricht.
amuir (s') v. pron. PHON. Devenir muet, ne plus être prononcé.
amulette n. f. Petit objet que l'on porte sur soi et que des croyances, des superstitions dotent de pouvoirs bénéfiques protecteurs.
Amundsen (Roald) 1872-1928 Explorateur norvégien. Il découvrit le 30 août 1905 le passage du Nord-Ouest en Alaska et atteignit le premier le pôle Sud en 1911. Mort dans l'Arctique alors qu'il portait secours à l'expédition Nobile.
amure n. f. MAR. Autrefois, cordage destiné à retenir le coin inférieur d'une voile du côté où souffle le vent. *Point d'amure*: coin de la voile portant l'amure. / Mod. *Point d'amure*: point inférieur avant d'une voile triangulaire.
amusant, e adj. Divertissant.
amuse-gueule n. m. inv. Petit hors-d'œuvre accompagnant généralement l'apéritif.
amusement n. m. Action d'amuser. / Divertissement.
amuser v. t. [1] Rendre gai, divertir. / v. pron. Passer un moment distrayant. *S'amuser à*: passer ou perdre son temps à.
amusette n. f. Distraction sans importance.
Amy (Gilbert) 1936 Compositeur et chef d'orchestre français, adepte de la musique sérielle: *Diaphonies* (1961), *Une saison en enfer* (1980).
amygdale n. f. ANAT. Chacun des deux organes lymphoïdes situés de part et d'autre du pharynx.
amygdalite n. f. MÉD. Inflammation des amygdales.
amylacé, e adj. Qui contient de l'amidon.
amylase n. f. BIOCHIM. Enzyme présente dans la salive, le suc pancréatique qui, au cours de la digestion, transforme par hydrolyse l'amidon en maltose.
amylobacter n. m. BIOL. Bactérie anaérobie présente dans le tube digestif. *L'amylobacter est un agent actif de fermentation qui dégrade les sucres, la cellulose et l'acide lactique et produit de l'acide butyrique.*
amylopectine n. f. BIOCHIM. Un des constituants de l'amidon.
amylose n. f. Un des constituants de l'amidon. / MÉD. Maladie due à l'infiltration de certains tissus par une substance d'aspect amylacé, faite de protéines de structure complexe.
Amyot (Jacques) 1513-1593 Humaniste français, grand aumônier de Charles IX et d'Henri III. Il traduisit les *Vies parallèles* (ou *Vies des hommes illustres*) et les *Œuvres morales* de Plutarque, *Daphnis et Chloé* de Longus, *les Éthiopiques* d'Héliodore dans une langue claire et élégante.
amyotrophie n. f. MÉD. Atrophie des muscles.
an n. m. Période de temps correspondant à une révolution de la Terre autour du Soleil. / Espace de temps qui couvre douze mois. / Cette unité de temps pour désigner une durée, un âge. *Cela s'est passé il y a un an. Fêter ses vingt ans.* / Année considérée dans une période donnée. *En l'an 200 avant J.-C.* / *Le jour de l'an*: le premier jour de l'année. / *Bon an, mal an*: les bonnes années compensant les mauvaises.
anabaptisme n. m. Doctrine d'un mouvement religieux protestant du XVIe siècle, issue de la Réforme et pour laquelle seul le baptême des adultes représente un véritable engagement religieux.
anabaptiste n. Adepte de l'anabaptisme. *Certains anabaptistes tentèrent d'allier à leurs convictions religieuses un combat politique et social (soulèvements menés par Th. Münzer, Jean de Leyde).*
Anabase (l') Récit historique de Xénophon qui relate l'expédition de Cyrus contre Artaxerxès II et la retraite des mercenaires grecs - les *Dix Mille* - qui s'ensuivit.
Anabase Poème en dix chants et deux chansons de Saint-John Perse (1924) célébrant l'aventure de l'homme, infatigable conquérant des Idées. Le titre ne fait nullement référence à Xénophon: en grec *anabasis* signifie « ascension, montée en selle, expédition vers l'intérieur », et l'auteur l'emploie métaphoriquement.
anableps n. m. ZOOL. Poisson vivant dans la mangrove et dont les yeux protubérants se divisent en deux globes dont l'un est saillant à la surface de l'eau, et qui lui donne la possibilité de voir à la fois sous l'eau et hors de l'eau.

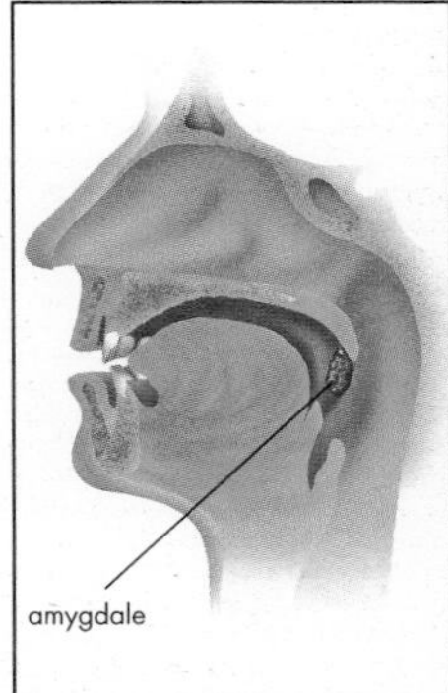

Amygdale.

Anaconda.

anabolisant, e adj. et n. m. Qualifie une substance qui favorise les processus de synthèse dans un organisme vivant. / n. m. *Un anabolisant.*
♦ Les stéroïdes anabolisants ont pour effet d'augmenter le poids d'un individu et sa masse musculaire; ils peuvent provoquer des troubles secondaires souvent très graves. Utilisés illégalement et abusivement par certains sportifs, ils ont été interdits par le Comité international olympique en 1974. Employés également par certains éleveurs pour obtenir de gros animaux de boucherie, ils sont interdits dans de nombreux pays.
anabolisme PHYSIOL. Ensemble de processus de synthèse qui s'effectuent à partir des substances nutritives fournies par les aliments à un organisme vivant, pour les transformer en molécules propres à renouveler les tissus vivants.
anacarde n. m. Fruit de l'anacardier, appelé aussi *noix de cajou,* qui contient une substance oléagineuse et une amande comestible.
anacardier n. m. Arbre d'Amérique tropicale dont une espèce donne la noix de cajou.
anachorète n. m. Ascète qui vit dans la solitude et la contemplation. / Personne qui vit à l'écart du monde, dans l'austérité.
anachronique adj. Qui procède de l'anachronisme. / Désuet, suranné.
anachronisme n. m. Erreur qui consiste à situer un événement à une date, à une époque, autre que celle où il s'est produit. / Caractère de ce qui est vieilli, périmé. *L'anachronisme de son attitude me navre.*
anacoluthe n. f. Rupture dans la construction d'une phrase. *La phrase de La Rochefoucauld « Il vint me trouver de la part de la Reine pour m'apprendre sa liaison avec M. Le Grand et qu'elle lui avait promis que je serais de ses amis » est une anacoluthe.*
anaconda n. m. ZOOL. Grand serpent constricteur d'Amérique tropicale qui peut atteindre jusqu'à 10 m de longueur, vivant dans les eaux calmes et se nourrissant d'oiseaux et de mammifères.
Anacréon v. 570-v. 478 av. J.-C. Poète lyrique grec. Ses chansons d'amour et ses chansons de table nous montrent l'exquise douceur de son inspiration.
anaérobie adj. et n. m. BIOL. Qualifie un micro-organisme ou un tissu vivant qui peut vivre sans oxygène. *Bacille anaérobie.*
anaérobiose n. f. BIOL. Ensemble des conditions de vie nécessaires aux organismes anaérobies. / Ant. aérobiose.
anagenèse n. f. PHYSIOL. Régénérescence des tissus.
anaglyphe n. m. ANTIQ. Ouvrage ciselé ou sculpté en relief. / PHOTO. Procédé stéréoscopique utilisant deux couleurs complémentaires, destiné à créer une impression de relief.
anaglyptique adj. et n. f. *Écriture, impression anaglyptique*, exécutée en relief et destinée aux aveugles.
Anagni *19 700 h.* Ville d'Italie (Latium), où le pape Boniface VIII fut arrêté en 1303 sur ordre de Philippe le Bel.
anagogie n. f. RELIG. Interprétation mystique des textes sacrés, qui permet de s'élever du sens littéral au sens spirituel.
anagogique adj. RELIG. Qui a rapport à l'anagogie. *Interprétation anagogique de la Bible.*
anagramme n. f. Mot constitué par l'interversion des lettres d'un autre mot. *« Charme » est l'anagramme de « marche ».*
anal, ale, aux adj. Qui est relatif à l'anus. / PSYCHAN. *Stade anal*: selon Freud, deuxième stade du développement de la libido chez l'enfant, suivant le stade oral et précédant le stade phallique et centrant la satisfaction sur les voies anales.
analgésie n. f. Abolition ou atténuation de la sensibilité à la douleur.
analgésique adj. et n. m. MÉD. Qui atténue ou fait disparaître la sensibilité ou la douleur.
analité n. f. PSYCHAN. Ensemble des caractères psychiques spécifiques au stade anal.
analogie n. f. Rapport de ressemblance qui apparaît par comparaison entre divers éléments. *Ces deux récits présentent de nombreuses analogies.* / *Raisonnement par analogie*: démonstration qui se fonde sur une similitude. / LING. *Principe d'analogie*: principe selon lequel les formes de certains mots sont influencées par les formes d'autres mots que leur associe l'esprit. *Dire « vous faisez » pour « vous faites », comme « vous lisez », parce que l'on dit « nous lisons, nous faisons », obéit au principe d'analogie.*
analogique adj. Fondé sur l'analogie. *Relation analogique.* / TECHN. Qui varie de façon continue. *Signal analogique d'un instrument de musique.* Ant. numérique.
analogue adj. Présentant une analogie. *Un cas analogue.*
analphabète adj. et n. Qui ne sait ni lire ni écrire parce qu'il n'a appris ni la lecture ni l'écriture.
analphabétisme n. m. État de ceux qui n'ont pas appris à lire et à écrire.
analyse n. f. Action de décomposer un tout en chacun des éléments qui le constituent. *Analyse d'un alliage.* / Étude approfondie d'une chose, d'un fait, d'un phénomène, dans le but de comprendre, d'en déterminer les causes. *Analyse d'une situation.* / *Analyse des sentiments*: étude des motivations affectives. / LING. *Analyse grammaticale*: décomposition d'une proposition et détermination de la fonction qu'occupe chaque mot (sujet, verbe, etc.) dans cette proposition. *Analyse logique*: décomposition d'une phrase en propositions et détermination de la nature des différentes propositions. / *Analyse économique*: explication d'un phénomène économique par des relations de cause à effet, par des lois. / *Analyse mathématique*: partie de l'algèbre; procédé de démonstration dans la résolution des problèmes d'algèbre, par lequel on rattache les données des hypothèses aux théorèmes qu'elles impliquent. / PSYCHAN. Pratique thérapeutique mettant en œuvre les principes de la psychanalyse.
analyser v. t. [1] Procéder à l'analyse de. *Analyser des statistiques.* / PSYCHANAL. Soumettre (un patient) à une analyse.
analyste n. Celui, celle qui se livre à des analyses. *Un analyste financier.* / PSYCHAN. Psychanalyste.
analytique adj. Qui raisonne, démontre par voie d'analyse. *Méthode analytique.* Ant. synthétique. / Qui comporte une analyse ou qui en découle. *Faire un compte rendu analytique.* / PSYCHANAL. Qui est relatif à la psychanalyse. *Traitement analytique.* / LING. *Langues analytiques*: langues qui utilisent des mots distincts (prépositions, pronoms, etc.) pour établir les rapports syntaxiques, de préférence aux formes liées utilisées dans les langues synthétiques.
anamnèse n. f. MÉD. Ensemble de renseignements fournis par le patient à son médecin sur sa maladie et sur les circonstances qui l'ont précédée. / RELIG. CATHOL. Partie du canon de la messe qui suit la consécration.
anamorphose n. f. Image donnant la représentation déformée d'un objet par le jeu de certains dispositifs optiques, tels que les miroirs courbes. / En peinture, en dessin, en photo, représentation volontairement déformée d'un sujet qui ne révèle son aspect réel que lorsque l'on regarde l'image sous un angle particulier ou à l'aide d'un miroir courbe.

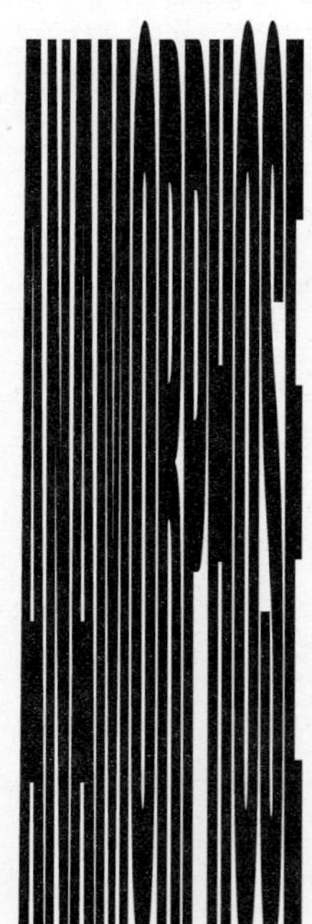

anamorphose : *on parvient à lire le mot en plaçant le bas de la page quasiment à l'horizontale au niveau des yeux.*

*Affiche de propagande **anarchiste**, de la Confédération nationale du travail créée en Espagne en 1911.*

ananas n. m. Plante vivace de la famille des broméliacées, originaire d'Amérique tropicale, croissant dans les régions les plus chaudes d'Amérique et d'Afrique. / Fruit de cette plante, à la peau écailleuse, à la pulpe sucrée et très parfumée.
anaphase n. f. BIOL. Troisième phase de la mitose.
anaphore n. f. RHÉT. Figure de style consistant en la répétition du même mot ou du même groupe de mots au début de phrases qui se succèdent.
anaphylactique adj. MÉD. De l'anaphylaxie, dû à l'anaphylaxie.
anaphylaxie n. f. MÉD. État d'hypersensibilité aiguë d'un sujet à la suite de l'action d'un antigène auquel il avait déjà été sensibilisé lors d'un contact précédent et auquel, par conséquent, il ne devrait pas réagir.
anapsides n. m. pl. et adj. ZOOL. Groupe de reptiles caractérisé pas un crâne sans fosse temporale. *Les tortues sont aujourd'hui les seuls anapsides vivants.* / adj. *Un crâne anapside.*
Anapurna Voir **Annapurna**
anar n. Fam. Abréviation d'anarchiste. *Fréquenter les anars.*
anarchie n. f. État de désordre généralisé dû à l'absence ou à la faiblesse de l'autorité de l'État, à la dégradation des structures politiques, au refus d'observer les lois. / Confusion générale. *Administration où règne l'anarchie.* / Synonyme de *anarchisme.*
anarchique adj. De la nature de l'anarchie.
anarchiquement adv. De manière anarchique.
anarchisme n. m. Idéologie qui privilégie le droit de l'individu et prône la suppression de toute autorité quelle que soit sa forme (familiale, hiérarchique, étatique).
♦ Dénonçant les instruments que la société utilise pour opprimer l'individu (propriété privée, lois, police, tribunaux), l'anarchisme tend à renverser l'ordre établi sans exclure, pour certains de ses adeptes, le recours à la violence, à l'action directe (terrorisme, assassinats politiques). Parmi les théoriciens de l'anarchisme, Proudhon, Bakounine, Stirner, Francisco Ferrer Guardia ont marqué les étapes de l'histoire de cette doctrine. À travers des mouvements politiques et sociaux souvent très différents, l'anarchisme a participé à l'histoire européenne du XIXe siècle, et du début du XXe siècle (révolution russe de 1917, guerre d'Espagne, etc.).

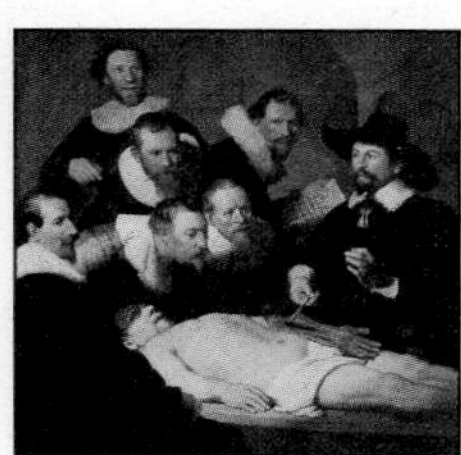
*La Leçon d'**anatomie** du professeur Nicolas Tup, par Rembrandt, 1632 (Mauritshuis, La Haye).*

anarchiste adj et n. De l'anarchisme. *Un théoricien anarchiste.* / Subst. *Les anarchistes espagnols.*

anarcho-syndicalisme n. m. Forme de syndicalisme ouvrier inspiré des idées anarchistes, préconisant la disparition de l'autorité étatique dans la gestion économique au profit des syndicats agissant sous le contrôle direct des travailleurs. *Né à la fin du XIXe siècle, l'anarcho-syndicalisme s'est manifesté, sous diverses formes, en France, en Espagne, en Italie.*

anastomose n. f. ANAT. Jointure de deux vaisseaux. / CHIR. Mise bout à bout de deux conduits, de deux nerfs.

anastrophe n. f. LING. Inversion de l'ordre habituel des mots d'une phrase. *Le burlesque essai de « beau langage » de M. Jourdain, le « bourgeois gentilhomme », « D'amour mourir me font, belle marquise, vos beaux yeux » est une anastrophe.*

anathématiser v. t. [1] Lancer l'anathème sur.

anathème n. m. RELIG. CATHOL. Sentence d'excommunication. / Personne frappée par cette excommunication. / Fig. Réprobation totale. *Lancer l'anathème contre ses ennemis.*

anatidés n. m. pl. ZOOL. Famille d'oiseaux de l'ordre des ansériformes, comprenant notamment le canard, le cygne et l'oie.

anatife n. m. ZOOL. Crustacé marin cirripède protégé par une coquille calcaire à deux valves, vivant, fixé par un pédoncule, sur divers supports, notamment les bois flottants.

anatocisme n. m. FIN. Opération qui consiste à capitaliser les intérêts échus d'une somme prêtée.

Anatolie Turquie d'Asie. Pour les Byzantins, le nom désignait toute l'Asie mineure, pour les Turcs, la région englobe, outre la Turquie d'Asie, le Kurdistan et l'Arménie.

anatomie n. f. Étude de la configuration et de la structure des organes chez les êtres vivants. / Structure générale d'un organisme. / Corps disséqué; partie d'un corps disséqué; sa reproduction sculptée ou moulée (plâtre, cire, plastique…) / Aspect extérieur du corps humain. *Anatomie harmonieuse d'un athlète.*

anatomique adj. Qui procède de l'anatomie. *Représentation anatomique des corps.*

anatomiste n. Spécialiste d'anatomie.

Anaxagore v. 500-v. 428 av. J.-C. Philosophe grec de l'école ionienne. Il professait que l'intelligence est le principe directeur de l'Univers.

Anaximandre v. 610-v. 547 av. J.-C. Philosophe grec de l'école ionienne. Selon lui, l'Univers a pour principe l'infini.

A.N.C. ou **ANC** Sigle de *African National Congress.*

Ancenis *6 896 h.* Ville de la Loire-Atlantique, sur la Loire, centre de constructions électriques. Louis XI y signa en 1468 un traité de paix avec le duc de Bretagne, François II. Château du XVe siècle.

ancestral, e adj. Des ancêtres; transmis par les ancêtres. *Sagesse ancestrale.*

ancêtre n. m. Parent qui est à l'origine de la famille dont on descend. / Précurseur lointain. *Lautréamont, ancêtre du surréalisme.* / Ensemble des hommes qui ont vécu avant nous. *Nos ancêtres, les Gaulois.*

anche n. f. MUS. Languette dont la vibration produit les sons dans certains instruments à vent (clarinette, hautbois, etc.) ou dans les tuyaux d'orgue, les accordéons.

Anchise MYTH. GR. Prince troyen. Son fils Énée le sortit de Troie en flammes en le portant sur son dos.

anchois n. m. Petit poisson marin à la bouche fendue au-delà des yeux. *Les anchois se déplacent en bancs, par centaines de millions, dans les eaux de la Méditerranée, de l'Atlantique et de la mer du Nord.*

Anchorage *226 300 h.* Ville principale de l'Alaska. Port important sur le golfe du même nom.

ancien, enne adj. et n. Qui existe depuis longtemps. *Maison ancienne.* / Dont la fonction dure, a duré. *Il est plus ancien que moi à ce poste.* / (Devant un subst.) Qui n'est plus (ce qu'il était). *Un ancien policier. Les anciens Grecs*, du lointain passé. / Subst. Personne âgée qui, à ce titre, jouit d'une certaine expérience. *Les anciens du village.* / *Les Anciens*: les peuples de l'Antiquité.

anciennement adv. Autrefois.

Ancien Régime (l') L'ensemble des institutions de la France avant la Révolution de 1789.

ancienneté n. f. Caractère de ce qui est ancien. / Durée dans l'exercice d'une fonction. *Avancement à l'ancienneté.*

Anciens (conseil des) Assemblée créée par la Constitution de l'an III (septembre 1795). Comprenant 250 membres, elle votait les lois proposées par le conseil des Cinq-Cents. Elle fut dissoute le 18 brumaire de l'an VIII (1799).

Anciens et des Modernes (querelle des) Polémique qui opposa à la fin du XVIIe siècle ceux qui donnaient la supériorité aux écrivains antiques et ceux pour lesquels les écrivains contemporains égalaient largement leurs modèles. Latente depuis 1670, la controverse enfla en 1688 avec les *Parallèles des Anciens et des Modernes* de Charles Perrault, qui prenait parti pour les Modernes.

ancillaire adj. De la servante. *Amours ancillaires*, du maître et de la servante.

ancolie n. f. Plante de la famille des renonculacées croissant dans les bois et sur les terrains rocailleux, dont les fleurs de couleurs variées sont munies d'éperons.

Ancône *101 200 h.* Port d'Italie, sur l'Adriatique. Dominée par la vieille ville (basilique romano-byzantine Saint-Ciriaque, XIe-XIIIe s.), la ville moderne, peu animée (constructions navales), traite les échanges commerciaux d'un arrière-pays pauvre.

ancrage n. m. MAR. Vx Lieu de mouillage d'un bateau. / CONSTR. Dispositif destiné à maintenir, à assujettir à un point fixe un élément de construction. *Ancrage d'une poutre. Point d'ancrage*: point de fixation; au fig. élément essentiel servant de base à l'organisation d'un système.

ancre n. f. Pièce en acier, munie de pointes, attachée à une chaîne ou une corde, et qui, jetée au fond de la mer, s'y accroche pour immobiliser le bateau. *Jeter l'ancre.* / *Lever l'ancre*: partir. / Pièce d'horlogerie qui régularise le mouvement du balancier et rend constant celui des aiguilles. / ARCHIT. Barre de fer utilisée pour soutenir un mur, une voûte.

ancrer v. t. [1] Immobiliser (une embarcation) avec une ancre. / CONSTR. Fixer par un ancrage. / Fig. Inscrire durablement. *Ancrer dans sa mémoire.* / v. pron. *Ce souvenir s'est ancré dans ma mémoire.*

andain n. m. Herbes fauchées et constituant une ligne dans le sillage du faucheur, de la machine à faucher.

andalou, ouse adj. et n. D'Andalousie. *La musique andalouse. Un (e) Andalou (se).*

Andalousie *87 598 km² 6 940 500 h.* Communauté autonome du sud de l'Espagne. Capitale *Séville*. Le paysage varié comprend des montagnes d'accès difficile (sierra Morena au nord et cordillère Bétique au sud), percées de cañons, des plaines intérieures fertiles (Grenade), la vallée du Guadalquivir et la côte sablonneuse. La vigne, l'olivier et l'élevage des taureaux de corrida sont les ressources agricoles essentielles. Les villes, nombreuses (Séville, Cordoue, Grenade, Cadix), sont des centres industriels, commerciaux (vins de Jerez et Malaga) et touristiques. Très anciennement peuplée, elle fut carthaginoise (VIe-IIe siècle av. J.-C.) et romaine avant d'être envahie au Ve siècle par les Vandales qui lui donnèrent son nom (Vandalusia). Conquise par les troupes berbères et arabes de Tarik en 712, elle fut en grande partie reprise par les chrétiens à partir de 1212, mais le royaume de Grenade ne tomba qu'en 1492. C'est la région d'Espagne où l'influence maure demeure la plus vivante. L'Andalousie conserve de nombreux monuments de l'époque de la domination arabe à Cordoue, Séville (Alcazar) et Grenade (Alhambra).

Andaman (îles) *80 000 h.* Archipel de 200 îles, dans le golfe du Bengale, qui forme avec les îles Nicobar un territoire de l'Union indienne (territoire d'Andaman et Nicobar, *8 249 km², 280 000 h.*, chef-lieu *Port-Blair*).

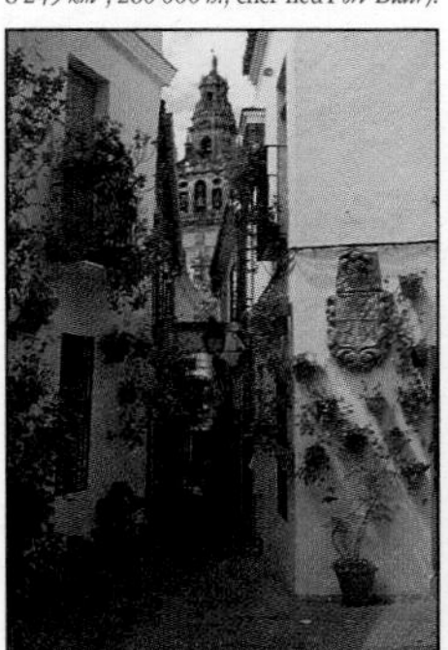
*Rue de la ville **andalouse** de Cordoue; au fond, le clocher de la cathédrale.*

*Hans Christian **Andersen**.*

andante adv. et n. m. (mot italien) MUS. D'un mouvement assez lent. / n. m. Morceau de musique exécuté dans ce mouvement.

andantino adv. et n. m. (mot italien) MUS. D'un mouvement moins lent que celui de l'andante. / n. m. Morceau de musique exécuté dans ce mouvement.

Andelys (les) *7 500 h.* Ville de l'Eure, sur la Seine, dominée par les ruines du Château-Gaillard, centre d'industries textiles (soie) et de verrerie.

Anderlecht *87 900 h.* Commune industrielle de l'agglomération bruxelloise. Musée Érasme. Dumouriez y vainquit les Autrichiens en 1792.

Andersen (Hans Christian) 1805-1875 Écrivain danois. Ses *Contes* pour enfants (1835-1872), chargés d'une poésie naïve et merveilleuse mais parfois mélancolique, ont fait de l'auteur de *la Petite Sirène* une gloire nationale.

Anderson (Sherwood) 1876-1941 Écrivain américain. Ses romans et surtout ses nouvelles exercèrent une grande influence sur les écrivains de la Lost Generation: *Winesburg, Ohio* (1919), *Pauvre Blanc* (1920).

Anderson (Carl) 1905-1991 Physicien américain qui découvrit l'électron positif, ou positon.

Anderson (Lindsay) 1923-1994 Cinéaste britannique. Critique, ses écrits eurent une grande influence sur le cinéma des années 1950-1960. Réalisateur, il donna aussi bien des documentaires et des courts métrages (*Every Day Except Christmas*, 1957) que des longs métrages (*Le Prix d'un homme*, 1963).

***Carl Anderson**.*

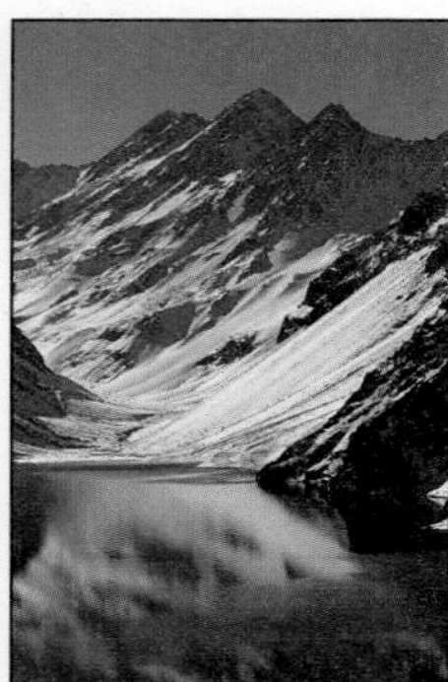

Andes *chiliennes.*

Andes (cordillère des) Grande chaîne de montagnes de l'Amérique du Sud en bordure du Pacifique qui s'étend sur *8 000 km* du Venezuela à la Terre de Feu (Aconcagua *6 959 m*). Le versant abrupt et aride du Pacifique contraste avec le versant humide et à pente douce de l'intérieur. La population, peu nombreuse, se livre à une agriculture de subsistance (élevage du lama, du mouton, maïs). Le développement industriel des Andes, favorisé par l'importance des richesses minières (or et argent du Pérou, cuivre du Chili, étain de Bolivie) et du potentiel hydroélectrique est entravé par les difficultés de circulation. Les Andes sont un centre d'alpinisme important.

andésite n. f. Roche d'origine volcanique, de couleur grise ou verte, abondante dans le Massif central (chaîne des Puys).

Andhra Pradesh *275045 km² 67000000 h.* État du sud-est de l'Inde, sur la côte de Coromandel. Capitale *Hyderabad.* L'Andhra Pradesh a été constitué en 1956 pour regrouper les populations de langue telugu, à partir de territoires appartenant d'une part à l'État princier de Hyderabad, d'autre part à la province britannique de Madras. Économie agricole : riz et tabac.

andin, e adj. Des Andes.

andorran, e adj. et n. D'Andorre. *Les églises andorranes. Un (e) Andorran (e).*

• **Andorre** *468 km² 64 500 h.* Principauté indépendante située dans les Pyrénées, placée depuis 1607 sous la souveraineté conjointe du chef de l'État français et de l'évêque d'Urgel (Espagne). Capitale *Andorre-la-Vieille.* Sa population (Catalans) vit du tourisme et des ressources provenant d'un régime fiscal particulier.

andouille n. f. Charcuterie faite à partir de tripes de porc coupées en lanières et rassemblées dans un boyau de l'animal. / Fam. Personne stupide. *Arrête de faire l'andouille !*

andouiller n. m. ZOOL. Ramification des bois du cerf, et plus généralement des cervidés. *Les bois du cerf tombent chaque année, puis repoussent avec un andouiller supplémentaire, ce qui permet de déterminer l'âge de ce ruminant.*

andouillette n. f. Petite andouille.

Andrade (Mário Paul de Morais, dit **Mário de)** 1893-1945 Poète brésilien qui rénova la littérature de son pays : *Macounaïma* (1928).

Andrassy (Gyula, comte**)** 1823-1890 Homme politique hongrois. Il milita d'abord pour l'indépendance de son pays. À partir de 1858, il prôna la réconciliation avec l'Autriche et devint président du Conseil hongrois.

André (saint) Un des douze apôtres ; il aurait été crucifié sur une croix en X.

Andrea del Castagno (Andrea di Bartolo di Bargilla, dit**)** v. 1420-1457 Peintre florentin. Auteur de fresques (réfectoire de Sant'Apollonia à Florence) où il campe des figures au modelé puissant.

Andrea del Sarto (Andrea d'Agnolo, dit**)** 1487-1530 Peintre florentin. Il modèle par un léger clair-obscur, hérité de Vinci, des figures calmes, largement drapées, réparties selon un sens décoratif de la composition.

Andrea Pisano (Andrea da Pontedera, dit**)** v. 1290-v. 1348 Architecte et sculpteur italien, il exécuta à Florence la porte sud du baptistère et certaines statues du campanile.

Andreas-Salomé (Elisabeth Salomé, Madame Friedrich Carl Andreas, dite **Lou)** 1861-1937 Écrivain allemand d'origine russe, amie de Rilke et de Nietzsche, disciple de Freud.

Andreotti (Giulio) 1919 Homme politique italien. Membre de la démocratie chrétienne, il fut souvent ministre à partir de 1947 et Premier ministre à partir de 1972. Depuis que les magistrats ont lancé en 1993 l'opération « mains propres », il est la cible de nombreuses enquêtes et son immunité parlementaire a été levée en 1993 pour soupçon d'association avec la Mafia ; il a été finalement blanchi.

Andrews (Thomas) 1813-1885 Physicien irlandais qui étudia la continuité des états liquides et gazeux et découvrit le point critique.

Andric (Ivo) 1892-1975 Écrivain serbe. Poète, diplomate, essayiste, nouvelliste, il connut la célébrité avec sa trilogie romanesque : *Il est un pont sur la Drina, la Chronique de Travnik, la Demoiselle* (1945).

Andrinople Ancien nom de la ville turque d'Édirne. Le traité d'indépendance de la Grèce y fut signé en 1829. Grecque de 1918 à 1923, la ville fut restituée à la Turquie par la paix de Lausanne en 1923.

androcée n. m. BOT. Ensemble des étamines, ou organes mâles, de la fleur qui entourent le pistil, organe femelle.

androcéphale adj. Qualifie une statue d'animal à tête d'homme.

Androclès Esclave romain qui, livré aux fauves, fut sauvé par un lion auquel il avait naguère arraché une épine de la patte. Selon Aulu-Gelle, l'empereur lui fit grâce et lui donna le lion.

androgène adj. et n. m. Qui provoque l'apparition de caractères sexuels masculins (pilosité, changement de tonalité de la voix, etc.). *La testostérone est une hormone androgène.* / n. m. Substance hormonale mâle.

androgenèse n. f. BIOL. Développement d'un embryon qui se produit uniquement à partir des chromosomes paternels.

androgyne adj. et n. Qui présente à la fois les caractères des deux sexes. Syn. hermaphrodite. / n. Personne androgyne. / BOT. Qualifie une plante qui porte simultanément des fleurs mâles et femelles dans la même inflorescence.

androgynie n. f. Hermaphrodisme.

androïde n. m. Automate anthropomorphe.

Andromaque MYTH. GR. Veuve d'Hector et mère d'Astyanax. Devenue l'esclave de Pyrrhus, elle lui donna un enfant, mais il épousa Hermione.

Andromaque 1667 Tragédie de Racine inspirée par une tragédie d'Euripide (426 av. J.-C.). Racine enferme les différents

ANDORRE

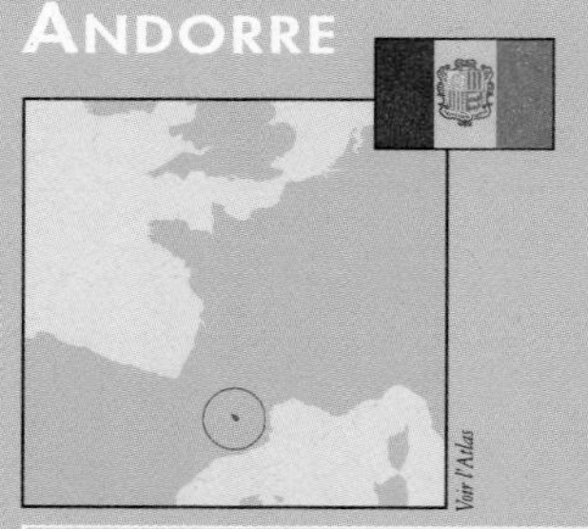

Voir l'Atlas

Superficie : *453 km²*
Nombre d'habitants : *75 000 h.*
Capitale : *Andorre-La-Vieille*
Système politique : *principauté*
Langue (s) : *catalan (officielle), français, espagnol*
Religion (s) : *catholicisme*
Monnaie : *euro*

Vue du village andorran de Sant Climent de Pal. Au fond, on distingue la tour de son église romane.

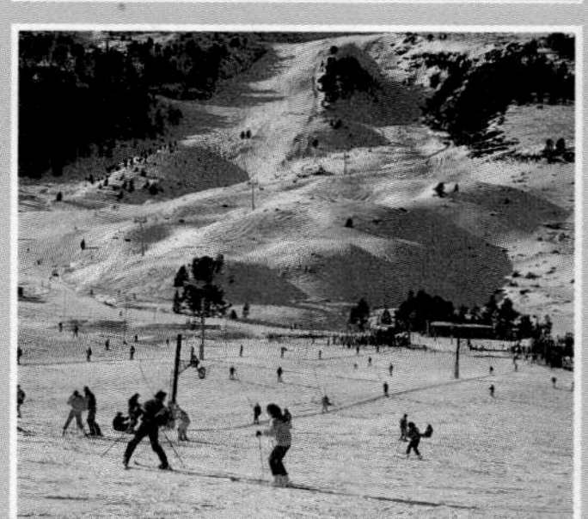

Les stations de ski andorranes (ici Grau Roig) attirent les touristes.

Au milieu de la chaîne des Pyrénées, Andorre offre de beaux paysages de montagnes comme le massif de Coma Pedrosa, où se trouve le point culminant de la principauté (2 949 m).

personnages, Pyrrhus, Hermione, Oreste et Andromaque, dans le cercle infernal de l'amour non partagé. Ainsi, Pyrrhus aime Andromaque, qui refuse de l'épouser.
Andromède MYTH. GR. Fille du roi d'Éthiopie Céphée. Enchaînée sur un rocher par les Néréides, elle fut délivrée par Persée, au moment où un monstre marin allait la dévorer.
Andromède Galaxie spirale, située à deux millions d'années de lumière ; c'est la plus importante des galaxies proches de notre galaxie. Voir **constellation**.
Andronic Nom de quatre empereurs byzantins qui ont régné du XIIe au XIVe siècle. **Andronic Ier Comnène** v. 1100-1185 Deuxième époux d'Agnès de France ; il s'empara du trône en 1183 en faisant étrangler Alexis II et fut lui-même détrôné par Isaac II. **Andronic II Paléologue** 1258-1332 Monté sur le trône en 1282, il lutta contre les Turcs et fut renversé par Andronic III en 1328. **Andronic III Paléologue** 1295-1341 Petit-fils d'Andronic II, empereur en 1328. Sous son règne les Turcs achevèrent la conquête de l'Asie Mineure. **Andronic IV Paléologue** v. 1348-1395 Les Turcs et les Génois l'aidèrent à détrôner son père Jean V en 1376, mais il dut lui restituer le pouvoir.
andropause n. f. MÉD. Ensemble des modifications physiques et psychiques apparaissant chez l'homme à partir de la cinquantaine, entraînant certains troubles, notamment une diminution de l'activité sexuelle.
Andropov (Iouri Vladimirovitch) 1914-1984 Homme politique soviétique. Chef du K.G.B. (1967-1982), il succéda à Brejnev, décédé (1982).
androstérone n. f. Hormone mâle dérivée de la testostérone.
Androuet du Cerceau Famille d'architectes français descendant de **Jacques Ier** (v. 1510-v. 1585). Son fils aîné, **Baptiste** (v. 1544-1590) continua le Louvre (entrepris par Lescot), dont **Jacques II** (v. 1550-1614), frère de Baptiste, acheva la grande galerie. **Jean Ier** (1585-1649), fils de Baptiste, construisit l'hôtel de Sully (Paris).
Andrzejewski (Jerzy) 1909-1983 Écrivain polonais : *Cendres et diamant* (1948). Militant communiste, il fut l'un des organisateurs de la révolte de 1956.
âne n. m. Mammifère domestique de la famille des équidés, assez voisin du cheval dont il se distingue par sa petite taille et sa grosse tête munie de longues oreilles. / Fig. Personne inintelligente et têtue.
anéantir v. t. [2] Réduire à néant (qqch., qqn). *Anéantir ses ennemis.* / Fig. Accabler. *Il est anéanti par son échec.*
anéantissement n. m. Destruction totale. *L'anéantissement d'un peuple.* / Fig. Accablement, découragement extrême.
anecdote n. f. Court récit d'un fait qui pique la curiosité, qui révèle un aspect, une particularité propre à un personnage, une époque, un événement. *Raconter une anecdote amusante sur un homme célèbre.*
anecdotique adj Qui procède de l'anecdote.
anémie n. f. MÉD. Appauvrissement du sang en hémoglobine entraînant un affaiblissement généralisé avec pâleur et asthénie, l'essoufflement, la tachycardie. / Fig. Affaiblissement progressif. *Anémie d'un secteur économique.*
anémique adj. De l'anémie ; atteint d'anémie.
anémomètre n. m. Instrument destiné à mesurer la vitesse du vent.
anémone n. f. BOT. Plante herbacée de la famille des renonculacées. *Les anémones, qui fleurissent au début du printemps, sont cultivées pour leurs fleurs aux couleurs vives et variées.* / ZOOL. *Anémone de mer* : actinie.
anergie n. f. MÉD. Perte de la capacité de réaction d'un organisme à un antigène à l'égard duquel il avait été préalablement sensibilisé.
ânerie n. f. Ignorance, stupidité. / Acte ou paroles stupides. *Dire des âneries.*
anéroïde adj. PHYS. Baromètre anéroïde, muni d'un organe sensible qui, fait d'une capsule vide, se déforme sous l'effet de la pression atmosphérique.
ânesse n. f. Femelle de l'âne.
anesthésie n. f. MÉD. Absence ou disparition, générale ou localisée, de la sensibilité. (L'anesthésie peut être la conséquence d'une maladie ou produite par un agent extérieur. *L'anesthésie générale* provoque une perte de conscience totale du patient. *L'anesthésie locale* insensibilise la partie du corps qui doit être opérée).
anesthésier v. t. [1] Insensibiliser par anesthésie.
anesthésique adj. et n. m. De l'anesthésie. *Insensibilité anesthésique.* / Qui provoque l'anesthésie. / n. m. *Un anesthésique.*
anesthésiste n. Spécialiste de l'anesthésie. / (En appos.) *Médecin, infirmière anesthésiste.*
Anet (château d') Bâti en 1552 pour Diane de Poitiers sur les plans de Philibert Delorme et décoré par Jean Goujon ; il n'en reste qu'une des ailes et la chapelle.
aneth n. m. BOT. Plante ombellifère à fleurs blanches, appelée aussi *faux anis*, utilisée comme aromate.
Aneto (pic d') Point culminant des Pyrénées (*3 404 m*) dans le massif espagnol de la Maladetta.
anévrisme n. m. MÉD. Dilatation de la paroi d'une artère due à l'altération de cette paroi. *Rupture d'anévrisme* : éclatement de la poche formée par l'anévrisme.
anfractuosité n. f. Cavité irrégulière et sinueuse, creusée dans les roches, généralement sous l'effet de l'érosion.
Angara Rivière de Sibérie (*1 826 km*) issue du lac Baïkal, qui se jette dans l'Ienisseï. Elle alimente les centrales d'Irkoutsk et de Bratsk.
angarie n. f. DR. INTERNAT. Réquisition par un État en guerre des navires qui croisent dans ses eaux territoriales.
ange [1] n. m. THÉOL. Créature immatérielle, pur esprit, messager des volontés divines auprès des hommes. / *Ange gardien* : dans la religion catholique, conseiller et protecteur attaché à chaque être humain. / *Le bon, le mauvais ange de quelqu'un* : personne exerçant sur une autre une bonne, une mauvaise influence. / Personne dotée d'une beauté, d'une sagesse exemplaires. *Cette femme est un ange.* / *Rire aux anges*, apparemment sans raison. / *être aux anges* : être ravi. / *Un ange passe* : se dit lors d'un long silence gêné au cours d'une conversation. / BX-ARTS Représentation figurée des esprits célestes. *Les anges de Raphaël.*
ange [2] n. m. ZOOL. Poisson de mer pouvant atteindre 2 m de longueur, intermédiaire entre la raie et le requin.
Ange bleu (l') 1930 Film de J. von Sternberg, inspiré par la nouvelle de Heinrich Mann, *Le Professeur Unrat* (1905). Ce film lança Marlène Dietrich.
angéiologie Voir **angiologie**
Angelico (Giovanni da Fiesole, dit **Fra)** v. 1400-1455 Peintre florentin. Le sens de l'espace et de la lumière élargit les compositions aux tons vifs de ce moine austère dont l'inspiration reste médiévale. *Couronnement de la Vierge*, fresques du couvent de San Marco où il vécut, à Florence, et de la chapelle de Nicolas V, au Vatican. Béatifié en 1983.
angélique [1] adj. Propre à un ange. / Fig. Digne d'un ange. *Sourire angélique.* Syn. séraphique.
angélique [2] n. f. Plante aromatique de la famille des ombellifères pouvant atteindre 2 à 3 m de haut, dont la tige, confite, est utilisée en pâtisserie.
angélisme n. m. Tendance à nier les réalités charnelles, à se comporter comme un pur esprit. / Refus de voir la réalité, candeur naïve.
angelot n. m. Petit ange.
angélus n. m. RELIG. Prière récitée le matin, à midi et le soir pour rappeler l'Annonciation, et qui, en latin, commence par le mot *angelus*. / Sonnerie des cloches pour annoncer cette prière.
Angers *141 404 h.* Chef-lieu du département de Maine-et-Loire, sur la Maine. Marché agricole, centre industriel actif (textiles, métallurgie, distillerie, ardoisières de Trélazé). Ancienne capitale de l'Anjou, rattachée à la France par Louis XI, Angers possède de nombreux monuments historiques : le château féodal flanqué de dix-sept tours abrite un musée de tapisseries (*tenture de l'Apocalypse* de Nicolas Bataille) ; l'abbaye de Saint-Aubin date du XIIe siècle, la cathédrale Saint-Maurice, du XIIIe siècle.
angevin, e adj. et n. D'Anjou ou d'Angers.
angine n. f. MÉD. Inflammation du pharynx et de la région des amygdales. *Angine rouge, angine blanche, angine de Vincent.* / *Angine de poitrine* : syndrome caractérisé par des crises très douloureuses d'angoisse et d'étouffement, due à un apport insuffisant d'oxygène au muscle cardiaque. / Syn. angor.
angiocardiographie n. f. MÉD. Radiographie du cœur et des gros vaisseaux.
angiographie n. f. MÉD. Examen radiographique des vaisseaux sanguins rendus visibles grâce à l'injection d'un produit opaque aux rayons X.
angiologie ou **angéiologie** n. f. Partie de l'anatomie ayant pour objet l'étude du système circulatoire : cœur, artères, veines, vaisseaux lymphatiques.
angiome n. m. MÉD. Tumeur formée par une agglomération de vaisseaux sanguins ou lymphatiques. / *Angiome plan* (appelé couramment « tache de vin ») : tache cutanée violacée généralement présente à la naissance.
angioplastie n. f. CHIR. Technique chirurgicale de réparation des vaisseaux (particulièrement les artères) ou de connexion de leur calibre.

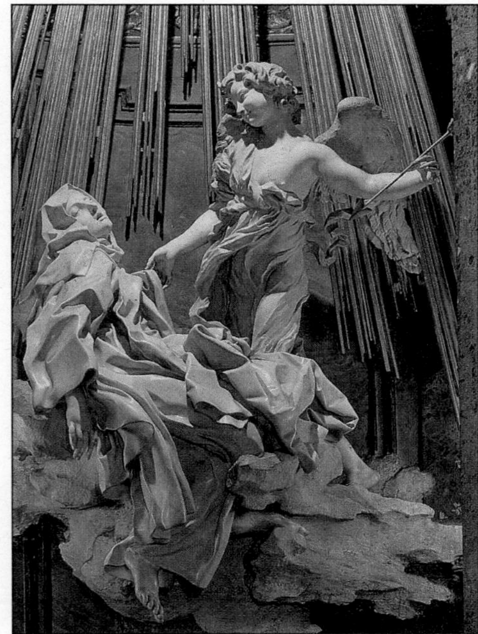

Un **ange** est représenté dans *L'Extase de Sainte Thérèse, du Bernin (1647). Église Santa Maria della Vittoria, à Rome.*

A

Un des temples d'**Angkor**.

angiospermes n. f. pl. BOT. Sous-embranchement de plantes produisant des fleurs et dont les fruits renferment des graines. *Les angiospermes se divisent en plantes monocotylédones et dicotylédones.*

angiotensine n. f. PHYSIOL. Polypeptide ayant des effets hypertenseurs.

Angkor Cité religieuse et ancienne capitale des rois khmers, au Cambodge. Les ruines d'Angkor, découvertes au XIXe siècle, enfouies sous la forêt vierge, témoignent de la haute civilisation de l'Empire khmer (IXe-XIIe siècle après J.-C.): temple funéraire d'Angkor Vat (XIIe siècle), enceinte d'Angkor Thom, temple de Bayon.

anglais, e adj. et n. D'Angleterre. *Les côtes anglaises. Les Anglais et les Gallois.* / loc. adv. *À l'anglaise*: à la manière anglaise. *Filer à l'anglaise*, sans prévenir, subrepticement. / (Abusivement) Personne habitant ou ayant pour origine la Grande-Bretagne. / n. m. Langue germanique parlée dans les îles Britanniques, en Amérique du nord, dans le Commonwealth. / n. f. Écriture cursive aux lignes penchées vers la droite. *Une inscription en anglaise.* / n. f. pl. Longues boucles de cheveux en spirale. *Son visage était encadré d'anglaises d'un somptueux blond vénitien.*

angle n. m. Coin, arête. *L'angle d'une rue, d'une table, d'un mur.* / GÉOM. Figure formée par deux demi-droites; les côtés, qui se coupent en un même point (le sommet). *Angle dièdre* ou *dièdre*: figure formée par deux demi-plans (les faces) qui se coupent et dont l'intersection est une droite commune (l'arête). *Angle plat*: voir *plat.*

Angles Peuple venu de Germanie au Ve siècle qui colonisa l'île de Bretagne. Le nom Angleterre dérive directement du nom de ce peuple.

Anglesey *715 km² 64 000 h.* Île de Grande-Bretagne (pays de Galles), productrice de lait. Ville principale *Beaumaris.* L'île est reliée au continent britannique par un pont.

Angleterre *131760 km² 47 800 000 h.* Partie sud de la Grande-Bretagne, limitée par le pays de Galles à l'ouest et par l'Écosse au nord. Capitale *Londres.*

anglican, e adj. et n. De l'anglicanisme.

anglicanisme n. m. Doctrine et rites propres à l'Église d'Angleterre depuis le XVIe siècle. (En 1534, le roi Henri VIII rompit avec la papauté et prit la tête de l'Église d'Angleterre. C'est à l'initiative de la reine Elizabeth Ire que l'anglicanisme prit une forme définitive, adoptant une voie médiane entre théologie calviniste et liturgie catholique.)

angliciser v. t. [1] Donner un caractère anglais à.

anglicisme n. m. Tournure propre à la langue anglaise. / Mot emprunté à l'anglais et utilisé dans une autre langue, par ex. en français: *ace, wishbone, zoom.*

anglo-américain, e adj. et n. Qualifie la variante de la langue anglaise parlée aux États-Unis d'Amérique. / n. m. Cette langue.

anglo-arabe adj. et n. m. Qualifie un cheval issu d'un croisement entre un pur-sang anglais et un cheval arabe. Pl. Des *anglo-arabes.*

anglomanie n. f. Tendance à admirer et à imiter tout ce qui est anglais.

anglo-normand, e adj. et n. m. Qui possède à la fois des caractères anglais et normands. *Cheval anglo-normand*: cheval issu du croisement d'une race anglaise et d'une race normande. / n. m. Dialecte autrefois parlé de part et d'autre de la Manche après la conquête de l'Angleterre par Guillaume le Conquérant.

Anglo-normandes (îles) *143 000 h.* Archipel de la Manche, propriété directe de la couronne britannique depuis 1066. Fragments du Massif armoricain, ces îles touristiques (Sercq, Aurigny [Alderney], Jersey et Guernesey [les deux plus grandes]), bénéficient d'un climat maritime, doux, humide mais venteux, favorable à l'élevage et aux cultures.

anglophile adj. et n. Qui aime les Anglais.

anglophilie n. f. Sympathie prononcée pour les Anglais, pour ce qui vient d'Angleterre.

anglophobe adj. et n. Qui n'aime pas les Anglais.

anglophobie n. f. Antipathie prononcée pour les Anglais, pour ce qui vient d'Angleterre.

anglophone adj. et n. Qui parle anglais; où l'on parle anglais. *Elle est anglophone. L'Afrique anglophone.* / n. *Les anglophones et les francophones.*

anglo-saxon, onne adj. et n. Des Anglo-Saxons. / De l'ensemble des peuples de langue anglaise. *La civilisation anglo-saxonne a essaimé sur toute la planète. Les Anglo-Saxons.*

Anglo-Saxons Peuples germaniques (Angles, Saxons et Jutes, essentiellement) qui envahirent l'Angleterre à partir du Ve siècle. Le nom a fini par s'appliquer à l'ensemble des peuples d'origine britannique auquel appartiennent en majorité les Américains du Nord.

angoisse n. f. Sentiment diffus d'anxiété, de crainte plus ou moins fondée, qui s'accompagne de symptômes physiques: sensation d'oppression, tachycardie. / PHILO. Dans la philosophie existentialiste, inquiétude métaphysique de l'être humain face au choix inéluctable auquel le condamne l'exercice de sa liberté (Kierkegaard), ou face à la prise de conscience du néant (Sartre, Camus).

Angoulême.

angoissé, e adj. et n. Affecté par l'angoisse. *Avoir l'air angoissé.* / Subst. *C'est un angoissé.*

angoisser v. t. [1] Causer de l'angoisse à. *Le doute l'angoisse.*

• **Angola** État du sud-ouest de l'Afrique, au sud des deux Congo, bordé à l'ouest par l'océan Atlantique. L'Angola est formé d'un haut plateau dominant une côte désertique.

angolais, e adj. et n. D'Angola. *Pétrole angolais. Un (e) Angolais (e).*

angor n. m. MÉD. Angine de poitrine.

angora adj. inv. et n. m. **A.** adj. Qualifie différents animaux, tels la chèvre, le lapin ou le chat, dont les poils sont longs et soyeux. *Une chatte angora.* / Qualifie la laine faite à partir de poils de chèvre ou de lapin angora. **B.** n. m. Laine angora. *Une écharpe en angora.*

Angoulême *42 876 h.* Chef-lieu de la Charente. Ancienne capitale de l'Angoumois, en pays charentais, Angoulême est un centre commercial et industriel (moteurs électriques, papeteries). Cathédrale romane.

Angoulême (Louis, duc **d')** 1775-1844 Fils aîné de Charles X. L'expédition d'Espagne en 1823 lui offrit un commandement couronné de succès à la bataille de Trocadero. Charles X abdiqua à son profit en 1830; devenu pour quelques minutes Louis XIX, il dut immédiatement abdiquer à son tour et suivit son père à Goritz, en Autriche. **Angoulême (Marie Thérèse Charlotte**, duchesse **d')** 1778-1851 Épouse du précédent. Fille de Louis XVI et de Marie-Antoinette (Madame Royale), elle fut enfermée au Temple en 1792 et libérée en 1795, en échange de commissaires français livrés aux Autrichiens par Dumouriez. Elle épousa son cousin, le duc d'Angoulême, en 1799 et revint avec lui en France à la Restauration.

Angoumois Ancienne province du sud-ouest de la France, couvrant en partie les départements de la Charente et de la Dordogne, réunie à la France en 1515 par François Ier puis érigée en duché-pairie pour Louise de Savoie, mère du roi, et de nouveau réunie au domaine royal en 1531.

angström n. m. PHYS. Unité de longueur de symbole Å qui vaut 10^{-10} m.

Angström (Anders Jonas) 1814-1874 Physicien suédois qui étudia l'analyse spectrale de la lumière.

Anguier (François) 1604-1669 Sculpteur français, auteur du *Tombeau du connétable de Montmorency* dans l'église des Carmélites à Moulins. **Michel** 1612-1686 frère du précédent, travailla à Vaux-le-Vicomte, au Louvre, à Versailles.

anguille n. f. ZOOL. Poisson osseux d'eau douce dont le corps très allongé et la peau visqueuse et glissante rappellent le serpent. *À l'automne, toutes les anguilles d'Europe descendent les fleuves, pour aller se reproduire dans la mer des Sargasses.*

anguilliformes n. m. pl. ZOOL. Ordre de poissons téléostéens au corps allongé et cylindrique, souvent dépourvu d'écailles, dont les nageoires anale, caudale et dorsale sont en continuité. *Les anguilles, les congres et les murènes sont des anguilliformes.*

anguillule n. f. ZOOL. Ver de la classe des nématodes, vivant dans les sols humides, dont certaines espèces parasitent le blé et la betterave.

angulaire adj. Qui forme un angle. *Pierre angulaire*: pierre formant l'angle extérieur d'un bâtiment et jouant un rôle de soutien. / Fig. Fondement; élément essentiel sur lequel tout repose. *Pierre angulaire d'une théorie, d'une analyse.*

Anhalt Ancien duché réuni à l'Allemagne en 1918. Fait aujourd'hui partie du Land de Saxe-Anhalt.

anhydre adj. Qui ne contient pas d'eau.

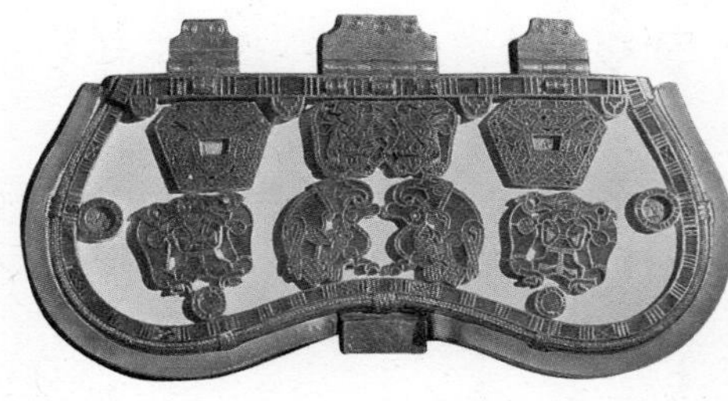
Couvercle d'un coffret, vestige du trésor de Sutton Hoo (nord-est de Londres), représentatif de l'art **anglo-saxon** du VIIe siècle (British Museum, Londres).

ANGOLA

Superficie : *1 246 700 km²* – **Nombre d'habitants :** *12 570 000 h.* – **Capitale :** *Luanda*
Villes principales : *Lubamgo, Malanje, Huambo* – **Système politique :** *république*
Langue (s) : *portugais (officielle), langues bantoues et khoïsan*
Religion (s) : *catholicisme, protestantisme, religions africaines* – **Monnaie (s) :** *kwanza*

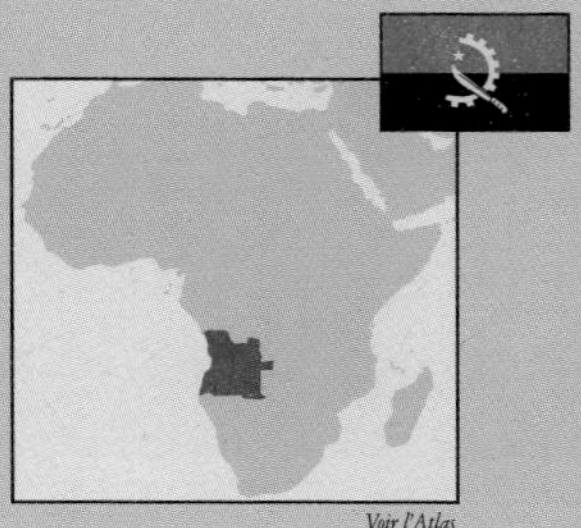

Voir l'Atlas

Histoire

Le nord de l'Angola appartenait au royaume du Kongo, qu'évangélisèrent des religieux portugais dès la fin du XVe siècle. Au milieu du XVIe siècle, le Portugal domina le pays. La colonisation de l'intérieur ne commença qu'au milieu du XIXe siècle et ne s'acheva que dans les années 1910-1920. Fondé en 1954, le Mouvement populaire de libération de l'Angola (M.P.L.A.) subit la concurrence d'autres mouvements. La révolution des œillets, à Lisbonne (1974), accorda au pays l'indépendance, proclamée en 1975. Soutenu par l'URSS et par 4000 Cubains, le M.P.L.A. prit la direction du pays, mais il affrontait alors l'Union nationale pour l'indépendance totale de l'Angola (UNITA), aidée par l'Afrique du Sud. La guerre civile s'éternisa. L'UNITA contrôlait les régions productrices de diamants. Des élections libres organisées en 1992 donnèrent la victoire (incontestable) au M.P.L.A., mais l'UNITA poursuivit la lutte jusqu'en 1997 et la reprit contre l'armée gouvernementale en 1999, avant de capituler en avril 2002 après la mort de son chef, Jonas Savimbi. La lutte a ravagé le pays où une partie importante de la population dépend pour sa survie de l'aide alimentaire internationale.

Économie

Seuls 3 % des terres sont cultivables. L'élevage a une certaine importance (bovins, chèvres), ainsi que la pêche et l'exploitation forestière.
Le pétrole et les diamants constituent de puissantes ressources, mais, après une longue guerre civile et les erreurs de la collectivisation forcée, la croissance, qui date seulement des années 1994-1995, a souffert d'un nouveau coup d'arrêt dû à la reprise de la guerre civile en 1999.

Le port de Luanda, capitale de la république d'Angola.

Village d'éleveurs de bétail dans la province de Huila au sud-ouest de l'Angola.

anhydride n. m. CHIM. Oxyde dérivant d'un oxacide par élimination d'une molécule d'eau. *L'anhydride sulfureux SO_3 dérive de l'acide sulfurique SO_4H_2.*
anhydrite n. m. CHIM. Sulfate anhydre de calcium naturel, plus dur que le gypse.
anicroche n. f. Incident qui fait obstacle momentanément à qqch. *Le spectacle s'est déroulé sans anicroche.*
ânier, ère Celui, celle qui conduit un, des ânes.
aniline n. f. CHIM. Amine de formule C_6H_5-NH_2. *L'aniline est un liquide huileux, incolore et très toxique, utilisé dans l'industrie des colorants.*
animadversion n. f. Anc. Blâme. / Mod., litt. Forte inimitié, aversion.
animal, ale, aux n. m. et adj. **A.** n. m. Être vivant qui diffère du végétal par son degré d'organisation, son aptitude au mouvement, sa sensibilité et sa nutrition à base d'aliments organiques. / Être vivant qui ne possède pas, à l'inverse de l'homme, la faculté de raisonner et de parler. / Fig. Personne grossière. **B.** adj. Qui est propre à l'animal, lui est relatif. *Espèce animale et espèce végétale.* / Non humain. *Nourriture, chair animale.*
animalcule n. m. Animal microscopique.
animalerie n. f. Lieu où sont rassemblés des animaux de laboratoire.
animalier, ère adj. et n. m. Relatif aux animaux ou à leur représentation. / n. m. Peintre, sculpteur qui représente des animaux. (En apposition.) *Peintre animalier.*
animalité n. f. Ensemble de ce qui caractérise l'animal.
animateur, trice n. Personne qui anime. *Il fut l'animateur de la soirée.* / Personne dont la profession est d'animer un centre culturel. / Personne qui anime un spectacle, une émission de radio. *Être animateur sportif à la radio.*
animation n. f. Manifestation du mouvement de la vie. *Quartier plein d'animation.* / Vivacité. *Parler avec animation.* / CIN. Procédé qui consiste à filmer image par image des dessins, des photos, des marionnettes de manière à donner l'impression de mouvement au moment de la projection. *Cinéma, film d'animation.*
♦ Créé par le Français Émile Cohl (*Fantasmagorie*, 1908), le film d'animation va connaître un essor considérable aux États-Unis avec Pat Sullivan (*Félix le Chat*), Walt Disney (*Mickey, Pluto, Donald,* etc.), Tex Avery, qui entraîne le genre vers l'absurde et la loufoquerie. Après la Seconde Guerre mondiale, d'autres formes d'animation s'imposent : dessin gravé directement sur pellicule (le Canadien Norman McLaren), films de marionnettes (les Tchèques Jiri Trnka et Karel Zeman). Plus récemment, le développement des techniques informatiques (notamment les images de synthèse) ouvre à l'animation de nouvelles perspectives.
animato adv. (mot italien) MUS. Mention signifiant « animé ».
animé, e adj. Qui vit. *Les êtres animés.* / Où il y a de l'animation. *Un quartier animé.* / Guidé, motivé (par). *Un individu animé par le remords.* / *Dessin animé* : film réalisé par animation.
animer v. t. [1] Donner vie à ; imprimer un mouvement à. / Fig. Emplir d'entrain, de vivacité. *Animer un repas.* / Être l'élément moteur de. *Animer une émission.* / v. pron. Devenir plus vif, plus ardent. *La conversation s'anima soudain.*

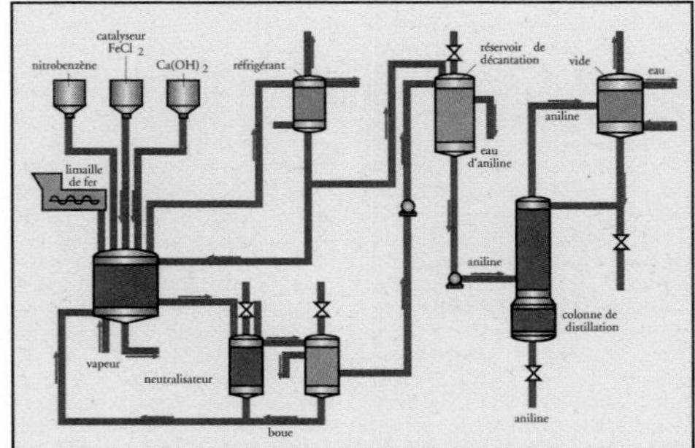

*Obtention de l'**aniline** par réduction de nitrobenzène.*

animisme n. m. Croyance selon laquelle un principe vital supérieur, une âme proche de l'âme humaine, imprègne et anime certains objets, certains lieux, certains phénomènes naturels.
animiste adj. et n. Qui procède de l'animisme. *Rite animiste.* / Subst. *Les animistes sont nombreux en Afrique.*
animosité n. f. Sentiment d'antipathie, de malveillance à l'égard de quelqu'un. *Critiquer qqn sans animosité. Des paroles chargées d'animosité.*
anion n. m. PHYS. Ion dont la charge électrique est négative. Ant. cation.
anis n. m. Nom donné à diverses plantes de la famille des ombellifères (cumin, fenouil, anis vrai, etc.) utilisées pour leurs qualités aromatiques ou médicinales. / *Anis étoilé* : badiane.
aniser v. t. [1] Parfumer à l'anis. *Apéritifs anisés.*
anisette n. f. Liqueur à base d'anis.
anisogamie n. f. BIOL. Mode de reproduction sexuée faisant intervenir des gamètes morphologiquement, anatomiquement ou physiologiquement différents.
anisotrope adj. PHYS. Qualifie un corps, une matière dont les propriétés diffèrent en fonction de leur direction dans l'espace.
Anjou Ancienne province française partagée aujourd'hui entre les départements de Maine-et-Loire, Indre-et-Loire, Mayenne et Sarthe. S'étendant sur le Bassin parisien (*Anjou blanc*, forestier) et sur le Massif armoricain (*Anjou noir*, domaine du bocage et de l'élevage), l'Anjou est un carrefour de vallées (*val d'Anjou*) où une agriculture de qualité (vignoble renommé, fleurs, fruits et légumes) est favorisée par la douceur du climat. L'industrie n'est développée que dans

la capitale, *Angers*. Propriété des Plantagenêts rattachée à la Couronne par Philippe Auguste, en 1203, donné par deux fois en apanage, l'Anjou est définitivement réuni à la France par Louis XI en 1481.

Anjou (maison d') Nom de trois familles qui ont régné dans toute l'Europe du Xe au XVe siècle. De la *première*, fondée en 870 par Ingelger, descendent les Plantagenêts qui ont régné sur l'Angleterre, ainsi que plusieurs rois de Jérusalem. La *deuxième*, capétienne, fondée en 1246 par Charles Ier, fils du roi de France Louis VIII et frère de Saint Louis, comte apanagiste d'Anjou, comprend plusieurs branches dont l'une régna en Hongrie, l'autre à Naples et en Provence, la troisième à Tarente, une autre enfin à Durazzo. La *troisième* est issue de l'apanage, renouvelé en 1360 par Jean II le Bon, roi de France, en faveur de son fils Louis, fait duc d'Anjou. Le dernier descendant de Louis, Charles IV d'Anjou, fit de Louis XI son héritier et le duché fut réuni à la France en 1481.

Anjou (duc d') Titre porté par différents princes de la maison de France: le futur **Henri III**, roi de France; son frère puîné, **Hercule François** 1554-1584 troisième fils d'Henri II et de Catherine de Médicis, d'abord duc d'Alençon et candidat malheureux à la main de la reine Elizabeth Ire d'Angleterre; enfin **Philippe de France** 1683-1746 fils cadet du Grand Dauphin Louis et petit-fils de Louis XIV, qui monta sur le trône d'Espagne en 1700.

Anjouan ou **Nzwani** *424 km² 189 000 h.* Une des îles de l'archipel des Comores.

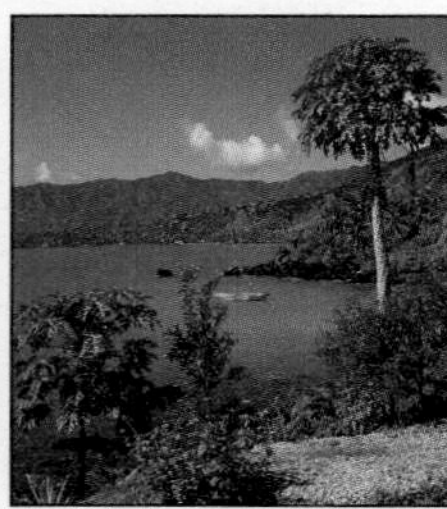

Côte de l'île d'**Anjouan**.

Ankara *2 838 000 h.* (autrefois *Angora*) Au cœur de l'Anatolie, capitale de la Turquie depuis 1923. Dominée par une citadelle, la ville neuve, marché de la laine angora, est devenue un centre d'industries sidérurgiques.

ankylose n. f. Perte de mobilité, partielle ou totale, d'une articulation. *Ankylose du coude, du genou.*

ankyloser v. t. [1] Déterminer l'ankylose de. *L'immobilité l'a ankylosé.* / v. pron. Souffrir d'ankylose. *Je me suis ankylosé en restant trop longtemps accroupi.*

ankylostome n. m. ZOOL. Ver de la classe des nématodes, parasite de l'intestin grêle, responsable d'une anémie pernicieuse, l'ankylostomiase.

Anna Ivanovna 1693-1740 Impératrice de Russie (1730), fille d'Ivan V et nièce de Pierre le Grand. Elle monta sur le trône à la mort de Pierre II, petit-fils de Pierre le Grand. Sans enfant, elle adopta et désigna pour héritier Ivan VI.

Anna Karenine 1877 Roman de Léon Tolstoï. Récit dramatique d'un adultère qui mènera au suicide la malheureuse Anna, mariée sans amour à un haut fonctionnaire et mal aimée par un amant superficiel, l'officier Vronsky. L'intrigue permet à Tolstoï d'opposer différents types de relations conjugales dans différents milieux russes, ce qui élargit le roman à une réflexion morale sur le couple et la famille.

Annaba *227 795 h.* (autrefois *Bône*) Port d'Algérie orientale. Exportateur de vins et de phosphates, il dessert un grand complexe sidérurgique.

annales n. f. pl. Ouvrage historique rapportant les faits dans l'ordre chronologique, année après année. *Annales politiques.* / Ensemble des faits, des événements concernant un domaine, une époque. *Affaire restée célèbre dans les annales du crime.*

Annales Ouvrage (v. 115-117) de Tacite qui traite l'histoire de l'Empire romain depuis la mort d'Auguste (14 apr. J.-C.) jusqu'à celle de Néron (69). Nous ne conservons que dix des seize livres (livres I à IV et XI à XVI) et des fragments des livres V et VI.

Annales d'histoire économique et sociale Revue fondée en 1929 par les historiens français Lucien Febvre et Marc Bloch. Jugeant insuffisante l'histoire événementielle, les historiens de l'école des *Annales* utilisaient les méthodes fournies par les sciences économiques et par la sociologie. Cette tendance nouvelle bouleversa les études historiques en France et hors de France.

Annam ou **Trung Bô** Région centrale du Vietnam formée d'une chaîne forestière (la Cordillère annamitique) et d'une plaine littorale, ouverte à la mousson, où se concentre une population de cultivateurs (riz), de pêcheurs et d'artisans (textiles, vannerie). L'empire d'Annam, dont la capitale était Hué, devint en 1883 un protectorat français.

annamite adj. et n. D'Annam.

Annan (Kofi) 1938 Diplomate ghanéen, secrétaire général de l'ONU. Il s'attaque à la réforme et à la modernisation de l'institution et s'implique dans les actions menées par l'ONU pour rétablir la paix dans le monde (opérations de maintien de la paix en Afrique et dans les Balkans, notam. ; discussions autour du processus de paix au Proche-Orient), devenant ainsi un acteur majeur de la diplomatie internationale. En 2002, au moment où s'exprime la volonté des États-Unis d'en finir en Irak avec le régime de Saddam Hussein, il obtient de ce dernier le retour des inspecteurs de l'ONU qui avaient été expulsés ou rendus incapables de remplir leur mission. En mars 2003, malgré l'hostilité de la majorité de l'ONU à une intervention unilatérale des États-Unis en Irak, il ne parvient pas à l'empêcher.

Annapurna ou **Anapurna** Sommet de l'Himalaya, au Népal (*8 078 m*), conquis en 1950 par l'expédition française de Maurice Herzog.

Anne (sainte) Dans les évangiles apocryphes, épouse de saint Joachim, mère de la Vierge Marie; c'est la patronne des marins.

Anne Boleyn 1507-1536 Reine d'Angleterre. Seconde femme d'Henri VIII, roi d'Angleterre. Accusée d'adultère, elle fut décapitée. Elle est la mère d'Elizabeth Ire.

Anne Comnène 1083-1148 Princesse byzantine. Elle écrivit l'*Alexiade*, qui narre l'histoire du règne de son père, l'empereur Alexis Ier Comnène.

Anne d'Autriche.

Anne d'Autriche 1601-1666 Reine de France. Fille du roi d'Espagne Philippe III, elle épouse Louis XIII en 1615. Après plus de vingt ans d'un mariage stérile, elle donne naissance à deux fils, Louis, en 1638, et Gaston, en 1640. Elle conspira contre Richelieu et sa correspondance secrète avec son frère, le roi d'Espagne, la fit accuser de trahison, la France et l'Espagne étant alors en guerre. À la mort de Louis XIII, elle assura la régence jusqu'à la majorité de son fils Louis XIV, en confiant la direction des affaires de l'État à Mazarin. Lors des troubles de la Fronde, elle fit montre d'un grand courage et son sang-froid contribua largement au salut de la monarchie.

Anne de Bretagne 1477-1514 Reine de France. Duchesse de Bretagne, elle devint reine de France en épousant Charles VIII. Son contrat de mariage précisait qu'à sa mort la Bretagne reviendrait à la France. Les enfants qu'elle eut du roi ne vécurent pas et, en 1499, après la mort de son mari, elle épousa son successeur, Louis XII. De ce mariage ne survécurent que deux filles dont l'aînée, Claude, devint reine de France en épousant le futur François Ier; la jeune femme apportant à son mari ses droits sur le duché, la Bretagne fut, à sa mort, définitivement réunie à la France.

Anne de Clèves 1515-1557 Reine d'Angleterre. Quatrième épouse d'Henri VIII, roi d'Angleterre, qui la répudia au bout de six mois.

Anne de France, dite **Anne de Beaujeu** 1460-1522 Fille aînée de Louis XI, elle assura avec habileté la régence (1483-1491) avant la majorité de son frère Charles VIII.

Anne de Kiev v. 1024-v.1075 Reine de France. Fille du grand-prince de Kiev, elle épousa Henri Ier et fut la mère de Philippe Ier.

Anne Stuart 1665-1714 Reine d'Angleterre et d'Écosse. Elle gouverna après la mort de Guillaume III (1702) et subit l'influence des Marlborough. Deux événements ont marqué son règne: l'occupation de Gibraltar et l'union de l'Écosse et de l'Angleterre (1707). Sans enfant de son mariage avec Georges de Danemark, opposée à ce que le trône revienne au fils (catholique) de son demi-frère Jacques II Stuart, elle désigna pour lui succéder un lointain parent protestant, l'électeur de Hanovre. C'est de ce dernier que descend l'actuelle famille royale britannique.

L'**anneau** olympique du stade de Barcelone, en Espagne.

anneau n. m. Cercle de métal, de bois, de matière plastique, utilisé pour retenir ou suspendre quelque chose. *Anneaux de rideau.* / Petit bijou de forme circulaire qui se porte au doigt. *Anneau d'or, d'argent. Anneau de mariage. Anneau épiscopal*: bague portée par un évêque symbolisant son lien avec l'Église. / Toute chose qui a ou évoque la forme d'un anneau. / BOT. Collerette membraneuse située sur le pied de certaines espèces de champignons. / Couche ligneuse formée chaque année par certains végétaux et venant épaissir leur tronc ou leur tige. / ASTRON. Zone circulaire formée de particules solides gravitant autour de certaines planètes. *Les anneaux de Saturne, de Neptune, d'Uranus.* / n. m. pl. Agrès de gymnastique formés de deux cercles métalliques accrochés chacun à une corde fixée à un portique. / *Anneaux de Newton*: phénomène lumineux qui apparaît lorsqu'on observe la lumière réfléchie par une lentille convexe placée sur une lame de verre plane. Pl. Des *anneaux*.

Annecy *49 644 h.* Chef-lieu de la Haute-Savoie. Entouré de montagnes, au bord d'un lac, Annecy est un centre touristique dynamique et une ville d'industries modernes (électrométallurgie). Ancienne capitale du comté du Genevois. Château du XVe siècle et cathédrale du XVIe siècle.

année n. f. Temps d'une révolution de la Terre autour du Soleil. / *Année tropique*: temps écoulé entre deux passages du Soleil au point d'équinoxe de printemps, appelé *point gamma*, soit environ 365,2422 jours. / *Année sidérale*: temps écoulé entre les deux passages du Soleil en un même point de son orbite apparente, soit environ 365,2563 jours. / Période de douze mois considérée à partir d'une date donnée. *Passer dix années à l'étranger. Entamer plusieurs années d'études.* / Période correspondant à une activité et qui se déroule sur moins de douze mois. *Année scolaire. Année judiciaire.* / *Année sabbatique*: année qui revient tous les sept ans et durant laquelle, suivant la loi de Moïse, la terre doit se reposer. *Par ext.*, année de congé destinée à des travaux d'études ou à des besoins spécifiques ponctuels. / *Année civile*, qui débute le 1er janvier et se termine le 31 décembre suivant le calendrier grégorien. / Période de douze mois calculée suivant une chronologie propre à un calendrier particulier. (Chez les Égyptiens, les Chaldéens, les Perses, l'année commençait à l'équinoxe

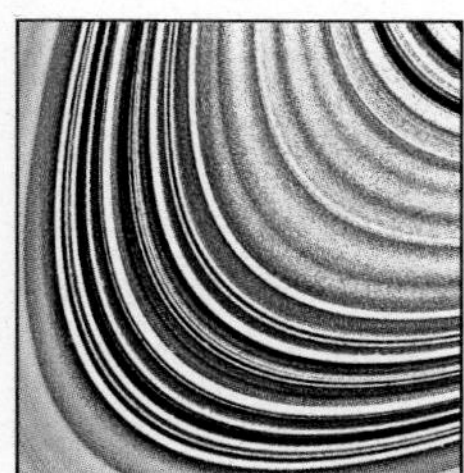

La sonde Voyager II a rapporté des nouvelles images lors de son passage près de Saturne en 1981 et mis en évidence de nouveaux ***anneaux***.

d'automne, le 22 septembre. En France, l'année débutait à Pâques jusqu'au règne de Charles IX qui, en 1564, la fit commencer le 1er janvier jusqu'à ce que la Convention eût établi en 1792 le nouveau calendrier républicain qui reprit l'équinoxe d'automne comme jour de l'année nouvelle. En 1806, l'année grégorienne, débutant le 1er janvier, fut rétablie).

Année dernière à Marienbad (l') 1961 Film français d'Alain Resnais sur un scénario et des dialogues d'Alain Robbe-Grillet. L'intemporalité de l'action, l'élégance calculée des images font de ce film un exercice de style.

annelé, e adj. BIOL. Fait d'anneaux. *Vers annelés*: annélides. / ARCHI. Orné d'anneaux. *Colonne annelée.*

annelet n. m. Petit anneau. / ARCHIT. Filet décorant un chapiteau dorique.

annélides n. m. pl. ZOOL. Embranchement d'animaux triploblastiques cœlomates, dont le corps mou, vermiforme, est constitué d'une succession de segments (métamérie très marquée) portant des appendices et des soies plus ou moins développées. *Le phylum des annélide comprend trois classes: les achètes ou hirudinées (sangsues), les oligochètes (par. ex. lombric) et les polychètes (néréis, arénicole, etc.).*

année-lumière ou **année de lumière** n. f. ASTRON. Unité de longueur (de symbole al) représentant la distance (environ 9 461 milliards de km) parcourue dans le vide, en une année, par la lumière. Pl. Des *années-lumière.*

annexe adj. et n. f. Qui est joint à la cause principale, qui en dépend. *Le contrat et les pièces annexes.* / n. f. Ce qui est rattaché à une chose principale afin de la compléter. *Les annexes d'une ferme.* / Pièce jointe à un dossier qu'elle précise, qu'elle complète. *Lire les annexes en fin de dossier.*

annexer v. t. [1] Unir à un élément principal. *Annexer des graphiques à un rapport.* / Procéder à l'annexion de. *Annexer un territoire.*

annexion n. f. Réunion d'un territoire ou d'un pays à un autre pays qui exercera, sur lui, sa souveraineté. *L'annexion de l'Autriche à l'Allemagne nazie en 1938.*

annihilation n. f. Destruction totale, anéantissement. *Annihilation des espoirs.* / PHYS. Réaction entre une particule et son antiparticule entraînant leur disparition et la formation d'autres particules fournissant de l'énergie.

annihiler v. t. [1] Réduire à rien, à néant.

anniversaire n. m. Jour où l'on célèbre le souvenir d'un événement survenu le même jour une ou plusieurs années auparavant. *Fêter l'anniversaire de sa naissance. Anniversaire d'une victoire.*

annonce n. f. Information, communication, avis transmis au public. *Annonce d'une naissance, d'une victoire. Annonces publicitaires. Petites annonces d'un journal.* / Signe qui laisse présager quelque chose. *Les premiers bourgeons sont l'annonce du printemps.*

annoncer v. t. [1] Faire savoir; donner connaissance de. *Annoncer sa venue.* / ¿tre le signe de, laisser présager. *Ces nuages annoncent l'orage.* / v. pron. *La négociation s'annonce tendue.*

annonceur n. m. Personne ou entreprise qui diffuse un message publicitaire par l'intermédiaire d'un quelconque média (presse écrite, radiodiffusion, télévision, Internet, etc.)

annonciateur, trice adj. Qui annonce.

annonciation n. f. RELIG. *L'Annonciation*: annonce faite par l'ange Gabriel à la Vierge Marie pour lui annoncer qu'elle sera la mère du Messie. / Commémoration par l'Église de cet événement. / Œuvre d'art représentant cet événement.

annone Voir **anone**

annotation n. f. Action d'annoter; note accompagnant un texte.

annoter v. t. [1] Ajouter (des notes) à. *Marge pour annoter un texte.*

annuaire n. m. Parution annuelle fournissant certains renseignements concernant un domaine, une profession. *Annuaire téléphonique. Annuaire professionnel.*

annualisation n. f. Action d'annualiser; son résultat.

annualiser v. t. [1] Donner une périodicité annuelle à.

annualité n. f. Caractère de ce qui est valable un an. *Annualité de l'impôt.*

annuel, elle adj. Qui ne dure qu'un an. *Contrat annuel.* / Qui revient chaque année. *Festivités annuelles.* / AGRIC. *Plantes annuelles*, qui durent un an au plus et que l'on doit semer chaque année (par opposition aux *plantes vivaces*).

annuité n. f. Somme annuelle versée pour acquitter une dette remboursable en plusieurs années. / Unité équivalant à une année de service utilisée dans le calcul des retraites ou des pensions.

annulabilité n. f. DR. Caractère d'un acte entaché d'un vice qui le rend nul et sans effet.

annulaire [1] adj. En forme d'anneau. *Éclipse annulaire*, qui se produit lorsque la Lune éclipse le Soleil, ne laissant autour de ce dernier que la couronne solaire, en forme d'anneau.

annulaire [2] n. m. Quatrième doigt de la main qui porte traditionnellement l'anneau de mariage.

annulation n. f. Suppression. *Annulation d'un rendez-vous.* / DR. Abrogation par décision de justice d'un acte qui ne remplit pas les conditions requises. *Annulation d'un contrat.*

annuler v. t. [1] Frapper de nullité; rendre ou déclarer nul. *Annuler une décision, une élection.* / v. pron. Aboutir à un résultat nul, en s'opposant ou en se compensant. *Deux forces contraires s'annulent.*

anoblir v. t. [2] Conférer un titre de noblesse à. *Anobli par Napoléon Ier, Davout a été fait duc d'Auerstedt.*

anoblissement n. m. Octroi d'un titre de noblesse. / *Lettres d'anoblissement* ou *lettres de noblesse*, par lesquelles le roi de France octroyait la noblesse.

anode n. f. PHYS. Électrode d'un appareil reliée au pôle positif de la source de courant.

anodin, e adj. Vx Qui calme la douleur. / Sans importance, sans gravité. *Des propos anodins. Un rhume anodin.*

anodisation n. f. Procédé technique qui consiste à oxyder en surface, par électrolyse, une pièce métallique servant d'anode, afin de la protéger.

anodiser v. t. [1] Procéder à l'anodisation de.

anodonte adj. et n. m. Qui est dépourvu de dents. / ZOOL. Mollusque bivalve d'eau douce à coquille dont la charnière est dépourvue de dents, appelé communément moule d'étang.

anomalie n. f. Ce qui échappe à la norme, particularité, bizarrerie. / BIOL. Déviation par rapport à la norme. *Le daltonisme est une anomalie.*

anomie n. f. Absence ou disparition des lois, des normes sociales, des valeurs spécifiques à une société, à un groupe. / État de déstructuration qui en résulte.

ânon n. m. Petit de l'âne.

anone ou **annone** n. f. Arbrisseau tropical dont les fruits portent des noms différents suivant les espèces. / Fruit de cet arbre (la pomme-cannelle, le corossol, etc.).

anonnement n. m. Fait d'anonner. *Un incompréhensible anonnement.*

anonner v. i. / v. t. [1] Parler avec hésitation, en bredouillant. / v. t. *Anonner une fable de La Fontaine.*

anonymat n. m. État d'une personne dont on ignore l'identité ou d'un ouvrage dont on ne connaît pas l'auteur. *Artiste qui veut garder l'anonymat.*

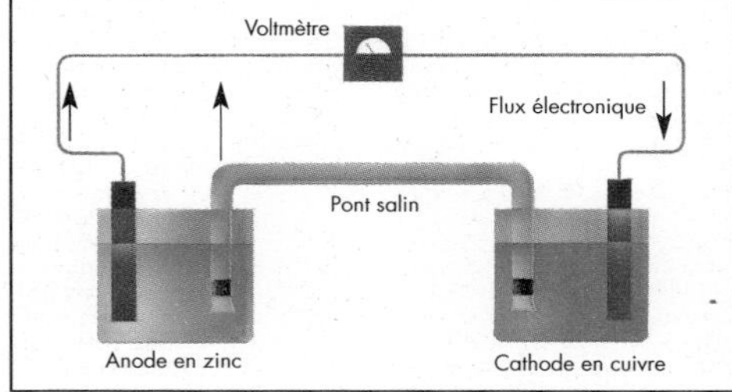

*Pile électrique à deux liquides du physicien anglais John Frederic Daniell. Elle est constituée d'une tige en zinc (**anode**) plongée dans du sulfate de zinc et d'un cylindre de cuivre (cathode) immergé dans du sulfate de cuivre.*

anonyme adj. Qualifie qqch. dont on ignore l'origine ou dont l'auteur est inconnu. *Écrits anonymes. Lettre anonyme.* / Qualifie qqn qui ne donne pas son nom ou qui le dissimule volontairement. *Un donateur, un critique anonyme.* / *Société anonyme*: société commerciale par actions, qui n'est désignée sous le nom d'aucun de ses actionnaires. / Fig. Qui manque d'originalité, de personnalité. *Le décor anonyme d'une chambre d'hôtel.*

anonymement adv. De façon anonyme.

anophèle n. m. ZOOL. Moustique dont la femelle est l'agent du paludisme.

anoploures n. m. pl. ZOOL. Ordre d'insectes dotés d'un appareil buccal leur permettant de piquer et sucer, comprenant les poux.

anorak n. m. (mot eskimo) Veste imperméable à capuchon. *Un anorak matelassé.*

anorexie n. f. MÉD. Perte ou diminution de l'appétit. / *Anorexie mentale*: trouble d'origine psychologique caractérisé par le refus de s'alimenter.

anorexigène adj. et n. m. Qui provoque l'anorexie, qui diminue l'appétit. / n. m. *Un anorexigène*: un médicament anorexigène.

anorexique adj. De l'anorexie. *Jeûne anorexique.* / Qui souffre d'anorexie.

anormal, ale, aux adj. et n. Contraire aux règles, à l'ordre des choses; inhabituel. *Une chaleur anormale. Une réaction anormale.* / MÉD. Qui est déséquilibré; qui est affecté d'une déficience physique ou psychique.

anormalement adv. De façon anormale.

anosmie n. f. Diminution ou perte complète de l'odorat.

Anouilh (Jean) 1910-1987 Auteur dramatique français. Son pessimisme a divers degrés d'amertume dans ses pièces noires (*la Sauvage*, *Antigone*, *l'Alouette*), roses (*le Bal des voleurs*), grinçantes (*Pauvre Bitos*, *l'Hurluberlu*) ou brillantes (*Colombe*).

anoures n. m. pl. ZOOL. Amphibiens dépourvus de queue au stade adulte et dont les membres postérieurs allongés sont adaptés au saut. *Les grenouilles, les crapauds sont des anoures.*

anovulation n. f. MÉD. Absence d'ovulation.

anovulatoire adj. MÉD. *Cycle anovulatoire*: cycle menstruel au cours duquel aucun ovule n'a été libéré par les ovaires et où, par conséquent, il ne s'est pas produit d'ovulation.

anoxémie n. f. MÉD. Diminution de la quantité d'oxygène dans le sang.

anoxie n. f. MÉD. Diminution grave de la quantité de l'oxygène au niveau des tissus.

A.N.P.E. Sigle de *Agence nationale pour l'emploi.*

Anquetil (Jacques) 1934-1987 Coureur cycliste français, cinq fois vainqueur du Tour de France entre 1957 et 1964.

Anquetil-Duperron (Abraham Hyacinthe) 1731-1805 Orientaliste français. Aux Indes, il entra en relation avec les Parsis, de religion mazdéenne, et recueillit leurs textes sacrés; il publia en latin une traduction de l'*Avesta*.

Anschluss (en allemand « réunion ») Rattachement de l'Autriche à l'Allemagne en mars 1938, au lendemain de l'entrée d'Hitler à Vienne. Le plébiscite du 10 avril ratifia cette annexion à 99 %. Devenue province allemande, l'Autriche fut gouvernée par Seyss-Inquart.

***Anse** du Petit Bas Vent, en Guadeloupe.*

anse n. f. Partie saillante en forme d'arc ou d'anneau servant de poignée à certains récipients. *Anse d'un panier.* / Ce qui a la forme courbe d'une anse. / GÉOGR. Petite baie. / ANAT. Organe ou partie d'organe décrivant une courbure. / ARCHIT. *Arc en anse de panier*: arc dont la voûte a la forme d'un demi-ovale.

Anselme (saint) 1033-1109 Théologien et philosophe piémontais qui fut archevêque de Canterbury. Si la foi est première, elle doit rechercher l'appui de l'intelligence pour s'affirmer aux yeux de la raison. On lui doit l'argument ontologique comme preuve de l'existence de Dieu, repris par Descartes: l'idée d'un être parfait contient en elle-même l'idée d'existence, faute de quoi ce qu'elle représente ne peut prétendre à la perfection; donc l'être parfait, Dieu, existe.

ansériformes n. m. pl. ZOOL. Ordre d'oiseaux palmipèdes dont le bec, muni de lamelles, filtre la vase, tels que les flamants, les canards, les oies, les cygnes.

antagonique adj. Contraire, en opposition. *Des forces antagoniques.*

antagonisme n. m. Conflit entre deux forces contraires. *Antagonisme entre deux partis politiques. Antagonisme de classes sociales, d'idées.* / PHYSIOL. Opposition de fonctionnement entre deux organes, deux substances biochimiques.

antagoniste adj. et n. En situation d'antagonisme. / Subst. *Il a fallu séparer les antagonistes.* / ANAT. *Muscles antagonistes,* exerçant une action opposée. / MÉCAN. *Couple antagoniste,* produisant le mouvement sous l'action de forces contraires.

Antakya Voir **Antioche**

antalgique adj. et n. m. Qualifie un médicament ou une technique destinés à calmer la douleur. / n. m. Médicament prescrit pour atténuer ou supprimer la douleur, mais qui reste sans effet sur ses causes.

antan (d') loc. adj. D'autrefois, du temps passé. « *Mais où sont les neiges d'antan?* » (Villon).

Antananarivo (autrefois *Tananarive*) *1 052 835 h.* Capitale de Madagascar. Chef-lieu de province, centre administratif, culturel, universitaire, industriel et commercial de l'île.

Antar ou **Antara (Ibn Shaddad al-Absi)** fin VIe s.-début VIIe s. Poète et guerrier arabe. Esclave, il conquit héroïquement sa liberté et aima passionnément Ablah, ce que relate le *Roman d'Antar*, dont il aurait écrit une partie.

antarctique adj. et n. m. Du pôle Sud et des régions polaires australes. *Continent antarctique.* / Subst. *L'Antarctique*: le continent antarctique.

• **Antarctique (continent)** *13 176 800 km²* Immense continent compris à l'intérieur du cercle polaire austral.

Antarctique (océan) Nom donné aux mers qui baignent le continent antarctique.

ante n. f. ARCHIT. Pilastre ornant le piédroit d'une baie ou l'angle d'un édifice.

antebois, antébois ou **antibois** n. m. Latte de bois fixée au plancher le long d'un mur pour en éloigner les meubles.

antécambrien, enne adj. et n. m. GÉOL. Synonyme vieilli de *précambrien*.

antécédent n. m. LOG. Première proposition à partir de laquelle on tire la conclusion, la conséquence. / GRAMM. Mot précédant un pronom relatif qui le représente. / MÉD. Phénomène pathologique qui s'est produit avant une maladie et qui peut contribuer à la diagnostiquer. / (Au plur.) Faits, actes appartenant au passé d'une personne en relation avec sa vie et sa conduite actuelles. *L'avocat a invoqué les antécédents du prévenu pour demander l'indulgence du juge.*

Antéchrist n. m. RELIG. Personnage symbolisant les forces du Mal, luttant contre le Christ et dont la venue sera, selon l'Apocalypse, le signe de la fin des Temps.

antédiluvien, enne adj. Qui est antérieur au Déluge. / Fam. Très ancien, complètement démodé. *Matériel, véhicule antédiluvien.*

Antée MYTH. GR. Géant monstrueux, fils de Gaïa, la Terre, et de Poséidon, dieu de la Mer, réputé invincible. Hercule, envoyé pour le combattre, s'aperçut que les chutes de son adversaire, loin de l'affaiblir, le fortifiaient: il reprenait des forces chaque fois qu'il touchait terre. Il eut alors l'idée de le soulever dans ses bras pour l'étouffer.

ANTARCTIQUE (CONTINENT)

Les terres émergées sont recouvertes d'une épaisse couche de glace atteignant 2 000 m en certains endroits, et entourées de l'iceshelf, gigantesque glacier flottant de plus de *900 000 km²*. C'est la région la plus froide du globe (0 °C en été; jusqu'à - 60 °C et même jusqu'à - 90 °C en hiver). La végétation, composée de mousses et de lichens, se rencontre sur la côte et sur les îles qui abritent durant l'été de nombreuses colonies de phoques et de manchots. L'établissement de bases permanentes permet de continuer une exploration dont Cook, Amundsen, P.-E. Victor furent les pionniers. Le traité international de 1988 a partagé le territoire antarctique en une quarantaine de zones d'influence. La crainte d'un désastre écologique nuisible à la planète entière a suscité le traité de 1991, qui interdit l'exploitation du continent jusqu'en 2041.

1• Les phoques et les manchots constituent l'essentiel de la faune de l'Antarctique. Une convention pour la protection des phoques de cette région a été signée à Londres en 1972.

2• Peu de bateaux croisent dans l'Antarctique, depuis la création d'un Sanctuaire international, en 1994.

3• Colonie de guillemots sur un banc de glace dérivant dans l'océan Arctique.

Antarctique

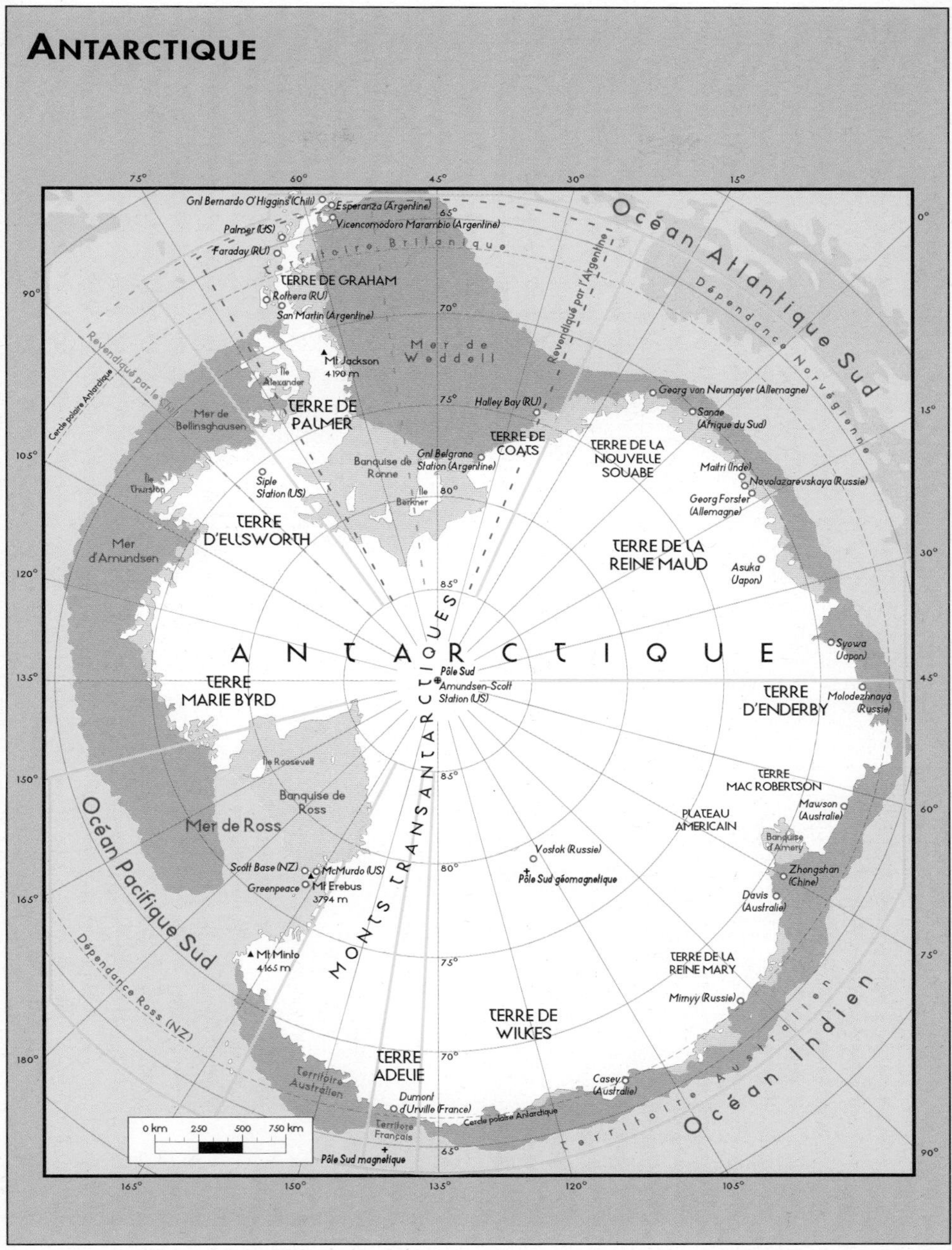

A

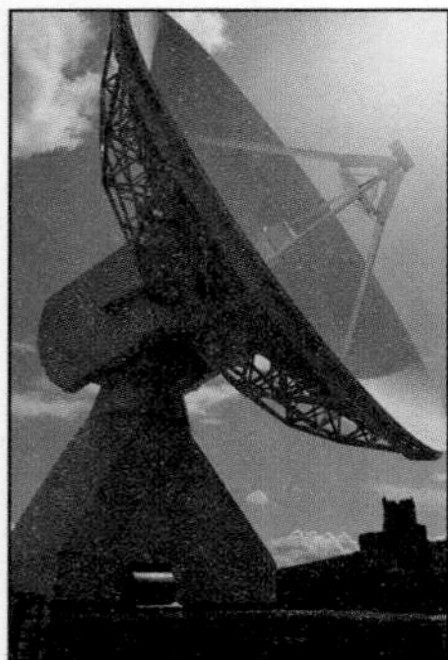

Antenne parabolique de radiotéléscope.

antéfixe n. f. ARCHIT. Motif ornemental, souvent en terre cuite, décorant le bord d'un toit ou la frise d'un édifice.
antéislamique adj. Antérieur à l'islam. *La poésie antéislamique.*
anténatal, ale, als adj. MÉD. Qui a lieu ou qui est réalisé avant la naissance. *Examen anténatal.*
antennates n. m. ZOOL. Sous-embranchement d'arthropodes possédant des antennes. *Les crustacés, les myriapodes, les insectes sont des antennates.*
antenne n. f. Conducteur, ou ensemble de conducteurs, de faible résistance électrique facilitant la réception ou l'émission d'ondes électromagnétiques et relié à un poste émetteur ou récepteur. / MAR. Vergue oblique qui soutient la voile triangulaire d'un bateau. / ZOOL. Appendice mobile situé sur la tête des insectes et des crustacés, siège des organes du toucher, de l'odorat et, parfois, de l'ouïe. / Unité mobile ou annexe d'un poste central. *Antenne médicale, chirurgicale.*
antépénultième adj. et n. f. Qui précède l'avant-dernier. / n. f. Syllabe qui précède l'avant-dernière syllabe (pénultième) d'un mot.
antéposé, e adj. Placé devant.
antérieur, e adj. Qui précède dans le temps. *Les périodes antérieures.* Ant. ultérieur. / GRAMM. *Passé, futur antérieur,* exprimant qu'une action est antérieure à une autre. / Qui précède dans l'espace, qui se situe en tête. *Les membres antérieurs d'un animal.* Ant. postérieur. / PHONÉT. *Voyelles antérieures,* qui s'articulent dans la partie antérieure de la cavité buccale.
antérieurement adv. Précédemment.
antériorité n. f. Caractère de ce qui est antérieur. *Prouver l'antériorité d'un fait.*
antérograde adj. PSYCHIAT. Qualifie une amnésie qui s'applique à des faits postérieurs à un événement pris comme repère.
anthère n. f. BOT. Renflement de l'extrémité de l'étamine dans lequel se forme le pollen. *À maturité, l'anthère s'ouvre et libère le pollen.*
anthérozoïde n. m. BOT. Gamète mâle des végétaux, parfois désigné sous le nom de spermatozoïde.
anthèse n. f. BOT. Stade du développement de la fleur qui va de son épanouissement jusqu'à son flétrissement.
anthologie n. f. Recueil de morceaux choisis de littérature ou de musique.
anthonome n. m. ZOOL. Charançon parasite des arbres fruitiers et du cotonnier.
anthozoaires n. m. pl. ZOOL. Classe d'animaux invertébrés de l'embranchement des cnidaires groupant les anémones de mer et les coraux.
anthracène n. m. CHIM. Hydrocarbure extrait industriellement des goudrons de houille.
anthracite n. m. et adj. inv. Charbon naturel, plus brillant et plus lourd que la houille, contenant plus de carbone (90 à 95 %) et moins d'hydrocarbures, qui brûle sans fumée, en produisant de courtes flammes et en dégageant beaucoup de chaleur. / adj. inv. Gris foncé.
anthracose n. f. MÉD. Inflammation pulmonaire due à l'inhalation des poussières de charbon.
anthraquinone n. f. ou m. Composé obtenu par oxydation de l'anthracène, très utilisé dans l'industrie des colorants.
anthrax n. m. MÉD. Infection de la peau due au staphylocoque doré, caractérisée par une agglomération de furoncles.
anthropocentrique adj. Qui procède de l'anthropocentrisme.
anthropocentrisme n. m. Attitude philosophique qui tend à faire de l'homme le centre de l'Univers.
anthropoïde adj. et n. m. Qui ressemble à l'homme. *Singe anthropoïde*: singe catarrhinien phylogénétiquement très proche de l'homme (important volume encéphalique notam.) *On range en général dans les singes anthropoïdes le gorille, l'orang-outan, le chimpanzé, le bonobo.* / n. m. *Un anthropoïde.*
anthropologie n. f. Étude des caractères propres à l'être humain sur le plan anatomique, biologique, culturel et social, ayant pour objet la connaissance de toutes les dimensions, de tous les aspects de la condition de l'homme. *Anthropologie physique*: étude de l'être humain et de sa diversité au plan morphologique, physiologique, génétique; cette branche de l'anthropologie a permis de battre en brèche l'idée d'une classification des races, en établissant l'ascendance commune de tous les êtres humains. *Anthropologie sociale et culturelle*: étude des manifestations sociales et culturelles des sociétés humaines et de leur diversité.
anthropologique adj. De l'anthropologie; qui concerne l'anthropologie.
anthropologiste ou **anthropologue** n. Spécialiste de l'anthropologie.
anthropométrie n. f. Ensemble des procédés de mesure des diverses parties du corps humain (organes, membres). *Anthropométrie judiciaire*: méthode qui s'appuyait sur des procédés de ce type et permettait d'établir la fiche signalétique d'un individu à des fins d'identification par la police. *La part de l'anthropométrie judiciaire dans le travail de la police scientifique a diminué au profit d'autres méthodes de recherche fondées sur les empreintes digitales et les empreintes génétiques.*
anthropométrique adj. De l'anthropométrie; fondé sur l'anthropométrie. *Fiche anthropométrique*, établie par la police pour réunir un certain nombre de renseignements sur un, des individu (s).
anthropomorphe adj. De forme, d'apparence humaine.
anthropomorphique adj. Qui procède de l'anthropomorphisme.
anthropomorphisme n. m. Tendance à imaginer et à représenter sous forme humaine Dieu, les divinités, les êtres en général, à leur prêter la conduite et les sentiments de l'homme.
anthroponymie n. f. Étude des noms de personnes.
anthropophage adj. et n. Qui mange de la chair humaine. / Subst. *Un anthropophage.* Syn. cannibale.
anthropophagie n. f. Fait d'être anthropophage.
anthropopithèque n. m. Animal fossile hypothétique dont on a fait, dans certaines classifications, un intermédiaire entre le singe et l'homme.
anthroposophie n. f. Théorie philosophique de Rudolf Steiner qui a connu des applications importantes dans le domaine pédagogique.
anthurium n. m. BOT. Plante de la famille des aracées à grandes feuilles et à inflorescence de couleur vive, cultivée à des fins décoratives.
antialcoolique adj. Qui lutte contre l'alcoolisme, ses causes et ses conséquences. *Ligue antialcoolique.*

Figurine **anthropomorphe** en terre, de l'époque punique (VIe- IVe siècle av. J.-C.).

antiallergique adj. Qui est destiné à prévenir ou à soigner les allergies. *Pommade antiallergique.*
antianémique adj. Qui est destiné à lutter contre l'anémie.
antiarythmique adj. Qui est destiné à lutter contre l'arythmie.
antiasthmatique adj. Qui est destiné à lutter contre l'asthme.
Anti-Atlas Massif cristallin du Maroc méridional.
antiatomique adj. Qui est destiné à faire obstacle aux effets d'une explosion atomique, à protéger des radiations atomiques.
antibactérien, enne adj. et n. m. Qui détruit les bactéries. *Remède antibactérien.* / n. m. *Un antibactérien.*
Antibes *70 000 h.* Ville et port du département des Alpes-Maritimes. Ruines romaines; fort construit par Vauban; ancien château abritant un musée consacré à des œuvres de Picasso.
antibiogramme n. m. BIOL. Résultat obtenu par un test de sensibilité d'un germe microbien à divers antibiotiques, de manière à sélectionner le plus efficace pour venir à bout de ce germe.
antibiothérapie n. f. Traitement par antibiotique.

Le port et le Fort Carré d'**Antibes**.

Anticorps : lymphocytes colorisés (globules blancs).

antibiotique n. m. et adj. Substance susceptible d'entraver la multiplication de certaines bactéries ou de les détruire. *Les antibiotiques utilisés comme médicaments peuvent être d'origine naturelle ou synthétisés chimiquement et sont classés par familles selon la façon dont ils agissent sur les agents infectieux.* / adj. *Produit antibiotique.*

antibois Voir **antebois**

antibrouillard adj. inv. et n. m. *Phares antibrouillard* ou *antibrouillards*: phares dont les rayons lumineux sont capables d'éclairer à travers le brouillard.

anticathode n. f. PHYS. Pièce métallique placée entre anode et cathode dans un tube à rayons X qui reçoit le flux d'électrons et émet le rayonnement X.

antichambre n. f. Pièce d'habitation que l'on doit traverser pour aller dans les autres. / Salle d'attente. *Faire antichambre:* attendre d'être reçu.

antichar adj. MILIT. Qui est destiné à la lutte contre les chars de combat. *Mine antichar.*

antichrèse n. f. DR. Contrat par lequel un débiteur laisse à son créancier la possession et l'usufruit d'un immeuble jusqu'à acquittement de sa dette.

anticipation n. f. Action de devancer en pensée ou en acte ce qui n'aura lieu ou ne devrait être accompli que plus tard. *Paiement par anticipation.* / Fait de prévoir ou d'imaginer des événements du futur. *Littérature, roman, film d'anticipation.*

anticiper v. t. [1] Exécuter, accomplir avant le moment prévu ou fixé. *Anticiper le remboursement d'un emprunt.* / Par ext. Prévoir, se préparer à. *Anticiper les mouvements de l'adversaire.* / *Anticiper sur un événement*: adapter par avance sa conduite à un événement que l'on prévoit.

anticlérical, ale, aux adj. et n. Qui s'oppose au clergé, à son influence dans les activités publiques. *Politique anticléricale.* / n. m. *Les anticléricaux s'opposent au financement des écoles confessionnelles par l'État.*

anticléricalisme n. m. Attitude d'une personne anticléricale.

anticlinal, aux n. m. et adj. Forme élémentaire de plissement géologique dont les couches sont convexes vers le haut. / adj. *Pli anticlinal.*

anticoagulant, e adj. et n. m. MÉD. Qui s'oppose à la coagulation du sang.

anticodon n. m. GÉNÉT. Groupe de trois bases consécutives de l'ARN de transfert complémentaires d'un codon de l'ARN messager.

anticolonialisme n. m. Doctrine, comportement, actes en opposition avec la colonisation, avec les principes du colonialisme.

anticolonialiste n. et adj. Qui est hostile au colonialisme, partisan de l'anticolonialisme. *Un anticolonialiste.* / adj. *Manifestations anticolonialistes.*

anticommunisme n. m. Hostilité à l'égard du communisme.

anticommuniste n. et adj. Qui est hostile au communisme, partisan de l'anticommunisme. / adj. *Manifestations anticommunistes.*

anticonceptionnel, elle adj. Qui est destiné à empêcher la conception. *Pilule, méthode anticonceptionnelle.* Syn. contraceptif.

anticonformisme n. m. Manière anticonformiste de penser ou d'agir; comportement volontairement contraire aux conventions.

anticonformiste adj. et n. Qui est opposé au conformisme. *Attitude anticonformiste.* / Subst. *Un anticonformiste.*

anticonstitutionnel, elle adj. Qui est contraire à la Constitution. *Loi anticonstitutionnelle.*

anticonstitutionnellement adv. De manière anticonstitutionnelle.

anticorps n. m. BIOL. Protéine synthétisée par certains globules blancs pour combattre un antigène présent dans l'organisme.

anticyclone n. m. MÉTÉO. Centre de hautes pressions de l'atmosphère d'où partent les vents en direction des basses pressions. *Anticyclone des Açores.*

antidaté, e adj. Qui porte une date antérieure à la date réelle de son existence. *Contrat antidaté.*

antidater v. t. [1] Donner à (une lettre, un contrat) une date antérieure à la date réelle d'établissement.

antidépresseur adj. m. et n. m. MÉD. Qualifie un type de médicaments destinés à améliorer, à traiter les états dépressifs. / n. m. *Un antidépresseur.*

antidérapant, e adj. Qui est destiné à empêcher de glisser, de déraper. *Revêtement antidérapant. Pneus antidérapants.*

antidétonant n. m. Produit ajouté au carburant d'un moteur à explosion pour que l'augmentation de la compression ne provoque pas une explosion prématurée.

antidopage adj. inv. Qui s'oppose à l'utilisation de produits dopants au cours de compétitions sportives.

antidote n. m. MÉD. Substance ayant la propriété de rendre un corps toxique inactif. / Fig. Palliatif, dérivatif à un mal moral.

antiémétique adj. et n. m. MÉD. Qualifie un produit qui empêche les vomissements. / n. m. *Un antiémétique.*

antienne n. f. LITURG. Verset chanté, en totalité ou en partie, avant un psaume ou un cantique, et qui est ensuite repris en entier. / Fig. Propos que l'on répète sans cesse.

antifascisme n. m. Hostilité à l'égard du fascisme.

antifasciste n. et adj. Personne opposée au fascisme, partisan de l'antifascisme. *Un antifasciste militant.* / adj. *Manifestation antifasciste.*

Antifer (cap d') Promontoire situé au sud-ouest d'Étretat où est implanté l'avant-port pétrolier du Havre.

antifongique adj. MÉD. Qualifie une substance, un médicament qui empêche le développement des champignons, qui combat les mycoses. Syn. antimycosique.

antifriction n. m. et adj. inv. Alliage à base d'antimoine, de cuivre et d'étain dont on garnit les pièces d'une machine pour diminuer les frottements. / adj. *Des alliages antifriction.*

anti-g adj. inv. Qui s'oppose aux effets d'accélération et de décélération dus à la gravité (symbole g), en vol. *Les astronautes portent des combinaisons anti-g.*

antigang adj. inv. et n. f. *La brigade antigang* ou (n. f.) *l'antigang*: le service composé de policiers spécialement entraînés pour intervenir dans les opérations concernant le grand banditisme (prises d'otages, attaques à main armée, etc.).

antigel n. m. et adj. inv. Produit qui, ajouté à un liquide, fait baisser le point de congélation. *Mettre un antigel dans le lave-glace d'une voiture.* / adj. *Liquide antigel.*

antigène n. m. BIOL. Substance qui, introduite dans un organisme, provoque la formation d'anticorps.

Antigone MYTH. GR. Fille dévouée d'Œdipe devenu aveugle. Elle ensevelit son frère Polynice malgré l'interdiction du roi de Thèbes, Créon. Condamnée à mort, elle s'étrangla dans son cachot. Son histoire a inspiré Sophocle (tragédie, 422 av. J.-C.) et Anouilh (drame, 1944).

Antigonos Monophthalmos v. 384-301 av. J.-C. Général d'Alexandre le Grand. S'étant décerné le titre de roi d'Asie (307), il dut affronter d'autres généraux d'Alexandre, qui le vainquirent et le tuèrent à Ipsos.

• **Antigua et Barbuda** État formé de trois îles des Petites Antilles: Antigua (*280 km²*), Barbuda (*161 km²*) et Redonda (*1 km²*, inhabitée). Cet État, membre du Commonwealth, a accédé à l'indépendance en 1981.

antiguais, e adj. et n. D'Antigua. *Le gouvernement antiguais. Un (e) Antiguais (e).*

antihalo n. m. et adj. inv. PHOTO. Couche filtrante qui s'interpose entre la gélatine et la surface sensible et qui laisse passer la lumière en évitant la formation d'un halo autour de points lumineux. / adj. inv. *Couche antihalo.*

antihistaminique adj. et n. m. MÉD. Qualifie une substance qui s'oppose aux effets de l'histamine. / n. m. *Les antihistaminiques ont une action calmante et sont utilisés dans le traitement des allergies.*

antihypertenseur adj. m. et n. m. MÉD. Qui combat l'hypertension. / n. m. *Un antihypertenseur.*

anti-inflammatoire adj. et n. m. MÉD. Qui combat l'inflammation. *Médicament anti-inflammatoire.* / n. m. *Un anti-inflammatoire.* / Pl. Des *anti-inflammatoires.*

Vue partielle de Sainte-Lucie, une des îles des Petites **Antilles**.

Anti-Liban Montagne du Proche-Orient, entre la Syrie et le Liban, qui culmine en Syrie au Talaat Musa (*2 760 m*). L'aridité du climat en fait une région quasiment désertique.

antillais, e adj. et n. Des Antilles. *Planteur antillais. Une Antillaise.*

Antilles ou **Caraïbes** Archipel de l'Amérique centrale, dans l'océan Atlantique. En grande partie volcaniques, les Antilles sont soumises au climat tropical et à de violents cyclones. La monoculture de la canne à sucre a accentué la concentration des terres et la pauvreté de la population. Dépourvues de richesses minières, les Antilles sont peu industrialisées. Découvertes par Christophe Colomb, les Antilles connaissent au XVIIIe siècle une exploitation coloniale intense. À la suite de Haïti (1804), les Grandes Antilles ont recouvré une à une leur indépendance, alors que les Petites Antilles restaient soumises aux puissances européennes, la Grande-Bretagne et la France notamment.

Antilles ou **Caraïbes (mer des)** Nom donné à la partie de l'océan Atlantique délimitée par les côtes de l'Amérique centrale et par l'arc insulaire des Antilles.

antilope n. f. ZOOL. Mammifère ruminant à cornes creuses de la famille des bovidés, vivant en Afrique et en Asie dont il existe de nombreuses espèces: gnou, addax, impala, etc.

antimagnétique adj. Qui ne se laisse pas aimanter, qui résiste à l'aimantation.

antimatière n. f. PHYS. Ensemble d'antiparticules.

antimilitarisme n. m. Attitude hostile à l'égard des institutions, des valeurs militaires.

antimilitariste n. et adj. Qui est hostile aux institutions, aux valeurs militaires; partisan de l'antimilitarisme.

antimissile adj. inv. MILIT. Qui est destiné à neutraliser les missiles. *Armement antimissile.*

Zèbres et **antilopes** dans une des réserve du Kenya.

A

ANTIGUA ET BARBUDA

Superficie : *442 km²* – **Nombre d'habitants :** *67 000 h.*
Capitale : *Saint John's* – **Villes principales :** *Codrington*
Système politique : *monarchie parlementaire, membre du Commonwealth*
Langue(s) : *anglais* – **Religion(s) :** *protestantisme*
Monnaie(s) : *dollar des Caraïbes orientales*

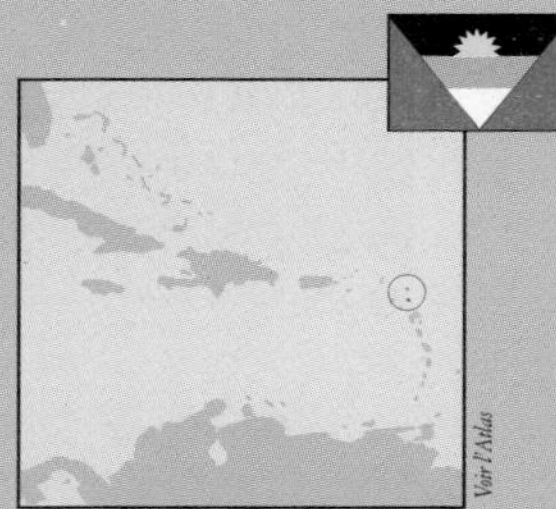

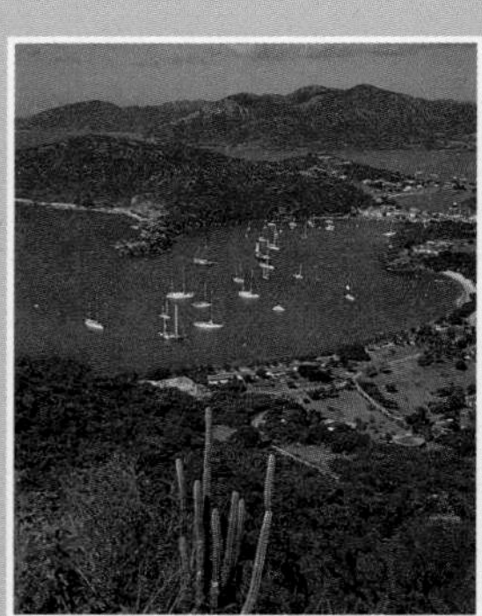

Yachts ancrés à Puerto Inglés, au sud d'Antigua.

Maison coloniale de l'île d'Antigua.

antimite adj. inv. et n. m. inv. Qualifie un produit qui protège contre les mites. / n. m. *Un antimite.*
antimoine n. m. CHIM. Élément chimique (symbole Sb), de numéro atomique Z = 51, de masse atomique 121,75. / Corps simple, voisin de l'arsenic, dont la température de fusion est d'environ 630 °C, utilisé pour durcir certains métaux, qui entre dans la composition des caractères d'imprimerie en plomb.
antimycosique adj. Synonyme d'*antifongique.*
antineutron n. m. PHYS. NUCL. Particule élémentaire électriquement neutre, de même masse que le neutron, mais de propriétés électromagnétiques opposées.
antinomie n. f. Contradiction entre deux thèses, deux principes. / DR. Contradiction entre deux lois ou deux dispositions d'une même loi. / PHILO. Chez Kant, contradiction entre deux propositions dont chacune peut être démontrée comme vraie selon les lois de la raison pure qui se trouve ainsi en contradiction avec elle-même.
antinomique adj. Qui procède de l'antinomie.
Antinoüs Jeune esclave auquel sa beauté valut les faveurs de l'empereur Hadrien. Il se noya volontairement dans le Nil, persuadé que le sacrifice de sa jeune vie allongerait celle de son protecteur. Hadrien le déifia et fonda en sa mémoire la ville d'Antinopolis (auj. Cheik Abadeh).
antinucléaire adj. Qui est opposé à l'utilisation de l'énergie nucléaire, des armes nucléaires. *Campagne antinucléaire menée par des écologistes.*
Antioche (aujourd'hui *Antakya*) *137 200 h.* Ville de Turquie. Capitale de l'Empire séleucide, fondée en 280 av. J.-C., grand foyer intellectuel du monde hellénistique, centre commercial sur la route de Mésopotamie, la ville compta jusqu'à *200 000 habitants*. Les croisés la prirent en 1098 et en firent la capitale d'une principauté franque qui devint ottomane en 1268.
Antioche (pertuis d') Détroit de l'Atlantique, large de *18 km*, qui sépare l'île de Ré de l'île d'Oléron.
Antiochos Nom de treize rois séleucides de Syrie. **Antiochos Ier Sôter** 324-261 av. J.-C. Roi en 280, il écrasa les Galates en 277. **Antiochos II Théos** v. 287-v. 247 Fils du précédent à qui il succéda. Il conquit les cités grecques d'Asie Mineure. **Antiochos III Mégas** v. 242-187 av. J.-C. Roi en 223, il vint en aide à Hannibal mais Cornélius Scipion le battit aux Thermopyles en 191 et à Magnésie en 189. **Antiochos IV Épiphane** v. 215-163 av. J.-C. Roi à partir de 175; il pilla Jérusalem et déclencha ainsi la révolte des Maccabées. **Antiochos V Eupator** 173-162 av. J.-C. Fils du précédent, roi à l'âge de neuf ans. **Antiochos VI Dionysos** ?-142 av. J.-C. Roi en 144. **Antiochos VII Sidétès** ou **Évergète** v. 164-129 av. J.-C. Roi en 138, il périt en combattant les Parthes. **Antiochos VIII Philométor** 141-96 av. J.-C. Roi en 125, il s'opposa à son frère Antiochos IX. **Antiochos IX de Cyzique**, dit **Philopator** 135-95 av. J.-C. Roi en 96, il fut tué par Séleucos VI Épiphane. **Antiochos X Eusébès** ?-75 av. J.-C. Après avoir chassé Séleucos VI en 94, il fut détrôné en 92. **Antiochos XI Philadelphe** ?-90 Roi, avec son frère, en 90, il massacra les habitants de Mopsueste, coupables d'avoir assassiné son frère Séleucos VI. **Antiochos XII Dionysos** ?-? Roi en 83, il lutta contre les Arabes et mourut peu après au combat. **Antiochos XIII Asiatikos**, roi de 69 à 64 av. J.-C. Après sa défaite contre Pompée en 64, la Syrie devint une province romaine.
Antiope MYTH. GR. Reine des Amazones, femme de Thésée, mère d'Hippolyte. / Femme de Lycos séduite par Zeus qui lui apparut sous les traits d'un satyre, pendant son sommeil.
antipape n. m. Pape dont l'élection irrégulière n'est pas reconnue par l'Église romaine et se fait au préjudice du pape légitimement élu.
antiparkinsonien, enne adj. et n. m. MÉD. Qui traite la maladie de Parkinson, en atténue les symptômes. / n. m. *Un antiparkinsonien.*
antiparlementarisme n. m. Hostilité au régime parlementaire. *Dénonçant l'instabilité et la dispersion du pouvoir qu'ils jugent inhérents au système parlementaire, les partisans de l'antiparlementarisme souhaitent un pouvoir exécutif puissant.*
antiparticule n. f. PHYS. NUCL. Particule qui correspond à une particule homologue, qui a la même masse et le même spin, mais dont la charge électrique est opposée.
antipathie n. f. Aversion spontanée à l'égard quelqu'un.
antipathique adj. Qui suscite l'antipathie. *Un visage antipathique.*
Antipatros v. 397-319 av. J.-C. Général macédonien. Alexandre lui confia la Macédoine pendant l'expédition d'Asie. Lors du partage de l'Empire en 323, il garda la Macédoine mais dut faire face à une révolte grecque.
Antipatros ?-294 av. J.-C. Roi de Macédoine en 296, petit-fils du précédent, fut détrôné par Démétrios Poliorcète.
antipelliculaire adj. Qui élimine les pellicules du cuir chevelu. *Shampooing antipelliculaire.*
antipersonnel adj. inv. MILIT. Désigne les armes, les engins destinés à éliminer les personnes. *Mines antipersonnel.*
antiphrase n. f. Figure de rhétorique consistant à employer une phrase, un mot dans un sens opposé à sa signification normale. *L'antiphrase sert souvent à exprimer l'ironie.*
antipode n. m. Lieu de la Terre diamétralement opposé à un autre lieu. *L'antipode de la France est la Nouvelle-Zélande.* / loc. adv. *Aux antipodes* : très loin. *Voyager, s'installer aux antipodes.*
antiproton n. m. PHYS. NUCL. Antiparticule du proton.
antipsychiatrie n. f. Mouvement issu d'expériences menées par R. Laing et D. Cooper, dans les années 60, qui remettait en question les théories et les méthodes de la psychiatrie traditionnelle.
antipyrétique adj. et n. m. Qualifie une substance, un médicament, destiné à faire baisser la fièvre. / n. m. *Un antipyrétique.* Syn. fébrifuge.
antiquaire n. Marchand de meubles, d'objets d'art, de bijoux anciens.
antique adj. et n. Très ancien. *Civilisations antiques.* / n. m. Style artistique des œuvres antiques. *Copier l'antique.* / n. f. Litt. Objet d'art antique. *Une antique posée en évidence sur un socle.*

antiquité n. f. Caractère de ce qui est antique. / Temps très reculé. *Des coutumes qui remontent à la plus haute antiquité.* / *L'Antiquité*: époque de l'histoire remontant aux civilisations les plus anciennes, de la fin de la préhistoire à la chute de l'Empire romain. / (Le plus souvent au plur.) Œuvre d'art, monument datant de l'Antiquité. *Musée d'antiquités romaines.* / Objet d'art ancien. *Magasin d'antiquités.*

antirabique adj. Qui prévient l'apparition de la rage ou la combat. *Vaccin antirabique.*

antiracisme n. m. Opposition aux théories, aux idées, aux comportements racistes.

antiraciste adj. et n. Qui est opposé au racisme, partisan de l'antiracisme. *Des protestations antiracistes.* / Subst. *Un antiraciste.*

antireflet adj. (inv. en genre) Qui atténue les reflets. *Lunettes avec verres antireflet.*

antirides adj. et n. m. Qualifie un produit destiné à atténuer les rides. / n. m. *Un antirides.*

antiségrégationniste adj. et n. Qui est opposé à la ségrégation raciale.

antisémite adj. et n. Qui manifeste du racisme à l'égard des Juifs. *Propos antisémites.* / Subst. *Un antisémite.*

antisémitisme n. m. Racisme à l'égard des Juifs. *L'antisémitisme s'est manifesté, au cours de l'histoire, par la ségrégation, la discrimination religieuse, sociale, politique, les persécutions.*
♦ L'antisémitisme, dont l'origine est plus ancienne que le mot lui-même (forgé en 1873 par un journaliste allemand), remonte à l'Empire romain. Les Juifs, persécutés tout d'abord pour des questions religieuses par les Romains, puis par les chrétiens qui leur reprochaient la crucifixion de Jésus-Christ, furent, au XIXe siècle, victimes d'un antisémitisme à caractère politique et économique. Après la Première Guerre mondiale, l'antisémitisme atteignit son paroxysme en Allemagne nazie, où Hitler, au nom de la préservation de la race aryenne, perpétua le génocide de six millions de Juifs, massacre organisé de façon systématique (déportation en camps de concentration, chambres à gaz). En dépit de ces atrocités, on constate, notamment depuis 1990, de nombreuses résurgences de l'antisémitisme et l'apparition de thèses révisionnistes allant jusqu'à nier la réalité de ce génocide.

antisepsie n. f. Méthode qui consiste à combattre ou à prévenir les maladies infectieuses en détruisant les bactéries qui en sont la cause.

antiseptique adj. et n. m. Qui procède de l'antisepsie. / n. m. *Un antiseptique.*

antisismique adj. Qui est créé, bâti pour résister aux secousses sismiques. Syn. parasismique.

antispasmodique adj. et n. m. Qualifie une substance destinée à combattre les spasmes. *Médicament antispasmodique.* / n. m. *L'atropine, la papavérine sont des antispasmodiques.*

Antisthène v. 444-365 av. J.-C. Philosophe grec. Disciple de Gorgias, puis de Socrate, il se détacha de ces influences pour fonder l'école cynique. Sensualiste pour lequel la science est impossible puisque l'idée générale n'existe pas, il tourne ses efforts vers l'acquisition d'une sagesse ascétique mais asociale.

antisymétrique adj. MATH. *Relation antisymétrique*: relation binaire R telle que xRy = yRx si et seulement si x = y.

antiterroriste adj. Qui concerne la lutte contre le terrorisme.

antitétanique adj. Qui prévient le tétanos.

antithèse n. f. RHÉT. Figure de style qui oppose dans la même phrase deux mots ou deux pensées contraires afin de mettre en valeur, par cette opposition, ce que l'on veut exprimer. *La phrase de La Rochefoucauld: « Nous aimons toujours ceux qui nous admirent, et nous n'aimons pas toujours ceux que nous admirons » est fondée sur une antithèse.* / PHILO. Chez Kant, deuxième terme d'une antinomie qui s'oppose à la thèse, premier terme de l'antinomie.

antithétique adj. Qui procède de l'antithèse.

La palette du roi Narmer, l'un des plus anciens souverains égyptiens connus, est considérée comme le premier document historique de l'Égypte **antique** (vers 3100 av. J.-C., Le Caire, Musée égyptien).

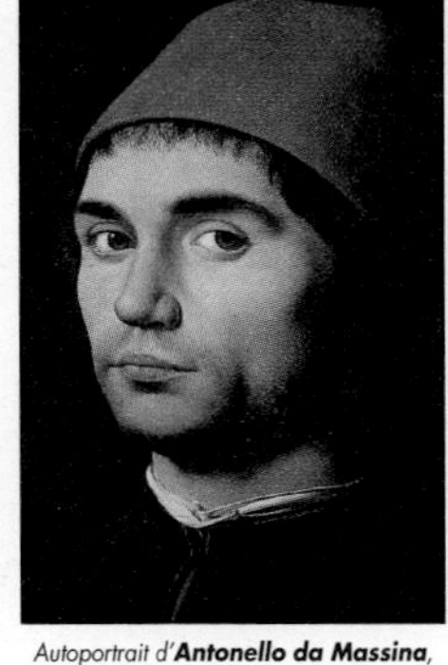
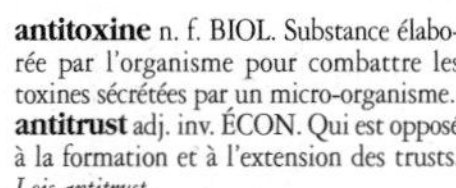

Autoportrait d'**Antonello da Massina**, 1474 (National Gallery, Londres).

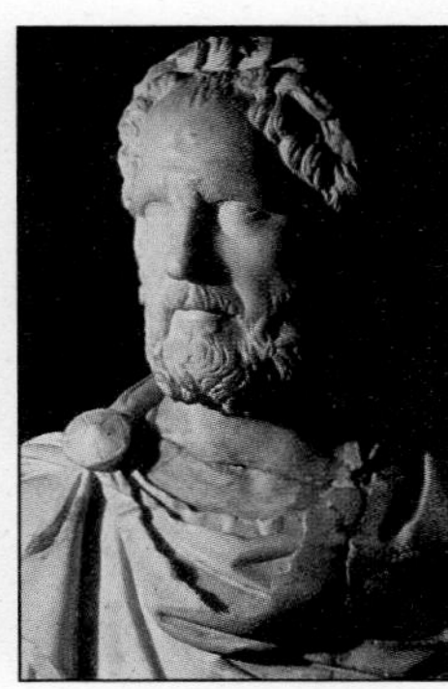

L'empereur romain **Antonin le Pieux**.

antitoxine n. f. BIOL. Substance élaborée par l'organisme pour combattre les toxines sécrétées par un micro-organisme.

antitrust adj. inv. ÉCON. Qui est opposé à la formation et à l'extension des trusts. *Lois antitrust.*

antituberculeux, euse adj. MÉD. Qui combat la tuberculose.

antitussif, ive adj. et n. m. MÉD. Qualifie un médicament destiné à calmer la toux. *Sirop antitussif.* / n. m. *Un antitussif.*

antiulcéreux, euse adj. Qui combat les ulcères.

antiviral, ale, aux adj. et n. m. MÉD. Qualifie une substance qui combat les virus. / n. m. *Un antiviral.*

antivol adj. inv. et n. m. Qualifie un dispositif de sécurité conçu pour empêcher les vols. *Serrure antivol.* / n. m. *Un antivol de bicyclette.*

Antofagasta *236 700 h.* Port du Chili, situé sur la côte aride du Pacifique, au terminus du Transandin. Il exporte du cuivre et du nitrate.

Antoine le Grand (saint) 251-356 Ermite qui séjourna dans le désert de la Thébaïde où il fut assailli, dit-on, par des visions et des tentations qui, depuis, ont inspiré peintres et écrivains. On voit en lui le fondateur de l'érémitisme chrétien.

Antoine (André) 1858-1943 Acteur français, il prit le parti d'une mise en scène naturaliste au Théâtre-Libre, qu'il avait fondé en 1887.

Antoine de Bourbon 1518-1562 Roi de Navarre. Duc de Vendôme, lointain descendant de Saint Louis, il devint (1548) roi de Navarre par son mariage avec la reine Jeanne III d'Albret ; père d'Henri IV, il lui transmit ses droits dynastiques en tant que dernier prince capétien dont l'ascendance remontait directement par les mâles à un roi de cette lignée.

Antoine de Padoue (saint) 1195-1231 Moine franciscain né à Lisbonne, qui prêcha en Afrique, en France et en Italie. Selon la légende, il accorde le don de retrouver les objets perdus à ceux qui l'invoquent.

Antoine ou **Marc Antoine** (en latin **Marcus Antonius)** 83-30 av. J.-C. Général romain. Au côté de César, il participa à la bataille de Pharsale (48). Après la mort de César, il devint le maître de Rome puis forma, avec Octave et Lépide, le second triumvirat (43). Les triumvirs vainquirent Brutus et Cassius à Philippes et se partagèrent l'Empire. Antoine reçut l'Orient. Séduit par Cléopâtre, il rêva de se tailler en Orient son propre empire et régna sur l'Égypte en potentat oriental. Vaincu par Octave à Actium (31), il se suicida peu après. Sa vie a inspiré Shakespeare (*Antoine et Cléopâtre*, 1606).

Antonello da Messina (Antonio di Salvatore dit**)** v. 1430-1479 Peintre sicilien. Il passe pour avoir introduit en Italie la technique de la peinture à l'huile inventée par les Flamands. Ses portraits (*Le Condottiere*), ses peintures religieuses (*Polyptique de San Gregorio*) font preuve d'un grand sens de la composition.

Antonescu (Ion) 1882-1946 Maréchal roumain. Avec l'aide de l'organisation fasciste la *Garde de Fer*, il prit le pouvoir en 1940 et déclara la guerre à l'URSS. Après l'entrée des troupes soviétiques en Roumanie, le roi Michel Ier le fit arrêter (1944). Il fut jugé et exécuté.

Antonin le Pieux (en latin **Titus Aurelius Fulvius Antoninus Pius)** 86-161 Empereur romain (138). C'est à sa piété filiale envers l'empereur Hadrien, qui l'avait adopté, qu'il doit son surnom de « pieux » ; bon administrateur, peu avide de conquêtes militaires, il procura à l'empire un équilibre économique et social qui permet de qualifier son règne d'apogée de l'Empire.

Antonins (les) Nom donné aux empereurs romains qui, entre 96 et 192, succédèrent aux Flaviens: Nerva (96-98), Trajan (98-117), Hadrien (117-138), Antonin le Pieux (138-161), Marc Aurèle (161-180), Commode (180-192).

Antonioni (Michelangelo) 1912 Cinéaste italien révélé par *L'Avventura* (1960). Les difficultés de la communication entre les personnes restent le thème dominant de son œuvre. *Le Désert rouge* (1964), *Blow up* (1967).

antonomase n. f. Figure de style qui consiste à remplacer un nom commun par un nom propre ou un nom propre par une périphrase (par ex.: un « Hercule » pour un « homme fort », le « Roi-Soleil » pour « Louis XIV »).

antonyme n. m. Mot dont le sens est exactement le contraire de celui d'un autre. *« Bonheur » est l'antonyme de « malheur ».*

*Le centre-ville d'**Anvers**, en Belgique.*

antre n. m. Litt. Grande cavité naturelle servant d'abri. *L'antre du lion.* / Fig. Endroit mystérieux et dangereux. / ANAT. Cavité de certains organes du corps. *Antre mastoïdien.*

Anubis MYTH. ÉGYPT. Dieu à corps d'homme et à tête de chacal. Il préside aux rites mortuaires de l'embaumement et à la pesée des âmes.

antrustion n. m. HIST. Guerrier appartenant à la suite d'un roi franc.

anurie n. f. MÉD. Absence d'urine dans la vessie, le plus souvent due à la cessation de la sécrétion rénale.

anus n. m. Orifice terminal du tube digestif, par lequel sont évacuées les matières fécales, fermé par un sphincter. *Anus artificiel*: orifice pratiqué chirurgicalement au niveau de l'abdomen, relié à l'intestin et permettant l'évacuation des matières fécales dans une poche jetable.

Anvers (en néerlandais, *Antwerpen*) *467 900 h.* Ville de Belgique. Situé à l'embouchure de l'Escaut, sur la mer du Nord, unie à Liège par le canal Albert, Anvers, troisième port d'Europe (son trafic portuaire est le quatrième du monde, après Rotterdam, New York et Londres), est le plus grand centre économique de la Belgique. L'industrie, ancienne, est différenciée: produits alimentaires (huileries et conserveries), textiles, industrie chimique, pétrochimie. L'activité bancaire est d'importance internationale. La moitié des diamants du monde sont taillés dans le quartier juif proche de la gare centrale. Le développement d'Anvers remonte au XVe siècle, quand le port de Bruges s'ensabla et alors que la découverte de l'Amérique augmentait le trafic maritime. La ville ancienne est riche de nombreux monuments: Hôtel de ville et cathédrale du XVIe siècle; maison de Rubens (musée); musée royal, riche en peinture flamande. Le parc zoologique est un des plus importants du monde.

anxiété n. f. Grande inquiétude provoquée par la crainte, l'incertitude. / PSYCHOL. État de trouble psychique, parfois chronique, provoqué par l'appréhension de l'imminence d'un danger, réel ou imaginaire, et accompagné de troubles physiques (gorge serrée, sensation d'étouffement).

anxieusement adv. Avec inquiétude.

anxieux, euse adj. et n. Qui ressent de l'anxiété, exprime l'anxiété. / Subst. *Un anxieux.*

anxiogène adj. PSYCHOL. Qui provoque un état d'anxiété. *Substance anxiogène.*

anxiolytique adj. et n. m. Qualifie une substance, un médicament ayant pour effet de réduire l'anxiété. / n. m. *Les anxiolytiques provoquent des effets secondaires tels que l'altération de la vigilance et de la mémoire et peuvent entraîner une accoutumance et une dépendance psychique, ce qui justifie leur prescription sous contrôle médical, à doses modérées et pour de courtes durées.*

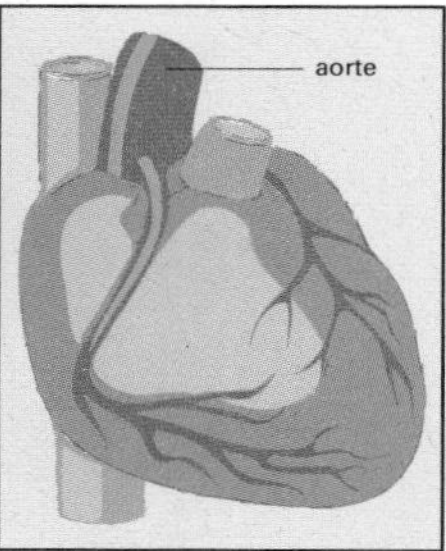

*L'**aorte** transporte le sang oxygéné à partir du ventricule gauche du cœur.*

Anzio *27 100 h.* Port de pêche et station balnéaire d'Italie, dans le Latium. Lieu de débarquement des Anglo-Américains en janvier 1944.

aoriste n. m. GRAM. Temps de la conjugaison grecque exprimant le passé indéfini.

aorte n. f. ANAT Artère qui prend naissance à la base du ventricule gauche du cœur, d'où est issu le sang riche en oxygène, et conduit ce sang dans les artères viscérales et celles des membres.

aortique adj. De l'aorte. *Ouverture aortique du diaphragme.*

Aoste *36 350 h.* Ville d'Italie, chef-lieu du Val-d'Aoste, sur la Doire Baltée. Monuments romains (porte Pretoria, arc d'Auguste, pont, théâtre) et médiévaux (cathédrale XIIe siècle, collégiale XIe-XVIe siècle).

Aoste (val d') *3 264 km² 119 000 h.* Région autonome d'Italie dans les Alpes occidentales. Chef-lieu *Aoste.* L'élevage, le tourisme (Courmayeur), la production d'énergie hydroélectrique occupent une population jalouse de son particularisme ethnique et linguistique (dialecte franco-provençal).

août n. m. Huitième mois de l'année, comportant trente-et-un jours.

Août 1789 (nuit du 4) Nuit durant laquelle l'Assemblée constituante, sur la proposition de nobles libéraux menés par le vicomte de Noailles et le duc d'Aiguillon, supprima tous les privilèges féodaux. Louis XVI, gardant la confiance de l'Assemblée, fut proclamé « restaurateur des libertés françaises ».

Août 1792 (journée du 10) Journée au cours de laquelle l'hôtel de ville de Paris fut occupé par les révolutionnaires parisiens et les fédérés marseillais, qui ensuite prirent les Tuileries. Louis XVI, menacé, demanda à l'Assemblée législative de le protéger. Celle-ci lui ôta ses pouvoirs.

*Glacier alpin dans le val d'**Aoste,** en Italie.*

aoûtat n. m. ZOOL. Larve du trombidion (petit acarien) qui parasite l'homme et cause de vives démangeaisons.

aoûtement n. m. AGRIC. Maturation des fruits due à la chaleur. / Lignification des rameaux des arbres, en août.

aoûtien, enne n. Vacancier du mois d'août. *L'afflux des aoûtiens sur les routes.*

Aozou (bande d') Région désertique du nord du Tchad que la Libye occupa de 1972 à 1989. En 1994, la Cour internationale de La Haye a déclaré tchadienne cette région.

apache adj. et n. D'une tribu amérindienne du sud-ouest des États-Unis. *Chef apache. Les Apaches.* / n. m. (Vx) Voyou (dans les grandes villes).

Apaches Peuple d'Indiens nomades du sud-ouest des États-Unis, décimés au XIXe siècle par la guerre qui les opposa aux pionniers. Les Apaches vivent aujourd'hui sur des territoires qui leur ont été concédés.

apaisement n. m. Retour à la paix, au calme. / Adoucissement. *Apaisement d'une douleur, d'une passion.*

apatride adj. et n. Qualifie une personne qui n'a pas de nationalité légale. / Subst. *Les apatrides.*

Apeldoorn *149 700 h.* Ville industrielle des Pays-Bas, centre touristique, résidence d'été de la famille royale.

Apelle IVe s. av. J.-C. Peintre grec, qui fut célèbre dans l'Antiquité, dont aucune œuvre ne nous est parvenue.

Apennin ou **Apennins** Chaîne de montagnes au cœur de la péninsule italienne qui culmine au Gran Sasso (*2 912 m*).

aperception n. f. PHILO. Prise de conscience. *Chez Leibnitz, l'aperception est la prise de conscience par le sujet de son état intérieur, de sa perception des choses extérieures, et pour Kant, elle est la prise de conscience de soi-même par le sujet qui pense.*

apercevoir v. t. [3] Voir, distinguer après un effort d'attention ou malgré la distance, un obstacle, etc. *Apercevoir une fumée à l'horizon.* / Voir de manière brève, fugitive. *Je l'ai aperçu dans le métro.* / v. pron. Se rendre compte. *S'apercevoir de son erreur*, que l'on s'est trompé.

aperçu n. m. Appréciation rapide d'une chose, approximation. *Un aperçu des dépenses.* / Exposé généralement bref et sommaire. *Donner un aperçu de la situation.*

*Vue des **Apennins**, dans la région calabraise.*

apaiser v. t. [1] **A.** v. t. Rendre son calme à. *Apaiser un enfant apeuré.* / Rendre moins vif. *Apaiser ses craintes, sa colère.* **B.** v. pron. Perdre de sa violence. *La tempête s'apaise.* / Satisfaire et faire disparaître (un désir, un besoin physique). *Apaiser sa faim.*

apanage n. m. HIST. Partie du domaine royal dont le roi attribuait la souveraineté à un frère ou un fils cadet et aux descendants de ceux-ci jusqu'à extinction de la lignée, créant ainsi de véritables états féodaux qui retardèrent l'édification de l'État français. / Fig. Ce que la nature ou les circonstances ont donné en propre à quelqu'un. *Avoir la beauté pour tout apanage.*

apanagiste adj. HIST. Qui jouit d'un apanage.

aparté n. m. Ce qu'un acteur dit sur scène à part soi et que seuls les spectateurs sont censés entendre. / Conversation particulière au milieu d'autres personnes tenues à l'écart.

apartheid n. m. (mot afrikaans) Ségrégation raciale institutionnalisée systématiquement pratiquée en République sud-africaine jusqu'en 1991.

apathie n. f. PSYCHOL. État apathique.

apathique adj. Sans énergie, sans réaction, inerte.

Aperghis (Georges) 1945 Compositeur grec qui vit en France. Grand innovateur, il a créé notamment le « théâtre musical »: *Pandaemonium* (1973), *Récitations* (1982), *Énumérations* (1988).

apéritif, ive adj. et n. m. Qui donne de l'appétit. *Promenade apéritive.* / n. m. Boisson apéritive. *Servir un apéritif.*

apéro n. m. Fam. Apéritif.

aperture n. f. PHON. Ouverture du conduit vocal pendant l'émission d'une voyelle.

apesanteur n. f. Absence de pesanteur due à l'éloignement de toute masse capable de la créer, ou à l'existence d'une force annulant la pesanteur. *Les astronautes sont en apesanteur dans un vaisseau spatial, une station orbitale.*

à-peu-près ou **à peu près** n. m. inv. Quelque chose de vague, d'incertain. / Calembour approximatif.

apex n. m. inv. ASTRON. Point de la sphère céleste vers lequel le système solaire semble se diriger. / Extrémité d'un organe, de forme plus ou moins pointue. *L'apex de la langue, du cœur. Apex d'une tige.* / PHONÉT. Phonème articulé en plaçant la pointe de la langue entre les incisives et le haut de la voûte du palais.

Aphrodite *de Kaufmann, IIe s. av. J.-C.*

aphaniptères n. m. pl. ZOOL. Ordre d'insectes de petite taille, au corps comprimé latéralement, aptères, adaptés au saut ; les adultes, ectoparasites, se nourrissent de sang des vertébrés. *Les puces sont des aphaniptères.* Syn. syphonaptères.
aphasie n. f. MÉD. Trouble neurologique du langage (perte de compréhension dans les rapports entre le mot et l'idée, perte de la parole), généralement dû à une lésion cérébrale sans atteinte fonctionnelle de la langue ou du pharynx.
aphasique adj. MÉD. De l'aphasie ; atteint d'aphasie.
aphélie n. m. ASTRON. Point de l'orbite elliptique d'une planète ou d'une comète qui est le plus éloigné du Soleil. *La Terre est à son aphélie vers le 3 juillet.*
aphérèse n. f. Suppression d'une syllabe ou d'une lettre au commencement d'un mot (par ex. : *car* pour *autocar*).
aphidiens n. m. pl. ZOOL. Famille d'insectes nuisibles pour les plantes qui comprend notamment les pucerons, le phylloxéra.
aphone adj. MÉD. Atteint d'aphonie.
aphonie n. f. MÉD. Perte plus ou moins complète de la voix.
aphorisme n. m. Brève sentence qui exprime en peu de mots l'essentiel d'un point de vue.
aphrodisiaque adj. et n. m. Qualifie une substance qui a la propriété de stimuler le désir sexuel. / n. m. *Un aphrodisiaque.*
Aphrodite MYTH. GR. Déesse de la beauté et de l'amour, qui inspire aux humains de terribles passions. Elle est née de l'écume de la mer. Elle a pour fils Éros. Les Romains la nomment Vénus.
aphte n. m. MÉD. Ulcération superficielle affectant les muqueuses, particulièrement à l'intérieur de la bouche.
api (d') adj. *Pomme d'api* : variété de petite pomme à chair ferme et sucrée et dont la peau luisante est rouge vif sur un côté.
à-pic n. m. Paroi abrupte. Pl. Des *à-pics*.
apical, e adj. De l'apex.
apicole adj. De l'apiculture.
apiculteur, trice n. Celui, celle qui élève des abeilles.
apiculture n. f. Art d'élever les abeilles en ruches pour recueillir la cire et le miel qu'elles produisent.
apidés n. m. pl. ZOOL. Famille d'insectes hyménoptères se nourrissant du suc des fleurs, tels l'abeille et le bourdon, dont les larves ne se nourrissent que de miel.
apion n. m. ZOOL. Charançon dont la larve est nuisible à certaines légumineuses.
Apis MYTH. ÉGYPT. Dieu représenté sous l'aspect d'un taureau qui, lorsqu'il est assimilé à Rê, porte le disque solaire entre ses cornes. Manifestation de Ptah, il fusionna avec Osiris. Il était honoré comme dieu des morts et du monde souterrain.
apitoiement n. m. Compassion, pitié.
apitoyer v. t. [1] Provoquer l'apitoiement de. *Apitoyer les foules.* / v. pron. Éprouver de la pitié. *S'apitoyer en vain.*
apivore adj. Qui se nourrit d'abeilles, de couvains d'abeilles. *Animal apivore.*
A.P.L. ou **APL** Sigle d'*aide personnalisée au logement.*
aplanir v. t. [2] Rendre plan (ce qui ne l'est pas, ou ne l'est plus) ; égaliser. *Aplanir une allée.* / Fig. Supprimer ou atténuer (une difficulté). *Son optimisme aplanissait tous les obstacles.*
aplanissement n. m. Action de rendre plat, de faire disparaître les aspérités ou les obstacles.
aplasie n. f. MÉD. Arrêt ou déficience du développement d'un tissu ou d'un organe survenant après la naissance. *Aplasie médullaire.*
aplat n. m. BX-ARTS Teinte unie appliquée sur une surface.
aplatir v. t. [2] Rendre plat, généralement en exerçant une pression. *Aplatir le revers d'un pantalon.* / v. pron. Tâcher de se faire aussi plat que possible (pour passer sous un obstacle, par exemple). Fig. et fam. S'humilier, faire preuve de bassesse.
aplatissement n. m. Action de rendre plat. / État qui en résulte.
aplomb n. m. Verticalité déterminée par le fil à plomb. *L'aplomb d'un mur.* / Équilibre du corps sur ses membres. *L'aplomb d'un danseur. Les aplombs d'un cheval* : position de ses membres par rapport au sol. / Fig. Assurance dans la conduite d'une personne. *Garder son aplomb* : ne pas se laisser décontenancer. / Fig. Effronterie. *Répondre sur ce ton, tu ne manques pas d'aplomb !* Syn. fam. toupet, culot. / loc. adj. *D'aplomb* : vertical. / Fig. En bonne santé. *Se sentir d'aplomb.*
apnée n. f. Arrêt plus ou moins prolongé de la respiration. *Plonger en apnée*, en retenant sa respiration, sans bouteille d'air comprimé.
apoastre n. m. ASTRON. Point de l'orbite d'un corps céleste le plus éloigné de l'astre autour duquel il gravite.
apocalypse n. f. Révélation prophétique des signes et des manifestations de la fin du monde, dans les religions juive et chrétienne. / Fin du monde ; événement catastrophique, terrifiant.
Apocalypse Dernier livre du Nouveau Testament, annonçant sous forme d'extases prophétiques la fin du monde. On admet généralement que l'apôtre saint Jean en est l'auteur.
apocalyptique adj. De l'apocalypse.
a poco loc. adv. (mots italiens) MUS. Insensiblement.
apocope n. f. LING. Retranchement d'une ou de plusieurs syllabes ou d'une lettre à la fin d'un mot (par ex. : *métro* pour *métropolitain*, *photo* pour *photographie*).
apocryphe adj. Qualifie ce dont on ne peut pas prouver l'authenticité. *Testament apocryphe. Écrits apocryphes.* / RELIG. Qualifie certains textes bibliques non canoniques.
apocynacées n. f. pl. BOT. Famille de plantes dicotylédones comprenant des arbres, des arbrisseaux et plus rarement des plantes herbacées. *La pervenche, le laurier-rose sont des apocynacées.*

Peinture allégorique sur un piédestal de sarcophage représentant le dieu ***Apis****.*

apode adj. et n. m. pl. **A.** adj. Dépourvu de pied. *Coupe apode.* / Dépourvu de nageoires paires. *Poissons apodes* : anguilliformes. **B.** n. m. pl. ZOOL. Ordre d'amphibiens fouisseurs dépourvus de pattes. *Les cécilies sont des apodes.* Syn. gymnophiones.
apodiformes n. m. pl. ZOOL. Ordre d'oiseaux de petite taille, aux ailes pointues et aux très courtes pattes. *Les martinets et les colibris sont des apodiformes.*
apogée n. m. ASTRON. Point de l'orbite d'un astre gravitant autour de la Terre, au moment où il en est le plus éloigné. / Fig. Point, degré le plus élevé qui puisse être atteint. *L'apogée d'une civilisation, d'une carrière.*
apolitique adj. Qui s'abstient de tout engagement politique. *Des revendications apolitiques.*
apolitisme n. m. Attitude apolitique.
Apollinaire (Wilhelm Apollinaris de Kostrowitzky, dit **Guillaume)** 1880-1918 Poète français tendre et original. *Alcools* (1913), *Le Poète assassiné* (1916), *Calligrammes* (1918) apportent de nouveaux thèmes dans des formes inattendues. Les pages de son *Onirocritique* préludent au surréalisme. *Les Mamelles de Tirésias* (1917) est son œuvre théâtrale la plus marquante. Mêlé de près aux mouvements de la peinture du début de ce siècle, il fut un critique et un collectionneur avisé. Il inventa le mot *cubisme* (*Les Peintres cubistes*, 1913).
Apollo Nom du projet américain qui avait pour but d'envoyer des hommes sur la Lune. Le vaisseau spatial, lancé par la fusée Saturne V, était composé d'une cabine contenant trois hommes, d'une fusée servant à la propulsion pour l'aller, le *Lem*, et d'une capsule destinée

Portrait prémonitoire de Guillaume **Apollinaire,** *par Giorgio De Chirico (1914), (Centre Pompidou, Musée national d'art moderne, Paris).*

A

Apollon et Marsyas.

Apôtres du Portique de la Gloire de Saint-Jacques-de-Compostelle, en Espagne.

à se poser sur la Lune. Le but fut atteint le 21 juillet 1969 par Apollo XI qui permit à deux hommes, Armstrong et Aldrin, de marcher sur le sol lunaire.

Apollodore de Damas (dit **le Damascène)** v. 60-129 Architecte et ingénieur grec. Ami de Trajan qu'il suit dans ses campagnes, il participe à l'édification du forum de Trajan, à Rome, et à la mise au point de machines de guerre.

Apollon MYTH. GR. Dieu né à Délos, fils de Zeus et de Léto, frère jumeau d'Artémis. Nourri de nectar, dieu du Soleil dont il conduit le char, il est également dieu des Arts et des Muses. Les Grecs consultaient son oracle, la pythie, à Delphes, où se trouvait son principal sanctuaire depuis la victoire qu'il y avait remportée sur le serpent Python. On lui prêtait une grande beauté qui a inspiré peintres et sculpteurs tout au long des siècles : l'*Apollon du Belvédère*, copie romaine en marbre (IIIe siècle av. J.-C.) d'une statue grecque en bronze du VIe siècle, est conservée au musée du Vatican.

Apollonios de Rhodes v. 295-v. 230 av. J.-C. Poète grec d'Alexandrie. Il écrivit les *Argonautiques*, épopée qui narre l'histoire de Jason et l'amour désespéré que Médée lui porta.

apologétique adj. et n. f. Qui contient une apologie ; qui fait l'apologie de. *Écrit apologétique.* / n. f. Partie de la théologie consacrée à la défense du christianisme.

apologie n. f. Discours ou écrit dont le but est de défendre quelqu'un ou quelque chose. *Faire l'apologie de qqn, de qqch.* : faire son éloge, l'approuver, le justifier.

apologue n. m. Court récit allégorique servant à illustrer une vérité, une pensée morale.

apomorphe adj. BIOL. *Caractère apomorphe*, dérivé au cours de l'évolution.

apomorphie n. f. BIOL. Dans une série évolutive de transformations d'un caractère, état dérivé de ce caractère (par opposition à un état primitif). *Les plumes constituent une apomorphie qui caractérise le groupe des oiseaux.*

aponévrose n. f. ANAT. Membrane fibreuse qui enveloppe un muscle.

apophtegme n. m. Énoncé mémorable, maxime.

apophyse n. f. ANAT. Partie saillante d'un os. *Certains os, comme les vertèbres, s'articulent entre eux grâce aux apophyses articulaires.*

apoplexie n. f. MÉD. Perte subite de conscience et de mouvement, due le plus souvent à une hémorragie cérébrale.

aporie n. f. PHILO. Impasse logique.

apostasie n. f. Abandon volontaire et public d'une religion au profit d'une autre. / Fig. Reniement des idées que l'on a défendues.

apostasier v. i. [1] Faire acte d'apostasie.

apostat n. m. Personne qui a apostasié. *Julien l'apostat, empereur romain.*

a posteriori loc. adj. inv. et loc. adv. (mots latins) En se basant sur les données fournies par l'expérience ; en partant des effets pour aboutir aux causes. *Raisonnement a posteriori. Théorie élaborée a posteriori.* Ant. a priori.

apostille n. f. DR. Annotation en marge d'un acte. / Recommandation ajoutée à une lettre, une pétition.

apostolat n. m. Mission, ministère d'un apôtre. / *Par ext.* Mission qui exige dévouement et désintéressement.

apostolique adj. RELIG. Qui relève des apôtres, de leur enseignement, de la mission dont ils ont été investis. / Qui émane de la papauté, qui relève de son autorité. *Nonce apostolique* : envoyé du Saint-Siège auprès d'un gouvernement.

apostrophe [1] n. f. Figure de style qui consiste à interpeller une personne ou une chose personnifiée. / Interpellation dure et brusque adressée à qqn. / GRAMM. *Mot mis en apostrophe*, désignant la personne ou la chose à laquelle s'adresse celui qui parle (par ex. : « vous » dans « vous, approchez-vous »).

apostrophe [2] n. f. GRAMM. Signe orthographique (') indiquant l'élision d'une voyelle devant un mot commençant par une voyelle ou un *h* muet, comme par ex., dans « j'aime », « l'herbe », « l'enfant ».

apostropher v. t. [1] Interpeller vivement.

apothécie n. f. BOT. Appareil reproducteur de la plupart des lichens et de certains champignons. *Les apothécies renferment des organes en forme de sac (asques) qui contiennent des spores servant à la reproduction.*

apothème n. m. MATH. Perpendiculaire abaissée du centre d'un polygone régulier sur un de ses côtés. / Perpendiculaire abaissée du sommet d'une pyramide sur un des côtés du polygone de base.

apothéose n. f. Triomphe qui consacre le succès de quelqu'un. / Fig. Moment de réussite suprême, d'épanouissement. *L'apothéose d'une carrière.* / ANTIQ. Déification des empereurs romains et des héros après leur mort.

apothicaire n. m. Vx Pharmacien. / *Compte d'apothicaire* : compte détaillé et très compliqué.

apôtre n. m. Chacun des douze disciples (Pierre, André, Jacques le Majeur, Jean, Philippe, Barthélemy, Matthieu, Thomas, Jacques le Mineur, Simon, Jude et Judas, qui se suicida et fut remplacé par Mathias) choisis par le Christ pour annoncer l'Évangile. / Défenseur d'une cause, d'une doctrine, d'une opinion. *Se faire l'apôtre de la liberté.*

Appalaches (monts) Massif plissé et pénéplané d'Amérique du Nord qui s'étend sur *2 000 km* à l'est des États-Unis, parallèlement à la côte atlantique. Une crête centrale domine deux plateaux. Le plus haut sommet, le mont Mitchell (*2 037 m*) se trouve au sud. Les plateaux (le plateau appalachien à l'ouest, le plateau de Piedmont à l'est) sont très arrosés. Grâce à l'Hudson, voie fluviale aménagée, une puissante industrie lourde (*Pittsburgh*, capitale mondiale de l'acier), favorisée par les gisements houillers, a pu se développer.

appalachien, enne adj. Des Appalaches. *Relief appalachien*, caractérisé par une succession de crêtes de roches dures de même altitude et de dépressions et dû à l'érosion et à l'aplanissement de structures plissées anciennes.

apparaître v. i. [3] Devenir soudain présent à la vue. *La ville apparut au fond de la baie.* / Commencer d'exister, de se manifester. *L'écriture est apparue* (ou, plus rarement avec l'auxiliaire avoir, *a apparu) il y a plus de cinq millénaires.* / Sembler ; se présenter à l'esprit ou aux sens. *Vivre deux cents ans nous apparaît impossible.* / v. impers. *Il apparaît que* : on observe que, il est clair que. *Il apparaît que la paix sera durable dans cette région.*

apparat n. m. Faste qui accompagne une manifestation officielle, une cérémonie. *Tenue d'apparat. Discours d'apparat.*

apparatchik n. m. (mot russe) Péjor. Membre de l'appareil dirigeant d'un organisme quelconque (parti, syndicat, mouvement politique).

apparaux n. m. pl. Ensemble des appareils qui équipent un navire et servent à ses manœuvres (ancres, chaînes, etc.). / Agrès de gymnastique.

Femme bédouine en tenue d'**apparat**, vers 1965.

appareil n. m. Assemblage d'éléments mécaniques divers destiné à exécuter un travail ou à remplir une fonction définie. *Appareil ménager. Appareil de levage.* / Ensemble des institutions ou des organes administratifs d'un État, d'une organisation. *L'appareil politique. L'appareil d'un syndicat.* / ANAT. Ensemble des organes qui remplissent une même fonction. *L'appareil digestif.* / ARCHIT. Disposition des pierres dans la construction d'un édifice. *Mur en grand, moyen ou petit appareil*, constitué de pierres taillées de plus ou moins grande épaisseur. / Avion. / MÉD. Dispositif destiné à remplacer un organe, un membre ou à pallier une déficience de son fonctionnement. *Appareil orthopédique.* / Vx, litt. Aspect, apparence, tenue. *Apparaître, se montrer dans un magnifique appareil.* / *Dans le plus simple appareil* : nu.

appareillage [1] n. m. MAR. Action d'appareiller ; ensemble des manœuvres exécutées à cette occasion.

appareillage [2] n. m. Ensemble d'appareils, de dispositifs. *Appareillage électrique.*

appareiller [1] v. i. / v. t. [1] MAR. Quitter le mouillage. *Le navire appareillera à l'aube.* / v. t. Mettre en place (en parlant d'un appareil). *Appareiller des pierres.*

appareiller [2] v. t. [1] Mettre ensemble, assortir. *Appareiller des tasses.* / Accoupler.

apparence n. f. Aspect extérieur d'une personne ou d'une chose ; ce qui apparaît à la vue au premier abord. *Avoir belle apparence.* / Aspect trompeur, qui ne reflète pas la réalité ou cherche à la masquer. *Ne pas se fier aux apparences. Sous l'apparence de l'honnêteté, il a abusé ses amis. En apparence* : extérieurement.

apparent, e adj. Bien visible, en apparence. *Un détail apparent.* / Qui n'est pas ce qu'il paraît être. *Mouvement apparent du Soleil autour de la Terre.*

apparentement n. m. Système d'alliance électorale qui permet à plusieurs listes de candidats d'additionner leurs suffrages et de se répartir les sièges.

apparenter v. t. / v. pron. [1] **A.** v. t. Vx Rendre parent par alliance. **B.** v. pron. Mod. S'allier par mariage ; s'allier en fonction d'une communauté d'intérêts, d'opinions. / Fig. Ressembler.

appariement n. m. Action d'apparier ; résultat de cette action.

apparier v. t. [1] Vx Réunir par paire, par couple. *Apparier des bœufs.* / Faire s'unir sexuellement (des animaux). *Apparier des oiseaux.* / v. pron. *S'apparier.*

appariteur n. m. Huissier (en particulier dans une université).

apparition n. f. Fait de se manifester, de devenir visible. *Apparition de nuages à l'horizon.* / Fait de commencer à vivre, à se manifester. *Apparition d'une nouvelle doctrine.* / Manifestation, sous une forme visible, de personnes mortes ou d'êtres surnaturels. *Apparitions de la Vierge à Bernadette. Apparition d'un spectre.*

apparoir v. i. / v. impers. / v. défectif [3] DR. (Ne s'emploie qu'à la 3e personne de l'indicatif présent) *Il appert de* : il résulte de. / *Il appert que* : il est évident que.

appartement n. m. Habitation composée de plusieurs pièces dans un immeuble.

appartenance n. f. Fait d'être intégré à un groupe. *Appartenance à un syndicat.* / MATH. Propriété des éléments qui font partie d'un ensemble donné, notée Œ.

A

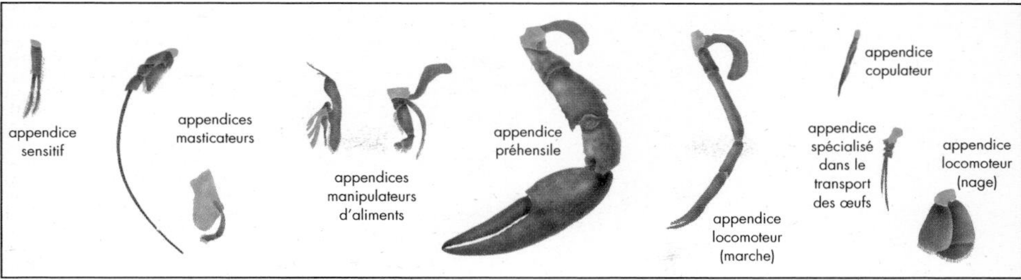

*Les **appendices** de l'écrevisse assurent des fonctions diverses.*

appartenir v. t. ind. [3] **A.** v. t. ind. *Appartenir à*: être la propriété de; être sous la dépendance de. *Cette voiture m'appartient. L'Alsace a appartenu à l'Allemagne.* / Faire partie de; être du ressort de. *La sociologie appartient aux sciences humaines.* **B.** v. impers. *Il appartient à la police de faire respecter l'ordre public,* c'est son devoir, c'est le rôle qui lui incombe. **C.** v. pron. *Ne plus s'appartenir*: ne plus pouvoir agir librement. *Ne plus s'appartenir sous l'effet de l'alcool.*
appas n. m. pl. Litt. Ce qui séduit, attire. *Les appas de la puissance.* / Vieilli Attraits physiques d'une femme.
appât n. m. Ce qui sert à attirer les animaux que l'on veut prendre. / Fig. Ce qui pousse à faire quelque chose. *L'appât de la récompense.*
appauvrir v. t. [2] Rendre pauvre, plus pauvre (qqn, qqch.). *La monoculture appauvrit les terres.* / v. pron. Devenir pauvre, plus pauvre. *Une région qui s'appauvrit lentement.*
appauvrissement n. m. Action d'appauvrir, de s'appauvrir; état qui en résulte. *Appauvrissement d'un sol, d'une région.*
appeau n. m. Instrument servant à imiter le cri des oiseaux. / Oiseau utilisé comme appeau.
appel n. m. Signe, cri adressé à quelqu'un pour qu'il vienne. *Appel à l'aide. Faire un geste d'appel.* / Dénomination faite à haute voix des membres d'un groupe pour s'assurer de leur présence. *Faire l'appel.* / Convocation, invitation. *Appel sous les drapeaux*: recrutement militaire. / *Appel de fonds*: demande de nouveaux concours financiers à des actionnaires, des souscripteurs. / ADMIN. *Appel d'offres*: procédure par laquelle plusieurs fournisseurs sont mis en concurrence pour l'obtention d'un marché public. / Exhortation. *Appel à la révolte.* / Sollicitation. *Appel à la générosité*: demande d'une aide financière. / Attirance, fascination. *L'appel de la terre promise. L'appel des sens.* / DR. Recours auprès d'une juridiction supérieure contre un jugement rendu par un tribunal de première instance. *Faire appel.* / *Juger sans appel*, sans recours possible. / Fig. *Sans appel*, de façon irrévocable. / TECHN. *Appel d'air*: courant d'air créé pour activer une combustion.
Appel (Karel) 1921 Peintre néerlandais du groupe Cobra, aux œuvres abstraites violemment expressionnistes.
appelant adj. et n. DR. Qui fait appel. / n. m. CHASSE Appeau.
appelé, e adj. et n. m. *Appelé à*: destiné à. *Il sera appelé à travailler à l'étranger.* / n. m. (Anc.) Jeune homme convoqué pour accomplir son service militaire.
appeler v. t. [1] **A.** v. t. dir. Réclamer, par la voix ou un geste, la venue ou l'attention de. *Un enfant perdu appelait sa mère.* (Emploi absol.) Crier. *Appeler au secours.* / *Appeler qqn (au téléphone)*: joindre, ou tenter de joindre qqn par téléphone. / Demander la présence, le service de. *Appeler le plombier.* / Fig. Entraîner de manière inévitable. *Le succès appelle le succès.* / Attribuer un nom à (qqn, qqch.). *Appeler sa fille Aurélie.* **B.** v. pron. Avoir pour nom. *Le petit de la biche s'appelle un faon.* **C.** v. t. ind. *En appeler à*: s'en remettre à, se fier à l'arbitrage de. *J'en appelle à votre loyauté.*
appellation n. f. Dénomination; nom. *Appellation d'origine*: nom sous lequel on désigne un produit garantissant l'origine de sa fabrication. *Appellation d'origine contrôlée (A.O.C.)*: désignation légale d'un produit garantissant sa provenance, ses qualités spécifiques, concernant notamment les vins, les fromages, les spécialités alimentaires régionales.
appendice n. m. Partie dépendante d'une poutre principale qu'elle complète, qu'elle prolonge. / ANAT. Partie adhérant à un organe ou à un tissu qu'elle prolonge et auquel elle semble surajoutée. *Appendice iléo-cæcal* ou *appendice*: petite cavité en cul-de-sac constituant un prolongement du cæcum. *Appendice caudal*: queue. / Annexe à la fin d'un ouvrage, réunissant des notes, des documents complémentaires.
appendicectomie n. f. CHIR. Ablation de l'appendice.
appendicite n. f. Inflammation chronique ou aiguë de l'appendice iléo-cæcal.
appentis n. m. Toit à pente unique, appuyé contre un mur, dont la partie inférieure repose sur une construction. / (Par ext.) Petit bâtiment s'appuyant sur un autre.
Appenzell *5 500 h.* Ville de Suisse allemande, chef-lieu du demi-canton de Rhodes-Intérieures.
Appenzell Canton du nord-est de la Suisse, au bord du lac de Constance, entièrement enclavé dans le canton de Saint-Gall et divisé en deux demi-cantons, Rhodes-Extérieures et Rhodes-Intérieures.
Appert (Nicolas) 1749-1841 Industriel français, inventeur, en 1810, d'un procédé de conservation des produits alimentaires.
appertisation n. f. Procédé de conservation des aliments mis au point par Nicolas Appert, qui consiste en une stérilisation à chaud en vase clos.
appesantir v. t. / v. pron. [2] **A.** v. t. Rare. Alourdir. **B.** v. pron. Devenir plus lourd. / Fig. *S'appesantir sur*: insister sur.
appétence n. f. Litt. Inclination qui porte une personne à assouvir ses envies, à satisfaire ses désirs.
appétissant, e adj. Qui excite l'appétit. *Odeurs appétissantes.* / Fig. Qui excite le désir sexuel. *Un corps appétissant.*
appétit n. m. Tendance qui porte qqn à assouvir un besoin, un désir. *Appétits naturels.* / Besoin et goût de manger. *Un appétit d'oiseau.* / Envie très vive, désir intense. *Appétit de vivre.*
Appienne (voie) ou **via Appia** Route commencée en 312 avant J.-C. par le censeur Appius Claudius, qui relie Rome à Capoue puis ultérieurement à Brindisi. Aux portes de Rome, elle était bordée de tombeaux dont on peut admirer les vestiges.
applaudir v. i. / v. t. [2] Exprimer son approbation, son admiration par des battements de mains. *La foule applaudit.* / v. t. *Applaudir le vainqueur de la course.* / v. t. ind. Fig. Manifester une approbation sans réserve (pour qqch.). *Applaudir à la signature de la paix.*
applaudissement n. m. Action d'applaudir; résultat de cette action. *Les applaudissements de la foule.*
Appleton (sir Edward) 1892-1965 Physicien anglais. Ses études de l'ionosphère et des couches fortement ionisées, dites d'Appleton, lui ont valu le prix Nobel de physique en 1947.
applicateur adj. m. et n. m. Qui sert à appliquer un produit. *Flacon applicateur. Un applicateur.*
application n. f. Action de mettre une chose sur une autre pour la recouvrir. *Application d'une couche de peinture.* / Utilisation

*Sir **Edward Appleton**.*

des règles, respect des modalités. *Application d'un mode d'emploi.* / Mise en pratique. *Les applications d'une invention.* / Mise en vigueur. *Application d'une loi.* / Fig. Zèle, attention. *Travailler avec application.* / MATH. Correspondance qui associe un élément d'un ensemble à un élément, et à celui-là seul, d'un autre ensemble. / INFORM. Logiciel de travail.
applique n. f. Objet que l'on applique sur un support en guise d'ornement. *Poser une applique de dentelle. Applique murale.* / Appareil d'éclairage que l'on applique sur un pan.
appliqué, e adj. Qui fait preuve d'application.
appliquer v. t. [1] **A.** v. t. Mettre en application. *Appliquer le règlement.* / Mettre, placer (une chose) sur une autre chose afin qu'elles adhèrent ou qu'elles se recouvrent. *Appliquer une couche de vernis sur un meuble.* **B.** v. pron. Être adapté ou destiné (à qqn, à qqch.). *Cette décision s'applique à tout le personnel.* / Faire preuve de concentration (dans un travail, une activité). *S'appliquer avec persévérance.*
appoggiature n. f. MUS. Note d'agrément précédant la note réelle de la mélodie ou de l'accord pour les mettre en valeur.
appoint n. m. Somme complémentaire payée en petite monnaie pour atteindre le montant exact de la somme totale due. *Faire l'appoint.* / Ce qui vient en complément d'autre chose. *Salaire d'appoint. Chauffage d'appoint.*
appointage n. m. Action de rendre pointu.
appointements n. m. pl. Rémunération fixe d'un emploi régulier, d'une fonction.
appointer [1] v. t. [1] Tailler en pointe. / Réunir (deux éléments) à l'aide de pointes.
appointer [2] v. t. [1] Rémunérer (qqn) régulièrement.
Appomatox Village de Virginie (États-Unis) où le général Lee capitula en 1865, mettant fin à la guerre de Sécession.
appondre v. t. / v. pron. [3] **A.** v. t. En Suisse, abouter. *Appondre des cables.* / Accrocher. *Appondre une remorque à un tracteur.* / Allonger, rallonger. *Appondre une jupe, une sauce.* / Prolonger sans raison. *Appondre une discussion.* **B.** v. pron. *S'appondre au travail*, s'y mettre avec ardeur.
appontage n. m. Manœuvre effectuée par un avion, un hélicoptère pour se poser sur la plate-forme d'un porte-avions.
appontement n. m. Plate-forme flottante ou construite sur pilotis où vient accoster un bateau pour effectuer son chargement ou son déchargement.

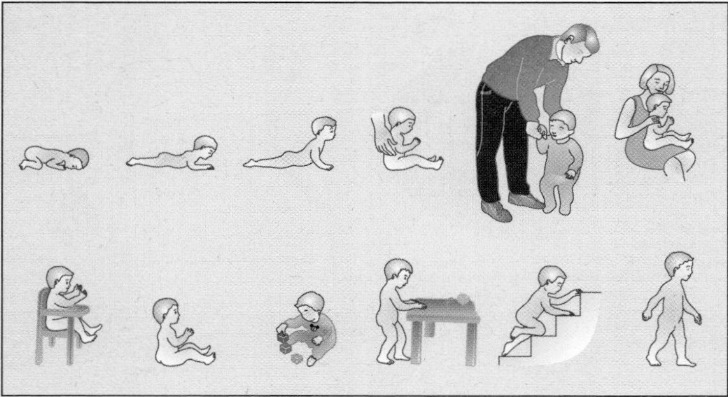

Processus d'**apprentissage** de la marche chez l'enfant.

apport n. m. Action de porter une chose dans un lieu, vers une destination. / Ce qui est apporté. / DR. Biens, capitaux apportés à une société par un associé. *Faire un apport en nature.* / DR. Biens mis dans la communauté par les époux au moment du mariage. / Contribution, participation. *L'apport d'une civilisation.*

apporter v. t. [1] Porter (qqch.) à qqn ou en un lieu. *Apporter son ordonnance au pharmacien.* / Fournir; faire connaître. *Un témoignage qui n'apporte aucun élément nouveau.* / Entraîner; être cause de. *La sécheresse apporta la famine.*

apporteur n. m. FIN., DR. Celui qui fait un apport. *Apporteur d'affaires.*

apposer v. t. [1] Appliquer (qqch.) sur. *Apposer un écriteau sur une porte. Apposer sa signature:* signer.

apposition n. f. Action d'apposer. *Apposition d'une signature sur une lettre. Apposition des scellés.* / GRAMM. Mot ou groupe de mots qui, juxtaposés à un nom ou un pronom, ont valeur de qualificatif. *Dans « Madrid, capitale de l'Espagne », « capitale de l'Espagne » est une apposition.*

appréciable adj. Qu'il est possible d'apprécier. *Valeur appréciable.* / Dont on apprécie la valeur, important. *Les grévistes ont obtenu des avantages appréciables. Un gain appréciable de productivité.*

appréciateur, trice n. et adj. Qui fait une appréciation; qui détermine la valeur (de qqch.). / adj. Mod. Appréciatif. *Un regard appréciateur.*

appréciatif, ive adj. Qui apprécie.

appréciation n. f. Action d'apprécier; résultat de cette action. *Appréciation des risques.* / Opinion. *Appréciation personnelle.*

apprécier v. t. [1] **A.** v. t. Déterminer la valeur de. *Faire apprécier son mobilier par un expert. Mal apprécier les distances.* / Juger favorablement; (par ext.) aimer. *Apprécier la cuisine chinoise.* **B.** v. pron. Augmenter de valeur, en parlant d'une monnaie. / S'estimer, s'aimer. *Jean et Pierre s'apprécient beaucoup.*

appréhender v. t. [1] Saisir au corps; arrêter. *Appréhender un suspect.* / Litt. Saisir par l'esprit; comprendre. / S'inquiéter par avance de; redouter. *Appréhender le retour de l'hiver.*

appréhension n. f. Peur confuse, indéfinissable d'un danger à venir. / Fait de comprendre, de saisir par l'esprit.

apprendre v. t. [3] Faire en sorte d'acquérir la connaissance de. *Apprendre le latin.* (Emploi ind.) *J'apprends tout seul à chanter, à conduire.* / être informé (de qqch.). *J'ai appris votre démission.* / Transmettre la connaissance de; faire connaître, faire savoir. *Son oncle lui a appris le bridge* (ou, emploi ind., *à jouer au bridge*).

apprenti, e n. Personne qui est en apprentissage. *Apprenti dans un atelier de mécanique. Entrer comme apprenti chez un artisan.* En appos. *Apprenti mécanicien.* / Personne qui manque d'habileté, d'expérience. *C'est encore un apprenti en matière de politique.* / *Apprenti sorcier*: personne qui provoque des événements dont elle est, ensuite, incapable de maîtriser les conséquences.

Apprenti sorcier (l') 1897 Poème symphonique de Paul Dukas composé sur le thème d'une ballade de Goethe.

apprentissage n. m. Action d'apprendre une technique, un métier. *Entrer en apprentissage dans une entreprise.* / Période pendant laquelle on apprend son métier. *Faire son apprentissage chez un artisan.* / *Contrat d'apprentissage*: contrat par lequel un chef d'entreprise s'engage à donner une formation professionnelle à un apprenti qui, de son côté, s'engage à travailler dans certaines conditions. / *Taxe d'apprentissage*: taxe due par les entreprises industrielles, artisanales et commerciales et dont une partie doit servir au financement de l'apprentissage. / Première expérience, initiation. *Faire l'apprentissage de la liberté.* / PSYCHOL. Acquisition de nouveaux comportements au cours de l'adaptation d'un être vivant à un milieu.

apprêt n. m. Traitement effectué sur une matière première avant de la travailler ou de la vendre. *Apprêt des cuirs, des textiles.* / Matière utilisée pour ce traitement, tels que la colle, l'enduit, l'amidon, etc. / Fig., litt. Attitude, manière d'être affectée. *Sans apprêt*: de façon naturelle, sans artifices.

apprêté, e adj. Peu naturel, affecté.

apprêter v. t. [1] **A.** v. t. Préparer. *Apprêter un mets.* / Donner de l'apprêt à. *Apprêter un tissu.* **B.** v. pron. Se préparer. *S'apprêter à sortir.* / Absol. Se vêtir, se parer. *La jeune femme s'apprêtait pour le bal.*

apprivoiser v. t. [1] Rendre moins sauvage (un animal). / Par ext. Rendre plus docile, plus sociable (qqn).

approbateur, trice adj. Qui approuve. *Signe approbateur.*

approbatif, ive adj. Qui exprime l'approbation. *Silence approbatif.*

approbation n. f. Action d'approuver. *Donner son approbation.* / Opinion favorable. *Exprimer son approbation.*

approchant, e adj. Proche, comparable.

approche n. f. Mouvement effectué pour s'approcher de qqn, de qqch. *Fuir devant l'approche de l'ennemi.* / Fig. Proximité. *L'approche de la cinquantaine.*

approcher v. t. / v. i. [1] **A.** v. t. Placer (qqch.) plus près ou très près. *Approcher le projecteur de la scène.* / Venir près de (qqn); réussir à rencontrer, à voir (qqn). *Tenter d'approcher un acteur célèbre.* / v. t. ind. Venir près ou plus près (de qqn, de qqch., d'un lieu). *Le navire approchait du port.* (Emploi absolu) *Chien méchant, ne pas approcher!* / Fig. Être près d'atteindre, de connaître. *Approcher de la retraite. Approcher de la vérité.* **B.** v. i. Être imminent. *Sa fin approche.* **C.** v. pron. S'avancer près ou plus près. *S'approcher de la fenêtre.*

approfondir v. t. [2] Rendre plus profond. *Approfondir une tranchée.* / Fig. Examiner à fond. *Approfondir une idée.*

approfondissement n. m. Action d'approfondir; résultat de cette action.

appropriation n. f. Action de s'approprier qqch. *L'appropriation d'une terre.*

approprié, e adj. Propre à (qqch.) *Outil approprié.*

approprier v. t. [1] Rendre (qqch.) propre (à). *Approprier la méthode à ses fins.* / v. pron. S'emparer de. *S'approprier un bien.*

approuver v. t. [1] Trouver bon, juste. *J'approuve ton indignation.* / Donner son accord à (qqch.); être d'accord avec (qqn). *Approuver une réforme. Approuver un ami.* / Autoriser officiellement; reconnaître comme valide. *Lu et approuvé*: formule qui précède une signature et qui la confirme.

approvisionnement n. m. Action d'approvisionner; résultat de cette action. *Approvisionnement en énergie.*

approvisionner v. t. [1] Fournir ce qui est nécessaire à la subsistance ou à la bonne marche de. *Approvisionner un village isolé. Approvisionner une boulangerie en farine. Approvisionner son compte*: déposer de l'argent sur son compte en banque. / v. pron. *S'approvisionner en fuel.*

approximatif, ive adj. Qui procède de l'approximation. *Valeur approximative.*

approximation n. f. Évaluation peu précise, peu rigoureuse. / Opération qui, dans le but de simplifier un calcul ou l'étude d'un phénomène, consiste à ne pas tenir compte de certains éléments dont l'effet est très faible, ou de certains termes dont la valeur numérique est négligeable. / MATH. *Calcul par approximations successives*: système de calcul qui consiste à chercher la solution en utilisant des valeurs approchées de plus en plus exactes.

approximativement adv. À peu près.

appui n. m. Soutien. *Point d'appui. Prendre appui sur qqch.* / Fig. Protection. *Se ménager des appuis en haut lieu.* / *À l'appui de*: pour confirmer. *Fournir des preuves à l'appui d'un témoignage.*

appui-nuque ou **appuie-nuque** n. m. Dispositif qui permet d'appuyer la nuque. *Des appuis-nuque* ou *des appuie-nuque.*

appui-tête ou **appuie-tête** n. m. Dispositif qui permet d'appuyer la tête. / Protection en étoffe sur laquelle on peut appuyer la tête dans certains fauteuils. *Des appuis-tête* ou *des appuie-tête.*

appuyé, e adj. Insistant. / Lourd, sans subtilité. *Une politesse appuyée.*

appuyer v. t. / v. i. [1] **A.** v. t. Maintenir en plaçant sur un support. *Appuyer son dos contre le mur.* / Fig. Confirmer la justesse, le bien-fondé de. *Appuyer son raisonnement par des exemples.* / Apporter son soutien à. *Appuyer une candidate.* / v. pron. Faire usage (de qqch.) comme soutien. *S'appuyer sur une canne, contre la porte, au mur.* Fig. *S'appuyer sur une longue expérience.* **B.** v. i. *Appuyer sur*: exercer une pression, peser sur. *Appuyer sur la pédale de frein.* / Fig. Insister sur. *Appuyer sur le point faible de qqn.*

apraxie n. f. MÉD. Incapacité à exécuter des gestes volontaires coordonnés, due à des lésions cérébrales localisées, sans altération des muscles ou des organes des sens.

âpre adj. Dont la rudesse est désagréable aux sens. *Un vent âpre.* / Fig. *Un âpre débat.* / *Âpre au gain*: avide.

âprement adv. Avec âpreté.

après prép. et adv. **A.** prép. (Marquant la postériorité dans le temps ou dans l'espace) *Deux heures après l'arrivée du train. La maison située après la mairie.* / (Marquant une succession dans un ordre donné) *Premier personnage de l'État après le président de la République.* / (Marquant une aspiration, un désir) *Courir après la gloire.* / (Emploi critiqué) *Crier après qqn, être après qqn*: réprimander qqn, harceler qqn. / loc. conj. *Après que. Après qu'il m'a vu, il a tourné le coin de la rue.* / loc. prép. *D'après*: selon. *D'après mes informations, cette citation est inexacte.* **B.** adv. (Marquant un rapport de temps) *Trois ans après.* / (Marquant un rapport d'espace, d'ordre) *Placez les joueurs de tennis au premier rang, les basketteurs immédiatement après.* / loc. adv. *Après coup*: une fois la tâche accomplie, l'action achevée. *J'ai réfléchi après coup.* / loc. adv. *Après tout*: tout bien considéré, toute réflexion faite. *Après tout, je m'en moque.*

Traduction d'une œuvre d'**Apulée**.

après-demain adv. Dans deux jours ; le deuxième jour après aujourd'hui. *Nous viendrons après-demain. Le rendez-vous est pour après-demain.*
après-guerre n. m. Période qui suit une guerre. *Des après-guerres.*
après-midi n. m. inv. Période de la journée comprise entre midi et le repas du soir. / (En appos.) Tous les mercredis après-midi.
Après-midi d'un faune (l') Poème de Mallarmé (1876), qui inspira à Debussy un poème symphonique (1894). Nijinski utilisa ce morceau dans un ballet, pour les Ballets russes de Diaghilev (1912).
après-rasage adj. et n. m. Qualifie un produit cosmétique utilisé après le rasage. / n. m. *Des après-rasages.*
après-ski n. m. Bottillon chaud que l'on porte à la montagne quand on ne skie pas. Pl. Des *après-skis*.
âpreté n. f. Caractère de ce qui produit une sensation âpre. *L'âpreté d'un vent d'hiver. Âpreté d'un fruit vert.* / Caractère de ce qui est rude, cruel, violent. *L'âpreté d'un combat, d'une discussion.*
a priori loc. adj. inv., loc. adv. et n. m. inv. (mots latins) PHILO. En s'appuyant sur des données, des principes qui sont antérieurs à l'expérience. *Raisonner a priori.* / À première vue, avant tout examen. *A priori, je n'approuve pas ce projet.* Ant. a posteriori. / n. m. inv. Idée préconçue, préjugé. *Parler sans a priori.*
apsara ou **apsaras** n. f. (mot hindi) RELIG. Dans l'hindouisme, déité représentée en danseuse ou en musicienne.
apside n. f. ASTRON. Chacun des deux points extrêmes du grand axe de l'orbite elliptique d'une planète. *Ligne des apsides*, qui joint ces deux points.
apte adj. Doué d'une aptitude à. *Être apte au travail.*
aptère adj. ZOOL. Dépourvu d'ailes.
aptérygiformes n. m. pl. ZOOL. Ordre d'oiseaux à ailes vestigiales, dépourvus de queue, de couleur brun-gris, à long bec, principalement nocturne. *Les kiwis sont les seuls aptérygiformes ; on ne les trouve qu'en Nouvelle-Zélande.*
aptéryx n. m. Syn. de kiwi.
aptitude n. f. Faculté, capacité. *Avoir une aptitude pour la musique.* / DR. Capacité légale d'une personne à accomplir un acte juridique. / *Certificat d'aptitude professionnelle (C.A.P.)* : diplôme qui sanctionne une période de formation technique spécialisée.

L'**aqueduc** de Ségovie, en Espagne, édifié par les Romains au Iᵉʳ siècle.

Apulée v. 125-v. 180 Écrivain latin. Ses *Métamorphoses*, appelées également *l'Âne d'or*, d'une inspiration à la fois romanesque et mystique, relatent les aventures d'un jeune homme transformé en âne.
apurement n. m. COMPTA. *Apurement d'un compte* : vérification permettant d'établir l'exactitude, la régularité d'un compte et d'en donner quitus au comptable.
apurer v. t. [1] COMPTA. Procéder à l'apurement de.
Aqaba ou **Akaba** *37 000 h.* Port jordanien sur le golfe d'Aqaba, au nord-est de la mer Rouge, près de la frontière israélo-jordanienne. L'interdiction, lancée par Nasser en mai 1967, de l'accès du golfe d'Aqaba aux navires israéliens, déclencha le troisième conflit israélo-arabe (guerre des Six Jours).
aquaculture Voir **aquiculture**
aquafortiste n. Artiste spécialisé dans la gravure à l'eau-forte.
aquamanile n. m. HIST. Aiguière, bassin ou fontaine utilisé pour se laver les mains, dans l'Antiquité et au Moyen Âge.
aquaplanage ou **aquaplaning** n. m. Perte d'adhérence des roues d'un véhicule sur le revêtement mouillé de la route.
aquaplane n. m. Planche tirée par un bateau à moteur et sur laquelle on se tient en équilibre pour glisser sur l'eau. / Sport pratiqué avec cette planche.
aquaplaning Voir **aquaplanage**
aquarelle n. f. Peinture délayée dans l'eau donnant une impression de légèreté et de transparence, généralement utilisée sur du papier. / Œuvre exécutée à l'aide de cette peinture.
aquarelliste n. Peintre à l'aquarelle.
aquarium n. m. Réservoir, bocal en matière transparente dans lequel on élève des poissons et des plantes aquatiques. / Muséum où sont regroupés des animaux aquatiques vivants.
aquatinte n. f. Procédé de gravure à l'eau-forte qui imite le lavis.
aquatique adj. Plein d'eau. *Vivre en milieu aquatique.* / Qui vit dans l'eau ou au bord de l'eau. *Oiseaux aquatiques.*
aquavit ou **akkavit** n. m. Eau-de-vie de grain aromatisée fabriquée dans les pays scandinaves.
aqueduc n. m. Canal, souterrain ou aérien, destiné à conduire l'eau d'un point à un autre. *Un aqueduc romain.* / ANAT. Canal qui relie entre elles certaines parties de l'organisme.
aqueux, euse adj. De la nature de l'eau, qui contient de l'eau, ressemble à de l'eau. *La partie aqueuse du sang. Liquide aqueux.* / ANAT. *Humeur aqueuse* : voir *humeur*. / CHIM. *Solution aqueuse*, dont l'eau est le solvant.
aquiculture n.f. Ensemble des techniques d'élevage et de culture des êtres vivants aquatiques (plantes et animaux). Syn. aquaculture / Technique de culture hors sol où une solution nutritive remplace la terre.
aquifère adj. Qui porte, contient de l'eau.
aquilin adj. m. *Nez aquilin* : nez fin et busqué, dont la forme rappelle un bec d'aigle.
aquilon n. m. Poét. Vent du nord froid et violent.
Aquino (Benigno) 1932-1983 Homme politique philippin. Chef de l'opposition à Marcos, il fut assassiné. **Aquino (Corazon Cojuanco**, dite **Cory)** 1933 Épouse du précédent, chef de l'opposition après la mort de son mari, présidente de la République (1986-1992).
aquitain, e adj. et n. D'Aquitaine. *Région aquitaine. Un (e) Aquitain (e).*
Aquitaine Une des trois grandes régions de la Gaule ; elle s'étend des Pyrénées à la Loire. En 56 avant J.-C., César en fait une province romaine. Envahie par les Wisigoths en 418, elle devient un territoire franc après la victoire de Clovis à Vouillé en 507. Ne pouvant soumettre le pays, Charlemagne crée le royaume d'Aquitaine qu'il confie à son fils Louis. Le royaume passe à la couronne de France après le mariage d'Aliénor, duchesse d'Aquitaine, et de Louis VIII (1137), puis à l'Angleterre (1154) à la suite du second mariage (1152) d'Aliénor avec Henri Plantagenêt devenu Henri II d'Angleterre. La victoire de Charles VII à Castillon en 1453 marque la fin de la domination anglaise et le rattachement définitif de l'Aquitaine à la France.

Côte **aquitaine**, dans les Landes.

• **Aquitaine** *41 309 km² 2 880 000 h.* Région de France composée de cinq départements : Dordogne, Gironde, Landes, Lot-et-Garonne, Basses-Pyrénées. Chef-lieu *Bordeaux*.
Aquitaine (ducs d') Famille princière qui régna sur l'Aquitaine du IXᵉ siècle à 1154. **Guillaume Iᵉʳ le Pieux** ?-918, duc d'Aquitaine en 886 (ou 909), fondateur de l'abbaye de Cluny (909). **Guillaume III** ?-963, duc d'Aquitaine en 951, déclare la guerre aux comtes de Toulouse. Sa fille Adélaïde épouse Hugues Capet. **Guillaume V le Grand** v. 960-1030, duc d'Aquitaine en 994. Protecteur des arts et des lettres, il refuse (1024) la couronne impériale et se retire à la fin de sa vie dans l'abbaye de Maillezais où il prend l'habit monastique. **Guillaume IX** 1071-1127, duc d'Aquitaine et de Gascogne en 1086, participe à la première croisade, mais l'Église l'excommunie à cause de sa vie tumultueuse. Il est l'un des plus meilleurs poètes en langue d'oc. **Guillaume X** 1099-1137, dernier duc d'Aquitaine et de Gascogne (1127-1137). Il est le père d'**Aliénor**, duchesse d'Aquitaine et reine de France puis d'Angleterre.
ara n. m. Grand perroquet d'Amérique tropicale de la famille des psittacidés, à longue queue et aux couleurs éclatantes.
• **arabe** adj. et n. De l'Arabie, de ses habitants ; des peuples du pourtour méditerranéen qui parlent l'arabe. *La civilisation arabe. Une Arabe. Chiffres arabes* : les dix chiffres (0, 1, 2, 3, 4, 5, 6, 7, 8, 9) de la numération usuelle. *D'origine indienne, les chiffres arabes furent introduits en Occident par les Arabes et finirent par supplanter la numération en chiffres romains.* / n. m. *L'arabe* : la langue sémitique parlée aujourd'hui sous diverses formes au Moyen-Orient et en Afrique. *Arabe dialectal, littéral, maghrébin. Arabe classique, moderne.*

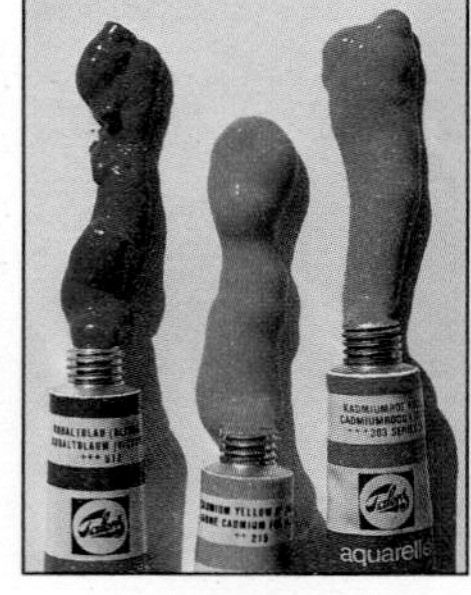

Tubes d'**aquarelle**.

Le Grand Canal, Venise, *1835*, **aquarelle** *sur toile de William Turner,* (Metropolitan Museum of Art, New York).

AQUITAINE

L'Aquitaine recouvre en partie le bassin sédimentaire aquitain et comprend les plateaux calcaires du Périgord et du Quercy, une région de collines et de terres alluviales, le Bordelais, une plaine sableuse, les Landes, et l'avant-pays pyrénéen. Le climat humide et frais en hiver, le retard agricole, une industrialisation récente, très insuffisante, et un dépeuplement rapide, ont longtemps caractérisé cette région du sud-ouest de la France. Le déclin est aujourd'hui enrayé. À la polyculture traditionnelle (maïs, blé, arbres fruitiers) pratiquée dans des exploitations de taille petite ou moyenne s'ajoutent les cultures maraîchères, l'arboriculture, l'élevage et l'exploitation forestière des Landes (la plus importante forêt d'Europe). Le vignoble bordelais produit des vins de qualité, largement exportés, tout comme le sont les autres spécialités alimentaires de luxe (foie gras d'oie et de canard, jambon de Bayonne). Le pétrole de Parentis (Landes) et le gaz naturel de Lacq sont presque entièrement épuisés. Les technologies de pointe connaissent un bel essor depuis les années 1960-1970. Bordeaux peine à se reconvertir après l'affaiblissement progressif de l'importance du port. Le tourisme est très actif tant sur la façade atlantique en été (côte landaise et plages des Pyrénées-Atlantiques qui attirent des surfeurs venus du monde entier) que, été comme hiver, en montagne (randonnée et sports d'hiver). Le thermalisme, ancien, continue de représenter une importante ressource (Dax, Salies-de-Béarn notam.) La région compte deux parcs : le parc régional des Landes de Gascogne et (pour partie) le parc national des Pyrénées.

Bayonne.

Bordeaux.

arabe (Ligue) Organisme de coopération, créé le 22 mars 1945 par l'Arabie Saoudite, l'Irak, la Jordanie (alors nommée Transjordanie), le Liban, la Syrie et le Yémen-du-Nord (aujourd'hui Yémen), auxquels se sont joints par la suite la Libye, le Soudan, la Tunisie, le Maroc, l'Algérie, le Koweït, Bahreïn, Oman, le Qatar, les Émirats arabes unis, la Mauritanie, la Somalie, l'O.L.P. et Djibouti.

Arabe Unie (république) (R.A.U.) Nom de l'éphémère fédération (1958-1961) formée par l'Égypte et la Syrie.

arabesque n. f. Motif décoratif fait de lignes entrelacées mêlant des motifs floraux, des lettres, des signes, etc. / Ligne sinueuse formant des courbes élégantes. / CHORÉGR. Figure dans laquelle un danseur, en équilibre sur une jambe, tend un bras en avant.

Arabie *3 000 000 km²* Vaste péninsule désertique du sud-ouest de l'Asie, partagée aujourd'hui entre l'Arabie Saoudite, le Yémen, Oman, le Qatar, le Koweït, Bahreïn et les Émirats arabes unis. Immense plateau désertique, l'Arabie est peuplée de nomades qui tendent à se sédentariser. L'importance des gisements de pétrole donne à l'Arabie un rôle économique de premier plan. À partir du Xᵉ siècle, l'Arabie, cœur du monde islamique (La Mecque), est dominée, au moins nominalement, par une succession de dynasties musulmanes (Fatimides, Seldjoukides, Ayyubides, mamelouks) ; elle est finalement intégrée (XVIᵉ siècle) à l'empire ottoman. La réforme religieuse rigoriste de Muhammad ibn Abd al-Wahhab se diffusa largement au XVIIIᵉ siècle, grâce aux conquêtes de Muhammad ibn Saoud qui s'en fit le champion. Au XIXᵉ siècle, les puissances européennes tentèrent de s'implanter dans la région et entretinrent une incessante rivalité. La victoire alliée de 1918 sonna le glas de la puissance turque et la région devint le champ clos des ambitions occidentales. En 1932 le prince wahhabite Ibn Séoud, roi du Nedjd, chérif de La Mecque, conquérant du Hedjaz, fonde le royaume d'Arabie Séoudite.

• **Arabie Saoudite** ou **Séoudite** Royaume du sud-est de l'Asie dans la péninsule d'Arabie.

arabinose n. f. CHIM. Sucre (ose) du groupe des pentoses, extrait de la gomme arabique.

arabique adj. D'Arabie. *Péninsule arabique. / Gomme arabique* : voir *gomme*.

arabisant, e adj. et n. Qui arabise. *Politique arabisante.* / n. Spécialiste de la langue, de la civilisation arabe.

arabisation n. f. Fait d'arabiser. *L'arabisation de l'enseignement dans les pays du Maghreb autrefois colonisés ou soumis au régime du protectorat.*

arabiser v. t. [1] Rendre arabe ; faire adopter la langue arabe, les mœurs des Arabes à.

arabisme n. m. Tournure, particularisme spécifique à la langue arabe. / Idéologie prônant le développement, le rayonnement des caractéristiques culturelles, linguistiques, religieuses propres à la civilisation arabe.

arable adj. Qui peut être labouré. *Terre arable* : terre cultivable.

arabo-islamique adj. Qui concerne à la fois les Arabes et l'islam. *Civilisation arabo-islamique.*

arabophone adj. et n. Qui parle l'arabe. *Il est arabophone. Les arabophones.*

arac Voir **arack**

aracées n. f. pl. BOT. Famille de plantes monocotylédones vivaces portant des baies et vivant dans les lieux humides et ombragés dont certaines, tels l'arum et le philodendron, sont cultivées comme plantes ornementales.

arachide n. f. Plante tropicale de 30 à 40 cm de hauteur, à petites fleurs jaunes et rouges, cultivée pour sa graine, la cacahuète que l'on peut consommer après torréfaction ou dont on extrait une huile, l'huile d'arachide, utilisée en cuisine et en savonnerie.

Arachné MYTH. GR. Jeune Lydienne habile en tapisserie. Elle défia Athéna qui déchira son ouvrage et la changea en araignée.

arachnéen, enne adj. De l'araignée. / Qui évoque l'araignée, la toile d'araignée. *Gaze arachnéenne.*

arachnides n. m. pl. ZOOL. Classe d'arthropodes terrestres groupant les araignées, les scorpions, les acariens.

arachnoïde n. f. ANAT. Membrane constituant la méninge intermédiaire située entre la dure-mère (méninge externe) à laquelle elle est accolée, et la pie-mère (méninge interne).

arack, arac ou **arak** n. m. (mot arabe) Liqueur alcoolique obtenue par distillation de mélasse de canne à sucre ou de divers fruits ou grains fermentés (riz, orge, dattes...), habituellement de saveur anisée.

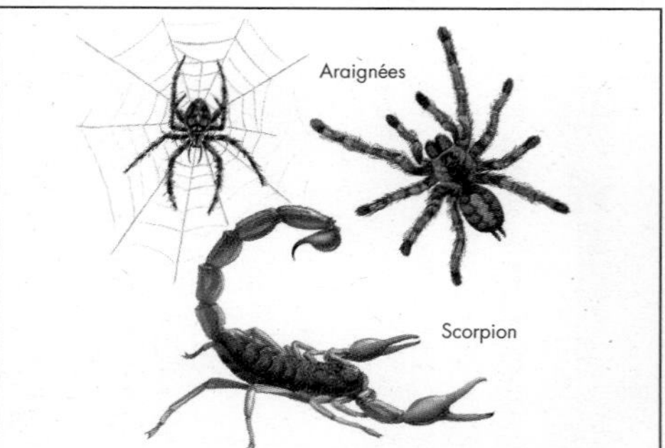

*Différents types d'**arachnides**.*

arak Voir **arack**

Arafat (Abel Rauf Arafat al-Qudwa dit **Yasser)** 1929 Homme politique palestinien né au Caire et élevé à Jérusalem. En 1968, il prit la direction du mouvement palestinien El-Fatah (fondé en 1965) et, en 1969, de l'Organisation de libération de la Palestine (O.L.P.) dont El-Fatah était la principale composante. En 1974, il a obtenu que l'ONU reconnaisse l'O.L.P. qui, en 1976, est entrée dans la Ligue arabe. L'O.L.P. a signé avec Israël, en 1993, un accord de reconnaissance mutuelle et a obtenu, en 1994, l'autonomie partielle de Gaza et de Jéricho, puis d'autres villes de Cisjordanie. Ces territoires ont été placés sous l'Autorité palestinienne, que dirige Arafat. Lorsque B. Netanyaou est devenu le Premier ministre d'Israël (1997) et que l'implantation de colonies juives en Cisjordanie a repris, Arafat s'est trouvé pris entre deux feux : faire respecter les accords de paix par Israël ; s'opposer aux extrémistes palestiniens, selon lesquels la paix est impossible. Netanyaou a été remplacé en 1999 par E. Barak, qui a poursuivi les négociations ; celles-ci ont buté sur le problème de la souveraineté de Jérusalem. En représailles de la recrudescence des attentats suicides, les opérations militaires menées depuis 2001 par A. Sharon, successeur de Barak, ont isolé Arafat dans son quartier général de Ramallah. Son autorité est fortement contestée et il a été contraint, sous la pression internationale, de nommer, en 2003, un Premier ministre, Mahmoud Abbas, qui tente de s'imposer en politique intérieure et internationale.

*Yasser **Arafat**, leader palestinien de l'O.L.P.*

Arabe (peuple)

Le peuple arabe (env. 160 millions d'individus) est fortement uni par le lien linguistique qui constitue son critère distinctif. Il est formé de populations anthropologiquement différentes, qui occupent une vaste zone, de l'Irak au Maroc, zone englobant quelques minorités non arabophones (Kurdes, Arméniens, Berbères notam.) L'origine des Arabes, leur existence primitive, de même que l'étymologie de leur nom, restent obscures et largement hypothétiques pour les époques antérieures au Ier millénaire avant notre ère.

Les Sémites installés et sédentarisés en Basse-Mésopotamie, vite assimilés à la civilisation akkadienne, venaient probablement du désert d'Arabie. Au IXe siècle av. J.-C. nous les trouvons mêlés à l'histoire des pays du Croissant fertile, mais leur infiltration dans le désert syro-mésopotamien est certainement beaucoup plus ancienne. Au IIe millénaire, des tribus nomades auraient pu migrer en nombre vers l'intérieur de la péninsule arabique.

Les Arabes qui s'étaient sédentarisés en Syro-Palestine et en Mésopotamie se fondirent dans la population araméenne dont ils adoptèrent la langue; les petits royaumes qui se formèrent alors subirent une forte influence hellénistique. En 401, Xénophon appelle « Arabie » la Mésopotamie septentrionale, mais ce n'est pas la première fois que ce nom surgit dans l'Histoire: c'est ainsi que l'on nommait, depuis longtemps, la partie de l'Égypte située à l'est du Nil, entre le fleuve et la mer Rouge. En bordure du Croissant fertile naissent, au IVe siècle, des États arabes plus ou moins satellites de Rome ou de la Perse. C'est à cette époque que remonte la plus ancienne inscription totalement arabe en écriture nabatéenne: elle date de 328. L'ensemble de la péninsule restait inorganisé. Très particulariste, même dans le domaine religieux, chaque groupe avait ses dieux et ses pierres sacrées (bétyles); cependant, bien avant Mahomet, émergeait la notion d'un dieu supérieur créateur: Allah. Mahomet, né à La Mecque en 570, commença à prêcher l'islam (soumission à Dieu) en 612; avec ses premiers disciples, il dut émigrer à Yathrib, au nord de La Mecque, en 622: c'est l'hégire (« émigration » et non pas « fuite »); c'est cette date qui sert de point de départ au calendrier musulman. Yathrib prit alors le nom de « ville du prophète » (Medina el Nabi: Médine), et devint la capitale de l'État théocratique que Mahomet organisa en rassemblant les tribus, qui se rallièrent toutes au prophète après que ce dernier, en 630, se fut emparé de La Mecque. L'unification de la péninsule arabique est alors presque entièrement réalisée.

La Mecque est la capitale religieuse de l'Islam. Là se trouve la Kaaba. Tous les musulmans doivent s'y rendre en pèlerinage au moins une fois dans leur vie.

Le festival du Sahara qui se déroule près de Douz, en Tunisie.

Entre 632 et 661 l'islam conquiert la Mésopotamie, la Palestine, la Syrie, l'Égypte et la plus grande partie de l'empire perse sassanide. Cette période, dite « des premiers califes », s'achève à la mort d'Ali à qui succède Mouawiya, fondateur de la dynastie des Omeyyades (661-750) dont Damas est la capitale. Sous leur règne, les conquêtes militaires se poursuivent à l'est (Afghanistan et Asie centrale) et à l'ouest (Maghreb et Espagne).

En 750, le trône passe à Abu al Abbas Abd Allah, à l'origine de la dynastie des Abbassides (750-1258). La capitale est transférée à Bagdad, la « cité de la paix », nouvellement fondée, qui devient le siège du califat. L'islam impose sa suprématie économique de l'Atlantique aux frontières de l'Inde et l'arabe est consacré comme langue de gouvernement et de culture. Au milieu du XIe siècle, les Abbassides perdent de leur puissance. Le califat n'a plus qu'un rôle religieux.

La reconquête chrétienne a commencé en Espagne, les Turcs seldjoukides d'Asie centrale se posent en protecteurs du califat et s'imposent à tout le Proche-Orient. En 1095, l'Occident se lance dans la croisade pour délivrer le tombeau du Christ et d'importantes forces armées prennent la route de Jérusalem. Les croisés sont d'abord victorieux, mais en un siècle ils perdent tous les territoires conquis, dont Jérusalem. Au début du XIIIe siècle, le monde musulman est dévasté par les Mongols. Déferlant d'abord en Asie centrale, ils s'emparent de l'Iran en 1231 et se déplacent vers le sud-ouest: Hulagu, petit-fils de Gengis Khan, s'empare de Bagdad en 1258. La famille du dernier calife, ainsi qu'une bonne partie de la population, sont exterminées. Le califat, cette institution qui a fourni au monde musulman un semblant d'unité, est aboli. Damas tombe deux ans plus tard, mais les mamelouks (soldats turco-égyptiens) du Caire rejettent les Mongols hors de Syrie; ils se maintiendront toutefois en Anatolie orientale, en Irak et en Iran.

Un nouveau danger apparaît à la fin du XIVe siècle en Asie centrale. Le chef tatar Tamerlan, prétendant reconstituer l'empire de Gengis Khan, lance ses attaques contre la Perse et l'Anatolie. Mais il se soucie peu d'organiser ses conquêtes et son empire ne survit pas à sa mort (1405).

Si, malgré la reconquête de l'Espagne achevée en 1492, l'islam connaît, territorialement, sa plus grande expansion au XVIe siècle, en s'appuyant sur l'empire ottoman à l'ouest, l'empire séfévide de Perse et l'empire moghol, les pays arabes entrent dans une période de décadence: ils n'ont plus en commun que la langue et la religion. Cette décadence dure jusqu'au XIXe siècle. En 1805, les Anglais alliés aux Ottomans chassent d'Égypte les Français qui en avaient tenté la conquête en 1798. L'arrivée au pouvoir de Méhémet-Ali, qui entreprend de réformer l'Égypte dont il est le vice-roi de 1805 à 1849, correspond au début de la longue lutte d'un monde musulman désireux de se libérer des tutelles coloniales. Le XIXe siècle connaît plusieurs guerres saintes *(djihad)*, destinées à débarrasser l'islam des influences païennes.

À la fin du XIXe siècle, et au cours de la première moitié du XXe siècle, les musulmans prennent une part active à la résistance contre les puissances coloniales. C'est la Mahda (la Renaissance), qui se caractérise par un réveil culturel et la prise de conscience de l'unité du monde arabe, bientôt confrontée à un sentiment nouveau, le nationalisme.

Après la Seconde Guerre mondiale, les ressources pétrolières exploitées par des compagnies étrangères sont peu à peu dévolues aux États dans lesquels se trouvent les gisements, États qui appartiennent majoritairement au monde arabe. Cette manne a opéré une profonde transformation dans les pays qui en ont bénéficié (et continuent d'en bénéficier). La guerre Irak-Iran, l'invasion du Koweit par l'Irak, la guerre du Golfe qui a ruiné l'Irak, l'indépendance de l'Algérie et la guerre civile qui l'ensanglante n'ont pas profondément modifié le processus de mutation en cours depuis un demi-siècle.

A

Arabie Saoudite

Superficie : *2 248 000 km²* – **Nombre d'habitants :** *21 00 000 h.* – **Capitale :** *Riyad*
Villes principales : *Djedda, La Mecque, Médine* – **Système politique :** *monarchie*
Langue (s) : *arabe* – **Religion (s) :** *islam* – **Monnaie (s) :** *riyal*

Voir l'Atlas

Économie

L'exploitation du pétrole (90 % du revenu national) par un trust géant international, l'Aramco (Arabian American Oil Company), ne modifie pas la structure sociale du pays qui reste quasi féodale, mais dont l'économie s'est puissamment modernisée.

Le Palais principal de Al-Diriyah.

La mosquée de l'aéroport de Riyad.

Géographie physique et humaine

Formée d'un vaste plateau désertique, le Nedjd, coupé de quelques oasis et relevé à l'ouest, le Hedjaz, au-dessus d'une étroite plaine côtière, l'Arabie Saoudite a un climat aride et chaud.
Sa population, arabe et musulmane, compte des nomades bédouins vivant de l'élevage et des paysans sédentaires qui cultivent dans les oasis de l'orge, du riz et des palmiers dattiers. Aujourd'hui, elle est urbanisée à 80 %, concentrée à Riyad et dans les villes saintes de La Mecque et de Médine.

Histoire

Né (1926) des conquêtes d'Ibn Séoud, l'État a pris le nom d'Arabie Séoudite en 1932. C'est une monarchie absolue. Après la mort du fondateur, se succédèrent ses fils Saoud (1953-1964) et Fayçal (1964-1975), qui fut assassiné, puis Khalid, puis (1982) Fahd, qui encouragea l'expansion de l'islam et, par là, celui de l'islamisme. Le royaume a été, notamment à Riyad, en mai 2003, le théâtre d'attentats dirigés contre les Occidentaux, en particulier les troupes américaines stationnant dans le pays.

Louis **Aragon** et Elsa Triolet.

Arago (François) 1786-1853 Physicien et astronome français, élu à 23 ans membre de l'Académie des sciences ; directeur de l'Observatoire de Paris, il collabore aux travaux d'Ampère sur l'électromagnétisme ; il étudie également la polarisation et la réfraction de la lumière, les interférences lumineuses et bâtit la théorie ondulatoire de la lumière et du son. Républicain, il est membre du gouvernement provisoire en 1848 et signe le décret abolissant l'esclavage dans les colonies.

Aragon (Louis) 1897-1982 Poète et romancier français. Surréaliste, ami de Breton, il écrit notamment un essai poétique *Le Paysan de Paris* (1926), et adhère au parti communiste en 1927. Dès lors, il met son écriture élégante et brillante au service de ses idées dans une œuvre romanesque abondante : *Les Cloches de Bâle* (1934), *Les Beaux Quartiers* (1936), *Les Communistes* (1941-1951), *Aurélien* (1944), *La Semaine sainte* (1958), *Blanche ou l'Oubli* (1967), *Henri Matisse, roman* (1971). Son amour pour sa femme, l'écrivain Elsa Triolet, lui a inspiré plusieurs recueils de poèmes : *Les Yeux d'Elsa* (1942), *Le Fou d'Elsa* (1963). Il a dirigé *Les Lettres françaises* de 1953 à 1972.

Aragon *47 669 km² 1 540 300 h.* Communauté autonome du nord-est de l'Espagne. Capitale *Saragosse*. Région pauvre et peu peuplée, l'Aragon est divisé en trois provinces : Huesca, Teruel et Saragosse. Les Pyrénées au nord, les chaînes Ibériques au sud encadrent la dépression centrale de l'Èbre (cultures de céréales et de légumes). Saragosse est le centre commercial et industriel de l'Aragon. Constitué au IXᵉ siècle dans la vallée du rio Aragon (affluent de la rive gauche de l'Èbre), le petit comté chrétien d'Aragon est rattaché par mariage à la Navarre, puis devient royaume indépendant en 1035. Il s'accroît au cours des siècles du Roussillon, des Baléares, du royaume de Valence, de la Sicile, de la Sardaigne. Il a été réuni à la Castille en 1474.

Cristaux d'**aragonite**.

aragonite n. f. MINÉR. Variété de carbonate de calcium.

araignée n. f. Arthropode de la classe des arachnides. *De nombreuses espèces d'araignées tissent, avec les fils soyeux qu'elles sécrètent, une toile pour capturer les insectes dont elles se nourrissent après les avoir immobilisés à l'aide d'un venin inoculé par les chélicères.* / PÊCHE Filet à mailles carrées. / TECHN. Crochet de fer à plusieurs pointes. / BOUCH. Nom donné aux muscles obturateurs du bassin du bœuf fournissant une viande fibreuse et tendre. / *Araignée de mer* : crabe aux longues pattes effilées.

araire n. m. Charrue primitive sans avant-train qui écarte la terre de chaque côté du sillon sans la retourner.

Arakan *36 778 km² 1 760 000 h.* État du sud-ouest de la Birmanie. Capitale *Sittwe*. Le pays est fait de vallées profondes et de plaines étroites entre le golfe du Bengale et les montagnes de l'Arakan-yoma qui culminent à plus de 3 000 m. Les îles qui bordent ses côtes ont longtemps été le repaire des pirates du golfe du Bengale.

Aral (mer d') Mer intérieure d'Asie centrale, peu profonde, où se jettent le Syr-Daria et l'Amou-Daria. Longue de *400 km*, elle est partagée entre le Kazakhstan et l'Ouzbékistan. Victime de ponctions et de pollution, elle s'est rétrécie de moitié et sa salinité a augmenté.

araméen, enne adj. et n. Des Araméens. *L'écriture araméenne. Un (e) Araméen (ne).* / n. m. *L'araméen* : langue sémitique des Araméens, parlée en Palestine au temps du Christ.

Araméens Peuple installé en Mésopotamie au XIIIᵉ siècle av. J.-C. qui forma de petits États au nord de la Palestine au Xᵉ siècle. L'Assyrie les annexa au VIIIᵉ siècle et les Araméens se disséminèrent dans le Proche-Orient, de sorte que leur langue se répandit dans différents pays de cette région.

Aramis L'un des trois mousquetaires de la trilogie romanesque d'Alexandre Dumas père. Prélat, homme d'épée, il allie la ruse à la générosité.

Aranjuez *40 000 h.* Ville d'Espagne sur le Tage. Résidence des rois d'Espagne. Palais royal (XVIᵉ-XVIIᵉ s.), Casita del Labrador (fin XVIIIᵉ s.).

Arany (János) 1817-1882 Poète hongrois. Son épopée *Toldi* (trois volumes, 1847-1879) conte, en alexandrins, les exploits d'un Hongrois des temps anciens qui défendait les opprimés.

Ararat (mont) *5 165 m* Massif volcanique de la Turquie orientale où, d'après la Bible, l'arche de Noé s'arrêta.

arasement n. m. Action d'araser ; résultat de cette action. / Suppression des aspérités d'une surface.

araser v. t. [1] Mettre de niveau (un terrain, une construction). / Faire disparaître (les saillies d'un relief). *Araser un tenon.*

La Casita del Labrador d'**Aranjuez**, en Espagne.

A

aratoire adj. Relatif au labourage. *Instruments aratoires.*
Araucanie *34 672 km² 692 950 h.* Province du Chili central peuplée par les Indiens araucans (Mapuches). Capitale *Temuco.*
araucaria n. m. BOT. Grand conifère d'Amérique du Sud et d'Australie, dont certaines espèces sont acclimatées en France.
Aravis (chaîne des) Chaîne calcaire des Préalpes de Bornes, accessible grâce au col des Aravis *1 498 m.*
Arawaks Amérindiens aujourd'hui disséminés dans le delta de l'Orénoque et dans le bassin de l'Amazone. Découverts aux Bahamas et aux Grandes-Antilles par les conquistadores, ils en ont disparu. Les parlers arawaks constituent un important groupe linguistique.
arbalète n. f. Arc en acier très puissant, monté sur un fût et bandé à l'aide d'un mécanisme (cric, tour), qui fut supplanté au XVIᵉ siècle par les armes à feu.
arbalétrier n. m. Soldat qui utilisait l'arbalète pour combattre. / CONSTR. Poutre inclinée soutenant la couverture du toit.
Arbèles ou **Arbelles** Ville d'Assyrie (aujourd'hui *Erbil*, dans le Kurdistan irakien) près de laquelle Alexandre le Grand vainquit le Perse Darios III en 331 avant J.-C.
arbitrage n. m. Règlement d'un litige, d'un conflit entre deux parties, deux pays, par une ou des personnes choisies pour cette tâche. / Décision ainsi rendue. / FIN. Opération boursière qui exploite les différences de cours au même moment sur plusieurs marchés. / SPORT Contrôle de la régularité d'un jeu. *Arbitrage d'un match.*
arbitragiste n. FIN. Spécialiste de l'arbitrage.
arbitraire adj. et n. m. **A.** adj. Laissé au libre arbitre, à la libre volonté de chacun. *Choix arbitraire.* / Qui ne dépend que du vouloir d'un homme, en dehors de toute règle; despotique. *Pouvoir arbitraire.* **B.** n. m. Ce qui est arbitraire. *L'arbitraire d'une décision.* / Autorité absolue, que ne borne aucune limite institutionnelle. *L'arbitraire royal.*
arbitrairement adv. De façon arbitraire.
arbitre [1] n. m. DR. Personne choisie par un tribunal, ou les parties intéressées, pour trancher un différend. / Médiateur. / Personne réputée avoir un goût sûr. *Être l'arbitre des élégances*: donner un avis averti sur la mode. / SPORT Personne chargée de faire appliquer les règles au cours d'une compétition.

*L'**arbouse**, fruit de l'arbousier.*

arbitre [2] n. m. PHILO. *Libre arbitre*: faculté de choisir en toute liberté, en se référant à sa seule volonté.
arbitrer v. t. [1] Juger, trancher en qualité d'arbitre. *Arbitrer une querelle familiale.* / SPORT. Être responsable de l'arbitrage de (une compétition sportive).
arborer v. t. [1] Lever bien droit pour porter à la vue. *Arborer un étendard.* / Porter en faisant voir ostensiblement. *Arborer une médaille.* Fig. *Arborer ses opinions.*
arborescence n. f. État arborescent. *Arborescence des fougères.* / Ce qui évoque la structure, la forme ramifiée d'un arbre. *Réseau de vaisseaux sanguins formant des arborescences.*
arborescent, e adj. Dont la forme ou la structure rappelle celle d'un arbre. *Fougères arborescentes.*
arboretum n. m. Espace planté d'arbres d'essences diverses, aménagé dans un but expérimental (reproduction, développement, adaptation, etc.).
arboricole adj. Qui vit dans les arbres. *Animal arboricole.* / Qui procède de l'arboriculture.
arboriculture n. f. Culture des arbres. / Culture des arbres fruitiers pour la production de fruits.
arbouse n. f. Fruit comestible de l'arbousier dont la forme et la couleur rappellent la fraise et dont la saveur est légèrement aigre.
arbousier n. m. Arbrisseau du bassin méditerranéen qui donne l'arbouse.
arbre n. m. Végétal ligneux dont la tige, ou tronc, dure et massive, présente une forte croissance en épaisseur et ne se ramifie en branches et rameaux qu'à partir d'une certaine hauteur, et dont la taille varie de quelques mètres à plus de cent mètres pour des espèces telles que l'eucalyptus ou le séquoia. / *Arbre à feuilles caduques*, dont les feuilles tombent à l'automne. *Arbre à feuilles persistantes*, qui garde ses feuilles toute l'année. *Le chêne vert, le sapin sont des arbres à feuilles persistantes.* / MÉCAN. Pièce qui transmet ou transforme un mouvement. / ANAT. *Arbre de vie*: substance blanche du cervelet, fortement ramifiée. / *Arbre généalogique*: figure représentant schématiquement un arbre portant les différentes ramifications de la descendance de générations successives d'une famille.

*L'**arc** de triomphe de Septime Sévère à Rome.*

*L'**Arc de triomphe de l'Étoile**, à Paris, place Charles-de-Gaulle.*

*L'**Arc de triomphe du Carrousel**, à Paris, à l'entrée du Jardin des Tuileries.*

arbrisseau n. m. Petit arbre sans tronc principal. *Les arbrisseaux, contrairement aux arbustes, sont ramifiés dès la base.*
Arbus (Diane) 1923-1971 Photographe américaine. D'abord photographe de mode, elle se dirigea vers le portrait, en particulier de marginaux et de malades mentaux au réalisme parfois dérangeant, appliquant sa théorie selon laquelle le portrait révèle la personnalité intime du modèle.
arbuste n. m. Petit arbre. *Un terrain planté d'arbustes.*
arbustif, ive adj. Relatif aux arbustes; comprenant des arbustes. *Une végétation arbustive.*
Arbuthnot (John) 1667-1735 Médecin anglais de la reine Anne, écrivain satirique, auteur de l'*Histoire de John Bull.*
arc n. m. Arme formée d'un morceau de bois ou de métal courbé et d'une corde reliée à ses extrémités et qui, tendue, permet de lancer des flèches. *Tirer à l'arc.* / Fig. *Avoir plusieurs cordes à son arc*: disposer de multiples moyens pour atteindre son but; posséder des dons, des talents variés. / GÉOM. Portion d'une ligne courbe. / Objet, ligne qui a la forme d'un arc. / ARCHIT. Courbe d'une voûte ou d'une baie. / *Arc de triomphe*: construction en forme d'arche d'origine romaine, consacrée à la commémoration d'une victoire, à la célébration d'un personnage illustre. *L'arc de triomphe de Septime Sévère, à Rome, célèbre sa victoire contre les Parthes.* / PHYS. *Arc électrique*: décharge électrique qui se produit en milieu gazeux entre deux conducteurs et qui produit une forte chaleur et une lumière intense.
Arc de triomphe de l'Étoile Monument qui s'élève à Paris, à l'extrémité de l'avenue des Champs-Élysées dont il ferme la perspective, sur la place Charles-de-Gaulle. Construit à partir de février 1806 sur ordre de Napoléon Iᵉʳ, sur les plans de Chalgrin, il doit son achèvement à Louis-Philippe (1836). Les reliefs sculptés, d'inspiration classique, sont l'œuvre de Pradier, Rude, Étex et Cortot. La grande arcade abrite depuis 1920 le tombeau du Soldat inconnu sur lequel brûle la flamme, symbole du souvenir dû aux soldats morts pour la France.
Arc de triomphe du Carrousel Monument construit d'après les plans de Percier et Fontaine en 1808, qui s'élève sur la place du Carrousel à Paris. Il était situé avant l'incendie du palais en 1871 à l'entrée principale du palais des Tuileries.
Arcachon *11 770 h.* Ville de Gironde, station balnéaire et centre d'ostréiculture, sur le bassin d'Arcachon.
arcade n. f. ARCHIT. Ouverture en forme d'arc reposant sur des piliers, des colonnes. *Les arcades d'un cloître.* / ANAT. Nom de diverses parties de l'organisme en forme d'arc. *Arcade sourcilière*: saillie osseuse au-dessus de l'orbite, bordée des sourcils.
Arcadie Région de la Grèce ancienne, au centre du Péloponnèse.

*Les neiges éternelles du mont **Ararat**, en Turquie.*

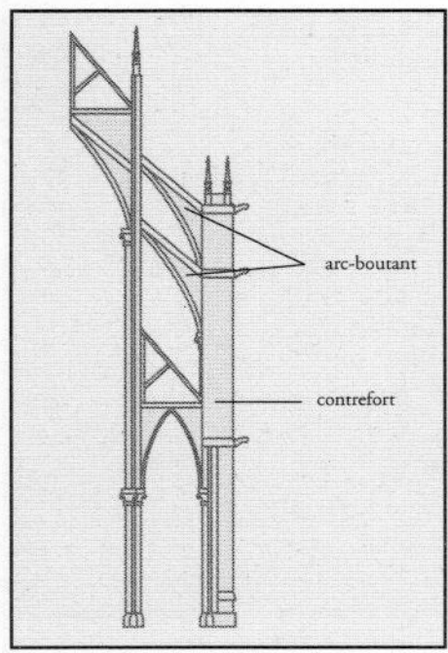

Schéma d'un **arc-boutant**.

Arcadius (en latin **Flavius Arcadius**) 377-408 Premier empereur d'Orient (395). Peu énergique, il laissa le pouvoir effectif à ses ministres Rufin et Eutrope, et à sa femme Eudoxie.

Arcand (Denys) 1941 Cinéaste québécois : *La Maudite Galette* (1972), *Le Déclin de l'Empire américain* (1986), *Jésus de Montréal* (1989).

arcane n. m. Opération secrète d'un alchimiste. / (Au plur.) Mystères. *Les arcanes de la politique.*

arcature n. f. ARCHIT. Motif de décoration formé d'une suite de petites arcades.

arc-boutant n. m. ARCHIT. Support de pierre, en forme de demi-arc, qui soutient à l'extérieur le mur d'un édifice contre la poussée de la voûte, caractéristique du style architectural gothique. Pl. Des *arcs-boutants*.

arceau, eaux n. m. Forme en arc d'une voûte, d'une ouverture. / Objet en forme d'arc. *Les arceaux du jeu de croquet.*

arc-en-ciel n. m. Arc de cercle lumineux, aux couleurs du spectre, qui se dessine parfois dans le ciel, du côté opposé au Soleil, au cours d'une averse. Pl. Des *arcs-en-ciel*.

♦ Le phénomène de l'arc-en-ciel est dû à la réfraction des rayons du Soleil dans les gouttes d'eau qui font miroir et les réfléchissent. La largeur des bandes colorées et leur éclat sont proportionnels à la grosseur des gouttes. Conventionnellement, les sept couleurs de l'arc-en-ciel sont le violet, l'indigo, le bleu, le vert, le jaune, l'orangé, le rouge.

Arc-en-ciel.

Arc-et-Senans *1 277 h.* Commune du Doubs, où Ledoux construisit des salines royales (1775-1779).

archaïque adj. Caractérisé par son archaïsme, ancien, démodé. *Usage archaïque.*

archaïsme n. m. Caractère de ce qui est très ancien, démodé. / LING. Usage d'un mot ou d'un sens qui n'est plus employé (par ex. : le verbe « ouïr » pour le verbe « entendre »).

archange n. m. Esprit céleste qui occupe une place éminente dans la hiérarchie angélique. *La Bible cite les archanges Gabriel, Michel et Raphaël.*

archangélique adj. D'un archange.

arche [1] n. f. ARCHIT. Voûte d'un pont, d'un aqueduc, d'un viaduc, entre les piles. / *Arche de la Défense* ou *Grande Arche*, qui s'élève sur le parvis du quartier de la Défense, à Paris (1989).

arche [2] n. f. *Arche de Noé* : d'après la Bible, vaisseau construit par Noé, sur l'ordre de Yahvé, grâce auquel il put échapper au Déluge avec sa famille et un couple de chacune des espèces animales de la Création. / *Arche d'alliance* : coffre où les Hébreux gardaient les Tables de la Loi.

archéen, enne adj. et n. m. GÉOL. Antérieur au Cambrien. / n. m. Période la plus ancienne de l'histoire géologique, remontant à environ 4 milliards d'années. *L'Archéen est absolument dépourvu de fossiles.*

Archélaos Ethnarque de Judée, Samarie et Idumée de 4 av. J.-C. à 6 après J.-C., fils d'Hérode. Il fut exilé en Gaule par Auguste.

archéobactéries n. f. pl. ZOOL. Groupe de procaryotes, qui constitue une des grandes divisions du monde vivant (archéobactéries, eubactéries, eucaryotes), caractérisé par la structure des parois et membranes cellulaires ainsi que par une génétique proche par certains aspects de celle des eucaryotes (gènes avec introns). *Les archéobactéries vivent dans des environnements très particuliers, peu propices à d'autres formes de vie (sources chaudes, lacs salés, etc.) ; elles sont, selon les cas, adaptées aux températures élevées, aux milieux acides, à forte concentration saline ou riches en soufre.*

archéologie n. f. Science qui étudie les vestiges des civilisations du passé dans le but de reconstituer le fonctionnement, les activités, les conditions de vie, les structures, les comportements dans ces sociétés.

♦ L'archéologie recherche, localise, restitue et complète, s'il y a lieu, les vestiges que les techniques de repérage, de sondage et de relevé lui fournissent. Les renseignements

Archéoptéryx.

Archimède.

donnés par les textes littéraires, les inscriptions lapidaires, les monnaies et les médailles sont utilisés pour la datation. À défaut de documents, la technique du carbone 14 permet de dater approximativement les vestiges des époques les plus reculées de la préhistoire. Née de la curiosité des humanistes au XVIe siècle, l'archéologie s'affirma à la découverte de Pompéi et d'Herculanum par Winckelmann au XVIIIe siècle. L'expédition d'Égypte en 1798 ouvrit la voie de l'égyptologie. C'est à la fin du XIXe siècle qu'elle constitua enfin définitivement ses méthodes, tandis que l'époque contemporaine a vu apparaître et se perfectionner les techniques d'investigation.

archéologue n. Personne qui pratique l'archéologie.

archéoptéryx n. m. PALÉONT. Oiseau fossile du jurassique, alliant certains caractères propres aux reptiles (mâchoire garnie de dents, longue queue vertébrée, griffes) à d'autres propres aux oiseaux (squelette des ailes, plumes, etc.).

archer n. m. HIST. Soldat qui combattait armé d'un arc. / Tireur à l'arc.

archerie n. f. Art et technique du tir à l'arc. / Matériel du tireur à l'arc. / Anc. Troupe d'archers.

archet n. m. Baguette flexible sur laquelle est tendu un faisceau de crins qui sert à faire vibrer les cordes d'un instrument de musique, tels que le violon, le violoncelle, la contrebasse, etc. / ZOOL. Appareil sonore des sauterelles.

archétype n. m. Modèle idéal à partir duquel on construit un ouvrage ou on échafaude un raisonnement. / PHILO. Selon Platon, type idéal, immuable, de toute chose visible, laquelle n'est elle-même qu'une représentation, un reflet de ce type éternel, parfait.

archevêché n. m. Étendue de territoire soumise à l'autorité spirituelle d'un archevêque. / Résidence de l'archevêque.

archevêque n. m. Évêque chargé de la juridiction d'une province ecclésiastique qui regroupe plusieurs diocèses.

Archias Tyran imposé à Thèbes après la prise de la ville par Sparte. Il fut assassiné en 378 avant J.-C.

archichancelier n. m. Grand dignitaire à la cour de Napoléon Ier. *Cambacérès avait le titre d'archichancelier d'Empire, Eugène de Beauharnais, celui d'archichancelier d'État.*

archidiacre n. m. RELIG. CATHOL. Dignitaire ecclésiastique auquel l'évêque délègue une partie de ses pouvoirs, en particulier celui de visiter les curés de son diocèse.

archidiocèse n. m. RELIG. CATHOL. Circonscription ecclésiastique placée sous la responsabilité d'un archevêque.

archiduc n. m. Titre des princes de la maison d'Autriche.

archiépiscopat n. m. Dignité et charges d'un archevêque.

archimandrite n. m. Anc. Supérieur d'un monastère orthodoxe. / Titre honorifique de certains dignitaires des Églises chrétiennes d'Orient.

Archimède 287-212 av. J.-C. Géomètre et physicien grec né et mort à Syracuse. Après avoir suivi à Alexandrie les leçons d'Euclide, il retourne à Syracuse et s'y consacre aux études scientifiques. Pendant trois ans, il défend Syracuse assiégée par le consul romain Marcellus (on rapporte qu'il incendia la flotte avec les rayons solaires concentrés à l'aide de miroirs) ; il est tué au cours de la prise de la ville. Archimède a déterminé le nombre π par le rapport de la circonférence à son diamètre, découvert les formules d'addition et de soustraction des arcs, ainsi que le principe qui porte son nom : tout corps plongé dans un fluide subit une poussée verticale dirigée de bas en haut, égale au poids du fluide déplacé. On lui doit de nombreuses inventions : la poulie, la roue dentée, le levier, la vis sans fin ou vis d'Archimède.

archipel n. m. Groupe d'îles. *L'archipel des Antilles.*

Archipel du Goulag (l') Essai de Soljenitsyne qui, dans trois volumes (1973, 1974, 1976), où la documentation abonde, traite de la répression politique en URSS. Cette œuvre valut à l'auteur d'être arrêté, déchu de la nationalité soviétique et expulsé.

Archipenko (Alexander) 1887-1964 Sculpteur américain d'origine ukrainienne, influencé par le cubisme.

archiprêtre n. m. Anc. Prêtre auquel l'évêque a conféré un droit de surveillance sur les autres prêtres du diocèse. / Mod. Titre honorifique conféré à un curé lui attribuant une certaine prééminence.

architecte n. m. Professionnel diplômé apte à concevoir la réalisation d'une construction, d'en établir les plans et les coûts et d'en superviser les travaux. / *Par ext.* Toute personne qui bâtit, qui conçoit qqch. / *Le Grand Architecte* : Dieu.

architectonique adj. et n. f. Relatif aux techniques propres à l'architecture, à l'art de construire. *Se conformer aux règles architectoniques.* / n. f. Ensemble des règles, des techniques de construction. / Fig. Agencement, structure d'une œuvre artistique ou littéraire.

architectural, ale, aux adj. Qui concerne l'architecture.
architecture n. f. Art de concevoir et de bâtir un édifice, en respectant des règles techniques préétablies, des exigences esthétiques et pratiques. *Architecture religieuse. Architecture moderne. Architecture romane.* / Fig. Structure. *L'architecture d'une œuvre littéraire.*
architrave n. f. ARCHIT. Dans un édifice, partie d'un entablement reposant directement sur les chapiteaux des colonnes.
archivage n. m. Action d'archiver.
archiver v. t. [1] Classer (une pièce, un document) dans les archives.
archives n. f. pl. Titres, documents, dossiers, lettres, manuscrits anciens conservés pour leur valeur historique, juridique, etc. / Lieu où ces documents sont conservés.
archiviste n. Celui, celle qui a la charge de la conservation des archives. *Archiviste paléographe*: diplômé de l'École des Chartes.
archivolte n. f. ARCHIT. Bande ornée de moulures ornant le contour d'une arcade.
archonte n. m. ANTIQ. En Grèce ancienne, magistrat chargé de gouverner certaines cités. *Les neuf archontes d'Athènes.*
archosauriens n. m. pl. ZOOL. Groupe de reptiles auquel appartiennent les dinosaures et les crocodiles, dont le crâne possède deux fosses temporales.
Arcimboldo (Giuseppe) v. 1527-1593 Peintre italien, connu pour ses tableaux nommés « têtes composées », constitués par un assemblage savant, drôle et compliqué, très coloré et parfois inquiétant, de végétaux, d'animaux et d'objets divers, qui figurent un personnage (*Le Printemps, L'Été, L'Automne, L'Hiver, Le Bibliothécaire*...). Il a influencé les surréalistes.

Icebergs à la dérive dans l'océan **Arctique**.

Arcoat ou **Argoat** Nom celtique de la Bretagne intérieure, par opposition à Armor, la Bretagne côtière.
Arcole Village de Vénétie (Italie) où Bonaparte remporta une victoire éclatante le 17 novembre 1796: à la tête de ses troupes, il franchit le pont sous le feu des Autrichiens.
arçon n. m. Armature qui relie deux pièces, le pommeau à l'avant et le troussequin à l'arrière, et qui constitue une selle. / *Pistolets d'arçon*: pistolets rangés dans les sacoches de l'arçon. / TECHNOL. Instrument en forme d'archet utilisé par certains artisans (marbriers, plâtriers, etc.). / AGRIC. Sarment de vigne, branche d'arbre fruitier que l'on a arqués pour qu'ils produisent davantage.
arc-rampant n. m. ARCHIT. Arc dont les extrémités sont à des hauteurs différentes. / Arc métallique soutenant une rampe. Pl. Des *arcs-rampants*.
arctique adj. et n. m. Du pôle Nord et des régions polaires du nord de l'Amérique et de l'Eurasie. *Cercle polaire arctique.* / n. m. *L'Arctique*: l'ensemble de ces régions.
Arctique (océan Glacial) Ensemble de mers situées à l'intérieur du cercle polaire arctique, séparé de l'Atlantique par les îles Féroé et l'Islande, du Pacifique par le détroit de Béring. L'océan Arctique est presque continuellement recouvert par la banquise.
Arctiques (terres) Vaste plate-forme s'étendant du cercle polaire au pôle Nord, située au-dessous du niveau de la mer et portant les îles de l'océan Glacial Arctique, le Groenland, ainsi que les îles et les territoires du nord de l'Europe, de l'Asie et de l'Amérique. La toundra est parcourue par des rennes, des loups, des renards et des bandes d'oiseaux. Ces régions sont habitées en Europe par les Lapons et, de la Sibérie au Groenland et au Canada, par les Samoyèdes et les Inuits (ou Esquimaux). Le développement des communications aériennes et l'amélioration des techniques permettent d'exploiter certaines des considérables ressources minières.
Ardachêr ou **Ardachir Ier** Roi de Perse de v. 241 à v. 226 av. J.-C. Fondateur de la dynastie des Sassanides.
Ardèche *120 km* Rivière du sud-est de la France. Née dans les Cévennes, elle creuse dans les calcaires du bas Vivarais des gorges pittoresques, avant de se jeter dans le Rhône.
Ardèche (département de l') [07] *5 529 km² 277 581 h.* Chef-lieu *Privas*. Département qui fait partie de la Région Rhône-Alpes. Il s'étend sur trois régions: la bordure sud-est du Massif central, les plateaux du haut Vivarais, domaines de la forêt et de l'élevage, et les collines arides du bas Vivarais. Les cultures (fruitières et maraîchères) et la population se concentrent dans les vallées. Les terrasses alluviales de la vallée du Rhône portent des vignobles et des pêchers. L'Ardèche, autrefois célèbre pour trois productions (ver à soie, vigne et châtaigne), s'est un peu industrialisée et a développé le tourisme.
ardemment adv. Avec ardeur.
ardennais, e adj. et n. Des Ardennes.
Ardenne Massif ancien peu élevé *(500 m)* qui s'étend en partie sur la Belgique, sur le Luxembourg et sur le nord-est de la France (où l'on dit les Ardennes). Le climat pluvieux y favorise l'exploitation des forêts.
Ardennes (département des) [08] *5 229 km² 296 357 h.* Chef-lieu *Charleville-Mézières*. Département du nord-est de la France, qui fait partie de la Région Champagne-Ardenne. Au nord, le plateau ardennais, boisé et pauvre, est séparé par la dépression de la Meuse des plateaux calcaires de l'Argonne. Au sud de l'Aisne (reliée à la Meuse par le canal des Ardennes), la Champagne pouilleuse est un plateau crayeux et dénudé. Les cultures sont concentrées dans les vallées: céréales, betterave à sucre, cultures maraîchères dans la vallée de l'Aisne. La ressource principale du département est l'industrie métallurgique, localisée dans la vallée de la Meuse, qui connaît la récession depuis les années 1960-1970. Aussi le département s'est-il un peu dépeuplé.

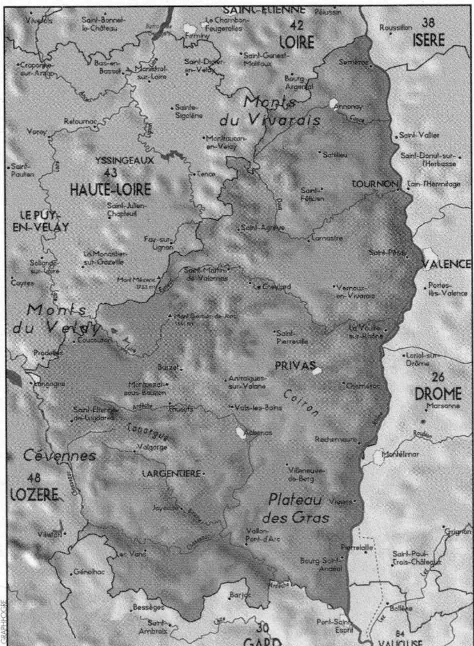

Département de l'**Ardèche**.

Département des **Ardennes**.

Les ***arènes*** *de Nîmes, amphithéâtre romain.*

ardent, e adj. Qui est en flammes, qui brûle. *Charbons ardents.* / Qui dégage une chaleur intense, brûlante. *Soleil ardent.* / *Chapelle ardente*: pièce mortuaire où brûlent des cierges placés autour du cercueil du défunt. / *Chambre ardente*: sous l'Ancien Régime, cour d'exception qui jugeait les personnes accusées de certains crimes graves (hérésie, empoisonnement, etc.) et passibles de la peine du feu. / Fig. Violent; passionné. *Combat ardent. Amour ardent.*

ardeur n. f. Forte chaleur. *L'ardeur du feu.* / Fig. Fougue, passion. *Défendre une cause avec beaucoup d'ardeur.*

ardillon n. m. Pointe de métal mobile d'une boucle, qui s'insère dans l'un des crans d'une ceinture, d'une courroie, pour les fixer.

ardoise n. f. Roche de texture schisteuse, de couleur gris foncé ou gris bleuté, qui se débite facilement en fines lamelles, utilisées pour la couverture des toits. / Petite plaquette en ardoise, en carton, en plastique, dont on se sert pour écrire ou pour dessiner. *Une ardoise d'écolier.*

ardoisier, ère adj. et n. **A.** adj. De la nature de l'ardoise. **B.** n. m. Personne qui travaille dans une ardoisière. / n. f. Carrière d'ardoise.

ardu, e adj. Qui comporte des difficultés. *Un sentier ardu. Entreprendre une tâche ardue.*

are n. m. Unité de mesure de surface (symbole: a), utilisée en agriculture, valant 100 m^2.

arec ou **aréquier** n. m. ZOOL. Palmier des régions chaudes d'Asie. (L'arec produit un fruit, la *noix d'arec*, qui contient une amande dont on extrait un cachou et dont on se sert également dans la préparation du bétel; le bourgeon comestible de l'arec est connu sous le nom de *chou-palmiste*.)

Arecibo *101 000 h.* Ville de Porto Rico dont l'observatoire astronomique possède un radiotélescope de 300 mètres de diamètre.

aréique adj. GÉOGR. Qualifie l'état hydrographique d'une région dans laquelle ne se produit aucun écoulement régulier d'eau. *Les dunes du Sahara sont aréiques.*

Arendt (Hanna) 1906-1975 Philosophe américaine d'origine allemande. Élève, en Allemagne, de Jaspers et de Heidegger. Juive, elle dû s'exiler en 1934 pour fuir le nazisme. Son œuvre de philosophie politique est marquée par l'histoire du XXe siècle: *Les Origines du totalitarisme* (1951), en trois parties (*Sur l'antisémitisme*, *L'Impérialisme*, *Le Système totalitaire*), *Condition de l'homme moderne* (1958), *Eichmann à Jérusalem* (1963), dans lequel elle développe sa thèse sur la banalité du mal.

arène n. f. GÉOL. Sable dont la formation résulte de la désagrégation de roches cristallines. / ANTIQ. Surface sablée située au centre d'un amphithéâtre, d'un cirque où se déroulaient les combats de gladiateurs, les jeux. / Espace clos, sablé, où se déroulent les corridas. / Fig. *Descendre dans l'arène*: prendre part à une lutte; relever un défi. / (Au plur.) Ancien amphithéâtre romain. *Les arènes de Lutèce.*

arénicole n. m. ZOOL. Ver marin sédentaire, appartenant à l'embranchement des annélides (classe des polychètes), qui vit enfoui dans le sable.

arénisation n. f. Transformation de certaines roches en sable.

aréole n. f. MÉD. Zone rougeâtre qui entoure un point enflammé. / ANAT. Zone circulaire foncée qui entoure le mamelon du sein.

aréomètre n. m. PHYS. Instrument de mesure de la densité des liquides. (Fondé sur le principe d'Archimède, l'aréomètre se compose d'un flotteur lesté, surmonté d'une tige verticale graduée, qui s'enfonce d'autant plus dans le liquide que celui-ci est moins dense).

aréométrie n. f. Mesure de la densité des liquides avec un aréomètre.

aréopage n. m. ANTIQ. GR. *L'Aréopage*: tribunal d'Athènes siégeant sur une colline consacrée au dieu Arès, compétent pour toutes les affaires de mœurs, les délits d'impiété et les crimes / Litt. Assemblée de personnages compétents dans un domaine, une profession. *Conférence réunissant tout un aréopage de médecins, d'écrivains.*

aréquier Voir **arec**

Arès MYTH. GR. Fils de Zeus et de Héra, dieu de la guerre. Les Romains en ont fait le dieu Mars.

arête n. f. ZOOL. Élément osseux, pointu et allongé du squelette des poissons. / BOT. Barbe recouvrant les épis de graminées, telles que l'orge, le seigle. / ARCHIT. Angle saillant. *Arête d'un toit.* / GÉOGR. Alignement de pitons rocheux qui sépare les deux versants d'une chaîne de montagnes. / MATH. Ligne d'intersection de deux plans qui se coupent. *Les arêtes d'un cube.*

arêtier n. m. ARCHIT. Pièce de charpente qui forme l'encoignure d'un comble.

Arétin (Pietro Bacci, dit l') 1492-1556 Écrivain italien. Ses poèmes satiriques, ses comédies, ses pamphlets grinçants le rendirent célèbre, mais la postérité a retenu les *Ragionamenti* (1534), roman licencieux.

Arezzo *90 800 h.* Ville d'Italie sur l'Arno, centre agricole et industriel de Toscane. Fresques de Piero della Francesca dans l'église Saint-François. Maison de Pétrarque.

Argand (Jean Robert) 1768-1822 Mathématicien suisse. Spécialiste d'analyse algébrique, il a donné une représentation géométrique des nombres complexes.

Argelander (Friedrich) 1799-1875 Astronome allemand. Son catalogue d'étoiles en contient plus de 300 000.

argent n. m. Élément chimique (symbole: Ag), de numéro atomique Z = 47, de masse atomique 107,87. / Métal blanc très réfléchissant, de densité 10,5 et fondant à 962 °C, très bon conducteur de la chaleur. / Monnaie faite avec ce métal. / Par ext. Toute monnaie, sous forme de pièces, de billets; valeur, richesse que constitue cette monnaie. *Gagner de l'argent. Avoir beaucoup d'argent.*

argentan n. m. Alliage de cuivre, de nickel et de zinc qu'on utilise en orfèvrerie pour sa couleur proche de celle de l'argent.

argenté, e adj. Recouvert d'argent. / Qui ressemble a de l'argent, en a la couleur. *Une lueur argentée.* / Fam. Riche. *Il faudrait être plus argenté que moi pour acheter cette maison.*

argenter v. t. [1] Couvrir d'une couche d'argent.

argenterie n. f. Ustensiles, vaisselle d'argent. *Argenterie de famille.*

argentier n. m. Meuble destiné au rangement de l'argenterie. / HIST. Surintendant des Finances dans la France de l'Ancien Régime. / *Le grand argentier*: aujourd'hui nom donné par plaisanterie, au ministre des Finances.

argentifère adj. Qui contient de l'argent. *Minerai argentifère.*

argentin, e [1] adj. Qui évoque l'argent, le tintement de l'argent. *Tons argentins. Sons argentins.*

argentin, e [2] adj. et n. D'Argentine. *La pampa argentine. Les Argentins.*

• **Argentine (république)** État fédéral de l'Amérique du Sud.

argentique adj. Qualifie un composé à base d'argent.

argenture n. f. Couche d'argent appliquée sur un objet. / Fait d'argenter un objet. / Art de l'argenteur.

argile n. f. Roche sédimentaire essentiellement composée de silicates hydratés d'alumine, de couleur grise ou bleuâtre. (Imperméable, de consistance molle, l'argile imbibée d'eau est facilement malléable et on l'utilise pour la fabrication des briques, des tuiles, des poteries. *L'argile blanche*, ou *kaolin*, est employée dans la fabrication de la porcelaine).

argileux, eux adj. D'argile, contenant de l'argile. *Terres argileuses.*

arginine n. f. BIOCHIM. Acide aminé qui, combiné à l'acide phosphorique, contribue à la contraction musculaire.

Argoat Voir **Arcoat**

Argolide Région de Grèce, dans le Péloponnèse, au sud de Corinthe. / Nome du même nom; chef-lieu *Nauplie*. Du XVIe au XIIe siècle avant J.-C., la civilisation mycénienne s'est développée en Argolide, notamment à Mycènes, Argos et Tirynthe.

argon n. m. Élément chimique (symbole: Ar), de numéro atomique Z = 18, de masse atomique 39,94. / Gaz rare, inerte, présent (1 %) dans l'atmosphère terrestre. *L'argon est utilisé pour le remplissage des ampoules électriques; mélangé à l'hélium, on l'emploie pour des soudures en milieu non oxydant (aluminium).*

Argent: *l'euro, la nouvelle monnaie européenne.*

argonaute n. m. ZOOL. Mollusque céphalopode dont la femelle sécrète une coquille (la nacelle) dans laquelle elle pond et abrite ses œufs. / n. m. pl. *Les Argonautes*: les héros grecs qui, sous la conduite de Jason, partirent sur le navire *Argo* à la conquête de la Toison d'or. / Fig. *Un argonaute*: un hardi marin.

Argonne À l'est du Bassin parisien, entre l'Aisne et l'Aire, l'Argonne est un ensemble de collines boisées où les communications restent difficiles en dehors des cinq défilés. Théâtre de nombreuses batailles en 1914-1915.

Argos *20 700 h.* Ville qui passe pour être la plus ancienne de la Grèce. Après avoir imposé l'hégémonie de l'Argolide aux cités du Péloponnèse, elle fut en opposition constante avec Sparte jusqu'à la conquête macédonienne.

argot n. m. Langage codé utilisé autrefois par les malfaiteurs, par ceux qui vivaient en marge de la société. / Vocabulaire propre à certains milieux ou à certains métiers. *L'argot des lycées. L'argot militaire.* / Par ext. Langage familier qui utilise, en les transformant, des mots du vocabulaire courant, familier ou populaire.

argotique adj. Qui procède de l'argot. *Expression argotique.*

argousin n. m. Anc. Officier subalterne sur les galères. / Péjor., vieilli Agent de police.

Argovie *1 400 km² 528 900 h.* Canton du nord de la Suisse. Chef-lieu *Aarau.*

arguer v. t. [1] Tirer argument de (qqch.). *Que peut-on arguer de cela?* / DR. *Arguer de faux une pièce*: soutenir qu'une pièce est fausse. / v. t. ind. *Arguer de qqch.*, en tirer argument.

A

ARGENTINE

Superficie : *2 780 272 km²* – **Nombre d'habitants :** *36 600 000 h.* – **Capitale :** *Buenos Aires*
Villes principales : *Córdoba, Rosario, La Plata* – **Système politique :** *république fédérale*
Langue (s) : *espagnol* – **Religion (s) :** *christianisme (catholicisme majoritaire)* – **Monnaie (s) :** *peso*

Voir l'Atlas

Géographie physique et humaine

Limitée à l'ouest par l'océan Atlantique et à l'est par la cordillère des Andes qui la sépare du Chili, étirée du nord au sud sur 4 000 km dans la zone tempérée de l'hémisphère Sud, l'Argentine offre une grande variété de climats et de paysages. Le Chaco, au nord, est une plaine faiblement peuplée, cultivée seulement dans les régions irriguées (cultures tropicales). La pampa est une immense plaine fertile, domaine de l'élevage. La Patagonie, au sud, est un haut plateau froid et désertique, couvert d'une maigre steppe (élevage ovin), prolongé par la Terre de Feu. L'inhospitalité du relief andin qui culmine à l'Aconcagua *(6 959 m)* contraste avec la richesse de l'oasis de Tucuman, située à ses pieds (canne à sucre). Au nord-est, le Parana, l'Uruguay et leurs affluents quadrillent la région la plus fertile d'Argentine. La population se caractérise par la prédominance (85 %) des descendants d'Européens (Espagnols et Italiens, surtout). La population se concentre dans les villes, le long des voies de communication.

Économie

L'agriculture reste la première activité économique du pays, pratiquée dans d'immenses domaines, les estancias, cultivés par des fermiers et des métayers. Les principales productions sont les céréales, les cultures tropicales (dans le nord), les fruits et les légumes. Les gauchos sont des bergers chargés de rassembler le bétail (54 millions de bovins, 48 millions d'ovins, 5 millions de chevaux). L'élevage qui constitue la principale ressource de l'Argentine alimente des industries exportatrices (conserveries, tanneries). L'énergie (pétrole, gaz, hydroélectricité) est suffisamment abondante. Les ressources minières de l'Argentine (fer, zinc, uranium, pétrole) sont encore peu exploitées. D'implantation récente, les industries (sidérurgie, raffineries), financées par des capitaux étrangers, sont concentrées dans la province de Buenos Aires. La crise a marqué les années 1980. Entreprise en 1991, la privatisation a suscité la croissance, sans enrayer le chômage et en accroissant la pauvreté. En 1995, le Mercosur a été inauguré. L'économie, loin de se redresser, s'est effondrée et l'inflation a atteint des sommets.

La place du Congrès au centre de Buenos Aires.

Histoire

Buenos Aires est fondée en 1536 par les Espagnols. D'abord soumis à la vice-royauté du Pérou, le territoire devient en 1776 la vice-royauté du Rio de la Plata. En 1810, les familles espagnoles établies dans le pays se révoltent contre la métropole, et proclament l'indépendance des « Provinces-Unies du Rio de la Plata » ; les troupes espagnoles sont définitivement battues par Belgrano et San Martin (1816). L'histoire fut marquée par la dictature de Rosas (1829-1852), par un long conflit frontalier (guerre du Paraguay, 1865-1870) et par les guerres civiles qui opposaient les libre-échangistes de Buenos Aires soutenus par les Britanniques aux éleveurs métis (les *gauchos*), protectionnistes. Ces derniers eurent finalement le dessous (1874). Une importante immigration favorisa le développement économique jusqu'à la crise de 1929. Alors les dictatures se succédèrent. Celle de Perón (1946-1955) fut d'inspiration populaire. Renversé par l'armée, il fut élu en 1973 et mourut en 1974.
Une dictature militaire tortura le pays de 1976 à 1983. En 1982, l'occupation des îles Malouines (ou Falkland), possession britannique constamment revendiquée par l'Argentine, avait suscité la riposte victorieuse de la Grande-Bretagne. Succédant à Alfonsín (1983-1989), Carlos Menem, réélu en 1995, pratiqua une politique libérale efficace mais au coût social élevé, de sorte que son parti a perdu les élections législatives d'octobre 1997 et que, en juillet 1998 il a annoncé qu'il ne briguerait pas un troisième mandat. Fernando de La Rua l'a remplacé en 1999, mais il ne put mettre fin au désastre économique et, à la fin de 2001, le pays s'est trouvé réduit à la misère et livré à l'anarchie économique, cependant que le FMI suspendait son aide. Fernando de la Rua a été renversé sous la pression populaire en décembre 2001 et l'ancien gouverneur (péroniste) de la province de Buenos Aires, Eduardo Duhalde, a été investi le 1er janvier 2002. Il a formé un gouvernement provisoire qui a mis fin à la parité peso-dollar, la monnaie nationale a été dévaluée de 75 % et on a assisté à une fuite effrénée de capitaux. À la pauvreté qui touche près de 50 % de la population se sont ajoutées l'agitation sociale et l'insécurité. En janvier 2003, le FMI a consenti à rééchelonner la dette. En mai, Menem, candidat à l'élection présidentielle, s'est retiré ; sans compétiteur, Nelson Kirchner a été proclamé président de la République.

Entre le Brésil et l'Argentine, le rio Iguaçu offre à la vue des touristes un ensemble de 40 cataractes en demi-cercle dont certaines atteignent plus de 80 m de hauteur.

argument n. m. Fait ou idée exposés de façon raisonnée pour soutenir une thèse, une opinion. / Bref exposé du thème d'une œuvre littéraire, théâtrale, etc. *L'argument d'un ballet, d'une pièce.* / MATH. Raisonnement qui tire les conséquences des propositions énoncées.
argumentaire n. m. Ensemble d'arguments destinés à appuyer une opinion, à convaincre un acheteur.
argumentation n. f. Fait d'argumenter. / Ensemble d'arguments concourant à une conclusion. *Une bonne argumentation.*
argumenter v. i. / v. t. [1] Exposer des arguments. *Argumenter contre une théorie.* / v. t. Justifier, étayer à l'aide d'arguments. *Argumenter un conseil.*
argus n. m. **I.** Vx Espion. / Publication qui fournit des informations spécifiques sur un sujet. *L'argus de l'automobile.* **II.** ZOOL. Grand faisan d'Inde et de Malaisie. / Papillon aux ailes ponctuées d'ocelles.
Argus ou **Argos** MYTH. GR. Prince d'Argos, aux cent yeux, chargé par Junon de surveiller Io changée en vache.
Argus ou **Argos** Nom du chien d'Ulysse dans l'*Odyssée*.
argutie n. f. Raisonnement d'une subtilité exagérée, généralement fallacieux.
Argyll Ancien comté de l'ouest de l'Écosse, auj. lié à l'île de Bute pour constituer le district d'Argyll and Bute.
Argyll (comtes, puis **ducs d')** Titre porté par la famille écossaise des Campbell. **Archibald Campbell,** 8e comte, puis 1er marquis **d'Argyll** v. 1607-1661. Adversaire de Charles Ier, il fut battu par les royalistes à Montrose. Opposé à l'exécution du roi, il se soumit pourtant à Cromwell. Après la restauration des Stuarts il fut exécuté pour haute trahison. **Archibald Campbell,** 1er duc **d'Argyll** 1651-1703 Il mena la lutte contre les partisans de Jacques Stuart et prit part (1692) au massacre des jacobites à Glencoe.
argyronète n. f. Araignée aquatique qui tisse sous l'eau un nid de soie en forme de cloche, fixé aux plantes, et dans lequel elle vit en y accumulant de l'air qu'elle ramène, sous forme de bulles, depuis la surface.
aria [1] n. f. (mot italien) MUS. Morceau à caractère mélodique, notamment dans l'opéra, pour une voix accompagnée par l'orchestre (par oppos. au récitatif). / Morceau à caractère mélodique pour instrument soliste et accompagnement.
aria [2] n. m. Vx Tracas.

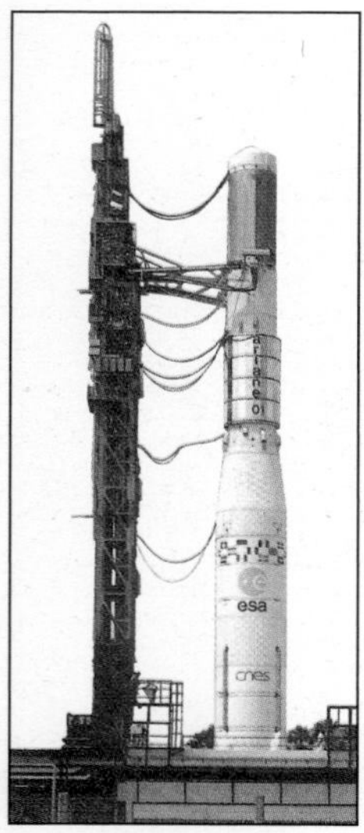

Fusée **Ariane** sur son pas de tir.

Ariane MYTH. GR. Fille de Minos et de Pasiphaé. Au moyen d'un fil, elle fit sortir Thésée du Labyrinthe où il avait tué le Minotaure. Thésée l'abandonna dans l'île de Naxos.

Ariane Fusée spatiale européenne à trois étages, capable aujourd'hui de mettre en orbite géostationnaire des satellites de près de 7 tonnes. Les lancements, dont le premier essai eut lieu le 24 janvier 1979 (*Ariane 1*) et le premier tir commercial le 16 juin 1983, se font à partir de la base de Kourou, en Guyane française.

arianisme n. m. RELIG. Doctrine hérétique d'Arius niant la consubstantialité du Père (Dieu) et du Fils (le Christ).
♦ Arius et ses disciples refusaient de reconnaître au Christ, créé par Dieu son Père, la plénitude de la nature divine. Cette hérésie fut condamnée au concile de Nicée, en 325, mais elle subsista chez certains peuples germains, notamment les Vandales et les Goths, qui adoptèrent cette forme de christianisme avant de se convertir au catholicisme.

aride adj. Sec. *Climat aride.* / Stérile par manque d'eau. *Terre aride.* / Fig. Insensible. / Austère ; privé d'attrait. *Un ouvrage d'érudition de lecture aride.*

aridité n. f. Caractère de ce qui est aride. *L'aridité des régions désertiques.* / Fig. Insensibilité. *Aridité du cœur.* / Manque d'attrait ; difficulté. *Lecteur rebuté par l'aridité d'un texte.*

Ariège *170 km* Rivière, née dans les Pyrénées, qui arrose Foix et Pamiers avant de se jeter dans la Garonne. Elle alimente des centrales hydroélectriques.

Ariège (département de l') [09] *4 890 km² 136 455 h.* Département du sud-ouest de la France, situé en partie sur le bassin Aquitain et les Pyrénées, qui fait partie de la Région Midi-Pyrénées. Chef-lieu *Foix.* Le piémont calcaire des hautes Pyrénées est le domaine de l'élevage laitier. Les collines du bassin Aquitain sont vouées à la polyculture (maïs, pomme de terre, fruits). Malgré les ressources minérales (fer, bauxite, talc) et hydroélectriques, l'industrie est peu développée.

arien, enne adj. et n. RELIG. Qui a adopté, qui professe l'arianisme. / Subst. *Le baptistère des ariens, à Ravenne.*

ariette n. f. MUS. Petite mélodie légère et joyeuse.

Arion MYTH. GR. Poète grec du VIIe siècle avant J.-C. Jeté à la mer par des pirates, il fut sauvé par des dauphins que charma sa cithare.

arioso n. m. (mot italien) MUS. Pièce vocale, de style déclamatoire et d'inspiration dramatique, et qui tient à la fois du récitatif et de l'aria.

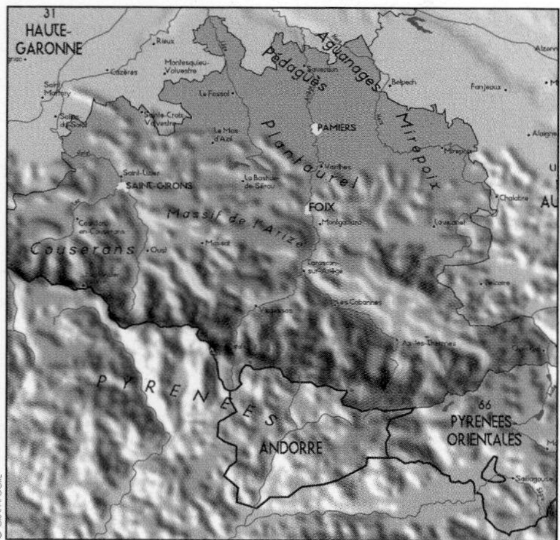

Département de l'**Ariège**.

Portrait de l'**Arioste**.

Aristote, philosophe grec.

Arioste (Ludovico Ariosto, dit l') 1474-1533 Poète italien. Son esprit raffiné trouve son plus bel écho dans le long poème épique, chevaleresque et romanesque, *Orlando furioso* (*Roland furieux*, 1506-1516), remanié jusqu'à sa mort. Il a laissé aussi des comédies (*La Cassaria*, 1508, *L'Entremetteuse*, 1528) et des *Satires* (1517-1525).

Aristarque de Samos v. 310-v. 230 av. J.-C. Astronome grec qui imagina le premier la rotation de la Terre sur elle-même et autour du Soleil (ce qui lui valut une accusation d'impiété) et conçut une méthode pour mesurer la distance de la Terre à la Lune et au Soleil.

Aristée MYTH. GR. Fils d'Apollon. Il apprit aux hommes l'art d'élever des abeilles. Virgile raconte sa légende dans les *Géorgiques*.

Aristide (Jean-Bertrand) 1953 Homme politique haïtien. Religieux salésien, il fut exclu de son ordre en 1988 pour ses déclarations jugées trop à gauche et il renonça à la prêtrise en 1995. Élu président de la République en décembre 1990, il fut renversé par un putsch le 30 septembre 1991 et rétabli par une force multinationale sous l'égide de l'O.N.U. en octobre 1994. La Constitution ne l'a pas autorisé à briguer un second mandat en 1995.

Aristide le Juste v. 540-v. 468 av. J.-C. Général athénien. Il prend part à la victoire de Marathon (490) mais Thémistocle, avec qui il entre en conflit, le fait exiler en 483. Rappelé pour combattre Xerxès (480) il est aux côtés de Thémistocle à Salamine et à Platées. Il meurt dans un tel dénuement que la République doit payer ses funérailles.

Aristobule Nom de deux rois de Judée.

Aristobule Ier, grand-prêtre juif qui prit le nom de roi de Judée (104-105 av. J.-C.).

Aristobule II, roi de Judée de 69 à 63 av. J.-C. Vaincu par Pompée en 63 à Jérusalem, emprisonné à Rome, il fut libéré par César en 50 et assassiné en 49 par des partisans de Pompée.

aristocrate n. Membre d'une aristocratie.

aristocratie n. f. Forme de gouvernement dans laquelle le pouvoir appartient à un petit nombre de personnes privilégiées par la naissance, la fortune, des qualités spécifiques. / Classe détentrice du pouvoir, dans un tel système politique ; noblesse. / Petit groupe de personnes considérées comme l'élite dans leur domaine. *L'aristocratie de la science.*

aristocratique adj. D'un aristocrate, digne d'un aristocrate. *Allure aristocratique.*

aristoloche n. f. BOT. Plante grimpante des régions chaudes et tempérées, dont les fleurs jaunes ont une forme de cornet.

Aristophane v. 445-v. 380 av. J.-C. Poète comique grec. Onze de ses quarante comédies nous sont parvenues. Elles mêlent étroitement la satire de la société athénienne à la fantaisie bouffonne. Esprit traditionaliste, Aristophane pourfend les spéculations socratiques (*Les Nuées*, 423), les innovations littéraires d'Euripide (*Les Grenouilles*, 405), les utopies politiques ou sociales (*Les Oiseaux*, 414), *L'Assemblée des femmes* (392). Il manifeste sa haine de la guerre dans *La Paix* (421) et *Lysistrata* (411), héroïne qui organise la grève des femmes de deux villes décidées à s'entretuer.

Aristote 384-322 av. J.-C. Philosophe grec, précepteur d'Alexandre et fondateur de l'école du Lycée, dite péripatéticienne. Son œuvre encyclopédique, tant philosophique, *La Métaphysique*, que logique, *L'Organon*, scientifique, *La Physique*, *Du ciel*, *Parva naturalia*, *Histoire des animaux*, politique, *Politique*, *Constitution d'Athènes*, morale, *Éthique à Nicomaque*, ou littéraire, *La Rhétorique*, *La Poétique*, représente la somme la plus profondément pensée des connaissances de l'Antiquité. Au Moyen Âge, il inspira largement saint Thomas d'Aquin, dont la doctrine, le thomisme, fonda l'enseignement théologique de l'Église pendant un demi-millénaire.

aristotélicien, enne adj. Relatif à Aristote, à la doctrine d'Aristote.

aristotélisme n. m. Doctrine philosophique d'Aristote.

arithmétique n. f. Partie des mathématiques qui étudie les propriétés des nombres entiers et des nombres rationnels.

arithmétiquement adv. En fonction de l'arithmétique ; en obéissant aux règles de l'arithmétique.

arithmomancie n. f. Art de la divination à partir de nombres.

Arius v. 256-v. 336 Prêtre d'Alexandrie. Il fut l'initiateur d'une doctrine hérétique, l'arianisme.

Arizona *295 260 km² 4 555 000 h.* État du sud-ouest des États-Unis, célèbre par la beauté de ses paysages arides et désertiques (grand cañon du Colorado). Capitale *Phoenix*. L'irrigation a favorisé la culture du coton, des céréales et l'élevage. Cuivre, zinc et plomb sont les richesses minières. La population est concentrée dans les villes industrielles et touristiques : Phoenix, Tucson. En 1848, les États-Unis prirent au Mexique ce territoire, qui devint un État de l'Union en 1912.

Les arènes d'**Arles**.

La place de la République, à **Arles**.

Arkansas *137 755 km² 2 522 800 h.* État du sud-est des États-Unis limité par la vallée du Mississippi (coton). Capitale *Little Rock*. L'abondance des ressources minières (houille, gaz, pétrole, bauxite) a favorisé la multiplication de villes industrielles moyennes : Little Rock, El Dorado. Ce territoire faisait partie de l'immense Louisiane française vendue aux États-Unis en 1803. L'Arkansas entra dans l'Union en 1836. État ségrégationniste, il fut le théâtre d'une longue lutte des Noirs pour l'égalité.

Arkhangelsk *376 200 h.* Port de Russie, sur la mer Blanche, la ville la plus peuplée au-delà du cercle polaire arctique.

Arlberg Col alpin en Autriche (*1 802 m*). Depuis 1884, le tunnel de l'Arlberg (plus de 10 km) permet de passer du Tyrol au Vorarlberg.

arlequin n. m. Personnage de la comédie italienne dont le costume est fait de pièces multicolores, portant un masque et un sabre de bois. / Par anal. *Habit d'arlequin* : ensemble composé de pièces disparates. / *Manteau d'arlequin* : châssis encadrant une scène de théâtre et orné d'une draperie, souvent peinte en trompe-l'œil, figurant un rideau relevé.

Arles *52 058 h.* Chef-lieu d'arrondissement des Bouches-du-Rhône, sur le Rhône, centre commercial et industriel de la Camargue (riz). Ses monuments romains (les arènes, les Alyscamps, le théâtre antique) et la beauté de sa cathédrale romane (Saint-Trophime, XIe-XVe siècle) attirent les touristes, ainsi que son festival annuel de la photographie. Colonie grecque, romaine, envahie par les Sarrasins, elle fut capitale d'un royaume indépendant avant de passer avec les autres villes de Provence sous l'autorité de la maison d'Anjou.

Arlésienne (l') Nouvelle (1866), puis mélodrame d'Alphonse Daudet (1872, musique de Bizet), contant l'amour tragique que porte un jeune paysan, Frédéri, à une Arlésienne (que l'on ne voit jamais sur scène), liée à un autre. Frédéri se suicide.

Arletty (Léonie Bathiat, dite) 1898-1992 Actrice française, elle incarne la Parisienne gouailleuse au grand cœur : *Hôtel du Nord* (1938), *Les Visiteurs du soir* (1942), *Les Enfants du paradis* (1944).

Arlington (Henry Bennet, comte **d')** 1618-1685 Homme politique anglais. Pendant le règne de Charles II, il participe à la Cabale, ministère composé des amis et des conseillers personnels du roi.

Arlington *287 000 h.* Ville de Virginie (États-Unis) que la rivière Potomac sépare de Washington. Le Cimetière national contient la dépouille de héros militaires (officiers ou simples soldats) et celle de J. F. Kennedy.

armada n. f. (mot espagnol) Grand nombre, grande quantité. Une armada de courtisans.

Armada (l'Invincible) Flotte de 130 vaisseaux envoyée en Angleterre par Philippe II, roi d'Espagne, pour secourir les catholiques persécutés. Mal commandée, elle fut dispersée par la tempête et détruite par Drake en 1588. Ce désastre assura la prédominance maritime de l'Angleterre.

armagnac n. m. Eau-de-vie de raisin fabriquée en Armagnac.

Armagnac Région de coteaux, située dans le sud-ouest de la France, qui se consacre à la polyculture : céréales, élevage, vigne (eau-de-vie d'Armagnac). Le vieux comté d'Armagnac (Gascogne) fut rattaché à la Couronne en 1607.

Armagnacs (faction des) Elle doit son nom à Bernard, comte d'Armagnac, beau-père de Charles Ier d'Orléans. Les Armagnacs luttèrent, sous le règne de Charles VI et de Charles VII, contre la faction des Bourguignons. Après la défaite d'Azincourt (1415), le parti des Armagnacs symbolisa la lutte contre les Anglais. Le traité d'Arras (1435) entre Charles VII et le duc de Bourgogne Philippe le Bon mit fin au combat entre les deux factions.

Arman (Armand Fernandez, dit**)** 1928 Artiste américain d'origine française, auteur d'*accumulations* (par ex. de valises devant la gare Saint-Lazare) et de *combustions*.

Armand (aven) Gouffre de Lozère, dans les Causses. Sa première exploration eut lieu en 1897.

armateur n. m. Négociant qui équipe et exploite un navire qu'il possède ou qu'il loue.

armature n. f. Ensemble de pièces rigides assemblées entre elles pour soutenir un ouvrage de maçonnerie. / Fig. Ce qui maintient, sert à soutenir, à donner une cohésion à qqch. *L'armature économique d'une société.* / ÉLECTR. Chacune des deux pièces conductrices qui, séparées par un isolant, constituent un condensateur. / MUS. Dièses et bémols placés à la clé pour indiquer la tonalité d'un morceau. Syn. armure.

arme n. f. **I.** Instrument d'attaque ou de défense. *Arme blanche* : arme offensive et tranchante qui blesse par sa partie métallique. *Arme à feu*, qui utilise la force explosive de la poudre. *Armes bactériologiques, chimiques, nucléaires.* / MILIT. Chacun des éléments d'une armée qui assume un rôle précis (artillerie, cavalerie, infanterie...) / Fig. Moyen utilisé contre un adversaire. *Une arme à double tranchant* : action ou argument susceptible de se retourner contre soi. **II.** (Au plur.) *La carrière, le métier des armes* : la carrière militaire. *Commandant d'armes* : officier du grade le plus élevé dans une garnison. / *Place d'armes* : lieu de rassemblement des troupes. / *Prise d'armes* : cérémonie militaire devant une troupe en armes. / *Passer par les armes* : fusiller. / *Faits d'armes* : actes de courage au combat. / *Faire ses premières armes* : débuter dans une carrière. / *Passe d'armes* : échange de coups dans une joute ; (au fig.) Échange de répliques vives. / Armoiries. *Les armes de Paris.*

Les Visiteurs du soir, *un film de Marcel Carné et Jacques Prévert avec **Arletty** et Jules Berry.*

armé, e adj. Muni d'une arme. *Une troupe fortement armée.* / Pourvu d'une armature. *Verre armé.*

armée n. f. Ensemble des forces militaires d'une nation. *L'armée française.* / Chacune des forces spécialisées composant cet ensemble. *Armée de terre, armée de l'air.* / Grande unité regroupant plusieurs divisions. *La IIIe armée américaine commandée par le général Patton en Normandie.* / Fig. Multitude. *Une armée de serviteurs.*

armement n. m. Action de fournir des armes. *Procéder à l'armement d'un pays.* / Équipement en armes. *Armement d'une troupe.* / Ensemble des moyens de défense et d'attaque d'un État. *Course aux armements.* / MAR. Action d'équiper un navire. / Profession, activité d'un armateur.

• **Arménie** État d'Asie occidentale, situé au nord de l'Iran et de la Turquie. L'Arménie est membre de la C.E.I. L'agriculture (coton, thé, vergers, vignes) n'assure pas l'autosuffisance de ce pays démuni de ressources minérales et énergétiques, qui reçoit l'aide de la diaspora (très importante).

arménien, enne adj. et n. D'Arménie. *L'art arménien. Les Arméniens.* / n. m. *L'arménien* : la langue indo-européenne parlée en Arménie et utilisée comme langue liturgique dans l'Église chrétienne monophysite d'Arménie, tant en Arménie que dans la diaspora.

armer v. t. [1] Équiper d'une arme, d'un armement. / Fig. Munir de moyens d'action ou de protection. *Cet équipement vous armera contre le froid.* / Rendre (un mécanisme) prêt à se déclencher. *Armer un appareil photo. Armer un fusil* : tendre le ressort de sa détente. / MAR. *Armer un navire*, l'équiper des hommes et du matériel nécessaires à son appareillage et à son exploitation. / v. pron. Se doter d'une arme, d'un armement ou d'une armée. Fig. *S'armer de patience.*

armet n. m. Casque fermé en fer, utilisé du XVe au XVIIe siècle.

Armide Héroïne de *la Jérusalem délivrée* du Tasse. Elle séduit le jeune croisé Renaud et l'attire dans son jardin enchanté.

armillaire adj. et n. m. *Sphère armillaire* : objet formé d'un ensemble de cercles représentant le mouvement des astres autour du globe terrestre, selon l'ancienne astronomie. / n. m. Champignon basidiomycète poussant en touffes sur les souches et les racines de certains arbres.

arminianisme n. m. Ensemble des théories d'Arminius.

arminien n. m. Adepte de la doctrine hérétique d'Arminius.

Arminius (Jacob Hermannszoon dit **Jacobus)** 1560-1609 Théologien protestant hollandais. Il contesta la double prédestination dont Calvin avait fait un de ses dogmes, jugé trop rigoureux.

armistice n. m. Suspension des combats décidée par des belligérants, mais qui ne met pas fin à l'état de guerre.

A

ARMÉNIE

Superficie : *29 800 km²* – **Nombre d'habitants :** *3 525 000 h.* – **Capitale :** *Erevan*
Villes principales : *Koumaïri* – **Système politique :** *république*
Langue (s) : *arménien* – **Religion (s) :** *christianisme* – **Monnaie (s) :** *dram*

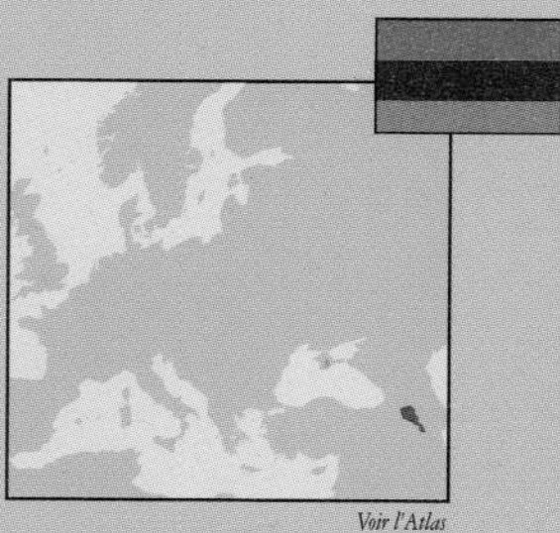

Voir l'Atlas

Histoire

Pays placé au carrefour des grandes civilisations, l'Arménie doit à cette position d'avoir connu toutes les dominations et rarement l'indépendance. Constitué aux environs du XIIIᵉ siècle avant J.-C. autour du lac de Van, le royaume d'Urartu subit pendant des siècles les attaques des Assyriens. Au VIIᵉ siècle un peuple indo-européen envahit la région et se mêla aux autochtones pour former le peuple arménien.
Soumis aux Mèdes, aux Perses, intégré dans l'empire d'Alexandre, dominé par les Séleucides, le pays fut divisé au IIᵉ siècle av. J.-C. en Grande-Arménie et Petite-Arménie. La conquête de cette dernière par les Romains (v. 75 av. J.-C.) rétablit une certaine unité et le roi Tiridate Iᵉʳ reconnut la suzeraineté de Rome (66). L'autonomie fut de courte durée et l'Arménie fut peu après réduite au rang de province romaine. Les Arméniens se convertirent au christianisme au IIIᵉ siècle et constituèrent des États successifs dont l'autonomie fut sous la tutelle soit de Byzance, soit des

Marché dans la ville de Vanadzor (anciennement Karaklis, puis Kirovakan) ; un tremblement de terre, en 1988, la détruisit en grande partie.

Arabes, soit des Turcs. Les croisades donnèrent vie à un royaume franc d'Arménie du XIIᵉ au XIVᵉ siècle, mais les tribulations de ce peuple reprirent de plus belle avec la domination turque et les convoitises russes qui se révélèrent dès le XVIIIᵉ siècle. Le génocide de 1915-1916 qui fit (sur le territoire turc) des centaines de milliers de morts arméniens fait suite à une longue série (1894-1896 notam.) de rébellions antiturques férocement réprimées.
Après avoir connu une brève indépendance, de 1918 à 1920, l'Arménie est devenue une république fédérale de l'URSS. En 1923, Moscou a rattaché à la république fédérée d'Azerbaïdjan la province du Haut-Karabakh, peuplée d'Arméniens. En 1988, ceux-ci ont revendiqué l'intégration de la province à l'Arménie. L'armée soviétique a retardé le conflit qui, après l'indépendance des deux républiques, a pris des proportions très graves. Le cessez-le-feu de 1994 n'y a pas mis fin. Ter-Petrossian, élu président de la République en 1990 et réélu en 1996, a dû céder la place en 1998 à Robert Kotcharian. Le pays demeure très pauvre et ravagé par la corruption.

Littérature et art

C'est dans la période où ils subissent l'attraction de Byzance, du IVᵉ au XIIᵉ siècle, que la culture et l'art arméniens, presque exclusivement religieux, ont connu leur plus grand éclat. Depuis la fin de la Deuxième Guerre mondiale on assiste à l'émergence d'un cinéma arménien d'une forte originalité.

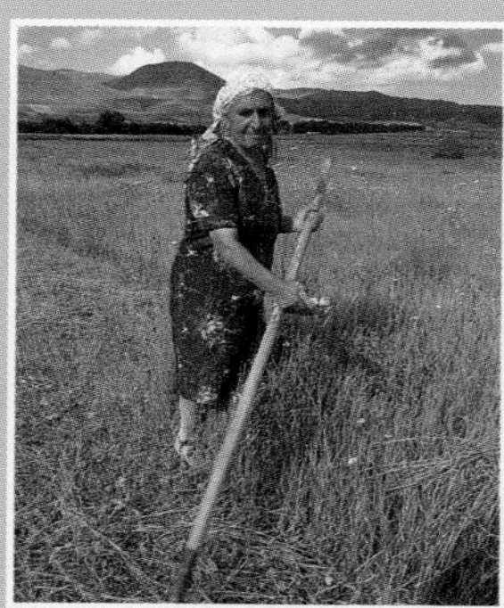

Paysanne arménienne.

armoire n. f. Meuble haut et clos par une ou deux portes, servant au rangement. *Armoire en fer.* / *Armoire électrique,* contenant des appareillages électriques. / Fig. *Armoire à glace* : personne à la carrure imposante.

armoiries n. f. pl. HÉRALD. Emblèmes symboliques qui ornent l'écu d'un État, d'une ville, d'une famille.

armoise n. f. Plante de la famille des composées, dont certaines espèces sont utilisées en pharmacie ou comme condiment (armoise estragon), tandis que d'autres servent à fabriquer des liqueurs (génépi).

armon n. m. Chacune des deux pièces de l'avant-train d'une voiture à cheval, placées de part et d'autre du timon et auxquelles est attelé le cheval.

Armor ou **Arvor** Nom celtique de la Bretagne du littoral, par opposition à Arcoat, la Bretagne de l'intérieur.

armoricain, e adj. et (rare) n. D'Armorique. *Le climat armoricain. Un (e) Armoricain (e).*

Armoricain (massif) Massif en forme de triangle qui, à l'ouest du Bassin parisien, forme la presqu'île de Bretagne. C'est un massif ancien (reste de la chaîne hercynienne), pénéplané (*384 m* aux monts d'Arrée) et usé par la mer. Pays de collines et de bassins creusés dans les couches tendres (bassin de Châteaulin), il comprend également la dépression de Rennes drainée par l'Ille et la Vilaine. Le climat est océanique, humide et doux. Le littoral, très découpé, est parsemé de ports de pêche touristiques : Saint-Malo, Lorient, Quimper. L'intérieur est le domaine du bocage. Longtemps sous-développée, cette région a connu un puissant essor à partir des années 1960-1970.

Armorique Partie de l'ancienne Gaule, sur l'emplacement de la Bretagne.

Armstrong (Louis) 1900-1971 Trompettiste et chanteur de jazz noir américain. Pratiquant le jazz de la Nouvelle-Orléans, il a élargi le style de libre improvisation des vieilles formations dans un sens plus symphonique.

Armstrong (Neil) 1930 Astronaute américain commandant la mission Apollo XI, il fut le premier homme qui posa le pied sur la Lune, le 21 juillet 1969.

armure n. f. Ensemble des pièces métalliques de protection (casque, cotte de mailles, cuissardes, gantelets, etc.) que portaient les hommes d'armes au Moyen Âge. / TECHNOL. Manière d'entrecroiser les fils d'un tissu. / MUS. Armature.

armurier n. m. Personne qui fabrique, entretient, vend des armes.

A.R.N. n. m. BIOCHIM. Sigle d'*acide ribonucléique.*

arnaque n. f. Fam. Action d'arnaquer.

arnaquer v. t. [1] Fam. Escroquer, duper (qqn). *Se faire arnaquer.*

arnaqueur, euse n. Fam. Personne qui arnaque. *Être victime d'un arnaqueur.*

Arnaud (Henri Girard, dit **Georges)** 1918-1987 Écrivain français. Il fut chercheur d'or, chauffeur de camion (Amérique du Sud) ; cette vie aventureuse se retrouve dans ses romans, énergiques, tendus. *Le Salaire de la peur* (1950), *Le Voyage du mauvais larron* (1951), *La Plus Grande Pente* (1961). Également dramaturge, scénariste et journaliste, il s'est impliqué dans la guerre d'Algérie du côté du F.L.N.

Arnaud de Brescia v. 1090-1155 Réformateur politique italien. Disciple d'Abélard, il vécut d'abord en France, puis rentra en Italie pour lutter contre le pouvoir temporel de l'Église. Il chassa le pape Eugène III et gouverna à Rome pendant dix ans. Arrêté par Frédéric Iᵉʳ Barberousse, il fut étranglé et son corps fut brûlé.

Arnaud de Villeneuve v. 1235-1313 Médecin et alchimiste catalan. Il énonça les propriétés des alcools.

Arnauld Famille française dont plusieurs membres furent liés à l'histoire de Port-Royal et du jansénisme. **Antoine** 1560-1619 Avocat du Parlement de Paris, il plaida contre les jésuites qui dès lors lui manifestèrent leur hostilité. Parmi ses vingt enfants, l'aîné, **Arnauld d'Andilly** 1589-1674 a laissé des *Mémoires* et des ouvrages de piété. **Jacqueline Marie Angélique** 1591-1661, en religion mère Angélique. Entrée à l'âge de douze ans à l'abbaye cistercienne de Port-Royal, elle en fut l'abbesse à quatorze ans et la réformatrice à dix-sept ans. C'est elle qui, en 1636, introduisit à Port-Royal l'abbé de Saint-Cyran, que lui avait fait connaître son frère aîné, et qui, devenu directeur de conscience des moniales, les acquit aux opinions théologiques et morales de Jansénius. **Jeanne Catherine Agnès** 1593-1671, en religion Mère Agnès. Elle paracheva l'œuvre de sa sœur Angélique à laquelle elle succéda comme abbesse, en écrivant les *Constitutions* de Port-Royal. Elle refusa de signer le formulaire de 1661 qui reconnaissait la justesse de toutes les condamnations qui avaient frappé les jansénistes et fut enfermée au couvent de la Visitation de 1663 à 1665. **Antoine**, dit **le Grand Arnauld** 1612-1694 fut docteur en théologie et en droit. Servi par une belle érudition et par le soutien des grands esprits qui gravitaient autour de Port-Royal, il critiqua la morale des jésuites. Il rédigea avec Lancelot une *Grammaire générale et raisonnée* ou *Grammaire de Port-Royal*, avec Pierre Nicole la *Logique ou l'Art de penser* et, en 1667, il composa les *Nouveaux éléments de géométrie*. Il fournit à Descartes des *Objections* à ses *Méditations*.

Arnaut Daniel XIIe siècle Troubadour périgourdin, inventeur de la sextine.

Arnhem *134 100 h.* Capitale de la Gueldre, à l'est des Pays-Bas. Foyer d'industries chimiques et alimentaires, sur le Rhin, Arnhem abrite un centre de recherche nucléaire.

arnica n. f. Plante vivace de la famille des composées. *La teinture d'arnica (dite aussi « arnica »), extraite des fleurs et des feuilles de cette plante, est utilisée comme remède pour les contusions.*

Arnim (Achim von) 1781-1831 Poète et romancier allemand. Alors que ses poèmes recueillis avec ceux de Clemens Brentano dans *Le Cor merveilleux de l'enfant* (1806-1808) témoignent d'un goût pour la fraîcheur populaire, ses romans et ses nouvelles (*Isabelle d'Égypte*, 1812) présentent les bizarreries inspirées par son goût du fantastique. Son épouse, **Bettina Brentano** 1785-1859, fut une femme de lettres célèbre.

Arno *241 km* Rivière d'Italie (Toscane) qui arrose Florence et Pise avant de se jeter dans la Méditerranée. Ses eaux inondent périodiquement Florence (inondation de 1966).

Arnodin (Maïmé Hentsch, madame Arnodin, connue sous le nom de **Maïmé)** 1916-2003 Styliste française. Ingénieur (un des premières femmes à intégrer l'École centrale), journaliste (*Le Jardin des modes*), elle fonde (1968) avec Denise Fayolle une agence de stylisme, Mafia, qui imposera son style, persuadera fabricants et distributeurs de vendre « le beau au prix du laid », notamment dans les grands magasins populaires, et fera ouvrir les catalogues de vente par correspondance aux créations des couturiers contemporains.

Arnold (Matthew) 1822-1888 Écrivain anglais. Il tenta de communiquer à la société anglo-saxonne sa passion de l'humanisme classique et méditerranéen : *Empédocle sur l'Etna* (1852).

Heaume d'une **armure** du XVIe siècle.

Arnold (Eve) 1913 Photographe américaine d'origine russe, dont la plupart des reportages s'attachent à rendre compte de la vie des femmes à travers le monde, de New York à la Chine en passant par l'Inde, l'Afghanistan et de nombreux pays d'Asie occidentale et d'Afrique.

Arnold de Winkelried Voir **Winkelried**

Arnolfo di Cambio v. 1245-v. 1302 Architecte et sculpteur toscan, il travailla à Bologne, à Orvieto (tombeau du cardinal de Braye) et à Florence (Palazzo Vecchio, plans de la cathédrale Santa Maria del Fiore).

Arnoul (saint) v. 580-v. 640 Laïc sacré évêque de Metz (v. 611), précepteur de Dagobert Ier, il se fit ermite à la fin de sa vie. Grand-père de Pépin de Herstal, il est l'ancêtre des Carolingiens.

Arnoul ou **Arnulf de Carinthie** v. 850-999 Roi de Germanie (887), il est couronné empereur d'Occident à Rome en 896.

arobase ou **at** n. m. ou f. INFORM. Caractère (@) entrant dans la composition de l'adresse électronique d'un internaute. Syn. *at*.

aromate n. m. Substance d'origine végétale à odeur pénétrante, utilisée en cuisine, en médecine, en parfumerie. *Le basilic, le romarin sont des aromates.*

aromatique adj. D'un aromate. / Dont l'arôme est agréable. / CHIM. *Hydrocarbures aromatiques*, composés chimiques benzéniques.

aromatiser v. t. [1] Parfumer (un plat, une boisson) à l'aide d'aromates.

arôme n. m. Parfum qui émane de substances naturelles végétales, animales ou chimiques. *L'arôme du café.*

Aron (Raymond) 1905-1983 Sociologue français qui étudia l'évolution de la société industrielle dans les économies libérales. Il dénonça le communisme et s'opposa à Sartre : *L'Opium des intellectuels* (1955), *Démocratie et totalitarisme* (1965).

aronde n. f. Vx Hirondelle. / TECHNOL. *Assemblage à* (ou *en*) *queue d'aronde* : assemblage dont la forme évoque une queue d'hirondelle.

Arp (Hans) 1887-1966 Peintre et sculpteur français qui fit partie des mouvements dada et surréaliste avant d'aborder l'art abstrait. Poète, il publia en 1966 *Jours effeuillés*.

Árpád ?-907 Prince hongrois qui combattit les Bulgares, les Valaques et les Moraves. Ses descendants, les Árpád (ou Arpadiens), régnèrent du Xe siècle au début du XIVe siècle.

arpège n. m. MUS. Accord dont les notes sont exécutées les unes après les autres.

arpent n. m. Ancienne unité de mesure de surface agraire, valant, suivant les régions de 35 à 50 ares.

arpentage n. m. Action d'arpenter. / Ensemble des techniques utilisées pour effectuer cette mesure.

arpenter v. t. [1] Mesurer (la superficie d'un terrain). / Parcourir en tous sens. *Arpenter les boulevards.*

arpenteur, euse n. Spécialiste de l'arpentage. / *Chaîne d'arpenteur* : instrument de mesure, d'une longueur de dix mètres.

arpenteuse adj. et n. f. ZOOL. *Chenille arpenteuse* : chenille de certaines phalènes qui se déplace en repliant son corps en forme de U inversé, donnant ainsi l'impression de mesurer le chemin qu'elle parcourt. / n. f. *Une arpenteuse.*

Fernando **Arrabal**.

arqué, ée adj. Courbé en forme d'arc.

arquebuse n. f. Anc. Arme à feu portative dont la poudre était mise à feu à l'aide d'une mèche ou d'un rouet.

arquebusier n. m. Tireur à l'arquebuse.

Arrabal (Fernando) 1932 Écrivain espagnol d'expression française. Son théâtre, pénétré par un sentiment mystique, fait cruellement éclater la tragique dérision du monde, des personnages et des situations : *Le Grand Cérémonial* (1965), *Viva la muerte* (1971).

arrachage n. m. Action d'arracher des plantes, des racines.

arraché n. m. SPORT Mouvement de l'haltérophile qui porte une haltère du sol au-dessus de la tête, dans un seul mouvement et à bout de bras. / loc. adv. *À l'arraché* : au prix d'un violent effort. *Remporter un contrat à l'arraché.*

arrachement n. m. Action d'enlever, de détacher avec force qqch. qui tient solidement à un endroit. *Arrachement d'une dent.* / Fig. Séparation brutale qui provoque une souffrance morale intense ; cette souffrance elle-même. *Ce fut un arrachement pour lui de quitter sa famille.*

arrache-pied (d') loc. adv. Avec détermination, énergie. *Travailler d'arrache-pied.*

arracher v. t. [1] Procéder à l'arrachement de. *Arracher une plante, une dent.* / Prendre avec violence. *Il arracha la souris de la gueule du chat.* / Fig. *Le fumet du repas l'arracha à sa lecture. Rien ne peut lui arracher une larme.* / Obtenir au prix d'un grand effort. *Arracher son baccalauréat.* / v. pron. *S'arracher qqn, qqch.* : se disputer la compagnie, la collaboration de qqn, la possession de qqch. *S'arracher à, de* : se séparer douloureusement de, quitter avec peine. *S'arracher à ses illusions.*

arracheur, euse n. Personne qui arrache. / *Mentir comme un arracheur de dents* : mentir impudemment.

arracheuse n. f. Machine agricole destinée à extraire de la terre les plantes, les racines, les tubercules.

arraisonnement n. m. MAR. Action d'arrêter un navire en mer pour vérifier sa destination, inspecter son chargement, son état sanitaire, contrôler son équipage.

arraisonner v. t. [1] Procéder à l'arraisonnement de (un navire).

arrangeant, e adj. Conciliant.

arrangement n. m. Action d'arranger ; résultat de cette action. *Changer l'arrangement d'un bureau.* / Mesure de conciliation ; accord. *Nous évitons le procès, nous sommes parvenus à un arrangement.* / MUS. Adaptation d'une œuvre musicale permettant de l'exécuter de façon différente en utilisant d'autres voix, d'autres instruments que ceux prévus par le compositeur. / MATH. Ordre dans lequel il est possible de placer un nombre fini d'éléments en déterminant un nombre de combinaisons maximum.

arranger v. t. [1] **A.** v. t. Disposer dans l'ordre qui convient ou que l'on préfère. *Arranger une vitrine, sa chevelure.* / Remettre en état ; améliorer. *Faire arranger la toiture.* / Fig. (par antiphrase et fam.) Donner un piètre aspect à ; critiquer. *Il s'est joliment fait arranger par ses collègues !* / Organiser. *Arranger un rendez-vous.* / Convenir à ; satisfaire. *La date de ce voyage ne m'arrange pas.* **B.** v. pron. Ajuster sa tenue, son aspect. *Fais un effort pour t'arranger ce soir !* / S'améliorer ; bien évoluer. *Ma situation financière s'arrange.* / Faire en sorte de s'entendre, d'arriver à un accord. *S'arranger entre concurrents.* / *S'arranger de qqch.*, s'en accommoder. *S'arranger pour* : faire en sorte de, prendre des mesures pour. *Je m'arrangerai pour que tu viennes.*

Arras *38 983 h.* Chef-lieu du Pas-de-Calais, sur le Crinchon et la Scarpe. Ancienne capitale de l'Artois, devenue française en 1659, Arras est un centre commercial dont l'industrie textile, très ancienne (Arras fut, au Moyen Âge, le centre européen de la tapisserie), est aujourd'hui en déclin. La ville a conservé son visage des XVIIe et XVIIIe siècles : Grand-Place (XVIIe siècle), hôtel de ville (XVIe siècle), cathédrale et palais Saint-Vaast (XVIIIe siècle). Les fortifications ont été construites par Vauban.

Arras : la Grand-Place et la cathédrale Saint-Vaast.

A

Arrée (monts d') Massif cristallin du Finistère où culmine la Bretagne : *384 m* au signal de Toussaines. Une centrale nucléaire a été construite à Brennilis.
arrérages n. m. pl. Redevance périodique échue.
arrestation n. f. Action d'appréhender une personne par autorité de justice ou de police. / État d'une personne appréhendée. *Ordonner l'arrestation de qqn. Être en état d'arrestation.*
arrêt n. m. Action de suspendre, de faire cesser qqch. ; son résultat. *Il est interdit d'ouvrir les portières avant l'arrêt du train.* / *Sans arrêt* : sans interruption ; sans répit. / Lieu où s'arrête un véhicule chargé des transports publics. *Un arrêt d'autobus.* / CHASSE *Chien d'arrêt,* qui se tient immobile quand il a senti la présence du gibier. / Élément, objet servant à immobiliser, à bloquer ce qui est mobile. / *Maison d'arrêt* : prison. / (Au plur.) Sanction infligée à un officier ou un sous-officier. *Mettre qqn aux arrêts.* / DR. Décision de justice rendue par une juridiction supérieure. *Arrêt du conseil d'État.* / *Mandat d'arrêt* : ordre d'arrestation.
arrêté n. m. Décision exécutoire d'une autorité administrative. *Arrêté municipal.*
arrêter v. t. / v. i. [1] **A** v. t. Empêcher d'avancer, d'agir. *Un obstacle m'a arrêté. La peur de déplaire l'arrête dans ses démarches.* / Interrompre. *Arrêter un saignement de nez.* / Procéder à l'arrestation de. *Arrêter un trafiquant de drogue.* / Déterminer. *Arrêtons une date pour ce dîner.* / Fig. Tenir en arrêt, fixer. *Arrêter son regard, sa pensée.* **B.** v. i. Cesser d'avancer, d'agir. *Arrête immédiatement !* **C.** v. pron. Cesser d'avancer, d'agir. *L'autobus s'arrête devant la mairie. Il ne s'arrête jamais, il travaille tout le temps.* / Cesser de fonctionner. *L'horloge s'est arrêtée.* / *S'arrêter à* : fixer son attention sur. *S'arrêter à des détails.*
Arrhenius (Svante) 1859-1927 Physicien suédois. Il étudia la dissociation en ions des solutions ioniques et définit les acides comme des donneurs de protons.
arrhes n. f. pl. Somme d'argent versée d'avance en gage de l'exécution d'un contrat et qui sert de dédommagement en cas de dédit.
Arrien (en latin, **Flavius Arrianus**) v. 95-v. 175 Philosophe stoïcien grec qui vécut en Asie Mineure. Disciple d'Épictète, il rédigea les *Entretiens* et le *Manuel* de son maître.
arriération n. f. *Arriération mentale* : retard important du développement mental d'un individu.
arrière [1] adv. Derrière, du côté opposé à *devant* ; dans la direction opposée à celle dans laquelle on va. *Faire marche arrière. Aller vent arrière.* / interj. *Arrière !* : reculez ! / loc. adv. *En arrière* : dans une direction opposée à celle devant laquelle on se trouve ; derrière. *Un pas en avant, deux pas en arrière. Empêchez les traînards de rester trop en arrière.* / loc. prép. *En arrière de* : derrière (qqn, qqch.), à une certaine distance de. *En arrière du front.*
arrière [2] n. m. Partie postérieure. *L'arrière d'une voiture.* / SPORT Joueur placé aux deux extrémités de la dernière ligne d'une équipe, qui joue en défense, dans les sports d'équipe. / MILIT. Zone qui, durant les hostilités, se trouve derrière le front, en-dehors de la zone des combats. / adj. inv. Qui se trouve à l'arrière. *Le coffre arrière.*
arriéré, e adj. et n. **I.** Qui reste dû. / n. m. Dette ou partie d'une dette non payée à la date échue. *Régler de gros arriérés.* **II.** Archaïque, d'un passé révolu. *Avoir des idées arriérées.* / Dont le développement a été retardé. *Un enfant arriéré.* / Subst. *C'est un arriéré mental.*

Le 6 juin 1944, les troupes alliées débarquent à **Arromanches-les-Bains**.

arrière-ban n. m. HIST. Ensemble des vassaux d'un suzerain, lui-même vassal d'un seigneur, que l'on convoquait pour aller au combat. Pl. Des *arrière-bans.*
arrière-boutique n. f. Local situé à l'arrière d'une boutique. Pl. *Des arrière-boutiques.*
arrière-corps n. m. inv. ARCHIT. Partie d'un bâtiment en retrait de la façade.
arrière-garde n. f. MILIT. Partie d'une armée partant au combat qui, placée à l'arrière, est chargée d'assurer la protection des troupes. / Groupe de personnes qui défendent des idées, des tendances dépassées, démodées. / *D'arrière-garde* : dépassé. *Combat, attitude d'arrière-garde.* Pl. Des *arrière-gardes.*
arrière-goût n. m. Goût qui subsiste dans la bouche après avoir absorbé un aliment ou une boisson. / Fig. Impression qui demeure à la suite d'un événement, d'un fait passé. *Un arrière-goût de nostalgie.* Pl. Des *arrière-goûts.*
arrière-pays n. m. inv. Partie d'un pays, d'une région situé en retrait du littoral.
arrière-pensée n. f. Pensée que l'on tient cachée, qui n'est pas en conformité avec ce que l'on exprime. *Vous pouvez parler sans arrière-pensée.* Pl. Des *arrière-pensées.*
arrière-plan n. m. Plan le plus éloigné pour celui qui regarde un tableau, une photo, un paysage. / Fig. *À l'arrière-plan* : en retrait. *Par timidité, il reste toujours à l'arrière-plan.* Pl. Des *arrière-plans.*
arrière-saison n. f. Période de l'année où finit l'automne et où apparaissent les premiers signes de l'hiver. *Un pâle soleil d'arrière-saison.* Pl. Des *arrière-saisons.*
arrière-train n. m. Partie du corps d'un quadrupède comprenant l'arrière du tronc et les membres postérieurs. / Fam. Fesses, postérieur. Pl. Des *arrière-trains.*
arrimage n. m. Action d'arrimer ; résultat de cette action.
arrimer v. t. [1] Répartir et fixer solidement (la cargaison, les bagages) dans, sur un véhicule.
arrivage n. m. Arrivée de marchandises à leur lieu de destination, au lieu où elles doivent être vendues. / Ces marchandises elles-mêmes. *Un arrivage de fruits exotiques.*
arrivant, e n. Celui, celle qui est arrivé (quelque part). *Les derniers arrivants.*
arrivé, e adj. Qui a réussi, qui est socialement reconnu. *Une actrice arrivée.*
arrivée n. f. Action d'arriver. *Leur arrivée est prévue de bonne heure.* / Lieu où l'on arrive. *Rendez-vous à l'arrivée des voyageurs.* / Endroit où arrive un fluide. *Arrivée d'air.*
arriver v. i. [1] MAR. Vx Toucher la rive, aborder. / Parvenir au lieu où l'on se rendait, au terme d'un déplacement. *Nous arriverons ce soir en Suisse.* / Par ext. Atteindre un certain point, un certain niveau. *L'eau nous arrivait à la taille.* Fig. *L'orateur arrive à sa conclusion.* / Fig. Réussir, parvenir. *Je n'arrive pas à ouvrir cette fenêtre. Arriver à ses fins* : aboutir au résultat recherché. *Cet enfant arrivera,* il réussira dans la vie. *En arriver à* : se résoudre à, finir par. / Venir ; s'approcher. *J'entends le facteur qui arrive. La pluie arrive.* / Se produire ; avoir lieu. *Un grand malheur est arrivé.* / v. impers. Survenir, se passer. *Qu'arriva-t-il ensuite ?* / Être possible, se trouver. *Il arrive que je perde patience.*
arrivisme n. m. Comportement de celui qui désire assouvir une ambition par n'importe quel moyen.
arriviste n. Personne qui manifeste de l'arrivisme.
arroche n. f. BOT. Plante à tiges grimpantes très fines, dont une espèce à feuilles comestibles, la *bonne-dame,* rappelle les épinards.
arrogance n. f. Attitude méprisante et hautaine.
arrogant, e adj. Qui manifeste de l'arrogance. *Un air arrogant.*
arroger (s') v. pron. [1] S'octroyer, s'attribuer indûment. *Elle s'est arrogé tous les pouvoirs de décision.*
arroi n. m. Vx Équipage. / Loc., mod., litt. *En grand arroi* : en grand équipage.
Arromanches-les-Bains *400 h* Commune du Calvados, au bord de la Manche, où, le 6 juin 1944, les Américains débarquèrent et construisirent immédiatement un port.
arrondi, e adj. et n. m. Dont la forme est presque ronde, est devenue ronde. *Un visage arrondi.* / n. m. Partie arrondie de qqch. *Les arrondis d'une draperie.*
arrondir v. t. [2] Donner une forme ronde, plus ronde à. *Arrondir le tracé d'une route.* / Fig. *Arrondir les angles* : rendre les choses moins conflictuelles. / Fig. *Arrondir un total, une somme,* en supprimer les fractions pour obtenir un chiffre rond. / Fig. *Arrondir son bas de laine* : augmenter sa fortune. / MAR. *Arrondir un cap,* le contourner en passant au large. / v. pron. Prendre une forme ronde, plus ronde. *Sa silhouette s'est arrondie.*
arrondissement n. m. En France, division territoriale, circonscription administrative d'un département. *Chef-lieu d'arrondissement* : sous-préfecture. / Subdivision administrative de trois grandes villes (Paris, Lyon, Marseille). *Paris est divisé en vingt arrondissements.*
arrosage n. m. Action d'arroser.
arroser v. t. [1] Mouiller en répandant l'eau nécessaire. *Arroser la pelouse.* / Verser un liquide sur. *Arroser ses cheveux de parfum.* / Fam. *Arroser un événement,* le fêter en buvant de l'alcool. / Traverser, en parlant d'un cours d'eau. *Strasbourg est arrosé par le Rhin.* / Fig. et fam. Donner de l'argent à. *Se faire arroser* : se faire corrompre.
arroseur n. m. Personne chargée de l'arrosage. / Appareil d'arrosage.
arroseuse n. f. Véhicule utilisé pour arroser la voie publique.
arrosoir n. m. Récipient muni d'un col et d'une anse avec lequel on arrose. / *Pomme d'arrosoir* : embout arrondi et criblé de trous adapté au col d'un arrosoir.
arrow-root n. m. (mot anglais) BOT. Fécule du rhizome ou des bulbes de diverses plantes qui entre dans la préparation de colles, d'apprêts ou de bouillies. Pl. Des *arrow-roots.*
arroyo n. m. (mot espagnol) Dans les terres arides des régions tropicales, canal naturel ou artificiel reliant plusieurs cours d'eau et permettant une irrigation contrôlée.
ars n. m. Endroit où se joignent membres antérieurs et poitrail du cheval.

Le numéro des **arrondissements** figure sur les plaques des rues de Paris.

Palais d'**Artaxerxès Ier** : la frise des archers.

Artémis, déesse de la Lune et de la chasse.

Ars (curé d') Voir **Jean-Marie Vianney** (saint)
Arsace IIIe siècle av. J.-C. Chef parthe fondateur de la dynastie des Arsacides.
Arsacides Dynastie parthe qui régna quatre siècles (250 av. J.-C.-224 ap. J.-C.) sur une grande partie de l'Asie occidentale ; elle fut renversée par les Sassanides.
arsenal n. m. Lieu aménagé dans un port et destiné à la construction, la réparation et l'armement des navires de guerre. *L'arsenal de Toulon.* / Fig. Ensemble des moyens dont on dispose pour attaquer ou se défendre. *L'arsenal des textes législatifs.* / Ensemble d'objets, de matériels, compliqué et parfois embarrassant. *Un arsenal de campeur, de bricoleur.*
arséniate n. m. Anhydride arsénieux (As_2O_3).
arsenic n. m. Élément chimique de symbole As, numéro atomique Z = 33, de masse atomique M = 74,92. / Nom courant de l'anhydride arsénieux, ou *mort-aux-rats*, poison violent.
Arsonval (Arsène d') 1851-1940 Physicien français. Il étudia les traitements médicaux aux courants électriques de haute fréquence (*arsonvalisation*) et perfectionna le galvanomètre.
arsouille n. Fam. Voyou.
art n. m. Méthode, technique, procédé utilisés par l'homme pour réaliser quelque chose. *L'art de la poterie, de la médecine.* / Expression de la créativité humaine, inspirée par la recherche de l'esthétique, aboutissant à la réalisation d'œuvres plastiques, littéraires, picturales. *Histoire de l'art.* / Ensemble de ces réalisations en parlant d'un pays, d'une époque, etc. *L'art japonais. L'art médiéval.* / Chacun des domaines de l'expression esthétique. *L'art de la poésie. La sculpture et la peinture sont des arts plastiques. / Le septième art* : le cinéma. / Habileté, adresse, manière de faire. *L'art de plaire, d'amuser.*
Artaban Personnage d'un roman de La Calprenède, *Cléopâtre* (1647-1658), dont l'orgueil est à l'origine de l'expression « fier comme Artaban ».
Artagnan (Charles de Batz, comte de Montesquiou, seigneur **d')** v. 1615-1673 Officier de mousquetaires. Il arrêta Fouquet en 1661. Ce gentilhomme gascon sert de lointain modèle à Alexandre Dumas pour son roman *les Trois Mousquetaires.*
Artaud (Antonin) 1896-1948 Poète français dont l'œuvre est dominée par l'obsession de la folie. Angoissé, souffrant du divorce de la pensée et du langage, il publie *L'Ombilic des limbes* (1925), rompt avec le surréalisme (1927) et publie *Le Pèse-Nerfs* (1927). Passionné par le théâtre, acteur (notamment dans *La Passion de Jeanne d'Arc* de Dreyer, 1928), il présente des conceptions révolutionnaires dans *Le Théâtre et son double* (1938). Interné dans l'hôpital psychiatrique de Rodez (1943-1945), il publie en 1946 *Lettres de Rodez*, en 1947 *Artaud le Mômo* et *Van Gogh, ou le suicidé de la société.*
Artaxerxès Nom de trois rois de Perse. **Artaxerxès Ier Macrocheir**, roi de 465 à 424 av. J.-C. ; il signa la paix de Callias avec les Grecs en 448 et laissa les Juifs rentrer à Jérusalem. **Artaxerxès II Mnémon**, roi de 404 à 358 av. J.-C., perdit l'Égypte, une partie de Chypre, de la Phénicie et de la Syrie en 404. En 386, la paix d'Antalcidas lui apporta les villes grecques d'Asie Mineure. **Artaxerxès III Ochos**, roi de 358 à 338 av. J.-C., reconquit l'Égypte, Chypre et la Phénicie.
Art d'aimer (l') Ier siècle ap. J.-C. Poème de l'écrivain latin Ovide qui enseigne sur le mode libertin les procédés de la séduction amoureuse.
Art de la fugue (l') Ensemble des fugues, sur quelques thèmes récurrents, composées par J.S. Bach de 1745 à sa mort (1750). Cette œuvre, qui à l'époque n'eut aucun succès, constitue son testament
Arte (acronyme pour *Association relative à la télévision européenne*) Chaîne de télévision franco-allemande, à la vocation culturelle, qui émet depuis 1992.
artefact n. m. Phénomène artificiel ou accidentel qui se produit au cours d'une expérience et qui est généré par la méthode utilisée pour cette expérience.
Artémis MYTH. GR. Sœur d'Apollon, identifiée à la Lune ; chasseresse cruelle, inaccessible à l'amour. Diane, chez les Romains.
Artémise Nom de deux reines d'Halicarnasse, en Carie (Turquie actuelle). **Artémise Ire** Ve siècle av. J.-C. Elle se distingua aux côtés de Xerxès à la bataille de Salamine (480) et se suicida par amour pour Dardanos. **Artémise II** IVe siècle av. J.-C. Le tombeau qu'elle fit élever à la mort de son mari Mausole (350 av. J.-C.) était l'une des Sept Merveilles du monde.
artère n. f. ANAT. Vaisseau conduisant le sang du cœur aux organes. *L'artère aorte, ou aorte, conduit le sang du ventricule gauche aux différents organes par ses multiples ramifications ; l'artère pulmonaire conduit le sang du ventricule droit aux deux poumons.*
artériel, elle adj. D'une artère.
artériograhie n. f. MED. Examen radiographique des artères.
artériole n. f. ANAT. Prolongement d'une artère aboutissant aux vaisseaux capillaires.
artériosclérose n. f. MÉD. Affection des artères caractérisée par une perte d'élasticité des parois artérielles qui s'épaississent avec dépôt de cholestérol, de sels de calcium et nécrose des tissus de la tunique moyenne des vaisseaux.
artériotomie n. f. CHIR. Incision sur une artère pratiquée pour recueillir du sang ou extraire un caillot.
artérite n. f. MÉD. Altération de la paroi artérielle d'origine inflammatoire ou dégénérative.
artésien adj. m. *Puits artésien* : puits dont le trou de forage atteignant une nappe d'eau souterraine profonde fait apparaître, par pression, une eau jaillissante.
arthralgie n. f. MÉD. Douleur articulaire.
arthrite n. f. MÉD. Inflammation aiguë ou chronique d'une articulation consécutive à une infection microbienne ou une maladie rhumatologique inflammatoire.
arthritique adj. et n. MÉD. De l'arthrite ; atteint par l'arthrite. / Subst. *Un arthritique* : un malade atteint par l'arthrite, l'arthritisme.
arthrodèse n. f. MÉD. Intervention chirurgicale consistant à bloquer définitivement une articulation en provoquant artificiellement la fusion des extrémités osseuses de la partie malade.
arthrographie n. f. MÉD. Radiographie d'une articulation.
arthropathie n. f. MÉD. Nom donné à toutes les maladies affectant les articulations.
arthropodes n. m. pl. ZOOL. Embranchement d'invertébrés dont le corps, recouvert d'un tégument chitineux et composé d'anneaux ou de segments, subit, au cours de la croissance, des mues et souvent des métamorphoses. *Les arthropodes regroupent plus de la moitié des espèces répertoriées : les crustacés, les myriapodes, les insectes, les arachnides sont des arthropodes.*
arthroscopie n. f. MÉD. Examen d'une articulation réalisé à l'aide d'un endoscope.
arthrose n. f. MÉD. Affection non inflammatoire caractérisée par une détérioration des cartilages, ainsi que par une usure relative et une densification anormale des extrémités osseuses, diminuant la mobilité des articulations. *Généralement liées au vieillissement, les arthroses surviennent le plus souvent au genou, à la hanche et aux vertèbres.*

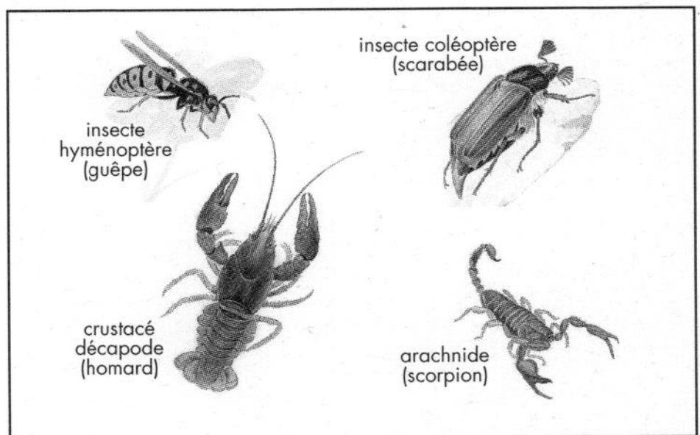

Quelques **arthropodes**.

Fleur d'**artichaut**.

Arthur ou **Artus** VIe siècle Roi celte des Britons qui lutta contre les Saxons.
Arthur Nom de trois comtes ou ducs de Bretagne. **Arthur Ier** 1187-1203, comte de Bretagne en 1196. Petit-fils d'Henri II d'Angleterre, il fut dépouillé à la mort de Richard Cœur de Lion de ses droits à la couronne d'Angleterre par Jean sans Terre malgré l'appui de Philippe Auguste. Jean le fit emprisonner à Rouen et sans doute assassiner. **Arthur II** 1262-1312 Duc de Bretagne en 1305. **Arthur III** 1393-1458 Comte de Richemont, duc de Bretagne en 1457. Connétable de France, il aida Charles VII à reconquérir la Guyenne et la Normandie.
Arthur (cycle d') ou **roman breton** Ensemble de poèmes et de romans en vers ou en prose qui, à partir du XIIe siècle, popularisent le personnage du roi Arthur et de ses légendaires chevaliers de la Table ronde. *Lancelot ou le chevalier à la charrette* de Chrétien de Troyes (v. 1170), *L'histoire du Graal* de Robert de Boron, le *Roman de Tristan et Iseult* dans les versions de Béroul et Thomas.
Arthur (Chester Alan) 1830-1886 Homme politique américain. Vice-président républicain, il devint le 21e président des États-Unis après l'assassinat du président Garfield.
artichaut n. m. Plante potagère de la famille des composées. *L'artichaut a une tige nue portant des inflorescences dont le réceptacle charnu (le fond) et les feuilles de la base forment la partie comestible de cette plante.*
article n. m. Subdivision d'une pièce, partie d'un texte. *Les articles d'une loi.* / Écrit d'une publication périodique. *Article de journal. Article de fond*, qui donne l'opinion du journal ou traite une question en profondeur. / DR. Subdivision d'une loi ou d'un règlement. *L'article 112 du Code civil.* / Objet mis en vente. *Article bon marché. Faire l'article*: publicité faite par un vendeur. / *À l'article de la mort*: en train de mourir. / GRAMM. Mot placé devant un nom dont il détermine le genre ou le nombre: articles définis (le, la, les), articles indéfinis (un, une, des), articles partitifs (du, de la, des).
articulaire adj. ANAT. De l'articulation. *Surface articulaire d'un os.*
articulation n. f. ANAT. Jonction entre deux pièces osseuses du squelette; ensemble des éléments qui assurent cette jonction (cartilages, liquide synovial, ligaments). *Articulation de la hanche, du genou.* / MÉCAN. Assemblage de deux pièces d'une machine qui fonctionnent d'un mouvement solidaire. / DR. Énumération point par point de faits dans une demande de justice. / PHONÉT. Action d'articuler, de prononcer de façon distincte les sons d'une langue.
articulé, e adj. Comportant une ou plusieurs articulations. / Nettement énoncé, clairement prononcé. / Solidement construit. *Une dissertation parfaitement articulée.*
articuler v. t. [1] **A.** v. t. Émettre par la voix. *Articuler un son.* (Emploi absol.) Parler clairement, en prononçant distinctement mots et syllabes. / Unir (un élément d'un ensemble à un autre). par un dispositif permettant le mouvement. / Fig. Organiser en un ensemble cohérent. *Articuler un discours autour de trois thèmes.* **B.** v. pron. Former un ensemble d'éléments distincts au fonctionnement solidaire. / ANAT. Former une articulation. *Le fémur s'articule avec l'os iliaque et avec le tibia.*
articulet n. m. Petit article. *Rédiger un articulet.*
artifice n. m. Moyen, procédé habile. *Convaincre qqn par un artifice de langage.* / Moyens ingénieux de tromper, de falsifier, d'altérer la vérité. *User d'artifices pour séduire qqn.* / TECHNOL. Composition pyrotechnique inflammable, utilisée notamment sur les navires comme signaux de détresse. *Feu d'artifice*: ensemble de dispositifs pyrotechniques (fusées, feux de Bengale, etc.) que l'on tire en plein air pour produire des illuminations, des figures lumineuses, au cours d'une fête.
artificiel, elle adj. Produit par l'homme. *Fleurs artificielles.* / Par ext. Affecté, manquant de naturel. *Style artificiel.* Ant. *naturel.*
artificiellement adv. De manière artificielle.
artificier n. m. Personne qui crée ou tire des feux d'artifice. / Militaire employé à la fabrication d'engins explosifs. / Militaire spécialiste du désamorçage de ces engins.
artificieux, euse adj. Empreint d'artifice, d'habileté, de ruse. *Paroles artificieuses.*
artillerie n. f. Matériel de guerre qui comprend les canons, les obusiers, les mortiers, leurs munitions et les véhicules chargés de les transporter. / Dans l'armée, troupes attachées au service de ces armes. *Officier d'artillerie.*
artilleur n. m. Militaire servant dans l'artillerie. *Un régiment d'artilleurs.*
artimon n. m. MAR. Mât arrière d'un voilier qui compte deux mâts ou plus. / *Voile d'artimon*: voile gréée sur le mât d'artimon.
artiodactyles n. m. pl. ZOOL. Sous-ordre de mammifères ongulés dont chaque patte se termine par un nombre pair de doigts, qui comprend les porcins et les ruminants.

Produits **artisanaux** d'Auvergne.

artisan, e n. Personne exerçant, à son compte, une profession manuelle. *Artisan menuisier.* / Fig. *Être l'artisan de qqch.*: en être l'auteur, le responsable, la cause. *Ce joueur a été l'artisan de la victoire de son équipe.*
artisanal, ale, aux adj. Relatif à l'artisan, à l'artisanat. *Produit artisanal.*
artisanalement adv. De façon artisanale.
artisanat n. m. Profession d'artisan; ensemble des artisans. *L'artisanat est en régression dans les pays industrialisés.*
artiste n. Personne qui pratique un art. *Un métier d'artiste.*
artistement adv. Avec art, avec goût.
artistique adj. Qui procède de l'art. *Richesses artistiques d'un pays.*
artistiquement adv. De manière artistique.
artocarpus ou **artocarpe** n. m. Arbre d'Asie du Sud-Est, de la famille des moracées, dont le fruit, de consistance farineuse, est comestible. Syn. arbre à pain.
Artois Ancien comté français (capitale *Arras*) correspondant à peu près au département du Pas-de-Calais. Propriété du duc de Bourgogne passée à la maison d'Autriche en 1477, l'Artois fut conquis par la France en 1659.
Art poétique 14 av. J.-C. Titre donné à l'*Épître aux Pisons*, œuvre en vers d'Horace. À la fois critique et dogmatique, cette épître analyse la dégénérescence des genres littéraires, et prône sur le ton de la conversation des règles de vraisemblance et d'unité.
Art poétique (l') 1674 Poème didactique en quatre chants de Boileau. Imitant Horace, Boileau y donne les règles de l'idéal classique, notamment la règle des trois unités (de lieu, du temps et d'action) pour la tragédie.

Artus Voir **Arthur**
arum n. m. BOT. Plante herbacée de la famille des aracées, comprenant de nombreuses espèces dont l'une produit des baies rouges toxiques. *L'arum blanc, à fleurs blanches en forme de cornet, est cultivé comme plante ornementale.*
Arunachal Pradesh *83 743 km² 890 000 h.* État du nord-est de l'Inde, dans l'Himalaya. Capitale *Itanagar*. Peuplé de tribus de cultivateurs pratiquant la culture itinérante et de pasteurs attachés à la transhumance, l'Arunachal Pradesh, d'une grande importance stratégique (il est situé aux confins de la Birmanie et de la Chine), a été longtemps sous administration militaire avant d'obtenir en 1972 le statut d'État de l'Union indienne.
aruspice Voir **haruspice**
Arvernes Peuple gaulois établi dans l'Auvergne actuelle. La défaite à Alésia de leur dernier roi, Vercingétorix, livre la Gaule entière à César en 51.
Arvers (Alexis Félix) 1806-1850 Poète français célèbre pour un sonnet (dans *Mes heures perdues*, 1831), dont le premier alexandrin est: « Mon âme a son secret, ma vie a son mystère ».
Arvor Voir **Armor**
aryen, enne adj. et n. Des Aryens. *Les tribus aryennes. Une Aryenne.*
Aryens Ensemble de peuples très mal connus qui occupèrent l'Iran et le nord de l'Inde au IIe millénaire avant J.-C. Ils parlaient une langue indo-européenne. Le mot « aryen » qualifie abusivement une personne, un peuple qui appartiendrait à une race blanche exempte de tout métissage. Ce mot a été utilisé par les nazis qui avaient érigé en doctrine la notion de « race pure » et les théories racistes sur lesquelles ils se sont appuyés pour perpétuer le massacre des Juifs et des Tsiganes.
aryle n. m. CHIM. Radical dérivant d'un hydrocarbure aromatique ou benzénique, par perte d'un atome d'hydrogène.
arythmie n. f. Irrégularité du rythme. *Arythmie cardiaque.*
Arzew *41 000 h.* Port d'Algérie au nord-est d'Oran. Un oléoduc et un gazoduc le relient aux gisements sahariens.
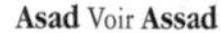
as n. m. Carte à jouer ou face d'un dé marquée d'un seul signe. *As de pique.* / Fig. Personne qui réussit brillamment; champion. *C'est un as!* / Pièce de monnaie romaine.
Asad Voir **Assad**

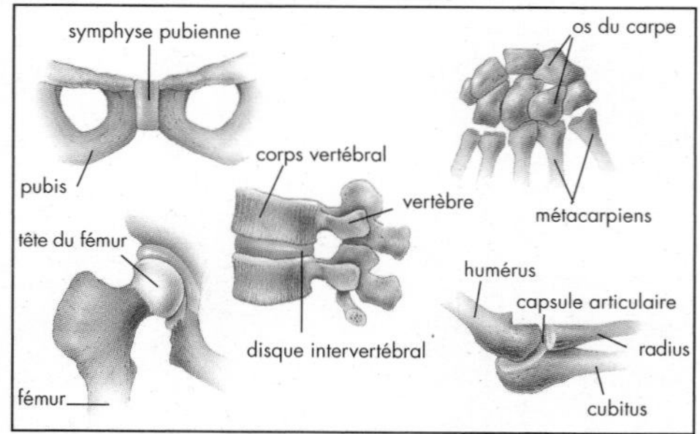

Exemples d'**articulations** du corps humain.

Asam (Cosmas Damian) 1686-1739 Architecte allemand qui, avec son frère **Egid Quirin** (1692-1750), construisit notam. l'église baroque Saint-Jean-Népomucène à Munich.
asbestose n. f. MÉD. Affection pulmonaire due à l'inhalation prolongée ou massive de poussières d'amiante.
Ascagne ou **Iule** Selon Virgile, fils d'Énée, fondateur d'Albe-la-Longue, ancêtre légendaire de César.
ascaride ou **ascaris** n. m. MÉD., MÉD. VÉTER. Ver parasite de l'intestin de l'homme, du cheval, du porc et du bœuf.
ascaridiase n. f. MÉD. Troubles provoqués par les ascarides.
ascaris Voir **ascaride**
ascendance n. f. Suite des ancêtres directs d'une personne, d'une famille. *Ascendance qui remonte au XIIe siècle.* / Origine. *Ascendance méridionale.* / PHYS. Courant aérien qui se déplace du bas vers le haut dans l'atmosphère. / ASTRON. Mouvement montant décrit par un astre.
ascendant [1] n. m. ASTROL. Degré du zodiaque à l'horizon à l'heure de la naissance d'une personne. / Influence, autorité. *Avoir de l'ascendant, exercer son ascendant sur qqn.*
ascendant, e [2] adj. et n. Qui va en s'élevant. *Mouvement ascendant.* / ASTRON. Qui s'élève au-dessus de l'horizon. / DR. *Ligne ascendante*: lignée des parents dont on descend. / MATH. *Progression ascendante*, qui va en augmentant. / MUS. *Gamme ascendante*, qui va du grave à l'aigu. / n. m. pl. *Les ascendants*: les parents dont on descend.
ascenseur n. m. Appareil utilisé pour transporter des personnes d'un étage à un autre d'un bâtiment.
ascension n. f. Action de s'élever dans les airs. *Ascension d'une montgolfière.* / THÉOL. *L'Ascension*: la montée au ciel de Jésus-Christ ressuscité. / Jour de commémoration de ce miracle célébré par l'Église. / Action de monter, de s'élever, de gravir une hauteur. *Ascension d'une montagne.* / Fig. Progression sociale, professionnelle. / ASTRON. *Ascension d'un astre*: mouvement mesuré d'après un arc équatorial.
Ascension (île de l') *88 km² 1 100 h.* Île britannique de l'Atlantique sud, dépendant administrativement de Sainte-Hélène qui en est éloignée de 1 300 km. Importante station météorologique.

*L'**Ascension**, thème de La Trinité du Gréco 1577-1579 (Musée du Prado, Madrid).*

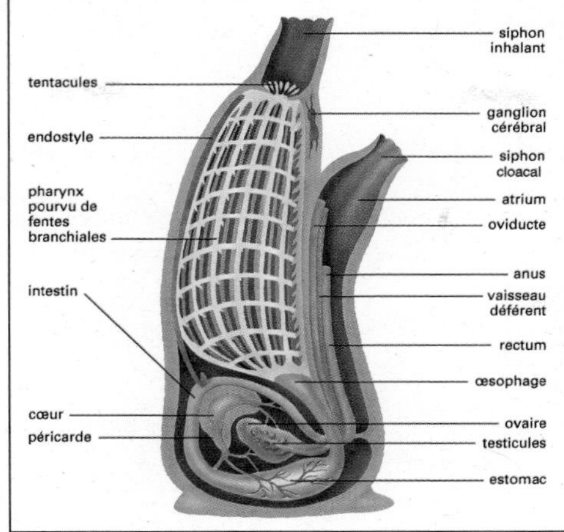

*Coupe longitudinale d'une **ascidie** adulte.*

ascensionnel, elle adj. Qui tend à monter, à faire monter. *Courant ascensionnel.*
ascèse n. f. Discipline morale, physique et intellectuelle destinée à libérer l'esprit des exigences du corps. *L'ascèse d'un moine, d'un artiste.*
ascète n. Personne qui pratique l'ascétisme. *Une vie d'ascète.*
ascétique adj. Qui procède de l'ascétisme.
ascétisme n. m. Doctrine fondée sur la pratique d'exercices de méditation, de pénitence dans le but de se délivrer des exigences du corps, des plaisirs des sens et de s'élever spirituellement. / Discipline de vie fondée sur l'austérité, le détachement.
Asch (Schalom) 1880-1957 Romancier (*Motké le Voleur*) et auteur dramatique (*Dieu de vengeance*) de langue yiddish.
ascidie n. f. BOT. Organe en forme de cornet constituant l'extrémité des feuilles de certaines plantes carnivores. / (Au plur.) ZOOL. Classe d'animaux de l'embranchement des tuniciers, vivant en solitaire ou en colonie, accrochés aux rochers des régions côtières.

***Asclépios**, dieu grec de la médecine.*

ASCII adj. inv. ou n. m. inv. INFORM. *ASCII* ou *code ASCII*: mode de représentation standardisée de caractères utilisant la combinaison d'éléments binaires.
ascite n. f. MÉD. Accumulation de liquide séreux dans la cavité péritonéale.
asclépiadacées n. f. pl. BOT. Famille de plantes dicotylédones dont les fleurs, très modifiées, rappellent superficiellement celles des orchidées.
asclépiade n. m. ou **asclepias** n. f. BOT. Plante à fleurs roses et odorantes, de la famille des asclépiadacées, cultivée comme plante ornementale. *Les abeilles sont très attirées par les asclépiades, dont elles restent prisonnières des fleurs jusqu'à ce que celles-ci fanent; on retrouve souvent des tas d'abeilles mortes à leur pied.*
Asclépiade v. 124-v. 40 av. J.-C. Médecin grec, fondateur à Rome d'une école hostile à la doctrine d'Hippocrate.
Asclépios MYTH. GR. Fils d'Apollon, dieu de la médecine. Son culte était célébré à Épidaure et à Pergame. C'est l'Esculape des Romains.
ascomycètes n. m. pl. Classe de champignons caractérisés par la formation de spores à l'intérieur de petits sacs appelés asques. *La morille, la truffe sont des ascomycètes.*
ascorbique adj. BIOCHIM. *Acide ascorbique*: vitamine C. *Le scorbut est une maladie due à une carence en acide ascorbique.*
Ascot *15 000 h.* Ville de Grande-Bretagne, près de Windsor, célèbre pour ses champs de course.
asdic n. m. Appareil de détection sous-marine fonctionnant à l'aide d'ultrasons, employé pour le repérage des sous-marins et des bancs de poissons, la navigation sur les hauts-fonds, le relevé des fonds marins.
ASEAN Acronyme pour *Association of South East Asian Nations* (Association des nations de l'Asie du Sud-Est), association créée en 1967 par les Philippines, l'Indonésie, Singapour, la Thaïlande et la Malaisie, pays non communistes soucieux de promouvoir leur coopération économique, auxquels se sont joints Bruneï (1984), le Vietnam (1995), la Birmanie et le Laos (1997).
asepsie n. f. Absence de tout germe microbien. / MÉD. Destruction des micro-organismes par stérilisation; ensemble des procédés utilisés pour atteindre ce but. *L'asepsie d'une salle d'opération.*
aseptique adj. Qui procède de l'asepsie. / Sans aucun microbe. *Pansement aseptique.*
aseptiser v. t. [1] Rendre aseptique.
Aser Personnage biblique, ancêtre éponyme d'une tribu d'Israël.
Ases Dans la mythologie germanique et scandinave, dieux dont Odin est le chef.
asexué, e adj. Qui n'a pas de sexe. / *Reproduction asexuée*: mode de reproduction qui s'effectue par bourgeonnement, essaimage, fragmentation, à partir d'un seul individu qui génère ainsi plusieurs individus possédant les mêmes caractéristiques génétiques que lui.
Ashantis Voir **Achantis**
ashkénaze, ashkénazes ou **ashkenazim** adj. et n. (mot hébreu) Relatif aux communautés juives originaires d'Europe centrale et à leurs membres. *Synagogue ashkénaze.* / n. *Les ashkenazim.*
Ashour Voir **Assur**
ashram n. m. (mot sanscrit) En Inde, lieu de retraite, de méditation où des disciples vivent en communauté et reçoivent l'enseignement d'un maître spirituel.
Ashtart ou **Astarté** Déesse phénicienne de la fécondité, symbolisant la sexualité et correspondant à l'Ishtar babylonienne.
asialie n. f. MÉD. Absence ou insuffisance de sécrétion salivaire.
asiatique adj. et n. D'Asie. *Peuples asiatiques.* / Subst. *Un Asiatique.*
• **Asie** *44 471 592 km² 3 500 000 000 h.* La plus grande masse continentale du monde (un tiers des terres émergées), soudée à l'Europe orientale, de sorte qu'Europe et Asie forment un seul continent: l'Eurasie. L'Asie est séparée de l'Afrique par l'isthme de Suez et de l'Amérique du Nord par le détroit de Béring.
Asie Mineure Large péninsule qui s'avance dans la Méditerranée orientale entre la mer Égée, la mer de Marmara et la mer Noire. Elle correspond à l'actuelle Turquie d'Asie. Le relief est formé d'une couronne de massifs montagneux, entourant le haut plateau aride d'Anatolie. Les recherches archéologiques ont livré des traces des premières civilisations néolithiques (VIe-V^e millénaire av. J.-C.). Aux Hourrites et aux Hattis qui s'étaient installés aux environs du IIe millénaire succédèrent des peuples indo-européens dont les conquêtes bouleversèrent la région. Après un long déclin, les Hittites créèrent un nouvel empire (XVIe-XVIIIe siècle av. J.-C.) qui fut détruit par des invasions de « peuples de la mer ». L'Asie Mineure tomba ensuite sous la domination perse puis grecque (en partie), puis romaine avant de connaître la domination byzantine et enfin celle des Turcs.

***Asie** du Sud-Est : l'île de Mindanao, aux Philippines.*

A

ASIE

Temples bouddhiques à Bangkok, en Thaïlande.

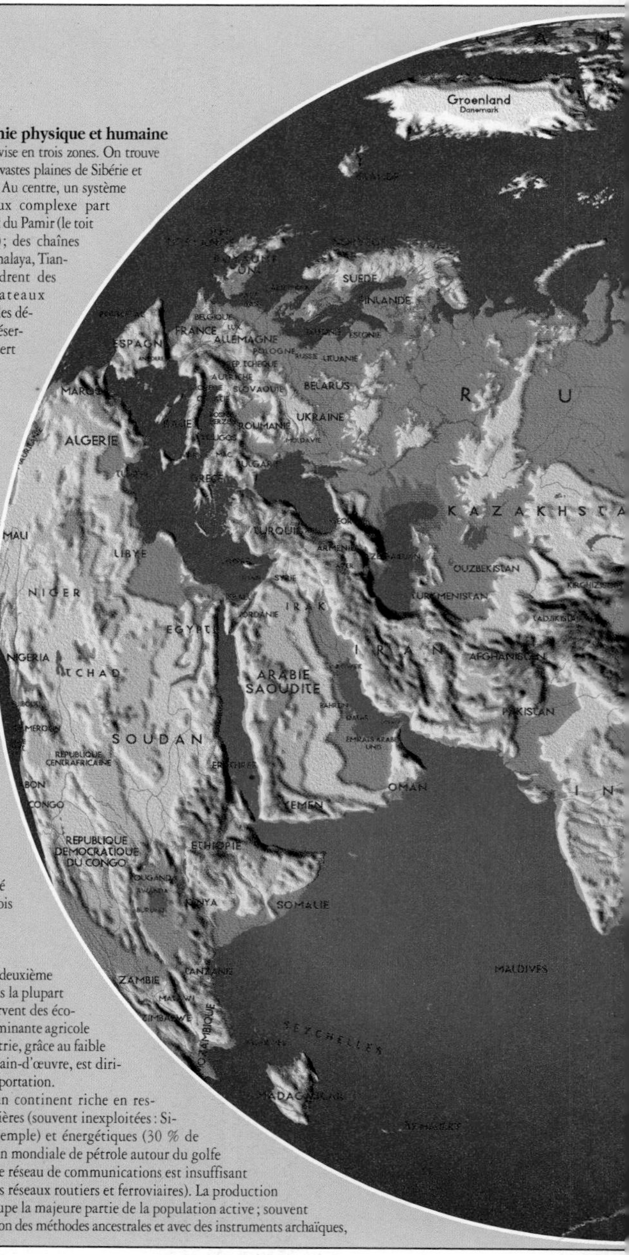

Géographie physique et humaine

L'Asie se divise en trois zones. On trouve au nord les vastes plaines de Sibérie et du Touran. Au centre, un système montagneux complexe part en faisceaux du Pamir (le toit du monde) ; des chaînes jeunes, Himalaya, Tianshan, encadrent des hauts plateaux (Tibet) et des dépressions désertiques (désert de Gobi).

Le sud de l'Asie est constitué de reliefs anciens : péninsules tabulaires (Arabie et Inde) prolongées par des îles (Indonésie). De l'Asie centrale, de grands fleuves partent vers les mers environnantes, vers l'océan Arctique au nord : l'Ob, l'Ienisseï, la Léna ; vers l'océan Pacifique à l'est : l'Amour, le Huanghe, le Yangzijiang ; vers l'océan Indien au sud : le Brahmapoutre, le Mékong, le Gange, l'Indus, le Tigre, l'Euphrate. Les différences de latitude (du cercle polaire à l'équateur), les reliefs, les influences maritimes expliquent la diversité des climats, depuis le climat polaire jusqu'au climat équatorial.

Le phénomène caractéristique du climat de l'Asie est la mousson, ou vent saisonnier provoqué par le déplacement des basses pressions équatoriales combiné avec la translation du front polaire. La mousson d'été détermine généralement la saison des pluies. La végétation est également très diversifiée : toundra de Sibérie, forêt de feuillus, de conifères, savanes, forêts tropicales, steppes, déserts.

L'Asie est le continent le plus peuplé : 60 % de la population mondiale. Cette population se caractérise par la variété des ethnies, des langues et des religions (bouddhisme, brahmanisme, christianisme, islam, shintoïsme, taoïsme, judaïsme, pour ne citer que les principales), auxquelles se superposent ou se juxtaposent des cultes et des pratiques traditionnels souvent groupés sous le terme de chamanisme.

Les zones désertées du Tibet et de la Mongolie contrastent avec le fourmillement humain de l'Asie des moussons (Japon, Chine, Inde) où la densité atteint parfois plusieurs milliers de personnes au km^2 (deltas du Gange et du Yangzijiang). Malgré les mesures antinatalistes, l'accroissement de la population demeure très élevé (2 %), ce qui constitue un problème crucial. La misère atteint parfois des proportions extrêmes.

Économie

En Asie, le Japon, que son industrialisation très poussée a hissé à la deuxième place mondiale après les États-Unis, occupe une place à part. Mais la plupart des autres pays du continent font partie du tiers monde et conservent des économies à dominante agricole dont l'industrie, grâce au faible coût de la main-d'œuvre, est dirigée vers l'exportation.

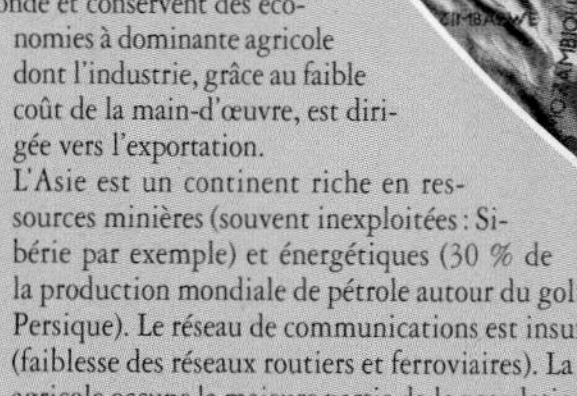
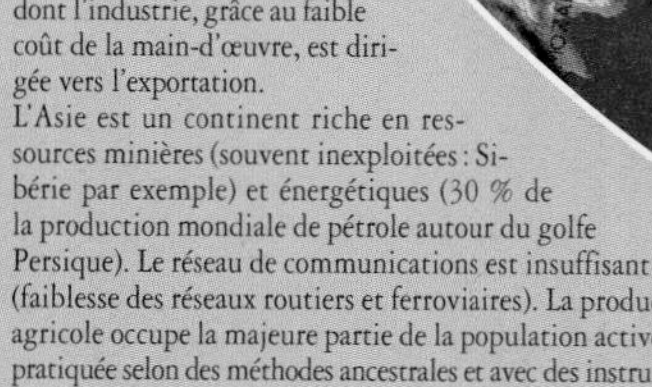

L'Asie est un continent riche en ressources minières (souvent inexploitées : Sibérie par exemple) et énergétiques (30 % de la production mondiale de pétrole autour du golfe Persique). Le réseau de communications est insuffisant (faiblesse des réseaux routiers et ferroviaires). La production agricole occupe la majeure partie de la population active ; souvent pratiquée selon des méthodes ancestrales et avec des instruments archaïques,

Paysage du Karakoram, « chaîne noire » au nord du Pakistan.

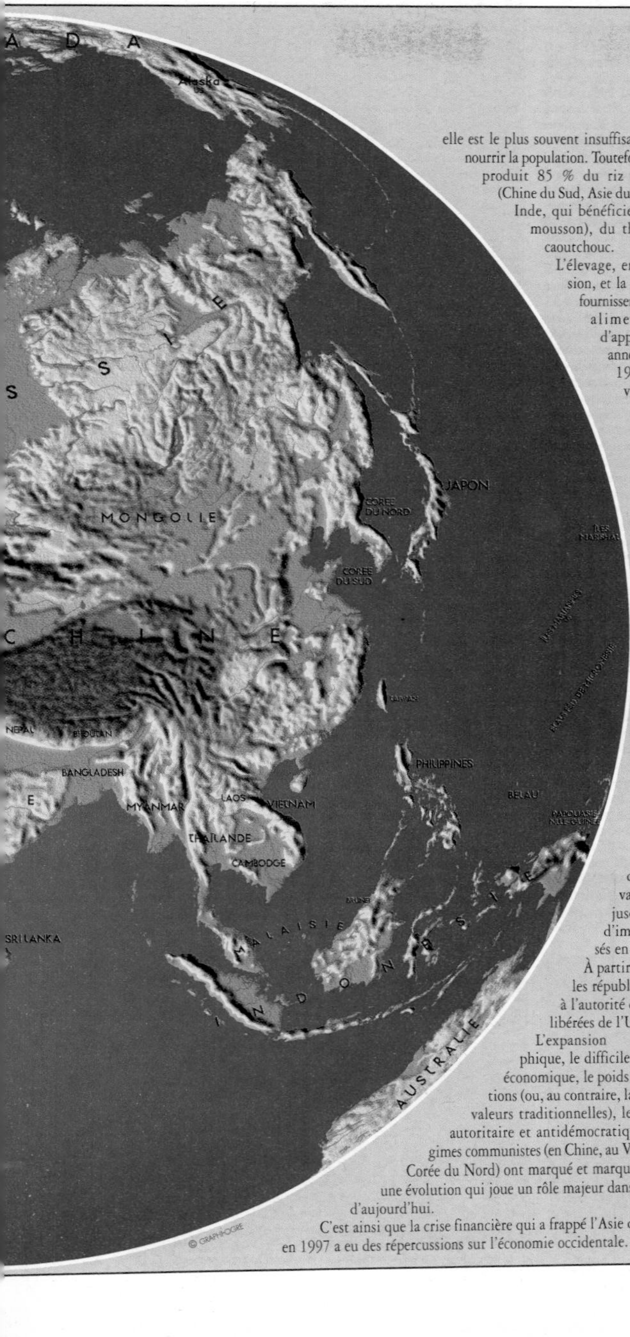

elle est le plus souvent insuffisante pour nourrir la population. Toutefois, l'Asie produit 85 % du riz mondial (Chine du Sud, Asie du Sud-Est, Inde, qui bénéficient de la mousson), du thé et du caoutchouc.

L'élevage, en expansion, et la pêche ne fournissent qu'une alimentation d'appoint. Les années 1980-1997 ont vu l'émergence d'économies dynamiques, d'abord chez les « quatre dragons » : Corée du Sud, Hong Kong, Singapour, Taiwan, puis Chine, Indonésie, Thaïlande, Philippines, Malaisie, alors que l'évolution de l'Inde (modernisée dans de nombreux secteurs et assurant son autosuffisance alimentaire) était moins spectaculaire.

Gazoducs au Qatar, État de la péninsule Arabique.

Mais, en 1997, des krachs boursiers et financiers ont montré la fragilité de ces économies. La Chine, en pleine expansion, a résisté, alors que le Japon lui-même connaissait un essoufflement qui n'a commencé à s'atténuer qu'en 1999.

Histoire

C'est en Asie que se sont épanouies les premières civilisations. Tandis que le Proche-Orient a vu se succéder pendant toute l'Antiquité, de Sumer aux Parthes, les premières civilisations douées de l'écriture, en Extrême-Orient se sont constituées, dès le IIe millénaire, la civilisation chinoise qui, jusqu'au voyage de Marco Polo (XIIIe siècle) n'avait eu que des contacts sporadiques et périphériques (voyages de Rubrouck et Plan Carpin en Mongolie) avec l'Occident, et la civilisation indienne dont l'origine s'enfonce dans les époques mythiques relatées dans le Veda.

D'Asie sont venus les peuples qui, par vagues successives, ont peuplé l'Europe (Grecs, Celtes, Germains); plus tard les invasions ont déferlé sur la plaine russe et l'Europe occidentale, dont les Turcs et les Tatars constituent la dernière vague. Dans les temps modernes, la décadence de civilisations jusque-là brillantes offrit à la convoitise des pays occidentaux d'immenses territoires qui, à partir du XVIIIe siècle, furent colonisés en tout ou partie, telle l'Inde.

À partir de 1945, ces pays ont recouvré leur indépendance, suivis par les républiques d'Asie occidentale et centrale, anciennement soumises à l'autorité des tsars d'abord, de la Russie soviétique ensuite, qui se sont libérées de l'URSS en 1991.

L'expansion démographique, le difficile décollage économique, le poids des traditions (ou, au contraire, la perte des valeurs traditionnelles), le caractère autoritaire et antidémocratique des régimes communistes (en Chine, au Vietnam, en Corée du Nord) ont marqué et marquent encore une évolution qui joue un rôle majeur dans le monde d'aujourd'hui.

C'est ainsi que la crise financière qui a frappé l'Asie du Sud-Est en 1997 a eu des répercussions sur l'économie occidentale.

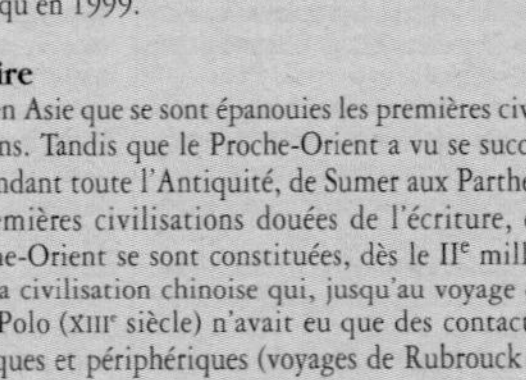

Vue de Singapour.

A

AUTRICHE

Superficie: *83 859 km²* – **Nombre d'habitants:** *8 171 000 h.* – **Capitale:** *Vienne*
Villes principales: *Salzbourg, Innsbruck* – **Système politique:** *république fédérale*
Langue: *allemand* – **Religion (s):** *christianisme (catholicisme maj.)* – **Monnaie (s):** *schilling et euro*

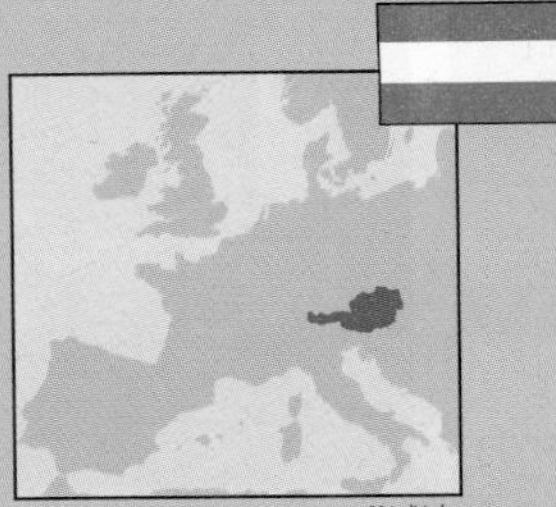

Voir l'Atlas

Géographie physique et humaine

L'Autriche est un pays montagneux dont la majeure partie s'étend sur les Alpes orientales (point culminant: le Grossglockner, dans le massif des Hohe Tauern, 3 797 m), et en faible partie sur l'extrémité occidentale de la plaine hongroise, le bassin du Danube et la forêt de Bohême. Continental dans la plaine orientale, le climat devient alpin dans les zones de montagne. En majorité germanique (97,5 %) et catholique (78 %), la population se concentre dans les grandes villes: Vienne (le quart de la population), Graz, Linz, Salzbourg.

Économie

Alpestre, l'économie de l'Autriche est fondée sur l'élevage, l'exploitation des forêts, l'industrie et le tourisme. Servie par la présence d'une main-d'œuvre qualifiée et d'importantes ressources énergétiques (l'hydroélectricité fournit 40 % de l'énergie) et minérales (fer de l'Erzberg, plomb, zinc), l'industrie est la première activité du pays. Elle est diversifiée (bois, textile, fabrication d'instruments de musique) et modernisée (sidérurgie, métallurgie de transformation, chimie). L'industrie est concentrée autour de Linz, Vienne, Wiener Neustadt et Graz. Grâce à la beauté de ses paysages, au pittoresque des petits villages du Vorarlberg et du Tyrol, à la qualité des stations de sports d'hiver et des festivals d'été (Salzbourg), l'Autriche trouve dans le tourisme un complément de ressources non négligeable.

Lac de Fuschl.

Histoire

Très anciennement peuplé (la civilisation de Hallstadt est florissante entre 1000 et 500 ans avant notre ère), le pays est envahi par les Celtes (VIIe siècle av. J.-C.) puis colonisé par Rome (Ier siècle av. J.-C.) Les invasions se succèdent jusqu'au début du IXe siècle. Charlemagne en fait l'Östmark (« marche de l'Est »). La région est soumise aux ducs de Bavière puis ravagé jusqu'en 955 par les invasions hongroises. Le nom d'Österreich (« royaume de l'Est ») apparaît pour la première fois après 990 dans un document signé de l'empereur Otton III. La dynastie des Babenberg (976-1246), qui règne sur l'Östmark, obtient en 1156 la transformation de la marche en duché d'Autriche. Les Habsbourg sont ducs d'Autriche en 1248 et Rodolphe de Habsbourg, élu empereur du Saint Empire romain germanique (1273), en fait le centre de son empire. L'histoire autrichienne est désormais liée à celle des Habsbourg qui, à partir d'Albert II (1438), gardent la couronne impériale germanique dans leur famille, ce qui élargit le destin historique de l'Autriche. En 1493, Maximilien réunit l'ensemble des possessions héréditaires: Haute-Autriche et Basse-Autriche, Styrie, Carniole et Tyrol. Deux mariages successifs (de Maximilien avec Marie de Bourgogne, de leur fils Philippe le Beau avec l'héritière de Castille) vont mettre la famille des Habsbourg à la tête d'un immense empire dont Charles Quint hérite en 1500. À son abdication en 1556, il partage entre son frère Ferdinand et son fils Philippe les territoires de la famille. Tandis que Ferdinand garde, en sus des possessions héréditaires que Charles Quint lui a déjà concédées, la Bohême et la Hongrie qu'il s'est personnellement assurées, Philippe II reçoit l'Espagne, les Flandres, les possessions italiennes, les colonies américaines. Alors que l'Autriche avait connu le péril mongol au Moyen Âge, elle est sauvée de justesse du péril turc en 1683. À cette occasion, elle fait figure de bastion de la chrétienté menacée, comme au siècle précédent elle avait rempli le rôle de défenseur de la foi catholique face à la Réforme. La *pragmatique sanction* (1713) proclame l'indivisibilité des possessions de la maison d'Autriche, tandis que le traité de Rastatt (1714) l'oblige à reconnaître en Philippe V de Bourbon le successeur des Habsbourg sur le trône d'Espagne. Cependant, en 1740, la guerre de la Succession d'Autriche, provoquée par la Prusse et la France, remet en question la solidarité des possessions habsbourgeoises. Mais à l'issue de la guerre de Sept Ans (1755-1763), Marie-Thérèse, dernière Habsbourg directe, conserve la quasi-totalité de son héritage. Épouse de François de Lorraine, elle participe au partage de la Pologne et, à l'intérieur de l'Empire, entreprend un ensemble de réformes (germanisation en particulier) qui rencontre de vives résistances chez les minorités (Tchèques, Hongrois, Italiens). Despote éclairé, son fils Joseph II abolit le servage et prend toute une série de mesures mal adaptées aux diverses traditions des peuples composant son immense empire; sa politique échoue et son frère et successeur, Léopold II, prend des orientations totalement différentes. La Révolution française remet une fois de plus en question l'ordre habsbourgeois. La création de la Confédération du Rhin (1806-1813) par Napoléon, qui met fin au Saint Empire, soustrait l'Allemagne à l'influence de l'Autriche qui devient une puissance d'Europe centrale. L'empire d'Autriche, dont l'institution est confirmée par les traités de Vienne en 1815, se fait le champion du conservatisme en Europe sous l'impulsion de Metternich, tandis qu'il renforce à l'intérieur un système administratif centralisateur. Secouée par la révolution de 1848, l'Autriche voit dans la perte de ses possessions italiennes (1861) le prélude de sa décadence. La défaite de Sadowa, en 1866, lui ôte son rôle séculaire de protectrice de l'Allemagne au profit de la Prusse. Elle tente certes de compenser cette perte par une politique d'infiltration dans les Balkans, mais, outre le fait que ses ambitions viennent s'y heurter à celles de la Russie, le problème des nationalités, jalouses de leur particularisme culturel, menace gravement la solidité de l'Empire. Aussi, en 1867, le gouvernement de Vienne tente-t-il de résoudre ce problème en scindant la monarchie des Habsbourg en deux États. Cette solution dualiste donne naissance à la monarchie austro-hongroise (voir *Autriche-Hongrie*) dont le seul lien reste la personne de l'empereur François-Joseph. En 1908, l'Autriche annexe la Bosnie et l'Herzégovine. Le 28 juin 1914, l'attentat de Sarajevo, lors duquel l'héritier François-Ferdinand est assassiné, la pousse à déclarer

Salzbourg.

Le Centre international, à Vienne, abrite des agences de l'ONU.

A

AUTRICHE (SUITE)

la guerre à la Serbie, ce qui déclenche la Première Guerre mondiale. La défaite de 1918 porte un coup fatal à l'Empire. Malgré les tentatives du dernier empereur, Charles Ier, la république, proclamée à Vienne, disloque un État qui ne devait son existence qu'à une famille.

La république d'Autriche, dont l'existence sera effacée de 1938 à 1945 par l'annexion nazie *(l'Anschluss)*, est désormais bornée au seul territoire de l'Autriche, que les États-Unis, la France, la Grande-Bretagne et l'URSS occupent jusqu'en 1955. De 1945 à 2000, l'Autriche est gouvernée, successivement ou concomitamment, grâce à des alliances répétées, par le Parti populaire (ÖVP, conservateur) et le Parti socialiste (SPÖ). Elle adhère à l'Union européenne en 1995. Les élections de 1999 marquent l'entrée en force dans la vie politique autrichienne du Parti de la liberté (ou Parti libéral, FPÖ, extrême droite) de Jörg Haider. Le chancelier Schüssel (ÖVP) ne parvient pas à reconduire la coalition SPÖ-ÖVP et appelle au gouvernement le parti de Jörg Haider, ce qui provoque dans toute l'Union européenne, inquiète des positions populistes, xénophobes, révisionnistes et (parfois) antisémites, du FPÖ, une levée de bouclier concrétisée par le vote de sanctions isolant l'Autriche sur le plan diplomatique; les pays européens mettent sa vie politique sous surveillance (respect des droits de l'Homme, attitude envers l'opposition, lois régissant l'émigration). Après quelques mois d'observation, les sanctions sont levées. Aux élections anticipées de novembre 2002, le Parti libéral s'effondre (10 % des voix) et le parti populaire arrive largement en tête (42,3 % des voix).

Hallstatt.

Auxerre *38 819 h.* Chef-lieu du département de l'Yonne, sur l'Yonne. Auxerre est un centre économique régional (commerce des vins de Bourgogne, industries métallurgiques et chimiques) et une ville touristique. Église Saint-Germain, bâtie du XIIe au XVe siècle sur des cryptes ornées de peintures carolingiennes; cathédrale (XIIIe-XVIe siècle) dont la crypte du XIe siècle présente des peintures romanes (Christ à cheval).

auxiliaire adj. et n. **I.** Qui porte secours, qui apporte son aide. *Personnel auxiliaire.* / ADMIN. Non titulaire. *Policier auxiliaire.* / n. *Auxiliaires de justice*: personnes, tels que avocats, avoués, greffiers, etc., qui contribuent au fonctionnement de la justice. / *Auxiliaire médical*: personne (infirmier, kinésithérapeute) qui pratique des soins sur les malades sur prescription d'un médecin. **II.** GRAMM. *Verbes auxiliaires*: verbes (avoir, être) qui servent à conjuguer les autres verbes aux temps composés. / n. m. *Ce verbe se conjugue avec l'auxiliaire « être ».*

auxines n. f. pl. BOT., BIOCHIM. Facteurs de croissance (en particulier l'acide b-indolyl-acétique) qui chez les plantes supérieures sont sécrétés principalement dans les bourgeons. *Les auxines jouent un rôle dans l'élongation et la différenciation des cellules, la croissance de la racine, le développement des tissus vasculaires, etc.*

auxquels, auxquelles Voir **lequel**

avachir v. t. [2] Déformer, rendre plus mou. *Tu vas avachir tes poches à force d'y mettre n'importe quoi.* / v. pron. Se déformer. *Chaussures qui s'avachissent avec l'usure.*

avachissement n. m. État de ce qui s'avachit, est avachi. / État d'une personne qui se laisse aller, qui ne fait aucun effort.

aval [1] n. m. Côté vers lequel coule un cours d'eau en direction de son embouchure ou d'un confluent au-delà du point où l'on se trouve. Ant. amont. / *En aval de*: plus près de l'embouchure. *Rouen est en aval de Paris sur la Seine.*

aval [2] n. m. Garantie donnée par qqn qui s'engage à payer le montant d'un effet de commerce en cas de défaillance du signataire. / Fig. Garantie, soutien. *Donner son aval à une décision, à un programme politique.*

avalanche n. f. Masse de neige mêlée de boue et de rochers, dévalant à grande vitesse les pentes d'une montagne. *Couloir d'avalanche*: passage que suit une avalanche. *Cône d'avalanche*: débris de pierres et de boue entraînés par la neige qui s'amassent au pied d'un couloir d'avalanche. / Fig. Grande quantité de choses qui se produisent en même temps. *Une avalanche de critiques. Recevoir une avalanche de factures.*

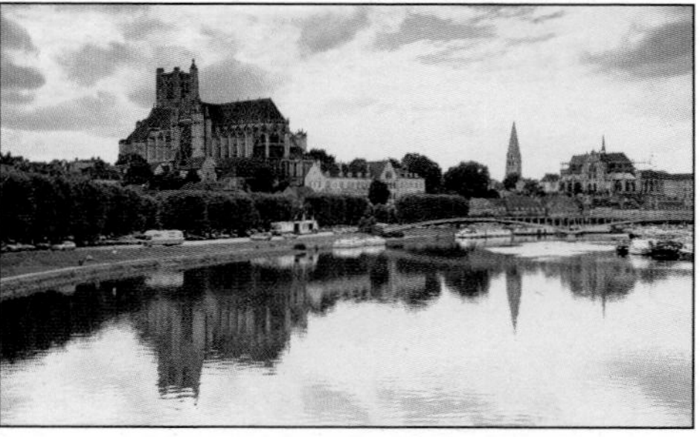

***Auxerre**: l'Yonne et, à l'arrière-plan, la cathédrale.*

avaler v. t. [1] Absorber en faisant descendre par le gosier. *Faire avaler un sirop à un enfant.* / Par ext. Manger rapidement. *Avaler son petit déjeuner.* / Fig. *Avaler un livre*, le lire avidement. / Fam. Accepter naïvement; supporter sans mot dire. *Il avale tout ce qu'on lui raconte. Une sanction difficile à avaler.*

avaleur n. m. *Avaleur de sabres*: saltimbanque dont le tour d'adresse consiste à s'introduire des lames dans le gosier.

avaliser v. t. [1] Donner son aval à. *Avaliser une décision.*

à-valoir n. m. inv. Règlement partiel sur une somme due. *À-valoir sur une créance.*

avaloire n. f. Pièce de harnais passant derrière les cuisses du cheval et fixée aux brancards, servant à retenir la voiture dans les descentes ou à la faire reculer.

avance n. f. Action d'aller en avant, de progresser. *Avance de l'ennemi.* / Espace parcouru, distance gagnée, par rapport à qqn. *Avance de trois kilomètres.* / Gain de temps sur qqn, sur qqch. *Coureur qui a une avance d'une heure sur ses concurrents.* / Paiement anticipé. *Toucher une avance sur son salaire.* / FIN. Crédit consenti sur réserve de certaines conditions. / TECHNOL. *Avance à l'allumage*: dispositif qui déclenche l'étincelle de la bougie avant que le piston ait achevé la compression. / (Au plur.) *Faire des avances à qqn*: faire des tentatives de séduction ou de réconciliation auprès de qqn.

avancée n. f. Ce qui avance. *L'avancée des troupes est ralentie par une forte résistance.* / Ce qui fait saillie. *L'avancée d'un perron, d'un balcon.*

avancement n. m. Fait d'avancer. *L'avancement des armées.* / Progrès. *L'avancement de la science.* / Promotion. *Avancement à l'ancienneté.*

avancer v. t. / v. i. [1] **A.** v. t. Porter en avant. *Avancer son fauteuil près de la cheminée.* / v. pron. *Avance-toi que je te voie mieux.* / Fig. Présenter comme vrai; mettre en avant. *Avancer une idée, une explication.* / Faire arriver, effectuer avant le moment normal ou prévu. *Avancer la date de son départ.* / *Avancer une pendule, une montre*, lui faire afficher une heure en avance par rapport à l'heure exacte. / Faire progresser. *Avancer son travail.* / Prêter. *Avancer mille euros à un ami.* **B.** v. i. Aller vers l'avant. *Stop! N'avancez plus!* / être en avance, en parlant d'un mouvement d'horlogerie. / Faire saillie. *Une branche qui avance* (ou, v. pron., *s'avance*) *sur le jardin du voisin.* / Progresser; évoluer positivement. *L'enquête n'avance pas. À quoi cela m'avancera-t-il?*: en quoi cela me sera-t-il profitable? / v. pron. S'engager trop tôt ou imprudemment. *Le ministre s'est trop avancé en annonçant une baisse des impôts.*

avant adv., prép., n. m. et adj. **A.** adv. (Marque la priorité dans une succession dans l'espace, l'antériorité, l'éloignement) *Avant, vous trouverez le pont, ensuite, le débarcadère. Informez-vous avant, vous émettrez un jugement ensuite. Aller très avant dans le désert. Pénétrer très avant dans la psychologie des personnages.* / loc. adv. *En avant*: devant. *Courir en avant.* **B.** prép. (Marque l'antériorité, la priorité, la hiérarchie) *Avant le déjeuner. Prenez la rue à gauche avant l'église. Placer le respect de la parole donnée avant les autres vertus.* / loc. prép. (avec l'infinitif) *Avant de*: antérieurement au fait de. *Réfléchissez avant de parler.* / loc. conj. (avec le subjonctif) *Avant que*: antérieurement à ce que. *Avant que je vous rejoigne, il faut que je m'arrête à la banque.* **C.** n. m. Partie antérieure. *L'avant d'un bateau.* / SPORT Joueur placé sur la ligne d'attaque. / *Aller de l'avant*: s'engager avec détermination, sans aucune réserve. **D.** adj. inv. Situé à l'avant. *La glace avant gauche.*

avantage n. m. Ce qui représente un atout, une supériorité. *Étudier les avantages et les inconvénients d'une situation.* / *Avoir l'avantage*: avoir le dessus; être en position de gagner. / *Être à son avantage*: être au mieux de ses possibilités. / DR. Gain qui résulte d'un acte juridique. / SPORT Au tennis, point marqué par un joueur quand il y a égalité à 40 points.

avantager v. t. [1] Donner un avantage à; favoriser. *Avantager un ami lors d'une embauche.* / Mettre en valeur. *Cette coiffure ne l'avantage guère.*

avantageusement adv. De manière avantageuse, honorablement.

avantageux, se adj. Qui procure un, des avantages. *Affaire avantageuse* / Flatteur, louangeur. *Une réputation avantageuse.* / Fam. *Un air avantageux.*

B

BABYLONE

Fondée par les Akkadiens au IIIe millénaire avant J.-C., Babylone devint la capitale d'un vaste État et le centre d'une civilisation brillante avant de tomber sous les dominations assyrienne et perse. Cependant, c'est à l'époque de l'Empire néo-babylonien fondé par les Assyriens à une date relativement récente (VIIe siècle avant J.-C.) que Babylone atteignit les dimensions et la richesse monumentale dont l'histoire a retenu le souvenir. Entourée d'une muraille de *16 km* environ, elle affectait un plan rectangulaire. On y accédait par huit portes principales, dont la porte d'Ishtar qui ouvrait sur la voie processionnelle, ornée des frises de lions émaillés (conservés aujourd'hui au Louvre). Cette voie menait au temple de Mardouk dont les vastes dimensions répondaient au gigantisme de la ziggourat (qui servit sans doute de modèle à la tour de Babel de la Bible) qui, non loin de là, dominait de ses *90 m* de haut. Enfin, outre une cinquantaine de temples que la ville enserrait dans ses vingt-quatre avenues, s'élevaient les nombreux bâtiments administratifs et le palais de Nabuchodonosor qui s'ouvrait sur les fameux jardins suspendus.

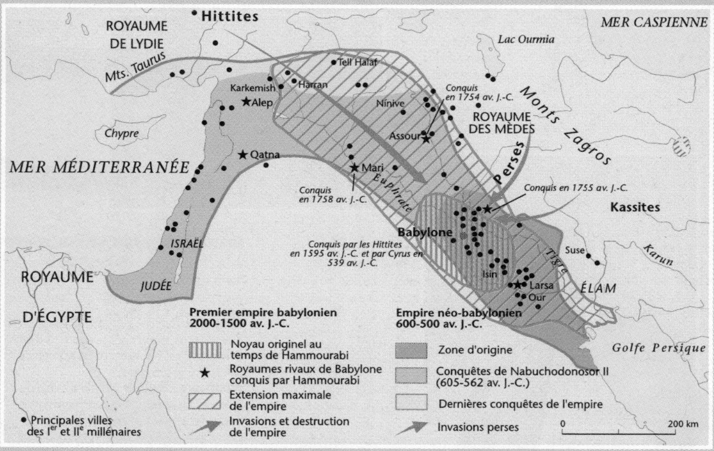

Les empires babyloniens.

On ne connaît pas la civilisation babylonienne uniquement grâce aux fouilles ; le déchiffrement de centaines de milliers de tablettes cunéiformes apporte d'innombrables renseignements sur l'organisation sociale, la philosophie, la religion, les mathématiques, la médecine, l'activité commerciale, le droit et les institutions. Peuple de marchands et d'agriculteurs, les Babyloniens ont dominé le Proche-Orient pendant plusieurs siècles.

Leur littérature, très ancienne, nous est connue notamment par *l'Épopée de Gilgamesh* mise en forme au début du IIe millénaire à partir de récits et de mythes antérieurs. C'est à Babylone que, vaincus et déportés par Nabuchodonosor II en 587 av. J.-C., les Juifs demeurèrent pendant soixante-dix ans. Quand Babylone ne fut plus que la simple capitale d'une province de l'Empire perse, les souverains achéménides leur permirent de regagner leur pays.

À Babylone enfin, Alexandre le Grand mourut en 323 av. J.-C. au retour de sa campagne en Inde. Avec la domination séleucide, dont les souverains hellénistiques choisirent Antioche pour capitale, commença la décadence.

babeurre n. m. Résidu liquide de la fabrication du beurre, au goût aigrelet.
babil n. m. Babillage enfantin. / Bavardage futile.
babillage n. m. Action de babiller.
babillard, e adj. Bavard.
babiller v. i. [1] Émettre des syllabes plus ou moins articulées (en parlant d'un enfant). / Bavarder vainement.
babines n. f. pl. Lèvres pendantes de certains animaux (chien, singe, chameau…). / Fam. *Se lécher les babines*, se réjouir par avance à l'idée d'une chose ou d'un mets délectable.
Babinski (Joseph) 1857-1932 Médecin français. Le *signe de Babinski* ou *signe des orteils*, modification du réflexe normal de la plante du pied après excitation légère, permet de déceler une lésion d'un centre nerveux.
babiole n. f. Objet de faible valeur. / Fig. Chose dénuée d'importance.
babiroussa n. m. ZOOL. Mammifère de l'ordre des artiodactyles, proche du porc, dont le mâle est doté de deux paires de défenses recourbées vers le haut. *Le babiroussa vit en Indonésie.*
babisme n. m. RELIG. Doctrine du prophète iranien Mirza Ali Muhammad, dit le Bab, qui insiste sur l'interprétation spirituelle des textes sacrés, s'oppose à certaines lois coraniques et accorde de l'importance aux symboles (symbolique des nombres en particulier). *Le babisme est à l'origine du bahaïsme.*
Babits (Mihály) 1883-1941 Écrivain hongrois, auteur de poèmes, de romans (*Le Calife Cigogne*, 1910) et de traductions (Dante, Shakespeare).
bâbord n. m. Côté gauche d'un navire, lorsqu'on regarde vers l'avant.
babouche n. f. Pantoufle sans talon ni quartier, d'origine orientale.
babouin n. m. Singe cynocéphale d'Afrique centrale, vivant en bandes.
babouvisme n. m. Doctrine de Gracchus Babeuf et de ses partisans.
Babur Voir **Baber**
baby-boom n. m. (mot anglais) Brusque augmentation de la natalité. *Le baby-boom d'après-guerre.* Pl. *Des baby-booms.*
baby-sitter n. (mot anglais) Personne qui garde un jeune enfant. *Engager une étudiante comme baby-sitter.*
baby-sitting n. m. (mot anglais) Activité d'un (e) baby-sitter.
• **Babylone** Ville de l'Antiquité, au bord de l'Euphrate, dont on peut voir les ruines à 100 km au sud de Bagdad.
babylonien, enne adj. et n. De Babylone.
bac [1] n. m. Bateau à fond plat servant au transport des personnes et des marchandises, d'une rive à l'autre d'un cours d'eau ou d'un lac. / Récipient affecté à différents usages. *Bac à fleurs, bac à glace.*
bac [2] n. m. Fam. Baccalauréat.
bacantes Voir **bacchantes**
baccalauréat n. m. Examen sanctionnant les études secondaires, donnant droit au titre de bachelier et représentant le premier grade universitaire. *Être titulaire du baccalauréat.*
baccara n. m. Jeu de cartes disputé entre un banquier et des joueurs appelés pontes ; le dix, appelé baccara, équivaut à zéro.
baccarat n. m. Cristal fabriqué par la manufacture de Baccarat. *Des verres en baccarat.*
Baccarat *5 020 h.* Ville de Meurthe-et-Moselle ; grand centre de cristallerie depuis le XVIIIe siècle.

Baccarat.

Jean-Sébastien Bach.

bacchanales n. f. pl. Fêtes célébrées dans l'Antiquité romaine en l'honneur de Bacchus.
bacchante n. f. Prêtresse de Bacchus.
bacchantes ou **bacantes** n. f. pl. Arg. Moustaches. *Une paire de bacchantes.*
Bacchus MYTH. ROM. Dieu du vin et du délire mystique. Dionysos chez les Grecs.
Bach Famille de musiciens allemands. **Johann Sebastian** ou **Jean-Sébastien** (1685-1750) Maître de chapelle des cours de Weimar (1708-1717) et de Köthen (1717-1723), il connaît la période la plus heureuse de sa vie. Il eut ensuite, jusqu'à sa mort, le poste de cantor des églises Saint-Thomas et Saint-Nicolas de Leipzig. Brillant organiste, il a composé pour cet instrument un grand nombre d'œuvres: chorals, préludes et fugues, toccatas, sonates... Il laisse une œuvre didactique particulièrement importante: *Clavier bien tempéré* (1722-1744), *Art de la fugue* (1745-1750). Mais Bach n'en a pas pour autant négligé la musique instrumentale: *Concertos brandebourgeois*, concertos pour violon ou pour clavier, suites et partitas pour violon seul, suites pour violoncelle, sonates pour violon et clavecin, pour flûte et clavecin. Les œuvres vocales, pour la plupart religieuses, constituent la part la plus importante de son œuvre. La *Passion selon saint Jean* (1722) et la *Passion selon saint Matthieu* (1729), la *Messe en si* (1732-1749) et les innombrables cantates expriment une spiritualité que magnifie la foi la plus vibrante. On peut dire que Bach n'innove pas dans la mesure où formes et thèmes sont puisés dans les traditions allemandes, françaises ou italiennes, mais qu'il porte chaque fois le genre musical où il s'exprime, et la forme musicale où se coule son écriture, à une maturité jusqu'alors jamais atteinte; il eut de ses deux mariages vingt enfants, dont certains furent si doués qu'on les connaît sous le nom de « fils musiciens de Bach ». **Wilhelm Friedemann** (1710-1784), fils aîné du premier mariage de Bach, auteur de messes, de cantates, d'œuvres pour orgues; instable et ombrageux, il mourut dans la misère. **Carl Philipp Emanuel** (1714-1788), musicien de Frédéric II de Prusse, laissa une œuvre immense, couvrant tous les genres musicaux: oratorios, passions, cantates, lieder, symphonies, concertos, sonates, pièces pour musique de chambre... **Johann Christian** (ou, en français, **Jean Chrétien**) (1735-1782), dernier fils du second mariage de Bach, fit carrière en Italie et en Angleterre où il connut un grand succès; il eut une grande influence sur Mozart.
Bach (Alexander, baron **von)** 1813-1893 Homme politique autrichien. Comme ministre de l'Intérieur, il mena, après la révolution de 1848, une politique absolutiste et centralisatrice attachée à la germanisation des nationalités et effectuée de manière brutale. L'inefficacité de ces mesures conduisit à son renvoi en 1859.
bâche n. f. Pièce faite d'une grosse toile imperméable et servant à protéger de la pluie des marchandises, une cargaison. / HORTIC. Caisse vitrée, fermée par un châssis, servant à abriter les jeunes plantes. / TECHN. Réservoir d'eau, chaudière. / Carter d'une turbine hydraulique.
Bachelard (Gaston) 1884-1962 Philosophe français qui a étudié les principes de la science à la lumière des grandes théories physiques: *Le Nouvel Esprit scientifique* (1934). Par ailleurs son ouverture à la pensée psychanalytique l'a amené à s'intéresser aux aspects archaïques de l'esprit scientifique en décrivant par les représentations mentales le travail de l'inconscient. *Psychanalyse du feu* (1938), *l'Eau et les Rêves* (1940), *l'Air et les Songes* (1942).
bachelier, ère n. HIST. Jeune homme aspirant à devenir chevalier, à l'époque médiévale. / Titre d'un candidat reçu au baccalauréat.
bâcher v. t. [1] Recouvrir d'une bâche.
bachi-bouzouk n. m. (mot turc) HIST. Soldat irrégulier de l'armée ottomane, engagé volontaire en temps de guerre.
bachique adj. Relatif à Bacchus, au vin. *Chanson bachique*: chanson à boire.
Bachkirie ou **Bachkortostan** *143 600 km² 4 077 000 h.* République de la fédération de Russie. Capitale *Oufa*. Région du sud de l'Oural comprenant des gisements de pétrole et des minerais: fer, manganèse, cuivre. Les Bachkirs, qui appartiennent à la branche turque de la famille altaïque, parlent une langue du groupe turc.
bachot n. m. Fam., vieilli Baccalauréat.
bachotage n. m. Action de bachoter.
bachoter v. i. [1] Préparer intensivement le bachot, un examen, un concours.
bachotte n. f. Tonneau destiné au transport du poisson vivant.
bacillaire adj. et n. Des bacilles. / Subst. Personne atteinte de tuberculose pulmonaire, due au bacille de Koch.
bacille n. m. Bactérie, généralement pathogène, en forme de bâtonnet. *Le bacille de Koch est le bacille de la tuberculose.* / ZOOL. Phasme aptère de l'Ancien Monde, à aspect de brindille.
Back (sir George) 1796-1878 Navigateur anglais. Voulant retrouver Ross (1833), il explora les mers situées au nord-ouest du Canada.
backgamon n. m. (mot anglais) Trictrac.
background n. m. (mot anglais) Arrière-plan (d'une chose); passé, environnement psychologique et sociologique (d'une personne).
bâclage n. m. Fam. Exécution hâtive, négligée d'un travail.
bâcle n. f. Barre de bois ou de fer, qui sert à bloquer une porte ou des volets.
bâcler v. t. [1] Exécuter (une tâche) trop vite et avec négligence. (Emploi absol.) *Bâcler dans l'urgence.*
bacon n. m. (mot anglais) Tranche de lard maigre fumé. *Œufs au bacon.*
Bacon (Roger) v. 1214-1294 Philosophe et savant anglais. Ce moine franciscain, surnommé le Docteur *admirable*, opposa la science expérimentale à la métaphysique aristotélicienne et à la logique scolastique. Ses thèses scientifiques (*Speculum astronomiae*) et philosophiques ont été souvent condamnées (il a passé 15 ans en prison) et il dut à la protection du pape Clément IV de publier ses plus importants ouvrages (*Des miroirs*, *La Perspective*, *Miroirs mathématiques*). Il fut le premier à découvrir que le calendrier julien était erroné.
Bacon (Francis, baron **Verulam)** 1561-1626 Homme d'État et philosophe anglais. En marge d'une carrière politique brillante qui le mena jusqu'à la charge de grand chancelier, Bacon a consacré à la science une réflexion qui constitue le premier effort épistémologique des temps modernes. Le *Novum organum* ou *Éléments d'interprétation de la nature*, en donnant les premières règles de l'induction, fonde la science expérimentale moderne. Ses *Essais de politique et de morale* (1597-1624) ont consacré le mot *essai*, pris chez Montaigne.

Études du corps humain, *panneau droit du triptyque de* ***Francis Bacon*** *(coll. partic.).*

Bacon (Francis) 1909-1992 Peintre britannique. Ses personnages aux traits et contours étalés ou réfractés flottent dans l'espace, provoquant une impression de malaise.
bactéricide adj. et n. Qui tue les bactéries.
bactérie n. f. Micro-organisme procaryote unicellulaire (sans noyau cellulaire distinct), se multipliant généralement de manière asexuée (des échanges limités de matériel génétique existent cependant). (On désigne sous le nom de bactérie des organismes appartenant à des groupes très différents, les eubactéries et les archéobactéries. Elles sont extrêmement variées, tant par leur morphologie que par leur mode de vie. Certaines sont pathogènes, d'autres sont utilisées dans l'industrie).
bactérien, enne adj. Des bactéries.
bactériologie n. f. Partie de la microbiologie s'attachant à l'étude des bactéries.
bactériologique adj. Qui concerne la bactériologie, s'y rapporte. *Arme bactériologique*, qui utilise des bactéries.
bactériologiste n. Spécialiste de bactériologie.
bactériophage n. m. MICROBIOL. Virus ayant la propriété de détruire certaines bactéries. Syn. phage.

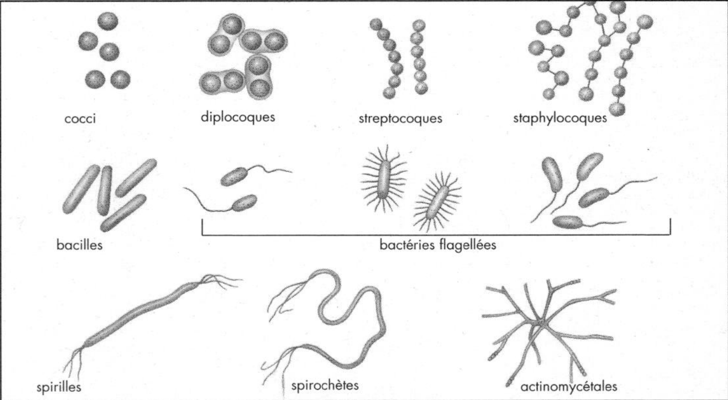

Principales formes de ***bactéries****.*

Le château fortifié des ducs de la Roca à **Badajoz**, en Espagne.

bactériostatique adj. et n. m. Qualifie ou désigne une substance antibiotique empêchant la multiplication des bactéries. *Les sulfamides ont une action bactériostatique.*
Bactres Voir **Balkh**
Bactriane Région de l'Antiquité, qui s'étendait sur le nord de l'Iran et de l'Afghanistan actuels. Sa capitale était Bactres (aujourd'hui Balkh). Soumise à l'Empire perse, puis à l'Empire séleucide (IVe siècle avant J.-C.), elle forma au IIIe siècle av. J.-C. un royaume grec indépendant, haut lieu de l'art gréco-bouddhique. Au début de l'ère chrétienne, ce royaume disparut.
Badajoz *124 600 h.* Ville d'Espagne en Estrémadure. Elle possède des remparts construits par les musulmans au XIe siècle et une cathédrale gothique.
badamier n. m. BOT. Arbre des régions tropicales, utilisé en menuiserie, et dont les fruits, appelés myrobalans, constituent une source de tannins.
badaud, aude n. Personne qui flâne dans la rue, à l'affût d'un spectacle.
Bade (en allemand, *Baden*) Région de la rive droite du Rhin, formée de collines boisées et de plateaux céréaliers, qui comprend deux centres : Karlsruhe et Mannheim. Grand-duché en 1806, entré dans l'Empire allemand en 1870, république en 1919, le pays de Bade a été réuni au Wurtemberg après la naissance de la République fédérale d'Allemagne.
badegoulien adj. et n. m. Qui appartient à un faciès du Paléolithique caractérisé par la présence massive d'un outillage essentiellement constitué de raclettes, faciès qui doit son nom au site de Badegoule, en Dordogne. *Industrie badegoulienne.* / n. m. Ce faciès. *Les outils du Badegoulien.*
Baden-Baden *49 800 h.* Station thermale du Bade-Wurtemberg.
Baden-Powell of Gillwell (Robert Stephenson Smyth Baden-Powell, 1er baron**)** 1857-1941 Général anglais dont la carrière s'est déroulée en Inde, en Afghanistan et en Afrique du Sud, fondateur du scoutisme (1908).
baderne n. f. *Vieille baderne* : vieil homme (en particulier vieux militaire) borné et rétrograde.
Bade-Wurtemberg *35 753 km² 10 319 367 h.* Land de la République fédérale d'Allemagne, au sud-ouest du pays. Capitale *Stuttgart*. Le Land a été constitué en 1952 par la réunion du pays de Bade et du Wurtemberg. Une agriculture intensive et une puissante industrie en font l'une des régions les plus riches de l'Union européenne.
badge n. m. (mot anglais) Insigne scout. / Insigne épinglé sur le vêtement, indiquant le nom, la fonction ou le rôle de la personne qui le porte, dans une réunion, un colloque, etc. / Broche munie d'un dessin ou d'une inscription. / INFORM. Document d'identité doté d'un code généralement magnétique, qui permet l'accès à un local donné ou qui sert au pointage des employés dans certaines entreprises.
badiane n. f. Arbuste de la famille des magnoliacées, originaire de Chine. *On extrait du fruit de la badiane, l'anis étoilé, une essence aromatique utilisée en pharmacie et pour la préparation de liqueurs du genre anis ou anisette.*
badigeon n. m. Enduit en détrempe, à base de lait de chaux, que l'on applique sur des murs extérieurs.
badigeonner v. t. [1] Enduire de badigeon.
badigoinces n. f. pl. Pop. Lèvres, babines.
badin [1] n. m. Appareil utilisé pour mesurer la vitesse d'un avion par différence de pression.
badin, ine [2] adj. Enjoué, espiègle. *Être d'une humeur badine.*
badinage n. m. Action de badiner. *Badinage courtois.*
badine n. f. Baguette flexible.
badiner v. i. [1] Parler d'un ton badin, plaisanter. / Traiter sans sérieux, parler avec légèreté de (qqch., qqn). *Ne badinons pas avec la maladie.*
Badinguet Nom du maçon dont le futur Napoléon III emprunta les vêtements pour s'évader du fort de Ham ; ce nom devint le sobriquet dont l'affublèrent ses ennemis politiques.
bad-lands n. f. pl. (mot anglais) Terrain argileux infertile, morcelé par les eaux torrentielles en de multiples ravins séparés les uns des autres par des crêtes.
badminton n. m. (mot anglais) Jeu de volant pratiqué sur un court au-dessus d'un filet, à l'aide de raquettes.
Badoglio (Pietro) 1871-1956 Maréchal italien. Gouverneur de Libye et vice-roi d'Éthiopie. Mis à la tête du gouvernement par le roi Victor-Emmanuel III à la chute de Mussolini, il signa la capitulation en 1943.
Baedeker (Karl) 1801-1859 Éditeur allemand qui a rédigé les premiers guides touristiques.
Baekeland (Leo Hendrick) 1863-1944 Chimiste américain d'origine belge qui inventa la bakélite.
Baez (Joan) 1941 Chanteuse américaine opposante à la guerre du Vietnam qui, s'inspirant des mélodies populaires, passa de la ballade traditionnelle à la chanson politique.
baffe n. f. Pop. Gifle. *Une paire de baffes.*
Baffin (William) 1584-1622 Navigateur anglais qui découvrit entre le Labrador et le Groenland des terres qui depuis portent son nom.
Baffin (terre de) Grande (*476 066 km²*) île de l'archipel arctique canadien ; d'une superficie presque égale à celle de la France, l'île est peuplée d'environ 2 000 Inuits.
baffle n. m. (mot anglais) Écran acoustique rigide d'un haut-parleur. / Enceinte acoustique.
bafouer v. t. [1] Traiter avec mépris, pour offenser. *Bafouer un rival dans sa dignité.* / Par ext. Enfreindre sans scrupule. *Bafouer les droits de la défense.*
bafouillage n. m. Fam. Action de bafouiller. / Propos bafouillés.
bafouiller v. i. [1] Fam. Parler avec une élocution confuse. Emploi transitif : *bafouiller quelques mots.*
bâfrer v. t. [1] Dévorer goulûment. *Bâfrer son déjeuner.* / Absol. *Il ne mange pas, il bâfre.*
bagad n. m. (mot breton). Groupe musical traditionnel breton. Pl. Des *bagadou.*
bagage n. m. Ensemble des vêtements et objets divers emportés avec soi en voyage. / Fig. Ensemble de connaissances acquises. *Avoir un bon bagage scientifique.*
bagagiste n. m. Préposé aux bagages, dans une gare, un aéroport, un port, un hôtel, etc.
bagarre n. f. Fam. Échange de coups entre deux ou plusieurs personnes. / Fig. Lutte intense. *Bagarre entre deux concurrents.*
bagarrer (se) v. pron. [1] Fam. Se battre. / Fig. Défendre, lutter avec ardeur. *Se bagarrer* (ou, v. i. : *bagarrer) pour faire triompher ses opinions.*
bagarreur, euse adj. et n. Qui aime la bagarre.
bagasse [1] n. f. Résidu végétal (tige de la canne à sucre, marc de raisin…) d'où l'on tire divers produits.
bagasse [2] n. f. Fam. Dans le midi de la France, femme de mauvaise vie. / Interj. marquant la surprise, l'énervement. *Oh ! bagasse.*
bagatelle n. f. Objet de faible valeur. / Fig. Chose futile, sans importance. / Fam. Amour physique. *Être porté sur la bagatelle.* / MUS. Court divertissement musical.
Bagatelle Petit château que Bélanger construisit en 1779 à Paris, dans le bois de Boulogne, pour le comte d'Artois ; celui-ci avait parié avec sa belle-sœur, la reine Marie-Antoinette, de faire bâtir l'édifice en trois mois (d'où le nom qui lui fut donné).
Bagdad *3 841 300 h.* Capitale de l'Irak, sur le Tigre. Centre commercial et industriel. **Histoire** Centre caravanier, Bagdad devint la capitale des Abbassides à partir du règne du calife Al-Mansur (762) mais il ne reste presque rien de la ville du VIIIe siècle ; les monuments subsistants (mausolée, école coranique, notam.) datent des XIIIe et XIVe siècles. De la chute des Abbassides en 1258 à 1921, date où elle devint la capitale du nouveau royaume de l'Irak, elle ne fut qu'un chef-lieu de province de l'Empire turc.

Joan Baez.

bagnard n. m. Condamné au bagne. *Les bagnards de Cayenne.*
bagne n. m. Anc. Établissement pénitentiaire où étaient détenus les condamnés aux travaux forcés. / Peine de travaux forcés. *Être condamné à vingt ans de bagne.* / Fig. Situation ou travail particulièrement pénible.
Bagnères-de-Luchon Voir **Luchon**
bagnole n. f. Pop. (vx) Mauvaise voiture. *Une bagnole à bras.* / Mod., fam. Automobile. *C'est une belle bagnole.*
bagou ou **bagout** n. m. Fam. Grande facilité d'élocution servant des propos ayant pour but de convaincre ou de duper. *Le bagou d'un camelot.*
Bagration (Piotr Ivanovitch, prince**)** 1765-1812 Général russe. Lieutenant de Koutouzov, il s'illustra pendant les guerres de l'Empire, notamment à Austerlitz et à Eylau. Il trouva la mort à la bataille de la Moskova.
baguage n. m. Pose à l'une des pattes d'un oiseau migrateur d'un anneau destiné à l'identifier lors des migrations. / HORTIC. Incision pratiquée sur la tige d'un végétal pour arrêter la descente de sève.
bague n. f. Tout anneau plus ou moins orné que l'on passe au doigt. / Par ext. Anneau que l'on passe à la patte d'un oiseau pour l'identifier ultérieurement. / ARCHIT. Moulure en forme d'anneau, coupant une colonne dans sa hauteur. / MAR. Anneau de bois, corde ou métal utilisé dans le gréement et la voilure d'un bateau à voiles. / TECHN. Pièce qui sert d'appui à un engrenage. / MÉD. *Bague tuberculinique,* bague à pointes imprégnées de tuberculine, utilisée pour obtenir une cuti-réaction ou pour pratiquer le B.C.G. (vaccin antituberculeux) par voie intradermique.
baguenauder v. i. [1] Errer au gré de sa fantaisie ; flâner.
baguenaudier n. m. BOT. Arbuste à fleurs jaunes de la famille des légumineuses (papilionacées), des régions méditerranéennes.
baguer v. t. [1] Procéder au baguage de (un animal, un arbre).
baguette n. f. Petit bâton long, plus ou moins flexible. / Petite moulure arrondie et plate servant à encadrer une embrasure, dissimuler des fils électriques, etc. / Pain long et mince. / Chacun des deux bâtonnets servant de couverts en Extrême-Orient.

Bague égyptienne (1300 avant J.-C.).

B

BAHAMAS

Superficie: *13 939 km²* – **Nombre d'habitants:** *301 000 h.* – **Capitale:** *Nassau*
Système politique: *membre du Commonwealth* – **Langue (s):** *anglais* – **Religion (s):** *christianisme (protestants en grande majorité)* – **Monnaie:** *dollar des Bahamas*

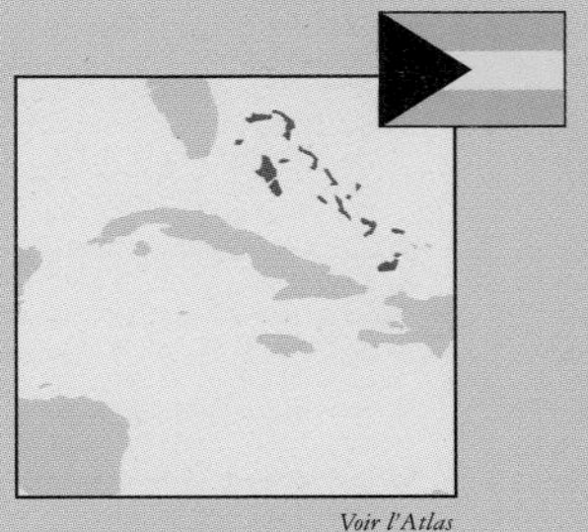

Voir l'Atlas

Plage de sable.

Le pittoresque marché de Nassau, capitale des Bahamas dans l'île de New Providence, où l'on peut trouver toutes sortes d'objets réalisés en feuilles de palmier.

BAHREIN

Superficie: *678 km²* – **Nombre d'habitants:** *606 000 h.* – **Capitale:** *Al-Manama*
Villes principales: *Al-Muharraq, Rifa'a* – **Système politique:** *monarchie* – **Langue (s):** *arabe*
Religion (s): *islam* – **Monnaie:** *dinar de Bahrein*

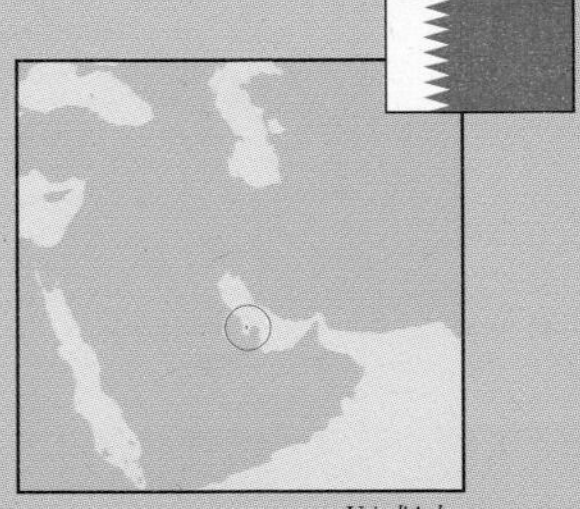

Voir l'Atlas

La grande mosquée de Al-Manama, la capitale de l'émirat de Bahreïn.

Les immeubles modernes de Al-Manama, important centre commercial et financier de l'émirat de Bahreïn.

baguier n. m. Meuble, coffret où l'on range des bagues. / Série d'anneaux à tailles normalisées qui servent aux bijoutiers pour mesurer la dimension d'un doigt.

bah! interj. (Indique le dédain, l'insouciance) *Bah! c'est sans importance!*

bahaï, e adj. et n. Du bahaïsme. *Temple bahaï. Les bahaïs d'Iran.*

bahaïsme n. m. RELIG. Doctrine dérivée du babisme, issue des prédications du mystique iranien Baha Allah.

♦ Le bahaïsme met l'accent sur les préoccupations morales, prônant l'amour du prochain et l'amour des peuples entre eux, quelles que soient leur race ou leur foi, en vue d'instaurer la paix universelle; ignorant le culte public, le bahaïsme, répandu en Iran (où il est parfois persécuté, notamment par les chiites intransigeants), admet pourtant la construction de temples. Il a son centre administratif au mont Carmel, en Israël.

• **Bahamas** Archipel des Antilles, au sud-est de la Floride, composé de plus de 700 îles. La capitale, *Nassau*, est située dans l'île de New Providence. Les Bahamas, disputées au XVIIe siècle entre l'Espagne, la France et la Grande-Bretagne, furent une colonie britannique de 1783 à 1973. L'économie repose presque entièrement sur le tourisme.

bahamien, enne adj. et n. Des Bahamas. *Plages bahamiennes. Un (e) Bahamien (ne).*

Bahia *566 978 km². 12 230 000 h.* État du nord-est du Brésil. Capitale *Salvador*. L'État tire essentiellement ses ressources de l'agriculture (haricots, tabac, cacao, riz, fruits), de l'élevage bovin, des mines de cuivre et du pétrole exploité, conjointement avec le gaz, sur le littoral. Il tient son nom (comme le tenait autrefois sa capitale) de la baie de Tous-les-Saints (bahia de Todos os Santos).

Bahr el-Ghazal *240 km.* Fleuve du Soudan. Né dans une cuvette marécageuse à la frontière du Soudan, c'est un affluent du Nil Blanc.

• **Bahreïn** État composé de 33 îles (dont l'île de Bahrein qui lui donne son nom) situé au centre du golfe Persique dont l'économie, autrefois fondée sur la pêche perlière, repose aujourd'hui sur ses richesses pétrolières, reconnues en 1932 et vite exploitées. Longtemps indépendant, le pays passa sous domination portugaise (1521-1602), puis perse (1602-1782), puis sous celle de la famille arabe des Khalifa, qui affermirent leur pouvoir avec l'aide des wahhabites avant de les chasser en 1812. Soumis depuis 1814 à l'influence britannique, le Bahrein proclama son indépendance en 1971. La constitution de 1973 fut suspendue en 1975 par la dynastie régnante qui détient tous les pouvoirs. En 2001, a été approuvé par référendum un projet de charte nationale qui prévoit l'élection d'un parlement bicaméral, la séparation des pouvoirs et l'égalité entre les hommes et les femmes.

bahreini, e adj. et n. De Bahrein. *Pétrole bahreini. Un (e) Bahreini (e).*

bahut n. m. Coffre rectangulaire en bois utilisé au Moyen Âge. / Buffet long et bas. / ARCHIT. Couronnement de mur de forme bombée. / Arg. Lycée.

Bahutu (s) Voir **Hutu (s)**

bai, baie adj. *Cheval bai:* cheval dont la robe est rouge-brun, alors que la queue et la crinière sont noires.

baie [1] n. f. BOT. Nom générique des fruits charnus à graines (ou à pépins). *Le raisin, la groseille, la myrtille sont des baies.*

baie [2] n. f. Courbe dessinée par l'empiétement de la mer sur une côte. *Baie du Mont-Saint-Michel.*

baie [3] n. f. Ouverture pratiquée dans une façade. *Une baie vitrée donnant sur la mer.*

Baïf (Antoine de) 1532-1589 Poète français. Fondateur d'une académie de poésie, il est l'un des sept auteurs de la Pléiade. Il tenta sans succès d'introduire en France les vers métriques.

baignade n. f. Action de se baigner. / Endroit d'une rivière, d'un lac où l'on peut se baigner.

B

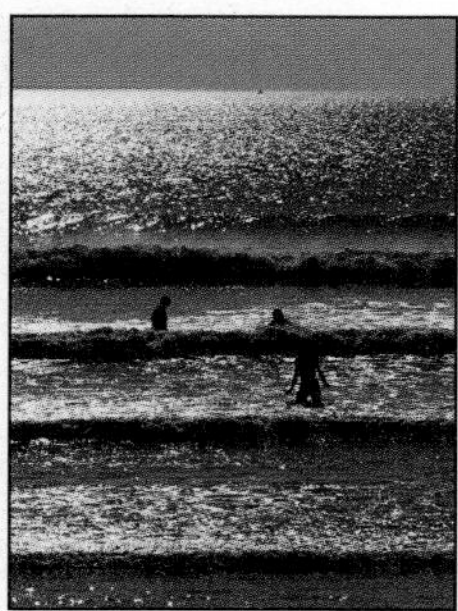

Bain de mer.

baigner v. t. / v. i. / v. pron. [1] **A.** v. t. Tremper ou plonger dans un liquide ; donner un bain à. *Baigner un nourrisson.* / Border, arroser, en parlant d'une étendue d'eau. *Fleuve, mer qui baignent une côte, une ville.* / Fig. Entourer de toutes parts. *La lumière du soir baignait la campagne.* **B.** v. i. Être trempé par ou plongé dans un liquide. *Baigner dans l'huile, dans son sang.* / (Emploi pron.) Prendre un bain, pour nager, s'ébattre ou se laver. *Il s'est baigné dans une eau fraîche.* / Fig. Être comme entouré (par qqch.). *Un cloître baigné de silence.*

baigneur, euse n. Personne qui se baigne. *Il y avait quelques baigneurs bravant l'eau froide.* / n. m. Poupon en celluloïd.

baignoire n. f. Cuve destinée à l'usage du bain. / ARCHIT. Dans un théâtre, loge située au rez-de-chaussée. / MAR. Sur un sous-marin, partie supérieure du kiosque, servant de passerelle.

Baïkal *31 500 km²*. Lac situé en Sibérie centrale, profond de 1600 m. Région de pêche. Les aménagements hydro-électriques de l'époque stalinienne ont profondément bouleversé l'écosystème de la région, dont la préservation est un des fers de lance du mouvement écologiste russe.

Baïkonour Ville du Kazakhstan. À 40 km de la ville, la base de lancement d'engins spatiaux de l'U.R.S.S. est aujourd'hui exploitée par une société mixte russo-kazakh.

bail n. m. Contrat par lequel un propriétaire cède à un locataire la jouissance d'un bien pour un prix et un temps donnés. *Bail commercial,* contrat de location s'appliquant à l'exercice d'une activité commerciale, industrielle ou artisanale. / DR. *Donner à bail* : louer. Pl. *Des baux.*

baile n. m. Au Moyen Âge, fonctionnaire dépendant du prévôt, dans le midi de la France.

Baillairgé ou **Baillargé** Famille d'architectes et de sculpteurs canadiens du XVIIIᵉ et du XIXᵉ siècles. **Jean** (1726-1805) est l'auteur des plans de reconstruction de la cathédrale de Québec. **François** (1759-1830) et **Pierre Florent** (1761-1812), ses fils, travaillèrent à cette même cathédrale.

bâillement n. m. Action d'ouvrir largement la bouche tout en inspirant profondément. / État de ce qui est entrouvert. *Bâillement d'une porte.*

bailler v. t. [1] Vx Donner. *La bailler belle, bonne à qqn :* tromper qqn par des mensonges, des fables.

bâiller v. i. [1] Ouvrir la bouche par bâillement. / Être entrouvert.

bailleur, bailleresse n. Personne qui donne (un bien) à bail. / *Bailleur de fonds*, qui prête des fonds à une entreprise.

bâilleur, euse n. Personne qui bâille.

bailli n. m. HIST. En France, au Moyen Âge, officier exerçant au nom du roi des fonctions étendues dans les domaines administratif, judiciaire, financier et militaire.

bailliage n. m. HIST. Territoire placé sous l'autorité d'un bailli. / Tribunal présidé par un bailli.

bâillon n. m. Tampon placé sur ou dans la bouche de quelqu'un pour l'empêcher de parler ou de crier. / Fig. *Mettre un bâillon à quelqu'un,* l'empêcher de s'exprimer librement.

bâillonner v. t. [1] Fermer la bouche par un bâillon. Fig. Empêcher la libre expression de (qqch., qqn) ; museler. *La censure bâillonne les journaux.*

Bailly (Jean-Sylvain) 1736-1793 Astronome et homme politique français. Député de Paris aux états généraux, il fut le premier, comme président de l'Assemblée nationale, à prêter, le 20 juin 1789, le serment du Jeu de Paume. Devenu maire de Paris après la prise de la Bastille, il fit tirer sur la foule au Champ-de-Mars (17 juillet 1791). Il fut guillotiné sous la Terreur.

bain n. m. Immersion d'une partie ou de la totalité du corps dans l'eau. / Exposition du corps à un élément naturel. *Bain de boue, de vapeur, de soleil.* / Liquide dans lequel on se baigne. *Bain moussant.* / CHIM. Liquide dans lequel on plonge un corps. / Fig. *Être dans le bain* : être impliqué dans une affaire ; *se mettre dans le bain* : se mettre au courant. / Pl. Établissement public réservé aux bains ou aux cures thermales.

bain-marie n. m. Eau bouillante dans laquelle on place un récipient contenant une préparation culinaire que l'on veut réchauffer ou faire cuire sans la mettre directement en contact avec le feu. *Réchauffer un mets au bain-marie.* / Ustensile de cuisine destiné à cet usage. Pl. Des *bains-marie.*

Bainville (Jacques) 1879-1936 Historien français marqué par l'idéologie de *l'Action française* : *Histoire de France* (1924).

baïonnette n. f. Lame tranchante ajustée au canon d'un fusil et utilisée par l'infanterie dans le corps à corps. / ÉLECTR. *Douille à baïonnette*, sur laquelle on ajuste l'ampoule au moyen d'encoches, contrairement à l'ampoule à vis.

baïram, bayram ou **beïram** n. m. (mot turc). En Turquie, chacune des deux fêtes musulmanes célébrées après la fin du ramadan.

baisemain n. m. HIST. Hommage rendu par le vassal baisant la main de son suzerain. / Geste de courtoisie, le plus souvent envers une dame, consistant à lui baiser la main.

baiser [1] n. m. Action de poser ses lèvres sur la joue, les lèvres de quelqu'un. / *Baiser maternel.* / *Baiser de Judas :* baiser perfide, hypocrite.

baiser [2] v. t. [1] Donner un baiser à (qqn, qqch.). *Baiser une idole, la main d'une dame.* / Vulg. Avoir des relations sexuelles (avec qqn.). (Emploi absol.) Faire l'amour. / Pop. Duper.

baisse n. f. Mouvement décroissant ou descendant d'un niveau. *Baisse de température. Baisse des eaux.* / Diminution de prix, de valeur. *Baisse des loyers.* / BOURSE. *Jouer à la baisse :* en spéculant sur la baisse des cours.

baisser v. t. / v. i. [1] **A.** v.t. Mettre plus bas, faire descendre ; mettre au point le plus bas. *Baisser le rideau du théâtre.* / Incliner vers le bas. *Baisser la tête.* / Diminuer la valeur, l'intensité de (qqch.). *Baisser la voix, les prix.* **B.** v. i. Diminuer en hauteur, en valeur, en intensité. *Réaccorder un violon qui a baissé,* dont le ton a baissé. / Perdre une partie de ses facultés. *Il a beaucoup baissé depuis sa maladie.*

baissier, ière n. Spéculateur qui mise sur la baisse des valeurs en Bourse.

Bajazet Voir **Bayazid**

Bajazet 1672 Tragédie de Racine qui a pour cadre la cour ottomane. Amurat, avant de partir en guerre, a donné l'ordre de mettre à mort son propre frère Bajazet. Mais Roxane, qui doit exécuter la sentence, est amoureuse de Bajazet auquel elle offre la vie contre un mariage. Apprenant que le prince aime Atalide, elle le fait assassiner.

Ba Jin ou **Pa Kin** 1904 Romancier chinois. Il a peint la Chine d'avant le communisme : *Trilogie du torrent* (*Famille*, 1931 ; *Printemps*, 1938 ; *Automne*, 1940), *Nuit glacée* (achevé en 1946, publié en 1978).

bajoue n. f. Joue, chez les animaux. / Chez l'homme, joue pendante.

bajoyer n. m. TECHN. Mur de soutènement servant à consolider les berges d'une rivière, de part et d'autre d'un pont. / Mur latéral d'une écluse.

bakchich n. m. (mot turc) Fam. Pourboire ou pot-de-vin.

bakélite n. f. CHIM. Résine thermodurcissable obtenue par synthèse, par condensation de phénol et de formaldéhyde en présence d'un catalyseur basique.

Baker (Joséphine) 1906-1975 Danseuse et chanteuse française de music-hall d'origine américaine. Vedette de la *Revue nègre* (1925), elle fit toute sa carrière en France et participa activement à la Résistance. Noire, elle adopta, après la Deuxième Guerre mondiale, douze enfants d'origines ethniques différentes qu'elle éleva ensemble dans son château périgourdin des Milandes.

Bakhtiar (Chapour) ou **Bakhtiyar (Chapur)** 1916-1991 Homme politique iranien. Il fut le dernier Premier ministre du chah avant d'être emporté par la vague révolutionnaire islamiste. En exil en France, il fut assassiné.

baklava n. m. (mot turc) Gâteau feuilleté, très sucré, fourré aux amandes ou aux pistaches.

Bakou *1 149 000 h.* Capitale de l'Azerbaïdjan. Centre d'industries pétrolières et chimiques sur la mer Caspienne.

Bakou (Second-) Nom des centres pétroliers de la Bachkirie.

Bakouba ou **Kouba** ou **Kuba** Peuple de la République démocratique du Congo, de langue bantoue. Cultivateurs et commerçants, ils pratiquent la vannerie et le tissage du raphia (somptueux tissus rebrodés).

Bakounine (Mikhaïl Alexandrovitch) 1814-1876 Anarchiste russe qui, après avoir pris part à toutes les agitations révolutionnaires d'Europe, s'affilia à la Iʳᵉ Internationale (1867) dont il finit par s'écarter, après le triomphe des idées de Marx, dont il ne partage pas la conception de l'État. Il a exposé sa théorie dans *L'État et l'Anarchie* paru en 1873.

Bakst (Lev Samouilovitch Rosenberg, dit **Léon)** 1866-1924 Peintre et décorateur russe, qui travailla essentiellement pour les Ballets russes de Diaghilev.

bal n. m. Réunion de personnes qui dansent. *Bal costumé.* / Lieu où l'on se réunit pour danser. Pl. *Des bals.*

Balabanoff ou **Balabanova (Angelica)** 1876-1965 Révolutionnaire russe. En Suisse, elle rencontre (1904) Mussolini, devient son mentor et dirige avec lui (1912) le journal d'extrême gauche *Avanti !* De retour en Russie, elle devient un des quatre premiers secrétaires de la IIIᵉ Internationale. En conflit avec les bolcheviques, elle obtient (1921) l'autorisation d'aller se soigner en Suède. Elle ne reviendra pas en URSS et poursuivra, en Europe et ailleurs, sa vie nomade de militante.

balade n. f. Fam. Action de se balader. *Être en balade.*

Un **bal** au Moulin de la Galette, *de Pierre-Auguste Renoir, 1876. Huile sur toile, 131 x 175 cm (musée d'Orsay, Paris).*

balader v. t. [1] Fam. Emmener en promenade (qqn), emporter avec soi (qqch.). *Enfant qui balade partout sa poupée.* / *Envoyer balader* (ou *promener*) *qqn*, s'en débarrasser, le congédier. / v. pron. Fam. Se promener.

baladeur, euse adj. et n. **I.** adj. *Train baladeur* : ensemble d'engrenages de diamètres différents pouvant se déplacer sur un axe de manière à obtenir les changements de vitesse. **II.** n. f. Lampe électrique, montée à l'extrémité d'un long fil de telle sorte qu'on puisse s'éclairer en se déplaçant. / n. m. Lecteur de cassettes ou de disques compacts portatif, muni d'un casque.

baladin, ine n. Vx Danseur de ballets, d'intermèdes, au théâtre. / Comédien qui se produit dans des spectacles de rue.

balafon n. m. (mot malinké) Instrument à percussion d'Afrique de l'Ouest, composé de lames en bois, qu'on frappe avec des mailloches, et des calebasses servant de résonateurs.

balafre n. f. Entaille faite par une arme tranchante, particulièrement au visage ; cicatrice provenant de cette blessure.

balafrer v. t. [1] Marquer d'une, de balafre (s).

Balaguer (Joachim) 1907-2002 Homme politique dominicain, plusieurs fois président de la République (1960-1962, 1966-1978, 1986-1996).

balai n. m. Instrument ménager composé d'un manche et d'une brosse. *Balai mécanique* : appareil muni de brosses circulaires pour nettoyer les tapis. / SPORT *Voiture-balai*, qui recueille les coureurs cyclistes abandonnant la course. / ÉLECTR. Pièce conductrice produisant un contact continu entre deux organes pendant leur déplacementrelatif. / AÉRON. *Manche à balai*, levier servant à régler la stabilité et la direction d'un avion. / CHASSE Extrémité de la queue des oiseaux de fauconnerie, des chiens.

balai-brosse n. m. Brosse montée sur un manche à balai, utilisée pour nettoyer le sol. Pl. Des *balais-brosses*.

balais adj. m. *Rubis balais* : rubis d'une teinte intense, rouge violacé ou rose profond.

balaise Voir **balèze**

Balaïtous *3 146 m* Sommet granitique du sud-ouest des Pyrénées, à la frontière franco-espagnole.

Balakirev (Mili Alexeievitch) 1837-1910 Compositeur russe, l'un des fondateurs du « groupe des Cinq ». On lui doit deux symphonies et deux recueils de chansons populaires.

Balaklava *10 000 h.* Port de pêche et station balnéaire d'Ukraine (Crimée). Le 25 octobre 1854, la charge de la brigade légère de lord Cardigan y repoussa les Russes.

balalaïka n. f. (mot russe) Instrument de musique à trois cordes tendues sur une caisse triangulaire pourvue d'un long manche, que l'on fait résonner à l'aide d'un plectre.

Balalaïka.

La **balance** à plateaux, dite de Roberval.

balance n. f. Appareil de pesée. *Balance Roberval* : balance à plateaux découverts autrefois couramment utilisée dans le commerce. / *Balance romaine* : où le corps à peser est suspendu à un crochet, tandis qu'on réalise l'équilibre au moyen d'un poids-curseur qui se déplace sur le fléau. / *Balance automatique* : balance à plateau unique munie d'une aiguille se déplaçant sur un cadran gradué et indiquant le poids et le prix. / PÊCHE Filet rond utilisé pour la pêche aux crustacés. / Fig. État d'équilibre. *Balance des forces. Mettre en balance (deux choses)*, évaluer leurs avantages et leurs inconvénients respectifs. *Faire pencher la balance du côté de qqch., de qqn* : agir en faveur de cette chose ou de cette personne. / ÉCON. *Balance des paiements* : document comptable faisant figurer l'ensemble des transactions commerciales et financières entre un pays et un ou plusieurs autres pendant une période donnée. *Balance du commerce extérieur* : comparaison entre les importations et les exportations d'un pays.

Balance (la) Constellation australe (voir **constellation**). / ASTROL. Septième signe du zodiaque.

balancelle n. f. Embarcation à un seul mât, pointue aux deux extrémités, et dotée d'une importante voilure. / Sorte de canapé de jardin fixé sur portique et pouvant osciller autour d'un axe horizontal.

balancement n. m. Action de balancer, de se balancer.

balancer v. t. / v. pron. [1] **A.** v. t. Faire se mouvoir (un corps) de part et d'autre de son point d'équilibre. *Balancer son corps de droite à gauche.* / Fig. Mettre en balance, comparer pour choisir. *Balancer le pour et le contre.* / Équilibrer. Au fig. *Balancer un discours en périodes.* / Fam. Jeter, lancer, se débarrasser de (qqch., qqn). *Balancer de vieilles fripes.* Au fig. *Il m'a balancé des injures.* / Pop. Dénoncer. *Balancer un complice.* / (Emploi intransitif) Litt. Hésiter. *Obéir sans balancer.* **B.** v. pron. Osciller ; faire de la balançoire. *Se balancer sur sa chaise.* / Fam. *Se balancer de qqch.*, n'y attacher aucune importance.

Balanchine (Gueorgui Melitonovitch Balanchivadze, dit **George)** 1904-1983 Danseur et chorégraphe américain d'origine russe. Il fut l'un des artistes les plus actifs des Ballets russes, à Paris. En 1934, il s'installa à New York.

balancier n. m. Pièce dont les oscillations régulières règlent le fonctionnement d'un mécanisme. / MAR. Élément fixé hors d'une embarcation pour lui donner plus de stabilité. / Longue perche permettant aux funambules de garder l'équilibre. / Presse qui servait à frapper les pièces de monnaie. / ZOOL. Organe sensoriel (aile modifiée) des insectes diptères leur permettant d'assurer leur stabilité en vol. Syn. Haltère.

balancine n. f. MAR. Cordage qui sert à manœuvrer les vergues et à les soutenir.

balançoire n. f. Planche suspendue à deux cordes sur laquelle on s'assoit pour se balancer. / Longue pièce de bois ou de métal en équilibre sur un appui, sur laquelle basculent alternativement deux personnes assises aux extrémités.

balane n. f. Crustacé cirripède qui vit fixé aux rochers immergés dans l'eau de mer.

balanite n. f. MÉD. Inflammation de la muqueuse du gland de la verge.

balanoglosse n. m. ZOOL. Animal vermiforme vivant à demi enfoui dans le sable des plage, unique représentant des entéropneustes.

Balard (Antoine Jérôme) 1802-1876 Chimiste français qui isola le brome (1826).

balata n. m. Arbre d'Amérique tropicale de la famille des saponacées, qui produit un latex. / Ce latex.

Balaton *596 km²*. Lac de Hongrie peu profond, situé au pied des monts Bakony. Tourisme.

balayer v. t. [1] Nettoyer, dégager avec un balai. / Par ext. Emporter, chasser. *Les crues ont balayé la digue.* Au fig. *Balayer les objections d'un geste impérieux.* / Parcourir un espace, une surface à la manière d'un balai. *Balayer le ciel avec des projecteurs.*

balayette n. f. Balai à manche court.

balayeur, euse n. Personne qui balaie, dont le métier est de balayer.

balayeuse n. f. Machine munie d'un balai circulaire et rotatif, utilisée pour nettoyer les rues.

balayures n. f. pl. Détritus que l'on enlève avec un balai.

Balbek Voir **Baalbek**

Balbo (Cesare, comte de **Vinadio)** 1789-1853 Homme politique italien. Piémontais, il joua un grand rôle dans le Risorgimento, dont il est un des grands écrivains (*Speranza d'Italia*, 1844). Premier ministre en 1848, opposé à l'orientation politique du roi de Piémont-Sardaigne, Charles Albert, il démissionna aussitôt.

Balbo (Italo) 1896-1940 Militaire et homme politique italien. Compagnon de la première heure de Mussolini, il fut un des organisateurs de la Marche sur Rome en 1922. Mais le Duce prit ombrage de sa popularité et l'éloigna en le nommant en 1939 gouverneur de Libye, où il mourut au début de la guerre, son avion ayant été abattu par erreur par la DCA italienne. Ministre de l'Air, il avait donné un grand essor à l'aviation italienne.

Balboa (Vasco Nuñez de) 1475-1517 Conquistador espagnol ; parti à la recherche des pays de l'or, en Amérique centrale, il découvrit l'océan Pacifique en 1513.

balbutiement n. m. Paroles prononcées avec hésitation et mal articulées. / Fig. (Surtout au plur.) Débuts incertains. *Les balbutiements de l'informatique à l'école.*

balbutier v. i. [1] S'exprimer avec difficulté, maladroitement. *Balbutier comme un enfant sous le coup d'une émotion.* / Fig. *Un savoir qui balbutie*, encore mal maîtrisé. / (Emploi transitif) *Balbutier un remerciement.*

balbuzard n. m. Aigle piscivore, de taille moyenne, au plumage noir et blanc parfois appelé aigle pêcheur. *Le balbuzard vit dans les régions côtières ou près des fleuves.*

balcon n. m. ARCHIT. Plate-forme en maçonnerie qui forme saillie sur une façade. / Balustrade ou ouvrage de ferronnerie qui limite cette plate-forme. / MAR. Rambarde d'un yacht. / Première galerie d'un théâtre ou d'une salle de cinéma.

Le lac **Balaton**, en Hongrie.

balconnet n. m. Petit balcon. / Par analogie, *soutien-gorge à balconnets* : muni d'une armature qui fait remonter les seins.

baldaquin n. m. Dais en étoffe précieuse surplombant un lit ou un trône. / ARCHIT. Ouvrage soutenu par des colonnes et surmontant l'autel de certaines églises ou basiliques. *Le baldaquin de Saint-Pierre de Rome.*

Baldung (Hans, dit **Baldung Grien**, « Baldung le vert **»)** v. 1484-1545 Peintre et graveur allemand. Comme celui de son maître Dürer, son art traite de l'amour charnel et de la mort. Né en Souabe, il vécut à Strasbourg.

Baldwin (James) 1861-1934 Psychologue et sociologue américain, auteur de *L'Interprétation sociale et éthique dans le développement mental* (1896).

Baldwin (James) 1924-1987 Romancier américain qui vécut longtemps en France. Ses romans évoquent la négritude (*Les Élus du Seigneur*, 1953) et la solitude de l'homosexuel (*Giovanni, mon ami*, 1956) ; on lui doit aussi un essai plein d'émotion (*La prochaine fois, le feu*, 1963) sur la discrimination raciale.

Baldwin (Stanley, comte **Baldwin de Bewdley)** 1867-1947 Homme politique anglais. Conservateur, il fut plusieurs fois Premier ministre dans l'entre-deux-guerres. Opposé au mariage d'Édouard VIII avec Mrs Simpson, il démissionna en 1937.

Bâle (en allemand, *Basel*) *178 500 h.* Ville de Suisse sur le Rhin. Chef-lieu du demi-canton de *Bâle-Ville*. Nœud des trafics routier, ferroviaire et rhénan, grand centre textile. Aéroport de Mulhouse-Bâle. La ville possède une cathédrale gothique du XIVe siècle, un hôtel de ville du XVIe siècle et un musée particulièrement riche. **Histoire** En 1431 s'y ouvrit un concile (dit « concile de Bâle ») qui voulait limiter l'autorité du pape au profit des conciles. En 1437, les participants ont quitté Bâle pour Ferrare, Florence, puis Rome, où il s'acheva en 1449. La ville entra dans la Confédération suisse en 1501. En 1795, les premiers traités y furent conclus entre l'Europe monarchique (Prusse, Espagne) et la République française.

Bâle (canton de) Canton de Suisse divisé en deux demi-cantons, Bâle-Ville et Bâle-Campagne.

Bâle-Campagne *428 km² 250 200 h.* Demi-canton germanophone et protestant du nord de la Suisse. Chef-lieu *Liestal*.

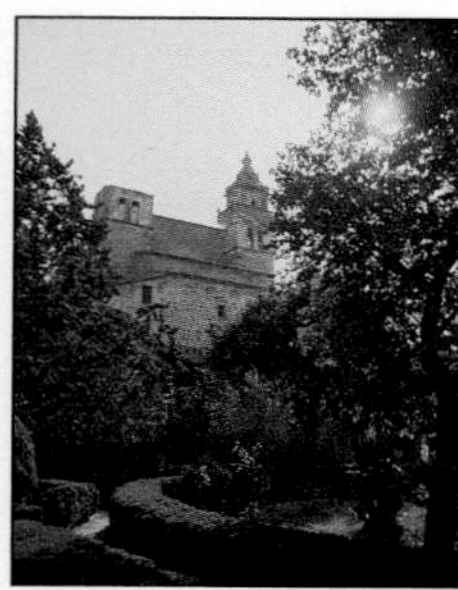
La Chartreuse de Valdemosa, ***Baléares.***

Bâle-Ville *37 km² 200 000 h.* Demi-canton germanophone et protestant du nord de la Suisse. Chef-lieu *Bâle.*
Baléares (îles) *5 014 km² 768 000 h.* Communauté autonome d'Espagne, en Méditerranée occidentale. Capitale *Palma de Majorque.* Cet archipel comprend quatre îles principales, Majorque, Minorque, Ibiza et Formentera, inégalement cultivées. Il exporte fruits et légumes, et bénéficie d'un tourisme important. **Histoire** Après les conquêtes successives des Carthaginois, des Romains, des Vandales, des Arabes, sporadiquement occupées par les Génois ou les Francs, les Baléares ont été rattachées à la couronne d'Aragon en 1229, avant de faire partie du royaume de Majorque et de revenir définitivement à l'Aragon, puis à l'Espagne. Cette histoire troublée s'est continuée au XVIIIe siècle, avec l'occupation de Minorque par les Britanniques, les Français et les Espagnols.
baleine n. f. Grand mammifère marin de l'ordre des cétacés, dont certaines espèces peuvent atteindre 30 m de long, pour un poids d'environ 100 tonnes ou plus. *Les baleines se nourrissent de plancton qu'elles capturent en filtrant l'eau de mer à travers leurs fanons.* / *Rire comme une baleine*: rire sans retenue, comme semble le faire la baleine quand elle filtre l'eau à travers ses fanons. / Fragment flexible et solide de fanon de baleine utilisé comme armature (d'un parapluie, d'un col de chemise…). *Aujourd'hui, les baleines sont en métal ou en plastique.*
Baleine (la) Constellation équatoriale (voir **constellation**).
baleineau n. m. Petit de la baleine.
baleinier n. m. Navire-usine équipé pour le traitement en mer des baleines. / Marin qui travaille sur ce bateau.
baleinière n. f. Autrefois, embarcation légère utilisée pour harponner les baleines. / Grand canot à rames ou à voiles, aisé à manœuvrer, qui sert d'annexe à un gros navire.
Balenciaga (Cristobal) 1895-1972 Couturier espagnol qui fit toute sa carrière en France; attaché à une haute couture de prestige, il a marqué la mode par son style rigoureux et somptueux.
balénoptère ou **baleinoptère** n. m. Syn. de rorqual.
balèvre n. f. ARCHI. Saillie d'une pierre sur une autre. / CONSTR. Saillie en béton aux joints d'un coffrage.
balèze ou **balaise** adj. et n. Fam. Dont la carrure est imposante. / Par ext. Très fort. / Fig. *Être balèze en géographie.*
Balfour (Arthur James, 1er comte de**)** 1848-1930 Homme politique anglais, leader du parti conservateur. Ministre des affaires étrangères, il publia en 1917 une déclaration qui proposait d'instaurer en Palestine un foyer national juif.
Balfour (déclaration) Lettre adressée le 2 novembre 1917 par Lord Balfour, alors ministre des Affaires étrangères, à Lord Rothschild et déclarant: « Le gouvernement de Sa Majesté envisage favorablement l'établissement en Palestine d'un Foyer national pour le peuple juif […] étant clairement entendu que rien ne sera fait qui pourrait porter préjudice aux droits civils et religieux des communautés non juives en Palestine, ainsi qu'aux droits et au statut politique dont les Juifs pourraient jouir dans d'autres pays. »
Bali *5 621 km² 2 900 000 h.* Île et province d'Indonésie (la plus petite des provinces indonésiennes), au sud de Java. Capitale *Denpasar.* Les rizières en terrasse, l'élevage des porcs, l'exportation du café, le tourisme font vivre une population dense. Convertie au VIIIe siècle à l'hindouisme, la population garde de solides traditions religieuses qui s'expriment dans la musique, la danse et le théâtre, notamment le théâtre de marionnettes.
Balint (Michael) 1896-1970 Psychanalyste britannique d'origine hongroise, pionnier de la psychothérapie de groupe.
balisage n. m. Action de baliser; résultat de cette action. *Le balisage d'un aéroport.*
balise n. f. Marque, objet servant à matérialiser le tracé d'une voie maritime ou terrestre. / Émetteur radioélectrique destiné au guidage des pilotes de navires ou d'avions. / INFORM. Repère utilisé en photocomposition pour identifier un élément dans un texte et lui attribuer les caractéristiques voulues.
baliser v. t. [1] Délimiter, jalonner de balises, de repères. *Baliser un sentier. Baliser un texte.*
balisier n. m. Plante tropicale de la famille des cannacées, à fleurs rouges ou jaunes. Syn. Canna.
baliste [1] n. f. HIST. Machine de guerre de l'Antiquité et du Moyen Âge qui projetait des boulets de pierre.
baliste [2] n. m. ZOOL. Poisson téléostéen des massifs coralliens des mers chaudes, aux brillantes couleurs, dont les épines de la nageoire dorsale se relèvent très rapidement.
balistique adj. et n. f. Qui concerne le mouvement des projectiles. AVIAT. *Vol balistique (d'un avion)*: phase du vol au cours de laquelle sont annulés les effets de la pesanteur. / n. f. Branche de la physique qui étudie le mouvement des projectiles lancés dans l'espace.
baliveau n. m. Jeune arbre épargné lors de la coupe d'un taillis, destiné à croître en futaie.
baliverne n. f. Propos dénué de sérieux.
Balkan (mont) Massif montagneux de Bulgarie qui décrit un arc de cercle des Portes de Fer à la mer Noire. Il culmine à *2 371 m* au pic Botev.
balkanique adj. Qui concerne les Balkans.
balkaniques (guerres) En 1912-1913, la première guerre balkanique, entre la Serbie, la Bulgarie, la Grèce et le Monténégro, d'une part, et la Turquie, d'autre part, arracha à la Turquie la quasi-totalité de ses possessions européennes et fit naître une Albanie indépendante. Les vainqueurs ne purent s'entendre ni sur le sort de l'Albanie, dont l'indépendance déplaisait à la Serbie et au Monténégro tout en satisfaisant la Grèce, ni sur celui de la Macédoine dont la Bulgarie soupçonnait la Serbie et la Grèce de vouloir le démantèlement. La deuxième guerre balkanique éclata: le 29 juin 1913, la Bulgarie engagea les hostilités contre les Serbes et les Grecs bientôt rejoints par les Roumains et les Turcs, et fut vaincue très rapidement. Au traité de Bucarest (10 août 1913) la Macédoine fut partagée entre la Serbie et la Grèce, tandis que la Bulgarie cédait la Dobroudja du sud à la Roumanie et restituait Andrinople aux Turcs. À l'issue de ces deux guerres, la Turquie ne conservait en Europe que l'est de la Thrace, mais l'ancien Empire ottoman avait éclaté en une multitude d'États rivaux.
balkanisation n. f. Morcellement d'une entité territoriale et politique en plusieurs États.
balkaniser v. t. [1] Procéder à la balkanisation de.
• **Balkans (péninsule des)** Péninsule montagneuse méditerranéenne qui s'étend sur la Slovénie, la Croatie, la Bosnie-Herzégovine, la Serbie, le Monténégro, la Macédoine, l'Albanie, la Bulgarie, la Grèce et la Turquie d'Europe.

BALKANS (PÉNINSULE DES)

Géographie physique et humaine

Le climat rude, le relief des massifs calcaires ou cristallins ne permettent qu'une polyculture pauvre de céréales (blé, orge) et l'élevage de moutons ou de chèvres. L'aménagement des chutes d'eau et l'exploitation des minerais (bauxite, cuivre) sont encore insuffisants. La population se rassemble surtout dans les vallées (Drave, Danube).

Histoire

Traversée par des peuples indo-européens au IIe millénaire avant J.-C., la péninsule subit l'influence hellénique (VIe-IIe siècle) puis entra, avec la Grèce, dans l'orbite de Rome (IIe siècle). Au partage de l'empire romain (395 apr. J.-C.) les Balkans sont rattachés à l'empire d'Orient. Les invasions (Goths, Slaves, Huns, Bulgares, Petchenègues, Coumans) se succèdent jusqu'au XIIe siècle. Entre le Ve et le VIIe siècle, les Slaves s'installèrent, puis les Bulgares. Christianisés, les royaumes bulgare et serbe se constituèrent au Moyen Âge. Les Balkans furent conquis par les Ottomans aux XIVe et XVe siècles. Cette domination faiblissant au XIXe siècle, les Balkans furent l'enjeu des rivalités autrichiennes et russes qui, jouant du réveil des nationalités, découpèrent la péninsule en zones d'influence.
La principauté ecclésiastique du Monténégro avait obtenu son indépendance au XVIIIe siècle, la Serbie se constitua en principauté en 1817, la Grèce devint indépendante en 1829, la Moldavie et la Valachie obtinrent leur autonomie en 1856. Au début du XXe siècle, les guerres balkaniques modifièrent profondément la région sur le plan politique et les traités de paix qui suivirent la victoire des Alliés en 1918 donnèrent naissance à de nouveaux États aux frontières souvent contestées et à l'instabilité chronique.
Les Balkans n'ont pas cessé d'être un point chaud en Europe: le foyer s'est rallumé en 1991, après la dislocation de la Yougoslavie. La guerre qui éclata ravagea la Croatie, la Bosnie-Herzégovine et la Serbie, avant de s'étendre au Kosovo. La situation s'est stabilisée en 1999, sans que les tensions ne cessent pour autant.

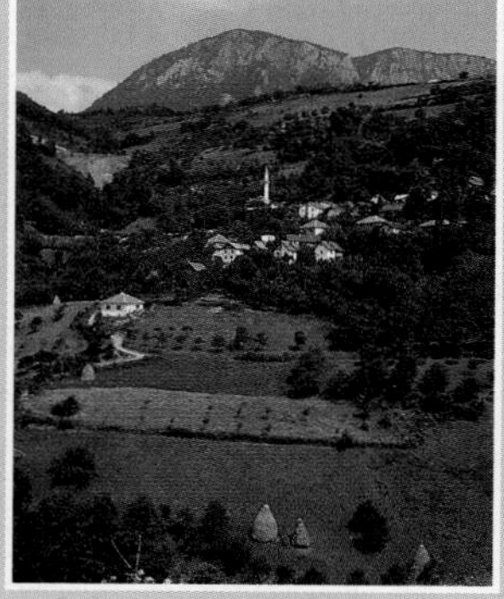
Paysage montagneux aux environs de Jablanica en Bosnie-Herzégovine.

Ballon-sonde.

Baloo et Mowgli.

Balkh (anc. *Bactres*) *7 000 h.* Ville du nord de l'Afghanistan, capitale de la Bactriane.
Ballà (Giacomo) 1871-1958 Peintre, dessinateur et sculpteur italien. Fondateur, avec Marinetti, de l'école futuriste (*Manifeste des peintres futuristes*, 1910), il s'attacha à décomposer la lumière (*Lampe à arc*) et le mouvement (*Chien en laisse*).
ballade n. f. Anc. Chanson à danser. / Poème composé de trois strophes et d'un envoi; l'envoi et les strophes se terminant par le même vers. / Poème narratif de forme libre, souvent tragique, très en vogue chez les romantiques. / MUS. Forme polyphonique franco-allemande des XIVe et XVe siècles. / Morceau généralement pour piano ou pièce vocale caractéristique de la musique romantique.
Balladur (Édouard) 1929 Homme politique français. Membre du R.P.R., ministre de l'Économie (1986-1988), Premier ministre (1993-1995), il fut candidat à la présidence de la République (1995).
ballant, e adj. et n. m. Qui se balance. *Marcher les bras ballants.* / n. m. Balancement. *Suivre le ballant d'un véhicule.*
ballast n. m. Pierres concassées destinées à maintenir les traverses d'une voie de chemin de fer. / MAR. Compartiment d'un navire servant de réservoir pour l'eau ou le carburant, ou encore pour l'eau de mer servant de lest.
ballastière n. f. Carrière d'où est extrait le ballast.
balle [1] n. f. Objet sphérique avec lequel on pratique différents jeux ou sports. / Projectile métallique de diverses armes à feu (fusil, revolver). / Fig *Se renvoyer la balle*: se charger alternativement d'une responsabilité. / *Enfant de la balle*: fils, fille qui embrasse la profession de son père (plus particulièrement les métiers de la scène).
balle [2] n. f. Tégument enveloppant le grain des épis des céréales. Les balles du blé et de l'avoine servent à l'alimentation du bétail.
balle [3] n. f. Paquet volumineux de marchandises, emballé dans de la toile. *Balle de coton.*
ballerine n. f. Danseuse de ballet. / Chausson de danseuse.
ballet n. m. Spectacle chorégraphique exécuté par un ou plusieurs danseurs. / Musique composée pour ce genre de spectacle. / Troupe montant un tel spectacle. *Corps de ballet*, ensemble de la troupe, à l'exception des étoiles. / *Maître de ballet*, qui dirige les répétitions et les spectacles de ballet. / Fig. Allées et venues incessantes. *Ballet diplomatique.*
balletomane ou **ballettomane** n. Amateur de ballets.
Ballets russes (les) Troupe de ballets formée en 1909 à Saint-Petersbourg par Serge de Diaghilev qui, installé à Paris en 1917, la dirigea jusqu'à sa mort (1929). Stravinski écrivit la musique de nombreux ballets, dont la chorégraphie fut assurée notamment par Fokine, Nijinski et Balanchine.
ballon [1] n. m. Poche de caoutchouc gonflée d'air et recouverte de cuir ou de caoutchouc, utilisée dans différents sports collectifs. / Sphère remplie d'un gaz plus léger que l'air, qui sert de jouet aux enfants. / TECHN. Aérostat dépourvu de moyens de propulsion, gonflé avec un gaz plus léger que l'air et doté d'une nacelle. / CHIM. Récipient rond en verre, muni d'un col, utilisé en laboratoire. / MÉD. *Ballon d'oxygène*: réservoir d'oxygène que l'on donne à respirer à un malade, à un blessé.
ballon [2] n. m. GÉOL. Sommet arrondi d'un massif cristallin. *Le ballon d'Alsace.*
ballonnement n. m. État d'un ventre ballonné.
ballonner v. t. [1] Causer le gonflement du ventre par des gaz intestinaux.
ballonnet n. m. Petit ballon.
ballon-sonde n. m. Ballon sans équipage lancé à grande altitude pour étudier la composition de la haute atmosphère. Pl. *Des ballons-sondes.*
ballot n. m. Petit paquet, petite balle de marchandises. / Fig. fam. Balourd, lourdaud. *Quel ballot !*
ballottage n. m. À l'issue du premier tour d'une élection au scrutin majoritaire à deux tours, situation dans laquelle aucun candidat n'a réuni le nombre de voix nécessaires pour être élu. *Être en ballottage.*
ballottement n. m. État de ce qui ballotte.
ballotter v. i. / v. t. [1] Aller d'un côté et de l'autre, osciller, être secoué. *Un navire qui ballotte dans les vagues.* / v. t. Secouer. *La houle ballotte les passagers.*
ballottine n. f. Pièce de viande désossée, parfois farcie, roulée, ficelée, qui se consomme froide. *Ballotine de volaille.*
ball-trap n. m. (mot anglais) Mécanisme à ressort servant à lancer des disques d'argile dans les exercices de tir aux oiseaux. *Des ball-traps.*
balluchon Voir **baluchon**
Balmain (Pierre) 1914-1982 Couturier français au style d'une sobre élégance.
Balmat (Jacques) 1762-1834 Guide de Chamonix qui effectua la première ascension du mont Blanc en 1786.
Balmer (Johann Jakob) 1825-1898 Physicien suisse, pionnier de la spectroscopie.
Balmoral (château de) Résidence de la famille royale britannique située en Écosse, sur la Dee, construite (1855) pour la reine Victoria qui en avait fait son séjour favori.
balnéaire adj. Relatif aux bains de mer. *Station balnéaire.*
balnéothérapie n. f. Méthode thérapeutique recourant à la pratique des bains (d'eaux minérales, de boue, d'eau de mer).
Baloo Nom du débonnaire ours brun du *Livre de la jungle* de Rudyard Kipling.
Balouba Voir **Baluba**
balourd [1] n. m. Défaut d'équilibrage d'une pièce en rotation.
balourd, e [2] adj. et n. Lourdaud, mal dégrossi, pas très fin. *Avoir l'air balourd.* / Subst. *C'est un (e) balourd (e).*
baloutchi n. m. et adj. Langue indo-aryenne parlée au Baloutchistan. / adj. *Dialectes baloutchis.*
Baloutchistan Voir **Baluchistan**
balsa n. m. BOT Arbre tropical de la famille des bombacacées dont le bois, léger et résistant, est employé comme isolant, en construction navale et pour la fabrication de modèles réduits.
balsamier n. m. BOT Arbuste épineux des régions chaudes d'Europe et d'Asie, dont de nombreuses espèces donnent des baumes, notamment la myrrhe et le baume de La Mecque, constituant du saint chrême.
balsamine n. f. Plante aux fleurs aux coloris vifs et dont les fruits éclatent à maturité, projetant les graines dès qu'on les touche.
balsamique adj. et n. m. Qui a les propriétés d'un baume, agit comme baume. *Senteur balsamique. Pommade balsamique.* / *Vinaigre balsamique*, mis en fût dans des bois résineux. / n. m. Médicament balsamique.
Baltard (Victor) 1805-1874 Architecte français à qui l'on doit, à Paris, les anciennes Halles (1854) et l'église Saint-Augustin (1860-1868).
balte adj. et n. De la mer Baltique; jouxtant la mer Baltique. *Pays Baltes.* / LING. *Langues baltes* (ou *baltiques*): langues indo-européennes (letton [ou lette] et lituanien) parlées en Lettonie et en Lituanie. / n. *Les Baltes.*
Baltes (pays) Pays qui bordent la mer Baltique: l'Estonie, la Lettonie et la Lituanie.
Balthasar (Hans Urs von) 1905-1988 Philosophe et théologien suisse. Jésuite, il centra sa pensée sur la personne du Christ et tenta de faire le lien entre le dogme et la pratique quotidienne de la piété. Après avoir quitté la Compagnie de Jésus, il fonda un institut séculier. Il a été fait cardinal en 1988.
balthazar n. m. Bouteille d'une contenance équivalant à celle de seize bouteilles considérées comme l'unité de base.
Balthazar Dernier roi de Babylone (Bêl-Shar-Usur), fils de Nabonide, tué lors de la prise de la ville par Cyrus (539 av. J.-C.). La Bible raconte qu'au cours d'un festin il vit apparaître sur le mur des mots mystérieux tracés par une main invisible: Mané, Thécel, Pharès. Interprétés par le prophète Daniel, ils étaient censés annoncer la chute imminente du roi, ce qui arriva durant la nuit qui suivit.
Balthazar Un des trois rois mages.
Balthus (Balthasar Klossowski de Rola, dit) 1908-2001 Peintre français à l'œuvre énigmatique, dont la technique évoque la fresque et dont l'érotisme est suggéré sans jamais être explicite.
Baltimore *730 000 h.* Ville des États-Unis dans le Maryland. Quatrième port des États-Unis, centre sidérurgique et pétrolier, la ville possède un musée important, le Baltimore Museum of Art.
Baltimore (George Calvert, 1er baron**)** v. 1580-1632 Homme d'État anglais qui fonda une colonie à Terre-Neuve puis dans la région de Chesapeake et du Delaware. **Cecilius**, 2e baron **Baltimore** 1603-1676 Fondateur (1632) du Maryland dont la ville la plus importante porte son nom.
baltique adj. Des Baltes.
Baltique (mer) Mer située au nord de l'Europe bordant la Suède, la Finlande, la Russie, la Pologne, les trois États baltes, l'Allemagne et le Danemark. Elle est peu profonde, à peine salée, soumise à de faibles marées, et gèle d'octobre à juin en certains endroits.
Baltrusaïtis (Jurgis) 1903-1988 Écrivain français d'origine lituanienne. Historien de l'art, il s'est particulièrement attaché à l'art médiéval (*La Stylistique ornementale dans la sculpture romane*, 1931; *Le Moyen Âge fantastique*, 1955-1981), établissant des correspondances entre les traditions artistiques occidentales et orientales et notant influences et filiations (*Art sumérien, art roman*, 1934).

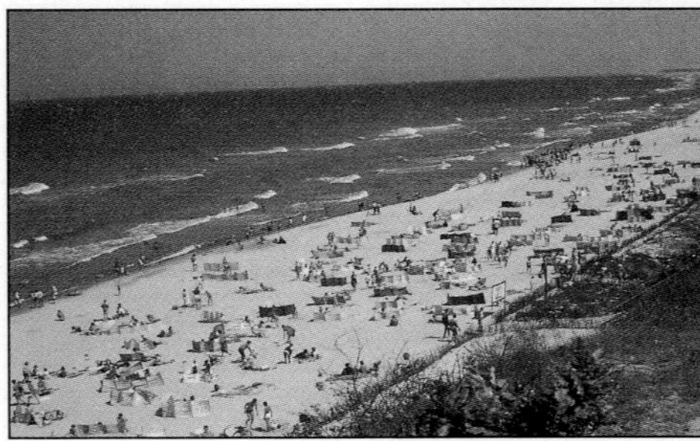
*Plage de la côte polonaise de la mer **Baltique**.*

bancaire adj. Qui procède de la banque. *Compte bancaire.*
bancal, ale, als adj. et n.m. Qui boîte. *Chaise bancale.* / Par ext., fig. Mal équilibré. *Formule bancale.* / n. m. Anc. Sabre court des cavaliers.
bancarisation n. f. Emprise de l'institution bancaire sur une population. Taux de bancarisation: pourcentage des utilisateurs des services d'une banque dans une population donnée.
banco n. m. et interj. *Faire banco*, tenir seul l'enjeu contre le banquier, au jeu de baccara. / interj. Fam. *Banco !*: d'accord!
bancroche adj. Bancal, contrefait.
Bancroft (George) 1800-1891 Historien et homme politique américain. Auteur d'une monumentale *Histoire des États-Unis* (1834-1874), il fit campagne pour l'abolition de l'esclavage.
banc-titre n. m. AUDIOV. Ensemble de ce qui est filmé image par image par une caméra fixe (sous-titre, générique, etc.)
bandelette n. f. Petite bande. / Bande longue et mince. / ARCHI. Petit bandeau ou bandeau étroit.
bander v. t. [1] Entourer d'un bandage, d'un bandeau. *Bander une plaie, les yeux.* / Tendre avec effort. *Bander un arc.* / (Emploi absol.) Vulg. Être en érection.
banderille n. f. Dard entouré de rubans multicolores que le torero plante dans le garrot du taureau.
banderole n. f. Pièce d'étoffe étroite et longue arborée au sommet d'une hampe, à titre d'emblème, d'ornement. / Grande pièce de tissu portant des inscriptions.
bande-son n. f. Bande sonore d'un film. Pl. *Des bandes-son.*
bande-vidéo n. f. Bande magnétique destinée à l'enregistrement d'images, ou d'images et de sons, par une caméra vidéo. Pl. *Des bandes-vidéo.*
bandit n. m. Hors-la-loi. *Bandit de grand chemin*, qui détroussait les voyageurs sur les
l'océan Arctique, à l'ouest de la terre Victoria.
banlieue n. f. Ensemble des agglomérations qui entourent une grande ville.
banlieusard, e n. Fam. Habitant d'une banlieue.
Banna (Hassan al-) 1906-1949 Réformateur religieux et homme politique égyptien, fondateur (1927-1928) de l'association des Frères musulmans.
banne n. f. Panier d'osier autrefois utilisé pour transporter du charbon. / Manne d'osier tressé pour l'emballage des fruits et légumes. / Toile tendue sur un étalage de marchandises pour les protéger du soleil.
banneret n. m. Seigneur féodal ayant assez de vassaux pour posséder le droit de lever bannière.
banneton n. m. Petit panier garni de toile, utilisé en boulangerie pour faire lever la pâte avant la cuisson.
bannette n. f. Petite banne.
banqueroute n. f. Faillite accompagnée d'actes délictueux. *Banqueroute frauduleuse*, avec détournement de fonds. / *Banqueroute d'État*: cessation des paiements d'un État à ses créanciers.

*La ville de **Bangui**, avec à l'arrière-plan le fleuve Oubangui.*

***John Bardeen**.*

baribal n. m. ZOOL. Ours noir grimpeur d'Amérique du nord, qui se nourrit de fruits.
barigoule n. f. En Provence, lactaire délicieux. / CUIS. *Artichauts à la barigoule*, farcis et cuits à l'huile d'olive.
de section efficace (symbole *b*), valant 10^{-28}m², utilisée en physique nucléaire.
Barnabé (saint) Un des premiers apôtres du christianisme. Compagnon de saint Paul, il évangélisa les pays d'Asie Mineure.
barnache Voir **bernache**

***Pío Baroja**.*

Bamako *658 000 h.* Capitale du Mali. Située sur la rive gauche du Niger, à un carrefour de routes, la ville, qui doit sa fondation à l'Administration française, est un marché important. En 1957 et 1958, deux conférences politiques interafricaines s'y tinrent.
Bambara (s) Peuple du Mali, parlant le mandingue, et dont l'art est dominé par le thème du couple, symbole de la génération.
bambin, e n. Fam. Petit enfant. *Garder des bambins.*
bamboche n. f. Fam. Fête, noce, ripaille.
bambocher v. i. [1] Se livrer à la bamboche.
bambocheur, euse n. Personne qui s'adonne à la bamboche.
bambou n. m. Graminée originaire de l'Inde, dont la tige peut atteindre 40 m de hauteur, utilisée pour faire des clôtures, construire des habitations (en Asie notamment) et pour fabriquer des meubles et divers objets.

permettaient au seigneur de vendre sa récolte avant ses vassaux. / Roulement de tambour précédant une annonce, une proclamation. *Battre le ban.* / MILIT. Sonnerie de clairon ou de trompette, batterie de tambour précédant une cérémonie. *Ouvrir, fermer le ban.* / Annonce officielle à la mairie, à l'église d'une promesse de mariage. *Publier les bans.* / Applaudissements rythmés en l'honneur de quelqu'un. *Un ban pour les mariés !* / Exil, bannissement. *Être en rupture de ban*: enfreindre une interdiction de séjour; au fig., être en rupture avec une société, un milieu donné. / Fig. *Mettre qqn au ban de*, l'exclure (d'un groupe, d'une famille…).
ban [2] n. m. (mot croate) HIST. Au Moyen Âge, en Hongrie et sur les marches orientales de l'Empire germanique, gouverneur d'une province. *Ban de Dalmatie, de Slavonie, de Bosnie.* / Entre 1848 et 1918, gouverneur de la Croatie.
Banach (Stefan) 1892-1945 Mathématicien polonais, un des fondateurs de

qui pend sous la gorge des coqs. / Chacun des deux replis muqueux situés de part et d'autre du frein de la langue chez le bœuf et le cheval.
barbiturique adj. et n. m. BIOCHIM. *Acide barbiturique*: dérivé trihydroxylé de la

barbule n. f. ZOOL. Chacun des filaments courbes qui accrochent les unes aux autres les barbes des plumes d'oiseaux.
Barbusse (Henri) 1873-1935 Écrivain français. Dans *Le Feu* (1916), il dénonça le cauchemar de la vie quotidienne des sol-

Colonnes de ***basalte***, dont les prismes hexagonaux ont l'aspect de tuyaux d'orgue.

Barthes (Roland) 1915-1980 Écrivain français. Critique littéraire (*Le Degré zéro de l'écriture*, 1953) et de la société (*Mythologies*, 1957), sémiologue (*Système de la mode*, 1967), il a exprimé avec finesse le plaisir de lire (*Sur Racine*, 1963 ; *Sade, Fourier, Loyola*, 1971) et d'aimer (*Fragments d'un discours amoureux*, 1977).
Bartholdi (Frédéric Auguste) 1834-1904 Sculpteur français, auteur du *Lion de Belfort* (1880) et de *La Liberté éclairant le monde* (1886), statue colossale qui domine l'entrée du port de New York, faite de lames de bronze montées sur une armature d'Eiffel, et dont il existe une réplique en réduction à Paris au pont de Grenelle.
Bartholomé (saint) Voir **Barthélemy**
Barthou (Louis) 1862-1934 Homme politique français. Ministre des Affaires étrangères en 1934, il a été assassiné à Marseille avec Alexandre Ier de Yougoslavie.
Bartok (Béla) 1881-1945 Musicien hongrois qui développa les mélodies du folklore hongrois selon les ressources rythmiques et harmoniques de la musique contemporaine. *Le Mandarin merveilleux* (1919), *Musique pour cordes, percussion et célesta* (1936), *Concerto pour orchestre* (1943), quatuors.
Bartolomeo ou **Bartolommeo (Baccio Della Porta**, dit **Fra)** 1472-1517 Peintre italien. Disciple de Savonarole, il brûla ses œuvres non religieuses et entra dans l'ordre des Frères prêcheurs. Ses grandes compositions ont une rigueur non dénuée de charme.
Baruch VIIe s. av. J.-C. Lettré hébreu, auteur présumé du *Livre de Baruch* (livre deutérocanonique de l'Ancien Testament) et, peut-être, d'une partie des *Lamentations* que lui auraient dictées Jérémie, son maître.
barycentre n. m. MATH. Centre d'inertie ou de gravité.
Barye (Antoine-Louis) 1796-1875 Sculpteur français, observateur attentif de la nature, spécialisé dans la sculpture animalière, dont les œuvres expriment une violence contenue parfois proche du romantisme (*Thésée combattant le Minotaure*).
baryon n. m. PHYS. NUCL. Nom générique des particules lourdes (hypérons, protons, neutrons).
baryte n. f. Hydroxyde de baryum utilisé pour opacifier le tube digestif avant une radiographie.
barytine n. f. Sulfate naturel de baryum.
baryton n. m. et adj. Voix d'homme intermédiaire entre le ténor et la basse ; chanteur qui possède cette voix. / Adj. Qualifie un instrument à vent qui a cette tessiture. *Saxophone baryton.*
baryum n. m. CHIM. Métal (symbole Ba) de numéro atomique Z = 56, de masse atomique M. = 137,34, de densité 3,74, qui appartient au groupe des alcalino-terreux. *Le baryum, blanc et mou, fond à 714 °C et bout à 1 640 °C.*
Barzani (Mustafa al-) 1903-1979 Homme politique kurde. Commandant en chef (1945) de l'éphémère République kurde, réfugié en Iran puis en U.R.S.S., il revint en Irak, prit la tête du Parti du Kurdistan irakien (alors légal), puis (1961) exigea l'autonomie du pays kurde, finalement accordée en 1966 et constamment remise en question depuis.
bas, basse [1] adj., n. et adv. **A.** adj. **I.** (Dans l'espace) Qui n'est pas haut ; de faible hauteur. *Maison basse.* / Baissé. *Marcher tête basse.* / Moins haut, de niveau inférieur. *Basse terre.* / **II.** (Dans le temps) Plus récent. *Le bas Moyen Âge.* **III.** Fig. De faible intensité. *Parler à voix basse.* ACOUST. *Basse fréquence*: d'une oscillation lente et d'un son grave. (par oppos. à fréquence *aiguë*). / En loc. *Faire main basse sur*: s'accaparer. *Avoir la vue basse*: y voir mal, et, au fig., manquer de lucidité. *Avoir la queue, les oreilles basses, la tête basse,* en signe d'humilité, de honte. *Basses œuvres,* viles. *Coup bas,* défendu. *Messe basse*: voir *messe*. **B.** n. m. Partie inférieure. / Fig. *Des hauts et des bas*: alternance de chance et de malchance. **C.** n. f. Voir *basse*. **D.** adv. À faible altitude. *Voler bas.* Loc. adv. *Ici-bas*: voir *ici-bas*. / Dans les sons graves. *Une voix qui descend bas.* *Mettre bas*: donner naissance à (en parlant d'animaux).
bas [2] n. m. Pièce de vêtement à mailles fines qui couvre le pied et la jambe. / Fig. *Bas de laine*: épargne liquide.
basal, ale, aux adj. De base. *Métabolisme basal*: quantité d'énergie qu'utilise un organisme au repos.
basalte n. m. Roche volcanique provenant de la solidification d'une lave noire très fluide. Le basalte est formé de microcristaux de feldspath, de pyroxène et d'olivine, mais ne contient pas de silice libre. Les gisements prennent la forme de nappes peu épaisses, comme en Inde sur le plateau du Deccan, ou de prismes verticaux rappelant une colonnade ou des tuyaux d'orgues, comme à Murat et à Saint-Flour, dans le Massif central.
basaltique adj. De basalte. *Sol basaltique.*
basane n. f. Peau de mouton finement tannée, utilisée en reliure, en maroquinerie, en bourrellerie, etc. / Peau souple placée à l'intérieur des jambes d'une culotte de cheval pour protéger le tissu contre le frottement de la selle.
basané, e adj. Couleur de basane. / Par ext. Hâlé, foncé. *Avoir la peau basanée.*
bas-bleu n. m. Péjor. Femme pédante.
Basch (Victor) 1863-1944 Philosophe français d'origine autrichienne. Président de la Ligue des droits de l'homme, il a été assassiné avec sa femme par la Milice.
bas-côté n. m. Dans une église, partie latérale de la nef principale. / Bord d'une route. Pl. Des *bas-côtés*.
bascule n. f. Levier mobile, dont une extrémité s'abaisse quand l'autre s'élève. / Appareil de pesage à plateau servant en partic. pour les objets lourds.
basculement n. m. Fait de basculer ; état de ce qui a basculé.
basculer v. i. [1] Être animé d'un mouvement de bascule. / Par ext. Tomber à la renverse. *Basculer dans le vide.* / Fig. Passer sans transition d'un état à un autre. *Basculer dans la folie.* (Emploi transitif) Déséquilibrer. *Basculer une armoire.*
bas-de-casse n. m. inv. TYPO. Partie inférieure de la casse d'imprimerie où sont rangées les lettres minuscules ; ces lettres.
base n. f. Partie inférieure d'un corps, sur laquelle il prend appui. / Fig. Principe, fondement. *Base d'un raisonnement.* / GÉOM. *Base d'un triangle*: côté opposé à l'angle du sommet. *Bases d'un trapèze*: les deux côtés parallèles. / MATH. *Base de numération*: nombre qui définit un système de numération. / CHIM. Corps qui réagit avec un acide en donnant un sel et de l'eau. / MILIT. Lieu de rassemblement du personnel, du matériel et du ravitaillement, à partir duquel une opération est lancée. *Base navale.* / *Base de lancement*: plate-forme de tir d'une fusée. / POLIT. Ensemble des adhérents d'un parti, d'un syndicat, par opposition aux dirigeants. *Consulter la base.* / INFORM. *Base de données*: ensemble structuré d'informations propres à un sujet donné, accessibles au moyen d'un logiciel appelé système de gestion de bases de données (SGBD).
base-ball n. m. (mots anglais). Sport d'origine américaine qui se joue avec une balle dure envoyée avec une batte.
navigation. / Pl. Fig. Quartier misérable d'une grande ville. / Pègre. / Pl. Des *bas-fonds*.
Bas-fonds (les) 1902 Drame de Maxime Gorki. La tragédie du désespoir dans une pension de famille misérable qui n'abrite que des déclassés sociaux. Jean Renoir (1936) et Kurosawa (1957) ont porté cette pièce au cinéma.
Basho (Matsuo Munefusa, dit**)** 1644-1694 Moine bouddhiste japonais, créateur du haïku (*La Sente étroite du bout du monde*, 1694). Ses disciples publièrent en 1771 un recueil de ses œuvres.
basic n. m. (Sigle anglais *Beginner's All purpose Symbolic Instruction Code*, « Code symbolique universel pour enseigner aux débutants ») INFORM. Langage de programmation.
baside n. f. BIOL. Structure microscopique à la surface de laquelle se forment, par méiose, les spores.
basidiomycètes n. m. pl. Vaste groupe de champignons dont les spores sont produites sur des basides.
Basie (William Bill, dit **Count)** 1908-1984 Pianiste et compositeur de jazz américain, il dirigea aussi un grand orchestre de jazz symphonique.
Basile le Grand (saint) 329-379 Père et docteur de l'Église, fondateur en Cappadoce d'une des premières communautés monastiques de l'histoire de l'Église ; théologien et pasteur (évêque de Césarée), il lutta contre l'arianisme.

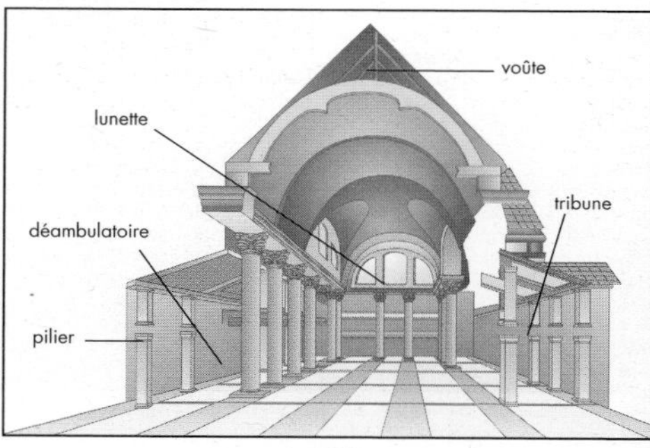

Section transversale d'une ***basilique*** romaine.

Basedow (Karl von) 1799-1854 Médecin allemand. La *maladie de Basedow*, ou *goitre exophtalmique*, est due à une hypertrophie de la glande thyroïde dont les cellules sécrètent trop de thyroxine ; il en résulte : yeux saillants, nervosité, tremblements, tachycardie, amaigrissement lié à une augmentation du métabolisme basal.
Bas-Empire Nom donné à la période terminale de l'histoire romaine à partir du IIIe siècle.
baser v. t. [1] Faire reposer, fonder (sur). *Baser une affirmation sur un fait douteux.* / MILIT. (Surtout au passif) Avoir pour base. / Par ext. Établir (en un lieu). *La maison mère est basée dans la capitale.* / v. pron. Se fonder (sur). *Se baser sur des rumeurs.*
bas-fond n. m. Partie inférieure et enfoncée d'un terrain, souvent humide. / MAR. Élévation du niveau marin ou fluvial, ne représentant pas un danger pour la
Basile Nom de deux empereurs byzantins. **Basile Ier le Macédonien** v. 812-886 Associé au trône (866) par Michel III, il l'assassina (867), fondant la dynastie macédonienne ; il repoussa les Arabes d'Asie Mineure et affermit l'autorité impériale en Italie du Sud. **Basile II le Bulgaroctone** (*Tueur de Bulgares*) 957-1025 Brillant guerrier, diplomate avisé, il s'allia à Vladimir, grand-prince de Kiev, approfondissant ainsi l'influence de Byzance sur la Russie. Il mena (989-1018) une guerre acharnée contre l'empire bulgare ; vainqueur à Stoumitza en 1014, il renvoya à leur tsar Samuel 15 000 prisonniers aveuglés, à l'exception de 150 d'entre eux, seulement éborgnés pour pouvoir servir de guides ; Samuel mourut (de chagrin, dit-on) deux jours après leur arrivée. Après cette victoire, il conquit encore l'Arménie, le Caucase et la

Géorgie et se heurta aux Arabes en Asie Mineure. Son règne marque l'apogée de l'empire byzantin.
basileus n. m. (mot grec) Titre donné par les Grecs au souverain perse, le Grand Roi. (Repris par Alexandre le Grand qui avait vaincu les Perses, le titre de *basileus* désigna ensuite tous les souverains de l'Iran ancien, tant parthes que sassanides. En 630, Héraclius Ier, empereur romain d'Orient, le prit à son tour. Dès lors tous les souverains de Byzance le portèrent).
basilic [1] n. m. BOT. Plante aromatique de la famille des labiacées, dont les feuilles sont utilisées comme condiment.
basilic [2] n. m. ZOOL. Grand lézard apparenté à l'iguane, qui vit au Mexique et au Guatemala, dont le mâle porte sur le dos une forte crête écailleuse et érectile. / MYTHOL. Animal fabuleux auquel était attribué un regard doué du pouvoir de tuer.
basilical, ale, aux adj. ARCHIT. D'une basilique.
Basilicate *9 992 km² 623 200 h.* Région du sud de l'Italie comprenant les deux provinces de Matera et Potenza. Chef-lieu *Potenza*. Pauvre et surpeuplée, la région vivait de l'élevage ovin et caprin et d'une petite agriculture de subsistance; aujourd'hui, l'essentiel des ressources vient des contributions des émigrés (essentiellement des expatriés en Amérique). Une petite industrie chimique s'est implantée sur un gisement de méthane et le tourisme est en développement. La région, autrefois nommée Lucanie, a été dominée par les Grecs, les Romains, les Sarrasins, les Lombards, les Normands (qui lui donnèrent son nom actuel) avant d'être incorporée au royaume de Sicile, puis de Naples.
basilique n. f. ARCHIT. Chez les Romains, édifice rectangulaire à toit plat, terminé par une ou plusieurs absides voûtées en cul-de-four, dont l'usage était juridique, commercial et d'agrément. / Église chrétienne des premiers siècles bâtie sur ce plan. / Grande église métropolitaine ou archiépiscopale; église à laquelle le pape a concédé ce titre.
basique adj. CHIM. Qui a les propriétés de la fonction de base.
basket-ball n. m. Sport d'origine américaine, où les joueurs doivent envoyer le ballon dans le panier, suspendu à 3,05 m du sol, de l'équipe adverse.
basketteur, euse n. Joueur de basket-ball.
basoche n. f. Vieilli et péj. Ensemble des gens de loi (notaires, avoués, huissiers). / HIST. Corporation de clercs jouissant du privilège de rendre la justice, avant la Révolution.
basophile adj. BIOL. Se dit d'un tissu, d'une cellule, d'un organite cellulaire qui a une affinité pour les colorants basiques. *Les granulocytes basophiles sont un type de leucocytes.*
basquaise adj. f. et n. f. Du pays basque. *Vache basquaise. Une Basquaise.* / Bouteille (70 cl) au corps plat et presque circulaire et au long col, contenant de l'armagnac. / CUIS. *À la basquaise*: cuit avec du jambon de Bayonne et du poivron. *Poulet à la basquaise* ou (elliptiquement) *basquaise*.
basque [1] n. f. Pan de la redingote ou de l'habit. / Fig. *Être pendu aux basques de quelqu'un*, le suivre partout.
basque [2] adj. et n. m. Du pays Basque. *Une maison basque. Les Basques.* / n. m. Langue non indo-européenne d'origine controversée parlée au pays Basque.

BASQUES (PROVINCES)

Histoire

Bien qu'annexées par la Castille, les provinces basques ont gardé longtemps leurs privilèges de juridiction, les *fueros*; lorsque, au XIXe siècle, opposés à la politique centralisatrice de Madrid, les Basques se rallièrent en masse au carlisme, on les leur retira et l'irrédentisme basque se radicalisa tandis qu'augmentait fortement l'émigration vers l'Amérique du Sud.

Le fleuve côtier Urumea à Saint-Sébastien, dans les Provinces basques.

En 1936, les trois provinces basques obtinrent du gouvernement espagnol (républicain) de former un État autonome. Franco abolit cette disposition dès 1937 et, au cours de la guerre civile, l'aviation allemande (qu'il avait appelée à la rescousse) détruisit la ville sainte de Guernica. Le pays Basque n'a, depuis, pas cessé d'être un foyer d'opposition au gouvernement de Madrid.
En 1959, des séparatistes fondèrent *Euzkadi ta Askatasuna* (« le Pays Basque et sa liberté »), plus connu sous le sigle E.T.A.
Après 1968, l'E.T.A. se livra au terrorisme et entretint des relations étroites avec l'*Iparretarak*, organisation clandestine née en France au début des années 1980. Les attentats ont révolté, dans toute l'Espagne et plus particulièrement au Pays Basque, une population qui aspire à la paix, sans que, toutefois, les etarras renoncent à ce type d'action. En octobre 1998, le parti des indépendantistes modérés a remporté les élections régionales.
Malgré une succession d'arrestations de clandestins, en France et en Espagne, de trêves aussi vite rompues que signées, malgré l'alternance de périodes de calme et d'agitation, les attentats ont connu une forte reprise en 2000.

basque (Pays) Ensemble géographique de l'ouest des Pyrénées, dont le sud appartient à l'Espagne et dont le nord, moins étendu, constitue une partie du département français des Pyrénées-Atlantiques. La frontière a été fixée par le traité des Pyrénées (1659). C'est à l'unité linguistique d'une grande partie de ses habitants que l'ensemble doit son nom. On ignore l'origine ethnique des Basques et l'on suppose que leur langue (*eskuara* en basque), antérieure aux invasions indo-européennes, vient du Caucase. Au Moyen Âge, les Basques sont implantés des deux côtés des Pyrénées, guerroient contre Dagobert et Charlemagne, et s'installent sur le trône de Navarre au Xe siècle. Dès le XIe siècle, la fragile unité se désagrège: le sud est incorporé à la Castille, le nord (aquitain sous domination anglaise pendant trois siècles) se voit annexé par la France. Cette annexion est parachevée avec l'avènement d'Henri IV, roi de Navarre, qui réunit définitivement son royaume à la couronne de France.
basque français (Pays) Région du sud-ouest de la France, dans le département des Pyrénées-Atlantiques, qui groupe les anciens pays de la Soule, du Labourd et de la Basse-Navarre.
• **basques (Provinces)** *7 234 km² 2 104 000 h* Communauté autonome d'Espagne, au nord-ouest du pays, comprenant trois provinces: Alava, Guipúzcoa et Biscaye. Capitale *Vitoria-Gasteiz*. L'agriculture et l'industrie sont développées. La pêche est active (Bilbao est le troisième port d'Espagne). La vie culturelle est intense (musée Guggenheim à Bilbao) et le tourisme en expansion.
bas-relief n. m. Sculpture en faible relief sur un fond. / Pl. Des *bas-reliefs*.
Bas-Rhin Voir **Rhin (Bas-)**
Bassano ou **le Bassan (Jacopo da Ponte**, dit**)** 1510?-1592 Peintre vénitien d'abord maniériste qui introduisit peu à peu, dans ses œuvres, un réalisme poétique qui s'exprime dans les scènes agrestes et les paysages constituant le décor de ses tableaux aux thèmes religieux (*L'Adoration des Bergers*, *Saint Jérôme*).
basse [1] n. f. MAR Fond rocheux affleurant la surface, à marée basse.
basse [2] n. f. Partie vocale ou instrumentale donnant les sons les plus graves, dans un morceau. / *Basse continue*, accompagnement à la basse tout au long d'un morceau. / La plus grave des voix d'homme. / Chanteur qui a cette voix. / Le plus grave des instruments d'une même famille. / Dans le jazz, contrebasse (acoustique) ou guitare basse (électrique). / Pl. Grosses cordes d'un piano, d'une guitare, etc.

Groupe de folkloristes **basques**.

Bas-relief: la terrasse de l'Apadâna de Xerxès, Persépolis, Ve siècle av. J.-C.

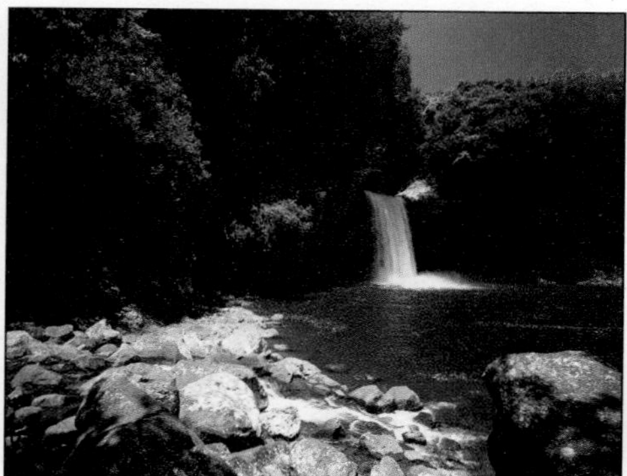
Le **bassin** de la Paix, dans l'île de la Réunion.

La colonne et le génie de la **Bastille**.

Basse-Autriche Voir **Autriche (Basse-)**
basse-cour n. f. Cour de ferme réservée à l'élevage de la volaille et des lapins. / L'ensemble de ces animaux. Pl. Des *basses-cours.*
basse-fosse n. f. Cachot souterrain. Pl. Des *basses-fosses.*
Basse-Normandie Voir **Normandie (Basse-)**
Basse-Saxe Voir **Saxe (Basse-)**
bassesse n. f. Manque d'élévation dans les sentiments ou les pensées; servilité. / Acte vil.
Basse-Terre (la) *14 100 h.* Île volcanique formant la partie occidentale de la Guadeloupe. Bananiers et caféiers. Chef-lieu *Basse-Terre.*
basset n. m. Chien courant aux pattes courtes et torses.
bassin n. m. Récipient métallique ou en matière plastique, de forme généralement ronde ou ovale. / Pièce d'eau d'agrément. / *Bassin de natation*: piscine. / MAR. Partie d'un port où les bateaux sont à flot et peuvent s'amarrer aux quais. *Bassin de radoub,* équipé pour réparer les bateaux. / GÉOGR. *Bassin d'un fleuve*: région irriguée par un fleuve et ses affluents. *Bassin de réception*: convergence des eaux de ruissellement à la source d'un torrent. / GÉOL. Vaste dépression comblée par des sédiments. *Le Bassin parisien. Bassin d'effondrement*: dépression limitée par des failles. / Gisement de minerais ou gisement de houille. *Bassin houiller. Bassin minier.* / ANAT. Ceinture osseuse constituée, chez les mammifères supérieurs et chez l'homme, par le sacrum, le coccyx et les os iliaques.
bassine n. f. Grand récipient profond servant à des usages domestiques ou industriels.
bassiner v. t. [1] Mouiller légèrement, humecter. *Bassiner le visage d'un malade.* / Chauffer avec une bassinoire. / Fam. Importuner.
bassinet n. m. HIST. Casque des hommes d'armes en usage au Moyen Âge. / Pièce creuse qui contenait la poudre d'amorçage dans les anciennes armes à feu. / ANAT. Partie de l'appareil excréteur, en forme d'entonnoir, située à la jonction entre les grands calices et l'uretère. / Vx Petit bassin. Mod., fig. *Cracher au bassinet*: donner de l'argent à contrecœur.
bassinoire n. f. Récipient contenant des braises ou un liquide chaud, muni d'un long manche, destiné à chauffer un lit.
bassiste n. MUS. Joueur de basse. *Dans un orchestre de musique classique, le bassiste joue du violoncelle, et dans un orchestre de danse ou de jazz, de la contrebasse.*
Bassompierre (François de) 1579-1646 Maréchal de France et brillant diplomate; accusé de complot par Richelieu après son mariage clandestin avec la princesse de Conti, il fut enfermé à la Bastille en 1631 pour douze ans.
basson n. m. Instrument à vent en bois, à anche double, qui, dans l'orchestre, tient la basse de la série des hautbois. / Musicien qui joue de cet instrument.
Bassora (en arabe, *Basra)* sans doute *1 000 000 h.* Premier port de l'Irak, à proximité du golfe Persique.
Bassov (Nikolaï Guennadievitch) 1922 Physicien russe qui découvrit le principe du maser et travailla sur les lasers.
basta! interj. (mot italien) Fam. Cela suffit!
bastague Voir **bastaque**
bastaing Voir **basting**
bastaque n. f. ou **bastague** n. m. MAR. Hauban amovible fixé vers l'arrière.
baste n. f. Récipient en bois servant à transporter les raisins de la vendange. / Panier tressé attaché au bât d'une bête de somme.
Bastet Déesse égyptienne représentée sous la forme d'une femme à tête de chat.
Bastia *37 845 h.* Chef-lieu du département de la Haute-Corse sur la Méditerranée. Cette cité pittoresque, dominée par un fort génois, est un important centre commercial.
bastide n. f. Au Moyen Âge, fortification; ville fortifiée. / Maison de campagne provençale.
Bastié (Maryse) 1898-1952 Aviatrice française. Elle accomplit une traversée solitaire de l'Atlantique Sud (1936); elle fut victime d'un accident lors d'un meeting aérien.
bastille n. f. Au Moyen Âge, ouvrage détaché d'un système de défense, placé à l'entrée d'une ville. / Château fort.
Bastille Forteresse élevée par Charles V à l'extérieur de la porte Saint-Antoine, à Paris. Elle devint une prison d'État où le roi enfermait sans jugement, par lettre de cachet, ses ennemis politiques. Symbole de l'arbitraire royal, elle fut prise au cours d'une émeute, le 14 juillet 1789 et rasée en 1790. La date du 14 juillet est devenue, en 1880, la fête nationale de la République française.
basting ou **bastaing** n. m. Madrier en bois de sapin.
bastingage n. m. Parapet bordant le pont d'un bateau. / Caissons placés au-dessus du plat-bord des anciens navires de guerre, pour protéger l'équipage du feu de l'ennemi et qui servaient également à accrocher les hamacs.
bastion n. m. Ouvrage de fortification formant saillie. / Fig. Point le plus solide, ultime défense. *La Rochelle, bastion du protestantisme.*
Bastogne *12 200 h.* Ville de Belgique (province du Luxembourg), où, en décembre 1944, les Américains résistèrent au siège des Allemands, qui avaient organisé la contre-offensive des Ardennes.
baston n. m. Argot Bagarre.
bastonnade n. f. Volée de coups de bâton.
bastonner (se) v. pron. [1] Se battre à coups de bâtons.
bastos n. f. Argot Balle d'arme à feu.
bastringue n. m. Fam. Bal populaire. / Orchestre bruyant. (En appos.) *Piano bastringue*: piano désaccordé. / Chose inqualifiable. *Un drôle de bastringue.*
Basutoland Ancien nom du Lesotho.
bas-ventre n. m. Bas du ventre. / (Par euphémisme) Parties génitales. *Recevoir un coup dans le bas-ventre.*
bât n. m. Harnachement en bois sanglé sur le dos des bêtes de somme, auquel on arrime leur charge.
Bat'a (Tomas) 1876-1932 Industriel tchèque, qui donna une forte extension à ses usines de chaussures; il fut un des premiers industriels à organiser la participation du personnel à la gestion.
bataclan n. m. Fam. Attirail encombrant. / loc. *Et tout le bataclan*: et tout le reste.
bataille n. f. Affrontement de deux armées ennemies. / *Plan de bataille*: ensemble des manœuvres tactiques qui seront utilisées pendant le combat. / Fig. Rixe ou discussion violente. / *Cheval de bataille*: argument, sujet favori dans une discussion. / Jeu de cartes.
Bataille (Henry) 1872-1922 Auteur français de comédies de mœurs moralisatrices au réalisme sentimental: *Maman Colibri* (1904).
Bataille (Georges) 1897-1962 Écrivain français. Catholique fervent, un moment séminariste, marqué par l'expérience des mystiques, il perdit la foi en 1920. Entré à la Bibliothèque nationale (il était chartiste), il suivit (1926-1927) une cure psychanalytique et commença de publier (de manière plus que confidentielle) des livres sur le mysticisme et la violence (*Histoire de l'œil*, 1928, bref récit érotique édité sous le pseudonyme de lord Auch, *L'Anus solaire*, 1931, avec des illustrations d'André Masson). Un moment proche des surréalistes, lié à Leiris, Bataille menait alors une vie dissolue qui ne l'empêcha pas de s'impliquer dans la politique, manifestant, avec l'éphémère Union des intellectuels révolutionnaires, des opinions antinationalistes et anticapitalistes. De la guerre et des années immédiatement suivantes datent les livres les plus importants: *Madame Edwarda* (1941, sous le pseudonyme de Pierre Angélique), *Le Coupable, Le Mort, L'Expérience intérieure* (1943-1944, recueil regroupant des textes parus antérieurement dans des revues ou en édition de luxe), *La Part maudite* (1949). C'est là que s'exprime le mieux sa pensée philosophique: « un voyage au bout du possible de l'homme ». Bibliothécaire à Orléans entre 1951 et 1961, de nouveau affecté à la Bibliothèque nationale sans jamais occuper ce poste, Bataille mourut à Paris.

Fernández de Cordoue à la **bataille** de Cerignola (près de Naples) contre les Français.

B

Bateau de pêche.

Écrivain à l'audience confidentielle, il avait choisi la transgression pour thème principal de ses écrits, de sa pensée et, au moins partiellement, de sa vie ; fasciné par les affinités entre le mysticisme, l'érotisme et la mort, il avait fait de la littérature une sorte d'expérience des limites.
Bataille de San Romano (la) Triptyque que Paolo Uccello peint entre 1456 et 1460. Les trois panneaux sont aujourd'hui dissociés ; l'un se trouve au Louvre ; un autre aux Offices de Florence ; le troisième à la National Gallery.
batailler v. i. [1] Lutter, se bagarrer. Au fig. *Les députés ont bataillé ferme pour empêcher le vote de la loi.*
batailleur, euse adj. et n. Qui aime la bataille.
bataillon n. m. Unité militaire d'infanterie, composée de plusieurs compagnies. / Fig. Groupe comprenant de nombreuses personnes.
bâtard, arde adj. et n. **A.** adj. et n. Né du croisement de deux races différentes. *Chien bâtard.* / (En parlant de personnes) Péjor. Né hors mariage. *Enfant bâtard.* / Subst. *Un (e) bâtard (e).* **B.** n. m. Pain d'une livre, plus court que la baguette.
batardeau n. m. Barrage provisoire destiné à assécher une partie d'un cours d'eau, pour édifier les piles d'un pont, notamment. / MAR. Caisson étanche utilisé pour réparer la coque d'un navire.
bâtardise n. f. État de bâtard.
batave adj. et n. Des Bataves. / HIST. *République batave*: nom donné aux Pays-Bas par l'occupant français entre 1795 et 1806. / (Plaisant) Hollandais.
Bataves Ancien peuple germanique fixé à l'embouchure du Rhin, allié des Romains.
batavia n. f. Variété de laitue aux feuilles croquantes.
bat'd'Af n. m. pl. Abréviation populaire pour *bataillons d'Afrique*, anciens bataillons disciplinaires.
bateau n. m. Nom générique des embarcations, quelles qu'elles soient. *Bateau à voiles, à moteur, à vapeur.* / (en apposition) En forme de bateau. *Lit bateau.* / Navigation de plaisance. *Faire du bateau.* / Abaissement d'un trottoir pour permettre le passage des voitures.
bateau-citerne n. m. Bateau aménagé pour le transport des liquides en vrac. Pl. Des *bateaux-citernes.*
bateau-feu n. m. Bateau équipé d'un phare fixe, ancré devant des récifs ou sur un haut-fond. Syn. bateau-phare. Pl. Des *bateaux-feux.*
bateau-lavoir n. m. Anc. Baraque arrimée à la berge d'un cours d'eau, où l'on lavait le linge. Pl. Des *bateaux-lavoirs.*
Bateau-Lavoir Sobriquet donné par Max Jacob à la maison que successivement Van Dongen, Picasso, Juan Gris et quelques poètes et écrivains tels Max Jacob et Reverdy vinrent habiter à Montmartre, de 1900 à 1914. Des discussions tenues en ce lieu, auxquelles prenaient part Apollinaire, Juan Gris, Picasso, Braque, naquit le cubisme. Classée monument historique, cette maison a disparu dans un incendie.
bateau-mouche n. m. Bateau, généralement pourvu d'un étage, assurant un service régulier de promenades sur la Seine. Pl. Des *bateaux-mouches.*
bateau-phare n. m. Syn. de bateau-feu.
bateau-pilote n. m. Bateau qui guide les navires à l'entrée des ports. Pl. Des *bateaux-pilotes.*
bateau-pompe n. m. Bateau équipé de pompes à incendie. Pl. *Des bateaux-pompes.*
batée n. f. Récipient plat servant au lavage des sables aurifères.
Batéké (s) Peuple du Gabon, du Congo et de la République démocratique du Congo, de langue bantoue. Habiles forgerons, ils produisent aussi des statuettes en bois et des masques ronds en bois peint.
bateleur n. m. Vieilli Amuseur public, acrobate de foire.
batelier, ère n. Personne qui conduit les bateaux sur les cours d'eau.
batellerie n. f. Industrie du transport fluvial. / Ensemble de la flotte de rivière.
bâter v. t. [1] Munir (une bête de somme) d'un bât.
bat-flanc n. m. inv. Cloison en bois suspendue dans une écurie pour séparer les chevaux. / Cloison de bois dans un dortoir.
bath adj. inv. Pop. (vieilli) Beau, plaisant.
Bath *83 000 h.* Ville de Grande-Bretagne, sur l'Avon. Station thermale réputée dès l'époque romaine.
batholite n. m. GÉOL. Amas de roches éruptives (diorite, granite, syénite) s'élargissant en forme de dôme dans les grandes profondeurs.
Bathory (Élisabeth) v. 1560-1614 Dame hongroise. Nièce du roi de Pologne Étienne Ier Bathory, elle aurait fait tuer des centaines de jeunes filles pour se baigner dans leur sang ; arrêtée, elle échappa à la mort et fut condamnée à la prison à vie.
bathyal, ale, aux adj. OCÉANOGR. Qui concerne la zone sous-marine comprise entre 300 et 3 000 m de profondeur environ. *Étage bathyal :* plateau continental.
bathymètre n. m. TECH. Gravimètre qui mesure la profondeur des mers.
bathymétrie n. f. Mesure de la profondeur des océans et des lacs.
bathymétrique adj. TECH. Relatif à la bathymétrie.
bathyscaphe n. m. Véhicule sous-marin destiné à explorer les grandes profondeurs. *Le bathyscaphe est autonome, c'est-à-dire qu'il plonge et remonte grâce à son lest et à ses flotteurs, et il est habitable.*
bathysphère n. f. Sphère de plongée sous-marine reliée à un bateau par un câble, qui servait à l'exploration sous-marine en grande profondeur.
bâti, e adj. et n. **A.** adj. Édifié. *Maison mal bâtie.* Au fig. *Une personne bien bâtie,* robustement constituée. / *Terrain bâti,* sur lequel a été édifié un bâtiment. **B.** n. m. Support sur lequel sont assemblées les pièces d'une machine. / Assemblage de pièces de menuiserie. / Cadre de menuiserie encastré dans la maçonnerie pour recevoir une porte ou un châssis de fenêtre. / Couture rapide à grands points pour les essayages de vêtements.
batifolage n. m. Divertissement folâtre qui évoque un jeu d'enfant.
batifoler v. i. [1] S'ébattre, s'amuser avec insouciance ; folâtrer.
batik n. m. (mot javanais) Procédé de teinture dans lequel les parties qui ne doivent pas prendre le colorant sont enduites de cire. / Tissu teint par ce procédé.
bâtiment n. m. Toute construction. / Ensemble des professions et des industries de la construction. / MAR. Navire de grand tonnage. *Bâtiment de guerre.*
Batiouchkov (Konstantin Nikolaïevitch) 1787-1855 Poète russe, auteur d'épîtres et d'élégies (*Le Tasse mourant,* 1817).
bâtir v. t. [2] Assembler des matériaux pour construire. *Bâtir des châteaux en Espagne*: faire des projets irréalistes. / (absolument) *Terrain à bâtir.* / Fig. Réaliser, créer. *Bâtir une œuvre, une carrière.* / COUT. Exécuter le bâti de. *Bâtir une robe.*
bâtisse n. f. Partie en maçonnerie d'un bâtiment. / (Gén. péjor.) Bâtiment.
bâtisseur, euse n. et adj. Qui bâtit, fait bâtir beaucoup.
Batista y Zaldívar (Fulgenció) 1901-1973 Militaire et homme politique cubain. Président de la République (1940-1944), il prit le pouvoir en 1952 et exerça la dictature jusqu'à son renversement par Castro (1959).
batiste n. f. Toile de lin finement tissée.
Batna *184 000 h.* Ville d'Algérie, au nord du massif de l'Aurès. Chef-lieu de la wilaya du même nom.
bâton n. m. Morceau de bois long et rigide que l'on peut tenir en main, pour s'appuyer, se défendre. / *Bâton à deux bouts,* ferré aux deux extrémités pour servir d'arme. / Marque d'une dignité. *Bâton de maréchal.* / Objet long et droit. *Bâton de craie. Bâton de rouge à lèvres.*
bâtonner v. t. [1] Donner des coups de bâton à.
bâtonnet n. m. Petit bâton. / HISTOL. Cellule nerveuse de la rétine, sensible à l'intensité des rayons lumineux.
bâtonnier n. m. Avocat élu par ses confrères pour présider et défendre les intérêts de l'Ordre dans le cadre d'un barreau donné.
Baton Rouge *227 400 h.* Ville des États-Unis, capitale de la Louisiane, sur le Mississippi inférieur. Centre d'industries pétrolières.
batraciens n. m. pl. Syn. anc. d'amphibiens.
battage n. m. Opération qui consiste à séparer les graines de céréales des épis. / Action de battre (la laine, le coton, etc.). / *Battage de l'or,* son martelage jusqu'à l'obtention de feuilles servant à la dorure. / Fig. Publicité exagérée.
Battani (al-) v. 858-929 Astronome arabe, auteur d'importants travaux de trigonométrie et de tables astronomiques.
battant [1] n. m. Pièce métallique suspendue à l'intérieur d'une cloche, qui vient heurter sa paroi, lorsque la cloche est mise en branle. / Panneau d'une porte ou d'une fenêtre mobile autour des gonds. / Pièce de métier à tisser. / MAR. Partie d'un pavillon qui bat au vent.

La grenouille est un ***batracien.***

battant, e [2] n. Celui, celle qui fait preuve de combativité.
battant, e [3] adj. Qui bat. Pluie battante, violente. / loc. adv. *Tambour battant* : au son du tambour ; (fig.) très vite, sans hésiter.
batte n. f. Morceau de bois rond qui servait autrefois à battre le beurre. / SPORT Battoir utilisé dans certains jeux de balle. / TECHN. Outil en bois muni d'un long manche et servant à tasser ou à aplanir le mortier ou la terre.
battement n. m. Choc répété et plus ou moins cadencé d'un objet contre un autre. *Battement d'un volet contre un mur.* / *Battement de mains* : applaudissement. / Pulsations. *Battement du cœur, du pouls.* / Fig. Intervalle de temps de faible durée. / CHORÉGR. Mouvement consistant à lancer une jambe puis à la ramener à son point d'appui, le reste du corps étant immobile. / *Battement d'un volet* : crochet extérieur qui maintient le volet ouvert.
batterie n. f. MIL. Groupe de pièces d'artillerie. *Mettre un canon en batterie*, en position de tir. / Ensemble d'objets de même nature. *Une batterie de projecteurs.* / ÉLECTR. Ensemble d'éléments produisant du courant électrique. *Batterie d'une voiture.* / AGRIC. *Élevage en batterie* : méthode d'élevage industriel (poulets, veaux) dans laquelle les animaux font l'objet d'une alimentation intensive et sont confinés dans des cages ou des box individuels. / MUS. Roulement de tambour ; ensemble des instruments à percussion d'un orchestre ; instrument composé de plusieurs percussions. *Solo de batterie.*
batteur n. m. Appareil ménager destiné à mélanger des ingrédients, à monter des blancs d'œufs en neige. / MUS. Musicien qui joue de la batterie dans un orchestre de jazz, de rock, de pop music. / TECHN. *Batteur d'or* : ouvrier qui bat les feuilles d'or pour les amincir. / SPORT Au base-ball et au cricket, joueur qui renvoie la balle avec une batte.
batteuse n. f. AGRIC. Machine servant à séparer les graines de céréales de l'épi. / TECHN. Appareil qui transforme un métal en feuilles par martelage.
Batthyany (Lajos, comte de **Nemetujvar)** 1806-1849 Président du premier ministère constitutionnel hongrois en 1848, fusillé par les Autrichiens lorsque la révolution fut écrasée.
battle-dress n. m. (mot anglais) Tenue de combat à veste courte.
battoir n. m. Palette qui servait autrefois à battre le linge. / Fam. Grosse main.
battre v. t. [3] **A.** Frapper (qqn, un animal) à coups répétés. *Battre une bête de somme pour la faire avancer. Battre qqn jusqu'au sang, à mort.* / Vaincre. *Battre les troupes ennemies. Battre le favori de la compétition.* / Frapper (qqch.) à coups répétés, dans un but déterminé. *Battre le linge, les épis. Il faut battre le fer pendant qu'il est chaud*, saisir l'occasion qui se présente. *Battre (la) monnaie*, la frapper au marteau, et, par ext., la fabriquer. *Battre la semelle, le pavé* : piétiner, errer, dans l'attente de qqch. / Remuer, mélanger. *Battre les œufs, le plâtre. Battre les cartes avant de les distribuer.* / Heurter, fouetter, en parlant d'une chose. *La pluie battait les carreaux.* (Emploi absol.) *La porte bat.* / Parcourir en tous sens. *Battre les bois, les taillis en quête de gibier.* / Au fig. *Battre la campagne* : divaguer. / *Battre pavillon d'un pays* : naviguer sous ce pavillon. / Frapper pour rythmer, donner la cadence. *L'horloge bat les secondes. Battre le tambour, le rappel. Battre la mesure* : indiquer la mesure, l'unité de temps, par des gestes. (Emploi intransitif) Produire des battements réguliers. *Son cœur battait à tout rompre.* Loc. *Battre en retraite* : reculer face à l'ennemi. / v. t. ind. Faire des mouvements répétés (avec certaines parties du corps). *Battre des paupières, du pied, des mains, des ailes.* **B.** v. pron. Affronter (qqn, qqch.). *Se battre contre la maladie, avec les créanciers.* / S'infliger des coups. *Se battre la poitrine.* / S'affronter mutuellement. *Séparer des enfants qui se battent.*
battu, e adj. Vaincu. *Équipe battue.* / Qui a reçu, reçoit habituellement des coups. *Enfant battu, chien battu.* Loc. fig. *Avoir les yeux battus, une mine battue*, l'air fatigué. / Foulé, tassé. *Un sol en terre battue.* Loc. fig. *Sortir des sentiers battus* : faire preuve d'originalité. / DANSE Qui est accompagné d'un battement rapide des jambes. *Un jeté battu.*
battue n. f. Opération qui consiste à battre les champs et les bois pour faire sortir le gibier.
Batu khan v. 1204-1255 Petit-fils de Gengis khan, chef de la Horde d'or (1227) ; il conquit la Russie centrale, la Pologne et une partie de la Hongrie.
Baty (Gaston) 1885-1952 Directeur de théâtre français. Ses mises en scène (*L'Opéra de quat'sous, Crime et châtiment*) ont donné une grande importance au jeu des acteurs et des éclairages.
Baucis MYTH. GR. Épouse de Philémon.
bau n. m. MAR. Poutre qui réunit transversalement deux couples d'un navire. Pl. *Des baux.*
baud n. m. Unité de mesure de la vitesse de modulation, utilisée en télégraphie et en téléinformatique.

***Batterie** de canons.*

*Portrait de **Charles Baudelaire** par Gustave Courbet (1876).*

Baudelaire (Charles) 1821-1867 Poète et critique d'art français. *Les Fleurs du mal* (1857) retracent l'itinéraire angoissé du poète qui cherche les attraits du vice et ne trouve que le désespoir. Libérant le romantisme de ce qu'il pouvait comporter de fadeur sentimentale, Baudelaire innove par le choix de ses sujets et la concision de ses vers. Recueil posthume (1868) de ses critiques d'art, les *Curiosités esthétiques* dénotent une intuition qui sait pressentir, au milieu du fatras académique des salons de peinture du siècle dernier, les réelles valeurs. *L'Art romantique* est également posthume (1868), de même que son recueil de poèmes en prose, eux novateurs, *Le Spleen de Paris* (1869). Il traduisit Edgar Poe (1856, 1857 et 1865).
Baudelocque (Jean-Louis) 1746-1810 Chirurgien français qui perfectionna les méthodes de l'accouchement.
baudet n. m. Âne mâle élevé pour la reproduction. / Nom familier de l'âne. *Crier haro sur le baudet à quelqu'un* (La Fontaine) : exposer qqn au blâme public.
Baudonivie VIe-VIIe siècle Historienne française. Moniale au monastère Sainte-Croix de Poitiers, elle écrit en latin, à partir de 600, une biographie de sainte Radegonde (*De vita sanctae Radegundis*) qui se démarque de l'hagiographie.
Baudouin Ier 1930-1993 Roi des Belges en 1951, après l'abdication de son père Léopold III. Mort sans enfant, son frère Albert lui succéda (Albert II).
Baudouin Nom de deux empereurs latins d'Orient. **Baudouin Ier** 1171-v. 1206 Comte de Flandre sous le nom de Baudouin IX (1194) et empereur latin (1204) à l'issue de la quatrième croisade. Il s'aliéna les Grecs qui se révoltèrent, appuyés par les Bulgares, et s'en emparèrent à la bataille d'Andrinople (1205). Il mourut à une date inconnue, peut-être en prison. **Baudouin II de Courtenay** 1217-1273 Dernier empereur latin d'Orient (1228-1261), chassé par Michel VIII Paléologue.
Baudouin Nom de plusieurs rois de Jérusalem. **Baudouin Ier** 1058-1118 Premier roi de Jérusalem (1110), il s'empara de Saint-Jean-d'Acre, de Beyrouth et de Sidon. **Baudouin II du Bourg** ?-1131 Comte d'Édesse et roi (1118) de Jérusalem. D'abord vainqueur des musulmans, il perdit Tyr et fut emprisonné par les Turcs (1124-1126). **Baudouin III** 1129-1163 Roi de Jérusalem en 1143. Allié à Byzance, il fit appel au roi de France et à l'empereur germanique qui organisèrent la deuxième croisade. **Baudouin IV** dit « **le roi lépreux** » 1160-1185 Roi de Jérusalem en 1174. Vainqueur de Saladin en 1176 et 1177, il fit la paix avec lui (1180). Sans enfant, il associa son neveu au trône. **Baudouin V** 1179-1186 Neveu de Baudouin IV, roi en titre en 1185, il mourut l'année d'après.
Baudricourt (Robert de) Capitaine royal de Vaucouleurs. Il accepta de conduire Jeanne d'Arc à Chinon auprès de Charles VII en 1429.
baudrier n. m. Bande de cuir ou d'étoffe qui se porte en écharpe pour soutenir un sabre, une épée ou un tambour.
Baudrillard (Jean) 1929 Sociologue français, critique perspicace de la « société de consommation » : *L'Échange symbolique et la Mort* (1976).
baudroie n. f. ZOOL. Poisson téléostéen aplati, à tête énorme (près de la moitié de la longueur totale), à bouche aussi large que la tête, dont la nageoire dorsale forme des rayons épineux. *La baudroie vit sur les fonds marins.* Syn. lotte.
baudruche n. f. Enveloppe en boyau de bœuf ou de mouton dont on fait divers objets. / Mince pellicule de caoutchouc dont on fait des ballons.
Bauer (Bruno) 1809-1882 Philosophe allemand du groupe des jeunes hégéliens. Il contesta d'abord la société et le christianisme, puis devint un proche de Bismarck.
bauge n. f. Gîte boueux du sanglier. / Fig. Lieu ou logement sale et misérable. / Mortier grossier fait d'argile et de paille.
Bauhaus École d'architecture et d'arts appliqués créée à Weimar en 1919 sous la direction de Walter Gropius, et transférée en 1925 à Dessau et en 1932 à Berlin. Elle s'est proposé de créer une esthétique adaptée aux besoins de l'ère industrielle. Les peintres P. Klee et W. Kandinsky y donnèrent des cours, et l'architecte Mies van der Rohe en fut l'ultime directeur avant sa fermeture par les nazis en 1933.

Baudroie.

B

Bauhaus : le pavillon allemand pour l'exposition universelle de Barcelone en 1929, réalisé par Ludwig Mies van der Rohe.

Baule-Escoublac (La) *16 000 h.* Station balnéaire de Loire-Atlantique, à l'ouest de Saint-Nazaire, dont le front de mer (le Remblais) s'étend sur 8 km.

baume n. m. Résine d'odeur aromatique, sécrétée par certaines plantes et utilisée dans diverses préparations. / Onguent. *Baume du Pérou.* / Fig. Ce qui apaise une peine, une souffrance.

Baumé (Antoine) 1728-1804 Chimiste français. Ses travaux d'aréométrie fondèrent les méthodes générales pour mesurer la densité (en degrés Baumé) des solutions aqueuses.

Baumgarten (Alexander Gottlieb) 1714-1762 Philosophe allemand; on doit à son ouvrage *Esthétique* les premières théories sur la philosophie du beau.

Baur (Harry) 1880-1943 Acteur français de théâtre et de cinéma. Il fut Jean Valjean dans *Les Misérables* (1934).

Bausch (Pina) 1940 Chorégraphe allemande. Elle porte à la perfection les acquis de la danse moderne.

Baux-de-Provence (les) *457 h.* Village des Bouches-du-Rhône. Ruines d'un château du XIIIe siècle, église romane, maisons du XVIe siècle.

bauxite n. f. Minerai d'aluminium qui tire son nom du village des Baux, en Provence. *La bauxite est une roche rougeâtre constituée d'hydroxyde d'aluminium, de fer et de silice.*

bavard, e adj. et n. Qui parle abondamment, trop ; qui aime bavarder. / Subst. *Un (e) bavard (e).*

bavardage n. m. Action de bavarder. / Propos abondants et futiles.

bavarder v. i. [1] Parler beaucoup, trop. / Causer familièrement (avec qqn). *Bavarder avec son voisin.*

bavaroise n. f. Entremets froid constitué de crème anglaise et de gélatine, diversement parfumé.

bavasser v. i. [1] Fam., péjor. Bavarder à tort et à travers.

bave n. f. Salive qui s'écoule de la bouche d'une personne ou de la gueule d'un animal. / Liquide visqueux sécrété par certains mollusques. *Bave de l'escargot.*

baver v. i. [1] Laisser s'écouler la bave. *Essuyer la bouche d'un enfant qui bave.* / Par ext. Se répandre en salissant. *La peinture a bavé sur la plinthe.* / Fig. et fam. Laisser voir sans retenue (un sentiment). *Baver d'envie. Baver sur qqn,* le dénigrer par jalousie. / Fam. *En baver*: souffrir, supporter beaucoup de difficultés.

bavette n. f. Haut du tablier couvrant la poitrine. / BOUCH. Morceau de bœuf coupé dans l'aloyau.

baveuse n. f. Rég. Syn. de blennie.

baveux, euse [1] adj. Qui bave, est couvert de bave. *Museau baveux.* / Fig. *Omelette baveuse,* peu cuite. TYPO. *Des lettres baveuses,* dont le contour présente des bavures. / Fam. Qui parle sans s'arrêter, bavard, verbeux.

baveux [2] n. m. Fam. Avocat.

• **Bavière** (en allemand, *Bayern*) *70 551 km² 11 993 500 h.* Land de la République fédérale d'Allemagne, à la frontière autrichienne. Capitale *Munich.*

bavoir n. m. Petite pièce de lingerie servant à protéger de la bave le cou et la poitrine des jeunes enfants.

bavolet n. m. Anc. Pièce d'étoffe ornant l'arrière d'un chapeau de femme.

bavure n. f. TECHN. Saillie laissée sur un objet par les joints du moule. / Trace de peinture ou d'encre qui déborde de son contour. / Fig. Erreur commise dans l'accomplissement d'un travail, d'une mission ; abus. *Bavure policière.*

Bayacá Village de Colombie où, en 1819, Bolivar remporta sur les Espagnols une victoire décisive pour l'indépendance de ce pays et du Venezuela.

bayadère n. f. Danseuse sacrée en Inde. / En appos. *Étoffe, tissu bayadère,* à larges rayures multicolores.

Bayard (Pierre Terrail, seigneur de**)** v. 1475-1524 Capitaine français surnommé *le chevalier sans peur et sans reproche.* Il arma chevalier François Ier sur le champ de bataille de Marignan. Blessé au combat, il mourut en reprochant au connétable de Bourbon d'avoir trahi la France.

Bavière

Géographie

Région rurale et touristique, la Bavière comprend une région alpine de forêts et d'herbages, une zone pauvre de plateaux (Jura, Souabe) et des vallées fertiles (Main, Danube, Rhin). Les villes industrielles (Munich, Nuremberg) ont gardé un caractère traditionnel, rehaussé par l'éclat de leurs monuments de style baroque.

Histoire

Duché au VIe siècle, royaume au IXe siècle sous Louis le Germanique, à nouveau duché au Xe siècle, dominée dès 1180 par les Wittelsbach, la Bavière, dont les limites ont été constamment remaniées, fut le champion du catholicisme dans les luttes nées de la Réforme. Électorat du Saint Empire, devenu royaume en 1806 par décision de Napoléon Ier, membre de la Confédération germanique en 1815, elle intégra l'Empire allemand en 1870 tout en conservant une certaine autonomie. Après la victoire alliée de 1918, elle devint République parlementaire en 1919, après la chute des Wittelsbach ; le nazisme s'y développa, avant de gagner le reste de l'Allemagne.

Le château de Neuchwanstein, en Bavière, construit à la fin du XIXe siècle sur ordre du roi dément Louis II.

B

Bayonne.

Bayard (Hippolyte) 1801-1887 Photographe français. Il travaille à la reproduction de l'image photographique sur papier et réussit à y fixer l'image directe produite par la lumière (1839). Il adopte ensuite le procédé positif-négatif et exécute ses négatifs sur papier. Moins connu que Niepce et Daguerre, il doit sans doute son relatif anonymat au fait que son procédé, pour imprimer le papier, demande entre 30 et 90 minutes, ce qui le restreint au paysage et à la nature morte.

Bayazid Ier ou Bajazet (v. 1354-1403) Sultan ottoman. Accédant au pouvoir en 1389, il conquit l'Asie Mineure, gagna la bataille de Nicopolis en 1396 contre Sigismond de Hongrie, mais fut vaincu à Ancyre, l'actuelle Ankara, par les Mongols en 1402. **Bayazid II** v. 1447-1512 Sultan en 1481, il lutta contre les Vénitiens; il fut déposé par son fils Sélim.

Bayer (Johann) 1572-1625. Astronome allemand. Auteur du premier atlas céleste (*Uranometria*) dans lequel furent introduites, outre les 48 constellations connues dès l'Antiquité, 12 nouvelles constellations situées dans l'hémisphère sud (le Caméléon, la Colombe, la Dorade, l'Hydre mâle, l'Indien, la Mouche, l'Oiseau de paradis, le Paon, le Phénix, le Poisson volant, le Toucan, le Triangle austral). Ce catalogue désigne, pour la première fois, par des lettres grecques les étoiles délimitant les constellations.

Bayeux *15 000 h.* Chef-lieu d'arrondissement du Calvados. Ce petit bourg agricole possède une très belle cathédrale (Notre-Dame) de style gothique normand des XIIIe-XIVe siècles. On admire, au musée de la Reine-Mathilde, la *tapisserie de Bayeux* (en réalité une broderie) représentant la conquête de l'Angleterre par les Normands. La tradition attribue cette œuvre à la reine Mathilde (XIe siècle). En 1946, le général de Gaulle y prononça un discours dont les termes annonçaient la Constitution de 1958.

Bayle (Pierre) 1647-1706 Philosophe français, précurseur des encyclopédistes du XVIIIe siècle: *Dictionnaire historique et critique* (1695-1697).

Bayon Temple khmer du XIIe siècle, dans le site d'Angkor, édifié sous le règne de Jayavarman VII. Ses nombreuses tours sont ornées d'un visage du Bouddha.

Bayonne *40 051 h.* Port des Pyrénées-Atlantiques, sur l'Adour. Exportation du soufre fourni par le gaz de Lacq. Industries chimiques (engrais, ciment) et constructions aéronautiques. Ce port de pêche est aussi une station touristique. **Histoire** Appartenant à la maison d'Aquitaine, Bayonne fut une ville anglaise entre 1154 (date où Henri Plantagenêt, époux d'Aliénor, duchesse d'Aquitaine, devint roi d'Angleterre) et 1451 (date de la prise de Bayonne par Dunois). Charles IV d'Espagne y abdiqua en 1808 au profit de Joseph Bonaparte. Cathédrale gothique (XIIIe-XIVe siècle). Remparts de Vauban.

bayou n. m. Étendue d'eaux plus ou moins stagnantes constituée par un méandre abandonné du Mississippi ou par le bras secondaire d'une rivière, en Louisiane.

Bayreuth *73 000 h.* Ville d'Allemagne, en Bavière, siège d'un festival annuel de musique wagnérienne depuis la construction en 1876 d'un théâtre réservé à Wagner, protégé alors par Louis II.

Bazaine (Achille) 1811-1888 Maréchal de France. Sous Napoléon III, il commanda en chef au Mexique. En 1870, pendant la guerre franco-prussienne, il laissa enfermer son armée dans Metz et capitula sans avoir combattu. Condamné à mort en 1873, il vit sa peine commuée en détention perpétuelle, s'évada et mourut en exil à Madrid.

Bazaine (Jean) 1904-2001 Peintre français qui, refusant l'étiquette d'« abstrait », s'attache à transcrire dans ses œuvres l'émotion éprouvée devant la nature; on lui doit aussi des vitraux et des mosaïques.

bazar n. m. (mot persan) Marché couvert oriental. / Magasin où l'on vend des articles très divers. / Fam. Lieu ou objets en désordre.

bazarder v. t. [1] Fam Céder à bas prix (une marchandise). *Bazarder son stock.*

Bazille (Frédéric) 1841-1870 Peintre français préimpressionniste (*Réunion de famille*, 1867) qui fait montre d'un sens très subtil de la couleur; il a été tué lors de la guerre franco-prussienne.

Bazin (Jean-Pierre Hervé-Bazin, dit **Hervé)** 1911-1996 Romancier français, peintre des mœurs bourgeoises ou provinciales: *Vipère au poing* (autobiographique, 1948), *la Mort du petit cheval* (1950), *le Matrimoine* (1967).

bazooka n. m. (mot américain) Lance-roquettes antichar portable.

B.B.C. Sigle de *British Broadcasting Corporation*.

B.C.G. (sigle de *[vaccin] bilié Calmette-Guérin*) Vaccin obtenu à partir de bacilles tuberculeux d'origine bovine cultivés sur des milieux contenant de la bile et employé pour la vaccination antituberculeuse des enfants.

B.D. n. f. (Sigle) Bande dessinée. *Aimer la B.D. ou les B.D. (ou bédés).*

Beach (Sylvia) 1887-1962 Libraire américaine. Elle fonda à Paris la librairie Shakespeare & Co et publia en 1922 l'*Ulysse* de Joyce. Internée par les Allemands en 1943, elle passa plusieurs mois en prison. Elle fut également l'éditeur de Beckett au début de sa carrière.

beagle n. m. (mot anglais) Chien courant de souche anglaise, basset à jambes droites.

béant, e adj. Largement ouvert. *Une gueule béante.*

Beardsley (Aubrey Vincent) 1872-1898 Peintre et dessinateur anglais, dont le trait élégant et rapide est représentatif de l'Art nouveau; inspiré par les estampes japonaises, il a illustré aussi bien *La Morte d'Arthur* de Malory que (avec des dessins érotiques) la *Salomé* d'Oscar Wilde, *Lysistrata* d'Aristophane ou l'œuvre de Juvénal.

Béarn Ancienne province du sud-ouest de la France entre les Pyrénées et le Pays basque. Capitale *Pau.* Le comté de Béarn, constitué au Xe siècle, fut réuni à la France par Henri IV.

béarnais, e adj. et n. Du Béarn. *Région béarnaise. Un (e) Béarnais (e).* / CUIS. *Sauce béarnaise*: sauce à base de vinaigre, d'échalote, d'estragon, d'œufs et de beurre, servie avec de la viande ou du poisson.

Beat generation Courant de pensée apparu aux États-Unis entre les années 1950 et 1960. *Beat* impliquant à la fois la béatitude et l'accablement, les beatniks aspirent à une vie nouvelle (avant les hippies). En littérature, J. Kerouac, A. Ginsberg et W. Burroughs sont les représentants les plus célèbres de ce mouvement informel, né 35 ans après la *lost generation.*

béat, e adj. En état de béatitude. / Exprimant un grand bien-être. *Un sourire béat.* / Par ext. Un peu niais. *Optimisme béat.*

béatement adv. de manière béate.

béatification n. f. RELIG. Acte solennel du pape qui met un défunt au rang des bienheureux.

béatifier v. t. [1] RELIG. Mettre (un défunt) au rang des bienheureux.

béatifique adj. THÉOL. Qui donne la félicité céleste. *Vision béatifique*: vision de Dieu dont jouissent les élus au paradis.

béatitude n. f. RELIG. Bonheur éternel des élus. / *Les Béatitudes*: les huit vertus exaltées par le Christ dans le *Sermon sur la montagne.* / État de bonheur parfait.

Beatles (les) Groupe de compositeurs et chanteurs anglais (1962-1970) formé de **Ringo Starr** (1940) à la batterie, **Paul Mac Cartney** (1942) à la guitare basse, **John Lennon** (1940-1980) à la guitare d'accompagnement et **George Harrison** (1943-2001) à la guitare-solo. Richard Leister leur a consacré un film: *Quatre garçons dans le vent* (1964).

***Les Beatles**. De gauche à droite: Richard Starkey, dit Ringo Starr, John Lennon, Paul McCartney et George Harrisson.*

beatnik n. Personne dont le mode d'existence est celui de la *beat generation. Par leur comportement, leurs vêtements, leurs bijoux, leur musique, les beatniks prenaient le contre-pied des habitudes de vie de la classe moyenne.*

Beaton (Cecil) 1904-1980 Photographe britannique, portraitiste des stars et des célébrités et photographe officiel de la famille royale britannique. Il fut aussi photographe de mode et dessinateur de costumes et de décors pour le théâtre et le cinéma.

Béatrice Portinari 1265?-1290? Dame italienne qui, encore enfant, inspira à Dante une violente passion; morte peu après son mariage, elle figure, comme symbole de la Beauté spirituelle et intercesseur du poète dans sa quête du salut, dans la *Vita nuova* et dans *La Divine Comédie.*

Béatrix Ire ou Béatrice 1938 Reine des Pays-Bas. En 1980, elle succède à sa mère Juliana.

*Dans La Divine Comédie, Dante, ayant pris Virgile comme guide pour son voyage (Enfer et Purgatoire), sera conduit au Paradis par **Béatrice Portinari.** Miniature du XIVe siècle.*

Beatty (David) 1871-1936 Amiral anglais qui remporta la bataille navale du Jutland, contre l'Allemagne (1916).
beau ou **bel, belle, beaux** adj. et n. **A.** adj. Qui est esthétiquement plaisant (par oppos. à *laid*). *Un bel enfant. Un beau chien.* / Vieilli *Le beau sexe*: les femmes. / Réussi, suscitant l'admiration. *Une belle partie. Un beau geste.* / Agréable. *Un beau temps.* / Distingué, raffiné. *Un beau parleur*: quelqu'un qui parle bien. / Pop. *Le beau monde*: la haute société. / Important. *Une belle prime.* / (Par antiphrase) *Un beau couac.* (Fam.) *Ça va lui faire une belle jambe*: ça ne lui servira à rien. / Loc. *Avoir la partie belle*: avoir la partie facile. *L'échapper belle*: éviter de peu un danger. *Au beau milieu*: en plein milieu. *À belles dents*: avec appétit. *Avoir beau faire, beau dire*, quoi qu'on fasse, quoi qu'on dise. *Bel et bien*: incontestablement. *Il a bel et bien gagné son pari. De plus belle*: encore plus. *Le vent souffle de plus belle.* **B.** n.m. Ce qui suscite un plaisir esthétique, admiratif. *Avoir le goût du beau.* / *Un vieux beau*: un homme âgé qui veut séduire en paraissant jeune. / loc. *Faire le beau*: (en parlant d'un animal) prendre la pose pour s'attirer les bonnes grâces du maître. **C.** n. f. *Une belle*: une belle femme. *Belle de nuit*: prostituée. / *La belle*: la partie décisive quand deux adversaires sont à égalité. *Jouer, faire la belle.* / (Pop.) *Se faire la belle*: s'évader de prison.
Beaucaire *14 000 h.* Ville du Gard, sur le Rhône, en face de Tarascon, lieu de foires célèbres au Moyen Âge. Château (XIIIe-XIVe siècle).
Beauce Région du Bassin parisien, couverte de limons favorables à la grande culture (blé, betteraves).
beauceron, onne adj. et n. De Beauce. *Un (e) Beauceron (ne).* / n. m. Chien de berger à poil court, à la robe noire et feu, appelé aussi *bas rouge*.
Beauchamp (Charles Louis Beauchamps, dit **Pierre)** 1636-1719 Maître de ballet et chorégraphe français, surintendant des ballets du roi. Chorégraphe des opéras de Lully, il codifia les cinq positions des pieds.
beaucoup adv. *Beaucoup de*: une grande quantité de. *Beaucoup de passants.* / n. (suivi d'un pluriel) *Beaucoup sont arrivés en retard.* / (Avec un verbe, un adverbe) *Il a beaucoup mangé. J'ai soulevé un poids beaucoup trop lourd. Elle est beaucoup plus jolie que sa sœur.* / loc. adv. *De beaucoup*: sans conteste, nettement. *Je préfère cela, et de beaucoup.*
Beau de Rochas (Alphonse) 1815-1893 Ingénieur français. Il breveta en 1862 un procédé thermodynamique qui trouva sa réalisation dans le moteur à explosion (inventé par Benz en 1886).
beauf n. m. Fam. Beau-frère. / Argot, péjor. Personne aux idées étroites, faisant preuve de mesquinerie, de vulgarité.
beau-fils n. m. Fils qu'a eu, d'un précédent mariage, la personne qu'on épouse. / Gendre.
Beaufort (sir Francis) 1774-1857 Amiral britannique qui établit un système de mesure de la vitesse du vent associée à l'état de la mer, dit « échelle de Beaufort », allant de 0 (calme) à 12 (ouragan).
beau-frère n. m. Frère de l'époux ou de l'épouse. / Époux d'une sœur ou d'une belle-sœur.
Beaugency *7 000 h.* Petite ville du Loiret, riche en monuments médiévaux et de la Renaissance.

Beaumarchais.

Simone de Beauvoir.

Beauharnais (Alexandre, vicomte **de)** 1760-1794 Général français. Député de la noblesse aux états généraux, président de l'Assemblée constituante, général en 1792, il fut accusé d'avoir mal défendu Mayence, arrêté et guillotiné. **Beauharnais (Eugène de)** 1781-1824 Fils du précédent. Beau-fils de Napoléon Ier, il devint vice-roi d'Italie. **Beauharnais (Hortense de)** 1783-1837 Sœur du précédent. Reine de Hollande par son mariage avec Louis Bonaparte, elle fut constamment malheureuse en ménage. Elle est la mère de Napoléon III et (né d'une liaison avec le comte de Flahaut) du duc de Morny.
Beaujeu (Anne de) Voir **Anne de France**
beaujolais n. m. Vin produit dans le Beaujolais.
Beaujolais Région située sur la bordure orientale du Massif central. Capitale *Villefranche*. Région vinicole.
Beaumarchais (Pierre Augustin Caron de) 1732-1799 Auteur dramatique français. Il met sa gaieté, son esprit, son art du langage, son goût de l'intrigue et son sens du comique au service de thèmes annonciateurs de la Révolution: *le Barbier de Séville* (1775), *le Mariage de Figaro* (1784), *la Mère coupable* (1792). Ses *Mémoires* (1773-1774) relatent les divers épisodes de sa vie aventureuse: horloger, musicien, professeur de harpe des filles de Louis XV, inventeur, homme d'affaires, écrivain, éditeur, agent secret, marchand d'armes pour le compte des Insurgents d'Amérique, il fit même quelques jours de prison à Vienne pour une obscure histoire de correspondance secrète tombée en de mauvaises mains.
Beaumont (Francis) 1584-1616 Dramaturge anglais qui écrivit plus de cinquante pièces en collaboration avec Fletcher.
Beaune *22 000 h.* Ville de la Côte-d'Or, centre des négociants en vins de Bourgogne. Collégiale Notre-Dame du XIIe siècle. Hospice construit (1443-1451) à la demande du chancelier de Bourgogne, Nicolas Rolin.
beau-père n. m. Père de l'époux ou de l'épouse. / Second époux de leur mère pour les enfants d'un premier mariage.
Beauperthuy (Louis Daniel) 1807-1871 Médecin français. Il découvrit que la fièvre jaune est inoculée par la piqûre d'un moustique.
beaupré n. m. *Mât de beaupré* ou *beaupré*: mât placé à l'avant du navire, droit ou à l'oblique, et qui sert à tendre les focs.
beauté n. f. Caractère de ce qui est beau, esthétiquement ou moralement remarquable. *La beauté d'un visage. La beauté d'un geste. Une beauté*: une femme particulièrement belle. *La beauté du diable*: le charme de la jeunesse. *Se faire une beauté*: se maquiller. *Produits de beauté*: ensemble des fards servant à embellir le visage, la peau.
Beauvais *54 190 h.* Chef-lieu de l'Oise, sur le Thérain. Manufacture nationale de tapisseries créée par Colbert (1664). La cathédrale Saint-Pierre, commencée au XIIIe siècle, dont seul le chœur a été achevé, offre la plus haute élévation de voûte de l'époque gothique (48 m).
Beauvoir (Simone de) 1908-1986 Écrivain français dont l'œuvre littéraire et philosophique est tout entière habitée par la passion de la réflexion, la volonté de l'engagement et la nécessité d'explicitation du monde. Ses travaux sur la condition féminine (*Le Deuxième Sexe*, 1949) ont influencé plusieurs générations de femmes et largement contribué aux acquis du féminisme. Liée à Sartre depuis les années 1930, elle fut aussi romancière (*Les Mandarins*, 1954) et mémorialiste: *Mémoires d'une jeune fille rangée* (1958), *La Force de l'âge* (1960); ses *Lettres à Sartre* ont été éditées en 1990. Son abondante correspondance avec N. Algren (*Un amour transatlantique, lettres à Nelson Algren, 1947-1964*) a été publiée en 1997.
beaux-arts n. m. pl. Ensemble des arts plastiques: architecture, sculpture, peinture, dessin, gravure. *L'École nationale supérieure des beaux-arts* ou, ellipt., *les Beaux-Arts*: établissement d'enseignement supérieur où l'on enseigne les arts plastiques. *Faire les Beaux-Arts.*
Beaux-Arts (école nationale supérieure des) École d'enseignement supérieur de tous les arts plastiques, créée en 1806, à Paris.
bébé n. m. Nourrisson; très petit enfant. / En appos. Petit d'un animal. *Bébé phoque.*
bébé-éprouvette n. m. Enfant né au terme d'une grossesse obtenue par fécondation *in vitro.* Pl. Des *bébés-éprouvette.*
Bebel (August) 1840-1913 Homme politique allemand. Fondateur avec Liebknecht du parti social-démocrate allemand (1869).
be-bop ou **bop** n. m. (mot américain) Style de jazz, né aux États-Unis à la fin de la Seconde Guerre mondiale, fondé sur une complexité rythmique et harmonique nouvelle. *Le be-bop, dont le saxophoniste Charlie Parker et le pianiste Thelonius Monk furent les représentants les plus inventifs, a révolutionné le jazz.*
bec n. m. Bouche cornée, saillante, dépourvue de dents et formée de deux mandibules, caractéristique des oiseaux. / Extrémité en forme de pointe de certains objets. *Bec verseur d'une casserole.* / MUS. Embouchure des instruments à anche. *Flûte à bec.* / GÉOGR. Langue de terre située au confluent de deux cours d'eau. *Bec d'Allier.* / TECHN. *Bec Bunsen*: brûleur à gaz muni d'un dispositif réglant l'admission d'air. / *Bec de gaz*: ancien réverbère alimenté au gaz. / CONSTR. Partie basse d'une pile de pont, faisant saillie.
bécane n. f. Fam. Véhicule à deux roues. *Monter sur une bécane.* / Par ext. Machine, appareil. *Une vieille bécane.*
bécard ou **beccard** n. m. Saumon mâle dont la mâchoire inférieure prend parfois la forme d'un crochet. / Brochet de grande taille; truite de grande taille. / Harle (canard). / Rég. Mâle de la bécasse.
bécarre n. m. MUS. Altération passagère qui ramène à son ton naturel une note précédemment baissée par un bémol ou haussée par un dièse.

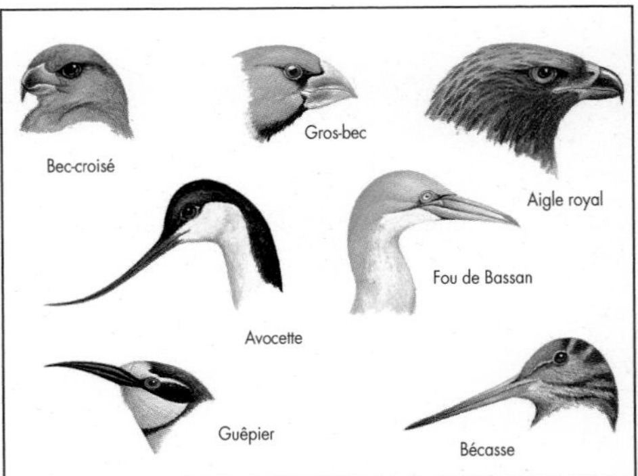

*Diverses formes de **becs**, adaptés à différents types d'alimentation.*

bécasse n. f. ZOOL. Oiseau de l'ordre des charadriiformes, à long bec droit, au corps lourd, au plumage brun-roux (couleur feuilles mortes) et à pattes courtes et fortes, vivant dans les régions boisées. *La bécasse croule.* / Fig., fam. Femme sotte.
bécasseau n. m. ZOOL. Oiseau limicole de l'ordre des charadriiformes, de petite taille, au bec fin et aux longues pattes. Il existe de nombreuses espèces de bécasseau. / Petit de la bécasse.
bécassine n. f. ZOOL. Oiseau de l'ordre des charadriiformes, brun, à long bec droit, vivant dans les marais.
Bécassine Héroïne d'albums pour enfants, dessinés pour *La Semaine de Suzette*, par Joseph-Porphyre Pinchon (1871-1953) à partir de 1905, et écrits par Caumery (Maurice Languereau, 1867-1941). Petite Bretonne étourdie et naïve, dévouée à sa patronne, la marquise de Grand-Air, et à la fille de celle-ci, Loulotte, Bécassine est une des plus anciennes héroïnes de la bande dessinée française.
Bécaud (François Silly, dit **Gilbert)** 1927-2001 Compositeur et chanteur français, à la forte présence scénique et aux compositions à la fois populaires (*L'important, c'est la rose*) et savantes (*L'Opéra d'Aran*).
beccard Voir **bécard**
Beccaria (Cesare Bonesana, marquis de**)** 1738-1794 Juriste italien. Son *Traité des délits et des peines* (1764), qui prône l'humanisation de la justice, eut une grande influence en Europe.
bec-croisé n. m. Oiseau de l'ordre des passériformes (famille des fringillidés) dont les extrémités des mandibules du bec se croisent, vivant dans les forêts de conifères. Pl. Des *becs-croisés.*
bec-de-cane n. m. Pêne d'une serrure qui se ferme sans clé, au moyen d'un bouton ou d'une béquille. / Poignée de porte d'une telle serrure, en forme de bec. Pl. Des *becs-de-cane.*
bec-de-corbeau n. m. Pince servant à couper le fil de fer. / Outil tranchant recourbé à l'une de ses extrémités. Pl. Des *becs-de-corbeau.*
bec-de-corbin n. m. TECHN. Ciseau à fer recourbé, utilisé notamment en armurerie. / MENUIS. Outil recourbé servant en partic. à faire des moulures. Pl. Des *becs-de-corbin.*
bec-de-lièvre n. m. MÉD. Malformation congénitale caractérisée par une fissure de la lèvre supérieure et (parfois) de la voûte du palais. Pl. Des *becs-de-lièvre.*
bec-de-perroquet n. m. MÉD. Ostéophyte apparaissant au niveau des vertèbres, en forme de crochet. Pl. Des *becs-de-perroquet.*
bec-en-ciseaux n. m. ZOOL. Oiseau marin ou fluviatile de l'ordre des charadriiformes, proche des mouettes et des sternes, dont le bec aplati latéralement a la mandibule inférieure plus longue que la mandibule supérieure. *Les becs-en-ciseaux capturent petits poissons et crevettes en rasant la surface de l'eau, bec ouvert.*
bec-fin n. m. Vx Nom commun de divers passereaux insectivores au bec droit et fin (rossignols, traquets, fauvettes, rouges-gorges, etc.). Pl. Des *becs-fins.* Syn. becfigue.
becfigue n. m. Vx Syn. de bec-fin.
béchamel n. f. CUIS. Sauce blanche épaisse et onctueuse, composée de farine, de lait et de beurre.
bêche n. f. Plaque d'acier rectangulaire, tranchante, munie d'un fort manche pour retourner la terre. / MILIT. *Bêche de crosse*: partie de l'affût d'un canon servant à l'ancrer dans le sol.
bêcher [1] v. t. [1] Retourner (la terre) avec une bêche.
bêcher [2] v. i. [1] Fam. Manifester du dédain à l'égard d'autrui. *Je n'aime pas ces gens-là, ils bêchent trop.*
Bechet (Sydney) 1897-1959 Saxophoniste et clarinettiste de jazz américain qui a contribué à la vogue du style New Orleans: *Petite Fleur*, *Les Oignons*.
bêcheur, euse n. Personne qui bêche, qui manifeste du dédain envers autrui. *Je n'aime pas les bêcheurs.*
Becker (Jacques) 1906-1960 Cinéaste français. Il fait preuve dans *Goupi-mains rouges* (1943), *Antoine et Antoinette* (1947), *Rendez-vous de juillet* (1949), *Casque d'or* (1952), *Touchez pas au grisbi* (1954), *Le Trou* (1960) d'un style réaliste et poétique.

Ludwig van Beethoven.

Beckett (Samuel) 1906-1989 Écrivain irlandais établi à Paris, d'expressions anglaise et française. Le style monotone, l'étrangeté des situations créent un univers absurde où l'humain n'a plus ni sens ni valeur. Romans (sans intrigue): *Murphy* (1938), *Molloy* (1951), *Malone meurt* (1951). Théâtre: *En attendant Godot* (1953), *Oh ! les beaux jours* (1961).
bécot n. m. Petit baiser.
bécoter v. t. [1] Fam. Donner des bécots (souvent pron.). *Amoureux qui se bécotent sans arrêt.*
Becque (Henry) 1837-1899 Dramaturge français, peintre réaliste de la bourgeoisie: *Les Corbeaux* (1882), *La Parisienne* (1885).
becquée n. f. Nourriture que prend dans son bec un oiseau. *Donner la becquée à ses petits.*
becquerel n. m. Unité de mesure de la radioactivité (symbole Bq).
Becquerel Famille de savants français. **Antoine** 1788-1878 Physicien, il fit de nombreux travaux sur l'électricité, le magnétisme et les applications de l'électricité à la chimie. **Edmond** 1820-1891 Fils du précédent. Physicien, il fut le premier à photographier le spectre solaire. **Henri** 1852-1908 Fils du précédent. Physicien, il découvrit, avec Pierre et Marie Curie, la radioactivité naturelle.
becquet ou **béquet** n. m. IMPRIM. Petit morceau de papier collé en marge d'un manuscrit ou d'une épreuve, pour signaler une correction ou un ajout. / THÉATR. Passage ajouté, ou modifié, par l'auteur pendant une répétition.
becqueter ou **béqueter** v. t. [1] Attraper, piquer à coups de bec, en parlant d'un oiseau. *Des moineaux becquètent les fruits du verger.* / Par ext., pop. Manger. *Il n'y a rien à becqueter.*
becter v. i. / v. t. [1] Fam. Manger. / v. t. *Y a rien à becter, ici ?*
bedaine n. f. Fam. Panse, ventre rebondi.
bédane n. m. TECHN. Outil tranchant servant à creuser des mortaises dans le bois ou le fer.
Bède (saint), dit **le Vénérable** 673-735 Érudit anglo-saxon. Bénédictin, il a consacré sa vie à l'enseignement et à l'écriture. Esprit éclectique et curieux, on lui doit aussi bien un traité d'histoire naturelle et une chronologie qu'un martyrologe et une hagiographie, mais son œuvre maîtresse est une *Histoire ecclésiastique des Angles* (731) qui englobe six siècles: elle va de la conquête par César à 597.
bedeau n. m. Employé laïque chargé du matériel et du bon ordre des cérémonies religieuses.
Bédier (Joseph) 1864-1938 Médiéviste français. Son travail monumental, *Les Légendes épiques* (1908-1915), a révolutionné les connaissances sur les chansons de geste.
bedon n. m. Bedaine.
bedonnant, e adj. Fam. Qui bedonne.
bedonner v. i. [1] Fam. Prendre du ventre.
bédouin, e adj. et n. Des Bédouins. *Campement bédouin.* / Subst. *Un (e) Bédouin (e).*
Bédouins Populations arabes nomades ou semi-nomades, originaires d'Arabie et aujourd'hui dispersées du Moyen Orient à l'Afrique du Nord, qui vivent de l'élevage du bétail.
bée adj. f. *Bouche bée:* bouche béante.
Beecher-Stowe (Harriet) 1811-1896 Écrivain américain. Fille et femme de pasteur, son roman *La Case de l'oncle Tom*, d'abord paru en feuilleton, qui narre la vie, les souffrances et les travaux des esclaves et dont le héros, Tom, possède les plus éminentes qualités humaines, a fait prendre conscience à l'opinion publique des problèmes soulevés par l'esclavage.
béer v. i. [1] Être grand ouvert. / Litt. Ouvrir grand la bouche ; être ébahi. *Béer de stupeur.*
Beersheba ou **Be'er Sheva** *144 700 h.* Ville d'Israël en bordure du Néguev.
Beethoven (Ludwig van) 1770-1827 Compositeur allemand. Son existence se déroule en majorité à Vienne où l'aristocratie, si ce n'est toujours le grand public, lui fait bon accueil. Elle est assombrie par la surdité qui l'atteint dès l'âge de vingt-huit ans et finira par l'enfermer dans un silence total. Art grandiose qui reste l'expression d'une vive sensibilité, la musique de Beethoven porte la technique de Haydn et de Mozart à son achèvement tandis que les élans du lyrisme personnel expriment, à travers les développements du discours musical, les premiers grands accords de l'âme romantique. Outre ses neuf symphonies, il faut citer les cinq concertos pour piano, le concerto pour violon, une très importante contribution à la musique de chambre (huit trios, dix-sept quatuors à cordes, etc.), trente-deux sonates pour piano, dix sonates pour violon et piano, cinq pour violoncelle et piano.
beffroi n. m. Tour roulante en bois, qui servait au Moyen Âge lors de l'attaque d'une forteresse. / Tour d'une ville comportant une cloche, où l'on faisait le guet et d'où on donnait l'alarme ; cette cloche. *Sonner le beffroi.* / Par ext. Clocher d'une église ; cloche de ce clocher.
bégaiement n. m. Trouble de la parole caractérisé à la fois par la répétition saccadée et explosive d'une syllabe ou d'un mot, et par la difficulté à émettre certains sons, qui se traduit par un temps de silence entre les mots d'une phrase. / Fig. (Généralement au pl.) Débuts hésitants.
bégayer v. i. / v. t. [1] **A.** v. i. Être bègue, sujet au bégaiement. / Par ext. Parler difficilement en butant sur les mots. *Bégayer sous le coup d'une émotion.* **B.** v. t. Dire de manière hésitante. *Bégayer un compliment.*
Begin (Menahem) 1913-1992 Homme politique israélien. Leader de la droite nationaliste, Premier ministre (1977-1983), il conclut (1979) avec l'Égyptien Sadate la paix entre l'Égypte et Israël. En 1982, Begin décida l'invasion du Liban.
Begnini (Roberto) 1952 Cinéaste et acteur italien. Héritier de Toto, de Groucho Marx et de Chaplin, il transforme, dans ses propres œuvres, le drame en comédie (*Le Petit Diable*, 1988). Son film *La Vie est belle* (1997), qui traite de l'holocauste sous

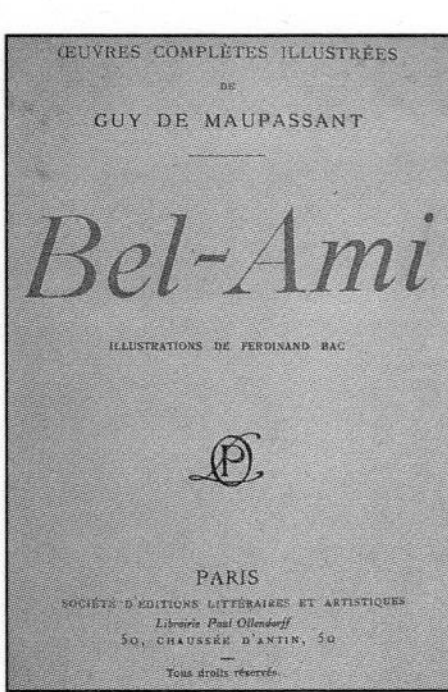

ŒUVRES COMPLÈTES ILLUSTRÉES
DE
GUY DE MAUPASSANT

Bel-Ami

ILLUSTRATIONS DE FERDINAND BAC

PARIS
SOCIÉTÉ D'ÉDITIONS LITTÉRAIRES ET ARTISTIQUES
Librairie Paul Ollendorff
50, CHAUSSÉE D'ANTIN, 50

Tous droits réservés.

Couverture d'une édition illustrée de **Bel-Ami**.

la forme d'une fable poétique, a remporté plusieurs récompenses à Cannes tout en suscitant de nombreuses controverses.

bégonia n. m. Plante dicotylédone à tige et feuilles charnues, dont plusieurs espèces sont cultivées pour leurs fleurs ou leur feuillage bigarré. *Bouturer des bégonias.*

bègue adj. et n. Qui est atteint de bégaiement. *Personne bègue.* / n. *Un (e) bègue.*

béguètement n. m. Cri de la chèvre.

bégueule adj. Excessivement prude. *Avoir l'air bégueule.*

béguin n. m. Capuchon tenu sous le menton par une bride, porté autrefois par les béguines. / Bonnet d'enfant, attaché sous le menton. / Fig. et fam. Emballement sentimental ; personne qui en est l'objet.

béguinage n. m. Communauté de béguines.

béguine n. f. Religieuse qui vit en communauté et ne prononce pas de vœux perpétuels (Belgique, Pays-Bas).

bégum n. f. Titre des princesses musulmanes, dans l'ancien empire des Indes (aujourd'hui Inde, Pakistan, Bangladesh).

Behan (Brendan) 1923-1964 Dramaturge irlandais, emprisonné (1942-1948) comme membre de l'IRA : *Le Climat du matin* (1955), contre la peine de mort ; *Un peuple partisan* (1958).

Behanzin ou **Béhanzin** v. 1844-1906 Roi du Dahomey. Vaincu par les Français (1894), il fut déporté et mourut à Blida.

béhaviorisme n. m. Théorie, due à l'Américain Watson (1913) fondée sur l'étude scientifique et expérimentale du comportement (*behaviour* en anglais), selon laquelle tout acte est une réponse à un ensemble de stimuli, excluant les données de l'introspection et, a fortiori, la psychanalyse. Syn. comportementalisme.

Béhistoun ou **Behistun** Village du Kurdistan, en Iran, où une inscription sculptée sur des rochers, rédigée en trois langues (vieux perse, babylonien et élamite), a permis de déchiffrer l'écriture cunéiforme.

Behrens (Peter) 1868-1940 Architecte allemand, un des principaux maîtres de l'architecture industrielle, qui fut le professeur de Le Corbusier, Gropius et Mies van der Rohe.

Behring (détroit de) Voir **Béring**

Behring (Vitus) 1681 ?-1741 Navigateur danois au service de la Russie qui dirigea une première expédition au Kamtchatka dans l'espoir de découvrir à quel endroit se réunissaient l'Asie et l'Amérique. Un troisième voyage lui permit de constater que les deux continents étaient séparés par un détroit (qui, aujourd'hui, porte son nom) et le conduisit jusqu'en Alaska, aux îles Aléoutiennes et à l'île Kodiak.

Behring (Emil von) 1854-1917 Médecin et bactériologiste allemand, auteur de travaux sur les antitoxines et sur les sérums.

beige adj. De la couleur brun très clair de la laine naturelle.

beigne n. f. Fam. Gifle. *Tu vas prendre une beigne !*

beignet n. m. Mets fait d'une pâte à crêpes épaisse, frite, enrobant un morceau de fruit, de viande, de légume, etc. *Beignets de courgette.*

Bejaia (anc. *Bougie*) *118 200 h.* Ville d'Algérie, chef-lieu de la wilaya du même nom, sur la Méditerranée, à l'est d'Alger. Port pétrolier relié à Hassi-Messaoud.

Béjart Famille d'artistes à laquelle appartenaient deux comédiennes de la troupe de Molière. **Madeleine** (1618-1672) dirigea l'Illustre Théâtre et interpréta des rôles de soubrette dans les pièces de Molière. **Armande** (1642 ?-1700), fille (ou sœur ?) de la précédente, créatrice du rôle de Célimène, directrice de l'Illustre Théâtre jusqu'en 1680 ; Molière l'épousa en 1662.

Béjart (Jean Berger, dit Maurice) 1927 Chorégraphe français, qui cherche à exalter le corps humain. Fondateur (1954) des Ballets de l'Étoile devenus en 1957 le Ballet-Théâtre de Paris, il fut directeur du ballet (1960-1987) au Théâtre royal de la Monnaie à Bruxelles et anima (1960-1980) le Ballet du XXe siècle, devenu en 1987 le Béjart Ballet Lausanne.

béké n. Créole des Antilles françaises.

bel [1] n. m. Unité logarithmique permettant de mesurer le gain de puissance d'un appareil électrique ou électro-acoustique, ou le niveau relatif de deux puissances, dont on utilise de préférence un sous-multiple : le *décibel* (dB).

bel, belle [2] Voir **beau**

Bêl Titre du dieu Mardouk lorsqu'il fut placé au sommet du panthéon babylonien où il supplanta Enlil.

Béla Nom de plusieurs rois de Hongrie. **Béla Ier**, roi de 1061 à 1063. Il affermit le christianisme et dut abdiquer en faveur d'un prince soutenu par les Allemands. **Béla II l'Aveugle**, roi de 1134 à 1141. **Béla III**, roi de 1173 à 1196. Tourné vers l'Occident, il épousa une sœur de Philippe Auguste, roi de France, tenta d'organiser

Une rue de **Belfast**, *la capitale de l'Irlande du Nord. Au fond, l'hôtel de ville.*

l'administration de son pays et combattit les Byzantins. **Béla IV**, roi de 1235 à 1270. D'abord vaincu par les Mongols (1241), il revint de son exil en Dalmatie pour réorganiser l'armée (création d'une cavalerie lourde) et affermit les privilèges des grands féodaux.

Bel-ami 1885 Roman de Maupassant : la carrière d'un journaliste est assurée par son succès auprès des femmes.

Belau Voir **Palau**

bel canto n. m. inv. (mots italiens) Technique du chant dans l'opéra italien du XVIIe au XIXe siècle, privilégiant notamment la virtuosité.

Belém *1 297 600 h.* Ville du Brésil, capitale de l'État de Pará. Grand port fluvial. Université.

Belém Quartier occidental de Lisbonne. Tour (sur le Tage) et monastère hiéronymite (XVIe siècle) de style manuélin.

bêlement n. m. Cri du mouton, de la brebis et de l'agneau.

bélemnite n. f. PALÉONT. Ordre de mollusques céphalopodes fossiles, à coquille interne, vivant au Mésozoïque (presque partout, les bélemnites se sont éteintes à la fin du Crétacé). *Le rostre des bélemnites (l'une des parties de leur coquille) est un fossile courant dans les strates mésozoïques.*

bêler v. i. [1] Pousser un bêlement. / Fig. Gémir ou chanter d'une voix qui tremble.

belette n. f. Petit mammifère de l'ordre des carnivores (famille des mustélidés), au corps allongé, souple et flexible, à la fourrure brun fauve. *La belette se nourrit de rongeurs qu'elle va dénicher dans leurs terriers.*

Belfast *325 000 h.* Capitale de l'Irlande du Nord ; port dans l'estuaire du Belfast Lough. Industries textiles, constructions navales.

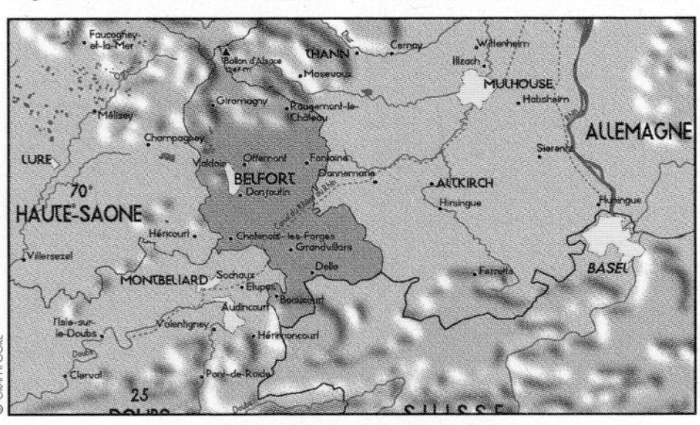

Département du **Territoire de Belfort**.

Belfort *50 825 h.* Chef-lieu du territoire de Belfort, au cœur de la trouée de Belfort, passage entre les Vosges et le Jura. Centre d'industries textiles et de constructions électriques. **Histoire** La ville est rattachée à la France en 1648 après avoir appartenu à l'Autriche. Fortifiée par Vauban, elle soutint victorieusement trois sièges (1814, 1815, 1870). En 1870, elle résiste 103 jours sous le commandement de Denfert-Rochereau. Cette résistance lui valut de rester française alors que l'Alsace était cédée à l'Allemagne par le traité de Francfort.

Belfort (Territoire de) [90] *609 km² 134 800 h.* Chef-lieu *Belfort*. Le plus petit des départements français. Textiles. Électronique. Doté d'un statut particulier après le traité de Francfort, le territoire de Belfort est devenu département en 1922.

belge adj. et n. De Belgique. *Ville belge. Un (e) Belge.*

belgicisme n. m. LING. Mot ou tournure propre au français parlé en Belgique.

• **Belgique** État fédéral d'Europe occidentale, situé au nord-est de la France et au sud des Pays-Bas. Tout en restant une monarchie constitutionnelle, la Belgique est devenue un État fédéral à la suite de plusieurs révisions constitutionnelles. Cet État réunit trois communautés culturelles (flamande, française et allemande) et trois Régions : Flandre, Wallonie et Bruxelles-Capitale ; ces deux dernières forment la Communauté française de Belgique Wallonie-Bruxelles.

Belgrade (en serbe, *Beograd*) *1 136 800 h.* Capitale de la république de Serbie et de la république fédérale de Yougoslavie, au confluent de la Save et du Danube. Grand centre industriel (métallurgie) doté d'un port actif. Ancienne place forte romaine, prise par les Turcs en 1521, reprise par les Autrichiens (1737-1739 et 1789-1791), Belgrade, bien que la Serbie ait acquis son autonomie en 1815, est demeurée garnison turque jusqu'en 1867. L'agglomération s'est enrichie d'une ville nouvelle, construite sur la rive gauche de la Save à partir de 1945.

Belgrand (Eugène) 1810-1878 Ingénieur français qui réalisa l'installation des égouts de Paris.

bélier n. m. Mouton mâle. / HIST. Machine de guerre médiévale, constituée d'une forte poutre, et destinée à enfoncer les portes et ouvrir des brèches dans les enceintes fortifiées. / TECHN. Machine servant à enfoncer des pieux de fondation dans le sol. / *Bélier hydraulique* : dispositif pour élever le niveau d'eau d'une colonne.

B

Belgique

Superficie : *30 528 km²* – **Nombre d'habitants :** *10 225 000 h.*
Capitale : *Bruxelles* – **Villes principales :** *Anvers, Gand, Bruges, Liège*
Système politique : *monarchie constitutionnelle fédérale* – **Langue (s) :** *néerlandais, français, allemand*
Religion (s) : *catholicisme* – **Monnaie (s) :** *euro*

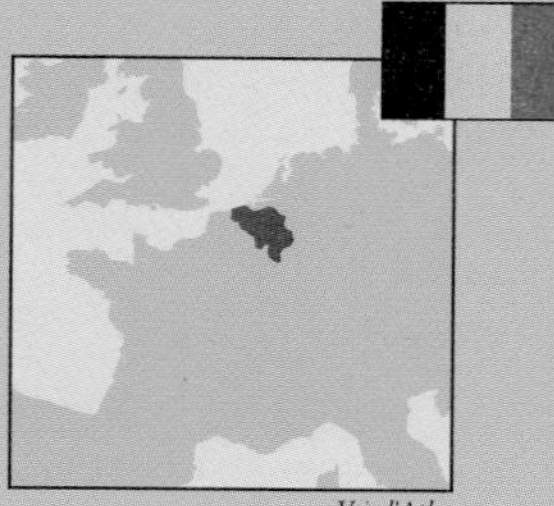

Voir l'Atlas

Géographie physique

Trois régions physiques forment la Belgique, tout entière dominée par un climat océanique humide. Au nord et au centre, le bassin belgo-hollandais, bordé par une côte rectiligne, comprend plusieurs riches plaines agricoles (polders, Flandre, Hainaut, Hesbaye) drainées par les vallées industrielles de la Haine, de la Sambre et de la Meuse. Au sud, dans le massif hercynien, des bas plateaux (Condroz) et une dépression schisteuse (Famenne et Fagne) constituent l'avant-pays des Ardennes. Enfin au sud-est, la Lorraine belge est formée de côtes gréso-calcaires et de faibles et moyennes dépressions.

Économie

La population belge, dense et surtout urbaine, est divisée en deux groupes : les Wallons, francophones (33 %) et les Flamands, néerlandophones, auxquels s'ajoute une minorité germanophone. Pays de haut niveau de vie, la Belgique a une agriculture intensive où dominent les céréales, la betterave à sucre, le lin et le houblon ; l'élevage bovin est très productif et l'élevage ovin et porcin en expansion. Ancienne et fondée sur l'extraction de la houille du sillon Sambre-Meuse et du bassin de la Campine, l'industrie métallurgique et, de là, mécanique est concentrée à Liège, Mons et Charleroi ; son irrémédiable déclin depuis les années 1950 a porté un grave préjudice à la Wallonie. Dans le même temps, la Région flamande a vu se développer les industries de pointe et le secteur tertiaire. La densité du réseau ferroviaire (premier rang mondial), l'équipement fluvial et routier, la position politique de Bruxelles favorisent la croissance du commerce extérieur.

Histoire

La Gaule Belgique, région située entre la Seine et le Rhin, occupée par des populations celtiques et germaniques, est conquise en 57 avant J.-C. par César et divisée en quatre provinces romaines par Auguste (Germanie Iʳᵉ, Germanie IIᵉ, Belgique Iʳᵉ, Belgique IIᵉ).

Dominée dès le Vᵉ siècle par les Francs Mérovingiens et laissée un peu à la périphérie du royaume, la Belgique retrouve son importance sous Charlemagne au IXᵉ siècle. Depuis le VIIᵉ siècle, elle est chrétienne dans son ensemble. L'éclatement de l'empire carolingien donna naissance à plusieurs principautés dont la plupart passèrent, par le jeu des mariages et des héritages, sous l'autorité de la maison de Bourgogne, puis (1477) de la maison d'Autriche. Lorsque Charles Quint en hérite (1516), on nomme cet ensemble Pays-Bas espagnols. À son abdication (1555), le duc d'Albe, gouverneur des Pays-Bas, prend des mesures draconiennes contre les protestants. Les provinces du Nord (Pays-Bas actuels), calvinistes, font sécession (1572) puis deviennent les Provinces-Unies (1585). Les provinces du Sud (Belgique actuelle) restent espagnoles puis, à la suite des traités d'Utrecht et de Rastatt (1713 et 1714) deviennent autrichiennes. Le « despotisme éclairé » de Joseph II heurte les populations dont il ne respecte pas, sur le plan juridique et, surtout, sur le plan religieux, les traditions et les coutumes ; ces réformes provoquent une insurrection en 1789 et aboutissent en janvier 1790 à la proclamation des États belgiques unis. La Belgique, réoccupée par l'Autriche dès la fin de cette même année 1790 après l'échec de cette révolution, est ensuite dominée par la France (1792-1793), reprise par l'Autriche, puis annexée à la France en 1795. Divisé en neuf départements, le pays subit d'abord un régime brutal d'occupation militaire avant de connaître, sous l'Empire, un renouveau économique d'importance. Réunie à la Hollande en 1815 pour constituer un seul royaume sur lequel règne Guillaume d'Orange, la Belgique catholique se soulève contre son souverain calviniste et proclame son indépendance en 1830, indépendance reconnue par la conférence de Londres en 1831 ; Léopold de Saxe-Cobourg-Gotha devient Léopold Iᵉʳ, roi des Belges. Dans cette monarchie constitutionnelle, le roi exerce le pouvoir exécutif par l'intermédiaire de ses ministres responsables devant les Chambres. Le Sénat et la Chambre des représentants exercent conjointement le pouvoir législatif. En 1908, Léopold II (roi en 1865) lègue à la Belgique sa colonie personnelle, l'État indépendant du Congo, qui devient alors colonie belge. Le roi Albert Iᵉʳ se range aux côtés des Alliés en 1914 après que la neutralité de son pays a été violée par les troupes allemandes et le pays est de nouveau envahi et occupé en 1940 malgré une neutralité réaffirmée en 1936 ; Léopold III, qui avait succédé à son père en 1934, est contraint de signer une capitulation sans condition et assigné à résidence au château de Laeken avant d'être emmené en Allemagne en 1944. La régence est confiée à son frère et le pays occupé pendant quatre ans. De retour en 1945, le roi doit affronter une opinion hostile qui lui reproche d'être resté en Belgique sous l'occupation, alors que le gouvernement s'était réfugié à Londres et la régence est prolongée jusqu'à ce que Léopold III abdique (1951) au profit de son fils Baudouin. À partir de 1945, le redressement économique fut rapide, mais l'équilibre politique fut menacé par des crises graves : problème dynastique (résolu en 1951) et surtout problème linguistique né de la volonté des néerlandophones, majoritaires, d'imposer en Flandre l'usage unique du néerlandais à l'exclusion du français, problème que les réformes constitutionnelles n'ont pas entièrement résolu. Ces réformes se sont en effet succédé ; en 1970, une première réforme règle le statut de Bruxelles ; en 1977, le pacte d'Egmont découpe le pays en trois régions ; en 1980 cette régionalisation est adoptée par le Parlement pour la Flandre et la Wallonie ; en 1989, le statut de Bruxelles est définitivement adopté ; en 1993, la Belgique unitaire devient un État fédéral. Depuis 1950, le Parti social-chrétien flamand exerce le plus souvent le pouvoir au sein d'une coalition toujours délicate à former. En 1993, à la mort de Baudouin Iᵉʳ, qui n'a pas laissé de descendants, Albert II a succédé à son frère aîné. Depuis longtemps attachée à la construction de l'Europe, la Belgique a appartenu à toutes les organisations successives qui ont structuré et continuent de structurer la coopération européenne.

Les Halles de la grand-place de Bruges.

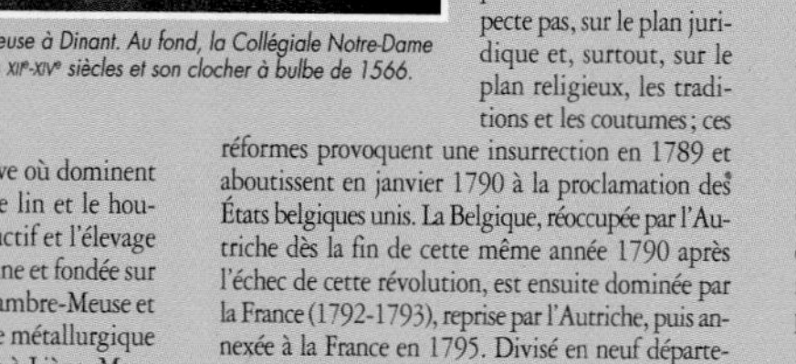

La Meuse à Dinant. Au fond, la Collégiale Notre-Dame des XIIᵉ-XIVᵉ siècles et son clocher à bulbe de 1566.

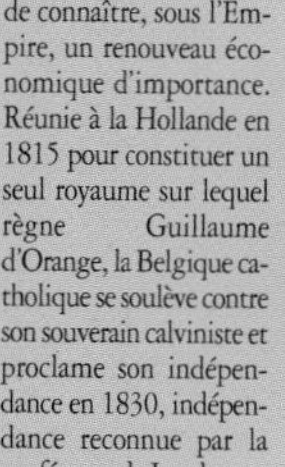

Une rue pittoresque de La Roche, petite ville du sud de la Belgique, dans le massif ardennais.

B

BELGIQUE (SUITE)

Culture (depuis 1830)
Le symbolisme est illustré par Félicien Rops (1833-1898). James Ensor (1860-1949), avec son *Entrée du Christ à Bruxelles* (1888) préfigure l'expressionnisme, qui caractérise la manière de Constant Permeke (1886-1952) après 1918 et celle de Gustave De Smet (1887-1943), alors que Rik Wouters (1882-1916) crée le « fauvisme brabançon ». Le surréalisme a, en Belgique, deux représentants illustres : René Magritte et Paul Delvaux. Après eux, vient un peintre « littéraire », Pierre Alechinsky, et un aquarelliste « poète », Jean-Michel Folon. Les grands noms de la sculpture sont Georges Minne (1866-1941), Rik Wouters et Pol Bury (né en 1922). Alors que le XIXe siècle a laissé des traces plus ou moins heureuses sur l'architecture et l'urbanisme de Bruxelles, comme en témoigne le gigantesque palais de justice édifié par Poelaert, l'architecture moderne a vu en Henri Van de Velde un de ses pionniers : à 32 ans il publie *L'Art futur* (1895) et réalise de 1937 à 1954 son chef-d'œuvre, le musée Kröller-Müller à Otterlo, aux Pays-Bas. L'Art nouveau a été brillamment illustré par Victor Horta et Paul Hankar. Les réalisations les plus récentes (par exemple le campus universitaire de Louvain-la-Neuve, ville nouvelle construite à partir de 1970) montrent la vigueur de l'architecture belge. La musique a toujours suscité en Belgique un vif intérêt. Témoins en sont les institutions célèbres du théâtre de la Monnaie, des concerts du Conservatoire de Bruxelles et les nombreux interprètes que la Belgique a donnés au monde musical, tel Eugène Ysaye. Quant à la composition, de l'inspiration mélancolique de César Franck et de son élève Guillaume Lekeu aux recherches électroacoustiques d'Henri Pousseur (*Leçons d'enfer*, 1991), elle est demeurée au diapason du monde moderne.

Le quai aux herbes ou Graslei de la ville de Gand, au bord de la Lys.

Littérature
Le premier grand livre belge est *La Légende d'Ulenspiegel* (1867) de Charles De Coster. Bientôt s'illustrent les poètes Émile Verhaeren et Maurice Maeterlinck (auteur du drame *Pelléas et Mélisande*, 1852), le romancier naturaliste Camille Lemonnier (*Happe-chair*, 1886) et l'auteur de romans d'atmosphère Georges Rodenbach (*Bruges-la-Morte*, 1892). Le genre fantastique caractérise les générations suivantes : les romanciers Franz Hellens, Jean Ray, Marcel Thiry, qui, à 78 ans, réunit son œuvre de poète sous le titre *Toi qui pâlis au nom de Vancouver* (1975), le dramaturge Michel de Ghelderode (*Fastes d'enfer*, 1938). Paul Nougé et Louis Scutenaire sont de grands poètes surréalistes, moins célèbres que Norge (*Les Oignons*, 1953 ; *Le Vin profond*, 1968).
Le romancier le plus important est Georges Simenon, l'auteur de langue française le plus lu dans le monde ; il commença en 1928 la série des Maigret (plus de 100 titres) et écrivit bien d'autres romans d'atmosphère. Plus près de nous, citons Dominique Rolin (*Les Marais*, 1942 ; *Deux Femmes un soir*, 1992), Françoise Mallet-Jorris (*Les Mensonges*, 1956), fille de Suzanne Lilar (*Une enfance gantoise*, 1976, est son chef-d'œuvre tardif), Eugène Savitzkaya, Pierre Mertens, Jean-Philippe Toussaint, François Weyergans, Amélie Nothomb. La bande dessinée est l'un des fleurons de la Belgique francophone. À la suite d'Hergé qui, de 1929 à sa mort (1983), donna vie à *Tintin*, Franquin (*Spirou*, 1946), Morris (*Lucky Luke*, 1947), E.P. Jacobs (*Blake et Mortimer*, 1946), Peyo (*Les Schtroumpfs*, 1958) ont conquis le monde. En Flandre, où la littérature fut brimée par l'occupation espagnole pendant plusieurs siècles, elle est réveillée par Hendrik Conscience (*Le Lion de Flandre*, 1838) puis par la création (1893) de la revue *Van Nu en Straks* (« Aujourd'hui et Demain ») ; cette même année, Cyriel Buysse publie un roman naturaliste, *Le Droit du plus fort*. Ensuite apparaissent le plus grand poète flamand, Karel Van de Woestijne (auteur de *L'Homme de boue*, 1920 et, en prose, de *Janus au double visage*, 1908) et le « prince des conteurs flamands », Félix Timmermans (*Le Petit Jésus en Flandre*, 1917). La génération suivante est illustrée par Louis Paul Boon, dont la verve fustige les bien-pensants (*Ma petite guerre*, 1946), puis le poète Hugo Claus porte l'expressionnisme à son plus haut niveau (*Dent pour dent*, drame, 1970).

La façade Louis XVI du palais royal à Bruxelles.

Cinéma
Le cinéma belge a eu depuis les débuts du parlant de grands documentaristes : Charles Dekeukeleire (*Terres brûlées*, 1934), Henri Storck (*Borinage*, 1933). Il faut attendre les années 1960 pour que Paul Delvaux donne à la Belgique ses premiers longs métrages. Puis viennent Chantal Akerman et Jean-Jacques Andrien. Récemment, grâce à l'aide de la Communauté française de Belgique, la production est devenue abondante. Les réalisateurs les plus célèbres sont Jacob Van Dormael (*Le Huitième Jour*, 1996) et les frères Dardenne (*La Promesse*, 1996, *Rosetta*, Palme d'or à Cannes, 1999).

Bélier (le) Constellation équatoriale (voir **constellation**). / ASTROL. Premier signe du zodiaque.
bélière n. f. Clochette du bélier marchant en tête du troupeau. / Anneau qui maintient le battant d'une cloche ; anneau où s'attache une montre, une breloque.
Belin (Édouard) 1876-1963 Ingénieur français, inventeur du bélinographe.
bélinographe n. m. Appareil servant à émettre et à recevoir des photos ou des dessins par le circuit téléphonique. (Une cellule photoélectrique faisait correspondre l'intensité lumineuse des points de l'image à celle d'un courant électrique, qui était transmis directement au récepteur).
Bélisaire v. 500-565 Général byzantin. Il reprit l'Afrique du Nord aux Vandales (533-534) et l'Italie aux Ostrogoths (535-540), mais les Goths reprirent Rome (546-548). Jaloux de sa gloire, Justinien lui ôta son commandement.
bélître n. m. Vx Coquin.
• **Belize** État d'Amérique centrale, situé à l'est du Guatemala, membre du Commonwealth.
Bell (Alexander Graham) 1847-1922 Physicien américain d'origine écossaise, que l'invention d'un appareil à l'usage des sourds-muets conduisit à inventer le téléphone (1876).
belladone n. f. Plante herbacée et vivace d'Europe, de la famille des solanacées, croissant dans les fourrés et les lieux incultes, et dont les baies noires, de la taille d'une cerise, sont très toxiques : elles fournissent l'atropine.
bellâtre n. m. Homme que sa beauté rend fat.
Bellay (Joachim du) 1522-1560 Poète français de la Pléiade. Il rédigea le manifeste de cette école : *Défense et illustration de la langue française* (1549). On retient surtout le charme de ses poésies lyriques : *Regrets* (1558).
Belle au bois dormant (la) 1697 Conte de Charles Perrault : un prince amoureux tire une jeune fille du long sommeil où un sort l'a plongée.
Belle et la bête (la) Conte de Jeanne-Marie Leprince de Beaumont (1757), dont Cocteau a tiré un film en 1946.
Belleau (Remy) 1528-1577 L'un des poètes français de la Pléiade : *La Bergerie* (1565).
belle-dame n. f. BOT. Vx, rég. Appellation commune de l'arroche et de la belladone. / ZOOL. Papillon diurne, à ailes dentelées et aux riches coloris. Syn. vanesse. Pl. Des *belles-dames*.
belle-de-jour n. f. Appellation commune du liseron (dont les fleurs ne s'ouvrent que le jour). Pl. Des *belles-de-jour*. / Pop. (Sur le modèle de belle de nuit) Prostituée active le jour.
belle-de-nuit n. f. Appellation commune du mirabilis (dont les fleurs s'ouvrent à la tombée de la nuit). Pl. Des *belles-de-nuit*. / Pop. Prostituée active la nuit.
belle-famille n. f. Famille de l'époux ou de l'épouse. Pl. Des *belles-familles*.
belle-fille n. f. Fille qu'a eue, d'un précédent mariage, la personne qu'on épouse. / Bru. Pl. Des *belles-filles*.
Belle-Île ou **Belle-Île-en-Mer** *4 489 h.* La plus grande des îles bretonnes (8 461 ha) au large du Morbihan.

Simon Bolivar.

boîtier n. m. Boîte compartimentée destinée à ranger des objets de même nature. / TECHN. Petite cuvette métallique dans laquelle s'encastre le mouvement d'une montre. *Boîtier d'un appareil photographique*: corps de l'appareil, destiné à recevoir l'objectif et la pellicule.
boitiller v. i. [1] Boiter légèrement.
Bokassa (Jean Bedel) 1921-1996 Homme politique centrafricain. En 1966, il s'empara du pouvoir, imposa un régime autoritaire et cruel, se proclama président à vie en 1972 puis empereur en 1977. Renversé en 1979, il s'exila. Rentré dans son pays, il fut jugé, condamné à mort (1987) et emprisonné jusqu'en 1993.
bol [1] n. m. Grande tasse sans anse; son contenu. / Pop. *Avoir, ne pas avoir du bol*, de la chance. *En avoir ras-le-bol*: en avoir assez.
bol [2] n. m. *Bol alimentaire*: boule d'aliments mastiqués et imbibés de salive, déglutie en une seule fois.
bolchevik n. m. (mot russe) HIST. Partisan des idées de Lénine. *Ayant obtenu une légère majorité en 1903 au sein du parti ouvrier social-démocrate de Russie, les partisans de Lénine se dénommèrent « bolcheviks », c'est-à-dire « majoritaires ».*
bolchevique adj. Du bolchevisme.
bolchevisme n. m. Idéologie de l'aile majoritaire marxiste-léniniste du parti ouvrier social-démocrate de Russie (P.O.S.D.R.), dirigée par Lénine. *Le terme de bolchevisme s'applique d'abord aux partisans de la thèse défendue par Lénine dès 1903, puis, à partir de 1918, date de création du parti communiste d'Union soviétique, à ses membres, leur théorie et leur pratique.*
Boldini (Giovanni) 1842-1931 Peintre italien qui fit carrière à Paris à la Belle Époque en exécutant de nombreux portraits de personnalités d'une élégance rapide et facilement maniérée.
bolduc n. m. Ruban fin servant à ficeler et à décorer les paquets.
bolée n. f. Contenu d'un bol. *Une bolée de cidre.* / Fig. *Une bolée d'air frais.*
boléro n. m. Danse espagnole assez lente et à trois temps. / Air sur lequel on la danse. / Veste courte et sans manches d'origine espagnole.
Boléro 1928 Composition orchestrale de Ravel, écrite pour la danseuse Ida Rubinstein. Seize mesures se répètent inlassablement, donnant lieu à de subtiles variations orchestrales.
bolet n. m. Champignon basidiomycète dont la face inférieure du chapeau (hyménium) est tapissée de tubes fins très serrés s'ouvrant sur l'extérieur. *Certaines espèces de bolet sont comestibles (cèpe de Bordeaux, bolet tête-de-nègre), d'autres sont toxiques (bolet Satan).*
bolide n. m. ASTRON. Vx Météorite. / Fig. Véhicule rapide.
bolivar n. m. Unité monétaire du Venezuela. / Chapeau haut de forme à larges bords.
Bolivar (Simon) 1783-1830 Général et homme d'État vénézuélien, principal artisan de l'indépendance du Venezuela, de la Colombie, du Pérou et de la Bolivie. En 1813, il libère Caracas des Espagnols, qui l'en chassent en 1815. Il s'exile à la Jamaïque, puis à Haïti d'où il revient en 1816 pour libérer (1817-1819) le Venezuela puis la Colombie (Nouvelle-Grenade). En décembre 1819, président et dictateur, il fédère le Venezuela et la Nouvelle-Grenade dans le cadre d'une Grande-Colombie, à laquelle allaient se joindre l'Équateur (1822) puis le Pérou, définitivement émancipé en 1824 dont une partie (le Haut-Pérou) deviendra la Bolivie. Apôtre du panaméricanisme, il tente de réunir autour des États récemment libérés le Mexique, l'Amérique centrale et le Rio de la Plata. Convoqué en 1826, le congrès de Panama consacre son échec. Il ne parvient pas à maintenir unis les pays qu'il a libérés: les liens entre le Venezuela (qui se déclarera finalement indépendant en 1829) et la Nouvelle-Grenade se distendent, la guerre éclate entre la Colombie et le Pérou. Malade, il se retire, désespéré, en 1830 et meurt peu après.
• **Bolivie** République d'Amérique du Sud, entre l'Argentine, au sud, et le Brésil, au nord et à l'est. La capitale légale est Sucre, mais le gouvernement siège à La Paz.
bolivien, enne adj. et n. De Bolivie. *Plateau bolivien. Un (e) Bolivien (ne).*
Böll (Heinrich) 1917-1985 Écrivain allemand. Ses œuvres (*Portrait de groupe avec dame*, 1971; *L'Honneur perdu de Katharina Blum*, 1974) témoignent de son humanisme (qui doit beaucoup à la fois à sa foi catholique et à ses opinions politiques socialistes) et dressent un portrait sans concession de l'Allemagne de l'après-guerre.
Bollandus (Jean Bolland, dit**)** 1596-1665 Historien belge. Jésuite de la principauté de Liège, il continua la rédaction des *Acta sanctorum*. Les *Acta santorum* (« actes des saints ») sont dus à un jésuite, le R. P. Rosweyde (1569-1629), qui avait répertorié 1 300 saints des débuts du christianisme et publié un recueil de vies de saints moines des premiers siècles (*Vitae patrum*). Le R. P. Bolland reprit ces recherches, assortissant les récits proprement hagiographiques de textes originaux et classant les saints selon la date de leur fête. Ses disciples, les *bollandistes*, continuèrent ce travail; les *Acta sanctorum*, puis les *Analecta bollandiana* et les *Subsidia hagiographica* constituent la source la plus importante et la plus érudite dans le domaine de l'hagiographie.
bollard n. m. Gros plot d'amarrage pour les navires, dont la tête a une forme dissymétrique, implanté dans un quai.
Bollée (Amédée) 1844-1917 Constructeur français qui créa l'un des premiers véhicules automobiles à traction, à vapeur, la Mancelle (1873).

Les neiges de l'Illimani, 6 480 m, dans la cordillère Royale, en **Bolivie.**

Bologne (Jean de, dit **Giambologna)** 1529-1608 Sculpteur né en Flandres (peut-être à Douai) mais attaché à la cour des Médicis pour lesquels il exécuta des œuvres empreintes de maniérisme: *Mercure* (Bargello, Florence).
Bolognini (Mauro) 1922-2001 Cinéaste italien. D'abord auteur de comédies « à l'italienne » et de films à sketches, il adapta ensuite plusieurs œuvres littéraires (*La Dame aux camélias*, 1980). Son amour des reconstitutions historiques aux costumes et aux décors très travaillés lui ont valu une réputation de maniérisme qui ne rend pas justice à sa critique acérée des mœurs de la bourgeoisie italienne.
Boltanski (Christian) 1944 Artiste français qui manipule de vieux « souvenirs » (cahiers, crayons, photos, etc.).
Boltzmann (Ludwig) 1844-1906. Physicien allemand. Il découvrit le lien unissant les propriétés macroscopiques de la matière et le comportement de ses constituants. Pour comprendre la signification de ces relations, il fallait admettre le rôle des atomes dans le fonctionnement intime des phénomènes de la nature. Nombre de ses contemporains jugèrent ses théories sans fondement, d'autant que la réalité de l'existence des atomes était alors contestée. Son travail ne fut pas reconnu et, se sentant méprisé par la communauté scientifique, il mit fin à ces jours. Après sa mort, lorsque furent mises au point de nouvelles techniques expérimentales, que l'on découvrit les principes de la physique quantique, que les analyses de la matière au niveau macroscopique et microscopique donnèrent aux atomes et aux molécules une crédibilité incontestable, on comprit (trop tard) que Boltzmann avait été l'un des plus grands théoriciens de la physique.
Bolyai (János) 1802-1860 Mathématicien hongrois à qui l'on doit une géométrie non euclidienne.
Bolzano *96 900 h.* Ville du Haut-Adige (Italie), chef-lieu de la province du même nom. Centre commercial, industriel (métallurgie) et touristique.
Bolzano (Bernhard) 1781-1848 Mathématicien tchèque d'origine italienne. Ses travaux d'analyse annoncent la théorie des ensembles et la logique mathématique moderne.
bombance n. f. *Faire bombance*: festoyer.
bombarde n. f. Pièce d'artillerie utilisée au Moyen Âge pour lancer des boulets de pierre ou de fer. / MUS. Genre de hautbois populaire en Bretagne, où il accompagne souvent le biniou. / Jeu d'orgue.

Marché dans une rue de **Bolzano** dans le Tyrol italien.

BOLIVIE

Superficie : *1 098 581 km²* – **Nombre d'habitants :** *8 150 000 h.* – **Capitale :** *Sucre*
Villes principales : *Santa Cruz de la Sierra, Cochabamba* – **Système politique :** *république*
Langue (s) : *espagnol, quichua, aymara* – **Religion (s) :** *catholicisme* – **Monnaie (s) :** *boliviano*

Voir l'Atlas

La Paz, capitale gouvernementale de la Bolivie, est dominée par le sommet enneigé de l'Illimani.

Le site de Tiahuanaco, centre cérémoniel d'une culture précolombienne des VIIe-XIe siècles.

Géographie physique

Dépourvue de façade maritime, la Bolivie présente deux régions : à l'ouest, une région d'altitude élevée formée d'une plaine, l'Altiplano, comprise entre les deux chaînes des Andes qui atteignent en Bolivie leurs sommets les plus élevés (Illampu *6 550 m*, Illimani *6 458 m*). L'Altiplano, lui-même situé à 3 700 m d'altitude, est une région aride et froide qui, mal drainée, garde les eaux stagnantes dans des *salares*, appelés ainsi parce que l'eau y devient saumâtre. Aussi y rencontre-t-on les immenses lacs Titicaca et Poopo. L'est du pays se voit partagé : au nord une vaste plaine, l'Oriente, recouverte de marécages et de forêts qui jouissent d'un climat tropical ; au sud, des plateaux, ou *llanos*, recouverts par la savane et de plus en plus secs à mesure qu'on se rapproche du désert du Gran Chaco.

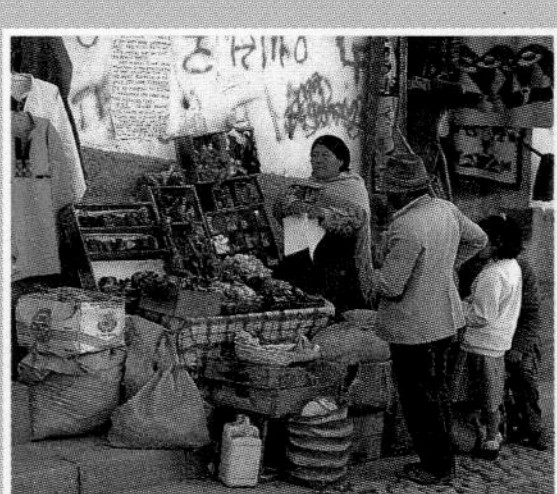

Le marché de Los Brujos (les sorciers) à La Paz.

Économie

Pays agricole, la Bolivie est le second producteur mondial de coca, qui toutefois représente seulement 3 % du PNB. Les hydrocarbures, l'étain, le zinc, l'argent constituent les trois quarts des exportations. Depuis 1999-2000, un gazoduc relie la Colombie et le Brésil. Une société américaine entreprend à grands frais l'exploitation d'un riche gisement d'argent près de Potosí. La Bolivie est le pays le plus pauvre d'Amérique du Sud. La politique libérale d'Hugo Banzer a accentué les inégalités sociales.

Histoire

Les mines d'argent de Potosí attirent au XVIe siècle les Espagnols dans cette partie de l'Empire inca, conquise par Pizarro. Connu sous le nom de Haut-Pérou, le pays est libéré en 1824-1825 par Sucre, lieutenant de Bolivar, devient indépendant en 1825 et se donne son nom actuel en hommage à Bolivar. Sucre le gouverne comme vice-président (le président en titre étant Bolivar), mais il renonce au pouvoir en 1828. Le général Santa Cruz lui succède ; vaincu par le Chili, il s'enfuit en 1839. Dès lors, instabilité et guerres avec ses voisins marquent le pays, qui cède au Chili la côte pacifique (1884), au Brésil l'État de l'Acre (1903), au Paraguay, le Chaco (1935). De 1952 à 1964, le président Paz Estenssoro accomplit d'importantes réformes. Il est renversé par une junte militaire et les coups d'État se succèdent, cependant que se développe une guérilla dont Che Guevara est l'un des chefs les plus populaires. Le pouvoir civil est rétabli en 1982, Paz Estenssoro revient au pouvoir en 1985 et mène une politique néolibérale qui fait reculer l'inflation mais provoque une forte régression économique ; la culture de la coca devient pour les paysans une indispensable ressource, tout en facilitant l'expansion d'activités illégales et / ou criminelles. Appauvrie, la population porte au pouvoir en 1997 le général Hugo Banzer, ancien dictateur (1971-1978), qui s'est engagé à infléchir dans un sens plus « social » la politique de ses prédécesseurs. Il démissionne pour raison de santé en 2001 pour être remplacé par Jorge Quiroga Ramirez.

L'église et la place de la Recoleta à Sucre.

bombardement n. m. Attaque d'un objectif avec des bombes ou des obus. / Jet de projectiles quelconques. / PHYS. NUCL. Projection à grande vitesse sur une cible de particules élémentaires provenant de substances radioactives.

*La gare Victoria à **Bombay**, Inde.*

bombarder v. t. [1] Lancer, lâcher des bombes, des obus sur (un objectif). *Bombarder un pont.* / Par ext. Lancer des projectiles sur (qqn, qqch.). / Fig. *Clients qui bombardent un vendeur de récriminations.* / Fig. et fam. Promouvoir (qqn) sans transition à un poste élevé. / PHYS. NUCL. Soumettre à un bombardement de particules élémentaires.

bombardier n. m. Avion équipé pour des missions de bombardement. / Aviateur chargé de larguer les bombes. / ZOOL. Nom usuel donné à des insectes coléoptères qui pour se défendre projettent par l'anus un jet puissant d'un liquide répulsif à haute température (100 °C), produit par une réaction chimique exothermique ; ils font alors entendre un crépitement caractéristique.

bombardon n. m. Contrebasse à vent surtout employée dans les fanfares.

Bombay (Auj. **Mumbai)** *9 925 900 h.* Capitale de l'État de Maharashtra, deuxième ville et premier port de l'Inde. Une industrie diversifiée et en plein essor, largement dominée par les parsis et les jaïns, attire une main-d'œuvre nombreuse de plus en plus qualifiée.

bombe [1] n. f. Projectile rempli d'explosifs lancé autrefois par une bombarde, largué aujourd'hui par un avion. / Engin explosif de toute nature. / PHYS. *Bombe atomique* ou *Bombe A*, qui utilise l'énergie que produit la fission d'un noyau lourd. *Bombe à hydrogène* ou *bombe H* ou *bombe thermonucléaire*, qui utilise l'énergie produite par la fusion de deux noyaux légers. / MÉD. *Bombe au cobalt* : appareil utilisé dans le traitement du cancer, qui agit par émission de rayons gamma provenant du cobalt radioactif. / GÉOGR. *Bombe volcanique* : bloc de matière incandescente projeté par un volcan. / CUIS. *Bombe glacée* : glace moulée de forme bombée. / Casquette de cavalier, emboîtante et au fond rigide et très solide, pour atténuer les conséquences des chocs en cas de chute sur la tête. / Atomiseur. *Bombe insecticide.*

bombe [2] n. f. Réjouissances exubérantes. *Faire la bombe* : mener la grande vie.

bombé, e adj. Convexe. *Un front bombé.*

Bombelli (Raffaele) 1526-1572 Mathématicien italien. Il étudia les racines carrées, notamment celles qui correspondent à des nombres nommés aujourd'hui complexes.

bomber v. t. / v. i. [1] Donner à (qqch.) une forme renflée ; gonfler. (Au fig.) *Bomber le torse* : faire l'avantageux. / v. i. Devenir renflé. *Mur qui bombe.*

B

Joseph Bonaparte.

bombonne Voir **bonbonne**
bombyx n. m. ZOOL. Papillon nocturne élevé comme producteur de soie ; l'adulte est presque entièrement blanc ; la larve tisse un cocon de soie. *Le bombyx du mûrier (ver à soie) est élevé en Chine depuis plus de 4 000 ans et fut importé en Europe il y a 1 500 ans environ ; sa chenille est capable de sécréter un fil de soie ininterrompu de 300 à 1 500 mètres de long.*
bôme n. f. MAR. Pièce de bois horizontale, perpendiculaire au mât, sur laquelle s'envergue la partie basse de la grand-voile.
bon, bonne [1] adj., n. et adv. **A.** adj. et n. Qui n'est pas mauvais. *Ces chocolats sont bons. Faire bon usage de qqch. De bonnes vacances. Bon pour* : approprié à. *Un remède bon pour ce dont vous souffrez. Bon à* : destiné à. *Bon à jeter.* / Conforme à ce qui doit être fait. *Bonnes mœurs.* / (Intensif) *J'en ai commandé une bonne douzaine. Recevoir une bonne paire de claques.* / En loc. *C'est bon !* : c'est d'accord. (Elliptiquement) *Une bien bonne* : une bonne plaisanterie. / (En parlant d'une personne) Qui veut, fait le bien. *Un homme bon.* **B.** n. Ce qui est bon, avantageux (en parlant de chose) ; personne bonne. *Compenser le mauvais par le bon. Les bons et les méchants.* **C.** adv. De manière agréable, satisfaisante. *Sentir bon. Tenir bon* : résister. / Loc. adv., fam. *Pour de bon* : vraiment. *Il est parti pour de bon.*
bon [2] n. m. Document écrit destiné à être échangé contre de l'argent ou des objets en nature. / FINANC. *Bon du Trésor* : titre représentatif d'un emprunt à court terme du Trésor public, producteur d'intérêt et transmissible. / IMPRIM. *Bon à tirer (B.A.T.)* : autorisation d'imprimer donnée par l'auteur ou par l'éditeur, portée sur les dernières épreuves d'un ouvrage ; ces épreuves elles-mêmes.
bonace n. f. MAR. Calme plat.
Bonald (Louis, vicomte de) 1754-1840 Écrivain français. Monarchiste, il publie en 1796 *Théorie du pouvoir politique et religieux*, qui devint la bible des ultras.
Bonampak Site du Mexique (État de Chiapas) où un sanctuaire maya contient des peintures murales du VIIIe siècle, aux couleurs vives.
Bonaparte ou **Buonaparte** Famille de petite noblesse française, d'origine sans doute lombarde, établie en Corse vers le XVIe siècle. **Charles Bonaparte** 1746-1785 Avocat, il participa d'abord aux luttes de Paoli puis se rallia à la monarchie française (1770). **Lætizia Ramolino**, madame **Charles Bonaparte** 1750-1836 Épouse du précédent, elle eut 13 enfants dont huit ont survécu. **Joseph** 1768-1844 Fils aîné des précédents. Député au Conseil des Cinq-Cents (1796), il participa au 18-Brumaire et effectua plusieurs missions diplomatiques. Il fut roi de Naples de 1806 à 1808 puis d'Espagne de 1808 à 1813. **Napoléon** 1769-1821 : voir **Napoléon Ier**. **Lucien** 1775-1840 Frère des précédents. Président du Conseil des Cinq-Cents, il aida Napoléon à réaliser le coup d'État du 18-Brumaire ; en désaccord après 1804 avec la dérive autoritaire du pouvoir impérial, il s'exila en Italie et fut fait prince de Canino par le pape. Refusant de soumettre sa vie privée aux désirs de l'empereur, il épousa d'abord Christine Boyer, puis Alexandrine de Bleschamp, veuve d'un agent de change. **Maria-Anna** dite **Élisa** 1777-1820 Sœur des précédents. Épouse de Félix Bacciochi, obscur officier fait prince de Lucques et de Piombino, elle devint grande-duchesse de Toscane. **Louis** 1778-1846 Frère des précédents. Époux d'Hortense de Beauharnais, fille de Joséphine, il fut roi de Hollande de 1806 à son abdication en 1810 **Marie Paulette** dite **Pauline** 1780-1825 Sœur des précédents. Épouse (1797) du général Leclerc, veuve (1802), elle épousa (1803) le prince Borghèse dont elle se sépara vite ; Napoléon la fit duchesse de Guastalla. **Marie Annonciade** dite **Caroline** 1782-1839 Sœur des précédents. Épouse de Murat, grand-duc de Berg puis roi de Naples de 1808 à 1815. **Jérôme** 1784-1860 Frère des précédents. Époux de l'Américaine Elizabeth Patterson, son frère lui fit casser son mariage et le maria à la princesse Catherine de Wurtemberg, puis le fit roi de Westphalie (1807) ; il perdit son trône en 1814 et, sous le Second Empire, fut maréchal de France et président du Sénat. **Mathilde,** princesse **Demidov de San Donato** 1820-1904 Fille du précédent, elle tint à Paris un salon brillant. **Jérôme** 1822-1891 Frère de la princesse Mathilde, esprit libéral mais anticlérical, il fut sous le Second Empire sénateur puis ministre des Colonies. **Pierre Napoléon** 1815-1881 Fils de Lucien. Député de gauche en 1848, il désapprouva le coup d'État de 1851. Après son duel meurtrier en 1870 avec le journaliste Victor Noir, il fut acquitté, s'installa en Angleterre, puis revint finir sa vie en France, où il mourut dans l'obscurité.
Bonaparte (Charles Louis Napoléon) Voir **Napoléon III**
Bonaparte (Marie Bonaparte, princesse Georges de Grèce et de Danemark, connue sous le nom de **Marie)** 1882-1962 Psychanalyste française, petite-fille de Pierre Napoléon Bonaparte. Elle fit connaître en France l'œuvre de Freud (dont elle facilita le départ de Vienne et l'installation à Londres en 1938) et participa à la fondation de la Société psychanalytique de Paris (1926).
Bonaparte (Charles Marie Jérôme Napoléon) 1950 Arrière petit-fils du prince Jérôme, il est l'actuel prétendant bonapartiste.
bonapartisme n. m. Courant politique français ayant rassemblé sous la Restauration des nostalgiques de la France impériale, puis des partisans de Napoléon III.
bonapartiste adj. et n. Du bonapartisme ; partisan du bonapartisme.
bonard, e adj. Fam. Plutôt satisfaisant. *C'est bonard* : ça peut aller.
bonasse adj. Trop bon, voire faible. *Caractère bonasse.*
bonbon n. m. Petite friandise à base de sucre. *Acheter des bonbons à la menthe.*
bonbonne ou **bombonne** n. f. Grosse bouteille de verre épais ou de grès, d'une contenance moyenne de 10 litres. Syn. dame-jeanne.
bonbonnière n. f. Boîte à bonbons. / Fig. Salon, appartement meublé avec une recherche mièvre et un peu surannée.
bond n. m. Saut. *Le kangourou se déplace par bonds.* / Fig. *Saisir la balle au bond* : profiter de l'occasion. / *Faire faux bond* : faillir à une promesse.
Bond (James) Héros de romans d'espionnage de l'Anglais Ian Lancaster Fleming (1908-1964). Le premier roman, *Casino royal*, fut publié en 1953. En 1962, *James Bond 007 contre Docteur No* fut porté à l'écran ; l'agent 007 était interprété par Sean Connery (né en 1930), qui se retira après *Goldfinger* (1964). Roger Moore (né en 1928), puis d'autres acteurs lui succédèrent dans cette longue série cinématographique qui multiplie gags et gadgets futuristes.
Bondartchouk (Sergueï Fedorovitch) 1920-1994 Cinéaste soviétique. D'abord acteur, il connut la célébrité avec des superproductions soigneusement réalisées dans des décors somptueux et faisant appel à des milliers de figurants (*Guerre et paix*, 1965, *Boris Godounov*, 1986).
bonde n. f. Planchette de bois ou plaquette métallique fermant l'orifice d'un étang. / Orifice métallique scellé au fond d'un lavabo, d'un évier ou d'une baignoire pour l'écoulement de l'eau. / Trou circulaire dans l'une des douves d'un tonneau. / Bouchon qui ferme ce trou.
bondé, e adj. Rempli de gens. *Wagon bondé.*
bondérisation n. f. TECH. Phosphatation superficielle des métaux. *La bondérisation protège les métaux contre la rouille.*
bondériser v. t. [1] TECH. Procéder à la bondérisation de.
bondieuserie n. f. Péjor. et fam. Dévotion ostentatoire. / Objet de piété d'aspect démodé, ou de mauvais goût, chromo.
bondir v. i. [2] Sauter en s'élevant au-dessus du sol, à l'aide des jambes, des pattes ; s'élancer. *Le cabri bondit de rocher en rocher. Bondir sur sa proie, hors de son lit.* / Fig. Réagir violemment. *Cette injustice l'a fait bondir,* l'a scandalisé.
bondrée n. f. Oiseau falconiforme à longue queue, de la taille et de la couleur d'une buse. *Bondrée apivore.*
bon enfant loc. adj. inv. Bienveillant, sans malice.
Bongo (Albert Bernard, puis **Omar)** 1935 Homme politique gabonais, président de la République depuis 1967.
bonheur n. m. Événement favorable ; état de bien-être, de félicité. / *Au petit bonheur*, au hasard. / *Par bonheur*, par chance. / Litt. *Avec bonheur* : avec succès.
bonheur-du-jour n. m. Petit meuble à tiroirs utilisé comme secrétaire.
bonhomie n. f. Bonté naïve et simple.
bonhomme, bonshommes n. m. et adj. (Vieilli) Homme bon, paisible. *Aimer son bonhomme de mari.* / (Emploi adj.) *Avoir l'air bonhomme.* / Loc. (Exprimant l'affection) *Mon petit bonhomme, mon bonhomme.* / (Par antiphrase) *Méfie-toi mon bonhomme.* / *Aller son petit bonhomme de chemin* : avancer tranquillement, vaquer paisiblement à ses affaires. / Fam. Homme quelconque, quidam. *Qui est ce bonhomme ?* / Par ext. Croquis d'homme, grossièrement dessiné. *L'enfant aimait dessiner des bonshommes.*
Boniface VIII (Benedetto Caetani) v. 1235-1303 Pape. Élu en 1294, il défendit avec une extrême fermeté la souveraineté temporelle et spirituelle des papes, proclamant que la suzeraineté du trône de Pierre s'exerçait sur tous les souverains. Cela conduisit à un violent conflit avec le roi de France Philippe IV le Bel et à l'attentat d'Anagni : sur ordre du roi, Guillaume de Nogaret y brutalisa (septembre 1303) le pape qui mourut un mois plus tard.
Bonifacio *2 683 h.* Commune de la Corse-du-Sud. Tourisme important. Le *détroit de Bonifacio*, dit aussi *bouches de Bonifacio*, sépare la Corse et la Sardaigne.
bonification n. f. Amélioration. *Bonification d'une terre par les engrais.* / FIN. Somme attribuée en surplus. *Bonification d'intérêt* : allégement du taux d'intérêt d'un prêt, grâce à une subvention accordée par le Trésor public. / SPORT. Point (s) supplémentaire (s) accordé (s) dans une épreuve sportive.
bonifier v. t. [1] Faire bénéficier d'une bonification financière. / Rendre meilleur. (Spéc.) *Bonifier des terres,* les fertiliser, les assainir. / v. pron. Devenir meilleur. *Ce vin s'est bonifié avec le temps.*
boniment n. m. Bavardage d'un camelot pour attirer les badauds. / Propos mensonger destiné à tromper qqn.
bonimenteur, euse n. Celui, celle qui fait des boniments.
Bonington (Richard Parkes) 1802-1828 Peintre et aquarelliste britannique. Installé en France en 1817, il travaille avec Gros.

Bonifacio *: la citadelle qui domine le port.*

*La **bonite**, genre Sarda, appartient à la même famille que le maquereau, les scombridés. Comestible, on le trouve dans les eaux de la Méditerranée et de l'Atlantique tropical.*

Il se rend ensuite à Londres, où il rencontre un grand succès. La légèreté de sa palette, la spontanéité de son trait, son attirance pour le Moyen Âge, sa prédilection pour les sujets historiques et son amour de l'Orient en fond un initiateur du style « troubadour ».

bonite n. f. ZOOL. Nom donné à diverses espèces de thon.

Bonivard (François de) 1493?-1570 Patriote genevois qui, luttant pour soustraire Genève au joug de Charles III, duc de Savoie, fut incarcéré de 1530 à 1536 au château de Chillon. Byron a fait de sa lutte le thème de son poème *Le Prisonnier de Chillon.*

bonjour! interj. et n. m. (Pour saluer qqn) *Bonjour monsieur!* / n. m. *Je vous souhaite le bonjour.*

bon marché loc. adj. inv. Peu coûteux.

Bonn *293 100 h.* Capitale de la République fédérale d'Allemagne de 1949 à 1990. Cette ville de Rhénanie-Westphalie est un centre culturel et administratif. Église romane (XIe-XIIIe siècles). Maison natale de Beethoven.

Bonnard (Pierre) 1867-1947 Peintre français. D'abord influencé par les nabis, dont il s'éloigna vite parce qu'il ne partageait pas leurs préoccupations littéraires et (pour Maurice Denis) religieuses, impressionné par l'art japonais de l'estampe, il a produit une œuvre importante et diverse (peintures, dessins, gravures, affiches) qui prolonge en le renouvelant l'impressionnisme des derniers Monet, dont il amplifie les vibrations lumineuses (*La Toilette*, 1932).

bonne n. f. Vieilli Domestique, servante. *Employer une bonne d'enfants.* / *Bonne à tout faire*: domestique logée et chargée de l'entretien de la maison.

Palais de Glace ou les Patineurs, de **Pierre Bonnard**, v. 1896-1898 (Coll. part.).

Bonne-Espérance (cap de) Cap d'Afrique du Sud (à 150 km à l'ouest du cap des Aiguilles, qui constitue le point le plus au sud de l'Afrique). Découvert par Bartolomeu Dias (1488), il fut doublé par Vasco de Gama (1497).

Bonnefoy (Yves) 1923 Poète français, traducteur (Shakespeare, Yeats) et enseignant (professeur au Collège de France de 1981 à 1993): *Hier régnant désert* (1956), *Pierre écrite* (1965), *Dans le leurre du seuil* (1975), *Début et fin de la neige* (1991).

bonne-maman n. f. (Terme d'affection) Grand-mère. Pl. Des *bonnes-mamans.*

bonnement adv. Simplement.

bonnet n. m. Coiffure souple et sans rebord. / *Bonnet phrygien*: bonnet rouge à côtés retombants, porté dans l'Antiquité par les Phrygiens, puis par les affranchis. *Repris par les révolutionnaires de 1789, le bonnet phrygien coiffe la tête de Marianne, l'effigie symbolique de la République.* / *Bonnet à poil*: coiffure des grenadiers de l'armée impériale, des horse-guards britanniques, etc. / *Bonnet de bain*: bonnet imperméable porté pour se baigner sans se mouiller les cheveux. / Anc. *Bonnet d'âne*: bonnet à longues oreilles dont on affublait les mauvais élèves. / Fig. *Gros bonnet*: personnage important, influent. *Un gros bonnet de la drogue.* / loc. fig. *Jeter son bonnet par-dessus les moulins*: se dévergonder, en parlant d'une femme. *C'est bonnet blanc et blanc bonnet*: c'est exactement identique. *Prendre qqn sous son bonnet*, sous sa protection. *Avoir la tête près du bonnet*, une tendance à se fâcher facilement. / Poche d'un soutien-gorge. / ZOOL. Deuxième estomac des ruminants.

Bonnet (Georges) 1889-1973 Homme politique français. Député radical socialiste, ministre des Affaires étrangères à l'époque des accords de Munich (1938).

bonneteau n. m. Jeu d'argent qui consiste à demander au parieur de trouver la place d'une carte parmi trois cartes retournées, prestement maniées par le partenaire.

bonneterie n. f. Industrie qui fabrique des articles de tricot ou de lingerie. / Commerce de ces articles. / Objets que vend le bonnetier (bas, collants, chaussettes, sous-vêtements...).

bonnetière n. f. Meuble haut et étroit, à une porte, où l'on rangeait autrefois les coiffes, aujourd'hui le linge.

Bonnets et **Chapeaux** Factions politiques en lutte pour le pouvoir en Suède entre 1738 et 1772. Les Bonnets étaient pacifistes et plutôt conservateurs, enclins à faire des concessions à la Grande-Bretagne et à la Russie, et les Chapeaux, plus libéraux, étaient francophiles et partisans de la reprise de la politique belliqueuse de Charles XII.

bonnette n. f. Petit bonnet protecteur. *Mettre une bonnette sur un microphone pour atténuer les effets du vent.* / PHOTO. Lentille additionnelle modifiant la distance focale d'un objectif.

Bonneval (Claude Alexandre, comte de) 1675-1747 Général français disgracié par Louis XIV, qui passa au service de l'Autriche puis de la Turquie où, sous le nom d'Ahmed Pacha, il réorganisa l'armée et accomplit une œuvre importante sur le plan militaire et politique.

bonniche n. f. Péjor. Bonne, servante.

Bonnot (Jules Joseph) 1876-1912 Criminel français se réclamant de l'anarchisme, qui organisait en automobile (ce qui constituait une étonnante nouveauté) des attaques de banque, dont certaines doublées d'assassinats. La « bande à Bonnot » fut démantelée par la police et leur chef fut abattu après un siège meurtrier.

bonobo n. m. ZOOL. Chimpanzé pygmée, espèce qui se distingue du chimpanzé commun notamment par sa silhouette plus gracile.

bon-papa n. m. (Terme d'affection) Grand-père. Pl. Des *bons-papas.*

bonsaï ou **bonzaï** n. m. (mot japonais) Arbre miniaturisé, cultivé en pot, obtenu après atrophie des racines et ligature des tiges et des rameaux.

bonsoir! interj. et n. m. (Pour saluer qqn en fin de journée) *Chers téléspectateurs, bonsoir!* / n. m. *Un bonsoir sans chaleur.*

bonté n. f. Caractère de ce qui est bon. *Un homme plein de bonté.* Loc. *Ayez la bonté de*, l'obligeance, l'amabilité de. / Pl. Témoignage de bienveillance.

Bontemps (Pierre) v. 1505-v. 1570 Sculpteur français, lié à l'école de Fontainebleau, auteur probable des gisants et des orants du tombeau de François Ier (dans la basilique de Saint-Denis).

bonus n. m. Prime attribuée par une entreprise à un salarié. / Réduction du montant d'une prime d'assurance automobile, accordée au conducteur qui n'a pas eu d'accident pendant une certaine période. Ant. malus.

bonzaï Voir **bonsaï**

bonze n. m. Moine bouddhiste.

bonzesse n. f. Religieuse bouddhiste.

boogie-woogie n. m. (mot anglo-américain) MUS. Forme de blues joué au piano sur un rythme très rapide. / Danse sur cette musique. *Des boogie-woogies.*

bookmaker n. m. (mot anglais) Personne qui prend des paris sur des événements sportifs.

Boole (George) 1815-1864 Mathématicien anglais, un des fondateurs de la logique mathématique moderne: l'algèbre de Boole constitue le code rigoureux des opérations logiques.

booléen, enne adj. MATH. Relatif à l'algèbre du mathématicien anglais Boole.

boom n. m (mot anglo-américain) Hausse soudaine des valeurs boursières. / Période de développement rapide, souvent éphémère. *Boom économique. Boom des naissances de l'après-guerre.*

boomerang n. m. (mot anglais) Lame recourbée en bois dur utilisée comme arme de jet par les aborigènes d'Australie, qui revient vers celui qui l'a lancée lorsqu'elle n'atteint pas son but. / Jeu utilisant un objet analogue. / Fig. Acte ou parole d'hostilité qui se retourne contre son auteur.

Boone (Daniel) 1734-1820 Aventurier américain. Il entreprit la colonisation du Kentucky.

Boorman (John) 1933 Cinéaste britannique qui mêle aventures et philosophie. *Délivrance* (1972), *Excalibur* (1981), *la Forêt d'Émeraude* (1985). Une de ses œuvres les plus importantes, *Hope and Glory* (1987), est largement teintée d'autobiographie.

booster [1] n. m. (mot anglais) Propulseur auxiliaire augmentant la poussée d'une fusée, notamment au décollage. / Amplificateur d'un autoradio.

booster [2] v. t. [1] Argot de l'informatique. Donner de la puissance à.

Booth (William) 1829-1912 Prédicateur anglais, fondateur puis général de l'Armée du salut, œuvre sociale d'inspiration protestante.

Booth (John Wilkes) 1838-1865 Acteur américain; partisan des sudistes, il assassina le président Lincoln.

bootlegger n. m. (mot anglais) Contrebandier d'alcool, à l'époque de la prohibition aux États-Unis.

bop Voir be-bop

Bopp (Franz) 1791-1867 Linguiste allemand. Étudiant les relations entre le sanskrit et les langues indo-européennes, il fonda la grammaire comparée.

boqueteau n. m. Bois de petite dimension.

Bor (Tadeusz Komorovski, dit) 1895-1966 Général polonais. Chef de la résistance intérieure soutenue par Londres, il déclencha (1944) l'insurrection du ghetto de Varsovie que les troupes soviétiques, toutes proches, laissèrent écraser sans intervenir. Il émigra en 1945.

bora n. f. (mot slovène) Fort vent de nord-est soufflant sur le littoral de l'Adriatique et sur la mer Noire.

Bora (Katharina von) 1499-1552 Religieuse allemande qui, après avoir quitté son couvent, épousa Luther à qui elle donna six enfants.

Bora Bora *38 km² 2 500 h.* Île de la Polynésie française, au nord-ouest de Tahiti, située au centre d'un lagon.

*Île de **Bora Bora**.*

B

Bordeaux

Histoire
Ancienne Burdigala gallo-romaine, Bordeaux appartenait à la maison d'Aquitaine et devint une ville anglaise avec sa duchesse Aliénor. La victoire française de Castillon (1453) la rendit à la France. Bordeaux connut grâce à son port (commerce avec les Antilles, traite des Noirs) une prospérité dont l'apogée amena au XVIIIe siècle un remarquable développement urbain. Elle servit de refuge au gouvernement français en 1870, 1914 et 1940.

Arts
Église Saint-Seurin (XIe-XVIe siècle). Ancienne abbaye Sainte-Croix (XIIe siècle). Cathédrale Saint-André (nef du XIIe siècle, transept du XIVe siècle). Tour Pey-Berland (XVe siècle). Palais de la place de la Bourse élevé par Jacques Gabriel. Grand Théâtre construit par Victor Louis au XVIIIe siècle. Nombreux hôtels et maisons de cette dernière époque. Nombreuses portes monumentales.

borane n. m. CHIM. Nom générique des composés binaires de bore et d'hydrogène.
borate n. m. Sel d'un oxacide du bore, l'acide borique.
borax n. m. Borate de sodium hydraté ($Na_2B_4O_7$) que l'on trouve dans les anciens lacs desséchés des régions désertiques, utilisé comme fondant dans l'industrie des verres et des émaux, et pour la soudure des métaux.
borborygme n. m. Gargouillement dû au déplacement de gaz dans l'intestin ou dans l'estomac. / Fig. Paroles inintelligibles.
borchtch ou **bortsch** n. m. (mot russe) Potage à base de chou et de betterave, agrémenté de viande ou de lard (parfois de tomate) et lié à la crème fraîche.
bord n. m. Limite d'une surface. / Pourtour. *Un bord en dentelle.* / Rive, littoral. *Les bords de la Loire.* / MAR. Côté d'un bateau. *Virer de bord.* / Le bateau lui-même. *Personnel de bord. Monter à bord.* / AÉRON. *Bord d'attaque, bord de fuite*: extrémités antérieure et postérieure d'une aile d'avion. / Fig. *Être du même bord que qqn*: avoir les mêmes opinions (en partic. politiques) que lui.
Borda (Jean Charles) 1733-1799 Marin et mathématicien français. Ses travaux portent sur les mesures : on lui doit une méthode de double pesée et il contribua à l'élaboration du système métrique.
bordage n. m. mar. Chacune des planches ou des tôles qui recouvrent la membrure d'un navire, et qui forment le bordé.
bordé n. m. Galon décoratif en or, argent ou soie qui sert à border les vêtements ou les meubles. / MAR. Ensemble des bordages d'un navire, qui assurent l'étanchéité.
bordeaux n. m. et adj. Vin de Bordeaux, de la région de Bordeaux. / adj. inv. et n. m. De la couleur rouge foncé des bordeaux rouges ; cette couleur. *Une jupe bordeaux. Un bordeaux profond, presque prune.*
• **Bordeaux** *210 336 h.* Chef-lieu de la Région Aquitaine et du département de la Gironde sur la Garonne. Grand port de commerce, centre du commerce des vins de Bordeaux, la ville est un foyer universitaire et industriel.
bordée n. f. Alignement de canons sur un navire de guerre. / Salve d'artillerie tirée d'un navire. / Fig. *Bordée d'injures*: longue suite d'injures. / MAR. Route parcourue par un bateau qui louvoie sans virer de bord. / Partie de l'équipage. *Bordée de bâbord.* / Fig., fam. Escapade. *Être en bordée. Tirer une bordée*: courir les lieux de divertissement, de plaisir.
bordel n. m. Vulg. Lieu de prostitution. / Fig., pop. Désordre. *Rangez-moi ce bordel !*
bordelais, e adj. et n. De Bordeaux ; de la région de Bordeaux. *La cuisine bordelaise. Un (e) Bordelais (e).* / n. f. Bouteille de bordeaux, d'une contenance de 75 cl.
bordélique adj. Fam. Extrêmement désordonné (en parlant d'une personne) ; en grand désordre (en parlant de choses, de lieux).
border v. t. [1] Entourer d'un bord. *Border une pelouse de rangs de tulipes. Border un lit*: glisser les draps et les couvertures sous le matelas. / Constituer le bord de, limiter (qqch.). *Plusieurs mers bordent ce pays.* / MAR. *Border un navire*, y fixer le bordé. *Border une voile*, la tendre par les écoutes.
bordereau n. m. Relevé explicatif et détaillé des articles qui composent un compte, une somme, un document ou un chargement. *Bordereau d'expédition.*
Bordes (Charles) 1863-1909 Compositeur français, un des fondateurs de la *Schola cantorum*.
Bordet (Jules) 1870-1961 Médecin et microbiologiste belge qui mit au point, en collaboration avec Gengou, la réaction de Bordet-Gengou, que Wassermann a appliquée à la sérologie de la syphilis. Il a également découvert le bacille de la coqueluche.
bordure n. f. Ce qui occupe un bord, une lisière. *Bordure d'un bois.* / Ce qui garnit un bord. *Une bordure de fleurs.* / ARCHIT. Ligne de pierres bordant un trottoir vers la chaussée. / HÉRALD. Pièce honorable. / MAR. Bord inférieur d'une voile.
bore n. m. CHIM. Élément non-métallique (symbole B) de couleur marron à noir, de numéro atomique Z = 5 et de masse atomique 10,81. (Fondant à 2 100 °C environ, entrant en ébullition vers 2 500 °C, le bore, aux propriétés voisines de celles du silicium, presque aussi dur que le diamant, est utilisé comme abrasif et, comme additif, pour la fabrication de creusets et de revêtements de fours électriques).
boréal, ale, als ou **aux** adj. GÉOGR. Du nord, qui concerne le nord de l'équateur, et en partic. les régions arctiques. *Hémisphère boréal. Aurore boréale.*
Borée MYTH. GR. Dieu des vents du nord.
Borel (Pierre Joseph Borel d'Hauterive, dit **Pétrus)** 1809-1859 Écrivain français, au républicanisme véhément et à l'inspiration souvent macabre : *Madame Putiphar* (1839) ; il traduisit Daniel de Foe, et Baudelaire lui consacra une étude. Longtemps oublié, il fut redécouvert par les surréalistes.
Borel (Émile) 1871-1956 Mathématicien français, spécialisé dans le calcul des probabilités.
Borg (Björn) 1956 Joueur de tennis suédois qui remporta de nombreux tournois entre 1976 et 1981. Il se retira précocement.
Borges (José Luis) 1899-1986 Écrivain argentin à la culture encyclopédique. Il mêle dans ses écrits *Histoire universelle de l'infamie* (1935), *Histoire de l'éternité* (1936), *Fictions* (1944), *Labyrinthes* (1949), *L'Aleph* (1950) le fantastique du conte à la réflexion pénétrante de l'essai.

José Luis Borges.

Borghèse (villa) Demeure romaine, entourée d'un vaste parc et contenant une riche collection de tableaux et de sculptures, élevée en 1613 par l'architecte Van Santen pour le cardinal Scipion Borghèse.
Borghèse Famille noble italienne, d'origine siennoise, établie à Rome, dont l'un des membres devint pape sous le nom de Paul V. **Camille Borghèse** 1775-1832 Deuxième mari de Pauline Bonaparte, il occupa différentes charges sous l'Empire.
Borgia Famille noble italienne d'origine espagnole. **Alonso Borgia** 1378-1458 Pape en 1455 sous le nom de Calixte III, il ne put monter une croisade contre les Turcs. **Rodrigo Lançol y Borgia** 1431-1503 Pape en 1492 sous le nom d'Alexandre VI. Neveu du précédent, cardinal à 25 ans, il fit scandale tant par la façon dont il intrigua pour obtenir son élection au trône de saint Pierre que par sa vie privée (il eut de nombreux enfants de ses maîtresses successives), son népotisme, son cynisme et son goût immodéré du faste ; c'est sous son pontificat que Colomb découvrit l'Amérique et il détermina *(traité de Tordesillas)* la ligne de démarcation entre les possessions espagnoles et portugaises. **César** 1476-1507 Fils du précédent, il employa au service de ses ambitions une habileté sans scrupule. S'alliant à Louis XII, qui le fit duc de Valentinois, il tenta de se constituer un État au centre de l'Italie. C'est à lui que Machiavel a pensé en écrivant *le Prince*. **Lucrèce** 1480-1519 Sœur de César, entièrement dominée par son père et son frère qui la mirent sans vergogne au service de leurs ambitions, elle fut par son troisième mariage duchesse de Ferrare. Elle tint une des cours les plus brillantes de la Renaissance. Victor Hugo l'a métamorphosée en une femme démoniaque dans son drame *Lucrèce Borgia* (1833), dépourvu de tout fondement historique.
borgne adj. et n. Qualifie et désigne une personne ou un animal qui a perdu un œil. / Sans ouverture sur l'extérieur. *Salle d'eau borgne.*
borie n. f. Petite bâtisse provençale en pierres sèches.
Borinage Région houillère de Belgique (Hainaut), où le déclin de l'industrie extractive pose un problème de reconversion.
borique adj. CHIM. Qualifie les composés oxygénés du bore. *Acide borique.*
Boris Godounov v. 1551-1605 Tsar de Russie. Beau-frère de Fédor Ier, il se fit proclamer tsar à la mort de ce dernier et à la suite de l'assassinat (dont on l'accusa) de l'héritier légitime, Dimitri (1591). Émancipateur de l'Église russe qu'il fit se détacher du patriarcat de Constantinople (création du patriarcat de Moscou), colonisateur de la Sibérie, admirateur de l'Occident dont il tenta de se rapprocher, il ne put fonder de dynastie : son fils Fédor II fut massacré lors d'une insurrection soutenue par la Pologne et conduite au nom d'un usurpateur, le faux Dimitri, qui s'empara du trône. Le règne de Boris Godounov a inspiré une tragédie à Pouchkine (1825) et un opéra à Moussorgski (1872), tiré de la tragédie de Pouchkine.
Born (Max) 1882-1970 Physicien britannique d'origine allemande. Il fit progresser considérablement la physique quantique.
bornage n. m. DR. Opération qui consiste à matérialiser, après l'avoir déterminée par arpentage, la ligne de séparation de deux terrains voisins. / Limite du champ. / MAR. Vieilli Navigation côtière.

borné adj. Fig. Limité, peu intelligent. *Il a un esprit borné.*
borne n. f. Pierre, ou toute autre marque, indiquant la limite d'un champ, d'une propriété. *Bornes kilométriques* : bornes jalonnant les routes pour signaler les distances et les directions. / ÉLECTR. Pièce destinée à relier un appareil électrique générateur aux circuits extérieurs. / *Borne d'incendie* : bouche d'incendie sur laquelle on branche une lance. / Dispositif de communication placé dans un lieu public. *Borne téléphonique. Borne interactive.* / Fig. Au plur. Frontières. *Les bornes de l'Empire romain.* / Limites. *Une admiration sans bornes.*
Bornéo *736 000 km² 10 000 000 h.* Troisième île du monde par sa superficie. Le sud et le centre, ou Kalimantan, appartiennent à la République indonésienne, tandis que le nord-est est formé de deux territoires membres de la Malaisie, Sarawak et Sabah, et du sultanat du Brunei. **Géographie** Le relief s'ordonne autour de hautes chaînes délimitant de vastes plaines drainées par des fleuves. Traversé par l'équateur, Bornéo a un climat chaud et humide. Sa végétation luxuriante comprend des forêts et une jungle épaisse. **Économie** La culture du caoutchouc, l'exploitation de bois précieux et l'industrie extractive (bauxite, diamant, or, pétrole) caractérisent une économie de pays sous-développé. En 1997, Bornéo a été la proie d'incendies forestiers pendant plusieurs mois. Le désastre écologique s'est étendu à toute la région, que la fumée privait de la lumière du soleil.
borner v. t. [1] Délimiter par des bornes. *Borner un terrain.* / Par ext. Limiter ; réduire. *Montagnes qui bornent l'horizon.* Au fig. *Borner ses prétentions.* / v. pron. *Son discours s'est borné à des remerciements.*
Bornes (massif des) *2 438 m* Massif des Préalpes françaises, près d'Annecy.
Bornholm *588 km² 46 530 h.* Île du Danemark, au sud-est de la Scanie suédoise. Chef-lieu *Ronne.* Cette région au climat doux a des côtes tantôt abruptes tantôt sableuses. La céramique et la poterie sont des activités traditionnelles nées des gisements de kaolin. Les autres ressources viennent de la pêche, de l'élevage bovin, de la culture de céréales et du tourisme.
Bornou Ancien empire musulman d'Afrique centrale. Fondé vers le IXᵉ siècle, il atteignit son apogée à la fin du XVIᵉ siècle. En 1900, ce territoire fut réparti entre le Niger et le Tchad français, le Cameroun allemand et le Nigeria britannique. Aujourd'hui, l'un des États du Nigeria (dans le Nord-Est) porte ce nom.

L'Adoration des Mages, *triptyque de* **Jérôme Bosch**, *v. 1510 (Musée du Prado, Madrid).*

Borobudur Voir **Barabudur**
Borodine (Alexandre Porfirievitch) 1833-1887 Compositeur russe. D'abord médecin militaire et chimiste (il fut titulaire d'une chaire de chimie à l'Académie militaire de médecine), il étudia la musique en autodidacte. Agrégé au groupe des « Cinq » en 1862, il consacra les dix-huit dernières années de sa vie à la composition d'un opéra, *le Prince Igor* (1869-1887) qui resta inachevé. Quelques symphonies, un poème symphonique *Dans les steppes de l'Asie centrale*, de la musique de chambre et des mélodies complètent une œuvre qui évoque les chatoiements pittoresques de la Russie.
Borodino Village de Russie, près de Moscou, où fut livrée la bataille de la Moskova, désastreuse pour la France (1812).
Borotra (Jean) 1898-1994 Joueur de tennis français, l'un des Quatre Mousquetaires.
borraginacées n. f. pl. BOT. Famille de plantes angiospermes, dicotylédones, aux tiges souvent couvertes de poils ; les fleurs sont presque toujours disposées en grappes se déroulant au fur et à mesure de la floraison. *L'héliotrope, le myosotis, la bourrache, la vipérine, la pulmonaire sont des borraginacées.*
Borromées (îles) Groupe de quatre îles italiennes du lac Majeur.
Borromini (Francesco Castelli ou **Castello,** dit) 1599-1667 Architecte lombard qui œuvra à Rome. Il est avec le Bernin et Rainaldi un des grands créateurs du baroque, utilisant sa propre grammaire décorative dans des édifices aux façades rythmées mais toujours parfaitement équilibrées : églises Sainte-Agnès, Saint-Yves-de-la-Sapience, Saint-Charles-aux-Quatre-Fontaines, collège de la Propagation de la foi.
Borzage (Frank) 1893-1962 Cinéaste américain, un des grands réalisateurs du muet qui surent résister à l'avènement du parlant. *L'Heure suprême* (1927), *la Femme au corbeau* (1929), *Ceux de la zone* (1933), *Trois Camarades* (1938), *The mortal storm* (1940).
Bosch (Hieronymus van Aken ou **Aeken,** en français **Jérôme)** 1450 ?-1516 Peintre hollandais né à Bois-le-Duc (en néerlandais *s'Hertogenbosch*, d'où son pseudonyme) dont l'art fantastique utilise un symbolisme ésotérique, peut-être emprunté aux alchimistes, pour rendre sa vision très personnelle de la condition humaine sur un mode tragicomique : *La Nef des fous* (v. 1490-v. 1500, Louvre, Paris), les triptyques du *Chariot de foin*, du *Jardin des délices* (v. 1500-1505, Prado, Madrid), du *Jugement dernier* (1504, Akademie der Bildenden Kürste, Vienne). Célèbre dès la fin du XVᵉ siècle dans l'Europe entière, son œuvre a donné (et donne toujours) lieu aux interprétations les plus divergentes.
bosco n. m. MAR. Maître de manœuvre.
Bosco (Henri) 1888-1976 Romancier français qui trouve dans les souvenirs et la douceur du Midi une consolation à la vie : *Le Mas Théotime* (1945).
Bosco Reale *17 200 h.* Ville d'Italie, située au pied du Vésuve, où les archéologues ont dégagé des pièces d'orfèvrerie antique et des fresques remontant à l'époque d'Auguste.
Bose (Satyendranath) 1894-1974 Physicien indien, auteur d'une mécanique statistique, appliquée par Einstein à une classe de particules élémentaires, nommées bosons.
Boshimans Voir **Bochimans**
Bosio (François) 1768-1845 Sculpteur français qui a exécuté le quadrige de l'Arc de Triomphe du Carrousel à Paris.
bosniaque adj. et n. De Bosnie. *Population bosniaque. Un (e) Bosniaque.*
• **Bosnie-Herzégovine** État d'Europe, dans les Balkans, entre la Croatie, à l'ouest, et la Serbie à l'est. Capitale *Sarajevo.*
boson n. m. PHYS. NUCL. Nom générique des particules de spin entier ou nul obéissant à la statistique de Bose-Einstein (mésons, photons).

Décor d'opéra pour **Boris Godounov** *de Moussorgski.*

Bosphore *30 km* Détroit (en grec, *passage du bœuf*) qui fait communiquer la mer de Marmara et la mer Noire. Istanbul, à cheval sur la rive ouest et sur la rive est, garde ce passage étroit (300 à 3 000 m).
bosquet n. m. Petit bois, groupe d'arbres.
boss n. m. (mot anglo-américain) Patron.
bossage n. m. ARCHIT. Saillie laissée sur un mur par des blocs de pierre qui sont soit grossièrement équarris, soit vermiculés, très en faveur dans l'architecture florentine de la Renaissance. / MÉCAN. Partie d'une pièce métallique faisant saillie.
bossa-nova n. f. (mots portugais) Musique de danse brésilienne influencée par le cool jazz, proche de la samba. / Cette danse.
bosse n. f. Saillie arrondie déformant une surface plane. *Chemin plein de bosses.* / MÉD. Enflure provenant d'une contusion. / Protubérance dorsale de certains animaux. *Bosse du zébu, du chameau.* / TECHN. *En bosse* : en relief. / BX-ARTS. *Sculpture en ronde bosse*, qui n'est pas attachée à un fond, autour de laquelle on peut tourner. / MAR. Petit cordage. *Bosse de ris.*
Bosse (Abraham) 1602-1676 Peintre, dessinateur, graveur français. Son art rend avec précision la vie quotidienne de son temps. Ses ouvrages théoriques *Traité des manières de graver en taille douce* (1645) et *Leçon de géométrie et de perspective pratique* (1648) ont eu une grande influence.
bosselage n. m. Travail en relief exécuté sur une pièce d'orfèvrerie.
bosseler v. t. [1] Travailler le métal en bosselage. / Déformer, accidenter par des bosses.
bosser v. i. [1] Pop. Travailler.
bosseur, euse n. Pop. Personne qui bosse, qui bosse beaucoup. *C'est un bosseur !*
bossoir n. m. MAR. Appareil de levage qui sert à hisser l'ancre à bord d'un bateau ou à mettre à l'eau une embarcation.
bossu, e adj. et n. Qualifie et désigne une personne qui porte une bosse sur le dos ou sur la poitrine.
Bossu (le) 1857 Roman de cape et d'épée de Paul Féval, dont le héros, Lagardère, se déguise en bossu.
Bossuet (Jacques Bénigne) 1627-1704 Prélat, théologien et orateur français. Intransigeant et redoutable polémiste, il s'oppose aux protestants, aux quiétistes (Fénelon) et aux casuistes. Lié à la cour de Louis XIV, il est précepteur du dauphin (1670-1680) et prédicateur ; ses *Sermons* proposent une morale sévère et un retour aux Écritures. Ses *Oraisons funèbres*, parmi lesquelles celles d'Henriette de France, d'Henriette d'Angleterre, du prince de Condé, font de Bossuet un des grands maîtres de la prose classique.

Jacques Bénigne Bossuet.

B

Bosnie-Herzégovine

Superficie : *51 129 km²* – **Nombre d'habitants :** *3 900 000 h.*
Capitale : *Sarajevo* – **Villes principales :** *Zenica, Banja Luka, Tuzla, Mostar*
Système politique : *république* – **Langue (s) :** *serbo-croate* – **Religion (s) :** *islam, christianisme (orthodoxes et catholiques)* – **Monnaie (s) :** *mark convertible*

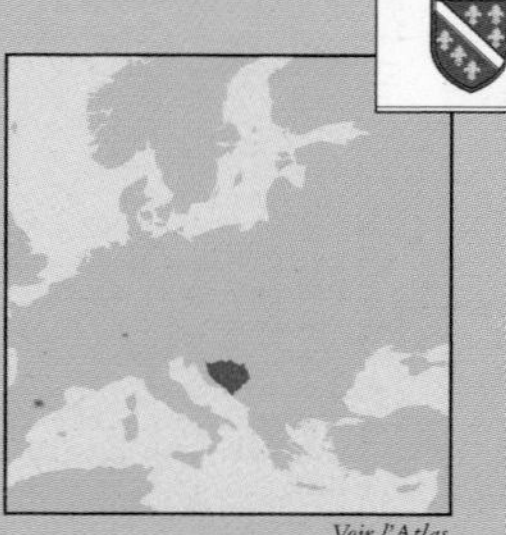

Voir l'Atlas

Géographie physique et humaine

Cette région montagneuse, couverte de forêts de chênes et de sapins, possède d'importantes ressources minières encore peu exploitées. La population de Bosnie-Herzégovine est inégalement répartie entre musulmans (majoritaires) et chrétiens (catholiques et orthodoxes); des haines et des rancœurs remontant du fond des âges opposent toujours les communautés, conduisant parfois (et encore tout récemment) à des affrontements sanglants.

Histoire

Ottomane depuis le XVᵉ siècle, la Bosnie-Herzégovine s'est insurgée en 1875 et fut placée par le Congrès de Berlin (1878) sous la souveraineté de l'Autriche-Hongrie, souveraineté mal supportée par les nationalistes serbes, ce qui aboutit en 1914 à l'assassinat à Sarajevo de l'archiduc François-Ferdinand. Cet assassinat donna le coup d'envoi à la Première Guerre mondiale, à l'issue de laquelle le pays s'unit au royaume des Serbes, Croates et Slovènes. De 1941 à 1944, elle fut rattachée à l'État libre de Croatie, création du IIIᵉ Reich. Comme les autres régions de l'ancienne Yougoslavie, la Bosnie-Herzégovine a formé en 1945 une république fédérée, où les trois communautés (Serbes, Croates, musulmans, cette dernière communauté constituant une « nationalité » sous Tito) ont vécu en paix.

Sarajevo, capitale de la Bosnie-Herzégovine.

En 1991, elle proclame son indépendance, indépendance reconnue par la communauté internationale en 1992 (admission à l'ONU), mais contestée par les Serbes qui, désireux de demeurer yougoslaves, proclament une République serbe de Bosnie-Herzégovine, ce qui déclenche une guerre civile. L'ONU et la C.E.E. organisent des négociations entre Bosniaques et Serbes. Les Serbes de l'intérieur, soutenus par la Serbie, se montrent encore plus intransigeants que celle-ci qui joue un double jeu, participant aux négociations tout en pratiquant (ou laissant pratiquer par les Serbes de Bosnie) une féroce politique de « purification ethnique » qui touche croates et musulmans.
En 1995, l'OTAN intervient massivement contre l'armée serbe qui assiège Sarajevo après avoir réduit en cendres la ville de Srebrenica et, en novembre de la même année, le président américain Clinton réunit à Dayton les présidents de Bosnie, de Serbie et de Croatie. Des accords sont conclus ; l'État de Bosnie-Herzégovine aura deux composantes : la Fédération croato-bosniaque et la République serbe de Bosnie ; Sarajevo, la capitale, ne sera pas divisée. L'OTAN reste sur les lieux, surveillant l'application (plus que difficile) des accords de Dayton et tentant d'appréhender les criminels de guerre inculpés par le Tribunal pénal international de crimes contre l'humanité. En 2002, les élections présidentielle, législative et cantonale, organisée le même jour, ont porté au pouvoir, à la présidence collégiale, les trois candidats nationalistes, les candidats musulman, serbe et croate.

Bost (Pierre) 1901-1975 Écrivain et scénariste français, qui travailla le plus souvent avec Jean Aurenche; dans l'histoire du cinéma français, leurs deux noms sont indissolublement liés.

Boston *547 700 h.* Ville des États-Unis, capitale du Massachusetts, port sur l'Atlantique. Marché mondial de poissons, industries très diversifiées. Universités. Fondée en 1630, ville la plus importante de la Nouvelle-Angleterre, Boston fut en 1773 à l'origine du soulèvement contre l'Angleterre.

Boswell (James) 1740-1795 Écrivain britannique. Journaliste, il connut dans les cercles littéraires de Londres Samuel Johnson et se lia d'amitié avec lui. Outre sa *Vie de Samuel Johnson* (1791), on lui doit des récits de voyage (*Relation sur la Corse, journal d'un voyage à cette île, avec les Mémoires de Pascal Paoli*, 1768 ; *Voyage dans les îles Hébrides*, 1785).

bot, e adj. *Pied bot, main bote*, déformation congénitale ou acquise du pied ou de la main.

botanique n. f. et adj. Science qui étudie les végétaux. / adj. Relatif aux végétaux ou à leur étude scientifique. *Jardin botanique.*
♦ La botanique se définit par son objet d'étude : phanérogames, bryophytes, ptéridophytes, algues. (Les champignons, non chlorophylliens, ne sont plus considérés comme des végétaux ; leur étude ne peut donc qu'abusivement y être rattachée). Les méthodes de la botanique sont très variées, elles relèvent de disciplines telles que la systématique, la génétique, la biochimie, la cytologie ou l'écologie.

botaniste n. Spécialiste de la botanique.

Botev (Hristo) 1849-1876 Poète et révolutionnaire bulgare qui joua un rôle de premier plan dans l'insurrection (avortée) contre les Turcs ; il mourut au combat. Ses poèmes expriment son idéal patriotique, humanitaire et athée et font de lui le premier poète de la littérature bulgare moderne.

***Botanique** : élaboration d'un baume à base de plantes. Miniature du XVᵉ siècle, bibliothèque Estense, Modène, Italie.*

Botev (pic) *2 376 m* Sommet le plus élevé de la chaîne du Balkan, en Bulgarie ; autrefois pic Jumrukcal, il reçut le nom du patriote Hristo Botev.

Botha (Louis) 1862-1919 Général et homme politique sud-africain. Il combattit les Anglais à la tête des Boers (1889-1902). Premier ministre de l'Union sud-africaine (1910-1919), il édicta les lois qui instaurèrent l'apartheid.

Botha (Pieter Willem) 1916 Homme politique sud-africain. Premier ministre (1978-1984), puis président de la République (1984-1989), il poursuivit la politique d'apartheid.

bothriocéphale n. m. ZOOL. Ver plathelminthe (cestode) long de plusieurs mètres (jusqu'à 20 mètres), parasite de certains poissons et mammifères piscivores (dont l'homme).

bothriocéphalose n. f. MÉD. Ensemble des troubles liés au parasitisme de l'intestin grêle de l'homme par le bothriocéphale.

Bothwell (James Hepburn, comte de) v. 1536-1578 Seigneur écossais. Après l'assassinat de Darnley auquel il fut accusé d'avoir pris part, il épousa Marie Stuart dont il fut le troisième et dernier époux.

Botnie (golfe de) Golfe formé par la mer Baltique entre la Finlande et la Suède, pris par les glaces six mois par an.

Botrange (signal de) *692 m* Point culminant de la Belgique, dans l'Ardenne.

botrytis n. m. BIOL. Champignon saprophyte de débris végétaux ou parasite de plantes, chez lesquelles il provoque de nombreuses maladies. *Le botrytis provoque notamment la pourriture grise des raisins, mais également la pourriture noble utilisée dans la préparation des sauternes.*

• **Botswana** République d'Afrique australe, membre du Commonwealth.

botswanais, e adj. et n. Du Botswana. *Diamants botswanais. Un (e) Botswanais (e).*

botte [1] n. f. Assemblage, par un lien, de végétaux de même espèce. *Botte de radis.*

botte [2] n. f. Chaussure qui couvre le pied et la jambe. *Bottes de cheval.* / Argot des écoles *Être, sortir dans la botte* : avoir obtenu le meilleur classement à la sortie de l'École polytechnique et, par ext., de l'ENA, etc. / Fig., fam. *Être à la botte de qqn*, lui être soumis. / SPORT *Coup de botte* : coup de pied dans le ballon.

botte [3] n. f. Coup de fleuret ou d'épée, dans l'escrime. / Fig. et vieilli *Porter une botte* : attaquer subitement.

botteler v. t. [1] Assembler en botte (des végétaux).

botter v. t. [1] Chausser de bottes. / Fam. Frapper d'un coup de pied. *Botter les fesses de qqn.* / *Botter le ballon* : au football, shooter. / v. t. ind. Pop. *Botter à* : plaire à, convenir à. *Ça me botte !*

BOTSWANA

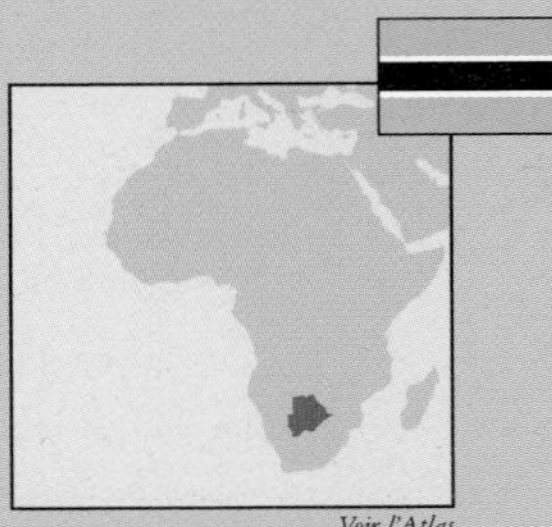

Voir l'Atlas

Superficie : *581 730 km²*
Nombre d'habitants : *1 600 000 h.*
Capitale : *Gaborone*
Villes principales : *Serowe, Francistown, Selebi-Pikwe*
Système politique : *république*
Langue (s) : *anglais, tswana*
Religion (s) : *animisme, protestantisme*
Monnaie (s) : *pula*

Géographie physique

C'est un pays aride (le désert du Kalahari en occupe la majorité), riche en ressources minérales (manganèse, amiante, 3e rang mondial pour le diamant). Son économie dépend de l'Afrique du Sud.

Le Delta de l'Okavango, au nord du Botswana.

Histoire

Devenu protectorat britannique en 1885 à la demande du roi des Tswanas (l'ethnie majoritaire) inquiet des volontés annexionnistes des Boers, le Bechuanaland devint en 1966 indépendant sous le nom de Botswana.

Femmes dans un village du ***Botswana****.*

botteur n. m. SPORT (Au rugby) Celui qui a un bon coup de botte. *Le botteur tire au but pour transformer les essais et marquer les pénalités.*

Botticelli (Alessandro di Mariano di Vanni Filipepi, dit Sandro) 1445-1510 Peintre florentin. *Le Printemps* (1478), *La Naissance de Vénus* (1485) (Offices, Florence) irradient d'un charme profane où la Renaissance florentine a fixé son juvénile visage. Même l'inquiétude religieuse que les prédications de Savonarole lui avaient communiquée (1494-1497) n'a pas assombri la grâce des nombreuses madones entourées d'anges.

bottier n. m. Celui qui fabrique des bottes, des chaussures sur mesure.

bottillon n. m. Petite botte ne dépassant pas la cheville. *Bottillons fourrés.*

Bottin (Sébastien) 1764-1853 Statisticien français. Travaillant sur les problèmes de recensement, il établit un annuaire du commerce et de l'industrie.

bottine n. f. Petite botte à fermeture. *Bottines à boutons.*

botulique ou **botulinique** adj. MÉD. Du botulisme ; relatif au botulisme.

botulisme n. m. MÉD. Infection aiguë provoquée par l'ingestion de toxines sécrétées par une bactérie parfois présente dans les charcuteries et conserves avariées.

Botzaris (Markos) v. 1788-1823 Patriote grec. Héros de la guerre d'indépendance de la Grèce révoltée contre la Turquie, il mourut au combat.

Boubat (Édouard) 1923-1999 Photographe français. Directeur artistique de *Réalités*, il réalise de nombreux reportages pour cette revue, évitant tout sensationnalisme et s'attachant au plus près à la réalité qu'il étudie en profondeur.

boubou n. m. (mot malinké) Tunique flottante portée en Afrique noire.

bouc n. m. Mâle de la chèvre. / Fig. *Bouc émissaire* : personne à laquelle on attribue tous les torts et méfaits. / Barbe limitée au menton.

boucan [1] n. m. Pop. Vacarme. *Quel boucan !*

boucan [2] n. m. Viande fumée des Caraïbes.

boucaner v. t. [1] Faire sécher à la fumée (de la viande, du poisson). / Par ext. Dessécher au grand air.

boucanier n. m. Chasseur de bœufs sauvages aux Caraïbes. / Pirate des mers.

boucharde n. f. Massette de sculpteur, de tailleur de pierre, à la tête découpée en pointes de diamant. / Rouleau de cimentier.

boucharder v. t. [1] Travailler à la boucharde.

Bouchardon (Edme) 1698-1762 Sculpteur et dessinateur français. Peu séduit par le style « rocaille », admirateur de l'Antiquité, ses œuvres annoncent le néoclassicisme. Il a exécuté à Paris la fontaine des Quatre-Saisons de la rue de Grenelle et conçu la statue équestre (terminée par Pigalle) de Louis XV qui ornait la place Louis XV (l'actuelle place de la Concorde).

bouche n. f. Cavité initiale du tube digestif constituée par les lèvres, le palais, les dents et la langue. / Par ext. Les lèvres. *Une jolie bouche.* / *Une fine bouche* : un gourmet. / Fig. Personne dont on assure la nourriture. *Avoir trois bouches à nourrir.* / Orifice. *Bouche de métro, d'égout.* / MILIT. *Bouche à feu* : terme générique pour désigner les armes à feu non portatives (canons, mortiers). / (Au plur.) Embouchure (d'un fleuve). *Les bouches de la Seine.* / Golfe. *Les bouches de Kotor.*

bouché, e adj. Qui est obstrué. *Nez bouché.* / *Cidre bouché*, en bouteille (par opposition à *en tonneau*). / Fig. Fermé, peu intelligent. *Il a l'esprit bouché.*

Vénus et Mars, *de* ***Sandro Botticelli****. Vers 1475-1480, tempera sur bois (National Gallery, Londres).*

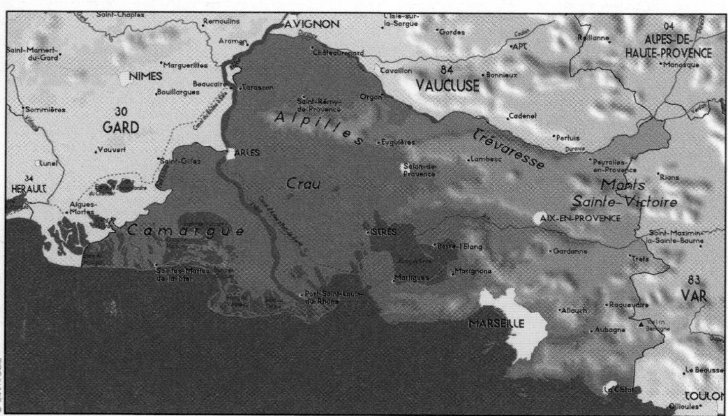

© GRAPHOGRE

Département des **Bouches-du-Rhône**.

bouche-à-bouche n. m. inv. Technique de respiration artificielle pratiquée pour la réanimation d'urgence d'un accidenté en état de détresse respiratoire et consistant à lui insuffler de l'air par la bouche.

bouchée n. f. Ce que l'on met, peut mettre dans sa bouche en une seule fois. *Avaler une bouchée de pain.* / Fig. *Pour une bouchée de pain* : presque gratuitement. / Fig. *Ne faire qu'une bouchée de qqn,* le vaincre facilement. / CUIS. Petit vol-au-vent. *Bouchée à la reine*, garnie de viande blanche en sauce.

boucher [1] v. t. [1] Fermer, obstruer. *Boucher une bouteille, une fissure.* / Par ext. Faire obstacle à, cacher. *Boucher le passage, la vue.* / v. pron. Fig. *Se boucher les yeux, les oreilles* : refuser de voir, d'entendre.

boucher, ère [2] n. et adj. Personne qui tue ou fait tuer les bestiaux et vend leur viande au détail. *Étal de boucher*. Au fig. Homme cruel et sanguinaire. (Par ext.) Chirurgien maladroit. / adj. Propre ou relatif à la boucherie. *Viande bouchère.*

Boucher (François) 1703-1770 Peintre, dessinateur, décorateur et graveur français. Son univers galant, aux formes à la fois fines et arrondies, aux couleurs claires, empreint d'une sensualité pleine de vivacité et de gaîté, est caractéristique de la peinture rococo (*Jeune fille couchée sur un sofa, Diane sortant du bain*). On retrouve la même inspiration dans les gravures (il grava plus de cent œuvres de Watteau), les cartons de tapisserie (la série des *Fêtes chinoises*), les décors (hôtel Rohan-Soubise à Paris, chambre de la reine à Versailles), les dessins (que Diderot jugeait licencieux et détestait), les portraits (protégé de Mme de Pompadour, il fut nommé premier peintre de Louis XV en 1765).

Boucher (Hélène) 1908-1934 Aviatrice française, détentrice de sept records mondiaux, elle mourut lors d'un vol d'entraînement.

Boucher de Perthes (Jacques Boucher de Crèvecœur de Perthes, connu sous le nom de **Jacques)** 1788-1868 Préhistorien français. Sa découverte, dans les graviers de la Somme, de haches taillées prouva la contemporanéité de l'homme et des grands mammifères : *Antiquités celtiques et antédiluviennes* (1847-1864).

boucherie n. f. Commerce de la viande du bétail. *Les animaux de boucherie.* / Lieu où s'exerce ce commerce. / Fig. Carnage.

Bouches-du-Rhône (département des) [13] *5 087 km² 1 759 371 h.* Chef-lieu *Marseille.* Au sud de la France, bordé par la côte méditerranéenne, ce département est formé de plaines (Comtat, Crau, Camargue), de chaînons calcaires (Alpilles, Trévaresse) et de bassins. Le caractère sauvage de la Camargue, réserve marécageuse, botanique et zoologique, contraste avec l'intense activité industrielle de l'agglomération marseillaise (*1 200 000 h.*) et de l'étang de Berre (constructions mécaniques, chantiers navals, raffineries de pétrole, huileries).

bouche-trou n. m. Chose avec quoi, personne avec qui l'on comble une place vide. *Servir de bouche-trou.* Pl. Des *bouche-trous.*

bouchon n. m. Pièce cylindrique de liège, de verre, de caoutchouc, enfoncée dans le goulot d'une bouteille pour en assurer la fermeture. / Vx. Cabaret, estaminet. / Poignée de paille avec laquelle on essuie la sueur d'un cheval. / PÊCHE. Flotteur disposé sur une ligne de pêche. / Fig. Encombrement de voitures paralysant la circulation.

bouchonné, e adj. En parlant d'un vin, qui a pris le goût du bouchon.

bouchonner v. t. [1] Frictionner (un animal) avec un bouchon de paille. *Bouchonner un cheval.* / Par ext., fam. Combler de soins, de caresses. (Emploi intransitif) Fam. Former un embouteillage.

Bouclier *hispano-mauresque.*

bouchot n. m. Clôture faite de pieux plantés dans la vase à proximité du littoral, destinée à l'élevage des moules.

Boucicaut (Aristide) 1810-1877 Négociant français. En 1852, il acheta le Bon Marché et en fit le plus grand magasin du Paris de l'époque. Il consacra une bonne part de sa fortune aux activités philanthropiques et son œuvre fut poursuivie par son épouse **Marguerite Guérin** (1816-1887), fondatrice de l'hôpital Boucicaut à Paris.

bouclage n. m. Encerclement d'un quartier, d'une rue, etc. par les forces de police ou par l'armée. / TECHN. Mise en communication de deux circuits électriques, ou de deux canalisations. / *Bouclage d'un journal* : achèvement des travaux de rédaction et de mise en pages, ou de composition d'un journal.

boucle n. f. Anneau muni d'un ardillon servant à fermer une ceinture, à tendre une courroie. / Objet en forme d'anneau. *Boucle d'oreille. Boucle de quai*, anneau scellé recevant les amarres d'un navire. / Méandre d'un cours d'eau présentant une courbe marquée. *Les boucles de la Seine.* / Mèche de cheveux qui s'enroule sur elle-même. / INFORM. *Programme en boucle* ou *boucle de programme*, dont les instructions sont exécutées de manière répétitive, jusqu'à obtention d'un résultat donné, ou réalisation d'une condition de sortie déterminée.

boucler v. t. [1] Attacher avec une boucle, un anneau. / Par ext. Fermer, verrouiller. *Boucler le magasin.* Pop. *La boucler* : se taire. / Fam. Enfermer. *Boucler un enfant dans sa chambre.* / Cerner pour surveiller. *Boucler un quartier.* / Achever. *Boucler une enquête. Boucler la boucle* : clore un processus en revenant au point de départ. / Donner une forme de boucle à (qqch.). *Boucler un ruban.* (Emploi intransitif) *Des cheveux qui bouclent naturellement.*

bouclette n. f. Petite boucle.

bouclier n. m. Arme défensive en bois ou en métal portée au bras et servant à parer les projectiles ou les coups de l'ennemi. / Fig. Sauvegarde, défense. *Levée de boucliers* : insurrection ou protestation générale. / TRAV. PUBL. Appareil protecteur mobile utilisé pour percer les tunnels. / GÉOL. Vaste étendue constituée de roches anciennes nivelées par l'érosion. *Le bouclier canadien.*

Boucourechliev (André) 1925-1997 Compositeur français, d'origine bulgare, auteur de morceaux « aléatoires » (série des cinq *Archipels*, 1967-1973). Il est également l'auteur de deux opéras, *Le Nom d'Œdipe*, 1978, et *Les Cheveux de Bérénice* (1988).

bouddha n. m. Statue de Bouddha.

Bouddha v. 566 -v. 480 ou v. 480-v. 400 av. J.-C. Surnom (sanscrit : *l'Éveillé*) du prince Siddharta Gautama, fils d'un prince de la tribu indienne des Sakyas. Également nommé Sakyamuni (le Sage des Sakyas), le Bouddha naquit à Kapilavastu, à la frontière de l'Inde et du Népal. À 29 ans, il quitta le palais paternel pour se mettre en quête de la Vérité. D'abord adonné aux plus sévères mortifications, il y renonça et connut alors l'Éveil ; affirmant que toute vie est douleur, il enseigna comment se libérer de cette douleur en suivant un chemin en huit points. De nombreux disciples se rassemblèrent autour de lui et il fonda une communauté monastique. Il mourut fort âgé et sa philosophie fut peu à peu transformée en dogmes religieux par ses adeptes et ses successeurs.

bouddhique adj. Du bouddhisme (en parlant plutôt de lieux, de choses). *Rituels bouddhiques.*

• **bouddhisme** n. m. Doctrine philosophique et religieuse du Bouddha.

bouddhiste n. et adj. Adepte du bouddhisme. / adj. Du bouddhisme (en parlant plutôt de doctrines, de personnes). *Un bouddhiste. Une nonne bouddhiste.*

bouder v. i. / v. t. [1] Manifester du mécontentement par une attitude maussade. / v. t. Se tenir éloigné de (qqn), être méfiant envers (qqch.), par désapprobation. *Bouder un spectacle à la mode.*

Statue monumentale de **Bouddha** *à Kamakura, au Japon.*

B

Bouddhisme

Plutôt qu'une religion (il ignore dieux et déesses et récuse l'adoration d'un dieu personnel et sauveur), le bouddhisme est un ensemble de doctrines, de règles morales, de pratiques et de modes de vie qui constituent une philosophie de l'existence, un enseignement de la Sagesse et des voies du Salut. Certains éléments sont issus de l'hindouisme: la croyance au cycle des renaissances qui dépend des actes commis pendant les vies antérieures, et la conviction que le but ultime des humains est d'échapper aux réincarnations. Mais, pour les hindous, cette dernière étape est la fusion avec l'Absolu; pour les bouddhistes, le *nirvâna* (littéralement « extinction ») est une sorte de repos impossible à décrire, analogue à l'état d'une lampe soufflée par le vent. En outre, les bouddhistes refusent les sacrifices animaux et rejettent comme illégitime le système des castes.

Moines bouddhistes.

La doctrine est fondée sur les Quatre Nobles Vérités proclamées par le Bouddha près de Bénarès: tout est douleur; la douleur vient du désir; il faut éteindre le désir; il existe une voie correcte et juste pour aboutir à l'indifférence au bonheur et au malheur. On y parviendra en suivant les huit étapes du Noble *Octuple Sentier*: compréhension juste, pensées justes, parole juste, action juste, moyens d'existence justes, effort juste, attention juste et concentration juste. Le Bouddha est mort sans laisser d'écrit et sans avoir désigné de successeur; selon la tradition, ses disciples ont donné forme à ses enseignements très peu de temps après sa disparition. Mais il faudra attendre le Ier siècle de notre ère pour que les textes les plus anciens du bouddhisme soient recueillis en trois ensembles, le *Tripitaka*, « les Trois Corbeilles » (les sermons du Bouddha, les règles disciplinaires des communautés, et un regroupement ordonné des éléments doctrinaux dispersés dans les deux premières « corbeilles »). Dès cette époque, le bouddhisme se divise en plusieurs écoles qui interprètent différemment la doctrine originelle. Le « Petit Véhicule », *Hînayânâ* en sanscrit, se réfère au canon le plus ancien, le *Tripitaka*, d'où son autre nom de *Theravâdâ*, « la Voie des Anciens », terme qui a supplanté *Hînayânâ* à connotation péjorative.

Le *Theravâdâ*, ou École du Sud, est répandu en Asie méridionale: Sri-Lanka, Birmanie, Thaïlande, Cambodge et Laos. Rigoureux, il insiste sur le rôle des communautés de moines et de laïcs – les *sangha* – pour conduire au nirvâna. L'accent est mis sur la vie monastique et sa stricte morale, et sur des méthodes de méditation et de concentration, inspirées du yoga hindou, qui permettent d'aboutir à un état où il n'y a ni perception ni absence de perception. La religiosité est centrée sur les monastères où les moines vivent en étroite union avec les communautés de laïcs qui les entourent. De nature tolérante, le bouddhisme, et notamment le Petit Véhicule, ne donne pas de directives pour la vie quotidienne et ne définit pas de dogmes. Il fait donc bon ménage avec les cultes traditionnels et les croyances populaires et ne méprise pas les manifestations folkloriques. L'autre grande école du bouddhisme, le *Mahâyâna*, ou « Grand Véhicule », est répandue au nord du continent: Chine, Tibet, Mongolie, Corée, Japon, Viêt-nam.

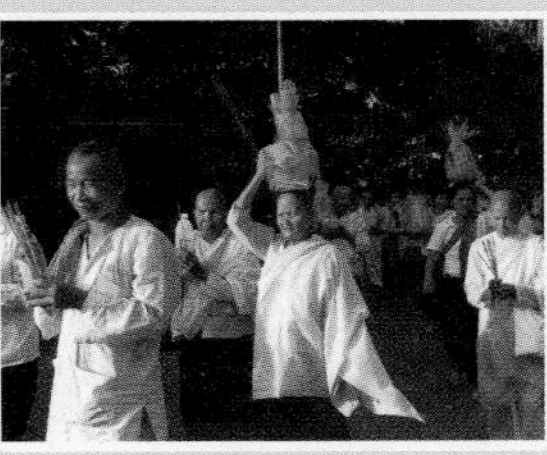

Procession d'offrandes pour un monastère bouddhiste.

Ses textes de référence sont les *sutras*, qui approfondissent le principe initial de la non-violence. Il existe trois vertus majeures: la bienveillance étendue même aux ennemis; le désir de donner, car la bienveillance engendre le don qui aide autrui à la fois matériellement et spirituellement en lui facilitant le chemin de la délivrance; la compassion issue de l'intuition fondamentale du bouddhisme, celle de la douleur universelle: si tout est douleur, tout doit être pitié. Le désir de donner, la volonté d'aider autrui sur la voie de la délivrance conduit le saint homme du Mahâyâna à faire un vœu: il renonce à connaître la sérénité du nirvâna tant que tous les autres n'auront pas atteint cette libération suprême. Devenu *bodhisattva*, « être d'éveil », il suspend volontairement son entrée dans le nirvâna par compassion pour l'humanité auprès de laquelle il joue un rôle protecteur ou consolateur, et il choisit de se réincarner pour conduire les hommes à la délivrance. Ce concept est inconnu du bouddhisme primitif. Autre doctrine inconnue du bouddhisme des origines: dans le Grand Véhicule, le Bouddha est en quelque sorte déifié; on lui attribue trois corps: humain, divin, cosmique. Religion populaire, le Mahâyâna a, comme le Petit Véhicule, ses temples, ses pèlerinages et ses fêtes, et les plus grands bodhisattvas y sont vénérés.

bouderie n. f. Manifestation boudeuse.
boudeur, euse adj. Qui boude, qui boude volontiers. *Un enfant boudeur.* / Propre à celui qui boude. *Une moue boudeuse.*
Boudiaf (Mohammed) 1919-1992 Homme politique algérien. Chef du F.L.N. emprisonné en France (1956-1962), il s'exila en 1963. En janvier 1992, il fut rappelé pour présider le Haut Comité d'État qui voulait sortir l'Algérie de la crise, mais il fut assassiné en juin.
Boudienny (Semen Mikhaïlovitch) 1883-1973 Maréchal soviétique. Sous-officier rallié à la révolution, il combattit Denikine et les Polonais en 1920; au cours de la Deuxième Guerre mondiale, il a dirigé le front sud.
boudin n. m. Charcuterie faite de sang de porc diversement assaisonné et tassé dans un boyau. / CH. DE FER Saillie du bandage d'une roue qui s'applique contre le rail pour la maintenir sur la voie. / BX-ARTS Grosse moulure de section semi-cylindrique. / TECHN. Mèche de mise à feu d'une mine. / *Ressort à boudin*: ressort d'acier spiralé. / Fig., pop., péjor. *Un boudin*: une fille moche.
Boudin (Eugène) 1824-1898 Peintre français, précurseur de l'impressionnisme; il a su rendre les ciels changeants de la côte normande d'une touche rapide et élégante, avec des couleurs claires et transparentes.
boudiner v. t. [1] Serrer dans des vêtement trop étroits. *Sa robe la boudine.*
boudoir n. m. Petit salon de dame. / Biscuit long saupoudré de sucre.
boue n. f. Terre imbibée d'eau. / Dépôt épais. *Boue d'un canal.* / GÉOL. Sédiment marin profond. / MÉD. *Bain de boue (s)*: bain curatif pris dans un mélange d'eau et de limons déposés par des eaux minérales.
bouée n. f. Corps flottant, destiné à tracer un chenal, à indiquer un obstacle, ou à repérer un objet immergé dans la mer. *Bouée lumineuse*, qui lance un signal lumineux. *Bouée sonore*, équipée d'une trompe. *Bouée de corps mort*, qui signale une ancre sur laquelle un bateau peut être amarré. / *Bouée de sauvetage*: appareil flottant qui permet à une personne tombée à l'eau de se maintenir à la surface.
boueux, euse adj. Couvert de boue, rempli de boue. *Sentier boueux.*
bouffant, e adj. et n. m. Qui bouffe, occupe du volume. *Cheveux bouffants. Papier bouffant*, relativement épais par rapport à son poids.
bouffarde n. f. Fam. Pipe à tabac.
bouffe [1] n. f. Fam. Repas, mets, nourriture. *Organiser une bouffe pour des amis. Faire de la bonne bouffe.*
bouffe [2] adj. MUS. *Opéra bouffe*: œuvre lyrique sur le mode léger, comique.
bouffée n. f. Souffle d'air léger et intermittent. / Exhalaison émise par la bouche. *Bouffée de fumée.* / Fig. Accès bref. *Bouffée de colère.* / MÉD. *Bouffée de chaleur*: sensation soudaine de chaleur au visage, au corps. / PSYCHIATR. *Bouffée délirante*: épisode délirant, qui apparaît soudainement et disparaît sans laisser de séquelles.
bouffer v. i. / v. t. [1] Gonfler, prendre du volume. *Faire bouffer ses cheveux.* / v. t. Fam. Manger. *Bouffer un sandwich.* Par ext. *Cette voiture bouffe beaucoup d'huile.* / v. pron. Fam. *Se bouffer le nez*: se disputer. *Se laisser bouffer*: se laisser accaparer.
bouffi, e [1] adj. Boursouflé, gonflé. *Des yeux bouffis de sommeil.*
bouffi [2] n. m. Hareng saur fumé.
bouffon, onne n. m. et adj. **A.** n. m. Autrefois, personnage de la farce italienne. / HIST. Personnage grotesque attaché à la cour d'un roi pour le divertir. **B.** adj. Litt. Comique. *Personnage bouffon.* / Grotesque.
bouffonnerie n. f. Farce, plaisanterie, clownerie.
Bougainville (Louis, comte de) 1729-1811 Voyageur français qui a fait en 1771 la narration de son tour du monde (1766-1769) à bord de *La Boudeuse.*

bougainvillée n. f. ou **bougainvillier** n. m. BOT. Plante dicotylédone, à fleur entourée de trois bractées colorées (roses, violettes), très décoratives. *La bougainvillée est souvent cultivée comme plante ornementale.*
bouge n. m. Logement sordide, misérable. / Lieu public de mauvais aloi et mal fréquenté. / TECHN. Bombement transversal du pont d'un navire, qui renforce sa solidité et permet l'évacuation de l'eau. / Renflement d'un objet. *Bouge d'un tonneau.*
bougeoir n. m. Petit chandelier muni d'une anse ou d'un manche.
bougeotte n. f. Fam. *Avoir la bougeotte*: avoir envie, besoin de bouger.
bouger v. i. / v. t. [1] **A.** v. i. Faire un mouvement, remuer. *Un enfant agité qui bouge sans arrêt.* / Se déplacer. *Ne pas bouger de chez soi.* / Se modifier. *Les taux d'intérêt commencent à bouger.* / Entrer en action, réagir. *Face au mécontentement, le gouvernement n'a pas bougé.* **B.** v. t. Changer de position. *Bouger la tête, les meubles.* / Fig. *Ne pas bouger le petit doigt*: se refuser à aider qqn.
bougie n. f. Bâton de cire, de stéarine, de paraffine, englobant une mèche que l'on enflamme pour s'éclairer. / AUTOM. Organe d'un moteur à explosion qui produit l'étincelle électrique dans le cylindre pour provoquer l'explosion du mélange détonant. / CHIR. Sonde cylindrique flexible ou rigide. / OPT. Ancienne unité d'intensité lumineuse.
bougnat n. m. (mot auvergnat) Fam. Charbonnier.
bougon, onne adj. Qui bougonne, bougonne volontiers.
bougonner v. i. [1] Parler entre ses dents, pour manifester un désaccord; marmonner. *Esprit chagrin qui bougonne contre le monde entier.*
bougre, esse n. et interj. Fam. Individu. *Ce n'est pas un mauvais bougre*: c'est un brave homme. *Petite bougresse!*: petite maligne, petite impertinente! / (Renforce une insulte) *Bougre d'imbécile!* / Interj. *Bougre!*: Diable!
bougrement adv. Très. *Il est bougrement en retard.*
boui-boui n. m. Fam. Bistro ou restaurant médiocre. Pl. Des *bouis-bouis.*
Bouilhet (Louis) 1822-1869 Poète français. Ami de Flaubert, il fut aussi dramaturge (*La Conjuration d'Amboise*, 1866).
bouillabaisse n. f. Plat provençal à base de poissons cuits dans un bouillon (autrefois de l'eau de mer) et servis dans ce bouillon.
bouillant, e adj. Qui bout. *Eau bouillante.* / Par ext. Très chaud. *Ton thé est bouillant.* / Fig. Ardent, fougueux. *Jeune homme bouillant d'impatience.*

***Bouillabaisse,** plat provençal.*

Bouillaud (Jean) 1796-1881 Médecin français qui décrivit la maladie de Bouillaud, rhumatisme articulaire aigu, qui affecte les articulations et le cœur.
bouille n. f. Hotte servant aux vendanges. / Fam. Visage, physionomie. *Avoir une bonne bouille.*
bouilleur n. m. Cylindre placé horizontalement sous une chaudière, relié directement à celle-ci par un gros tube (cuissard), servant à augmenter la surface de chauffe du liquide. / *Bouilleur de cru*: propriétaire qui distille sa récolte de fruits pour son usage personnel d'eau-de-vie.
bouilli n. m. Viande de bœuf bouillie.
bouillie n. f. Laitage épaissi de farine consommé par les bébés. / TECHN. Substance pâteuse. *Bouillie bordelaise* ou *bourguignonne*: mélange à base de sulfate de cuivre que l'on pulvérise sur la vigne pour combattre le mildiou.
bouillir v. i. [3] Produire des bulles, être en ébullition, s'agiter sous l'action de la chaleur, en parlant d'un liquide. *Le lait bout, il va déborder.* / *Faire bouillir*: mettre à cuire ou à laver, dans l'eau bouillante. / Par ext. Être cuit dans l'eau bouillante. / Fig. Éprouver (un sentiment) de manière violente. *Bouillir de colère, d'impatience.*
bouilloire n. f. Récipient métallique muni d'un grand bec, servant à faire bouillir de l'eau.
bouillon n. m. **I.** Bulle qui se forme dans un liquide en ébullition. / Bulle d'air enfermée dans le verre. / IMPRIM. Exemplaires invendus d'une publication. / COUT. Fronces d'étoffe bouffante. **II.** Liquide dans lequel on a fait bouillir de la viande, du poisson, des légumes. *Bouillon gras. Bouillon de légumes.* / *Bouillon de culture*: milieu stérile préparé pour la culture de micro-organismes; au fig., milieu dans lequel peut se développer une infection, une maladie, un danger. / HIST. Modeste restaurant où l'on servait essentiellement du pot-au-feu et son bouillon.
Bouillon (Henri de la Tour d'Auvergne, vicomte de Turenne, duc **de)** 1555-1623 Maréchal de France. Un des chefs des protestants, il conseilla l'abjuration à Henri IV. Il fut le père de Turenne.
bouillon-blanc n. m. Scrofulariacée de grande taille, à feuilles très velues et aux fleurs jaunes. *Le bouillon-blanc peut être employé en infusion comme émollient.*
bouillonné adj. et n. m. COUT. En bouillon. / n. m. Ornement d'étoffe en bouillon.
bouillonnement n. m. État bouillonnant (d'un liquide). *Le bouillonnement de l'eau.*
bouillonner v. i. [1] S'agiter en formant des bulles, de l'écume, en parlant d'un liquide. *L'eau bouillonne sous la cascade.*
bouillotte n. f. Récipient en caoutchouc qui, rempli d'eau bouillante, réchauffe un lit.
Bouin (Jean) 1888-1914 Athlète français, champion de course à pied. Il mourut au combat.
Boukhara *220 000 h.* Ville d'Ouzbékistan, dans la vallée de la Zeravchan. Centre du commerce des tapis. Importante cité d'art musulman: mausolée des Samanides (Xe siècle), minaret (XIe siècle), Grande mosquée (XVIe siècle), plusieurs médersas. **Histoire** Capitale (IXe-XIe siècle) des Samanides, la ville fut prise par Gengis Khan (1220) et devint, entre le XVIe et le XXe siècle, la capitale d'un khanat fondé par les Ouzbeks vers 1500 et englobant, outre l'Ouzbékistan actuel, le Karakalpakie et une partie du Tadjikistan. Le khanat de Boukhara passa sous la suzeraineté de l'empire russe en 1868. Proclamée en 1920, la république populaire soviétique de Boukhara fut partagée en 1924 entre Ouzbékistan, Tadjikistan et Turkménistan.
Boukharine (Nikolaï Ivanovitch) 1888-1938 Homme politique soviétique, compagnon de Lénine. En 1924, il s'allia, contre Trotski, à Staline, qui l'évinça en 1929 puis le fit condamner à mort.
boulanger, ère [1] n. et adj. Personne qui fait ou qui vend du pain. / loc. adj. CUIS. *À la boulangère* ou (elliptiquement) *boulangère*: à la mode des boulangers. *Pommes boulangères*: pommes de terre tranchées, assaisonnées et cuites au four (originellement au four de boulanger).
boulanger [2] v. i. / v. t. [1] Faire le pain. / v. t. *Boulanger de la farine.*
Boulanger (Georges) 1837-1891 Général français, ministre de la Guerre (1886). Sa popularité fulgurante qui lui vaut de rallier tous les ennemis de la République expose un instant le régime à l'initiative d'un coup de force auquel il renonce. Inculpé de complot contre l'État, il choisit la fuite et se suicide à Bruxelles sur la tombe de sa maîtresse, Mme de Bonnemain.
Boulanger (Nadia) 1887-1979 Compositeur et professeur de musique français dont l'enseignement a marqué plusieurs générations de musiciens (Igor Markevitch, Aaron Copland, notamment). **Juliette** dite **Lily** 1893-1918 Sœur de la précédente, musicienne française à la très brève carrière, première femme Grand Prix de Rome (1913).
boulangerie n. f. Production et commerce du pain. / Boutique d'un boulanger.
boulangisme n. m. Mouvement politique antiparlementaire et nationaliste, né autour du général Boulanger entre 1885 et 1889.
boulangiste adj. et n. Qui concerne le général Boulanger et son mouvement; partisan du général Boulanger.
boule [1] n. f. Petite sphère, généralement pleine. *Boule de billard.* / Au plur. *Jeu de boules*: pétanque. / Objet rond. *Boule de pain.*
boule [2] Voir **boulle**
boulê n. f. (mot grec) ANTIQ. GR. Sénat d'une cité grecque, en particulier d'Athènes.
bouleau n. m. Arbre de la famille des bétulacées, vivant dans les régions froides ou tempérées, où il constitue d'immenses forêts (pays scandinaves, Canada). *L'écorce du bouleau, d'abord brune et lisse, devient blanchâtre et argentée; le bois est employé dans la fabrication des pâtes à papier, en ébénisterie et en menuiserie.*

*Arbre à écorce et à bois blancs, le **bouleau** appartient à la famille des bétulacées.*

bouledogue n. m. Chien trapu, bas sur pattes, au museau aplati, au poil blanc semé de taches sombres.
bouler v. i. [1] Rouler en se mettant en boule. / Fam. *Envoyer bouler qqn*, le rejeter brutalement.
boulet n. m. Projectile de pierre ou de fer dont on chargeait les canons. / Lourde boule de métal attachée par une chaîne à la cheville des forçats. / TECHN. Aggloméré ovoïde de charbon utilisé comme combustible. / ZOOL. Chez le cheval, articulation du canon et du paturon.
boulette n. f. Petite boule. / CUIS. Petite boule de viande hachée ou de pâte. / Fig. fam. *Faire une boulette*: commettre une erreur.
bouleute n. m. ANTIQ. GR. Membre d'une boulê, en particulier de la boulê d'Athènes. *Au nombre de 500 à l'origine (jusqu'à 750 à certaines époques), les bouleutes exerçaient le pouvoir législatif et le pouvoir exécutif; ils devaient être âgés de plus de trente ans et de mœurs irréprochables.*
boulevard n. m. Large avenue plantée d'arbres. *Boulevard périphérique*: voie à grande circulation autour des grandes villes, en partic. Paris. *Les Grands Boulevards*, entre les places de la République et de la Madeleine, à Paris. / *Théâtre de boulevard* ou (elliptiquement) *boulevard*: genre de théâtre léger et comique, que l'on jouait autrefois sur les Grands Boulevards.

*Le boxer est souvent, à tort, assimilé au **bouledogue**.*

B

Boulogne-sur-Mer.

boulevardier n. m. et adj. Vieilli Homme habitué à flâner sur les boulevards parisiens à la recherche d'aventures galantes. / adj. Propre au théâtre de boulevard. *Esprit boulevardier.*
bouleversant, e adj. Très émouvant.
bouleversement n. m. Changement radical. / Désordre. / Fig. Violente émotion.
bouleverser v. t. [1] Mettre en grand désordre. / Par ext. Modifier radicalement. *Hypothèse qui bouleverse les idées reçues.* / Fig. Émouvoir profondément. *Être bouleversé par la mort d'un ami.*
Boulez (Pierre) 1925 Compositeur et chef d'orchestre français. Sensible à toutes les sources d'inspiration de la musique contemporaine, il a animé les concerts du « Domaine musical ». On lui doit des compositions atonales où domine l'influence de Webern : *Le Marteau sans maître* (1955), *Pli selon pli* (1960). Il dirigea l'IRCAM du Centre Georges-Pompidou de 1974 à 1991.
Boulgakov (Mikhaïl Afanassievitch) 1891-1940 Écrivain russe. Son œuvre maîtresse, *Le Maître et Marguerite*, auquel il consacra les douze dernières années de sa vie, ne fut publié qu'en 1966 ; il attaque le stalinisme en mêlant l'histoire du Christ et celle de Faust.
Boulganine (Nikolaï Alexandrovitch) 1895-1975 Maréchal soviétique, président du Conseil des ministres de 1955 à 1958.
boulgour n. m. (mot turc) Blé concassé.
boulier n. m. Appareil formé de tiges métalliques parallèles sur lesquelles coulissent de petites boules, et servant à compter, encore très utilisé en Chine et au Japon.
boulimie n. f. Besoin pathologique de manger, entraînant une absorption excessive d'aliments.
boulimique adj. Qui procède de la boulimie.
boulin n. m. CONSTR. Perche de bois dur qui, posée sur les moises ou encastrée dans les murs, supporte le plancher d'un échafaudage. / Trou laissé dans le mur par cette pièce.
bouline n. f. MAR. Filin servant à haler une voile carrée de manière à lui faire prendre le vent.
boulingrin n. m. Espace gazonné.
bouliste adj. et n. Relatif au jeu de boules. *Club bouliste.* / Subst. Joueur, joueuse de boules. *Des boulistes jouent sur l'esplanade.*
boulle ou **boule** n. m. inv. Meuble en marqueterie dont le type a été créé au XVIIe siècle par l'ébéniste Charles Boulle. *Un boulle ou un meuble de style Boulle.*
Boulle (André Charles) 1642-1732 Ébéniste français. Il popularise un type de marqueterie qui incruste le bois précieux de motifs en cuivre, en étain, en écaille, en nacre ou en ivoire. Fondée à Paris en 1886, l'*École Boulle* (aujourd'hui lycée) forme des spécialistes de l'ébénisterie et de la décoration.
Boullongne ou **Boulogne** Famille de peintres et graveurs français. **Louis Boullongne le Père** ou **le Vieux** 1609-1674 Un des membres fondateurs de l'Académie, il contribua à la décoration de Versailles et du Louvre. **Bon Boullongne l'Aîné** 1649-1717 Fils du précédent, protégé de Colbert. Auteur de tableaux mythologiques pour le Trianon, Meudon, Saint-Cloud notam. **Louis Boullongne le Jeune** 1654-1733 Frère du précédent. Auteur de très nombreuses œuvres religieuses, il fut directeur de l'Académie et premier peintre du roi.
boulocher v. i. [1] En parlant d'un tissu, d'un tricot, former, après frottement, de petite boules pelucheuses.
Boulogne (bois de) Bois situé à l'ouest de Paris, qui fut aménagé en promenade par Alphand, sous le Second Empire.
Boulogne-Billancourt ou **Boulogne-sur-Seine** *101 743 h.* Ville des Hauts-de-Seine, résidentielle et industrielle. C'est à Boulogne-Billancourt que se trouvait, sur le site historique des premiers ateliers de la firme, le siège social des usines Renault jusqu'en 1992.
Boulogne-sur-Mer *43 678 h.* Ville du Pas-de-Calais, sur la Manche, à l'embouchure de la Liane, premier port français de pêche, important port de voyageurs (liaisons avec l'Angleterre), station balnéaire. Industries (alimentaires, notamment). **Histoire** Napoléon Ier y suscita un rassemblement, dit « camp de Boulogne », pour préparer une expédition contre la Grande-Bretagne (1803). Une coalition et la défaite navale française à Trafalgar mirent fin à ce projet.
boulon n. m. Tige de fer ou d'acier dont une extrémité, plus large, constitue la tête, alors que l'autre possède un filetage sur lequel se visse l'écrou et qui sert à assembler des éléments.
boulonnais, e adj. et n. De Boulogne, du Boulonnais. *Un (e) Boulonnais (e).* / *Race boulonnaise* : race de chevaux de trait massifs et puissants.
boulonner v. t. [1] Fixer, assembler avec des boulons.
boulot [1] n. m. Fam. Labeur, travail. *Aller au boulot.*
boulot, otte [2] adj. Fam. (En parlant d'une personne) Petit et sujet à l'embonpoint. *Une enfant un peu boulotte.*
boulotter v. i. / v. t. [1] Fam. Manger. *Boulotter à longueur de journée.* / v. t. Fam. Dilapider, dépenser. *Boulotter toute sa fortune.*
boum! interj. et n. m. Onomatopée imitant le son d'une détonation, d'un coup violent. / n. m. *J'ai entendu un grand boum.*
Boumediene (Mohamed Boukharrouba, dit Houari) 1932-1978 Homme politique algérien. Chef de l'Armée de libération nationale (A.L.N.), basée en Tunisie, il aida Ben Bella à prendre le pouvoir en septembre 1962 et le renversa en juin 1965. Président de la République de 1965 à sa mort, il laissa le parti unique, le F.L.N., appliquer une politique où la corruption alla croissant.
Bounine (Ivan Alexeievitch) 1870-1953 Écrivain russe, romancier (*Le Village*, 1910, *La Vie d'Arseniev*, inachevé, 1930), nouvelliste (*Le Monsieur de San Francisco*, 1915) et poète (*La Chute des feuilles*, 1901). Il quitta la Russie soviétique en 1920 et devint un des plus célèbres écrivains russes de l'émigration.
bouquet [1] n. m. Groupe dense d'arbres de même taille. / Assemblage décoratif de fleurs et de feuillage. / CUIS. *Bouquet garni* : petite botte de persil, de thym et de laurier. / Arôme d'un vin. / Figure finale d'un feu d'artifice.

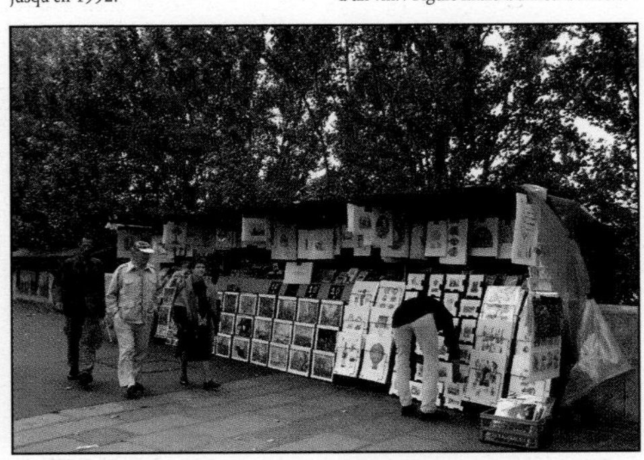
Étals (au premier plan) et boîtes (à l'arrière-plan) de ***bouquinistes*** *sur un quai parisien.*

Charles de ***Bourbon*** *(don Carlos), branche de Bourbon-Espagne.*

bouquet [2] n. m. Petit bouc. / Lapin, lièvre mâle. Syn. bouquin. / Grosse crevette rose.
bouquetière n. f. Marchande ambulante de fleurs. / CUIS. *Bouquetière de légumes* : légumes présentés en bouquet.
bouquetin n. m. Chèvre sauvage à longues cornes annelées et de section triangulaire, qui vit dans les chaînes montagneuses d'Europe et d'Asie.
bouquin [1] n. m. Vieux livre. / Fam. Livre.
bouquin [2] n. m. Lièvre ou lapin mâle.
bouquiner v. i. [1] Fam. Lire.
bouquiniste n. Libraire qui achète et vend des livres d'occasion. Syn. libraire d'ancien.
Bourbaki (Charles Denis Sauter) 1816-1897 Général français. Il s'illustra en Crimée puis commanda l'armée de l'Est en 1870-1871.
Bourbaki (Nicolas) Pseudonyme choisi par un groupe de jeunes mathématiciens français (Cartan, Chevalley, Dieudonné, Delsarte, Weill) en 1933. Les travaux de Bourbaki sur l'axiomatique et les systèmes formels sont publiés depuis 1939.
bourbe n. f. Couche de boue qui se dépose au fond des étangs ou sur les marais.
bourbier n. m. Lieu plein de bourbe. / Fig. Situation dont on ne s'extrait que difficilement, inextricable. *Comment sortir de ce bourbier ?*
bourbillon n. m. MÉD. Au centre d'un furoncle, masse de tissus nécrosés.
Bourbon Famille française qui tire son nom de la seigneurie de Bourbon-l'Archambault. L'héritière de la seigneurie, Béatrix de Bourbon, épousa en 1272 Robert de France (1256-1317), comte de Clermont, sixième fils de Saint Louis. **Louis de Bourbon** 1270-1342 Fils de Robert de Clermont, premier duc de Bourbon (1327). De nombreuses branches en sont issues. *Branche aînée.* **Pierre Ier** 1311-1356 Fils de Louis de Bourbon ; il fut tué à la bataille de Poitiers au cours de laquelle les Anglais firent prisonnier le roi Jean II le Bon. **Louis II le Bon** 1337-1410 Fils du précédent ; il fut un des régents de France à la mort de Charles V. **Jean Ier** 1381-1434 Fils du précédent. Les Anglais s'en emparèrent à Azincourt et il mourut à Londres après 19 ans de captivité. **Charles Ier** 1401-1456 Fils du précédent. Il soutint la cause de Charles VII contre les

Anglais avant d'encourir la disgrâce royale pour complot. **Jean II** 1426-1486 Fils du précédent. Il participa, sous Louis XI, à la Ligue du Bien public et mourut sans postérité. **Pierre II**, sire de Beaujeu 1439-1503 Frère du précédent. Il épousa la fille de Louis XI, Anne de France ; sa fille unique, Suzanne, épousa le connétable de Bourbon. *Branche cadette.* **Jacques de Bourbon**, comte de la Marche v. 1314-1362 Troisième fils de Louis Ier, duc de Bourbon ; il mourut en combattant les Grandes Compagnies. **Jean Ier** v. 1337-1393 Fils du précédent. Il devint (1373) comte de Vendôme par son mariage avec Catherine de Vendôme. **Louis II** v. 1376-1446 Fils du précédent, comte de Vendôme ; il prit pendant la guerre de Cent Ans le parti des ducs d'Orléans. **Jean II** 1429-1478 Fils du précédent. **François** 1470-1495 Fils du précédent ; il développa considérablement le Vendômois tant sur le plan économique que sur le plan artistique. **Charles** 1489-1537 Fils du précédent ; il fut tué pendant les guerres d'Italie. **Antoine** 1518-1562 Fils du précédent. Roi de Navarre par son mariage avec Jeanne d'Albret, reine de Navarre, il est le père d'Henri IV d'où descendent six rois de France : Louis XIII, Louis XIV, Louis XV, Louis XVI, Louis XVIII, Charles X. *Branche de Bourbon-Condé :* Voir **Condé**. *Branche de Bourbon-Orléans :* Voir **Orléans**. *Branche de Bourbon-Espagne.* Elle est issue du petit-fils de Louis XIV, Philippe, duc d'Anjou, roi d'Espagne en 1701 sous le nom de Philippe V. De ce prince sont issus les rois Louis Ier, Ferdinand VI, Charles III, Charles IV, Ferdinand VII, Isabelle II, Alphonse XII, Alphonse XIII et Juan Carlos Ier. *Branche de Bourbon-Parme.* Fondée par Philippe, quatrième fils de Philippe V d'Espagne, elle a régné sur Parme (1748-1802 et 1847-1859), l'Étrurie (1801-1807) et Lucques (1815-1847). *Branche de Bourbon-Siciles.* Issue de Ferdinand, troisième fils de Charles III d'Espagne, elle a régné sur Naples et les Deux-Siciles de 1759 à 1860. *Branche de Bourbon-Cadix-Séville.* Elle est issue du quatrième fils de Charles IV d'Espagne et n'a jamais régné.

Bourbon (Charles III, duc de) 1490-1527 Connétable de France. Veuf de sa richissime cousine Suzanne de Beaujeu, petite-fille de Louis XI, il possédait, au centre de la France, un immense domaine qui faisait de lui le plus puissant seigneur du royaume, vassal du roi de France, et une petite partie du département de l'Ain, terre d'Empire, donc possession de Charles Quint. Il s'opposa à Louise de Savoie, mère de François Ier, pour d'obscurs problèmes successoraux. Celle-ci lui intenta un procès pour se faire attribuer l'héritage des Bourbons, procès que le roi poursuivit pour diverses raissons, mais essentiellement pour abattre son pouvoir qui consituait un gros danger pour le royaume. Alors qu'il avait été l'un des artisans de la victoire de Marignan, il s'enfuit en Espagne et s'enrôla dans l'armée de Charles Quint en Italie. Artisan, cette fois, de la défaite française de Pavie, il mourut au cours du siège de Rome par les Impériaux. François Ier confisqua tous ses biens.

Bourbon (Charles, cardinal de) 1523-1590 Prélat français, fils du connétable de Bourbon. Partisan de la Ligue, il fut proclamé roi de France par le parti catholique sous le nom de Charles X (1589), aux dépens de son neveu, le futur Henri IV, qui était protestant.

Bourg-en-Bresse.

Bourbon (palais) Palais construit en 1722 par Giardini pour la duchesse douairière de Bourbon, sur la rive gauche de la Seine à Paris, face à l'actuelle place de la Concorde (alors place Louis-XV). C'est depuis 1795 le siège de l'Assemblée législative, aujourd'hui Assemblée nationale. La façade côté Seine a été construite sous l'Empire. La salle des séances et la bibliothèque (décorée par Delacroix à partir de 1838) datent de la Restauration.

Bourbon-Busset (Jacques de) 1912-2001 Écrivain français. Diplomate, il a publié des romans élégants de facture classique ; son œuvre est imprégnée de foi chrétienne et son *Journal* (plusieurs volumes depuis 1966) célèbre le couple et l'amour conjugal.

Bourbon-l'Archambault *2 630 h.* Ville de l'Allier, berceau de la famille de Bourbon.

Bourbonnais Ancienne province du centre de la France, couvrant approximativement le département de l'Allier, réunie à la couronne de France en 1527.

Bourbon-Vendôme Voir **Vendôme**

Bourboule (La) *2 113 h.* Station thermale du Puy-de-Dôme, dans les monts Dore, spécialisée dans le traitement des affections des voies respiratoires et des allergies.

bourdaine n. f. Arbuste des sous-bois (famille des rhamnacées), commun en France, dont l'écorce donne une tisane laxative.

Bourdaloue (Louis) 1632-1704 Jésuite français, prédicateur à la cour de Louis XIV.

bourde n. f. Baratin, baliverne. *Raconter des bourdes à qqn.* / Par ext. Bévue. *Faire une grosse bourde.*

Bourdelle (Antoine) 1861-1929 Sculpteur français qui a travaillé avec Rodin. Son style d'abord tourmenté a évolué ensuite vers un classicisme un peu froid. *Héraclès archer* (1909), nombreux bustes de Beethoven.

Bourdieu (Pierre) 1930-2002. Sociologue français, professeur titulaire au Collège de France (1982). Auteur de nombreux ouvrages, dont : *Le métier de sociologue* (1968), *Le sens pratique* (1980), *Choses dites* (1987), *La misère du monde* (1993), *La domination masculine* (1998).

bourdon [1] n. m. ZOOL. Insecte hyménoptère mellifère, plus gros que l'abeille, au corps massif et velu. *Les bourdons sont des insectes sociaux qui établissent leur nid sous terre, dans la mousse, sous l'herbe ou dans les anfractuosités de rochers.* / *Faux bourdon*, abeille mâle. / Pop. Cafard. *Avoir le bourdon* : être d'humeur mélancolique.

bourdon [2] n. m. Grosse cloche à sonorité grave. / Jeu d'orgue composé de tuyaux en bois bouchés.

bourdon [3] n. m. Bâton de pèlerin sommé d'un ornement en forme de pomme.

bourdon [4] n. m. IMPRIM. Omission, en typographie, d'un ou de plusieurs mots.

bourdonner v. i. [1] Émettre un son grave et continu, en parlant des insectes. *La ruche bourdonne.* / Fig. Faire un bruit confus et continu. *La foule des invités bourdonne.*

Boureïa (la) *630 km* Rivière de Sibérie, affluent de l'Amour. Importants gisements de houille et de fer dans sa vallée.

bourg n. m. Gros village.

bourgade n. f. Petit bourg.

Bourg-en-Bresse *40 972 h.* Chef-lieu du département de l'Ain. Marché agricole de volailles. Industries. Église Saint-Nicolas-du-Brou (gothique flamboyant, du XVIe siècle).

Bourgelat (Claude) 1712-1779 Vétérinaire français, fondateur des premières écoles vétérinaires européennes à Lyon en 1761 et à Alfort en 1765.

bourgeois, e n. et adj. **A.** n. HIST. Au Moyen Âge, habitant d'un bourg, jouissant de certains privilèges. / Sous l'Ancien Régime, personne ne faisant partie ni de la noblesse ni du clergé, et n'exerçant pas de métier manuel. / Aujourd'hui, personne appartenant à la classe moyenne. / Péjor. Personne conservatrice et conformiste. / n. f. Pop. Épouse. *Demande à ta bourgeoise.* **B.** adj. Propre à la bourgeoisie. *Éducation bourgeoise. Appartement bourgeois.* / Simple, familial. *Cuisine bourgeoise*, simple et bonne. *Travailler en maison bourgeoise* : en parlant de domestiques, être au service d'une famille (par opposition à un hôtel, un restaurant…).

Bourgeois (Louyse, dame **Boursier,** connue sous les noms de la **Boursier** et de **Louyse)** 1563-1636 Sage femme française. Accoucheuse de nombreuses grandes dames et de Marie de Médicis, elle a publié le premier traité français d'obstétrique dû à une femme (*Observations diverses sur la stérilité, perte de fruit, fécondité, accouchements et maladies des femmes et enfants nouveau-nés…*, 1609).

Bourgeois (Louise) 1911 Sculpteur américain d'origine française. Son œuvre très personnelle, empreinte de violence, utilise les matériaux les plus hétéroclites (chiffons, marbre, bronze, bois, matières plastiques…).

Bourgeois gentilhomme (le) Comédie-ballet de Molière jouée devant Louis XIV à Chambord en 1670 : Monsieur Jourdain, de son état marchand, veut avoir l'apparence et les talents d'un gentilhomme.

bourgeoisement adv. À la manière de la bourgeoisie. *Immeuble habité bourgeoisement*, où ne s'exerce pas d'activité commerciale ou industrielle.

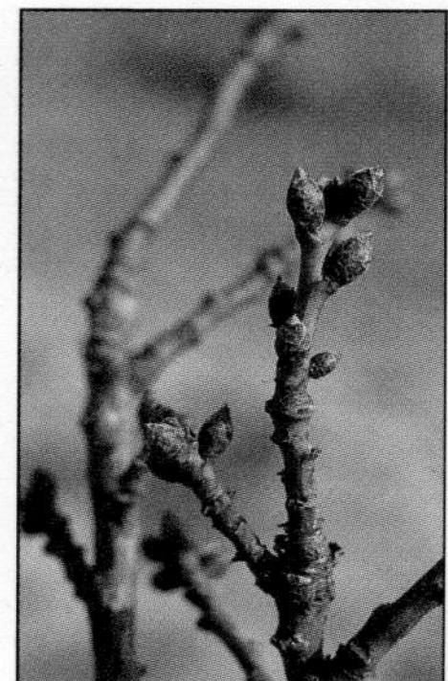

Bourgeons d'amandier.

bourgeoisie n. f. HIST. Qualité de bourgeois. / Sous l'Ancien Régime, Tiers État. / Dans le vocabulaire marxiste, classe sociale dominante possédant les moyens de production, en régime capitaliste (par oppos. à *prolétariat*). / Ensemble des bourgeois.

bourgeon n. m. BOT. Organe non différencié à partir duquel peuvent se développer les feuilles ou les fleurs. / MÉD. *Bourgeon conjonctif* : tissu conjonctif qui se forme en excès lors de la cicatrisation d'une plaie. / ANAT. *Bourgeon gustatif* : région des papilles gustatives qui renferme les cellules gustatives.

bourgeonner v. i. [1] Former des bourgeons. *Les arbres bourgeonnent avant de fleurir.* / Fig. En parlant du visage, se couvrir de boutons. *Nez qui bourgeonne.*

Bourges *75 609 h.* Chef-lieu du département du Cher, sur l'Yèvre. Bourges est un centre de petites industries traditionnelles (armes, imprimeries) et une ville d'art : cathédrale Saint-Étienne, un des édifices majeurs de l'art gothique à son apogée ; hôtel Jacques-Cœur du XVe siècle. Charles VII, replié à Bourges (1422-1429) avant la reconquête de la France sur les Anglais, fut appelé par dérision le « roi de Bourges ».

Bourget (lac du) Ce lac de Savoie, alimenté par le Rhône, est le plus vaste *44 km²* et le plus profond de France, *145 m.* L'amour que Lamartine voua, lors d'un séjour au bord de ce lac (1816), à Mme Charles, lui rendit sensible la beauté du paysage qu'il a évoquée dans *Le Lac.*

Lac du **Bourget**.

*Canal de **Bourgogne**.*

Bourget (Le) *11 699 h.* Commune située dans la banlieue nord de Paris. Troisième aéroport de la capitale, dont l'activité se limite aujourd'hui à l'aviation d'affaires. Musée de l'Air et de l'Espace. Industries.

Bourget (Paul) 1852-1935 Romancier français. Les démonstrations morales de ses « romans à thèse » lui valurent le succès : *Le Disciple* (1889), *L'Étape* (1902), *Un divorce* (1904).

bourgmestre n. m. Maire d'une ville en Belgique, en Allemagne et en Suisse.

bourgogne n. m. Vin de Bourgogne. *Un bourgogne rouge.*

• **Bourgogne** Ancienne province de France dont l'étendue correspond à peu près à celle de la Bourgogne actuelle.

Bourgogne *31 582 km² 1 625 000 h.* Région de France composée de quatre départements : Côte-d'Or, Nièvre, Saône-et-Loire, Yonne. Chef-lieu *Dijon*. La Bourgogne comprend le rebord ingrat et froid du Massif central (Morvan nivernais), les plateaux de Basse-Bourgogne, peu fertiles, et la Côte d'Or, séparée de la Saône par une plaine limoneuse. Formant l'un des grands carrefours de l'Europe, la Bourgogne est riche de son agriculture (un des plus grands vignobles de France) et de ses élevages ; son industrie est diversifiée, l'agro-alimentaire étant particulièrement puissant. En outre, le tourisme est en expansion, fondé sur la richesse du patrimoine architectural et culturel (châteaux, palais, églises, abbayes, musées...)

Bourgogne (canal de) *242 km* Canal qui unit la Seine au Rhône par l'intermédiaire de l'Yonne et de la Saône.

Bourgogne (Louis de France, duc de) 1682-1712 Petit-fils de Louis XIV, élève de Fénelon qui écrivit pour lui *Télémaque*.

Bourgogne (hôtel de) Résidence parisienne des ducs de Bourgogne, démolie sous François Iᵉʳ, dont seule la tour de Jean-sans-Peur demeure. Sur cet emplacement, les Confrères de la Passion installèrent une salle de spectacles qui, au XVIIᵉ siècle, fut occupée par une troupe de comédiens, rivale de celle de Molière (avec Jodelle, Montfleury).

Bourguiba (Habib) 1903-2000 Homme politique tunisien. En 1934, il fonde le Néo-Destour, indépendantiste. Emprisonné en 1934, de 1937 à 1940 et de 1952 à 1954, il obtient en 1956 l'indépendance de son pays, dont il fait une république en 1957. Élu président de la République, il est sans cesse réélu et devient président à vie en 1975. Il est destitué « pour raisons de santé » en 1987 par le général Ben Ali, alors Premier ministre.

bourguignon, onne adj. et n. De Bourgogne. *L'art bourguignon. Une Bourguignonne.* / CUIS. *Bœuf bourguignon* ou (elliptiquement) *bourguignon* : viande de bœuf cuite dans du vin rouge avec des lardons et des oignons.

BOURGOGNE

Histoire

Territoire des Éduens, difficilement conquise par Rome (Alésia fut le théâtre de l'ultime résistance à César), la Bourgogne doit son nom aux Burgondes qui s'y établirent vers 475 ap. J.-C. Divers royaumes s'y succédèrent jusqu'au IXᵉ siècle. Les Francs soumirent en 534 le premier, le royaume des Burgondes. Le deuxième, créé en 561 par Gontran, fils du Mérovingien Clotaire Iᵉʳ, qui comprenait, outre les terres du premier royaume, le diocèse d'Arles, Sens, Orléans et Chartres, fut incorporé à l'Austrasie par Charles Martel. Le troisième, royaume de Bourgogne Cisjurane, eut pour souverain (879) Boson, beau-frère de Charles le Chauve ; son territoire ne recoupait que peu celui de la Bourgogne actuelle, mais comprenait le Bugey, le Dauphiné, la Provence et la partie du Languedoc située entre Rhône et Loire. Le royaume de Boson fut acheté en 934 par Rodolphe II, fils de Rodolphe Iᵉʳ, comte d'Auxerre, roi de Bourgogne Transjurane. Ainsi naquit le royaume de Bourgogne-Provence ou royaume d'Arles qui passa sous influence germanique avec Conrad II (1032) et y demeura jusqu'au XIVᵉ siècle. Quant au duché de Bourgogne, il a été créé en 877, juste avant sa mort, par Charles le Chauve pour son beau-frère Boson, qui devint deux ans plus tard roi de Bourgogne Cisjurane. À la mort du Bourguignon Raoul, neveu de Boson élu roi de France en 923, le duché revint aux Capétiens ; tantôt incorporé au domaine royal, tantôt détaché au profit d'un cadet, il fut donné en apanage par Charles V à son frère Philippe (Philippe II le Hardi), qui agrandit (1384) ses possessions de l'héritage flamand de son beau-père, le comte de Flandre. Son fils Jean sans Peur et son petit-fils Philippe III le Bon accrurent encore le domaine ducal. Ce dernier, devenu le plus grand prince de son temps, tint une cour brillante et fonda l'ordre de la Toison d'Or. En lutte perpétuelle contre Louis XI, Charles le Téméraire, fils de Philippe III, fut tué devant Nancy, ne laissant qu'une fille, Marie, d'abord fiancée au dauphin de France, futur Charles VIII, puis mariée à Maximilien d'Autriche, empereur d'Allemagne. Elle apporta à son époux ses immenses possessions, en Flandre notamment, sans toutefois parvenir à conserver son duché, réuni à la couronne par Louis XI.

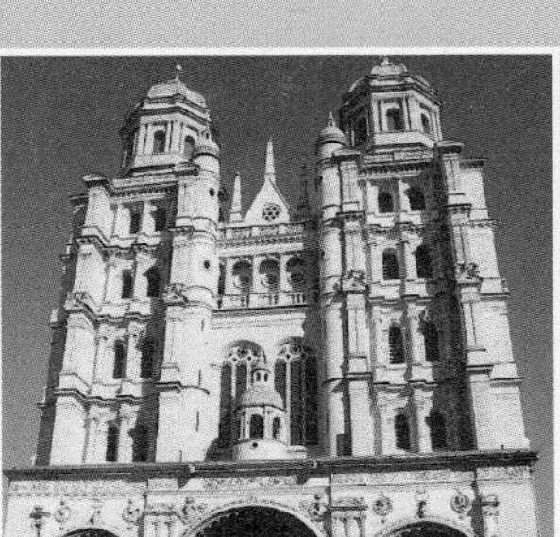
Façade de l'église Saint-Michel, édifiée à partir de 1497, un des monuments les plus visités de Dijon, ville qui fut le fief des ducs de Bourgogne depuis le IXᵉ siècle.

bourguignons (faction des) Elle doit son nom au duc de Bourgogne, Jean sans Peur, opposé au duc d'Orléans (faction des armagnacs) pendant la guerre de Cent Ans. Les bourguignons s'allièrent aux Anglais en profitant de la démence de Charles VI et reçurent le renfort de la reine Isabeau après l'assassinat du duc d'Orléans. Jean sans Peur laissa ses partisans, les cabochiens, massacrer les armagnacs à Paris. Son fils Philippe III négocia (1420) le traité de Troyes avec les Anglais. Les bourguignons s'emparèrent de Jeanne d'Arc devant Compiègne (1431) et la livrèrent aux Anglais qui la firent juger par un partisan des bourguignons, Pierre Cauchon. La guerre civile prit fin en 1435 avec la signature du traité d'Arras entre Charles VII de France et Philippe III de Bourgogne.

Bouriates Peuple mongol de Sibérie dont les membres se répartissent entre la Bouriatie et la Mongolie.

Bouriatie (République de) *351 300 km² 1 052 000 h.* République autonome au sein de la Fédération de Russie, située en Sibérie orientale. Capitale *Oulan-Oude*. Au nord, gisements métalliques non encore exploités malgré l'existence d'une ligne ferroviaire, le BAM (Baïkalo-Amourskaia-Maguistral) qui devrait permettre la mise en valeur de ces richesses ; céréales et élevage au sud ; travail du bois. **Histoire** Dominée par les Russes dès le XVIIᵉ siècle, soumise au régime soviétique (1918), occupée par les Américains (1919) puis par les Japonais, reconquise par les Soviétiques (1920), la Bouriatie, d'abord divisée en deux régions, est devenue en 1923 la République socialiste soviétique autonome de Bouriato-Mongolie et, en 1958, a pris le nom de Bouriatie ; elle a obtenu son autonomie en 1992.

Bourke-White (Margaret) 1904-1971 Photographe américaine. Rédactrice en chef de *Fortune*, elle a travaillé également pour *Life*, s'attachant aux sujets les plus tragiques : Deuxième Guerre mondiale, rescapés des camps de concentration, populations déplacées lors de la partition de l'empire des Indes. Elle a voyagé dans le monde entier, réalisant d'innombrables portraits.

bourlinguer v. i. [1] MAR. Rouler, tanguer beaucoup sur une mer agitée, en parlant d'un navire. / Par ext. Naviguer, voyager beaucoup. *Bourlinguer toute sa vie aux quatre coins du monde.*

bourlingueur, euse n. Personne qui court le monde en bourlinguant.

Bourmont (Louis, comte de Ghaisnes de) 1773-1846 Maréchal de France. Émigré rentré en France en 1795, un des chefs de la Chouannerie, il signe la paix en 1800, mais, mis en cause dans l'attentat de la rue Saint-Nicaise (1800), il s'enfuit au Portugal où il se met au service de Junot. Il participe aux campagnes napoléoniennes et se rallie aux Bourbons en 1814. Maintenu dans ses fonctions pendant les Cent-Jours, il rejoint finalement Louis XVIII qui le fait pair de France. En 1829, il est ministre de la Guerre et dirige en 1830 l'expédition d'Alger.

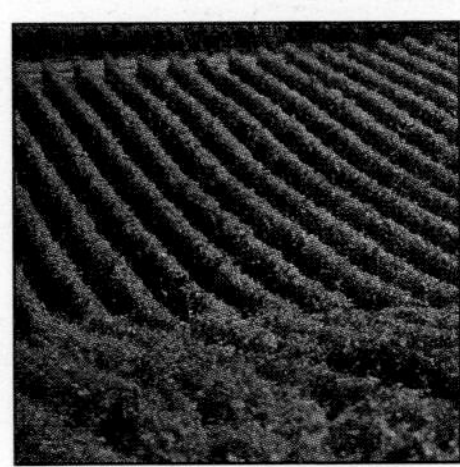
*Vignes de **Bourgogne**.*

B

Bournemouth *160 100 h.* Station balnéaire du sud de l'Angleterre (Hampshire) sur la Manche.

bourrache n. f. Plante herbacée de la famille des borraginacées, commune dans les lieux incultes, aux fleurs bleues utilisées en infusions sudorifiques et diurétiques.

bourrade n. f. Coup porté ou reçu, poussée. *Bourrade amicale.*

bourrage n. m. Action de bourrer; résultat de cette action. *Bourrage d'un siège.* / Par méton. Matériau utilisé pour cette opération. *Bourrage de crin.* / Loc. fig. et fam. *Bourrage de crâne*: action d'endoctriner par une propagande incessante. / TECHN. Accumulation inopinée, en un point d'un mécanisme, d'un ruban mobile. *Bourrage de la pellicule dans une caméra, du papier dans une imprimante.*

bourrasque n. f. Vent formant un tourbillon violent et de courte durée.

bourratif, ive adj. Qui bourre, en parlant d'aliments.

bourre n. f. Couche de poils fins constituant le fond protecteur des fourrures de mammifères. *Poils de bourre.* / Bourrage de poils dont on se sert pour garnir les selles et les bâts. / Matière inerte tassée au-dessus de la charge des armes à feu pour la maintenir. / Partie grossière de certaines fibres textiles.

bourré, e adj. Pop. Ivre. *Il est bourré du matin au soir.* / Rempli. *Il est bourré de bonnes intentions.*

bourreau n. m. Personne chargée des exécutions capitales. / Fig. Homme cruel. / Fam. *Bourreau des cœurs*: galant irrésistible. *Bourreau de travail*: travailleur acharné.

bourrée n. f. Danse folklorique auvergnate.

bourrelé, e adj. *Être bourrelé de remords*, hanté par le remords.

bourrelet n. m. Coussin circulaire rempli de bourre, placé sur la tête pour porter un fardeau. / Épais ruban de feutre, de caoutchouc, fixé aux joints des fenêtres et des portes pour assurer une fermeture plus hermétique. / ANAT. *Bourrelet de chair*: excroissance anormale de chair, ou pli adipeux.

bourrelier n. m. Fabricant, marchand de harnais ou d'articles en cuir.

bourrer v. t. [1] Remplir (qqch.) de bourre, ou d'une autre matière, en tassant. *Bourrer un coussin de duvet. Bourrer une pipe, une valise.* / Fam. Gaver, saturer (souvent pron.). *Bourrer un enfant de pâtisseries. Se bourrer de gâteaux. Bourrer le crâne de qqn*, lui inculquer des idées fausses ou inutiles. / *Bourrer qqn de coups*, le frapper à coups répétés. / v. pron. Pop. Se soûler.

bourrette n. f. Bourre de soie.

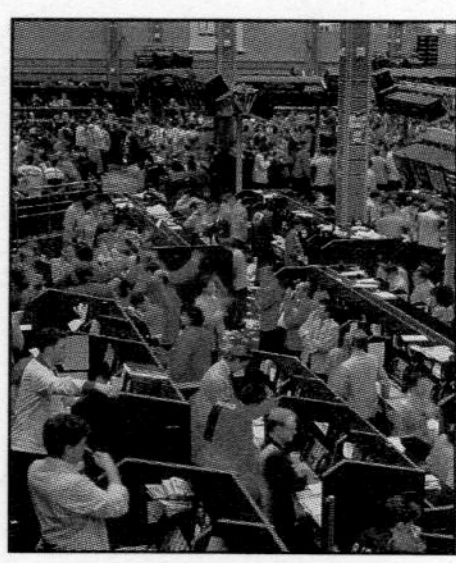

La **bourse** de Londres.

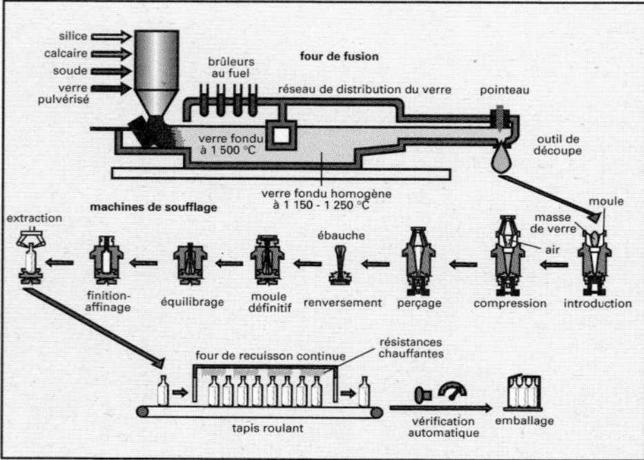

Processus de fabrication des **bouteilles** en verre.

bourriche n. f. Panier sans anse pour transporter des huîtres, du poisson...; son contenu.

bourrichon n. m. Fam. *Se monter le bourrichon*: se faire des illusions, se monter la tête.

bourricot n. m. Petit âne.

bourrin n. m. Pop. Cheval. *Ramène ton bourrin à l'écurie.*

bourrique n. f. Fam. Âne ou ânesse. / Fig. Individu entêté. / Loc. *Faire tourner qqn en bourrique*, l'abreuver d'ordres contradictoires.

bourru, e adj. Qualifie une personne aux manières brusques et rudes.

bourse [1] n. f. Pochette contenant de l'argent. / Fig. Argent. / Allocation accordée par l'État (ou un organisme quelconque) à un élève, à un étudiant pour poursuivre ses études. / ANAT. Poche membraneuse. / Pl. Poches contenant les testicules. Syn. scrotum. / Filet pour prendre les lapins au terrier.

bourse [2] n. f. Lieu public où se tient le marché des valeurs. / Opérations financières traitées dans ce lieu. *Les cours de la Bourse.* / Ensemble des personnes qui font des opérations en Bourse (agents de change, courtiers). / *Bourse du travail*: local où se réunissent travailleurs et représentants syndicaux (originellement pour s'informer sur le marché du travail, aujourd'hui pour diverses raisons).

boursicoter v. i. [1] Péjor. Jouer en Bourse.

boursicoteur, euse n. Péjor. Personne qui joue en Bourse.

boursier, ère [1] n. m. et adj. Professionnel de la Bourse. / adj. Relatif à la Bourse. *Transactions boursières.*

boursier, ère [2] n. Élève, étudiant qui bénéficie d'une bourse.

Boursier (dame) Voir **Bourgeois (Louyse)**

boursouflé, e adj. Gonflé. *Des yeux boursouflés.* / Fig. *Un style boursouflé*, emphatique.

boursoufler v. t. [1] Former des boursouflures sur (une surface unie).

boursouflure n. f. Gonflement, enflure. / Fig. Emphase du style.

bousculade n. f. Précipitation. *Terminer un travail dans la bousculade.* / Mouvement désordonné d'une foule.

bousculer v. t. [1] Heurter en déséquilibrant, déranger. / Fig. Changer brusquement. *Bousculer la routine, les mentalités.* / Par ext. Écarter, pousser brutalement pour passer. *Bousculer une armée ennemie*, la repousser. / Brusquer pour faire aller plus vite. *Bousculer un employé indolent.* / v. pron. Fig. Se présenter en désordre. *Les doutes se bousculent dans son esprit.*

bouse n. f. Fiente de ruminant. *Bouse de vache.*

bouseux n. m. Pop., péjor. Paysan.

Bousquet (Joë) 1897-1950 Écrivain français condamné à l'immobilité par une blessure de guerre reçue en 1918, il mena une existence recluse et entretint une importante correspondance; ses poèmes sont des fragments de journal intime.

bousserole Voir **busserole**

boussole n. f. Appareil d'orientation composé d'une aiguille aimantée mobile sur un pivot vertical et d'un cadran. *L'aiguille de la boussole s'oriente toujours dans la direction du nord magnétique.* / *Boussole de déclinaison*, permettant de mesurer la déclinaison magnétique, c'est-à-dire l'angle que fait le méridien magnétique avec le méridien géographique du lieu. / *Boussole d'inclinaison*, permettant de mesurer l'inclinaison magnétique, c'est-à-dire l'angle du champ magnétique avec le plan horizontal.

Boussole (la) Constellation australe (voir **constellation**).

boustrophédon n. m. Ancienne écriture grecque dont les lignes se lisent de façon continue, de gauche à droite puis de droite à gauche.

bout [1] n. m. Ce qui termine un corps, un espace, et le limite dans le sens de la longueur. / Extrémité, terme. *Au bout du chemin.* / *Venir à bout de qqch.*: réussir à la terminer. *Venir à bout de qqn*, le vaincre. / *Pousser à bout*: exaspérer. / *Être à bout*: parvenir au terme de ses forces, de sa patience. / *À tout bout de champ*: sans discontinuer. / *D'un bout à l'autre*: d'une extrémité à l'autre. / *À bout portant*, de très près. / Petite partie ou fragment de qqch. *Un bout de ficelle, de verre.*

bout [2] n. m. MAR. Petit cordage.

boutade n. f. Plaisanterie spirituelle.

bout-dehors n. m. MAR. Pièce de mâture horizontale, servant à porter des voiles supplémentaires quand le vent est faible. Pl. Des *bouts-dehors.*

boute-en-train n. m. inv. Personne qui entraîne les autres, les amuse. / VÉTER. Mâle utilisé par les éleveurs, notamment de chevaux, pour vérifier que la femelle est en chaleur et réceptive à la saillie.

boutefeu n. m. Bâton garni d'une mèche, utilisé autrefois pour mettre le feu à la poudre des canons. / Fig. et vieilli Personne qui sème la discorde.

bouteille n. f. Récipient, souvent en verre, à goulot étroit, destiné à contenir un liquide. / *Bouteille isolante* ou *Thermos*: bouteille à double paroi entre lesquelles on a fait le vide, destinée à maintenir un liquide à sa température initiale. / *Bouteille de Leyde*: condensateur électrique constitué d'une bouteille de verre sur la paroi extérieure de laquelle on a collé une feuille d'étain, et dont la paroi intérieure est tapissée d'une feuille d'étain (ou d'un autre métal brillant) reliée à une tige métallique qui traverse le goulot; le premier condensateur de ce type a été expérimenté à Leyde en 1746.

bouter v. t. [1] Vx *Bouter hors de:* chasser de. *Jeanne d'Arc voulait bouter l'Anglais hors de France.*

bouterolle n. f. Outil destiné à arrondir la tête, préalablement martelée, d'un rivet. / Garniture de métal d'un fourreau d'épée. / Chacune des gardes d'une serrure. / Chacune des fentes d'une clé.

bouteroue n. f. Borne de protection disposée de chaque côté d'un portail pour le protéger des roues d'une voiture.

boute-selle n. m. inv. Sonnerie de trompette qui ordonnait aux cavaliers de seller leurs chevaux pour le départ.

bouteur n. m. Bulldozer. *L'emploi de « bouteur » est préconisé par l'Administration, de préférence à l'anglicisme « bulldozer ».*

boutique n. f. Lieu où un artisan ou un commerçant exerce son activité et vend ses articles. / Magasin de confection d'un grand couturier. / Caisse percée de trous servant aux pêcheurs à garder le poisson vivant.

boutiquier, ère n. et adj. Personne qui tient une boutique. / Fig. (péjor.) Personne à l'esprit borné. / adj. *Avoir l'esprit boutiquier*: faire des calculs à court terme, avoir l'esprit étroit.

boutisse n. f. Pierre dont la plus grande dimension est placée dans le sens de l'épaisseur de l'ouvrage (par oppos. à *panneresse*). / Gros pavé de grès ou de granite formant la bordure d'un trottoir.

boutoir n. m. Groin et canines du sanglier. / *Coup de boutoir*, poussée d'une grande violence. / TECHN. Outil tranchant servant à rogner le sabot du cheval pour l'ajuster au fer.

bouton n. m. BOT. Bourgeon. / Fleur avant son épanouissement. / MÉD. Petite boursouflure, enflammée ou non, de la peau. / Petit objet circulaire, plat ou bombé, servant à réunir les parties d'un vêtement ou à l'orner. / *Boutons de manchettes*: paire de boutons avec lesquels on fixe les poignets d'une chemise d'homme. / TECHN. Pièce, touche que l'on manœuvre pour commander un dispositif électrique ou mécanique.

Plant de **bourrache**.

Les **bovins**, précieux pour l'agriculture.

bouton-d'or n. m. Nom usuel de la renoncule âcre à fleurs jaunes. Pl. *Des boutons-d'or.*
boutonner v. t. [1] BOT. Former des boutons. / Fermer (un vêtement) par des boutons. / v. pron. *Robe qui se boutonne par-derrière.*
boutonneux, euse adj. Qui a des boutons. *Adolescent boutonneux.*
boutonnière n. f. Petite ouverture façonnée dans un vêtement pour laisser passer le bouton. / CHIR. Incision longue et étroite de la peau. / GÉOGR. Dépression ample creusée par l'érosion dans un anticlinal.
boutre n. m. Petit voilier à un mât, à l'arrière surélevé, utilisé par les Arabes dans la mer Rouge.
Boutros Ghali (Boutros) 1922 Homme politique égyptien, ministre des Affaires étrangères, puis secrétaire général de l'ONU (1992-1996) et secrétaire général de la francophonie (1997-2002). Abdou Diouf lui a succédé à ce poste.
bouts-rimés n. m. pl. Rimes établies à l'avance sur lesquelles on écrit une pièce de vers. / Sing. Cette pièce de vers.
bouture n. f. Jeune pousse détachée d'une plante, qui, plongée dans l'eau ou mise en terre humide, donne naissance à une nouvelle plante.
bouturer v. t. [1] Reproduire (une plante) par bouture.
bouvet n. m. Type de rabot servant à creuser des rainures, en menuiserie.
bouvier, ère n. Gardien, gardienne de bœufs. / *Bouvier des Flandres* : chien de berger de grande taille au poil hirsute.
Bouvier (le) Constellation boréale (voir **constellation**).
bouvière n. f. Poisson d'eau douce de la famille des cyprinidés, utilisé comme appât, dont la femelle pond ses œufs entre les branchies d'une moule de rivière.
Bouvines *683 h.* Commune du département du Nord près de laquelle Philippe Auguste battit, en juillet 1214, l'empereur Otton IV, le comte de Flandre et le roi d'Angleterre grâce au concours des milices communales. Cette victoire sauva le royaume de France.
bouvreuil n. m. Oiseau passereau de la famille des fringillidés, à bec très épais, au plumage gris, noir et blanc sur le dos, la tête et les ailes, rose (femelles) ou rouge (mâles) sur le ventre.
bouzouki ou **buzuki** n. m. (mot grec) MUS. Instrument de la famille des luths, utilisé dans la musique grecque moderne.
bovarysme n. m. Comportement marqué par une fuite de la réalité, un refuge dans la rêverie et l'imaginaire romanesque. *Le bovarysme doit son nom à un personnage de Flaubert, Emma Bovary.*
bovidés n. m. pl. ZOOL. Famille des mammifères artiodactyles qui regroupe les bovins, les ovins et les caprins, dont les mâles, et souvent les femelles, portent des cornes recouvertes de kératine. *De nombreuses espèces de bovidés ont été domestiquées.*
bovin, e adj. et n. m. Propre aux bœufs, aux vaches, aux veaux. *Race bovine.* / Fig. *Regard bovin*, vide. / n. m. pl. *Les bovins.*
bovinés n. m. pl. ZOOL. Sous-famille de bovidés regroupant, outre le bœuf, le buffle, le bison, le zébu et le yack.
bow-window n. m. (mot anglais) ARCHIT. Large fenêtre en encorbellement. Syn. oriel. Pl. Des *bow-windows.*
bowling n. m. (mot anglo-américain) Jeu de quilles d'origine américaine, qui se pratique sur une piste. / Lieu où l'on y joue.
box n. m. (mot anglais) Espace cloisonné réservé à un cheval dans une écurie, ou à une voiture dans un garage. / Espace cloisonné ou semi-cloisonné. *Box d'un dortoir, d'un café.* Pl. Des *boxes.*
box-calf ou **box** n. m. (mot anglais) Cuir de veau ayant subi une préparation spéciale au chrome et dont on fait des chaussures. Pl. Des *box-calfs.*
box-office n. m. (mot anglais) Évaluation et enregistrement de la cote d'un chanteur, d'un acteur…
boxe n. f. Sport de combat où les deux adversaires, qui portent des gants de cuir rembourrés, se battent à coups de poing. / *Boxe française* : sport analogue, dérivé de la savate, qui autorise en plus les coups de pied.
boxer [1] v. i. / v. t. [1] S'adonner à la boxe. / v. t. Frapper (qqn, qqch.) à coups de poing. *Boxer un passant.*
boxer [2] n. m. (mot allemand) Chien de garde à poil ras et au mufle aplati, proche du dogue. *Le boxer mesure environ 60 cm de haut.*
Boxers Nom donné par les Anglais aux terroristes chinois qui, à partir de 1898, perpétraient des attentats contre les missions diplomatiques et les ressortissants étrangers présents en Chine, par réaction aux concessions territoriales et aux accords économiques exigés par les Européens. En 1900, ceux-ci organisèrent une expédition militaire, qui prit Tianjin (T'ien-tsin) et Pékin.
boxeur, euse n. SPORT Personne qui pratique la boxe.
boy n. m. (mot anglais) Jeune serviteur indigène dans les anciennes colonies. Pl. Des *boys.*
boyard n. m. (mot russe) Seigneur, dans l'ancienne Russie et certains autres pays slaves.
boyau n. m. Intestin d'un animal. / *Corde à boyau* : corde d'instrument de musique ou de raquette faite avec la membrane intestinale de certains animaux. / Mince chambre à air recouverte de caoutchouc toilé des bicyclettes de course.
boyauderie n. f. Industrie et commerce des boyaux destinés à la cuisine, à l'industrie.
boyauter (se) v. pron. [1] Fam. Se tordre de rire.
boycottage ou **boycott** n. m. Décision, à valeur de sanction, d'interrompre toutes relations avec un pays, une entreprise ou une personne. / Refus de prendre part à qqch.
boycotter v. t. [1] Soumettre au boycottage. *Boycotter les produits d'une marque.*

Robert Boyle.

Boyer (Charles) 1897-1978 Acteur français, puis américain. Type du séducteur de l'entre-deux-guerres, il a poursuivi sa carrière à Hollywood (*Marie Walewska*, 1937) et participé à des films importants après la Deuxième Guerre mondiale (*Madame de*, 1953 ; *Stavisky*, 1974).
Boyle (Robert) 1627-1691 Physicien et chimiste anglais. Il étudia les propriétés thermo-élastiques des gaz et énonça le premier la loi connue en France sous le nom de loi de Mariotte. En chimie, il fut le premier à utiliser systématiquement les indicateurs colorés et à classer les composés suivant leur fonction chimique.
boy-scout n. m. Vieilli Scout. Pl. Des *boy-scouts.*
Brabançonne (la) Hymne national belge composé en 1830 par Van Campenhout.
brabant n. m. AGRIC. Charrue métallique à deux jeux de soc.
Brabant Région historique aujourd'hui partagée entre la Belgique (province d'Anvers, Brabant flamand et Brabant wallon) et les Pays-Bas (Brabant-Septentrional). **Histoire** Au XIIe siècle, les comtés de Bruxelles et de Louvain se réunirent pour constituer le duché de Brabant plus tard augmenté de la Basse-Lorraine et du Limbourg. Passé en 1406 à une banche cadette de la maison de Valois-Bourgogne, il fut acquis en 1430 par le duc de Bourgogne, Philippe III le Bon, et son histoire fut celle des Pays-bas bourguignons, puis autrichiens (1477), austro-espagnols (1553), enfin autrichiens (1713). En 1609, l'Espagne avait cédé le Nord aux Provinces-Unies (les Pays-Bas actuels) ; c'est aujourd'hui la province néerlandaise du Brabant-Septentrional. En 1789, suivant l'exemple français, le peuple du Brabant déclencha contre l'occupant autrichien la Révolution brabançonne qui entraîna la création des États belgiques unis (janvier 1790), mais l'Autriche reconquit le pays en décembre 1790. C'est dans le Brabant wallon que Napoléon subit en 1815 la défaite de Waterloo. En 1993, la Région Bruxelles-Capitale fut créée au sein du Brabant flamand. Les provinces du Brabant flamand et du Brabant wallon furent créées en 1995.

Boy-scouts à la fin des années 1940 en Suisse romande.

Brabant flamand *2 106 km² 990 000 h.* Province du centre de la Belgique qui comprend la partie nord du Brabant belge. Chef-lieu *Louvain* (université). Horticulture, élevage ; industries diversifiées au nord et à l'ouest de la province, l'est du pays ne comportant que peu de centres industriels, Louvain mis à part.
Brabant-Septentrional *4 958 km² 2 150 000 h.* Province des Pays-Bas, le long de la frontière belge. Chef-lieu *Bois-le-Duc.* Horticulture. Industries traditionnelles (textile, cuir) en déclin, industries modernes (électronique) en développement.
Brabant wallon *1 100 km² 330 000 h.* Province du centre de la Belgique, qui comprend la partie sud du Brabant belge. Chef-lieu *Wavre.* Université (francophone) à Louvain-la-Neuve. Agriculture (céréales, betterave), parc d'industries diversifiées autour de Louvain-la-Neuve.
bracelet n. m. Bijou qui entoure le poignet / Élastique circulaire.
bracelet-montre n. m. Montre portée au poignet et attachée par un bracelet. Pl. Des *bracelets-montres.*
brachial, ale, aux adj. ANAT. Du bras. *Muscle brachial.*
brachiopodes n. m. pl. ZOOL. Embranchement de petits invertébrés deutérostomiens marins (benthiques) dont le corps est contenu dans une coquille bivalve, fixée à un support par l'intermédiaire d'un pédoncule (ou parfois directement). *Les brachiopodes comptent de nombreuses espèces fossiles.*

Temple ***brahmanique*** *à Delhi, en Inde.*

brachycéphale adj. et n. Qualifie et désigne un homme dont le crâne, vu de dessus, a une largeur et une longueur à peu près égales. Ant. dolichocéphale.

brachycères n. m. pl. Sous-ordre d'insectes diptères qui ont le plus souvent des antennes courtes et une tête très mobile, des pattes courtes. *Les mouches, les taons, etc. sont des brachycères.*

brachyote n. m. ZOOL. Autre nom du hibou des marais. *Le brachyote est de mœurs très souvent diurnes.*

brachyoures n. m. pl. ZOOL. Groupe de malacostracés décapodes contenant les crabes véritables.

braconnage n. m. Action de braconner.

braconner v. i. / v. t. [1] Chasser, pêcher illégalement. / v. t. *Braconner des lapins dans une chasse gardée.*

braconnier n. m. Personne qui se livre au braconnage.

bractée n. f. BOT. Feuille, souvent réduite ou modifiée (forme, couleur), située sur la tige à la base d'une fleur ou d'une inflorescence.

Bradamante Héroïne du *Roland furieux*, poème de l'Arioste.

Bradbury (Raymond dit **Ray)** 1920 Écrivain américain de science-fiction ; ses *Chroniques martiennes* (réunies en 1950) et *Farenheit 451* (1953) lui valurent une célébrité internationale.

brader v. t. [1] Vendre au rabais. / Fig. Abandonner, sacrifier (qqch. de précieux). *Brader un territoire, des compétences.*

braderie n. f. Vente publique d'objets au rabais.

Bradford *481 800 h.* Ville de Grande-Bretagne (West Yorkshire), le plus important centre britannique de l'industrie lainière.

Bradley (James) 1693-1762 Astronome anglais auteur de deux importantes découvertes : l'aberration de la lumière des étoiles et la nutation de l'axe terrestre, phénomène qui provoque cette aberration.

Bradley (Omar) 1893-1981 Général américain. Commandant des forces américaines lors du débarquement en Normandie en 1944.

Brady (Mathew) 1823-1896 Photographe américain. Portraitiste (son portrait d'Abraham Lincoln est célèbre), il rassembla une documentation complète sur la guerre de Sécession et travailla en équipe avec de jeunes photographes, créant ainsi la première agence photographique du monde. Le gouvernement américain ayant refusé de rémunérer son travail, il mourut ruiné.

bradycardie n. f. Ralentissement du rythme cardiaque (moins de 60 pulsations par minute).

Bragance (maison de) Famille portugaise issue de la ligne Bourgogne-Portugal, descendant d'Alphonse Ier, duc de Bragance. D'abord à la tête du duché de Bragance (situé dans le nord du Portugal), elle accéda au trône du Portugal en 1640 en la personne de Jean II et s'y maintint jusqu'à la chute de la monarchie en 1910. En 1822, Pierre de Bragance fonda la lignée brésilienne qui régna sur l'empire du Brésil jusqu'en 1889.

Bragg (sir **William Henry)** 1862-1942 Physicien anglais. Ses travaux sur la diffraction des rayons X constituent la base de la radiocristallographie. **Bragg** (sir **William Lawrence)** 1890-1971 Fils du précédent, fondateur du laboratoire de biologie moléculaire de Cambridge.

braguette n. f. Fente de devant d'un pantalon d'homme.

Brahe (Tycho) 1546-1601 Astronome danois. Pionnier de l'astronomie moderne, il est le premier à effectuer, notamment de la planète Mars, des observations précises qui permettront à Kepler d'établir les deux premières lois régissant le mouvement des planètes. Il crée des instruments ne possédant encore aucun système optique. Ses relevés des positions des astres sont si précis que ses erreurs ne dépassent pas une ou deux minutes d'arc ; ils sont encore utilisés pour l'étude de certaines étoiles. Nuit après nuit, il note toute variation dans la position des objets célestes, persuadé, comme Hipparque, de l'importance de l'observation en continu. Le 11 novembre 1572, il découvre une nouvelle étoile dans la constellation de Cassiopée, à un endroit où n'en brillait aucune : il s'agissait d'une supernova. En 1576, le roi Frédéric II de Danemark lui offre la petite île de Hveen, près de Copenhague, et lui assure en outre une confortable pension. Les revenus de ses terres et la pension royale lui permettent de construire son observatoire d'Uraniborg, équipé d'une imprimerie et d'un atelier où fabriquer ses propres instruments. Aussi piètre administrateur que brillant astronome, il fait faillite, tombe en disgrâce et doit quitter le Danemark pour Prague où l'accueille l'empereur Rodolphe II. Il y rencontre le jeune Kepler qui devient son assistant et lui succédera.

Brahma Divinité hindoue qui forme avec Vishnou et Çiva la triade hindouiste.

brahmane n. m. Membre de la première caste hindoue, vouée à la vie spirituelle et religieuse.

brahmanique adj. Propre ou relatif au brahmanisme.

brahmanisme n. m. Religion polythéiste de l'Inde issue des Veda, adaptation de la révélation originelle (voir **hindouisme**).

Brahmapoutre (le) *2 900 km* Fleuve de l'Asie méridionale, né au Tibet, qui se jette dans le golfe du Bengale par un grand delta commun à celui du Gange.

Brahms (Johannes) 1833-1897 Compositeur allemand. Son œuvre pour piano (une cinquantaine de pièces, sonates, variations, ballades) accorde une part importante à la mélodie. Ses sonates, de forme classique, sont d'esprit romantique, et ses symphonies comme sa musique de chambre prolongent la tradition beethovenienne ; le *Requiem allemand*, la *Rhapsodie pour contralto*, chœur d'hommes et orchestre, de nombreux lieder sont autant de contributions à l'art vocal.

brai n. m. Résidu pâteux de la distillation de la houille ou du pétrole, utilisé comme liant pour des revêtements d'isolation ou d'étanchéité.

braies n. f. pl. HIST. Pantalon large porté par les Gaulois, les Germains.

braillard, e adj. Personne qui braille, braille souvent, aime brailler.

braille n. m. Système d'écriture en relief à l'usage des non-voyants.

Braille (Louis) 1809-1852 Pédagogue français. Lui-même aveugle, professeur à l'Institut des aveugles de Paris, il mit au point un alphabet en relief, l'alphabet Braille, qui permet d'imprimer des textes décodables par le sens tactile.

brailler v. i. / v. t. [1] Parler, crier, chanter fort et désagréablement. *Brailler comme un putois. Brailler des ordres.*

braiment n. m. Cri de l'âne.

brain-trust n. m. (mot anglais) Groupe de recherche composé d'un petit nombre de techniciens et d'experts chargés de l'élaboration de projets ou de plans pour un gouvernement, une entreprise, une organisation. Pl. Des *brain-trusts.*

brainstorming n. m. (mot anglais) Méthode de travail en groupe consistant à accueillir toutes les propositions librement émises par chacun des participants, pour rechercher des idées ou des solutions originales. / Réunion mettant en œuvre cette technique. Pl. Des *brainstormings.*

braire v. i. [3] Pousser son cri, en parlant de l'âne. / Par ext. Brailler. / Pop. *Ça me fait braire* : ça me contrarie.

Bracelet-montre *en or jaune.*

braise [1] n. f. Morceau de bois devenu charbon ardent en fin de combustion.

braise [2] n. f. Arg. Argent.

braiser v. t. [1] Faire cuire à feu doux, à l'étouffée.

braisière n. f. Grande casserole à bords peu élevés dans laquelle on braise les aliments.

Bramante (Donato d'Angelo, dit**)** 1444-1514 Architecte et peintre italien. D'abord installé à Milan, il construisit le chœur de Santa Maria delle Grazie. À Rome, où il s'installa en 1499, il construisit le *tempietto* (petit temple) San Pietro in Montorio, le cloître de Santa Maria della Pace et entreprit le plan de la nouvelle basilique Saint-Pierre dont Michel-Ange dirigera les travaux après lui.

brame n. m. Cri du cerf et du daim à l'époque de la reproduction.

bramer v. i. [1] Produire un brame, en parlant du cerf. / Fig. Geindre, chanter d'une voix tonitruante et désagréable.

bran ou bren n. m. Partie la plus grossière du son. / Vulg., vx Matière fécale.

brancard n. m. Appareil composé de deux longues barres soutenant une toile et servant au transport des blessés. / Chacune des prolonges de bois permettant d'atteler des chevaux à une voiture.

brancardier, ère n. Celui, celle qui transporte les malades sur un brancard.

branchage n. m. Ensemble des branches d'un arbre. / n. m. pl. Amas de branches.

branche n. f. Ramification du tronc d'un arbre. *Branches maîtresses*, qui partent directement du tronc. / Fig. Subdivision d'une science, d'une discipline. / GÉOGR.

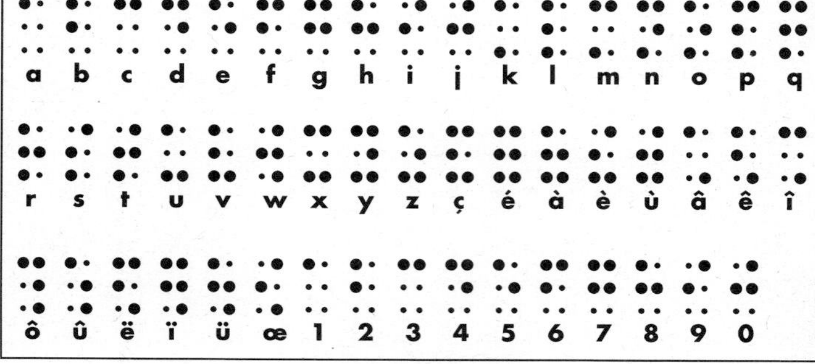

Alphabet ***Braille.***

Bramante entreprit les plans de l'actuelle basilique Saint-Pierre de Rome.

Embranchement. *Les branches d'un fleuve*, ses affluents. / ÉCON. Secteur d'activité. / HIST. Chacune des familles descendant d'un ancêtre commun.

branchement n. m. Action de brancher; résultat de cette action. Ant. débranchement. / Toute conduite secondaire partant d'un réseau principal. *Branchement d'eau, d'électricité.*

brancher v. t. / v. i. [1] **A.** v. t. Raccorder à un réseau électrique, de canalisations. Ant. débrancher. / Par ext. *Brancher la radio*, la mettre en marche. / Fig. et fam. Aiguiller (qqn) sur un sujet. *Brancher un ami sur son hobby.* / Fam. Plaire à. *Ça me branche.* / (Emploi absol.) Fam. *Être branché*: être au courant de ce qui est à la mode. **B.** v. i. Se percher sur une branche, en parlant des oiseaux.

branchial, ale adj. ZOOL., ANAT. Relatif aux branchies; qui fait intervenir les branchies. *Fentes branchiales. Respiration branchiale.*

branchie n. f. ZOOL. Organe respiratoire de nombreux animaux aquatiques (notam. crustacés, amphibiens, poissons), constitué de lamelles ou de filaments très vascularisés, au niveau desquels ont lieu les échanges gazeux entre l'eau et le sang. *Chez les poissons osseux (ostéichthyens), l'eau pénètre par la bouche, passe par les branchies qui absorbent l'oxygène dissous et rejettent l'acide carbonique, et sort par les fentes operculaires.* Souvent au plur. *Les branchies d'un têtard.*

Brantôme.

branchiopodes n. m. pl. ZOOL. Classe de crustacés, souvent d'eau douce, à coquille bivalve (absente chez certaines espèces), présentant une grande hétérogénéité morphologique. *La daphnie, ou puce d'eau, est un branchiopode.*

branchiostome n. m. ZOOL. Syn. de amphioxus.

Brancusi (Constantin) 1876-1957 Sculpteur français d'origine roumaine. Ses œuvres dépouillent la réalité pour en abstraire le volume et le mouvement: *Le Baiser* (1908), *Le Coq* (1941). Il réalisa également pour la ville roumaine de Tîrgu Jiu un ensemble monumental: la *Table du silence*, la *Porte du baiser* et la *Colonne sans fin* (1937-1938).

brandade n. f. CUIS. Morue préparée à la provençale, pilée avec de la crème, de l'ail et de l'huile.

brande n. f. Terre infertile où poussent les buissons de bruyère, de genêts et de fougères. / Fagot de bruyère, enduit d'une substance inflammable.

brandebourg n. m. Ornement en broderie ou en galon entourant les boutons et les boutonnières d'un vêtement.

Brandebourg *90 500* h. Ville d'Allemagne (Brandebourg) sur la Havel. Centre industriel.

Brandebourg Région historique du nord-est de l'Allemagne. Peuplé de Germains et de Slaves, le Brandebourg a constitué une marche de l'empire carolingien. Au XIIe siècle, Albert de Ballenstädt regroupa ces deux peuples sous son autorité et prit le titre de margrave. Sa famille régna jusqu'au XIVe siècle sur le pays qui passa ensuite sous la domination successive des Wittelsbach, des Luxembourg et des Hohenzollern. Électeurs au Saint-Empire, les Hohenzollern agrandirent leur territoire (notamment du duché de Prusse) et l'électeur Frédéric III prit le titre de roi de Prusse (Frédéric Ier). L'histoire du Brandebourg est désormais celle de la Prusse.

Brandebourg *29 479 km² 2 542 000 h.* Land d'Allemagne. Capitale *Potsdam*. C'est une vaste plaine drainée par de nombreux cours d'eau (Elbe, Havel) et canaux, peu fertile. Les villes (Potsdam, Brandebourg) ont une activité industrielle autrefois fondée sur l'exploitation des mines de lignite qui fournissaient, au mépris de l'environnement, l'énergie nécessaire aux raffineries de pétrole et à la sidérurgie.

brandir v. t. [2] Élever à bout de bras dans une intention agressive ou pour attirer l'attention. *Brandir des fanions en signe de victoire.* / Fig. *Brandir le règlement, la menace d'une rupture.*

Brando (Marlon) 1924 Acteur de cinéma américain, au jeu à la fois nuancé et excessif: *Un tramway nommé désir* (1951), *Sur les quais* (1954), *Les Révoltés du Bounty* (1962), *Le Parrain* (1972), *Apocalypse Now* (1979). Il réalisa et interpréta *La Vengeance aux deux visages* (1961).

brandon n. m. Débris enflammé s'élevant d'un feu. / Fig. *Un brandon de discorde*: une cause de discorde.

Brandt (Sebastian) Voir **Brant**

Brandt (Bill) 1904-1983 Photographe britannique. À Paris, il étudie les clichés de Man Ray, d'Atget, de Kertész et de Brassaï. Reporter, il s'intéresse aussi bien aux cités ouvrières du nord de l'Angleterre qu'aux garden parties élégantes et, pendant la guerre, photographie les Londoniens réfugiés dans les abris. On lui doit aussi des portraits de peintres et d'écrivains et une série de nus déformés.

Brandt (Karl Herbert Frahm, dit **Willy)** 1913-1992 Homme politique allemand, membre du parti social-démocrate. Maire de Berlin en 1957, ministre des Affaires étrangères dans le cabinet de coalition du chancelier Kiesinger, chancelier (1969-1974) il mena une politique de détente avec l'Est (*Ostpolitik*).

brandy n. m. (mot anglais). Eau-de-vie.

branle n. m. Mouvement d'oscillation. / *Sonner en branle*, donner aux cloches leur mouvement maximum. / Fig. Première impulsion donnée à un objet, une tâche. / Ancienne danse régionale, des XVIe et XVIIe siècles.

branle-bas n. m. inv. MAR. *Branle-bas de combat*: préparatifs de combat, sur un navire de guerre. / Fig. Agitation désordonnée précédant une action, une opération importante.

branler v. t. / v. i. [1] **A.** v. t. Mettre en branle; remuer, balancer doucement. *Branler le chef* (ou *du chef*). / Vulg. Masturber. / Fig. et pop. Faire, fabriquer. *Qu'est-ce que tu branles?* (Emploi pron.) *S'en branler*: s'en moquer. **B.** v. i. Manquer d'équilibre.

Édouard Branly.

branleur, euse n. Pop. Bon (ne) à rien.

Branly (Édouard) 1844-1940 Physicien français, inventeur du tube radioconducteur, ou cohéreur, récepteur d'ondes radioélectriques qui permit le développement de la radiodiffusion.

Brant ou **Brandt (Sebastian)** 1458-1521 Humaniste alsacien. Il a écrit en alsacien le poème satirique *La Nef des fous* (1494).

Brantôme (Pierre de Bourdeille, seigneur **de)** 1540-1614 Mémorialiste français dont la verve est soutenue par la malice: *Vies des dames galantes*.

braquage n. m. Orientation d'un objet vers un point déterminé. / *Braquage des roues d'un véhicule*: changement d'orientation donné aux roues en tournant le volant. *Rayon de braquage*: rayon minimum du cercle décrit par les roues directrices d'un véhicule lors d'un changement de direction. / Argot. Attaque à main armée.

braque n. m. Chien d'arrêt à poil ras et aux oreilles pendantes.

Braque (Georges) 1882-1963 Peintre français. Fauve en 1906-1908, il travaille ensuite en étroite collaboration avec Picasso, au point que les œuvres cubistes de l'un et de l'autre sont parfois difficiles à attribuer. Il s'adonne au trompe-l'œil et introduit dans ses œuvres des éléments hétéroclites (clous, matières diverses, papier, carton, journal…) et pratique le collage de formes découpées en papier. À partir de 1918, il peint des scènes intimistes d'une grande liberté et des natures mortes où formes et couleurs s'équilibrent. On lui doit aussi des sculptures, des cartons de vitraux, des dessins de bijoux, des plafonds peints (Louvre, 1952).

braquemart n. m. Épée courte et large à deux tranchants (XIVe siècle). / Arg. Pénis.

braquer v. t. [1] Diriger vers un objectif. *Braquer une arme, des projecteurs sur qqn. Braquer les yeux sur qqn*, le fixer du regard. /

Nature morte avec « Le Jour » de ***Georges Braque***, *(National Gallery of Art, Washington)*

B

Georges Brassens.

Jacques Brel.

Par ext. et arg. *Braquer une banque*, l'attaquer à main armée. / Orienter pour obliquer (la direction d'un véhicule). (Emploi absol.) *Braquer pour contourner un obstacle.* / Susciter la résistance obstinée de (qqn). (Au passif) *Être braqué contre tout remaniement.* / v. pron. Se buter.

braquet n. m. Rapport multiplicateur entre le nombre de dents du pédalier et du pignon d'une bicyclette. *Changer de braquet.*

braqueur, euse n. Personne qui braque une banque, vole de l'argent en menaçant avec une arme.

bras n. m. Membre supérieur de l'homme, articulé à l'épaule et s'achevant par la main. / Plus spécialement, partie du membre supérieur comprise entre épaule et coude (par opposition à l'avant-bras). / TECHN. Pièce allongée évoquant la forme d'un bras humain. *Bras de manivelle.* / GÉOGR. Partie d'un cours d'eau. *Bras mort*: partie d'un cours d'eau en retrait du courant. *Bras de mer*: étendue marine située entre deux terres proches. / Fig. Travail manuel. *Vivre de ses bras.* / Fig. Travailleur. *L'industrie du bâtiment manque de bras.* / Fig. Puissance. *Avoir le bras long.* / HIST. *Bras séculier*: justice temporelle.

brasage n. m. TECH. Opération consistant à assembler par soudage des pièces métallique par apport d'un alliage dont la température de fusion est moins élevée que celle des surfaces à souder.

braser v. t. [1] TECH. Souder par brasage.

brasero n. m. Récipient métallique percé de trous et garni de braises rouges pour se chauffer.

brasier n. m. Charbon incandescent.

Brasilia *1 601 100 h.* Capitale du Brésil, à 940 km au nord-est de Rio de Janeiro (capitale jusqu'en 1960) et à une altitude de 1 200 m. Construite de 1955 à 1960 par Lucio Costa et Oscar Niemeyer, Brasilia est, par l'unité de ses formes et des matériaux employés dans son architecture une vitrine de l'urbanisme moderne.

Brasilia (district de) *5 794 km² 2 110 000 h.* Le district fédéral est constitué de la capitale proprement dite et de villes satellites à la croissance exponentielle où se sont installés des fonctionnaires, des employés des services publics et privés et quelques rares employés de petites entreprises de construction et de produits agroalimentaires.

Brasillach (Robert) 1909-1945 Écrivain français. Il collabora à *L'Action française* et à *Je suis partout*, publication pro-nazie dont il devint en 1937 rédacteur en chef. Romancier de la ville (*L'Enfant de la nuit*, 1934), mémorialiste (*Notre avant-guerre*, 1941), critique littéraire, amateur de théâtre et de cinéma, il a écrit avec son beau-frère Maurice Bardèche une *Histoire du Cinéma* (1935). Il fut fusillé pour collaboration.

bras-le-corps (à) loc. adv. Avec les deux bras passés autour du corps (de qqn).

Brasov *324 210 h.* Ville de Roumanie, en Transylvanie, chef-lieu du district du même nom. La vieille ville est restée une cité médiévale (monuments et maisons des XIIIe-XVe siècles).

brassage n. m. Fabrication de la bière, consistant au mélange de l'eau et du malt, puis à la fermentation du moût. / Fig. Mélange. *Brassage de populations.*

Brassaï (Gyula Halasz, dit) 1899-1984 Photographe français d'origine hongroise, lié aux surréalistes, auteur d'albums: *Paris secret* (1976). Il fit aussi de la sculpture.

brassard n. m. Partie de l'armure qui couvrait le bras. / Marque distinctive portée autour du bras. *Brassard d'infirmier.*

brasse n. f. Nage sur le ventre nécessitant de plier et détendre alternativement les bras et les jambes. / Ancienne unité de longueur équivalente à 5 pieds, soit environ 1,62 m (en France), et, en Angleterre, à 6 pieds, soit 1,83 m. *La brasse est utilisée pour mesurer la profondeur de l'eau.*

brassée n. f. Ce qu'enserrent, peuvent enserrer les deux bras. *Une brassée de fourrage.*

Brassempouy *279 h.* Commune des Landes. Un gisement du Paléolithique supérieur a livré des statuettes féminines en ivoire, dont l'une est nommée *la Dame à la capuche* ou *la Dame de Brassempouy*.

Brassens (Georges) 1921-1981 Chanteur-auteur-compositeur français. Il chanta l'amitié, la vie simple et anticonformiste, en s'accompagnant à la guitare (*La Mauvaise Réputation*, *Le Gorille*, *Les Copains d'abord*).

brasser v. t. [1] Effectuer le brassage de (la bière), la fabriquer. / Mélanger en remuant vigoureusement. *Brasser une pâte.* / Fig. *Brasser des affaires, des millions*, en traiter, en manier de grandes quantités.

brasserie n. f. Usine de production de la bière. / Café restaurant où l'on sert un large choix de bières.

brasseur n. m. Fabricant de bière. / Fig. *Brasseur d'affaires*: homme qui mène de front plusieurs affaires.

Brasseur (Pierre Espinasse, dit **Pierre)** 1905-1972 Acteur français, il a interprété de très nombreux rôles tant au théâtre (*Le Diable et le Bon Dieu*, 1951) qu'au cinéma (*Les Enfants du paradis*, 1944). **Claude** 1936 Acteur français. Fils du précédent, il interprète, au cinéma et à la télévision, parfois au théâtre, des rôles marqués par sa personnalité complexe et une sorte de violence contenue.

brassière n. f. Chemise pour bébé, fermée dans le dos. / MAR. *Brassière de sauvetage*: gilet de sauvetage.

Bratislava (autrefois en allemand *Pressburg*, en français *Presbourg*) *451 300 h.* Capitale de la Slovaquie, sur le Danube. C'est une ville d'art (château du XIe siècle, cathédrale gothique, édifices baroques), et un centre commercial et industriel actif.

Braudel (Fernand) 1902-1985 Historien français. Formé par l'école des Annales, persuadé que les différentes sciences humaines sont fondamentalement unies, il intègre à ses travaux les acquis de la géographie et de l'économie; très sensible à la durée, il privilégie la longue durée dans ses synthèses, au détriment de l'histoire événementielle. *La Méditerranée et le monde méditerranéen à l'époque de Philippe II*, 1949; *Civilisation matérielle, économie et capitalisme, XVe-XVIIIe siècle*, 1979; *L'Identité de la France*, posthume, 1986.

Braun (Ferdinand) 1850-1918 Physicien allemand qui mit au point l'oscillographe cathodique.

Braun (Wernher von) 1912-1977 Ingénieur américain d'origine allemande. Dès 1938, il met au point les bombes volantes ou V2 qui ravagent Londres et Anvers en 1944-1945. Installé aux États-Unis dès la fin de la guerre après s'être rendu aux troupes américaines, il poursuit ses recherches sur les fusées à la NASA.

bravade n. f. Courage ostentatoire. / Action ou attitude de défi insolent.

brave adj. Courageux, vaillant. *Être brave jusqu'à la témérité.* / n. m. *Un brave*: un homme brave. / (Avant le nom) Honnête, bienveillant. *Un brave homme.* / n. m. Fam. *Mon brave !*: appellation, interpellation souvent condescendantes.

bravement adv. Avec bravoure.

braver v. t. [1] Affronter avec bravoure, courage. *Braver les éléments déchaînés.* / Défier avec orgueil. *Braver l'autorité.*

bravo ! interj. et n. m. (mot italien) (Marque l'approbation, l'admiration) *L'équipe de France a gagné, bravo !* / n. m. *De frénétiques bravos ont éclaté à la fin de la représentation.*

bravoure n. f. Qualité de celui qui ne recule pas devant le danger. / Fig. *Morceau de bravoure*: partie d'une œuvre, notamment musicale, particulièrement brillante ou destinée à mettre en valeur la virtuosité technique de l'interprète.

Bray (pays de) Région de Normandie, boutonnière argileuse creusée dans les plateaux calcaires. Élevage laitier.

Brazza (Pierre Savorgnan de) 1852-1905 Explorateur français d'origine italienne. Explorateur de l'Ogooué, il descendit le fleuve jusqu'au Congo qu'il constitua en protectorat français (1879-1882) devenu colonie en 1891. Il y fut commissaire général du gouvernement (1887-1897).

Brazzaville *596 200 h.* Capitale de la république du Congo, sur la rive droite du Congo, en face de Kinshasa. Ancienne capitale de l'Afrique-Équatoriale française (1910-1960), la ville fut fondée en 1884 par Savorgnan de Brazza au débouché du Stanley Pool (aujourd'hui Malebo Pool). C'est un port fluvial, un centre administratif et un centre commercial important que la voie ferrée Congo-Océan relie à Pointe-Noire (sur l'Atlantique). Université.

Brazzaville (conférence de) Présidée par le général de Gaulle en janvier 1944, cette conférence des gouverneurs des colonies françaises définit une orientation nouvelle du colonialisme français: autonomie, industrialisation.

break [1] n. m. (mot anglais) Automobile de type fourgonnette, dotée d'une banquette arrière repliable. / Autrefois, voiture à cheval, à quatre roues, possédant un coffre très élevé servant de siège au cocher.

break [2] n. m. (mot anglo-américain) MUS. En jazz, interruption d'un orchestre pour créer un effet d'attente. / Par ext. *Faire un break*: s'arrêter un instant.

bréant Voir **bruant**

brebis n. f. Femelle du bélier. / Fig. *Brebis galeuse*: personne indésirable dans un groupe.

brèche [1] n. f. GÉOL. Pierre d'éboulis aux contours anguleux, faite d'éléments hétérogènes soudés par un ciment de nature gréseuse ou calcaire. / GÉOGR. Étroite faille dans une crête rocheuse.

brèche [2] n. f. Ouverture très étroite. / Petite entaille sur un objet. / MIL. Ouverture pratiquée dans une enceinte fortifiée. / Fig. *Battre en brèche*: attaquer.

bréchet n. m. Crête osseuse faisant saillie sur le sternum de la plupart des oiseaux, sur laquelle s'insèrent les muscles commandant les ailes.

*Le palais de l'Aurore à **Brasilia**.*

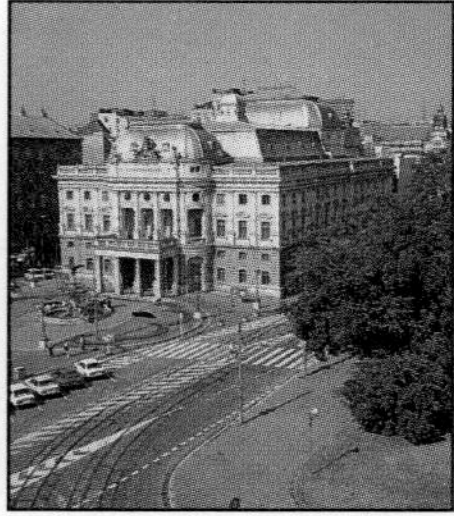

*Un aspect du centre de **Bratislava**.*

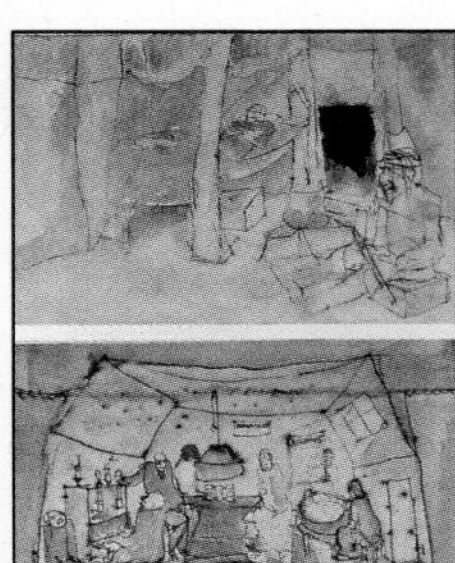

Illustration pour Dans la jungle de la ville *de* ***Bertolt Brecht****.*

Brecht (Bertolt) 1898-1956 Auteur dramatique allemand, également poète et essayiste. Révélé au public par *L'Opéra de quat'sous* (1928), cet adversaire du nazisme devait trouver en exil l'inspiration vigoureuse qui anime ses conceptions marxistes : *Mère Courage et ses enfants* (1938), *Maître Puntila et son valet Matti* (1940), *La Résistible Ascension d'Arturo Ui*, c'est-à-dire Hitler (1941), *Le Cercle de craie caucasien* (1945). Installé à Berlin-Est en 1948, il y défend jusqu'à sa mort avec la troupe du Berliner Ensemble sa conception du théâtre. Celle-ci, fondée sur la « distanciation », c'est-à-dire sur une manière de dire impersonnelle qui doit permettre au spectateur de « comprendre au lieu de regarder bêtement », a profondément influencé le théâtre contemporain.

Breda *129 500 h.* Ville des Pays-Bas (Brabant-Septentrional). Ancienne place forte qui, après un long siège, capitula en 1625 devant les Espagnols, Breda est, sur la route Amsterdam-Bruxelles, un centre commercial et industriel.

bredouillage n. m. Syn. de bredouillement.

bredouille adj. Sans avoir attrapé gibier ou poisson. *Rentrer bredouille de la chasse.*

bredouillement n. m. Action de parler d'une manière précipitée et confuse. Syn. *bredouillage.*

bredouiller v. i. / v. t. [1] Parler par bredouillements. *Bredouiller de honte. Bredouiller un poème.*

bref, brève [1] adj. et n. De peu de durée. *La vie est brève.* / *Voyelle, syllabe brève* ou (n. f.) *brève*, de courte durée d'émission. / *À bref délai* : dans peu de temps. / Concis. *Un bref discours.* / adv. Pour résumer, couper court. *Bref, taisez-vous !*

bref [2] n. m. Rescrit du pape, de moindre importance que la bulle.

bregma n. m. ANAT. Région de suture entre l'os frontal et des os pariétaux.

Breguet Famille d'horlogers et d'ingénieurs français. **Abraham** 1747-1823 Inventeur du remontoir automatique. **Louis** 1804-1883 Petit-fils du précédent, inventeur des horloges électriques qui transmettent l'heure à distance. **Louis** 1880-1955 Petit-fils du précédent, pionnier de l'aéronautique, premier constructeur d'avions en France.

bréhaigne adj. f. Vieilli Stérile, sans descendance (en parlant des femmes, des femelles). *Jument bréhaigne*, stérile et possédant, comme un étalon, des canines.

Brejnev (Leonid Ilitch) 1906-1982 Homme politique soviétique. Président du Présidium du Conseil suprême de l'Union soviétique de 1960 à 1964, il succéda en 1964 à Khrouchtchev comme secrétaire général du parti communiste et le demeura jusqu'à sa mort. En 1976, il se fit octroyer le titre de maréchal.

Breker (Arno) 1900-1991 Sculpteur allemand dont l'académisme fut l'art officiel du IIIe Reich.

Brel (Jacques) 1929-1978 Chanteur-auteur-compositeur belge. Il chanta avec force la poésie du paysage wallon dans *Le plat pays*, comme la faiblesse humaine dans *Ne me quitte pas, Mathilde, Jeff* ou *Les Bourgeois*. En 1967, après la comédie musicale *L'Homme de la Mancha*, il abandonna la scène et tourna plusieurs films comme acteur (*Les Risques du métier*, de Cayatte, *L'Aventure, c'est l'aventure*, de Lelouch, notamment) ou comme réalisateur et acteur (*Franz*, 1972).

brelan n. m. Jeu qui se joue avec trois cartes par joueur. / Réunion de trois cartes de même valeur. *Un brelan d'as.*

breloque n. f. Petit bijou accroché à une chaîne de montre ou à un bracelet. / MIL. Batterie de tambour destinée à appeler les soldats ou à faire rompre les rangs.

brème [1] n. f. ZOOL. Poisson téléostéen d'eau douce au corps haut et plat, couvert de grandes écailles, qui peut atteindre 50 cm de long. / Nom donné à divers poissons marins dont la silhouette évoque celle de la brème, notam. la dorade grise. *Brème de mer.*

brème [2] n. f. Arg. Carte à jouer. / Vieilli Carte (remise autrefois aux prostituées). *Être en brème*, en carte.

Brême *549 100 h.* Ville d'Allemagne, sur la Weser, à 65 km de la mer du Nord, capitale du Land du même nom. Elle est l'un des plus anciens foyers commerciaux d'Allemagne (Ligue hanséatique) et un centre industriel. Son port, Bremerhaven (*130 000 h.*), a une grande importance.

Brémontier (Nicolas) 1738-1809 Ingénieur français qui fixa les dunes de la région des Landes en plantant des végétaux à racines profondes tels que les pins ou les oyats.

bren Voir **bran**

Brenner (col du) *1 372 m.* Col des Alpes orientales, reliant l'Autriche (vallée de l'Inn) et l'Italie (vallée de l'Adige).

Brennus IVe siècle av. J.-C. Selon la tradition, chef gaulois commandant l'expédition qui aurait pris Rome vers 390. Tite-Live raconte qu'après avoir pris de faux poids, il aurait jeté son épée dans la balance où l'on pesait l'or du tribut qu'on lui avait promis pour qu'il s'éloigne de Rome, en prononçant *Vae victis* ! « Malheur aux vaincus ! ». L'épisode est sans doute légendaire, et l'existence même de Brennus n'est pas absolument attestée. Le bouclier de Brennus est un trophée décerné au vainqueur du championnat de France de rugby.

Vue du port et des remparts de Saint-Malo, en ***Bretagne****.*

Le port de ***Brest****.*

Brentano (Clemens) 1778-1842 Écrivain allemand romantique. Après *Godwi ou la statue de la mère* (1801-1802), il écrivit des chants populaires qu'il publia dans un recueil, *Le Cor merveilleux de l'enfant* (1806-1808), avec ceux d'Arnim, que sa sœur Bettina épousa. **Brentano (Bettina,** Madame von **Arnim)** Voir **Arnim**.

Brentano (Franz) 1838-1917 Philosophe allemand. Il étudia la psychologie et la logique, ainsi que leurs liens. *Psychologie du point de vue empirique* (1874-1911), *De la classification des phénomènes psychiques* (1911).

Brera (palais) Palais de Milan (XVIIe siècle), qui abrite une bibliothèque, une pinacothèque, un observatoire et une école des beaux-arts.

Brescia *200 800 h.* Ville d'Italie, chef-lieu de la province du même nom. C'est, après Milan, le deuxième centre industriel de la Lombardie. C'est également une ville d'art riche en édifices de la Renaissance.

brésil n. m. Bois rouge que l'on utilise en teinture.

• **Brésil (États-Unis du)** République fédérale de l'Amérique du Sud, groupant 22 États.

brésilien, enne adj. et n. Du Brésil. *Café brésilien. Un (e) Brésilien (ne).*

Bresse Dépression bocagère, humide, entre la Saône et le Jura, consacrée à l'élevage de volailles, de porcs et de bovins (le bleu de Bresse est un fromage réputé).

Bresson (Robert) 1901 Cinéaste français, il est l'auteur de peu de films mais qui tous tendent vers un dépouillement et une rigueur extrêmes. *Les Dames du bois de Boulogne* (1945), *Journal d'un curé de campagne* (1951), *Un condamné à mort s'est échappé* (1956), *Pickpocket* (1959), *Mouchette* (1967), *L'Argent* (1983).

Brest *147 956 h.* Chef-lieu d'arrondissement du Finistère, à l'extrémité de la Bretagne. Au fond d'une rade de 15 000 ha, Brest est le premier port militaire de France et un port commercial qui ajoute à ses activités anciennes (arsenal) de nouvelles industries pétrolières et électroniques. Fortifications de Vauban (XVIIe siècle). En 1944, les bombardements alliés détruisirent la ville.

Brest-Litovsk *290 600 h.* Ville de Biélorussie où fut signé le 3 mars 1918 le traité par lequel la Russie acceptait la paix, sans conditions, avec l'Allemagne.

Bretagne Ancienne province de la France. Ce n'est qu'au Ve siècle que, sous l'effet du peuplement des Britons (Bretons) qui fuyaient l'invasion anglo-saxonne des îles britanniques, l'ancienne Armorique prit le nom actuel de Bretagne. Jusque-là elle avait connu, avant la conquête romaine, la civilisation protohistorique dont les nombreux alignements de menhirs et les dolmens sont un témoignage. Devenue pratiquement indépendante à l'époque carolingienne, elle se constitua en duché sous l'autorité d'une dynastie locale qui régna jusqu'au XVIe siècle et dont la dernière souveraine, Anne de Bretagne (1488-1514) épousa Charles VIII, roi de France et, à la mort de ce dernier, son successeur Louis XII, assurant ainsi le rattachement de la province à la Couronne.

Bretagne *27 209 km² 2 861 000 h.* Région de France composée de quatre départements : Côtes-d'Armor, Finistère, Ille-et-Vilaine, Morbihan. Chef-lieu *Rennes*. Ancien massif devenu pénéplaine, situé le long de la côte atlantique, la Bretagne jouit d'un climat océanique favorable à l'élevage et aux cultures de légumes qui, avec la pêche, constituaient ses seules ressources, de sorte que l'émigration était importante. Aujourd'hui les importantes productions agricoles (porcs et poulets notam.) et aquacoles ont donné le jour à une puissante industrie agroalimentaire, que renforcent les secteurs suivants : industries automobile (Citroën à Rennes, Renault à Lorient), pneumatique, électronique (Fougères). L'amélioration des communications routières et ferroviaires (T.G.V.) favorise le tourisme estival.

bretèche ou **bretesse** n. f. FÉOD. Pièce de fortification garnie de mâchicoulis et placée au milieu d'un parement. / Loggia.

bretelle n. f. Bande de cuir ou de tissu qui sert à retenir une arme ou un fardeau. *Bretelle de fusil.* / Bande élastique qui, passée pardessus l'épaule, maintient en place un pantalon d'homme à la taille ; bande de tissu qui retient aux épaules les pièces de lingerie ou de certains vêtements féminins. *Bretelles de soutien-gorge.* / TRAV. PUBL. Tronçon de route qui en relie deux autres. *Bretelle d'autoroute.* / CH. DE FER. Jonction de deux voies ferrées parallèles, réalisée par un tronçon oblique.

bretesse Voir **bretèche**

BRÉSIL

Superficie : *8 547 393 km²* – **Nombre d'habitants :** *172 600 000 h.* – **Capitale :** *Brasilia*
Villes principales : *São Paulo, Rio de Janeiro, Salvador, Belo Horizonte* – **Système politique :** *république fédérale* – **Langue (s) :** *portugais* – **Religion (s) :** *catholicisme, protestantisme*
Monnaie (s) : *real*

Voir l'Atlas

Géographie physique et humaine

Le plus grand État d'Amérique du Sud, le quatrième du monde par sa superficie, le Brésil est un pays de hauts plateaux accidentés (chapadas) et de plaines. Au nord, le vaste bassin de l'Amazone, ou Amazonie, est le domaine de la forêt équatoriale. Les plateaux de l'intérieur, désertiques ou couverts de steppes tropicales, très peu peuplés, sont consacrés à l'élevage extensif. De plus on y exploite des mines (Minas Gerais). La façade maritime concentre 90 % de la population et la quasi-totalité de l'activité du pays, tandis que la région côtière de Salvador et de Recife, vestige du vieux Brésil colonial, voit son activité décliner. La région centrale autour de São Paulo et Rio de Janeiro est la zone vitale du pays. À l'extrême sud, le Brésil tempéré annonce la Pampa argentine. Fortement métissée, catholique dans sa quasi-totalité (93 %), la population s'entasse dans les régions côtières, provoquant la multiplication de bidonvilles dits favelas. Dans le dernier tiers du XXe siècle, elle a doublé. La mortalité infantile atteint 43 pour mille.

Économie

Le quart de la population active se consacre à l'agriculture, traditionnellement tournée vers les cultures d'exportation. Le Brésil occupe le premier rang mondial pour la canne à sucre, le sucre, le café et les agrumes, le deuxième pour le soja, le troisième pour le maïs, le quatrième pour le cacao. Les variations des cours des cultures tropicales, le peu d'importance des cultures vivrières font la faiblesse de l'agriculture brésilienne. Les forêts qui occupent la moitié de la superficie du Brésil fournissent, outre le caoutchouc, des bois précieux, des résines et de nombreux produits utilisés dans les industries chimiques ou pharmaceutiques, mais la mise en valeur de l'Amazonie, à partir de 1966, pose de graves problèmes écologiques et humains. L'importance du troupeau bovin assure au Brésil la deuxième place mondiale. L'élevage des ovins, des porcs et des chevaux est important. Gêné par l'insuffisance du réseau de communications, le manque de capitaux, les déséquilibres entre la façade atlantique et l'intérieur, la mauvaise formation de la main-d'œuvre, le Brésil a connu une croissance tardive. La prise du pouvoir par les militaires en 1964 et l'aide américaine ont permis un développement important : aujourd'hui, le Brésil est la première puissance économique du tiers monde, mais l'accroissement des inégalités sociales, déjà fortes, et une inflation galopante, dans les années 1980, ont créé une situation dramatique. Les inégalités opposent des régions riches (Minas Gerais) et des régions pauvres (Nordeste), la ville et les campagnes, dans les grandes villes, une bourgeoisie et une abondante petite bourgeoisie, d'une part, et la masse misérable qui s'entasse dans les favelas, d'autre part. De 1990 à 1996, la production énergétique (abondante hydroélectricité, due notamment au barrage d'Itaipu sur le Parana ; pétrole, près de Salvador et de Rio de Janeiro) et la production d'acier, de bauxite, d'aluminium ont progressé d'environ 20 % (mais l'étain a régressé) ; la construction d'automobiles a plus que doublé, les secteurs du textile, du ciment, du caoutchouc synthétique connaissent une forte expansion, mais les finances du Brésil demeurent dans un état alarmant. La nécessité de contrôler le déficit budgétaire et le déficit commercial sans dévaluer le real et en augmentant les taux d'intérêt a freiné la croissance.

Zone industrielle aux environs de São Paulo.

Histoire

Dans la colonie portugaise du Brésil découverte en 1500 par Cabral, les colons blancs, surtout intéressés par l'or, créent, le long des côtes, des plantations de canne à sucre et de coton. Français, Anglais et Hollandais tentèrent vainement de s'implanter dans le pays, où prospérait une économie de plantation (canne à sucre) fondée sur l'esclavage. Dès le XVIIIe siècle, des aventuriers portugais, les *bandeirantes*, découvrirent dans l'intérieur des terres de l'or et des diamants (Minas Gerais). Vice-royauté portugaise (les souverains portugais de la maison de Bragance s'intitulaient « rois du Portugal et du Brésil »), le Brésil eut sa capitale à Bahia (1720) puis à Rio (1763). En 1807, le roi du Portugal, Jean VI, chassé de son pays par Napoléon Ier, s'y installe, prenant le titre d'empereur. Rentré au Portugal, il y laisse comme régent son fils, Pierre Ier. Celui-ci proclame en 1822 l'indépendance de cet empire. Devenu roi du Portugal (1826), il cède la couronne du Brésil (1831) à son fils Pierre II (ou Pedro II). Celui-ci introduit la culture du café (1860), qui fera la richesse du Brésil, mais appauvrit le pays en faisant la guerre au Paraguay (1865-1870). Il abolit l'esclavage (1888) et les grands propriétaires le renversent en 1889 et instaurent la république. La Constitution de 1891 fait d'elle un État laïque et fédéraliste (sur le modèle des États-Unis). Pendant trente-neuf ans, les institutions démocratiques fonctionnèrent parfaitement, dominées par les producteurs de café de São Paulo. Le cours du café s'écroule en 1929. En 1930, un homme du Sud, Getúlio Vargas, s'empare du pouvoir, luttant contre une droite pronazie et une gauche procommuniste. Déposé en 1946, il est élu président à une forte majorité en 1950, mais de nouveau déposé par l'armée en 1954. La décennie suivante est marquée par des tentatives de réformes sociales sous les présidences de Kubitschek (1956-1960), Quadros (1961) et Goulart (1961-1964). En 1964, l'armée prend le pouvoir et entame un développement autoritaire

Palmiers royaux du jardin botanique de Rio de Janeiro.

BRÉSIL (SUITE)

du pays. En 1974, le général Geisel devient président. Son successeur, en 1979, le général Figueiredo, rend en 1985 le pouvoir aux civils. L'inflation galopante accroît la misère sous la présidence de J. Sarney (1985-1989). Son successeur F. Collor de Mello est destitué en 1992 pour corruption. En 1994, F. Cardoso est élu président. En 1995, il fait entrer le Brésil dans le Mercosur. Libéral, il applique une politique qui satisfait les investisseurs étrangers. Réélu en 1998, il a pour préoccupation principale l'état des finances publiques. En octobre 2002, un ancien syndicaliste, leader d'une formation de gauche, le Parti des Travailleurs (P.T.), Luiz Inácio « Lula » da Silva, est élu président de la République.

Littérature

La littérature brésilienne ne manifeste son originalité qu'avec le mouvement artistique nommé *modernisme*, lors de la Semaine d'art moderne (11-18 février 1922), organisée à São Paulo. Apparaît alors Mario de Andrade, auteur de *Macounaïma*.

L'autre grand écrivain brésilien est Jorge Amado, dont les romans régionalistes et de critique sociale ont une large diffusion internationale: *Cacao*, *Terre violente*, *Tocaïa Grande*.

Musique

Connue en Occident depuis les travaux de Villa Lobos, dont l'œuvre est imprégnée des traditions indiennes et noires, la musique brésilienne connaît un renouveau dans les années 1970, avec le compositeur Vinicius de Moraes, le guitariste Baden Powell et de nombreux artistes qui se produisent dans le monde entier. La samba, danse populaire dont les virtuoses soulèvent l'enthousiasme de tout un peuple, et la musique qui l'accompagne sont d'essentielles composantes de l'âme brésilienne.

*Représentation du groupe surréaliste, dont **André Breton** était l'un des chefs de file.*

Breteuil (pavillon de) Pavillon où siège le Bureau international des poids et mesures, à Sèvres (Hauts-de-Seine).

Brétigny Hameau d'Eure-et-Loir, près de Chartres, où fut signé en 1360 le traité par lequel l'Angleterre libéra Jean II le Bon contre une forte rançon et la cession du sud-ouest de la France.

breton, onne adj. et n. De Bretagne. *Pêcheur breton. Un (e) Breton (ne).* / n. m. Langue celtique parlée en Bretagne. / *Cycle breton*: romans épiques en vers, écrits en français d'après des légendes et traditions de Bretagne et Grande-Bretagne.

Breton (André) 1896-1966 Poète français, fondateur et théoricien du surréalisme dont il exposa la doctrine dans deux *Manifestes* successifs (1924, 1930). Poète « automatique » des *Champs magnétiques* (1919, en collaboration avec Philippe Soupault) et de l'*Immaculée Conception* (1930, en collaboration avec Paul Éluard), il fut aussi prosateur: *Nadja* (1928), *Les Vases communicants* (1932), *L'Amour fou* (1937), *Arcane 17* (1947). En 1940, son *Anthologie de l'humour noir* fut interdite par la censure de Vichy, ce qui le conduisit à émigrer aux États-Unis. De retour en France en 1945, il organisa deux expositions internationales du surréalisme (1947 et 1965). En 1948 il a réuni ses *Poèmes* (1917-1948) dans un seul ouvrage. D'abord proche des communistes (il adhéra au parti en 1927), leur autoritarisme bureaucratique le rebuta et il fut rapidement exclu, mais il ne renia jamais ses convictions politiques.

Bretonneau (Pierre) 1778-1862 Médecin français. Il étudia la diphtérie et la typhoïde, dont il donna la première description scientifique, et démontra la spécificité des maladies infectieuses.

bretteur n. m. Vx Homme qui combat à l'épée.

Bretton Woods Localité du New Hampshire où se tint une conférence monétaire internationale (44 États) en juillet 1944. Les *accords de Bretton Woods* instituèrent une unité de change, l'or, et deux monnaies de réserve, le dollar américain et la livre britannique, et créèrent le Fonds monétaire international (F.M.I.).

bretzel n. m. (mot alsacien) Gâteau sec en forme de 8, saupoudré de gros sel ou de cumin.

Breuil (Henri) 1877-1961 Ecclésiastique et préhistorien français. Il explora la grotte d'Altamira, en Espagne, et découvrit les gravures de la grotte des Combarelles en Dordogne. On lui doit deux ouvrages fondamentaux, *Les Hommes et la pierre ancienne* (1951) et *Quatre Cents Siècles d'art pariétal* (1952).

breuvage n. m. Boisson.

brevet n. m. Titre ou diplôme délivré par l'État. *Brevet d'études du premier cycle (BEPC).* / DR. *Acte en brevet*, passé devant notaire et dont l'original est remis aux parties. / *Brevet d'invention*: titre accordé par l'État aux auteurs de nouvelles découvertes, pour leur en assurer la propriété et l'exploitation exclusive. / HIST. Acte par lequel le roi accordait un titre ou un bénéfice. *Brevet de colonel.*

breveter v. t. [1] Décerner un brevet à (qqn). / DR. Protéger (qqch.) par un brevet. *Faire breveter une invention.*

bréviaire n. m. Livre contenant les prières que les prêtres récitent quotidiennement. / Son contenu. / Fig. Livre dont on fait une lecture constante et répétée.

bréviligne adj. Aux mensurations courtes; d'aspect trapu. Ant. longiligne.

brévirostre adj. ZOOL. Qui a le bec ou le rostre court.

Brewster (sir **David**) 1781-1868 Physicien écossais. Il étudia la polarisation de la lumière par réflexion (loi de Brewster).

Breytenbach (Breyten) 1939 Romancier français d'origine sud-africaine, de langues afrikaans et anglaise. Opposé à l'apartheid, époux (au mépris des lois raciales de son pays) d'une Française d'origine vietnamienne, il a consacré sa vie (il a passé plusieurs années en prison) et son œuvre à l'abolition de l'apartheid (*Une saison au paradis*, *Mémoires de poussière et de neige*).

Brézé (maison de) Famille noble d'Anjou. **Pierre** v. 1410-1465 Grand sénéchal de Normandie, il eut une influence politique prépondérante auprès de Charles VII dont il était le favori; ce fut aussi un lettré averti. **Jacques** v. 1440-1494 Fils du précédent, également sénéchal de Normandie, épousa une fille de Charles VII et d'Agnès Sorel. **Louis** ?-1531, Grand sénéchal de Normandie, il épousa Diane de Poitiers qui devait devenir, après la mort de son époux, la favorite du roi Henri II.

Briançon *11 041 h.* Chef-lieu d'arrondissement des Hautes-Alpes, sur la Durance. La ville fut fortifiée par Vauban. Tourisme.

Briand (Aristide) 1862-1932 Homme politique français, plusieurs fois ministre et président du Conseil, animateur de la SDN, partisan de la réconciliation avec l'Allemagne et de la paix mondiale (accords de Locarno, 1925; pacte Briand-Kellogg signé en 1928 par 60 nations).

Briansk *457 000 h.* Ville de Russie, sur la Desna, important centre industriel (métallurgie, cuir).

briard, e adj. et n. De la Brie. *La plaine briarde. Un Briard.* / n. m. Grand chien de berger à poil long.

bribe n. f. Petit morceau d'un aliment. / Fig. (généralement au plur.) Fragment. *Bribes d'une conversation.*

bric-à-brac n. m. inv. Fouillis de vieux objets sans valeur.

bric et de broc (de) loc. adv. N'importe comment, au hasard, avec des éléments disparates. *Cette maison est meublée de bric et de broc.*

brick n. m. Navire de petit tonnage, à deux grands mâts et beaupré, à voiles carrées, utilisé jusqu'à la fin du XIXe siècle.

bricolage n. m. Action de bricoler; résultat de cette action. *S'adonner au bricolage.*

*Double page du **bréviaire** enluminé de Charles Quint.*

B

Brienne-le-Château.

bricole n. f. Courroie de harnais qui permet au cheval attelé de tirer sa charge. / Ligne de pêche à deux hameçons. / Fig. Objet sans valeur.
bricoler v. i. / v. t. [1] Effectuer des petits travaux de réparation, d'aménagement, de fabrication, pour soi ou pour les autres. *Il bricole dans son atelier.* / v. t. Réparer, aménager sommairement. *Bricoler une installation électrique, un abri de jardin.*
bricoleur, euse n. Personne non professionnelle qui, grâce à son habileté manuelle, peut exécuter divers travaux d'aménagement ou de réparation.
Briçonnet (Guillaume) 1472-1534 Prélat français. Évêque de Meaux, il s'attache à la réforme de son diocèse. Sensible aux idées de Lefèvre d'Étaples, il groupe autour de lui théologiens et humanistes et entretient une longue correspondance spirituelle avec sa protectrice, Marguerite de Navarre, sœur de François Ier.
Brid'Oison Personnage du *Mariage de Figaro* de Beaumarchais. Juge niais et bégayant.
bride n. f. ÉQUIT. Partie du harnais fixée à la tête du cheval et qui sert à le conduire. *La bride est constituée du frontal, de la têtière, des montants, du mors et des rênes.* / Les rênes seules. / Fig. *Tenir en bride*: surveiller. *Laisser la bride sur le cou à qqn*, le laisser libre. *À bride abattue*: à grande vitesse. / Ruban étroit qui maintient un bonnet, un chapeau. / COUT. Petit arceau fait de fils renforcés au point de boutonnière, ou d'une petite ganse, servant à maintenir un bouton ou une agrafe, ou bien servant de point d'arrêt. / MÉD. Bande de tissu conjonctif qui réunit anormalement deux organes. *Bride péritonéale.*
bridé, e adj. Retenu par une bride. / Par ext. Dont la puissance mécanique est volontairement limitée. *Moteur bridé.* / *Yeux bridés*, dont la paupière est étirée latéralement.
brider v. t. [1] Passer la bride à (un cheval). / Par ext. Limiter la puissance de (une machine). *Brider un moteur.* / Serrer trop, gêner, en parlant d'un vêtement. / Fig. Réprimer, contenir. *Brider l'enthousiasme d'un néophyte.* / CUIS. *Brider une volaille*, lui coudre le ventre après l'avoir vidée et la ficeler pour la cuisson.
bridge [1] n. m. (mot anglais) Jeu de cartes qui se dispute à quatre joueurs (deux équipes de deux).
bridge [2] n. m. (mot anglais) Appareil dentaire qui forme un pont entre deux dents saines.
Bridgetown *6 700 h.* Capitale de l'île de la Barbade.
Bridoie Personnage du *Pantagruel* de Rabelais, juge ridicule qui décide de l'issue des procès en les jouant aux dés.
brie n. m. Fromage de vache fermenté, à pâte molle, originaire de la Brie.
Brie Plateau limoneux situé à l'est du Bassin parisien, domaine de grande culture (blé, betterave) et d'élevage (fromage). Les villes sont de petits marchés locaux (Melun, Meaux, Coulommiers) animés par la proximité de Paris; résidences secondaires et industries: verreries de Saint-Gobain, métallurgie, cimenterie.
briefer v. t. [1] Informer par un briefing. *Briefer de nouvelles recrues.*
briefing n. m. (mot anglais) Réunion d'information des équipages avant une mission aérienne. / Réunion de travail ou d'information.
Brienne-le-Château *3 752 h.* Chef-lieu de canton de l'Aube. Château du XVIIIe siècle. Ancienne école militaire où Bonaparte fit ses études.
brièvement adv. De manière brève, succincte.
brièveté n. f. Courte durée (de qqch.).
Briey *4 514 h.* Chef-lieu d'arrondissement de Meurthe-et-Moselle près duquel se trouvait un riche bassin de fer.
brigade n. f. MILIT. Corps de troupes composé de deux, trois ou quatre régiments et placé sous le commandement d'un général. / Unité élémentaire de gendarmerie. / Troupe de policiers ou de militaires organisés pour une tâche déterminée. *Brigade des mœurs.* / Équipe d'ouvriers. / Fig. Troupe, bande.
Brigades internationales 1936-1939 Régiments de volontaires venus de nombreux pays (Europe et États-Unis) pour prêter main forte à la République espagnole assaillie par les troupes de Franco.
Brigades rouges Groupe de terroristes italiens des « années de plomb » (1970-1980) qui prenaient pour cible à la fois le parti communiste, « traître à la classe ouvrière », et l'État bourgeois, et prônaient l'action violente; ils ont commis plusieurs attentats (assassinat d'Aldo Moro, 1978) puis, pour la plupart, arrêtés, ont exprimé publiquement des regrets de leurs actions passées et, libérés, se sont réinsérés dans la société.
brigadier n. m. Militaire détenteur du grade le moins élevé dans la cavalerie et l'artillerie. / Commandant d'une brigade de gendarmerie.
brigand n. m. Voleur à main armée, voleur de grand chemin. / Auteur de crimes, d'exactions.
brigandage n. m. Pillage.
Brigands (les) 1781 Premier drame de Schiller: le fils d'un seigneur devient le chef d'une bande qui combat les injustices, puis en commet lui-même.
brigantin n. m. Petit navire à deux mâts utilisé au XVIIIe siècle.
brigantine n. f. MAR. Voile de forme trapézoïdale, enverguée sur la corne d'artimon.
Bright (Richard) 1789-1858 Médecin anglais qui étudia la néphrite chronique (*mal de Bright*).
Brighton *155 000 h.* Station balnéaire d'Angleterre sur la Manche, à 100 km au sud de Londres.
Brigitte ou **Birgitte (Birgitta Persson**, épouse d'Ulf Gudmarsson, sainte**)** v. 1303-1373 Religieuse suédoise. Mère de huit enfants, elle devint veuve et fonda l'ordre du Saint-Sauveur (1345). Ses *Révélations*, publiées en 1492 en latin, sont soit en latin, soit en vieux suédois ensuite transcrit en latin; l'ouvrage comprend des visions évangéliques; des prières où s'exprime un amour passionné du Christ; des instructions sur l'organisation de son ordre; des anathèmes et des prophéties d'une tonalité sombre et violente et d'une étonnante beauté.
Brignoles *11 239 h.* Chef-lieu d'arrondissement du Var. Ancienne résidence d'été des comtes de Provence. Palais du XIIIe siècle.
brigue n. f. Vieilli ou litt. Manœuvre détournée, intrigue pour obtenir un avantage quelconque.
briguer v. t. [1] Convoiter, rechercher avec empressement. *Briguer les faveurs d'une dame, d'un ministre. Briguer une sinécure.*
Brik (Ossip Maximovitch) 1888-1945 Critique et éditeur russe, un des fondateurs (1915) de l'OPOIAZ (Société pour l'étude du langage poétique). Lié avec Maïakovski qu'il a contribué à faire connaître, il se fait le défenseur d'une littérature fondée sur la réalité et non sur l'imagination. Il a écrit le scénario de Tempête sur l'Asie de Poudovkine. **Brik (**Lili Iourievna Kagan, madame Ossip Brik, connue sous le nom de **Lili)** 1893-1978 Épouse (1912) du précédent. La passion que lui vouait Maïakovski inspire nombre d'œuvres du poète (*L'Homme*, 1917; *Ça va*, 1927).
brillamment adv. De manière brillante.
brillance n. f. Éclat d'une source lumineuse. / ASTRON. Ancienne mesure d'intensité d'une lumière. Synonyme actuel: luminance.
brillant adj. et n. m. **A.** adj. Qui brille. / Fig. Remarquable. *Un élève brillant.* **B.** n. m. Éclat. / Diamant taillé à facettes.
brillantine n. f. Huile destinée à donner de l'éclat et de la tenue aux cheveux.
Brillat-Savarin (Anthelme) 1755-1826 Magistrat français, auteur d'un ouvrage gastronomique: *la Physiologie du goût* (1826).
briller v. i. [1] Émettre ou réfléchir une lumière vive. *La neige brille sous l'éclat du soleil. Briller de mille feux*: resplendir. *Yeux qui brillent de joie, de malice,* qui expriment la joie, la malice. / Fig. Se faire remarquer. *Esprit qui brille dans les salons. Briller par son absence*, la faire remarquer, involontairement.
brimade n. f. Épreuve imposée par les anciens aux nouveaux dans une armée ou une école. / Vexation ou désagrément causé à quelqu'un.
brimbaler Voir **brinquebaler**
brimborion n. m. Babiole.
brimer v. t. [1] Défavoriser par des brimades, des vexations. *Brimer un élève.*
brin n. m. Tige longue et mince. *Brin de paille.* / TECHN. Partie de la courroie qui passe sur la poulie et transmet le mouvement. / Chacun des fils d'un cordage ou d'un câble.
brindille n. f. Menue branche de bois sec.
Brindisi *95 000 h.* Port pétrolier et de voyageurs d'Italie (Pouilles) sur l'Adriatique.
bringue [1] n. f. Fam. *Une grande bringue*: une personne grande et dégingandée.
bringue [2] n. f. Pop. *Faire la bringue*: faire bombance.
Brink (André Philippus) 1935 Romancier sud-africain d'expression afrikaans, qui dénonça l'apartheid: *L'Ambassadeur*, *Une saison blanche et sèche*, *Un turbulent silence*, *État d'urgence*, *Rumeurs de pluie*, *Au plus noir de la nuit*.
brinquebaler, **bringuebaler** ou **brimbaler** v. t. / v. i. [1] Vx Secouer, balancer. / v. i. Se balancer de manière désordonnée; cahoter. *Vieille charrette qui brinquebale sur les chemins.*

***Brillants**: diamants taillés à facettes.*

Mur de **brique**.

Brinvilliers (Marie-Madeleine d'Aubray, marquise **de)** 1630-1676 Criminelle française condamnée à être brûlée pour avoir empoisonné son père et ses frères. Son procès fut le début de l'Affaire des poisons.

brio n. m. MUS. Exécution brillante. / Virtuosité et aisance.

brioche n. f. Pâtisserie faite de farine, de levure, de beurre et d'œufs.

Brion (Marcel) 1895-1984 Écrivain français, critique d'art (*L'Allemagne romantique*, 1962-1978) et romancier (*La Fête de la tour des âmes*, 1974).

brique n. f. Matériau de construction obtenu par cuisson au four d'une terre argileuse dans un moule en forme de prisme rectangulaire. / *Couleur brique*, rougeâtre. / Objet rappelant la forme de la brique. *Brique de savon.* / Arg. million.

briquer v. t. [1] MAR. Frotter (le pont) avec une brique. / Nettoyer en frottant avec énergie ; astiquer. *Briquer les parquets, les casseroles.*

briquet [1] n. m. Appareil d'allumage composé d'une pierre qui, frottée au moyen d'une molette, enflamme un gaz ou de l'essence contenus dans un réservoir. / Pièce métallique avec laquelle on enflammait l'amadou, en la frappant sur un silex.

briquet [2] n. m. Petit chien de chasse.

briqueter v. t. [1] Garnir de briques, ou d'un parement imitant la brique. *Briqueter une allée, un angle de façade.*

briqueterie n. f. Fabrique de briques, industrie de la brique.

briquette n. f. Combustible en forme de brique, composé de tourbe agglomérée avec du brai.

bris n. m. DR. Destruction intentionnelle. *Bris de clôture, de scellés.*

brisant n. m. Rocher sur lequel les vagues déferlent en écumant.

briscard ou **brisquard** n. m. Vieux soldat blanchi sous le harnais.

brise n. f. Vent doux, frais et régulier. / MAR. Vent soufflant de 2 à 10 m / s. *Légère brise, jolie brise, bonne brise.*

brisé, e adj. CUIS. *Pâte brisée*, faite d'un mélange de beurre, de farine et d'eau. / ARCHIT. *Arc brisé*, à deux branches formant un angle aigu au faîte.

brise-bise n. m. inv. Petit rideau garnissant une partie de la hauteur d'une fenêtre.

brisées n. f. pl. Branches rompues par le chasseur qui veut marquer la voie suivie par une bête. / Fig. *Aller, marcher sur les brisées de qqn*, le concurrencer.

brise-fer n. m. Enfant turbulent auquel rien ne résiste.

brise-glace n. m. inv. Pièce d'une pile de pont servant à casser les blocs de glace. / Éperon placé à l'avant d'un navire pour briser la glace ; ce navire.

Briséis Personnage de l'*Iliade*. Captive d'Achille, elle est enlevée par Agamemnon. Ce geste provoque la rupture entre les deux héros.

brise-lames n. m. inv. Construction servant à amortir la violence des vagues à l'entrée d'un port.

briser v. t. [1] Casser, rompre, mettre en pièces. / Fig. *Briser l'harmonie d'un tableau, la monotonie d'un rythme. Briser la glace* : surmonter la gêne, dans une relation. *Briser le cœur* : affliger. *Briser ses chaînes* : se libérer. / Mettre fin subitement à (qqch.). *Briser un entretien, une grève.* (Emploi absol.) *Brisons là !* : assez parlé de ce sujet. / Épuiser, démoraliser. *Les épreuves l'ont brisé.* / v. pron. Déferler, en parlant des vagues.

brisquard Voir **briscard**

Brissot de Warville (Jacques Pierre Brissot, dit**)** 1754-1793 Homme politique français, un des chefs des Girondins (qu'on appelait aussi *brissotins*). Il fut guillotiné.

bristol n. m. (mot anglais) Carton léger et satiné, blanc, utilisé notamment pour les cartes de visite.

Bristol *399 200 h.* Port de commerce, situé au sud-ouest de l'Angleterre, sur l'Avon, centre de constructions aéronautiques. Le canal de Bristol sépare le pays de Galles et la Cornouailles.

brisure n. f. Endroit où un objet est cassé ; cassure. / Débris. *Brisure de riz.* / MENUIS. Charnière d'un meuble, d'un volet. / HÉRALD. Pièce d'armoiries ajoutée à l'écu d'une maison par la branche cadette.

Britannicus (Tiberius Claudius Caesar dit**)** 41-55 Prince romain, fils de Claude et de Messaline, qui s'illustra dans la conquête des îles britanniques (d'où son surnom : « de Bretagne ») et qui fut empoisonné par Néron. Son histoire à inspiré à Racine sa tragédie *Britannicus (1669)*.

britannique adj. De Grande-Bretagne. *Empire britannique. Un (e) Britannique.*

Britanniques (îles) Archipel situé au nord-ouest de l'Europe, qui groupe la Grande-Bretagne, l'Irlande et diverses îles.

British Broadcasting Corporation Office britannique de radio (créé en 1922) et de télévision (BBC).

British Museum Musée de Londres, fondé en 1753, l'un des plus riches du monde, doté d'une très importante bibliothèque.

Britons Syn. de *Bretons* (au sens de peuple celte de Grande-Bretagne).

Brochet.

Britten (Benjamin, baron **Britten of Aldeburgh)** 1913-1976 Compositeur anglais d'œuvres symphoniques (*Variations sur un thème de Frank Bridge*) et d'opéras : *Peter Grimes* (1945), *Billy Bud* (1951), *Le Songe d'une nuit d'été* (1960).

Brive-la-Gaillarde *49 765 h.* Chef-lieu d'arrondissement de Corrèze, sur la Corrèze, qui doit à sa situation au seuil de l'Aquitaine son rôle de marché agricole et de centre industriel (industries alimentaires et électroniques).

Brno (en allemand *Brünn*) *388 900 h.* Ville de la République tchèque, chef-lieu de la Moravie-Méridionale. Industries. Églises médiévales et nombreux édifices baroques. Forteresse du Spielberg (en tchèque Spilberk), où l'Autriche tint captif S. Pellico pendant neuf ans.

Broadway Grande artère qui traverse Manhattan, la plus ancienne avenue de New York. Elle est aujourd'hui le centre du quartier des spectacles.

broc [1] n. m. Récipient à anse et à bec utilisé pour transporter des liquides ; son contenu. *Broc étamé. Broc d'eau.*

broc [2] n. m. Fam. Brocanteur.

broc (de bric et de) [3] loc. adv. Voir **bric**

Broca (Paul) 1824-1880 Chirurgien et anatomiste français qui consacra ses travaux à la localisation du centre de la parole dans le cerveau. À partir de là, il conçut la théorie des localisations cérébrales selon laquelle toute fonction psychique aurait son siège dans les hémisphères cérébraux.

brocante n. f. Achat et vente de marchandises d'occasion ou de curiosités. / Magasin proposant ce type d'objets.

brocanter v. i. / v. t. [1] Acheter ou vendre dans une brocante, des articles de brocante.

brocanteur, euse n. Personne qui achète et revend des objets de brocante.

brocard [1] n. m. Chevreuil mâle âgé d'un an et plus.

brocard [2] n. m. Vx ou litt. Raillerie.

brocarder v. t. [1] Litt. Attaquer par des railleries blessantes. *Brocarder les défenseurs de la tradition.*

brocart n. m. Étoffe sur laquelle sont brodés des dessins en fil d'or ou d'argent.

Brocéliande (forêt de) Forêt légendaire de Bretagne dans laquelle les romans de la Table ronde faisaient vivre l'enchanteur Merlin et la fée Viviane ; elle correspond peut-être à l'actuelle forêt de Paimpont (Ille-et-Vilaine).

Broch (Hermann) 1886-1951 Romancier autrichien. *Les Somnambules* (3 vol., 1929-1932) peint avec dureté le règne de Guillaume II (1888-1918), en s'attachant à trois dates : *Pasenow ou le romantisme*, 1888 ; *Esch ou l'anarchie*, 1903 ; *Huguenau ou le réalisme*, 1908. Ensuite, *La Mort de Virgile* (1945) décrit longuement les dernières pensées du poète à Brindes (la Brindisi actuelle). Fuyant l'Anschluss (1938), Broch s'installa aux États-Unis, où il mourut.

brochage n. m. Opération qui consiste à assembler et à coudre ou à coller les feuilles d'un livre avant de le relier. / Procédé de tissage qui consiste à broder des dessins en relief sur un tissu.

broche n. f. Tige ou barre de métal sur laquelle on enfile une pièce de viande à rôtir. / Grosse épingle ou bijou fixé sur une épingle dont la pointe est maintenue par un fermoir. / MÉCAN. Dans un tour, barre qui reçoit et transmet un mouvement de rotation à l'objet en cours de fabrication. / TECHN. Pointe de métal qui forme l'axe des bobines d'un métier à tisser. / CHIR. Tige de métal qui sert à consolider et à maintenir deux os fracturés avant qu'ils se ressoudent.

broché, e adj. *Étoffe brochée*, ornée d'un motif formant relief. / *Livre broché*, dont la couverture est en papier, en carton mince (par oppos. à livre *relié*).

brocher v. t. [1] Effectuer le brochage de (un livre, un tissu). / Enfoncer les clous dans (le sabot d'un cheval).

brochet n. m. ZOOL. Poisson téléostéen d'eau douce, caractérisé par son corps fuselé, son museau long et large, et sa nageoire dorsale située à l'arrière du corps. *Le brochet, dont la bouche est armée de plusieurs centaines de dents acérées, est un carnassier d'une grande voracité.* / En argot, souteneur (Syn. maquereau).

brochette n. f. Tige de bois, de métal sur laquelle on enfile des morceaux de viande, de poisson, de légumes que l'on fait griller ; ces aliments. *Brochette de cœurs de canard.* / Groupe de personnes alignées. *Une brochette de ministres.* / Petite broche à laquelle on suspend des médailles ; l'ensemble de ces médailles. *Une brochette de décorations.*

brocheur, euse n. Spécialiste du brochage. / n. f. Machine à brocher les livres.

brochure n. f. Motifs ornementaux d'un tissu broché. / TECH. Brochage (d'un livre). / Opuscule. *Brochure de publicité.*

Le ***British Museum***, à Londres.

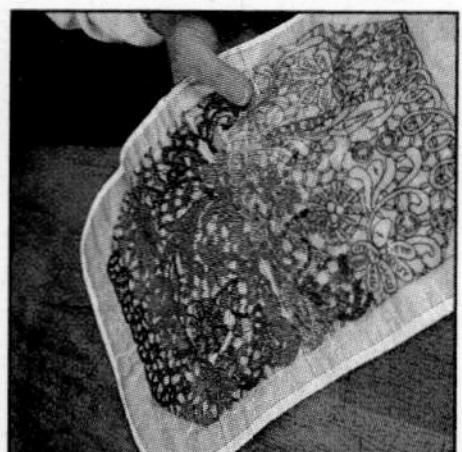

***Broderie** castillane, Espagne.*

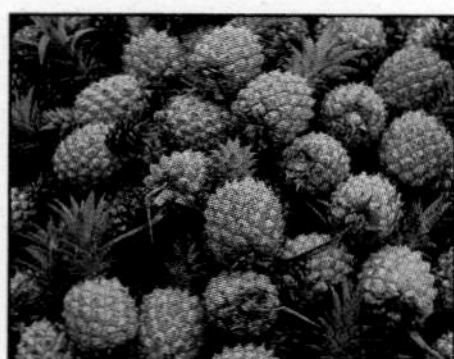

*Famille des **broméliacées** : l'ananas.*

Brocken *1 142 m* Sommet le plus élevé du massif du Harz, en Allemagne. D'après une légende populaire, les sorcières s'y réunissent une fois par an dans la nuit de Walpurgis (30 avril-1er mai).
brocoli n. m. Plante potagère dont on consomme les pousses vertes fleuries.
Brod (Max) 1884-1968 Écrivain israélien d'expression allemande. Né à Prague, il fut l'exécuteur testamentaire de Kafka. Militant sioniste, il émigra en Palestine pour échapper aux nazis et y devint directeur de théâtre. Il fut aussi romancier, dans la veine réaliste et psychologique, et laissa une autobiographie (*Une vie combative*).
brodequin n. m. Chaussure montante de marche. / ANTIQ. Chaussure de peau ou d'étoffe, couvrant le pied et le bas de la jambe, portée surtout par les comédiens.
broder v. t. [1] Orner de broderies (un tissu). *Broder des initiales sur du linge.* / Fig. Agrémenter d'ornements (un écrit, un discours, une musique). *Broder une mélodie dans un style baroque.* / Par ext. Déformer (une réalité) pour l'embellir. (Emploi absol). *Il brode pour donner du piquant à son histoire.*
broderie n. f. Travail d'ornementation fait à l'aiguille sur un tissu. / MUS. Variations improvisées sur un thème.
brodeur, euse n. Personne qui brode.
Brodsky (Joseph) 1940-1996 Poète américain d'origine russe : *Une halte dans le désert* (1970), *Partie du discours* (1972-1976). Condamné en U.R.S.S. en 1964 pour « parasitisme social », il fut interdit de publication ; il émigra en 1972 et s'installa aux États-Unis où il écrivit tant en russe qu'en anglais.
Broglie Famille noble française d'origine piémontaise issue de Francesco Maria Broglia qui se mit au service de la France en 1643 et fut fait comte de Broglie par Louis XIV. **François Marie Broglie** 1671-1745 Maréchal de France, fut fait duc de Broglie en 1742. **Victor, duc de Broglie** 1718-1804 Fils du précédent, maréchal de France, prince du Saint-Empire, il se distingua pendant la guerre de Sept Ans et prit, en 1792, la tête de l'armée des émigrés. **Achille, duc de Broglie** 1785-1870 Homme politique, il fut diplomate sous l'Empire, membre de la Chambre des pairs sous la Restauration et se rallia à Louis-Philippe qui en fit son président du Conseil (1835-1836). Opposé à la révolution de 1848 (bien qu'élu à l'Assemblée législative), il se retira de la vie politique en 1851. **Albert, duc de Broglie** 1821-1901 Fils du précédent, homme politique royaliste (orléaniste), ambassadeur à Londres, il fut président du Conseil en 1877 ; il fit dissoudre la Chambre à majorité républicaine dans l'espoir de restaurer la monarchie, mais les républicains remportèrent une nouvelle fois les élections et il démissionna. **Maurice, duc de Broglie** 1875-1960 Petit-fils du précédent ; physicien, ses travaux contribuèrent à la détermination des charges électriques des corpuscules visibles et à l'étude des spectres de rayons X. **Louis, prince** puis **duc de Broglie** 1892-1987 Physicien et philosophe, frère du précédent. Sa théorie ondulatoire des particules matérielles (mécanique ondulatoire) concilia les points de vue strictement ondulatoire et corpusculaire sur la nature de la lumière et apporta des méthodes de pensée entièrement nouvelles en physique, qui se révélèrent, par la suite, d'une grande fécondité.
broker n. m. (mot anglais) Intermédiaire chargé de transactions financières, dans les Bourses anglo-saxonnes. Syn. trader. / Courtier.
bromate n. m. CHIM. Sel d'un oxacide du brome, l'acide bromique.
brome [1] n. m. CHIM. Élément (symbole Br) de numéro atomique Z = 35, de masse atomique 79,9. *Le brome, liquide rouge très dense, est un non-métal de la famille des halogènes qui bout à basse température (60 °C) en donnant des vapeurs lourdes, de couleur orange, suffocantes et toxiques.*
brome [2] n. m. BOT. Grande graminée des régions tempérées.
broméliacées n. f. pl. BOT. Famille de plantes monocotylédones, la plupart herbacées et épiphytes. *La famille des broméliacées regroupe environ 2 000 espèces, dont l'ananas.*
Bromfield (Louis) 1896-1956 Romancier américain, auteur d'ouvrages psychologiques : satire morale dans *Précoce automne*, peinture exotique dans *La Mousson* (1937), tableau réaliste dans *La Ferme* (1933).

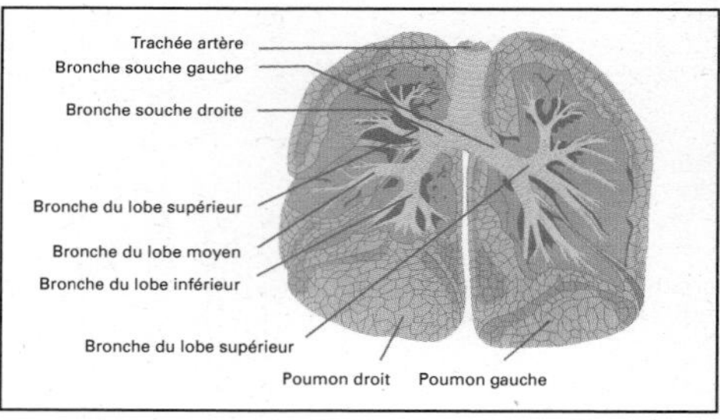

Bronches.

bromure n. m. CHIM. Composé binaire de brome et d'hydrogène ou d'un métal. *Le bromure d'argent, qui a la particularité de noircir à la lumière, est très utilisé en photographie.*
bronche n. f. ANAT. Chacun des deux conduits formés par la bifurcation de la trachée. *Chaque bronche pénètre dans un poumon par la région du hile et se ramifie jusqu'aux lobules pulmonaires, richement vascularisés, pour former l'arbre bronchique.*
broncher v. i. [1] Vieilli Trébucher (surtout en parlant d'un cheval). / Fig. (Emploi surtout négatif.) Réagir en exprimant une résistance, de l'humeur. *Obéir sans broncher.*
bronchiole n. f. Ramification terminale des bronches.
bronchiolite n. f. MÉD. Inflammation des bronchioles (ramifications terminales des bronches) affectant surtout les enfants en bas âge.
bronchique adj. MÉD. Des bronches ; relatif aux bronches.
bronchite n. f. Inflammation de la muqueuse bronchique.
bronchopneumonie n. f. MÉD. Affection d'origine infectieuse, caractérisée par l'inflammation du tissu pulmonaire (parenchyme) et des bronches, souvent consécutive à une affection des voies respiratoires. Pl. Des *bronchopneumonies.*
bronchodilatateur, trice adj. et n. m. Qui dilate bronches et bronchioles.
bronchopneumopathie n. f. MÉD. Affection du poumon et des bronches.
bronchorrhée n. f. MÉD. Abondante expectoration muqueuse observée dans les bronchites chroniques.

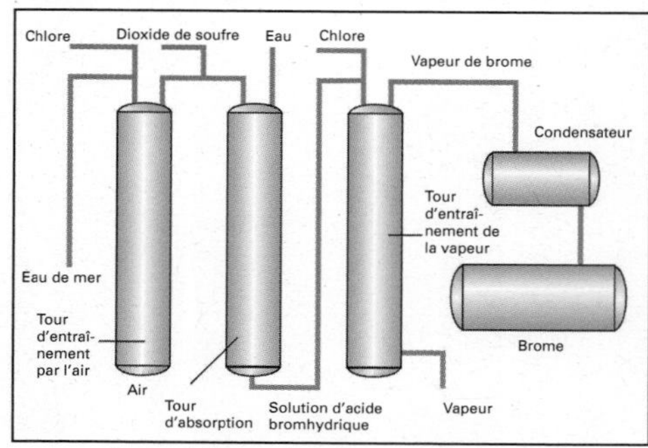

*Processus de fabrication du **bromure** à partir de l'eau de mer.*

bronchoscopie n. f. MÉD. Examen de l'intérieur des bronches à l'aide d'un tube optique (bronchoscope) introduit par la trachée.
Brongniart (Alexandre Théodore) 1739-1813 Architecte français, auteur de la Bourse de Paris (entreprise en 1808, achevée après sa mort, en 1827).
Bronsted (Johannes Nicolaus) 1879-1947 Chimiste danois. Le premier, il comprit que les acides étaient des donneurs de protons et que les bases étaient des accepteurs de protons.
Brontë Famille anglaise qui compte plusieurs écrivains. **Charlotte** 1816-1855 Ses romans, en particulier *Jane Eyre* (publié en 1847 sous le pseudonyme de Currer Bell), sont largement inspirés de son expérience personnelle. On lui doit aussi quelques poèmes. **Bramwell** 1817-1848 D'un caractère violent, alcoolique, il mena une vie déréglée et sa mauvaise réputation contribua à la faillite de l'école ouverte par ses sœurs. **Emily** 1818-1848 Le personnage tragique qu'était son frère inspira en grande partie le personnage littéraire d'Heathcliff, héros sombre et complexe de son roman *Les Hauts de Hurlevent* (1847). Comme Charlotte, elle utilisa parfois aussi un pseudonyme (Ellis Bell). **Anne** 1820-1849 On lui doit deux romans (*Agnes Grey*, 1847 ; *Le Locataire de Wildfell Hall*, 1848). Ses poèmes ont paru en 1846 avec ceux de ses sœurs sous le pseudonyme d'Acton Bell.
brontosaure n. m. PALÉONT. Dinosaure géant, quadrupède, à long cou, pouvant atteindre 30 tonnes et plus de 20 mètres de long, connu depuis le jurassique.
Bronx Quartier de New York, au nord-est de Manhattan.
bronzage n. m. Traitement donnant l'aspect du bronze à une surface. / Fig. Hâle. *Bronzage d'été.*
bronze n. m. Alliage de cuivre (majoritaire) et d'étain. / *Âge du bronze*, période préhistorique où est apparue la métallurgie du bronze (env. IIe millénaire avant J. C.). / Ouvrage d'art en bronze. *Un bronze de Rodin.*
bronzé, e adj. Hâlé. *Un teint bronzé.*
bronzer v. t. / v. i. [1] **A.** v. t. TECHN. Recouvrir de bronze et, par ext., donner l'aspect du bronze à (qqch.). *Bronzer une statue.* / Hâler, foncer, brunir. *Faire bronzer son visage.* **B.** v. i. Devenir hâlé. *Bronzer au soleil.*
bronzier, ère n. Celui, celle qui fond des objets d'art en bronze.
Bronzino (Agnolo Torri, dit il) 1503-1572 Peintre italien, le meilleur représentant du maniérisme florentin. Peintre

Paysage de **brousse**.

officiel du grand-duché de Toscane, on lui doit de nombreux portraits (*Cosme Ier de Médicis*), des peintures religieuses (*Vie de Moïse*) et des allégories (*Le Temps et la Vérité découvrant la Luxure*) au dessin vigoureux et à la palette claire.

Brook (Peter) 1925 Metteur en scène de théâtre et de cinéma britannique. Il a monté de nombreuses pièces de Shakespeare, notamment à Paris, et d'auteurs contemporains. Au cinéma, il a mis en scène des films réalisés d'après ses spectacles (*Marat-Sade*, 1966, *Le Mahabharata*, 1990) et nombre d'autres films *Moderato cantabile* (1960), *Sa Majesté des mouches* (1963), *La Tragédie de Carmen* (1983, trois versions).

Brooklyn Quartier populaire et industriel de New York à l'extrémité occidentale de Long Island, que le pont suspendu de Brooklyn rattache à Manhattan.

Brooks (Louise) 1906-1985 Actrice américaine lancée par le film allemand *Loulou* (1929) de Pabst. Rebelle aux diktats d'Hollywood, elle abandonna le cinéma en 1938.

Brooks (Richard) 1912-1992 Cinéaste américain : *Graine de violence* (1955), *Elmer Gantry* (1960), *De sang-froid* (1967).

brosse n. f. Ustensile de nettoyage formé de poils souples fixés sur un support. / BX-ARTS. Pinceau plat. / BAT. Pinceau rond et large.

Brosse (Salomon de) 1571-1626 Architecte français qui a bâti à Paris le palais du Luxembourg pour Marie de Médicis et à Rennes le palais de Justice.

brosser v. t. [1] Frotter avec une brosse pour nettoyer, laver. / Spéc. *Brosser un cheval*, l'étriller. / Peindre à la brosse. Au fig. *Brosser le portrait de qqn*, en faire une description rapide. / v. pron. Se donner des soins corporels avec une brosse. *Se brosser les cheveux. Se brosser le dos*, le frictionner. / Fam. (Emploi absol.) Renoncer. *Tu peux te brosser, tu n'auras rien.*

Brossolette (Pierre) 1902-1944 Résistant français qui, torturé par la Gestapo, se suicida pour éviter de trahir les siens.

brou n. m. Enveloppe charnue (écale) de la noix. *Avec le brou de noix on fabrique une liqueur amère ou un colorant brun qui sert à teinter le bois blanc.*

Brou Quartier de Bourg-en-Bresse (Ain). L'église de style gothique flamboyant (1513-1532) a été édifiée par le Flamand Van Boghem pour Marguerite d'Autriche à la mémoire de son mari, Philibert le Beau, duc de Savoie ; l'église renferme les tombeaux de ce dernier, de sa femme et de sa mère, Marguerite de Bourbon.

brouet n. m. Litt. Mets sans consistance, presque liquide. / Potage peu appétissant.

brouette n. f. Véhicule à une roue et à deux brancards, manœuvré par un homme et servant aux courts transports de déblais ou de matériaux.

brouetter v. t. [1] Transporter dans une brouette.

brouhaha n. m. Bruit confus qui s'élève d'une foule.

brouillage n. m. Perturbation affectant la réception d'ondes de radio, de télévision ou de radar.

brouillamini n. m. Confusion, désordre.

brouillard n. m. Nuage formé de fines gouttelettes produites dans la troposphère par la condensation de la vapeur d'eau. *Le brouillard demeure toujours assez proche du sol.*

brouillasser v. impers. [1] Tomber en pluie fine. *Il brouillasse depuis ce matin.*

brouille n. f. Mésentente qui suit une dispute entre amis ou dans une famille.

brouillé, e adj. *Œufs brouillés*, fortement battus, blanc et jaune mêlés, et lentement cuits au beurre, en tournant sans cesse, à la casserole ou (plus rarement) à la poêle. / *Un teint brouillé*, qui trahit une mauvaise santé.

brouiller v. t. [1] Mettre en désordre ; mélanger. *Brouiller les cartes*, les mélanger, avant de les distribuer. *Brouiller les pistes* : créer de fausses pistes, pour échapper aux poursuites. / Fig. Rendre trouble ou confus. / *Brouiller une émission de radio*, la parasiter par du brouillage. / Désunir, créer une brouille. *Des intérêts opposés ont brouillé ces anciens amis.* / v. pron. *Se brouiller avec (qqn)*, cesser de le fréquenter, à cause d'une mésentente.

brouillon, onne [1] adj. et n. Désordonné, désorganisé.

brouillon [2] n. m. Première rédaction d'un travail, destinée à être corrigée.

broussaille n. f. Ronces et arbustes qui poussent dans des forêts ou des lieux non cultivés.

broussailleux, euse adj. De broussaille, couvert de broussaille. *Bosquet broussailleux.*

Broussais (François) 1772-1838 Physiologiste français. Il fit de l'inflammation des tissus la cause unique des maladies.

broussard n. m. Personne qui vit dans la brousse, la parcourt habituellement.

brousse n. f. Végétation caractéristique de l'Afrique tropicale et de l'Australie, formée d'herbes et parsemée d'arbustes. / Région rurale, en Afrique.

Brousse Voir **Bursa**

broussin n. m. BOT. Tubérosité qui se développe sur les branches ou le tronc de certains arbres. Syn. loupe.

broutard n. m. Veau de trois à dix mois, sevré et mis au pâturage.

brouter v. t. [1] Mâcher, manger (l'herbe et les feuilles), en parlant d'animaux herbivores ; paître. (Emploi absol.) *Amener les vaches au pré pour les faire brouter.*

broutille n. f. Vx Petite branche fine. / Fig. Chose d'importance négligeable ou de peu de valeur.

Brouwer (Adriaen) 1605-1638 Peintre flamand qui excella dans les scènes de genre représentant buveurs et fumeurs de pipe ; ses toiles combinent intensité expressive et verve satirique.

Brown (Robert) 1773-1858 Botaniste écossais. Après avoir étudié la flore de l'Australie, il découvrit en 1827 le mouvement continuel et désordonné des particules microscopiques d'un fluide.

Brown (John) 1800-1859 Abolitionniste américain qui fut pendu pour avoir poussé les esclaves noirs à la révolte.

Brown (James) 1933 Chanteur américain de gospel, puis de soul music depuis les années 1960.

brownien, enne PHYS. *Mouvement brownien* : mouvement désordonné des particules microscopiques en suspension dans un liquide. *Le mouvement brownien est produit par l'agitation thermique des molécules du liquide.*

browning n. m. (mot anglais) Pistolet automatique à chargeur.

Browning (Elizabeth Barrett) 1806-1861 Poétesse anglaise. Son amour pour Robert Browning, son époux, lui inspira *les Sonnets de la Portugaise* (1850) qui témoignent d'un talent qu'on retrouve dans *Aurora Leigh*, long roman en vers blancs (1856).

Forêt dans le **brouillard**.

Robert Browning.

Browning (Robert) 1812-1889 Écrivain anglais. D'un romantisme parfois ésotérique, il montre dans les quatre volumes de *l'Anneau et le Livre* (1868-1869) une imagination noble et puissante.

broyage n. m. Action de broyer.

broyat n. m. Produit du broyage.

broyer v. t. [1] Réduire en poudre, en pâte, en petits fragments par écrasement. *Broyer du basilic au pilon.* / Fig. *Broyer du noir* : être déprimé. / Par ext. Écraser. *Broyer la main de qqn*, la serrer excessivement fort.

broyeur n. m. Machine servant à casser en petits morceaux des corps solides. *Broyeur à cylindres, à mâchoires, à marteaux. Broyeurs à percussion*, utilisant les chocs produits par la cuve en tournant.

bru n. f. Femme du fils, belle-fille.

bruant ou **bréant** (vx) n. m. ZOOL. Petit passereau de la famille des fringillidés, de la taille d'un gros moineau, vivant dans les champs et les jardins. *Plusieurs espèces de bruants vivent en France : l'ortolan, le bruant jaune, le bruant zizi, le bruant des roseaux, etc.*

Bruant (Libéral) 1635-1697 Architecte français auquel on doit, à Paris, la chapelle de la Salpêtrière et le plan des Invalides.

Bruant (Aristide) 1851-1925 Chansonnier français du cabaret montmartrois *Le Chat noir*, à la verve volontiers anarchiste et au vocabulaire populaire et argotique. On lui doit aussi un *Dictionnaire de l'argot au XXe siècle.*

Bruce (James) 1730-1794 Explorateur britannique. Il explora l'Abyssinie et découvrit la source du fleuve Bleu, qu'il prit pour celle du Nil ; son récit (*Voyage aux sources du Nil pendant les années 1768-1773*) est la plus importante source de documentation sur l'Éthiopie du XVIIIe siècle.

brucelles n. f. pl. TECH. Pincettes avec lesquelles on peut saisir des pièces très petites. *Brucelles de joaillerie.*

brucellose n. f. Maladie infectieuse due à une bactérie (genre *brucella*). *Fréquente chez les grands animaux d'élevage, la brucellose est transmissible à l'homme et se manifeste par une fièvre ondulante et des atteintes aux articulations.* Syn. fièvre de Malte.

bruche n. m. ou f. ZOOL. Insecte coléoptère dont les larves vivent dans les graines de légumineuses (notam. pois, lentille).

brucine n. f. CHIM. Alcaloïde extrait de la noix vomique.

B

La Chute d'Icare, de **Pieter Bruegel l'Ancien**, v. 1555-1560 (Musée de Bruxelles).

Brücke (die) Association (« le pont ») d'artistes allemands fondée à Dresde en 1905. Ses membres étaient en rupture avec l'académisme et prônaient un art libéré des conventions, accordant la primauté à l'impulsion créatrice et admirant les arts primitifs (on dirait aujourd'hui « arts premiers »), les productions les plus anciennes de l'art allemand et le travail des fauves.

Bruckner (Anton) 1824-1896 Compositeur autrichien. D'abord influencé par Schubert et Schumann, il a utilisé les harmonies wagnériennes dans ses symphonies. On lui doit aussi des messes, un *Te Deum* et un quintette à cordes.

Bruegel Famille de peintres flamands. **Pieter Bruegel**, dit **Bruegel l'Ancien** 1530?-1569 D'abord dessinateur, il vint tardivement à la peinture et produisit d'abord des œuvres religieuses (*La Tour de Babel*, *Le Massacre des Innocents*) à la construction originale et aux couleurs denses. Ses toiles profanes (scènes de la vie rustique, allégories, telle *La Chute d'Icare*) mettent en œuvre une conception toute moderne du paysage. Figure de proue de la peinture flamande, il eut une influence durable sur les paysagistes et les peintres de genre. **Pieter**, dit **Bruegel le Jeune** 1564?-1638? Fils du précédent. Il fut parfois surnommé *Bruegel d'enfer*, peut-être à cause de son goût pour les scènes d'incendie, donc « d'enfers » (*Incendie de Troie*). Il fit des copies d'œuvres de son père. **Jan Bruegel** dit **Bruegel de Velours** 1568-1625 Frère du précédent, son surnom est dû à son talent plein de délicatesse. On lui doit des natures mortes, des scènes de genre et de nombreux bouquets d'une grande richesse décorative.

Bruges *117 100 h.* Ville de Belgique, en Flandre-Occidentale, qui fut au Moyen Âge le plus grand port de l'Europe du Nord-Ouest. Entrepôt des villes hanséatiques, capitale financière, important foyer de l'industrie drapière et centre artistique, Bruges connut entre le XIe et le XVe siècle une période de grande prospérité qui prit fin avec l'ensablement du Zwyn au XVIe siècle. La ville, aujourd'hui industrielle et commerciale, est un centre touristique célèbre pour ses canaux, ses quartiers médiévaux, ses églises, son hôtel de ville du XIVe siècle, la richesse de ses musées et le travail de ses dentellières. Des canaux la relient au port de Zeebrugge.

brugnon n. m. Hybride de pêche à peau lisse, d'un jaune violacé.

brugnonier n. m. Pêcher sur lequel sont produits les brugnons.

bruine n. f. Pluie fine et froide.

bruiner v. impers. [1] Tomber en bruine, en parlant de la pluie.

bruire v. i. [3] Émettre un bruissement; murmurer. *La brise fait bruire le feuillage.*

bruissement n. m. Bruit faible et continu. *Le bruissement d'une robe de soie.*

bruit n. m. Ensemble de sons confus et sans harmonie particulière. / Fig. Propos qui circule dans le public. *Le bruit court qu'il est ruiné.* / *À grand bruit*, pour avoir du retentissement.

bruitage n. m. Reconstitution en studio des bruits qui accompagnent l'action, au théâtre, au cinéma, à la télévision et à la radio.

bruiteur, euse n. Personne qui réalise des bruitages.

brûlage n. m. Action de brûler, c'est-à-dire de consumer par le feu, ou de dessécher. *Brûlage du café*, torréfaction du café. / AGRIC. Destruction par le feu des herbes sèches et des broussailles.

brûlant, e adj. Qui brûle par la chaleur intense dégagée. *Potage brûlant.* / Par ext. *Fièvre brûlante.* / Fig. *Désir brûlant*, très intense. *Question brûlante*, qui enflamme les passions.

brûle-gueule n. m. inv. Pipe à tabac, à tuyau très court.

brûle-parfum n. m. inv. Vase où brûlent des substances parfumées.

brûle-pourpoint (à) loc. adv. Brusquement, sans prévenir. *Il s'est mis à brûle-pourpoint dans une colère folle.*

brûler v. t. / v. i. [1] **A.** v. t. Détruire par le feu. *Brûler des livres en un autodafé.* / Spéc. Faire périr dans les flammes. / Consumer pour chauffer, éclairer, ou pour tout autre usage. *Brûler du charbon, du gaz. Brûler un cierge.* / Fig. *Brûler ses dernières cartouches* : user de ses dernières ressources. *Brûler la vie par les deux bouts*, l'user par des excès. / Altérer par le feu, la chaleur un produit chimique, etc. *Le gel brûle les jeunes pousses. Brûler un gâteau*, le faire trop cuire. / Donner une sensation de brûlure. *Un alcool fort qui brûle la gorge.* / *Brûler le pavé* : rouler à toute vitesse. / *Brûler les planches* : se dit d'un acteur qui se surpasse. / Fig., litt. Exciter d'une ardeur fiévreuse. *La passion le brûle.* / (Dans des expressions) Passer sans s'arrêter. *Brûler un feu rouge.* Fig. *Brûler les étapes* : aller trop vite au but. **B.** v. i. Se consumer ; chauffer, éclairer. *Bois qui brûle bien.* / Être altéré par le feu, la chaleur. Fig. *Le torchon brûle* : l'entente est brisée. / Éprouver une sensation de brûlure. *Brûler de fièvre.* / Fig., litt. Être ardent. *Brûler d'amour, de dévoiler la vérité.*

brûlerie n. f. Rare. Distillerie d'eau de vie. / Lieu où le café est torréfié.

brûleur n. m. Appareil servant au mélange de l'air et d'un combustible. *Brûleur à mazout.*

brûlis n. m. Partie de terrain, forêt ou champ que l'on a fait brûler pour améliorer le rendement du sol en culture. *Culture en brûlis.*

brûlot n. m. Bateau rapide destiné à incendier les navires ennemis. / Eau-de-vie brûlée et sucrée. / Pamphlet.

brûlure n. f. Lésion douloureuse causée par la chaleur, le feu ou une substance corrosive. / Sensation d'irritation. *Brûlure d'estomac.*

brumaire n. m. Deuxième mois du calendrier républicain, allant du 22, 23 ou 24 octobre au 20, 21 ou 22 novembre.

Brumaire an VIII (18-) Journée (9 novembre 1799) durant laquelle Bonaparte organise un coup d'État avec la complicité des membres du Directoire Sieyès et Roger Ducos, après le transfert des Conseils à Saint-Cloud, et avec le ferme appui de Lucien Bonaparte, président du Conseil des Cinq-Cents. Cette date marque la fin du Directoire et le début du Consulat.

brume n. f. MÉTÉOR. Brouillard peu épais, dans lequel la visibilité est supérieure à un kilomètre. / MAR. Couche de brouillard au-dessus de la mer.

brumeux, euse adj. Qui procède de la brume. *Ciel brumeux.*

brumisateur n. m. Pulvérisateur qui projette un liquide en fines gouttelettes. *Les brumisateurs sont utilisés pour le rafraîchissement, les soins du visage.*

Brummel (George Bryan dit le Beau) 1778-1840 Dandy anglais surnommé le *Roi de la mode.* Joueur perdu de dettes, il se réfugia en France pour échapper à ses créanciers, devint fou et mourut à l'asile.

brun, e adj. et n. **A.** adj. et n. De couleur marron foncé, ou jaune sombre tirant sur le noir. *Peau brune. Tabac brun.* / Dont les cheveux sont bruns. *Une jeune femme brune.* / Subst. *Une brune, un brun aux yeux bleus.* **B.** n. m. La couleur brune. *Le brun de ce bois est un peu terne.* **C.** n. f. *Une brune* : une bière brune, une cigarette brune. / Fin du jour, commencement de la nuit. *Rendez-vous à la brune.*

brunâtre adj. Tirant sur le brun.

Brundtland (Gro Harlem) 1939 Femme politique norvégienne. Travailliste, elle est ministre de l'Environnement de 1974 à 1979, et Premier ministre en 1981 (de février à octobre), puis de mai 1986 à octobre 1989 et de novembre 1990 à novembre 1996. Elle est nommée directrice de l'Organisation mondiale de la Santé en 1998.

Brunehaut v. 543-613 Reine d'Austrasie (567). Son époux, le roi Sigebert Ier, ayant été assassiné (575) sur l'ordre de Frédégonde, reine de Neustrie, elle fit la guerre à celle-ci, ce qui ravagea les deux pays. Le fils de Frédégonde, Clotaire II, parvint à capturer Brunehaut et la fit périr attachée à la queue d'un cheval lancé au galop.

• **Brunei** État de la côte nord-ouest de Bornéo. Importants gisements de pétrole et de gaz. Le pays fut d'abord un royaume (IXe siècle) puis devint au XVIe siècle, après l'islamisation, un sultanat qui dominait toute la côte occidentale de l'île. Affaibli au XVIIIe siècle, protectorat britannique en 1888, Brunei ne participa pas (1963) à la fondation de la Malaysia et a accédé à l'indépendance en 1984. Il fait partie du Commonwealth.

Brunelleschi (Filippo di ser Brunellesco dit Filippo) 1377-1446 Architecte et sculpteur italien de la première Renaissance, auteur, à Florence, de la coupole de Santa Maria dei Fiore (1420-1436), de l'église San Lorenzo (1421-1423) et de la chapelle et du palais des Pazzi (1429-1446).

brunet, ette adj. et n. Dont les cheveux sont bruns. / Subst. *Une brunette* : une jeune fille, une jeune femme brune.

Brunetière (Ferdinand) 1849-1906 Critique littéraire français qui a tenté d'appliquer la théorie de l'évolution darwinienne à l'histoire littéraire.

Brunhes (Jean) 1869-1930 Géographe français considéré comme le promoteur d'une nouvelle discipline, la géographie humaine.

Bruning (Heinrich) 1885-1970 Homme politique allemand. Chancelier de la république de Weimar (1932-1934), il tenta, sans succès, de rétablir l'économie et soutint Hindenburg contre Hitler. À la victoire de ce dernier, il s'exila aux États-Unis.

brunir v. t. / v. i. [2] Rendre ou devenir brun, hâlé. / v. t. TECHN. Effectuer le brunissage de (un métal).

Vue panoramique de Florence. La cathédrale Santa Maria dei Fiore est dominée par une coupole dessinée par **Filippo Brunelleschi**.

B

BRUNEI

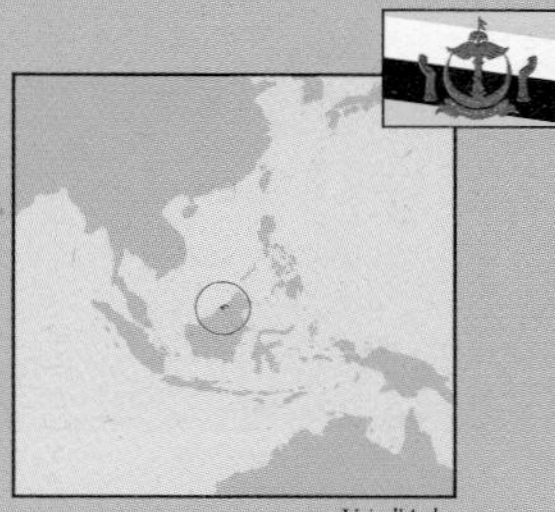
Voir l'Atlas

La mosquée de Kuala Belait.

Le port pétrolier de Kuala Belait.

Superficie : *5 765 km²*
Nombre d'habitants : *322 000 h.*
Capitale : *Bandar Seri Begawan*
Ville principale : *Seria*
Système politique : *monarchie (sultanat) dans le cadre du Commonwealth*
Langue (s) : *malais, anglais*
Religion (s) : *islam*
Monnaie (s) : *dollar de Brunei*

brunissage n. m. Polissage d'un métal. *Brunissage de l'or.*
brunissoir n. m. Instrument servant au brunissage.
Bruno (saint) 1040?-1101 Religieux allemand. Né à Cologne, étudiant, puis enseignant à Reims, il a fondé en 1084 un monastère dans le massif de la Grande-Chartreuse (Isère). Il n'a laissé, pour cet ordre qui tire son nom (Chartreux) du lieu de sa fondation, aucune règle écrite ; les règlements en usage n'ont été codifiés que vers 1125.
Bruno (Giordano) 1548-1600 Philosophe italien. Dominicain à Naples, il est suspecté d'hérésie et doit s'enfuir en 1576. Il fait le tour de l'Europe : Genève, Toulouse, Paris, Oxford, Paris (où Henri III le protège, mais en vain, contre la Ligue catholique). En Allemagne, il publie des poèmes en latin, dont l'un soutient, en s'appuyant sur la découverte de Copernic, la pluralité des mondes contre l'aristotélisme (philosophie officielle de l'Église) : *L'Infini, l'univers et les mondes* (1584). Invité à Venise en 1591, il est livré à l'Inquisition qui l'emprisonne, l'extrade à Rome (1593) et le condamne au bûcher.
Brunswick *254 100 h.* Ville industrielle d'Allemagne, en Basse-Saxe. Instruments d'optique et de musique. Cathédrale romane (XIIe-XIIIe siècle).
Brunswick Ancien État allemand constitué de territoires dispersés au nord-ouest de l'Allemagne. L'empereur Othon Ier en fit un duché, sur lequel régnèrent successivement quelques-uns des très nombreux membres de la maison de Brunswick, dont certains augmentèrent beaucoup leur territoire. Le Brunswick fut incorporé au royaume de Westphalie (1807) et entra dans l'Empire allemand en 1871 ; il fait aujourd'hui partie du Land de Basse-Saxe.
Brunswick (Charles, duc **de)** 1735-1806 Général au service de la Prusse, chef des Alliés coalisés contre la France ; il publia à Coblence en 1792 le Manifeste de Brunswick, qui menaçait Paris si la famille royale était en péril, ultimatum qui provoqua en France la levée en masse et la chute de la monarchie.
brushing n. m. (mot anglais) Mise en plis mèche par mèche à l'aide d'une brosse et d'un séchoir à main.
brusque adj. Qui agit, advient soudainement, sans ménagement. *Geste brusque.*
brusquement adv. De manière brusque.
brusquer v. t. [1] Traiter (qqn) avec brusquerie, rudesse. / Hâter (un événement). *Brusquer un départ, une décision.*
brusquerie n. f. Manière brusque (d'agir, d'advenir). *La brusquerie de son départ a surpris.*
brut, e adj. et n. **A.** adj. À l'état naturel, presque naturel. *Laine brute.* / *Champagne brut,* qui n'a fermenté qu'une fois, très peu sucré. / Non raffiné. *Sucre brut. Pétrole brut.* / COMM. *Poids brut,* incluant l'emballage d'une marchandise (par oppos. à *net*). / ÉCON. Évalué avant déduction des frais, des taxes ou sans addition de primes, d'indemnités (par oppos. à *net*). *Salaire brut,* avant déduction des cotisations sociales. **B.** n. m. *Du brut* : du pétrole brut, du champagne brut, etc. **C.** n. f. : voir *brute.*
brutal, ale, aux adj. Qui agit, advient avec brutalité. *Homme brutal. Geste brutal.*
brutalement adv. De manière brutale.
brutaliser v. t. [1] Traiter avec brutalité, sans ménagement ; rudoyer.
brutalité n. f. Rudesse, violence. / Acte rude, violent.
brute n. f. Personne brutale. *Méfiez-vous de lui, c'est une brute.*
Brutus (en latin **Lucius Junius Brutus**) VIe siècle av. J.-C. Consul romain à l'existence peut-être légendaire. La tradition affirme que, principal responsable de la chute de la royauté, il institua la république en 509.
Brutus (en latin **Marcus Junius Brutus)** 85-42 av. J.-C. Homme politique romain, neveu de Caton d'Utique, fils adoptif de César. Il participa à l'assassinat de ce dernier et c'est à lui que le dictateur, expirant sous le couteau de ses meurtriers, adressa l'apostrophe *Tu quoque, fili !* (« Et toi aussi, mon fils ! »). Vaincu par Octave et Antoine en Macédoine où il s'était enfui, il se suicida.
• **Bruxelles** *136 500 h.* Capitale de la Belgique, sur la Senne.
Bruxelles-Capitale *162 km² 951 600 h.* Région de Belgique. Voir **Bruxelles.**

BRUXELLES

Cette ville a un statut complexe, dû aux diverses révisions constitutionnelles effectuées de 1970 à 1993. Bruxelles-ville a *136 500 h.* La Région de Bruxelles-Capitale est une des trois Régions de la Belgique ; elle fait partie de la Communauté française de Belgique Wallonie-Bruxelles. En outre, les Flamands ont fait de Bruxelles la capitale de la Région Flandre. Francophone, Bruxelles constitue, enfin, une enclave dans le Brabant flamand. La ville doit à sa position de carrefour fluvial, routier et ferroviaire d'être le foyer d'une intense activité commerciale et industrielle (textile, mécanique, chimique, alimentaire). C'est aussi un centre touristique et universitaire. Elle abrite les principales institutions de l'Union européenne et les organes directeurs de l'OTAN.

La Grand-Place de Bruxelles.

Histoire

Fondée au VIIe siècle, la ville est une étape sur la route de Bruges-Cologne. Capitale du duché de Brabant, elle passe successivement sous la domination des ducs de Bourgogne (1430), de l'Espagne, de l'Autriche (1714), de la France (qui fait d'elle le chef-lieu du département français de la Dyle, 1794-1814), des Pays-Bas, avant de devenir la capitale du nouveau royaume de Belgique en 1830.

Au cœur de la ville moderne, Bruxelles a conservé son visage ancien : la Grand-Place dominée par deux édifices gothiques, l'hôtel de ville et la Maison du roi (reconstruite au XIXe siècle), et bordée de maisons baroques ; la statue du *Manneken Pis* (1619) ; l'église baroque du Béguinage. Musées royaux.

bruyamment adv. De manière bruyante.
bruyant, e adj. Qui fait du bruit, où l'on entend du bruit, qui n'est pas silencieux. *Voisin bruyant. Rue bruyante.*
bruyère n. f. Plante ligneuse de la famille des éricacées, à petites feuilles étroites et serrées, à fleurs blanches ou d'un rose violacé, poussant généralement dans les lieux arides ou les landes. *Pipe de bruyère*, taillée dans le bois de cette plante.
bryologie n. f. BOT. Branche de la botanique qui étudie les bryophytes (en particulier les mousses).
bryophytes n. f. pl. BOT. Embranchement de végétaux d'eau douce ou terrestres, dépourvus de racines et de vaisseaux, dont font partie les mousses et les hépatiques.
bryozoaires n. m. pl. ZOOL. Classe d'animaux invertébrés aquatiques (ectoproctes) qui vivent en colonies, fixés sur les fonds ou sur les rochers.
buanderie n. f. Local réservé à la lessive.
bubale n. m. Grande antilope d'Afrique à tête étroite et allongée, aux cornes en forme de lyre. / Nom de buffles asiatiques.
Buber (Martin) 1878-1965 Philosophe israélien, d'origine autrichienne. Pénétré par les enseignements hassidiques et défenseur d'un sionisme rationnel dans la revue *Le Juif*, il définit, dans son œuvre maîtresse *Je et Tu* (1923), l'individu comme la relation du Je au Tu, de l'homme à Dieu. Il fonda le mouvement des Scouts Israélites en 1923.
bubon n. m. Inflammation des ganglions lymphatiques, dans certaines maladies (peste, en particulier).
bubonique adj. Qui procède du bubon, à bubon. *Peste bubonique.*
Bucarest *2 060 600 h.* Capitale de la Roumanie, dans la plaine de Valachie. Bucarest est le principal centre politique, économique et culturel du pays. Le développement d'industries diversifiées est relativement récent. Nicolae Ceausescu ayant entrepris de remodeler la ville, sa politique de grands travaux a causé la perte d'une partie importante de son patrimoine architectural (essentiellement des églises et des monastères des XVe, XVIe, XVIIe et XVIIIe siècles).
buccal, ale, aux adj. De la bouche.
buccin n. m. MUS. Instrument à vent, sorte de trompette recourbée, en usage chez les Romains. / ZOOL. Mollusque gastéropode comestible. Syn. bulot.
Bucentaure (le) Nef de parade richement ornée qui servait au doge de Venise pour la cérémonie solennelle des « épousailles » qu'il célébrait, le jour de l'Ascension, avec la mer.
Bucéphale Cheval d'Alexandre le Grand.
Buchanan (James) 1791-1868 Homme politique américain, quinzième président des États-Unis (1857-1861), qui tenta sans succès de tenir la balance égale entre esclavagistes et anti-esclavagistes, attitude hésitante qui conduisit les États du sud à faire sécession.
bûche n. f. Morceau de bois cylindrique pour le chauffage. / *Bûche de Noël*: pâtisserie en forme de bûche. / Fig., fam. Chute.
Buchenwald Village d'Allemagne orientale où les nazis ont établi de 1937 à 1945 un camp de déportation. (Voir **génocide.**)
bûcher [1] n. m. Remise pour ranger le bois. / Tas de bois sur lequel on incinère les morts (en Inde, notamment). / HIST. Tas de bois sur lequel on brûlait les condamnés au supplice du feu, ou encore les livres interdits par l'Inquisition. / *Monter sur le bûcher*, y être brûlé vif.
bûcher [2] v. t. [1] Dégrossir (une pièce de bois). *Bûcher un tronc d'arbre.* / Fig. fam. Travailler dur. *Bûcher sa copie.*
bûcheron n. m. Personne qui a pour métier d'abattre les arbres dans les forêts.
bûcheur, euse n. Celui, celle qui travaille avec acharnement.
Büchner (Georg) 1813-1837 Écrivain allemand. Exilé pour ses idées révolutionnaires, il laisse éclater sa fougue politique dans *La Mort de Danton* (1835), sa verve dans la comédie *Léonce et Léna* (1836) et le tragique de la condition prolétarienne dans *Woyzeck* (1836).
Buchner (Eduard) 1860-1917 Chimiste allemand. Il découvrit les agents des fermentations (nommés ferments puis enzymes) et reçut le prix Nobel de chimie en 1907.
Buck (Pearl) 1892-1973 Romancière américaine. Fille et femme de pasteur missionnaire, elle passa la plus grande partie de sa vie en Chine, qui lui inspira plusieurs ouvrages à succès: *Terre chinoise* (1931), *Pavillon de femmes* (1946), *Pivoine* (1948).
Buckingham (George Villiers, duc de) 1592-1628 Homme politique anglais, favori des rois Jacques Ier et Charles Ier, assassiné par un puritain scandalisé par ses mœurs dissolues, sa morgue et sa vénalité, alors qu'il s'apprêtait à porter secours aux protestants de La Rochelle.
Buckingham Palace Résidence officielle des souverains britanniques à Londres depuis le règne de Victoria. C'est un ensemble de bâtiments édifié à partir d'un palais construit en 1705 par le duc de Buckingham, mais entièrement reconstruit et agrandi au cours des XIXe et XXe siècles.
bucolique adj. Relatif à la poésie pastorale; évoquant la vie pastorale. *Chanson bucolique.*
Bucoliques (les) Suite de dix églogues composés par Virgile entre 42 et 39 av. J.-C. Quoique les tournois poétiques auxquels se livrent les jeunes bergers respectent les conventions du genre hérité de la poésie alexandrine, Virgile n'hésite pas à y glisser des allusions toutes personnelles sur ses déboires du moment.
Bucovine Région historique des Carpates partagée aujourd'hui entre l'Ukraine et la Roumanie, qui la posséda tout entière en 1918 (quand l'empire d'Autriche-Hongrie fut démembré). Le nord fut donné à l'Ukraine en 1947. Cette terre est riche de monastères des XVe et XVIe siècles; cinq d'entre eux (Arbore, Humore, Suçevita, Moldovita, Voronet: les « monastères peints ») ont leur église recouverte de fresques extérieures.

Buffalo Bill,
photographié en compagnie du chef des Sioux Sitting Bull (Taureau Assis).

Le parlement hongrois sur le Danube, à ***Budapest.***

bucrane n. m. ARCHIT. Ornement représentant une tête de bœuf décharnée.
Budapest *2 100 000 h.* Capitale de la Hongrie. La ville est formée de la réunion en 1873 de Pest sur la rive gauche du Danube et de Buda sur la rive droite. Elle est la métropole politique, économique et culturelle du pays. Pest est le quartier industriel tandis que Buda est la partie ancienne de la ville, en partie détruite en 1944-1945 et endommagée en 1956.
Budé (Guillaume) 1467-1540 Helléniste français qui a incité François Ier à créer le Collège de France.
budget n. m. (mot anglais) Acte législatif qui prévoit et autorise les recettes et les dépenses de l'État, d'un établissement public ou d'une collectivité territoriale. / État des revenus et des dépenses d'un particulier, d'une société. / Somme dont on peut disposer. *Budget vacances.*
budgétaire adj. Qui procède du budget. *Inflation budgétaire.*
budgéter ou **budgétiser** v. t. [1] Introduire dans un budget (une recette, une dépense nouvelle).
budgétivore adj. Fam., péjor. Qui dévore une part importante, trop importante du budget de l'État.
buée n. f. Vapeur d'eau qui se condense sur qqch. de froid. *De la buée sur le pare-brise.* / Vapeur d'eau qui s'échappe de qqch. de chaud. *Aspirateur à buée, dans une cuisine.*
Buenaventura *165 800 h.* Port de Colombie sur le Pacifique, exportateur de café et de sucre.
Buenos Aires *2 961 000 h.* Capitale de l'Argentine. Fondée en 1536 sur le rio de la Plata, ancienne et importante étape maritime, la ville est le principal centre économique et culturel du pays. Son port exporte notamment les produits de l'élevage. Raffinerie de pétrole.
Buffalo *313 000 h.* Ville des États-Unis (État de New York), port sur le Niagara. Industries.
Buffalo Bill (William Cody, dit**)** 1846-1917 Aventurier américain du Far West. Combattant dans les rangs nordistes pendant la guerre de Sécession, compagnon d'armes du général Custer dans la lutte contre les Indiens, chasseur de bisons ayant largement contribué à leur destruction, il est devenu directeur de cirque.
buffet n. m. Meuble à portes servant à ranger la vaisselle. / Table sur laquelle sont disposés les mets et les boissons dans une réception. / Restaurant de gare. / MUS. Menuiserie d'orgue. / ARCHIT. *Buffet d'eau*: fontaine de jardin comportant plusieurs vasques en gradins. / Argot Haut du corps. *Recevoir un coup dans le buffet.*
Buffet (Bernard) 1928-1999 Peintre français, dont le graphisme très particulier (traits accusés, silhouettes allongées, palette d'abord limitée aux tons sourds et monotones des beiges et des gris) crée une atmosphère de désolation.
buffle n. m. Nom de divers grands ruminants de la famille des bovidés, domestiqués ou sauvages.
bufflesse Voir **bufflonne**
buffleterie n. f. Ensemble des bandes de cuir dont est équipé un soldat. *La buffleterie sert notamment à soutenir armes et cartouches.*
bufflonne ou **bufflesse** n. f. Femelle du buffle.
Buffon (Georges-Louis Leclerc, comte **de)** 1707-1788 Naturaliste français dont les œuvres, plus fondées sur l'observation des plantes et des animaux, que sur l'expérimentation, ont suscité l'engouement du public du XVIIIe siècle pour les sciences de la nature: *Histoire naturelle* (1749-1788). Styliste de qualité, il a laissé un *Discours sur le style* (1753).

Buffon.

La place de la République et l'avenue du 9-Juillet à **Buenos Aires**, Argentine.

bug Voir **bogue**

Buganda Royaume africain, sur la rive nord du lac Victoria, aujourd'hui en Ouganda central. Fondé à la fin du XIVe siècle, il devint au XIXe siècle le plus puissant de la région. Entré dans la sphère d'influence britannique en 1894, il devint peu après protectorat. Lors de l'indépendance de l'Ouganda (1962), une grande autonomie fut reconnue aux royaumes qui le constituaient, autonomie que Milton Obote supprima en 1967 et qui fut rétablie en 1993.

Bugatti (Ettore) 1881-1947 Industriel italien, naturalisé français. Un des premiers constructeurs d'automobiles de course, il fut également très soucieux de la beauté des formes et construisit les premières automotrices à essence des chemins de fer français.

Bugeaud (Thomas, marquis de la Piconnerie, duc d'Isly**)** 1784-1849 Maréchal de France. Après la répression de l'insurrection de 1834 en France, il vainc le rebelle algérien Abd el-Kader (1836) et remporte la victoire d'Isly sur les Marocains (1844). Persuadé que l'avenir de l'Algérie exigeait que l'on confiât aux Algériens des responsabilités, même limitées, il tenta de promouvoir un système d'administration indirecte (nomination de chefs indigènes contrôlés par le commandement français par l'intermédiaire des bureaux arabes), mais ne fut pas soutenu et donna sa démission (1847).

Bugey Région française, comprise dans la boucle que forme le Rhône en aval de Bellegarde (Ain), qui est divisée en haut Bugey (élevage) et bas Bugey (vignobles).

buggy n. m. (mot anglais) Cabriolet tout-terrain. Pl. Des *buggies*.

bugle [1] n. f. BOT. Genre de labiées à fleurs bleues groupées en épi, croissant en Europe et en Asie occidentale.

bugle [2] n. m. MUS. Instrument à vent, sorte de clairon à pistons. *Les bugles sont de la famille des saxhorns.*

building n. m. (mot anglais) Vieilli. Grand immeuble.

buis n. m. Arbuste à feuillage persistant, caractéristique de la région atlantique d'Europe et de la région méditerranéenne, souvent planté en bordure des parcs et jardins, et dont le bois jaune, dur et serré, est utilisé par les graveurs. / RELIG. *Buis bénit*: branche de buis qu'on bénit le jour des Rameaux.

buisson n. m. Groupe d'arbustes ou d'arbrisseaux sauvages, de petite taille, aux branches ramifiées et enchevêtrées. / Nom donné à un jeune arbre régulièrement taillé pour freiner sa croissance en hauteur. / CHASSE *Battre les buissons*: courir les bois pour lever le gibier. / CUIS. *Buisson d'écrevisses*: ensemble d'écrevisses disposées en pyramide sur un plat.

buisson-ardent n. m. Arbuste à feuillage persistant de la famille des rosacées, haut de moins de 2 m, qui porte des fleurs blanches et des fruits d'un rouge écarlate. Pl. Des *buissons-ardents*.

buissonnier, ière adj. *Faire l'école buissonnière*: manquer l'école pour aller se promener.

Bujumbura *235 500 h.* Capitale du Burundi, au bord du lac Tanganyika.

Bukowski (Charles) 1920-1994 Écrivain américain d'origine allemande. Sa vie tumultueuse, son alcoolisme, ses passions sont la matière de son œuvre, largement autobiographique: *Contes de la folie ordinaire (1967)*, *Mémoires d'un vieux dégueulasse (1969)*, *Souvenirs d'un pas grand'chose (1982)*.

bulbaire adj. D'un bulbe; en particulier, du bulbe rachidien.

bulbe n. m. BOT. Organe de réserve souterrain, renflé, composé d'une tige aplatie formant un plateau qui porte sur sa face inférieure des racines et sur sa face supérieure un bourgeon et des feuilles (les feuilles externes formant des écailles protectrices). *Les bulbes peuvent constituer un moyen de multiplication végétative ou permettre à la plante de passer la mauvaise saison.* / ANAT. Partie renflée de divers organes. *Bulbe pileux*, enchâssé dans le derme, où est élaboré le poil. *Bulbe olfactif*, extrémité renflée du nerf olfactif. *Bulbe rachidien*: partie inférieure de l'encéphale, située dans le prolongement de la moelle épinière. / ARCHIT. Coupole renflée se terminant en pointe, dont la forme évoque celle d'un bulbe végétal. *Les bulbes du Kremlin.* / MAR. Partie renflée de la coque de certains bateaux.

bulbeux, euse adj. Qui procède du bulbe, porte un bulbe. *Renflement bulbeux. Plante bulbeuse.*

bulgare adj. et n. De Bulgarie. *Yaourt bulgare. Un (e) Bulgare.* / n. m. Langue appartenant au groupe slave méridional, parlée en Bulgarie.

• **Bulgarie** République des Balkans, entre la Grèce, au sud, et la Roumanie, au nord.

Bullant (Jean) v. 1520-1578 Architecte français. Il construisit notamment le château d'Écouen (1542-1552) et publia *Règle générale d'architecture* (1564).

bull-dog n. m. (mot anglais) Chien de garde d'origine anglaise, à poil ras, à la mâchoire inférieure proéminente et aux oreilles tombantes.

bulldozer n. m. (mot anglo-américain) Engin de terrassement de grande puissance, monté sur chenilles et muni d'un fort bouclier. Il sert aux démolitions, aux abattages et aux nivellements de terrains.

bulle [1] n. f. Petite poche d'air ou de gaz qui remonte à la surface d'un liquide agité ou en ébullition. *Bulles de champagne.* / MÉD. Vésicule qui apparaît sur la peau après une brûlure. / Enceinte stérile destinée aux enfants atteints de déficience immunitaire. / Dans une bande dessinée, espace dans lequel sont inscrites les paroles ou les pensées des personnages.

bulle [2] n. f. HIST. Sceau en métal authentifiant un acte ou un décret. / RELIG. *Bulle pontificale*: lettre patente du pape, munie d'un sceau de plomb, contenant une constitution générale ou traitant d'affaires d'importance. *Bulle Unigenitus.* / ANTIQ. ROM. Médaillon d'amulettes que portaient au cou les enfants de famille patricienne jusqu'à l'âge de 17 ans.

Bulle d'or Acte administratif des empereurs romains germaniques, scellé par un cachet en or. Celle du 25 décembre 1356 énonce les règles de l'élection au Saint Empire: trois ecclésiastiques et quatre laïcs formaient un collège de sept Électeurs (indépendants du pape).

Bullet Famille d'architectes français. **Pierre** 1639?-1716 Il a construit la porte Saint-Martin à Paris. **Jean-Baptiste,** dit **Bullet de Chamblain** 1665-1726 Fils du précédent; il a édifié le château de Champs.

bulletin n. m. Information à caractère officiel et destinée au public. *Bulletin officiel (B.O.) d'un ministère. Bulletin d'état civil*, établi par la mairie à l'occasion des actes de l'état civil. *Bulletin météorologique.* / Récépissé. *Bulletin de consigne.* / *Bulletin scolaire*: rapport comportant les notes et les appréciations des enseignants sur un élève. / *Bulletin de salaire*, délivré mensuellement par l'entreprise à un salarié. / POLIT. *Bulletin de vote*: billet déposé dans l'urne par un électeur. *Bulletin blanc*, vierge. *Bulletin nul*, irrégulier, non pris en compte. / Publication ou article périodique. *Bulletin statistique.*

bull-terrier n. m. Chien ratier anglais à robe blanche. Pl. Des *bull-terriers*.

bulot n. m. ZOOL. Nom usuel du buccin.

Bülow (Hans, baron **von)** 1830-1894 Musicien allemand, pianiste et chef d'orchestre, élève de Wagner et de Liszt dont il épousa la fille, Cosima, qui divorça pour épouser Wagner.

Bull-terriers.

Luis Buñuel.

Bülow (Karl von) 1846-1921 Maréchal allemand. Vainqueur à Charleroi, il fut battu à la bataille de la Marne (1914).

Bund Union générale des ouvriers juifs de Lituanie, Pologne et Russie, fondée en 1897 alors que Lituanie et Pologne faisaient partie de l'empire russe. Opposé aux thèses du sionisme, contestant, malgré la recrudescence des pogroms à la fin du siècle, une quelconque spécificité juive au sein du mouvement ouvrier, le Bund s'intégra « en tant qu'organisation autonome » au Parti ouvrier social-démocrate de Russie en 1898 et s'en sépara en 1903. Tenu par Lénine pour séparatiste et nationaliste, il fut éliminé après 1917.

Bundesrat Sénat allemand composé des représentants des Länder (États). Il dispose d'un droit de veto limité sur les lois votées par le Bundestag.

Bundestag Assemblée parlementaire de l'Allemagne qui vote les lois et élit le chef du gouvernement.

Bundeswehr Armée de l'Allemagne, nommée ainsi depuis 1956.

bungalow n. m. (mot anglais) Habitation indienne sans étages et entourée de vérandas. / Construction légère servant de résidence de vacances.

bunker n. m. (mot allemand) Abri bétonné, en partie souterrain, construit par les Allemands pendant la Seconde Guerre mondiale.

bunraku n. m. (mot japonais) Spectacle traditionnel de marionnettes japonais.

Bunsen (Robert) 1811-1899 Physicien allemand. Il a construit une pile électrique, inventé un brûleur utilisé en chimie, et un calorimètre à glace. Il fonda avec Kirchhoff l'analyse spectrale. Le *bec Bunsen* sert de source de chaleur. Le réglage de la flamme s'effectue grâce à une collerette percée de trous qui contrôle la quantité d'air admise avec le gaz.

Buñuel (Luis) 1900-1983 Cinéaste mexicain d'origine espagnole. Il débute en France avec des films surréalistes (en collaboration avec S. Dali) *Un chien andalou* (1928), *L'Âge d'or* (1930), et réalise (1932) un documentaire, *Terre sans pain* (en espagnol *Las Urdes*), en collaboration avec Eli Lotar. La guerre civile espagnole, puis la Deuxième Guerre mondiale l'éloignent des studios. On le retrouve au Mexique en 1949 avec *Los Olvidados*, dont l'immense succès lui ouvre les portes de l'Espagne: *Nazarin* (1958), *Viridiana* (1961), *L'Ange exterminateur* (1962), *Tristana* (1970). Il réalise en France: *Belle de jour* (1966), *Le Charme discret de la bourgeoisie* (1972), *Le Fantôme de la liberté* (1974), *Cet obscur objet du désir* (1977).

B

BULGARIE

Superficie : *110 994 km²* – **Nombre d'habitants :** *8 428 000 h.* – **Capitale :** *Sofia*
Villes principales : *Plovdiv, Varna, Bourgas* – **Système politique :** *république*
Langue (s) : *bulgare* – **Religion (s) :** *christianisme orthodoxe, islam* – **Monnaie (s) :** *lev*

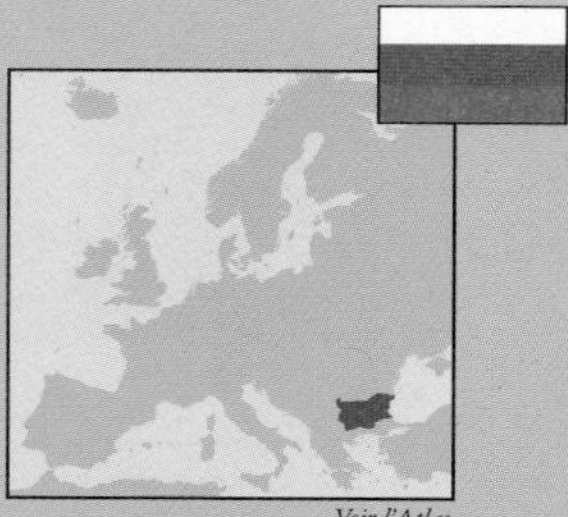

Voir l'Atlas

Géographie physique et humaine

La Bulgarie est divisée par la chaîne des Balkans en deux grands ensembles : au nord, de larges plateaux calcaires parfois limoneux entaillés de profondes vallées, descendent vers la plaine du Danube. La région danubienne associe les céréales à d'autres cultures : tabac, vigne, fruits. Allongée d'est en ouest, la chaîne des Balkans est formée de hauts plateaux verdoyants aisément franchissables. Au sud des Balkans, le vaste bassin de la Maritza, dominé à l'ouest par la chaîne cristalline du Rhodope, développe, grâce à l'irrigation, la culture du coton et des arbres fruitiers. Le littoral de la mer Noire est plat et sablonneux. Le pays a un climat continental.

Surtout concentrée sur les vallées du Danube et de la Maritza, la population est aujourd'hui urbanisée à 70 %. Les Turcs et les Tsiganes forment d'importantes minorités. Les orthodoxes étaient, jusqu'à l'instauration du régime de démocratie populaire officiellement athée, largement majoritaires (ils le sont probablement redevenus) ; l'islam est la religion des Turcs et des Pomaks (Bulgares convertis).

Économie

L'agriculture est en crise. Sa privatisation (à 80 %) n'a pas eu les effets escomptés. L'électricité nucléaire (40 %) pose des problèmes. Le secteur textile s'est effondré depuis 1990, ainsi que l'industrie du plomb et du zinc, mais l'extraction et la production de cuivre ont fortement progressé. L'Union européenne est le principal fournisseur et client de la Bulgarie.

Histoire

Dans l'Antiquité, la Bulgarie se nomme la Thrace, macédonienne (IVe s. av. J.-C.) puis romaine (46 ap. J.-C.) ; elle est peuplée de Thraces puis de Slaves installés au Ve siècle. Commencée au Ve siècle, poursuivie aux VIe et VIIe siècles, l'invasion des Bulgares dans les Balkans amène la formation du premier royaume bulgare (681-1018). Les conquérants adoptent la civilisation et la langue (un langage slave) de leur conquête. En 865, le roi Boris Ier se convertit au christianisme et rattache l'Église bulgare à Constantinople. Le règne (893-927) de son fils, Siméon Ier (qui prend le titre de « tsar et autocrate de tous les Bulgares »), est celui de l'extension territoriale (jusqu'à l'Adriatique) et des fastes royaux ; Preslav, la capitale, rayonne d'un éclat intellectuel et artistique qui éblouit les voyageurs. Mais l'empereur byzantin Basile II, dit Bulgaroctone (le « tueur de Bulgares »), soumet la Bulgarie en 1018. En 1186, celle-ci se libère, sous la dynastie des Asénides (1186-1396). Puis le pays subit la domination ottomane jusqu'en 1878, quand la Russie eut vaincu la Turquie. Mais la suzeraineté de la Turquie n'est rejetée définitivement qu'en 1908, quand le prince Ferdinand de Saxe-Cobourg profite de la révolution des Jeunes-Turcs pour proclamer l'indépendance du pays. Pendant les deux guerres mondiales, la Bulgarie se range au côté de l'Allemagne. En 1944, les troupes soviétiques occupent le pays qui, en 1947, devient une république démocratique populaire. Todor Zivkov, chef du parti communiste à partir de 1956, est chef de l'État de 1971 à 1989. Aux premières élections libres (1990), le chef de l'opposition, J. Jelev est élu président et adopte le libéralisme économique. Il est réélu en 1992. Le parti communiste (rebaptisé socialiste) remporte les législatives de 1994, mais c'est le leader démocratique P. Stojanov qui est élu président en 1996, et ses partisans retrouvent la majorité aux législatives de 1997. L'élection présidentielle de 2001 n'a rien remis en cause, et la politique du pays tend à un rapprochement avec l'Occident (demandes d'adhésion à l'OTAN et à l'Union européenne), malgré l'alliance (à première vue étrange) d'un président ex-communiste, Gueorgui Parvanov, et d'un premier ministre, Siméon de Saxe-Cobourg-Gotha, qui n'est autre que l'ancien roi Siméon II, chassé de Bulgarie à l'âge de neuf ans.

Femmes vêtues de l'habit paysan traditionnel durant le festival de la Rose de Karlovo, ville située au centre de la Bulgarie dans la vallée des Roses.

Littérature

Les saints Cyrille et Méthode ont doté la Bulgarie de l'alphabet dit « cyrillique » inspiré du grec, et la littérature bulgare la plus ancienne, exclusivement religieuse, s'inspire largement des modèles grecs dont elle s'émancipera aux XIVe et XVe siècles. La domination ottomane a empêché le développement d'une littérature en langue bulgare, développement d'autant plus aléatoire que la première imprimerie du pays date de 1835. Au XIXe siècle émerge une littérature profane, dont Hristo Botev est la personnalité la plus forte. À l'indépendance (1878), on assiste à une floraison d'œuvres, essentiellement poétiques, qui marquent la naissance de la littérature moderne en Bulgarie. Entre les deux guerres mondiales, les écrivains s'attachent surtout à la peinture de la vie paysanne et exploitent des thèmes issus de l'histoire nationale. Les années de « réalisme socialiste » n'ont guère produit d'œuvres marquantes.

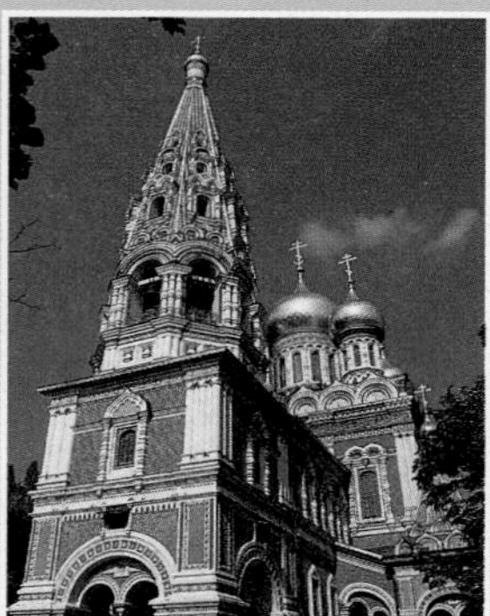

L'église du col de Sipka dans le massif du Grand Balkan. Elle a été érigée en commémoration de la déclaration d'indépendance de 1908 envers la Turquie.

Beaux-Arts

L'art médiéval (église de Nessebar, fresques de Boïana, icônes) est étroitement lié à l'art byzantin ; les témoignages artistiques postérieurs au XVe siècle sont peu nombreux et le XIXe siècle n'a pas produit de chef-d'œuvre. Quant aux réalisations postérieures à 1945, elles sont du même type « réalisme socialiste » que celles des autres démocraties populaires.

La mosquée de Razgrad. Bien que la majorité des Bulgares soit de religion orthodoxe, 8 % de la population environ, d'origine turque, est musulmane.

B

BURKINA FASO

Superficie: *274 000 km²* – **Nombre d'habitants:** *11 150 000 h.* – **Capitale:** *Ouagadougou*
Villes principales: *Bobo-Dioulasso, Koudougou* – **Système politique:** *république*
Langue (s): *français* – **Religion (s):** *animisme, islam, christianisme* – **Monnaie (s):** *franc C.F.A.*

Voir l'Atlas

Géographie physique et humaine

Le pays est une vaste pénéplaine couverte de savane, qui se redresse au sud-ouest et que dominent à l'est deux massifs. Le nord est sahélien. Le reste est soumis à un climat tropical comportant une saison des pluies (15 juin-15 octobre) et une autre sèche (15 octobre-15 juin). La moitié de la population est composée de Mossi. Parmi les autres ethnies, seuls les Peuls excèdent 10 %. L'islam et les religions traditionnelles se partagent la population avec une minorité catholique. La population est rurale (90 %), dense et jeune (la croissance démographique atteint presque 3 %).

Économie

Le sorgho et le millet l'emportent largement sur le coton et l'arachide, destinés à l'exportation. L'élevage domine dans le nord, menacé de sécheresse. L'industrie est faible (agroalimentaire, surtout). Le libéralisme économique décrété en 1990 attire des investisseurs étrangers.

Cascade du Comoé.

Histoire

Les divers royaumes mossi ne fusionnèrent jamais et surent repousser les prétentions territoriales de l'empire du Mali et de l'Empire songhay. La colonisation française (1896-1897) en fit un territoire militaire rattaché au Soudan français (Mali actuel). En 1904 le pays fut rattaché au Haut-Sénégal-Niger puis devint la colonie de la Haute-Volta en 1919, et partagé en 1932 entre ses voisins, la Côte-d'Ivoire (où la main-d'œuvre voltaïque travaille dans les plantations de cacao et de café), le Soudan (Mali) et le Niger. Il retrouva ses limites territoriales antérieures et redevint la Haute-Volta en 1947. Dans un pays où la résistance des Mossi à la colonisation avait toujours été importante, Ouezzin Coulibaly et Maurice Yaméogo prirent la tête des mouvements nationalistes. Après l'indépendance, le 5 août 1960, Yaméogo devint président. Impopulaire, il fut, en 1966, chassé par l'armée qui le remplaça par Sangoulé Lamizana. De 1970 à 1983 se succédèrent des coups d'État militaires. En 1983, le capitaine Thomas Sankara prit le pouvoir. En 1984, il débaptisa le pays, désormais nommé Burkina Faso, « pays des hommes intègres ». En 1987, il fut assassiné. Son adjoint, Blaise Compaoré, prit le pouvoir et décida de « rectifier la révolution » (marxiste), puis renonça au marxisme et au parti unique. En 1991 et 1997 son parti remporta des élections multipartites et lui-même fut réélu.

Four à charbon à Ouagadougou

Cinéma

Le Burkina Faso est l'organisateur du Festival panafricain du cinéma de Ouagadougou (Fespaco). En 1995, il s'est doté de la première cinémathèque d'Afrique. Parmi cent films produits par le pays, ceux de Idrissa Ouedraogo : *Yaaba*, *Samba Traoré*, *Le Cri du cœur* ont une renommée internationale.

Bunyan (John) 1628-1688 Écrivain anglais. Prédicateur baptiste, il fut emprisonné de 1660 à 1672 et écrivit un récit allégorique *Le Voyage du pèlerin* (1678), qui raconte comment Chrétien, guidé par Évangéliste, frôle Mort, Vanité, Doute, Désespoir, pour atteindre la Cité céleste. Ce livre pieux eut un immense succès jusqu'au XXe siècle.

Buonarroti (Philippe) 1761-1837 Révolutionnaire français, d'origine italienne. Proche de Babeuf, un des chefs de la conspiration des Égaux, il fit connaître sa pensée dans *La conspiration pour l'égalité* (1828).

buraliste n. Personne qui tient un bureau chargé d'une fonction particulière, en particulier un bureau de tabac.

Burckhardt (Jacob) 1818-1897 Historien suisse : *La Civilisation de la Renaissance en Italie* (1860).

bure [1] n. f. Étoffe grossière en laine généralement brune. / Vêtement coupé dans cette étoffe.

bure [2] n. m. Puits de mine reliant verticalement deux ou plusieurs niveaux.

bureau n. m. Grande table de travail à tiroirs. / Pièce de travail où est installé ce meuble. / Lieu de travail d'une personne exerçant une profession libérale, ou des employés d'une administration ou d'une entreprise. / Service d'une entreprise, ou subdivision d'un ministère. / Service chargé d'une fonction particulière. *Bureau de poste. Bureau de tabac.* / Organe de direction et d'administration d'une commission, d'un parti politique, d'une assemblée. *Élire le bureau.* / MILIT. Subdivision d'un état-major chargée d'une mission particulière.

bureaucrate n. Employé de bureau. / Agent de la bureaucratie politique.

bureaucratie n. f. Pouvoir politique jugé excessif d'un appareil d'État, d'un parti, etc. / Péjor. L'Administration, l'ensemble des fonctionnaires, considérés comme disposant abusivement de leurs prérogatives auprès du public.

bureaucratique adj. Relatif à la bureaucratie ; qui évoque les défauts que l'on impute à la bureaucratie.

bureaucratiser v. t. [1] Rendre bureaucratique.

bureaucratiquement adv. À la manière d'un bureaucrate, des bureaucrates.

bureautique n. f. Ensemble des techniques informatiques et télématiques mises en œuvre dans l'automatisation des tâches de secrétariat, des activités de bureau, notamment le traitement de l'écrit et sa communication.

Bureaux arabes Organismes créés en Algérie par Drouet d'Erlon et mis en place par Bugeaud (1844), destinés à assurer l'administration et la sécurité des terres nouvellement conquises ; ils sont à l'origine du service des Affaires indigènes qui couvrit tout le Maghreb sous domination française (colonie et protectorats).

Buren (Daniel) 1938 Artiste français, adepte des bandes verticales bicolores (noires et blanches, notamment). L'ensemble le plus connu, *Les deux plateaux*, plus souvent nommé *Les Colonnes de Buren*, décore la cour intérieure du Palais-Royal à Paris depuis 1987.

burette n. f. Petit récipient muni d'un goulot, destiné à contenir divers liquides (huile, vinaigre). / Petit récipient en fer muni d'un long tube dont on se sert pour huiler ou graisser les rouages d'une machine. / CHIM. Instrument de dosage constitué d'un tube de verre gradué muni, à sa partie inférieure, d'un robinet et d'un tube effilé. / LITURG. Flacon qui contient l'eau des ablutions ou le vin de la messe.

Burgenland *3 965 km² 273 500 h.* État fédéral d'Autriche, à l'ouest de la Pannonie. Capitale *Eisenstadt*. C'est une région fertile qui vit d'une riche agriculture (céréales, vignes, arbres fruitiers, tabac) et possède des gisements de lignite et de pétrole. Autrefois rattaché à la Hongrie, l'État s'est constitué à partir de territoires enlevés à la Hongrie par le traité de Trianon (1920).

Burgess (John Burgess Wilson, dit Anthony) 1917-1993 Écrivain britannique qui jette un regard apocalyptique sur le monde moderne (*Orange mécanique*, 1962 ; *Un enfer très raisonnable*, 1982).

Burgondes Peuple germanique dont l'empire s'étend au Ve siècle du Rhin à la Saône ; soumis par les Francs en 534, il a donné son nom à la Bourgogne.

Burgos *161 700 h.* Ville d'Espagne, en Vieille-Castille, qui fut du XIe au XVe siècle la capitale du royaume de Castille. Cathédrale gothique (XIIIe-XVIe siècle) qui renferme le tombeau du Cid.

Burgoyne (John) 1722-1792 Général anglais. Vaincu, il signa la capitulation de Saratoga qui donnait l'indépendance aux États-Unis.

burgrave n. m. Ancien titre nobiliaire donné en Allemagne au commandant militaire d'une place forte.

Buridan (Jean) 1300 ?-1358 ? Philosophe scolastique français dont l'allégorie de « l'âne de Buridan » met en évidence les limites du libre arbitre : un âne affamé et assoiffé à qui on propose eau et nourriture ne sait par quoi commencer et meurt de faim et de soif.

Burin (le) Constellation australe (voir **constellation**).

burin n. m. Ciseau d'acier qui sert à couper les métaux. / Pointe d'acier dont se sert un graveur pour dessiner sur du bois, sur une plaque de cuivre. *La technique du burin.* / Gravure obtenue suivant cette technique.

buriner v. t. [1] TECHN. Couper (un métal), graver (une plaque) au burin. / Fig. Creuser des rides profondes. *Le temps avait buriné son visage.*

• **Burkina Faso** État d'Afrique occidentale, enclavé entre le Mali, le Niger, le Bénin, le Togo, le Ghana et la Côte-d'Ivoire.

burkinabé adj. et. Du Burkina Faso. *Savane burkinabé. Un (e) Burkinabé.*

B

BURUNDI

Superficie : *27 834 km²* – **Nombre d'habitants :** *6 565 000 h.* – **Capitale :** *Bujumbura*
Ville principale : *Gitega* – **Système politique :** *république* – **Langue (s) :** *français, kirundi, swahili* – **Religion (s) :** *christianisme, animisme* – **Monnaie (s) :** *franc du Burundi*

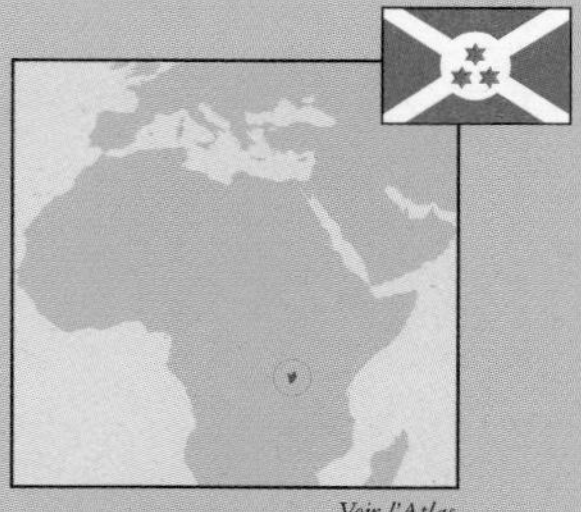

Voir l'Atlas

Géographie

La plus grande partie du pays est constituée de plateaux qui descendent en gradins vers la Tanzanie.

Économie

L'importance des cultures vivrières assure l'autosubsistance, mais la situation de violence, depuis 1994, désorganise l'économie. Le Burundi exporte du café. Il n'a pas d'industries, mais l'hydroélectricité est abondante. Le réseau de communication est rudimentaire.

Histoire

Peuplé par des pasteurs venus de l'est et par des cultivateurs bantous, le Burundi connaît depuis le XVIe siècle une division en castes : les agriculteurs (Hutus) entretiennent le bétail appartenant aux pasteurs (Tutsis). Cette division est sans doute contemporaine de l'affirmation, au détriment des clans militaires, d'un pouvoir royal, aux mains des Tutsis : le *mwami* (roi) était tutsi ; tout-puissant, il gouvernait en confiant diverses tâches et en conférant des privilèges à des parents et des familiers. Au milieu du XIXe siècle, ce royaume perdit de sa force. En 1903 le vieux roi Mwezi Gisabo accepta de passer sous protectorat allemand. En 1916, la Belgique occupa le pays dont la Société des Nations lui confia plus tard le mandat (1923) ; avec l'autre colonie allemande du Rwanda (ou Ruanda) le territoire constitua le Ruanda-Urundi dépendant du Congo belge. Ce mandat fut transformé (1946) par l'ONU en une administration sous tutelle devant en principe conduire à l'indépendance. Les élections de 1961 donnèrent la victoire au parti nationaliste du prince héritier. La même année, ce dernier, qui etait aussi chef du gouvernement, fut assassiné. Le Burundi devint indépendant en 1962. En 1964, le Premier ministre (hutu) fut assassiné à son tour. En 1965, un coup d'État conduit par des officiers hutus échoua à imposer sa volonté au roi ; mais, en 1966, son fils, Charles Ndizeye, le déposa et lui succéda sous le nom de Ntaré V. En 1966, le Premier ministre (tutsi), Michel Micombero, fit du royaume du Burundi une république, au régime autoritaire. Le conflit s'exacerba entre Tutsis et Hutus. En 1972, les Hutus (dont plusieurs centaines avaient péri au cours du conflit) se révoltèrent contre le pouvoir tutsi ; massacres et répression firent un carnage, et Ntaré V fut assassiné. En 1976, Jean-Baptiste Bagaza fit un coup d'État pour imposer la réconciliation. En 1987, nouvelle tentative de réconciliation par Pierre Buyoya, et nouveaux massacres de Hutus. En 1992, le multipartisme fut décrété et en 1993, un Hutu, Melchior Ndadaye, devint président et tenta de mener une politique de réconciliation. Au bout de cent jours, il fut assassiné, peut-être par des membres de l'armée, majoritairement tutsie. Nouveaux massacres et fuite hors du pays de plusieurs centaines de milliers de réfugiés. Son successeur mourut avec le président du Rwanda dans un mystérieux accident d'avion en avril 1994. Ce fut au tour des Rwandais de fuir la guerre civile, en affluant au Burundi. Malgré les efforts du Hutu Ntibantunganya, accédant au pouvoir en octobre 1994, les massacres se poursuivirent, touchant apparemment surtout les Hutus qui tentèrent quelques opérations de guérilla. En 1996, Pierre Buyoya a repris le pouvoir, sans extirper la violence de son pays. En 2001, après deux coups d'État avortés, un accord est intervenu entre Hutus et Tutsis : pendant une période transitoire, un vice-président hutu gouvernera aux côtés du Tutsi Pierre Buyoya. L'année 2002 a été marquée par de durs combats entre les forces gouvernementales et la rébellion ; les deux parties ont signé, en novembre, un accord qui devrait, en principe, mettre fin aux luttes armées.

Jour de marché dans une petite ville du Burundi. L'économie du pays est essentiellement fondée sur l'agriculture.

Fabrique de briques crues au Burundi. Ces moulages de terre et de paille séchés au soleil sont le matériau de base des constructions en zone rurale.

burlesque n. m. Genre littéraire du XVIIe siècle consistant en une parodie des situations épiques. / Adj. Comique loufoque, voire grotesque.

Burne-Jones (sir **Edward Jones,** dit) 1833-1898 Peintre anglais de l'école préraphaélite qui a beaucoup influencé les symbolistes et annonce dans une certaine mesure l'Art nouveau.

burnous n. m. (mot arabe) Grand manteau de laine à capuchon que portent les Arabes. / Vêtement de bébé de même forme.

Burns (Robert) 1759-1796 Poète britannique. D'origine paysanne, il connut un grand succès avec ses *Chants* et ses *Poésies* écrits « pour la plupart en langage écossais », comme il l'annonçait lui-même, c'est-à-dire dans la variante dialectale de l'anglais tel qu'on le parlait en Écosse.

burqa n. f. (mot persan) Voile en forme de tente, couvrant le corps de la tête aux pieds, percé d'une ouverture grillagée à hauteur des yeux, dont se couvrent les femmes musulmanes dans certains pays, notamment en Afghanistan au temps des talibans.

Burroughs (Edgar Rice) 1875-1950 Romancier américain qui créa le personnage de *Tarzan, seigneur de la jungle* (1914).

Burroughs (William Steward) 1914-1997 Écrivain américain de la *beat generation* qui s'intéressa surtout à la folie de la drogue : *Junkie* (1953), *Le Festin nu* (1959), où hallucinations et désespoir réel se mêlent en un enfer grinçant et chatoyant, *Havre des saints* (1973), *Le Métro blanc* (1976).

Burrus (en latin **Sextus Afranius Burrus**) ?-62 Précepteur de Néron dont il tenta de faire un honnête homme. Il était né dans le sud de la Gaule et fit carrière grâce à Agrippine. Il tira néanmoins parti du meurtre de Britannicus et, lassé, Néron l'élimina.

Bursa (en français, *Brousse) 1 016 800 h.* Ville de Turquie, au sud d'Istanbul, chef-lieu de l'île du même nom. Station thermale. Les sultans ottomans en firent leur capitale au XIVe siècle.

bursite n. f. MÉD. Inflammation d'une bourse séreuse (membrane limitant une cavité close qui permet de faciliter les mouvements de certains organes, en particulier les articulations).

Burton (sir **Richard**) 1821-1890 Explorateur anglais qui, après avoir visité sous un déguisement les villes interdites aux Européens de La Mecque et de Médine, parcourut le Harrar, également interdit, et découvrit avec Speke le lac Tanganyika (1858).

burundais, e adj. et n. Du Burundi. *Agriculture burundaise. Un (e) Burundais (e).*
• **Burundi** République de l'Afrique centrale dont le sud-ouest est bordé par le lac Tanganyika, l'est par la Tanzanie et le nord par le Rwanda.

bus n. m. Fam. Abréviation d'*autobus*.

busard n. m. ZOOL. Petit rapace diurne (ordre des falconiformes) à longue queue et ailes fines, qui vit dans les milieux ouverts (champs, marais, landes, etc.) *Le busard niche à terre.*

busc n. m. Partie inférieure d'une écluse, contre laquelle viennent se fermer les portes. / Baleine de fer fine et longue que l'on mettait dans les corsets pour en assurer la rigidité. / Coude que forme la crosse de fusil dans sa partie haute.

Busch (Ernst) 1900-1980 Acteur et chanteur allemand. Sa collaboration avec Erwin Piscator et Bertolt Brecht (*La Mère*, 1932) et ses rôles au cinéma (*L'Opéra de quat'sous*, G. W. Pabst, 1931) sont marqués par son engagement dans le mouvement ouvrier, les luttes antifascistes, ainsi que par le renouveau esthétique lié aux idées de Piscator et de Brecht. Son style d'interprétation sobre et ironique s'impose dans les cabarets et dans les meetings, avec des ballades et des chansons révolutionnaires, en particulier de Hanns Eisler qui l'accompagnait au

L'abeille est un insecte ***butineur.***

piano. Après 1945, à Berlin-Est, il enregistra des chansons et joua dans de nombreuses pièces du Berliner Ensemble (*Mère Courage et ses enfants*, 1949; *La Mère*, 1951; *Le Cercle de craie caucasien*, 1954; *La Vie de Galilée*, 1956).

buse [1] n. f. ZOOL. Rapace diurne (ordre des falconiformes), de taille moyenne, au plumage brun, tacheté, qui se nourrit surtout de petits rongeurs. / Fam. Sot, imbécile. *Tu es une buse! Triple buse!*

buse [2] n. f. Conduit, tuyau qui permet l'écoulement d'un liquide ou l'évacuation de l'air. / MINÉR. *Buse d'aérage*: large tuyau assurant l'aération et la communication des puits des mines. / MÉTALL. *Buse de haut fourneau*: l'un des tuyaux d'arrivée d'air dans un haut fourneau. / CONSTR. Tuyau en tôle ou en ciment qui termine une cheminée.

bush n. m. (mot anglais) GÉOGR. Végétation caractéristique des régions tropicales sèches, constituée de buissons, d'épineux et d'arbustes isolés.

Bush (George Herbert Walker) 1924 Homme politique américain. Membre du parti républicain, à la tête de la C.I.A. en 1976-1977, il devient le vice-président de Reagan (1981-1989). Élu président en novembre 1988, il gagne la « guerre du Golfe » en 1991. En 1992, il brigue un second mandat mais le démocrate Bill Clinton l'emporte. **George Walker** 1946 Fils du précédent. Élu président des États-Unis en décembre 2000, investi en janvier 2001, son mandat est marqué par les attentats du 11 septembre de la même année contre le World Trade Center et le Pentagone, et par l'action militaire menée contre les talibans afghans qui soutenaient l'organisation terroriste Al Qaida. En 2002, il a exigé le désarmement de l'Irak, affirmant que, si l'option militaire est nécessaire pour l'obtenir, les États-Unis mèneront la guerre avec ou sans l'aval de l'O.N.U. N'ayant pu obtenir cet aval, il a engagé (mars 2003), avec l'aide (essentiellement) de la Grande-Bretagne, les opérations qui ont abouti à la chute du régime de Saddam Hussein.

George W. Bush.

bushido n. m. (mot japonais) HIST. Code d'honneur de la caste des guerriers, dans l'ancien Japon.

Bushnell (David) 1742-1824 Ingénieur américain qui, en 1775, réalisa le premier sous-marin, la *Tortue*, à propulsion humaine; ce navire était muni d'une hélice, ce qui constitua une invention capitale.

business n. m. (mot anglais) Fam. Les affaires, en tant qu'activité économique. *Faire du business.* / Chose complexe et indéterminée. *Qu'est-ce que c'est que ce business?*

businessman n. m. (mot anglais) Homme d'affaires. Pl. Des *businessmen.*

businesswoman n. f. (mot anglais) Femme d'affaires. Pl. Des *businesswomen.*

Busiris MYTH. Dans la mythologie grecque, roi d'Égypte qui, à une époque de famine et de sécheresse, sacrifiait à Zeus les étrangers qui pénétraient dans ses États dans le but d'apaiser sa colère.

Busoni (Ferruccio) 1866-1924 Musicien italien. Outre de nombreuses transcriptions pour piano de pièces d'orgue de J.S. Bach et de Liszt, il a laissé plusieurs opéras (*Doktor Faust*) et des œuvres symphoniques et concertantes (*Concerto pour piano*, avec chœurs).

busqué, e adj. Arqué. *Avoir le nez busqué.*

busserole ou **bousserole** n. f. BOT. Espèce d'arbousier, à feuilles persistantes, dont les fruits rouges, comestibles, sont appelés raisins d'ours.

Bussy-Rabutin (Roger de Rabutin, comte de Bussy, dit**)** 1618-1693 Écrivain français. Bel esprit, il est l'auteur d'une scandaleuse *Histoire amoureuse des Gaules* (1665). Il fut le correspondant de sa cousine, la marquise de Sévigné.

buste n. m. Partie du corps humain allant du cou à la taille. / Poitrine de la femme. / En sculpture, portrait de la tête et des épaules.

bustier n. m. Vêtement féminin maintenant la poitrine et laissant les épaules nues.

but n. m. Point visé. / SPORT. Emplacement délimité où l'on doit envoyer le ballon. / Point gagné par une équipe. / Fig. Résultat que l'on cherche à obtenir. / *Toucher au but*: achever une entreprise. / *De but en blanc*: brusquement, sans transition.

butadiène n. m. CHIM. Hydrocarbure insaturé de formule C_4H_6, comportant deux doubles liaisons C = C. *Le butadiène est une matière première importante dans l'industrie des caoutchoucs synthétiques.*

butane n. m. CHIM. Alcane linéaire saturé, de formule C_4H_{10}, utilisé comme combustible domestique.

buté, e adj. Obstiné dans un refus, entêté. *Esprit buté.*

butée n. f. ARCHIT. Massif de pierre ou de maçonnerie destiné à supporter la poussée d'une voûte. Syn. culée. / Culée d'un pont. / MÉCAN. Pièce d'une machine servant à limiter un mouvement. / *Butée à billes*, roulement à billes qui absorbe une poussée.

buter [1] v. i. / v. t. [1] **A.** v. i. Être arrêté par (un obstacle); heurter. *Buter contre le trottoir.* / Fig. Achopper sur (une difficulté). *Buter sur un mot*, ne pas le trouver ou ne pas le comprendre. (Emploi pron.) *Se buter*: s'obstiner dans un refus, s'entêter. *Blessé dans son amour-propre, il s'est buté.* / SPORT Au football, tirer un but. **B.** v. t. TECH. Étayer, soutenir. *Buter un mur.*

buter [2] Voir **butter**

buteur n. m. Joueur qui marque des buts.

butin n. m. Biens pris à l'ennemi. / Par ext. Produit du pillage, du vol. *Le butin d'un cambriolage.* / Fig. Ce que l'on prend, recueille. *Il a rapporté pas mal de butin de ses voyages.*

butiner v. i. / v. t. [1] Recueillir le pollen des fleurs, en parlant de certains insectes. *Abeille qui butine.* / v. t. Recueillir le pollen de. *Butiner une rose.* Au fig. *Butiner des renseignements*, les recueillir.

butineur, euse adj. et n. Qui butine.

Butler (Samuel) 1835-1902 Philosophe anglais (*La Mémoire inconsciente*, 1880; *Dieu, connu et inconnu*, 1909). Doué pour la satire, il pourfendit les institutions de son temps dans *Erewhon* (1872) et *Nouveaux voyages en Erewhon* (1901).

buto ou **butoh** n. m. (mot japonais) Danse japonaise (créée en 1959 par H. Tatsumi), qui retrouve l'inspiration traditionnelle du nô.

butoir n. m. Tampon fixé au plancher sur lequel vient buter une porte. / Obstacle placé à l'extrémité d'une voie ferrée pour arrêter un train. / Couteau à sculpter le bois.

butome n. m. BOT. Plante herbacée aquatique, à feuilles coupantes, commune dans les fossés et les mares, aux fleurs disposées en ombelles. Syn. jonc fleuri.

butor n. m. ZOOL. Petit héron (ordre des ciconiiformes), vivant dans les marais, et dont le plumage fauve tacheté et rayé lui permet de se confondre avec la végétation. / Fig. Personne grossière, sans aucune finesse.

Butor (Michel) 1926 Romancier français. La minutie de ses descriptions, à partir de thèmes de la vie quotidienne, en fait un des novateurs du « nouveau roman »: *L'Emploi du temps* (1956), *La Modification* (1957), *Degrés* (1960); plus tard, l'auteur se livre à des compositions complexes: *Mobile, étude pour une représentation des États-Unis* (1962), *Boomerang* (1987). Son œuvre critique est regroupée dans *Répertoire* (1960).

butte n. f. Petite colline ou tertre. *La Butte Montmartre* ou, absol., *la Butte.* / GÉOGR. *Butte-témoin*: butte résiduelle formée dans les terrains de structure géologique stratifiée, par l'érosion différentielle des couches tendres et dures. / *Butte de tir*: monticule sur lequel on place la cible.

butter [1] ou **buter** [1] v. t. Arg. Tuer, assassiner.

butter [2] v. t. [1] *Butter une plante*, en protéger la base par un monticule de terre.

butyrine n. f. CHIM. Un des corps gras qui se trouvent dans le beurre, ester de la glycérine et de l'acide butyrique.

butyrique adj. Qui se rapporte au beurre. / CHIM., BIOCHIM. *Acide butyrique*: acide de formule CH_3-CH_2-CH_2-COOH, présent dans le beurre rance, la sueur, etc. *Ferment butyrique*: ferment responsable de la transformation de l'acide lactique en acide butyrique. *Fermentation butyrique*: transformation anaérobie de l'acide lactique en acide butyrique.

buvable adj. Que l'on peut boire sans désagrément.

buvard n. m. Feuille de papier poreux utilisée pour absorber l'encre.

buvette n. f. Comptoir où l'on sert à boire. *Buvette d'une gare, d'un théâtre.* / Dans une station thermale, endroit où se rendent les curistes pour boire les eaux.

buxacées n. f. pl. BOT. Famille d'arbustes dicotylédones à feuilles persistantes, à laquelle appartient le buis.

Buxtehude (Dietrich) 1637?-1707 Musicien allemand. Organiste et compositeur, auteur de cantates, de psaumes et de chorals; son influence s'exerça fortement sur Bach et Haendel.

Buzenval Écart de la commune de Rueil-Malmaison (Hauts-de-Seine); la prise du château de Buzenval fut importante pour les Prussiens lors du siège de Paris (1871).

Buzzati (Dino) 1906-1972 Écrivain italien. Du *Désert des Tartares* (1940) à *Un amour* (1963), on retrouve la même expression tourmentée et précieuse d'un monde morbide, aux limites de la réalité.

Byblos (aujourd'hui, *Djebail*, au Liban) Ancienne ville de Phénicie (IVe millénaire av. J.-C.). La découverte du sarcophage du roi Ahiram a mis au jour le plus ancien (XIIIe siècle av. J.-C.) texte en écriture phénicienne (alphabétique).

Byrd (Richard) 1888-1957 Marin et explorateur américain qui a dirigé de nombreuses expéditions dans l'Antarctique, et réussit le premier survol du pôle Sud le 29 novembre 1929.

La ***Butte*** *Montmartre.*

B

Byzantin (Empire)

Jean II Comnène, empereur de Byzance de 1118 à 1143 (mosaïque de la basilique Sainte-Sophie, Istanbul).

À la mort de Théodose (395), la division de l'empire romain, amorcée par la dyarchie mise en œuvre par Dioclétien en 285, devient effective. Les deux fils de l'empereur se partagent son héritage, Honorius recevant l'Occident, Arcadius l'Orient. L'empire d'Orient avait pour capitale Constantinople et comprenait la péninsule des Balkans, l'Asie Mineure, Chypre, la Crète, la Syrie, la Palestine, la côte de l'Égypte et le nord de la Mésopotamie.

Histoire

Les deux premiers siècles sont marqués par d'incessantes controverses religieuses et par la nécessité de continuellement repousser des invasions. En 395, les Wisigoths sont refoulés à l'ouest mais l'unité relative de l'empire, réelle malgré la division entérinée sous Théodose (les mêmes lois s'appliquent en Orient et en Occident), ne résiste pas à la chute de l'empire d'Occident (476). L'Orient est menacé par les Slaves et les Perses mais les empereurs ne renoncent pas à l'Occident : les royaumes vandales et ostrogoths sont détruits, l'Afrique du nord et l'Italie redeviennent pour partie provinces impériales. Sur le plan intérieur, Justinien accomplit une œuvre législative de premier plan (*Codex justinianus*, 529), favorise un considérable essor artistique (Sainte-Sophie de Constantinople, Saint-Vital de Ravenne) et se donne la mission d'imposer partout l'orthodoxie. À l'extérieur, les menaces s'accumulent dès la fin du VIe siècle : les Lombards s'emparent de la plus grande partie de l'Italie reconquise, les Avars, les Perses, les Slaves, puis les Arabes menacent les frontières ; ils sont refoulés à grand-peine, et toujours provisoirement. Les ambitions occidentales sont abandonnées et l'empire, de romain devenu grec, s'orientalise. Il perd l'Arménie, la Mésopotamie, la Syrie, la Palestine et l'Égypte et ne peut contenir les Bulgares. Les luttes religieuses continuent sous les différentes dynasties qui se succèdent entre les VIIe et IXe siècles et la rupture avec Rome est consommée en 1054. Entre temps, des souverains énergiques ont restauré la puissance impériale qui atteint son apogée en 1025, sous Basile II : la plupart des terres perdues en Orient sont reconquises, les Bulgares sont vaincus et l'économie est florissante. Les successeurs de Basile II se montrent incapables, les dynasties des Comnène (1057-1185) et des Ange (1185-1204) ne parviennent pas à redresser durablement la situation. En 1204, les croisés venus d'Europe s'emparent de Constantinople et se partagent les dépouilles de l'empire ; ce dernier, dit « empire latin de Constantinople », ne comprend guère que la ville et les régions les plus proches en Thrace et en Asie mineure, les chefs de la croisade s'étant taillé des principautés en Grèce continentale et Venise s'étant adjugé la plupart des îles de la mer Égée. En Asie subsistent trois États indépendants, dont l'empire de Nicée qui s'empare de Constantinople en 1261. L'empire restauré n'est plus que l'ombre de lui-même : les Latins l'ont ruiné et son territoire s'est réduit comme une peau de chagrin. Attaqué par les Serbes, incapable de nouer des alliances durables avec les royaumes d'Occident, il tombe sous les coups des Turcs ottomans qui s'emparent de la capitale en 1453.

Beaux-Arts

Les caractères spécifiques de l'art byzantin se dégagent de la tradition gréco-romaine au VIe siècle (églises à coupoles comme Sainte-Sophie et Sainte-Irène de Constantinople) et se maintiennent jusqu'au XIVe siècle. En Cappadoce subsistent de nombreuses églises rupestres creusées dans la montagne et peintes à fresque entre le XIe et le XIIIe siècle, et la Grèce se couvre de monastères et d'églises entre le Xe et le XIIe siècle. Le décor de ces monuments allie la mosaïque (Saint-Vital de Ravenne, Sainte-Sophie de Constantinople, monastère de Daphni, près d'Athènes) et la fresque (Sainte-Sophie d'Ohrid) ; ces décors hiératiques, aux couleurs lumineuses et au programme iconographique récurrent (Pantocrator, anges, prophètes, apôtres, saints, Vierge Marie) se retrouvent d'un bout à l'autre de l'empire, de l'Italie à l'Arménie, de la Russie à la Syrie, avec des variantes selon les pays et les époques. Les icônes expriment de la manière la plus forte et la plus singulière la spiritualité et l'art de Byzance. À part quelques rarissimes exceptions, les plus anciennes icônes, panneaux portatifs de bois peint destinés à la dévotion des fidèles, datent du Xe siècle ; certaines sont d'ailleurs réalisées non sur du bois, mais sur du marbre ou des métaux précieux. L'art de l'icône s'est diffusé - et maintenu jusqu'au XIXe siècle - dans toute la sphère d'influence byzantine, y compris en Afrique (Éthiopie, Égypte). Les manuscrits à peinture sont en grande majorité religieux (évangéliaires, vies de saints, homélies...) ; les manuscrits profanes sont rares. La sculpture est issue de modèles latins, qui s'orientaliseront au fil du temps. Les arts somptuaires (orfèvrerie, bronze, émaux, ivoire, verrerie) témoignent de la richesse de l'empire et de l'importance du mécénat impérial et aristocratique.

Fresque (1246) d'inspiration byzantine : donation de Constantin au pape saint Sylvestre (Église des Quatre-Saints-Couronnés, Rome).

Byrd (William) 1543?-1623 Organiste de la chapelle royale d'Angleterre, un des maîtres de la musique religieuse de son temps, aussi compositeur de pièces profanes.

Byron (George Gordon, 6e baron **Byron**, lord**)** 1788-1824 Poète anglais dont la vie tumultueuse, dictée par un tempérament fantasque, finit par lui aliéner l'aristocratie dont il était issu. Romantique par nature, son goût des voyages suscite en lui les dépaysements lyriques du *Pèlerinage de Childe Harold* (1812), bientôt suivi de nouvelles en vers d'un orientalisme brillant (*Lara*). Son existence devient errante à la suite des scandales de sa vie conjugale. Il écrit en Suisse *Le Prisonnier de Chillon* (1816) et *Manfred* (1817), s'oriente vers la satire (*Beppo*, *Don Juan*), avant de s'engager aux côtés des Grecs en lutte contre la Turquie. Il meurt de la malaria en Grèce, dans la ville de Missolonghi assiégée par les Turcs.

Byrsa Ancienne citadelle de Carthage.

byssus n. m. ZOOL. Ensemble de filaments épais de nature protéique, sécrétés par le pied de certains mollusques lamellibranches (moules, notam.) et qui leur permet de se fixer sur les rochers ou sur d'autres supports.

Byzance Ville grecque fondée sur le Bosphore au VIIe siècle av. J.-C., elle prit le nom de Constantinople au IVe siècle, puis devint capitale de l'Empire ottoman sous le nom d'Istanbul en 1453.

byzantin, e adj. et n. De Byzance. *Empereur byzantin. Un (e) Byzantin (e).* / Qui procède du byzantinisme. *Discussion byzantine.* • **Byzantin (Empire)** Empire romain constitué en Orient au IVe siècle.

byzantinisme n. m. Disposition à susciter des discussions oiseuses et subtiles.

byzantinologie n. f. Étude de l'histoire et de la civilisation byzantines.

byzantinologue n. Spécialiste de byzantinologie.

Le **cabaret** du Moulin Rouge à Paris.

c'Voir **ce**

ça [1] Voir **cela**

ça [2] n. m. PSYCHAN. Selon la théorie freudienne, première instance de la personnalité, constituée par le fond pulsionnel primitif et refoulé au cours de la vie de l'individu.

♦ Le contenu du ça est en partie inconscient. Les exigences du ça, commandées par les pulsions fondamentales de l'instinct de vie ou libido et de l'instinct de mort ou désir d'autodestruction, obéissent au principe de constance, selon lequel les tensions pulsionnelles doivent être maintenues au plus bas degré quelles que soient les sollicitations venues de l'environnement. Le rétablissement de l'équilibre, rompu par la montée des tensions, est alors retrouvé soit à travers les assouvissements de la libido (principe de plaisir), soit grâce au mécanisme du refoulement (principe de réalité) commandé par le surmoi.

çà adv. et interj. **A.** adv. de lieu Vx. Ici. / loc. adv. Mod. *Çà et là* : ici et là. *On trouvait çà et là des touffes de violettes.* **B.** interj. Vx (pour inciter qqn à faire qqch.) *Çà, courons !* / (pour marquer l'impatience, l'agacement) *Çà, que faites-vous donc ?*

cab n. m. (mot anglais) Anc. Voiture à cheval couverte, à un seul essieu, et dont le cocher est assis derrière les passagers sur un siège surélevé.

cabale n. f. **I.** (avec une capitale : *Cabale* ; on écrit aussi *Kabbale*) RELIG. Ensemble des interprétations mystiques de l'Ancien Testament appartenant à la tradition juive. / Procédé divinatoire qui prétend mettre l'homme en rapport avec les forces occultes. **II.** Ensemble d'intrigues secrètes visant à nuire à quelqu'un. *Monter une cabale.* / Les personnes qui y participent.

cabaliste n. m. Personne qui a étudié la Cabale juive.

cabalistique adj. Relatif à la cabale. *Symbolisme cabalistique.* / Par ext. Mystérieux, incompréhensible. *Signes cabalistiques.*

caban n. m. Manteau court, de laine, porté par les marins.

cabane n. f. Maisonnette construite avec des matériaux sommaires (bois, terre, torchis). *Cabane de bûcheron.* / Fam. Prison.

cabanon n. m. Petite cabane. / Cellule où l'on enfermait les aliénés dangereux. *Mettre au cabanon.* / En Provence, petite maison de campagne.

cabaret n. m. Anc. Petit café, estaminet. Établissement où l'on peut dîner, danser, ou assister à des divertissements, des spectacles.

cabaretier, ère n. Tenancier d'un cabaret.

cabas n. m. Sac à provisions à poignée (s), en vannerie ou en toute autre matière.

cabèche n. f. Pop., vieilli *Couper cabèche* : couper la tête.

cabernet n. m. Cépage rouge du Bordelais et des pays de la Loire.

cabestan n. m. TECHN. Treuil à axe vertical, manœuvré à la main ou électriquement, servant à enrouler un câble, principalement utilisé dans la marine.

Cabet (Étienne) 1788-1856 Théoricien socialiste français. Journaliste et auteur de plusieurs ouvrages historiques sur les révolutions françaises, il publie en 1840 le roman philosophique *Le Voyage en Icarie*, où il prône un communisme pacifique. À partir de 1848, il tenta en vain de mettre en pratique ses principes utopistes en organisant aux États-Unis des colonies communautaires.

cabiai n. m. (mot tupi) ZOOL. Gros mammifère de l'ordre des rongeurs qui atteint plus d'un mètre de long, vivant aux abords des cours d'eaux d'Amérique du Sud. *Le cabiai, dont les doigts sont palmés, est un excellent nageur.*

cabillaud ou **cabillau** n. m. Églefin. / Morue, en particulier fraîche (non séchée).

Cabinda (enclave de) *7 270 km² 114 000 h.* Territoire d'Afrique, dépendant de l'Angola bien que géographiquement séparé de lui (1885), situé au nord de l'embouchure du Congo, entre la République populaire du Congo et la République démocratique du Congo. Chef-lieu *Cabinda.* Pétrole off-shore.

cabine n. f. Petite chambre à bord d'un bateau. / *Cabine de bain* : abri où les baigneurs changent de vêtements sur la plage. / *Cabine téléphonique* : dans la rue, à la poste, petit isoloir d'où l'on peut téléphoner. / AVIAT. Endroit réservé au pilote ou à l'équipage dans un avion.

cabinet n. m. Petite pièce où l'on peut s'isoler. *Cabinet de toilette. Cabinet d'aisances* : voir *aisance.* / Lieu d'exercice d'une profession libérale. *Le cabinet d'un médecin, d'un avocat.* / Ensemble des ministres. *Renverser un cabinet.* / Ensemble des collaborateurs d'un ministre ou d'un préfet. *Chef de cabinet.* / Meuble constitué par une sorte d'armoire posée sur un piétement qui, en façade, s'ouvre grâce à deux portes, et qui comporte, à l'intérieur, des séries de tiroirs généralement disposés de part et d'autre d'une niche. / Anc. Endroit où sont conservés des objets ou des livres. *Un cabinet de curiosités. Un cabinet de lecture.*

Cabinet du docteur Caligari (le) 1919 Film de l'Allemand Robert Wiene (1881-1938), l'un des chefs-d'œuvre de l'expressionnisme cinématographique.

câblage n. m. Action de fabriquer un câble ou d'établir un réseau de conducteurs dans un système électrique ou électronique. / Ensemble des conducteurs de ce réseau.

câble n. m. Tresse de fils de chanvre, de coton ou de métal, formant un gros cordage. / ÉLECTR. Fil métallique conducteur nu (câble aérien) ou armé (câble souterrain). / *Câble sous-marin* : câble qui sert à transmettre les communications téléphoniques sous la mer.

câbler v. t. [1] Torsader (des brins) pour faire un câble. / Relier (deux ou plusieurs points) par un câble. *Câbler un réseau.* / Transmettre (un message) par câble. *Câbler une nouvelle.*

câbleur, euse n. Technicien qui câble. / n. f. Machine à fabriquer des câbles.

câblier n. m. Fabricant, poseur de câbles. / Navire qui pose et entretient les câbles sous-marins. / Appos. *Un navire câblier.*

câblo-opérateur n. m. AUDIOV. Entreprise gérant un réseau de chaînes télévisées par câble.

câblodistribution n. f. AUDIOV. Distribution des programmes télévisés par câble (télédistribution).

cabochard, e adj. et n. Fam. Entêté, têtu. *Enfant cabochard.* / Subst. *C'est un (e) cabochard (e).*

Câbles informatiques de connexion.

***La cabosse** est le fruit du **cacaoyer**.*

caboche n. f. Fam. Tête. *Il n'y a rien dans cette caboche !*
Cabochiens (les) Éléments très actifs de la faction bourguignonne, menés par le boucher parisien Simon Caboche. Leur soutien à Jean sans Peur contre Charles VI échoua lorsque, le 1er septembre 1413, les Armagnacs reprirent Paris.
cabochon n. m. Pierre fine ou précieuse, polie mais non taillée.
cabosse n. f. Vx Bosse. / Fruit du cacaoyer.
cabosser v. t. [1] Faire des bosses à. *Cabosser une voiture.*
cabot [1] n. m. Fam. Chien. *Un sale cabot.*
cabot [2] n. m. Nom courant de divers poissons. *Chabot, chevaine, muge sont aussi appelés « cabot ».*
cabot [3] n. m. MILIT. Argot. Caporal.
cabot [4] Voir **cabotin**
Cabot ou **Caboto** Nom de deux navigateurs d'origine italienne. **Jean** ou **Giovanni** 1450-1499 Il découvrit Terre-Neuve et le Labrador pour le compte de l'Angleterre, en 1497, puis explora l'année suivante le littoral nord-américain. **Sébastien** 1476-1557 Fils du précédent. Après avoir participé aux entreprises de son père, il mena en 1526 une expédition dans le río de La Plata, alors qu'il cherchait une route vers le Pacifique.
cabotage n. m. Navigation marchande qui consiste à joindre les ports en s'éloignant peu de la côte.
caboter v. i. [1] Naviguer en faisant du cabotage.
caboteur n. m. Bateau servant au cabotage.
cabotin, e n. ou **cabot** n. m. Fam. Acteur médiocre, au jeu factice et affecté. / Anc. Comédien ambulant. / Personne prétentieuse qui aime à se donner en spectacle.
cabotinage n. m. Fam. Façon de jouer d'un cabotin.
cabotiner v. i. [1] Faire le cabotin.
caboulot n. m. Vieilli (péjor.) Petit bistro, petit troquet.
Cabral (Pedro Álvarez) 1460 ?-1526 Navigateur portugais. En 1500, il découvrit le Brésil, dont il prit possession au nom du Portugal, puis il fit route vers les Indes par le cap de Bonne-Espérance.
Cabral (Amilcar) 1925 ?-1973 Homme politique guinéen. En 1956, il fonda le Parti africain pour l'indépendance de la Guinée portugaise (future Guinée-Bissau) et des îles du Cap-Vert (P.A.I.G.C.). Ayant mené la guérilla (1959) contre la colonisation, il fut assassiné par la police portugaise. **Luis de Almeida** 1931 Demi-frère du précédent. Premier président de la république de Guinée-Bissau (1974), il fut renversé en 1980.
cabrer v. t. / v. pron. / v. i. [1] **A.** v. t. Faire se dresser (un animal) sur ses membres postérieurs. / *Cabrer un avion* : faire pointer son avant vers le haut. / Provoquer le refus, la révolte de. *Vous allez le cabrer en lui parlant ainsi.* **B.** v. pron. Se dresser sur ses membres postérieurs, en parlant d'un animal. / S'indigner, se révolter. **C.** v. i. *Aéronef qui cabre,* qui relève anormalement son avant.
cabri n. m. Chevreau.
cabriole n. f. Bond que l'on fait en tournant sur soi-même, la tête la première. / Bonds que font les caprinés et les cervidés. / CHORÉGR. Saut pendant lequel les jambes du danseur se rejoignent en battant l'une contre l'autre. / ÉQUIT. Figure de haute école où le cheval s'enlève des quatre pieds en lançant une ruade.
cabriolet n. m. Anc. Voiture à cheval à un seul essieu, munie d'une capote amovible. / Automobile décapotable à deux portes.
cac 40 n. m. inv. Indice de référence de la Bourse de Paris, fondé sur le cours de quarante titres mobiliers.
caca n. m. (Dans le langage enfantin) Excrément. / loc. adj. inv. *Caca d'oie* : verdâtre. *Un treillis caca d'oie.*
cacahouète ou **cacahuète** n. f. Graine de l'arachide que l'on consomme torréfiée et salée et dont on extrait une huile comestible. *Beurre de cacahouète.*
cacao n. m. Graine du cacaoyer qui, réduite en poudre, fournit le principal composant du chocolat et dont on extrait une matière grasse avec laquelle on prépare le beurre de cacao.
cacaoyer ou **cacaotier** n. m. BOT. Petit arbre de la famille des sterculiacées, cultivé pour ses graines (cacao).
cacatoès ou **kakatoès** n. m. ZOOL. Perroquet de grande taille, à huppe érectile vivement colorée.
cacatois n. m. MAR. Petite voile carrée placée au-dessus du mât de perroquet. / Nom de la vergue portant cette voile.
cachalot n. m. ZOOL. Mammifère marin de l'ordre des cétacés de très grande taille (jusqu'à 20 m), pourvu de dents portées par la mâchoire inférieure, se nourrissant de calmars géants. (Les cachalots sont chassés pour l'huile [spermaceti ou blanc de baleine] que renferme leur tête et l'ambre gris qui se forme dans leur intestin, utilisé en parfumerie. Il existe également deux espèces de petits cachalots, qui ne mesurent que quelques mètres de long).

*Une vallée du **Cachemire**, en Inde.*

cache [1] n. f. Lieu où l'on dissimule un objet ou dans lequel on se retire clandestinement.
cache [2] n. m. PHOTO. Feuille noire qui cache une partie d'une pellicule à impressionner. / Cadre d'une diapositive.
cache-cache n. m. inv. Jeu d'enfant où l'un d'eux doit aller à la recherche des autres qui se sont cachés.
cache-col n. m. Petite écharpe étroite portée autour du cou. Pl. Des *cache-col (s).*
cachemire n. m. Tissu fin fabriqué avec des poils de chèvres ou de moutons de la région du Cachemire.
Cachemire ou **Kashmir** *Plus de 300 000 km² 12 000 000 h.* Région du nord du monde indien, comportant de puissantes chaînes montagneuses. La partition (1947) de cet ancien État souverain peuplé en majorité de musulmans donna lieu à un conflit armé entre l'Inde et le Pakistan, qui n'a pas cessé depuis. Le Pakistan possède la partie Nord (Azad Cachemire) et l'Inde, la partie Sud (État de Jammu-et-Cachemire) ; dans la zone indienne, l'armée chinoise occupe la région de l'Aksai Chin.
cache-misère n. m. inv. Vêtement qui cache des habits usagés, en mauvais état, démodés.
cache-nez n. m. inv. Longue écharpe de laine portée autour du cou et du bas du visage par temps froid.
cache-pot n. m. Vase décoratif ou enveloppe qui sert à masquer un pot de fleurs. Pl. Des *cache-pot (s).*
cache-poussière n. m. inv. Ample pardessus porté pour protéger les vêtements.
cache-prise n. m. ÉLECTR. Dispositif servant à obturer une prise de courant, afin d'éviter le danger d'électrocution. Pl. Des *cache-prise (s).*
cacher v. t. [1] Soustraire à la vue. *Cacher un trésor.* (Emploi pron.) *Se cacher derrière un arbre.* / Taire, tenir secret. *Cacher ses défauts.*
cachère Voir **kascher**
cache-sexe n. m. inv. Pièce de vêtement ne cachant que le sexe.
cachet n. m. Petit sceau en métal ou en un matériau dur gravé de signes distinctifs (armes, initiales, etc.) que l'on appliquait jadis sur de la cire pour fermer les lettres. / HIST. *Lettre de cachet* : sous l'Ancien Régime, lettre aux armes du roi contenant un ordre d'exil ou d'emprisonnement. / *Cachet postal* : tampon que les services postaux appliquent sur les lettres à distribuer. / Rémunération du travail d'un artiste (acteur, musicien…). / PHARM. Capsule de pain azyme renfermant un médicament en poudre ou (cour.) comprimé.
cache-tampon n. m. inv. Jeu d'enfant où une personne cache un objet que d'autres doivent découvrir.
cacheter v. t. [1] Fermer (un contenant) avec de la cire. *Cacheter un pli, une bouteille.* / Par ext. *Cacheter une enveloppe,* la clore en la collant.
cachetonner v. i. [1] Fam. Courir le cachet, en parlant d'un comédien, d'un chanteur.
cachette n. f. Endroit où l'on peut se cacher ou cacher quelque chose. *En cachette* : à la dérobée.
cachexie n. f. MÉD. Trouble profond de toutes les fonctions nutritives, notam. chez des sujets atteints de maladies chroniques, et caractérisé par une maigreur extrême.
Cachin (Marcel) 1869-1958 Homme politique français. Ayant suscité en 1920 la rupture entre socialistes et communistes (congrès de Tours), il dirigea le journal *L'Humanité* de 1918 à 1958.
cachot n. m. Cellule petite et sombre où l'on enferme un prisonnier.
cachotterie n. f. Fam. Dissimulation de faits sans importance. *Faire des cachotteries.*
cachottier, ère adj. et n. Fam. Qui fait des cachotteries, en fait volontiers.
cachou n. m. Substance tannante extraite du bois d'acacia. / Substance astringente extraite de la noix d'arec, un palmier d'Extrême-Orient. *Le cachou est consommé en pastilles ou utilisé en pharmacie.*
cacique n. m. (mot caraïbe) Chef de tribu, chez certains Indiens d'Amérique latine. / Arg. scol. Élève reçu premier dans une grande école, notam. à l'École normale supérieure.
cacochyme adj. et n. Vx Maladif, très affaibli.
cacophonie n. f. Mélange désagréable de voix ou de sons disharmonieux. / MUS. Ensemble de sons discordants.
cacophonique adj. Du caractère de la cacophonie.

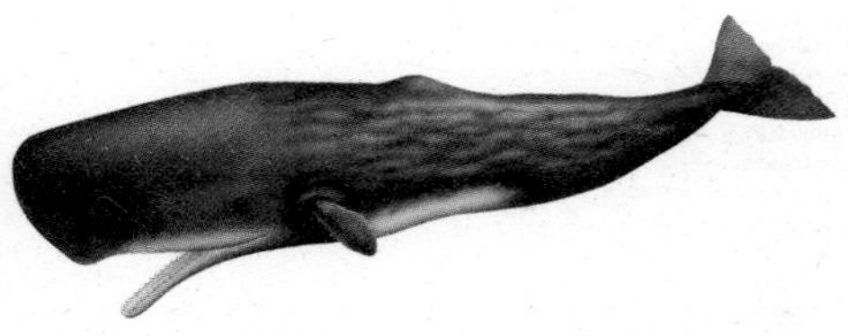
*Le grand **cachalot** peut atteindre 25 m de long et 50 tonnes.*

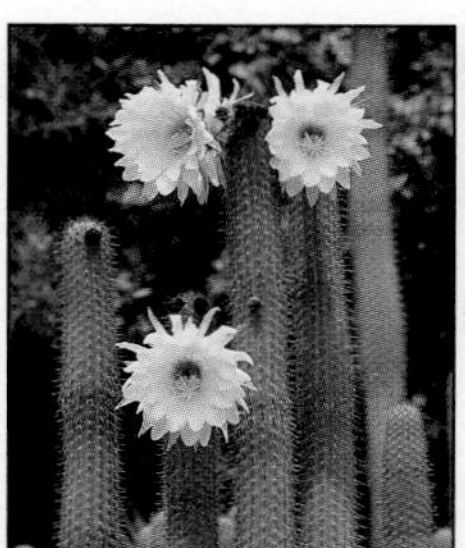
Cactus en fleur, plante grasse appartenant à la famille des **cactacées**.

cactées ou **cactacées** n. f. pl. BOT. Famille de plantes grasses dicotylédones, adaptées à la sécheresse, aux tiges charnues, dont les feuilles sont le plus souvent réduites à des épines.
cactus n. m. Nom générique donné aux plantes grasses de la famille des cactées. *Le figuier de Barbarie est un cactus.*
Cadarache Écart de la commune de Saint-Paul-lès-Durance (Bouches-du-Rhône) où est installé un centre d'études nucléaires.
cadastral, ale, aux adj. Du cadastre.
cadastre n. m. Registre public reproduisant le plan des terres d'une commune et indiquant leur nature, leur valeur, la superficie de leurs parcelles et le nom des propriétaires. / Administration ayant la charge de ces documents.
cadastrer v. t. [1] Inscrire au cadastre.
cadavérique adj. Du cadavre, d'un cadavre. *Pâleur cadavérique.*
cadavre n. m. Corps d'un être humain ou d'un animal après la mort. LITTÉR. *Cadavre exquis*: jeu nommé ainsi et popularisé par les surréalistes, dans lequel les joueurs, chacun à son tour, notent sur un bout de papier (qui sera ensuite replié de manière à masquer ce qui est écrit) une partie de phrase; il en résulte des phrases souvent insolites et cocasses, comme « Le cadavre exquis boira le vin nouveau ».
caddie ou **caddy** n. m. (mot anglais) Personne chargée de porter les clubs d'un joueur de golf. / (Nom déposé) Chariot utilisé dans les magasins, les gares, etc. pour transporter les achats, les bagages, etc. Pl. Des *caddies.*
cade n. m. Genévrier des régions méditerranéennes dont le bois, distillé, fournit un goudron, l'huile de cade, utilisée en dermatologie et en médecine vétérinaire.
cadeau n. m. Objet, chose qu'on offre dans l'intention de faire plaisir. *Cadeau de mariage.*
cadeauter v. t. [1] En Afrique, faire un cadeau à (qqn).
cadenas n. m. Petite serrure mobile dont un arceau métallique peut passer dans des pitons pour maintenir fermée une porte ou une chaîne.
cadenasser v. t. [1] Fermer (qqch.) avec un cadenas.
cadence n. f. Succession rythmée de sons ou de mouvements. *Une marche en cadence.* /INDUSTR. Rythme de production. / MUS. Suspension ou terminaison d'une phrase musicale sur un enchaînement harmonique. / Dans un concerto, passage de virtuosité exécuté par le soliste, l'orchestre demeurant silencieux.

Cadran *solaire.*

cadencé, e adj. Rythmé par une cadence. *Pas cadencé.*
cadencer v. t. [1] Régler (ses mouvements) sur un rythme. / Donner une cadence à (une phrase, un discours) par l'accentuation.
cadenette n. f. Tresse de cheveux portée de part et d'autre du visage. *La cadenette, remise à la mode par les muscadins, sous le Directoire, fut d'abord celle des dragons au XVIIe siècle.*
cadet, ette adj. et n. Celui, celle qui vient après l'aîné dans l'ordre de naissance. / Personne moins âgée de quelques années. *Il est mon cadet de deux ans.* / MILIT. Anc. Jeune élève officier. *Compagnie de cadets, école de cadets.* / SPORT Jeune sportif dont l'âge se situe entre 13 et 16 ans, entre la catégorie des minimes et celle des juniors.
Cadet (parti) Nom donné d'après le sigle russe (K.D.) au parti constitutionnel-démocrate, partisan d'une monarchie constitutionnelle et donc hostile à la révolution de 1917.
cadi n. m. (mot arabe) Juge musulman qui règle les conflits relevant de la religion et du droit civil.
Cadix (en espagnol *Cadiz*) *156 560 h.* Port civil et militaire de l'Espagne du Sud, sur l'Atlantique, chef-lieu de la province d'Andalousie. Ville fortifiée (XVIIe siècle). Cathédrale (XIIIe-XIXe siècle).
cadmiage n. m. TECHN. Opération par laquelle on revêt une surface métallique de cadmium.
cadmié, e adj. TECHN. Recouvert de cadmium.
cadmium n. m. CHIM. Métal blanc-gris malléable et ductile (symbole Cd), de numéro atomique Z = 48, de densité 8,6, fondant à 321 °C et bouillant à 765 °C.
Cadmos MYTH. GR. Héros grec d'origine phénicienne, fondateur légendaire de la ville de Thèbes en Béotie. Sur l'ordre d'Athéna, il sema les dents d'un dragon qu'il venait de tuer. De cette semence naquirent des hommes armés qui s'entre-tuèrent, sauf cinq, ancêtres de la noblesse thébaine.
cadogan Voir **catogan**
cador n. m. Arg. Chien. / Personne importante, dans un quelconque domaine; caïd.
Cadou (René-Guy) 1920-1951 Poète français. Disciple de Max Jacob, il rejoint l'école de Rochefort. Une mort prématurée mit fin à sa carrière littéraire commencée dès l'âge de 17 ans. Œuvre principale: *Hélène ou le Règne végétal* (posth. 1952-1953).
Cadoudal (Georges) 1771-1804 Conspirateur royaliste. Luttant en Vendée à la tête des Chouans, il refusa la trêve de 1795 et fomenta en 1800 le complot de la « machine infernale » contre Bonaparte (l'explosion, rue Saint-Nicaise, fit 22 morts, mais le Premier Consul en réchappa). Poursuivi comme complice, il se réfugia en Angleterre, puis revint en France et reprit la lutte en 1803; ce deuxième complot fut déjoué, Cadoudal fut arrêté et exécuté.
cadrage n. m. PHOTO. et TECHNOL. Mise en place du sujet dans les limites du viseur photographique, ou de l'image dans les limites de l'écran.
cadran n. m. Surface plane, graduée, sur laquelle se déplace l'aiguille d'un instrument de mesure, d'un compteur, d'une montre. *Le cadran d'une boussole porte une rose des vents.* / Par anal. *Cadran d'un appareil téléphonique.* / *Cadran solaire*: surface graduée sur laquelle l'ombre d'un style indique l'heure solaire.
cadrat n. m. TYPO. Petit bloc de plomb, moins haut mais du même corps que les caractères, et qui sert en imprimerie à laisser des blancs entre les mots et à remplir les lignes creuses.
cadratin n. m. TYPO. Cadrat de même hauteur que les caractères utilisés. / Blanc d'une valeur similaire.
cadre n. m. Bordure de bois ou d'une autre matière, dans laquelle on insère une peinture, une photographie ou un miroir. / Fig. Ce qui circonscrit une fonction, une entité, un sujet. *Le cadre universitaire, le cadre d'un règlement.* / Châssis constituant l'armature d'un objet. *Cadre d'une fenêtre.* / Membre du personnel d'encadrement d'une entreprise ou d'une administration. / MILIT. *Cadre de réserve*: corps des officiers qui, n'exerçant plus d'activité, restent néanmoins à la disposition du ministre.
cadrer v. t. [1] PHOTO., TECHNOL. Effectuer le cadrage de (un sujet). / Cour. (Emploi ind.) *Cadrer avec*: s'accorder avec. *Cela ne cadre pas avec ses habitudes.*
cadreur, euse n. AUDIOV. Technicien qui manie une caméra et qui règle et opère les prises de vues. Syn. cameraman.
caduc, uque adj. Qui est périmé, dépassé. *Une méthode caduque.* / *Arbre à feuilles caduques*: arbre perdant ses feuilles chaque année. / DR. *Legs caduc*, annulé par la mort du légataire ou par son refus de l'utiliser.
caducée n. m. Emblème de la concorde constitué par une baguette de laurier ou d'olivier entourée de deux serpents entrelacés et surmontée de deux courtes ailes. Attribut du dieu Hermès, le caducée est l'emblème des médecins et des pharmaciens.
caducifolié, e adj. et n. BOT., ÉCOL. Dont les feuilles sont caduques; constitué d'arbres à feuilles caduques.
caducité n. f. État de ce qui est caduc. / DR. Caractère d'un acte juridique devenu nul.
Cadurques ou **Cadurci** Peuple de la Gaule qui habitait le Quercy. Leur capitale, Divona, devint au IIIe siècle Cadurcum (aujourd'hui Cahors).
cæcum n. m. (mot latin) ANAT. Partie du gros intestin située en dessous du débouché de l'intestin grêle dans la fosse iliaque droite, qui forme un cul-de-sac.
Caelius (mont) Une des sept collines de Rome.
Caen *114 000 h.* Chef-lieu du département du Calvados et de la région de Basse-Normandie. Port relié à la mer par le canal d'Ouistreham, Caen doit son essor au minerai de fer, exploité dans les environs. Centre industriel actif, Caen est aussi un centre culturel et touristique: l'abbaye aux Hommes et l'abbaye aux Dames sont des constructions romanes; Guillaume le Conquérant (XIe siècle), qui fit de la ville son lieu de résidence favori, y a laissé des traces.
caesium Voir **césium**
cafard n. m. Appellation usuelle de la blatte. / Fig., fam. *Avoir le cafard*: être triste, déprimé. *Donner le cafard*: rendre triste. / Fam. Dénonciateur, mouchard. *Faire le cafard.*
cafarder v. i. [1] Fam. Dénoncer (qqn), faire le cafard, le mouchard. / (Emploi transitif) *Cafarder son voisin de classe.*
cafardeux, euse adj. Qui a, qui donne le cafard.
caf'conc n. m. Vieilli Abréviation de café-concert.
café n. m. et adj. inv. Graine du caféier; denrée constituée par les graines du caféier, torréfiées et commercialisées. / Boisson obtenue par infusion des graines de caféier, torréfiées et moulues. / Établissement public où l'on consomme des boissons. / adj. inv. Couleur brun foncé.
café-concert n. m. Anc. Café qui présentait des spectacles (chansonniers, acrobates).
café-crème n. m. Café additionné de crème ou de lait. *Des cafés-crème.*
caféier n. m. Arbuste à feuillage persistant de la famille des rubiacées, originaire d'Afrique équatoriale, qui est cultivé pour sa graine, le café, notamment au Brésil et en Colombie.
caféine n. f. Alcaloïde du café et du thé. *La caféine est un stimulant.*
cafetan ou **caftan** n. m. (mot persan). Robe longue richement brodée et doublée de fourrure, portée par les Orientaux.
cafétéria n. f. Établissement public situé dans les locaux d'une entreprise, d'une institution publique, d'un magasin à grande surface, où l'on peut consommer des boissons et prendre des repas légers.
café-théâtre n. m. Petit théâtre où l'on assiste à des pièces courtes, souvent comiques, tout en consommant des boissons et en prenant une collation.
cafetier n. m. Personne qui tient un café.
cafetière n. f. Récipient ménager ou électroménager servant à préparer le café. / Récipient avec lequel on sert le café préparé.
Caffieri Famille de sculpteurs d'origine italienne, établie en France en 1660. Les deux frères **Philippe** (1714-1774) et **Jean-Jacques** (1725-1792) furent des bronziers remarquables, talent auquel le second ajoute un art du buste qui en fait un des portraitistes majeurs du XVIIIe siècle (*Corneille*, 1777).
cafouillage n. m. Fam. Action de cafouiller; résultat de cette action.
cafouiller v. i. [1] Fam. Agir maladroitement, de manière brouillonne. *Laissez-le cafouiller un peu avant d'essayer de l'aider !*
cafouilleur, euse adj. Fam. Qui cafouille (en parlant d'une personne).
cafouilleux, euse adj. Fam. Désordonné, brouillon (en parlant de choses).

Fruits du ***caféier*** *(coffea arabica).*

John Cage.

cafre n. et adj. De Cafrerie.

Cafrerie Ancien nom donné par les Européens à la partie la plus méridionale de l'Afrique ; la Cafrerie était peuplée, selon les Arabes, par des « infidèles » ou non-musulmans (*kafir* en arabe). La Cafrerie correspond aujourd'hui à une partie de la province du Cap-Oriental, en Afrique du Sud.

caftan Voir **cafetan**

cafter v. i. / v. t. [1] Pop. Cafarder, moucharder. *Quelqu'un a cafté, nous a caftés.*

cafteur, euse n. Pop. Personne qui cafte.

cage n. f. Espace clos de barreaux où l'on enferme des animaux. / ARCHIT. *Cage d'escalier, d'ascenseur* : espace occupé par un escalier, un ascenseur. / ANAT. *Cage thoracique* : ensemble formé par les vertèbres, les côtes et le sternum, qui contient le cœur et les poumons.

Cage (John) 1912-1992 Compositeur américain, l'un des pionniers de la musique aléatoire, célèbre pour ses « pianos préparés », entre les cordes desquels il disposait des objets.

cageot n. m. Petite caisse légère à claire-voie. *Un cageot de légumes.*

cagibi n. m. Petit local servant de débarras.

Cagliari *219 100 h.* Ville d'Italie, chef-lieu de la Sardaigne et chef-lieu de la province du même nom. Principal port de l'île, situé au sud.

Cagliostro (Giuseppe Balsamo, dit Alexandre, comte de) 1743-1795 Aventurier italien. Il fut impliqué dans l'affaire du Collier, intrigue dans laquelle fut compromise la reine Marie-Antoinette, puis condamné à Rome comme franc-maçon en 1791.

cagna n. f. Arg. milit. Abri enterré. / Par ext. Maisonnette, cahute, cabane.

cagne Voir **khâgne**

Cagnes-sur-mer *43 950 h.* Ville des Alpes-Maritimes, sur la Côte d'Azur, située à l'ouest de l'embouchure du Var, sur une hauteur légèrement en retrait de la côte. Le peintre Renoir y séjourna dans la Maison des Colettes. Château (XIVe-XVIIe s.). Au sud, station balnéaire au Cros-de-Cagnes.

cagneux, euse [1] adj. et n. Personne ou animal qui a les genoux tournés en dedans.

cagneux, euse [2] n. Syn. de khâgneux, euse.

cagnotte n. f. Boîte dans laquelle les joueurs déposent l'argent des mises. / Caisse d'une association. / Argent mis de côté, économies. *Se faire une cagnotte.*

cagot, e adj. et n. Bigot. / HIST. Membre de certains groupes sociaux défavorisés, groupés dans des villages isolés des hautes vallées des Pyrénées occidentales et centrales, et en butte à diverses discriminations, en particulier parce qu'on les croyait descendants de lépreux. *Dans certaines églises, on avait réservé un bénitier aux cagots.*

cagoulard n. m. HIST. Membre de la Cagoule.

cagoule n. f. Grande pèlerine de moine sans manche, surmontée d'un capuchon. / Capuchon percé de deux trous à l'endroit des yeux, que portent les pénitents au cours de certaines processions religieuses, en Espagne. / Passe-montagne protégeant le visage et le cou.

Cagoule (la) Surnom donné par la presse au Comité secret d'action révolutionnaire (C.S.A.R.), groupe d'extrême droite qui, entre 1935 et 1940, commit de nombreux méfaits visant à renverser la République, puis fut lié à la police de l'État français. En 1941, les cagoulards assassinèrent Marx Dormoy.

cahier n. m. Assemblage de feuilles de papier brochées ou agrafées, destiné à l'écriture manuscrite. / *Cahiers périodiques* : brochures publiées régulièrement par une société savante. / HIST. *Cahiers de doléances* : cahiers dans lesquels les délégués aux états généraux consignaient leurs réclamations et leurs souhaits afin de les soumettre au roi, notam. aux états généraux de 1789. / DR. *Cahier des charges* : recueil contenant les conditions que doit respecter un entrepreneur de travaux publics.

cahin-caha adv. Péniblement. *Ses études se poursuivent cahin-caha.*

Cahors *20 000 h.* Chef-lieu du Lot, sur le Lot. Ancienne ville forte (le *Cadurcum* gallo-romain, capitale des *Cadurci*) et important centre de commerce au Moyen Âge sur la route Bordeaux-Lyon. Cathédrale Saint-Étienne édifiée du XIe au XVe siècle. Le pont Valentré est l'un des rares ponts fortifiés médiévaux (XIVe s.) qui soit parvenu jusqu'à nous.

cahot n. m. Saut fait par une voiture qui roule sur un terrain inégal.

cahoter v. i. [1] Secouer par des cahots. *Une route qui cahote.* (Emploi transitif) *La route cahotait la voiture.*

cahoteux, euse adj. Qui provoque des cahots. *Un chemin cahoteux.*

cahute n. f. Abri fait de branchages, petite hutte.

caïd n. m. (mot arabe) Magistrat musulman d'Afrique du Nord, ayant un pouvoir judiciaire et administratif. / Fam. Chef d'une bande de malfaiteurs.

caïdat n. m. Pouvoir du caïd.

caillassage n. m. Action de déposer, jeter des caillasses. / Fam. Jet de pierres au cours d'une manifestation.

caillasse n. f. Dépôt caillouteux de l'ère tertiaire, de couleur grise, très dur. / Caillou grossier dont on se sert pour empierrer les routes.

Cagnes-sur-Mer.

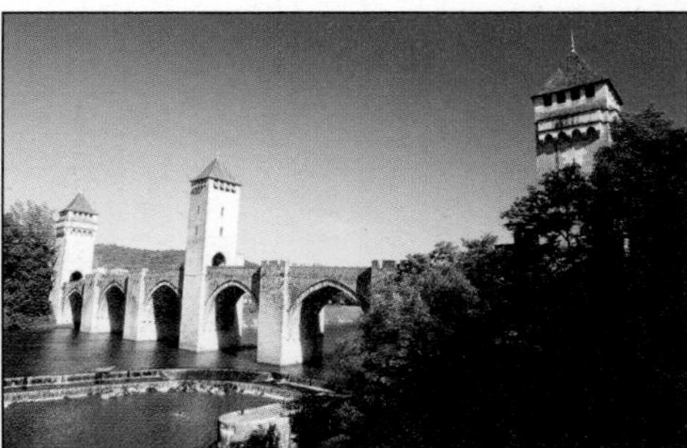

Le pont Valentré à Cahors.

caillasser v. t. [1] Empierrer à l'aide de caillasse. / Fam. Bombarder à coups de cailloux.

Caillaux (Joseph) 1863-1944 Homme politique français. Il est à l'origine, comme ministre des Finances, de l'impôt sur le revenu, puis, comme président du Conseil, de la convention franco-allemande sur le Maroc (1911). Sa politique suscita, de la part du *Figaro*, une campagne de presse haineuse qui conduisit Mme Caillaux à assassiner le directeur du quotidien, Gaston Calmette, scandale qui força Joseph Caillaux à démissionner. Condamné en 1920 pour intelligence avec l'ennemi, amnistié en 1925, il siégea au Sénat et fut (1926) vice-président du Conseil.

Caillavet (Gaston Arman de) 1869-1915 Auteur dramatique français. Il a écrit, avec Robert de Flers, des comédies satiriques : *Le Roi* (1908), *L'Habit vert* (1912).

caille n. f. Oiseau migrateur de la famille des phasianidés, au plumage brun tacheté, voisin de la perdrix, qui vit au sol dans les champs et les prairies. *La caille carcaille, margote.*

caillé, ée adj. et n. m. Figé en caillots. *Lait caillé.* / n. m. Lait caillé ; caséine, substance constitutive du lait, qui coagule sous l'action des acides et qu'on utilise pour faire du fromage.

caillebotis n. m. Treillis de bois ou de métal assez résistant pour servir de passerelle, de plancher ou de plate-forme isolée du sol. *Le caillebotis sert généralement d'isolation sur un sol humide.* / MAR. Treillis qui ferme une écoutille.

caillebotte n. f. Masse de lait caillé.

Caillebotte (Gustave) 1848-1894 Peintre français, adepte et défenseur de l'impressionnisme. Mécène, il légua à l'État une importante collection d'œuvres impressionnistes, aujourd'hui conservée au musée d'Orsay.

cailler v. i. [1] Se figer en caillots. *Mettre du lait à cailler pour faire du fromage.* (Emploi transitif). *Cailler du lait avec du vinaigre.* / Pop. Avoir très froid. *On caille ce matin !* (Emploi pron.) *On se caille ici !* (Emploi impers.) *Ça caille* : il fait froid.

Cailletet (Louis Paul) 1832-1913 Physicien français qui parvint, le premier, à liquéfier de l'oxygène, de l'azote et de l'air.

caillette n. f. Quatrième poche de l'estomac des ruminants. *La caillette a des parois épaisses et sécrète le suc (présure) qui fait cailler le lait.*

Caillié (René) 1799-1838 Explorateur français. Au cours d'un voyage en Afrique, commencé en 1816, il fut le premier Européen (déguisé en Arabe) à visiter Tombouctou (1828). Il publia en 1830 le récit de son voyage.

Caillois (Roger) 1913-1978 Écrivain français. Sociologue, il s'est intéressé aux manifestations du sacré (*L'Homme et le sacré*, 1939) et s'est insurgé contre le découpage des sciences humaines en éléments parcellaires, découpage qui fausse l'appréhension de la réalité, toujours complexe. Créateur, après 1940, de l'Institut français de Buenos Aires, il a contribué à faire connaître en France la littérature latino-américaine.

caillot n. m. Petite quantité de liquide coagulé. *Le caillot sanguin est formé par un réseau de fibrine enserrant dans ses mailles des globules rouges et blancs ; sur l'homme sain, il permet l'arrêt des hémorragies ; pathologiquement, il peut produire des thromboses.*

caillou, oux n. m. Petite pierre ; débris de pierre. / Pop. Pierre précieuse. *Vise-moi sa bague : t'as vu ce caillou ?* / Pop. Crâne. *N'avoir plus un cheveu sur le caillou* : être totalement chauve. Pl. Des *cailloux*.

caillouteux, euse adj. Plein de cailloux.

cailloutis n. m. Monceau de cailloux concassés qui sert à empierrer les routes. / GÉOL. Dépôt de sédimentation formé de cailloux et de graviers charriés par l'eau, notam. par les glaciers. *Cailloutis glaciaire.*

caïman n. m. ZOOL. Crocodile des fleuves et des lacs d'Amérique centrale, chassé ou élevé pour sa peau, recherchée en maroquinerie de luxe.

Caïmans ou **Cayman (îles)** *280 km² 25 900 h.* Archipel britannique des Grandes Antilles, qui s'étend au nord-ouest de la Jamaïque et comprend trois îles. Capitale *George Town*. La plus peuplée des îles est Grand Cayman. Centre touristique et financier.

Caïman.

Cain (James Mallahan) 1892-1977 Romancier américain, auteur de romans noirs âpres et dynamiques: *Le Facteur sonne toujours deux fois* (1934), *Mildred Pierce* (1941).
Caïn Premier fils d'Adam et Ève. Il tua par jalousie son jeune frère Abel et fut poursuivi par un cruel remords.
Caïphe Grand prêtre juif (18-36) qui, selon les évangiles, condamne Jésus-Christ.
caïque n. m. Embarcation étroite, de petites dimensions, de la Méditerranée orientale, à rames et à voiles, ou équipée d'un moteur.
• **Caire (Le)** (en arabe *al-Qahira*) *6 205 000 h.* (*13 300 000 h.* pour le Grand Caire).
cairn n. m. (mot irlandais). Tumulus, monticule de terre et de pierres élevé par les Celtes, notam. en Bretagne et en Irlande. / Tas de pierres dressé par les explorateurs des régions polaires ou les alpinistes pour marquer leur chemin.
caisse n. f. Grande boîte en bois ou en métal, utilisée pour protéger ou transporter des marchandises ou pour ranger divers objets. / Contenu de cette boîte. *Caisse de vins, de fruits.* / *Caisse de voiture*: la carrosserie, par opposition au *châssis*. / Pop. Véhicule automobile. *Bouge ta caisse, tu gênes!* / Meuble où l'on range les fonds. *Tiroir-caisse*: caisse enregistreuse. / Guichet où l'on effectue un paiement. / ANAT. *Caisse du tympan*: cavité de l'oreille moyenne, fermée par la membrane du tympan. / MUS. Coffre de résonance des instruments à cordes ou à percussion. *Grosse caisse. Caisse claire*: tambour plat sur lequel sont tendues des cordes de timbre métallique. / FIN. Établissement bancaire de dépôt. *Caisse d'épargne*: organisme qui reçoit et gère les fonds déposés par les épargnants.
caissette n. f. Petite caisse.
caissier, ère n. Personne qui tient la caisse dans une banque, une entreprise commerciale, une administration, etc.
caisson n. m. Grande caisse montée sur roues et servant aux militaires pour transporter des vivres ou des munitions. / ARCHIT. *Plafond à caissons*: plafond compartimenté et généralement orné, typique de l'architecture de la Renaissance italienne. / TECHNOL. *Caisson étanche*: caisse de métal étanche et remplie d'air qui permet de travailler sous l'eau. / MÉD. *Mal des caissons*: mal ressenti par les plongeurs en cas de soudaine décompression (remontée trop rapide à la surface de l'eau), et qui est dû à une libération massive d'azote dans le sang.
cajoler v. t. [1] Caresser tendrement, affectueusement (qqn); manifester des attentions tendres à. *Cajoler son mari.* / Vieilli, fig. Flatter pour séduire.
cajolerie n. f. Caresse tendre, affectueuse. / Fig. Flatterie intéressée.
cajoleur, euse adj. Qui cajole.
cajou n. m. Fruit de l'anacardier que l'on consomme grillé. *Noix de cajou.*
cajun n. et adj. inv. Habitant francophone de la Louisiane. / adj. *Culture, cuisine cajun.*
cake n. m. (mot anglais) Gâteau contenant des raisins secs et des fruits confits.
cal n. m. Durcissement local de l'épiderme causé par un frottement répété. / CHIR. Formation cicatricielle qui soude les fragments d'un os fracturé. / BOT. Amas de cellulose qui, pendant l'hiver, bouche les vaisseaux criblés de certaines plantes comme la vigne. Pl. Des *cals*.
Calabre *15 080 km² 2 152 540 h.* Région méridionale de l'Italie, séparée de la Sicile par le détroit de Messine. Elle comprend les provinces de Catanzaro, Cosenza et Reggio di Calabria. Capitale *Catanzaro*. Région de plateaux boisés et de vallées ravinées par les torrents, la Calabre est une terre pauvre où l'olivier, les arbres fruitiers et la bergamote étaient les ressources principales. Cette terre d'émigration a bénéficié depuis 1960 des aides indispensables à son développement. Reggio de Calabre est le port qui relie l'Italie à la Sicile. **Histoire** Grecque, romaine, puis byzantine, la région fut dévastée par les Arabes et les Ostrogoths avant d'être conquise par les Normands. Noyau du royaume de Sicile, elle fut incorporée à l'Italie en 1860.
calage n. m. Action de caler ou d'étayer. / TECHNOL. Réglage d'un dispositif sur une position donnant le meilleur rendement possible.
Calais *77 350 h.* Port du Pas-de-Calais. Débouché maritime le plus proche de l'Angleterre (Douvres), Calais, premier port français de voyageurs, associe à ses activités portuaires une activité industrielle diversifiée. Le terminal du tunnel sous la Manche est situé à Coquelles. **Histoire** L'histoire de Calais est liée aux anciennes querelles de la France et de l'Angleterre (guerre de Cent Ans notamment). La ville a été anglaise de 1347 à 1558.
calaison n. f. MAR. Degré d'enfoncement dans l'eau d'un navire.
calamar Voir **calmar**
calame n. m. HIST. Roseau taillé utilisé par les Anciens pour écrire.
calamine n. f. TECHNOL. Résidu solide qui gêne la combustion des essences dans les moteurs à explosion et qui se dépose sur les soupapes et les têtes de piston.
calamistré, e adj. Frisé au fer, ondulé, en parlant de barbe, de cheveux.
calamité n. f. Catastrophe qui frappe une multitude de personnes. *Les calamités d'une guerre.* / Épreuve, malheurs extrêmes subis par une personne. *Le départ de ses enfants est pour elle une calamité.*
calamiteux, euse adj. Qui procède de la calamité, plein de calamités. *Période calamiteuse.*
calancher v. i. [1] Arg. Mourir.
calandre [1] n. f. Garniture métallique fixée à l'avant du radiateur d'une voiture. / TECHNOL. Machine comportant de gros cylindres roulant l'un contre l'autre et qui sert à lustrer et à lisser les étoffes, le papier.
calandre [2] n. f. ZOOL. Grosse alouette, à silhouette trapue, vivant dans les steppes, les terrains incultes, parfois quasi désertiques, les cultures. / (en appos.) *Une alouette calandre.* / Nom usuel de divers insectes coléoptères, notam. du charançon du blé.

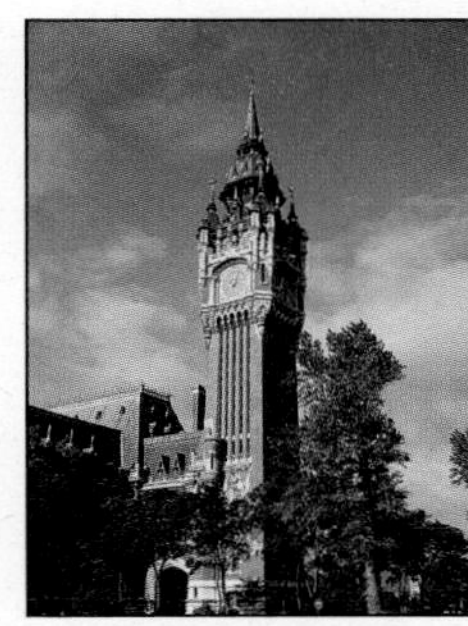
Calais (le beffroi).

calandrelle n. f. ZOOL. Petite alouette vivant dans divers milieux ouverts: steppes, dunes, champs en friche, etc. / en appos *Une alouette calandrelle.*
calanque n. f. Crique du littoral méditerranéen en forme d'échancrure, dessinée par la mer qui envahit un ravin. *Calanque provençale.*
calao n. m. Oiseau de la famille des bucérotidés, dont le bec démesuré est orné d'une excroissance cornée et qui vit dans les forêts d'Afrique et d'Océanie.
Calas (Jean) 1698-1762 Négociant calviniste exécuté en 1762 à la suite d'une erreur judiciaire. Accusé à tort d'avoir tué son fils pour prévenir sa conversion au catholicisme, il fut réhabilité en 1765 à l'initiative de Voltaire, qui écrivit à cette occasion un plaidoyer en faveur de la tolérance.
calcaire adj. et n. m. Qui contient du carbonate de calcium. *Terrain calcaire.* / n. m. MINÉR. Roche essentiellement faite de carbonate de calcium. *La craie et le calcaire grossier, produisant la chaux et le ciment, tout comme le marbre, employé dans la statuaire, sont des calcaires.*
calcanéum n. m. ANAT. Os volumineux du tarse formant le talon.
calcédoine n. f. MINÉR. Pierre siliceuse de texture fibreuse (quartz et opale) dont les variétés de couleur rouge ou verte sont utilisées en joaillerie. *La cornaline, la sardoine et l'onyx sont des calcédoines.*
calcémie n. f. PHYSIOL. Taux de calcium présent dans le sang.
calcéolaire n. f. Plante ornementale de la famille des scrofulariacées, à fleurs jaunes piquées de rouge et en forme de sabots.
Calchas MYTH. GR. Devin qui, au cours de la guerre de Troie, ordonna le sacrifice d'Iphigénie, puis suggéra la construction du cheval de Troie.
calcification n. f. PHYSIOL. Dépôt de sels de calcium (phosphate et carbonate) au niveau des tissus, physiologique au cours de la croissance (os, dents), et parfois pathologique.
calcin n. m. Croûte calcaire qui se forme sur les roches exposées aux pluies. / Dépôt calcaire qui se forme dans les bouilloires, les chaudières.
calcination n. f. Action de brûler, ou fait de se consumer complètement. / CHIM. Transformation des pierres calcaires en chaux sous haute température.
calciner v. t. [1] Brûler (qqch.) jusqu'à calcination. *Calciner un rôti.*

CAIRE (LE)

Capitale de l'Égypte, à 25 km de l'embouchure du Nil. Ville d'Afrique la plus importante, dont la population a triplé en trente ans, Le Caire est un carrefour comprenant trois ports fluviaux (Boulaq, Rod el-Farag, Atar el-Nabi), quatre aéroports dont deux internationaux. C'est aussi un centre industriel (sidérurgie, tabac, cuir, textiles) et culturel (musées, studios de cinéma). Enfin, Le Caire est considéré comme la capitale intellectuelle (universités) et politique (siège de la Ligue arabe) de l'islam.

Histoire

Appelée Al-Qahira, la Dominatrice, elle a été fondée en 969 près de Fustat, ville qui existait depuis le VIIe siècle, au moment de la conquête fatimide. Capitale de l'Égypte musulmane, elle servit successivement de résidence aux souverains fatimides, puis ayyubides. Les mosquées de Amr, Ibn Tulun (IXe siècle), Al-Azhar et Al-Hakim (Xe siècle) sont les vestiges les plus beaux de ces époques. La domination des Mamelouks (1250-1517), puis celle des Ottomans complétèrent cet ensemble monumental qui compte 200 mosquées, de nombreuses medersas et des tombeaux. De l'époque ayyubide, subsiste une enceinte percée de portes monumentales.

La mosquée Al-Azhar.

C

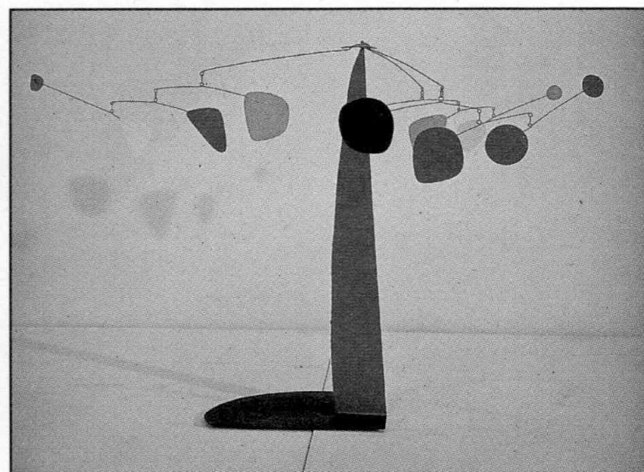

Trois tentacules, *mobile d'***Alexander Calder**.

Pedro Calderón de la Barca.

calcite n. f. MINÉR. Carbonate de calcium naturel à cristaux rhomboédriques.
calcitonine n. f. PHYSIOL. Hormone polypeptidique sécrétée essentiellement par la thyroïde et qui provoque une diminution de la concentration en calcium et en phosphore du plasma sanguin.
calcium n. m. CHIM. Métal blanc argent (symbole Ca), de numéro atomique Z = 20, qui fond à 810 °C et bout à 1 440 °C. *On trouve du calcium dans la nature surtout sous forme de carbonate, de sulfate et de fluorure. Les os contiennent du phosphate de calcium. Oxyde de carbone*: chaux vive. *Hydroxyde de calcium*: chaux éteinte.
calciurie n. f. PHYSIOL. Concentration des urines en calcium. *Une calciurie de 2 grammes par litre.* / Taux d'élimination du calcium dans les urines. *Une calciurie de 200 milligrammes par 24 heures, de 3 millimoles par 24 heures.*
calcul n. m. Opération effectuée sur des nombres par addition, soustraction, multiplication, division. / *Calcul infinitésimal*: branche des mathématiques regroupant le calcul intégral et le calcul différentiel. / *Calcul mental*: opérations faites de tête, sans papier ni crayon. / Estimation des moyens mis en œuvre pour réaliser un projet. / MÉD. Concrétion pierreuse, ou lithiase, semblable à un petit caillou, qui se forme dans les organes creux (reins, vessie, vésicule biliaire) / Préméditation en vue d'une action malveillante ou intéressée. *Se taire par calcul.*
calculateur, trice n. Personne ou machine qui calcule.
calculatrice n. f. Machine de bureau servant à des opérations de calcul numérique.
calculer v. t. [1] Déterminer par le moyen du calcul.
calculette n. f. Machine à calculer électronique de poche.
Calcutta (nom officiel **Kolkata)** *4 850 000 h.* Ville la plus peuplée de l'Inde, sur la rive gauche du Hooghly, ramification du delta du Gange. Capitale de l'État du Bengale-Occidental. Port actif, centre textile, commercial et financier, l'un des plus importants d'Asie, et centre industriel (textile, métallurgie). Avec ses faubourgs surpeuplés, l'agglomération dépasse les 10 millions d'habitants. **Histoire** Fondée en 1690 par la Compagnie anglaise des Indes orientales, Calcutta s'industrialise peu à peu, au prix de luttes sanglantes avec le nabab du Bengale. Elle devient capitale des Indes britanniques en 1772 et perd sa suprématie au bénéfice de Delhi en 1912.
caldarium n. m. (mot latin) HIST. Dans les thermes romains, salle de bains chaude.
caldeira ou **caldera** n. f. (mot portugais) Cratère de grande dimension, atteignant plusieurs kilomètres de diamètre, élargi par l'explosion d'une cheminée volcanique bouchée.
Calder (Alexander) 1898-1976 Sculpteur et peintre américain, créateur du mobile, ensemble de pièces métalliques, suspendues ou non, s'animant au moindre souffle. Il est aussi l'auteur de sculptures fixes et lourdes (stabiles) et de peintures pleines de gaieté et de fantaisie.
Calderón de la Barca (Pedro) 1600-1681 Poète et dramaturge espagnol. Après des études de théologie, il devient dramaturge officiel de Philippe IV. Entré dans les ordres (1651), il devient chapelain d'honneur de Philippe IV sans pour autant s'éloigner du théâtre pour lequel il compose des pièces d'inspiration religieuse. Son théâtre, tantôt tragique dans *L'Alcade de Zalamea* (1644), tantôt fleuri dans *Matins d'avril et de mai*, analyse l'inquiétude philosophique (*La Vie est un songe*, 1635) et religieuse (*La Dévotion à la croix*, vers 1625), avec un sens aigu de l'honneur et de la vertu. Il porta à son plus haut niveau un genre particulier, l'*auto sacramentale*, pièce en un acte.
caldoche n. et adj. Fam. Européen, ou personne d'origine européenne, établi (e) en Nouvelle-Calédonie. / adj. *La communauté caldoche.*
Caldwell (Erskine Preston) 1903-1987 Romancier américain. Il décrit la misère des pauvres Blancs du Sud, tenaillés par la faim et le désir sexuel: *La Route au tabac* (1932), *Le Petit Arpent du Bon Dieu* (1933).
cale [1] n. f. Morceau de bois ou pièce métallique que l'on place sous la roue d'un véhicule pour l'empêcher de rouler, ou sous un objet pour l'asseoir fermement.
cale [2] n. f. MAR. Partie d'un navire placée dans la coque et sous le pont et destinée à recevoir la cargaison. / Rampe en pente douce, sur un quai, permettant d'accéder à un bateau pour le charger ou le décharger. / *Cale de construction*: plan incliné où l'on construit et répare les bateaux. / *Cale de radoub* ou *cale sèche*: vaste bassin commandé par une écluse où l'on peut effectuer à sec les réparations des navires.
calé, e adj. Fam. Qui a acquis beaucoup de connaissance. *Un élève calé en anglais.* / Difficile, ardu. *J'ai un problème calé à résoudre.*
calebasse n. f. Fruit de diverses espèces de cucurbitacées qui, vidé et séché, sert de récipient; ce récipient; le contenu de ce récipient.

Calebasse.

calèche n. f. Anc. Voiture à cheval légère et découverte, munie d'une capote à soufflets.
caleçon n. m. Sous-vêtement masculin plus ou moins ample, à jambes longues ou courtes.
Calédonie Nom que les Romains donnaient au nord de l'Écosse.
calédonien, enne adj. et n. De Calédonie.
Calédonien (canal) Canal d'Écosse faisant communiquer la mer du Nord et l'Atlantique.
Calédonien (plissement) GÉOL. Plissement primaire qui affecta l'hémisphère boréal, de l'Amérique du Nord à la Scandinavie et l'Écosse.
caléfaction n. f. PHYS. Phénomène qui se produit lorsque certains liquides, comme l'eau, jetés sur une paroi portée à haute température restent sous forme de gouttelettes soutenues par la vapeur qu'elles libèrent.
calembour n. m. Jeu de mots fondé sur une similitude de sons et une différence de sens. *Si tu es gai, ris donc! (guéridon).*
calembredaine n. f. Plaisanterie, paroles futiles et fantaisistes.
calendaire adj. Relatif au calendrier. *Année calendaire*, qui, dans le calendrier grégorien, va du 1er janvier au 31 décembre.
calendes n. f. pl. Premier jour du mois du calendrier romain. / *Renvoyer aux calendes grecques*: ne pas donner suite à (qqch.), les Grecs n'ayant pas de calendes dans leur calendrier.
• **calendrier** n. m. Système de dénombrement des jours, des mois et des années selon des repères astronomiques où la position du Soleil, parfois de la Lune, joue un rôle déterminant. *Calendrier solaire*, fondé sur le temps de révolution de la Terre autour du Soleil (soit une année tropique équivalant à 365 jours un quart). *Calendrier lunaire*, fondé sur les lunaisons. *Calendrier lunisolaire*, combinant les deux méthodes. / Tableau imprimé portant la liste des jours, des mois et des saisons de l'année, ainsi que, parfois, d'autres indications (saint du jour, fêtes religieuses et nationales, changements de lune).
cale-pied n. m. Butoir pour caler le pied. *Les cale-pieds d'une bicyclette.*
calepin n. m. Petit carnet servant à prendre des notes.
caler v. t. / v. i. [1] **A.** v. t. Fixer (qqch.) au moyen d'une cale. / Par ext. Rendre stable. / v. pron. *Se caler dans son fauteuil.* **B.** v. i. S'arrêter brusquement, pour un moteur. / Fam. Ne plus pouvoir continuer.
calfat n. m. MAR. Ouvrier chargé de calfater un navire.
calfatage n. m. MAR. Action de calfater; résultat de cette action.
calfater v. t. [1] MAR. Boucher (les joints) pour les rendre étanches.
calfeutrage ou **calfeutrement** n. m. Action de calfeutrer: résultat de cette action.

CALENDRIER

L'Occident a d'abord adopté le calendrier julien, réforme du vieux calendrier romain adapté par Jules César. Il intercalait, tous les quatre ans, un jour supplémentaire. Cependant les erreurs de calcul du calendrier julien, qui cumulèrent un retard de 10 jours, amenèrent le pape Grégoire XIII à décréter en 1582 un nouveau calendrier, le calendrier grégorien, actuellement en vigueur en Occident. Avec le nouveau calendrier, on passa directement du 4 au 15 octobre 1582. Une année sur quatre est bissextile : elle comprend un jour de plus, le 29 février. Cependant, tous les 400 ans, trois années bissextiles ne sont pas comptées. Divisées en 12 mois et 52 semaines (une semaine correspond à un quart de lunaison), les années sont comptées à partir de la date supposée (et que l'on sait aujourd'hui fausse de 4 ans) de la naissance du Christ. Les Églises chrétiennes d'Orient, notamment les églises dites « orthodoxes », en particulier l'Église russe (et, donc, jusqu'à la révolution d'octobre 1917, la Russie), ont conservé le calendrier julien. Les musulmans calculent la durée de leur année d'après les lunaisons, mais comme l'année ne comprend dans ce cas que 354 jours, les 12 mois de l'année d'une durée de 29 ou 30 jours ne correspondent pas selon les années à la même saison. Les années sont comptées à partir de la fuite du Prophète à Médine ou hégire (622 de l'ère chrétienne). L'hégire est célébrée le 1er jour du 3e mois. Le calendrier juif comporte 12 (année commune) ou 13 mois. Le calendrier républicain, imaginé par Fabre d'Églantine, fut institué par la Convention en 1793. L'année débutait le 22 septembre (équinoxe d'automne) et comprenait 12 mois de 30 jours, plus 5 jours complémentaires, réservés à la célébration des fêtes républicaines. Trois décades découpaient le mois. Ce calendrier fut officiellement abrogé par Napoléon Ier, et le calendrier grégorien reprit effet le 1er janvier 1806.

Extrait d'un calendrier républicain.

***Calice** mozarabe (monastère Santo Domingo de Silos).*

calfeutrer v. t. [1] Boucher (une fente, un orifice) pour empêcher l'air, le bruit, la lumière de pénétrer. *Calfeutrer une fenêtre.*

Caliban Personnage féerique de *la Tempête* de Shakespeare, incarnation monstrueuse de la force bestiale, en constante rébellion contre la puissance dominatrice d'Ariel, le génie des airs.

calibrage n. m. Action de calibrer. / IMPR. Établissement du nombre de signes d'un texte à imprimer.

calibre n. m. Diamètre intérieur d'un objet creux de section circulaire. / Diamètre du canon d'une arme à feu. *Canon de calibre 120.* Par ext. L'arme à feu elle-même. *Ranger un calibre dans son étui.* / Instrument servant à évaluer un diamètre. / Fig. et fam. Valeur personnelle, importance. *Ce compositeur n'est pas du même calibre que Beethoven.*

calibrer v. t. [1] Mesurer le calibre de ; mettre au calibre ; trier selon le calibre. *Calibrer des balles, des tomates.*

calice n. m. RELIG. Vase contenant le vin du sacrifice eucharistique, consacré par le prêtre au cours de la messe. *Un calice en or.* / Fig. Pénible épreuve. *Boire le calice jusqu'à la lie* : endurer une douleur ou une humiliation jusqu'au bout. / BOT. Enveloppe externe d'une fleur, en forme de coupe et composée de sépales. / ANAT. Chacun des canaux excréteurs du rein dont l'ensemble forme le bassinet.

calicot n. m. Toile de coton grossière. / Banderole de tissu portant une inscription.

Calicut Voir **Kozhikode**

califat n. m. Dignité de calife ; durée du règne d'un calife ; territoire soumis à un calife.

calife n. m. (mot arabe) Chef suprême de la communauté musulmane, après la mort de Mahomet.

• **Californie** *411 012 km² 30 000 000 h.* État de l'Ouest des États-Unis, sur la côte Pacifique. Capitale *Sacramento.*

Californie (Basse-) Presqu'île montagneuse et volcanique du nord-ouest du Mexique, baignée par le Pacifique. Tourisme. Gisements d'or, d'argent et de cuivre.

californien, enne adj. et n. De Californie.

californium n. m. CHIM. Élément radioactif artificiel (symbole Cf), de numéro atomique Z = 98, de masse atomique 251.

califourchon (à) loc. adv. Avec les jambes placées de part et d'autre d'un support sur lequel on est assis (monture, siège, etc.).

Caligula (Caius Caesar Germanicus, dit**)** 12-41 Empereur romain à partir de 37. Sombrant dans la démence, il se livra à la débauche, voulut se faire adorer par ses sujets et commit mille extravagances. Il fut assassiné.

câlin, e adj. et n. Personne qui aime recevoir et prodiguer des caresses affectueuses. / n. m. Geste tendre accompagné de baisers affectueux. *Enfant qui fait un câlin à son père.*

câliner v. t. [1] Cajoler, caresser tendrement (qqn). *Câliner un bébé.*

câlinerie n. f. Câlin, action de câliner. *Se faire des câlineries.*

calisson n. m. Friandise faite de pâte d'amandes et enrobée de sucre glacé, spécialité d'Aix-en-Provence.

Calixte Nom de trois papes. **Calixte Ier** (saint) v. 155-222 Pape en 217. **Calixte II** (Guy de Bourgogne) v. 1060-1124 Pape en 1119, il conclut le concordat de Worms (1122) avec l'empereur Henri V qui acceptait que seul le pape donne aux évêques l'investiture religieuse. **Calixte III** Voir **Borgia**.

Callao ou **El Callao** *550 000 h.* Port principal du Pérou, à 12 km de Lima, sur la côte Pacifique.

Callas (Maria Kalogeropoulos, dite **Maria)** 1923-1977 Cantatrice grecque. Grande interprète du répertoire italien, elle associait à des dons vocaux rares (sa voix couvrait presque trois octaves) des qualités de tragédienne exceptionnelle. Elle fut *Médée* dans le film de Pasolini (1969).

Maria Callas.

CALIFORNIE

C'est l'État le plus peuplé des États-Unis.

La Californie est formée par une plaine centrale entourée par deux chaînes montagneuses : la sierra Nevada, frontière orientale avec le Nevada, et les chaînes côtières qui longent le Pacifique.

« Jardin de l'Amérique », la Californie, au climat doux et ensoleillé, associe une agriculture intensive de fruits et de légumes à une production industrielle moderne favorisée par l'exploitation du pétrole et du gaz naturel. Elle possède de grands équipements scientifiques et des centres universitaires célèbres. L'informatique et la haute technologie font le prestige mondial de la Silicon Valley. La beauté des paysages et la présence d'Hollywood, capitale du cinéma, attirent les touristes.

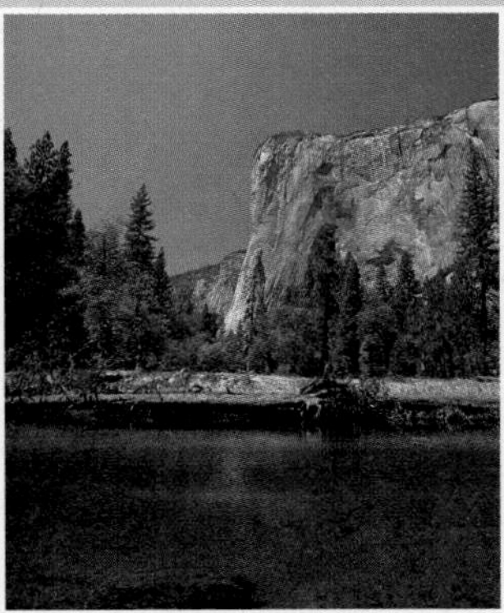

Le parc national de Yosemite, en Californie.

Histoire

La Californie, peuplée de tribus indiennes, a été découverte en 1542 par l'Espagnol Juan Rodriguez Cabrillo et colonisée à partir de 1769. De nombreuses missions y furent implantées et la région fut annexée par le Mexique en 1822. À l'issue de la guerre avec le Mexique (1846-1848), les États-Unis obtinrent ce territoire, qui devint le 31e État de l'Union en 1850.

La découverte d'or près de San Francisco, puis de pétrole, fit de la Californie un des pôles économiques les plus importants des États-Unis.

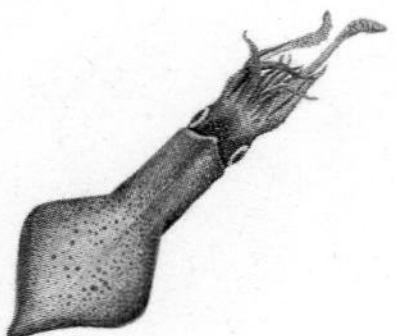

L'encornet est un ***calmar.***

calleux, euse adj. Qui présente des callosités. / ANAT. *Corps calleux* : bande de substance blanche qui unit les deux hémisphères cérébraux.
call-girl n. f. (mot anglais) Prostituée qui entre en contact avec ses clients par téléphone.
Callicratès Ve s. av. J.-C. Architecte grec qui collabora avec Ictinos à l'édification du Parthénon.
calligramme n. m. Texte (généralement poème) dont la disposition typographique constitue un dessin qui évoque le même objet que le texte lui-même.
calligraphe n. Personne qui pratique la calligraphie.
calligraphie n. f. Art de bien tracer les caractères de l'écriture. / Œuvre du calligraphe.
calligraphié, e adj. *Écriture calligraphiée*, selon l'art de la calligraphie.
calligraphique adj. Relatif à la calligraphie.
Callimaque Ve s. av. J.-C. Sculpteur et ciseleur athénien auquel on attribue des *Ménades* et des *Lacédémoniennes dansantes* (musée de Berlin).
Calliope MYTH. GR. ET LAT. Une des neuf Muses. Elle inspire les poètes épiques et les orateurs.
callipyge adj. Dont les fesses sont belles, harmonieuses. *Vénus callipyge.* / Par ext. Dont les fesses sont importantes.
Callisto MYTH. GR. ET LAT. Nymphe aimée de Zeus, que Héra, jalouse, fit tuer par Artémis. Zeus en fit une constellation : la Grande Ourse.
callosité n. f. Induration de la peau due à l'épaississement de l'épiderme par frottements fréquents. *Callosité des mains, de la plante des pieds.*
Callot (Jacques) 1592-1635 Graveur et dessinateur français, d'origine lorraine. Venu jeune en Italie où il séjourna jusqu'en 1621, il y découvrit les avantages de l'emploi du vernis dur des orfèvres dans la technique de l'eau-forte. Il en résulte ce style fait de concision et de netteté, qui caractérise les sujets pittoresques ou réalistes qu'il affectionnait : les *Caprices* (1619), *les Gueux (1622),* les *Misères et Malheurs de la guerre* (1633).
calmant, ante adj. Qui calme, apaise. / n. m. Substance ou médicament qui calme la douleur, l'excitation nerveuse.
calmar ou **calamar** n. m. ZOOL. Mollusque céphalopode, de l'ordre des décapodes, voisin de la seiche. (Sa coquille interne cornée est appelée plume. Tout comme la seiche, le calmar émet une encre pour échapper à ses prédateurs. Le calmar géant, atteignant vingt mètres, vit dans les grands fonds océaniques. Une espèce comestible de calmar, l'encornet, vit dans l'Océan Atlantique et la Méditerranée).
calme adj. et n. m. **A.** adj. Sans agitation, paisible. *Matin calme.* / Peu dynamique. *Les affaires sont calmes.* / Maître de soi, serein. *Rester calme.* / **B.** n. m. Absence d'agitation. *Le calme plat de la mer.* / Fig. Sérénité, paix intérieure. / *Calme équatorial* : absence de vent dans les zones proches de l'équateur.
calmement adv. De manière calme.
calmer v. t. [1] Rendre calme, plus calme (ce qui ne l'est pas). *Calmer qqn, ses ardeurs.* / v. pron. *La tempête s'est calmée.*
Calmette (Gaston) 1858-1914 Journaliste français. Directeur du *Figaro*, il mena contre Joseph Caillaux une campagne si haineuse qu'elle poussa Mme Caillaux au désespoir, au point d'assassiner le journaliste.
Calmette (Albert) 1863-1933 Bactériologiste français qui, après avoir été nommé sous-directeur de l'Institut Pasteur, inventa avec Guérin une méthode de vaccination contre la tuberculose, le BCG (vaccin bilié Calmette-Guérin).
calmir v. i. [2] MAR. Devenir calme, en parlant du vent, de la mer.
calomel n. m. CHIM. Chlorure mercureux utilisé autrefois comme purgatif.
calomniateur, trice n. Personne qui calomnie. / adj. *Des propos calomniateurs.*
calomnie n. f. Accusation fausse portée contre l'honneur et la réputation d'une personne.
calomnier v. t. [1] Attaquer par des calomnies.
calomnieusement adv. De manière calomnieuse.
calomnieux, euse adj. De la nature de la calomnie. *Des assertions calomnieuses.*
Calonne (Charles-Alexandre de) 1734-1802 Homme d'État français. Les notables inquiets de sa politique dispendieuse obtinrent en 1787, sous l'impulsion de Necker, sa démission du contrôle général des finances.
calorie n. f. Anc. PHYS. Unité de mesure des quantités de chaleur, quantité de chaleur qu'il faut fournir à un gramme d'eau pour élever sa température de 14,5 °C à 15,5 °C sous pression atmosphérique normale (symbole : cal). / Anc. PHYSIOL. Unité utilisée pour évaluer la valeur énergétique des aliments. *La calorie (4,184 joules), dite aussi petite calorie ou microthermie, n'est plus une unité légale ; c'est la kilocalorie, valant 1 000 calories, qui est l'unité du système international.*
calorifère n. m. Vieilli Appareil de chauffage par circulation d'air chaud canalisé.
calorifique adj. Qui concerne la chaleur ; qui produit de la chaleur.
calorifuge adj. et n. m. Qualifie une substance qui n'est pas conductrice de la chaleur ou qui empêche la déperdition de chaleur. / n. m. *Un calorifuge.*
calorifuger v. t. [1] TECH. Rendre étanche à la chaleur par un revêtement calorifuge.

Indien fumant le ***calumet.***

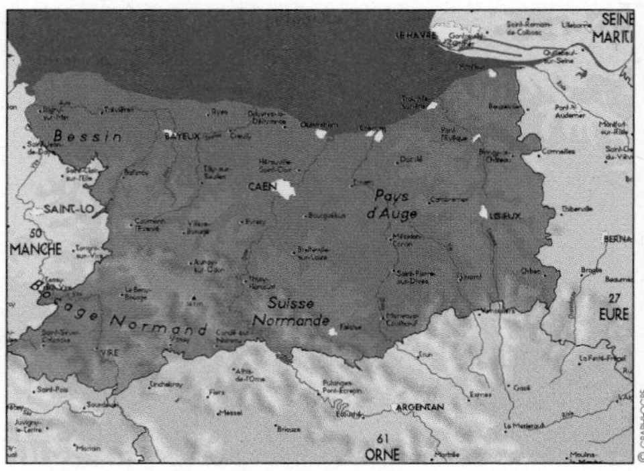

Département du ***Calvados.***

calorimétrie n. f. Branche de la physique étudiant les méthodes de mesure des quantités de chaleur.
calorimétrique adj. Relatif à la calorimétrie.
calorique adj. Relatif à la calorie.
calorisation n. f. Procédé de protection des métaux contre l'oxydation, par dépôt superficiel (ou cémentation) d'aluminium.
calot [1] n. m. Coiffure militaire sans bords, à pli circulaire plaqué sur une calotte, également appelée bonnet de police.
calot [2] n. m. Grosse bille.
calotin, e n. et adj. Péjor. Défenseur inconditionnel du clergé, de ses positions. / adj. *Une attitude calotine.*
calotte [1] n. f. Petit bonnet rond ne couvrant que le sommet du crâne. / Spécial. Ce petit bonnet, porté par les évêques. / Fam. *Porter la calotte* : appartenir au clergé. *La calotte* : l'ensemble du clergé et de ses partisans. / ANAT. *Calotte crânienne* : partie supérieure du crâne. / ARCHIT. Petite voûte. / GÉOGR. *Calotte glaciaire* : partie des pôles, entièrement recouverte de glace. / MATH. *Calotte sphérique* : partie de la sphère limitée par un plan sécant.
calotte [2] n. f. Fam. Petite tape sur la joue, sur la tête. *Cesse de faire l'idiot ou tu auras une calotte.*
calotter v. t. [1] Fam. Donner une calotte à (qqn). / Pop. Dérober.
calotype n. m. PHOTO. Épreuve photographique positive sur papier obtenue par l'intermédiaire d'un négatif. (La technique permettant l'obtention d'un calotype, technique qui est à la source de tous les procédés photographiques actuels faisant appel à un négatif pour obtenir un positif, a été inventé par Talbot entre 1830 et 1841 ; à l'image unique que constituait le daguerréotype a été substituée la possibilité de multiplier le cliché à volonté à partir du négatif).
Calpurnia Femme de Jules César en 59 avant J.-C. Ayant vu en songe la fin tragique de son époux, elle tâcha en vain de lui faire partager son pressentiment. Elle mit tous ses biens à la disposition d'Antoine pour qu'on poursuive les meurtriers de César.
Calpurnius Nom d'une famille plébéienne qui, du IIIe siècle avant J.-C. au Ier siècle après J.-C., exerça à Rome une grande influence politique. La branche des Pison, en particulier, eut onze consuls.
calque n. m. Copie d'un dessin faite sur un papier transparent, dit papier-calque, que l'on applique sur le modèle à reproduire. / LING. Transcription littérale d'un mot traduit d'une autre langue (ex. : l'américain *sky-scraper* donne en français *gratte-ciel*). / Fig. Imitation trop fidèle.
calquer v. t. [1] Copier à l'aide d'un calque.
calter ou **calter (se)** v. i. / v. pron. [1] Pop. S'enfuir à toutes jambes. / Emploi pron. *Il s'est calté dès qu'il m'a vue.*
calumet n. m. Pipe à long tuyau dont se servaient les Indiens d'Amérique du Nord lors des réconciliations entre tribus. *Offrir le calumet de la paix* : faire des offres de paix.
calvados n. m. Eau-de-vie de cidre, fabriquée en Normandie.
Calvados (département du) [14] *5 548 km² 648 400 h.* Chef-lieu *Caen*. Département qui fait partie de la région de Basse-Normandie. Il comprend à l'est le pays d'Auge, pays d'élevage, et le Lieuvin, plateau de cultures et d'herbages ; au centre la plaine de Caen (blé, betterave à sucre) ; au nord-ouest, le Bessin, couvert de pâturages et de pommeraies ; au sud-ouest, le Bocage normand, région de prairies ; au nord, la côte, bordée de falaises crayeuses. Mise à part l'exploitation du minerai de fer (en déclin), les ressources du Calvados sont essentiellement agricoles : cultures de céréales et de betteraves, élevage de bovins pour la viande et les produits laitiers, beurre d'Isigny, fromages de Camembert, Pont-l'Évêque et Livarot. Stations balnéaires : Trouville, Deauville.
Calvaert ou **Calvart (Denijs)** 1540-1619 Peintre flamand. Installé en Italie et marqué par l'influence de Raphaël, il fonde l'académie de Bologne où s'illustrent le Dominiquin et Guido Reni.
calvaire n. m. Sculpture ou peinture qui représente la crucifixion du Christ. / Croix dressée sur une butte, en plein air, commémorant la Passion. / Fig. Grande et longue souffrance morale.
Calvaire Voir **Golgotha**
Calvi *5 200 h.* Chef-lieu d'arrondissement de la Haute-Corse. Port et station balnéaire situés au nord-ouest de l'île. La beauté du site, le pittoresque de la ville haute ou citadelle, la cathédrale et l'oratoire Saint-Antoine en font un lieu touristique fréquenté.

José Calvo Sotelo.

Calvin (Jean Cauvin, dit**)** 1509-1564 Réformateur religieux et écrivain français. Passionné et rigoriste, il développe une conception austère du protestantisme, fondée sur la prédestination. En 1534, il quitte la France pour Bâle où il publie en latin *L'Institution de la religion chrétienne* (1536), ouvrage qu'il traduisit ensuite lui-même en français. Cette même année, il gagne Genève puis doit s'exiler à Strasbourg en 1538 ; il y enseigne, y rencontre Mélanchthon et s'y marie. En 1541, il retourne à Genève où il organise une république théocratique dont il restera jusqu'à sa mort le chef incontesté et impitoyable (en 1553, il fait brûler vif Michel Servet). Théodore de Bèze lui succéda.

Calvin (Melvin) 1911-1997 Biochimiste américain. Il mit en avant le mécanisme de la photosynthèse des végétaux (cycle de Calvin).

• **calvinisme** n. m. Doctrine protestante élaborée par le réformateur Calvin.

calviniste adj. Du calvinisme, de Calvin. / n. Personne se réclamant du calvinisme. *Un calviniste.*

Calvino (Italo) 1923-1985 Romancier italien, auteur d'œuvres où réalisme, fantaisie et poésie voisinent : *Le Baron perché* (1957), *Les Villes invisibles* (1972). Il était membre de l'Oulipo.

calvitie n. f. État d'une personne chauve.

Calvo Sotelo (José) 1893-1936 Homme politique espagnol. Ministre des Finances du général Primo de Rivera, il prit la tête du parti monarchiste. Son assassinat contribua à déclencher la guerre civile.

calypso n. m. Danse jamaïcaine. *Un calypso langoureux.*

Calypso MYTH. GR. Nymphe qui, d'après l'*Odyssée*, s'éprit d'Ulysse naufragé et le retint dix ans dans l'île d'Ogygie.

Cam ou **Cão (Diogo)** XVe siècle Navigateur portugais. Il explora la côte atlantique de l'Afrique équatoriale, découvrant l'embouchure du Congo (1485).

Cam Ranh *209 086 h.* Port du Vietnam sur la baie de Cam Ranh.

camaïeu n. m. Peinture en une seule couleur où la profondeur et le relief sont rendus par la technique du dégradé. / Pierre fine formée de deux couches de nuances différentes, travaillée pour former une figure en relief.

camail n. m. Au Moyen Âge, capuche de mailles. / Courte pèlerine s'arrêtant à mi-poitrine, parfois surmontée d'un capuchon, que portent certains dignitaires ecclésiastiques au-dessus du surplis.

Câmara (dom Hélder) Voir **Pessôa Câmara (Hélder)**

camarade n. Personne qu'une occupation, des préoccupations communes a rendu proche, familière. *Camarade d'école. Camarades syndiqués.*

camaraderie n. f. Relations familières qui existent entre des camarades. *Franche camaraderie.*

camard, e adj. et n. Personne qui a le nez plat, d'un aspect écrasé. / Fam. *La Camarde* : la mort.

Camargue Plaine alluviale du Rhône située en Provence (dép. des Bouches-du-Rhône), entre les deux bras du fleuve. Région de grands marécages et de rizières, faiblement peuplée, la Camargue est un pays d'élevage de chevaux et de taureaux, une grande réserve naturelle d'oiseaux. L'originalité et la richesse de la flore et de la faune ont motivé la création en 1970 du parc naturel régional de la Camargue (80 000 hectares). Au bord de la côte, la ville des Saintes-Maries-de-la-Mer est le centre du pèlerinage mondial des gitans.

camarilla n. f. (mot espagnol) HIST. Groupe des familiers du roi, en Espagne. / Groupe d'intrigants qui mène une action politique secrète auprès d'un chef d'État, d'un gouvernement ou d'un personnage influent.

Cambacérès (Jean-Jacques Régis de Cambacérès, duc de Parme**)** 1753-1824 Jurisconsulte et homme politique français. Nommé deuxième consul, il exerça sur Bonaparte une influence déterminante. À l'avènement de l'Empire, Napoléon l'éleva à la dignité d'archichancelier et il participa à la rédaction du Code civil.

cambiste n. m. FIN. Personne qui s'occupe des opérations de change.

• **Cambodge** État de l'Asie du Sud-Est, situé dans la péninsule indochinoise.

cambodgien, ienne adj. et n. Du Cambodge. *Plaine cambodgienne. Un (e) Cambodgien (ne).* / n. m. Langue officielle du Cambodge, appartenant au groupe môn-khmer, dissyllabique et monotonale.

Cambon (Paul) 1843-1924 Diplomate français, artisan de l'Entente cordiale avec l'Angleterre (1904).

cambouis n. m. Graisse ou huile qui a servi à lubrifier un moyeu ou un essieu et qui est noircie par des impuretés et des oxydations.

Cambrai *33 750 h.* Port fluvial du Nord, au bord de l'Escaut. Centre d'industries textiles (coton) et alimentaires. Beffroi (XVe et XVIIIe siècles).

Cambrai (ligue de) Traité signé en 1508 par les monarques européens, afin d'assurer, sous le couvert d'une alliance contre les Turcs, leurs prétentions sur le territoire vénitien (dissoute en 1510).

cambré, ée adj. Qui est courbé en arc. *Une taille cambrée,* qui se creuse au milieu des reins.

Cambrai.

Calvinisme

Jean Calvin.

Le calvinisme ne reconnaît que deux sacrements : le baptême et la cène. Le Christ n'est pas considéré comme corporellement présent dans le pain et le vin de l'eucharistie ; il n'a de présence que spirituelle, une présence qui s'effectue à travers le Saint-Esprit. Conformément à l'enseignement de Luther, Calvin professe que le chrétien est sauvé uniquement par la grâce de Dieu, mais il insiste sur la force transformatrice de cette grâce qui pousse le croyant à la responsabilité et à l'efficacité éthique et politique.

Il met l'accent sur la distance infinie qui sépare Dieu et les êtres humains (« à Dieu seul la gloire »). Avant même la création du monde, Dieu a voué les uns au salut (fruit de sa bonté), les autres à la damnation (fruit de sa justice) : c'est la doctrine de la prédestination. Bien que controversée par les héritiers spirituels de Calvin, cette doctrine connaît un grand succès dans les sociétés fortement hiérarchisées des XVIe-XVIIe siècles où le destin social des individus est en grande partie subordonné à la naissance.

Cette conception n'est donc pas exempte d'une dimension subversive, les élus n'étant pas nécessairement les gens socialement bien nés : en faisant de l'homme un être libre de toute autorité, le calvinisme a contribué à la naissance de l'individu moderne.

cambrer v. t. [1] Courber, arquer (qqch.). *Cambrer le corps, les reins, la taille* : se redresser en courbant un peu le corps en arrière. / v. pron. *Se cambrer.*

Cambrésis Région du nord de la France, entre la plaine flamande et le Bassin parisien. Pays de forte densité démographique, le Cambrésis est aussi une grande voie de passage : canal de l'Escaut, canal de Saint-Quentin, voies ferrées reliant le Nord industriel à Paris. Le limon qui recouvre ses plateaux lui permet de développer la grande culture du blé, de la betterave à sucre et des fourrages artificiels.

Cambridge *100 000 h.* Ville de Grande-Bretagne, sur la rivière Cam, au nord de Londres. Son université, fondée au XIIIe siècle, est divisée en fondations privées ou collèges.

Cambridge *96 000 h.* Ville des États-Unis, dans le Massachusetts, où sont établis l'université Harvard et le M.I.T. (Massachusetts Institute of Technology).

Église d'un village du **Cambrésis**.

cambrien, ienne adj. et n. m. GÉOL. De la première période de l'ère primaire, ou Paléozoïque inférieur, d'une durée de 40 millions d'années, achevée il y a 400 millions d'années. *Flore cambrienne.* / Cette période. *Le Cambrien comprend les sédiments les plus anciens qui renferment les premiers fossiles.*

cambriolage n. m. Action de cambrioler.

cambrioler v. t. [1] Dévaliser, en s'introduisant, par effraction ou non, dans (un lieu clos, public ou privé). *Cambrioler un magasin.* / Par ext. *J'ai été cambriolée.*

cambrioleur, euse n. Personne qui cambriole.

Cambronne (Pierre) 1770-1842 Général français. Engagé volontaire en 1793, il servit sous le Directoire, puis participa aux campagnes de Napoléon entre 1812 et 1814. Il s'illustra à Waterloo par une héroïque résistance, et par la fameuse réplique « Merde ! », que lui attribue la légende, aux sommations des Anglais.

cambrousse n. f. Pop., péjor. Campagne. *Retourne dans ta cambrousse !*

cambrure n. f. Courbure en forme d'arc. *La cambrure de la taille.* / Partie courbée d'une semelle de chaussure, au niveau de la voûte plantaire.

cambuse n. f. MAR. Magasin contenant les vivres à bord d'un navire. / TRAV. PUBL. Cantine sur un chantier. / Péjor. Maison, chambre mal tenue.

Cambyse Nom de deux rois de la dynastie achéménide. **Cambyse Ier**, roi d'Anshan v. 600-559 av. J.-C., père de Cyrus le Grand. **Cambyse II**, roi de Perse de 530 à 522 av. J.-C., conquit l'Égypte, où il se fit couronner roi, fondant la XXVIIe dynastie (525 av. J.-C.).

C

Cambodge

Superficie : *181 035 km²* – **Nombre d'habitants :** *11 75 000 h.* – **Capitale :** *Phnom Penh*
Villes principales : *Battambang, Kompong Cham* – **Système politique :** *monarchie constitutionnelle*
Langue (s) : *khmer* – **Religion (s) :** *bouddhisme* – **Monnaie (s) :** *riel*

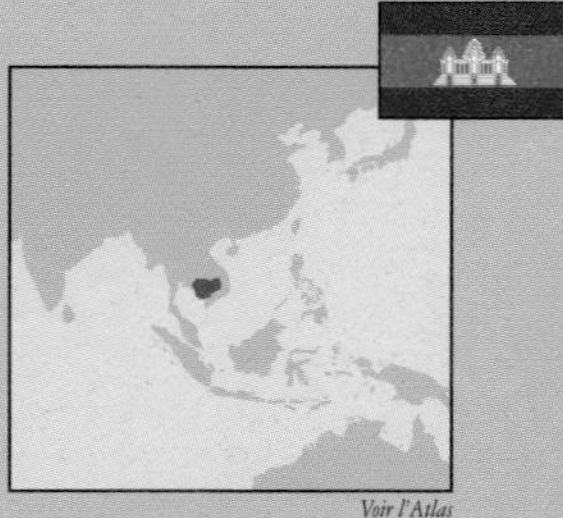

Voir l'Atlas

Géographie physique et humaine

Formé d'une vaste plaine envahie de forêts et drainée par le Mékong et ses affluents, le Cambodge, au climat tropical humide, est soumis à l'influence des moussons. Les Khmers constituent presque les neuf dixièmes de la population, qui compte trois minorités : Vietnamiens, Chinois, Chams.

Économie

Pays essentiellement agricole, il exporte du riz et du caoutchouc brut. Le fleuve Mékong et le lac Tonlé Sap, riches en poissons, alimentent l'industrie de la pêche. Réseau routier et voies ferrées sont dans un état lamentable.

Histoire

Au VIe siècle, les Kambudja (ancêtres des Khmers) s'imposèrent dans une partie du pays. Au début du IXe siècle, le roi Jayavarman II créa une capitale dans la région d'Angkor, au nord-ouest du lac Tonlé Sap. Au XIIe siècle, l'Empire khmer s'étend sur une grande partie de la Thaïlande et du Vietnam actuels ; le temple hindouiste d'Angkor Vat est bâti, puis la ville d'Angkor Thom est fondée. Bientôt le bouddhisme succède à l'hindouisme. En 1431, les Siamois (Thaïlandais) prennent Angkor Thom. En

Jeunes moines bouddhistes, à Angkor, Cambodge.

1434, les Khmers choisissent Phnom Penh comme capitale. Pendant des siècles, le pays subit la menace constante du Siam et du Vietnam, de sorte que son roi Ang Duong (1845-1860) fait appel à la France. En 1863, le fils d'Ang Duong, Norodom Ier, roi de 1860 à 1904, accepte le protectorat de la France. Celle-ci ôte au Siam la région d'Angkor pour la rendre au Cambodge. En 1941, Norodom Sihanouk monte sur le trône. En 1954, il obtient l'indépendance du pays mais abdique en 1955 en faveur de son père Norodom Suramarit, conservant le poste de président du Conseil. À la mort de Norodom Suramarit (1960), il ne prend pas le titre de roi, mais celui de chef de l'État. Neutraliste, il rompt avec les États-Unis en 1963. Le général Lon Nol, proaméricain, le renverse en 1970. De Pékin, Norodom Sihanouk soutient la guérilla des Khmers rouges, qui renversent Lon Nol en 1975 et le rappellent. Chef de l'État (honorifique), il démissionne en 1976. Les Khmers rouges se livrent à un véritable génocide (un million de morts) contre leur peuple, qu'ils veulent « libérer » de tout occidentalisme. S'en prenant à la minorité vietnamienne, ils suscitent l'intervention du Vietnam qui, soutenu par l'U.R.S.S., prend Phnom Penh et installe comme Premier ministre Hun Sen, un communiste modéré. En 1989, le Vietnam se retire. En 1993, le parti royaliste, dirigé par Norodom Ranariddh, fils de Sihanouk, remporte les élections législatives, le parti communiste de Hun Sen devient minoritaire. Les deux hommes doivent s'associer dans un gouvernement dirigé par deux Premiers ministres (car la Constitution cambodgienne exige du gouvernement qu'il ait obtenu les deux tiers des suffrages). Cette même année, Norodom Sihanouk reprend le titre (honorifique) de roi. En 1997, Hun Sen évince Ranariddh par un coup de force. En 1998, Hun Sen remporte les élections. Pacifié, le Cambodge a retrouvé, en décembre 1998, son siège à l'ONU, mais le pays ne parvient pas à sortir du sous-développement.

Palais royal de Phnom Penh, capitale du Cambodge.

came [1] n. f. Pièce servant à transmettre le mouvement rotatif d'un moteur en le transformant en mouvement alternatif. *Les cames commandent, dans un moteur à explosion, l'ouverture des soupapes.* / *Arbre à cames* : axe d'un moteur à explosion portant des cames.
came [2] n. f. Arg. Abréviation de camelote. *Laisse tomber, c'est de la came.* / Drogue.
camé, e adj. et n. Arg. Drogué (e). *Il ne t'entend pas, il est complètement camé. C'est une camée.*
camée n. m. Pierre fine à deux ou plusieurs couches superposées de couleurs différentes dont on a ciselé la couche supérieure pour faire apparaître une figure en léger relief.
caméléon n. m. Lézard arboricole et insectivore, capable de prendre, par mimétisme, les couleurs du milieu dans lequel il vit (homochromie) ; sa langue protractile lui permet d'attraper ses proies. / Fig. et péjor. Personne qui fait varier la couleur de ses opinions en fonction de ses intérêts.
Caméléon Constellation circumpolaire (voir **constellation**).
camélia ou **camellia** n. m. Arbuste tropical d'origine asiatique, de la famille des théacées, dont une espèce est cultivée comme plante ornementale. / Sa fleur.
camélidés n. m. pl. ZOOL. Famille de mammifères de l'ordre des artiodactyles, familiers des zones arides, dépourvus de sabots et de cornes, comportant les chameaux, les dromadaires, les lamas.
camelot n. m. Personne qui vend dans la rue. / Vendeur de journaux à la criée. / HIST. *Camelot du roi* : militant royaliste, vendeur à la criée de *L'Action française*, entre 1908 et 1936.
camelote n. f. Fam. Marchandise de médiocre qualité. *Vendre de la camelote.* / Par ext. Marchandise en général. *De la belle camelote.*

Caméléon.

camembert n. m. Fromage à pâte molle et à croûte fleurie, de forme ronde et plate, fait de lait de vache, fabriqué pour la première fois à Camembert (Orne) en 1791 par Marie Harel.
camer (se) v. pron. [1] Arg. Se droguer.
caméra n. f. Appareil de prises de vues enregistrant un grand nombre d'images animées (cinéma, télévision) par seconde.
cameraman n. m. (mot anglais) Cadreur. Pl. Des *cameramen*.

***Caméra** de télévision.*

Camerarius (Joachim Kammermeister, dit Joachim) 1500-1574 Humaniste allemand. Rédacteur avec Melanchthon de l'*Apologie de la Confession d'Augsbourg*, il encouragea le rapprochement des Églises protestante et catholique.

camérier n. m. Ecclésiastique attaché au service personnel du pape.

camériste n. f. En Espagne, en Italie et au Portugal, dame attachée à la chambre d'une princesse. / Fam., vieilli ou plaisant Femme de chambre.

camerlingue n. m. Cardinal de curie, qui administre la justice, a la responsabilité du trésor, préside la chambre apostolique et exerce l'autorité temporelle du pape pendant la vacance du Saint-Siège. *Le camerlingue convoque et préside le conclave électeur du nouveau pape.*

Cameron (Julia Margaret Pattle, madame Charles Hay Cameron, connue sous le nom de **Julia Margaret)** 1815-1879 Photographe britannique. Portraitiste (Darwin, Tennyson, notamment), elle fait poser famille et amis pour des « tableaux vivants » à thèmes littéraires ou mythologiques qui ont un grand succès, au point qu'elle illustre ainsi les *Idylls of the King* de Tennyson.

Camerone Localité du Mexique où, durant la guerre du Mexique, 64 soldats de la Légion étrangère française luttèrent pendant des heures contre 2 000 Mexicains, le 30 avril 1863 ; cette date est devenue la fête de la Légion.

• **Cameroun** État d'Afrique centrale, au bord de l'Atlantique, entre le Nigeria et la République centrafricaine.

camerounais, e adj. et n. Du Cameroun. *Savane camerounaise. Un (e) Camerounais (e).*

caméscope n. m. (nom déposé) Appareil portatif vidéo intégrant une caméra et un magnétophone.

camion n. m. Véhicule automobile servant au transport des marchandises et des charges lourdes. / *Camion-citerne*, qui sert au transport en vrac des liquides.

camion-citerne n. m. Camion muni d'une citerne. *Transporter de l'eau en camion-citerne.* Pl. Des *camions-citernes.*

camionnage n. m. Transport par camion. *Une entreprise de camionnage.*

camionnette n. f. Petit camion.

camionneur n. m. Personne qui conduit un camion, fait du camionnage.

camisards n. m. pl. Calvinistes cévenols qui affrontèrent les armées de Louis XIV, à la suite de la révocation de l'édit de Nantes (1685). *La révolte des camisards, commencée en 1702, fut réduite en 1710.* / (Sing.) *Un camisard.*

camisole n. f. Anc. Corsage féminin, droit et à manches. / *Camisole de force* : vêtement de toile, à manches fermées, immobilisant les bras, dont on se servait pour maîtriser les malades mentaux très agités.

Camoens ou **Camões (Luis de)** 1524 ?-1580 Poète portugais dont l'épopée historique, *Les Lusiades* (1572), relate la découverte de la route des Indes par le navigateur Vasco de Gama. Il fait appel au merveilleux et à l'enchantement du mythe pour exalter avec lyrisme, dans cette œuvre qui reste cependant classique, le sentiment national. Sa vie est mal connue. Il perdit l'œil droit au cours d'un séjour au Maroc, fut emprisonné à Lisbonne, bourlingua sur les mers, revint à Lisbonne aussi pauvre qu'à son départ. Le roi lui versa une petite pension de 1572 à sa mort, due à la peste. *Les Lusiades* sont devenues le poème national du Portugal.

***Luis de Camoens** dans la prison de Goa, où il aurait été incarcéré.*

C

CAMEROUN

Superficie : *475 442 km²* – **Nombre d'habitants :** *15 200 000 h.* – **Capitale :** *Yaoundé*
Villes principales : *Douala, Garoua, Bafoussam* – **Système politique :** *république*
Langue (s) : *français, anglais* – **Religion (s) :** *christianisme (catholicisme, protestantisme), animisme, islam* – **Monnaie (s) :** *franc CFA*

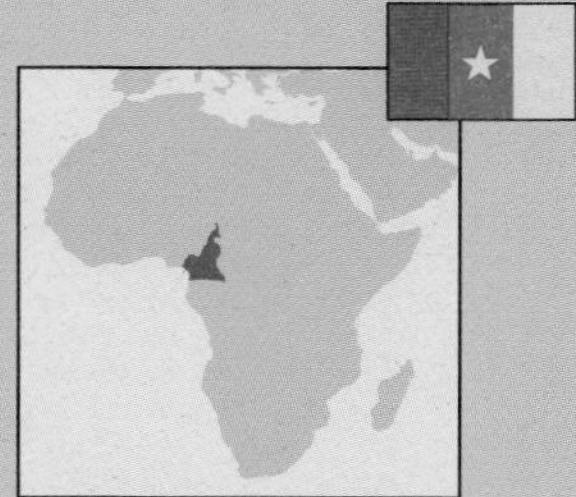

Voir l'Atlas

Fête populaire à Ngaoundéré.

Géographie physique et humaine

Formé d'un plateau, domaine de la savane et de la steppe, le Cameroun comprend un massif méridional qui culmine à *4 000 m* et une plaine côtière étroite couverte par la forêt équatoriale. Le climat est tropical, humide, avec des nuances suivant la proximité de la mer et l'altitude. Les ethnies sont nombreuses : près de deux cents. En plus du français, on utilise cinq langues véhiculaires. Les trois principales ethnies représentent chacune environ 20 % de la population : les Fang, les Bamun (ethnies bantoues), les Bamiléké (de langue nigéro-congolaise). La croissance démographique avoisine 2,8 %. Le taux d'alphabétisation excède 50 %.

Économie

Pays d'économie agricole, le Cameroun exporte du cacao, du café, du poivre, du coton, des bananes. Malgré les richesses du sous-sol (bauxite, cuivre) et l'abondance de l'hydroélectricité, l'industrialisation est faible, sauf pour la production de l'aluminium. Les réserves de pétrole et de gaz naturel sont importantes.

Histoire

Largement ouvert, le pays fut le théâtre de multiples migrations : musulmans du Bornou, Peuls venus de l'ouest, Fang dans le sud. Les populations commercent avec les Européens à partir du XVe siècle (les côtes avaient été reconnues par les Portugais en 1472).

Aux Portugais succèdent les Hollandais et, au XVIIIe siècle, des navires négriers de toutes nationalités achètent des esclaves aux potentats locaux. En 1827, les Anglais s'installent à Fernando Poo (aujourd'hui Malabo), les premiers missionnaires ouvrent des écoles et tentent (1852) d'abolir la traite des esclaves.

À l'intérieur du pays s'étaient constituées, peut-être au XVIIe siècle, des chefferies bamiléké d'où se sont détachés (XVIIIe siècle ?) les Bamun qui fondèrent un puissant royaume. À la fin du XIXe siècle, les Allemands font du Cameroun (en allemand *Kamerun*) un protectorat et mettent le pays en valeur : plantations, routes, chemin de fer. En 1914-1916, les Alliés vainquent les Allemands au Kamerun. Celui-ci est partagé en 1919 entre la France (neuf dixièmes du territoire) et la Grande-Bretagne, qui l'administrent sous mandat de la Société des Nations.

En 1946, le statut demeure inchangé, la tutelle de l'ONU s'étant substituée au mandat de la SDN. Dès 1948, Ruben Um Nyobe fonde un parti révolutionnaire, qui passe à l'action en 1955. Il sera tué dans la clandestinité en 1958.

En revanche, l'Union nationale camerounaise d'Ahmadou Ahidjo (qui deviendra en 1985 le Rassemblement démocratique du peuple camerounais) suit la voie légale : autonomie interne en 1958, indépendance en 1960.

Un référendum organisé en 1959 unit les deux Cameroun (mais une partie du Cameroun britannique, le Nord, devient nigériane). En 1972, la structure fédérale laisse la place à un État unitaire. En 1982, le président Ahidjo se retire et son Premier ministre, Paul Biya, devient président. Constamment réélu, il occupe toujours ce poste.

Mairie de Yaoundé, capitale du Cameroun.

Camomille.

camomille n. f. Plante aromatique, de la famille des composées, cultivée pour ses fleurs avec lesquelles on prépare des infusions. / Cette infusion.

camorra n. f. (mot italien) Nom donné à la mafia napolitaine.

camouflage n. m. Action de camoufler; résultat de cette action. *Mettre une tenue de camouflage.*

camoufler v. t. [1] Cacher, masquer, rendre méconnaissable, impossible à identifier. *Camoufler une pièce d'artillerie sous des branchages.* / Fig. *Camoufler sa haine.* / v. pron. *Se camoufler.*

camouflet n. m. Affront. *Recevoir un camouflet.* / MILIT. Dispositif explosif destiné à détruire une galerie souterraine ennemie.

camp n. m. MILIT. Lieu d'établissement provisoire d'une formation militaire en campagne; ensemble des troupes établies en ce lieu. / *Camp retranché*: camp défendu par un dispositif de tranchées et de glacis. / Lieu où l'on dresse sa tente; ensemble de ceux qui y ont dressé leurs tentes. *Un camp de scouts.* / *Lever le camp*: partir. / *Camp de prisonniers, camp de concentration*: camp où sont gardés des détenus. / *Lit de camp*: lit pliant. / SPORT Partie d'un terrain de jeu défendu par une équipe; cette équipe. / Fig. Parti. *Camp adverse*: l'adversaire, l'ennemi. *Changer de camp*: changer de parti.

campagnard, e adj. De la campagne. *Mœurs campagnardes.* / Subst. Personne qui vit à la campagne. *Un (e) campagnard (e).*

campagne n. f. Terrain plat et découvert. / Ensemble des régions rurales. *Vacances à la campagne. Maison de campagne.* / MILIT. Ensemble d'opérations de guerre et de conquête menées sur un terrain précis. *La campagne de Russie.* / *Battre la campagne*, la fouiller, la quadriller en tous sens; fig. divaguer, délirer. / Anc. Champ de manœuvres ou terrain de combat. / POLIT. *Campagne électorale*: période de propagande organisée avant les élections. / *Campagne publicitaire*: opération de lancement d'un produit auprès du public. / ARCHIT. *Campagnes de construction*: ensemble des différentes phases de construction par lesquelles est passé le chantier d'un édifice.

Camp *de réfugiés en Inde.*

campagnol n. m. ZOOL. Mammifère rongeur de petite taille, à queue courte, terrestre ou nageur.

Campan (Jeanne Genet, Madame**)** 1752-1822 Éducatrice française. Formée au service de Marie-Antoinette, elle dirigea après la Révolution différents pensionnats de jeunes filles, à Saint-Germain-en-Laye, où elle eut parmi ses élèves Hortense de Beauharnais, puis sous l'Empire, la maison de la Légion d'honneur à Écouen. Elle a laissé des *Mémoires* (1822).

Campanella (Tommaso) 1568-1639 Philosophe italien. Dominicain, il prêcha (1599) dans un couvent de Calabre le partage des terres féodales et il fut emprisonné. Il écrivit alors de nombreux livres de philosophie et les quatre versions de *La Cité du soleil*, en italien et en latin. Cet essai dialogué décrit une cité sans propriété privée, sans argent et sans institution familiale. Le prêtre du temple (chrétien) du Soleil la dirige, au sommet d'un conseil restreint. L'armée ne défend que des causes justes. En 1623, une des versions en latin fut publiée à Francfort. En 1626, le pape Urbain VIII fit libérer Campanella, qui s'exila et mourut à Paris.

Campanie *13 595 km² 5 808 700 h.* Région de l'Italie méridionale formée par les provinces d'Avellino, de Bénévent, de Caserte, de Naples et de Salerne. Chef-lieu *Naples*. Elle comprend deux grandes plaines (Campanie proprement dite et Paestum), les massifs volcaniques des champs Phlégréens et du Vésuve et la péninsule de Sorrente. L'infertilité des terres plantées de vigne et d'oliviers, la pauvreté de l'industrie, la forte densité démographique expliquent le sous-développement économique de la Campanie. Le site archéologique de Pompéi et la beauté de ses paysages (Capri) en font une grande région touristique.

campaniforme adj. Didac. En forme de cloche.

campanile n. m. Clocher situé à proximité d'une église, mais ne faisant pas partie du bâtiment. / Petit clocher surmontant un édifice.

campanulacées n. f. pl. BOT. Famille de plantes dicotylédones gamopétales, souvent herbacées, poussant essentiellement dans les régions tempérées, dont les fleurs, régulières, sont généralement en forme de clochettes. *La campanule, la lobélie, la raiponce sont des campanulacées.*

campanule n. f. Plante de la famille des campanulacées dont les nombreuses espèces ont des fleurs en forme de clochettes bleues, blanches ou violettes.

Campbell (William) 1862-1938 Astronome américain. Il consigna les résultats de ses analyses spectrographiques dans son traité sur les *Mouvements stellaires* (1913).

Camp David Résidence des présidents des États-Unis dans le Maryland. En 1978, le président Carter invita l'Égyptien Sadate et l'Israélien Begin à y préparer des accords de paix, signés le 26 mars 1979 à Washington.

Camp du drap d'or 1520 Nom donné à la rencontre où François Ier perdit, par ses excès de faste, le soutien qu'il escomptait d'Henri VIII contre l'empereur Charles Quint.

campêche n. m. Arbre d'Amérique, de la famille des césalpiniacées. / Bois de cet arbre, utilisé en teinturerie et en ébénisterie.

campement n. m. Action de camper. / Lieu où l'on campe. / Installation provisoire. *Campement de gitans.*

camper v. i. / v. t. [1] **A.** v. i. Établir un camp; faire du camping. **B.** v. t. Fam. Placer (qqch.) solidement. *Camper son béret sur sa tête.* / Figurer, jouer (un personnage). *Camper un voleur.* **C.** v. pron. Être en un lieu en prenant une pause hardie. *Il se campa devant moi.*

campeur, euse n. Personne qui campe, pratique le camping.

camphre n. m. CHIM. Substance de formule $C_{10}H_{16}O$, sédative, stimulante et antiseptique, d'odeur caractéristique. *On utilise le camphre comme antimite et pour la préparation du celluloïd et de divers produits pharmaceutiques.*

camphré, e adj. Contenant du camphre. *Alcool camphré.*

camphrier n. m. BOT. Arbre du Sud-Est asiatique et d'Océanie, de la famille des lauracées, dont on extrait le camphre par distillation. / Nom donné à diverses autres espèces d'arbres dont on peut extraire du camphre.

campignien, enne adj. et n. m. PRÉHIST. D'un faciès identifié à Campigny, écart de la commune de Blangy-sur-Bresle (Seine-Maritime), caractérisé par un outillage en silex datant des VIIe et VIe millénaires avant notre ère. *Outillage campignien.* / n. m. Ce faciès.

Campine Région du nord de la Belgique entre l'Escaut et le Brabant. C'est un pays houiller et une voie de passage: canaux de la Meuse à l'Escaut, d'Anvers à Turnhout, canal Albert. Ces deux facteurs ont provoqué une forte industrialisation, une intense urbanisation, mais aussi l'essor des cultures maraîchères et de la production laitière.

camping n. m. (mot anglais) Activité touristique et sportive consistant à camper en plein air, en couchant le plus souvent sous la tente. *Faire du camping.* / Lieu où l'on peut camper. *Un (terrain de) camping.*

camping-car n. m. (faux anglicisme) Camionnette habitable servant au camping. Pl. Des *camping-cars.*

camping-gaz n. m. inv. (nom déposé) Réchaud portatif au gaz butane.

Campoformio *(6 700 h.)* Ville de Vénétie où fut signé le 18 octobre 1797 le traité franco-autrichien qui marquait la fin de la campagne de Bonaparte en Italie.

Campra (André) 1660-1744 Compositeur français. Il a écrit de nombreuses œuvres de musique vocale parmi lesquelles ses opéras-ballets: *L'Europe galante* (1697), *Les Fêtes vénitiennes* (1710).

campus n. m. (mot latin) Ensemble universitaire regroupant les locaux réservés à l'enseignement, les bâtiments de résidence et les équipements de loisirs (piscine, cinéma), situé souvent hors des grandes agglomérations. *Campus d'Oxford, de Harvard, de Nanterre.*

camus, e adj. Qualifie un nez court et plat.

• **Camus (Albert)** 1913-1960 Écrivain français.

Cana Bourgade de Galilée où, selon l'Évangile de Jean, le Christ accomplit son premier miracle en changeant l'eau en vin au cours d'un repas de noces.

Canaan Pays comprenant la Palestine et la Phénicie que les Hébreux considéraient comme la Terre promise.

• **Canada** État fédéral d'Amérique du Nord, membre du Commonwealth, formé de dix provinces, auxquelles s'ajoutent les territoires du Yukon et du Nord-Ouest.

Albert Camus

Né en Algérie au sein d'une famille modeste, il suit des études de philosophie, interrompues par la tuberculose, et adhère un temps au parti communiste (1934-1937); *L'Envers et l'Endroit* (1937) est son premier recueil d'essais. Durant la guerre, il s'engage dans la Résistance au sein du mouvement Combat; après-guerre il dirige le journal du même nom. Le succès vient en 1942 avec la publication coup sur coup d'un court roman, *L'Étranger*, et d'un essai, *Le Mythe de Sisyphe*: l'angoisse tragique de l'homme confronté à l'absurdité de sa propre existence engendre le sentiment d'étrangeté au monde et justifie les thèses nihilistes dont il dresse le panorama. Cet existentialisme de l'absurde, Camus tente de le surmonter par un humanisme sceptique et par l'exaltation de la morale collective: *La Peste* (1947) décrit le combat solitaire d'un médecin face à une épidémie, tandis que *L'Homme révolté* (1951) provoque la rupture avec Sartre, à propos de la place attribuée au communisme. Journaliste pour *L'Express* (1955-1956), Camus couvre le conflit algérien, rencontrant l'incompréhension des partisans de l'indépendance comme des Français d'Algérie. Il reçoit le Prix Nobel de littérature en 1957. Il meurt en 1960 dans un accident de voiture, laissant son roman *Le Premier Homme* (édition posthume, 1994) à l'état d'ébauche. Outre ses romans, Camus laisse des pièces de théâtre: *Caligula* (1938, remanié en 1958), *Le Malentendu* (1942-1943), *L'État de siège* (1948), *Les Justes* (1949), et une nouvelle: *La Chute* (1956).

CANADA

Superficie : *9 970 610 km²* – **Nombre d'habitants :** *31 000 000 h.* – **Capitale :** *Ottawa*
Villes principales : *Toronto, Montréal, Vancouver* – **Système politique :** *État fédéral membre du Commonwealth* – **Langue (s) :** *anglais et français* – **Religion (s) :** *catholicisme, protestantisme*
Monnaie (s) : *dollar canadien*

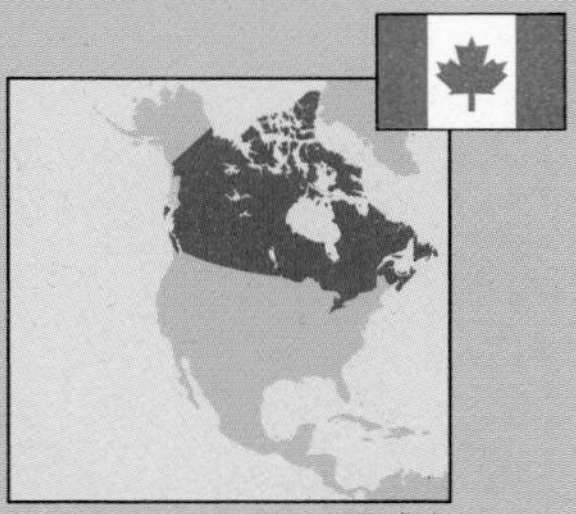

Voir l'Atlas

Géographie physique et humaine

Le pays recouvre quatre grands ensembles de reliefs. À l'est, tourné vers la façade atlantique, le système appalachien est formé de collines arrondies et de petites plaines côtières très boisées ; le Bouclier canadien, vaste région forestière, dont le relief inégal, raboté par l'érosion glaciaire, comprend des collines et des plateaux, avec de nombreux lacs et des marécages ; les plaines sédimentaires de l'intérieur ou prairies : plaine du Manitoba, du Saskatchewan et de l'Alberta ; les montagnes de l'Ouest, la cordillère qui culmine au mont Logan *6 050 m*. Le climat est continental. Tout le Nord appartient au domaine arctique où la température ne dépasse pas 10 °C en juillet. Le paysage végétal est celui de la toundra à laquelle succèdent les immenses étendues de conifères. Seuls les Grands Lacs et la vallée du Saint-Laurent sont favorisés par un climat plus doux et moins contrasté. La population, en majorité catholique et très urbanisée, est composée d'éléments ethniques hétérogènes : Britanniques, Français et Italiens. 500 000 Amérindiens vivent encore dans des réserves, tandis que 11 000 Esquimaux habitent le long des côtes et dans les îles de l'Arctique. Le vingtième de cette population se consacre à une production agricole très mécanisée, intensive, variée et orientée vers l'exportation. La culture de céréales est pratiquée le long de la frontière des États-Unis (1er rang mondial pour le blé, 3e pour l'orge), l'élevage des bovins et des porcs est important. La forêt constitue une ressource majeure. La pêche dans les lacs et sur les côtes alimente d'importantes conserveries. Par ailleurs, l'abondance des sources d'énergie (pétrole de l'Alberta, hydroélectricité, centrales nucléaires) et des richesses minières (fer, cuivre de Sudbury, uranium et nickel de l'Ontario, plomb, zinc, argent, or, cobalt) ont permis l'essor d'industries de transformation très diversifiées. Le Canada arrive en tête de la production mondiale pour la pâte à papier, le soufre, la potasse et l'amiante. La densité et la qualité du réseau de communication (aménagement du Saint-Laurent), combinées avec l'excédent des exportations sur les importations, constituent un autre facteur d'enrichissement. La vie active est concentrée dans le sud du pays à la frontière avec les États-Unis, surtout dans l'Ontario et la région des Grands Lacs. La puissance économique du Canada explique le haut niveau de vie de sa population. Depuis 1994, l'ALENA constitue l'Union économique de l'Amérique du Nord (Canada, États-Unis, Mexique).

Toronto, capitale de l'Ontario.

Histoire

Terre à peu près inoccupée, le Canada est exploré au XVIe siècle. Les Français se heurtent alors à l'opposition des Iroquois, Amérindiens établis autour des Grands Lacs, et, en 1608, Champlain fonde Québec. Le peuplement de l'Acadie, sur le golfe du Saint-Laurent, et des rives du Saint-Laurent (la Nouvelle-France) est lent : 3000 personnes en 1660, 30000 en 1713, quand le traité d'Utrecht livre à l'Angleterre l'Acadie, qu'elle nomme Nouvelle-Écosse. En 1755, elle contraint les Acadiens (francophones) à la fuite. Pendant la guerre (européenne) de Sept Ans (1753-1760), elle attaque la Nouvelle-France. En 1759, l'Anglais Wolf vainc le Français Montcalm dans les plaines d'Abraham (près de Québec). Tous deux sont blessés à mort. En 1760, la Nouvelle-France capitule. Au traité de Paris (1763), elle devient anglaise. En 1784, le Nouveau-Brunswick est détaché de la Nouvelle-Écosse. En 1791, un acte constitutionnel divise le Canada (nom d'origine amérindienne) en Bas-Canada (le futur Québec) et Haut-Canada (le futur Ontario), qui sont réunis en 1840 ; la langue française perd son existence légale. En 1867, la *Confédération canadienne* groupe la Nouvelle-Écosse, le Nouveau-Brunswick, le Bas-Canada, devenu Québec, et le Haut-Canada, devenu Ontario, avec pour Premier ministre, le conservateur Alexander Macdonald. En 1870, le Manitoba rejoint la Confédération ; en 1871, la Colombie-Britannique ; en 1873, l'Île-du-Prince-Édouard ; en 1905, l'Alberta et le Saskatchewan. Premier ministre (1896-1911), le francophone Wilfrid Laurier, libéral, axe le développement sur l'immigration, l'agriculture et la forêt ; l'anglophone Robert Borden (1911-1920), conservateur, sur l'industrialisation. Le Canada combat en France contre l'Allemagne (1914-1918). L'anglophone Mackenzie King, libéral, dirige le Canada de 1921 à 1930 et de 1935 à 1948, avec maestria. De 1939 à 1945, le Canada combat avec les Alliés. En 1931 (Statut de Westminster), il reçoit son indépendance officielle, comme les autres dominions britanniques. En 1949, Terre-Neuve rejoint la Confédération. De 1960 à 1966, le Premier ministre du Québec, Jean Lesage, réussit la *révolution tranquille*, qui libère la société (notamment du joug de l'Église catholique). En 1964, le Canada a son drapeau. Premier ministre du Canada (1968-1979 et 1980-1984), Pierre Elliott Trudeau, libéral, affronte sans succès la crise économique mondiale, et les gouvernements successifs axeront leur politique sur un libéralisme économique analogue à celui des États-Unis, que le Premier ministre soit conservateur (1984-1993) ou libéral (1993-1997 et depuis 1997). Quant au statut du Québec, les tentatives du pouvoir fédéral n'ont cessé d'échouer : les référendums fédéraux de 1982 et de 1990 sont des échecs ; ceux du Québec également, en 1980, en 1992 et en 1996, mais en 1996 seuls 50,6 % de Québécois refusèrent l'indépendance.

Parc naturel Banff, dans l'Alberta.

Littérature

En langue anglaise La veine romanesque, commencée par la publication de *Wacousta*, roman de John Richardson, se poursuit jusqu'au XXe siècle avec la série des *Jalna* (à partir de 1927) de Mazo De La Roche, Hugh MacLennan (*Deux Solitudes*, 1945), Mordecai Richler. La poésie est illustrée au XIXe siècle par Charles G. D. Roberts, Isabella Valancy Crawford, Archibald Lampman, et le chanteur Leonard Cohen est aujourd'hui le poète (et romancier)

CANADA (SUITE)

Ottawa, capitale fédérale du Canada, au sud-ouest de Montréal, sur la rivière des Ouataouais.

le plus connu. Parmi les essais, l'un connut un succès mondial : *La Galaxie Gutenberg* (1962), de MacLuhan.

En langue française La littérature québécoise naquit au XVIIe siècle, mais, jusque dans les années 1930, elle s'enlisa dans une littérature de terroir pittoresque et moralisatrice, si l'on excepte le grand poète maudit Émile Nelligan (1879-1941), dont les *Poésies complètes* ne furent publiées qu'en 1952, et le célèbre *Maria Chapdelaine* (1911, publié en 1916) qui fit connaître le Canada (tout en en donnant une image assez convenue), mais dont l'auteur, Louis Hémon, était français. En 1938, le roman de Louis Ringuet (1895-1960), *Trente Arpents*, porta un coup terrible à la mythologie du terroir. Après 1945, la poésie et le roman modernes fleurissent. Parmi une multitude de noms, se détache celui du poète Gaston Miron (1928-1996), qui en 1970 (puis en 1982) a réuni son œuvre dans *L'Homme rapaillé*. Anne Hébert (née en 1916) domine le roman (*Kamarouska*, 1970 ; *Le Premier Jardin*, 1988), avec Jacques Godbout, (né en 1933), auteur de *L'Aquarium* (1962), Hubert Aquin (1929-1977), auteur de *Trous de mémoire* (1968) et Réjean Ducharme (né en 1941), auteur de *L'Avalée des avalés* (1966), *Les Enfantômes* (1976), *Va savoir* (1994). En 1971, le théâtre a été secoué par *Belles-Sœurs* de Michel Tremblay (né en 1942), également romancier et mémorialiste (*Un ange cornu avec des ailes de tôle*, 1994).

Cinéma

Le cinéma québécois de long métrage est né en 1963 : *À tout prendre*, de Claude Jutra ; *Pour la suite du monde*, de Pierre Perrault et Michel Brault. Le plus important réalisateur est Gilles Carle : *Les Mâles* (1970), *La Mort d'un bûcheron* (1972). La production demeure importante (Jean-Pierre Lefebvre, Arthur Lamothe, Jean-Claude Labrecque, Jean Baudin) jusque dans les années 1980. Dès lors, le seul cinéaste québécois productif (relativement) est Denys Arcand (*Jésus de Montréal*, 1989). Dans toute l'histoire du cinéma anglophone du Canada, trois noms s'imposent : Norman McLaren, David Cronenberg (*Le Festin nu*, 1991), et Atom Egoyan (*Exotica*, 1994).

Parc des dinosaures dans l'Alberta.

Un centre commercial de Montréal, dans la province du Québec.

Beaux-Arts

Architecture Après les constructions assez modestes, répliques fidèles de l'architecture rurale de la France des XVIIe et XVIIIe siècles, l'architecture canadienne se borne à construire au XIXe siècle des édifices publics et privés inspirés de styles du passé, comme le goût de l'époque s'y complaît en Europe : néo-antique, néo-gothique ou Renaissance. De nos jours, une tendance fonctionnelle domine le style de l'architecture du pays.

Sculpture Différents ateliers de sculpteurs sur bois sont actifs aux XVIIe et XVIIIe siècles. Gilles Bolvin, Philippe Liébert et enfin Louis Quévillon en sont les noms les plus marquants. Après les académismes du XIXe siècle, l'art moderne a peu de prise sur une production strictement attachée à l'art figuratif.

Peinture L'imitation des différentes écoles françaises a suscité de génération en génération différents échos à l'art français. Vers les années 1920, un courant moderniste s'est fait jour et l'influence du cubisme et de l'abstraction a suscité d'intéressantes personnalités telles que Carmichael, Jackson, Varley, Borduas, Pellan, Riopelle.

canadair n. m. inv. (nom déposé) Avion muni de grands réservoirs d'eau, servant à lutter contre les incendies de forêt.

canadianisme n. m. LING. Façon de parler (tournure, mot, accent) typique du français parlé au Canada.

canadien, enne [1] adj. et n. Du Canada. *Forêt canadienne. Un (e) Canadien (ne).* GÉOL. *Bouclier canadien* : pénéplaine faite de terrains précambriens, située au nord-est du Canada.

canadienne [2] n. f. Veste doublée de peau de mouton. / Pirogue légère, aux extrémités relevées.

canaille n. f. et adj. Vx ou litt. Ensemble de gens méprisables. *Encourir la haine de la canaille.* / Gredin, fripouille, personne méprisable. / adj. *Manières, gestes canailles*, vulgaires.

canal n. m. Cours d'eau artificiel servant soit à la navigation, soit à l'irrigation, soit à l'alimentation des usines. / GÉOGR. Bras de mer étroit. *Le canal de Mozambique.* / ANAT. Organe en forme de tube. *Canal cholédoque*, excréteur du foie. *Canal rachidien*, qui traverse toutes les vertèbres et contient la moelle épinière. / ARCHIT. Moulure sur un piédestal. / AUDIOV. Fourchette du spectre radioélectrique attribuée à un émetteur de radio ou de télévision. / Fig. Moyen, entremise. *Conseils obtenus par le canal d'un ami.* Pl. Des *canaux.*

Canaletto (Antonio Canal, dit) 1697-1768 Peintre vénitien. Il décrit Venise et sa lagune dans des *Vedute* (« Vues ») en demi-teintes subtiles prises dans de larges perspectives (l'église de la Salute et l'entrée du Grand Canal à Venise). **Canaletto le Jeune** : voir **Bellotto.**

canalisation n. f. Ensemble de conduits, tuyaux ou câbles conducteurs, transportant un liquide, un gaz, un courant électrique.

canaliser v. t. [1] Aménager (une rivière) pour la rendre navigable. *Canaliser le Rhône.* / Doter (une région) d'un système de canaux. *Canaliser la France.* / Fig. Orienter (un flux) dans une certaine direction. *Canaliser la foule des manifestants.*

Le **canal** du Midi, ou « canal des Deux-Mers », relie l'Atlantique à la Méditerranée.

cananéen adj. et n. Du pays de Canaan. *Civilisation cananéenne. Les Cananéens.* / n. m. Groupe de langues sémitiques comprenant le phénicien, l'hébreu, le moabite et (selon certains auteurs) l'ougaritique.

Cananéens Peuple sémitique qui envahit le pays de Canaan (Syrie et Palestine actuelles) au IIIe millénaire av. J.-C. Les Hébreux et les Araméens les refoulèrent sur le littoral aux XIIIe-XIIe siècles av. J.-C. On leur donna alors le nom de Phéniciens.

canapé n. m. Long siège à dossier pour plusieurs personnes. / CUIS. Tranche de pain (souvent de pain de mie) sur laquelle on dispose des garnitures. *Caille sur canapé. Canapés de saumon.*

canaque adj. et n. Des Canaques. *Tribu canaque. Un Canaque.*

Canaques ou **Kanaks** Nom générique (du polynésien *kanaka*, « homme ») donné aux ethnies autochtones de diverses parties de l'Océanie. Sous sa forme originale non

Place Saint-Marc, de **Canaletto**, 1735-1740 (National Gallery of Art, Washington).

Canard mandarin.

francisée, le terme *Kanak* a été adopté dans les années 1970 par le mouvement indépendantiste de Nouvelle-Calédonie.

canara n. m. LING. Langue dravidienne parlée en Inde.

canard n. m. Oiseau de la famille des anatidés, à corps trapu, bec long et large pourvu de lamelles filtrantes, pattes courtes aux pieds palmés. *Le col-vert, le chipeau, le tadorne, la sarcelle sont des canards; il existe également des espèces domestiquées. Le canard cancane, nasille.* / Morceau de sucre trempé dans de la liqueur, du café. / Fig. *Canard boiteux*: personne dont la conduite tranche anormalement par rapport à celle des autres. / MUS. Fausse note. / Affaire, entreprise devenue ingérable. / Fam. Fausse nouvelle, notam. par voie de presse. / Journal.

canarder v. t. [1] Fam. Tirer sur (un gibier, une cible) avec une arme à feu.

canardière n. f. CHASSE Lieu aménagé pour la chasse au canard sauvage. / Long fusil utilisé pour cette chasse. / Mare à canards.

canari n. m. Serin de couleur jaune (famille des fringillidés), originaire des îles Canaries. *Les canaris, appréciés pour leur chant, ont été domestiqués.* / Appos. *Jaune canari.*

Canaries (îles) *7 447 km² 1 538 000 h* Archipel espagnol de l'océan Atlantique, à 100 km de la côte occidentale d'Afrique pour la plus proche des îles, formant une Communauté autonome d'Espagne et composé de sept îles habitées (Tenerife, Fuerteventura, la Grande Canarie, Lanzarote, Palma, Gomera et Hierro) et de quelques îlots déserts. Capitales *Santa Cruz de Tenerife* et *Las Palmas*, en alternance. Ces îles de formation volcanique, au climat régulier et très tempéré, attirent les touristes. Connues des Phéniciens et des Romains (îles Fortunées), peuplées par les Guanches, elles ont été conquises par Jean de Béthencourt entre 1402 et 1404 et sont passées sous autorité espagnole en 1477. Les Guanches ont été totalement exterminés par les colons.

Canaris (Constantin) Voir **Kanaris**

Canaris (Wilhelm) 1887-1945 Amiral allemand. Chef de l'Abwehr (service de renseignements de l'état-major allemand de 1925 à 1944) à partir de 1935, il se montra hostile à Hitler, qui le fit destituer en février 1944. Arrêté après l'attentat manqué du 20 juillet 1944 contre le Führer, il fut exécuté en avril 1945.

canasson n. m. Fam. Mauvais cheval.

canasta n. f. (mot espagnol) Jeu qui consiste, à l'aide de deux jeux de 52 cartes et 4 jokers, à compléter des séries de 7 cartes de même valeur. / Série ainsi complétée.

Canaveral (cap) Petite péninsule, sur la côte orientale de la Floride, où est installé le centre spatial John F. Kennedy, principale base de lancement de la Nasa.

Canberra *2 400 km² 298 200 h.* Capitale fédérale de l'Australie et territoire autonome. Centre politique, commercial et scientifique. Construite à partir de 1913, inaugurée en 1927, Canberra est enclavée dans le sud-est de l'État de Nouvelle-Galles-du-Sud, à mi-chemin entre Sydney et Melbourne.

cancan [1] n. m. Bavardage médisant, ragot.

cancan [2] n. m. Quadrille endiablé et tapageur, dit aussi *french cancan*, en vogue dans les cafés-concerts, notam. vers la fin du XIXe siècle.

cancaner v. i. [1] Faire des cancans, des ragots.

cancanier, ère adj. et n. Qui cancane, aime cancaner.

cancel ou **chancel** n. m. ARCHIT. Balustrade ou grille qui ferme le chœur d'une église. / Endroit fermé d'une grille, où était déposé le grand sceau de l'État.

cancer n. m. MÉD. Tumeur maligne tendant à proliférer de manière anarchique en détruisant des tissus sains et en donnant naissance à des métastases dans diverses parties de l'organisme. / Fig. Danger insidieux, mal identifié.

Cancer (le) ASTRON. Constellation équatoriale (voir **constellation**). / ASTROL. Quatrième signe du zodiaque. / GÉOGR. *Tropique du Cancer*: tropique boréal.

cancéreux, euse adj. MÉD. Qui procède du cancer. *Tumeur cancéreuse.* / Subst. Personne malade du cancer. *Un cancéreux, une cancéreuse.*

cancérigène ou **cancérogène** n. m. et adj. MÉD. Substance ou élément susceptible de provoquer l'apparition d'un cancer.

cancériser (se) v. pron. [1] MÉD. Devenir cancéreux.

cancérologie n. f. MÉD. Branche de la médecine qui étudie les causes, la prévention et le traitement des cancers. Syn. carcinologie.

cancérologique adj. De la cancérologie.

cancérologue n. Spécialiste de cancérologie.

cancre n. m. Écolier fainéant.

cancrelat n. m. Nom usuel de la blatte.

Cancún *50 000 h.* Ville du Mexique (État de Quintana Roo), située sur une île du même nom dans la mer des Caraïbes. Station balnéaire.

candela n. f. (mot latin) Unité d'intensité lumineuse du système international (S.I.). (La candela [symbole: cd] est l'intensité lumineuse, dans une direction donnée, d'une ouverture perpendiculaire à cette direction ayant une aire de 1 / 60 cm² et rayonnant comme un corps noir à la température de solidification du platine. La candela représente approximativement l'intensité lumineuse émise par une bougie; les étalons modernes sont des lampes).

Canaries: Las Palmas sur la côte nord-est de la Grande Canarie.

Candélabre du XIXe siècle.

candélabre n. m. Grand chandelier ornemental à plusieurs branches. / ARCHIT. Balustre supportant un dispositif d'éclairage à l'angle d'un édifice.

candeur n. f. Ingénuité d'âme; pureté naïve.

candi adj. m. *Sucre candi*: sucre purifié, cristallisé en gros cristaux. / *Fruits candis*, recouverts d'une couche de sucre candi.

candida n. m. (mot latin) BIOL., MÉD. Champignon microscopique (aspect des levures) responsable de diverses mycoses (muguet, vaginite, etc.).

candidat, e n. Personne qui aspire à un emploi, à un titre, qui passe un concours, un examen ou qui se présente à une élection.

candidature n. f. État de candidat. *Candidature à un poste de fonctionnaire.*

candide adj. Naïf, ingénu.

Candide ou l'Optimisme 1759 Conte philosophique de Voltaire. L'auteur s'en prend à la philosophie de Leibniz, prétendument optimiste, caricaturée par le philosophe Pangloss qui en extrait l'une des formules: « Tout est pour le mieux dans le meilleur des mondes possibles ». Narrées dans un style animé et ironique, les aventures rocambolesques de Candide constituent la meilleure réfutation de tout discours à vocation métaphysique: aux quatre coins du monde, Candide découvre la même misère, les mêmes injustices. La sentence proférée par le héros au terme de son périple: « Il faut cultiver son jardin », résume la morale voltairienne, mélange de pragmatisme et de scepticisme.

candidement adv. Avec candeur.

candidose n. f. MÉD. Mycose due au candida.

Candie Nom donné à la Crète par les Arabes lors de l'occupation de l'île (IXe-Xe siècle), du nom du port qu'ils fondèrent au nord (aujourd'hui *Héraklion*, capitale de l'île).

candir v. t. [2] Faire fondre (du sucre) jusqu'à ce qu'il soit cristallisé.

candomblé n. m. et adj. inv. en genre Ensemble de rites religieux propres aux communautés afro-brésiliennes et proches du vaudou; lieu où se pratiquent ces rites. / adj. *Cérémonie candomblé.*

cane n. f. Femelle du canard.

Canebière (la) Artère de Marseille qui va du Vieux-Port au boulevard de la Libération.

Canne à sucre.

Canée (La) (en grec *Khaniá*) *65 500 h.* Port de Crète, le plus important de l'île.
canepetière n. f. ZOOL. Petite outarde d'Europe, qui vit dans les plaines et migre en Afrique.
canéphore n. f. ANTIQ. GR. Jeune fille qui, au cours de cérémonies religieuses, portait sur sa tête une corbeille contenant des objets sacrés. / ARCHIT. Sculpture représentant une canéphore, faisant notamment office de caryatide.
caner [1] v. i. [1] Pop. Reculer devant une difficulté, se défiler. Syn. *caler*.
caner [2] v. i. Pop. S'enfuir. Syn. *calter*.
caneton n. m. Petit du canard.
canette [1] n. f. Petite cane, petite sarcelle.
canette ou **cannette [2]** n. f. TECHNOL. Petit tube du fil de trame, dans les métiers à tisser. / Petit cylindre sur lequel s'enroule le fil dans la navette d'une machine à coudre.
canette [3] n. f. Petite bouteille de bière. / Par ext. Boîte métallique ronde contenant une boisson. *Cannette de jus de fruit.*
Canetti (Elias) 1905-1994 Écrivain britannique né en Bulgarie dans une famille d'origine judéo-espagnole, qui écrit en allemand. Son autobiographie, *Histoire d'une jeunesse, la langue sauvée* (1977), est une de ses œuvres maîtresses. Son roman *Autodafé* (1936) et ses essais *Masse et Puissance* (1960) analysent la nature infernale de la société contemporaine, où la soif de pouvoir et de satisfactions matérielles (argent, sexe) tue la spiritualité.
canevas n. m. Grosse toile lâche servant de fond pour la broderie et la tapisserie à l'aiguille. / L'ouvrage lui-même. / Esquisse d'un ouvrage littéraire ou artistique. / GÉOGR. Ensemble des points géodésiques relevés pour établir une carte.
cangue n. f. Dans la Chine ancienne, carcan de bois épais sous lequel on enserrait le cou et les poignets d'un condamné. / Le supplice lui-même.
Canguilhem (Georges) 1904-1995 Philosophe français. Épistémologiste, (*Études d'histoire et de philosophie des sciences*, 1968), il exerça une grande influence sur Michel Foucault.
caniche n. m. Chien de compagnie à poil frisé, blanc, marron ou noir.
caniculaire adj. De la canicule. *Été caniculaire.*
canicule n. f. Période de grandes chaleurs; temps très chaud. / ASTRON. Étoile de la constellation du Grand Chien appelée actuellement Sirius. / Période estivale au cours de laquelle l'étoile Sirius et le Soleil se lèvent simultanément.
canidés n. m. pl. ZOOL. Famille de mammifères de l'ordre des carnivores, digitigrades, aux griffes non rétractiles, au corps allongé, hauts sur pattes. *Le loup, le chien, le renard, le chacal sont des canidés.*
canif n. m. Petit couteau à lame unique ou à plusieurs lames, qui se replient dans le manche. / Fig. *Donner un coup de canif dans le contrat*: se montrer infidèle.
Canigou (le) Massif granitique des Pyrénées orientales (*2 784 m*).
canin, e adj. Du chien. *Rage canine.*
canine n. f. Chez les mammifères, dent située sur chacune des mâchoires entre les incisives et les prémolaires. *Les canines sont particulièrement développées chez les suidés.*
canisse Voir **cannisse**
caniveau n. m. Rigole aménagée dans le sol pour assurer l'écoulement des eaux. / Rigole d'une chaussée en bordure du trottoir servant à l'écoulement des eaux.
canivet n. m. Image populaire, généralement image pieuse, entourée d'un large cadre fait de papier très finement découpé au canif, de manière à imiter la dentelle.
cannabinacées n. f. pl. BOT. Famille de plantes dicotylédones comprenant le houblon, utilisé dans la fabrication de la bière, et le chanvre, qui fournit des fibres textiles.
cannabis n. m. Chanvre indien.
cannage n. m. Action de tresser des lanières de canne pour garnir un siège; fond de ce siège ainsi réalisé.
canne n. f. Objet façonné ou bâton ouvragé servant d'appui à celui qui marche. / *Canne à pêche*: gaule flexible qui porte la ligne. / BOT. Plante à tige droite et creuse comme celle du roseau, du bambou. / *Canne à sucre*: plante tropicale, de la famille des graminées dont on tire le sucre. / Pop. Jambe.
cannelé, e adj. Qui porte des cannelures.
cannelle n. f. et adj. Écorce aromatique du cannelier, arbre de la famille des lauracées, utilisée comme condiment. / adj. inv. De la couleur brun rosé de cette écorce.
cannelloni n. m. pl. (mot italien) CUIS. Pâtes alimentaires en forme de gros tube court (8 à 10 cm) que l'on consomme farcies.
cannelure n. f. Rainure faite sur un objet en bois, en métal, en pierre, généralement à des fins ornementales. / ARCHIT. Moulure sculptée à intervalles réguliers le long du fût d'une colonne, sur un pilastre ou un élément architectural, ou sur les flancs d'un vase.
canner v. t. [1] Garnir de cannes de jonc, de rotin entrelacées. *Canner des chaises.* / Au pp. *Chaises cannées.*
Cannes *67 300 h.* Port de plaisance et station balnéaire des Alpes-Maritimes, sur la Côte d'Azur. Festival international du cinéma (à chaque printemps, depuis 1946).
Cannes Ancienne ville d'Apulie (Pouilles) en Italie méridionale (ruines près de Barletta), théâtre du désastre infligé par Hannibal aux légions romaines de Paul Émile et Varron (216 av. J.-C.).
cannette Voir **canette**
cannibale n. et adj. Anthropophage. / Par ext. Individu cruel, sauvage. / adj. Cruel, sauvage. / ZOOL. *Espèce cannibale*, dont les individus peuvent, dans certaines conditions, se dévorer entre eux (mante religieuse, certaines araignées, etc.).
cannibaliser v. t. [1] *Cannibaliser un appareil, un dispositif hors d'usage*, en récupérer des pièces détachées en bon état pour un usage ultérieur. / Dans le langage du commerce, en parlant d'un produit, concurrencer (un autre produit de la même entreprise, de la même marque ou destiné au même usage) au point d'éliminer cet autre produit du marché.
cannibalisme n. m. Anthropophagie. / PSYCHAN. Selon l'école freudienne, fantasme relevant du stade oral, qui exprime le désir de s'incorporer à l'être aimé en le dévorant.
Canning (George) 1770-1827 Homme politique britannique, conservateur modéré, d'esprit libéral (il reconnut l'indépendance des colonies espagnoles d'Amérique du Sud et apporta son aide aux Grecs en lutte pour leur indépendance), fort actif au ministère des Affaires étrangères en 1807-1809 et 1822-1827.
cannisse ou **canisse** n. f. Roseau dont on assemble les tiges en claies servant de coupe-vent, notam. en Provence. / Cette claie elle-même.
Cano (Alonso) 1601-1667 Sculpteur, peintre et architecte espagnol. Auteur des plans de la façade de la cathédrale de Grenade, il sculpta avec gravité et sobriété des œuvres à thème religieux (*Retable pour Lebrija*, 1629); ses tableaux, dont la palette s'éclaircit au fil du temps, évoquent Murillo (*Les Sept joies de la Vierge*, 1652-1654).

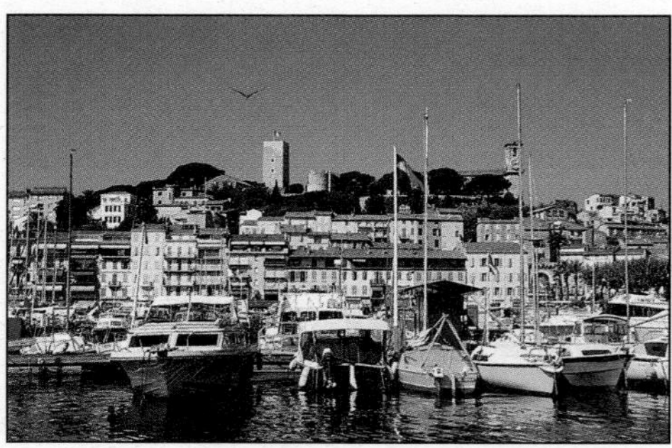

Cannes, *sur la Côte d'Azur.*

Apollon, qui incarne les ***canons*** *de beauté de l'art grec.*

canoë n. m. Embarcation légère que l'on dirige à la pagaie, notam. dans les rivières. / Sport de compétition, ainsi pratiqué.
canon [1] n. m. Pièce d'artillerie non portative destinée à lancer des projectiles (obus). *Jadis, le canon lançait des boulets.* / Tube d'une arme à feu (fusil, revolver) dans lequel on introduit la charge. / Fig. *Chair à canon*: soldats qu'on expose, sans égard pour leur vie, aux dangers de la guerre. / PHYS. *Canon à électrons*: dispositif qui génère un faisceau intense d'électrons. / ZOOL. Os de la jambe des équidés, entre le genou et le boulet. / Anc. Ornement en dentelles (ou en tissu orné de dentelle) qui s'attachait au bas de la culotte (fin XVIe, début XVIIe siècle). / Ancienne mesure de capacité pour les liquides. Mod., pop. Verre de vin. *Viens boire un canon.*
canon [2] n. m. **I.** Norme, modèle. *Le canon de la beauté.* / RELIG. Décret, règle de doctrine ou de discipline religieuse, notamment dans l'Église catholique ou orthodoxe, édictés par un concile. *Les canons du concile de Trente.* / (adj.) *Droit canon*: ensemble de ces lois et décrets. / *Canon des Écritures*: ensemble des livres bibliques reconnus d'inspiration divine par l'Église. **II.** LITURG. Partie de la messe catholique qui en constitue la partie essentielle et immuable. **III.** MUS. Chant polyphonique où les voix entrent l'une après l'autre, pouvant être repris indéfiniment.
canon [3] adj. inv. Pop. Superbe, remarquable. *Elle est canon, cette fille. Canon, ce film!*
cañon ou **canyon** n. m. (mot espagnol) GÉOGR. Vallée très étroite en gorge profonde, entaillée dans un plateau calcaire érodé par le passage d'un cours d'eau. *Les cañons du Tarn, du Verdon. Le Grand Cañon du Colorado.*
canonial, e adj. Qui est réglé par les canons ecclésiastiques. *Heures canoniales*: voir *heure.* / Du canonicat.
canonicat n. m. HIST. Bénéfice d'un chanoine. / Mod. Charge, office de chanoine.
canonique adj. RELIG. Conforme aux canons de l'Église catholique. / *Âge canonique*, exigé par le droit canon pour accéder à certaines fonctions. Par ext. *Une personne d'âge canonique*, d'âge respectable. / Qui institue une norme.
canonisation n. f. RELIG. Acte et déclaration solennels du pape inscrivant une personne au nombre des saints, après la conclusion du procès de canonisation, lui-même

*Ébauche en terre cuite d'**Antonio Canova**.*

précédé du procès de béatification. / Cérémonie au cours de laquelle cette déclaration est prononcée.

canoniser v. t. [1] RELIG. Faire figurer (qqn) au nombre des saints.

canoniste n. Spécialiste de droit canon.

canonnade n. f. Attaque au canon. *Subir une canonnade.*

canonner v. t. [1] Attaquer (qqch.) au canon. *Canonner un régiment ennemi.*

canonnier n. m. Servant d'un canon.

canonnière n. f. Anc. Meurtrière pratiquée dans le mur d'une fortification afin de tirer sous protection. / MAR. Petit navire de guerre armé de canons.

canope n. m. ANTIQ. Vase de forme ovoïde et à couvercle figurant une tête humaine, en usage à Canope, qui servait à conserver de l'eau provenant du Nil, celle-ci symbolisant la vie divine. / Vase funéraire, rappelant par sa forme ceux de Canope, qui servait en Égypte à conserver les viscères d'une momie.

canopée n. f. ÉCOL. Habitat formé, dans les forêts (notam. tropicales), par la partie la plus haute et la plus dense des arbres.

Canopus L'une des deux étoiles les plus brillantes après Sirius, à 98 années- lumière de la Terre.

Canossa Village d'Émilie-Romagne (Italie), dans les Apennins, qui fut le théâtre, en 1077, de l'humiliation de l'empereur germanique Henri IV. Celui-ci, qui refusait au pape Grégoire VII le privilège de nommer les évêques allemands, se rendit à Canossa, où le pape avait trouvé refuge auprès de la comtesse Mathilde de Toscane, et lui demanda pardon en tenue de pénitent. Mais, quelque temps plus tard, il devait reprendre les hostilités. De cet événement historique est née l'expression *aller à Canossa*: s'humilier devant l'adversaire.

canot n. m. Embarcation légère non pontée, à aviron, à voile ou à moteur. / *Canot de sauvetage*: embarcation insubmersible qui porte secours aux bateaux en perdition; canot suspendu aux bossoirs d'un navire, destiné à embarquer les passagers en cas de naufrage. / *Canot pneumatique*, en toile, gonflé d'air comprimé.

canotage n. m. Action de canoter, navigation sur un canot.

canoter v. i. [1] Faire du canot.

canoteur, euse n. Celui, celle qui canote.

canotier n. m. Personne qui pratique le sport du canotage. / Chapeau de paille rond à fond plat garni d'un large ruban, que portaient les hommes à la belle saison à la fin du XIXe siècle. / Matelot qui manœuvre un canot.

Canova (Antonio) 1757-1822 Sculpteur vénitien qui travailla surtout à Rome où, formé au goût néo-classique de Mengs et de Winckelmann, il sut échapper à la froideur de cette nouvelle esthétique trop étroitement liée à l'Antiquité classique et donna des œuvres d'une sereine sensualité: *Psyché ranimée par le baiser de l'Amour* (1787-1793). Il réalisa une monumentale sculpture de *Napoléon tenant la Victoire* (1811) et une statue de *Pauline Bonaparte* nue, imitée de l'antique, mais d'une extrême sensualité.

Cansado (pointe de) Deuxième cap de la péninsule du cap Blanc, en Mauritanie.

cantabile n. m. (mot italien) MUS. Nuance d'interprétation indiquant que le thème doit être joué à un rythme modéré et d'une façon chantante.

Cantabres Peuple du nord de l'Espagne qui résista deux siècles durant aux envahisseurs romains. Finalement soumis en 25 av. J.-C. par Auguste, ils furent en majorité exterminés en 19 av. J.-C.

Cantabrie *5 289 km^2 526 900 h.* Communauté autonome et province du nord de l'Espagne, située sur la côte atlantique. Capitale *Santander*. La région, montagneuse (monts cantabriques), est bordée par une plaine littorale étroite. Élevage bovin, pêche et industrie lourde.

Cantabriques (monts) Massif montagneux verdoyant et humide qui longe la côte atlantique au nord de l'Espagne. Gisements miniers (houille, fer, zinc).

Cantacuzène Famille byzantine dont sont issus un empereur de Byzance (Jean VI), des despotes de Mistra, des hospodars de Moldavie et de Valachie, et un président du Conseil roumain (George Cantacuzène, président du Conseil de 1904 à 1907).

cantal n. m. Fromage à pâte ferme, non cuite, fait de lait de vache et fabriqué en Auvergne.

Cantal (le) Massif volcanique de l'Auvergne aux reliefs tertiaires démantelés par l'érosion. Point culminant: plomb du Cantal (*1 858 m*).

Cantal (département du) [15] *5 741 km^2 150 800 h.* Département faisant partie de la région Auvergne. Chef-lieu *Aurillac*. Le massif volcanique du Cantal occupe le centre du département, bordé par les plateaux du Cézallier, de la Châtaigneraie, de la Margeride et de l'Aubrac. L'agriculture (élevage ovin et bovin, fromages du Cantal) demeure une activité importante. Le tourisme (Parc des volcans d'Auvergne) est une source de revenus appréciable dans un département qui souffre de dépopulation et de vieillissement démographique.

cantaloup n. m. Variété de melon à côtes rugueuses et à chair orange foncé, particulièrement sucrée.

cantate n. f. MUS. Composition de musique vocale d'inspiration religieuse ou profane, à une ou plusieurs voix accompagnées par des instruments ou un orchestre.

cantatrice n. f. Chanteuse professionnelle spécialisée dans le chant classique et l'opéra.

Canterbury (en français **Cantorbéry)** *132 000 h.* Ville universitaire de Grande-Bretagne, dans le comté de Kent, sur la Stour. Cathédrale (*Christ Church Cathedral*) des XIe-XVIe siècles. La ville est le siège de l'archevêque primat d'Angleterre; plusieurs archevêques reposent dans la cathédrale, dont saint Thomas Becket.

cantharide n. f. ZOOL. Coléoptère de couleur vert doré, long d'environ 2 cm, également appelé *mouche d'Espagne*. / *Poudre de cantharide*: poudre à effet aphrodisiaque, à base de cantharides séchées et pilées. / (Par ext.) Arg. vx Femme qui cherche à provoquer le désir sensuel des hommes.

cantilène n. f. MUS. Chant simple, d'un ton monotone et mélancolique. / LITT. Poème lyrique de la littérature médiévale. *La « Cantilène de sainte Eulalie », du IXe siècle, est le plus ancien poème de langue française.*

cantilever n. m. TRAV. PUBL. *Poutre cantilever*: poutre dont la partie médiane repose sur l'extrémité de poutres principales et latérales, notam. dans la construction d'un pont.

cantine n. f. Réfectoire destiné au personnel d'une usine, aux élèves d'une école. / Petite malle. *Une cantine d'officier.*

cantiner v. I. [1] Se procurer divers produits à la cantine d'une prison.

cantinier, ère n. Personne qui travaille dans une cantine, gère une cantine.

cantique n. m. Chant religieux en langue vulgaire.

Cantique des cantiques (le) Livre poétique de l'Ancien Testament chantant l'amour mutuel des époux. La tradition l'attribue à Salomon, mais il fut probablement écrit un demi-millénaire après son règne (Ve-IVe s. av. J.-C.).

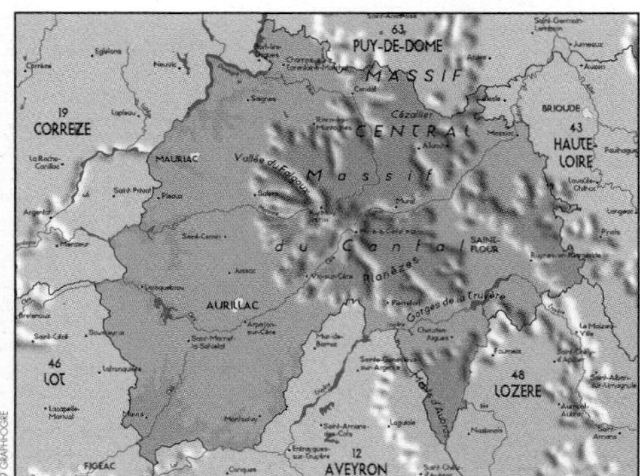

*Département du **Cantal**.*

*Église Santa-Maria, à Castro-Urdiales, en **Cantabrie**.*

Canton *ou Guangzhou, en Chine.*

canton n. m. Subdivision d'un département français, division territoriale administrative comportant plusieurs communes. / En Suisse, chacun des 23 États qui composent la Confédération helvétique. / Subdivision de terrain à l'intérieur d'une forêt. / TRAV. PUBL. Sections de routes entretenues par un cantonnier. / CH. DE FER. Partie d'une voie ferrée qui est sous la responsabilité d'un ou de plusieurs cheminots. / HÉRALD. Pièce carrée placée à l'un des angles dextre ou senestre d'un écu.

Canton ou **Guangzhou** *3 918 000 h.* Port industriel de la Chine méridionale situé dans l'estuaire du Xijang, capitale de la province du Guangdong. Canton fut dès le XVIe siècle le plus grand centre d'échanges entre la Chine et l'Occident. En 1917, Sun Yat-sen en fit la capitale d'une république de la Chine du Sud. En 1927, Tchang Kaï-chek y écrasa un soulèvement communiste. Depuis les années 1980, Canton est l'un des grands pôles du développement industriel de la Chine.

cantonade n. f. THÉÂTRE Côté de la scène au-delà duquel se trouvent les coulisses. *Parler à la cantonade*: en parlant d'un acteur, s'adresser à quelqu'un censé être placé dans les coulisses; parler haut et fort en ne paraissant pas s'adresser à quelqu'un de précis.

cantonal, ale, aux adj. Relatif au canton. *Élections cantonales*: élections des conseillers généraux, en France.

cantonnement n. m. MILIT. Établissement d'un corps de troupe dans un lieu déterminé. / Le lieu de cet établissement, campement. / DR. Action de délimiter une portion de terrain, de forêt, de voie de chemin de fer, de route. / La portion ainsi délimitée.

cantonner v. t. / v. pron. [1] **A.** v. t. Installer (des troupes) à un endroit donné. / Isoler (des bêtes malades). **B.** v. pron. S'isoler. *Il s'est cantonné dans sa maison de campagne.* / Se borner, se limiter (à). *Elle s'est cantonnée à l'étude du Moyen Âge britannique.*

cantonnier n. m. Ouvrier chargé de l'entretien des routes ou d'un canton de voie ferrée.

cantonnière n. f. Bande d'étoffe qui encadre une porte ou un fenêtre.

cantor n. m. (mot du latin médiéval) MUS. Chez les luthériens, responsable musical d'un ensemble constitué par une église et une école. *Le cantor est à la fois organiste, chef de chœur, maître de chant, chargé de l'enseignement musical et surveillant de tout l'enseignement des élèves.*

Cantor (Georg) 1845-1918 Mathématicien allemand à l'origine de la théorie des ensembles, qui bouleversa les fondements des mathématiques.

canular n. m. Fam. Farce, mystification.

canule n. f. MÉD. Tuyau de petite dimension, souple ou rigide, que l'on introduit dans un orifice, naturel ou artificiel, du corps, en vue d'un lavage, d'un drainage.

canut, use n. Dans la région lyonnaise, ouvrier spécialisé dans le tissage de la soie. / CUIS. *Cervelle de canut*: voir cervelle.

♦ La révolte des canuts est l'insurrection des ouvriers lyonnais, en novembre 1831, qui arrivèrent à se rendre maîtres de la ville lorsqu'une minorité de patrons refusa d'appliquer le tarif minimal de la journée de travail que le tribunal des prud'hommes avait consenti aux canuts. Écrasée par le duc d'Orléans et par Soult, alors ministre de la Guerre, à la tête de 20000 hommes, elle constitue le premier en date des soulèvements ouvriers en France.

Canut Voir **Knud**

canyon Voir **cañon**

canyoning n. m. SPORT Descente du cours d'eau d'un canyon.

canzone n. f. (mot italien) LITT. En Italie, courte poésie composée de stances égales, la dernière étant plus courte. / MUS. Chanson polyphonique italienne, de caractère populaire. / À partir du XVIe siècle, composition instrumentale inspirée de cette chanson.

Cão Voir **Cam**

C.A.O. n. f. Sigle pour *conception assistée par ordinateur.*

caodaïsme n. m. RELIG. Une des religions du Viêtnam, d'inspiration syncrétique (chrétienne, bouddhiste, confucianiste, etc.), fondée en 1926 par Ngô Van Chiêu.

caoutchouc n. m. Substance élastique, naturelle ou synthétique.

♦ Le caoutchouc naturel est préparé à partir du latex, que l'on recueille par saignées sur divers arbres, en particulier l'hévéa d'Asie du Sud-Est. Le caoutchouc est d'abord coagulé sous l'action de l'acide formique ou acétique; puis on le vulcanise (traitement à haute température par du soufre) pour le rendre plus résistant. Le caoutchouc est ensuite séché. Enfin, on le traite par tréfilage (fabrication de fils), par calandrage ou par moulage. Le caoutchouc synthétique s'obtient à partir d'hydrocarbures. On en fabriqua pour la première fois en 1914, en Allemagne. Puis vinrent le néoprène, très compact, qui sert à fabriquer des articles résistant aux intempéries, et les bunas, dont le buna S est employé dans les pneumatiques. Actuellement, la production du caoutchouc synthétique (élastomère) s'est généralisée.

caoutchouteux, euse adj. Du caoutchouc. / De la consistance du caoutchouc. *Matière caoutchouteuse.*

Cao Xueqin ou **Ts'ao Sine-k'in** v. 1710 ou 1715-1763 Écrivain chinois. Son roman d'amour de sensibilité bouddhique, *Histoire de la pierre*, publié après sa mort, est connu sous le nom de *Le Rêve dans le pavillon rouge.*

cap n. m. GÉOGR. Côte élevée qui s'avance dans la mer, en forme de pointe. / MAR. Avant d'un navire par rapport à sa route. / *Mettre le cap sur*: se diriger vers. / *De pied en cap*: des pieds à la tête.

C.A.P. n. m. Sigle pour *certificat d'aptitude professionnelle.*

*Le **cap** Nègre, sur la côte des Maures (département du Var).*

Cap (Le, en anglais **Cape Town)** *1 911 500 h.* Capitale législative de l'Afrique du Sud et capitale de la province du Cap-Occidental. Le Cap est situé au fond de la baie de la Table, près du cap de Bonne-Espérance, à l'extrême sud-ouest du pays. Port d'escale et d'exportation, Le Cap est un important centre industriel (raffineries de pétrole, conserveries, textiles). Le site du Cap fut exploré à la fin du XVe siècle par les Portugais B. Dias et V. de Gama. Par la suite, Hollandais et Britanniques se disputèrent cette escale stratégique sur la route des Indes.

Cap (province du) Ancienne province d'Afrique du Sud, divisée depuis 1994 entre les provinces du Nord-Ouest, du Cap-Occidental, du Cap-Oriental et du Cap-Septentrional.

Capa (André Friedmann, dit **Robert)** 1913-1954 Photographe américain d'origine hongroise. Ses premiers reportages réalisés pendant la guerre d'Espagne le rendirent célèbre. En 1947, avec H. Cartier-Bresson, il fonda l'agence Magnum. Il fut tué par une mine, alors qu'il était en reportage au Vietnam. **Cornell** 1918 Photographe américain. Frère du précédent, il a effectué de nombreux reportages et fondé l'International Centre of photography.

capable adj. *Capable de*: qui peut (qqch.), qui a la capacité de. *Capable du pire ou du meilleur. Capable de comprendre.* / (Absol.) Compétent. *C'est un homme capable.* Ant. incapable.

capacitaire n. Personne ayant obtenu le certificat de capacité en droit.

capacité n. f. **I.** Contenance d'un récipient. *Capacité d'une bouteille.* / ANAT. *Capacité crânienne*: volume de la cavité crânienne. / *Capacité vitale* ou *pulmonaire*: volume d'air que peuvent contenir les poumons entre l'inspiration et l'expiration. / ÉLECTR. *Capacité d'un accumulateur*: quantité d'électricité (en ampères / heures) qu'il peut restituer lors de sa décharge. / PHYS. *Capacité thermique* ou *calorifique*: quantité de chaleur nécessaire pour élever de 1 °C la température d'un corps. **II.** Aptitude, potentiel. *Capacité intellectuelle.* Ant. incapacité. / *Capacité politique*: possibilité d'exercer les droits de citoyen. / DR. *Capacité en droit*: diplôme conféré par les facultés de droit et permettant d'accéder sans baccalauréat à certaines carrières juridiques. / *Capacité civile*: aptitude à exercer des droits et des responsabilités civiles.

caparaçon n. m. Anc. Housse ou armure d'apparat dont on revêtait les chevaux lors des tournois ou des cérémonies.

caparaçonner v. t. [1] Couvrir (un cheval) d'un caparaçon.

cape [1] n. f. Manteau sans manches, plus ou moins long, enveloppant les épaules et fermé à l'encolure. / *Rire sous cape*: rire en se dissimulant. / Robe d'un cigare.

cape [2] n. f. MAR. Position et manœuvres d'un navire, en cas de mauvais temps, afin de mettre en dérive. *Voile de cape*: petite voile, de grande résistance, utilisée dans ces manœuvres. *Être à la cape.*

capéer Voir **capéyer**

Capek (Karel) 1890-1938 Romancier et auteur dramatique tchèque. Il s'illustre d'abord comme traducteur, avec une anthologie de la *Poésie française du temps présent* (1920). Ses œuvres de science-fiction dénoncent les grandes menaces pesant sur l'humanité; ainsi de son fameux drame *R.U.R., les robots universels de Rossum* (1921), où les robots (le mot fut créé par Capek) se rebellent contre leurs créateurs. Dans les dernières années de sa vie, il fera figure d'écrivain officiel dans la première République tchécoslovaque.

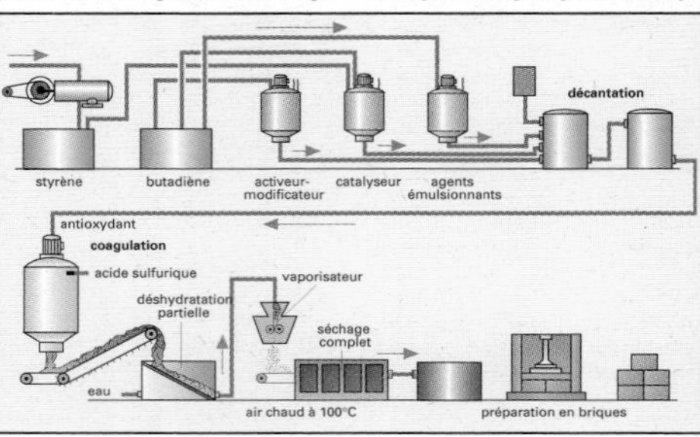

*Schématisation de la fabrication du **caoutchouc** synthétique.*

Capétiens

Au début du Xe siècle, Robert Ier, frère d'Eudes, comte de Paris et de Troyes, duc des Francs, exerça le pouvoir royal entre Seine et Loire et en Bourgogne; élu roi contre Charles le Simple, il guerroya contre lui et fut tué à Soissons. Son petit-fils Hugues, dit Hugues Capet (d'où le nom que les historiens donnèrent à la dynastie), fit accéder définitivement sa famille au trône en 987. Jusqu'en 1179, les rois furent élus (et prirent la précaution de faire couronner leur héritier de leur vivant); ensuite, la monarchie devint véritablement héréditaire, en ligne de primogéniture par les mâles, les femmes ne pouvant ni régner ni transmettre de droits dynastiques à leur fils. Les héritiers directs (dits Capétiens directs) d'Hugues Capet régnèrent jusqu'en 1328, s'éteignant alors en la personne de Charles IV le Bel. Leur succéda la branche collatérale des Valois, issue du roi Philippe III le Hardi, grand-père du nouveau roi Philippe VI. À la mort d'Henri III, dernier des Valois, qui n'avait pas d'enfant, la couronne passa à un lointain descendant de Saint Louis, Henri de Bourbon, roi de Navarre, devenu Henri IV, roi de France. Par la voie des descendants de ce dernier, les Capétiens régnèrent sur la France jusqu'en 1848.

Hugues Ier, dit Hugues Capet.

capeler v. t. [1] MAR. Passer (un corde) en boucle autour de. *Capeler l'amarre.*
capeline n. f. Chapeau de femme à calotte ronde et à très larges bords souples.
C.A.P.E.S. n. m. Sigle pour *certificat d'aptitude au professorat de l'enseignement du second degré.*
capésien, enne n. Étudiant préparant le C. A. P. E. S. / Titulaire du C. A. P. E. S.
C.A.P.E.T. n. m. Sigle pour *certificat d'aptitude au professorat de l'enseignement technique.*
• **capétien, enne** adj. et n. HIST. De la dynastie des rois de France fondée par Hugues Capet. / Subst. *Les Capétiens.*
Capétiens Dynastie des rois de France qui succéda aux Carolingiens.
capéyer ou **capéer** v. i. [1] MAR. Tenir la cape.
Cap-Haïtien *92 100 h.* Port de la république de Haïti, sur la côte nord de l'île. Sous le nom de Cap-Français, la ville fut, jusqu'en 1770, la capitale du pays, alors colonie française de Saint-Domingue.
capharnaüm n. m. Endroit où s'entassent pêle-mêle de nombreux objets hétéroclites. *Sa chambre est un véritable capharnaüm.*
Capharnaüm (auj. **Kefar Nahum**) Ancienne ville de Galilée, sur le lac de Tibériade, où se déroula une grande partie du ministère de Jésus.
cap-hornier n. m. Grand voilier long-courrier qui, autrefois, passait par le cap Horn. Pl. Des *cap-horniers.*
capillaire adj. et n. m. **I.** Relatif aux cheveux. *Un traitement capillaire.* / Fin comme un cheveu. *Tube capillaire*, extrêmement fin. / ANAT. *Vaisseaux capillaires*: vaisseaux sanguins de très faible diamètre, organisés en réseau, reliant les artérioles aux veinules, au niveau desquels se font les échanges respiratoires et nutritifs entre le sang et les tissus. / n. m. *Les capillaires sanguins.* **II.** PHYS. Relatif à la capillarité. **III.** BOT. n. m. Nom donné à des variétés de fougères à pétioles noirs et ténus comme des cheveux, de la famille des polypodiacées.
capillarite n. f. MÉD. Altération histologique touchant les vaisseaux capillaires.
capillarité n. f. Qualité de ce qui est capillaire. / PHYS. Phénomène d'ascension d'un liquide placé au contact d'une paroi, notam. dans un tube capillaire, lorsqu'il est plongé dans un liquide.
capilotade n. f. Vx Ragoût fait de restes de viande coupés en petits morceaux. / Fig., fam. (souvent plaisant) *Mettre, réduire en capilotade*: écraser, mettre en miettes. *Si tu ne baisses pas le son de cette musique, je te réduis en capilotade.*
capitaine n. m. MILIT. Officier de l'armée de terre ou de l'air dont le grade se situe entre celui de lieutenant et celui de commandant et qui, dans l'encadrement des troupes, se trouve à la tête d'une compagnie, d'un escadron, d'une batterie, selon les armes (infanterie, blindés, artillerie, etc.). / MAR. Officier qui assure le commandement d'un navire de commerce. *Capitaine au long cours*: officier commandant un navire qui effectue de longues traversées. *Capitaine de corvette, de frégate, de vaisseau*: grades dans la marine qui correspondent à ceux de commandant, lieutenant-colonel et colonel dans l'armée de terre. / SPORT Chef d'une équipe sportive. *Le capitaine d'une équipe de football.* / Litt. Chef de guerre, grand stratège. *Napoléon fut un grand capitaine.* / ZOOL. Poisson osseux téléostéen d'Afrique de l'Ouest, de près de 2 mètres de long.
Capitaine Fracasse (le) 1863 Roman picaresque de Théophile Gautier. Il retrace les aventures du jeune baron de Sigognac, sillonnant les routes de France avec une troupe de comédiens ambulants au temps de Louis XIII.
capitainerie n. f. Sous l'Ancien Régime, circonscription soumise à l'autorité d'un officier royal, ou capitaine. / MAR. *Capitainerie du port*: bureau du capitaine d'un port de commerce.
capital, e, aux adj. et n. **A.** adj. Qui est le plus important; essentiel. / *Peine capitale*: peine de mort. **B.** n. m. Ensemble des biens par opposition aux intérêts qu'ils rapportent. / Ensemble des biens (liquidités, meubles et immeubles) possédés par une personne et qui lui rapportent un revenu soit par prêt, soit par investissement. / Fig. Richesses morales, intellectuelles dont dispose une personne. *Capital de confiance, capital d'idées.* / *Capital engagé*: biens qui constituent l'actif d'une société. / *Capital social*: sommes et biens apportés à une société. / Somme d'argent disponible ou en circulation. / PHILO. Selon Karl Marx, bien de production qui n'est pas exploité directement par le propriétaire mais par des travailleurs salariés en vue de rapporter au propriétaire une plus-value (bénéfice) sur les produits de ce bien. **C.** n. f. Voir *capitale.*
Capital (le) 1867 Ouvrage de Karl Marx, étude critique de l'économie classique, préconisant un socialisme qui, fondé sur une collectivisation des moyens de production, vise à assurer le bien-être de chaque membre de la société. Marx ne publia de son vivant que le premier des quatre tomes (1867). Les deux suivants furent publiés en 1885 et 1894 par Engels (d'après les notes de Marx), le dernier par Kautsky en 1904-1910 (d'après la documentation laissée par le philosophe).
capitale n. f. Première ville d'un pays où siège généralement l'exécutif de l'État. *Paris, capitale de la France. Certains pays possèdent deux capitales; ainsi, en Hollande, Amsterdam est la capitale mais le gouvernement et la cour sont à La Haye.* / Ville qui joue un rôle éminent dans un domaine particulier. *Paris, capitale de la mode.* / IMPR. Lettre majuscule.
capitalisation n. f. Action d'accumuler. *Capitalisation des intérêts.* / Système d'assurances consistant à mettre en réserve les contributions versées par l'assuré, les intérêts étant capitalisés, et à ne lui verser ces sommes qu'au moment convenu avec l'assureur (en opposition avec le système de répartition). / *Capitalisation boursière*: valeur de l'actif d'une société obtenue en multipliant le nombre de ses actions par leurs cours en Bourse.
capitaliser v. t. [1] Accumuler (des intérêts, des bénéfices) pour former ou accroître un capital. / (Emploi absol.) Accumuler de l'argent.
• **capitalisme** n. m. Système économique, fondé sur le droit absolu à la propriété, où les capitaux, résultant d'une accumulation de profits, sont investis dans des entreprises mises en valeur par le travail des salariés. *Le capitalisme est lié au libéralisme économique, c'est-à-dire au droit de fonder des entreprises, à faire jouer la libre concurrence dans un même secteur économique en vue d'un plus grand profit.* / PHILO. Selon Karl Marx, organisation politique, sociale et économique d'une société dont le but est la recherche du profit maximal, au moyen de l'exploitation des travailleurs par ceux qui détiennent le capital ou l'ensemble des moyens de production.

Capitalisme

New York, carrefour de Times Square. Pour beaucoup, cette ville et sa Bourse (Wall Street) symbolisent le capitalisme.

Selon Marx, le capitalisme, enfermé dans ses contradictions, est voué à l'échec; d'une part, parce que l'accroissement du profit va dans le sens d'une concentration du capital de moins en moins profitable à la masse dans la mesure où peu de personnes le détiennent, ce qui ne peut qu'accentuer le clivage entre nantis et prolétaires, et, d'autre part, parce que le système de la libre concurrence voue le capitalisme aux aléas des crises économiques, sources de chômage et de misère. D'où l'inévitable révolution qui devait ainsi se produire dans les pays les plus industriellement avancés. En fait, le capitalisme a su maîtriser les risques de crise cyclique par le développement des sciences économiques. De plus, les revendications sociales l'ont amené, dans de nombreux pays, à une moins injuste répartition des profits. Enfin, les multiples applications industrielles des technologies, qui ont créé des marchés toujours nouveaux disposant d'une large diffusion, l'ont amené à promouvoir une société de consommation qui ne peut exister que si un niveau de vie suffisamment élevé permet à ces marchés de se développer et de se renouveler sans cesse.

Paysage de **Cappadoce**.

capitaliste adj. et n. Du capitalisme. *Économie capitaliste.* / n. Personne qui possède des capitaux. *Les capitalistes et l'épargne.* (Par ext.) Fam. Personne prospère. *Une bagnole de capitaliste.*
capital-risque n. m. FIN. *Société de capital-risque*, qui investit dans une entreprise présentant des risques financiers.
capitation n. f. HIST. Impôt par tête, qui était fondé sur les signes de richesse visibles. *La capitation a été supprimée en 1789.*
capiteux, euse adj. Qui porte à la tête et qui grise. *Des vins capiteux. Un parfum capiteux*, puissant et enivrant.
Capitole (le) ou **mont Capitolin** Une des sept collines de Rome où, selon la légende, Romulus, premier roi de Rome, et son frère Rémus, trouvèrent refuge et furent nourris par une louve, désormais emblème de Rome. On désigne sous le même nom les édifices bâtis sur cette colline. On y trouvait notamment un temple dédié à Jupiter, Junon et Minerve. Le nom de Capitole a été donné à divers édifices consacrés à la vie municipale ou parlementaire, notamment, en France, à l'actuelle mairie de Toulouse, et, aux États-Unis, au siège du Congrès (Washington) et au siège du pouvoir dans les capitales des États de l'Union.
Capitole (place du) Édifiée à Rome sur les plans de Michel-Ange ; au centre se dresse la statue équestre de Marc Aurèle.
capitolin, ine adj. Du Capitole. *Jupiter capitolin.*
capiton n. m. Bourre de soie, de laine ou de crin dont on remplit les sièges. / Dessin formé par les piqûres sur un siège rembourré. / PHYSIOL. Excès de tissu adipeux sous-cutané.
capitonnage n. m. Action de capitonner ; garniture de capiton.
capitonner v. t. [1] Garnir (qqch.) de capiton. *Capitonner un fauteuil.*
capitoul n. m. HIST. Sous l'Ancien Régime, magistrat municipal, à Toulouse.
capitulaire adj. et n. m. Qui concerne un chapitre, une assemblée religieuse. *Salle capitulaire.* / Ordonnance des rois ou des empereurs francs. *Les capitulaires de Charlemagne.*
capitulation n. f. MILIT. Convention par laquelle une armée se rend à l'ennemi. *Signer une capitulation.* / DR. INTERN. Convention, traité. / Fig. Abandon d'un point de vue ou d'une attitude qu'on soutenait jusque-là.
capitulations n. f. pl. HIST. Conventions qui réglaient le statut des étrangers chrétiens dans certains pays musulmans (Empire ottoman notam., entre 1569 et 1923 ; Iran) et dans quelques pays d'Extrême-Orient.
capitule n. m. BOT. Inflorescence dans laquelle la fleur est formée de très nombreuses petites fleurs insérées côte à côte sur un réceptacle. *Les capitules du pissenlit.*
capituler v. i. [1] MILIT. Signer une capitulation. / Fig. Renoncer, céder.
Cap-Occidental (Le) *129 370 km² 3 721 200 h.* Province d'Afrique du Sud, bordée par l'océan Indien et l'océan Atlantique. Capitale *Le Cap.*
Capo d'Istria (Jean Antoine, comte **de)** 1776-1831 Homme politique grec. Après avoir servi la Russie dans les îles Ioniennes, il contribua au succès de l'insurrection grecque, et parvint, au moment de l'indépendance, à la présidence de la République (1827-1931). Il fut assassiné.
Capone (Alphonse Capone, dit **Al)** 1899-1947 Gangster américain. Contrôlant le commerce clandestin de l'alcool à Chicago pendant la prohibition, il acquit une puissance considérable et fut emprisonné (1931-1939). Libéré en 1939, il vécut dans l'isolement à Miami.
caporal n. m. Militaire du grade le plus bas dans l'infanterie, le génie et autres armes. / *Caporal-chef*, d'un grade situé entre ceux de caporal et de sergent. / HIST. *Le Petit Caporal* : surnom donné par ses soldats à Napoléon Ier. / Tabac noir, à fumer.
caporalisme n. m. Autoritarisme étroit se bornant à faire exécuter les ordres. / Régime politique autoritaire, dans lequel l'armée a une grande influence.
Cap-Oriental (Le) *169 580 km² 6 481 300 h.* Province d'Afrique du Sud, bordée par l'océan Indien. Capitale *Bisho.*
capot n. m. Dispositif de protection. / MÉCAN. Couvercle métallique amovible donnant accès au moteur, notam. d'une automobile. / MAR. Bâche pour protéger de la pluie et des embruns les objets placés sur le pont d'un bateau.
capote n. f. Dans un véhicule, toit mobile souple repliable à la manière d'un soufflet. / Manteau militaire. / Grand manteau à capuchon. / Chapeau de femme. / Fam. *Capote (anglaise)* : préservatif masculin.
Capote (Strekfus Persons, devenu **Truman)** 1924-1984 Écrivain américain. Ses œuvres néo-romantiques expriment, à travers des images irréelles, la nostalgie de l'enfance : *Les Domaines hantés* (1948), *La Harpe d'herbe* (1951), tandis que d'autres sont teintées d'un humour très particulier (*Petit déjeuner chez Tiffany*, 1958). Avec *De sang froid* (1966), récit très documenté sur un fait divers sanglant, l'écrivain jette les bases du roman « non fictionnel ».
capoter [1] v. t. [1] Couvrir (qqch.) d'une capote.
capoter [2] v. i. [1] Se renverser sur son capot, se retourner par accident. / MAR. Chavirer. / Fam. Échouer. *Son affaire a capoté.*
Capoue *19 300 h.* Ville d'Italie, en Campanie, située à 4 km des ruines de l'ancienne ville où Hannibal passa avec ses troupes un hiver plein d'agrément (« délices de Capoue ») en 215 av. J.-C. après la bataille de Cannes, en attendant des renforts pour attaquer Rome.
Cappadoce Ancienne région du centre de l'Asie Mineure (aujourd'hui en Turquie), peuplée par les Hittites dès le IIIe millénaire av. J.-C. Après diverses péripéties, cette terre convoitée par tous est devenue romaine en 17, puis est passée sous domination turque. L'érosion y a découpé des structures étranges (cônes, pitons, cheminées des fées) que les moines byzantins ont creusées pour y aménager des centaines de couvents et d'églises rupestres peintes à fresques (VIIIe-XIIIe siècle).
Cappiello (Leonetto) 1875-1942 Caricaturiste français des personnalités parisiennes de la Belle Époque et créateur d'affiches : *Ouate thermogène* (1909), *Cinzano* (1922).
cappuccino n. m. (mot italien) Café au lait que l'on rend mousseux et que l'on parsème de poudre de chocolat.
Capra (Frank) 1897-1991 Cinéaste américain d'origine italienne. Poétiques et moralisatrices, ses comédies, après *New York-Miami* (1934), eurent pour interprètes Gary Cooper (*L'Extravagant M. Deeds*, 1936 ; *L'Homme de la rue*, 1941) et James Stewart (*Monsieur Smith au Sénat*, 1939 ; *La Vie est belle*, 1947).
câpre n. f. Bouton floral du câprier. *Confites dans le vinaigre, les câpres sont utilisées comme condiment.*
Capri *12 500 h.* Petite île italienne, au large de Naples. Tourisme.
capricant, ante adj. rare Saccadé, irrégulier, sautillant, évoquant l'allure bondissante d'une chèvre.
caprice n. m. Exigence soudaine, passagère et souvent puérile. / Fig. (généralement au pluriel) Irrégularités imprévisibles qui affectent le cours des choses et des sentiments. *Les caprices de l'amour, de la mode.* / MUS. Morceau pour orchestre ou pour un seul instrument, librement improvisé. *Les 24 Caprices pour violon*, de Paganini.

Le **Capricorne**, un signe du zodiaque.

Le sureau, de la famille des **caprifoliacées**.

capricieusement adv. Par caprice.
capricieux, euse adj. Qui fait des caprices. *Enfant capricieux.* / Fig. Fantasque, instable. *Humeur capricieuse.*
capricorne n. m. ZOOL. Coléoptère de la famille des cérambycidés. Syn. longicorne. / Bovidé à petites cornes droites, proche du chamois. Syn. sérow.
Capricorne (le) Constellation zodiacale (voir **constellation**). / ASTROL. Dixième signe du zodiaque. / GÉOGR. *Tropique du Capricorne* : parallèle du globe terrestre, à 23° 26' de latitude au sud de l'équateur, et qui est le pendant du tropique du Cancer.
câprier n. m. BOT. Arbuste méditerranéen épineux à fleurs odorantes, dont le bouton floral (câpre) est comestible.
caprifoliacées n. f. pl. BOT. Famille d'angiospermes dicotylédones, dont les fleurs sont gamopétales, qui comprend le chèvrefeuille, le sureau, la viorne, etc.
caprimulgiformes n. m. pl. ZOOL. Ordre d'oiseaux nocturnes et crépusculaires, comprenant notam. les engoulevents.
caprin adj. et n. **I.** Qui se rapporte à la chèvre. **II.** n. m. pl. ZOOL. Groupe de caprinés sauvages (bouquetin) ou domestiqués (chèvre).
caprinés n. m. pl. ZOOL. Sous-famille de bovidés ruminants, à cornes côtelées transversalement, comprenant notam. la chèvre, le bouquetin, le mouflon, les moutons, le chamois. *Certaines espèces de caprinés ont été domestiquées.*
Cap-Septentrional (Le) *361 830 km² 742 030 h.* Province d'Afrique du Sud, qui s'étend de l'Atlantique jusqu'au fleuve Orange. Capitale *Kimberley.*
capside n. f. BIOL. Structure moléculaire protéique qui enveloppe la molécule d'acide nucléique (A.D.N. ou A.R.N.) d'un virus.
capsule n. f. Calotte en métal ou en plastique qui coiffe le bouchon d'une bouteille. / ANAT. Tissu organique enveloppant un viscère ou une articulation. *Capsule rénale.* / BOT. Enveloppe de certains fruits secs déhiscents, à plusieurs graines. / MILIT. Dans un fusil, godet en cuivre qui contient l'amorce. / ASTRON. Partie habitable et récupérable d'une fusée qui peut être satellisée. / PHARM. Enveloppe soluble dans le tube digestif qui entoure certains médicaments.
capsuler v. t. [1] Boucher avec une capsule.
captage n. m. Action de canaliser, notam. les eaux, par un système d'adduction.

CAP-VERT (ÎLES DU)

Superficie : *4 033 km²*
Nombre d'habitants : *406 000 h.*
Capitale : *Praia*
Villes principales : *Mindelo, São Filipe*
Système politique : *république*
Langue (s) : *portugais (officiel), créole*
Religion (s) : *catholicisme*
Monnaie (s) : *escudo capverdien*

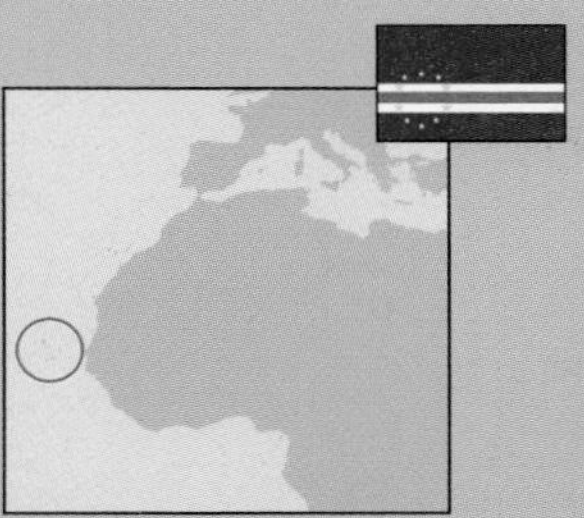

Voir l'Atlas

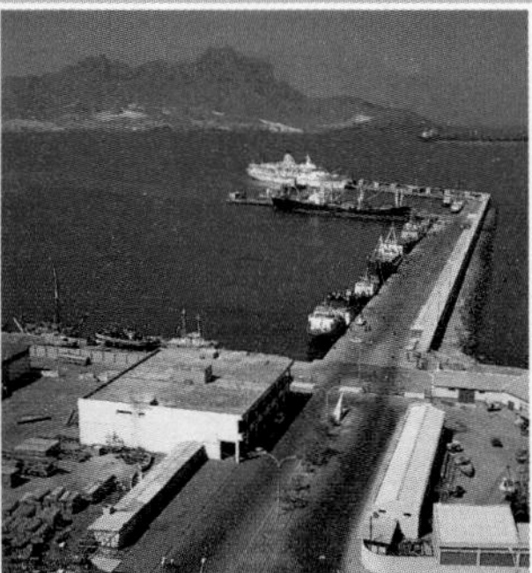

Jetée d'un port de pêche, dans l'île Saint-Vincent.

Géographie physique et humaine

Cet archipel volcanique (mont Fogo, *2 800 m*) comprend dix îles. Les principales sont : Santo Antão, Boa Vista, Fogo, São Nicolao, Sal (aéroport) et São Tiago, qui abrite la moitié de la population. Le climat est tropical sec (plus humide sur les versants au vent). La population, composée de Métis (70 %), de Noirs (29 %) et de Blancs (1 %) parle généralement un créole portugais, le *crioulo*. Elle est presque entièrement catholique et connaît une forte croissance. Démunie, elle vit d'aides (notamment celles des émigrés).

Paysage de l'île Saint-Vincent.

Histoire

En 1456, un Vénitien au service du Portugal aborda au Cap-Vert ; la possession portugaise fut entérinée en 1494 par le traité de Tordesillas. Durant toute la période coloniale, le Cap-Vert domina la Guinée portugaise (aujourd'hui Guinée-Bissau). Les deux anciennes colonies forment aujourd'hui deux États distincts, indépendants depuis 1975. Au Cap-Vert le régime du parti unique (marxiste) dura jusqu'en 1990. L'opposition remporta les élections de 1991. Les scrutins suivants ont confirmé l'implantation du multipartisme.

captateur, trice n. DR. Celui, celle qui se rend coupable de captation.

captation n. f. DR. Manœuvre frauduleuse pour s'emparer d'une succession ou d'un legs.

capter v. t. [1] DR. Obtenir par captation. *Capter un héritage.* Par ext. *Capter la confiance de qqn.* / Recueillir et acheminer (un liquide) au moyen de canalisations. / TECHNOL. Intercepter par des capteurs. *Capter une chaîne de télévision.*

capteur n. m. TECHNOL. Dispositif qui enregistre un phénomène physique (lumière, bruit, etc.), le mesure et le transforme en un signal électrique. / *Capteur solaire*, qui capte et transforme le rayonnement solaire en énergie calorifique et électrique.

captieux, euse adj. Litt. Qui cherche à tromper, à induire en erreur ; insidieux.

captif, ive adj. et n. Privé de sa liberté de mouvement. *Animal captif.* / Subst. Prisonnier. *Libérer les captifs.*

captiver v. t. [1] Susciter un intérêt, un attrait irrésistible auprès de. *Orateur qui captive son auditoire.*

captivité n. f. État de celui qui est captif, prisonnier.

capture n. f. Action de se saisir d'un être vivant, par force ou par ruse. *Capture d'un bandit, d'un tigre.* / Ce que l'on capture. / GÉOGR. Changement de direction d'une rivière qui se jette dans une autre.

capturer v. t. [1] Prendre par capture. *Capturer un lion.*

capuce n. f. Capuchon en pointe.

capuche n. f. Capuchon féminin dont les bords larges reposent sur les épaules.

capuchon n. m. Partie supérieure d'un vêtement, en forme de bonnet, pouvant se rabattre sur la tête. / Vêtement comportant un capuchon. / Objet servant à recouvrir quelque chose. *Capuchon de stylo.*

capucin [1] n. m. Moine membre d'une congrégation issue d'une réforme des franciscains au XVIe siècle, et qui pratique, dans toute sa rigueur, la règle primitive de l'ordre de saint François. *Les capucins portent une robe de bure brune à capuchon.*

capucin [2] n. m. ZOOL. Petit singe platyrhinien, de la famille des cébidés.

capucine [1] n. f. Plante herbacée grimpante, originaire d'Amérique tropicale, dont les longues tiges à feuilles rondes portent des fleurs jaunes, orange ou rouges.

capucine [2] n. f. Anc. Religieuse appartenant à un ordre mendiant de spiritualité franciscaine.

capucine [3] n. f. AUTO. Toit surélevé d'un camping-car, d'un motor-home, dans lequel sont en général aménagés une couchette et un espace de rangement. *Une capucine d'une grande habitabilité.*

Capulets (les) Famille de Vérone dont les dissensions avec celle des Montaigus inspirèrent à Shakespeare le drame de *Roméo et Juliette*.

Capus (Alfred) 1857-1922 Auteur dramatique français de comédies légères : *Les Maris de Léontine* (1900), *La Veine* (1901).

cap-verdien, enne adj. et n. Des îles du Cap-Vert. *Musique cap-verdienne. Un (e) Cap-verdien (ne).*

• **Cap-Vert (îles du)** État insulaire de l'Afrique occidentale, situé dans l'océan Atlantique à 500 km des côtes sénégalaises, pour la plus proche des îles.

caque n. f. Tonnelet où l'on conserve les harengs salés ou fumés. / Fig. *La caque sent toujours le hareng* : on ne peut effacer les traces de son origine.

caquelon n. m. Poêlon profond, en terre ou en fonte.

caquet n. m. Cri de la poule avant ou après la ponte. / Fig. Bavardage indiscret. *Rabattre le caquet à qqn*, le faire taire vertement.

caquetage n. m. Action de caqueter ; bavardage, commérage.

caqueter v. i. [1] En parlant d'une poule, glousser après avoir pondu. / Bavarder à tort et à travers.

Caquot (Albert) 1881-1976 Ingénieur français. Il a inventé le stabilisateur pour ballon captif d'observation. Il a aussi dirigé la construction de ponts et de barrages (Donzère-Mondragon).

car [1] conj. Parce que ; puisque. *Elle reviendra, car elle a oublié son sac.*

car [2] n. m. Abréviation d'*autocar*.

carabe n. m. ZOOL. Insecte coléoptère, à corps allongé et à grandes pattes, de couleur noire ou métallique. *Les carabes, nocturnes, chassent les vers, les escargots, les limaces, etc.*

carabin n. m. HIST. Soldat de la cavalerie légère. / Fam. Étudiant en médecine.

carabiné adj. Fam. *Une grippe carabinée*, forte, importante.

carabine n. f. Fusil court et léger au canon rayé.

carabinier n. m. Anc. Soldat armé d'une carabine (XVIIe-XIXe siècle). / Gendarme italien. / Douanier espagnol.

carabistouilles n. f. pl. En Belgique, fariboles.

Carabosse Fée laide, méchante et bossue apparaissant dans les contes pour enfants.

caracal n. m. (mot espagnol) ZOOL. Félin proche du lynx, au pelage de couleur fauve, dont les oreilles noires se terminent par une touffe de poils. *Le caracal vit en Afrique et en Asie.*

Caracalla (Marcus Aurelius Antoninus Bassianus, dit**)** 188-217 Empereur romain en 211 avec son frère Geta qu'il fit plus tard assassiner. Fils de Septime Sévère, intelligent et ambitieux, mais sans scrupules, il régna de manière despotique et fit périr de nombreux opposants avant de succomber lui-même sous les coups de Macrin, préfet du prétoire. Par l'édit de 212, il essaya d'unifier l'Empire en accordant la citoyenneté à tous les citoyens libres. Empereur guerrier, il lutta avec efficacité contre les Barbares et les Thraces, et laissa de nombreux monuments, parmi lesquels, à Rome, de gigantesques Thermes qui portent son nom.

Caracas *4 000 000 h.* Capitale du Venezuela, située à 1 050 m d'altitude, à 20 km de la mer des Caraïbes. Elle a été fondée par Diego de Losada en 1567. La découverte et l'exploitation du pétrole expliquent son extraordinaire croissance industrielle

*Panorama de **Caracas**.*

Carafe *en verre soufflé.*

et démographique (1/5 de la population du Venezuela). Le port de La Guaira constitue son débouché.

caraco n. m. Anc. Corsage ample, à manches longues que portaient les femmes à la campagne. / Sous-vêtement féminin limité au buste.

caracole n. f. ÉQUIT. Mouvement circulaire, de volte et de demi-volte, exécuté, en série, par les cavaliers. / Mouvement désordonné du cheval.

caracoler v. i. [1] ÉQUIT. Faire des caracoles. / Par ext. Parader.

caractère n. m. **I.** Signe conventionnel d'une écriture. *Les caractères du latin, du grec, de l'arabe.* / TYPO. Parallélépipède de plomb dont une extrémité porte en relief la lettre d'imprimerie. / Fig. Marque distincte, originale. *Villa qui a du caractère. Un meuble de caractère rustique.* / Trait distinctif. **II.** PSYCHOL. Ensemble des traits psychologiques et moraux qui composent la personnalité d'un individu, d'un peuple. *Caractère coléreux, flegmatique. Avoir bon, mauvais caractère.* / Assurance, fermeté. *Avoir du caractère.*

Caractères (les) 1688 Œuvre de La Bruyère, inspirée par *les Caractères* de Théophraste (IVe-IIIe s. av. J.-C.). Cette suite de portraits, d'observations et de maximes constitue, par-delà un tableau satirique des mœurs de la ville et de la cour, une réflexion morale sur l'homme.

caractériel, elle adj. et n. PSYCHOL. Qui présente des troubles du caractère et de la personnalité.

caractériologie n. f. Branche de la psychologie qui étudie et classe les différents types de caractères.

caractériser v. t. [1] Définir par des caractères particuliers. *La volonté qui le caractérise.*

caractéristique adj. et n. f. Qui caractérise. *Différence caractéristique.* / n. f. Marque distinctive, spécifique.

caracul ou **karakul** n. m. Mouton dont les agneaux mort-nés fournissent la fourrure d'astrakan. *Les caraculs d'Ouzbékistan et d'Afghanistan.*

carafe n. f. Récipient en verre ou en cristal dont la base est élargie. / Son contenu. *Une carafe de vin rosé.*

carafon n. m. Petite carafe. / Pop. Tête. *Coup sur le carafon.*

Caragiale (Ion Luca) 1852-1912 Dramaturge roumain. Directeur du Théâtre national de Bucarest, ses comédies amères dépeignent avec une mordante ironie et un humour parfois loufoque la société de son temps : *Une nuit orageuse* (1878), *Une lettre perdue* (1884).

caraïbe adj. et n. Des Caraïbes.

Caraïbes ou **Caribes** Peuple indien qui habitait les petites Antilles et la côte de Guyane, et qui fut décimé (notamment de maladie) après l'arrivée des Espagnols au XVIe siècle. Ils ont donné leur nom à la *mer des Caraïbes*, qui est la mer des Antilles, et à l'ensemble géographique comprenant les Antilles, les pays qui bordent au sud la mer des Antilles (Venezuela et Colombie), Panama et les États de l'isthme centraméricain.

caraïte ou **karaïte** n. m. Membre d'une secte juive qui rejette la tradition talmudique (interprétation orale de la loi mosaïque) et n'accepte que l'autorité de l'Écriture (la Torah).

Caramanlis Voir **Karamanlis**

carambolage n. m. Au billard, coup par lequel une bille touche la bille rouge et celle de l'adversaire. / Fig. Série de chocs, de heurts, plus particulièrement entre automobiles entrant en collision.

caramboler v. i. / v. t. [1] Au billard, faire un carambolage. / v. t. Fig. Renverser.

carambouillage ou **carambouille** n. m. Escroquerie consistant à vendre au comptant ce que l'on a acheté à crédit avec l'intention bien arrêtée de ne pas payer le fournisseur.

caramel n. m. et adj. Sucre que l'on a fait fondre et brunir au feu. / Bonbon au caramel. *Caramel mou.* / adj. inv. D'un brun assez clair. *Une jupe caramel.*

caraméliser v. t. [1] Transformer (du sucre) en caramel. / Enduire de caramel. / Additionner de caramel.

Caran d'Ache (Emmanuel Poiré, dit**)** 1859-1909 Dessinateur humoristique français, dont les dessins reflètent les idées nationalistes et antidreyfusardes.

carapace n. f. ZOOL. Enveloppe dure, osseuse, cornée ou calcifiée, qui recouvre totalement ou partiellement le corps de certains animaux (notam. tortues, crustacés, tatous). / Fig. Ce qui protège, isole par rapport à l'entourage, à l'environnement. *Une carapace d'insensibilité et d'indifférence.*

carapater (se) v. pron. [1] Fam. S'enfuir à toutes jambes.

caraque n. f. MAR. Navire de fort tirant d'eau, très haut, utilisé anciennement par les Portugais. / *Porcelaine caraque* : fine porcelaine que les caraques rapportaient des Indes et d'Extrême-Orient.

carassin n. m. ZOOL. Poisson téléostéen voisin de la carpe, de petite taille sans barbillons. *Le carassin doré, ou cyprin doré, est communément appelé poisson rouge.*

carat n. m. Unité correspondant à la vingtquatrième partie de l'or fin qui est contenu dans telle ou telle masse d'or. / Unité de mesure de masse valant 0,2 g, utilisée par les diamantaires et les joailliers pour estimer les diamants et les pierres précieuses.

• **Caravage (Michelangelo Merisi,** dit **il Caravaggio,** en français **le)** 1573-1610 Peintre italien.

caravagesque adj. BX-ARTS Du Caravage ; relatif au Caravage, à son art.

caravagisme n. m. BX-ARTS Courant pictural issu du Caravage.

caravane [1] n. f. Groupe de voyageurs se déplaçant ensemble pour mieux affronter dangers et difficultés, dans les déserts notamment. *Une caravane de Bédouins.*

caravane [2] n. f. Remorque de camping.

caravaneige n. m. Camping-car adapté à la randonnée hivernale, aux sports d'hiver.

caravanier, ère [1] adj. et n. Des caravanes. *Voie caravanière.* / Subst. Personne qui conduit une caravane.

caravanier [2] n. m. Personne qui utilise une caravane pour voyager.

caravaning n. m. (mot anglais) Camping en caravane.

caravansérail n. m. Anc. En Orient, auberge pour héberger caravanes et voyageurs. / Mod. Lieu où passent, où séjournent des étrangers en grand nombre venus de pays différents ; lieu rempli de monde et d'agitation.

caravelle n. f. MAR. Navire rapide, à quatre mâts, à voiles triangulaires, surtout en usage du XVe au XVIIe siècle. *Christophe Colomb traversa l'Atlantique à bord d'une caravelle.* / AÉRON. Premier avion moyen-courrier à réaction français, utilisé pour transporter 64 à 80 passagers, à 800 km / h.

carbet n. m. En Guyane française, aux Antilles, grande case occupée par plusieurs familles ; hangar où l'on range embarcations et engins de pêche.

carbochimie n. f. Branche de la chimie industrielle qui traite des transformations du charbon et plus particulièrement de la distillation de la houille.

carbogène n. m. MÉD. Mélange d'oxygène (95 %) et de dioxyde de carbone (5 %), ayant la propriété de stimuler des groupes de neurones qui provoquent le déclenchement ou le maintien de séries d'inspirations et d'expirations. *Le carbogène utilisé pour la réanimation en cas d'asphyxie.*

carbohémoglobine n. f. BIOCHIM. Composé obtenu par fixation de dioxyde de carbone sur l'hémoglobine du sang. *La réaction de formation de la carbohémoglobine est réversible, la réaction inverse permettant la libération de dioxyde de carbone.*

carbonade ou **carbonnade** n. f. CUIS. Ragoût de bœuf aux oignons émincés et à la bière.

carbonado n. m. TECH. Diamant noir, très dur, utilisé pour le forage des roches.

carbonarisme n. m. HIST. Mouvement politique des carbonari ; doctrine de ce mouvement.

♦ Cette société secrète fut formée, au début du XIXe siècle, en Italie, pour propager les idées libérales, d'abord dans le royaume de Naples contre la domination napoléonienne (1805-1814), puis dans toute l'Italie contre l'occupation autrichienne. Ses membres s'engageaient par serment à lutter contre toutes les formes de la tyrannie. La Charbonnerie française s'en est inspirée.

Le Caravage

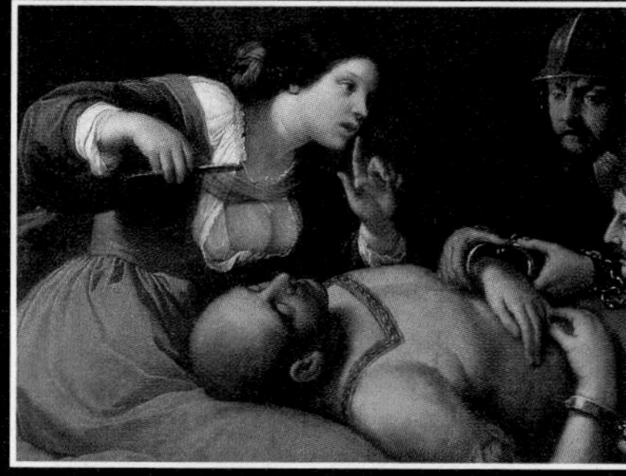

Samson et Dalila.

Le peintre italien réagit contre le maniérisme, lui opposant le réalisme hardi de sujets directement inspirés par les péripéties d'une vie tumultueuse (accusé de meurtre après un duel qui avait mal tourné, il dut s'enfuir de Rome). Tant à Rome qu'à Naples, où il trouve refuge en 1606, qu'à Malte et en Sicile, il développe un art original du contraste entre ombres et lumières, mettant en valeur de manière saisissante personnages et gestuelles (*La Vierge des pèlerins, La Conversion de saint Matthieu, La Mort de la Vierge, La Diseuse de bonne aventure*). Il meurt alors qu'il allait regagner Rome où ses protecteurs avaient obtenu sa grâce. Sa peinture fait école dans toute l'Europe du XVIIe siècle, déclenchant un mouvement artistique de grande ampleur qui prendra son nom.

carbonaro n. m. (mot italien) HIST. Membre d'une société secrète qui luttait, au XIXe siècle, pour la libération et l'unité de l'Italie. Pl. Des *carbonari*.
carbonate n. m. CHIM. Sel ou ester de l'acide carbonique.
carbone n. m. CHIM. Corps simple de numéro atomique Z = 6 (symbole: C). / *Carbone 14*: isotope radioactif du carbone qui sert dans certaines techniques de datation. / *Papier carbone* ou *carbone*: papier dont une face est recouverte d'une substance colorée (à l'origine, carbonée), utilisée en dactylographie pour obtenir des doubles.
♦ Il existe deux formes cristallisées de carbone: le diamant et le graphite; la houille et le lignite sont des carbones fossiles. Le carbone brûle dans l'air en donnant du dioxyde de carbone (souvent appelé gaz carbonique), et dans certaines conditions de combustion, du monoxyde de carbone, qui est un gaz très toxique. De masse atomique 12,01, le carbone fond à 3 550 °C et bout à 4 827 °C. La structure de l'atome de carbone confère à cet élément une grande aptitude à former des chaînes d'atomes, en se combinant avec des atomes d'hydrogènes, et parfois d'autres atomes, en particulier l'oxygène et l'azote (molécules organiques), dont l'étude fait l'objet de la chimie organique. La plupart des molécules constituant la matière vivante sont de ce type.

une partie du liquide se solidifie: c'est la neige carbonique, dont la sublimation, à l'air libre, permet d'atteindre une température de -78 °C, et qui est utilisée comme réfrigérant. Les combustions, les fermentations, la respiration physiologique, ainsi que certains types de volcans produisent du gaz carbonique; les plantes, quant à elles, l'assimilent (photosynthèse). L'ensemble de ces phénomènes maintient, dans l'atmosphère, une proportion constante de 0,03 % de ce gaz.
carboniser v. t. [1] Réduire (une matière) en charbon. *Carboniser du bois.* / Par ext. Détruire (qqch.) en brûlant. *Corps qui a été carbonisé par un incendie.*
carbonnade Voir **carbonade**
carborundum n. m. TECHN. Carbure de silicium (SiC), obtenu industriellement, et utilisé comme réfractaire, abrasif, ou matériau pour résistance électrique.
carboxyhémoglobine n. f. BIOCHIM. Composé résultant de la fixation de monoxyde de carbone sur l'hémoglobine du sang, qui se forme lors des intoxications, parfois mortelles, à l'oxyde de carbone. (L'affinité du monoxyde de carbone pour l'hémoglobine est 200 fois plus importante que celle de l'oxygène: la formation de carboxyhémoglobine entraîne une diminution de la quantité d'hémoglobine disponible pour transporter l'oxygène dans le sang).

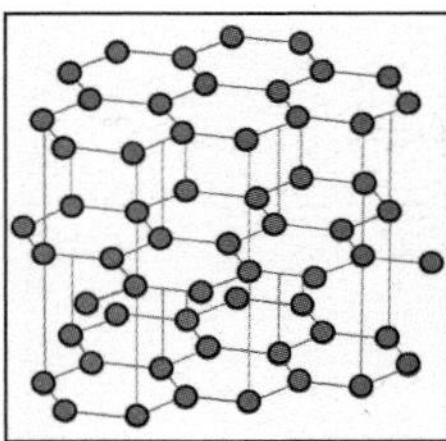
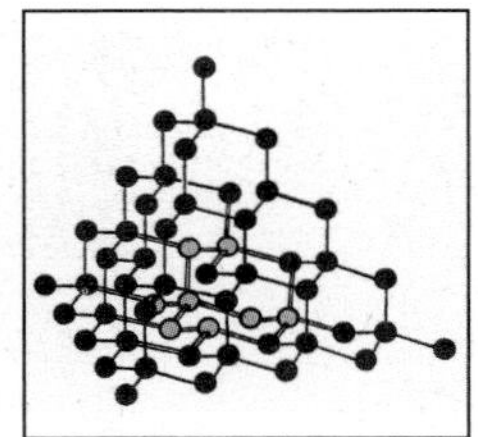
À gauche, le graphite; à droite, le diamant. Ce sont les deux formes allotropiques du **carbone**.

carboné, ée adj. CHIM. Qui est à base de carbone, qui contient du carbone. *Chaîne carbonée*, formée d'une suite d'atomes de carbone liés par des liaisons covalentes. / *Roche carbonée*, principalement formée de charbon (carbone amorphe).
carbonifère n. m. et adj. GÉOL. Période géologique correspondant à la dernière partie de l'ère primaire, d'une durée de 65 millions d'années et qui a débuté il y a 360 millions d'années. / adj. Qui contient du charbon (en parlant d'une roche). *Le Carbonifère est caractérisé par la formation de réserves de débris végétaux qui ont engendré les charbons (houille); c'est au cours de cet âge qu'apparaissent les plantes angiospermes, les conifères et la première faune terrestre quittant le milieu aquatique (reptiles).*
carbonique adj. *Anhydride ou gaz carbonique*: dioxyde de carbone, produit de l'oxydation la plus avancée du carbone.
♦ Peu soluble dans l'eau sous la pression atmosphérique, le gaz carbonique devient très soluble sous pression (boissons gazeuses). On l'obtient facilement à l'état liquide et c'est sous cette forme qu'il est produit industriellement dans des bouteilles d'acier. Sous l'effet d'une brutale détente,

carboxyle n. m. CHIM. Groupement monovalent – COOH (caractéristique des acides carboxyliques).
carboxylique adj. CHIM. Qui contient le groupement carboxyle. *Acide carboxylique*: acide organique R – COOH.
carburant n. m. Corps très volatil, formant avec de l'oxygène un mélange combustible qui brûle très rapidement. (Les carburants sont liquides [essence, gasoil, etc.] ou gazeux [acétylène]. Ils sont utilisés dans tous les moteurs à combustion interne ou à explosion).
carburateur n. m. Organe d'un moteur à explosion, dans lequel se fait le mélange d'air et de carburant destiné à être brûlé dans les cylindres. *La plupart des moteurs à explosion sont munis d'un carburateur, sauf les moteurs Diesel et les moteurs à injection.*
carburation n. f. Mélange d'air et de carburant formant une combinaison gazeuse inflammable dans les moteurs à explosion. / MÉTALL. Enrichissement en carbone du fer pour transformer celui-ci en acier.
carbure n. m. CHIM. Composé binaire du carbone et d'un métal ou d'hydrogène. *Les carburants sont des carbures d'hydrogène. Carbure de calcium* (CaC_2): carbure métallique servant à la production de l'acétylène.

La Cité de **Carcassonne**.

carburer v. i. / v. t. [1] **A.** v. i. Faire une carburation. *Le moteur carbure bien.* / Fig. pop. *Carburer au rouge*: boire surtout du vin rouge. **B.** v. t. Ajouter du carbone à. *Carburer du fer.*
carcajou n. m. (mot indien du Canada) ZOOL. Blaireau de l'Amérique du Nord.
carcan n. m. Collier de métal avec lequel on attachait un condamné à un poteau d'exécution. / Le supplice lui-même. / Fig. Contrainte oppressante. *Le carcan du qu'en-dira-t-on.*
carcasse n. f. Ossature décharnée d'un animal. / Animal de boucherie éviscéré, prêt à la vente. / TECHN. Charpente de soutien ou d'un ouvrage en construction. *Carcasse d'un bateau.*
Carcassonne *43 950 h.* Chef-lieu du département de l'Aude, sur l'Aude. Inscrite au patrimoine de l'Unesco, la ville haute, plus connue sous le nom de *Cité de Carcassonne*, dont les parties les plus anciennes remontent au Ve siècle, mais qui pour sa plus grande part date des XIIe et XIIIe siècles, est un des ensembles urbains fortifiés les mieux conservés d'Europe, en dépit des restaurations, un peu brutales, de Viollet-le-Duc, qui la sauva d'une ruine définitive au XIXe siècle. Elle présente, protégés par une double enceinte, un château et la cathédrale Saint-Nazaire agrandie au XIVe siècle. La ville basse, fondée au XIIIe siècle, conserve deux églises des XIIIe et XIVe siècles et quelques vieilles maisons. Pendant la croisade contre les Albigeois, Simon de Montfort ravagea la ville en 1209. Elle appartint au roi de France en 1247.
carcéral, ale, aux adj. Relatif à la prison, au régime pénitentiaire.
carcinogène adj. et n. m. PATHOL. Cancérigène.
carcinologie n. f. MÉD. Synonyme de cancérologie. / ZOOL. Étude des crustacés.
carcinome n. m. PATHOL. Cancer touchant des cellules épithéliales, qui affecte notam. la peau, les muqueuses, les tissus glandulaires. Syn. épithélioma.
Carco (François Carcopino-Tusoli, dit **Francis)** 1886-1958 Écrivain français. Il décrit les bas-fonds, les filles de joie et les déclassés: *Jésus la Caille* (1914).
Carcopino (Jérôme) 1881-1970 Historien et homme politique français. Ses travaux sur la Rome antique font encore autorité: *César* (1936), *la Vie quotidienne à Rome* (1939), *Aspects mystiques de la Rome païenne* (1941), *Les secrets de la correspondance de Cicéron* (1948). Directeur de l'École française de Rome (1937-1940), il fut ministre de l'Éducation nationale et de la Jeunesse sous Pétain (1940-1941).
cardage n. m. Action de carder; résultat de cette action.
cardamome n. f. BOT. Plante d'Asie, de la famille des zingibéracées, dont les graines odorantes servent notamment à parfumer le café. / Graine de cette plante. *Café à la cardamome.*

cardan n. m. Articulation de deux axes (arbre secondaire de la boîte de vitesse et arbre de transmission) dont la rotation de l'un entraîne celle de l'autre, tout en permettant des variations de leurs positions respectives.
Cardan (Jérôme) 1501-1576 Mathématicien, médecin et astrologue italien, qui résolut les équations du troisième et du quatrième degrés. Il inventa également un système de suspension (cardan) rendant les boussoles insensibles aux mouvements des bateaux.
carde [1] n. f. TECHN. Instrument garni de pointes métalliques recourbées, servant à démêler (carder) les fils de la laine et du coton. / Tête de la cardère.
carde [2] n. f. BOT. Nervure comestible des feuilles de cardon ou de bette.
carder v. t. [1] Peigner (qqch.) avec une carde. *Carder de la laine.*
cardère n. f. BOT. Plante herbacée épineuse de la famille des dipsacées, croissant dans les lieux incultes, et dont les capitules, après floraison, forment une sorte de brosse très dure utilisée autrefois pour peigner la laine et le drap. Syn. chardon à foulon.
cardeur, euse n. Personne qui carde les fibres textiles. / n. f. Machine à carder les fibres textiles.
cardia n. m. ANAT. Orifice supérieur de l'estomac reliant celui-ci à l'œsophage.
cardialgie n. f. PATHOL. Douleur localisée au niveau du cardia ou dans la région précordiale (zone du cœur).
cardiaque adj. et n. Qui concerne le cœur. *Muscle cardiaque.* / n. Malade atteint d'une affection cardiaque.
Cardiff *300 000 h.* Capitale du pays de Galles (Grande-Bretagne), port important sur l'estuaire du Taff. Centre industriel.
cardigan n. m. Chandail en laine, sans col, à manches longues, boutonné sur le devant ou fermé par une fermeture à glissière.
cardinal, ale, aux [1] adj. Principal. RELIG. *Vertus cardinales*: justice, prudence, force, tempérance. / *Points cardinaux*: le nord, l'ouest, le sud et l'est. *La tradition chinoise détermine le centre comme cinquième point cardinal.* / *Nombres cardinaux*, désignant une quantité (et non un ordre, comme les *nombres ordinaux*).
cardinal [2] n. m. **I.** RELIG. Haut dignitaire de l'Église catholique, membre du Sacré Collège. *Ce sont les cardinaux, réunis en conclave, qui élisent le pape.* **II.** ZOOL. Oiseau passereau à gros bec conique d'Amérique du Nord, à huppe érectile, à plumage rouge et à gorge noire. Pl. Des *cardinaux.*

Portrait d'un **cardinal** *par Raphaël.*

Cargo.

Car-ferry.

cardinalat n. m. RELIG. Dignité de cardinal.
cardinalice adj. Relatif au cardinalat. *La pourpre cardinalice.*
cardiogramme n. m. Tracé obtenu par cardiographie.
cardiographe n. m. Enregistreur des pulsations cardiaques.
cardiographie n. f. MÉD. Étude du cœur et particulièrement de ses contractions à l'aide d'appareils enregistreurs fournissant des cardiogrammes.
cardiologie n. f. Spécialité médicale étudiant le cœur et ses pathologies.
cardiologue n. Médecin spécialiste du système cardio-vasculaire.
cardiomyopathie n. f. MÉD. Affection du myocarde.
cardiopathie n. f. MÉD. Toute maladie de cœur.
cardio-pulmonaire adj. MÉD. Relatif au cœur et aux poumons.
cardiotonique n. m. et adj. PHARM. Substance qui stimule l'activité du muscle cardiaque.
cardio-vasculaire adj. Relatif au cœur et aux vaisseaux sanguins. *Système cardio-vasculaire.*
cardon n. m. BOT. Plante potagère de la famille des composées, proche de l'artichaut, dont les nervures des feuilles sont comestibles.
Cardoso (Fernando Henrique) 1931 Homme politique brésilien. Cet ancien professeur de sociologie est ministre des Finances de 1993 à 1994, avant d'être élu président de la République en 1994. Il a été remplacé par Luiz Inacio « Lula » da Silva.
Carducci (Giosuè) 1835-1907 Poète italien d'inspiration classique, dont l'œuvre a coïncidé avec le Risorgimento, ce qui fit sa gloire, aujourd'hui estompée : *Levia Gravia* (1861-1868), *Iambes et Épodes* (1867-1872), *Odes barbares* (1877-1889). Prix Nobel de littérature 1906.

Giosuè Carducci.

Carélie *172 400 km² 796 000 h.* République du nord-ouest de la fédération de Russie, entre le golfe de Finlande et la mer Blanche. Capitale *Petrozavodsk*. Exploitations forestières, transformation du bois et pêche. Depuis le XIIIe siècle, la Carélie a été dominée successivement par les Russes, les Suédois, les Finlandais, puis les Russes lorsqu'ils dominaient le grand-duché de Finlande (1809-1917). Après la proclamation de l'indépendance de la Finlande, le traité de 1920 sépara la Carélie en deux, l'est (Carélie orientale) revenant à *L'U.R.S.S*, l'ouest (Carélie occidentale), à la Finlande. *L'U.R.S.S* annexa totalement la Carélie après la guerre d'hiver de 1939-1940, annexion confirmée en 1947. Le pays a proclamé sa souveraineté au sein de la nouvelle fédération de Russie en 1991.
carême n. m. RELIG. Chez les catholiques et les chrétiens d'Orient, orthodoxes notamment, temps d'abstinence de quarante jours compris entre le mercredi des Cendres et le samedi saint (veille de Pâques), en excluant les dimanches. / *Mi-carême* : le jeudi de la troisième semaine du carême. / Par ext. Jeûne.
carême-prenant n. m. RELIG. Les trois jours précédant le carême. / Par ext. Fête du Mardi gras. Pl. Des *carêmes-prenants*.
carénage n. m. MAR. Action de réparer, de repeindre la coque d'un navire. / TECHN. Carrosserie d'un véhicule profilée aérodynamiquement.
carence n. f. Manque. *Carence d'autorité.* / Situation d'une personne qui ne remplit pas ses fonctions. *Carence du pouvoir.* / DR. Insuffisance des ressources d'un débiteur ne lui permettant pas d'acquitter ses dettes. *Délai de carence*, pendant lequel une personne assurée ne reçoit pas d'indemnisations. / MÉD. Absence ou insuffisance d'éléments nécessaires à l'équilibre d'un organisme, causant une maladie dite de carence. *Carence en calcium.* / PSYCHOL. *Carence affective* : absence ou manque de relations affectives entre le jeune enfant et sa mère (ou les deux parents).
carencé, e adj. Qui souffre de carence. *Un enfant carencé.* / Qui présente une, des carences. *Un régime carencé en vitamines.*
carène n. f. MAR. Partie de la coque d'un navire située au-dessous de la ligne de flottaison, encore appelée œuvres vives. / *Centre de carène* ou *centre de poussée* : centre de gravité de la partie immergée. / BOT. Ensemble des deux pétales inférieurs, dans la fleur des papilionacées, dont la forme évoque celle d'une carène de navire.
Carène Constellation circumpolaire (voir **constellation**).
caréner v. t. [1] MAR. Procéder au carénage de (un navire). / TECHN. Pourvoir d'un carénage, donner une forme aérodynamique à (une carrosserie).
caresse n. f. Attouchement qui marque la tendresse, l'affection ou le désir sensuel. / Fig. Léger frôlement. *La caresse du vent.*
caresser v. t. [1] Faire des caresses à. *Caresser un chien.* / Par ext. *Le vent caresse ses cheveux.* / Fig., fam. *Caresser qqn dans le sens du poil*, le flatter. / Entretenir avec complaisance (une idée, un projet).
caret [1] n. m. ZOOL. Nom donné à diverses espèces de grandes tortues des mers chaudes et tempérées. *Chasser un caret pour sa chair, pour ses écailles.*
caret [2] n. m. Dévidoir de cordier.
carex n. m. BOT. Herbacée monocotylédone à feuilles coupantes, de la famille des cypéracées, poussant en milieu humide, communément appelée laîche.
car-ferry n. m. (mot anglais) Bateau qui transporte simultanément des voyageurs et des véhicules à roues. Pl. Des *car-ferries*. Syn. transbordeur.
cargaison n. f. Chargement en marchandises d'un bateau ou d'un avion.
cargo n. m. Navire équipé pour transporter les marchandises. / *Cargo mixte* : navire transportant des marchandises et quelques passagers. / *Avion-cargo* : avion dont les grandes soutes servent à transporter du fret.
cargue n. f. MAR. Cordage qui, dans un voilier, sert à carguer. / Nom de cette manœuvre.
carguer v. t. [1] Replier (les voiles) contre les vergues.
cari Voir **curry**
cariatide Voir **caryatide**
Caribert Ier ?-567 Roi de Paris en 561. Fils aîné de Clotaire Ier, il reçut, à la mort de son père, le royaume de Paris et des terres en Aquitaine. Intelligent, pacifique, cultivé, il eut de nombreuses épouses (ou concubines) qui ne lui donnèrent que des filles ; à sa mort, ses frères se disputèrent son héritage.
Caribert II 604 ?-632 Roi (628) d'Aquitaine que son frère Dagobert Ier lui concéda à la mort de leur père Clotaire II.
Caribes Voir **Caraïbes**
caribou n. m. ZOOL. Renne sauvage d'Amérique du Nord et de Sibérie.
caricatural, ale, aux adj. Qui procède de la caricature. *Portrait caricatural.*
caricaturalement adv. De façon caricaturale.
caricature n. f. Dessin où, en accentuant certains traits du visage ou de la silhouette d'un individu, ou en mettant l'accent sur l'aspect grotesque d'une situation, le dessinateur crée un effet comique ou satirique. / Fig. Déformation sommaire d'une réalité. *Un procès qui n'est qu'une caricature.*
caricaturer v. t. [1] Traiter sous forme de caricature ; faire la caricature de.
caricaturiste n. Dessinateur de caricatures.

Caricaturiste.

carie n. f. MÉD. Maladie entraînant la destruction progressive des tissus des dents ou des os. / AGRIC. *Carie du blé*, causée par l'ergot de seigle, qui s'attaque aux graines.
Carie Ancienne région de la côte sud-ouest de l'Asie mineure, aujourd'hui en Turquie ; elle fut annexée par les Romains au IIe siècle av. J.-C.
carié, e adj. Atteint de carie.
carillon n. m. Sonnerie de cloches de tonalités différentes.
Carillon (fort) Édifié en 1756 par les troupes royales de la Nouvelle-France, le fort, commandé par Montcalm, opposa une résistance héroïque aux assauts anglais de juillet 1758. Située aujourd'hui sur le territoire des États-Unis, la localité porte le nom de Ticonderoga.
carillonné, e adj. *Fête carillonnée*, annoncée à grands sons de cloches.
carillonner v. i. [1] Sonner un carillon. *Cloche qui carillonne.* / Par ext. Faire sonner, faire résonner une sonnerie, une sonnette. *Carillonner à une porte.* / (Emploi transitif) Indiquer par un carillon. *L'horloge a carillonné l'heure.*
carillonneur n. m. Personne qui carillonne.
carinates n. m. pl. ZOOL. Sous-classe d'oiseaux dont le sternum comporte un bréchet, abandonnée dans les classifications actuelles, dans laquelle on regroupait l'ensemble des oiseaux à l'exception des ratites et des manchots.
Carinthie *9 533 km² 552 400 h.* État fédéral du sud de l'Autriche. Capitale *Klagenfurt*. La région, très montagneuse (Grossglockner, *3 797 m*, plus haut sommet d'Autriche) est traversée d'est en ouest par la vallée de la Drave. Agriculture, élevage alpin, exploitation forestière et industrie papetière. La Carinthie est rattachée à l'Autriche depuis 1335.
cariste n. Conducteur, conductrice d'un chariot de manutention.
caritatif, ive adj. RELIG. Qui se rapporte à la vertu chrétienne et théologale de charité. / Qui apporte une aide, un secours matériel ou moral aux plus démunis. *Organisation, société caritative.*
Carle (Gilles) 1929 Cinéaste québécois. Ses trois premiers films : *Les Mâles* (1970), *La Vraie Nature de Bernadette* (1972), *La Mort d'un bûcheron* (1973) oscillent entre fable libertaire et cinéma réaliste. Ils furent salués comme des événements. Dans les années 1980, il réalise plusieurs documentaires.
carlin n. m. Petit chien au museau aplati apparenté au dogue.
carlingue n. f. AÉRON. Partie du fuselage d'un avion où se trouvent les sièges des pilotes et ceux des passagers. / MAR. Forte pièce de bois placée dans le sens de la quille d'un navire pour en renforcer le fond.
Carlisle (Anthony) 1768-1840 Chirurgien anglais. En 1800, il étudia les effets physiologiques du courant électrique en utilisant la pile de Volta et découvrit avec Nicholson l'électrolyse de l'eau.
carlisme n. m. Courant politique et doctrine des partisans de Charles (don Carlos) de Bourbon et de ses descendants, prétendants au trône d'Espagne, au cours du XIXe siècle.
carliste adj et n. Du carlisme. *Les guerres carlistes.* / Subst. Partisan du carlisme.

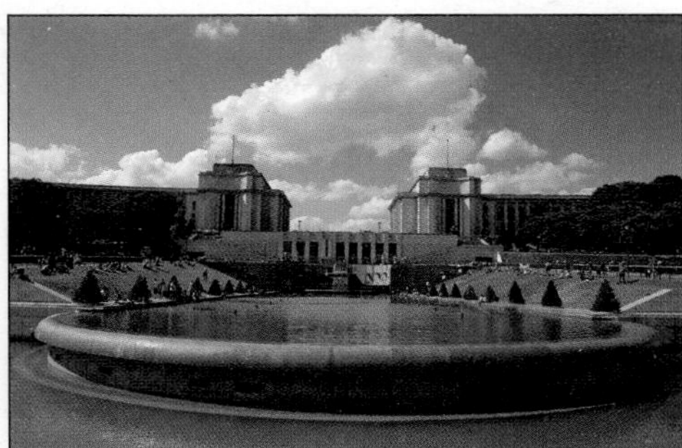

Jacques Carlu *fut l'un des architectes qui construisit le palais de Chaillot.*

Carloman 715 ?-754 Roi des Francs de 742 à 747. Fils aîné de Charles Martel, il succéda à son père à la tête de l'Austrasie en 742, mais se retira en 747 au monastère du Mont-Cassin, laissant le pouvoir à son frère Pépin le Bref.

Carloman 751-771 Roi d'Austrasie (768), fils de Pépin le Bref et frère de Charlemagne. À sa mort, Charlemagne s'empara de ses États, spoliant ses neveux et les faisant enfermer dans un monastère.

Carloman ?-884 Roi de France en 879. Second fils de Louis le Bègue, il reçut en partage l'Aquitaine et la Bourgogne en 879, puis régna seul sur la France de 882 à sa mort.

Carlos (Maria José Isidoro de Bourbon, don**)** 1788-1855 Infant d'Espagne, frère de Ferdinand VII ; sa nièce Isabelle (fille de Ferdinand) l'écarta du trône après l'abolition de la loi salique et prit le pouvoir sous le nom d'Isabelle II. Il refusa de lui prêter serment et se proclama roi sous le nom de Charles V. Expulsé d'Espagne, il rassembla de nombreux partisans qui déclenchèrent la guerre civile de 1834, dite « guerre carliste ».

Carlu (Jacques) 1890-1976 Architecte français qui a construit, à Paris, le palais de Chaillot (1936-1938, en collaboration). **Jean** 1900-1997 Dessinateur français, frère du précédent, auteur de très nombreuses affiches.

Carlyle (Thomas) 1795-1881 Historien anglais. Apôtre de l'action, adversaire de l'utilitarisme et du matérialisme, il souligne l'influence déterminante des grands hommes sur le cours de l'histoire : *Les Héros et le Culte des héros* (1841).

Carmagnola (Francesco Bussone, dit**)** v. 1380-1432 Condottiere italien. Au service du duc de Milan, il agrandit le duché par ses nombreuses conquêtes (1416-1423). Puis il passa au service de Venise (1425), où il fut accusé de servir secrètement son ancien maître. Il fut décapité.

carmagnole n. f. Veste courte portée par les ouvriers méridionaux aux XVIIe et XVIIIe siècles, et par les Marseillais qui participèrent, à Paris, aux émeutes révolutionnaires de 1792. / Ronde révolutionnaire dansée par les Parisiens. / Chant de la Révolution accompagnant cette danse.

carme n. m. Religieux de l'ordre du Carmel.

carmel n. m. Monastère de carmes, de carmélites.

Carmel (mont) Chaînon calcaire qui surplombe la côte d'Israël, dans la banlieue résidentielle de Haïfa.

Carmel (ordre du, ou de **Notre-Dame du Mont-Carmel)** Ordre religieux mendiant qui trouve son origine dans l'ermitage fondé en 1185 sur le mont Carmel. La conquête de la Palestine par les musulmans poussa les ermites à l'émigration en Europe. Diverses réformes, intervenues entre 1247 et 1568, aboutirent à la scission de l'ordre primitif en deux branches, celle des carmes déchaux (déchaussés), porteurs de sandales et non de chaussures, à la règle très austère issue de la réforme de 1568, et celle des grands carmes de l'antique observance, chaussés. La congrégation féminine des carmélites a été fondée en 1452. La spiritualité contemplative de l'ordre a trouvé son expression mystique la plus profonde chez Jean de la Croix, Thérèse d'Avila et Thérèse de l'Enfant-Jésus.

carmélite n. f. Religieuse de l'ordre du Carmel.

Carmen 1845 Nouvelle de Prosper Mérimée dans laquelle un soldat, don José, par amour pour Carmen, en vient à la désertion et au crime. Cette nouvelle inspira l'opéra-comique de Georges Bizet (1875), sur un livret de Meilhac et Halévy, et de nombreux films, dus à C. B. De Mille (1915), E. Lubitsch (1918), J. Feyder (1926), K. Vidor (1948), O. Preminger (*Carmen Jones*, 1953, interprété par des Noirs), P. Brook (1982), C. Saura (1983), J.-L. Godard (1983), F. Rosi (1984), et d'autres.

carmin n. m. et adj. Colorant rouge vif que l'on obtenait autrefois à partir de la femelle d'un insecte appelé cochenille ; cette couleur. / adj. inv. *Une robe carmin.*

Carmontelle (Louis Carrogis, dit**)** 1717-1806 Écrivain, graveur, peintre français. Organisateur des fêtes du duc d'Orléans, il écrivit des comédies (*Les Proverbes dramatiques*, 1768-1781) et laissa de ses contemporains de nombreux portraits au crayon rehaussé de couleur, à la grâce souvent mièvre et au style parfois répétitif.

Carnac *4 450 h.* Commune du Morbihan. À quelques kilomètres s'étend un impressionnant ensemble de monuments mégalithiques (dolmens, 2 500 menhirs, tumuli).

carnage n. m. Tuerie, massacre d'hommes ou d'animaux.

Carnap (Rudolf) 1891-1970 Philosophe et logicien américain d'origine allemande, l'un des principaux membres du cercle de Vienne : *Introduction à la sémantique* (1942).

carnassier, ère [1] adj. et n. **I.** adj. Qui se nourrit de chair. *Animal carnassier.* / ZOOL. *Dent carnassière* : dernière prémolaire de la mâchoire supérieure et première molaire de la mâchoire inférieure des mammifères de l'ordre des carnivores. **II.** n. m. Animal qui se nourrit de chair. *Le tigre est un carnassier.* / n. f. *Une carnassière* : une dent carnassière.

carnassière [2] n. f. Sac utilisé par le chasseur pour porter le gibier.

carnation n. f. Teint naturel de la peau.

carnaval n. m. Temps, entre l'Épiphanie et le Carême, réservé aux divertissements collectifs et qui prend fin le mercredi des Cendres. / Fêtes de rues qui culminent la veille du carême, ou mardi gras. *Le carnaval de Nice, de Rio.* / *Sa majesté carnaval* : mannequin de grande taille symbolisant ces fêtes.

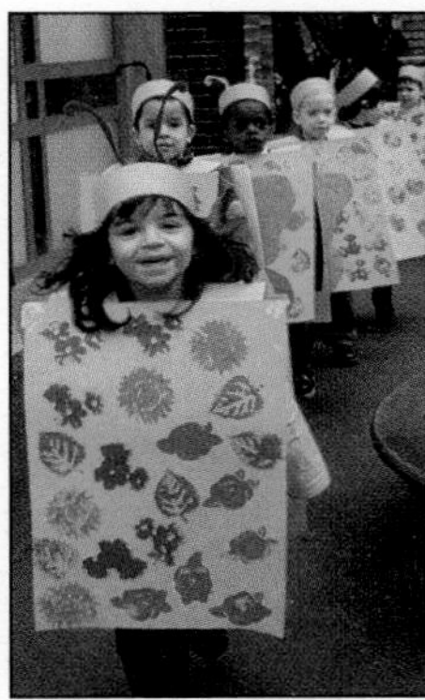

Carnaval *dans une école maternelle.*

Carnavalet (musée) Musée parisien consacré à la ville de Paris, installé dans un hôtel du Marais, construit sur des plans de Pierre Lescot au milieu du XVIe siècle. Mansart l'agrandit de 1655 à 1661.

carne n. f. Fam. Mauvaise viande. / Mauvais cheval. / Fig., péjor. Personne méchante.

carné, e adj. À base de viande, riche en viande. *Régime carné.*

Carné (Marcel) 1906-1996 Cinéaste français. D'abord assistant de Feyder, il réalise des films sur des scénarios de Jacques Prévert. Un réalisme poétique et tragique naîtra de cette association : *Drôle de drame* (comique, 1937), *Hôtel du Nord* (scénario d'Henri Jeanson d'après E. Dabit, 1938), *Quai des brumes* (1938), *Le Jour se lève* (1939), *Les Enfants du paradis* (1945), *Les Portes de la nuit* (1946). Ce dernier film met fin à cette ère glorieuse. Carné réalisera ensuite *Thérèse Raquin* (1953), *Les Tricheurs* (1958), *Trois Chambres à Manhattan* (1965).

Carnegie (Andrew) 1835-1919 Industriel et philanthrope américain. Il consacra les bénéfices que lui rapportaient ses aciéries à la création de multiples fondations.

carnet n. m. Livret de poche pour notes et comptes. / Ensemble de billets ou de tickets détachables. *Carnet de chèques.*

carnier n. m. Carnassière, sac à gibier.

• **carnivore** adj. et n. **I.** Qui se nourrit de chair. *Le lion est carnivore.* (Subst.) *Le barracuda est un carnivore.* / BOT. *Plante carnivore*, capable de capturer et de digérer des petits animaux (notam. insectes), qui constituent vraisemblablement pour ces végétaux une source de nutriments. **II.** n. m. pl. ZOOL. Ordre de mammifères dotés de griffes puissantes, de canines développées (crocs) et de molaires tranchantes (carnassières) adaptées à un régime alimentaire carné.

Carnot Famille française dont plusieurs membres s'illustrèrent dans la politique ou la science. **Lazare** 1753-1823 Général et homme d'État français, dit le Grand Carnot. Il organisa l'activité militaire de la Convention, dont il forma les quatorze armées. Ministre de la Guerre en 1800, ministre de l'Intérieur pendant les Cent-Jours, il fut exilé par la Restauration. **Nicolas** 1796-1832 Physicien, fils aîné du précédent, il énonça les lois fondamentales de la thermodynamique dans *Réflexions sur la puissance motrice du feu* (1824). **Lazare Hippolyte** 1801-1888 Frère du précédent. Homme politique qui assuma en 1848, dans le gouvernement provisoire, la responsabilité de l'Instruction publique. **Sadi** 1837-1894 Fils du précédent. Homme d'État, successivement ministre des Travaux Publics et des Finances, il parvint en 1887 à la présidence de la République. Il fut assassiné en 1894 par l'anarchiste Caserio.

CARNIVORE

Le renard, la belette, le tigre, la mangouste, l'hyène, l'ours, la loutre, les phoques, les otaries… appartiennent à l'ordre des carnivores. Tous les mammifères de cet ordre n'ont pas tous un régime alimentaire carné : le grand panda est végétarien, le protèle est insectivore, le raton laveur et l'ours sont omnivores. Inversement, certains mammifères appartenant à d'autres ordres ont un régime alimentaire carnassier (par exemple le thylacine, qui est un marsupial).

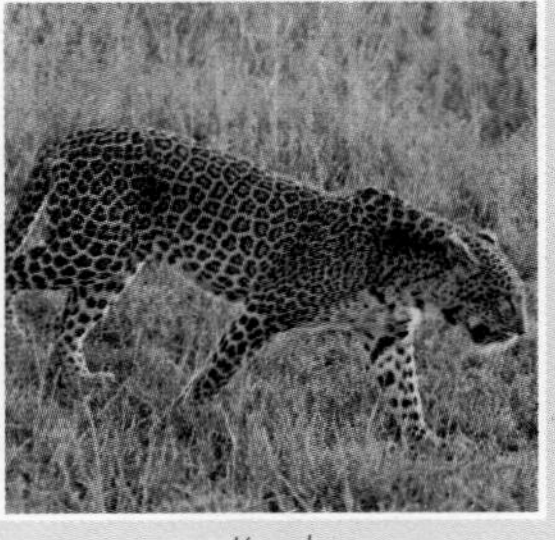

Léopard.

Noyau initial carolingien
Royaume français en 751
Conquêtes de Pépin Le Bref
Ligne d'expansion de Pépin Le Bref
Conquêtes de Charlemagne
Ligne d'expansion de Charlemagne
Subdivisions de l'empire
Marches
Pays tributaires
Zone d'influence de Charlemagne en 814
Limite de l'empire carolingien à la mort de Charlemagne
Possessions byzantines
Palais carolingien
Archevêchés
Évêchés
Abbayes et monastères
Centre monétaire

Carte de l'Empire des ***Carolingiens****.*

Carol Ier, Carol II de Roumanie Voir **Charles Ier, Charles II**

Caroline-du-Nord *136 413 km² 7 425 600 h.* État du sud-est des États-Unis, sur l'Atlantique. Capitale *Raleigh*. La région, pittoresque et boisée, a un climat sub-tropical au sud-est, plus continental et plus frais à l'est. Dans cet État essentiellement agricole, on produit du coton et du tabac ; des industries s'y sont implantées (textiles, industries alimentaires, traitement du tabac) et les techniques de pointe ont été accueillies dans un parc industriel (Research Triangle Park). Les Espagnols furent les premiers explorateurs, suivis par sir Walter Raleigh et ses colons (1584-1587). Concession anglaise rattachée à la Caroline-du-Sud, la Caroline-du-Nord s'en sépara en 1730 et entra dans l'Union en 1789.

Caroline-du-Sud *79 176 km² 3 760 200 h.* État du sud-est des États-Unis, sur l'Atlantique. Capitale *Columbia*. La production du coton et du tabac domine l'économie, malgré une industrialisation en très forte progression. La Caroline-du-Sud entra dans l'Union en 1788. Premier État à faire sécession en 1860, elle fut dévastée par les troupes nordistes en 1865.

Carolines (îles) *862 km² 78 000 h.* Vaste archipel de la Micronésie composé de 468 îles (les plus importantes d'ouest en est sont : Belau, Yap, Truk, Ponape et Kusaie), situé dans l'océan Pacifique occidental, administré par les États-Unis, par mandat fiduciaire de l'ONU. En 1980, les Carolines de l'Est ont formé l'État fédéral de Micronésie, semi-indépendant en 1986 et qui est entré à l'ONU en 1991.

carolingien, enne adj. et n. HIST. De la dynastie à laquelle appartenait Charlemagne ; de l'époque où régnait cette dynastie. *Art carolingien. Les Carolingiens.*

• **Carolingiens** Dynastie des rois de France qui succéda aux Mérovingiens.

Caron (Antoine) 1521-1599 Peintre français de l'école de Fontainebleau. Élève du Primatice, il adopte l'esthétique maniériste et devient le peintre attitré de Catherine de Médicis : *Les Massacres du triumvirat* (1566), *Triomphe de l'hiver* (1569).

CAROLINGIENS

La dynastie fut fondée par Pépin l'Ancien, mort en 640, maire du Palais d'Austrasie, et accéda au pouvoir avec Pépin le Bref en 751. Empereurs d'Occident avec Charlemagne (*Carolus magnus*, d'où le nom de Carolingiens), à partir de 800 jusqu'au morcellement de l'Empire consommé par le traité de Verdun entre ses petits-fils (843), les Carolingiens donnèrent, outre des rois de France dont le dernier représentant de la dynastie fut Louis V, mort en 987, des rois de Germanie, des rois d'Aquitaine et des rois de Lorraine. Les Capétiens leur succédèrent en la personne de Hugues Capet en 987.

Charlemagne recevant les évêques
(© Bibliothèque nationale de France).

Carpe.

Caron (Gilles) 1939-1970 Photographe français. Il est une des fondateurs de l'agence Gamma. Photographe de guerre, il meurt au Cambodge au cours d'un reportage.

caroncule n. f. BOT. Excroissance du hile de certaines graines. / ANAT. Petit tubercule charnu. *Caroncule lacrymale*, située à l'angle interne de l'œil. / ZOOL. Excroissance charnue, rouge, sur la tête et le cou de certains oiseaux (dindon, coq).

carotènes n. m. pl. BIOCHIM. Groupe de pigments rouges, oranges ou jaunes, qui colorent certains végétaux, notam. la carotte, et sont présents dans certains tissus animaux. *Le b-carotène est transformé en vitamine A dans l'intestin grêle.*

caroténoïde adj. et n. Se rapporte à un ensemble de pigments liposolubles dont la couleur va du rouge au jaune. / n. m. *Les caroténoïdes.*

carotide n. f. ANAT. Artère conduisant le sang de l'aorte vers la tête. (La carotide droite primitive monte du tronc brachio-céphalique issu de la crosse aortique; la carotide gauche primitive est directement issue de la crosse aortique. L'une et l'autre se scindent, donnant deux carotides externes, qui irriguent le visage, et deux carotides internes, qui irriguent le cerveau en sang oxygéné).

carottage n. m. GÉOL. Extraction d'un échantillon de terrain, à l'aide d'une sonde spéciale, afin de l'étudier en laboratoire. / Fam. Action de carotter. *Un carottage de cinquante centimes.*

carotte n. f. et adj. **I.** n. f. Plante potagère de la famille des ombellifères dont on consomme la racine charnue, riche en provitamine A ou carotène; cette racine. *Carottes râpées.* /- loc. *Manier la carotte et le bâton*: récompenser et punir tour à tour. / Ensemble constitué de feuilles de tabac à chiquer pressées et roulées en forme de carotte. / Enseigne rouge des bureaux de tabac qui représente deux carottes de tabac disposées base contre base. / GÉOL. Échantillon de terrain extrait du sol pour être analysé. / Fig., fam. Ce que l'on soutire à qqn. *Il m'a tiré une carotte.* **II.** adj. inv. De la couleur rouge orangé de la carotte. *Des cheveux carotte.*

carotter v. t. [1] Extraire du sol (un échantillon en forme de carotte). / Fam. Soutirer par ruse (qqch. de valeur modeste). *Il m'a carotté 1 euro.*

caroube ou **carouge** n. f. Fruit du caroubier dont la pulpe sucrée est comestible.

caroubier n. m. Arbre méditerranéen, d'une dizaine de mètres de hauteur, à feuillage persistant et à fleurs rouges, de la famille des césalpiniacées, fournissant un bois de menuiserie très dur.

carouge Voir **caroube**

carpaccio n. m. CUIS. Mets italien fait de très minces tranches de bœuf cru. / Par ext. Tout mets fait de viande, de chair crue finement émincée. *Un carpaccio de saumon.*

Carpaccio (Vittore) 1460?-1525 ou 1526 Peintre vénitien. C'est le narrateur plein de charme de *La Vie* (ou *la Légende*) *de sainte Ursule* (Accademia, Venise, 1490) et des panneaux de la *Scuola di san Giorgio* où le goût du détail pittoresque et le style légèrement archaïsant, proche de celui des Flamands, sont servis par un dessin très ferme et un grand sens de l'espace.

Carpates ou **Karpates (les)** Chaîne de montagnes alpines d'Europe centrale (Slovaquie, Pologne, Ukraine, Roumanie). L'ensemble montagneux comprend quelques massifs cristallins et de nombreuses chaînes schisteuses. Le point culminant atteint *2 665 m* (mont Gerlachovka), dans le massif des Hautes Tatras. L'élevage et la forêt sont les principales ressources. Les gisements miniers sont quasi épuisés.

carpe [1] n. f. ZOOL. Poisson d'eau douce de la famille des cyprinidés, dont la bouche est munie de quatre barbillons, qui vit dans les eaux douces et calmes (étangs, lacs, rivières) en Europe et en Asie. *Certaines carpes peuvent atteindre un mètre de long.* / CUIS. *Carpe farcie*: plat traditionnel des juifs d'Europe Centrale. / *Être muet comme une carpe*: rester obstinément silencieux.

carpe [2] n. m. ANAT. Ensemble d'os constituant le poignet, comprenant huit os courts disposés en deux rangées (scaphoïde, semi-lunaire, pyramidal et pisiforme; trapèze, trapézoïde, grand os du carpe et os crochu). *Le carpe joint le métacarpe à l'avant-bras.*

Carpeaux (Jean-Baptiste) 1827-1875 Sculpteur et peintre français. Son œuvre, qui emprunte au baroque le goût du mouvement tout en se gardant de la grandiloquence, témoigne d'une approche naturaliste de la sculpture, que l'académisme néoclassique, voire la pudibonderie du XIXe siècle, ne comprirent pas toujours: *La Danse* (1869); ce groupe, autrefois sur la façade de l'Opéra Garnier, à Paris, est aujourd'hui au musée d'Orsay: abîmé par la pollution, il a été remplacé par une copie due à Paul Belmondo. On lui doit aussi de nombreux bustes (de la princesse Mathilde, notamment) et *Les Quatre Parties du monde* de la fontaine de l'Observatoire, à Paris.

carpelle n. m. BOT. Chez les angiospermes, structure reproductive femelle des fleurs (feuille très différenciée), qui porte les ovules. *L'ensemble des carpelles forme le pistil.*

Carpentier (Georges) 1894-1975 Boxeur français. Champion du monde des mi-lourds en 1920, il échoua devant l'Américain Dempsey pour l'obtention du titre des lourds en 1921.

Carpentier (Alejo) 1904-1980 Romancier et musicologue cubain. Ancrée dans la réalité antillaise, son œuvre ne sacrifie pas au pittoresque. *Le Royaume de ce monde* (1949) s'intéresse au destin du roi Christophe d'Haïti. *Le Recours de la méthode* (1974) raconte les frasques d'un dictateur latino-américain dans le Paris de 1900.

Carpentras *27 000 h.* Chef-lieu d'arrondissement du Vaucluse. Marché agricole qui expédie dans la France entière fruits (melons) et légumes.

carpette n. f. Petit tapis de laine. / Fig. et fam. Personne servile.

carpien, enne adj. ANAT. Du carpe.

carquois n. m. Étui à flèches.

Carrà (Carlo Dalmazzo) 1881-1966 Peintre et essayiste italien. Il appartint au mouvement futuriste qu'il théorisa (*Manifeste des peintres et sculpteurs futuristes*, 1910) puis devint à partir de 1916 un des représentants de l'école métaphysique avec De Chirico.

Carrache (en italien **Carracci**) Famille de peintres bolonais. **Ludovico** 1555-1619 Il fut le promoteur de *l'Accademia degli Incamminati* qu'il fonda en 1585 avec ses cousins, Agostino et Annibale. En rupture avec le maniérisme de Parme, l'académie de Bologne définit un nouveau style classique de peinture, essentiellement religieuse chez Ludovico. **Agostino** 1557-1602 Il travailla à Bologne avec Ludovico, se rendit à Rome pour y retrouver son frère, puis à Parme où les Farnèse l'accueillirent. **Annibale** 1560-1609 Frère du précédent. Installé à Rome en 1595, il y demeura jusqu'à sa mort: décoration du « Camerino » (1595-1597), de la galerie du palais Farnèse (1597-1604), du palais Aldobrandini (*La Fuite en Égypte*, 1605). Les Carrache exercèrent une influence considérable sur l'Albane, le Guide, le Dominiquin, le Guerchin, Poussin, Lebrun et l'art de Versailles en général.

Alejo Carpentier.

Vénus et Adonis, d'**Annibale Carrache**, *1588 (musée du Prado, Madrid).*

Carrare *68 500 h.* Ville d'Italie, en Toscane, au pied de l'Apennin, célèbre depuis l'Antiquité par ses cinq cents carrières de marbre. Michel-Ange venait y choisir les blocs qu'il sculptait.

carre n. f. Épaisseur d'un objet taillé à angle droit. / SPORT Bordure longitudinale en acier de la semelle d'un ski. / Tranchant de l'arête d'un patin à glace.

carré [1] n. m. MATH. Quadrilatère dont les angles sont droits et les côtés égaux. / *Carré d'un nombre*: produit de ce nombre par lui-même. / HORTIC. Portion de jardin réservée à une culture déterminée. / ARCHIT. *Carré de transept*: dans une église, intersection de la nef et du transept. / BOUCH. *Carré de porc, de mouton*: ensemble des côtelettes de porc, de mouton. / MAR. Salle à manger des officiers sur un bateau. / Réunion dans la même main de quatre cartes semblables. *Un carré d'as.*

carré, e [2] adj. Qui a la forme d'un carré. *Un salon carré.* / GÉOM. *Mètre carré*: surface carrée, d'un mètre de côté. / MATH. *Matrice carrée*: tableau de nombres qui a autant de lignes que de colonnes. / MAR. *Voile carrée*, dont la vergue croise le mât à angles droits. / *Trois-mâts carré*, entièrement gréé de voiles carrées. / Fig. De carrure massive. *Silhouette, mâchoire carrée.* / *Être carré (en affaires)*, direct, franc. *Une discussion carrée*, conduite sans arrière-pensées.

carreau n. m. Plaque, carrée ou non, en pierre, terre cuite, céramique, dont on recouvre le sol ou les murs. / *Carreau des Halles*: lieu où se faisaient les ventes aux Halles de Paris. / Vitre de petite taille, souvent carrée. / *Carreau d'une mine*: espace clos autour des puits où se trouvent les bâtiments de surface. / *Étendre quelqu'un sur le carreau*, le jeter violemment à terre. *Laisser qqn sur le carreau*, le laisser pour mort. / Anc. *Carreau d'arbalète*: trait d'arbalète en forme de losange, à quatre pans. / Une des couleurs rouges du jeu de cartes, figurée par un losange. / Fam. *Se tenir à carreau*: se tenir sur ses gardes par crainte de ce qui pourrait arriver.

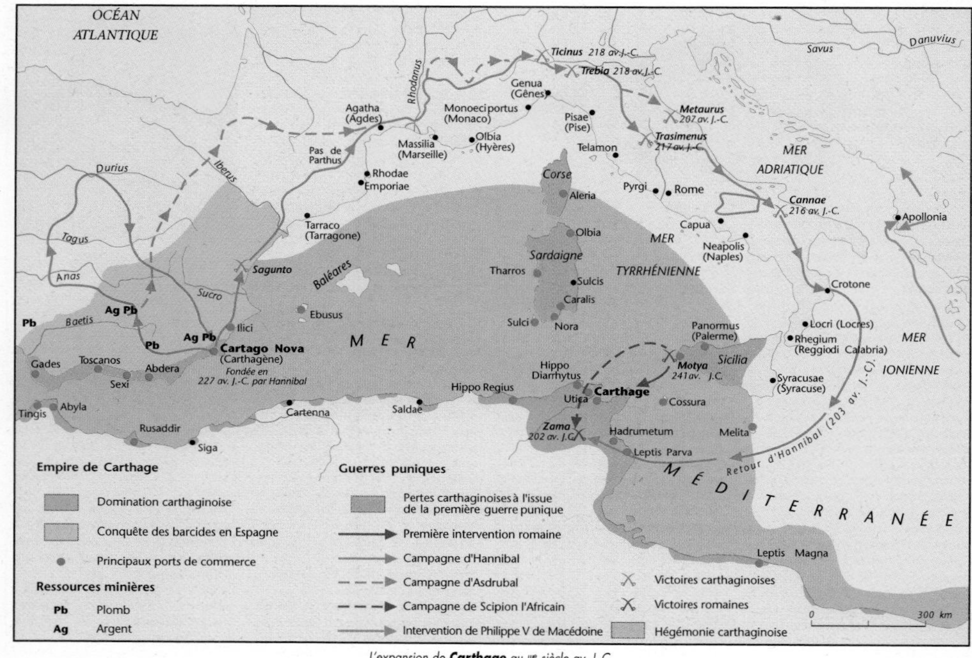

*L'expansion de **Carthage** au IIIe siècle av. J.-C.*

carrefour n. m. Point d'intersection de plusieurs chemins, de plusieurs rues. / Fig. Point de rencontre. *Au carrefour de deux religions.* / Moment où doit s'effectuer un choix. / Réunion. *Organiser un carrefour sur l'avenir de l'Europe.*

Carrel (Alexis) 1873-1944 Chirurgien français connu pour ses greffes de tissus effectuées à l'institut Rockefeller de New York. Il est l'auteur d'un essai à succès (*L'Homme, cet inconnu*, 1936), dans lequel il défend des thèses eugénistes. Son rôle à la tête de la Fondation française pour l'étude des problèmes humains en 1941, sous Vichy, achèvera de le discréditer.

carrelage n. m. Action de carreler. / Surface garnie de carreaux.

carreler v. t. [1] Garnir de carreaux.

carrelet n. m. Grosse aiguille de relieur, de cordonnier ou de bourrelier dont la pointe quadrangulaire est coupante. / Filet carré, attaché au bout d'une longue perche, utilisé pour ramener le poisson. / ZOOL. Poisson plat, de la famille des pleuronectidés, appelé également plie.

carreleur n. m. Ouvrier qui pose des carrelages.

carrément adv. Nettement, fermement.

carrer (se) v. pron. [1] S'installer confortablement. *Se carrer dans un fauteuil.*

Carrère d'Encausse (Hélène **Zourabichvili**, madame Carrère d'Encausse, connue sous le nom d'**Hélène)** 1929 Historienne française, spécialiste de la Russie (*La Gloire des nations, ou la Fin de l'empire russe*, 1991). Elle est depuis 1999 secrétaire perpétuel de l'Académie française.

carrier n. m. Ouvrier ou personne travaillant à l'exploitation d'une carrière rocheuse.

Carrier (Jean-Baptiste) 1756-1794 Conventionnel français chargé de missions en Bretagne, il organisa sous la Terreur les noyades de Nantes. La réaction thermidorienne le condamna à mort.

carrière [1] n. f. ÉQUIT. Champ de courses ou terrain d'exercices. / Profession qui comporte plusieurs échelons. *La carrière diplomatique ou militaire.* / LITT. Voie où l'on persévère. « *Nous entrerons dans la carrière quand nos aînés n'y seront plus* » (*La Marseillaise*). / Fig. *Donner carrière à*: donner libre cours à.

carrière [2] n. f. Terrain d'où sont extraites les roches et les pierres servant à la construction.

Carrière (Eugène) 1849-1906 Peintre français auteur de tableaux religieux, d'allégories (Hôtel-de-Ville de Paris), de portraits et de maternités; ses portraits sont presque monochromes: d'un ensemble gris fumée ou brun cassé émergent mains et visages traités avec une grande sensibilité.

carriérisme n. m. Attitude de celui, de celle qui choisit une activité, une profession uniquement dans son intérêt personnel; comportement de celui, de celle qui utilise tous les moyens pour réussir sa carrière.

carriériste n. Celui, celle qui fait preuve de carriérisme.

carriole n. f. Petite charrette. / Péjor. Mauvaise voiture.

Carroll (Charles Lutwidge Dodgson, dit **Lewis)** 1832-1898 Mathématicien, logicien et écrivain anglais. Il recrée dans *Alice au pays des merveilles* (1865) l'univers magique de l'enfance fermé à la logique et ouvert à l'enchantement. Autres œuvres: *De l'autre côté du miroir* (1872), *La Chasse au Snark* (1876). Il fit de nombreuses photographies d'enfants.

carrossable adj. Où un véhicule peut rouler. *Chemin carrossable.*

carrosse n. m. Ancienne voiture couverte, très luxueuse, à quatre roues, suspendue, et menée par des chevaux. / Fig. *Être la cinquième roue du carrosse*: être ressenti comme inutile au sein d'un groupe. / Petit panier en osier servant à verser les vins vieux pour ne pas les troubler.

carrosser v. t. [1] Doter (un véhicule) d'une carrosserie.

carrosserie n. f. Caisse d'un véhicule automobile, à l'exclusion du châssis et du moteur. / Industrie, commerce de la carrosserie.

carrousel n. m. Parade de cavalerie qui consiste en diverses figures exécutées par les cavaliers. *Le carrousel de Saumur.* / Lieu où se donne cette parade.

carroyage n. m. Quadrillage servant à agrandir, à réduire un dessin, une carte d'après un modèle.

carroyer v. t. [1] Faire un carroyage sur.

carrure n. f. Largeur du dos, à hauteur des épaules. / Fig. Importance, envergure. *Avoir la carrure d'un meneur d'hommes.*

carry Voir **curry**

cartable n. m. Sac compartimenté où l'on peut transporter des livres, des cahiers, des documents.

Cartan (Élie) 1869-1951 Mathématicien français, spécialiste des groupes continus. **Henri** 1904 Mathématicien français, fils du précédent. Membre fondateur du groupe Bourbaki, il a consacré les plus importants de ses travaux à l'algèbre et à la topologie.

carte n. f. Carton mince de forme carrée ou rectangulaire et de petite dimension. *Carte de visite, carte d'invitation.* / Document personnel délivré par une administration. *Carte d'identité. Carte grise*, pour les automobilistes. / Carte rigide et plastifiée comportant un microprocesseur et une mémoire électronique. *Carte à puce, carte de téléphone, carte bancaire.* / Liste des mets offerts au choix des clients d'un restaurant. *Choisir la carte ou le menu du jour.* / GÉOGR. Représentation graphique de la surface du globe terrestre, du ciel, de la lune, parfois accompagnée de renseignements divers. *Carte touristique.* / JEU Carton rectangulaire portant une figure et une couleur. *Tirer les cartes*: prédire l'avenir d'une personne en interprétant les diverses combinaisons d'un jeu de carte. / Fig. *Jouer cartes sur table*: négocier sans dissimuler aucune information ou intention. / *Donner carte blanche à*: autoriser (une personne) à agir et décider librement dans une affaire d'importance. / *Brouiller les cartes*: rendre une situation confuse. / *Jouer sa dernière carte*: utiliser l'ultime moyen dont on dispose.

cartel [1] n. m. ÉCON. Association conclue entre plusieurs entreprises indépendantes appartenant à une même branche industrielle, et réalisée en vue de contrôler le marché et de réglementer la concurrence. *Cartel de production. Cartel de vente.* / POLIT. Entente, coalition entre certains partis politiques en vue d'une action commune. *Le Cartel des gauches a rassemblé divers partis entre 1924 et 1926.*

cartel [2] n. m. Cartouche qui orne le cadre de diverses pendules. / Pendule portant ce cartouche, suspendue à un mur ou posée sur un socle fixé à un mur. / Anc. Provocation en duel. *Accepter un cartel.*

carte-lettre n. f. Feuille de papier, destinée à la correspondance, que l'on peut plier et coller sans enveloppe. *Des cartes-lettres.*

carter n. m. (mot anglais) TECHN. Protection en métal de certains organes mécaniques contre la poussière, les chocs, les corps étrangers. *Le carter d'une bicyclette protège l'engrenage du pédalier.*

Carter (James Earl, dit Jimmy) 1924 Homme politique américain, président démocrate des États-Unis (1977-1981). Il œuvra pour la paix : accords de Camp David (1978) entre Israël et l'Égypte, accord de désarmement avec l'U.R.S.S. (1979). La prise d'otages américains à Téhéran (novembre 1979-janvier 1981) gâta la fin de son mandat et Ronald Reagan remporta contre lui l'élection présidentielle en novembre 1980. Depuis 1992, il se consacre à la défense de la démocratie et des droits de l'homme et accomplit diverses missions diplomatiques pour le compte du gouvernement américain.

• **cartésianisme** n. m. Philosophie de René Descartes.

cartésien, ienne adj. Relatif à Descartes et au cartésianisme.

Carthage Ville d'Afrique du Nord, située à quelques kilomètres au nord du Tunis actuel, fondée au VIIe siècle av. J.-C. par des Phéniciens. Enrichis en 574 av. J.-C. des possessions tyriennes en Méditerranée, les Carthaginois disputèrent aux Grecs, trois siècles durant, la suprématie sur la Sicile. L'épisode des trois guerres puniques (246-146 av. J.-C.), qui faillit provoquer l'effondrement de Rome sous les coups d'Hannibal (218-216 av. J.-C.), s'acheva par la victoire de Scipion Émilien (146 av. J.-C.) qui anéantit Carthage. La colonisation romaine sous César et Auguste rendit son prestige à la ville. Du Ier au VIe siècle apr. J.-C., Carthage connut un nouvel essor et fut, avec saint Cyprien et saint Augustin, un haut lieu du christianisme. Ébranlée une première fois par l'invasion des Vandales au Ve siècle, reprise par le Byzantin Bélisaire en 534, Carthage tomba aux mains des Arabes en 698, début de son déclin.

Carthagène *172 150 h.* Port militaire et commercial espagnol ouvert sur la Méditerranée (Communauté autonome et province de Murcie). Cathédrale du XIIIe siècle.

CARTÉSIANISME

Le but essentiel de Descartes est de définir les bases d'une pensée exacte. Pour ce faire, on ne saurait partir ni du savoir acquis, parce que, faute de méthode et de critère, il ne peut être qu'objet de doute (« doute méthodique »), ni des sens en lesquels Descartes ne voit que source d'évidences trompeuses. Mais si la possession de la règle de l'évidence (*Règles pour la direction de l'esprit*, 1628), qui désormais lui sert de critère de vérité, et l'établissement d'un ordre dans lequel il convient d'aborder les difficultés (*Discours de la méthode*, 1637) sont un acquis méthodologique précieux, il ne saurait pourtant être question de fonder la science sur elle-même. Seule une réflexion métaphysique sur l'existence de l'être peut assurer sérieusement les fondements de la philosophie, ainsi conçue comme science universelle. Dans les *Méditations métaphysiques* (1641), Descartes découvre intuitivement l'existence du sujet dans l'union consubstantielle de l'être et de la pensée ; mais le *cogito ergo sum* (« je pense donc je suis ») n'assure l'homme que d'une évidence limitée à l'instant où il le conçoit. D'où le recours nécessaire, pour garantir la vérité, à l'existence d'un être parfait et éternel – Dieu – qui, Créateur de notre être et du monde, nous assure de la réalité de notre être et offre à nos démarches une garantie (« véracité divine »). Révolutionnaire par sa nouvelle démarche déductive (fondée sur les quatre règles de l'évidence, de l'analyse, de la synthèse et de la statistique), le cartésianisme déterminera toute l'approche scientifique et philosophique du XVIIe siècle à nos jours.

René Descartes.

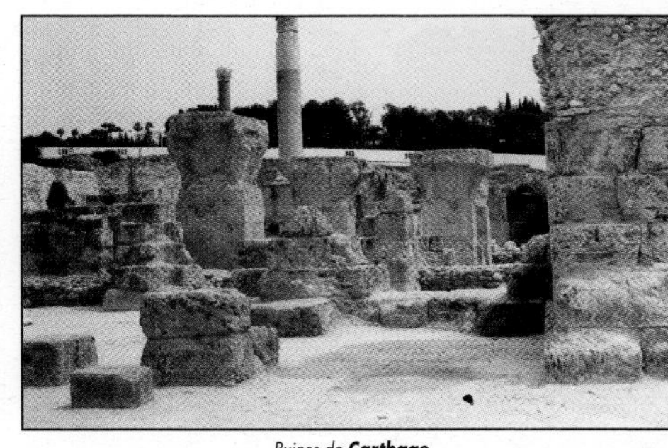

Ruines de **Carthage**.

Cartier (Jacques) 1491-1557 Navigateur français. Parti de Saint-Malo, il atteignit en 1534 Terre-Neuve, en Amérique, puis remonta l'estuaire du Saint-Laurent en quête d'un passage vers l'Asie. Lors d'une seconde mission sur le Saint-Laurent, il prit possession, au nom de François Ier, du territoire canadien, la Nouvelle-France (1535-1536).

Cartier-Bresson (Henri) 1908 Photographe français. La qualité et la sobriété de ses photos de reportage les élèvent au-dessus du simple réalisme. Il a accompli aussi une œuvre de dessinateur.

cartilage n. m. ANAT. Tissu conjonctif dont les cellules et les fibres sont prises dans une matrice solide non vascularisée, qui est résistant, élastique, moins dur que l'os. (Le cartilage forme notamment le squelette de l'embryon. Il constitue, chez l'adulte, les cartilages articulaires, ceux du nez, du larynx. Certains poissons, les chondrichthyens [requins, raies, etc.], ont un squelette entièrement cartilagineux).

cartilagineux, euse adj. Du cartilage, comportant du cartilage. / ZOOL. *Poissons cartilagineux* : chondrichthyens.

cartographe n. Spécialiste de cartographie.

cartographie n. f. Science qui a pour objet d'établir les cartes géographiques, géologiques, astronomiques ou autres.

cartographier v. t. [1] Dresser la carte de.

cartographique adj. Relatif à la cartographie.

cartomancie n. f. Divination par les cartes à jouer (ou les tarots) et leurs combinaisons fortuites.

cartomancien, enne n. Personne qui pratique la cartomancie.

carton n. m. Matériau d'épaisseur variable, en pâte à papier ou constitué de plusieurs feuilles superposées et collées, souvent lisse sur une face, et cannelé sur l'autre. *Carton d'emballage.* / Boîte en carton. *Carton à chaussures.* / Carte. *Carton de faire-part.* / Cible de tir d'entraînement. *Faire un carton.* / Première esquisse sur papier fort avant l'exécution d'un vitrail, d'une fresque, d'une tapisserie. / SPORT *Carton jaune, rouge*, signalant, au football, un avertissement ou une exclusion à l'encontre d'un joueur.

cartonnage n. m. Fabrication d'objets, d'emballages, de reliures en carton ; ces objets, ces emballages, ces reliures.

cartonné, e adj. De carton. *Papier cartonné.* / *Livre cartonné*, dont la reliure est en carton.

cartonnier n. m. Fabricant, vendeur de carton. / Meuble à casiers de carton. / Artiste réalisant des esquisses sur carton.

carton-pâte n. m. Carton obtenu à partir de déchets de papier et de chiffons mélangés de colle et réduits en pâte. *Décors d'une pièce de théâtre en carton-pâte.* Pl. Des *cartons-pâtes.*

cartoon n. m. (mot anglais) Dessin servant à la composition d'un film de dessins animés. / Ce film lui-même. / Bande dessinée dans un journal ou un magazine.

cartothèque n. f. Meuble ou salle où l'on conserve les cartes de géographie.

cartouche [1] n. f. Ensemble constitué par une charge explosive et l'enveloppe en métal ou en carton qui la contient. *Cartouche de fusil de chasse.* / Enveloppe cylindrique. *Cartouche d'encre.* / Emballage contenant plusieurs paquets d'un même produit. *Cartouche de cigarettes.*

cartouche [2] n. m. BX-ARTS et HÉRALD. Ornement, souvent en trompe-l'œil, en forme de feuille de papier dont les bords se relèvent, destiné à recevoir des initiales ou des armoiries. / Par ext. Encadré au bas d'un plan ou d'une carte. / ARCHÉOL. Encadrement d'un hiéroglyphe.

Cartouche (Louis-Dominique Bourguignon, dit) 1693-1721 Brigand français. Initié à la pratique du vol par des bohémiens, il sévit pendant une douzaine d'années dans la région parisienne avant d'être condamné à la roue.

cartouchière n. f. Sac ou étui porté en ceinture dans lequel on range ses cartouches.

cartulaire n. m. HIST. Registre sur lequel étaient autrefois inscrits les chartes, titres, actes de donation ayant un rapport avec les biens temporels d'un monastère, d'une abbaye, d'une église.

Cartwright (Edmund) 1743-1823 Inventeur anglais de machines à peigner et à tisser la laine.

Caruso (Enrico) 1873-1921 Ténor italien. Il obtint des succès grandioses sur les scènes d'Europe et d'Amérique (il fut premier ténor au Metropolitan Opera de New York entre 1903 et 1920).

carvi n. m. Plante de la famille des ombellifères dont les fruits sont utilisés comme condiment et dans la fabrication du kummel. Syn. cumin des montagnes, anis bâtard, anis des Vosges.

cary Voir **curry**

C

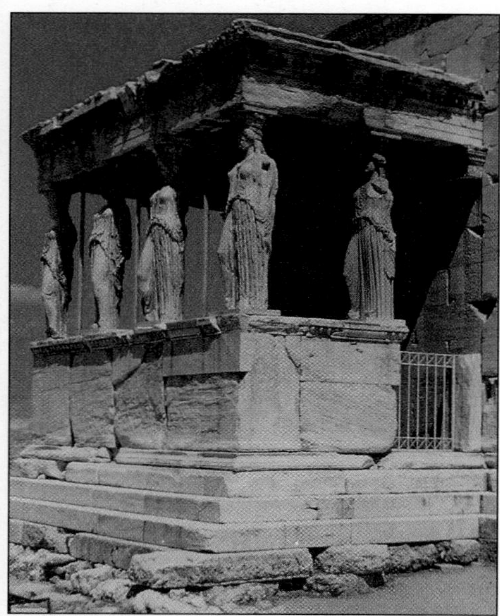

Caryatides *soutenant le toit du portique sud de l'Érechthéion, temple de style ionique situé sur l'Acropole d'Athènes.*

caryatide ou **cariatide** n. f. ARCHIT. Support soutenant une corniche ou un balcon et prenant la forme de statue féminine. *Caryatides de l'Érechthéion de l'Acropole d'Athènes.*
caryolytique adj. BIOCHIM. Qui détruit le noyau d'une cellule, altérant en particulier la chromatine. *Traitement anticancéreux caryolytique.*
caryophyllacées ou **caryophyllées** n. f. pl. BOT. Famille de plantes dicotylédones souvent herbacées, comprenant le silène, la nielle, l'œillet, la saponaire.
caryotype n. m. BIOL., MÉD. Image de l'ensemble des chromosomes d'un organisme vivant, classés et disposés de manière à mettre en évidence leurs caractéristiques, qui diffèrent d'une espèce à l'autre. (Chez les espèces diploïdes, les chromosomes sont disposés par paires de chromosomes homologues. L'examen du caryotype permet de déceler les anomalies chromosomiques, telle que la trisomie 21, ou mongolisme).
cas [1] n. m. Événement en cours ou déjà survenu. *Un cas banal, étrange, rarissime.* / loc. adv. *Le cas échéant* : à l'occasion. / Situation qui soulève un problème par son caractère non habituel. *Cas de conscience. Cas médical.* / Personne dont la situation fait problème. *Cet élève est un cas.* / MÉD. Manifestation d'une maladie. *Des cas de grippe en augmentation.* / *Faire grand cas de* : attacher une grande importance à qqn, à qqch.
cas [2] n. m. GRAMM. Chaque forme grammaticale prise par un mot dans une langue flexionnelle (latin, allemand, etc.) définie par la fonction qu'occupe ce mot à l'intérieur de la proposition. *La déclinaison latine possède six cas principaux : nominatif, vocatif, accusatif, génitif, datif et ablatif.*
Casablanca *2 943 000 h.* Port industriel du Maroc, sur l'Atlantique. De construction récente (1913), il exporte des phosphates, du fer et du manganèse, des céréales et des agrumes. **Histoire** En 1942, les forces françaises commandées par le général Nogues s'y opposèrent trois jours au débarquement américain, avant de se rallier aux Alliés. En 1943, Churchill et Roosevelt se réunirent à Anfa, quartier résidentiel de Casablanca, et prirent ensemble des décisions concernant la suite de la guerre. Ils tentèrent également de rapprocher Giraud et de Gaulle.
Casals (Pablo) 1876-1973 Violoncelliste et chef d'orchestre espagnol. Soliste de renommée internationale, il quitta l'Espagne à la victoire de Franco, refusa d'y revenir et, installé en France, créa à Prades (Pyrénées-Orientales) un festival de musique (1950).
Casamance Région d'Afrique occidentale, correspondant à l'actuelle province sénégalaise de Ziguinchor. Prise entre l'enclave de la Gambie au nord et la Guinée-Bissau au sud, la région, drainée d'est en ouest par la *Casamance* (fleuve côtier de *300 km*), est essentiellement agricole : arachide, riz, maïs, coton, élevage. Depuis 1990, une guérilla séparatiste y est menée par les Diolas et les ethnies apparentées, regroupées au sein du Mouvement des forces démocratiques de Casamance (MFDC).
casanier, ère adj. et n. Personne qui aime vivre chez elle, à l'écart du monde et des lieux publics.
Casanova (Giacomo, dit **Casanova de Seingalt)** 1725-1798 Aventurier italien. Il a couru l'Europe à la poursuite du bonheur. Son existence tumultueuse est jalonnée d'aventures et d'intrigues galantes. Prolixe sur ses histoires de cœur, il est plus que discret sur ses activités politiques. Enfermé aux Plombs de Venise (d'où il s'évada) pour impiété, inventeur à Paris d'une loterie préfigurant la Loterie nationale, sans doute espion de divers gouvernements, toujours entre deux amours, deux poursuites, deux festins, deux états (il avait reçu les ordres mineurs et joui quelque temps des privilèges de l'État ecclésiastique), il se retira à la fin de sa vie à Dux, en Bohème, où il occupa le poste de bibliothécaire. Pour tromper son ennui et le chagrin que lui causaient les premières atteintes de la vieillesse, il écrivit en français *L'Histoire de ma vie* (ou *Mémoires*), dont le texte intégral n'a été publié que dans les années 1960.
casaque n. f. Anc. Sorte de manteau ample tel qu'en portaient les mousquetaires. / Veste de jockey en soie de couleurs vives. / Fig. *Tourner casaque* : fuir, changer d'opinion.
casbah n. f. (mot arabe) Anc. Palais ou citadelle, en Afrique du Nord. / Mod. Quartier ancien, dans une ville d'Afrique du Nord. *La casbah d'Alger.*
cascade n. f. Chute d'eau plus ou moins haute provoquée par la brusque dénivellation du lit d'un cours d'eau. / Fig. *Une cascade de mots d'esprits. En cascade* : par série répétitive et serrée. / Acrobatie d'un cascadeur.
cascadeur n. m. Acrobate de cirque qui exécute des sauts, des cascades. / Doublure d'un acteur de cinéma qui joue à sa place les scènes dangereuses. / Vx Noceur.
case [1] n. f. Habitation sommaire, en matériaux légers, dans les pays chauds.
case [2] n. f. Carré d'un échiquier, d'un damier, ou de toute surface quadrillée. *Case à cocher.* / *Se retrouver à la case départ* : au point de départ, et sans avoir progressé. / Compartiment d'un meuble.
Case de l'oncle Tom (la) 1852 Roman anti-esclavagiste de Harriet Beecher-Stowe.
caséification ou **caséation** n. f. Transformation du lait en fromage. / MÉD. Type de nécrose qui aboutit à la formation de caséum.
caséine n. f. BIOCHIM. Principale protéine entrant dans la composition du lait. *La caséine est nécessaire à la caséification.*
casemate n. f. MILIT. Petite fortification. / Dans un fort, abri souterrain servant pour les munitions.
caser v. t. [1] Ranger, loger. *Caser des livres dans une caisse.* / Fig. et fam. Établir dans une fonction ; établir par le mariage. *On l'a casé dans un bureau comme employé aux écritures. Elle a réussi à caser sa fille.*
caserne n. f. Ensemble des bâtiments où logent les soldats. / Les troupes qui y sont logées. *La caserne sera consignée.* / Grande bâtisse d'aspect déplaisant.
casernement n. m. Logement d'hommes dans une caserne.
Caserte *67 750 h.* Ville d'Italie, en Campanie, chef-lieu de la province du même nom. Le 29 avril 1945, la capitulation de l'armée allemande d'Italie et d'Autriche fut signée à Caserte. Cathédrale du XIIe siècle. Château royal des Bourbons du XVIIIe siècle.
caséum n. m. MÉD. Substance blanchâtre ou jaunâtre produite dans certaines nécroses, dont l'aspect grenu, pâteux ou gélatineux peut évoquer celui du fromage.
cash adv. et n. m. (mot anglais) Comptant. *Payer cash.* / n. m. Numéraire. *Prendre du cash à la billetterie.*
casher Voir **kascher**
cash-flow n. m. (mot anglais) FIN. Capacité d'autofinancement d'une entreprise en fonction de ses bénéfices, impôt déduit, de ses provisions et de ses amortissements. Syn. marge brute d'autofinancement.
casier n. m. Case de rangement. / Assemblage de plusieurs cases formant un meuble de rangement. / Panier d'osier de forme oblongue, déposé au fond de la mer pour attraper les crustacés. / DR. *Casier fiscal* : relevé des impôts et des amendes d'une personne. / *Casier judiciaire* : relevé des condamnations prononcées contre une personne.
Casimir (saint) 1458-1484 Prince polonais, fils de Casimir IV Jagellon. Après avoir administré la Pologne en l'absence de son père, il mena une vie exemplaire et se fit ermite. Il a été proclamé patron de la Pologne (1602) et de la Lituanie.
Casimir Nom de cinq princes de Pologne. **Casimir Ier le Rénovateur** 1016-1058 Duc de Pologne en 1034, il encouragea l'instruction et défendit la chrétienté. **Casimir II le Juste** 1138-1194 Prince de Pologne en 1177. **Casimir III le Grand** 1310-1370 Roi de Pologne en 1333. Surnommé « Roi des paysans », il fut l'artisan de l'expansion économique et culturelle de son pays : réforme de la législation, nombreuses conquêtes, fondation de l'université de Cracovie (1364). **Casimir IV Jagellon** 1427-1492 Roi de Pologne en 1447, il combattit les Chevaliers teutoniques, leur enlevant la Prusse-Occidentale et soumettant la Prusse-Orientale (paix de Thorn, 1466). **Casimir V** 1609-1672 Voir **Jean II Casimir**.
Casimir-Perier (Auguste) 1811-1876 Homme politique français. Fils de Casimir Perier, le ministre de Louis-Philippe, il soutint, au ministère de l'Intérieur, la politique de Thiers en 1871. **Jean** 1847-1907 Fils du précédent, il fut élu président de la République en juin 1894 ; orléaniste, il suscita le mécontentement de la gauche, qui obtint sa démission en janvier 1895.
casino n. m. (mot italien) Établissement de jeux, de réunion, de spectacle et de restauration, fréquent dans les villes de tourisme. *Le casino de Monte-Carlo.*
casoar n. m. Grand oiseau coureur, de l'ordre des struthioniformes, vivant en Océanie, aux ailes atrophiées et dont la tête, qui comme le cou est dépourvue de plumes, porte une grande excroissance cornée. / Argot des écoles : plumet ornant le shako des saint-cyriens.

Cascade.

Caspienne (mer) *371 000 km²* Mer intérieure (la plus vaste du monde) baignant le Caucase, le Kazakhstan, le Turkménistan et l'Iran. Située à 28 m au-dessous du niveau des océans, elle est alimentée par la Volga, l'Oural, l'Emba et par les fleuves du Caucase oriental, des montagnes d'Arménie et de Géorgie orientale. Ses côtes abritent les ports de Bakou (pétrole), Astrakhan, Makhatchkala, Gouriev et Krasnovodsk. Après une période de décrue, depuis 1978 le niveau de l'eau augmente à nouveau grâce aux apports fluviaux. Mer très poissonneuse (esturgeon : première région productrice de caviar), la Caspienne constitue aussi un nœud pétrolier en pleine expansion.

casque n. m. Coiffure en métal, en cuir ou en matière plastique, destinée à protéger la tête. *Casque d'infanterie. Casque de motocycliste.* / *Casque de coiffeur* : appareil couvrant la tête, utilisé par les coiffeurs pour sécher les cheveux. / TECHN. Appareil d'écoute radiophonique ou télégraphique constitué de deux écouteurs reliés par un support ceinturant le haut de la tête. / ZOOL. Protubérance, souvent vivement colorée, qui orne la tête de certains oiseaux (casoars, calaos). / Gastéropode des mers chaudes, très estimé en bijouterie. / BOT. Partie supérieure de la corolle ou du périanthe de certaines fleurs (orchidées, sauge, aconit, etc.)

casqué adj. Coiffé d'un casque. *La déesse Athéna serait née casquée.*

casquer v. i. [1] Fam. Payer, débourser. *C'est encore moi qui casque !*

casquette n. f. Coiffure (surtout masculine) garnie d'une visière.

Cassandre MYTH. GR. Princesse troyenne, fille de Priam et d'Hécube, elle prédit la chute de Troie mais ne fut pas crue. Plus tard, captive d'Agamemnon, qui l'emmena en Argos, elle fut assassinée par Clytemnestre, en même temps que son ravisseur.

Cassandre 358 ?-297 av. J.-C. Roi de Macédoine. Ambitieux et sans scrupules, il assura par ses victoires de Mégalopolis et d'Ipsos (301) son hégémonie sur la Grèce.

Cassandre (Adolphe Jean-Marie Mouron, dit**)** 1901-1968 Peintre français. Il a signé nombre d'affiches (*Dubonnet*, 1932 ; *Les vins Nicolas*, 1935) et réalisé des décors de théâtre, notamment celui de l'*Amphitryon 38* de Giraudoux.

cassate n. f. Glace italienne aux fruits confits.

Un ***casino*** *de Las Vegas, aux États-Unis.*

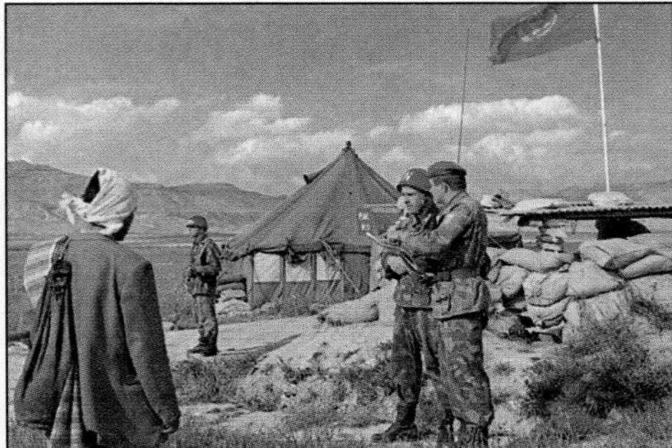
L'unité des ***Casques*** *bleus fut créée par l'ONU en 1956.*

cassation [1] n. f. DR. Annulation juridique d'un jugement ou d'une procédure. / *Cour de cassation* : cour suprême dont le rôle est de statuer sur la validité d'un jugement rendu en dernier ressort par une juridiction inférieure. / MILIT. Peine par laquelle un officier ou un sous-officier est rétrogradé au rang de simple soldat.

cassation [2] n. f. MUS. Pièce instrumentale en forme de divertissement, à la mode au XVIIIe siècle, que l'on exécutait lors de concerts donnés en plein air.

Cassatt (Mary) 1845-1926 Peintre, dessinatrice, graveur et pastelliste américaine. Fixée à Paris, elle exposa avec les impressionnistes et adopta une palette claire, lumineuse et légère, traitant avec prédilection les thèmes de l'enfance, de la femme, de la maternité (*Mère et enfant*, 1886).

Cassavetes (John) 1929-1989 Acteur et cinéaste américain. Fondant une « nouvelle vague » à l'américaine (*Shadows*, 1960), il a filmé avec une technique de cinéma-vérité des dérives alcooliques et sentimentales : *Faces* (1968), *Husbands* (1970). Son épouse, Gena Rowlands, a été la vedette de : *Une femme sous influence* (1974), *Opening Night* (1978), *Gloria* (1980), *Love Streams* (1983).

casse [1] n. f. BOT. Cassier. / Laxatif extrait du fruit du cassier.

casse [2] n. f. et n. m. Action de briser ou de se briser. *Entendre un bruit de casse.* / *Vente à la casse* : vente (souvent au poids) des objets hors d'usage. / *Un casse (ou une casse) de voitures* : un lieu où l'on vend des véhicules à la casse, où l'on se procure des pièces détachées.

casse [3] n. f. TYPO. Boîte divisée en casiers qui contiennent les caractères typographiques.

casse [4] n. f. Récipient. *Casse de verrier* : grande cuillère dont se servent les verriers pour enlever les impuretés de la pâte.

casse [5] n. m. Arg. Cambriolage.

cassé n. m. CUIS. Degré de cuisson du sucre. *Le sucre « au cassé » devient cassant lorsqu'on le jette dans l'eau froide.*

casseau n. m. TYPO. Partie de la casse où se trouve la réserve de certains caractères.

casse-cou n. m. inv. Personne téméraire qui recherche les situations dangereuses, qui aime prendre de grands risques.

casse-croûte n. m. inv. Repas léger rapidement consommé.

casse-gueule n. m. inv. Fam. Endroit où l'on risque de tomber, de se casser la gueule. / Fig. Entreprise risquée. / (Emploi adj.) *Passage casse-gueule.*

casse-noisette n. m. inv. Pince utilisée pour casser la coque des noisettes.

casse-noix n. m. inv. Pince utilisée pour casser la coque des noix. / Petit corvidé brun et vert moucheté de blanc, capable de casser noix et noisettes avec son bec.

casse-pattes n. m. inv. Fam. Eau-de-vie très forte en alcool et de médiocre qualité.

casse-pieds n. m. inv. et adj. Fam. Qui ennuie, dérange, casse les pieds.

casse-pipe ou **casse-pipes** n. m. inv. Vx Ancien nom des baraques foraines de tir. Pop. Champ de bataille ; mort sur le champ de bataille. *Envoyer les troupes au casse-pipes.*

casser v. t. [1] **I.** Briser, mettre (qqch.) en pièces. *Casser la vaisselle.* / (Emploi intransitif) *La branche a cassé.* / Fig. Réduire, vaincre. *Casser le rythme, une résistance.* / v. pron. *Son bras s'est cassé.* **II.** v. pron. Argot S'en aller. *Elle s'est cassée avant la fin.*

casserole n. f. Ustensile de cuisine de forme cylindrique, à fond plat et garni d'un manche, dont on se sert pour cuire des aliments. / Loc. fig. et fam. *Passer à la casserole* : subir une contrainte désagréable, être transformé en produit à consommer, spécial. dans le domaine de la consommation sexuelle.

casse-tête n. m. inv. Massue utilisée comme arme. / Vacarme assourdissant. / Fig. Problème complexe exigeant un effort d'attention et de réflexion. / *Casse-tête chinois* : jeu d'assemblage, de combinaisons, etc., qui nécessite beaucoup de patience.

cassetin n. m. TYPO. Casier d'une casse.

cassette n. f. Petit coffre où l'on met de l'argent, des bijoux. / HIST. *La cassette royale* : le trésor royal. / TECHN. Boîtier rectangulaire hermétique contenant une bande magnétique sur laquelle on peut lire ou enregistrer des sons, des images, des codes.

casseur, euse n. Personne dont la fonction est de casser. *Casseur de pierres.* / Personne qui fait commerce d'objets hors d'usage, vendus à la casse. *Un casseur de voitures.* / Personne qui casse par malveillance. *Les casseurs ont dévasté le quartier.* / Arg. Cambrioleur, personne qui casse les serrures, les portes. / Par ext. *Un casseur* : un voyou. *Jouer les casseurs.*

cassier n. m., **casse** n. f. ou **cassie** n. f. BOT. Arbrisseau de la famille des césalpiniacées, originaire d'Égypte et d'Inde, dont on extrait la casse et le séné.

Cassin (mont) Colline de l'Italie méridionale, dans le Latium, où se trouve le monastère fondé par saint Benoît en 529, entièrement détruit par la bataille de 1944, puis reconstruit par les Américains.

Cassin (René) 1887-1976 Juriste français. Rallié au général de Gaulle, il a occupé divers postes officiels et participé à de nombreuses conférences internationales. Il a fait accepter la Déclaration universelle des droits de l'homme par l'ONU en 1948 et, plus tard, présidé la Cour européenne des droits de l'homme. Ses cendres sont au Panthéon.

Cassini (Jean Dominique, dit **Cassini Ier)** 1625-1712 Astronome français, appelé par Colbert en 1669 pour diriger l'Observatoire de Paris alors en construction. D'origine italienne, il avait étudié à Modène puis (1650) avait été nommé professeur à l'université de Bologne avant d'entrer (1663) au service du pape Alexandre VII. Français en 1673, il fait équiper l'Observatoire d'instruments de mesure d'une telle renommée que les astronomes Huygens et Rømer y séjourneront. C'est là que Cassini découvre quatre satellites de Saturne, la division principale de ses anneaux, qu'il cartographie la Lune (1671), que, d'après ses calculs sur les satellites de Jupiter, Rømer résout en partie le problème que pose le calcul de la longitude en mer et qu'il détermine avec une bonne approximation la vitesse de la lumière. **Cassini (Jacques,** dit **Cassini II)** 1677-1756. Fils du précédent, il lui succède à l'Observatoire de Paris, prend position contre l'hypothèse d'une Terre aplatie aux pôles et son mémoire sur la triangulation géodésique vient soutenir les adversaires de la théorie de la gravitation défendue par Newton. On lui doit la représentation en bronze du méridien de Paris. **Cassini** ou **Cassini de Thury (François,** dit **Cassini III)** 1714-1784. Fils du précédent. Géodésien et cartographe, il établit à partir de 1752, à la demande de Louis XV, la carte de la France à l'échelle 1 / 86 400. En 1771 il est directeur de l'Observatoire de Paris. **Cassini (Dominique, comte de Cassini,** dit **Cassini IV)** 1748-1845. Fils du précédent. Géodésien, il achève (1789) le travail de cartographie de son père et prend part aux travaux liés à la réunion des méridiens de Paris et de Greenwich. Directeur de l'Observatoire en 1784, il démissionne en 1793.

Jean Dominique Cassini.

Moulins à vent de **Castille-la-Manche**.

Ségovie, l'une des villes les plus pittoresques de **Castille-León**.

Cassini (division de) ASTRO. Principale séparation dans le système d'anneaux de Saturne. Située entre les anneaux A et B, elle a été découverte par J. D. Cassini en 1675. L'exploration de cette zone, large de 4 700 km, a été menée par les sondes Voyager I et II qui montrèrent qu'elle était faite de matière sombre (poussière) répartie en une vingtaine de petits anneaux.

Cassini-Huygens (programme) Programme spatial américano-européen orienté vers l'étude de la planète Saturne et de son satellite Titan. Le vaisseau spatial est constitué de deux parties, une sonde ou orbiteur (Cassini) qui sera satellisé autour de Saturne, et un module d'exploration (Huygens) qui sera dirigé vers Titan pour en étudier son atmosphère ; il a été lancé de la Terre en octobre 1997 et atteindra Saturne en 2004. La durée prévue de la mission est de quatre ans.

Cassiopée Constellation boréale (voir **constellation**).

Cassirer (Ernst) 1874-1945 Philosophe allemand. D'abord professeur à l'université de Hambourg (1919), il fuit l'Allemagne en 1933 pour s'installer en Suède, puis définitivement aux États-Unis. Marqué par l'école de Marburg, il développe le criticisme kantien dans une perspective historique : *Philosophie des formes symboliques* (1923-1929, 3 volumes). Il y analyse la fonction symbolique dans les différentes manifestations de la culture (mythe, religion et science).

cassis [1] n. m. Espèce de groseillier à baies noires parfumées ; fruit de cet arbuste. *Tarte au cassis.* / Liqueur faite à base de baies de cassis. *Un verre de cassis.*

cassis [2] n. m. Saillie en travers d'une route.

cassissier n. m. Syn. de cassis (arbrisseau).

cassitérite n. f. Oxyde naturel d'étain (SnO_2) qui constitue le minerai principal de ce métal.

cassolette n. f. Vase à couvercle ajouré, en métal, où l'on fait brûler des parfums. / Récipient de petite taille qui peut aller au four et dans lequel on présente certains plats en portion individuelle.

cassonade n. f. Sucre roux, raffiné une seule fois.

Cassou (Jean) 1897-1986 Écrivain français, critique d'art, conservateur du musée national d'Art moderne (1946-1965). On lui doit de nombreuses monographies : *PhilippeII* (1929), *Le Greco* (1931), ainsi que des romans : *Les Massacres de Paris* (1936).

cassoulet n. m. Ragoût de viande (oie, canard, mouton, porc, etc.) et de haricots blancs, préparé et servi dans une terrine appelée *cassollo. Le cassoulet est une spécialité du Languedoc.*

cassure n. f. Endroit où un objet a été cassé. / GÉOL. Faille de l'écorce terrestre généralement provoquée par un plissement brutal. / Fig. Rupture brutale et complète.

castagne n. f. Pop. Bagarre. *Aimer la castagne.*

castagnettes n. f. pl. Instrument à percussion d'origine espagnole composé de deux pièces de bois réunies par un cordon, dont la partie interne est concave, et que les danseurs de flamenco font s'entrechoquer au creux des mains.

Castalia ou **Kastalia** MYTH. GR. Jeune fille de Delphes qui, selon la légende, pour échapper aux poursuites d'Apollon, se jeta dans une fontaine où elle trouva la mort. La fontaine qui porte son nom se trouve près du sanctuaire d'Apollon à Delphes.

caste n. f. Classe sociale regroupant strictement certains individus dans une société, se mariant entre eux et se distinguant socialement et professionnellement des autres classes. *La caste des brahmanes en Inde.* / Groupe social fermé auquel les membres appartiennent par privilège de naissance et se différencient par un mode de vie, une mentalité spécifique et des droits qu'ils défendent jalousement. / ZOOL. Chez certains insectes sociaux (abeilles, termites, fourmis), groupe d'individus assurant les mêmes fonctions, qui se distinguent morphologiquement des autres groupes. *La caste des ouvrières, chez les abeilles.*

castel n. m. Petit château ou manoir, en Provence.

Castel Gandolfo *7 000 h.* Ville d'Italie, dans le Latium. Le pape réside en été dans le palais pontifical construit par le Bernin à la demande (1658) d'Urbain VIII.

Castelnau (Pierre de) ?-1208. Moine cistercien. Le pape Innocent III le désigna en 1203 pour réduire l'hérésie cathare. Son assassinat lors d'une mission auprès du comte de Toulouse Raymond VI déclencha la croisade contre les Albigeois (1208).

Castelnau (Édouard de Curières de) 1851-1944 Général français. Il participa à la guerre franco-prussienne (1870-1871) et, devenu adjoint du général Joffre, commanda à ses côtés nombre d'opérations de la Première Guerre mondiale.

Castelnaudary *10 850 h.* Ville de l'Aude, dans le Lauragais. Église gothique Saint-Michel des XIIIe et XIVe siècles.

Castelo Branco (Camilo) 1825-1890 Écrivain portugais. Auteur très prolifique, il demeure l'un des maîtres du roman réaliste ; il a été comparé à Balzac pour la puissance dramatique de ses œuvres : *Amour de perdition* (1862), *Nouvelles du Minho* (1875-1877).

Casteret (Norbert) 1897-1987 Spéléologue français qui a réalisé de nombreuses explorations des gouffres pyrénéens et découvert la source de la Garonne.

Castiglione (Baldassare) 1478-1529 Écrivain italien. Gentilhomme et homme de lettres, il vécut successivement à la cour de Mantoue et d'Urbino, exerçant des missions diplomatiques. Son œuvre majeure, *Le Parfait Courtisan* (1513-1518, publié en 1528), dresse le portrait idéal de l'homme de cour. Traduite dans toutes les langues, elle connaît un immense succès en Europe et deviendra au XVIIe siècle la référence de l'« honnête homme ».

Castiglione (Giuseppe) 1688-1766 Jésuite italien. Missionnaire en Chine, il fut le peintre de la cour des Qing ; ses œuvres, réalisées sous le nom chinois de Lang Shining, étaient fort prisées par l'empereur Qianlong ; elles combinent technique occidentale et traditions chinoises.

Castiglione delle Stiviere *16 240 h.* Ville d'Italie, en Lombardie, où Bonaparte remporta le 5 août 1796 une victoire sur les Autrichiens.

castillan adj. et n. m. De Castille. *Paysage castillan. Un (e) Castillan (e).* / n. m. Langue officielle de l'Espagne, appartenant au groupe des langues romanes.

Castille Région historique du centre de l'Espagne constituée aujourd'hui de deux communautés autonomes : Castille-León et Castille-la-Manche. De comté (IXe siècle), la Castille devint royaume (Xe siècle). Au XIe siècle, elle entreprit la conquête (Reconquista) des territoires arabes et le royaume s'agrandit au sud de Tolède (conquise en 1085) de régions prises à l'émirat de Cordoue : ce fut la Nouvelle-Castille. En 1479, l'union définitive de la Castille (Vieille et Nouvelle) et de l'Aragon donna naissance au royaume d'Espagne, dont la langue fut le castillan (plus couramment appelé espagnol).

Castelnaudary.

Castillejo (Cristobal de) 1490-1550 Poète espagnol dont l'art se situe à la frontière du Moyen Âge et de la Renaissance (*Dialogue et Discours de la vie de cour*).

Castille-la-Manche *79 226 km² 1 644 400 h.* Communauté autonome d'Espagne, formée des provinces d'Albacete, Ciudad Real, Cuenca et Guadalajara. Capitale *Tolède.* Cette région se nommait Nouvelle-Castille jusqu'en 1978. Cernée de montagnes et irriguée par le Tage et le Guadiana, elle s'étend sur la partie méridionale du plateau de la Meseta. C'est une région rurale (culture du blé, élevage des ovins sur les plateaux arides, culture de l'olivier et de la vigne dans les zones irriguées).

Castille-León *94 147 km² 2 462 350 h.* Communauté autonome d'Espagne, formée des provinces d'Avila, Burgos, León, Palencia, Salamanque, Ségovie, Soria, Valladolid et Zamora. Capitale *Valladolid.* Cette région se nommait Vieille-Castille jusqu'en 1978. Le plateau central (Meseta) est bordé au sud par la sierra de Guadarrama et au nord par les monts Cantabriques ; il est irrigué transversalement par le Douro. Le climat a des nuances continentales. Culture extensive du blé et élevage dominent ; l'irrigation et l'industrialisation s'étendent. La métropole économique est Madrid, dans la Région du même nom située au sud-est.

Castillon-la-Bataille *3 100 h.* Commune de Gironde, sur la Dordogne. La victoire de Charles VII sur les Anglais, en 1453, mit fin à la guerre de Cent Ans : les Anglais perdaient la Guyenne.

casting n. m. (mot anglais) Distribution des rôles, choix des acteurs, des figurants, des artistes en vue d'un spectacle, notam. d'un film.

Castlereagh (Henry Robert Stewart, vicomte **Castlereagh**, 2e marquis de **Londonderry)** 1769-1822 Homme politique britannique. Ministre des Affaires étrangères en 1812, il contribua à renforcer la coalition européenne contre Napoléon Ier et participa au congrès de Vienne.

castor n. m. Gros mammifère rongeur, adapté à la vie aquatique, qui vit dans les rivières du nord de l'Amérique et de l'Eurasie, à queue aplatie. *La fourrure duveteuse du castor est très recherchée.*

Castor et Pollux MYTH. GR. ET ROM. Fils jumeaux de Zeus et de Léda, frères d'Hélène et de Clytemnestre, dits les Dioscures (c'est-à-dire « fils de Zeus »), réunis après la mort de Castor dans la constellation des Gémeaux. Cavaliers invincibles, ils quittaient, croyait-on, le ciel pour intervenir dans les grandes batailles.

castrat n. m. Mâle qui a subi la castration. / Anc. Chanteur auquel on faisait subir la castration avant la puberté pour qu'il garde un registre de voix aigu (soprano ou contralto).

castrateur, trice adj. PSYCHAN. Qui est susceptible de provoquer ou qui provoque un complexe, une angoisse de castration. *Éducation, mère castratrice.*

castration n. f. Ablation ou destruction d'un organe nécessaire à la reproduction. *Chez les mâles, la castration est l'émasculation (ablation des testicules) ; l'ovariectomie (ablation des ovaires) opère la castration des femmes, des femelles.* / PSYCHAN. *Complexe de castration* : complexe d'angoisse qui, chez le petit garçon, s'exprime par la peur fantasmatique de l'ablation du pénis, et chez la petite fille, par une culpabilisation liée au manque de pénis.

castrer v. t. [1] Pratiquer une castration sur. *Castrer un animal.* Syn. châtrer.

Castres *43 500 h.* Ville du Tarn sur l'Agout. Traditionnellement, les moutons des Causses, la culture des plantes tinctoriales suscitent la création de petites usines de tissage et de filature de la laine. L'hôtel de ville (ancien évêché) fut construit par Hardouin-Mansart et le jardin dessiné par Le Nôtre. Musées Goya et Jean Jaurès, dont Castres est la ville natale.

castrisme n. m. Doctrine révolutionnaire propre à Fidel Castro.

castriste adj. et n. Du castrisme ; partisan du castrisme.

Catalogne

Géographie physique et humaine

Comprenant les provinces de Barcelone, de Gérone, de Lérida et de Tarragone, la Catalogne a une forte unité due à sa langue, le catalan, à des traditions anciennes et une industrialisation déjà ancienne. L'activité portuaire, commerciale, financière et culturelle de Barcelone, ainsi qu'un grand développement du tourisme (notamment sur la Costa Brava) assurent à la Catalogne une place importante en Europe.

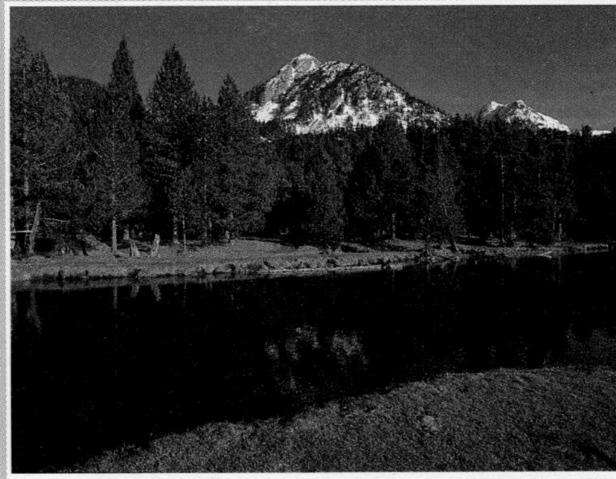

Parc national d'Aigües Tortes et lac de Sant Maurici, en Catalogne.

Histoire

Ancienne province de l'Empire carolingien, la Catalogne est rattachée au royaume d'Aragon en 1137. Son particularisme régional l'engage souvent au cours de son histoire dans des conflits avec l'Aragon, puis avec l'Espagne. Elle connaît un déclin aux XVIe-XVIIe siècles, mais, dès le XVIIIe siècle, c'est la région la plus riche d'Espagne. La République espagnole, instaurée en 1931, lui accorde une large autonomie. De 1936 à 1939, la Catalogne constitue le rempart suprême contre Franco qui, vainqueur, lui retire ses privilèges. En 1979, par référendum, elle adopte le statut d'autonomie (qu'elle réclamait depuis longtemps).

Langue romane, le catalan suscite jusqu'au XVIe siècle une littérature (Llull, Martorell) qui, après un sommeil de deux siècles, connaît un renouveau depuis le siècle dernier. L'art catalan, très florissant dès l'époque préromane, a été particulièrement brillant au Moyen Âge. Barcelone a vu s'élever à la fin du siècle dernier les constructions expressionnistes de Gaudí, tandis que le jeune Picasso poursuivait ses études plastiques dans la capitale catalane, qui donnait le jour à Miró puis à Tàpies.

*Fidel **Castro** à La Havane, en 1959, après sa victoire sur Batista.*

Castor.

Castro Ruiz (Fidel) 1927 Homme politique cubain. Avocat opposé au dictateur Batista, il est emprisonné de 1953 à 1959, et s'exile. Revenu en 1956, il organise la guérilla qui renverse Batista (1959). Nationalisant, comme Premier ministre, les avoirs américains, il dresse contre lui les États-Unis (1960), s'allie à l'U.R.S.S. et organise ses partisans dans un Parti communiste cubain. Malgré des dérives du régime cubain (nationalisme, culte de la personnalité, privation des libertés), le castrisme, idéologie de la libération des peuples latino-américains et du tiers-monde, jouit pendant longtemps d'un grand prestige. En 1976, Castro adopte le titre de chef de l'État. Après la disparition de l'U.R.S.S. (1991), il ne renonce pas au régime du parti unique et continue de tenir tête aux États-Unis, qui maintiennent leur blocus.

casuel, elle adj. et n. m. Aléatoire, variable selon les circonstances. *Des ressources financières casuelles.* / n. m. Revenu variable qui vient augmenter la part du revenu fixe. / DR. CANON. Honoraires légaux versés à un prêtre pour certaines cérémonies (baptême, enterrement).

casuistique n. f. Partie de la théologie morale qui étudie les cas de conscience survenant dans l'application des règles éthiques et canoniques aux cas particuliers.

casus belli n. m. inv. (mots latins) Acte qui constitue un motif suffisant pour déclencher les hostilités entre États.

catabolisme n. m. BIOCHIM. Ensemble des réactions du métabolisme qui aboutissent à la dégradation des macromolécules en des composés de moindre poids moléculaire, souvent avec libération d'énergie.

catachrèse n. f. RHÉT. Figure de style qui consiste à élargir le sens strict d'un terme (ex. : les pieds d'une chaise ; les bras d'un fauteuil).

cataclysme n. m. Bouleversement grave de la surface terrestre, dû à un raz-de-marée, un séisme, des inondations, etc. / Fig. Événement inattendu et catastrophique, provoquant un désastre à l'intérieur d'un État ou d'une famille. *Le cataclysme du krach boursier de Wall Street en 1929.*

catacombes n. f. pl. Cimetière souterrain. ♦ Les catacombes de Rome, où les premiers chrétiens étaient obligés de se réunir à cause des persécutions, ont été creusées sur l'initiative des collèges funéraires auxquels de riches chrétiens avaient concédé le sous-sol des champs qu'ils possédaient aux portes de Rome. La pratique d'enterrer les morts dans des pièces ou galeries souterraines obéissait à de vieux usages couramment suivis chez les Étrusques, en Égypte et en Orient. Quant aux catacombes de Paris, ce sont en fait d'anciennes carrières de pierre exploitées pendant tout le Moyen Âge et qui, venant à être comprises dans l'aire d'extension de la ville, furent abandonnées et reçurent la destination d'ossuaire au moment de la suppression des cimetières paroissiaux à partir de 1781.

catadioptre n. m. Système optique, sous forme de petit réflecteur en verre, qui a la propriété de renvoyer la lumière vers la source qui l'a émise. *Les catadioptres équipent les véhicules et sont utilisés pour la signalisation routière.* Syn. cataphote.

catafalque n. m. Estrade sur laquelle l'on place le cercueil au cours d'une cérémonie funéraire.

cataire ou **chataire** n. f. BOT. Plante de la famille des labiées, également appelée herbe-aux-chats en raison de son odeur qui attire ces animaux.

catalan, e adj. et n. m. De Catalogne. *L'art roman catalan. Un (e) Catalan (e).* / n. m. Langue romane parlée principalement en Catalogne et dans les îles Baléares. *Le catalan est une des langues officielles de l'Espagne.*

Catalauniques (champs) Plaine située entre Châlons-sur-Marne et Troyes où Attila, roi des Huns, fut vaincu en 451 par les armées romaines. La Gaule était sauvée grâce à Aetius.

catalepsie n. f. MÉD. Perte momentanée de la contractilité volontaire des muscles, les membres et le tronc conservant les attitudes qu'on leur a données.

cataleptique adj. Qui procède de la catalepsie ; atteint de catalepsie.

Catalogne *31 930 km² 6 008 250 h.* Communauté autonome du nord-est de l'Espagne, le long de la Méditerranée, au nord de la Communauté autonome de Valence. Capitale *Barcelone.*
catalogue n. m. Énumération de personnes ou de choses, dans un ordre précis, alphabétique, chronologique. / Livre, cahier, dossier, etc., contenant cette énumération.
cataloguer v. t. [1] Enregistrer (qqch.) dans un catalogue. / Fig., fam. *Cataloguer qqn*, s'en faire une idée catégorique, généralement défavorable.
catalpa n. m. BOT. Grand arbre de la famille des bignoniacées, originaire d'Amérique du Nord et d'Asie, à grandes feuilles, dont le fruit est une capsule très allongée.
catalyse n. f. CHIM. Action de certains corps, les catalyseurs, sur les réactions chimiques, qui a pour effet d'en augmenter la vitesse.
catalyseur n. m. CHIM. Substance qui accélère une réaction, et qui reste intacte au terme de cette réaction. / Fig. Personne ou chose qui accélère ou déclenche un processus. *Remarque qui a été le catalyseur d'une dispute.*
catalytique adj. Relatif à la catalyse.
catamaran n. m. Bateau composé de deux coques reliées entre elles, et muni d'une voile.
Catane *366 250 h.* Port industriel de Sicile, au sud de l'Etna (dont les éruptions ont fréquemment menacé la ville), chef-lieu de la province du même nom. Industries. Université. Cathédrale, couvent des Bénédictins, fontaine de l'Éléphant dus à l'architecte Vaccarini (XVIIIᵉ siècle).
cataphote n. m. (nom déposé) Catadioptre.
cataplasme n. m. PHARM. Bouillie médicinale épaisse et chaude formée le plus souvent de farine de lin, placée dans un linge, et que l'on applique sur la peau pour combattre une inflammation. / Fig., fam. Bouillie épaisse et indigeste.
cataplexie n. f. MÉD. Perte brutale, de courte durée du tonus musculaire, notam. sous l'effet d'un choc émotionnel.
catapulte n. f. HIST. Machine de guerre qu'on utilisait, durant l'Antiquité et le Moyen Âge, pour lancer des pierres et divers projectiles (boulets, flèches). / Dispositif utilisé pour le lancement d'avions, de fusées, sur une surface de décollage réduite, notam. sur les porte-avions.
catapulter v. t. [1] Propulser à l'aide d'une catapulte. / Fig., plaisant Propulser brusquement. *J'ai été catapulté au premier rang.*

*Façade principale de la **cathédrale** gothique Notre-Dame de Chartres (Eure-et-Loir), bâtie de 1194 à 1225.*

cataracte [1] n. f. Grande chute d'eau, sur le cours d'un fleuve, causée par une forte dénivellation.
cataracte [2] n. f. MÉD. Opacification du cristallin entraînant une cécité progressive.
catarhiniens n. m. pl. ZOOL. Sous-ordre de primates d'Asie et d'Afrique (gibbon, gorille, orang-outang, chimpanzé, etc.), à queue non préhensile, souvent réduite ou absente.
catarrhe n. m. MÉD. Hypersécrétion provoquée par l'inflammation de la muqueuse nasale.
catastrophe n. f. Événement désastreux imprévisible. *Catastrophe du naufrage du Titanic en 1912.* / *En catastrophe*, d'urgence. *Médecin appelé en catastrophe.* / Fam. Événement malheureux, malencontreux. *Je ne veux pas le rencontrer, ce serait une catastrophe !* / LITT. Dans une tragédie, événement clef qui précipite le dénouement.
catastrophique adj. Qui procède de la catastrophe.
catatonie n. f. PSYCHIATR. Syndrome psychiatrique caractérisé par des troubles psychomoteurs (perte de l'initiative des mouvements, stupeur mentale, répétition des attitudes et paroles, traits figés). *La catatonie est considérée comme appartenant au groupe des schizophrénies.*
catch n. m. (mot anglais) Lutte sportive où presque toutes les prises sont permises.
catcheur, euse n. Sportif qui pratique le catch.
Cateau-Cambrésis (Le) *7 450 h.* Ville du Nord, dans le Cambrésis. Musée Henri-Matisse (le peintre est originaire de la ville).
Histoire Au Cateau-Cambrésis, Henri II de France et Philippe II d'Espagne, qui, allié à l'Angleterre, avait vaincu la France à Saint-Quentin (1557), signèrent un traité de paix en 1559. La France s'engageait à ne plus guerroyer en Italie, mais elle gardait Calais (pris aux Anglais en 1558) et les Trois-Évêchés.
catéchèse n. f. RELIG. Enseignement de la doctrine chrétienne ; instruction religieuse.
catéchiser v. t. [1] Enseigner les éléments de la doctrine chrétienne à.
catéchisme n. m. RELIG. Enseignement de la doctrine chrétienne (aux enfants notamment). *Faire le catéchisme* : enseigner (aux enfants en général) la doctrine chrétienne. / Leçon au cours de laquelle est dispensé cet enseignement. *Aller au catéchisme.* / Livre qui expose cet enseignement. *Ouvre ton catéchisme à la page 20.* / Fig. Corps de doctrine systématiquement exposé. *Le catéchisme marxiste.*
catéchiste n. Personne qui enseigne le catéchisme.
catéchuménat n. m. RELIG. Formation, état du catéchumène.
catéchumène n. RELIG. Personne qui se prépare au baptême en suivant une catéchèse. *On emploie généralement le mot « catéchumène » pour les adultes désirant recevoir le baptême.*
catégorie n. f. Classe d'objets apparentés ou d'idées du même ordre. / PHILO. Qualité de ce qu'on peut attribuer à un objet.
♦ Pour Aristote, la catégorie est chacune des qualités générales qui peuvent être attribuées à un objet et qui sont au nombre de dix : substance, quantité, qualité, relation, lieu, temps, situation, manière d'être, d'agir, de subir ; chez Kant, c'est un concept

Catherine II la Grande.

*Henri II et **Catherine de Médicis.***

a priori de l'entendement pur, auquel il est nécessaire de recourir pour expliquer la possibilité de la connaissance. La table des douze catégories kantiennes énonce tous les types de jugements possibles.
catégorique adj. Qui est hors de doute, ou qui est absolu. *Échec catégorique. Rejet catégorique.* / PHILO. *Impératif catégorique* : chez Kant, caractère absolu et nécessaire de la loi morale.
catégoriquement adv. De manière catégorique.
catégoriser v. t. [1] Ranger par catégories.
caténaire adj. et n. f. CH. DE FER *Suspension caténaire* : suspension dans laquelle un câble conducteur électrique est maintenu à hauteur constante par un câble porteur et qui alimente en électricité les locomotives, les tramways, etc. / n. f. *Une caténaire.*
catgut n. m. (mot anglais) CHIR. Fil stérile employé pour les ligatures et les sutures, facilement résorbé par les tissus.
cathare n. et adj. En France, au Moyen Âge, membre d'une secte chrétienne hétérodoxe de tendance manichéenne, issue du bogomilisme (voir **albigeois**). / adj. *Les châteaux cathares.*
catharsis n. f. PHILO. Pour Aristote, purgation morale des passions assurant la sérénité de l'âme, chez les spectateurs d'une représentation dramatique. / PSYCHAN. Procédé thérapeutique qui consiste à rappeler à la conscience du sujet une idée ou un souvenir dont le refoulement produit des troubles psychiques.
Cathay, Catay ou **Catai (le)** Nom donné à la Chine du Nord par le navigateur Marco Polo. Il eut cours en Europe pendant des siècles.
cathédral, ale, aux adj. Du siège de l'évêque. Église cathédrale.
cathédrale n. f. Église mère d'un diocèse, où se trouve la chaire (le siège) de l'évêque.
Catherine Iʳᵉ 1684-1727 Impératrice de Russie en 1725. Fille de paysans de Livonie, Marthe Skavronskaïa devint la maîtresse de Pierre le Grand qui l'épousa en 1712, avant de la faire couronner impératrice en 1724. À la mort de son mari (1725), elle gouverna avec intelligence, en s'appuyant sur son favori Menchikov.
Catherine II la Grande (Sophia Augusta d'Anhalt-Zerbst) 1729-1796 Impératrice de Russie en 1762. Princesse allemande, elle est choisie par l'impératrice Élisabeth pour devenir la femme de l'héritier

Catherine de Sienne.

du trône. Rebaptisée Catherine Alexeievna en se convertissant à l'orthodoxie (1744), elle épouse le futur Pierre III (1745), auquel elle succéda sur le trône à la faveur d'un soulèvement militaire en 1762. En dépit d'un tempérament instable, elle réduisit toutes les résistances et oppositions intérieures, et fut l'instigatrice de très importantes réformes politiques et administratives qui fixèrent le visage de la société et de l'État russes. Elle étendit les possessions de l'Empire au détriment des Turcs (1787) et de la Pologne, à laquelle elle prit les États baltes (1793 et 1795). Elle imposa et privilégia ses favoris successifs et encouragea de nombreux artistes et architectes, le plus souvent étrangers. Elle entra en relation avec Diderot et les milieux de *l'Encyclopédie* qui approuvèrent le réformisme de cette despote éclairée.
Catherine d'Aragon 1485-1536 Reine d'Angleterre, mère de Marie Tudor. Elle fut pendant vingt-quatre ans (1509-1533) la première des épouses d'Henri VIII. Leur divorce, prononcé en 1533 par l'archevêque de Canterbury, contre l'avis du pape Clément VII, fut le signal de la réforme anglicane.
Catherine de Médicis 1519-1589 Reine de France. Fille de Laurent II de Médicis, nièce du pape Clément VII, elle épouse en 1533 Henri, duc d'Orléans, futur Henri II, qui n'était pas destiné à régner (c'est la mort, en 1536, de son frère aîné, le dauphin François, qui en fit l'héritier du trône). Après de nombreuses années de stérilité, elle donna dix enfants à son mari. D'abord effacée, contrainte de faire bonne figure à la maîtresse d'Henri II, la flamboyante Diane de

Poitiers, elle prit le pouvoir après la disparition de son fils François (François II) mort à seize ans, exerçant la régence durant la minorité de son second fils Charles IX (1560-1574). Sollicitée par les factions antagonistes de la cour, elle ne put éviter l'aggravation du conflit entre catholiques et protestants. Redoutant les progrès de la Réforme*, elle laissa faire les instigateurs du massacre de la Saint-Barthélemy (1572). Elle assura au futur Henri III la couronne de Pologne et lui accorda un indéfectible appui lorsqu'il revint en France à la mort de Charles IX.

Catherine de Sienne (Caterina Benincasa, sainte**)** 1347-1380 Mystique italienne, prédicatrice et poète, qui a relaté ses extases dans le *Dialogue de la Divine Providence*. Docteur de l'Église.

Catherine Howard 1522-1542 Reine d'Angleterre, cinquième femme d'Henri VIII qui la fit exécuter pour adultère.

Catherine Parr 1512-1548 Reine d'Angleterre, sixième et dernière femme d'Henri VIII, à qui elle survécut.

cathéter n. m. MÉD. Sonde que l'on introduit dans un canal, un conduit, un vaisseau, un organe creux, aux fins d'exploration, d'injection de liquide et de nettoyage d'une cavité.

cathode n. f. PHYS. Électrode reliée au pôle négatif de la source de courant.

cathodique adj. PHYS. De la cathode. / *Rayons cathodiques* : faisceau d'électrons produits par la cathode d'un tube à vide parcouru par un courant. / *Tube cathodique* : tube à vide dont les rayons sont dirigés vers un écran.

• **catholicisme** n. m. Religion des fidèles de l'Église catholique romaine qui a, pour chef visible, le pape, qui siège à Rome, et dont l'autorité est suprême en matière de foi et de morale.

catholicité n. f. Caractère de ce qui est catholique. / Ensemble des catholiques.

catholicos n. m. RELIG. Chef de l'Église autocéphale arménienne.

catholicosat n. m. RELIG. Charge et siège du catholicos.

catholique adj. et n. Relatif au catholicisme. / Fam. *Quelque chose de pas très catholique* : quelque chose de douteux et qui suscite la méfiance. / n. Personne qui professe le catholicisme.

cati n. m. TEXT. Aspect ferme et lustré d'une étoffe.

Catilina (en latin **Lucius Sergius Catilina)** 108 ?-62 av. J.-C. Patricien romain qui fomenta une conjuration contre le Sénat. Personnage resté mystérieux, il est seulement connu à travers les œuvres de ses adversaires, Cicéron (*Catilinaires*, 63 av. J.-C.) et Salluste (*Conjuration de Catilina*, 43-42 av. J.-C.).

catilinaire n. f. LITTÉR. Discours satirique prenant violemment à partie une personne.

Catilinaires 63 av. J.-C. Titre de quatre harangues composées par Cicéron, alors consul, à l'adresse de Catilina.

catimini (en) loc. adv. Fam. Discrètement, subrepticement. *Partir en catimini.*

catin n. f. Vieilli, péjor. Femme aux mœurs dissolues ; prostituée.

cation n. m. PHYS. Ion positif d'un électrolyte ; il est attiré par la cathode.

catir v. t. [2] TEXT. Donner un aspect ferme et lustré à (une étoffe).

Catlin (George) 1796-1872 Peintre, écrivain et explorateur américain. Il vécut longtemps au sein des tribus indiennes (Sioux en particulier) et donna de leur civilisation des représentations d'une grande finesse : scènes de la vie quotidienne, paysages, portraits (de chefs notamment) impressionnants de dignité.

catogan ou **cadogan** n. m. Nœud qui retient les cheveux en queue de cheval, coiffure mise à la mode par le général anglais Cadogan à la fin du XVIIIe siècle. / Manière de tailler les crins de la queue d'un cheval en coupant ceux du centre plus courts et en laissant pendre de part et d'autre ceux des côtés.

Caton dit **l'Ancien** ou **le Censeur (**en latin **Marcus Porcius Cato)** 234-149 av. J.-C. Citoyen romain qui s'employa à restaurer les vertus antiques du peuple romain par l'exemple d'une conduite austère ; il lutta contre la dissolution des mœurs due aux influences helléniques. Ennemi déclaré de Carthage, il ne manquait jamais, à la fin de ses discours, de recommander la destruction de la cité punique par la formule restée célèbre : *Delenda quoque Carthago* (« En outre, il faut détruire Carthage. »). La décadence des mœurs empirant, Caton le Censeur quitta sa charrue pour prendre les armes à l'appel de la patrie et devint l'image de la vertu romaine. De son œuvre littéraire ne subsistent que des fragments d'une histoire romaine (*Origines*) et un traité d'agriculture (*De agri cultura*).

Caton d'Utique (en latin **Marcus Porcius Cato)** 93-46 av. J.-C. Homme politique romain. Arrière petit-fils de Caton l'Ancien. Il mena à la tête du Sénat la lutte contre César, poussant au paroxysme les principes rigides de son ancêtre. Après la mort de Pompée (48) et la victoire des armées de César (46), il se suicida.

Catroux (Georges) 1877-1969 Général français, gouverneur de l'Indochine. Le gouvernement de Vichy le remplaça par l'amiral Decoux et il ne tarda pas à passer dans les rangs de la France libre. Gouverneur général de l'Algérie (1943-1944), il joua un rôle de conciliateur entre le général de Gaulle et le général Giraud.

cattleya ou **catleya** n. m. BOT. Orchidée originaire d'Amérique tropicale, à grandes fleurs très recherchées. « *Elle tenait à la main un bouquet de catleyas et Swann vit, sous sa fanchon de dentelle, qu'elle avait dans les cheveux des fleurs de cette même orchidée attachées à une aigrette en plumes de cygne* » (Proust). / LITTÉR. *Faire catleya* : faire l'amour, par allusion à une scène de la *Recherche du temps perdu*. « (…) *la métaphore "faire catleya", devenue un simple vocable qu'ils employaient sans y penser quand ils voulaient signifier l'acte de possession physique* (…) » (Proust).

Catulle (en latin **Caius Valerius Catullus)** 87 ?-54 ? av. J.-C. Poète latin. D'une famille noble, il mène une vie de plaisirs. Il est le chef de file des *Nouveaux Poètes* qui imitent les poètes grecs d'Alexandrie. Sa passion pour Lesbie lui inspira des poèmes sensuels.

CATHOLICISME

Le catholicisme rassemble aujourd'hui plus d'un milliard de fidèles baptisés. L'Église catholique se reconnaît « d'institution divine », car seule instituée par Jésus-Christ, qui l'a fondée sur le magistère de saint Pierre, chef des apôtres, martyrisé à Rome, et dont le pape est le successeur dans la continuité du temps ; pour cela, l'Église est dite romaine. Elle est dite catholique (du grec *katholicos*, « universel ») car l'autorité pastorale confiée par le Christ à saint Pierre s'étend à tout fidèle qui se reconnaît chrétien. Au collège des douze apôtres, présidé par Pierre, succède le collège épiscopal (l'ensemble des évêques) présidé par le pape, vicaire du Christ sur la terre. Le catholicisme s'appuie sur deux fondements : d'une part, la Révélation, contenue dans l'Ancien et le Nouveau Testaments, qui ne peut être soumise au « libre examen », comme chez les protestants ; d'autre part, la Tradition, seule interprète de la Révélation, et qui est l'ensemble des vérités doctrinales, liturgiques, pastorales et morales enseignées par les papes (qu'ils s'expriment infailliblement *ex cathedra* ou non), les Pères et les docteurs de l'Église, et par les conciles, principalement les conciles œcuméniques, ces derniers rassemblant tous les évêques. Les points essentiels du catholicisme, tenus pour vérités de foi, sont : la Présence réelle du Christ dans l'Eucharistie (transsubstantiation) ; l'efficience des sept sacrements, institués par le Christ, qui communiquent à l'homme la grâce, et l'affirment en lui ; la transmission universelle du péché originel et le mystère de la rédemption universelle, opérée par le Christ mort et ressuscité pour le salut du genre humain ; le salut individuel, qui dépend non seulement de la foi mais des œuvres (le comportement individuel, conforme aux trois vertus théologales de foi, espérance et charité) de chacun au cours de cette vie ; le Jugement dernier ; la résurrection de tous les morts ; la vie éternelle ; le rôle d'intercesseurs des saints, particulièrement de la première parmi eux, la Vierge Marie, et le culte de dulie (vénération) qui leur est dû - le culte de latrie (adoration) n'étant dû qu'à Dieu seul. Les catholiques appartiennent à diverses Églises, que différencient la discipline ecclésiastique, d'une part (par exemple, le célibat des prêtres séculiers n'est imposé qu'en Occident, alors que celui des moines et des évêques est de règle partout), l'organisation ecclésiale et les rites, essentiellement la langue liturgique (latin, grec, araméen, syriaque, langues nationales…) et le déroulement des cérémonies. Quels que soient les rites, l'organisation et la discipline, les Églises catholiques de rite non latin reconnaissent l'autorité du pape et sont unies à Rome (on les dit *uniates*).

Profession de foi dans une église catholique.

C

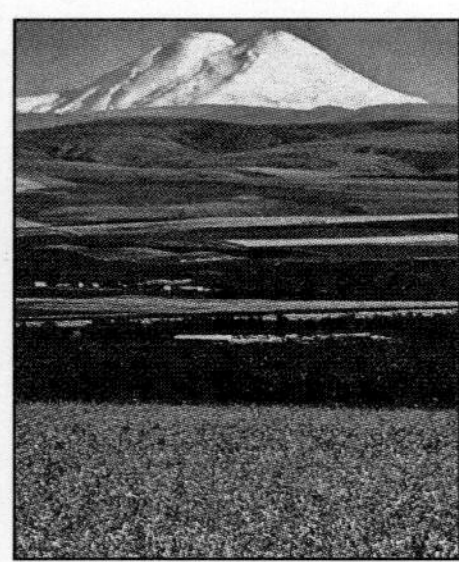
*Paysage du **Caucase**, au pied du double sommet d'Elbrouz.*

Caucase (le) Massif montagneux (*440 000 km²*) qui relie le continent européen au continent asiatique, entre la mer Caspienne et la mer Noire. Point culminant: mont Elbrouz *5 633 m.* L'ensemble se divise en trois zones naturelles. *Le Grand Caucase* est une chaîne barrière, orientée nord-ouest-sud-est, dont l'altitude ne descend jamais au-dessous de 2 000 m. C'est une région où les glaciers alternent avec de magnifiques forêts de conifères. *Le Petit Caucase*, formé par les montagnes du sud de la Géorgie et de l'Arménie, n'a pas la même unité. Les chaînes sont souvent interrompues par des massifs volcaniques et de petites plaines situées au fond de bassins d'effondrement. L'ensemble du massif est d'une pénétration difficile. Il faut le contourner par les rivages de la mer Caspienne ou de la mer Noire. Entre les deux Caucase, la *Transcaucasie*, plane et étroite, concentre la population. Le sous-sol contient du pétrole en abondance, ainsi que du cuivre et du manganèse. Les ressources hydroélectriques complètent ces richesses. Mosaïque de peuples, cette région comprend aujourd'hui plusieurs États indépendants qui faisaient autrefois partie de l'U.R.S.S. (Arménie, Azerbaïdjan, Géorgie). D'autres peuples forment des républiques autonomes ou des enclaves au sein de la Russie et d'autres États. Ainsi, l'Ossétie du Nord est rattachée à la Russie; l'Ossétie du Sud, à la Géorgie. De nombreux conflits y sont latents ou déclarés; la guerre de Tchétchénie dure depuis 1996.

caucasien, enne adj. et n. Du Caucase. *Civilisations caucasiennes. Un (e) Caucasien (ne).* / LING. Syn. de caucasique.

caucasique adj. LING. Qui concerne, qui se rapporte à une des langues parlées au Caucase.

cauchemar n. m. Rêve horrible et angoissant. / Fig. Événement, chose ou personne dont on souffre particulièrement et que l'on ne peut supporter.

cauchemardesque adj. Qui procède du cauchemar. *Rêve cauchemardesque.* / Qui ressemble à un cauchemar. *Vision cauchemardesque.*

Cauchon (Pierre) 1371 ?-1442 Évêque de Beauvais. Il prit le parti des Anglais et présida en 1431 le tribunal ecclésiastique qui condamna Jeanne d'Arc à être brûlée vive, après l'avoir déclarée hérétique.

Cauchy (Augustin) 1789-1857 Mathématicien français, auteur de travaux d'algèbre, de physique et d'astronomie.

caudal, e, aux adj. ZOOL. Relatif à la queue d'un animal. / *Nageoire caudale*, à l'extrémité de la queue d'un poisson, d'un crustacé, d'un cétacé.

caudillo n. m. (mot espagnol) HIST. En Amérique latine, chef militaire au temps de la conquête espagnole. *Le titre de « caudillo » a été repris par le général Franco après la guerre civile espagnole.*

Caudines (les fourches) Défilé de Campanie (Italie), nommé ainsi à cause de la proximité de la ville de Caudium, où les Romains, encerclés par les Samnites, se rendirent (321 av. J.-C.). Les Samnites les firent alors passer sous le joug. Aujourd'hui, l'expression *passer sous les fourches Caudines* signifie « subir une humiliation ».

Caudron Famille d'ingénieurs, pionniers de l'aviation. **Gaston** (1882-1915) construisit avec son frère **René** (1884-1959) un planeur, qui fut le point de départ d'une série d'avions utilisés pendant la Première Guerre mondiale. Gaston se tua en pilotant le premier avion de bombardement.

Caulaincourt (Armand, marquis de**)** 1772-1827 Général français, ambassadeur en Russie de 1807 à 1811, puis représentant de Napoléon auprès des Alliés en 1814. Il est l'auteur de *Mémoires*.

caulerpe n. f. Algue verte des mers tropicales, aujourd'hui abondante en Méditerranée où elle s'étend parfois au détriment de la flore et de la faune locales.

caulinaire adj. BOT. Relatif à la tige; qui a la structure histologique d'une tige. *Un tubercule caulinaire. Le méristème caulinaire.*

cauri ou **cauris** n. m. Coquille d'un petit mollusque qui a longtemps servi de monnaie en Afrique noire et en Asie.

Caus (Salomon de) 1576-1626 Physicien français. Un de ses traités (1615) expose le moyen d'utiliser l'expansion de la vapeur pour pomper l'eau.

causal, e, aux adj. Qui a rapport à la cause, ou qui participe d'elle. *Facteur causal.* / GRAMM. *Proposition causale*: subordonnée introduite par une conjonction causale (parce que, etc.) et qui explicite l'action contenue dans le verbe de la principale.

causalgie n. f. MÉD. Sensation de brûlure intense pouvant s'accompagner de divers troubles cutanés.

causalité n. f. PHILO. *Rapport de causalité*, de cause à effet. *Principe de causalité*, qui veut que tout phénomène ait une cause.

causant, e adj. Qui parle volontiers, loquace.

cause n. f. Personne, chose ou événement à l'origine d'un phénomène appelé effet. / Fig. Fondement, motif. *La cause d'un départ.* / DR. Ce qui fait l'objet d'un procès, d'une plaidoirie ou d'une argumentation. *Défendre la cause d'un inculpé.* / *Avoir gain de cause*: voir triompher sa thèse. / Ensemble des convictions, d'intérêts que l'on s'attache à défendre et à promouvoir. *La cause des opprimés, de la liberté d'opinion.* / Loc. *À cause de*: par l'action de. *En tout état de cause*: quoi qu'il en soit. *Agir en connaissance de cause*, en étant parfaitement informé. *Mettre en cause*: incriminer. *Mettre hors de cause*: dégager la responsabilité de. *Mettre un suspect hors de cause.*

causer [1] v. t. [1] Être la cause de. *La grêle a causé des dégâts.*

causer [2] v. i. [1] Parler (avec qqn). *Causer avec une amie.* / Loc. fam. *Cause toujours...*: quoique tu dises, je n'en tiendrai pas compte.

causerie n. f. Conversation familière, conférence dépourvue de solennité.

Causeries du lundi 1851-1862 suivies des ***Nouveaux lundis*** 1863-1870 Articles critiques publiés chaque lundi par Sainte-Beuve dans des journaux successifs (dans le *Constitutionnel* de 1849 à 1867). L'auteur se propose de retracer une « histoire naturelle des esprits », en dressant une longue série de portraits d'écrivains, importants ou mineurs, analysés à travers leurs œuvres mais encore replacés dans leur milieu historique.

causette n. f. Fam. Bavardage, conversation futile. *Faire causette.*

causeur, euse n. Personne qui cause, parle beaucoup, qui aime causer, parler. *Un brillant causeur.*

causeuse n. f. Petit canapé capitonné pour deux personnes.

causse n. m. GÉOGR. Dans le Massif central et le Sud-Ouest de la France, plateau de calcaire sec et stérile sculpté par l'érosion.

Causses (les) Plateaux du sud-ouest du Massif central. Les Causses Méjean, Noir, de Sauveterre, du Larzac, découpés en cañons par le Tarn et ses affluents, sont des terres arides avec quelques vergers dans les dépressions marneuses et un élevage de moutons sur les plateaux. Le climat rigoureux et l'âpreté des conditions naturelles expliquent l'exode rural vers des régions plus industrielles.

causticité n. f. Caractère d'un produit corrosif. / Fig. Caractère mordant, blessant, d'une parole ou d'un écrit.

caustique [1] adj. et n. m. **I.** Qualifie une substance (soude, nitrate d'argent) qui attaque les tissus organiques comme la peau. / n. m. Produit caustique. *Utiliser un caustique.* **II.** adj. Fig. Qui témoigne d'un esprit mordant. *Il n'est pas seulement ironique, il est caustique. Critique caustique.*

caustique [2] n. m. OPT. Surface courbe à laquelle sont tangents les rayons lumineux issus d'une source ponctuelle, après réflexion ou réfraction à la surface de séparation des deux milieux.

cautèle n. f. LITT. Prudence hypocrite.

cauteleux adj. Qui fait preuve de cautèle, qui est prudent par ruse et par sournoiserie.

cautère n. m. MÉD. Instrument servant à brûler les tissus malades pour préserver les tissus sains (thermocautère, galvanocautère).

cautérisation n. f. MÉD. Destruction d'un tissu à l'aide d'un cautère, d'un caustique.

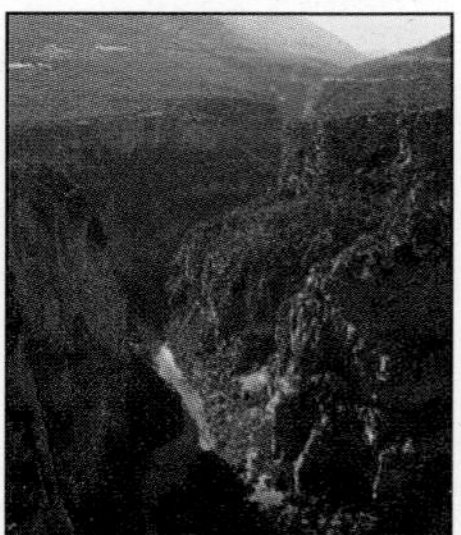
*Le Tarn a creusé son cañon dans les plateaux calcaires des **Causses**.*

***Cavalier**.*

cautériser v. t. [1] MÉD. Soumettre (un tissu) à une cautérisation.

caution n. f. Somme d'argent donnée en garantie d'un engagement pris pour soi-même ou pour quelqu'un d'autre. *Verser une caution.* / DR. Personne qui s'engage à remplir des obligations contractées par un tiers, au cas où celui-ci ne les remplirait pas lui-même. *Se porter caution pour qqn.* / *Sujet à caution*: suspect.

cautionnement n. m. DR. Engagement par lequel on se porte caution pour une personne. / Somme d'argent avancée comme caution.

cautionner v. t. [1] Se porter caution pour (qqn). / Par ext. Répondre de, approuver.

Caux (pays de) Plateau crayeux de Basse-Normandie. Les limons fertiles qui recouvrent sa surface favorisent la grande culture céréalière (blé, betterave, colza) associée à l'élevage laitier. Les ports de Fécamp et de Dieppe sont situés dans les échancrures de hautes falaises qui dominent la mer, notamment à Étretat.

Cavafy ou **Cavafis (Constantin)** 1863-1933 Poète grec. Obscur fonctionnaire, il passe une grande partie de son existence à Alexandrie, ville qui inspirera sa poésie. Écrivant peu, remaniant sans cesse, Cavafy distille une œuvre secrète et intime, dans une langue elliptique fuyant l'emphase. L'ensemble de sa poésie est rassemblé à titre posthume en 1935 dans le recueil *Poèmes*. Marguerite Yourcenar en a donné une traduction française partielle.

Cavaignac (Jean-Baptiste, baron de Lalande**)** 1763-1829 Homme politique français, membre de la Convention et commissaire de la République. Il fut banni comme régicide sous la Restauration. **Godefroy** 1801-1845 Fils du précédent. Il fut, sous Charles X et Louis-Philippe, un des chefs du parti démocrate. **Louis Eugène** 1802-1857 Frère du précédent. Il fut général et gouverneur de l'Algérie. Ministre de la guerre en 1848, il réprima l'insurrection du 22 juin et présida ensuite un gouvernement autoritaire. Battu par Louis Napoléon Bonaparte à la présidence de la République, il fut arrêté lors du coup d'État du 2 décembre 1851.

Cavaillé-Coll (Aristide) 1811-1899. Facteur d'orgues français. Il apporta d'importants perfectionnements à la facture de cet instrument. Il construisit à Paris les orgues de Notre-Dame, de Saint-Sulpice, de Sainte-Clothilde, de la Madeleine, et les orgues de Saint-Denis.

Camillo Benso, comte de **Cavour**.

Cavaillès (Jean) 1903-1944 Philosophe français, spécialiste de logique formelle et d'histoire des mathématiques. Résistant, il fut fusillé par les Allemands.

Cavaillon *24 550 h.* Ville du Vaucluse. Centre d'expédition des fruits et des primeurs (melons) cultivés dans les plaines du bas Rhône.

cavalcade n. f. Défilé de cavaliers ou de chars. / Course bruyante et en désordre.

cavale [1] n. f. Litt. Jument.

cavale [2] n. f. Arg. Fuite. *Une cavale de six mois qui vient de se terminer. Être en cavale*: être en fuite après une évasion.

cavaler v. i. [1] Arg. Courir, fuir en courant. / Plaisant Rechercher les aventures amoureuses.

cavalerie n. f. MILIT. Arme qui regroupait l'ensemble des troupes à cheval; aujourd'hui, arme blindée. *Cavalerie légère*, dont la mission principale était l'exploration rapide (hussards, chasseurs, spahis). *Grosse cavalerie*, qui agissait par la charge (cuirassiers). *Cavalerie de ligne*, qui pouvait remplir les deux rôles (dragons). / Fig. Fraude qui consiste à alimenter fictivement un compte bancaire par des mouvements de fonds qui ne font qu'y transiter. *Traite de cavalerie.*

cavaleur, euse n. et adj. Qui recherche les aventures amoureuses. *C'est un vrai cavaleur. Elle s'est longtemps montrée cavaleuse.*

cavalier, ère n. et adj. **I.** Personne qui monte à cheval. *Un cavalier remarquable.* / LOC. *Faire cavalier seul*: se détacher dans une course; fig., agir isolément. / Personne avec laquelle on forme un couple à l'occasion d'une danse, d'un cortège, d'une cérémonie. / n. m. Militaire servant dans la cavalerie. / adj. Du cavalier, pour cavalier. *Allée cavalière.* (Au fig.) Inélégant, inconvenant. *Une remarque un peu cavalière.* BX-ARTS *Perspective cavalière*, établie d'un point de vue rejeté à l'infini. *Vue cavalière*, montrant un paysage depuis un point élevé. **II.** (Fig.) n. m. Pièce du jeu d'échecs, figurant un cheval. *Prise du cavalier par la tour.* / Carte du jeu de tarots, hiérarchiquement situé entre la dame et le valet. / Clou à deux pointes, en forme de U. / Pièce adaptable à une fiche et servant de repère dans un fichier. / MILIT. Fortification surélevée d'où l'on peut tirer sur l'ennemi, à l'intérieur d'un bastion. / TRAV. PUBL. Ouvrage en position dominante.

Cavalier (Jean) 1681-1740 Calviniste cévenol, il commanda les camisards et opposa une longue résistance aux armées de Villars (1702-1705).

Cavalier bleu (Le) Voir **Blaue Reiter (Der)**

cavalièrement adv. De manière cavalière, insolemment.

Cavalieri (Emilio dei) 1550?-1602 Compositeur italien qui, le premier, employa le style récitatif et expressif. On lui attribue le premier oratorio ou opéra sacré, la *Représentation de l'âme et du corps*, genre que Carissimi devait par la suite fixer définitivement.

Cavaliers Royalistes anglais qui, sous le règne de Charles Ier, soutinrent la monarchie en luttant contre les soldats de la révolution, les Têtes rondes de Cromwell.

Cavalli (Pier Francesco) 1602-1676 Compositeur italien, élève de Monteverdi. On lui doit une quarantaine d'opéras (*Xerxès*, 1660) et de la musique sacrée d'une belle invention mélodique.

cave [1] adj. Litt. Creux. *Avoir les yeux caves.* / ANAT. *Veine cave*: chacune des deux veines qui collectent le sang désoxygéné et l'amènent à l'oreillette droite du cœur.

cave [2] n. f. Pièce souterraine située sous un bâtiment. / Ensemble des bouteilles de vin conservées dans une cave.

cave [3] n. f. Somme d'argent mise devant lui par un joueur pour lancer sa mise.

cave [4] n. m. Arg. Individu n'appartenant pas au milieu; dupe, personne facile à duper. *C'est un cave. Ne me prends pas pour un cave.*

caveau n. m. Petite cave. Dans un cimetière, construction souterraine où sont rangés les cercueils.

Cavelier de la Salle (René Robert) 1643-1687 Explorateur français. Parti du Canada, il explora l'Ohio et les Grands Lacs et parvint jusqu'au golfe du Mexique.

Cavell (Édith) 1865-1915 Héroïne anglaise de la résistance alliée en Belgique durant la Première Guerre mondiale, exécutée par les Allemands.

Cavendish (Henry) 1731-1810 Physicien et chimiste anglais. En étudiant l'atmosphère, il découvrit les composants de l'air. Il identifia l'hydrogène puis démontra que, en l'associant avec l'oxygène à l'état de gaz et sous l'action d'une étincelle électrique, on obtenait une réaction détonante avec production d'eau (H_2O). Il est, avec Coulomb, considéré comme le fondateur de l'électrostatique. Il a établi la valeur G de la constante de gravitation.

Caventou (Joseph) 1795-1877 Pharmacien et chimiste français qui découvrit, avec Pelletier, la quinine (1820) et divers autres alcaloïdes.

caverne n. f. Cavité dans le sol provoquée par l'érosion en profondeur des roches tendres. / MÉD. Cavité creusée dans un organe, notamment le poumon, par une maladie (tuberculose).

caverneux, euse adj. *Voix caverneuse*, au timbre profond et grave. / ANAT. *Corps caverneux*: paire d'organes situés dans le pénis, qui assurent l'érection par rétention du sang artériel.

cavernicole adj. et n. m. ZOOL. Se dit d'un animal qui vit dans l'obscurité des cavernes.

Caves du Vatican (les) 1914 Roman d'André Gide. D'aventures tissées autour d'un complexe réseau de relations familiales, se dégage une critique ironique des croyances sommaires et des idéaux sans fondement, tandis que le héros Lafcadio s'essaie à la morale de l'acte gratuit: d'un train, il pousse dans le vide un inconnu.

caviar n. m. Œufs d'esturgeon salés.

caviardage n. m. Censure d'un texte, ou de certaines parties d'un texte, à l'aide d'une encre noire.

caviarder v. t. [1] Pratiquer le caviardage de.

cavicornes n. m. pl. ZOOL. Groupe de ruminants à cornes creuses et persistantes fixées au crâne par des axes osseux ou cornillons. *Les bovins, les moutons, les chèvres, les antilopes sont des cavicornes.*

caviste n. Personne responsable d'une cave à vins, chez un restaurateur, un producteur.

cavité n. f. Espace creux et vide à l'intérieur d'un solide. / ANAT. Réceptacle d'un organe ou d'un viscère. *Cavité crânienne.*

Cavour (Camillo Benso, comte de**)** 1810-1861 Homme d'État italien. Il fonda en 1847 *Il Risorgimento*, journal nationaliste modéré hostile à l'Autriche et partisan d'une monarchie constitutionnelle. Successivement député (1848) au parlement de Turin, ministre dans le gouvernement d'Azeglio et président du Conseil (1852-1859 puis 1860-1861), il modernisa le royaume de Piémont-Sardaigne, négocia l'alliance avec la France, sut rallier des révolutionnaires tels que Garibaldi et parvint à réaliser (Rome mise à part) l'unité italienne autour du Piémont.

Caxton (William) v.1422-1491 Imprimeur britannique du premier livre imprimé en anglais (à Bruges, en 1474: *Recuyell of the Historyes of Troye*); on lui doit l'introduction de l'imprimerie en Angleterre.

Cayatte (André) 1909-1989 Cinéaste français, auteur de films à thèse: *Justice est faite* (1950), *Nous sommes tous des assassins* (1952), *Mourir d'aimer* (1971).

Cayenne *50 700 h.* Chef-lieu de la Guyane française, sur l'Atlantique. Ancien bagne de la métropole (1852-1945).

Cayley (Arthur) 1821-1895 Mathématicien anglais, auteur de nombreux travaux de géométrie, créateur du calcul matriciel.

Cayrol (Jean) 1911 Poète (*Poèmes de la nuit et du brouillard*, 1945) et romancier français (*Lazare parmi nous*, 1950), au lyrisme discret, observateur sensible de la condition humaine, dont l'œuvre porte la marque de son expérience des camps de concentration (résistant, il a été déporté plus de deux ans à Mauthausen). Il est le scénariste de deux films d'Alain Resnais: *Nuit et Brouillard* et *Muriel*.

Cazotte (Jacques) 1719-1792 Écrivain français, auteur de *Contes* pleins de fantaisie et d'un récit fantastique, *Le Diable amoureux* (1772): un jeune homme est séduit par le Diable, qui a adopté les traits d'une jeune fille. Contre-révolutionnaire, il fut guillotiné.

C. B. n. f. Sigle de la *citizen band.*

CD n. m. (Sigle anglais de *Compact Disc*). Disque compact.

CD-I n. m. (Sigle de *Compact Disc Interactive*). Disque compact interactif.

CD-Rom n. m. (Sigle de *Compact Disc read only Memory*). Disque compact à mémoire morte. *Un CD-Rom porte des informations (sons, images, textes) non modifiables, lisibles sur ordinateur; malgré son nom, qui indique bien qu'on ne peut rien y modifier, il existe aujourd'hui des CD-Rom sur lesquels on peut réinscrire des informations.* Syn. cédérom.

C.D.U. Sigle pour *Christlich-Demokratische Union* (Union chrétienne-démocrate), l'un des deux grands partis d'Allemagne.

CDV n. m. (Sigle de *Compact Disc Video*). Disque compact vidéo.

ce [1] pron. dém. neutre (*ce* devient *c'* devant un *e*, *ç* devant un *a*). (Mis pour *ceci*, *cela*, désigne la personne ou la chose dont on parle) *Ce pourrait bien arriver. C'est ma sœur. Ç'aurait dû être fini hier.* / loc. adv. exclamative *Ce que*: comme. *Ce qu'il m'agace!*

ce, cet, cette, ces [2] adj. dém. (Indique une personne, une chose, dont on parle ou dont on vient de parler; désigne un temps proche, un moment peu éloigné) *Ce petit garçon est le fils de Marie. Cet homme a l'air bizarre. Cette robe ne te va pas du tout. Ces soles sont excellentes. Ce soir, nous irons au théâtre. Un de ces jours*: prochainement. / (Avec les adverbes *-ci* et *-là*, a valeur d'insistance) *Ces disques-ci sont de meilleure qualité que ces enregistrements-là. Ces gens-là.*

C.E.A. Sigle pour Commissariat à l'énergie atomique.

céans adv. Vx Ici. / Loc. *Maître de céans*: maître de maison.

Ceará *145 694 km² 6 610 000 h.* État côtier du nord-est du Brésil (région du Nordeste). Capitale *Fortaleza*. À cause de l'aridité extrême des terres intérieures (Sertão), l'agriculture est cantonnée aux zones irriguées. Élevage extensif, pêche et filatures de coton. Industries alimentaires et pharmaceutiques.

Ceausescu (Nicolae) 1918-1989 Homme d'État roumain. Député (1946), membre du Comité central (1952), premier

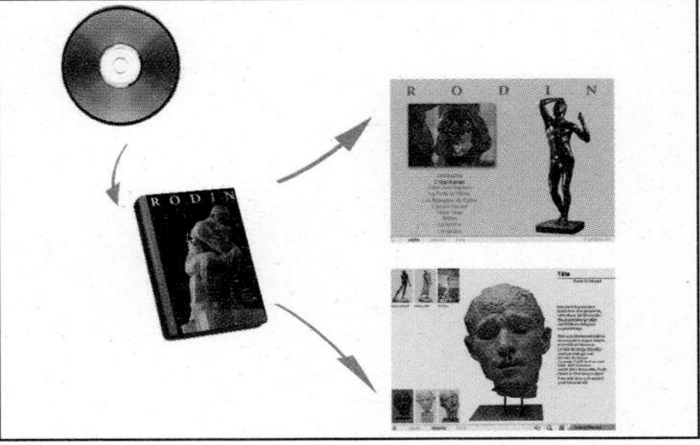

CD-Rom *sur l'œuvre du sculpteur Auguste Rodin.*

C

Cèdre.

secrétaire du Parti communiste (1965), président du Conseil d'État (1967), il est élu président de la République en 1974. Se présentant comme indépendant de l'U.R.S.S., il exerce, avec l'aide de la police politique, la *Securitate*, une dictature sanglante qui ruine le pays. En décembre 1989, il est renversé par un complot mené avec l'appui de l'armée régulière et le soutien d'un mouvement populaire. Appréhendé, sommairement jugé, il est exécuté avec son épouse.

cébidés n. m. pl. ZOOL. Famille de singes platyrhyniens d'Amérique, à queue préhensile, comprenant notamment les singes hurleurs, les sapajous, les atèles.

Cebu City ou **Cébou** *610 400 h.* Port minier de l'île la plus peuplée des Philippines, qui porte le même nom (*2 091 600 h*). Grand centre commercial et industriel. En 1992, le président F. Ramos lui a accordé un statut particulier pour y développer les exportations.

C.E.C.A. Sigle (et acronyme) pour *Communauté européenne du charbon et de l'acier.*

ceci pron. dém. neutre La chose la plus proche; ce qui va suivre; ce dont on va parler (en opposition à *cela*). *Ceci vous ira parfaitement.*

cécidie n. f. ZOOL. Batracien vermiforme, fouisseur, aux yeux atrophiés, appartenant à l'ordre des apodes.

cécité n. f. Perte de la vue; état d'un individu aveugle. / PSYCHIATR. *Cécité psychique*: incapacité à reconnaître les objets vus, ou perte de la faculté de comprendre la signification des mots écrits (*cécité verbale*), parfois même des lettres (*cécité littérale*) ou de la notation musicale (*cécité musicale*).

Cécrops MYTH. GR. Premier roi mythique de l'Attique, fondateur d'Athènes.

céder v. t. / v. i. [1] **A.** v. t. Laisser, abandonner (qqch.) à qqn. *Céder sa place.* / Transmettre par cession; vendre. / v. t. ind. Cesser de résister (à qqn, à qqch.). *Céder à la tentation, sous la menace.* **B.** v. i. Se rompre sous l'effet d'une force. *Le barrage a cédé.*

cédérom Voir **CD-Rom**

cédétiste n. et adj. Membre de la C.F.D.T.; relatif à ce syndicat, à ses membres. *Les cédétistes. Le dernier congrès cédétiste.*

cedex n. m. Acronyme pour *courrier d'entreprise à distribution exceptionnelle.*

cédille n. f. Signe de la langue française placé sous la lettre *c* afin qu'elle soit prononcée devant *a*, *o*, *u* comme le *s*. *Ramassons les colimaçons.*

cédrat n. m. Fruit du cédratier, gros citron à peau rugueuse et parfumée que l'on consomme confit.

cédratier n. m. Citronnier des régions méditerranéennes, à gros fruits rugueux.

cèdre n. m. Grand conifère, pouvant atteindre une quarantaine de mètres de hauteur, dont les branches s'étagent horizontalement. *Le bois du cèdre, odorant, est utilisé en ébénisterie et dans la construction. Le cèdre du Liban est l'emblème de ce pays.*

C.E.E. Sigle pour *Communauté économique européenne.*

cégétiste n. et adj. Membre de la C.G.T.; relatif à ce syndicat, à ses membres. *Les cégétistes. Les positions cégétistes.*

C.E.I. Voir **Communauté des États indépendants**

ceindre v. t. [3] Entourer (un corps, une partie du corps). *Ceindre sa tête d'un bandeau.* (Par métonymie) *Ceindre la couronne, la tiare*: devenir roi, pape. / Par ext. *Le périphérique ceint la ville*, l'entoure.

ceinture n. f. Bande de tissu ou de cuir qui entoure la taille et qui sert à retenir un vêtement au niveau de celle-ci. Par anal. *Ceinture de sécurité*, fixée au siège d'une voiture ou d'un avion. / Anc. *Ceinture de chasteté*: entrave de fer munie d'un cadenas, que l'on fixait parfois, au Moyen Âge, autour du bassin d'une femme pour empêcher l'adultère. / Milieu du corps. / ANAT. Ensemble des os qui relient les membres au tronc. / Fig. Ce qui entoure. *Ceinture verte*, espaces verts entretenus autour d'une grande ville. / *Se serrer la ceinture*: se priver. / SPORT En judo, ceinture qui retient le kimono et dont la couleur indique le grade du judoka; elle peut être blanche (débutants), jaune, orangée, verte, bleue, marron ou noire.

ceinturer v. t. [1] Entourer d'une ceinture. / Entourer (une personne) ses bras pour la maîtriser. / CONSTR. Entourer (un ouvrage) d'une ceinture de métal.

ceinturon n. m. Large ceinture de cuir, fermée par une boucle, notamment portée sur un uniforme militaire, et à laquelle peuvent se fixer des armes et des accessoires.

cela pron. dém. neutre (contracté en *ça* dans le langage parlé) La chose en question. *Nous nous occuperons de cela plus tard.* / La chose la plus éloignée; ce qui précède; ce dont on vient de parler (en opposition à *ceci*). *Ceci vous appartient, cela, non. Cela dit.*

Cela (Camilo José) 1916-2002 Romancier espagnol qui peint avec réalisme, mais non sans humour, l'âpreté des terres espagnoles hantées de superstitions et d'amours tragiques: *La Famille de Pascal Duarte* (1942), *Voyage en Alcarria* (1948), *La Ruche* (1951), *Office des ténèbres* (1973).

céladon adj. inv. et n. m. Qui est d'une couleur vert pâle, tendre. *Des teintes céladon.* / n. m. Porcelaine recouverte d'émail de cette couleur. *Un céladon de Chine.*

Celaleddin Rumi Voir **Djalal ad Din Roumi**

Celan (Paul Antschel, dit Paul) 1920-1970 Poète français de langue allemande, né en Roumanie. Les œuvres de Celan, juif marqué par l'expérience de la Shoah dont furent victimes ses parents, mêlent dans un style concis et hermétique spiritualité et réalité concrète: *Grille du langage* (1959), *La Rose de personne* (1963). Il se suicida à Paris, où il vivait depuis 1948.

Célèbes ou **Sulawesi** *189 216 km² 13 771 000 h.* Île d'Indonésie formée de quatre péninsules disposées autour d'un massif volcanique montagneux. Le climat chaud et humide favorise la croissance de forêts de tecks et de santal. On y cultive le café et exploite le nickel. La *mer des Célèbes* baigne le nord de l'île et Bornéo.

célébrant n. m. LITURG. Prêtre qui dit la messe.

célébration n. f. Cérémonie, commémoration, fête par laquelle on marque un événement, une date. *Célébration d'un mariage, d'un anniversaire.*

célèbre adj. Qui est très renommé et connu de tout le monde.

célébrer v. t. [1] Accomplir (un office liturgique). Célébrer la messe. / Marquer (un événement, une date) par une célébration. / Litt. Louer publiquement (qqn).

célébrité n. f. Qualité d'une personne ou d'un objet dont la réputation est notoire. / Personne très connue.

celer v. t. [1] Litt. Cacher secrètement. *Celer ses sentiments.*

céleri n. m. Plante potagère de la famille des ombellifères dont on consomme, suivant les variétés, la racine (*céleri-rave*) ou les côtes (*céleri en branches*).

célérifère n. m. Appareil de locomotion à deux roues reliées par un cadre de bois, ancêtre de la bicyclette.

célérité n. f. Rapidité, promptitude à agir. / PHYS. Vitesse de propagation d'une onde.

célesta n. m. MUS. Instrument à clavier, d'un timbre très cristallin, de quatre ou cinq octaves, dont les touches actionnent des marteaux sur des lames d'acier et de cuivre.

céleste adj. Qui est relatif au ciel, au firmament. *Voûte, corps célestes.* / Qui a rapport au ciel, en tant que séjour des bienheureux. *Le repos céleste.* Par ext. Divin. *La bonté, le courroux céleste.* / Fig. Délicieux, merveilleux. *Une surprise céleste.* / MUS. *Voix céleste*: registre de l'orgue, aux timbres doux et voilés.

Céleste Empire Nom autrefois donné à la Chine ancienne où l'empereur était appelé le *Fils du ciel.*

Célestine (la) 1499 Roman dialogué attribué à l'Espagnol Fernando de Rojas, racontant sur un ton comique et satyrique les bons offices d'une vieille entremetteuse haute en couleurs.

célibat n. m. État d'une personne non mariée.

Camilo José Cela.

Céline.

célibataire n. et adj. Personne qui vit dans le célibat. / PHYS. NUCL. *Électron célibataire*, qui est seul sur une des orbites de l'atome.

Célimène Personnage du *Misanthrope* de Molière. Type de la jeune femme coquette, spirituelle et inconsciemment cruelle (à l'égard d'Alceste).

Céline (Louis-Ferdinand Destouches, dit) 1894-1961 Écrivain français. Après avoir fait la guerre de 1914-1918 comme engagé volontaire, il mène des études de médecine et rédige une thèse de doctorat sur l'hygiéniste viennois Semmelweis. Il exerce la médecine en Afrique et en Amérique, avant de s'installer en banlieue parisienne. Toutes ces expériences forment la matière de son premier roman, *Voyage au bout de la nuit* (1932). Dans un style à la fois heurté et lyrique qui mêle indistinctement tournures argotiques et langue soutenue, Céline impose une vision désespérante de l'humanité, qui marquera l'œuvre à venir. *Mort à crédit* (1936), où il raconte son enfance, forme avec le *Voyage* le grand diptyque autobiographique. Avec *Bagatelles pour un massacre* (1937), l'écrivain laisse éclater ses délires antisémites; la guerre venue, il prend fait et cause pour le régime de Vichy et l'occupant allemand. Adoptant un style plus classique, il raconte son exil allemand (1944-1951) dans la trilogie *D'un château l'autre* (1957), *Nord* (1960) et *Rigodon* (posthume, 1969). Si l'homme s'est discrédité par ses prises de position politiques, l'artiste restera comme l'un des grands innovateurs du roman français.

cella n. f. ANTIQ. Dans les temples de l'Antiquité, partie réservée à la statue et à l'autel d'un dieu.

celle Voir **celui**

celle-ci, celle-là Voir **celui-ci, celui-là**

Celle-Saint-Cloud (la) *21 500 h.* Ville des Yvelines. Château de Mme de Pompadour.

cellérier, ère n. Dans un monastère, religieux, religieuse chargé (e) des provisions alimentaires, des celliers; économe.

cellier n. m. Endroit frais où l'on entrepose du vin, des provisions.

Cellini (Benvenuto) 1500-1571 Sculpteur, orfèvre et médailleur florentin. Son tempérament violent le contraignit plusieurs fois à l'exil: il vint à Rome à la suite d'une rixe à Florence, en France à la suite d'un scandale à Rome. Protégé à Rome du pape Clément VII, il y réalisa des monnaies et des médailles. En 1540, l'invitation de François Ier lui permit de quitter la Ville

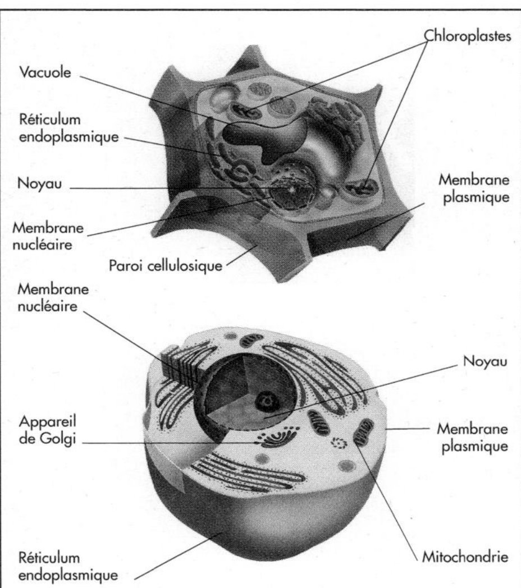

***Cellule** végétale (en haut) et animale (en bas).*

Celtes

Histoire

Civilisation d'abord nomade puis sédentaire, ils créèrent un type de culture qui constitua l'essentiel de la civilisation gauloise. Battus par les Romains et colonisés, ils virent leur influence en partie effacée par les invasions barbares d'origine germanique qui déferlèrent sur l'Europe à partir du IVe siècle. Les langues d'origine celte sont encore parlées en Irlande, au pays de Galles et en Bretagne qui furent leurs ultimes retranchements.

Guerriers celtes figurés sur un vase.

Beaux-Arts

L'art des Celtes est essentiellement un art d'ornementation et se manifeste en quasi-totalité dans des objets de la vie quotidienne, destinés à l'usage ordinaire des hommes (et non au culte) : ustensiles, armes, parures. C'est un art du métal (bronze, or, rarement argent) au décor animalier et végétal, souvent proche de l'abstraction. Certains objets sont enrichis de pierres semi-précieuses (ambre, corail). La statuaire apparaît tardivement et on n'en connaît que peu d'exemples (Tarasque de Noves, tête d'homme du musée de Prague, hermès bicéphale de Roquepertuse).

éternelle. En France, il exécuta la *Nymphe de Fontainebleau* (1543). En 1545, revenu en Italie, il sculpta un *Persée* (1545-1553) pour Cosme de Médicis (Florence, loge des Lanzi). On lui doit également des *Mémoires*, attrayants et vigoureusement écrits.

cellobiose n. f. BIOCHIM. Glucide produit par la dégradation de la cellulose.

cellophane n. f. (nom déposé) Hydrate de cellulose façonné en pellicule mince, étirable et transparente, destinée à l'emballage des produits alimentaires.

cellulaire adj. Qui a rapport à la cellule, notamment à celle des prisonniers. *Fourgon, régime cellulaire.* / BIOL. Qui se compose de cellules. *Tissu cellulaire.* / Qui a rapport aux cellules. *Noyau cellulaire. Division cellulaire*: voir **division.** / TÉLÉCOM. Se dit d'un système de téléphone avec des portables fonctionnant par relais hertziens sur des zones divisées en cellules de quelques kilomètres chacune.

cellule n. f. Dans un monastère, petite chambre individuelle. / Pièce de faible dimension où l'on enferme les détenus. / Groupement de base d'un ensemble organisé. *La cellule familiale. Les cellules du parti communiste.* / BIOL. Unité structurelle et fonctionnelle fondamentale du vivant. La cellule eucaryote est composée d'une membrane, du cytoplasme et du noyau. La cellule procaryote ne possède pas de noyau différencié. / ZOOL. Alvéole d'une ruche. / AÉRON. Structures des ailes et du fuselage d'un avion. / TECHN. *Cellule photoélectrique*: élément transformant un signal lumineux en courant électrique. / Tête de lecture pour les disques audios.

*Salière de François Ier, réalisée par **Benvenuto Cellini**.*

cellulite n. f. MÉD. Inflammation du tissu conjonctif, particulièrement du tissu souscutané, déterminant des indurations plus ou moins limitées et douloureuses.

celluloïd n. m. Matière plastique inflammable, à base de camphre et de nitrocellulose. *Col en celluloïd.*

cellulose n. f. BIOCHIM. Polysaccharide (polymère de glucose) constitutif, en grande partie, de la paroi cellulaire des végétaux.

cellulosique adj. De la nature de la cellulose.

Celsius (Anders) 1701-1744 Physicien et astronome suédois, inventeur de l'échelle thermométrique centésimale qui porte son nom ; il fut l'un des premiers à comparer l'éclat lumineux des étoiles.

celte adj. et n. Qui a rapport aux Celtes. *L'art celte. Un (e) Celte.* / LING. Du groupe de langues d'origine indo-européenne, encore parlées en Irlande, en Écosse, au pays de Galles et en Bretagne. *Les parlers celtes.*

• **Celtes** Peuples indo-européens qui, à partir des régions rhénanes et danubiennes, connurent du VIe au IIIe siècle av. J.-C. une expansion considérable ; ils menèrent leurs expéditions jusqu'en Asie Mineure tandis que leur peuplement recouvrait l'ensemble de l'Europe occidentale.

Celtibères Celtes d'Espagne, ancêtres des Castillans. Rome les soumit à la fin du IIe siècle av. J.-C.

celtique adj. LING. *Langue celtique*, parlée autrefois par les Celtes, et aujourd'hui par divers groupes humains en Europe occidentale. *Le breton est une langue celtique.*

celui, celle, ceux, celles pron. dém. (Désigne les personnes et les choses) *La jeune femme brune, c'est celle dont je vous ai parlé. Mon sac, c'est celui qui est accroché au dossier de la chaise.* / (Avec la prép. *de*) *C'est celle des deux que je préfère. Il a perdu son chandail et emprunté celui de son fils.*

celui-ci, celle-ci, ceux-ci, celles-ci pron. dém. (Désigne une personne, une chose proche dans l'espace ou le temps, ou ce dont on va parler immédiatement) *Quelle est ton écharpe ? C'est celle-ci.*

celui-là, celle-là, ceux-là, celles-là pron. dém. (Désigne une personne, une chose plus lointaine dans l'espace ou le temps, ou ce dont on a déjà parlé) *Parmi les livres que j'ai lus, ce sont ceux-là les meilleurs. J'hésite entre ces deux paires de chaussures, celles-ci sont confortables, celles-là plus élégantes.*

cément n. m. ANAT. Tissu osseux qui recouvre la racine des dents, sous l'ivoire et l'émail. / MÉTALL. Substance qui, mise en contact, à température élevée, avec un métal ou un alliage, se décompose et s'incorpore partiellement à la surface de ce métal, de cet alliage.

cémentation n. f. MÉTALL. Modification de la composition superficielle d'un métal, d'un alliage, sous l'effet d'un cément.

cémenter v. t. [1] MÉTALL. Soumettre à la cémentation.

cémentite n. f. CHIM. et TECHN. Carbure de fer qui entre dans la composition des aciers.

cénacle n. m. ANTIQ. Salle à manger. / Spécial. Salle où Jésus assembla ses disciples pour la Cène et institua l'eucharistie, et où les disciples et la Vierge se retrouvèrent pour recevoir l'Esprit-Saint le jour de la Pentecôte. / Cercle de gens ayant les mêmes idées, les mêmes goûts. *Un cénacle littéraire.*

Cénacle (le) Nom donné à un groupe de jeunes poètes romantiques (Hugo, Vigny) qui commencèrent par collaborer à *La Muse française* (1823), puis se réunirent dans les salons de Charles Nodier et de Victor Hugo jusqu'en 1828.

Cenci Grande famille romaine dont les derniers membres connurent une fin tragique. **Francesco** 1549-1598 Personnage tyrannique et débauché ; il fut assassiné par sa fille. **Béatrice** 1577-1599 Fille du précédent, parricide, elle périt sur l'échafaud par ordre de Clément VIII. Sa vie a inspiré maints écrivains : tragédie en cinq actes de Shelley (1819), une des *Chroniques italiennes* (1829-1839) de Stendhal.

Cendrars (Frédéric Sauser, dit Blaise) 1887-1961 Écrivain français d'origine suisse. À partir de ses nombreux voyages, des métiers et des rencontres qui jalonnèrent sa vie, Cendrars construit une œuvre oscillant entre autobiographie à demi rêvée et reportages romancés. Son style nouveau et ses expériences stylistiques annoncent le surréalisme. En 1912, il donne un poème à l'écriture et à la composition révolutionnaires, *La Prose du Transsibérien et de la Petite Jehanne de France. L'Or* (1925), *Moravagine* (1926), *Rhum* (1930) sont des récits romanesques. L'autobiographie est très présente dans *L'Homme foudroyé* (1945), *La Main coupée* (1946), fruit de ses années de guerre (il s'était engagé dans la Légion étrangère en 1914 et avait perdu un bras au combat), *Bourlinguer* (1948).

cendre n. f. Débris résiduel et pulvérulent résultant de la combustion d'un corps solide. *Cendre de cigare.* / GÉOL. *Cendres volcaniques* : poussières qui retombent après une éruption. / Fig. *Couver sous la cendre* : se développer discrètement avant d'éclater au plein jour. / (Au plur.) Littér. Restes des morts. *Les cendres de Napoléon reposent aux Invalides.* / Fig. *Renaître de ses cendres* : ressusciter, retrouver un élan nouveau (comme le phénix). / LITURG. *Mercredi des Cendres* : premier jour du carême où l'on marque le front des fidèles d'une croix avec de la cendre, symbole de la pénitence.

Illustration pour **Cendrillon**, un conte de Charles Perrault.

cendré, ée adj. De cendre, mêlé de cendre. *Métal cendré.* / *Fromage cendré,* affiné dans la cendre. / De la couleur de la cendre, grisâtre. *Blond cendré.*

cendrée n. f. SPORT Mâchefer mêlé de cendre et aggloméré, qui revêt une piste; cette piste. / Débris de métal. / CHASSE Plomb de faible calibre pour le menu gibier.

cendrier n. m. Partie inférieure d'un foyer, qui recueille la cendre. / Récipient destiné à recevoir les cendres et les mégots de cigarettes, de cigares.

Cendrillon Personnage et titre d'un conte de Charles Perrault (1697). Grâce aux bienfaits d'une fée qui change sa condition, la jeune Cendrillon rencontre le prince Azur. Celui-ci la retrouve plus tard grâce à un soulier qu'elle a perdu au bal. Ce conte a inspiré chorégraphes et musiciens, de Rossini (1817) à Prokofiev (1945), ainsi que le crayon de Walt Disney (1950).

cène n. f. *La Cène*: le dernier repas pris par le Christ avec ses apôtres à la veille de sa Passion, au cours duquel il institua l'eucharistie. / Chez les protestants, commémoration de ce jour.

cénesthésie n. f. Perception de son propre corps, par l'individu, due à l'ensemble des sensations internes, indépendamment du concours des organes des sens.

Cenis (Mont-) Massif alpin culminant à *3 377 m.* Le col du Mont-Cenis (*2 083 m*) relie la France à l'Italie. Important barrage hydroélectrique.

cénobite n. m. Moine qui vit en communauté.

cénobitique adj. Du cénobite; du cénobitisme.

cénobitisme n. m. État de cénobite.

cénotaphe n. m. Tombeau vide élevé à la mémoire d'un disparu.

cénozoïque adj. et n. GÉOL. *Ère cénozoïque*, qui groupe les ères tertiaire et quaternaire. / n. m. *Le Cénozoïque.*

cens n. m. ANTIQ. ROM. Recensement quinquennal des citoyens. / Au Moyen Âge, impôt payé annuellement par les roturiers à leur seigneur. / POLIT. Minimum d'imposition dont il fallait faire preuve pour exercer certains droits politiques. *Le cens électoral.*

censé, e adj. (Suivi d'un infinitif). Supposé. *Nul n'est censé ignorer la loi.*

censément adv. Apparemment.

censeur n. m. ANTIQ. ROM. Magistrat qui, dans la République, était chargé de l'organisation du cens et du maintien de l'ordre moral. / Personne qui aime juger la conduite morale des autres et qui s'érige en donneur de leçons. / Membre de l'administration qui, dans un lycée, est chargé de l'organisation matérielle des cours et du maintien de la discipline. / Membre d'une commission de censure.

censier n. m. et adj. HIST. Au Moyen Âge, personne soumise au paiement du cens; personne au profit de qui était perçu le cens.

censitaire adj. HIST. *Électeur censitaire*, qui paie le cens et a donc droit de vote. *Suffrage censitaire*, établi sur le cens électoral.

censure n. f. ANTIQ. Dans la Rome républicaine, magistrature du censeur. / Contrôle, fait par un gouvernement des livres, journaux et films, avant d'en autoriser la publication ou la projection. / Ensemble des personnes chargées de ce contrôle. / Fig. Réprobation morale. *La censure du public.* / DR. CANON Sanction infligée par un évêque ou par le pape à un membre de l'Église (excommunication, suspense ou interdit). / POLIT. Blâme voté par une assemblée parlementaire à l'encontre d'un gouvernement, pouvant entraîner la démission de ce dernier. *Motion de censure.* / PSYCHAN. Contrôle exercé par le surmoi et qui refoule, dans l'inconscient, des désirs inavouables.

censurer v. t. [1] Frapper de censure. / Litt. Blâmer, condamner.

cent [1] adj. num. et n. m. Dix fois dix. *Cent bouteilles.* / Un nombre élevé mais indéterminé. *Répéter quelque chose cent fois.* / *Faire les quatre cents coups*: mener une vie dissipée, désordonnée. / Centième. *Lire la page cent.* / Quantité égale à dix fois dix. *Un cent d'œufs.* / *Pour cent (%)* : proportion calculée sur cent unités. *Intérêt de quatre pour cent.* / Fam. *Gagner des mille et des cents*: gagner beaucoup d'argent.

cent [2] n. m. (mot anglais) Centième partie de l'unité monétaire de plusieurs pays (États-Unis, Canada, Australie notamment), et nom donné au centime d'euro.

centaine n. f. Cent unités, environ cent unités. *Quelques centaines de personnes.* / *Atteindre, dépasser la centaine,* l'âge de cent ans.

Cent Ans (guerre de) Guerre qui opposa, de façon intermittente, la France et l'Angleterre de 1337 à 1453. À la mort du dernier Capétien direct, Philippe VI de Valois, neveu par les mâles de Philippe IV le Bel, devient roi (1328) et inaugure la dynastie des Valois. Mais les prétentions du jeune roi d'Angleterre Édouard III, petit-fils par sa mère de Philippe IV le Bel, à la couronne de France, jointes aux difficultés renaissantes dans le duché de Guyenne, provoquent en 1337 la rupture entre les deux princes. Une guerre commence qui durera plus d'un siècle. Les armées françaises, mal commandées, sont écrasées à Crécy en 1346 et à Poitiers en 1356. La ville de Calais est prise en 1347 après une résistance héroïque. En 1360, Édouard III impose à Jean II le Bon, successeur de Philippe VI, le traité de Brétigny. La France, démembrée, perd ses territoires du Sud-Ouest. Les défaites suscitent le mécontentement bourgeois et la conspiration d'Étienne Marcel et de Charles le Mauvais, roi de Navarre. Les jacqueries et la peste noire ravagent le pays. En 1364, l'avènement de Charles V permet la reconquête, grâce à Du Guesclin, des provinces perdues au traité de Brétigny. Mais, par sa folie, Charles VI va tout compromettre. Ne maîtrisant pas les rivalités de ses oncles, Louis d'Anjou, Jean de Berry, Philippe de Bourgogne et Jean de Bourbon, il assiste impuissant à la guerre sanglante entre Armagnacs et Bourguignons qu'aggrave l'assassinat de son frère, Louis d'Orléans, par son cousin germain, Jean sans Peur, duc de Bourgogne. Les Anglais, qui de leur côté connaissent des rivalités analogues entre York et Lancastre, ne reprennent les hostilités que sous le règne d'Henri V (1413-1422). Ils envahissent la France, remportent la victoire d'Azincourt en 1415 et imposent le traité de Troyes en 1420. Le nouveau duc de Bourgogne, Philippe le Bon, y fait proclamer Henri V d'Angleterre héritier de la couronne de France. La mort de Charles VI en 1422 fait d'Henri V un roi de France, mais celui-ci vient à mourir, laissant le trône à un enfant de dix mois. Ce fait va sauver la France de l'emprise anglaise. Le futur Charles VII, d'abord refoulé à Bourges par les Anglais et les Bourguignons, va reprendre la lutte sous l'impulsion de Jeanne d'Arc qui le fait sacrer à Reims après avoir battu les Anglais à Patay en 1429. Prise à Compiègne en 1430, Jeanne est brûlée par les Anglais à Rouen l'année suivante. Charles VII reconquiert son royaume avec l'appui de Philippe le Bon, qui a changé de camp. Les Français battent les Anglais à Formigny et à Castillon. En 1453, ceux-ci ne possèdent plus en France que Calais. La trêve de Picquigny, en 1475, met définitivement fin au conflit.

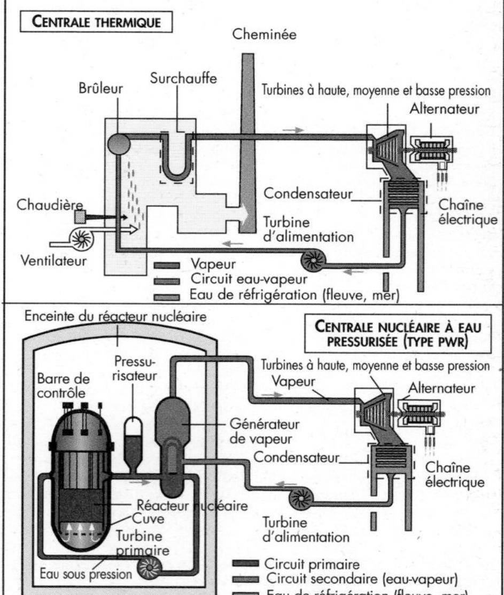

Schémas: **centrale** thermique (charbon, fuel, gaz), et **centrale** nucléaire.

C

CENTRAFRICAINE (RÉPUBLIQUE)

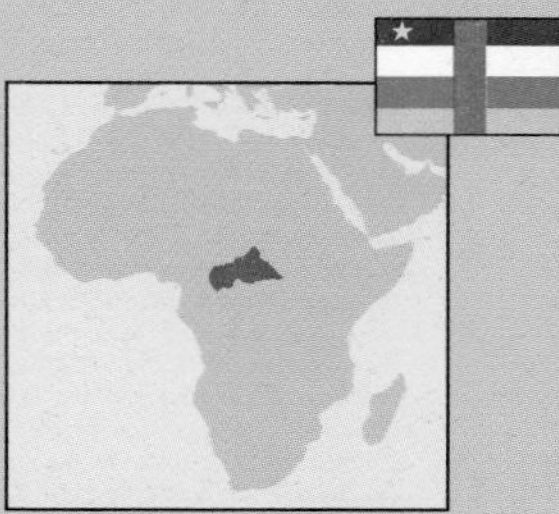

Voir l'Atlas

Superficie: *622 984 km²* – **Nombre d'habitants:** *3 570 000 h.* – **Capitale:** *Bangui*
Villes principales: *Bambari, Bouar, Berbérati* – **Système politique:** *république* – **Langue (s):** *français (officiel)* – **Religion (s):** *protestantisme, catholicisme, islam, animisme* – **Monnaie (s):** *franc CFA*

Géographique physique et humaine
La République centrafricaine, dite aussi Centrafrique, est un plateau accidenté qui se relève au nord-ouest (massif de Yadé) et au nord-est (massif des Bongo). Au sud, le climat est tropical et humide; la forêt dense est toujours verte. L'ouest est soumis à des pluies permanentes. Au centre, et plus encore au nord, la saison sèche a une grande durée: à la savane du centre succède la steppe épineuse du nord. On distingue les bassins du Chari, qui coule vers le nord, et de l'Oubangui, vers le sud. Toutes les ethnies (une centaine) parlent des langues nigéro-congolaises du sous-groupe oubanguien; le sango est la principale langue véhiculaire. Les Banda constituent près de 30 % de la population, qui vit surtout dans le centre et dans l'ouest.

Économie
Après la chute de Bokassa (1979), la croissance est seulement réapparue en 1994-1995. Les quatre cinquièmes de la population active se consacrent à l'agriculture (manioc surtout), dont les produits (coton, savon, etc.) sont traités par une industrie rudimentaire. Mais le pays bénéficie surtout d'une forêt abondante (bois tropicaux) et d'un sous-sol riche: or, uranium et diamants, lesquels représentent la moitié des exportations. La balance commerciale est largement déficitaire.

Histoire
Comme pour nombre de civilisations africaines, la préhistoire du Centrafrique nous demeure largement inconnue. Des mégalithes, trouvés dans la région de Bouar (dans l'ouest), remonteraient à 5500 av. J.-C., et les peintures rupestres des grottes de Ndélé (dans le nord), à 3500 av. J.-C. L'histoire ancienne du pays est liée à celle des royaumes situés au nord (Kanem, Bornou). Les explorations européennes se produisirent après 1870, depuis le Nil. La France entreprend la colonisation, depuis le Congo, en 1886. C'est seulement en 1905 que la colonie est constituée, sous le nom d'Oubangui-Chari. Des sociétés exploitent le caoutchouc. Le travail forcé, celui des femmes et des enfants, les bas salaires produisent des révoltes (notamment en 1928-1935). En 1946, le travail forcé est aboli. En 1949, Barthélemy Boganda crée le Mouvement d'évolution sociale de l'Afrique noire (MESAN). En 1959, il meurt et David Dacko est élu président de la République centrafricaine (nouveau nom du pays), laquelle accède à l'indépendance en 1960. Dacko décrète le MESAN parti unique en 1962. Il est renversé par le colonel Jean Bedel Bokassa le 31 décembre 1965. Cumulant tous les pouvoirs, le maréchal Bokassa, président à vie en 1972, transforme la République en Empire centrafricain et devient Bokassa Iᵉʳ en 1977. En 1979, à la suite des désordres et de la répression sanglante exercée par Bokassa à l'encontre des opposants, l'armée française occupe Bangui en son absence et donne le pouvoir à l'ancien président Dacko. En 1981, l'armée centrafricaine renverse Dacko et le remplace par André Kolingba. Les premières élections multipartites sont remportées en 1993 par Ange-Félix Patassé. En 1996, à deux reprises, l'armée française contribue, à Bangui, au rétablissement de l'ordre troublé par une mutinerie des militaires qui n'avaient pas touché de solde. Les affrontements se succèdent tout au long de l'année 1997 et l'ONU met en place une force multinationale en 1998. En 1999, Ange-Félix Patassé est réélu à la présidence de la République. Il a, depuis, déjoué plusieurs coups d'État et l'anarchie gagne peu à peu le pays, champ clos de diverses rivalités africaines: la Lybie de Kadhafi et le Mouvement de libération du Congo jouent un rôle de plus en plus important.

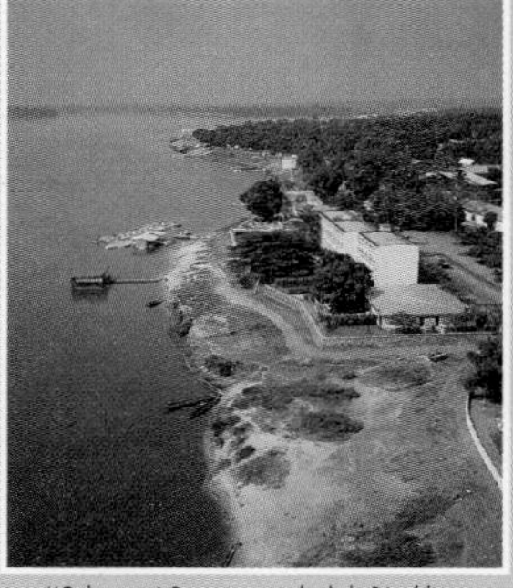

L'Oubangui à Bangui, capitale de la République centrafricaine, où il atteint sa plus grande largeur avant de se jeter dans le Congo.

centaure n. m. MYTH. Monstre fabuleux, à tête d'homme et à corps de cheval.
Centaure Constellation australe (voir **constellation**).
centaurée n. f. BOT. Plante herbacée, de la famille des composées. *Une des espèces de centaurée les plus répandues est le bleuet.*
Centaures MYTH. GR. Tribu sauvage d'êtres monstrueux, mi-hommes, mi-chevaux, qui vivaient dans les montagnes de Thessalie. Ils furent vaincus dans leur combat contre les Lapithes.
centavo n. m. (mot espagnol) Centième partie de l'unité monétaire de plusieurs pays d'Amérique latine.
centenaire adj. et n. Qui a au moins cent ans d'existence. *Une institution centenaire.* / n. Personne âgée de cent ans ou plus. *Une centenaire* / n. m. Anniversaire d'un événement célébré tous les cent ans.
centennal, ale, aux adj. Qui revient tous les cent ans. *Crue centennale.*
centésimal, ale, aux adj. Relatif aux divisions d'une quantité en cent parties égales. *Échelle centésimale*: échelle déterminée à partir de deux graduations (0 et 100), dans laquelle chaque degré représente la centième partie de l'intervalle entre 0 et 100.
centiare n. m. Centième partie de l'are (symbole ca). *Un centiare équivaut à 1 m².*
centième adj. num et n. Qui occupe le rang désigné par le nombre cent. / n. *La centième de la série.* / n. m. Chacune des parties d'un ensemble divisé en cent éléments égaux. *Le cent est le centième de l'euro.*
centigrade n. m. et adj. En géométrie, centième partie du grade (symbole: cgr). / adj. *Degré centigrade*, d'une échelle de température comprenant cent degrés (on dit aujourd'hui degré Celsius).
centigramme n. m. Centième partie du gramme (symbole: cg).
centilitre n. m. Centième partie du litre (symbole: cl).
centime n. m. Centième partie du franc. / Nom couramment donné à la centième partie de l'euro.
centimètre n. m. Centième partie du mètre (symbole: cm). / Ruban gradué en centimètres, utilisé notamment dans la couture.
Cent-Jours (les) Période qui s'écoula entre le retour de Napoléon à Paris, le 20 mars 1815, après sa fuite de l'île d'Elbe, et sa seconde abdication, le 22 juin suivant. Sur le plan politique, ils furent marqués par la promulgation d'un acte additionnel aux Constitutions de l'Empire. Sur le plan militaire, la défaite de Waterloo (18 juin 1815) sonna le glas de l'Empire, sanctionné par le second traité de Paris (20 novembre 1815) qui enlevait à la France des places fortes qu'elle possédait depuis Louis XIV, et lui imposait le paiement d'une indemnité de 700 millions de francs de l'époque.
centrafricain, e adj. et n. De république Centrafricaine. *Plateau centrafricain. Un (e) Centrafricain (e).*
• **centrafricaine (République)** État d'Afrique équatoriale situé entre les deux républiques du Congo au sud et du Tchad au nord.
centrage n. m. MÉCAN. Action de centrer; résultat de cette action.
central, ale, aux [1] adj. Qui se trouve au centre, ou près du centre. *Zone centrale.* / *Maison centrale*: maison d'arrêt départementale. / Principal; qui joue un rôle directeur. *Pouvoir, organisme central.* / *École centrale des Arts et Manufactures* (elliptiquement: *Centrale*): grande école qui forme des ingénieurs. / Qui est prédominant. *Le thème central d'un roman.* / ANAT. *Système nerveux central*: ensemble constitué par l'encéphale et la moelle épinière. / MÉCAN. *Force centrale*, dont la direction passe par un point fixe.
central [2] n. m. TÉLÉCOM. *Central téléphonique*: bureau où sont groupées les lignes téléphoniques d'une région ou d'un quartier.
centrale n. f. *Centrale électrique*: usine où l'on produit du courant électrique, en transformant de l'énergie thermique ou hydraulique. / Maison centrale. / Groupement, fédération, notamment de syndicats. *Centrale syndicale.*

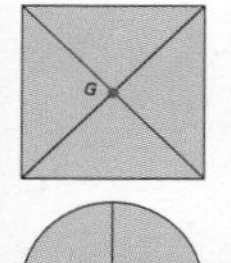

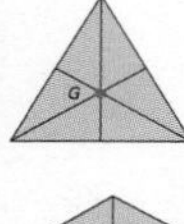

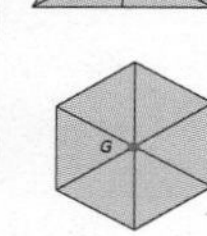

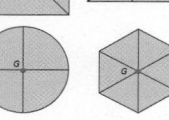

***Centre** de gravité G de différentes figures géométriques.*

centralien, enne n. Élève, ancien élève de l'École centrale des Arts et Manufactures.
centralisation n. f. Action de centraliser; son résultat.
centraliser v. t. [1] Réunir sous une même autorité centrale, en un même centre. *Centraliser les appels d'offres.*
centralisme n. m. POLIT. Système caractérisé par la centralisation des pouvoirs. / *Centralisme démocratique*: système de gouvernement, pratiqué par les partis communistes, qui interdit l'émergence d'une opposition politique, minoritaire ou non, et qui impose l'application du programme de gouvernement décidé par le congrès du parti.
centre n. m. MATH. En géométrie, point situé à égale distance de tous les points de la circonférence d'un cercle. / Milieu d'un espace donné. *Centre de la France.* / Fig. Lieu, personne où converge, d'où part le dynamisme d'une activité, d'un groupe. *Centre d'intérêt. Centre d'un projet.* / Organisme spécialisé dans une activité déterminée. *Centre culturel. Centre des impôts.* / MÉTÉO. *Centre d'action*: activité dépressionnaire ou anticyclonique stable qui détermine le temps en cours. / POLIT. Formation politique modérée et partie de l'hémicycle où elle siège au Parlement. / PHYS. *Centre de gravité*: point par lequel passe la résultante des forces s'appliquant sur un corps. / SPORT *Faire un centre*: envoyer le ballon d'une aile vers le centre du terrain.
Centre *39 151 km² 2 440 350 h.* Région de France formée de six départements: Cher, Eure-et-Loir, Indre, Indre-et-Loire, Loir-et-Cher, Loiret. Chef-lieu *Orléans*. Située entre le Bassin parisien et le Massif central, drainée par la Loire et ses affluents, la région couvre les plateaux limoneux de la Beauce, la Champagne berrichonne, la plaine de Sologne et le Val de Loire. Le Centre, autrefois dépeuplé par l'exode rural et par l'attraction qu'exerçait Paris, doit aujourd'hui son développement à la proximité de la capitale. Dominé par l'agriculture céréalière (Sologne, Beauce), le Centre est la première région productrice de blé de l'Union européenne. Plusieurs centrales nucléaires bâties au bord de la Loire donnent une importance nationale à la Région, qui, en outre, bénéficie d'une excellente desserte routière et ferroviaire (T.G.V.) et de la décentralisation de l'industrie parisienne.
Centre national de la recherche scientifique (C.N.R.S.) Établissement public français créé en septembre 1939 pour promouvoir la recherche scientifique, fondamentale et appliquée.
centrer v. t. / v. i. [1] MÉCAN. Aligner les centres (des pièces d'une machine devant fonctionner en rotation). *Centrer les bobines d'un magnétophone.* / v. i. SPORT Faire un centre. (Emploi transitif) *Centrer le ballon avec précision.*
centre-ville n. m. Zone centrale d'une ville, généralement la plus fréquentée et la plus ancienne. Pl. Des *centres-villes*.
centrifugation n. f. Séparation des constituants d'un mélange hétérogène sous l'effet de la mise en rotation rapide de ce mélange qui éloigne du centre les éléments les plus denses par la force centrifuge.
centrifuge adj. PHYS. Se dit d'une force qui, dans un mouvement rotatoire, s'exerce du centre vers la périphérie.
centrifuger v. t. [1] Soumettre (qqch.) à la centrifugation.
centrifugeuse n. f. Appareil servant à la centrifugation.
centripète adj. PHYS. Se dit d'une force qui s'exerce de la périphérie vers le centre.
centrisme n. m. POLIT. Coalition électorale ou gouvernementale des partis du centre.
centriste adj. et n. Du centrisme; partisan du centrisme.
centrosome n. m. BIOL. Organite cellulaire, situé à la périphérie du noyau, qui joue un rôle fondamental lors de la mitose.
cent-suisse n. m. HIST. Soldat d'infanterie suisse qui, sous l'Ancien Régime et à l'époque de la Restauration, faisait partie d'un corps de la garde royale, les *cent-suisses*.
centuple adj. et n. m. Qui vaut cent fois. *Le nombre 1 000 est centuple de 10.* / n. m. Quantité qui vaut cent fois (une autre quantité). *Le centuple de 10 est 1 000.* / loc. adv. *Au centuple*: infiniment plus. *Je te le rendrai au centuple.*
centupler v. t. [1] Multiplier par cent.
centurie n. f. ANTIQ. ROM. Subdivision politique de cent citoyens. / Compagnie de cent hommes.
centurion n. m. ANTIQ. ROM. Chef militaire commandant une centurie, subdivision minimale de la légion.
cénure ou **cœnure** n. m. BIOL. Ténia parasite de l'intestin grêle du chien, et dont la larve se développe dans la cervelle du mouton, chez qui elle provoque le tournis.
cep n. m. Pied de vigne. / Pièce de la charrue portant le soc.
cépage n. m. Variété de vigne (pinot, cabernet, gamay, etc.).
cèpe n. m. Champignon, espèce de bolet, généralement comestible. *Certains cèpes sont très recherchés.*
cépée n. f. Touffe de tiges de bois repoussant à partir d'une souche d'arbre.
cependant conj. et adv. Pourtant, toutefois. *C'est un bon travail, cependant j'aimerais que vous le complétiez par un tableau de chiffres.* / loc. conj. *Cependant que*: pendant que. / adv. Vx Pendant ce temps, tant que cela demeure en suspens.
Céphale MYTH. GR. Époux de Procris qu'il tua par accident à la chasse.
céphalée ou **céphalalgie** n. f. MÉD. Mal de tête.
céphalocordés n. m. pl. ZOOL. Sous-embranchement de cordés dont la corde dorsale se prolonge chez l'adulte d'une extrémité à l'autre de l'animal. *L'amphioxus est un céphalocordé.*
céphalopodes n. m. pl. ZOOL. Classe de mollusques à tentacules pourvus de ventouses, à bouche en forme de bec puissant, et qui se propulsent grâce à un siphon évacuant l'eau de mer (seiche, pieuvre, calmar, etc.).

***Céramique** campaniforme (en forme de cloche) incisée.*

céphalo-rachidien, ienne adj. PHYSIOL. Relatif à l'encéphale et au rachis. *Liquide céphalo-rachidien*, qui baigne les méninges et la moelle épinière, et dont l'examen, par ponction lombaire, permet de détecter diverses pathologies.
céphalosporine n. f. PHARM. Groupe d'antibiotiques à large spectre d'action.
céphalothorax n. m. ZOOL. Partie antérieure du corps des crustacés et des arachnides, formée par la tête soudée avec le thorax.
Céphée Constellation boréale (voir **constellation**).
céphéide n. f. ASTRON. Étoile orange géante qui change de luminosité de façon périodique et régulière.
Céram Voir **Seram**
cérambycidés n. m. pl. ZOOL. Famille d'insectes coléoptères munis de longues antennes, plus connus sous le nom de longicornes ou de capricornes. *Les larves de cérambycidés sont xylophages.*
céramique n. f. Art du potier, de la fabrication d'objets en terre cuite. / Objet ainsi fabriqué.
céramiste n. Artiste qui se consacre à la céramique.
céraste n. m. ZOOL. Serpent venimeux, portant deux cornes au-dessus des yeux, également appelé *vipère à cornes*.
cérat n. m. PHARM. Onguent aromatique composé d'huile et de cire.
cerbère n. m. Gardien intraitable.
Cerbère MYTH. GR. Chien à trois têtes, gardien de la porte des Enfers, terrassé par Héraclès.
Cerbère (cap) Cap méditerranéen entre la France et l'Espagne.
cerceau n. m. Anneau de fer placé autour d'un tonneau pour en maintenir les douves. / Grand cercle en bois léger avec lequel jouent les enfants en le faisant rouler au moyen d'une baguette. / ARCHIT. *Voûte en cerceau*, formée par un seul demi-cercle.
cerclage n. m. Action de cercler. *Le cerclage des tonneaux.* / MÉD. Petite opération chirurgicale qui consiste à resserrer le col de l'utérus au cours de la grossesse, pour éviter une fausse couche.
cercle n. m. GÉOM. Courbe plane, ensemble des points d'un plan situés à égale distance d'un point central. / Circonférence. / *Grand cercle d'une sphère*: cercle situé dans un plan qui passe par le centre de la sphère. / Par anal. Groupe de personnes ou d'objets disposés en rond. / Association de personnes qui se réunissent régulièrement dans un but déterminé. *Cercle littéraire.* / Lieu où elles se réunissent. / Fig. *Cercle vicieux*: situation dont on ne peut pas sortir; raisonnement erroné dont la conclusion n'est rien d'autre que l'hypothèse de départ.
cercopithèque n. m. ZOOL. Singe catarhinien à longue queue vivant dans les forêts d'Afrique.
cercueil n. m. Caisse dans laquelle on dépose un cadavre avant ensevelissement.
Cerdagne Région de l'est des Pyrénées, partagée entre la France et l'Espagne par le traité des Pyrénées (1659).
Cerdan (Marcel) 1916-1949 Boxeur français. Il remporta 110 victoires sur 113 combats et fut champion du monde des poids moyens en 1948. Il mourut dans un accident d'avion.
céréale n. f. Graminée cultivée pour ses grains. *Le blé, l'avoine, l'orge, le riz, le maïs, le millet sont des céréales. Les céréales constituent la base de l'alimentation de l'homme et des animaux domestiques. Céréale panifiable*, avec la farine de laquelle on peut faire du pain.
céréaliculture n. f. Culture des céréales.
céréalier, ère adj. et n. m. **A.** adj. De céréales. *Agriculture céréalière.* **B.** n. m. Producteur de céréales. *Les grands céréaliers de la Beauce.* / Navire destiné à transporter des céréales.
cérébelleux, euse adj. ANAT. Relatif au cervelet.
cérébral, ale, aux adj. Qui a rapport au cerveau. / Qui est relatif à l'intellect. *Travail cérébral.*
cérébro-spinal, ale, aux adj. Du cerveau et de la moelle épinière. *Méningite cérébro-spinale.*
cérémonial n. m. Usage réglé suivi au cours de cérémonies solennelles civiles, militaires ou religieuses. *Le cérémonial de l'Église.* / Livre contenant ces usages. / Règles de politesse observées par les individus dans leurs relations. Pl. Des *cérémonials*.
cérémonie n. f. Manifestation d'un culte. *La cérémonie du baptême.* / Manifestation solennelle d'un événement civil. *Cérémonie d'une remise de diplômes.* / Conduite sociale purement formelle. *Une visite de cérémonie.* / Péjor. *Faire des cérémonies*: manifester une déférence excessive. / Fig. *Sans cérémonie*: sans façon.
cérémonieusement adv. De manière cérémonieuse.
cérémonieux, euse adj. Trop déférent, faisant trop de cérémonies. *Saluts cérémonieux.*
Cérès MYTH. ROM. Divinité de la fécondité chez les Romains (Déméter chez les Grecs). Elle personnifie la force vitale qui fait prospérer la végétation.

***Céréale** (blé).*

Cervantès

Statue de Cervantès.

Après une vie aventureuse où il connaît l'esclavage à Alger (1575-1580), il tente de s'imposer comme auteur de comédies, mais sans succès. De cette production qu'il affirme avoir été d'une trentaine de pièces, deux seulement nous sont parvenues. La publication d'un roman pastoral, *La Galatée* (1585), qui obéit aux conventions de la littérature à la mode et ne présente guère d'originalité, obtient peu de succès. L'écrivain reprend sa vie aventureuse, mais d'obscures affaires le mènent en prison et lui valent même l'excommunication. En 1605 la parution de la première partie de *L'Ingénieux Hidalgo don Quichotte de la Manche* recueille immédiatement la faveur du public. Suivront en 1613 les *Nouvelles exemplaires*, en 1614 *Le Voyage au Parnasse*, en 1615 la dernière partie de *Don Quichotte* et *Huit Comédies*. Il laisse à sa mort un manuscrit, *Les Travaux de Persilès et Sigismonde*.

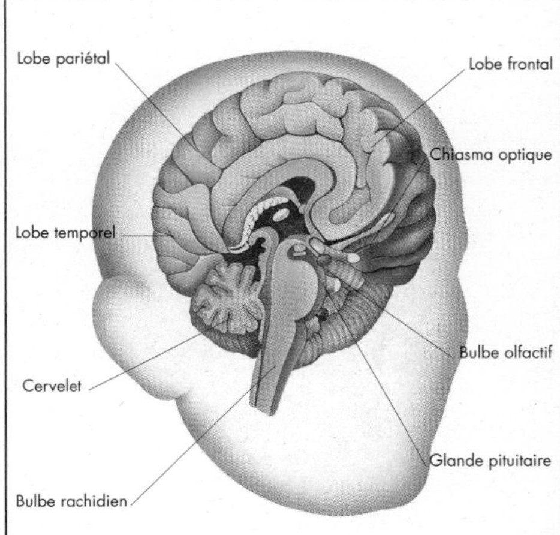

*Schéma représentant les différentes parties du **cerveau** humain.*

Cérès Astéroïde d'environ 1 000 km de diamètre, qui accomplit sa révolution autour du Soleil en 4,6 années.
cerf n. m. ZOOL. Mammifère ruminant de la famille des cervidés, vivant dans les forêts d'Europe, d'Asie et d'Amérique. (La tête du cerf mâle adulte est garnie de bois qui tombent chaque année et repoussent avec de nouvelles ramifications [andouillers] dont l'ensemble forme les cors. Le daguet est un jeune mâle d'un an, dont les bois poussent sous formes de dagues. La femelle, la biche, est dépourvue de bois. Le cerf brame).
cerfeuil n. m. Plante aromatique de la famille des ombellifères, utilisée en cuisine comme condiment.
cerf-volant n. m. Jouet composé d'une bobine de fil reliée à une toile tendue sur une armature en bois et qui s'élève dans les airs quand on le tire face au vent. / ZOOL. Insecte coléoptère à fortes mandibules dentelées. Pl. Des *cerfs-volants*. Syn. lucane.
Cergy-Pontoise *159 150 h.* Ville nouvelle du Val-d'Oise qui s'étend au nord-ouest de Paris sur onze communes, dont Cergy, où se trouvent la préfecture du Val-d'Oise, et Pontoise, chef-lieu du département. Ville résidentielle aux industries de pointe.
cerisaie n. f. Plantation de cerisiers.
cerise n. f. et adj. Fruit (drupe) comestible du cerisier, de saveur douce (bigarreau) ou acide (montmorency). / adj. inv. De couleur rouge vif.
cerisier n. m. Arbre fruitier de la famille des rosacées. / Bois clair de cet arbre qu'on utilise en ébénisterie.
cérite n. f. MINÉR. Silicate naturel de cérium.
cérithe n. m. ZOOL., GÉOL. Mollusque gastéropode à coquille conique et spiralée. *Les fossiles de cérites sont abondants dans le calcaire de la région parisienne, comme dans la plupart des calcaires tertiaires.*
cérium n. m. CHIM. Métal gris et brillant (symbole Ce), de numéro atomique Z = 58, de masse atomique 140,12, appartenant au groupe des terres rares, qui fond à 728 °C.
Cern ou **CERN** Acronyme pour *Centre européen pour la recherche nucléaire*, fondé en 1952. Il siège à Meyrin, près de Genève.
cerne n. m. Cercle bleuâtre qui entoure parfois les yeux. / Marbrure autour d'une plaie. / Cercle lumineux qui entoure parfois la Lune. / BOT. Chacune des couches concentriques visibles dans la section transversale d'un tronc d'arbre, et dont le nombre sert à déterminer l'âge de l'arbre, chaque cerne équivalant à un an.
cerné, ée adj. Entouré d'un cerne. *Avoir les yeux cernés* : sembler fatigué
cerneau n. m. Une des deux parties de l'amande, partie comestible de la noix.
cerner v. t. [1] Encercler, entourer de toutes parts. *Il est cerné par la police.* / Fig. Délimiter. *Cerner le problème.*
Cernuschi (Enrico) 1821-1896 Homme politique et banquier italien. Il légua à la ville de Paris ses collections d'Extrême-Orient et son hôtel (musée Cernuschi).
cerque n. m. ZOOL. Appendice situé à l'extrémité de l'abdomen de certains arthropodes.
cers n. m. Vent d'ouest qui souffle avec violence sur la région du Languedoc et du Roussillon.
certain, e adj. et pron. **A.** adj. (Placé après le nom) Dont on ne peut douter. *Un fait certain.* Ant. incertain. / (En attribut) *Je suis certain de vous l'avoir dit.* / (Placé avant le nom) Dont une caractéristique est imprécise. *Certains faits nous échappent.* / (Devant un nom de personne, marquant le doute, l'ignorance sur l'une ou l'autre des caractéristiques). *« Quoiqu'elle ait fait voir de l'amitié pour un certain Léandre »* (Molière). *Un certain monsieur X.* **B.** pron. (Plur.) Quelques personnes, quelques individus. *Certains viennent, d'autres s'en vont.*
certainement adv. De manière certaine.
certes adv. Certainement, assurément. *Viendrez-vous demain ? Certes.*
certificat n. m. Attestation écrite émanant d'une autorité compétente et garantissant un fait. *Certificat de baptême. Certificat d'authenticité.* / *Certificat de travail*, attestant la nature et la durée de l'emploi tenu par un salarié dans une entreprise. / *Certificat médical*, attestant que le sujet ne présente aucune inaptitude physique s'opposant à l'emploi envisagé. / *Certificat d'aptitude professionnelle (C.A.P.)* : diplôme de fin d'apprentissage d'un métier manuel. / *Certificat d'aptitude à l'enseignement du second degré (C.A.P.E.S.)* : concours de recrutement des professeurs de l'enseignement du second degré. / *Certificat d'aptitude au professorat de l'enseignement technique (C.A.P.E.T.)* : concours de recrutement des professeurs de l'enseignement technique.
certification n. f. DR. Garantie donnée par écrit de la légalité ou de l'authenticité d'une signature, d'un acte, d'une marchandise, d'un document, etc.
certifier v. t. [1] Affirmer la réalité, la vérité de. / DR. Garantir par authentification écrite.
certitude n. f. Qualité de ce qui est certain, incontestable. *Certitude d'un fait.* / PHILO. Conviction de l'esprit qui perçoit l'évidence de quelque chose. Ant. incertitude.
Cérulaire (Michel, en grec **Keroularios)** v. 1000-1059 Patriarche de Constantinople. Hostile à l'Église latine, il est excommunié en 1054 par les légats du pape venus à Constantinople pour obtenir le ralliement de l'Église grecque, et les anathématise immédiatement à son tour, anathème et excommunication concrétisant le schisme déjà effectif, sinon officiel, depuis un siècle.
céruléen, enne adj. Litt. Bleu, couleur d'azur ou bleu vert.
cérumen n. m. PHYSIOL. Matière organique onctueuse et jaune sécrétée par le conduit auditif externe qui forme parfois, en se desséchant, un bouchon pouvant diminuer l'audition.
céruse n. f. CHIM. et BX-ARTS Carbonate de plomb utilisé en peinture comme pigment blanc. *La céruse est un produit toxique dont l'emploi est réglementé.* Syn. blanc de plomb.
• **Cervantès (Miguel de Cervantes Saavedra,** dit en français**)** 1547-1616 Écrivain espagnol.
cerveau n. m. Partie antérieure et supérieure de l'encéphale des vertébrés. / Siège de l'intelligence, de la pensée, de la sensibilité et des facultés mentales. / Personne douée de facultés mentales exceptionnelles. *Beethoven, Einstein, furent de grands cerveaux.* / Personne qui conçoit un projet, dirige une organisation. *Cerveau d'une bande mafieuse.* / TECHNOL. *Cerveau électronique* : ordinateur, calculateur, appareil effectuant des opérations informatiques complexes.
cervelas n. m. Gros saucisson originaire de Lyon, nature ou parfumé de pistaches, qui se mange cuit, froid, tiède ou chaud.
cervelet n. m. ANAT. Partie de l'encéphale située au-dessous des hémisphères cérébraux. *Le cervelet régule la motricité et l'équilibration.*
cervelle n. f. CUIS. Cerveau de certains animaux, lorsqu'il est destiné à la consommation. *Cervelle d'agneau.* / CUIS. *Cervelle de canut* : mets lyonnais fait de fromage blanc mêlé d'herbes aromatiques hachées (persil, ciboulette, notamment). Fam. Intelligence, réflexion. *Manquer de cervelle.*
cervical, ale, aux adj. ANAT. Qui a rapport au cou. *Vertèbres cervicales.* / Qui a rapport au col de l'utérus ou de la vessie.
cervidés n. m. pl. ZOOL. Famille de mammifères artiodactyles aux cornes pleines et caduques, les bois. *Le cerf, le daim, le renne, le chevreuil sont des cervidés.*

Cervidés.

Cervin (mont) (en allemand, *Matterhorn*; en italien, *monte Cervino*) *4 478 m* Sommet des Alpes pennines, dans la vallée de Zermatt, à la frontière de la Suisse et de l'Italie. La première ascension a été réussie le 14 juillet 1865.

cervoise n. f. Bière à base d'orge ou de blé, en usage durant l'Antiquité et le Moyen Âge, notamment chez les Gaulois.

Césaire (saint) 470-542 Théologien français. Évêque d'Arles (503), primat des Gaules (514), il combattit l'arianisme et promut la doctrine de saint Augustin. Il fonda un monastère de femmes pour lequel il édicta la première règle monastique conçue pour des religieuses.

Césaire (Aimé) 1913 Homme politique et poète français, originaire de la Martinique. Épris de son pays, celui qui fut l'un des premiers apôtres de la négritude a laissé dans son *Cahier d'un retour au pays natal* le témoignage de sa puissante originalité. C'est par hasard qu'André Breton découvre en 1940 ce poème publié confidentiellement en 1939. Césaire donne ensuite *Soleil cou coupé* (1948), poème surréaliste, puis il montre au théâtre la double aliénation du révolutionnaire, incompris par le peuple et persécuté par les notables: *La Tragédie du roi Christophe* (1963), *Une saison au Congo* (1966), *Une tempête* (d'après Shakespeare très librement adapté, 1969). Il poursuit parallèlement une carrière politique: membre du Parti communiste jusqu'en 1956, il est député de la Martinique de 1945 à 1993.

césalpiniées ou **césalpiniacées** n. f. pl. BOT. Sous-famille de plantes légumineuses qui comprend notam. le campêche et l'arbre de Judée.

césar n. m. Empereur romain. / Roi, souverain despotique. / Dictateur. / Récompense décernée chaque année en France à des œuvres cinématographiques qui consiste en une statuette due au sculpteur César.

• **César** ou **Jules César** (en latin **Caius Julius Caesar**) 101-44 av. J.-C. Homme politique, général et écrivain de la Rome antique.

César (César Baldaccini, dit) 1921-1998 Sculpteur français, auteur de nombreuses *Compressions* (d'automobiles, de matières plastiques, de cafetières en étain émaillé, etc.), nombre d'œuvres intitulées *Expansions* en mousse de polyuréthane, des moulages en plastique de parties du corps humain très fortement agrandis, et les *Césars* (voitures compressées), statuettes remises tous les ans en France depuis 1976 à titre de récompenses cinématographiques. Il est également l'auteur (1985) du monument à Picasso (un centaure en bronze) élevé à Paris (VIIe arrondissement).

César Birotteau (Histoire de la grandeur et décadence de) 1837 Roman de Balzac, faisant partie de *La Comédie humaine*: en 1815, un honnête parfumeur de la paroisse de Saint-Roch, à Paris, spécule sur des terrains de la Madeleine. Banquiers féroces et aristocratie insouciante (qui ne paie pas ses factures) l'acculent à la banqueroute. Durant toute sa vie, il remboursera ses dettes pour être réhabilité. Son frère est l'innocent *Curé de Tours* (nouvelle de 1831).

Césarée Nom (donné en l'honneur d'Auguste ou d'autres empereurs romains) de plusieurs villes situées en Asie mineure, en Palestine, en Syrie et en Maurétanie. **Césarée de Cappadoce** Ville d'Asie Mineure, aujourd'hui en Turquie (Kayseri), située sur les bords de l'Halys, au pied du mont Argée. **Césarée de Palestine** Ancienne ville construite par Hérode le Grand, dont les ruines sont aujourd'hui en Israël, entre Jaffa et Haïfa. **Césarée de Maurétanie**: voir **Cherchell.**

CÉSAR

Empereur romain (101-44 av. J.-C.). Issu de la famille patricienne des Julii, il cache sous une apparente frivolité l'ambition d'un pouvoir sans partage. Orateur éloquent, il forme avec Pompée et Crassus le premier triumvirat. Nommé consul en 60 et proconsul de la Gaule en 59, il soumet les tribus de Vercingétorix à Alésia. Fort de ses victoires et de l'appui de son armée, il franchit le Rubicon (rivière tributaire de l'Adriatique qui sépare la Gaule cisalpine de l'Italie d'alors) et marche sur Rome pour s'emparer du pouvoir en 49. Pompée, que le Sénat avait préféré pour consul, s'enfuit. César le rejoint en Grèce et l'écrase à Pharsale (48); en Égypte il consolide le pouvoir de la reine Cléopâtre. Il poursuit les Pompéiens vers l'ouest, les écrasant en Afrique et en Espagne (46-45). Il est alors le maître incontesté de l'Empire romain. Sa politique est aussi géniale que ses conquêtes. Il sait se montrer clément envers ses adversaires, habile dans la résolution des conflits sociaux. Il ouvre des chantiers, embellit Rome et crée des colonies pour ses soldats. Des républicains et des Pompéiens, Brutus et Cassius en tête, l'assassinent en plein Sénat le 15 mars 44. Il laisse deux chefs-d'œuvre littéraires: les *Commentaires sur la guerre des Gaules* et *De la guerre civile.*

Buste de César (Musée archéologique de Naples).

Les Joueurs de cartes de ***Paul Cézanne***, *1892-1896 (musée d'Orsay, Paris).*

césarienne n. f. Opération chirurgicale consistant à ouvrir l'utérus par voie abdominale pour extraire le fœtus vivant lorsque l'accouchement par voie naturelle est impossible.

césarisme n. m. Gouvernement autoritaire et absolu d'un chef d'État porté au pouvoir par le suffrage populaire.

césaro-papisme n. m. HIST. Doctrine politique qui unissait, en la personne du souverain temporel, de l'empereur (césar), les fonctions temporelles de sa charge et les fonctions spirituelles du chef de l'Église, le pape.

césium ou **caesium** n. m. CHIM. Métal mou et alcalin (symbole Cs), de numéro atomique Z = 55, de masse atomique 132,90, qui fond à 28,4 °C et bout à 670 °C. *On utilise le césium pour fabriquer des tubes électroniques.*

cessation n. f. Fait de cesser. *Cessation des hostilités.* / DR. *Cessation des paiements*: impossibilité pour un commerçant d'acquitter ses dettes au moment où le remboursement en est exigible.

cesse n. f. (En loc. négative seulement) *Sans cesse*: sans arrêt. *N'avoir pas de cesse*: ne pas cesser. *N'avoir de cesse que*: ne pas cesser avant que. *Je n'aurai de cesse que je n'obtienne, que d'obtenir ce que je veux.*

cesser v. t. [1] Mettre fin à, arrêter. *Cesser les paiements. Cessez de parler !*

cessez-le-feu n. m. inv. Suspension des hostilités de guerre.

cessible adj. DR. Qui peut être cédé.

cession n. f. DR. Action de transférer à quelqu'un un bien dont on était propriétaire ou un droit dont on était titulaire. *Cession de biens*: acte par lequel un débiteur cède ses biens à son créancier pour payer sa dette. *Cession de créance*: acte par lequel une personne cède son titre de créance à une autre qui devient à son tour créancière. *Cession de bail*: acte par lequel une personne cède son contrat de location à une autre personne.

c'est-à-dire loc. conj. (Introduit une explication, une précision) *Une jupe cerise, c'est-à-dire rouge vif.*

ceste n. m. ANTIQ. ROM. Dispositif fait de lanières de cuir souvent garnies de plomb que les pugilistes romains passaient autour de leurs mains pour combattre. / Combat où les lutteurs étaient armés du ceste.

cestodes n. m. pl. ZOOL. Classe de plathelminthes (vers plats), endoparasites des mammifères, comprenant notam. le ténia.

cestodose n. f. MÉD. Maladie déterminée par le parasitisme d'un cestode, à l'état adulte ou larvaire. *L'échinococcose est une cestodose.*

césure n. f. En poésie, coupure rythmique marquant un temps de repos dans la diction du vers (après la sixième syllabe dans l'alexandrin). *La césure détermine la cadence poétique.*

cétacés n. m. pl. ZOOL. Ordre de grands mammifères marins d'allure pisciforme, à la peau nue, dont les membres antérieurs forment des nageoires, et qui sont pourvus d'une nageoire caudale horizontale. *Les cétacés respirent par des poumons et sont vivipares. Les baleines, les cachalots, les dauphins sont des cétacés.*

cétane n. m. CHIM. Hydrocarbure saturé de formule $C_{16}H_{34}$. Syn. hexadécane. / *Indice de cétane*, qui détermine l'aptitude à l'allumage d'un gazole.

cétoine n. f. ZOOL. Insecte coléoptère au corps trapu, souvent très vivement coloré. *La cétoine dorée est d'une couleur vert doré à reflets métalliques.*

cétone n. f. CHIM. Famille de composés chimiques de formule $R_1 - CO - R_2$, R_1 et R_2 étant des radicaux hydrocarbonés. *Leur groupement caractéristique C = O confère aux cétones des propriétés proches de celles des aldéhydes. L'acétone est une cétone.*

cétonique adj. CHIM. De la nature d'une cétone.

cétonurie n. f. MÉD. Taux de présence variable de corps cétoniques dans l'urine.

cétose n. f. BIOCHIM. Ose portant une fonction cétone. *Le ribulose est une cétose.* / MÉD. Augmentation du taux de corps cétoniques dans le sang.

cétose n. f. MÉD. Augmentation du taux de corps cétoniques dans l'organisme.

Ceuta *71 400 h.* Port franc constituant une enclave espagnole, situé sur la côte marocaine en face de Gibraltar. Point d'embarquement pour les ferries reliant l'Espagne au Maroc.

Cévennes (les) Ensemble montagneux sur la bordure sud-est du Massif central, entre l'Ardèche et le causse du Larzac, formé de blocs cristallins soulevés à l'ère tertiaire (mont Lozère *1 702 m*), de crêtes ou serres et de vallées profondes creusées par le Gard, l'Hérault et le Chassezac. La région fut le théâtre de la révolte des camisards (1702-1710), ardents défenseurs du protestantisme. La région se consacre surtout à l'élevage. Le bassin houiller d'Alès n'a pu enrayer l'exode rural. Le tourisme est en pleine expansion: créé en 1970, le parc national des Cévennes *(84 200 ha)* englobe le massif de l'Aigoual et le mont Lozère.

Ceylan Île située au sud de l'Inde, qui constitue l'État de **Sri Lanka**.

ceylanais, e adj. et n. Anc. De Ceylan.

Cézanne (Paul) 1839-1906 Peintre français. Fils de banquier, ami de jeunesse de Zola, il fait des études de droit avant de se consacrer, malgré les réticences familiales, à la peinture. À Paris, où il arrive en 1863, il subit des influences aussi contradictoires que celles de Courbet, Delacroix et Véronèse, puis découvre l'impressionnisme en se liant avec Pissarro. Mais peu satisfait par les intentions d'une peinture d'atmosphère (qui se propose de rendre en instantané l'impression sensorielle laissée par la lumière et les couleurs d'un paysage), il veut, selon sa formule, faire de l'impressionnisme un art « solide comme celui des musées ». Il se retire dans son pays natal, près d'Aix, où il se livre à une méditation acharnée sur le volume et la couleur. Le fauvisme et le cubisme sont issus de son œuvre. De son vivant, seuls quelques experts (notamment A. Vollard) surent percevoir son génie : *Les Joueurs de cartes* (cinq versions, peintes entre 1890 et 1905), *La Montagne Sainte-Victoire* (peinte inlassablement de 1870 à 1906), *Les Grandes Baigneuses* (nombreuses versions entre 1895 et 1905). On lui doit aussi de nombreux portraits (de Zola, d'Ambroise Vollard, de son épouse, Hortense) et des natures mortes (*Compotier, verre et pommes*, 1879).

cf. abrév. de *confer*, mot latin signifiant « comparez, reportez-vous à », qui indique au lecteur qu'il doit se reporter à ce qui suit. *Cf. note 2, p. 524.*

C.F.A. n. m. (Sigle de *Communauté financière africaine*) *Franc C.F.A.* : unité monétaire adoptée par de nombreux pays africains.

C.F.C. n. m. Sigle de chlorofluorocarbure.

C.F.D.T. Sigle pour *Confédération française démocratique du travail*.

C.F.E. Sigle pour *Confédération française de l'encadrement* : voir **C.G.C.**

C.F.T.C. Sigle pour *Confédération française des travailleurs chrétiens*.

C.G.C. Sigle pour *Confédération générale des cadres*, devenue la *Confédération française de l'encadrement*.

Chaalis Abbaye fondée par les moines cisterciens près de Senlis en 1136 sur l'initiative de Louis VI le Gros. Reconstruits par Jean Aubert en 1736, les bâtiments abbatiaux furent, plus tard, légués à l'Institut de France. On peut encore voir les ruines de l'église qui fut reconstruite au XIIIe siècle.

Chaban-Delmas (Jacques) 1915-2000 Homme politique français. Gaulliste, résistant, maire de Bordeaux de 1947 à 1995, il fut Premier ministre de 1969 à 1972 et, à plusieurs reprises, président de l'Assemblée nationale (1958-1969, 1978-1981, 1986-1988).

Chabannes Famille noble limousine. **Jacques** 1400-1453 Seigneur de La Palice, il servit dans les armées de Charles VII. **Antoine** 1408 ou 1411-1488 Frère du précédent, il s'illustra au siège d'Orléans aux côtés de Jeanne d'Arc, devint chef d'une bande d'écorcheurs, servit Charles VII, puis Louis XI, enfin Charles VIII qui le fit gouverneur de Paris. **Jacques II**, seigneur de La Palice : voir **La Palice**.

Chablais Massif calcaire des Alpes françaises, dans le nord de la Haute-Savoie, au sud du lac Léman, culminant aux Hauts Forts (*2 464 m*).

chablis n. m. Vin blanc sec produit dans la région de Chablis, en Bourgogne.

Chablis *2 600 h.* Commune de l'Yonne réputée pour ses crus de vins blancs secs.

chabot n. m. ZOOL. Poisson téléostéen à grosse tête hérissée d'épines et à large bouche, qui vit dans les eaux littorales et les eaux douces.

chabraque n. f. Anc. Peau de chèvre ou de mouton qui recouvrait la selle des hussards. / Mod. *Chacal à chabraque* : chacal qui a sur le dos une plaque de fourrure sombre évoquant la chabraque des hussards.

Chabrier (Emmanuel) 1841-1894 Compositeur français. Ami de Manet, Verlaine et Fauré, il quitte son travail au ministère de l'Intérieur pour se consacrer à la musique. Sensible et joyeuse, son œuvre cède parfois au pittoresque, *España* (pièce pour orchestre, 1882), mais elle fourmille d'inventions mélodiques et rythmiques. Chabrier a composé des mélodies (*Invitation au voyage*, 1870), des œuvres pour piano (*Valses romantiques*, 1883) et des opéras (*Le Roi malgré lui*, 1887).

Chabrol (Claude) 1930 Cinéaste français. Auteur des deux premiers films de la Nouvelle Vague : *Le Beau Serge* et *Les Cousins* (1959), il devint le peintre féroce de la bourgeoisie provinciale : *La Femme infidèle* (1969), *La Cérémonie* (1995).

Chabrol (fort) Nom que donna la presse au siège de la Ligue antisémite (rue de Chabrol, près de la gare de l'Est, à Paris), où en 1899 le journaliste antidreyfusard Jules Guérin résista aux assauts de la police parisienne pendant trente-huit jours.

*Le village de **Chablis** et son vignoble.*

Claude Chabrol.

chacal n. m. ZOOL. Mammifère carnivore, de la famille des canidés, d'Asie et d'Afrique, dont l'aspect général l'apparente au renard. *Les chacals vivent souvent en bandes et se nourrissent de charognes ou de proies vivantes. Le chacal jappe.* Pl. Des *chacals*.

chachlik n. m. (mot russe) CUIS. Brochette de viande de mouton marinée, souvent servie flambée.

Chaco ou **Gran Chaco** *400 000 km².* Grande plaine chaude et semi-aride située au centre de l'Amérique du Sud, entre les Andes et le fleuve Paraná, partagée entre le nord de l'Argentine, l'ouest du Paraguay et le sud-est de la Bolivie.

chacone ou **chaconne** n. f. Danse espagnole à trois temps, sur une basse continue, des ballets et opéras des XVIIe et XVIIIe siècles.

chacun, une pron. indéf. et n. **A.** pron. indéf. Personne, chose incluse dans un ensemble et considérée individuellement. *Ils ont chacun son (ou leur) téléphone portable.* / Tout le monde, n'importe qui. *Chacun le sait.* **B.** n. m. *Tout un chacun* : quiconque. / n. f. *Chacun (avec) sa chacune* : chaque garçon accompagné d'une fille.

Chacun sa vérité 1916 Pièce de Luigi Pirandello. L'auteur traduit, par l'entremise de situations invraisemblables, les conflits de l'illusion et de la réalité.

Chadli (Bendjedid Chadli, dit) 1929 Officier et homme d'État algérien. Il succéda à Boumediene, mort en 1978, comme président de la République. En 1992, impuissant face aux menées islamistes, il démissionna.

chadouf n. m. (mot arabe) Appareil à bascule employé pour tirer l'eau, au Maghreb et en Égypte notamment.

Chadwick (James) 1891-1974 Physicien anglais. Élève de Rutherford, il se spécialisa dans l'étude du noyau atomique et de sa désintégration, ce qui lui permit d'identifier le neutron en 1932, découverte qui entraînera la mise en évidence de la structure des noyaux atomiques.

chafiisme n. m. L'une des quatre grandes écoles juridiques de l'islam sunnite, fondée au IXe siècle par Idriss al Chafii (les trois autres étant le hanbalisme, le hanafisme et le malékisme).

chafouin, ine adj. Se dit d'une personne ou d'une physionomie rusée, sournoise.

Chagall (Marc) 1887-1985 Peintre français d'origine russe. Issu d'une modeste famille juive très religieuse, il se forme d'abord à Saint-Petersbourg auprès de Bakst, puis vient à Paris en 1910 où, à la Ruche, il se lie avec Modigliani, Cendrars, Apollinaire, Soutine, Léger. À l'écart des courants d'avant-garde, parfaitement libre vis-à-vis de la tradition de la peinture classique, il élabore un style personnel qui fait appel aussi bien aux souvenirs qu'au rêve ou au folklore : dans un ordre apparemment aléatoire, se juxtaposent et s'unissent, bravant les lois de la pesanteur, des villages, des personnages, des animaux, des arbres, des fleurs… Thèmes récurrents : le visage de sa femme Bella, le violoneux, le chat, l'âne, l'ange, l'acrobate, la neige. Des premières années datent *Vue de Vitebsk* (1908), *Portrait de l'artiste aux sept doigts* (1913). De retour en Russie, il est nommé en 1917 commissaire des Beaux-Arts à Vitebsk, où il fonde une académie de peinture, et réalise des décors, des costumes et des peintures murales pour le théâtre juif de Moscou. Il quitte l'Union soviétique en 1922, étudie la gravure à Berlin, puis se fixe en France où A. Vollard fait appel à lui pour illustrer *Les Âmes mortes* et la Bible. En 1941, il se réfugie aux États-Unis. Bella meurt. Il se remarie, revient en France et conçoit de grandes compositions décoratives : plafond de l'Opéra Garnier (commandé par Malraux), vitraux de la cathédrale de Metz, de la synagogue du centre médical de Jérusalem, du *Mémorial* de Nice.

chagrin, e [1] adj. Porté à la tristesse ; manifestant de la tristesse. *C'est un caractère chagrin. Moue chagrine.*

chagrin [2] n. m. Peine, tristesse ou déplaisir causé par un événement fâcheux.

chagrin [3] n. m. Cuir fait de peaux de chèvres, d'ânes ou de mulets et dont la surface est grenue, utilisé en reliure.

chah Voir **shah**

Chahine (Youssef) 1926 Cinéaste égyptien : *Papa Amine* (1950), *Les Eaux noires* (1956), sur la condition ouvrière ; *Gare centrale* (1958), qui le fit connaître dans le monde entier ; *La Terre* (1969), dénonciation des propriétaires fonciers ; *Adieu Bonaparte* (1985), sur la campagne d'Égypte ; *L'Émigré* (1995), dénonciation de l'islamisme.

Châhpuhr ou **Shâhpur** Nom de trois rois sassanides de Perse. **Châhpuhr Ier** Roi de 241 à 272, il lutta contre Rome et fit prisonnier l'empereur Valérien. **Châhpuhr II** Roi de 310 à 379, il lutta sans cesse contre Rome en Mésopotamie et en Arménie, dont il finit par s'assurer partiellement la possession. **Châhpuhr III** Roi de 383 à 388, il conclut avec Théodose un traité sur le partage de l'Arménie.

Le Poète Half past three, *de **Marc Chagall**, 1911 (Philadelphia Museum of Arts).*

Le palais de ***Chaillot****, à Paris.*

chahut n. m. Anc. Danse agitée et excentrique, à la mode dans les années 1830. / Agitation bruyante. / Tumulte organisé par des écoliers, des étudiants pour empêcher le bon déroulement d'un cours.

chahuter v. i. [1] Faire du chahut. / (Emploi transitif) Fam. Traiter sans ménagement. *Chahuter son professeur.* / Mettre en désordre. *Il a chahuté toute sa bibliothèque pour retrouver un livre.*

chahuteur, euse n. et adj. Qui chahute ; qui aime chahuter.

chai ou **chais** n. m. Local dont la température est constante, et où sont gardés les fûts de vins ou d'alcools.

Chaillot (palais de) Ensemble monumental bâti à Paris en 1937 d'après les plans de Carlu, Boileau et Azéma, sur l'emplacement de l'ancien palais du Trocadéro. Le palais de Chaillot abrite des musées (musée des Monuments français, musée de l'Homme, musée de la Marine, musée du cinéma Henri-Langlois, Cinémathèque française) et le Théâtre national de Chaillot.

Chain (Ernst Boris) 1906-1979 Physiologiste anglais, d'origine russe. Les travaux qu'il mena à la suite de la découverte de Fleming portèrent sur l'application clinique de l'action de la pénicilline.

chaînage n. m. Action de mesurer au moyen d'une chaîne d'arpenteur. / CONSTR. Système incorporé aux maçonneries pour éviter l'écartement des murs. *Le chaînage est constitué actuellement par une poutre en béton armé ceinturant chaque étage de la construction.*

chaîne n. f. Lien métallique composé d'une suite d'anneaux engagés les uns dans les autres. *Porter au cou une chaîne en or.* / Ce lien métallique servant à retenir quelque chose ou quelqu'un. *Chaîne de forçat.* / *Chaîne de sûreté*, qui retient une porte entrebâillée. / *Chaînes de voiture* : dispositif formé de chaînes assemblées dont on entoure les pneus pour éviter de glisser sur la neige ou le verglas. / Suite de personnes qui se transmettent un objet de main en main. *Faire la chaîne.* / (Au plur.) Fig. Dépendance envers quelqu'un. *Chaînes de l'amitié.* / Ensemble de personnes agissant en commun. *Chaîne de solidarité.* / COMM. Groupe d'établissements gérés par une même administration. *Chaîne de restaurants, de grands magasins.* / GÉOGR. Ensemble de montagnes appartenant au même plissement. / ARCHIT. Série de barres métalliques placées dans un mur pour le consolider. / CHIM. Ensemble des atomes de carbone d'un composé organique. *Réaction en chaîne* : réaction chimique qui s'amorce et se poursuit en continuité avec les précédentes ; fig. série d'événements déclenchés les uns par les autres. / MÉCAN. Dans un atelier, chemin roulant transportant les pièces à monter d'une automobile ou d'une machine. / *Travail à la chaîne* : travail précis et cadencé, effectué sur un objet mécaniquement véhiculé aux différents stades de sa production. / AUDIOV. Ensemble des stations et relais de radio ou de télévision émettant les mêmes programmes. / ÉLECTRON. *Chaîne haute-fidélité* (ou *chaîne hi-fi*) : électrophone formé d'éléments séparés (platine, amplificateur, haut-parleur). / TECHN. *Chaîne d'arpenteur* : chaîne en fer longue de 10 mètres, utilisée pour mesurer les terrains. / TEXT. Dans une étoffe, ensemble des fils tendus dans le sens de la longueur, par opposition à la *trame*.

chaîner v. t. [1] Mesurer avec une chaîne d'arpenteur. / CONSTR. Opérer le chaînage de.

chaînette n. f. Chaîne de petite dimension. / *Point de chaînette* : point de broderie dont le dessin ressemble à celui d'une chaîne.

chaînon n. m. Élément d'une chaîne en forme d'anneau. / Fig. Élément d'un ensemble, indispensable pour constituer une série complète et cohérente. *Le chaînon manquant entre le singe et l'homme.* / GÉOGR. Petit ensemble de montagnes, chaîne secondaire. / Élément de la trame d'un filet.

chair n. f. Substance molle constituant, entre la peau et les os, les tissus musculaires et conjonctifs qui habillent le squelette humain et animal. / *Être bien en chair* : être charnu, rebondi. / *En chair et en os* : en personne. / Instinct sexuel. *Les exigences de la chair.* / Le corps, par oppos. à l'*âme*, à l'*esprit*. *L'esprit est fort, et la chair est faible.* / BOT. Pulpe de certains fruits. / Fig. *Avoir la chair de poule* : avoir la peau qui se contracte et devient grenue sous l'effet du froid ou de la peur.

chaire n. f. Siège de l'évêque, dans l'église cathédrale. / *La chaire de saint Pierre* : la papauté, le Saint-Siège. / Dans une église, tribune d'où un prédicateur s'adresse à ses fidèles. / Tribune où les professeurs faisaient leurs cours. / Poste de professeur dans l'enseignement supérieur.

chais Voir **chai**

chaise n. f. Siège composé de quatre pieds et d'un dossier. / *Chaise longue* : siège muni d'un dossier inclinable, où l'on se tient allongé. / Anc. *Chaise percée* : siège qu'on utilisait autrefois pour les besoins naturels. / *Chaise à porteurs* : moyen de transport qui consistait en une chaise couverte et fermée, portée à bras par deux hommes. / *Chaise électrique* : siège garni d'électrodes à haut voltage sur lequel on attache les condamnés à mort pour les exécuter par électrocution, dans certains États des États-Unis. / Fig., fam. *Être assis entre deux chaises*, dans une position fausse, sans savoir quel parti prendre. / MAR. Large lanière sur laquelle les marins s'assoient pour être hissés sur le mât ou le long de la coque. / TECHNOL. Support en fonte destiné à soutenir l'arbre de transmission.

chaisière n. f. Anc. Loueuse de chaises, dans une église, un jardin public.

Chaissac (Gaston) 1910-1964 Peintre français. Ses premières œuvres, composées de morceaux de cuir, portent la marque de son ancien métier, cordonnier. Dans les années 1930, il découvre l'art abstrait avant de s'orienter vers une forme d'art brut : collages de matériaux divers, série des *Totems*. Il entretint une correspondance régulière avec Dubuffet.

Chaka 1787-1828 Roi zoulou. Roi en 1816, il fonda, un peu avant 1820, un royaume qui correspondau KwaZulu actuel, province d'Afrique du Sud. Autoritaire, cruel, il fut assassiné en 1828 et remplacé par son demi-frère Dingaan, roi de 1828 à 1840, qui résista héroïquement à la colonisation anglaise. Mais une confusion s'établit et c'est Chaka, et non pas Dingaan, qui dans toute l'Afrique subsaharienne fut, et demeure, le symbole de l'indépendance africaine.

Chalamov (Varlam Tikhonovitch) 1907-1982 Écrivain soviétique. Arrêté à deux reprises (1929, 1937), il passe 22 ans en camp de déportation, terrible expérience qu'il relate dans son œuvre maîtresse : *Récits de la Kolyma* (diffusés clandestinement en U.R.S.S., publiés à Londres en 1978).

chaland [1] n. m. Bateau à fond plat destiné au transport de matériaux lourds sur les cours d'eau. / *Chaland-citerne* : chaland équipé pour transporter les liquides.

chaland [2] n. m. Vx ou litt. Acheteur, client.

chalandise n. f. *Zone de chalandise* : zone d'attraction commerciale. *Zone de chalandise d'un magasin.*

Chaire *d'église.*

chalaze n. f. ZOOL. Chacun des deux filaments d'albumine torsadés, maintenant en suspension le jaune dans l'œuf des oiseaux. / BOT. Point de l'ovule des angiospermes où se ramifie le faisceau nourricier.

chalazion n. m. MÉD. Petit kyste inflammatoire du bord des paupières.

Chalcédoine Ancienne ville de Bithynie, en Asie Mineure. Elle commandait l'entrée du Pont-Euxin.

Chalcidique Presqu'île grecque de la mer Égée (Macédoine) faite de trois avancées de terre en forme de doigt : Kassandra, Sithonia et le mont Athos.

chalcographie n. f. Gravure sur plaque de cuivre. / Établissement où l'on tire des épreuves d'après les plaques de cuivre et où on les vend. / Lieu où l'on conserve les plaques gravées.

chalcolithique adj. et n. m. PRÉHIST. Se dit d'une période transitoire, entre le Néolithique et l'âge du bronze, durant laquelle on apprend à travailler le cuivre. / n. m. *Le Chalcolithique.*

chalcopyrite n. f. MINÉR. Sulfure double de cuivre et de fer ; c'est un des principaux minerais de cuivre.

Chaldée À l'origine, partie occidentale de l'ancienne région de Sumer ; par la suite, le mot désigna la Babylonie et l'ensemble de la Mésopotamie.

chaldéen, enne adj. et n. De Chaldée. / RELIG. *Rite chaldéen* : rite qui tire son origine de la liturgie antique de Jérusalem et d'Antioche, adopté par l'ancienne Église nestorienne de Perse et qui survit aujourd'hui dans les communautés catholiques rattachées au patriarcat de Babylone. *Le rite chaldéen, qui porte aussi le nom de rite syrien oriental, dont les cérémonies sont célébrées en syriaque, est également pratiqué en Inde par les communautés malabres (ou malabares).*

châle n. m. Grande pièce de laine ou de soie, carrée ou en forme de triangle, que les femmes portent sur leurs épaules. / *Col châle* : col sans découpes, de forme arrondie.

chalet n. m. Habitation de campagne ou de haute montagne construite le plus souvent en bois, comportant un long balcon et un toit débordant. / Vx *Chalet de nécessité* : toilettes publiques.

chaleur n. f. PHYS. Forme d'énergie dont les variations sont mesurées soit qualitativement par le changement d'état des corps (fonte, liquéfaction, solidification), soit quantitativement par les degrés de température. / Température élevée de l'air. / Température interne physiquement ressentie. *Coup, bouffée de chaleur.* / Fig. Ardeur communicative manifestée dans les actes, le comportement. *Saluer un ami avec chaleur.* / *Chaleur humaine* : cordialité. / (Au plur.) Période pendant laquelle les femelles acceptent le mâle.

chaleureusement adv. Avec chaleur.

chaleureux, euse adj. Cordial, plein de chaleur humaine.

Chalgrin (Jean-François) 1739-1811 Architecte français. Il a construit à Paris l'église Saint-Philippe-du-Roule (1769-1784), le théâtre de l'Odéon (1799) et dessiné le plan primitif de l'Arc de triomphe de l'Étoile, achevé seulement sous Louis-Philippe (1836).

Chaliapine (Fedor Ivanovitch) 1873-1938 Chanteur (basse) et comédien russe. Il s'illustra notamment dans le rôle de Boris Godounov, au sein de la troupe de Diaghilev.

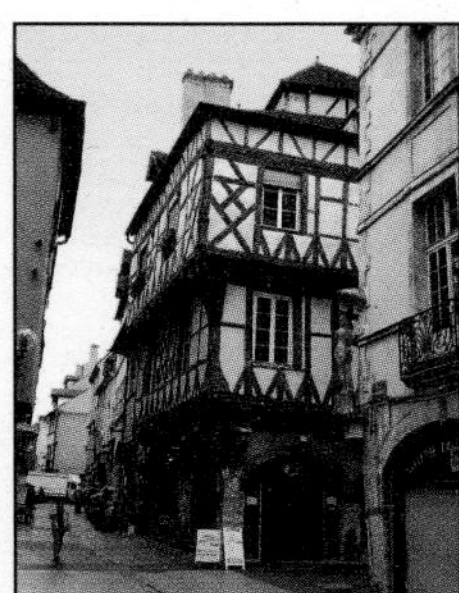
Maisons anciennes à **Chalon-sur-Saône**.

châlit n. m. Cadre d'un lit, supportant le sommier ou le matelas.
challenge n. m. (mot anglais) SPORT Épreuve au cours de laquelle le gagnant remporte un titre, un prix et le conserve jusqu'à ce qu'un autre l'en dépossède. / Fig. Gageure, pari très risqué qu'on fait par défi.
challenger n. m. (mot anglais) SPORT Concurrent d'un challenge.
chaloir v. impers. [3] Litt. Ne s'emploie que dans la locution *peu me (m'en) chaut* : peu m'importe.
Châlons-en-Champagne (*Châlons-sur-Marne* jusqu'en 1975) *47 350 h.* Chef-lieu de la Marne, centre administratif et militaire, industries alimentaires, marché des vins de Champagne. Musée Garinet, cathédrale Saint-Étienne (XIIe-XIIIe siècle), église Notre-Dame-en-Vaux (XIIe siècle).
Chalon-sur-Saône *50 100 h.* Chef-lieu d'arrondissement du département de Saône-et-Loire, port fluvial, centre industriel (industrie photographique, verrerie). Cathédrale Saint-Vincent (XIe-XVe siècles) de style roman bourguignon et gothique. Maisons anciennes. Musée Niepce.
chaloupe n. f. Grand canot, à rames ou à moteur, pouvant transporter environ trente hommes, et qui dessert un navire en mer. *Chaloupe de sauvetage.* / *Chaloupe canonnière* : bateau fonctionnant à la vapeur, et armé de quelques petits canons.
chaloupé, e adj. *Démarche chaloupée*, faite avec un balancement des hanches, des épaules.
Chalukya Nom de plusieurs dynasties indiennes qui régnèrent sur l'ouest du pays et le centre du Dekkan du VIe siècle à la fin du XIIIe siècle, date à laquelle ils furent supplantés par les musulmans. Ils firent bâtir de vastes ensembles de temples.
chalumeau n. m. Appareil qui combine un gaz combustible (acétylène) avec un gaz comburant (oxygène) pour obtenir une flamme très chaude (2 200 °C), utilisé pour réaliser des soudures. / MUS. Nom de certains anciens instruments de musique à vent. / Registre le plus grave de la clarinette. / Tige creuse de paille ou de roseau. / Petit tuyau mince de matière plastique par lequel on aspire une boisson froide. *Boire avec un chalumeau.* Syn. paille.
chalut n. m. Filet de pêche, à large ouverture, fermé au fond et traîné par des bateaux.
chalutier n. m. Bateau de moyen tonnage équipé pour traîner le chalut et pour conserver quelques jours le poisson pêché. / Marin servant sur un chalutier.

Cham (Amédée de Noé, dit**)** 1819-1879 Dessinateur français, caricaturiste des mœurs politiques, dont les légendes accompagnant les dessins étaient aussi intéressantes que les dessins eux-mêmes.
Cham Personnage de la Bible. Fils de Noé, son irrespect à l'égard de son père (ivre) valut à ses descendants, qui peuplèrent l'Afrique, l'humiliation et la servitude.
chamade n. f. Signal donné avec le tambour ou la trompette par des assiégés qui veulent capituler. / Fig. *Cœur qui bat la chamade*, qui bat très fort, en cas d'affolement.
chamærops Voir **chamérops**
chamailler (se) v. pron. [1] Fam. Se disputer pour un rien.
chamaillerie n. f. Querelle de ceux qui se chamaillent.
chamailleur, euse adj. Qui se chamaille, se chamaille souvent, volontiers.
chaman n. m. Prêtre, sorcier, guérisseur de certaines religions animistes, qui communique avec le monde des esprits grâce à certaines techniques initiatiques.
chamanisme n. m. Ensemble des pratiques magico-religieuses des chamans, qui constitue la forme traditionnelle de religiosité en Sibérie, en Mongolie et dans l'extrême Nord américain.
chamarré, e adj. Garni de chamarrures. *Un vêtement chamarré.*
chamarrure n. f. Ornement compliqué fait de broderies, de passementeries, de galons, de dorure, etc.
chambard n. m. Fam. Bouleversement, désordre, vacarme. *Faire du chambard. Quel chambard !*
chambardement n. m. Fam. Bouleversement.
chambarder v. t. [1] Fam. Bouleverser, déranger fortement. *Tu as encore tout chambardé en cherchant tes lunettes.*
chambellan n. m. HIST. Officier chargé du service intérieur de la chambre d'un souverain. / *Grand chambellan*, titre le plus élevé parmi les chambellans. Il était chargé de la chambre et de la garde-robe et avait le privilège de présenter la chemise au roi. Cette charge, rétablie par Napoléon Ier et sous la Restauration, connut, après sa suppression sous Louis-Philippe, son dernier titulaire durant le règne de Napoléon III (1852-1870).
Chamberlain Famille anglaise comptant plusieurs hommes politiques. **Joseph** 1836-1914 Ministre en 1880, il refuse l'autonomie irlandaise. Leader du mouvement impérialiste, il s'insurge contre le libre-échange et devient le champion du protectionnisme. **Joseph Austen** 1863-1937 Fils du précédent. Défenseur de la réconciliation avec l'Allemagne, il rédige le pacte de Locarno (1925) et reçoit la même année le prix Nobel de la paix. **Arthur Neville** 1869-1940 Frère du précédent. Premier ministre en 1937, partisan de l'apaisement avec l'Allemagne, il négocie les accords de Munich (1938) mais, inquiet devant l'expansionnisme nazi, prépare l'Angleterre à la guerre qui éclatera un an plus tard. L'échec de l'expédition britannique en Norvège entraîne sa démission.
Chambers (Ephraïm) 1680 ?-1740 Encyclopédiste anglais. Son *Dictionnaire universel des arts et des sciences* (1728) inspira à Diderot et d'Alembert leur propre *Encyclopédie* (à partir de 1748).
Chambers (William) 1723-1796 Architecte britannique. Artiste raffiné et éclectique, grand voyageur (Chine, Indes, Pays-Bas, France, Italie), il combina les différentes influences françaises et italiennes, néo-classiques et exotiques : pavillons des jardins de Kew (1752-1762), Somerset House à Londres (1776-1786). Son œuvre ainsi que ses écrits eurent une influence notable sur les architectures et les paysagistes français.
Chambertin Vignoble de Gevrey-Chambertin, commune de Bourgogne, produisant le chambertin et le clos de Bèze.
Chambéry *55 800 h.* Chef-lieu de la Savoie, dans la cluse de Chambéry. Centre touristique sur la route vers l'Italie. Ateliers de construction électrique et d'industrie métallurgique. Château des ducs de Savoie (XIVe-XVe siècle, restauré au XIXe siècle), fontaine des Éléphants (XVIIIe-XIXe siècle)
Chambiges (Martin) ?-1532 Architecte français. Il travailla aux cathédrales de Sens, Troyes et Beauvais. **Pierre Ier** ?-1544 Fils du précédent. Architecte de François Ier, il travailla aux châteaux de Fontainebleau et Saint-Germain et construisit l'ancien grand château de Chantilly. **Pierre II** 1544-1615 Fils du précédent. Architecte français, on lui doit la Petite Galerie du Louvre et le Pont-Neuf.
Chambord (Henri d'Artois, duc de Bordeaux, comte de**)** 1820-1883 Prince français. Fils posthume du duc de Berry, il est le dernier représentant de la branche aînée des Bourbons. Prétendant légitimiste au trône, exilé en Autriche après 1830, il ne fait valoir ses droits qu'en 1871. Son attachement au drapeau blanc fait échouer l'ultime projet de restauration de la monarchie en 1873. Mort sans enfant, il reconnaît à la maison d'Orléans ses droits au trône de France.
Chambord *200 h.* Commune du Loir-et-Cher. Son château, chef-d'œuvre de la Renaissance, fut construit pour François Ier. Le parc de Chambord, forêt domaniale de *4 563 ha*, est une réserve de chasse.
chambranle n. m. Élément d'architecture en bois ou en pierre qui encadre les fenêtres, les portes, les cheminées.

La pêche au **chalut**.

Les environs de **Chambéry**, en Savoie.

Le château de **Chambord**.

chambre n. f. **I.** Cavité naturelle. ANAT. *Chambre antérieure de l'œil* : espace situé entre l'iris et la cornée. *Chambre postérieure de l'œil* : espace situé entre l'iris et le fond de l'œil. *La chambre antérieure contient l'humeur aqueuse, la chambre postérieure, l'humeur vitrée.* **II.** Local ou compartiment destiné à un usage spécifique. *Chambre froide*, réfrigérée, pour la conservation des aliments. / *Chambre forte* : dans une banque, local blindé abritant les coffres. / *Chambre à air* : tube de caoutchouc circulaire dans lequel on comprime l'air et auquel les pneumatiques doivent leur élasticité. / TECH. Partie du canon d'une arme à feu qui reçoit la charge explosive. / *Chambre de combustion* : lieu où se produit la combustion d'un carburant. / PHOTO. *Chambre noire* : boîte dont une paroi est percée d'un très petit trou à l'opposé duquel se forme sur un écran l'image renversée des objets situés à l'extérieur. *Les appareils photographiques fonctionnent sur le principe de la chambre noire.* Par ext. Laboratoire où l'on effectue le développement des films et le tirage des épreuves photographiques, uniquement éclairé à la lumière inactinique de manière que la pellicule ne soit pas voilée. / ACOUST. *Chambre d'écho, chambre sourde* : voir **écho, sourd.** / *Chambre à gaz* : local où, dans certains États des États-Unis, on enferme un condamné à mort pour l'exécuter par asphyxie aux gaz toxiques ; au cours de la Deuxième Guerre mondiale, local où, dans certains camps de concentration, des déportés étaient assassinés par les nazis qui y répandaient un gaz toxique, le Zyklon B. **III.** Pièce où l'on dort ; mobilier de cette pièce. *Chambre d'amis. En promotion : chambre en palissandre.* / *Valet de chambre, femme de chambre* : domestique attachée au service personnel de son patron, de sa patronne. / *Musique de chambre* : musique autrefois jouée, au lever ou au coucher, dans la chambre des princes, par un petit nombre d'instrumentistes à leur service. / Par opposition à la musique symphonique (orchestrale), composition écrite pour un seul instrument ou pour un petit nombre d'instruments (trio, quatuor, quintette, etc.). / **IV.** Fig. Assemblée, organisme qui s'occupe des intérêts des personnes exerçant la même profession. *Chambre d'agriculture, chambre de commerce.* / Assemblée législative. *Chambre des représentants* : assemblée politique des États-Unis qui, avec le Sénat, forme le Parlement ; une des deux assemblées du Parlement, en Belgique. / HIST. *Chambre bleu horizon* : chambre des députés élue en 1919,

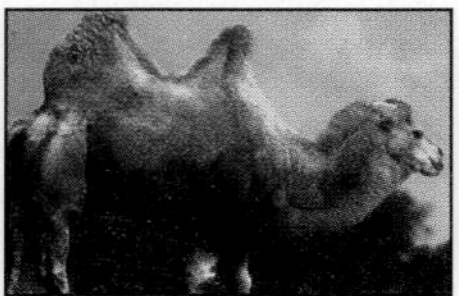

Chameau.

Chamonix.

ultranationaliste et comprenant de nombreux anciens combattants, ainsi surnommée en référence à l'uniforme bleu horizon des militaires de l'époque. / DR. Section d'un tribunal ou d'une cour. / HIST. *Chambre ardente*: sous l'Ancien Régime, cour de justice investie d'un pouvoir extraordinaire pour juger des faits d'exception, qui siégeait dans une pièce tendue de noir éclairée, même de jour, par des flambeaux. *C'est une chambre ardente, dite aussi « cour des poisons », qui jugea, en 1680, la Brinvilliers et la Voisin dans l'affaire des poisons.*

Chambre des communes Chambre basse du Parlement anglais, composée de députés élus par le peuple et exerçant presque entièrement le pouvoir législatif.

Chambre des députés D'abord élue au suffrage censitaire dans les chartes de 1814 et 1830, puis au suffrage universel en 1848, elle exerce la fonction législative sous la IIIe République. Dans la Constitution de 1946, elle prend le nom d'Assemblée nationale, que la Constitution de 1958 lui a gardé.

Chambre des lords Chambre haute du Parlement anglais. Elle comprend des personnages titrés (pairs, nobles) ou investis d'une haute fonction dans l'État.

chambrée n. f. Petit groupe de personnes, notamment des soldats, couchant dans une même chambre. / Cette chambre. *Voisin de chambrée.*

Chambre introuvable (la) Ainsi qualifiée par ironie à cause de sa majorité ultraroyaliste. Élue en août 1815, elle mena une politique de réaction (terreur blanche) et fut dissoute par Louis XVIII en 1816.

chambrette n. f. Petite chambre.

chambrière n. f. Femme de chambre. / ÉQUIT. Fouet à longue mèche utilisé pour le dressage des chevaux. / TECHN. Pièce de bois qui maintient à l'horizontale une charrette non attelée.

chameau n. m. ZOOL. Mammifère artiodactyle, de la famille des camélidés, de grande taille, au pelage brun laineux, à deux bosses dorsales graisseuses (le dromadaire, bien que ne possédant qu'une bosse, est parfois appelé chameau). *Le chameau est utilisé comme bête de selle ou de somme dans les déserts d'Asie centrale; son lait, sa laine et sa peau sont également appréciés. Le chameau blatère.* / Fig, fam. Personne désagréable, méchante. *Sale chameau !*

chamelier n. m. Personne qui conduit les chameaux ou les dromadaires.

chamelle n. f. Femelle du chameau.

chamérops ou **chamærops** n. m. BOT. Palmier nain, très répandu dans la région méditerranéenne, où l'on utilise ses feuilles pour la préparation d'un crin végétal.

Chamfort (Sébastien Roch Nicolas, dit **Nicolas de)** 1741-1794 Écrivain français. Son recueil de *Pensées, maximes et anecdotes* (posthume, 1795), écrit dans le style vigoureux des grands moralistes, est un savoureux exemple de misanthropie exprimée sous forme de paradoxes.

Chamil 1797-1871 Chef qui lutta pour l'indépendance du Caucase à partir de 1834. Il fut vaincu en 1859 par les Russes, qui le libérèrent en 1869.

Chamisso de Boncourt (Louis-Charles Adélaïde, dit **Adalbert von)** 1781-1838 Écrivain allemand d'origine française. Triste et solitaire, à l'image de son personnage *Peter Schlemihl* (1814), l'homme qui a perdu son ombre, il oppose aux effusions romantiques son sens de la modération et son réalisme.

chamito-sémitique adj. Qui concerne un certain nombre de langues parlées de la Mésopotamie à l'Afrique orientale. *Le groupe chamito-sémitique comprend les langues sémitiques (arabe et hébreu), l'égyptien, le copte, le berbère et les langues du groupe couchitique.*

Chamo Voir **Gobi**

chamois n. m. et adj. inv. **I.** n. m. ZOOL. Mammifère ruminant, de la famille des bovidés, vivant en altitude, caractérisé par une tête ornée de deux petites cornes recourbées à leur extrémité et dont le pelage forme un masque facial. *Les chamois vivent dans les montagnes d'Europe et du Proche-Orient, ils sont d'une extraordinaire agilité.* / *Peau de chamois*: cuir de chamois, ou d'un ruminant voisin, traité par chamoisage, utilisé en ganterie et dans les usages ménagers. / SPORT Épreuve test de ski consistant en un slalom spécifique à effectuer en un temps donné. / Qualification et insigne sanctionnant ce test. *Chamois d'or, d'argent, de bronze.* **II.** adj. inv. De la couleur jaune clair de la livrée du chamois. (Subst.) / n. m. Cette couleur.

chamoisage n. m. Préparation consistant à traiter les peaux pour les rendre souples, lavables et veloutées comme la peau des chamois.

chamoiser v. t. [1] Soumettre (une peau) au chamoisage. / Au pp. *Peau chamoisée.*

Chamonix-Mont-Blanc *9850 h.* Ville de Haute-Savoie, sur l'Arve, à *1037 m* d'altitude. Centre d'excursions alpines, Chamonix est la capitale du ski français: École française de ski, École militaire de haute montagne.

chamotte n. f. Argile cuite utilisée dans la céramique.

Chamoun (Camille) 1900-1987 Homme politique libanais. Président (chrétien) de la République (1952-1958), il fit appel à l'armée américaine en juillet 1958 lors d'affrontements entre les communautés chrétienne et musulmane. Par la suite, il exerça une grande autorité sur la communauté chrétienne.

champ n. m. Étendue de terre labourable. / *Les champs*: la campagne. *Aller à travers champs. Le rat des villes et le rat des champs.* / Terrain plat, en plein air, abritant une activité spécifique. *Champ de courses*: terrain destiné aux courses de chevaux. / *Champ de pétrole*: ensemble des puits de pétrole en exploitation. / *Champ clos*: terrain délimité où avaient lieu, au Moyen Âge, les tournois de chevalerie. / MILIT. *Champ de bataille*, où se livrent les combats. / *Champ de manœuvre*, où s'exercent les troupes. / *Champ de tir*, où ont lieu les tirs d'exercice et les lancements expérimentaux de missiles. / *Mourir au champ d'honneur*: mourir pour son pays. / PHYS. Espace physique défini par des propriétés caractéristiques. *Champ électrique*: champ où se manifeste un phénomène électrique. *Champ acoustique*: champ dans lequel se propagent des vibrations sonores. / OPT. *Champ visuel*: espace embrassé par un œil immobile. / PSYCHOL. *Champ de conscience*: ensemble des phénomènes psychiques conscients à un moment donné. / CIN. Espace du plateau cadré par l'opérateur. / CHIR. *Champ opératoire*: partie du corps humain opéré. / Fig. Domaine. *Champ d'action*: domaine dans lequel on peut agir plus ou moins librement. / *Champ libre*: liberté totale d'action. / *Prendre du champ*: prendre du recul. / *Sur-le-champ*: tout de suite. / Fam. *À tout bout de champ*: à chaque instant.

Champa Royaume des Chams, fondé à la fin du IIe siècle au centre du Vietnam actuel. Au IVe siècle, le Champa devint bouddhiste et développa un art important. Aux XIIe et XIIIe siècles, il affronta la Chine et l'Empire khmer (qui l'annexa pendant une brève période). Les Vietnamiens le repoussèrent vers le Sud au XVe siècle, et il disparut totalement au XVIIIe siècle, laissant derrière lui de nombreux témoignages de son passé glorieux (site de Mi Son). Dans le Vietnam d'aujourd'hui, les Chams constituent une petite minorité.

Champagne Province de France gouvernée successivement par les archevêques de Reims et les princes de la maison de Blois. En 1285, le comté est rattaché à la monarchie. Il forme au XVe siècle le Gouvernement général de Champagne et au XVIe siècle la Généralité de Châlons. La Révolution divise la province en quatre départements: Ardennes, Aube, Marne et Haute-Marne.

champagne [1] n. f. HÉRALD. Tiers inférieur de l'écu. / GÉOGR. Plaine crayeuse ou calcaire. *Fine champagne*: cognac.

champagne [2] n. m. Vin blanc mousseux fabriqué en Champagne.

Champagne-Ardenne *25606 km²* *1353000 h.* Région administrative française qui correspond à l'est du Bassin parisien et qui regroupe les départements des Ardennes, de l'Aube, de la Marne et de la Haute-Marne. Chef-lieu *Châlons-en-Champagne.* La *Champagne humide* est une plaine argileuse parsemée d'étangs, consacrée aux herbages et à l'élevage. Les terres crayeuses de la *Champagne sèche*, considérablement enrichies par les engrais chimiques, grandes productrices de céréales (blé, orge) et de betteraves sucrières, ne méritent plus leur ancien nom de *Champagne pouilleuse*. À l'ouest, la côte de l'Ile-de-France (Reims-Épernay) constitue la véritable Champagne viticole (*29000 ha*).

champagnisation n. f. Mode de préparation du vin de Champagne.

CHAMPIGNON

Coprin chevelu, comestible.

Pézize orangée, comestible.

Amanite phalloïde, champignon mortel pour l'homme.

champagniser v. t. [1] Rendre mousseux (un vin de Champagne) en le sucrant et en le mettant en bouteille avant sa seconde fermentation. / Rendre mousseux (un autre vin) en adoptant la méthode champenoise.
Champaigne (Philippe de) 1602-1674 Peintre français d'origine flamande. D'abord peintre ordinaire de la reine mère Marie de Médicis, on lui doit de grandes compositions religieuses (*Nativité*, 1628), de grandes toiles destinées à la décoration de la Sorbonne, du Val de Grâce, du Palais Cardinal, des portraits de cour (*Richelieu*, *Louis XIII couronné par une victoire*). Lié aux jansénistes après 1643, il réalise, avec une grande économie de moyens, des œuvres austères et graves dont font partie les portraits, remplis d'intensité mystique, des milieux de Port-Royal : *Duvergier de Hauranne*, *Lemaistre de Sacy*, *Mère Angélique Arnauld*.
champart n. m. HIST. Au Moyen Âge, droit pour les seigneurs de s'attribuer une quote-part des récoltes de leurs fermiers. / AGRIC. Mélange de froment, d'orge et de seigle semés ensemble, et destiné à nourrir le bétail.
Champ-de-Mars Ancien champ de manœuvre à Paris, situé entre l'École militaire et la rive gauche de la Seine. Pour célébrer la fête de la Fédération, le 14 juillet 1790, il fut transformé en un vaste cirque au centre duquel se dressait l'autel de la patrie. La Fayette et le roi y jurèrent fidélité à la Constitution. Cadre des Expositions universelles à cinq reprises, le Champ-de-Mars a été transformé en jardins de 1908 à 1928.
champêtre adj. Des champs, de la campagne. *Travaux champêtres.* / *Garde champêtre* : agent assermenté chargé de certaines fonctions de police dans une commune rurale.
champignon n. m. BIOL. Organisme vivant eucaryote hétérotrophe (dépourvu de chlorophylle). *La morille, la truffe, le bolet, les levures, les moisissures, etc., sont des champignons. Avoir des champignons* : souffrir d'une mycose. / Cour. Fructification apparente de certains de ces organismes, de formes diverses (elles sont souvent constituées d'un pied surmonté d'un chapeau), parfois vénéneuse, parfois comestible. *Aller cueillir des champignons. Une omelette aux champignons. L'amanite phalloïde est un champignon mortel.* / Fam. *Pousser comme un champignon* : grandir très vite, en parlant d'un enfant. / (Par analogie de forme) *Champignon atomique* : nuage qui se forme lors d'une explosion atomique. *Appuyer sur le champignon* (en voiture) : appuyer sur la pédale de l'accélérateur, rouler à vive allure.
♦ Les champignons constituent un groupe immense d'organismes vivants longtemps considérés comme des végétaux. Outre le fait que certains peuvent se mouvoir, de nombreuses caractéristiques, notamment génétiques, font douter de leur appartenance au règne végétal. Leur absence de chlorophylle les rend obligatoirement parasites, saprophytes ou symbiotiques (les lichens résultent de la symbiose d'un champignon et d'une algue). La diversité morphologique des champignons est très importante. Certains sont unicellulaires (levures), d'autres sont constitués d'un ensemble de fins filaments, le mycélium (moisissures, basidiomycètes, etc.), qui peut former un réseau souterrain, donnant parfois lieu à des fructifications aériennes ou se développant à l'intérieur de la plante dans le cas des champignons parasites des végétaux.
Champigny-sur-Marne *79 486 h.* Commune du Val-de-Marne, à l'est de Paris et du bois de Vincennes. Centre résidentiel.
champion, onne n. Vainqueur dans une épreuve sportive. *Un champion cycliste.* / Anc. Au Moyen Âge, celui qui se battait dans un champ clos pour défendre sa propre cause ou celle d'autrui. / Fig. Défenseur. *Être le champion d'une grande cause.*
championnat n. m. Compétition officielle à l'issue de laquelle le vainqueur reçoit le titre de champion.
Championnet (Jean Étienne) 1762-1800 Général français qui se distingua à la bataille de Fleurus, en 1794, et fonda à Naples, en 1799, la République parthénopéenne.
Champlain (lac) *1 550 km²* Lac à la frontière du Canada et des États-Unis.
Champlain (Samuel de) entre 1567 et 1570-1635 Explorateur et colonisateur français. Arrivé en 1603 en Nouvelle-France, il explore le Saint-Laurent. En 1608, il fonde la ville de Québec. Après avoir mené d'autres expéditions (1615-1616) au Canada, celui qu'on a baptisé le *père de la Nouvelle-France* organise la colonie, dont il devient lieutenant-gouverneur à partir de 1619.
Champmeslé (Marie Desmares, dite la) 1642-1698 Tragédienne française, maîtresse de Racine, qui lui donna ses meilleurs rôles : Bérénice, Iphigénie, Phèdre.
Champollion (Jean-François) 1790-1832 Égyptologue français qui parvint le premier à déchiffrer l'inscription trilingue (hiéroglyphes, démotique et grec) de la *pierre de Rosette* (fragment de stèle découvert en 1799) et, par là même, les hiéroglyphes de l'ancienne Égypte. En 1826, il est nommé conservateur du département d'égyptologie au musée du Louvre.
Champs Élysées MYTH. GR. Lieu mythique où les âmes des Grecs vertueux recevaient la récompense éternelle de la joie et du repos.
Champs-Élysées Grande avenue de Paris (*1 880 m*), reliant la place de la Concorde à la place Charles-de-Gaulle.
Champs-Élysées (théâtre, comédie et studio des) Théâtre groupant trois salles de spectacle, avenue Montaigne, à Paris. Il a été construit en 1913 par les frères Perret et décoré par Maurice Denis et Antoine Bourdelle.
Chamrousse *500 h.* Station de sports d'hiver de l'Isère. Son téléphérique permet d'accéder à la *Croix de Chamrousse* (*2 257 m*), sommet de la chaîne de la Belledonne.
chamsin Voir **khamsin**
Chamson (André) 1900-1983 Romancier français. Cévenol, protestant, il publie d'abord des romans régionalistes (*Roux le bandit*, 1925 ; *Les Hommes de la route*, 1927 ; *Le Crime des justes*, 1928, qui constituent *La Suite cévenole*). Il raconte son expérience de la Résistance et de la Libération dans *Le Puits des miracles* (1945), puis se fait le héraut de l'épopée camisarde (*La Superbe*, 1967 ; *La Tour de Constance*, 1970).
chan Voir **zen**
chance n. f. Résultat favorable ou non d'un ensemble de circonstances dues au hasard. *Bonne chance !* / Possibilité de production d'un phénomène, de réalisation d'un projet. / Heureuse fortune. *Avoir toujours de la chance.* / *Porter chance* : porter bonheur. Ant. malchance.
chancel Voir **cancel**
Chancelade *4 000 h.* Commune de Dordogne où, en 1888, on a découvert le squelette de l'*homme de Chancelade*, qui vécut au Magdalénien.
chancelant, e adj. Qui chancelle. *Une échelle chancelante.* / Peu solide. *Santé chancelante.*
chanceler v. i. [1] Vaciller, manquer de fermeté à la base. *L'immeuble a chancelé avant de choir.* / Fig. Faiblir. *Sentir son courage chanceler.* / *Chanceler sur son trône* : être menacé de renversement (en parlant d'un monarque).
chancelier n. m. HIST. Officier de la couronne préposé à la garde du sceau royal. / Dignitaire qui a la garde des sceaux et qui assume parfois des charges administratives dans un corps constitué, un ordre de chevalerie, une ambassade, un consulat. / Chef du gouvernement en Allemagne et en Autriche. / *Chancelier de l'Échiquier* : ministre des Finances du gouvernement britannique.
chancelière n. f. Petit sac intérieurement garni de fourrure, pour tenir les pieds au chaud.
chancellerie n. f. HIST. Bureau où l'on scellait les actes royaux. / *Grande chancellerie* : administration de l'ordre de la Légion d'honneur. / Administration centrale du ministère de la Justice. / Ensemble des services d'une représentation diplomatique (ambassade, consulat).
chanceux, euse adj. Qui procède de la chance. *Coup chanceux.* / (En parlant des personnes) Favorisé par la chance. *Un joueur chanceux.* / Subst. *Un chanceux, une chanceuse.* Ant. malchanceux.
Chanchán Capitale du royaume précolombien de Chimú, située près de la ville actuelle de Trujillo (Pérou). Restes archéologiques très importants.
chancre n. m. MÉD. Infection ulcéreuse qui s'étend superficiellement ou qui creuse la peau ou les muqueuses, notamment dans certaines maladies vénériennes. *Chancre syphilitique, induré.* / *Chancre mou* : infection vénérienne. / BOT. Maladie des arbres dont l'écorce est rongée par un champignon. / Fig. Ce qui ronge, dévore, détruit. *La mafia, chancre de la société.*
chandail n. m. Tricot (généralement de laine). Pl. Des *chandails*.
chandeleur n. f. Fête catholique qui célèbre la présentation de l'Enfant Jésus au Temple et la purification de Marie.
chandelier n. m. Objet façonné utilisé pour porter une bougie ou un cierge. / Anc. Personne qui fabrique ou vend des bougies.
chandelle n. f. Instrument d'éclairage composé d'une mèche enrobée dans une tige de suif ou de matière grasse combustible. / *Chandelle romaine* : fusée de feu d'artifice. / Fig. *Brûler la chandelle par les deux bouts* : dilapider sa santé ou son argent. / *Économies de bouts de chandelle* : économies insignifiantes. / *Voir trente-six chandelles* : éprouver un éblouissement à la suite d'un choc. / *Le jeu n'en vaut pas la chandelle* : le résultat ne vaut pas la peine de l'effort fourni. / AÉRON. Montée verticale d'un avion. / SPORT Coup qui envoie très haut la balle, au tennis, au football, etc. / CONSTR. Pièce de bois servant à soutenir une construction.

*L'avenue des **Champs-Élysées** à Paris.*

CHANSON

Ce terme générique de la poésie lyrique médiévale recouvre des œuvres plus ou moins importantes, de la poésie épique ou chanson de geste (*La Chanson de Roland*) au lyrisme courtois des troubadours et des trouvères ou chanson courtoise, auxquelles viennent s'ajouter les chansons narratives, telles les chansons de croisades ou les chansons de toile. Il faut cependant, dès cette époque, distinguer la chanson des troubadours et des trouvères, qui est art de grands seigneurs, des diverses formes de la chanson bourgeoise et populaire. À l'époque médiévale, le genre se précise en se diversifiant sous des formes régies par des règles fixes. Ainsi naissent le rondeau, la ballade, le virelai, et toutes les formes que peut emprunter la poésie lyrique. Avec l'avènement de la Renaissance et le renouveau des lettres qu'elle entraîne, la poésie lyrique abandonne la chanson et les genres poétiques qu'elle a suscités. Cette rupture de la chanson et de la poésie consomme celle entre texte et musique. Mais la chanson, en subsistant comme genre populaire et familier, va désormais connaître un nouveau destin, indépendant de la poésie littéraire. Galante, gaillarde, poissarde, elle a tôt fait de devenir également politique. Au demeurant, si elle est le plus souvent anonyme, gens de cour et gens de lettres ne dédaignent pas de rimailler des couplets. D'Honoré d'Urfé à Beaumarchais, les XVIIe et XVIIIe siècles comptent, parmi les chansonniers, nombre de poètes mêlés à la vie de la cour et de la ville. La chanson, comme commentaire de l'actualité, est à tel point entrée dans les mœurs que Beaumarchais peut déclarer, dans *Le Mariage de Figaro*, que « tout finit par des chansons » en France. En fait, si la chanson médiévale était chanson au sens de chant lyrique, la chanson de la rue, aux paroles simples et à la mélodie chantante, devient au cours du XIXe siècle l'expression idéale des émotions fortes. Face aux jeux savants de la poésie littéraire (romantique, parnassienne, puis symboliste), elle témoigne de la pérennité d'une sensibilité qui, si elle tombe parfois dans la sensiblerie ou le verbalisme de la rime facile, n'en jaillit pas moins d'un sens poétique populaire et universel vrai. L'apparition des cafés-concerts, vers l'époque de Louis-Philippe, et des cabarets à la fin du XIXe siècle donne à la chanson ses meilleurs lieux d'expression. Au XXe siècle, avec des chansonniers et des chanteurs tels que Maurice Chevalier, Damia, Édith Piaf, Charles Trenet, Georges Brassens, Léo Ferré, Yves Montand, Charles Aznavour ou Jacques Brel, la chanson acquiert définitivement ses lettres de noblesses.

Illustration : enluminure représentant le troubadour Bernard de Ventadour, tirée d'un recueil de poésie lyrique du XIIIe siècle.

Chandernagor *150 000 h.* Ville de l'Inde, proche de Calcutta. Ancien comptoir français.

Chandigarh *574 650 h.* Capitale du Panjab, dans le nord-est de l'Inde, au pied de l'Himalaya. Le plan d'urbanisme ainsi que les palais et bâtiments administratifs élevés sur le Capitole de 1950 à 1956 sont dus à Le Corbusier.

Chandler (Raymond Thornton) 1888-1959 Romancier américain. Avec Hammett, il est l'un des deux grands initiateurs du roman noir : *Le Grand Sommeil* (1939), *Adieu, ma jolie* (1940), *La Dame du lac* (1943). Son personnage principal, Philip Marlowe, est devenu l'archétype du détective privé.

Chandragupta Maurya Roi indien du Magadha et premier empereur des Indes (322 ?-298 ? av. J.-C.), il fonda la dynastie des Maurya.

Chandrasekhar (Subrahmanyan) 1910-1995 Astrophysicien américain d'origine indienne. Toute son activité de recherche a pour objet l'étude de l'évolution des étoiles. Il a mis en évidence le rôle joué par la masse dans le destin d'une étoile, son effondrement gravitationnel étant la marque de son vieillissement. Une étoile dont la masse est l'équivalent de la masse solaire évoluera vers le stade de naine blanche. Au contraire, si cette masse est supérieure à une limite égale à 1,44 fois la masse solaire, l'évolution conduira à une étoile à neutron. Cette limite est appelée *masse* ou *limite de Chandrasekhar*.

Chanel (Gabrielle Chasnel, dite **Coco)** 1883-1971 Issue d'un milieu modeste, d'abord modiste, elle fonde à Paris (1916) une maison de couture à son nom. Ses modèles élégants et simples, qui laissent libre le corps de la femme, dominent la mode des années 1920-1935. Novatrice, elle mélange hardiment vrais et faux bijoux avec un sens très sûr des formes et des couleurs, et lance, première couturière à agir ainsi, un parfum (*N° 5*) dès 1921. Son tailleur en tweed gansé (1954) connaît un succès international ; il a été copié (et continue d'être copié) à l'infini.

chanfrein [1] n. m. TECHN. Surface plane et étroite que l'on forme en sectionnant à l'oblique l'arête d'une pierre, d'un morceau de bois ou d'un métal.

chanfrein [2] n. m. Portion de la tête du cheval comprise entre le front et les naseaux.

Chang Jiang Voir **Yang-Tseu-Kiang**

change n. m. Remplacement d'un objet par un autre. *Gagner au change.* / Transaction par laquelle on remplace une somme d'argent dans une monnaie donnée par une somme équivalente dans une autre monnaie. *Bureau de change* : lieu où s'effectue cette opération. / *Cours du change* : rapport entre les valeurs de monnaies différentes. / *Contrôle des changes* : contrôle exercé par un État sur l'achat des devises. / *Agent de change* : intermédiaire ayant le monopole pour acheter ou vendre les valeurs (biens, titres, lettres de change) dont le prix est fixé par la bourse en fonction de l'offre et de la demande de ces valeurs. / DR. *Lettre de change* : écrit par lequel une personne (tireur) invite une autre personne (tiré) à payer ce qu'elle doit à une troisième personne (bénéficiaire). / VÉNER. Ruse d'un animal traqué qui détourne ses poursuivants sur les traces d'un autre animal. / Fig. *Donner le change* : faire prendre à qqn une chose pour une autre, afin de le tromper.

changeant, e adj. Qui change, inconstant. *Un ciel changeant.*

changement n. m. Modification entre une situation et une autre, un état et un autre. / TECHN. *Changement de vitesse* : dispositif permettant de faire varier la vitesse d'un véhicule. / THÉÂTRE *Changement à vue* : transformation du décor à rideau levé.

changer v. t. [1] Apporter un changement à. *Changer ses projets.* / Remplacer (par). *Changer ses habits.* / Convertir (une monnaie). *Changer des francs en lires.* / (Employé intransitivement) Devenir différent. / v. pron. Mettre d'autres habits.

changeur n. m. Personne effectuant des opérations de change. / Appareil automatique changeant de l'argent en menue monnaie.

channe n. f. En Suisse, broc d'étain pour le vin ; par ext., pot à eau en verre.

chanoine n. m. RELIG. CATHOL. Ecclésiastique membre du chapitre d'une cathédrale ou d'une collégiale (chanoine séculier). / Religieux membre de certaines communautés (chanoine régulier).

chanoinesse n. f. RELIG. CATHOL. Anc. Religieuse jouissant d'une prébende dans un chapitre. / Mod. Religieuse membre de certaines congrégations. *Chanoinesse régulière de saint Augustin.*

Chanson de Roland (la) Long poème de 4 000 vers décasyllabiques assonancés, écrit entre 1100 et 1125, qui constitue la plus ancienne « geste » de la littérature française. Elle retrace sur le mode de l'épopée la douloureuse aventure de Roland, neveu de Charlemagne, qui, trahi par Ganelon, meurt après une farouche résistance contre les Sarrasins dans la vallée de Roncevaux.

• **chanson** n. f. Poésie chantée, divisée en couplets, avec ou sans refrain. / La partition de cette chanson. / Fig. *Connaître la chanson* : savoir ce qui va se dire ou se faire et qui s'est déjà répété.

chansonnette n. f. Petite chanson aux paroles simples.

chansonnier n. m. Artiste de music-hall qui compose et interprète des textes, des chansons souvent humoristiques ou satiriques.

chant n. m. série de sons musicaux émis par la voix. / Art de chanter. *Apprendre le chant.* / Genre de musique vocale spécifique. *Chant profane, sacré, grégorien.* / Composition poétique mise en musique. *Un chant d'adieu.* / Par anal. Cri de certains animaux. *Le chant du coq.* / LITT. Subdivision d'un poème épique ou lyrique. *Le quatrième chant de l'Art poétique.* / POÉT. (au pluriel) Poème épique. *Les chants d'Homère.*

chantage n. m. Pression exercée sur quelqu'un pour en obtenir de l'argent ou d'autres avantages sous la menace d'une quelconque révélation. / Ensemble de pressions psychologiques exercées sur qqn afin d'obtenir de lui ce qu'on désire. *Enfant capricieux qui fait du chantage.*

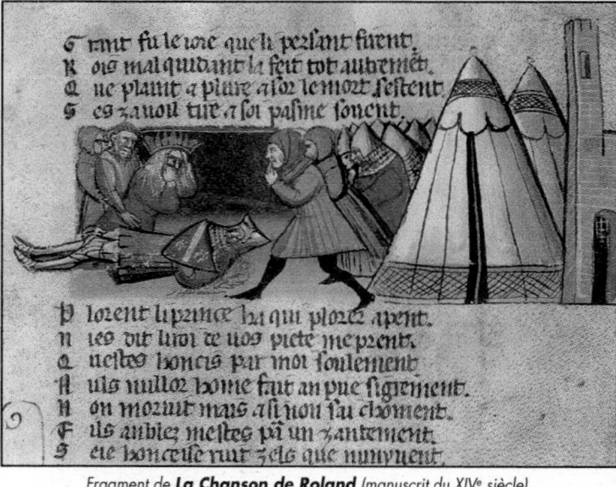

Fragment de ***La Chanson de Roland*** *(manuscrit du XIVe siècle).*

*La **chapelle** Palatine d'Aix-la-Chapelle, édifiée pour Charlemagne entre 792 et 805.*

chantant, e adj. Qui chante. / Qui se chante aisément. *Musique chantante.* / Mélodieux. *Voix chantante.* / Vieilli *Café chantant* : café-concert.
Chant du départ (le) 1794 Hymne patriotique composé pour le cinquième anniversaire de la prise de la Bastille, paroles de M. J. Chénier, musique d'É. Mehul.
chantefable n. f. LITT. Récit médiéval qui fait alterner parties parlées et parties chantées.
chanter v. i. / v. t. [1] Émettre un chant. *L'oiseau chante.* / v. t. *Chanter un air gai.*
chanterelle [1] n. f. Corde d'un instrument à cordes et à manche, notamment du violon, qui donne les sons les plus aigus. / Fig. *Appuyer sur la chanterelle* : insister sur un point délicat. / CHASSE Oiseau captif dont le chant attire d'autres oiseaux.
chanterelle [2] n. f. BIOL. Champignon basidiomycète comestible, au chapeau de forme évasée (en pavillon de trompette). *La girolle, de couleur jaune-orange, et la trompette de la mort, de couleur noire, sont des chanterelles.*
chanteur, euse n. et adj. Personne qui chante. / Artiste qui interprète professionnellement de la musique vocale. *Chanteur d'opéra. Chanteur de charme,* qui chante des chansons sentimentales. / Fig. *Maître chanteur* : personne qui fait du chantage auprès de quelqu'un. / adj. *Des oiseaux chanteurs.*
chantier n. m. Lieu couvert ou en plein air, où l'on effectue des travaux de construction, de démolition ou de réparation. *Travailler sur un chantier.* / *Mettre qqch. en chantier* : commencer sa réalisation. / *Chantier naval* : lieu où l'on construit des navires. / Support de bois sur lequel repose la quille d'un navire. / Madrier sur lequel on entrepose des tonneaux de vin dans une cave.
chantilly [1] n. m. Dentelle au fuseau, à mailles hexagonales, qui doit son nom à Chantilly, ville de l'Oise.
chantilly [2] n. f. Crème fouettée sucrée, qui doit son nom à Chantilly, ville de l'Oise.
Chantilly *11 341 h.* Ville de l'Oise, en bordure de la forêt de Chantilly. Champ de courses, forêt (*6 300 ha*). Un grand château fut construit en 1527, sur l'emplacement du château d'Orgemont, par Pierre Ier Chambiges, pour le connétable de Montmorency. Au XVIIe siècle, il passa aux Condés qui le firent remanier par Mansart. Après les dégâts subis sous la Révolution et l'Empire, il fallut le reconstruire entièrement, et le duc d'Aumale, héritier des Condés, confia cette tâche à l'architecte Daumet qui, de 1876 à 1882, édifia un château de style pseudo-Renaissance. Le parc a gardé l'aspect que Le Nôtre lui avait donné au XVIIe siècle. Le château abrite aujourd'hui le musée Condé (*Très Riches Heures du duc de Berry*, portraits du XVIe siècle, nombreuses toiles des écoles française et italienne). Les écuries sont l'œuvre de Jean Aubert (XVIIIe siècle).
chantonner v. i. / v. t. [1] Chanter à mi-voix. / v. t. *Chantonner une berceuse.*
chantoung ou **shantoung** n. m. Léger tissu de soie, d'aspect irrégulier, provenant de Chine.
chantourner v. t. [1] Découper, évider (un objet) selon un dessin déterminé.
chantre n. m. Celui qui chante dans les offices religieux. / Litt. Poète. *Homère, le chantre des dieux.* / Fig. Personne qui célèbre de manière exclusive qqn ou qqch. *Se faire le chantre de la révolution.*
chanvre n. m. Plante de la famille des cannabinacées, cultivée pour ses fibres textiles, utilisées en corderie et dans le tissage de toiles, de bâches. *Le chanvre indien fournit le haschisch et la marijuana.* / Textile tiré de ces fibres.
chaos n. m. RELIG. Selon la Bible (livre de la Genèse), néant universel, ou confusion, précédant la Création. / GÉOL. Amas de blocs pierreux formés par l'agglomération ou l'érosion de certaines roches. / Fig. Situation de désordre extrême.
Chaos MYTH. Personnification du vide originel. Chaos engendra Érèbe, les ténèbres des Enfers, et Nyx, la nuit.
chaotique adj. Qui procède du chaos. / Fig. Désordonné. *Style chaotique.*
chapardage n. m. Fam. Maraudage, vol de peu d'importance.
chaparder v. t. [1] Dérober, voler (des objets de peu de valeur). *Chaparder des bonbons.*
chapardeur, euse adj. et n. Qui chaparde.
chape n. f. LITURG. Vêtement en forme de cape, porté par l'officiant lors de certaines cérémonies (catholiques notamment). / TECHN. Matériau qui sert de couverture ou de protection. *Chape de béton.* / *Chape de pneu* : épaisseur de gomme constituant la bande de roulement d'un pneumatique. / *Chape de bielle* : enveloppe des coussinets d'une bielle. / Monture de l'axe d'une poulie. / MAR. Pièce de cuivre creuse dans laquelle pivote l'aiguille aimantée de la boussole. / Fig. *Chape de plomb* : oppression morale étouffante.

*Différents types de **chapiteaux** : ordres dorique, ionique et corinthien.*

chapeau n. m. Coiffure de matières et de formes diverses. / Tout ce qui recouvre en rappelant la forme d'un chapeau. *Le chapeau d'un champignon.* / Dans un périodique, court texte introductif au-dessus d'un article. / TECHN. Partie supérieure de certaines pièces mécaniques. *Le chapeau d'une roue.* / MUS. *Chapeau chinois* : instrument en forme de cône, garni de grelots en usage dans certaines fanfares militaires. / RELIG. *Recevoir le chapeau* : être nommé cardinal. / *Tirer son chapeau à qqn*, lui manifester son admiration. / interj. *Chapeau !* : bravo !
chapeauter v. t. [1] Mettre un chapeau à (qqn). / Fig., fam. Avoir sous sa responsabilité. *Il chapeaute l'ensemble des services commerciaux.*
chapelain n. m. Anc. Prêtre jouissant du bénéfice d'une chapelle dont il est titulaire. / Prêtre desservant d'une chapelle privée.
Chapelain (Jean) 1595-1674 Écrivain français. Un des premiers académiciens, il rédigea les *Sentiments de l'Académie sur le Cid.* Son poème épique *La Pucelle* (1656) lui valut les sarcasmes de Boileau.
chapelet n. m. Objet de piété formé d'un collier de grains que l'on fait passer successivement entre ses doigts en récitant certaines prières. *Le chapelet catholique comprend cinq dizaines de grains (pour les Ave) séparés d'un grain plus gros (pour les Pater).* / Prières du chapelet. *Dire son chapelet.* / Fig. Série d'objets disposés comme les grains d'un chapelet. *Chapelet d'oignons.* / Suite. *Chapelet d'injures.* / Fig. *Dévider son chapelet* : débiter d'un seul coup tout ce qu'on a à dire (souvent qqch. de peu aimable). / TECHN. Machine formée de godets servant à élever les eaux. *Chapelet hydraulique. Pompe à chapelet.* / ARCHIT. Baguette décorative faite d'une succession de grains.
chapelier, ère n. Personne qui fabrique, vend des chapeaux.
chapelle n. f. Anc. Lieu où sont gardées les reliques d'un saint. / Endroit réservé au culte dans un couvent, un hôpital, une résidence privée, etc. / Partie d'une église où se dresse un autel secondaire. / Petite église qui n'est pas église paroissiale. *La chapelle Saint-Blaise-des-Simples à Milly-la-Forêt, décorée par Cocteau.* / *Chapelle ardente* : salle éclairée de cierges où l'on dépose un mort avant de l'ensevelir. / MUS. Ensemble constitué par les instrumentistes et les chanteurs d'une chapelle, d'une église. *La chapelle royale de Versailles. Maître de chapelle* : musicien qui dirige ces musiciens. / Fig. Groupement de personnes partageant les mêmes idées ou les mêmes intérêts. *Chapelle littéraire.*
chapelure n. f. Pain séché et écrasé dont on saupoudre certains plats.
chaperon n. m. Coiffure médiévale portée indifféremment par les hommes et les femmes. / Anc. Capuchon. / Bourrelet garni d'hermine sur l'épaule de la robe des magistrats et de certains professeurs. / En fauconnerie, coiffe de cuir masquant les yeux des faucons destinés au dressage. / CONSTR. Partie supérieure d'un mur faite de tuiles en dos d'âne pour l'écoulement des eaux. / Fig., plaisant ou anc. Personne respectable qui accompagnait une jeune fille seule, par souci des convenances.
chaperonner v. t. [1] Servir de chaperon à (une jeune fille).
chapiteau n. m. ARCHIT. Pièce qui couronne le fût d'une colonne. *Chapiteaux corinthiens, doriens.* / Tente de cirque ; le cirque lui-même ; le monde du cirque. *Artistes du chapiteau.*
chapitre n. m. Chacune des divisions d'un livre. / FIN. Division du budget national. / Matière, sujet. *Un chapitre gênant.* / RELIG. Assemblée des religieux d'une communauté, ou les chanoines d'une cathédrale. / Lieu où se tiennent ces assemblées. / Fig. *Avoir voix au chapitre* : avoir le droit de prendre part à une discussion.
chapitrer v. t. [1] Réprimander (qqn). *Un professeur qui chapitre un élève.*
chapka n. m. (mot russe) Coiffure en fourrure, rabattable sur la nuque et les oreilles.
Chaplin (sir **Charles Spencer**, dit **Charlie**) 1889-1977 Acteur et cinéaste britannique. Il débuta aux États-Unis avec Mack Sennett en 1913. Il créa le personnage de *Charlot* dans une série de films où derrière le burlesque des situations et des mimiques perce une satire aiguë de la société américaine. Parmi les longs métrages, citons *L'Émigrant* (1917), *The Kid* (*Le Gosse*, 1921), *La Ruée vers l'or* (1925). À l'époque du parlant, il tourne encore un film muet, *Les Temps modernes* (1936). Après un premier film parlant, *Le Dictateur* (1940), où il ridiculise Hitler, en même temps que le personnage de *Charlot* il abandonne la stricte veine comique pour le mélodrame : *Monsieur Verdoux* (1947), *Limelight* (1952), *Un roi à New York* (1957), *La Comtesse de Hong Kong* (1965). Considéré comme suspect aux États-Unis à l'époque du maccarthysme, il s'établit en Suisse en 1953, où il mourut.

***Charlie Chaplin** dans le personnage de Charlot (à gauche).*

Mosaïque représentant un **char** romain.

Mine de **charbon** à ciel ouvert.

Chapochnikov (Boris Mikhaïlovitch) 1882-1945 Maréchal soviétique. Attaché comme colonel à l'état-major impérial pendant la guerre de 1914-1918, il se rallia à la Révolution et fut chef d'état-major général de l'armée de 1937 à 1942.
chapon n. m. Coq castré et engraissé pour être consommé. / CUIS. Croûte de pain frottée d'ail.
chaponner v. t. [1] Châtrer (un jeune coq).
Chappe (Claude) 1763-1805 Ingénieur français. Il inventa un système de télégraphe manuel, inauguré en 1794 entre Paris et Lille.
Chaptal (Jean) 1756-1832 Chimiste et homme d'État français. Il industrialisa la fabrication de l'acide sulfurique, de l'alun, des ciments, et inventa la chaptalisation. Anobli en 1787, ministre de l'Intérieur et sénateur sous l'Empire, il créa les chambres de commerce et la première école d'arts et métiers.
chaptalisation n. f. Ajout de sucre au moût de raisin, avant fermentation, pour augmenter la teneur d'un vin en alcool.
chaque adj. indéf. (Marquant que tout élément de l'ensemble considéré est envisagé isolément) *Chaque robe a sa housse.* / (Emploi critiqué) Chacun. *Ces tasses valent dix euros chaque.*
char n. m. ANTIQ. Voiture à deux roues, ouverte à l'arrière, tirée par des chevaux, utilisée au combat, aux jeux, etc. / Fig. *Être attaché au char de qqn*, lui être soumis. / *Char funèbre*: corbillard. / Voiture à chevaux ou à bœufs utilisée pour porter des charges. *Char à foin.* / Voiture décorée, utilisée lors des fêtes de rues. *Les chars du carnaval de Nice.* / *Char à banc*: voiture tirée par des chevaux, garnie de bancs transversaux. / MILIT. Véhicule blindé, monté sur chenilles, armé de canons et de mitrailleuses. *Char de combat, char d'assaut.* / Au Canada, voiture automobile.
Char (René) 1907-1988 Poète français. D'abord surréaliste, il publie avec Eluard et Breton *Ralentir travaux* (1930) et s'oriente vers la concision dans *Le Marteau sans maître* (1934). L'action qu'il mène dans la Résistance suscite *Feuillets d'Hypnos* (1946), publiés dans le recueil *Fureur et mystère* (1948) regroupant l'ensemble des poèmes de cette période. Puis viendront *Les Matinaux* (1950), *Recherche de la base et du sommet* (1955), *La Parole en archipel* (1962), et d'autres poèmes dont le dernier paraîtra l'année de sa mort (*Éloge d'une soupçonnée*).
charabia n. m. Langage ou style incompréhensible. / Péjor. Jargon. *Un charabia d'informaticiens.*
charade n. f. Énigme qui consiste à faire deviner un mot à partir de définitions homonymes de chacune des syllabes qui le composent, suivies d'une phrase homonyme du mot entier. *Mon premier est un métal précieux (or), mon second, un habitant des cieux (ange), mon tout est un fruit délicieux (orange).*
charadriiformes n. m. pl. ZOOL. Ordre d'oiseaux, pour la plupart liés aux milieux humides ou marins, dont beaucoup ont une silhouette assez fine à pattes longues, à cou court et à bec effilé. *Les bécasses, les vanneaux, les pluviers, les avocettes, les mouettes, les pingouins, les jacanas, les œdicnèmes, les glaréoles sont des charadriiformes.*
charançon n. m. ZOOL. Insecte coléoptère, de la famille des curculionidés, à tête terminée par un long rostre, tels que les calandres et les balanins. *Les charançons peuvent être nuisibles aux cultures.*
charbon n. m. Roche carbonée et combustible qui provient de la décomposition naturelle des végétaux (tourbe, lignite, houille notamment). / Cette matière, servant de combustible. *Chauffage au charbon.* / *Charbon de bois*: résidu du bois carbonisé. / MÉD. Maladie infectieuse contagieuse provoquée par le bacille charbonneux (*bacillus anthracis*), qui atteint certains animaux domestiques (porc, mouton cheval, etc.) et donne des pustules évoluant en escarres noires. *Le charbon peut affecter l'homme.* / BOT. Maladie parasitaire du blé et du maïs, causée par des cryptogames qui recouvrent les grains de spores noires. / Fig. *Être sur des charbons ardents*: être au comble de l'impatience, de l'inquiétude.
charbonnage n. m. Industrie de l'extraction de la houille. *Les charbonnages de France.*
charbonnerie n. f. HIST. Manifestation française du carbonarisme italien, société secrète révolutionnaire, qui apparaît en France sous la Restauration (1815-1830).
charbonnier, ère n. et adj. **A.** n. Personne qui produit, vend du charbon. Loc. *Avoir la foi du charbonnier*: croire en Dieu, naïvement. / n. m. Cargo destiné au transport du charbon. / n. f. Zone forestière destinée à la fabrication du charbon de bois. **B.** adj. Relatif à l'industrie, au commerce du charbon. *Région charbonnière.*
charbonnière n. f. ZOOL. Mésange dont la tête est en partie d'un noir de charbon, à ventre jaune barré de noir. / Appos. *Une mésange charbonnière.*
Charcot (Jean Martin) 1825-1893 Neurologue français. Il a laissé d'importants travaux sur les maladies nerveuses et plus particulièrement sur l'hystérie. Le jeune Sigmund Freud suivit ses leçons à l'hôpital de la Salpêtrière, à Paris. **Jean** 1867-1936 Fils du précédent. Médecin et explorateur français. Il a mené de nombreuses expéditions dans l'Antarctique, puis des expéditions océanographiques et ethnologiques dans l'Arctique; c'est au cours de la dernière qu'il trouva la mort, lors du naufrage de son navire le *Pourquoi-pas?*
charcuterie n. f. Boutique du charcutier. / Industrie qui recouvre l'ensemble des fabrications à base de viande de porc. / Produit alimentaire à base de viande de porc.
charcutier, ère n. et adj. **A.** n. Personne qui prépare et vend de la chair de porc, de la charcuterie. / Fam., péjor. Chirurgien, dentiste malhabile. **B.** adj. *Industrie charcutière.*
Chardin (Jean-Baptiste) 1699-1779 Peintre français. Aux grands sujets mythologiques ou galants qu'affectionne la peinture du XVIIIe siècle, Chardin préfère les scènes tirées de la vie quotidienne et les natures mortes. La peinture hollandaise du siècle précédent lui donne le goût de la pâte riche et des vibrations lumineuses. Chardin excelle également dans ses *Autoportraits*: pour lui, comme pour Rembrandt, la peinture est une méditation sur l'être et le devenir.
chardonnay ou **chardonay** n. m. VITIC. Cépage blanc de champagne et de bourgogne.
Chardonne (Jacques Boutelleau, dit **Jacques)** 1884-1968 Romancier et essayiste français. Il a notamment abordé les problèmes du couple: *l'Épithalame* (1921), *Demi-jour* (1964). Ses souvenirs d'enfance et de jeunesse lui ont inspiré *le Bonheur de Barbezieux* (1938).

Chardonneret.

chardonneret n. m. ZOOL. Oiseau passereau de petite taille, de la famille des fringillidés, au plumage richement coloré (masque rouge et barres alaires jaunes). *Granivore, le chardonneret se nourrit notamment de graines de chardons.*
Chardonnet (Hilaire, comte de**)** 1839-1924 Chimiste et physicien français qui inventa la soie artificielle à partir de la nitrocellulose.
charentais, e adj. et n. De Charente. *Beurre charentais. Un(e) Charentais(e).*
charentaise n. f. Chausson épais et confortable. *Une paire de charentaises.*
Charente (la) *360 km* Rivière de France née dans le Limousin. Elle traverse Angoulême, Saintes, Cognac et se jette dans l'océan Atlantique.
Charente (département de la) [16] *5 956 km² 342 000 h.* Département français faisant partie de la Région Poitou-Charentes. Chef-lieu *Angoulême.* Étendu sur le pays calcaire de l'Angoumois, traversé par la Charente, c'est une région bocagère au climat océanique, doux, favorable à l'élevage. Au sud du département poussent les vignobles qui servent à la fabrication du cognac, commercialisé par la ville du même nom.
Charente-Maritime (département de la) [17] *6 864 km² 557 000 h.* Département français faisant partie de la Région Poitou-Charentes. Chef-lieu *La Rochelle.* Il comprend la province de l'Aunis, la majeure partie de la Saintonge, l'île de Ré et l'île d'Oléron. Du nord au sud, se succèdent des plateaux calcaires, des plaines argileuses très fertiles et des sols argilo-siliceux, moins riches. Depuis la fin du XIXe siècle, le département pratique essentiellement l'élevage, à la suite de la dévastation des vignobles par le phylloxéra. La frange côtière se consacre à l'ostréiculture et à la mytiliculture. La vie industrielle est concentrée dans les ports de La Rochelle et de La Pallice (pêche, constructions navales).
Charès de Lindos IVe-IIIe s. av. J.-C. Sculpteur grec, auteur du *Colosse de Rhodes*, statue en bronze haute de 35 m qui comptait parmi les Sept Merveilles du monde.
Charette de la Contrie (François de) 1763-1796 L'un des chefs de l'insurrection royaliste en Vendée. Après avoir tenu tête aux républicains de 1793 à 1795, il conclut un accord avec les thermidoriens, mais quelques mois plus tard, reprit les armes aux côtés des émigrés qui avaient soulevé l'île de Quiberon. Hoche le captura et le fit fusiller.

Le Menu de maigre, de **Jean-Baptiste Chardin**, 1731 (Musée du Louvre, Paris).

Département de la **Charente**.

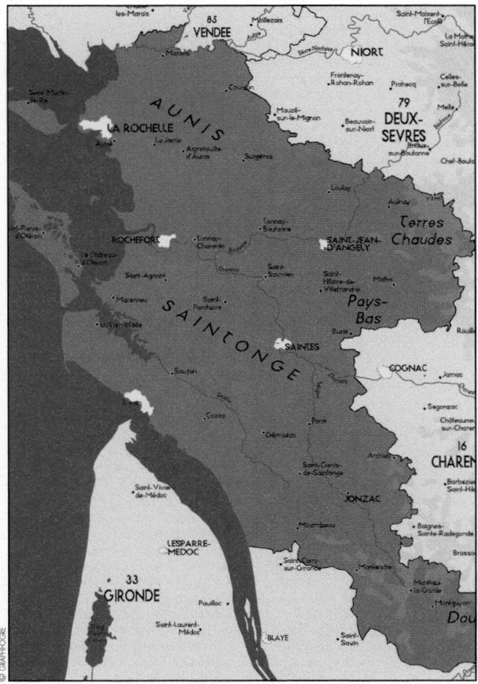

Département de la **Charente-Maritime**.

charge n. f. Poids que porte ou peut porter un homme, un animal, un véhicule. *La charge d'un âne.* / Dépense, frais obligatoires. *Provisions de charges locatives. Charges sociales.* / *Être à la charge de qqn* : dépendre matériellement de qqn. / *Prendre en charge qqn* : s'engager à s'occuper entièrement de qqn et à assurer ses besoins matériels. / Fonction que l'on exerce. *La charge de président de la République. Une charge de notaire.* / Ce qui constitue une obligation, une gêne. *Ce travail est une charge bien légère.* / Responsabilité. *Imputer à qqn la charge d'une faute.* / Quantité de poudre explosive contenue dans une arme à feu. *Charge d'un fusil mitrailleur. Charge de dynamite.* / *Charge nucléaire* : ensemble du combustible contenu dans un réacteur ou une bombe atomique. / ÉLECTR. *Charge électrique* : quantité d'électricité accumulée dans un corps. / GÉOL. Matériaux drainés dans le lit d'un cours d'eau (cailloux, sable, limons, etc.). / TECHN. *Charge d'une machine* : temps que met une machine pour effectuer un travail donné. / DR. *Cahier des charges* : en droit civil, document fixant les modalités d'un marché public. / *Témoin à décharge ou à charge* : en droit pénal, témoin qui fait des déclarations en faveur ou contre un accusé. / LITT. et BX-ARTS Image ou récit caricatural, exagérant la réalité. *Faire un portrait charge de qqn.* / MILIT. Attaque d'une troupe de cavalerie à l'arme blanche (dans l'infanterie, on parle d'un assaut). / *Sonner la charge* : faire donner par les tambours et les trompettes, ou par le clairon, le signal spécifique de l'attaque. / Fig. *Revenir à la charge* : renouveler des démarches. / *À charge de revanche* : à condition qu'on rende service à son tour.

chargé, e adj. et n. **A.** adj. Qui porte une charge. *Être chargé de paquets.* / Alourdi. *Un estomac trop chargé.* / Recouvert. *Ciel chargé de nuages.* **B.** n. *Chargé d'affaires* : agent diplomatique qui peut suppléer l'ambassadeur. / *Chargé de cours* : dans l'enseignement supérieur, professeur non titulaire d'une chaire. / *Chargé de mission* : fonctionnaire chargé d'une mission spécifique.

chargement n. m. Action de charger ; résultat de cette action. *Chargement d'une cargaison à bord d'un navire.* / Marchandise chargée. *Stocker le chargement.* / Action de charger une arme à feu. *Chargement d'un fusil.*

charger v. t. [1] Mettre une charge sur, dans. *Charger un coffre de bagages.* Au fig. Exagérer l'expression (d'une œuvre). / Donner la charge à, attaquer. / Mettre la charge dans (une arme). / Mettre en charge. *Charger une batterie.* / v. pron. *Se charger de* : prendre la responsabilité de.

chargeur n. m. Système permettant d'alimenter automatiquement une arme à feu. / MAR. Propriétaire d'une cargaison, qui la charge sur un navire affrété à cet effet, et qui l'expédie.

Chari (le) *1 100 km* Fleuve d'Afrique équatoriale qui se déverse dans le lac Tchad.

charia ou **chariah** ou **shariah** n. f. (mot arabe) RELIG., DR. Ensemble canonique de lois islamiques, tirées du Coran ou qui en sont déduites, régissant strictement la vie privée et sociale, et qui est en vigueur dans certains pays musulmans.

chariot n. m. Véhicule à quatre roues, utilisé pour porter ou élever les charges. *Chariot automoteur* : chariot muni d'un moteur. / Table roulante utilisée pour desservir ou amener les plats ; son contenu. *Chariot de restaurant. Un chariot de hors-d'œuvre.* / TECHN. Pièce mobile dans une machine-outil, qui sert à l'usinage d'une pièce. *Chariot d'un tour.* / Partie mobile d'un métier à tisser, d'une machine à écrire. / CIN. Plate-forme mobile sur rails, portant la caméra et l'opérateur.

Chariot (Grand) Voir **Grande Ourse**

charismatique adj. Qui procède du charisme. *Communauté charismatique* : groupe de chrétiens qui font appel, dans leur vie spirituelle et leur pratique cultuelle, aux effusions spontanées, aux manifestations sensibles de la foi.

charisme n. m. RELIG. En théologie chrétienne, don surnaturel et imprévisible que Dieu accorde à un croyant ou à un groupe de croyants, toujours en vue de la sanctification individuelle ou collective (don de prophétie, de discernement, des miracles, etc.). / Fig. Ascendant, influence irrésistibles qu'une personnalité exceptionnelle exerce sur autrui. *Le charisme des grands hommes.*

charitable adj. Qui procède de la charité.

charitablement adv. Avec charité.

charité n. f. RELIG. En théologie chrétienne, l'une des trois vertus théologales (foi, espérance, charité), amour de Dieu et du prochain. / Par ext. Bienveillance et bienfaisance à l'égard d'autrui. / Acte de bienfaisance, aumône. *Faire la charité.* / *Vente de charité*, dont le bénéfice est versé à une œuvre caritative.

charivari n. m. Anc. Concert tumultueux donné jadis devant le logis d'un veuf ou d'une veuve se remariant avec une personne trop jeune. / Tapage confus et assourdissant.

Charivari (le) Périodique fondé en 1832 par Charles Philipon et qui parut jusqu'en 1937. Journal d'opinion, il s'opposa violemment au régime de Louis-Philippe, et fut servi par le talent de caricaturistes tels que Daumier, Gavarni et Grandville.

charlatan n. m. Anc. Vendeur de remèdes sur les champs de foire qui vantait ses produits avec des discours emphatiques. / Personne qui exploite la crédulité d'autrui, notamment en prétendant connaître des remèdes miraculeux. / Fam. Mauvais médecin. / Par ext. Imposteur.

charlatanisme n. m. Comportement du charlatan.

Charlebois (Robert) 1944 Chanteur et auteur-compositeur québécois : *Lindbergh, Sur les ailes d'un ange, Montréal.*

Chariot.

Couronnement de **Charlemagne**, image populaire du début du XXe siècle.

Charlemagne (Charles Ier le Grand, dit) 747-814 Roi des Francs en 768 et empereur d'Occident en 800. Fils de Pépin le Bref, il devient le seul héritier du royaume à la mort de son frère Carloman en 771. Intelligent et tenace, c'est avant tout un guerrier. Son œuvre de conquérant est immense : 53 campagnes en 46 ans de règne. En Italie, il soumet Didier, roi des Lombards (774). En Germanie, il brise la révolte de Tassilon, duc de Bavière, et après plusieurs campagnes « difficiles et atroces » (Éginhard), triomphe des Saxons commandés par Witikind. Aux populations pacifiées, il impose le christianisme comme religion officielle. En Europe centrale, il repousse les Slaves au-delà de l'Elbe. Ailleurs, sa stratégie est surtout défensive ; elle se caractérise par la formation de *marches*, régions frontières particulièrement défendues et confiées à des gouverneurs (les marquis). C'est ainsi qu'en dépit de l'épisode malheureux de Roncevaux, il conquiert la marche d'Espagne. À l'ouest, il organise la marche de Bretagne ; à l'est, la marche d'Autriche, après l'extermination des Avars. Par ses conquêtes, Charlemagne a reconstitué l'Empire romain d'Occident. Protecteur et propagateur du catholicisme, il est couronné empereur des Romains par le pape Léon III. Grand administrateur, il publie les lois dites *Capitulaires*. Dans les provinces, il délègue ses pouvoirs à des comtes qu'il fait surveiller par des inspecteurs appelés *missi dominici*. Il encourage l'instruction et protège les lettres et les arts, favorisant ainsi la renaissance carolingienne. Il fit d'Aix-la-Chapelle sa capitale, et l'on peut encore y admirer la chapelle palatine où il fut enterré.

Charleroi *207 000 h.* Ville de Belgique (Région wallonne), sur la Sambre. Centre houiller et métallurgique. Les alentours furent le théâtre de violents combats entre Français et Allemands du 21 au 23 août 1914 (*bataille de Charleroi*).

Charles nom de nombreux souverains.

EMPIRE D'OCCIDENT ET SAINT-EMPIRE ROMAIN GERMANIQUE

Charles Ier Voir **Charlemagne**

Charles II Voir **Charles II le Chauve**, roi de France

Charles III le Gros 839-888 Empereur d'Occident de 881 à 887. Fils de Louis le Germanique, roi d'Alémanie de 876 à 882, roi de Germanie en 882, et enfin, régent de France en 884, pendant la minorité de Charles III le Simple. Faible et incapable de défendre l'Empire contre les Normands, il est déposé par les féodaux en 887 à la diète de Tribur.

Charles IV de Luxembourg 1316-1378 Roi de Bohême en 1347, empereur germanique en 1355. Fils de Jean l'Aveugle tué à Crécy en 1346, il est élevé à la cour de France. Devenu empereur, il publie en 1356 la *Bulle d'or* qui fait du Saint Empire romain germanique une institution purement allemande et indépendante du pape. Faute de pouvoir exercer un pouvoir réel sur l'Empire, morcelé en des centaines d'États, il mène une politique d'acquisitions territoriales qui en fait un des princes allemands les plus puissants. Il fonde les universités de Vienne et de Prague (1347).

Charles V ou **Charles Quint** 1500-1558 Roi d'Espagne sous le nom de Charles Ier de 1516 à 1556, empereur germanique de 1519 à 1556. Il est le fils de Philippe le Beau, archiduc d'Autriche qui lui lègue les possessions des Habsbourg, et de Jeanne la Folle, fille de Ferdinand d'Aragon, dont il hérite la Castille, l'Aragon, le royaume de Naples et la Sicile ainsi que les colonies américaines ; il possède un « empire sur lequel le soleil ne se couche jamais ». Prince bourguignon élevé en Flandre, il a le français pour langue maternelle, parlera toujours mal l'allemand et ne découvre l'Espagne qu'à l'adolescence, à la mort de son grand-père Ferdinand. Si fabuleux que soit son héritage, la nécessité de respecter les privilèges locaux, l'absence de tout lien ethnique et la dispersion de ses territoires font de cet immense empire une mosaïque de pays difficiles à gouverner dont l'administration le contraint à d'incessants voyages. Une âpre compétition l'oppose au roi de France pour le titre d'empereur, qu'il obtient finalement de haute lutte en 1519 grâce aux subsides des Fugger. Ambitieux, il rêve alors de fonder l'empire chrétien universel, mais François Ier, malgré son échec de 1519, n'a pas désarmé. Charles Quint le bat et le fait prisonnier à Pavie en 1525, victoire qui n'est nullement décisive : il doit lutter ensuite sur plusieurs fronts contre les alliés de François Ier : le pape Clément VII, Henri VIII d'Angleterre et les princes luthériens d'Allemagne. Interrompue par la trêve de Nice de 1538 à 1540, la guerre se termine par le traité de Crépy-en-Laonnois, en 1544. Elle reprendra en 1547 avec Henri II, mais sans engagements décisifs, et la trêve de Vaucelles interviendra en 1556. Entre-temps, Charles Quint devra se battre alternativement contre les Turcs (avec lesquels la France a conclu une alliance en 1536) et les Barbaresques, d'une part, et, d'autre part, les princes luthériens allemands, auxquels, malgré la victoire de Mühlberg, il doit finalement accorder la paix d'Augsbourg, en 1555. Malade, déçu et découragé, il abdique en 1556 et se retire au monastère de Yuste, où il meurt en 1558. Son fils Philippe II reçoit l'Espagne et les Pays-Bas espagnols (Pays-Bas et Belgique actuels) ; son frère Ferdinand hérite des domaines autrichiens et de la couronne impériale.

Charles Quint.

Charles VI, empereur germanique.

Charles VI 1685-1740 Empereur germanique en 1711. Fils cadet de Léopold Ier, il disputa à Philippe d'Anjou la couronne d'Espagne, mais dut y renoncer et reçut en échange les Pays-Bas, le Milanais, Naples et la Sardaigne. La guerre de succession de Pologne lui coûta Naples et la Sicile. Afin d'assurer le trône à sa fille unique Marie-Thérèse, il promulgua et essaya de faire adopter la *Pragmatique Sanction* qui réglait la loi de succession des territoires de la maison de Habsbourg.

Charles VII Albert 1697-1745 Empereur germanique en 1742 et prince électeur de Bavière en 1726. Fils de Maximilien-Emmanuel, il provoqua la guerre de Succession d'Autriche, à la mort de Charles VI. Grâce à l'appui de la France, il parvint à se faire élire empereur à Francfort en 1742.

ANGLETERRE

Charles Ier 1600-1649 Roi d'Angleterre, d'Écosse et d'Irlande en 1625. Il succède à son père Jacques Ier Stuart. Imbu des doctrines absolutistes, il est en conflit permanent avec le Parlement. Obligé de reconnaître la *pétition du droit* limitant les abus du pouvoir monarchique et poussé par ses ministres Strafford et Laud, il gouverne alors en despote, renvoyant le Parlement en 1629. Il doit de nouveau le convoquer en 1640 ; sa tyrannie soulève une violente opposition de ce *Court Parlement* (il ne siégera que d'avril à mai), qu'il renvoie également. Il se résout à de nouvelles élections. Le *Long Parlement*, constitué en 1640, fait exécuter Strafford en 1641 et le roi doit s'enfuir devant la révolte. C'est le début de la guerre civile entre *Cavaliers* et *Têtes Rondes*. Charles Ier, battu par Cromwell en 1645, se réfugie chez les Écossais, qui le vendront au Parlement anglais. Il sera décapité en 1649.

Charles II 1630-1685 Roi d'Angleterre, d'Écosse et d'Irlande en 1660. Fils de Charles Ier et d'Henriette de France, sœur de Louis XIII, il est rappelé d'exil et restauré par le général Monk, après la mort de Cromwell. Absolutiste comme son père, mais prudent, il évite de heurter le Parlement dont il peut presque se passer, grâce aux subsides de son cousin Louis XIV. Sous son règne sera adoptée la loi de l'*habeas corpus* (1679). Il redonnera à son pays une vie intellectuelle et artistique que le puritanisme et la guerre civile avaient mise à mal.

Charles Ier d'Angleterre, par Van Dyck.

AUTRICHE-HONGRIE

Charles Ier 1887-1922 Empereur d'Autriche et roi de Hongrie (sous le nom de Charles IV) de 1916 à 1918. Succédant à son oncle François-Joseph, il tenta en vain de conclure un armistice avec les Alliés. Après la proclamation de la République autrichienne, il essaya un coup de force en Hongrie qui échoua. Réfugié à Madère avec sa famille, il y mourut tuberculeux dans une pauvreté proche du dénuement.

BOURGOGNE

Charles le Téméraire 1433-1477 Duc de Bourgogne en 1467. À la mort de son père Philippe le Bon, il hérite d'un immense domaine. Ambitieux, il rêve d'une couronne impériale et voudrait annexer la Lorraine et l'Alsace pour unir ses possessions de Bourgogne et des Pays-Bas (Pays-Bas et Belgique actuels). Grâce à l'alliance anglaise, il peut humilier Louis XI à Péronne. En 1472, il ravage la Picardie et en 1474, il impose son protectorat au duc de Lorraine. Mais Louis XI, plus subtil, achète le départ des Anglais et soutient la coalition de plusieurs princes allemands et des Suisses contre Charles le Téméraire. Écrasé par les Suisses à Grandson et à Morat (1476), Charles est vaincu et tué au siège de Nancy.

Charles II, *par Lucas Jordan (musée du Prado, Madrid).*

ESPAGNE

Charles Ier Voir **Charles V** ou **Charles Quint**, empereur germanique.
Charles II 1661-1700 Roi d'Espagne et de Sicile en 1665, fils de Philippe IV et de Marie-Anne d'Autriche. Faible et maladif, il abandonne le pouvoir à des favoris qui précipitent la décadence de l'Espagne. Son testament en faveur du duc d'Anjou, petit-fils de Louis XIV, déclenchera la guerre de Succession d'Espagne entre la France et l'Autriche.
Charles III 1716-1788 Roi d'Espagne. Duc de Parme en 1731 et roi de Naples en 1738, il devient roi d'Espagne en 1759. Fils de Philippe V, il est le troisième souverain espagnol de la maison de Bourbon. Son règne de despote éclairé sera marqué par d'importantes réformes politiques et économiques.
Charles IV 1748-1819 Roi d'Espagne de 1788 à 1808. Fils de Charles III, il règne sous l'influence de son épouse Marie-Louise de Parme et du favori de cette dernière, Godoy. Il fait de l'Espagne le satellite de la France contre l'Angleterre, mais le désastre de Trafalgar ruine tous ses plans. Les troupes napoléoniennes envahissent l'Espagne ; à Aranjuez, où se sont réfugiés la famille royale et le favori, une révolte éclate, le roi destitue Godoy et abdique au porfit de son fils Ferdinand. À Bayonne, en 1808, Napoléon obtient l'abdication du fils, puis celle du père en faveur de son frère Joseph. Charles IV meurt à Rome, sans être remonté sur le trône où son fils Ferdinand VII lui succèdera en 1814.

FRANCE

Charles Martel 685 ?-741 Maire du palais de Neustrie et d'Austrasie en 714. Fils de Pépin d'Héristal, guerrier énergique, il reconstitue l'unité du royaume franc en soumettant l'Aquitaine, la Provence et la Bourgogne. Il s'illustre à Poitiers en 732 en refoulant les Arabes de l'émir Abd al-Rahman, gagnant ainsi la reconnaissance du pape. Diplomate avisé, Charles Martel prépara le changement de dynastie que son fils Pépin le Bref allait réaliser.
Charles Ier Voir **Charlemagne**
Charles II le Chauve 823-877 Roi de France en 843 et empereur d'Occident en 875. Fils de Louis Ier le Pieux, il guerroie contre ses frères Louis le Germanique et Lothaire et signe en 843 le traité de Verdun qui consacre le partage de l'Empire entre les trois frères, obtenant la partie occidentale du territoire. Il fait front aux invasions normandes et, par le traité de Quierzy-sur-Oise en 877, officialise la féodalité en reconnaissant aux descendants de ses vassaux un droit héréditaire sur leurs terres.
Charles III le Simple 879-929 Roi de France de 898 à 923. Fils de Louis II le Bègue. Il voit ses droits reconnus par les grands en 893, mais ne gouverne effectivement qu'à partir de 898, date à laquelle meurt Eudes, comte de Paris, qui appartient à une famille rivale. S'il réussit à s'emparer de la Lorraine, il doit céder par le traité de Saint-Clair-sur-Epte (911) la Normandie au chef des Normands, Rollon. Vaincu par le neveu d'Eudes, Hugues le Grand, il est emprisonné à Péronne où il meurt.
Charles IV le Bel 1294 ?-1328 Roi de France et de Navarre en 1322. Troisième fils de Philippe le Bel, il est le dernier roi de la branche directe des Capétiens. À l'intérieur, il doit lutter contre la réaction féodale ; à l'extérieur, il combat contre les Anglais en Guyenne.
Charles V le Sage 1338-1380 Roi de France en 1364. Pendant la régence qu'il assure durant la captivité de son père, Jean II le Bon, de 1356 à 1360, la France connaît une période assombrie par la Jacquerie, la peste noire et les intrigues de Charles le Mauvais, roi de Navarre. Devenu roi, il pacifie le royaume, réorganise les finances, reconstitue l'armée et reconquiert, avec l'aide de Du Guesclin, une partie de la France sur les Anglais. Lettré, protecteur des arts, il fonde la Bibliothèque royale et embellit le Louvre.
Charles VI le Bien-Aimé ou **le Fou** 1368-1422 Roi de France en 1380. Fils de Charles V et de Jeanne de Bourbon, il est d'abord placé sous la tutelle de ses oncles, les ducs d'Anjou, de Bourgogne, de Berry et de Bourbon, qui mettent le Trésor au pillage. En 1388, il confie aux anciens conseillers de Charles V, les Marmousets, une tentative de redressement à laquelle met fin un accès de folie en 1392. La rivalité des Armagnacs et des Bourguignons, qui déchire le royaume, permet à Henri V d'Angleterre de reprendre les hostilités. L'armée française est battue à Azincourt (1415) ; la Normandie est occupée par les Anglais. Cette période constitue, pour la France, le moment le plus sombre de la guerre de Cent Ans, marqué par le désastreux traité de Troyes (1420) qui, avec l'appui de la reine Isabeau, déshérite le dauphin, reconnaît Henri V comme héritier de la couronne de France et lui confie la régence.

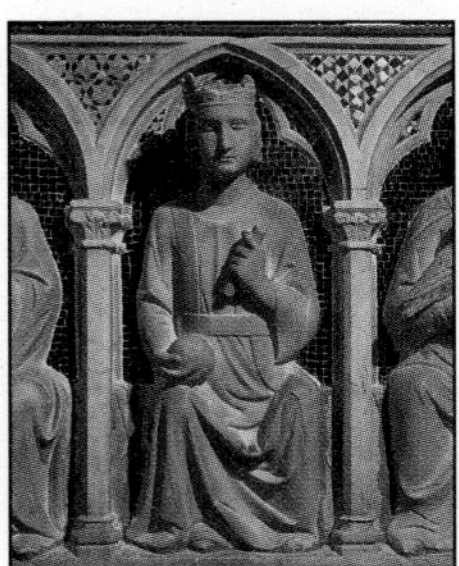

Charles Martel.

Charles VII le Victorieux.

Charles VII le Victorieux 1403-1461 Roi de France en 1422. Fils de Charles VI et d'Isabeau de Bavière, il se réfugie à Bourges en 1418 et se proclame régent du royaume, refusant de reconnaître le traité de Troyes (1420) qui le déshérite. Mais mal conseillé, sans argent ni armée, il ne peut rien entreprendre. La reconquête résulte d'un sursaut national symbolisé par Jeanne d'Arc. Sacré à Reims en 1429, il est le seul roi légitime, légitimité que confirme le ralliement du duc de Bourgogne en 1435. Paris est repris en 1436 et la victoire de Formigny libère la Normandie en 1450. En 1453, les Anglais, battus à Castillon (Gironde), sont chassés de France. Ils ne conservent que Calais. De sages conseillers procèdent à la remise en ordre du royaume. Les finances sont assainies tandis que Jacques Cœur met sur pied l'une des premières organisations bancaires et commerciales que la France ait connue. La création des compagnies d'ordonnance et des francs archers jette les bases d'une armée de métier soumise au pouvoir royal. Enfin, la *Pragmatique Sanction* de Bourges place l'Église sous la dépendance royale.
Charles VIII 1470-1498 Roi de France en 1483. Fils de Louis XI et de Charlotte de Savoie, il devient roi à treize ans alors que la régence est exercée avec sagesse par sa sœur Anne de Beaujeu. Celle-ci le marie à Anne de Bretagne (1491) ; cette région deviendra française. Rêvant d'exploits chevaleresques, il veut faire valoir ses droits sur le royaume de Naples. Pour y parvenir, il achète la neutralité de l'Autriche en lui cédant l'Artois et la Franche-Comté, celle de l'Aragon en lui donnant la Cerdagne et le Roussillon. D'abord payée de succès, son expédition en Italie s'achève par son couronnement comme roi de Naples en 1495, mais l'Autriche et l'Aragon coalisent les princes italiens contre lui ; il rentre en France cette même année. Il meurt accidentellement à Amboise.
Charles IX 1550-1574 Roi de France en 1560, fils d'Henri II et de Catherine de Médicis. Timide et renfermé, il continue à gouverner sous la tutelle de sa mère alors qu'il a atteint la majorité. Tout son règne est troublé par les guerres de Religion. Sous l'influence du huguenot Gaspard de Coligny, il semble vouloir s'émanciper, mais Catherine, inquiète de la possible montée en puissance du parti réformé, se rapproche des Guise qui la persuadent de l'imminence d'une révolte des huguenots. Charles IX, malgré sa répugnance, ordonne l'assassinat de Coligny et de plusieurs autres chefs protestants, assassinat qui tourne au massacre : le jour de la Saint-Barthélemy, la populace catholique parisienne, fanatisée par la Ligue, fera des milliers de victimes protestantes.
Charles X 1757-1836 Roi de France de 1824 à 1830. Fils du dauphin Louis et de Marie-Josèphe de Saxe, il est le petit-fils de Louis XV et succède à ses deux frères Louis XVI et Louis XVIII. En 1789, portant alors le titre de comte d'Artois, il émigre dès juillet et participe activement à la contre-révolution extérieure. De retour en France en 1814, considéré comme le chef de file de la droite ultraroyaliste, il s'oppose à tout libéralisme constitutionnel et ne cache pas sa nostalgie pour l'Ancien Régime. Devenu roi, il favorise la politique de réaction de ses ministres successifs Villèle, Martignac et Polignac. Après la victoire de l'opposition libérale aux élections de juillet 1830, Charles X, pour imposer sa politique, publie les *quatre ordonnances de Saint-Cloud*, qui déclenchent à Paris l'insurrection des Trois Glorieuses de juillet 1830. Le roi abdique en faveur de son fils, le duc de Bordeaux, qui abdique aussitôt en faveur du jeune comte de Chambord, fils posthume du duc de Berry. Il se réfugie à Prague, puis à Görz, aujourd'hui Gorizia, où il meurt.

NAPLES

Charles Ier d'Anjou 1227-1285 Frère de Saint Louis, il participe à la VIIe croisade. Roi de Naples et de Sicile en 1266, il provoque la révolte des Siciliens par son ambition et ses exigences fiscales. Il perdra la Sicile en 1282 à la suite de la révolte des *Vêpres siciliennes*.
Charles II d'Anjou le Boiteux v. 1254-1309 Comte de Provence et roi de Naples en 1285. Fils du précédent, il ne parvint pas à reconquérir la Sicile.
Charles III, dit **Charles de Duras** ou **de Durazzo** 1345-1386 Roi de Naples (1381) et de Hongrie (1385). Fils adoptif de la reine Jeanne de Naples, il la fit assassiner et fut assassiné à son tour sur ordre de la veuve du roi de Hongrie Louis Ier.

NAVARRE

Charles Ier Voir **Charles IV le Bel**
Charles II le Mauvais 1332-1387 Roi de Navarre en 1349. Petit-fils de Louis X, fils de la reine de Navarre, il prétend au trône de France. Vaincu par Du Guesclin à Cocherel, il se soumet à Charles V au traité de Pampelune en 1364.
Charles III le Noble 1361-1425 Roi de Navarre en 1387. Fils de Charles II le Mauvais, il se réconcilia avec les Valois, ce qui lui permit d'obtenir le duché de Nemours et le titre de pair.

PORTUGAL

Charles Ier 1863-1908 Roi du Portugal en 1889. Succédant à son père Louis Ier, il essaya de faire cesser l'anarchie politique en s'appuyant sur João Franco. Il fut assassiné au même moment que le prince héritier Louis-Philippe.

ROUMANIE

Charles Ier ou **Carol Ier** 1839-1914 Prince (1866) puis roi (1881) de Roumanie. Élu prince de Roumanie, il se rendit indépendant de l'empire ottoman en 1878 et resta neutre aux premiers mois de la Première Guerre mondiale.

Charles II ou **Carol II** 1893-1953 Roi de Roumanie de 1930 à 1940. Alors qu'il avait renoncé à ses droits au trône en faveur de son fils, il revint sur sa décision en 1930 et imposa (1938) une Constitution autoritaire à son pays, mais son impopularité et les pressions allemandes et soviétiques le contraignirent, en 1940, à l'abdication en faveur de son fils Michel.

SUÈDE

Charles X ou **Charles-Gustave** 1622-1660 Roi de Suède en 1654, suite à l'abdication en sa faveur de sa cousine Christine; il guerroya contre la Pologne et le Danemark.

Charles XI 1655-1697 Roi de Suède en 1660. Fils de Charles X, il signe avec le Danemark la paix de Lund (1679). Il instaure dans son pays une véritable monarchie absolue, en réduisant le pouvoir de l'aristocratie et en réorganisant l'Église et l'Université (fondation de l'université de Lund).

Charles XII 1682-1718 Roi de Suède en 1697. Grand guerrier, mais politique imprudent, il va précipiter la décadence suédoise. Après avoir écrasé les Danois et les Russes en 1700, il détrône le roi de Pologne et donne la couronne à son protégé Stanislas Leczinski. Vaincu par les Russes à Poltava en 1709, il se réfugie chez les Turcs. En 1714, il rentre en Suède et reprend la lutte. Mais il est tué en 1718 au siège de Fredrikshald, en Norvège.

Charles XIII 1748-1818 Roi de Suède en 1809, roi de Norvège en 1814. Sans enfant, il choisit Bernadotte comme successeur.

Charles XIV Voir **Bernadotte**

Charles XV 1826-1872 Roi de Suède de 1859 à 1872. Petit-fils de Charles XIV, il donne au pays un régime constitutionnel en 1865.

***Charles X**, roi de Suède.*

Charles XVI Gustave (1946) Actuel roi de Suède; en 1973, il a succédé à son grand-père Gustave VI Adolphe.

Charles (Jacques Alexandre César) 1746-1823 Physicien français qui appliqua le premier l'utilisation de l'hydrogène aux aérostats. Il énonça une loi, qui porte son nom, sur le rapport constant entre la température et la pression d'un gaz à volume constant. Son épouse, **Julie Françoise Bouchard des Hérettes** (1782-1817), fut célébrée par Lamartine sous le nom d'*Elvire*.

Charles (Ray Robinson, dit **Ray)** 1932 Chanteur, pianiste et compositeur de jazz américain. D'abord accompagnateur de musiciens de blues, il accède au rang de vedette internationale à partir des années 1950, en mettant sa voix au service d'un vaste répertoire de musiques noires-américaines (gospels, blues, soul): *What'd I say (1959)*, *Hit the Road, Jack* (1961).

Charles-Albert 1798-1849 Roi de Piémont-Sardaigne de 1831 à 1849. Profitant du contrecoup de la révolution qui avait éclaté en février 1848 à Paris, et dont le mouvement se propageait en Europe, il essaya, après avoir accordé une Constitution dans ses États, de débarrasser l'Italie de l'occupation autrichienne. Après un premier succès en Lombardie, il perdit les batailles de Custozza (1848) et de Novare (1849). Abdiquant alors en faveur de son fils Victor-Emmanuel II, il laissa à ce dernier la tâche de reprendre le combat pour l'unité italienne.

Charles de Blois ou **de Châtillon** 1319?-1364 Duc de Bretagne de 1341 à 1364. Prétendant au duché de Bretagne, il épousa en 1337 l'héritière, Jeanne de Penthièvre. S'il parvint à faire reconnaître ses droits par la France (1341), il dut mener en Bretagne la guerre de Succession contre Jean de Montfort. Vaincu, il fut tué à Auray par Jean IV de Bretagne.

Charles de Habsbourg 1771-1847 Archiduc d'Autriche. Général de valeur, il participe à toutes les guerres de la Révolution et de l'Empire. Il remporte quelques succès en Allemagne contre Jourdan et Moreau (1796-1797), mais il doit s'incliner devant Masséna à Zurich (1799) et devant Napoléon à Wagram (1809).

Charles d'Orléans 1394-1465 Poète français. Duc d'Orléans, petit-fils de Charles V et père de Louis XII, il est fait prisonnier à Azincourt (1415). De retour à Blois, après une captivité de vingt-cinq ans en Angleterre, il compose des ballades et des rondeaux en style allégorique, qui en font le principal poète de son temps avec François Villon.

Charles Édouard Stuart, dit **le Prétendant** ou **le comte d'Albany** 1720-1788 Prince écossais, prétendant au trône de Grande-Bretagne et d'Irlande. Après une brillante campagne menée avec l'aide de la France, il est vaincu à Culloden (1746), regagne la France, en est expulsé et s'exile en Italie.

Charles-Emmanuel Ier le Grand 1562-1630 Duc de Savoie (1580), il intervient aux côtés de la Ligue pendant les guerres de religion, se réconcilie avec la France (en la personne d'Henri IV) et ne parvient pas à se faire élire empereur.

*Une rue de **Charleston**, qui inspira une des scènes les plus célèbres de* Porgy and Bess.

Charles-Emmanuel II 1634-1675 Duc de Savoie (1638). L'alliance française, maintenue, lui vaut un règne paisible.

Charles-Emmanuel III 1701-1773 Duc de Savoie et roi de Sardaigne (1730). Bon administrateur, il est à l'origine d'un important développement économique.

Charles-Emmanuel IV 1751-1819 Roi de Sardaigne (1796-1802), il est chassé de Savoie par Grouchy et abdique en faveur de son frère Victor-Emmanuel Ier.

charleston n. m. Danse très vive, d'origine américaine, introduite en France vers 1925 par Joséphine Baker.

Charleston *57 000 h.* Ville des États-Unis, capitale de la Virginie-Occidentale. Centre administratif et industriel (charbon, gaz naturel, verre, chimie).

Charleston *80 000 h.* Ville des États-Unis, en Caroline du Sud, sur l'Atlantique. Le port, entouré d'usines métallurgiques et chimiques, est un centre industriel actif. Il fut un important foyer de résistance pendant la guerre de Sécession.

Charleville-Mézières *57 000 h.* Chef-lieu du département des Ardennes, sur la Meuse. Industries. Place Ducale (XVIIe siècle). Maison natale de Rimbaud. Institut international de la marionnette (festival annuel).

Charlevoix (François-Xavier de) 1682-1761 Jésuite français. Il écrivit une *Histoire et description générale de la Nouvelle-France* (1744), qu'il avait explorée ainsi que la vallée du Mississippi en 1720-1722.

Charlier (Jean-Michel) 1924-1989 Scénariste de bandes dessinées belge. Il a écrit de nombreux scénarios pour divers dessinateurs et créé une vingtaine de héros aux aventures multiples: Buck Danny (1947), jeune capitaine de l'US Air Force, comme le lieutenant Blueberry (1963), soldat déserteur lors de la guerre de Sécession, font revivre la mythologie américaine.

charlot n. m. Fam. Homme incompétent, peu sérieux, sur qui on ne peut pas compter.

Charlot Personnage créé par Charlie Chaplin en 1914 et qui donne son nom à de nombreux courts-métrages qu'il interpréta: *Charlot danseur* (1914), et réalisa: *Charlot garçon de café* (1914), *Charlot pompier* (1915), *Charlot curiste* (1917), *Charlot soldat* (1918). Le personnage demeura inchangé dans les longs métrages; sa dernière apparition sera dans *Les Temps modernes* (1936).

charlotte [1] n. f. Entremets constitué d'une préparation de crème épaisse (crème anglaise) au café ou au chocolat entourée de biscuits à la cuiller. *Dans la charlotte, on peut remplacer la crème par des fruits (pêches, abricots, poires…).*

charlotte [2] n. f. Coiffure féminine au bord orné de dentelle froncée et de rubans.

Charlotte de Belgique 1840-1927 Impératrice du Mexique. Fille de Léopold Ier de Belgique, elle perdit la raison après la mort de son époux l'archiduc Maximilien, empereur du Mexique exécuté à Queretaro (1867).

Charlotte de Nassau 1896-1985 Grande duchesse de Luxembourg de 1919 à 1964. Elle abdiqua en faveur de son fils Jean.

***Charlotte** aux marrons et au chocolat.*

Le condor, rapace sud-américain, est un **charognard**.

Charlotte-Élisabeth de Bavière, dite *La Palatine* 1652-1722 Princesse palatine, deuxième femme de Philippe, duc d'Orléans, frère de Louis XIV. Sa correspondance, qui décrit avec crudité les mœurs du Grand Siècle, a une grande valeur littéraire et documentaire.

charmant, e adj. Qui charme, a du charme. *Le prince charmant, personnage de contes de fées.* / (Par antiphrase) Déplaisant. *Être venu pour entendre des reproches, c'est charmant !*

charme [1] n. m. Attrait, séduction exercés par qqn ou qqch. *Avoir du charme.* / Enchantement, sortilège. *Jeter un charme sur qqn.* / Fig. *Faire du charme* : tenter de séduire à tout prix.

charme [2] n. m. BOT. Arbre de la famille des bétulacées, à feuilles ovales dont le bois blanc et dur est utilisé en charronnage. *Un bois de charmes. Une haie de charmes.*

Charm el-Cheikh Localité égyptienne, au sud du Sinaï, où se sont tenues de nombreuses réunions entre Israël et l'autorité palestinienne pour tenter de faire avancer le processus de paix.

charmer v. t. [1] Vx Exercer l'action magique d'un charme, d'un sortilège. / Ravir par son charme, son pouvoir de séduction. *Un artiste qui sait charmer le public.* / (Dans une formule de courtoisie) *Je suis charmé de faire votre connaissance,* j'en suis heureux, ravi.

Charmettes (Les) Hameau de la commune de Chambéry où Jean-Jacques Rousseau résida lors de son séjour chez Mme de Warens, de 1736 à 1742. En hommage à l'auteur des *Confessions*, la maison a été transformée en musée.

charmeur, euse n. et adj. Qui fait du charme. *Méfiez-vous de lui, c'est un charmeur.* / adj. *Parler sur un ton charmeur.*

charmille n. f. Allée bordée de charmes, ou d'arbres différents, taillés en berceau. *Se promener sous la charmille.*

charnel, elle adj. Qui concerne la chair, l'attrait sexuel. *Désir charnel.*

charnellement adv. De façon charnelle.

charnier n. m. Endroit où sont entassés des cadavres sans sépulture.

charnière n. f. Appareil composé de deux pièces, généralement en métal, mobiles et enclavées l'une dans l'autre, autour d'un axe commun. *Charnières d'une fenêtre.* / En philatélie, petit élément de papier gommé qui sert à fixer les timbres-poste dans un album. / GÉOL. Point de jonction des deux flancs d'un pli. / Fig. Jonction, transition. *À la charnière de deux âges.*

charnu, e adj. De chair, bien en chair. *Des lèvres charnues.* / Pulpeux. *Un fruit charnu.*

charognard Fig., péjor. n. m. Animal qui se nourrit de charognes. / Péjor. Personne qui tire profit du malheur d'autrui.

charogne n. f. Cadavre d'un animal en putréfaction. / Fig. fam. Mot d'injure à l'adresse d'une personne parfaitement odieuse. *Tais-toi, charogne !*

charolais, aise adj. et n. Du Charolais. / n. m. Bœuf à robe blanche du Charolais ; viande de ce bœuf. *Un steak de charolais.*

Charolais Région de Bourgogne, au sud du Morvan. Situées sur la bordure orientale du Massif central, collines et plaines liasiques sont surtout consacrées à l'embouche (*bœufs du Charolais*).

Charon MYTH. GR. Nocher des Enfers. Les âmes devaient lui verser une obole pour passer le Styx et atteindre le royaume des morts.

Charonton, Charton Voir **Quarton**

Charpak (Georges) 1924 Physicien français d'origine polonaise. Chercheur au Cern, il a imaginé et mis au point un type de détecteur (détecteur multifils) permettant de reconstituer en temps réel la trajectoire d'une particule élémentaire.

charpente n. f. Assemblage de pièces de bois ou de métal formant l'armature d'une construction. / Par anal. Squelette. *Avoir une bonne charpente.* / Fig. Plan, structure. *La charpente d'un roman.*

charpenter v. t. [1] Tailler (des éléments de charpente). / Fig. Bâtir, agencer (une œuvre de l'esprit). *Charpenter un roman.* / (au pp.) Fig. *Être bien charpenté*, robuste et bien bâti.

charpentier n. m. Ouvrier, artisan qui fait des charpentes.

Charpentier (Marc Antoine) 1643-1704 Compositeur français. Malgré une œuvre immense par la quantité (plus de 500 compositions) et par la qualité, il tomba dans l'oubli jusque dans les années 1950. Aujourd'hui considéré comme un des grands maîtres de la musique française du XVIIe siècle, notamment religieuse (*Te Deum, Leçons et Répons de ténèbres*), il se révèle novateur à plus d'un titre : choix de la polyphonie au lieu de la monodie, introduction de la cantate en France, création de l'opéra chrétien. Il fut avec Lully le musicien de Molière (puis de la Comédie française).

Charpentier (Gustave) 1860-1956 Compositeur français. Élève de Massenet, il connaît un premier succès avec *Les Impressions d'Italie* (1891), une suite pour orchestre. Avec l'opéra *Louise* (1900), qualifié de « roman musical », il impose son style lyrique réaliste.

charpie n. f. Anc. Filaments de toile usée qui servaient autrefois comme pansements. / *Mettre en charpie* : déchiqueter.

Vaches **charolaises**.

charretée n. f. Charge que peut transporter une charrette. / Fig., fam. Grande quantité.

charretier, ère n. et adj. Personne conduisant une charrette. / adj. *Voie charretière*, accessible aux charrettes.

charrette n. f. **I.** Voiture à deux roues avec deux ridelles pour transporter les gros fardeaux. *Charrette anglaise* : petite voiture à deux roues, découverte. / Fam. Ensemble de personnes licenciées simultanément, ou qu'on exclut. *Faire partie de la charrette.* **II.** Arg. Dans le langage des élèves de l'École nationale supérieure des beaux-arts, tâche urgente à exécuter dans des délais très rapides, pour présenter son travail à un examen. / adj. inv. *Être charrette* : être pressé, en retard.

charriage n. m. GÉOL. Transport latéral de masses de terrains sous l'effet d'une poussée tectonique. / *Nappes de charriage* : roches sédimentaires déversées en couvertures sur d'autres plis.

charrier v. t. / v. i. [1] **A.** v. t. Transporter (qqch.) en charrette ; transporter (qqch.). *Charrier du fourrage.* / Emporter dans son flux. *La rivière charrie des troncs d'arbre.* / Fig., pop. *Charrier qqn*, révéler ses travers dérisoires, s'en moquer. **B.** v. i. Fig. fam. Exagérer. *Arrête, tu charries !*

charroi n. m. Transport par chariot, par charrette.

charron n. m. Artisan qui fabrique et répare des charrettes.

Charron (Pierre) 1541-1603 Moraliste français. Ses *Livres de la sagesse* (1601) sont directement inspirés des *Essais* de Montaigne. Vantant les mérites de la raison au risque de passer, à tort, pour un athée, il y prêche la tolérance religieuse.

charronnage n. m. Métier du charron.

charroyer v. t. [1] Transporter sur un tombereau, une charrette, un chariot.

charrue n. f. Instrument agricole, servant au labourage, composée d'un soc, attaché à des brancards et traîné par un tracteur, ou un animal. / Fig. *Mettre la charrue devant (avant) les bœufs* : débuter par où l'on devrait finir.

charte n. f. Écrit solennel par lequel sont reconnus des droits, des privilèges, etc. *La Grande Charte de 1215 codifie les libertés anglaises.* / Constitution donnée par un roi à son peuple. *Louis XVIII a octroyé la Charte de 1814.* / Corps de lois et de principes fondamentaux. *La Charte des Nations unies.*

charter n. m. (mot anglais) Avion affrété par un groupe de personnes, ce qui permet de réduire le coût du billet individuel.

chartes (École nationale des) École d'enseignement supérieur fondée en 1821 et qui enseigne la paléographie, l'archéologie, le classement des bibliothèques, etc. Elle a été installée à la Sorbonne en 1897.

Le couvent de **la Grande-Chartreuse**.

Chartier (Alain) 1385?-1433? Écrivain français surnommé le « Père de l'éloquence française ». Si, comme poète, il reste fidèle au goût des allégories, vif à la fin du Moyen Âge (*Le Livre des quatre dames*, 1415), il est l'un des premiers écrivains politiques de la littérature française : *Le Quadrilogue invectif* (1422), *Le Traité de l'espérance* (1429). *Le Curial* est une des premières satires de l'homme de cour.

C

chartisme n. m. HIST. Mouvement réformiste anglais, entre 1837 et 1848, qui prônait des réformes sociales et l'instauration du suffrage universel.

chartiste n. Élève de l'École nationale des chartes.

Chartres *40 350 h.* Chef-lieu de l'Eure-et-Loir, sur l'Eure. Marché agricole de la Beauce, Chartres s'est industrialisé, profitant de la décentralisation parisienne. Cathédrale gothique Notre-Dame construite de 1194 à 1225 ; son clocher, construit au XVIe siècle, est la plus haute flèche de France. Collection unique de vitraux du XIIIe siècle. Ce chef-d'œuvre attire les pèlerins (pèlerinage annuel de la Vierge).

chartreuse n. f. Monastère de chartreux. / Dans le sud-ouest de la France, petite maison de campagne. / Liqueur à base de plantes fabriquée par les chartreux.

Chartreuse (la Grande-) Monastère fondé en 1084 par saint Bruno, près de Grenoble, dans le massif de la Grande-Chartreuse qui a donné son nom à l'édifice ainsi qu'à l'ordre des chartreux. Le monastère a été reconstruit au XVIIe siècle.

Chartreuse de Parme (la) 1839 Roman de Stendhal. La « chasse au bonheur » que mène le séduisant personnage Fabrice del Dongo, en proie aux intrigues d'une cour conservatrice, à l'époque de la Restauration, s'incarne dans les traits sublimes de Clélia Conti. Elle se mariera, aimera Fabrice d'amour adultère, mourra et Fabrice deviendra chartreux. La tante de Fabrice, Gina Sanseverina, et son mari, le comte Mosca, ministre du prince Ranuce-Ernest, sont des personnages déterminants.

chartreux [1] n. m. Religieux de l'ordre contemplatif fondé par saint Bruno, dont le mode de vie est un moyen terme entre l'érémitisme (solitude) et le cénobitisme (vie en communauté).

chartreux [2] n. m. Chat à poil gris cendré.

chartrier n. m. Lieu où sont conservées les chartes ; recueil de chartes. / Anc. Personne qui conservait les chartes.

Charybde MYTH. GR. Gouffre périlleux qui était situé dans le détroit de Sicile, en face d'un écueil appelé Scylla. De cette proximité de dangers vient l'expression « tomber de Charybde en Scylla » : n'éviter un péril que pour en affronter un autre, encore pire.

chas n. m. Trou d'une aiguille à coudre, par lequel on fait passer le fil.

Chase (René Brabazon Raymond, dit **James Hadley)** 1906-1985 Romancier britannique, auteur de romans « noirs » (plus de 80 ouvrages) d'une grande violence. Le premier, *Pas d'orchidées pour miss Blandish* (1939), lui valut une renommée immédiate.

Chasles (Michel) 1793-1880 Mathématicien français, membre de l'Institut, auteur d'importants travaux de géométrie projective.

Scène de **chasse** décorant une assiette (XVIIᵉ siècle).

chasse n. f. Action de chasser. *Plaisir de la chasse. La chasse de la lionne pour nourrir ses lionceaux.* / *Chasse à courre*: chasse pratiquée par des cavaliers assistés par une meute de chiens qui forcent la bête avant sa mise à mort. / *Chasse à tir*: chasse à pied pratiquée par un chasseur armé d'un fusil et assisté d'un chien. / Ensemble des chasseurs. *Laissez passer la chasse du roi!* / Lieu réservé à cette activité. *Avoir une chasse en Sologne.* / Gibier capturé. *Faire bonne chasse.* Par anal. Action de poursuivre qqn pour le capturer. *Chasse à l'homme rondement menée.* / Recherche assidue de qqch. *Chasse au trésor.* / MILIT. *Avion de chasse*, conçu pour le combat et la destruction des avions ennemis en vol. / TECHN. *Chasse d'eau*: dispositif d'écoulement des eaux destiné à vidanger une cuvette de W.-C. / IMPR. Excédent du volume de composition d'un texte imprimé.

châsse n. f. Coffre où l'on garde les reliques d'un saint.

chasse-clou n. m. Poinçon employé pour enfoncer les têtes de clou dans l'épaisseur du bois afin de les y noyer. *Des chasse-clous.*

chassé-croisé n. m. CHORÉGR. Figure par laquelle les deux partenaires passent tour à tour l'un devant l'autre. / Fig. Échange simultané de places ou de situations entre deux personnes. / Ensemble de démarches, d'allées et de venues, n'aboutissant à aucun résultat. Pl. Des *chassés-croisés.*

chasséen, enne adj. et n. m. PRÉHIST. Qui concerne une période du Néolithique moyen (4000 ans av. J.-C.) où apparaît le travail de la céramique décorée de motifs géométriques abstraits. / n. m. Ce faciès.

chasse-goupille n. m. Outil avec lequel on sort une goupille de son logement. *Des chasse-goupilles.*

chasselas n. m. Cépage produisant des raisins de table blancs, qui doit son nom à Chasselas, village de Saône-et-Loire.

chasse-mouches n. m. inv. Éventail servant à chasser les mouches.

chasse-neige n. m. inv. Véhicule spécialisé qui dégage la neige des routes pour les rendre praticables à la circulation. / SPORT Position des skis où les pointes convergent dans le but de freiner.

chasse-pierres n. m. inv. Appareil fixé à l'avant d'une locomotive pour chasser les pierres qui pourraient se trouver sur la voie.

chassepot n. m. (du nom de l'inventeur) Fusil utilisé par l'armée française de 1866 à 1874.

chasser v. t. / v. i. [1] **A.** v. t. Prendre en chasse (un animal). *Chasser le lièvre.* / Contraindre (qqn) à quitter un lieu. / Repousser, dissiper. *Chasser l'ennui.* **B.** v. i. Déraper.

chasseresse n. f. et adj. Litt. En train de chasser, chasseuse. *Statue de Diane chasseresse, déesse romaine de la chasse.*

Chassériau (Théodore) 1819-1856 Peintre français, élève d'Ingres dont il adopta d'abord la manière avant de s'en défaire. Il donna des portraits, *Lacordaire* (1840), *Les Deux Sœurs* (1843), et, à la suite d'un voyage en Algérie (1846), des compositions d'un orientalisme délicat: *La Toilette d'Esther* (1841). Il pratiqua également la peinture murale (église Saint-Merri, Cour des Comptes).

chasse-rivet n. m. Chasse-clou dont la partie inférieure est creusée pour recevoir la tête du clou à river.

chasse-roue n. m. Borne de pierre ou pièce métallique protégeant du choc des roues des véhicules les côtés d'une porte cochère. Pl. Des *chasse-roues.*

châsses n. f. pl. Arg. Yeux.

chasseur, euse n. Personne qui pratique la chasse. / Fig. Celui qui recherche ardemment quelque chose. *Chasseur d'autographes.* / *Chasseur de têtes*: professionnel qui se charge du recrutement des cadres pour le compte des sociétés qui font appel à ses services. / Dans l'hôtellerie ou la restauration, groom en livrée faisant office de portier ou de coursier. / AÉRON. Avion spécialisé dans le combat aérien; pilote de cet avion. / MILIT. Soldat appartenant à certains corps d'infanterie ou de cavalerie. *Chasseur alpin.* / MAR. Navire de guerre spécialisé. *Chasseur de sous-marins. Chasseur de mines.*

chassie n. f. Production jaunâtre et gluante qui se dépose aux coins des paupières.

chassieux, euse adj. De la chassie; plein de chassie. *Sécrétion chassieuse. Des yeux chassieux.*

châssis n. m. Encadrement en bois ou en métal qui entoure et supporte qqch. *Châssis d'une porte*, d'une fenêtre. / MÉCAN. Partie d'un véhicule, d'une machine, composée d'un cadre qui supporte le moteur. / IMPRIM. Cadre métallique qui servait à imposer texte et clichés. / PHOTO. Cadre qui contient la plaque sensible d'un appareil de prise de vues; cadre qui sert au tirage d'une épreuve.

chaste adj. Qui pratique la chasteté. / Sans désir sexuel, sans érotisme. *Un regard chaste.*

chastement adv. De manière chaste.

chasteté n. f. Vertu pratiquée par celui, celle qui s'abstient de plaisirs sexuels jugés illicites, immoraux. *La chasteté dans le mariage.* / Comportement de celui, celle qui pratique cette vertu. / *Vœu de chasteté*: vœu de continence prononcé par les religieux et les religieuses, et les prêtres catholiques de rite latin.

chasuble n. f. LITURG. CATHOL. Vêtement sacerdotal, ample et sans manches, que porte le prêtre par-dessus l'aube pour célébrer la messe.

chat, chatte n. Petit mammifère carnivore de la famille des félidés, à pelage soyeux, au museau court et arrondi, aux oreilles triangulaires et aux griffes rétractiles, dont une espèce a été domestiquée. *Le chat miaule. Un chat de gouttière. Un chat sauvage.* «*Les chats sont très intéressants. Ils ont un étonnant sens de l'humour, et à la différence des chiens, on ne peut pas les gêner ou les humilier en se moquant d'eux*» (Raymond Chandler). / Fig. et fam. *Vivre comme chien et chat*: se disputer perpétuellement. / *Jouer au chat et à la souris*: se cacher l'un de l'autre, tout en s'épiant. / *Donner sa langue au chat*: renoncer à deviner qqch et attendre d'être éclairé à son sujet. / *Avoir un chat dans la gorge*: être enroué. / *Appeler un chat un chat*: dire les choses telles qu'elles sont, sans détours. / *Avoir d'autres chats à fouetter*: avoir autre chose, plus importante, à faire. / Terme affectueux. *Mon petit chat.*

La **châtaigne**, le fruit du **châtaignier**.

châtaigne n. f. Fruit comestible du châtaignier, contenu dans une bogue épineuse.

châtaigneraie n. f. Plantation de châtaigniers.

châtaignier n. m. BOT. Arbre des régions tempérées, aux feuilles dentées oblongues, dont le fruit est la châtaigne. *Le châtaignier mesure une trentaine de mètres de haut et peut vivre plusieurs siècles.*

châtain, e adj. et n. Couleur de châtaigne, brun clair. *Cheveux châtains.* / Subst. *C'est un(e) châtain(e).* / n. m. *Quelle différence entre ce châtain foncé et un marron clair?*

chataire Voir **cataire**

Chat botté (le) 1697 Conte de Charles Perrault, illustrant le triomphe de l'ingéniosité sur la puissance et la fortune.

château n. m. Résidence seigneuriale ou royale, au Moyen Âge, le plus souvent fortifiée. *Château fort*, fortifié grâce à un système de défense (murailles, tours, fossés). / Résidence royale ou seigneuriale agrémentée de jardins, de plans d'eau, etc. *Le château de Versailles.* / Grande résidence luxueuse située à la campagne. / Domaine viticole, entourant souvent un château, qui donne son nom à un cru. *Domaine de Château-Yquem.* / *Château d'eau*: réservoir d'eau surélevé. / MAR. Superstructure édifiée sur le pont d'un bateau. / *Château de cartes*: petite pyramide à équilibre précaire édifiée en posant les unes sur les autres des cartes à jouer convenablement inclinées; au fig., chose peu sûre, précaire. / *Vie de château*: vie facile et oisive. / *Bâtir des châteaux en Espagne*: faire des projets chimériques, irréalisables.

Château (le) 1922 (publication posthume 1926) Roman inachevé de Franz Kafka. K., l'arpenteur, est convoqué au village, placé sous l'autorité d'un mystérieux château. Pourquoi K. a-t-il été appelé au village? Pourquoi lui refuse-t-on systématiquement l'entrée du château? Comme avec *Le Procès*, Kafka livre une œuvre énigmatique, ouverte à de multiples interprétations.

Le Chat botté, illustration pour un conte de Charles Perrault.

Château de Lunéville (Meurthe-et-Moselle).

Chateaubriand (François René, vicomte de**)** 1768-1848 Écrivain français. Après une enfance passée en Bretagne et une carrière militaire interrompue par la Révolution, il s'exile en Amérique (1791). De retour en France en 1792, il émigre à Londres en 1793. Rentré en France en 1800, il publie *Atala* (1801) et *René* (1802), récits romanesques qui se rattachent au *Génie du christianisme* (1802). Ministre plénipotentiaire de Bonaparte, il démissionne après l'exécution du duc d'Enghien (1804). La publication en 1811 de son voyage en Orient (*Itinéraire de Paris à Jérusalem*) suivit celle des *Martyrs* (1809), nouvelle apologie du christianisme. À partir de 1814, il revient à la vie politique (ambassadeur, ministre). Hostile à la monarchie de Juillet, il s'en retire définitivement en 1830. Il publia *Les Aventures du dernier Abencérage*, *Les Natchez* (1826) et le *Voyage en Amérique* (1827), et enfin *La Vie de Rancé* (1844). Son chef-d'œuvre, les *Mémoires d'outre-tombe* (commencés en 1809, terminés en 1841), récit de sa vie mais aussi «épopée de (son) temps», furent publiés immédiatement après sa mort. Chateaubriand s'affirme comme l'un des plus grands prosateurs lyriques de la littérature française.

Châteaubriant *12 800 h.* Commune de Loire-Atlantique, située aux frontières de la Bretagne et de l'Anjou. Ruines d'un énorme château fort du XIᵉ siècle élevé par Briant, seigneur breton. Marché agricole. En 1941, les Allemands y fusillèrent 27 otages, en représailles du meurtre du commandant de Nantes.

Chateaubriand.

Le théâtre du **Châtelet** à Paris.

Château-Chinon *2 300 h.* Commune de la Nièvre, sur l'Yonne, dans le Morvan. Calvaire et vestiges d'un château et d'un oppidum gaulois. Musée du Septennat (de François Mitterrand).

Château-Gaillard Château construit en 1197 par Richard Cœur de Lion, près de la commune actuelle des Andelys (Eure), au bord de la Seine, pour faire obstacle à Philippe Auguste. En 1204, ce dernier vainquit cette imposante forteresse et put prendre la Normandie au roi d'Angleterre.

Châteauneuf-du-Pape *2 100 h.* Commune viticole du Vaucluse. Le château du XIVe siècle servait de résidence d'été aux papes d'Avignon.

Châteauroux *51 000 h.* Chef-lieu de l'Indre, sur la rive gauche de l'Indre. Centre administratif et industriel (ateliers de confection, usines métallurgiques, conserveries).

Château-Thierry *15 300 h.* Ville industrielle de l'Aisne, sur la Marne. Elle fut délivrée par Jeanne d'Arc en 1429, prise par Charles Quint en 1544, et témoin de la défaite de Blücher face à Napoléon (1814). La maison natale de La Fontaine est devenue un musée.

châtelain, aine n. Propriétaire ou locataire d'un château.

châtelet n. m. Au Moyen Âge, petit château fort.

Châtelet (Grand et **Petit)** Forteresse en bois du Xe siècle, en pierre au XIIe siècle, face à la Conciergerie (dans l'île de la Cité), sur la rive droite de la Seine. Il servit de palais de justice jusqu'à la Révolution et fut démoli au début du XIXe siècle. Au bord de la place du Châtelet, qui le remplaça, le théâtre du Châtelet fut inauguré en 1862. Sur la rive gauche, rue Saint-Jacques, le Petit Châtelet, qui servait de prison, contemporain du Grand Châtelet, fut démoli en 1782.

Châtelet (Émilie Le Tonnelier de Breteuil, marquise du**)** 1706-1749 Mathématicienne, physicienne et femme de lettres française. Mariée en 1725, elle accueille Voltaire à Cirey (en Champagne) et entretient avec lui une longue liaison amoureuse et amicale. Intelligente et érudite, elle traduit Newton et publie (1740) son propre traité de physique, *Institutions de physique.*

Châtellerault *36 050 h.* Chef-lieu d'arrondissement de la Vienne. Hôtels de Sully, de Gaspard d'Auvergne ; maison de Descartes aujourd'hui transformée en musée.

chat-huant n. m. ZOOL. Fam. Syn. de hulotte. Pl. Des *chats-huants.*

châtier v. t. [1] Infliger un châtiment à. *Châtier un coupable.* / Sans compl. (Proverbe) *Qui aime bien châtie bien.* / Fig. Corriger, punir. *Je vais châtier votre outrecuidance.* / Corriger, épurer. *Châtier son style, son langage.*

Châtillon-sur-Seine *6 300 h.* Chef-lieu de canton de la Côte-d'Or. Le *Congrès de Châtillon* (5 février-18 mars 1814) réunit, pendant la campagne de France, Napoléon et les Alliés coalisés qui voulaient que la France revienne à ses frontières de 1792. La conférence, où Caulaincourt représentait l'Empereur, n'aboutit pas.

châtiment n. m. Punition sévère, peine infligée à l'auteur d'une faute grave ou d'un crime.

Châtiments (les) 1853 Recueil de poèmes satiriques composé par Victor Hugo en exil à Jersey. L'œuvre circula secrètement en France et connut un immense succès. Le poète y fustige l'ordre établi et l'empereur Napoléon III, archétype du tyran. L'un des poèmes les plus célèbres, *L'Expiation*, décrit la bataille de Waterloo (« morne plaine »).

chatoiement n. m. Reflet mobile et lumineux d'une étoffe ou d'une pierre précieuse.

chaton [1] n. m. Petit du chat. / BOT. Inflorescence en épi formée de petites fleurs non épanouies, qui apparaît au printemps sur les châtaigniers, les chênes, les noisetiers. / Petit amas de poussière, d'aspect laineux.

chaton [2] n. m. Sertissure dans laquelle est fixée la pierre d'une bague.

chatouille n. f. ou **chatouillis** n. m. Fam. Chatouillement. *Arrête tes chatouilles !*

chatouillement n. m. Action de chatouiller, sensation produite par cette action.

chatouiller v. t. [1] Causer à (qqn), par des attouchements répétés et légers de la peau, un tressaillement spasmodique accompagné d'un rire nerveux. *Chatouiller son voisin de classe.* / Exciter légèrement (une partie du corps). *Chatouiller les pieds de qqn. Les bulles du champagne me chatouillent le palais.* / Fig. Éveiller, stimuler. *Chatouiller la vanité de qqn.*

chatouilleux, euse adj. Sensible au chatouillement. / Fig. Aisément irritable. *Caractère chatouilleux.*

chatouillis Voir **chatouille**

chatoyant, e adj. Qui chatoie, qui a des reflets changeants. *Un tissu chatoyant.* / Fig., litt. *Style chatoyant,* varié et imagé.

chatoyer v. i. [1] Avoir des reflets changeants. *Un feu qui chatoie dans l'âtre.*

châtrer v. t. [1] Rendre stérile (un humain, un animal) par ablation des testicules ou des ovaires. Syn. castrer. / Rendre stérile (une plante) en supprimant ses organes de multiplication végétative. *Châtrer un fraisier.*

Chatt al-Arab *180 km* Cours d'eau d'Irak, né de la confluence du Tigre et de l'Euphrate, qui forme la frontière avec l'Iran. Il passe à Bassorah et se jette dans le golfe Persique. Avant la guerre irano-irakienne (1980-1988), la région très fertile du Chatt al-Arab abritait les plus grandes palmeraies du monde (3/4 des plantations mondiales).

chattemite n. f. Fam., vieilli Personne faussement modeste ; personne qui affecte la douceur, l'humilité, dans le but de tromper. *« Un chat faisant la chattemite » (La Fontaine).*

chatterton n. m. (du nom de l'inventeur) Bande adhésive et isolante, utilisée notam. par les électriciens sur les câbles électriques.

Chatterton (Thomas) 1752-1770 Poète anglais. Il est l'auteur de très habiles pastiches de poèmes du XVe siècle, inspirés par la vision de la cathédrale de Bristol : *Poésies de Thomas Rowley* (posthume, 1777). Incapable de vivre de sa plume, sans argent, il se suicide à l'arsenic ; ce destin tragique a inspiré à Vigny le drame *Chatterton* (1835). Les romantiques français en firent aussi le symbole du poète maudit.

Chaucer (Geoffrey) 1340?-1400? Poète anglais. Ce fils de commerçants londoniens, au gré de ses divers métiers (page à la cour, soldat, diplomate), acquiert une connaissance approfondie de la société et découvre la France et l'Italie, d'où il importe des formes poétiques nouvelles (rondeau, ballade). Il doit surtout son initiation poétique au *Roman de la Rose* qu'il traduit en anglais. Son œuvre majeure, *les Contes de Cantorbéry* (1387-1400), est inspirée par le *Décaméron* de Boccace ; Chaucer y dépeint avec truculence la société anglaise du XIVe siècle.

chaud, e adj., adv. et n. m. **A.** adj. Qui donne une sensation de chaleur, qui produit de la chaleur. *Avoir les mains chaudes. Des gants chauds.* / Qui a une température jugée exagérée. *Ouvrir les fenêtres d'une pièce trop chaude.* / Par anal. Ardent, plein de passion. *Des partisans très chauds.* / Dramatique, grave. *Une chaude alerte.* / Sensuel. *Un tempérament chaud.* / *Couleurs chaudes*, où prédominent le rouge ou le jaune. / PHYSIOL. *Animaux à sang chaud* : animaux homéothermes. / Fig. *Pleurer à chaudes larmes* : pleurer beaucoup. / *Avoir la tête chaude* : être téméraire, emporté, impulsif. **B.** adv. *À chaud* : tout de suite, sur le moment. *Il fallait intervenir à chaud.* **C.** n. m. *Ne pas supporter le chaud,* la chaleur.

Geoffrey Chaucer.

chaudement adv. De manière à avoir chaud ; ardemment, vivement.

chaud-froid n. m. CUIS. Volaille ou gibier cuit, que l'on sert froid avec une sauce à base de gelée. Pl. Des *chauds-froids.*

chaudière n. f. Anc. Gros récipient métallique servant à faire chauffer ou bouillir qqch. / Appareil qui chauffe l'eau ou la transforme en vapeur pour le chauffage ou la production d'énergie.

chaudron n. m. Récipient profond, à anse mobile, pour la cuisson des aliments ; contenu de ce récipient. *Un chaudron de soupe.*

chaudronnerie n. f. Fabrication des objets en métal par divers procédés (emboutissage, estampage, martelage, rivetage, soudage). / Lieu (atelier, usine) où ces objets sont fabriqués. / Ces objets eux-mêmes.

chaudronnier, ère n. Personne qui fabrique, vend de la chaudronnerie.

chauffage n. m. Action de produire de la chaleur par la combustion de bois, de charbon, de mazout, de gaz. *On distingue trois modes de chauffage : par convection (mouvements de fluides chauffés), par conduction (contact), ou par rayonnement (radiateurs électriques).* / *Chauffage central* : installation permettant de chauffer plusieurs pièces grâce à une chaudière qui chauffe l'eau ; celle-ci circule par convection dans les radiateurs, et redescend froide à la chaudière.

chauffagiste n. m. Technicien chargé de l'installation et de la maintenance du chauffage central.

chauffard n. m. Fam. Automobiliste dangereux par son imprudence ou son inaptitude.

chauffe n. f. Action d'élever la température d'un corps. / *Chambre de chauffe* : partie d'un navire aménagée pour brûler les combustibles servant à sa propulsion. / *Surface de chauffe* : partie d'un dispositif de chauffage directement en contact avec la source de chaleur.

chauffe-assiette(s) n. m. inv. Appareil pour chauffer les assiettes. Pl. Des *chauffe-assiettes.*

chauffe-bain n. m. Appareil dans lequel est chauffée l'eau utilisée dans une salle de bains. Pl. Des *chauffe-bains.*

chauffe-biberon n. m. Appareil électrique dans lequel on chauffe les biberons. Pl. Des *chauffe-biberons.*

chauffe-eau n. m. inv. Appareil électrique ou au gaz qui chauffe l'eau, notamment pour les usages domestiques.

chauffe-pieds n. m. inv. Réchaud pour les pieds. Syn. chaufferette.

chauffe-plat n. m. Réchaud comportant une surface chauffante sur laquelle on pose les plats, à table, pour les garder chauds. Pl. Des *chauffe-plats.*

chauffer v. t. / v. i. [1] **A.** v. t. Rendre chaud, augmenter la chaleur de. *Chauffer de l'eau, une pièce.* / Fig. et fam. Encourager, exciter (qqn). **B.** v. i. Devenir chaud ; produire de la chaleur. Le poêle chauffe. **C.** v. pron. S'exposer à la chaleur. / Chauffer le lieu où l'on se tient.

chaufferette n. f. Appareil pour se chauffer les mains ou les pieds.

chaufferie n. f. Local réservé aux chaudières, aux appareils de chauffage.

chauffeur n. m. Ouvrier qui alimente le foyer d'une chaudière, d'un feu de forge. / Conducteur professionnel d'un véhicule automobile.

chauffeuse n. f. Chaise basse sur laquelle on s'assoit près du feu.

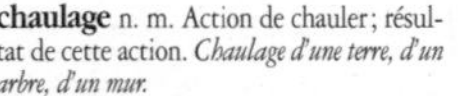
La **Chaussée-des-Géants** en Irlande du Nord.

Le carillon de **La Chaux-de-Fonds**, sculpture métallique d'Onelio Vignando.

chaulage n. m. Action de chauler; résultat de cette action. *Chaulage d'une terre, d'un arbre, d'un mur.*

chauler v. t. [1] Protéger (qqch.) à l'aide de lait de chaux. / Répandre de la chaux sur (un sol) pour le fertiliser.

chaume n. m. Tige creuse des graminées. / AGRIC. Bas de la tige des céréales qui demeure en terre après la moisson. *Brûler les chaumes.* / Paille dont on recouvre les toitures.

Chaumette (Pierre Gaspard) 1763-1794 Révolutionnaire français, le plus intransigeant des hébertistes. Robespierre le fit guillotiner avec ses comparses.

chaumier n. m. Spécialiste de la couverture en chaume.

chaumière n. f. Petite maison au toit de chaume.

Chaumont *26 000 h.* Chef-lieu de la Haute-Marne, au confluent de la Marne et de la Suize. Église Saint-Jean-Baptiste des XIIIe et XVIe siècles. Carrefour ferroviaire et routier.

Chaunu (Pierre) 1923 Historien français. Il a consacré de nombreuses études à l'Espagne, l'Europe et l'Amérique du XVIe au XVIIIe siècle en recourant à la méthode quantitative: *Séville et l'Atlantique, entre 1504 et 1650* (1956-1960). Il embrasse toute l'histoire de l'humanité dans *3 Millions d'années, 80 milliards de destins* (1990).

chausse-trape ou **chausse-trappe** n. f. Trou recouvert, servant de piège, dans lequel on a dissimulé un pieu meurtrier. *Tomber dans une chausse-trape.* / Fig. Piège, embûche. Pl. Des *chausse-trapes.*

chaussée n. f. Espace médian d'une voie publique où circulent les véhicules. / Terrain élevé qui retient un cours d'eau ou forme une voie de passage dans un lieu très humide.

Chaussée-des-Géants Ensemble de 36 000 colonnes de basalte dressées sur le rivage de l'Irlande du Nord, qui se sont formées par brusque refroidissement d'une roche éruptive.

chausser v. t. [1] Mettre à ses pieds (des chaussures). / *Chausser du 38*: avoir cette pointure. / Par anal. *Chausser des skis*, les ajuster à son pied. *Chausser des lunettes,* les ajuster sur son nez. / Mettre des chaussures; fournir en chaussures. / (Emploi intransitif) S'adapter au pied. *Ces souliers chaussent grand.*

chausses n. f. pl. Anc. Culotte d'homme qui allait de la ceinture aux genoux *(haut-de-chausses)* ou de la ceinture aux pieds *(bas-de-chausses).* / loc., litt. *Aboyer aux chausses de qqn*, le poursuivre en criant, le harceler.

chaussette n. f. Demi-bas couvrant le pied et la jambe jusqu'au mollet inclus. *Chaussettes en laine, en nylon.*

chausseur n. m. Fabricant ou marchand de chaussures, notamment sur mesure. Syn. bottier.

chausson n. m. Chaussure d'appartement en cuir ou en tissu. / Bottillon en tricot pour les bébés. / Soulier de danse, plat et léger, renforcé à la pointe. / CUIS. Pâtisserie de pâte feuilletée fourrée de diverses préparations. *Chausson aux pommes.*

Chausson (Ernest) 1855-1899 Compositeur français. Élève de Franck, influencé par Wagner, il est l'auteur du *Poème de l'amour et de la mer* (1892) et de *la Chanson perpétuelle* (1898). On lui doit aussi un drame lyrique, *Le Roi Arthus* (1896), de la musique de chambre et des mélodies.

chaussure n. f. Pièce d'habillement que l'on met au pied pour le recouvrir et le protéger. *Chaussure en cuir, en tissu. Cirage pour chaussures.* / Fig. *Trouver chaussure à son pied*: trouver ce qui convient parfaitement.

Chautemps (Camille) 1885-1963 Homme politique français, président du Conseil radical-socialiste en février 1930, de 1933 à 1934 et de juin 1937 à mai 1938. Membre (1940) du cabinet Reynaud, il quitta le gouvernement Pétain dès juillet.

chauve adj. Qui n'a plus ou presque plus de cheveux. *Tête chauve.* / (Subst.) *Un(e) chauve.* / Fig. Nu. *Mont chauve.*

Chauveau-Lagarde (Claude) 1756-1841 Avocat français. Il défendit devant le tribunal révolutionnaire Marie-Antoinette, Madame Élisabeth et Charlotte Corday. Arrêté, il fut libéré après le 9-Thermidor.

chauve-souris n. f. Mammifère volant, à ailes membraneuses soutenues par de longs doigts, qui peut rappeler la souris par l'aspect de son corps. *Les chauves-souris constituent l'ordre des chiroptères. La pipistrelle, l'oreillard, la roussette sont des chauves-souris.* Pl. Des *chauves-souris.*

chauvin adj. Qui fait preuve de chauvinisme.

chauvinisme n. m. (du nom du soldat *Nicolas Chauvin* qui, sous l'Empire, se singularisa par son ardent patriotisme) Amour exclusif et excessif de sa patrie.

chaux n. f. CHIM. Oxyde de calcium CaO. Syn. chaux vive. / *Chaux éteinte*: hydroxyde de calcium $Ca(OH)_2$, obtenu par action de l'eau sur la chaux vive. / *Eau de chaux*: solution aqueuse d'hydroxyde de calcium. / *Lait de chaux*: chaux éteinte étendue d'eau, utilisée comme badigeon. / Fig. *Bâti à chaux et à sable*: extrêmement solide, résistant (le mélange de chaux, de sable et d'eau donnant le mortier); d'une constitution robuste, en parlant d'une personne.

Chaux-de-Fonds (La) *36 900 h.* Ville de Suisse, dans le canton de Neuchâtel. Située dans une vallée sèche du Jura, elle est le principal centre horloger de la Suisse. Musée de l'Horlogerie.

Chaval (Yvan Le Louarn, dit) 1915-1968 Dessinateur humoriste français. Ses dessins, où il laisse libre cours à son sentiment de l'absurde et à son humour noir, paraissent dans *Paris-Match* et *Le Figaro.* Ils ont été rassemblés dans l'album *Vive Gutenberg!* (1956).

Chávez (Carlos) 1899-1978 Compositeur et chef d'orchestre mexicain. En 1928, il fonde l'orchestre symphonique de Mexico. Ses œuvres s'inspirent du folklore mexicain et notamment indien: *Canto a la tierra* (1946), *Sinfonia india* (1936).

Chavín de Huantar Site précolombien situé dans le nord du Pérou. La civilisation de Chavín (IXe-IIIe s. av. J.-C.) a produit des pyramides tronquées et une abondante sculpture.

chavirer v. i. [1] Se renverser (en parlant d'une embarcation). *Le navire a chaviré.* / Par ext. *Le bus a chaviré dans le fossé.* / Fig. Bouleverser. *Être chaviré de bonheur.*

Chazal (Malcolm de) 1902-1981 Écrivain mauricien d'expression française. Sa première œuvre, *Sens plastique* (1947), fut saluée par Breton. De fait, son style fourmillant d'images l'apparente au surréalisme. Outre des poésies, il a écrit un « roman mythique », *Petrusmok* (1951).

chéchia n. f. (mot arabe) Calotte de laine portée dans certains pays musulmans.

Chauve-souris.

check-list n. f. (mot anglais) Ensemble des manœuvres de décollage et d'atterrissage d'un avion, que chaque membre de l'équipage énonce à mesure qu'il les exécute. Pl. Des *check-lists.*

check-up n. m. (mot anglais) MÉD. Bilan de santé. / Par ext. Contrôle systématique du bon fonctionnement de qqch.

cheddar n. m. (mot anglais) Fromage de vache à pâte dure, jaune ou orange, d'origine anglaise.

cheddite n. f. Explosif à base de chlorate de potassium enrobé dans une matière huileuse que l'on fabriquait à Chedde, en Haute-Savoie.

Chédid (Andrée) 1920 Écrivain français d'origine libanaise. Elle est l'auteur de poésies (*Texte pour le vivant*, 1953), de romans (*La Cité fertile*, 1972) et de pièces de théâtre (*Le Dernier Candidat*, 1973). Elle dénonce la guerre civile libanaise dans *Cérémonial de la violence* (1976).

chef n. m. Celui qui détient l'autorité et qui occupe le premier rang. *Chef de l'État, chef d'entreprise.* / *Chef de famille*: membre de la famille à qui incombe la responsabilité des autres membres. / *Chef d'orchestre*: musicien qui dirige l'orchestre en donnant des directives pour l'interprétation d'une œuvre. / Personne apte à assumer avec autorité et compétence la direction d'un groupe, d'une affaire. *Les qualités d'un chef.* / Fam. Personne qui accomplit parfaitement qqch. *C'est un chef!* / loc. adj. *En chef*, qui a qualité de chef. *Rédacteur en chef.* / loc. adv. *De mon, ton, son, notre, votre, leur chef*: de ma, ta, sa, notre, votre, leur propre autorité. / *Chef d'accusation*: fait sur lequel porte l'accusation. / loc. adv. *Au premier chef*: avant tout, principalement. / HÉRALD. Partie supérieure d'un écu.

chef-d'œuvre n. m. Œuvre la plus accomplie d'un auteur ou d'un artiste. *Les chefs-d'œuvre de Beethoven.* / Ouvrage particulièrement beau. / Ouvrage particulièrement difficile qu'exécutaient autrefois les ouvriers, au sein d'une corporation, pour accéder à la maîtrise. Pl. Des *chefs-d'œuvre.*

chefferie n. f. ANTHROP. Unité politique et sociale d'Afrique Noire, regroupée autour d'un chef traditionnel. / Au Canada, direction d'un parti politique.

chef-lieu n. m. Localité qui est le siège d'une division administrative. *Chef-lieu de province. Chef-lieu de canton.* Pl. Des *chefs-lieux.*

cheftaine n. f. Dans le scoutisme, jeune fille qui assure la direction d'un groupe de louveteaux, de guides, d'éclaireuses.

Voies de **chemin de fer**.

Cheminée.

Chemise guatémaltèque.

Chemnitz.

Chehab (Fouad) 1903-1973 Homme d'État libanais. Chrétien maronite, il fut président de la République libanaise de 1958 à 1964.
cheikh, **cheik** ou **scheik** n. m. Chef de tribu arabe. / Dans plusieurs pays musulmans, titre de certains chefs religieux.
cheiroptères Voir **chiroptères**
chelem n. m. JEU Au bridge, au boston, au whist, réalisation de 13 levées (grand chelem) ou de 12 levées (petit chelem). / SPORT Au rugby, au tennis, etc., fait de gagner tous les tournois ou matchs majeurs de l'année.
chélicérates n. m. pl. ZOOL. Vaste groupe d'arthropodes dotés de chélicères et dépourvus d'antennes, tels que les arachnides et les mérostomes.
chélicère n. m. ZOOL. Chacune des deux paires de pinces articulées, parfois réduites à des crochets (araignées, notam.), situées en avant de la bouche des chélicérates. *Les chélicères peuvent être associés à des glandes à venin, à des glandes à soie, intervenir dans la reproduction, produire des sons, creuser le sol ou encore servir à nettoyer d'autres appendices.*
chélidoine n. f. BOT. Plante herbacée à fleurs jaunes, à suc laiteux orangé. Syn. herbe-aux-verrues.
Chelmno (en polonais, **Chelm**) *68 600 h.* Ville de Pologne, située sur la Vistule, dans la voïevodie de Konin. Camp d'extermination nazi dans lequel environ 300 000 personnes périrent entre 1941 et 1945 (voir **génocide**).
chéloïde n. f. MÉD. Tumeur cutanée se présentant sous la forme d'un bourrelet allongé, qui peut être. primitive ou secondaire à une cicatrice.
chéloniens n. m. pl. ZOOL. Ordre de reptiles qui comprend les tortues, au corps protégé par une carapace faite de plaques osseuses et cornées. *Les chéloniens actuels sont dépourvus de dents, ils possèdent un bec corné à bords tranchants.*
Chelsea *130 000 h* (borough de Kensington and Chelsea). Quartier résidentiel londonien, sur la rive gauche de la Tamise. Maison de l'historien Carlyle.
Cheltenham *106 800 h.* Station thermale d'Angleterre (Gloucestershire), sur le Chelt.
chemin n. m. Voie de peu d'importance qui relie un endroit à un autre. *Chemin de terre.* / Distance à parcourir, trajet. *Trouver le chemin long.* / Direction. *Montrer le chemin.* / Fig. Façon de parvenir à un but. *Suivre le droit chemin* : avoir une conduite intègre. / Fam. *Ne pas y aller par quatre chemins* : aller droit au but. / *Aller son chemin* : agir sans se soucier de l'opinion d'autrui. / *Faire son chemin* : progresser socialement, réussir peu à peu. / *Tous les chemins mènent à Rome* : on peut atteindre le même but par des moyens différents. / MILIT. *Chemin de ronde* : parcours emprunté par les sentinelles, le long du rempart d'une enceinte fortifiée. / Long tapis ou napperon. *Chemin de table. Chemin d'escalier.* / RELIG. *Chemin de croix* : parcours suivi par le Christ jusqu'au Calvaire ; dans une église, série de quatorze tableaux commémorant les étapes (stations) de ce parcours.
chemin de fer n. m. Vx Voie ferrée qu'empruntaient les trains en circulant sur deux rails parallèles. / Mod. Mode de transport utilisant les voies ferrées ; administration qui dirige un réseau ferré. *Ligne de chemin de fer. Travailler dans les chemins de fer.* / Au casino, jeu voisin du baccara.
Chemin des Dames (le) Route de crêtes de 30 km de long, au nord-ouest de Reims. Théâtre de violents combats pendant la Première Guerre mondiale : échec de l'offensive Nivelle en 1917 qui fut si inutilement meurtrière que des soldats se mutinèrent et furent impitoyablement fusillés ; attaque de Ludendorff en 1918, au cours de l'offensive sur Château-Thierry.
chemineau n. m. Celui qui court les chemins. / Vagabond.
cheminée n. f. Ouvrage, souvent en maçonnerie, aménagé dans une habitation pour y faire du feu et qui se compose d'un foyer ouvert et d'un conduit de fumée. / Partie de la cheminée qui encadre le foyer. *Âtre d'une cheminée.* / Par ext. Partie du conduit de fumée en saillie sur le toit. / Grand conduit de fumée extérieur des bâtiments industriels. / En alpinisme, passage vertical étroit entre des rochers. / GÉOL. *Cheminée des fées* : colonne d'argile façonnée par l'érosion grâce à la protection d'une roche plus dure qui la surplombe. / *Cheminée d'un volcan* : canal par lequel montent la lave, les gaz et les projections volcaniques. / MAR. Orifice par lequel passe le mât de hune.
cheminement n. m. Marche lente et progressive. / Fig. Démarche intellectuelle. *Le cheminement de la pensée.* / (Au plur.) MILIT. Itinéraire protégé qui permet d'approcher des positions ennemies.
cheminer v. i. [1] Faire du chemin. « *Deux mulets cheminaient* » (La Fontaine). / Fig. Progresser. *L'idée a cheminé dans les esprits.*
cheminot n. m. Employé des chemins de fer.
chemise n. f. Vêtement en tissu léger porté sur le buste, à manches longues ou courtes, comportant généralement un col, et qui se boutonne sur le torse. / HIST. *Les chemises rouges* : les volontaires garibaldiens. *Les chemises brunes* : les miliciens des formations paramilitaires nazies. *Les chemises noires* : les miliciens fascistes italiens. / Carton léger dans lequel on range des documents. / MÉCAN. Enveloppe, souvent métallique, d'un projectile ou d'une pièce mécanique. / CONSTR. Revêtement de protection (en maçonnerie, en céramique, etc.)
chemiser v. t. [1] MÉCAN., CONSTR. Revêtir d'une chemise.
chemiserie n. f. Industrie, commerce de la chemise d'homme, des sous-vêtements masculins ; magasin où l'on vend des chemises.
chemisette n. f. Chemise à manches courtes.
chemisier n. m. Corsage féminin taillé sur le modèle de la chemise pour homme./ Fabricant, marchand de chemises.
Chemnitz *296 300 h.* Ville d'Allemagne (Saxe). Sous le nom de Karl-Marx-Stadt, elle fut l'un des grands centres industriels de la R.D.A. (industries textiles et mécaniques).
chémorécepteur, trice adj. et n. Sensible aux stimulants chimiques.

Le **chêne-liège** (Quercus suber).

chênaie n. f. Lieu planté de chênes.
chenal n. m. MAR. Passage resserré et balisé, naturel ou artificiel, entre des rochers, des bancs de sable, des îles, etc. suffisant pour permettre la navigation et qui débouche sur la haute mer. / Conduit d'alimentation en eau d'un moulin.
chenapan n. m. Garnement, galopin.
Chen Boda ou **Tch'en Po-ta** 1904-1986 Homme politique chinois. Secrétaire de Mao Zedong, promoteur de la Révolution culturelle, il fut écarté du pouvoir lorsque l'expérience prit fin. On l'accusa d'avoir trempé dans le complot de Lin Biao et son procès se tint en même temps que celui de la Bande des Quatre (1981). Condamné, il mourut en prison.
chêne n. m. Grand arbre forestier à feuilles lobées, qui peut vivre plusieurs siècles. *Le fruit du chêne est le gland. Le bois du chêne est utilisé en menuiserie. Table de salle à manger en chêne massif.* / *Chêne vert* : yeuse. / Fig. *Solide comme un chêne* : très robuste, en parfaite santé.
chéneau n. m. Conduit horizontal placé au bas des pentes des toits pour conduire les eaux de pluie vers les gouttières.
chêne-liège n. m. Chêne méditerranéen, à feuilles persistantes, dont le tronc fournit le liège. Pl. Des *chênes-lièges.*
chenet n. m. Chacun des deux supports métalliques utilisés dans une cheminée pour surélever le bois et permettre un bon tirage.
chènevière n. f. Champ où pousse le chanvre.
chènevis n. m. Graine de chanvre, utilisée comme nourriture pour les oiseaux de volière.
Chengdu *2 808 100 h.* Ville de Chine, capitale de la province du Sichuan. Université, industries (mécanique, électronique, aéronautique), artisanat (soieries, broderies).
Chénier (André) 1762-1794 Poète français. Nourri dès son enfance aux lettres grecques par sa mère qui était d'origine hellène, il renouvelle la poésie française alors réduite à la rhétorique, en s'inspirant d'un classicisme que sa sensualité dégage de toute froideur : *Les Élégies*, *Les Bucoliques*. Emprisonné en mars 1794, il écrit les *Iambes* où, sous le coup de l'indignation, son style poétique se libère des pastiches de la poésie grécoromaine, notamment dans *La Jeune Captive*. Il est guillotiné en juillet. **Marie-Joseph** 1764-1811 Frère du précédent. Homme politique et écrivain français, ardent révolutionnaire, il a écrit les paroles du *Chant du départ* (1794). Membre du club des Jacobins, de la Convention, du Conseil des Cinq-Cents, du Tribunat, il mena une carrière politique et fut, sous l'Empire, inspecteur général de l'Université.

Le **chêne**, son fruit, sa feuille.

Chenilles.

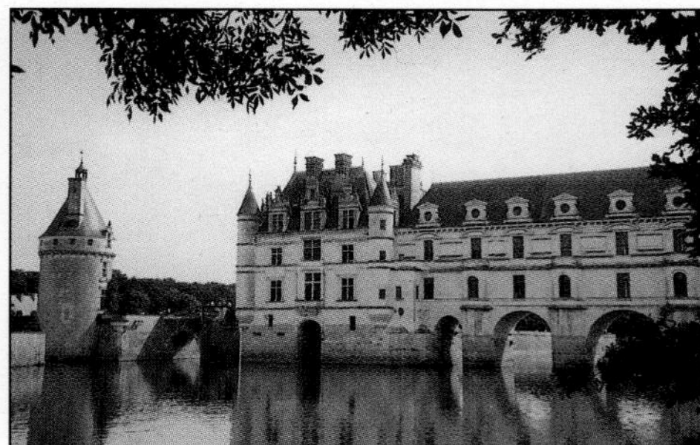

Le château de ***Chenonceaux.***

chenil n. m. Local, souvent grillagé, où l'on garde les chiens. / Établissement d'élevage, d'hébergement et de vente des chiens.
chenille n. f. ZOOL. Larve de papillon, à l'aspect vermiforme, souvent vivement colorée, pourvue de pattes et parfois recouverte de poils. *Les chenilles se nourrissent de végétaux ; elles peuvent causer des dégâts importants. La chenille du bombyx du mûrier est appelée ver à soie.* / Gros ruban de passementerie en soie. / MÉCAN. Chaîne métallique, plate et articulée, fixée comme une bande sans fin autour des roues d'un véhicule pour renforcer son adhérence au sol et permettre sa progression sur tous les terrains.
chenillette n. f. Petit véhicule à chenilles.
Chenonceaux *300 h.* Commune d'Indre-et-Loire, sur le Cher, dont le château, édifié en 1515-1522 pour Thomas Bohier, sur les piles d'un moulin, fut en grande partie l'œuvre de Jean Bullant. Diane de Poitiers chargea Philibert Delorme de construire le pont qui enjambe le Cher et Catherine de Médicis y fit aménager en 1560 des galeries.
chénopode n. m. BOT. Plante annuelle rudérale, de la famille des chénopodiacées.
chénopodiacées n. f. pl. BOT. Famille de plantes herbacées dicotylédones, dont les fleurs sont dépourvues de pétales, groupant l'épinard, la salicorne, la betterave.
chenu, e adj. Blanchi par l'âge. *Tête chenue.*
Chéops ou **Khéops** Roi d'Égypte qui régna vers l'an 2650 avant J.-C. Il fit construire à Gizeh, dans les faubourgs de l'actuel Caire, la plus grande des trois pyramides, laquelle porte son nom.
Chéphren ou **Khéphren** Pharaon de la IVᵉ dynastie, qui régna vers l'an 2620 avant J.-C., fils et successeur de Chéops. Il fit construire la seconde pyramide de Gizeh, laquelle porte son nom. Le Grand Sphinx et de nombreuses statues le représentent.
cheptel n. m. Ensemble du bétail d'une exploitation agricole, d'une région, d'un pays. / DR. *Bail à cheptel*, par lequel un propriétaire confie son bétail à un exploitant, qui le garde et l'entretient à des conditions convenues, et moyennant une part des bénéfices. / *Cheptel mort* : matériel, bâtiments d'une exploitation agricole cédés à bail. / *Cheptel vif* : le bétail.
chèque n. m. Document par lequel une personne, titulaire d'un compte bancaire, donne ordre à sa banque d'effectuer le versement d'une somme au profit d'un tiers ou au sien propre. / *Chèque barré* : chèque portant deux barres obliques, ne pouvant être touché que par l'intermédiaire d'une banque, et non directement par le bénéficiaire lui-même. / *Chèque au porteur* : chèque pouvant être payé à celui, quel qu'il soit, qui le présente au paiement. / *Chèque sans provision* (ou, fam., *chèque en bois*) : chèque ne pouvant être payé, faute d'une provision suffisante figurant au compte sur lequel il est tiré. / *Chèque en blanc*, signé par le tireur, mais sans indication de la somme à payer. / *Chèque de voyage* (ou *traveller's check*) : titre permettant au porteur de toucher de l'argent dans un pays différent du pays où le chèque a été émis. / *Chèque postal* : chèque tiré sur un centre de chèques postaux. / *Chèque certifié* : chèque portant visa de la banque où un compte est ouvert, certifiant que ce compte a une provision suffisante et qu'elle est bloquée au profit du porteur du chèque. / *Chèque documentaire* : chèque ne pouvant être payé qu'accompagné par un autre document (facture, connaissement, etc.).
chéquier n. m. Carnet de chèques.
cher, chère adj. et adv. Qui est aimé avec affection, tendresse. *Penser à un être cher. Des amis très chers.* / Qui est l'objet d'un vif intérêt. *Ce projet m'est très cher.* / (Dans une formule de politesse, d'amitié). *Cher monsieur. Ma chère amie.* / Dont le prix est élevé. *Un appartement trop cher.* / Qui pratique des tarifs élevés. *Les restaurants chers.* / adv. À haut prix. *Ces bijoux coûtent cher.* / Fig. *Cette décision lui coûtera cher*, lui causera des ennuis, des difficultés.
Cher (le) *320 km* Rivière du centre de la France. Né sur les plateaux de Combrailles, il traverse Montluçon, Vierzon et se jette dans la Loire à Cinq-Mars.

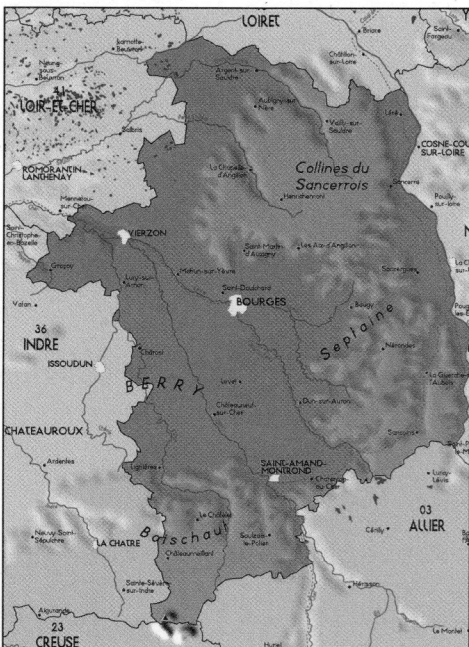

Département du ***Cher.***

Cher (département du) [18] *7 235 km² 321 600 h.* Chef-lieu *Bourges.* Département français faisant partie de la Région Centre. S'étendant sur la Champagne berrichonne, la Sologne et les collines crayeuses du Sancerrois, ce département rural qui se consacre traditionnellement à l'élevage a profité de la décentralisation parisienne (pneumatiques, machines agricoles, construction aéronautique).
Cherbourg *27 100 h.* Ville de la Manche, à l'extrémité nord du Cotentin. Port militaire et de commerce. Industries.
Cherchell *40 000 h.* Ville d'Algérie, à l'ouest d'Alger, bâtie à l'emplacement de la ville romaine Césarée de Maurétanie. C'était la capitale de la province romaine de Maurétanie césarienne créée en 42 avant J.-C.
chercher v. t. [1] S'efforcer de trouver, de retrouver, de découvrir. *Chercher une issue. Chercher ses lunettes.* / (Abstraitement) *Chercher une idée.* / (Suivi d'un infinitif) *Chercher à* : s'efforcer de. *Chercher à savoir. Chercher à se rappeler un nom.* / (Précédé de *aller, venir*). *Aller, venir chercher qqn*, le quérir. *Aller, venir chercher qqch.*, se le procurer. / Fig. pop. *Ça va chercher dans les combien ?* : combien cela vaut-il ? / *Chercher les ennuis*, les provoquer. *Chercher querelle à qqn*, le défier. / v. pron. *Se chercher* : manquer d'assurance, chercher à mieux connaître ses propres possibilités.
chercheur, euse n. et adj. Personne qui fouille, explore. *Chercheur d'or.* / Personne qui se consacre à la recherche scientifique. / adj. MILIT. *Fusée à tête chercheuse* : missile doté d'un dispositif qui le dirige automatiquement sur sa cible.
chère n. f. Nourriture. *Aimer la bonne chère*, la nourriture de qualité. *Faire bonne chère* : bien manger.
Chéreau (Patrice) 1944 Metteur en scène et cinéaste français. Ses mises en scène renouvellent l'art du théâtre par la puissance des images et l'engagement physique des comédiens : *La Dispute, Hamlet.* De 1976 à 1980, il monte à Bayreuth la *Tétralogie* de Wagner, avec Boulez au pupitre. Il crée de nombreuses pièces de Koltès au théâtre des Amandiers qu'il dirige de 1982 à 1990. Depuis 1994, il se consacre à la réalisation cinématographique : *La Reine Margot* (1994), *Ceux qui m'aiment prendront le train* (1998), *Intimité* (2001).
chèrement adv. Vx Tendrement. / Vx À haut prix. / Mod. Au prix de lourds sacrifices. *Une liberté chèrement acquise.*
Chéret (Jules) 1836-1932 Affichiste et lithographe français qui excella à la Belle Époque.
chergui n. m. (mot arabe) Vent d'est, chaud et sec, soufflant au Maroc.
chéri, e adj. et n. Qui est aimé tendrement, affectueusement. *Mon enfant chéri.* / Subst. *Mon chéri, ma chérie.*
chérif n. m. (mot arabe) Descendant de Mahomet. / Prince, chez les musulmans arabes.
chérifien, enne adj. Relatif au chérif. *Le royaume chérifien* : le Maroc, dont le sultan est un descendant de Mahomet.
chérir v. t. [2] Aimer (qqn) d'affection, tendrement. *Chérir sa mère.* / Être attaché à. *Chérir la solitude.*
Cherokees Amérindiens du sud-est des États-Unis qui parlent une langue du groupe iroquois. Alliés aux Britanniques durant la guerre d'Indépendance, ils furent vaincus et partiellement dépossédés de leurs

Le roi arme deux **chevaliers** (miniature médiévale).

territoires. En 1827, ils fondèrent la Nation cherokee, avec un chef et un Parlement. La langue cherokee fut dotée d'un alphabet syllabique. Aujourd'hui, la plupart des Cherokees vivent du tourisme, dans une réserve de Caroline-du-Nord.

Chéronée Ville de Béotie, dans la Grèce ancienne, où Philippe de Macédoine remporta en 338 av. J.-C. sur les Athéniens et les Thébains une victoire qui assura sa domination sur la Grèce.

chérot adj. m. Fam. Onéreux, qui coûte cher.

Cherrapunji *7 800 h.* Localité de l'Inde située sur le plateau du Shillong, où les précipitations sont parmi les plus élevées du monde.

cherry n. m. (mot anglais) Liqueur de cerise. Pl. Des *cherrys* ou *cherries*.

Chersonèse Nom signifiant «presqu'île», donné par les Grecs anciens à de nombreuses régions. La *Chersonèse Taurique* est la Crimée actuelle. La *Chersonèse de Thrace* est la presqu'île de Gallipoli. La *Chersonèse cimbrique* est le Jutland. La *Chersonèse d'Or* est sans doute la presqu'île de Malacca.

cherté n. f. État de ce qui coûte cher, est onéreux. *Cherté de la vie.*

chérubin n. m. THÉOL. Ange du deuxième chœur de la première hiérarchie des anges. / BX-ARTS Tête d'enfant avec des ailes figurant un ange. / Fam. Petit enfant au visage gracieux.

Cherubini (Luigi) 1760-1842 Compositeur italien. Il se fixe à Paris en 1786; il enseigne au Conservatoire dès sa création (1795) et en devient directeur en 1822. Admiré de Beethoven, il acquiert une grande célébrité à travers toute l'Europe. Sa science de la composition apparaît aussi bien dans l'opéra (*Médée*, 1797; *Les Abencérages*, 1813) que dans ses pièces de musique religieuse (*Messe en la majeur pour le couronnement de Charles X*, 1825) et de musique de chambre, ou ses hymnes révolutionnaires et ses mélodies.

Chesapeake Baie de la côte atlantique des États-Unis qui abrite le port de Baltimore.

Cheselden (William) 1688-1752 Médecin anatomiste anglais. Il est l'auteur d'ouvrages d'anatomie et de travaux d'ophtalmologie novateurs, en particulier sur la cataracte. En 1728, il pratiqua une intervention chirurgicale sur un jeune garçon aveugle de naissance à qui il rendit la vue.

chester n. m. (mot anglais) Fromage de vache anglais à pâte dure.

Chester *120 600 h.* Port de Grande-Bretagne, sur la Dee, au sud de Liverpool, chef-lieu du comté du même nom.

Chesterton (Gilbert Keith) 1874-1936 Écrivain anglais. Il créa un genre, le roman policier métaphysique, qui porte la marque de sa foi catholique. Dans *Le Nommé Jeudi* (1908), un enquêteur sagace découvre que le mystérieux personnage qu'il recherche est Dieu lui-même. Les très nombreuses *Histoires du père Brown* (1911-1935) sont autant d'énigmes résolues par un prêtre-détective catholique.

Chestov (Lev Isaakovitch Chvartsman, dit **Léon)** 1866-1938 Écrivain et philosophe russe. Inspiré par Tolstoï, Dostoïevski et Pascal, il est l'un des grands représentants de l'existentialisme chrétien: *Les Révélations de la mort* (1923), *Kierkegaard et la philosophie existentielle* (1936).

chétif, ive adj. De faible constitution, d'apparence maladive. *Un enfant chétif.* Syn. malingre.

chétivement adv. De manière chétive.

chevaine, chevenne ou **chevesne** n. m. ZOOL. Poisson d'eau douce, de la famille des cyprinidés, à grosse tête et au ventre argenté.

cheval n. m. **A.** Grand mammifère ongulé périssodactyle (famille des équidés), à crinière, dont les membres fins reposent sur un seul doigt, muni d'un large sabot. (Le cheval est domestiqué depuis l'Antiquité pour ses qualités de coursier et son aptitude à tirer des charges. Il en existe de nombreuses races. La femelle est appelée jument, le petit, poulain. Le mâle destiné à la reproduction est un étalon). *Le cheval hennit.* / *Faire du cheval*: pratiquer l'équitation. **B.** Loc. *À cheval*: à califourchon. (Au fig.) *Être (très) à cheval sur qqch.*, très pointilleux, strict sur qqch. / *Cheval de bataille*: idée, sujet favoris. / *Monter sur ses grands chevaux*: s'indigner avec colère. / *Un remède de cheval*, très puissant. / HIST. *Cheval de Troie*: gigantesque cheval de bois qui permit aux Grecs, dissimulés à l'intérieur, de pénétrer par ruse dans Troie. / MILIT. *Cheval de frise*: dispositif de défense fait de fil de fer barbelé et de pointes acérées. Pl. Des *chevaux*.

Cheval (Ferdinand, dit **le Facteur Cheval)** 1836-1924 Artiste naïf français. Facteur à Hauterives, petit village de la Drôme, il ramassait sur son chemin des cailloux avec lesquels il édifia de 1879 à 1912 un *Palais idéal*, qui mêlait divers styles orientaux. Les surréalistes le firent connaître.

cheval-arçons ou **cheval d'arçons** n. m. inv. Appareil utilisé pour la gymnastique, dont la partie supérieure, cylindrique et montée sur quatre pieds, permet d'effectuer des sauts de voltige.

chevalement n. m. CONSTR. Ensemble d'étaiement constitué par une traverse (chapeau) reposant sur des étais inclinés pour soutenir une maçonnerie.

chevaleresque adj. Digne d'un chevalier. *Attitude chevaleresque.*

chevalerie n. f. Institution militaire féodale. *La protection des pauvres et des faibles, la bravoure au combat, la courtoisie envers la dame formaient l'idéal de la chevalerie.* / Rang, grade de chevalier; ensemble des chevaliers. / *Ordre de chevalerie*: corps de chevaliers qui assumaient autrefois un rôle de défense de la chrétienté, et dont certains n'ont aujourd'hui d'autre mission que caritative. *Ordre souverain de Malte. Ordre du Saint-Sépulcre.* / Institution honorifique d'État, constituée en chevalerie hiérarchisée, qui distingue et récompense des services rendus à la société. *La Légion d'honneur est un ordre de chevalerie.*

chevalet n. m. Support en bois sur lequel les peintres posent un tableau en cours d'exécution. / Support pour tenir l'objet sur lequel on travaille. / MUS. Petite pièce de bois dur sur laquelle reposent les cordes tendues des instruments à cordes, et qui communique les vibrations à la table d'harmonie. / Anc. Instrument de torture.

chevalier n. m. Au Moyen Âge, membre de l'ordre de la chevalerie. *Être armé chevalier*: recevoir l'épée de chevalier au cours d'une cérémonie nommée adoubement. *Les chevaliers de la Table ronde*: les «sires» regroupés autour du roi Arthur. / Titre nobiliaire le plus bas de la noblesse de l'Ancien Régime, repris dans la hiérarchie nobiliaire de l'Empire. / Titre du titulaire du premier grade de certains ordres. *Chevalier de la Légion d'honneur.* / ANTIQ. Citoyen romain appartenant à l'ordre équestre, classe sociale intermédiaire entre celle des sénateurs et la plèbe. / Péjor. *Chevalier d'industrie*: homme sans scrupule qui recourt à toutes sortes de moyens indélicats. / Loc. *Chevalier servant*: voir **servant.**

Chevalier (Maurice) 1888-1972 Chanteur et acteur français. Sa fantaisie, son accent parisien et son canotier ont fait de lui une vedette internationale. Au cinéma, il a joué notamment dans *La Veuve joyeuse* d'Ernest Lubitsch (1934) et *Le Silence est d'or* de René Clair (1947).

chevalière n. f. Bague dont le chaton porte des initiales ou des armoiries.

chevalin, e adj. Du cheval. *Race chevaline. Boucherie chevaline*, spécialisée dans la viande chevaline. / Qui évoque le cheval. *Sourire chevalin.*

Chevalley (Claude) 1909-1984 Mathématicien français, un des fondateurs du groupe Bourbaki, spécialiste d'algèbre, de théorie des nombres et de géométrie algébrique.

cheval-vapeur n. m. PHYS. Anc. Unité de puissance d'environ 736 watts. (Symbole: ch). *Le cheval-vapeur n'est pas admis par le système international (SI) d'unités.* Pl. Des *chevaux-vapeur*.

Chevarnadze (Eduard) 1928 Homme politique géorgien. Ministre des affaires étrangères de l'U.R.S.S. (1985-1990 et fin 1991), il est président du Conseil d'État de Géorgie en 1992, ce qui fait de lui le chef d'État de fait. Élu président de la République en 1995, il sera réélu en 2000.

chevauchée n. f. Course, grande randonnée à cheval.

Chevauchée fantastique (la) 1939 Ce western de John Ford (en anglais *Stagecoach*) avec John Wayne et Claire Trevor, donne sa forme classique au genre: intrigue simplifiée (le parcours mouvementé d'une diligence en territoire indien), personnages typés, paysages magnifiés.

chevauchement n. m. Situation dans laquelle des choses, des pièces chevauchent. / GÉOL. Superposition partielle de deux ensembles géologiques.

chevaucher v. i. [1] Litt. Aller à cheval. *Avoir chevauché plusieurs heures.* / Fig. Se recouvrir partiellement. *Tuiles qui chevauchent sur un toit.* (Emploi pron.) *Lignes d'un manuscrit qui se chevauchent.* / (Emploi transitif) Être à cheval, à califourchon sur. *Chevaucher une chaise.*

chevau-léger n. m. Soldat faisant partie de la cavalerie légère française de 1500 à 1815. Pl. Des *chevau-légers*.

chevêche n. m. ZOOL. Petite chouette des forêts européennes. / En appos. *Chouette chevêche.*

chevelu, e adj. Qui porte des cheveux, de longs cheveux, une chevelure abondante. *Un homme chevelu. Cuir chevelu*: peau du crâne, où sont implantés les cheveux. / BOT. Qui porte des filaments, des radicelles évoquant une chevelure. *Coprin chevelu. Racine chevelue.* / ASTRON. *Astre chevelu*: comète.

chevelure n. f. L'ensemble des cheveux. / ASTRON. Auréole lumineuse entourant le noyau d'une comète.

Chevelure de Bérénice Constellation équatoriale (voir **constellation**).

chevenne Voir **chevaine**

Cheverny *1 000 h.* Commune du Loir-et-Cher où se dresse un château de style Louis XIII achevé en 1634.

chevesne Voir **chevaine**.

chevet n. m. Partie du lit où l'on pose la tête. *Être au chevet de quelqu'un*: rester à côté d'une personne alitée. / *Livre de chevet*, qu'on lit avant de s'endormir; par ext. livre qu'on préfère. / ARCHIT. Extrémité d'une nef d'église.

chevêtre n. m. Vx Licol, longe d'une bête de trait. / CONSTR. Pièce de bois placée au bord d'une trémie (ouverture), recevant les solives du plancher.

cheveu n. m. Poil qui recouvre le crâne chez l'être humain. / Fig. Fam. *Tiré par les cheveux*: peu évident. / *Ne tenir qu'à un cheveu*: être sur le point de se défaire, de se rompre. / *Couper un cheveu en quatre*: entrer dans des détails subtils et inutiles. / *Comme un cheveu sur la soupe*: de façon inopportune, mal à propos. / *Se prendre aux cheveux*: se quereller. / *Cheveux d'ange*: vermicelles très fins.

Élevage de **chevaux**.

Chevreuil.

chevillard n. m. Boucher en gros ou demi-gros.
cheville n. f. Morceau de bois ou de métal court et arrondi, dont on se sert pour boucher, assembler ou accrocher qqch. / *Cheville ouvrière*: pièce essentielle dans le fonctionnement d'un mécanisme. / MUS. Petite pièce de métal ou de bois qui sert à tendre les cordes d'un violon, d'une guitare, d'un piano. / ANAT. Saillie des os de l'articulation du pied, constituée par le tibia et le péroné. / BOUCH. Barre de fer ronde, à laquelle on suspend la viande dépecée dans les abattoirs. *Vendre à la cheville*: vendre la viande dépecée en gros. / LITT. Mot ou expression, notam. en poésie, inutile et servant de remplissage. / Fig., fam. *Être en cheville avec qqn*, associé, ou de connivence avec qqn. *Ne pas arriver à la cheville de qqn*: ne pas être à sa hauteur.
cheviller v. t. [1] Fixer à l'aide d'une cheville, de chevilles.
chevillette n. f. Petite cheville.
cheviot n. m. Mouton des monts Cheviot.
Cheviot (monts) Hautes collines de Grande-Bretagne (*816 m*) marquant la frontière entre l'Angleterre et l'Écosse. On y élève des moutons. Parc national.
cheviotte n. f. Laine douce du mouton cheviot. / Tissu confectionné avec cette laine.
Chevotet (Jean Michel) 1698-1772 Architecte français. Il édifia de nombreux hôtels particuliers et châteaux dans le style Louis XV: pavillon de Hanovre (à Paris, 1760, déplacé dans le parc de Sceaux en 1931) et château de Champlâtreux (près de Luzarches, Val-d'Oise).
chèvre n. f. Mammifère ruminant capriné, de la famille des bovidés, à cornes recourbées vers l'arrière, au pelage blanc, noir ou marron et au menton garni de longs poils. *Femelle du bouc, la chèvre est domestiquée pour sa viande et son lait; son petit est appelé chevreau. La chèvre bêle.* / TECHN. Appareil composé de trois poutres et d'une poulie, utilisé pour soulever de lourdes charges. / *Ménager la chèvre et le chou*: trouver un juste milieu pour concilier deux parties opposées. / n. m. (par méton.) Fromage de chèvre. *Un chèvre frais.*
chevreau n. m. Petit de la chèvre. Syn. cabri.
chèvrefeuille n. m. BOT. Arbrisseau grimpant de la famille des caprifoliacées, à fleurs très délicatement parfumées.
chevrette n. f. Petite chèvre. / Femelle du chevreuil.
chevreuil n. m. ZOOL. Mammifère de la famille des cervidés, à silhouette fine, dont les bois, petits, ne portent que deux cors, fréquent dans les forêts d'Europe et d'Asie. *La femelle du chevreuil est appelée chevrette, et le petit, faon. Le chevreuil brame.*
Chevreul (Eugène) 1786-1889 Chimiste français. Auteur d'importantes recherches sur les corps gras, il énonça la théorie de la saponification. Directeur des teintures à la manufacture des Gobelins, il s'intéressa aux colorants et exposa une théorie des couleurs (*De la loi du contraste simultané des couleurs*, 1839) qui exerça une grande influence sur les impressionnistes.
Chevreuse *5 350 h.* Petite ville des Yvelines, dans la vallée de l'Yvette, dite vallée de Chevreuse. Église Saint-Martin (XIIe et XVIIe siècles), donjon (XIIe siècle).
Chevreuse (Marie de Rohan-Montbazon, duchesse de) 1600-1679 Dame française. Elle épousa Claude de Lorraine, duc de Chevreuse, après la mort de son premier mari, le connétable de Luynes. Elle manifesta son hostilité à l'encontre de Mazarin et prit une part active aux troubles de la Fronde.
chevrier, ère [1] n. Celui, celle qui mène, garde les chèvres.
chevrier [2] n. m. Haricot à grains verts. / En appos. *Haricots chevriers.*
chevrillard n. m. Chevreuil de moins de 6 mois.
chevron n. m. CONSTR. Élément de charpente, fixé sur les pannes et les sablières, recevant les linteaux, le voligeage ou la couverture d'un toit. / MILIT. Galon qui se porte sur le bras gauche et qui indique le grade par des bandes en forme de V renversé.
chevronné, e adj. CONSTR. Consolidé avec des chevrons. / MILIT. Anc. Qui a de l'ancienneté et de l'expérience. *Vieux militaire chevronné.* / Fig. Expérimenté, qui connaît bien son métier. *Un médecin chevronné.*
chevrotain n. m. ZOOL. Mammifère ruminant d'Afrique et d'Asie, de petite taille, sans bois, muni de fortes canines.
chevroter v. i. / v. t. [1] Parler, chanter d'une voix tremblotante qui évoque le bêlement de la chèvre. / v. t. *Chevroter une berceuse.*
chevrotin n. m. Peau de chevreau apprêtée. / Fromage de lait de chèvre.
chevrotine n. f. Plomb de gros calibre souvent utilisé pour la chasse au gros gibier.
Chevtchenko (Tarass Grigorievitch) 1814-1861 Poète ukrainien. Il publia en 1840 *Kozbar* (« Le barde »), inspiré par les chants populaires, puis, l'année suivante, un poème épique, *Les Haïdamaques*. Ancien serf émancipé en 1838, il milita pour l'abolition du servage, ce qui lui valut d'être déporté en Sibérie de 1847 à 1857. Il rédigea l'hymne national de son pays: *Testament.*
chewing-gum n. m. (mot anglais) Gomme parfumée se présentant sous forme de tablettes ou de pastilles à mâcher.
Cheyenne *73 000 h.* Ville des États-Unis, capitale du Wyoming. Commerce du bétail.
Cheyennes Amérindiens de l'Amérique du Nord, de langue algonquine. Originaires de la région des Grands Lacs, ils vivent aujourd'hui dans les réserves du Montana et de l'Oklahoma.
Cheyney (Peter) 1896-1951 Auteur anglais de romans policiers, créateur du héros Lemmy Caution, grand amateur de « whiskies, petites pépées » et de bagarres (*La Môme Vert-de-gris*, 1937).
chez prép. Au domicile de. *Aller chez son frère.* / Dans tel groupe de personnes ou d'animaux. *Chez les Scandinaves, la blondeur domine. Chez les kangourous, les petits se développent dans la poche marsupiale.* / Au temps de. *Chez les anciens Grecs, les esclaves et les métèques ne participaient pas à la vie politique de la cité.* / Dans l'œuvre de; dans le caractère de. *Chez Corneille, on est ébloui par la grandeur d'âme des personnages. Cela prend chez elle le caractère d'une obsession.*

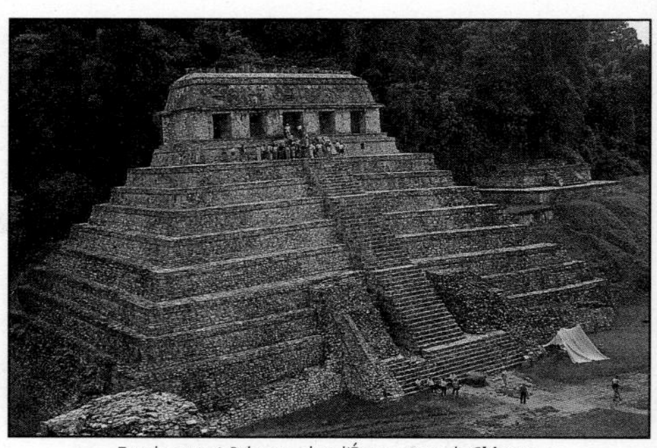

Temple maya à Palenque, dans l'État mexicain de ***Chiapas***.

chez-moi, chez-soi n. m. inv. Fam. Domicile privé. *Mon petit chez-moi. Préférer son chez-soi.* / Plur. Des *chez-nous*, des *chez-eux*.
Chézy (Antoine de) 1718-1798 Ingénieur et mathématicien français qui construisit de nombreux ponts (Neuilly, Nantes) et qui étudia les écoulements hydrauliques.
chialer v. i. [1] Pop. Pleurer.
chianti n. m. Vin rouge italien, produit dans la région de Chianti.
Chianti Région vinicole d'Italie, dans la province de Sienne, en Toscane. Elle produit un vin rouge réputé.
Chiapas *74 200 km2 3 200 000 h.* État du Sud-Est du Mexique, bordé par le Pacifique et situé à la frontière du Guatemala. Capitale *Tuxtla Gutierrèz*. Peuplé essentiellement d'Indiens, le Chiapas est, depuis janvier 1994, le théâtre d'une guerilla menée par le sous-commandant Marcos, révolutionnaire à la tête de l'Armée zapatiste de libération (EZLN), qui défend les droits des Indiens et exige une réforme agraire; l'accord signé avec le gouvernement en mars 1994 lui a donné partiellement gain de cause: autonomie des Indiens du Chiapas, réformes judiciaire et agraire, éducation bilingue, etc. De nouvelles réformes ont été exigées, et une longue marche a entraîné, en 2001, des milliers d'Indiens à Mexico, sous la conduite du sous-commandant Marcos.
chiasma n. m. ANAT. Croisement. *Chiasma des nerfs optiques.*
chiasme n. m. RHÉT. Figure de style où s'inverse la place des mots, dans une phrase comportant deux propositions contraires. *Le cœur a ses raisons que la raison ne connaît pas.*
chiasse n. f. Vulg. Diarrhée.
Chibchas Peuple précolombien de l'Amérique centrale et de l'Amérique du Sud, dont la civilisation et la culture disparurent avec la colonisation espagnole au XVIe siècle.
chic n. m. et adj. inv. Élégance, distinction d'une personne, d'un vêtement. / adj. inv. Élégant. / Généreux, sympathique. *C'est une chic fille.*
Chicago *2 794 000 h.* Ville des États-Unis, dans l'Illinois, sur le rivage sud-ouest du lac Michigan. Port et nœud ferroviaire, Chicago est un foyer industriel et commercial très puissant: usines sidérurgiques et mécaniques, industries dérivées de l'élevage (abattoirs, tanneries, conserves de viande).
Histoire La ville s'est développée à partir de 1830, et surtout après 1850 (arrivée du chemin de fer, 1848-1854). Ravagée par un incendie en 1871, elle a été reconstruite et a constitué le principal foyer d'immigration pour les Polonais. En architecture, l'*école de Chicago* a révolutionné les constructions de la fin du XIXe siècle: Le Baron Jenney, Burnham, Sullivan. Au XXe siècle, la ville s'est encore embellie (*Crown Hall* par Mies van der Rohe, 1956). Elle recèle de nombreux musées d'art et de science, et a aussi donné naissance à une école de sociologie novatrice, la première à aborder la question des minorités et de leur intégration dans la

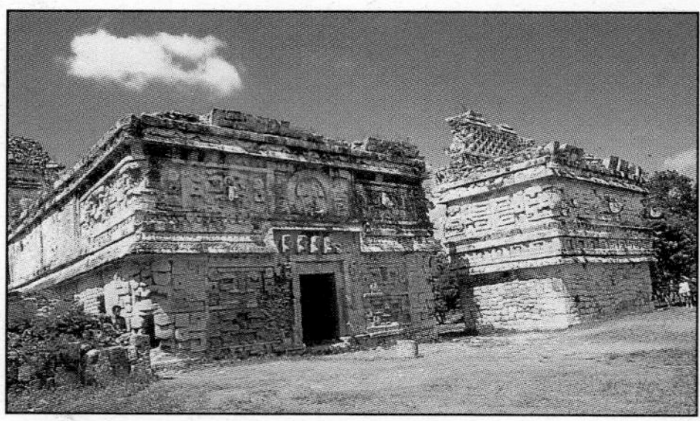

Vestiges de ***Chichén Itzá****, cité maya.*

société américaine. Foyer de la culture afro-américaine (blues), Chicago reste un haut lieu de la revendication en faveur de la minorité noire (40 % de la population locale).

chicane n. f. DR. Contestation subtile, soulevée au cours d'une procédure, afin de ralentir un procès. / Dispute sur un détail, querelle de mauvaise foi. / Passage en forme de zigzag à travers une série d'obstacles.

chicaner v. i. [1] DR. User de chicane. / Par ext. Contester sur des détails. (Emploi transitif) *Chicaner qqn.* / v. pron. Se disputer pour des riens, des vétilles.

chiche [1] adj. Avare. *Être chiche de ses deniers.* / Peu abondant. *Ce fut un de mes repas les plus chiches.*

chiche [2] adj. Fam. Capable, assez audacieux pour. *Tu n'es pas chiche de faire ça !* / interj. exprimant le défi. *Chiche !*

chiche [3] adj. Voir **pois.**

chiche-kebab n. m. (mot turc) Brochette de mouton à l'orientale.

chichement adv. Parcimonieusement.

Chichén Itzá Site archéologique du Yucatán, au sud du Mexique. Ancien foyer de la civilisation maya.

chichi n. m. Fam. Comportement affecté, maniéré. *Faire du chichi, des chichis.*

chichiteux, euse adj. Fam. Qui fait des chichis, qui en fait volontiers.

chicorée n. f. Plante herbacée de la famille des composées, dont diverses espèces sont consommées en salade (frisée, endive, scarole). / *Chicorée à café* ou *chicorée* : racine de chicorée torréfiée et granulée, parfois mélangée au café.

chicot n. m. Partie d'un tronc d'arbre abattu qui sort de terre. / Fam. Fragment d'une dent cassée ou cariée qui reste dans la gencive.

chicotin n. m. Anc. Suc amer à propriétés purgatives extrait de l'aloès et de la coloquinte.

chien, ienne n. Mammifère domestique de la famille des canidés. *On recense de très nombreuses races de chiens domestiques qui peuvent se croiser entre elles. Il existe des chiens de garde, de chasse, de trait, d'agrément, d'attaque, des chiens guides, etc. Le chien aboie, jappe, hurle.* / *Chien de mer* : nom donné à divers requins de petite taille. / *Chien de prairie* : Rongeur d'Amérique du Nord, proche de la marmotte, dont le cri rappelle l'aboiement du chien. / Fig. *Mourir comme un chien* : mourir abandonné de tous. / *Une vie de chien* : une vie dure et miséreuse. / *Se donner un mal de chien* : s'épuiser à faire qqch. / *Malade comme un chien* : très malade. / *Rompre les chiens* : mettre fin sans ménagement à un entretien. / *Entre chien et loup* : au crépuscule. / Personne particulièrement détestable. *Un vrai chien !* / *Avoir du chien* : avoir du charme. / *En chien de fusil*, recroquevillé. / TECHN. Pièce du fusil qui guide le percuteur et renforce son action. / MAR. *Coup de chien* : coup de vent, tempête subite. / Cour. *Temps de chien*, très mauvais.

chien andalou (Un) 1928 Film français de Luis Buñuel. Salvador Dali collabora au scénario. Cette œuvre surréaliste exprime la quête de l'amour à coups d'images chocs (le rasoir sectionnant l'œil) et de métaphores horrifiantes (les fourmis sortant de la paume d'une main). Il devint le film phare de l'avant-garde cinématographique à la fin du muet.

Chien (Grand) Constellation australe (voir **constellation**).

Chien (Petit) Constellation boréale (voir **constellation**).

chien-assis n. m. ARCHIT. Lucarne pratiquée dans un toit en pente et dont la baie vitrée s'ouvre en saillie. Pl. Des *chiens-assis.*

chiendent n. m. Nom de diverses graminées, vivaces et envahissantes, nuisibles aux cultures. *Le chiendent est souvent appelé mauvaise herbe.* / Racine séchée de chiendent. *Une brosse en chiendent.*

chienlit n. m ou n. f. Anc. *Le chienlit* : masque de carnaval. / n f. *La chienlit* : la mascarade. / Par ext. Pagaille, désordre.

chien-loup n. m. Chien de berger allemand dont l'aspect évoque le loup. Pl. Des *chiens-loups.*

chiennerie n. f. Fam. Ce qui cause un désagrément. / Mauvaise action, action vile.

Chiens de chasse Constellation boréale (voir **constellation**).

chier v. i. / v. t. [1] Vulg. Déféquer. *Faire chier qqn*, l'ennuyer. *Se faire chier* : s'ennuyer. *Ça va chier* : il va se passer qqch. de désagréable. *C'est chié* : c'est remarquable, excellent. / v. t. Vulg. *Chier des bulles, en chier* : faire qqch. de très pénible, de très difficile. *Chier une pendule* : en faire trop, importuner son entourage en insistant lourdement sur un événement, un ennui.

chiffe n. f. Étoffe de mauvaise qualité. / Fig. *Chiffe molle* : personne peu énergique, faible de caractère.

chiffon n. m. Pièce de vieux tissu. *Épousseter un meuble avec un chiffon.* / *En chiffon* : froissé. / *Chiffon de papier* : papier froissé, ou écrit, document sans valeur. / *Papier chiffon* : papier de luxe fabriqué avec du chiffon. / Fam. *Parler chiffon*, de mode, de vêtements, notam. féminins.

chiffonnade n. f. CUIS. Salade verte, crue, découpée en lamelles.

chiffonner v. t. [1] Froisser, mettre en chiffon. / Fig. Contrarier. *Ce qu'il a dit me chiffonne.*

chiffonnier, ère n. Personne qui collecte pour les revendre de vieux vêtements, des objets usagés. / n. m. Petite commode à nombreux tiroirs superposés qu'on utilise pour ranger le linge. / Fig. *Se disputer comme des chiffonniers*, bruyamment et violemment.

chiffrage n. m. Action d'estimer en chiffres. *Chiffrage de grosses dépenses.* / Action de chiffrer, de coder un message au moyen de chiffres le transformant en cryptogramme. / MUS. Ensemble de chiffres sur une partition musicale, indiquant les accords.

chiffre n. m. Caractère servant à représenter les nombres. *Chiffres arabes* : 1, 2, 3, 4, 5, 6, 7, 8, 9, 0. *Chiffres romains*, qui représentent les nombres par les lettres I, V, X, L, C, D, M valant respectivement 1, 5, 10, 50, 100, 500, 1 000. / Montant, total. *Le chiffre des dépenses.* / Code d'écriture secret (chiffres et lettres) permettant d'assurer le caractère confidentiel des messages transmis. *Les dépêches diplomatiques sont transmises en chiffre. Le chiffre* : l'administration qui s'occupe de coder les messages. / Combinaison secrète de chiffres ou de lettres servant à ouvrir certaines serrures. / Entrelacement des initiales d'un nom. *Faire graver son chiffre sur une chevalière.* / *Chiffre d'affaire* : total des recettes d'une entreprise commerciale dans l'intervalle de deux bilans.

chiffrement n. m. Transcription d'un texte en message chiffré secret.

chiffrer v. t. [1] Calculer (qqch.) en chiffres. *Chiffrer les dépenses.* / Numéroter (qqch.). / Coder (une information) en chiffres. *Chiffrer un texte.* / MUS. Faire le chiffrage de. / v. pron. *Se chiffrer à* : atteindre (tel montant). *Se chiffrer par, en* : se compter par, en.

chiffreur, euse n. Spécialiste du chiffre (au sens de « code secret »).

Chigi Famille de banquiers italiens de Sienne. **Agostino** 1465 ?-1520 Venu à Rome, il y fit construire par Peruzzi, sur les bords du Tibre, la villa Farnésine que décorèrent Raphaël et Sodoma. **Fabio** 1599-1667 monta sur le trône pontifical sous le nom d'Alexandre VII. **Flavio** 1631-1693 et **Sigismond** 1649-1677 Neveux du précédent, cardinaux, ils firent achever la résidence de la famille à Rome, le *palais Chigi*, construit à partir de 1562 par Giacomo della Porta, achevé au siècle suivant par Carlo Maderno.

chignole n. f. Perceuse électrique ou à main. / Fam. Mauvaise voiture.

CHIEN

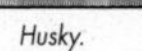

Husky.

Saint Bernard.

Teckel.

Épagneul.

chignon n. m. Coiffure consistant à relever ou à rouler ses cheveux au-dessus de la nuque ou au sommet de la tête. / Fig. *Se crêper le chignon* : se quereller, en venir aux mains entre femmes.

chihuahua n. m. Minuscule chien terrier à poil ras, d'origine mexicaine.

Chihuahua *530 800 h.* Ville du nord du Mexique, capitale de l'État du même nom. Important centre commercial et minier.

chiisme n. m. Doctrine des musulmans qui ne reconnaissent qu'Ali (gendre et cousin de Mahomet) et sa descendance comme successeurs légitimes du Prophète, alors que le sunnisme, islam majoritaire, n'admet pour légale que la succession d'Abou Bakr, qui écarte Ali du califat. *Le chiisme est centré sur une mystique qui exalte le martyre d'Ali et de son fils Hussein, tous deux successivement assassinés par leurs rivaux.*

chiite adj. et n. Musulman adepte du chiisme.

♦ Les chiites imamites, ou duodécimains, reconnaissent l'autorité spirituelle de douze imams, dont Ali est le premier et le mahdi, l'imam caché, l'imam de la résurrection, l'imam qui n'est pas encore né, l'envoyé de Dieu qui apportera aux hommes la révélation suprême, la révélation du sens de toutes les révélations, le douzième. Les ismaéliens, ou septimains, ne reconnaissent que les sept premiers imams. Les chiites sont majoritaires en Iran (où le chiisme est religion d'État), et nombreux au Yémen, en Irak, en Palestine, en Syrie, au Liban, dans le sous-continent indien (Pakistan essentiellement) et forment des communautés dans plusieurs pays d'immigration (États-Unis, Canada notamment). Les druzes de Syrie et du Liban et les alaouites syriens se rattachent au chiisme.

Chikamatsu Monzaemon (Sugimori Nobumori, dit**)** 1653-1724 Dramaturge japonais à l'œuvre abondante : plus de cent pièces. À partir de 1703 (*Double Suicide d'amour à Sonezaki*), il développa à Osaka un théâtre réaliste d'une grande modernité, comprenant trente-cinq drames du présent et du passé. En 1954, Mizoguchi porta à l'écran *Les Amants crucifiés.*

Childebert Nom de trois rois mérovingiens. **Childebert Ier** (495 ?-558) Fils de Clovis et roi de Paris (511), il conquit la Thuringe avec ses frères Thierry Ier et Clotaire Ier. Il partagea en 534 le royaume des Burgondes avec ce dernier. En 531, il vainquit Amalaric, roi des Wisigoths, à Narbonne. **Childebert II** (570 ?-596), roi d'Austrasie (575). Après avoir régné sous la tutelle de sa mère Brunehaut, il hérita des royaumes de Bourgogne et d'Orléans à la mort de son oncle Gontran, en 593. **Childebert III** (683 ?-711), roi de Neustrie, de Bourgogne et d'Austrasie (695). Il régna sous la tutelle de Pépin de Herstal.

Childe Harold (le Pèlerinage de) 1813-1817 Poème de Byron dont le héros est peut-être une incarnation du poète. L'œuvre, tour à tour satire complaisante de la persuasion et hommage enthousiaste aux charmes de la nature, fait alterner la passion et le désenchantement.

Childéric Nom de trois rois mérovingiens. **Childéric Ier** (436 ?-481) Roi des Francs Saliens (457), fils de Mérovée, il était le père de Clovis. **Childéric II** (653 ?-675) Roi d'Austrasie (663), il régna en Neustrie et en Bourgogne (673-675), et mourut assassiné.

Chimère d'Arezzo.

Chimère.

Chimpanzés.

Childéric III (mort en 755) Roi des Francs et dernier roi mérovingien, régna de 743 à 751. Il fut déposé par Pépin le Bref.

• **Chili** État d'Amérique du Sud, situé au bord du Pacifique, à l'extrémité sud du continent américain.

chilien, enne adj. et n. Du Chili. *Cuivre chilien. Un(e) Chilien(ne).*

Chillon Château fort de Suisse (XIIIe siècle), au bord du lac Léman, près de Vevey, où François de Bonivard fut incarcéré (1530-1536).

Chilpéric Nom de deux rois mérovingiens.

Chilpéric Ier (539?-584) Roi de Neustrie et de Soissons (561). Fils de Clotaire Ier, il épousa Galswinthe (qu'il fit assassiner), puis Frédégonde. Sœur de Galswinthe, sa belle-sœur Brunehaut, épouse de son frère Sigebert Ier, poussa son mari à le faire assassiner.

Chilpéric II (670?-721), fils de Childéric II, roi de Neustrie (715). Il reconnut Charles Martel comme maire du palais.

Chimène Amante de Rodrigue dans les diverses versions de l'histoire du Cid Campeador.

chimère n. f. MYTH. Monstre fabuleux qui crachait le feu par la gueule et avait la tête et le poitrail d'un lion, le ventre d'une chèvre et la queue d'un dragon. / Fig. Imagination vaine, rêve irréalisable, illusion. / ZOOL. Poisson cartilagineux (chondrichtyen), à grosse tête, vivant dans les profondeurs abyssales.

chimérique adj. Qui imagine des chimères. *Un esprit chimérique.* / Illusoire. *Un projet chimérique.*

chimie n. f. Science qui étudie la formation, les propriétés et les transformations moléculaires et atomiques des corps simples et composés.

♦ La chimie générale établit les lois générales, la chimie organique étudie les propriétés des composés du carbone, la chimie minérale, celle des autres éléments et de leurs composés. La chimie appliquée fait profiter de ses travaux l'industrie, l'agro-alimentaire, la médecine, etc. Pour représenter les éléments*, on emploie des symboles (H: hydrogène, C: carbone O: oxygène, K: potassium, As: arsenic, etc.). Les corps composés sont représentés par une formule qui signale les proportions en nombre d'atomes de chaque élément. Ainsi, la molécule d'eau s'écrit H_2O pour signifier qu'elle possède un atome d'hydrogène lié à deux atomes d'oxygène. La transformation d'une substance en une autre est appelée réaction chimique. On la représente par une équation où une flèche indique le sens de la réaction.

chimioluminescence ou **chimiluminescence** n. f. Luminescence provoquée par une réaction chimique. *La chimioluminescence du phosphore blanc.*

chimiorésistance n. f. MÉD. Capacité de résistance d'un micro-organisme ou d'une tumeur à la chimiothérapie.

chimiosynthèse n. f. BIOCHIM. Synthèse, par certaines bactéries et certains végétaux, de molécules organiques à partir d'éléments minéraux, en utilisant l'énergie fournie par des réactions chimiques.

chimiothérapie n. f. MÉD. Méthode de traitement des maladies par utilisation de substances chimiques, notamment antibiotiques ou anticancéreuses.

chimique adj. De la chimie. *Composition chimique. Produits chimiques.*

chimiquement adv. Du point de vue de la chimie.

chimiquier n. m. Navire conçu pour le transport des produits chimiques. / Appos. *Navire chimiquier.*

chimisme n. m. Ensemble de phénomènes, notamment au sein d'un organisme ou d'un organe, considérés du point de vue de la chimie. *Chimisme cérébral.*

chimiste n. Spécialiste de la chimie.

chimpanzé n. m. Grand singe anthropoïde arboricole, sociable, qui vit dans le Centre et l'Ouest de l'Afrique.

Chimú Peuple précolombien du Pérou qui tomba sous la domination des Incas au XVe siècle.

Chin 38 019 km² 853 000 h. État du nord de la Birmanie, proche de l'Assam. Capitale *Haka*. Cet État montagneux doit son nom aux Chins, population tibéto-birmane morcelée en de très nombreux groupes. Animistes, les Chins ont été largement christianisés et pratiquent l'agriculture sur brûlis.

chinchard n. m. ZOOL. Poisson marin téléostéen, à l'allure de maquereau, portant sur le flanc une ligne d'écailles épineuses caractéristique.

chinchilla n. m. ZOOL. Petit mammifère rongeur d'Amérique du Sud, à fourrure grise. / La fourrure, gris perle, de cet animal.

chine [1] n. m. Papier de Chine. / Porcelaine de Chine.

chine [2] n. f. Recherche et commerce d'objets d'occasion. *Faire la chine.*

• **Chine (république populaire de)** République d'Asie orientale.

Chine (mer de) Partie de l'océan Pacifique qui baigne les côtes de la Chine. Elle est divisée par le détroit de Taiwan (ou détroit de Formose), en mer de Chine orientale, qui comprend au nord la mer Jaune, et la mer de Chine méridionale entre la péninsule indochinoise, Bornéo et les Philippines.

Chine (République de) Voir **Taiwan**

chiné, e adj. et n. m. **A.** adj. Dont le fil a été teint de plusieurs couleurs. *Soie chinée.* **B.** n. m. Dessin imitant l'apparence d'un tissage chiné. / Tissu chiné.

chiner [1] v. t. [1] Teindre de différentes couleurs (des fils) avant le tissage. *Chiner des fils de soie.* / Tisser avec des fils chinés. / Imprimer un chiné sur. *Chiner un tissu uni.*

chiner [2] v. i. / v. t. [1] Rechercher des objets d'occasion, en faire commerce. *Aller chiner au marché à la brocante.* / v. t. *Chiner des cartes postales anciennes aux Puces.*

chiner [3] v. t. [1] Fam. *Chiner qqn*, se moquer gentiment de lui.

chineur, euse n. Personne qui chine à la recherche d'objets d'occasion, aime chiner, ou dont chiner est le métier.

chinois, e [1] adj. et n. De Chine. *Écriture chinoise. Un(e) Chinois(e).* / n. m. Langue parlée en Chine. / Fig., fam. *C'est du chinois :* c'est incompréhensible.

chinois [2] n. m. Passoire conique, à grille très fine, utilisée en cuisine. *Passer une sauce au chinois.*

chinoiserie n. f. Meuble, bibelot venant de Chine, de style chinois. / Fam. Chicanerie compliquée.

Chinon *8 700 h.* Ville d'Indre-et-Loire, sur la Vienne. Centrale nucléaire. Les ruines de trois châteaux dominent la ville: Saint-Georges (XIIIe siècle), le château du Milieu (XIIe, XIVe et XVe siècles) et le Grand Logis (XIIe, XIVe et XVe siècles), où Jeanne d'Arc fut reçue par Charles VII.

chinook n. m. (mot indien) Vent chaud et sec soufflant des hautes pressions des montagnes Rocheuses vers les basses pressions de la prairie canadienne.

Chios ou **Chio** *904 km² 52 200 h.* Grande île grecque sur la côte asiatique de la mer Égée; elle forme avec l'île voisine de Psara le nome de Chios, dont le chef-lieu est *Chios (24 000 h.).* Membre de la Confédération athénienne entre 477 et 412 av. J.-C., l'île passa successivement aux mains des Romains, des Byzantins, des Génois et des Turcs. En 1822, durant la guerre de l'Indépendance grecque, ces derniers (qui possédaient l'île depuis 1566) massacrèrent la population insurgée.

chiot n. m. Jeune chien.

chiottes n. f. pl. Vulg. Cabinets d'aisance. / Au sing., pop. Automobile. *T'as une nouvelle chiotte ?*

chiourme n. f. L'ensemble des rameurs d'une galère ou des condamnés d'un bagne. / *Garde-chiourme*: gardien dans un bagne.

chiper v. t. [1] Fam. Dérober, voler, chaparder. *Chiper un briquet.*

chipie n. f. Femme ou fille désagréable, acariâtre.

chipolata n. f. Saucisse de porc longue et fine.

chipoter v. i. / v. t. / v. pron. [1] **A.** v. i. Manger peu, sans appétit. / Marchander. *Il chipote pour des vétilles.* **B.** v. t. *Chipoter sa viande. Chipoter chaque euro.* **C.** v. pron. *Se chipoter: se disputer pour des vétilles.*

Chippendale (Thomas) 1718?-1779 Ornemaniste et ébéniste anglais qui créa, en combinant le goût hollandais, déjà présent en Angleterre, au Louis XV français, le style décoratif qui porte son nom. L'art chinois et le style gothique l'inspirèrent également.

chips n. f. pl. (mot anglais) Pommes de terre émincées en fines rondelles frites et salées.

chique [1] n. f. Boulette de tabac que l'on mâche. / Enflure de la joue, due notamment à un abcès dentaire.

chique [2] n. f. ZOOL. Puce des pays tropicaux qui pénètre sous la peau et se gorge de sang. *La chique cause de graves démangeaisons.*

chiqué n. m. Fam. Feinte, trucage, simulation. *C'est du chiqué !*

chiquenaude n. f. Coup appliqué au moyen du majeur fermement appuyé sous le pouce et détendu brusquement. *Expédier d'une chiquenaude une boulette de papier.* Syn. pichenette.

Chiquitos Indiens d'Amérique du Sud (Bolivie, Brésil et Paraguay).

Chirac (Jacques) 1932 Homme politique français. Gaulliste, il est Premier ministre (1974) au début du septennat de V. Giscard d'Estaing, dont il avait soutenu la candidature. En août 1976, il démissionne; en décembre, il transforme l'U.D.R. (Union des démocrates pour la République) en R.P.R. (Rassemblement pour la République), dont il est élu président. En 1977, il est élu maire de Paris, poste qu'il occupera jusqu'en 1995. En 1981, il se présente à l'élection présidentielle, mais ne parvient pas à franchir le premier tour. Quand, en 1986, la coalition R.P.R.-U.D.F. remporte les élections législatives, il est nommé Premier ministre par F. Mitterrand; dans l'histoire de la Ve République, c'est la première fois que le président et le Premier ministre appartiennent à des camps opposés; on parle alors de « cohabitation ». Les deux hommes s'affrontent au deuxième tour de l'élection présidentielle de 1988, qui est remportée par F. Mitterrand. À l'élection présidentielle de 1995, il vainc L. Jospin au deuxième tour, et nomme Alain Juppé Premier ministre. Il engage une grande réforme du service national. En 1997, escomptant une majorité plus solide pour appuyer son action et celle de A. Juppé, il dissout l'Assemblée, mais la gauche « plurielle » remporte les législatives. Il appelle L. Jospin au poste de Premier ministre, lors de la troisième cohabitation de la Ve République. En 2002, il est réélu en tant que chef de l'État face au leader d'extrême-droite J.-M. Le Pen.

Jacques Chirac.

CHILI

Superficie : *756 626 km²* – **Nombre d'habitants :** *15 400 000 h.* – **Capitale :** *Santiago*
Villes principales : *Valparaiso, Antofagasta, Concepción* – **Système politique :** *république* –
Langue(s) : *espagnol* – **Religion(s) :** *catholicisme* – **Monnaie(s) :** *peso chilien*

Voir l'Atlas

Le palais de justice de Santiago.

La Vallée de la Lune, dans le désert d'Atacama, au nord du Chili.

Géographie physique et humaine

Formé par une bande de terre longue (*4 300 km*) et étroite (*200 km*), le Chili appartient à trois ensembles physiques ; la cordillère des Andes, dominée par quelques pitons volcaniques, se fractionne à l'extrémité sud du Chili en une multitude d'archipels entre lesquels s'ouvre le détroit de Magellan. La dépression centrale est formée de pampas étroites et de bassins morcelés. La chaîne côtière, d'accès difficile, est rectiligne au nord du pays et très découpée dans sa partie méridionale. Soumis à diverses influences, le climat du Chili varie selon l'altitude et la latitude : désertique au nord, tropical, humide au sud, montagnard à l'intérieur. La population vit surtout dans les villes du Chili central, au climat tempéré.

Économie

L'agriculture, handicapée par le régime des grandes propriétés, ou latifundia, est surtout orientée vers l'élevage. L'industrialisation, favorisée par l'abondance des ressources minières (cuivre – 1er rang mondial –, fer, argent) et énergétiques (pétrole, charbon), a connu des aléas. Depuis 1990, la croissance est soutenue : le Chili attire les investisseurs étrangers. En outre, il devient le principal investisseur dans le reste de l'Amérique latine et un partenaire de l'Union européenne.

Histoire

Peuplé à l'origine par les Araucans, le Chili est occupé par les Espagnols, qui entreprennent sa conquête en 1536. Révoltée contre la métropole, la colonie espagnole obtient son indépendance en 1818 et instaure le régime républicain. Ayant vaincu le Pérou et la Bolivie (guerre du Pacifique, 1879-1884), le Chili accroît son territoire. Il devient république parlementaire en 1891 et connaît un grand développement économique dû à l'exploitation des mines de cuivre grâce, essentiellement, à des capitaux nord-américains. Les problèmes s'accumulent, des partis ouvriers naissent et, en 1925, l'armée établit un régime présidentiel. De 1938 à 1958, des coalitions du centre et de la gauche gouvernent le pays. Président de 1964 à 1970, le démocrate-chrétien Eduardo Frei nationalise les mines. Salvador Allende, à la tête d'une Union populaire (socialistes, communistes, extrême-gauche), lui succède. Les forces de droite se coalisent contre lui ; ainsi, la grève des camionneurs affame la capitale. En août 1973, Allende doit confier la direction de l'armée au général Pinochet qui, en septembre, prend le pouvoir par la voie des armes. Allende se suicide dans le palais présidentiel. Dictateur, Pinochet fonde le développement économique du pays sur une brutale répression que dénonce bientôt la communauté internationale. En 1988, il décide que des élections présidentielles se tiendront l'année suivante ; 1989 voit ainsi le pouvoir revenir aux mains des civils, même si Pinochet garde la direction de l'armée jusqu'en mars 1998. En 1994, le fils de l'ancien président Frei, prénommé lui aussi Eduardo, succède (1994-2000) au centriste P. Aylwin (1990-1994). Pas plus que ce dernier, il ne tente de faire véritablement la lumière sur la dictature militaire de peur de rompre un fragile équilibre politique et social. En novembre 1998, Pinochet est soigné dans une clinique de Londres, quand des Espagnols (suivis de Français et de Suisses), émigrés victimes de la dictature chilienne, portent plainte contre lui, et demandent son extradition vers le Chili. Après maints revirements juridiques, ils obtiennent gain de cause : Pinochet est extradé en mars 2000. En mai 2000, il voit son immunité parlementaire (il est sénateur à vie) levée par la Cour suprême chilienne. Il est inculpé pour l'assassinat (octobre 1973) de 75 prisonniers politiques. Après une bataille de procédure, les poursuites sont suspendues pour raison de santé (on a diagnostiqué une démence sénile) et il renonce à son poste de sénateur à vie en juillet 2002. En 2000, le socialiste Ricardo Lagos Escobar a été élu président du Chili.

Littérature

Inspirés par les préoccupations sociales et politiques contemporaines autant que par les grands moments de l'histoire nationale, la poésie et le roman chiliens sont représentés par Andrès Bello (1781-1865), par Gabriela Mistral (1889-1957), prix Nobel en 1945 et par le poète Pablo Neruda (1904-1973), prix Nobel en 1971.

Les pics de los Cuernos del Paine au sud du Chili.

Voisin de Santiago, Valparaiso est le port le plus important du Chili.

Église de l'époque coloniale à Arica, province la plus septentrionale des provinces maritimes du Chili.

Puerto Williams, le port le plus méridional du Chili, en Terre de Feu.

CHINE (RÉPUBLIQUE POPULAIRE DE)

C

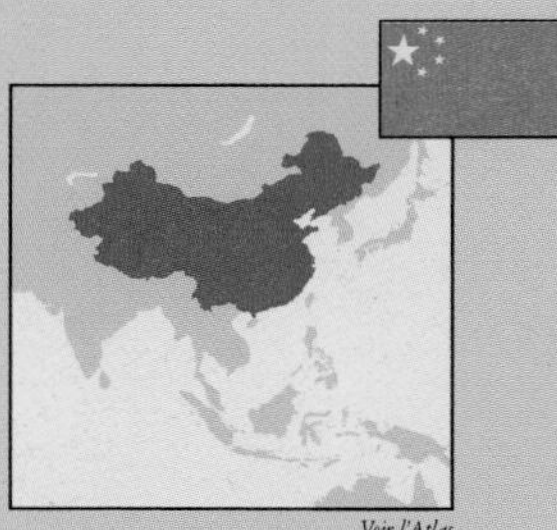

Voir l'Atlas

Superficie: *9 596 961 km²* – **Nombre d'habitants:** *1 270 000 000 h.*
Capitale: *Pékin (Beijing)* – **Villes principales:** *Shangai, Tianjin, Canton*
Système politique: *république populaire* – **Langue(s):** *chinois (mandarin, officiel)*
Religion(s): *athéisme officiel, bouddhisme, confucianisme, taoïsme, christianisme, islam, judaïsme, sectes diverses*
Monnaie(s): *yen*

Géographie physique et humaine

Le territoire chinois recouvre deux grands ensembles géographiques. À l'ouest, le système montagneux de l'Himalaya avec des bassins fermés et des plateaux d'accès difficile, des déserts (Mongolie) et des steppes (Xinjiang, Gansu). À l'est, des plaines fertiles drainées par les grands fleuves (Huanghe, Xijiang, Yangzijiang). Le littoral (*11 100 km*) est semé d'une poussière d'îles (plus de 3 000). Le climat est influencé par le régime de la mousson: pluies d'été et hivers froids et secs. Pays le plus peuplé de la Terre (*1 185 170 000 h.*), la Chine a un taux de natalité deux fois plus faible que dans les années 1960: 17 ‰. Entreprise dans les années 1960, la politique de réduction des naissances limite la croissance démographique à 1,5 %. La population jeune demeure en grande majorité rurale malgré la formidable industrialisation. L'agriculture employait, en 1998, 70 % de la population active. Le paysage typique de Chine est celui du gros village où l'artisanat garde une grande importance économique. L'étendue des zones infertiles et des montagnes explique l'inégale répartition de la population. Tandis que les montagnes du Tibet et les déserts de Mongolie sont à peine peuplés, on trouve le long des fleuves de la Chine orientale la plus forte densité de population du monde. La population chinoise est très homogène (94 % de Han, ancien nom des Chinois). Les allogènes (Tibétains, Coréens, Mandchous, Mongols, Ouigours) forment des minorités, réparties dans les territoires périphériques et très attachées à leurs traditions religieuses et à leurs coutumes.

Économie

La Chine est le premier producteur mondial de blé, de riz, de coton. Ses performances agricoles (y compris l'élevage de porcs, de volailles) ont été multipliées par trois depuis l'avènement du communisme, mais l'essor démographique est tel que le Chinois mange à peine mieux qu'autrefois. Les ressources minières et énergétiques sont importantes et diversifiées: premier rang mondial pour la houille et le fer. La Chine a entrepris dès 1978 (deux ans après la mort de Mao) un grand effort de modernisation. En 1980, elle adhère au F.M.I. et conclut des contrats avec les États-Unis et le Japon. Shanghai devient bientôt l'une des grandes métropoles économiques, suivie par Canton, qui bénéficie de la proximité de Hong Kong. Depuis cette époque, le taux de croissance est le plus fort du monde: il excède les 10 %. La Chine a su résister au krach qui a frappé l'Asie du Sud-Est à partir de 1997, mais de nombreuses ombres demeurent au tableau: inégalités de plus en plus fortes entre la région côtière et l'intérieur, entre la ville et la campagne, entre le cadre et l'ouvrier; mauvais réseau routier, saturation du réseau ferroviaire; déforestation des rives des grands fleuves (les crues de 1998 ont été catastrophiques); retard dans la technologie de pointe (chimie, électronique, secteur nucléaire).

Histoire

La civilisation chinoise ancienne, assez mal connue, est étroitement liée à la succession des dynasties royales puis impériales à partir de 618. À la première dynastie chinoise des Xia (Hia), fondée par le souverain légendaire Yu (v. 2000 av. J.-C.), succède celle des Shang (Chang) ou Yin (v. 1770-v.1110 ou v. 1560-v. 1050 av. J.-C.), établie dans la région de l'actuel Honan, puis les dynasties Zhou (Tcheou), Qin (Tsin) et Han dont l'histoire est marquée par une succession de guerres civiles. Malgré l'unification de l'Empire par les Sui (Souei) et les Tang, les conflits intérieurs entretenus par les ambitions princières affaiblissent la résistance du pays contre les tribus tartares et mongoles qui envahissent la Chine du Nord. Les Song, mécènes des arts et des lettres, sont alors chassés et, une fois intronisés, les Yuan sont confrontés aux problèmes sociaux posés par la misère du peuple. Ramenés au pouvoir par la révolte populaire, les Ming transfèrent la capitale de Nankin à Pékin où ils gouvernent en despotes, sans toutefois pouvoir contenir les invasions qui menacent les régions situées à la périphérie de leur empire. La dynastie mandchoue des Qing (Ts'ing), qui

Cyclistes dans une ville de province, près de Xi'an.

Partie de la Grande Muraille ouverte aux touristes.

règne de 1644 à 1911, tente en vain de reconquérir la Chine contre les empiétements des Russes et des Japonais.

Très longtemps hostile à toute pénétration étrangère, la Chine doit accepter de signer plusieurs traités (Nankin, 1842), cédant des comptoirs, des régions entières aux puissances européennes malgré la vive résistance de la population (guerre des Boxers, 1900). L'impopularité de la dynastie mandchoue, la faiblesse du régime, l'acuité des problèmes économiques et sociaux sont à l'origine d'un mouvement révolutionnaire dirigé en 1911 par Sun Yat-sen. En 1911, il transforme en Guomindang le mouvement nationaliste qu'il avait fondé en 1894 et proclame à Nankin la république de Chine, qu'il préside. En 1912, Yuan Shikai le remplace et meurt en 1916; il ne contrôlait alors que le nord. Dans le sud, à Canton, Sun Yat-sen forme un gouvernement sécessionniste en 1918. Le Guomindang devient un parti puissant dans lequel, en 1921, il fait entrer les communistes pour obtenir le soutien de Lénine. Cette même année, il est élu président de la République de Chine. À sa mort (1925), son gendre Tchang Kaï-chek (Jiang Jieshi) prend le pouvoir à la tête du Guomindang et rompt l'alliance que Sun Yat-sen avait conclue en 1921 avec le Parti communiste. En 1927, le P.C. organise une insurrection (probablement à la demande de Staline) à Shanghai et à Canton. Tchang réplique par un massacre. En 1931, le P.C. fonde dans le Jiangxi (dans le sud) une république soviétique, alors que l'un des dirigeants, Mao Zedong, fait adopter une thèse qui contredit l'orthodoxie léniniste: le P.C. doit s'appuyer sur la paysannerie (non pas sur le prolétariat urbain, comme ce fut le cas en 1927). Pour éviter le massacre, par le Guomindang, des 130 000 militants, Mao organise la Longue Marche de 2 000 km du Jiangxi au sud (octobre 1934), au Shanxi au nord (octobre 1935). Cette année-là, il devient secrétaire général du P.C. En 1937, le Japon envahit la Chine et perpètre de véritables crimes contre l'humanité. Tchang se voit contraint d'accepter l'alliance que Mao lui propose. La victoire de 1945 fait de Tchang l'un des *Cinq Grands*, avec Roosevelt (puis Truman),

CHINE (RÉPUBLIQUE POPULAIRE DE) (SUITE)

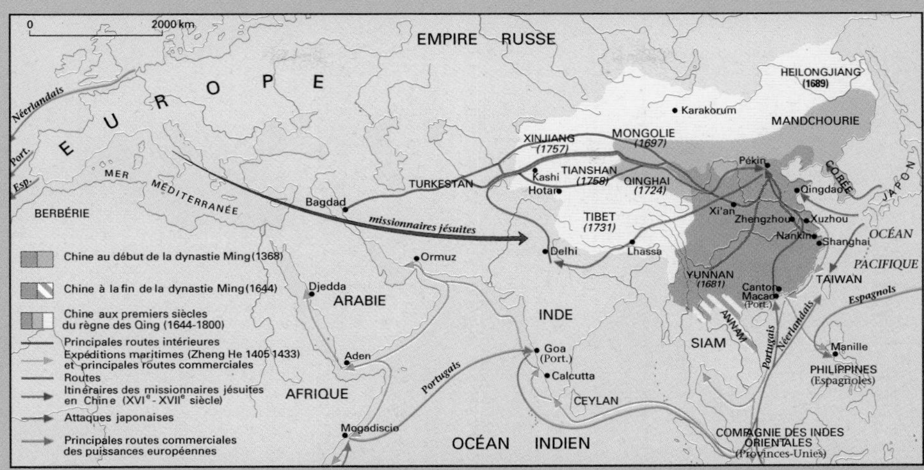

Ouverture de la Chine à l'Occident à partir du XVIIe siècle.

LA CHINE ANCIENNE

IIIe millénaire av. J.-C. : cultures néolithiques. v. 1900 : apparition du bronze. Dynastie Shang (v. 1770 - v. 1100 ; ou v. 1560 - v. 1050 av. J.-C) : apogée de l'art du bronze, groupements urbains, écriture. Dynastie Zhou (v. 1100-256) : féodalité. À l'époque des Hégémons, Printemps et Automnes (722-481), succèdent les Royaumes combattants (480-221). Les conquêtes de l'État féodal des Qin aboutissent à la première unification réelle de la Chine.

LA CHINE IMPÉRIALE

(les dynasties d'origine barbare sont en **vert**).

PREMIER TEMPS D'UNITÉ

QIN (221-207 av. J.-C.)	Empire autoritaire. Grande muraille.
HAN (206 av.-220 ap. J.-C.)	Fondation du système impérial chinois. Les conquêtes de Wudi (140-87 av. J.-C.) créent l'espace chinois.

PREMIER TEMPS DE DIVISION

Trois royaumes (220-280). Le morcellement prépare les invasions.

Six Dynasties (sud)	Au nord, **16 royaumes barbares**, puis les **Wei** (Turcs).

DEUXIÈME TEMPS D'UNITÉ

SUI (589-618)	Œuvre de réunification et de reconstruction.
TANG (618-907)	Apogée politique, fixation des institutions.

DEUXIÈME TEMPS DE DIVISION

Cinq Dynasties au nord (907-960). Poussée nomade, instabilité politique.	Dix Royaumes au sud (902-979). Effervescence intellectuelle et prospérité économique.
SONG (960-1279) Règne de l'empereur Huizong. Développement des villes, des marchands.	Brève réunification (Song septentrionaux). Au nord, **Liao** (Mongols) puis **Jin** (Jürchets protomandchous).

TROISIÈME TEMPS D'UNITÉ : L'EMPIRE MODERNE

YUAN (1280-1368)	Les Mongols créent l'Empire moderne. Marco Polo visite la Chine.
MING (1368-1644)	Apogée des marchands.
QING (1644-1911)	Les Mandchous, qui ont conquis la Chine, renouent avec la grandeur chinoise (conquêtes de Qianlong). Expansion démographique. Contacts avec l'Occident, puis conflits.

CHINE (RÉPUBLIQUE POPULAIRE DE) (SUITE)

Staline, Churchill et de Gaulle ; la Chine occupe l'un des cinq sièges du Conseil de sécurité de l'ONU. Dès 1945, la guerre civile reprend entre Tchang et Mao. Celui-ci parvient à rallier les masses paysannes. Rongé par la corruption, le régime de Tchang s'effondre. En 1949, Tchang doit s'enfuir à Taiwan, où la République chinoise survit. Elle représente la Chine à l'ONU jusqu'en 1971. Le 1er octobre 1949, à Pékin, est proclamée la République populaire de Chine que préside Mao. Alliée à l'U.R.S.S., elle signe en 1950 avec celle-ci un traité d'amitié. Considérant le Tibet comme partie intégrante du territoire national, le gouvernement envahit la région, le dalaï-lama s'enfuit, revient brièvement après une courte période d'apaisement, s'exile de nouveau. Les Tibétains se soulèvent en masse, l'insurrection est durement réprimée (mais non définitivement, de nouvelles émeutes ayant éclaté en 1987), une politique de laïcisation et de sinisation mise en œuvre avec persévérance : les Tibétains sont aujourd'hui à peine majoritaires chez eux.

Soldat en porcelaine polychrome de l'époque Tang (618-907).

Pendant la guerre de Corée (1950-1953), la Chine vient combattre aux côtés des Coréens du Nord (équipés par l'U.R.S.S.). En 1956, Mao refuse de condamner Staline avec Khrouchtchev et lance la campagne des Cent Fleurs au cours de laquelle les membres du Parti sont invités à critiquer leurs dirigeants. En 1959, Mao laisse sa place de président de la République à Liu Shaoqi, mais garde la présidence du Parti. En 1960, la rupture avec l'U.R.S.S. est définitivement consommée. En 1964, la Chine fait exploser sa première bombe nucléaire. En 1966-1967, la grande révolution culturelle vise Liu Shaoqi et de nombreux cadres du parti (Deng Xiaoping, notamment), ainsi que tous les comportements « bourgeois » ; Mao mobilise des gardes rouges qui se livrent à de nombreuses exactions. Le dauphin de Mao, le maréchal Lin Biao, a constitué un recueil des pensées de Mao, prélevées dans ses nombreux écrits : le « petit livre rouge », diffusé à des millions d'exemplaires et que les gardes rouges agitent dans leurs meetings. Premier ministre depuis 1949, Zhou (ou Chou) Enlai parvient à modérer la politique d'alors. En 1968, Liu Shaoqi est destitué et emprisonné. En 1969, Lin Biao est désigné par Mao comme son successeur, mais en 1971, après avoir ourdi un complot contre Mao, il meurt, dans un accident d'avion selon la thèse officielle, en fait probablement assassiné. Cette même année, grâce aux efforts de Zhou Enlai, les États-Unis acceptent que la Chine populaire prenne la place de Taiwan à l'ONU. En 1972, Nixon se rend à Pékin, ce qui constitue un événement considérable. Les observateurs notent alors que le Grand Timonier (Mao), diminué par la maladie de Parkinson, n'a plus toutes ses facultés psychiques. Il critique vertement Deng Xiaoping qui, revenu dans le cercle des dirigeants en 1972, prône le développement du pays par son ouverture sur l'extérieur. En 1976, Zhou Enlai et Mao meurent.

Aussitôt, la *bande des Quatre* maoïstes inconditionnels, dont la veuve de Mao, sont violemment attaqués. On découvre vite que le nouveau maître de la Chine est Deng Xiaoping, qui n'occupe aucun poste officiel. Dès 1978-1979, le Japon passe des accords commerciaux avec la Chine, qui s'ouvre sur le monde et dont le capitalisme d'État modernise de façon accélérée plusieurs grandes villes de la côte est, notamment Shanghai puis Canton. Les inégalités sociales s'accroissent considérablement. En mai 1989, alors que Gorbatchev est le premier dirigeant soviétique depuis quarante ans à se rendre en Chine, des étudiants manifestent contre l'autoritarisme du pouvoir sur la place Tianan men de Pékin. L'armée intervient en juin, tuant des milliers de manifestants et emprisonnant des dizaines de milliers d'opposants. Depuis cette date, la communauté internationale, qui avait vu jusque-là en Deng un libérateur, condamne la violation des droits de l'Homme en Chine, mais chefs d'État et hommes d'affaires occidentaux multiplient les accords avec la Chine. En 1997, la mort de Deng n'a pas entraîné la libéralisation du régime. Secrétaire général du P.C. depuis 1989, Jiang Zemin, chef de l'État depuis 1993, se rend souvent (contrairement à Mao et Deng) en visite dans les grandes capitales mondiales. Depuis 1990, on assiste à divers mouvements de protestation, difficilement réprimés (manifestations de la secte Falugong, notamment), largement médiatisés et, donc, fortement dénoncés à l'étranger. La Chine a récupéré Hong Kong en 1997 et Macao en 1999. Au cours de la dernière décennie, l'économie chinoise s'est développée de manière exponentielle, grâce à la conversion du Parti communiste à l'économie de marché. Cette mutation – le secteur privé représente entre le tiers et la moitié du P.I.B – a permis le développement d'industries performantes qui travaillent essentiellement pour l'exportation, et l'émergence d'une classe de « nouveaux riches » qui a profondément modifié l'aspect d'un certain nombre de grandes villes (Shanghai et Canton notamment) et, plus largement, le style de vie d'une bonne partie de la population. Mais les restructurations du secteur d'État ont provoqué un chômage important, bien que sous-évalué par le gouvernement.

Palais de la Suprême Harmonie construit à l'époque Ming dans la Cité interdite de Pékin.

Porte d'entrée de la Cité interdite de Pékin.

Art chinois

La découverte en 1921 de l'*homme de Pékin* date la présence humaine en Chine du Paléolithique. Si les vestiges d'une culture remontant à cette époque sont absents, en revanche, dès le Néolithique, il est possible d'établir la continuité des différentes sociétés préhistoriques qui se sont succédé jusqu'à l'avènement de la civilisation chinoise proprement dite. Ainsi, au terme du IIIe millénaire, on distingue principalement deux cultures : celle des hauts plateaux de la Chine septentrionale, dite culture du Yangshao, et la culture côtière, dite de Longshan, dont la rencontre, au milieu du IIe millénaire dans la région du Henan, marque les débuts de l'histoire chinoise. Excepté au dernier stade de l'époque du Yangshao où apparaissent quelques bronzes, les témoignages existants sont essentiellement constitués par des poteries de belle qualité qui présentent des motifs soit de spirales, soit de figures plus géométriques, dont les similitudes de facture et de décor avec les poteries de l'Orient ancien laissent deviner des contacts prolongés, dès le commencement de notre ère, avec des influences extérieures.

Ainsi l'art du royaume Shang accuse, dans les grands vases rituels en bronze qui marquent l'essentiel de sa production, une influence de l'art des steppes ; il semble que celui-ci ait transmis à l'art chinois les motifs décoratifs aux lignes enroulées pour lesquels l'artiste chinois ne cessera de marquer une prédilection. Ces vases sont surprenants par la monumentalité et la variété de leurs contours. Laissant pressentir la sculpture à venir, quelques-uns revêtent une forme animale, qui, traitée néanmoins en fonction de l'objet, se ramasse sur elle-même, gardant à la ligne une densité remarquable.

Si la période suivante, celle du royaume Zhou (1110 ou 1050-256 av. J.-C.) perpétue cet art des bronzes rituels, ceux-ci sont réalisés dans un style plus décoratif qui alourdit la forme d'un décor surchargé d'incrustations précieuses. En revanche, elle traite la figure animale pour elle-même, cessant d'en faire un objet mais plutôt une sculpture, en

CHINE (RÉPUBLIQUE POPULAIRE DE) (SUITE)

C

Minaret de la mosquée Emin, à Turpan dans le Turkestan chinois (extrême ouest du pays).

conciliant le but décoratif et le goût de l'anecdote. Les jades, présents dès la préhistoire, ne conservent plus cette rigoureuse simplicité de l'époque Shang mais commencent à se prêter aux variations de l'arabesque des motifs. Quant à l'architecture, elle paraît s'en être tenue jusque-là à une simplicité fonctionnelle due, semble-t-il, à des moyens techniques encore rudimentaires. Sur des terrasses de terre battue, des assises de pierres maintenaient des supports de bois encadrant les murs qui, faits d'un simple remplissage, ne paraissent avoir eu aucune fonction portante. La disparition, en 221 av. J.-C., du système féodal de l'ancienne Chine marque l'avènement, par la volonté de Qin Shi Huangdi, de la Chine impériale qui, avec la première dynastie des Han, connaît une stabilité de cinq siècles, de 206 av. J.-C. à 220 apr. J.-C. Les Han relancent un urbanisme déjà très développé avant eux, mais dont il est facile de nous faire une idée grâce aux modèles réduits en terre cuite, trouvés dans les tombes; ces modèles nous restituent l'aspect des habitations et ouvrages de fortifications à plusieurs toits superposés, que connaît la Chine dès cette époque. Le plan de la maison patricienne ou de la résidence impériale se fixe. Un grand pavillon, demeure du maître de la maison, orienté vers le sud, est situé au fond d'une cour et au centre d'une vaste composition architecturale qui s'ordonne autour d'autres cours, sur lesquelles donnent les différents pavillons réservés aux femmes et aux serviteurs. La sculpture de l'époque Han nous est connue par les fouilles qui ont livré de nombreuses statuettes de terre cuite. Dans un style où le pittoresque et la vie sont parfaitement rendus grâce à une aptitude à saisir les traits essentiels de la silhouette, elles reproduisent les différents types sociaux. Ici, comme plus tard en peinture, l'artiste chinois montre son intelligence du mouvement. La grande sculpture des tombeaux officiels cherche, dans un style assez pesant, des effets monumentaux. De cette époque datent les premières allées de statues qui précèdent le tombeau, très vulgarisées dans les époques postérieures. Ainsi est-ce le cas de la tombe du général Huo Qubing, située dans la province de Shaanxi (117 av. J.-C.). Cependant le goût du mouvement se retrouve avec un très curieux effet d'ombres chinoises sur les registres superposés des sculptures en méplat dont les faibles reliefs ornent les parois des tombes, comme on peut le voir dans celle de la famille Wu, au Shandong (IIe siècle). Il serait tout à fait vain, pour la longue période qui suit la chute de l'empire Han, de tenter de rattacher l'art de ces temps-là à un support politique, tant celui-ci est, pendant plus de trois siècles (220-581), fragmenté en différents royaumes, soit indigènes, soit de fondation étrangère. Néanmoins, la faveur dont jouit le bouddhisme auprès d'une des dynasties de cette époque, celle des Wei septentrionaux, est un fait culturel de première importance. D'origine indienne, le bouddhisme introduit en Chine une architecture et une iconographie qui vont avoir les plus grandes conséquences pour l'art de ce pays. Ainsi, du stupa indien naît sa transposition chinoise, la pagode, dont la plus ancienne (971) à avoir conservé sa disposition d'origine se trouve à Zhengding, au Hebei. Quant à l'iconographie bouddhique, elle va couvrir d'une floraison sculpturale les grottes rupestres de Yungang et de Longmen, dans le Henan. D'un modelé assez lourd, encore proche du canon anatomique indien, à l'époque de Yungang, cette sculpture bouddhique évolue vers le style linéaire aux formes allongées d'un faible relief de l'époque de Longmen. Le bouddhisme continue d'influencer l'art chinois après la réunification de l'Empire à l'époque des Tang (618-907). L'art d'inspiration bouddhique se précise tandis que les statuettes de bronze doré multiplient les effigies du Bouddha et que les sanctuaires de Dunhuang se couvrent de peintures à l'imitation des sanctuaires indiens d'Ajanta. Art chatoyant, qu'on retrouve dans les statuettes de terre cuite vernissée dites trois couleurs. Cependant, à partir de cette époque, la sculpture bouddhique ne se renouvelle plus et tend à l'académisme. Quant à la peinture, on ne peut séparer son histoire de celle de l'art typiquement chinois de la calligraphie, utilisation délibérée de l'écriture à des fins strictement esthétiques, en dehors de toute considération de communication. Vers la fin du IIe siècle de notre ère, elle se constitue en discipline à part entière et acquiert un prestige jamais démenti au cours des siècles: Mao Zedong faisait étalage de ses talents de calligraphe. Les

Lamaserie tibétaine de Xiahé.

Temple bouddhiste de Xiahé, au Tibet.

styles évoluent: à la grâce inspirée de l'époque des Six Dynasties (IVe siècle) font écho, sous les Tang, l'austérité et la majesté de l'âge classique. Au VIIIe siècle, la cursive prend toutes les libertés, tandis que, sous les Song, le lyrisme s'allie à la fantaisie, sans éviter quelque maniérisme à partir de 1100. À la facilité éclectique du XIIIe siècle répond, sous les Qing, la vogue du style archaïque qui se maintiendra longtemps, tandis que de fortes personnalités montreront, au XVIIIe siècle, en rejetant les contraintes de la tradition, une originalité pleine de saveur. En ce qui concerne la peinture proprement dite, on ne peut rien dire des œuvres antérieures au IVe siècle; la conservation, à partir de cette époque, de pièces signées permet d'en suivre les développements. Art d'abord artisanal, ce qu'elle continue à être à travers l'énorme production des peintures tombales et des bannières bouddhiques, elle atteint alors un grand raffinement dont le rouleau de Gu Kaizhi (*Conseils de la monitrice aux dames de la cour*) nous garde un témoignage. Déjà liée à un propos moral, la peinture fixe ses intentions lorsque, découvrant l'intérêt du paysage, elle devient une mine inépuisable de méditations poétiques.

L'époque Song (960-1279) voit l'apogée de cette forme d'art qu'illustrent les noms de l'empereur-peintre Huizong (1082-1135), de Qian Xuan, de Tong Yuan (ou Dong Yuan), de Muqi (Mou-k'i). Une autre forme d'art destinée à de grands développements s'élabore à l'époque des Tang, celle de la porcelaine dont le procédé de fabrication est alors découvert. Comme la peinture, elle atteint son apogée à l'époque Song en diversifiant les glaçures qui prennent les noms poétiques de fourrure de lièvre, vert oignon, bleu comme le ciel après la pluie, fleur de pêcher… que les artisans appliquent sur des formes usuelles ou sur celles, plus élaborées, inspirées des vases de bronze de l'antiquité chinoise. Ainsi se manifeste un caractère propre à la culture chinoise: la fidélité aux formes du passé considérées comme modèle de perfection. Le grand souci de l'artiste chinois est de s'en tenir au niveau de perfection déjà atteint. Le même sens de l'espace, le même goût du détail, continuent de prévaloir pendant quatorze ou quinze siècles, alors que, sur une telle période, qui va du Bas-Empire romain au XIXe siècle, l'Occident changera trois fois pour le moins de conception fondamentale de l'espace plastique.

L'intensification de la production de la porcelaine par

Chine (République populaire de) (suite)

les manufactures impériales, sous la dynastie mongole des Yuan (1280-1368) et sous la dynastie chinoise des Ming (1368-1644), répand le renom de la porcelaine jusqu'en Occident mais n'ajoute rien à sa qualité. Seule évolution notable, l'appel de plus en plus fréquent au décor, en relief ou peint. À l'époque Ming, apparaissent toutefois les fameux blancs et bleus dont la fabrication sera continue jusqu'au XIXe siècle. Mais l'exceptionnelle beauté des créations de l'époque Song fait alors place à un art d'apparat, certes remarquable, mais dont les objets ne constituent plus une source de jouissance esthétique telle que pouvait être la contemplation d'un bol ou d'un godet à encre couleur fleur de pêcher pour le lettré chinois. Ce goût de l'apparat suscite une architecture à sa mesure. Les deux capitales successives de l'Empire Ming, Nankin, située au sud, et Pékin, située au nord, obéissent à un urbanisme grandiose que l'on peut encore admirer dans cette dernière ville, capitale de la Chine moderne. Les constructions de la Cité interdite se répartissent autour de trois immenses cours où alternent jardins et habitations.

Histoire des Empereurs chinois, peinture du XVIIe siècle (détail).

L'importance du matériau qui introduit les effets colorés de la brique, du marbre et des tuiles vernissées montre que les éléments architectoniques servent de support à des effets décoratifs. Rien d'étonnant si, après des siècles où aucune hiérarchie n'a été introduite entre les arts, l'art chinois aboutit à une synthèse telle que sculpture, peinture, architecture et arts mineurs arrivent à créer une œuvre où il est difficile de dire auquel de ces éléments est dû l'effet recherché. La domination mandchoue des Qing, établie en 1644, assure un éclatant destin à la porcelaine, qu'illustrent les biscuits sur glaçure bleu turquoise de l'époque de l'empereur Kangxi (1662-1722) et les différentes familles dites vertes, roses, noires, caractérisées par un chromatisme où domine l'une de ces couleurs et dont les décors délicats feront le renom de la porcelaine chinoise dans l'Europe du XVIIIe siècle. Non contents de les collectionner, les Européens suscitent une production à leur intention exclusive, exportée par la Compagnie des Indes qui fait décorer en Chine des pièces inspirées du goût occidental. Aux XVIe et XVIIIe siècles, la peinture continue d'être brillamment servie sans pour autant changer ses modes de représentation. À peine note-t-on un dessin plus précis dans des mises en pages très décoratives. Avec le XIXe siècle intervient la décadence : alourdissement des formes et perte de la qualité dans tous les domaines. C'est malheureusement à travers les décors surchargés de la céramique et des laques de cette époque, ou les dorures criardes des magots d'exportation, que l'Occident a appris à se familiariser avec les chinoiseries, tellement en vogue dans les intérieurs fin de siècle. Au XXe siècle, les troubles des années 1911-1949 ne sont pas favorables à la production artistique. Sous le règne de Mao, un réalisme socialiste de type soviétique se développe. Sous celui de Deng, les recherches de type occidental sont également condamnées, mais la société tend à s'émanciper de plus en plus souvent et de plus en plus vite des carcans imposés.

Littérature

Les grands classiques chinois, *jing* (ou *king*), remontent, pour les plus anciens, au XIe siècle av. J.-C. Le *Shujing* (ou le *Classique des documents*) rassemble des textes en prose, datant des premiers empereurs Zhou, et émanant des scribes royaux. Le *Yi li* et le *Li ji* rassemblent des principes de conduite. Le *Chunqiu* (ou la *Chronique des printemps et des automnes*) présente des anecdotes historiques. Les *Tributs de Yu* constituent un traité de géographie économique. Le *Shijing* (ou le *Classique des odes*) est une anthologie de 300 poèmes. Le plus célèbre des jing est le *Yi jing* ou *Yi king* (*Classique des mutations*), traité de divination assorti de gloses symboliques dont la traduction pose de très difficiles problèmes, mais où se trouve la source de tout le vocabulaire philosophique chinois. Confucius (VIe-Ve siècle av. J.-C.) n'a laissé aucun écrit, mais il a inspiré plusieurs grands jing. Le *Lunyu* (ou *Les Entretiens*) rassemble des paroles prononcées par Confucius. Le *Daxue* (*La Grande Étude*) exprime de façon accessible les grands principes du confucianisme, de même que le *Zhongyong* (*L'Invariable Milieu* ou *Le Milieu juste*). Le *Daodejing* (*Tao-tö-king*), attribué à Laozi (Lao-tseu, VIe siècle av. J.-C.), fonde le taoïsme.

Dans la deuxième moitié du Ve siècle se situe le philosophe Mozi, « Maître Mo », qui n'adopte pas, pour son enseignement, la forme familière de l'entretien, mais donne ex cathedra des leçons en style oratoire. Au IVe-IIIe siècle av. J.-C., Mengzi (en latin Mencius) écrit un traité de morale. Au IIe-Ier siècle av. J.-C., Sima Qian, avec le *Shiji* (*Mémoires historiques*), fonde le genre historique. Les grands poètes de l'époque Tang sont tous deux du VIIIe siècle : Li Bo (ou Li Po) et Du Fu (ou Tou Fou). À partir du IVe siècle, le bouddhisme venu de l'Inde au Ier siècle se répand en Chine. Il utilise, pour traduire les textes sanscrits, une langue moins difficile d'accès que le chinois classique, sur lequel elle finit par exercer une grande influence. De ces rencontres naît une langue originale, à la fois simple et savante, précise et imagée, qui s'imposera à l'ensemble de la littérature chinoise. Le roman date de l'époque mongole ; proche de nos feuilletons du XIXe siècle, il est découpé en chapitres qui se terminent par une invitation à se reporter au chapitre suivant. Ce sont des romans de chevalerie (*Le Roman des trois Royaumes*) ou des romans picaresques (*Au bord de l'eau*). Sous le règne de l'empereur mandchou Qienlong paraît *Le Rêve dans le pavillon rouge* de Cao Xueqin (v. 1710-1763), peinture à la fois réaliste et onirique de la vie dans une grande famille.

Dès lors la littérature chinoise s'occidentalise. Hu Shi (1891-1962) prône la modernisation (la *Renaissance chinoise*, 1934). Luxun (1881-1936) évoque (*La Véridique Histoire de Ah Q*, 1921) la vie misérable du petit peuple, avec une ironie désespérée. L'œuvre de Ba Jin, écrite pour l'essentiel dans les années 1930-1940, donne une image réaliste de la Chine du début du XXe siècle (*La Famille*, 1933). L'ouverture relative opérée après la mort de Mao Zedong a permis l'émergence d'une littérature très différente, de mieux en mieux connue en Occident : à une littérature « de la mémoire » qui a donné la parole à la génération témoin de la Révolution culturelle a succédé une littérature apolitique, qui décrit la Chine actuelle (surtout la Chine des villes, en particulier Shanghai) avec ses nouveaux riches, sa jeunesse déboussolée, sa féroce envie de vivre, son total désintérêt de la vie publique.

Dessin tiré d'un manuel scolaire chinois.

Cinéma

Le cinéma chinois est né très tard ; le premier long-métrage, *Un couple bien assorti*, est tourné en 1913 : les capitaux sont américains, la pellicule est importée. Jusqu'aux années 1930, l'industrie cinématographique restera sous influence étrangère. À partir de 1931, date de l'invasion japonaise, se développe un cinéma mettant en scène le peuple de Chine (*Torrent impétueux*, 1933 ; *Le Chant des pêcheurs*, 1934), auquel succède, après la Longue Marche, un cinéma de combat (*Le Pont*). Dès 1952, le cinéma est étatisé, soumis à la politique et contraint de privilégier trois thèmes : la révolution chinoise, la construction de la société socialiste, l'histoire de la Chine. L'étau se desserre en 1976, à l'arrestation de la « Bande des quatre » : les cinéastes travaillent de plus en plus, ils participent aux festivals internationaux, la production se diversifie. À partir de 1980, émerge une nouvelle génération de créateurs très inventifs qui portent un regard critique sur la société chinoise contemporaine.

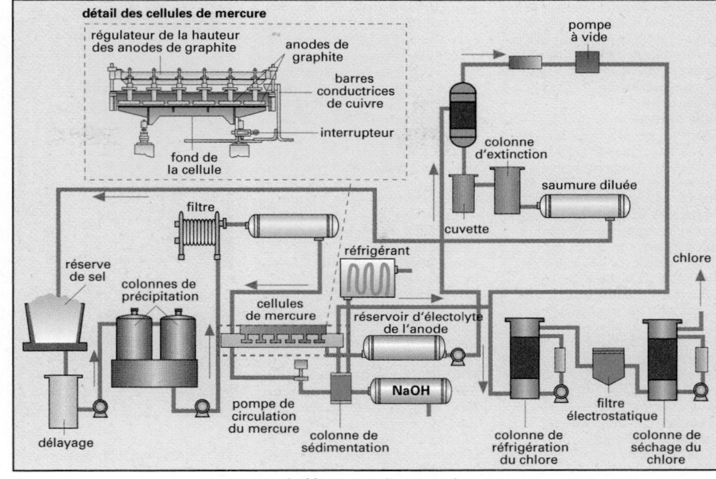

*Extraction du **chlore** à partir d'un minerai de mercure.*

chiral, ale, aux adj. CHIM. Se dit des molécules qui ne possèdent ni plan de symétrie ni centre de symétrie, et qui peuvent exister sous deux formes non superposables, images l'une de l'autre dans un miroir (de la même façon que la main gauche et la main droite).

Chiraz *1 042 800 h.* Ville de l'Iran, non loin des ruines de Persépolis, située à 1 600 m d'altitude. Carrefour routier et marché d'une riche région agricole. Industries chimiques et textiles. Artisanats (tapis de laine réputés, argent ciselé). Jardins célèbres, nombreux mausolées, vieille mosquée (IXe et XIIe siècles) renfermant de très anciens manuscrits du Coran.

chiridien, enne adj. ZOOL. *Membre chiridien* : membre des tétrapodes, divisé en trois segments (autopode, zeugopode, stylopode).

chiromancie n. f. Divination par les lignes et les formes de la main, pratiquée dès l'Antiquité.

chiromancien, enne n. Personne qui pratique la chiromancie.

Chiron MYTH. GR. Fils de Cronos et demi-frère de Zeus, centaure exceptionnellement sage à qui fut confiée l'éducation d'Achille, d'Asclépios et de Jason, entre autres héros. Il prend place dans les constellations sous le nom de Sagittaire.

chiropracteur, trice n. Personne qui pratique la chiropractie.

chiropractie ou **chiropraxie** n. f. Méthodes diverses de traitement d'affections par des manipulations vertébrales (notamment des douleurs rachidiennes).

chiroptères ou **chéiroptères** n. m. pl. ZOOL. Ordre de mammifères appelés communément chauves-souris.

♦ Sur les longs doigts de leurs pattes antérieures sont fixées de fines membranes qui font office d'ailes ; leur corps ressemble à celui de la souris ; leur régime alimentaire est variable : certaines espèces sont insectivores, d'autres sont frugivores, nectarivores ou hématophages. Ils ont un mode de vie surtout nocturne : volant à grande vitesse, ils se repèrent par écholocation, en émettant des ultrasons qui se répercutent sur les objets environnants et leur reviennent, ce qui leur permet d'éviter tous les obstacles en cours de vol.

chirurgical, ale, aux adj. De la chirurgie.

chirurgie n. f. Partie de la thérapeutique médicale qui comporte l'intervention manuelle et instrumentale sur l'organisme, au niveau de la peau ou des organes internes. *Chirurgie esthétique* : voir **esthétique.**

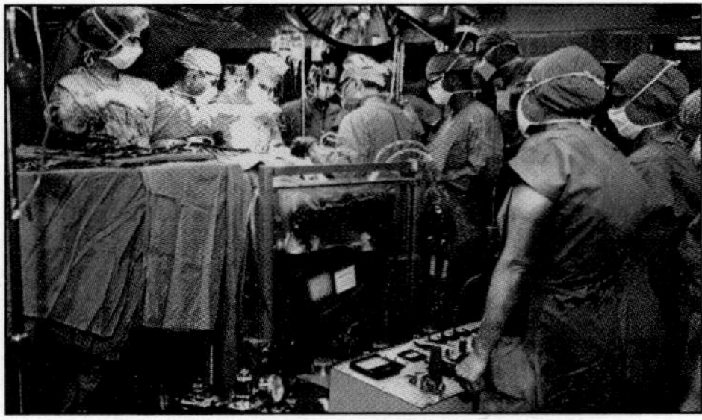

***Chirurgiens** et leur équipe chirurgicale dans un bloc opératoire.*

chirurgien, enne n. Médecin spécialiste de la chirurgie.

Chisinau *676 000 h.* Capitale de la Moldavie, sur le Bicu, affluent du Dniestr. Centre industriel. Université.

chistera n. m. (mot basque) Panier long, étroit et recourbé que le joueur de pelote basque enfile comme un gant et qu'il utilise pour renvoyer la balle contre le fronton.

chitine n. f. BIOCHIM. Composé organique (polysaccharide), qui constitue la cuticule des arthropodes.

chitineux, euse adj. Concerne la chitine ; fait de chitine.

chiton n. m. ANTIQ. Tunique de lin ou de laine, sans manches, fixée aux épaules par des boucles que portaient les Grecs.

Chittagong *1 400 000 h.* Port principal et seconde ville du Bangladesh, dans l'est du pays. Industries variées : filatures de coton et de jute, thé, métallurgie.

chiure n. f. Excrément d'insecte.

Chklovski (Viktor Borissovitch) 1893-1984 Théoricien de la littérature et du cinéma, critique, écrivain et scénariste soviétique. Fondateur de l'OPOIAZ (Société pour l'Étude de la Langue Poétique), il fut l'une des figures majeures du Formalisme russe qui bouleversa les méthodes d'analyse de la littérature (*Résurrection du mot*, 1914 ; *Théorie de la prose*, 1925-1929), tandis que ses œuvres personnelles (*Voyage sentimental*, 1923 ; *Zoo*, 1923 ; *La Troisième Fabrique*, 1926) contribuèrent au renouvellement de la prose russe. Il défendit l'avant-garde tant littéraire (Khlebnikov, Maïakovski) que cinématographique (Vertov, Eisenstein, Koulechov). Il signa les scénarios de *Dura Lex* (Koulechov, 1926) et de *Trois dans un sous-sol* (Room, 1927).

chlamyde n. f. ANTIQ. Manteau grec en laine, très ample, fixé au cou par une agrafe.

chlamydia n. f. BIOL. Bactérie de type Gram négatif, parasite des vertébrés, notamment de l'homme chez lequel elle provoque diverses maladies (infections respiratoires, etc.). *La psittacose est causée par une espèce de chlamydia.*

chleuh adj. et n. m. Des Chleuhs. *Tribu chleuh. Un(e) Chleuh.* / n. m. Parler berbère du Maroc.

Chleuh(s) Peuple berbère du Maroc. Sédentaires, les Chleuhs sont concentrés dans l'ouest du Haut-Atlas et de l'Anti-Atlas, et dans le Sous.

chlinguer ou **schlinguer** v. i. / v. t. [1] Pop. Empester. / v. t. *Ça chlingue la cocotte, ici.*

chloasma n. m. MÉD. Ensemble de taches pigmentaires, de disposition irrégulière, qui prédominent au visage et qui apparaissent au cours de certaines affections et durant la grossesse (masque de grossesse).

chloral n. m. CHIM. Composé organique obtenu chloré, qui a été longtemps utilisé comme soporifique.

chlorate n. m. CHIM. Nom générique des esters et des sels des acides oxygénés dérivés du chlore. *L'eau de Javel est un mélange de chlorate de sodium NaClO et de chlorure de sodium NaCl. Les chlorates sont utilisés en pyrotechnie et dans l'industrie des explosifs.*

chloration n. f. CHIM. Traitement par le chlore, par un produit chloré.

chlore n. m. CHIM. Élément de la famille des halogènes (symbole : Cl), de numéro atomique Z=17, de masse atomique 35,45. / Gaz jaune verdâtre très toxique, de formule Cl_2.

♦ Le chlore, d'une odeur suffocante, peut être produit par électrolyse à partir du chlorure de sodium ou de magnésium. Il est utilisé dans de nombreuses réactions de chloration de la chimie organique, dans la synthèse du chlorure d'hydrogène, dans la fabrication de l'acide chlorhydrique et de nombreux autres produits chlorés constituant, entre autres, de puissants désinfectants tels que l'eau de Javel.

chloreux adj. CHIM. *Acide chloreux* : acide de formule $HClO_2$.

chlorhydrate n. m. CHIM. Sel issu de l'action de l'acide chlorhydrique sur une base azotée.

chlorhydrique adj. CHIM. *Acide chlorhydrique* : chlorure d'hydrogène HCl, à l'état gazeux ou en solution. Syn. (vx) esprit de sel.

chlorique adj. CHIM. *Acide chlorique* : acide $HClO_3$.

Chloris MYTH. GR. Déesse des fleurs, épouse de Zéphyr.

chlorite n. m. CHIM. Sel de l'acide chloreux.

chlorofluorocarbure n. m. CHIM. Composé organique, gazeux dans les conditions habituelles de température et de pression, comprenant des atomes de chlore et de fluor. (Les C.F.C., incolores, inodores, ininflammables et non corrosifs, sont utilisés comme réfrigérants et comme propulseurs dans les aérosols. Ils sont nocifs pour l'ozone de la stratosphère, leur usage est très strictement réglementé).

chloroforme n. m. CHIM. Dérivé trichloré du méthane ($CHCl_3$), autrefois utilisé comme anesthésique, usage aujourd'hui abandonné à cause de la toxicité de ce produit.

chlorophycées n. f. pl. BOT. Classe d'algues vertes.

chlorophylle n. f. BOT. Pigment vert caractéristique des végétaux, dont les propriétés de photorécepteur sont essentielles dans la photosynthèse.
chlorophyllien, enne adj. BIOL. Qui a rapport à la chlorophylle ; qui contient de la chlorophylle.
chlorophytes n. f. pl. BOT. Vaste groupe d'algues communément appelées algues vertes, chez lesquelles la chlorophylle est le pigment prédominant.
chloropicrine n. f. CHIM. Dérivé chloré de l'acide picrique (trinitrophénol), extrêmement toxique, employé comme insecticide et comme gaz de combat.
chloroplaste n. m. BOT. Organite de la cellule végétale qui contient la chlorophylle, siège de la photosynthèse.
chlorose n. f. MÉD. Vieilli Anémie de la jeune fille, liée à une carence en fer. / BOT. Maladie des plantes caractérisée par la décoloration des feuilles.
chlorure n. m. CHIM. Nom générique des esters et des sels de l'acide chlorhydrique ; nom de certains autres dérivés chlorés. *Chlorure de sodium* (NaCl) : sel marin.
chnoque Voir **schnock**
chnouf Voir **schnouf**
Choa *85 000 km² 10 000 000 h.* Région d'Éthiopie. Capitale *Addis-Abeba*. C'est à partir du Choa que s'est constituée l'Éthiopie moderne.
choane n. f. ou n. m. ANAT. Orifice postérieur des fosses nasales s'ouvrant sur le rhino-pharynx.
choc n. m. Rencontre brutale entre deux ou plusieurs corps. / MILIT. *Troupes de choc*, spécialisées dans le combat en première ligne. *Unité de choc* : commando. / loc. adj. *De choc* (en parlant de personnes) : qui n'hésite pas à affronter les situations difficiles ; (en parlant de choses) : violent, mais nécessaire. *Un curé, un politicien de choc. Un traitement de choc.* / Fig. Conflit. *Le choc des opinions.* / Émotion soudaine et violente. *Être sous le choc du décès d'un être cher.* / MÉD. *État de choc* : état pathologique soudain et grave, physique et psychique, intervenant à la suite d'un accident, d'une anesthésie, d'une intervention chirurgicale, etc., et provoquant un trouble circulatoire sévère. / adj. inv. Fam. Qui fait sensation, qui produit un vif effet. *Un reportage choc.*
chochotte adj. et n. f. Pop. Maniéré, efféminé. *Avoir l'air chochotte.* / n. f. *Une chochotte.*
chocolat n. m. et adj. Aliment à base de cacao et de sucre. *Chocolat noir, aux noisettes.* / Boisson au chocolat. *Chocolat au lait.* / adj. inv. De la couleur brune du chocolat. *Une robe chocolat.* Subst. Cette couleur. / Fam. *Être chocolat*, déçu, désappointé.
chocolatier, ère n. Personne qui fabrique, qui vend du chocolat.
chocolatière n. f. Récipient à long bec utilisé pour servir le chocolat liquide.
chocottes n. f. pl. Fam. *Avoir les chocottes* : avoir peur, trembler de peur.
choéphore n. f. ANTIQ. En Grèce, femme qui portait les offrandes destinées aux morts.
chœur n. m. Groupe de chanteurs interprétant ensemble un morceau de musique. *Les chœurs de l'Opéra de Paris.* / Morceau de musique interprété par un groupe de chanteurs. *Les chœurs de Nabucco, de Verdi.* / LITT. Ensemble des acteurs qui, dans la tragédie grecque, commentent l'action par un texte psalmodié ou déclamé. *Les interventions du chœur.* / RELIG. *Enfant de chœur* : enfant qui sert la messe. / *Le chœur des anges, des saints, des martyrs* : ensemble des anges, des saints, des martyrs. / THÉOL. Chacun des neuf ordres de la hiérarchie des anges, répartis en trois triades. / ARCHIT. Partie terminale de la nef de l'église où se trouve le maître-autel et où se tiennent les officiants.
choir v. i. [3] Litt. Tomber. *Il a chu.* / Fig. Abandonner. *Laisser choir qqn, une affaire.*
Choiseul (César, duc de Choiseul, comte du Plessis-Praslin**)** 1598-1675 Maréchal de France. Il se signale au siège de La Rochelle. En 1645, il est à la tête de l'armée royale contre les Frondeurs.

Chœur d'église.

Choiseul (Étienne François, duc **de)** (1719-1785) Homme politique français. Avec l'appui de madame de Pompadour, il accède au pouvoir, exerçant sous Louis XV les fonctions de secrétaire d'État aux Affaires étrangères, auxquelles se joindront bientôt les portefeuilles de la Guerre et de la Marine (1758-1770). Comme tel, il est l'artisan de l'alliance avec la maison d'Autriche et les Bourbons d'Espagne. Il rétablit la puissance navale, réforme l'armée et achète en 1768 la Corse aux Génois. Ses ennemis politiques obtiennent son renvoi et sa disgrâce en 1770. Il se retire alors dans son château de Chanteloup.
choisir v. t. [2] Adopter après examen, sélectionner. *Choisir un métier, ses amis.* / *Choisir de* : se décider à. *Choisir de partir.*
choix n. m. Action, fait de choisir. / Résultat de cette action, favorable à une personne, une chose ou une idée. / *Avoir l'embarras du choix* : avoir diverses possibilités pour choisir. / loc. adv. *Au choix*, selon son goût. / loc. adj. *De choix* : de qualité.
Chola Dynastie de l'Inde du Sud. Fondée vers le IIIᵉ siècle, elle prit son essor au IXᵉ siècle, vainquant les Pallava (907) sur la côte de Coromandel, avant de conquérir la quasi-totalité du Sud et d'envahir Ceylan. Vers la fin du Xᵉ siècle, les souverains Chola doivent s'allier aux Chalukya. Ils disparaissent vers la fin du XIIIᵉ siècle, laissant dans leurs capitales (situées dans l'actuel État du Tamil Nadu) de vastes ensembles religieux (temples bâtis).
cholagogue adj. et n. m. PHYSIOL. Se dit d'une substance ou d'un médicament qui facilite l'évacuation de la bile.
cholécalciférol n. m. BIOCHIM. Vitamine D_3, intervenant dans le métabolisme du calcium. *Une carence en cholécalciférol peut provoquer des troubles de la calcification (par ex. rachitisme).*
cholécystectomie n. f. CHIR. Ablation de la vésicule biliaire.
cholécystite n. f. MÉD. Inflammation de la vésicule biliaire causée soit par une infection, soit par une inflammation mécanique (calculs).
cholécystographie n. f. MÉD. Examen radiologique de la vésicule biliaire après ingestion ou injection intraveineuse d'une substance opaque aux rayons X et éliminée électivement par la bile.
cholédoque adj. m. ANAT. *Canal cholédoque* : canal par lequel la bile se déverse dans le duodénum.
Cholem Aleichem (Sholom Nokhoumovitch Rabinovitch, dit**)** 1859-1916 Écrivain juif de langues yiddish et russe. Ses contes (*Contes de Tévié le laitier*) et ses nouvelles (*Le Canif*) décrivent la vie dans les ghettos d'Europe centrale ; son roman (*Les Étoiles errantes*, 1909-1911) s'attache à celle des Juifs émigrés en Amérique.
cholémie n. f. MÉD. Existence anormale des éléments de la bile dans le sang.

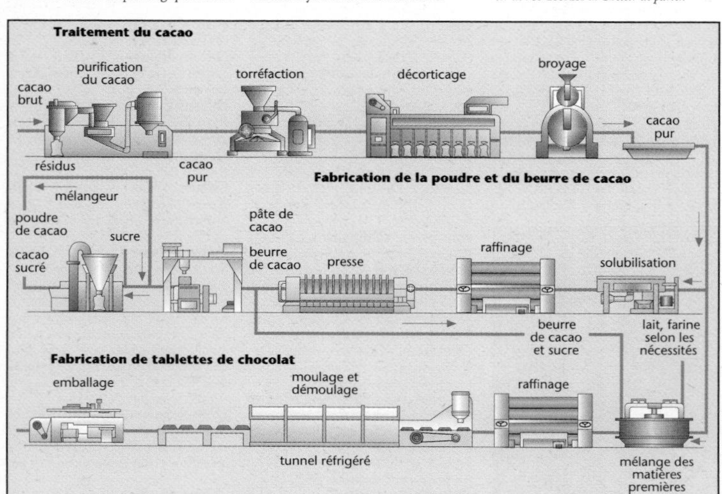

Processus de fabrication du **chocolat** à partir du traitement du cacao.

Frédéric Chopin.

choléra n. m. MÉD. Maladie épidémique contagieuse, due à l'infection de l'organisme par le bacille virgule, ou vibrion cholérique, découvert par R. Koch en 1883. *Le choléra est caractérisé par une déshydratation rapide des tissus, causée par une diarrhée, des vomissements, une soif intense, et par une hypothermie.*

cholérique adj. et n. Du choléra, de la nature du choléra. / n. Personne atteinte du choléra.

cholestérol n. m. BIOCHIM. Stérol que l'on trouve dans les graisses alimentaires et qui est synthétisé dans différents tissus de l'organisme, en premier lieu par le foie. *Le cholestérol intervient dans la synthèse des hormones stéroïdes et des acides biliaires, c'est également un constituant important de la membrane cellulaire.*

cholestérolémie n. f. MÉD Taux de cholestérol sanguin. *Une trop forte cholestérolémie peut favoriser des maladies cardio-vasculaires.*

Cholet *55 100 h.* Ville du Maine-et-Loire. Centre agricole (marché de bétail) et industriel (textiles, cuir, constructions mécaniques et électriques). **Histoire** Pendant les guerres de Vendée, royalistes et révolutionnaires se disputèrent la ville, théâtre de violents combats entre mars 1793 et mars 1794. Exsangue, désertée par ses habitants, à demi détruite, la ville ne retrouva une certaine prospérité qu'au milieu du XIXe siècle, grâce à l'industrie textile.

choline n. f. BIOCHIM. Alcool azoté qui intervient dans la composition des phospholipides et dont la forme estérifiée, l'acétylcholine, est un neurotransmetteur important.

Cholokhov (Mikhaïl Aleksandrovitch) 1905-1984 Écrivain soviétique. Son œuvre s'inscrit dans la tradition réaliste russe. Son cycle romanesque (dont certains critiques lui contestent, au moins en partie, la paternité), *Le Don paisible* (1928-1940), est consacré à la guerre civile qui suivit la révolution de 1917. Il dépeint dans *Terres défrichées* (1932-1959) les bouleversements suscités par la collectivisation et, défendant toujours les positions du réalisme socialiste, la lutte du peuple russe contre les nazis (*Ils ont combattu pour la patrie*, entrepris en 1943).

Cholon Ville du Vietnam (Sud), faubourg industriel de Hô Chi Minh-Ville. Fondée au XVIIIe siècle par des Chinois, Cholon a perdu une grande partie de sa population d'origine à partir de 1978, à la suite des mesures de collectivisation.

Choltitz (Dietrich von) 1894-1966 Général allemand. Pendant la Seconde Guerre mondiale, il assume des commandements successifs sur plusieurs fronts. Commandant de Paris en 1944, il s'abstient d'ordonner les destructions voulues par Hitler et capitule à l'arrivée du général Leclerc.

cholurie n. f. MÉD. Présence dans les urines d'un composé issu du catabolisme de l'hémoglobine, importante dans les cas d'ictère.

chômage n. m. Situation d'une personne ou d'une entreprise en arrêt temporaire et non volontaire de travail. *Se retrouver au chômage du jour au lendemain.* / *Chômage partiel*: situation d'une personne contrainte de travailler moins que la durée légale de travail. / *Chômage saisonnier*: chômage dont l'importance varie selon les périodes de l'année (fréquent dans la mode, l'agriculture, l'hôtellerie). / *Chômage technique*, dû à un manque de fourniture en éléments nécessaires à la production, à la fabrication. / Situation de l'ensemble de la population active qui est sans travail. *Baisse du chômage.* / *Allocation chômage*: allocation versée aux personnes sans emploi.

chômer v. i. [1] Cesser de travailler pendant les jours fériés. / Être au chômage, faute de travail. *Chômer pendant des mois.* / (Emploi transitif) Célébrer (une fête) en cessant le travail. *Chômer la fête du travail.*

chômeur, euse n. Personne qui chôme, est au chômage. *Chômeur indemnisé.*

Chomsky (Noam) 1928 Linguiste américain. Sa théorie de la grammaire générative (dite aussi transformationnelle) met en relief la nature créative de toutes les langues, dont Chomsky cherche à déterminer le « noyau » unique, qu'il suppose génétique; il en résulta une querelle avec Jean Piaget, lequel privilégie l'acquis sur l'inné: *Structures syntaxiques* (1957), *Aspects de la théorie syntaxique* (1965). Hostile à l'engagement américain au Vietnam (*Guerre en Asie*, 1970; *Bains de sang*, 1973), il est devenu l'un des porte-parole du mouvement libertaire américain, dénonçant notamment la culture de masse et la manipulation de l'opinion dans les démocraties modernes.

chondrichthyens n. m. pl. ZOOL. Classe de poissons au squelette cartilagineux, comprenant les sélaciens et les chimères.

chondriome n. m. BIOL. Ensemble des mitochondries d'une cellule, considéré comme une entité fonctionnelle.

chondrite n. f. ASTRON. Météorite pierreuse constituée de sphérules micrométriques riches en silicates.

chondrome n. m. MÉD. Tumeur bénigne formée de cartilage.

Noam Chomsky.

chondrosarcome n. m. MÉD. Tumeur maligne du tissu cartilagineux, qui intervient surtout au voisinage du genou.

chondrostéens n. m. pl. ZOOL. Groupe de poissons ostéichtyens dont le squelette, chez les individus adultes, est en grande partie cartilagineux, à la peau nue ou recouverts d'écailles épaisses. *L'esturgeon est un chondrostéen.*

Chongqing ou **Tchong-k'ing** *3 122 000 h.* Ville de Chine, la plus importante du Sichuan. Municipalité autonome. Grand port fluvial et nombreuses industries (soie, chimie, etc.). De 1938 à 1946, Tchang Kaï-chek y installa son quartier général.

chope n. f. Gobelet avec une anse, en verre ou en terre dans lequel on boit la bière. / Son contenu.

choper v. t. [1] Fam. Voler. *Se faire choper sa carte de crédit.* / Attraper. *Les flics l'ont chopé.* / Contracter (une maladie). *J'ai chopé la grippe.*

Chopin (Frédéric) 1810-1849 Musicien polonais. Fils d'un Français précepteur dans une famille de l'aristocratie polonaise et d'une Polonaise. Pianiste virtuose dès ses années de conservatoire à Varsovie, compositeur dès l'adolescence (*Mazurka en la mineur*, 1828), il voyage en 1829 (Berlin, Vienne) et quitte définitivement la Pologne en 1830 pour s'installer à Paris, où il rencontre Heine, Liszt, Berlioz et, surtout, George Sand avec qui il entretiendra une longue et orageuse liaison. Fêté par la haute société, professeur renommé, il n'en néglige pas son œuvre pour autant. Il déploie son hypersensibilité romantique dans des compositions, où il explore toutes les ressources mélodiques et harmoniques du piano, reprenant parfois les morceaux composés à Varsovie: *Nocturnes* (1827-1846), *Études* (1829-1836), *Ballades* (1836-1843), *Préludes* (1839-1841), *Valses*, etc. Il puise son inspiration à la fois chez les classiques (les deux *Concertos pour piano* de 1829 et 1830) et dans le folklore polonais (*Polonaises*, *Mazurkas*). Tombé malade au cours d'un séjour à Dresde, Chopin mourut de tuberculose.

chopine n. f. Ancienne mesure de capacité égale à 0,446 l, soit une demi-pinte. / Au Canada, demi-pinte valant 0,568 l.

choquant, ante adj. Qui choque, blesse moralement. *Des soupçons choquants.*

choquer v. t. [1] Vieilli Heurter, percuter. / Bouleverser. *L'accident l'a choqué.* / Offenser. *Ta vulgarité me choque.* / Atteindre désagréablement. *Ces sons choquent l'oreille.*

choral, ale, als ou **aux** adj. et n. m. MUS. Qui concerne un chœur. *Chant choral.* / n. m. Chant religieux protestant. / Forme musicale instrumentale qui en dérive. *Un choral de Bach.*

chorale n. f. Association de chanteurs qui interprète des pièces vocales.

chorde Voir **corde**

chordés Voir **cordés**

chorée n. f. MÉD. Affection nerveuse caractérisée par des contractions musculaires involontaires et désordonnées affectant principalement les membres. *Chorée de Sydenham*: danse de Saint-Guy.

chorège n. m. ANTIQ. Citoyen qui, en Grèce, constituait à ses frais un chœur destiné à figurer dans une représentation théâtrale.

chorégie n. f. ANTIQ. Fonction de chorège. / Manifestation culturelle à laquelle participent plusieurs chorales.

Ce que l'amour me dit, *chorégraphie* de Maurice Béjart.

chorégraphe n. Personne qui compose une chorégraphie.

chorégraphie n. f. Art de composer les figures et les pas d'un ballet. / Transposition graphique à l'aide de signes conventionnels de ces figures et pas.

chorégraphique adj. De la chorégraphie.

chorion n. m. EMBRYOL. Membrane la plus externe de l'embryon des amniotes.

chorionique adj. BIOL. *Gonadotrophine chorionique* (hCG, pour *human chorionic gonadotropin*): hormone sécrétée par le trophoblaste, intervenant dans le maintien du corps jaune au début de la grossesse. *Des dosages de gonadotrophine chorionique permettent de diagnostiquer la grossesse.*

choriste n. Personne qui chante dans un chœur, une chorale.

chorizo n. m. (mot espagnol) Saucisson espagnol fortement épicé.

choroïde n. f. ANAT. Membrane de l'œil, vascularisée, située entre la sclérotique et la rétine.

chorologie n. f. ÉCOL. Mode de répartition des êtres vivants sur la surface du globe terrestre ou sur l'une de ses parties. / Étude de cette répartition.

chorus n. m. Thème sur lequel les musiciens de jazz improvisent un développement. / *Faire chorus*: se joindre à d'autres pour exprimer ostensiblement le même avis.

chose n. f. Désignation indéterminée de tout ce qui est inanimé, de nature concrète ou abstraite. / *La chose publique*: l'État. / *Les choses humaines*: ce qui existe et se fait parmi les hommes. / Objet concret. *Ranger des choses au grenier.* / Événement, situation. *Voir comment les choses vont tourner. Voilà une bonne chose. Une chose inadmissible.* / DR. Bien que l'on peut posséder ou exploiter. *La chose louée.* / *Chose jugée*: ce qui a été décidé et tranché par une juridiction compétente. / PHILO. *Chose en soi*: chez Kant, réalité absolue, par opposition, au « phénomène » empiriquement connaissable. / *Quelque chose*: une réalité indéfinie. / *Appeler les choses par leur nom*: parler franchement, sans détours. / *Chose promise, chose due*: on doit accomplir ce qu'on a promis. / *Dire à quelqu'un bien des choses*: lui présenter ses compliments ou ses respects. / *Aller au fond des choses*: approfondir.

chosification n. f. Fait de chosifier.

chosifier v. t. [1] Réduire (une personne) à l'état de chose; déshumaniser.

Chosroês Voir **Khosrô**

Chostakovitch (Dmitri Dmitrievitch) 1906-1975 Compositeur soviétique. Ses maîtres s'appellent Mahler, Bartók ou Glazounov. D'inspiration néo-romantique, il a consacré une part importante de son activité créatrice à des symphonies dont les plus célèbres portent les numéros 5 (1937) et 7 (1940), et qui toutes témoignent, sur

Chou *(Brassica Oleraca).*

Chouette *hulotte.*

un mode tourmenté et lyrique, des grands soubresauts que connut son pays au XXe siècle. De cet homme secret, statufié malgré lui comme le grand musicien national, on redécouvre aujourd'hui les opéras modernistes des années 1920 : *Le Nez* (d'après Gogol, 1928), *Lady Macbeth de Mzensk* (1930-1932), ainsi que la série des 15 quatuors à cordes.

chott n. m. (mot arabe) GÉOGR. En Afrique du Nord, lagune saumâtre et peu profonde dans laquelle se perdent les cours d'eau.

chou [1] n. m. Crucifère sauvage ou cultivée dont il existe de nombreuses espèces. *Chou pommé (ou cabus)* : chou commun. *Chou de Bruxelles. Chou-fleur. Chou-navet* : rutabaga. / Rosette de ruban en forme de chou. / *Chou à la crème* : pâtisserie soufflée, garnie de crème. / Fig. *Faire chou blanc* : n'obtenir aucun résultat. / *Feuille de chou* : périodique de médiocre qualité ou de peu d'importance. Pl. Des *choux.*

chou, choute [2] n. et adj. Fam. Mot de tendresse. *Mon chou, mon petit chou.* / adj. inv. (parfois plaisant) Mignon. *Ce qu'elle est chou !*

Chou En-lai Voir **Zhou Enlai**

chouan n. m. HIST. Insurgé royaliste, au cours de la Révolution française, dans l'ouest de la France (Bretagne, Maine, Anjou). (Les chouans, paysans de Bretagne, du Maine et de Normandie, refusèrent de se ranger sous les drapeaux de la République et prirent les armes sous la direction de Jean Cottereau, surnommé Jean Chouan, qui fut un de leurs premiers chefs).

chouannerie n. f. HIST. Révolte des chouans, qui prit naissance en 1793 à la suite d'un décret ordonnant la levée de 300 000 hommes destinés à renforcer l'armée en lutte contre les émigrés.

Choubine (Fedor Ivanovitch) 1740-1805 Sculpteur russe. Auteur de bustes expressifs : *Catherine II, Lomonossov.*

choucas n. m. ZOOL. Petit corvidé à nuque grise, qui niche en bandes dans les ruines, les clochers, etc.

chouchou, oute n. Fam. Personne pour laquelle on a une préférence. *Ma petite chouchoute.*

chouchouter v. t. [1] Fam. Traiter en chouchou ; dorloter.

choucroute n. f. Mets fait de choux hachés et fermentés dans la saumure. / Plat constitué de cette préparation additionnée de viande et de charcuterie ou (plus rarement) de poisson.

chouette [1] n. f. ZOOL. Rapace nocturne à tête ronde, dépourvue d'aigrette (ordre des strigiformes). *La chevêche, la hulotte, l'effraie sont des chouettes. La chouette chuinte ou ulule.*

chouette [2] adj. Fam. Plaisant, aimable. *Une chouette idée. Un chouette garçon.* / Interj. Pour marquer l'enthousiasme, la joie. *Chouette ! Je pars en vacances.*

chou-fleur n. m. Variété de chou à inflorescences blanches et dont on consomme la pomme. Pl. Des *choux-fleurs.*

chouia n. m. (mot arabe) Fam. *Un chouia* : un peu. *Pas chouia* : pas beaucoup.

Choukoutien Voir **Zhoukoudian**

chou-rave n. m. Variété de chou potager dont on consomme la racine en forme de tubercule renflé. Pl. Des *choux-raves.*

chouraver ou **chourer** v. t. [1] Dérober, voler.

chow-chow n. m. Chien de compagnie, à fourrure épaisse, originaire de Chine. Pl. Des *chows-chows.*

choyer v. t. [1] Entourer (qqn) de tendresse, de prévenance. *Choyer son époux.*

Chraïbi (Driss) 1926 Écrivain marocain d'expression française. Il évoque, dans ses romans, la vie des immigrés, travailleurs nord-africains ou intellectuels maghrébins, et leurs difficultés d'adaptation (*Les Boucs*, 1956).

chrême n. m. LITURG. *Le Saint Chrême* : huile consacrée et mêlée de baume, destinée, par les Églises catholique et orthodoxe, aux onctions dans différents sacrements (baptême, confirmation, ordination des prêtres, onction des malades).

chrétien, ienne adj. et n. Qui est baptisé et qui a la foi en Jésus-Christ. *Un Indien chrétien.* Subst. *Un chrétien, une chrétienne.* / adj. Qui a rapport au christianisme. *Cimetière chrétien.*

Chrétien (Henri) 1879-1956 Physicien français, spécialiste d'optique ; il inventa le cataphote et un objectif photographique, dit hypergonar (1925), qui aboutit à la mise au point du cinémascope.

Chrétien (Jean) 1934 Homme politique canadien. Premier ministre du Canada après la victoire du parti libéral aux législatives de 1993, il remporta celles de 1998 avec difficulté.

Chrétien (Jean-Loup) 1938 Spationaute français, le premier Français à avoir navigué dans l'espace (1982, 1988 et 1997).

Chrétien de Troyes 1135 ?-1183 ? Poète français. Après *Érec et Énide* (v. 1170), il écrivit des romans en vers octosyllabiques qui exploitent la *matière de Bretagne* ou cycle breton des légendes du roi Arthur : *Lancelot ou le Chevalier à la charrette* (peu après 1170), qui monte sur une charrette pour délivrer sa bien-aimée Guenièvre que Méléagant avait capturée ; *Yvain ou le Chevalier au lion* (v. 1177), chevalier de la Table ronde qui aime Laudine ; à ce cycle se rattache également la légende du Graal qui lui inspira *Perceval* (inachevé).

chrétiennement adv. De manière chrétienne.

chrétienté n. f. Ensemble des peuples chrétiens, à l'échelle universelle.

chrisme n. m. RELIG. Monogramme du Christ.

christ n. m. *Le Christ* : nom donné à Jésus, l'« Oint du Seigneur ». / BX-ARTS Représentation de Jésus-Christ sur la croix.

Christ (le) Voir **Jésus**

Christian Ier 1426-1481 Roi de Danemark (1448), de Norvège (1450) et de Suède (1457-1471). **Christian II** 1481-1559 Roi de Danemark (1515-1523). Il s'empara de la Suède mais sa cruauté le fit destituer. **Christian III** 1503-1559 Roi de Danemark en 1534. Il lutta contre Christian II et imposa le luthéranisme. **Christian IV** 1577-1648 Roi de Danemark et de Norvège (1588). Il participa à la guerre de Trente Ans et, vaincu, s'engagea (paix de Lübeck, 1630) à ne plus intervenir en Allemagne. **Christian V** 1626-1699 Roi de Danemark et de Norvège (1670). Il s'allia aux Provinces-Unies contre Louis XIV, mais ne remporta guère de succès contre les Suédois. On lui doit un code de lois. **Christian VI** 1699-1746 Roi de Danemark en 1730. Son règne fut parfaitement calme, ce qui lui permit d'encourager les lettres et les arts. **Christian VII** 1749-1808 Roi de Danemark en 1766. Déséquilibré, il remit les affaires du royaume à son ministre Struensee et à son médecin. Ce dernier, soupçonné d'être l'amant de la reine, fut condamné à mort. Le roi étant hors d'état de gouverner, une régence fut instituée au profit de son fils. **Christian VIII** 1786-1848 Roi de Danemark en 1839. Avant son avènement, la Norvège fut donnée à la Suède (1814) par Frédéric VI. **Christian IX** 1818-1906 Roi de Danemark. Dès son accession (1863) au trône, il doit défendre les duchés de Schleswig, Holstein et Lauenbourg, qui lui appartiennent en propre, contre la Prusse de Bismarck alliée à l'Autriche. La paix de Vienne (1864) lui fait perdre ces trois duchés. **Christian X** 1870-1947 Roi de Danemark (1912) et d'Islande (1918-1944), petit-fils du précédent. Il tint tête personnellement à l'occupant nazi.

christiania n. m. (mot norvégien) SPORT En ski, mouvement rapide permettant de tourner ou de s'arrêter en gardant les skis parallèles.

christianisation n. f. Action de christianiser. / Situation qui en résulte.

christianiser v. t. [1] Convertir (qqn) au christianisme.

• **christianisme** n. m. Religion monothéiste, fondée sur l'enseignement et sur la personne de Jésus-Christ.

Christian-Jaque (Christian Maudet, dit**)** 1904-1994 Cinéaste français. Il dirigea Fernandel dans *François Ier* (1937), Gérard Philipe dans *Fanfan la Tulipe* (1951) et *la Chartreuse de Parme* (1951), Martine Carol dans *Nana* (1954).

Christie (Mary Clarissa Miller, dite **Agatha)** 1890-1976 Romancière anglaise, auteur de nombreux romans policiers : *Le Meurtre de Roger Ackroyd* (1927), *Le Crime de l'Orient-Express* (1934), *Dix Petits Nègres* (1939). La plupart font intervenir l'enquêteur belge privé, Hercule Poirot.

Christine de Pisan 1363 ?-1430 ? Poétesse française d'origine italienne. Née à Venise, elle vint à Paris avec son père, médecin et astrologue de Charles V. Veuve à 24 ans, elle dut vivre de sa plume, laissant une œuvre poétique abondante. Parmi ses nombreux ouvrages en prose, *Livre des faits et bonnes mœurs du roi Charles V* (1404 ?) est une chronique historique.

Agatha Christie.

CHRISTIANISME

Le christianisme affiche une prétention exceptionnelle, par rapport à toutes les autres religions, dans l'identité qu'elle attribue à son fondateur. Les premiers disciples de Jésus le tiennent pour un être unique dans l'Histoire. Avec Jésus vient l'évangile, la « bonne nouvelle » adressée à tous les hommes, celle du salut proposé à tous, manifestant l'accomplissement du dessein bienveillant de Dieu, dessein inauguré par la « création du monde » ; cette révélation s'achève par un événement unique, l'avènement du Messie, qui coïncide avec la vie et la personne de Jésus. La reconnaissance de Jésus comme l'accomplissement du dessein de Dieu annoncé dans l'histoire d'Israël est lente et difficile chez les premiers disciples de Jésus eux-mêmes. Le fait qu'il soit le Fils de Dieu trouble leur monothéisme (ce n'est qu'après la Résurrection et la Pentecôte que ses disciples le confessent comme tel). Bien plus, cette venue du Fils de Dieu bouleverse l'approche même du mystère divin. Il ne s'agit plus désormais d'invoquer un Dieu tout-puissant et dominateur, avec lequel il faudrait composer, ou lointain, que l'on s'efforcerait de rejoindre, mais de reconnaître un Dieu qui, en prenant le visage de Jésus, vient au-devant des hommes, qu'il veut associer à sa propre vie. En Jésus, Dieu se révèle comme un Père pour tous les hommes, auxquels il donne son propre Fils, dont il fait, en le ressuscitant, le premier-né d'une multitude de frères. Les hommes ne sont pas des sujets, victimes de quelque fatalité ou de quelque divinité arbitraire, mais les fils adoptifs d'un Dieu Père. Cette transformation des rapports entre les hommes et leur Dieu se vérifie également dans leur expression religieuse. Visant à la libération spirituelle des hommes, l'Évangile les pousse à se défaire de tous ces liens que constituent la magie et la superstition, et les somme de briser toutes les tutelles qui leur sont imposées et dont ils se font les complices. Le salut accompli dans la Pâque de Jésus ne passe pas par l'observance de rites et de préceptes, mais invite à la conversion, c'est-à-dire à la libération de soi-même, en combattant pour celle des autres. La révélation chrétienne, indissociable de la personne de Jésus, n'est pas le dévoilement d'une doctrine ou d'une loi mystérieuse. Or, la formation d'une orthodoxie chrétienne définie par de nombreux dogmes semble démentir cette première affirmation. En fait, les évangiles se présentent sous la forme de récits parlant d'un même personnage : Jésus. Les écrits ultérieurs sont comme autant de commentaires et de réflexions portés sur cet événement unique et fondateur. Aussi la « doctrine » chrétienne, la formation d'un credo, l'élaboration des dogmes n'ont-elles de sens que par rapport à cet événement. Leur importance dépend de leur proximité plus ou moins grande avec la personne de Jésus. Les différends entre les Églises viennent notamment de leurs divergences dans l'appréciation du degré d'importance à accorder à certains dogmes dérivés, seconds, périphériques. Mais l'essentiel de la foi chrétienne réside dans la confession de Jésus, reconnu comme le Sauveur, comme vraiment Dieu et vraiment homme. Sinon la Résurrection n'inaugurerait pas le salut de tous les hommes. L'accueil du salut suppose un engagement effectif sur la voie ouverte par Jésus lui-même, qui en donne le tracé sous la forme de l'unique commandement, ainsi énoncé : « Aimez-vous les uns les autres comme je vous ai aimés ». Devenir le frère de Jésus-Christ, connaître Celui qu'il appelle son Père, c'est suivre la voie de l'amour du prochain. La connaissance de Dieu et l'entrée dans sa filiation se manifestent dans la visite au malade, la défense de l'opprimé, l'accueil de l'étranger, autant d'expressions symboliques de l'amour fraternel en train de naître. Prétendre aimer Dieu en ignorant les hommes n'est qu'un mensonge ; telle est la façon lapidaire avec laquelle saint Jean résume l'authenticité d'une conversion évangélique.

Le Christ entouré des apôtres, fresque du IVe siècle.

Christine de Suède 1626-1689 Reine de Suède (1632-1654). Très cultivée, elle s'intéresse aux arts et aux lettres et entretient avec Descartes une correspondance philosophique. Elle l'invite en Suède, où il meurt d'une pneumonie. On lui reproche la liberté de ses mœurs et elle abdique en 1654 et s'exile. Elle se convertit au catholicisme et se retire à Rome où elle meurt.

christique adj. RELIG. Relatif au Christ, qui se rapporte au Christ.

Christmas (île) *135 km² 2000 h.* Capitale *Flying Fish Cove.* Île de l'océan Indien qui dépend de l'Australie depuis 1958 (auparavant, de Singapour). Phosphates. Tourisme.

Christmas (île) Voir **Ligne (île de la)**

Christo (Christo Javacheff, dit**)** 1935 Artiste américain d'origine bulgare, qui s'est rendu célèbre pour avoir empaqueté des objets (*Bouteilles et Boîtes empaquetées,* 1958-1959) ou des bâtiments : *Le Pont-Neuf empaqueté* (1985), empaquetage du Reichstag à Berlin (1995).

christologie n. f. THÉOL. Ce qui, dans le christianisme, se rapporte à la personne du Christ et à ses rapports avec les hommes.

christologique adj. THÉOL. Relatif à christologie. *Hérésie christologique.*

Christophe (saint) Personnage légendaire de la tradition chrétienne, qui faisait traverser les torrents aux voyageurs. La tradition raconte que, alors qu'il fait passer un enfant à gué en le portant sur ses épaules, l'enfant devient très lourd : c'est le Christ. Popularisée par la *Légende dorée*, l'histoire repose sur le nom de Christophe (en grec *Christophoros* : « porteur de Christ »).

Christophe Nom de trois rois de Danemark. Christophe Ier 1219-1259 Roi en 1252. Il se heurta aux évêques qui frappèrent le royaume d'interdit. **Christophe II** 1276-1332 Élu roi en 1320, il ne put se maintenir au pouvoir. **Christophe III** 1418-1448 Roi de Danemark (1440), de Suède (1440) et de Norvège (1442). Régent en 1439 pour veiller à ce que l'Union de Kalmar soit appliquée, il installe sa capitale à Copenhague.

Christophe (Henri) 1767-1820 Homme politique haïtien. Roi du nord d'Haïti (1807-1820). Esclave affranchi, il assista Toussaint Louverture et fut l'un de ceux qui proclamèrent la république d'Haïti (1804). En 1807, celle-ci fut divisée et il créa un royaume dans le nord, se proclamant roi sous le nom d'Henri Ier. Ce royaume ne lui survécut pas. Aimé Césaire et Alejo Carpentier se sont interrogés sur son destin.

Christophe (Georges Colomb, dit**)** 1856-1945 Auteur français d'albums humoristiques : *La Famille Fenouillard* (1889-1893), *Le Sapeur Camember* (1890-1896), *Le Savant Cosinus* (1893-1899). Professeur de sciences naturelles au lycée Condorcet, il eut pour élève Marcel Proust.

Christus (Petrus) 1420 ?-1473 ? Peintre flamand installé à Bruges, disciple de Van Eyck. Les personnages, souvent empreints d'une certaine raideur, et les paysages, peints avec raffinement, s'inscrivent dans des compositions statiques aux tons clairs, pleines de sérénité : *Saint Éloi orfèvre* (1449).

chromage n. m. Action de chromer ; résultat de cette action. *Le chromage des accessoires automobiles.*

chromate n. m. CHIM. Sel d'un oxacide du chrome, l'acide chromique. Sous le nom de jaune de chrome, le chromate de plomb est utilisé comme colorant.

chromatide n. f. MICROBIOL. Produit de clivage d'un chromosome au moment de la mitose, tant qu'il reste uni à l'autre moitié au niveau du centromère, que ne colorent pas les substances contenues dans la chromatine.

chromatine n. f. MICROBIOL. Substance contenue dans le noyau des cellules vivantes ; elle se rassemble pour former les chromosomes lors de la division cellulaire.

chromatique adj. MUS. *Gamme chromatique* : gamme formée de douze demi-tons consécutifs, allant de la tonique à la tonique supérieure ou inférieure (intervalles chromatiques), par opposition à la gamme diatonique qui inclut tons et demi-tons. / OPT. *Aberration chromatique* : défaut d'un système dioptrique dû à la variation de l'indice de réfraction du verre d'une lentille en fonction de la longueur d'onde. / BIOL. Qui a rapport aux chromosomes.

chromatisme n. m. État d'un corps coloré. / Caractère de ce qui est chromatique.

C

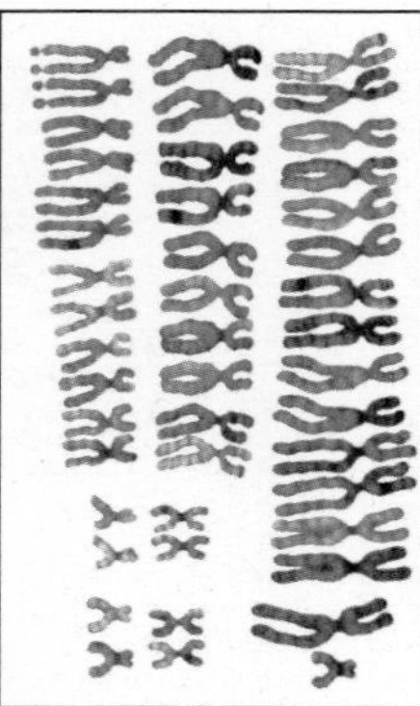

*L'ensemble des **chromosomes** d'une espèce vivante (ici, l'homme) constitue ce que l'on nomme le caryotype.*

chromatographie n. f. CHIM., BIOCHIM. Procédé de séparation des constituants d'un mélange mettant à profit les propriétés adsorbantes de certaines substances (ce procédé a l'avantage d'être efficace même sur des quantités très faibles de mélange).

chrome n. m. CHIM. Métal gris brillant (symbole Cr), de numéro atomique Z = 24, de masse atomique 52, fondant à 1 875 °C, remarquable par sa dureté. (Il s'allie à tous les métaux, mais il est surtout employé dans la composition d'aciers dont les propriétés, dureté et inoxydabilité, dépendent de la teneur en chrome. Le chromage électrolytique est une opération industrielle, notamment dans la construction automobile).

chromer v. t. [1] Déposer, par réaction électrolytique, du chrome sur un métal pour le protéger contre la corrosion.

chromo n. m. Chromolithographie. / Reproduction en couleurs, médiocre ou de mauvais goût.

chromolithographie n. f. Impression en couleurs par lithographie ; image obtenue par ce procédé.

chromosome n. m. BIOL. (Chez les organismes eucaryotes) Chacun des éléments en forme de bâtonnets ou de X qui s'individualisent dans le noyau des cellules lors de la mitose, porteurs du patrimoine héréditaire. *Les chromosomes sont composés d'A.D.N. associé à des protéines (histones). Ils sont en nombre constant dans une espèce donnée (23 paires de chromosomes chez l'homme).* / (Chez les organismes procaryotes) *Chromosome bactérien* : unique molécule d'A.D.N., circulaire, non liée à des protéines, porteuse chez les bactéries de l'information génétique, présente dans leur cytoplasme.

chromosphère n. f. ASTRON. Partie de l'atmosphère du Soleil comprise entre la photosphère et la couronne.

♦ L'épaisseur de la chromosphère est évaluée à 10 000 km et sa température varie, de la couche inférieure à la couche supérieure, de 5 000 à 20 000 °C. Sa couleur est celle de la raie H–alpha produite par les atomes d'hydrogène qui émettent dans le rouge. Le spectrohéliographe permet d'obtenir des images monochromatiques de la chromosphère sur l'ensemble du disque, alors qu'une éclipse de Soleil n'autorise que des observations sur le limbe.

chronicité n. f. Caractère chronique de qqch.

chronique [1] n. f. Ouvrage rapportant dans l'ordre de leur déroulement les faits historiques. / Série d'articles de journal sur un sujet déterminé. / Petites nouvelles anecdotiques, bruits qui circulent, souvent médisants. *Défrayer la chronique.*

chronique [2] adj. MÉD. (Par oppos. à *aigu*) Dont l'évolution est lente et qui devient rebelle au traitement. *Bronchite chronique.* / Par ext. Se dit de qqch., notam. d'un défaut, qui devient habituel, mécanique.

Chroniques de Saint-Denis Histoire officielle du royaume de France jusqu'en 1461. À partir du XIIe siècle, les moines de l'abbaye de Saint-Denis se consacrèrent à cette œuvre, rédigée en latin, puis, à partir du XVe siècle, en français ; elles se nommèrent alors *Grandes Chroniques de France*.

chroniqueur, euse n. Celui, celle qui tient une chronique dans un journal. / LITTÉR. Auteur de chroniques historiques.

chronobiologie n. f. BIOL. Étude des phénomènes cycliques chez les êtres vivants : hibernation, reproduction, sommeil, etc.

chronologie n. f. Ordre et dates des événements historiques. / Connaissance, science de l'ordre des temps, des faits et des événements.

chronologique adj. Qui procède de la chronologie.

chronologiquement adv. D'après la chronologie.

chronométrage n. m. Action de chronométrer ; résultat de cette action.

chronomètre n. m. Appareil de précision pour mesurer le temps. *Les chronomètres indiquent jusqu'au centième de seconde.* / MAR. Montre de précision utilisée en marine pour indiquer le temps, dans les observations, et pour déterminer les longitudes.

chronométrer v. t. [1] Mesurer la durée de, à l'aide d'un chronomètre. *Chronométrer un tour de piste.* / *Chronométrer le vainqueur* : mesurer le temps du vainqueur.

chronométrique adj. Relatif à la mesure du temps. / Calculé avec rigueur (en parlant d'une durée).

chronophotographie n. f. TECHN. Méthode d'étude des mouvements très rapides par une succession de photographies.

chrysalide n. f. ZOOL. Nymphe des insectes lépidoptères, stade intermédiaire entre la chenille et le papillon. / Le cocon dans lequel elles sont enfermées.

chrysanthème n. m. BOT. Plante de la famille des composées, dont les nombreuses variétés horticoles sont cultivées comme fleurs ornementales.

chryséléphantin, ine adj. Dont certaines parties sont en or et d'autres en ivoire. *La statue chryséléphantine d'Athéna Parthénos, de Phidias.*

Chrysippe 281 ?-205 ? av J.-C. Philosophe grec de l'école stoïcienne. S'il ne nous reste que quelques fragments des 705 traités qui lui sont attribués, on reconnaît en lui le grand formalisateur de la pensée stoïcienne, notamment dans les domaines de la physique et de la morale.

chrysobéryl n. m. MINÉR. Aluminate naturel de béryllium, pierre semi-précieuse d'une couleur qui va du jaune d'or au vert.

*Sir **Winston Churchill**.*

chrysolithe n. f. MINÉR. Pierre semi-précieuse de couleur jaune, utilisée en orfèvrerie (silicate double de fer et de magnésium).

chrysomélidés n. m. pl. ZOOL. Famille de coléoptères végétariens, souvent brillamment colorés, groupant de nombreuses espèces, parmi lesquelles le doryphore.

chrysoprase n. f. MINÉR. Variété de calcédoine verte.

chtonien, ienne ou **chthonien, enne** adj. MYTH. Qui a rapport à la terre, au monde souterrain, aux Enfers. *Divinités chtoniennes.*

chuchotement n. m. Action de chuchoter ; paroles ainsi émises.

chuchoter v. i. / v. t. [1] Parler à voix basse. / v. t. Dire à voix basse.

chuintement n. m. Cri de la chouette. / PHONÉT. Défaut de prononciation dans lequel les « s » sont prononcés « ch ».

chuinter v. i. [1] (En parlant de la chouette) Pousser son cri. / Produire un chuintement. *Bouillotte qui chuinte sur le feu.* / PHONÉT. Substituer un chuintement à un sifflement.

Chulalongkorn 1853-1910 Roi de Siam (Rama V) en 1868, il parvient à résister à la colonisation, mais doit abandonner le Laos et une partie du Cambodge à la France, les États malais à la Grande-Bretagne.

Chuquet (Nicolas) 1445-1500 Mathématicien français. Dans *Triparty en la science des nombres* (1484), le premier traité d'algèbre publié en France, il met en parallèle les progressions arithmétique et géométrique, ce qui donnera naissance aux logarithmes.

Churchill *860 km environ* Rivière du nord-est du Canada qui se jette dans la baie d'Hudson. Situé à son embouchure, le port de Churchill est le centre de ravitaillement des régions arctiques.

Churchill (sir **Winston Leonard Spencer)** 1874-1965 Homme politique anglais. Sa forte personnalité domina la scène politique anglaise et mondiale pendant cinquante ans. Issu de la famille des ducs de Marlborough, officier de carrière et journaliste, il est correspondant de guerre à Cuba (1895) pendant la guerre contre les Espagnols, puis en Inde où il a suivi son régiment (1897). Romancier (*Savrola*, 1900), il combat les mahdistes au Soudan avec Kitchener et participe à la guerre des Boers, de nouveau comme correspondant de guerre. La politique le tente et il est élu député en 1900, avant d'être plusieurs fois ministre à partir de 1905 : sous-secrétaire aux Colonies (1905-1908), secrétaire à l'Intérieur (1910-1911), premier lord de l'Amirauté (1911). À ce dernier titre, il organise les expéditions d'Anvers (1914) et des Dardanelles (1915). Contraint à la démission par l'échec de cette dernière entreprise, il reprend son siège de député, puis entre dans le cabinet Lloyd George, apportant, après 1917, l'aide de la Grande-Bretagne aux armées blanches de Koltchak et aux Polonais. Il abandonne brièvement (1921-1924) la politique, avant de revenir au Parlement (1924) et de participer au cabinet Baldwin comme chancelier de l'Échiquier (1924-1929). Éloigné du pouvoir à partir de 1929, et pour dix ans, il se consacre à la littérature (autobiographie ; biographie de son ancêtre Marlborough) et manifeste de plus en plus fortement son angoisse devant le renforcement de la puissance allemande. Hostile aux accords de Munich, qu'il avait clairement condamnés, il entre dans le gouvernement Chamberlain (septembre 1939) comme premier lord de l'Amirauté. Premier ministre en mai 1940, à la chute de Chamberlain, il le demeure jusqu'en 1945. À ce poste, prévenant ses compatriotes qu'il n'avait rien d'autre à leur offrir que « du sang, du travail, de la sueur et des larmes », il est l'un des fers de lance de la lutte contre l'Allemagne et joue un rôle prépondérant dans la victoire des Alliés sur les forces de l'Axe. Il accueille le général de Gaulle à Londres, maintient avec lui des relations faites d'admiration, de respect et d'exaspération, et noue une étroite alliance avec Roosevelt. De nouveau écarté du pouvoir, cette fois par une victoire travailliste, il intervient fréquemment dans la vie politique internationale (c'est à lui qu'on doit, en 1946, l'expression « rideau de fer ») et écrit ses *Mémoires de guerre*. De 1951 à 1955, il est à nouveau Premier ministre.

Churriguera Famille d'architectes, décorateurs et sculpteurs espagnols d'origine catalane. **José** ?-1679 Il exécute divers retables, en particulier celui de l'église de Montserrat. **José Benito** 1665-1725 Architecte, décorateur, sculpteur et stucateur. Fils du précédent, il est notamment l'auteur du *Retable du Sagrario* (1686-1690) de la cathédrale de Ségovie et a démontré ses talents d'urbaniste en concevant les plans de la ville de Nuevo Baztan. **Joaquín** 1674 ?-1724 Frère du précédent, architecte, il construisit le collège de Calatrava à Salamanque. **Alberto** 1676-1750 Frère des précédents, architecte, il termina le collège de Calatrava, travailla aux cathédrales de Salamanque et de Valladolid, fit les plans de la Plaza Mayor de Salamanque. L'influence des Churriguera est si importante qu'on qualifie le style baroque espagnol (1650-1740) de *churrigueresque*.

*Façade de l'université de Valladolid, en partie réalisée par Alberto **Churriguera**.*

Les **chutes** Victoria, sur le Zambèze, en Zambie.

chut! interj. et n. m. inv. Interjection par laquelle on réclame le silence. *Chut ! elle dort !* / n. m. inv. *La première interruption fut accueillie par une série de chut exaspérés.*

chute n. f. Tombée d'un corps vers le sol. *Faire une mauvaise chute dans un escalier.* / *Point de chute*: endroit où un corps, un objet touche le sol en tombant. / Fig. Décadence, disparition. *La chute de l'Empire romain.* / Diminution, baisse de qqch. *Chute des températures. La chute du jour*: le soir. / THÉÂTRE *Chute du rideau*: fin d'une pièce. / GÉOGR. Cataracte. *Les chutes du Niagara.* / Ce qui n'a pas été utilisé dans un matériau découpé. *Chute de bois, de tissu.* / Fin, conclusion d'une histoire, d'un récit. *Une chute inattendue.* / RELIG. Péché, notamment le péché originel. *La chute d'Adam.*

chuter v. i. [1] Pop. Tomber, choir. (Emploi transitif) Perdre, ne pas réussir le contrat demandé, à certains jeux. *Chuter un chelem, au bridge.*

chutney n. m. (mot anglais) Condiment aigre-doux fait de légumes (ou de fruits) cuits dans du vinaigre et du sucre.

chyle n. m. PHYSIOL. Liquide blanchâtre présent dans certains vaisseaux lymphatiques intestinaux, provenant de la digestion des lipides.

chylifère adj. PHYSIOL. Qui transporte le chyle. *Vaisseaux chylifères*: vaisseaux lymphatiques intestinaux qui transportent le chyle.

chyme n. m. PHYSIOL. Bouillie résultant de la digestion des aliments sous l'action de la salive et du suc gastrique. *Le chyme gastrique passe dans le duodénum, on parle alors de chyme intestinal (dont les propriétés se modifient au cours du transit).*

chymotrypsine n. f. BIOCHIM. Enzyme qui catalyse l'hydrolyse de certaines liaisons peptidiques.

• **Chypre** Île de la Méditerranée orientale. République, dont le nord s'est unilatéralement proclamé République turque de Chypre du Nord en 1983.

chypriote adj. et n. De Chypre. *Marine chypriote. Un(e) Chypriote.*

ci [1] adv. Ici. *Ci-gît Marie Dupont. Ci-joint le double du bordereau.* / (Avec un démonstratif) *Celui-ci. Cette femme-ci*, celle dont on parle, que l'on désigne. / loc. adv. *Ci-contre*: tout à côté. *Ci-après*: plus loin. *Ci-dessus*: plus haut. *Ci-dessous*: plus bas. *De-ci de-là*: de côté et d'autre. *Par-ci par-là*: au hasard, à des endroits différents.

ci [2] pron. dém. (employé avec *ça*) Ceci. *Comme ci comme ça*: pas très bien. *Elle se remet comme ci comme ça de son opération.*

C.I.A. Sigle pour *Central Intelligence Agency*, « Agence centrale de renseignements », créée aux États-Unis en 1947. Placée sous l'autorité du président des États-Unis, elle siège à Washington.

Ciampi (Yves) 1921-1982 Cinéaste français dont un certain nombre de films furent de grands succès publics: *Un grand patron* (1951), *Les Héros sont fatigués* (1955), *Typhon sur Nagasaki* (1957).

Ciano (Galeazzo, comte de Cortellazzo**)** 1903-1944 Homme politique italien. Membre important du parti fasciste, il épouse en 1930 la fille de Mussolini et devient ministre des Affaires étrangères en 1936. Accusé de trahison, il est condamné à mort par le gouvernement de la république de Salo et fusillé en 1944.

CHYPRE

Superficie: *9251 km²* – **Nombre d'habitants:** *710 000 h.* – **Capitale:** *Nicosie*
Villes principales: *Limassol, Famagouste* – **Système politique:** *république* – **Langue(s):** *grec, turc* – **Religion(s):** *christianisme orthodoxe, islam* – **Monnaie(s):** *livre chypriote*

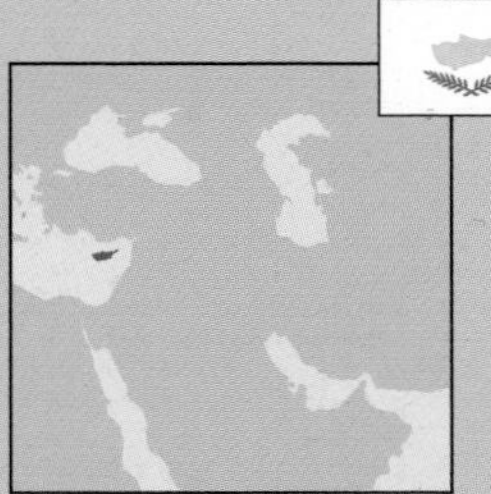
Voir l'Atlas

Ruines du forum en marbre de l'antique Sémiramis.

Géographie physique et humaine

Formée par deux chaînes calcaires qui dominent une dépression centrale, la Mésorée, et par la péninsule gréseuse de Karpas, l'île au climat méditerranéen cultive les oliviers, le tabac, pratique l'élevage des moutons. Les mines de pyrite, de cuivre, d'amiante alimentent l'industrie locale. Les importations représentent le triple des exportations. La population se concentre dans les plaines (littorales et centrale: la Mésorée). Le sud (60 % du pays) est peuplé de Grecs orthodoxes, qui constituent 80 % de la population totale; le nord, de Turcs musulmans.

Histoire

Peuplée depuis 4000 av. J.-C., l'île, en raison de sa position stratégique, a toujours été un sujet de rivalité entre les puissances maritimes qui voulaient étendre leur hégémonie sur la Méditerranée. Royaume chrétien du XIIe au XIVe siècle, Chypre appartient à Venise au XVe siècle et à la Turquie du XVIe au XIXe siècle. Colonie anglaise en 1914, elle devient indépendante en 1959, dans le cadre du Commonwealth. Le chef de l'Église autocéphale chypriote, Mgr Makarios, premier président de la République, est renversé le 15 juillet 1974; le coup d'État est inspiré par les colonels qui gouvernent la Grèce. Craignant l'*Enosis* (c'est-à-dire le rattachement de Chypre à la Grèce, prôné par de nombreux Chypriotes grecs), l'armée turque vient occuper le nord de Chypre le 20 juillet, suscitant ainsi une sécession de la communauté turque. 200 000 Grecs se réfugient au sud; ces brusques exodes de population donnent lieu à de multiples exactions de part et d'autre. Les événements chypriotes ébranlent le pouvoir des colonels en Grèce; ils appellent Caramanlis pour rétablir la démocratie, tandis qu'à Chypre, Makarios retrouve son poste. Il meurt en 1977. Spyros Kiprianou lui succède. En 1983, les Turcs chypriotes proclament la République turque de Chypre du Nord. En 1988, Georges Vassiliou succède à Kiprianou. En 1990, il demande l'intégration de Chypre dans la Communauté économique (aujourd'hui Union européenne), intégration prévue pour 2004. En 1993, Glafcos Cléridès est élu président de la République. En 1996, son parti bat de justesse le parti communiste, et lui se voit réélu en 1998. En 2003, c'est son rival, Tassos Papadopoulos, président du parti de centre droit Diko, qui remporte les élections présidentielles au premier tour.

Statue d'un prêtre d'Apollon dans le temple d'Idalion.

Ciborium.

ciao! interj. (mot italien) Au revoir!
ci-après loc. adv. Plus loin.
cibiste n. Personne qui utilise la C.B. (*citizen band*), fréquence radio à l'usage du public.
cible n. f. Point visé dans le tir à l'arc ou avec une arme à feu. / Fig. Point de mire. *Être la cible de toutes les critiques.* / Catégorie de consommateurs à laquelle s'adresse une campagne publicitaire déterminée.
cibler v. t. [1] Dans le langage du commerce, des médias, définir la clientèle, la cible de.
ciboire n. m. LITURG. Vase sacré où l'on garde les hosties consacrées.
ciborium n. m. ARCHIT. Édicule ouvragé constitué par quatre colonnes supportant un dôme sous lequel se trouve l'autel principal dans les basiliques paléochrétiennes. *Le ciborium de la cathédrale Saint-Jean-de-Latran, à Rome.*
ciboule n. f. Plante de la famille des liliacées, voisine de l'oignon, dont les feuilles sont utilisées comme condiment. Syn. cive.
ciboulette n. f. Plante voisine de la ciboule, de saveur moins prononcée, dont les feuilles tubulaires sont employées comme condiment. Syn. civette.
ciboulot n. m. Pop. Tête. *Se creuser le ciboulot*: chercher une idée.
cicatrice n. f. Tissu fibreux se formant au niveau d'une plaie, après la guérison de celle-ci, qui peut disparaître progressivement ou rester indélébile. / Fig. Souvenir qui demeure d'un événement passé et douloureux. *La cicatrice d'un chagrin amoureux.*
cicatriciel, elle adj. MÉD. Qui procède de la cicatrice. *Tissu cicatriciel.*
cicatriser v. t. / v. i. [1] Produire la guérison de (une plaie). / Fig. Apaiser, calmer. *Le temps a cicatrisé les plaies de son enfance.* / v. i. et pron. Se fermer, pour une plaie.
cicéro n. m. IMPR. Unité de mesure typographique valant environ 4,5 mm et divisée en 12 points. Syn. douze.
Cicéron (en latin **Marcus Tullius Cicero)** 106-43 av J.-C. Orateur, écrivain et homme politique latin. Il embrasse la carrière d'avocat en 81 et s'illustre par des plaidoyers et réquisitoires retentissants. Élu consul en 63, il étouffe la conjuration de Catilina, fait condamner à mort les révoltés et mérite le titre de *Père de la patrie*. Attaqué par le tribun Publius Clodius, il est contraint à l'exil. De retour à Rome, il prend la défense de Milon, assassin de Clodius. Partisan de Pompée jusqu'à la bataille de Pharsale (48), il se rallie ensuite à César et se retire des affaires publiques. Après l'assassinat de César (44), il prend le parti d'Octave contre Antoine, mais ces derniers, un moment opposés, s'unissent pour faire échec au Sénat et sacrifient mutuellement leurs amis. Cicéron en fuite, est rejoint par les sicaires d'Antoine, auxquels il offre sa tête avec dignité. Si la carrière politique de Cicéron n'est pas sans reproche, ses qualités d'orateur et d'écrivain sont prestigieuses. *Les Verrines* (contre Antoine), les *Catilinaires* et les *Philippiques* (contre Verrès, gouverneur de Sicile qui l'avait pillée) sont des modèles de l'art oratoire. Théoricien de l'éloquence (dans *l'Orateur* et *Brutus*, 46), il est aussi l'auteur d'œuvres philosophiques (sur la république, la vieillesse, l'amitié, etc.) et son talent de styliste a porté la langue latine à sa perfection.
cicérone ou **cicerone** n. m. (mot italien) Guide qui accompagne les touristes au cours de leur visite d'un site, d'un monument, etc.
cicindèle n. f. ZOOL. Insecte coléoptère carnassier, à grosses mandibules dentées, se nourrissant de limaces, d'insectes, etc.
ciclosporine ou **cyclosporine** n. f. MÉD. Immunodépresseur souvent administré en cas de transplantation d'organes, pour éviter une réaction de rejet.
ciconiidés n. m. pl. ZOOL. Famille de grands oiseaux à longues pattes et à bec allongé (ordre des ciconiiformes), dont les espèces ont souvent un plumage noir et blanc (cigognes, marabouts, etc.).
ciconiiformes n. m. pl. ZOOL. Ordre de grands oiseaux à long bec et à longues pattes, qui comprend les cigognes, les hérons, les ibis, etc.
ci-contre loc. adv. Voir **ci [1]**
cicutine n. f. CHIM. Alcaloïde très toxique extrait de la ciguë.
Cid Campeador (Rodrigo Diaz de Bivar, dit **le)** 1043-1099 Héros espagnol de la Reconquista. Au service du roi de Castille Sanche II, il passa à celui de son frère ennemi Alphonse VI qui lui donna sa cousine Jimena (Chimène) Diaz pour épouse, avant de le disgracier. Il mit alors son épée au service de princes chrétiens ou maures, acquérant par son courage son surnom de *Cid* (en arabe *sidi*, « seigneur ») *Campeador* (« qui gagne les batailles »). En 1094, il prend Valence aux Maures et en demeurera le souverain. Ses exploits, chantés dès 1140 dans *Cantar del mio Cid*, seront exaltés dans les nombreux *romances* (courtes narrations épiques dites par les jongleurs) qui constitueront le *Romancero du Cid*, et portés au théâtre par Guilhem de Castro dans deux pièces en trois actes en vers publiées en 1618 : *Les Enfances du Cid* et *Les Entreprises de jeunesse du Cid*. Corneille s'inspira des *Enfances*.

Statue représentant le ***Cid Campeador***.

Cid (le) 1636 Tragi-comédie de Corneille. Elle narre les amours tourmentées de Rodrigue (le Cid) et de Chimène : Rodrigue tue en duel Don Gormas, père de Chimène, pour venger l'honneur de son père, Don Diègue. Cette pièce en cinq actes ouvrit l'ère classique en France.
ci-dessous loc. adv. Voir **ci [1]**
ci-dessus loc. adv. Voir **ci [1]**
ci-devant adv. et n. m. Vx ou litt. Précédemment, auparavant. *Jacques Durand, ci-devant président du directoire.* / n. m. inv. HIST. *Les ci-devant* (pour *ci-devant nobles*) : les membres de la noblesse dépossédés de leurs titres par la Révolution de 1789.
cidre n. m. Boisson peu alcoolique préparée avec le jus de pomme fermenté.
ciel n. m. **I.** Espace qui s'étend au-dessus de la terre en forme de voûte, circonscrit par l'horizon. / ASTRON. Cosmos, espace infini dans lequel les astres accomplissent leurs révolutions. / Air, atmosphère, climat. *Ciel chargé d'orages.* / *Entre ciel et terre*, dans l'air. / Fig. *Remuer ciel et terre* : se démener pour obtenir qqch. **II.** Plafond. *Le ciel d'une galerie de mine.* / *À ciel ouvert* : en plein jour, à l'air libre. / *Ciel de lit* : plafond d'un baldaquin. **III.** RELIG. Le paradis, le séjour des bienheureux après la mort. / *Être au septième ciel* : être comblé de joie, de plaisir. / *Ciel !* : interjection marquant la surprise. / *Élever quelqu'un jusqu'au ciel* : le louer avec excès. / *Tomber du ciel* : arriver inopinément, mais au bon moment. / *Grâce au ciel !* : exclamation par laquelle on se félicite d'un événement heureux. / BX-ARTS En peinture, représentation du ciel (Pl. Des *ciels*). *Les ciels tourmentés de Van Gogh.* Pl. ordinaire : des *cieux*.
cierge n. m. Chandelle de cire utilisée dans les églises. / LITURG. *Cierge pascal* : cierge de grande dimension que l'on bénit dans chaque paroisse pour les fêtes de Pâques. / BOT. Cactus géant d'Amérique, à la tige cylindrique dressée verticalement, pouvant atteindre une dizaine de mètres de hauteur.
cigale n. f. ZOOL. Insecte de l'ordre des homoptères des régions tropicales et méditerranéennes, à corps massif, à ailes transparentes, qui vit sur les arbres et se nourrit de leur sève. *La cigale mâle dispose d'un organe sonore qui émet une stridulation puissante. La cigale craquette, stridule, chante.*
cigare n. m. Rouleau fait de feuilles de tabac à fumer roulées et non hachées.

Cigogne.

cigarette n. f. Petit cylindre de papier très fin enfermant du tabac haché à fumer. / Par anal. Friandise de la même forme. *Cigarette en chocolat.*
cigarillo n. m. (mot espagnol) Petit cigare.
cigogne n. f. ZOOL. Grand échassier à long bec de la famille des ciconiidés. *La cigogne blanche, au plumage blanc et noir vit en Europe, en Asie et en Afrique du Nord ; c'est un oiseau migrateur qui se nourrit de rongeurs, de reptiles et de batraciens.*
cigogneau n. m. ZOOL. Petit de la cigogne.
ciguë n. f. Plante vénéneuse de la famille des ombellifères, qui croît dans les terrains vagues ou le long des chemins. *La grande ciguë, qui atteint 2 m de haut, servait, dans l'Antiquité grecque, à préparer le poison des condamnés.* / Poison violent extrait de la ciguë (cicutine). *Condamné à mort sous l'accusation de corrompre la jeunesse, Socrate choisit de boire la ciguë.*
cil n. m. Poil porté par le bord libre de la paupière et protégeant l'œil. / BIOL. Expansion cytoplasmique mobile (flagelle court), portée par certaines cellules épithéliales et certains organismes unicellulaires et permettant leur déplacement.
cilice n. m. Chemise de crin portée directement sur la peau, par mortification. Syn. haire.
Cilicie Ancienne région d'Asie Mineure, au sud-est de la Turquie actuelle. Successivement hittite, assyrienne, perse, hellénisée, elle fut romaine puis byzantine avant d'être soumise aux Arabes (VIIIe siècle) et aux Arméniens (1080) qui en firent le royaume de Petite Arménie, disparu en 1375. La Cilicie est turque depuis 1921.
cilié, e adj. et n. m. Bordé de cils. / n. m. pl. Embranchement de protozoaires (dont la paramécie) munis de cils vibratiles qui servent à la capture d'aliments et assurent une certaine mobilité.

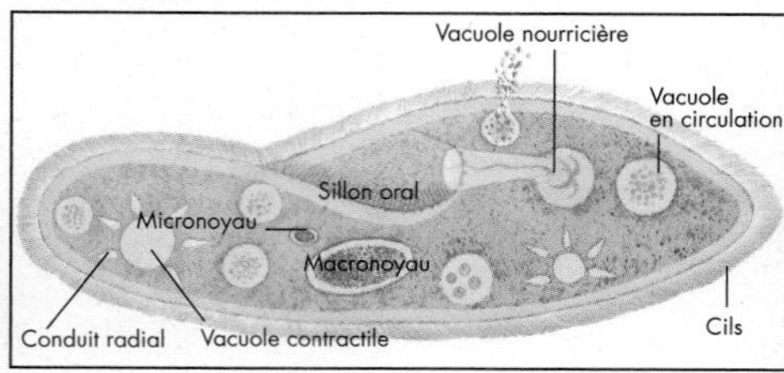

Schéma d'un protozoaire ***cilié***.

ciller v. i. [1] Fermer et ouvrir rapidement les yeux. / Fig. *Sans ciller*: sans broncher.

Cima da Conegliano (Giovanni Battista Cima, dit**)** 1459?-1517? Peintre vénitien. Il subit l'influence de Giovanni Bellini et peignit des scènes religieuses avec des fonds de paysages: *La Vierge de Sainte-Marie-du-Carmel.*

Cimabue (Cenni di Pepi, dit**)** 1240?-1302? Peintre et mosaïste italien. Il fut peut-être le maître de Giotto. Encore redevable à la peinture byzantine, il est novateur par le rythme de ses compositions et la vie qu'il donne à ses figures (fresques de la basilique Saint-François à Assise, Vierge aux Anges).

cimaise ou **cymaise** n. f. ARCHIT. Moulure supérieure d'une corniche. / Moulure d'un lambris à hauteur d'appui. / Moulure sur laquelle reposent les tableaux d'une exposition; par ext. mur d'une salle d'exposition.

Cimarosa (Domenico) 1749-1801 Compositeur italien, d'origine napolitaine. Il a écrit de la musique religieuse, des opéras (*Le Mariage secret*, 1792) et des œuvres instrumentales (*Concerto pour hautbois et orchestre*).

Cimbres Barbares qui se répandirent en Europe au IIe siècle av. J.-C. Alliés aux Teutons, ils écrasèrent les légions romaines à Orange, mais furent vaincus par Marius à Verceil (en italien Vercelli, à l'ouest de Milan) en 101 av. J.-C.

cime n. f. Partie la plus élevée d'une montagne, d'un arbre. / Fig. Plus haut point, paroxysme. *La cime de l'extase.*

ciment n. m. Matière pulvérulente à base de calcaire et d'argile, obtenue par cuisson et qui, additionnée d'eau, forme une pâte liante durcissant à l'air. / Toute substance durcissante servant de liant. *Ciment dentaire.* / Fig. Ce qui lie, unit.

cimenter v. t. [1] Enduire de ciment; lier au ciment. / Fig. Affermir. *Cimenter une alliance.*

cimenterie n. f. Fabrique de ciment.

cimeterre n. m. Sabre oriental à lame large et recourbée.

cimetière n. m. Lieu où l'on enterre les morts. / *Cimetière de voitures*: lieu où sont rassemblés des véhicules hors d'usage.

Cimetière marin (le) 1920 Poème où Paul Valéry, s'appuyant sur l'image de l'immobilité du ciel (à Sète) face à l'humanité qui change et passe, médite sur la finalité de notre condition.

cimier n. m. Ornement situé sur la partie supérieure d'un casque. / BOUCH. Pièce de viande découpée dans la croupe du bœuf et du cerf.

Cimino (Michael) 1941 Cinéaste américain. Il a réalisé des films de structure ample, aux personnages complexes, avec une grande hauteur de vues (*Voyage au bout de l'enfer*, 1978; *La Porte du paradis*, 1982; *L'Année du dragon*, 1985).

Cimmériens Peuple des bords septentrionaux du Pont-Euxin. Ils envahirent la Lydie au VIIe siècle av. J.-C. et les Lydiens les vainquirent au VIe siècle av. J.-C.

Cimon 510?-450? av. J.-C. Chef du parti aristocrate, à Athènes, fils de Miltiade. Stratège, il vainquit les Perses en 468 et 449. Cette victoire, remportée à Chypre, mit fin à la troisième et dernière guerre médique.

cinabre n. m. Sulfure naturel de mercure dont il est le principal minerai.

Cincinnati *358 200 h.* Ville des États-Unis, en Ohio, sur l'Ohio. Grand centre d'industrie métallurgique de transformation: automobiles, machines-outils, électromécanique.

Cincinnatus (en latin **Lucius Quinctius Cincinnatus)** Ve s. av. J.-C. Héros de l'histoire romaine. Consul (460 av. J.-C.), il fut rappelé par la patrie en danger qui le nomma dictateur en 458 et en 439 av. J.-C. Il ne tira pas profit de ses charges, reprenant ses travaux agricoles à la fin de chacune de ses missions.

cincle n. m. ZOOL. Passereau brun à plastron blanc, qui vit au bord des rivières rapides, des torrents, etc., dans lesquels il plonge et marche au fond de l'eau pour saisir les insectes aquatiques dont il se nourrit.

cinéaste n. m. Réalisateur de films.

ciné-club n. m. Association organisant des projections de films dans le but de promouvoir la culture cinématographique.

• **cinéma** n. m. Procédé permettant de donner l'illusion du mouvement par la projection sur un écran de vues successives enregistrées sur un film. *Le cinéma muet, parlant. Le cinéma en couleurs.* / Art de réaliser des films, appelé encore septième art. *Acteur de cinéma. Festival de cinéma.* / Ensemble des œuvres cinématographiques d'un pays. *Le cinéma français, américain.* / Industrie du spectacle cinématographique. *La crise du cinéma.* / Salle de spectacle où l'on projette des films. / Fig. *Faire du cinéma*: des caprices, des complications.

cinémascope n. m. (nom déposé) Procédé cinématographique de projection sur écran large, fondé sur l'anamorphose des images à la prise de vues. *Le cinémascope a été lancé en 1953.*

cinémathèque n. f. Organisme chargé de la conservation des œuvres cinématographiques. / Lieu où l'on conserve et projette ces œuvres.

Cinémathèque française Installée au Palais de Chaillot, à Paris, fondée en 1936 sur initiative privée (H. Langlois, G. Franju, P.A. Harlé) mais subventionnée et contrôlée par l'État, elle possède plus de 80 000 films et des milliers de livres. Elle abrite un musée du Cinéma et dispose de plusieurs salles dans Paris.

cinématique n. f. Partie de la mécanique qui étudie les mouvements en fonction du temps, indépendamment des causes qui les produisent.

cinématographe n. m. Appareil inventé par les frères Lumière en 1895, permettant d'enregistrer puis de projeter des images animées. / Syn. vieilli de cinéma.

cinématographie n. f. Technique, art du cinéma.

cinématographique adj. Du cinématographe, de la cinématographie. *Industrie cinématographique.*

cinémomètre n. m. Appareil servant à mesurer la vitesse.

cinéphile n. Amateur de cinéma.

cinéraire [1] adj. *Urne cinéraire*, qui contient les cendres d'un mort.

cinéraire [2] n. f. BOT. Séneçon ornemental aux feuilles cendrées.

cinérama n. m. (nom déposé) Procédé cinématographique qui juxtaposait sur un même écran trois images issues de trois projecteurs synchrones.

cinétique adj. et n. f. Relatif au mouvement. / *Énergie cinétique*: énergie d'un corps en mouvement. *L'énergie cinétique d'un solide en mouvement de translation est égale à la moitié du produit de sa masse par le carré de sa vitesse.* / *Art cinétique*: forme d'art contemporain fondé sur la recherche du mouvement dans l'œuvre, mouvement qui peut être virtuel, reposant sur l'illusion optique (Vasarely, Soto, Agam, etc.), ou réel, provoqué par des systèmes mécaniques, électriques... (Tinguely, Schöffer, P. Bury, etc.) / n.f. Étude de la vitesse des réactions chimiques.

cingalais, e ou **cinghalais, e** adj. et n. D'un groupe ethnique du Sri Lanka. *Population cingalaise. Un Cingalais.* / n. m. Langue de ce groupe, appartenant à la famille indo-aryenne.

cinglant, e adj. Qui cingle. / Fig. *Une réplique cinglante*, mordante.

cinglé, e adj. et n. Fam. Un peu fou. / Subst. *Un(e) cinglé(e).*

cingler [1] v. t. [1] Frapper (une personne, un animal) avec un objet mince et flexible. *Cingler un esclave avec un fouet.* / Fig. *Une pluie glaciale cinglait son visage.* / TECHN. Tracer une ligne sur (qqch.), avec un cordeau enduit d'une matière colorante. / MÉTALL. Marteler (le fer, l'acier).

cingler [2] v. i. [1] MAR *Cingler vers*: faire voile, naviguer à bonne vitesse vers.

Cingria (Charles Albert) 1883-1954 Écrivain suisse d'expression française, auteur d'écrits qui mêlent le style poétique à l'essai: *Florides helvètes* (1944), *Bois sec, bois vert* (1948), *La Fourmi rouge* (recueil posthume, 1978).

CINÉMA

Le cinéma (alors *cinématographe*) fut inventé en 1895 par Louis Lumière qui l'illustre aussitôt par une vingtaine de courts-métrages: *L'Arroseur arrosé, Le Repas de bébé*. Il connaît avec Georges Méliès son premier réalisateur, qui introduit dans la réalité la fantaisie des truquages (*Le Voyage dans la lune*, 1902). En ce début de siècle, Léon Gaumont pense déjà à conjuguer l'image et le son, le phonographe existant depuis 1878, et à photographier en couleurs. Si ses inventions ne sont pas exploitées, il apporte néanmoins son concours à Charles Pathé, non sans avoir, dans ses propres studios des Buttes-Chaumont, commandité, à partir de 1910, les premiers films policiers de la série des *Fantomas*, réalisés par Louis Feuillade. Quant à Charles Pathé, il est le premier grand producteur à faire du cinéma une industrie. En peu de temps il devient le magnat du cinéma mondial. Non seulement il vend aux Américains deux fois plus de films

Cinéma expressionniste allemand. Affiche de Metropolis, chef-d'œuvre de Fritz Lang.

que ceux-ci n'en produisent, mais il fait du cinéma un trust qui subordonne aux maisons de production le réseau d'exploitation des films auprès du public. Cependant les États-Unis, où Edison revendique (à tort) l'invention du cinéma, connaissent en David Wark Griffith leur pionnier (*Naissance d'une nation*, 1915; *Intolérance*, 1916). L'un de ses assistants, Mack Sennett, crée le cinéma comique; il lance Chaplin, B. Keaton, et bien d'autres. La Première Guerre mondiale renverse la situation du cinéma dans le monde. Le cinéma français est mis en veilleuse tandis que le cinéma américain prend un essor considérable. Hollywood, quartier de Los Angeles où sont implantés les plus grands studios, devient la capitale du cinéma mondial qui, dès la guerre terminée, attirera des réalisateurs étrangers. Ceux-ci afflueront quand le nazisme contraindra à l'exil des artistes allemands, puis autrichiens, puis venus de toute l'Europe.

Illustration pour la pièce de Corneille, **Cinna** ou la Clémence d'Auguste.

Cinna (en latin **Cneius Cornelius Cinna)** ?-89 av. J.-C. Homme politique romain, descendant de Pompée, qui conspira contre Auguste, lequel lui accorda sa clémence. Cet épisode à inspiré à Corneille sa tragédie historique, *Cinna ou la Clémence d'Auguste.*

cinnamome n. m. BOT. Genre d'arbuste aromatique d'Asie (famille des lauracées), tel que le cannelier ou le camphrier.

cinq adj. num. et n. m. inv. Quatre plus un. *Cinq ans.* / Cinquième. *Paragraphe cinq.* Ellip. *Le 5 juin*: le cinquième jour du mois de juin. / n. m. Nombre qui suit le nombre quatre. *Cinq étant un nombre entier naturel, il n'est pas divisible.* / Chiffre qui représente le nombre cinq. *Ce 5 est illisible, on dirait un 3.* / Carte à jouer à cinq marques. *Le cinq de cœur.*

Cinq (groupe des) Réunion de cinq musiciens russes du XIXe siècle : Balakirev, Cui, Moussorgski, Borodine et Rimski-Korsakov. Amateurs venus à la composition, ils s'efforcèrent de donner à la musique une coloration rythmique et mélodique spécifiquement russe.

cinq-à-sept n. m. Fam. Rencontre amoureuse, généralement clandestine, qui prend place dans l'après-midi, à une heure en principe réservée aux activités professionnelles ou familiales.

Cinq-Cents (conseil des) L'une des deux assemblées créées en 1795 par la Constitution de l'an III. Les Cinq-Cents avaient seuls le droit d'initiative en matière de lois. L'assemblée fut dissoute les 18 et 19 brumaire de l'an VIII.

Cinq-Mars (Henri Coiffier de Ruzé, marquis de) 1620-1642 Jeune noble de l'entourage de Louis XIII qui conspira contre Richelieu mais fut démasqué et exécuté le 15 septembre 1642, avec son ami François de Thou. Cet épisode a inspiré un roman à Alfred de Vigny (*Cinq-Mars*, 1826).

cinquantaine n. f. Cinquante unités, environ cinquante unités. *Une cinquantaine de personnes.* / *Avoir la cinquantaine,* l'âge de cinquante ans.

cinquante adj. num. et n. m. inv. Cinq fois dix. *Cinquante ans.* / Cinquantième. *Alinéa cinquante.* / n. m. Le nombre cinquante. *En chiffres romains cinquante s'écrit L.* / Les deux chiffres (5 et 0) qui représentent le nombre cinquante. *Il y a une erreur, ce n'est pas un 50 qu'il faut lire, mais un 30.*

cinquantenaire adj. et n. Qui a cinquante ans. *Ce journal est cinquantenaire.* / n. m. Cinquantième anniversaire. *Le cinquantenaire de la conquête de l'Annapurna par Herzog et Lachenal.*

cinquantième adj. num. ord. et n. Qui occupe le rang désigné par le nombre cinquante. / n. *La cinquantième de sa promotion.* / n. m. Chacune des parties d'un ensemble divisé en cinquante éléments égaux. *Chacun en touchera un cinquantième.*

cinquième adj. num. ord. et n. Qui occupe le rang désigné par le nombre cinq. / n. *Le cinquième à partir du fond.* / n. m. Chacune des parties d'un ensemble divisé en cinq éléments égaux. *Répartition par cinquièmes.* / n. f. Deuxième classe de l'enseignement secondaire (cinquième classe avant la première). *Les élèves de cinquième.*

cinquièmement adv. En cinquième lieu.

Cinto (mont) *2 706 m* Point culminant de la Corse, au nord-ouest de l'île.

cintre n. m. ARCHIT. Courbure intérieure d'un arc ou d'une voûte. / *Arc (en) plein cintre,* dont la courbure est un demi-cercle. / Coffrage en bois ou en métal pour la construction d'une voûte ou d'un arc. / THÉÂTRE (Généralement au plur.) Partie supérieure de la scène, où l'on remonte les décors. / Support de bois ou de métal servant à suspendre les vêtements.

cintrer v. t. [1] ARCHIT. Faire un cintre à (une construction). *Cintrer une galerie.* / TECHN. Courber (qqch.) *Cintrer un tuyau.* / COUT. Galber (un vêtement) par des coutures. *Cintrer une veste.*

Cioran (Emil Michel) 1911-1995 Écrivain français d'origine roumaine et d'expression française. Il a donné pour thème principal à sa réflexion le néant et a fustigé le divertissement (au sens pascalien) : *Précis de décomposition* (1949), *La Tentation d'exister* (1956), *L'Écartèlement* (1979).

Ciotat (La) *30 620 h.* Port de pêche des Bouches-du-Rhône. L'important chantier naval en avait fait un centre industriel actif jusque dans les années 1980.

cipaille ou **cipât** n. m. CUIS. Pâté haut fait de pommes de terre et de plusieurs sortes de viandes coupées en morceaux. *Cipaille au lièvre.* / PÂTIS. Dessert à base de pâte et de fruits.

cipaye ou **sipahi** n. m. (mot persan) HIST. Soldat indien engagé au service des Européens, en Inde. *Révolte des cipayes* : mouvement insurrectionnel de troupes indigènes, dans l'empire des Indes, au XIXe siècle. (Inquiets devant une possible expropriation de leurs terres, des princes indiens prirent prétexte de la distribution aux cipayes de cartouches enduites de graisse de vache, qu'on devait mordre pour les décapsuler ; ce geste était inadmissible pour des hindous. Des régiments de cipayes se révoltèrent au Bengale en 1857, la rébellion s'étendit à l'Inde centrale et à l'Inde du Nord ; le calme ne fut rétabli qu'en 1858).

cippe n. m. ARCHÉOL. Petite colonne jadis utilisée comme borne ou stèle funéraire. *Le cippe n'a ni base ni chapiteau.*

Cipriani (Amilcare) 1844-1918 Révolutionnaire italien, disciple de Mazzini et d'Engels. Il contribua avec Karl Marx à la fondation de la Première Internationale en 1864 et participa à la Commune de Paris en 1871. Souvent proscrit, il réussit toutefois à être élu député mais, refusant de prêter serment à la monarchie, il ne put jamais siéger.

cirage n. m. Produit que l'on étend sur les chaussures pour les nettoyer et les faire briller.

circadien, enne adj. PHYSIOL. Qui fonctionne selon une périodicité de 24 heures. *Rythme circadien.*

circaète n. m. ZOOL. Grand rapace diurne (ordre des falconiformes), se nourrissant principalement de serpents. *Le circaète jean-le-blanc vit dans le centre et le sud de la France.*

Circé MYTH. GR. Magicienne de l'île d'Aea qui conviait les voyageurs à de somptueux festins et les métamorphosait. Elle changea en porcs les compagnons d'Ulysse.

circoncellions n. m. pl. HIST. Ouvriers agricoles berbères qui, au IVe siècle, s'assemblèrent en bandes armées et se révoltèrent contre les propriétaires terriens. *Peu romanisés, les circoncellions se rapprochèrent des donatistes ; la fin du donatisme sonna la fin des circoncellions.*

circoncire v. t. [3] Opérer la circoncision sur.

circoncis adj. m. Qui a subi la circoncision. *Homme circoncis.*

circoncision n. f. Opération consistant à exciser totalement ou partiellement le prépuce. *La circoncision est pratiquée dans le traitement du phimosis, mais elle peut également être rituelle (religions juive et musulmane notam.).* / *La Circoncision de Jésus-Christ* : fête catholique célébrée le 1er janvier.

circonférence n. f. Périmètre d'un cercle dont la longueur est égale à $2\pi R$ (R étant le rayon), π valant approximativement 3,1416. / Pourtour d'un espace plus ou moins arrondi. *La circonférence d'une ville.*

circonflexe adj. *Accent circonflexe* : signe d'accentuation (^) servant, en français, à indiquer une voyelle longue (*pôle*), à noter la chute d'une lettre de l'ancienne orthographe (*dîner* pour *disner*) ou à distinguer des homonymes (*du* et *dû*).

circonlocution n. f. Manière détournée, indirecte d'exprimer sa pensée.

circonscription n. f. Division administrative, électorale, militaire ou religieuse d'un territoire.

circonscrire v. t. [3] Entourer d'une ligne, d'une limite. *Circonscrire un terrain.* / Tenir dans des limites. *L'incendie a été circonscrit.*

circonspect, e adj. Prudent, méfiant. *Une attitude circonspecte.*

circonspection n. f. Retenue et prudence dans ses gestes, ses actes, ses paroles.

circonstance n. f. Fait particulier qui accompagne un événement, une situation. *Les circonstances d'un accident.* / DR. *Circonstances aggravantes* ou *atténuantes*, qui augmentent ou diminuent la culpabilité, et, partant, la peine encourue. / Ce qui caractérise une situation, un moment donnés. *Dans les circonstances actuelles.* / *De circonstance* : adapté à la situation.

circonstancié, e adj. Détaillé. *Un récit circonstancié.*

circonstanciel, elle adj. Lié aux circonstances.

circonvenir v. t. [3] Amener (qqn) à faire, dire ce que l'on souhaite. *Circonvenir un témoin.*

circonvolution n. f. Enroulement autour d'un point ou d'un axe central. / ANAT. *Circonvolutions cérébrales* : saillies sinueuses à la surface du cerveau.

circuit n. m. Itinéraire comportant des détours et ramenant généralement à son point de départ. *Circuit touristique.* / Parcours en boucle fermée, aménagé pour une course automobile. *Le circuit du Mans.* / TECHN. Ensemble de dispositifs assurant l'écoulement d'un fluide. *Circuit de refroidissement.* / ÉLECTR. et ÉLECTRON. Ensemble de conducteurs reliés entre eux. *Couper le circuit.* / *Circuit imprimé,* dont les conducteurs sont constitués d'un dépôt métallique placé sur un support isolant. / *Circuit intégré,* formé d'un ensemble de composants intégrés sur la même plaquette de silicium et interconnectés. / ÉCON. Ensemble des mouvements des biens, des services. *Circuit de distribution.*

Circuits *électroniques.*

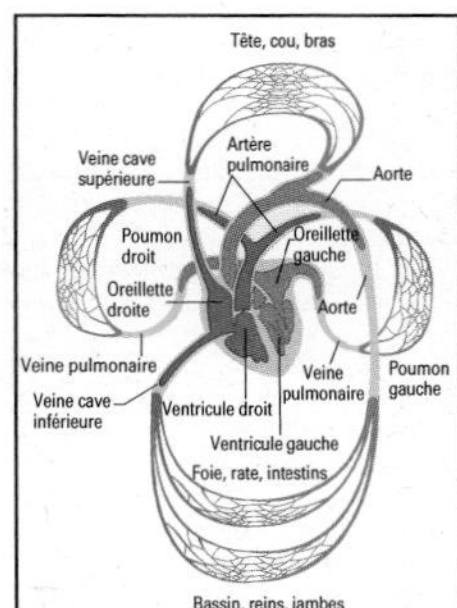

*Schéma de la **circulation** sanguine.*

circulaire adj. et n. f. Qui a la forme d'un cercle ou qui décrit un cercle. *Mouvement circulaire.* / Qui fait revenir à son point de départ. *Billet circulaire.* / MATH. *Fonctions circulaires*: fonctions sinus, cosinus, tangente et cotangente. / n. f. Lettre reproduite à plusieurs exemplaires et destinée à plusieurs personnes. *Circulaire ministérielle.*
circulairement adv. En cercle.
circularité n. f. Caractère de ce qui est circulaire.
circulation n. f. Mouvement continu d'un fluide. *La circulation de l'air.* / *Circulation du sang*: mouvement continu du sang qui part du cœur par les artères et y revient par les veines. / Mouvement des véhicules, des personnes qui se déplacent en utilisant les voies de communication. *Route à grande circulation. Circulation aérienne.* / ÉCON. Transmission des biens, des produits; échanges économiques. *La circulation des capitaux.*
circulatoire adj. PHYSIOL. Relatif à la circulation des liquides organiques. *Appareil circulatoire.*
circuler v. i. [1] Se déplacer dans un circuit. *Le sang circule dans les veines.* / Se déplacer sur des voies de communication. *Les bus circulent dès 7 heures.* / Passer de main en main. *L'argent circule.* / Fig. Être propagé. *La nouvelle d'une prochaine dévaluation circule.*
circumduction n. f. Mouvement circulaire autour d'un axe ou d'un point.
circumlunaire adj. En circulation autour de la Lune.
circumpolaire adj. Qui circule, s'effectue autour d'un pôle. *Rotation circumpolaire.*
circumterrestre adj. Qui s'effectue autour de la Terre; qui entoure la Terre.
cire n. f. Substance jaune et fusible que sécrètent les abeilles et qui leur sert à construire les rayons de leur ruche; (par anal.) cérumen. / Substance végétale analogue à la cire des abeilles. *Arbre à cire.* / Préparation à base de cire utilisée pour l'entretien du bois. / Nom de diverses substances fusibles ou plastiques, à base de cire, de résines. *Cire à cacheter. Cire à modeler.* / Objet fabriqué en cire. *Les cires du musée Grévin.* / ZOOL. Membrane qui recouvre la base du bec de certains oiseaux.
ciré, e adj. et n. m. Enduit de cire, de cirage, d'une préparation imperméabilisante. *Meuble ciré. Soulier ciré. Toile cirée.* / n. m. Vêtement de mer imperméable.
cirer v. t. [1] Enduire de cire, de cirage.
cireur, euse n. Personne qui cire. / n. f. Appareil électrique destiné à cirer les parquets.
cireux, euse adj. Qui a l'aspect, la couleur de la cire. *Un teint cireux.*
cirque n. m. ANTIQ. Enceinte où les Romains organisaient les jeux publics (courses de chars, combats de gladiateurs). / Lieu de spectacle constitué d'une piste circulaire entourée de gradins où se produisent des dompteurs, des acrobates, des clowns, etc. / Par méton. Ensemble des personnes pratiquant des métiers liés au spectacle de cirque. / GÉOL. Dépression circulaire aux parois abruptes; par anal. cratère météoritique à la surface de certains astres.
cirre ou **cirrhe** n. m. ZOOL. Appendice plus ou moins filiforme, portés par certains animaux. / BOT. Filament par lequel certaines plantes grimpantes se fixent à leur support.
cirrhose n. f. MÉD. Affection hépatique caractérisée par une prolifération conjonctive pouvant s'accompagner d'altérations cellulaires. *Les cirrhoses (atrophiques, hypertrophiques, graisseuses, bronzées, etc.) sont causes d'insuffisance hépatique et d'hypertension de la veine porte; elles ont diverses origines, mais, en France, la cirrhose alcoolique est la plus fréquente.*
cirripèdes n. m. pl. ZOOL. Groupe de crustacés marins fixés (anatife, balane), entourés de plaques calcaires, ou parasites (sacculine). *Les appendices de la plupart des cirripèdes, allongés en longs filaments, sont appelés cirres, et permettent la nutrition de ces animaux.*
cirrocumulus n. m. inv. Nuage formé de petits flocons blancs donnant au ciel un aspect moutonné.
cirrostratus n. m. inv. Nuage élevé formant un voile blanchâtre, transparent et allongé.
cirrus n. m. inv. Nuage élevé (entre 6 et 10 km), en forme de bandes parallèles d'un blanc soyeux. Constitué de particules de glace, il annonce l'arrivée du mauvais temps.
cirse n. m. BOT. Genre de composées couramment appelées chardons.
cisaille [1] n. f. (Généralement au plur.) Gros ciseaux servant à couper des métaux, à élaguer des arbres.
cisaille [2] n. f. Rognure de métal tombée après le découpage des flancs, dans la fabrication des monnaies.
cisailler v. t. [1] Couper (qqch.) avec des cisailles.
Cisalpine (Gaule) Nom donné par les Romains à la partie nord de l'Italie (bassin du Pô), peuplée par les Celtes.

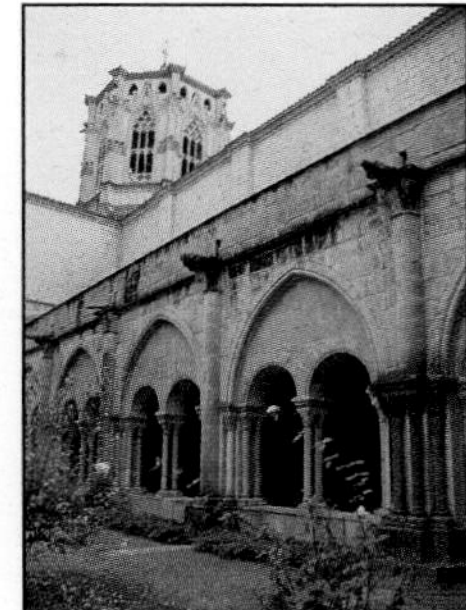

*Monastère **cistercien** de Poblet, en Catalogne, fondé au XIIe siècle.*

***Citadelle** de Minorque, sur l'île de Minorque.*

Cisalpine (république) État créé par Bonaparte en 1797 au nord de l'Italie, à partir duquel fut constitué le royaume d'Italie (1805).
ciseau n. m. Outil métallique tranchant à l'une de ses extrémités, servant au travail du bois, du métal, de la pierre. / *Ciseau d'orfèvre, de menuisier.* / (Au plur.) Instrument formé de deux branches tranchantes (généralement en acier), croisées sur un pivot. / SPORT *Sauter en ciseaux*, en hauteur, en faisant passer les jambes tendues l'une après l'autre.
ciseler v. t. [1] Tailler, travailler finement (une matière) avec un ciseau. *Ciseler du métal.* / Fig. Travailler minutieusement. *Ciseler un texte*, le peaufiner.
ciselure n. f. Ornement exécuté avec un ciseau sur du métal. / L'art d'exécuter de tels ornements.
Cisjordanie *5 600 km² 1 080 000 h.* Région du Proche-Orient située à l'ouest du Jourdain. Annexée par la Jordanie après 1948, la Cisjordanie a été occupée en 1967 par Israël qui y a installé de nombreuses colonies de peuplement. C'est là que, à partir de 1987, s'est développée l'intifida. Depuis 1993, 30 % du territoire jouit d'une autonomie totale ou partielle sous la direction de l'autorité palestinienne.
Cisleithanie ou **Provinces cisleithanes** Dans l'empire austro-hongrois (1867-1918), nom désignant l'Autriche proprement située à l'ouest de la Leitha.
Cisneros (Francisco Jimenez de) 1436-1517 Prélat et homme politique espagnol. Moine franciscain, confesseur d'Isabelle la Catholique, archevêque de Tolède, grand inquisiteur de Castille (1507), régent d'Aragon (1516). Esprit éclairé, il fonde, pour lutter contre l'ignorance du clergé, l'université d'Alcala de Henares (1498) où des savants venus de l'Europe entière (y compris, un moment, Erasme) enseignent le latin, le grec, l'hébreu et les sciences. Il entreprend la conversion des Maures du royaume de Grenade, leur laissant le choix entre le baptême et l'exil, et combat les hérésies avec autorité. Grand inquisiteur, il réagit contre les excès de ses prédécesseurs.
ciste [1] n. m. BOT. Arbrisseau des régions méditerranéennes, aux feuilles odorantes, aux fleurs blanches ou roses.
ciste [2] n. f. ANTIQ. Corbeille qu'on portait dans certaines fêtes solennelles et qui contenait divers objets destinés à la célébration du culte. / ARCHÉOL. Cercueil en pierre de type mégalithique.
cistercien, enne n. Religieux, religieuse de l'ordre de Cîteaux.
cistre n. m. Instrument de musique à cordes pincées, en usage aux XVIe et XVIIe siècles.
cistron n. m. GÉNÉT. Segment d'A.D.N. formant une unité fonctionnelle, porteuse de l'information génétique nécessaire à la synthèse d'une chaîne polypeptidique.
cistude n. f. ZOOL. Petite tortue d'eau douce de l'Europe tempérée.
citadelle n. f. Dans une ville fortifiée, place retranchée où s'organisait la défense.

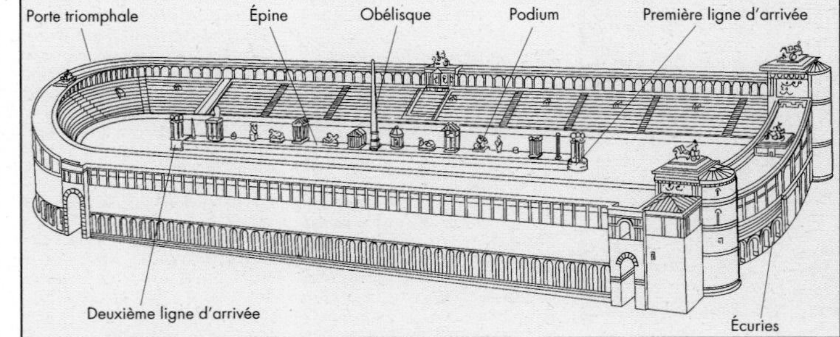

*Schéma d'un **cirque** romain.*

Île de la Cité.

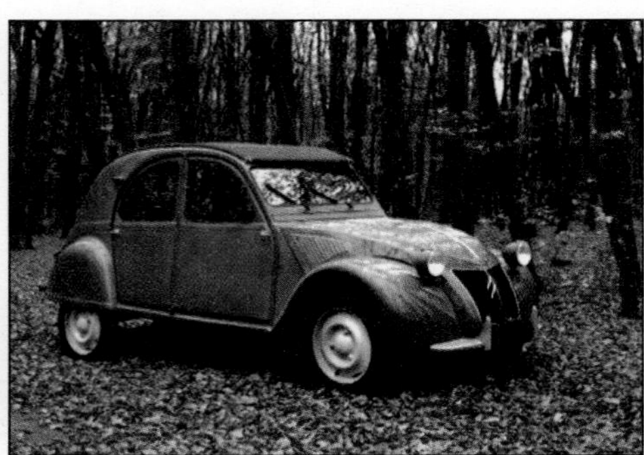
La 2 CV, le modèle automobile le plus populaire des usines ***Citroën.***

citadin, e adj. et n. Qui se rapporte à la ville. / n. Personne vivant en ville.
citation n. f. Phrase, passage tiré d'un texte d'auteur. / DR. Sommation de comparaître devant un tribunal, en qualité de défendeur ou de témoin. / MILIT. Récompense accordée à un militaire ou à une unité qui se sont distingués, et consistant à mentionner leur action à l'ordre du jour. *Citation à l'ordre du régiment.*
cité n. f. Dans l'Antiquité et au Moyen Âge, communauté politique autonome constituée par une ville et ses environs. / *Droit de cité*: droit et privilèges accordés aux membres d'une cité; (par ext.) fait d'être admis. *Avoir droit de cité.* / Ville. *Une grande cité.* / La partie la plus ancienne de certaines villes. *L'île de la Cité.* / Groupe d'habitations formant un ensemble; en particulier, groupe d'immeubles H.L.M. *Cité ouvrière, universitaire.*
Cité (île de la) Île de la Seine, au centre de Paris. Au Moyen Âge, la Cité était le centre de Paris, par opposition à la Ville (rive droite) et à l'Université (rive gauche). Au XVIe siècle, on construisit le Pont Neuf sur sa pointe aval (1578-1606).
Cité des sciences et de l'industrie Centre d'expositions situé au nord du parc de la Villette (35 ha) à Paris (XIXe arr.), aménagé à partir des constructions faisant partie d'abattoirs modernes achevés en 1962 et fermés en 1974. Le Centre, inauguré en 1986, est flanqué d'une Géode, salle de cinéma ayant la forme d'un immense hémisphère.

La ***cithare,*** *instrument de musique fabriqué dès l'antiquité grecque.*

Cîteaux Hameau de la Côte-d'Or où saint Robert de Molesmes fonda en 1098 une abbaye afin de rendre à la vie monastique l'esprit prescrit par la règle de saint Benoît. Sous l'impulsion de saint Bernard, qui devint moine de Cîteaux en 1112 et abbé fondateur de Clairvaux en 1115, le nouvel ordre religieux, désigné désormais sous le nom d'*ordre de Cîteaux* ou *ordre cistercien*, précisa sa spiritualité fondée sur l'exercice de l'humilité et de la charité. Il essaima en France, en Espagne et ailleurs: on comptait en 1300 près de 700 monastères, mais sa décadence débutait. Au XVIIe siècle, l'esprit ancien fut recréé, avec austérité, par Rancé à la Trappe.
cité-dortoir n. f. Agglomération suburbaine vouée essentiellement au logement. Pl. Des *cités-dortoirs.*
cité-jardin n. f. Ensemble d'habitations largement pourvu d'espaces verts. Pl. Des *cités-jardins.*
citer v. t. [1] Assigner en justice. / Reproduire fidèlement (des propos, des écrits). / Désigner, nommer. *Citer ses sources.* / Décerner une citation à (qqn).
citérieur, e adj. GÉOGR. Situé en deçà (du point de vue du locuteur). *Espagne citérieure.*
citerne n. f. Grand réservoir destiné à recueillir les eaux de pluie. / Cuve fermée destinée à contenir un liquide. *Citerne à mazout.*
cithare n. f. HIST. Instrument de musique à cordes pincées tendues entre deux montants en bois. *Proche de la lyre, la cithare était en usage dans la Grèce antique.* / Instrument d'Europe centrale dont les cordes sont tendues sur une caisse de résonance en forme de trapèze.
citharède adj. ANTIQ. GR. Joueur de cithare; chanteur s'accompagnant à la cithare. *Apollon citharède.*
citizen band n. f. (mots anglais) RADIO. Bande de fréquence utilisée pour la radiocommunication de loisir à courte distance. Abrév. *C.B.*
Citizen Kane 1941 Premier film d'Orson Welles. Un magnat de la presse (le personnage est inspiré par Randolph Hearst), Kane (interprété par Orson Welles), meurt. Un journaliste cherche à reconstituer sa vie et à comprendre son dernier mot: « Rosebud ». Décidés et élégants, les mouvements de la caméra et les découpages du temps (flashbacks) ont exercé une grande influence sur de nombreux cinéastes.
citoyen, enne n. Dans l'Antiquité, personne qui jouissait du droit de cité. / Ressortissant d'un État, considéré notam. du point de vue de ses droits civils et politiques. / Sous la Révolution, appellation substituée à « monsieur », « madame ». / *Le Roi-Citoyen*: surnom donné à Louis-Philippe.
citoyenneté n. f. Qualité de citoyen; exercice de cette qualité.
citrate n. m. CHIM. Sel ou ester de l'acide citrique. *Citrate d'argent, de sodium.*
citrin, e adj. Vx De la couleur du citron.
citrique adj. CHIM. *Acide citrique*: acide organique, comprenant trois groupements –COOH, présent dans les fruits acides (agrumes notam.).
Citroën (André) 1878-1935 Ingénieur et industriel français. Il exploita tout d'abord un brevet sur les engrenages à chevrons, puis pendant la Première Guerre mondiale, il édifia une usine d'armement. Il fabriqua ensuite des automobiles populaires (10 CV, 1919, 5 CV, 1922). En 1934, il créa la première voiture française à traction avant, mais son entreprise, en difficulté, fut rachetée par la firme Michelin.
citron n. m. Fruit du citronnier, de couleur jaune pâle et de saveur acide. / Fig., fam. Tête. *Un coup sur le citron.* / adj. inv. De la couleur du citron. *Une jupe citron.*
citronnade n. f. Boisson faite de jus ou de sirop de citron additionné d'eau sucrée.
citronnelle n. f. Nom usuel de diverses plantes à odeur citronnée (mélisse, armoise, verveine). / Liqueur à base de zestes de citron.
citronnier n. m. Arbre poussant notamment dans les régions méditerranéennes, dont le fruit est le citron, dont le bois est utilisé en ébénisterie.
citrouille n. f. Grosse courge de la famille des cucurbitacées aux gros fruits plus ou moins sphériques, à côtes, comestibles, de couleur orangée. / Fig., pop. Tête.
City of London Le quartier des affaires à Londres.
Ciuda Guatemala Voir **Guatemala**
Ciudad Juarez *798 500 h.* Ville du Mexique, sur le rio Bravo, à la frontière des États-Unis.
Çiva Voir **Shiva**
çivaïsme Voir **shivaïsme**
cive n. f. Ciboule.
civelle n. f. Jeune anguille parvenue au stade de développement qui suit celui de larve leptocéphale. *La civelle, transparente, mesure de 6 à 8 cm de long lors de sa remontée des fleuves; mets recherché, elle fait l'objet d'un commerce intense sur les côtes basque et landaise.*
civet n. m. Ragoût de gibier, préparé avec du vin rouge et des oignons. *Un civet de lièvre.*
civette [1] n. f. ZOOL. Mammifère de l'ordre des carnivores, d'aspect plutôt lourd au pelage gris tacheté ou rayé, à griffes partiellement rétractiles. / Substance odorante sécrétée par les glandes anales de cet animal, utilisée en parfumerie. / Fourrure de cet animal.
civette [2] n. f. Ciboulette.
civière n. f. Dispositif muni de brancards permettant de déplacer des blessés.
civil, e adj. et n. m. **I.** adj. Relatif au citoyen, à l'ensemble des citoyens. *État civil. Guerre civile*, entre citoyens d'un même État. / *Droits civils*, dont jouissent tous les citoyens d'un État, par oppos. aux *droits politiques.* / DR. Relatif aux rapports juridiques entre particuliers, par oppos. à *pénal. Droit civil. Juridiction civile.* / Qui n'est ni militaire, ni religieux. *Mariage civil.* / Courtois, poli. *Des propos fort civils.* **II.** n. Personne qui n'est ni un militaire, ni un(e) religieux(euse). *Une civile.* / *En civil*, qui ne porte pas l'uniforme. *Policier en civil.* / *Dans le civil*, dans la vie civile. / DR. Juridiction civile. *Plaider au civil.*
civilement adv. En matière civile; poliment.
civilisation n. f. Ensemble des caractères religieux, moraux, sociaux, politiques, économiques, artistiques et techniques communs à différentes sociétés organisées. *La civilisation gréco-romaine.* / État d'évolution culturelle et matérielle tenu pour élevé, par oppos. à *nature, barbarie.*

Feuilles et fruits du ***citronnier.***

civiliser v. t. [1] Amener (un peuple) à un état de civilisation. / Amener à plus de civilité.
civiliste n. DR. Spécialiste du droit civil.
civilité n. f. Courtoisie, sociabilité. / (Au plur.) *Présenter ses civilités*, ses hommages.
civique adj. Relatif au citoyen, à ses droits, à ses devoirs. / *Éducation civique*, destinée à préparer au rôle de citoyen. / Propre au bon citoyen. *Sens civique*: sens de ses responsabilités de citoyen.
civisme n. m. Sens civique.
Civitavecchia *51 600 h.* Port du Latium, en Italie, sur la mer Tyrrhénienne.
Ci Xi ou **Ts'eu-hi** 1835-1908 Impératrice de Chine. Concubine mandchoue de l'empereur Xianfeng, elle gouverna le pays de 1861 à 1908 avec le titre de régente (de son fils, puis de son neveu). Menacée par les puissances européennes, elle encouragea en vain la révolte des Boxers (1900).
Cixoux (Hélène) 1937 Écrivain français, dont l'œuvre (romans: *Souffles*, 1975; essais: *Entre l'écriture*, 1986; théâtre: *La Ville parjure*, 1994) tente d'élucider la complexité de la différence sexuelle et porte un regard critique sur le monde moderne.
clabauder v. i. [1] VÉNER., CHASSE Aboyer souvent; aboyer hors des voies de la bête. / Fig., fam. Cancaner; bavarder avec malveillance.
clac! interj. Onomatopée imitant un bruit sec et net.
clade n. m. BIOL. Groupe taxonomique comprenant l'ensemble des espèces issues d'une espèce ancestrale. *Les mammifères constituent un clade, contrairement aux poissons.*
cladisme n. m. BIOL. Méthode de classification des êtres vivants fondée sur les relations phylogénétiques et l'identification des groupes monophylétiques, ou clades.
cladistique adj et n. f. BIOL. Relatif au cladisme. / n. f. *La cladistique*: le cladisme.
cladogenèse n. f. BIOL. Processus évolutif dans lequel une espèce mère se divise en deux espèces filles.
Claesz (Pieter) 1597?-1661 Peintre hollandais, l'un des grands maîtres de la nature morte, aux compositions très complexes (*Déjeuner au pot d'étain*).
clafoutis n. m. Flan aux cerises.
claie n. f. Treillis d'osier, à claire-voie servant à faire sécher les fruits. / Clôture à claire-voie.
clair, e adj., n. et adv. **A.** adj. Lumineux, qui répand ou reçoit de la lumière. *Une flamme claire.* / Transparent; pur, dégagé. *Eau claire. Ciel clair.* / (À propos des sons) Distinct, net. *Une voix claire.* / Fig. Facile à comprendre, évident. *Une phrase claire.* **B.** n. m. Lumière. *Le clair de lune.* / (Au plur.) Parties éclairées d'un tableau. *Les noirs et les clairs.* / Fig. *Mettre, tirer au clair*: élucider. / *Message en clair*, non codé. **C.** n. f. Voir *claire*. **D.** adv. Distinctement. *On y voit plus clair.* / Sans ambiguïté. *Parler clair.*

Citrouille.

Clairon.

Clair (René Chomette, dit René) 1898-1981 Cinéaste français. Journaliste, il se tourna vers le cinéma d'avant-garde. Son style original et poétique associe le réalisme et le fantastique: *Sous les toits de Paris* (1930), *Le Million* (1931), *À nous la liberté* (1931, qui inspira à Chaplin *Les Temps modernes*), *Quatorze Juillet* (1933), *Fantôme à vendre* (1938, en Écosse). Il tourne à Hollywood *Ma femme est une sorcière* (1943), *C'est arrivé demain* (1944), puis en France *Le Silence est d'or* (1946), *La Beauté du diable* (1950), *Les Belles de nuit* (1952), *Les Grandes Manœuvres* (1955). Tourné en Roumanie, *Les Fêtes galantes* (1965) est son dernier film.
clairance n. f. MÉD. Volume de plasma sanguin épuré d'une substance déterminée (médicamenteuse, notam.); débit correspondant. *Clairance rénale.*
Clairaut (Alexis) 1713-1765 Mathématicien et astronome français. Auteur d'un traité sur les courbes à double courbure, il mesura en 1737, avec Maupertuis, la longueur d'un degré du méridien terrestre en Laponie. Il calcula le retour de la comète de Halley en appliquant la théorie de l'attraction universelle émise par Newton.
claire n. f. Bassin d'eau de mer peu profond dans lequel on pratique l'affinage des huîtres. / *Fine de claire* ou *claire*: huître ayant séjourné plusieurs semaines en claire, par oppos. aux *spéciales* qui y séjournent plusieurs mois.
Claire (Claire de Offreduccio, sainte**)** 1194-1253 Fondatrice (1212) de l'ordre franciscain des pauvres dames (qui prirent le nom de *clarisses*), elle mourut à Assise après une vie de prières et d'austérité.
clairement adv. De manière claire.
clairette n. f. Vin blanc mousseux du Midi. / Cépage qui produit ce vin.
claire-voie n. f. Clôture ajourée. / ARCHIT. File de fenêtres hautes ouvertes sur la nef des cathédrales gothiques. Pl. Des *claires-voies*.
clairière n. f. Dans une forêt, endroit où les arbres sont rares ou très dispersés.
clair-obscur n. m. Effet de contraste d'ombre et de lumière en peinture. / Lumière douce, tamisée. Pl. Des *clairs-obscurs*.
clairon n. m. Instrument à vent, en usage surtout dans l'armée, pour les sonneries. *En cuivre, sans clés ni pistons, le clairon produit, lorsqu'on souffle à son embouchure, un son clair et perçant.* / Celui qui en joue. *Les clairons du régiment.*
Clairon (Claire Josèphe Léris, dite **Hippolyte,** dite **de La Tude**, dite mademoiselle) 1723-1803 Actrice française, tragédienne, sociétaire de la Comédie française de 1736 à 1755, elle tenta d'alléger la déclamation classique et d'imposer aux costumes une certaine vérité historique.
claironner v. i. / v. t. [1] **A.** v. i. Jouer du clairon. **B.** v. t. Fig. Annoncer (qqch.) à grand bruit. *Claironner ses intentions.*
clairsemé, e adj. Peu serré, peu dense.
Clairvaux Village de l'Aube où Étienne, abbé de Cîteaux, fonda une abbaye dont saint Bernard devint le premier abbé (1115). En 1808, l'abbaye fut transformée en maison de détention.
clairvoyance n. f. Faculté de voir les choses clairement et avec exactitude.
clam n. m. (mot anglais) Mollusque marin bivalve, comestible, proche de la praire.
clamecer ou **clamser** v. i. [1] Arg. Mourir.
clamer v. t. [1] Manifester (une émotion) par des cris. *Clamer sa joie.* / Protester de. *Clamer son innocence.*
clameur n. f. Ensemble de cris confus et tumultueux.
clan n. m. En Écosse ou en Irlande, groupe composé par plusieurs familles apparentées. / ETHNOL. Groupe humain se reconnaissant un ancêtre commun, à l'intérieur d'une ethnie. / Fig. Association très fermée, coterie. *Esprit de clan.*
clandé n. m. Arg. Maison de prostitution; maison de jeux clandestine.
clandestin, e adj. En secret, de manière illégale. *Une réunion clandestine. Un passager clandestin.* / Subst. *Un(e) clandestin(e)*: une personne qui voyage, qui vit dans l'illégalité.
clandestinement adv. De manière clandestine.
clandestinité n. f. État clandestin. *Vivre dans la clandestinité.*
clanique adj. Qui procède du clan, du clanisme. *Structure sociale clanique.*
clanisme n. m. Système d'organisation sociale reposant sur le clan.
clapet n. m. Soupape à charnière dans une pompe, un moteur, etc. / Fig., fam. *Fermer son clapet*: se taire.
Clapeyron (Émile) 1799-1864 Ingénieur français dont les travaux contribuèrent au fondement de la thermodynamique et, de ce fait, au développement de la machine à vapeur.
clapier n. m. Ensemble de petites cases à portes grillagées dans lesquelles on élève des lapins.
clapot n. m. MAR. Succession de petites vagues irrégulières qui ne se constituent pas en houle.
clapoter v. i. [1] Produire un clapot. / Pop. vx Mourir.
clapotis ou **clapotement** n. m. Bruit et mouvement produit par de petites vagues qui s'entrechoquent.
clappement n. m. Bruit sec de la langue brusquement décollée du palais.
Clapperton (Hugh) 1788-1827 Voyageur écossais qui explora le Soudan. Il mourut à Sokoto.
claquage n. m. ÉLECTR. Perforation d'un isolant due à un champ électrique. / MÉD. Rupture ou distension d'un ligament musculaire.
claque [1] n. f. Coup donné du plat de la main. / Fam. *Tête à claques*: personne énervante, antipathique. / Groupe de spectateurs payés pour applaudir au théâtre. / Partie de la tige d'une chaussure qui enserre le pied.
claque [2] n. m. Haut-de-forme que l'on peut aplatir pour le porter sous le bras. / (En appos.) *Chapeau claque.*
claque [3] n. m. Arg. Bordel.
claqué, e adj. Fam. Très fatigué, épuisé.
claquement n. m. Bruit sec et sonore.
claquemurer v. t. [1] Enfermer dans un lieu étroit. / v. pron. *Se claquemurer*: s'enfermer chez soi.
claquer v. i. / v. t. / v. pron. [1] **A.** v. i. Produire un bruit sec et net. *Un coup de feu claque.* / Fig. *Claquer du bec*: avoir faim, ne pas manger à sa faim. / *Claquer des dents*, en signe de froid, de peur, de fièvre. / Fig., fam. Éclater bruyamment. *Le ballon de baudruche lui a claqué dans les mains.* / Par ext. Mourir. *Il a failli claquer.* **B.** v. t. Donner une claque à, gifler (qqn). *Claquer un enfant pour le punir.* / *Claquer une porte*, la fermer bruyamment, à la volée. / Fig. Pop. *Claquer son fric, son argent,* le dépenser sans compter. / Fam. Fatiguer, épuiser. *Claquer son cheval.* **C.** v. pron. *Se claquer un muscle*, lui faire subir un claquage. / Fam. Se fatiguer, s'épuiser. *Se claquer à la tâche.*
claques n. m. pl. Au Canada, snow-boots.
claquette n. f. Instrument formé de deux lames de bois que l'on claque l'une contre l'autre pour donner un signal. / (Au plur.) Style de danse dans laquelle le danseur fait claquer en rythme la pointe et le talon de ses chaussures munies de lames métalliques. *Fred Astaire fut un virtuose des claquettes.*
claquoir n. m. Claquette.
Clarendon (Edward Hyde, comte **de)** 1609-1674 Homme politique et historien anglais, il soutint la monarchie absolutiste des Stuart.
clarification n. f. Opération consistant à rendre limpide un liquide en éliminant les particules en suspension. / Fig. Éclaircissement.
clarifier v. t. [1] Rendre clair, plus clair (ce qui est trouble). *Clarifier un liquide.* / Fig. *Clarifier une situation.*
clarine n. f. Clochette suspendue au cou des animaux d'alpage.
clarinette n. f. Instrument de musique à vent, de la famille des bois, à clés et à anche simple.
clarinettiste n. Joueur de clarinette.
clarisse n. f. Religieuse de l'ordre de sainte Claire d'Assise.
Clarisse Harlowe 1747-1748 Roman épistolaire de l'écrivain anglais Richardson qui a pour sujet l'échec des rapports humains exaspérés par l'incompréhension familiale et la déception sentimentale: Clarisse est séduite par l'inhumain Lovelace; tous deux mourront.
Clark (Mark) 1896-1984 Général américain. Pendant la Seconde Guerre mondiale, il participe à la libération de la Tunisie et à la bataille d'Italie. En 1952-1953, il commande les forces de l'ONU en Corée.

*Danseur de **claquettes**.*

Façade du temple de Quetzalcoátl à Teotihuacan, site qui témoigne d'une des civilisations ***classiques*** *du Mexique.*

Clarke (Kenneth Spearman, dit **Kenny)** 1914-1985 Batteur de jazz américain, de style be-bop.
Clarke (Arthur Charles) 1917 Écrivain britannique de science-fiction. Pour *2001, odyssée de l'espace*, Stanley Kubrick s'est inspiré de sa nouvelle *La Sentinelle.*
clarté n. f. Caractère de ce qui est clair; lumière qui se répand. *La clarté du jour.* / Transparence. *La clarté d'une eau de source.* / Netteté (d'un son). *La clarté de sa voix.* / Fig. Qualité de ce qui est aisément compréhensible. *Clarté d'un style.*
clash n. m. (mot anglais) Fam. Heurt violent, rupture brutale.
classe n. f. Ensemble de personnes de même condition sociale, ayant en commun un mode de vie, une idéologie, etc. *La classe dirigeante. La classe ouvrière.* (Pour les marxistes, la classe se définit par sa place dans le processus de production économique; l'histoire humaine est l'histoire de la lutte des classes, opposant classe opprimante et classe opprimée, c'est-à-dire, en système capitaliste, la bourgeoisie et le prolétariat.) / Ensemble de choses ou de personnes ayant des caractères communs. *Former une classe à part.* / BOT. et ZOOL. Division d'un embranchement du règne animal ou végétal. *La classe est elle-même subdivisée en ordres.* / MATH. *Classe d'équivalence*: partie d'un ensemble formée de tous les éléments liés à un élément donné de cet ensemble par une relation d'équivalence. / GÉOM. *Classe d'une courbe*: ensemble des tangentes qu'on peut mener à cette courbe d'un point quelconque. / Rang attribué à quelque chose ou à quelqu'un selon sa valeur, son importance, etc. *Hôtel de première classe. Soldat de deuxième classe.* / Catégorie de tarif et de confort de certains moyens de transport. *Billet de première classe.* / Qualité, distinction, valeur. *Avoir de la classe.* / Chacun des degrés de l'enseignement primaire et secondaire. *Classe de terminale.* / Ensemble des élèves suivant le même programme. *Ils ne sont pas dans la même classe.* / Enseignement scolaire. *Livres de classe. Faire la classe*: enseigner. / Salle où sont donnés les cours. / MILIT. Ensemble des jeunes gens atteignant la même année l'âge du service national. / *Faire ses classes*: suivre l'instruction militaire.
classement n. m. Action de classer; résultat de cette action. *Classement alphabétique.* / Rang attribué à qqn. *Obtenir un bon classement.*
classer v. t. [1] Ranger, réunir par classes ou dans un ordre donné. *Classer des dossiers.* / Attribuer à (qqn, qqch.) telle classe, telle catégorie, tel rang. (Emploi pron.) *Se classer premier.* / *Classer un monument*, le placer sous la protection de l'État. / *Classer une affaire*, la considérer comme réglée.

Claude Ier.

classeur n. m. Portefeuille, carton, meuble où l'on classe des papiers.
• **classicisme** n. m. Caractère de ce qui est classique. *Le classicisme de ses vêtements.* / Ensemble des caractères propres aux œuvres littéraires et artistiques du XVIIe siècle français, inspirées de l'Antiquité gréco-romaine et obéissant à un idéal esthétique de rigueur et de mesure.
classification n. f. Répartition ordonnée par classes, par catégories. *La science de la classification est la taxinomie.* / *Classification décimale universelle* (C.D.U.): classification bibliographique des connaissances humaines, fondée sur la numérotation décimale.
classique adj. et n. m. **A.** adj. Relatif à l'Antiquité gréco-romaine. *Études classiques. Lettres classiques.* / Relatif au classicisme français. *La règle des trois unités du théâtre classique.* / *Musique classique*, des grands compositeurs de la tradition occidentale, par oppos. à *musique folklorique, variétés, jazz*, etc. / Conforme à la tradition, à l'usage. *Une robe classique.* **B.** n. m. Auteur, œuvre qui fait autorité dans son domaine ou qui appartient à la tradition.
classiquement adv. De manière classique.
clastique adj. GÉOL. Composé de débris provenant de l'érosion. *Roches clastiques.* / PSYCHOPATHOL. *Crise clastique*, pendant laquelle un malade est pris du désir de briser des objets.
Claude Nom de deux empereurs romains. **Claude Ier** (en latin **Tiberius Claudius Nero Drusus**, surnommé **Germanicus** et **Britannicus)** 10 av. J.-C.-54 apr. J.-C. Empereur en 41. Épileptique, bègue, cultivé, mais de caractère faible, il se laissa dominer par ses affranchis et ses épouses Messaline et Agrippine. Il conquit la Bretagne méridionale (îles Britanniques) en 43-47 et fit de la Thrace une province romaine. Excédé par l'inconduite de Messaline, il la fit assassiner et épousa Agrippine qui lui fit adopter Néron et le choisir pour héritier au détriment de Britannicus, son fils d'un premier lit. Il mourut assassiné, probablement par Agrippine. **Claude II le Gothique**

CLASSICISME

Le classicisme impose, outre l'étude de la nature, le respect de règles fondées sur le concept de proportion parfaite issu de la Renaissance. L'art classique se distingue cependant de celui de la Renaissance en ce que, plus tardif, il s'oppose à d'autres tendances apparues entre-temps (baroque, maniérisme). C'est donc en constante référence aux grands maîtres, Vitruve pour l'architecture, Raphaël pour la peinture et Michel-Ange pour la sculpture, que le classicisme, né en Italie, se propagea en Europe. Mais c'est dans le contexte volontiers académique du siècle de Louis XIV qu'il connut en France son apogée. Annoncée dès le XVIe siècle par Lescot (cour carrée du Louvre) et Delorme (Tuileries), l'architecture classique profita du goût de bâtir que possédait la noblesse triomphante.
Ce goût se manifeste en premier lieu à Versailles (Le Vau puis Hardouin-Mansart), et aussi dans la tradition, reprise dans toute l'Europe, des places royales entourées de bâtiments uniformes (Mansart) et décorées d'une statue du souverain. Le géométrisme et la domestication des jardins (Le Nôtre) révèlent les attitudes de l'époque envers la nature, tandis que les monuments, statues et arcs de triomphe témoignent de son amour pour ce qui est grandiose et majestueux. L'académisme est perceptible dans la peinture, où la fraîcheur de l'école de Bologne (les Carrache, le Dominiquin, Albani) céda vite le pas à l'intellectualisme abstrait mais sensuel de Poussin, ou aux rigueurs des études de lumière de Claude Lorrain, pourtant formés en Italie. À l'inverse du mouvement continu que suggère la peinture baroque avec, par exemple, le travail des couleurs d'un Rubens, l'Académie royale, fondée en 1648 et remaniée par Colbert en 1663, cultiva l'opposition des horizontales et des verticales qui fige l'articulation des formes. En faveur à Versailles, le peintre Le Brun exerça une dictature qui s'étendit jusqu'à la sculpture (Girardon, Coysevox, Tubi). Après une éclipse au début du XVIIIe siècle, les lois du classicisme, fondées sur la mesure, la noblesse des proportions et la sobriété du décor, présidèrent au retour à l'antique appelé néoclassicisme. Réagissant contre la mode passagère de la rocaille, l'architecture revint à ses modèles, influencée en outre par les découvertes archéologiques (Pompei). Soufflot avec le Panthéon et Gabriel avec l'École militaire symbolisèrent en France ce mouvement, exporté outre-Atlantique par L'Enfant (construction de Washington) et qui se poursuivit jusqu'au début du XXe siècle. La peinture fut marquée par le talent et la personnalité doctrinaire de David, qui privilégia la « peinture d'histoire » et forma de nombreux élèves, dont Ingres.

Vénus et Anchise *(détail), d'Annibal Carrache (1560-1609). Ce tableau est inspiré des Métamorphoses d'Ovide.*

Paul Claudel.

***Clavecin** du XVIIIe siècle.*

(en latin **Marcus Aurelius Claudius Gothicus)** 214-270 Empereur en 268, il remporta (269) sur les Goths une victoire décisive (ce qui lui valut son surnom de *Gothicus*) et mourut de la peste à Sirmium (aujourd'hui Sremska Mitrovica, en Serbie).
Claude (Georges) 1870-1960 Physicien et chimiste français. Il étudia un procédé de transport de l'acétylène, fit la synthèse de l'ammoniac et réalisa la séparation des gaz rares de l'air.
Claude de France 1499-1524 Reine de France. Fille de Louis XII et d'Anne de Bretagne, elle épousa en 1514 le futur François Ier, qui ainsi obtint la Bretagne (que la reine tenait de sa mère) et put revendiquer le Milanais (sur lequel il estimait avoir des droits, Valentine Visconti, duchesse d'Orléans, étant l'arrière-grand-mère de son épouse).
Claudel (Paul) 1868-1955 Écrivain français. Après avoir reçu d'une lecture de Rimbaud l'illumination poétique, il retrouve la foi un soir de Noël 1886, à Notre-Dame. De ce double engagement poétique et religieux, Claudel tire une œuvre que ses séjours diplomatiques en Orient et en Amérique marquent d'un accent d'universalité. Le verbe claudélien qui emprunte à la Bible l'ampleur du verset et à la poésie symboliste la commutation de l'image, enveloppe dans son souffle ce chant de foi et d'espérance que traversent les déchirements de la passion : *Cinq Grandes Odes* (1900-1908), *Corona benignitatis anni Dei* (1915). Mais c'est au théâtre que la parole claudélienne s'épanouit pleinement, au fil d'un découpage scénique qui présente l'action sous forme de tableaux : *Tête d'or* (1889), *L'Échange* (1901), *Le Partage de midi* (1906), *L'Annonce faite à Marie* (1912), la trilogie *L'Otage, Le Pain dur, Le Père humilié* (écrite pendant la guerre de 1914-1918), *Le Soulier de satin ou le pire n'est pas toujours sûr* (1924). Sa carrière diplomatique le mena aux États-Unis (à deux reprises : en 1893 et en 1927), en Chine, à Prague, à Francfort, à Hambourg, à Rome, à Rio de Janeiro, à Copenhague, au Japon et se termina à Bruxelles (1935). Ses pièces furent surtout montées après cette date. Retiré dans son château de Brangues, en Dauphiné, il consacra les dernières années de sa vie au commentaire inspiré et très personnel de textes bibliques, qui sont plus des poèmes que des travaux exégétiques. **Camille** 1864-1943 Sculpteur français. Sœur du précédent, elle fut la maîtresse de Rodin dont s'inspirent nombre de ses œuvres (*La Valse*, 1893). Ayant perdu la raison, elle fut internée de 1913 à sa mort.
claudication n. f. Fait de claudiquer.
claudiquer v. i. [1] Boiter en marchant. *Le blessé claudiqua jusqu'à son lit.*
Claudius (en latin **Appius Claudius Caecus)** IVe-IIIe s. av. J.-C. Homme politique romain. Censeur (312), consul (307 et 296), il traça vers la Campanie et la Grande Grèce une route qui, ensuite, prit son nom (*voie Appienne*).
Claus (Hugo) 1929 Écrivain belge d'expression néerlandaise. Expressionniste, il a abordé tous les genres. Romans : *Jours de canicule* (1952), *L'Année du Cancer* (1972), *Le Chagrin des Belges* (1985). Théâtre : *Dent pour dent* (1970). Poésie : *Monsieur Sanglier* (1971).
clause n. f. Disposition particulière d'un acte juridique, d'une loi, d'un contrat. / *Clause compromissoire*, par laquelle les parties décident de s'en remettre, en cas de litige, à des arbitres. / *Clause résolutoire*, qui entraîne, en cas de non-exécution, la résolution du contrat. / *Clause de style* : clause commune à des contrats de même nature ; (par ext.) formule conventionnelle, sans importance. / *Clause pénale*, qui stipule le montant de l'indemnité à payer en cas de non-exécution du contrat.
Clausewitz (Karl von) 1780-1831 Général prussien, théoricien militaire et politique. Il participa aux campagnes contre Napoléon et, en 1818, fut placé à la tête de l'Académie de guerre. Son traité *De la guerre* (1831) exerça et exerce encore une influence mondiale.
Clausius (Rudolf) 1822-1888 Physicien allemand. Il est avec Carnot, Thomson et Joule l'un des fondateurs de la thermodynamique. Il a, le premier, énoncé un principe sous forme d'équation (équation de Clausius-Clapeyron) qui relie la variation de température lors d'un changement d'état d'une substance à la variation de la pression extérieure.
claustra n. m. (mot latin) Paroi ajourée clôturant une baie ou formant cloison. Pl. Des *claustras* ou *claustra.*
claustral, ale, aux adj. D'un cloître. *Bâtiment claustral.*
claustration n. f. État de celui, celle qui est enfermé quelque part.
claustrophobe adj. et n. Atteint de claustrophobie.
claustrophobie n. f. Angoisse d'être enfermé dans un lieu clos.
clavaire n. f. BIOL. Champignon basidiomycète, en forme de chou-fleur ou de massue jaune ou orange, généralement comestible.
Clavé (Antoni) 1913 Peintre et sculpteur espagnol, proche de l'abstraction lyrique.
claveau n. m. ARCHIT. Pierre taillée en forme de coin, qui sert à fermer l'arc d'une voûte ou qui est au centre d'une plate-bande ou d'un linteau.
clavecin n. m. Instrument de musique à un ou plusieurs claviers, à cordes pincées, qui a suscité de très abondantes compositions aux XVIIe et XVIIIe siècles, avant d'être supplanté par le piano à la fin du XVIIIe siècle.
claveciniste n. Musicien, musicienne jouant du clavecin.
clavelée n. f. ou **claveau** n. m. Maladie contagieuse du mouton, due à un virus variolique, caractérisée par des éruptions cutanées en forme de clous.
clavette n. f. Cheville ou pièce métallique pour assembler deux pièces.
clavicule n. f. ANAT. Chacun des deux os longs réunissant le sternum à l'omoplate. *Les clavicules forment la partie antérieure de la ceinture scapulaire.*
clavier n. m. Ensemble des touches de certains instruments de musique (orgue, piano…), d'une machine à écrire, d'un ordinateur. / Fig. Étendue du talent artistique.
clayette n. f. Petite claie. / Étagère amovible d'un réfrigérateur.
clayon n. m. Petite claie servant à faire égoutter les fromages, à transporter les pâtisseries.
clayonnage n. m. TRAV. PUBL. Assemblage de pieux et de branches servant à consolider des terres, à retenir l'eau d'un canal.
clé ou **clef** n. f. **I.** Instrument en métal pour ouvrir ou fermer une serrure. / MÉCAN. Outil pour ouvrir et fermer, monter et démonter une pièce. *Clé anglaise, universelle,* dont l'ouverture variable est réglée par une molette. / MUS. Pièce mobile pour boucher et ouvrir les trous de divers instruments à vent. **II.** Fig. Moyen d'obtenir, de résoudre quelque chose. *La clé de la réussite. La clé du problème.* / MUS. Signe placé au début de la portée pour déterminer le nom des notes et leur hauteur dans l'échelle des sons. *Clé de fa, de sol, d'ut.* / ARCHIT. *Clé de voûte* : pierre centrale d'un arc de voûte qui maintient les autres pierres ; au fig., élément essentiel. *La clé de voûte d'un système.* / SPORT Prise immobilisant l'adversaire, à la lutte, au judo. *Clé au bras.*
clearing n. m. (mot anglais) *Accord de clearing* : accord entre deux pays visant à un règlement financier des échanges commerciaux par compensation.
clébard ou **clebs** n. m. Pop. Chien.
clef Voir **clé**
clématite n. f. BOT. Plante grimpante de la famille des renonculacées, dont les fruits forment des aigrettes soyeuses et dont il existe diverses variétés ornementales.
clémence n. f. Disposition clémente (de qqn). *La clémence d'un juge.* / Fig. Douceur. *La clémence du climat.*
clémence (De la) Ier siècle Traité politico-moral de Sénèque. Le dialogue entre le maître et l'élève dénonce implicitement, sous un voile de courtoisie, les penchants cruels de Néron.
Clemenceau (Georges) 1841-1929 Homme politique français. Député du parti radical, énergique et éloquent, il se fait une réputation de « tombeur de ministères ». Ardent polémiste, il combat la politique de Mac-Mahon et de Jules Ferry, contribue à la fondation de la Ligue des droits de l'homme et se fait le défenseur de Dreyfus. Président du conseil de 1906 à 1909, il réprime les grèves avec une sévérité extrême. Il a 76 ans quand le président de la République lui confie le gouvernement en novembre 1917. Son intelligence, son acharnement à galvaniser les troupes et l'opinion, son courage lui valent une forte popularité. Il restaure la confiance de la nation et, en bonne partie grâce à lui, les Alliés sont finalement victorieux, ce qui lui vaut son surnom de « Père la Victoire ». En 1919, son intransigeance produit un traité de paix avec l'Allemagne dont la dureté contribuera à l'avènement du nazisme. En 1920, il fut battu à l'élection présidentielle et se retira.
clément, e adj. Disposé à l'indulgence, au pardon. *Un père clément.* / Fig. Doux. *Une température clémente.*
Clément Nom de quatorze papes et d'un antipape dont **Clément V (Bertrand de Got)** ?-1314 Premier pape d'Avignon. Archevêque de Bordeaux, il est nommé pape en 1305 et transfère le siège pontifical à Avignon. Il est contraint de supprimer l'ordre des Templiers, dont Philippe le Bel convoitait les richesses. **Clément VII (Jules de Médicis)** 1478-1534 Pape en 1523. Allié à François Ier, il forme avec lui (1526) la sainte ligue de Cognac contre Charles Quint. Mais le sac de Rome (1527) le contraint à couronner ce dernier empereur (1530). Son excommunication d'Henri VIII déclenche le schisme anglican. **Clément XI (Gianfranceso Albani)** 1649-1721 Pape en 1700. Il publie, contre les jansénistes, les bulles *Vineam Domini* (1705) et *Unigenitus Dei Filius* (1713).
Clément (Jacques) 1567-1589 Moine (dominicain) français, ligueur fanatique qui assassina Henri III à Saint-Cloud le 1er août 1589.
Clément (Adolphe) 1855-1928 Industriel français. Après avoir conçu de nombreux modèles de bicyclettes, il créa une marque automobile et construisit un dirigeable.

*Le pape **Clément VII**.*

Clément (René) 1913-1996 Cinéaste français. Il abandonne ses études d'architecture pour le cinéma et connaît la célébrité avec *La Bataille du rail* (1946), *Les Maudits* (1946) et *Jeux interdits* (1951). Il réalise ensuite *Monsieur Ripois* (1954), *Gervaise* (1955), *Barrage contre le Pacifique* (1958), *Plein Soleil* (1959), *Paris brûle-t-il ?* (1966), puis donne quelques œuvres mineures.

Clément d'Alexandrie (en latin **Titus Flavius Clemens**) 150?-213? Philosophe et théologien chrétien gnostique. On ne connaît avec précision ni le lieu ni la date de sa naissance ; seul son long séjour à Alexandrie est avéré. Son œuvre (*Le Protreptique*, *Le Pédagogue*, *Les Stromates*, *Les Hypotyposes*) constitue un programme de formation spirituelle qui considère le christianisme comme conduisant à la perfection.

Clementi (Muzio) 1752-1832 Compositeur et pianiste italien. Il composa de nombreux morceaux pour le piano, notamment des sonatines pour débutants, et six symphonies.

clémentine n. f. Variété de petite mandarine à peau fine.

clémentinier n. m. Hybride du mandarinier, obtenu en 1902 par le père Clément, en Algérie, dont le fruit est la clémentine.

clenche n. f. Pièce d'un loquet qui tient la porte fermée.

Cléopâtre VII 69-30 av. J.-C. Reine d'Égypte (51). Épouse de son frère Ptolémée XIII, elle est peu après chassée du trône. Intelligente et ambitieuse, elle exerce son pouvoir de séduction sur César qui, après sa victoire sur Ptolémée, lui confie (46) le gouvernement de l'Égypte. Après la mort de César, elle séduit Antoine et en fait l'instrument de ses rêves de domination. Mais, poursuivi par Octave, Antoine est vaincu à Actium et se suicide dans Alexandrie assiégée (30). Cléopâtre essaie en vain de fléchir le vainqueur et meurt en se faisant mordre par un aspic.

clepsydre n. f. Horloge ancienne, où le temps était mesuré par un écoulement d'eau dans un récipient gradué.

clephte Voir **klephte**

cleptomane ou **kleptomane** n. Personne encline à la cleptomanie.

cleptomanie ou **kleptomanie** n. f. Tendance morbide qui pousse une personne à voler des objets.

Clermont-Ferrand.

Clérambault (Louis Nicolas) 1676-1749 Compositeur et organiste français, auteur de sonates et de cantates.

Clérambault (Gaétan Gatian de) 1872-1934 Psychiatre français. Il poursuivit des études sur les mécanismes de l'intoxication (chloral, éther, cannabis) comme facteur déclenchant du délire. Il est l'auteur de troublantes photographies qui mettent en scène le vêtement traditionnel du Maroc.

clerc n. m. Fidèle engagé dans l'état ecclésiastique, par oppos. à *laïc*. / Personne instruite. *Être grand clerc.* / Employé d'une étude d'officier public ou ministériel. *Clerc de notaire.*

clergé n. m. Ensemble des ecclésiastiques d'une paroisse, d'une ville, d'un pays, d'une Église. *Dans l'Église catholique, on distingue le clergé régulier, observant la règle d'un ordre religieux, et le clergé séculier, qui vit dans le siècle, c'est-à-dire dans le monde.*

Clergue (Lucien) 1934 Photographe français. Né en Arles, il vit et travaille en Provence : photographies de tournage, nus, reportage (et film) sur Picasso, photographies de Camargue (*Corps mémorable*, 1957, avec des poèmes d'Éluard ; *Camargue secrète*, texte de Mario Prassinos, 1976).

clergyman n. m. (mot anglais) Ministre du culte anglican. Pl. Des *clergymen*.

clérical, ale, aux adj. Relatif au clergé, au cléricalisme.

cléricalisme n. m. Opinion de ceux qui défendent l'intervention du clergé dans les affaires publiques.

cléricature n. f. État, condition de clerc.

Clermont-Ferrand *136 181 h.* Chef-lieu de la Région Auvergne et du Puy-de-Dôme, centre industriel (pneumatiques Michelin, constructions aéronautiques) et universitaire. La cathédrale Notre-Dame, commencée en 1248, fut terminée au XIXe siècle par Viollet-le-Duc ; église Notre-Dame-du-Port, de style roman auvergnat ; église romane Saint-Laurent ; chapelle des Cordeliers et chapelle des Dominicains ; musées d'art et d'archéologie.

Clermont-Tonnerre (Anne Antoine de) 1749-1830 Prélat français. Député du clergé aux états généraux de 1789, il devint cardinal en 1822. **Stanislas** (comte **de**) 1757-1792 Homme politique français, député de la noblesse aux états généraux de 1789, de tendance libérale. D'abord acquis aux idées de la Révolution (il se prononça pour l'abolition des privilèges), il s'en effraya et fut assassiné par des émeutiers le 10 août 1792.

Cleveland *510 000 h.* Port des États-Unis, en Ohio, sur le lac Érié. Centre industriel (usines Ford et General Motors).

Cleveland (Stephen Grover) 1837-1908 Avocat et homme politique américain. Membre du parti démocrate, il fut élu à deux reprises président des États-Unis, en 1884 et en 1892.

Clèves (en allemand *Kleve*) *45 700 h* Ville d'Allemagne, en Rhénanie du Nord-Westphalie, qui fut la capitale du duché de Clèves.

clic ! [1] interj. et n. m. Onomatopée imitant un claquement bref. / n. m. Pression du doigt sur le bouton d'une souris d'ordinateur.

clic ou **click [2]** n. m. PHONÉT. Claquement de langue sur le palais représentant une consonne dans certaines langues d'Afrique australe.

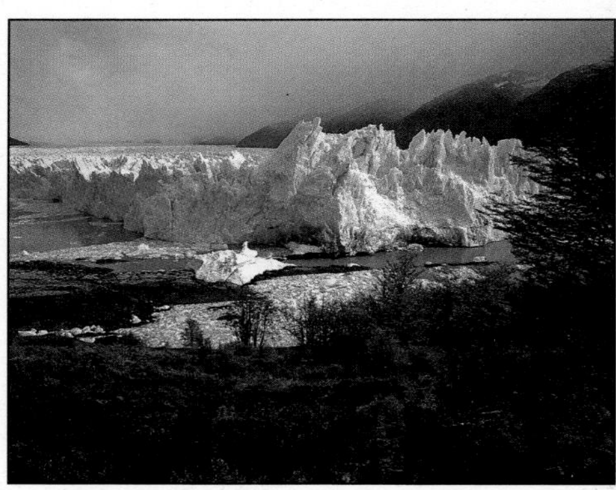

*L'étendue de l'Argentine sur 3 700 km du nord au sud explique la grande diversité des **climats** et des paysages, comme celui du Parc national des Glaciers en Patagonie, dans la province de Santa Cruz.*

clichage n. m. TYPO. Action de clicher.

cliché n. m. TYPO. Plaque métallique portant l'empreinte en relief d'un texte composé ou d'une illustration (ou des deux), et destinée à l'impression typographique. / Négatif d'une image photographique. / Fig. Idée ou image banale.

clicher v. t. [1] TYPO. Couler du métal en fusion dans l'empreinte (d'un texte composé).

clicheur, euse n. TYPO. Celui, celle qui s'occupe du clichage.

Clicquot Famille de facteurs d'orgues français. **Robert** 1645-1719 Facteur d'orgues du roi, il construisit, entre autres instruments, l'orgue de la chapelle du château de Versailles. La dynastie se perpétua jusqu'à la fin du XVIIIe siècle.

client, e n. Personne qui achète un produit ou un service. *Les clients d'un magasin, d'un dentiste.* / ANTIQ. À Rome, plébéien qui recherchait la protection d'un patron patricien.

clientèle n. f. Ensemble des clients. *La clientèle d'un avocat.* / ANTIQ. Ensemble des plébéiens d'un même patron. *La clientèle des patriciens romains.* / Ensemble des partisans d'un parti ou d'un homme politique.

clientélisme n. m. Fait, pour un homme ou un parti politique, de chercher à s'attacher ou à s'élargir sa clientèle par diverses faveurs.

clignement n. m. Action de fermer et d'ouvrir rapidement les paupières.

cligner v. t. [1] *Cligner les yeux*, les fermer à demi, ou les ouvrir et les fermer pour les protéger. / v. t. ind. *Cligner de l'œil* : faire un clin d'œil.

clignotant n. m. Avertisseur lumineux intermittent.

clignoter v. i. [1] Cligner rapidement. *Ses yeux clignotent sous l'effet du soleil.* / Par ext. S'allumer et s'éteindre alternativement. *Une lumière, un feu qui clignote.*

climat n. m. Ensemble des phénomènes météorologiques (température, humidité, pression atmosphérique, vents, précipitations…) propres à une région donnée. / Fig. Milieu, ambiance. *Un climat social tendu.*

climatérique adj. et n. f. **I.** Année climatérique : chacune des années de la vie humaine qui sont des multiples de 7 ou de 9, que l'on considérait comme critiques. / n. f. *La climatérique* : la soixante-troisième (7 x 9) année. **II.** Vx Climatique.

climatique adj. Relatif au climat. *Zone climatique.* / *Station climatique* : lieu réputé pour l'action bienfaisante de son climat sur certaines maladies.

climatisation n. f. Installation permettant de maintenir dans un lieu fermé des conditions déterminées de température, d'humidité, de pureté de l'air.

climatiser v. t. [1] Faire bénéficier d'une climatisation.

climatiseur n. m. Appareil assurant la climatisation.

climatologie n. f. Science et étude des climats.

climatologue n. Spécialiste de climatologie.

climax n. m. Point d'intensité maximale dans une progression. / État idéal d'équilibre atteint par le peuplement végétal naturel d'un lieu, en rapport avec le sol et le climat.

clin (à) loc. adv. MAR. *Barque bordée à clin*, dont les bordages se chevauchent comme des tuiles, des ardoises.

clin d'œil n. m. Mouvement vif de la paupière qui s'abaisse et se relève. Pl. Des *clins d'œil* ou des *clins d'yeux*. / Loc. adv., fig. *En un clin d'œil* : très vite.

clinfoc n. m. Foc léger, gréé à l'extrémité du beaupré.

clinicien, enne adj. et n. Qui pratique la médecine clinique. *Médecin clinicien.* / Subst. *Un(e) clinicien(ne).*

clinique adj. et n. f. **A.** adj. Relatif à l'observation directe du malade. *Médecine clinique. Signes cliniques. Examen clinique.* **B.** n. f. Méthode consistant à faire un diagnostic par l'examen direct du malade. / Enseignement médical dispensé en présence des malades dans un service hospitalier, dit *service de clinique*. / *Chef de clinique* : médecin assurant un enseignement dans un service de clinique. / Établissement de soins privé.

cliniquement adv. didact. Du point de vue clinique.

clinquant n. m. Lamelle brillante rehaussant une broderie. / Fig. Éclat trompeur.

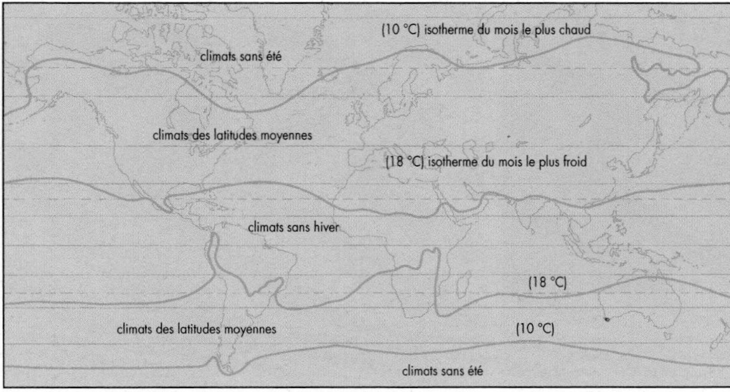

Les cinq grandes zones ***climatiques*** *: une zone tropicale médiane sans hiver, deux zones tempérées et deux zones polaires sans été.*

Clinton (William Jefferson Blythe, devenu **William Jefferson Clinton**, dit **Bill)** 1946 Homme politique américain. Orphelin de père avant même sa naissance, il est adopté par son beau-père, Roger Clinton, et prend son nom. Brillant étudiant, enseignant en droit, il opte pour la politique. Démocrate, il est élu gouverneur (le plus jeune de tout le pays) de l'Arkansas en 1979. Battu en 1980, il retrouve son siège en 1982 et sera réélu jusqu'en 1992, date à laquelle, candidat à la présidence des États-Unis, il l'emporte sur George Bush. Il se consacre surtout à la politique intérieure, faisant adopter diverses mesures d'inspiration libérale : abrogation des mesures anti-avortement les plus restrictives, ouverture aux homosexuels de la carrière militaire dans certaines conditions. Gouvernant sans appui parlementaire (le Congrès est majoritairement républicain), il ne parvient pas à faire voter la réforme du système de santé préparée par son épouse Hilary, et destinée à favoriser l'accès aux soins des Américains les plus pauvres. En 1996, il est réélu, cette fois contre Bob Dole, et présente en 1997 un budget équilibré, ce qui n'avait pas été le cas aux États-Unis depuis trente ans. Ses deux mandats sont jalonnés de divers scandales, financiers ou d'ordre privé (il a entretenu plusieurs liaisons amoureuses) qui empoisonnent l'atmosphère, d'autant que Clinton s'empêtre dans ses mensonges. Ses adversaires politiques en profitent, une enquête-fleuve (elle durera de 1994 à 2000) est menée par les procureurs indépendants Fiske puis Starr, et aboutit, en 1998, à une demande de destitution présentée par le procureur Starr. Le Sénat, érigé en tribunal, refuse (1999) de voter la destitution. En novembre 2000, Hilary Clinton est élue sénateur de New York, tandis que le candidat démocrate à la présidence des États-Unis, le vice-président Al Gore, est battu par George Bush junior, au terme d'un interminable processus électoral : six semaines de confusion séparent le vote de sa proclamation juridiquement définitive. Sur le plan international, les « années Clinton » sont marquées par le rétablissement de Jean-Bertrand Aristide à Haïti, des interventions dans les Balkans et, surtout, par d'inlassables efforts pour aboutir à la paix au Proche-Orient.

Bill Clinton.

Clio MYTH. GR. Muse de l'Histoire et de la Poésie.

clip [1] n. m. (mot anglais) Petit bijou, boucle d'oreille ou broche, qui tient grâce à une pince de métal.

clip [2] ou **vidéoclip** n. m. (mot anglais) Film très court destiné à illustrer une chanson.

clipper n. m. (mot anglais) Navire à voiles, de grande longueur, rapide, utilisé au XIXe siècle pour le transport des marchandises.

Clipperton *1,6 km²* Atoll inhabité de l'océan Pacifique, à 1 300 km au large du Mexique, possession française.

clique n. f. Troupe des musiciens d'un corps militaire. / Fam. Coalition de personnes cherchant à nuire.

cliquer v. i. [1] Actionner la souris d'un micro-ordinateur.

cliques n. f. pl. Fam. *Prendre ses cliques et ses claques* : s'en aller, déguerpir.

cliquet n. m. Pièce mobile qui se place entre les dents d'une roue dentée pour l'empêcher de revenir en arrière.

cliqueter v. i. [1] Produire un cliquetis. *Il entendit la serrure cliqueter.*

cliquetis n. m. Série de bruits secs, légers et sonores. *Le cliquetis de la machine à écrire.*

Clisthène VIe siècle av. J.-C. Archonte athénien. Il contribua à la chute du tyran Hippias en 510 et compléta l'œuvre législative de Solon. Il assura un recrutement démocratique de la *Boulê* et plaça à la tête de l'armée dix stratèges élus. Il institua l'ostracisme.

clitocybe n. m. BIOL. Champignon basidiomycète à chapeau déprimé, parfois comestible (clitocybe odorant, nébuleux, fausse girolle, etc.), mais dont de nombreuses espèces sont toxiques.

clitoridectomie n. f. Ablation chirurgicale du clitoris.

clitoridien, enne adj. Du clitoris.

clitoris n. m. ANAT. Organe érectile de la vulve, situé à la jonction antéro-supérieure des petites lèvres.

clivage n. m. Propriété qu'ont certains minéraux, cristaux et roches de se fracturer selon des plans déterminés, appelés *plans de clivage*. / Action, art de fendre un minéral selon ces plans. *Clivage d'un diamant.* / Fig. Division, séparation. *Le clivage de la société.*

Cloaca maxima Grand canal souterrain construit par Tarquin l'Ancien pour drainer vers le Tibre les eaux s'accumulant dans les marécages du Forum. C'était l'égout principal de la Rome antique.

cloaque n. m. Lieu de dépôt des eaux sales, des ordures. / Fig. Lieu d'une saleté repoussante. / ZOOL. Poche unique dans laquelle débouchent les voies urinaires, intestinales et génitales de certains animaux (oiseaux, reptiles, etc.).

clochard, e n. Personne sans domicile et sans ressources, qui vit en marge de la société dans les grandes villes.

clochardisation n. f. Processus d'appauvrissement et de marginalisation pouvant mener à l'état de clochard.

cloche n. f. Instrument de métal en forme de vase renversé, dont on fait vibrer les parois au moyen d'un battant. / CUIS. Couvercle bombé pour préserver des mets ou les maintenir au chaud. *Cloche à fromage.* / HORTIC. Coupe de verre renversée sur certaines plantes pour en favoriser la maturation. *Cloche à melon.* / CHIM. Récipient en verre pour contenir des gaz, ou isoler un corps d'un milieu gazeux. / TRAV. PUBL. *Cloche à plongeur* : cabine qui permettait de faire des travaux sous l'eau. / MATH. *Courbe en cloche* : représentation graphique d'une distribution statistique courante.

cloche-pied (à) loc. adv. Sur un seul pied. *Marcher à cloche-pied.*

clocher [1] n. m. Tour d'une église où sont placées les cloches. / Fig. Localité où l'on vit, groupe social dont on fait partie. *Esprit de clocher*, attaché aux privilèges de la catégorie sociale à laquelle on appartient ou au particularisme du village où l'on vit.

clocher [2] v. i. [1] Vx Boiter. / Fig., fam. Être défectueux, aller mal. *Il y a quelque chose qui cloche dans cette histoire.*

clocheton n. m. Ornement en forme de petit clocher disposé sur les contreforts d'une église, à la base des flèches ou aux angles d'un édifice.

clochette n. f. Petite cloche. / Fleur ou corolle en forme de petite cloche.

Clodion (Claude Michel, dit**)** 1738-1814 Sculpteur français. Auteur de terres cuites aux figures un peu lascives.

Clodius (Publius) 93-52 av. J.-C. Homme politique romain au service de César. Issu de la *gens* Claudia, il se fit adopter par une famille plébéienne et fut élu tribun de la plèbe ; il put ainsi obtenir qu'on bannisse Cicéron (58). La faction aristocratique s'en débarrassa en le faisant assassiner par Milon. Lors du procès de ce dernier, sa défense donna lieu à l'une des plus célèbres plaidoiries de Cicéron, le *Pro Milone*.

clodo n. Pop. Clochard.

Clodomir v. 495-524 Deuxième fils de Clovis et de Clotilde, roi d'Orléans (511). Allié à ses frères contre les Burgondes, il s'empara de leur roi, Sigismond, et le mit à mort. Mais Gondebaud, frère de Sigismond, reprit la lutte, vainquit Clodomir et le tua à la bataille de Vézeronce (Isère). Deux de ses fils, Gontaire et Théobald, furent assassinés par leurs oncles Childebert et Clotaire, tandis que le plus jeune, Clodoald (saint Cloud), parvenait à s'enfuir.

cloison n. f. Paroi mince qui sépare deux pièces dans une construction. / Fig. Séparation nette. / ANAT. Séparation à l'intérieur de certains organes (cœur, nez, etc.). / BOT. Membrane intérieure des fruits. / MAR. *Cloisons étanches* : cloisons métalliques séparant et rendant étanches les différents compartiments d'un navire.

cloisonné, e adj. et n. m. Séparé par des cloisons. / BX-ARTS *Émail cloisonné*, dont les motifs sont séparés par de minces lamelles métalliques. / n. m. Émail cloisonné.

cloisonnement n. m. Action de cloisonner ; résultat de cette action. / Séparation par des cloisons.

cloisonner v. t. [1] Séparer (un espace) par des cloisons.

***Clocher** à peigne.*

C

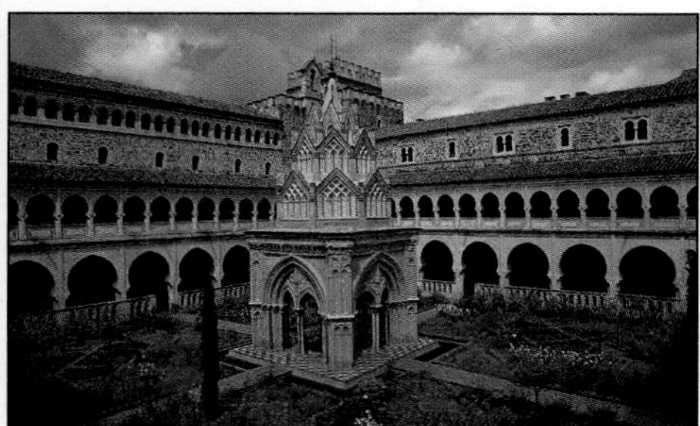

Cloître du monastère de Guadalupe, dans l'Estrémadure espagnole.

cloisonnisme n. m. BX-ARTS Technique et esthétique picturales fondées sur l'utilisation de formes simplifiées et cernées d'un trait souvent épais, et d'aplats de couleurs vives. *Le cloisonnisme est né des travaux d'Émile Bernard et de Paul Gauguin à Pont-Aven ; il a fortement influencé les nabis et, dans une certaine mesure, les peintres symbolistes.*

cloître n. m. Partie d'un monastère, d'une cathédrale, d'une collégiale, formée de galeries ou de portiques ouverts et encadrant une cour ou un jardin. / Partie close d'un monastère ou d'un couvent, interdite aux laïcs. / Le couvent ou le monastère lui-même.

cloîtré, e adj. RELIG. Qui vit dans un cloître, sous le régime de la clôture. *Religieuse cloîtrée. Monastère cloîtré.*

cloîtrer v. t. / v. pron. [1] RELIG. Soumettre à la règle de la clôture. / Cour. *Se cloîtrer* : mener une vie retirée. *Se cloîtrer chez soi, s'y enfermer.*

clonage n. m. BIOL. Technique de culture des tissus permettant d'obtenir, à partir d'une cellule unique, une lignée de cellules identiques.

clone n. m. BIOL. Ensemble d'organismes vivants (ou de cellules) descendant d'un individu (ou d'une cellule) unique par reproduction asexuée (multiplication végétative, par ex.) et possédant les mêmes caractères génétiques. / INFORM. Ordinateur dont le matériel et les logiciels sont entièrement compatibles avec un autre modèle choisi comme référence.

cloner v. t. [1] Procéder au clonage de.

clopin-clopant loc. adv. En clopinant.

clopiner v. i. [1] Marcher en boitant ; marcher lentement, avec difficulté. *Les rescapés clopinaient le long des routes.*

clopinettes n. f. pl. Pop. *Des clopinettes* : rien, des riens. *Vous n'aurez que des clopinettes !*

cloporte n. m. ZOOL. Crustacé isopode terrestre, de 1 ou 2 cm de long, qui vit dissimulé dans des lieux relativement humides (sous les pierres, par ex.).

cloque n. f. Ampoule apparaissant sur la peau à la suite d'un frottement, d'une brûlure, d'une piqûre, etc. / BOT. Maladie des feuilles du pêcher qui se roulent et jaunissent sous l'action d'un champignon.

clore v. t. [3] Fermer (qqch.). / Fig. Arrêter, finir. *Clore les débats.*

clos, e adj. et n. m. Fermé. *Avoir les yeux clos. Trouver porte close.* / *Maison close* : maison de prostitution. / Fig. *À la nuit close* : à la nuit tombée. / n. m. Terrain cultivé (en particulier vignoble), entouré de murs ou de haies.

Clos-Vougeot Vignoble de Bourgogne, dans la côte de Nuits.

close-combat n. m. (mot anglais) MILIT. Technique de combat rapproché.

Clotaire Ier 497-561 Roi des Francs. Fils de Clovis, il hérita du royaume de Neustrie en 511 et resta seul roi des Francs en 558. Il tenta en vain d'annexer l'Armorique. **Clotaire II** 584-628 Roi de Neustrie. D'abord sous la tutelle de sa mère Frédégonde, il conquit l'Austrasie et devint seul roi des Francs. Il fit assassiner Brunehaut (613). **Clotaire III** 652-673 Roi de Neustrie et de Bourgogne (657). Il régna sous la tutelle d'Ébroïn. **Clotaire IV** ?-719 Roi d'Austrasie en 717, Charles Martel l'opposa à Chilpéric II.

Clotho MYTH. GR. La plus jeune des trois Parques (après Atropos et Lachésis) qui filaient la vie des mortels. Clotho, la quenouille en main, veillait aux naissances.

Clotilde (sainte) v. 475-545 Reine des Francs. Princesse burgonde, catholique, elle épousa Clovis (493) et le convertit à sa foi, lui assurant ainsi l'appui de l'Église de Rome, ce qui lui donna un avantage décisif dans la lutte qu'il mena contre les royaumes européens dirigés par des souverains ariens.

Clotilde (sainte) v. 475-545 Reine des Francs. Princesse burgonde, catholique, elle épousa Clovis (493) et le convertit à sa foi.

clôture n. f. Action de clore. (Au fig.) *La clôture d'une session parlementaire.* / Enceinte qui délimite et ferme un espace. / RELIG. Enceinte d'un couvent cloîtré. (Par ext.) Obligation faite aux religieux des ordres cloîtrés de ne pas quitter le couvent. *Vœu de clôture.*

Clos-Vougeot.

clôturer v. t. [1] Entourer d'une clôture. / Fig. Mettre fin à. *Clôturer une séance, un compte.*

clou n. m. Pointe de métal généralement munie d'une tête, que l'on enfonce pour fixer qqch. *Planter un clou.* / *Les clous* : passage protégé pour piétons, autrefois matérialisé par des rangées de gros clous. / Fam. Furoncle. / Fam. *Un vieux clou* : un objet usagé. / Fam. Mont-de-piété. / Pop., vieilli Salle de police, prison. / Fig. *Le clou d'un spectacle, d'une exposition* : l'attraction principale. / BOT. *Clou de girofle* : bouton du giroflier utilisé pour assaisonner les mets.

Cloud (saint) ?-560 Petit-fils de Clovis, il se retira, après avoir échappé à ses oncles qui avaient assassiné ses frères, dans un ermitage près de Paris (Novigentum, aujourd'hui Saint-Cloud).

clouer v. t. [1] Fixer, fermer (qqch.) en y enfonçant un clou.

Clouet (Jean, dit Janet) 1485 ?-1541 Peintre français d'origine flamande. Peintre du roi, il est l'auteur de plusieurs portraits de François Ier. **François**, dit également **Janet** 1515 ?-1572 Fils du précédent. Il succéda à son père comme peintre du roi. Le style de leurs nombreux crayons, portraits de Louis de Béranger, de Marguerite de Valois, vivants à force de précision, rend cependant difficile une attribution certaine à l'un ou à l'autre des Clouet qui, en outre, ont eu de nombreux imitateurs. On attribue cependant à François le portrait peint d'Élisabeth d'Autriche, ainsi que celui de l'apothicaire Quthe.

clouté, e adj. Garni de clous. / Vieilli *Passage clouté* : passage pour piétons matérialisé sur la chaussée et qui était, autrefois, délimité par deux rangées de grosses têtes de clous.

clouter v. t. [1] Garnir de clous.

clouterie n. f. Fabrique, usine ou commerce de clous.

Clouzot (Henri-Georges) 1907-1977 Cinéaste français, auteur de films caractérisés par la violence des situations et des personnages : *Le Corbeau* (1943), *Manon* (1948), *Le Salaire de la peur* (1953), *Les Diaboliques* (1954), *La Vérité* (1960), et d'un documentaire exceptionnel, *Le Mystère Picasso* (1956).

Clovis Ier 466 ?-511 Roi des Francs. Fils de Childéric, il règne à partir de 481. Il bat le Romain Syagrius à Soissons (486), les Alamans à Tolbiac (496) et soumet Gondebaud, roi des Burgondes. Vainqueur d'Alaric II, roi des Wisigoths, à Vouillé (507), il s'empare de ses territoires et annexe ensuite le royaume des Francs Ripuaires. Époux en 493 de Clotilde, princesse burgonde catholique, baptisé non pas en 496, comme le veut la tradition, mais, plus probablement, en 498, par Rémi, évêque de Reims, il est le premier roi barbare catholique (les autres souverains barbares chrétiens étaient ariens). Défenseur et protecteur du catholicisme, il fonde à Paris une abbaye devenue plus tard l'abbaye Sainte-Geneviève et réunit en 511 le concile d'Orléans. Son royaume fut partagé entre ses quatre fils, Thierry Ier, Childebert Ier, Clodomir et Clotaire Ier. **Clovis II** ?-657 Roi de Neustrie et de Bourgogne (639), roi d'Austrasie (656). **Clovis III** ?-695 Roi d'Austrasie en 691.

clovisse n. f. Mollusque bivalve comestible, appelé aussi *palourde*.

clown n. m. (mot anglais) Artiste comique de cirque, grimé et accoutré de façon grotesque. / Fig. Farceur, pitre. Syn. auguste.

Le baptême de **Clovis Ier**.

clownerie n. f. Comportement de clown.

clownesque adj. Du clown ; digne d'un clown. *Rire clownesque.*

club [1] n. m. (mot anglais) Association de personnes ayant des activités ou des intérêts communs. *Club sportif. Club d'investissement.* / HIST. Au XVIIIe siècle, société philosophique ou politique. *Club des Jacobins, des Feuillants.*

club [2] n. m. (mot anglais) Canne de golf.

clunisien, enne adj. HIST., BX-ARTS De l'ordre monastique de Cluny ; de l'architecture que cet ordre contribua à répandre. *La règle clunisienne. Une église clunisienne.*

Cluny *4 430 h.* Ville du département de Saône-et-Loire, dans le Mâconnais. L'origine de Cluny remonte au Xe siècle, époque de la fondation de l'abbaye bénédictine. Un bras du second transept de l'église est le seul reste de cette abbatiale qui fut au Moyen Âge la plus grande église de la chrétienté.

Cluny (hôtel et musée de) Résidence parisienne des abbés de Cluny, construite au XVe siècle. Elle abrite un musée d'objets d'art du Moyen Âge qui a pour origine les collections rassemblées au XIXe siècle par Du Sommerard (*tapisserie de la Dame à la Licorne*). Un jardin attenant abrite les ruines de thermes gallo-romains.

clupéidés n. m. pl. ZOOL. Famille de poissons de l'ordre des téléostéens, au corps fuselé et aux reflets argentés, qui forment des vastes bancs, tels que le hareng et la sardine.

cluse n. f. Vallée étroite traversant un anticlinal, typique du relief jurassien.

clystère n. m. Vx. Lavement.

Clytemnestre MYTH. GR. Fille du roi de Sparte, Tyndare, et sœur d'Hélène. Elle épousa Agamemnon, roi de Mycènes et chef

L'abbaye de **Cluny**.

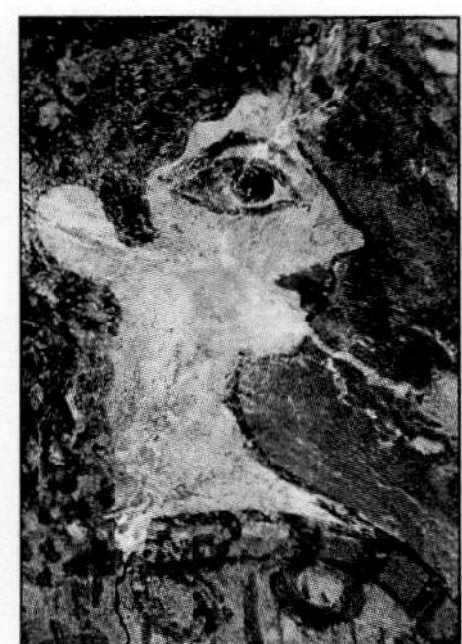

Peinture trouvée dans le palais de **Cnossos**, et baptisée La Parisienne.

de l'expédition contre Troie, qui dut sacrifier leur fille Iphigénie pour obtenir des dieux les vents indispensables au départ de la flotte grecque. Clytemnestre, qui ne lui pardonna pas cette lâcheté, complota son assassinat. À son retour à Mycènes, Agamemnon fut tué par Égisthe, amant de Clytemnestre. Plus tard, Oreste, poussé par sa sœur Électre, vengea son père en tuant Clytemnestre et Égisthe.

CNAC Georges-Pompidou Acronyme pour *Centre national d'art et de culture Georges-Pompidou*, couramment nommé Centre Pompidou. (Voir **Pompidou** [centre].)

CNES ou **Cnes** Acronyme pour *Centre national d'études spatiales*, établissement public créé en France en 1961.

cnidaires n. m. pl. ZOOL. Embranchement d'animaux invertébrés aquatiques, surtout marins, au corps en forme de sac, munis de cellules urticantes, tels que les anémones de mer, les coraux, les hydres. *Il existe deux formes de cnidaires, qui en général se succèdent au cours du cycle de vie de chaque espèce, les polypes (asexués et fixés) et les méduses (porteuses de gonades et mobiles); de nombreux cnidaires sont coloniaux.*

Cnide Ville ancienne d'Asie Mineure, proche de Milet. L'*Aphrodite* de Praxitèle constituait le joyau de son temple. Au Ve siècle av. J.-C., Cnide eut une célèbre école de médecine.

Cnossos Ville de la Crète antique, située à quelques kilomètres du port d'Héraclion. Sur son emplacement s'élèvent les ruines du palais de Minos (2200 av. J.-C.).

C.N.R.S. Sigle de *Centre national de la recherche scientifique*.

coach n. m. (mot anglais) Vx. Voiture automobile à deux portes et quatre places. Syn. coupé. / Entraîneur d'une équipe, d'un sportif. Pl. Des *coachs* ou des *coaches*.

coadjuteur n. m. RELIG. CATHOL. Prélat qui est nommé auprès d'un évêque pour le seconder dans ses fonctions et qui est généralement appelé à lui succéder.

coagulant, e adj. et n. m. Qui coagule.

coagulation n. f. Solidification d'une substance organique liquide en une masse plus ou moins ferme. *Coagulation du sang, du lait.*

coaguler v. t. / v. i. [1] Provoquer la coagulation de. / v. i. et pron. Entrer en coagulation.

coalescence n. f. BIOL. Soudure de deux surfaces tissulaires en contact. / CHIM. Réunion en éléments plus volumineux des granules d'une suspension colloïdale ou des gouttelettes d'une émulsion. LING. Fusion de deux éléments phoniques en un seul. / Fig. Réunion, fusion d'éléments de même nature.

coalisé, e adj. et n. Ligué par une coalition. *Nations coalisées.* / Subst. *Les coalisés.*

coaliser v. t. [1] Réunir en coalition.

coalition n. f. Entente militaire entre divers pays contre un adversaire commun. *La France affronta entre 1793 et 1815 sept coalitions qui réunissaient le plus souvent l'Angleterre, l'Autriche et la Russie, puissances qui vainquirent Napoléon Ier en 1814 et 1815.* / Association entre des personnes ou des partis politiques pour la défense d'intérêts communs, en vue d'une action commune. *Une coalition patronale, électorale. Un gouvernement de coalition.*

coassement n. m. Cri de la grenouille et du crapaud.

coasser v. i. [1] Pousser un coassement.

Coast Range Système montagneux bordant la côte Pacifique de l'Amérique du Nord, depuis la Colombie-Britannique (Canada) jusqu'à la Californie.

coati n. m. ZOOL. Mammifère carnivore d'Amérique tropicale, au museau pointu, au corps allongé, à longue queue annelée.

coauteur n. m. Auteur qui travaille avec un ou plusieurs autres à un même ouvrage. / DR. Personne qui accomplit avec d'autres l'acte constitutif d'un crime ou d'un délit (à la différence du complice).

coaxial, e, aux adj. Qui a le même axe qu'un autre objet. / *Câble coaxial*, formé de deux conducteurs concentriques séparés par un isolant.

COB Acronyme pour *Commission des opérations de Bourse*, créée en 1967 pour vérifier, notamment, la validité des opérations, dénoncer les délits d'initié, informer les actionnaires, etc.

cobalamine n. f. BIOCHIM., MÉD. Vitamine B_{12}, qui intervient dans la formation des globules rouges et dont la carence peut provoquer une forme d'anémie.

cobalt n. m. Métal blanc gris (symbole Co), de numéro atomique Z=27, de masse atomique 58,93, de masse 8,9. *Le cobalt est utilisé pour la fabrication d'alliages durs ou résistants à la corrosion, et d'aimants permanents; par irradiation dans un réacteur nucléaire, il se transforme en un isotope radioactif utilisé en radiothérapie.*

cobaye n. m. Petit mammifère rongeur au corps ramassé, originaire d'Amérique du Sud. Syn. cochon d'inde. *Les cobayes servent souvent aux expériences de laboratoire.* / Fig. Sujet d'expérience.

Coblence *109 600 h.* Port fluvial d'Allemagne, situé dans le Land de Rhénanie-Palatinat, au confluent de la Moselle et du Rhin. Lieu d'exil des aristocrates français (les *émigrés*) sous la Révolution.

cobol n. m. (sigle de l'anglais *Common Business Oriented Language*) INFORM. Langage de programmation évolué, utilisé pour les programmes de gestion.

cobra n. m. ZOOL. Serpent venimeux long de plusieurs mètres, capable de dilater son cou. *Une espèce de cobra est dite naja, ou serpent à lunettes, en raison du dessin qui orne son cou lorsqu'il le dilate pour impressionner son adversaire. Le cobra royal, très venimeux, peut atteindre plus de 5 m de long.*

Cobra Acronyme pour *Co{penhague}, Br{uxelles}, A{msterdam}*, désignant un mouvement artistique créé en 1948 qui réunissait jusqu'en 1951 des artistes, essentiellement des peintres danois (comme Jorn), belges (Alechinsky) et néerlandais (Appel) de tendance expressionniste. Parmi les écrivains, citons le Belge Hugo Claus.

coca n. m. BOT. Arbuste des Andes (Pérou, Bolivie), dont les feuilles renferment plusieurs alcaloïdes, en particulier la cocaïne.

coca-cola n. m. (marque déposée). Boisson gazeuse à base de noix de cola et de succédané de coca.

cocagne n. f. *Pays de cocagne*: lieu rêvé où l'on trouve en abondance tout ce que l'on peut désirer. / *Mât de cocagne*: dans les fêtes publiques, mât glissant en haut duquel on peut décrocher des prix.

cocaïne n. f. Alcaloïde extrait des feuilles de coca, utilisé en médecine pour ses propriétés analgésiques et anesthésiques. *La cocaïne est aussi un stupéfiant qui peut entraîner une toxicomanie.*

cocaïnomane n. Toxicomane à la cocaïne.

cocarde n. f. Insigne rond que l'on portait à la coiffure. / Insigne aux couleurs nationales. *Voiture officielle portant la cocarde tricolore.*

cocardier, ère adj. Péjor. D'un nationalisme chauvin, agressif. *Avoir l'esprit cocardier.*

cocasse adj. Étrange et risible. *Une aventure cocasse.*

cocasserie n. f. Caractéristique de ce qui est cocasse.

coccidie n. f. BIOL. Protozoaire vivant en parasite dans l'épithélium de nombreux animaux.

coccidiose n. f. Affection provoquée par le parasitisme des coccidies, notam. dans le foie des ruminants, des lapins, des porcs.

coccinelle n. f. ZOOL. Petit coléoptère à élytres vivement colorés (jaunes, rouges ou orange), souvent ponctuées de noir, communément appelé *bête à bon Dieu*.

coccyx n. m. ANAT. Pièce osseuse triangulaire, située à la partie terminale de la colonne vertébrale, qui est formée de quatre à six vertèbres soudées.

coche [1] n. m. Anc. Voiture attelée qui servait au transport de voyageurs. / MAR. *Coche d'eau*: chaland, transportant des voyageurs, que l'on tirait avec des chevaux sur les rivières.

coche [2] n. f. Vx Entaille faite dans un corps solide (bois) pour servir de repère. / Par ext. Marque, signe. *Une coche au crayon.*

cochenille n. f. ZOOL. Insecte homoptère de petite taille, parasite des plantes, sur lesquelles elle se présente souvent sous un petit bouclier cireux. *Une espèce de cochenille fournit un colorant, le carmin.*

cocher [1] n. m. Conducteur d'une voiture tirée par des chevaux. *Cocher de fiacre.*

cocher [2] v. t. [1] Marquer d'une coche, d'un repère. *Cocher une case.*

Cocher (le) Constellation boréale (voir **constellation**).

côcher v. t. [1] En parlant des oiseaux, couvrir la femelle.

cochère adj. f. *Porte cochère*: large porte permettant le passage des voitures dans la cour intérieure d'un immeuble, d'une maison.

cochevis n. m. ZOOL. Grosse alouette huppée, vivant dans les milieux ouverts secs, voire arides: dunes, collines pierreuses, champs maigres, vignobles.

Cochin (Charles-Nicolas, dit le **Père** ou le **Vieux)** 1688-1757 Dessinateur et graveur français. Il a laissé de nombreuses planches gravées d'après des peintres du temps. **Charles-Nicolas**, dit le **Jeune** 1715-1790 Dessinateur et graveur français, fils du précédent. Il est l'auteur de dessins et d'estampes qui ont pour sujet les fastes de la cour. Comme conseiller du directeur général des Bâtiments du Roi, il a influencé le goût du milieu du XVIIIe siècle en prônant le retour à l'antique.

C

Cochinchine Nom donné, pendant la colonisation française, à une région du Viet-nam du Sud, à l'est du Cambodge, bordée par la mer de Chine méridionale et dominée par des plateaux. Elle comprend de grandes plaines littorales: basse plaine et delta du Mékong, plaine des Joncs, péninsule de Ca Mau. Le riz constitue la culture essentielle de consommation et d'exportation. Colonie française en 1867, la Cochinchine fut rattachée à l'Union indochinoise, formée en 1887.

cochlée n. f. ANAT. Partie de l'oreille interne enroulée en spirale et renfermant l'organe auditif. Syn. limaçon.

cochon [1] n. m. Porc domestique élevé pour sa viande; cette viande. *Engraisser un, des cochons.* / loc. fam. *Tête de cochon*: mauvais caractère. / Fig. Personne sale. / Personne inconvenante, libidineuse. / *Cochon d'Inde*: cobaye. / *Cochon de mer*: marsouin.

cochon, onne [2] adj. Licencieux. *Des gravures cochonnes.* / Libidineux. *Un regard cochon.*

cochonnaille n. f. Fam. Charcuterie. *Aimer la cochonnaille.*

cochonner v. t. [1] Fam. Salir; exécuter sans soin. *Il a cochonné le vestibule avec ses chaussures boueuses. Tu as cochonné cette dissertation.*

cochonnerie n. f. Saleté, souillure digne d'un cochon. / Par ext. Parole, geste digne d'une personne inconvenante, libidineuse. *Dire des cochonneries.* / (Euphémisme pour saloperie) Action déloyale. *Faire des cochonneries à quelqu'un.*

cochonnet n. m. ZOOL. Petit cochon. / JEU Petite bille en bois servant de but aux boulistes. / Dé à douze faces.

Cockcroft (John Douglas) 1897-1967 Physicien britannique. Il inventa un nouveau type d'accélérateur de particules, dans lequel un multiplicateur de tension lui permit de réaliser les premières désintégrations nucléaires (transmutation du lithium en deux noyaux d'hélium). Ses travaux sont à l'origine des premières piles atomiques en Grande-Bretagne.

John Douglas Cockcroft.

C

Cocotier.

cocker n. m. Chien de chasse de petite taille, d'origine anglaise, au poil soyeux et aux grandes oreilles pendantes.

cockney n. (mot anglais) Londonien des quartiers populaires. / n. m. et adj. Variété d'anglais populaire parlé par les Cockneys. *C'est du pur cockney. Un accent cockney.*

cockpit n. m. (mot anglais) AVIAT. Cabine vitrée où se tiennent les pilotes. / MAR. Habitacle sur le pont d'un gros bateau de plaisance.

cocktail n. m. (mot anglais) Boisson faite d'un mélange de divers éléments, dans lequel entre(nt) en général un, des alcool(s). / Fig. Mélange. *Un cocktail de médicaments.* / Réception mondaine en fin d'après-midi. / *Cocktail Molotov*: projectile explosif à base d'essence.

coco [1] n. m. *Noix de coco*: fruit (drupe) du cocotier dont on utilise l'amande (ou noix de coco à proprement parler) de diverses manières. (La noix de coco, ou coco, renferme, avant maturité, un liquide blanc et crémeux, le lait de coco, qui constitue une boisson. En mûrissant, la pulpe se change en amande que l'on peut consommer telle quelle, ou en extraire une graisse alimentaire [coprah]. De l'enveloppe épaisse et fibreuse, on tire de la filasse, de la corde, des tissus grossiers).

coco [2] n. m. Anc. Boisson rafraîchissante à base de réglisse.

coco [3] n. m. Vieilli Œuf, dans le langage enfantin.

cocon n. m. Enveloppe soyeuse à l'intérieur de laquelle la chenille du papillon se mue en chrysalide.

cocorico n. m. Cri du coq. / Fig. (En parlant des Français) *Pousser des cocoricos*: manifester bruyamment son chauvinisme.

cocotier n. m. Palmier des régions tropicales, pouvant atteindre 30 m de haut et dont le fruit comestible est le coco, ou noix de coco, et dont le bois est utilisé comme matériau de construction. / Fig. *Secouer le cocotier*: chercher à éliminer les personnes âgées; bousculer les habitudes.

cocotte [1] n. f. Poule, dans le langage enfantin. *Cocotte en papier*: figurine en papier plié imitant une poule. / Vieilli Femme de mœurs légères. / Terme de tendresse (adressé à une femme). *Ma cocotte, tu as mauvaise mine.*

cocotte [2] n. f. Petite marmite en fonte.

cocotte-minute n. f. inv. (nom déposé) Autocuiseur.

Cocteau (Jean) 1889-1963 Écrivain français qui, ayant une vocation précoce de poète, fut un touche-à-tout talentueux. Ainsi aborda-t-il avec bonheur la littérature, le cinéma et le dessin. Citons ses poèmes *Plain-Chant* (1923), ses romans *Thomas l'Imposteur* (1923), *Les Enfants terribles* (1929), et son monologue *La Voix humaine* (1930), ses pièces *Les Parents terribles* (1938), *L'Aigle à deux têtes* (1946). Ses films révèlent son sens de l'image: *Le Sang d'un poète* (1930), *L'Éternel Retour* (1943, réalisé par J. Delannoy), *La Belle et la Bête* (1945), *Orphée* (1950), *Le Testament d'Orphée* (1959). Il a décoré des chapelles à Villefranche-sur-Mer, à Fréjus et à Milly (en bordure de la forêt de Fontainebleau), où il avait une maison de campagne.

cocu, e adj. Fam. Trompé par son conjoint. *Être plusieurs fois cocu.* / Loc. fam. *Avoir une chance de cocu*: avoir beaucoup de chance.

cocufier v. t. [1] Fam. Faire cocu; tromper.

Cocyte (le) MYTH. GR. Fleuve des Enfers qui entourait le Tartare.

coda n. f. MUS. Final, conclusion.

code n. m. Ensemble des lois et règlements relatifs à une matière particulière; recueil de ces lois. *Code civil, pénal, du travail.* / *Code de la route*: réglementation régissant la circulation automobile. / Ensemble de préceptes, de règles conventionnelles. *Code du savoir-vivre.* / Système conventionnel de signes, de symboles permettant de transmettre une information, de transcrire un message, autorisant un accès. *Code Morse. Code d'une carte bancaire. Code postal*: série de cinq chiffres indiquant le département et le bureau distributeur pour permettre le tri automatique du courrier. / GÉNÉT. *Code génétique*: Système de correspondances entre les codons et les acides aminés, intervenant dans la cellule lors de la traduction des A.R.N. messagers en chaînes polypeptidiques. (Par exemple, le codon cytosine-uracile-uracile code pour l'acide aminé leucine, de même que le codon cytosine-uracile-adénine, le codon cytosine-adénine-uracile code pour l'histidine.) / (Au plur.) Feux de croisement. *Allumer ses codes.*

code-barres n. m. Code constitué de barres parallèles permettant d'identifier un produit par lecture optique. Pl. Des *codes-barres*.

codéine n. f. CHIM. Alcaloïde dérivé de la morphine, utilisé comme sédatif de la toux.

coder v. t. [1] Transcrire (une information) dans un code. *Coder un message.*

codex n. m. inv. Pharmacopée. / Recueil des noms des médicaments que peuvent prescrire les médecins.

codicille n. m. DR. Acte postérieur à un testament, qui le modifie.

Jean Cocteau.

Cœlacanthe.

codification n. f. Action de codifier. / Fixation des règles, des normes. *« L'Art poétique » de Boileau est une codification des règles de l'idéal classique.*

codifier v. t. [1] Réunir (des lois) en un code. *Codifier le droit du travail.* / Soumettre à des lois, à des codes. *Codifier les relations sociales.*

codon n. m. GÉNÉT. Triplet de nucléotides déterminant la synthèse des acides aminés, unité constitutive du code génétique.

coéditer v. t. [1] Éditer (un ouvrage) en collaboration avec un ou plusieurs éditeurs.

coéditeur n. m. Personne, entreprise qui coédite un ouvrage.

coédition n. f. Fait de coéditer un ouvrage; l'ouvrage ainsi produit.

coefficient n. m. MATH. Nombre par lequel est multipliée une variable. / PHYS. Grandeur caractérisant une propriété d'un corps. *Coefficient de dilatation.* / Dans un examen, nombre fixant la valeur relative d'une épreuve.

cœlacanthe n. m. ZOOL. Poisson crossoptérygien de grande taille au corps massif. *Les fossiles de cœlacanthe furent un temps présentés comme intermédiaires entre les poissons et les amphibiens.*

cœlentérés n. m. pl. ZOOL. Ancien embranchement d'animaux marins aujourd'hui divisé en cnidaires et cténaires.

cœlioscopie n. f. MÉD. Examen endoscopique de la cavité abdominale, fait à l'aide d'un cœlioscope introduit par une courte incision au niveau de l'ombilic.

cœlomate n. m. ZOOL. Animal pourvu d'un cœlome. / n. m. pl. *Cœlomates*: groupe rassemblant les annélides, les mollusques, les arthropodes, les échinodermes et les chordés.

cœlome n. m. ZOOL. Cavité creusée dans le mésoderme, comprise entre le tube digestif (endoderme) et la paroi du corps (ectoderme), chez certains métazoaires. Syn. cavité générale.

cœlomique adj. Du cœlome.

cœnure Voir **cénure**

coenzyme n. f. BIOCHIM. Partie non protéique de certaines enzymes, indispensable à l'activité de celles-ci.

coépouse n. f. ANTHROPOL. L'une des épouses d'un polygame, par rapport à ses autres épouses.

coercition n. f. Pouvoir ou action de contraindre.

Coëtquidan (camp de) Camp d'instruction militaire au sud de Rennes. Ses installations abritent depuis 1945 l'école militaire interarmes et, depuis 1977, l'école miliaire du corps technique et administratif.

Coetzee (John) 1940 Écrivain sud-africain d'expression anglaise. Il montre la violence qui a déchiré son pays: *Dusklands* (1974), *En attendant les barbares* (1980), *Michel K, sa vie, son temps* (1983).

cœur n. m. **I.** Muscle creux logé dans le thorax, moteur de la circulation du sang. **II.** Fig. Poitrine. *Serrer sur son cœur.* / *Avoir mal au cœur*, la nausée. *Soulever le cœur*: donner la nausée. / JEU Une des couleurs du jeu de cartes. / Partie centrale. *Le cœur de la ville. Cœur d'artichaut, de palmier.* / Partie active. *Cœur d'un réacteur nucléaire.* / Partie essentielle. *Cœur du sujet.* / Siège de l'affectivité. *Se sentir le cœur lourd, serré, battant, brisé.* / Loc. *Avoir le cœur sur la main, avoir bon cœur*: être généreux. *Avoir du cœur à l'ouvrage*: aimer son travail. *Avoir à cœur*: tenir ardemment à (quelque chose). *Cri du cœur*, spontané. *Connaître par cœur*, de mémoire, parfaitement.
♦ Le cœur, de la grosseur du poing, est formé de deux parties symétriques comprenant chacune une oreillette supérieure et un ventricule inférieur. Une contraction du cœur chasse le sang des veines de l'oreillette droite dans le ventricule droit vers les poumons. Le sang oxygéné repasse de l'oreillette gauche dans le ventricule gauche et sort par l'aorte pour irriguer l'organisme. Ce circuit a lieu environ 70 fois par minute chez l'homme. La paroi du cœur est faite d'une enveloppe ou péricarde, d'un tissu musculaire central ou myocarde, d'une membrane interne ou endocarde.

Cœur (Jacques) 1395 ?-1456 Banquier français. Fils d'un pelletier de Bourges, peu instruit mais doué pour les affaires, il s'enrichit rapidement et devient le conseiller et l'argentier de Charles VII. Il finance la guerre, fait construire une flotte pour relier la France au Levant et participe à la réorganisation de l'armée et des finances. Ses ennemis jaloux le font arrêter en 1451. Il s'évade de prison (1454) et se met au service du pape.

coexistence n. f. Existence simultanée. *Coexistence pacifique*: principe de tolérance réciproque entre États de régimes politiques opposés.

coexister v. i. [1] Exister en même temps.

cofacteur n. m. BIOCHIM. Substance indispensable à l'activité d'une enzyme, tels que les coenzymes ou certains ions métalliques.

coffrage n. m. CONSTR. Moule en bois ou en métal servant à recevoir le béton. / Action de mettre ces moules en place. / Charpente pour soutenir les galeries d'une tranchée, d'une galerie.

coffre n. m. Meuble bas en forme de caisse, muni d'un couvercle. / Compartiment du coffre-fort d'une banque, loué à des particuliers. *Salle des coffres.* / Espace fermé pour les bagages à l'avant ou à l'arrière d'une automobile. / MAR. Caisson flottant servant à l'amarrage dans une rade. / Fig. *Avoir du coffre*: avoir une voix puissante.

coffre-fort n. m. Armoire en acier, munie de serrures, servant à conserver des objets ou des documents précieux. Pl. Des *coffres-forts*.

coffrer v. t. [1] CONSTR. Mouler dans un coffrage. / Fig. Fam. Emprisonner (qqn). *Coffrer un voyou.*

coffret n. m. Petit coffre pour objets précieux, délicats. *Présentation en coffret.*

cogérer v. t. [1] Gérer en commun.

cogestion n. f. DR. Gestion exercée en commun; en particulier, gestion de l'entreprise exercée en commun par la direction et des représentants des salariés.

cogiter v. i. [1] Fam. Réfléchir.

cogito n. m. inv. Abréviation de l'argument qui sert de base à la philosophie de Descartes (*Cogito, ergo sum*: Je pense, donc je suis).

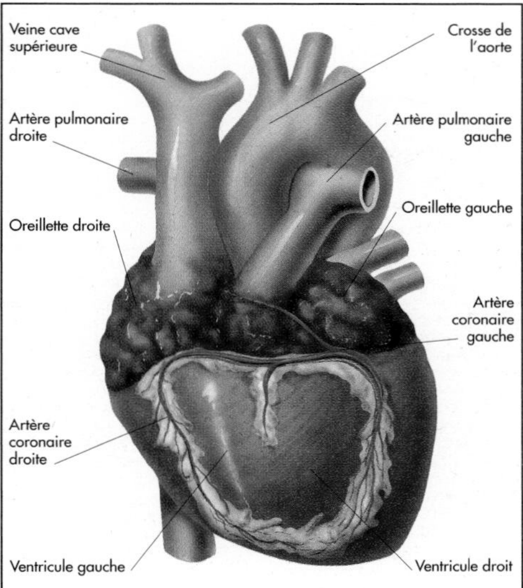

Anatomie du ***cœur*** *humain.*

cognac n. m. Eau-de-vie de raisin fabriquée dans la région de Cognac.
Cognac *19 528 h.* Ville de Charente, sur la Charente. Centre commercial du pays de Cognac, vignoble qui s'étend aussi sur la Charente-Maritime. Château des Valois où naquit François Ier, fontaine François Ier.
cognassier n. m. Arbre fruitier de la famille des rosacées, dont le fruit est le coing. *Le cognassier du Japon est une espèce ornementale aux fleurs rouges ou orange.*
cognat n. m. DR. Parent par le sang. / Parent par le sang, en ligne maternelle.
cognation n. f. DR. Parenté naturelle, et spécialement parenté par les femmes, par opposition à la *parenté civile.*
cognée n. f. Grosse hache à long manche pour abattre les arbres. / Fig. *Jeter le manche après la cognée*: tout abandonner.
cognement n. m. Fait de heurter qqch. / Bruit répété d'un moteur qui fonctionne mal.

Feuilles et fleur de ***cognassier****.*

cogner v. t. / v. i. [1] **A.** v. t. dir. Heurter, frapper (qqch.). *Cogner une pointe.* (En parlant de qqn) *Se faire cogner*: se faire battre, recevoir des coups. **B.** v. i. Donner un coup, des coups (à, contre, sur). *Cogner à la porte.* / v. pron. Se heurter (contre qqch.). *Se cogner partout.* / Fig. *Se cogner la tête contre les murs*: se heurter à des obstacles infranchissables, au point d'en être désespéré./ (Récipr.) Pop. *Se cogner*: se battre.
cogniticien, enne Spécialiste de l'intelligence artificielle.
cognitif, ive adj. PHILO. Relatif à la connaissance. / *Sciences cognitives*: ensemble des sciences qui concernent la connaissance et l'intelligence (psychologie, linguistique, neurobiologie, logique, etc.).
cognition n. f. PHILO. Connaissance.
cohabitation n. f. Fait de cohabiter; situation de personnes qui habitent ensemble. / POLIT. Coexistence d'un président de la République et d'une majorité parlementaire (et d'un gouvernement) de tendances opposées.
cohabiter v. i. [1] Habiter ensemble, sous le même toit. / Fig. Se côtoyer, coexister.
Cohen (Albert) 1895-1981 Écrivain suisse d'expression française. Installé à Genève, il mène une double vie de fonctionnaire international (au Bureau international du travail, puis à l'Organisation internationale pour les réfugiés) et d'écrivain, tout en assurant diverses missions d'ordre plus politique (délégué de l'Agence juive pour la Palestine à Paris, avant 1940, puis à Londres pendant la guerre). Son œuvre évoque, avec tendresse et truculence, le peuple juif de Céphalonie (*Solal*, 1930; *Mangeclous*, 1938; *Les Valeureux*, 1969). D'une veine différente, *Belle du Seigneur* (1969) est une célébration de l'amour-passion, et *Le Livre de ma mère* (1954), un déchirant portrait, hommage à la mère disparue en 1943 loin de son fils.
Cohen (Leonard) 1934 Poète, chanteur et romancier canadien d'expression anglaise: *Flowers for Hitler* (poèmes, 1964), *Beautiful Losers* (roman, 1966). *The songs of Leonard Cohen* (1967), *Songs of Love and Hate* (1971), mélodies mélancoliques et textes poétiques servis par une voix grave et traînante, lui valurent un grand succès.
cohérence n. f. Liaison cohérente des différentes parties d'un ensemble. / Rapport logique, absence de contradiction dans l'enchaînement des idées. *Cohérence d'une démonstration.* Ant. incohérence.
cohérent, e adj. Dont les parties se lient avec logique. *Ensemble cohérent.* Ant. incohérent.
cohésion n. f. PHYS. Force qui tient unies entre elles les molécules d'un corps. / Fig. Union étroite, unité. *La cohésion d'un groupe.*
Cohl (Émile Courtet, dit **Émile)** 1857-1938 Dessinateur et cinéaste français. Il créa le dessin animé: *Fantasmagorie* (1908), *Snookum* (1912), *Les Pieds nickelés* (1918) (en collaboration avec Benjamin Rabier).
Cohn-Bendit (Daniel) 1945 Homme politique français d'origine allemande. Né en France de parents juifs allemands réfugiés, il est un des fondateurs du « Mouvement du 22 mars », à l'origine des événements de mai 1968. Expulsé en Allemagne, il est conseiller municipal « vert » à Francfort, puis rejoint la France et les écologistes, dont il est l'un des porte-parole.
cohorte n. f. Corps d'infanterie de l'armée romaine composé de centuries et représentant le dixième d'une légion. / Fam. Groupe de personnes.
cohue n. f. Foule nombreuse et tumultueuse; bousculade.
coi, coite adj. Silencieux. *Se tenir coi.*
coiffe n. f. Coiffure en tissu. / Doublure d'un chapeau. / TECHN. Enveloppe protectrice. *Coiffe d'étanchéité de fusée.* / ANAT. Membrane recouvrant parfois la tête des nouveau-nés. / BOT. Enveloppe de la capsule des mousses et de l'extrémité des racines des végétaux.
coiffer v. t. [1] Couvrir la tête de. / Mettre (une coiffure). / Arranger les cheveux de. / v. pron. *Se coiffer devant un miroir.* / Fig. Être placé à la tête de, contrôler.
coiffeur, euse n. Personne qui coupe, coiffe les cheveux, dont c'est le métier. *Coiffeur pour hommes.* / n. f. Table de toilette munie d'un miroir.
coiffure n. f. Arrangement des cheveux. / Métier du coiffeur. / Ce qui sert à couvrir la tête ou à l'orner.
Coimbra *147 800 h.* Ville universitaire du Portugal, sur le Mondego. Cathédrale romane du XIIe siècle remaniée au XVIe. Monastère de Santa Cruz. Université créée en 1307.
coin n. m. Angle au croisement de deux lignes, de deux surfaces. *Les coins d'une table. Le coin de la rue*, où elle coupe une autre. / *Au coin du feu*: près du feu. / Petite surface. *Un coin de terre.* / Lieu retiré. *Ne pas sortir de son coin*: vivre à l'écart. / JEU *Les quatre coins*, où cinq joueurs se disputent les quatre coins d'un espace. / Outil en forme de prisme pointu pour fendre le bois. / Matrice d'acier gravée en creux pour frapper les monnaies et médailles. / Incisive latérale du cheval.
coincé, e adj. Fam. Timide, mal à l'aise.

*Extrait de la bande dessinée Drame chez les fantoches (1907), d'****Émile Cohl****.*

coincer v. t. [1] Fixer (qqch.) avec des coins. *Coincer un meuble.* / Enserrer (qqch.). *Il a coincé son doigt dans la porte.* / Fig. Capturer (qqn). *Coincer un coupable.* / v. pron. Se bloquer. *Le mécanisme s'est coincé.*
coïncidence n. f. MATH. État de deux figures géométriques superposables. / Fig. Simultanéité fortuite de deux événements ou de circonstances.
coïncider v. i. [1] S'ajuster, correspondre en tout point. / Avoir lieu précisément au même moment.
coing n. m. Fruit du cognassier, âpre et cotonneux lorsqu'il est cru, dont on fait des confitures, des gelées ou des pâtes de fruits.
coït n. m. Accouplement du mâle et de la femelle chez les animaux.
coke n. m. Résidu solide de la pyrogénation de la houille ou du pétrole, utilisé comme réducteur dans l'industrie (métallurgie du fer).
cokéfaction n. f. TECHN Transformation de la houille en coke par fusion et agglomération.
cokéfier v. t. [1] TECHN. Transformer en coke.
col n. m. Partie d'une chemise qui entoure le cou. *Faux col*, détachable de la chemise. / Fig. *Cols blancs*: employés travaillant dans les bureaux d'une entreprise, par oppos. aux ouvriers. / TECHN. Partie supérieure étroite d'un récipient (vase, bouteille…), d'un os (fémur), d'un organe (vessie). / GÉOGR. Dépression entre deux sommets montagneux formant une voie de passage.
cola Voir **kola**
colature n. f. PHARM. Filtrage d'un liquide; liquide ainsi obtenu.
colback n. m. Ancienne coiffure militaire de l'Empire faite d'un bonnet de fourrure surmonté d'un plumet.
Colbert (Jean-Baptiste) 1619-1683 Homme politique français. Issu de la grande bourgeoisie marchande, il entre au service de Michel Le Tellier puis de Mazarin. Homme de confiance du cardinal, il gère sa fortune et s'initie aux affaires publiques. Mazarin mourant recommande Colbert au roi, qui le nomme intendant des finances en 1661. Après la disgrâce de Fouquet, qu'il a préparée, il devient contrôleur général des finances. En 1668, il a la haute main sur les finances, l'intérieur, la marine, les travaux publics, le commerce, l'industrie… Il obtient, grâce à son crédit, des postes importants pour les membres de sa famille. Travailleur infatigable et grand organisateur, Colbert institue la lieutenance de police, publie les ordonnances, traque les fraudeurs, lève de nouvelles taxes fiscales, stimule l'industrie par la création des manufactures royales, développe le commerce, la marine et l'empire colonial, fonde l'Académie des Inscriptions, l'Académie des Sciences et l'Observatoire de Paris. Désireux d'enrichir le trésor royal, il appliqua le régime du mercantilisme qui était

Jean-Baptiste Colbert.

Samuel Coleridge.

la doctrine économique de l'Europe au XVIIe siècle, et s'efforça de diminuer les importations et de développer au maximum les exportations. L'appliquant dans toute sa rigueur, Colbert a laissé son nom à ce protectionnisme qui n'allait pas sans un certain dirigisme économique et que dorénavant on nomma le colbertisme. Soucieux d'une saine gestion, il indisposa la cour et même le roi, mais il amassa une immense fortune. Il mourut dans une semi-disgrâce.

colbertisme n. m. POLIT. Doctrine économique et politique de Colbert et de ses partisans.

colchicine n. f. MÉD. Alcaloïde toxique contenu dans le colchique, utilisée en médecine, notam. dans le traitement de la goutte.

Colchide MYTH. GR. Pays d'Asie où, selon la légende, les Argonautes, commandés par Jason, allèrent conquérir la Toison d'or que gardait le Dragon.

colchique n. m. BOT. Plante vénéneuse de la famille des liliacées, appelée aussi *tue-chien*, qui croît dans les prés à l'automne.

col-de-cygne n. m. Tuyau muni d'un robinet et présentant une double courbure. Pl. Des *cols-de-cygne*.

Cole (Nathaniel Coles, dit **Nat King)** 1919-1965 Pianiste de jazz et chanteur américain.

Coleman (Ornette) 1930 Saxophoniste américain, l'un des maîtres du free jazz.

coléoptères n. m. pl. ZOOL. Ordre d'insectes pourvus d'élytres qui protègent leurs ailes postérieures, membraneuses ; leurs pièces buccales fonctionnent comme des broyeurs et leurs métamorphoses sont complètes. *Les coccinelles, les hannetons, les carabes, les lucioles, etc. sont des coléoptères ; cet ordre compte de très nombreuses espèces (plus de 30 000).*

Colibri.

colère n. f. Manifestation brutale d'un sentiment de mécontentement.

coléreux, euse adj. Qui procède de la colère. *Geste coléreux.* / Prompt à la colère. *Il est devenu coléreux en vieillissant.*

Coleridge (Samuel) 1772-1834 Poète anglais. Installé à Bristol, il y donne des conférences sur la religion et publie, avec Wordsworth un recueil de poèmes (*Ballades lyriques*, 1798) dans lequel figurent notamment *Kubla Khan* et *Le Dit du vieux marin*, et qui marque la naissance du romantisme anglais. Sous l'influence des penseurs allemands, il exprime, notamment dans son autobiographie (*Biographia literaria*), une conception mystique de l'art qu'il exposera également dans le journal philosophique *The Friend* qu'il dirige (1808-1809).

colérique adj. D'un naturel coléreux. *Un tempérament colérique.*

Colette (Sidonie Gabrielle Colette, dite**)** 1873-1954 Écrivain français. Dans un style classique et sensuel, elle exprime, dans d'innombrables romans, son goût de la liberté, son amour des bêtes et de la nature, son aspiration à une vie simple : les *Claudine* (1900-1903), en collaboration avec son mari Willy (1859-1931), *L'Ingénue libertine* (1909), *La Vagabonde* (1910), *Chéri* (1920), *Le Blé en herbe* (1929), *Sido* (1930), *La Chatte* (1933), *Gigi* (1944). Mariée à vingt ans, divorcée à vingt-trois, contrainte de gagner rapidement sa vie (son mari Willy avait gardé la totalité des droits des *Claudine* qu'ils avaient écrits ensemble), elle est montée sur scène (en tant que mime) en compagnie de Missy de Morny avec qui elle eut une longue liaison. Après sa rencontre avec Henri de Jouvenel, qu'elle épousa en 1912, elle fut journaliste au *Matin* (qui appartenait à son mari) et ne cessa plus d'écrire, y compris après son dernier mariage (1935, avec Maurice Goudeket).

Coli (François) 1881-1927 Aviateur français, chef de l'escadrille des Coqs. Il disparut avec Nungesser au cours de la traversée de l'Atlantique Nord.

colibacille n. m. BIOL. Bactérie Gram négatif, vivant dans l'intestin de l'homme et d'autres animaux et pouvant devenir pathogène. Syn. *Escherichia coli*.

colibacillose n. f. MÉD. Infection due au colibacille.

colibri n. m. (mot caraïbe) ZOOL. Oiseau de très petite taille d'Amérique, au plumage très vivement coloré, à reflets métalliques, au bec long, fin et recourbé, capable de voler sur place. Syn. oiseau-mouche.

colifichet n. m. Petit objet, petit ornement sans valeur.

Coligny (Gaspard de, dit **l'amiral de)** 1519-1572 Amiral de France. Promu chevalier après la bataille de Cérisoles, il devient amiral et se distingue au siège de Saint-Quentin en 1557. Chef des calvinistes, après son adhésion à la Réforme, il est tué lors du massacre de la Saint-Barthélemy.

colimaçon n. m. Vieilli Escargot. / *En colimaçon* : en spirale.

colin [1] n. m. ZOOL. Oiseau d'Amérique de l'ordre des galliformes, proche de la perdrix.

colin [2] n. m. ZOOL. Nom courant d'une espèce de merlan, appelé aussi lieu noir. / Nom courant du merlu.

Colin (Paul) 1892-1985 Peintre et affichiste français. Auteur de* plus de 1 200 affiches, de décors et de costumes de théâtre.

colin-maillard n. m. Jeu où l'un des joueurs, les yeux bandés, cherche à en attraper un autre à tâtons et à l'identifier.

colique n. f. MÉD. Contraction spasmodique douloureuse du côlon ; par ext. toute douleur viscérale paroxystique. *Les coliques hépatiques et néphrétiques sont dues généralement à la migration d'un calcul dans les voies biliaires ou urinaires.* / Fam. Diarrhée.

colis n. m. Objet emballé, paquet destiné à être transporté.

Colisée Amphithéâtre de 90 000 places édifié à Rome sous Vespasien et Titus et achevé en 80 apr. J.-C. Cette œuvre monumentale reste le témoin des fastes et des cruautés de la Rome impériale.

colite n. f. MÉD. Inflammation du côlon.

collaborateur, trice n. Personne qui participe à une tâche commune. / HIST. Personne qui collaborait avec l'occupant allemand, pendant la Seconde Guerre mondiale. *On emploie l'abréviation familière « collabo » pour qualifier les collaborateurs avec l'occupant allemand.*

collaboration n. f. Part de travail apportée à une œuvre commune. / HIST. Coopération avec l'occupant allemand pendant la Seconde Guerre mondiale.

collaborationniste n. et adj. Partisan d'une politique de collaboration.

collaborer v. t. ind. [1] Apporter sa collaboration (à). / (Emploi intransitif) Travailler en collaboration avec qqn ; agir en collaborateur. *Ils collaborent depuis longtemps.*

Colladon Jean-Antoine 1755-1830 Pharmacien suisse. Par ses expériences d'hybridation entre souris blanches et souris grises, il signala le phénomène de la « dominance » et peut être considéré comme un précurseur de la génétique.

Colladon (Daniel) 1802-1893 Physicien suisse. On lui doit la mesure de la propagation des ondes sonores dans l'eau.

collage n. m. Action d'enduire de colle. / BX-ARTS Œuvre constituée en partie ou totalement par des éléments de natures diverses, fixés sur un support par de la colle. / TECHNOL. Stade de la fabrication de la pâte à papier où l'on ajoute de la colle, pour rendre le papier imperméable à l'encre.

collagène n. m. Principale protéine du tissu conjonctif, de structure fibreuse.

collant, e [1] adj. Qui colle. *Papier collant.*

collant [2] n. m. Maillot ou pantalon en maille moulant pour la danse, le sport. / Sous-vêtement féminin, combinant en une seule pièce la culotte et les bas.

collapsus n. m. MÉD. Affaissement d'un organe creux. *Collapsus pulmonaire.* / *Collapsus cardio-vasculaire* : effondrement rapide de la pression artérielle.

collargol n. m. (nom déposé) CHIM. Argent colloïdal utilisé comme antiseptique.

collatéral, e, aux adj. Qui est placé de côté par rapport à qqch. / ANAT. Se dit d'un nerf ou d'un vaisseau qui suit un tracé parallèle au tronc principal. / ARCHIT. *Nef collatérale d'une église* : bas-côté. / DR. *Parents collatéraux*, hors de la ligne de parenté directe (frères, sœurs, neveux, nièces, oncles, tantes, etc.).

collation [1] n. f. Action de conférer à qqn un bénéfice ecclésiastique, un grade universitaire, un titre. / Action de comparer entre eux des textes pour les vérifier.

collation [2] n. f. Léger repas.

collationner v. t. [1] Comparer (des documents) entre eux pour en vérifier la concordance.

colle n. f. Substance utilisée pour faire adhérer deux surfaces, deux objets entre eux. / Fig. fam. Question, problème sans réponse, sans solution immédiate. *Poser une colle à qqn.* / (Argot des écoles) Retenue punitive. *Deux heures de colle.*

collecte n. f. Action de recueillir, de rassembler certains objets en vue d'un traitement. *Collecte du courrier.* / Action de recueillir des dons dans un but charitable. / HIST. Levée des impôts. / LITURG. Prière de la messe avant l'épître.

collecter v. t. [1] Ramasser, recueillir par collecte. *Collecter des fonds.*

collecteur, trice n. **I.** Personne qui recueille des fonds, des cotisations. **II.** TECHN. n. m. Conduit, tuyau, égout qui reçoit le contenu de conduits secondaires. / ÉLECTR. Ensemble de lames conductrices

Le **Colisée** de Rome.

Église **collégiale** de Santillana del Mar, en Espagne.

qui recueillent le courant produit par une dynamo. / TÉLÉCOM. *Collecteur d'ondes*: conducteur isolé qui capte les ondes hertziennes.
collectif, ive adj. et n. m. **A.** adj. Qui concerne plusieurs personnes en même temps. Émotion collective. / GRAMM. S'applique à un mot au singulier concernant un ensemble (de personnes, d'animaux, de choses), par exemple le peuple, la nation, la faune, l'administration... *Singulier collectif*: mot au singulier pris pour un ensemble. *Dans « la lionne porte crinière », le singulier « lionne » est pris pour « lionnes » ; il faut entendre : « les lionnes portent crinière ».* **B.** n. m. Ensemble de personnes réunies pour se concerter et participer à une entreprise quelconque. *Un collectif étudiant.* / FIN. *Collectif budgétaire*: loi de finances rectificative.
collection n. f. Rassemblement d'objets possédant des caractères communs. / Série d'ouvrages édités ayant une unité (thème, présentation). / Ensemble de modèles nouveaux présentés par un fabricant, en particulier par une maison de haute couture. *Collections d'hiver.* / MÉD. Accumulation de pus ou de sang.
collectionner v. t. [1] Faire collection de. / Fig. et fam. Accumuler.
collectionneur, euse n. Personne qui collectionne.
collectivement adv. De façon collective.
collectivisation n. f. Transfert à la collectivité (d'un, de moyen(s) de production).
collectivisme n. m. Doctrine économique fondée sur la mise en commun et la propriété collective des moyens de production.
collectivité n. f. Ensemble d'individus liés par des intérêts communs, une organisation commune. *La collectivité nationale.* / *Collectivité locale* ou *territoriale*: circonscription administrative dotée de la personnalité morale.
collège n. m. Établissement d'enseignement secondaire du premier cycle. / Anc. Établissement d'enseignement. *Le Collège de France a été fondé à l'initiative de François Ier.* / Ensemble de personnes revêtues de la même dignité, ou investies d'une même fonction. *Le Sacré Collège*: l'ensemble des cardinaux. / *Collège électoral*: ensemble des électeurs appelés à voter lors d'un scrutin déterminé.
Collège de France Établissement d'enseignement supérieur fondé en 1524 par François Ier sur la demande de Guillaume Budé, sous le nom *Collège des trois langues*. Il porta divers noms et reçut son nom actuel en 1815. Les cours, qui ne préparent à aucun examen et dont les professeurs fixent eux-mêmes le programme, portent sur toutes les disciplines, littéraires comme scientifiques.
collégial, ale, aux adj. et n. f. Qui concerne un chapitre de chanoines. / Qui est assuré, réalisé en commun. *Décision collégiale.* / n. f. Église qui n'est pas une cathédrale, mais qui possède un chapitre de chanoines.
collégialement adv. De manière collégiale.
collégialité n. f. Caractère de ce qui est collégial, de ce qui est assuré en commun.
collégien, enne n. Élève d'un collège (établissement d'enseignement secondaire).
collègue n. Personne qui occupe la même fonction qu'une autre personne, ou qui travaille dans le même établissement.
collemboles n. m. pl. ZOOL. Ordre d'insectes primitifs, dépourvus d'ailes, sans métamorphoses, qui vivent notamment dans les sols.
collenchyme n. m. BOT. Tissu de soutien des plantes, formé de cellules dont la paroi de cellulose est très épaisse.
coller v. t. [1] Fixer avec de la colle. / Appliquer étroitement. *Coller son oreille au mur.* / Fig. et fam. Suivre partout, de très près ; mettre d'autorité (qqn, qqch.) dans un endroit ; donner, transmettre (qqch. de fâcheux). / Fam. *Coller qqn*, lui poser une colle. / Arg. des écoles *Coller un élève*, lui infliger une colle. / (Emploi transitif ind.) *Coller à*: adhérer à. / (Emploi intransitif) Fig. et fam. Être adapté (à) ; convenir. *Ça colle !*
collerette n. f. Petit collet de linge fin porté par les femmes. / BOT. Anneau entourant la partie supérieure du pied de nombreux champignons.
collet n. m. Vx Partie du vêtement qui entoure le cou. *Saisir qqn au collet.* / Fig. *Collet monté*: personne affectée, guindée et d'aspect sévère. / Lacet pour prendre les animaux au piège. / ANAT. Partie d'une dent comprise entre la racine et la couronne. / BOUCH. Collier. / BOT. Zone intermédiaire entre la racine et la tige.
colleter (se) v. pron. [1] (Réciproquement) Se prendre au collet. *Se colleter avec un rival.*
colley ou **collie** n. m. Chien de berger d'origine écossaise, au poil long et soyeux et au museau fin.
collier n. m. Bijou porté autour du cou ; spécial., chaîne portant les insignes de certains ordres de chevalerie. *Collier de la Légion d'honneur.* / Cercle de cuir ou de métal passé au cou de certains animaux domestiques pour les tenir attachés. / Pièce de harnais d'attelage qui entoure le cou du cheval. / Fig., fam. *Donner un coup de collier*: fournir un effort intense. *Reprendre le collier*: se remettre au travail. / Barbe mince et courte autour du visage. / Bande autour du cou d'un animal, d'une couleur différente de celle du reste du corps. / BOUCH. Morceau comprenant le cou. *Collier de veau, de mouton.* / TECHN. Anneau métallique servant à serrer ou à maintenir un tuyau, un tube.
collimateur n. m. OPT. Appareil produisant un faisceau de rayons lumineux parallèles. / MILIT. Appareil de visée pour le tir. / Fig., fam. *Avoir qqn dans le collimateur*, le surveiller de près et avec suspicion.
Collin d'Harleville (Jean-François) 1755-1806 Auteur français de comédies moralisatrices qui connurent le succès sous la Révolution. *Monsieur de Crac dans son petit castel* (1791) s'inspire du personnage du baron de Münchhausen.
colline n. f. Relief peu élevé et de forme arrondie.
Collins (William) 1721-1759 Poète britannique. Élevé à Oxford, destiné à la prêtrise, il renonce à l'état ecclésiastique. Le lyrisme de ses *Églogues persanes* (plus tard titrées *Orientales*) et de ses *Odes sur divers sujets descriptifs et allégoriques* annonce le romatisme.
Collins (Michael) 1890-1922 Homme politique irlandais. Il dirigea les services secrets de l'IRA, présida le gouvernement provisoire de l'Irlande (1921) et fut tué dans une embuscade.
collision n. f. Rencontre brutale de deux corps. *Collision d'automobiles.* / Fig. Opposition radicale et violente. *Collision d'intérêts.* / PHYS. Interaction entre des corps et des particules, qui modifie leurs mouvements ou leur état.
collocation n. f. DR. Classement des créanciers selon l'ordre dans lequel ils devront être payés.
Collodi (Carlo) 1826-1890 Journaliste et écrivain italien, auteur de livres à intentions morales et pédagogiques : *Les Aventures de Pinocchio* (1880-1883).
collodion n. m. CHIM. Solution de nitrocellulose dans un mélange d'alcool et d'éther, utilisée en photographie, en pharmacie, etc.
colloïdal, ale, aux adj. CHIM. De la nature du colloïde. / Qui a l'aspect de la gelée, de la colle.
colloïde n. m. et adj. CHIM. n. m. Solution dans laquelle la substance introduite dans le solvant n'est pas dissoute mais forme de fines particules en suspension, les micelles. / adj. Qui a l'aspect de la gelée, de la colle.
colloque n. m. Débat entre plusieurs personnes. / Réunion de spécialistes qui s'entretiennent d'un problème scientifique, économique.
Collot d'Herbois (Jean-Marie) 1750-1796 Homme politique français. Membre du Comité de salut public en 1793 et fervent partisan de la Terreur, il fit fusiller les royalistes de Lyon, fut déporté avec nombre de montagnards et mourut à Cayenne.
collusion n. f. Entente secrète entre plusieurs personnes complices au préjudice d'un tiers.
collutoire n. m. Médicament destiné au traitement de la muqueuse buccale.
colluvion n. f. GÉOL. Dépôt fin provenant de reliefs adjacents.
collybie n. f. BIOL. Champignon basidiomycète poussant en touffes sur les souches. Syn. souchette.
collyre n. m. Médicament liquide destiné au traitement des affections oculaires.
Colmar *63 498 h.* Ville du Haut-Rhin : église des Dominicains (XIIIe-XVe siècle), église Saint-Martin (XIIIe-XIVe siècle), hôtel de l'ancienne douane (XVe siècle). Le musée d'Unterlinden recèle le retable d'Issenheim, dû à Grünewald.
colmatage n. m. Action de colmater ; résultat de cette action.
colmater v. t. [1] Combler (un vide). / MILIT. *Colmater une brèche*: rétablir la continuité d'un front avec des renforts. / AGRIC. Fertiliser (un sol) par des dépôts alluvionnaires limoneux.
Colocotronis (Théodhoros) 1770-1843 Homme d'État et général grec qui lutta pour l'indépendance.
cologarithme n. m. MATH. Logarithme de l'inverse du nombre considéré.

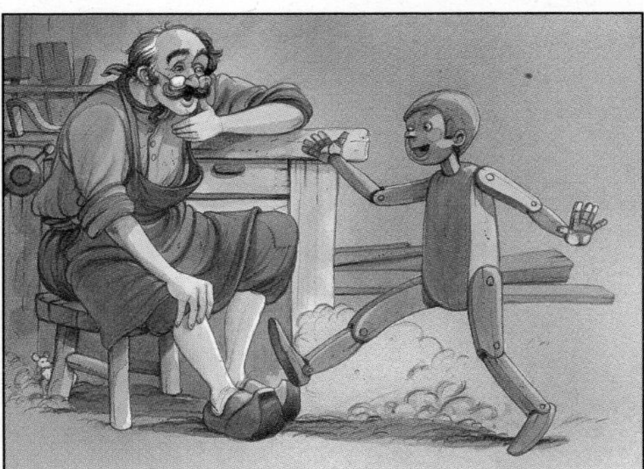
Les Aventures de Pinocchio, un conte de **Carlo Collodi**.

Cologne (en allemand *Köln) 963 800 h.* Port fluvial d'Allemagne de l'Ouest, sur le Rhin. Carrefour bancaire et commercial, Cologne est aussi un important centre industriel. C'est, depuis le Moyen Âge, un des grands foyers intellectuels et universitaires d'Europe. La ville a été presque entièrement détruite par les bombardements alliés entre 1942 et 1945, mais nombre de monuments (cathédrale gothique du XIIIe siècle, achevée au XIXe siècle ; églises des XIe-XIIIe siècles) ont pu être partiellement sauvés et reconstruits ou remaniés après 1945.

Colomb (Cristoforo Colombo, en espagnol **Cristóbal Colón,** en français **Christophe)** 1451 ?-1506 Navigateur génois. Établi au Portugal en 1478, il forme le projet de rallier les Indes en prenant la route maritime de l'ouest. Après avoir soumis en vain son plan au roi du Portugal, il le fait agréer par les rois espagnols Ferdinand et Isabelle qui décident de financer l'entreprise. Parti de Palos en août 1492 avec les caravelles : la *Santa Maria*, la *Pinta* et la *Niña*, il parvient, après diverses péripéties, à une île des Bahamas, l'île Guanahani, le 12 octobre. Poursuivant vers l'ouest, il découvre Cuba et une île qu'il nomme *Hispaniola* (aujourd'hui Haïti). De retour en Espagne, il reçoit un accueil triomphal. Dans un deuxième voyage de 1493 à 1496, il explore la Guadeloupe, Porto Rico, la Jamaïque. Un troisième voyage de 1498 à 1500 lui fait visiter la Trinité, Tobago et la côte du Venezuela, mais, comme il s'oppose aux mauvais traitements infligés aux Amérindiens, il est destitué. Le roi ne prend pas sa défense, mais autorise son dernier voyage, au cours duquel, de 1502 à 1504, il atteint les côtes de l'Amérique centrale. Celui qui a découvert le Nouveau Monde mourra à Séville, pauvre et délaissé, sans avoir conscience de l'existence d'un Nouveau Continent.

Arrivée de ***Christophe Colomb*** *à Guanahani (représentation idéalisée).*

Colomba ou **Columba** (saint) 521 ?-597 Prêtre irlandais, fondateur de monastères en Irlande et en Calédonie.

colombage n. m. CONSTR. Réseau de charpente apparente dont les vides sont remplis par une maçonnerie légère.

colombe n. f. LITTÉR. Pigeon. / Pigeon blanc, symbole de paix et de pureté. *La colombe de la paix, dessinée par Picasso après la Seconde Guerre mondiale.* / Fig. POLIT. Partisan d'une solution pacifique, par oppos. au faucon. / Jeune fille innocente et candide.

Colombe (la) Constellation australe (voir **constellation**).

Colombe (Michel) 1430 ?-1513 ? Sculpteur français. Il a réalisé le Tombeau de François II, duc de Bretagne (Nantes, cathédrale) et *Saint Georges combattant le dragon*, pour le château de Gaillon.

Colombey-les-Deux-Églises *660 h.* Commune de la Haute-Marne, où résidait le général de Gaulle. En 1971, un mémorial y fut érigé.

• **Colombie** État du nord-ouest de l'Amérique du Sud, entre le Venezuela, au nord, et l'Équateur, au sud.

Colombie-Britannique *947 800 km² 3 766 000 h.* Province de l'Ouest canadien, en bordure du Pacifique. Capitale *Victoria*. Formée par les chaînes des montagnes Rocheuses (monts Robson, *3 954 m*) qui dominent la prairie, la Colombie-Britannique est un pays humide et verdoyant. Les forêts, la pêche et l'exploitation du sous-sol (or, cuivre, argent, plomb, fer, houille, pétrole, gaz) constituent des ressources immenses. Vancouver est le grand port canadien du Pacifique. Depuis les années 1970-1980, l'économie de cette province se tourne vers l'Asie, dont les ressortissants s'implantent massivement dans le pays, à Vancouver notamment.

colombien, enne adj. et n. De Colombie. *Café colombien. Un(e) Colombien(ne).*

colombier n. m. Pigeonnier.

colombin n. m. ZOOL. Pigeon proche du ramier. / TECHN. Boudin d'argile molle servant à fabriquer des poteries sans tour.

Colombine Soubrette malicieuse et pimpante de la comédie italienne.

colombo [1] n. m. BOT. Plante grimpante d'Afrique tropicale. / Racine de cette plante, aux propriétés astringentes et apéritives.

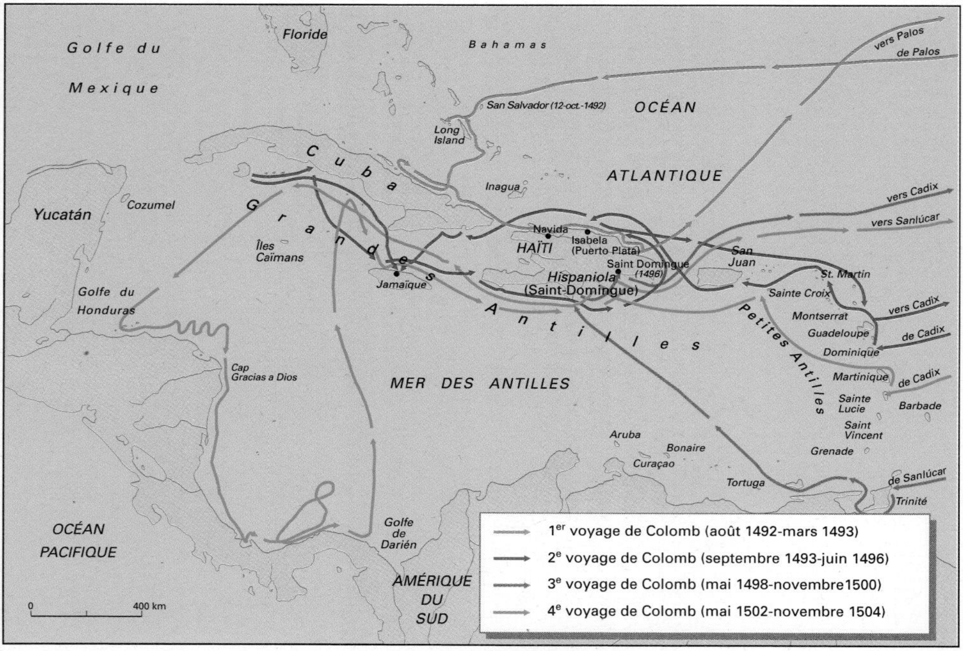

1er voyage de Colomb (août 1492-mars 1493)
2e voyage de Colomb (septembre 1493-juin 1496)
3e voyage de Colomb (mai 1498-novembre 1500)
4e voyage de Colomb (mai 1502-novembre 1504)

Les quatre voyages de ***Christophe Colomb****.*

COLOMBIE

Superficie : *1 138 914 km²* – **Nombre d'habitants :** *43 000 000 h.* – **Capitale :** *Bogota*
Villes principales : *Cali, Medellín* – **Système politique :** *république* – **Langue(s) :** *espagnol*
Religion(s) : *catholicisme* – **Monnaie(s) :** *peso colombien*

Voir l'Atlas

Géographie physique et humaine

L'ouest et le centre du pays sont traversés par la cordillère des Andes, interrompue par les deux vallées sud-nord du Cauca et de la Magdalena où se rassemble la population. Dans cette région, les Andes culminent au massif volcanique du Huila à *5 750 m*. Le bassin de l'Orénoque, couvert de savanes équatoriales désertées, forme la partie orientale de la Colombie. Le climat tropical domine, nuancé par l'influence maritime des deux façades atlantique et pacifique ainsi que par les différences d'altitude : les *tierras calientes* (terres chaudes), jusqu'à 900 m ; les *tierras templadas* (terres tempérées), jusqu'à 2 000 m, sont le domaine des caféiers ; les *tierras frias* (terres froides), jusqu'à 3 000 m, sont couvertes de pâturages ; les *paramos* s'élèvent jusqu'à 4 500 m. En grande majorité catholique la population est très métissée. En trente ans, elle a doublé. Elle est urbanisée à 70 %.

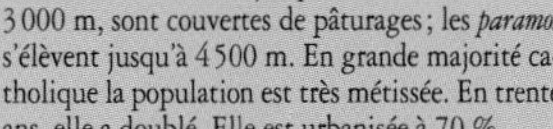

L'Église Saint-Pierre-Claver à Cartagena.

Économie

L'agriculture, qui n'emploie plus que 10 % des actifs, est rentable. La Colombie est le 2ᵉ producteur mondial de café. La coca représenterait 15 % du P.N.B. Le gouvernement livre une guerre (onéreuse) à ce secteur clandestin avec l'appui des États-Unis.

La production industrielle est diversifiée. La politique libérale a permis une croissance de 5 %. L'extraction du pétrole et celle de la houille ont augmenté de 50 % entre 1990 et 1997.

Depuis 1996-1997, la lutte contre l'inflation a diminué le taux de croissance, alors que le chômage et la pauvreté augmentent, bien que le secteur tertiaire emploie 66 % des actifs.

Histoire

Au XVIᵉ siècle, la colonisation de la Colombie par les Espagnols fait disparaître la brillante civilisation des Chibchas, peuple des hauts plateaux. Le pays appartient à la Nouvelle-Grenade (avec Panama, Venezuela et Équateur). À la fin du XVIIIᵉ siècle, l'élite intellectuelle créole entretient le désir d'indépendance et multiplie les soulèvements contre l'autorité oppressante des Espagnols. Après les tentatives d'insurrection de 1810 et l'intervalle sanglant de la répression espagnole, Bolivar remporte une victoire décisive en 1819 et nomme en 1822 *Grande-Colombie* la Nouvelle-Grenade indépendante.

La fédération éclate en 1830. Instabilité et dictatures (notamment celle de Rafael Nuñez de 1880 à 1902) marquent la vie du pays. Dans les années 1920, les États-Unis aident le gouvernement à construire des routes, mais leur influence sur le pays s'accroît. De 1934 à 1938 et de 1942 à 1945, le libéral Alfonso López édicte des lois sociales, mais les conservateurs durcissent leurs positions. De 1948 à 1953, une guerre civile fait 200 000 morts. Le général Rojas Pinilla exerce la dictature de 1953 à 1958. Depuis 1958, les violences ne cessent pas, la guerre de la cocaïne n'étant qu'une composante du tableau ; de sanglantes escarmouches opposent les groupes de guérilla (notamment les F.A.R.C., Forces armées révolutionnaires de Colombie) et l'armée régulière. Au cours de cette guerre, le cartel de Medellín a été démantelé (1989-1991), mais elle se poursuit avec l'appui des États-Unis, qui réclament au gouvernement une vigueur plus grande. Pour cette raison, ils ont diminué en 1996 leur aide au président Ernesto Samper (1994-1998), puis l'ont renouvelée, en l'assortissant de conditions, en 1998, date à laquelle Andrés Pastrana Arango a succédé à Samper. Aux élections de mai 2002, la victoire d'Alvaro Uribe marque l'arrivée au pouvoir d'une droite anti-guérilla affichant un programme militariste et sécuritaire. Les résultats ne sont pas à la hauteur des ambitions, l'insécurité continuant de régner : un attentat à la voiture piégée, attribué aux F.A.R.C., a fait des dizaines de morts à Bogota le 8 février 2003 et on compte en moyenne 3 000 enlèvements par an, dont, le 23 février 2002, celui d'Ingrid Betancourt, candidate à la présidence de la République.

Maisons de type colonial à Cartagena.

Plages caribéennes du Parc national Tayrona.

Palais présidentiel à Bogota.

Coupe de la canne à sucre.

Baptême d'un Amérindien lors de la **colonisation** du Mexique.

colombo [2] n. m. CUIS. Mélange d'épices (coriandre, curcuma, piment, ail, cannelle, etc.), d'origine indienne. / Plat antillais, ragoût de viande ou de poisson épicé avec ce mélange.

Colombo ou **Kolamba** *2 026 000 h.* Capitale du Sri Lanka. Port artificiel d'exportation (thé, coprah et caoutchouc), Colombo est une escale pour les navires reliant l'Europe à l'Extrême-Orient et l'Australie. La ville fut fondée en 1507 par le Portugal.

colombophile n. Personne qui élève des pigeons voyageurs.

colombophilie n. f. Art et techniques du colombophile.

colon n. m. HIST. Dans l'Antiquité, au Moyen Âge, homme libre attaché à la terre qu'il mettait en valeur. / Personne qui a émigré vers une colonie pour l'exploiter; par ext. habitant d'une colonie, par oppos. à *indigène*. / Enfant séjournant dans une colonie de vacances. / DR. Cultivateur d'une terre qui s'acquitte de son loyer en nature.

côlon n. m. ANAT. Partie du gros intestin, comprise entre le cæcum et le rectum, long d'environ 1,50 m, formée par le *côlon droit* ou *ascendant*, le *côlon transverse* et le *côlon gauche* ou *descendant* qui se prolonge par le rectum.

colonel n. m. Officier supérieur des armées de terre et de l'air, qui a atteint le grade le plus élevé de la hiérarchie des officiers supérieurs.

colonial, ale, aux adj. et n. Des colonies. *Conquête coloniale.* / n. Habitant ou originaire d'une colonie. / n. f. HIST. *La coloniale*: les troupes coloniales.

colonialisme n. m. Doctrine, système politique, qui prône l'acquisition et l'exploitation de colonies, par un État étranger.

colonialiste adj. et n. Qui procède du colonialisme. *Politique colonialiste.* / n. Partisan du colonialisme.

colonie n. f. Territoire occupé et administré par une nation étrangère qui le tient sous sa dépendance économique, politique, culturelle. / Ensemble de personnes de même origine, résidant dans un autre pays, une autre ville. *La colonie française de New York.* / *Colonie de vacances*: centre de séjour et de loisirs, où les enfants passent des vacances collectives. / ZOOL. Réunion d'animaux vivant en commun. *Colonie d'abeilles, de fourmis.*

colonisateur, trice adj. et n. Qui colonise.

colonisation n. f. Transformation d'un territoire en colonie dépendant d'une métropole; peuplement d'un territoire par des colons.

coloniser v. t. [1] Réduire à l'état de colonie. / Peupler de colons. / Fam. Envahir (un lieu).

Colonna Famille noble romaine qui compta dans ses rangs des cardinaux, des condottieri et plusieurs pontifes dont Martin V, pape de 1417 à 1431.

colonnade n. f. ARCHIT. Alignement de colonnes.

colonne n. f. ARCHIT. Pilier cylindrique supportant la partie supérieure d'une construction. / Monument commémoratif en forme de colonne. *La colonne Vendôme à Paris.* / Chacune des divisions verticales d'une page de livre, de journal. *Cinq colonnes à la une.* / Masse d'un fluide contenu dans un tube vertical. *Colonne d'air, d'eau. Colonne barométrique*: colonne de mercure d'un thermomètre. / ANAT. *Colonne vertébrale*: partie axiale du squelette des vertébrés, constituée par la suite des vertèbres (33 chez l'homme). / MILIT. Formation d'une troupe disposée en file étroite. / *Cinquième colonne*: ensemble des partisans clandestins travaillant sur un territoire au profit de l'ennemi. / TECHN. *Colonne montante*: ensemble des conduits par lesquels sont distribués l'eau, le gaz et l'électricité dans chaque appartement d'un immeuble.

Colonne (Judas Colonna, dit **Édouard)** 1838-1910 Chef d'orchestre français. Il fonda le Concert national qui devint l'Association des concerts Colonne.

Colonnes d'Hercule Noms que les Anciens donnaient aux deux caps (cap d'Europe, à Gibraltar, et cap de Ceuta, en Afrique) qui avancent dans le détroit de Gibraltar, et où, d'après la légende, Hercule aurait planté deux colonnes marquant la fin de ses travaux.

colonnette n. f. Petite colonne.

colopathie n. f. MÉD. Affection du côlon.

colophane n. f. Résine jaune et transparente, résidu de la distillation de la térébenthine, utilisée pour calfater les navires, fabriquer des vernis et enduire les archets des violons.

coloquinte n. f. BOT. Plante de la famille des cucurbitacées, qui produit un fruit dur, à la pulpe amère et purgative. / Fruit de cette plante, parfois utilisé pour ses qualités ornementales.

Colorado (rio) *2 250 km* Fleuve de l'Ouest des États-Unis qui naît dans les Rocheuses du Colorado, a de célèbres cañons dans l'Arizona, et se jette dans le golfe de Californie. / *1 300 km* Fleuve d'Argentine né dans les Andes.

Colorado *269 596 km² 3 892 650 h.* Capitale *Denver*. État des États-Unis formé de chaînes élevées (Rocheuses) et de hauts plateaux entaillés de vallées profondes (rio Colorado). Les ressources minérales (uranium, molybdène, argent, or, charbon, pétrole) font la richesse du Colorado, qui bénéficie de cultures irriguées et du tourisme. Les États-Unis achetèrent le nord de l'État à la France (il faisait partie de la Louisiane française) et prirent le sud au Mexique en 1848. Le Colorado entra dans l'Union en 1876.

colorant, e adj. et n. m. Qui colore. / n. m. Substance susceptible de se fixer sur un support en lui donnant une certaine couleur. *Colorant alimentaire.*

colorature adj. et n. f. Cantatrice virtuose doué d'un registre vocal qui lui permet de grandes vocalises.

colorer v. t. [1] Donner une couleur, de la couleur à.

coloriage n. m. Action d'appliquer des couleurs sur un dessin, une carte, une gravure. / Dessin à colorier.

colorier v. t. [1] Mettre en couleurs.

colorimétrie n. f. CHIM. Méthode d'analyse utilisant des indicateurs colorés.

coloris n. m. Manière d'utiliser, de mélanger les couleurs en peinture; effet qui en résulte. / Teinte nuancée d'un objet.

colorisation n. f. CINÉ. Mise en couleurs d'un film noir et blanc par des procédés informatiques.

coloriser v. t. [1] CINÉ. Procéder à la colorisation de (un film).

coloriste n. Artiste peintre qui possède ou qui privilégie l'art du coloris. / Spécialiste de la couleur dans la décoration ou l'industrie.

coloscopie ou **colonoscopie** n. f. MÉD. Examen endoscopique du côlon.

colossal, ale, aux adj. Exceptionnellement grand, digne d'un colosse.

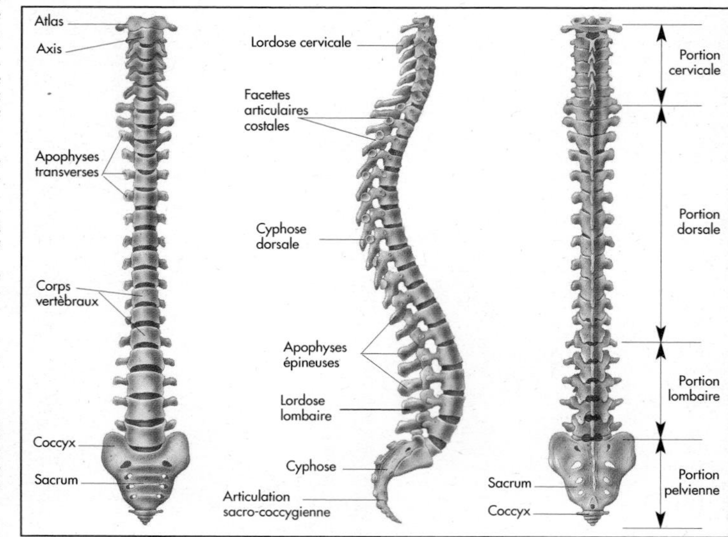

*La **colonne** vertébrale, de face, de profil et les vertèbres qui la composent.*

Colza.

colosse n. m. Statue de très grandes dimensions. *Les colosses de Memnon en Égypte.* / Homme très grand et fort.
colostrum n. m. PHYSIOL. Substance sécrétée par la glande mammaire peu après l'accouchement, avant la montée de lait.
Colot Nom d'une famille de chirurgiens français des XVIe et XVIIe siècles, spécialistes de l'opération de la taille, ouverture chirurgicale de la vessie pour en extraire les calculs.
colportage n. m. Action de colporter.
colporter v. t. [1] Tenter de vendre (des marchandises) à domicile. / Fig. (souvent péjor.) Propager (une information). *Colporter des ragots.*
colporteur, euse n. Personne qui colporte, marchand qui pratique le colportage.
colposcopie n. f. MÉD. Examen du col de l'utérus au moyen d'un appareil optique.
colt n. m. Pistolet automatique à barillet, de calibre 11,43 mm.
Colt (Samuel) 1814-1862 Ingénieur américain qui inventa le revolver et qui donna son nom à un pistolet automatique mis en service en 1911.
coltiner v. t. [1] Porter sur le dos (qqch. de lourd). / Par ext. Porter. *J'ai coltiné cet énorme sac pendant une heure.* / v. pron. Fam. *Se coltiner*: faire (qqch. d'ennuyeux, de fatigant). *Je me suis coltiné toute la vaisselle.*
Coltrane (William John) 1926-1967 Saxophoniste de jazz américain aux accents lyriques.
colubridés n. m. pl. ZOOL. Famille de serpents dont les crochets venimeux sont absents ou situés en arrière de la bouche, tels que les couleuvres.
Coluche (Michel Colucci, dit**)** 1944-1986 Artiste de variétés et acteur qui dénonça toutes sortes de travers de la société française. En 1985, il créa une association d'entraide, les Restaurants du cœur, soutenu par un groupe d'artistes qu'il baptisa affectueusement *« les Enfoirés »*. Il est mort dans un accident de moto. Au cinéma, il a notamment interprété *Tchao Pantin* (1983).
columbarium n. m. Édifice mortuaire creusé de niches destinées à recevoir des urnes cinéraires.
Columbia *1 953 km* Fleuve du Canada et des États-Unis. Il naît au Canada dans les montagnes Rocheuses, arrose Portland et se jette dans le Pacifique. Nombreux barrages.
Columbia *104 100 h.* Capitale de la Caroline du Sud, aux États-Unis.
Columbia (district de) *607 000 h.* District fédéral des États-Unis où se trouve Washington, capitale fédérale.
Columbia (Université) L'une des universités de New York, fondée en 1912.
columbidés n. m. pl. ZOOL. Famille d'oiseaux de l'ordre des columbiformes, de taille moyenne, au corps trapu, émettant des roucoulements.
columbiformes n. m. pl. ZOOL. Ordre d'oiseaux comprenant les pigeons, les tourterelles, les gangas, ainsi que le dodo (aujourd'hui éteint).
Columbus *635 910 h.* Ville des États-Unis, capitale de l'Ohio. Grand centre industriel.
columelle n. f. Petite colonne. / BIOL. Terme désignant divers organes en forme de petite colonne, chez certains animaux et certaines plantes. / ZOOL. Axe autour duquel s'enroule la coquille des mollusques gastéropodes. / ANAT. Axe central, osseux, de la cochlée de l'oreille interne.
colvert ou **col-vert** n. m. ZOOL. Canard sauvage, très commun en France, dont le mâle a la tête et le cou verts à reflets métalliques. Pl. Des *colverts* ou des *cols-verts*.
colza n. m. Variété de chou, à fleurs jaunes, cultivée comme plante fourragère et pour ses graines oléagineuses.
coma n. m. MÉD. État pathologique caractérisé par une perte de la conscience, de la sensibilité et de la mobilité, avec conservation partielle ou totale des fonctions respiratoires et circulatoires. *Coma dépassé*, au cours duquel la vie ne peut plus être maintenue que par des moyens artificiels.
Comanches Tribu amérindienne des États-Unis originaire du Wyoming et vivant actuellement dans une réserve de l'Oklahoma.
comandant, e n. DR. Personne qui, avec plusieurs autres, confie un mandat.
comateux, euse adj. et n. Qui procède du coma. *État comateux.* / Subst. Personne qui est dans le coma. *Un(e) comateux(se).*
combat n. m. Lutte entre deux ou plusieurs adversaires, armés ou non, entre deux corps de troupes. *Combat singulier*, entre deux adversaires. / Fig. Opposition. conflit.
combatif, ive adj. Enclin au combat, qui combat volontiers. *Individu combatif.*
combativité n. f. Tendance d'un individu combatif, goût pour le combat.
combattant, e n. et adj. **A.** n. Personne qui prend part à un combat, à une guerre. / *Ancien combattant*: celui qui a pris part à une guerre en tant que combattant, et qui est revenu à la vie civile. **B.** n. m. ZOOL. Poisson originaire du Sud-Est asiatique, dont les mâles se livrent à des combats impressionnants au moment de la reproduction. / Oiseau de l'ordre des charadriiformes, dont les mâles se livrent à des combats spectaculaires. **C.** adj. Qui combat. *Troupes combattantes.*
combattre v. t. [3] Se battre contre. *Combattre l'ennemi, la maladie, l'ignorance.* / (Emploi intransitif) Livrer un combat. *Combattre pour la patrie.*
combe n. f. Dans le Jura, vallée longitudinale dominée par les escarpements calcaires des crêts.
Combes (Émile) 1835-1921 Homme politique français. Radical, président du Conseil (1902-1905), il fit fermer les écoles congréganistes et prépara la loi de séparation de l'Église et de l'État.
combien adv. et n. m. inv. **A.** adv. Dans quelle mesure. *Vous savez combien je lui suis attachée.* / *Combien de*: quelle quantité de. *Combien d'escalopes voulez-vous ?* / Absol. *À combien évaluez-vous ce projet ? Combien vous en faut-il ?* / *Ô combien* (souvent en incise): énormément. *Il est orgueilleux, ô combien !* **B.** n. m. inv. Fam. *Vous allez à Marseille tous les combien ?*
combinaison n. f. **I.** Action de combiner; résultat de cette action. *Combinaison de mots, de couleurs.* / Suite ordonnée de chiffres ou de lettres qui permet d'ouvrir une serrure. / Fig. Ensemble de mesures, de calculs en vue de parvenir à ses fins. / CHIM. Formation d'un composé à partir de plusieurs corps simples. **II.** Vêtement de travail ou de sport réunissant en une seule pièce un haut et un pantalon. *Combinaison de mécanicien.* / Sous-vêtement féminin porté sous la robe.

Combat *(miniature médiévale).*

combinard, e adj. et n. Pop. Qui utilise des combines.
combinat n. m. Dans l'ancienne U.R.S.S., groupement de plusieurs établissements industriels aux activités complémentaires.
combinatoire n. f. Combinaison d'éléments dans un certain ordre. / MATH. Partie des mathématiques qui étudie les différentes dispositions des éléments d'un ensemble (permutations, arrangements, combinaisons).
combiné adj. et n. m. **I.** adj. et n. m. Où interviennent plusieurs spécialités. *Opérations combinées.* / n. m. SPORT Compétition comprenant des épreuves différentes. **II.** n. m. Partie d'un téléphone réunissant d'un seul tenant l'écouteur et le microphone.
combine n. f. Fam. Moyen habile et parfois malhonnête d'obtenir un résultat.
combiner v. t. [1] Assembler (plusieurs éléments) d'une certaine manière, selon une certaine relation logique.
comblanchien n. m. CONSTR. Calcaire dur, proche du marbre, utilisé notam. pour le revêtement des sols et des murs.
comble [1] n. m. Sommet, paroxysme. *Être au comble de la joie. C'est un comble*: cela dépasse la limite permise. / ARCHIT. Construction qui soutient la toiture. / (Au plur.) Pièces situées directement sous le toit. / *De fond en comble*: de haut en bas, complètement.
comble [2] adj. Plein.
combler v. t. [1] Remplir (une cavité, un lieu public). / Fig. Pallier (un manque), satisfaire pleinement (qqn).
Combourg *4 843 h.* Ville d'Ille-et-Vilaine dont le château, construit au XIe siècle, fut acquis au XVIIIe siècle par le père du jeune Chateaubriand.
comburant n. m. CHIM. Corps qui, en se combinant à un autre corps, permet la combustion de ce dernier. *L'oxygène est le plus usuel des comburants.*
combustible adj. et n. m. Qui peut brûler. *Le bois est combustible.* / n. m. Matière qui a la propriété de brûler. *Le charbon est un combustible.* / *Combustible nucléaire*: matière susceptible de produire de l'énergie par fission ou fusion nucléaire (uranium, plutonium).
combustion n. f. Fait de brûler. / CHIM. Réaction d'oxydation dégageant de la chaleur.
Côme (en italien *Como*) Ville d'Italie, en Lombardie, au sud du lac de Côme. Chef-lieu de la province du même nom. Tourisme. Cathédrale (XIVe-XVIe siècle). Les maisons de Côme furent en grande partie à l'origine de la première Renaissance italienne.
Côme (lac de) *146 km²* Lac alpin, en Italie, à la frontière de la Suisse. Situé à *199 m* d'altitude, sa profondeur atteint *406 m*. Il déverse ses eaux dans le Pô par l'Adda.

Le lac de ***Côme****.*

Masques de la **comédie** et de la tragédie grecques.

come-back n. m. inv. (mot anglais) Réapparition publique d'une vedette, d'une personnalité, après une période d'inactivité ou d'oubli.

Comecon Acronyme pour *Council for mutual economic assistance*, nom anglais du « Marché commun » de l'Europe de l'Est communiste (1949-1991), auquel adhérèrent la Mongolie (1949), Cuba (1972) et le Vietnam (1978).

comédie n. f. Pièce de théâtre destinée à divertir en représentant les ridicules, les travers, les mœurs d'une société ou en exposant des situations cocasses. / Film présentant le caractère d'une comédie. / *Comédie musicale*: spectacle ou film qui intègre des scènes chantées ou dansées. / Vx Toute pièce de théâtre. / Fig. *Jouer la comédie*: afficher des sentiments que l'on n'éprouve pas.

comédie-ballet n. f. Spectacle de comédie qui intègre des scènes de danse.

Comédie-Française Théâtre national (dit aussi « Maison de Molière » ou « Théâtre-français ») institué en 1680 par Louis XIV. Installée à Paris, place du Palais-Royal, la société assume avec solennité la sauvegarde et l'enrichissement du patrimoine dramatique français. Elle comprend une trentaine de comédiens sociétaires et des artistes engagés chaque année comme pensionnaires.

Comédie humaine (la) Titre donné par Balzac en 1841 à l'ensemble de son œuvre romanesque depuis 1829, qui groupe 91 romans et près de 2 000 personnages, et qui montre sa volonté de peindre toute une société.

Comédie-Italienne Nom donné aux troupes italiennes qui introduisirent en France au XVIe siècle (à Lyon en 1548) la commedia dell'arte.

comédien, ne n. Personne dont la profession est de jouer au théâtre, au cinéma. / Fig. Personne qui joue la comédie.

comédon n. m. MÉD. Bouchon graisseux à l'extrémité noire (point noir), qui obture l'orifice d'une glande sébacée.

Comencini (Luigi) 1916 Cinéaste italien: *Pain, amour et fantaisie* (1952), *L'Incompris* (1967), *L'Argent de la vieille* (1972).

Comenius (Jan Amos Komensky, dit**)** 1592-1670 Écrivain et humaniste tchèque. Fils de pasteur, prêtre, puis évêque d'une Église née d'une scission de la communauté hussite, il est contraint à l'exil à la suite de la victoire des catholiques (1620). En Pologne, il publie un traité pédagogique, *La Porte ouverte sur les langues* (1631), puis *La Grande Didactique* (1657), tout en se consacrant à la défense de ses coreligionnaires, à des projets œcuméniques ; cette activité diplomatique le fait voyager dans l'Europe entière jusqu'à son installation aux Provinces-Unies.

comestible adj. et n. m. pl. Qui peut être consommé comme aliment par l'homme. *Champignon comestible.* / n. m. pl. Denrées alimentaires.

• **comète** n. f. Astre qui appartient au système solaire (donc soumis à l'action de la force de gravitation du Soleil et des autres planètes) se composant d'une tête renfermant un noyau solide constitué de roche, recouvert d'une couche de glace d'eau, et d'une queue gazeuse résultant de la sublimation de la glace sous l'action du rayonnement solaire, rayonnement de plus en plus actif à mesure que la distance héliocentrique de la comète diminue.

comices n. m. pl. ANTIQ. Assemblées du peuple romain qui se réunissaient au forum ou au champ de Mars pour voter les lois. / *Comices agricoles*: assemblées d'agriculteurs où sont organisés des concours pour favoriser le développement de l'agriculture.

comics n. m. pl. (mot anglais) Bandes dessinées.

Comines ou **Commines** Voir **Commynes**

comique adj. et n. Qui procède de la comédie. / n. Artiste qui interprète des sketchs humoristiques. / Auteur ou acteur de comédie. / n. m. Caractère de la comédie, du genre comique. *Comique de mots, de situation.* / Ce qui provoque le rire. *Le comique de l'histoire.*

comiquement adv. De façon comique.

comitat n. m. HIST. Circonscription administrative de l'ancienne Hongrie, équivalant au comté.

comité n. m. Réunion de personnes déléguées par un corps plus nombreux (assemblée, entreprise, etc.) pour étudier certaines questions, donner des avis, exercer certains pouvoirs. *Comité central d'un parti politique. Comité de lecture*, chargé de retenir ou de rejeter des écrits, des pièces de théâtre. / *Comité d'entreprise (C.E.)*, composé des représentants élus du personnel et présidé par le chef d'entreprise. *Le comité d'entreprise gère les œuvres sociales et a un rôle consultatif sur l'organisation et la gestion de l'entreprise.* / *En petit comité*: entre intimes.

Comité de salut public Créé en avril 1793 par la Convention pour exécuter ses décisions, il s'empara en fait du pouvoir. La chute de Robespierre précipita sa disparition en 1795.

Comité de sûreté générale Institué par la Convention en octobre 1792 pour diriger la police, il se heurta fréquemment au Comité de salut public. Il disparut en octobre 1795, avec la Convention.

comitial, ale, aux adj. Des comices. / MÉD. *Mal comitial*: épilepsie (parce que, dans la Rome antique, les comices se séparaient si un épileptique avait une crise dans l'assistance).

comma n. m. MUS. Intervalle qui sépare deux notes enharmoniques, par exemple le do dièse et le ré bémol.

commandant n. m. Celui qui exerce un commandement militaire. *Commandant en chef.* / Premier grade de la hiérarchie des officiers supérieurs, dans les armées de terre et de l'air. / MAR. Titre donné à tout officier commandant un bâtiment de guerre. / AÉRON. *Commandant de bord*: celui, celle qui commande l'équipage d'un avion de ligne.

commande n. f. Action de demander la fourniture ou la livraison d'une marchandise, l'exécution d'un service ; cette marchandise ou ce service. *Passer une commande. Votre commande vous parviendra dans la semaine.* / loc. adj. Fig. *De commande*: forcé, artificiel. *Rire de commande.* / TECHN. Organe de direction d'un appareil, d'un mécanisme. *Les commandes d'un avion.* / Fig. *Prendre les commandes, être aux commandes*: diriger.

commandement n. m. Action, pouvoir d'exercer une autorité, de commander. *Aptitude au commandement.* / DR. Acte d'huissier mettant un débiteur en demeure de s'exécuter. / RELIG. *Les dix commandements*: les préceptes donnés par Dieu à Moïse sur le mont Sinaï, qui constituent le fondement de la morale judaïque et chrétienne. / MILIT. Ensemble des autorités militaires supérieures. *Haut commandement.* / Dans l'armée, ordre bref donné par un gradé. *À mon commandement, rompez !*

commander v. t. [1] Ordonner (une action). / Exercer un commandement sur, diriger. (Emploi absol.) *C'est lui qui commande.* / Exiger, imposer. *Cette affaire commande la discrétion.* / Dominer, contrôler l'accès à (un lieu). / Agir sur, déclencher (un mécanisme). / Passer commande de. *Commander un plat.* / v. t. ind. Litt. *Commander à*: régir, contrôler. *Commander à ses envies.* / v. pron. Se maîtriser. *L'amour, ça ne se commande pas !*

commanderie n. f. HIST. Bénéfice dont étaient pourvus certains ordres religieux militaires. / Résidence du commandeur d'un tel ordre.

commandeur n. m. Grade supérieur des ordres de chevalerie. *Commandeur de la Légion d'honneur.* / HIST. Chevalier d'un ordre pourvu d'une commanderie. *Commandeur de Malte.* / HIST. *Commandeur des croyants*: titre des califes.

commanditaire n. m. DR. Associé d'une société en commandite. / Bailleur de fonds d'une entreprise ou d'un groupement.

commandite n. f. DR. Part du capital apportée par un ou plusieurs actionnaires dans une société en commandite, forme de société commerciale où entrent deux sortes d'associés, les commandités, solidairement responsables des dettes de la société, et les commanditaires, qui ne sont responsables que dans les limites de leurs apports.

Les personnages de la **commedia dell'arte**.

commanditer v. t. [1] Verser des fonds à (une société). / Par ext. Financer.
commando n. m. (mot portugais) Petite formation de combat, chargée de mener des opérations rapides et isolées.
comme conj. et adv. **A.** conj. Puisque. *Comme tu passeras demain, tu m'apporteras les journaux.* / Tandis que, au moment où. *Comme il tournait le coin de la rue, il la vit qui traversait.* **B.** adv. Comment, de quelle manière. *Voyez comme les figures s'enchaînent dans ce ballet.* / Combien. *Comme elle est gentille !* / Du genre de, de la nature de. *Quelqu'un comme lui.* / Autant que ; aussi… que. *Rien n'est beau comme ce coucher de soleil. Il est grand comme son père.* / Ainsi que. *Elle agit comme le ferait son fils.* / De même façon que. *Aller comme le vent.* / De la façon que. *Agissez comme vous le désirez.* / Presque ; en quelque sorte. *Il est comme fou.* / En tant que. *Il agit comme adjoint du directeur.* / *Comme il faut* : convenablement. / loc. adj. *Une personne comme il faut*, convenable et bien élevée.
Comme il vous plaira 1599 Comédie de Shakespeare qui décrit un parfait désordre politique et moral dans la forêt d'Arden. Mais un ermite paraît, la nature devient enchanteresse et favorable à l'amour.
commedia dell'arte (mots italiens) Forme de comédie improvisée à partir d'une situation qui sert de canevas, les rôles étant distribués entre différents comédiens (Arlequin, Pierrot, Colombine, Pantalon) représentant des types fixes de la comédie italienne. Comique de situation un peu conventionnel, ce genre dérive du théâtre populaire latin, qui fut très à la mode dans les théâtres de foire en Italie et en France du XVIe au XVIIIe siècle et s'opposait au théâtre littéraire dont les rôles étaient écrits.
commémoratif, ive adj. Qui commémore. *Monument commémoratif.*
commémoration n. f. Cérémonie célébrant le souvenir d'une personne, d'un événement.
commémorer v. t. [1] Évoquer, célébrer la mémoire de (qqn, qqch.).
commencement n. m. Première partie ou moment initial d'une chose. / Fig. Origine, cause première.
commencer v. i. / v. t. **A.** v. i. Être à son commencement. *L'été commence en juin.* **B.** v. t. Entreprendre (une action, une tâche). *Commencer un roman.* / v. t. ind. *Commencer à, de* : se mettre à. *Commencer par* : faire en premier, débuter par.
commendataire adj. et n. Qui jouit d'un bénéfice en commende. *Abbé commendataire. Un commendataire.*
commende n. f. DR. CANON. Bénéfice ecclésiastique (abbaye, prieuré) conféré à un clerc séculier ou à un laïc sans obligation de résider.
commensal, ale, aux n. Personne qui mange à la même table qu'une autre. / BIOL. Espèce vivant en commensalisme.
commensalisme n. m. BIOL. Association d'espèces différentes, bénéfique à l'une et non préjudiciable à l'autre (à la différence du parasitisme).
comment adv., conj. et n. m. inv. (Marque l'interrogation) De quelle façon ? *Comment allez-vous faire ?* / Pourquoi ? *Comment ne nous avez-vous pas prévenus ?* / (Marque l'affirmation) De quelle façon. *Nous allons savoir comment il a réussi à s'échapper.* / (Marque la surprise) *Comment ! Il est là !* / n. m. inv. *Le pourquoi et le comment de qqch.* : les raisons pour lesquelles qqch. s'est produit et la façon dont cela s'est produit.
commentaire n. m. Ensemble de remarques, d'observations, d'explications à propos d'un texte, d'une œuvre. / Ensemble de réflexions, de jugements sur un fait, un événement. / (Surtout au plur.) Propos malveillant.
Commentaires de César Nom donné en français aux deux ouvrages de Jules César. *De bello gallico* (Commentaires sur la guerre des Gaules) traite de la période 58-52 av. J.-C. César publie probablement ce long livre en 51 av. J.-C. pour préparer sa prise du pouvoir à Rome. Ultérieurement, un de ses lieutenants ajouta les chapitres qui couvrent l'année de guerre 51. *De bello civili* (Commentaires sur la guerre civile) traite de la période 49-48 (lutte contre Pompée, essentiellement). D'autres auteurs couvrirent ensuite la période 48-45.
commentateur, trice n. Auteur d'un commentaire littéraire, historique, etc. / Journaliste chargé de commenter les informations à la radio, à la télévision.
commenter v. t. [1] Accompagner de commentaires, émettre un, des commentaires sur.
commérage n. m. Racontar de commère, ragot.
commerçant, ante n. Personne dont la profession est de faire du commerce.

COMÈTE

Comète de Bennett.

Observées depuis l'Antiquité (vers 245 av. J.-C., premier passage avéré de la comète de Halley), les comètes (dont le nom signifie « chevelu » en grec) n'ont jamais cessé de susciter l'intérêt. On parle d'« apparition » d'une comète lorsque cette dernière a été observée lors de son passage au périhélie. Dès la présence d'une comète signalée, on en détermine les éléments orbitaux qui dépendent du nombre d'observations et de l'intervalle de temps qui les sépare. On vérifie ainsi qu'aucun élément orbital ne correspond à un objet déjà répertorié. Si tel est le cas, la connaissance des paramètres de l'orbite renseigne sur l'identité de l'objet et sa périodicité, sachant que la majorité des comètes observées ont une période supérieure à 200 ans (longue période); elles ne sont alors observées qu'une fois, lors de leur passage au périhélie. Celles dont la période est inférieure à 200 ans (courte période) ont fait l'objet de plusieurs observations (Halley : 1682, 1759, 1835, 1910, 1986 ; périodicité moyenne : 76 ans). Le calcul de l'orbite permet en outre de définir si la trajectoire est une trajectoire de collision, que l'objet appartienne ou non au système solaire.
Les orbites des comètes peuvent être elliptiques, paraboliques, hyperboliques. Dans le cas d'orbites paraboliques ou hyperboliques, la trajectoire de l'objet, issue de l'infini, contourne le Soleil (foyer de la courbe) et s'éloigne vers l'infini. Quand l'orbite est elliptique, le Soleil occupe l'un des foyers, la courbe est fermée, l'objet appartient au système solaire, son retour à plus ou moins longue période est prévisible, sauf dans le cas où la trajectoire, soumise aux perturbations dues à la gravitation du Soleil et des planètes, subit une déformation telle que l'objet est capté par une planète : on parle alors d'orbite de capture (certaines comètes, de périodes inférieures à 20 ans, ont leur trajectoire orbitale contrôlée par la gravitation de Jupiter).
Il arrive parfois, au cours des passages successifs autour de la planète, que la comète vienne la frôler de trop près et subisse une force d'attraction capable de la briser (Brooks 2, en 1889, cassée par Jupiter, Shoemaker-Levy, en 1993-1994, cassée puis percutée par Jupiter). La Terre, à cinq reprises, a été frôlée par des comètes. La comète Lexell passe en 1770 à 0,015 UA (2,25 millions de km) ; en 1927, la comète Pons-Winnecke à 0,061 UA (9,1 millions de km) ; en 1930, la comète Schwassmann-Wachmann, à 0,062 UA (9,3 millions de km) ; en 1983 la comète Sugano-Saigusa-Fujikawa, à 0,063 UA (9,45 millions de km) ; en 1983 la comète IRAS-Araki-Alcock, à 0,031 UA (4,6 millions de km).

La comète Hyakuatakė, photographiée le 25 mars 1996.

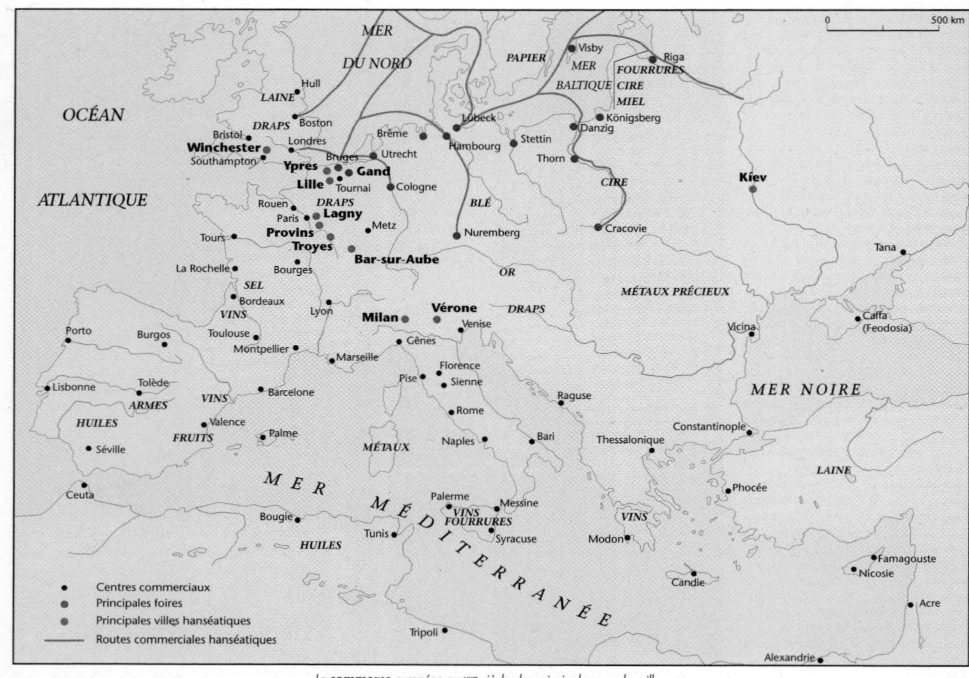

*Le **commerce** européen au XIIIe siècle : les principales grandes villes.*

commerce n. m. Activité ayant pour objet de vendre à des fins lucratives des marchandises, des biens, des services. *Commerce de gros, de détail. Commerce intérieur, extérieur. Tribunal de commerce.* / L'ensemble des commerçants. *Le petit commerce.* / Point de vente, magasin. *Tenir un commerce.* / Litt. Relation avec autrui. / Manière de se comporter en société. *Être d'un commerce agréable.*

commercer v. i. [1] Faire du commerce.

commercial, ale, aux adj. Qui procède du commerce. *Relations commerciales.* / Péjor. (En parlant d'une création artistique) Fait plutôt dans la perspective des recettes commerciales que dans un souci artistique. *Musique commerciale.*

commercialement adv. Sur le plan du commerce.

commercialisation n. f. Action de commercialiser ; fait d'être commercialisé.

commercialiser v. t. [1] Mettre (qqch.) dans le commerce.

commère n. f. Femme curieuse et bavarde, qui colporte des ragots. / Vx ou plaisant La marraine, par rapport au parrain.

commettant n. m. DR. COMM. Personne qui charge une autre personne (le commissionnaire) de faire des opérations pour son compte.

commettre v. t. [3] DR. Désigner (qqn) à une fonction particulière. / Se rendre coupable de. *Commettre un crime, une erreur.*

comminatoire adj. DR. Se dit d'une mesure qui contient la menace d'une sanction, en cas de contravention. / Menaçant. *Ton comminatoire.*

Commines Voir **Commynes**

commis, e adj. et n. **A.** adj. Auquel une affaire a été confiée. *Avocat commis d'office.* **B.** n. m. Employé subalterne. *Commis boucher.* / Vx *Commis voyageur* : voyageur de commerce. / HIST. *Premier commis* : fonctionnaire supérieur dans un ministère. *Les grands commis de l'État* : les hauts fonctionnaires.

commisération n. f. Sentiment de pitié suscité par le malheur d'autrui.

commissaire n. m. Personne à laquelle est déléguée une fonction temporaire et spéciale. *Commissaire du gouvernement auprès du Conseil de guerre. Commissaire d'exposition.* / *Haut commissaire* : fonctionnaire chargé d'une mission extraordinaire par le gouvernement dans un département ou un territoire d'outre-mer. / *Commissaire aux comptes*, nommé par les actionnaires d'une société anonyme pour vérifier les comptes des administrateurs. / SPORT Personne qui est chargée de surveiller la régularité des épreuves lors d'une compétition. / *Commissaire de police* : fonctionnaire chargé de tâches de police administrative et de police judiciaire. / MILIT. Officier chargé de l'administration financière. / HIST. *Commissaire du peuple* : appellation des ministres soviétiques de 1917 à 1946.

commissaire-priseur n. m. Officier ministériel chargé de l'estimation et de la vente aux enchères d'objets mobiliers. Pl. Des *commissaires-priseurs.*

commissariat n. m. Bureau, services, fonction d'un commissaire.

commission n. f. Charge, mandat temporaire. / DR. *Commission rogatoire* : délégation d'un juge à un officier de police judiciaire ou à un autre juge pour procéder à un acte d'instruction. / *Commission d'office* : désignation d'un avocat par son bâtonnier ou par le président d'un tribunal pour défendre un inculpé. / DR. COMM. Charge qu'une personne (le commettant) confie à une autre (le commissionnaire). / Pourcentage qu'on laisse à un intermédiaire pour sa rémunération. / Mission que l'on confie à qqn. *Faire une commission* : transmettre un message. / (Au plur.) Fam. Courses d'approvisionnement, provisions. *Faire les commissions.* / Réunion de personnes chargées d'étudier une question particulière. *Commission parlementaire.*

commissionnaire n. Intermédiaire commercial qui agit pour le compte d'un commettant, mais en son propre nom. *Commissionnaire en douane*, qui accomplit pour le compte d'un tiers les formalités de douane. / Personne chargée d'une commission ; (fam.) personne qui fait les commissions, les provisions. *Une petite commissionnaire.*

commissionner v. t. [1] Délivrer à (qqn) un mandat, une commission. *Commissionner un intermédiaire pour réceptionnaire une marchandise.*

commissure n. f. ANAT. Point de jonction de deux parties. *Commissure des lèvres.*

commode [1] adj. Pratique, bien adapté à l'usage. *Ustensile commode.* Ant. incommode. / Aisé, facile. *C'est trop commode !* / (En parlant d'une personne, seulement en tournure négative) *Il n'est pas commode* : il a mauvais caractère.

commode [2] n. f. Meuble de rangement pourvu de tiroirs.

Commode (en latin **Lucius Aelius Aurelius Commodus**) 161-192 Empereur romain. Fils de Marc Aurèle, cruel et vaniteux, il régna par la terreur et obtint du Sénat d'être divinisé (Hercule vivant). Ayant à demi ruiné l'empire, un complot fut fomenté contre lui : il fut assassiné sur ordre de sa concubine Marcia.

commodément adv. De manière commode.

commodité n. f. Qualité de ce qui est pratique à l'usage. / Libre usage. *Avoir quelque chose à sa commodité.* / (Au plur.) Agréments. *Les commodités de la vie.* / (Au plur.) Vieilli Lieux d'aisances.

commodore n. m. Officier de la marine britannique, néerlandaise ou américaine, d'un grade supérieur à celui de capitaine de vaisseau.

Commonwealth Association libre constituée d'États souverains, de colonies et d'États associés à la Grande-Bretagne. Le souverain est le chef symbolique du Commonwealth. Celui-ci rassemble, sous l'autorité morale de la Grande-Bretagne, les pays qui ont en commun l'idéal de la démocratie parlementaire et une volonté de maintenir entre eux, et avec l'ancienne métropole, des liens économiques et culturels privilégiés.

commotion n. f. MÉD. Ébranlement d'un organe dû à un choc, qui peut abolir les fonctions de cet organe de façon temporaire ou définitive sans altérer sa structure. *Commotion cérébrale.* / Violente émotion.
commuer v. t. [1] Transformer (une peine) en un peine moins lourde.
commun, e adj et n. **A.** adj. À tout le monde. *Espace commun.* / Partagé par plusieurs personnes ou choses. *Caractères communs à une catégorie. Opinion commune.* / Fig. *Lieu commun*: idée très répandue. / Ordinaire. *Fraise commune.* / Péjor. Sans distinction, sans élégance. *Elle est jolie, mais commune.* / DR. *Droit commun*: droit applicable à tous sur un territoire donné. / GRAMM. *Nom commun*: nom qui s'applique à toute une catégorie d'objets ou d'êtres (par opposition aux *noms propres*). **B.** n. m. Le plus grand nombre d'objets ou de personnes. *Le commun des mortels.* / Vx Le peuple. *Un homme du commun.* / (Au plur.) Bâtiments annexes d'une propriété. **C.** n. f. Voir **commune.**
communal, ale, aux adj. De la commune, relatif à la commune. *Prés communaux.*
communard, e n. Partisan de la Commune de Paris en 1871. / n. m. Dans l'argot des débits de boisson, mélange de vin rouge et de crème de cassis.
communautaire adj. Propre à une communauté. *Vie communautaire.*
communautarisme n. m. Conception politique qui met au premier rang, dans une société donnée, l'appartenance à une communauté (religieuse, ethnique, sexuelle) et organise la vie des individus en fonction de cette appartenance, au détriment des règles et des modèles s'appliquant à toute la société.
communauté n. f. Caractère de ce qui est commun. *Communauté d'intérêts.* / Groupe social dont les membres vivent ensemble ou ont des intérêts, des caractères ou des idéaux communs. *La communauté nationale.* / *Communauté urbaine*: association de communes autour d'une agglomération donnée pour la gestion des services publics. / RELIG. Groupement de religieux qui vivent ensemble et sont soumis à une règle commune; lieu abritant cette communauté. / DR. Régime matrimonial dans lequel la totalité (*communauté universelle*) ou une partie des biens (*communauté légale*) est commune aux époux; par ext. ensemble des biens communs (par oppos. à *biens propres*).
Communauté Organisation juridique correspondant à la période transitoire de la décolonisation française. Inscrite dans la Constitution de 1958 qui faisait du président de la République le président de la Communauté, elle associait à la République française, aux départements et aux territoires d'outre-mer, les anciens États d'A.É.F. et d'A.O.F.
Communauté des États indépendants (C.E.I.) Union informelle constituée à l'éclatement de l'U.R.S.S. L'initiative en revient à la Russie, à l'Ukraine et à la Biélorussie (traité de Minsk, 8 décembre 1991); à ces trois États se sont joints sept anciennes républiques fédérées (Arménie, Kazakhstan, Kirghizistan, Moldavie, Ouzbékistan, Tadjikistan et Turkménistan) et l'Azerbaïdjan, qui s'en retira en 1992 pour réintégrer la Communauté en 1993. La Géorgie n'a adhéré à l'union qu'en 1993, les pays baltes n'ont jamais adhéré.
Communauté économique européenne (C.E.E) ou **Marché commun** Organisation issue du traité de Rome signé en mars 1957 entre la France, l'Italie, la République fédérale d'Allemagne, les Pays-Bas, la Belgique et le Luxembourg, elle s'est élargie plusieurs fois et, le 1er novembre 1993, l'Union européenne lui a succédé.
Communauté européenne de l'énergie atomique (Euratom) Organisation instituée par le traité de Rome signé en mars 1957 entre les partenaires de la Communauté économique européenne pour réunir les conditions nécessaires au développement des industries nucléaires des pays membres.
Communauté européenne du charbon et de l'acier (C.E.C.A.) Traité signé le 18 avril 1951 entre la France, la République fédérale d'Allemagne, l'Italie et le Benelux. Elle institua le marché commun du charbon et de l'acier et se proposa d'organiser rationnellement leur production.
commune n. f. La plus petite subdivision administrative du territoire, en France. *Collectivité territoriale décentralisée, dotée de la personnalité morale, la commune est administrée par un conseil municipal (élu au suffrage universel) et par un maire (élu par le conseil municipal).* / HIST. Au Moyen Âge, ville affranchie du joug féodal, administrée par les bourgeois eux-mêmes. / *Chambre des communes* ou *Communes*: assemblée des représentants élus du peuple, en Grande-Bretagne.
Commune (la) Nom que prit la municipalité parisienne le 18 mars 1871 lorsqu'elle se constitua en pouvoir autonome face au gouvernement provisoire de Thiers installé à Versailles. Dès son avènement, elle dut lutter contre l'armée des versaillais – c'est ainsi qu'on nommait les troupes régulières obéissant aux ordres de Thiers – commandée par Mac-Mahon. À l'exécution des fédérés par le général de Galliffet, la Commune répondit par le décret des otages, qui furent fusillés. Après de sanglants combats de rues qui opposèrent communards et versaillais, et au cours desquels nombre de monuments parisiens furent détruits ou endommagés, les derniers défenseurs de la Commune tombèrent au cimetière du Père-Lachaise, devant le « mur des Fédérés ». 25 000 Parisiens furent massacrés par les versaillais durant cette semaine sanglante (22-28 mai 1871). 7 500 communards furent déportés en Nouvelle-Calédonie.
Commune de Paris (la) Gouvernement révolutionnaire de Paris (1789-1795) installé à l'Hôtel-de-Ville après la prise de la Bastille. Dans la nuit du 9 au 10 août 1792, une *Commune insurrectionnelle* prit sa place. Elle prit part aux massacres de septembre et exerça une dictature politique et économique.

***La Commune**: le général de Galliffet fit exécuter de nombreux fédérés.*

communément adv. De manière fort habituelle.
communiant, e n. RELIG. Personne qui communie, reçoit l'eucharistie. / *Premier communiant, première communiante*: celui, celle qui communie pour la première fois; (par ext.) celui, celle qui fait sa communion solennelle.
communicant, e [1] adj. Qui communique. *Vases communicants,* reliés entre eux par un conduit.
communicant, e [2] n. Syn. de communicateur.
communicateur, trice n. Personne qui communique par voie médiatique.
communicatif, ive adj. Qui se communique aisément. *Rire communicatif.*
communication n. f. Fait d'être en relation avec qqn, échange. *Avoir des difficultés de communication. Communication téléphonique.* / Action de transmettre qqch. *La communication d'une information.* / Ce qui est transmis, message, exposé. *Faire une communication.* / Ensemble des moyens et des techniques médiatiques utilisés pour diffuser des messages auprès d'un vaste public en vue d'informer, distraire, promouvoir une activité, entretenir une image. / Liaison, passage entre deux lieux. *Voies de communication.*
communier v. i. [1] RELIG. Recevoir le sacrement de l'eucharistie. / Litt. Être en profond accord intellectuel, sentimental avec qqn. *Communier dans le même amour de Mozart.*
communion n. f. Union des fidèles dans une même foi. / *Communion des saints*: solidarité intime entre tous les chrétiens, vivants et morts. / Communauté de sentiments, d'idées. *Être en communion avec qqn.* / RELIG. Réception du sacrement de l'eucharistie. / *Communion solennelle*: cérémonie au cours de laquelle le(la) jeune fidèle recevait la communion, à l'issue de ses années de catéchisme. *Depuis le concile de Vatican II, on parle de profession de foi, le jeune garçon, la jeune fille renouvelant, à l'occasion de la communion solennelle, les promesses de son baptême.* / LITURG. Moment de la messe où l'on communie.
communiqué n. m. Avis officiel transmis au public, par la presse, la radio ou la télévision.
communiquer v. i. / v. t. [1] **A.** v. i. Être ou entrer en communication (avec). *Les deux pièces communiquent.* **B.** v. t. Faire part de; transmettre (une information). *Communiquer des instructions. Communiquer son savoir, sa joie.*
• **communisme** n. m. Système social et économique, dans lequel toute propriété privée est abolie au profit de la mise en commun de tous les biens. / Dans la théorie marxiste, étape finale du socialisme caractérisée par l'abolition des classes, le dépérissement de l'État et la mise en commun des biens de consommation, selon la formule « à chacun selon ses besoins ». / Par ext., abus. Doctrine, parti, régime politique se réclamant du marxisme.
communiste adj. et n. Qui procède du communisme. *Régime communiste.* / Subst. Partisan du communisme. *Un(e) communiste.*
commutateur n. m. ÉLECTR. Appareil permettant de modifier les connexions d'un ou de plusieurs circuits électriques. / TÉLÉCOM. Dispositif permettant d'établir les liaisons téléphoniques.

*Voies de **communication**: les autoroutes.*

commutatif, ive adj. DR. *Contrat commutatif,* dont les effets (avantages, obligations) sont d'ores et déjà fixés (par oppos. au contrat *aléatoire*). / MATH. Se dit d'une opération dont le résultat reste le même si l'on change l'ordre des termes. *L'addition, la multiplication sont commutatives.*
commutation n. f. Remplacement d'une chose par une autre. / DR. *Commutation d'une peine*: remplacement d'une peine par une peine moindre. / TÉLÉCOM. Mise en liaison de deux lignes téléphoniques.
commuter v. i. [1] Opérer la commutation de.
Commynes (Philippe de) 1447-1511 Diplomate et chroniqueur français né en Flandre occidentale (aujourd'hui le département français du Nord). Conseiller de Charles le Téméraire, il s'enfuit de la cour de Bourgogne en 1472 et offrit ses services à Louis XI, puis servit Charles VIII et Louis XII. Il écrivit ses *Mémoires* à la fin du XVe siècle. Traitant la période 1464-1498 dans un style rigoureux et spontané, ce livre montre en Commynes le premier historien moderne.
Comnène Famille byzantine qui régna sur Constantinople aux XIe et XIIe siècles et, plus tard, sur Trébizonde. Voir **Isaac Ier**, **Alexis Ier**, **Jean II**, **Manuel Ier**, **Alexis II**, **Andronic Ier** et **Trébizonde**.
Comoé *env. 1 000 km* Fleuve du Burkina Faso et de la Côte d'Ivoire qui se jette dans le golfe de Guinée. Le parc national de la Comoé (*1 500 km²*) se trouve dans le Nord-Est de la Côte d'Ivoire.
• **Comores (archipel des)** Archipel de l'océan Indien, situé à égale distance de l'Afrique et de Madagascar et dont les îles principales sont Mayotte, Anjouan, Mohéli et la Grande Comore.
comorien, enne adj. et n. Des îles Comores. *Archipel comorien. Un(e) Comorien(ne).*
comourants n. m. pl. DR. Personnes périssant ensemble sans qu'on puisse établir médicalement l'ordre des décès.
compacité n. f. Caractère de ce qui est compact.
compact, e adj. et n. m. Serré, dense. *Bois compact. Foule compacte.* / Dont le volume est réduit. *Appareil photo compact, chaîne stéréo compacte* ou, n. m., *un compact.*
compactage n. m. TRAV. PUBL. Opération consistant à tasser le sol pour en accroître la densité et la résistance. / Compression des ordures ménagères. / INFORM. Diminution du volume occupé par des données, sans perte d'informations.

C

Communisme

Les caractéristiques essentielles du communisme (absence de la division de la société en classes, absence de l'exploitation de l'homme par l'homme) auraient été celles de l'organisation primitive des communautés humaines ; cette hypothèse n'est confirmée ni par l'anthropologie ni par l'histoire : un tel type d'organisation ne se retrouve ni chez les peuples dits « primitifs » ni dans aucune société humaine du passé. Platon prônait la communauté des biens (réservés aux hommes libres, il ne songeait pas à abolir l'esclavage) et certains groupes chrétiens des premiers siècles ont tenté des expériences de même esprit. Amorcé au XVIe siècle, en particulier avec Thomas More dans son *De optimo republicae statu deque nova insula Utopia*, un courant utopiste a abouti au XIXe siècle, avec le développement du capitalisme, aux théories de Babeuf, Cabet, Fourier, Owen qui réclament l'abolition de la propriété privée et la suppression de toute inégalité, en accord sur ces points avec les anarchistes et Proudhon. Des tentatives d'organisation collective de la vie quotidienne ont vu le jour à cette époque (communauté idéale de Cabet au Texas, phalanstères de Fourier...), sans dépasser le stade de l'expérimentation socio-économique. Pour Marx et Engels, il s'agit de tout autre chose : le socialisme scientifique entend dégager les lois qui régissent le développement de la société et fixer les étapes de l'évolution sociale, de la lutte des classes, qui aboutiront à la fin du capitalisme. Les théories de Marx et d'Engels ont été reprises, approfondies, modifiées, adaptées, dénaturées par divers hommes politiques, essentiellement Lénine, Trotski, Staline et Mao Zedong, pour aboutir, à peu près partout, à une doctrine plus généralement aujourd'hui nommée « communisme » et non plus socialisme. Cette nouvelle appellation marque une mutation fondamentale de la doctrine d'origine : il ne s'agit plus d'une évolution accomplie grâce à des réformes, mais d'une transformation radicale née de mouvements révolutionnaires. Les États ou partis dits communistes espèrent parvenir à bâtir le socialisme, dont la dernière étape sera le dépérissement de l'État et l'avènement de la société sans classe, en un mot le communisme, qui marquera la fin des temps historiques. Entrées dans la réalité en Russie (puis en U.R.S.S.) avec Lénine après 1917, les thèses socialistes (puis communistes) ont gagné du terrain, tout d'abord après la Seconde Guerre mondiale dans l'Europe de l'Est, grâce à l'occupation militaire russe, ensuite en Chine depuis la victoire de Mao en 1949, enfin à Cuba (avec Fidel Castro) et au Vietnam (1954, puis 1975 pour le Sud), alors que des pays du tiers monde (surtout en Afrique subsaharienne) se disaient marxistes (mais non pas communistes). En 1990-1991, le communisme s'est effondré en U.R.S.S. et en Europe de l'Est, où les partis communistes, rebaptisés socialistes, sont entrés dans le jeu de l'alternance démocratique. Les pays marxistes du tiers monde ont, pour la plupart, renoncé alors au régime du parti unique et libéralisé l'économie. Cuba, la Chine, la Corée du Nord et le Vietnam n'ont pas suivi cette voie, mais après la mort de Mao (1976), la Chine a adopté un capitalisme d'État.

Représentation allégorique de la IIIe Internationale, œuvre relevant du réalisme socialiste.

Comores (archipel des)

Superficie : *2 235 km²* – **Nombre d'habitants :** *652 000 h.*
Capitale : *Moroni (Grande Comore)* – **Villes principales :** *Mutsamudu, Fomboni* – **Système politique :** *république* – **Langue(s) :** *français, arabe*
Religion(s) : *islam* – **Monnaie(s) :** *franc des Comores*

Voir l'Atlas

Économie

À l'exception de Mayotte, restée française, les Comores constituent une république (mais Anjouan a fait sécession en 1997). L'exploitation forestière, les cultures du cocotier et de la canne à sucre sont les seules ressources de ces îles à la démographie galopante qui ne peuvent assurer l'autosuffisance alimentaire.

Histoire

L'archipel fut découvert au XVIe siècle. Protectorat puis colonie française en 1891, rattaché à Madagascar en 1912, l'archipel des Comores acquiert lors du référendum de 1958 le statut de territoire d'outre-mer. En décembre 1974, un référendum aboutit à l'indépendance, sauf à Mayotte. Le 6 juillet 1975, Ahmed Abdallah proclama l'indépendance de son pays, qui l'élut président. En août, il fut renversé par un coup d'État dans lequel le mercenaire français Bob Denard joua un rôle important. On a ensuite suspecté Bob Denard d'avoir joué un rôle analogue dans le renversement du président Ali Soilih en 1978, puis dans l'assassinat d'Ahmed Abdallah en 1989 (alors que Bob Denard l'aurait aidé à revenir au pouvoir). La dernière entreprise de Bob Denard, en 1995, échoua grâce à l'intervention de l'armée française. En 1997, l'île d'Anjouan (ou Ndzouani) a fait sécession et a demandé son rattachement à la France, laquelle n'a pas accepté. Par référendum, le 23 décembre 2001, le pays a adopté une nouvelle constitution et la dénomination d'Union des Comores.

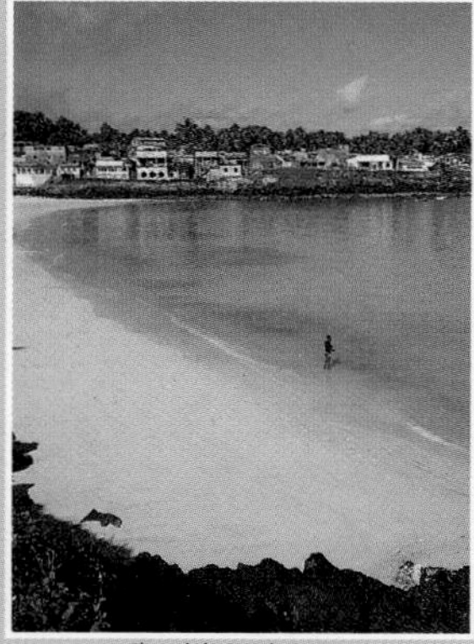
Plage de la Grande Comore.

Torchère réalisée par des **compagnons** flamands, scieurs de long (XVIIIe siècle).

compact disc n. m. (mots anglais, nom déposé) Disque audionumérique de 12 cm de diamètre (appelé aussi *disque compact* ou, par abréviation *C.D.*).
compacter v. t. [1] Rendre compact.
compagne n. f. Celle qui partage la vie ou les occupations d'une ou de plusieurs autres personnes. / Litt. Épouse, concubine.
compagnie n. f. Fait d'accompagner qqn, présence auprès de qqn. *Apprécier la compagnie de qqn. Tenir compagnie à qqn*: rester auprès de lui. / Association de personnes réunies par des activités ou des statuts communs. *Compagnie théâtrale. Compagnie d'assurances.* / *Et compagnie* (*et Cie*): mention qui, à la fin d'une raison sociale, indique qu'il existe d'autres associés, non nommés. / MILIT. Unité militaire de l'infanterie, commandée par un capitaine. / *Compagnie républicaine de sécurité*: voir **C.R.S.** / CHASSE Bande d'animaux de même espèce.
Compagnies (Grandes) Troupes de mercenaires qui désolèrent la France en pillant les villes et les campagnes pendant les périodes de trêve de la guerre de Cent Ans. Du Guesclin débarrassa le pays de ces bandes en les emmenant guerroyer en Espagne.
compagnon n. m. Celui qui partage la vie ou les occupations d'une ou de plusieurs autres personnes. *Compagnon d'armes.* / Litt. Mari, concubin. / Dans certains métiers, ouvrier qui n'est plus apprenti mais n'est pas encore maître. *Compagnons du Tour de France.*
compagnonnage n. m. Stage que les compagnons doivent faire chez un maître avant de pouvoir travailler pour leur compte. / Association entre ouvriers d'un même corps d'état à des fins de solidarité et d'instruction professionnelles.
comparable adj. Que l'on peut comparer.
comparaison n. f. Examen des rapports de différence et de ressemblance entre des choses, des personnes. / GRAMM. *Degrés de comparaison*: le comparatif et le superlatif.
comparaître v. i. [3] Se présenter sur ordre (devant un juge, un tribunal).
comparatif, ive adj. et n. Qui compare. *Étude comparative.* / n. m. GRAMM. L'un des deux degrés de comparaison de l'adjectif ou de l'adverbe, exprimant une qualité égale, supérieure ou inférieure. / n. f. *Une comparative*: une proposition comparative.
comparativement adv. Par comparaison.
comparé, e adj. Se dit d'une science, d'une discipline fondées sur l'étude des rapports entre plusieurs sujets. *Grammaire, linguistique comparée*, qui étudie les rapports entre les grammaires, les langues. *Littérature comparée*, qui étudie les rapports, les influences entre les littératures de différents pays.
comparer v. t. [1] Mettre en comparaison. *Comparer les prix.* / Établir un parallèle entre. *Comparer la guerre à l'enfer.*
comparse n. THÉÂTRE Personnage qui tient un rôle de figurant. / Fig. Personne jouant un rôle de second plan dans une affaire, en particulier dans une affaire délictueuse.
compartiment n. m. Case, division d'un espace. *Tiroir à compartiments.* / Division d'une voiture de chemin de fer délimitée par des cloisons. / Division d'une surface délimitée géométriquement par des lignes. *Plafond à compartiments.*
compartimenter v. t. [1] Diviser en compartiments. / Diviser par des limites très nettes.
comparution n. f. DR. Action de comparaître devant un juge, un tribunal.
compas n. m. Instrument composé de deux branches mobiles, articulées, servant à tracer des cercles, à prendre des mesures. / MAR., AÉRON. Instrument de navigation indiquant le cap. *Compas magnétique, gyroscopique.*
Compas (le) Constellation australe (voir **constellation**).
compassé, e adj. Fig. Guindé, comme réglé au compas. *Un air compassé.*
compassion n. f. Sentiment d'affliction devant les malheurs d'autrui.
compassionnel, elle adj. Accordé par compassion. / MÉD. *Soins compassionnels, traitement compassionnel*, dont le but est de soulager le malade et non de traiter la maladie.
compatibilité n. f. État de ce qui est compatible. *Compatibilité de deux caractères.* Ant. incompatibilité.
compatible adj. Qui peut s'accorder, coexister avec une autre chose. Ant. incompatible. / INFORM. Se dit de matériels d'origine différente qui peuvent fonctionner ensemble, être connectés. / MÉD. Se dit du sang, d'un organe, d'un tissu qui ne provoque pas de rejet immunitaire chez le sujet receveur.
compatir v. t. ind. [2] Éprouver, manifester de la compassion pour. *Compatir aux malheurs d'autrui.*
compatissant, e adj. Qui compatit, manifeste de la compassion. *Paroles compatissantes.*
compatriote n. Personne qui est originaire du même pays qu'une autre.
compendieusement adv. Brièvement.
compendieux, euse adj. Succinct (en parlant d'un texte, d'un discours, d'un propos). / Qui s'exprime succinctement (en parlant de personnes).
compendium n. m. (mot latin) Litt. Résumé. *Compendium de philosophie.*
compensateur, trice adj. Qui compense. / PHYS. *Balancier, pendule compensateur*, conçu pour compenser l'effet de la dilatation thermique sur la période.
compensation n. f. Action d'équilibrer deux éléments contraires. *Compensation entre les gains et les pertes.* / Dédommagement matériel ou moral à la suite d'un préjudice. / FIN. En Bourse, opération par laquelle les achats et les ventes à terme se règlent par virements réciproques. / ÉCON. Règlement d'échanges internationaux en marchandises, et non en devises. / DR. Mode d'extinction conventionnel des obligations réciproques. / PSYCHOL. Mécanisme par lequel un sujet compense un sentiment d'infériorité, une frustration, par la recherche de satisfactions secondaires.
compensatoire adj. Qui procure une compensation, un dédommagement. *Indemnité compensatoire.*
compenser v. t. [1] Équilibrer, neutraliser (qqch.). *Compenser un défaut par une sincère bonne volonté.* / Dédommager de. *Compenser une perte.*
compère n. m. Complice d'une supercherie. / Vx ou plaisant Le parrain, par rapport à la marraine.
compère-loriot n. m. MÉD. Inflammation de la paupière. Syn. orgelet. Pl. Des *compères-loriots.*
compétence n. f. Qualité d'une personne compétente. Ant. incompétence. / DR. Aptitude légale. *Compétence d'un préfet, d'un tribunal.* / LING. Connaissance intériorisée des règles permettant à tout sujet parlant une langue naturelle de former un nombre indéfini de phrases.
compétent, e adj. Capable de juger et d'agir efficacement dans un domaine donné en raison de ses connaissances. *Être compétent en mécanique automobile.* Ant. incompétent. / DR. Apte à appliquer la loi. *Tribunal compétent.* / Requis par la loi. *Avoir l'âge compétent pour exercer une fonction.*
compétiteur, trice n. Personne qui participe à une compétition.
compétitif, ive adj. (Surtout dans le domaine commercial) Capable d'entrer en compétition. *Un produit compétitif.*
compétition n. f. Recherche simultanée par plusieurs personnes d'un même résultat, d'un même avantage; concurrence. / Épreuve sportive.
compétitivité n. f. Caractère compétitif.
Compiègne *41 896 h.* Chef-lieu d'arrondissement du département de l'Oise, sur l'Oise. Située en bordure de la forêt domaniale de Compiègne (*144 km2*), la ville fut un lieu de résidence royale depuis les Mérovingiens. Elle fut le siège de nombreuses assemblées et conciles. Jeanne d'Arc y fut détenue en 1430. Les armistices de 1918 et 1940 furent signés dans la forêt de Compiègne, près de la gare de Rethondes. Le château, construit sous Louis XV et Louis XVI par Gabriel, sur l'emplacement des châteaux de Charles le Chauve et de Charles V, est la dernière résidence royale édifiée sous l'Ancien Régime. Napoléon Ier le fit restaurer. Les chefs d'État y séjournèrent jusqu'à la fin du Second Empire. C'est aujourd'hui un musée. Églises Saint-Jacques (XIIIe et XVe siècles), Saint-Antoine (XVIe siècle), hôtel de ville du XVIe siècle, agrandi au XIXe siècle.
compilation n. f. Action de compiler; résultat de cette action. / Ouvrage sans originalité, fait d'emprunts. / Disque réunissant les grands succès d'un chanteur, d'un genre musical.
compiler v. t. [1] Rassembler (des éléments divers, des textes d'auteurs différents, etc.) pour en faire un ouvrage. / INFORM. Traduire (un langage de programmation) en un langage que l'ordinateur peut utiliser.
complainte n. f. Chanson populaire sur un thème triste. / DR. Action d'un possesseur d'immeuble pour faire cesser un trouble.
complaire v. t. ind. [3] Se soumettre au goût de (qqn) pour lui plaire. *S'efforcer de complaire à un ami.* / v. pron. *Se complaire dans ses erreurs*, refuser de les voir, se montrer indulgent avec soi-même.
complaisamment adv. Avec complaisance.
complaisance n. f. Disposition à complaire à autrui. / *Certificat de complaisance*, délivré à qqn qui n'y a pas droit, par obligeance. / Indulgence excessive. *Se regarder avec complaisance.*
complaisant, e adj. Qui complaît à autrui. / Qui est trop indulgent.
complément n. m. Ce qui complète une chose. / GRAMM. Mot ou proposition qui complète le sens d'un autre mot ou d'une autre proposition. *Complément d'objet, de lieu*: voir *objet, lieu.* / GÉOM. *Complément d'un angle*: ce qui manque à un angle aigu pour égaler un angle droit. / BIOL. Substance composée de plusieurs protéines, présente dans le sérum sanguin, et jouant un rôle dans les mécanismes immunitaires car elle mobilise les anticorps.
complémentaire adj. Qui constitue un complément. *Information complémentaire.* / GÉOM. *Arcs, angles complémentaires*, dont la somme est égale à un angle droit. OPT. *Couleurs complémentaires*: voir *couleur.*
complémentarité n. f. Qualité de ce qui est complémentaire.

Compiègne.

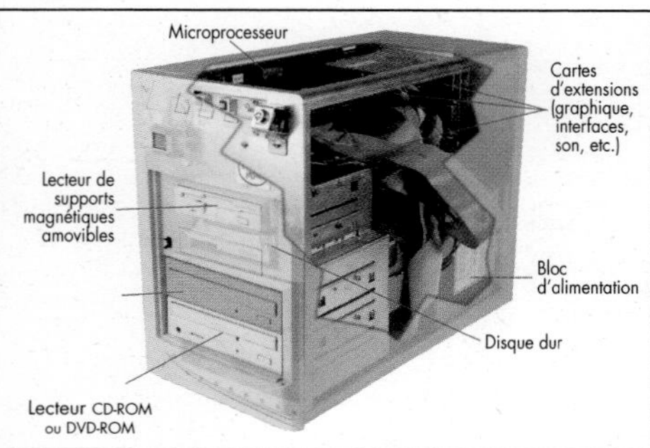

***Composants** d'une unité centrale d'ordinateur.*

complet, ète [1] adj. Auquel il ne manque rien. *Une collection complète.* / *Farine complète,* moulue avec le son. / Plein. *C'est complet, il n'y a plus de place !* / Total, entièrement réalisé, achevé. *Victoire, défaite complète.* / Loc. *À temps complet* : en utilisant tout le temps disponible. *Travail à temps complet*, mobilisant tout le temps légal de travail.

complet [2] n. m. Vêtement masculin comportant pantalon, veston et gilet, faits d'une même étoffe. *Un complet rayé.*

complètement adv. De manière complète.

compléter v. t. [1] Rendre complet, ajouter ce qui manque. / v. pron. Former un tout harmonieux en s'associant.

complétif, ive adj. et n. f. LING. Qui a la fonction de complément. / n. f. *Complétive* ou *proposition complétive,* qui joue le rôle de complément.

complet-veston n. m. Vieilli Complet, vêtement masculin. Pl. Des *complets-veston.*

complexe [1] adj. Formé d'éléments différents. *Système complexe.* Ant. simple. / Compliqué. *Problème complexe.*

complexe [2] n. m. PSYCHAN. Ensemble de sentiments, de représentations, de pulsions, acquis dès l'enfance et généralement inconscient, qui détermine les affects et le comportement d'un individu. *Complexe de castration. Complexe d'Œdipe.* / Fam. *Avoir des complexes* : être inhibé. / ÉCON. Ensemble d'industries. *Complexe sidérurgique.* / Ensemble d'installations. *Complexe sportif, touristique.*

complexer v. t. [1] Donner des complexes à (qqn).

complexion n. f. Litt. Constitution du corps. *Complexion frêle, robuste.*

complexité n. f. Qualité de ce qui est complexe.

complication n. f. Caractère de ce qui n'est pas simple. / Concours de circonstances aggravant un état antérieur. / MÉD. (Au plur.) Nouveau phénomène morbide, apparaissant au cours d'une maladie. *Complications post-opératoires.*

complice adj. et n. Qui participe à (un délit). *Être complice d'un vol.* / Qui exprime une connivence avec qqn. *Échanger des regards complices.* / Subst. *Il y a plusieurs complices. Sa complice est en fuite.*

complicité n. f. Participation à un délit commis par un autre. / Entente profonde et tacite entre deux personnes.

complies n. f. pl. LITURG. CATHOL. La dernière heure de l'office divin, après les vêpres.

compliment n. m. Paroles de félicitations. / Petit discours que l'on adresse à qqn à l'occasion d'une fête.

complimenter v. t. [1] Faire des compliments à (qqn).

compliqué, e adj. Dont l'agencement des parties est difficile à comprendre, qui manque de simplicité. *Un ensemble compliqué.*

compliquer v. t. [1] Rendre difficile à comprendre en multipliant les composantes. / v. pron. Devenir compliqué ; empirer.

complot n. m. Projet concerté secrètement contre une personne ou une institution. *Complot contre la sûreté de l'État.*

comploter v. t. / v. i. [1] Chercher à réaliser par complot. *Comploter le renversement du régime politique.* / v. i. Préparer un complot. *Comploter contre le régime politique.*

comploteur, euse n. Personne qui complote.

componction n. f. Douleur morale du repentir. / Gravité, recueillement (se dit parfois ironiquement).

comporte n. f. Cuve dans laquelle on transporte les raisins.

comportement n. m. Manière d'agir. / PSYCHOL. Ensemble des réactions objectivement observables d'un individu à une stimulation extérieure ou intérieure.

comportemental, e adj. Propre ou relatif au comportement humain. / Qui relève du comportementalisme.

comportementalisme n. m. PSYCHOL. Béhaviorisme.

comporter v. t. / v. pron. [1] **A.** Porter (qqch.) en soi ; contenir (qqch.). *L'entreprise comporte des risques.* **B.** v. pron. Adopter tel comportement. *Se comporter en ami.* / Fonctionner. *La voiture se comporte bien dans les courbes.*

composacées Voir **composées**

composant n. m. Élément qui entre dans la composition de qqch. *Les composants de l'eau. Composants électroniques.*

composante n. f. Élément d'un ensemble. / MÉCAN. Chacune des forces dont la combinaison forme une résultante. / MATH. *Composantes d'un vecteur*, ses coordonnées.

composé, e adj. et n. m. **A.** adj. Formé de plusieurs éléments. / BOT. *Feuille composée,* formée de plusieurs folioles. / GRAMM. *Mot composé*, formé de plusieurs mots (par ex. timbre-poste, pomme de terre). / *Temps composé*, formé d'un auxiliaire (être ou avoir) et d'un participe passé (par ex. le passé composé, le plus-que-parfait). **B.** n. m. CHIM. Corps formé par la combinaison de plusieurs éléments.

composées ou **composacées** n. f. pl. BOT. Famille de plantes dicotylédones gamopétales, à fleurs groupées en capitules, dont le fruit est un akène, comprenant de très nombreuses espèces, dont la camomille, le chardon, la laitue.

composer v. t. / v. i. [1] **A.** v. t. Former (un tout) en combinant divers éléments. *Composer un bouquet.* / Entrer dans la composition de. *Les membres qui composent le jury.* / Former (un numéro) sur un écran, un clavier. / Créer (une œuvre), écrire (une musique). / Adopter (telle expression, telle attitude) pour produire un certain effet. **B.** v. i. Chercher à s'accorder (avec qqn, qqch.). *Composer avec l'adversité.*

composeuse n. f. IMPRIM. Machine à composer.

composite adj. Formé d'éléments très différents. / ARCHIT. *Ordre composite* ou, n. m., *le composite* : ordre dont le chapiteau combine la corbeille d'acanthe du corinthien et les volutes du ionique. / TECHN. *Matériau composite* ou, n. m., *un composite*, formé de plusieurs constituants pour obtenir des propriétés particulières.

compositeur, trice n. MUS. Personne qui écrit une œuvre musicale. / IMPR. Personne ou entreprise chargée de la composition d'un texte.

composition n. f. Action ou manière d'assembler plusieurs éléments pour constituer un tout. / Proportion des éléments qui constituent un tout ; structure. *Composition de l'air.* / Action de créer une œuvre littéraire ou artistique ; cette œuvre. / Art d'écrire une œuvre musicale. / Exercice scolaire en vue d'un classement. *Composition française* : exercice de rédaction sur un sujet. / IMPR. Action d'assembler les caractères qui serviront à imprimer un texte, soit de façon manuelle ou mécanique, soit de façon informatisée (*photocomposition*). / MATH. *Loi de composition* : application qui associe un élément d'un ensemble à un couple d'éléments de cet ensemble (*loi de composition interne*), ou à un couple formé par un élément de cet ensemble et un élément d'un autre ensemble, appelé ensemble des opérateurs (*loi de composition externe*).

compost n. m. Engrais résultant de la fermentation de déchets organiques auxquels on ajoute des apports minéraux.

*Une fleur d'arnica, plante de la famille des **composées**.*

composter [1] v. t. [1] Amender (une terre) par du compost. *Composter son jardin.*

composter [2] v. t. [1] Marquer au composteur. *Composter un billet de train.*

composteur n. m. En typographie, réglette munie d'un rebord sur laquelle le compositeur place les caractères. / Appareil automatique, servant à marquer ou à numéroter des papiers, des billets.

compote n. f. Dessert fait de fruits cuits avec de l'eau, du sucre.

compotier n. m. Coupe, plat creux dans lequel on sert les compotes, les fruits.

compréhensible adj. Qui peut être compris. *Des propos compréhensibles. Un raisonnement compréhensible.* / Facile à comprendre, à justifier. *Une réaction bien compréhensible.*

compréhensif, ive adj. Qui admet aisément ce que pense ou fait autrui, lui manifeste de la compréhension. *Un ami compréhensif.*

compréhension n. f. Faculté de comprendre, de saisir les choses par la pensée. Ant. incompréhension. / Possibilité d'être compris, intégré par l'esprit. *La ponctuation est utile à la compréhension d'un texte.* / Qualité d'une personne compréhensive. / LOG. Déterminations qualitatives d'un concept, par oppos. à son *extension.*

comprendre v. t. [3] Être composé de. *L'année comprend douze mois.* / Faire entrer dans un tout. *Toutes taxes comprises.* / Intégrer, saisir par l'esprit. *Comprendre un problème.* / Avoir

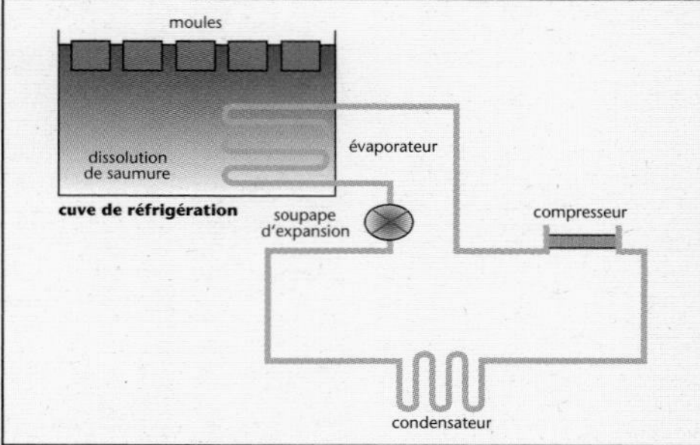

*Fabrication de barres de glace par **compression**.*

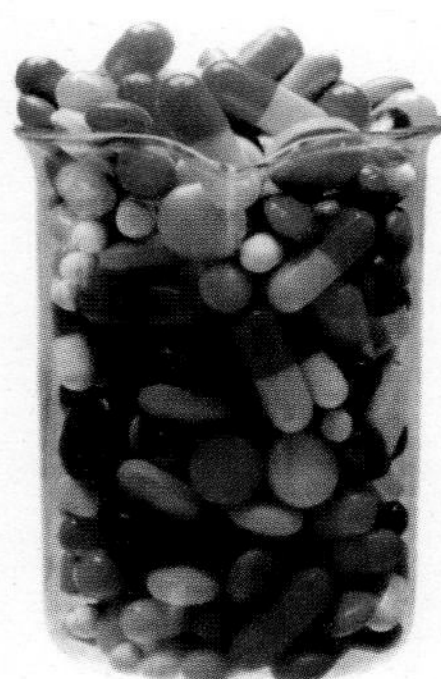

Comprimés.

conscience de. *Il a compris son erreur.* / Admettre. *Je comprends sa colère.*
compresse n. f. Morceau de tissu ou de gaze stérile destiné à être appliqué sur une plaie.
compresser v. t. [1] Presser, serrer (un corps) dans un espace restreint.
compresseur n. m. Appareil servant à comprimer un fluide (par ex. de l'air) pour en augmenter la pression. *Compresseur frigorifique.*
compressibilité n. f. Qualité de ce qui est compressible.
compressible adj. Qui peut être compressé. Au fig. Qui peut être réduit, diminué. Ant. incompressible.
compression n. f. Action d'exercer une pression sur un corps pour en diminuer le volume. / Résultat de cette action. / TECHN. Dans un moteur à quatre temps, deuxième phase du cycle précédant l'explosion. / Fig. Réduction. *Compression des dépenses, du personnel.*
comprimé, e adj. et n. m. **A.** adj. Dont le volume est réduit par compression. *Air comprimé.* **B.** n. m. Pastille pharmaceutique obtenue en pressant dans un moule des substances pulvérisées.
comprimer v. t. [1] Réduire, par pression, le volume de. *Comprimer un gaz.* Au fig. *Comprimer des dépenses,* les réduire.
compris, e adj. Inclus. *Service compris.* / loc. adv. *Y compris*: en y incluant. *Rembourser une dette, les intérêts y compris.*
compromettant, e adj. Qui compromet, peut compromettre. *Des amitiés compromettantes.*
compromettre v. t. [3] Exposer (qqch.) à un dommage, lui nuire. *Compromettre sa santé.* / Exposer (qqn) à un préjudice moral, nuire à sa réputation. *Compromettre un ami.* / v. pron. *Il s'est compromis avec un avocat marron.*
compromis, e adj. et n. m. **A.** adj. Dont l'état, la réalisation, la réputation sont douteuses. *Un projet compromis. Une personne compromise dans une affaire louche.* **B.** n. m. Arrangement intervenant au prix de concessions réciproques. / DR. Acte par lequel on recourt à un arbitrage pour régler un litige.
compromission n. f. Action par laquelle on met en péril sa réputation, son honneur. *Être prêt à toutes les compromissions.*
comptabiliser v. t. [1] Inscrire (une valeur) dans une comptabilité.
comptabilité n. f. Technique de la tenue des comptes. / L'ensemble des comptes. / Service chargé de tenir les comptes. / *Comptabilité générale*, qui établit le bilan de l'entreprise. / *Comptabilité analytique*, qui détermine les coûts et les prix de revient et permet d'établir des prévisions de gestion. / *Comptabilité nationale*: système de mesure de l'activité économique de la nation.
comptable adj. et n. **A.** adj. Relatif aux comptes, à la comptabilité. *État comptable d'une entreprise.* / Qui est préposé à la comptabilité, rend les comptes. *Agent comptable.* / Par ext. Qui est tenu de rendre compte de, responsable. *Se sentir comptable de ses actes.* **B.** n. Personne chargée d'une comptabilité. *Comptable agréé,* autorisé par la loi.
comptage n. m. Action de compter.
comptant adj. m., n. m. et adv. **A.** adj. m. Qui est payé sur-le-champ. *Argent comptant.* **B.** n. m. *Au comptant*: en payant ou en se faisant payer sur-le-champ. **C.** adv. *Payer comptant*, avec de l'argent comptant.
compte n. m. Action de compter. *Compte à rebours.* / Évaluation d'une quantité; cette quantité. *Le compte est bon. À bon compte*: à un prix avantageux; sans trop de mal. / Somme qui est due. *Pour solde de tout compte.* / État des recettes et des dépenses. *Compte de gestion d'une entreprise.* / *Compte (courant)*: état de l'avoir et des dettes d'un client dans une banque. *Ouvrir un compte. Compte courant postal*: compte financier ouvert dans une poste. / *Rendre des comptes à*: être comptable devant (qqn). / Fig. *Rendre compte de qqch.*, le relater pour l'expliquer ou le justifier. / loc. fam. *Avoir son compte*: avoir son compte de coups, être sonné, être K.O. *Règlement de comptes*: voir *règlement*.
compte(-)chèques n. m. Compte bancaire ou postal fonctionnant au moyen de chèques. *Pl. Des comptes(-)chèques.*
compte-fils n. m. inv. Loupe puissante montée sur charnière pour examiner une étoffe, le détail d'un dessin, d'une photographie.
compte-gouttes n. m. inv. Tube de verre effilé servant à verser un liquide goutte à goutte. / loc. adv., fig. *Au compte-gouttes*: avec parcimonie.
compter v. t. / v. i. [1] **A.** v. t. Faire le compte de, dénombrer. *Compter des moutons.* (Emploi absol.) *Compter jusqu'à trois.* / Faire entrer (un élément) dans un compte, un total. *En comptant le service. Je le compte parmi mes amis.* / Comporter, totaliser (tant de). *Ce livre compte six chapitres.* / Évaluer, prévoir (une quantité). *Il faut compter deux heures d'attente.* / Envisager de. *Je compte rester ici.* **B.** v. i. Entrer dans un compte, un calcul. *Sa voix compte double.* / Avoir de l'importance. *Il n'y a que ça qui compte.* / *Compter sur*: se fier à. *Compter avec*: tenir compte de.
compte rendu ou **compte-rendu** n. m. Rapport, exposé par lequel on rend compte d'un événement, d'un ouvrage, etc. *Compte rendu de séance.* Pl. Des *comptes(-) rendus*.
compte-tours n. m. inv. MÉCAN. Appareil comptant le nombre de rotations effectuées en un temps donné par l'arbre d'un moteur.
compteur n. m. Appareil servant à compter, à mesurer des grandeurs. *Compteur de vitesse. Compteur de gaz, d'électricité.*
comptine n. f. Chanson enfantine servant à tirer au sort un joueur.

Arthur Compton.

comptoir n. m. Table longue et étroite sur laquelle le commerçant étale ses marchandises ou sert des boissons. / HIST. Installation commerciale dans un pays éloigné. *Pondichéry était un comptoir français aux Indes.* / Établissement bancaire. / Cartel de vente ou d'achat.
Compton (Arthur) 1892-1962 Physicien américain. Il découvrit l'existence d'une interaction des rayonnements de haute énergie (X et γ) avec la matière. Cette interaction s'effectue selon trois processus: effet photoélectrique; création de paires électrons-positrons; diffusion élastique des photons sur des électrons libres.
compulsif, ive adj. Vx Qui contraint, irrésistible. *Force compulsive.* / PSYCHOPATHOL. Qui procède de la compulsion. *Tendance compulsive.*
compulsion n. f. PSYCHOPATHOL. Tendance irrésistible qui pousse un sujet à accomplir certains actes qu'il désapprouve sur un plan conscient, mais dont la non-exécution serait pour lui génératrice d'angoisse.
compulsivement adv. De manière compulsive.
comput n. m. Calcul servant à fixer le calendrier des fêtes religieuses mobiles, notam. celle de Pâques.
Comtat Venaissin Région de France entre le Rhône, la Durance et le mont Ventoux, cédée par Philippe III le Hardi au pape Grégoire X en 1274, puis rattachée à la France en 1791.
comtal, ale, aux adj. Qui appartient à un comte. *Domaine comtal.*
comte n. m. Titre de noblesse qui, dans la hiérarchie nobiliaire, vient après celui de marquis. / Au Moyen Âge, seigneur féodal possédant un comté. / Haut dignitaire de l'Empire romain, conseiller de l'empereur.
Comte (Auguste) 1798-1857 Philosophe français. Dans son *Cours de philosophie positive* (1830-1842), et son *Système de politique positive* (1852-1854), il affirme que seules l'observation et la science peuvent nous donner une connaissance certaine des choses. En effet, toute civilisation et tout individu connaissent trois stades successifs: théologique, métaphysique et positif. Sa pensée, notamment sous l'influence de Clotilde de Vaux pour laquelle il éprouve un amour aussi passionné que platonique, se mue peu à peu en un positivisme religieux (*Catéchisme positiviste*, 1852) qui trouve son aboutissement dans le culte du Grand Être de l'humanité.

Comte de Monte-Cristo (le) 1844-1845 Roman d'Alexandre Dumas: enfermé au château d'If à la suite d'une dénonciation sans fondement, Edmond Dantès s'évade, grâce à l'abbé Faria, récupère un trésor dans l'île de Monte-Cristo (sur les indications de Faria), au sud de l'île d'Elbe, puis se venge de ses délateurs.
comté [1] n. m. Domaine dont la possession conférait le titre de comte. / Division administrative dans les pays anglo-saxons.
comté [2] n. m. Fromage de vache à pâte cuite fabriqué en Franche-Comté, proche du gruyère.
comtesse n. f. Femme dotée d'un titre de noblesse qui, dans la hiérarchie nobiliaire, vient après celui de marquis. / Épouse d'un comte.
con, conne n. et adj. **I.** n. m. Vulg. Sexe de la femme. / n. f. Vulg. Imbécile. *Qu'est-ce que c'est que cette conne?* **II.** adj. Vulg. Sot, stupide. *Il est con comme un balai. Une histoire conne.*
Conakry *705 300 h.* Capitale de la Guinée, dans la presqu'île de Tumbo. Centre administratif et industriel. Le port est équipé pour l'exportation des bananes, du fer et de la bauxite. Industries.
conard ou **connard** n. m. et adj. Vulg. Imbécile, abruti. *Ce conard va encore tout faire rater.*
conasse ou **connasse** n. f. et adj. Vulg. Imbécile, idiote. *Cette connasse a vendu la mèche.*
Concarneau *18 630 h.* Deuxième port français de pêche (thon) sur la côte de Cornouaille, dans le Finistère.
concassage n. m. Action de concasser.
concasser v. t. [1] Réduire (un matériau dur) en fragments de taille moyenne.
concaténation n. f. PHILO. Enchaînement des prémisses et des conséquences, des causes et des effets.
concave adj. Dont la courbure est creuse, cave. Ant. convexe.
concavité n. f. État d'un corps qui présente en surface une cavité. *La concavité d'une lentille optique.* Ant. convexité. / Creux, cavité. *Les concavités d'un rocher.*
concéder v. t. [1] Céder (un bien, un droit) à titre de faveur. / Admettre (un argument, une objection) lors d'une discussion.
concélébrer v. t. [1] LITURG. En parlant de plusieurs ministres du culte, célébrer en commun (un office). *Concélébrer la messe pascale.*

*Portrait d'***Auguste Comte** *par Etex.*

C

C

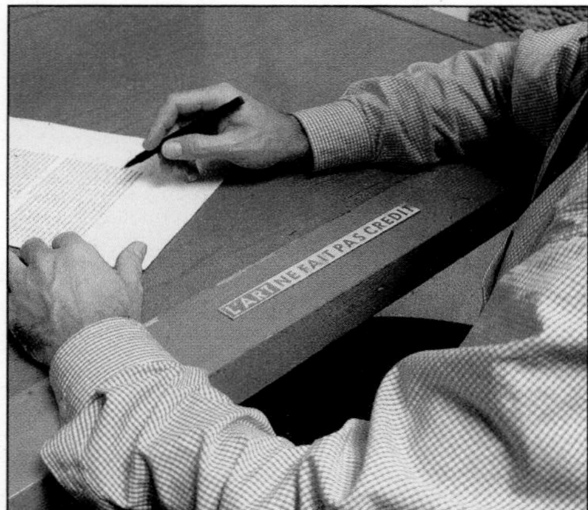

Art ***conceptuel*** *: L'Art ne fait pas crédit, de Philippe Cazal. Plaque en laiton gravée, 1991 (Cicero, Paris).*

concentration n. f. Action de concentrer ; fait d'être concentré. *La concentration des rayons lumineux au foyer d'une lentille.* / CHIM. Grandeur caractérisant la richesse d'un mélange en une substance donnée, que l'on peut accroître par l'élimination des liquides moins denses. *La concentration d'une solution.* / ÉCON. Réunion de plusieurs entreprises (par fusion, absorption, etc.) dont les activités sont complémentaires (*concentration verticale*) ou similaires (*concentration horizontale*). / *Camp de concentration*, où sont rassemblés des prisonniers, sous la surveillance de gardiens.

concentrationnaire adj. Relatif aux camps de concentration, de déportation. *Univers concentrationnaire.*

concentré, e adj. et n. m. Dont la concentration a été accrue. *Lait concentré.* / n. m. Produit alimentaire obtenu par élimination partielle de l'eau. *Du concentré de tomate.*

concentrer v. t. [1] Réunir en un point (des éléments dispersés). / CHIM. Accroître la concentration de. / Fig. Fixer (son attention, son énergie) sur un objet. / v. pron. Faire un effort d'attention. *Se concentrer avant de répondre.*

concentrique adj. S'applique à des courbes, des surfaces, qui ont le même centre de courbure.

concept n. m. PHILO. Idée générale et abstraite élaborée par l'esprit à partir d'un objet concret ou abstrait. *Le concept de mouvement.* / (Abusivement) Définition d'un projet, d'un produit. *Un nouveau concept d'émission.*

conception n. f. Acte par lequel un nouvel être vivant est produit dans l'utérus maternel, par fécondation d'un ovule. / RELIG. *L'Immaculée Conception* : dogme de la religion catholique, d'après lequel la Vierge Marie a été conçue indemne du péché originel. / Action, manière d'élaborer qqch. dans son esprit ; résultat de cette action. *La conception d'un système.* / *Conception assistée par ordinateur* (*C.A.O.*) : ensemble des techniques informatiques permettant d'élaborer un produit nouveau.

conceptualiser v. t. [1] Donner une forme conceptuelle à (une notion, une idée générale).

conceptualisme n. m. PHILO. Doctrine ne considérant les idées générales, ou universaux, ni comme des réalités en soi, ni comme de pures expressions verbales, mais comme des concepts ou constructions de l'esprit.

conceptuel, elle adj. Qui relève du concept. / *Art conceptuel* : courant artistique, né à la fin des années 1960, qui privilégie la réflexion sur le concept d'art au détriment de la réalisation matérielle de l'œuvre d'art.

concerner v. t. [1] Avoir rapport avec (qqch., qqn), intéresser (qqn). *Cela vous concerne. Vos ennuis ne me concernent pas.*

concert n. m. MUS. Exécution publique ou privée d'œuvres musicales. / Association orchestrale qui donne régulièrement des concerts publics. *Les concerts Pasdeloup.* / Ensemble de bruits, de sons. *Concert de klaxons.* / Fig. Ensemble de personnes qui pensent ou agissent d'un commun accord. *Le concert des nations.* / loc. adv. *De concert* : en parfait accord.

concertation n. f. Pratique consistant à consulter les parties intéressées avant de prendre une décision, en particulier dans le domaine politique et social.

concerter v. t. [1] Élaborer (un projet) à plusieurs, de concert. *Concerter une attitude.* / v. pron. S'entendre. *Ils se sont concertés avant d'agir.*

concertino n. m. (mot italien) MUS. Groupe des solistes dans un concerto grosso. / Petit concerto.

concertiste n. MUS. Musicien qui se produit en concert.

concerto n. m. (mot italien) Œuvre musicale, comprenant en général trois mouvements, qui met en valeur un soliste dialoguant avec un orchestre. *Concerto pour piano et orchestre.* / *Concerto grosso* : première forme du concerto mettant en présence un groupe de solistes et un orchestre à cordes.

concession n. f. Octroi à quelqu'un d'un droit, d'un privilège. / Abandon à quelqu'un d'un point dans une discussion. / GRAMM. *Proposition de concession*, qui indique une restriction, une opposition. / DR. Contrat par lequel l'administration confie à un tiers l'exécution de travaux ou la gestion d'un service public, ou autorise un tiers à occuper une parcelle du domaine public. / Terrain concédé. *Acheter une concession dans un cimetière.*

concessionnaire n. DR. Personne qui a reçu une concession. / Représentant exclusif d'une marque dans une région. *Concessionnaire d'une marque d'automobiles.*

concevoir v. t. [3] Former en soi (un enfant). / Fig. Avoir une représentation mentale de. / Imaginer, élaborer. *Concevoir une machine. Un ouvrage bien conçu.* / Admettre. *Je conçois qu'il veuille partir.* / Commencer d'éprouver (un sentiment). *Concevoir de la haine pour qqn.*

conchyliculture n. f. Élevage des mollusques comestibles (huîtres, moules, notamment).

conchyliologie n. f. Science des coquilles, des coquillages.

concierge n. Personne qui a la garde d'un immeuble d'habitation. / Fam., péjor. Personne cancanière.

conciergerie n. f. Logement de concierge.

Conciergerie (la) Annexe du Palais royal de la Cité, administrée par un *concierge* qui exerçait la justice. Elle devint en 1392 une prison, située dans l'enceinte de l'ancien Palais de Justice de Paris. Marie-Antoinette et Danton y furent enfermés avant d'être décapités.

• **concile** n. m. RELIG. CATHOL. Assemblée d'évêques et de théologiens qui siège pour débattre et statuer sur des points précis de la doctrine et de la discipline ecclésiastiques.

conciliabule n. m. Conversation où l'on parle à voix basse, sur le ton du secret.

conciliaire adj. Relatif à un concile.

conciliant, e adj. Accommodant.

conciliateur, trice adj. et n. Qui concilie, s'efforce de concilier. *Esprit conciliateur.*

conciliation n. f. Action, fait de mettre d'accord plusieurs personnes en conflit d'intérêts ou d'opinions. / DR. Intervention d'un juge pour tenter de rapprocher

Concile

Le *concile œcuménique* réunit les prélats du monde entier ; le *concile national* ceux d'un État ; le *concile provincial* ceux d'une province ecclésiastique. Les décisions des conciles, appelées *décrets* ou *canons*, sont confirmées et publiées par autorité papale et sont dès lors irrévocables ; si le concile est œcuménique, les fidèles et les prêtres du monde entier doivent s'y soumettre. Il y a eu jusqu'à ce jour 21 conciles œcuméniques : Nicée I (325), Constantinople I (381), Éphèse (431), Chalcédoine (451), Constantinople II et III (553 et 680-681), Nicée II (787), Constantinople IV (869), Latran I (1123), II (1139), III (1179), IV (1215), Lyon I et II (1245 et 1274), Vienne (1311), Constance (1414-1418) qui mit fin au schisme d'Occident, Bâle (1431-1437), Latran V (1512-1517), Trente (1545-1563), Vatican I (1869-1870), où fut définie l'infaillibilité du pape en matière de dogme, Vatican II (1962-1965), où fut établie l'attitude de l'Église vis-à-vis du monde contemporain. Seuls les sept premiers sont acceptés par les Églises orthodoxes.

Une session du concile de Trente réuni entre 1545 et 1563 (peinture de l'École vénitienne, XVIe siècle).

les personnes en litige. / Procédure obligatoire de règlement amiable des conflits collectifs du travail.

concilier v. t. [1] Mettre d'accord (des personnes, des choses). *Concilier des plaideurs.* / v. pron. Disposer en sa faveur, gagner à soi. *Se concilier les bonnes grâces de qqn.*

Concini (Concino) 1575?-1617 Aventurier italien. Il devint, à force d'intrigues, le favori de Marie de Médicis qui le fit marquis d'Ancre et maréchal de France. Avide et incapable, il ruina le trésor public pour se concilier les princes. En 1617, Louis XIII et son favori, Luynes, firent tuer Concini et brûler sa femme, Leonora Galigaï, accusée de sorcellerie.

concis, e adj. Exprimant beaucoup en peu de mots. *Formulation concise.*

concision n. f. Brièveté, densité et clarté d'un style.

concitoyen, enne n. Personne du même pays ou de la même ville qu'une autre.

conclave n. m. Lieu où s'enferment les cardinaux pour élire le pape. / Assemblée des cardinaux qui procèdent à cette élection.

concluant, e adj. Qui permet de conclure, convaincant. *Essai concluant.*

conclure v. t. [3] Fixer, régler par un accord les conditions de. *Conclure un marché.* / Mener à sa conclusion, terminer. *Conclure un discours.* (Emploi absol.) *Veuillez conclure!* / v. t. ind. *Conclure à*: tirer comme conclusion (que). *Conclure au suicide.*

conclusion n. f. Résultat d'une affaire, d'une délibération. *Conclusion d'un traité.* / Ce qui termine un ouvrage littéraire ou musical. / Conséquence déduite d'un raisonnement. *Conclusion d'une démonstration.* / (Au plur.) DR. Dans un procès, actes par lesquels les parties exposent leurs prétentions.

concombre n. m. Plante potagère de la famille des cucurbitacées, au fruit vert, cylindrique; le fruit de cette plante. *Une salade de concombre, des concombres à la crème.* / ZOOL. *Concombre de mer*: holothurie.

concomitance n. f. État concomitant de deux faits, de deux phénomènes.

concomitant, e adj. Qui accompagne une chose, un fait. *Signes concomitants.* Syn. simultané.

concordance n. f. Accord, conformité. *Concordance des témoignages.* / *Concordance des calendriers*: tableau comparatif des calendriers fondés sur des chronologies différentes. / GRAMM. *Concordance des temps*: règle faisant dépendre le temps du verbe d'une subordonnée de celui du verbe d'une principale. / Ouvrage, ou index, rassemblant, de manière qu'on puisse les repérer ou les comparer, des passages de la Bible qui se ressemblent.

concordant, e adj. Qui concorde. *Témoignages concordants.*

concordat n. m. Convention entre le Saint-Siège et un État à population en majorité catholique portant sur l'organisation de l'Église dans ce pays. (Le concordat de 1801, qui régissait en France les rapports de l'Église et de l'État jusqu'à la loi de séparation de 1905, fut signé par Pie VII et Bonaparte; l'Alsace et la Lorraine, allemandes en 1905, vivent encore sous le régime du concordat de 1801). / DR. Accord signé entre une entreprise en cessation de paiements et ses créanciers, dans le cadre de l'ancienne procédure de règlement judiciaire.

Place de la Concorde.

concordataire adj. Relatif à un concordat. *Régime concordataire des Églises chrétiennes d'Alsace et de Lorraine.* / HIST. D'un ecclésiastique ayant approuvé le concordat de 1801. *Prêtres concordataires.* / DR. Régi par un concordat, qui en bénéficie.

concorde n. f. Union des cœurs, des esprits, des volontés pour entretenir la paix.

Concorde (place de la) La plus vaste place de Paris. Appelée initialement place Louis XV, elle fut édifiée de 1753 à 1763. La Ville de Paris désirait honorer le roi par une statue dont l'exécution fut confiée à Bouchardon. Le plan de la place qui devait lui servir de cadre fut dessiné par Gabriel. Les deux palais, dont il flanqua le nord de la place, s'inspirent de la colonnade du Louvre. La statue, fondue à la Révolution, fut remplacée en 1836 par l'obélisque de Louqsor. On confia alors le réaménagement de l'espace central à Hittorff qui y construisit deux fontaines. Sous la Terreur, la place, devenue place de la Révolution, avait été le théâtre d'exécutions capitales. Louis XVI et Marie-Antoinette y montèrent sur l'échafaud.

Concorde (le) Avion supersonique long-courrier à ailes delta fines, construit en collaboration par Sud-Aviation et la British Aircraft, né en 1976. Sa construction a cessé en 1980.

concorder v. i. [1] Être en accord, se correspondre. *Leurs récits concordent.*

concourir v. t. ind. / v. i. [3] **A.** v. t. ind. *Concourir à*: tendre vers (un résultat); prêter son concours à. **B.** v. i. Participer à un concours.

concours n. m. Examen donnant accès à un nombre limité de places. *Concours d'entrée aux grandes écoles.* / Compétition dotée de prix, de récompenses, où s'affrontent plusieurs concurrents. *Concours hippique.* / Participation à une action. *Prêter son concours.* / *Concours de circonstances*: rencontre d'événements fortuits.

concret, ète adj. Vx De consistance épaisse, par oppos. à *fluide*. *Huile concrète.* / Tangible, qui peut être perçu par les sens, par oppos. à *abstrait*. / *Musique concrète*: musique qui utilise les sons les plus divers, enregistrés et transformés au gré de l'artiste. Syn. musique électro-acoustique.

concrètement adv. De manière concrète.

concrétion n. f. Fait d'épaissir, de figer, de se solidifier. / GÉOL. Masse minérale isolée dans une roche ou un sol de nature différente. *Concrétion saline.* / MÉD. Corps solide se formant dans certains organes lors de maladies. *Concrétion biliaire.*

concrétisation n. f. Fait de devenir concret, réel. *La concrétisation d'un projet.*

Atelier de construction du **Concorde**.

concrétiser v. t. [1] Rendre concret, réel. *Concrétiser sa pensée par des mots. Concrétiser un projet.*

concubin, e n. Personne qui vit en concubinage.

concubinage n. m. État d'un homme et d'une femme qui vivent ensemble sans être mariés.

concupiscence n. f. Désir aigu des plaisirs sensuels.

concupiscent, e adj. Qui ressent, exprime de la concupiscence.

concurremment adv. En position concurrentielle. *Postuler concurremment un poste.* / De concert, ensemble.

concurrence n. f. Rivalité entre plusieurs personnes qui visent un même but. / ÉCON. Rivalité entre commerçants ou industriels qui se disputent les faveurs d'une clientèle. / *Libre concurrence*: régime dans lequel chacun est libre de produire et de vendre ce qu'il veut, suivant ses propres conditions et sans intervention de l'État.

concurrencer v. t. [1] Être en concurrence avec.

concurrent, e adj. et n. Qui concourt à un même but. *Actions concurrentes.* / Qui se situe dans un rapport de concurrence. *Des entreprises concurrentes.* / n. *Ce sont nos concurrents directs.*

concurrentiel, elle adj. Qui procède de la concurrence. *Marché concurrentiel.* / Capable d'entrer en concurrence. *Tarif concurrentiel.*

concussion n. f. Perception illicite par un fonctionnaire de sommes dont il sait qu'elles ne sont pas dues ou qu'elles excèdent ce qui est dû.

concussionnaire adj. et n. Coupable de concussion.

condamnable adj. Que l'on peut, que l'on doit condamner.

condamnation n. f. Action de condamner; résultat de cette action.

condamné, e n. et adj. Personne déclarée coupable et punie. *Un condamné à mort.* / adj. *Passage condamné*, par lequel on ne peut plus passer. / *Malade condamné*, dont la maladie est incurable.

condamner v. t. [1] Déclarer coupable (qqn) et le punir. *Condamner un criminel.* / Contraindre. *Être condamné à fuir.* / Proscrire, désapprouver. *Condamner un usage, une union.* / Interdire l'usage de (qqch.). *Condamner une porte, une pièce.* / Provoquer de manière inéluctable la mort de. *Son cancer le condamne à brève échéance.*

C

condé n. m. Arg. Autorisation non officielle accordée à un délinquant d'enfreindre une interdiction, en échange de la fourniture d'informations à la police; ce délinquant.

Condé ou **Bourbon Condé** Branche collatérale de la famille royale de Bourbon; à ce titre ses membres sont «premiers princes du sang» jusqu'à l'avènement des Bourbons-Orléans. **Louis Ier**, prince de **Condé**.1530-1569 Premier à porter le titre de prince de Condé, chef du parti protestant, il participa à la conjuration d'Amboise et mourut assassiné par le capitaine des gardes du duc d'Anjou, frère d'Henri III, au soir de la bataille de Jarnac. **Henri Ier** 1552-1588 Fils du précédent. Un temps rallié au catholicisme, il revint au calvinisme et fut, comme son père, un huguenot militant. **Henri II** 1588-1646 Fils du précédent, catholique, il fut le promoteur de la révolte des Grands contre Marie de Médicis qui le fit enfermer trois ans à Vincennes. À sa libération, il se mit au service de Richelieu et présida, à la mort de Louis XIII, le Conseil de régence. **Louis II**, dit **le Grand Condé** 1621-1686 Fils du précédent. Général à vingt-deux ans, il révéla ses talents de stratège en écrasant les Espagnols à Rocroi en 1643 puis à Lens et en battant les Impériaux à Fribourg et à Nordlingen. Pendant la Fronde, il anima la révolte des princes et dut s'enfuir aux Pays-Bas où il passa au service de l'Espagne, remportant sur les Français la bataille de Valenciennes (1656). Rentré en grâce en 1659, il fit la conquête de la Franche-Comté en 1668 et s'illustra pendant la guerre de Hollande en 1672. **Louis Henri** 1692-1740 Arrière-petit-fils du Grand Condé, il fut Premier ministre de 1723 à 1726 durant la Régence. **Louis Joseph** 1736-1818 Fils du précédent, émigré pendant la Révolution, il prit la tête de l'armée de Coblence. **Louis Henri Joseph** 1756-1830 Fils du précédent, il mena une carrière militaire sans éclat aux côtés de son père. Veuf, il se lia avec une aventurière, la baronne de Feuchères, et mourut de manière assez mystérieuse, suicidé (?) dans sa chambre. **Louis Antoine Henri, duc d'Enghien** Voir **Enghien**.

condensateur n. m. ÉLECTR. Appareil constitué de deux armatures métalliques conductrices séparées par un milieu isolant et servant à accumuler de l'énergie électrique.

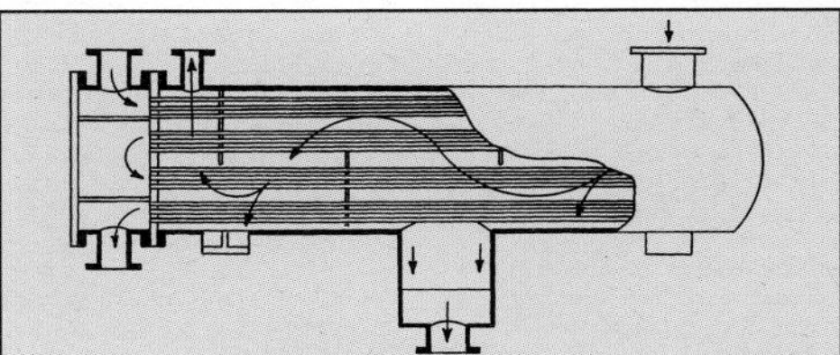

Coupe d'un **condensateur** de chaleur.

Vérification de préservatifs avant leur ***conditionnement****.*

condensation n. f. PHYS. Passage de l'état gazeux à l'état liquide. / CHIM. Assemblage de deux molécules organiques en une molécule organique plus complexe, avec élimination d'une troisième molécule (eau, ammoniac, etc.). / ÉLECTR. Accumulation d'électricité.
condensé n. m. Résumé d'un texte, d'un livre, d'un recueil.
condenser v. t. [1] Rendre plus dense. / CHIM., PHYS. Soumettre à une condensation. / Fig. Exprimer en peu de mots. *Condenser un texte, sa pensée.*
condenseur n. m. Appareil des machines à vapeur qui sert à liquéfier la vapeur d'eau, dans une machine thermique. / PHYS. Système optique qui condense la lumière sur un objet. *Condenseur de microscope.*
condescendance n. f. Attitude de supériorité bienveillante mêlée de mépris.
condescendant, e adj. Qui condescend à, méprisant. *Regard condescendant.*
condescendre v. i. [3] *Condescendre à* : daigner. *Condescendrez-vous à me parler ?*
Condillac (Étienne Bonnot de) 1715-1780 Philosophe français, auteur d'un *Traité des sensations*, où il expose que toutes nos connaissances proviennent des sensations.
condiment n. m. Substance qu'on ajoute à un aliment pour en relever le goût.
condisciple n. Compagnon, compagne d'études.
condition n. f. État, situation d'une personne, d'un groupe. *La condition des femmes. Être en bonne condition physique*, en bonne forme. / Position sociale. *Être de condition modeste.* / Circonstance dont dépend un fait, un acte. *C'est une condition nécessaire. Imposer ses conditions.* / (Au plur.) Ensemble de circonstances auxquelles sont soumises les personnes ou les choses. *Conditions de travail. Conditions atmosphériques.* / DR. Convention, clause dont dépend la validité d'un acte. *Condition suspensive, résolutoire.* / (Au plur.) Prix, modalités de paiement. *Quelles sont vos conditions ?*
conditionné, e adj. Soumis à des conditions. / PSYCHOL. *Réflexe conditionné* ou *conditionnel*, provoqué artificiellement par un conditionnement. / *Air conditionné*, auquel on a donné la température et l'humidité désirées grâce à un appareil de climatisation.
conditionnel, elle adj. et n. m. **A.** adj. Subordonné à une condition. *Soutien conditionnel.* Ant. inconditionnel. **B.** n. m. GRAMM. Mode du verbe qui indique que l'action est subordonnée à une condition.
conditionnement n. m. PSYCHOL. Établissement, chez l'animal ou l'homme, d'un comportement nouveau par la répétition d'un stimulus artificiel. / TECHN. Dessiccation d'un textile pour évaluer son pourcentage d'humidité et son poids réel. / Emballage d'une marchandise en vue de sa vente.
conditionner v. t. [1] Être la condition de. / Mettre (qqn, un animal) dans un état de conditionnement. / Placer (une marchandise) dans un conditionnement.
condoléances n. f. pl. Expression de la part que l'on prend à la douleur d'autrui, notam. à l'occasion d'un deuil.
condom n. m. Préservatif masculin.
condominium n. m. (mot anglais) HIST. Souveraineté exercée conjointement par plusieurs États sur un même pays. *Le condominium de la France et de la Grande-Bretagne sur les Nouvelles-Hébrides.*
condor n. m. ZOOL. Grand oiseau rapace (plus de 3 m d'envergure) d'Amérique, dont une espèce vit dans la cordillère des Andes.
Condor (légion) Troupe de volontaires allemands qui prêtèrent main-forte à Franco pendant la guerre d'Espagne, où l'aviation hitlérienne accomplit des ravages (à Guernica, notamment).
Condorcet (Antoine Caritat, marquis de**)** 1743-1794 Mathématicien, écrivain et homme politique français. Président de l'Assemblée législative (1792), il proposa à la Convention une réforme de l'instruction publique, mais fut incarcéré avec les Girondins. Il écrivit en prison son œuvre maîtresse : *Esquisse d'un tableau historique des progrès de l'esprit humain*. Il était convaincu de la possibilité d'un progrès indéfini pour l'humanité. Il se suicida pour éviter la guillotine. En 1989, ses cendres furent transportées au Panthéon.
condottiere n. m. (mot italien) Chef mercenaire dans l'Italie du Moyen Âge et de la Renaissance. Pl. Des *condottieri*.
conductance n. f. ÉLECTR. Grandeur inverse de la résistance.
conducteur, trice adj. et n. **A.** adj. PHYS. Qui conduit l'électricité, la chaleur. *Corps conducteur.* / n. m. *Un conducteur* : un corps capable de transmettre la chaleur ou l'électricité. **B.** n. Personne qui conduit des animaux, un véhicule. / Personne chargée des commandes de certaines machines. *Conducteur de presse.* / *Conducteur de travaux* : agent chargé de l'exécution des travaux sur un chantier.
conductibilité n. f. Propriété de certaines substances de conduire l'électricité ou la chaleur.
conduction n. f. Action de conduire l'électricité ou la chaleur.
conductivité n. f. Grandeur caractérisant la conductibilité d'une substance. Sa valeur est l'inverse de la résistivité.
conduire v. t. [3] Mener vers un lieu précis. *Conduire ses invités à la salle à manger. Cette route conduit au port.* / Fig. *Conduire qqn à*, le pousser à. / PHYS. Faire passer, propager (la chaleur, l'électricité). / Être à la tête de, diriger. *Conduire une armée, un chantier.* / Manœuvrer, diriger (un véhicule). (Emploi absol.) *Il conduit bien.* / v. pron. Se comporter. *Se conduire avec bonté envers ses parents.*
conduit n. m. Canal, canalisation servant à l'écoulement d'un fluide. *Conduit de fumée.* / ANAT. Nom donné à certains canaux. *Conduit lacrymal.*
conduite n. f. Action, manière de conduire une automobile. *Prendre des leçons de conduite.* / Action de diriger une affaire, une entreprise. *La conduite d'un pays.* / Manière de se comporter. *Cet élève a une bonne conduite.* / TECHN. Canalisation servant au transport d'un fluide. *Les conduites de gaz.*
condyle n. m. ANAT. Éminence articulaire. *Condyle maxillaire.*
condylien, enne adj. ANAT. *Articulation condylienne*, dont les surfaces articulaires sont des segments d'ellipsoïde.
Condylis (Georges) 1879-1936 Général et homme d'État grec, il fut l'artisan de la restauration de Georges II (1935).
condylome n. m. MÉD. Petite tumeur cutanée se développant au niveau de l'anus et des organes génitaux.
cône n. m. MATH. Surface engendrée par une droite mobile, la génératrice, qui passe par un point fixe, le sommet, et s'appuie sur une courbe fixe, la directrice ; solide limité par cette surface coupée par un plan (la base) selon une directrice fermée. *Cône droit* ou *cône de révolution*, dont la directrice est un cercle et dont la perpendiculaire à la base en son centre passe par le sommet. (Un cône de révolution peut se définir aussi comme un solide obtenu par la rotation d'un triangle rectangle autour d'un des côtés de l'angle droit. L'hypoténuse de ce triangle se nomme arête ou apothème du cône ; elle engendre une aire, l'aire latérale du cône, qui se calcule en multipliant la moitié de l'apothème par la circonférence de sa base). / ASTRON. *Cône d'ombre* : ombre conique que projette une planète éclairée par le Soleil. *Il y a éclipse de Lune quand la Lune entre dans le cône d'ombre de la Terre.* / BOT. Inflorescence femelle des conifères ; inflorescence du houblon. / ZOOL. Mollusque gastéropode dont la coquille a la forme d'un cône, qui possède une dent venimeuse lui permettant de capturer ses proies. / GÉOL. *Cône de déjection* : dépôt d'alluvions charrié par un torrent jusqu'à son débouché dans la vallée. *Cône volcanique* : relief en forme de cône formé par les produits d'éruption d'un volcan. / ANAT. Cellule visuelle de la rétine intervenant dans la perception des couleurs.
confection n. f. Action de fabriquer, de réaliser complètement qqch. *La confection d'un gâteau.* / Fabrication et commerce des vêtements prêts à porter.
confectionner v. t. [1] Fabriquer, créer. *Confectionner un plat, une robe.*
confectionneur, euse n. Personne qui fabrique des vêtements de confection.
confédéral, ale, aux adj. Relatif à une confédération.

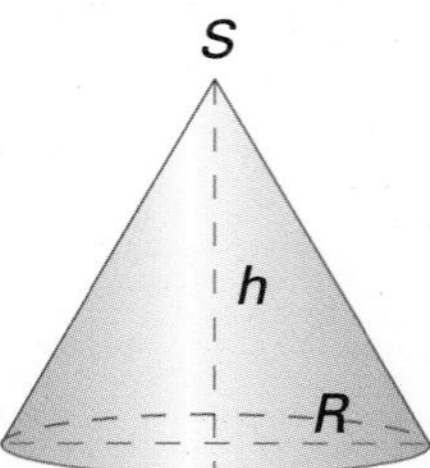

Cône *droit ou cône de révolution (S : sommet, h : hauteur, R : rayon).*

Confessionnal.

confédération n. f. Groupement d'États, constitué par un acte de droit international et doté d'institutions centrales au sein desquelles chaque État garde sa pleine souveraineté, les décisions étant prises à l'unanimité. / Groupement d'associations, de fédérations syndicales. *La Confédération générale du travail (C.G.T.).*
Confédération athénienne ou **ligue de Délos** Union des cités grecques qu'Athènes constitua en 477 av. J.-C., pour combattre sur mer l'invasion des Perses, et qui siégeait à Délos. Après la victoire contre la Perse (449), Athènes s'en servit pour assurer son hégémonie. Dès 454, Périclès utilisa son trésor pour embellir la ville. La puissance d'Athènes suscita la guerre du Péloponnèse (431-404), remportée par Sparte. Par la suite, Athènes créa une autre Confédération athénienne (378-338 av. J.-C.), contre Sparte puis contre la Macédoine.
Confédération du Rhin Ensemble des États allemands érigés en royaumes par Napoléon Ier, après les troisième et quatrième coalitions (1806-1813).
Confédération française de l'encadrement (C.F.E.-C.G.C.) Association syndicale française regroupant le personnel de direction d'entreprise ou d'administration, ainsi que des techniciens, des V.R.P., etc. Fondée en 1944, elle se nomma *Confédération générale des cadres* jusqu'en 1981.
Confédération française démocratique du travail (C.F.D.T.) Organisation syndicale interprofessionnelle, née de la division en 1964 de la Confédération française des travailleurs chrétiens (C.F.T.C.). Elle a abandonné la référence chrétienne.
Confédération française des travailleurs chrétiens (C.F.T.C.) Syndicat français créé en 1919. Interdite par le gouvernement de Vichy en 1940, elle participa à la Résistance. En 1964, elle changea ses statuts et devint la C.F.D.T., mais une minorité constitua la « C.F.T.C. maintenue ».
Confédération générale des cadres (C.G.C.) Syndicat devenu en 1981 la Confédération française de l'encadrement (C.F.E.-C.G.C.).
Confédération générale du travail (C.G.T.) Organisation syndicale française. Fondée à Limoges en 1895, la C.G.T. affirma sa vocation révolutionnaire au congrès d'Amiens en 1906. Secouée par

des conflits violents, elle éclata en 1922 avec le départ des communistes qui créèrent la Confédération générale du Travail unitaire (C.G.T.U.). Après la guerre, la tendance communiste l'emportant, les minoritaires fondèrent la C.G.T.-F.O., réformiste.

Confédération germanique Union de la Prusse et de l'Autriche, qui se substitua en 1815 à la Confédération du Rhin. Par la victoire de Sadowa, en 1866, la Prusse de Bismarck élimina l'Autriche et s'assura l'hégémonie de l'Empire allemand.

Confédération internationale des syndicats libres (C.I.S.L.) Fondée en 1949 à Londres, elle regroupe les organisations syndicales anticommunistes qui se sont séparées de la Fédération syndicale mondiale.

confédéré, e adj. Réuni en confédération. / HIST. *Les confédérés* : pendant la guerre de Sécession, aux États-Unis, les sudistes, opposés aux *fédéraux* (les nordistes).

confer Voir **cf.**

conférence n. f. Réunion de personnes traitant en commun d'un sujet. *Conférence au sommet entre chefs d'État.* / Exposé destiné à instruire un auditoire sur un sujet déterminé. / *Conférence de presse* : réunion où une personnalité s'adresse aux journalistes et répond à leurs questions.

conférencier, ère n. Personne qui fait une, des conférences.

confesser v. t. [1] Proclamer publiquement (sa foi). / *Confesser ses péchés* ou, v. pron., *se confesser* : avouer ses péchés en confession. / Entendre en confession. / Par ext. Avouer, reconnaître. *Confesser ses torts.*

confesseur n. m. RELIG. Dans la primitive Église, chrétien qui proclame (confesse) sa foi au péril de sa vie ; saint qui n'est ni martyr ni apôtre. / RELIG. CATHOL. Prêtre qui entend un pénitent en confession.

confession n. f. RELIG. Aveu de ses péchés à un prêtre en vue d'en recevoir l'absolution. *Pour les catholiques, la confession est un sacrement où l'aveu des fautes ne peut aboutir à l'absolution qu'accompagné de la contrition (regret sincère) et du ferme propos (résolution ferme de ne plus commettre les fautes en question).* / Aveu, déclaration d'une faute. / Pl. LITTÉR. Ouvrage dans lequel l'auteur avoue ses fautes, ses erreurs. *Les Confessions de Rousseau.* / Appartenance à une religion. *Être de confession catholique.*

confessionnal, aux n. m. Dans une église, meuble en forme d'isoloir, où le prêtre entend les confessions.

confessionnel, elle adj. Relatif à une confession religieuse. *Écoles confessionnelles,* où l'on enseigne les préceptes d'une religion déterminée.

Confessions (les) Œuvre dans laquelle J. J. Rousseau raconte sa vie avec véracité (bien que ses inimitiés littéraires l'entraînent à manifester certains délires de persécution) en 12 livres publiés après sa mort, en 1781 et 1788.

confetti n. m. Petite rondelle de papier coloré qu'on lance par poignées pendant un carnaval.

confiance n. f. Sentiment de pouvoir compter sur quelqu'un ou sur quelque chose. *Une personne de confiance. Avoir confiance en soi* : être sûr de soi, de sa valeur, de ses forces. / POLIT. *Question de confiance* : dans un régime parlementaire, procédure par laquelle le gouvernement demande à l'Assemblée nationale de se prononcer sur un point de sa politique.

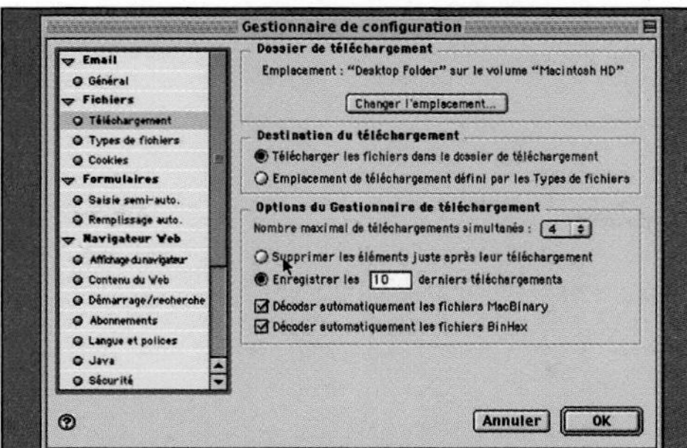

Gestionnaire de **configuration** d'un ordinateur.

confiant, e adj. Qui fait facilement confiance. *Être d'un naturel confiant.* / Qui a confiance (en qqn, qqch.) *Il est confiant dans l'avenir.*

confidence n. f. Communication d'un secret, d'un sentiment personnel. *Faire une confidence à qqn.*

confident, e n. Personne à qui l'on confie ses secrets. / Personnage de second plan qui, dans le théâtre classique, reçoit les confidences des protagonistes.

confidentialité n. f. Caractère de ce qui est confidentiel.

confidentiel, elle adj. Qui procède de la confidence. *Propos confidentiel.* / Par ext. Qui ne concerne, n'atteint qu'un petit nombre. *Une revue confidentielle.*

confidentiellement adv. De façon confidentielle.

confier v. t. [1] Remettre (qqn, qqch.) aux soins, à la garde d'une personne de confiance. *Confier son enfant à un ami. Confier une mission à un diplomate.* / Dire en confidence. *Confier ses secrets.* / v. pron. *Se confier à un ami.*

configuration n. f. Aspect extérieur et général d'un ensemble. *La configuration d'une région.* / INFORM. Ensemble des éléments constituant un système.

configurer v. t. [1] INFORM. Régler la configuration de.

confiné, e adj. Enfermé. *Air confiné,* qui n'est pas renouvelé. / Fig. *Un esprit confiné dans la tradition,* enfermé dans le passé, incapable de s'accorder au présent.

confinement n. m. Action de tenir ou de se tenir enfermé dans un espace restreint. / PHYS. NUCL. *Enceinte de confinement* : installation destinée à empêcher la dissémination des produits radioactifs d'un réacteur nucléaire. / *Confinement d'un plasma* : technique destinée à isoler thermiquement le plasma de particules ionisées dans une expérience de fusion nucléaire.

confiner v. t. / v. pron. [1] **A.** Reléguer, maintenir en un lieu. *Confiner un malade à domicile.* / (Emploi ind.) Toucher aux limites de. *Les pâturages confinent aux champs labourés.* / Fig. *Une imprudence qui confine à la folie.* **B.** v. pron. S'enfermer. *Se confiner dans sa maison.* / Fig. Se confiner dans les tâches subalternes, s'y limiter.

confins n. m. pl. Frontière ou extrémité d'un territoire, d'un domaine.

confire v. t. [3] Mettre (des aliments) dans un produit qui en assure la conservation. *Confire des cuisses de canard dans de la graisse, des citrons dans de la saumure.* / Faire cuire (des fruits) avec du sucre.

confirmand, e n. RELIG. CATHOL. Celui, celle qui s'apprête à recevoir le sacrement de confirmation.

confirmation n. f. Action de confirmer ; résultat de cette action. *La confirmation d'un doute.* Ant. infirmation. / DR. Décision de justice qui ratifie un jugement précédemment rendu. / RELIG. Dans l'Église catholique, sacrement qui confirme la grâce reçue au baptême ; dans les Églises réformées, profession de foi solennelle qui suit le cursus d'instruction religieuse.

confirmer v. t. [1] Réaffirmer de manière solennelle ou explicite. *Confirmer son engagement.* / Certifier, garantir l'exactitude, l'authenticité de. *Confirmer une réservation.* / Vérifier (une hypothèse). *Les faits confirment ses prévisions.* Ant. infirmer. / RELIG. CATHOL. Conférer le sacrement de confirmation à.

confiscation n. f. Action de confisquer.

confiserie n. f. Fabrication de sucreries ; ces sucreries ; le magasin où elles sont vendues.

confiseur, euse n. Personne qui fabrique, vend de la confiserie. / Loc. Plaisant *Trêve des confiseurs* : période des fêtes de fin d'année, correspondant à un ralentissement de l'activité politique.

confisquer v. t. [1] DR. Saisir légalement, au profit du fisc, de l'État. / Prendre (qqch.) à qqn par punition. *Le maître confisqua le ballon.* / Fig. S'approprier indûment. *Confisquer le pouvoir.*

confit, e adj. et n. m. Conservé dans du sucre, du vinaigre, de la graisse. *Fruits confits.* / Fig. *Confit en dévotion* : d'une piété tout extérieure et ostentatoire. / n. m. Préparation faite de viande cuite et conservée dans sa graisse. *Confit d'oie.*

confiteor n. m. inv. (mot latin) LITURG. CATHOL. Prière commençant par ce mot, par laquelle on se reconnaît pécheur, et que l'on disait à la messe et au confessionnal. *Le confiteor se récite aujourd'hui en français.*

confiture n. f. Conserve de fruits obtenue par cuisson avec du sucre.

confiturier, ère n. et adj. Personne qui fabrique, qui vend des confitures. / Adj. *L'industrie confiturière.* / n. m. Pot dans lequel on sert les confitures.

conflagration n. f. Bouleversement de grande portée, en particulier conflit international.

conflictuel, elle adj. Qui procède du conflit. *Entretenir des relations conflictuelles avec son voisin.* / Qui suscite, peut susciter un conflit. *Situation conflictuelle.*

conflit n. m. Lutte entre deux pays qui se disputent un droit. *Un conflit armé.* / Fig. Opposition de sentiments ou d'intérêts. / PSYCHAN. Opposition entre des pulsions antagonistes. / DR. Opposition entre deux types de juridiction (*conflit d'attribution*) ou deux tribunaux du même ordre (*conflit de juridiction*) se déclarant tous deux compétents (*conflit positif*) ou incompétents (*conflit négatif*) pour juger une affaire.

confluence n. f. Fait de confluer. / Rencontre.

confluent n. m. Lieu où un cours d'eau se jette dans un autre. *Lyon est au confluent du Rhône et de la Saône.*

confluer v. i. [1] En parlant de cours d'eau, se réunir. *La Dordogne et la Garonne confluent pour constituer la Gironde.* / Se réunir. *Les manifestants ont conflué sur la place de la mairie.*

confondant, e adj. Qui stupéfie. *Une bêtise confondante.*

confondre v. t. / v. pron. [3] **A.** [3] Plonger (qqn) dans la confusion. / v. pron. *Se confondre en excuses, en politesses,* les multiplier. / Prendre (une chose, une personne) pour une autre. *Confondre des dates.* / Démasquer. *Confondre le coupable.* / Mêler sans distinction, sans ordre. *Confondre devoir et ordre.* **B.** v. pron. S'unir. *Ciel et mer se confondent.*

conformation n. f. Disposition naturelle des parties du corps, d'un organe. *Vice de conformation* : malformation congénitale. / CHIM. Agencement de la structure d'une molécule.

conforme adj. *Conforme à* : semblable à. *Copie conforme au modèle.* / Qui convient, correspond à. *Un résultat conforme aux ambitions initiales.*

conformément adv. De manière conforme.

conformer v. t. [1] Rendre conforme (qqch). *Conformer son attitude aux usages.* / v. pron. *Se conformer à* : se soumettre à. *Se conformer à la législation.*

conformisme n. m. Attachement à l'ordre établi, aux usages, à la norme. / En Angleterre, adhésion à la religion anglicane.

conformiste adj. et n. Soumis, conforme à l'opinion commune. *Des idées conformistes.* / Qui adhère à l'anglicanisme.

conformité n. f. Ressemblance, concordance entre deux ou plusieurs choses. *Conformité de caractères.*

confort n. m. Tout ce qui constitue le bien-être matériel. *Aimer le confort.* / *Médicament de confort,* qui permet de supporter un mal sans en soigner les causes.

Pots de **confiture**.

C

CONFUCIANISME

Confucius distingue deux sortes de sages, les sages de naissance, qui sont l'exception, et ceux qui, comme lui, le sont devenus ou s'efforcent de le devenir et forment l'immense majorité. C'est à l'intention de ces derniers qu'il a élaboré sa doctrine avec des éléments dont la synthèse harmonieuse constitue la perfection appelée le « juste milieu ». Celui-ci n'est pas l'idéal d'une morale terre à terre et à courte vue, mais l'application à l'ordre social de ce qui est appelé l'Invariable Milieu, le point central de la « roue des choses » où le Ciel transmet à la Terre et aux hommes son « mandat ». La morale confucéenne dérive d'un principe transcendant. Confucius a toujours évité de répondre à des questions sur les fins dernières de l'homme et son salut éternel, mais cette attitude, apparemment agnostique, s'accorde avec un enseignement à l'usage de ceux qui font « leur ciel sur la terre ». La voie de Confucius engage le candidat à la sagesse à rester dans le siècle, où il trouvera les seuls moyens à sa portée pour acquérir et pratiquer la vertu, obtenant ainsi la félicité ici-bas et maintenant. Si, imbu de l'idée que le bonheur n'est pas de ce monde, on méconnaît la grandeur de cette perspective, on risque de ne pas comprendre comment la doctrine du Vénéré Maître est demeurée pendant plus de deux millénaires le phare de la civilisation chinoise. La notion de l'interdépendance de tout ce qui existe, la conviction qu'êtres et choses sont étroitement solidaires donnent leur véritable dimension aux vertus commandées par la sagesse. Cette conviction, quasi innée dans l'âme chinoise, lui fait voir comme allant de soi la vertu d'humanité *(ren)*, vertu à laquelle il faut toujours se conformer, « même au milieu des affaires les plus pressantes, même au milieu des plus grands troubles ». La pratique de cette vertu va de pair avec celle de la justice ou équité *(yi)*, le devoir de se comporter correctement avec chacun selon son rang : père affectueux, fils soumis, épouse obéissante, prince bienveillant, sujet loyal… La manifestation des sentiments a pour forme appropriée les rites *(li)* qui mettent les contacts humains à l'abri de la confusion et assurent la stabilité du corps social. Les rites partagent leur rôle régulateur avec la musique : « La musique agit sur l'intérieur de l'homme et les rites sur l'extérieur. Le but de la musique est l'harmonie, et celui des rites est la conformité avec l'ordre de la nature. » Enfin, la perfection à laquelle conduisent ces vertus exige une étude assidue car « les uns naissent sages, don du Ciel fort rare, tandis que les autres le deviennent par l'étude et l'effort ; c'est la voie moyenne ».

Confucius (peinture du XVIIIe siècle).

confortable adj. Qui procède du confort, y contribue. *Un fauteuil confortable.* / Fig. *Des revenus confortables*, importants.
confortablement adv. De manière confortable.
conforter v. t. [1] Affermir ; renforcer.
confraternel, elle adj. De confrère. *Remise confraternelle*, de confrère à confrère.
confrère n. m. Personne qui appartient à une confrérie, à une société littéraire, à une profession libérale, considérée par rapport aux autres membres.
confrérie n. f. Association pieuse de laïcs. / Association de personnes unies par un lien corporatif ou autre. *La confrérie des chevaliers du Tastevin.*
confrontation n. f. Fait de mettre en présence plusieurs personnes pour vérifier leurs affirmations. / Comparaison entre deux choses. *Confrontation des écritures.*
confronter v. t. [1] Mettre en confrontation. *Confronter des témoins. Confronter des textes.*
confucéen, enne adj. Relatif à Confucius, au confucianisme.
• **confucianisme** n. m. Doctrine de Confucius.
Confucius 551 ?-479 ? av. J.-C. (latinisation de *K'ong-fu-tseu*, c'est-à-dire *« Vénéré Maître Kong »* ; en chinois Kongzi, ou Kongfuzi) Philosophe chinois. Il parcourt la Chine en quête des rites et des institutions consacrés par la tradition. Historien et archéologue, il se voue tôt à l'enseignement où il se pose en restaurateur de l'ordre social. Pendant longtemps il décline toute charge officielle, mais finit par devenir secrétaire de la Justice de sa région (située dans la Chine du Nord-Est). Sa brillante administration ne l'empêche pas de se heurter à la puissance des grandes familles. Il se retire alors et reprend ses voyages. Il reviendra enseigner à la fin de sa vie dans sa ville natale. Il n'a rédigé aucun des ouvrages qui lui sont attribués et qui sont des propos transmis par ses nombreux disciples. Pour Confucius, l'ordre social repose sur le respect de l'ordre moral que chacun doit promouvoir en lui. Il fut, à partir du Ve siècle de notre ère, l'objet d'un culte qui enferma la tradition confucéenne dans une pensée formaliste.
confus, e adj. Indistinct, dont les éléments paraissent confondus. *Propos confus.* / Éprouvant un trouble, de l'embarras. *« Le corbeau honteux et confus » (La Fontaine). Je suis confus de vous avoir dérangé.*
confusément adv. De manière confuse.
confusion n. f. Désordre, situation embrouillée. *Désordre indescriptible.* / Méprise, erreur. *Confusion de dates.* / Manque de clarté dans les idées. / PSYCHOL. *Confusion mentale* : état pathologique caractérisé par des troubles de la perception, de la mémoire, de l'intelligence. / POLIT. *Confusion des pouvoirs* : réunion de pouvoirs qui devraient être séparés. / DR. *Confusion des peines* : principe selon lequel, en cas de plusieurs infractions, seule la peine la plus élevée sera infligée au condamné. / Embarras causé par un sentiment de honte ou de modestie.
conga n. f. (mot espagnol) Tambour de forme allongée, d'origine cubaine.
Congar (Yves) 1904-1995 Théologien français. Dominicain, ardent partisan de l'œcuménisme (*Diversité et communion*, 1982), il a été expert au concile Vatican II ; Jean Paul II l'a élevé à la dignité de cardinal quelques mois avant sa mort.
congé n. m. Permission de partir. *Prendre congé de qqn*, le saluer avant de sortir. / Autorisation de cesser temporairement le travail. *Congé de maladie. Congé (de) formation. Congés payés* : vacances payées dues chaque année selon la loi à tout salarié qui travaille depuis au moins un mois dans la même entreprise. / DR. Résiliation d'un contrat de travail ou de location. *Donner congé à un locataire.* / Attestation autorisant le transport de certaines marchandises (alcools notam.), après paiement du droit de circulation. / ARCHIT. Moulure concave, raccordant deux éléments en saillie.
congédiement n. m. Renvoi, licenciement. / DR. Octroi d'un congé.
congédier v. t. [1]. Inviter à partir ; renvoyer. *Il le congédia sans ménagements. Congédier un employé.*
congélateur n. m. Appareil frigorifique servant à la congélation et à la conservation des aliments.
congélation n. f. Passage d'un corps de l'état liquide à l'état solide, telle l'eau transformée en glace. / Procédé de conservation des aliments frais, à très basse température.
congeler v. t. [1] Faire passer à l'état de congélation.
congénère n. Animal ou végétal de la même espèce qu'un autre. / (souvent péjor.) Personne de la même catégorie qu'une autre.
congénital, ale, aux adj. Qui existe à la naissance (par oppos. à *acquis*). *Maladie, malformation congénitale.*
congénitalement adv. De manière congénitale.
congère n. f. Accumulation de neige tassée sous l'effet du vent.
congestion n. f. MÉD. Afflux de sang dans les vaisseaux d'un organe ou d'une partie d'organe. / Fig. Encombrement par saturation. *La congestion des grandes villes sous l'effet de la circulation automobile.*
congestionné, e adj. Où le sang afflue. *Un visage congestionné.*
conglomérat n. m. GÉOL. Roche détritique formée par des débris sédimentaires noyés dans un ciment argileux ou calcaire. *On appelle « poudingue » un conglomérat arrondi et « brèche » un conglomérat aux arêtes vives.* / ÉCON. Ensemble d'entreprises aux activités diverses appartenant au même groupe financier.
Congo *4 371 km* Fleuve de l'Afrique équatoriale. Né au sud du Katanga, près de la frontière de la Zambie, il débouche dans l'Atlantique. Son bassin couvre une superficie de *3 800 000 km²*. Malgré son débit énorme (plus de 75 000 m³/s), le Congo n'est pas navigable sur une grande partie de son cours en raison des chutes et des rapides. Son régime est régularisé par les affluents qu'il reçoit tant de l'hémisphère Nord que de l'hémisphère Sud. Son principal affluent (rive droite) est l'Oubangui. Après la confluence, le Congo sert de frontière entre les deux républiques du Congo ; des lacs nommés *pools* le ponctuent alors ; Brazzaville et Kinshasa se situent sur deux rives opposées du Pool Malébo ; 100 km en aval, le Congo coule entièrement dans la république démocratique du Congo et atteint l'Atlantique par un large estuaire.
• **Congo (République démocratique du)** État d'Afrique équatoriale, situé entre la république du Congo et l'Angola, à l'ouest, et la Tanzanie, à l'est.
• **Congo (république du)** République d'Afrique équatoriale, entre le Gabon et la république démocratique du Congo.
congolais, e [1] adj. et n. Du Congo. *Forêt congolaise. Un(e) Congolais(e).*
congolais [2] n. m. Petit gâteau à base de noix de coco.
congratulations n. f. pl. Félicitations, compliments.
congratuler v. t. [1] Vx Complimenter, féliciter. / v. pron. Échanger des congratulations. *Les anciens adversaires se congratulent.*

*Le fleuve **Congo** dans la forêt vierge.*

CONGO (RÉPUBLIQUE DÉMOCRATIQUE DU)

Voir l'Atlas

Superficie : *2 344 885 km²* – **Nombre d'habitants :** *env. 52 000 000 h.* – **Capitale :** *Kinshasa*
Villes principales : *Lubumbashi, Kisangani, Mbuji-Mayi, Kananga* – **Système politique :** *république*
Langue(s) : *français (officiel)* – **Religion(s) :** *christianisme, animisme* – **Monnaie(s) :** *congo*

Géographie physique et humaine

Le pays, qui s'étend sur le bassin du Congo, est dominé à l'est par une chaîne montagneuse qui culmine à *5 122 m*. Le climat équatorial est tempéré par l'influence de l'Atlantique : la température moyenne varie entre 26 °C et 28 °C et les pluies sont quotidiennes sauf vers le sud où la saison sèche dure sept mois (Katanga).

Le pays est couvert d'immenses forêts peuplées d'une faune abondante. Il était le domaine des Pygmées avant la migration des Bantous, depuis le nord, vers les débuts de l'ère chrétienne. Aujourd'hui, on dénombre 250 langues dont 90 % sont bantoues. Quatre sont reconnues comme langues nationales : à l'est, le swahili (40 % de la population comprend cette langue) ; le lingala dans le nord (28 %) ; le kikongo, langue des Kongo dans le Bas-Congo (17 %) ; le ciluba, langue des Luba (ou Baluba) dans le sud (15 %).

La population est urbanisée à 44 %. L'agglomération de Kinshasa groupe 5 millions de personnes. Lubumbashi avoisine les 800 000 h. Le christianisme est la religion de 95 % des Congolais, sous trois formes : catholicisme (48 %), protestantisme (29 %), Église kimbanguiste et autres Églises indépendantes (18 %). Le Congo est théoriquement un des plus riches pays d'Afrique. Il pourrait largement assurer son autosuffisance alimentaire. Le sous-sol présente une extrême richesse : diamants, cuivre, pétrole, or, cobalt, augmenté d'un immense potentiel hydroélectrique.

Mobutu, dictateur de 1965 à 1997, a progressivement renoncé à l'exploitation du cuivre (la production de 1994 atteignait à peine le dixième de celle de 1989, elle-même inférieure à celle du Congo belge), mobilisant tous les biens de production pour l'extraction des diamants, considérés comme sa propriété personnelle.

La famine guettait les villes dont l'approvisionnement n'était plus assuré, l'état du réseau routier rendant plus qu'aléatoire la circulation des véhicules, notamment des camions. En 1997, Le P.N.B. par habitant était le tiers de celui de 1956 ; cette faillite de l'économie a donné aux activités informelles un développement d'une ampleur inconnue dans le reste du monde.

Histoire

Arrivés au début de l'ère chrétienne, des cultivateurs de langue bantoue ont peuplé les rives du fleuve Congo, évitant la forêt profonde, domaine des ancêtres des Pygmées. Occupant progressivement la côte et les plateaux de l'est et du sud, forgerons (fer et cuivre) et commerçants, ils se rassemblèrent au Ier millénaire en chefferies qui, plus tard, devinrent des royaumes : royaumes des Kongo, des Luba (ou Baluba), des Kuba et des Lunda. Ce dernier royaume constitua, au XVIIe siècle, un véritable empire qui s'étendait jusqu'au Zambèze. Les Lunda dominaient tout le commerce entre océan Atlantique et océan Indien. La traite des esclaves contribua à l'éclatement de ces royaumes et assura la prospérité d'esclavagistes venus du nord. En 1885, à la conférence de Berlin, le roi des Belges, Léopold II, obtient la propriété personnelle de l'immense territoire qu'il avait fait prospecter par Stanley entre 1874 et 1884, territoire qui prit le nom d'État libre du Congo. Des compagnies à charte se livrent à une exploitation forcenée.

En 1908, Léopold II, personnellement ruiné, doit céder son État à la Belgique, qui annule les accords avec les sociétés privées et exploite les richesses minières, notamment au Katanga, de sorte qu'à l'indépendance le pays sera, dans une certaine mesure, matériellement plus développé que ses voisins (routes, villes, petites industries, centrales hydroélectriques, trois aérodromes), mais ce développement économique n'est pas accompagné par l'émergence d'élites locales, ni sur le plan politique ni sur le plan culturel.

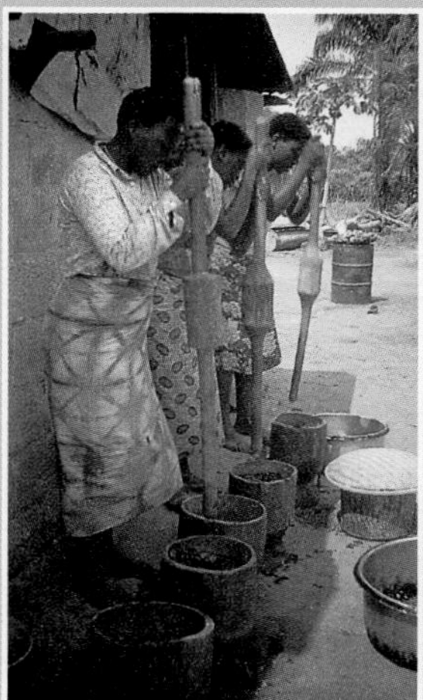

Femmes congolaises occupées à piler le grain.

Le nationalisme se développe dans les années 1950. Le 4 janvier 1959, une émeute éclate à Léopoldville (le futur Kinshasa). Les Belges hâtent la décolonisation : table ronde à Bruxelles en janvier 1960, proclamation de l'indépendance le 30 juin, avec Joseph Kasavubu comme président de la République et Patrice Lumumba comme président du Conseil. La Force publique se mutine contre Lumumba et Moïse Tshombé décrète la sécession du riche Katanga, le 11 juillet. Lumumba fait appel à l'ONU. Kasavubu le renvoie en septembre, le fait arrêter en décembre par le général (il deviendra maréchal en 1982) Mobutu, et Lumumba est assassiné en janvier 1961. En 1963, des disciples de Lumumba (dont Kabila) entament une guérilla, alors que l'ONU a mis fin à la sécession du Katanga (en janvier 1963). Dans le désordre se mêlent les interventions des États-Unis, de l'U.R.S.S., de l'ONU. En 1965, l'armée conduite par Mobutu prend le pouvoir. L'ordre règne, ce dont l'Occident se félicite. En 1971, Mobutu (officiellement élu président en 1970) rebaptise Zaïre le pays et le fleuve Congo. En 1972, il impose la politique dit « d'authenticité » : prénoms zaïrois (non plus occidentaux), port d'une veste sans chemise ni cravate nommée *abacos* (abréviation de *à bas le costume*). L'économie du pays se dégrade, tandis que le maréchal-président amasse une fortune immense utilisée en partie pour entretenir une milice personnelle de 13 000 hommes, alors que l'armée ne perçoit pas sa solde. En 1990, il doit promettre le multipartisme : en 1991, il nomme Premier ministre Étienne Tshisekedi, qui ne peut gouverner et est limogé en 1993. En 1994, un million de Hutu du Rwanda se réfugient dans l'est du Zaïre, car les Tutsi ont pris le pouvoir au Rwanda après avoir subi un génocide. En 1996, des Tutsi du Zaïre attaquent les camps de Hutu. Laurent Désiré Kabila sort de son maquis (où il était installé depuis des années) et progresse sans résistance vers Kinshasa.

Mandela organise en mai 1997 une rencontre entre Mobutu et Kabila. Mobutu quitte le 16 mai Kinshasa, où Kabila entre le 17. Immédiatement, il rebaptise le Zaïre République démocratique du Congo, tout en interdisant la reprise d'une vie démocratique. Ce fait, et les attaques de ses troupes contre les Tutsi de l'est lui aliènent la communauté internationale.

En novembre 1998, à la conférence des chefs africains de Paris, il annonce une démocratisation de son pays, qui ne se produit pas, le pays restant livré à l'anarchie et à la guerre civile. En 2001, un coup d'État mal préparé n'aboutit pas à un changement de régime, mais Kabila est tué ; il est immédiatement remplacé par son fils Joseph. Malgré les efforts du gouvernement et de la communauté internationale, l'insécurité continue de régner dans l'est du pays ; les alliés du gouvernement (Angola, Namibie et Zimbabwe) et ceux des rebelles (Rwanda et Ouganda) ont retiré leurs troupes en 2002, mais les combats entre milices n'ont pas cessé.

CONGO (RÉPUBLIQUE DU)

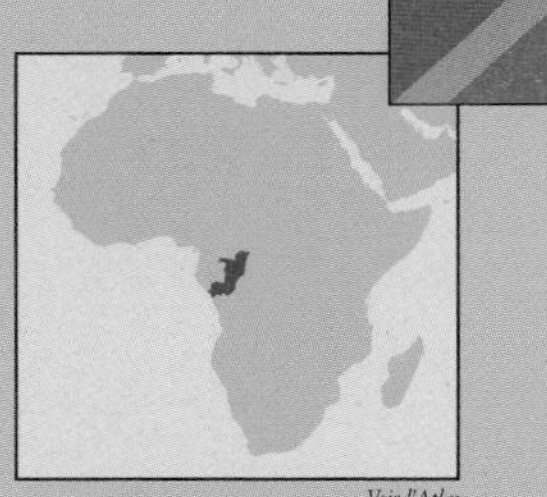

Voir l'Atlas

Superficie : *342 000 km²* – **Nombre d'habitants :** *3 100 000 h.* – **Capitale :** *Brazzaville*
Villes principales : *Pointe-Noire, Loubomo* – **Système politique :** *république*
Langue(s) : *français (officiel)* – **Religion(s) :** *animisme, christianisme* – **Monnaie(s) :** *franc C.F.A.*

Géographie

Traversé par l'équateur, le Congo est un plateau recouvert par la grande forêt équatoriale dont l'altitude moyenne s'abaisse progressivement jusqu'à une plaine côtière étroite, en bordure de l'Atlantique. Les plantations (bananes, arachides, canne à sucre, cacao, ananas, café…) et surtout les bois précieux étaient les ressources essentielles du Congo avant l'exploitation du pétrole off shore, qui assure 60 % du revenu de l'État. L'or, exploité de façon artisanale, pourrait passer à une phase industrielle, tout comme le sel de magnésium.

Histoire

En 1880, Pierre Savorgnan de Brazza, qui explorait la rive droite du Congo, signa un accord avec Makoko, roi des Batéké. Peu après, la France réunit sous son autorité le Congo et le Gabon, que mirent en coupe réglée des compagnies qui exploitaient le caoutchouc. Ensuite, la construction du chemin de fer Congo-Océan entraîna la mort de 25 000 Congolais soumis au travail forcé.
En 1940, Brazzaville se soulève contre le gouvernement de Vichy et devient la capitale de la France libre. En 1944, de Gaulle réunit la conférence de Brazzaville sur l'Afrique française.
En 1946, Félix Tchicaya fonde l'Union démocratique de défense des intérêts africains, mais c'est Fulbert Youlou qui devient Premier ministre du Congo autonome en 1958, puis en 1959 président de la République, dont l'indépendance est proclamée le 15 août 1960. Youlou irrita diverses ethnies et les hommes de gauche au nom de l'anticommunisme. En août 1963, les syndicats organisèrent un soulèvement et Youlou démissionna. Alphonse Massemba-Débat remporta l'élection présidentielle, cette même année.
En 1968, le capitaine Marien Ngouabi s'empare du pouvoir. Il applique avec autorité un programme marxiste. En 1977, il est assassiné, mais son parti, le Parti congolais du travail (P.C.T.), demeure en place. En 1979, le colonel Denis Sassou-Nguesso devient président du P.C.T. et de la République. Progressivement, il renonce au collectivisme et, en 1990-1991, autorise le multipartisme. En 1992, Pascal Lissouba remporte l'élection présidentielle. En 1993, il décrète l'état d'urgence.
En mai-juin 1997, l'armée régulière (au service de Lissouba) et la milice de Sassou-Nguesso s'affrontent. Soutenu par l'Angola, Sassou-Nguesso l'emporte au bout de quelques mois d'une lutte qui a fait des dizaines de milliers de morts. Redevenu président, Denis Sassou-Nguesso est réélu lors des élections de mars 2002.

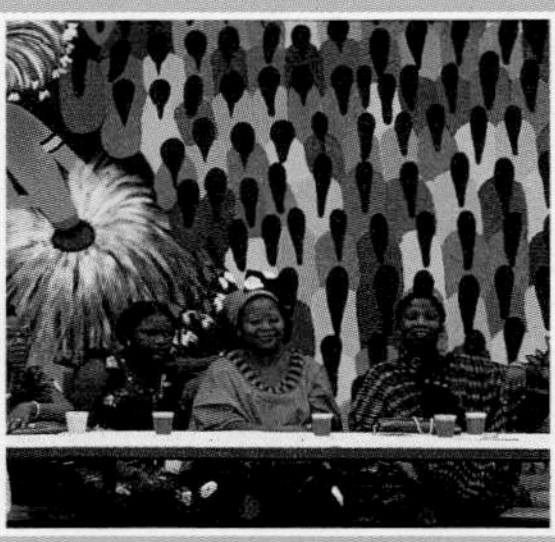

Un café de Brazzaville décoré par l'école picturale dite de « Poto-Poto » (quartier de Brazzaville).

congre n. m. ZOOL. Poisson marin téléostéen, carnivore, appelé aussi *anguille de mer*, à la peau sans écailles, long de 2 à 3 mètres.
congréganiste n. et adj. Membre d'une congrégation. / adj. Dépendant d'une congrégation.
congrégation n. f. RELIG. CATHOL. Ordre religieux. / Association religieuse dont les membres, ni séculiers, ni religieux au sens strict, ne sont liés que par des vœux simples ou une simple promesse d'obéissance. / Confrérie de personnes attachées à un certain type de dévotion. *La congrégation de Notre-Dame.* / À la curie romaine, ministère du Saint-Siège. *Les congrégations romaines sont actuellement au nombre de neuf.* / HIST. *La Congrégation* : association religieuse qui eut une grande influence politique sous la Restauration. / Dans certaines Églises protestantes, communauté des fidèles, base de l'organisation ecclésiale.
congrès n. m. Réunion de personnes qui se rassemblent pour traiter de thèmes communs et se communiquer leurs études. *Congrès de médecins.* / Réunion diplomatique de chefs d'État ou de plénipotentiaires pour régler certaines questions internationales. *Le congrès de Vienne en 1815.* / *Le Congrès* : aux États-Unis, corps législatif réunissant le sénat et la chambre des représentants. / *Congrès du Parlement* : réunion des deux assemblées à Versailles. *Jusqu'en 1958, le Congrès élisait le président de la République ; depuis 1958, la réunion des Chambres en Congrès est une des procédures permettant une modification de la Constitution.*
congressiste n. Personne qui participe à un congrès, en est membre.
Congreve (William) 1670-1729 Auteur anglais de comédies qui peignent avec vivacité les mœurs du temps : *Le Vieux Garçon* (1693), *Amour pour amour* (1695), qui déclencha la fureur des puritains, *Ainsi va le monde* (1700).
congru, e adj. Vx Qui convient exactement. Ant. incongru. / Anc. *Portion congrue*, versée annuellement au curé par le bénéficiaire d'une paroisse ; (mod.) revenus à peine suffisants pour vivre. / MATH. *Nombres congrus*, liés par une congruence.
congruence n. f. MATH. Relation unissant deux nombres qui donnent le même reste quand on les divise par un même diviseur appelé *modulo*.

Congre.

congrûment adv. De manière congrue.
conicine n. f. Alcaloïde de la ciguë, extrêmement toxique. Syn. cicutine.
conifères n. m. pl. BOT. Ordre de gymnospermes, arbres résineux à feuilles aiguës et persistantes (aiguilles), dont les inflorescences femelles sont des cônes et les inflorescences mâles, des chatons. *Le pin, le sapin, l'if, le cèdre sont des conifères.*
conique adj et n. f. GÉOM. Qui a la forme d'un cône ; qui se rapporte au cône. / n. f. Courbe, ensemble des points d'un plan dont les coordonnées annulent un polynôme du second degré. *Les sections planes d'un cône du second ordre sont des coniques.*
conirostre adj. et n. m. ZOOL. Se dit d'un oiseau au bec conique, généralement granivore, tel que le moineau, le bouvreuil. / n. m. *Le pinson est un conirostre.*
conjectural, ale, aux adj. Fondé uniquement sur des conjectures.
conjecturalement adv. De façon conjecturale.
conjecture n. f. Supposition plus ou moins plausible.
conjecturer v. t. [1] Supposer (qqch.), en fonction de conjectures. *Conjecturer une issue favorable.*
conjoint, e n. Chacun des deux époux considéré par rapport à l'autre.
conjointement adv. Ensemble.
conjoncteur n. m. ÉLECTR. Dispositif assurant la connexion automatique d'un circuit.
conjonctif, ive adj. ANAT. *Tissu conjonctif* : tissu constitué notam. de fibres de collagène et de fibres élastiques, présent dans tout l'organisme, où il assure des fonctions de remplissage, de jonction, de nutrition et de soutien, et qui est un élément constitutif des ligaments, du cartilage, des tendons, de l'os, de la peau. / GRAMM. *Locution conjonctive*, jouant le rôle d'une conjonction. *Proposition conjonctive* : subordonnée introduite par une conjonction.

Le sapin est un **conifère**.

conjonction n. f. Réunion. *Une conjonction de talents.* / GRAMM. Mot invariable unissant deux mots ou deux propositions de même nature (*conjonction de coordination*) ou reliant une proposition subordonnée à une proposition principale (*conjonction de subordination*). / ASTRON. Position de deux astres dont la longitude géocentrique ou l'ascension droite est identique. (Pour les planètes gravitant entre l'orbite de la Terre et le Soleil, il y a conjonction supérieure quand le Soleil s'interpose entre la Terre et l'astre considéré, et conjonction inférieure quand l'astre considéré s'interpose entre la Terre et le Soleil. Pour les planètes gravitant à l'extérieur de l'orbite de la Terre, la conjonction ne peut être que supérieure).

conjonctive n. f. ANAT. Membrane muqueuse, fine, transparente et sensible, recouvrant la cornée et tapissant la face interne des paupières.

conjonctivite n. f. MÉD. Inflammation de la conjonctive.

conjoncture n. f. Situation résultant d'un ensemble de circonstances. *Conjoncture défavorable.* / ÉCON. Situation de l'économie à un moment donné, dans le monde ou dans une région déterminée, dont l'évolution suit un rythme cyclique et prévisible.

conjoncturel, elle adj. Qui procède de la conjoncture.

conjugaison n. f. Rapprochement de divers éléments. / GRAMM. Ensemble des formes prises par le verbe suivant les modes, les voix, les temps, les personnes. / BIOL. Forme élémentaire de reproduction sexuée chez les bactéries, avec échange d'une partie du matériel génétique. / Chez les thallophytes, mode de reproduction sexuée avec fusion deux à deux des cellules du thalle.

conjugal, ale, aux adj. Des conjoints. *Relations conjugales.*

conjugalement adv. Avec son conjoint. / Comme mari et femme.

conjugalité n. f. État de conjoint.

conjuguées n. f. pl. BOT. Ordre d'algues vertes d'eau douce se reproduisant de manière sexuée par conjugaison.

conjuguer v. t. [1] Mettre ensemble. *Conjuguons nos talents.* / Décliner les formes de la conjugaison d'un verbe.

conjuration n. f. Entreprise d'un petit nombre de personnes unies par un serment pour comploter contre le pouvoir établi. / Formule ou pratique magique destinée à combattre les démons, chasser le mal.

conjuratoire adj. Destiné à conjurer le mauvais sort.

conjuré n. m. Personne qui conjure, qui complote.

conjurer v. t. [1] Vieilli Comploter (qqch.). *Conjurer la perte d'un ennemi.* (Emploi pron.) Mod. *Des militaires qui se conjurent contre l'État.* / Se concilier (une puissance supérieure). *Conjurer l'esprit du mal par un sacrifice.* / Prier, supplier. *Venez, je vous en conjure !*

connaissance n. f. Fait, manière de connaître qqch., d'en avoir une notion plus ou moins complète. *Avoir une bonne connaissance de la musique. Connaissance intuitive.* / (Au plur.) Ensemble des idées, des notions apprises. *Connaissances scientifiques.* / Personne que l'on connaît. *Une vieille connaissance.* / Fait de sentir, de percevoir, état conscient. *Perdre connaissance*: s'évanouir. / DR. Compétence d'une juridiction.

connaissement n. m. DR. MAR. Déclaration constituant un état des marchandises chargées sur un navire.

connaisseur, euse n. Personne qui s'y connaît, est expert en qqch. *C'est un connaisseur en la matière.* / adj. *Jeter un regard connaisseur.*

connaître v. t. [3] Être conscient de l'essence de. *Connaître le bien et le mal.* / v. pron. *Connais-toi toi-même !* / Savoir (qqch.) par l'expérience, par l'apprentissage, pour en avoir été informé. *Connaître la vie. Connaître une langue. Connais-tu la nouvelle ?* / (Emploi t. ind.) DR. *En connaître*: en tenir compte, s'en préoccuper. *Vous n'avez pas à en connaître.* / (Emploi pron.) *S'y connaître en*: être compétent en. / Savoir l'existence, la personnalité de (qqn) ; avoir des relations avec (qqn). *Je connais un bon coiffeur. Je le connais, il ne viendra pas. Il le connaît depuis l'enfance.*

connard, connasse Voir **conard, conasse**

connecter v. t. [1] ÉLECTR. Relier par une connexion. / v. pron. *Se connecter à Internet.*

connecteur n. m. ÉLECTR. Dispositif servant à établir une connexion. / LOG. Symbole permettant de former une proposition complexe à partir d'une ou de plusieurs propositions simples.

Connecticut *553 km* Fleuve du nord-est des États-Unis qui se jette dans l'Atlantique.

Connecticut *12 997 km² 3 269 900 h.* État du nord-est des États-Unis. Capitale *Hartford.* C'est une pénéplaine que traverse en son centre la vallée du Connecticut ; très urbanisé, l'État est néanmoins occupé par la forêt sur 60 % de son territoire. L'agriculture et l'élevage tiennent une place importante, l'industrie est diversifiée (horlogerie, armurerie, avionique, mécanique de précision, électronique). D'importantes compagnies d'assurance y ont établi leurs sièges sociaux et Manhattan y a décentralisé une partie de son activité tertiaire. Le niveau de vie y est le plus élevé du pays et l'activité intellectuelle y est intense (Yale University). Peuplée par les Indiens Mohicans, la région a été colonisée par les puritains anglais (colonie de New Haven) ; devenu un État en 1776, le Connecticut a été le cinquième État à ratifier la Constitution (1788).

connectique n. f. Ensemble des technologies de l'électronique et de la microélectronique qui établissent des liaisons fonctionnelles entre composants.

Hartford, capitale du **Connecticut**.

connerie n. f. Fam., vulg. Bêtise. *Raconter, faire des conneries.*

connétable n. m. HIST. Grand officier de la Couronne, chef suprême des armées, dont l'office fut supprimé par Richelieu en 1627.

connexe adj. Étroitement lié à qqch. d'autre. *Questions connexes.*

connexion n. f. Liaison de certaines choses entre elles. *Connexion des idées.* / ÉLECTR. Liaison de conducteurs électriques entre eux ou avec d'autres appareils.

connivence n. f. Complicité, entente secrète. *Un sourire de connivence.*

connotation n. f. LING. Signification que prend un terme ou un énoncé dans un contexte donné et qui vient s'ajouter à son sens premier (ou *dénotation*).

connoter v. t. [1] LING. Ajouter telle connotation à (un énoncé). *Le contexte connote péjorativement vos propos.*

conque n. f. Nom de plusieurs mollusques bivalves marins et de quelques grands gastropodes, comme le triton. / Coquille en spirale du triton (gastéropode), utilisée comme trompe. / ANAT. Cavité du pavillon de l'oreille où commence le conduit auditif. / ARCHIT. Coquille renversée formant la partie supérieure d'une niche.

conquérant, e n. et adj. Personne qui conquiert militairement. / adj. Fam. *Air conquérant*: air dominateur et fat.

conquérir v. t. [3] Prendre par la force militaire. *Conquérir une région rebelle.* / Obtenir difficilement. *Conquérir une mairie, un poste.* / Séduire. *Conquérir le cœur d'une femme.*

conquête n. f. Action de soumettre un pays par les armes, d'obtenir qqch. par l'effort. *La conquête du pouvoir.* / Ce qui a été conquis. *Les conquêtes d'Alexandre.* / Action de séduire qqn. *La conquête des cœurs.* / Fam. Personne séduite.

conquistador n. m. (mot espagnol) Aventurier espagnol qui, au XVIᵉ siècle, allait en Amérique prendre possession de terres au nom du roi d'Espagne. Pl. Des *conquistadores* ou des *conquistadors.*

Conrad Iᵉʳ ?-918 Roi de Germanie en 911.

Conrad II le Salique 990 ?-1039 Roi de Germanie en 1024, empereur germanique en 1027 ; il institua l'hérédité des fiefs, pour partie à l'origine de l'anarchie féodale.

Conrad III de Hohenstauffen 1093 ou 1094-1152 Empereur germanique en 1138, il participa à la deuxième croisade.

Conrad IV de Hohenstauffen 1228-1254 Empereur germanique (1250), roi de Jérusalem et de Sicile, roi des Romains (1237). **Conrad V** Voir **Conradin.**

Joseph Conrad.

Conrad (Józef Konrad Korzeniowski, dit **Joseph)** 1857-1924 Romancier anglais, d'origine polonaise. Les souvenirs d'une carrière de marin servent de point de départ à une création romanesque qui a donné lieu à plusieurs chefs-d'œuvre : *le Nègre du Narcisse* (1897), *Lord Jim* (1900), *Cœur des ténèbres* (1902), *Typhon* (1903), *Une victoire* (1915).

Conradin 1252-1268 Fils de l'empereur Conrad IV, ses droits sur la Sicile lui ont été contestés par Charles Iᵉʳ d'Anjou, qui le vainquit et le fit exécuter ; c'est le dernier des Hohenstauffen.

consacré, ée adj. Qui a reçu la consécration religieuse. *Vie consacrée*, consacrée à Dieu. / Par ext. *Expression consacrée*, entérinée par l'usage.

consacrer v. t. [1] RELIG. Donner la consécration à. / Établir durablement, solidement. *Consacrer un usage.* / Vouer entièrement. *Consacrer sa vie à l'écriture.* / v. pron. *Se consacrer à ses enfants.*

consanguin, e adj. Parent, du côté paternel. *Frère consanguin*: frère par le père. / *Mariage consanguin*, entre proches parents.

consanguinité n. f. Parenté du côté paternel. / Parenté proche entre conjoints.

consciemment adv. De façon consciente.

conscience n. f. Connaissance que l'être humain a de son existence, de ses pensées, de ses actes. *Conscience de soi, de son talent, de ses possibilités.* / Perception, connaissance d'un fait extérieur à soi-même. *Conscience du danger.* / *Perdre conscience*: s'évanouir. / Faculté de juger de la qualité morale d'un acte. *Une conscience droite.* / *Avoir mauvaise ou bonne conscience*: se sentir coupable ou n'avoir aucun reproche à se faire. / *Soulager sa conscience*: réparer ou avouer le mal que l'on a fait. / *Cas de conscience*: situation difficile à résoudre d'un point de vue moral. / *Conscience professionnelle*: soin que l'on porte à l'exécution de son travail.

Conscience (Hendrik) 1812-1883 Écrivain belge qui donna une forte impulsion à la littérature belge d'expression néerlandaise : *Le Lion de Flandre* (1838, roman historique), *Le Conscrit* (1850), *Le Gant perdu* (1872), romans de mœurs.

consciencieusement adv. De manière consciencieuse.

consciencieux, euse adj. Qui remplit ses obligations avec conscience. *Employé consciencieux.* / *Travail consciencieux*, fait avec conscience.

Consécration *pendant la messe.*

conscient, e adj. et n. m. **A.** adj. Qui a conscience de soi-même et du monde extérieur. *Un être conscient.* / Qui perçoit clairement une situation. *Conscient de son devoir.* / Éveillé. *Il est resté conscient pendant l'intervention chirurgicale.* Ant. inconscient. **B.** n. m. PSYCHOL. Ensemble des faits psychiques dont le sujet a conscience, par oppos. à *inconscient*.

conscription n. f. Inscription au rôle, registre officiel de l'armée, des jeunes gens en âge de faire leur service militaire.

conscrit n. m. Jeune homme inscrit au rôle de la conscription. / Soldat nouvellement incorporé.

consécration n. f. RELIG. Rite par lequel on investit un objet ou une personne d'une fonction sacrée. *Consécration d'une église.* / LITURG. Action du prêtre catholique ou orthodoxe qui consacre le pain et le vin pendant la messe; moment de la messe où s'accomplit cette action. / Confirmation. *Consécration d'un talent.*

consécutif, ive adj. Se dit de choses qui se succèdent sans interruption. *Trois jours consécutifs.* / *Consécutif à*: qui est la conséquence de. *Accident consécutif à une négligence.* / GRAMM. *Proposition consécutive*: subordonnée qui exprime la conséquence de l'action indiquée dans la principale.

consécutivement adv. Immédiatement après; coup sur coup.

conseil n. m. Avis donné à quelqu'un sur ce qu'il doit faire. / Personne qui conseille. *Conseil en communication.* / Groupe de personnes ayant pour mission de statuer sur certaines affaires. / *Conseil des ministres*: réunion des ministres sous la présidence du président de la République. / *Conseil de cabinet*: réunion des ministres sous la présidence du Premier ministre. / *Conseil régional, conseil général, conseil municipal*: organes élus, chargés de délibérer sur les affaires de la Région, du département, de la commune. / *Conseil de révision*: juridiction administrative chargée jusqu'en 1970 de se prononcer sur l'aptitude au service militaire. / *Conseil d'administration*: groupe de personnes responsables de la gestion d'une société ou d'une association. / *Conseil de famille*: assemblée présidée par un juge des tutelles, chargé de veiller sur les intérêts d'un mineur ou d'un majeur sous tutelle. / *Conseil de classe*: dans l'enseignement secondaire, réunion trimestrielle des professeurs d'une classe et de représentants des élèves et des parents d'élèves.

Conseil constitutionnel Organe prévu par la Constitution de 1958 pour contrôler la régularité des élections législatives et présidentielles, la conformité des lois avec la Constitution, etc. Il est composé de neuf membres nommés pour neuf ans et des anciens présidents de la République.

Conseil d'État Créé par Bonaparte, Premier consul, en 1804, il est devenu la juridiction administrative suprême. Sa jurisprudence tente de concilier les nécessités de l'action administrative et la défense des libertés individuelles. En outre, il est consulté par le gouvernement lors de l'élaboration de certains textes législatifs et réglementaires.

Conseil de l'Europe Organisation européenne créée en 1949 et qui siège à Strasbourg. Elle regroupe 43 États.

Conseil de la République Seconde chambre du Parlement de la IVe République. Ses pouvoirs étaient ceux du Sénat, mais plus limités.

Conseil de sécurité Organe de l'ONU, dont les cinq membres ont un droit de veto. Ce sont les « Cinq Grands » de 1945 : Chine, États-Unis, France, Grande-Bretagne, Russie (qui occupe le siège de l'ex-URSS).

Conseil économique et social Créé par la Constitution de 1958 pour donner un avis sur les lois ou plans à caractère économique et social. Il est composé notamment de représentants syndicaux.

Conseil européen Ensemble informel des chefs de gouvernement des États membres de l'Union européenne. Leur première réunion date de 1974.

conseiller [1] v. t. [1] Donner un conseil à. *Conseiller un client.* / Suggérer (qqch., de faire qqch.) à qqn sous la forme d'un conseil. *Conseiller un vin. Conseiller d'acheter.*

conseiller, ère [2] n. Personne qui donne des conseils. / n. m. Membre de certains conseils administratifs. *Conseiller municipal.* / Titre porté par des magistrats occupant un rang élevé dans la hiérarchie. *Conseiller à la Cour de cassation. Conseiller d'État*: membre du Conseil d'État, ayant atteint le plus haut degré de l'échelle hiérarchique de ce corps.

Conseil national de la Résistance (C.N.R.) Institution fondée en 1943 par Jean Moulin, pour coordonner les divers mouvements de la Résistance.

Conseil national du patronat français (C.N.P.F.) Association créée en 1946 pour regrouper la plupart des syndicats patronaux. Il a adopté en 1998 le nom de Mouvement des Entreprises de France (MEDEF).

Conseil œcuménique des Églises Organisme fondé en 1937 à Édimbourg, en sommeil jusqu'en 1948, pour promouvoir l'unité des chrétiens. Il groupe la majorité des Églises chrétiennes, à l'exception de l'Église catholique romaine qui n'y a pas adhéré, mais y maintient des observateurs.

Conseil supérieur de l'audiovisuel (C.S.A.) Autorité autonome créée en France en 1989 pour contrôler le fonctionnement des chaînes de radiodiffusion et de télévision publiques et privées.

Conseil supérieur de la magistrature Organe créé en France par la Constitution de 1946 pour veiller, sous la présidence du président de la République, à l'indépendance de la justice. Il a aussi des fonctions disciplinaires.

consensuel, elle adj. Fondé sur un consensus. / DR. *Accord consensuel*, fondé sur le seul consentement des parties.

consensus n. m. Accord entre plusieurs personnes, plusieurs groupes.

consentement n. m. Fait de consentir, accord.

consentir v. t. [3] Octroyer (une faveur), concéder (un avantage). *Consentir un rabais.* / v. t. ind. *Consentir à*: accepter, admettre. *Consentir à une rencontre.*

conséquence n. f. Ce qui dérive d'une action, d'un fait. *Événement lourd de conséquences.* / Ce qui résulte d'un principe. *Les conséquences d'une hypothèse.* / GRAMM. *Proposition de conséquence*: proposition consécutive.

conséquent, e adj. et loc. adv. **A.** adj. Qui agit conformément à sa logique. *Un homme conséquent.* Ant. inconséquent. / Par ext. *Une attitude conséquente.* **B.** Loc. adv. *Par conséquent*: donc.

conservateur, trice n. et adj. **A.** n. Personne préposée à la garde de quelque chose; en partic. titre de certains fonctionnaires. *Conservateur d'une bibliothèque, d'un musée. Conservateur des hypothèques*: fonctionnaire chargé d'assurer l'inscription et la publicité des mutations immobilières. / POLIT. Partisan du maintien de l'ordre établi et des valeurs traditionnelles, par oppos. à *progressiste*. / Membre du parti conservateur en Grande-Bretagne. / n. m. Produit qui assure la conservation des aliments. / Appareil frigorifique utilisé pour la conservation des aliments congelés. **B.** adj. Qui conserve, est destiné à conserver. *Congélation conservatrice.* / POLIT. Qui s'oppose au changement, qui n'est pas progressiste. *Avoir des opinions conservatrices.*

Session du ***Conseil de l'Europe*** *à Strasbourg.*

conservateur (parti) Parti britannique (dit *tory*), longtemps adversaire du parti libéral (dit *whig*) puis, à partir des années 1920, du parti travailliste. Margaret Thatcher, Premier ministre (1979-1990), puis John Major (1990-1997) ont donné à ce parti une orientation résolument libérale (au sens économique).

conservation n. f. Action de conserver, de garder en bon état. *La conservation des denrées alimentaires par le froid.* / État de ce qui est conservé. *Monument en bon état de conservation.* / Fonction, charge de conservateur; lieu où s'exerce cette fonction. / *Instinct de conservation*: instinct qui pousse un être vivant à protéger sa vie quand elle est menacée. / PHYS. *Loi de conservation*: principe selon lequel certaines grandeurs restent inchangées au cours de certaines transformations. *Loi de conservation de l'énergie.*

conservatisme n. m. Opinion de ceux qui sont attachés à l'ordre établi et rejettent par principe toute transformation dans le domaine politique, moral ou social.

conservatoire n. m. Établissement où est dispensé un enseignement artistique. *Le Conservatoire national supérieur de musique, à Paris.* / Nom de divers établissements où l'on conserve des traditions, des collections, de diverses institutions dédiées à la conservation d'un site, d'un lieu. *Conservatoire du Littoral.*

Conservatoire national des Arts et Métiers (CNAM ou C.N.A.M.) Institution dont l'abbé Grégoire proposa la création à la Convention en 1794, pour y conserver instruments et machines. Musée et établissement public d'enseignement, le CNAM a été installé en 1802 dans le prieuré de Saint-Martin-des-Champs à Paris.

Conservatoire national supérieur d'art dramatique Établissement de formation aux métiers du théâtre qui, jusqu'en 1946, faisait partie du Conservatoire national supérieur de musique.

Conservatoire national supérieur de musique Établissement créé en 1795 qui forme les musiciens (instrumentistes et compositeurs). Installé à Paris, dans la Cité de la musique du Parc de la Villette en 1990, il porte depuis cette date le nom de Conservatoire national supérieur de musique et de danse. En 1949, un conservatoire analogue a été installé à Lyon.

conserve n. f. Aliment traité de façon à se conserver longtemps; en partic., aliment stérilisé et gardé dans un récipient hermétiquement clos, boîte de fer-blanc (*boîte de conserve*) ou bocal.

conserve (de) loc. adv. *De conserve.* MAR. *Naviguer de conserve*: en suivant la même route. / Fig., litt. *De conserve*: ensemble.

conserver v. t. [1] Maintenir (qqch.) en bon état, préserver. *Conserver sa santé.* (Emploi pron.) *Ce vin se conserve bien en cave.* / Garder (qqch.) en sa possession. *Conserver des lettres.* Au fig. *Conserver son emploi.*

conserverie n. f. Fabrique de conserves alimentaires; industrie de la conserve alimentaire.

considérable adj. Qui mérite considération; important. *Avoir une fortune considérable.*

considérablement adv. De manière considérable.

considérant n. m. DR. Chacune des raisons qui motivent une loi, un décret, un jugement.

La stérilisation des bocaux permet la ***conservation*** *des aliments.*

Considérant (Victor) 1808-1893 Penseur français, disciple de Fourier: *Destinée sociale* (1844-1849). Il fut membre de la Commune de Paris (1871).

considération n. f. Examen attentif d'un objet, d'un projet soumis à la réflexion. *Prendre en considération*: tenir compte de. / Déférence, estime portée à qqn. *Traiter avec considération.* / (Au plur.) Réflexions, remarques. *S'arrêter à des considérations générales.*

considérer v. t. [1] Regarder attentivement. / Examiner avec réflexion. *Tout bien considéré...* / Tenir compte de (qqch.), faire cas de (qqn). / *Considérer que*: juger, estimer que.

consignation n. f. DR. Dépôt dans une caisse publique de sommes d'argent ou de valeurs pour s'acquitter d'une dette, lorsque le créancier ne veut pas ou ne peut pas être payé directement. *Caisse des dépôts et consignations.* / COMM. Remise d'une marchandise à un négociant, contre avance, pour qu'il la vende.

consigne n. f. Instruction impérative donnée à une personne. *Transmettre la consigne à un militaire.* / Privation de sortie pour un soldat ou un élève. / Dans une gare, un aéroport, service chargé de garder les bagages des voyageurs; lieu de dépôt des bagages ainsi mis en sécurité. *Mettre sa valise à la consigne.* / Somme remboursable versée pour l'emballage d'un article. *La consigne d'une bouteille.*

consigné, e adj. Mis en consigne. *Emballage consigné.* / Privé de sortie. *Élève consigné.*

consigner v. t. [1] DR. Mettre (qqch.) en dépôt. *Consigner un objet de valeur.* / Faire payer l'emballage de. *Consigner une bouteille.* / Mettre (qqch.) par écrit. *Consigner un fait par procès-verbal.* / Donner, comme consigne, une interdiction de sortie à (qqn). *Consigner un militaire dans sa caserne.* / Par ext. *Consigner sa porte à qqn,* refuser de le recevoir.

consistance n. f. Degré de cohésion des molécules constitutives d'une substance. *Consistance pâteuse, liquide.* Au fig. *Affaire qui prend de la consistance,* qui devient importante. Ant. inconsistance. / Caractère épais, ferme d'une substance. *Une sauce sans consistance.*

consistant, e adj. Qui a de la consistance. *Une matière consistante.* Ant. inconsistant. / (En matière d'alimentation) Copieux, nourrissant. *Un repas consistant.*

consister v. t. ind. [1] *Consister à*: avoir pour nature, pour caractère de. / *Consister en, dans*: être constitué de, par; résider en. *L'appartement consiste en trois pièces.*

consistoire n. m. RELIG. CATHOL. Assemblée générale des cardinaux réunie et présidée par le pape. / Dans le protestantisme, le judaïsme, assemblée de ministres du culte ayant une fonction de direction administrative.

consistorial, ale, aux adj. et n. D'un consistoire.

consœur n. f. Femme qui appartient à la même société ou qui exerce le même métier que qqn d'autre.

consolant, e adj. Propre à consoler.

consolateur, trice adj. et n. Qui console. *Une voix consolatrice.* / Subst. *Jouer les consolateurs.*

consolation n. f. Réconfort apporté à une personne dans la peine ou l'affliction. *Paroles de consolation.* / Personne, chose qui console. / *Lot de consolation*: lot de moindre valeur offert aux concurrents malchanceux.

console n. f. Table décorative à deux ou quatre pieds, appliquée contre un mur. / ARCHIT. Support qui affecte le plus souvent la forme d'une volute dans le style baroque ou d'un demi-arc dans le style classique, destiné à soutenir un balcon, une corniche. / MUS. Partie supérieure d'une harpe, recourbée en col de cygne. / Meuble annexe de l'orgue qui abrite les commandes (claviers, registres, pédalier). / INFORM. Périphérique d'un ordinateur (écran et clavier) permettant l'utilisation interactive de programmes. *Console de jeux vidéo.*

consoler v. t. [1] Apporter une consolation, un réconfort moral à (qqn).

consolidation n. f. Action de consolider; résultat de cette action. *Consolidation d'un édifice.* / DR. Réunion de droits jusque-là séparés. *Consolidation de l'usufruit*: réunion du droit de se servir d'un bien et d'en percevoir les bénéfices. / FIN. Conversion d'une dette payable à court terme en une dette payable à plus long terme. / COMPTA. Opération consistant à présenter de façon synthétique les comptes des sociétés d'un même groupe. / MÉD. Soudure des os fracturés. *Consolidation d'une fracture.*

consolider v. t. [1] Rendre (qqch.) plus solide. *Consolider un bâtiment.*

consommateur, trice n. et adj. Personne qui consomme, qui achète des marchandises pour en faire usage. *Défense des consommateurs.* / Personne qui prend une consommation dans un café, un restaurant. / adj. Qui achète (par oppos. à *producteur*). *Pays consommateurs de pétrole.*

consommation n. f. Litt. Accomplissement d'une chose jusqu'à son achèvement. *Consommation du mariage*: union charnelle. / Usage que l'on fait de certains produits et qui entraîne leur destruction ou leur transformation. *Consommation d'alcool, d'électricité, d'essence.* / Ce que l'on boit ou mange dans un café, un restaurant. *Régler les consommations.* / *Société de consommation*: société dont la prospérité repose sur la production toujours renouvelée des biens et leur consommation par les citoyens, encouragée notam. par la publicité et le crédit.

consommé n. m. CUIS. Bouillon produit par la cuisson dans un liquide de viandes dont cette cuisson a épuisé tout le suc.

consommer v. t. / v. i. [1] **A.** v. t. Litt. Accomplir, achever (qqch.) *Consommer un mariage.* / Boire, manger. *Consommer du pain.* / User. *Voiture qui consomme peu d'essence.* **B.** v. i. Prendre une consommation dans un café.

consomption n. f. Vx Amaigrissement, affaiblissement de l'organisme que l'on observe dans les maladies graves et prolongées (substantif tiré du verbe *consumer*).

consonance n. f. Ressemblance de sons dans la terminaison de plusieurs mots. / MUS. Accord de sons considéré comme agréable à l'oreille, par oppos. à *dissonance.* / Par ext. Suite de sons. *Consonance agréable, désagréable à l'oreille.*

consonantique adj. PHONÉT. Propre à, relatif à la consonne.

consonne n. f. PHONÉT. Son du langage qui, joint à une ou plusieurs voyelles, donne une syllabe. *L'articulation d'une consonne se caractérise par une fermeture totale (consonnes occlusives) ou partielle (consonnes constrictives) des organes de phonation.* / Lettre qui représente ce son. *La lettre « n » est une consonne.*

consort n. m. pl. et adj. m. **I.** n. m. pl. DR. Plaideurs ayant des intérêts communs dans un procès. / Péjor. *Et consorts*: et les gens de même acabit. **II.** adj. *Prince consort*: époux d'une souveraine qui, lui, ne règne pas. *Prince consort du Danemark.*

consortium n. m. Groupement d'entreprises ayant un objectif économique ou financier commun. *Consortium d'achat.*

consoude n. f. BOT. Plante (borraginacée) des lieux humides, à feuilles velues et à fleurs blanches ou roses.

conspirateur, trice n. Personne qui conspire.

conspiration n. f. Accord secret entre plusieurs personnes pour renverser le pouvoir établi. / Entente dirigée contre quelqu'un.

Conspiration des poudres Complot tramé en 1605 par des catholiques anglais, en vue de renverser le Parlement et le roi Jacques Iᵉʳ. Des tonneaux de poudre disposés sous le palais devaient exploser le 5 novembre, mais l'imprudence d'un des complices fit découvrir la conspiration dont les auteurs furent arrêtés et exécutés.

conspirer v. i. / v. t. ind. [1] Tramer une conspiration (contre). / v. t. ind. Litt. *Conspirer à*: concourir à.

conspuer v. t. [1] Manifester en groupe contre (qqn). *Conspuer un orateur.*

constable n. m. (mot anglais) En Angleterre, officier de police chargé du maintien de l'ordre public.

Constable (John) 1776-1837 Peintre anglais. Il exprime avec beaucoup de liberté les ciels changeants et les lumières un peu froides des paysages de la verte Angleterre.

constamment adv. Invariablement; très souvent.

constance n. f. Vieilli Courage. *Endurer son mal avec constance.* / Persévérance dans ce que l'on entreprend, dans ses opinions ou dans ses sentiments. *Travailler avec constance.* Ant. inconstance. / Caractère de qqch. qui est constant, ne change pas. *Constance d'une loi naturelle.*

Constance (lac de) *540 km²* (en allemand Bodensee) Lac d'Europe centrale partagé entre l'Allemagne, la Suisse et l'Autriche, traversé par le Rhin. Sur sa rive nord-ouest, la ville allemande de Constance (*75 000 h.*, située dans le Land de Bade-Wurtemberg) est un centre vinicole, horloger et touristique: cathédrale des XIᵉ et XVᵉ siècles, église gothique Saint-Étienne (XVᵉ siècle).

Constance Nom de trois empereurs romains. **Constance Iᵉʳ Chlore (**en latin **Flavius Valerius Constantius Chlorus)** 225 ?-306 Empereur en 305, auguste avec Galère, il mit un terme à la persécution des chrétiens; il est le père de Constantin Iᵉʳ. **Constance II (**en latin **Flavius Julius Constantius)** 317-361 Empereur en 337, il est le fils de Constantin Iᵉʳ. Ayant conquis l'Italie et la Gaule (352-353), il rétablit ainsi l'unité de l'empire, mais Julien l'Apostat organisa une sédition (360). **Constance III** (en latin **Flavius Constantius**) Vᵉ siècle Empereur en 421, il partagea l'empire avec Honorius.

constant, e adj. et n. f. **A.** adj. Qui ne change pas. *Être constant en amour.* Ant. inconstant. / Qui ne s'interrompt pas. *Un intérêt constant, manifesté sans interruption.* / Litt. Indiscutable. *Ce fait est établi de manière constante.* **B.** n. f. MATH. Quantité dont la valeur est invariable. / PHYS. Ce qui reste invariable dans un phénomène. *La constante d'ébullition d'un liquide.* / *Constante physique fondamentale*: grandeur fixe, qui joue un rôle fondamental dans les théories physiques. *Le nombre d'Avogadro ($N = 6.022.10^{23}$) est une constante qui correspond au nombre d'entités contenues dans une mole; la constante de Planck ($h = 6{,}626 \times 10^{-34}$ joule-seconde) intervient en physique quantique; la vitesse de la lumière dans le vide est également une constante: $c = 299\,792\,458$ m/s.* / Fig. Tendance générale permanente. *Constante d'une politique.*

Le lac de ***Constance.***

***Benjamin Constant**, par Hercule de Roche.*

Constant de Rebecque (Benjamin) 1767-1830 Écrivain et homme politique français. Ami de Madame de Staël, hostile à Napoléon dont il se rapproche en 1815, il est, sous la Restauration, un des chefs du parti libéral. Il a laissé des œuvres politiques et des romans autobiographiques: *Adolphe* (1816), *Le Cahier rouge* (publié en 1907).

Constanta ou **Constantza** *348 575 h.* Ville et port important de Roumanie, sur la mer Noire. Chef-lieu du district du même nom. Ruines de l'antique ville grecque Tomes, devenue romaine, où Ovide vécut en exil et mourut.

Constantin Ier le Grand (en latin **Flavius Valerius Aurelius Claudius Constantinus)** 280 ?-337 Empereur romain. Habile et courageux, il est proclamé césar par ses légions en 306. Il met alors fin à la tétrarchie en éliminant par ses victoires Maxence au pont Milvius en 312, et Licinius en 324. En 313, il avait fait proclamer l'édit de Milan qui permettait la liberté des cultes, décision en fait très favorable aux chrétiens. Bien qu'il n'ait reçu le baptême que sur son lit de mort, et peut-être de la main d'un évêque arien, il a essayé de mettre fin au paganisme romain et convoqué en 325 le premier concile œcuménique, à Nicée. Soucieux de maintenir l'Empire dans un ordre strict, il a accéléré l'évolution du régime impérial vers la monarchie absolue, appuyée sur la police et une administration hiérarchisée. Il a fondé sur les rives du Bosphore Constantinople dont il a fait la nouvelle capitale de l'empire en 330.

Constantin II le Jeune 317-340 Fils de Constantin Ier, il eut pour héritage les Gaules, l'Espagne et la Grande-Bretagne, partageant l'empire d'Occident avec son frère Constant Ier qui l'assassina. **Constantin III Héraclius** 612-641 Empereur byzantin (641), il mourut quelques mois après son avènement. **Constantin IV** 654-685 Empereur byzantin (668), il repoussa

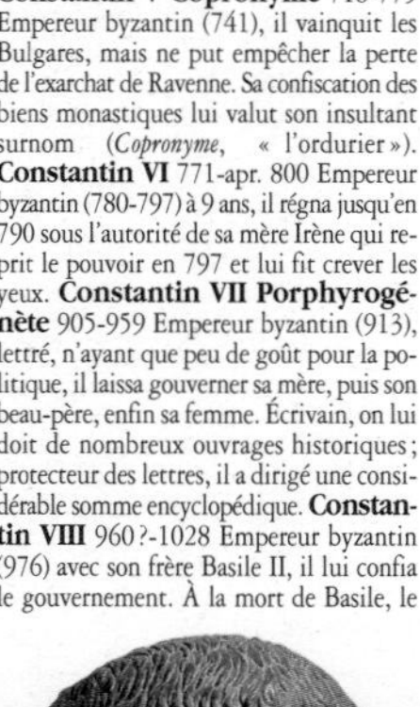

(672-678) les Arabes devant Constantinople (première utilisation du feu grégeois) mais ne put triompher des Bulgares. **Constantin V Copronyme** 718-775 Empereur byzantin (741), il vainquit les Bulgares, mais ne put empêcher la perte de l'exarchat de Ravenne. Sa confiscation des biens monastiques lui valut son insultant surnom (*Copronyme*, « l'ordurier »). **Constantin VI** 771-apr. 800 Empereur byzantin (780-797) à 9 ans, il régna jusqu'en 790 sous l'autorité de sa mère Irène qui reprit le pouvoir en 797 et lui fit crever les yeux. **Constantin VII Porphyrogénète** 905-959 Empereur byzantin (913), lettré, n'ayant que peu de goût pour la politique, il laissa gouverner sa mère, puis son beau-père, enfin sa femme. Écrivain, on lui doit de nombreux ouvrages historiques; protecteur des lettres, il a dirigé une considérable somme encyclopédique. **Constantin VIII** 960 ?-1028 Empereur byzantin (976) avec son frère Basile II, il lui confia le gouvernement. À la mort de Basile, le pouvoir passa aux eunuques du palais et à de hauts fonctionnaires qui mirent l'empire en coupe réglée. **Constantin IX Monomaque** v. 980-1055 Empereur byzantin (1042) à la suite de son mariage avec l'impératrice Zoé, deux fois veuve et sexagénaire. Politiquement désastreux (perte définitive de l'Italie, avancée des Seldjoukides, schisme entre Rome et Constantinople en 1054), son règne fut brillant sur le plan littéraire. **Constantin X Doukas** 1007-1067 Empereur byzantin (1059), il s'opposa à l'aristocratie militaire des provinces, politique qui permit aux peuples massés aux frontières (Hongrois, Petchenègues, Normands et Seldjoukides) de s'approprier d'importantes fractions du territoire impérial. **Constantin XI Paléologue Dragasès** 1404-1453 Dernier (1449) empereur byzantin, il périt à la tête de ses troupes lors de la prise de Constantinople par Mehmet II.

Constantin Ier 1868-1923 Roi de Grèce (1913-1917 et 1920-1922). Désireux de maintenir la neutralité grecque au cours de la Première Guerre mondiale, il ne put résister à Vénizélos qui, avec l'appui des Alliés, avait formé (1916) un gouvernement insurrectionnel. Il fut contraint d'abdiquer en 1917 en faveur de son fils Alexandre, puis fut rappelé à la mort de ce dernier (1920), avant d'être de nouveau contraint à l'abdication en faveur de son deuxième fils, Georges II. **Constantin II** 1940 Roi de Grèce (1964-1973). Hostile à Papandréou, il provoqua le coup d'État de 1967, puis tenta de renverser la dictature des colonels; il s'exila, sa déchéance fut prononcée en 1973 et la république proclamée en 1974.

Constantine (en arabe **Qasantîna)** *449 600 h.* Ville d'Algérie située sur un rocher dominant l'oued Rummel. Marché agricole, centre artisanal. Dans l'Antiquité, elle fut la capitale de la Numidie.

constantinien, enne adj. Relatif à l'empereur Constantin Ier.

Constantinople (aujourd'hui *Istanbul*) Capitale de l'Empire romain d'Orient construite en 324 sur l'emplacement de la ville antique de Byzance, fondée au VIIe siècle av. J.-C., sur la voie de passage entre l'Europe et l'Asie, au bord de la rade de la Corne d'Or. Constantinople, où Constantin fit élever un palais impérial et une enceinte, où Justinien fit construire la somptueuse église de Sainte-Sophie en 537, fut la capitale rayonnante de l'art byzantin. L'invasion, suivie d'un pillage en règle, de la ville par les croisés en 1204, l'afflux des marchands génois et vénitiens précipitèrent son déclin; sa conquête par les Turcs en 1453 marque la fin de l'Empire byzantin.

Constantza Voir **Constanta**

constat n. m. DR. Procès verbal dressé par un huissier à la demande d'un particulier ou sur ordre d'un tribunal pour attester un fait matériel. / *Constat amiable*: déclaration d'accident de la circulation établie par les conducteurs des véhicules concernés. / Bilan. *Un constat d'échec.*

constatation n. f. Action d'établir la réalité d'un fait; résultat de cette action. *Les constatations d'une enquête.*

constater v. t. [1] DR. Attester par constat. / Par ext. Faire la constatation de; remarquer. *As-tu constaté qu'il pleut ?*

• **constellation** n. f. Ensemble de points constitué par des étoiles situées à des distances en apparence voisines et qui composent, sur la voûte céleste, des figures géométriques quelconques, auxquelles on a attribué un nom précis conventionnellement choisi.

♦ Beaucoup de constellations sont, tout comme les étoiles qui leur sont associées, connues depuis la plus haute antiquité, notamment par les Sumériens et les Babyloniens. Les Grecs en énumèrent une quarantaine (Aratus ou Aratos {v.315-240 av. J.-C.}, dans son poème *Les Phénomènes*, consacré aux astres, donne aux constellations des noms issus de la mythologie). La liste des constellations ne cessera de s'allonger au fur et à mesure des découvertes des navigateurs. Ainsi Jean Bayer en 1603, puis Hevelius en 1690, enfin La Caille en 1752, tous les trois à l'origine d'un catalogue, nommèrent les étoiles et les constellations de l'hémisphère austral. C'est à l'Union astronomique internationale que revient la tâche de déterminer la zone précise de ciel engendrée par cet ensemble d'étoiles. À son congrès de Rome en 1922, elle a établi officiellement la liste nominative des quatre-vingt-huit constellations.

consternation n. f. Tristesse accablée. *Nouvelle qui jette la consternation.*

consterné, e adj. En état de consternation. *Avoir l'air consterné.*

consterner v. t. [1] Jeter (qqn) dans la consternation. *Votre échec me consterne.*

Constantin Ier le Grand.

*La basilique Sainte-Sophie, construite en 537 à **Constantinople** (Istanbul).*

CONSTELLATION

TABLEAU DES CONSTELLATIONS Pour toutes les constellations, on trouvera, immédiatement après leur nom français, l'abréviation internationalement reconnue et le nom latin, en italiques. L'abréviation « al » signifie « année (de) lumière ».

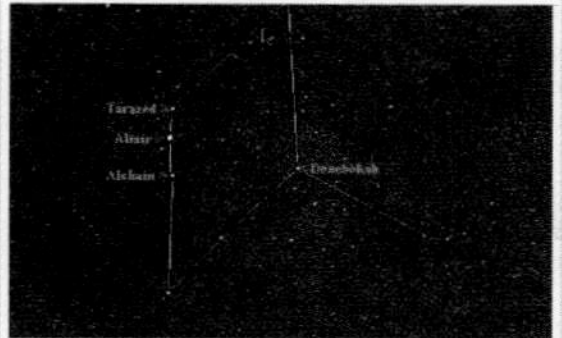

Aigle.

Aigle *(Aql, Aquila)* Dans la mythologie, c'est l'oiseau qui, ayant ravi Antinoüs, le transporta dans l'Olympe où il devint le serviteur des dieux. Cette constellation équatoriale d'une superficie de 652 degrés carrés est l'une des 48 constellations connues dès l'Antiquité. Elle comprend les étoiles Alpha (α) Aql, *Altaïr* (l'aigle en vol, qui en symbolise la tête), 8 fois plus lumineuse que le Soleil ; Thêta (θ) Aql et Dzéta (ζ) Aql, figurant les ailes déployées, et, enfin, Lambda (λ) Aql, qui suggère la queue du rapace.

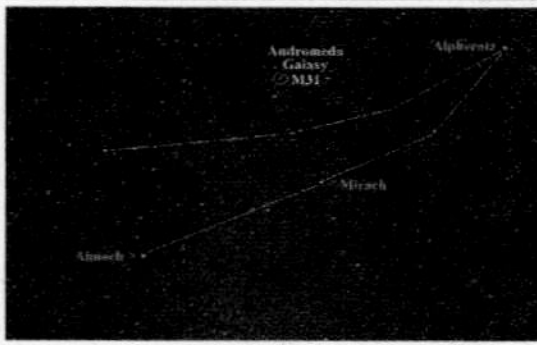

Andromède.

Andromède *(And, Andromeda)* Dans la mythologie, Andromède, fille du roi d'Éthiopie, fut attachée à un rocher pour satisfaire la voracité d'un monstre marin (la Baleine). Cette constellation boréale d'une superficie de 272 degrés carrés est l'une des 48 constellations connues dès l'Antiquité. Elle comprend les étoiles Alpha (α) And, *Sirrah* (l'ombilic [du cheval], par allusion à Pégase), Bêta (β) And, *Mirak* (le pagne), et Gamma (γ) And, *Almak* (le lynx du désert). Elle renferme notamment les galaxies M31 (Andromède), galaxie spirale située à 2,5 millions al de la Galaxie, et M32, galaxie elliptique, satellite de M31.

Autel (*Ara, Arae*) Cette constellation australe d'une superficie de 237 degrés carrés est l'une des 48 constellations connues dès l'Antiquité. Elle comprend les étoiles Alpha (α) Ara, 200 fois plus lumineuse que le Soleil ; Bêta (β) Ara, 7 000 fois plus lumineuse que le Soleil ; Gamma (γ) Ara, à 1 000 al, 4 000 fois plus lumineuse que le Soleil. Elle renferme trois amas globulaires : NGC 6352, NGC 6362, NGC 6397, et deux amas ouverts : NGC 6208, NGC 6233.

Balance (*Lib, Libra*) C'est le symbole grec de la justice. Cette constellation zodiacale d'une superficie de 538 degrés carrés est l'une des 48 constellations connues dès l'Antiquité. Elle est parfois confondue avec la constellation du Scorpion, ce qui explique les noms de ses deux étoiles principales : Alpha (α) Lib (la pince sud), Bêta (β) Lib (la pince nord). Elle renferme un amas globulaire, à 45 000 al de la Galaxie.

Baleine (*Cet, Cetus*) Dans la mythologie, c'est le monstre marin auquel a été sacrifiée Andromède. Cette constellation équatoriale d'une superficie de 1 232 degrés carrés est l'une des 48 constellations connues dès l'Antiquité. Elle comprend 19 étoiles dont Alpha (α) Cet, *Menkar* [ou *Menkab*], figure le nez, Dzéta (ζ) Cet, *Baten Kaitos*, le ventre, Bêta (β) Cet, *Deneb Kaitos* ou *Diphda*, la queue. Omicron (ο) Cet, *Mira* (la Merveilleuse) est l'archétype des variables pulsantes.

Bélier (*Ari, Aries*) Dans la mythologie, un bélier à toison d'or emporta dans les airs Phryxnos et Hellé, les enfants de la déesse des nuées et du roi d'Orchomène, condamnés au sacrifice par leur marâtre. Phryxnos fut sauvé mais Hellé tomba dans la mer (de là vient le nom de l'Hellespont) et le Bélier fut admis parmi les étoiles. Cette constellation zodiacale d'une superficie de 441 degrés carrés est l'une des 48 constellations connues dès l'Antiquité. Elle comprend les étoiles Alpha (α) Ari, *Hamal* (le bélier), Bêta (β) Ari et Gamma (γ) Ari, toutes deux étoiles binaires, Pi (π) Ari, étoile triple. Le Bélier renferme les galaxies NGC 772, de type spirale barrée, et NGC 821, de type elliptique.

Boussole (*Pyx, Pyxis*) Cette constellation australe, d'une superficie de 221 degrés carrés, a été introduite dans le catalogue par La Caille en 1754. Ses étoiles principales sont Alpha (α) Pyx, à 470 al, 500 fois plus lumineuse que le Soleil ; Bêta (β) Pyx, à 232 al, 100 fois plus lumineuse que le Soleil ; Gamma (γ) Pyx, à 190 al, 60 fois plus lumineuse que le Soleil. Epsilon (ε) Pyx est un système triple, Khi (χ) Pyx, une étoile double, 100 fois plus lumineuse que le Soleil. La Boussole renferme NGC 2627, NGC 2658 et NGC 2818, amas ouverts.

Bouvier (*Boo, Bootes*) Reconnue par les Romains comme le gardien du troupeau (sept étoiles de la Grande Ourse), ou plus simplement le gardien de l'Ourse. Cette constellation boréale d'une superficie de 657 degrés carrés est l'une des 48 constellations connues dès l'Antiquité. Ses étoiles principales sont Alpha (α) Boo, *Arcturus* (le chasseur), Bêta (β) Boo, *Nekbar* (le bouvier), Gamma (γ) Boo, *Ceginus* (un trait d'écriture arabe), Epsilon (ε) Boo, *Mirak* (le pagne ou le tablier), Êta (η) Boo, *Muphrid* (l'étoile de la lance), Mu (μ) Boo, *Alkalurops* (celui qui s'appuie sur la houlette). Le Bouvier renferme l'amas globulaire NGC 5466 et NGC 5676, galaxie spirale.

Burin (*Cae, Caelum*) Cette constellation australe d'une superficie de 125 degrés carrés a été introduite dans le catalogue par La Caille en 1752. Elle comprend deux étoiles binaires, Alpha (α) Cae, de magnitude 13, et Gamma (γ) Cae, de magnitude 4,7 et 8,5, à 230 al.

Caméléon (*Cha, Chamaeleon*) Cette constellation circumpolaire sud, d'une surface de 132 degrés carrés, a été introduite dans le catalogue par Bayer au XVIIe siècle. Ses étoiles principales sont Alpha (α) Cha, à 67 al, 7 fois plus brillante que le Soleil ; Bêta (β) Cha, à 250 al, 70 fois plus brillante que le Soleil ; Gamma (γ) Cha, à 820 al, de classe spectrale M. 0, 100 fois plus lumineuse que le Soleil ; Epsilon (ε) Cha, à 230 al, étoile double. Cette constellation renferme une nébuleuse planétaire, NGC 3195.

Cancer (*Cnc, Cancer*). Cette constellation zodiacale, la moins brillante du zodiaque, d'une superficie de 506 degrés carrés, est l'une des 48 constellations connues dès l'Antiquité. Elle comprend les étoiles Alpha (α) Cnc, *Acubens* (la pince), à 100 al ; Bêta (β) Cnc, *Al Tarf* (le regard), à 218 al ; Delta (δ) Cnc, à 215 al, 80 fois plus lumineuse que le Soleil ; Dzéta (ζ) Cnc, à 78 al, système multiple comprenant 4 étoiles. Le Cancer renferme M44 (*Praesepe*, la crèche), amas ouvert de 500 étoiles, distant de 515 al. M67 est également un amas ouvert, situé à 2 700 al.

Capricorne (*Cap, Capricornus*) Dans la mythologie, Pan est le dieu métamorphosé en chèvre pour échapper au géant Typhon. Dans le combat de Zeus contre le géant, Zeus est blessé par Typhon qui lui a dérobé les tendons de ses muscles ; il les récupérera grâce à Pan, aidé d'Hermès, et, ayant recouvré sa vigueur, poursuit Typhon de ses foudres et le terrasse. Cette constellation zodiacale, d'une superficie de 414 degrés carrés, est l'une des 48 constellations connues dès l'Antiquité. Elle comprend les étoiles Alpha (α) Cap, *Algedi* (ou *Dabih*, la fortune du guerrier), couple optique d'étoiles ; Bêta (β) Cap, *Sadalzabih* (même sens que *Dabih*), à 500 al, 1 500 fois plus brillante que le Soleil ; Gamma (γ) Cap, 30 fois plus lumineuse que le Soleil ; Delta (δ) Cap, variable de type Algol ; Dzéta (ζ) Cap, à 540 al, de magnitude 3,9, 40 fois plus lumineuse que le Soleil. Cette constellation renferme M30, un amas globulaire qui se dirige vers nous à la vitesse de 164 km/s.

Carène (*Car, Carina*) C'est une partie d'une ancienne constellation, le Navire Argo, qui, dans la mythologie, symbolisait le vaisseau à bord duquel s'embarquèrent les Argonautes à la conquête de la Toison d'or. Cette constellation circumpolaire sud, d'une superficie de 494 degrés carrés, a été introduite dans le catalogue par La Caille au

CONSTELLATION (SUITE)

constellation

CONSTELLATION (SUITE)

C

Lycaon, roi d'Arcadie, après avoir été séduite par Zeus, fut transformée en ourse et placée dans le ciel afin d'échapper à la jalousie meurtrière d'Héra, l'épouse de Zeus. Cette constellation boréale d'une superficie de 1 280 degrés carrés est l'une des 48 constellations connues dès l'Antiquité. Elle est formée par sept étoiles principales qui évoquent la forme du chariot. Alpha (a) UMa, *Dubhe* (ours), est une géante rouge. Bêta (b) UMa, *Merak* (les reins, ou la hanche), a un éclat égal à 44 fois celui du Soleil. Gamma (g) UMa, *Phecda* (la cuisse) est à 80 al du Soleil. Delta (d) UMa, *Megrez* (la naissance de la queue) a un éclat égal à 16 fois celui du Soleil. Epsilon (e) UMa, *Alioth* (la queue) est une variable de courte période. Dzéta (z) UMa, *Mizar* (le tablier) forme avec *Alcor* (le petit cavalier) une étoile multiple. Êta (h) UMa, *Benetnasch* (la pleureuse), a un éclat égal à 300 fois celui du Soleil. La Grande Ourse renferme les galaxies spirales M81 et M101. M82 est une galaxie irrégulière, M97, à 12 000 al, une nébuleuse planétaire.

Grue (*Gru, Grus*) Cette constellation australe, d'une superficie de 366 degrés carrés, a été introduite dans le catalogue dès le début du XVIIe siècle par Bayer. Ses étoiles principales sont Alpha (α) Gru *Alnaïr* (la brillante), 100 fois plus lumineuse que le Soleil; Bêta (β) Gru, 630 fois plus lumineuse que le Soleil; Gamma (γ) Gru, 100 fois plus lumineuse que le Soleil; Delta$_1$ (δ)$_1$ Gru, à 230 al. Delta$_2$ (δ)$_2$ Gru est une composante double avec Delta$_1$, sa luminosité est égale à 100 fois celle du Soleil. Epsilon (ε) Gru est à 78 al. Dzéta (ζ) Gru, à 148 al, est 30 fois plus lumineuse que le Soleil. Thêta (θ) Gru, à 160 al, est une étoile double. NGC 7140, NGC 7552 sont des galaxies spirales barrées de type SBa. NGC 7424 et NGC 7590 sont deux galaxies spirales.

Hercule (*Her, Hercules*) Dans la mythologie romaine, c'est la transposition latine du nom d'Héraclès, fils de Zeus et d'Alcmène. Cette constellation boréale d'une superficie de 1 225 degrés carrés est l'une des 48 constellations connues dès l'Antiquité. Elle comprend les étoiles Alpha (a) Her, *Rasalgethi* (la tête du suppliant), géante rouge de type spectral M5, distante de 700 al. Delta (d) Her forme un couple optique de magnitude 3,2 et 8,8. Dzéta (z) Her, à 30 al, est une étoile double. Cette constellation renferme M13, amas globulaire situé à 23 000 al, et NGC 6210, nébuleuse planétaire.

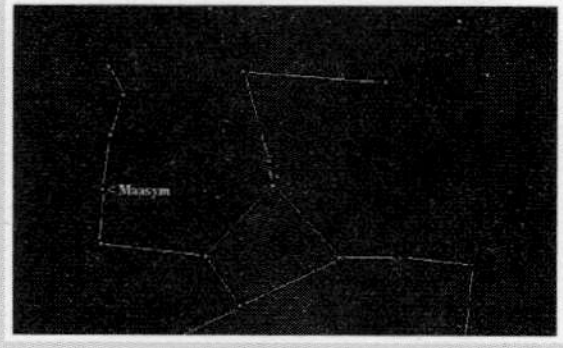

Hercule.

Horloge (*Hor, Horologium*) Cette constellation australe, d'une superficie de 249 degrés carrés, a été introduite dans le catalogue par La Caille au XVIIIe siècle. Ses étoiles principales sont Alpha (α) Hor, à 150 al, 45 fois plus lumineuse que le Soleil; Delta (δ) Hor, à 1 800 al, 6 fois plus lumineuse que le Soleil; Êta (η) Hor, à 150 al, 14 fois plus lumineuse que le Soleil. R Hor est une variable de type Mira. L'Horloge renferme, entre autres objets célestes, NGC 1261, amas globulaire, et NGC 1448, galaxie spirale de type Sc.

Hydre femelle (*Hya, Hydra*) Dans la mythologie, c'est le monstre qu'Héraclès combattit victorieusement. Cette constellation, d'une superficie de 1 303 degrés carrés, qui s'étend de l'équateur à l'hémisphère austral, est l'une des 48 constellations connues dès l'Antiquité. Ses étoiles principales sont Alpha (a) Hya *Minchir* (le nez de l'hydre), de magnitude 2, 200 fois plus lumineuse que le Soleil; Bêta (b) Hya, étoile binaire située à 270 al, 100 fois plus lumineuse que le Soleil; Gamma (g) Hya, à 130 al, 60 fois plus lumineuse que le Soleil. Epsilon (e) Hya forme un système quadruple situé à 130 al. Iota (i) Hya est une binaire optique située à 540 al. Cette constellation renferme notamment M68, amas globulaire, à 37 000 al; NGC 2548, à 3 100 al, amas ouvert; M83, galaxie spirale de type Sc. NGC 4105 et 4106 forment une double galaxie elliptique.

Hydre mâle (*Hyi, Hydrus*) Cette constellation circumpolaire sud, d'une superficie de 243 degrés carrés, a été introduite dans le catalogue par Bayer au XVIIe siècle. Les étoiles principales sont Alpha (α) Hyi, à 4 al, 7 fois plus brillante que le Soleil; Bêta (β) Hyi, à 22 al, 2,3 fois plus lumineuse que le Soleil; Gamma (γ) Hyi, à 250 al, 250 fois plus lumineuse que le Soleil; Delta (δ) Hyi, à 72 al, de magnitude 4,3, 7 fois plus lumineuse que le Soleil; Epsilon (ε) Hyi, à 192 al, de magnitude de 4,3, 45 fois plus lumineuse que le Soleil. Pi (π) Hyi, à 410 al, est un couple optique.

Indien (*Ind, Indus*) Cette constellation circumpolaire australe, d'une superficie de 294 degrés carrés, a été introduite dans le catalogue par Bayer au début du XVIIe siècle. Ses étoiles principales sont Alpha (α) Ind, à 100 al, 100 fois plus lumineuse que le Soleil; Bêta (β) Ind, à 270 al, 150 fois plus lumineuse que le Soleil; Delta (δ) Ind, à 192 al, étoile double, 40 fois plus lumineuse que le Soleil. Thêta (θ) Ind, à 70 al, est une étoile binaire de magnitude de 4,7 et 7,1. L'Indien renferme NGC 7029, galaxie de type So; NGC 7049, galaxie de type So1; NGC 7090, galaxie spirale; NGC 7196, galaxie elliptique de type E3.

Lézard (*Lac, Lacerta*) Constellation boréale d'une superficie de 201 degrés carrés, introduite dans le catalogue au XVIIe siècle par J. Hevelius. Elle ne possède que des étoiles de faible luminosité ne faisant pas l'objet d'un repérage par des lettres grecques. Cette petite constellation située près de la Voie Lactée renferme deux amas ouverts: NGC 7243, à 2 600 al, et NGC 7209, à 4 300 al.

Licorne (*Mon, Monoceros*) Cette constellation équatoriale d'une superficie de 482 degrés carrés a été introduite dans le catalogue au XVIIe siècle par l'astronome danois J. Bartsch. Elle comporte les étoiles Alpha (α) Mon, binaire physique située à 470 al, de luminosité égale à 60 fois celle du Soleil; Bêta (β) Mon, étoile triple située à 470 al, de luminosité égale à 280 fois celle du Soleil; Delta (δ) Mon, à 3 000 al, binaire dont l'étoile principale est une géante rouge à la luminosité égale à environ 10 000 fois celle du Soleil. La Licorne renferme un grand nombre d'amas ouverts tels que M50 (100 étoiles), NGC 2215 (20 étoiles), NGC 2244 (20 étoiles), NGC 2264, amas jeune d'une vingtaine d'étoiles âgées d'environ 2 millions d'années, et NGC 2237, 2238, 2239, constituant la nébuleuse Rosette.

Lièvre (*Lep, Lepus*) Dans la mythologie, c'est l'animal poursuivi par le chasseur Orion et par le Grand et le Petit Chiens. Cette constellation australe, d'une superficie de 290 degrés carrés, est l'une des 48 constellations connues dès l'Antiquité. Ses étoiles principales sont Alpha (α) Lep, *Elarneb* (le lièvre), de magnitude 2,7; Bêta (β) Lep, *Nihal* (les chameaux), à 180 al, 100 fois plus lumineuse que le Soleil; Gamma (γ) Lep, à 27 al de b Lep, système à deux composantes; Kappa (κ) Lep, à 270 al de la Terre, également système à deux composantes, de magnitude 5,4 et 6,7. Le Lièvre renferme M79, amas globulaire situé à 43 000 al.

Lion (*Leo, Leo*) Dans la mythologie, c'est le lion de Némée qu'Héraclès tua en l'étouffant dans ses bras. Cette constellation zodiacale de 947 degrés carrés est l'une des 48 constellations connues dès l'Antiquité. Elle comprend les étoiles Alpha (α) Leo, *Regulus* (le petit roi), 4 fois plus grande que le Soleil et de luminosité 100 fois plus forte; Bêta (β) Leo, *Deneb* (la queue du lion), à 42 al, 16 fois plus lumineuse que le Soleil, qui se déplace dans notre direction à la vitesse de 36 km/s; Gamma (γ) Leo, *Algieba* (le front du lion), étoile double distante de la Terre de 130 al; Delta (δ) Leo, *Dubr* (le dos du lion), à 68 al, de magnitude 2,6, de classe spectrale A 2. Cette constellation renferme M65 et M66, galaxies spirales de type Sb, M96, galaxie spirale de type Sa, M95, spirale barrée de type SBb, NGC 2903, spirale de type Sc, NGC 3379, elliptique de type E.

Loup (*Lup, Lupus*) Dans la mythologie, il s'agit de Lycaon, roi d'Arcadie, dont la cruauté a fini par irriter Zeus; ce dernier, pour le punir, l'a changé

Constellation (suite)

en loup. Cette constellation australe d'une superficie de 334 degrés carrés est l'une des 48 constellations connues dès l'Antiquité. Les étoiles principales sont Apha (a) Lup, à 820 al, 4 000 fois plus lumineuse que le Soleil ; Bêta (b) Lup, à 270 al, 400 fois plus lumineuse que le Soleil ; Gamma (g) Lup, étoile double située à 230 al ; Delta (d) Lup, à 270 al, de magnitude 3,4 ; Dzéta (z) Lup, à 140 al, de magnitude 3,5. Le Loup renferme les amas ouverts NGC 5824 et 5593, NGC 5873 (nébuleuse planétaire), NGC 5824, 5986, 5927 (amas globulaires).

Lynx (*Lyn, Lynx*) Cette constellation boréale, introduite dans le catalogue par J. Hevelius au XVIIe siècle, a une superficie de 545 degrés carrés. Deux étoiles la repèrent : Alpha (α) Lyn, la plus brillante, dont l'éclat est 100 fois celui du Soleil, et 31 Lyn, de magnitude 4,4, distante de 220 al.

Lyre (*Lyr, Lyra*) Dans la mythologie, c'est l'instrument inventé par Hermès dont s'empara Orphée. Cette constellation boréale d'une superficie de 286 degrés carrés est l'une des 48 constellations connues dès l'Antiquité. Elle est formée par deux étoiles dont la principale Alpha (α) Lyr, *Vega* ou *Waki* (l'aigle se précipitant), a un éclat 45 fois supérieur à celui du Soleil. Bêta (β) Lyr, *Sheliak* (la harpe byzantine), est le prototype des variables à éclipses. Gamma (γ) Lyr est une étoile binaire. Elle renferme M55, la nébuleuse annulaire de la Lyre, située à 5 400 al.

Machine pneumatique (*Ant, Antlia*) Cette constellation australe, d'une superficie de 239 degrés carrés, a été introduite dans le catalogue par La Caille en 1752. Ses étoiles principales sont Alpha (α) Ant, à 330 al, 100 fois plus lumineuse que le Soleil ; Delta (δ) Ant, à environ 1 000 al, binaire physique ; Epsilon (ε) Ant, à 415 al, 150 fois plus lumineuse que le Soleil. Dzéta (ζ) Ant est une étoile double, U Ant, une variable irrégulière. La Machine pneumatique renferme NGC 2997, galaxie spirale de type Sc.

Microscope (*Mic, Microscopium*) Cette constellation australe, d'une superficie de 210 degrés carrés, a été introduite dans le catalogue par La Caille au XVIIIe siècle. Ses étoiles principales sont Alpha (α) Mic, à 360 al, étoile double 100 fois plus lumineuse que le Soleil ; Théta$_1$ (θ) $_1$ Mic, à 410 al, étoile double. Théta$_2$ (θ) $_2$ Mic, à 470 al, est aussi une étoile double.

Mouche (*Mus, Musca*) Cette constellation circumpolaire sud, d'une superficie de 138 degrés carrés, a été introduite dans le catalogue par Bayer au début du XVIIe siècle. Ses étoiles principales sont Alpha (α) Mus, à 360 al, 630 fois plus lumineuse que le Soleil ; Bêta (β) Mus, à 270 al, binaire de magnitude 3,9 ; Gamma (γ) Mus, à 270 al, 100 fois plus lumineuse que le Soleil ; Delta (δ) Mus, à 156 al, de magnitude 3,6, 60 fois plus lumineuse que le Soleil ; Epsilon (ε) Mus, à 70 al, 10 fois plus lumineuse que le Soleil. NGC 4372, à 2 000 al, et NGC 4833, à 17 000 al, sont des amas globulaires.

Octant (*Oct, Octans*) Cette constellation circumpolaire sud, d'une superficie de 291 degrés carrés, a été introduite dans le catalogue par La Caille au XVIIIe siècle. Englobant le pôle céleste sud, elle ne renferme pas d'étoiles très lumineuses. L'étoile Sigma (σ) Oct est actuellement à environ un degré d'écart du pôle céleste.

Oiseau de Paradis (*Aps, Apus*) Cette constellation circumpolaire sud, d'une superficie de 206 degrés carrés, a été introduite dans le catalogue par Bayer au début du XVIIe siècle. Ses étoiles principales sont Alpha (α) Aps, à 230 al, 230 fois plus lumineuse que le Soleil ; Bêta (β) Aps, à 110 al, de classe spectrale G 8, 14 fois plus lumineuse que le Soleil ; Gamma (γ) Aps, à 105 al, de magnitude 3,9, 20 fois plus lumineuse que le Soleil. Delta (δ) Aps, à 220 al, est une étoile à deux composantes, IC 4499, un amas globulaire.

Ophiuchus (*Oph, Ophiucus*) Dans la mythologie, c'est celui qui porte le serpent, c'est-à-dire Esculape, celui qui guérit. Cette constellation équatoriale, d'une superficie de 948 degrés carrés, est l'une des 48 constellations connues dès l'Antiquité. Elle comprend les étoiles Alpha (α) Oph, *Rasalhague* (la tête du porteur de serpent), à 60 al, 35 fois plus lumineuse que le Soleil ; Bêta (β) Oph, *Celbalrai* (le chien de berger), à 125 al, de magnitude 2,9 ; Gamma (γ) Oph, à 100 al, de magnitude 3,7, 20 fois plus lumineuse que le Soleil ; Delta (δ) Oph, à 104 al, de classe spectrale M.1 ; Epsilon (ε) Oph, à 85 al, 16 fois plus lumineuse que le Soleil. Ophiuchus renferme les amas globulaires M9, M10, M12, M14, M19, M107, NGC 6356, situés respectivement à 26 000, 16 300, 19 000, 23 500, 22 500, 10 000, 34 000 al. IC 4665 est un amas ouvert, à 980 al, NGC 6572, une nébuleuse planétaire, et NGC 6339, une nébuleuse annulaire, à 23 000 al.

Orion (*Ori, Orion*) Dans la mythologie, Orion est un géant, chasseur, fils d'Euryalé et de Poséidon ; l'Aurore en devint amoureuse, elle l'enleva puis le transporta à Délos. Orion ayant défié la déesse Artémis, celle-ci, pour le punir, lui envoya un scorpion qui le piqua mortellement. Depuis, dans le ciel, le chasseur Orion fuit devant le scorpion. Cette constellation équatoriale, d'une superficie de 594 degrés carrés, est l'une des 48 constellations connues dès l'Antiquité. Ses étoiles principales sont Alpha (α) Ori, *Bételgeuse* (l'épaule du chasseur), géante rouge située à 260 al ; Bêta (β) Ori, *Rigel* (le pied du chasseur), à 650 al, plus de 25 000 fois plus lumineuse que le Soleil ; Gamma (γ) Ori, *Bellatrix* (la guerrière), à 250 al, de magnitude 1,9. Delta (δ), Epsilon (ε), Dzéta (ζ) Ori sont les étoiles de la ceinture d'Orion. NGC 112 et NGC 2194 sont deux amas ouverts de respectivement 90 étoiles et 100 étoiles. L'objet céleste le plus célèbre est la nébuleuse d'Orion (M42), située à 1 400 al.

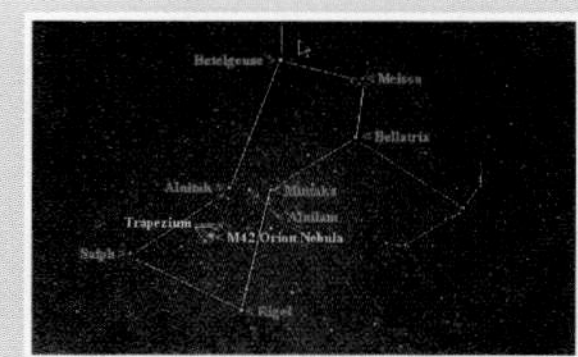

Orion.

Paon (*Pav, Pavo*) Cette constellation circumpolaire australe, d'une superficie de 378 degrés carrés, a été introduite dans le catalogue par Bayer au début du XVIIe siècle. Ses étoiles principales sont Alpha (α) Pav, à 650 al, étoile binaire, 600 fois plus lumineuse que le Soleil ; Bêta (β) Pav, à 110 al, 35 fois plus lumineuse que le Soleil ; Gamma (γ) Pav, à 29 al, de même luminosité que le Soleil ; Delta (δ) Pav, de magnitude 3,6, dont la luminosité n'atteint que 80 % de celle du Soleil ; Epsilon (ε) Pav, à 270 al, de magnitude de 4,1. Le Paon renferme, entre autres objets célestes, NGC 6699, galaxie spirale barrée de type SBb, et NGC 6744, spirale barrée de type SBc.

Pégase (*Peg, Pegasus*) Dans la mythologie, Pégase est le cheval ailé, fils de Poséidon et de la Gorgone Méduse ; lors du meurtre de Méduse par Persée, Pégase jaillit du cou de la Gorgone et s'envola vers l'Olympe où il se mit au service de Zeus qui lui confia le port de ses armes : le tonnerre et la foudre. Cette constellation équatoriale, d'une superficie de 1 121 degrés carrés, est l'une des 48 constellations connues dès l'Antiquité. Elle comprend les étoiles Alpha (α) Peg, à 100 al, 85 fois plus lumineuse que le Soleil ; Bêta (β) Peg, géante rouge dont le diamètre est 113 fois celui du Soleil ; Gamma (γ) Peg, variable de type b Cephei, de magnitude 2,8 ; Epsilon (ε) Peg, système triple situé à 800 al, dont l'étoile principale est 700 fois plus lumineuse que le Soleil ; Dzéta (ζ) Peg, à 180 al, de magnitude 3,6. Pégase renferme les galaxies spirales NGC 7331, de type Sb, NGC 7448, de type Sc, NGC 7479, spirale barrée de type SBc.

Peintre (*Pic, Pictor*) Cette constellation australe, d'une superficie de 247 degrés carrés, a d'abord été nommée « le Chevalet du peintre » par La Caille, en 1752, puis renommée « le Peintre » par Gould, en 1877. Ses étoiles principales sont Alpha (α) Pic, de magnitude 3,3 ; Bêta (β) Pic, à 55 al, de luminosité égale à 6 fois celle du Soleil ; Gamma (γ) Pic,

CONSTELLATION (SUITE)

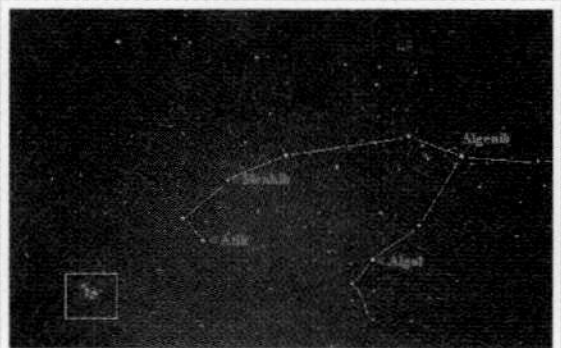

Persée.

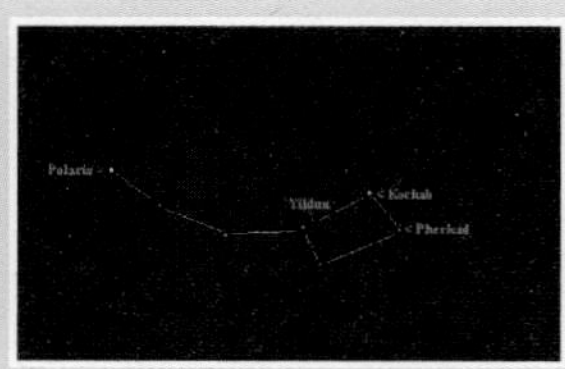

Petite Ourse.

à 220 al, 50 fois plus lumineuse que le Soleil; Delta (δ) Pic, variable à éclipse de type b Lyr.

Persée (*Per, Perseus*) Dans la mythologie, Persée est le héros qui délivra Andromède en tuant le monstre marin (la Baleine). Cette constellation boréale d'une superficie de 615 degrés carrés est l'une des 48 constellations connues dès l'Antiquité. Elle comprend Alpha (α) Per, *Mirfak*, supergéante 5 000 fois plus brillante que le Soleil; Bêta (β) Per, *Algol* (tête de goule), variable à éclipse, archétype de toute une classe d'étoiles comparables. Persée renferme, entre autres objets célestes, un double amas ouvert visible à l'œil nu, M76, et une nébuleuse planétaire, la galaxie NGC 1023, de type spirale barrée.

Petit Cheval (*Equ, Equuleus*) C'est Hipparque, astronome grec du IIe siècle av. J.-C., qui en a donné la première identification. Cette constellation équatoriale, d'une superficie de 72 degrés carrés, est l'une des plus petites. Elle ne comporte que peu d'étoiles brillantes; Gamma (γ) Equ, de magnitude 4,8 est la plus lumineuse.

Petit Chien (*CMi, Canis minor*) Dans la mythologie, c'est l'animal qui accompagne toujours le chasseur Orion. Cette constellation équatoriale, d'une superficie de 183 degrés carrés, est l'une des 48 constellations connues dès l'Antiquité. Ses étoiles principales sont Alpha (α) CMi, *Procyon* (le chef de meute), dont l'éclat est de 6 fois celui du Soleil; Bêta (β) CMi, *Mirzam* (celui qui précède), à 136 al, de classe spectrale B8. Gamma (γ) CMi, à 250 al, est une binaire spectroscopique.

Petit Lion (*LMi, Leo minor*) Cette constellation boréale, décrite et introduite dans le catalogue par J. Hevelius au XVIIe siècle, a une superficie de 232 degrés carrés. Elle ne renferme pas d'objets remarquables et n'a que peu d'étoiles de peu d'éclat, à l'exception de R LMi, variable de 370 jours de période de type Mira.

Petit Renard (*Vul, Vulpecula*) Cette constellation équatoriale, d'une superficie de 268 degrés carrés, aurait été découverte au XVIIe siècle et introduite au catalogue par J. Hevelius. Son étoile principale, 6 Vulpeculæ, ou Alpha (α) Vul, est située à 270 al de la Terre. Cette constellation renferme un amas ouvert NGC 6490, à 9 000 al, et M27, ou nébuleuse Dumbbell, à 2 900 al.

Petite Ourse ou **Petit Chariot** (*UMi, Ursa minor*) C'est vraisemblablement Thalès qui a introduit cette constellation dans l'astronomie grecque. Elle était déjà connue en tant que telle par les Égyptiens. Constellation circumpolaire nord d'une superficie de 256 degrés carrés, elle comprend les étoiles Alpha (α) UMi, l'étoile polaire, située à 0,9 degré du pôle céleste, c'est l'*Alroukaba* (le genou) des Arabes, étoile supergéante de type variable céphéide, qui constitue l'extrémité du timon. Bêta (β) UMi, *Kochab* (le bouc), est à 55 al; Gamma (γ) UMi, *Pherkad* (les deux veaux), est à 180 al.

Phénix (*Phe, Phoenix*) Cette constellation australe, d'une superficie de 469 degrés carrés, a été introduite dans le catalogue par Bayer au XVIIe siècle. Ses étoiles principales sont Alpha (α) Phe, à 76 al, dont la luminosité est égale à 40 fois celle du Soleil; Bêta (β) Phe, à 180 al, dont la luminosité est égale à 100 fois celle du Soleil; Gamma (γ) Phe, à 400 al, 10 000 fois plus lumineuse que le Soleil; Delta (δ) Phe, à 120 al, 25 fois plus lumineuse que le Soleil; Epsilon (ε) Phe, à 88 al, 15 fois plus lumineuse que le Soleil.

Poisson austral (*PsA, Piscis austrinus*) Selon les légendes de l'Égypte ancienne, Isis fut sauvée des eaux par le poisson. Cette constellation australe, d'une superficie de 245 degrés carrés, est l'une des 48 constellations connues dès l'Antiquité. Ses étoiles principales sont Alpha (α) PsA, *Fomalhaut* (la gueule du poisson), 16 fois plus lumineuse que le Soleil; Bêta (β) PsA, à 220 al, binaire optique, 60 fois plus lumineuse que le Soleil; Delta (δ) PsA, autre étoile binaire, de magnitude 4,3 et 10,5.

Poisson volant (*Vol, Volans*) Cette constellation circumpolaire sud, introduite dans le catalogue par Bayer au début du XVIIe siècle, a une superficie de 141 degrés carrés. Ses étoiles principales sont Alpha (α) Vol, à 70 al, 50 fois plus lumineuse que le Soleil; Bêta (β) Vol, à 110 al, de magnitude 3,7, 25 fois plus lumineuse que le Soleil; Gamma (γ) Vol, à 110 al, étoile binaire; Delta (δ) Vol, à 1 100 al, 4 000 fois plus lumineuse que le Soleil; Dzéta (ζ) Vol, à 120 al, 30 fois plus lumineuse que le Soleil. NGC 2442 est une galaxie spirale barrée de type SBb.

Poissons (*Psc, Pisces*) Dans la mythologie, les poissons sont la forme adoptée par la déesse Aphrodite et son fils Eros pour échapper à un danger. Cette constellation zodiacale, d'une superficie de 889 degrés carrés, est l'une des 48 constellations connues dès l'Antiquité. Elle comporte les étoiles Alpha (α) Psc, étoile double située à 130 al; Dzéta (ζ) Psc, étoile double également, située à 160 al; Psi (ψ)$_1$ Psc, binaire physique de la classe spectrale B9. 55 Psc est une étoile double située à 410 al. Cette constellation renferme M74, galaxie spirale de type Sc.

Poupe (*Pup, Puppis*) Cette constellation australe, issue du même partage que les Voiles, a été introduite dans le catalogue par La Caille au XVIIIe siècle. Sa superficie est de 673 degrés carrés. Elle comprend les étoiles Dzéta (ζ) Pup, à 1 100 al, 12 500 fois plus lumineuse que le Soleil; Tau (τ) Pup, à 130 al, de magnitude 2,8, 250 fois plus lumineuse que le Soleil. Cette constellation renferme un grand nombre d'amas ouverts, tels que M46, M93, NGC 2438, nébuleuse planétaire.

Règle (*Nor, Norma*) Cette petite constellation australe d'une superficie de 165 degrés carrés a été introduite dans le catalogue par La Caille au XVIIIe siècle. Son étoile Gamma$_2$ (γ_2) Nor, à 82 al, est 100 fois plus brillante que le Soleil. Cette constellation renferme des amas ouverts, dont NGC 6067 (120 étoiles), NGC 6134 (60 étoiles), NGC 6087 (35 étoiles). Ces amas sont situés respectivement à 6 200, 7 500, 3 600 al.

Réticule (*Ret, Reticulum*) Cette constellation australe, d'une superficie de 114 degrés carrés, avait été nommée, au XVIIe siècle, *Rhombus* (le losange), car elle est formée par les étoiles α, β, δ, ε; La Caille l'a baptisée *Réticule rhombique* vers 1752; elle a ensuite pris son nom actuel. Ses étoiles principales sont Alpha (α) Ret, à 365 al, 500 fois plus lumineuse que le Soleil; Bêta (β) Ret, à 76 al, 12 fois plus lumineuse que le Soleil; Gamma (γ) Ret, de classe spectrale M5; Delta (δ), de classe spectrale M2; Epsilon (ε) Ret, à 80 al, 80 fois plus lumineuse que le Soleil. Dzéta (ζ) Ret est une étoile binaire séparable à l'œil nu. Le Réticule renferme NGC 1313, galaxie spirale de type Sb.

Sagittaire (*Sgr, Sagittarius*) Dans la mythologie, le sagittaire, c'est Apollon, l'archer, qui tue les cyclopes artisans de la foudre de Zeus. Cette constellation zodiacale, d'une superficie de 867 degrés carrés, est l'une des 48 constellations connues dès l'Antiquité. Elle comprend les étoiles Alpha (α) Sgr, *Rukbat* (le genou de l'archer), à 250 al, 100 fois plus lumineuse que le Soleil; Ep-

Constellation (suite)

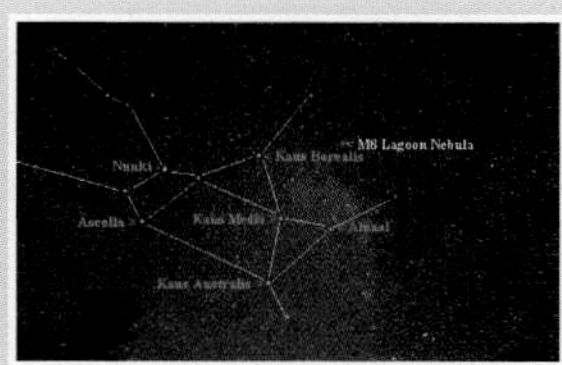

Sagittaire.

silon (ε) Sgr, à 140 al, l'étoile la plus brillante de la constellation (250 fois la luminosité du Soleil); Khi (χ) Sgr, variable de type b Cephei. Cette constellation renferme de nombreux amas ouverts, dont NGC 6642, à 29 000 al.

Scorpion (*Sco, Scorpion*) Dans la mythologie, le scorpion est l'animal envoyé à Orion par la déesse Artémis pour le punir d'avoir osé la défier. Cette constellation zodiacale de 497 degrés carrés est l'une des 48 constellations connues dès l'Antiquité. Ses étoiles principales sont Alpha (α) Sco, *Antarès* (αnti-Mars, par similitude avec la couleur rouge de la planète), à 560 al, 1 900 fois plus lumineuse que le Soleil et se déplaçant dans notre direction à la vitesse de 3 km/s; Bêta (β) Sco, *Akrab* (le scorpion), à 540 al, 1 600 fois plus lumineuse que le Soleil; Lambda (λ) Sco, *Shaula*, à 270 al, 1 000 fois plus lumineuse que le Soleil. Cette constellation renferme M6 et M7, deux amas ouverts situés à 1 800 et 1 300 al. M80 est un amas globulaire situé à 7 500 al.

Scorpion.

Sculpteur (*Scl, Sculptor*) Cette constellation australe, d'une superficie de 475 degrés carrés, a été introduite dans le catalogue par La Caille au XVIIIᵉ siècle. Elle était connue également sous le nom d'« atelier du sculpteur ». Elle comprend les étoiles Alpha (α) Scl, à 270 al, 100 fois plus lumineuse que le Soleil; Bêta (β) Scl, à 250 al, de classe spectrale B9, 70 fois plus lumineuse que le Soleil; Gamma (γ) Scl, à 158 al, 30 fois plus lumineuse que le Soleil; Delta (δ) Scl, à 164 al, de magnitude 4,6, 30 fois plus lumineuse que le Soleil. Cette constellation renferme NGC 288, situé à 41 000 al, un amas globulaire, NGC 253, une galaxie spirale située à 10 millions d'al, et NGC 7793, galaxie spirale.

Serpent (*Ser, Serpens*) Cette constellation équatoriale, d'une superficie de 637 degrés carrés, est l'une des 48 constellations connues dès l'Antiquité. Elle comprend les étoiles Alpha (α) Ser, *Unuk {Elhaija}* (le cou du serpent), à 80 al, 40 fois plus lumineuse que le Soleil; Bêta (β) Ser, à 120 al, couple physique d'étoiles ayant leurs mouvements propres communs; Gamma (γ) Ser, à 41 al, 4 fois plus lumineuse que le Soleil. Delta (δ) Ser, à 250 al, est une étoile double dont l'éclat est 40 fois celui du Soleil. Cette constellation referme M5, à 27 000 al, amas globulaire, et M16, à 5 200 al, amas ouvert.

Sextant (*Sex, Sextans*) Cette constellation équatoriale, d'une superficie de 314 degrés carrés, a été introduite dans le catalogue par J. Hevelius au XVIIᵉ siècle. Ses étoiles sont d'un faible éclat. 35 Sex est une étoile double située à 1 100 al. Cette constellation renferme NGC 3115, galaxie elliptique de type E6 située à 15 millions d'al.

Table (*Men, Mensa*) Cette constellation circumpolaire, d'une superficie de 153 degrés carrés, a été introduite dans le catalogue par La Caille au XVIIIᵉ siècle. Ses étoiles sont Alpha (α) Men, à 26 al, dont la luminosité est égale à 50 % de celle du Soleil; Bêta (β) Men, à 130 al, 10 fois plus lumineuse que le Soleil; Gamma (γ) Men, à 220 al, étoile binaire; Êta (η) Men, à 192 al, 20 fois plus lumineuse que le Soleil. NGC 1841 est un amas globulaire.

Taureau (*Tau, Taurus*) Dans la mythologie, Zeus revêt l'apparence du taureau pour séduire la princesse Europe. Cette constellation zodiacale, d'une superficie de 797 degrés carrés, est l'une des 48 constellations connues dès l'Antiquité. Elle comprend les étoiles Alpha (α) Tau, *Aldébaran* (le successeur), à 53 al, 94 fois plus lumineuse que le Soleil; Bêta (β) Tau, *Elnath* (la corne), à 134 al, 280 fois plus lumineuse que le Soleil; Dzéta (ζ) Tau, à 450 al, 2 000 fois plus lumineuse que le Soleil, qui constitue l'autre extrémité de la pointe de la corne. Cette constellation renferme M1, la nébuleuse du Crabe, reste de la supernova de 1054, dont la vitesse d'expansion est de 1 100 km/s.

Télescope (*Tel, Telescopium*) Cette constellation australe, d'une superficie de 252 degrés carrés, a été introduite dans le catalogue par La Caille au XVIIIᵉ siècle. Ses étoiles principales sont Alpha (α) Tel, à 650 al, 900 fois plus lumineuse que le Soleil; Delta (δ) Tel, étoile binaire; Epsilon (ε) Tel, à 295 al, 100 fois plus lumineuse que le Soleil; Dzéta (ζ) Tel, à 147 al, 35 fois plus lumineuse que le Soleil. Le Télescope renferme IC 4699, nébuleuse planétaire, et NGC 6584, amas globulaire.

Toucan (*Tuc, Tucana*) Cette constellation circumpolaire sud, d'une superficie de 295 degrés carrés, a été introduite dans le catalogue par Bayer au début du XVIIᵉ siècle. Ses étoiles principales sont Alpha (α) Tuc, à 140 al, de magnitude 2,9, 100 fois plus lumineuse que le Soleil; Bêta (β) Tuc, à 150 al, étoile binaire; Gamma (γ) Tuc, à 85 al, de magnitude 4,1, 10 fois plus lumineuse que le Soleil; Delta (δ) Tuc, à 218 al. Le Toucan renferme NGC 104, à 20 000 al, et NGC 362, à 40 000 al, qui sont des amas globulaires. Le Petit Nuage de Magellan est une galaxie appartenant au groupe local.

Triangle austral (*TrA, Triangulum australe*) Cette constellation circumpolaire sud, d'une superficie de 132 degrés carrés, a été introduite dans le catalogue par Bayer au début du XVIIᵉ siècle. Ses étoiles principales sont Alpha (α) TrA, étoile double, 100 fois plus lumineuse que le Soleil; Bêta (β) TrA, à 38 al, de magnitude 4,2; Gamma (γ) TrA, de magnitude 3,1; Delta (δ) TrA, à 137 al, de magnitude 4, 25 fois plus lumineuse que le Soleil. NGC 6025, à 2 000 al, est un amas ouvert, NGC 5979, une nébuleuse planétaire.

Triangle boréal (*Tri, Triangulum*) Son nom aurait pour origine un hommage rendu à la science d'Alexandrie, sa forme évoquant le delta du Nil. Cette constellation boréale, d'une superficie de 132 degrés carrés, est l'une des 48 constellations connues dès l'Antiquité. Ses étoiles principales sont Alpha (α) Tri, à 64 al; Bêta (β) Tri, à 180 al, 100 fois plus lumineuse que le Soleil; Iota (ι) Tri, étoile double. Le Triangle boréal renferme M33, galaxie spirale de type Sc.

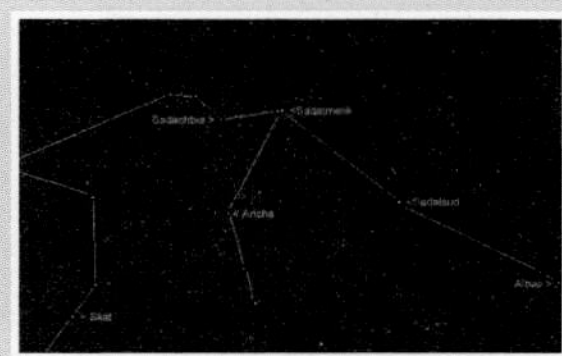

Verseau.

Verseau (*Aqr, Aquarius*) Dans la mythologie, c'est Deucalion, le fils de Prométhée. Cette constellation zodiacale, d'une superficie de 980 degrés carrés, est l'une des 48 constellations connues dès l'Antiquité. Ses étoiles principales sont Alpha (α) Aqr, *Sadalmelik* (le roi), à 1 400 al, de classe spectrale G1, 10 000 fois plus lumineuse que le Soleil; Bêta (β) Aqr, *Sadalsund* (la bonne étoile), à 1 100 al, de classe spectrale G0,12 000 fois plus lumineuse que le Soleil; Gamma (γ) Aqr, *Sadachbia* (l'étoile des tentes), à 86 al, de classe spectrale A0; Delta (δ) Aqr, *Scheat*, à 78 al, 16 fois plus lumineuse que le Soleil; Epsilon (ε) Aqr ou *Albali*, à 170 al, 60 fois plus lumineuse que le

CONSTELLATION (SUITE)

C

Soleil. Cette constellation renferme M2 et M72, amas globulaires situés à 50 000 et 59 000 al, et NGC 7009, nébuleuse planétaire dite « Saturne ».

Vierge (*Vir, Virgo*) Dans la mythologie, elle symbolise la fille de l'Aurore ; c'est la seule représentation féminine du zodiaque ; dans l'Antiquité, ce rassemblement d'étoiles était interprété comme une silhouette de jeune fille portant un épi de blé à la main. Cette constellation zodiacale, d'une superficie de 1 294 degrés carrés, est l'une des 48 constellations connues dès l'Antiquité. Ses étoiles principales sont Alpha (α) Vir, *Spica* (l'épi), à 220 al, binaire spectroscopique dont la luminosité est égale à 1 100 fois celle du Soleil ; Bêta (β) Vir, *Alaraph*, 2 fois plus lumineuse que le Soleil ; Gamma (γ) Vir, à 35 al, étoile double ; Epsilon (ε) Vir, *Almuredin* ou *Vindemiatrix* (la vendangeuse), à 93 al, 40 fois plus lumineuse que le Soleil. Cette constellation renferme un amas de galaxies appartenant au superamas auquel se rattache notre Galaxie.

Voiles (*Vel, Vela*) Cette constellation australe résulte du partage de l'ancienne constellation « Navire Argo ». D'une superficie de 500 degrés carrés, elle a été introduite dans le catalogue par La Caille au XVIIIe siècle. Elle comprend les étoiles Gamma (γ) Vel, à 650 al, 4 000 fois plus lumineuse que le Soleil ; Delta (δ) Vel, à 63 al, 50 fois plus lumineuse que le Soleil ; Lambda (λ) Vel, à 815 al, 7 000 fois plus lumineuse que le Soleil. Cette constellation renferme NGC 2547, amas ouvert, à 3 100 al, et NGC 3132, nébuleuse planétaire, à 1 300 al.

constipation n. f. Retard à l'évacuation des selles dû à des causes organiques ou fonctionnelles.

constipé, e adj. Souffrant de constipation. / Fig. *Avoir l'air constipé* : sembler mal à l'aise, contraint.

constiper v. t. [1] Causer la constipation de.

constituant, e adj. et n. **A.** adj. Entrant dans la composition de. *Éléments constituants.* / *Assemblée constituante*, qui établit la constitution d'un État. **B.** n. HIST. *La Constituante* : assemblée révolutionnaire française qui adopta la constitution de 1791. / *Les constituants* : les membres de la Constituante. / n. m. CHIM. Chacun des corps entrant dans la composition d'une substance hétérogène ou d'un mélange. *L'hydrogène et l'oxygène sont les constituants chimiques de l'eau. L'acide acétique est un constituant du vinaigre.*

Constituante Voir **Assemblée nationale constituante**

constitué, e adj. *Corps constitués*, établis par la Constitution. / *Bien, mal constitué* : de bonne, de mauvaise constitution physique.

constituer v. t. [1] **I.** Former (un tout) en réunissant des éléments. *Constituer un herbier.* / Contribuer à former (un tout). *Les os constituent la charpente du corps.* / Former l'essence, le fondement de. *Le travail constitue sa raison de vivre.* **II.** DR. Établir (qqn) dans une situation légale. (Emploi pron.) *Se constituer prisonnier* : se livrer à la justice. / Cour. Créer, organiser (une institution légale). *Constituer un ministère.*

constitution n. f. **I.** Action de constituer un ensemble à partir de plusieurs éléments. *La constitution d'un fichier, d'une équipe.* / Manière dont une chose est composée. *La constitution d'un produit.* / Ensemble des caractéristiques morphologiques, physiologiques et psychologiques d'un individu. *Une robuste constitution.* **II.** DR. *Constitution de partie civile* : demande de dommages et intérêts formulée par une personne qui s'estime victime d'une infraction. *Constitution d'avoué* : désignation d'un avoué. / Cour. Action d'établir, de créer sous une forme légale. *Constitution d'une société commerciale.* / Ensemble des lois fondamentales qui déterminent la forme de gouvernement d'un pays en indiquant le mode de désignation et le rôle des pouvoirs, exécutif, législatif et judiciaire.

♦ Depuis la Révolution française, la France a connu quatorze Constitutions. Celle qui nous régit actuellement date du 28 septembre 1958. Elle réagit contre les tendances antérieures qui, en affirmant la prédominance du Parlement sur le gouvernement, pouvaient engendrer une impossibilité d'agir, lorsqu'aucune majorité ne s'affirmait clairement au Parlement. Elle assure, à l'intérieur de l'exécutif, la suprématie du président de la République – élu depuis 1962 au suffrage universel – sur le Premier ministre et son gouvernement.

Constitution civile du clergé Loi votée en juillet 1790 réorganisant l'Église de France sur des bases démocratiques. Les prêtres et les évêques étaient élus par le peuple, payés par l'État, et prêtaient serment à la Nation. Condamnée par le pape en 1791, la Constitution civile divisa le clergé en constitutionnels et réfractaires. Elle fut abrogée en 1801, après le concordat négocié par le Consulat.

constitutionnalité n. f. Conformité à la Constitution. *Contrôle de la constitutionnalité d'une loi.* Ant. inconstitutionnalité.

constitutionnel, elle adj. et n. D'une constitution. Ant. inconstitutionnel. / *Droit constitutionnel*, relatif aux constitutions politiques et à leur fonctionnement. / HIST. *Prêtre constitutionnel* : prêtre ayant adopté la Constitution civile du clergé, en 1791.

Constitutionnel (le) Quotidien libéral fondé en 1815 sous la Restauration et qui cessa de paraître en 1914. Sainte-Beuve y publia ses *Causeries du lundi.*

constitutionnellement adv. Conformément à la Constitution.

constricteur adj. m. ANAT. *Muscle constricteur* ou n. m. *le constricteur* : muscle qui resserre un orifice, un canal. *Muscles constricteurs du pharynx.* / ZOOL. *Boa constricteur* ou *boa constrictor*, qui étouffe ses proies en s'enroulant autour d'elles.

constriction n. f. Resserrement par pression circulaire.

constructeur, trice n. et adj. Personne qui construit. *Constructeur automobile.* / (Employé adj.) *Polypiers constructeurs*, qui édifient les atolls.

constructif, ive adj. Propre à construire, à créer. / Positif, concret. *Des décisions constructives.*

construction n. f. Action de bâtir. *La construction d'un immeuble.* / Édifice. *Une construction récente.* / Ensemble d'industries fabriquant certains objets. *Construction navale, automobile.* / Fig. Action, manière d'élaborer, d'agencer. *La construction d'un roman.* / GRAMM. Ordonnancement des mots selon les règles propres à chaque langue.

constructivisme n. m. Mouvement artistique d'origine russe, lancé en 1920 par Antoine Pevsner et Naoum Gabo, substituant à l'esthétique statique des volumes et des masses closes un art dynamique et rythmique qui intègre l'espace dans des structures ouvertes.

constructiviste adj. et n. Relatif au constructivisme ; tenant du constructivisme.

construire v. t. [3] Réaliser la construction de. *Construire un mur. Construire un avion.* Au fig. *Construire une phrase.*

consubstantiation n. f. THÉOL. Dogme luthérien selon lequel la présence réelle du Christ dans le pain et le vin de l'eucharistie ne s'accompagne pas d'un changement de substance (par oppos. au dogme catholique de la *transsubstantiation*).

consubstantiel, elle adj. THÉOL. D'une même substance. *Le Père, le Fils et le Saint-Esprit sont consubstantiels.*

consul n. m. Agent officiel d'un État chargé de défendre à l'étranger les intérêts de ses compatriotes. / ANTIQ. ROM. Chacun des deux magistrats qui se partageaient le pouvoir suprême. / HIST. Chacun des trois chefs du pouvoir exécutif sous le Consulat. *Bonaparte, Premier consul.* / Au Moyen Âge, magistrat municipal de certaines villes du midi de la France, représentant un groupe social. *Le consul des marchands.*

La Fenaison, de Kazimir Malevitch, artiste influencé à ses débuts par le ***constructivisme****. 1911, Galerie Tretiakov, Moscou.*

consulaire adj. Propre au consul. / DR. *Juge consulaire* : membre des tribunaux de commerce.
consulat n. m. Charge, fonction de consul ; lieu où s'exerce cette charge, cette fonction. / HIST. *Le Consulat* : en France, gouvernement consulaire institué par la Constitution de l'an VIII (1799-1804).
Consulat Régime instauré par la Constitution de l'an VIII (1799) qui confère à Bonaparte le titre de Premier consul avec des pouvoirs très étendus, les deux autres consuls, Cambacérès et Lebrun, n'ayant qu'un rôle consultatif. Sous une forme républicaine, cette Constitution organise le pouvoir personnel et prépare les voies de l'Empire. En 1802, Bonaparte se fait nommer consul à vie. L'œuvre du Consulat est très importante : réorganisation de l'État, institution des préfets et du Code civil, création des lycées et de la Banque de France, retour à l'équilibre du budget et signature du Concordat avec le Saint-Siège. À l'extérieur, les victoires de Marengo et d'Hohenlinden forcent l'Autriche à signer la paix de Lunéville. La Constitution de l'an XII (1804) met fin au Consulat, qui est remplacé par l'Empire.
consultant, e n. Celui, celle dont le métier est de conseiller. *Consultant en informatique.* / Celui, celle qui va consulter un médecin. *La salle d'attente est pleine de consultants.*
consultatif, ive adj. Qui donne un avis, mais n'a pas le pouvoir de décision. *Assemblée consultative.*
consultation n. f. Examen du patient par le médecin, pour diagnostiquer une maladie et prescrire un traitement. / Action de prendre avis. *Consultation de l'électorat.* / Action de donner un avis. *Consultation d'un avocat.*
consulter v. t. [1] Examiner (qqch.) pour obtenir une information. *Consulter les oracles, son agenda.* / Prendre avis auprès de ; voir en consultation. *Consulter un médecin.* / (Emploi intransitif) Recevoir en consultation. *Le docteur X consulte tous les jours de 14 h à 18 h.*
consumer v. t. [1] Détruire (qqch.) par combustion. / Fig. *Le chagrin le consume.*
consumérisme n. m. Mouvement visant à protéger les intérêts des consommateurs par des associations.
consumériste adj. Relatif au consumérisme ; partisan du consumérisme.
contact n. m. État, position de corps qui se touchent. / Point de contact. *Au contact de l'air.* / Relation entre personnes. *Être en contact avec qqn.* / ÉLECTR. Liaison de deux conducteurs qui permet au courant de passer. / Dispositif qui commande l'allumage d'un moteur à explosion. *Mettre le contact.* / *Verre de contact* : petite lentille correctrice appliquée sur le globe oculaire.

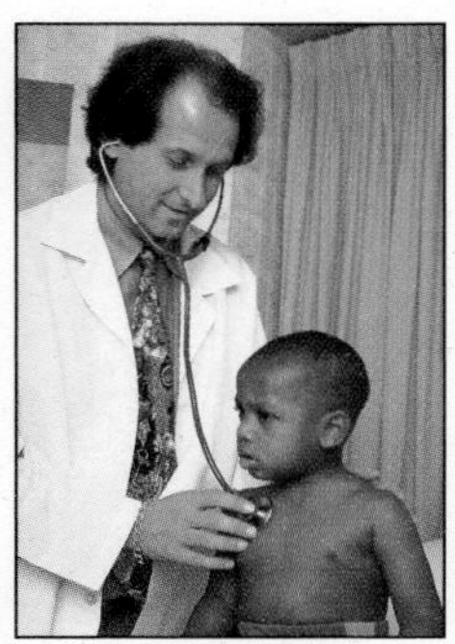
Consultation *pédiatrique.*

contacter v. t. [1] Entrer en contact, en relation avec (qqn).
contacteur n. m. Interrupteur électrique commandé à distance.
contagieux, euse adj. et n. Transmissible par contagion. *La gale est contagieuse.* / Subst. Malade contagieux. *Un contagieux, une contagieuse.* / Fig. Qui se communique aisément. *Rire contagieux.*
contagion n. f. Transmission d'une maladie à une personne saine, par contact direct avec un malade (*contagion directe*) ou par l'intermédiaire d'un animal ou d'un objet (*contagion indirecte*).
container n. m. (mot anglais) Conteneur.
contamination n. f. Envahissement d'un milieu, d'un objet, d'un être vivant par des germes pathogènes. / Présence anormale d'une substance radioactive dans un milieu. / LING. Modification analogique d'un mot, d'une construction.
contaminer v. t. [1] Infecter (qqn) par contamination, par contagion.
conte n. m. Récit d'aventures imaginaires destiné à distraire ou à éduquer. *Contes de Perrault. Contes philosophiques. Contes de fées.* / Vx ou littér. Histoire invraisemblable.
Conté (Nicolas) 1755-1805 Chimiste français qui imagina la fabrication des crayons en plombagine artificielle, qui portent son nom.
contemplatif, ive adj. et n. Qui procède de la contemplation. *Vie contemplative.* / RELIG. *Ordres contemplatifs* : ordres religieux catholiques voués à la contemplation. / Subst. *Un contemplatif, une contemplative* : un religieux, une religieuse voué(e) à la contemplation.
contemplation n. f. Observation longue et attentive de qqn, qqch. / Profonde application de l'esprit sur un objet intellectuel. / Connaissance de Dieu que l'on acquiert par la prière et la méditation.
contempler v. t. [1] S'adonner à la contemplation de.
contemporain, e adj. et n. **A.** adj. Du même temps, de la même période chronologique. *Goethe, contemporain de la Révolution française.* / (Absol.) De notre temps. *Art contemporain.* **B.** n. Personne qui vit à la même époque, dans le même temps que quelqu'un ou quelque chose d'autre. / Personne qui est de notre temps.
contemporanéité n. f. Qualité de ce qui est contemporain.
contempteur, trice n. Adversaire qui dénigre. *Contempteur de la religion.*
contenance n. f. Capacité. *Contenance d'une bouteille.* / Vx Étendue. *Forêt d'une contenance de 500 hectares.* / Manière de se tenir. *Se donner une contenance* : se donner une attitude pour masquer son embarras. *Perdre contenance* : se troubler.
contenant n. m. Ce qui contient (qqch.). *Un contenant vide de contenu.*
conteneur n. m. Caisse métallique servant au transport de marchandises, d'objets. / Récipient destiné à la collecte des déchets. Syn. container.
contenir v. t. [3] Avoir, tenir en soi ; avoir pour contenu. / Tenir dans des limites, empêcher le débordement de. *Contenir la foule.* / Fig. *Contenir sa joie, sa colère.*
content, e adj. et n. m. Satisfait. *Tout le monde est content. Être content de son sort.* / *Non content de* : il ne se satisfait pas de. *Non content de vous éviter, il vous dénigre.* / n. m. *Avoir son content (de qqch.)* : être entièrement satisfait (de qqch.) et, par antiphrase, avoir assez souffert de, avoir assez supporté (qqch. de désagréable). *Avoir son content de nourriture. Les ennuis financiers, j'en ai eu mon content.*
contentement n. m. État d'une personne contente, satisfaite. *Un sourire de contentement.*
contenter v. t. [1] Rendre content (qqn). *« Qui prétend contenter tout le monde et son père » (La Fontaine).* / v. pron. Être content de. *Se contenter de ce que l'on a.* S'en tenir à. *Il s'est contenté de se taire.*
contentieux adj. et n. m. Litigieux, susceptible de l'être ou de le devenir. *Question contentieuse.* / n. m. Ensemble des litiges susceptibles d'être portés devant les tribunaux. *Le contentieux administratif.* / Service d'une entreprise ou d'un organisme public qui s'occupe des affaires litigieuses.
contention n. f. MÉD. Action de maintenir par des moyens artificiels (plâtre, prothèse, bandage...) un os fracturé, un muscle, un organe dans un but thérapeutique.
contenu, e adj. et n. m. **A.** adj. Maîtrisé, retenu. *Émotion contenue.* **B.** n. m. Ce qui occupe le volume d'un récipient. *Le contenu d'un verre.* / Fig. Teneur, signification. *Contenu d'une lettre.*
conter v. t [1] Faire le récit de. / *S'en laisser conter* : se laisser abuser ou séduire.
Contes 1835-1872 Écrits par Andersen et inspirés de thèmes folkloriques danois, ils se séparent de la tradition des contes féeriques par la note d'humour et les enseignements qu'ils portent : *La Petite Sirène, La Petite Fille aux allumettes.*
Contes de ma mère l'Oye (les) ou ***Histoires ou contes du temps passé*** 1697 Œuvre de Perrault qui nous fait découvrir un monde où les animaux parlent et vivent comme les hommes : *Le Petit Poucet, La Barbe-Bleue, Le Petit Chaperon rouge, Le Chat botté, Cendrillon, Les Fées, La Belle au bois dormant, Riquet à la houppe.* Parmi les trois contes en vers, seul *Peau d'Âne* est passé à la postérité.
contestable adj. Qu'il est possible de contester. Ant. incontestable.
contestataire n. et adj. Personne qui manifeste ouvertement son opposition à l'ordre établi. / adj. *Revue contestataire.*

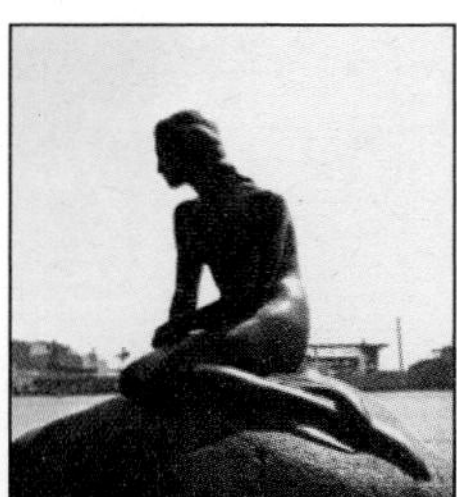
La Petite Sirène, *hommage de Copenhague à Andersen, auteur de* ***contes*** *célèbres.*

Affiche ***contestataire*** *de mai 1968.*

contestation n. f. Action de remettre en question, de ne pas admettre qqch. *La contestation d'un droit.* / Discussion, désaccord.
contesté, e adj. Objet de contestations. *Théorie contestée.* Ant. incontesté.
contester v. t. [1] Opposer une contestation à. *Contester une succession, l'ordre établi. Contester les faits,* les nier.
conteur, euse n. Personne qui conte ; auteur de contes. *Un conteur passionnant.*
contexte n. m. Ensemble du texte d'où est extrait un élément et qui en éclaire le sens. *Expliquer un passage par son contexte.* / Circonstances qui accompagnent un fait et qui l'expliquent. *Le contexte politique.*
contexture n. f. Assemblage d'éléments qui composent un tout. *Contexture des muscles, d'une étoffe.*
Conti ou **Conty (maison de)** Branche cadette de la maison de Bourbon-Condé, qui s'éteignit en 1814. **Armand** (1629-1666), prince de Conti. Frère du Grand Condé, il se signala pendant la Fronde où il prit le parti des parlementaires. **François Louis** 1664-1709 Fils du précédent. Élu roi de Pologne en 1696, il ne put entrer en possession de son royaume et fut évincé par Auguste II de Saxe **Louis François** 1717-1776 Petit-fils d'Armand de Conti, il se distingua sur le plan militaire pendant la guerre de Succession d'Autriche.
contigu, guë adj. Attenant. *Les enfants dorment dans des chambres contiguës. Chambre contiguë à la salle de bains.*
contiguïté n. f. Position de deux choses contiguës. *Contiguïté de deux jardins.*
continence n. f. Abstention volontaire du plaisir charnel. / PHYSIOL. *Continence vésicale, rectale* : fonction de rétention normalement assurée par les sphincters qui s'opposent au passage involontaire des urines, des fèces.
continent, e [1] adj. Qui fait preuve de continence. Ant. incontinent.
continent [2] n. m. Grande étendue de terre émergée. *Les continents couvrent 29 % de la surface du globe et divisent le monde en six parties : Europe, Asie, Afrique, Amérique, Océanie et Antarctique.* / La terre ferme par rapport à une île.
continental, ale, aux adj. et n. Relatif aux continents, à un continent. / *Climat continental* : climat de l'intérieur des continents, caractérisé par une forte amplitude thermique. / n. Personne qui habite le continent (par oppos. à *insulaire*).

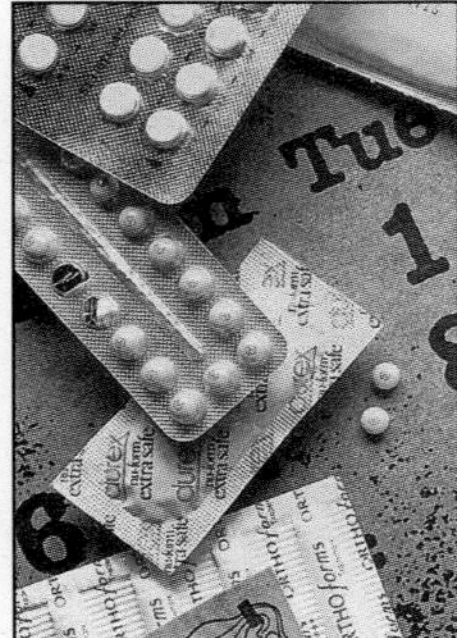

Contraceptifs : pilule, préservatif, stérilet...

continentalité n. f. Ensemble des caractères propres au climat continental.
contingence n. f. Qualité de ce qui est occasionnel, par oppos. à ce qui est nécessaire. / (Au plur.) Ce qui est dû au hasard, ce qui est sans importance.
contingent, e adj. et n. m. **I.** adj. PHILO. Qui peut se produire, éventuel, qui pourrait ne pas avoir lieu (par oppos. à *nécessaire*). *Futur contingent.* / Accessoire, secondaire, qui aurait pu ne pas avoir lieu. *Événements contingents.* / DR. *Portion contingente,* qui revient à chacun dans un partage. **II.** n. m. Anc. Effectif des jeunes gens appelés ensemble au service militaire. / DR. Quantité de marchandises autorisées à l'importation, en période de limitation des échanges commerciaux. / Part que chacun donne ou reçoit.
contingenter v. t. [1] Fixer un contingent à.
continu, e adj. et n. m. Qui n'est pas interrompu dans le temps ou dans l'espace. *Une ligne continue. Un effort continu. Journée continue* : horaire de travail qui ne comporte qu'une courte interruption pour les repas. Ant. discontinu. / ÉLECTR. *Courant continu,* constant dans le temps (par oppos. à *courant alternatif*). / n. m. Ce qui n'est pas interrompu. *Travailler en continu.*
continuation n. f. Poursuite de ce qui est commencé. *La continuation d'une politique.*
continuel, elle adj. Qui n'a pas de cesse, ininterrompu. *L'écoulement continuel d'une rivière.* / Trop fréquent. *Les interruptions continuelles d'un importun.*
continuellement adv. Sans cesse.
continuer v. t. / v. i. [1] **A.** v. t. Donner une suite à (ce qui est commencé). *Continuer sa tâche.* / *Continuer de, à* : persister à, ne pas cesser de. *Continuer à boire.* **B.** v. i. Se prolonger. *La rue continue jusqu'au square.* / Ne pas cesser. *Le mauvais temps continue.*
continuité n. f. Caractère de ce qui est ininterrompu dans le temps, ou dans l'espace. Ant. discontinuité. / *Solution de continuité* : interruption.
continûment adv. De façon continue.
continuum n. m. (mot latin) Ensemble d'éléments liés les uns aux autres. / *Continuum spatio-temporel* : dans les théories relativistes, espace à quatre dimensions, dont la quatrième est le temps.
contondant, e adj. Qui fait des contusions, qui meurtrit. *Instrument contondant.*
contorsion n. f. Mouvement de torsion anormal des membres ou des muscles. / Fig. Attitude affectée, obséquieuse.
contorsionner (se) v. pron. [1] Faire des contorsions.
contorsionniste n. Acrobate spécialisé dans les contorsions.
contour n. m. Ligne qui limite extérieurement un corps. *Contour d'une table.* / Tracé qui dessine des courbes. *Les contours d'un fleuve.*
contourner v. t. [1] Faire le tour, suivre les contours de. *Une rocade contourne la ville.* / *Contourner un obstacle,* l'éviter en passant. Fig. *Contourner une difficulté.*
contraceptif, ive adj. et n. m. Relatif à la contraception. *Méthode contraceptive.* / n. m. Substance ou objet destiné à empêcher la conception. *Contraceptif oral* : pilule.
contraception n. f. Action, fait d'empêcher la conception, la grossesse, en y faisant obstacle de manière volontaire.
contracter [1] v. t. [1] Souscrire par un contrat légal ou moral. *Contracter un emprunt, une alliance.* / Être atteint par (une maladie). *Contracter un rhume, la grippe.* / Acquérir (une habitude).
contracter [2] v. t. [1] Soumettre (qqch.) à une contraction ; serrer, raidir (qqch.). (Emploi pron.) Se soumettre à une contraction ; se crisper. / Fig. Réduire. *Contracter un texte.*
contractile adj. PHYSIOL. Capable de se contracter. *Les tissus musculaires sont contractiles.*
contractilité n. f. PHYSIOL. Propriété des cellules, des tissus contractiles.
contraction n. f. Diminution du volume d'un corps sans diminution de sa masse. *Contraction d'un gaz.* / PHYSIOL. Raccourcissement d'un muscle accompagné d'un gonflement et d'un durcissement sous l'effet d'un signal nerveux. *Contractions utérines au moment de l'accouchement.* / LING. Réunion de deux éléments en un seul (par ex. : « à le » en « au »).
contractuel, elle adj. et n. Qui concerne un contrat, est régi par un contrat. *Obligation contractuelle.* / n. Agent d'un service public, qui n'est pas titulaire de son poste, mais a été recruté par contrat ; spécial., auxiliaire de police chargé de relever les infractions aux règles de stationnement.
contracture n. f. Contraction involontaire et prolongée d'un ou plusieurs muscles. / ARCHIT. Resserrement de la partie supérieure d'une colonne.
contradiction n. Action de contredire. *Porter la contradiction.* / *Esprit de contradiction* : disposition à contredire. / Fait d'être en opposition avec soi-même. / Opposition, incompatibilité entre deux choses. *Un tissu de contradictions.*
contradictoire adj. Qui s'oppose à une affirmation. *Avis contradictoire. Débat, réunion contradictoire,* où s'expriment des opinions opposées. / DR. *Jugement contradictoire,* entre des parties ayant comparu (par oppos. à *jugement par défaut*). / LOG. *Propositions contradictoires,* telles que si l'une est vraie, l'autre est fausse, et réciproquement (ex. : « Tous les hommes sont mortels » et « Quelques hommes ne sont pas mortels »).
contradictoirement adv. De manière contradictoire. / DR. En présence des deux parties.
contragestif, ive adj. et n. m. MÉD. Abortif.
contraignant, e adj. Qui contraint. *Avoir des horaires contraignants.*
contraindre v. t. [3] Soumettre à une contrainte, obliger (qqn) à. *La neige nous contraignit à partir.* / Litt. Réprimer. *Contraindre ses ardeurs.*
contraint, e adj. Soumis à une contrainte. *Contraint et forcé.* / Gêné, manquant d'aisance. *Un rire contraint.*
contrainte n. f. Violence, pression exercée sur qqn. *Agir sous la contrainte.* / Règle obligatoire. *Les contraintes sociales.* / Gêne, retenue. *Parler sans contrainte.* / DR. Acte exécutoire délivré par l'administration à l'encontre d'un débiteur. *Contrainte par corps* : incarcération d'un débiteur. / TECHN. Pression exercée sur un corps et qui tend à le déformer.
contraire adj. et n. m. Qui est en opposition ou en contradiction avec qqch. *Contraire au règlement.* / Qui est à l'opposé. *Des opinions contraires. Vent contraire,* qui souffle de face. / LOG. *Propositions contraires,* qui ne peuvent être vraies simultanément, mais qui peuvent être fausses l'une et l'autre (ex. : « Tous les hommes sont mortels » et « Aucun homme n'est mortel »). / n. m. Ce qui est opposé.
contrairement adv. De manière contraire ; à l'inverse. / loc. prép. *Contrairement à* : à l'inverse de ; de manière contraire à. *Contrairement à ses promesses.*
contralto n. m. et f. (mot italien) La plus grave des voix féminines. *Une voix de contralto.* / n. f. Femme qui a cette voix.
contrapuntique adj. MUS. Relatif au contrepoint.
contrarier v. t. [1] Agir contre, freiner, gêner. *Son départ contrarie nos projets.* / Mettre (qqn) dans un état de contrariété. *Votre départ me contrarie.* / Faire alterner (des lignes, des couleurs) pour obtenir un contraste.
contrariété n. f. Malaise suscité par l'opposition que l'on rencontre. *Éprouver une vive contrariété.*
contraste n. m. Opposition de deux choses qui se mettent en valeur. / MÉD. *Substance de contraste* : substance qui rend certains organes ou tissus opaques aux rayons X.
contraster v. i. [1] Former un contraste. *La neige contraste avec la roche sombre.* / (Emploi transitif) *Contraster les couleurs,* les opposer, les mettre en contraste.
contrat n. m. DR. Convention par laquelle une ou plusieurs personnes prennent un engagement. *Contrat de mariage, de location. Contrat de travail,* liant un employeur et un salarié. / Acte qui enregistre la convention entre les parties. / Au bridge, nombre de levées qu'on s'engage à réaliser.
contrat social (Du) 1762 Œuvre de J.-J. Rousseau dans laquelle l'auteur expose son idéal politique. La société est née d'un contrat passé entre ses membres qui ont limité leur autonomie pour vivre ensemble. C'est pourquoi la démocratie est le régime politique le plus naturel puisque les hommes, liés par une volonté générale dont les intérêts particuliers doivent être exclus, s'y gouvernent eux-mêmes. Ainsi leur société se confond avec l'État ; le gouvernement, ou pouvoir exécutif, se borne à assurer l'application des lois nées de la volonté générale. Cette notion de l'État, fondée sur la souveraineté législatrice de tous les membres d'une société, a inspiré les révolutionnaires de 1789.
contravention n. f. Infraction aux prescriptions d'une loi, d'un règlement, prévue par le Code pénal et qui est punie d'une peine de police ; amende qui sanctionne cette infraction. / Procès-verbal de cette infraction. *Dresser contravention.*
contre [1] prép. et adv. **A.** prép. (Marque l'opposition) *Se rebeller contre l'autorité.* / (Marque la proximité, le contact) *Le garage est contre la maison. Poser une échelle contre le mur.* / (Marque l'échange) *Troquer dix pièces de deux euros contre un billet de vingt euros.* / (Marque un rapport, une proportion) *Parier à dix contre un.* / (Marque l'idée de défense, de combat) *Lutter contre la mort. Un remède contre la grippe.* **B.** adv. (Marque l'opposition) *Il est farouchement contre.* / (Marque le contact) *Avancez vers la table, appuyez-vous contre.* / Loc. adv. *Ci-contre* : en face. *Par contre* (expression critiquée) : en revanche. MAR. *Voile bordée à contre,* dont le point d'écoute est au vent.
contre [2] n. m. Le contraire, l'opposé. *Le pour et le contre.* / Au billard, renvoi par la bande de la bille touchée sur la bille qui vient de la toucher. / Au bridge, déclaration d'une équipe qui parie que l'équipe adverse ne réussira pas son contrat. / SPORT Contre-attaque.
contre-alizé n. m. Courant aérien formé dans les plus hautes couches de l'atmosphère et soufflant dans un sens opposé à celui des vents alizés. Pl. Des *contre-alizés.*
contre-allée n. f. Allée latérale longeant une voie principale. Pl. Des *contre-allées.*
contre-amiral n. m. Officier général de la marine, dont le grade est directement inférieur à celui de vice-amiral. Pl. Des *contre-amiraux.*
contre-appel n. m. Second appel de présence, fait pour contrôler le premier. Pl. Des *contre-appels.*
contre-attaque n. f. Action offensive en riposte à une attaque adverse. Pl. Des *contre-attaques.*
contre-attaquer v. i. [1] Mener une contre-attaque. *Ils contre-attaquèrent par l'est.*
contrebalancer v. t. [1] Faire contrepoids à. *Contrebalancer une charge.* / Fig. *Les avantages contrebalancent les inconvénients.*
contrebande n. f. Introduction clandestine dans un pays de produits interdits ou dont on n'a pas payé les droits de douane. / La marchandise elle-même.
contrebandier, ère n. Personne qui fait de la contrebande.
contrebas (en) loc. adv. À un niveau inférieur. *Une route passe en contrebas.*

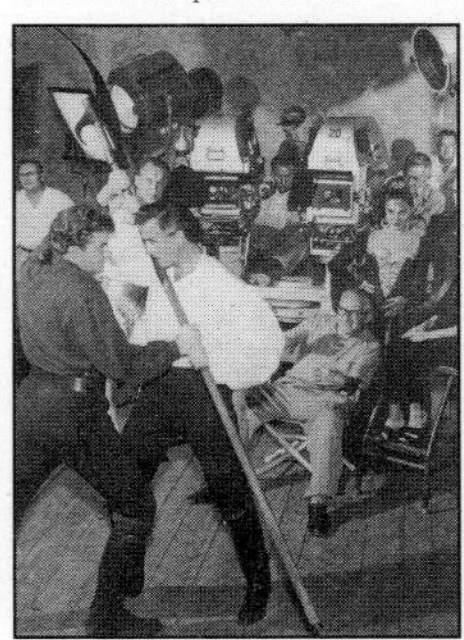

Photo de tournage du film de Fritz Lang Les **Contrebandiers** de Moonfleet *(1954).*

Joueurs de **contrebasse**.

Photographie prise à **contre-jour**.

contrebasse n. f. Le plus grave et le plus volumineux des instruments de musique à cordes de la famille des violons.
contrebasson n. m. Sorte de basson grave qui sonne à l'octave inférieure.
contrebuter v. t. [1] ARCHI. Opposer à (une poussée) une poussée de sens inverse.
contrecarrer v. t. [1] S'opposer à, contrarier (qqn, qqch.). *Votre décision contrecarre nos projets.*
contrechamp n. m. CIN. Prise de vues orientée en sens inverse de la prise précédente (appelée *champ*).
contre-chant n. m. MUS. Phrase accessoire et mélodieuse qui tantôt s'oppose, tantôt se mêle au chant principal. Pl. Des *contre-chants*.
contreclef n. f. ARCHIT. Chacun des voussoirs (ou demi-cintres) contigus à une clef de voûte.
contrecœur (à) loc. adv. À regret, sans envie. *Manger à contrecœur.*
contrecoup n. m. Répercussion, conséquence indirecte d'un événement. *Subir le contrecoup d'un deuil.*
contre-courant n. m. Courant en sens contraire d'un autre courant. Pl. Des *contre-courants*.
contre-culture n. f. Ensemble des courants culturels qui se définissent par leur opposition à la culture et à l'idéologie dominantes. Pl. Des *contre-cultures*.
contredanse n. f. Danse rapide où des groupes évoluent vis-à-vis. / Air qui accompagne cette danse. / Fam. Contravention.
contredire v. t. [3] Opposer une contradiction à (qqn). / Être en contradiction avec. *Son attitude contredit ses intentions.*
contredit (sans) loc. adv. Sans contestation possible. *Il est sans contredit le meilleur skieur de sa génération.*
contre-écrou n. m. Écrou qui en bloque un autre. Pl. Des *contre-écrous*.
contrée n. f. Litt. Région. *Une contrée pittoresque.*
contre-emploi n. m. Rôle qui ne correspond pas au physique ou au registre habituel d'un comédien. Pl. Des *contre-emplois*.
contre-enquête n. f. Enquête destinée à vérifier les résultats d'une enquête précédente. Pl. Des *contre-enquêtes*.
contre-épreuve n. f. En gravure, épreuve de vérification qui reproduit l'épreuve primitive inversée. / Vérification d'un scrutin dans une assemblée délibérante. / Toute épreuve destinée à vérifier les résultats d'une épreuve initiale. Pl. Des *contre-épreuves*.
contre-espionnage n. m. Organisation chargée de la surveillance des agents de renseignements des puissances étrangères sur le territoire national. Pl. Des *contre-espionnages*.
contre-expertise n. f. Expertise destinée à vérifier les résultats d'une expertise précédente. Pl. Des *contre-expertises*.
contrefaçon n. f. Imitation ou reproduction frauduleuse de l'œuvre d'autrui. / Objet ainsi obtenu. *Cette gravure n'est qu'une contrefaçon.*
contrefacteur n. m. Personne qui se livre à la contrefaçon.
contrefaire v. t. [3] Imiter (qqn) en caricaturant. / Feindre (un sentiment, une attitude). / Faire une contrefaçon de (qqch.).
contrefait, e adj. Imité. *Une signature contrefaite.* / Difforme.
contre-feu n. m. Feu allumé en avant d'un incendie pour le circonscrire. / Garniture métallique au fond d'une cheminée. Pl. Des *contre-feux*.
contreficher (se) v. pron. [1] Fam. Se désintéresser totalement (de qqch.).
contre-filet n. m. BOUCH. Faux-filet. Pl. Des *contre-filets*.
contrefort n. m. ARCHIT. Pilier en maçonnerie, placé à l'extérieur d'un édifice pour le renforcer ou soutenir la poussée des voûtes. / Pièce de cuir renforçant la partie arrière d'une chaussure. / GÉOGR. Chaîne de montagnes bordant la chaîne principale, dans un massif montagneux.
contrefoutre (se) v. pron. [3] Pop. Se moquer éperdument. *Il se contrefout des conséquences.*
contre-indication n. f. MÉD. Circonstance s'opposant à l'application d'un traitement. Pl. Des *contre-indications*.
contre-interrogatoire n. m. Interrogatoire d'un accusé, d'un témoin mené par la partie adverse. Pl. Des *contre-interrogatoires*.
contre-jour n. m. Éclairage venant du côté opposé à celui de l'observateur. Pl. Des *contre-jours*.
contre-la-montre n. m. inv. SPORT Épreuve cycliste dans laquelle les concurrents sont chronométrés individuellement.
contremaître n. m. Personne qui dirige et assume la responsabilité du travail d'une équipe d'ouvriers dans un atelier ou sur un chantier.
contre-manifestation n. f. Manifestation qui s'oppose à une autre, organisée pour lui faire échec. Pl. Des *contre-manifestations*.
contremarche n. f. MILIT. Marche d'une troupe en sens opposé à la direction suivie jusque-là. / Partie verticale d'une marche d'escalier.
contremarque n. f. Seconde marque apposée à des marchandises, à des objets en métal précieux. / Billet délivré à un spectateur qui sort pendant un spectacle pour lui permettre d'entrer à nouveau.
contre-offensive n. f. MILIT. Opération offensive visant à reprendre l'initiative des opérations. Pl. Des *contre-offensives*.
contrepartie n. f. Ce qui est fourni en échange, en compensation de qqch. *Obtenir une contrepartie financière.* / COMPTA. Double d'un registre où sont reportées toutes les parties d'un compte.
contre-pente n. f. Versant d'une montagne opposé à un autre. Pl. Des *contre-pentes*.

La poussée des voûtes de la nef est dirigée vers les **contreforts**, sur lesquels s'appuient les arcs-boutants.

contre-performance n. f. SPORT Résultat décevant ou défaite contre un adversaire supposé plus faible. Pl. Des *contre-performances*.
contrepèterie n. f. Interversion de lettres ou de syllabes qui produit des phrases burlesques ou grivoises. *La phrase de Rabelais « Goûtez-moi cette farce » pour « Foutez-moi cette garce » est une contrepèterie.*
contre-pied n. m. VÉNER. Erreur des chiens qui prennent à rebours la voie suivie par le gibier. / Le contraire d'une chose. *Prendre le contre-pied*: adopter une attitude diamétralement opposée. Pl. Des *contre-pieds*.
contre-pied (à) loc. adv. SPORT Du côté opposé à l'élan, du côté du point d'appui.
contre-plaqué n. m. Matériau constitué d'un assemblage de fines feuilles de bois superposées et collées les unes aux autres. Pl. Des *contre-plaqués*.
contre-plongée n. f. CIN., PHOTO. Prise de vues faite de bas en haut (par oppos. à la *plongée*). Pl. Des *contre-plongées*.
contrepoids n. m. Poids qui contrebalance un autre poids. *Le contrepoids d'une horloge.* / Balancier des funambules. / Fig. Ce qui compense ou rachète. *Son intelligence fait contrepoids à sa brusquerie.*
contre-poil (à) loc. adv. À rebrousse-poil.
contrepoint n. m. Système de composition musicale qui consiste à superposer deux ou plusieurs lignes mélodiques.
contrepoison n. m. Remède destiné à neutraliser l'effet d'un poison. Syn. antidote.
contre-pouvoir n. m. Pouvoir qui s'oppose au pouvoir établi ou qui lui fait équilibre. Pl. Des *contre-pouvoirs*.
contre-projet n. m. Projet que l'on présente en opposition à un autre projet. Pl. Des *contre-projets*.
contre-proposition n. f. Proposition que l'on oppose à une autre. Pl. Des *contre-propositions*.
contre-publicité n. f. Publicité qui a un effet contraire à l'effet recherché. / Publicité visant à lutter contre une autre publicité. Pl. Des *contre-publicités*.
contrer v. t. [1] Fam. Contrecarrer (qqch., qqn). *Contrer une offensive. Contrer un adversaire.* / (À certains jeux, notamment au bridge) Mettre l'adversaire au défi de gagner (son pari, son enjeu). *Contrer un grand chelem.*
Contre-Réforme 1546-1563 Réforme catholique qui fit suite à la Réforme protestante. Elle fut l'objet du concile de Trente, qui entreprit une définition exhaustive du dogme et une suppression des abus et des dissensions intérieures de l'Église catholique.
contre-révolution n. f. Mouvement politique visant à annuler les effets d'une révolution et à restaurer l'ordre antérieur. Pl. Des *contre-révolutions*.
contrescarpe n. f. Pente du talus bordant extérieurement le fossé qui entoure des fortifications.
contreseing n. m. DR. Signature apposée sur un acte pour l'authentifier ou s'en déclarer solidaire.
contresens n. m. Interprétation qui inverse le sens véritable. *Faire un contresens dans une traduction.* / Compréhension erronée. / Acte ou attitude déraisonnable. *C'est un contresens de priver un enfant de récréation.* / Direction opposée au sens naturel. *Prendre le contresens d'une étoffe.*

Contrevents.

Station thermale de **Contrexéville**.

contresignataire adj. et n. Qui contresigne un acte.
contresigner v. t. [1] Apposer un contreseing à, sur. *Une autorisation qui doit être contresignée pour être valable.*
contretemps n. m. Circonstance imprévue qui dérange un projet. / MUS. Articulation d'un son sur un temps faible ou sur la partie faible d'un temps.
contre-torpilleur n. m. Navire de guerre très rapide, au tonnage réduit et puissamment armé, conçu initialement pour couler les torpilleurs ennemis. Pl. Des *contre-torpilleurs.*
contre-transfert n. m. PSYCHAN. Ensemble des réactions inconscientes de l'analyste à l'égard du patient et, plus particulièrement, du transfert de celui-ci. Pl. Des *contre-transferts.*
contretype n. m. Reproduction d'un cliché ou d'un film positif ou négatif.
contre-ut n. m. inv. MUS. Note plus haute d'une octave que l'ut supérieur du registre normal.
contrevenant, e n. Personne qui enfreint une loi, un règlement.
contrevenir v. i. [3] *Contrevenir à*: enfreindre (une règle).
contrevent n. m. Volet protégeant une fenêtre de l'extérieur. / CONSTR. Pièce renforçant la ferme d'une charpente.
contre-vérité n. f. Affirmation contraire à la vérité; mensonge. Pl. Des *contre-vérités.*
contre-visite n. f. Visite médicale de contre-expertise. Pl. *Des contre-visites.*
contre-voie (à) loc. adv. (Dans les transports sur rail) Du côté opposé au quai, donnant sur la voie. *Défense de descendre à contre-voie.*

Contrexéville *3 945 h.* Ville des Vosges, station thermale qui traite les maladies du foie et des reins depuis l'époque gallo-romaine.
contribuable n. Personne soumise à l'impôt.
contribuer v. t. ind. [1] *Contribuer à*: collaborer, concourir à. *Contribuer à la victoire.* / Apporter sa contribution financière à.
contribution n. f. Participation à une dépense commune. / FIN. Impôt, part que chacun apporte aux dépenses de l'État et des collectivités publiques. *Contributions directes, indirectes.* / Collaboration à une œuvre commune. *Apporter sa contribution à la réalisation d'un projet.* / *Mettre à contribution*: utiliser les services de quelqu'un.
contrit, e adj. THÉOL. En état de contrition. *Pécheur contrit.* / Par ext. Exprimant le repentir, l'affliction. *Avoir l'air contrit.*
contrition n. f. THÉOL. Pour les chrétiens, repentir d'avoir péché. *Acte de contrition*: voir **acte.**
contrôlable adj. Qui peut être contrôlé. Ant. incontrôlable.
contrôle n. m. Vérification. *Contrôle des billets. Contrôle d'identité. Contrôle médical. Contrôle technique d'un véhicule. Contrôle continu (des connaissances)*: système de notation des étudiants par des travaux répartis toute l'année. / Lieu où s'effectue le contrôle. *Passer au contrôle.* / Maîtrise. *Garder le contrôle de son véhicule. Prendre le contrôle d'une société*: devenir détenteur de la majorité des actions. / *Contrôle des naissances*: régulation des naissances grâce aux méthodes contraceptives. / État nominatif des personnes qui appartiennent à un corps. *Officier rayé des contrôles de l'armée.* / Poinçon de l'État apposé sur les ouvrages en métal précieux pour en attester le titre.
contrôler v. t. [1] Soumettre à un contrôle, vérifier. *Faire contrôler sa vue. Contrôler des voyageurs.* / Exercer un contrôle sur, dominer. *Contrôler un site stratégique.* Au fig. *Contrôler ses gestes.* / v. pron. Garder le contrôle de soi.
contrôleur, euse n. Personne dont la fonction est d'exercer un contrôle, une vérification. *Contrôleur de la R.A.T.P. Contrôleur de la navigation aérienne*, chargé d'organiser les mouvements des avions. Syn. aiguilleur du ciel. / *Contrôleur de gestion*, chargé de surveiller la gestion financière d'une entreprise. / n. m. Appareil de contrôle, de réglage.
contrordre n. m. Ordre qui en annule un autre antérieurement donné.

controuvé, e adj. Imaginé, inventé pour nuire.
controverse n. f. Discussion suivie sur un sujet, nourrie d'arguments contradictoires. *Controverse scientifique, théologique.*
controversé, e adj. Prêtant à controverse.
contumace [1] n. f. Refus d'un accusé de se présenter à un tribunal devant lequel il doit comparaître. / Procédure judiciaire appliquée quand l'accusé fait défaut, qui prive l'absent de ses droits de citoyen, met ses biens sous séquestre, et aboutit à un jugement qui ne nécessite pas l'assistance d'un jury.
contumace [2] ou **contumax** adj. et n. Qui, en dépit d'une citation, ne se présente pas devant la justice.
contus, e adj. Qui résulte d'une contusion.
contusion n. f. Lésion produite par un coup, un choc, sans déchirure des téguments.
contusionner v. t. [1] Meurtrir par contusion.
conurbation n. f. Ensemble urbain formé par la réunion de plusieurs villes dont les banlieues se sont rejointes. *La conurbation Lille-Roubaix-Tourcoing.*
convaincant, e adj. Qui réussit à convaincre.
convaincre v. t. [3] Faire admettre la vérité ou la nécessité de qqch. à (qqn). *Je l'ai convaincu de rester.* / Prouver la culpabilité, la faute de. *Convaincre qqn de dopage.*
convaincu, e adj. Parfaitement assuré. *Convaincu de sa supériorité.* / Qui affirme ses convictions (dans tel ou tel domaine). *Un partisan convaincu du contrôle des naissances.* / Qui exprime la conviction. *Un ton convaincu.*
convalescence n. f. Période plus ou moins longue qui succède à la fin de la maladie et pendant laquelle le malade se rétablit progressivement.
convalescent, e adj. et n. Qui est en convalescence.
convecteur n. m. Appareil de chauffage dans lequel l'émission de chaleur se fait par convection.
convection ou **convexion** n. f. Mouvement d'un fluide sous l'effet de différences de température. *Mouvements de convection dans le magma, au sein de la Terre.* / MÉTÉO. Déplacement ascendant et descendant de l'air.
convenable adj. Qui convient à (qqch.). *J'attends une réponse convenable à ma question.* / Qui respecte les convenances, les usages. *Des gens convenables. Veuillez mettre une robe convenable !*

convenablement adv. De manière convenable.
convenance n. f. Rapport de conformité entre deux choses. / Ce qui répond au désir ou au besoin de quelqu'un. *Ceci est à ma convenance. Prendre un congé pour convenances personnelles.* / (Au plur.) Usages, bienséance. *Respecter les convenances.*
convenir v. t. ind. / v. impers. [3] **A.** v. t. ind. *Convenir à* (avec auxiliaire *avoir*): être en accord avec; répondre au besoin ou au désir de. *Ce poste lui convient parfaitement.* / Admettre, confesser. *Convenir de son erreur. Convenir de, que* (avec auxiliaire *être*): décider ensemble de, que. *Ils sont convenus de partir.* **B.** v. impers. *Il convient de*: il faut.
convent n. m. Assemblée générale de francs-maçons.
convention n. f. Accord entre deux ou plusieurs personnes, groupes, pays, qui peut prendre la forme d'un acte juridique portant sur un fait précis et faisant naître des droits réciproques; document constatant cet accord ou clause de cet accord. *Convention diplomatique.* / *Convention collective*: accord conclu entre des syndicats de salariés et un ou plusieurs groupements patronaux, portant sur les conditions de travail et de salaire dans une branche d'activité. / Ce qui résulte de l'acceptation, le plus souvent tacite, de certaines règles. *Les conventions théâtrales. Les conventions (sociales)*: les règles de la vie en société. / Assemblée nationale réunie pour établir ou modifier une Constitution. *La Convention de Philadelphie (1787). La Convention nationale (1792-1795).* / Aux États-Unis, assemblée d'un parti pour désigner son candidat à l'élection présidentielle.
Convention nationale Assemblée élue au suffrage universel le 21 septembre 1792. Elle proclama la république dès le 22 septembre. Elle comprenait 749 députés groupés en trois partis: les Girondins, les Montagnards et la Plaine. Au début, les Girondins dominent l'assemblée avec l'appui de la Plaine. Condamné à mort, le roi est exécuté le 21 janvier 1793 et la République proclamée. Dumouriez, vainqueur à Jemmapes, est battu à Neerwinden. En avril, le pouvoir passe aux Montagnards, qui instaurent la dictature avec le Comité de salut public et gouvernent par la terreur. Ils font guillotiner les Girondins, ainsi que Danton. Les révoltes fédéralistes et vendéennes sont matées et les envahisseurs coalisés sont vaincus à Hondschoote, Wattignies et Fleurus. Après la chute de Robespierre, le 27 juillet 1794 (9 thermidor de l'an II), la Plaine

L'attaque du palais des Tuileries et les exécutions sommaires de 1792 témoignent du climat de violence des deux premières années de la ***Convention nationale****.*

assure à son tour le pouvoir dans une Convention dite thermidorienne : elle met fin à la Terreur, supprime les tribunaux révolutionnaires et signe les traités de Bâle et de La Haye, qui reconnaissent à la France ses frontières naturelles. Théâtre de convulsions à la dimension des acteurs qui s'y affrontèrent, la Convention a fondé la République et consolidé la Révolution. Quand elle eut voté la Constitution de l'an III, elle laissa la place au Directoire le 26 octobre 1795.

conventionné, e adj. Lié par un accord tarifaire avec la Sécurité sociale. *Médecin conventionné. Clinique conventionnée.*

conventionnel, elle adj. et n. m. **A.** adj. Qui procède d'une convention. / MILIT. *Armes conventionnelles* : armes qui ne sont ni thermonucléaires, ni biologiques, ni chimiques. **B.** n. m. HIST. Membre de la Convention nationale qui gouverna la France révolutionnaire de 1792 à 1795.

conventionnellement adv. De manière conventionnelle.

conventionner v. t. [1] Lier (notamment à la Sécurité sociale) par une convention.

conventuel, elle adj. Relatif au couvent, à une communauté religieuse.

convergence n. f. Fait de converger, de se diriger vers le même point. Ant. divergence. / Fait de tendre vers un but commun. *La convergence des efforts.* / OPT. Grandeur caractéristique d'un système optique centré, d'une lentille, positive si le système est convergent, négative s'il est divergent, et égale à l'inverse de sa distance focale. *La convergence se mesure en dioptries.* / MATH. Propriété d'une série, d'une suite, de tendre vers une limite finie. / BIOL. Ressemblance entre deux espèces différentes qui n'est pas due à un ou plusieurs caractères hérités d'un ancêtre commun mais à une pression de sélection similaire, liée par exemple à un milieu de vie semblable (par ex. le dauphin et le requin).

convergent, e adj. Qui converge. *Lignes convergentes.* Ant. divergent. / OPT. *Lentille convergente,* qui fait converger les rayons lumineux.

converger v. i. [1] Venir de divers points (vers un même lieu). *Les ruisseaux convergent vers la rivière.* Ant. diverger. / Fig. *Faire converger ses efforts vers un même but.*

convers, e adj. RELIG. *Frère convers, sœur converse* : religieux non prêtre, religieuse qui n'est pas une « religieuse de chœur » et donc, à ce titre, n'est pas admise à chanter à l'office du chœur. *En général, les frères convers et les sœurs converses effectuent les tâches matérielles de la communauté.*

conversation n. f. Ensemble de propos échangés librement entre plusieurs personnes. *Engager une conversation.* / Entretien concerté entre des responsables. *Conversation diplomatique.*

converser v. i. [1] Être en conversation (avec).

conversion n. f. Changement de religion, de doctrine, d'opinion. *La conversion au protestantisme.* / Transformation d'une chose en une autre. *Conversion des métaux en or.* / FIN. Échange d'une monnaie contre une autre. / LOG. Formation d'une nouvelle proposition par permutation des termes d'une proposition précédente. / PSYCHAN. Traduction d'un trouble psychique en symptômes somatiques. *Hystérie de conversion.* / MILIT. Pivotement du front, opéré dans un but tactique. / SPORT Au ski, demi-tour effectué à l'arrêt.

converti, e adj. et n. Qui a changé de religion. / Subst. *Prêcher un(e) converti(e)* : tenter de convaincre une personne déjà convaincue.

convertibilité n. f. FIN. Qualité de ce qui peut être échangé contre d'autres valeurs. *Convertibilité de la monnaie.*

convertible adj. et n. m. Qui peut être converti, changé, échangé. *Monnaie convertible.* / n. m. Canapé que l'on peut transformer en lit.

convertir v. t. [2] Soumettre (qqch.) à une conversion. *Convertir le plomb en or.* / Amener (qqn) à changer de religion, d'opinion.

convertisseur n. m. MÉTALL. Récipient métallique pouvant basculer autour d'un axe horizontal, servant par différents procédés à transformer la fonte en acier par oxydation du carbone. *Convertisseur Bessemer, Thomas.* / ÉLECTR. Dispositif qui transforme un courant en un autre. / MÉCAN. *Convertisseur de couple* : organe permettant de faire varier de façon continue la démultiplication d'un couple moteur transmis.

convexe adj. Dont la courbure est saillante, protubérante. Ant. concave.

convexion Voir **convection**

convexité n. f. État d'un corps arrondi, dont la courbure est dirigée vers l'extérieur. Ant. concavité.

convict n. m. (mot anglais) Anc. En droit britannique, criminel condamné à la déportation.

conviction n. f. Disposition de l'esprit qui tient quelque chose pour certain et prouvé. / DR. PÉN. *Pièce à conviction* : élément de preuve.

convier v. t. [1] Inviter (qqn). *Convier des amis à une fête.* / Fig. *Un paysage qui convie à la contemplation.*

convive n. Personne invitée à prendre part à un repas en même temps que d'autres.

convivial, ale, aux adj. Relatif à la convivialité. / INFORM. Se dit d'un système dont l'accès et l'utilisation sont simplifiés pour des non-professionnels.

convivialité n. f. Échanges chaleureux et positifs entre les membres d'un groupe. / INFORM. Caractère d'un système convivial.

convocation n. f. Appel par lequel on invite une assemblée à se réunir. *Convocation d'un concile.* / Avis priant le destinataire de se rendre en un lieu et à une date précis pour subir une épreuve, être soumis à un contrôle. *Convocation à un examen.*

convoi n. m. File de véhicules de transport se déplaçant vers une même destination. *Convoi militaire.* / Suite de voitures de chemin de fer. Syn. train. / Groupe de gens acheminés vers une destination. *Convoi de prisonniers.* / Cortège funèbre.

convoiement Voir **convoyage**

convoiter v. t. [1] Désirer (qqch.) ardemment. *Convoiter un trésor.*

convoitise n. f. État de celui qui convoite. *Des richesses qui suscitent la convoitise.*

convoler v. i. [1] Vieilli ou plaisant *Convoler en justes noces* : se marier.

convolvulacées n. f. pl. BOT. Famille de plantes dicotylédones gamopétales, grimpantes, à tiges volubiles, à grandes fleurs, tel le liseron.

convoquer v. t. [1] Appeler (un groupe) à se réunir. *Convoquer le Sénat.* / Appeler (qqn) à se présenter. *Il fut convoqué devant le juge.*

convoyage ou **convoiement** n. m. Action de convoyer, d'accompagner pour protéger.

convoyer v. t. [1] Escorter (un convoi). *Convoyer des navires marchands.* (Par méton.) *Convoyer des fonds* : escorter un transport de fonds. / Par ext. Acheminer (une denrée précieuse). *Convoyer de la drogue.*

convoyeur, euse n. Personne chargée de convoyer. *Convoyeur de fonds.* / n. m. MAR. Navire qui escorte un convoi. / TECHN. Appareil de manutention continue pour le transport de charges, de matériaux.

convulsif, ive adj. MÉD. Qui procède de la convulsion. *Réaction convulsive.* / Par ext. *Rire convulsif* : rire nerveux.

convulsion n. f. MÉD. Contraction musculaire involontaire, localisée à un ou plusieurs muscles ou généralisée à tout le corps, se manifestant par saccades (*convulsions cloniques*) ou de façon continue (*convulsions toniques*). *La cause la plus fréquente des convulsions chez l'adulte est l'épilepsie ; chez l'enfant, elles peuvent être provoquées par une hyperthermie (convulsions fébriles).*

convulsionnaires n. m. pl. Jansénistes fanatiques qui, à l'époque de Louis XV, se rendaient au cimetière Saint-Médard, à Paris, sur le tombeau du diacre Pâris où l'on prétendait que des miracles avaient eu lieu. (Les convulsionnaires étaient, dans ce cimetière, pris de convulsions et tombaient en extase mystique. En 1732, on en interdit l'entrée, mais ces scènes se perpétuèrent en secret, jusqu'à la Révolution).

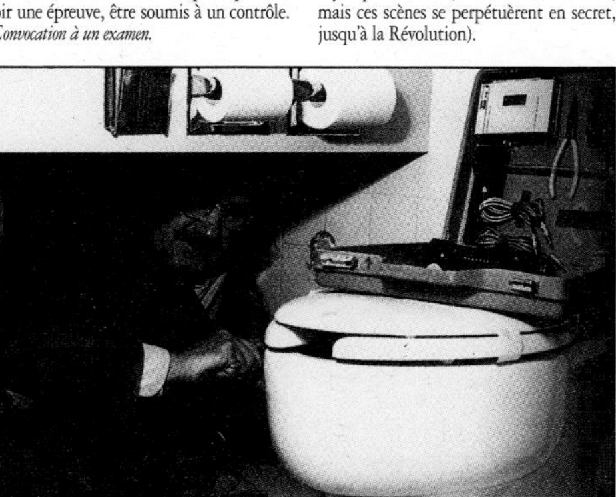

Gene Hackman dans **Conversation** secrète de Francis Ford Coppola (1974).

Gary Cooper.

convulsivement adv. De façon convulsive.

Cook (îles) *240 km² 19 000 h.* Archipel de quinze îles groupées dans le Pacifique Sud, au sud-ouest de Tahiti. Elles sont associées à la Nouvelle-Zélande. La capitale, *Avarua*, se trouve dans l'île principale Rarotonga (*67 km²*). La population, formée de Maoris, a tendance à émigrer.

Cook (James) 1728-1779 Navigateur et cartographe anglais. Au cours de trois voyages successifs, il reconnaît la Nouvelle-Zélande, la côte de l'Australie, les Nouvelles-Hébrides, la Nouvelle-Calédonie, les Marquises et les îles Hawaii, où il est assassiné le 14 février 1779. Il a laissé plusieurs récits de ses voyages.

Cook (Thomas) 1808-1892 Créateur britannique d'excursions puis d'agences de voyages à partir des années 1840.

cool adj. inv. (mot anglais) Détendu, calme, paisible. *Pas de panique, restez cool !* / Dans le langage des jeunes, agréable, séduisant. *Cool, ta soirée ! Drôlement cool, ta copine !* / interj. Du calme ! *Cool ! Pas de panique !*

Coolidge (Calvin) 1872-1933 Trentième président des États Unis de 1923 à 1929. Vice-président de Harding, il lui succéda après son assassinat (1923) et fut élu en 1925.

Coolidge (William) 1873-1975 Physicien américain, inventeur du tube à rayon X. On lui doit l'utilisation du tungstène sous la forme d'un filament que l'on rend incandescent par l'action d'un courant électrique (ces filaments sont utilisés dans les ampoules électriques).

coolie n. m. (mot anglais) Travailleur, porteur chinois ou indien.

Cooper (Fenimore) 1789-1851 Romancier américain. Son œuvre dresse le tableau de la conquête de l'Amérique. *Le Dernier des Mohicans* (1826) et *La Prairie* (1827) sont les deux œuvres les plus célèbres du *cycle de Bas-de-cuir* (cinq romans, 1823-1841).

Cooper (Franck James, dit Gary) 1901-1961 Acteur américain. Il débuta en 1929 dans un western (*The Virginian*) et interpréta avec autant de succès des comédies (*La Huitième Femme de Barbe-Bleue*), des films dramatiques (*Pour qui sonne le glas*) et des westerns (*Vera Cruz, Le Train sifflera trois fois*).

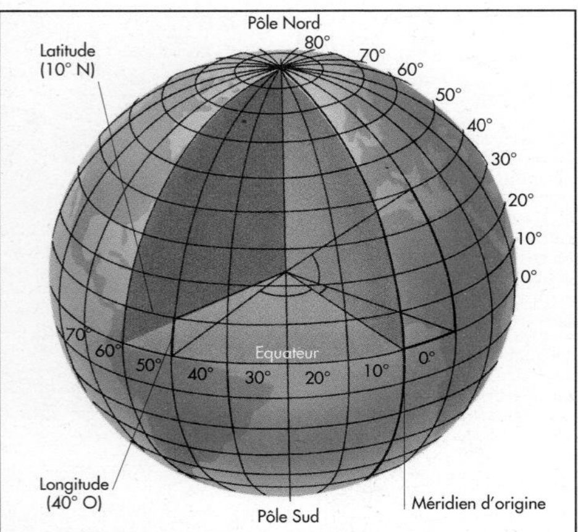

Coordonnées *permettant de situer tout point de la surface du globe terrestre.*

Cooper (Leon) 1930 Physicien américain, auteur de la théorie de la supraconductivité qui veut que les électrons peuvent se déplacer dans la matière sans perte d'énergie. Dans un supraconducteur placé à très basse température, (vers -270 °C) les métaux perdent toute résistance électrique. Un courant électrique peut dans ce cas s'y maintenir plusieurs années sans perte de son énergie par transformation de celle-ci en chaleur.

Cooper (David) 1931-1986 Psychiatre anglais qui dès 1962 libéra les malades du Pavillon 21 de l'hôpital Shenley (banlieue de Londres). Rejoint par Laing, il rendit compte de cette expérience d'antipsychiatrie dans *Psychiatrie et Antipsychiatrie* (1967). Citons aussi *Mort de la famille* (1971).

coopérateur, trice n. Membre d'une coopérative. / Celui, celle qui participe à une action commune.

coopératif, ive adj. et n. f. **A.** adj. Qui procède de la coopération. *Projet coopératif.* **B.** n. f. ÉCON. Société fondée sur le principe de la coopération. L'objectif des coopératives est notam. de réduire le prix de revient ou le prix de vente en supprimant les intermédiaires. Contrairement aux autres types de société, l'importance de l'apport de chaque membre n'a aucune incidence sur son droit de décision, chacun des associés ne représentant qu'une voix dans les assemblées générales. Outre les coopératives ouvrières de production, il existe des coopératives agricoles, des coopératives de consommateurs, de détaillants, de services.

coopération n. f. Action de prendre part à une œuvre commune. / ÉCON. Système d'organisation de la production dans lequel des individus ayant des intérêts communs se groupent dans une entreprise où les droits de tous sont égaux et où les profits sont répartis entre les associés au prorata de leur activité. / Politique d'assistance économique, culturelle et technique mise en œuvre par les pays développés en faveur des pays en voie de développement.

coopérer v. t. ind. [1] *Coopérer à*: apporter sa coopération à. *Coopérer à une œuvre.*

cooptation n. f. Nomination d'un nouveau membre d'une assemblée par ceux qui en font déjà partie. *Les membres de l'Académie française sont choisis par cooptation.*

coopter v. t. [1] Admettre (qqn) par cooptation. *Coopter un nouveau membre.*

coordinateur, trice ou **coordonnateur, trice** n. Celui, celle qui coordonne.

coordination n. f. Action de coordonner; résultat de cette action. *Coordination des mouvements.* / GRAMM. *Conjonction de coordination*, liant des mots ou des propositions de même nature. / Ensemble des représentants d'un mouvement de grève, constitué en marge des organisations syndicales.

coordonné, e adj. et n. f. pl. **A.** adj. Qui est ordonné, combiné simultanément. *Ensemble coordonné.* **B.** n. f. pl. MATH. Tous les éléments permettant de déterminer la position d'un point dans l'espace. *Un point de l'espace est défini par trois coordonnées qui, dans un repère cartésien, sont les projections du point sur trois axes orthogonaux deux à deux.* / Par ext., fam. Renseignements qui permettent de contacter qqn. *Donnez-moi vos coordonnées !*

coordonner v. t. [1] Ordonner, combiner (divers éléments) selon une logique unique, dans un but particulier. *Coordonner les activités d'une entreprise.*

Copacabana Quartier et plage de Rio de Janeiro, au Brésil.

copahu n. m. Résine odorante, tirée du copayer, qui était autrefois utilisée pour soigner la blennorragie.

copaïer Voir **copayer**

copain, copine n. Camarade de classe ou de travail. / Fam. Amant, maîtresse. *Il est venu avec sa copine.*

copal n. m. (mot espagnol) Résine de divers arbres tropicaux, utilisée dans la préparation des vernis. Pl. Des *copals*.

Copán Site maya du Honduras. Ruines des VIe-XIe siècles.

copayer ou **copaïer** n. m. BOT. Arbre tropical de la famille des césalpiniacées, qui fournit un bois rouge et sécrète une substance oléo-résineuse, le copahu.

copeau n. m. Parcelle détachée d'une pièce de bois par un outil. / Éclat résultant de l'usinage de pièces de métal.

Copeau (Jacques) 1879-1949 Écrivain et acteur de théâtre français. Critique de théâtre, il fit partie des fondateurs de la *Nouvelle Revue française* (1909). Créateur du théâtre du Vieux-Colombier (1913), il s'employa à y jouer, à côté des grands classiques, les contemporains, Claudel, Vildrac, Romains.

Copenhague *625 810 h.* Capitale du Danemark, sur l'île de Sjaelland. L'agglomération (*1 353 000 h.*) rassemble le quart de la population totale du pays. Port aux activités diverses et intenses, Copenhague est aussi un centre industriel important et une place financière. Ville active aux grands ensembles d'architecture moderne et fonctionnelle (jardin d'attractions de Tivoli), Copenhague conserve quelques monuments anciens: la Bourse (Renaissance néerlandaise), le château de Rosenborg (début du XVIIe siècle), le palais royal d'Amalienborg (1760).

copépodes n. m. pl. ZOOL. Classe de minuscules crustacés vivant dans les eaux marines ou en eau douce, qui forment une part importante du plancton.

Copernic (Nicolas) 1473-1543 Astronome polonais. Orphelin à 10 ans, il fut recueilli par son oncle Lucas Watzelrode, évêque d'Ermland, qui se chargea de son éducation. Étudiant à l'université de Cracovie puis à celle de Bologne, il obtint un doctorat de droit canonique en 1503. Juriste, administrateur, médecin (titre obtenu en 1507 à Ferrare ou à Padoue), il est, à son retour en Pologne (1520), administrateur du chapitre de la cathédrale d'Allenstein quand les chevaliers Teutoniques envahissent la Viarma, sa terre natale. Refusant la reddition, il organisa la résistance de la ville qui tint jusqu'au cessez-le-feu de 1521. Toute l'œuvre astronomique de Nicolas Copernic est contenue dans son *De revolutionibus orbium cœlestium libri VI* (Des révolutions des orbites célestes) publié à Nuremberg en 1543. Si Copernic a réussi à résoudre presque toutes les difficultés que soulevait l'astronomie du Moyen Âge quant au système géocentrique, il demeura fidèle au mouvement circulaire des planètes mais proposa une nouvelle « vue » de l'Univers en suggérant que les planètes et la Terre pourraient être en mouvement autour du Soleil. La base du système héliocentrique repose sur trois principes: 1°) la perfection du mouvement circulaire; 2°) la possibilité de représenter tout mouvement périodique par un ensemble de mouvements circulaires uniformes; 3°) l'usage de théories mathématiques pour assurer une plus simple description des phénomènes de la nature. L'originalité de la pensée copernicienne apparaît dans les postulats du *Commentariolus*, qui seront intégralement repris dans *De Révolutionibus*. A) Il n'existe pas de centre commun pour les cercles et les sphères célestes. B) Le centre de la Terre n'est pas le centre de l'Univers. C) Toutes les sphères tournent autour du Soleil, centre de l'Univers. D) Tout mouvement du ciel est le fruit des mouvements de la Terre. E) La Terre effectue une rotation autour du pôle en un jour. F) Les mouvements directs et rétrogrades des planètes ne sont pas dus à leur mouvement propre mais à celui de la Terre. Copernic décrivait un Univers sphérique et fermé, ayant pour centre le Soleil, idée déjà avancée vers 380 av. J.-C. par Aristarque de Samos. L'héliocentrisme n'était pas une idée aussi révolutionnaire qu'on le prétendait à l'époque si on la comparait à celle de Nicolas de Cusa qui proposait un Univers infini ne comprenant ni frontière ni centre ni surface.

Nicolas Copernic.

copernicien, enne adj. Qui concerne Copernic, ses travaux.

copie n. f. Reproduction à l'identique d'un écrit, d'une bande magnétique, etc. *Copie certifiée conforme d'un diplôme.* / Reproduction d'une œuvre d'art. *Copie d'un tableau.* / Imitation de qqch. / Feuille sur laquelle les écoliers rédigent leurs devoirs; le devoir lui-même. *Corriger des copies.* / IMPR. Texte destiné à la composition. / CIN. Film positif destiné à la projection.

copier v. t. [1] Faire la copie de (un texte). / Faire une copie de (une œuvre d'art). / Imiter (qqn, ses manières). / v. t. ind. *Copier (sur qqn)*: reproduire frauduleusement ce qu'il a écrit.

copieur, euse n. Personne qui copie sans en avoir le droit.

copieusement adv. De manière copieuse.

copieux, euse adj. Abondant. *Portion copieuse.*

copilote n. AVIAT. Second pilote qui aide et peut remplacer le pilote principal. / Lors d'une course automobile, passager qui oriente le pilote en fonction des particularités du circuit.

copiner v. i. [1] Établir des liens de camaraderie, d'amitié.

copiste n. Personne qui recopiait des manuscrits, de la musique, avant l'invention de l'imprimerie.

coplanaire adj. MATH. Situé dans le même plan. *Points, droites coplanaires.*

Coprin *chevelu.*

Copland (Aaron) 1900-1990 Compositeur américain. Influencé par le jazz, sensible au folklore américain, il s'intéressa au sérialisme; on lui doit des symphonies, de la musique de chambre, des ballets, des pièces pour orchestre.

Copley (John Singleton) 1738-1815 Peintre américain. Se détachant de la tradition linéaire et rigide des « primitifs » américains, il ouvre, par son art de la composition et son réalisme, la voie à la peinture d'histoire (*La Mort du major Peirson*, 1782-1784) et se montre un portraitiste pénétrant (*Mrs Thomas Boylston*, 1768).

coppa n. f. (mot italien) Charcuterie italienne faite d'échine de porc, désossée, roulée et fumée.

Coppée (François) 1842-1908 Écrivain français, auteur de poèmes qui décrivent la vie des pauvres gens (*Les Humbles*, 1872), et de pièces de théâtre (*Le Passant*, 1869).

Coppens (Yves) 1934 Paléontologue français. Il découvrit en Éthiopie de nombreux fossiles d'australopithèques, qu'il étudia et data. Il est à l'origine d'une des hypothèses sur l'origine de l'humanité, que de nouvelles découvertes ont partiellement confirmée tout en y apportant des nuances.

Coppet Village suisse, dans le canton de Vaud, sur le lac Léman, où Mme de Staël se réfugia en 1792. En 1794, elle s'y lia à Benjamin Constant.

Coppi (Fausto) 1919-1960 Champion cycliste italien. Il triompha dans les années 1949-1955.

Coppola (Francis Ford) 1939 Réalisateur américain. *Le Parrain* (1971), suivi des *Parrain 2*, en 1975, et *Parrain 3*, en 1990, et *Apocalypse Now* (1979) lui apportèrent gloire et finances, qu'il emploie dans des films peu commerciaux tels que *Conversation secrète* (1974), *Rutsy James* (1983).

coprah ou **copra** n. m. Albumen de coco desséché, dont on extrait l'huile de coprah.

coprin n. m. BIOL. Champignon basidiomycète à lames et à chapeau oblong rabattu le long du pied, dont l'hyménium, à maturité, est déliquescent et forme un jus noirâtre. *Le coprin chevelu, lorsqu'il est jeune, est comestible.*

coprocesseur n. m. INFORM. Processeur complémentaire d'un processeur principal, qui permet d'accroître la vitesse de calcul.

coproculture n. f. MÉD. Culture bactériologique des selles.

coproduction n. f. Production d'un film par plusieurs producteurs, le plus généralement de nationalités différentes; le film ainsi produit.

coproduire v. t. [3] Produire en commun.

coprolalie n. f. PSYCHIATR. Tendance pathologique à utiliser des termes orduriers.

coprolithe n. m. Excrément fossile.

coprologie n. f. Étude et analyse des matières fécales.

coprophage adj. et n. m. Qui se nourrit d'excréments. *Le bousier est un insecte coprophage.* / n. m. pl. Insectes qui se nourrissent d'excréments; au sing. *Le bousier est un coprophage.*

coprophilie n. f. PSYCHIATR. Attirance pathologique pour les matières fécales.

copropriétaire n. Personne qui possède en copropriété.

COPTE

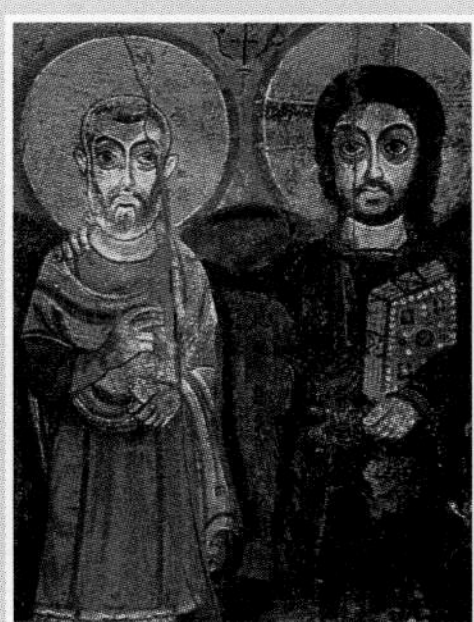

Peinture copte du Ve siècle.

Si l'on en croit la tradition, les Égyptiens furent christianisés dès l'an 70 par saint Marc, à partir d'Alexandrie; même si, pour les historiens, l'évangélisation de l'Égypte ne remonte peut-être pas exactement à cette date, elle fut précoce: elle est, pour ce qui concerne les villes hellénisées, notamment Alexandrie, antérieure aux premières années du IIe siècle; les campagnes furent massivement touchées par la foi nouvelle au IIIe siècle. Les grandes disputes théologiques sur la nature de la personne du Christ, qui ont agité le monde chrétien entre 310 et 451, ont abouti à diverses formulations dogmatiques. L'école théologique d'Alexandrie professe que la nature divine et la nature humaine ne sont pas unies en la personne du Christ, mais qu'il n'a qu'une nature, la nature divine. Cette doctrine (dite *monophysisme*, du grec *monos*, « unique », et *phusis*, « nature ») a été condamnée au concile de Chalcédoine, aux formulations duquel les chrétiens d'Égypte ne se sont pas ralliés. Les coptes constituent aujourd'hui la plus importante communauté chrétienne en terre d'Islam (à peu près 10 % de la population); on rattache à leur Église l'Église d'Éthiopie, également monophysite, mais juridiquement indépendante du patriarcat d'Alexandrie depuis 1959. Il existe aussi une Église copte uniate (rattachée à Rome).

copropriété n. f. Droit de propriété sur un même bien appartenant à plusieurs personnes. / *Immeuble en copropriété*, dans lequel chaque propriétaire possède des locaux en propre et une quote-part des parties communes.

• **copte** n. et adj. **A.** n. m. Langue dérivée de l'égyptien ancien, parlée en Égypte à partir du IIIe siècle, et qui ne subsiste plus aujourd'hui que comme langue liturgique. **B.** n. et adj. Chrétien monophysite d'Égypte. / adj. *Une cérémonie copte. L'art copte.*

copulation n. f. Accouplement du mâle et de la femelle.

copule n. f. LOG., GRAMM. Verbe (en général être) exprimant une relation entre le sujet et le prédicat.

copuler v. i. [1] Pratiquer la copulation.

copyright n. m. (mot anglais) Droit exclusif permettant à un auteur ou à son cessionnaire d'exploiter pendant une durée déterminée une œuvre littéraire, artistique ou scientifique. / Marque de ce droit figurant sur l'œuvre commercialisée, indiquant les noms de l'auteur, de l'éditeur et l'année de première publication (symbole ©).

coq n. m. Mâle de la poule domestique. *Le coq se distingue par la longueur des plumes de sa queue, ses barbillons, sa crête et ses ergots. Le coq coquerique ou chante.* / Mâle de divers oiseaux galliformes. *Coq faisan.* / *Coq de bruyère*: tétras. / *Coq de roche*: passereau d'Amérique du Sud, au plumage orange vif, appelé aussi rupicole. / *Coq gaulois*: voir *gaulois*. / *Poids coq*: catégorie de boxeurs dont le poids est compris entre 52,164 kg et 53,524 kg. / *Être comme un coq en pâte*: recevoir mille soins et prévenances. / Fam. *Le coq du village*: celui qui est le plus remarqué des femmes, ou se croit tel.

coq-à-l'âne n. m. inv. Fait de passer sans transition d'un sujet à un autre dans une conversation.

coquard ou **coquart** n. m. Fam. Tuméfaction due à un coup porté dans la région de l'œil.

coque n. f. Vieilli Enveloppe extérieure, solide, d'un œuf. / *Œuf à la coque*: œuf cuit dans sa coque quelques minutes à l'eau bouillante, de telle manière que le jaune ne durcisse pas. / Mollusque bivalve, à coquille ornée de côtes parallèles, comestible. / Enveloppe très résistante et ligneuse autour de certains fruits (noix). / Carcasse d'un navire constituée d'une membrure et d'un revêtement extérieur. / Bâti métallique qui est à la fois châssis et carrosserie sur certains modèles de voitures.

coquecigrue n. f. Vx Propos futile ou absurde.

coquelet n. m. Jeune coq.

coquelicot n. m. Petit pavot sauvage à fleurs rouge vif, commun dans les champs de céréales.

Coquelin (Constant, dit **Coquelin Aîné)** 1841-1909 Comédien français, créateur du rôle de Cyrano de Bergerac (1897). **Ernest**, dit **Coquelin Cadet** 1848-1909 Comédien français, frère du précédent, qui se consacra au genre comique.

coqueluche n. f. Maladie infectieuse contagieuse, caractérisée par des quintes de toux convulsive (*chant du coq*), qui atteint surtout les enfants. / Fig. *Être la coqueluche de*: être adulé, admiré par.

coqueriquer v. i. [1] Chanter (en parlant d'un coq).

coquet, ette adj. Qui cherche à avoir une apparence, une élégance séduisante. *Jeune homme coquet.* / Subst. *C'est un(e) coquet (te).* Vieilli *Une coquette*: une femme qui aime séduire. / D'un aspect agréable, séduisant. *Un village coquet.* / Fam. *Une somme coquette*, importante.

coqueter v. i. [1] Vieilli ou litt. Faire le coquet, la coquette; se pavaner.

coquetier n. m. Petit gobelet dans lequel on place un œuf pour le manger à la coque.

coquettement adv. Avec coquetterie.

coquetterie n. f. Attitude séductrice d'une personne coquette. / Soin apporté dans la toilette, l'apparence. / *Avoir une coquetterie dans l'œil*: loucher légèrement.

coquillage n. m. Mollusque marin doté d'une coquille. / La coquille elle-même. / Contenu comestible de la coquille.

coquillard n. m. HIST. Pèlerin de Saint-Jacques-de-Compostelle, au manteau orné de coquilles Saint-Jacques. Syn. jacquet. / Gueux, mendiant, voleur de grand chemin à la tenue imitant celle des coquillards.

coquille n. f. **I.** ZOOL. Enveloppe dure, calcaire, qui recouvre le corps de la plupart des mollusques. *Coquille à deux valves des lamellibranches, coquille en spirale des gastéropodes, etc.* / *Coquille Saint-Jacques*: mollusque lamellibranche à la coquille en forme d'éventail dont la chair est appréciée, ainsi appelé parce que les pèlerins de Saint-Jacques-de-Compostelle portaient une (ou plusieurs) de ces coquilles sur leur manteau. / ARCHIT. Motif ornemental en forme de coquille, très employé notam. dans le style rocaille. / SPORT Appareil servant à protéger les organes génitaux, utilisé notam. dans les sports de combat. / ARMES Partie de la garde d'une épée protégeant la main. **II.** Enveloppe calcaire des œufs d'oiseaux. / Enveloppe dure et ligneuse de certains fruits (noix, noisettes, etc.). **III.** TYPO. Erreur de composition (par ex. substitution d'une lettre à une autre).

Fleur de **coquelicot**.

Coquilles de mollusques gastéropodes marins.

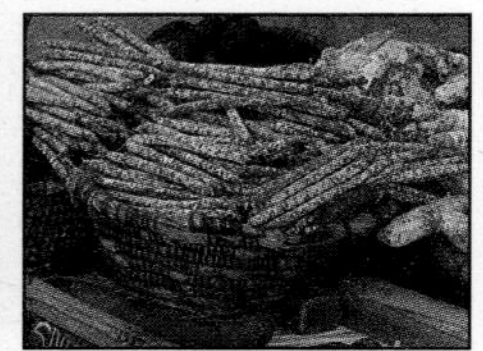

Saucissons dans une **corbeille** en vannerie.

coquillettes n. f. pl. Pâtes alimentaires en forme de petites coquilles.
coquillier, ère adj. GÉOL. Qui contient une forme proportion de coquilles. *Calcaire coquillier.*
coquin, e n. et adj. **A.** n. Vieilli ou litt. Individu malhonnête. / Personne malicieuse. *Oh ! la coquine !* **B.** adj. Malicieux. *Un air coquin.* / Licencieux. *Des revues coquines.*
cor [1] n. m. Anc. Instrument d'appel fait d'une corne ou d'une défense évidée et percée. *Le cor de Roland à Roncevaux.* / Mod. Instrument de musique à vent en cuivre, formé d'un long tube enroulé circulairement et terminé par un pavillon évasé. *Cor de chasse*, utilisé dans les chasses à courre (on le nomme alors souvent *trompe*), qui sonne en *ré*, parfois en *mi* bémol. *Cor d'harmonie* : instrument d'orchestre en *fa*, pourvu de corps de rechange allongeant le tube et permettant de jouer dans tous les tons. *Cor chromatique* (ou *à pistons*) : cor d'harmonie (en *fa*) qui est aujourd'hui le seul qu'on utilise dans les orchestres. / loc adv., fig. *À cor et à cri* : à grand bruit. / *Cor anglais* : hautbois alto. / *Cor de basset* : clarinette alto.
cor [2] n. m. MÉD. Induration de la peau située le plus souvent au-dessus des articulations des phalanges du pied et due à un frottement répété.
cor [3] n. m. Branche adventice du bois d'un cervidé.
coraciiformes n. m. pl. ZOOL. Ordre d'oiseaux à plumage très vivement coloré, comprenant les rolliers, les guêpiers, les huppes, les martins-pêcheurs, dont beaucoup d'espèces vivent dans les régions tropicales.
corail n. m. et adj. inv. **A.** n. m. ZOOL. Animal marin colonial de l'embranchement des cnidaires, vivant dans les mers chaudes. *Les coraux édifient un squelette externe calcaire, le polypier ; l'accumulation de ces squelettes arborescents peut former des récifs, dans les mers tropicales.* / Squelette calcaire des colonies de ces animaux. *Le corail rouge et le corail blanc sont très utilisés en joaillerie et en bijouterie.* / CUIS. Partie rouge de la coquille Saint-Jacques et de certains crustacés. / *Serpent corail* : nom usuel de l'élaps, serpent venimeux d'Amérique tropicale. Pl. Des *coraux.* **B.** adj. inv. De la couleur rouge vif des coraux. *Une robe corail.*
Corail (mer de) Partie de l'océan Pacifique située au nord-est de l'Australie.
corallien, enne adj. Formé des coraux. *Récifs coralliens.*
corallifère adj. Qui porte des coraux.
corallin, e adj. et n. f. De la couleur rouge du corail. *Lèvres corallines.*
coran n. m. *Le Coran* : livre sacré des musulmans. / Exemplaire de cet ouvrage. *Un coran bien abîmé.*
♦ Le Coran (en arabe *al-Q'uran*, « récitation ») est le recueil sacré des vérités, dogmes et préceptes moraux révélés par Dieu au prophète Mahomet (par l'intermédiaire de l'ange Gabriel) au fur et à mesure de sa prédication. Composé de 114 sourates (ou chapitres), classées depuis les plus longues jusqu'aux plus courtes, il constitue le fondement de la civilisation musulmane et de la tradition islamique morale, civique et religieuse. Le calife Uthman (644-656) réunit tous les recueils existants et fixa une version définitive. Pour tout musulman, le Coran est parole divine et incréée, ce qui pose de grands problèmes pour la traduction. Selon les rigoristes, l'expression coranique est un miracle que l'homme ne saurait imiter, et cette caractéristique disparaîtrait dans une traduction, obligatoirement due à un être humain. Pourtant, le croyant est tenu de réciter à chaque prière au moins la première sourate, la *Fatiha* (la Liminaire, celle qui commence par « Au nom d'Allah le miséricordieux / Louange à Allah »), et il est impossible à un non arabophone d'en comprendre le sens. Seule possibilité : considérer la traduction comme une sorte de « commentaire » qui ne remplace pas le texte original. On connaît donc de nombreux corans dont chaque ligne en arabe est suivie de sa « traduction » en langue étrangère. La diffusion de l'Islam a, néanmoins, très vite conduit à l'abandon au moins partiel de cette interdiction : la première traduction connue est une version persane de la fin du Xᵉ siècle ; et, aujourd'hui, la prière rituelle en langues non arabes est largement autorisée puisque, dans ce cas, la parole de l'homme renferme la parole de Dieu.
coranique adj. Relatif au coran. *Loi coranique. École coranique*, où l'on enseigne le Coran.
corbeau n. m. ZOOL. Grand oiseau passereau, au plumage d'un noir brillant, à bec puissant, de la famille des corvidés. *Le corbeau croasse.* / Fam., vieilli Prêtre. / Fam. Auteur anonyme de menaces, de délations (en général, par courrier). / ARCHIT. Pierre, pièce de bois ou de métal en saillie qui soutient une poutre, une corniche, un balcon.
Corbeau (le) Constellation australe (voir **constellation**).
Corbeil-Essonnes *40 345 h.* Ville de l'Essonne, centre industriel. Église (XIIᵉ-XVᵉ siècle).
corbeille n. f. Panier léger, généralement sans anse. *Corbeille à pain.* / Son contenu. *Corbeille de fruits.* / ARCHIT. Partie centrale du chapiteau corinthien, figurant une corbeille d'où sortent des feuilles d'acanthe. / Massif de fleurs rond ou ovale. / Dans une salle de spectacle, balcon situé juste au-dessus de l'orchestre. / À la Bourse, espace circulaire entouré d'une balustrade autour de laquelle les agents de change se communiquent leurs offres et demandes de titres.
Corbière (Édouard Joachim, dit **Tristan)** 1845-1875 Poète français auteur d'un recueil original *Les Amours jaunes* (1873). Verlaine le sacra « poète maudit ».
Corbières (les) Plateaux calcaires en bordure des Pyrénées, au-dessus des plaines de l'Aude et du bas Languedoc. Région viticole.
corbillard n. m. Voiture ou fourgon mortuaire.
corbleu ! interj. Vieux juron. *« Corbleu ! Dans la maison de Sotenville, on n'a jamais vu de coquette »* (Molière).
cordage n. m. Nom générique des cordes et des câbles servant à la manœuvre des navires, des machines. / Ensemble des cordes d'une raquette de tennis.
Corday (Charlotte de Corday d'Armont, dite **Charlotte)** 1768-1793 Jeune femme française. Cultivée et sensible, acquise aux idées révolutionnaires, elle condamnait la Terreur. Elle quitta Caen en 1793 et, le 13 juillet, elle poignarda Marat dans son bain. Elle fut condamnée à mort et exécutée le 17 juillet.
corde [1] n. f. Assemblage de brins de chanvre ou de toute autre matière textile, tordus ensemble pour former un fil continu. *Des chaussures à semelle de corde.* / Lien ainsi constitué et servant à divers usages. *Corde à linge. Corde à sauter. Corde lisse ou à nœuds* : agrès de gymnastique servant à grimper. / Câble tendu au-dessus du sol et sur lequel marche un funambule. *Danseur de corde* : funambule. / Fil résistant servant à bander une arme pour lancer un projectile. *La corde d'un arc.* / Fig. *Avoir plus d'une corde à son arc* : avoir des ressources multiples pour réussir. / Lien qui suspend le pendu à la potence ; le supplice lui-même. *Condamner à la corde.* / Trame d'une étoffe. *Habit usé jusqu'à la corde.* / MATH. Segment de droite joignant deux points d'un cercle. / SPORT Limite intérieure d'une piste. *Prendre un virage à la corde*, en serrant le bord de la route. / MUS. Fil tendu de boyau, de métal, de nylon, dont la vibration amplifiée par le corps de l'instrument produit un son. *On distingue les instruments à cordes pincées (guitare), frottées (violon), frappées (piano).* / (Au plur.) *Les cordes* : l'ensemble des instruments à cordes frottées de l'orchestre. / Fig. *La corde sensible* : ce qui émeut le plus. / ANAT. *Cordes vocales* : replis du larynx qui, en vibrant, émettent des sons. *Cordes du tympan* : branche du nerf facial qui transmet les sensations gustatives.
corde [2] ou **chorde** n. f. ZOOL. Axe antéro-postérieur, élastique et fibreux, caractéristique des cordés, chez les embryons desquels ils constituent un squelette axial primitif. *À l'état adulte, la corde reste présente chez les céphalocordés, alors que dans d'autres groupes elle disparaît partiellement (urocordés) ou complètement (vertébrés).*
cordeau n. m. Corde que l'on tend entre deux points pour obtenir une ligne droite. / *Tiré au cordeau* : exécuté de façon régulière, précise. / PÊCHE Ligne de fond, utilisée en rivière. / TECHN. Mèche pour la mise à feu d'un explosif. *Cordeau Bickford*, à combustion lente. *Cordeau détonant* : gaine remplie d'un explosif.
cordée n. f. Groupe d'alpinistes reliés par une corde, pour faire une ascension. *Premier de cordée.* / PÊCHE Chacun des crins attachés à une ligne de fond et portant un hameçon.
cordelette n. f. Petite corde.
cordelier, ère n. Sobriquet donné sous l'Ancien Régime aux religieux appartenant à la famille franciscaine et portant une ceinture de corde : Frères mineurs observants (ou franciscains) et religieuses du tiers ordre régulier de Saint-François (ou franciscaines).
cordelière n. f. Cordon servant de ceinture ou de passement.
Cordeliers (club des) Club formé en 1790 sous la Constituante, par Camille Desmoulins, Danton et Marat. Dans la chapelle des Cordeliers, où se tenaient leurs réunions, ils dénonçaient les modérés (fayettistes et monarchiens) et réclamaient la déchéance de Louis XVI.
corder v. t. [1] Tordre en corde. / Lier avec une corde. / Garnir (une raquette) de cordes.
corderie n. f. Fabrication et commerce des cordages. *La Corderie royale, à Rochefort.*
cordés ou **chordés** n. m. pl. ZOOL. Vaste groupe d'animaux dotés d'une corde dorsale de façon permanente (céphalocordés) ou pendant le stade embryonnaire (urocordés, vertébrés).
cordial, ale, aux adj. et n. m. **A.** adj. Tonique, stimulant l'organisme. / Fig. Qui vient du cœur, amical. *Entente cordiale.* **B.** n. m. Boisson qui stimule la fonction cardiaque ; par ext., boisson alcoolisée.
cordialement adv. De manière cordiale.
cordialité n. f. Bienveillance sincère et chaleureuse.
cordier, ère n. Personne qui fabrique, vend des cordes. / n. m. MUS. Partie d'un instrument où l'on fixe les cordes.
cordillère n. f. Alignement de montagnes formant une chaîne longitudinale. *La cordillère des Andes.*
cordite n. f. Explosif, de la famille des poudres sans fumée, à base de nitroglycérine et de nitrocellulose.
Cordoba *1 148 300 h.* Ville industrielle d'Argentine, sur le rio Primero.
cordon n. m. Petite corde employée à des usages divers. / Large ruban qui sert d'insigne à certains ordres. *Grand cordon de la Légion d'honneur.* / ANAT. *Cordon ombilical*, qui relie le fœtus au placenta ; au fig, en astronautique, système mécanique com-

Vue aérienne de la **cordillère** occidentale, en Colombie.

Cordoue

Pont romain sur le Guadalquivir.

Histoire Capitale de la Bétique romaine (qui correspond à l'Andalousie), la ville fut prise par les Arabes en 711. En 756, elle devint la capitale de l'émirat omeyyade de Cordoue, qui comprenait toute l'Espagne et le Portugal, à l'exception du royaume chrétien des Asturies (fondé en 718). En 929, le souverain prit le titre de calife et l'émirat devint un califat, sans que s'estompe la splendeur passée. Au XIIe siècle, le philosophe arabe Averroès, enseignant à Cordoue, fit connaître à la chrétienté l'œuvre d'Aristote, ce qui permit à la philosophie scolastique de se développer. Toutefois, cette époque fut aussi celle où le califat déclina. Dès le XIe siècle, les royaumes chrétiens de León, Castille, Navarre, Aragon et le comté de Barcelone avaient pris de la vigueur. En 1085, la Castille avait conquis Tolède. À partir de 1109, le califat s'était divisé en petits royaumes, plus ou moins liés à Cordoue. Aussi la Reconquista fut-elle possible. En 1236, Cordoue tomba, mais le royaume de Grenade se maintint jusqu'en 1492.

posé d'un tuyau souple assurant la liaison entre le vaisseau spatial et l'astronaute (revêtu de son scaphandre) évoluant dans le vide lors d'activités extra-véhiculaires, système qui, outre sa fonction de lien, alimente l'astronaute en oxygène à la même pression que celle du véhicule spatial. / Alignement de personnes qui assurent une protection. *Cordon de troupes. Cordon sanitaire*: ligne de postes qui isole une région où sévit une épidémie. / GÉOGR. *Cordon littoral*: bande de sable qui émerge à quelque distance de la côte.

cordon-bleu n. m. Cuisinière émérite. Pl. Des *cordons-bleus.*

cordonnerie n. f. Métier du cordonnier. / Atelier où il travaille.

cordonnet n. m. Petite tresse, petit ruban de passementerie. / COUT. Fil tors à trois brins.

cordonnier, ère n. Personne dont le métier est de réparer les chaussures.

cordouan, ane adj. et n. m. De la ville de Cordoue. / n. m. Cuir de chèvre travaillé à Cordoue, à la mode de Cordoue.

Cordouan Rocher situé au large de l'estuaire de la Gironde, surmonté d'un phare construit au XVIe siècle.

• **Cordoue** *305 900 h.* Ville d'Espagne située en Andalousie, sur le Guadalquivir. Elle fut jusqu'au XIIIe siècle le foyer espagnol de la culture arabe, dont elle conserve un héritage architectural grandiose. La mosquée, édifiée entre le VIIIe et le Xe siècle comporte 19 nefs soutenues par des arcs doubles finement travaillés, reposant sur une forêt de colonnes (plus de 800), dont une partie fut détruite pour aménager un chœur Renaissance.

coré Voir **korê**

• **Corée** Ancien royaume d'Asie extrême-orientale formé en majeure partie par une presqu'île qui s'avance entre la mer de Chine et la mer du Japon. La Corée est très fortement marquée par la civilisation chinoise dont elle reçoit l'influence philosophique et religieuse; le bouddhisme devient dès le VIe siècle la religion officielle. La population coréenne a une grande homogénéité. On ne compte pas de minorités ethniques. De type mongoloïde, elle parle une langue, le coréen, qu'on classe (avec difficulté) dans les langues turco-mongoles. Son écriture utilise des caractères chinois, puis, au XVe siècle, un alphabet spécifique. En ce qui concerne la religion, les statistiques ne portent que sur la Corée du Sud: 28 % de bouddhistes, 24 % de chrétiens (dont 15 % de catholiques); viennent ensuite le confucianisme et le chamanisme. L'essor démographique a été très fort au nord et au sud: de 1968 à 1998, la population a augmenté de 50 %; elle est donc jeune.

• **Corée du Nord (république démocratique populaire de)** État d'Asie extrême-orientale, situé au nord de la Corée du Sud.

• **Corée du Sud (république de)** État d'Asie extrême-orientale, situé au sud de la Corée du Nord.

coréen adj. et n. De Corée. *Péninsule coréenne. Un(e) Coréen (ne).* / n. m. Langue parlée en Corée. *Le coréen utilise un alphabet original, le hangul.*

corégone n. m. Poisson de la famille des salmonidés vivant dans les lacs d'Europe.

coreligionnaire n. Personne qui professe la même religion qu'une autre.

Corelli (Arcangelo) 1653-1713 Compositeur italien. Il a créé l'école classique du violon. Il a écrit six recueils de musique pour instruments à cordes: sonates, concertos grossos (genre dont il est considéré comme le maître).

Corfou *592 km² 107 590 h.* Île grecque et port de la mer Ionienne qui vit de la culture de blé, oliviers, orangers et citronniers et du tourisme. Dans l'Antiquité, l'île s'appelait *Corcyre.* Elle appartint à Venise de 1386 à 1797 (quand la France prit les îles Ioniennes) et fut anglaise de 1815 à 1864.

Cori (Carl) 1896-1984 Biologiste américain d'origine tchécoslovaque qui obtint avec sa femme, **Gerty Theresa** (1897-1957), le prix Nobel pour leurs travaux sur le métabolisme des glucides.

coriace adj. Dur comme du cuir. *Viande coriace.* / Fig. Inflexible, tenace. *Un adversaire coriace.*

coriandre n. f. Plante ombellifère à fleurs blanches ou rouges, dont la feuille est utilisée comme herbe aromatique et le fruit séché, parfois réduit en poudre, comme condiment.

corindon n. m. MINÉR. Oxyde d'aluminium (alumine) cristallisé. *On utilise le corindon comme abrasif pour sa grande dureté.*

Corinthe *28 700 h.* Port de Grèce situé au fond du golfe de Corinthe, détruit à deux

Corée

Histoire

L'unité du pays est réalisée aux VIIe-VIIIe siècles. Deux grandes dynasties marqueront l'histoire: celle des Koryo (918-1231) et, surtout, celle des Li (1392-1910). Au XIXe siècle, la Chine (qui avait toujours considéré la Corée comme son vassal), la Russie et le Japon voulurent annexer la Corée. Quand le Japon eut vaincu la Chine (1894-1895) puis la Russie (1905), il occupa la Corée, dont il fit un protectorat (1910) et qu'il modernisa. En 1919, Syngman Rhee fonda à Shanghai un gouvernement provisoire de la Corée. En 1938, Kim Il Sung organisa la guérilla communiste contre l'occupant japonais. En 1945, après la défaite du Japon (août), le pays fut divisé en deux zones d'occupation: au nord du 38e parallèle, l'U.R.S.S.; au sud, les États-Unis. En 1948, furent proclamées la république démocratique populaire de Corée du Nord, dirigée par Kim Il Sung, et au sud, la république de Corée, dirigée par Syngman Rhee. Le 25 juin 1950, les troupes de Corée du Nord, formées et équipées par l'U.R.S.S., envahissent la Corée du Sud. Les États-Unis entrent dans le conflit au nom de l'ONU le 30 juin, mais c'est seulement en septembre que leurs forces deviennent opérationnelles. En novembre, elles atteignaient la frontière de la Mandchourie, quand la Chine intervint. En avril 1951, le président Truman limogea MacArthur, qui dirigeait les forces de l'ONU (essentiellement américaines) et voulait bombarder la Chine. Bientôt, les deux armées campèrent sur leurs positions. L'armistice fut conclu en juillet 1953.

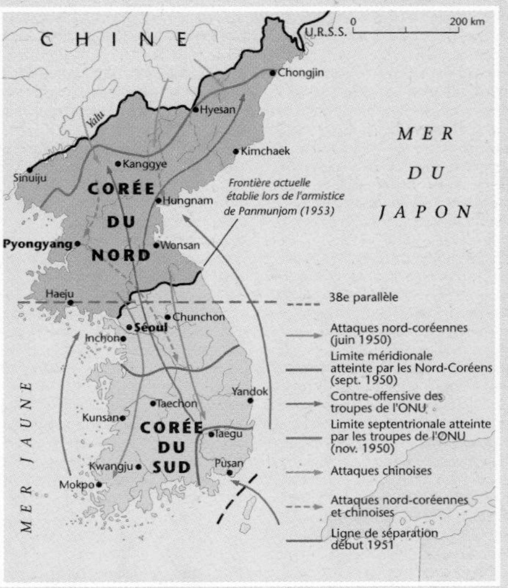

Les grandes dates de la guerre de Corée.

Corée du Nord (République démocratique populaire de)

C

Superficie : *120 538 km²* – **Nombre d'habitants :** *22 400 000 h.* – **Capitale :** *Pyongyang*
Villes principales : *Hamhung, Chongjin* – **Système politique :** *république populaire*
Langue(s) : *coréen* – **Religion(s) :** *athéisme officiel, bouddhisme, confucianisme* – **Monnaie(s) :** *won*

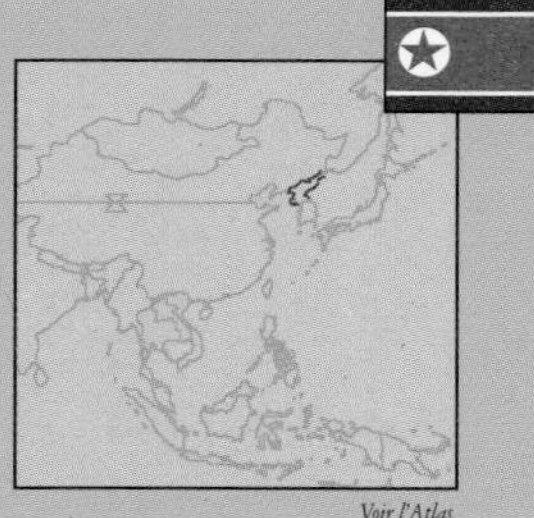

Voir l'Atlas

Géographie physique et économie

Un ensemble montagneux couvert d'une forêt très dense comporte des plaines côtières fertiles, mais entre 1990 et 1998 la production (riz et maïs) s'est effondrée. L'élevage porcin et la pêche se sont maintenus. L'extraction de houille a baissé de 50 %. La production d'acier, fierté des dirigeants communistes, s'est maintenue, mais sans effet sur l'industrie de transformation ni sur l'exportation. La pénurie alimentaire alimentaire s'est muée en famine.

Histoire

Kim Il Sung a accédé au pouvoir en 1945 (officiellement en 1948) à 33 ans. Disciple de l'U.R.S.S., il a fondé l'économie sur les industries lourdes et la vie sociale sur celle du Parti (communiste) des travailleurs. Il a maintenu son cap après la déstalinisation (1956), la rupture sino-soviétique (1960) et la disparition de l'U.R.S.S. (1991). À sa mort (1994), son fils Kim Jong-Il lui a succédé, mais n'a le titre de secrétaire général du Parti des travailleurs que depuis 1997.

La situation économique est désastreuse (une famine a fait, à partir de 1995, un nombre de morts impossible à déterminer, le pays étant totalement fermé sur lui-même et n'autorisant pas les ONG à y travailler librement) et, pour tenter de sortir d'une situation de plus en plus intenable, le régime joue sur la menace nucléaire, ce qui a porté les États-Unis à lui fournir une aide modeste en matériel d'équipement et à redonner vie aux pourparlers devant transformer l'armistice de 1953 en traité de paix. Après une timide amorce de rapprochement entre les deux Corée, concrétisée par la visite du président sud-coréen en 2000, la Corée du Nord a actualisé sa menace nucléaire en 2002 : elle poursuit un programme secret d'enrichissement de l'uranium, expulse les experts internationaux qui inspectent la centrale nucléaire de Yongbyon et dénonce son engagement de non-prolifération. Ce chantage n'a pas empêché les États-Unis, totalement occupés par l'affaire irakienne, de renouveler leur aide alimentaire en février 2003.

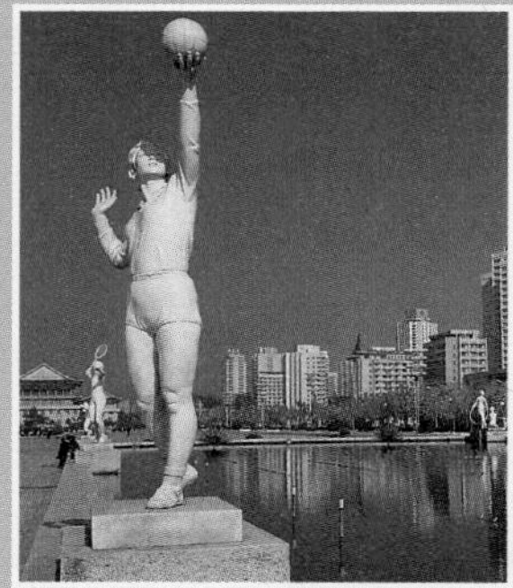

À Pyongyang, capitale de la Corée du Nord, une série de statues exalte le sport et la jeunesse.

reprises (1858, 1928) par des tremblements de terre. **Histoire** Cité dorienne sous la dépendance d'Argos, Corinthe connut aux VIIe et VIe siècles av. J.-C. l'apogée de sa puissance commerciale ainsi qu'une période artistique florissante. La guerre de Corinthe (395-387 av. J.-C.), dans laquelle elle s'allia à Thèbes et à Athènes, et que Sparte remporta, mit fin à la prospérité et à l'autonomie de Corinthe.

corinthien, ienne adj. et n. De Corinthe. *Un(e) Corinthien (ne).* / *Ordre corinthien* ou (n. m.) *le corinthien* : l'un des trois ordres de l'architecture grecque antique, caractérisé par un chapiteau dont la corbeille est ornée de feuilles d'acanthe.

Coriolan (en latin **Cneius Marcius Coriolanus**) Ve siècle av. J.-C. Patricien et général romain. Vainqueur des Volsques, il marcha ensuite avec eux contre sa patrie mais se laissa fléchir par sa mère Véturie et leva le siège ; se jugeant trahis, les Volsques l'assassinèrent. Cet événement a inspiré un drame à Shakespeare et une tragédie au Viennois Henrich Joseph von Collin (1771-1811), ce qui donna à Beethoven l'occasion de composer une ouverture en 1807.

Coriolis (Gaspard) 1792-1843 Mathématicien et physicien français. Il découvrit et calcula l'accélération (ou force) qui s'applique à un corps en mouvement inscrit dans un système de référence, mobile par rapport à un autre système considéré, lui, comme fixe. Ainsi, tout corps pesant qui tombe à la surface de la Terre voit sa trajectoire déviée vers l'est si la chute se produit dans l'hémisphère nord, vers l'ouest si c'est dans l'hémisphère sud ; cette force est dite *« force de Coriolis »*.

Corliss (George) 1817-1888 Ingénieur américain qui inventa une machine à vapeur à laquelle on a donné son nom.

corme n. f. Fruit du cormier, qui ressemble à une petite pomme.

cormier n. m. BOT. Nom usuel du sorbier domestique, dont le bois, très dur, sert à fabriquer des manches d'outils.

cormophytes n. m. pl. BOT. Vaste groupe de végétaux possédant un appareil végétatif complexe, comprenant divers organes bien différenciés (cormus). *Les cormophytes rassemblent les espèces non thallophytes.*

cormoran n. m. ZOOL. Oiseau de l'ordre des plécaniformes, au plumage noirâtre, à cou allongé, qui vit sur les côtes, le long des fleuves, etc., se nourrissant de poissons.

Grand **cormoran**.

cormus BOT. Appareil végétatif plus complexe que le thalle, comprenant divers organes bien différenciés (racine, tiges et feuilles différant par leur histologie).

cornac n. m. Personne qui soigne et conduit un éléphant.

cornacées n. f. pl. BOT. Famille d'arbres et d'arbrisseaux, voisine des ombellifères, comprenant le cornouiller.

cornage n. m. MÉD., MÉD. VÉTÉR. Sifflement bruyant provenant du larynx et de la trachée.

cornaline n. f. Variété rouge de calcédoine, employée en bijouterie.

cornaquer v. t. [1] Fam. Guider (qqn).

cornard n. m. MÉD. VÉTER. Cheval atteint de cornage. / Vx, fam. Mari trompé. / Arg. milit. Ennui, erreur, contretemps.

corne n. f. **I.** ZOOL. Excroissance dure et pointue, généralement en paire, formée de kératine, qui orne la tête de certains mammifères. *Les cornes sont souvent paires (bovidés), mais peuvent être impaires (rhinocéros, qui a une ou deux cornes médianes sur le museau). Les bêtes à cornes* : les bœufs, les vaches, les chèvres. / Substance (principalement de la kératine) constituant les cornes mais aussi les ongles, les sabots, le bec des oiseaux. *Peigne en corne.* / Par ext. Callosité de la peau. *Corne plantaire.* **II.** Objet fait d'une corne creuse. *Corne d'abondance.* / Trompe d'appel. *Corne de berger.* / Par ext. Avertisseur sonore. *Corne de brume.* **III.** (Par anal. de forme) Appendice céphalique d'un animal ressemblant à la corne. *Les cornes de l'escargot.* / Proéminence pointue qui rappelle une corne. *Les cornes d'un chapeau, de la lune, d'une enclume.* / Pli fait au coin d'une page, d'un carton.

Corne de l'Afrique Extrémité orientale de l'Afrique, entre le golfe d'Aden et l'océan Indien. Ce triangle comprend la Somalie et l'est de l'Éthiopie.

corné, e adj. De corne, ressemblant à de la corne. / BIOL. *Tissu corné*, des cornes, des ongles, des sabots.

corned-beef n. m. inv. (mot anglais) Viande de bœuf cuite mise en conserve. Syn. fam : singe.

Corne d'Or (la) Rade du Bosphore où est établi le port d'Istanbul.

cornée n. f. ANAT. Membrane fibreuse transparente et bombée se raccordant à la sclérotique et limitant en avant la chambre antérieure de l'œil.

cornéen, enne adj. Relatif à la cornée. *Lentilles cornéennes.*

corneille n. f. ZOOL. Corvidé noir ou noir et gris, de taille moyenne. *La corneille croasse, craille.*

Corneille (Pierre) 1606-1684 Écrivain français. Né à Rouen, il fait de bonnes études chez les Jésuites qui lui communiquent le goût de l'antiquité romaine. Devenu avocat, il commence à écrire des comédies pleines de fantaisie et de romanesque : *Mélite*, sa première pièce (1629), *Clitandre* (1635), *La Place Royale*, *Médée*, sa première tragédie (1635), *L'Illusion comique* (1636). En quelques années, de 1637 à 1642, il donne *Le Cid*, *Horace*, *Cinna* et *Polyeucte*. Revenu à la comédie avec *Le Menteur* (1643), il publie un grand nombre de tragédies, mais la

Corée du Sud (République de)

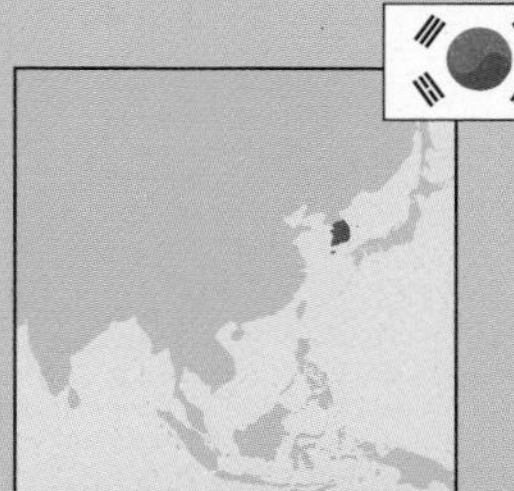

Voir l'Atlas

Superficie: *120 538 km²* – **Nombre d'habitants:** *22 400 000 h.* – **Capitale:** *Pyongyang*
Villes principales: *Hamhung, Chongjin* – **Système politique:** *république populaire*
Langue(s): *coréen* – **Religion(s):** *athéisme officiel, bouddhisme, confucianisme* – **Monnaie(s):** *won*

Géographie physique et économie

Formée de bassins et de montagnes boisées, la Corée du Sud est un pays forestier, pour les deux tiers, dont le cinquième est consacré à l'agriculture qui emploie 43 % des actifs. La production de 7 millions de tonnes de riz par an se maintient. L'élevage porcin (4,5 millions en 1990) atteint aujourd'hui 7 millions de têtes. La production d'électricité est importante. Deux centrales nucléaires en fournissent le tiers. Le pays dépend de l'extérieur pour ses ressources énergétiques et ses matières premières, mais dans les années 1970-1980, il est devenu une grande puissance industrielle. En 1989, cet essor a marqué le pas et le pays a été frappé en 1997 par la crise financière qui a déferlé sur l'Asie du Sud-Est.

Séoul, la capitale de la Corée du Sud.

Histoire

Le pays, officiellement constitué en 1948, a été dirigé de façon extrêmement autoritaire par Syngman Rhee jusqu'en 1960, année où il fut renversé par l'armée et s'exila.

Son successeur, le général Park Chung-hee, président de la République en 1961, gouverna lui aussi de façon autoritaire et essuya des manifestations violentes (d'étudiants, notamment); mais les succès économiques de Rhee et de Park, quand le niveau de vie des Coréens du Nord stagnait, donnaient au pays une position forte.
En 1979, Park fut assassiné et Chon Tu-hwan devint président en 1980, Roh Tae Woo en 1987, Kim Young Sam en 1993. La crise financière de 1997 culmina en novembre, alors que les manifestations n'avaient jamais eu une telle ampleur. En décembre, pour la première fois, les élections présidentielles portent au pouvoir un démocrate Kim Dae Jung, qui avait été persécuté par les régimes précédents. Il s'emploie à restructurer l'économie et s'efforce de maintenir le consensus dans la population, mais il doit appliquer les mesures d'austérité requises par le F.M.I.
En 1998, il a renoué avec la Corée du Nord, à laquelle il a apporté une aide en céréales. En décembre 2002, il a été remplacé par Roh Moo-hyun, de même sensibilité politique.

mode, qui a tourné en faveur d'un théâtre plus humain alors que le sien est héroïque, vaut à ses pièces, dont les intrigues se compliquent (*Rodogune*, 1644; *Nicomède*, 1651) des fortunes diverses. Avec l'échec de *Pertharite*, en 1651, Corneille se retire pour un temps du théâtre. À Rouen, il se consacre à la composition de poèmes sacrés où la traduction en vers de l'*Imitation de Jésus-Christ* tient la plus large place. Revenu au théâtre en 1659, il connaît à nouveau le succès avec *Œdipe* mais les dix autres tragédies qu'il donne ensuite sont diversement accueillies. En 1670, l'échec de *Tite et Bérénice*, face au *Bérénice* de Racine, l'affecte. Sa dernière tragédie, *Suréna* (1674) est un échec. Le héros cornélien est un homme passionné mais conscient de son devoir et qui domine ses inclinations personnelles par sa volonté. Hautement moral, il suscite l'admiration, non la compassion, bien qu'il ne soit pas toujours inhumain ou désincarné: ainsi, Rodrigue et Polyeucte vivent les tourments où les jettent les sentiments contraires qui les agitent. Enfin, le théâtre cornélien connaît aussi des personnages médiocres qui cependant finissent par se racheter. **Thomas** 1625-1709 Dramaturge français, frère du précédent, à l'œuvre abondante et éclectique: tragédies, tragicomédies, comédies, opéras. On lui doit un *Dictionnaire des termes d'art et de sciences* et un *Dictionnaire géographique et historique*.

Pierre Corneille.

Corneille de Lyon 1505?-1574? Peintre français d'origine hollandaise auteur de portraits de Cour (du duc de Montpensier, du comte de Brissac) d'une facture précise mais plus naïve que celle des Clouet.

Cornelia IIe s. av. J.-C. Matrone romaine. Fille de Scipion l'Africain et mère des Gracques, elle fut le modèle de l'amour maternel.

cornélien, enne adj. Relatif à Pierre Corneille, à son œuvre. *Personnage cornélien.* / Qui constitue un douloureux dilemme, qui oppose devoir et passion. *Choix cornélien.*

Cornelius (Peter von) 1783-1867 Peintre allemand. Il fit partie du groupe des nazaréens, et peignit à fresque de vastes compositions à sujets historiques, en particulier en s'inspirant du *Cycle des Nibelungen*.

Cornelius Nepos 99?-24? av. J.-C. Le premier en date des historiens latins. *De excellentibus ducibus* (« Sur les grands généraux ») eut une grande influence.

cornemuse n. f. MUS. Instrument à vent, composé d'une série de tuyaux et d'un sac en peau de mouton qui se gonfle.

cornemuseur ou **cornemuseux** n. m. Joueur de cornemuse.

corner [1] v. t. [1] Plier (qqch.) en forme de corne. *Corner le coin d'une page.*

corner [2] v. i. [1] Sonner de la corne, du cornet. / Par ext. Parler fort, crier. *Arrêtez de me corner aux oreilles !* (Emploi intransitif) *Corner partout une nouvelle,* la claironner.

corner [3] n. m. (mot anglais) Au football, coup de pied tiré à l'angle des lignes de but et de touche, avantage accordé lorsqu'un joueur de l'équipe adverse a envoyé le ballon derrière sa propre ligne de but.

cornet n. m. Anc. Petite trompe ou petite corne. / MUS. *Cornet à pistons*: instrument à vent, voisin de la trompette. / Morceau de papier roulé en cône pour ensacher; son contenu. *Cornet de frites.* / *Cornet à dés*: gobelet dont on se sert pour jeter les dés à jouer. / ANAT. Chacune des trois lames osseuses de la paroi externe des fosses nasales.

cornette n. f. Coiffe de certaines religieuses. / MAR. Pavillon à double pointe. / Variété de scarole.

cornettes n. f. pl. En Suisse, coquillettes.

cornflakes n. m. pl. (mot anglais) Mets constitué de copeaux de céréales grillés, à l'origine du maïs, puis d'autres céréales, que l'on consomme au petit-déjeuner avec du lait et différents ingrédients (miel, sucre, etc.).

corniaud ou **corniot** n. m. Chien bâtard. *Un corniaud aux oreilles tombantes.* / Pop. Idiot. *Quel corniaud !*

Joueur de **cornemuse**.

La pointe du Raz, dans la région de ***Cornouaille*** *(Finistère).*

corniche [1] n. f. ARCHIT. Suite de moulures en saillie qui couronne un édifice afin de le protéger de la pluie. / Motif en saillie ornant le haut d'un mur ou d'un meuble, le pourtour d'un plafond. / GÉOGR. Saillie rocheuse surplombant un escarpement.
corniche [2] n. f. Dans l'argot des écoles, classe préparatoire à l'école de Saint-Cyr.
cornichon [1] n. m. Variété de concombre cueilli encore vert, confit dans le vinaigre, qui est utilisé comme condiment. / Pop. Imbécile. *Non mais, quel cornichon !*
cornichon [2] n. m. Dans l'argot des écoles, élève de corniche.
cornière n. f. Rangée de tuiles pour l'écoulement des eaux pluviales, à la jonction de deux pentes d'un toit. / TECHN. Pièce de métal profilée en forme de L, de T ou de V.
corniot Voir **corniaud**
cornique adj. De Cornouailles. / n. m. *Le cornique*: le parler de Cornouailles, aujourd'hui disparu.
Cornouaille Région sud du Finistère qui s'étend de la pointe du Raz à l'embouchure de la Laïta.
Cornouailles Comté de Grande-Bretagne, à l'extrémité sud-ouest de l'île, entre l'Atlantique et la Manche. Ses côtes sont très découpées. Chef-lieu *Truro (12 550 h.)*.
cornouiller n. m. Petit arbre commun des bois et des haies, de la famille des cornacées.
cornu, e adj. Doté de cornes. *Tête cornue.* / En forme de corne. *Bec cornu.*
cornue n. f. CHIM. Récipient de verre à long col recourbé servant à la distillation. / MÉTALL. Cylindre de matière réfractaire disposé dans les fours industriels.
corollaire n. m. LOG. Proposition directement déduite d'une autre. / MATH. Conséquence directe d'un théorème déjà démontré.
corolle n. f. Ensemble des pétales d'une fleur. *La corolle est dite dialypétale si les pétales sont libres, gamopétale, s'ils sont soudés.*
Coromandel (côte de) Côte orientale de la péninsule de l'Inde, baignée par le golfe du Bengale. / *Laques de Coromandel*: paravents chinois laqués (XVIIe-XVIIIe siècle) qui transitaient par les deux grands ports de cette côte: Madras (anglais) et Pondichéry (français).
coron n. m. Agglomération formée de maisons de mineurs dans le nord de la France et en Belgique.
coronaire adj. et n. f. ANAT. *Artère coronaire* ou (n. f.) *coronaire*: chacune des deux artères qui irriguent le cœur. *Les coronaires prennent naissance au-dessus des valvules sigmoïdes de l'artère aorte.*
coronal, e adj. Qui concerne une région de température relativement basse et de faible densité de la couronne solaire, d'où s'échappe, dans l'espace, le vent solaire.
coronarien, enne adj. Relatif aux coronaires.
coronarite n. f. MÉD. Artérite des coronaires due le plus souvent à l'artériosclérose et qui peut provoquer une angine de poitrine.
coronarographie n. f. MÉD. Radiographie des artères coronaires après injection d'un produit de contraste.
coronaropathie n. f. MÉD. Affection des artères coronaires.
coronelle n. f. ZOOL. Petite couleuvre vivant dans les lieux arides.
coroner n. m. (mot anglais) Dans les pays anglo-saxons, officier de justice chargé d'enquêter sur la cause des morts qui ne paraissent pas naturelles.
coronographe. n. m. ASTRON. Instrument utilisé par les astronomes pour l'étude de la couronne solaire. *En provoquant une éclipse artificielle, le coronographe permet d'obtenir une image occultée du Soleil (ou d'une étoile) dont seule la couronne demeure visible.*
corossol n. m. BOT. Gros fruit comestible du corossolier, à la peau hérissée de pointes et à la pulpe rafraîchissante.
corossolier n. m. BOT. Petit arbre tropical dont le fruit est le corossol.
Corot (Camille) 1796-1875 Peintre français. Il peint d'après nature, en Ile-de-France puis en Italie, de très nombreux paysages aux tonalités argentées (*Les Jardins de la villa d'Este, Environs de Ville-d'Avray*). Sans appartenir à l'école de Barbizon, il se lia avec Daubigny et peignit surtout des paysages d'étang et de forêt dans la brume, au crépuscule ou à l'aube. On lui doit des portraits (*La Femme à la perle*, 1868-1870) et des nus (*Odalisque romaine*, 1843), qu'il n'exposa que fort rarement. Considéré comme le plus grand paysagiste de son temps, il exerça une grande influence sur les impressionnistes.
corozo n. m. (mot espagnol) Substance blanche d'une grande dureté provenant de la graine de certains palmiers. *Le corozo est utilisé, en remplacement de l'ivoire, pour fabriquer des boutons et divers bibelots.*
corporal n. m. RELIG. Linge consacré que le prêtre catholique étend sur l'autel pour y poser l'hostie et le calice. Pl. Des *corporaux.*
corporatif, ive adj. Relatif aux corporations.
corporation n. f. Ensemble des personnes qui exercent le même métier. / HIST. Groupement économique d'artisans, organisé hiérarchiquement (maître, compagnon, apprenti) ayant pour objet la défense des intérêts d'une profession par la solidarité de ses membres et la réglementation de son exercice. *Système d'organisation du travail de l'ancienne France, les corporations furent supprimées par l'Assemblée constituante en 1791.*
corporatisme n. m. Doctrine économique et sociale qui rejette libéralisme et socialisme étatiques, en préconisant la constitution de corporations où seraient regroupés patrons et salariés. *Le régime fasciste, en Italie, celui de Salazar, au Portugal, et le régime de Vichy, ont fondé leur organisation du monde du travail sur le corporatisme.* / Attitude consistant à défendre exclusivement les intérêts d'une catégorie professionnelle.
corporatiste adj. Du corporatisme.
corporel, elle adj. Qui a un corps. / DR. *Bien corporel*: bien matériel, meuble ou immeuble, par oppos. au *bien incorporel* (droits d'auteur, de créance, pension, etc.). / Relatif au corps humain. *Châtiment corporel.* / PSYCHOL. *Schéma corporel*: représentation que chacun se fait de son corps.
corps n. m. **I. A.** La nature matérielle et charnelle des êtres animés, l'organisme de l'homme par oppos. à sa nature spirituelle. *Corps et âme. Les parties du corps.* / Le tronc, par oppos. à la tête et aux membres. *Vêtement près du corps.* / DR. Personne. *Séparation de corps. Contrainte par corps.* / Le corps humain après la mort. *Levée du corps.* **B.** loc. adv. *(Au) corps à corps*: de très près, en touchant le corps de son adversaire. *Lutter corps à corps.* (Emploi nominal) *Un corps à corps*: une lutte corps à corps. / *À bras le corps*: en saisissant le corps de ses deux bras; (fig.) concrètement, résolument. *Elle m'a saisie à bras le corps pour m'embrasser. Prendre un problème à bras le coprs.* / *À son corps défendant*: malgré soi. / *À corps perdu*: sans se soucier de soi, sans se ménager. **II.** Objet matériel. *La chute des corps.* / Partie principale de qqch. *Corps de bâtiment, de ferme, de logis. Corps d'un article.* / IMPR. Encombrement d'un caractère, exprimée en points. / PHYS. *Corps noir*: corps qui absorbe totalement le rayonnement thermique qu'il reçoit. / CHIM. Substance caractérisée par sa composition et ses propriétés. *Corps simple, composé.* / ANAT. *Corps jaune*: vestige de la granulose après la chute de l'ovule, qui sécrète la progestérone. / Épaisseur, consistance. *Vin qui a du corps. Donner du corps à qqch.*, lui donner de la consistance. **III.** Groupe de personnes formant un ensemble organisé. *Le corps électoral*: ensemble des citoyens possédant et exerçant le droit de vote. / *Les grands corps de l'État*: l'ensemble des institutions comprenant les

Noli me tangere, du ***Corrège****, 1520-1524 (Musée du Prado, Madrid)*

plus hautes fonctions administratives / CHORÉGR. *Corps de ballet* : ensemble de danseurs constitué en troupe. / MATH. Ensemble ayant une structure d'anneau unitaire. / MILIT. Unité, formation. *Corps expéditionnaire. Corps de garde. / Corps d'armée* : unité formée de plusieurs divisions. *Corps franc* : voir *franc*.

corps-mort n. m. MAR. Dispositif de mouillage à poste fixe, constitué par un groupe d'ancres, un bloc de béton, etc., coulé au fond de l'eau et relié par une chaîne à une bouée. Pl. Des *corps-morts*.

corpulence n. f. Masse du corps humain.

corpulent, e adj. De forte corpulence.

corpus n. m. Recueil de textes et de documents écrits relatifs à une même matière. *Corpus aristotélicien, freudien, cicéronien...* : l'œuvre entière d'Aristote, de Freud, de Cicéron...

corpuscule n. m. PHYS. Vx Particule. / Organe anatomique de taille réduite. *Les corpuscules du tact.*

corral n. m. (mot espagnol). Enclos où sont parqués les taureaux de combat avant leur entrée dans l'arène. / Enclos où l'on parque le bétail, en Amérique latine. Pl. Des *corrals ou corrales*.

correct, e adj. Sans faute. *Un résultat correct*. Ant. incorrect. / Convenable, acceptable. *Tenue correcte.*

correctement adv. De manière correcte.

correcteur, trice n. et adj. **A.** n. Personne chargée de corriger des devoirs scolaires, des copies d'examen. / Personne qui corrige des épreuves d'imprimerie. / n. m. Dispositif de correction. *Correcteur orthographique* : logiciel permettant la vérification et la correction de l'orthographe d'un texte. **B.** adj. Qui a pour objet de corriger. *Verres correcteurs.*

correction n. f. Caractère de ce qui est conforme aux règles, à la bienséance. Ant. incorrection. / Changement qui améliore, qui rend exact, rectification. *Correction de tir.* / IMPRIM. Indication des erreurs sur les épreuves d'un texte destiné à l'impression. / Action de corriger des devoirs scolaires, des copies d'examen. / Châtiment. *Recevoir une correction. Maison de correction* : institution où étaient détenus les mineurs délinquants.

correctionnaliser v. t. [1] DR. Donner à (une infraction pénale) un caractère correctionnel, la rendre légalement du domaine du tribunal correctionnel. *Correctionnaliser un crime* : donner à un crime le caractère d'un délit.

correctionnel, elle adj. et n. f. Relatif aux actes qualifiés de délits par la loi. *Tribunal correctionnel*, qui juge les délits. / n. f. *Passer en correctionnelle*, devant le tribunal qui juge les délits.

Corrège (Antonio Allegri, dit **il Correggio**, en français **le)** 1489?-1534 Peintre italien. À Parme, il décore (1519-1520) d'immenses fresques l'appartement de l'abbesse du couvent de Saint-Paul, puis l'église Saint-Jean-l'Évangéliste, et peint *L'Assomption de la Vierge* pour la coupole de la cathédrale. Il est également l'auteur de nombreuses toiles religieuses (*Madone à l'écuelle, Adoration des bergers*) et des peintures mythologiques (*Jupiter et Io*, v. 1530) à la sensualité discrète. Dans l'œuvre du Corrège, contemporaine de la maturité de la Renaissance, les effets de lumière dorée ont une incomparable poésie.

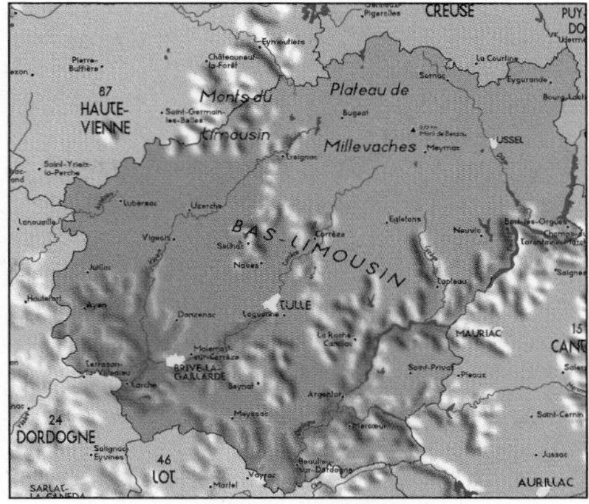

Département de la **Corrèze**.

Corregidor Île des Philippines qui barre la rade de Manille. Abandonnée aux Japonais par MacArthur le 7 mai 1942, elle fut reconquise le 23 février 1945.

corrélat n. m. Terme d'une corrélation.

corrélatif, ive adj. En corrélation. / GRAMM. *Mots corrélatifs*, dont la complémentarité indique une corrélation entre deux membres de phrase (*tel... que*, par ex.).

corrélation n. f. Relation entre deux objets, deux termes, deux caractères, qui varient en fonction l'un de l'autre et partagent des propriétés communes ou complémentaires. / MATH. *Coefficient de corrélation* : indice mesurant le degré de liaison entre deux variables statistiques.

corrélativement adv. De façon corrélative.

corréler v. t. [1] Établir une corrélation entre. *Corréler deux informations.*

correspondance [1] n. f. Rapport entre deux éléments dont l'un implique logiquement l'autre ou le détermine.

correspondance [2] n. f. Relation entre deux personnes par échange de lettres. / Ensemble des lettres d'un écrivain. *La correspondance de Voltaire. La correspondance de Proust.* / Liaison entre deux trajets ou deux moyens de transport ; moyen de transport qui assure cette liaison. *Rater la correspondance.*

correspondant, e [1] adj. Qui correspond à qqch. *Rapprocher des effets les causes correspondantes.*

correspondant, e [2] n. Personne avec laquelle on est en relation épistolaire ou téléphonique. *Avoir un correspondant étranger.* / Personne envoyée à l'étranger par un journal ou une agence de presse pour transmettre les nouvelles locales. / Membre d'une société savante, en relation épistolaire avec cette société. / Personne responsable d'un élève interne hors de l'internat.

correspondre v. t. ind. / v. i. [3] **A.** v. t. ind. *Correspondre à* : être en rapport de symétrie, d'équivalence, de conformité, d'harmonie avec. *Un mètre correspond à cent centimètres. Ce film correspond à la réalité.* **B.** v. i. Communiquer. *Pièces qui correspondent.* / Échanger des lettres (avec qqn). *Correspondre avec un ami.* **C.** v. pron. *Des mots qui se correspondent*, qui renvoient l'un à l'autre.

Corrèze (la) *85 km* Rivière du Limousin. Elle naît sur le plateau de Millevaches, arrose Tulle et Brive et se jette dans la Vézère.

Corrèze (département de la) [19] *5 857 km² 237 908 h.* Chef-lieu *Tulle*. Département du Massif central appartenant à la Région Limousin. Il comprend au nord le plateau de Millevaches, région humide et bocagère, et, au sud, le bassin de Brive, région de polyculture (fruits, tabac). Les rivières creusent de profondes entailles dans les plateaux. Le programme d'équipement régional s'efforce de développer le tourisme et l'industrialisation de ce département rural frappé par le dépeuplement depuis le début du siècle.

corrida n. f. (mot espagnol) Course de taureaux, spectacle tauromachique au cours duquel des hommes affrontent des taureaux dans une arène. / Fig., fam. Agitation, bousculade.

corridor n. m. Passage qui fait communiquer plusieurs pièces d'un même étage. / Zone étroite neutralisée servant de débouché à un territoire. *Le corridor de Dantzig (1918-1939) offrait à la Pologne un accès à la mer en traversant une portion de territoire allemand.*

corrigé, e adj. et n. m. Auquel des corrections ont été faites. *Un texte corrigé.* / n. m. Devoir type donné comme modèle à des élèves.

corriger v. t. [1] Apporter des corrections à (qqch.), rectifier, améliorer. *Corriger sa tenue. Corriger un devoir*, y relever les erreurs et les noter. / Infliger une correction à (qqn).

corroboration n. f. Action de corroborer.

corroborer v. t. [1] Renforcer, confirmer (une opinion, une affirmation). *Des informations qui corroborent un témoignage.*

corroder v. t. [1] Altérer, détruire progressivement (une substance). *Un acide qui corrode un métal.*

corrompre v. t. [3] Altérer, décomposer (qqch.). / Fig. Dénaturer (qqch.). / Pervertir (qqn), le pousser à agir contre son devoir par des promesses, des dons ; acheter ses faveurs. *Corrompre un fonctionnaire.*

corrompu, e adj. Altéré par la corruption. / Fig. Qui s'est laissé corrompre. *Des policiers corrompus.*

corrosif, ive adj. Qui corrode. / Fig. *Humour corrosif.*

corrosion n. f. Action de corroder ; résultat de cette action. *La corrosion des métaux, des roches.*

corroyage n. m. Opération d'assouplissement et de finition du cuir, après le tannage. / Déformation à chaud d'un métal ou d'un alliage. / Dégrossissage du bois avant le façonnage.

corroyer v. t. [1] Soumettre au corroyage.

corrupteur, trice adj. et n. Qui corrompt.

corruption n. f. Altération, décomposition d'une substance. / Fig. Dégradation. *Corruption du goût, des mœurs.* / Action de corrompre, de soudoyer qqn ; fait d'être corrompu. *Corruption active, passive.*

corsage n. m. Vêtement féminin ou partie du vêtement féminin qui recouvre le buste.

corsaire n. m. Anc. Navire rapide armé en course, c'est-à-dire pour capturer des navires de commerce ennemis, avec l'autorisation du souverain dont il avait reçu une lettre de marque faisant de lui un auxiliaire de la marine royale. / Capitaine ou marin d'un tel navire. / En appos. *Pantalon corsaire* ou ellip. *corsaire* : pantalon étroit s'arrêtant au-dessous du genou.

Corrida.

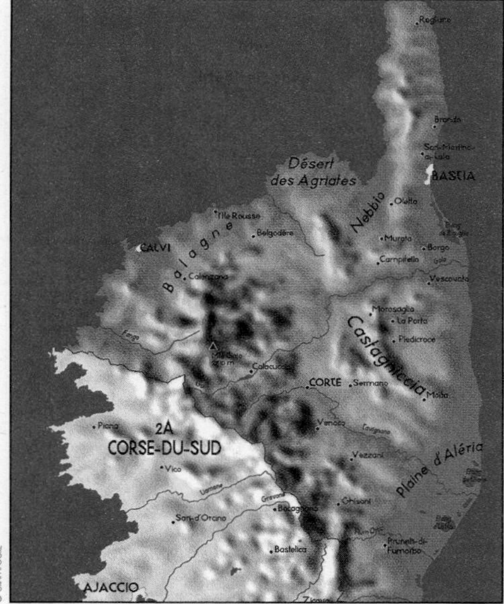

Département de la **Haute-Corse**.

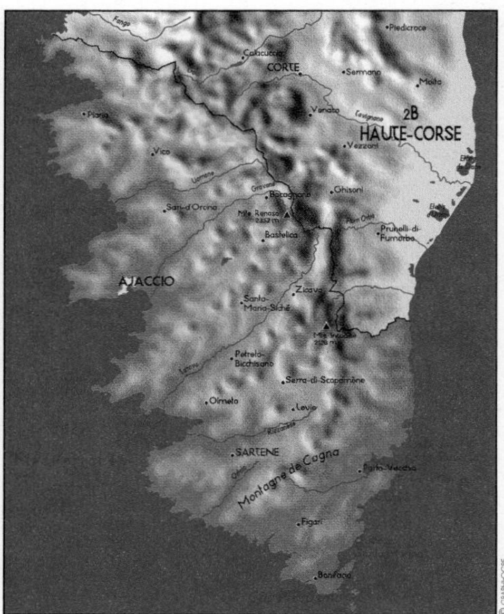

Département de la **Corse-du-Sud**.

corse adj. et n. De Corse. *Maquis corse. Un(e) Corse.* / n. m. Langue romane parlée en Corse.

• **Corse** *260 200 h. 8 682 km²* Île française, dans la Méditerranée, qui comprend deux départements et constitue une collectivité territoriale de la République. Chef-lieu *Ajaccio*. Depuis la division en deux départements, l'ancien numéro d'ordre [20] donné à la Corse et correspondant son ordre alphabétique dans la liste des départements français ne figure plus sur les plaques minéralogiques.

Corse-du-Sud (département de la) [2 A] *4 014 km² 118 600 h.* Chef-lieu *Ajaccio*.

Corse (département de la Haute-) [2 B] *4 668 km² 141 600 h.* Chef-lieu *Bastia*.

corsé, e Qui a de la force, de la présence. *Curry corsé.* / Fam. Exagéré. *Addition corsée*, trop élevée. *Histoire corsée*, grivoise.

corselet n. m. Sorte de bustier, porté sur le corsage et lacé sur le devant. / ZOOL. Partie du thorax (prothorax) de certains insectes.

corser v. t. [1] Donner du corps, de la force, de l'intensité à (qqch.). *Corser une sauce avec de l'ail.* / Fig. *Des événements inattendus ont corsé le voyage.* / v. pron. Loc. fam. *Ça se corse*: les choses deviennent plus intéressantes, ou plus dangereuses.

corset n. m. Pièce de lingerie féminine, tendue par des baleines et fermée par des lacets, qui moule le corps de la taille aux hanches. / *Corset orthopédique*: appareil destiné à redresser ou à soutenir la colonne vertébrale.

corseter v. t. [1] Mettre un corset à. / Fig. Donner un cadre contraignant à.

corso n. m. (mot italien) Cortège de chars décorés et fleuris lors de festivités. *Corso de Nice.*

Cortázar (Julio) 1914-1984 Écrivain français d'origine argentine. Ses romans et nouvelles décèlent le fantastique dans le monde de tous les jours: *Bestiaire* (1951), *Marelle* (1963), *Les Autonautes de la cosmoroute* (1983).

Corte *5 693 h.* Chef-lieu d'arrondissement de la Haute-Corse, dans le centre-nord de l'île. Citadelle (XVe siècle). Université.

cortège n. m. Suite de personnes qui en accompagnent une autre pour lui faire honneur. *Le cortège nuptial.* / Fig. Ce qui accompagne ou suit.

cortès n. f. pl. Parlement espagnol formé de deux chambres, le Congrès des députés et le Sénat.

Cortés ou **Cortez (Hernán)** 1485-1547 Capitaine espagnol. Il étudie le droit et va s'établir à Cuba, où Velázquez lui confie, en 1519, le commandement d'une expédition. Il explore le Yucatan, fonde Vera Cruz et, en 1521, s'empare de Mexico, capitale de l'empire aztèque. Proclamé gouverneur, il organise le pays, distribue les terres et élargit ses conquêtes. De retour en Espagne, en 1541, il reçoit le titre de marquis d'Oaxa, puis, victime d'intrigues, il tombe en disgrâce et meurt délaissé.

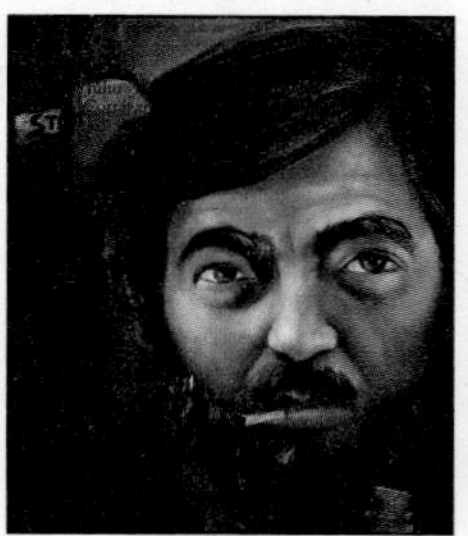

Portrait de **Julio Cortázar**.

cortex n. m. BIOL. Partie superficielle, externe, de certains organes, qui entoure la partie centrale (médullaire) de cet organe. *Cortex surrénal.* / ANAT. *Cortex cérébral* ou *cortex*: partie superficielle des hémisphères cérébraux, formée de substance grise.

cortical, ale, aux adj. Du cortex, de l'écorce.

corticoïde ou **corticostéroïde** n. m. BIOCHIM., MÉD. Nom générique des hormones sécrétées par les glandes corticosurrénales, de leurs dérivés et de leurs succédanés synthétiques, utilisées en thérapeutique pour leur action anti-inflammatoire (cortisone, hydrocortisone, etc.).

Portrait de **Hernan Cortés**.

corticostérone n. f. BIOCHIM. Hormone stéroïde (glucocorticoïde) sécrétée par les corticosurrénales, qui agit sur le métabolisme en régulant la concentration en sodium et en potassium.

corticostimuline n. f. BIOCHIM., PHYSIOL. Hormone hypophysaire qui régule la sécrétion de corticoïdes par les corticosurrénales. Syn. A.C.T.H.

corticosurrénal, ale, aux adj. et n. f. ANAT. Qui a rapport au cortex des glandes surrénales. / n. f. *Les corticosurrénales*, qui jouent un rôle essentiel dans la régulation du métabolisme.

Cortina d'Ampezzo *8 000 h.* Ville d'Italie, en Vénétie, dans les Dolomites. Célèbre station de sports d'hiver.

cortinaire n. m. BIOL. Champignon basidiomycète caractérisé par la présence d'une cortine.

cortine n. f. BIOL. Chez certains champignons basidiomycètes, réseau de filaments reliant le bord du chapeau au pied.

cortisol n. m. BIOCHIM., PHYSIOL. Hormone stéroïde sécrétée par les corticosurrénales, le plus actif des glucocorticoïdes.

cortisone n. f. BIOCHIM., MÉD. Hormone corticosurrénale à action anti-inflammatoire.

Cortot (Alfred) 1877-1962 Pianiste français. Virtuose du piano, interprète des œuvres de Chopin, il a consacré plusieurs traités à son art.

corvéable adj. HIST. Assujetti à la corvée. / Fig. *Taillable et corvéable à merci*: bon pour toutes les corvées.

Corse

La côte ouest près de Piana.

Géographie

La Corse se compose de trois régions principales. Au centre et à l'ouest, le massif cristallin, soulevé à l'ère tertiaire, forme un ensemble montagneux qui culmine au mont Cinto (*2 710 m*). Les montagnes ont une végétation étagée: arbres fruitiers, vigne, oliviers jusqu'à *500 m*, châtaigniers, pins et, au-dessus de *1 000 m*, hêtres, sapins et prairies.

La côte occidentale offre une succession de golfes et de caps (golfes de Porto, de Sagone, d'Ajaccio, de Valinco). La côte orientale, rectiligne, est formée de plaines marécageuses et humides. Île de Beauté, la Corse attire le tourisme par le pittoresque sauvage de ses paysages. Sa position insulaire, la pauvreté de son agriculture (si l'on excepte les plaines irriguées, qui exportent des agrumes et du vin) et l'inexistence de l'industrie expliquent son dépeuplement, récemment enrayé.

Histoire

Riche de mégalithes du IIIe millénaire av. J.-C., la Corse devient une possession partielle de Carthage, puis Rome la conquiert difficilement (238-162 av. J.-C.), mais tout entière, et y laisse une empreinte durable. Conquise par les Vandales, elle l'est ensuite par Byzance (VIe siècle) et le pape Grégoire le Grand implante des évêchés. En 1078, la papauté rattache l'île à l'archevêché de Pise. Au XIVe siècle, le puissant État génois entreprend de se substituer aux Pisans. Il affirme sa possession de l'île au milieu du XIVe siècle. Dès cette époque, la résistance au dominateur est très active. De 1729 à 1768, la révolte atteint son summum. Par le traité de Versailles (1768), Gênes cède l'île à la France. Pascal Paoli, élu général en chef du peuple corse en 1755, poursuit la lutte, mais il perd la bataille de Pontenuovo (8 mai 1769) et doit s'exiler. Paoli tente une aventure en 1793-1795, avec l'aide de l'Angleterre, mais les Corses préfèrent le chemin qu'a pris Bonaparte. Celui-ci attache définitivement la Corse à la France. En 1943, la Corse est le premier département français libéré (septembre). À partir des années 1970, des groupuscules indépendantistes commettent des attentats en Corse et sur le continent. Le plus grave est l'assassinat, en 1997, du préfet de Région. Pour tenter de ramener l'ordre, une concertation (dite "processus de Matignon") réunit le gouvernement Jospin et les élus corses pour aboutir à une forme d'autonomie. Les négociations n'ont pas abouti avant l'élection présidentielle de 2002.

corvée n. f. Tâche pénible ou fastidieuse à laquelle on ne peut se soustraire. / Travail auquel les membres d'une collectivité, les soldats d'une unité sont astreints à tour de rôle. *La corvée de patates.* / HIST. Travail gratuit que le serf devait à son seigneur.

corvette n. f. Ancien navire de guerre à trois mâts. / Aujourd'hui, petit navire d'escorte utilisé pour la lutte contre les sous-marins.

corvidés n. m. pl. ZOOL. Famille de passereaux de taille moyenne ou grande, à bec puissant, souvent omnivores. *Les corbeaux, les pies, les geais, les casse-noix sont des corvidés.*

Corvisart (Jean) 1755-1821 Médecin français, spécialiste des maladies du cœur et de l'appareil respiratoire; il fut médecin de Napoléon Ier.

corymbe n. m. BOT. Mode d'inflorescence dans lequel les fleurs sont portées par des pédoncules qui sont issus de l'axe des niveaux différents mais s'étalent sur un même plan horizontal.

coryphée n. m. Celui qui dirigeait le chœur, dans le théâtre grec antique. / CHORÉGR. Deuxième des cinq échelons dans la hiérarchie du corps de ballet de l'Opéra de Paris.

***Corvidés**: un geai.*

coryza n. m. MÉD. Inflammation de la muqueuse des fosses nasales, appelée couramment *rhume de cerveau*.

cosaque adj. et n. m. Relatif aux Cosaques. *Un village cosaque. Un Cosaque.*

Cosaques À l'origine, populations nomades ou semi-nomades qui, fuyant l'Asie centrale, alors turque, et la Moscovie tsariste, s'installèrent au sud de la Russie pour se soustraire à toute obligation militaire ou fiscale. Ils s'organisèrent en communautés à peu près autonomes sous l'autorité d'un chef élu (*hetman*), dont les plus connues sont les Cosaques du Don et du Dniepr. Les premiers reconnurent Ivan le Terrible comme suzerain et participèrent, pour le tsar, à de nombreuses expéditions militaires. À la suite des insurrections paysannes de Stenka Razine et de Pougatchev, ils perdirent leurs franchises sous Catherine II. Les Cosaques du Dniepr échappèrent à la tutelle polono-lituanienne en s'enfuyant au XVIe siècle en Ukraine, sur le cours inférieur du Dniepr, prenant alors le nom de Cosaques Zaporogues (« d'au-delà des rapides »). Les Cosaques maintinrent pendant longtemps leur autonomie en échange de services rendus successivement à la Pologne, aux Tatars, aux Russes, aux Suédois enfin, dont la défaite (1709) sonna le glas de leur quasi-indépendance: en 1764, le dernier hetman fut destitué et les Cosaques intégrés à l'armée russe dont ils constituèrent les troupes d'élite.

cosécante n. f. MATH. Ligne trigonométrique égale à l'inverse du sinus.

Cosgrave (William Thomas) 1880-1965 Homme politique irlandais, chef du gouvernement de l'État libre d'Irlande (1922-1932). Il fonda en 1923 un parti, le Fine Gael, qu'il présida jusqu'en 1944.

cosignataire n. Celui, celle qui cosigne.

cosigner v. t. [1] Signer ensemble (une lettre, un contrat, un document).

cosinus n. m. MATH. Ligne trigonométrique égale au sinus de l'angle complémentaire.

cosmétique n. m. et adj. Produit destiné à l'hygiène et à la beauté de la peau, des cheveux. / adj. *Produit cosmétique.*

cosmique adj. Relatif au cosmos, à l'Univers. / Relatif à l'espace intersidéral. / ASTRON. *Rayons cosmiques*: flux de particules de haute énergie, d'origine galactique ou extragalactique, dont l'interaction avec les parties hautes de l'atmosphère produit des phénomènes d'ionisation.

cosmodrome n. m. Base de lancement de fusées (appellation presque uniquement réservée aux bases situées dans l'ex-URSS).

cosmogonie n. f. Récit mythique qui explique la création ou la formation du monde. / Science de la formation des objets célestes.

cosmographie n. f. Toute interprétation (physique ou philosophique) de la description de l'Univers.

cosmologie n. f. Discipline scientifique qui se consacre à l'étude de l'Univers et, plus précisément, du cadre dans lequel évoluent les éléments qui le composent (planètes, étoiles, galaxies) et de l'ensemble des relations qui les unissent.

♦ La cosmologie qui, dans le passé, recouvrait à la fois les notions de cosmographie et de cosmogonie, ne s'intéresse plus aujourd'hui qu'à l'étude scientifique de l'Univers qui repose sur des lois dont les cosmologistes s'efforcent de dégager les principes fondateurs. Toutes les propriétés du cosmos concourent à influencer les propriétés de la matière: puisque nous constatons l'évolution de l'Univers, tous les éléments qui le composent subissent cette évolution. La science s'attache à comprendre ce qui structure cette évolution et à en discerner les propriétés. Cela implique l'étude de l'origine des galaxies, la compréhension des phénomènes qui président à la naissance des étoiles, la connaissance des lois physiques qui les gouvernent, afin d'interpréter les résultats des mesures et des observations. La cosmologie postule que les lois de la physique sont identiques en tous points de l'Univers et qu'il n'y a donc pas, dans l'Univers, de régions particulières que l'on puisse considérer comme des lieux privilégiés.

cosmologique adj. De la cosmologie.

cosmologiste ou **cosmologue** n. Spécialiste de cosmologie.

cosmonaute n. Pilote ou passager d'un engin spatial (terme usuellement réservé aux Soviétiques, aujourd'hui aux Russes). *Youri Gagarine fut en 1961 le premier cosmonaute.*

*Le **cosmonaute** Alexandre Laveikine après l'atterrissage réussi de la capsule Soyouz.*

C

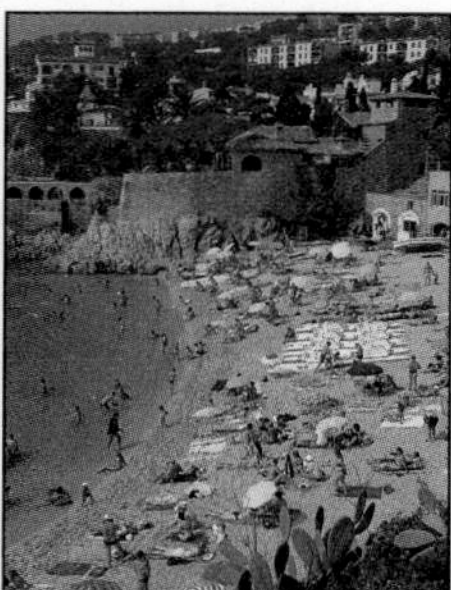
Plage de Palafrugell sur la **Costa Brava**.

Costa-Gavras.

cosmopolite adj. et n. Composé de personnes de multiples nationalités. *Société cosmopolite.* / Se dit d'une personne qui change volontiers de pays, s'accommode de mœurs différentes. / Vx Se dit d'une personne qui ne se sent appartenir à aucune patrie, qui se considère comme citoyenne du monde.
cosmopolitisme n. m. Caractère d'un lieu, d'une société cosmopolite. / Comportement, disposition d'esprit d'une personne cosmopolite.
cosmos n. m. Univers considéré comme un système ordonné. / Espace intersidéral.
Cosquer (grotte) Grotte sous-marine voisine de Marseille, découverte en 1991 par le plongeur Henri Cosquer. Les peintures pariétales remontent à 28 000 ans av. J.-C.
cossard, e adj. Fam. Paresseux.
cosse n. f. BOT. Enveloppe des gousses des haricots, des petits pois, etc. / ÉLECTR. Pièce conductrice circulaire destinée à raccorder un fil à un plot.
cossu, e adj. Opulent, prospère. *Un homme cossu.* / Par ext. (En parlant de choses) Qui dénote de l'opulence. *Une maison cossue.*
Costa (Lucio) 1902-1998 Architecte brésilien. Formé en France, il établit le plan d'urbanisme de Brasilia (1956).
Costa Brava Côte orientale de l'Espagne (Catalogne), comprise entre la frontière française et l'embouchure du rio Tordera. Ses falaises pittoresques abritent de nombreuses localités balnéaires (San Feliú de Guixols, Tossa de Mar).
Costa del Sol Littoral méditerranéen d'Espagne, s'étendant de Tarifa au cap de Gata (à l'est d'Almeria).
Costa-Gavras (Konstandinos Gavras, dit**)** 1933 Cinéaste français d'origine grecque, auteur de films politiques précisément situés : *Z* (1969), dans la Grèce où les colonels s'apprêtent à prendre le pouvoir ; *L'Aveu* (1970), dans la Tchécoslovaquie stalinienne ; *Section spéciale* (1975), à Vichy en 1940.
costard ou **costar** n. m. Pop. Costume d'homme.
• **Costa Rica** République d'Amérique centrale, entre le Nicaragua, au nord, et le Panamá, au sud.
costaricain, e adj. et n. Du Costa Rica. *Agriculture costaricaine. Un(e) Costaricain(e).*
costaud, e adj. et n. Fam. Robuste, solide. *Une poutre vraiment costaud* (le féminin *costaude* est rare). / Subst. *Un(e) costaud(e).*
Costes (Dieudonné) 1892-1973 Aviateur français. Il fit le tour du monde avec Le Brix (1927), battit le record de distance avec Bellonte (1929), effectua la première liaison Paris-New York sans escale avec Bellonte (1930).
costume n. m. Habillement propre à un pays, à une époque, etc. *Le costume provençal.* / Vêtement composé généralement de plusieurs pièces. / Vêtement d'homme composé d'un veston, d'un pantalon et, parfois, d'un gilet.

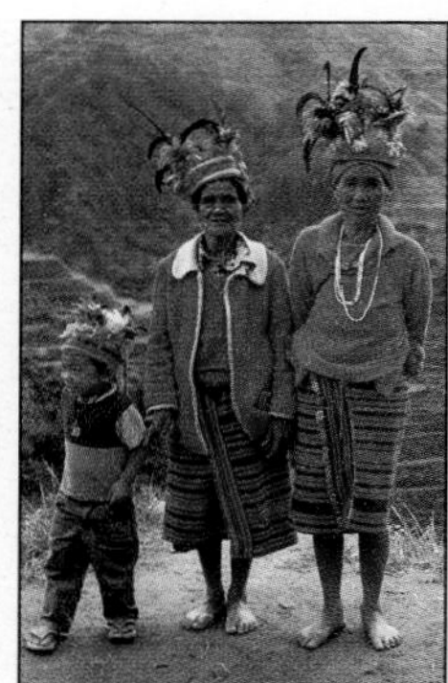
Costume traditionnel de l'île de Luçon (Philippines).

costumé, e adj. Vêtu d'un costume de théâtre ; déguisé. *Bal costumé*, dont les participants sont déguisés.
costumier, ère n. Personne qui confectionne, vend ou loue des costumes de scène.
cosy ou **cosy-corner** n. m. (mot anglais) Meuble ou ensemble de meubles disposés dans le coin d'une pièce, rendant celle-ci confortable.

COSTA RICA

Superficie : *51 100 km²* – **Nombre d'habitants :** *3 900 000 h.* – **Capitale :** *San José*
Villes principales : *Alajuela, Cartago, Limón* – **Système politique :** *république* – **Langue(s) :** *espagnol* – **Religion(s) :** *catholicisme* – **Monnaie(s) :** *colón*

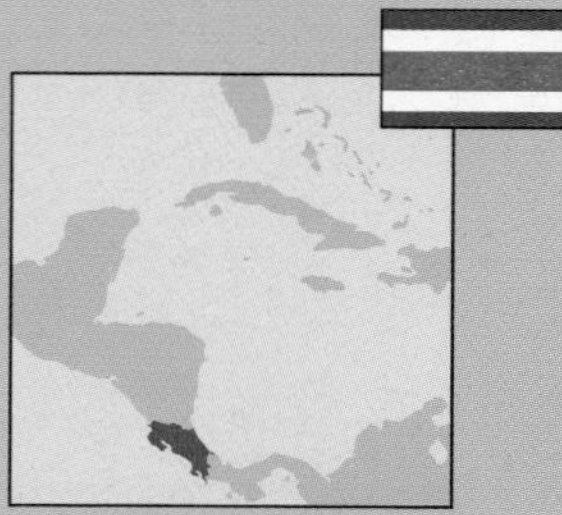
Voir l'Atlas

Géographie
Pays étroit entre la mer des Antilles et l'océan Pacifique, le Costa Rica est un ensemble montagneux (Chirripo Grande, *3 920 m*) coupé par une dépression centrale qui rassemble 75 % de la population. Au nord-est, les plaines sont le domaine de la forêt (cèdre, ébène). Le Costa Rica, au climat équatorial, est un pays agricole prospère, tempéré par l'altitude.

Économie
Sa tranquillité politique contraste avec les troubles que connaissent ses voisins. Le Costa Rica est un paradis fiscal, au niveau de vie élevé, dont les cultures d'exportation (café et cacao, notamment) dépendent de sociétés américaines. Le gouvernement applique les consignes du F.M.I.

Cathédrale Notre-Dame des Anges, patronne du pays, à Cartago, l'ancienne capitale.

Histoire
Le pays fut découvert par Colomb lors de son dernier voyage, en 1502. Les colonisateurs espagnols l'inclurent dans la capitainerie du Guatemala. Indépendant en 1821, il fit partie des Provinces-Unies d'Amérique centrale (1824-1839). Il n'a jamais connu de coup d'État et depuis 1948 n'a plus d'armée (la protection des États-Unis étant suffisante). Il présente un modèle d'alternance démocratique. Ainsi, en 1990, un président conservateur a succédé à un président de centre gauche, puis, en 1994 un social-démocrate lui a succédé. En 1998, le social-chrétien Miguel Angel Rodriguez a été élu avec une faible majorité. Il a été remplacé en 2002 par Abel Pacheco, du même parti.

San José, la capitale.

Paysage du nord du pays.

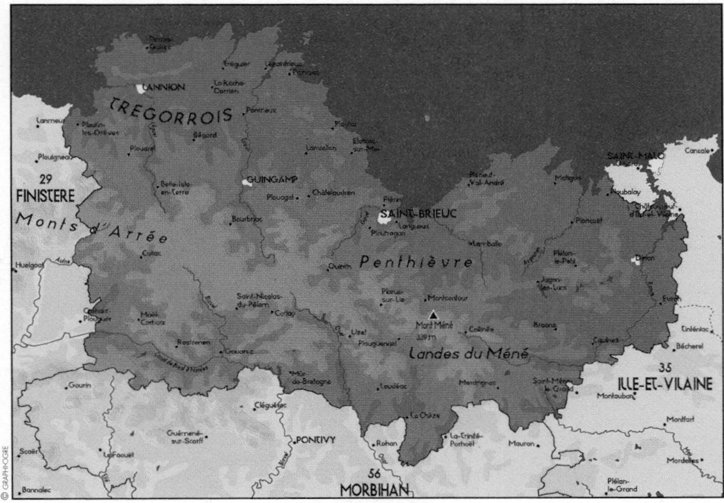

Département des **Côtes-d'Armor**.

Cot (Pierre) 1895-1977 Homme politique français. Il appartint aux gouvernements de front populaire (ministère de l'Air en 1933-1934 et 1936-1938) et représenta le parti radical à Alger en 1943. Député en 1946, il se rapprocha des communistes.

cotangente n. f. MATH. Ligne trigonométrique d'un angle. *La cotangente est égale à l'inverse de la tangente de l'angle complémentaire.*

cotation n. f. Établissement de la cote d'une marchandise, d'une valeur. *Cotation en Bourse.*

cote n. f. Chiffre officiel ou officieux évaluant le cours d'une marchandise, d'une monnaie ou d'une valeur mobilière; par ext., tableau ou publication où sont inscrits ces cours. *Titre hors cote.* / DR. Montant d'un impôt qui échoit à chaque contribuable. *Cote mobilière.* / Marque servant à classer les éléments d'un inventaire, les livres d'une bibliothèque. / Estimation. *La cote d'un cheval*: l'estimation des chances de victoire d'un cheval, en fonction des paris faits sur lui. / Fam. *Avoir la cote*: être apprécié. / TECHN. Chiffre porté sur un plan, un schéma et indiquant une dimension. / En topographie, chiffre indiquant un niveau, utilisé sur les cartes d'état-major pour le repérage de certaines positions. / *Cote d'alerte*: niveau d'un cours d'eau au-delà duquel commence l'inondation; au fig., point critique. / MATH. Troisième coordonnée d'un repère cartésien.

côte n. f. Pente ascendante d'une colline, route qui la gravit. / GÉOGR. Forme de relief dissymétrique dégagé par l'érosion dans des terrains sédimentaires, structurés en couches tendres et couches dures. Syn. cuesta. / Zone de contact entre la terre et la mer. / ANAT. Chacun des os plats du thorax de forme allongée et courbe qui s'attachent au sternum et à la colonne vertébrale en formant la cage thoracique. / BOUCH. Pièce de viande attenante à cet os. *Côte de bœuf, de mouton.* / Partie en saillie. *Les côtes d'un melon.* / Rayure saillante d'un tissu. *Velours à côtes.*

côté n. m. Partie du corps humain où se trouvent les côtes. *Point de côté. Par ext.* Partie latérale du corps. *Dormir sur le côté.* / Partie latérale de qqch. par oppos. au devant et au derrière. *Les côtés d'une maison.* / Loc. prép. *À côté de*: près de. / Partie, face de qqch., par oppos. à une autre partie, une autre face. *De l'autre côté de la ville. Côté pile, côté face.* / Fig. Aspect, point de vue. *Prendre la chose du bon côté*, s'en accommoder. / Ligne de parenté. *Du côté paternel.* / MATH. Segment de droite qui limite une figure géométrique. *Un triangle a trois côtés.*

coteau n. m. Colline peu élevée. / Pente d'une colline.

Côte d'Argent Portion du littoral français atlantique située entre l'embouchure de la Gironde et la Bidassoa (golfe de Gascogne).

Côte d'Azur Partie de la côte méditerranéenne française comprise entre la frontière italienne et Cassis.

Côte d'Émeraude Partie du littoral français de la Manche comprenant la région de Dinard et Saint-Malo.

• **Côte d'Ivoire** État d'Afrique occidentale situé sur la côte nord du golfe de Guinée, entre le Liberia, à l'ouest, et le Ghana, à l'est.

Côte-d'Or (département de la) [21] *8 763 km² 493 866 h.* Chef-lieu *Dijon*. Département français qui fait partie de la Région Bourgogne. Il associe des pays géographiquement disparates: plateaux granitiques (rebord du Morvan) ou calcaires (plateau de Langres couvert de forêts de chênes et de hêtres, région viticole de la Côte-d'Or), dépression argileuse de l'Auxois, pays de l'élevage des bœufs, plaines infertiles de la Saône, contrastant avec la richesse légumière du val de Saône. Outre la réputation de ses vins de Bourgogne, la Côte-d'Or rassemble autour de Dijon de nombreuses activités industrielles.

côtelette n. f. Côte des animaux de boucherie de taille moyenne.

Cotentin Péninsule normande qui s'avance dans la Manche à partir de l'embouchure de la Vire. Formée de collines au nord et de marécages au sud, elle abrite sur sa côte la ville de Cherbourg et plusieurs petits ports de pêche (Barfleur, sur la pointe est, d'où Guillaume le Conquérant partit à la conquête de l'Angleterre). L'élevage bovin est important, ainsi que le tourisme. À la pointe ouest, l'usine de la Hague traite les déchets nucléaires.

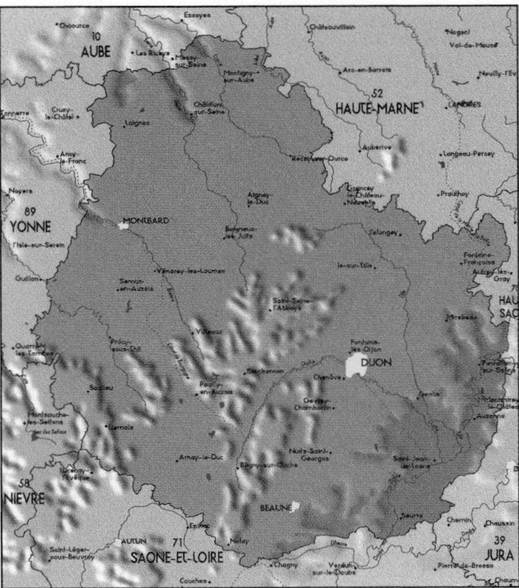

Département de la **Côte-d'Or**.

coter v. t. [1] Marquer (qqch.) d'une cote. *Coter un plan.*

coterie n. f. Péjor. Réunion de personnes ayant des intérêts en commun, et qui peuvent employer des moyens, même discutables, pour les défendre.

Côtes-d'Armor (département des) [22] *6 877 km² 538 395 h.* Chef-lieu *Saint-Brieuc*. Département français qui fait partie de la Région Bretagne. À l'intérieur, le pays est formé par les collines du massif Armoricain, couvert de landes et de bocages, avec un habitat dispersé, un élevage bovin subordonné à une culture vivrière pauvre (monts d'Arrée, landes du Mené 341 m). Plus riche, le littoral (Trégorrois, Penthièvre), est découpé par des caps, des baies et des rias étroites qui donnent à la côte un aspect sauvage. Il associe aux ressources de la pêche, les revenus d'une activité touristique en essor: Paimpol, Perros-Guirec. L'élevage des bovins, des porcs et des volailles est en expansion.

Côte Vermeille Littoral méditerranéen français, entre Collioure et la frontière espagnole.

cothurne [1] n. m. Chaussure montante à semelle épaisse que les acteurs de la tragédie utilisaient dans l'Antiquité pour se grandir.

cothurne [2] n. m. Dans l'argot de l'École normale supérieure, celui dont on partage la chambre. / n. Par ext. Celui, celle dont on partage la chambre, y compris dans d'autres établissements, d'autres lieux d'habitation.

côtier, ère adj. Des côtes, du littoral; voisin ou proche d'une côte. *Villes côtières.* / *Fleuve côtier*, dont la source est proche de la côte. / *Navigation côtière*, le long des côtes. *Pilote côtier*, exercé à la navigation côtière.

cotillon n. m. (Au plur.) Objets en papier ou carton (chapeaux, confetti, serpentins) utilisés au cours d'un bal, d'une fête. / Anc. Jupon féminin. *Courir le cotillon*: courtiser les femmes.

CÔTE D'IVOIRE

Superficie : *322 463 km²* – **Nombre d'habitants :** *16 400 000 h.* – **Capitale :** *Yamoussoukro*
Villes principales : *Abidjan, Bouaké* – **Système politique :** *république* – **Langue(s) :** *français*
Religion(s) : *islam, animisme, christianisme* – **Monnaie(s) :** *franc C.F.A.*

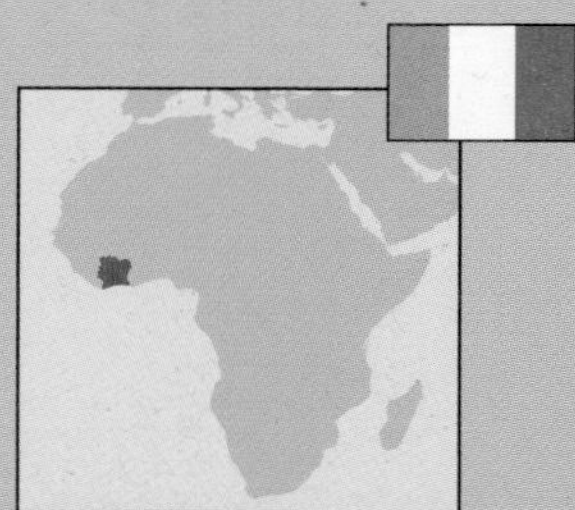

Voir l'Atlas

Basilique de Yamoussoukro, la ville natale du Président Houphouët-Boigny, construite sur le modèle de Saint-Pierre de Rome.

Géographie physique et humaine

Pays d'altitude moyenne formé par un plateau sec, domaine de la savane, de plaines côtières sableuses et humides, couvertes de forêts denses, la Côte-d'Ivoire est drainée par de nombreux fleuves (Cavally, Sassandra, Comoé). Le climat équatorial favorise le développement de riches plantations : cacao, café, palmier à huile. Au sud, le climat subéquatorial est très humide (forêt dense). Au nord, le climat tropical comporte une saison sèche et une saison des pluies.

Les ethnies parlent des langues nigéro-congolaises appartenant à des groupes distincts, mais la langue des Malinké (qui ne représentent que 7 % de la population), le dioula, est comprise dans tout le pays. La population a plus que quadruplé de 1968 à 1998 (notamment parce que la mortalité est faible). Elle est alphabétisée à 40 %. L'islam a plus d'adeptes (38 %) que les religions traditionnelles (34 %) et le christianisme (28 %).

Économie

Abidjan, l'une des villes les plus modernes d'Afrique, compte 2 492 500 h. Les deux tiers des actifs se consacrent à l'agriculture, dans le centre et le nord. Les cultures alimentaires sont diversifiées. La production de riz a augmenté de 40 % depuis 1990. La chute des cours du café et du cacao a entraîné une récession dont le pays est sorti après la dévaluation du franc C.F.A. en 1994. Parallèlement, les privatisations, la réduction de la dette, l'accroissement de la production du pétrole, le reboisement permettent une croissance supérieure à 5 %. Dépeuplé, le sud-ouest devrait connaître un développement prochain, notamment grâce au tourisme (en expansion dans le pays), si la paix revient après la guerre civile de 2002-2003.

Histoire

Les Portugais explorent la côte dès 1470. À partir du XVIIe siècle, Anglais, Français et Hollandais, concurrents, s'approvisionnent en ivoire, épices, étoffes de coton et esclaves sans s'implanter. En 1710, les Mandingues (Malinké et Dan), implantés dans le nord et l'ouest, fondent un vaste État musulman, qui perd de son importance au milieu du XVIIIe siècle. Au milieu du XIXe siècle, la France crée deux comptoirs et un port, et explore le pays, qui, parallèlement, s'organise en unités politiques. Aussi, la guérilla est intense quand en 1893 la France fonde la colonie de Côte-d'Ivoire. Elle doit vaincre Samory Touré avec l'aide de l'Angleterre (1898). La résistance dure jusqu'en 1910, écrasée impitoyablement. Les plantations n'ont de l'importance qu'à partir de 1930 (café, cacao), mais dès le début du siècle, le travail forcé permet de construire des routes à bas prix. En 1945, Félix Houphouët-Boigny (député à Paris dès 1945) est élu président du Rassemblement démocratique africain (R.D.A.) et de sa branche ivoirienne, le Parti démocratique de Côte-d'Ivoire (P.D.C.I.) En 1949, une manifestation nationaliste est réprimée et les dirigeants du P.D.-C.I., arrêtés. Houphouët-Boigny adopte alors une attitude conciliante et la France fait de même. République autonome en 1958, la Côte-d'Ivoire forme en 1959 avec la Haute-Volta et le Dahomey le Conseil de l'Entente et accède, le 7 août 1960, à l'indépendance. En novembre 1960, Houphouët-Boigny est élu président de la République et il fait du P.D.C.I. le parti unique. Après une période d'euphorie ("miracle ivoirien"), la baisse du cours du café et du cacao entraîne une crise et, en 1987, la Côte-d'Ivoire refuse de rembourser sa dette. Toutefois, le « Saint-Pierre-de- Rome » de Yamoussoukro est construit, car le financement provient de la fortune personnelle du président. En 1990, cette cathédrale est consacrée par Jean-Paul II. Cette même année, Houphouët-Boigny est élu une nouvelle fois, mais cette fois l'élection est multipartite. Il meurt en 1993. Président par intérim, Henri Konan-Bédié est élu en 1995. En 1999, un coup d'État porte au pouvoir, avec le titre de président du Conseil national de Salut public, le général Robert Gueï ; en 2000, Laurent Gbagbo a été élu président de la république, au terme d'un processus électoral contesté par la communauté internationale (la candidature d'Alassane Ouattara avait été jugée irrecevable pour cause de « non-ivoirité », l'ivoirité étant un concept flou mis en avant par Gbagbo pour interdire le débat public à tous ceux qui ne peuvent justifier d'une nationalité ivoirienne anciennement établie). Il a fait face, au début de 2001, à une tentative de coup d'État qui n'a pas eu de suite. Mais, en septembre 2002, une offensive rebelle, menée du nord par Robert Gueï, a été difficilement repoussée par les forces gouvernementales. Le général Gueï a été assassiné, la rébellion s'est installée, le pays est coupé en trois, un nouveau front s'étant ouvert à l'ouest. Un cessez-le-feu a été conclu en octobre, sans être suivi d'effet. Une réunion groupant l'ensemble des partis ivoiriens, les représentants des rebelles et ceux du gouverment, tenue en janvier 2003 à Marcoussis, à l'initiative de la France, a abouti à un accord qui tarde à se mettre en place.

Tissage du coton.

Poteries.

Fleur de **coton**.

Cotte de mailles.

cotisation n. f. Quote-part versée pour contribuer aux dépenses d'une association, d'un club, d'un organisme. *Cotisations sociales.*
cotiser v. i. [1] Verser une cotisation. *Cotiser à la Sécurité sociale.* / v. pron. Verser sa quote-part en vue d'une dépense commune.
coton n. m. Fibre textile naturelle constituant les longs poils cellulosiques qui recouvrent les graines du cotonnier. / Fil ou étoffe fabriqués avec cette fibre. / *Coton hydrophile*: cellulose très pure utilisée pour les pansements. / Fig. *Élever un enfant dans du coton*, l'entourer de protections excessives. *Avoir les jambes en coton*: se sentir affaibli.
cotonéaster n. m. BOT. Arbrisseau ornemental de la famille des rosacées, originaire d'Extrême-Orient, à feuillage fin.
cotonnade n. f. Étoffe à base de coton.
cotonnier, ère n. et adj. **A.** n. m. Arbuste tropical de la famille des malvacées, cultivé pour la fibre (coton) qui entoure ses graines et pour l'huile qu'on extrait de celles-ci. **B.** adj. Du coton. *Industrie cotonnière.* / Subst. Personne qui travaille le coton ou en vend.
Cotonou *536 900 h.* Principale ville du Bénin. Le développement de l'exploitation du pétrole, au large, a accru celui du port. Centre économique, financier et industriel du pays, Cotonou est le siège du gouvernement. Université.
Cotopaxi *5 897 m* Volcan de l'Équateur, dans la cordillère des Andes, encore en activité.
côtoyer v. t. [1] Être, aller à côté de qqn, de qqch. *Côtoyer des inconnus dans le métro. La route côtoie la ligne de chemin de fer.*
cotre n. m. Petit navire à voile à un seul mât, avec foc et trinquette.
cottage n. m. (mot anglais) Petite maison de campagne, rustique et confortable.
cotte n. f. Vx Tunique. / Vieilli Salopette de travail. / Anc. *Cotte d'armes*: tunique portée sur la cuirasse. *Cotte de mailles*: armure souple faite de mailles métalliques.
Cotte (Robert de) 1656-1735 Architecte français. Ses œuvres majeures sont la chapelle de Versailles, le palais Rohan à Strasbourg, la place Bellecour à Lyon. On lui doit encore les plans d'hôtels à Paris et de plusieurs résidences princières et royales à l'étranger: châteaux de Brühl et de Poppelsdorf, en Allemagne, Palais royal de Madrid.
Cottereau (Pierre) 1756-1794 Chef chouan; il fut arrêté et guillotiné. **Jean** 1757-1794 Frère du précédent, il le suivit et mourut au combat. Comme ses frères, il avait coutume d'appeler ses partisans, la nuit, en imitant le cri du chat-huant, ce qui lui valut son surnom de « Jean Chouan » et donna à leur mouvement le nom de chouannerie. **François** ?-1794 Frère des précédents, il participa lui aussi à la chouannerie et fut également tué au combat. **René** 1764-1846 Frère des précédents, il fut le seul de la fratrie à survivre à l'insurrection.
Cotton (Aimé) 1869-1951 Physicien français. En 1896 il mit en évidence le dichroïsme circulaire, propriété de certains corps à présenter une coloration différente selon le sens de l'observation.
Coty (René) 1882-1962 Homme politique français. Député radical en 1923, il devint ministre en 1947. Il fut le dernier président de la IVe République, élu en 1953. En mai 1958, il facilita l'accession au pouvoir du général de Gaulle, qui lui succéda en janvier 1959.
cotyle n. m. ANAT. Cavité articulaire d'un os, ayant la forme d'une demi-sphère. *Le cotyle de l'os iliaque (ou cavité cotyloïde) reçoit la tête du fémur.*
cotylédon n. m. BOT. Feuille primordiale qui se forme dans la graine des plantes phanérogames. *Les graines des angiospermes possèdent un (monocotylédones) ou deux cotylédons (dicotylédones). Les cotylédons constituent le plus souvent une réserve nutritive pour la plantule.* / ANAT. Structure charnue située sur la face maternelle du placenta, qu'elle relie à l'utérus.
cou n. m. Partie du corps des vertébrés qui se trouve entre la tête et le tronc. / Partie allongée d'un récipient. *Cou de bouteille.* / Fig. *Jusqu'au cou*: complètement.
couac n. m. Fausse note émise par un chanteur ou par un instrument à vent.
couard, e adj. Qui manque de courage, poltron.
couardise n. f. Attitude du couard.
Coubertin (Pierre de) 1863-1937 Éducateur français. Il créa en 1896 les jeux Olympiques modernes, à l'image des jeux antiques, et fut président du Comité olympique international de 1896 à 1925.
couchage n. m. Action de coucher ou de se coucher. / Matériel utilisé pour dormir ou se reposer. *Un bon couchage. Sac de couchage*: grand sac en duvet dans lequel on se glisse pour dormir. / TECHN. Dépôt d'un enduit sur du papier.
couchant, e adj. et n. m. Qui se couche. *Chien couchant*: chien d'arrêt qui se couche quand il flaire le gibier. *Soleil couchant* (par oppos. à *levant*): partie de l'horizon où l'on voit le soleil se coucher; aspect de cette partie de l'horizon; moment où le soleil se couche. / n. m. *Les feux du couchant.*
couche n. f. Étalement d'une substance plus ou moins malléable sur une surface. *Une couche de peinture.* / GÉOL. Étendue de substance sédimentaire dans un sol stratifié. *Couche d'argile, de charbon.* / Fig. Niveau hiérarchique, catégorie. *Couche sociale.* / Pièce de linge ou de coton absorbant dont on enveloppe le bas du corps des nourrissons, jusqu'à la ceinture. / LITT. (Au plur.) Alitement d'une femme qui accouche et, par ext., l'accouchement. *Être en couches. Relever de couches*: voir *relever*. / *Fausse couche*: avortement. / HORTIC. Carré de fumier dont la fermentation active la croissance de certaines plantes. *Champignons de couche.*
couche-culotte n. f. Couche jetable pour bébé en forme de culotte. Pl. Des *couches-culottes.*
coucher [1] v. t. / v. i. [1] **A.** v. t. Étendre sur une surface plane, à l'horizontale. *Coucher un blessé sur une civière. Coucher qqn*, le mettre au lit. / Incliner; faire tomber. *Le vent couche les blés.* / Mettre par écrit. *Coucher une clause dans un contrat.* / TECHN. Appliquer en couche. **B.** v. i. Être étendu, allongé. *Coucher avec qqn,* dormir avec lui ou avoir des relations sexuelles avec lui. / Passer la nuit. *Coucher à l'hôtel.* **C.** v. pron. S'allonger. *Se coucher sur le dos.* / Se mettre au lit. / Se renverser; s'incliner. / Disparaître sous l'horizon. *Le soleil se couche à l'ouest.*
coucher [2] n. m. Action de s'étendre sur un lit. *Le coucher du roi.* / Fait pour un astre de disparaître derrière la ligne d'horizon. *Coucher du soleil.*
couchette n. f. Lit étroit, le plus souvent escamotable, utilisé dans les bateaux ou les trains.
couchitique adj. *Langues couchitiques*: langues de la famille chamito-sémitique, parlées notam. en Éthiopie et en Somalie.
couci-couça adv. Ni bien ni mal.
coucou [1] n. m. ZOOL. Oiseau de l'ordre des cuculiformes, au plumage gris de la taille d'un pigeon, de silhouette élancée, dont le nom évoque le chant; la femelle pond et abandonne ses œufs dans les nids d'autres oiseaux. / Horloge qui marque les heures par l'apparition d'un oiseau mécanique imitant le chant du coucou. / Nom usuel de la primevère et du narcisse des bois. / Fam. Petit avion d'un modèle ancien.
coucou! [2] interj. (pour attirer l'attention de qqn qui ne voit pas celui, celle qui interpelle) *Coucou! C'est moi!*
coucoumelle n. f. BIOL. Nom donné à divers champignons, notam. à une espèce d'agaric comestible.
coude n. m. Articulation du bras, à la jonction du bras et de l'avant-bras. *Le coude est constitué, en haut, par le condyle de l'humérus, en bas, par les têtes du cubitus et du radius.* / Fig. *Se serrer les coudes*: s'entraider. / loc. adv. *Coude à coude*: tout près l'un de l'autre, côte à côte. (Subst.) *Un coude (-) à (-) coude amical.* / Partie de la manche d'un vêtement qui couvre le coude. / Angle saillant, courbure brusque. *La route fait un coude.*
coudée n. f. Ancienne mesure de longueur correspondant à la longueur d'un avant-bras moyen (environ 50 cm). / Loc. mod. *Avoir les coudées franches*: voir *franc*.
cou-de-pied n. m. Partie antérieure et supérieure du pied dont la forme correspond à la disposition convexe de l'articulation du tibia et du tarse. Pl. Des *cous-de-pied.*
coudoyer v. t. [1] Se trouver en contact direct avec (qqn). *Je le coudoie dans l'ascenseur tous les jours.*
coudre v. t. [3] Relier, fixer par une couture. *Coudre un ourlet, une plaie.*
coudrier n. m. Syn. de noisetier.
Coué (Émile) 1857-1926 Pharmacien et psychologue français, inventeur d'un moyen de guérison par autosuggestion.
couenne n. f. Épiderme solide et fibreux du porc. / Peau du porc durcie par flambage et raclée. / Pop. Peau d'un être humain. *Se racler la couenne*: se raser.

Le volcan **Cotopaxi** couvert de neiges éternelles.

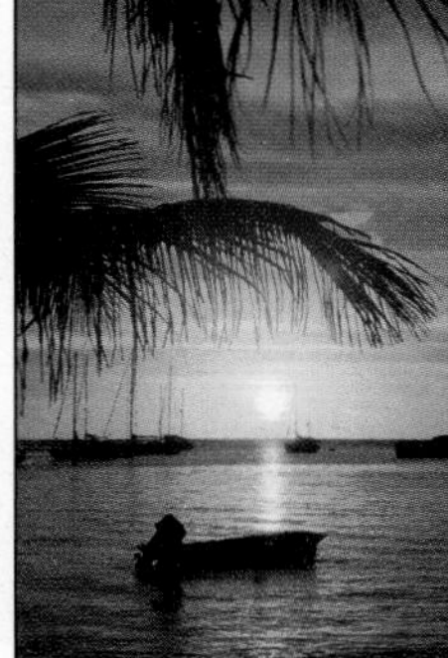
Coucher de soleil en Martinique.

Couesnon (le) *90 km* Fleuve côtier qui sépare la Normandie et la Bretagne. Il prend sa source dans la Mayenne et se jette dans la baie du mont Saint-Michel.
couette n. f. Édredon que l'on couvre d'une housse et qui sert à la fois de couverture et de drap. / MAR. Chacune des pièces en bois sur lesquelles glisse un navire lors de son lancement. / Petite touffe de cheveux retenue par un lien.
couffin n. m. Grand cabas souple fait de diverses matières; son contenu.
coufique adj. et n. m. D'une très ancienne (VIIe-VIIIe siècles) calligraphie monumentale arabe. *Écriture coufique.* / n. m. Cette calligraphie. *Une inscription en coufique.*
couguar ou **cougouar** n. m. Syn. de puma.
couic! interj. Onomatopée qui imite un cri étranglé.
couille n. f. Vulg. Testicule. / Pop. *Y a une couille quelque part.*, une erreur, un dysfonctionnement.
couillon n. m. Pop. Idiot. *Quel couillon!*
couillonnade n. f. Pop. Sottise; grossière erreur.
couillonner v. t. [1] Pop. Gruger.
couinement n. m. Cri aigu du lapin, du lièvre et d'autres animaux, tel le porc. / Par ext. Petit cri. / Bruit grinçant.
couiner v. i. [1] Émettre un couinement.
coulage n. m. Action de faire couler un liquide, une matière en fusion ou à l'état visqueux. *Le coulage du métal, du béton.* / Fig. Perte causée par le gaspillage, de menus larcins.
coulant, e adj. et n. m. **A.** adj. Qui coule, qui coule aisément. *Camembert coulant.* / *Nœud coulant*, qui se serre à la tension. / Fig. Accommodant, indulgent. *Un chef de service assez coulant sur les horaires.* **B.** n. m. Anneau coulissant le long d'une ceinture, d'une courroie, pour la serrer ou la bloquer. / BOT. Stolon.
coule n. f. Long vêtement à capuchon porté par certains religieux.
coule (à la) loc. adj. Pop. Initié aux pratiques d'un certain milieu. *Un type à la coule.*
coulée n. f. Action de verser du métal en fusion dans un moule; la masse de métal ainsi versée. / Masse d'une matière peu fluide qui s'écoule lentement. *Coulées de neige, de boue. Coulée de lave.* / CHASSE Sentier tracé par le passage répété des animaux.
coulemelle n. f. Nom usuel de la lépiote élevée, champignon comestible.
couler v. i. / v. t. [1] **A.** v. i. Se déplacer, en parlant d'un liquide; s'écouler, se répandre. *Le sang coule dans les veines. L'eau coulait du toit.* / Fig. *Couler de source*: être évident. / Fam. Laisser échapper un liquide. *Nez qui coule.* / Passer, en parlant du temps. / S'enfoncer dans l'eau; se noyer. *Le navire coula à pic.* (Emploi pron.) *Se couler dans la foule.* **B.** v. t. Verser (une matière liquide) dans un moule. *Couler du bronze. Couler une statue.* / Passer (un laps de temps). *Couler des jours paisibles.* / Faire sombrer (un navire). / Fig. et fam. *Couler qqn*, le ruiner.
couleur n. f. Chacune des différentes impressions produites sur l'œil par les radiations lumineuses émises par une source ou réfléchies par un corps. *Les sept couleurs du prisme (violet, indigo, bleu, vert, jaune, orangé, rouge). Couleurs complémentaires*, dont la superposition donne le blanc. *Couleurs primaires*: le rouge, le jaune et le bleu. *Composées, ces trois couleurs donnent toutes les autres couleurs.* / Ce qui s'oppose au noir et au blanc. *Film en couleur.* / Substance colorante. *Marchand de couleurs.* / Coloration de la peau. *Prendre des couleurs. Personne de couleur*, qui n'est pas de race blanche. / (Au plur.) Marque distinctive. *Porter les couleurs d'une équipe*; en partic., drapeau national. *Hisser les couleurs.* / Chacune des quatre marques d'un jeu de cartes (trèfle, carreau, cœur, pique). *Annoncer la couleur*: annoncer l'atout qu'on propose. / Fig. Tendance, opinion politique. *Journaux de couleur différente.* / Aspect. *La situation se présente sous de nouvelles couleurs.* / *Sous couleur de*: sous prétexte de.

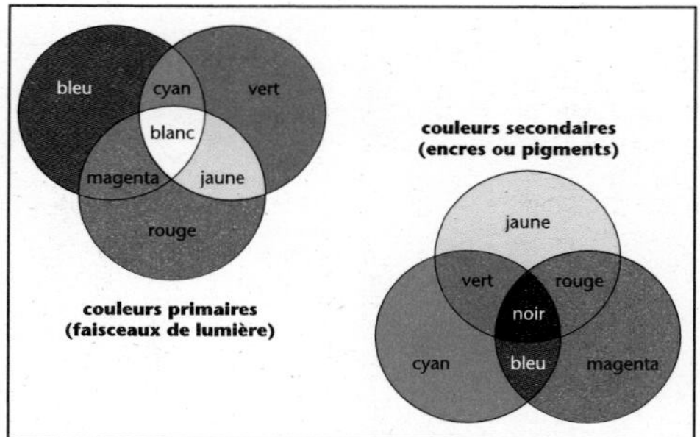

Synthèse additive et soustractive des ***couleurs***.

couleuvre n. f. ZOOL. Serpent à queue allongée, souvent dépourvu de crochets venimeux, dont il existe de nombreuses espèces répandues dans le monde entier (couleuvre à collier, couleuvre vipérine, couleuvre de Montpellier, etc.).
couleuvrine n. f. Bouche à feu de fort calibre en usage vers le XVIe siècle, dont le tube était particulièrement long.
coulis n. m. Sauce résultant de la cuisson d'aliments que l'on a ensuite passés au tamis. *Coulis de tomates, d'écrevisses.* / Purée de fruits crus. *Coulis de framboises.* / CONSTR. Mortier fluide que l'on fait couler dans les joints d'un ouvrage de maçonnerie pour les obturer. / Courant d'air léger qui pénètre par les ouvertures (on dit aussi *vent coulis*).
coulisse n. f. Rainure dans laquelle peut glisser une pièce mobile. *Porte à coulisse.* / Pièce qui se déplace le long d'une coulisse. *Pied à coulisse*: instrument de précision pour mesurer les épaisseurs. / COUT. Ourlet dans lequel passe un cordon. / (Au plur.) Partie d'un théâtre située sur les côtés et en arrière de la scène. / Fig. *Se tenir dans la coulisse*: manœuvrer en se tenant caché.
coulisser v. i. [1] Glisser sur une coulisse.
couloir n. m. Passage long et étroit, servant de dégagement dans un appartement, un lieu public, un wagon de chemin de fer, etc. *Couloirs du métro.* / Fig. *Bruits de couloirs*, résultant de conversations non officielles. / *Couloir d'autobus*: partie de la chaussée réservée exclusivement aux autobus, aux taxis et aux véhicules de secours. / *Couloir aérien*: itinéraire que les avions sont obligés de suivre. / Passage étroit entre deux régions. *Couloir rhodanien. Couloir de Dantzig*: voir *corridor*. / SPORT Division d'une piste d'athlétisme dont chaque concurrent ne doit pas s'écarter pendant la course. / Au tennis, bande latérale agrandissant le terrain pour les doubles.
coulomb n. m. Unité de mesure (C) du système international (S.I.) *1 C est la quantité de charge électrique qui traverse en 1 seconde un conducteur parcouru par un courant d'une intensité de 1 ampère (IC = IA).*
Coulomb (Charles Augustin de) 1736-1806 Physicien et mathématicien français. Son mémoire sur *Une application des règles de maximis et minimis à quelques problèmes de statistiques relatifs à l'architecture* est présenté en 1773 à l'Académie des sciences. En 1779, il énonce la *théorie sur les frottements*; en 1781, il publie une théorie concernant *les machines simples en ayant égard au frottement de leurs parties et à la raideur des cordages*, puis, de 1784 à 1789, ses travaux sur l'électricité et le magnétisme.
coulommiers n. m. Fromage de vache à pâte molle et à croûte fleurie, variété de brie de petit diamètre.
coulpe n. f. Vx Péché. / Mod. *Battre sa coulpe*: se frapper la poitrine en disant *mea culpa* (c'est ma faute); avouer ses erreurs.
coulure n. f. Trace laissée par une matière molle qui a coulé. / Partie du métal en fusion qui s'échappe à travers les joints du moule pendant la coulée. / BOT. Altération ou élimination du pollen (sous l'effet de fortes pluies, sous l'action de parasites, etc.), qui empêche la fécondation des plantes à fleurs. *Coulure de la vigne.*
Coumans Peuple d'ethnie turque, venu de l'ouest de la Chine et installé en Russie méridionale entre le Xe et le XIe siècles. Menant, avec des fortunes diverses, de nombreuses attaques contre les princes de Kiev aux XIIe et XIIIe siècles, les Coumans se mirent au service alternativement des Petchenègues, des Byzantins, des Bulgares, des Mongols, des Slaves. Finalement vaincus (1237) par les Mongols qui s'emparèrent de leur territoire, ils trouvèrent en partie refuge dans l'est de la Hongrie où certains d'entre eux s'étaient établis et convertis au christianisme cent ans auparavant.
coumarine n. f. Substance odorante utilisée en parfumerie et en pharmacie, qui est extraite de la fève tonka, fruit du coumarou, arbre de la Guyane.
Counaxa Voir **Cunaxa**
country music ou **country** n. f. ou n. m. inv. (mots anglais) Musique populaire américaine issue du folklore blanc des États du sud des États-Unis. / n. m. *Écouter du country.*
coup n. m. Choc qui résulte du mouvement d'un corps qui vient en heurter un autre. *Un coup de hache.* / Choc violent donné par quelqu'un dans l'intention de blesser ou de faire mal. *Frapper à coups redoublés.* / Décharge d'une arme à feu. *Coup de fusil. Coup de feu*: voir *feu*. / Événement qui frappe quelqu'un moralement. *La mort de son mari lui a porté un coup très dur. Sous le coup de*: sous l'effet de. / Bruit soudain. *Coup de sonnette.* / Mouvement d'une partie du corps. *Se dégager d'un coup de rein.* / Action rapide faite avec un instrument. *Coup de balai, de peigne.* / *Coup de téléphone*: appel téléphonique. / Action soudaine d'un élément naturel. *Coup de tonnerre, de soleil.* / Action ou entreprise imprévue et soudaine. *Coup de théâtre, d'État.* / Action d'un joueur, à certains jeux, dans certains sports. *Coup de dés.* / SPORT *Coup franc*: au football ou au rugby, coup de pied tiré en réparation d'une faute commise par l'adversaire. *Coup droit*: au tennis, frappe de la balle du côté de la main qui tient la raquette (par oppos. au *revers*).
coupable n. Personne qui a commis une faute, un délit, un crime.
coupage n. m. Action de couper. / Action de mélanger des liquides de nature différente. *Coupage du vin.*
coup-de-poing n. m. Arme de main constituée d'une masse métallique percée pour le passage des doigts, généralement appelée *coup-de-poing américain*. / PRÉHIST. Pierre taillée, de forme ovale, servant d'arme. Pl. Des *coups-de-poing*.
coupe [1] n. f. Verre à pied, large et peu profond. / Son contenu. *Boire une coupe de champagne.* / Récipient bas, reposant sur un pied. *Coupe à fruits.* / Prix qui récompense le vainqueur d'une compétition sportive; la compétition elle-même.
coupe [2] n. f. Action de couper, manière de couper, de tailler. *Coupe de cheveux. Vêtement d'une coupe élégante.* / Action d'abattre des arbres dans une forêt. *Coupe sombre*: coupe d'une partie seulement des arbres d'un bois permettant l'ensemencement par les graines des arbres restants (par oppos. à *coupe claire*); au fig. suppression importante. *Faire des coupes sombres dans le budget.* / Représentation graphique d'une chose que l'on suppose coupée afin d'en montrer l'intérieur. / Division rythmique d'une phrase ou d'un vers. / Partage d'un jeu de cartes en deux paquets. / Fig. *Être sous la coupe de quelqu'un*: être sous son influence.

Coupe *en verre polychrome.*

Coupe (la) Constellation australe (voir **constellation**).
coupé n. m. Anc. Voiture hippomobile à quatre roues et deux portes. / Voiture automobile à deux portes et (en général) deux places.
coupe-choux n. m. inv. Sabre très court. / Fam. Rasoir à la lame longue et étroite.
coupe-cigare n. m. Instrument servant à couper le bout des cigares. Pl. Des *coupe-cigares*.
coupe-circuit n. m. inv. Dispositif qui interrompt un circuit électrique quand l'intensité du courant est trop élevée.
coupe-coupe n. m. inv. Sabre utilisé pour se frayer un sentier dans la forêt vierge.
coupée n. f. MAR. Ouverture de la muraille d'un navire qui donne accès à une échelle permettant de monter à bord. *Échelle de coupée*.
coupe-faim n. m. inv. Substance (alimentaire ou médicamenteuse) qui diminue l'appétit.
coupe-feu n. m. inv. Dispositif (espace libre, élément de construction, etc.) destiné à empêcher la propagation d'un incendie.
coupe-file n. m. Laissez-passer officiel permettant de bénéficier d'un passage prioritaire. Pl. Des *coupe-files*.
coupe-gorge n. m. inv. Lieu ou passage suspect, généralement désert et propice aux agressions.
coupe-jarret n. m. Vx ou plaisant Brigand. Pl. Des *coupe-jarrets*.
coupellation n. f. TECHN. Procédé d'épuration qui consiste à séparer l'or ou l'argent des autres métaux, par fusion et absorption des oxydes dans la coupelle.
coupelle n. f. Petite coupe. / TECHN. Petit creuset utilisé pour la coupellation.
coupe-ongles n. m. inv. Ciseaux ou pinces pour couper les ongles.
coupe-papier n. m. inv. Instrument à lame (de bois, de métal, d'os, etc.) pour couper le papier, séparer les pages d'un livre.
couper v. t. [1] Diviser (qqch.) avec un outil tranchant; sectionner (qqch.). *Couper du pain. Couper ses cheveux. Couper un animal*, le châtrer. / Faire une entaille à. (Emploi pron.) *Il s'est coupé au menton.* / Diviser en deux; croiser. *Une cloison coupe la chambre. La rue coupe le boulevard à la hauteur de la mairie.* (Emploi pron.) *Droites qui se coupent en un point.* / Ôter d'un ensemble. *Couper une scène d'un film.* (Emploi pron.) *Se couper de*: perdre le contact avec. *Se couper de sa famille.* / Interrompre; faire cesser. *Couper l'électricité, le moteur. Couper la parole. Couper les vivres à qqn*, ne plus subvenir à ses besoins. *Couper la fièvre, la soif.* / Mélanger (un liquide) avec un autre. *Couper du vin.* / JEU *Couper les cartes*, en faire deux paquets. *Couper (une carte)*, la prendre avec un atout.
couperet n. m. Couteau très large, lourd, servant à trancher ou hacher les viandes. / Pièce tranchante de la guillotine.
Couperin Dynastie d'organistes, clavecinistes et compositeurs français. **Louis** 1626-1661 Organiste et compositeur de Saint-Gervais, à Paris. **François** 1630-1701 Frère du précédent, également compositeur et organiste à Saint-Gervais. **Charles** 1638-1679 Frère des précédents avec lesquels il a occupé les mêmes fonctions. **François**, dit **Couperin le Grand** 1668-1733 Fils de Charles, organiste de la Chapelle royale (1693), claveciniste du roi (1707), il est célèbre dans l'Europe entière. Il a laissé une œuvre instrumentale abondante, des *Concerts royaux* (composés pour Louis XIV en 1714-1715), où il adapte le style de Corelli au goût français, des morceaux pour orgue et pour clavecin (240 pièces) et enfin une œuvre vocale. À la fin de sa vie, la mode avait changé; de santé fragile, il mourut presque oublié.

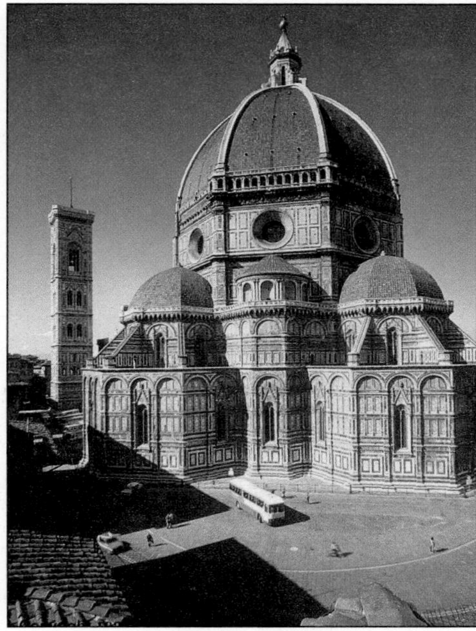
Coupole *de la cathédrale Santa Maria del Fiore de Florence, construite par Filippo Brunelleschi.*

couperose n. f. Lésion cutanée localisée au visage et due à une congestion avec dilatation des capillaires sanguins.
coupe-vent n. m. inv. Obstacle (haie, rideau d'arbres, etc.) protégeant les cultures du vent. / CH. DE FER Dispositif placé à l'avant d'une locomotive pour réduire la résistance de l'air. / Vêtement léger qui protège contre le vent.
couplage n. m. Réunion de deux pièces mécaniques pour additionner leurs effets. / Mode de liaison de circuits électriques. *Le couplage en série relie les appareils par leurs pôles opposés, le couplage en parallèle relie les pôles de même signe.* / PHYS. Interaction de deux systèmes.
couple [1] n. m. Deux personnes unies par des liens affectifs, mariés ou non. / Deux personnes réunies par les circonstances ou par des affinités, des intérêts communs. *Un couple de danseurs. Un couple d'amis.* / Deux animaux réunis ou appariés. / ÉLECTR. *Couple thermoélectrique*: ensemble formé par deux conducteurs différents soudés en deux points que l'on maintient à des températures différentes; on utilise le courant ainsi produit pour mesurer les variations calorifiques. / MAR. Élément de construction de la coque des navires formé de deux branches courbes et symétriques, montant de la quille au platbord. / MATH. Ensemble de deux nombres ou de deux grandeurs associés et ordonnés. / MÉCAN. Ensemble de deux forces égales, parallèles et de sens contraire. / TECHN. *Couple conique*: ensemble des pignons d'engrenage d'une transmission, associés par paires, renvoyant le mouvement à angle droit et permettant à un moteur d'automobile une rotation plus rapide que celle des roues. *Couple moteur*: travail d'un moteur produisant la rotation de l'arbre vilebrequin.
couple [2] n. f. Lien pour attacher deux à deux les chiens de chasse. / Vx Deux choses de même espèce, considérées ensemble. *Une couple d'heures.*
couplé, e adj. et n. m. *Pari couplé* ou (n. m.) *couplé*: pari consistant à désigner les deux premiers d'une course de chevaux. *Couplé gagnant, placé.*
coupler v. t. [1] VÉNER. Attacher avec une couple. / TECHN. Assembler deux par deux. / ÉLECTR. Réunir par couplage.
couplet n. m. Strophe d'une chanson.
coupole n. f. ARCHIT. Intérieur d'un dôme, à base circulaire ou polygonale. / *Par ext.* Le dôme lui-même. / *La Coupole*: l'Académie française, dont la salle des séances est située dans l'ancienne chapelle à coupole du collège des Quatre-Nations (aujourd'hui palais de l'Institut de France). / MILIT. Partie supérieure d'une tourelle cuirassée.
coupon n. m. Reste ou petite coupe d'une pièce d'étoffe. / FIN. Partie détachable d'un titre mobilier permettant d'encaisser les intérêts, dividendes ou arrérages. / Billet, ticket attestant l'acquittement d'un droit.
coupon-réponse n. m. Partie détachable d'une annonce publicitaire que l'on envoie pour recevoir de la documentation. Pl. Des *coupons-réponses*.
coupure n. f. Incision, petite blessure faite par un instrument tranchant. / Suppression faite dans un ouvrage; extrait ainsi obtenu. *Coupure de journal.* / Billet de banque. *Payer en petites coupures.* / Interruption de l'alimentation en gaz, en eau ou en électricité. / Fig. Rupture, séparation brutale.
cour n. f. **I.** Espace entouré de murs ou de bâtiments. *La cour d'un immeuble. Cour de récréation.* / En Belgique, toilettes. *La cour, s'il vous plaît.* / THÉÂTRE *Côté cour*: partie droite de la scène vue de la salle, par oppos. à *côté jardin*. **II.** Résidence d'un souverain. *Vivre à la cour.* / Entourage d'un souverain. *Les gens de la cour.* / Le souverain et ses ministres en tant que gouvernement. *Les ordres de la Cour.* / Cercle d'admirateurs, de flatteurs. *Faire la cour à qqn*: chercher à lui plaire, à le séduire. **III.** DR. Siège de justice (le mot ne s'emploie aujourd'hui que pour les juridictions d'ordre supérieur). *Cour d'appel, d'assises. Cour de Cassation.* / Ensemble des magistrats de l'une de ces juridictions, lorsqu'ils siègent ensemble. *Messieurs, la cour!*
courage n. m. Fermeté d'âme devant la souffrance, les dangers, les échecs. / Zèle, ardeur. *Travailler avec courage.* / *Prendre son courage à deux mains*: fournir un grand effort.

La ***Cour*** *carrée du Louvre.*

C

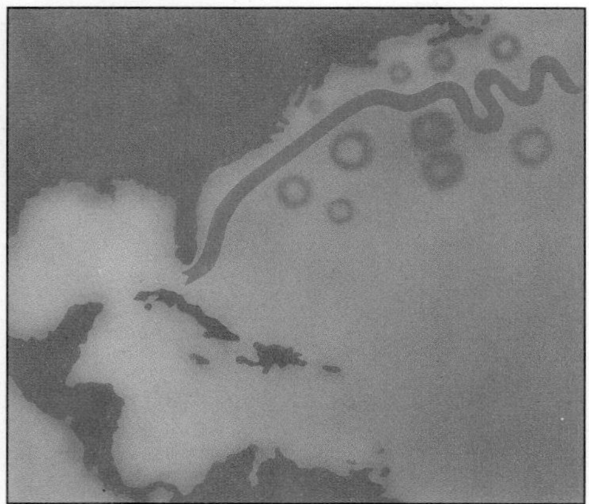
Parcours du **courant** du Gulf Stream le long des côtes américaines.

courageusement adv. Avec courage.
courageux, euse adj. Qui a du courage. *Un guerrier courageux.* / Qui dénote du courage. *Une attitude courageuse.*
courailler v. i. [1] Fam. Collectionner les aventures galantes.
couramment adv. De manière courante.
courant, e [1] adj. Qui court. *Chien courant*, qui poursuit le gibier à la course. / *Eau courante*, qui coule (par oppos. à *eau stagnante*); eau distribuée par canalisations. / MAR. *Manœuvre courante*: cordage mobile (par oppos. à *manœuvre dormante*). / *Titre courant*: titre répété à chaque page d'un ouvrage. / Qui est en cours. *Affaires courantes. Prix courant*: prix en cours, actuellement. *Le 10 courant*: le 10 du mois actuel. / Habituel; commun. *Les dépenses courantes. Un modèle courant.* / Fig. *C'est monnaie courante*: c'est habituel.
courant [2] n. m. Mouvement d'un liquide, d'une masse d'eau dans une direction donnée. *Courants fluviaux. Courants marins ou océaniques. Courants de marée.* / *Courant aérien*: mouvement de l'air dans l'atmosphère. / *Courant d'air*: déplacement d'air dans un espace resserré. / ÉLECTR. Déplacement d'électricité dans un conducteur. *Courant continu*, dont l'intensité ne varie pas dans le temps, par oppos. à *courant alternatif.* / Mouvement de personnes ou de choses vers une même destination. *Courant de population, de marchandises.* / Fig. Mouvement des idées, des tendances. *Courant d'opinion.* / Cours du temps. *Dans le courant du mois.* / *Être au courant*: être informé, renseigné.
courbatu, e adj. Harassé, épuisé.
courbature n. f. Sensation douloureuse de fatigue se manifestant au niveau des muscles et des régions articulaires, due à un effort musculaire soutenu ou à un état fébrile.
courbaturé, e adj. Souffrant de courbatures.
courbe adj. et n. f. Arrondi, arqué. *Ligne courbe.* / n. f. Ligne courbe, ou sinueuse, qui ne présente aucun angle. / Représentation graphique des variations d'un phénomène. *Courbe de température.*
courber v. t. [1] Donner la forme d'une courbe à. / Pencher en avant, incliner. *Courber les épaules.*
Courbet (Gustave) 1819-1877 Peintre français. Formé par l'étude des peintres espagnols et flamands, il exprime son goût du réalisme en prenant ses sujets dans la vie quotidienne, ce qui lui vaut de solides inimitiés. *Un enterrement à Ornans* (1850) suscite de violentes réactions: la règle de la « peinture de genre » est bafouée et l'on surnomme le peintre « chef de file de l'école du laid ». *Les Baigneuses* (1853) sont taxées d'indécence. *L'Atelier du peintre* (1855) est refusé à l'Exposition universelle de 1855 et doit être présenté au public dans un pavillon à part. Le scandale attaché à son œuvre perdure, comme en témoigne l'accueil fait au tableau *L'Origine du monde*, présenté au public pour la première fois en 1999 (il appartenait à Lacan) et qui montre un sexe féminin au premier plan. Communard (1871), il est accusé d'avoir fait renverser la colonne Vendôme. Emprisonné six mois, il est condamné à faire réparer à ses frais les dégâts. Ruiné, il gagne la Suisse, où il peint des natures mortes, des portraits et des paysages.
Courbet (Amédée) 1827-1885 Amiral français. Il fit reconnaître par la Chine le protectorat français sur le Tonkin et l'Annam.
courbette n. f. Profonde révérence. / Fig. Manifestation exagérée de politesse teintée d'obséquiosité. *Faire des courbettes à un ministre.* / ÉQUIT. Attitude d'un cheval dressé sur ses membres postérieurs, les antérieurs étant fléchis.
courbure n. f. État d'une chose courbe. / Partie courbe de qqch.
Cour de cassation Juridiction suprême de l'ordre judiciaire français. Elle est saisie en dernier ressort pour valider ou invalider un jugement. Jugeant en droit (respect des formes) et non en fait, si elle établit que la conformité des jugements avec la loi n'a pas été respectée, elle casse la décision et renvoie l'affaire devant un tribunal de même ordre et de même rang pour qu'elle soit à nouveau jugée.
Cour des comptes Juridiction financière fondée en 1807. Elle est composée de magistrats répartis en chambres et hiérarchisés, dont le rôle est de vérifier les comptes des comptables publics et, accessoirement, les opérations des administrateurs.
Cour des Miracles Bas-fonds des grandes villes où se rassemblaient les mendiants. Ils doivent ce nom au fait que les infirmités dont ces gens feignaient d'être affligés pour susciter la pitié des âmes charitables disparaissaient comme par miracle dès qu'ils regagnaient le quartier. Parmi les douze cours des miracles de Paris au XVIIe siècle, la plus célèbre, décrite par Victor Hugo dans son roman *Notre-Dame de Paris*, était située rue Réaumur. Elle fut supprimée en 1656.
courée n. f. Cour commune à plusieurs habitations, dans le nord de la France.
courette n. f. Petite cour.
coureur, euse n. Personne, animal qui court. / Personne participant à une course, pratiquant la course. *Coureur automobile.* / Fig., fam. *Un coureur de filles, de jupons*, qui court les aventures amoureuses.
coureur de bois n. m. HIST. Aventurier de l'époque de la Nouvelle-France qui faisait la traite des pelleteries avec les Amérindiens et était ainsi conduit à adopter leur mode de vie. / Par ext. (vieilli) *Coureur des (de) bois*: au Québec, chasseur, trappeur qui vit de sa chasse et de divers travaux forestiers.
Cour européenne des droits de l'homme Tribunal international créé en 1959 par le Conseil de l'Europe. Elle en constitue l'organe juridique.
courge n. f. Plante potagère de la famille des cucurbitacées dont il existe de nombreuses espèces cultivées pour leurs fruits (courgette, potiron, citrouille, etc.); fruit de cette plante.
courgette n. f. Variété de courge, de forme allongée ou ronde.
Courier (Paul-Louis) 1772-1825 Écrivain français, auteur de pamphlets où s'affirme son hostilité à la Restauration.
Cour internationale de justice Tribunal international créé en 1945 par l'ONU pour ses quinze membres, élus pour neuf ans par l'Assemblée générale et le Conseil de sécurité de l'ONU, qui a pour mission de trancher les conflits entre États. Elle siège à La Haye (Pays-bas).
courir v. i. / v. t. [3] **A.** v. i. Se mouvoir, avancer à une allure rapide. *Courir pour rattraper qqn.* / Se dépêcher. / S'écouler. *L'eau court dans le ruisseau.* Au fig. Se propager. *Faire courir la rumeur.* / Suivre son cours. *Par les temps qui courent*: de nos jours. **B.** v. t. Poursuivre (un gibier). / SPORT Participer à (une course de telle ou telle distance). *Courir un cent mètres.* / Chercher à obtenir (qqch.), à conquérir (qqch., qqn). *Courir les honneurs. Courir les filles*, chercher à les séduire. / S'exposer à. *Courir un risque.* / Parcourir. *Courir le monde.*
Courlande Région occidentale de la Lettonie située entre la mer Baltique et le golfe de Riga.
courlis n. m. ZOOL. Oiseau au plumage brun, à bec arqué exceptionnellement long, de l'ordre des charadriiformes. *Le courlis fréquente les marais, les zones découvertes à marée basse, les rives des cours d'eau, etc.*
Courmayeur *1 224 m à 3 842 m* Station de sports d'hiver et centre d'alpinisme, située dans le val d'Aoste, en Italie.
Cournot (Antoine) 1801-1877 Mathématicien, philosophe et économiste français. Spécialiste du calcul des probabilités, il publie en 1843 *Exposition de la théorie des chances et probabilités* puis propose une classification des sciences en insistant sur le fait qu'elles sont irréductibles, puis, en 1861, son *Traité de l'enchaînement des idées fondamentales dans les sciences et dans l'histoire*, et en 1875 *Matérialisme, Vitalisme, Rationalisme.*

Couronne votive de Receswinthe, roi des Wisigoths de 653 à 672. Elle provient du trésor de Guarrazar. (Musée archéologique national, Madrid)

couronne n. f. Cercle entourant la tête comme parure ou marque d'honneur. *Couronne de lauriers.* / Cercle de métal précieux entourant la tête comme marque de souveraineté ou de noblesse. / Fig. Pouvoir, dignité d'un souverain. *Choisir son neveu pour héritier de la couronne.* / Par méton. Ce qui appartient au souverain. *Les bijoux de la couronne*, du trésor royal, impérial. / Objet en forme de couronne. *Couronne mortuaire*: fleurs et feuilles disposées en cercle et déposées sur une tombe. / Tonsure monacale. / Partie inférieure du paturon du cheval. / Partie visible de la dent; capsule de métal dont on recouvre la couronne d'une dent abîmée pour la consolider. / ASTRON. Région externe de l'atmosphère d'une étoile qui, en raison de sa faible densité, se dissout peu à peu dans l'espace. / Unité monétaire de plusieurs pays. *La couronne danoise, norvégienne.* / Anc. Format (0,36 x 0,46 m), aujourd'hui tombé en désuétude, d'un papier qui, autrefois, portait une couronne en filigrane.
Couronne australe (la) Constellation australe (voir **constellation**).
Couronne boréale (la) Constellation boréale (voir **constellation**).
couronnement n. m. Cérémonie au cours de laquelle un souverain reçoit la cou-

A l'entrée de **Courmayeur**, vue sur le Mont de la Saxe et sur les Jorasses (© M.C.)

La reine Isabelle II d'Espagne **couronne** de lauriers l'écrivain Manuel José Quintana.

Le fleuve Tungnaa, en Islande, se caractérise par un **cours** sporadique, même en été.

ronne. / Partie la plus élevée d'un édifice, d'un meuble. / Fig. Ce qui marque l'achèvement, la perfection. *Le couronnement d'une carrière.*

couronner v. t. [1] Coiffer (qqn) d'une couronne. / Décerner un prix à. / Entourer; surmonter. *Une corniche couronnait l'immeuble.* / Fig. Parachever. *Prix couronnant une carrière.* / v. pron. Se blesser au genou, pour un cheval.

couros Voir **kouros**

courre v. tr. défectif [3] (usité seulement à l'inf.) VÉNER. Poursuivre (un gibier). / *Chasse à courre*, qui se fait à cheval et avec des chiens courant pour forcer l'animal, c'est-à-dire l'épuiser jusqu'à ce qu'il soit aux abois.

courriel n. m. Au Canada, courrier électronique. Syn. *e-mail*.

courrier n. m. Anc. Homme chargé de porter les lettres, les dépêches. / Transport des lettres, des journaux, des colis. / Ensemble des lettres, des dépêches, des imprimés. *La distribution du courrier.* / *Courrier électronique*: messagerie électronique. / Nom de certains journaux ou titre d'une de leurs chroniques.

Courrières *11 376 h.* Commune du Pas-de-Calais où se trouvait une importante mine de charbon. En 1906, une catastrophe (coup de grisou) fit 1 200 morts.

courroie n. f. Bande de matière souple et résistante pour lier ou relier des objets ou des pièces. / TECHN. *Courroie de transmission*: bande souple fermée sur elle-même, servant à transmettre le mouvement de rotation d'un arbre moteur à un autre arbre.

courroucer v. t. [1] Litt. Susciter le courroux de (qqn). *Courroucer son père.*

courroux n. m. Litt. Colère, agitation violente.

cours n. m. Écoulement continu de l'eau d'un fleuve, d'une rivière, etc. *Détourner le cours d'un torrent.* / *Cours d'eau*: fleuve, rivière, ruisseau, etc. / Longueur d'un fleuve, d'une rivière. / ASTRON. Mouvement réel ou apparent des astres. *Le cours du Soleil.* / Évolution d'une chose dans le temps. *La maladie suit son cours.* / MAR. *Navigation au long cours*, à longue distance, par oppos. à *cabotage*. / Leçon ou ensemble de leçons données par un professeur. *Le cours d'histoire.* / Livre qui consigne ces leçons. *Un cours de chimie.* / Établissement d'enseignement privé. / Circulation régulière d'une marchandise ou d'une monnaie. *Cours forcé*: limitation de l'échange des billets contre de l'or. / Prix auquel se négocient des marchandises, des valeurs. *Cours de la Bourse. Cours du change. Cours de l'or.* / *Avoir cours*: être admis, être en vigueur. / Avenue, promenade publique plantée d'arbres.

course n. f. Action de courir. / Fig. Action de se lancer avec ardeur dans une compétition. *Course aux honneurs. Course aux armements.* / SPORT Épreuve de vitesse. *Course à pied. Course cycliste. Courses de chevaux. Les courses*: les courses hippiques. *Jouer aux courses*: engager des paris sur les chevaux. / Action de parcourir un espace, déplacement, trajet. *Une course en taxi. Course en montagne*: excursion, ascension. / Démarche, achat. *Avoir une course à faire. Faire ses courses.* / Mouvement d'un corps dans l'espace. *La course de la Lune.* / Mouvement rectiligne d'une pièce mécanique; amplitude de ce mouvement. *La course d'un piston.* / HIST. *Guerre de course*, pratiquée par les corsaires.

course-poursuite n. f. Poursuite très rapide, riche en péripéties. Pl. Des *courses-poursuites*.

coursier, ère n. Personne chargée de porter des paquets, des lettres. / n. m. Littér. Cheval.

coursive n. f. Dans un navire, passage étroit entre les cabines dans le sens de la longueur.

court, e [1] adj. et adv. **A.** adj. Qui n'est pas long. *Cheveux courts.* / Qui n'a que peu de durée. *La vie est courte.* Syn. bref. / *À court terme*: dans peu de temps. **B.** adv. En laissant peu de longueur. *Attacher court un chien en laisse.* / Brusquement. *S'arrêter court. Couper court à qqch.*, y mettre fin brusquement. / loc. *Être à court de*: ne plus avoir de, manquer de. *Être à court de munitions.* / *Être pris de court*: être pris à l'improviste, manquer de répondant. / *Tout court*: tout simplement, absolument, sans rien ajouter de plus. *Ne dites pas: « merci, Monsieur », dites: « merci » tout court.*

court [2] n. m. (mot anglais) Terrain de tennis.

courtage n. m. Profession du courtier. / Commission reçue en rémunération par le courtier. / *Vente par courtage* ou (elliptiquement) *courtage*: vente directe à la clientèle.

courtaud, e adj. et n. m. **A.** adj. De courte taille, mais robuste. *Un corps courtaud.* **B.** n. m. Chien, cheval auquel on a coupé les oreilles et la queue.

court-bouillon n. m. Bouillon aromatisé dans lequel on fait cuire du poisson. Pl. Des *courts-bouillons*.

court-circuit n. m. Mise en contact, par un conducteur de résistance négligeable, de deux points d'un circuit électrique qui présentent une différence de potentiel; accident qui en résulte (interruption du courant, incendie). Pl. Des *courts-circuits*.

court-circuiter v. t. [1] Mettre (qqch.) en court-circuit. / Fig. Éviter (un inconvénient) en empruntant une voie plus directe. *Court-circuiter les intermédiaires inutiles.*

Courteline (Georges Moinaux, dit **Georges)** 1858-1929 Écrivain français qui a décrit avec verve les milieux militaires et l'Administration dans ses nouvelles *Les Gaîtés de l'escadron* (1886), *Messieurs les ronds-de-cuir* (1893), et ses comédies *Boubouroche* (1893).

Courtenay Nom de deux maisons féodales françaises successives: la première, fondée par Aton, dont les chefs deviennent comtes d'Édesse; la seconde, issue du mariage d'Élisabeth de Courtenay et de Pierre de France, septième fils de Louis VI le Gros, monte sur le trône de l'Empire latin de Constantinople en la personne de Robert Iᵉʳ, empereur de 1221 à 1228, et de Baudouin II, empereur de 1240 à 1273, qui perdit Constantinople en 1261. Après cette date, les Courtenay ne furent plus que des empereurs titulaires.

courtepointe n. f. Couverture de lit piquée et ouatée.

courtier, ère n. Personne servant d'intermédiaire dans des transactions commerciales, financières. *Courtier d'assurances.* / Personne qui pratique la vente en entrant directement en contact avec la clientèle. *Courtier en vins.*

courtilière n. f. ZOOL. Insecte orthoptère fouisseur, dont les pattes antérieures en palettes sont adaptées au creusement de galeries souterraines. Syn. taupe-grillon.

courtine n. f. Anc. Rideau de lit. / HÉRALD. Partie du manteau royal. / ARCHIT. Front de mur joignant deux bastions.

courtisan, e n. Personne qui fréquente la cour d'un souverain. / Flatteur qui cherche à s'attirer les bonnes grâces d'un personnage influent. / n. f. Vx ou litt. Prostituée de luxe.

courtiser v. t. [1] Tenter de s'attirer les bonnes grâces de. *Courtiser les puissants.* / Faire la cour à (une femme).

court-métrage n. m. Film de courte durée (généralement inférieure à vingt minutes). Pl. Des *courts-métrages*.

courtois, e adj. De mœurs affables et délicates, respectueux d'autrui; qui exprime ces qualités. *Un homme courtois. Des paroles courtoises.* / Qualifie un genre littéraire médiéval exaltant l'amour chevaleresque. *Roman courtois.* / *Armes courtoises*, dont la pointe et le tranchant ont été émoussés.

Courtois (Jacques, dit **le Bourguignon)** 1621-1676 Peintre français, actif à Rome où il séjourna dès l'âge de quinze ans. Il a laissé de très nombreux tableaux de batailles.

Courtois (Bernard) 1777-1838 Chimiste français. Il a isolé la morphine et l'iode.

courtoisement adv. Avec courtoisie.

courtoisie n. f. Qualité d'une personne courtoise.

Courtrai *76 000 h.* Ville de Belgique, en Flandre-Occidentale, sur la Lys. Industrie textile de tradition ancienne. Électronique. Ses monuments sont des modèles de l'architecture flamande: églises Saint-Martin (XVᵉ s.), Notre-Dame (XIIIᵉ s.), hôtel de ville

Louis XIV entouré de **courtisans** dans les jardins du château de Versailles.

C

Atelier de **couture**, vers 1760, tableau d'Antoine Raspal conservé au musée Réattu (Arles).

de style gothique flamboyant, beffroi (XIVe s.). En 1302, les Flamands y vainquirent la fine fleur de la chevalerie française dans une bataille nommée pour cette raison *bataille des éperons d'or*.

couscous n. m. Plat d'Afrique du Nord préparé avec de la semoule de blé dur, diverses viandes, des légumes et relevé de sauce piquante.

cousette n. f. Apprentie couturière.

couseuse n. f. Machine à coudre industrielle (que ce soit dans le domaine de la confection ou dans celui de la reliure).

cousin [1] n. m. ZOOL. Nom usuel de la tipule.

cousin, e [2] n. Parent issu de l'oncle ou de la tante d'une autre personne. *Cousin germain*, né du frère ou de la sœur du père ou de la mère. *Cousin issu de germains*, issu de cousin germain. / *Cousin à la mode de Bretagne*: parent éloigné. / HIST. *Mon cousin*: titre donné par le roi de France aux princes du sang.

Cousin (Victor) 1792-1867 Philosophe français, chef de file de l'éclectisme.

cousinage n. m. Vieilli Parenté entre cousins. / Parentèle.

Cousine Bette (la) 1846 Roman de Balzac: une vieille fille provoque la déchéance de son cousin, le baron Hulot, haut fonctionnaire, en suscitant sa liaison avec une arriviste, Mme Marneffe.

cousiner v. i. [1] Vieilli Être cousin. / Entretenir des relations avec de très nombreux parents, même fort éloignés. *Il cousine beaucoup.* / Fig. Entretenir des relations familières, amicales avec qqn. *Ils cousinent depuis peu.*

Cousin Pons (le) 1847 Roman de Balzac: un vieux chef d'orchestre, aux revenus modestes, possède des œuvres d'art que sa famille parvient à lui soutirer.

coussin n. m. Enveloppe (de tissu, de cuir, etc.) rembourrée, servant à s'appuyer ou à s'asseoir. / TECHN. *Coussin d'air*: couche d'air sous pression insufflée sous le châssis d'un aéroglisseur ou de certains engins de manutention et qui leur permet de se maintenir au-dessus d'une surface.

coussinet n. m. Petit coussin. / MÉCAN. Pièce cylindrique, le plus souvent en bronze, dans laquelle tourne un arbre mobile. / CH. DE FER Pièce métallique qui supporte les rails d'une voie ferrée.

Cousteau (Jacques-Yves) 1910-1997 Officier de marine et océanographe français. Il a inventé (avec l'ingénieur Émile Gagnan) un scaphandre autonome et a dirigé de nombreuses expériences océanographiques. Il est l'auteur de nombreux films sur la mer: *Le Monde du silence* (1955, en collaboration avec Louis Malle).

Coustou Famille de sculpteurs français. **Nicolas** 1658-1733 Neveu et élève de Coysevox, il sculpta les *Tritons* de Versailles. **Guillaume** 1677-1746 Frère du précédent; on lui doit les *Chevaux de Marly*, longtemps placés à l'entrée des Champs-Élysées et aujourd'hui remplacés par des copies. **Guillaume II** ou **Coustou le Jeune** 1716-1777 Fils du précédent, il sculpta le *Mausolée du Dauphin et de sa femme* de la cathédrale de Sens.

coût n. m. Valeur, prix d'un objet ou d'un service. / COMPTAB. Ensemble des frais investis et mobilisés pour la production ou la commercialisation d'une marchandise. *Coût d'achat, de production, de distribution. Coûts fixes*, indépendants des quantités produites (par oppos. à *coûts variables*). / *Coût de la vie*: niveau moyen des dépenses engagées par l'ensemble des ménages pour assurer leur train de vie habituel.

coûtant adj. m. *Prix coûtant*: prix qu'une chose a coûté, sans marge bénéficiaire. *Vendre à prix coûtant.*

couteau n. m. Instrument de forme allongée, composé d'une lame tranchante et d'un manche. *Couteau à découper. Couteau de cuisine.* / *Visage en lame de couteau*, mince et allongé. / Outil plus ou moins coupant. *Couteau de vitrier, de peintre.* / TECHN. Pièce prismatique portant le fléau d'une balance. / ZOOL. Mollusque lamellibranche à coquille très allongée, qui s'enfonce verticalement dans le sable.

couteau-scie n. m. Couteau à lame dentée. Pl. Des *couteaux-scies.*

coutelas n. m. Grand couteau pointu, à lame tranchante, servant d'arme ou de couteau de cuisine.

coutelier, ère n. Personne qui fabrique ou vend des couteaux et autres instruments tranchants (ciseaux, rasoirs, etc.).

coutellerie n. f. Fabrication, commerce des couteaux et autres instruments tranchants. / Ensemble de ces produits. / Lieu où sont fabriqués ou vendus ces produits.

coûter v. i. / v. t. [1] **A.** v. i. Représenter tel coût. *Ce vase coûte cent euros. Coûter cher.* / Être difficile, pénible. *Il me coûte de vous quitter.* **B.** v. t. Occasionner (un sacrifice, une perte). *Cet accident lui a coûté la vie.*

coûteux, euse adj. De coût important, onéreux. *Un achat coûteux.* / Fig. *Une victoire coûteuse.*

Couthon (Georges) 1755-1794 Homme politique français. Avocat, il est élu député jacobin à la Législative. Membre du Comité de salut public, il réprima l'insurrection de Lyon (1793) sans se résoudre à détruire la ville, malgré les instructions de la Convention. Il contribua à la réorganisation du Tribunal révolutionnaire qui, dans le procès des suspects, supprimait les avocats, les témoins et l'instruction préalable. Arrêté avec Robespierre, il fut guillotiné le 10 thermidor.

coutil n. m. Toile très serrée dont la trame est croisée.

coutre n. m. Fer tranchant disposé verticalement à l'avant d'une charrue.

coutume n. f. Dans un groupe social, ensemble des attitudes conservées par l'usage ou codifiées par la tradition. / DR. L'une des sources du droit, fondée sur l'usage et la tradition. / *Avoir coutume de*: faire habituellement. *Il a coutume de venir tous les midis.*

coutumier, ère adj. Habituel, courant. *Travaux coutumiers. Être coutumier de*: avoir coutume de. / DR. *Droit coutumier*: droit consacré par l'usage (et non par l'*écrit*).

couture n. f. Action de coudre. *Travaux de couture.* / Action d'unir deux pièces de tissu par une suite de points exécutés avec du fil et une aiguille; cette suite de points. *Couture apparente.* / Métier qui consiste à confectionner des vêtements féminins. *La haute couture*: l'ensemble des grands couturiers qui présentent, chaque saison, des modèles originaux et exclusifs, à une clientèle de luxe. / Vieilli Cicatrice apparente, balafre.

couturé, e adj. Balafré. *Un visage couturé de cicatrices.*

couturier, ère [1] n. **A.** n. m. Personne qui dirige une maison de couture. *Collection des grands couturiers.* **B.** n. f. Femme qui exécute des travaux de couture. / THÉÂTRE Dernière répétition avant la générale (au cours de laquelle les couturières procèdent aux dernières retouches sur les costumes).

couturier [2] n. m. ANAT. Muscle de la cuisse fléchissant la jambe sur la cuisse et la cuisse sur le bassin.

couvade n. f. ETHNOL. Fait pour un père, après l'accouchement de sa femme, de tenir le rôle de la mère. *La coutume de la couvade se rencontre dans certaines populations africaines.*

couvain n. m. ZOOL. Ensemble des œufs (ainsi que des larves et des nymphes) chez les abeilles et divers autres insectes sociaux.

couvaison n. f. ZOOL. Action de couver. / Durée pendant laquelle les œufs sont couvés.

Couve de Murville (Maurice) 1907-1999 Homme politique français, ministre des Affaires étrangères de 1958 à 1968, puis Premier ministre de juillet 1968 à juin 1969.

couvée n. f. Ensemble des œufs couvés par un oiseau. / Les petits nés d'une couvée.

couvent n. m. Établissement où des religieux ou des religieuses vivent en communauté; ensemble des membres de la communauté. / Vieilli Pensionnat de jeunes filles dirigé par des religieuses.

couventine n. f. Personne élevée au couvent, qui vit dans un couvent.

couver v. i. [1] **A.** v. i. (En parlant des oiseaux) Couvrir des œufs de son propre corps afin de les mener jusqu'à éclosion en leur transmettant la chaleur nécessaire. *La poule couve.* / Loc. *Couver des yeux*: fixer d'un regard chargé de tendresse, de désir. **B.** (Emploi transitif) *La poule couve ses œufs.* / Fig. Entourer d'attention et de tendresse. *Une mère qui couve ses enfants* / Fig. Élaborer en esprit. *Couver une idée.* / Fig. *Couver une maladie*, en être atteint sans que des symptômes clairs se manifestent.

couvercle n. m. Ce qui sert à clore un récipient, une boîte.

couvert, e [1] adj. Protégé par un couvercle, une couverture. *Cuve couverte. Allée couverte*, bordée d'arbres dont les sommets se

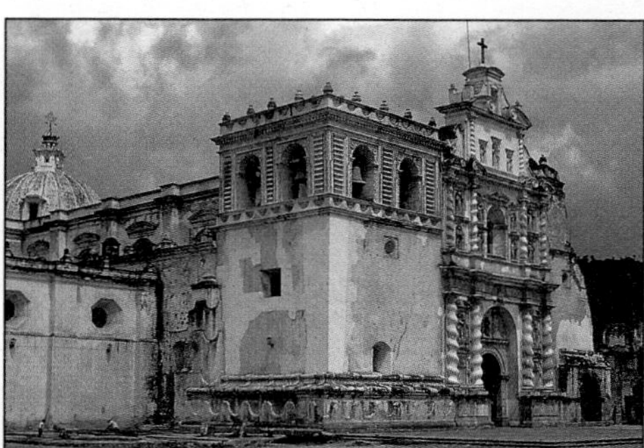
Église d'un **couvent** de style baroque, au Guatemala.

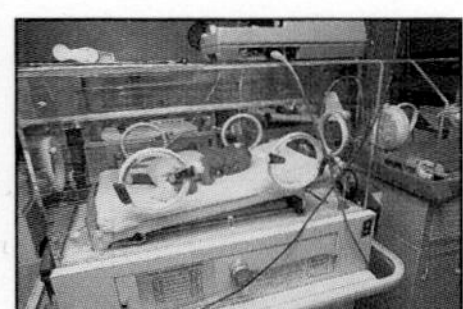
Prématuré dans une **couveuse**.

rejoignent, au moins en partie. / Vêtu. *Être bien couvert.* / Qui porte un chapeau, une coiffe. *Les femmes restaient autrefois couvertes à l'église.* / Fig. *Avoir la voix couverte,* enrouée. Loc. adv. *À mots couverts,* par allusion. / (Spécial.) *Couvert de*: portant beaucoup de. *Un arbre couvert de fruits.* Au fig. *Être couvert de gloire.*
couvert [2] n. m. Abri naturel ou construit. *Le vivre et le couvert*: la nourriture et le logement. *Sous le couvert des arbres*: à l'abri de leur feuillage. / Fig. *Sous le couvert de*: avec la protection de; sous le prétexte de. / Tout ce qui sert à dresser la table (nappe, assiettes, verres, fourchettes, couteaux). *Mettre le couvert.* / Cuillère, fourchette, couteau. *Couverts en argent.*
couverte n. f. TECHN. Enduit vitreux transparent qui recouvre certaines pièces de poterie (faïence, porcelaine).
couverture n. f. Revêtement d'un bâtiment, toiture. *Couverture en ardoise, en tuile, en zinc.* / Grande pièce de tissu qui sert à protéger, à couvrir un lit. / Partie extérieure d'un livre, d'un cahier, d'un magazine. / Ce qui sert à protéger. *Troupes de couverture,* placées pour la protection d'une frontière. / *Couverture sociale*: protection dont bénéficie un assuré social. / FIN. Dépôt servant à garantir une opération boursière ou commerciale. / Ce qui sert à dissimuler. *Cette activité n'est qu'une couverture.* / Fait de couvrir un événement, pour un journaliste.
couveuse n. f. (et adj.) Poule qui se tient sur ses œufs pour les faire éclore. / adj. *Une poule couveuse.* / Appareil à l'aide duquel on porte artificiellement les œufs à éclosion. / MÉD. Appareil où sont placés à température et humidité constantes les nouveaunés prématurés ou de trop faible poids.
couvre-chef n. m. Chapeau. Pl. Des *couvre-chefs.*
couvre-feu n. m. Mesure prise par la police, interdisant aux habitants de sortir de chez eux après une heure fixée. / Anc. Signal indiquant l'heure de rentrer chez soi, d'éteindre les lumières. Pl. Des *couvre-feux.*
couvre-lit n. m. Pièce d'étoffe servant à recouvrir un lit. Pl. Des *couvre-lits.*
couvre-livre n. m. Couverture de protection enveloppant un livre. Pl. Des *couvre-livres.*
couvre-pied(s) n. m. Couvre-lit chaud et décoratif. Pl. Des *couvre-pieds.*
couvreur n. m. Ouvrier ou entrepreneur spécialisé dans la pose et la réparation des toitures.
couvrir v. t. [3] Poser ou étendre (qqch. qui protège, ferme ou cache) sur. *Couvrir un livre. Couvrir une marmite.* / Vêtir chaudement (qqn). (Emploi pron.) Se vêtir. *Couvre-toi avant de sortir.* / Être posé sur. *Un toit de chaume couvrait la masure.* Au fig. Masquer. *La musique couvrait ses cris.* / ZOOL *Couvrir une femelle*: en parlant d'un mâle, monter sur elle pour s'accoupler. / Garnir, se répandre sur. *La crue couvre la plaine.* Au fig. *Couvrir qqn de louanges.* (Emploi pron.) *Le ciel se couvre de nuages.* / Avoir pour étendue; desservir (une zone). / *Couvrir un événement,* en assurer le récit dans la presse. / Parcourir (une distance). *Couvrir un kilomètre au pas de course.* / Protéger (qqn), garantir contre (qqch.); compenser. *Couvrir un voleur. Assurance couvrant l'incendie. Couvrir les frais.*
covalence n. f. CHIM. Liaison de deux atomes par la mise en commun d'électrons.
covalent, e adj. CHIM. Relatif à la covalence.
Coventry *302 500 h.* Ville de Grande-Bretagne qui associe aux industries textiles traditionnelles de la laine et de la soie une industrie aéronautique. La cathédrale, d'architecture moderne, s'élève près des ruines de l'ancienne cathédrale gothique détruite pendant la Seconde Guerre mondiale.
cover-girl n. f. (mot anglais) Jeune femme posant pour des photographies de magazines. Pl. Des *cover-girls.*
covoiturage n. m. Utilisation d'une même voiture par plusieurs personnes effectuant le même trajet.
Coward (Noel) 1899-1973 Auteur dramatique anglais, dont le théâtre surprend par sa gaieté turbulente: *Week-end* (1928). Il a écrit le scénario du film *Brève Rencontre* (1946) de David Lean.
cow-boy n. m. (mot anglais) Cavalier, gardien de troupeaux dans les ranchs de l'Ouest des États-Unis. Pl. Des *cow-boys.*
Cowper (William) 1731-1800 Poète britannique. De santé mentale fragile (il fit plusieurs séjours en asile psychiatrique), victime d'une enfance triste et solitaire, il est l'auteur de poèmes lyriques empreints de mysticisme (*Hymnes d'Olney*, 1776), d'une ballade comique (*La Divertissante Histoire de John Gilpin*, 1782) et d'une abondante correspondance.
cow-pox n. m. (mot anglais) Variole de la vache, caractérisée par des éruptions, sur le pis, de pustules dont le contenu sert à préparer le vaccin antivariolique. Syn. vaccine.
coxa n. f. ZOOL. Chez les arthropodes, pièce de l'appendice articulé la plus proche du corps de l'animal.
coxal, ale, aux adj. ANAT., ZOOL. Relatif à la hanche, à la coxa.
coxalgie n. f. MÉD. Douleur localisée à la hanche. / Tuberculose de la hanche.
coxarthrose n. f. MÉD. Arthrose de l'articulation de la hanche qui se manifeste par des douleurs et une impotence fonctionnelle à évolution lente.
coyote n. m. ZOOL. Canidé d'Amérique, proche du chacal.
Coypel (Noël) 1628-1707 Peintre français. Il exécuta de nombreuses décorations au Louvre et à Versailles. **Antoine** 1661-1722 Fils du précédent, peintre favori du Régent, premier peintre du roi (1716), il a travaillé à Trianon, à la chapelle de Versailles. **Noël-Nicolas** 1690-1734 Frère du précédent. Il a peint des scènes mythologiques. **Charles-Antoine** (1694-1752) Fils d'Antoine. Écrivain à ses heures, on lui doit des petits tableaux « de genre » et une série de 25 toiles sur le thème de *Don Quichotte.*
Coysevox (Antoine) 1640-1720 Sculpteur français. Il a travaillé à Versailles et à Marly. On lui doit aussi les tombeaux de Richelieu (Paris, Sorbonne), de Colbert (Paris, Saint-Eustache) et de nombreux bustes, dont celui du Grand Condé.
crabe n. m. ZOOL. Crustacé décapode muni de pinces, dont le court abdomen est replié sous le céphalothorax, massif, souvent protégé pas une épaisse carapace calcifiée. *Le tourteau et l'araignée de mer sont des crabes estimés pour leur chair.*
crabot n. m. TECHN. Couronne dentée qui accouple deux pièces mécaniques.
craboter v. t. [1] Accoupler par des crabots.
crac! interj. Onomatopée imitant le bruit sec et violent d'un craquement bref. *Crac! le bois a éclaté.* / (Pour évoquer la soudaineté, l'imprévu) *Je me suis retournée, et crac! plus personne!*
crachat n. m. Salive ou mucosité sécrétées par les voies respiratoires et rejetées par la bouche. / Fam. Dans les ordres de chevalerie, plaque qui constitue l'insigne des grades supérieurs.
craché, e adj. Fig., fam. D'une parfaite ressemblance. *C'est son frère tout craché, le portrait craché de son frère.*
cracher v. i. / v. t. [1] **A.** v. i. Rejeter des crachats. / Produire des bruits parasites. *Radio qui crache.* **B.** v. t. Projeter (qqch.) hors de la bouche. *Cracher du venin.* Par ext. *Volcan qui crache sa lave.* / Fig. Dire avec violence. *Cracher des insultes.*
crachin n. m. Petite pluie froide et pénétrante.
crachoir n. m. Récipient dans lequel on crache. / Fig., fam. *Tenir le crachoir*: monopoliser la conversation. *Tenir le crachoir à qqn*, l'écouter parler sans pouvoir soi-même parler.

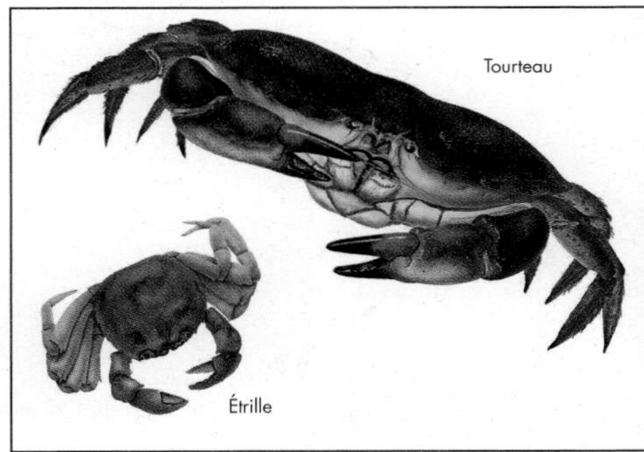

Crabes.

crack [1] n. m. (mot anglais) Excellent cheval de course. / Personne exceptionnellement douée dans une discipline sportive ou intellectuelle.
crack [2] n. m. (mot anglo-américain) Stupéfiant, dérivé fumable de la cocaïne.
cracker n. m. (mot anglais) Petit biscuit salé pour l'apéritif.
cracking n. m. (mot anglais) Craquage.
Cracovie *744 000 h.* Ville de Pologne, sur la haute Vistule. Ancienne capitale du royaume de Pologne dont elle conserve intact le patrimoine architectural (château de Wawel, université Jagellon, fondée en 1364, église Notre-Dame), la ville est devenue un important centre commercial, culturel et industriel.
craie n. f. Roche calcaire poreuse et friable, généralement blanche. / Bâtonnet de craie ou d'une substance analogue pour écrire au tableau noir.
Craig (Edward Gordon) 1872-1966 Homme de théâtre britannique. Il travailla à Londres, à Florence, à Berlin, à Moscou (avec Stanislavski, dans cette dernière ville). Son ouvrage *De l'art du théâtre* (1905) pose les bases de la conception moderne de l'art de la scène: la représentation doit être totalement soumise au « régisseur » (metteur en scène) qui assume toutes les responsabilités tant artistiques que techniques.
craindre v. t. [3] Éprouver de la crainte devant (qqn, qqch.); redouter. *Je crains qu'il pleuve.* / Être sensible, vulnérable à. *Les bananiers craignent le froid.*
crainte n. f. Inquiétude suscitée par un danger réel ou pressenti.
craintif, ive adj. Qui éprouve facilement de la crainte. *Un animal craintif.* / Qui exprime de la crainte. *Un geste craintif.*
craintivement adv. De façon craintive.
Craiova *306 825 h.* Ville de Roumanie, en Valachie, chef-lieu du district de Dolj. Université. Industries.
cramer v. t. [1] Brûler légèrement (qqch.). *Cramer un poulet.* / (Emploi intransitif) Pop. Brûler. *La maison est en train de cramer.*
Cramer (Gabriel) 1704-1752 Mathématicien suisse qui est à l'origine de la géométrie analytique et dont le nom reste attaché à une méthode de résolution des systèmes d'équations linéaires.
cramoisi, e adj et n. m. D'une couleur rouge foncé. *« Le Rideau cramoisi », film d'Alexandre Astruc, d'après Barbey d'Aurevilly.* / n. m. Cette couleur.
crampe n. f. Contraction involontaire, douloureuse et passagère, d'un muscle ou d'un groupe de muscles. / *Crampe d'estomac*: douleur gastrique.
crampon n. m. Morceau de métal servant à fixer, saisir, retenir par sa partie recourbée. / *Chaussures à crampons,* munies de petits bourrelets de cuir, de métal, de plastique, pour éviter de déraper (au football, au rugby). / (Au plur.) Plaque munie de pointes d'acier que les alpinistes fixent sous les chaussures pour avancer sur la glace. / BOT. Racine adventive de fixation de certaines plantes comme le lierre.
cramponner v. t. / v. pron. [1] **A.** v. t. TECHN. Fixer avec un, des crampon(s). / Fig., fam. *Cramponner qqn*, l'importuner par son insistance. **B.** v. pron. *Se cramponner*: s'attacher de toutes ses forces. *Se cramponner à sa mère.* / Fig. *Se cramponner à ses certitudes.*

C

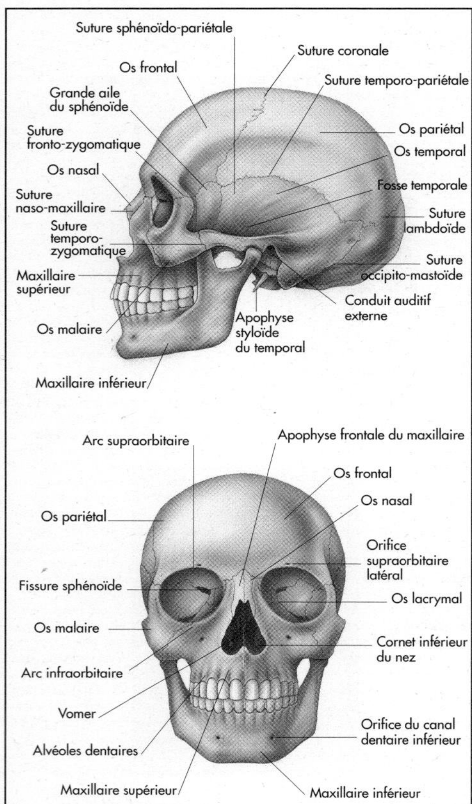

*Les os du **crâne**, vue latérale et frontale.*

Crampton (Thomas) 1816-1888 Ingénieur et mécanicien anglais, inventeur d'une machine à vapeur caractérisée par des roues arrière motrices et de grand diamètre.
cran n. m. Entaille faite dans un corps dur pour fixer ou accrocher. *Couteau à cran d'arrêt* : couteau pliant muni d'un dispositif qui cale la lame. / Ondulation des cheveux. / Fig. Degré. *Monter d'un cran.* / Fam. Audace, courage. *Avoir du cran.*
Cranach (Lucas, dit **l'Ancien)** 1472-1553 Peintre et graveur allemand. On sait peu de chose de sa vie avant la date (1504) à laquelle il est appelé à la cour des Électeurs de Saxe. Ami de Luther, ses gravures sur bois sont à la source de l'iconographie protestante. Il aborda des genres très différents : tableaux religieux (*Triptyque de la Vierge*), nus d'un charme ambigu (*Vénus dans un paysage*), portraits. **Lucas Cranach**, dit **le Jeune** 1515-1586 Fils du précédent, dont il partagea l'atelier ; ses œuvres sont parfois difficiles à distinguer de celles de son père.

***Crapaud** cornu.*

crâne [1] n. m. Boîte osseuse contenant l'encéphale.
crâne [2] adj. Vieilli ou litt. Hardi, courageux.
Crane (Stephen) 1871-1900 Journaliste et écrivain américain. Son roman *La Conquête du courage* (1895) montre de façon clinique une jeune recrue perdue dans les combats absurdes de la guerre de Sécession. Les nouvelles de *The Open Boat* (1898) exercèrent une grande influence sur la « *lost generation* ».
Crane (Harold, dit **Hart)** 1899-1932 Poète américain. Son poème visionnaire, *Le Pont* (1930), fait de l'Amérique le lien, le « pont » qui pourrait joindre passé et avenir.
crânement adv. Avec crânerie.
crâner v. i. [1] Fam. Se prétendre crâne, se vanter. *Un adolescent qui crâne devant les plus jeunes.*
crânement adv. Avec crânerie.
crânerie n. f. Comportement d'une personne qui affiche sa hardiesse, qui se montre courageuse avec panache.
crâneur, euse n. et adj. Fam. n. Personne qui crâne. / adj. *Un air crâneur.*
Cranmer (Thomas) 1489-1556 Prélat anglais. Acquis à la Réforme, archevêque de Canterbury, il servit Henri VIII dont il favorisa les divorces, d'avec Catherine d'Aragon, puis d'avec Anne Boleyn (dont il avait béni le mariage). Promoteur des réformes religieuses qui donnèrent naissance à l'anglicanisme, partisan de Jeanne Grey, il fut exécuté à l'avènement de Marie Tudor.
cranter v. t. [1] Faire des crans à.
crapahuter v. i. [1] Se déplacer en terrain difficile, accidenté.
crapaud n. m. ZOOL. Amphibien anoure terrestre de forme trapue, à la peau couverte de pustules. *Le crapaud coasse.* / En joaillerie, défaut dans une pierre précieuse. / Petit fauteuil bas, capitonné, de style Napoléon III.
crapaudine n. f. Pièce de métal percée de trous et placée à l'entrée d'un tuyau pour éviter son engorgement. / MÉCAN. Pivot métallique d'un arbre vertical. / Plot métallique scellé dans la maçonnerie pour recevoir le pivot d'une porte. / Petite betterave en forme de cône allongé. / CUIS. *Volaille à la crapaudine*, que l'on aplatit avant de la faire griller ou rôtir.
crapette n. f. JEU Réussite jouée à deux joueurs avec deux jeux de 52 cartes.
crapule n. f. Individu sans vergogne, aux mœurs dissolues. / Vx Milieu de débauche. *Il fréquente la crapule.*
crapuleusement adv. De manière crapuleuse.
crapuleux, euse adj. Relatif à la crapule, aux crapules. / *Crime crapuleux*, commis pour voler.
craquage n. m. TECHN. Procédé thermique ou catalytique visant à transformer le pétrole brut en hydrocarbures plus légers, par scission des molécules lourdes.
craquant, e adj. Fam. Séduisant à l'extrême, au point de faire craquer. *Cette enfant est craquante.*
craque n. f. Pop. Bobard, mensonge.
craquelage n. m. Technique de fabrication de la porcelaine craquelée.
craquelé, e adj. Marqué de craquelures.
craquelure n. f. Fendillement en réseau à la surface d'une peinture, d'une céramique.
craquement n. m. Bruit sec produit par qqch. qui craque.
craquer v. i. [1] Produire un bruit sec. *Meuble, bûche qui craque.* / Se déchirer, se briser, souvent en faisant un bruit sec. *Son pantalon a craqué.* / Fig. Se rompre. *Leur union a craqué.* / Fam. Ne pas résister à l'attrait, au charme de (qqn, qqch.) ; céder sous la pression psychologique. *Cette fille m'a fait craquer. J'ai craqué devant ces chaussures. J'en avais assez de l'entendre rouspéter, j'ai craqué, j'ai jeté mon vieux jean.*
crash n. m. (mot anglais) Écrasement d'un avion au sol. Pl. Des *crashs* ou des *crashes*.
crasse n. f. Saleté extrême. / MÉTALL. Scories produites par la fusion des métaux. / Fig. Indélicatesse matérielle ou morale. *Faire une crasse.*
crasseux, euse adj. Couvert de crasse. *Mains crasseuses.*
crassier n. m. Amas de poussières de charbon, provenant des hauts fourneaux.
crassulacées n. f. pl. BOT. Famille de dicotylédones dialypétales, qui comprend des formes herbacées ou arbustives, à tiges et feuilles charnues. *La joubarbe est une crassulacée.*
Crassus (en latin **Marcus Licinius Crassus)** 114?-53 av. J.-C. Homme politique romain. Il écrasa dans le sang la révolte de Spartacus (71 av. J.-C.), forma un triumvirat éphémère avec Pompée et César (60) et trouva la mort en Asie Mineure dans la guerre contre les Parthes.
cratère n. m. Grand vase à deux anses dans lequel les Anciens servaient le vin coupé d'eau. / GÉOL. Ouverture au sommet d'un volcan d'où s'échappent les laves et les matériaux en fusion. / Vaste dépression circulaire formée par la chute d'une météorite à la surface d'un astre. *Cratères lunaires.* / TECHN. Orifice d'un four de verrier.
craterelle n. f. BIOL. Champignon basidiomycète, comestible, dit trompette-de-la-mort ou corne-d'abondance.
Crau (la) Ancien cône de déjection de la Durance, dans les Bouches-du-Rhône. En partie caillouteuse, la Crau est irriguée et fertile dans la région de Salon.
cravache n. f. Badine flexible pour stimuler un cheval.
cravacher v. t. [1] Frapper à coups de cravache. *Cravacher un cheval.* / Fig., fam. Se hâter.
cravate n. f. Bande d'étoffe étroite et longue que les hommes passent sous le col de chemise et nouent par-devant comme ornement vestimentaire. / Insigne des gardes supérieurs de certains ordres. *Cravate de commandeur de la Légion d'honneur.* / Ornement attaché à la hampe d'un drapeau.
cravaté, e adj. Qui porte une cravate. / *Bière cravatée* : en Afrique, bouteille de bière avec une collerette autour du goulot.
cravater v. t. [1] Pop. Attaquer (qqn) en le prenant par le coup et en serrant. / S'emparer de. *Il s'est fait cravater à la sortie du supermarché avec un paquet de CD.*
crawl n. m. (mot anglais) Nage rapide associant battements de jambes et moulinets alternatifs des bras.
Craxi (Bettino) 1934-2000 Homme politique italien. Leader du parti socialiste, Premier ministre (1983-1987), il a été poursuivi pour corruption en 1994.
crayeux, euse adj. Qui contient de la craie. *Chemin crayeux.* / Qui a l'aspect, la couleur de la craie. *Un teint crayeux.*

***Cratère** attique (VIIe siècle avant J.-C.).*

Lors de la dernière éruption du Krakatoa, en Indonésie, des tonnes de gaz et de cendres volcaniques furent rejetés par le ***cratère****.*

crayon n. m. Baguette de bois contenant une mine de graphite ou de matière colorante et servant à écrire ou dessiner. / Bâtonnet servant de gaine à diverses substances. *Crayon de rouge à lèvres.* / Dessin fait au crayon. *Un crayon de Picasso.*
crayonnage n. m. Action de crayonner ; résultat de cette action, dessin au crayon.
crayonné, e adj. et n. m. Tracé au crayon. *Notes crayonnées en marge.* / n. m. Esquisse au crayon.
crayonner v. t. [1] Dessiner, écrire (qqch.) au crayon. / (Par ext.) Écrire (qqch.) à la hâte. *Crayonner quelques mots.*
créance n. f. DR. Droit d'exiger l'exécution d'une obligation et en particulier le paiement d'une somme d'argent. / *Lettres de créance* : attestation que remet un agent diplomatique au chef de l'État auprès duquel il est accrédité. / Vx Le fait de croire en quelque chose.
créancier, ère n. Détenteur d'une créance. *Payer ses créanciers.*
créateur, trice n. Personne qui crée, qui conçoit et réalise une chose nouvelle, auteur. *Le créateur d'un modèle, d'un style.* / Personne qui a la faculté d'inventer, d'innover. / Premier interprète d'un rôle au théâtre, d'une chanson. / n. m. *Le Créateur* : Dieu.
créatif, ive adj. et n. Qui est capable de créer, d'inventer, d'innover. / n. Personne chargée de trouver des concepts, des idées graphiques, dans la publicité.
créatine n. f. BIOCHIM. Composé organique azoté, dérivé de la guanine, présent dans les tissus musculaires sous une forme riche en énergie, la créatine-phosphate.
créatinine n. f. BIOCHIM., PHYSIOL. Composé organique azoté, déchet du métabolisme de la créatine et éliminé par voie urinaire après épuration par le rein.

Train à ***crémaillère****.*

création n. f. Action de Dieu qui crée à partir du néant. *La création du monde* ou *la Création.* / Ensemble des êtres et des choses créés. / Action de créer, de fonder, d'inventer qqch. *La création artistique, littéraire.* / Première interprétation d'un rôle, première représentation d'une pièce de théâtre.
créationnisme n. m. Théorie selon laquelle les espèces vivantes ont été créées subitement et isolément et n'ont subi aucune évolution.
créationniste adj. et n. Du créationnisme ; partisan du créationnisme.
créativité n. f. Faculté de créer, d'inventer, d'imaginer.
créature n. f. Tout être créé et particulièrement l'homme, créature mortelle, par oppos. à *Dieu.* / Être humain, personne (se dit en partic. d'une femme). *Une belle créature.*
Crébillon (Prosper) 1674-1762 Écrivain français, auteur de tragédies où règne une atmosphère de terreur : *Rhadamiste et Zénobie* (1711), *Catilina* (1748). **Claude**, dit **Crébillon fils** 1707-1777 Fils du précédent ; il est l'auteur de romans licencieux : *Les Égarements du cœur et de l'esprit* (1736), *Le Sopha* (1742).
crécelle n. f. Moulinet de bois qui émet un son crépitant. / Fig. Personne bavarde. / *Voix de crécelle* : voix criarde.
crécerelle n. f. ZOOL. Petit faucon à longue queue à plumage roux, gris, noir. *La crécerelle se nourrit d'insectes et de rongeurs.* / Appos. *Le faucon crécerelle.*
crèche n. f. Vx Mangeoire pour les animaux. / La mangeoire où, selon l'Évangile, Jésus fut déposé à sa naissance. / Représentation de l'étable de Bethléem avec la crèche abritant l'enfant Jésus. / Établissement où l'on garde pendant la journée les enfants de moins de trois ans. / Argot Lieu où l'on habite ; domicile.
crécher v. i. [1] Argot Habiter. *Où tu crèches ?*
Crécy-en-Ponthieu *1 491 h.* Commune de la Somme près de laquelle Édouard III d'Angleterre infligea une terrible défaite à Philippe VI en 1346.
crédence n. f. Partie d'un buffet sur laquelle on pose assiettes, plats et couverts. / Vaisselier. / LITURG. Meuble sur lequel on dispose les objets nécessaires à la célébration de la messe.
crédibilité n. f. Qualité d'une chose, d'une personne crédible.
crédible adj. Que l'on peut croire, digne de foi.
crédirentier, ère n. DR. Créditeur, créditrice d'une rente.
crédit n. m. **I.** Confiance inspirée par quelqu'un, influence. *Perdre tout crédit.* Ant. discrédit. **II.** Somme d'argent avancée à quelqu'un par une banque ou un particulier. *Ouvrir un crédit à qqn. À crédit* : avec paiement différé. *Crédit à court, à moyen, à long terme*, consenti pour une période inférieure à deux ans, inférieure à sept ans ou supérieure à sept ans. *Crédit revolving*, renouvelable au fur et à mesure des remboursements. *Carte de crédit*, qui permet d'effectuer des paiements et des retraits d'espèces. / Somme affectée à un usage précis dans le budget d'une entreprise ou d'une administration. *Les crédits d'investissement.* / COMPTA. Partie d'un compte où figurent les créances (par oppos. au *débit*). **III.** Nom des établissements de crédit et de certaines sociétés bancaires. *Crédit foncier. Crédit Lyonnais.* / *Crédit municipal* : établissement qui pratique le prêt sur gage (appelé autrefois *mont-de-piété*).
crédit-bail n. m. Forme de location d'un bien mobilier ou immobilier, assortie d'une possibilité pour le locataire d'acquérir le bien loué au terme du contrat. Syn. leasing. Pl. Des *crédits-bails*.
créditer v. t. [1] Porter une somme au crédit de. *Créditer un compte.* Ant. débiter. / Fig. et fam. Reconnaître à (qqn) le mérite d'une action, d'une performance.
créditeur, trice n. et adj. Personne qui a des sommes portées à son crédit. Ant. débiteur. / adj. Qui présente un crédit. *Solde, compte créditeur.*
credo n. m. (mot latin : « je crois ») Premier mot du texte latin du symbole des Apôtres, profession de foi du chrétien ; cette profession de foi. *Réciter, chanter un Credo.* / Ensemble des croyances, des opinions sur lequel repose une conviction. *Credo artistique.*
crédule adj. Qui croit facilement, trop facilement à ce qu'on lui raconte, qui se laisse facilement abuser. Ant. incrédule.
crédulité n. f. Caractère d'une personne crédule. *Abuser de la crédulité de qqn.* Ant. incrédulité.
créer v. t. Tirer du néant. *Dieu a créé l'homme.* / Fonder, bâtir. *Créer une cité. Créer une entreprise.* / Instituer. *Créer des postes.* / Concevoir (une œuvre), inventer. *Créer un tableau. Créer un rôle,* être le premier à le jouer. / Fig. Engendrer, susciter. *Cet incident a créé des retards. Créer la surprise.*
Crees Voir **Cris**
Creil *31 956 h.* Ville de l'Oise, sur l'Oise. Centre industriel.
crémaillère n. f. Pièce de fer allongée, à crans, pour y accrocher des marmites et les faire chauffer dans la cheminée. / Fig. *Pendre la crémaillère* : fêter une nouvelle installation. / MÉCAN. Tige droite, munie de dents qui s'emboîtent dans une roue dentée pour transformer un mouvement rectiligne en mouvement de rotation, ou inversement. / TECHN. Pièce à crans pour accrocher ou manœuvrer une partie mobile. / CH. DE FER Rail cranté destiné à retenir la motrice sur les voies ferrées à très forte pente. / FIN. *Parités (de change) à crémaillère*, révisables par des modifications successives de faible amplitude.
crémant n. m. Vin mousseux obtenu selon la méthode champenoise. *Crémant d'Alsace, de Bourgogne, de Loire.*
crémation n. f. Incinération du corps des défunts.
crématoire adj. Relatif à la crémation. / *Four crématoire* ou, n. m., *crématoire*, où l'on incinère les cadavres (le terme restant attaché aux camps d'extermination nazis, on lui préfère généralement *crématorium*).
crématorium n. m. Lieu où l'on incinère les morts, dans un cimetière.
crème n. f. et adj. inv. **A.** n. f. Matière grasse et onctueuse qui remonte à la surface du lait et dont on fait le beurre. / Dessert préparé avec du lait, des œufs, du sucre et des aromates, qui a la consistance de la crème. / Préparation onctueuse pour les soins de la peau. *Crème démaquillante.* / Extrait liquoreux de fruits. *Crème de cassis.* / Fig. *C'est la crème des hommes, des femmes*, le meilleur des hommes, la meilleure des femmes. **B.** adj. inv. De la couleur blanc cassé de la crème de lait. *Un chemisier en soie crème.*
crémerie n. f. Boutique de crémier.
crémeux, euse adj. Riche en crème. *Lait crémeux.* / Qui a l'aspect, la couleur de la crème. *Revêtement crémeux.*
crémier, ère n. Personne qui fait commerce des produits laitiers.
Crémieux (Isaac Moïse, dit **Adolphe)** 1796-1880 Homme politique français. Ministre de la Justice en 1870, on lui doit le décret Crémieux, par lequel la République française accorda le titre de citoyens français aux Juifs d'Algérie.
crémone n. f. Poignée actionnant une tige de fer pour fermer les fenêtres.
Crémone *72 500 h.* Ville d'Italie, en Lombardie, située au confluent de l'Adda et du Pô, au centre d'une région agricole. Son palais communal et ses remparts datent du XIIIe siècle. Patrie de Stradivarius, Crémone était un centre renommé de luthiers.
créneau n. m. Maçonnerie en forme de dent, au sommet d'une tour ou d'un mur de fortification, qui permet de tirer sur l'ennemi en se mettant à l'abri de ses projectiles. / Motif décoratif en forme de créneaux. / Action de garer un véhicule entre deux autres véhicules en stationnement. *Faire un créneau.* / Temps disponible dans un emploi du temps, un programme. / COMM. Segment de marché de faible concurrence.
crénelé, e adj. Muni de dents, de créneaux.
créodontes n. m. pl. PALÉONT. Ordre de mammifères carnivores, de l'ère tertiaire.
créole n. et adj. **I.** n. et adj. Personne d'origine européenne et de race blanche, née aux Antilles ou dans une île de l'océan Indien colonisée par la France ou l'Angleterre. *Joséphine de Beauharnais était une créole de la Martinique.* / Par ext. Indigène de l'une de ces îles. / adj. Qui concerne ces populations. *La cuisine créole.* **II.** n. m. LING. Langue

Maison ***créole*** *sur l'Île de la Réunion.*

C

Crêpe de sarrasin, ou "galette".

maternelle d'une des communautés peuplant ces îles ou d'autres terres de colonisation, qui constitue un système linguistique où se mêlent la (les) langue(s) indigène(s) et importée(s) et la langue du colonisateur (anglais, espagnol, français, néerlandais, portugais). *Le créole de Haïti est langue nationale. Les créoles sont des systèmes linguistiques complexes et structurés, dont la syntaxe est marquée par celle de diverses langues africaines et dont le vocabulaire est très proche de la langue européenne dont ils découlent.*

Créon MYTH. GR. Roi de Thèbes, à la mort d'Œdipe. Sa cruauté envers Antigone qu'il punit d'avoir enseveli son frère Polynice, en la faisant emmurer vivante, est décrite dans l'*Antigone* de Sophocle. Thésée le tua.

créosote n. f. Liquide à forte odeur (mélange de phénols), obtenu par distillation des goudrons, et utilisé comme antiseptique et pour la protection du bois.

créosoter [1] v. t. Imprégner (le bois) de créosote.

crêpage n. m. Apprêt donné au tissu appelé crêpe. / Gonflant donné à la coiffure en crépant les cheveux.

crêpe [1] n. m. Tissu léger en soie ou en laine fine dont les fils ont subi une forte torsion. *Crêpe de Chine*: crêpe de soie épais. / Voile ou brassard de crêpe noir porté en signe de deuil. / Feuille de caoutchouc laminé. *Une semelle de crêpe.*

crêpe [2] n. f. Galette faite d'une pâte légère et fluide, à base de farine, d'œufs et d'un liquide (eau, lait, bière…), cuite sur une plaque ou dans une poêle.

crêperie n. f. Établissement où l'on déguste des crêpes.

crêper v. t. [1] **I.** Faire gonfler (les cheveux) en repoussant au peigne les mèches vers la racine. / v. pron. Fam. *Se crêper le chignon*, se battre (en se prenant aux cheveux), se disputer violemment, en parlant de femmes. **II.** TECHN. Apprêter (le crêpe) en tordant fortement les fils de chaîne. / Donner l'aspect du crêpe à.

crépi n. m. Enduit de plâtre ou de mortier jeté à la truelle sur un mur et non lissé.

crêpier, ère n. Marchand de crêpes. / n. f. Poêle à crêpes; plaque électrique sur laquelle on fait des crêpes.

crépine n. f. Frange utilisée en ameublement. / Boîte en métal percée de trous placée à l'extrémité d'un tuyau pour filtrer un liquide. / Membrane qui enveloppe les viscères du mouton, du veau, du porc, utilisée en cuisine.

crépir v. t. [2] Enduire (une paroi) de crépi.

crépitation n. f. ou **crépitement** n. m. Succession de bruits secs. *Crépitement du feu, d'une mitrailleuse.* / MÉD. Bruit respiratoire produit par la rencontre de l'air et d'un liquide dans les alvéoles pulmonaires, généralement symptomatique d'une affection.

crépiter v. i. [1] Produire une suite de crépitements.

crépon n. m. Tissu ou papier gaufré.

crépu, e adj. Frisé très serré.

crépusculaire adj. Du crépuscule.

crépuscule n. m. Lumière qui suit le coucher du soleil. / Fig. Déclin. *Le crépuscule d'une dynastie.*

crescendo adv. et n. m. (mot italien) MUS. En augmentant progressivement l'intensité des sons. Ant. decrescendo. / n. m. inv. Morceau exécuté crescendo.

crésol n. m. CHIM. Phénols dérivés du toluène, de formule $CH_3 - C_6H_4 - OH$.

Crespi (Giuseppe Maria) 1665-1747 Peintre italien qui sut tirer parti de l'enseignement des Carrache, en tempérant leur froideur.

Crespin (Régine) 1927 Cantatrice française, soprano, interprète, notamment, de Wagner.

Cressent (Charles) 1685-1768 Ébéniste français de l'époque de la Régence, auteur de meubles marquetés, incrustés de bronze.

cresson n. m. BOT. Crucifère aquatique, cultivé dans l'eau douce des ruisseaux et dont les feuilles sont généralement consommées en salade.

Cresson (Édith) 1934 Femme politique française. Premier ministre (socialiste) de mai 1991 à avril 1992, elle fut la première femme à diriger, en France, un gouvernement républicain.

cressonnière n. f. Lieu où pousse le cresson.

Crésus Roi de Lydie de 560 à 546 av. J.C. réputé pour son opulence (« riche comme Crésus »), due à la rivière Pactole, riche en sables aurifères. Inquiet de l'ascension de Cyrus, il noue contre lui une coalition avec le pharaon et le roi de Babylone. Vaincu à Thymbrée en 546, Crésus fut dépouillé de ses richesses et de ses États.

crêt n. m. Escarpement calcaire qui domine une combe, forme caractéristique du relief jurassien.

crétacé n. m. GÉOL. Dernière période de l'ère secondaire, marquée par la formation de la craie.

crête n. f. ZOOL. Excroissance charnue, de nature tégumentaire, portée par certains animaux sur la tête, les dos, etc. / Partie supérieure, sommet d'une montagne, d'une construction, d'une vague. / *Ligne de crête*: ligne passant par les sommets d'une chaîne montagneuse. / Relief du fond des mers.

• **Crète** (autrefois *Candie*) *8 336 km² 540 000 h.* Île grecque de la Méditerranée orientale. Capitale *Héraklion*.

Créteil *82 088 h.* Chef-lieu du Val-de-Marne, sur la rive gauche de la Marne. Industries de pointe. Église (XIIe-XIIIe s.).

crétin, e adj. et n. Affecté de crétinisme. / Fam., cour. Idiot, inintelligent. / Subst. *Un(e) crétin(e).*

crétinisme n. m. MÉD. Affection générale de l'organisme caractérisée par l'absence à peu près complète des facultés intellectuelles, par le nanisme et par arrêt des fonctions sexuelles, due à un hypofonctionnement de la thyroïde. / Cour. Stupidité.

crétois, e adj. et n. De Crète. *Navires crétois. Un(e) Crétois(e).*

cretonne n. f. Forte toile de coton utilisée en ameublement.

Creuse (la) *255 km* Rivière née dans le plateau de Millevaches, qui arrose Aubusson et se jette dans la Vienne.

Creuse (département de la) [23] *5 565 km² 131 349 h.* Chef-lieu *Guéret*. Département français qui fait partie de la Région Limousin. Située au nord-ouest du Massif central, formée de plateaux (Combraille) et de collines bocagères, la Creuse est un département rural qui a perdu la moitié de sa population au cours du XXe siècle.

creuser v. t. [1] Former un creux dans (qqch.) en ôtant de la matière. *Creuser la terre.* Fig. et fam. *Creuser (l'estomac)*: donner faim. / Ménager (une cavité). *Creuser des galeries.* / Rendre concave. *Creuser les reins. La fatigue creuse le visage.* / Fig. Approfondir (un sujet, une idée).

creuset n. m. Récipient en matériau réfractaire permettant de fondre les métaux ou de réaliser certaines synthèses chimiques à hautes températures. / MÉTALL. Partie inférieure d'un haut fourneau. / Fig. Lieu où différentes choses se rencontrent et se mêlent. *Creuset de cultures, de civilisations.*

Creusot (Le) *28 909 h.* Ville de Saône-et-Loire. L'épuisement du bassin houiller auquel Le Creusot doit sa prospérité initiale n'a pas compromis son industrie, qui se tourne vers la technologie de pointe (aciers spéciaux, etc.). L'écomusée ressuscite le passé industriel du pays (dominé par la firme Schneider).

Creutzfeld-Jakob (maladie de) Encéphalopathie spongiforme, due à un prion, associant une détérioration mentale, d'évolution rapide, à un syndrome extrapyramidal fait de mouvements anormaux et d'hypertonie; la raréfaction des neurones et la spongiose sont les deux anomalies anatomiques principales.

creux, euse adj. et n. m. **A.** adj. Vide à l'intérieur. *Aiguille creuse.* / *Son creux*: son que rend un objet creux quand on le frappe. / Cave. *Assiette creuse. Plat creux.* / Encaissé.

Crète

Géographie

Les sols calcaires de son relief très montagneux (mont Ida *2 456 m*) sont couverts par un maquis de myrtes et de lauriers. Les plaines côtières sont le domaine de la vigne et de l'olivier. Dépourvue d'industries, mais favorisée par le climat et la richesse de son passé, la Crète vit surtout des ressources du tourisme.

Paysage des hautes plaines de Lasizi, en Crète, la plus grande des îles grecques.

Histoire

Point de rencontre des trois grands axes des civilisations africaine, asiatique et européenne, la Crète est un des plus anciens foyers culturels du monde méditerranéen.

Elle conserve d'imposants vestiges de la civilisation minoenne (2400-1400 av. J.-C.), qui exerça une influence déterminante sur Mycènes. Les peintures, sculptures, céramiques et reliefs monumentaux des palais calcaires de Cnossos, Phaïstos et Gournia reproduisent surtout des scènes de la vie quotidienne (chasse, rites funéraires). L'île est conquise, en 67 av. J.-C., par les Romains et rattachée à l'empire d'Orient en 395 apr. J.-C. Musulmane (826-961), à nouveau byzantine (Xe-XIIIe siècle), vénitienne à l'époque des croisades, elle devient possession turque en 1669, pour devenir grecque (1898, définitivement en 1913).

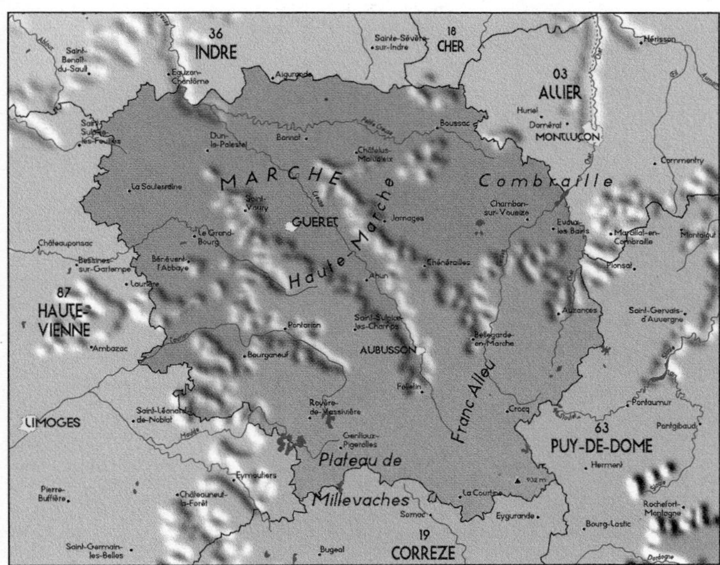

Département de la ***Creuse****.*

Chemin creux. / *Mer creuse*, agitée. / Fig. *Heures creuses*, de moindre activité. / Vide de sens, d'intérêt. *Paroles creuses.* **B.** n. m. Cavité, trou. *Le creux d'un rocher.* / Partie concave de qqch. *Le creux de la main. Le creux d'une vague.* / Fig. Période de moindre activité. *Le creux de la production.*

crevaison n. f. Éclatement d'un objet gonflé (pneu, ballon).

crevasse n. f. Fente à la surface d'une chose. *Crevasse dans la terre.* / Gerçure de la peau. / Fissure étroite et profonde dans un glacier.

crève n. f. Vx Mort, maladie mortelle, maladie. / (Sens atténué) Loc. fam. *Attraper, avoir la crève* : avoir froid, avoir pris froid.

crevé, e [1] adj. Percé. *Pneu crevé.* / Mort. *Chiens crevés.* / Fam. Très fatigué, épuisé. *Je suis crevé aujourd'hui.*

crevé [2] n. m. Fente longitudinale dans la manche d'un vêtement qui laisse apparaître une étoffe d'une couleur différente.

crève-chien n. m. inv. BOT. Syn. de douce-amère. *Des crève-chien.*

crève-cœur n. m. inv. Chagrin profond.

Crevel (René) 1900-1935 Poète et romancier français surréaliste, auteur de *la Mort difficile* (1927), des *Pieds dans le plat* (1933) et d'un pamphlet, *Le Clavecin de Diderot* (1932). Il s'est suicidé.

crève-la-faim n. m. inv. Personne indigente, sans ressources.

Crevasses *formées à la surface d'un glacier.*

crever v. i. / v. t. [1] **A.** v. i. Se percer, éclater sous une pression, une tension. *Le pneu a crevé.* / Fam. Ressentir intensément. *Crever de faim, de fatigue.* (Emploi absol.) Mourir. **B.** v. t. Percer, faire éclater (qqch.). *Crever un abcès.* / Fig. et fam. *Ça crève les yeux* : c'est évident.

crevette n. f. ZOOL. Petit crustacé décapode marin nageur, à abdomen long, au tégument non calcifié formant carapace et aux longues pattes grêles. *Les crevettes roses et les crevettes grises ont une chair appréciée.* / *Crevette d'eau douce* : gammare.

Creys-Malville (centrale de) Centrale nucléaire dotée du premier régénérateur français de forte puissance industrielle, implantée au bord du Rhône dans l'Isère, et fermée définitivement en 1997.

cri n. m. Son perçant émis par la voix. *Pousser un cri.* / Parole lancée à voix forte. *Cri de guerre*, lancé autrefois avant le combat. / DR. *Cris séditieux* : injures publiques proférées contre l'autorité ou les lois, qui constituent un délit. / Opinion manifestée bruyamment. *Cri d'admiration.* / Fig. *Dernier cri* : dernière mode. / Fig. Appel, expression du sentiment intérieur. *Cri du cœur.* / Son caractéristique émis par un animal, propre à chaque espèce. *Le cri de la chouette.* / Bruit aigre produit par un objet. *Cri d'une lime.*

Cri (le) 1893 Tableau symboliste de Munch qui annonce l'expressionnisme. Réduit à une tête informe, l'humain hurle son angoisse isolée.

criant, e adj. Qui suscite l'indignation. *Une injustice criante.* / Évident. *Une ressemblance criante.*

criard, e adj. Qui crie désagréablement. *Une petite fille criarde.* / Désagréable pour l'oreille. *Son criard.* / Fig. Trop voyant. *Couleurs criardes.*

crible n. m. Appareil qui épure, trie le grain, le sable. / Fig. Examen attentif et exhaustif. *Passer au crible.*

cribler v. t. [1] Passer (une matière) au crible. *Cribler des graviers.* / (Par analogie) Percer (qqch.) de multiples fois. *Cribler un corps de balles.* / Fig. *Être criblé de coups, de dettes.*

cric n. m. Appareil qui permet de soulever de lourdes charges (notam. automobiles) avec un effort relativement réduit.

Crick (Francis Harry Campton) 1916 Biologiste britannique. En 1953, il élabora avec J. D. Watson et M. H. F. Wilkins le modèle de la structure en double hélice de la molécule d'acide désoxyribonucléique (A.D.N.). Ils reçurent, pour ces travaux, le prix Nobel, en 1962. Crick et Watson proposèrent par la suite un modèle de duplication de la molécule d'A.D.N., la réplication semi-conservative. Crick établit l'une des notions fondamentales de la biologie moléculaire, selon laquelle les transferts d'information génétique se font dans un sens déterminé : des molécules d'acide désoxyribonucléique vers celles d'acide ribonucléique (A.R.N.), et des molécules d'A.R.N. vers les protéines. Il contribua également de manière notable à l'élucidation du code génétique.

cricket n. m. (mot anglais) Sport d'équipe d'origine anglaise, dans lequel les joueurs frappent des balles de cuir avec des battes en bois.

criée n. f. Annonce de prix faite dans une vente publique aux enchères. *Vente à la criée.*

crier v. i. [1] Pousser un cri, des cris. / Parler fort, avec colère ; dénoncer avec force. *Crier au scandale.* / Fam. *Crier après qqn*, l'assourdir par des cris. / (Emploi transitif) Dire haut et fort ; proclamer. *Crier son désarroi. Crier famine. Crier vengeance.*

crieur, euse n. Anc. *Crieur public* : personne qui faisait à haute voix les proclamations publiques. / Mod. Marchand ambulant qui annonce ce qu'il vend en criant. *Crieur de journaux.*

crime n. m. DR. Infraction grave jugée par les cours d'assises et passible d'une peine afflictive et infamante (par oppos. à *délit, contravention*). / Cour. Meurtre. *L'arme du crime.* / *Crime de guerre* : violation des lois et coutumes de la guerre. *Crime contre l'humanité* : violation des règles de droit international (déportation, génocide, extermination). / Cour.

Le Cri, *d'Edvard Munch, 1893 (Galerie nationale, Oslo).*

***Guerre de Crimée**: défilé des troupes françaises après leur victoire.*

Grave manquement aux prescriptions de la morale. / Par exagération Acte répréhensible. *C'est un crime de dégazer en mer. Ce n'est pas un crime*: ce n'est pas grave.

Crime et Châtiment 1866 Roman de Dostoïevski dont le héros, l'étudiant Raskolnikov, est l'auteur d'un crime qu'absolvent son aveu et l'idéalisme qui l'inspire.

Crimée *27 000 km² 2 179 000 h.* Presqu'île de la mer Noire rattachée au sud de l'Ukraine par une région de marais. Formée d'une grande plaine, domaine de la culture intensive des céréales, et d'une chaîne côtière méridionale (mont de Crimée), la Crimée, favorisée par la douceur de son climat, était la région touristique favorite des Russes (Yalta). Des gisements de pétrole sont exploités dans la presqu'île de Kertch. **Histoire** Ancienne colonie grecque (*Chersonèse Taurique*) puis byzantine, possession turque du XVe au XVIIIe siècle, la Crimée devint russe en 1783 par le traité de Constantinople. Elle forme une république autonome au sein de l'U.R.S.S. de 1922 à 1945, occupée par l'Allemagne (1943-1944). Accusés de collaboration, de nombreux Tatars furent déportés par Staline. En 1954, la Crimée fut rattachée à l'Ukraine. Quand celle-ci accéda à l'indépendance (1991), la Russie voulut reprendre la Crimée (et donc la flotte de la mer Noire). La tension a été vive jusqu'à l'accord de 1997: la Russie paye désormais à l'Ukraine l'utilisation du port de Sébastopol.

***Cristaux** de quartz.*

Crimée (guerre de) Guerre qui opposa de 1854 à 1855 l'armée franco-britannique aux troupes russes de Nicolas Ier à la suite de l'invasion par ce dernier des provinces turques danubiennes. Le traité de Paris du 30 mars 1856 brisa la volonté du tsar de démanteler l'Empire ottoman.

criminaliser v. t. [1] DR. Donner à (une infraction pénale) le caractère d'un crime, la rendre légalement du ressort de la cour d'assises.

criminalité n. f. Ensemble des actes criminels commis dans un groupe social pendant une période donnée.

criminel, elle adj. et n. Qui procède du crime. *Acte criminel.* / n. Personne qui a commis un crime. *Mettre un criminel hors d'état de nuire.*

criminologie n. f. Discipline qui étudie les manifestations du phénomène criminel, en détermine la nature, les causes, la fréquence.

crin n. m. Poil long et rêche à la queue et sur le cou de certains animaux, spécial. du cheval. / *Crin végétal*: fibre textile extraite de certains végétaux (palmier, agave, etc.).

crinière n. f. Ensemble des crins qui garnissent le cou du cheval, du lion. / Touffe de longs crins couronnant un casque et retombant en panache.

crinoïdes n. m. pl. ZOOL. Classe d'échinodermes au corps en forme de calice entouré de cinq bras, couvert de petites plaques calcaires, dont certaines espèces sont fixées au substrat par un long pédoncule (lis de mer).

crinoline n. f. Large jupon maintenu par des baleines et des cercles d'acier que les femmes portaient, sous le Second Empire, pour faire bouffer leurs jupes.

crique n. f. Petite baie ou anse d'un rivage.

criquet n. m. ZOOL. Insecte orthoptère à antennes courtes, au chant caractéristique (famille des acridiens). *Le criquet se déplace en volant, ou par sauts lorsqu'il est à terre. Les espèces peuvent adopter un comportement grégaire, tel le criquet pèlerin, et constituer des nuées qui dévastent les cultures.*

Cris ou **Crees** Amérindiens du Canada appartenant à la famille linguistique des Algonquins. Environ 10 000, ils vivent entre le nord-ouest du Québec et les montagnes Rocheuses.

crise n. f. Brusque variation qui intervient dans le cours d'une maladie; manifestation aiguë d'une affection. *Crise cardiaque.* / Manifestation soudaine d'un sentiment, d'un état psychologique. *Crise de larmes, de désespoir. Crise de nerfs.* / Période de trouble, d'instabilité, de tension dans l'évolution d'une société, d'une institution. *Crise politique. Crise ministérielle*: intervalle entre la chute d'un gouvernement et son remplacement par un autre. / *Crise économique*: rupture d'équilibre entre production et consommation. *La crise de 1929.* / Absence, pénurie. *Crise de la main-d'œuvre.*

crispation n. f. Contraction et plissement superficiel d'un corps. *Crispation du cuir.* / Contraction musculaire provoquée par la nervosité, l'émotion. / Mouvement d'impatience, irritation.

crisper v. t. / v. pron. [1] **A.** v. t. Provoquer la crispation de. *Un visage crispé de chagrin.* / Exaspérer. *Sa manière de s'exprimer me crispe.* **B.** v. pron. Se contracter. *Elle se crispe au moindre bruit.*

Crispi (Francesco) 1818-1901 Homme politique italien. Député au Parlement piémontais en 1861, il devient ministre de l'Intérieur en 1877 et président du Conseil en 1887-1891 puis 1893-1896. Il voulut faire de l'Italie une puissance coloniale mais la défaite d'Adoua, face à l'armée du négus d'Éthiopie (1896) l'accula à la démission. Adversaire résolu de la France, son nom reste lié aux tentatives d'expansion coloniale de l'Italie.

criss Voir **kriss**

crissement n. m. Fait de crisser. *Le crissement des pneus sur la route.*

crisser v. i. [1] Produire un grincement aigu. *La craie crisse sur un tableau.*

cristal n. m. Substance minérale solide, généralement transparente, caractérisée par la symétrie de ses formes. / *Cristal de roche*: quartz hyalin cristallisé en forme de prismes hexagonaux à extrémités pyramidales. / Verre blanc très sonore et transparent, renfermant du plomb. *Cristal de Baccarat.* (au pluriel) *Des cristaux*: des objets faits de cette matière. / *Cristal liquide*: liquide à l'état mésomorphe (intermédiaire entre l'état solide cristallisé et l'état liquide amorphe), utilisé pour l'affichage électronique. *Écran à cristaux liquides.* Pl. Des *cristaux*.

cristallerie n. f. Art et technique de la fabrication d'objets en cristal; ensemble de ces objets; lieu où se fabriquent ces objets. *La cristallerie de Baccarat.*

cristallin, e [1] adj. Du cristal. *Structure cristalline.* / Qui contient des cristaux. *Roches cristallines*, constituée de minéraux cristallisés. / Litt. *Son cristallin*, clair, pur comme celui du cristal.

cristallin [2] n. m. ANAT. Lentille biconvexe, transparente, élastique et située à l'intérieur de l'œil, en arrière de l'iris, dont les variations de convergence permettent l'accommodation.

cristallisation n. f. Passage d'une matière liquide ou gazeuse à l'état de cristaux. *La cristallisation du sel de mer donne des cristaux cubiques.* / Amas de cristaux. / Fig. Fait pour des sentiments, des idées, de prendre corps, de se fixer sur un objet.

cristalliser v. i. / v. t. [1] **A.** v. i. PHYS. Prendre la forme de cristaux. **B.** v. t. Provoquer la cristallisation de (une substance). *Cristalliser du sucre.* / Fig. Donner forme à, révéler. *Cristalliser les passions.*

cristallite n. f. GÉOL. Cristal de très petite taille.

cristallographie n. f. Science qui étudie la formation, la structure et les propriétés des cristaux.

cristallomancie n. f. Prédiction de l'avenir d'après les formes et les images visibles sur des objets en cristal ou en verre.

criste-marine n. f. BOT. Plante ombellifère commune sur les rochers des côtes maritimes, dont les feuilles épaisses sont utilisées comme condiment. Pl. Des *cristes-marines*. Syn. crithmum, crithme.

cristi! interj. Vieilli (Marque la surprise, la colère) *Cristi, quelle bonne pièce! Cristi! Mais réfléchissez donc!*

critère n. m. Norme, règle établies pour classer des objets, des idées par ordre de valeur, de qualité, de forme. *Critères de sélection.*

critérium n. m. Nom de diverses épreuves sportives. *Critérium cycliste.*

crithmum ou **crithme** n. m. BOT. Syn. de criste-marine.

Critias 450-404 av. J.-C. Homme politique athénien, l'un des trente Tyrans imposés à la démocratie athénienne par Sparte victorieuse (404).

criticisme n. m. Doctrine philosophique de Kant fondée sur la critique de la connaissance, c'est-à-dire sur l'analyse de sa valeur, de ses conditions, de ses limites.

critique adj. et n. **A.** adj. Qui examine la valeur d'une œuvre, d'un texte, d'une assertion, d'un fait, etc. *Analyse critique. Esprit critique*, qui ne tient une affirmation pour vraie

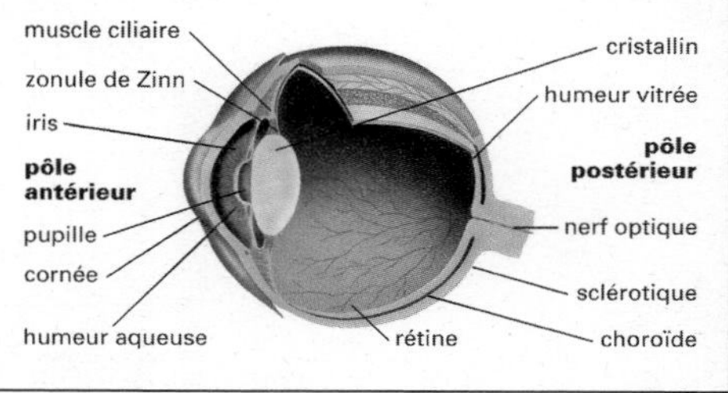

*Coupe d'un globe oculaire montrant le **cristallin** et les insertions musculaires qui le maintiennent dans l'axe de la pupille et du nerf optique.*

qu'après en avoir vérifié la valeur. / Qui juge sévèrement. *Être très critique.* / MÉD. Qui a rapport à une crise ; qui détermine l'issue d'une maladie. *Phase critique.* / Décisif. *Moment critique. Situation critique*, grave, dangereuse. / PHYS. Qui correspond à une limite au-delà ou en deçà de laquelle se produit un changement dans les propriétés d'un corps, dans un phénomène. *Point, état critique. Masse critique* : masse minimale de matière fissible nécessaire au déclenchement d'une réaction de fission en chaîne. **B.** n. f. Examen de la valeur d'une œuvre, d'une personne. *Critique historique.* / Art de juger les œuvres littéraires ou artistiques. *Critique musicale.* / Jugement porté sur une œuvre ; ensemble de ces jugements. *Avoir une bonne, une mauvaise critique.* / Jugement défavorable. / n. Personne qui juge les œuvres littéraires ou artistiques.

Critique de la raison pratique 1788 Ouvrage philosophique de Kant. L'auteur détermine les principes du devoir moral conformes à la raison qui seule peut donner à la conduite une valeur universelle.

Critique de la raison pure 1781 Ouvrage philosophique de Kant où, pour statuer sur la possibilité et la valeur du savoir, l'auteur tente d'expliquer comment toute connaissance est acquise. Selon lui, s'il est vrai qu'on ne saurait acquérir de connaissance sans l'expérience, celle-ci n'est possible que grâce à trois facultés innées du sujet : la sensibilité, l'entendement et la raison lui fournissent des formes a priori, qui lui permettent de recevoir et de comprendre cette expérience. Ce pouvoir ne vaut que dans la mesure où la matière de ce qui est pensé est fournie par l'expérience. La raison de l'homme a le pouvoir de spéculer sur les problèmes qu'elle se pose et qui, par leur nature métaphysique, n'appartiennent pas au domaine de l'expérience. Mais ce pouvoir est illusoire et cela explique les discussions stériles de la métaphysique. Aussi la connaissance est-elle relative : l'être des choses (*noumène*) nous est caché, seul le *phénomène* nous est accessible. Mais, puisque la théorie de la connaissance a établi la possibilité d'un savoir relatif, mais suffisant, la science est non seulement possible mais encore elle peut être fondée sur elle-même sans avoir besoin de la métaphysique.

Critique du jugement 1790 Ouvrage philosophique de Kant, qui étudie les jugements portés sur le beau (esthétique) et sur l'idée de finalité naturelle (téléologie).

critiquer v. t. [1] Faire la critique de, émettre des critiques sur (qqn, qqch).

Crivelli (Carlo) 1430 ?-1493 ? Peintre vénitien. Ses *Madones*, *L'Annonciation*, font preuve d'un style très personnel, bien qu'encore proche du gothique.

croasser v. i. [1] Crier (en parlant du corbeau, de la corneille).

croassement n. m. Cri du corbeau, de la corneille.

croate adj. et n. De la Croatie. *Littoral croate. Un(e) Croate.* / n. m. Langue parlée en Croatie. *Le croate, qui tente de se constituer en langue à part entière, ne diffère en réalité du serbe, avec lequel il forme la langue serbo-croate, que par sa transcription en alphabet latin et une faible partie de son vocabulaire.*

• **Croatie** État d'Europe qui longe la mer Adriatique, à l'ouest, et s'étend à l'est jusqu'à la Hongrie. Avant juillet 1991, c'est une des républiques fédérées de la Yougoslavie.

crobard ou **crobar** n. m. Fam. Croquis.

croc n. m. Canine forte et pointue des carnivores. / Crochet servant à suspendre. *Croc de boucher.* / Perche terminée par un crochet.

croc-en-jambe n. m. Action d'accrocher du pied la jambe de qqn pour le faire tomber. Syn. croche-pied. / Fig. Procédé déloyal pour nuire à qqn. Pl. Des *crocs-en-jambe*.

CROATIE

Superficie : *56 538 km²* – **Nombre d'habitants :** *4 497 000 h.* – **Capitale :** *Zagreb*
Villes principales : *Split, Rijeka, Osijek* – **Système politique :** *république* – **Langue(s) :** *croate, serbe* – **Religion(s) :** *christianisme (catholicisme, Église orthodoxe serbe)* – **Monnaie(s) :** *kuna*

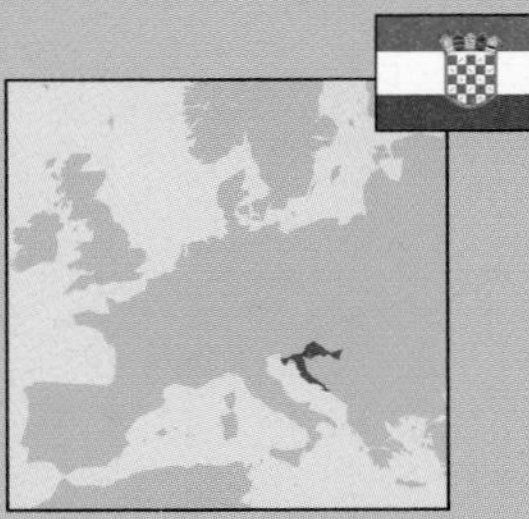

Voir l'Atlas

Géographie physique et humaine

La Croatie est formée, au sud, d'une bande longue et étroite qui se prolonge dans l'Adriatique par une multitude d'îles au climat méditerranéen (tourisme) ; ce littoral est limité par une chaîne montagneuse, faiblement peuplée. Le nord de la Croatie s'élargit en plaines fertiles vouées surtout à l'agriculture. La population comprend 75 % de Croates, catholiques, et 11,5 % de Serbes, orthodoxes. Ils parlent le serbo-croate, transcrit en alphabet latin (alors que le serbe utilise l'alphabet cyrillique), mais, depuis l'indépendance, le croate se réclame comme une langue à part entière. La population a tendance à décroître.

La côte dalmate, sur la mer Adriatique, est découpée en anses et en petites baies ; ici, Ploce.

Économie

La présence de charbon, de fer et de pétrole fait de Zagreb, Split et Rijeka des centres importants d'industries de transformation. L'économie a beaucoup souffert du conflit yougoslave, mais la croissance atteint 5 % par an depuis 1995. Le tourisme, très important avant la guerre, a repris son expansion.

Histoire

Un peuple slave, les Croates, s'installe dans le pays au VIIe siècle. Il s'organise au Xe siècle en un royaume, qui appartient à la Hongrie de 1102 à 1918. À cette date, l'empire d'Autriche-Hongrie est démembré et la Croatie entre dans le royaume des Serbes, Croates et Slovènes qui deviendra le royaume de Yougoslavie en 1929.

En 1941, les Allemands font de la Croatie un État « indépendant » (qui passera sous protectorat allemand en 1942) dirigé par Ante Pavelic. Celui-ci, qui avait fondé en 1930 le mouvement fasciste *Oustacha*, fait régner la terreur jusqu'en 1945, persécutant notamment les communistes et les Serbes.

En 1945, la Croatie devient l'une des six républiques fédérées de la Yougoslavie, fédération dirigée par Tito. Celui-ci, croate mais internationaliste, sait éviter les tensions entre les divers peuples de Yougoslavie.

En 1990, les communistes croates font sécession de la Ligue communiste (à la tête de la Yougoslavie). Des élections libres sont remportées par la Communauté démocratique croate, nationaliste, dirigée par Franjo Tudjman, qui en juillet 1991 proclame unilatéralement l'indépendance du pays. Les Serbes traitent les Croates d'*oustachis* et l'armée yougoslave intervient, mais le conflit, violent, ne dure que quelques mois.

La Croatie indépendante fut reconnue par la Communauté économique européenne (aujourd'hui Union européenne) en janvier 1992 et par l'ONU en mai. Le différend avec la Serbie concerne notamment la province de Krajina, dont la population est surtout serbe, mais un accord intervient

Marché de fruits et légumes à Zadar, ville de la côte adriatique.

en 1995, auquel se rallie le président Tudjman, élu en 1992 et qui sera réélu en 1997. Il meurt en 1999 ; les élections législatives de janvier 2000 sont remportées par l'opposition et, en février, les élections présidentielles portent au pouvoir le centriste Stipe Mesic.

Ce dernier tourne le dos à la politique étroitement nationaliste de son prédécesseur, se rapproche de l'Union européenne et de l'OTAN, et amorce une collaboration avec le Tribunal pénal international pour l'ex-Yougoslavie (TPIY), collaboration qui aboutit à la remise à ce tribunal de criminels de guerre croates.

Relève de la garde devant le palais présidentiel à Zagreb.

Croce (Benedetto) 1866-1952 Philosophe, critique et homme d'État italien. D'inspiration hégélienne, il exerça un ascendant considérable sur la culture et l'opinion italiennes en professant des idées libérales et antifascistes.

croche n. f. MUS. Note dont la queue porte un crochet et qui vaut en durée la moitié d'une noire. / *Double croche, triple croche*, qui vaut en durée la moitié, le quart de la croche. *La queue de la double croche porte deux crochets, celle de la triple trois crochets.*

croche-pied n. m. Croc-en-jambe. Pl. Des *croche-pieds*.

crochet n. m. Tige de métal recourbée, servant à suspendre, à attacher ou à saisir qqch. / Tige à bout recourbé dont on se sert pour tricoter; ouvrage ainsi exécuté. / ZOOL. Dent à venin des serpents venimeux. / Signe graphique ([ ]), proche de la parenthèse. / ARCHIT. Ornement saillant en forme de feuille recourbée. / À la boxe, coup de poing porté avec le bras replié. / Fig. Détour. / *Vivre aux crochets de quelqu'un*: vivre à ses dépens.

crocheter v. t. [1] Piquer (qqch.) de la pointe d'un crochet. / Débloquer (un mécanisme) au moyen d'un crochet. *Crocheter une serrure.*

crochu, e adj. En forme de croc. *Bec crochu.* / Fig. fam. *Avoir les doigts crochus*: être avare. / Fig. *Avoir des atomes crochus avec qqn*: avoir des affinités personnelles avec lui.

crocodile n. m. ZOOL. Grand reptile, aux mâchoires allongées portant de fortes dents, aux membres courts, à peau écailleuse, vivant dans les cours d'eau. *Le crocodile vagit.* / Peau de crocodile, utilisée en maroquinerie. / Fig. *Larmes de crocodile*: larmes hypocrites. CH. DE FER Dispositif sonore placé entre les rails pour signaler le passage d'un train.

crocodiliens n. m. pl. ZOOL. Ordre de grands reptiles amphibies comprenant le crocodile, l'alligator, le caïman, le gavial.

crocus n. m. BOT. Plante herbacée de la famille des iridacées, à fleurs jaune, violette ou blanche. *Une espèce de crocus fournit le safran.*

croire v. t. [3] Admettre comme vrai (qqch.); se fier à (qqn). *Je crois ce qu'il me dit. Je te crois sur parole.* / Considérer comme probable; tenir (qqn) pour. *Je crois qu'il va pleuvoir. Je le crois capable de réussir.* (Emploi pron.) *Il se croit supérieur.* / *Croire à, en*: tenir pour vraie l'existence de; avoir foi en. *Croire en Dieu. Croire à sa chance.* (Emploi absolu) Avoir la foi. *Il croit, mais ne pratique pas.*

Crocodile.

• **croisade** n. f. HIST. Expédition militaire menée du XIe au XIIIe siècle par les chrétiens d'Occident, pour délivrer les Lieux saints de l'occupation musulmane. / Fig. Entreprise visant à mobiliser l'opinion publique pour appuyer une cause. *Croisade contre l'alcoolisme.*

croisé, e [1] adj. Qui se croise, est en forme de croix. *Étoffe croisée*, à fils très serrés. / *Veste croisée*, dont les pans se chevauchent. *Boutonnage croisé*, sur un pan croisé. / MILIT. *Feux croisés*: tirs d'armes à feu qui prennent l'ennemi sous des angles différents. / Fig. *Les feux croisés de la critique.* / *Mots croisés*: jeu où l'on doit trouver des mots d'après une définition, puis les placer sur une grille à angle droit, constituée de tous les mots définis et pouvant être lue aussi bien horizontalement que verticalement.

croisé [2] n. m. HIST. Celui qui partait en croisade. *Un vestige du temps des croisés.*

croisée n. f. Endroit où deux choses se croisent. *La croisée des chemins.* / Châssis vitré d'une fenêtre; la fenêtre elle-même. / ARCHIT. Intersection du transept et de la nef d'une église.

croisement n. m. Intersection entre deux ou plusieurs voies de communication. *Tourner au prochain croisement.* / Fait pour deux véhicules venant de directions opposées de passer l'un à côté de l'autre. *Feux de croisement.* / Action de disposer quelque chose en croix. *Croisement des fils d'une étoffe.* / BIOL. Reproduction par fécondation entre individus (différents par certains de leurs caractères) d'une même espèce ou d'individus d'espèces différentes. Syn. fécondation croisée.

croiser v. t. / v. i. / v. pron. [1] **A.** v. t. Disposer (qqch.) en croix, en X. *Croiser fils de chaîne et fil de trame.* Loc. *Croiser les bras*: ne rien faire. / Couper (une voie) en formant une croix. *Croiser une route.* (Emploi pron.) *Les routes se croisent au carrefour.* / Passer à hauteur de (qqn, un véhicule qui vient en sens inverse); rencontrer. *Croiser qqn dans la rue. Croiser un regard.* / BIOL. Opérer, de manière artificielle, le croisement, la fécondation croisée, de (différents individus d'une même espèce ou d'espèces différentes). **B.** v. i. MAR. Aller et venir dans une zone pour la surveiller. / **C.** v. pron. HIST. Prendre la croix pour partir en croisade. *Saint Louis s'est croisé à deux reprises.*

croiseur n. m. MAR. Navire de guerre rapide, fortement armé, de moyen tonnage.

croisière n. f. Voyage d'agrément effectué par mer. *Une croisière en Méditerranée.* / *Vitesse de croisière*: vitesse moyenne d'un navire, d'un avion, pour un long parcours. / MAR. Allées et venues d'un bateau de guerre à proximité des côtes pour exercer une surveillance.

croisillon n. m. Chacun des bras d'une croix. / ARCHIT. Chacun des bras du transept. / Traverse horizontale croisant un meneau, dans une fenêtre. / (Au plur.) Éléments de bois, de métal qui s'entrecroisent dans un châssis de fenêtre, un meuble, etc.

croissance n. f. Développement d'un organisme vivant. *Croissance d'un enfant. Hormone de croissance.* Ant. décroissance. / Développement, progression. *Croissance démographique.* / ÉCON. Augmentation de la production et de la productivité.

croissant, e [1] adj. Qui croît. *Le coût croissant de l'énergie.* Ant. décroissant.

croissant [2] n. m. Forme échancrée que prend la Lune lorsqu'elle croît (avant le premier quartier) et décroît (après le dernier quartier). / Emblème de la Turquie, parfois de l'Islam, en forme de croissant de Lune. / CUIS. Gâteau feuilleté et roulé en forme de croissant.

Croissant fertile Ensemble des plaines alluviales du Moyen-Orient (comprenant notamment la Mésopotamie).

Croissant-Rouge (le) Organisation qui, dans les États musulmans (en Turquie, dès 1876), correspond à la Croix-Rouge, avec laquelle elle est réunie dans le Mouvement international de la Croix-Rouge et du Croissant-Rouge.

Croisset (Franz Werner, dit **Francis de)** 1877-1937 Écrivain français, auteur de comédies et d'un récit de voyage romancé, *La Féerie cinghalaise (1926)*.

croître v. i. [3] Grandir, pousser. *Les blés croissent au soleil.* Ant. décroître. / Fig. Augmenter. *Les ventes ne cessent de croître.*

croix n. f. **I.** Gibet fait avec deux pièces de bois qui se traversent, où l'on suppliciait les condamnés à mort. / *La Croix*, sur laquelle Jésus-Christ fut crucifié, selon l'Évangile. *Jésus portant sa croix. Le mystère de la Croix*: le mystère de la Rédemption. / *Signe de croix*: geste rituel des chrétiens, consistant à figurer une croix par un mouvement de la main. / Représentation symbolique de la croix de Jésus par un objet qui en reproduit la forme, symbole du christianisme. / Fig. Peine, souffrance. *Porter sa croix*: souffrir profondément. **II.** Objet, signe fait de deux éléments qui se croisent. / Marque faite de deux traits qui se croisent. *Dessiner une croix.* / Décoration en forme de croix de certains ordres de chevalerie. *Croix de la Légion d'honneur.* / *Croix de guerre*: décoration conférée aux militaires titulaires d'une citation. / Figure symbolique, ornement en forme de croix. *Croix grecque, latine. Croix de Saint-André*, en X. *Croix de Lorraine*, portant deux croisillons inégaux. / *En croix*: disposé en forme de croix. *Les bras en croix.*

Croix-de-Feu Association d'anciens combattants nationalistes formée en 1927. Transformée en parti politique par le colonel de La Rocque, elle participa à l'émeute du 6 février 1934 et fut dissoute par le gouvernement du Front populaire en 1936.

Croix du Sud (la) Constellation circumplaire (voir **constellation**).

Croix-Rouge Société conçue par Henri Dunant pour améliorer le sort des prisonniers de guerre. Authentifiée par la convention de Genève en 1864, la Croix-Rouge internationale groupe aujourd'hui la plupart des États et a étendu son assistance aux victimes des guerres, des calamités naturelles et des déséquilibres sociaux. Elle forme également du personnel sanitaire. Ayant pour nom officiel Mouvement international de la Croix-Rouge et du Croissant-Rouge, elle est dirigée par un Comité international, qui siège à Genève.

crolle n. f. En Belgique, boucle de cheveux. *Fer à crolles*: fer à friser. / Toute boucle. *Crolle de ruban.* / Copeau de bois. *Balaie les crolles dans l'atelier.*

Cro-Magnon Site archéologique de Dordogne où l'on découvrit, en 1868, des ossements d'hominiens remontant à 30000 avant J.-C.

cromlech n. m. (mot gallois et breton) Monument mégalithique formé de menhirs dressés en cercle.

Croisés *partant pour la Terre Sainte.*

Croix *wisigothique en or repoussé.*

C

Croisades

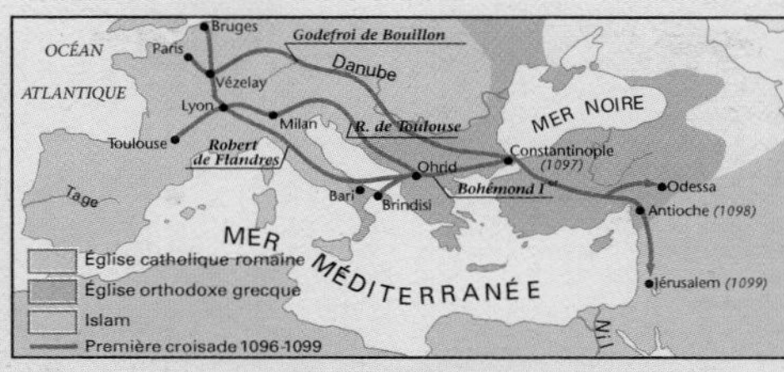

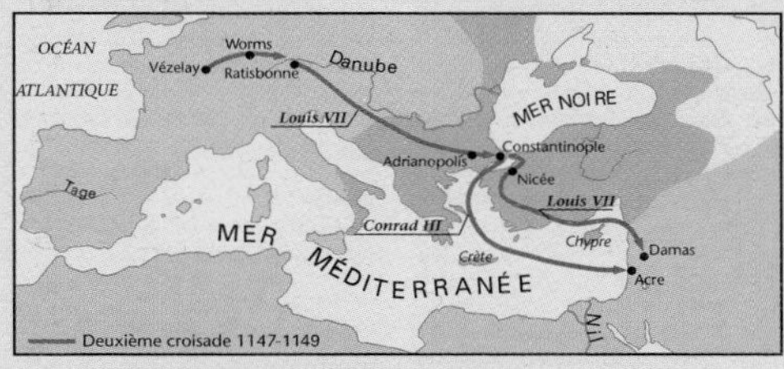

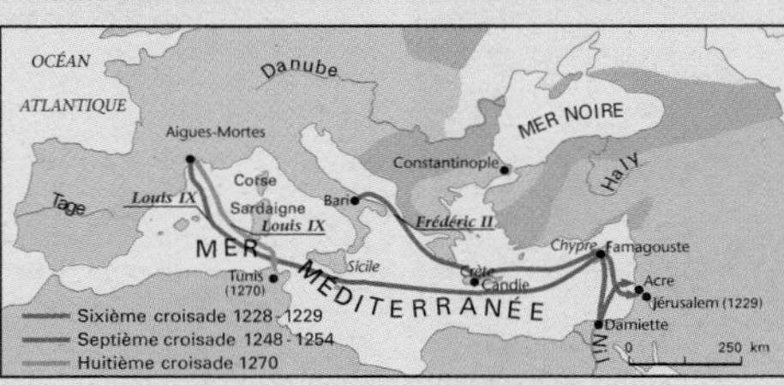

Cartes des huit croisades.

Les croisades, dont le nom vient de l'emblème chrétien arboré par leurs troupes, ont été menées par l'Europe entre 1096 et 1270 au Proche Orient, dans le but de libérer Jérusalem et la Terre sainte de l'emprise musulmane. Quel que puisse être le poids d'autres motivations (attrait des richesses de l'Orient, désir d'aventures des chevaliers…), les appels à la mobilisation lancés par la papauté rencontrèrent une forte adhésion populaire et déclenchèrent un vaste mouvement, non seulement de seigneurs et guerriers féodaux mais aussi de foules inorganisées incluant des femmes et des enfants. C'est une considération stratégique qui présida à son déclenchement par le pape Urbain II, au concile de Clermont de 1095 : la menace que faisait peser sur l'empire byzantin l'irruption au Proche Orient des Turcs Seldjoukides, vainqueurs du califat de Bagdad et, en 1078, maîtres de Jérusalem. On distingue traditionnellement huit croisades, en se fondant plus sur leurs chefs ou sur le renouvellement des appels papaux que sur la réalité. En fait, un flot pratiquement ininterrompu de soldats et de pèlerins se rendit en Terre sainte par terre ou par mer, y établit et s'y disputa des royaumes, menant une guerre à épisodes contre l'ennemi commun.

La **première croisade** (1096-1099), répondant aux demandes d'aide formulées par l'empereur Alexis Ier Comnène (1048-1118), se regroupa à Constantinople où l'empereur facilita son passage en Asie mineure. La croisade populaire, menée par Pierre l'ermite, mal organisée, fut taillée en pièces en Anatolie. La croisade des barons, après avoir battu les Turcs à la bataille de Dorilée, prit Antioche (1098) et Jérusalem (1099), alors aux mains des Fatimides. Au lieu de remettre ces villes à l'empire, les croisés se livrèrent à de nombreux excès, puis instituèrent le royaume de Jérusalem, gouverné par le Français Godefroi de Bouillon et régi selon le modèle féodal.

La prise d'Édesse par les Turcs en 1144 déclencha la **deuxième croisade** (1147-1149). Prêchée par saint Bernard, elle fut conduite par l'empereur germanique Conrad III et par le roi de France Louis VII. Ils se contentèrent de vagues attaques contre Damas et Acre, sans résultats tangibles.

La **troisième croisade** (1189-1192) fut prêchée par Guillaume, archevêque de Tyr, à la suite de l'invasion du royaume de Jérusalem par les troupes de Saladin, sultan d'Égypte depuis 1169. Elle fut surtout l'objet de luttes intestines entre ses chefs, l'empereur germanique Frédéric Barberousse (qui périt en route), le roi de France Philippe Auguste et celui d'Angleterre, Richard Cœur de Lion. Marquée par la conquête de Chypre et la prise de Saint-Jean-d'Acre, elle se termina par un traité entre Richard et Saladin.

Profitant des divisions créées au sein des musulmans par la mort de Saladin (1193), le pape Innocent III convoqua la **quatrième croisade** (1202-1204). Commandée par Boniface de Montferrat, elle fut détournée de son but par les marchands vénitiens qui, désireux de s'assurer le privilège du commerce avec l'Orient aux dépens des Byzantins, amenèrent les croisés à s'emparer de Constantinople, dont ils firent le sac et où ils établirent un Empire latin.

André II de Hongrie, seul monarque à prendre part à la **cinquième croisade,** lancée par Innocent III (1217-1221), fut battu au mont Thabor, tandis que Jean de Brienne, roi déchu de Jérusalem, échouait devant Damiette en Égypte.

Dirigée par l'empereur germanique Frédéric II malgré son excommunication, la **sixième croisade** (1228-1229) profita des préférences de son chef pour la diplomatie, et obtint du sultan d'Égypte la restitution de Jérusalem, Nazareth et Bethléem (traité de Jaffa, 1229).

Après la reprise de Jérusalem par les troupes du sultan Ayoub et la défaite des chrétiens à Gaza en 1244, la **septième croisade** (1248-1254) fut placée sous le commandement du roi de France Saint Louis (Louis IX). Vainqueur à Damiette, battu à Mansourah, le roi fut fait prisonnier en 1250 puis échangé contre une rançon et la restitution de Damiette.

Saint Louis dirigea aussi la **huitième croisade**, suscitée par la chute d'Antioche. Elle s'acheva devant Tunis lorsque le roi mourut de la peste (1270). D'autres expéditions eurent lieu vers Jérusalem : la croisade des Enfants (1212), celles des Pastoureaux (1251, 1320), etc. D'autres furent moins glorieuses et plus politiques, telle la croisade des Albigeois qui ravagea le sud de la France (1208-1244).

Crommelynck (Fernand) 1886-1970 Auteur dramatique belge, d'expression française : *Le Cocu magnifique* (1921).

Cromwell (Thomas) 1485 ?-1540 Homme politique anglais. Ministre d'Henri VIII, il se signala, à partir de 1533, par une répression impitoyable des opposants et par une politique uniquement fondée sur la raison d'État. Devenu très impopulaire, il fut accusé de haute trahison et décapité.

Cromwell (Oliver) 1599-1658 Homme politique anglais, principal artisan de la révolution qui renversa la monarchie anglaise en 1649. Puritain et de petite noblesse, il est élu député au Long Parlement en 1640. Chef des Têtes rondes, il révèle ses talents de stratège en battant les royalistes à Marston Moor en 1644 et à Naseby en 1645. Après l'exécution de Charles Ier (1649), il proclame le Commonwealth, c'est-à-dire la république. En 1650-1651, il réprime les insurrections d'Irlande et d'Écosse. En 1651, il édicte l'Acte de navigation qui interdit l'accès des ports anglais aux navires étrangers de sorte qu'en 1652-1653, il doit affronter les Provinces-Unies : le conflit tourne à l'avantage de l'Angleterre qui devient une grande puissance navale. Nommé en 1653 Lord-Protecteur d'Angleterre, d'Écosse et d'Irlande, Cromwell durcit sa dictature. En 1658, il s'allie à la France contre l'Espagne et obtient ainsi Dunkerque. **Richard** 1626-1712 Fils du précédent, il succède à son père en 1658, mais démissionne l'année suivante.

Cromwell 1827 Drame historique de Victor Hugo, dont la préface expose la théorie du poète sur le drame romantique.

Cronin (Archibald Joseph) 1896-1981 Romancier anglais. Son expérience de médecin lui donne la matière d'œuvres à succès, écrites avec soin et talent : *La Citadelle* (1937), *Les Clefs du royaume* (1941).

Cronos ou **Kronos** MYTH. GR. Le plus jeune des Titans, fils d'Ouranos, le Ciel, et de Gaïa, la Terre. Il ravit à son père le gouvernement du monde et fut lui-même détrôné par son fils Zeus qui le précipita dans le Tartare avec les Titans.

Cronstadt ou **Kronstadt** *45 000 h.* Ville de Russie, port militaire, dans l'île de Kotline, voisine de Saint-Pétersbourg. Trois mutineries y éclatèrent : en 1905, elle fut durement réprimée ; le 8 novembre 1917, les marins marchèrent sur Petrograd (Saint-Pétersbourg), ébranlant le régime de Kerenski ; en février 1921, les marins protestèrent contre la famine et Trotski les châtia brutalement en mars.

Crookes (William) 1832-1919 Chimiste et physicien anglais, inventeur des tubes à cathode froide qu'il utilisa pour ses travaux sur les phénomènes de décharge dans les gaz. C'est à l'aide de ces tubes qu'ont été étudiés les rayons cathodiques et supposée la nature corpusculaire de leur rayonnement, et que Röntgen a découvert les rayons X.

croque au sel (à la) loc. adv. Avec du sel pour unique assaisonnement.

croque-madame n. m. inv. Croque-monsieur surmonté d'un œuf.

croque-mitaine n. m. Personnage imaginaire et effrayant dont on menaçait les enfants pour les faire obéir. / Fig. Personne sévère. Pl. Des *croque-mitaines*.

croque-monsieur n. m. inv. Sandwich fait de pain de mie, de jambon et de fromage que l'on fait griller ou poêler.

croque-mort n. m. Fam. Employé des pompes funèbres. Pl. Des *croque-morts*.

croquenot ou **croqueneau** n. m. Pop. Soulier peu élégant. *Une paire de croquenots*.

croquer v. i. / v. t. [1] **A.** v. i. Produire un bruit sec sous la dent. *Cornichon qui croque.* **B.** v. t. **I.** Mordre (un aliment croquant). / Fam. Manger à pleines dents, avec appétit ; au fig., dilapider. *Croquer ses économies.* **II.** Faire un croquis de. *Croquer les passants dans la rue.* / Loc. *Belle à croquer* : très belle.

croquet [1] n. m. Jeu qui consiste à faire passer des boules de bois sous des arceaux, en les frappant avec un maillet.

croquet [2] n. m. Biscuit croquant aux amandes.

croquet [3] n. m. Mince galon dentelé qui sert d'ornement sur le bord d'un vêtement.

croquette n. f. CUIS. Boulette de pomme de terre écrasée ou de toute autre matière (viande, poisson...) hachée, liée (généralement à l'œuf) et frite ou poêlée.

croquis n. m. Dessin rapide, esquisse.

Cros (Charles) 1842-1888 Poète et savant français. Il inventa deux principes, sans leur donner d'application : celui de la photographie en couleurs (1869) et celui du phonographe (1876, avant Edison), nommé paléophone. Les surréalistes ont fait connaître le poète, notamment *Le Coffret de santal* (1873) et *Le Collier de griffes* (posthume, 1908). Chaque année, l'*académie Charles-Cros* décerne des prix à des auteurs de disques.

crosne n. m. Tubercule d'une plante de la famille des labiacées, à renflements successifs, comestible.

cross ou **cross-country** n. m. (mot anglais) Course (à pied, de vélo, de moto) en terrain accidenté.

crosse n. f. Bâton pastoral des évêques ou des abbés à l'extrémité recourbée. / Bâton recourbé avec lequel on pousse une balle, un palet dans certains jeux (hockey). / Partie ou extrémité recourbée. *Crosse de violon. Crosse de fougère. Crosse de l'aorte* : courbe que dessine l'aorte à proximité du cœur. / Partie postérieure d'une arme à feu portative, par laquelle on la tient ou on épaule.

crossing-over n. m. inv. (mot anglais) GÉNÉT. Échange de matériel génétique entre chromosomes homologues, lors de la méiose. Syn. enjambement.

crossoptérygiens n. m. pl. ZOOL. Ordre de poissons de mer qui, hormis les cœlacanthes, ne groupe que des espèces fossiles.

crotale n. m. ZOOL. Serpent très venimeux de la famille des vipéridés, appelé serpent à sonnette, dont l'extrémité de la queue est munie d'étuis cornés qui produisent un bruit de crécelle. / MUS. Petit instrument à percussion de l'Antiquité.

croton n. m. BOT. Arbuste de la famille des euphorbiacées dont la graine fournit l'huile de croton, utilisée autrefois en médecine comme purgatif.

Crotone *59 400 h.* Ville d'Italie, sur le golfe de Tarente. Cité rayonnante de la Grande-Grèce et patrie de l'athlète Milon, elle fut dominée au VIe siècle av. J.-C. par la personnalité de Pythagore.

crotte n. f. Excrément de certains animaux. / Vieilli Boue des rues. / *Crotte en chocolat* : confiserie au chocolat.

crotter v. t. / v. i. [1] Salir avec de la boue. / v. i. Faire des crottes.

crottin n. m. Excrément des chevaux. / Petit fromage de chèvre de forme arrondie. *Crottin de Chavignol.*

Cruche *grecque du VIe siècle av. J.-C., œuvre d'Antimenes.*

croulant, e adj. et n. Qui s'écroule. *Un mur croulant.* / n. Arg. Personne âgée (ou qui paraît âgée à de très jeunes gens).

crouler v. i. [1] Tomber en s'effondrant, en se désagrégeant. *La tour croule.* / Fig. S'effondrer. *Les institutions croulaient, l'anarchie menaçait.*

croup n. m. (mot anglais) MÉD. Laryngite diphtérique avec formation de fausses membranes.

croupade n. f. ÉQUIT. Saut d'école dans lequel le cheval ramène ses membres postérieurs sous lui.

croupe n. f. Arrière-train d'un animal, et particulièrement du cheval. *Monter en croupe* : monter derrière la personne qui est en selle. / GÉOGR. Renflement d'une montagne, petite colline.

croupetons (à) loc. adv. En position accroupie.

croupi, e adj. *Eau croupie*, corrompue par la stagnation.

croupier n. m. Employé d'une maison de jeux qui dirige les parties, paie et ramasse les enjeux pour le compte de l'établissement.

croupière n. f. Pièce du harnais d'un cheval qui entoure la queue, repose sur la croupe et se fixe au bât. / loc. fig. *Tailler des croupières à qqn*, lui causer des difficultés, le vaincre de quelque manière.

croupion n. m. Partie postérieure du corps des oiseaux, formée par l'extrémité de la colonne vertébrale et où sont implantées les plumes de la queue. / HIST. *Parlement croupion* : la fraction du Long Parlement anglais conservée par Cromwell en 1648, après épuration de la plupart de ses membres.

croupir v. i. [2] (En parlant de l'eau et des substances qui s'y décomposent) Se corrompre en stagnant. *L'eau de la mare croupit.* / Fig. Demeurer inactif. *Croupir des semaines au chômage.* / Se complaire. *Croupir dans sa crasse, dans la débauche.*

croupissement n. m. Fait de croupir ; état de ce qui est croupi.

croustade n. f. CUIS. Pâté en croûte croquante, servi chaud. / Mets fait d'une épaisse tranche de pain de mie, creusée et farcie. / Dans le sud-ouest de la France, gâteau fait de couches alternées de pâte fine et de pommes.

croustillant, e adj. Qui croustille. *Du pain croustillant.* / Fig. Grivois, salace. *Détails croustillants sur l'intimité d'une personne célèbre.*

croustiller v. i. [1] Craquer agréablement sous la dent.

croûte n. f. Partie extérieure du pain, durcie par la cuisson. / Reste de pain. *Laisser des croûtes sur la table.* / Fam. *Casser la croûte* : manger. / Pâte cuite enrobant un pâté. *Pâté en croûte.* / Partie extérieure d'un fromage. / Couche durcie à la surface de qqch. *Croûte de sel, de tartre.* / Pellicule de sang séché qui se forme à la surface d'une plaie. / *Croûte terrestre* : couche superficielle de la Terre, d'une épaisseur moyenne de 35 km sous les continents (*croûte continentale*) et de 10 km sous les océans (*croûte océanique*). / TECHN. Cuir provenant de la couche intérieure d'une peau côté chair. *Croûte de porc.* / Fam. Tableau sans valeur.

croûton n. m. Chaque extrémité d'un pain. / Petit morceau de pain frit. / Fig. fam. *Vieux croûton* : personnage routinier, esclave de ses habitudes.

croyance n. f. Fait de croire, adhésion à une opinion, à une doctrine religieuse. *Croyance en Dieu.* Ant. incroyance. / Ce que l'on croit, conviction. *Croyances populaires.*

croyant, e n. et adj. Qui croit, qui a la foi en un Dieu. *Il est croyant mais ne pratique pas.* Ant. incroyant.

Crozet (îles) *500 km²* Archipel volcanique situé à *2 400 km* au sud-est de Madagascar, qui fait partie des terres Australes et Antarctiques françaises. Inhabitées, ces îles constituent une réserve d'oiseaux. Le Français Nicolas Thomas Marion-Dufresne (1729-1772) les découvrit en 1772.

C.R.S. Sigle de *Compagnie républicaine de sécurité*, corps de police spécialisé dans le maintien de l'ordre public. / n. m. Policier appartenant à ce corps.

cru, e [1] adj. Brut, non préparé. *Lait cru*, non pasteurisé. / Loc. adv. *À cru*, directement sur la peau, sans selle. *Monter un cheval à cru.* / Non cuit. *Viande crue.* (Emploi adverbial) *Manger cru.* / Fig. Non atténué, sans ménagement. *Lumière crue. Langage cru.* (Emploi adverbial) *Parler cru.*

cru [2] n. m. Ce qui croît dans une région, un terroir ; ce terroir lui-même. *Produits du cru.* / Vin produit par un terroir. / Fig. *De son cru* : de son invention.

cruauté n. f. Caractère cruel (de qqn). *La cruauté d'un tortionnaire.* / Acte barbare, criminel. *Les cruautés de la guerre.* / Dureté, rigueur. *La cruauté du sort.*

cruche n. f. Poterie à anse et ventre renflé ; son contenu. / Fam. Personne naïve et stupide.

cruchon n. m. Petite cruche.

crucial, ale, aux adj. En forme de croix. *Incision cruciale.* / Décisif. *Moment crucial.*

crucifères n. f. pl. BOT. Famille de dicotylédones dialypétales herbacées, dont la corolle à quatre pétales dessine une croix. *De nombreuses plantes potagères (chou, radis, navet, cresson) appartiennent à la famille des crucifères.*

crucifiement Voir **crucifixion**

crucifier v. t. [1] Soumettre au supplice de la croix. / Par anal. : mortifier, faire souffrir moralement.

crucifix n. m. Objet en bois, en métal ou en ivoire, représentant Jésus-Christ cloué sur la croix.

Crucifix *en bois du XIIIe siècle.*

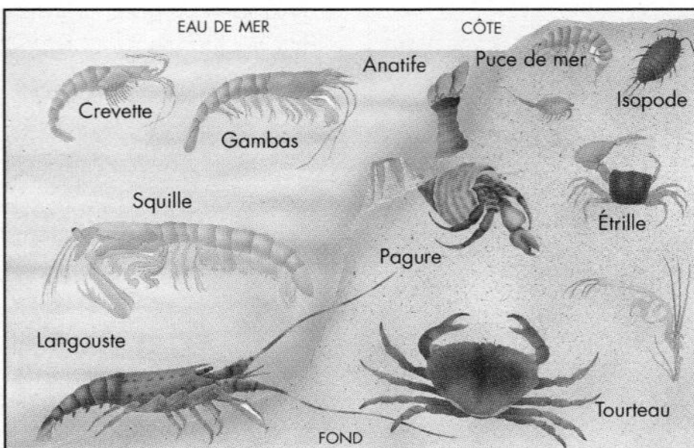

Divers types de ***crustacés***.

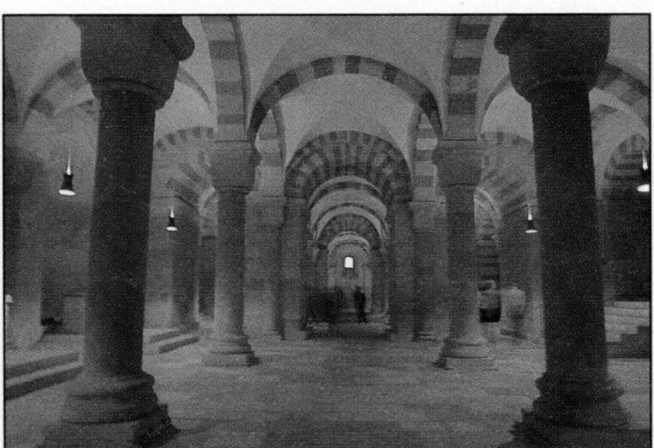

Crypte *de la cathédrale romane de Spire en Rhénanie-Palatinat.*

crucifixion n. f. ou **crucifiement** n. m. Action de crucifier qqn, de lui faire subir le supplice de la croix. / Supplice du Christ sur la Croix ; sa représentation en peinture, en sculpture.
cruciforme adj. En forme de croix.
cruciverbiste n. Amateur de mots croisés.
crudité n. f. État des aliments crus. / (Au plur.) Légumes frais servis en entrée. / Caractère cru, brutal. *Crudité d'un discours, d'une lumière.*
crue n. f. Élévation du niveau d'un cours d'eau. Ant. décrue.
cruel, elle adj. Qui fait souffrir par plaisir, jouit de la souffrance d'autrui. / Fig. *Un cruel malheur.* / Qui exprime la cruauté. *Un sourire cruel.* / Par ext. Qui cause une grande souffrance. *Une douleur cruelle.*
cruellement adv. De manière cruelle ; d'une manière intolérable.
cruiser n. m. (mot anglais) Petit bateau de plaisance à moteur.
Crumb (Robert) 1943 Auteur américain de bandes dessinées. Son personnage le plus connu est *Fritz the Cat*, chat hippie, fumeur de joints, au verbe haut.
crûment adv. De manière crue. *Parler crûment.*
crural, ale, aux adj. ANAT. Qui se rapporte à la cuisse ; qui appartient à la cuisse.
cruralgie n. f. MÉD. Douleur de la cuisse.
crustacés n. m. pl. ZOOL. Classe d'arthropodes antennates, possédant deux paires d'antennes, la plupart aquatiques, à respiration branchiale. *Les anatifes, les daphnies, les crabes, les crevettes, les écrevisses, les cloportes, etc. sont des crustacés.* / Cour. Les crustacés comestibles (crabes, homards, langoustes, crevettes, etc.)
cryoconservation n. f. BIOL. Conservation des cellules et des tissus vivants à très basse température.
cryogène adj. Se dit d'un gaz qui, dans des conditions de basse pression, se liquéfie à une température proche du zéro absolu. *L'azote et l'hélium liquides sont cryogènes.*
cryogénie n. f. Production de très basses températures (inférieures à - 150 °C).
cryolithe n. f. MINÉR. Aluminofluorure de sodium.
cryoscopie n. f. CHIM. Branche de la chimie physique qui étudie les rapports entre la composition d'une solution et les variations de son point de congélation.
cryostat n. m. Dispositif utilisant les très basses températures pour maintenir des équipements à une température de quelques degrés Kelvin.
cryotechnique n. f. Ensemble des techniques qui utilisent les propriétés des températures inférieures à celle de l'ébullition de l'oxygène (90 degrés Kelvin).
cryothérapie n. f. Thérapie par le froid, utilisée notam. en dermatologie (neige carbonique, azote liquide).
cryptage n. m. Action de crypter. Ant. décryptage.
crypte n. f. Caveau souterrain de certaines églises servant de sépulcre. / Chapelle située dans le souterrain d'une église.
crypté, e adj. Qui a été transcrit en code. / *Chaîne de télévision cryptée*, dont les programmes, transmis sous forme codée, nécessitent un décodeur pour être reçus en clair.
crypter v. t. [1] Transcrire en code (un message). Ant. décrypter.
cryptique adj. Qui se trouve dans des grottes. / Secret, caché.
cryptocommuniste n. Personne qui partage secrètement la doctrine ou les positions du parti communiste.
cryptogame n. f. et m. pl. BOT. Plante dont les organes reproducteurs ne sont pas apparents (par oppos. aux *phanérogames*). *Les algues, les fougères et les mousses sont des cryptogames.* / n. m. pl. *Cryptogames vasculaires* : embranchement de plantes sans fleurs dont les tissus comportent des vaisseaux, tels les fougères, les lycopodes, les prêles.
cryptogénétique adj. MÉD. D'origine inconnue, dont on ne connaît pas la cause. *Une maladie cryptogénétique.*
cryptogramme n. m. Message écrit en langage chiffré ou codé.
cryptographie n. f. Technique des écritures cryptées.
cryptophyte n. f. BOT. Plante dont les bourgeons sont, en hiver, protégés dans le sol ou dans l'eau, telles que les plantes à bulbe ou à rhizome.
C.S.A. Sigle de *Conseil supérieur de l'audiovisuel.*
csardas ou **czardas** n. f. (mot hongrois) Danse populaire hongroise dont le rythme s'accélère progressivement.
C.S.G. n. f. Sigle de *Contribution sociale généralisée.*
cténaires n. m. pl. ZOOL. Embranchement d'animaux voisins des cnidaires, mais dépourvus de cellules urticantes.
Ctésiphon Ville ancienne de Mésopotamie, sur le Tigre. Capitale des Parthes arsacides puis des Sassanides. Les ruines du palais de Châhpuhr Ier, roi sassanide (241-272), témoignent de son ancienne importance.
Cuauhtémoc 1497 ?-1524 Le dernier empereur aztèque. Cortès le fit prisonnier et il disparut dans des circonstances non encore élucidées.
• **Cuba** Île de l'archipel des Grandes Antilles, située à 180 km au sud de la Floride et constituée en République démocratique socialiste.
cubage n. m. Action de mesurer un volume. / Volume. *Cubage d'une pièce de bois.*
cubain, e adj. et n. De Cuba. *Sucre cubain. Un(e) Cubain(e).*
cube n. m. Parallélépipède rectangle dont toutes les arêtes sont égales. / Produit d'un nombre par son carré. / En appos. *Mètre cube* (m^3), centimètre cube (cm^3) : unité de mesure du volume d'un corps, égale au volume d'un cube de 1 m, 1 cm de côté. / Objet ayant la forme d'un cube. *Couper du fromage en cubes.* / *Jeu de cubes* : jeu de construction composé de cubes décorés.
cuber v. t. / v. i. [1] **A.** v. t. Évaluer (un volume) en unités cubiques. *Cuber du bois.* **B.** v. i. Avoir tel volume. *Ce tonneau cube cent litres.* / Fam. Représenter une quantité importante. *Un verre par ci, un verre par là, ça cube à la fin de la journée.*
cubique adj. En forme de cube. *Bâtiment cubique.* / MATH. Qui appartient au cube. *Racine cubique d'un nombre*, dont le cube a ce nombre pour valeur. / Qui est du troisième degré. *Fonction cubique.* / n. f. *Une cubique* : une courbe déterminée par une équation algébrique du troisième degré.
• **cubisme** n. m. École artistique qui propose une nouvelle conception de la représentation de l'objet dans l'espace, élaborée par Braque et Picasso, puis Juan Gris et Léger entre 1907 et 1914.
cubiste adj. et n. BX-ARTS Relatif au cubisme ; tenant du cubisme.

Cubisme

Soucieux de développer l'objet sous toutes ses faces et abolissant de ce fait la perspective classique, le cubisme représentait des objets aux formes simplifiées et géométriques (arbres, éléments de nature morte), ce qui lui valut son nom.
On distingue le *cubisme analytique*, dans lequel les peintres s'efforcèrent d'analyser l'objet, et le *cubisme synthétique*, où, réintroduisant la couleur qu'ils avaient tout d'abord exclue, ils recomposèrent la réalité à partir d'éléments très librement interprétés.

Violon et bouteille de vin *de Juan Gris.*

C

CUBA

Superficie : *110 861 km²* – **Nombre d'habitants :** *11 200 000 h.* – **Capitale :** *La Havane*
Villes principales : *Santiago de Cuba, Camagüey, Holguín* – **Système politique :** *république populaire* – **Langue(s) :** *espagnol* – **Religion(s) :** *catholicisme* – **Monnaie(s) :** *peso cubain*

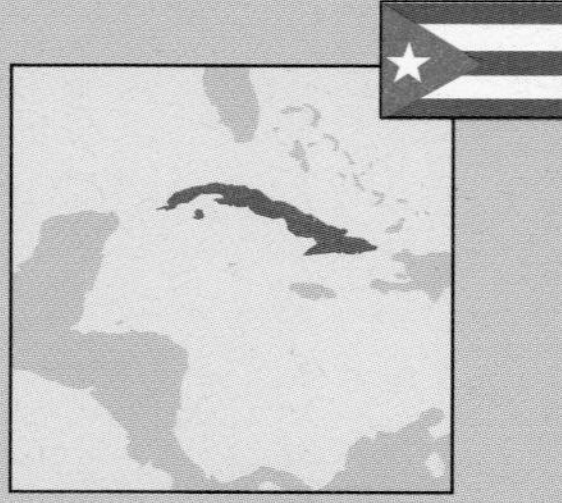

Voir l'Atlas

L'hôtel National dans la baie de La Havane.

Le port de Cienfuegos au sud de Cuba.

Géographie physique et humaine

Bordée d'une plaine côtière large et très marécageuse, dominée au centre par le relief tourmenté des chaînons calcaires, par les sommets de la sierra Maestra et du Baracoa au sud, l'île reçoit les précipitations abondantes et régulières d'un climat tropical humide. Ses forêts considérablement appauvries par une exploitation dévastatrice ont fait place à la savane et aux plantations. La population, de religion catholique, est particulièrement dense dans la province de La Havane et dans les grandes villes : Marianao, Holguín, Camagüey, Santiago. L'urbanisation dépasse les 75 %.

Économie

L'île a des ressources limitées : canne à sucre, tabac, nickel, cultures vivrières, pêche, élevage bovin. Jusqu'en 1990, elle achetait à l'U.R.S.S., à bas prix, pétrole, céréales, pièces détachées, et lui vendait au prix normal sucre, nickel, agrumes. Depuis 1990, la production de sucre et d'agrumes a presque baissé de moitié, celle de pétrole a presque doublé, le nickel s'est maintenu. L'industrie du tabac a progressé. Le tourisme connaît une très forte expansion. Les envois de devises des exilés sont importants.

Histoire

Découverte par Christophe Colomb en 1492, colonie espagnole à partir de 1511-1514, Cuba reçoit au XVIe siècle des cargaisons d'esclaves africains qui travaillent dans les plantations de canne à sucre et de tabac. Au XIXe siècle, la révolte des Blancs et des Noirs culmine en 1868. L'esclavage est aboli seulement en 1880. En 1898, l'île devient indépendante après la guerre hispano-américaine. Étroitement liée aux États-Unis (accord de 1901) qui contrôlaient la diplomatie cubaine et achetaient la production de canne à sucre, Cuba connaît alors une période d'instabilité politique aggravée par la misère de la population paysanne. Le général dictateur Machado (1925-1933) est renversé par le sergent Fulgencio Batista, qui exerce la dictature de 1933 à 1944, puis à partir de 1952. Après une tentative malchanceuse en 1953, Fidel Castro réussit, grâce à une stratégie de guérilla, à déclencher un mouvement révolutionnaire qui le conduit au pouvoir le 5 février 1959. Il instaure un régime socialiste, rompt avec les États-Unis et recherche l'appui de l'U.R.S.S. En 1961, l'invasion américaine de la Baie des Cochons est repoussée. En octobre 1962, l'installation de bases de lancement à Cuba par l'U.R.S.S. accroît la tension et provoque une crise internationale, finalement résolue par le démontage des rampes de fusées soviétiques, mais les États-Unis maintiennent le blocus économique qu'ils ont instauré en 1960. La position stratégique de l'île à l'entrée du golfe du Mexique, sa proximité par rapport au continent américain et enfin son socialisme original dont s'inspirent les mouvements révolutionnaires d'Amérique latine, sont autant de facteurs qui expliquent l'importance de Cuba dans la conjoncture politique internationale. De 1975 à 1989, des contingents cubains combattent en Éthiopie et en Angola, alliés de l'U.R.S.S. Dans le même temps, de nombreux Cubains s'exilent, notamment en Floride et des dissidents dénoncent la répression politique exercée par Castro. En 1990, la perte de l'aide soviétique semble fatale à Castro mais celui-ci combat la mauvaise fortune. En 1992, il amende la Constitution qui renforce ses pouvoirs et libéralise l'économie. En 1993, la détention de dollars est autorisée, ainsi que les départs vers les États-Unis. En 1995, Castro se rend en Chine, laquelle était son ennemie déclarée. En 1997, il se rapproche de l'Église cubaine. En janvier 1998, Jean-Paul II se rend à Cuba et dénonce l'inhumanité du blocus que prolongent les États-Unis. Dans une atmosphère de fin de règne, la situation politique est toujours bloquée et l'économie se ressent durement des cyclones Isidore et Lili qui ont dévasté l'ouest de l'île en 2002.

Fabrique de tabac à La Havane.

Santiago, la deuxième ville de Cuba.

cubitainer n. m. (nom déposé) Récipient en plastique servant au transport des liquides, en partic. du vin.
cubitus n. m. ANAT. Os long de l'avant-bras dont l'épiphyse supérieure forme le coude ; il s'articule en haut avec l'humérus et en bas avec les os du carpe.
cuboïde adj. et n. m. ANAT. *Os cuboïde* ou (n. m.) *le cuboïde* : os de la rangée antérieure des os du tarse, externe par rapport au scaphoïde et aux trois cunéiformes.
cuculiformes n. m. pl. ZOOL. Ordre d'oiseaux comprenant les coucous et les touracos, caractérisés par des pattes dont deux doigts sont dirigés vers l'avant et deux vers l'arrière.
cucurbitacées n. f. pl. BOT. Famille de plantes dicotylédones dialypétales, grimpantes ou rampantes, groupant le concombre, la citrouille, le melon, la pastèque.
cueillette n. f. Récolte de légumes, de fruits, de fleurs. / Ce qui a été ainsi récolté.
cueilleur, euse n. Celui, celle qui cueille. / ANTHROP. *Chasseur-cueilleur* : membre d'une population qui vit de la chasse et de la cueillette.
cueillir v. t. [3] Détacher (un végétal) de sa tige, de sa branche ; récolter. *Cueillir des roses, des haricots.* / Fig. et fam. *Cueillir qqn*, venir le chercher.
Cuénot (Lucien) 1866-1951 Biologiste français qui fit d'importants travaux sur les lois de l'hérédité chez les animaux, sur les caractères létaux et sur l'adaptation des espèces à leur milieu.
cuesta n. f. (mot espagnol) GÉOGR. Côte.
Cuevas (Jorge de Piedrablanca de Guana, marquis **de)** 1885-1961 Mécène américain, d'origine chilienne, directeur des *ballets du marquis de Cuevas*, troupe internationale installée à Monte-Carlo de 1946 à 1962.
Cugnot (Joseph) 1725-1804 Ingénieur français inventeur d'une voiture à vapeur, le *fardier de Cugnot* (1771), qui est le premier véhicule automobile.
Cui (Cesar Antonovitch) 1835-1918 Compositeur russe. D'abord officier, il renonce à la carrière militaire pour se consacrer à la musique, notamment à la critique musicale ; à ce titre, il s'est insurgé contre l'ultranationalisme des musiciens russes de son temps en défendant Schumann et Berlioz. Compositeur fécond, il a fait partie du groupe des Cinq et écrit des pièces de piano, des mélodies et dix opéras (*Angelo*, 1876 ; *Le Prisonnier du Caucase*, 1883).
cuillère ou **cuiller** n. f. Instrument de table, composé d'un manche et d'une palette creuse, servant à puiser les aliments liquides. *Cuillère à café, à soupe.* / Contenu

Figurine assise, terre **cuite** polychrome de la période préclassique moyenne, provenant de Tatlico (Musée national d'anthropologie, Mexico).

d'une cuillère. *Une cuillère de sucre.* / TECHN. Nom de plusieurs outils dont la forme est proche de celle de la cuillère. *Cuillère de fondeur, de plombier.* / Pièce de métal, brillante, armée d'hameçons utilisée pour pêcher. *On pêche le brochet à la cuillère.* / ARMES Pièce qui maintient la goupille d'une grenade.
cuillerée n. f. Contenu d'une cuillère. *Une cuillerée de sucre.*
cuir n. m. Peau épaisse de certains animaux. / Cette peau transformée par tannage. / ANAT. *Cuir chevelu*: voir *chevelu*. / Fig., fam. Vice de langage qui consiste à faire des liaisons importunes. *« J'y sui {t} arrivé » au lieu de « j'y sui {s} arrivé » est un cuir.*
cuirasse n. f. Anc. Pièce de l'armure en cuir ou en métal qui couvrait le buste et le dos. / Fig. *Le défaut de la cuirasse*: le point faible. / MAR. Revêtement en métal très résistant qui protège la coque des navires de guerre. / ZOOL. Chez certains animaux, ensemble de plaques protectrices, formant une carapace. *La cuirasse du tatou.*
cuirassé n. m. Navire de guerre de fort tonnage, armé de canons et revêtu d'une cuirasse.
Cuirassé Potemkine (le) 1925 Film d'Eisenstein qui relate la révolte des marins du cuirassé Potemkine, basé à Odessa, en 1905.
cuirassier n. m. Autrefois, soldat de cavalerie portant cuirasse; de nos jours, soldat d'une unité blindée.
cuire v. t. / v. i. [3] **A.** v. t. Exposer (un aliment) à une source de chaleur pour le rendre consommable. *Cuire un poisson à la vapeur.* / Transformer (un matériau) par l'action du feu, de la chaleur. *Cuire des briques.* **B.** v. i. Être soumis à une cuisson. *Le poulet cuit dans le four.* / Fig. Brûler. *Peau qui cuit au soleil.* / Fam. Avoir trop chaud. / Fam. Produire une sensation de brûlure.
cuisant, e adj. Qui provoque une sensation de brûlure. / Fig. Qui touche profondément. *Un échec cuisant.*
cuisine n. f. Pièce réservée à la préparation des repas. / Action, art de préparer et d'accommoder les plats. / Les plats préparés eux-mêmes. *Aimer la bonne cuisine.* / Fig., péjor. Manigances.
cuisiner v. i. [1] Faire la cuisine. / (Emploi transitif) Apprêter, accommoder (des aliments). *Cuisiner un curry.* Fig. et fam. *Cuisiner qqn*, l'interroger pour qu'il avoue.
cuisinette n. f. Dans le langage de l'immobilier, très petite cuisine, généralement sans séparation de la pièce principale.
cuisinier, ère n. Personne dont le métier est de faire la cuisine. / n. f. Vieilli Appareil ménager à charbon, à gaz ou électrique, servant à cuire les aliments.
cuisiniste n. m. Spécialiste de la fabrication, de l'installation de mobilier de cuisine.
cuissage n. m. FÉOD. *Droit de cuissage*: droit qu'aurait eu le seigneur de passer une nuit avec la jeune épouse d'un de ses serfs.
cuissard n. m. Anc. Pièce d'armure qui couvrait la cuisse. / Culotte de coureur cycliste.
cuissarde n. f. Botte montant jusqu'en haut des cuisses.
cuisse n. f. Partie du membre inférieur qui s'articule avec la hanche et le genou et qui a pour squelette le fémur. / Fig. *Se croire sorti de la cuisse de Jupiter*: être très orgueilleux.
cuisseau n. m. BOUCH. Partie du veau, allant de la queue au rognon.
cuisson n. f. Action, manière de cuire un aliment; temps nécessaire à cette action. / Transformation d'un matériau sous l'effet de la chaleur. *La cuisson des émaux.*
cuissot n. m. Cuisse du chevreuil, du cerf, du sanglier.
cuistot n. m. Pop. Cuisinier.
cuistre n. m. Personnage vaniteux et ridicule.
cuit, e adj. et n. f. Qui a subi une cuisson. *Terre cuite.* / Fig. fam. *C'est du tout cuit*: c'est gagné d'avance. / Fig. fam. *Je suis cuit*, fini, lessivé. *C'est cuit*: c'est terminé, sans espoir. / Pop. Ivre. *Être complètement cuit.* / n. f. Pop. Ivresse. *Prendre une bonne cuite:* s'enivrer.
cuivre n. m. Métal rouge-brun, malléable et ductile (symbole Cu), de numéro atomique Z = 29, de masse atomique 63,54. / (Au plur.) Ustensiles de cuisine, objets d'ornement en cuivre. *Faire les cuivres*: astiquer les objets en cuivre. / (Au plur.) Famille des instruments de musique à vent en métal. / Planche de cuivre gravée.
♦ Très bon conducteur de la chaleur et de l'électricité, le cuivre est utilisé pour la fabrication d'ustensiles de cuisine, d'appareils et de conducteurs électriques, de canalisations, etc. Dans l'air humide, il se recouvre, par oxydation, d'une couche protectrice de vert-de-gris. Il entre dans la composition de nombreux alliages: bronze, laiton, maillechort, etc.
cuivré, e adj. Qui a la couleur du cuivre. *Un teint cuivré.* / Dont le timbre éclatant rappelle celui des instruments de cuivre.
cuivreux, euse adj. Qui contient du cuivre monovalent.
cuivrique adj. Qui contient du cuivre bivalent.
Cujas (Jacques) 1520-1590 Jurisconsulte français qui rénova le droit romain. Il enseigna dans sa ville natale, Toulouse, mais accomplit la plus grande partie de sa carrière à Bourges.
Cukor (George) 1899-1983 Cinéaste américain, auteur prolifique de comédies élégantes et de films souvent adaptés de pièces de théâtre ou de romans (*David Copperfield*, 1933; *Une étoile est née*, 1954; *My fair lady*, 1964).
cul n. m. Fam. Derrière de l'homme et de certains animaux. / Fond de certains objets. *Un cul de bouteille.* / Loc. fam. *Boire cul sec*: voir **sec**.
culasse n. f. Fond du canon d'une arme à feu servant au chargement de cette arme. / MÉCAN. Partie supérieure du moteur, coiffant les cylindres, et dans laquelle se produit l'explosion du mélange combustible. / En joaillerie, partie inférieure d'une pierre taillée.
cul-blanc n. m. ZOOL. Petit échassier de l'ordre des charadriiformes, dont le dos et le dessus des ailes contrastent avec le croupion blanc. / Appos. *Un chevalier cul-blanc.*
culbute n. f. Saut que l'on fait en posant les mains à terre et en projetant les jambes en l'air pour retomber de l'autre côté. / Chute brutale. / Fig. *Faire la culbute*: échouer, faire faillite.
culbuter v. t. [1] Renverser (qqn) cul par-dessus tête. *Culbuter un adversaire.* / (Emploi intransitif). Tomber cul par-dessus tête. *J'ai culbuté en sortant.*
culbuteur n. m. Dispositif permettant de faire basculer un récipient, un wagon. / MÉCAN. Dispositif actionnant les soupapes dans un moteur à explosion.
cul-de-basse-fosse n. m. Cachot souterrain très profond et humide. Pl. Des *culs-de-basse-fosse.*
cul-de-four n. m. ARCHIT. Voûte en forme de demi-coupole. Pl. Des *culs-de-four.*
cul-de-jatte n. Personne amputée de ses membres inférieurs. Pl. Des *culs-de-jatte.*
cul-de-lampe n. m. ARCHIT. Décoration circulaire placée sur un lambris ou une voûte. / En typographie, vignette gravée à la fin d'un chapitre ou d'un livre. Pl. Des *culs-de-lampe.*
cul-de-sac n. m. Voie sans issue. / Fig. Affaire, emploi sans débouché. Pl. Des *culs-de-sac.*

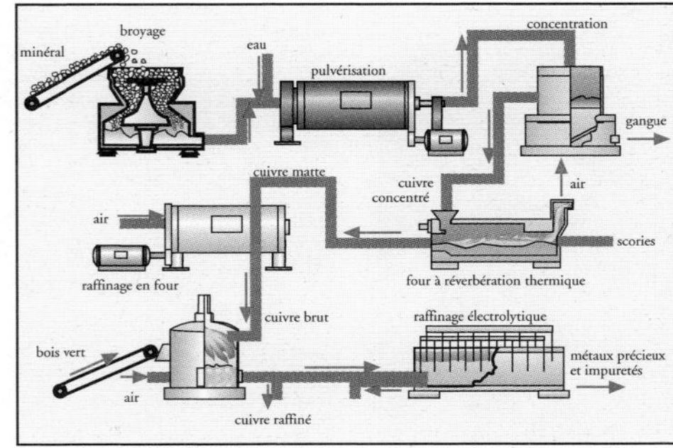

Schématisation de l'extraction du **cuivre** par voie sèche.

culée n. f. CONSTR. Massif de maçonnerie ou de béton servant à buter les extrémités des arches d'un pont, ou à soutenir la voûte d'une construction. / Souche d'un arbre abattu.
culinaire adj. Relatif à la cuisine.
culminant, e adj. Qui culmine. *Point culminant*, le plus haut d'une variable, son apogée. / Fig. *Le suspense arrive à son point culminant.*
culmination n. f. ASTRON. Passage d'un astre à un point du ciel, quand cet astre atteint sa plus grande hauteur au-dessus de l'horizon d'un lieu donné.
culminer v. i. [1] ASTRON. Atteindre la culmination. / GÉOGR. Atteindre son point le plus élevé. *Le mont Blanc culmine à 4 807 mètres.* / Fig. Être à son comble, à son apogée.
culot n. m. Partie inférieure d'un objet creux. *Culot d'une bouteille.* / Partie postérieure métallique d'une cartouche, d'un obus. / Fond métallique d'une ampoule électrique, qui se fixe dans la douille. / ARCHIT. Ornement sculpté d'où s'échappe un feuillage, une volute. / MÉTALL. Ce qui reste dans le fond d'un creuset après la fonte d'un métal. / Dépôt noirâtre qui s'accumule dans le fourneau d'une pipe. / TECHN., BIOL. Dépôt qui se forme lors d'une centrifugation (ou lors d'une sédimentation spontanée), contenant les éléments les plus denses. / Fig., fam. Audace. *Avoir du culot.*
culotte n. f. Vx Vêtement masculin à jambes séparées, couvrant le corps de la taille aux genoux. / Vêtement de forme analogue, porté par les enfants, les sportifs. *Culotte courte*, s'arrêtant au-dessus des genoux. *Culotte de cheval, de golf.* / Fig. *Porter la culotte*: diriger le ménage en parlant d'une femme. / Sous-vêtement féminin couvrant le corps de la taille au haut des cuisses. / BOUCH. Morceau de bœuf taillé dans la croupe.
culotté, e adj. *Pipe culottée*, dont le culot est recouvert d'un dépôt goudronneux / Fig. Fam. *Être culotté*: avoir du culot.
culpabiliser v. t. / v. i. [1] Rendre coupable, faire ressentir de la culpabilité à. / v. i. Se sentir coupable.
culpabilité n. f. État d'une personne coupable. / PSYCHOL. *Sentiment de culpabilité*: état d'une personne qui se sent coupable d'une faute réelle ou imaginaire.
culte n. m. Hommage religieux rendu à Dieu, à une divinité, à un saint; ensemble des cérémonies, des pratiques, des rites par lesquels on rend cet hommage. / Religion. *Le culte catholique.* / Chez les protestants, office religieux. / Fig. Admiration profonde, vénération. *Vouer un culte à qqn. Film (-) culte, auteur (-) culte*, qui fait l'objet d'un culte.
cul-terreux n. m. Fam., péjor. Paysan. Pl. Des *culs-terreux.*
cultivateur, trice n. Personne qui exploite une terre. / n. m. Instrument de labourage.
cultivé, e adj. Mis en culture. *Des étendues cultivées.* / Fig. Qui possède une bonne culture intellectuelle.
cultiver v. t. [1] Travailler, rendre productif (un sol). *Cultiver un champ.* / Faire pousser (une espèce végétale). *Cultiver la vigne.* / Fig. Entretenir ou développer. *Cultiver une amitié. Cultiver ses dons, ses connaissances.* / v. pron. Acquérir ou approfondir un savoir, sa culture.
cultuel, elle adj. Qui procède du culte; qui concerne un culte. *Objets cultuels.*

C

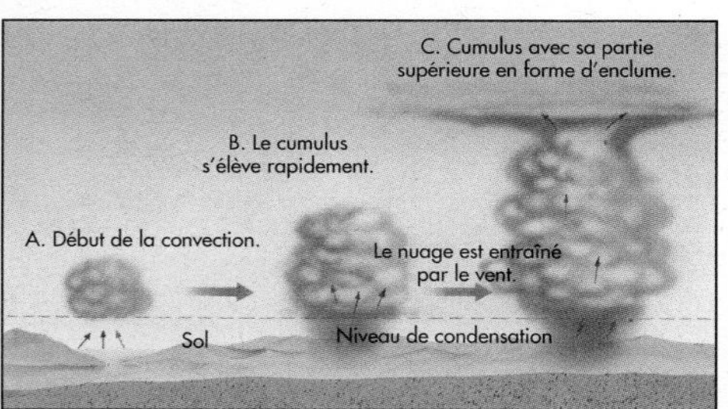
C. Cumulus avec sa partie supérieure en forme d'enclume.
B. Le cumulus s'élève rapidement.
A. Début de la convection.
Le nuage est entraîné par le vent.
Sol
Niveau de condensation

*Formation d'un **cumulus** d'orage, ou **cumulo-nimbus**.*

culturalisme n. m. ANTHROP. Courant de pensée américain considérant comme déterminant le rôle du milieu culturel sur le comportement et les structures psychologiques des individus.

culture n. f. Action de cultiver la terre, un végétal. *Culture intensive, extensive.* / (Au plur.) Terrains cultivés. / BIOL. Technique consistant à développer sur des milieux artificiels des micro-organismes, des cellules, des tissus. / Ensemble des connaissances acquises qui enrichissent l'esprit et contribuent à la formation du goût et du jugement. *Un homme de grande culture.* / Connaissances acquises dans un domaine particulier. *Avoir une culture scientifique.* / Ensemble des traditions, coutumes, institutions, œuvres, pensées, qui se perpétuent dans une civilisation, une nation, un groupe social et qui les caractérisent. *Culture occidentale.* / *Culture physique*: gymnastique.

culturel, elle adj. Qui procède de la culture de l'esprit. *Patrimoine culturel.*

culturisme n. m. Gymnastique privilégiant le développement de la musculature.

culturiste adj. et n. Du culturisme. *Club culturiste.* / n. Personne qui pratique le culturisme.

Cumberland (William Augustus, duc **de)** 1721-1765 Général britannique, fils du roi d'Angleterre George II. À la tête des armées anglo-hollandaises, il est battu par le maréchal de Saxe à Fontenoy (1745) et à Lawfeld (1747). En 1746, à Culloden, il inflige une sévère défaite au prétendant Charles Édouard Stuart.

Cumbria *6 809 km² 490 200 h.* Chef-lieu *Carlisle.* Comté situé au nord-ouest de l'Angleterre, dont le relief est en grande partie constitué par le massif de Cumberland, de faible altitude, aux nombreux lacs glaciaires.

Cumes Ancienne ville d'Italie, sur la mer Tyrrhénienne, au sud-est de Naples, où les Grecs fondèrent une colonie au VIIIᵉ siècle avant J.-C. Des ruines demeurent, notamment l'antre de la sibylle (célèbre dans l'Antiquité), au village de Cuma.

cumin n. m. Plante ombellifère cultivée pour ses graines aromatiques et stimulantes; graine de cette plante utilisée comme condiment. / *Cumin des prés*: carvi.

cumul n. m. Fait, pour une personne, d'exercer simultanément plusieurs fonctions, de bénéficier de plusieurs indemnités. / DR. *Cumul d'action*: exercice simultané de plusieurs actions en justice se rapportant au même fait juridique. *Cumul des peines*: addition des peines prononcées en cas de pluralité d'infractions.

cumulard n. m. Fam. Personne qui cumule plusieurs charges ou fonctions rétribuées. / Appos. *Politicien cumulard.*

cumulatif, ive adj. Qui procède d'un cumul. / *Effet cumulatif*, s'amplifiant de lui-même.

cumuler v. t. [1] Réunir sur sa personne; amasser. *Cumuler les honneurs.* / Faire le cumul de. *Cumuler des actions. Cumuler des mandats.*

cumulo-nimbus n. m. inv. Masse de nuages épais et sombres, à grand développement vertical, provoquant les orages et les pluies de grêle.

cumulo-stratus n. m. inv. Strato-cumulus.

cumulus n. m. inv. Gros nuage de beau temps, blanc, se développant verticalement sur une base plate jusqu'à une altitude dépassant parfois 8 000 m.

Cunaxa ou **Counaxa** Ville de Mésopotamie qui vit s'affronter (401 av. J.-C.) les armées de Cyrus le Jeune et de son frère Artaxerxès. Cyrus fut tué et ses mercenaires grecs entreprirent une interminable retraite (la retraite des Dix Mille) à travers l'Asie Mineure.

cunéiforme adj. En forme de coin. / ANAT. *Os cunéiformes* ou (n. m. pl.) *les cunéiformes*: les trois os les plus externes de la partie antérieure du tarse, internes par rapport au cuboïde et au scaphoïde. / *Écriture cunéiforme* ou, n. m., *le cunéiforme*: écriture d'origine sumérienne, utilisée notam. par les Babyloniens et les Assyriens, dont les caractères sont en forme de coins ou de clous.

Cunha (Tristan da) 1460-1540 Navigateur portugais. Il découvrit plusieurs îles de l'Atlantique austral et de l'océan Indien.

Cupidon.

cuniculiculture n. f. Élevage des lapins.

cunnilingus ou **cunnilinctus** n. m. Pratique sexuelle consistant à exciter par des caresses de la bouche les parties génitales de la femme.

Cunningham (Imogen) 1883-1970 Photographe américaine. Elle commence (1910) par photographier des nus, masculins et féminins, qui scandalisent et ne seront montrés que vers 1960. Elle se dirige ensuite vers la photo de fleurs, le portrait et des photos géométriques.

Cunningham (Merce) 1919 Danseur et chorégraphe américain. Il collabora avec John Cage dès 1944 et fonda en 1953 une compagnie de danse « post-moderne ».

cupide adj. Qui désire immodérément acquérir des biens, de la richesse.

cupidité n. f. Caractère d'une personne cupide.

Cupidon MYTH. ROM. Dieu de l'amour identifié à l'Éros grec. Fils de Vénus et de Mars, époux de Psyché, il est représenté sous les traits d'un enfant espiègle, armé d'un arc à l'aide duquel il transperce d'une flèche le cœur de ses victimes, devenues ainsi amoureuses.

cupule n. f. BOT. Enveloppe écailleuse, en forme de petite coupe entourant la base de certains fruits. *La cupule du gland.*

cupulifères n. f. pl. BOT. Famille d'arbres et d'arbrisseaux dont les fruits sont entourés d'une cupule. *Le chêne, le hêtre, le châtaignier, le noisetier sont des cupulifères.*

curaçao n. m. Liqueur à base d'eau-de-vie, de sucre et d'écorces d'oranges.

Curaçao *444 km² 144 100 h.* Île néerlandaise de la mer des Antilles. Chef-lieu *Willemstadt.* Ses raffineries transforment le pétrole brut importé du Venezuela.

curare n. m. Poison d'origine le plus souvent végétale, à action paralysante. *Utilisé autrefois par certains Indiens d'Amérique du Sud pour empoisonner leurs flèches, le curare est aujourd'hui employé en anesthésie.*

curatelle n. f. DR. Fonction du curateur.

curateur, trice n. DR. Personne chargée de gérer les biens et les intérêts d'un incapable majeur.

curatif, ive adj. Destiné à guérir la maladie.

curculionidés n. m. pl. ZOOL. Famille d'insectes coléoptères munis d'un rostre, comprenant les charançons.

curcuma n. m. Plante de la famille des zingibéracées, dont le rhizome, pulvérisé, entre dans la composition du curry.

cure [1] n. f. Vx Attention, souci. *N'avoir cure de rien.* / MÉD. Traitement médical, étendu sur une certaine période, centré sur une thérapeutique particulière. *Cure de sommeil. Cure de désintoxication. Cure (thermale)*: séjour thérapeutique dans une station thermale. / Usage prolongé de qqch. *Faire une cure de fruits, de cinéma.*

cure [2] n. f. Charge d'une paroisse, exercée par un curé. / Territoire administré par un curé. / Presbytère.

Cure (la) *112 km* Rivière de Bourgogne. Elle prend sa source dans le Morvan et se jette dans l'Yonne au sud d'Auxerre.

curé n. m. Prêtre qui a la charge d'une paroisse.

cure-dent ou **cure-dents** n. m. Petit instrument pointu servant à nettoyer les interstices dentaires. Pl. Des *cure-dents.*

curée n. f. VÉNER. Portion de la bête que l'on donne aux chiens après la chasse; moment où l'on donne la curée. / Fig. Ruée sauvage d'individus appâtés par un gain.

cure-ongle ou **cure-ongles** n. m. Instrument pointu servant à nettoyer le dessous des ongles. Pl. Des *cure-ongles.*

cure-pipe n. m. Instrument servant à nettoyer le fourneau d'une pipe. Pl. Des *cure-pipes.*

curer v. t. [1] Nettoyer (qqch.) en grattant. *Curer une pipe.* / v. pron. *Se curer les ongles.*

curetage n. m. MÉD. Opération consistant à retirer de manière aseptique, d'une cavité naturelle (utérus) ou d'un abcès, des corps étrangers ou des produits morbides.

Curiaces Nom de trois frères originaires de la ville d'Albe. Ils furent opposés aux Horaces, champions de Rome, au cours d'un combat qui devait permettre de désigner la plus puissante des deux villes. La victoire revint à Rome. Le sujet a inspiré à Corneille sa tragédie *Horace.*

curial, e, aux adj. ANTIQ. ROM. Relatif à la curie romaine. / Relatif à une cure, à un curé. *Maison curiale*: presbytère.

curie [1] n. f. ANTIQ. ROM. Division de la tribu; lieu de réunion du sénat; le sénat lui-même. / Ensemble des organismes qui constituent le gouvernement du Saint-Siège.

curie [2] n. m. PHYS. NUCL. Ancienne unité de mesure de radioactivité, équivalant à $3,7 \times 10^{10}$ becquerels.

Curie (Pierre) 1859-1906 Physicien français. Il découvrit avec son frère **Paul Jacques** (1855-1941) le phénomène de la piézo-électricité, puis il fit, seul, d'importants travaux sur le principe de symétrie dans les phénomènes physiques et sur le magnétisme. Il découvrit notamment qu'au-dessus d'une certaine température (seuil nommé *point de Curie*), le ferromagnétisme se transforme en paramagnétisme. **Marie Curie (Maria Sklodowska**, madame Pierre Curie, connue sous le nom de**)** 1867-1934 Physicienne française d'origine polonaise. Épouse (1895) du précédent. Dès la découverte par Henri Becquerel des phénomènes de radioactivité (c'est à elle qu'on doit ce nom), elle en entama des études quantitatives, sur les conseils, puis avec l'aide de son mari. Leur collaboration aboutit à la découverte, en 1898, du polonium et du radium. Après la mort accidentelle de son mari, elle continua l'œuvre commune. Au cours de la Première Guerre mondiale, elle fonda et dirigea les premières unités mobiles de radiographie, présentes sur

Pierre Curie.

Marie Curie.

le front. Première femme professeur à la Sorbonne, fondatrice de l'Institut du radium, elle forma dans son laboratoire une équipe de chercheurs au premier rang desquels sa fille Irène et son gendre Frédéric Joliot. Elle est la seule personne à avoir été reçu deux fois un prix Nobel scientifique : prix Nobel de physique en 1903 avec. P. Curie et H. Becquerel, prix Nobel de chimie en 1911. Ses cendres et celles de son mari ont été transférées au Panthéon en 1995.

curiethérapie n. f. Emploi thérapeutique du rayonnement émis par des substances radioactives (radium notam.) que l'on place *in situ* ou qui agit par irradiation à distance.

curieusement adv. Avec curiosité ; bizarrement, étrangement.

curieux, euse adj. et n. **I.** Qui désire connaître, comprendre, découvrir. *Être curieux de tout.* / Qui cherche à connaître ce que d'autres veulent tenir secret. / Subst. Personne curieuse. *Ici, on n'aime pas les curieux.* **II.** Qui suscite l'intérêt. *Un curieux personnage.* / n. m. *Le curieux dans tout ça, c'est que...*

curiosité n. f. État d'une personne curieuse / Objet, chose qui retient l'attention. *Une région riche en curiosités.*

curium n. m. Élément radioactif artificiel (symbole Cm), de numéro atomique Z = 96, obtenu en 1944 par bombardement du plutonium.

curling n. m. (mot anglais) Sport analogue au jeu de boules, pratiqué sur glace, avec de lourds palets.

curriculum vitae n. m. inv. (mots latins) Ensemble des informations que fournit une personne (généralement un candidat à un poste) concernant son état civil, sa formation, son expérience professionnelle ; document comportant ces informations. *Envoyer un curriculum vitae* ou, par ellipse, *un curriculum.* Abrév. : *C.V.*

curry, cari, cary ou **carry** n. m. Assaisonnement indien à base de divers piments, de curcuma et d'autres épices ; plat préparé avec cet assaisonnement. *Curry d'agneau.*

curseur n. m. Petit index, servant de repère, qui se déplace à volonté sur une règle, un compas, un fusil. / ASTRON. Fil qui apparaît dans le champ d'un micromètre pour les mesures. / INFORM. Marque mobile, sur un écran de visualisation, indiquant l'emplacement de la prochaine opération.

cursif, ive adj. *Écriture cursive,* rapidement manuscrite, non calligraphiée. / Fig. *Lecture cursive* : lecture rapide.

cursus n. m. Ensemble des étapes successives d'un cycle d'études universitaires, d'une carrière professionnelle.

Curtis (Edward Sheriff) 1868-1952 Photographe américain. Ses milliers de clichés constituent un irremplaçable témoignage sur la vie, les coutumes, les cérémonies, les mythologies, l'histoire, la médecine, l'art des Amérindiens dont, en outre, il enregistra plus de 10 000 chants.

Curtiz (Mihaly Kertész, dit **Michael)** 1888-1962 Cinéaste américain d'origine hongroise qui excella dans tous les genres, surtout célèbre pour *Les Aventures de Robin des Bois* (1938) et *Casablanca* (1943).

curule adj. ANTIQ ROM. *Chaise curule* : siège d'ivoire réservé à certains hauts magistrats.

curviligne adj. Formé de lignes courbes. / MATH. *Abcisse curviligne*, repérant la position d'un point sur une courbe par rapport à une origine prise sur celle-ci.

Cusco Voir **Cuzco**

cuscute n. f. BOT. Plante parasite des végétaux, nuisible aux cultures de trèfle, de luzerne, etc.

Cushing (Harvey) 1869-1939 Chirurgien américain qui fonda la chirurgie des centres nerveux et des glandes endocrines.

cuspide n. f. BOT. Longue pointe acérée. / ZOOL. Chez les mammifères, éminence des molaires et des prémolaires, sur la face de la dent en contact avec la dent opposée.

Custine (Astolphe, marquis **de)** 1790-1867 Écrivain français. Auteur de romans (*Le Monde comme il est*, 1835), d'une pièce de théâtre (*Béatrice Cenci*, 1830) et de récits de voyage, parmi lesquels *La Russie en 1839* témoigne de l'acuité de sa vision et de la finesse de ses analyses.

custode n. f. LITURG. Pavillon qui recouvre le ciboire renfermant les hosties consacrées ; boîte servant à les transporter. / Partie latérale arrière de la carrosserie d'une automobile, généralement vitrée.

cutané, e adj. De la peau. *Lésion cutanée.*

cuticule n. f. Peau très fine qui limite la surface apparente des ongles. / BOT. couche cireuse imperméable, protégeant les organes aériens de la plante. / ZOOL. Squelette externe et chitineux des arthropodes.

cutine n. f. BOT. Substance cireuse, imperméable, principal constituant de la cuticule des végétaux.

Georges Cuvier.

*La Place d'Armes à **Cuzco**, ancienne capitale de l'Empire inca.*

cuti-réaction n. f. MÉD. Réaction cutanée inflammatoire survenant au point où l'on a déposé, après une légère scarification, une petite quantité de substance (toxine microbienne, allergène), et qui constitue un test pour la détection de certaines maladies (tuberculose notam.) ou allergies. Pl. Des *cuti-réactions*.

cutter n. m. Instrument à lame coulissante pour couper le papier, le carton.

cuve n. f. Grand récipient pour la fermentation du raisin ou pour divers usages ménagers ou industriels. *Cuve à mazout.*

cuveau n. m. Petite cuve.

cuvée n. f. Contenu d'une cuve. / Produit d'un vignoble. *Bonne, mauvaise cuvée.*

cuver v. i. [1] Fermenter dans une cuve. *Le vin ne doit pas trop cuver.* / (Emploi transitif) Fam. *Cuver son vin* : dormir parce qu'on a trop bu.

cuvette n. f. Récipient à large fond servant à diverses tâches domestiques. / Partie d'un lavabo, d'un siège de W.-C. qui contient l'eau. / Extrémité inférieure du tube recourbé d'un baromètre. / GÉOGR. Dépression fermée de tous côtés.

cuveur, euse n. En Afrique, ivrogne, alcoolique.

cuvier n. m. Cuve utilisée autrefois pour la lessive.

Cuvier (Georges, baron**)** 1769-1832 Naturaliste français, fondateur de la paléontologie et de l'anatomie comparée. Ses travaux, qu'il formalisa sous forme de lois (loi de subordination des organes, loi de corrélation des formes), lui permirent de reconstituer, à partir de fragments du squelette, la morphologie d'espèces totalement inconnues jusqu'alors. À la fin de sa vie, il combattit les opinions de Geoffroy Saint-Hilaire et de Lamarck sur l'évolution.

Cuvilliés (François de) 1695-1768 Architecte allemand. Maître du rococo bavarois, on lui doit les décors dont il a orné ses édifices : pavillon d'Amalienburg, dans le parc du château de Nymphenburg, l'Opéra de la Résidence (1750-1753), à Munich.

Cuzco ou **Cusco** *302 700 h.* Ville du Pérou située à *3 360 m* d'altitude, dans une vallée fertile des Andes orientales. Ancienne capitale de l'Empire inca, elle en conserve de nombreux vestiges : temple du Soleil, forteresse de Sacsahuamán.

C.V. n. m. Abréviation usuelle de *curriculum vitae.*

cyan n. m. IMPR., PHOTO. Couleur bleu-vert, complémentaire du rouge.

cyanhydrique adj. CHIM. *Acide cyanhydrique* : liquide incolore, de formule HCN, appelé aussi *acide prussique*, poison violent.

cyanobactéries n. f. pl. BIOL. Syn. de cyanophycées.

cyanogène n. m. CHIM. Gaz incolore, très toxique, composé d'azote et de carbone, et dont les combinaisons avec l'hydrogène et les métaux sont les cyanures.

cyanophycées n. f. pl. BIOL. Groupe d'organismes procaryotes photosynthétiques répandues dans les océans, les eaux douces, et sur les sols humides. Syn. algues bleues, cyanobactéries.

cyanose n. f. MÉD. Coloration bleue des téguments due à un trouble circulatoire, à une anomalie de l'hématose ou à une altération de l'hémoglobine ; elle est maximale au niveau de la face, des extrémités des membres.

cyanuration n. f. TECHN. Mode d'extraction de l'or et de l'argent à partir de leurs minerais, par électrolyse.

cyanure n. m. CHIM. Sel de l'acide cyanhydrique. *Les cyanures alcalins sont aussi toxiques que l'acide cyanhydrique.*

Cyaxare 633-584 av. J.-C. Roi des Mèdes, il conquit Assur, Ninive et l'Urartu, et conclut une alliance avec la Lydie.

Cybèle MYTH. ROM. Divinité phrygienne, identifiée par les Grecs à Rhéa, la grande Déesse, mère de Zeus, et célébrée à Rome au cours de fêtes orgiaques.

cybercafé n. m. Café où des ordinateurs permettent à la clientèle d'accéder au réseau Internet.

cybermonde ou **cyberespace** n. m. Espace virtuel où se rassemblent les internautes et où sont disponibles les ressources d'informations numériques accessibles par les réseaux d'ordinateurs.

cybernaute n. Internaute.

cybernétique n. f. Science qui étudie les processus de commande, de communication et de réponse chez les êtres vivants et dans les machines.

cycas n. m. BOT. Arbre gymnosperme des régions tropicales, à port de palmier.

cyclable adj. *Piste cyclable*, réservée aux cyclistes.

Santorin, île volcanique de l'archipel des ***Cyclades****.*

Cyclades (les) *94 005 h.* Archipel grec de la mer Égée dessinant un cercle (en grec *kuklos*, qui a donné « cycle » en français), ou plutôt une ellipse, au sud-est de l'Attique. Îles principales: Andros, Delos, Paros, Naxos. Les sols arides de ces îles touristiques sont plantés de vignobles et d'oliviers. On y exploite le marbre de Paros, les minerais de plomb et de fer. Au IIIᵉ millénaire av. J.-C., les Cyclades produisirent des statuettes en marbre blanc représentant des humains, dont la stylisation évoque l'art du XXᵉ siècle.

cyclamen n. m. BOT. Plante herbacée de la famille des primulacées, à fleurs mauves, blanches ou roses, à pétales retournés. *Le cyclamen est cultivé comme plante ornementale.*

cyclane ou **cycloalcane** n. m. CHIM. Hydrocarbure saturé cyclique. *Parmi les cyclanes les plus importants, on peut citer le cyclohexane et le cyclopropane.*

cycle [1] n. m. Suite de phénomènes se répétant de façon ininterrompue et dans un ordre immuable. *Le cycle des saisons.* / ASTRON. *Cycle dominical* ou *solaire*: période de 28 ans au bout de laquelle les dates de chaque mois correspondent aux mêmes jours de la semaine. *Cycle lunaire* ou *de Méton*: période de 18 ans et 11 jours au bout de laquelle les phases de la Lune se reproduisent aux mêmes dates. / BIOL. Succession d'étapes par lesquelles passe un être vivant ou une lignée. / PHYSIOL. *Cycle menstruel*: activité périodique de l'ovaire aboutissant soit à la nidation de l'œuf fécondé, soit à la menstruation en cas de non-fécondation. / ÉCON. *Cycle économique*: fluctuation plus ou moins régulière de l'activité économique, faisant alterner successivement des phases de prospérité, de crise, de dépression et de reprise. / CHIM. Chaîne d'atomes fermée. / PHYS. *Cycle par seconde*: ancienne unité de fréquence d'un phénomène vibratoire, remplacée par le hertz. / MÉCAN. Succession de phases d'un moteur à explosion. *On distingue le cycle à deux temps (compression, détente), et le cycle à quatre temps (admission, compression, explosion, échappement).* / GÉOL. *Cycle d'érosion*: succession théorique et continue des différentes phases d'évolution d'un relief, aboutissant à la formation d'une pénéplaine (stades de jeunesse, de maturité et de sénilité). / LITT. Ensemble de poèmes épiques ou romanesques composés autour d'un même thème ou d'un même personnage. *Le cycle de la Table ronde.* / Division de l'enseignement secondaire (*premier cycle*, de la sixième à la troisième incluse; *second cycle*, de la seconde à la terminale) et supérieur.

cycle [2] n. m. Tout véhicule à deux (ou trois) roues, mû par la pression des pieds sur des pédales (bicyclette, tandem, tricycle, etc.).

cyclines n. f. pl. MÉD. Famille d'antibiotiques qui empêchent le développement des bactéries (sans les détruire), capables d'agir sur les micro-organismes à l'intérieur des cellules. *Les cyclines sont utilisées pour soigner les infections génitales, la brucellose, etc.*

cyclique adj. Qui procède d'un cycle. *Mouvement cyclique.* / BOT. *Fleur cyclique*: dont les divers éléments (carpelles, étamines, pétales, sépales) sont disposés en cercles concentriques. / CHIM. *Composés cycliques*, dont la molécule contient un ou plusieurs cycles.

cycliquement adv. De façon cyclique.

cyclisme n. m. Pratique de la bicyclette; sport pratiqué sur route ou sur piste, en équipe ou individuellement, par des amateurs ou des professionnels.

cycliste n. et adj. Personne qui pratique le cyclisme. / adj. Relatif au cyclisme. *Course cycliste.*

cycloalcane Voir **cyclane**

cyclo-cross n. m. inv. SPORT Épreuve de cyclisme sur terrain accidenté.

cyclohexane n. m. CHIM. Hydrocarbure saturé cyclique à six atomes de carbone.

cycloïde n. f. MATH. Courbe décrite par un point situé sur un cercle roulant, sans glisser, sur une droite.

cyclomoteur n. m. Véhicule à deux roues à moteur, dont la cylindrée est inférieure à 50 cm^3, et dont la vitesse ne dépasse pas 45 km/h.

cyclone n. m. MÉTÉO. Phénomène atmosphérique saisonnier, violent et de grande ampleur, se manifestant dans les zones tropicales des hémisphères nord et sud. / TECHN. Appareil servant à récupérer les particules d'un produit entraînées par un fluide.

♦ Les cyclones se forment essentiellement au-dessus des masses humides et chaudes de la ceinture intertropicale des océans. Selon le lieu où ils prennent naissance et se développent, ils portent des noms différents: ouragan dans l'Atlantique nord, le golfe du Mexique, les côtes de Californie, sur le Pacifique; cyclone dans l'océan Indien et sur les côtes de l'Australie; typhon dans le Pacifique nord, les côtes asiatiques (Chine, Japon, Indonésie). Quel que soit leur nom, les mécanismes qui produisent ces tempêtes sont identiques. Cyclones, ouragan, typhons se forment toujours au-dessus de l'océan lorsque la température de l'eau dépasse 27 °C, à partir d'un tourbillon qui engendre un centre dépressionnaire. Ils se développent aux latitudes auxquelles les forces de Coriolis dévient les vents alizés vers les pôles. Quand les conditions atmosphériques et océaniques sont favorables, ces dépressions deviennent des cyclones tropicaux. L'air aspiré par le centre dépressionnaire afflue, se chargeant d'humidité qui s'évapore. Plus l'air converge vers le centre du cyclone, ou « œil », plus importante est la masse nuageuse qui se forme, plus la vapeur d'eau se condense en gouttes de pluie, plus cette condensation libère de chaleur. L'air surchauffé devient moins dense et tend à s'échapper vers la haute atmosphère, la pression atmosphérique chute à la surface de l'eau, entraînant une rotation plus rapide des vents autour du centre du cyclone. Cette rotation s'exerce dans le sens inverse des aiguilles d'une montre dans l'hémisphère nord, dans le sens des aiguilles d'une montre dans l'hémisphère sud. La température des eaux océaniques tropicales favorise l'évaporation, apportant toujours plus d'humidité qui, à son tour, libère plus de chaleur. Le cyclone s'auto-alimente en utilisant la chaleur de l'eau pour transporter la vapeur d'eau en altitude, chaleur qu'il transforme en énergie mécanique sous forme de vent. Un cyclone peut engendrer une force de vent allant jusqu'à 300 km/h; des vents de 160 à 200 km/h ne sont pas rares dans ce type de dépressions tropicales.

cyclonique adj. Relatif aux cyclones.

cyclope n. m. ZOOL. Minuscule crustacé copépode des eaux douces, muni d'un œil frontal unique.

cyclopéen, enne adj. Relatif aux Cyclopes. / Fig. Gigantesque. / ARCHÉOL. *Monuments cyclopéens*: gigantesques monuments construits en pierres, si imposants qu'on pourrait les attribuer aux Cyclopes de la mythologie. / CONSTR. *Béton cyclopéen*, constitué de gros agrégats.

Cyclopes Géants monstrueux, nés du ciel (Ouranos) et de la terre (Gaia) dont l'œil unique était situé au milieu du front. Ils étaient trois et forgeaient pour Zeus la foudre, le tonnerre et les éclairs. Dans l'*Odyssée*, Ulysse rencontre des monstres analogues, anthropophages, et il tue Polyphème.

cyclopropane n. m. CHIM. Hydrocarbure saturé cyclique à trois atomes de carbone.

cyclosporine Voir **ciclosporine**

cyclostomes n. m. pl. ZOOL. Groupe de vertébrés aquatiques primitifs, dépourvus de mâchoires, regroupant les lamproies et les myxines.

cyclothymie n. f. PSYCHIATR. Anomalie psychique caractérisée par des alternances d'excitation et de dépression.

cyclothymique adj. et n. Relatif à la cyclothymie; atteint de cyclothymie. / Subst. *Un(e) cyclothymique.*

cyclotourisme n. m. Tourisme cycliste.

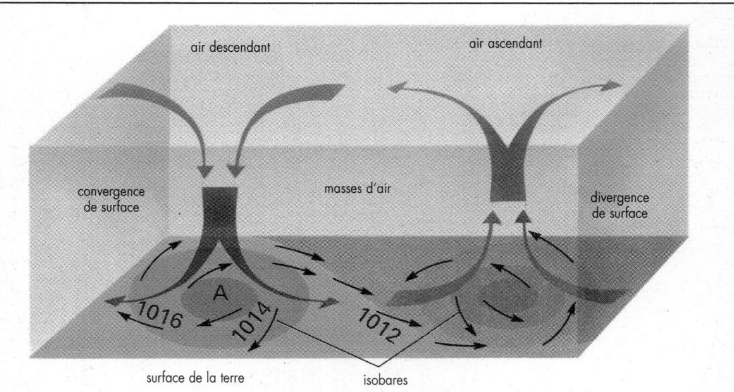

Dans un anticyclone, l'air suit un mouvement descendant, il s'échappe à la périphérie, empêchant ainsi la formation de nuages. Dans un ***cyclone****, l'air, effectuant un mouvement ascendant, est vite saturé en vapeur d'eau qui se transforme en nuages et pluies.*

Cygne.

cyclotron n. m. PHYS. Accélérateur circulaire de particules dans lequel le champ magnétique de guidage est fixe.
Cydnus Voir **Selef**
cygne n. m. ZOOL. Grand oiseau aquatique de la famille des anatidés, au cou long et flexible, à plumage blanc ou noir (cygne noir d'Australie). *Le cygne tuberculé, au plumage blanc immaculé et au bec orangé, est domestiqué comme oiseau d'ornement des pièces d'eau.* / *Chant du cygne*: dernier chef-d'œuvre d'un créateur (par allusion au chant merveilleux attribué au cygne mourant).
Cygne (le) Constellation boréale (voir **constellation**).
cylindraxe n. m. ANAT. Vx Axone.
cylindre n. m. MATH. Surface engendrée par une droite (*génératrice*) se déplaçant parallèlement à elle-même et s'appuyant sur une courbe fixe (*directrice*); solide limité par cette surface et deux plans parallèles. *Cylindre de révolution*: solide engendré par la rotation d'un rectangle autour d'un de ses côtés. / TECHN. Rouleau servant à laminer le métal, imprimer le papier, aplanir les routes, etc. / MÉCAN. Enveloppe dans laquelle se déplace le piston d'un moteur à explosion, d'un compresseur, d'une pompe. *Moteur à six, huit cylindres.* / *Bureau à cylindre*, se fermant par un panneau mobile en forme de quart de cylindre.
cylindrée n. f. Volume engendré par la course du piston dans le cylindre d'un moteur à explosion, exprimé en cm³ ou en litres. *Dans le cas de plusieurs cylindres, la cylindrée totale est la somme des cylindrées de chaque cylindre (cylindrées unitaires).* / *Grosse cylindrée*: voiture ou motocyclette puissante (la cylindrée étant l'un des éléments de la puissance réelle d'un moteur).
cylindrique adj. Du cylindre. *Surface cylindrique,* engendrée par un ensemble de droites parallèles qui s'appuient sur une courbe plane fermée. / Qui a la forme d'un cylindre. *Boite cylindrique.*
Cyllène MYTH. GR. Nymphe du pays d'Arcadie et femme du roi Lycaon. Elle donna son nom au mont Cyllène où, selon la légende, naquit le dieu Hermès.
cymaise Voir **cimaise**
cymbale n. f. MUS. Instrument de percussion métallique, de forme conique aplatie, jouée seule ou par paire.
cymbalum n. m. MUS. Instrument d'origine hongroise, à cordes percutées par des baguettes.
cyme n. f. BOT. Type d'inflorescence dans lequel l'axe principal se termine par une fleur, et se ramifie en axes secondaires, eux aussi terminés par une fleur, qui peuvent se ramifier à leur tour de la même façon. *Les fleurs du myosotis sont groupées en cymes.*
cynégétique adj. et n. f. Relatif à la chasse. / n. f. Art de la chasse.
cynipidés n. m. pl. ZOOL. Famille d'insectes hyménoptères de très petite taille, vivant sur les végétaux, où ils provoquent des excroissances, ou galles, telle la noix de galle sur le chêne.
cynips n. m. ZOOL. Insecte de la famille des cynipidés.
cynique adj. et n. **I.** PHILO. *École cynique, philosophes cyniques*, dont la doctrine est le cynisme. / Subst. *Les cyniques*: les philosophes cyniques. **II.** Qui se moque des convenances morales. *Un comportement cynique.* / Subst. *C'est un(e) cynique.*
cyniquement adv. De manière cynique.
cynisme n. m. PHILO. Doctrine des philosophes grecs dont les plus célèbres sont Antisthène et Diogène, qui professaient, dans le but de mener une vie conforme à la nature, un mépris total des conventions morales et sociales et considéraient l'exercice de la vertu comme le souverain bien. / Attitude d'une personne cynique.
cynocéphale n. m. ZOOL. Grand singe d'Afrique au museau allongé comme celui d'un chien, tel que l'hamadryas et le mandrill. Syn. babouin.
Cynocéphales Voir **Cynoscéphales**
cynodrome n. m. Piste pour les courses de lévriers.
cynorhodon ou **cynorrhodon** n. m. BOT. Réceptacle charnu du rosier et de l'églantier, qui renferme les akènes et dont on fait parfois des confitures. Syn. gratte-cul.

Gérard Depardieu dans le rôle de ***Cyrano de Bergerac****,*
film de Jean-Paul Rappeneau inspiré de la pièce d'Edmond Rostand.

Cynoscéphales ou **Cynocéphales** Collines de Thessalie, entre Pharsale et Larissa. Leurs sommets calcaires, travaillés par l'érosion, présentent une ressemblance avec des têtes de chiens (d'où leur nom). En 197 av. J.-C., le consul romain Flamininus y écrasa Philippe V de Macédoine, à qui les Romains prirent les villes grecques situées hors de Macédoine.
cypéracées n. f. pl. BOT. Famille de plantes monocotylédones, herbacées, vivaces, aux tiges pleines et sans nœuds, aux fleurs dépourvues de pétales.
cyphoscoliose n. f. MÉD. Double déviation de la colonne vertébrale présentant une convexité postérieure (*cyphose*) et latérale (*scoliose*).
cyphose n. f. MÉD. Déviation de la colonne vertébrale consistant en une convexité postérieure.
cyprès n. m. BOT. Conifère à la forme élancée, dont le feuillage, persistant, est composé d'écailles vert sombre.
Cyprien (saint) 200 ?-258 Père de l'Église, évêque de Carthage, martyrisé sous l'empereur Valérien.
cyprin n. m. ZOOL. Nom courant des poissons de la famille des cyprinidés. *Cyprin doré*: poisson rouge.
cyprinidés n. m. pl. ZOOL. Famille de poissons téléostéens d'eau douce, comprenant de nombreuses espèces (tanche, barbeau, carpe, brème, etc.).
Cyrano de Bergerac (Savinien de) 1619-1655 Écrivain français. Soldat et libre penseur, il a écrit des comédies (*Le Pédant joué*), des poésies, des œuvres scientifiques et des œuvres d'imagination qui annoncent les contes de Voltaire: *Histoire comique des États et empires de la Lune* (posthume, 1657), *des États et empires du Soleil* (posthume, 1662).
Cyrano de Bergerac Comédie héroïque (1897), en cinq actes et en vers, d'Edmond Rostand, qui met en scène Cyrano, plein d'esprit, mais défiguré par un nez démesuré, amoureux sans espoir de la belle Roxane. Celle-ci aime Christian, aussi beau que sot, à qui Cyrano prête généreusement son esprit en composant pour lui des poèmes que le pâle Adonis s'attribue, séduisant ainsi la jeune femme. Le personnage principal est très vaguement inspiré de Savinien de Cyrano de Bergerac.
Cyrénaïque *855 370 km²* Partie orientale de la Libye, en bordure de la Méditerranée. Son économie repose principalement sur le raffinement du pétrole saharien transporté par oléoduc jusqu'au port de Marsa el-Brega, sur le golfe de Syrte. **Histoire** Les Grecs fondèrent des comptoirs sur la côte (VIIᵉ siècle av. J.-C.), puis le pays, rattaché à l'Égypte, fut remis aux Romains par Ptolémée IX Apion (96 av. J.-C.) et devint en 74 une province romaine. Arabe (641), turc (1551), il fut colonie italienne (1912). Pendant la campagne de Libye (1940-1943), de violents combats opposent les forces alliées aux troupes germano-italiennes. Administrée par les Anglais dès 1942, la région devient autonome sous la présidence de l'émir Idris qui, devenu roi, la réunit à la Libye en 1951.
Cyrène GÉOGR. ANC. Ville grecque de Cyrénaïque, fondée sur la côte par les Doriens vers 630 av. J.-C. et devenue romaine en 96 av. J.-C. Site archéologique.
Cyrille (saint) 315 ?-386 Docteur de l'Église, évêque de Jérusalem, persécuté par les ariens, il défendit contre eux la foi de Nicée.
Cyrille (saint) 380 ?-444 Patriarche d'Alexandrie. Défenseur de l'orthodoxie, il s'opposa à Nestorius et le fit condamner au concile d'Éphèse (431).
Cyrille (saint) 827 ?-869 Nommé Constantin, il prend plus tard le nom de Cyrille. Avec son frère Méthode, il évangélise des pays slaves et traduit la Bible en slavon. Selon l'hypothèse aujourd'hui la plus couramment admise, il aurait inventé l'alphabet

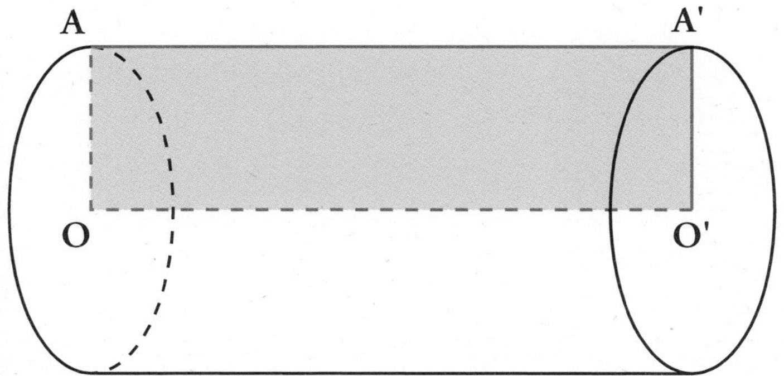

Cylindre *: figure géométrique de révolution engendrée par un rectangle (AOA'O') tournant autour d'un de ses côtés (ici, OO').*

а	б	в	г	д	е	ж	з	и	й	к	л	м	н	о	п	р	с	т	у	ф
a	*b*	*v*	*g*	*d*	*ié, é*	*j*	*z*	*i*	*ï*	*k*	*l*	*m*	*n*	*o*	*p*	*r*	*s*	*t*	*ou*	*f*

х	ц	ч	ш	щ	ъ	ы	ь	э	ю	я
kh	*ts*	*tch*	*ch*	*chtch*	*signe dur*	*y (i dur)*	*signe de mouillure de consonne*	*e*	*iou*	*ia*

Alphabet ***cyrillique****.*

glagolitique, le plus ancien alphabet slave, et non pas l'alphabet cyrillique.
cyrillique adj. et n. m. *Alphabet cyrillique* ou, n. m. *le cyrillique*: alphabet attribué à saint Cyrille, adapté de l'alphabet grec et servant à noter plusieurs langues slaves, notam. le russe, ainsi que quelques langues non slaves de l'ex-U.R.S.S.
Cyrulnik (Boris) 1937 Médecin français. Psychologue, neuropsychiatre et psychanalyste, il s'est intéressé aux jeunes brisés par la vie ; ses études l'ont conduit à développer le concept de résilience, qu'il définit ainsi : « capacité de se développer dans des conditions incroyablement adverses » (*Un merveilleux malheur*, 1999 ; *Les vilains petits canards*, 2001).
Cyrus le Grand Roi de Perse de 559 ? à 529 ? av. J.-C. Après avoir unifié les tribus perses, il s'empare d'Ecbatane, capitale des Mèdes, bat Crésus (546) et entre à Babylone (539). Fondateur de l'Empire perse, il le divise en satrapies et meurt dans un combat contre les Massagètes.
Cyrus le Jeune Roi de Perse de 424 ? à 401 av. J.-C. Fils de Darios II et satrape de Lydie, il soutint les Spartiates contre Athènes et tenta d'assassiner son frère Artaxerxès II, qui le battit et le tua à Cunaxa.
cystéine n. f. BIOCHIM. Acide aminé soufré, constituant des protéines.
cysticerque n. m. BIOL. (Chez les plathelminthes) Stade larvaire ultime, formé d'une vésicule dans laquelle le scolex est invaginé.
cystite n. f. MÉD. Inflammation aiguë ou chronique de la vessie, caractérisée par des mictions fréquentes et douloureuses.
cystographie n. f. MÉD. Radiographie de la vessie.
cystoscopie n. f. MÉD. Examen endoscopique de la vessie à l'aide du cystoscope.
cystotomie n. f. MÉD. Ouverture chirurgicale de la vessie, en partic. pour en extraire les calculs.
cytaphérèse n. f. BIOL. Technique permettant de prélever du sang d'un donneur les seuls globules blancs ou les plaquettes.
Cythère Île grecque située entre le Péloponnèse et la Crète. Elle était dans l'Antiquité le refuge des navires en danger et le sanctuaire d'Aphrodite, de sorte que nous nommons encore *Cythère* le pays des amours.
cytise n. m. BOT. Arbuste de la famille des papilionacées cultivé pour ses grappes de fleurs jaunes.
cytochrome n. m. BIOCHIM. Protéine présente dans la membrane des mitochondries, jouant un rôle fondamental dans la respiration cellulaire.
cytokine n. f. BIOL. Molécule peptidique, sécrétée par certains leucocytes, qui intervient dans la régulation de la prolifération et de la différenciation des cellules.
cytologie n. f. BIOL. Partie de la biologie qui étudie la structure, la croissance, la reproduction des différents types de cellule, ainsi que la chimie de ses composants.
cytomégalovirus n. m. BIOL., MÉD. Virus à A.D.N., proche de celui de l'herpès, transmissible par la salive, le sang ou l'urine, notamment responsable d'infections du nouveau-né et de personnes immunodéficitaires.
cytoplasme n. m. BIOL. Dans une cellule, ensemble constitué de la solution colloïde extra-nucléaire et des organites qu'elle renferme (vacuoles, mitochondries, plastes, réticulum endoplasmique, etc.). *La cellule eucaryote est constituée de la membrane cellulaire, du cytoplasme et du noyau.*

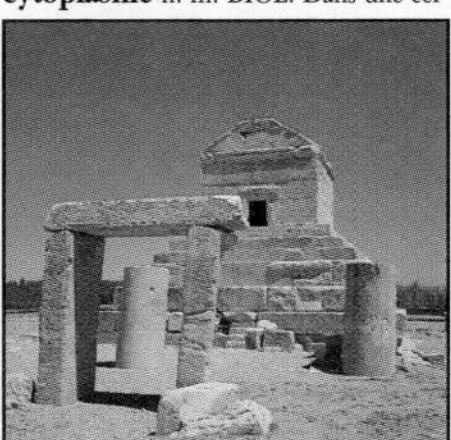

Tombeau de ***Cyrus le Grand****.*

cytosine n. f. BIOCHIM. Base azotée pyrimidique, constituant essentiel des acides nucléiques.
cytosquelette n. m. BIOL. Structure filamenteuse protéique, constituant la charpente interne des cellules, qui intervient dans leurs mouvements, leurs divisions, leurs déplacements internes de substances, etc.
cytostatique adj. et n. m. BIOL., MÉD. Se dit d'une substance qui arrête la multiplication des cellules (notam. cancéreuses). / n. m. *Les cytostatiques sont de nature chimique très variable : hormones, enzymes, agents radioactifs, antibiotiques, ainsi que divers autres types d'agents.*
czar Voir **tsar**
czardas Voir **csardas**
Czerny (Karl) 1791-1857 Pianiste autrichien. Il a laissé des ouvrages d'enseignement du piano : *École de la vélocité.*
Cziffra (György, dit **Georges)** 1921-1994 Pianiste français d'origine hongroise, interprète de Liszt.

D*d*

D

Les bas-reliefs de la colonne de Trajan, à Rome, racontent la conquête de la ***Dacie****.*

d' Voir **de**
Dabit (Eugène) 1898-1936 Romancier français. Son œuvre réaliste et poétique (*Hôtel du Nord*, 1929; *Trains de vie*, 1936) est une peinture sensible et mélancolique des quartiers et du peuple de Paris. *Hôtel du Nord* a inspiré un film (1938) à Marcel Carné.
d'abord Voir **abord**
Dac (André Isaac, dit **Pierre)** 1893-1975 Chansonnier et humoriste français. Animateur d'émissions radiophoniques, créateur (1938) de *L'Os à moelle*, il joignit Londres en 1943 et participa aux émissions *Les Français parlent aux Français*. Avec Francis Blanche, il réalisa après la guerre le feuilleton radiophonique *Signé Furax*, dont l'humour tenait à la fois du paradoxe et du non-sens, et qui tint les ondes des années durant.
da capo loc. (mots italiens) MUS. Depuis le début. *Reprendre un mouvement da capo.*
Dacca Voir **Dhaka**
d'accord Voir **accord**
Dachau *32 870 h.* Ville d'Allemagne, en Bavière, à proximité de laquelle les nazis avaient installé dès 1933 un camp de concentration. Voir **génocide**.
Dacie Région historique située sur la rive gauche du Danube, colonisée par les Romains au Ier siècle de notre ère. Elle correspond à l'actuelle Roumanie.
Dacier (Anne Lefebvre, Mme André**)** 1647-1720 Érudite française, traductrice d'auteurs grecs et latins, dont *L'Iliade* et *L'Odyssée*; elle critiqua la traduction de l'*Iliade* par Houdar de la Motte, ce qui relança la querelle des Anciens et des Modernes. **André Dacier** 1651-1722 Érudit français, époux de la précédente, traducteur d'Horace et d'Aristote.
dacron n. m. inv. (nom déposé) Fibre textile synthétique de polyester.
dactyle n. m. Dans la poésie grecque ou latine, pied comprenant une syllabe longue, puis deux brèves. / Plante fourragère vivace, de la famille des graminées.
dactylo n. Abrév. de *dactylographe*.
dactylographe n. Celui, celle qui dactylographie.
dactylographie n. f. Technique d'écriture ou de transposition de textes à la machine à écrire.
dactylographier v. t. [1] Écrire (un texte) à la machine.
dactyloscopie n. f. Procédé d'identification qui utilise les empreintes digitales.
• **dada** n. m. Cheval, dans le langage enfantin. / Fig. Sujet de prédilection, idée fixe. / *Mouvement Dada*: courant esthétique d'avant-garde, né en 1915-1916 à Zurich et New York, qui rassemblera jusqu'en 1923, entre autres, Tristan Tzara, Hans Arp, Richard Hülsenbeck, Marcel Duchamp, Man Ray, Francis Picabia, Kurt Schwitters, John Heartfield, Max Ernst.
dadais n. m. Jeune homme à l'air niais et aux manières gauches. *Un grand dadais.*
dadaïsme n. m. Mouvement Dada.
dadaïste adj. Du mouvement Dada. *Texte dadaïste.*
Daghestan ou **Daguestan (république du)** *50 300 km^2 1 823 000 h.* République de la fédération de Russie située dans le Caucase oriental, le long de la mer Caspienne. Capitale *Makhatchkala*. Importantes ressources en minerais non ferreux et en pétrole; aménagement hydroélectrique de la Sulaka. Conquis par les Perses, les Arabes, les Turcs, le Daghestan fut inclus dans l'empire russe au XVIIIe siècle. Le régime soviétique y fut instauré dès la fin de la révolution d'Octobre et le pays fut disputé par les Russes blancs, les Allemands et les Turcs avant de devenir république socialiste soviétique autonome en 1921.
Dagobert Nom de trois rois mérovingiens.
Dagobert Ier 600?-639. Roi des Francs en 629. Il a tenté de maintenir l'unité de la monarchie franque menacée par les rébellions et a réorganisé l'administration de son État.

DADA

Dada, que ses fondateurs ont baptisé en ouvrant au hasard un dictionnaire, conteste aussi bien le sens et l'efficacité que les formes et les modes de diffusion d'un art et d'une culture, y compris les plus modernes, qui n'ont pu empêcher la guerre. Du cabaret Voltaire de Zurich aux usines de Cologne, en passant par Paris, Berlin ou Hanovre, l'effervescence dadaïste combine la dérision, la provocation et le brouillage total des genres: ses manifestations, qui mêlent tracts, revues, collages, photomontages, danses volontairement maladroites, musique « bruitiste », poèmes phonétiques, etc., associent le banal à l'incongru, l'inventivité et l'utopie à la déception intentionnelle du spectateur. À la recherche d'une créativité « primordiale », le mouvement s'épuise cependant en partie dans la répétition et s'achève avec le départ du courant surréaliste, qu'il aura largement fécondé.

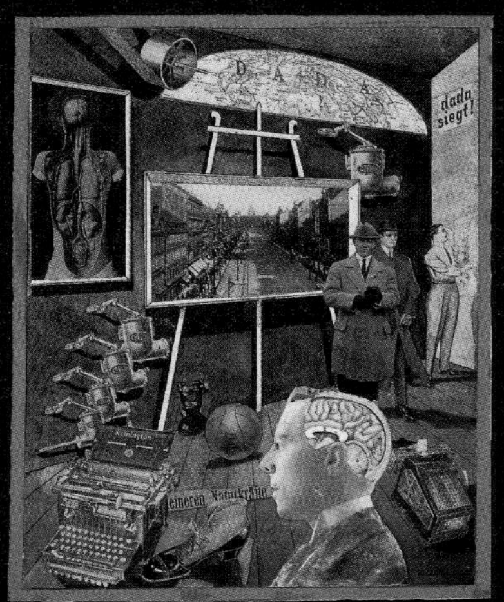

Daim.

Mais il fut contraint de reconnaître l'indépendance de l'Austrasie, donnée à son fils Sigebert III. À sa mort, son second fils devint roi de Neustrie (Clovis II). **Dagobert II** ?-679 Petit-fils de Dagobert Ier, roi d'Austrasie en 676, il sera assassiné trois ans plus tard. **Dagobert III** ?-715 Roi de Neustrie en 711, il règne sous la tutelle d'un maire du palais, Pépin de Herstal.

dague n. f. Poignard à lame courte qui se portait à la ceinture. / Défense de sanglier. / Bois de jeune cerf ou de jeune daim.

Daguerre (Jacques) 1787-1851 Inventeur français. En 1829, il s'associa à Niepce, qui avait inventé la photographie, et perfectionna celle-ci. Il obtint ainsi, en 1838, les premiers daguerréotypes.

daguerréotype n. m. Un des premiers appareils photographiques, qui permettait de fixer une image sur une plaque métallique. *Le daguerréotype a été inventé par Daguerre.* / L'image ainsi obtenue. *Le daguerréotype étant une image positive obtenue sans l'intermédiaire d'un négatif, il était impossible de la tirer à plusieurs exemplaires ; tout daguerréotype est, par définition, unique.*

Daguestan Voir **Daghestan**

daguet n. m. Cerf ou daim de un à deux ans dont les cornes, ou bois, sont encore courtes et non ramifiées.

dahlia n. m. Plante tubéreuse de la famille des astéracées, dont on cultive de nombreuses variétés ornementales.

Dahomey (république du) Voir **Bénin**

Dahomey (royaume du) Ancien royaume fondé au XVIIe siècle par des Fon qui avait pour capitale Abomey, ville du Bénin actuel, située à 150 km au nord-ouest de Cotonou.

dahu n. m. Animal imaginaire. *Envoyer qqn à la chasse au dahu* : abuser de sa crédulité en le faisant poursuivre une chimère.

daigner v. i. [1] Vouloir bien, consentir à, condescendre à (faire qqch.). *Daigneras-tu nous rendre visite ?*

d'ailleurs Voir **ailleurs**

daim, daine n. Ruminant européen de la famille des cervidés, aux bois aplatis, à la robe fauve tachetée de blanc. *Une daine suivie de ses faons.* / Peau de daim ou cuir traité de façon à imiter celle-ci.

Daimler (Gottlieb) 1834-1900 Ingénieur allemand. Il inventa un moteur léger d'automobiles, fonctionnant au pétrole, qu'il fit breveter en France, où il s'associa avec Panhard et Levassor.

daïmon Voir **démon**

daimyo ou **daïmio** n. m. (mot japonais) Membre d'une caste féodale, d'abord composée d'hommes d'humble origine liés aux paysans et qui, au cours de l'histoire du Japon, se taillèrent des fiefs héréditaires, en lutte continuelle.

daine Voir **daim**

dais n. m. Ouvrage de bois ou tenture formant un toit, destiné à abriter un autel ou le siège d'un personnage important. / Baldaquin. / ARCHIT. Voûte en saillie surplombant une statue.

Dakar *1 641 400 h.* Capitale du Sénégal, dans la presqu'île du Cap-Vert. C'est un port et un centre administratif et commercial. Université. Aéroport international (à Yof). La ville fut fondée en 1857. De 1898 à 1958, elle fut la capitale de l'ancienne Afrique-Occidentale Française (A.O.F.).

Dakota Territoire des États-Unis qui devait son nom aux Amérindiens Dakota. Il faisait partie de la Louisiane que la France céda aux États-Unis en 1803. En 1889, le Dakota fut divisé en deux parties, qui devinrent des États de l'Union : le Dakota-du-Nord et le Dakota-du-Sud.

Dakota-du-Nord *183 119 km² 640 900 h.* Capitale *Bismarck*. État du centre-nord des États-Unis. L'agriculture (céréales essentiellement) reste la première activité avec l'élevage de bovins et d'ovins. L'industrialisation est embryonnaire et le tourisme en expansion.

Dakota-du-Sud *199 300 km² 738 000 h.* Capitale *Pierre*. État du centre-nord des États-Unis, où prédomine l'agriculture. Le Mémorial des monts Rushmore attire de nombreux touristes.

dal (que) Voir **dalle (que)**

Daladier (Édouard) 1884-1970 Homme politique français. Député radical du Vaucluse, il fut président du Conseil quelques mois en 1933, puis en 1934, et d'avril 1938 à mars 1940. Il ne voulut pas croire aux dangers de l'expansion hitlérienne et signa les accords de Munich, en septembre 1938, mais un an plus tard, il déclarait la guerre à l'Allemagne. Incarcéré par le régime de Vichy (septembre 1940), qui le tenait pour un des responsables de la défaite de 1940, il fut déporté en Allemagne (1943-1945) et retrouva sa place au Parlement sous la IVe République.

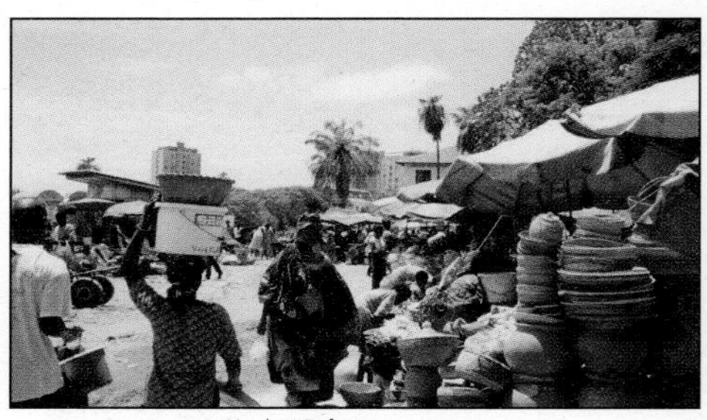

Marché à **Dakar** *(© Hugues Froigneux).*

dalaï-lama n. m. (mot mongol, « Océan de Sagesse ») Chef des communautés bouddhistes tibétaines, qui reconnaissent en lui la réincarnation perpétuelle du bodhisattva Avalokiteshvara. *L'actuel dalaï-lama, Tenzin Gyatso, vit en exil depuis 1959.* Pl. Des *dalaï-lamas*.

Dalat ou **Da Lat** *106 400 h.* Ville du centre du Vietnam, station climatique (*1 500 m*), où des représentants de la France et du Viêt-minh se rencontrèrent deux fois en 1946.

Dale (Henry) 1875-1968 Médecin anglais. Ses travaux ont porté sur le rôle de l'adrénaline et de l'acétylcholine dans la transmission de l'influx nerveux.

D'Alema (Massimo) 1949 Homme politique italien. Membre du parti démocratique de la gauche (ex-parti communiste), chef du gouvernement en 1998, il tente de résoudre le problème de l'immigration clandestine en régularisant la situation de 250 000 migrants. Les élections régionales d'avril 2000 sont remportées par la droite et D'Alema démissionne.

Le **Dalaï Lama** *actuel, Tenzin Gyatso.*

Dalí (Salvador) 1904-1989 Peintre espagnol. Surréaliste de 1928 à 1939, il a traduit, par un métier irréprochable acquis au contact des œuvres de la Renaissance italienne, des visions où les objets aux proportions insolites sont regroupés dans d'étranges rapprochements, illustrations à dominante souvent sexuelle et morbide de sa méthode de création définie, dès 1931, par la « voie paranoïaque critique ». Après 1939, l'ensemble de son œuvre est très fortement teinté d'académisme. Au cinéma, il conçut avec Buñuel *Un chien andalou* (1928) et *L'Âge d'or* (1930).

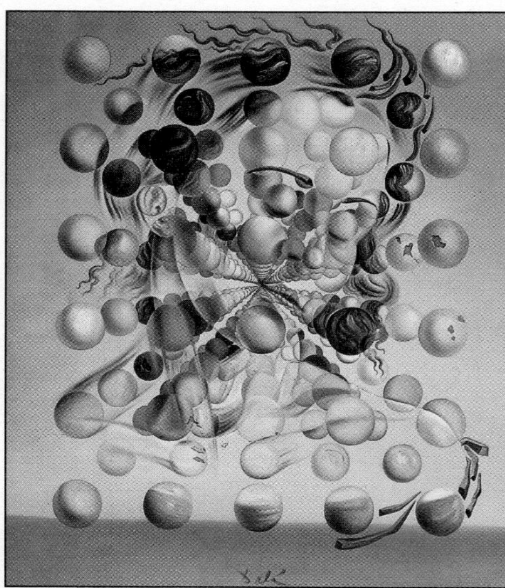

Galatée aux sphères, tableau de **Salvador Dalí**, *1952 (Fondation Dalí, à Figueiras).*

Dalila Courtisane de Gaza qui, selon le *Livre des Juges*, livra Samson aux Philistins après lui avoir rasé la tête, le secret de sa force résidant dans sa chevelure.

dallage n. m. Action de daller ; revêtement fait de dalles.

Dallapiccola (Luigi) 1904-1975 Compositeur italien, adepte de la musique sérielle, au lyrisme très personnel ; on lui doit des opéras (*Ulisse*, 1968) un oratorio (*Job*, 1950), un ballet (*Marsia*, 1942), des œuvres chorales, de la musique de chambre, des pièces pour piano et des mélodies.

Dallas *1 022 800 h.* Seconde ville du Texas, aux États-Unis, qui doit son développement économique à l'industrie du coton et au pétrole. Le président John Fitzgerald Kennedy y fut assassiné lors d'une visite officielle en novembre 1963.

dalle n. f. Plaque de pierre, de marbre, etc., utilisée pour paver un sol. / Plancher en ciment ou en béton. / Espace urbain construit à un niveau exhaussé. *La dalle de la Défense.*

dalle (que) loc. adv. Pop. Rien du tout. *On n'y voit que dalle.*

daller v. t. [1] Couvrir (un sol) de dalles. *Daller la cour.*

Daman, *mammifère de l'ordre des hyracoïdes.*

Dalloz (Victor Alexis Désiré) 1795-1869 Jurisconsulte français. En 1824, il créa avec son frère **Armand** (1797-1867) la maison d'édition Dalloz, spécialisée dans le droit.
dalmate adj et n. De Dalmatie. *Côte dalmate. Un(e) Dalmate.*
Dalmatie *12 100 km² 900 000 h.* Province montagneuse de Croatie, baignée par l'Adriatique. Elle compte des ports importants: Dubrovnik, Split, Sibenik, Zadar.
dalmatien, enne n. Grand chien à robe blanche tachetée de noir ou de brun.
dalmatique n. f. Blouse tissée en laine de Dalmatie. / Vêtement liturgique réservé aux diacres. / Tunique à manches portée par les empereurs romains et par les rois de France pour la cérémonie du sacre.
dalton n. m. CHIM., BIOCHIM. Unité de masse équivalant à un douzième de la masse d'un atome de carbone 12.
Dalton (John) 1766-1844 Physicien, chimiste et naturaliste anglais. Il énonça la loi de combinaison des substances pures selon des proportions définies multiples de leur masse. Ce fut un précurseur de la théorie atomique et, aveugle aux couleurs, il étudia ce phénomène (qui lui devra son nom de *daltonisme*) sur lui-même.
daltonien, enne adj. et n. MÉD. Atteint de daltonisme.
daltonisme n. m. MÉD. Affection de la vision qui empêche de percevoir ou de distinguer certaines couleurs. *Un daltonien confond le plus souvent le rouge et le vert.*
dam n. m. Vx Dommage, préjudice. *Au grand dam de qqn*: à son détriment.
Dam (Henrik) 1895-1976 Biochimiste danois qui découvrit la vitamine K et en étudia les applications.
daman n. m. ZOOL. Petit mammifère ongulé de la famille des hyracoïdes, ressemblant à la marmotte. *Les damans vivent en petites bandes, en Afrique et au Proche-Orient.*
Daman-et-Diu *112 km² 101 586 h.* Territoire de l'Inde, au nord de Bombay, composé du port de Daman (*26 900 h.*) et de l'île de Diu, portugais de 1558 à 1961.
damas n. m. **I.** Étoffe de soie autrefois tissée à Damas, dont les motifs brillants se détachent sur fond mat. / Par ext. Étoffe imitant le damas de soie. **II.** TECHN. Acier à la surface moirée. **III.** HORTIC. Variété de prunier mirabellier à fruits violets; fruit de ce prunier. Syn. Prunier, prune de Damas.
• **Damas** *1 549 000 h.* Capitale de la Syrie, non loin de la frontière libanaise. Centre commercial et industriel important. Aéroport international. Grande mosquée des Omeyyades (706-715). Mausolée de Saladin. Musée national syrien.
Damaskinos (Dimitrios Papandréou) 1891-1949 Prélat et homme politique grec. Archevêque d'Athènes, résistant à l'occupation italo-allemande, il fut régent de Grèce de 1944 à 1946, entre la libération du pays et le retour du roi Georges II.
damasquinage n. m. Incrustation de fils de cuivre, d'argent ou d'or, réalisée à froid pour décorer une surface métallique.
damasquiner v. t. [1] Procéder au damasquinage de.
damassé, e adj. et n. m. **I.** Tissé à la manière du damas. *Serviette damassée.* / n. m. Étoffe ainsi tissée. **II.** *Acier damassé*, dont la surface offre des dessins moirés.
dame [1] n. f. Syn. de femme, employé avec une nuance de respect et dans certaines expressions figées. *Toilettes, coiffeur pour dames.* / Titre réservé autrefois aux femmes de haut rang. *Les dames de la cour.* / Fig. *Une grande dame*: une femme dont le comportement inspire l'admiration ou le respect. / Nom des religieuses catholiques appartenant à certains ordres. *Dame de l'Assomption. Dame du Sacré-Cœur.* / JEU Reine, aux cartes ou aux échecs. / *Jeu de dames* ou *dames*: jeu où chacun des deux joueurs, muni de vingt pions noirs ou blancs, les déplace d'une case sur un damier afin de prendre ceux de l'adversaire. / MAR. *Dame de nage*: tolet ou creux pratiqué sur le plat-bord d'une embarcation, qui sert de point d'appui à l'aviron. / TRAV. PUBL. Demoiselle.
dame! [2] interj. Vieilli Certes!
Dame à la licorne (la) Sujet de six tapisseries exécutées à la fin du XVe siècle et représentant une jeune femme et une licorne blanche. La jeune femme porte six tenues différentes. Cinq des tapisseries portent les noms des cinq sens (le goût, l'odorat, etc.), une autre se nomme *À mon seul désir*. L'ensemble est conservé au musée de Cluny (Paris).
Dame aux camélias (la) 1852 Drame romantique d'Alexandre Dumas fils, qui raconte l'amour sincère d'une courtisane qui meurt d'une phtisie, alors que, cédant aux exigences de la morale, son amant décide de la quitter.
dame-d'onze-heures n. f. BOT. Nom courant de l'ornithogale à ombelles, liliacée dont les fleurs s'épanouissent en fin de matinée. Pl. Des *dames-d'onze-heures*.
dame-jeanne n. f. Grosse bouteille bombée de grès ou de verre, utilisée pour le transport des vins ou des acides. Pl. Des *dames-jeannes*.
damer [1] v. t. [1] JEU *Damer un pion*, aux dames, aux échecs, le transformer en dame. / Fig. et fam. *Damer le pion à qqn*: l'emporter sur un adversaire.
damer [2] v. t. [1] Aplanir (un sol) en le tassant. *Damer la neige.*
dameuse n. f. Véhicule à chenilles employé pour damer la neige.

La **Dame** d'Auxerre, *(625 av. J.-C.), statue grecque trouvée en Crète (musée du Louvre).*

DAMAS

Histoire

Mentionnée dans la Bible, rattachée à l'empire égyptien, la ville entre vraiment dans l'histoire au Xe siècle avant notre ère, époque où elle est la capitale d'un royaume araméen ennemi d'Israël. Elle fut ensuite unie à l'Assyrie, après sa destruction (732 av. J.-C.) par Teglat Phalasar III, conquise par la Perse puis par Alexandre le Grand avant d'échoir aux Séleucides.

Au Ier siècle avant notre ère, elle est romaine; c'est à Damas que se situe la conversion de saint Paul. Byzantine, elle est prise par les Arabes (636) et reste capitale omeyyade jusqu'en 724. Elle passe ensuite sous domination abbasside, puis égyptienne. Les croisés tenteront vainement de s'en emparer (1148). Saladin la conquiert (1174) et unifie l'Orient musulman qui connaît une grande prospérité sous les Ayyubides. Détruite par les Mongols, la ville passe sous domination mamelouke, puis est reprise par les Mongols (1501) et réoccupée par les mamelouks. Ottomane en 1516, elle le reste jusqu'en 1918, date à laquelle les Britanniques s'en emparent et la réunissent au royaume de Fayçal d'Irak pendant peu de temps: en 1920, elle est sous mandat français et devient capitale de la Syrie indépendante en 1946.

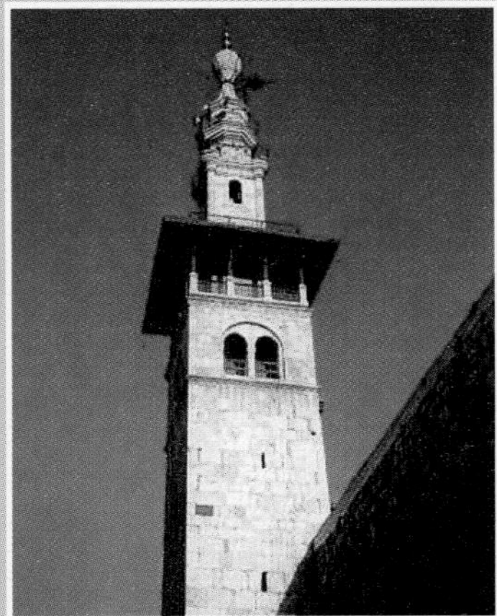
Le minaret « de la Fiancée », mosquée des Omeyyades, à Damas.

Damia (Louise Marie Damien, dite**)** 1889-1978 Chanteuse française, au répertoire réaliste aux accents incantatoires proches de la tragédie.

Damiens (Robert-François) 1715-1757 Domestique français. Il donna à Louis XV un coup de canif pour lui rappeler ses devoirs (1757); cette inoffensive blessure lui valut de mourir écartelé, supplice qui fut ressenti comme un scandale.

damier n. m. Plateau divisé en cent carrés égaux, alternativement blancs et noirs, servant au jeu de dames. / Toute surface formée de carreaux de deux couleurs.

Damiette *110 000 h.* Port d'Égypte, florissant jusqu'au XIXe siècle. Saint Louis s'en empara en 1249 lors de la septième croisade mais dut le restituer l'année suivante pour payer sa rançon.

damnation n. f. RELIG. Action de damner; résultat de cette action. / Litt. Juron. *Enfer et damnation !*

damné, e adj. et n. RELIG. Qui est voué à la damnation. / Fig. Exaspérant, maudit. *Cette damnée photocopieuse est encore en panne ! / Âme damnée* : personne qui inspire à qqn ou commet pour lui des actes condamnables.

damner v. t. [1] RELIG. Condamner (qqn) à séjourner éternellement en enfer. / Causer la damnation de. *Cette passion le damnera.*

Damoclès IVe s. av. J.-C. Courtisan du tyran de Syracuse, Denys l'Ancien, qui, pour lui démontrer la fragilité de son propre bonheur, l'invita à s'attabler à un délicieux banquet tandis qu'au-dessus de la tête du convive était suspendue à un crin de cheval une lourde épée.

Damodar *545 km* Rivière de l'Inde. Elle naît dans le Chota Nagpur, passe par Raniganj et Burdwan, et atteint l'Hooghly au sud-ouest de Calcutta. Nombreux barrages. Sa vallée est une puissante région industrielle.

damoiseau, elle, eaux n. m. Au Moyen Âge, jeune gentilhomme qui n'était pas encore fait chevalier. / n. f. Titre porté par une jeune fille noble.

dan n. m. (mot japonais) Grade de la ceinture noire, dans les arts martiaux. *Un judoka cinquième dan.*

Dan Personnage biblique, fils de Jacob, ancêtre éponyme d'une des douze tribus d'Israël.

Danaé MYTH. GR. Fille du roi d'Argos Acrisios. Ce dernier, averti par un oracle que l'enfant qui naîtrait de sa fille le tuerait, enferma Danaé dans une tour. Mais Zeus, séduit par la jeune fille, s'introduisit auprès d'elle sous la forme d'une pluie d'or. De cette rencontre naquit un fils, Persée. Acrisios, pris de peur, livra à la mer Danaé et son enfant. Devenu grand, Persée revint dans Argos, et sans le vouloir, tua Acrisios.

danaïde n. f. Papillon diurne de taille assez importante, vivant presque toujours dans les régions tropicales.

Danaïdes MYTH. GR. Filles de Danaos, roi d'Argos, que leur père maria, en signe de réconciliation, aux cinquante fils de son frère Égyptos. Mais pendant la nuit de noces, chacune des filles de Danaos tua son époux, sauf Hypermnestre, qui épargna Lyncée. Tuées plus tard par Lyncée, elles furent vouées à verser, pour l'éternité, de l'eau dans des récipients sans fond.

Danakils ou **Afars** Peuple nomade, musulman, qui vit entre les montagnes d'Éthiopie et la mer Rouge que borde le désert des Danakils.

*Le prophète **Daniel**, détail de la fresque de Michel-Ange à la chapelle Sixtine (1508-1512).*

Da Nang (autrefois, *Tourane*) *382 700 h.* Port du sud du Vietnam. Centre industriel : centrale thermique, filatures de coton et de soie, savonneries.

dancing n. m. (mot anglais) Établissement public de danse.

Dancourt (Florent Carton, sieur d'Ancourt, dit**)** 1661-1725 Comédien et écrivain français. Il composa, sur des sujets d'actualité, un grand nombre de comédies pendant les trente-trois ans où il joua à la Comédie-Française. *Le Chevalier à la mode* (1687), *La Maison de campagne* (1688), *Les Bourgeoises de qualité* (1704) font la satire brillante des travers de l'époque.

dandinement n. m. Action de se dandiner, balancement du corps, léger déhanchement. *Le dandinement d'une oie.*•*Le dandinement de Charlot.*

dandiner (se) v. pron. [1] Balancer son corps gauchement.

Dandolo Famille vénitienne qui donna quatre doges. **Enrico** v. 1107-1205 Élu doge à 85 ans, il fut un des chefs de la quatrième croisade; les croisés n'ayant pu payer à Venise les frais de transport de leurs troupes, le doge les incita à conquérir le port de Zara (aujourd'hui Zadar, en Croatie) pour le compte de la Sérénissime, ce qui réglerait leurs dettes. Puis il les convainquit d'entrer à Constantinople (1204). Cette conquête permit à Venise d'obtenir des bases navales, la plupart des îles grecques et le privilège du commerce avec l'Orient. Dandolo acheta Candie (la Crète) au duc de Montferrat et rapporta à Venise d'innombrables trésors pillés à Constantinople et dans l'empire byzantin. **Giovanni** XIIIe siècle. Il fut doge de 1280 à 1289 et mena des guerres ruineuses contre l'Aragon et contre le patriarche d'Aquilée pour la possession de villes d'Istrie. **Francesco** XIVe siècle. Doge de 1329 à 1339, il agrandit le territoire de la République. **Andrea** 1307-1354 Doge en 1342. Grand lettré, il fut le protecteur de Pétrarque et écrivit l'histoire de Venise.

dandy n. m. (mot anglais) Homme qui porte une attention extrême à l'élégance de sa toilette ou de ses manières.

dandysme n. m. Attitude ou comportement du dandy, où le raffinement et l'esthétisme se mêlent à un certain anticonformisme.

• **Danemark** Royaume de l'Europe du Nord, situé entre la mer du Nord et la mer Baltique. Il est formé par la péninsule du Jylland (Jutland) et un archipel compris entre la Baltique et le Kattégat.

Dangeau (Philippe de Courcillon, marquis de**)** 1638-1720 Auteur d'un *Journal*, relation sur la cour de Louis XIV, qui ne fut publié qu'au XIXe siècle. Saint-Simon, qui en possédait une copie manuscrite, s'en inspira pour la rédaction de ses *Mémoires*.

danger n. m. Ce qui menace la sécurité ou peut mettre fin à l'existence de qqn, de qqch. / Situation créée par une telle menace. *Danger de mort. Déclarer la patrie en danger.*

dangereusement adv. De manière dangereuse.

dangereux, euse adj. Qui constitue un danger. *Virage dangereux.*

dangerosité n. f. Caractère dangereux de qqn ou de qqch.

Daniel Dans la tradition chrétienne, l'un des quatre grands prophètes de la Bible, dont l'existence n'est pas historiquement attestée. Selon le *Livre de Daniel*, écrit en hébreu et en araméen par un auteur inconnu vers 170 av. J.-C., il aurait été emmené captif à Babylone avec les jeunes Juifs en 587, sa science de devin l'aurait fait apprécier de Nabuchodonosor et de ses successeurs; mais les mages, jaloux, auraient obtenu qu'il fût jeté par deux fois dans la fosse aux lions. Cependant, le lendemain, on l'aurait découvert, en prière, entouré des lions couchés à ses pieds.

Daniel-Lesur (Daniel Lesur, dit**)** 1908-2002 Pianiste, organiste et compositeur français, proche de Messiaen dans les années 1930, au style dépouillé, à qui l'on doit des pièces de musique de chambre, des pièces pour orgue et pour orchestre, des mélodies, des opéras et un ballet.

Daniell (John Frederic) 1790-1845 Physicien anglais. Spécialiste d'électrochimie, il inventa une pile à deux liquides (1836).

Daniélou (Jean) 1905-1974 Prélat français. Jésuite, professeur de théologie à l'Institut catholique de Paris, il est fait cardinal en 1969. Spécialiste du christianisme ancien, on lui doit d'importants ouvrages historiques (*Histoire des doctrines chrétiennes avant Nicée*, 1958-1961) et des œuvres plus polémiques sur les problèmes religieux des temps modernes (*Avenir de la religion*, 1968). **Alain** 1907-1994 Indianiste et musicologue français. Frère du précédent, installé en Inde dans les années 1930, converti à l'hindouisme, il contribua largement à faire connaître en Europe les musiques non occidentales et, tout particulièrement, la musique indienne.

Danilo Petrovitch Njegosh 1677-1735 Prince-évêque du Monténégro (1696). Fondateur de la dynastie des Petrovitch Njegosh, il s'attaque aux musulmans dont il fait massacrer un grand nombre (« vêpres monténégrines », 1703) et arrache à l'empire ottoman une certaine autonomie grâce à son alliance avec le tsar Pierre Ier.

Danilo Ier Petrovitch Njegosh 1826-1860 Prince de Monténégro (1851). Neveu et successeur de son oncle Pierre II, il refuse la dignité épiscopale et se proclame souverain séculier. Il repousse une invasion turque avec l'aide des Autrichiens et les frontières de la principauté sont fixées en 1859 par une commission internationale. Ses efforts de modernisation suscitent des violentes oppositions claniques et il est assassiné. Il aura pour successeur son neveu Nicolas Ier.

D'Annunzio (Gabriele) 1863-1938 Écrivain italien. Son chant chargé de sensualité et de passion fit scandale à la fin du XIXe siècle, d'autant qu'il menait à Rome une vie mondaine et une vie privée agitées que reflète, avec narcissisme, *L'Enfant de volupté* (1889). Il organisa son œuvre romanesque en cycles auxquels il donna des noms

DANEMARK

Superficie: *43 077 km²* – **Nombre d'habitants:** *5 400 000 h.* – **Capitale:** *Copenhague*
Villes principales: *Århus, Odense, Ålborg* – **Système politique:** *monarchie parlementaire*
Langue(s): *danois* – **Religion(s):** *protestantisme* – **Monnaie(s):** *couronne danoise*

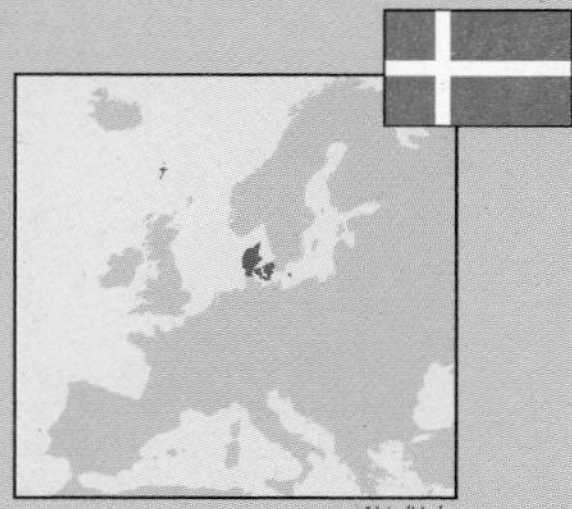

Voir l'Atlas

Géographie physique et humaine

Le Danemark est un prolongement de la grande plaine de l'Europe du Nord dont les assises ont été recouvertes par les dépôts des glaciers du quaternaire. Le Jylland s'étend sur *340 km*, de la frontière allemande au cap Skagen. C'est une région de collines, de plaines monotones et de fjords étroits. L'archipel, situé entre le Jylland et la Suède, comporte trois îles principales: Sjaelland, où est établie la capitale de l'État, Lolland et Fyn, ou Fionie. C'est une région de plaines et de collines basses. Malgré sa latitude relativement élevée, le Danemark jouit d'un climat doux en raison de l'environnement océanique.

Économie

Peuplé jusqu'au début du XIXᵉ siècle de pêcheurs et de chasseurs, le Danemark a pratiqué une mise en valeur intense des sols les plus fertiles. C'est aujourd'hui un pays agricole dont les produits d'élevage sont réputés, ainsi que leurs dérivés (beurre, lait). Le rendement des vaches est le plus élevé d'Europe. Les porcs et la volaille tiennent également une grande place dans l'économie du pays, dont la moitié des exportations porte sur des produits de l'agriculture et de la pêche. Les hydrocarbures de la mer du Nord diminuent la dette énergétique. L'industrie est diversifiée. La protection de la nature est créatrice d'emplois. Le niveau de vie a baissé (mesures d'austérité).

Histoire

Dès le Xᵉ millénaire avant notre ère, on trouve au Danemark la trace de chasseurs de rennes; l'âge du bronze, qui commence au IIIᵉ millénaire, a produit de beaux objets d'une technique raffinée. Au début de l'ère chrétienne, le Danemark est peuplé de divers peuples germaniques, Cimbres, Jutes et Angles, que les Vikings chasseront au Vᵉ siècle, poussant ainsi Angles et Jutes à envahir la (Grande)-Bretagne. Avec les Danois, les Vikings font de nombreuses expéditions (îles britanniques, Islande, Groenland). Non seulement ils résistent à l'expansion franque vers la Baltique et à Charlemagne, mais ils envahissent la Normandie au IXᵉ siècle. Au Xᵉ siècle, le pays est christianisé par le bénédictin Anchaire; il deviendra une grande puissance régionale au XIᵉ siècle, avant de perdre de son importance, puis de connaître un renouveau après 1160 : c'est alors une monarchie héréditaire qui étend ses possessions en direction de la Baltique, mais sera déchirée par des crises de succession à la fin du XIIIᵉ et au début du XIVᵉ siècle. En 1397, l'Union de Kalmar groupe sur la tête d'Érik de Poméranie les couronnes de Danemark, Suède et Norvège, soucieuses de résister à la Hanse teutonique, dont la puissance culmine aux XIVᵉ-XVᵉ siècles. En 1523, la Suède quitte l'Union, et la Norvège devient la vassale du Danemark. En 1536, celui-ci adopte le luthéranisme (et en 1537 l'impose à la Norvège). La Suède lui arrache des territoires au XVIIᵉ siècle, mais l'agriculture danoise assure la prospérité du pays. Le XVIIIᵉ siècle est caractérisé par un grand essor économique. Le trafic intense avec les Pays-Bas, l'Angleterre, la Méditerranée, et même l'Amérique, donne une importance considérable à la bourgeoisie commerçante de Copenhague.

De nombreuses réformes, reconnaissance des libertés individuelles, tolérance religieuse sont l'œuvre d'un despotisme éclairé et inspiré par l'Europe des Lumières. Fidèle allié de Napoléon Iᵉʳ, le Danemark souffre des guerres napoléoniennes. Copenhague est bombardée par les Anglais, la Norvège est cédée à la Suède en 1814. En 1849, la monarchie devient constitutionnelle. En 1864, les duchés de Schleswig et de Holstein lui sont arrachés par la Prusse à la suite d'une guerre éclair menée avec l'Autriche. S'ouvre alors une ère où le roi soutient des ministres conservateurs contre les désirs du corps électoral. En 1901, le roi se résout à appeler au gouvernement les partis de gauche. Le Danemark connaîtra une alternance sans heurts.

En 1915, le suffrage universel est instauré pour les deux chambres et le droit de vote accordé aux femmes. En 1918, l'Islande acquiert son autonomie. En avril 1940 le Danemark est envahi par l'Allemagne et occupé pendant cinq ans. Uni derrière son roi Christian X (qui règne de 1912 à 1947), le peuple danois s'oppose à la persécution des juifs. Le Danemark est libéré en mai 1945. En 1972, il adhère à la Communauté économique européenne (aujourd'hui Union européenne). En 1979, il accorde son autonomie au Groenland. En 1992, par référendum, il refuse de ratifier le traité de Maastricht, mais il l'accepte en 1993. Ayant réuni les conditions exigées par ce traité pour qu'il puisse utiliser l'euro à partir de 1999, il repousse cette application à 2002 ; la question devait être soumise à référendum, mais ce référendum n'a pas été organisé.

La place de l'hôtel de ville, à Copenhague.

Le planétarium de Copenhague.

Culture

D'abord soumis à l'influence allemande à l'époque médiévale (cathédrale romane de Lund, cathédrale gothique de Roskilde), l'art danois s'inspire également de la Hollande à partir de la Renaissance (château d'Elseneur, XVIᵉ siècle; château de Frederiksborg, XVIIᵉ siècle). De même les retables de bois de la fin du Moyen Âge sont dus à des artistes allemands. L'expansion de l'art français au XVIIIᵉ siècle ne tarde pas à atteindre la cour danoise qui confie à Jardin la décoration intérieure du palais d'Amalienborg à Copenhague, bâti en style rocaille par Eigtved, tandis que la place du Château-Royal, aménagée devant le palais, s'inspire des places royales françaises. Avec le revirement néo-classique à la fin du XVIIIᵉ siècle, les beaux-arts passent dans les mains d'artistes locaux dont l'un d'eux, le sculpteur Thorvaldsen s'assurera un public européen. L'art contemporain affirme en architecture son originalité dans l'emploi des matériaux traditionnels, bois et brique (Kay Fisker), alors que les œuvres de Mortensen, en peinture, et de Robert Jacobsen, en sculpture, participent aux mouvements de l'art abstrait.

Réagissant contre l'abstraction, des expressionnistes de Copenhague (avec Asger Jorn), Bruxelles et Amsterdam fondent le groupe Cobra en 1948. Les premiers témoignages littéraires remontent aux inscriptions runiques des IXᵉ et Xᵉ siècles, commémorant les hauts faits d'un guerrier ou les mérites d'un ancêtre. La chronique latine de Saxo Grammaticus, *Gestes des Danois*, affirme la puissance du royaume; mises à part les chansons et les ballades, le latin demeure langue littéraire jusqu'à la traduction de la Bible en danois, en 1550. S'épanouit alors une littérature originale qui perdra de sa vigueur à la fin du XVIIIᵉ siècle. Les écrivains danois se montrent sensibles au romantisme allemand; à l'écart de toute école, Hans Christian Andersen donne des *Contes* à la souriante philosophie souvent teintée d'amertume. En philosophie, Kierkegaard domine la pensée de son temps; son inquiétude marquera l'existentialisme moderne. Plus près de nous, Martin Andersen Nexo trace, dans *Pellé le Conquérant*, une épopée en prose des luttes sociales

D

DANEMARK (SUITE)

Maisons de Svendborg, sur la côte sud de l'île de Fionie.

Paysage du nord-est du Jylland.

Zone industrielle dans le port d'Ålborg (nord du Jylland).

de son pays. En musique, les influences étrangères dominent aux XVIIIe et XIXe siècles jusqu'à l'œuvre de Carl Nielsen, fondateur de la musique danoise contemporaine. Le Danemark a donné naissance à nombre de pionniers du cinéma. De 1896 à 1914, Peter Elfelt réalise 200 courts-métrages. En 1907, Viggo Larsen tourne *La Dame aux camélias*; en 1910, August Blom, *La Traite des Blanches*; en 1918, Carl Dreyer, *Le Président*. Ce dernier s'affirmera comme un maître de l'art cinématographique. Il tourne en France en 1928, une *Passion de Jeanne d'Arc* qui fera date et achève sa carrière en 1964 avec *Gertrud*. Le cinéma danois contemporain, avec Bille August et Lars von Trier, témoigne d'une vigueur semblable.

de fleurs: cycle de la rose, du lis, de la grenade, dont seul le premier est achevé. Amant de la Duse, il écrivit pour le théâtre (*La Fille de Jorio*, 1904) et (en français) *Le Martyre de saint Sébastien* pour Debussy (1911). Esthétiquement séduit par le mythe nietzschéen du surhomme, propagandiste des vertus guerrières, il milita en 1915 pour l'intervention de l'Italie au côté de la France et combattit lui-même avec courage. Son nationalisme le rendit réceptif aux thèses du fascisme naissant et, à peine soutenu par Mussolini qui le considérait comme un aventurier, il occupa (1919-1920) Fiume (aujourd'hui Rijeka) avec son escadrille d'aviation, pour obtenir que les Alliés rattachent le territoire de Fiume à l'Italie. Rentré en Italie après son échec à Fiume, il écrivit *Nocturne* (1921) dans une prose impressionniste et sauvage qui constitue peut-être, avec *Léda sans cygne* (1916), son chef-d'œuvre. Parvenu au gouvernement, Mussolini lui rendit des hommages de pure forme et ne lui reconnut ni pouvoir ni influence; il se retira définitivement dans sa propriété du Vittoriale, près du lac de Garde.

danois [1] n. m. Chien de grande taille, élancé et robuste, à poil ras.

danois, e [2] adj. et n. Du Danemark. *Navire danois. Un(e) Danois(e).*

dans prép. (Indiquant un rapport entre deux choses dont l'une contient ou renferme l'autre, ou reçoit l'autre) *Se promener dans les champs. Mettre des confitures dans un pot. Faire carrière dans l'administration.* / Indiquant un rapport de circonstances, de situation (morale ou physique) *Entrer dans la vieillesse. Dans le bonheur et dans la peine.* / (Indiquant la manière, la conformité, l'intention) *Dans toutes les règles de l'art. Dans votre intérêt.* / (Indiquant une époque, une durée, un délai) *Dans ma jeunesse. Dans une dizaine d'années.* / Fam. À peu près. *Un vol à main armée, ça va chercher dans les dix à quinze ans de taule.*

dansant, e adj. Qui danse. / Qui fait danser, suscite l'envie de danser. / Où l'on danse. *Thé dansant. Soirée dansante.*

• **danse** n. f. Suite de pas et de mouvements rythmés, en général suivant un accompagnement musical. Esquisser un pas de danse. La pavane, la valse, le tango sont des danses. / Fam. et fig. *Entrer dans la danse*: participer à qqch. / Musique inspirée par le rythme d'une danse. *Les « Danses allemandes » de Schubert.* / Fam. *Danse de Saint-Guy*: chorée.

Danse (la) Groupe en pierre de Carpeaux, qui fit scandale (on parla de pornographie) quand il fut placé sur la façade de l'Opéra de Paris en 1869. En 1964, sa copie (réalisée par Paul Belmondo) l'a remplacé. L'original est au musée d'Orsay.

Danse (la) 1910 Peinture de Matisse rythmée par le bleu, le rouge et le vert (musée de l'Ermitage à Saint-Pétersbourg). L'ébauche date de 1909. Dix versions nouvelles datent de 1931-1933.

danser v. i. / v. t. [1] **A.** v. i. Exécuter une danse. / Onduler. *Mer, flamme qui danse.* **B.** v. t. Exécuter (une danse). *Danser la gigue.*

danseur, euse n. Personne dont la profession consiste à danser. *Danseur de ballet, de revue.* / Partenaire de danse. *Changer de danseur.* / loc. adv. *En danseuse*: debout sur les pédales d'une bicyclette. / Fig. *Une danseuse*: une passion coûteuse.

• **Dante Alighieri** 1265-1321 Poète florentin.

dantesque adj. Qui rappelle l'œuvre de Dante, par son horreur, sa démesure.

DANSE

La danse est dans toutes les sociétés une activité liée à la fête, mais aussi, à l'origine, liée au magique et au sacré. Rite communautaire, la danse fait naître des états d'extase liés à la conscience sociale et religieuse. La danse sacrée demeure vivante dans de nombreuses sociétés, en Asie, notamment, où elle est rigoureusement codifiée. Elle a disparu de l'Occident avec la diffusion du christianisme. En Europe, la danse devient au XVIIe siècle un spectacle, sous la forme très précisément réglée de la danse classique ou académique. L'avènement du ballet romantique (*Giselle*, 1841), puis l'influence des ballets russes au tournant des XIXe et XXe siècles annoncent les chorégraphies contemporaines (modern dance, danse-théâtre de Pina Bausch) libérées des normes rigides, nourries par de nouveaux courants musicaux venus du monde entier et par les pratiques populaires ou privées de la danse. Les danses traditionnelles (farandole, sardane, bourrée) continuent d'être pratiquées, mais cantonnées aux manifestations folkloriques.

DANTÉ ALIGHIERI

Né dans une famille noble peu fortunée, il fait de bonnes études (grammaire, rhétorique, logique). À 9 ans, il rencontre Béatrice Portinari, qui n'a pas 8 ans, qui épousera plus tard Simone dei Bardi et mourra à 24 ans. Cet amour sublime inspire son premier grand poème, *La Vita nuova*, composé entre 1291 et 1293. De la même époque datent des poésies éparses, dont le nombre varie selon les éditeurs (et dont l'attribution n'est pas toujours certaine), quelques-unes étant groupées sous le titre *Rime* (poèmes). Après 1290, Dante acquiert une culture philosophique et littéraire plus poussée et complète son savoir encyclopédique en étudiant la pharmacie et la médecine. Marié depuis 1285, il appartient au parti guelfe, défenseur de l'autorité temporelle des papes (alors que les gibelins sont partisans de la suprématie politique de l'empereur), et se range au côté de la faction modérée de ce parti, les « blancs », désireux d'aboutir à une entente avec les gibelins pour préserver l'indépendance de la ville, à l'inverse des « noirs », murés dans leur intransigeance. Prieur de Florence (1300), il se rend (1301) à Rome en ambassade auprès de Boniface VIII. Pendant son absence, les guelfes « noirs » s'emparent du pouvoir et le condamnent au bannissement (1302). Dante s'exile en Italie du Nord : on le rencontre à Forli, à Vérone, à Arezzo, à Ravenne. En 1304-1307, il travaille à un traité philosophique, *Le Banquet*, qu'il n'achève pas, pas plus qu'il n'achèvera *De vulgare eloquentia* (1305-1307). *Le Banquet*, en langue vulgaire (le toscan, qui donnera, presque sans modification, l'italien moderne) vise à promouvoir une culture profane ; le deuxième ouvrage est un éloge de cette langue vulgaire. C'est en exil qu'il compose la *Comédie* (on lui adjoindra plus tard l'épithète de *divine*), entreprise vers 1306-1308 et achevée en 1321. Itinéraire mystique de l'homme à la recherche du sens profond de la vie humaine, le chemin qui mène Dante à travers la descente aux cercles infernaux puis la remontée vers le Purgatoire et le Paradis terrestre aboutit à la contemplation de la lumière de Dieu vers laquelle la sainteté de Béatrice, la femme aimée et perdue, l'a conduit. Reliant itinéraire spirituel et vie politique, Dante a laissé une réflexion plus explicite en ce dernier domaine, dans un traité écrit en latin *La Monarchie universelle* (1310-1313), où il préconise une radicale séparation des pouvoirs de l'empereur et du pape.

Dante Alighieri.

Danton (Georges Jacques) 1759-1794 Homme politique français. Avocat au Conseil du Roi, sympathisant de la Révolution, il fonde (1790) le club des Cordeliers où ses talents d'orateur le rendent vite populaire. Après le 10 août 1792, il siège à la Convention sur les bancs de la Montagne et devient ministre de la Justice. Lors des massacres de Septembre, il n'intervient pas. Membre du Comité de Salut public, il est destitué en juillet 1793. Dès lors, il réclame la fin de la Terreur avec un certain nombre de députés, dont C. Desmoulins, ce qui vaudra, à lui et à ses amis, le surnom d'*indulgents*. Accusé, à tort ou à raison, de trahison par Robespierre, il est guillotiné en avril 1794.

Dantzig Voir **Gdansk**

Danube (le) *2 850 km* Fleuve de l'Europe centrale qui prend sa source dans la Forêt-Noire et débouche dans la mer Noire, par un delta de *3 750 km²* en partie submergé. La superficie de son bassin (*817 000 km²*), son débit moyen (*6 500 m³/s*) et sa longueur, en font le deuxième fleuve du continent européen, après la Volga. Sa direction générale est ouest-est. Il est alimenté tout au long de son cours par les eaux des Alpes, des Alpes Dinariques, des Carpates et du mont Balkan. Le Danube traverse neuf États : l'Allemagne, l'Autriche, la Slovaquie, la Hongrie, la Croatie, la Serbie, la Roumanie, la Bulgarie et l'Ukraine. Un grand barrage est installé dans le défilé des Portes de Fer, qui sépare les Carpates et le mont Balkan. Les canaux Danube-mer Noire et Main-Danube relient Rotterdam à la mer Noire, créant un puissant réseau. **Histoire** À partir de 3500 av. J.-C., se développa une civilisation danubienne qui brilla à l'époque de Hallstatt (première période de l'âge du fer, VIIIe-Ve siècle av. J.-C.). C'est alors que les Celtes commencèrent à emprunter la voie danubienne pour gagner la Gaule (notamment), entre le VIe et le IIIe siècle av. J.-C. Au IVe siècle av. J.-C., les monnaies d'or macédoniennes portant l'effigie de Philippe II et d'Alexandre pénétrèrent en Gaule par le Danube. Cette voie de pénétration fut empruntée ensuite par les Huns (IVe siècle apr. J.-C.) et par les Ottomans (à partir du XIIIe siècle). Frontière de l'empire romain, le Danube fut ensuite la grande voie de passage entre l'Orient et l'Allemagne et l'Autriche. Le traité de Paris (1856) reconnut la liberté de navigation sur le fleuve, liberté qui fut placée sous contrôle international (1921-1940). La convention de Belgrade (1948) a créé une commission des États riverains excluant l'Allemagne et l'Autriche (cette dernière y a, toutefois, adhéré en 1960) ; les décisions de la commission n'ont été ratifiées par aucun autre pays.

danubien, enne adj. Du Danube. *Civilisation danubienne.*

dao Voir **tao**

Daodejing ou ***Tao-tö-king*** Ouvrage philosophique chinois attribué à Lao-tseu ; voir **taoïsme**.

Daoud (Mohammad ou **Mohamed)** 1909-1978 Homme politique afghan. Cousin du shah, il fut Premier ministre (1953-1963) et sa politique fut cause d'un conflit avec le Pakistan. Le coup d'État de 1973 le porta de nouveau au pouvoir et il fut (1977) le premier président de la République afghane. Autoritaire, pro-occidental, il fut renversé en 1978 et exécuté avec plusieurs membres de sa famille.

daphné n. m. BOT. Arbrisseau à fleurs odorantes, souvent roses ou blanches, à feuilles simples lancéolées, souvent vénéneuses.

Daphné MYTH. GR. Nymphe qui, pour échapper aux poursuites d'Apollon, se changea en laurier.

daphnie n. f. ZOOL. Petit crustacé branchiopode d'eau douce. *Séchées, les daphnies servent de nourriture aux poissons d'aquarium.* Syn. puce d'eau.

Daphnis et Chloé IIIe-IVe s. apr. J.-C. Roman pastoral de Longus. La parfaite innocence de ses deux héros permet à l'auteur de peindre une sensualité ingénue et vive. Le thème a inspiré une symphonie chorégraphique à Maurice Ravel (1912).

Da Ponte (Emanuele Conegliano, dit **Lorenzo)** 1749-1838 Écrivain italien. Né juif, converti en 1763 avec sa famille, il devint prêtre. Ses mœurs libertines lui valurent d'être banni de Venise et il mena dès lors une vie aventureuse qui le mena à Vienne où il écrivit de nombreux livrets d'opéra, notamment, pour Mozart, ceux des *Noces de Figaro*, de *Don Giovanni* et *Cosi fan tutte*. Ses *Mémoires*, écrites à New York où il s'était exilé, sont remarquables.

Dapsang Voir **K2**

Daquin ou **d'Aquin (Louis Claude)** 1694-1772 Musicien français, auteur de pièces pour orgue, pour clavecin et pour la voix.

Darbois (Marie-Dominique Sabret-Stern, dite **Dominique)** 1925 Photographe française. Infatigable voyageuse, elle a parcouru le monde pour témoigner de la vie quotidienne des peuples de la Terre et pour rendre sensibles, à travers de très nombreux reportages dans les sites archéologiques et les musées, les richesses artistiques universelles. Elle est l'auteur de la collection « Les Enfants du monde » (plus d'une dizaine d'ouvrages, de 1949 à 1973) consacrée à la vie des enfants (Inde, Japon, Russie, Afrique, Amérique du sud, etc.)

darbouka ou **derbouka** n. f. (mot arabe) Tambour constitué d'une peau tendue sur un cylindre de terre cuite, utilisé au Maghreb et au Moyen-Orient.

darce Voir **darse**

dard n. m. Arme de trait formée d'une hampe de bois dur et garnie d'une pointe de fer. / ZOOL. Aiguillon de certains insectes. *Le dard d'une abeille, d'une guêpe.* / Litt., vx Langue du serpent, qui était autrefois considérée comme un organe maléfique, bien qu'elle ne soit pas venimeuse. / ARCHIT. Élément ornemental en forme de flèche, placé entre deux oves.

Dard (Frédéric) Voir **San-Antonio**

Dardanelles (détroit des) (autrefois *Hellespont*) Détroit naturel de *60 km* de long et d'une largeur variant entre *1 270 m* et *7 km*. Il met en communication la mer Égée et la mer de Marmara. Le détroit est profond de *100 m* environ. Les Dardanelles, voie d'accès stratégique à Istanbul et à la mer Noire, forment avec le Bosphore un ensemble appelé les *Détroits*. **Histoire** En février 1915, la France et la Grande-Bretagne lancèrent contre la Turquie l'expédition des Dardanelles dont le but était d'ouvrir les Détroits pour forcer la Turquie à faire la paix et établir une liaison avec la Russie. L'entreprise échoua et les troupes furent évacuées entre novembre 1915 et février 1916.

Darbouka.

D

Couverture de Terres solaires de ***Ruben Dario***.

Danielle Darrieux et Gérard Philipe dans Le Rouge et le Noir de Claude Autan-Lara.

Dardanos MYTH. GR. Fondateur légendaire de la ville et de la dynastie royale de Troie.
darder v. t. [1] Vx Frapper avec un dard. / Fig. Lancer comme un dard, comme une flèche. *Il m'a dardé un regard mauvais.* / Sans comp. *Le soleil darde.*
dare-dare adv. Fam. Très vite, en se hâtant.
Dar es-Salaam *env. 2000000 h.* Ancienne capitale de la république de Tanzanie, située à l'entrée sud du détroit de Zanzibar.
Darfour Région montagneuse de l'ouest du Soudan, culminant à plus de *3000 m*. Constituant le passage entre le Nil et le lac Tchad, un royaume berbère y fut instauré au XVe siècle, fut en partie islamisé au XVIIe siècle et s'étendit sur le Kordofan qui s'en sépara en 1825. L'Égypte domina formellement le pays à partir de 1874.
Dargomyjski (Aleksandr Sergueïevitch) 1813-1869 Compositeur russe. Auteur d'opéras (*Esmeralda*, 1839; *Le Triomphe de Bacchus*, 1845), il donna, après un séjour à l'étranger, *Roussalka* (1885) dont l'insuccès le détourna durablement de la scène. Il n'y revint que pour *Le Convive de pierre* (d'après le *Don Juan* de Pouchkine), qu'il ne put terminer et qu'achevèrent, après sa mort, Cui et Rimski-Korsakov.
dari n. m. (mot persan) Langue indo-européenne parlée en Afghanistan (persan oriental).
Darien (Georges Adrien, dit Georges) 1862-1921 Écrivain français. Son roman *Biribi* (1888) est né de son expérience des compagnies disciplinaires de Tunisie. Antimilitariste, réfractaire à toute idéologie, c'est dans *Le Voleur* (1898) qu'il exprime le mieux son anticonformisme radical.
Darién (golfe de) Golfe de la mer des Caraïbes, entre le Panama et la Colombie. La région avoisinante est couverte de forêts denses, d'accès difficile et peu peuplées; le parc national de Darién a été inscrit au patrimoine de l'Unesco en 1991.
Dario (Ruben) 1867-1916 Poète nicaraguayen. Éternel voyageur, il a parcouru l'Europe et l'Amérique et laisse une œuvre lyrique ardente où se mêlent la tradition espagnole et l'influence du Parnasse et du symbolisme français. Il est à l'origine du mouvement moderniste en Amérique latine: *Azur* (1888), *Chants de vie et d'espérance* (1905).
dariole n. f. Petite pâtisserie à base de pâte feuilletée garnie de crème. / Petit flan. / Moule utilisé pour cuire ces pâtisseries.
Darios ou **Darius** Nom de trois rois achéménides de Perse. **Darios Ier** ?-486 av. J.-C. Roi en 522, grand conquérant, il reconstitua l'Empire perse en reprenant la Babylonie, la Médie, la Susiane et conquit la Thrace et la Macédoine. Ses ambitions furent toutefois tenues en échec par les Scythes et surtout par les Grecs qui vainquirent l'armée perse à Marathon lors de la première guerre médique (490). Remarquable organisateur, il divisa l'Empire en satrapies et le dota de routes. **Darios II Ochos** ?-404 av. J.-C., surnommé *le Bâtard*. Il devint roi en 424 et son règne fut ensanglanté par des complots et des révoltes. **Darios III Codoman** ?-330 av. J.-C. D'origine incertaine (il n'était peut-être pas de sang royal), il devint roi en 336. Il tenta de redresser la situation de son empire, remporta des succès contre Philippe II de Macédoine, mais fut vaincu par Alexandre le Grand qui épousa sa fille et se proclama son successeur.
Darlan (François) 1881-1942 Amiral et homme politique français. Il est un des premiers collaborateurs de Pétain, vice-président du Conseil et successeur désigné. Il doit céder sa place à Laval en 1942, mais demeure commandant en chef des armées. Se trouvant en Afrique du Nord en 1942 lors du débarquement des Alliés, il prend la direction du gouvernement avec l'accord des Américains, mais il est bientôt assassiné par un jeune Français, Bonnier de La Chapelle, immédiatement jugé et exécuté.
Darnand (Joseph) 1897-1945 Homme politique français. Camelot du roi, membre de la Cagoule, fondateur du Service d'ordre légionnaire (1940), puis de la Milice française (1943) pour lutter contre la Résistance, il était officier de la Waffen SS, secrétaire général au maintien de l'ordre dans le gouvernement de Vichy et fit partie du gouvernement de Sigmaringen. Arrêté en Italie, il fut condamné à mort et fusillé.
darne n. f. Tranche ou morceau d'un gros poisson. *Une darne de colin, de saumon.*
Darnley (Henry Stuart, lord) 1545-1567 Gentilhomme écossais. Ce petit-neveu catholique d'Henri VIII devient, en 1565, le deuxième époux de sa cousine Marie Stuart. Mari volage, mais jaloux, il fait assassiner Rizzio, secrétaire de sa femme, avant d'être lui-même assassiné par Bothwell, amant de la reine.
Darrieux (Danielle) 1917 Actrice française. Révélée par *Mayerling* (de Litvak, 1936), elle tourna *Premier Rendez-vous* (1941), *Madame de* (1951), *Le Rouge et le Noir* (1954), avec un charme extrême. Elle poursuit, avec le même charme, une carrière éclectique au théâtre et au cinéma.
darse ou **darce** n. f. Bassin abrité des ports de la Méditerranée.
dartre n. f. MÉD. Petite plaque cutanée qui desquame, provoquant en général des démangeaisons.
Darwin (Charles) 1809-1882 Naturaliste britannique. De 1831 à 1836, il accompagna, sur le *Beagle*, un navigateur anglais en Amérique du Sud et dans le Pacifique et étudia notamment la faune des îles Galapagos. Il publia le récit de ses découvertes dans *Voyage d'un naturaliste autour du monde* (1839). Pendant vingt ans, il élabora ses thèses, qu'il exposa dans son ouvrage *De l'origine des espèces par voie de sélection naturelle* (1859) et précisa ensuite (*De la variation des animaux et des plantes domestiques*, 1868; *De la descendance de l'homme*, 1871; *Effets de la fécondation directe et de la fécondation croisée dans le règne végétal*, 1876). Soutenu par de nombreux savants, il fut la cible d'attaques d'une extrême violence de la part des milieux conservateurs et religieux, d'une part parce que la théorie de l'évolution contredit le récit biblique de la Création, d'autre part parce que la caricature de sa pensée faisait descendre l'homme du singe, ce qui semblait gravement intentatoire à la dignité humaine.
darwinien, enne adj. et n. BIOL. Qui se rapporte à Charles Darwin ou au darwinisme. / n. Partisan du darwinisme.
darwinisme n. m. BIOL. Théorie de l'évolution biologique conçue par Darwin, qui explique la transformation graduelle d'une espèce en une autre par la descendance avec modification, selon le mécanisme de la sélection naturelle. / *Darwinisme social*: théorie, dont il existe différentes formes, selon laquelle les sociétés humaines sont régies pas les lois darwiniennes de l'évolution, et qui considère que les notions d'hérédité, de survivance du plus apte, de lutte pour la vie doivent être prises en compte dans les domaines sociaux et politiques.
darwiniste adj. et n. Du darwinisme; tenant du darwinisme.
Dassault (Marcel Bloch, dit Marcel) 1892-1986 Ingénieur, industriel et homme politique français. Après avoir été déporté, il créa dès 1945 la société *Avions Marcel-Dassault*, spécialisée dans l'aviation militaire (Mystère, Mirage). Il fut député gaulliste.
Dassin (Jules) 1911 Cinéaste américain. Peintre des milieux urbains interlopes (*La Cité sans voiles*, 1947; *Les Forbans de la nuit*, 1950), il s'exile pour fuir le maccarthysme et tourne en Europe *Du Rififi chez les hommes* (1955), *Jamais le dimanche* (1960), *Topkapi* (1964), *La Promesse de l'aube* (1970).
dasyure n. m. ZOOL. Marsupial d'Australie à queue velue, arboricole et carnivore.
datation n. f. Détermination de l'âge d'une chose. *Datation d'un fossile au carbone 14.*
datcha n. f. (mot russe) Maison de campagne en Russie.
date n. f. Sur un texte, indication du jour, du mois et de l'année. / Indication du moment où s'est produit ou se produira un événement. *Sa date de naissance est le 6 février 1961.* / Ce moment. *La date du congrès a été reportée.* / L'événement lui-même. *L'invention de l'imprimerie est une grande date.*

Régime de ***dattes***.

dater v. t. / v. i. [1] **A.** v. t. Mettre une date sur (qqch.). *Dater un chèque.* / Situer chronologiquement. *Dater une pièce archéologique.* **B.** v. i. *Dater de*: avoir eu lieu à, exister depuis (telle date, telle période). *Un bâtiment qui date du siècle dernier.* / Loc. adv. *À dater de*: à compter de (telle date, telle période). *À dater de demain, vous êtes libre.*
dateur adj. et n. m. Qui sert à dater. *Tampon dateur*, à date variable.
datif, ive adj. et n. m. DR. Nommé, désigné par dation. / n. m. GRAMM. Dans les langues à déclinaisons, cas marquant l'attribution.
dation n. f. DR. Action de donner. *Dation de mandat, de curateur. Dation en paiement*: règlement d'une dette par une prestation différente de celle initialement prévue. / Ensemble des œuvres que les héritiers d'un artiste donnent à l'État en règlement des droits de succession.
datte n. f. Fruit du dattier. *Les dattes se mangent fraîches ou séchées.*
dattier n. m. Palmier d'Afrique et du Moyen-Orient, cultivé pour ses fruits.
datura n. m. BOT. Plante à grandes fleurs, de la famille des solanacées, toxique. *Certaines espèces de daturas sont ornementales, d'autres sont utilisées comme narcotiques.*
daube n. f. Mets fait de morceaux de bœuf marinés dans du vin rouge additionné de légumes et d'aromates, et cuits dans la marinade avec les légumes.
Daubenton (Louis d'Aubenton, dit) 1716-1800 Naturaliste français spécialiste de l'acclimatation. Il participa à l'élaboration de l'*Histoire naturelle* de Buffon.
dauber [1] v. t. [1] Cuire (une viande) en daube.
dauber [2] v. t. ou v. i. [1] Vx ou litt. *Dauber qqn* ou *sur qqn*, le railler.
Daubigny (Charles-François) 1817-1878 Peintre français de l'école de Barbizon. Ses paysages de la forêt de Fontainebleau, ses vues de rivières et d'étangs donnent la primauté à la peinture «sur le motif» que les impressionnistes prôneront.
Daudet (Alphonse) 1840-1897 Écrivain français. De la Provence de son enfance, il tire des contes savoureux: *Lettres de mon moulin* (1866), et le personnage de *Tartarin de Tarascon* (trois romans: 1872, 1885, 1890). *Le Petit Chose* (1868) est né de sa brève expérience de surveillant à Alès. Ins-

Alphonse Daudet.

Crispin et Scapin, *tableau d'***Honoré Daumier** *(Musée d'Orsay, Paris).*

tallé à Paris, il est l'auteur de nombreux romans de mœurs (*Fromont jeune et Risler aîné*, 1874; *Numa Roumestan*, 1881). Pour le théâtre, il tire des *Lettres de mon moulin* le drame *L'Arlésienne* (1872) qui a inspiré Georges Bizet. **Léon** 1868-1942 Fils du précédent. Journaliste et polémiste, il fut l'un des fondateurs du journal *L'Action française* (1907). Il a consacré plusieurs ouvrages à la vie intellectuelle sous la IIIe République et à Maurras, son mentor (*Charles Maurras et son temps*, 1928).

Daumal (René) 1908-1944 Poète français. Cofondateur du *Grand Jeu*, il s'intéressa aux religions orientales et à l'ésotérisme (*Le Contre-Ciel*, 1936; *La Grande Beuverie*, 1938). Plusieurs de ses œuvres sont posthumes, dont son roman inachevé *Le Mont Analogue*.

Daumier (Honoré) 1808-1879 Peintre, dessinateur, lithographe et sculpteur français. Très jeune (1829), il publie ses premiers dessins satiriques et collabore ensuite régulièrement à *La Caricature* puis au *Charivari*. S'orientant de plus en plus vers la critique sociale et politique (un dessin irrévérencieux de Louis-Philippe lui vaudra six mois de prison), il exerce avec férocité sa verve contre la bourgeoisie, les gens de finance, les gens de justice. À partir de 1848, il s'intéresse surtout à la peinture: *Le Wagon de troisième classe*, le portrait de *Théodore Rousseau*, *La Laveuse*. On lui doit également des terres cuites et des bronzes qui annoncent Rodin (*Ratapoil*).

dauphin [1] n. m. ZOOL. Mammifère cétacé carnassier de taille moyenne, de la famille des delphinidés, dont le museau allongé forme souvent une sorte de bec garni de nombreuses petites dents, vivant en troupes dans les mers tempérées et tropicales.

dauphin, e [2] n. Titre porté par le fils aîné de la famille royale, héritier présomptif de la couronne de France dont l'apanage était la province du Dauphiné. / n. f. Titre donné à la femme du dauphin.

Dauphin (le) Constellation équatoriale; voir **constellation**.

Dauphiné Province de France qui s'étendait en partie sur les Alpes et jusqu'au Rhône. Elle était divisée en Bas-Dauphiné (basses vallées et bords du Rhône) et en Haut-Dauphiné, plus montagneux. Capitale *Vienne*, puis *Grenoble*. D'abord État féodal, puis apanage du fils aîné du roi à partir de 1349, le Dauphiné fut rattaché définitivement à la Couronne en 1560. Le Dauphiné correspond aux départements de l'Isère, des Hautes-Alpes et de la Drôme.

dauphinois, e adj. Du Dauphiné. *La population dauphinoise. Un(e) Dauphinois(e).* / CUIS. *Gratin dauphinois*: gratin de pommes de terre au beurre et à la crème fraîche. / n. m. LING. Parler roman du Dauphiné.

daurade ou **dorade** n. f. Poisson téléostéen, au corps comprimé latéralement, apprécié pour la finesse de sa chair. *Daurade grise, rose, royale.*

Daurat (Didier) 1891-1969 Aviateur français. Il débuta dans la chasse pendant la Première Guerre mondiale avant d'être pilote civil sur la ligne France-Amérique du Sud.

Dausset (Jean) 1916 Médecin et biologiste français. Spécialiste de l'immunité et du génome humain, on lui doit la découverte d'un système d'antigènes (dit HLA, « Human Leucocyte Antigene ») qui régit l'histocompatibilité.

davantage adv. Plus. *En demander davantage. Il faut attendre davantage,* plus longtemps. / Litt. Le plus. *Je sais ce qui lui plaira davantage.*

Dauphin *commun.*

David 1010?-970? av. J.-C. Deuxième roi d'Israël, successeur de Saül. Vainqueur du géant Goliath, champion des Philistins, il épouse Michol, fille de Saül, et se lie avec son frère Jonathan. Disgracié, il mène une vie errante jusqu'à ce qu'il soit élu roi par la tribu de Juda, élection que tout Israël acceptera bientôt. Il enlève Jérusalem aux Jébuséens et y transporte l'Arche d'alliance. La passion du roi pour Bethsabée dont il fait tuer le mari Urie fait scandale et la fin de sa vie est assombrie par des malheurs domestiques: son fils Amnon viole sa sœur Thamar, son fils Absalon se révolte, son fils Adonias tente d'usurper le trône. Sous son règne, et sous celui de son fils Salomon, Israël atteint le sommet de sa puissance. Poète et musicien, David passe pour l'auteur des 73 psaumes auxquels la Bible a donné son nom.

David Ier v. 1084-1153. Roi d'Écosse en 1124. **David II Bruce** 1324-1371 Roi d'Écosse en 1329. Exilé en Angleterre en 1334, il en revint en 1341, envahit l'Angleterre en 1346 mais fut battu et capturé; il recouvra la liberté en 1357.

David (Gérard) 1460?-1523 Peintre flamand dont les tableaux dégagent douceur et recueillement.

David (Jacques Louis) 1748-1825 Peintre français. Prix de Rome en 1774, il part pour l'Italie où il subit l'influence de l'Antiquité, que les découvertes archéologiques de Winckelmann remettent à la mode. De retour à Paris, il peint des compositions d'une froideur voulue (*Le Serment des Horaces*, *Socrate prenant la ciguë*). Député à la Convention (1793), il peint *Marat assassiné* avec un puissant réalisme. Incarcéré après le 9 Thermidor, bientôt libéré, il revient à l'allégorie dans le goût antique avec *Les Sabines* (1799) qu'il tient pour son chef-d'œuvre. Il passe ensuite au service de Bonaparte (il occupe en 1804 la charge de Premier peintre) et se consacre à la glorification du Premier Consul bientôt devenu empereur (*Bonaparte au mont Saint-Bernard*, 1801; *Le Sacre de Napoléon*, 1805-1807). La Restauration l'exile à Bruxelles, où sa peinture prend des accents mythologiques et élégiaques. La chaleur du coloris, l'élégance du dessin sauvent de la froideur ses œuvres toujours très pensées. Ses portraits (*Pie VII*, *Madame Récamier*, *Madame Seriziat*) témoignent d'un souci de réalisme et ne manquent pas de pénétration psychologique.

Le roi ***David****, statuette de la cathédrale de Saint-Jacques de Compostelle.*

David Copperfield 1849 Roman de Charles Dickens, en partie autobiographique. David, jeune orphelin, narre les craintes de son enfance malheureuse et les amours évanescentes de sa romantique jeunesse.

David d'Angers (Pierre-Jean David, dit**)** 1788-1856 Sculpteur français qui a laissé de très nombreuses effigies, plus marquées par le néo-classicisme qui le précède que par le romantisme dont il est contemporain.

David-Néel (Alexandra David, Mme Philippe Néel, connue sous le nom d'**Alexandra)** 1868-1969 Exploratrice, mystique et écrivain français. D'abord chanteuse lyrique, puis directrice du casino de Tunis, voyageuse intrépide en Asie (de 1891 à 1945), ermite dans l'Himalaya, elle fut, déguisée en Tibétaine, la première Européenne à entrer dans Lhassa (1924). Adepte du bouddhisme lamaïste, elle le fit connaître en France (*Le Bouddhisme du Bouddha*, 1911) et consacra plusieurs ouvrages à ses voyages (*Voyage d'une Parisienne à Lhassa*, 1927).

davier n. m. TECHN. Outil de tonnelier, de menuisier, de forgeron, formé d'une barre de fer terminée par un crochet, permettant de saisir ou d'assembler des pièces. / CHIR. Pince à longs bras, à mors courts, qui sert à extraire une dent ou à maintenir un os. / MAR. Rouleau mobile monté sur un axe, utilisé pour faire filer ou remonter des câbles.

Davioud (Gabriel) 1823-1881 Architecte français, collaborateur d'Haussmann. Il réalisa les deux théâtres de la place du Châtelet et l'ancien palais du Trocadéro.

Davis (Jefferson) 1808-1889 Officier et homme politique américain. Partisan de l'esclavage, il fut élu président de la Confédération sudiste (1861-1865).

Les arènes de ***Dax****.*

Davis (coupe) Tournoi annuel international de tennis, créé en 1900 par l'Américain Dwight Davis. Il oppose des équipes nationales en cinq matchs (quatre simples et un double).

Davis (Miles) 1926-1991 Trompettiste de jazz américain. Membre dès 19 ans du quintette de Charlie Parker, il dirigea un autre quintette à partir de 1955, s'entourant de John Coltrane ou Sonny Rollins. Ses enregistrements ont touché un public beaucoup plus large que celui des amateurs de jazz au sens strict.

Davos *10 500 heures* Ville de Suisse, dans le canton des Grisons. Station alpine à *1 560-2 844 m* d'altitude. Depuis 1971, le Forum de l'économie mondiale y réunit chaque année des hommes politiques, des chefs d'entreprises, des financiers.

Davout (Louis Nicolas, duc d'Auerstaedt, prince d'Eckmühl**)** 1770-1823 Maréchal de France, il combattit sous la Révolution et sous l'Empire, et fut ministre de la Guerre pendant les Cent-Jours; il fut fait pair de France sous la Restauration.

Davy (sir **Humphry)** 1778-1829 Physicien et chimiste anglais. Pionnier de l'électrolyse, il isola, à partir de 1807, les métaux alcalins et alcalino-terreux et identifia le chlore en tant qu'élément; il découvrit également l'arc électrique et conçut la lampe de sûreté des mineurs.

Dawes (Charles Gates) 1865-1951 Financier et homme politique américain, prix Nobel de la Paix (1925). Il fut chargé, avec une commission d'experts financiers, de préparer les solutions qui auraient permis à l'Allemagne de payer les réparations dues aux Alliés et imposées par le traité de Versailles. Ce plan, dit *plan Dawes*, a fixé (1924) les modalités de versement des réparations dues par l'Allemagne, les annuités devenant progressivement plus importantes à mesure que l'économie allemande se redressait. Il fut remplacé par le plan Young en 1930.

Dawson *2000 h.* Ville du Canada, située au confluent du Yukon et du Klondike. Elle dut son éphémère prospérité à la ruée vers les mines d'or.

Dax *19 309 h.* Chef-lieu d'arrondissement du département des Landes sur l'Adour. Station climatique et thermale (boues sulfatées, ferrugineuses, calciques et magnésiennes).

Dayak(s) Ensemble des peuples malayo-polynésiens de Bornéo qui ne sont ni malais ni musulmans. On en compte environ 3 millions, répartis en petits groupes locaux, qui sont agriculteurs et chasseurs-cueilleurs. Ils ont longtemps été chasseurs de têtes.

Dayan (Moshe) 1915-1981 Général et homme politique israélien. Il commanda les forces israéliennes, en 1956, dans la campagne victorieuse du Sinaï, contre l'Égypte. Ministre de la Défense (1967-1974), il gagna la guerre des Six-Jours (1967). Ministre des Affaires étrangères (1977-1979), il prépara les négociations qui allaient aboutir au traité de paix israélo-égyptien.

Dayton *178 600 h.* Ville de l'Ohio, aux États-Unis. Centre industriel. En novembre 1995, Bill Clinton y réunit les présidents serbe, croate et bosniaque, qui signèrent des accords de paix concernant la Bosnie.

dazibao n. m. (mot chinois) Journal mural, très en vogue lors de la révolution culturelle chinoise.

dB PHYS Symbole de *décibel*.

D.C.A. n. f. Sigle de *défense contre avions*. *Tirs de D.C.A.*

D.D.T. n. m. Sigle de *dichlorodiphényl-trichloréthane*, insecticide toxique dont l'emploi est interdit en France depuis 1972.

de, du, de la, des [1] art. partitif (S'emploie devant les noms d'objets dont on ne peut faire un décompte) *Un peu de lait. De la laine. Du vin. Des rillons de canard.*

de, d', du, des [2] prép. (*de* s'élide devant une voyelle ou un *h* muet, *de le* se contracte en *du*, *de les* se contracte en *des*). (Indique de très nombreux rapports dérivant du sens primitif d'*origine*, que ce soit le lieu, l'intervalle de temps, la durée, la cause, la manière, l'instrument, la mesure, l'auteur) *Elle vient de Paris. Fermé de midi à quatorze heures. Gardien de nuit. Pleurer de douleur. Manger de bon appétit. Faire un signe de la main. Une pièce de dix mètres de long. Un ouvrage d'universitaire.* / (Indique un rapport d'appartenance, que ce soit la possession, le rapport entre la partie et l'ensemble, le contenant et le contenu, un objet et la matière qui le constitue; indique la catégorie, la qualité). *La maison des voisins. Une moitié de tarte. Une jatte de crème. Un mur de torchis. Une musicienne de génie. Une robe du soir.* / (S'utilise comme mot-outil vide de sens n'ayant qu'une fonction grammaticale, pour introduire le complément d'objet d'un verbe transitif indirect, devant un infinitif, devant l'attribut de l'objet de certains verbes, dans des constructions en forme d'appositions, dans des expressions figées). *Rire de soi-même. De se lamenter n'y change rien. Cessez de pleurer. Et l'assemblée d'éclater en applaudissements. Traiter qqn d'escroc. Le village de Siradan. Cet original de Jacques. Comme de bien entendu.*

Déambulatoire *(Notre-Dame de Senlis).*

dé [1] n. m. Embout, généralement métallique, que l'on met au doigt pour pousser une aiguille. *Dé à coudre, de couturière.*

dé [2] n. m. Petit cube utilisé dans certains jeux, dont chacune des faces porte de un à six points, ou un symbole quelconque. *Lancer, jeter les dés.* / FIG. *Coup de dés* : pari, décision hasardeuse. / ARCHIT. Partie cubique d'un piédestal, d'un socle. / CUIS. Morceau (de viande, de poisson, de fromage, de légume...) coupé en forme de petit cube.

D.E.A. n. m. Sigle de *diplôme d'études approfondies*, diplôme du troisième cycle universitaire.

Deák (Ferenc) 1803-1876 Homme politique hongrois. Député, il sut persuader l'Assemblée hongroise de réaliser avec l'Autriche l'accord de 1867.

dealer [1] v. t. / v. i. [1] Fam. Revendre (de la drogue). *Il deale de l'ecstasy dans la cité.* / v. i. *Il deale au coin de la rue.*

dealer [2] n. m. (mot anglais) Fam. Revendeur de drogue.

déambulation n. f. Action de déambuler.

déambulatoire n. m. Galerie qui entoure le chœur d'une église.

déambuler v. i. [1] Marcher, se promener.

De Amicis (Edmondo) 1846-1908 Écrivain italien. Son roman sentimental et moralisateur *Grands cœurs* (1886) a connu un succès immédiat. Il contribua à la naissance de l'italien littéraire moderne.

Dean (James Byron, dit **James)** 1931-1955 Acteur américain qui s'imposa malgré une courte carrière brisée par un accident mortel : *À l'est d'Eden* (1955), *La Fureur de vivre* (1955), *Géant* (1956). Il incarna la difficulté d'être de la jeunesse américaine des années 1950.

Déat (Marcel) 1894-1955 Homme politique français. Socialiste, il se sépara de la SFIO (1933) pour fonder le Parti socialiste de France, réformiste. En 1939, il se prononça pour une politique de conciliation avec Hitler, puis, sous l'occupation, fonda le Rassemblement national populaire, parti fascisant pro-allemand. Ministre de Vichy en 1944, il s'exila en Italie où il mourut.

Deauville *4 261 h.* Station balnéaire du Calvados, sur la côte normande, fondée par le duc de Morny en 1860. Festival annuel du film américain.

débâcle n. f. Rupture des glaces d'un cours d'eau gelé, qui sont alors emportées par le courant. / Fig. Effondrement, ruine, défaite, en particulier militaire. *La débâcle de 1870.*

déballage n. m. Action de déballer, spécialement des marchandises; étalage.

déballer v. t. [1] Extraire (qqch.) de son emballage; étaler. *Déballer du linge.* Au fig. *Déballer ce qu'on a sur le cœur.*

déballonner (se) v. pron. Fam. Se dégonfler, abandonner.

débandade n. f. Dispersion rapide et désordonnée; désordre, fuite.

débander [1] v. t. [1] Enlever le bandage, le bandeau de. *Débander un bras blessé.* / Détendre (ce qui est bandé). Fam. (sans comp.) Ne plus être en érection. / Loc. adv., fam. *Sans débander* : sans se reposer, sans relâcher son effort.

débander [2] v. t. / v. pron. [1] Disperser (un rassemblement, une troupe). / v. pron. *Se débander* : se disperser, s'enfuir en désordre.

débarbouiller v. t. [1] Laver (celui ou ce qui est barbouillé, sali). *Débarbouiller un enfant.* / v. pron. Se laver sommairement.

débarbouillette n. f. Au Québec, petit carré de tissu éponge utilisé comme gant de toilette.

débarcadère n. m. Jetée où accostent les navires pour mettre à terre passagers et marchandises. Ant. embarcadère.

débardage n. m. Action de débarder.

débarder v. t. [1] MAR. Décharger (du bois ou d'autres marchandises) à quai. / TECHN. Emporter (du bois) hors du lieu de la coupe, des pierres hors de la carrière.

débardeur n. m. Ouvrier qui travaille au chargement ou au déchargement des marchandises. / Maillot de corps sans manches.

débarquement n. m. Action de débarquer; déchargement des marchandises ou mise à terre des passagers. Ant. embarquement. / MILIT. Opération destinée à établir une tête de pont sur un rivage occupé par l'ennemi. *Le 6 juin 1944 eut lieu le débarquement de Normandie.*

débarquer v. t. / v. i. [1] **A.** v. t. Mettre hors (celui ou ce qui a été embarqué). *Débarquer des passagers, les marchandises d'un cargo, d'un avion.* / Fig. et fam. Écarter d'un

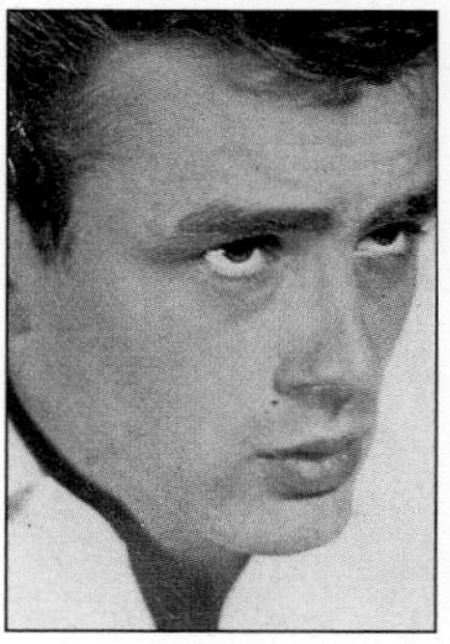

James Dean.

La **débâcle** de Sedan : le 2 septembre 1870, Napoléon III est fait prisonnier. La République proclamée, une foule envahit le Palais Bourbon, siège du corps légslatif. Détail d'un tableau de Jules Didier (musée Carnavalet, Paris).

Le **débarquement** des troupes anglo-américaines en Normandie (6 juin 1944).

poste, congédier. **B.** v. i. Sortir d'un moyen de transport, arriver à terre. *Débarquer dans une île.* / Fam. Arriver à l'improviste. / Fig. Ignorer ce que les autres savent.
débarras n. m. Pièce où l'on met les objets encombrants. / *Bon débarras !* : exclamation saluant le départ d'une personne gênante, la fin d'un ennui.
débarrasser v. t. [1] Dégager de ce qui embarrasse. *Débarrasser une cave des vieux objets. Débarrasser la table,* en ôter les couverts. *Débarrasser qqn de son manteau.* / v. pron. *Se débarrasser de* : se séparer de, abandonner (qqch. qui gêne); congédier (un importun). *Se débarrasser de son sac.* Au fig. *Se débarrasser d'un tic.*
débat n. m. Examen, discussion d'un problème, d'une proposition. *Organiser un débat sur le temps de travail.* / (Au plur.) Discussions parlementaires. / DR. Phase finale d'un procès, incluant la ou les plaidoiries des avocats et les conclusions du ministère public.
débattement n. m. TECHN. Amplitude maximale des mouvements d'un élément (ou d'un ensemble d'éléments) suspendu(s) par rapport à son train de roulement. *Grand débattement, petit débattement de la suspension d'un wagon.*
débattre v. t. ou v. t. ind. [3] Mener un débat sur, discuter. *Débattre une question. Débattre d'une affaire.* / v. pron. Lutter, faire des mouvements désordonnés pour se dégager. *Se débattre avec rage.* Au fig. *Se débattre dans* : lutter contre.
débauchage n. m. Action de débaucher, de licencier (du personnel). Ant. embauchage.
débauche n. f. Abus des plaisirs charnels. / Fig. Profusion, excès. *Une débauche d'adverbes, de couleurs.*
débauché, e adj. et n. Qui vit dans la débauche.
débaucher v. t. [1] **I.** Inciter (qqn) à la débauche. *Débaucher la jeunesse.* / (Sens atténué) Divertir, détourner d'une occupation plus sérieuse. *Débaucher un ami pour aller au cinéma.* **II.** Renvoyer (qqn) d'un emploi, le licencier. *L'entreprise a débauché la moitié de ses salariés.* (Emploi absol.) *En période de récession, les entreprises débauchent.* Ant. embaucher.
débecter ou **débecqueter** v. t. [1] Fam. Dégoûter.
débet n. m. FIN. Somme qui reste due après l'arrêt d'un compte.
débile adj. et n. Faible, sans vigueur. *Une jeune pousse encore débile.* / MÉD. *Débile mental* : dont les capacités intellectuelles sont faibles, simple d'esprit. (Absol.) *Débile léger, débile profond.* (Subst.) *Des débiles mentaux, des débiles profonds.*
débilité n. f. Déficience, grande faiblesse physique ou intellectuelle. *Ce n'est plus de la bêtise, c'est de la débilité !*
débiliter v. t. [1] Affaiblir (physiquement ou moralement).
débine n. f. Pop. Très grande pauvreté, misère.
débiner (se) [1] v. pron. [1] Pop. Fuir, partir précipitamment.
débiner [2] v. t. [1] Pop. Dénigrer (qqn), médire de.
débirentier, ère n. DR. Personne qui doit payer une rente à un créancier.
débit [1] n. m. Écoulement de marchandises vendues au détail. *Magasin à grand débit.* / Établissement où sont vendues certaines denrées. *Débit de tabac, de boissons.* / Quantité d'un liquide ou d'un fluide qui s'écoule en un point et en un temps donnés. *Débit d'une rivière.* / INFORM. Quantité d'unités transmises par secondes. / Fig. Manière de s'exprimer, rythme d'élocution. *Un débit précipité, haché.*
débit [2] n. m. Ensemble des sommes dues par qqn. / COMPTAB. Colonne où sont portées les sommes dues. Ant. crédit.
débitage n. m. Action de débiter. *Débitage du bois.*
débitant, e n. Vx Détaillant. / Personne qui tient un débit de boissons, de tabac.
débiter [1] v. t. [1] Découper en pièces. *Débiter du bois.* / Écouler (une marchandise) au détail. / Fig., péjor. Réciter en public ; raconter. *Débiter des sornettes.* / Produire de manière continue.
débiter [2] v. t. [1] Inscrire une somme au débit de. *Débiter un client. Débiter un compte.* Ant. créditer.
débiteur, trice n. Personne qui doit qqch. à qqn (le créancier), en particulier de l'argent. *Débiteur insolvable.* Ant. créditeur. / Fig. Personne qui a une dette morale envers qqn. / TECHN. Outil utilisé pour débiter un matériau.
déblai n. m. TRAV. PUBL. Enlèvement de terre ou de décombres pour niveler ou pour creuser le sol. / Les matériaux ainsi enlevés.
déblaiement n. m. Action de déblayer.
déblatérer v. t. ind. [1] Fam. *Déblatérer contre, à propos de (qqn),* le dénigrer. / (Transitif direct) *Déblatérer des insanités.* (Emploi absol.) *Déblatérer sans fin.*
déblayer v. t. [1] Enlever (ce qui encombre) de. *Déblayer un passage.* Loc. fig. *Déblayer le terrain à qqn,* lui faciliter la tâche.
déblocage n. m. Remise en mouvement d'un mécanisme, d'une machine. / Remise en circulation, mise à disposition. *Déblocage de crédits.* / Fig. *Déblocage d'une situation* : suppression des obstacles qui empêchaient de la modifier.
débloquer v. t. / v. i. [1] **A.** v. t. Enlever ce qui bloque la circulation dans. *Débloquer un passage.* / (Spécial.) Lever le blocus de. *Débloquer une ville assiégée.* / Remettre en mouvement (qqch.). *Débloquer un mécanisme.* Au fig. *Débloquer des capitaux,* les mettre en circulation. **B.** v. i. Fam. Tenir des propos incohérents, divaguer. *Il débloque en vieillissant.*
débobiner v. t. [1] Dérouler (ce qui est embobiné).
déboguer v. t. [1] Réparer les anomalies de fonctionnement de (un ordinateur) dues à un bogue.
déboire n. m. Vx Arrière-goût déplaisant que laisse une boisson. / Fig et litt. Sentiment de déception, de désillusion. / (Généralement au plur.) Fig. Expérience fâcheuse, décevante. *Il a connu bien des déboires.*
déboisement n. m. Action de déboiser ; destruction des bois qui garnissent un sol, une région ; son résultat. *Le déboisement favorise l'érosion.*
déboiser v. t. [1] Dégarnir (une terre) de ses bois.
déboîtement n. m. Action de déboîter ; résultat de cette action. / MÉD. Luxation, désarticulation d'un os.
déboîter v. t. / v. i. [1] **A.** v. t. Faire sortir (qqch.) de son logement, séparer (des éléments emboîtés). *Déboîter les pieds d'une chaise.* (Emploi pron.). *Se déboîter l'épaule* : se luxer l'épaule. **B.** v. i. Sortir d'une file, d'une colonne. *Automobile qui déboîte vers la gauche.*
débonnaire adj. Litt. Qui fait preuve d'une grande bonté mêlée d'indulgence.
De Bono (Emilio) 1866-1944 Militaire et homme politique italien. Officier de carrière, il marcha sur Rome avec Mussolini (1922), puis occupa diverses fonctions officielles ; en juillet 1943, il participa au complot qui aboutit au remplacement de Mussolini par Badoglio. Convaincu de trahison par le gouvernement de la république de Salò, il fut condamné à mort et fusillé.
Déborah XIIe siècle av. J.-C. ? Prophétesse et juge d'Israël. Elle enjoignit aux Israélites de marcher contre les Cananéens et célébra leur victoire par un magnifique cantique.
débord n. m. CH. DE FER *Voie de débord,* utilisée pour charger ou décharger des wagons.
débordement n. m. Déversement d'un liquide, d'un fluide, dont le volume est plus important que celui de son contenant. *Débordement d'un verre, d'une rivière.* / Fig. Surabondance, excès. *Débordement d'injures.* / MILIT. Franchissement des lignes de défenses adverses.
déborder v. i. / v. t. [1] **A.** v. i. Répandre son contenu au-delà des bords. *Fleuve, casserole qui déborde.* / *Déborder de* : être plein de. *La ville déborde de gens. Déborder de santé, de joie.* / Se répandre par-dessus les bords. *Lait qui déborde.* **B.** v. t. Ôter le bord de. / Retirer, éloigner d'un bord. / Dépasser la limite de. *Déborder la frontière.* Au fig. *Déborder le sujet.* / Fig. Dépasser, submerger (qqn). *La situation le déborde. Être débordé* : avoir trop de travail. SPORT *Déborder l'adversaire,* le dépasser en vitesse d'exécution.
débotté (au) ou **au débotter** loc. adv. Vx Au moment où l'on se débotte. / Fig. mod. À peine arrivé ; inopinément, à l'improviste. *Prendre quelqu'un au débotté.*
débotter v. t. [1] Ôter ses bottes à. / v. pron. *Se débotter* : ôter ses propres bottes.
débouchage n. m. Action de déboucher ce qui est obstrué. *Débouchage d'un conduit.*
débouché n. m. Passage d'un lieu étroit à un lieu plus large. *Débouché d'un tunnel, d'un défilé.* / (Généralement au plur.) Fig. Possibilité d'écouler une marchandise ; marché. *Trouver des débouchés à l'étranger.* / Possibilité de carrière professionnelle.
déboucher [1] v. t. [1] Débarrasser (un orifice) de ce qui bouche ; ôter le bouchon de. *Déboucher un évier. Déboucher une bouteille.*
déboucher [2] v. i. [1] Apparaître brusquement ; arriver en un lieu dégagé. / Fig. *Avoir pour débouché,* pour issue.
débouler v. i. [1] Fam. Rouler comme une boule. / Par ext. Arriver, fuir précipitamment. *Un skieur qui déboule du sommet. Un gibier qui déboule devant le chasseur.* (Emploi transitif) *Débouler les étages d'un immeuble.*
déboulonner v. t. [1] Enlever les boulons de. / Fig., fam. *Déboulonner qqn,* lui retirer son prestige, ses attributions prestigieuses. *Déboulonner une idole. Déboulonner un haut responsable.*

D

débourrage n. m. Action de débourrer ; résultat de cette action. / (Spécial.) Enlèvement de la bourre d'une carde ou d'un peigne. / Premier dressage d'un cheval.

débourrer v. t. / v. i. [1] **A.** v. t. Enlever la bourre de. *Débourrer la peau d'un animal.* / Dégarnir de (ce qui bourre). *Débourrer un siège. Débourrer une pipe,* en ôter le tabac calciné, les cendres. / ÉQUIT. Commencer le dressage de (un cheval). *Débourrer un poulain.* **B.** v. i. (En parlant d'un bourgeon) S'ouvrir.

débours n. m. Somme déboursée.

débourser v. t. [1] Sortir (de l'argent) de sa bourse ; dépenser. *Il a fallu débourser une fortune pour cet achat.*

déboussoler v. t. [1] Fig., fam. Faire perdre la tête à (qqn) ; déconcerter.

debout adv. et adj. inv. **A.** adv. En position verticale (personnes et choses) ; hors de son lit et éveillé (personnes). *Il est debout devant la porte. Poser une planche debout contre un mur. Les maraîchers sont debout tous les jours à l'aube.* / *Tenir debout* : être en relativement bon état. *On se demande comment cette masure tient encore debout.* / Fig. *Ce raisonnement ne tient pas debout*, est dépourvu de cohérence, de pertinence. **B.** adj. inv. DR. *Magistrature debout* : le ministère public (qui intervient debout). / MAR. *Navire debout à la lame, au vent*, qui offre son avant à la lame, au vent. / loc. adv. *Vent debout* : en ayant le vent en face, soufflant dans la direction opposée à celle de l'aéronef, du navire. *Naviguer vent debout.*

débouté, e adj. et n. DR. Se dit d'un plaideur dont la demande a été rejetée. / n. *Les déboutés du droit d'asile.*

déboutement n. m. Rejet d'une demande en justice par un arrêt judiciaire.

débouter v. t. [1] DR. Déclarer (qqn) mal fondé dans une demande en justice. *Le tribunal déboute le demandeur.*

débraillé, e adj. et n. m. Dont les vêtements sont en désordre, mal fermés. / *Tenue débraillée* : négligée, en désordre. / Fig. et litt. *Comportement débraillé* : désinvolte. / n. m. État de ce qui est débraillé.

débranchement n. m. Action de débrancher.

débrancher v. t. [1] Interrompre la connexion, le branchement de. *Débrancher un appareil électrique.*

débrayage n. m. Action de débrayer ; résultat de cette action. Ant. embrayage. / Dissociation du moteur et des roues d'une automobile. / Fig. Arrêt volontaire du travail dans une usine, une entreprise.

débrayer v. t. / v. i. [1] **A.** v. t. Dissocier (les pièces embrayées d'un mécanisme). *Débrayer l'arbre entraîné de l'arbre moteur.* (Sans compl.) *Débrayer avant de passer une vitesse.* Ant. embrayer. **B.** v. i. Cesser le travail ; (spécial.) cesser le travail en signe de mécontentement. *Des ouvriers qui débrayent.*

Debré (Robert) 1882-1978 Médecin français. Pédiatre, il étudia les maladies infectieuses et les troubles nutritionnels et endocriniens des enfants ; il est à l'origine de la pédiatrie moderne, de la réforme des études médicales (1960) et de la création de l'Unicef. **Michel** 1912-1996 Homme politique français. Fils du précédent, il s'illustra dans la Résistance. Fondateur de l'ÉNA, fondamentalement opposé aux gouvernements de la IVe République, il contribua au retour aux affaires du général de Gaulle (1958) dont il devint garde des Sceaux. À ce titre, il joua un rôle de premier plan dans la rédaction de la constitution de 1958. Premier ministre (1959-1962), il fut remplacé par Georges Pompidou. Député de la Réunion (1963-1966 ; 1967-1968 ; 1973-1988), il a détenu divers portefeuilles de 1966 à 1973. Gaulliste intransigeant, il se sépara du RPR en se présentant à l'élection présidentielle de 1981 alors que J. Chirac était le candidat officiel. **Olivier** 1920-1999 Peintre français. Frère du précédent. Influencé par Nicolas de Stael, il a peint d'immenses toiles abstraites scintillantes de couleur. On lui doit le rideau de scène de la Comédie-Française et celui du Grand Théâtre de Hong Kong.

Portrait de **Claude Debussy**.

Debrecen *214 300 h.* Ville de l'est de la Hongrie, chef-lieu du comitat d'Hajdu-Bihar. Centre agricole, commercial et industriel. La ville fut acquise à la Réforme au XVIe siècle ; on la surnomma la Rome calviniste ou la Genève hongroise. En 1849, Kossuth y proclama l'indépendance.

débridé, e adj. Sans contrainte, sans limites. *Imagination débridée.*

débridement n. m. Action de débrider. / MÉD. Sectionnement de la bride qui étrangle un organe. / Incision d'un foyer purulent. *Débridement d'une plaie.* / Fig. Libération, déchaînement. *Débridement des instincts.*

débrider v. t. [1] Ôter la bride à. *Débrider sa monture.* / MÉD. Pratiquer le débridement de. *Débrider un abcès.* / Fig. Libérer (qqch.) d'une contrainte.

débriefer v. t. [1] Interroger soigneusement, longuement. *Débriefer un déserteur qui s'est rendu.* / Échanger des informations, des découvertes, des impressions avec (des collègues, des équipiers) à l'issue d'une réunion de synthèse. *Débriefer les représentants.*

débriefing n. m. (mot anglais) Action de débriefer ; son résultat.

débris n. m. Fragment d'un objet brisé. *Un débris de poterie.* / (Au plur.) Fig. Restes, détritus. *Les débris d'une tradition*, ce qui reste, perdure après sa disparition. / Fam. et péjor. *Vieux débris* : personnes âgées.

débrouillard, e adj. et n. Fam. Qui sait se débrouiller. *Ces mômes sont débrouillards. Tu es un sacré débrouillard !*

débrouillardise n. f. Aptitude à se tirer d'affaire, habileté.

débrouille n. f. Fam. Fait de se débrouiller.

débrouiller v. t. [1] Démêler, remettre en ordre. / Fig. Élucider, rendre clair. / v. pron. Fam. Se tirer d'embarras.

débroussailler v. t. [1] Ôter les broussailles de. / Fig. Commencer à tirer au clair. *Débroussailler la question.*

débroussailleuse n. f. TECHN. Machine à débroussailler.

débuché ou **débucher** n. m. CHASSE Moment où la bête chassée sort de son refuge. / Sonnerie de trompe qui marque ce moment.

débudgétisation n. f. Action de débudgétiser ; son résultat.

débudgétiser v. t. [1] Supprimer (une charge budgétaire).

Deburau (Jean-Gaspard, dit Jean-Baptiste) 1796-1846 Mime français. Vedette du théâtre parisien des Funambules, il créa le personnage de Pierrot. **Jean-Charles** 1829-1873 Mime français ; fils du précédent, il lui succéda, reprenant le même personnage.

débusquer v. t. [1] VÉN. Faire sortir (le gibier) de son repaire. *Débusquer un lapin.* (Emploi intransitif) *Gibier qui débusque.* / Fig. MILIT. Chasser (qqn) d'une position repliée. *Débusquer les troupes ennemies.*

Debussy (Claude) 1862-1918 Compositeur français. Après avoir parcouru l'Europe (1879-1880) comme accompagnateur et secrétaire de Mme von Meck, admiratrice de Tchaïkovski, il se rendit par deux fois à Bayreuth (1888 et 1889). De retour à Paris, il découvrit le théâtre d'Extrême-Orient (à l'exposition de 1889), dont la gamme pentatonique et les audaces rythmiques le fascinèrent, et la partition de *Boris Godounov*, passionnément déchiffrée. Il s'affirma comme créateur profondément original avec des poèmes mis en musique (*Cinq Poèmes de Baudelaire*, 1890). Proche des symbolistes, il illustra *Prélude à l'après-midi d'un faune* de Mallarmé (1894). La découverte de Maeterlinck lui offrit, avec *Pelléas et Mélisande* (1902), l'occasion d'exprimer un lyrisme intemporel qui suscita, à la représentation, sarcasmes et enthousiasme mêlés. On retrouve la même sensibilité, la même richesse d'invention, la même fermeté du dessin mélodique dans ses autres œuvres, si dissemblables soient-elles : pages pour piano (*Children's Corner*, 1909 ; *Préludes*, en hommage à Chopin, 1910-1913) ; musique d'orchestre (*Images*, 1905-1912) ; mélodies (*Ballades de François Villon*, 1910) ; musique de scène (*Le Martyre de saint Sébastien*, 1911) ; musique de ballet (*Jeux*, 1913). À la fin de sa vie, bouleversé par la guerre, malade, il compose des sonates pour violoncelle et piano, pour flûte, piano et harpe, pour piano et violon, qui témoignent de la permanence de son inspiration et de son indéfectible maîtrise.

début n. m. Point de départ chronologique d'une action ou d'un événement. *Le début de la vie. Au début* : au commencement. / (Au plur.) Premiers essais dans une activité. *Ce cinéaste a eu des débuts difficiles.*

débutant, e adj. et n. Personne qui s'initie à une activité. *Un skieur débutant.* / n. f. Jeune fille faisant ses débuts dans la vie mondaine.

débuter v. i. [1] Commencer. *La rencontre débutera à 18 h 30.* / Être débutant. *Débuter dans le cinéma.*

Debye (Petrus) 1884-1966 Physicien américain d'origine néerlandaise. Ses re-

Petrus Debye.

Automobile **décapotable**.

cherches couvrent un champ important de la chimie physique ; ses travaux sont à la base de la détermination des structures moléculaires.

deçà prép. et adv. **A.** prép. Vx De ce côté-ci de. *Deçà et delà la rivière.* / loc. prép. Vx *Au-deçà de* : de ce côté de. *Vérité au-deçà des Pyrénées, erreur au-delà* (Pascal). / *En deçà de* : de ce côté-ci de. *En deçà de la ville.* **B.** adv. Vx Ici, par ici. *Deçà je vois les pampres verts* (Racine). / loc. adv. *En deçà* : en avant d'un lieu, d'un point déterminé. / *Deçà delà* : voir *delà*.

décabriste Voir **décembriste**

décacheter v. t. [1] Ôter le cachet de ; ouvrir (ce qui est fermé, cacheté). *Décacheter une enveloppe.*

décadaire adj. De la décade, dans le calendrier républicain. / Qui intervient tous les dix jours.

décade n. f. Période de dix jours. *Le calendrier républicain découpait le mois en décades, et non plus en semaines.*

décadence n. f. (En parlant d'un peuple, d'une civilisation, d'une institution sociale) Dégradation ou ruine progressive. *La décadence de la république.* / Fig. Détérioration progressive d'un ensemble de valeurs, d'un style. *Décadence des mœurs. Décadence de l'art.*

décadent, e adj. (En parlant d'un peuple, d'une civilisation, d'une institution sociale) En phase de décadence. *Période décadente de la dynastie capétienne.* / Fig. *Art décadent*, dont le style se détériore.

décaféiné, e adj. et n. m. Dont on a supprimé la caféine. *Café décaféiné.* / n. m. Café décaféiné. *Un paquet de décaféiné.*

décagone n. m. Polygone comptant dix angles et dix côtés.

décagramme n. f. Mesure équivalant à 10 g (symbole : dag).

décaissement n. m. Action de retirer une somme d'une caisse ; cette somme. Ant. encaissement.

décalage n. m. Action de décaler ; résultat de cette action. / Intervalle entre deux instants du temps ou deux points de l'espace. *Décalage horaire.* / PHYS. *Décalage spectral* : différence de position de la longueur d'onde mesurée dans les raies d'un élément contenu dans le spectre d'un astre (étoile) et la position mesurée des raies de cet élément dans un spectre de référence. / Fig. Désaccord entre deux choses. *Le décalage entre l'esprit et la lettre.*

décalaminage n. m. MÉTALL. Action de décalaminer ; son résultat.

décalaminer v. t. [1] MÉTALL. Ôter la calamine de.

décalcification n. f. MÉD. Diminution de la teneur en calcium de l'organisme, principalement du squelette.

décalcifié, e adj. MÉD. Se dit d'un organisme appauvri en calcium.

décalcomanie n. f. Procédé utilisé pour transférer des images réparties sur un support de papier à un autre support. / L'image ainsi transférée.

décaler v. t. [1] Ôter les cales de. *Décaler une table.* / Déplacer légèrement. *Décaler un horaire.* / v. pron. *Se décaler sur le côté.*

décalitre n. m. Mesure de capacité équivalant à 10 l (symbole : dal).

décalogue n. m. RELIG. Ensemble des dix commandements que Dieu inscrivit sur les Tables de la Loi et remit à Moïse sur le mont Sinaï.

décalotter v. t. [1] Ôter la calotte de (qqch.). / Spécial. *Décalotter le gland*, le découvrir en faisant glisser le prépuce vers la base du pénis. / Emploi absol. *Décalotter* : décalotter le gland.

décalque n. m. Reproduction d'un dessin à l'aide d'un calque. / Fig. Copie, imitation fidèle.

décalquer v. t. [1] Reporter le calque de (un modèle) sur un support. *Décalquer une image.*

Décaméron (le) 1353 Recueil de cent nouvelles de Boccace. Fuyant la peste de Florence pour la campagne, où ils s'ennuient, sept jeunes femmes et trois jeunes hommes racontent chaque jour aux autres une histoire amoureuse, souvent licencieuse, parfois tragique, pendant dix jours (d'où le titre de l'ouvrage : « dix jours », en grec). Devenu pieux, Boccace voulut détruire son œuvre. Celle-ci avait fixé, pour la prose, la langue italienne, le toscan, comme Dante l'avait fait pour la poésie.

décamètre n. m. Mesure ou longueur équivalant à 10 m (symbole : dam). / Chaîne d'arpenteur d'une longueur de 10 mètres.

décamper v. i. [1] MILIT. Vieilli Lever le camp, se replier. *L'ennemi décampa le lendemain de l'affrontement.* / Par ext. Partir à la hâte, s'enfuir. *Des élèves qui décampent à la vue d'un surveillant.*

Decamps (Alexandre Gabriel) 1803-1860 Peintre français. D'abord dessinateur satirique, il découvrit l'Orient au cours d'un voyage en Turquie et s'orienta vers un orientalisme romantique (*La Sortie de l'école turque*, 1842) dans des toiles pittoresques aux tons chauds.

décan n. m. ASTROL. Partie du zodiaque s'étendant sur 10° de longitude. *Chaque signe est subdivisé en trois décans.*

décanat n. m. Fonction de doyen. / Période pendant laquelle cette fonction est exercée. / Ensemble des services dépendant d'un doyen.

décaniller v. i. [1] Pop. S'enfuir, décamper.

décantation n. f. ou **décantage** n. m. Action de décanter ; résultat de cette action. / Procédé de séparation de deux ou plusieurs produits dont l'un est liquide. Par différence de gravité, les particules les plus denses du solide en suspension se déposent au fond du récipient. / Fig. *Le décantage des idées*, leur éclaircissement.

décanter v. t. [1] Laisser se déposer au fond du récipient les particules en suspension dans (un liquide). *Décanter du vin.* / v. pron. Fig. *Situation qui se décante*, qui se clarifie.

décapage n. m. Action de décaper ; résultat de cette action.

décapant, e n. m. et adj. Se dit d'un produit pour décaper. / adj. Fig. Qui s'attaque aux idées reçues, aux habitudes. *Une ironie décapante.*

décaper v. t. [1] TECHN. Débarrasser (une surface) de ses impuretés. *Décaper un métal.* / CONSTR. Enlever de (un sol) la terre de surface.

décapitation n. f. Action de décapiter.

décapiter v. t. [1] Trancher la tête de (qqn). Par anal. *Décapiter un peuplier.* / Fig. Priver (un groupe) de ceux qui sont à sa tête.

décapodes n. m. pl. ZOOL. Ordre de crustacés malacostracés caractérisés par leurs cinq paires de pattes ambulatoires munies de pinces ou de griffes (écrevisses, homards, crevettes, crabes, pagures). / Ordre de mollusques de la classe des céphalopodes ayant dix tentacules (seiches, calmars).

décapole n. f. HIST. Groupement de dix villes à l'intérieur d'une même région, fréquent en Palestine dans l'Antiquité et en Alsace au XIVe siècle.

décapotable adj. et n. f. Se dit d'un véhicule dont on peut enlever ou replier la capote. *Une voiture décapotable. Une décapotable.*

décapsuler v. t. [1] Faire sauter la capsule de. *Décapsuler une bouteille de bière.*

décapsuleur n. m. Ustensile faisant levier qu'on utilise pour ôter les capsules des bouteilles.

décarboxylase n. f. BIOCHIM. Enzyme qui catalyse une décarboxylation.

décarboxylation n. f. CHIM., BIOCHIM. Réaction au cours de laquelle une molécule perd un ou plusieurs groupes carboxyliques –COOH (émission de dioxyde de carbone CO_2).

décarburation n. f. MÉTALL. Élimination du carbone d'un produit métallurgique.

décarcasser (se) v. pron. [1] Fam. Faire beaucoup d'efforts. *Se décarcasser pour réussir.*

décartellisation n. f. Ensemble des mesures qui visent à supprimer les cartels économiques.

décasyllabe adj. et n. Se dit d'un vers comprenant dix syllabes. / n. m. *Un décasyllabe.*

décasyllabique adj. Syn. de décasyllabe.

décathlon n. m. Rencontre d'athlétisme qui comporte dix épreuves différentes : quatre courses, trois sauts et trois lancers.

décati, e adj. Qui a perdu son cati. *De la toile de lin décatie.* / Fig. Qui a perdu sa fraîcheur, usé, vieilli. *Un acteur complètement décati.*

décatir v. t. / v. pron. [1] v. t. TEXT. Ôter son cati à (un tissu). / v. pron. *Se décatir* : perdre de sa fraîcheur ; se faner, vieillir.

décatissage n. m. TEXT. Élimination par action de la vapeur du cati d'un tissu pour le gonfler et le rendre plus moelleux.

decauville n. m. Chemin de fer à voie étroite (40 ou 60 cm), utilisé en particulier dans les mines et les carrières.

décavé, e adj. Qui a perdu au jeu tout ce qu'il possédait. / Fig., fam. Totalement ruiné.

Decazes et de Glücksberg (Élie, duc**)** 1780-1860 Homme politique français. Sous la Restauration, il s'opposa aux ultras au nom de la Charte de 1814. Premier ministre en 1819, il démissionna en 1820. Rallié à Louis-Philippe, il se consacra à l'agriculture et à l'industrie (forges de Decazeville).

Decazeville *7 800 h.* Chef-lieu de canton de l'Aveyron. La ville doit son nom au duc Decazes qui exploita à partir de 1826 les houillères, aujourd'hui fermées. L'église est décorée de vitraux d'après Gustave Moreau.

decca n. m. inv. (nom déposé) AÉRON. et MAR. Système de repérage radioélectrique.

Deccan ou **Dekkan** Région constituant l'Inde péninsulaire, formée de montagnes d'altitude moyenne et de plateaux s'élevant au-dessus des plaines littorales par une suite de massifs, les Ghâtes. Tout l'intérieur du Deccan souffre d'une sécheresse permanente. Certaines vallées, comme Purna et Waiganga, reçoivent les pluies des golfes du Bengale. On y cultive l'arachide, le riz, le blé ainsi que le thé, le café et l'hévéa sur les pentes des massifs montagneux du sud. Les industries métallurgique et cotonnière sont en pleine expansion.

Dèce (en latin **Caius Messius Quintus Traianus Decius)** v. 200-251 Empereur romain en 249. Successeur de Philippe l'Arabe, qu'il avait tué, il tenta de rassembler l'empire autour de la religion traditionnelle, ce qui le conduisit en 250 à persécuter les chrétiens de manière systématique. Les apostasies étant récompensées, les renégats furent nombreux, tout comme les martyrs. La persécution, d'une extrême violence, fut brève : Dèce fut vaincu et tué par les Goths.

décéder v. i. [1] Mourir, en parlant d'une personne. *Il est décédé le mois dernier.*

déceler v. t. [1] Découvrir (ce qui était caché, imperceptible). *Déceler une fuite de gaz, une erreur.* / Être l'indice de, révéler. *Son tremblement décèle sa nervosité.*

décélération n. f. PHYS. Inverse de l'accélération ou accélération négative. Ant. accélération.

décélérer v. i. [1] Être en état de décélération, ralentir. Ant. accélérer.

décembre 1851 (coup d'État du 2) Coup d'État qui permit à Louis-Napoléon Bonaparte, alors président de la République,

Le député Baudin sur une barricade, lors du **coup d'État du 2 décembre 1851**.

d'éliminer l'opposition parlementaire. L'Assemblée législative, en majorité conservatrice, avait adopté diverses mesures réactionnaires, dont la restriction du nombre des électeurs (ce qui revenait à abolir le suffrage universel) et de la liberté de la presse. Se présentant, au cours de tournées triomphales en province, comme le champion de la démocratie, le prince-président demanda une révision constitutionnelle qui eût permis sa réélection en 1852. Cette révision fut refusée par l'Assemblée en juillet 1851. En novembre, Louis-Napoléon proposa le rétablissement du suffrage universel, proposition repoussée par la majorité parlementaire. Dans la nuit du 1er au 2 décembre 1851, l'armée envahit le palais Bourbon; deux décrets, affichés à Paris, proclamaient l'état de siège, la dissolution de l'Assemblée, le rétablissement du suffrage universel et la convocation à un plébiscite pour le 20 décembre. Le plébiscite approuva le coup d'État à une écrasante majorité, une Constitution fut adoptée en janvier 1852 et, le 2 décembre 1852, la République faisait place à l'Empire.

décembre n. m. Douzième et dernier mois de l'année, comptant 31 jours.

décemment adv. De façon convenable, décente.

décembriste ou **décabriste** n. m. HIST. Membre d'un groupe de nobles et d'officiers russes qui, en décembre 1825, tentèrent en vain de renverser le tsar Nicolas Ier et d'introduire un régime constitutionnel.

décemvir n. m. (mot latin) ANTIQ. ROM. Membre d'un collège de dix magistrats, sous la république.

décence n. f. Discrétion, réserve; respect des convenances, notam. dans le domaine sexuel. Ant. indécence.

décennal, ale, aux adj. Qui dure dix ans. *Une garantie décennale.* / Qui revient tous les dix ans. *À Rome, les fêtes décennales ont été instituées par l'empereur Auguste.*

décennie n. f. Période de dix années.

décent, e adj. Conforme à la décence, convenable. Ant. indécent.

décentrage n. m. Action de décentrer. / Son résultat. / OPT. Décentrement d'un objectif.

décentralisation n. f. Action de décentraliser. / Son résultat. / Système qui confère à des instances régionales ou locales des pouvoirs de décision ou de gestion.

décentraliser v. t. [1] Transférer (les compétences d'un organisme central) à des organismes locaux, régionaux. *Décentraliser le pouvoir administratif.*

décentrement n. m. OPT. Défaut d'alignement des centres d'une lentille. / OPT. Action de décentrer un objectif.

décentrer v. t. [1] Déplacer le centre de. *Décentrer un système.* / Écarter (qqch.) du centre. *Décentrer un objectif pour éviter les déformations dues à la perspective.*

déception n. f. Fait d'être déçu. / Sentiment d'amertume qui en résulte. / Ce qui déçoit.

décérébrer v. t. [1] Ôter, détruire le cerveau de (un animal). (Au participe passé). *Grenouille décérébrée. Il est tellement bête qu'on le dirait décérébré*, privé de raison.

décerner v. t. [1] Accorder, remettre (une distinction, une récompense).

décerveler v. t. [1] Faire sauter la cervelle de. / Fig. Abrutir, rendre stupide.

décès n. m. Mort d'une personne. *Acte de décès*, attestant légalement la mort d'un individu.

décevant, e adj. Qui déçoit. *Attitude décevante.*

décevoir v. t. [3] Ne pas répondre à (une attente), causer une déception à (qqn). (Emploi passif) *Il a été déçu de ne pas vous voir.*

déchaînement n. m. Action de déchaîner. / Fig. Action de se déchaîner; libération violente d'éléments jusqu'alors contenus. *Le déchaînement de l'orage.*

déchaîner v. t. [1] Ôter les chaînes de. *Déchaîner des pneus.* / Déclencher; exciter. *Déchaîner les passions. Déchaîner l'opinion.* / v. pron. Se manifester violemment. *La tempête se déchaîne.* / S'exciter; se mettre en colère.

déchant n. m. MUS. Accompagnement écrit ou improvisé par le chanteur en contrepoint du plain-chant.

déchanter v. i. [1] Être déçu dans ses espérances, perdre ses illusions.

décharge n. f. Vx Déchargement. / Lieu où l'on dépose une charge. *Décharge publique*, où l'on dépose les ordures. / Tir d'une arme à feu, fusillade. / ÉLECTR. Diminution du potentiel électrique, baisse soudaine de charge. *Décharge d'un condensateur.* / ARCHIT. *Voûte, arc de décharge*, qui permettent de soulager les parties adjacentes. / DR. Libération d'une obligation, d'une dette, d'une responsabilité. *Signer une décharge. Une attestation de décharge.* / DR. *Témoin à décharge*, qui témoigne en faveur du suspect. / *À sa décharge*: pour l'excuser.

déchargement n. m. Action de décharger, fait de se décharger. *Le déchargement d'un navire. Le déchargement d'une batterie électrique.*

Hector et Andromaque, *peinture de* **Giorgio De Chirico**, *1917 (coll. part., Milan).*

***Déchargement** de langoustines.*

décharger v. t. / v. i. [1] **A.** v. t. **I.** Débarrasser (un support) d'un chargement, d'une charge, d'une surcharge. *Décharger un camion.* / Libérer un support de (son chargement). *Décharger d'un navire une cargaison de denrées.* / v. pron. (En parlant d'un liquide) Se déverser en perdant de sa charge énergétique. *Un torrent qui se décharge dans un lac de retenue.* **II.** Fig. Soulager (qqn) d'une charge morale. *Décharger qqn d'une accusation.* / Libérer (qqn) d'une fonction. *Son patron l'a déchargé de ce travail.* / Se libérer de. *Décharger sa conscience.* / v. pron. *Il se décharge de ses responsabilités sur ses subalternes.* **III.** Vider le chargeur de (une arme à feu). *Décharger un pistolet.* / Vider un appareil de (sa charge électrique). *Décharger une batterie.* / v. pron. *Batterie électrique qui se décharge.* **B.** v. i. Vulg. Éjaculer.

décharné, e adj. Débarrassé de sa chair. *Un os décharné.* / D'une maigreur extrême. *Il est revenu décharné de son voyage dans le désert.*

déchaumer v. t. [1] AGRIC. Pratiquer dans (un champ) un labour superficiel qui enfouit le chaume demeuré sur place après la moisson.

déchaumeuse n. f. AGRIC. Machine à déchaumer.

déchaussage ou **déchaussement** n. m. Action de déchausser. / Mise à nu du collet d'une dent, des racines d'un arbre. / État de ce qui est déchaussé.

déchausser v. t. [1] **I.** (À propos de personnes) Ôter ses chaussures à. *Déchausser un enfant.* / v. pron. *Se déchausser sur le pas de la porte.* **II.** (À propos de choses). Dénuder le pied, la base de. *Déchausser une vigne, un mur. Le tartre déchausse les dents.* / v. pron. *Dents qui se déchaussent.*

déchaux adj. m. RELIG. *Carme déchaux*, qui va nu-pieds dans des sandales.

dèche n. f. Fam. Grande gêne, manque d'argent. *Tomber dans la dèche.*

déchéance n. f. Fait de déchoir, de tomber à un rang inférieur. *Déchéance sociale.* / Affaiblissement des qualités physiques, intellectuelles ou morales. / DR. Perte d'un droit, d'une fonction.

déchet n. m. (Souvent au plur.) Reste inutilisable d'une matière. *Déchets d'étoffe. Déchets radioactifs*, subsistant après la combustion nucléaire. / DR. COMM. *Déchet de route*: quantité de marchandises détériorées lors d'un transport. / Fig, fam. *C'est un déchet, un déchet de la société*, une personne déchue, un être méprisable.

déchetterie ou **déchèterie** n. f. Lieu où l'on procède au tri, et en général, au recyclage des déchets.

déchiffrage n. m. Action de déchiffrer. / Spécial. Action de déchiffrer une partition musicale; première lecture d'une partition musicale.

déchiffrement n. m. Action de déchiffrer un code, une écriture difficile, des caractères inconnus. / Fig. Action de rendre compréhensible, claire, une chose confuse, difficile à interpréter.

déchiffrer v. t. [1] Traduire, rendre compréhensible (un texte chiffré ou écrit en caractères difficilement lisibles, inconnus). *Déchiffrer un message, une écriture, des pictogrammes.* / MUS. *Déchiffrer une partition musicale*, la lire à première vue, la jouer en la lisant pour la première fois. / Fig. Rendre compréhensible (ce qui était confus, difficile à interpréter).

déchiquetage n. m. Action de déchiqueter ; résultat de cette action.

déchiqueter v. t. [1] Déchirer (qqch.) en petits morceaux. *Déchiqueter une proie.*

déchirant, e adj. Qui émeut profondément. *Cris déchirants.*

déchirement n. m. Action de déchirer ; fait de se déchirer. / MÉD. Déchirure. / Fig. Grande souffrance physique ou morale. / Fig. Dissension extrême au sein d'un groupe humain.

déchirer v. t. [1] Mettre en pièces, faire une déchirure à. *Déchirer du papier. Il a déchiré sa chemise.* Au fig. *La guerre déchire le pays.* / Causer une grande souffrance, physique ou morale, à. *Un remords qui déchire une âme sensible.* / v. pron. *Couple qui se déchire.*

De Chirico (Giorgio) 1888-1978 Peintre italien. À partir de 1912, il peint d'étranges visions où l'on aperçoit dans des paysages aux perspectives sans fin, des personnages qui bientôt ne seront plus, dans ses compositions postérieures, que des mannequins aveugles et asexués. La disproportion d'échelle des différents objets, la multiplicité des perspectives, les rapprochements insolites d'éléments sans lien apparent créent le climat d'étrangeté de ces toiles dites métaphysiques, que les surréalistes loueront. Mais dès les années 1920, il abandonne cette manière pour un académisme froid, répétitif et souvent narcissique (nombreux autoportraits).

déchirure n. f. Rupture partielle ou totale d'une chose. *Déchirure d'un vêtement.* / MÉD. Rupture des fibres d'un muscle, d'un ligament.

déchoir v. i. [3] Tomber dans un état inférieur. *Il est trop fier pour accepter de déchoir.*

déchristianisation n. f. Action de déchristianiser ; son résultat.

déchristianiser v. t. [1] Faire renoncer (qqn) au christianisme. *Déchristianiser un peuple.*

déchu, e adj. Tombé dans un état inférieur. *Monarque déchu.* / *Déchu de* : privé de. *Un condamné déchu de ses droits.*

déci n. m. En Suisse, décilitre de vin, presque toujours de vin blanc. *Et deux décis de fendant, deux !*

décibel n. m. PHYS. Unité égale à un dixième de bel (symbole : dB) ; spécial., unité de mesure de l'intensité sonore, fixée par rapport au seuil d'audibilité de 1 012 watts. / Fam. Niveau sonore, bruit. *Il y a trop de décibels ici, on ne s'entend plus.*

décidabilité n. f. LOG. et MATH. Caractère de ce qui est décidable.

décidable n. m. LOG. et MATH. Se dit d'un système ou d'une proposition démontrables ou réfutables par une procédure effective.

décidément adv. Vx De façon décidée. / Mod. Tout bien considéré. *Décidément, je n'aime pas le vin d'Alsace.*

décider v. t. [1] Établir, fixer (qqch.) par un jugement définitif mettant fin aux doutes. *Décider le non-lieu. Il n'a pas encore décidé ce qu'il fera.* / Convaincre. *Je l'ai décidé à avouer.* / *Décider de* (+ inf.) : prendre la décision de ; choisir. / *Décider de* (+ nom) : être la cause de ; déterminer. *Cette rencontre décidera de notre avenir.* / v. pron. Prendre une décision. *Se décider à travailler dur.*

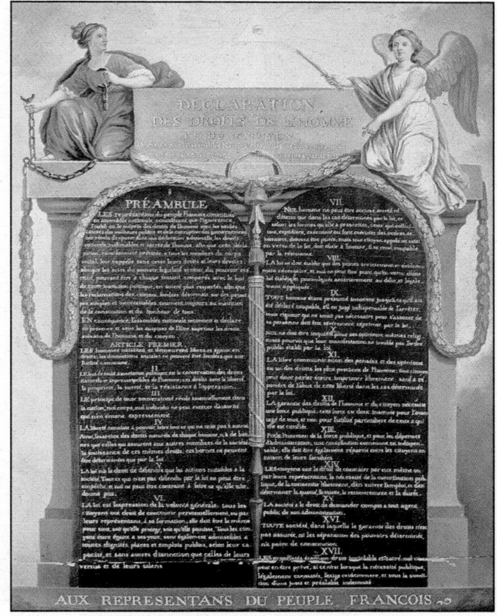

La ***Déclaration*** *des droits de l'homme et du citoyen par l'Assemblée constituante, le 26 août 1789.*

décideur, euse n. Celui, celle qui décide, qui a le pouvoir de décision.

décigramme n. m. Unité de mesure égale à un dixième de gramme (symbole : dg).

décile n. m. STAT. Dixième partie de l'intervalle des données.

décilitre n. m. Unité de mesure égale à un dixième de litre (symbole : dl).

décimal, ale, aux adj. et n. f. MATH. Dont la base est le nombre dix. *Système décimal*, dans lequel les multiples et les sous-multiples des unités sont des puissances de dix de ces unités. / *Nombre décimal*, que l'on peut exprimer par une fraction dont le dénominateur est une puissance de dix. / n. f. Chacun des chiffres d'un nombre décimal placés après la virgule. *4,5 a une décimale.*

décimation n. f. Action de décimer ; son résultat.

décime n. m. et f. Ancienne monnaie correspondant à un dixième de franc. / n. f. HIST. Sous l'Ancien Régime, taxe que le roi percevait sur les revenus du clergé.

décimer v. t. [1] ANTIQ. ROM. *Décimer une armée mutinée*, en tuer un homme sur dix, à titre de punition. / Par ext. *Décimer une armée*, lui faire subir de lourdes pertes. *Une catastrophe naturelle qui décime une population*, qui tue beaucoup de gens.

décimètre n. m. MÉTROL. Unité de longueur, dixième du mètre (symbole dm). / TECHN. Règle graduée en centimètres et millimètres, mesurant 10 centimètres. / *Double décimètre* : règle graduée en centimètres et millimètres mesurant vingt centimètres.

décintrage n. m. CONSTR. Action de décintrer.

décintrer v. t. [1] CONSTR. Ôter les cintres qui ont permis la construction de. *Décintrer une voûte.* / TECHN. Redresser (qqch. de courbe). *Décintrer un tuyau. Décintrer un vêtement*, en défaire les coutures qui le cintraient.

décisif, ive adj. D'une décision. *Moment décisif.* / Qui décide de, détermine. *Victoire décisive*, qui décide de l'issue du conflit. / Qui ne laisse pas d'autre choix. *Démonstration décisive.*

décision n. f. Action de décider, de se décider ; ce qui a été décidé, choix. *Prendre une décision ferme et définitive.* / Jugement, acte résultant d'une délibération. *Décision judiciaire, décision du conseil.*

décisionnaire n. Personne (physique ou morale) qui exerce un pouvoir de décision.

décisoire adj. DR. Qui entraîne la décision, dans un procès. *Serment décisoire*, imposé par une partie à l'autre, pour qu'en dépende la solution du litige.

décitex n. m. TEXT. Unité indiquant la masse en grammes de 10 000 m de fil. *Le décitex a remplacé le denier.*

déclamation n. f. Art de déclamer. *La déclamation théâtrale des acteurs.* / Manière de s'exprimer pompeuse et emphatique.

déclamatoire adj. Vieilli Qui tient de la déclamation. / Qui est plein d'emphase, de pompe. *Un style déclamatoire. Un ton déclamatoire.*

déclamer v. t. / v. i. [1] **A.** v. t. Dire à haute voix (un texte) en l'interprétant selon les règles d'un art (poétique, oratoire, dramatique). *Déclamer des vers.* **B.** v. t. (Péjor.) Dire avec emphase. *Il ne parle pas, il déclame.*

déclarant, e adj. et n. DR. Qui fait une déclaration officielle.

déclaratif, ive adj. DR. Par lequel est fait le constat de ; qui atteste de. *Acte déclaratif de propriété.* / LING. *Verbes déclaratifs*, qui expriment une assertion.

déclaration n. f. Action de déclarer ; énoncé ou document par lequel on déclare. *Déclaration de guerre, d'amour.* / Proclamation, manifeste. *Déclaration de droits, d'indépendance.* / Action ou document rendant publique une situation de droit ou de fait. *Déclaration de naissance, de faillite, de revenus.*

déclaré, e adj. Qui s'est fait connaître comme tel. *Un adversaire déclaré.*

déclarer v. t. [1] Faire connaître ouvertement. *Déclarer son amour.* / Faire connaître par un acte public ou judiciaire. *Déclarer ses revenus.* / v. pron. *Se déclarer à qqn*, lui avouer ses sentiments, ses idées ou ses intentions. *Incendie, maladie qui se déclare*, qui se manifeste, se déclenche.

déclassé, e adj. et n. Hors classement. *Une fiche déclassée.* / Déchu de son rang, de sa position sociale, de sa classe. *Aristocrate déclassé.* / Subst. *Son mariage en a fait un(e) déclassé(e).*

déclassement n. m. Action de déclasser ; fait d'être déclassé.

déclasser v. t. [1] Défaire le classement de. *Déclasser des dossiers.* / Faire sortir (qqn) de sa classe sociale pour le faire entrer dans une autre, perçue comme inférieure. *Ce métier le déclasse.* / Faire rétrograder (qqn) dans un classement.

déclassifier v. t. [1] Rendre accessible (ce qui était secret : document, information, etc.).

déclenchement n. m. Action de déclencher ; son résultat.

déclencher v. t. [1] Actionner le déclenchement de (un mécanisme). *Déclencher une alarme.* / Provoquer le déclenchement de (un événement, un processus). *Déclencher une offensive. Déclencher les rires.*

déclencheur n. m. Dispositif séparant des pièces enclenchées ou déclenchant un mécanisme.

déclic n. m. Dispositif de déclenchement d'un mécanisme. / Bruit sec produit par le déclenchement. / Fig. Déclenchement d'un processus psychologique, compréhension soudaine.

déclin n. m. Fait d'approcher de sa fin, de perdre de sa puissance, de diminuer. *Le déclin du jour. Le déclin d'un empire.*

déclinaison n. f. ASTRON. Distance angulaire (d'un astre) par rapport à l'équateur céleste. *Cette déclinaison est comptée positivement vers le nord et négativement vers le sud ; c'est l'équivalent de notre latitude terrestre.* / GRAMM. Ensemble des désinences prises par les noms, les adjectifs, les pronoms, les articles, dans les langues à flexion, selon le genre, le nombre et le cas. / GRAMM. Ensemble de mots qui se déclinent avec les mêmes désinences. *Première déclinaison* : en latin, déclinaison qui groupe tous les mots en *a* au nominatif singulier, en *am* à l'accusatif, etc.

décliner v. i. / v. t. [1] **A.** v. i. Décroître, descendre. *Soleil qui décline à l'horizon.* / Fig. S'affaiblir, tendre vers sa fin. *Des forces qui déclinent.* **B.** v. t. Exprimer les différentes

Branche de boldo. Les feuilles de cet arbre du Chili sont utilisées en **décoction** pour soigner les affections du foie.

possibilités de (une variété, une variable). *Décliner les désinences d'un mot.* / Énumérer (les différents éléments d'un ensemble). *Décliner ses noms et qualités.* / DR. Refuser d'admettre, d'accepter (qqch.). *Décliner toute responsabilité dans un événement. Décliner une offre.*
déclive adj. et n. f. Qui va en pente. / n. f. Pente. *En déclive* : en pente.
déclivité n. f. Propriété de ce qui est en pente. *Déclivité d'un sol.*

décloisonnement n. m. Action de décloisonner ; résultat de cette action. / Fig. *Décloisonnement des sciences humaines.*
décloisonner v. t. [1] Ôter les cloisons de. *Décloisonner un atelier.* / Fig. *Décloisonner les disciplines universitaires.*
décocher v. t. [1] Lancer avec un arc, une arbalète. *Décocher une flèche.* / Envoyer soudainement, brusquement. *Décocher un coup de pied.* / Fig. Lancer avec vivacité. *Décocher une remarque cinglante.*
décoction n. f. Extraction des principes actifs d'une plante ou d'une substance en la faisant bouillir dans un liquide. / Boisson ainsi obtenue.
décodage n. m. Action de décoder ; remise en langage clair d'un texte chiffré à l'aide d'un code.
décoder v. t. [1] Trouver la signification de (une information codée). *Décoder un message.* Voir **décrypter.**
décodeur, euse n. **I.** n. m. Appareil à décoder les informations codées. / Appareil, système qui restitue en clair un signal de télévision crypté lors de l'émission. / LING. Le sujet parlant, considéré en tant que destinataire actif du message linguistique. **II.** n. Personne qui décode, effectue un décodage.
décoiffer v. t. [1] Enlever la coiffe, déranger la coiffure de (qqn), ce qui coiffe (qqch.). *Le vent l'a décoiffée. Décoiffer une cheminée.* / v. pron. Enlever sa coiffure, son chapeau. *Se décoiffer avec respect.*

décoincer v. t. [1] Libérer (ce qui était coincé).
décolérer v. i. [1] Cesser d'être en colère.
décollage n. m. Action de décoller. *Décollage d'une affiche.* / Action de quitter le sol. *Décollage d'une fusée.* / Fig. Essor. *Le décollage d'une industrie.*
décollation n. f. Litt. Décapitation. *La décollation de saint Jean-Baptiste.*
décollement n. m. Action de décoller ; état de ce qui est décollé. / MÉD. Séparation des tissus naturellement adhérents. *Décollement de la plèvre.*
décoller v. t. / v. i. [1] **A.** v. t. Séparer, détacher (ce qui est collé). *Décoller une affiche.* **B.** v. i. AÉRON. Quitter le sol, s'envoler. / Fig. Connaître un essor. *Les ventes ont décollé.* / SPORT Se détacher du peloton. / Fam. Quitter un lieu.
décolletage n. m. Action de décolleter.
décolleté n. m. et adj. **A.** adj. *Femme décolletée*, dont le haut du buste est découvert. / *Robe décolletée*, découvrant le haut du buste. **B.** n. m. Partie de la gorge et des épaules qui apparaît à nu. *Un joli décolleté.* / Échancrure du vêtement laissant voir la gorge et les épaules. *Un décolleté en carré.*
décolleteuse n. f. Machine employée pour décolleter les racines. / Tour à décolleter des pièces métalliques.
décolleuse n. f. Machine utilisée pour décoller des revêtements de sol ou muraux.
décolonisation n. f. Action de décoloniser ; processus par lequel un territoire, un peuple colonisé accède à l'indépendance. *La décolonisation des colonies françaises d'Afrique noire.*
décoloniser v. t. [1] Accorder l'indépendance à (une colonie).
décolorant, e adj. et n. Se dit d'un produit utilisé pour décolorer.
décoloration n. f. Action de décolorer ; en particulier, opération consistant à éclaircir les cheveux.
décolorer v. t. [1] Faire perdre sa couleur à. *Une longue exposition au soleil décolore les cheveux.*
décombres n. m. pl. Accumulation de matériaux provenant d'un édifice écroulé ou en ruines. *Être enseveli sous les décombres.*
décommander v. t. [1] Annuler (une commande). *Décommander un achat.* / v. pron. Annuler un rendez-vous. *Il s'est décommandé à la dernière minute.*
de commodo et incommodo loc. adv. (mots latins) DR. *Enquête de commodo et incommodo* : enquête réalisée par l'administration pour évaluer les avantages et les inconvénients lors de l'établissement d'industries jugées potentiellement dangereuses, insalubres ou incommodes, ou lors du lancement de travaux publics.
décompensation n. f. MÉD. Défaillance des mécanismes de compensation qui permettent à l'organisme de surmonter les troubles liés à une maladie, à une lésion.
décomplexer v. t. [1] Libérer (qqn) de ses complexes.

Les étapes de la **décolonisation** en Afrique, en Amérique et dans une partie de l'Asie au XXe siècle.

décomposer v. t. [1] Séparer (un tout, une composition) en ses parties. *Décomposer la lumière.* / Altérer, dégrader (qqch.). *La putréfaction décompose les chairs.* Au fig. *La peur décomposait son visage.*
décomposition n. f. Action de décomposer ; fait de se décomposer. / Dissociation d'un corps complexe en ses éléments simples. *Décomposition de l'eau en hydrogène et oxygène.* / Désagrégation d'un corps précédant la putréfaction. / Fig. *La décomposition des liens sociaux.*
décompresser v. t. [1] Diminuer ou faire cesser la compression de. / (Emploi absolu) Fig. Se détendre. *C'est bon, nous ne sommes pas en retard, décompresse !*
décompresseur n. m. Appareil réduisant la pression d'un fluide. / MÉCAN. Soupape diminuant la compression d'un moteur à explosion pour en faciliter le démarrage ou en provoquer l'arrêt.
décompression n. f. Action de décompresser ; résultat de cette action / Spécial. Réduction progressive de la pression dans un caisson de plongée. / Fig. Relâchement de la tension nerveuse, après un effort.
décompte n. m. Montant à déduire d'une somme que l'on paie. / Compte détaillé de ce qui est dû. *Le décompte d'une facture.* / Compte à l'envers.
décompter v. t. [1] Déduire (une somme) d'un compte. *Décompter les frais.* / Compter à l'envers. *Décompter les secondes avant le déclenchement d'un mécanisme.*
déconcentration n. f. Action de déconcentrer ; fait de se déconcentrer. / Système dans lequel l'État confie certains pouvoirs décisionnaires à ses agents locaux.
déconcentrer v. t. [1] Procéder à la répartition moins concentrée de. / Fig. Troubler la concentration de qqn. *Déconcentrer un joueur.* / v. pron. Perdre de sa concentration. *Joueur d'échecs qui se déconcentre.*
déconcertant, e adj. Qui déconcerte. *Une attitude déconcertante.*
déconcerter v. t. [1] Troubler (qqn), lui faire perdre contenance.
déconfit, e adj. Vx Battu. / Penaud, abattu. *Le pauvre, il est tout déconfit.*
déconfiture n. f. Faillite, échec. / DR. Incapacité, pour un débiteur non commerçant, de payer ses dettes.
décongélation n. f. Action de décongeler.
décongeler v. t. [1] Faire passer (ce qui avait été congelé) à une température supérieure à 0 °C.
décongestionner v. t. [1] MÉD. Supprimer ou atténuer la congestion de (un organe). / Atténuer ou faire disparaître l'encombrement de. *Décongestionner le centre de Paris.*
déconnecté, e adj. Dont les connections ont été supprimées, débranché. / Fig., pop. *Être déconnecté* : ne plus être concerné, ne plus être au courant, ne plus être à même de comprendre. *Il ne voit plus personne, il est complètement déconnecté.*
déconnecter v. t. [1] Démonter, débrancher (ce qui était connecté). *Déconnecter un appareil électrique.*
déconner v. i. [1] Fam. Faire, dire des conneries.
déconnexion n. f. Action de déconnecter ; son résultat.
déconseiller v. t. [1] Conseiller de renoncer à. *Je lui ai déconseillé de partir. L'alcool lui est déconseillé.*

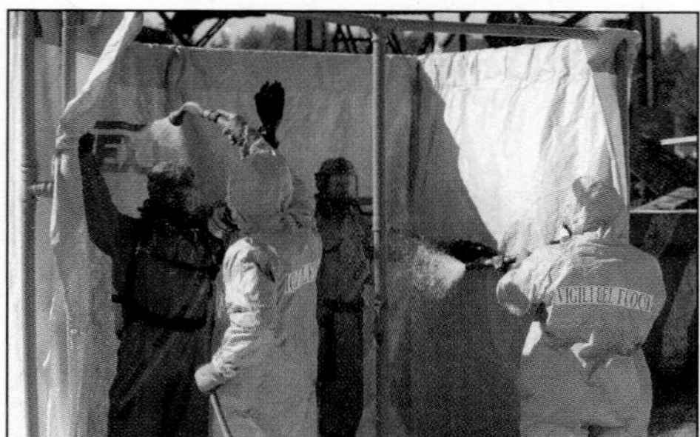
Décontamination.

***Décor** de théâtre.*

déconsidérer v. t. / v. pron. [1] Faire perdre à (qqn) l'estime dont il jouissait. *Cette attitude l'a déconsidéré.* / v. pron. Perdre l'estime dont on jouit. *Il s'est déconsidéré en acceptant cette offre.*
déconstruction n. f. Action de déconstruire ; résultat de cette action.
déconstruire v. t. [3] Défaire la construction, l'armature de.
décontamination n. f. Suppression de la contamination de ce qui a subi (ou des personnes qui ont subi) l'action de radiations ou de substances ou de germes nocifs.
décontaminer v. t. [1] Procéder à la décontamination de.
décontenancé, e adj. Qui a perdu contenance. *Décontenancé, il ne sut que répondre.*
décontenancer v. t. [1] Faire perdre contenance à. *Décontenancer un adversaire.*
décontracté, e adj. Détendu, relâché. *Muscles décontractés.* / Fig. *Personne décontractée,* détendue, à l'aise.
décontracter v. t. [1] Faire cesser la contraction de. *Décontracter un muscle.* / v. pron. Se détendre, se relâcher. *Se décontracter avant une épreuve sportive.*
décontraction n. f. Action de décontracter ; son résultat. *Décontraction musculaire.* / Fig. Aisance, insouciance.
déconvenue n. f. Vive déception. *Essuyer une déconvenue.*
décor n. m. Ensemble des éléments qui, sans portée architectonique, sont destinés à orner l'extérieur ou l'intérieur d'un édifice, d'une construction ou encore d'un objet mobilier. / Cadre de la vie quotidienne. / Fig. *Changement de décor*, d'environnement, de cadre de vie. / Fam. *Partir dans le décor* : en parlant d'un véhicule, sortir de la route accidentellement. / Ensemble des éléments figurant le cadre d'une réalisation théâtrale, cinématographique ou télévisuelle.
décorateur, trice n. Spécialiste qui conçoit et réalise des décors de spectacle. / Personne dont la profession consiste à décorer, à aménager des locaux.
décoratif, ive adj. Dont la fonction est de décorer. *Arts décoratifs*, appliqués aux objets utilitaires.
décoration n. f. Action, art de décorer. / Ensemble des éléments employés à cet effet. *Décorations de Noël.* / Insigne honorifique. *Un soldat à la poitrine couverte de décorations.*
décorer v. t. [1] Orner de décorations ; agrémenter le décor de. *Décorer sa chambre.* / Remettre une décoration à (qqn).
décorticage n. m. Action de décortiquer. / Fig., fam. Analyse minutieuse.
décortiquer v. t. [1] Ôter l'écorce de (un arbre), l'enveloppe de (une graine), la carapace de (un crustacé). *Décortiquer une bûche, une noisette, une langouste.* / Fig, fam. *Décortiquer un texte*, l'analyser de manière fine, détaillée et complète.
décorum n. m. (mot latin) Ensemble des règles, des usages conformes à la bienséance, dans la bonne société ; protocole, étiquette.
De Coster (Charles) 1827-1879 Écrivain belge. Son récit picaresque *Les Aventures d'Ulenspiegel et de Lamme Goedzack au pays de Flandres et ailleurs* (1868) conte les aventures d'un personnage légendaire, truculent farceur dont l'écrivain fait un héros de la résistance à l'occupation espagnole incarnée par le duc d'Albe, gouverneur des Pays-Bas pour le compte de Philippe II.
décote n. f. Réduction du montant d'un impôt, d'une taxe. / FIN. *Décote d'un titre, d'une action en Bourse* : perte de valeur par rapport au cours de référence.
découcher v. i. [1] Ne pas coucher chez soi, passer la nuit en dehors de son domicile.
découdre v. t. / v. i. / v. pron. [3] **A.** v. t. Défaire (qqch. de cousu). *Découdre une manche.* / VÉNER. Déchirer de ses défenses. *Le chien s'est fait découdre par un sanglier.* **B.** v. i. *En découdre* : se battre. **C.** v. pron. *Se découdre* : être décousu. *La doublure se découd.*
découler v. i. [1] *Découler de* : être issu de, être la conséquence de. *Tout cela découle d'un unique événement.*
découpage n. m. Division par morceaux. *Découpage d'une viande.* / Image faite pour être découpée par un enfant. / CIN. Division du scénario en séquences et en plans. / POLIT. *Découpage électoral* : division du territoire en circonscriptions.
découpe n. f. TECHN. Action de découper ; résultat de cette opération. / COUT. Taille décorative effectuée dans un vêtement ; pièce de tissu ajoutée à un vêtement.
découper v. t. [1] Procéder au découpage de. *Découper une viande. Découper une jupe dans de la soie.* / Fig. Former une échancrure, une entaille dans. / v. pron. Se détacher, trancher sur un fond. *Le château se découpe sur le ciel.*
découplé, e adj. VÉNER. Détaché, en parlant de chiens. / *Bien découplé* : robuste et bien bâti.
découpler v. t. [1] VÉNER ; Détacher (des chiens couplés). / ÉLECTRON., TÉLÉCOM. Empêcher (deux circuits) de réagir l'un sur l'autre.
découragement n. m. Action de décourager. Ant. encouragement. / Perte de courage, d'énergie ; abattement moral.
décourager v. t. [1] Ôter son courage, son énergie à (qqn). *Le peu de résultat l'a découragé. Décourager qqn de faire qqch.*, l'en dissuader. Ant. encourager. / Contrarier (une volonté), empêcher (une action).
décours n. m. ASTRON. Période comprise entre une pleine Lune et une nouvelle Lune, pendant laquelle la partie éclairée du disque lunaire vu de la Terre décroît.
décousu, e adj. et n. m. Dont la couture s'est défaite, a été défaite. / Fig. Qui manque de liaison, sans suite. / n. m. *Le décousu d'un récit.*
découvert, e [1] adj. Qui n'est pas couvert. *Un bébé découvert dans son berceau.* / *Pays découvert*, sans arbre, sans forêt.
découvert [2] n. m. FIN. Avance consentie à une personne qui détient un compte courant. / *Vente à découvert* : cession de valeurs boursières qu'on ne possède pas. / loc. adv. Fig. *À découvert*, sans moyen de défense, ni protection.
découverte n. f. Action de découvrir ce qui était ignoré, caché. *La découverte d'un gisement de pétrole.* / Invention. *La découverte d'un vaccin.* / Ce qui est découvert. / HIST. *Les grandes découvertes* : ensemble des explorations entreprises par les Européens du XVe au XVIe siècle.
découvrir v. t. / v. pron. [3] **A.** Dégager de ce qui couvre, protège. *Découvrir une marmite.* Au fig. *Découvrir ses arrières.* / Faire apparaître, révéler. *Son rire découvre ses dents. Découvrir ses sentiments.* / Commencer d'apercevoir. / Trouver, faire la découverte de (ce qui était caché, inconnu, ignoré). *Découvrir un complot. Découvrir un vaccin.* **B.** v. pron. Ôter un vêtement ou un chapeau. / S'éclaircir, en parlant du temps. / Fig. S'exposer ; révéler ses sentiments.
décrassage ou **décrassement** n. m. Action de décrasser ; son résultat. Ant. encrassement. / TECHN. Opération consistant à enlever les résidus non combustibles de la grille d'un foyer, à retirer les scories.
décrasser v. t. [1] Enlever la crasse de. Ant. encrasser. / Fig., fam. *Décrasser qqn*, lui transmettre des rudiments de connaissance.
décrément n. m. INFORM. et MATH. Diminution de la valeur d'une quantité variable. Ant. incrément.
décrépit, e adj. Dans un état de décrépitude. *« Tout le monde se précipite / Hors d'atteinte du singe en rut / Sauf une vieille décrépite / Et un jeune juge en bois brut »* (Georges Brassens).
décrépitude n. f. Détérioration, faiblesse physique provoquée par le grand âge.

Enluminure d'un manuscrit du XIVe siècle représentant le vol de ***Dédale*** et d'Icare (au-dessus de lui).

decrescendo ou **décrescendo** adv. et n. m. (mot italien) MUS. En diminuant peu à peu l'intensité du son. Ant. crescendo. / n. m. Morceau joué decrescendo.

décret n. m. Décision prise par l'autorité gouvernementale. *Décret ministériel.* / RELIG. Décision de l'autorité ecclésiastique. / Décision qui paraît dictée par une instance supérieure. *Décret divin.*

décréter v. t. [1] Ordonner (qqch.) par décret. / Par ext. Décider de (qqch.) avec autorité.

décret-loi n. m. Sous la IIIe et la IVe République, décision prise par le pouvoir exécutif, qui avait force de loi. Pl. Des *décrets-lois.*

décrier v. t. [1] Dénigrer (qqn) ouvertement. *Décrier un auteur.*

décriminaliser v. t. [1] DR. Ôter à (une infraction) son caractère de crime, la soustraire à la juridiction criminelle.

décrire v. t. [3] Traduire en mots (qqch., qqn). *Décrire un visage.* / Tracer ou suivre (une ligne courbe). *Décrire un demi-cercle.*

décrispation n. f. Action de décrisper; son résultat.

décrisper v. t. [1] Détendre, décontracter. *Cet éclat de rire a décrispé l'atmosphère.*

décrochage n. m. Action de décrocher. / AVIAT. Diminution brutale de la portance d'un avion. / TÉLÉCOM. Passage d'un émetteur à un autre.

décrochement n. m. Discontinuité entre deux plans juxtaposés; forme de cette discontinuité. *La façade présente un décrochement à hauteur du premier étage.* / GÉOL. Faille avec déplacement horizontal des blocs dans la direction du plan de rupture.

décrocher v. t. / v. i [1] **A.** v. t. Détacher (une chose accrochée). *Décrocher un lustre.* / (Sans compl.) Décrocher le combiné du téléphone. *Décrochez ! Votre correspondant est en ligne.* / Fig. Obtenir (qqch.). *Décrocher un diplôme.* Loc. *Décrocher la Lune*: obtenir l'impossible. **B.** v. i. Fam. Cesser une activité. / Spécial. Cesser d'être attentif. *J'ai décroché avant la fin du film.* / MILIT. Rompre le contact avec l'ennemi. *Décrocher d'une position avancée.* / AVIAT. Subir un décrochage.

décrochez-moi-ça n. m. inv. Fam. Boutique, étalage de fripier. *J'ai acheté cette robe au décrochez-moi-ça.*

décroissance n. f. Fait de décroître; diminution. *Décroissance du bruit.* Ant. croissance.

décroissant, e adj. Qui décroît. Ant. croissant. / MATH. Fonction décroissante, qui varie en sens contraire de la variable de l'intervalle sur lequel elle est définie.

décroissement n. m. Rare Diminution. *Le décroissement d'un fleuve après une crue.*

décroît n. m. ASTRON. Lune descendante.

décroître v. i. [3] Diminuer peu à peu. *Les jours décroissent.* Ant. croître.

Decroly (Ovide) 1871-1932 Médecin et psychologue belge. Ses conceptions pédagogiques, mises en œuvre dans les écoles qui portent aujourd'hui son nom, reposent sur le postulat que les enfants appréhendent l'univers de manière synthétique et non analytique, et que l'école doit être ouverte sur la vie, prenant appui sur les centres d'intérêt des enfants; c'est de cet esprit que procèdent les méthodes globales d'apprentissage de la lecture.

décrottoir n. m. Lame de métal, scellée dans le mur d'une maison, à l'entrée, sur laquelle on frotte ses chaussures pour en ôter la boue.

décrue n. f. Diminution du volume d'une rivière manifestée par l'abaissement de son niveau d'eau. Ant. crue.

décryptage n. m. Action de décrypter. Ant. cryptage.

décrypter v. t. [1] Découvrir le sens de (un texte crypté). / Décoder (une émission cryptée).

déçu, e adj. Qui a éprouvé une déception. *Espoir déçu*, qui n'a pas été réalisé.

décubitus n. m. MÉD. Position du corps couché horizontalement. *Sujet en décubitus dorsal*, couché sur le dos.

de cujus n. m. inv. (mots latins) DR. Défunt dont la succession est ouverte, testateur.

déculottée n. f. Fessée à même la peau. *Recevoir une déculottée.* / Par ext. Défaite humiliante.

déculotter v. t. [1] Ôter la culotte de. *Déculotter un enfant.* / *Déculotter une pipe*, en enlever le culot. / v. pron. Enlever sa culotte. Au fig. (pop.) S'humilier, céder honteusement. *Se déculotter devant un supérieur hiérarchique.*

déculpabilisation n. f. Action de déculpabiliser; son résultat.

déculpabiliser v. t. [1] Libérer (qqn) de sa culpabilité, d'une culpabilité ressentie.

déculturation n. f. ANTHROP. Perte, détérioration de l'identité culturelle d'un individu, d'un groupe humain. *La déculturation de populations immigrées.*

décuple adj. et n. Qui vaut dix fois autant. / n. m. Quantité qui vaut dix fois autant. Ant. dixième.

décuplement n. m. Action de décupler; son résultat.

décupler v. t. / v. i. [1] **A.** v. t. Multiplier (qqch.) par dix. *Décupler ses profits.* / Par ext. Augmenter beaucoup (qqch.). *Décupler ses forces.* **B.** v. i. Devenir dix fois supérieur. *Les prix ont décuplé.*

décurie n. f. ANTIQ. ROM. Groupe de dix soldats, correspondant au dixième d'une centurie.

décurion n. m. ANTIQ. ROM. Chef d'une décurie. / Magistrat municipal.

dédaigner v. t. [1] Traiter, considérer (qqn ou qqch.) avec dédain. *Dédaigner ses voisins. Dédaigner une offre*, la rejeter. / v. t. ind. Litt. *Dédaigner de*: refuser de, ne pas s'abaisser à. *Il a dédaigné de nous saluer.*

dédaigneusement adv. Avec dédain.

dédaigneux, euse adj. Qui manifeste du dédain.

dédain n. m. Mépris mêlé d'arrogance.

dédale n. m. Circuit compliqué où il est difficile de ne pas s'égarer, labyrinthe. *Un dédale de ruelles.* / Fig. Ensemble très complexe. *Le dédale d'une pensée.*

Dédale MYTH. GR. Architecte du Labyrinthe crétois. Il en fut le premier prisonnier pour avoir favorisé les amours de Pasiphaé avec le taureau sacré. Il s'en échappa avec son fils Icare grâce à des ailes de plume et de cire.

dedans adv., prép. et n. m. **A.** adv. de lieu À l'intérieur. *Ne fouillez pas dehors, le panier est dedans.* / Fam. *Mettre qqn dedans*, le tromper. *Rentrer dedans (à propos de qqn)*, heurter, frapper (physiquement ou métaphoriquement). / loc. adv. *Là-dedans*: à l'intérieur du lieu où l'on se trouve. *Au-dedans*: à l'intérieur. *De dedans*: de l'intérieur. *Par-dedans*: par l'intérieur. **B.** prép. de lieu. Vx Dans. *Dedans la maison.* / loc. prép. *En dedans de*, *au-dedans de*: à l'intérieur de. **C.** n. m. inv. Intérieur de qqch.; particulièrement, face située vers l'intérieur. / Fig. *Le dedans d'un homme*, son esprit, son âme.

Dedekind (Richard) 1831-1916 Mathématicien allemand, auteur de travaux en analyse mathématique et en théorie des nombres (hypothèse des *idéaux*).

dédicace n. f. LITURG. Consécration d'un édifice religieux. / Consécration d'un monument à un personnage. / Formule écrite ou orale par laquelle un auteur dédie une œuvre, un exemplaire de cette œuvre, à qqn.

dédicacer v. t. [1] Faire l'hommage de (qqch.) à (qqn) par une dédicace. *Il a dédicacé une centaine d'ouvrages au Salon du Livre.*

dédicataire n. Personne à laquelle est dédié un ouvrage. *Théophile Gautier est le dédicataire des* Fleurs du Mal *de Baudelaire.*

dédier v. t. [1] *Dédier à*: offrir, vouer (qqch.) à. / *Dédier un ouvrage à*, y formuler par une dédicace le nom de (la personne à laquelle on veut rendre hommage). *Dédier un poème à sa mère.*

dédifférenciation n. f. BIOL., BOT. Perte des caractères spécifiques d'une cellule spécialisée (caractères qui ont été acquis par différenciation).

dédire (se) v. pron. [3] Se rétracter.

dédit n. m. Retrait d'une parole donnée, d'un engagement pris. / DR. COMM. Possibilité de ne pas remplir un engagement moyennant une indemnité. / Cette indemnité.

dédommagement n. m. Action de dédommager; compensation d'un dommage matériel ou moral.

dédommager v. t. [1] Indemniser (qqn). *Dédommager un sinistré.*

dédouanage ou **dédouanement** n. m. Action de dédouaner (une marchandise); son résultat.

dédouaner v. t. [1] Importer (qqch.) en acquittant les droits de douane. *Dédouaner une marchandise.* / Supprimer les droits de douanes sur. *Le gouvernement a dédouané les importations de matériel agricole.* / Fig. Lever le soupçon, le discrédit qui pèse sur (qqn). *Dédouaner un complice présumé.*

dédoublement n. m. Action de dédoubler, de se dédoubler; son résultat. / PSYCHOL. *Dédoublement de la personnalité*: trouble faisant coexister, chez le même sujet, deux types de personnalités, dont l'une, pathologique, est soumise à des automatismes et, le plus souvent, inadaptée.

dédoubler v. t. / v. pron. [1] **A.** Diviser (qqch.) en deux. *Dédoubler une classe surchargée.* / Ôter la doublure de. *Dédoubler un manteau.* Ant. doubler. **B.** v. pron. Se diviser en deux. / PSYCHOL. Souffrir d'un dédoublement de la personnalité.

dédramatiser v. t. [1] Ôter son caractère dramatique à. *Dédramatiser un conflit.*

La **Déesse** aux serpents.
Cnossos, vers 1700-1600 av. J.-C.
Faïence polychrome, Musée archéologique, Héraklion, Crète.

déductibilité n. f. Caractère de ce qui est déductible.
déductible adj. Qui peut être déduit d'un total. *Frais déductibles.* / LOG. Qui peut être établi par déduction. *Proposition déductible.*
déductif, ive adj. Qui procède par déduction, qui relève de la déduction. *La haute valeur de la méthode déductive du point de vue de l'économie de la pensée humaine* (Alfred Tarski).
déduction n. f. Action de déduire ; soustraction. *Déduction d'une somme.* / *Déduction fiscale* : somme retranchée du montant imposable. / LOG et PHILO. Opération consistant à déduire selon des règles logiques une proposition ou une somme de propositions à partir d'une ou plusieurs prémisses.
déduire v. t. [3] Retrancher (qqch.) d'une somme totale. *Déduire la TVA.* / *Déduire (qqch.) de* : inférer (telle conséquence logique) de. *Je déduis sa culpabilité de son mensonge.*
déduit n. m. Vx ou litt. Jeux amoureux.
déesse n. f. Divinité féminine (voir *dieu*). / Fig., fam. Femme d'une grande beauté et d'allure imposante.
de facto loc. (mots latins) DR. De fait, par oppos. à *de jure.*
défaillance n. f. Faiblesse physique ou mentale passagère. / Déficience fonctionnelle ; incapacité à remplir son rôle. *Défaillance du système nerveux. Défaillance du pouvoir.* / DR. Fait de ne pas exécuter une clause, un contrat, au terme fixé.
défaillant, e adj. Qui défaille. *Des forces défaillantes.* / *Témoin défaillant*, qui fait défaut.
défaillir v. i. [3] Perdre soudainement ses forces, s'évanouir. *Défaillir de peur.* / S'affaiblir. *Une voix qui défaille.* Au fig. *Sentir son moral défaillir.*
défaire v. t. [3] Ramener à l'état initial ou détruire (ce qui a été fait, construit, formé). *Défaire une natte. Défaire ses bagages*, les déballer. / Litt. Mettre en déroute. *Défaire l'ennemi.* / v. pron. *Se défaire de qqn, qqch.*, s'en débarrasser.
défait, e adj. Qui n'est plus fait. *Lit défait.* / Vaincu. *Un ennemi défait.* / Paraissant abattu, épuisé. *Mine défaite.*
défaite n. f. Échec subi à l'issue d'une bataille, d'une entreprise.
défaitisme n. m. État d'esprit d'une personne qui n'envisage que la défaite.
défaitiste adj. et n. Qui n'envisage que la défaite. *Il est défaitiste. Une attitude défaitiste. C'est un défaitiste, ne l'écoutez pas.*
défalcation n. f. Action de défalquer, de déduire ; son résultat.
défalquer v. t. [1] Déduire (une somme) d'un total. *Défalquer les frais.*
défausse n. f. JEU Fait de jouer des cartes inutiles ou gênantes.
défausser [1] v. t. [1] Redresser (ce qui a été faussé).
défausser (se) [2] v. pron. JEU Se débarrasser (d'une carte inutile ou gênante). / Se décharger (d'une obligation, d'une corvée).
défaut n. m. Manque, absence d'une chose jugée nécessaire. *Faire défaut* : manquer. *À défaut de* : en l'absence de. / Imperfection. *Défaut de fabrication.* / Trait de caractère s'opposant à un idéal moral. *L'avarice est un défaut. Être en défaut*, en faute. / DR. Fait de ne pas se présenter devant une instance judiciaire. *Condamner qqn par défaut*, en son absence. / MATH. *Par défaut* : en tenant compte d'une valeur inférieure à la valeur normale. *Approximation par défaut.*
défaveur n. f. Disgrâce.
défavorable adj. Qui n'est pas favorable.
défavorablement adv. De façon défavorable.
défavorisé, e adj. et n. Qui n'est pas pourvu d'avantages (notamment d'avantages économiques ou sociaux). *Une population défavorisée.* / n. *Les défavorisés* : les pauvres.
défavoriser v. t. [1] Disgracier ; mettre (qqn) en défaveur. / Donner à (qqn) moins d'avantages qu'à d'autres. *Les partages successoraux l'ont défavorisée.*
défécation n. f. Action de déféquer. / CHIM. Élimination des dépôts d'un liquide, clarification.
défectif, ive adj. GRAMM. *Verbe défectif* : verbe dont certaines formes de conjugaison ne peuvent pas être employées. *Pleuvoir, seoir, gésir sont des verbes défectifs.*

Quartier de la Défense.

défection n. f. Abandon d'une cause, d'un groupe défendant une cause. *La défection de ce syndicat a mené à l'échec.* / Fait de rester absent d'un lieu, d'une réunion de personnes où l'on était invité ou attendu. *Faire défection* : ne pas respecter une obligation, un contrat, un rendez-vous.
défectueux, euse adj. Qui présente des défauts, qui manque de certaines qualités requises. / DR. Qui ne répond pas aux conditions, aux formes requises.
défectuosité n. f. État défectueux ; imperfection.
défendeur, eresse n. DR. Personne, partie contre laquelle on intente une action judiciaire.
défendre v. t. / v. pron. [3] **A.** Protéger (qqn, qqch.) contre une attaque, un péril. *La poule défend ses poussins. Défendre l'entrée d'un port.* / Prendre le parti de, plaider pour. *Défendre un accusé. Défendre une cause.* / Interdire. *Je te défends d'y aller.* **B.** v. pron. Se protéger, opposer une résistance. *Se défendre contre le froid.* / Fam. Faire preuve de talent. *Il se défend bien aux échecs.* / Nier. *Il se défend d'avoir menti.* / S'interdire. *Il se défend de céder.* / Être acceptable. *C'est une idée qui se défend.*
défenestration n. f. Action de défenestrer. HIST. *Défenestration de Prague* : acte par lequel les protestants de Bohême, en révolte contre l'empereur Mathias, jetèrent par la fenêtre de la salle du Conseil, le 23 mai 1618, deux des quatre gouverneurs impériaux, acte qui constitua le prélude de la guerre de Trente Ans.

Défenses de morse.

défenestrer v. t. [1] Jeter (qqn) par la fenêtre.
défense n. f. Action de défendre qqn ou qqch., de résister à une agression quelconque. / Ensemble des moyens mis en œuvre pour protéger qqn ou qqch., en particulier dans le domaine militaire. *Enfant sans défense* : sans protection. *Défense passive. Ministère de la Défense.* / Interdiction. *Défense d'entrer, de parler au machiniste.* / DR. *Légitime défense* : droit de commettre un acte illégal pour se défendre d'une agression. / DR. Ce qu'une personne emploie comme moyens pour se défendre en justice ; avocat, ensemble des avocats du défendeur. *Organiser sa défense. La défense fait remarquer que…* / MÉD. Ce qui protège naturellement l'organisme. *Défenses immunitaires.* / PSYCHAN. *Défense du moi* : ensemble des mécanismes par lesquels le moi refoule une représentation qu'il perçoit comme une agression. / SPORT Action visant à contrer l'action de l'équipe adverse. *Jouer en défense.* / SPORT Partie de l'équipe qui assure sa protection. / ZOOL. Canine ou incisive dépassant de la bouche de certains mammifères. *Les défenses d'un éléphant, d'un morse.*
Défense (quartier de la) Quartier des Hauts-de-Seine (dans les communes de Nanterre, Courbevoie et Puteaux) devenu, à partir de 1958, un ensemble urbain où l'on trouve un important centre d'affaires, des locaux d'habitation et des espaces verts. La circulation des piétons est séparée de celle des véhicules. La Grande Arche (1983-1989) y abrite le siège de la Fondation internationale des Droits de l'homme.
Défense et illustration de la langue française 1549 Manifeste du groupe de la Brigade (devenu la Pléiade sept ans après) que rédigea Du Bellay. Selon lui, le poète doit renoncer aux jeux formels et s'inspirer des Anciens (Horace, notamment) mais sans les imiter scolairement.
Défense nationale (gouvernement de la) Gouvernement de la France de septembre 1870 à février 1871. Le 4 septembre

Une séance du congrès de Vienne (1814-1815), qui réorganisa les frontières européennes après les guerres napoléoniennes et la **défaite** française de Waterloo.

1870, alors que le Corps législatif délibère sur la situation créée par la capitulation de Napoléon III, la foule envahit la salle et Gambetta fait acclamer la déchéance de la dynastie. C'est ainsi que se constitue le gouvernement de la Défense nationale qui, par la suite, refuse de céder l'Alsace et la Lorraine aux Prussiens. Le gouvernement est néanmoins contraint de signer l'armistice avec Bismarck, le 28 janvier 1871, et remet ses pouvoirs le 12 février 1871 à l'Assemblée élue le 8 février.

défenseur n. m. Personne qui défend contre une attaque qqn ou qqch. ; personne qui soutient cette cause. *Un défenseur de la démocratie.* / DR. Personne chargée de défendre une des parties devant un tribunal ; avocat. / HIST. *Le Défenseur* : Romain Desèze, défenseur de Louis XVI devant la Convention. / SPORT Joueur qui assure la défense d'une équipe (par oppos. à *attaquant*).

défensif, ive adj. et n. f. Utilisé pour se défendre (par oppos. à *offensif*). / Dépourvu de combativité. / n. f. (Par oppos. à *offensive*). *Être, rester sur la défensive* : prêt à se défendre sans attaquer.

déféquer v. i. / v. t. [1] Évacuer des matières fécales. / v. t. CHIM. Clarifier (un liquide).

déférence n. f. Respect, considération que l'on témoigne à qqn. *Traiter son professeur avec déférence.*

déférent, e [1] adj. Qui manifeste de la déférence. *Une attitude déférente.*

déférent, e [2] adj. ANAT. *Canal déférent* : conduit excréteur du testicule. / ASTRON. Anc. *Cercles déférents*, qui servaient à expliquer, dans le système de Ptolémée, le mouvement des planètes.

déférer v. t. [1] Porter (une affaire), traduire (un accusé) devant la juridiction compétente. / v. t. ind. *Déférer à* : céder par déférence. *Déférer à l'âge, au mérite.*

déferlant, e adj. et n. Qui déferle. / n. f. Vague qui déferle.

déferlement n. m. Action de déferler. *Le déferlement des vagues, de protestations.*

déferler v. t. / v. i. [1] MAR. *Déferler une voile*, la déployer. / v. i. *Des vagues qui déferlent*, qui se déroulent et se brisent sur le rivage. Au fig. *Des coups qui déferlent sur un supplicié.*

Deffand (Marie de Vichy-Chamrond, marquise **du)** 1697-1780 Femme de lettres française. Elle ouvrit vers 1740 un salon où elle reçut les grands écrivains de son temps, notamment les encyclopédistes, et entretint une importante correspondance (avec Voltaire, d'Alembert, Walpole notamment).

Defferre (Gaston) 1910-1986 Homme politique français, socialiste, résistant, maire de Marseille (1944-1945 ; 1953-1986). Ministre de la France d'outre-mer en 1956, il est à l'origine de la loi-cadre qui a modifié le statut des territoires de l'Union française. Ministre de l'Intérieur et de la Décentralisation (1981-1984), il fit voter en 1982 la loi qui mit en œuvre la décentralisation en transformant les Régions en collectivités territoriales dotées de grands pouvoirs.

défi n. m. Incitation à participer à un combat, à une compétition, à une entreprise jugée difficile. *Lancer un défi. Mettre qqn au défi de faire qqch.* : l'en défier. / Entreprise hasardeuse, gageure. / Provocation, manifestation d'insoumission à ce qui fait autorité. *Défi à l'État, au bon sens.*

défiance n. f. Méfiance, circonspection, crainte d'être trompé.

défiant, e adj. Plein de défiance, soupçonneux.

défibrillateur n. m. Appareil utilisé pour procéder à la défibrillation.

défibrillation n. f. MÉD. Application d'une décharge électrique sur le thorax afin de remédier à un dysfonctionnement cardiaque.

déficience n. f. État déficient. *Déficience physique, mentale.* / Fig. Insuffisance, caractère lacunaire. *Déficience d'une théorie, d'un gouvernement.*

déficient, e adj. Fonctionnellement insuffisant.

déficit n. m. Partie des recettes qui manque pour équilibrer un budget, un compte ; perte. *Enregistrer un déficit de 1 milliard.* / Situation budgétaire qui en découle. *Le déficit de la Sécurité sociale.* / Manque, carence. *Déficit immunitaire. Déficit d'idées neuves.*

Défilé des Zapatistas, *de José Clemente Orozco, 1931, (Musée d'Art moderne, New York).*

Les Aventures de Robinson Crusoe *de* ***Daniel Defoe****, imagerie d'Épinal.*

déficitaire adj. Qui présente un déficit, qui n'est pas bénéficiaire. *Une entreprise déficitaire.* / En quantité insuffisante par rapport à ce que l'on attend. *Cette année, la moisson a été déficitaire.*

défier [1] v. t. [1] Provoquer (qqn) au combat, à une lutte. / Mettre (qqn) au défi de faire qqch. / Affronter, braver. *Défier la loi, un danger.* / Résister à (une force destructrice). *Défier les tempêtes, les années.*

défier (se) [2] v. pron. [1] *Se défier de* : avoir de la défiance envers. *Se défier d'un allié. Se défier de l'apparence.*

défigurer v. t. [1] Altérer l'aspect du visage de. *Une cicatrice le défigure. La colère le défigurait.* / Par ext. Altérer l'aspect de. *Groupe d'immeubles qui défigurent le paysage.* / Fig. Déformer, fausser, rendre méconnaissable (qqch.). *Défigurer une œuvre.*

défilage n. m. TECHN. Action de défiler ; opération consistant à défiler des chiffons pour fabriquer de la pâte à papier.

défilé n. m. GÉOGR. Passage naturel, encaissé entre deux hauteurs. / INDUSTR. Pâte à papier produite par les piles défileuses. / MILIT. Marche de troupes militaires en colonne. *Le défilé du 14 juillet.* / Déplacement de personnes, de véhicules rangés en file. *Défilé de manifestants. Défilé de mode.*

défilement [1] n. m. Fait de défiler ; déroulement continu d'un film, d'une bande magnétique, à l'intérieur d'un appareil.

défilement [2] n. m. MILIT. Technique de camouflage mettant à profit la configuration du terrain.

défiler [1] v. i. [1] Avancer en file, en colonne. *La troupe défilait en rangs serrés.* / Fig. Se succéder régulièrement. *Les souvenirs défilent dans sa mémoire. Les heures défilent.*

défiler [2] v. t. [1] **I.** Défaire (un tissu) fil à fil. / Enlever le fil qui relie (les éléments d'un ensemble). *Défiler les perles d'un collier.* / *Défiler un chapelet*, l'égrener en priant. **II.** MILIT. *Défiler un ouvrage*, le mettre à l'abri de la vue et des tirs en enfilade. / v. pron. Fig. et fam. S'esquiver. *Se défiler en douce.*

défileuse n. f. TECHN. Machine qui effectue le défilage.

défini, e adj. Déterminé, précisé. *Une tâche définie au préalable.* Ant. indéfini. / Dont la signification est explicitée, précisée. *Vocabulaire défini.* GRAMM. *Article défini* : voir *article.*

définir v. t. [2] Préciser (qqch.). *Définir un programme. Un sentiment difficile à définir.* / Déterminer, préciser, expliciter la signification de (un mot, un concept).

définitif, ive adj. Qui ne peut ou ne doit plus être modifié. *Texte définitif.* / Par ext. Catégorique ; irréfutable. *Parler sur un ton définitif. Argument définitif.* / loc. adv. *En définitive* : tout bien considéré.

définition n. f. Action de définir ; résultat de cette action. / Opération consistant à définir le contenu ou le concept ou la nature d'une chose en énumérant ses caractères propres ; l'énoncé ainsi produit. *La définition de l'homme comme « animal raisonnable ». Par définition* : en vertu de la nature d'une chose, de son essence. / Explication détaillée du sens d'un mot. / MATH. Convention a priori. *Ensemble de définition d'une relation, d'une fonction* : ensemble des valeurs pour lesquelles cette relation ou cette fonction existent. / Degré de précision d'une image transmise, exprimée en lignes ou en points. *Télévision à haute définition.*

définitionnel, elle adj. Relatif à la définition. / Qui constitue une définition

définitivement adv. De manière définitive.

définitoire adj. Qui sert à définir ou qui constitue une définition.

défiscalisation n. f. Action de défiscaliser ; résultat de cette action.

défiscalisé, e adj. FIN. Qui n'est pas soumis à l'impôt. *Un placement défiscalisé.*

défiscaliser v. t. [1] Exempter (qqch.) de l'impôt.

déflagration n. f. CHIM. Combustion suivie d'explosion sans effet brisant, qui se propage dans une substance à la vitesse d'environ 1 m par seconde. / Cour. Explosion.

déflagrer v. i. [1] CHIM. Être soumis à une déflagration.

déflation n. f. ÉCON. Baisse des prix obtenue en général en réduisant la masse monétaire, les dépenses publiques et la masse salariale. Ant. inflation. / Action du vent qui soulève les matériaux meubles et de faible densité.

déflecteur n. m. Dispositif permettant de modifier la direction d'un écoulement. / Volet mobile servant à régler l'aération d'une automobile, placé dans l'encadrement de la portière.

déflexion n. f. TECHN. Modification de la trajectoire d'une particule ou d'un flux de particules.

déflocage n. m. Opération consistant à supprimer, dans un bâtiment, un dispositif d'isolation phonique et thermique, en général parce qu'il contient de l'amiante. Ant. flocage.

défloraison n. f. BOT. Chute des fleurs ; époque où les fleurs se fanent et tombent.
défloration n. f. Action de déflorer ; rupture de l'hymen d'une femme.
déflorer v. t. [1] Rompre l'hymen de (une femme). *Déflorer une jeune fille.*
défluent n. m. Bras formé par la séparation d'un cours d'eau. Ant. affluent.
défluviation n. f. GÉOGR. Action de changer de lit, en parlant d'un fleuve, d'un défluent.
Defoe ou **De Foe (Daniel Foe,** dit **Daniel)** 1660-1731 Écrivain anglais. Il mena une vie aventureuse : voyageur, espion, propagandiste politique, commerçant, poète satirique, pamphlétaire, journaliste. Ses romans donnent une grande impression de vérité. *Robinson Crusoe* (1719) est inspiré des aventures du marin écossais Selkirk, débarqué sur une île déserte ; *Heurs et malheurs de la fameuse Moll Flanders* (1722) a pour héroïne un personnage historique, voleuse et prostituée du XVIIe siècle ; son *Journal de l'année de la peste* (1722) a longtemps été tenu pour le récit authentique de la grande peste de 1665 ; *Le Colonel Jacque, Lady Roxane ou L'Heureuse Catin, La Vie, les aventures et les pirateries du capitaine Singleton* procèdent du même esprit.
défoliant, e adj. et n. m. Qui provoque la chute des feuilles. / n. m. Produit chimique qui provoque la chute des feuilles.
défoliation n. f. BOT. Chute de l'ensemble des feuilles d'un végétal.
défonçage ou **défoncement** n. m. Action de défoncer ; résultat de cette action. / AGRIC. Labour à une profondeur importante.
défonce n. f. Arg. État d'un drogué qui délire, qui a perdu conscience sous l'effet de la drogue.
défoncer v. t. [1] **A.** Ôter le fond de. *Défoncer une caisse.* / *Défoncer un terrain*, le creuser, le labourer profondément. / Briser (qqch.) en l'enfonçant. *Défoncer une paroi.* **B.** v. pron. (En parlant d'une personne) Fig., fam. Mettre toute son énergie dans (qqch.). *Se défoncer au travail.* / Argot. Se droguer. *Se défoncer à l'éther.*
déforestation n. f. Destruction des forêts, déboisement.
déformation n. f. Action de déformer ; résultat de cette action. / Altération de la forme d'un organe, d'une plante. / Fig. *Déformation professionnelle* : influence envahissante des automatismes professionnels sur les attitudes de la vie quotidienne.
déformé, e adj. Dont la forme a été modifiée, altérée, reproduite de manière inexacte. *Une image déformée. Un chapeau tout déformé. Des propos déformés.*
déformer v. t. [1] Altérer la forme de (qqch.). *Déformer un vêtement.* (Emploi pron.) *Vêtement qui se déforme à l'usage.* / *Déformer qqn*, modifier son évolution normale, naturelle. *Son éducation l'a déformé.* / Fig. Interpréter (qqch.) de manière infidèle. *Déformer les propos de qqn.*
défoulement n. m. Action, fait de se défouler. / PSYCHAN. Accession à la conscience d'un affect, d'une représentation jusque-là inconscients. Ant. refoulement.
défouler (se) v. pron. [1] Se libérer de ce que l'on a refoulé. *Se défouler en criant.*
défraîchir v. t. / v pron. [2] Faire perdre sa fraîcheur, son éclat à. *Le soleil a défraîchi les rideaux.* / v. pron. *Se défraîchir* : perdre sa fraîcheur. / Au part. passé Fané, flétri. *Des rideaux défraîchis. Une figure défraîchie.*

Le Défilé, d'***Edgar Degas,*** *1868-1869, (Musée d'Orsay, Paris).*

défraiement n. m. Action de défrayer ; remboursement.
défrayer v. t. [1] Rembourser ses frais à (qqn). / Fig. *Défrayer la chronique* : être le sujet de toutes les conversations.
défrichage ou **défrichement** n. m. Action de défricher ; son résultat.
défricher v. t. [1] Rendre cultivable (un sol en friche). *Défricher un terrain.* / Fig. *Défricher le terrain* : accomplir les travaux préalables à un travail, une réalisation.
défroque n. f. RELIG. Objets et vêtements laissés par un religieux après sa mort. / Vêtement hors d'usage ou passé de mode.
défroqué, e adj. et n. Qui a abandonné l'état ecclésiastique ou monastique. *Prêtre défroqué.*
défroquer v. t. / v. i. / v. pron. [1] Faire quitter l'état ecclésiastique à (qqn). / v. pron. ou v. i. *Se défroquer* ou *défroquer* : quitter l'état ecclésiastique ou monastique.
défunt, e adj. et n. Mort. / Fig. et litt. Disparu. *Ses amours défuntes.*
dégagé, e adj. Que rien n'encombre. *Route dégagée.* / Fig. Qui donne une impression d'aisance, de liberté. *Prendre un air dégagé.*
dégagement n. m. Action de dégager, de débloquer qqch. *Dégagement d'une voie. Dégagement d'un objet laissé en gage.* / MÉD. Dernière phase d'un accouchement. Syn. délivrance. / Espace laissé libre dans une habitation, servant au passage ou au rangement. / SPORT Action d'envoyer la balle loin des buts, de la ligne de touche.
dégager v. t. [1] Retirer (ce qui était gagé). Au fig. *Dégager sa parole, sa responsabilité.* / Délivrer (qqn, qqch.) de ce qui gêne, retient ou encombre. *Dégager son pied de l'étrier. Dégager un passage.* (Emploi pron.) Se libérer de ce qui gêne. *Après l'accident, l'autoroute commence à se dégager. Le ciel se dégage*, devient plus clair du fait de la disparition de nuages. / Fig. Libérer (qqn) d'une contrainte. / SPORT Lancer (le ballon) loin de son camp. (Emploi absol.) *Dégager en touche.* / ÉCON. Rendre disponible ; produire. *Dégager des capitaux. Dégager des bénéfices.* / Découvrir, laisser voir. *Coiffure qui dégage les oreilles.* / Fig. Mettre en évidence. *Dégager les lois d'un principe.* / Répandre (une émanation). *Dégager de la fumée, un parfum.*
dégaine n. f. Fam. Façon, tournure étrange, cocasse, souvent avec une nuance de ridicule. *Regarde-moi cette dégaine !*
dégainer v. t. [1] Sortir (qqch.) de sa gaine. *Dégainer son épée.* / Absol. *Il a dégainé*, sorti son arme.
dégarnir v. t. [2] Dégager (qqch.) de ce qui garnit. *Dégarnir un mur.* / MILIT. *Dégarnir le centre, les ailes d'une armée*, en diminuer les effectifs, en affaiblir l'armement. / v. pron. (Spécial.) Perdre ses cheveux. *Se dégarnir avec l'âge.*
Degas (Edgar de Gas, dit **Edgar)** 1834-1917 Peintre, pastelliste, dessinateur, sculpteur et graveur français. Souvent assimilé aux impressionnistes dont il est contemporain, il s'en distingue par un souci de la forme que son aisance de dessinateur lui permet de créer et par des mises en page que lui suggèrent la pratique de la photographie et l'étude des estampes japonaises. Contrairement aux impressionnistes (avec lesquels il exposa en 1874), il est relativement indifférent à la peinture de paysage et trouve ses sujets dans la vie quotidienne (*Les Repasseuses*, vers 1884 ; *Femmes à leur toilette*, 1885-1894), le monde du cheval (*Avant le départ*, 1862), la danse (*Danseuse à la barre*, 1880). Il utilisa beaucoup le pastel auquel il mêlait crayon, peinture à l'essence, gouache. On lui doit également des portraits, dont celui de Manet (1864), et de nombreuses statuettes : danseuses, chevaux.
De Gasperi (Alcide) 1881-1954 Homme politique italien. Un des fondateurs du Parti populaire italien, de sensibilité démocrate-chrétienne, il est condamné à quatre ans de prison par Mussolini en 1927. Libéré après seize mois de détention sur intervention du pape Pie XI, il est employé ensuite à la bibliothèque Vaticane. Quand Rome est libérée par les Alliés, il est élu premier secrétaire du Parti démocrate chrétien et devient président du Conseil en décembre 1945. Il occupera ce poste, à la tête de diverses coalitions, jusqu'en 1953.
dégât n. m. Dommage, destruction. *Dégâts causés par un orage.* / Fig. *Limiter les dégâts* : préserver ce qui peut l'être.
dégauchir v. t. [2] Redresser (une pièce gauchie).
dégazage n. m. TECHN. Action de dégazer ; opération qui implique la libération de gaz contenus dans un matériau ou un matériel par modification environnementale. *Dégazage des cuves servant au stockage d'hydrocarbures.*
dégazement n. m. PHYS. Libération naturelle du gaz contenu dans un matériau par abaissement de la pression ou élévation de la température de son environnement.
dégazer v. t. [1] Éliminer les gaz de. *Dégazer une cuve.*
dégel n. m. Fonte de la glace ou de la neige due à l'élévation de la température. / *Barrière de dégel*, réglementant l'accès à une voie en cours de dégel. / Fig. Amélioration d'une situation, reprise d'une activité. *Dégel diplomatique.*
dégelée n. f. Pop. Volée de coups. *Il lui a filé une bonne dégelée.*
dégeler v. t. / v. i. [1] **A.** v. t. Faire fondre (ce qui était gelé). **B.** v. i. Cesser d'être gelé. *Une rivière qui dégèle.*
dégénératif adj. Qui se rapporte à la dégénérescence ; qui provoque la dégénérescence.
dégénéré, e adj. et n. Qui a dégénéré. *Une espèce dégénérée.* / Fam. *Un(e) dégénéré(e)* : celui, celle qui a perdu les qualités de son milieu, de sa classe sociale, ou, plus généralement, de tout être humain.
dégénérer v. i. [1] BIOL. Perdre ses qualités premières. *Race qui dégénère.* / En parlant d'un être humain, perdre de ses qualités premières, physiques, morales ou intellectuelles. / Évoluer défavorablement, vers le pire. *Tumeur qui dégénère. Bagarre qui dégénère en pugilat.*
dégénérescence n. f. Fait de dégénérer. / BIOL., MÉD. Disparition progressive des structures normales d'un tissu, d'un organe / MÉD. *Dégénérescence cellulaire*, terme ultime de la diminution des réactions métaboliques.

Période du ***dégel.***

Dans des conditions atmosphériques normales, l'azote bout à –195,8 °C (**degrés Celsius**).

dégermer v. t. [1] Ôter les germes de.
dégingandé, e adj. Fam. Dont l'allure se caractérise par une certaine brusquerie, gaucherie des mouvements. *On ne pouvait le voir sans rire: trop grand, tout maigre, dégingandé.*
dégivrage n. m. Action de dégivrer. *Dégivrage d'un congélateur.*
dégivrer v. t. [1] Ôter le givre de. *Dégivrer le pare-brise d'une automobile.* / Fam. *Dégivrer un réfrigérateur*, en laisser fondre la glace qui s'y est accumulée. (Emploi intransitif) *Les arbres dégivrent,* perdent leur givre. Ant. givrer.
déglaçage n. m. Action de déglacer.
déglacer v. t. [1] Ôter la glace de. *Déglacer une route verglacée.* / Rendre terne (une surface lustrée, un papier glacé). / CUIS. Dissoudre dans un liquide (les sucs caramélisés qui attachent au fond d'une casserole).
déglaciation n. f. Récession des glaciers. Ant. glaciation.
déglinguer v. t. [1] Pop. Démolir (qqch., qqn).
déglutination n. f. LING. Séparation des éléments d'un mot. *Par déglutination, « m'amie » devient « ma mie ».* Ant. agglutination.
déglutir v. t. [2] Faire passer (qqch.) de la bouche à l'estomac; avaler (qqch.).
déglutition n. f. Action de déglutir.
dégobiller v. t. et v. i. [1] Pop. Vomir.
dégoiser v. i. / v. t. [1] Fam., péjor. Parler abondamment. / v. t. *Dégoiser des bêtises.*
dégommer v. t. [1] Ôter la gomme de (qqch.). / Fig., fam. Atteindre (qqch.) avec un projectile; renvoyer (qqn). *Dégommer une cible. Il s'est fait dégommer par le nouveau PDG.*
dégonflé, e adj. et n. À plat. *Pneu dégonflé.* / Fig., fam. Qui se dégonfle. *C'est une fille dégonflée. Un dégonflé.*
dégonfler v. t. / v. i. / v. pron. [1] **A.** v. t. Vider, faire perdre son volume à (ce qui est gonflé). *Dégonfler une bouée. Dégonfler un abcès.* / Fig. Faire perdre de son importance à. *Dégonfler la rumeur. Dégonfler une réputation.* **B.** v. i. et pron. Se vider de ce qui gonfle; perdre de son volume. *Le ballon dégonfle, se dégonfle.* **C.** v. pron. Fig. et fam. Perdre son courage, sa détermination à faire qqch. *Se dégonfler au dernier moment.*
dégorgement n. m. Action de dégorger; fait de se dégorger.
dégorger v. t. [1] Évacuer (un liquide). *Une conduite crevée qui dégorge des eaux sales.* / TECHN. Débarrasser par lavage de ses impuretés. *Dégorger de la laine.* / CUIS. *Faire dégorger*: faire évacuer un liquide, une sécrétion à. *Faire dégorger des concombres. Faire dégorger des escargots.* (Emploi intransitif) Se déverser. *Réservoir qui dégorge dans un caniveau.*
dégoter ou **dégotter** v. t. [1] Trouver, obtenir (qqch.). *Dégoter une bonne place.*
dégouliner v. i. [1] S'écouler. *Eau qui dégouline dans une gouttière.*
dégoupiller v. t. [1] Enlever la goupille de. *Dégoupiller une grenade offensive.*
dégourdi, e adj. et n. Vif, futé, débrouillard. *Cet enfant est dégourdi.* / n. *C'est une dégourdie, celle-là!* / Tiédi. *Une eau dégourdie au soleil.*
dégourdir v. t. [2] Faire cesser l'engourdissement de. *Des athlètes qui dégourdissent leurs muscles.* / Chauffer très légèrement. *Dégourdir l'eau d'arrosage des plantes fragiles.*
dégoût n. m. Répugnance pour certains aliments. / Fig. Sentiment d'aversion, de mépris envers qqch. ou qqn. *Dégoût de soi.*
dégoûtant, e adj. Qui dégoûte. *Une chose dégoûtante.* / Fig. Vil, répugnant. *Un dégoûtant personnage.* (Subst.) *Vous n'êtes qu'un dégoûtant!*
dégoûter v. t. [1] Inspirer du dégoût à (qqn). *Dégoûter qqn de qqch.*, lui ôter le goût, l'envie de qqch.
De Graaf (Reinier) 1641-1673 Médecin et physiologiste hollandais qui étudia le premier le suc pancréatique et découvrit, dans l'ovaire, les follicules qui prirent son nom.
dégradant, e adj. Qui déshonore, avilit. *Une action dégradante.*
dégradation n. f. Sanction par laquelle un militaire est destitué de son grade. *Dégradation du capitaine Dreyfus.* / DR. *Dégradation civique*: privation infamante des droits politiques et civils. / Dégât causé à. *Dégradation d'un site, d'un édifice.* / Fig. Avilissement. / Détérioration. *La dégradation de leurs relations.* / PHYS. *Dégradation de l'énergie*: passage irréversible de l'énergie à des formes de moins en moins aptes à fournir du travail mécanique.
dégradé, e adj. et n. m. Dont on atténue progressivement la couleur, la lumière. *Un rose dégradé.* / n. m. Disposition dégradée d'une couleur, d'une valeur (en peinture, en photographie). *Un dégradé allant du bleu clair, presque jaune, au gris ardoise.* / TECHN. *Coupe (de cheveux) en dégradé*: coupe pratiquée de manière à conférer du volume à une mèche, à la coiffure tout entière en donnant des longueurs différentes et décroissantes aux cheveux.
dégrader [1] v. t. [1] Destituer (qqn) d'un grade. *Dégrader un officier.* / Détériorer (qqch.). *Dégrader un bâtiment.*
dégrader [2] v. t. [1] Diminuer graduellement (qqch.). *Dégrader la lumière, les couleurs.*
dégraissage n. m. Action de dégraisser. / Préparation des pièces de bois pour obtenir un bon assemblage. / Fig., fam. Licenciement, par une entreprise, d'une partie, jugée inutile, de son personnel.
dégraisser v. t. [1] **I.** Ôter la graisse de, un excès de graisse à. *Dégraisser une viande.* / Fig., fam. (Sans compl.) *Une entreprise qui dégraisse*, qui licencie une partie de son personnel. **II.** Nettoyer (qqch.) de la graisse qui l'enduit. *Dégraisser une vitre.* Ant. graisser.
degré n. m. Litt. Marche d'un escalier. / Niveau d'une progression; échelon d'une hiérarchie. *Par degré*: progressivement. *Juridiction du premier degré. Enseignement du premier degré*, primaire. / Fig. *Au premier degré*: littéralement. / Unité correspondant à chacune des divisions d'un système de mesure. / Unité correspondant à la 360ᵉ partie d'une circonférence (symbole: °). / Fig. *Virage à 180°*: revirement complet. / ANTHROP. Écart entre les générations d'une même famille ou entre des collatéraux par référence à un ancêtre commun. *Degré de parenté.* / GRAMM. *Degré de signification ou de comparaison d'un adjectif, d'un adverbe*: chacun des niveaux de qualité qu'il exprime (positif, comparatif, superlatif). / MATH. Dans un monôme, exposant de la puissance à laquelle est élevée la variable. / MUS. Chacun des sons de la gamme rapporté à la tonique. / PHYS. *Degré Celsius* (symbole: °C): unité de mesure de la température, égale à un centième de l'intervalle séparant la température de fusion de la glace (0 °C) et celle de l'ébullition de l'eau (100 °C). *Degré Fahrenheit* (symbole: °F) unité de mesure de la température utilisée par les Anglo-Saxons. (Les correspondances entre °C et °F s'établissent ainsi: $C = [10F - 320] : 18$; $F = 1{,}8C + 32$). *Degré Kelvin* (symbole: K), unité de mesure de la température du système international (la valeur d'un degré Kelvin est égale à celle d'un degré Celsius, mais le point d'origine des deux échelles diffère: 0 K = - 273,15 °C).
Degrelle (Léon) 1906-1994 Homme politique belge, fondateur du parti rexiste de tendance nazie (1935). Sous l'occupation allemande, il fonda la division SS « Wallonie » qui combattit sur le front de l'Est. À la libération, il s'enfuit en Espagne et fut condamné à mort par contumace.
dégressif, ive adj. Qui va en diminuant. *Impôt dégressif*, qui diminue dans la même proportion que les revenus.
dégressivité n. f. Caractère de ce qui est dégressif.
dégrèvement n. m. Action de dégrever; son résultat.
dégrever v. t. [1] Alléger la charge fiscale de (un contribuable); diminuer la fiscalité qui grève (une activité).
dégriffé, e adj. Se dit d'un vêtement ou d'un accessoire vendu sans sa griffe, à un prix inférieur.
dégringolade n. f. Fam. Action ou fait de dégringoler. / Fig. *La dégringolade des cours de la Bourse.*
dégringoler v. i. [1] Choir, tomber d'une position élevée. *Dégringoler d'un toit.* / Fig. Baisser rapidement. *Des prix qui dégringolent.* / (Emploi transitif) Descendre précipitamment. *Dégringoler un escalier.*
dégrippant n. m. Produit utilisé pour dégripper un mécanisme.
dégripper v. t. [1] Débloquer (un mécanisme grippé).
dégrisement n. m. Action de dégriser; fait d'être dégrisé. *Cellule de dégrisement.*
dégriser v. t. [1] Dissiper la griserie, l'ivresse de (qqn). *L'air frais l'a dégrisé.* Ant. griser. / Fig. Faire perdre ses illusions à. *Le retour à la réalité l'a dégrisé.*
dégrossir v. t. [2] Donner l'ébauche d'une forme à. *Dégrossir de la pierre.* / Fig. *Dégrossir un projet, une affaire. Dégrossir qqn*, lui donner des rudiments de connaissance.
dégrouiller (se) v. pron. [1] Fam. Se dépêcher.
dégroupement n. m. Action de dégrouper; son résultat.
dégrouper v. t. [1] Didac. Disperser (un ensemble de personnes ou de choses groupées) pour les répartir différemment.
déguenillé, e adj. Vêtu de guenilles. *Un vagabond déguenillé.*
déguerpir v. i. [2] DR. *Sommation à déguerpir*: injonction à quitter les lieux. / Cour. Partir précipitamment, fuir. *Déguerpir à la vue d'un képi.*
dégueulasse adj. Pop. Très sale, infect, ignoble, physiquement ou moralement. *Cette cuisine est dégueulasse. Ne mange pas ça, c'est dégueulasse. Ce que ce type a fait, c'est dégueulasse.*
dégueuler v. t. et v. i. [1] Vulg. Vomir.
déguisement n. m. Action de déguiser, de se déguiser. / Fig. Dissimulation. / Ce qui est utilisé afin de déguiser ou de se déguiser.
déguiser v. t. [1] Vêtir (qqn) d'un déguisement. / Transformer (qqch.) pour tromper. *Déguiser sa voix. Déguiser la vérité.* / v. pron. *Se déguiser en cow-boy.*
dégustateur, trice n. Personne qui fait métier de déguster (des boissons, notamment du vin, des produits alimentaires).

La Chambre à coucher, de **Pieter De Hooch**, 1658-1660, (National Gallery, Washington).

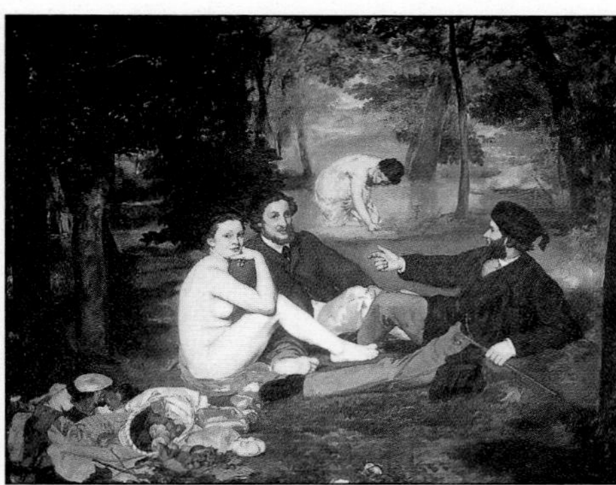
Le **Déjeuner** sur l'herbe, d'Édouard Manet, 1863 (Musée d'Orsay, Paris).

dégustation n. f. Action de déguster.
déguster v. t. [1] Goûter (un vin, un mets) pour apprécier, évaluer la qualité de. *Déguster un bordeaux.* / Par ext. Savourer pleinement. *Déguster son repas.* / (Emploi absol.) Pop. Recevoir des coups ; souffrir.
déhaler v. t. [1] MAR. Déplacer (un navire) au moyen de ses amarres.
déhanché, e adj. *Posture déhanchée*, qui fait porter le poids du corps sur une seule hanche (l'une des deux jambes légèrement fléchie). / VÉTÉR., MÉD. Qui a la hanche démise.
déhanchement n. m. Mouvement de qqn qui se déhanche. *Le déhanchement des danseuses orientales.*
déhancher (se) v. pron. [1] Balancer les hanches. *Marcher en se déhanchant.*
De Havilland (sir Geoffrey) 1882-1965 Ingénieur en aéronautique et industriel anglais. Précurseur dans le domaine du transport civil aérien, il fonda sa propre usine en 1920. En 1952, il construisit le premier avion à réaction commercial du monde, le Comet.
déhiscence n. f. BOT. Ouverture d'un organe végétal parvenu à maturité. Ant. indéhiscence.
déhiscent, e adj. BOT. Se dit des structures végétales qui peuvent s'ouvrir selon des lignes de moindre résistance (pour libérer des graines, du pollen, etc.). *La gousse est un fruit déhiscent.* Ant. Indéhiscent.
De Hooch ou **De Hoogh (Pieter)** 1629-1684 Peintre hollandais, auteur de scènes d'intérieur (*Le Cellier*).
dehors adv., prép. et n. m. **A.** adv. de lieu À l'extérieur. *Un temps à ne pas mettre le nez dehors.* / Fam. *Mettre qqn dehors*, le renvoyer, le chasser. / interj. *Dehors !* : sortez ! / *Mettre toutes voiles dehors* : en parlant d'un navire, déployer toute sa voilure. / Fig. *Toutes voiles dehors* : en parlant d'une personne, en mettant en œuvre toutes ses ressources. / loc. adv. *Au-dehors* : à l'extérieur. *De dehors* : de l'extérieur. *Par-dehors* : par l'extérieur. **B.** loc. prép. *En dehors de, au-dehors de* : à l'extérieur de. **C.** n. m. inv. Ce qui est à l'extérieur d'un lieu, d'un objet, par oppos. au *dedans*. / Fig. Apparence. *Il cache un cœur d'or sous des dehors froids.*
déicide n. et adj. RELIG. Meurtre de Dieu en la personne de Jésus. / n. et adj. Qui met à mort Dieu, un dieu ou la notion de dieu. *Des théories déicides.*
déification n. f. Action de déifier ; son résultat. *Déification des empereurs romains.* / Fig. Attribution d'un caractère sacré. *Déification de la richesse.*
déifier v. t. [1] Diviniser (qqn). *Déifier un monarque.* / Par ext. Vénérer (qqn, qqch.). *Déifier l'argent.*
Deimos Satellite naturel de Mars découvert en 1877 par l'astronome américain Asaph Hall. Il s'agit d'un bloc rocheux en rotation synchrone avec sa planète. De forme oblongue, recouvert de multiples traces de cratères anciens, il ressemble à un astéroïde qui aurait été capturé par la force de gravitation de Mars.
deinotherium Voir **dinothérium**
déisme n. m. Théorie qui admet l'existence de Dieu mais rejette les dogmes et les rites de la religion révélée.
déiste n. Adepte du déisme.
déité n. f. Litt. Divinité mythologique.
déjà adv. Au moment où l'on parle. *J'ai déjà déjeuné.* / Dès le moment auquel on se réfère. *Il était déjà malade quand il s'est installé ici.* / Antérieurement, auparavant. *Je lui avais déjà fait des remarques.* / loc. nominale Fam. *Du déjà(-)vu* : qqch. que l'on connaît de plus ou moins longue date, qui n'a rien d'original. / interj. (Marque la surprise devant un événement qui se produit plus tôt que prévu) *Déjà !*
Déjanire MYTH. GR. Épouse d'Héraclès. Elle causa sa mort en lui remettant la tunique empoisonnée donnée par le centaure Nessus et se tua de désespoir.
déjanter v. t. [1] *Déjanter une roue* : faire sortir le pneu de la jante.
déjauger v. i. [1] *Navire qui déjauge*, dont la ligne de flottaison est hors de l'eau.
déjection n. f. Évacuation des matières fécales de l'intestin. / Plur. Les matières évacuées. / GÉOL. Matières rejetées par un volcan. / GÉOMORPH. *Cône de déjection* : dépôt d'alluvions laissées par un cours d'eau (par un fleuve en débouchant dans l'océan, par un torrent en débouchant dans la vallée, etc.).
déjeté, e adj. Dévié, courbé, déformé. *Une planche déjetée. Depuis son accident, il est tout déjeté.* / GÉOL. Se dit d'un pli dont les flancs n'ont pas le même pendage.
déjeuner [1] v. i. [1] Prendre le petit déjeuner ou le déjeuner.
déjeuner [2] n. m. Repas pris à midi. *Le petit déjeuner*, pris le matin. / Les mets pris au cours de ces repas. / Par méton. Tasse et soucoupe utilisées au petit déjeuner. / Fig. *Déjeuner de soleil* : se dit d'un sentiment ou d'une chose éphémères.
déjouer v. t. [1] Empêcher la réussite de. *Déjouer un complot.*
déjuger (se) v. pron. [1] Revenir sur un jugement, une décision.
de jure loc. (mots latins) DR. De droit, par oppos. à *de facto.*
Dekkan Voir **Deccan**
De Klerk (Frederik Willem) 1936 Homme politique sud-africain. D'abord favorable à l'apartheid, il considère que ce régime ruine le pays et, en 1989, il succède à Botha à la tête de son parti et de l'État. Il entame un dialogue avec des leaders de l'A.N.C. et signe avec Nelson Mandela (qu'il fait libérer en 1990) un accord qui prévoit l'abandon progressif de l'apartheid moyennant l'abandon de la lutte armée par l'A.N.C. En 1993, il reçoit le prix Nobel de la paix avec Mandela. En mai 1994, Mandela, qui a remporté avec l'A.N.C. les premières élections libres, le choisit comme vice-président, mais De Klerk démissionne en 1996.

Combat du Giour et du Pacha, d'**Eugène Delacroix**, 1826 (The Art Institute of Chicago).

Women, de **Willem De Kooning**, 1950.

De Kooning (Willem) 1904-1997 Peintre américain d'origine néerlandaise, dont les recherches évoquent parfois l'*action painting.*
delà adv. et prép. (avec *deçà*) *Deçà delà* : de côté et d'autre, ici et là. / loc. adv. *Au-delà, par-delà* : davantage, plus loin. *Il a eu ce qu'il demandait, et au-delà. Il est allé jusqu'aux extrémités du désert, puis a poussé par-delà.* / prép. Vx De l'autre côté de. *Les troupes du roi donnèrent à M. le Prince le temps de se retirer delà les Pyrénées* (La Rochefoucauld). / loc. prép. *Par-delà* (ou *par delà*) : de l'autre côté de. / *Au-delà de* : plus loin que, en dépassant.
délabré, e adj. Très abîmé, en ruine. *Un bâtiment délabré.* / Fig. *Il est revenu délabré, au physique comme au moral.*
délabrement n. m. État de ce qui est délabré.
Delacroix (Eugène) 1798-1863 Peintre français. Ami de Géricault, il expose au Salon de 1822 un tableau dont les tons sombres et sourds évoquent la palette de ce dernier (*Dante et Virgile aux Enfers*). Ses œuvres (*Scènes des massacres de Scio*, 1824 ; *La Mort de Sardanapale*, 1828), à l'inspiration romantique et sensuelle, tragique et parfois violente, sont vivement attaquées. Il trouve souvent ses sujets dans l'actualité internationale (*La Grèce expirant sur les ruines de Missolonghi*, 1827) ou nationale (*La Liberté guidant le peuple*, 1831). En 1832, un voyage au Maroc et en Algérie affirme son goût de l'exotisme (*Femmes d'Alger dans leur appartement*, 1834) et du pittoresque, allié à la richesse de la couleur. À son retour, il exécute d'importantes commandes publiques : il décore le salon du roi au palais Bourbon (1832-1836), les bibliothèques de la Chambre et du Sénat (1836-1847), la galerie d'Apollon au Louvre (1849-1851), la chapelle des Saints-Anges à Saint-Sulpice (1849-1861), abordant la fresque avec une grande liberté d'expression et une exceptionnelle puissance d'évocation.
Delage (Louis) 1874-1947 Ingénieur et industriel français, un des pionniers de l'industrie automobile (Compagnie Delage, 1905), spécialiste de la voiture de luxe.
délai n. m. Temps accordé pour mener à bien une entreprise, pour réaliser un projet ou satisfaire un engagement. *Des délais trop courts.* / Sursis, prolongation de ce laps de temps. *Demander, accorder un délai.* / *Délai de carence* : période durant laquelle un salarié en arrêt maladie n'est pas indemnisé.

Jean Delannoy *et Gina Lollobrigida, sur le tournage de Vénus impériale (1962).*

délaissé, e adj. Dont on ne s'occupe pas, laissé sans secours, abandonné. *Une femme délaissée. Un projet délaissé.*
délaissement n. m. Action de délaisser ; fait d'être délaissé, isolement.
délaisser v. t. [1] S'occuper de moins en moins de, abandonner (qqn, qqch.). *Délaisser ses enfants. Délaisser son travail.*
Delalande (Michel Richard) 1657-1726 Compositeur français. Sous-maître de la chapelle de Versailles (1683), il devint, après la mort de Lully, le musicien préféré de Louis XIV. On lui doit des morceaux de musique religieuse, des motets, des *Symphonies pour les soupers du roi*, de la musique de ballets (*Les Fontaines de Versailles*).
Delambre (Jean-Baptiste) 1749-1822 Astronome français. Il établit les tables des satellites de Jupiter et celles de Saturne. Pour élaborer le système métrique, il mesura avec Méchain la portion d'un arc méridien (Dunkerque-Barcelone), de 1792 à 1798. On lui doit une importante *Histoire de l'astronomie* (1817-1827).
Delannoy (Jean) 1908 Cinéaste français d'inspiration littéraire : *L'Éternel Retour* (1943), écrit par Jean Cocteau, *La Symphonie pastorale* (1946), d'après la nouvelle de Gide, *Notre-Dame de Paris* (1956), d'après Victor Hugo, *La Princesse de Clèves* (1961), d'après Mme de La Fayette.
délassement n. m. Action de délasser ; fait de se délasser. / Ce qui délasse, distraction. *Délassement physique ou intellectuel.*
délasser v. t. [1] Faire reposer (ce qui est las). *Délasser son corps.* (Sans compl.) *Le sommeil délasse.* / v. pron. Se reposer. *Se délasser entre deux épreuves.* (Par ext.) Se distraire, s'amuser. *Recevoir des amis pour se délasser.*
délateur, trice n. Personne qui dénonce (qqn), par intérêt, vengeance, jalousie, etc.
délation n. f. Dénonciation inspirée par la haine ou l'espoir d'une récompense.
Delaunay (Robert) 1885-1941 Peintre français. Parti de la peinture figurative, intéressé par les recherches de néo-impressionnistes comme Seurat et par les théories de Chevreul sur le contraste simultané des couleurs (*La Tour Eiffel*, 1910), il en vient, sous l'influence conjuguée des fauves et des cubistes, à créer la composition et le mouvement par la couleur : *Une fenêtre* (1912), *Les Disques* (1914), *Rythmes sans fin* (1933-1934). Apollinaire a donné à son style rayonnant le nom d'orphisme. **Delaunay (**Sonia Terk, Mme Robert Delaunay, connue sous le nom de **Sonia)** 1885-1979 Peintre français d'origine russe. Installée à Paris en 1906, elle épouse Robert Delaunay en 1910 et peint des toiles lumineuses aux couleurs pures. Elle illustre le premier livre « simultané », *La Prose du Transsibérien et de la petite Jehanne de France*, de B. Cendrars (1913). Créatrice de tissus, elle impose ses motifs géométriques aux tons violemment contrastés que l'on retrouve dans des reliures et d'autres objets.
délavage n. m. TECHN. Action de délaver.
délavé, e adj. Imbibé d'eau. *Une prairie délavée. Un rose délavé*, délayé. / Dont la couleur est ou semble être affaiblie, éclaircie *Un vêtement délavé.*
délaver v. t. [1] Détremper (qqch.). *Délaver le sol.* / Délayer (une couleur) pour l'éclaircir. *Délaver le bleu d'un ciel.*
Delavigne (Casimir) 1793-1843 Écrivain français. D'abord poète (*Les Messéniennes*, 1819), il se tourne ensuite vers le théâtre (*Les Vêpres siciliennes*, 1819 ; *Le Paria*, 1821 ; *Marino Faliero*, 1829 ; *Louis XI*, 1832), drames historiques qui lui valurent le succès.
Delaware *406 km* Rivière des États-Unis qui arrose Philadelphie et débouche dans la baie de Delaware sur l'Atlantique.
Delaware *5 295 km² 731 600 h.* État du nord-est des États-Unis. Capitale *Dover*. Le climat tempéré humide favorise l'agriculture et l'élevage, notamment de volailles. Constitué en État dès 1776, le Delaware fut le premier État à ratifier la Constitution des États-Unis (1787).
délayage n. m. Action de délayer une substance. / Mélange ainsi obtenu. / Fig. Prolixité inutile ; texte ou discours inutilement long.
délayer v. t. [1] Détremper (une substance) dans un liquide. *Délayer une peinture.* / Fig. *Délayer sa pensée*, manquer de concision dans son énoncé.
Delbrück (Max) 1906-1981 Biochimiste américain d'origine allemande. Il a particulièrement étudié les bactéries et les bactériophages ; ses recherches ont largement contribué à la connaissance des virus.
Delcassé (Théophile) 1852-1923 Homme d'État français. Ministre des Affaires étrangères de 1898 à 1905, il resserra l'alliance franco-russe (1900) et réalisa l'Entente cordiale avec l'Angleterre (1904).
delco n. m. inv. (nom déposé) MÉCAN. Allumeur utilisant une bobine d'induction ; cette bobine elle-même.
deleatur ou **déléatur** n. m. (mot latin) TYPO. Signe utilisé pour demander, sur une épreuve d'imprimerie, la suppression d'un caractère, d'un mot, d'un passage.
délébile adj. Rare Qui peut être effacé, qui peut s'effacer. *Encre délébile.*

Benjamin Delessert.

délectable adj. Savoureux, délicieux. *Un dîner délectable. Une histoire délectable.*
délectation n. f. Litt. Plaisir que l'on savoure intensément.
délecter (se) v. pron. [1] Savourer (un plaisir, un mets). *Je me suis délectée de ce foie gras.*
délégataire n. DR. Personne à qui l'on délègue qqch.
délégation n. f. Action de déléguer. / Mandat permettant à une personne ou une instance d'agir au nom d'une autre. *Délégation de pouvoirs.* / Document faisant état de ce mandat. / Groupe de personnes ou organisme mandaté par une collectivité ou une instance. *Négocier avec une délégation de grévistes. Délégation interministérielle.*
délégué, e n. et adj. Personne qui a reçu un mandat pour représenter les intérêts d'une personne ou d'un groupe, et le cas échéant agir en son nom. *Délégué du personnel.* / adj. *Ministre délégué chargé de la santé.*
déléguer v. t. [1] Donner pouvoir à, charger (qqn) d'agir en son nom. *Déléguer des représentants à une assemblée.* / Confier (un pouvoir). *Déléguer sa signature à un tiers.*
Delessert (Benjamin) 1773-1847 Financier, industriel et philanthrope français. Banquier, il s'intéressa à l'industrie textile et à l'industrie sucrière (il fut le pionnier de l'utilisation de la betterave). Régent de la Banque de France, il fonda la Société d'encouragement pour l'industrie et conçut la première caisse d'épargne (1818).

Delhi *: la mosquée de Jami Masjid (XVIIe siècle).*

délestage n. m. Action de délester. Ant. lestage. / Fig. *Itinéraire de délestage*, visant à détourner la circulation d'une voie.
délester v. t. [1] Décharger (qqch.) de son lest. *Délester un navire.* Ant. lester.
Delestraint (Charles Antoine) 1879-1945 Général français. Résistant, chef de l'armée secrète, il fut arrêté en 1943 et mourut dans le camp de Dachau.
délétère adj. Toxique. *Gaz, émanations délétères.* / Fig. et litt. Propre à corrompre moralement. *Influences délétères.*
Deleuze (Gilles) 1925-1995 Philosophe français. Son œuvre (souvent écrite en collaboration avec Félix Guattari : *Qu'est-ce que la philosophie ?*, 1962) se fonde sur une contestation radicale de toute institution et de toute mise en système, y compris les systématisations psychanalytiques (*L'Anti-Œdipe*, 1972) et/ou révolutionnaires, au nom du désir (l'homme est une *machine désirante*) et de la folie (la série de ses essais porte le titre de *Capitalisme et Schizophrénie*). On lui doit des études sur le cinéma (*Cinéma*, 1982-1985), Spinoza, Foucault, Leibniz (*Le Pli : Leibniz et le baroque*, 1988) et Francis Bacon.
Delft *91 013 h.* Ville des Pays-Bas dont les faïenceries (bleu de Delft), très actives aux XVIIe et XVIIIe siècles, furent relancées au XIXe siècle en raison de la concurrence anglaise. Ses canaux, ses maisons anciennes font de Delft une ville-musée dont Vermeer peignit une *Vue* (vers 1658).
Delhi *7 206 704 h.* Capitale de l'Inde, arrosée par un affluent du Gange, la Yamuna. Autrefois résidence du Grand Moghol, Delhi compte de nombreux monuments (colonne de Fer, IVe siècle ; mosquées de Jami Masjid et de la Perle, XVIIe siècle). Delhi est devenue la capitale de l'Inde anglaise en 1912, puis capitale fédérale de l'Inde. Le district fédéral (1 484 km²), situé au sud de la vieille ville et totalement urbanisé, fut construit par les Britanniques au début du XXe siècle dans un style néo-classique.
délibération n. f. Action de délibérer. / Discussion orale en vue d'une décision. / (Au plur.) *Les délibérations d'un jury, d'un comité.* / Examen d'un problème, réflexion précédant la décision.
délibéré, e adj. et n. m. Qui a été mûrement réfléchi, décidé en connaissance de cause. *De propos délibéré* : volontairement. / n. m. Délibération précédant la sentence.
délibérément adv. Sans hésitation ; après avoir délibéré, réfléchi.
délibérer v. i. [1] Mettre une question en délibération. / Réfléchir longuement avant de prendre une décision.
Delibes (Léo) 1836-1891 Compositeur français. Une œuvre lyrique abondante (*Lakmé*, 1883) et quatre ballets, notamment *Coppélia* (1870) et *Sylvia* (1876), dont les partitions sont des classiques de la danse, illustrent l'inspiration d'un musicien aimable.
délicat, e adj. **I.** (En parlant de sensations) Raffiné, délicieux, subtil. *Une saveur délicate.* / (En parlant du siège de la sensation) Subtil. *Un palais délicat.* / (En parlant de choses) Minutieux, précis. *Un travail délicat.* / Par ext. *Une situation délicate*, qui demande de l'adresse, du tact. / (En parlant d'un organisme) Fragile. *Une plante délicate.* **II.** (En parlant de personnes) Attentif, scrupuleux, respectueux. *Un ami délicat.* (Par ext.) Qui dénote de la délicatesse. *Comportement délicat.* Ant. indélicat. / Péjor. Trop raffiné, trop

Cantoria, de **Luca Della Robbia**, 1431-1438 (musée de l'Œuvre du Dôme, Florence).

fragile. *Comme vous êtes délicat !* (Subst.) *Faire le délicat, la délicate.*

délicatement adv. De manière délicate.

délicatesse n. f. **I.** (En parlant de choses) Raffinement de ce qui est agréable aux sens. *La délicatesse des mets.* / Finesse, fragilité. *La délicatesse d'un tissu.* **II.** (En parlant de personnes) Sensibilité, tact, prévenance envers autrui. *Délicatesse de manières.* Ant. indélicatesse. / Fig. *Être en délicatesse avec qqn* : entretenir avec lui des relations compliquées, conflictuelles.

délice n. m. Très grand plaisir. / Ce qui ravit les sens ou l'esprit. / (Au fém. plur.) Litt. *Des délices inconnues. Faire ses délices de qqch.*, en être ravi.

délicieusement adv. De manière délicieuse.

délicieux, euse adj. De la nature du délice, extrêmement agréable. *Une saveur délicieuse.* / *Une personne délicieuse,* très agréable par son raffinement.

délictuel, elle adj. DR. Qui concerne un fait illicite dommageable pour autrui. *Faute délictuelle.*

délictueux, euse adj. DR. Qui a le caractère d'un délit. *Les actes délictueux tombent sous le coup du droit pénal.*

délié, e adj. et n. m. Mince, gracieux. *Taille déliée.* / Qui dénote la souplesse, l'agilité. / Fig. *Un esprit délié*, subtil. / n. m. Partie fine d'une lettre, par oppos. au *plein.*

délier v. t. [1] Défaire (un lien). *Délier un lacet.* Ant. lier. / Détacher (ce qui est lié). *Délier un prisonnier.* Loc. fig. *Délier la langue à qqn*, le faire parler. / Fig. *Délier de* : dégager (qqn) de. *Délier qqn d'un serment.*

Deligny (Fernand) 1913-1996 Pédagogue français. Il se consacra à l'éducation des enfants malades mentaux et à la réinsertion des jeunes délinquants, à partir d'une pédagogie fondée sur la mise de l'enfant en situation directe et le rejet des normes institutionnelles.

Delille (abbé Jacques) 1738-1813 Poète français, auteur de nombreuses traductions en vers de Virgile et de Milton, mais aussi de poésies originales (*Les Jardins*, 1782).

délimitation n. f. Action de délimiter ; son résultat.

délimité, e adj. Dont les limites sont, ont été établies, fixées. *Un territoire mal délimité.* / Fig. *Un problème bien, mal délimité*, bien, mal déterminé.

délimiter v. t. [1] Déterminer les limites de. *Délimiter un territoire.*

délinquance n. f. État d'une personne délinquante. / Fait de se rendre coupable de délits, le plus souvent de façon répétée. *Tomber dans la délinquance.* / Ensemble des infractions, crimes et délits commis dans un espace social déterminé. *Délinquance juvénile. Délinquance informatique.*

délinquant, e n. et adj. Personne qui a commis un délit, qui commet régulièrement des délits. / Adj. *L'adolescence délinquante.*

déliquescence n. f. Propriété d'une substance déliquescente. / Fig. Décomposition, ruine. *Un État, une entreprise en complète déliquescence.*

déliquescent, e adj. Susceptible de passer à l'état liquide par absorption de l'humidité de l'air. / BIOL. Qui se liquéfie à maturation. *Lamelles déliquescentes de certains champignons.* / Fig. En pleine décomposition. *Mœurs déliquescentes.*

délirant, e adj. Qui relève, ou semble relever, du délire. *Des paroles délirantes.* / Fig. Excessif, extravagant. *Une aventure délirante. Une coiffure délirante. C'est délirant !*

délire n. m. PSYCHIATR. Désordre aigu mais temporaire des facultés mentales, provoqué par la fièvre ou l'ivresse, exprimé par une fabulation du malade autour d'un thème central. *Délire de persécution, de jalousie.* / Fig. Surexcitation, passion. *Jouer devant un public en délire.* / Fig. et fam. Absurdité, extravagance.

délirer v. i. [1] Être en proie au délire.

delirium tremens n. m. (mots latins) MÉD. Délire alcoolique aigu, caractérisé notamment pas des tremblements, des hallucinations, une déshydratation grave.

délit [1] n. m. CONSTR. *Poser une pierre en délit*, perpendiculairement à celui du lit de carrière. / GÉOL. Fissure parallèle au plan de stratification d'une roche ou d'un terrain.

délit [2] n. m. DR. Infraction à la loi entraînant un préjudice pour autrui. / DR. PÉNAL Infraction punie d'une peine correctionnelle (par oppos. à *crime*, à *contravention*). *Le corps du délit* : le fait matériel qui l'établit. / *Flagrant délit*, constaté au moment où il est commis. / Fig. *Prendre qqn en délit*, en faute.

déliter v. t. / v. pron. [1] **A.** Poser (une pierre) en délit, perpendiculairement au sens du litage. / Débiter (une pierre) dans le sens du litage. **B.** v. pron. (En parlant de roche) Se fragmenter en couches parallèles au plan de litage. / (En parlant de la chaux) Se désagréger dans l'eau.

délitescence n. f. Fait de se déliter. / MÉD. Disparition subite d'une éruption ou d'une tumeur sans qu'elle réapparaisse à un autre endroit.

Alain Delon.

Restes d'un temple aux colonnes doriques sur le tholos d'Athéna, à **Delphes**.

Delius (Frederick) 1862-1934 Compositeur britannique d'origine allemande. Installé en France, il donna une œuvre multiforme : opéras (*Roméro et Juliette au village*, 1900-1901), symphonies (*Dans un jardin d'été*, 1908), musique pour chœurs, musique de chambre.

délivrance n. f. Action de délivrer, de libérer ou de soulager. *Sentiment de délivrance* : de soulagement. / MÉD. Expulsion du placenta, à la fin de l'accouchement.

délivrer v. t. [1] Tirer (qqn) de la captivité. *Délivrer un prisonnier.* / Fig. *Délivrer qqn de* : libérer qqn de (un mal, une dépendance).

Dell'Abate (Nicolo) v. 1509-1571 Peintre italien qui, dans la ligne du Parmesan, apporte un art plein de charme et de délicatesse à l'école de Fontainebleau.

Della Robbia Famille de sculpteurs florentins. **Luca** v. 1400-1482 Sculpteur sur marbre, il est l'auteur de la *cantoria* (tribune des chantres) de la cathédrale de Florence et l'inventeur (vers 1440) de la technique des terres cuites polychromes et vernissées. **Andrea** 1435-1525 Neveu du précédent, il reprit l'atelier de Luca et décora de nombreux monuments dans toute l'Italie (hôpital des Innocents à Florence, Sainte-Marie des Anges à Assise, Sainte-Claire à Borgo San Sepolcro…). **Giovanni** 1469-1529 Fils du précédent, il infléchit le style paternel dans un sens plus pictural. **Girolamo** 1488-1566 Frère du précédent. Après avoir collaboré avec son père et son frère, il s'installa en France où il travailla notamment à la décoration du château de Fontainebleau.

Delluc (Louis) 1890-1924 Cinéaste français (*Fièvre*, 1922 ; *La Femme de nulle part*, 1924) dont le livre *Cinéma et Cie* (1919) créa la critique cinématographique. En sa mémoire, le *prix Louis-Delluc* récompense chaque année depuis 1936 un film français.

délocalisation n. f. Action de délocaliser. *Délocalisation de la branche textile.*

délocaliser v. t. [1]. Changer la localisation de. *Délocaliser la production d'une entreprise.*

déloger v. i. / v. t. [1] v. i. Vx Quitter son logement. / v. t. Faire quitter son logement à (qqn), expulser (qqn) ; chasser. *Déloger un locataire indélicat. Déloger les assiégeants.*

Delon (Alain) 1935 Acteur français. D'abord « jeune premier » conventionnel (*Sois belle et tais-toi*, 1958), il tourna sous la direction de Visconti (*Rocco et ses frères*, 1960 et *Le Guépard*, 1962), de Melville (*Le Samouraï*, 1968), de Losey (*Monsieur Klein*, 1976), puis se spécialisa dans des films d'action grand public, dont il tourna certains en tant que réalisateur.

Deloncle (Eugène) 1890-1944 Homme politique français, fondateur du CSAR (Comité secret d'action révolutionnaire, la « Cagoule »), puis du Mouvement social révolutionnaire, fascisant. Il fut assassiné avec son fils par la Gestapo, pour des raisons non clairement élucidées.

Delorme ou **De L'Orme (Philibert)** 1510 ?-v. 1570 Architecte français. Après un séjour en Italie, il travaille d'abord à Lyon (hôtel Bullioud, 1536). Henri II le charge (1547) de l'inspection des bâtiments royaux et de travaux de fortification. Il s'inspire des modèles italiens pour le tombeau de François Ier à Saint-Denis et travaille à Fontainebleau, Chenonceau, Villers-Cotterêts. Le château et la chapelle d'Anet (1548-1555), édifiés pour Diane de Poitiers, illustrent son talent. Il connaît la disgrâce à la mort du roi, mais Catherine de Médicis lui confie la construction des Tuileries (1564-1567) dont ne fut édifié que le corps central.

Delors (Jacques) 1925 Homme politique français. Membre du cabinet de Chaban-Delmas (1969-1972) ministre socialiste de l'Économie et des Finances (1981-1984), il a présidé la Commission européenne de 1985 à 1995.

Délos Îlot grec des Cyclades situé entre Mykonos et Syros, aujourd'hui désert. Lié à Athènes jusqu'en 315 av. J.-C., il devient le centre commercial de toute la mer Égée. De 478 à 454 av. J.-C., son temple d'Apollon conserve le trésor de la Confédération athénienne, dite aussi Ligue de Délos. Le déclin de Délos s'amorce à partir de 88 av. J.-C. lors de sa conquête par Mithridate, qui la pille, et se continue avec les exactions des pirates qui la ruinent en 69. Les travaux de l'École française d'Athènes, entrepris sur le site dès 1873, ont mis au jour un ensemble archéologique d'une extrême importance dont le musée expose des pièces (sculptures, bas-reliefs, vases).

déloyal, ale, aux adj. Qui n'a pas de loyauté ; qui dénote un manque de loyauté. *Un individu déloyal. Une concurrence déloyale.* Ant. loyal.

déloyauté n. f. Caractère déloyal (de qqn, qqch.) ; trahison. Ant. loyauté.

Delphes Ville sacrée de la Grèce ancienne, en Phocide. La pythie y rendait des oracles dans le temple d'Apollon et des jeux Pythiques avaient lieu tous les quatre ans. Bientôt le rayonnement de Delphes se fit sentir sur toute la Grèce, l'oracle étant

Le ***delta*** *du fleuve Canning, en Alaska.*

souvent consulté à des fins politiques. La venue des Perses, la rivalité des grands États et de nombreux tremblements de terre portèrent préjudice à la ville qui fut plus tard pillée par Sylla, Néron et les empereurs chrétiens. Le site, fouillé par l'École française d'Athènes à partir de 1892, demeure impressionnant : temples d'Apollon et d'Athéna, théâtre, stade, trésors de plusieurs cités (le *Trésor des Athéniens* est particulièrement bien conservé), tholos, portiques, fontaine de Casalie, etc. L'*Aurige* (470 av. J.-C.), conducteur d'un char en bronze, est la pièce la plus connue du musée qui renferme de très nombreuses autres œuvres : sculptures, masques, céramiques, fragments de monuments, pièces épigraphiques.

delphinidés n. m. pl. ZOOL. Famille de cétacés odontocètes de petite ou moyenne taille (2 à 10 m de long), souvent munis d'un bec à nombreuses dents, comprenant les dauphins, les orques, les marsouins, le narval, etc.

delphinium n. m. BOT. Plante herbacée de la famille des renonculacées, dont les fleurs, disposées en grappes, sont prolongées par un éperon. *Certaines espèces de delphinium, comme le pied-d'alouette sont cultivées pour leurs qualités ornementales.*

Delsarte (Jean) 1903-1968 Mathématicien français, un des fondateurs du groupe Bourbaki.

delta n. m. Quatrième lettre de l'alphabet grec (d, D). / GÉOL. Terrain en forme de triangle, constitué par l'accumulation d'alluvions entre les bouches d'un fleuve. / AÉRON. *Aile delta* : aile d'avion dessinant un triangle isocèle.

Delta (plan) Ensemble des travaux entrepris aux Pays-Bas à partir de 1938 pour relier par des digues les îles de la Hollande méridionale et de la Zélande, puis procéder à l'assèchement des territoires conquis sur la mer.

deltaplane n. m. Planeur très léger constitué d'une toile tendue sur une armature en forme de triangle.

Delteil (Joseph) 1894-1978 Écrivain français. Fils de bûcheron, installé à Paris, il obtient le prix Femina en 1925 avec *Jeanne d'Arc*, dont s'inspirera Dreyer pour son film. En 1930 il quitte la capitale pour les environs de Montpellier où il devient vigneron ; il n'écrira que quatre livres en quarante ans (*Jésus II*, 1947 ; *François d'Assise*, 1960 ; *La Delteillerie*, 1968, « livre de sagesse » d'un écrivain qui apprécie la vie rustique et modeste qu'il a menée ; *Le Sacré Corps*, 1976). Son style très personnel, à la fois truculent et raffiné, fait appel au patois et aux expressions du terroir pour traduire la fascination de l'auteur pour les grands initiés transformés par l'amour et les rapports très personnels qu'il entretient avec le christianisme et la personne du Christ.

deltoïde adj. et n. m. ANAT. Se dit du muscle de l'épaule reliant l'humérus à la clavicule et à l'omoplate. *Muscle deltoïde* ou (n. m.) *deltoïde* : muscle abducteur du bras.

déluge n. m. MYTH. et RELIG. Inondation de la terre entière due à une pluie cataclysmique. *Selon le récit biblique (Genèse), le Déluge, provoqué par Dieu en châtiment de la méchanceté des hommes, dura quarante jours ; n'en réchappèrent que Noé, sa famille et les couples d'animaux qu'il avait emmenés dans son arche.* / Fig. *Remonter au déluge*, à un passé presque oublié. / Pluie torrentielle. / Fig. *Un déluge d'injures.*

déluré, e adj. À l'esprit vif, dégourdi. *Des gamins délurés.* / Péjor. D'une hardiesse proche de l'inconvenance. *Une fille délurée.*

Delvaux (Paul) 1897-1994 Peintre belge. D'abord influencé par les surréalistes, il produit une œuvre originale, essentiellement faite de toiles mettant en scène dans des décors oniriques pleins d'ombres et de ruines des nus féminins immobiles, comme somnambules, au dessin minutieux et aux couleurs sourdes, souvent tristes. On lui doit aussi des décorations murales, des dessins et des aquarelles, baignés par la même atmosphère de rêve et de mystère.

Delvaux (André) 1926-2002 Cinéaste belge (*Un soir un train*, 1968 ; *Benvenuta*, 1983 ; *Babel Opéra*, 1985).

Demachy (Robert) 1859-1936 Photographe français pour qui la photographie n'est pas faite pour reproduire la réalité, mais se rapproche de la peinture : l'art étant entièrement subjectif, il implique l'intervention de l'homme.

démagnétiser v. t. [1] PHYS., TECHN. Éliminer le magnétisme de.

démagogie n. f. Politique, procédé d'un démagogue.

démagogique adj. Qui relève de la démagogie. *Un discours démagogique.*

démagogue n. et adj. Personne qui flatte l'opinion populaire. / adj. *Un orateur démagogue.*

démaigrissement n. m. TECHNOL. Amincissement d'un objet. *Le démaigrissement d'une pierre.* / La partie enlevée d'une pierre ou d'une pièce de bois. / GÉOL. Sur une plage, disparition de sable emporté par les courants marins.

demain adv. et n. Le jour qui suit le jour où l'on est. *Nous nous verrons demain.* / Dans un avenir proche. *C'est pour demain.* / n. m. *Demain est un autre jour.*

demande n. f. Démarche par laquelle on exprime à quelqu'un ce qu'on attend de lui, soit oralement, soit par écrit. / Demande pressante. *Faire une demande en mariage.* / ÉCON. Quantité de biens, de produits ou de services que les consommateurs sont disposés à acheter. *Loi de l'offre et de la demande.* / DR. Acte qui introduit une action en justice. *Demande en dommages et intérêts.*

demander v. t. [1] Exprimer, formuler (une demande, un souhait). *Demander une faveur.* / Réclamer, exiger. *Demander le non-lieu. Demander le silence.* / Nécessiter, requérir. *Son état demande des soins.* / Interroger, questionner qqn sur. *Demander son chemin.* / v. pron. S'interroger ; être dans le doute. *Je me demande si j'ai eu raison.*

demandeur, euse [1] n. et adj. Celui, celle qui demande qqch. *Demandeur d'asile. Demandeur d'emploi.* / adj. *Elle est très demandeuse de preuves d'attention.*

demandeur, eresse [2] n. DR. Partie qui intente une action en justice.

démangeaison n. f. Sensation de picotement de la peau incitant à se gratter. / Fig. Envie irrépressible.

Demangeon (Albert) 1872-1940 Géographe français, spécialiste de géographie humaine et d'économie.

La Grande Avenue, de ***Paul Delvaux*** *(1964).*

démanger v. t [1] Causer une démangeaison à. *Sa plaie le (ou lui) démange.* / Fig., fam. Provoquer une forte envie chez (qqn). *La curiosité le démange.* (Emploi impers.) *Il me démange de le savoir*, j'en ai très envie.

démantèlement n. m. Action de démanteler. *Démantèlement d'un réseau d'espionnage.*

démanteler v. t. [1] Démolir (une construction, une structure). *Démanteler une fortification. Démanteler une organisation.*

démantibuler v. t. [1] Fam. Disloquer (qqch.).

démaquillage n. m. Action de démaquiller, de se démaquiller. *Lotion de démaquillage.* Ant. maquillage.

démaquillant, e adj. et n. m. Se dit d'un produit utilisé pour le démaquillage. *Crème démaquillante. Un flacon de démaquillant.*

démaquiller v. t. [1] Ôter son maquillage à. *Démaquiller qqn, ses yeux.* Ant. maquiller. / v. pron. *Se démaquiller.*

démarcage Voir **démarquage**

démarcation n. f. Délimitation, séparation de deux territoires, de deux entités. / Ce qui sépare deux choses, deux domaines. / Frontière. *Ligne de démarcation.* / HIST. *Ligne de démarcation*, qui séparait en France, de 1940 à 1942, la zone occupée par l'armée allemande et la zone non occupée.

démarchage n. m. Mode de vente qui consiste à solliciter le client à domicile:

démarche n. f. Façon de marcher. *Une démarche en canard.* / Fig. Cheminement intellectuel. *Une démarche philosophique originale.* / Initiative, requête qui vise à faire avancer un projet. *Faire des démarches auprès de l'Administration.*

démarcher v. t. [1] Visiter (qqn) à domicile dans le but de lui vendre qqch.

démarcheur, euse n. Personne qui démarche, dont le métier est de démarcher.

démarquage ou **démarcage** n. m. Action de démarquer. Ant. marquage. / Plagiat, copie d'une œuvre. / SPORT Action de démarquer un joueur.

démarque n. f. Baisse du prix d'une marchandise afin d'en faciliter la vente. / JEU Opération consistant à soustraire de la marque du perdant un nombre de points égal à celui des points obtenus par le gagnant.

démarquer v. t. [1] Enlever la marque de. *Démarquer une marchandise. Démarquer un texte*, le copier en le modifiant légèrement. / SPORT Libérer (un coéquipier) du marquage adverse.

démarrage n. m. Action de démarrer ; mise en marche d'un véhicule ou d'un moteur. / Fig. Début d'une entreprise, d'une caution.

démarrer v. t. / v. i. [1] **A.** v. t. MAR. Larguer les amarres de. *Démarrer un navire.* **B.** v. i. Se mettre en mouvement, en marche. *La voiture démarra en trombe. Faire démarrer le moteur.* / Fig. et fam. Commencer à réussir. *L'affaire démarre doucement.*

démarreur n. m. Appareil, dispositif permettant de faire démarrer un moteur.

démasquer v. t. [1] Ôter son masque à. / Fig. Révéler la vérité à propos de. *Démasquer un usurpateur.* Ant. masquer. / v. pron. Fig. Révéler ses intentions. *Un mystificateur qui se démasque.*

démâtage n. m. Action de démâter ; résultat de cette action.

démâter v. t. / v. i. [1] Ôter sa mâture à. *Démâter un navire.* Ant. mâter. / v. i. Perdre un mât.

Statue de **Déméter**, déesse grecque, fille de Cronos et de Rhéa.

dématérialisation n. f. Action de dématérialiser ; fait de devenir immatériel. *La dématérialisation de la production à l'ère de la communication.* Ant. matérialisation. / PHYS. Transformation en photons d'une particule et de son antiparticule qui, alors, s'annulent.
dématérialiser v. t. [1] Rendre immatériel (qqch.). Ant. matérialiser. / PHYS. NUCL. Procéder à la dématérialisation de.
démêlant, e adj. et n. m. Se dit d'un produit appliqué sur les cheveux pour les démêler. *Lotion démêlante. Employer un démêlant.*
démêlé n. m. Querelle, contestation. (Souvent au plur.) *Avoir un démêlé avec son voisin. Avoir eu des démêlés avec la justice*, avoir encouru ses foudres.
démêler v. t. [1] Défaire, séparer (ce qui est emmêlé). *Démêler les cheveux.* / Fig. *Démêler une intrigue. Démêler le vrai du faux.*
démêloir n. m. Peigne à grosses dents, pour démêler les cheveux.
démembrement n. m. Action de démembrer ; résultat de cette action. / Morcellement d'une terre, d'une propriété.
démembrer v. t. [1] Séparer du tronc les membres de. *Démembrer une volaille.* / Fig. Séparer, morceler (un tout). *Démembrer une exploitation agricole.*
déménagement n. m. Action de déménager, de changer de lieu d'habitation.
déménager v. t. / v. i. [1] **A.** v. t. Transporter (des objets, des meubles) d'un lieu, d'un logement vers un autre. / Vider (une pièce, un meuble). **B.** v. i. Changer de logement. / Fig. et fam. Déraisonner.
déménageur n. m. Personne, entreprise spécialiste des déménagements.
démence n. f. PSYCHIATR. Diminution irréversible des facultés. / DR. Aliénation mentale qui entraîne l'irresponsabilité si l'infraction a été commise dans cet état d'aliénation. / Folie. / Fig. Comportement insensé, extravagance.
démener (se) v. pron. [1] S'agiter vigoureusement. *Cheval captif qui se démène dans tous les sens.* / Fig. Se donner de la peine. *Se démener pour atteindre son but.*
dément, e adj. et n. PSYCHOPATHOL. Atteint de démence. *Il est complètement dément.* (Subst.) *C'est l'œuvre d'un(e) dément(e).* / Cour. Qui n'est pas raisonnable, contraire au bon sens. *Tu n'y arriveras jamais, c'est un projet dément.* / Fam. Formidable, sensationnel, enthousiasmant. *On a passé des vacances démentes ! C'était super, génial, dément !*
démenti n. m. Énoncé, écrit ou acte qui contredit une affirmation. *Opposer un démenti formel à une allégation.*
démentiel, elle adj. Qui relève de la démence, propre aux déments. *Un comportement démentiel.* / Fam. Excessif, fou. *Des conditions de travail démentielles.*
démentir v. t. [3] Contredire les affirmations de (qqn). / Contester la véracité, l'exactitude de. *Démentir une information.* / Infirmer. *Les faits démentent les prévisions.* / v. pron. *Ne pas se démentir* : ne pas changer, ne pas faiblir. *Ses progrès ne se démentent pas.*
démerder (se) v. pron. [1] Fam. Se débrouiller.
démériter v. i. [1] Agir de telle sorte qu'on ne mérite plus la confiance des tiers.
démesure n. f. Exagération dans le comportement ou les sentiments.
démesuré, e adj. Qui excède la mesure ordinaire. / Fig. Qui présente un caractère excessif. *Un pouvoir démesuré.*
démesurément adv. De manière démesurée.
Déméter MYTH. GR. Fille de Cronos et de Rhéa, une des trois divinités agraires de la triade d'Éleusis avec Perséphone et Triptolème.
Démétrios de Phalère 345 ?-283 av. J.-C. Orateur grec qui gouverna Athènes de 317 à 307 av. J.-C. pour le compte du roi de Macédoine Cassandre.
Démétrios Ier Poliorcète (*« Preneur de ville »*) 336-282 av. J.-C. Roi de Macédoine (306-287), fils d'Antigonos Monophthalmos, qui régnait sur l'Asie. Il chassa d'Athènes Démétrios de Phalère (307) et vainquit Cassandre en 306, mais ce dernier et les autres généraux d'Alexandre remportèrent la victoire d'Ipsos (301) lors de laquelle Antigonos fut tué. La mort de Cassandre permit à Démétrios de reconquérir une partie de la Grèce, mais il fut définitivement vaincu en 285 et mourut prisonnier.
démettre [1] v. t. [3] Luxer (un membre). *Démettre un bras.* / v. pron. *Se démettre l'épaule.*
démettre [2] v. t. [3] Révoquer, destituer (qqn). *Démettre un magistrat.* / v. pron. Démissionner.
demeurant (au) loc. adv. Au reste ; d'ailleurs.
demeure n. f. Endroit où l'on réside, où l'on séjourne. / Fig. et litt. *L'ultime demeure* : le tombeau. / *Mise en demeure d'un débiteur* : commandement. / Fig. *Mettre qqn en demeure de faire qqch.* : lui ordonner de s'exécuter sans délai.
demeuré, e adj. et n. Attardé mentalement, simple d'esprit ; d'une intelligence limitée, de peu de vivacité d'esprit. *Il est un peu demeuré.* / n. *C'est une demeurée.*
demeurer v. i. [1] Rester un temps en un lieu. *Je ne puis demeurer ici plus longtemps.* / Rester, persister (dans un état, une situation). *Demeurer ferme.* / Avoir sa demeure, habiter.
demi, ie adj., n. et adv. **A.** adj. (inv. devant un nom, construit avec un trait d'union) Valant moitié de. *Une demi-caisse.* / (variable en genre) *Et demi* (après un nom, toujours au sing.) : plus une moitié. *Lever à 6 heures et demie.* **B.** n. La moitié d'une unité. *Je n'en veux qu'un(e) demi(e).* / SPORT Joueur qui fait la liaison entre les arrières et les avants au foot-

Cecil B. De Mille.

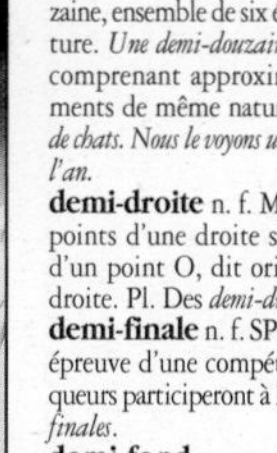

ball et au rugby. / n. m. Verre de bière dont la contenance, jadis d'un demi-litre, est aujourd'hui d'un quart de litre. **C.** adv. *À demi* : à moitié. *Des assiettes à demi vides.* / (Devant un adj. et construit avec un trait d'union) À moitié. *Des haricots demi-fins.*
demi-brigade n. f. HIST. Régiment réorganisé sous la Révolution française de manière à mêler les vétérans et les nouvelles recrues. / Unité placée sous les ordres d'un colonel, formée de deux ou trois bataillons. Pl. Des *demi-brigades*.
demi-cercle n. m. Moitié d'un cercle limitée diamétralement. Pl. Des *demi-cercles*.
demi-clef n. f. MAR. Nœud que fait un cordage replié sur lui-même.
demi-deuil n. m. Période où le deuil est moins strict. *S'habiller en demi-deuil*, en associant au noir du blanc, du gris ou du mauve. / CUIS. *Poularde demi-deuil*, blanchie après qu'on ait introduit sous sa peau des truffes (noires).
demi-dieu n. m. MYTH. Être issu de l'union d'une mortelle et d'un dieu, ou de l'union d'un mortel et d'une déesse ; héros divinisé pour ses exploits. Pl. Des *demi-dieux*.

Tenue de **déminage**.

demi-douzaine n. f. Moitié d'une douzaine, ensemble de six éléments de même nature. *Une demi-douzaine d'œufs.* / Ensemble comprenant approximativement six éléments de même nature. *Une demi-douzaine de chats. Nous le voyons une demi-douzaine de fois l'an.*
demi-droite n. f. MATH. Ensemble des points d'une droite situés du même côté d'un point O, dit origine de cette demi-droite. Pl. Des *demi-droites*.
demi-finale n. f. SPORT Avant-dernière épreuve d'une compétition, dont les vainqueurs participeront à la finale. Pl. Des *demi-finales*.
demi-fond n. m. inv. En athlétisme, course de moyenne distance (de 800 à 3 000 m). / Course cycliste sur 100 km.
demi-frère n. m. Frère par l'un des deux parents seulement. Pl. Des *demi-frères*.
demi-gros n. m. inv. *Commerce de demi-gros*, ou *demi-gros* : intermédiaire entre le commerce de détail et le commerce de gros.
demi-heure n. f. Moitié d'une heure, soit trente minutes. Pl. Des *demi-heures*.
demi-journée n. f. Moitié d'une journée. *Ce sera fait en une demi-journée de travail.* Pl. Des *demi-journées*.
démilitarisation n. f. Action de démilitariser ; résultat de cette action. *La démilitarisation de la rive gauche du Rhin stipulée par le traité de Versailles.* Ant. militarisation.
démilitariser v. t. [1] Supprimer toute installation, empêcher toute activité militaire dans. *Démilitariser un pays.* Ant. militariser.
demi-litre n. m. MÉTROL. Moitié d'un litre. Pl. Des *demi-litres*.
De Mille (Cecil Blount) 1881-1959 Metteur en scène américain connu pour l'imagerie grandiose de ses superproductions : *Les Dix Commandements* (1923 et 1956) *Samson et Dalila* (1949).
demi-lune n. f. Ouvrage extérieur de fortification en forme de demi-cercle. / Espace en forme de demi-cercle. / *En demi-lune* : qui présente une forme semi-circulaire. *Commode en demi-lune.* Pl. Des *demi-lunes*.
demi-mal n. m. sing. Mal, dommage moins grave que ce qui était à craindre. *Il n'y a que demi-mal.*
demi-mesure n. f. Moitié d'une mesure. *Une demi-mesure de semences.* / Action insuffisante, mesure de compromis. Pl. Des *demi-mesures*.
demi-mondaine n. f. Vieilli Femme de petite vertu, appartenant au demi-monde ; courtisane. *Cléo de Mérode était une demi-mondaine.*
demi-monde n. m. Vieilli Milieu social composé de femmes de mœurs faciles, de courtisanes et de leur entourage.
demi-mot (à) loc. adv. Par allusion, à mots couverts. *Parler à demi-mot.*
déminage n. m. Action de déminer ; résultat de cette action. Ant. minage. / MILIT. Opération qui consiste à détecter, à extraire et enfin à désamorcer les engins explosifs dissimulés dans le sol ou sous l'eau.
déminer v. t. [1] Retirer une mine, les mines de (un lieu miné). *Déminer une plage.* Ant. miner.
déminéralisation n. f. Action de déminéraliser. *Déminéralisation d'une eau.* Ant. minéralisation. / MÉD. Appauvrissement de l'organisme en substances minérales qui ne sont plus fixées par les tissus dégénérescents.

D

Démocrite.

déminéraliser v. t. [1] Ôter ses substances minérales à. *Déminéraliser une eau.* Ant. minéraliser. / v. pron. MÉD. Être atteint de déminéralisation.

démineur n. m. Spécialiste du déminage.

demi-pause n. f. MUS. Silence équivalant à une blanche, signalé sur les partitions par un petit trait horizontal placé sur la troisième ligne de la portée. / Ce signe. Pl. Des *demi-pauses*.

demi-pension n. f. Régime d'un élève qui prend dans son établissement scolaire uniquement le repas de midi. / Dans un hôtel, pension ne comportant qu'un repas. Pl. Des *demi-pensions*.

demi-place n. f. Billet de transport ou de spectacle que l'on acquiert, sous certaines conditions, à la moitié de son prix. Pl. Des *demi-places*.

demi-plan n. m. MATH. Ensemble des points situés du même côté d'une droite, dite frontière, divisant le plan en deux portions. Pl. Des *demi-plans*.

demi-queue adj. et n. m. inv. MUS. Se dit d'un modèle de piano intermédiaire entre le piano droit et le piano à queue.

Demirel (Süleyman) 1924 Homme politique turc. Chef du Parti de la justice, il fut Premier ministre de 1965 à 1971, de 1975 à 1978, en 1979-1980 (renversé par les militaires et emprisonné), de 1991 à 1993. Il a été président de la République de 1993 à 2000.

demi-saison n. f. Le printemps ou l'automne. *Vêtement de demi-saison*, que l'on porte au printemps ou à l'automne. Pl. Des *demi-saisons*.

demi-sang n. m. inv. ÉQUIT. Cheval issu de la reproduction d'un étalon pur-sang avec une jument d'une autre race.

demi-sel adj. inv. et n. m. Qui est légèrement salé. *Beurre breton demi-sel.* / adj. et n. m. Fromage blanc frais, légèrement salé. / n. m. Péjor. Homme qui prétend à tort appartenir au milieu; voyou de petite envergure. Pl. Des *demi-sels*.

demi-sœur n. f. Sœur par l'un des parents seulement. Pl. Des *demi-sœurs*.

demi-solde n. f. et m. Vx Solde réduite versée à un militaire qui n'est pas ou plus en activité. Pl. Des *demi-soldes*. / n. m. inv. Militaire qui ne perçoit qu'une demi-solde; en particulier, officier en disponibilité, sous la Restauration.

demi-sommeil n. m. État intermédiaire entre la veille et le sommeil. *Vision entraperçue dans un demi-sommeil.* Pl. Des *demi-sommeils*.

demi-soupir n. m. Silence d'une durée égale à la moitié d'un soupir, équivalant à une croche, noté par un signe placé sur la troisième ligne de la portée. / Ce signe. Pl. Des *demi-soupirs*.

démission n. f. Action ou fait de démissionner. *Donner sa démission.*

démissionnaire n. Qui a donné sa démission. (Spécial.) Qui se dérobe, tend à fuir ses responsabilités.

démissionner v. i. [1] Donner sa démission. / Fig. Renoncer, s'avouer vaincu. *Parents qui démissionnent.* / (Emploi transitif) Fam. *Démissionner qqn*, l'obliger à donner sa démission.

demi-tarif n. m. et adj. inv. Tarif réduit de moitié. Pl. Des *demi-tarifs*. / adj. inv. *Tickets demi-tarifs*, valant la moitié du prix normal.

demi-teinte n. f. Teinte qu'on ne peut dire ni claire ni foncée. *Peindre en demi-teintes.* / Fig. Caractère modéré, nuancé d'une représentation, d'une conception, d'un comportement. *Un portrait, des opinions en demi-teintes.* Pl. Des *demi-teintes*.

demi-ton n. m. MUS. Intervalle équivalant à un douzième d'octave. *Un demi-ton est dit « diatonique » quand on passe d'une note à une autre (de si à do) et « chromatique » quand on passe du premier au second ton de la même note (de sol à sol dièse); l'altération qui abaisse la note d'un demi-ton est le bémol tandis que celle qui la hausse est le dièse.* Pl. Des *demi-tons*.

demi-tour n. m. Mouvement qui consiste à pivoter en faisant la moitié d'un tour. *Faire faire un demi-tour à un cheval.* / *Faire demi-tour*: repartir dans la direction opposée. Pl. Des *demi-tours*.

demi-vie n. f. PHYS. Période d'une substance radioactive, durée au terme de laquelle s'est effectuée la désintégration spontanée de la moitié de ses noyaux radioactifs. Pl. Des *demi-vies*.

démiurge n. m. PHILO. Le dieu artisan, principe organisateur du cosmos, « père et fabricant de ce tout qu'est l'univers », tel que Platon le définit dans le *Timée*. / Fig. Personne qui crée un tout organisé, assure son existence.

démobilisation n. f. Action de démobiliser; fait d'être démobilisé. Ant. mobilisation.

démobiliser v. t. [1] Faire cesser la mobilisation de. *Démobiliser des réservistes.* Ant. mobiliser.

démocrate adj. et n. POLIT. Partisan de la démocratie. Subst. *Un(e) démocrate convaincu.* / Qui est partisan ou membre du Parti démocrate, aux États-Unis.

Démocrate (Parti) L'un des deux grands partis des États-Unis. Né dans les années 1830, il s'opposa au Parti républicain qui, dans les années 1850, s'était constitué sur le thème de l'anti-esclavagisme et qui triompha avec l'élection de Lincoln en 1860. Depuis, le Parti démocrate, tout en conservant son électorat dans le sud, a pris des positions moins conservatrices que les républicains. Devenu réformateur, il a accédé au pouvoir avec Wilson, Roosevelt, Truman, Kennedy, Johnson, Carter, Clinton.

démocrate-chrétien, enne adj. et n. POLIT. De la Démocratie chrétienne; qui concerne cette doctrine ou une des formations politiques s'en réclamant. *Le parti démocrate-chrétien de Bavière. Un démocrate-chrétien.* Pl. Des *démocrates-chrétiens*.

démocratie n. f. Régime politique fondé sur la souveraineté du peuple, l'ensemble des citoyens. / État dont les institutions ont pour vocation d'assurer la souveraineté du peuple. / HIST. *Démocraties populaires*: États organisés, après 1945, sur le modèle soviétique, ainsi nommés pour se démarquer de la démocratie parlementaire, « bourgeoise ». / POLIT. *Démocratie chrétienne*: courant politique héritier du catholicisme social. u La démocratie chrétienne désire unir les idéaux du christianisme et ceux de la démocratie moderne. Après la Première Guerre mondiale, le Vatican favorisa l'émergence de partis répondant à cet idéal: en Italie le Parti populaire italien créé par don Sturzo en 1919, en Allemagne, le Zentrum, en Belgique le Parti catholique, formations politiques qui jouèrent un grand rôle en Europe avec les chrétiens-sociaux d'Autriche, les catholiques-populistes tchécoslovaques, le parti catholique des Pays-Bas. Le Parti populaire de don Sturzo, qui avait à sa tête depuis 1921 A. De Gasperi, devint en 1944 le Parti démocrate-chrétien; celui-ci gouverna l'Italie jusqu'en 1994. En Allemagne, le Parti chrétien démocrate gouverne en alternance avec le Parti social-démocrate. En France, le Mouvement républicain populaire (MRP) dirigea (ou participa à) plusieurs gouvernements sous la IVe République.

démocratique adj. De la démocratie. *Régime démocratique.*

démocratiquement adv. Selon les principes de la démocratie.

démocratiser v. t. [1] Rendre démocratique le fonctionnement institutionnel de. *Démocratiser un pays.* / Par ext. Mettre (qqch.) à la portée de tous. *Démocratiser le tourisme.*

Démocrite 460?-370? av. J.-C. Philosophe grec. On ne sait à peu près rien de sa vie; sa doctrine explique les diverses formes de l'Être par la combinaison de particules insécables: les atomes éternels qui se meuvent dans le vide.

démodé, e adj. Passé de mode; désuet.

démographe n. Spécialiste de la démographie.

démographie n. f. Étude scientifique des populations, de leur évolution quantitative ou qualitative (par ex. selon le sexe, l'âge) et de leurs mouvements. / État d'une population, du point de vue quantitatif. *Une démographie galopante*, caractérisée par un fort taux de natalité.

démographique adj. Relatif à la démographie.

demoiselle n. f. Jeune fille; femme célibataire. / *Demoiselle d'honneur*: jeune fille autrefois attachée au service d'une souveraine; jeune fille qui accompagne la mariée lors des noces. / TECHN. Outil utilisé pour tasser le sol, en particulier pour le pavage. Syn. dame.

Demoiselles d'Avignon (les) 1907 Peinture de Picasso qui, âgé de 26 ans, rompit avec sa manière antérieure. Ce tableau de grand format (aujourd'hui au musée d'art moderne de New York) représente des prostituées de la *calle de Aviñon* (rue d'Avignon) dans le vieux quartier (Barrio Gótico) de Barcelone. Elles apparaissent comme une synthèse des *Baigneuses* de Cézanne et de statues africaines. On notera que l'année 1907 marque la fin du fauvisme, inspiré lui aussi par Cézanne, né en 1901 et auquel Picasso ne participa pas. Avec l'ex-fauve Braque, Picasso fondera cette même année 1907 le cubisme, que *Les Demoiselles* préfigurent.

démolir v. t. [2] Détruire (ce qui avait été construit). *Démolir une maison, une rue.* / Fam. Détériorer, saccager. *Démolir sa voiture contre un mur.* / Par ext. Faire tomber sous les coups. *Démolir son adversaire.* / Fig. Mettre à mal la santé morale ou physique de (qqn). *La fièvre l'a démoli.* / Ruiner la réputation de (qqn); détruire par la critique. *Démolir un roman.*

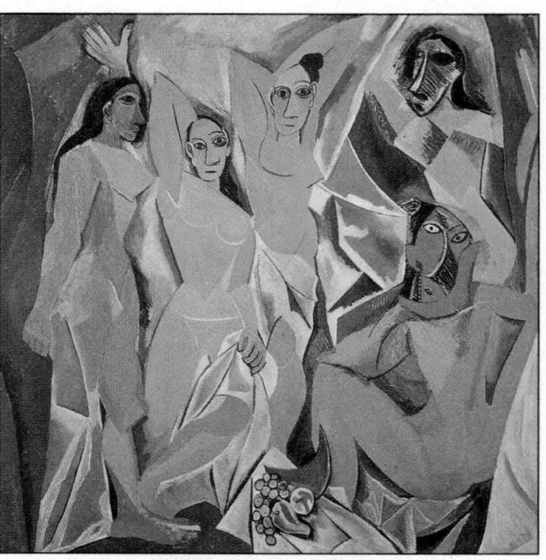

Les Demoiselles d'Avignon, *de Pablo Picasso, 1907 (Musée d'Art Moderne, New York).*

***Démonstration** d'adresse de gauchos, lors d'un festival traditionnel dans la région de la Pampa.*

démolisseur, euse n. Personne qui démolit, dont la fonction est de démolir.

démolition n. f. Action de démolir. / (Au plur.) Gravats, restes d'un bâtiment démoli.

démon n. m. MYTH. Esprit, bon ou mauvais, doté d'une connaissance supérieure à celle des hommes, et qui dirige leurs actes. *Le démon (ou daïmon) de Socrate. Le démon de Laplace*: génie imaginé par le physicien, qui, connaissant à un moment donné l'état exact de l'Univers, pourrait prédire son évolution. / RELIG. Pour les chrétiens, les musulmans, les juifs et les gnostiques, ange déchu, qui s'est rebellé contre Dieu. *Le démon*: le diable, appelé Satan, Belzébuth ou Lucifer, le prince des anges rebelles. / Fig. Personne qui semble incarner la méchanceté et la ruse; enfant désobéissant, espiègle. *Un petit démon.* / Fig. Tentation, passion irrépressible. *Le démon du jeu. Le démon de midi*: recrudescence du désir sexuel ou affectif, qui affecte certains hommes mûrs.

démonétisation n. f. Action de démonétiser; son résultat.

démonétiser v. t. [1] Ôter sa valeur légale à (une monnaie).

démoniaque adj. Du démon. *Pouvoir démoniaque.* / Qui semble inspiré par le démon, le diable. *Cruauté démoniaque.*

démonologie n. f. Ensemble des études et des croyances relatives aux démons, à leur nature et à leur influence.

démonstratif, ive adj. et n. m. Qui démontre, qui a valeur de démonstration. / Fig. Qui exprime avec force des sentiments. *Une attitude, une personne exubérante et démonstrative.* / adj. et n. m. GRAMM. *Pronoms, adjectifs démonstratifs*, qui servent à désigner qqn ou qqch. par référence au contexte. *« Celle-ci » est un pronom démonstratif.* / n. m. *Un démonstratif.*

démonstration n. f. MATH. et PHILO. Opération discursive par laquelle on déduit la vérité d'une proposition à partir de principes tenus pour vrais. (La *démonstration mathématique*, qui s'appuie sur des postulats, des axiomes et des définitions et se fonde sur le raisonnement. La *théorie de la démonstration*, introduite par David Hilbert, est la branche de la logique qui étudie et formalise mathématiquement les démonstrations mathématiques). / Preuve, argument. *La démonstration d'une thèse.* / MILIT. Manœuvre de dissuasion ou de protestation. *Démonstration de force.* / Fig. Manifestation extérieure. *Démonstration de joie.* / COMM. Opération qui consiste à expliquer le fonctionnement d'un appareil, à montrer l'usage d'un produit.

démontable adj. Que l'on peut démonter.

démontage n. m. Action de démonter; résultat de cette action. Ant. montage.

démonté, e adj. *Mer démontée*, violemment agitée.

démonte-pneu n. m. Outil servant à démonter un pneu. Pl. Des *démonte-pneus*.

démonter v. t. [1] **I.** Jeter (son cavalier) à terre. / Fig. Jeter (qqn) dans la confusion. / v. pron. Perdre son sang-froid, son audace. **II.** Effectuer la séparation de (ce qui était assemblé). *Démonter une horloge, une roue.* Ant. monter.

démontrer v. t. [1] Faire la démonstration de. *Démontrer un théorème.* / Par ext. Révéler, être la marque de. *Ses efforts démontrent sa bonne volonté.*

démoralisant, e adj. Qui démoralise. *Des prévisions démoralisantes.*

démoralisation n. f. Action de démoraliser; état d'une personne démoralisée, découragée.

démoraliser v. t. [1] Litt. Faire perdre le sens moral à. / Ôter son moral, son courage à. *Ses échecs récents l'ont démoralisé.*

démordre v. i. [3] (Emploi négatif). *Démordre de*: renoncer à. *Il ne démord pas de sa première idée.*

De Morgan (Augustus) 1806-1871 Mathématicien et logicien anglais. Il contribua à fonder la logique mathématique.

Démosthène 384-322 av. J.-C. Orateur et homme politique athénien. Il se fit logographe, c'est-à-dire auteur de discours. Du haut de la Pnyx, lieu de réunion de l'Assemblée d'Athènes situé sur la colline, il défendit la cause sacrée de sa patrie menacée par l'ambition de Philippe de Macédoine. Ses discours, les *Philippiques* (dont il prononça la première en 350 av. J.-C.), invitaient à la vigilance et à la lutte contre le roi barbare qu'ils accablaient d'une colère enflammée. Les efforts du patriote-orateur furent ruinés par l'indolence des Athéniens et leur défaite finale à Chéronée (338) où ils perdirent leur indépendance. Compromis (à tort ou à raison) dans un scandale financier, exilé, puis solennellement rappelé après la mort d'Alexandre (323), il assista à l'effondrement d'Athènes, fut condamné à mort par les partisans d'Antipatros et se réfugia dans l'île de Calaurie (aujourd'hui Poros, sur la côte de l'Argolide) où il s'empoisonna.

démotique adj. et n. m. Se dit de la langue en usage en Égypte à partir du XIIIᵉ siècle avant notre ère et de son écriture. *L'écriture démotique, cursive, est une simplification de l'écriture hiératique.* / *Grec démotique* ou (n. m.) *le démotique*: le grec communément parlé; le grec moderne.

démotivation n. f. Action de démotiver; son résultat. Ant. motivation. / LING. État d'un mot démotivé.

démotivé, e adj. Qui a perdu sa motivation. *Un candidat démotivé.* / LING. Dérivé d'un mot, d'une locution dont le sens n'est plus compris. *Mot démotivé.*

démotiver v. t. [1] Faire perdre sa motivation à. Ant. motiver.

démouler v. t. [1] Ôter (qqch.) d'un moule. *Démouler un gâteau.* Ant. mouler.

démoustiquer v. t. [1] Débarrasser de ses moustiques (un lieu quelconque).

***Catherine Deneuve** dans Les Demoiselles de Rochefort de **Jacques Demy**.*

Dempsey (William Harrison, dit **Jack)** 1895-1983 Boxeur américain, champion du monde toutes catégories en 1919, vainqueur du Français G. Carpentier en 1921. Il perdit son titre en 1926.

démultiplicateur n. m. MÉCAN. Système de transmission qui permet de réduire la vitesse tout en augmentant la force.

démultiplication n. f. Action de démultiplier; son résultat.

démultiplier v. t. [1] Réduire (la vitesse transmise à un moteur tout en amplifiant sa force). *Démultiplier le mouvement d'un arbre à cames.*

démuni, e adj. et n. Se dit d'une personne dont les moyens économiques sont insuffisants, voire inexistants.

démunir v. t. [2] Dépouiller (de qqch. de nécessaire, d'utile). *La vague de chaleur nous a démunis de tout notre stock de bière.*

démutisation n. f. Processus par lequel un sourd-muet apprend à maîtriser ses productions vocales.

Demy (Jacques) 1931-1990 Cinéaste français. Il réalisa des comédies musicales: *Les Parapluies de Cherbourg* (1964), *Les Demoiselles de Rochefort* (1966), *Peau d'âne* (1970), ces trois films avec C. Deneuve; *Une chambre en ville* (1982). Il est en France l'unique représentant du genre.

démystification n. f. Action de démystifier; son résultat. Ant. mystification.

démystifier v. t. [1] Révéler la vérité à (qqn qui a été mystifié). *Démystifier des dupes.*

démythification n. f. Action de démythifier; son résultat.

démythifier v. t. [1] Ôter tout caractère mythique à. *Démythifier un personnage, un récit.*

Denain *19 544 h.* Port fluvial du Nord, sur l'Escaut. En juillet 1712, Villars vainquit le prince Eugène (qui combattait au service de l'Autriche), ce qui sauva la France.

dénatalité n. f. Diminution du nombre des naissances dans un lieu donné.

dénationalisation n. f. Action de dénationaliser; son résultat. Ant. nationalisation.

dénationaliser v. t. [1] Vieilli Priver (qqch., qqn) de son caractère national. / Mod. Privatiser (un secteur économique nationalisé). *Dénationaliser les transports ferroviaires.*

dénaturation n. f. Action de dénaturer; son résultat.

dénaturé, e adj. *Alcool dénaturé*, rendu impropre à la consommation. / *Père, mère dénaturés*, qui ont perdu leur affection naturelle pour leur(s) enfant(s).

dénaturer v. t. [1] Modifier la nature de. *Dénaturer une substance en la mélangeant avec une autre. Dénaturer le goût d'un aliment*, lui faire perdre son goût naturel. / Fig. *Dénaturer la pensée de qqn.* / TECHN. Modifier les qualités de (une substance). *Dénaturer de l'alcool*, le rendre impropre à la consommation.

dénazification n. f. Action de dénazifier; résultat de cette action.

dénazifier v. t. [1] Débarrasser du nazisme, des nazis (un pays, une organisation).

dendrite n. f. GÉOL. Ensemble de petits cristaux arborescents de métaux ou d'oxydes métalliques que l'on trouve à la surface de certaines roches. / ANAT. Prolongement court et ramifié du cytoplasme de la cellule nerveuse.

dendrochronologie n. f. Didac. Méthode de datation d'événements passés ou de changements climatiques qui s'appuie sur l'étude des anneaux de croissance des troncs d'arbre.

dénégation n. f. Action de dénier. / DR. Refus de reconnaître un fait, un droit. / PSYCHAN. Processus par lequel on exprime un désir en niant qu'on l'éprouve.

déneigement n. m. Action de déneiger; son résultat. Ant. enneigement.

déneiger v. t. [1] Débarrasser (un lieu) de la neige qui l'encombre. *Déneiger les routes.*

Deneuve (Catherine Dorléac, dite **Catherine)** 1943 Actrice de cinéma française qui a toujours choisi avec soin ses metteurs en scène: Demy (*Les Parapluies de Cherbourg*, 1964), Buñuel (*Belle de jour*, 1967; *Tristana*, 1970), Truffaut (*Le Dernier Métro*, 1980), Téchiné (*Les Voleurs*, 1996).

Deng Xiaoping ou **Teng Siao-p'ing** 1904-1997 Homme politique chinois. Membre du parti communiste dès 1924, il devient en 1954 secrétaire général du Comité central du Parti, Premier ministre par intérim en 1964, remplaçant Zhou Enlai lorsque ce dernier est absent de Chine. En 1966, au début de la révolution culturelle, on l'accuse de déviationnisme, il fait son autocritique et est soumis à rééducation.

***Deng Xiaoping**.*

Rétabli dans ses fonctions en 1973, vice-Premier ministre, il assure l'intérim pendant la maladie de Zhou Enlai. De nouveau écarté pendant la période houleuse qui suit la mort de Mao Zedong (1976), il redevient (1977) membre du comité permanent du bureau politique. Sans autre titre, il est le maître de la Chine. Conservant au régime son caractère autoritaire, comme en témoigne la répression des manifestations de 1989 (massacre des étudiants de la place Tianan men), il ouvre son pays au Japon et à l'Occident (États-Unis, surtout) et développe un capitalisme d'État d'une formidable efficacité, sortant du Moyen Âge des régions entières de la Chine et accroissant fortement les inégalités sociales. Ses successeurs ont poursuivi sa politique.

dengue n. f. MÉD. Maladie virale des régions tropicales qui se manifeste par un état fébrile accompagné de douleurs, de l'asthénie et des éruptions cutanées.

déni n. m. Action de refuser un droit, de se soustraire à ses obligations. / *Déni de justice*: refus par un juge d'assumer ses fonctions ou de statuer dans une affaire; au fig. refus de rendre justice à qqn. / PSYCHAN. Refus de reconnaître une réalité perçue comme traumatisante.

déniaiser v. t. [1] Rendre (qqn) moins niais; en matière sexuelle notam., lui faire perdre sa virginité.

dénicher v. i. / v. t. [1] **A.** v. i. Abandonner son nid. **B.** v. t. *Dénicher des oiseaux,* les ôter du nid; les chasser. / Fig. Découvrir, trouver (qqch., qqn de rare). *Dénicher une édition originale chez un bouquiniste. Dénicher un spécialiste de numismatique.*

dénicotiniseur n. m. Filtre permettant de réduire la quantité de nicotine absorbée par un fumeur.

denier n. m. Ancienne monnaie romaine en argent. / Ancienne monnaie française en cuivre. / *Denier du culte*: participation des catholiques à l'entretien de leur clergé.

dénier v. t. [1] Refuser de reconnaître (qqch.). *Dénier toute responsabilité dans un accident. Dénier à qqn un droit.*

dénigrement n. m. Action de dénigrer.

dénigrer v. t. [1] Chercher à discréditer (qqn). *Dénigrer un collègue.*

Denikine (Anton Ivanovitch) 1872-1947 Général russe. À la tête d'une armée de Russes et d'Ukrainiens « blancs », il porte des coups terribles au pouvoir soviétique de 1918 à 1920, mais les « blancs » sont en proie à la division: si Denikine est plutôt démocrate (il avait été proche du parti Cadet), Wrangel se bat pour une restauration pure et simple. En 1920, Denikine démissionne, remplacé par Wrangel, et s'exile en France, puis aux États-Unis.

denim n. m. (mot anglo-américain) Tissu sergé utilisé pour la confection des jeans.

Denis ou **Denys** (saint) Premier évêque de Paris et apôtre des Gaules, décapité au IIIe siècle. Sur le lieu de son supplice (Saint-Denis aujourd'hui) Dagobert fit construire en 625 un monastère.

Denis (Maurice) 1870-1943 Peintre, décorateur, graveur et écrivain français. Théoricien du groupe des nabis, il a peint des tableaux à l'atmosphère intimiste, avant de subir en Italie l'influence des nazaréens et de s'orienter vers la peinture religieuse. Il a tenté de la renouveler par ses propres créations et en contribuant à la fondation des Ateliers d'art sacré. Il a décoré de nombreux monuments (plafonds du Sénat et du théâtre des Champs-Élysées). Ses thèses sur l'art sont exposées dans *Théories* (1912) et *Nouvelles Théories sur l'art moderne et sur l'art sacré* (1922).

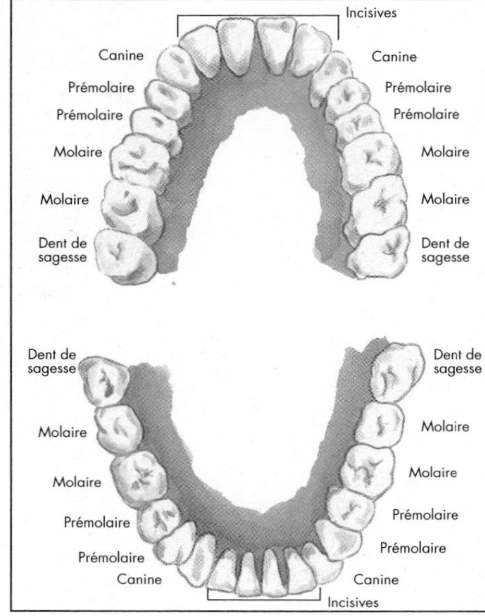

*Les **dents** de l'homme : schéma des mâchoires supérieure et inférieure.*

Denis le Libéral 1261-1325 Roi de Portugal en 1279, il développa l'agriculture et l'industrie, fonda l'université de Coimbra, protégea les écrivains et les artistes et restaura l'ordre des Templiers sous le nom d'ordre du Christ.

dénitrification n. f. Action de dénitrifier. / Décomposition des nitrates d'un sol ou d'une eau entraînée par l'action des bactéries. Ant. nitrification.

dénitrifier v. t. [1] Ôter l'azote, un composé azotique de.

dénivelée n. f. ou **dénivelé** n. m. Différence de niveau entre deux points. *Sur ce kilomètre de route, le dénivelé est de 61 mètres.*

dénivellation n. f. ou **dénivellement** n. m. Action de déniveler; son résultat. / Dénivelée.

Dennery ou **d'Ennery (Adolphe Philippe,** dit**)** 1811-1899 Dramaturge français, auteur de mélodrames (*Les Deux Orphelines*, 1874), d'adaptations théâtrales, de livrets d'opéra (*Le Cid*, pour Massenet, 1885). Collectionneur, il a légué à l'État sa maison et sa collection d'art asiatique (musée Dennery, à Paris).

dénombrement n. m. Action de dénombrer; son résultat.

dénombrer v. t. [1] Compter, recenser le nombre de. *Dénombrer les blessés.*

dénominateur n. m. MATH. Celui des deux nombres d'une fraction qui indique en combien de parties égales on partage une grandeur. *Le dénominateur est placé sous le numérateur.* / Fig. *Dénominateur commun*: point commun, caractéristique partagée par plusieurs personnes ou choses.

dénomination n. f. Désignation par un nom. / Ce nom.

dénommer v. t. / v. pron. [1] Nommer. *Un dénommé Martin veut vous parler.* / v. pron. *Il se dénomme Dupont*: il s'appelle, se nomme Dupont.

Denon (Dominique Vivant, baron**)** 1747-1825 Graveur, administrateur et écrivain français. Après avoir effectué pour Louis XVI diverses missions diplomatiques et traversé la Révolution sous la protection de David, il participa à l'expédition d'Égypte et fit le relevé de nombreux monuments, publiant ses gravures sous le titre *Voyage dans la haute et la basse Égypte* (1802). Nommé directeur général des musées, il est le véritable fondateur du musée du Louvre dont il enrichit les collections des œuvres d'art pillées au cours des campagnes napoléoniennes. Il est l'auteur d'une nouvelle, *Point de lendemain* (1777), bref texte tendre et libertin.

dénoncer v. t. [1] Signaler officiellement ou publiquement comme coupable, comme condamnable. *Dénoncer son complice. Dénoncer un abus.* / Signifier la fin de (un accord). *Dénoncer un contrat.*

dénonciateur, trice n. et adj. Personne qui dénonce qqn ou qqch. / adj. *Geste dénonciateur.*

dénonciation n. f. Action de dénoncer. / Document ou énoncé par lequel on dénonce. / DR. Acte officiel annonçant la rupture d'un accord entre pays (traité) ou entre personnes (contrat).

dénotation n. f. LING. Signification propre à un énoncé, indépendamment du contexte ou de l'intention du locuteur (par oppos. à *connotation*).

dénoter v. t. [1] Être le signe de. *Des propos qui dénotent une bonne connaissance du sujet.*

dénouement n. m. Manière dont se dénoue une affaire difficile, une intrigue, une pièce de théâtre, un roman. *Un dénouement heureux, invraisemblable.*

dénouer v. t. [1] Défaire le nœud de. *Dénouer une natte.* / Fig. *Dénouer une affaire difficile.* / v. pron. Se terminer, se résoudre. *Une intrigue qui se dénoue.*

dénoyauter v. t. [1] Enlever son noyau à. *Dénoyauter un fruit.*

denrée n. f. Marchandise destinée à l'alimentation.

dense adj. D'une densité élevée. *Corps dense. Population dense.* / Cour. Épais, compact. / Fig. *Une vie dense,* riche, bien remplie.

densément adv. De façon dense. *Région densément peuplée.*

densifier v. t. [1] Rendre dense, plus dense.

densimètre n. m. PHYS. Appareil servant à mesurer la densité d'un milieu.

densimétrie n. f. PHYS. Mesure des densités.

densité n. f. PHYS. *Densité absolue* ou *masse volumique d'un corps*: rapport de la masse de ce corps à son volume. *Densité relative d'un corps*: pour un solide ou un liquide, rapport de la masse d'un certain volume de ce corps au même volume d'eau; pour un gaz, rapport de la masse d'un volume de ce gaz à la masse d'air qui occupe le même volume pour une pression et une température identiques. / *Densité de population*: nombre d'habitants au km². / Cour. Épaisseur, compacité. *Densité du brouillard.*

dent n. f. Organe dur porté par la mâchoire des mammifères, servant à trancher et à mastiquer les aliments, composé d'une partie interne, molle, irriguée et innervée, la pulpe, et d'une partie externe osseuse; structures équivalentes chez certains autres vertébrés; structure de forme similaire chez divers invertébrés, servant à râper, moudre, etc. la nourriture. / Pointe en forme de dents de certains instruments. *Dents d'un peigne, d'une scie.* / GÉOGR. Sommet montagneux en forme de dent. *Dent du Midi.* / Fig. *Avoir une dent contre quelqu'un*: avoir de la rancune, de la colère contre qqn. / Fig. *Avoir la dent dure*: critiquer sans aucune indulgence. / Fig. *Avoir les dents longues*: être très ambitieux. / Fig. *Se casser les dents*: essuyer un échec. / Fig. *Ne pas desserrer les dents*: se taire.

♦ La dent comprend une partie visible, la couronne, une partie cachée, la racine. L'ivoire de la racine est recouvert de cément, l'ivoire de la couronne d'émail. Le centre de la couronne est occupé par la cavité pulpaire. Chez l'homme, les dents de lait sont au nombre de 20 et tombent entre 6 et 12 ans. Elles sont alors remplacées par 28 dents définitives, complétées plus tard par 4 molaires appelées dents de sagesse. Elles se répartissent en 8 incisives, 4 canines, 8 prémolaires et 12 molaires.

dentaire [1] adj. De la dent. *Soins dentaires. Appareil dentaire. Formule dentaire,* indiquant, pour les différentes espèces de mammifères, les types de dents, leur nombre et leur position dans la mâchoire.

dentaire [2] n. m. ANAT. Os de la mâchoire inférieure, portant les dents. *Chez les*

Dentelle.

mammifères, le dentaire est l'os unique de la mandibule.

dentaire ou **dentelaire [3]** n. f. BOT. Plante à petites fleurs violettes, courante en région méditerranéenne dans les zones sèches et arides. Syn. plumbago.

dental, ale, aux adj. et n. (Au fém.) LING. *Consonne dentale* ou (n. f.) *dentale*: consonne articulée en touchant du bout de la langue les incisives supérieures. *« D » et « T » sont des dentales.*

dentale n. m. ZOOL. Mollusque marin de la classe des scaphopodes, qui a la forme d'un cornet ouvert à ses deux extrémités et vit enfoui dans le sable ou la vase.

dent-de-lion n. f. Pissenlit.

dentelaire Voir **dentaire**

dentelé, e adj. En forme de dents. *Bord dentelé.* / ANAT. *Muscles dentelés*: muscles du thorax qui s'attachent aux côtes.

dentelle n. f. Étoffe très légère faite d'un réseau de mailles ajourées suivant un motif ornemental varié. *Dentelle de Venise. Dentelle au fuseau, à l'aiguille.* / Fig. Ce qui par son découpage rappelle la dentelle. *Une dentelle de pierre.* / Fig., pop. *Faire, ne pas faire dans la dentelle*: se montrer subtil et délicat, rustre et maladroit.

dentellerie n. f. Fabrication, commerce de dentelle.

dentellier, ère n. Propre ou relatif à la dentelle, à la dentellerie. *Industrie dentellière.* / n. f. Ouvrière qui fait de la dentelle; machine à faire de la dentelle.

dentelure n. f. Découpure dont la forme évoque des dents. / ARCHIT. Ornement de sculpture dentelé. / BOT. Dents bordant une feuille.

dentier n. m. Prothèse destinée à remplacer tout ou partie de la denture.

dentifrice n. m. Préparation servant à nettoyer les dents.

dentine n. f. Tissu dur, minéralisé, qui est l'un des constituants de la dent. Syn. ivoire.

dentiste n. Praticien spécialisé dans la chirurgie et les soins dentaires.

dentisterie n. f. Didac. Pratique des soins dentaires.

dentition n. f. Formation et éruption des dents.

denture n. f. Ensemble et disposition des dents d'un être humain ou d'un animal.

dénucléarisation n. f. Action de dénucléariser; son résultat.

dénucléariser v. t. [1] Prohiber l'armement, l'industrie nucléaire dans (une zone, un pays).

dénuder v. t. [1] Mettre (qqn, qqch.) à nu.

dénué, e adj. *Dénué de*: dépourvu de.

dénuement n. m. Manque de ce qui est nécessaire pour subsister.

dénutri, e adj. et n. Qui souffre de dénutrition.

dénutrition n. f. État pathologique d'un être vivant, d'un tissu, causé par un apport insuffisant ou une grave carence en éléments nutritifs, qui aboutit à la prédominance de la désassimilation sur l'assimilation.

Denver *493 600 h.* Ville des États-Unis, capitale du Colorado, centre touristique. Fondée par les chercheurs d'or en 1858, la ville est devenue un centre commercial et industriel.

Denys l'Ancien 430-367 av. J.-C. Tyran de Syracuse. Il s'illustre en combattant les Carthaginois et s'empare du pouvoir en 405. Célèbre pour sa méfiance, sa cruauté, son impiété, il protège néanmoins les lettres et remporte lui-même un prix de tragédie.

Denys le Jeune v. 397-344 av. J.-C. Tyran de Syracuse en 367, il succède à son père, Denys l'Ancien, mais piètre politique, il doit abandonner le pouvoir et finir sa vie à Corinthe.

Denys d'Halicarnasse Ier s. av. J.-C. Lettré grec qui vint enseigner à Rome. Il écrivit des traités de rhétorique et *Les Antiquités romaines* qui racontent l'histoire de Rome et de ses institutions depuis les origines jusqu'au milieu du IIIe siècle av. J.-C.

déodorant adj. et n. m. Se dit d'un produit utilisé pour atténuer ou masquer les odeurs corporelles. *Stick déodorant. Un déodorant.*

déontologie n. f. Ensemble des devoirs et des règles de conduites liés à l'exercice d'une profession.

dépannage n. m. Action de dépanner.

dépanner v. t. [1] Remettre en état de marche (un appareil, un véhicule en panne). / Fig. et fam. Tirer (qqn) d'embarras; avancer une somme d'argent à qqn. *Dépanner un ami de vingt euros.*

dépanneur, euse n. Spécialiste du dépannage de véhicules ou d'équipements divers. / n. f. Véhicule employé pour remorquer un véhicule en panne ou endommagé.

Depardieu (Gérard) 1948 Acteur français de cinéma. Le café-théâtre le forma, et il devint une vedette grâce aux *Valseuses* (1972) de B. Blier, dont il est resté l'interprète favori (*Trop belle pour toi*, 1989). Ses meilleurs films ont été réalisés par F. Truffaut (*Le Dernier Métro*, 1980; *La Femme d'à côté*, 1981) et M. Pialat (*Loulou*, 1980; *Sous le soleil de Satan*, 1987). Il a tourné de nombreux films aux États-Unis (*Christophe Colomb*, 1992).

Depardon (Raymond) 1942 Photographe français. Grand reporter, il est un des fondateurs de l'agence Gamma; depuis 1977, il se consacre de plus en plus au cinéma.

dépareillé, e adj. (En parlant d'un élément) Séparé de son pareil, de ses pareils. / (En parlant d'un tout) Qui a perdu un de ses éléments. *Service de table dépareillé.*

déparer v. t. [1] Nuire à l'aspect esthétique de. *Cette lampe dépare le salon.*

départ [1] n. m. Action de partir d'un lieu; fait de quitter une situation, un emploi. *Départ en voyage, en retraite.* / Lieu d'où l'on part. *Le départ des lignes régionales.* / Fig. Début d'une action, d'un processus. *Ce n'était pas prévu au départ. Point de départ*: commencement.

départ [2] n. m. Litt. Distinction nette entre deux choses. *Faire le départ entre le possible et le souhaitable.*

départager v. t. [1] Faire cesser un partage en deux éléments égaux (des votes, des votants). *Le deuxième tour départagera les voix.* / Déterminer le vainqueur parmi (des concurrents arrivés à égalité). *Les tirs au but départagent deux équipes de football.*

département n. m. Partie d'une entreprise ou d'une administration qui est affectée à une tâche spécifique. *Le département de la maintenance informatique.* / Unité territoriale française administrée par un conseil général et placée sous l'autorité d'un préfet. *La France compte 96 départements métropolitains et 4 départements d'outre-mer ou DOM: la Guadeloupe, la Guyane, la Réunion et la Martinique.*

départemental, ale, aux adj. Du département (unité territoriale). *Route départementale.*

départementalisation n. f. Action de départementaliser; son résultat.

départementaliser v. t. [1] Transformer (un territoire) en département. / Transférer

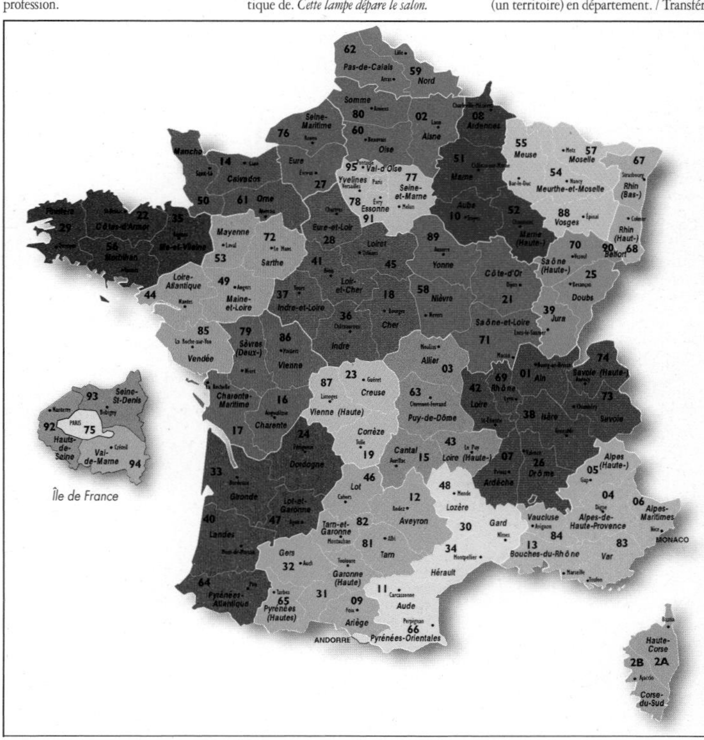

La France métropolitaine est divisée en 22 régions et 96 ***départements****.*

(qqch.) au niveau départemental. *Départementaliser la gestion d'une administration.*

départir (se) v. pron. [3] Renoncer à, perdre (qqch.). *Se départir d'une prérogative. Se départir de son calme.*

dépassé, e adj. Trop vieux, inadapté. *Modèle dépassé.* / MÉD. *Coma dépassé*: voir *coma.*

dépassement n. m. Action de dépasser, de se dépasser.

dépasser v. t. / v. i. / v. pron. [1] **A.** v. t. Passer devant; doubler. *Dépasser une moto, un concurrent.* Au fig. *L'élève a dépassé le maître.* / Aller au-delà de, franchir (une limite). *Il a dépassé le coin de la rue.* Au fig. *Cela dépasse mes espérances. Dépasser la mesure*: exagérer. *Cela me dépasse*: je ne puis comprendre cela; cela me déconcerte. / Être supérieur, excéder en dimensions, en quantité, en valeur ou en durée. *Il dépasse son aîné de 10 cm. Dépasser le temps imparti.* **B.** v. i. Être plus long; faire saillie. *Sa jupe dépasse de son manteau.* **C.** v. pron. Donner le meilleur de soi. *L'équipe s'est dépassée en finale.*

dépatouiller (se) v. pron. [1] Fam. Se sortir (d'une situation difficile), se dépêtrer. *Je ne suis pas sûre qu'il va se dépatouiller de cet imbroglio.*

dépaver v. t. [1] Ôter les pavés de. *Dépaver une rue.*

dépaysement n. m. Action de dépayser; résultat de cette action. *Ce dépaysement lui a ouvert l'esprit. Il aime le dépaysement*, le changement d'habitudes, de modes de vie.

dépayser v. t. [1] Vx Faire changer de lieu, de pays. / Mod. Désorienter, surprendre (qqn) en le faisant changer de pays, de milieu. *Ce voyage nous a dépaysés.*

dépeçage ou **dépècement** n. m. Action de dépecer.

dépecer v. t. [1] Mettre (un corps) en pièces. *Dépecer une proie.*

dépêche n. f. Lettre concernant les affaires de l'État envoyée par un de ses représentants. *Dépêche ministérielle.* / Information adressée à un organe de presse.

dépêcher v. t. [1] Litt. Envoyer (qqn) en hâte. *Dépêcher un coursier auprès du roi.* / v. pron. Se hâter.

dépeindre v. t. [3] Représenter, décrire (qqch.). *L'ouvrage dépeint les mœurs du XIXe siècle.*

dépenaillé, e adj. Déguenillé, vêtu de loques, de haillons.

dépénalisation n. f. Action de dépénaliser. Ant. pénalisation.

dépénaliser v. t. [1] Ôter tout caractère pénal à. *Dépénaliser l'usage du cannabis.* Ant. pénaliser.

dépendance n. f. **I.** Fait de dépendre de qqn, d'être subordonné à qqch. / ÉCON. et POL. Rapport de sujétion liant une région, un État, à un système plus puissant; en particulier, domination exercée par les intérêts des pays industrialisés sur les pays en voie de développement. *La décolonisation n'a pas mis fin aux rapports de dépendance.* Ant. indépendance. **II.** MÉD. Fait de ne pouvoir se passer durablement d'une substance sans éprouver de graves troubles physiques ou psychiques. *Dépendance alcoolique, tabagique. Dépendance aux opiacés, aux antidépresseurs.* **III.** (Souvent au plur.) Bâtiment, espace rattaché à un ensemble plus vaste. *Le corps d'une ferme et ses dépendances.*

dépendant, e adj. *Dépendant de*: qui dépend de. *Enfant dépendant de ses parents.* Ant. indépendant. / MÉD. Qui est en situation de dépendance médicale. *Un vieillard dépendant.*

Les lettres sur ces flacons ont été obtenues par ***dépolissage*** *à l'acide fluorhydrique, acide couramment utilisé pour la gravure sur verre.*

dépendre v. t. ind. [3] *Dépendre de*: être sous la dépendance, l'autorité, la domination de. *Le serf dépendait de son seigneur.* / Être conditionné, déterminé par. *Les résultats dépendent du travail fourni.* (Absol.) *Ça dépend*: cela est variable.

dépens n. m. pl. DR. Dans un procès, frais de justice à la charge de la partie perdante. / *Aux dépens de*: au détriment de.

dépense n. f. Emploi d'argent. / *Dépenses publiques*: sommes investies pour le fonctionnement de l'État, des collectivités et organismes publics. / Fig. Usage, emploi de quelque chose. *Dépense d'énergie, de temps.*

dépenser v. t. / v. pron. [1] **A.** Consommer (de l'énergie). *Ce poêle dépense peu de mazout.* / Fig. Employer avec prodigalité. *Dépenser son temps, son énergie.* / (Spécial.) Utiliser (de l'argent) pour un achat. **B.** v. pron. Faire des efforts.

dépensier, ère adj. et n. Qui aime dépenser de l'argent, qui en dépense beaucoup.

déperdition n. f. PHYS. Perte, diminution progressive de matière ou d'énergie. / Affaiblissement, diminution. *Déperdition de chaleur due à une mauvaise isolation.*

dépérir v. i. [2] S'affaiblir. *Plante qui dépérit.* / Fig. Se détériorer *L'économie du pays dépérit.*

dépérissement n. m. Fait de dépérir; état qui en résulte. / Fig. Ruine, destruction progressive. / PHILO et POL. *Dépérissement de l'État, dans la théorie marxiste*: abolition des structures étatiques et de leur fonction même, qui doit suivre l'exercice du pouvoir par le prolétariat.

dépersonnalisation n. f. Action de dépersonnaliser; fait d'être dépersonnalisé. / PSYCHIATR. Sensation de n'être plus soi-même dans l'accomplissement d'un acte, d'une pensée, caractéristique, en particulier, dans les cas de schizophrénie.

dépersonnaliser v. t. [1] Ôter le caractère personnel, individuel de. *Dépersonnaliser les rapports humains.*

Depestre (René) 1926 Écrivain haïtien. Poète (*Étincelles*, 1945; *Poète à Cuba*, 1976; *Anthologie personnelle*, 1993), il a donné plusieurs romans (*Le Mât de cocagne*, 1976; *Hadriana dans tous mes rêves*, 1988).

dépêtrer v. t. [1] Libérer (un membre) de ce qui l'empêtre. / Par ext. Libérer (qqn). *Il m'a bien dépêtré d'une vilaine affaire.* / v. pron. *Se dépêtrer d'une situation délicate.*

dépeuplement n. m. Action de dépeupler; son résultat. Ant. peuplement. / Fait de se dépeupler, d'être dépeuplé. *L'appauvrissement des campagnes, la dénatalité sont des facteurs de dépeuplement.*

dépeupler v. t. [1] Vider (un territoire) de ses habitants. *La guerre a dépeuplé le pays.* Ant. peupler. / Par ext. *La pollution a dépeuplé le pays de nombreuses espèces.* / v. pron. *Région qui se dépeuple*, qui perd ses habitants.

déphasage n. m. PHYS. Différence de phase entre deux phénomènes alternatifs de fréquence égale. / Fig. et fam. Perception erronée d'une réalité, décalage. *Il y a un déphasage entre son discours et la situation politique.*

déphasé, e adj. PHYS. Qui n'est pas en phase. *Courant électrique déphasé.* / Fig., fam. Dont les habitudes sont perturbées ou qui ne vit plus à la manière des autres. *Depuis qu'il travaille la nuit, il est complètement déphasé.*

dépiauter v. t. [1] Fam. Dépouiller (un animal). *Dépiauter un lièvre.* / Par ext. *Dépiauter un fruit.* / Fig. *Dépiauter un texte*, le disséquer, le décomposer pour en révéler la structure.

dépicage Voir **dépiquage**

dépigmentation n. f. BIOL., MÉD. Perte de pigment, en parlant de la peau, d'un autre tissu.

dépigmenté, e adj. Qui a perdu sa pigmentation.

dépilatoire adj. et n. m. Se dit d'un produit qui supprime les poils, sans détruire leur racine. *Crème, gel dépilatoires.*

dépiquage ou **dépicage** n. m. AGRIC. Action de dépiquer, d'égrainer les épis.

dépiquer [1] v. t. [1] TECHN. (En couture) Défaire les piqûres de. *Dépiquer une robe.* Ant. piquer. / AGRIC. Déplanter des pousses de. *Dépiquer des poireaux.*

dépiquer [2] v. t. [1] AGRIC. Égrainer les épis des céréales (maïs, blé, avoine, etc.).

dépistage n. m. Action de dépister. *Dépistage de la tuberculose par une cuti-réaction. Dépistage du sida.*

dépister v. t. [1] **I.** *Dépister un animal, un homme*, le découvrir en suivant sa piste. / Par ext. *La police a dépisté les voleurs.* / Fig. *Dépister une maladie.* **II.** Faire perdre la piste à. *Dépister ses poursuivants.*

dépit n. m. Tristesse accompagnée de rancune, suscitée par une déception. / Fig. *En dépit de*: malgré.

dépité, e adj. Qui ressent du dépit. *Amoureux dépité.* / Qui manifeste du dépit. *Avoir l'air dépité.*

déplacé, e adj. Que l'on a changé de place. *Meuble déplacé.* / Fig. Qui n'est pas à sa place, inopportun, inconvenant. *Tenir des propos déplacés.* / *Personne déplacée*, que l'on a contrainte à un déplacement, à l'exil.

déplacement n. m. Action de déplacer, de se déplacer; son résultat. / Voyage. *Il est toujours en déplacement.* / *Déplacement d'office*: sanction administrative par laquelle un fonctionnaire est muté. / MAR. Volume d'eau déplacé par la carène d'un bâtiment. / PSYCHAN. Report sur un objet de substitution de l'affectivité liée à une représentation ou un désir refoulés par la censure.

déplacer v. t. [1] Faire changer de place. *Déplacer un meuble.* / Muter (qqn). / Placer à un autre moment. *Déplacer une réunion.* / Attirer en nombre. *Déplacer les foules.* / v. pron. Changer de place; faire un déplacement. *Il ne se déplace qu'en voiture.*

déplafonnement n. m. Action de déplafonner; son résultat. *Déplafonnement d'une indemnité.* Ant. plafonnement.

déplafonner v. t. [1] Supprimer la limite supérieure de. *Déplafonner des cotisations.* Ant. plafonner.

déplaire v. t. ind. [3] *Déplaire à*: ne pas plaire à. *Ton attitude lui déplaît.* / Litt. *Ne vous (en) déplaise*: quoi que vous en pensiez. / v. pron. Ne pas se trouver bien en un lieu.

déplaisant, e adj. Qui ne plaît pas. *Visage déplaisant.* Ant. plaisant.

déplaisir n. m. Vx Chagrin. / Mécontentement.

déplantoir n. m. Outil servant à déplanter des végétaux de petite taille.

déplétion n. f. Diminution. / MÉD. Diminution de la quantité de liquide, en particulier de sang, dans un organe; affaiblissement qui en résulte. / ASTRON. Réduction partielle du champ de gravitation d'un astre. / GÉOL. Appauvrissement d'un gisement de pétrole entraîné par son exploitation.

dépliant, e adj. et n. m. **A.** adj. Qui se déplie. *Table dépliante.* **B.** n. m. Prospectus formé de volets se repliant les uns sur les autres.

déplier v. t. [1] Ouvrir, étaler, étendre (ce qui était plié). *Déplier une serviette, ses jambes.*

déploiement n. m. Action de déployer, de se déployer; état de ce qui est déployé. Ant. ploiement. / Fig. Mise en œuvre ostensible; démonstration. *Déploiement de forces de police. Déploiement d'éloquence.*

déplorable adj. Litt. Affligeant, malheureux. *Avoir une fin déplorable.* / Cour. Regrettable; blâmable. *Une attitude déplorable.*

déplorablement adv. De manière déplorable.
déploration n. f. BX-ARTS *Déploration du Christ*: représentation de Jésus pleuré par la Vierge, Marie-Madeleine et saint Jean, après la Déposition de croix.
déplorer v. t. [1] Litt. Pleurer (qqch.), s'affliger de. *Je déplore sa mort.* / Fig. Regretter vivement (qqch.). *Je déplore votre absence.*
déployer v. t. [1] **I.** Étendre, développer (ce qui est ployé). / MILIT. *Déployer des troupes*, leur faire occuper une importante portion de terrain selon le dispositif prévu pour la bataille. / v. pron. *Une bannière qui se déploie. Une armée qui se déploie.* **II.** (Sens abstrait) Faire montre de (ce dont on est capable). *Déployer une grande habileté.*
déplumer v. t. [1] Ôter ses plumes à. *Déplumer une poule.* / v. pron. Perdre ses plumes. *Un plumeau qui se déplume.* (Réciproque) *Des coqs qui se déplument à coups de bec.* Au fig., fam. Perdre ses cheveux. *Se déplumer en vieillissant.* (Spécial.) *Joueur qui se déplume*, qui perd son argent.
dépoitraillé, e adj. Fam., péjor. Dont la poitrine est largement découverte.
dépolarisation n. f. PHYS. Action de dépolariser; son résultat. Ant. polarisation. / Fig. Dépolarisation de la scène politique.
dépolariser v. t. [1] Faire cesser la polarisation de. *Dépolariser une pile électrique.* Ant. polariser.
dépoli, e adj. *Verre dépoli*: translucide et non transparent.
dépolir v. t. [2] Ôter son poli à. *La rouille a dépoli cet acier.*
dépolissage n. m. Action de dépolir; son résultat.
dépolitisation n. f. Action de dépolitiser; son résultat. *Dépolitisation des revendications syndicales.* / Fait de se dépolitiser. *La dépolitisation d'une partie de la population.* Ant. politisation.
dépolitiser v. t. [1] Faire cesser la politisation de. *Dépolitiser un débat.* Ant. politiser.
dépolluant, e adj. et n. m. Se dit d'un produit servant à dépolluer. Ant. polluant.
dépolluer v. t. [1] Nettoyer (qqch.) de sa pollution. Ant. polluer.
dépollution n. f. Action de dépolluer; son résultat. *Dépollution d'une nappe d'eau.* Ant. pollution.
déponent, e adj. GRAMM. Se dit des verbes latins qui ont une forme passive et un sens actif.
dépopulation n. f. Diminution de la population; état d'un pays, d'une région dépeuplée. *La dépopulation des campagnes.*
déportation n. f. DR. Peine infligée autrefois à un condamné politique qui consistait à l'exiler définitivement dans un lieu déterminé. / Internement dans un camp de concentration à l'étranger. *La déportation des Juifs et des résistants dans les camps nazis.*
déporté, e adj. et n. (En parlant de qqn) Condamné à la déportation. *Des prisonniers déportés.* / Subst. *Un wagon de déportés.*
déportement n. m. Fait d'être déporté, dévié de sa direction en parlant d'un véhicule.
déporter v. t. [1] Condamner à la déportation; envoyer en déportation. / Écarter (un véhicule) de sa direction, de sa trajectoire. *Le choc a déporté le camion vers la gauche.* (Emploi pron.) *L'auto se déporta vers la droite.*
déposant, e n. DR. Personne qui fait une déposition en justice. / FIN. Personne qui dépose de l'argent sur un compte.

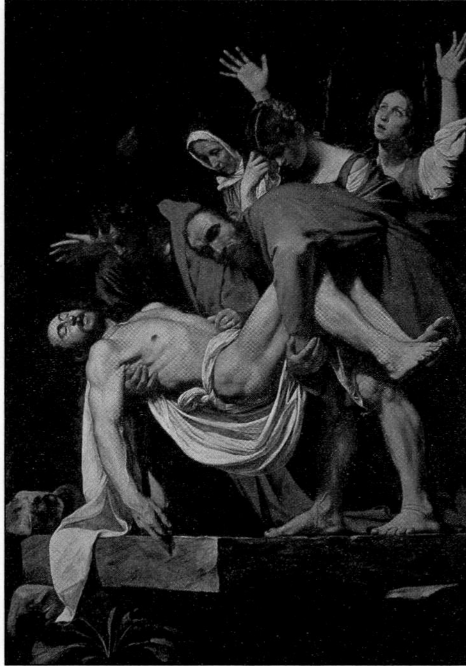

La **Déposition** du Christ, *du Caravage, 1602-1604 (Pinacothèque vaticane, Rome).*

dépose n. f. TECH. Action de déposer ce qui est posé; résultat de cette action. *Procéder à la dépose d'une serrure.* Ant. pose.
déposé, e adj. *Une marque déposée*, protégée juridiquement en cas de contrefaçon.
déposer v. t. / v. i. [1] **I.** Poser (ce que l'on portait). *Déposer le courrier sur un bureau.* Loc. *Déposer les armes*: cesser le combat. / Mettre en dépôt, en lieu sûr. *Déposer de l'argent à la banque.* / Fam. Laisser (qqn) à un endroit. *Il m'a déposé au carrefour.* / v. i. Laisser au fond (un dépôt), en parlant d'un liquide. *Faire déposer du vin.* (Emploi pron.) *Le sel se dépose sur la paroi.* **II.** DR. Remettre (qqch.) à une autorité compétente. *Déposer une plainte.* (Emploi absol.) Faire une déposition. *Témoin qui dépose.* / DR. COMM. *Déposer une marque, un brevet*, les faire enregistrer pour les protéger des contrefaçons. *Déposer le bilan*: se déclarer en cessation de paiement. **III.** Désinstaller (ce qui est posé). *Déposer une serrure.* / Fig. Destituer (qqn). *Déposer un roi.*
dépositaire n. Personne à qui l'on remet un dépôt qu'elle devra restituer à la première réclamation du déposant. / Fig. Confident. *Dépositaire d'un secret.* / COMM. Intermédiaire qui vend des marchandises pour le compte d'un propriétaire.
déposition n. f. Action de déposer. / DR. Déclaration sous serment. *Enregistrer la déposition d'un témoin.* / BX-ARTS. *Déposition de croix*: représentation du corps du Christ descendu de la croix. / Destitution. *Déposition d'un souverain.*
déposséder v. t. [1] Priver (qqn) de ce qu'il possède.
dépossession n. f. Action de déposséder; son résultat. Ant. possession.
dépôt n. m. Action de donner un objet en garde à une personne, une institution. *Mettre un bijou en dépôt. Dépôt légal*: remise obligatoire d'exemplaires d'une œuvre reproductible (imprimé, photographie, enregistrement) à l'État. *En ce qui concerne les livres, le dépôt légal existe depuis François Ier, et il est confié à la Bibliothèque nationale de France.* / Action de remettre une, des sommes d'argent à un organisme bancaire; ce qui est déposé. *Banque de dépôt*, qui utilise les dépôts à vue par ses clients

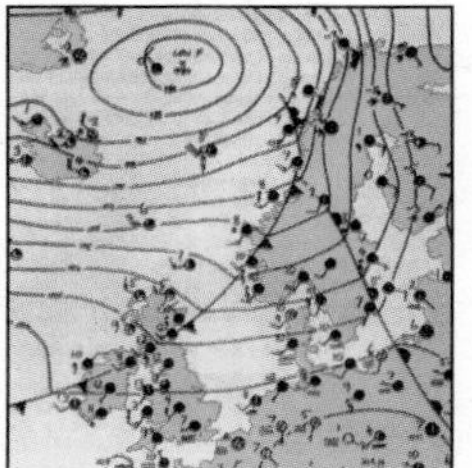

Carte météorologique. Les lignes en gras montrent les fronts d'une ***dépression*** *centrée sur l'Islande.*

pour diverses opérations financières. / Lieu où l'on dépose ou entrepose des objets. *Dépôt d'armes, d'autobus. Dépôt d'ordures*: décharge. / Lieu dépendant de la préfecture de police où sont détenus des prévenus. *Mandat de dépôt*: ordre, donné par un juge, d'incarcérer qqn. / Couche de matières solides déposées au fond d'un liquide. / GÉOL. Couche de sédiments, formée sous l'action de l'air ou de l'eau. *Dépôts alluvionnaires.*
dépoter v. t. / v. i. [1] Ôter (qqch.) d'un pot. *Dépoter des fleurs.* / v. i. Fam. Aller vite, rouler plein pot. *Une moto qui dépote.*
dépotoir n. m. Lieu où sont déposés les détritus et les ordures ménagères. / Vx Usine où sont déposées et traitées les matières provenant des vidanges. / Fig. et péjor. Lieu en désordre, encombré d'objets jugés inutiles. *Ce balcon est un vrai dépotoir.*
dépôt-vente n. m. Magasin où les particuliers déposent des objets qu'ils désirent vendre. Pl. Des *dépôts-ventes*.
dépouille n. f. Peau enlevée à un animal ou abandonnée par celui-ci quand il mue. / Fig. et litt. Cadavre d'un être humain. *Dépouille mortelle* ou *dépouille.* / (Au plur.) Litt. Butin de guerre. (Au fig.) *S'emparer des dépouilles d'un défunt*, de ses biens matériels ou de ses titres.
dépouillé, e adj. Dont on a ôté la peau. *Le cadavre dépouillé d'une proie.* / Fig. *Style dépouillé*, sobre, sans apprêt.
dépouillement n. m. Action de dépouiller. / Fig. Fait de se dépouiller, d'être dépouillé du superflu; dénuement. *Le dépouillement d'un ascète.* / Nudité, simplicité d'un objet. *Le dépouillement d'une cellule, d'un style.* / Examen minutieux de documents. *Dépouillement du scrutin, d'un dossier.*
dépouiller v. t. / v. pron. [1] **A.** Ôter la peau de (un animal). *Dépouiller un lièvre.* / Par ext. *Dépouiller de*: ôter ce qui recouvre (qqch., qqn). *Le vent a dépouillé les arbres de leurs feuilles. Dépouiller qqn de ses vêtements.* Au fig. *Dépouiller qqn de sa fortune.* / Fig. Disséquer (qqch.), en révéler le contenu, la composition, la structure. *Dépouiller un scrutin.* **B.** v. pron. Ôter, perdre (ce qui recouvre). *Un arbre qui se dépouille de ses feuilles.* / Renoncer à, céder, se priver de (qqch. que l'on possède). *Se dépouiller de son bien.*
dépourvu, e adj. et loc. adv. Qui n'est plus, n'est pas pourvu du nécessaire. *La cigale se trouva fort dépourvue (La Fontaine). Dépourvu de*: manquant de, privé de. / Loc. adv. *Au dépourvu*: sans avoir pu se préparer. *Être pris au dépourvu.*
dépoussiérer v. t. [1] Enlever la poussière de. *Dépoussiérer un meuble.*
dépravation n. f. Avilissement, corruption. *Dépravation des mœurs.*
dépravé, e adj. et n. Perverti, immoral. *Mœurs dépravées.* / Subst. *Un(e) dépravé(e).*
dépréciation n. f. Action de déprécier; fait de se déprécier, d'être déprécié.
déprécier v. t. [1] Diminuer le prix, la valeur de. *Déprécier un bien.*
déprédation n. f. Pillage ou vol causant des dégâts. *Déprédation des récoltes.* / Prévarication, dilapidation de biens publics ou privés. *Déprédation des finances publiques.*
déprendre (se) v. pron. [3] Se départir, se débarrasser.
dépressif, ive adj. PSYCHOL. Qui procède de la dépression.
dépression n. f. État de ce qui est déprimé; affaissement provoqué par une pression naturelle ou artificielle. / GÉOGR.

Branche et fleur de fumeterre, plante **dépurative**.

Cuvette, vallée ou région effondrée, située au-dessous du niveau de la mer. / MÉTÉO. Baisse de la pression atmosphérique; zone de basse pression. / PSYCHOL. État mental caractérisé par la tristesse, le découragement, l'anxiété, parfois accompagné de troubles du sommeil. *Dépression nerveuse*: voir *nerveux*.

dépressionnaire adj. MÉTÉO. Qui est le siège d'une dépression. *Une zone dépressionnaire se déplace le long des côtes.*

dépressurisation n. f. TECHN. Perte, réduction de la pressurisation.

Deprez (Marcel) 1843-1918 Physicien français. Il parvint, le premier, à transporter de l'énergie électrique en courant continu (ligne de *14 km* Vizille-Grenoble, en 1883).

déprimant, e adj. Qui déprime, décourage, démoralise. *Ambiance déprimante.*

déprimé, e adj. et n. Dans un état dépressif. *Un malade déprimé.* / Subst. *Un(e) déprimé(e).*

déprimer v. t. [1] Enfoncer, abaisser le seuil de (qqch.). *Le sol est déprimé à l'endroit de l'impact.* / Décourager, démoraliser (qqn). *Son échec l'a déprimé.* / (Emploi transitif) Fam. Être démoralisé. *Il déprime depuis son échec.*

De profundis (« des profondeurs [de ma douleur, je t'invoque ô Seigneur] ») Début, en latin, du psaume CXXX (ou CXXIX dans la Vulgate), adopté comme psaume de pénitence dans la liturgie catholique.

déprogrammer v. t. [1] Sortir (qqch.) d'un programme. *Déprogrammer un spectacle.*

dépuceler v. t. [1] Faire perdre son pucelage à.

depuis prép. À partir de (tel moment du passé). *Depuis la fin de la guerre, il n'a pas quitté Toulouse.* / Pendant (tel laps de temps qui a pris fin au moment où l'on parle) *Il n'a pas neigé depuis deux ans.* / À partir de (tel lieu, telle partie du corps) *Depuis le péage, nous n'avons pas vu d'accident. J'ai mal depuis le coude jusqu'au poignet.* / loc. conj. *Depuis que*: à dater du moment où. *Depuis qu'il a pris sa retraite, il se passionne pour son jardin.*

dépuratif, ive adj. et n. m. Se dit d'une substance, d'une préparation, qui, en favorisant l'élimination des toxines, aide à purifier l'organisme. *Plante, tisane dépurative. Un dépuratif.*

députation n. f. Délégation de personnes chargées de remplir une mission ou de transmettre un message. *Envoyer une députation au roi.* / Le groupe formé par ces personnes. / POLIT. Mandat de député. *Candidat à la députation.*

député, e n. m. Personne chargée d'une mission par une autorité officielle. / Membre d'une assemblée, d'un parlement; en particulier, en France, membre de l'Assemblée nationale, élu au suffrage universel.

De Quincey (Thomas) 1785-1859 Écrivain anglais. Orphelin, il mène à Londres une vie de Bohême; torturé de névralgies que seul l'opium soulage, il publie, d'abord dans un magazine, puis en librairie *Les Confessions d'un opiomane anglais* (1822) qui inspirèrent à Baudelaire ses *Paradis artificiels*. Son humour noir, sa hantise de la mort, sa tendresse et sa mélancolie se manifestent aussi bien dans *De l'assassinat considéré comme un des beaux-arts* (1827) que dans *La Malle-poste anglaise* (1849) ou *La Nonne militaire d'Espagne* (posthume, 1863). Il passa la fin de sa vie à Édimbourg, gagnant sa vie et celle de sa famille comme journaliste, critique littéraire et auteur de monographies et de recherches historiques.

déracinement n. m. Action de déraciner; son résultat. / Fig. Situation des gens arrachés à leur pays, leur culture, leur milieu d'origine.

déraciner v. i. [1] Arracher (qqch.) avec ses racines. *Déraciner un végétal. Déraciner une dent.* / Fig. Éradiquer (qqch.). *Déraciner un préjugé. Déraciner qqn*, l'arracher à son milieu d'origine.

déraillement n. m. Fait de dérailler, de sortir d'un rail.

dérailler v. i. [1] Sortir d'un rail. *Le wagon a déraillé.* / Fig. fam. Se dérégler. *Une horloge qui déraille.* Par ext. Déraisonner. *Tu dérailles complètement ce matin !*

dérailleur n. m. Mécanisme de changement de vitesse d'une bicyclette, qui fait passer la chaîne d'un pignon ou d'un plateau à un autre.

Derain (André) 1880-1954 Peintre, dessinateur et sculpteur français. Il travailla à Chatou avec Vlaminck et donna, au cours de sa période fauve, des toiles rutilantes de couleurs (*Le Bal des soldats*, 1903) et rejoignit Matisse à Collioure en 1905. Intéressé par l'imagerie populaire, la mosaïque byzantine, l'art roman, il évolua vers un art plus élaboré, à la composition plus réfléchie et aux coloris moins éclatants (*Baigneuse*, 1908) avant d'amorcer un retour à la tradition. Après 1939, il se consacra à l'illustration de livres et à la sculpture.

Députés à l'Assemblée Nationale.

déraison n. f. Manque de raison.

déraisonnable adj. Qui n'est pas raisonnable.

déraisonnablement adv. De manière déraisonnable.

déraisonner v. i. [1] Raisonner de manière incohérente. *Un vieillard qui déraisonne.*

dérangement n. m. Action de déranger; résultat de cette action. Ant. rangement. / Changement opéré dans une disposition d'objets. *Dérangement des dossiers.* / Dysfonctionnement. *La ligne téléphonique est en dérangement.* / Fait ou action de déranger qqn, de le gêner.

déranger v. t. [1] Déplacer, mettre en désordre (ce qui était rangé). *Le vent a dérangé sa coiffure.* / Troubler le fonctionnement, le déroulement de. *Ce vin lui a dérangé l'estomac. Déranger l'esprit. Déranger une séance.* / Gêner, interrompre dans ses occupations, dans son repos. *Le bruit ne vous dérange pas ?* / v. pron. Se déplacer.

dérapage n. m. Fait de déraper. / Fig. Perte de contrôle; dérive. *Les dérapages de la réforme institutionnelle.*

déraper v. i. / v. t. [1] TECHN. Perdre son adhérence, glisser au lieu d'adhérer. Au fig. *La conversation dérape*, perd de son sérieux, de sa sérénité. / v. t. MAR. *Déraper l'ancre* ou (absol.) *déraper*: arracher l'ancre pour la remonter.

dérasement n. m. TECHN. Abaissement de la hauteur d'un mur, d'un talus.

dératé, e n. Fam. *Courir comme un dératé*, à toute vitesse.

dératisation n. f. Action de dératiser; son résultat.

dératiser v. t. [1] Débarrasser (un lieu) des rats. *Dératiser un immeuble.*

derbouka Voir **darbouka**

derby n. m. (mot anglais) Course de chevaux qui a lieu chaque année à Epsom, en Angleterre. / En France, manifestation identique qui a lieu à Chantilly. / Chaussure basse lacée sur le cou-de-pied.

Derby (Edward Geoffrey Stanley, 14e comte de**)** 1799-1869 Homme politique britannique. Ministre des Colonies, il fait abolir l'esclavage dans l'Empire en 1833. Trois fois Premier ministre, il réussit en 1867 à faire passer au Parlement la réforme électorale de Disraeli. **Edward Stanley,** 15e comte de **Derby** 1826-1893 Fils du précédent, il fut ministre d'abord des Affaires étrangères, ensuite des Colonies.

déréalisation n. f. PSYCHOL. Coupure avec le réel, désormais perçu comme totalement étranger.

derechef adv. Vx. ou litt. De nouveau, encore une fois.

déréglé, e adj. Qui est mal réglé. / Fig. Qui néglige les règles morales. *Mœurs déréglées.*

dérèglement n. m. Fait d'être déréglé, perturbation. / Fig. Dissolution des mœurs.

déréglementation n. f. Action de déréglementer; son résultat. *La déréglementation des transactions financières.* Ant. réglementation.

déréglementer v. t. [1] Libérer (qqch.) d'une contrainte réglementaire. *Déréglementer la circulation des capitaux.* Ant. réglementer.

dérégler v. t. [1] Perturber le réglage de. *Dérégler un mécanisme.* (Emploi pron.) *Un mécanisme qui se dérègle.* Ant. régler. / Fig. Détraquer. *Des excès alimentaires qui dérèglent le système digestif.*

dérégulation n. f. Suppression ou affaiblissement des mécanismes de régulation d'un secteur d'activité, en particulier économique ou financier. *La dérégulation du marché des changes, des transports aériens.*

Pont de Charing Cross, d'**André Derain** (vers 1906). (Musée d'Orsay, Paris).

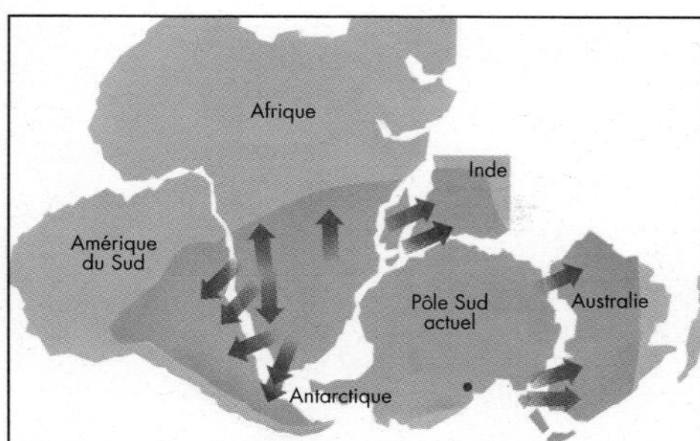

*Fragmentation et **dérive** des masses continentales de la Terre, telles qu'elles se situaient il y a environ 120 millions d'années.*

déréliction n. f. THÉOL. État de détresse propre à celui qui se sent en état de péché et totalement abandonné de Dieu.
dérider v. t. [1] Faire disparaître les rides de. *Avoir recours à la chirurgie esthétique pour dérider la peau d'un visage.* Au fig. *Dérider qqn*, l'égayer, le faire sourire. / v. pron. Devenir plus enjoué, moins triste.
dérision n. f. Moquerie mêlée de dédain et de mépris. *Tourner en dérision les propos de qqn, les ridiculiser.*
dérisoire adj. Qui suscite la dérision. *Une aventure dérisoire.* / Par ext. Ridiculement bas. *Un prix dérisoire.*
dérisoirement adv. De manière dérisoire.
dérivatif n. m. Distraction, occupation qui fait oublier certaines préoccupations.
dérivation n. f. Détournement d'un cours d'eau. / Partie d'un cours d'eau qui a été dérivée. / CHIR. Opération consistant à faire passer un liquide organique (sang, urine) hors de son conduit naturel. / ÉLECTR. Connexion entre deux points d'un circuit, établie au moyen d'un conducteur. *Circuits magnétiques, électriques en dérivation*: circuits montés en parallèle, de façon à recevoir chacun une partie des flux. / LING. Formation d'un nouveau mot à partir d'un radical. *La dérivation utilise un affixe (« re-faire », à partir de « faire » ; « malheur-eux » à partir de « malheur »), ou la suppression d'une ou plusieurs lettres (« chant », à partir de « chanter »).* / MATH. Recherche de la dérivée d'une fonction.
dérive n. f. **I.** Fait de s'écarter de sa direction sous l'action du vent ou du courant, pour un avion ou un navire. *Aller à la dérive*: (au fig.) se laisser aller, évoluer au gré des événements. / Aileron vertical conçu pour empêcher un avion, un bateau, de trop dériver. / Correction de la hausse d'un canon. / GÉOL. *Dérive des continents*: théorie élaborée au XXe siècle par Alfred Wegener pour expliquer le mouvement des continents, qui a été à la fois prolongée et corrigée par la théorie de la tectonique des plaques. / RADIO Variation de la fréquence d'un signal radioélectrique lorsque varie la distance entre l'émetteur du signal et le récepteur. (Si l'on connaît la position et la fréquence de l'émetteur, on peut calculer la position du récepteur par mesure de l'effet Doppler ; c'est la base de fonctionnement de certains systèmes de localisation et de navigation). **II.** Fig. Évolution qui n'est plus maîtrisée, qui s'éloigne de l'objectif fixé. *Dérive budgétaire.*
dérivé, e adj. et n. **I.** Se dit d'un produit, d'un objet, obtenu à partir d'un autre. *Produits dérivés d'un film*: objets (jouets, vêtements, etc.) conçus autour du même thème. / n. m. *Le coke est un dérivé de la houille*, un produit obtenu par transformation de la houille. **II.** LING. Se dit d'un mot obtenu par dérivation. *« Mangeable » est un dérivé de « manger ».* / n. f. MATH. *Dérivée* ou *fonction dérivée d'une fonction continue*: limite du rapport entre l'accroissement de l'image d'une variable par une fonction et l'accroissement de cette variable, lorsque ce dernier tend vers zéro.
dériver [1] v. i. / v. t. [1] **A.** v. i. Aller à la dérive. **B.** v. t. *Dériver une rivière*, la détourner de son cours. / v. t. ind. Fig. *Dériver de*: découler de, être issu de. / LING. *Mot qui dérive du latin.* / (Emploi transit.) MATH *Dériver une fonction*: calculer une fonction dérivée.
dériver [2] ou **dériveter** v. t. [1] Défaire (ce qui est rivé, riveté).
dériveur n. m. MAR. Voilier léger dont la quille est remplacée par un aileron mobile ou *dérive*.
Derjavine (Gavril Romanovitch) 1743-1813 Poète russe, admirateur de Catherine II (*Felitsa*, ode dédiée à l'impératrice).
dermaptères n. m. pl. ZOOL. Ordre d'insectes allongés et aplatis, parfois aptères, qui portent à l'extrémité de l'abdomen des cerques en forme de forceps. Syn. perce-oreille, forficule.
dermatite n. f. MÉD. Inflammation de la peau. Syn. dermite.
dermatologie n. f. MÉD. Partie de la médecine qui traite des maladies de la peau et des phanères.
dermatologique adj. Relatif à la dermatologie.
dermatologue n. MÉD. Médecin spécialisé en dermatologie.
dermatose n. f. MÉD. Nom générique de toutes les affections de la peau.
derme n. m. ANAT. Couche de la peau, formée par un tissu conjonctif riche en fibres élastiques, située entre l'épiderme et l'hypoderme.
dermite n. f. MÉD. Syn. de dermatite.
dermoptères n. m. pl. ZOOL. Ordre de mammifères euthériens pourvus d'une membrane reliant le cou, les membres antérieurs, postérieurs et la queue, qui leur permet de planer. *Les dermoptères sont parfois appelés lémurs volants, bien qu'ils ne soient pas des lémuriens.* Syn. galéopithèques.
dernier, ère adj. et n. **I.** (avant le nom) Qui vient, se situe après (tous les autres objets, tous les autres êtres considérés). *La dernière maison du village. Il est dernier au classement. Dire son dernier mot*: affirmer que la proposition émise est définitive et immuable. *Avoir le dernier mot*: l'emporter dans une discussion, une polémique. *Rendre le dernier soupir*: mourir. / (après le nom) Ultime. *Le jugement dernier.* / Subst. *Le dernier à entrer fermera la porte.* / loc. adv. *En dernier*: après le reste. *Poudrez de sucre en dernier, juste avant de servir.* **II.** Qui précède immédiatement dans le temps ; qui est le plus récent d'une série. *La semaine dernière. Dernier ouvrage du même auteur.* / Subst. Dernier-né. *Je vous présente ma petite dernière.* **III.** Extrême, qui ne peut être surpassé. *Le dernier degré de la beauté.* / Subst. *C'est le dernier des crétins. Le dernier des derniers*: le plus vil.
Dernier des Mohicans (le) 1826 Roman de Fenimore Cooper qui décrit l'amour tragique d'un Mohican et d'une jeune Anglaise.
dernièrement adv. Récemment.
dernier-né, dernière-née adj. et n. Né le dernier. / Subst. *Le dernier-né, la dernière-née de la famille.* Pl. Des *derniers(ères)-né(e)s.*
dérobade n. f. Brusque changement de direction d'un cheval qui refuse de franchir un obstacle. / Fig. Action d'éluder une difficulté, de ne pas se plier à une obligation.
dérobé, e adj. Volé. *Restituer des objets dérobés.* / Dissimulé. *Porte dérobée.*
dérobée (à la) loc. adv. De manière subreptice. *Observer qqn à la dérobée.*
dérober v. t. / v. pron. [1] **A.** S'emparer furtivement de, voler (qqch.). *On lui a dérobé son sac.* / Cacher à la vue, dissimuler. **B.** v. pron. Faire défaut, donner l'impression de, s'affaisser. *Le sol se dérobe sous ses pieds.* / Fig. Se soustraire à (une obligation) ; éluder (un problème, une question). / Refuser l'obstacle, en parlant d'un cheval.
dérogation n. f. Action de déroger à une loi, à une règle ou à un usage. *C'est une véritable dérogation aux règles de la bienséance.* / Autorisation de déroger. *Obtenir une dérogation.*
dérogatoire adj. De la nature de la dérogation. *Clause dérogatoire.*
déroger v. t. ind. [1] *Déroger à*: enfreindre, transgresser (une règle, un interdit). *Déroger à la loi.* / (Sans compl.) S'abaisser, s'avilir. *Vous ne pouvez agir ainsi, ce serait déroger.* / HIST. *Déroger à noblesse* (ou, absol., *déroger*): perdre son appartenance à l'ordre de la noblesse en exerçant une profession interdite aux nobles.
dérouillée n. f. Fam. Volée de coups. *Prendre une dérouillée.*
dérouiller v. t. / v. i. [1] Ôter la rouille de. *Dérouiller une grille en fer forgé.* / Fig. Désengourdir (un membre). *Cette promenade m'a dérouillé les jambes.* Par ext. *Un exercice mental pour dérouiller l'esprit.* / Fam. Battre (qqn). *Je vais te dérouiller si tu continues !* **B.** v. i. Pop. Recevoir des coups. *Tu vas dérouiller si tu continues !* Par ext. Souffrir. *Il va dérouiller avec une telle blessure !*

***Derviche** tourneur.*

Déroulède (Paul) 1846-1914 Écrivain et homme politique français. Auteur des *Chants du soldat* (1872), poèmes qui appellent à la revanche sur l'Allemagne, cofondateur de la Ligue des patriotes (1882), il fut impliqué dans un complot militaire visant à soulever l'armée contre la République et banni en 1900. De retour en France (1905), il poursuivit ses activités revanchardes.
déroulement n. m. Action de dérouler ; fait de se dérouler. *Déroulement d'une bobine.* Ant. enroulement. / Fig. Évolution, succession envisagée du point de vue temporel. *Le déroulement des opérations.*
dérouler v. t. [1] Étendre (ce qui est enroulé). Dérouler une échelle de corde. (Emploi pron.) *Une bobine de fil qui se déroule.* Au fig. *Le paysage qui se déroule sous les yeux des voyageurs*, qui s'étend sous leurs yeux. / Fig. Exposer un à un les éléments de. *Dérouler une argumentation.* (Emploi pron.) Se succéder. *Des événements qui se déroulent comme prévu.*
dérouleur n. m. Dispositif utilisé pour dérouler ou enrouler une bande, un objet disposé en rouleau.
déroutage Voir **déroutement**
déroutant, ante adj. Qui surprend, désoriente. *Une réaction déroutante*, inattendue.
déroute n. f. Fuite désordonnée d'une armée vaincue. / Fig. Confusion, ruine.
déroutement ou **déroutage** n. m. Action de dérouter un véhicule, un convoi, un navire ou un avion.
dérouter v. t. [1] Modifier l'itinéraire prévu pour. *Dérouter un avion.* / Fig. Déconcerter (qqn). *Une stratégie qui déroute l'adversaire.*
derrick n. m. (mot anglais) Charpente métallique soutenant, au moyen d'un palan, le trépan et les accessoires utilisés pour le forage d'un puits de pétrole.
Derrida (Jacques) 1930 Philosophe français. Ses deux livres les plus célèbres (*l'Écriture et la Différence*, 1967 ; *De la grammatologie*, 1967) exposent une thèse originale : l'écriture a précédé le langage. À partir de *Glas* (1974), il a mêlé philosophie et fiction autobiographique.
derrière [1] prép. et adv. Après, à la suite de. *Ils se sont avancés, penauds, l'un derrière l'autre.* / De l'autre côté de. *L'appentis est derrière la maison.* / adv. En arrière ; au côté opposé au devant. *Jeter un coup d'œil derrière. Les derniers concurrents sont très loin derrière.* / loc. adv. *Par-derrière*: du côté opposé à celui auquel on fait face. *Un coup reçu par-derrière.*
derrière [2] n. m. Côté ou face qui limite la partie postérieure d'une chose. *Derrière d'une voiture.* / Chez l'homme et certains animaux, partie de l'anatomie comprenant les fesses et le fondement.
derviche n. m. Religieux musulman membre d'une confrérie, généralement liée au soufisme. / *Derviche tourneur*, pratiquant une danse rituelle pour parvenir à un état extatique.
des art. déf. pl. contracté, art. partitif et art. indéf. (Mis pour *de les*) *Le rangement des disques.* / art. partitif : voir *de.* / art. indéf. pl. (Pluriel de *un, une*) *Des enfants sages. Des robes rouges.*

D

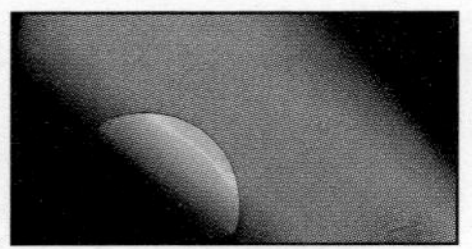

Patch transdermique
pour se **désaccoutumer** du tabac.

D

dès prép. Immédiatement après ; à partir de. *Dès son retour, il s'est remis au travail. Dès mille mètres d'altitude, la végétation change.* / loc. conj. *Dès que* : aussitôt que. *Dès qu'il sera parti, prévenez-moi.* / loc. adv. *Dès lors* : à dater de ce moment. / loc. conj. *Dès lors que* : à partir du moment où.

désabusé, e adj. Que plus rien n'abuse, qui n'a plus d'illusions, qui ne croit plus en rien. *Des gens désabusés.* / *Air désabusé,* de celui que plus rien ne surprend. *Prendre un air désabusé.*

désabuser v. t. [1] Détromper (qqn) de ce qui l'abuse. Syn. désillusionner.

désaccord n. m. Manque d'harmonie, d'accord ; contradiction ; brouille, conflit. *Théorie en désaccord avec les faits. Désaccord au sein d'un couple.*

désaccorder v. t. [1] MUS. Défaire l'accord de (un instrument). / v. pron. *Piano qui se désaccorde.*

désaccoutumance n. f. Fait de se désaccoutumer de qqch. Ant. accoutumance.

désaccoutumer v. t. [1] Faire perdre à (qqn) une accoutumance. / v. pron. *Se désaccoutumer du tabac.* Ant. accoutumer.

désacralisation n. f. Action de désacraliser ; résultat de cette action. Ant. sacralisation.

désacraliser v. t. [1] Faire perdre son caractère sacré à. Ant. sacraliser.

désactivation n. f. Action de désactiver. *Désactivation d'une extension logicielle, d'une substance radioactive.* Ant. activation.

désactiver v. t. [1] Effectuer les opérations nécessaires à l'annulation de l'activité (d'un produit, surtout radioactif). *Désactiver une bombe.* Ant. activer.

désadaptation n. f. Fait de se désadapter. / Perte de l'adaptation.

désadapter v. t. [1] Rendre inadapté à (qqn). *Son long séjour à l'autre bout du monde l'a désadapté à notre mode de vie.* / v. pron. *Se désadapter définitivement.*

désaffecté, e adj. Hors service. *Une gare désaffectée.*

désaffecter v. t. [1] Ôter son affectation initiale à. *Désaffecter une école.*

désaffection n. f. Disparition ou diminution de l'affection ou de l'intérêt que l'on porte à une personne ou à une chose.

désagréable adj. Qui n'est pas agréable.

désagréablement adv. De manière désagréable.

désagrégation n. f. Action de désagréger, fait de se désagréger ; décomposition. *Désagrégation d'une roche, du corps social.*

désagréger v. t. [1] Séparer (ce qui est agrégé). *Le vent a désagrégé cette roche.* / v. pron. *Une roche qui se désagrège.*

désagrément n. m. Déplaisir, mécontentement. / Sujet de contrariété, chose qui déplaît.

désaimantation n. f. Action de désaimanter ; état d'un corps désaimanté. Ant. aimantation.

désaimanter v. t. [1] Faire disparaître l'aimantation de. Ant. aimanter.

désaliénation n. f. Suppression d'une aliénation, du caractère aliénant de qqch.

désaltérer v. i. [1] Ôter la soif. *Le thé désaltère.*

désamiantage n. m. Action de désamianter ; résultat de cette action.

désamianter v. t. [1] Retirer (d'un édifice, d'un lieu) les flocages contenant de l'amiante. *Désamianter les bâtiments publics.*

désamorçage n. m. Action de désamorcer, fait de se désamorcer ; état de ce qui est désamorcé. *Désamorçage d'une génératrice électrique.* Ant. amorçage.

désamorcer v. t. [1] Ôter l'amorce de. *Désamorcer un explosif.* / Empêcher le fonctionnement de (ce qui doit être amorcé). *Désamorcer une pompe.* Ant. amorcer.

désamour n. m. Litt. Cessation de l'amour.

Desanti (Jean-Toussaint) 1914-2002 Philosophe français. Épistémologue, il a analysé les textes scientifiques : *Phénoménologie et praxis* (1963), *Les Idéalités mathématiques* (1967).

De Santis (Giuseppe) 1917-1997 Cinéaste italien. Scénariste, réalisateur, il fut un des chefs de file du néo-réalisme : *Riz amer* (1948).

désappointé, e adj. Déçu.

désappointement n. m. Sentiment de déception.

désapprobation n. f. Action de désapprouver, de blâmer. Ant. approbation.

désapprouver v. t. [1] Ne pas approuver (qqch. qqn).

désarçonner v. t. [1] Faire vider les arçons à (un cavalier), le jeter à terre. *Le cheval m'a désarçonné.* / Fig. *La question me désarçonne,* me déconcerte.

désargenté, e adj. Qui a perdu son argenture. *Couverts désargentés.* / Fam. Qui n'a plus d'argent. *Un aristocrate désargenté.*

désarmant, e adj. Qui fait disparaître la sévérité, qui pousse à l'indulgence. *Un petit geste désarmant de la main.*

désarmement n. m. Action de désarmer ; résultat de cette action. Réduction ou suppression des forces armées d'un pays. *Le désarmement de l'Allemagne en 1945.* / Réduction ou arrêt de la production et/ou de l'usage de certains types d'armements. *Conférence sur le désarmement nucléaire.*

désarmer v. t. / v. i. [1] **A.** v. t. Ôter son arme, son armement à. *Désarmer des rebelles. Désarmer un État.* Ant. armer. / Rendre inoffensive (une arme à feu) en détendant le ressort à percussion. / MAR. *Désarmer un navire,* en ôter tout son matériel mobile et débarquer son équipage. / Fig. Faire fléchir, ébranler. *Ses larmes me désarment.* **B.** v. i. Réduire son armement. / Fig. (Emploi souvent négatif) Renoncer, céder.

désarroi n. m. Détresse morale, mêlée de confusion. *Être en grand, en plein désarroi.*

désarticulation n. f. Action de désarticuler ; fait d'être désarticulé.

désarticuler v. t. [1] Désunir (ce qui est articulé). *Désarticuler une patte de poulet. Désarticuler les pièces d'une machine.* (Emploi pron.) *Se désarticuler le genou.* Au fig. *Contorsionniste qui se désarticule,* qui se contorsionne à l'extrême. / CHIR. Amputer (un membre) au niveau de l'articulation. *Désarticuler une jambe.*

désassembler v. t. [1] Défaire (un assemblage).

désassimilation n. f. PHYSIOL. Phénomène par lequel des substances complexes préalablement assimilées par un organisme vivant sont transformées en substances plus simples et éliminées.

DESCARTES (RENÉ)

René Descartes.

Né en Touraine, il fait ses études au collège des jésuites de La Flèche, puis apprend le droit à Poitiers. Ses études le déçoivent : elles ne lui donnent aucune certitude, exception faite des mathématiques. En 1618, il s'engage dans les troupes de Maurice de Nassau, en Hollande, puis dans celles du duc de Bavière. En Allemagne, en 1619, après une nuit d'exaltation, il décide de consacrer sa vie à la science et à la philosophie. Il abandonne la vie militaire en 1620, voyage plusieurs années et s'installe en 1625 à Paris où il mène une vie mondaine et rédige *Règles pour la direction de l'esprit* (1628), ouvrage qui ne sera publié qu'après sa mort. En 1629, le goût de la solitude et peut-être aussi le souci d'échapper aux tracasseries éventuelles de la Sorbonne ou du pouvoir royal, le poussent à s'installer en Hollande où il restera vingt ans.

Il y poursuivra ses recherches dans les domaines les plus divers : anatomie, physique, astronomie, géométrie, optique, et y publiera, en latin, de nombreux ouvrages scientifiques : *Dioptrique, Météores, Géométrie* (1637), auxquels le *Discours de la méthode* (en français) sert de préface, et philosophiques : les *Méditations* (1641), et le *Traité des passions de l'âme* (1649). Ayant appris, en 1633, la condamnation du *Massimi Sistemi* de Galilée, il avait renoncé à publier son *Traité du monde ou de la lumière*. À Paris, en 1641, paraîtra *Méditations métaphysiques*, ouvrage attaqué par les jésuites. Cependant, c'est en Hollande que vont se développer les plus féroces controverses, mettant aux prises Descartes, ses soutiens et ses adversaires, des théologiens d'Utrecht, Groningue et Leyde. Lassé, Descartes se rend à Paris en 1647 et 1648 ; le voyage est décevant, il rentre en Hollande, d'où il partira (1649) pour Stockholm, acceptant la pressante invitation de la reine Christine.

Atteint de pneumonie, il y meurt quelques mois plus tard, sans avoir pu achever l'itinéraire de sa philosophie que devait clore l'élaboration d'une doctrine morale. Si, en tant que philosophe, Descartes a influencé les penseurs de l'Europe entière, on ne peut, pour autant, négliger ses travaux proprement scientifiques ; en mathématiques, il est à l'origine de la géométrie analytique, de la notion de coordonnées, des notations symboliques ; en physique, il étudia la réfraction optique et en fixa la loi ; en anatomie et en biologie, il tenta de décrire la circulation du sang et jeta les bases d'une psychophysiologie mécaniste : les êtres vivants sont assimilés à des automates et le corps décrit comme une machine.

désastre n. m. Événement malheureux, catastrophique ; grave échec, faillite. *Désastre écologique. L'entreprise a tourné au désastre.*

désastreux, euse adj. De la nature du désastre. *Un séisme désastreux.* / (Sens atténué) *Faire une impression désastreuse.*

désatellisation n. f. ASTRON. Opération consistant à faire quitter à un satellite artificiel l'orbite qu'il décrit autour d'un astre. / Fig. Fait, pour un pays, de cesser de dépendre d'un autre. Ant. satellisation.

Des Autels (Guillaume) 1529-1581 Poète français. Proche de la Pléiade, il est l'auteur de sonnets pétrarquisants (*Amoureux repos*, 1553). Sa *Remontrance au peuple français* témoigne de son catholicisme fervent. On lui attribue un récit imité de Rabelais, *Mitistoire barragouyne de Fanfreluche et Gaudichon* (1574).

désavantage n. m. Infériorité. *Triompher malgré le désavantage du nombre.* Ant. avantage. / Inconvénient, caractère préjudiciable. *Ce statut a bien des désavantages.*

désavantager v. t. [1] Mettre (qqch., qqn) en position désavantageuse, défavorable. Ant. avantager.

désavantageusement adv. De manière désavantageuse.

désavantageux, euse adj. Qui n'est pas avantageux.

désaveu n. m. Acte ou parole par lesquels on nie avoir dit ou fait qqch. / DR. *Désaveu de paternité* : refus de reconnaître la paternité d'un enfant. / Fait de désavouer qqn ou qqch., refus de le cautionner.

désavouer v. t. [1] Revenir sur (un engagement). / Ne pas reconnaître comme sien, renier. *Désavouer une œuvre.* / Refuser de cautionner (un mandataire). / Litt. Désapprouver, condamner.

désaxé, e adj. et n. Écarté de son axe. *Pièce désaxée.* / Fig. Mentalement déséquilibré. *Avoir l'esprit désaxé.* (Subst.) *Un(e) désaxé(e).*
désaxer v. t. [1] Écarter (qqch.) de son axe. *Désaxer une roue.*
Desbordes-Valmore (Marceline) 1786-1859 Poétesse romantique dont les vers, par leur spontanéité et leur naturel, ont séduit Verlaine et André Breton : *Élégies* (1818), *Les Pleurs* (1833), *Bouquets et Prières* (1843).
• **Descartes (René)** 1596-1650 Philosophe et savant français.
descellement n. m. Action de desceller ; résultat de cette action. Ant. scellement.
desceller v. t. [1] Défaire (ce qui est scellé). *Desceller des gonds.*
descendance n. f. L'ensemble des personnes issues de qqn. / Fait de descendre de qqn, filiation.
descendant, e adj. et n. **A.** adj. Qui descend. *Marée descendante.* **B.** n. Individu qui descend de qqn par filiation. *Les descendants de Louis XIV.*
descendre v. i. / v. t. [3] **A.** v. i. Aller du haut vers le bas, vers un lieu plus bas. *Descendre de la montagne. Descendre de cheval, du train. Descendre dans un puits.* / Fig. *Descendre dans le Midi* : aller dans le sud de la France, le sud étant, dans les cartes les plus usuelles, au bas de la page. / Par ext. S'arrêter pour séjourner. *Descendre dans une auberge.* / Être en pente, en descente. *Le sentier descend jusqu'à la mer.* / Fig. Baisser de niveau, d'intensité, de valeur. *Mer, température, prix qui descendent.* / Fig. (En parlant d'un humain, d'un animal) *Descendre de* : être le descendant de. *Descendre d'un paysan cévenol.* **B.** v. t. Parcourir du haut vers le bas. *Descendre un escalier, une rivière.* (Spécial.) *Descendre une gamme*, de l'aigu au grave. / Déplacer vers le bas. *Descendre un canot à la mer.* / Fam. Boire entièrement ; tuer, abattre ; critiquer vivement, éreinter. *Il a descendu toute la bouteille. Il s'est fait descendre par ses complices. Descendre un avion au cours d'un combat aérien. La critique a descendu son film.*
descente n. f. Action, fait de descendre. *La descente d'un escalier. L'avion entame sa descente.* / Irruption. *Descente de police.* / Pente d'un terrain ; voie que l'on emprunte vers le bas. *Ralentir dans une descente abrupte.* / BX-ARTS. *Descente de Croix* : représentation de Jésus alors qu'on le détache de la Croix. / MÉD. Prolapsus, déplacement vers le bas d'un organe du bassin. / SPORT Épreuve de vitesse en ski alpin, en V.T.T. / *Tuyau de descente* ou *descente* : conduit d'évacuation des eaux. / *Descente de lit* : tapis placé au pied du lit.
Deschamps (Eustache) 1346?-1406? Poète français qui, attaché au service de Charles V puis de Charles VI, composa une œuvre considérable où les poèmes de circonstance tiennent la plus grande place : *Sur le trépas de Bertrand Du Guesclin.* Poète satirique, il aborda tous les sujets.
Deschanel (Paul) 1855-1922 Homme politique français élu, contre Clemenceau, président de la République en février 1920. Malade, il démissionna en septembre.
déscolariser v. t. [1] Soustraire (un enfant) au système scolaire.
descripteur n. m. INFORM. Ensemble de signes qui décrivent un fichier, un programme.
descriptif, ive adj. et n. m. Qui décrit précisément une réalité ; évocateur. / Qui se borne à décrire. *Sciences descriptives*, qui décrivent un domaine sans formuler d'hypothèses sur les lois qui le régissent. *Linguistique descriptive*, qui rend compte d'un état de langue, sans référence à sa genèse et sans visée normative. / n. m. Document qui fournit une description détaillée.
description n. f. Action de décrire. / Énoncé ou écrit par lequel on décrit. *Une description détaillée.*
Desdémone Personnage d'*Othello* de Shakespeare, malheureuse victime de la défiance irraisonnée d'Othello, son mari jaloux.
désemparé, e adj. *Navire désemparé*, incapable de manœuvrer. / Fig. Qui ne sait plus que faire, comment réagir. *Un homme désemparé.*
désemparer v. t. [1] Vx Mettre (un navire) hors d'état de fonctionner. / Fig. Loc. mod. *Sans désemparer* : avec persévérance.
désenchanté, e adj. Désabusé, blasé.
désenchantement n. m. Perte du caractère magique de qqch. *La rationalisation a entraîné le désenchantement du monde.* / Sentiment de désillusion, de déception.
désenclavement n. m. Action de désenclaver ; son résultat. Ant. enclavement.
désenclaver v. t. [1] Rompre l'enclavement de. *Désenclaver un territoire.* Ant. enclaver.
désendettement n. m. Fait de se désendetter ; son résultat.
désendetter (se) v. pron. [1] Se libérer, partiellement ou totalement, de ses dettes.
désenfler v. i. [1] Devenir moins enflé.
désengourdir v. t. [2] Faire cesser l'engourdissement de. Ant. engourdir.
désengourdissement n. m. Action de désengourdir ; résultat de cette action. Ant. engourdissement.
désennuyer v. t. [1] Litt. Faire cesser l'ennui de (qqn).
désensibilisation n. f. Action de désensibiliser ; son résultat. Ant. sensibilisation.
désensibiliser v. t. [1] MÉD. Faire disparaître, atténuer la sensibilité à (un allergène). Ant. sensibiliser.
déséquilibre n. m. Absence d'équilibre, instabilité. / *Un empilement de parpaings en déséquilibre.* / Manque d'équilibre psychologique. *Son déséquilibre s'accentue.* / Disproportion. *Déséquilibre entre les dépenses et les recettes.*
déséquilibré, e adj. et n. Qui n'est pas équilibré. *Pile de livres déséquilibrée. Cette femme est déséquilibrée.* / n. *Un(e) déséquilibré(e).*

Désert du Namib, Afrique australe.

National Monument Valley, Arizona.

Oasis du Grand Erg occidental dans le désert du Sahara, Algérie.

DÉSERT

déséquilibrer v. t. [1] Faire perdre l'équilibre à (qqn). *Déséquilibrer un adversaire à la lutte.* Au fig. Troubler l'équilibre mental de. *Un accident tragique l'a profondément déséquilibré.* Ant. équilibrer. / Faire perdre son équilibre à (qqch.). *Déséquilibrer une charge.*
désert n. m. Région souvent pierreuse ou sableuse, aride ou semi-aride et de ce fait, très peu peuplée. *Désert du Sahara, de Gobi.* / Fig. Lieu sans vie, à l'écart de tout. *Parler, prêcher dans le désert*, sans être entendu, en vain. *Traversée du désert* : période de solitude, en particulier en parlant de personnages publics.
déserter v. t. [1] Quitter (un lieu), le laisser désert. / Fig. Abandonner. *Déserter une cause.* / MILIT. (Emploi absol.) Abandonner son poste, l'armée sans autorisation.
déserteur n. m. MILIT. Personne qui déserte. *Fusiller les déserteurs.*
désertification n. f. Transformation d'une région en désert, du point de vue géographique ou démographique.
désertifier (se) v. pron. [1] Se transformer en désert.
désertion n. f. MILIT. Action de déserter. / Fig. Abandon d'une cause, d'un parti.
désertique adj. Propre ou relatif au désert. *Climat désertique.*
désescalade n. f. Diminution progressive d'une menace, apaisement d'une situation conflictuelle, d'une escalade dans les domaines militaire, politique ou social.
désespéré, e adj. et n. Qui a perdu l'espoir. *Homme désespéré. Un(e) désespéré(e).* / Provoqué par le désespoir. *Sanglots désespérés.* (Sens atténué) Ultime. *Tentative désespérée.* / Où il n'y a plus d'espoir. *Situation désespérée.*
désespérément adv. De manière désespérée.
désespérer v. t. / v. i. [1] **A.** v. t. Faire perdre l'espoir à, jeter dans le désespoir. / v. t. ind. *Désespérer de* : ne plus espérer de. *Je désespère de réussir, de vous revoir.* **B.** v. i. Perdre espoir. Ant. espérer.
désespoir n. m. État de celui qui a perdu tout espoir. / Chagrin extrême. / *Faire le désespoir de qqn* : être pour lui une cause de vive contrariété. / Fig. *En désespoir de cause* : en dernier lieu, après avoir tout tenté en vain.
désétatisation n. f. Action de désétatiser ; son résultat. Ant. étatisation.
désétatiser v. t. [1] Priver (qqch.) de son caractère étatique ; restreindre le rôle de l'État dans. *Désétatiser un secteur économique.* Ant. étatiser.
Desèze ou **De Sèze (Romain**, comte**)** 1748-1828 Juriste français. En décembre 1792-janvier 1793, il défendit Louis XVI mis en accusation par la Convention (les deux autres défenseurs ne plaidèrent pas).
déshabillage n. m. Action de déshabiller, de se déshabiller. Ant. habillage.
déshabillé, e adj. et n. m. **A.** adj. Dépouillé de ses habits. Ant. habillé. **B.** n. m. Vêtement d'intérieur féminin, en tissu léger.
déshabiller v. t. [1] Dépouiller de ses habits. Au fig. *Déshabiller qqn du regard.* Ant. habiller. / v. pron. *Se déshabiller avant de se coucher.*
désherbage n. m. Action de désherber.
désherbant n. m. Produit utilisé pour désherber.
désherber v. t. [1] Ôter l'herbe, la mauvaise herbe de. *Désherber une allée.*

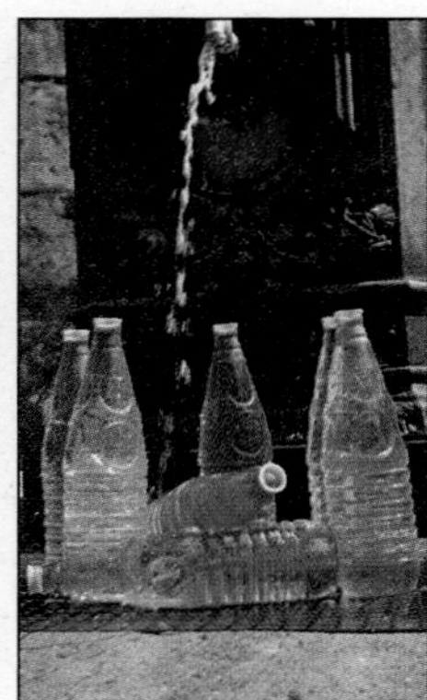

Boire beaucoup d'eau évite la **déshydratation**.

déshérence n. f. Absence d'héritier susceptible de recevoir une succession, qui est alors attribuée à l'État. / Fig. *Être, tomber en déshérence*: être abandonné, oublié.
déshérité, e adj. et n. **A.** adj. Se dit d'une personne privée d'un héritage. **B.** adj. et n. Se dit d'une personne, d'un lieu, d'un peuple qui n'a pas les dons naturels ou les biens dont les autres sont pourvus. *Province déshéritée.* / n. (surtout au plur.) *Les déshérités*: les pauvres, les malheureux. *Se vouer à l'aide des déshérités.*
déshériter v. t. [1] Priver d'un héritage (un héritier légitime). / Fig. Priver d'avantages, de dons naturels.
déshonnête adj. Vieilli Inconvenant; contraire aux bonnes mœurs.
déshonneur n. m. Perte de sa réputation, de son honneur. / La cause de cette perte.
déshonorant, e adj. Qui déshonore. *Tenir des propos déshonorants.*
déshonorer v. t. [1] Faire perdre son honneur à. (Emploi pron.) *Se déshonorer publiquement.* / Par ext. Déprécier; enlaidir, défigurer (un lieu, une construction).
déshumanisation n. f. Action de déshumaniser; son résultat. Ant. humanisation.
déshumaniser v. t. [1] Rendre moins humain, moins civilisé (qqn, qqch.); faire perdre son caractère humain à. *Déshumaniser les relations sociales.* Ant. humaniser.
déshydratation n. f. Opération consistant à déshydrater une substance. Ant. hydratation. / MÉD. Déficit en eau qui peut être causé par la fièvre, des diarrhées, des vomissements, etc., dont la gravité varie selon la perte de sels qui lui est associée.
déshydraté, e adj. Qui a été vidé de son eau. / MÉD. Atteint de déshydratation.
déshydrater v. t. [1] Vider (un corps) de son eau. Ant. hydrater. / v. pron. *La peau se déshydrate*, perd sa teneur en eau.
déshydrogénase n. f. BIOCHIM. Enzyme qui catalyse une réaction de déshydrogénation.
déshydrogénation n. f. BIOCHIM. Réaction par laquelle un atome d'hydrogène est enlevé à une molécule organique et transféré à une autre molécule. / CHIM. Action de déshydrogéner; son résultat. Ant. hydrogénation.
déshydrogéner v. t. [1] CHIM. Éliminer l'hydrogène (d'une molécule), totalement ou partiellement. Ant. hydrogéner.
De Sica (Vittorio) 1901-1974 Acteur et cinéaste italien. Ses premiers films furent des comédies mais, en 1946, il se tourne vers le drame néo-réaliste: *Sciuscia* (1946), *Le Voleur de bicyclette* (1948), *Miracle à Milan* (1951). Puis il adopte un style plus traditionnel: *Umberto D* (1952), *Station Termini* (1953), *L'Or de Naples* (1954), *La Ciociara* (1960), *Le Jardin des Finzi-Contini* (1970), *Le Voyage* (1973), tout en menant une brillante carrière internationale d'acteur (*Madame de…*, 1953).
desiderata n. m. pl. (mot latin) Choses que l'on souhaite, désirs; demandes, requêtes.
design n. m. inv. (mot anglais) Mode de création industrielle qui vise à adapter la forme des objets (appareils, outils, meubles, vaisselle, etc.) à la fonction qu'ils remplissent, tout en leur conférant une séduction, une beauté plastique qui rende leur utilisation agréable. / Style de décoration inspiré de cette conception. *Meubles, objets, tissus design*, aux formes dépouillées, aux couleurs pures, souvent réalisés (pour les meubles et les objets), dans des matériaux tels que le verre, le métal, la matière plastique.
désignation n. f. Action de désigner, de montrer ou de dénommer; nom ou signe par lequel on désigne qqn ou qqch. / Action de nommer qqn à une fonction; choix. *La désignation d'un responsable des ventes.*
désigné, e adj. *Avocat désigné d'office*, qui assiste, par obligation légale, un accusé qui n'a pas les moyens de choisir un avocat, ou qui refuse de le faire.
désigner v. t. [1] Montrer, indiquer par un signe, un mot, un geste. *Il me désigna le chemin du doigt.* / Représenter; signifier. *N désigne l'ensemble des nombres entiers naturels.* / Nommer, choisir à un poste, à une fonction.
désillusion n. f. Perte d'une illusion.
désillusionner v. t. [1] Faire perdre ses illusions à.
désincarcération n. f. Action de désincarcérer.
désincarcérer v. t. [1] Dégager (qqn) d'un véhicule accidenté.
désincarnation n. f. Fait d'être désincarné.
désincarné, e adj. (En parlant d'un mort) Libéré de son corps, de son enveloppe charnelle. *Esprit désincarné*, sans corps. / Fig. Abstrait, sans réalité concrète. *Relations désincarnées des internautes.*
désincrustation n. f. Action de désincruster. Ant. incrustation.
désincruster v. t. [1] Ôter (ce qui est incrusté).
désindustrialisation n. f. Réduction ou disparition du secteur industriel. *La désindustrialisation d'une région.* Ant. industrialisation.
désinence n. f. LING. Terminaison ajoutée au radical d'un mot dans les langues à flexion, pour marquer le nombre, le genre, la personne ou la fonction. *En latin, dans rosae, rosam, rosarum, -ae, -am, -arum sont des désinences.*
désinfectant, e adj. et n. Qui désinfecte. *Un produit désinfectant. Un désinfectant.*
désinfecter v. t. [1] Détruire (la flore microbienne) de. *Désinfecter une plaie.* Ant. infecter.
désinfection n. f. Action de désinfecter; son résultat. Ant. infection.
désinflation n. f. ÉCON. Réduction de l'inflation.
désinflationniste adj. Propre ou relatif à la désinflation. Ant. inflationniste.
désinformation n. f. Action de désinformer; son résultat.
désinformer v. t. [1] Informer de manière à cacher certains faits, à déformer la réalité, notamment en employant les techniques modernes de communication de masse.
désinsectisation n. f. Destruction massive des insectes.
désinstallation n. f. Action de désinstaller; son résultat. Ant. installation.
désinstaller v. t. [1] Défaire (ce qui est installé).
désintégration n. f. Action de désintégrer; son résultat. / GÉOL. Décomposition, désagrégation des roches. / PHYS. NUCL. *Désintégration atomique*: action de désintégrer un noyau atomique, sous l'effet d'un bombardement de particules à haute énergie.
désintégrer v. t. [1] Détruire l'intégrité de. *Désintégrer un noyau atomique.* / v. pron. *Le projectile s'est désintégré en touchant la cible.*
désintéressé, e adj. Qui n'est pas intéressé par son profit personnel. *Un ami désintéressé.* / Fait sans motivation de profit personnel. *Action désintéressée.*
désintéressement n. m. Action de désintéresser qqn. Ant. intéressement. / Caractère d'une personne détachée de ses propres intérêts; générosité.
désintéresser v. t. [1] Payer à (qqn) ce qui lui revient. *Désintéresser un créancier.* Ant. intéresser. / v. pron. *Se désintéresser de*: perdre tout intérêt pour.
désintérêt n. m. Perte de l'intérêt pour qqn, qqch.; indifférence. Ant. intérêt.
désintoxication n. f. Action de désintoxiquer; son résultat. Ant. intoxication. / MÉD. Traitement destiné à mettre fin à la dépendance alcoolique ou toxicomaniaque.
désintoxiquer v. t. [1] Soigner (qqn) des effets d'une intoxication. *Désintoxiquer un alcoolique.* Ant. intoxiquer. / Éliminer les substances toxiques de. *Désintoxiquer l'atmosphère.*
désinvestir v. t. / v. i. [2] Cesser d'investir. / v. i. Ne plus être motivé pour qqch.
désinvestissement n. m. Action de désinvestir; son résultat.
désinvolte adj. Décontracté, insouciant. *Allure désinvolte.* / Trop décontracté, presque insolent.
désinvolture n. f. Attitude d'une personne désinvolte.
désir n. m. Tendance consciente vers un objet connu ou imaginé, en particulier dans le domaine sexuel; souhait, aspiration. *Éprouver du désir pour qqn. Avoir le désir de réaliser qqch.* / Chose désirée. *Qu'il soit fait selon ton désir.*
désirable adj. Qui suscite le désir; digne d'être désiré. *Une position sociale désirable. Une femme désirable.*
Désirade (la) *27 km² 1 610 h.* Île des Antilles françaises à 10 km à l'est de la Guadeloupe, dont elle dépend.
désirer v. t. [1] Avoir le désir de. *Désirez-vous plus de café? Je désire m'en aller.* / Éprouver du désir sexuel pour. *Tu ne désireras pas la femme de ton voisin.* / *Se faire désirer*: se faire attendre.
désireux, euse adj. *Désireux de*: qui désire (qqch.). *Un homme désireux de succès. Je suis désireux de vous rencontrer.*
désistement n. m. DR. Abandon d'un droit. *Désistement d'action*: renonciation à une action introduite devant le tribunal. / POLIT. Retrait d'une candidature en faveur d'un autre candidat.
désister (se) v. pron. [1] Donner son désistement.
Desjardins (Martin Van den Bogaert, dit) 1640-1694 Sculpteur français d'origine hollandaise, auteur de plusieurs statues mythologiques inspirées de l'antique, situées dans le parc de Versailles (Thétis, Diane chasseresse). On lui doit aussi de nombreux bustes.
desman n. m. ZOOL. Petit mammifère de l'ordre des insectivores, proche de la taupe, dont le museau se prolonge par une trompe, aux pattes postérieures palmées, adaptées à la nage.
Desmarets de Saint-Sorlin (Jean) 1595-1676 Écrivain français. Il a écrit des tragédies ainsi que des comédies dont l'une, *Les Visionnaires* (1637), a inspiré Molière qui en a tiré le personnage de Bélise pour ses *Femmes savantes*. Dans la querelle des Anciens et des Modernes, il se rangea parmi les Modernes.
Des Moines *193 965 h.* Ville des États-Unis, capitale de l'Iowa, sur la rivière Des Moines, affluent du Mississippi. Centre industriel. Université.

Le Capitole de **Des Moines**, dans l'Iowa.

Camille Desmoulins.

Desmoulins (Camille) 1760-1794 Révolutionnaire et homme politique français. Orateur de talent et brillant journaliste, il participe activement aux journées de juillet 1789 et publie, avec succès, un journal : *Les Révolutions de France et du Brabant*. Secrétaire de Danton, il attaque les Girondins et les hébertistes dans *Le Vieux Cordelier*. Robespierre le fait arrêter. Traduit devant le Tribunal révolutionnaire, il est condamné à mort. C'est en compagnie de Danton qu'il marche à la guillotine, suivi de peu par sa femme Lucile qui avait protesté auprès de Robespierre contre le sort réservé à son mari.

Desnos (Robert) 1900-1945 Poète français. Surréaliste, il participe à toutes les séances expérimentales de sommeil hypnotique et collabore à *La Révolution surréaliste*. En 1927, il publie un recueil érotique (*La Liberté ou l'Amour !*). En 1930, *Corps et Biens* lui est inspiré par la mort d'une femme qu'il aimait d'un amour sans espoir ; à cette date, il a été exclu du groupe surréaliste, a rencontré Youki, sa future épouse, et commencé une carrière de journaliste et d'homme de radio qu'il poursuivra jusqu'à la guerre (*La Grande complainte de Fantomas*, 1933), de scénariste et de critique de cinéma. Entré dans la Résistance en 1942, il publie en 1943 son unique roman, en partie autobiographique (*Le Vin est tiré...*) et un recueil de poèmes, *État de veille*. Il est arrêté en 1944, juste avant la parution de *Trente Chantefables pour les enfants sages*, et déporté. Il meurt du typhus à Terezin, alors même que les Alliés venaient de libérer le camp.

désobéir v. t. ind. [2] *Désobéir à* : ne pas obéir à (qqn) ; refuser de se conformer à. *Désobéir à son maître, aux lois.*

désobéissance n. f. Action de désobéir. / Attitude de celui qui a l'habitude de désobéir. Ant. obéissance.

désobéissant, e adj. Qui désobéit. *Un enfant désobéissant.* Ant. obéissant.

désobligeant adj. Vexant.

désocialisation n. f. Processus par lequel une personne, ou un groupe, se trouve en partie ou totalement exclue de la vie sociale ; état d'une personne qui ne peut plus entretenir ni tisser des liens sociaux. *Désocialisation due au chômage.*

désodé, e adj. Dont on a éliminé le sel ; pauvre en sel. *Régime désodé.*

désodorisant adj. et n. m. Qui ôte les odeurs.

désœuvré, e adj. et n. Qui n'a aucune activité. *Jeune homme désœuvré. Un(e) désœuvré(e).*

désœuvrement n. m. État d'une personne désœuvrée.

désolant, e adj. Qui désole ; qui émeut, chagrine fortement. *Le village bombardé présentait un aspect désolant.* / Cour. Contrariant. *Ce contretemps est désolant.*

désolation n. f. Litt. Ravage, dévastation d'un lieu ; état d'un lieu dévasté. / Tristesse, chagrin extrême.

désolé, e adj. Dévasté, ruiné. *Après la tempête, les Landes offrent un paysage désolé.* / Très triste. *Un père désolé.* / (Sens atténué, souvent dans une formule de politesse) *Être désolé* : regretter ; présenter ses excuses pour. *Oh, je suis désolée, j'ai fait tomber votre paquet. Nous sommes désolés de ne pouvoir répondre favorablement à votre demande.*

désoler v. t. [1] Litt. Dévaster. *La guerre a désolé le pays.* / Causer de l'affliction, de la contrariété à (qqn). *Vous me désolez avec cette histoire.*

désolidariser v. t. v. pron. [1] v. t. Disjoindre. / v. pron. *Se désolidariser de* : rompre l'alliance, l'union avec. *Se désolidariser d'une équipe.*

désopilant, e adj. Qui provoque l'hilarité.

désordonné, e adj. En désordre. *Ensemble désordonné.* / (En parlant de qqn) Qui n'est pas ordonné. *Élève désordonné.*

désordre n. m. Manque d'ordre ; défaut d'organisation. *Bureau en désordre. Désordre des idées.* / Perturbation psychique ou physique. / Troubles sociaux, politiques.

désorganisation n. f. Action de désorganiser ; son résultat. Ant. organisation.

désorganiser v. t. [1] Altérer l'organisation de. Ant. organiser.

désorienter v. t. [1] Faire perdre le sens de l'orientation à (qqn). / Fig. Rendre (qqn) hésitant, désemparé.

désormais adv. À partir de maintenant.

désorption n. f. CHIM et PHYS. Rupture des liaisons entre un corps et son substrat sur lequel il était adsorbé. Ant. adsorption.

désosser v. t. [1] Ôter l'os, les os de. *Désosser un poulet.*

désoxyribonucléique adj. BIOCHIM., GÉNÉT. *Acide désoxyribonucléique (A.D.N.)* : acide nucléique, polymère de nucléotides dont le pentose est le désoxyribose.
♦ L'acide désoxyribonucléique est une macromolécule constituée de deux brins enroulés en double hélice, chacun étant constitué d'une succession de nucléotides puriques (adénine, guanine) et pyrimidiques (cytosine, thymine). Les nucléotides d'un brin sont associés de manière caractéristique à ceux de l'autre brin par des liaisons hydrogène : l'adénine est complémentaire de la thymine et la guanine de la cytosine. Élément constitutif des chromosomes, l'acide désoxyribonucléique est le support de l'information génétique qui s'inscrit dans la succession de ces nucléotides : certaines portions de la molécule d'A.D.N., appelées gènes, servent de matrice à la synthèse de molécules d'acide ribonucléique (A.R.N. messager) qui, à leur tour, vont permettre celle d'une protéine. La séquence nucléotidique de l'A.D.N. détermine celle de l'A.R.N. messager et en fin de compte la séquence en acides aminés de la protéine, et par-là sa structure et sa fonction. En 1944, Oswald Avery et ses collaborateurs ont démontré que l'A.D.N. est le support de l'information génétique. Les travaux de Francis Crick, James Watson et Maurice Wilkins permirent, en 1953, d'établir le modèle de structure tridimensionnelle de l'A.D.N. (double hélice).

désoxyribose n. m. BIOCHIM. Ose de formule $C_5H_{12}O_4$, dérivé du ribose par suppression d'un groupement hydroxyle –OH.

desperado n. m. (mot espagnol) Hors-la-loi prêt à tout, car n'ayant rien à perdre.

Des Périers (Bonaventure) v. 1510-v. 1544 Écrivain français. Poète, traducteur de Platon, on lui attribue *Cymbalum mundi* (1537), constitué de quatre dialogues qui flétrissent les croyances humaines, assimilables à un bruit de cymbales et des contes (*Nouvelles Récréations et joyeux devis*) publiés après sa mort (1558).

Despiau (Charles) 1874-1946 Sculpteur français. Élève de Rodin, il fait montre, tant dans ses bas-reliefs et ses statues aux thèmes mythologiques (*Léda*, 1917) que dans ses nus (*Assia*, 1938) ou ses bustes (*Mme Faure*, 1927) d'une profonde sensibilité dans la finesse d'analyse psychologique de ses modèles et d'une grande maîtrise technique dans le prolongement de la tradition classique.

Desportes (Philippe) 1546-1606 Poète français. Il fut préféré à Ronsard sous Henri III dont il était le poète officiel.

Desportes (François) 1661-1743 Peintre français. Portraitiste à la cour de Pologne sous le règne de Jean Sobieski, il devint, à son retour en France, peintre animalier (il fut nommé par Louis XIV peintre de la vénerie royale en 1696) ; ses étincelantes natures mortes et ses cartons de tapisserie témoignent du même brio.

despotat n. m. HIST. Fief d'un despote ; territoire gouverné par un despote. *Le despotat d'Épire.*

despote n. Souverain qui exerce un pouvoir absolu et arbitraire. / HIST. Dans l'empire byzantin, prince vassal de l'empereur ; prince du sang ; gouverneur de province. *Despote de Mistra.* / Fig. Individu extrêmement autoritaire, tyran.

despotique adj. Relatif au despote, au despotisme.

despotisme n. m. Pouvoir du despote ; gouvernement du despote. / Fig. Autorité tyrannique, oppressive. / HIST. *Despotisme éclairé* : théorie défendue par les philosophes des Lumières, selon laquelle le souverain doit exercer le pouvoir dans les limites de la raison. *Catherine II, en Russie, Joseph II, dans le Saint Empire et en Autriche, se réclamaient du despotisme éclairé.*

desquamation n. f. Élimination de certaines parties de la couche superficielle de la peau.

desquels, desquelles Voir **lequel**

D.E.S.S. Sigle de *diplôme d'études supérieures spécialisées*, sanctionnant la première année d'un troisième cycle d'études orientées vers la vie professionnelle.

dessablement n. m. Action de dessabler. Ant. ensablement. / Opération de traitement des eaux usées consistant à en éliminer les sables et les graviers.

dessabler v. t. [1] Ôter le sable de. *Dessabler une allée.* Ant. ensabler.

dessaisir v. t. [2] *Dessaisir une juridiction*, lui enlever ce dont elle a été saisie. / v. pron. *Se dessaisir de qqch.*, le laisser à d'autres.

dessaisissement n. m. Action de dessaisir, de se dessaisir.

dessalage n. m. MAR. Fait de dessaler, de chavirer.

dessalement n. m. Action de dessaler ; résultat de cette action. *Le dessalement d'une morue.*

dessaler v. t. / v. i. [1] **A.** v. t. Ôter le sel de. *Dessaler de l'eau de mer.* Ant. saler. / (Emploi intransitif). *La morue dessale depuis hier*, elle perd, par dissolution, le sel dans lequel on l'a conservée. / Fig., fam. Déniaiser (qqn). **B.** v. i. MAR. Chavirer, en parlant d'un voilier de petite taille. / Tomber à l'eau en chavirant.

Dessalines (Jean-Jacques) 1758 ?-1806 Homme d'État haïtien. Esclave à Saint-Domingue, il se révolte en 1791, se joint à Toussaint-Louverture en 1794 et contribue avec lui à la défaite des Anglais (1798). Luttant ensuite contre l'armée française envoyée par Bonaparte, victorieux en 1803, il proclame l'indépendance de la république d'Haïti, puis se fait proclamer empereur en 1804. Il est assassiné par Christophe et Pétion.

dessaouler Voir **dessoûler**

Dessau *97 800 h.* Ville d'Allemagne (Saxe-Anhalt), sur la Mulde. Port fluvial. La ville fut le siège du Bauhaus de 1925 à 1933.

Dessau (Paul) 1894-1979 Compositeur et chef d'orchestre allemand. Il est surtout connu pour sa musique vocale : chansons, opéras (*La condamnation de Lucullus* [1951] ;

Le Repas de Charles III, *monarque qui introduisit en Espagne le* ***despotisme*** *éclairé.*

Saphir **desserti**.

Puntila [1966], tous deux sur des textes de B. Brecht ; *Einstein* [1974, livret de Karl Mickel] ; *Léonce et Léna* [1979, d'après G. Büchner]). On lui doit également des pièces pour orchestre, pour piano (*Guernica*, 1937), des ballets, ainsi que de nombreuses musiques de scène (notam. pour des pièces de B. Brecht : *Mère courage et ses enfants*, 1949 ; *La Bonne Âme de Se-Tchouan*, 1951 ; *Le Cercle de craie caucasien*, 1954 ; *Homme pour homme*, 1955) et de cinéma. En 1933, il s'exila, en France puis aux États-Unis, où débuta sa collaboration avec B. Brecht, qui devait se poursuivre après son retour à Berlin-Est en 1948.

dessèchement n. m. Action de dessécher ; fait de se dessécher.

dessécher v. t. [1] **I.** Rendre sec (ce qui ne l'est pas). *Le soleil dessèche la peau.* (Emploi pron.) *Une peau qui se dessèche.* **II.** Fig. Amaigrir (qqn, le corps de qqn). *Un vieillard que le temps a desséché.* / Endurcir (les sentiments de qqn), lui faire perdre sa sensibilité, sa compassion. *Les malheurs avaient desséché son cœur.*

dessein n. m. Volonté d'exécuter qqch., projet. / *À dessein* : exprès.

desseller v. t. [1] Ôter la selle de. *Desseller un cheval.*

desserrage ou **desserrement** n. m. Action de desserrer ; fait d'être desserré, de se desserrer. Ant. serrage, serrement.

desserrer v. t. [1] Relâcher (ce qui serre). *Desserrer un lien.* / Loc. fig. *Ne pas desserrer les dents* : se tenir coi, ne rien dire. / v. pron. *Leur étreinte se desserre.*

dessert n. m. Ce que l'on sert à la fin du repas ; ce moment du repas. *Et, pour dessert, une tarte aux pommes. Nous en sommes au dessert.*

desserte [1] n. f. Petit meuble où l'on dispose les plats avant de les servir, ou la vaisselle dont on s'est servi.

desserte [2] n. f. Fait de desservir un lieu. *Les deux villages sont reliés par une desserte par car.* / Vx Service d'un lieu de culte (église, chapelle).

dessertir v. t. [2] Dégager (une pierre) de ce qui la sertit.

dessertissage n. m. Action de dessertir. Ant. sertissage.

desservant n. m. RELIG. Ecclésiastique qui dessert une paroisse, un lieu de culte.

desservir v. t. [3] **I.** Assurer le service de communication entre, en parlant d'un moyen de transport. *Ce train dessert toutes les gares jusqu'à Nice.* / Assurer le service religieux de (un lieu, une paroisse). *Ce curé dessert plusieurs églises.* **II.** *Desservir la table*, la débarrasser de ce qui a servi au repas. **III.** Rendre un mauvais service à (qqn) ; nuire à (qqch.). *Sa fréquentation te dessert. Cette coupe de cheveux la dessert*, ne l'embellit pas.

dessiccateur n. m. TECHN. Appareil servant à la dessiccation.

dessiccatif adj. Qui dessèche. *Produit dessiccatif.*

dessiccation n. f. Élimination de l'eau contenue dans un corps solide ou gazeux.

dessiller v. t. [1] CHASSE (En fauconnerie) Découdre les paupières, cousues pour le dressage, de (un oiseau de proie). *Dessiller un faucon.* / Fig. *Dessiller les yeux de qqn, à qqn*, lui révéler, lui faire admettre la réalité.

dessin n. m. Représentation graphique d'un objet quelconque reposant sur les lignes et les ombres plutôt que sur la couleur. *Dessin à la plume, au crayon.* / Art ou technique utilisant ce mode de représentation. *Un génie du dessin. Dessin assisté par ordinateur, industriel.* / Forme, contour d'un objet. *Le dessin d'une oreille, d'un continent.* / CIN. *Dessin animé* : film composé d'une série d'images figurant chaque phase d'un mouvement et projetée à la cadence cinématographique habituelle ; cette technique cinématographique.

dessinateur, trice n. Personne qui dessine, qui exerce l'art du dessin.

dessiner v. t. / v. pron. [1] **A.** Représenter par un dessin. *Dessiner un chien.* / (Emploi absol.) *Dessiner au fusain, d'après nature.* / Faire ressortir les contours de. *Le crayon noir dessine ses yeux.* **B.** v. pron. Apparaître, se détacher. *Les toits se dessinent à travers la brume.* / Fig. Prendre forme, se manifester. *Le succès se dessine enfin.*

dessouchage n. m. Action de dessoucher ; son résultat.

dessoucher v. t. [1] Ôter les souches d'arbre de. *Dessoucher un terrain.*

dessouder v. t. [1] TECH. Défaire (ce qui était soudé). / v. pron. *Des pièces mécaniques qui se dessoudent.* / Arg. Tuer. *Dessouder un flic.*

dessoûler ou **dessaouler** v. i. / v. t. [1] Dissiper l'ivresse de. *L'air frais va vous dessoûler.* Ant. saouler, soûler. / v. i. *Il n'a pas dessoûlé de la semaine.*

LE BUREAU POLITIQUE DU NÉO-DESTOUR

M. HABIB BOURGUIBA
PRESIDENT DU NEO-DESTOUR

Avocat. Il a fondé et organisé, en 1934, le Néo-Destour dont il n'a jamais cessé d'être l'animateur dans la liberté, dans les prisons ou en exil. Il est Président du Conseil, Ministre des Affaires Etrangères et Ministre de la Défense Nationale.

M. BAHI LADGHAM
SECRETAIRE GENERAL DU PARTI

Directeur de la Chambre de Commerce du Nord. A représenté le Néo-Destour au Moyen-Orient et à New-York. A présidé le Congrès de Sfax. Vice-Président du Conseil.

M. TAIEB MEHIRI
SECRETAIRE GENERAL ADJOINT

Avocat. Ancien Secrétaire Général de la Fédération de Tunis-Banlieue du Néo-Destour. Ancien directeur du Parti. Ministre de l'Intérieur.

M. ABDALLAH FARHAT
SECRETAIRE GENERAL ADJOINT

Fonctionnaire des P.T.T. Membre de la Commission administrative et trésorier de l'U.G.T.T. Ancien Président de la Fédération destourienne du Sahel. Directeur du Cabinet du Président du Conseil.

M. AHMED TLILI
TRESORIER GENERAL

Fonctionnaire des P.T.T. A milité activement dans la région de Gafsa au sein du Néo-Destour et de l'U.G.T.T. dont il est actuellement un des principaux dirigeants.

M. ALI BELHAOUANE
MEMBRE DU BUREAU POLITIQUE

Professeur d'arabe. A été l'animateur et le coordinateur de l'action néo-destourienne dans les pays arabes du Moyen-Orient, avant de rejoindre Bourguiba à Paris. Vice-Président de l'Assemblée Constituante.

M. MONGI SLIM
MEMBRE DU BUREAU POLITIQUE

Avocat. A été directeur du Parti et un des négociateurs des Conventions, à Paris. Ancien Ministre de l'Intérieur. Ambassadeur à Washington et délégué permanent à l'O.N.U.

M. DJELLOULI FARES
MEMBRE DU BUREAU POLITIQUE

Professeur de lettres arabes. Ancien représentant du Néo-Destour à Paris. Ancien Ministre de l'Education Nationale. Président de l'Assemblée Constituante.

M. SADOK MOKKADEM
MEMBRE DU BUREAU POLITIQUE

Docteur en Médecine. Ancien directeur du Bureau politique du Parti. Ancien Ministre de la Santé Publique. Ambassadeur au Caire.

M. HEDI NOUIRA
MEMBRE DU BUREAU POLITIQUE

Avocat. Théoricien du Parti. Ancien Secrétaire général adjoint du Néo-Destour, ancien Ministre du Commerce, actuel Ministre des Finances.

M. MOHAMED MASMOUDI
MEMBRE DU BUREAU POLITIQUE

Publiciste. Ancien représentant du Parti à Paris et un des négociateurs des Conventions. Ancien Ministre de l'Economie Nationale. Ministre d'Etat, Ambassadeur à Paris.

dessous [1] prép. et adv. **A.** prép. Vx Sous. *Le lièvre était gîté dessous un maître chou* (La Fontaine). / loc. prép. Fam. *Être au-dessous de tout*, inconsistant, sans intérêt. **B.** adv. Plus bas, en bas. *La route passe dessous.* / loc. adv. *Les romans sont en haut de la bibliothèque, les dictionnaires au-dessous. Ne vous contentez pas de votre parka, mettez un chandail en dessous. Soulevez ce carton et regardez par-dessous.* / *Ci-dessous* : ci-après. / *Là-dessous* : sous cela.

dessous [2] n. m. Partie inférieure d'un objet ; envers. / *Dessous d'un théâtre* : chacun des étages à planches mobiles situés sous la scène. / (Au plur.) Lingerie féminine. / Fig. Aspect caché, mal connu de qqch. *Le dessous des cartes* : les circonstances, les raisons secrètes d'un événement, d'une entreprise. / (Au plur.) *Les dessous d'une campagne électorale.* / *Avoir le dessous* : être vaincu.

dessous-de-plat n. m. inv. Support où l'on pose les plats pour éviter d'abîmer la nappe ou la table.

dessous-de-table n. m. inv. Somme d'argent supplémentaire donnée en secret lors d'un marché.

dessus [1] prép. et adv. **A.** prép. Vx Sur. *L'âne qui portait une idole dessus son dos* (Bussy). / loc. prép. *Au-dessus de* : plus haut que. *Par-dessus* : au-delà de. **B.** adv. Sur la face supérieure, sur la face extérieure. *Mettez la nappe sur la table et posez les assiettes dessus.* / loc. adv. *Au-dessus, ci-dessus* : plus haut. *En dessus* : à l'extérieur, sur le côté supérieur. *Là-dessus, par-dessus* : sur cela.

dessus [2] n. m. Partie supérieure d'un objet ; son endroit. / (Au plur.) *Les dessus d'un théâtre* : les cintres. / Fig. Avantage. *Avoir le dessus* : être le vainqueur. *Reprendre le dessus* : surmonter une épreuve.

dessus-de-lit n. m. inv. Tissu, couverture légère qu'on met sur un lit pour le protéger. Syn. couvre-lit.

déstabilisation n. f. Action de déstabiliser ; situation qui en résulte. Ant. stabilisation.

déstabiliser v. t. [1] Faire perdre sa stabilité à. Ant. stabiliser.

déstalinisation n. f. HIST. Processus entamé en U.R.S.S. et dans les pays du bloc soviétique à partir de 1956, à la suite du XXe congrès du P.C.U.S., visant à supprimer les traits les plus marquants de la dictature et de la politique criminelle de Staline et à réhabiliter certaines de ses victimes.

De Stijl Revue créée aux Pays-Bas en 1917 par Mondrian et Van Doesburg, organe du mouvement artistique du même nom. De Stijl prône, en architecture et en peinture, le géométrisme strict et l'usage en aplats des couleurs fondamentales. Les recherches du mouvement (qui ne devint jamais un véritable groupe, certains des tenants de cette esthétique ne se connaissant même pas) se révélèrent d'une grande fécondité ; la revue cessa de paraître en 1928, mais un numéro isolé sera consacré en 1932 à Van Doesburg.

destin n. m. MYTH. Puissance supérieure déterminant le cours des événements. *La notion de destin est étroitement liée, dans la Grèce antique, à celles du tragique et de la fatalité.* / Ensemble des circonstances et des causes qui façonnent le cours de la vie d'un être humain, conçu comme indépendant de sa volonté. *Le destin en a voulu ainsi.* / Déroulement de l'existence humaine. *Tenter de se rendre maître de son destin.*

Écuyer conduisant un ***destrier****. Détail d'une miniature hongroise du XVIe siècle.*

destinataire n. Personne à laquelle on expédie un objet, on adresse un message.

destination n. f. Fin à laquelle une personne ou un objet peut être destiné. / Lieu où se rend qqn, vers lequel on expédie qqch. *Prendre le train à destination de Brest.*

destinée n. f. Destin. / Ce à quoi qqn ou qqch. est destiné. *Sa destinée était de voyager.*

destiner v. t. [1] Déterminer par avance le destin, la situation future de (qqn), l'usage, l'emploi de (qqch.). *Ce champ est destiné au pâturage.* (Emploi pron.) *Il se destine au professorat.* / Adresser, réserver. *Ce paquet vous est destiné.*

destituer v. t. [1] Priver (qqn) d'un droit, d'une charge, d'un emploi. *Destituer un fonctionnaire.*

destitution n. f. Action de destituer ; son résultat.

déstockage n. m. Action de déstocker.

déstocker v. t. [1] Soustraire (un produit) à un stock, pour l'utiliser, le faire circuler.

Destouches (Philippe Néricault, dit**)** 1680-1754 Auteur dramatique français. Influencées par Molière, ses comédies (*Le Philosophe marié*, 1727 ; *Le Glorieux*, 1732 ; *La Fausse Agnès*, 1736) tiennent davantage de la comédie de mœurs moralisatrice qu'elles ne visent à faire rire.

Destour Parti nationaliste tunisien qui demandait la suppression du protectorat français. En 1934, il se divise en *Vieux Destour*, attaché aux traditions islamiques et qui n'accepte dans son désir de retour à la Tunisie traditionnelle aucun rapport avec la France, et en *Néo-Destour*, qui envisage une collaboration économique et culturelle. Après avoir été interdit à l'époque du protectorat, le Néo-Destour devient le parti unique tunisien sous la direction de Bourguiba.

Destrée (Jules) 1863-1936 Écrivain et homme politique belge. Il combattit l'influence flamande (*Lettre au roi*, 1911 ; *Wallons et Flamands*, 1923) et fonda l'Académie royale de langue et de littérature françaises (1920).

destrier n. m. Au Moyen Âge, cheval de bataille que l'écuyer conduisait de la main droite lorsqu'il n'était pas monté.

destroyer n. m. (mot anglais) Navire de guerre rapide utilisé comme éclaireur ou escorteur. Syn. contre-torpilleur.

destructeur, trice adj. et n. Qui détruit. *Procédé destructeur. Un destructeur.*

destruction n. f. Action de détruire ; son résultat. Ant. construction.

déstructuration n. f. Action de déstructurer ou fait de se déstructurer ; état qui en résulte.

déstructurer v. t. [1] Détruire la structure de. / v. pron. *Une administration qui se déstructure.*

Destutt de Tracy (Antoine, comte**)** 1754-1836 Philosophe français. Héritier de Condillac, il considère la sensation comme la base de l'intellection, de la pensée et des idées. Ses *Éléments d'idéologie* (1804) firent de lui le chef de file des « idéologues ».

désuet, ète adj. Qui n'est plus usité.

désuétude n. f. État de ce qui est désuet. *Locution tombée en désuétude.*

désulfuration n. f. Fait de désulfurer.

désulfurer v. t. [1] TECHN. Éliminer le soufre contenu dans (une substance).

désunion n. f. Caractère de ce qui est désuni ; division, séparation. / Fig. Désaccord entre deux personnes.

désunir v. t. [2] Séparer (ce qui est uni). / v. pron. SPORT Perdre la bonne coordination de ses gestes. *Se désunir sous l'effet d'un effort intense.*

désyndicalisation n. f. Diminution du nombre de salariés syndiqués dans une entreprise, un secteur, un pays, etc.

détachage n. m. Action d'ôter les taches de (qqch.). *Détachage manuel.*

détachant, e adj. et n. m. Se dit d'un produit utilisé pour enlever les taches.

détaché, e adj. **I.** Qui n'est plus attaché. *Des lacets détachés.* / *Pièces détachées* : pièces que l'on fabrique indépendamment, et que l'on peut acquérir isolément, de l'entité mécanique à laquelle elles se rapportent. **II.** Qui ressent ou manifeste du détachement. *Prendre un air détaché.*

détachement n. m. Désintérêt, indifférence marqués vis-à-vis d'une personne ou d'une chose. / MILIT. Groupe de soldats séparé du reste de la troupe. / ADMIN. Situation d'un fonctionnaire attaché provisoirement hors de son corps ou de son service d'origine.

détacher [1] v. t. / v. pron. [1] **A.** Libérer du lien qui attache ; défaire (un lien). *Détacher le chien, ses cheveux. Détacher sa ceinture.* / Séparer, isoler d'un autre élément, d'un tout. *Détacher une feuille d'un calendrier. Détacher ses syllabes*, les articuler. / Fig. Détourner, éloigner. *Détacher son regard, son attention. Les années l'ont détaché de moi.* / Envoyer (qqn) en détachement, en mission ; affecter (qqn) à un autre poste. **B.** v. pron. Se dégager. *Se détacher de ses liens.* / S'écarter, se séparer. *Se détacher du peloton* : prendre de l'avance sur le peloton. / Apparaître nettement, ressortir (d'un ensemble). / Fig. Se détourner (de qqn, de qqch.). *Se détacher de sa famille.*

détacher [2] v. t. [1] Nettoyer (qqch.) de ses taches. *Détacher un vêtement.*

détail n. m. COMM. Opération de vente, d'achat ou de livraison par petites quantités de marchandises acquises en gros. *Prix de détail, vente au détail.* / Fig. Élément constituant d'un tout. *Agrandir un détail d'un tableau. Faire le détail* : énumérer, décrire précisément les éléments d'un ensemble. *En détail* : précisément, sans rien omettre. / Fig. Élément insignifiant. *Se perdre dans les détails. Ce n'est qu'un détail* : cela n'a pas d'importance.

détaillant, e n. Personne qui vend des marchandises au détail, par oppos. au *grossiste*.

détailler v. t. [1] Vendre au détail. / Raconter dans le détail ; examiner en détail. *Détailler qqn de la tête aux pieds.*

détaler v. i. [1] S'enfuir rapidement.

détartrage n. m. Action de détartrer. *Détartrage des dents.*

détartrer v. t. [1] Enlever le tartre de. *Détartrer une chaudière.*

détaxation n. f. Action de détaxer ; son résultat. Ant. taxation.

détaxe n. f. Réduction, baisse ou remboursement d'une taxe. *Bénéficier d'une détaxe sur un produit exporté.*

détaxer v. t. [1] Supprimer ou réduire une taxe sur. *Détaxer les carburants non polluants.* Ant. taxer.

détecter v. t. [1] Découvrir, déceler (ce qui est caché, ignoré). *Détecter les manifestations d'un phénomène.*

détecteur, trice adj. et n. Se dit d'un appareil ou d'un dispositif permettant de détecter un corps ou un phénomène. *Détecteur d'ondes électriques, de fumée.* / *Détecteur de mensonges* : appareil utilisé pour évaluer les réactions du système végétatif d'un sujet, celles-ci étant censées varier selon qu'il ment ou non.

détection n. f. Action de détecter.

détective n. Personne qui fait des enquêtes de police. *Détective privé* : enquêteur qui agit pour le compte de particuliers et non pas mandaté par la puissance publique. *La profession de détective privé, popularisée par le livre et le film, n'existe pas en droit français, qui ne connaît que des enquêteurs.*

déteindre v. i. [3] Perdre de sa teinte, de sa couleur ; laisser de sa teinte (sur). *Tissu qui déteint au lavage. Déteindre sur un autre vêtement.* / Fig. et fam. Laisser des traces sur, influencer (qqn, qqch.). *Ses habitudes ont déteint sur toi.*

dételer v. t. [1] Détacher (un attelage).

détendre v. t. [3] **I.** Relâcher (ce qui était tendu). *Détendre un élastique. Détendre ses jambes*, les déplier. (Emploi pron.) *Les traits de son visage se sont détendus.* / Diminuer la pression de (un fluide). **II.** Fig. Rendre moins tendu, plus serein. *Détendre l'atmosphère.* / Faire diminuer la tension nerveuse de, délasser. *La musique me détend.* (Emploi pron.) Se décontracter, s'accorder un moment de repos.

Détail *d'une fresque de Tarquinia.*

D

D

Un moment de **détente** : les vacances.

détendu, e adj. Qui n'est plus tendu. *Corde détendue.* / Fig. *Un homme détendu.*
détenir v. t. [3] Avoir, garder en sa possession. *Il détient les clés du coffre. Détenir la majorité, un record.* / Retenir (qqn) prisonnier, en détention. *Les malfaiteurs détiennent dix otages.*
détente n. f. Fait de se détendre. *Détente d'une arbalète.* / Fig. Délassement. *Se ménager quelques instants de détente.* / POLIT. Relâchement de la tension, apaisement d'un conflit opposant des États, des ensembles géopolitiques. / Mouvement rapide effectué en extension. *Cet athlète a une bonne détente.* / Pièce d'une arme à feu que l'on presse pour abaisser la gâchette et faire ainsi partir le coup. / Fig. et fam. *Être dur à la détente,* lent à comprendre ou à réagir.
détenteur, trice n. Celui, celle qui détient (qqch.) *Le détenteur du titre.*
détention n. f. Fait de détenir qqch., de l'avoir en sa possession. *Détention d'armes.* / État d'une personne captive ou incarcérée. *Sa détention a duré six mois.* / DR. *Détention criminelle* : peine carcérale afflictive et infamante. *Détention provisoire* : incarcération, avant jugement, d'une personne mise en examen.
détenu, e adj. et n. Se dit d'une personne emprisonnée. *Les femmes détenues. Détenu politique, de droit commun.*
détergent adj. et n. m. Se dit d'un produit de nettoyage qui a la propriété de dissoudre les impuretés, en particulier les graisses.
détérioration n. f. Action de détériorer, de se détériorer ; son résultat. *Détérioration d'une cage d'escalier. Détérioration des relations internationales.*
détériorer v. t. [1] Dégrader, abîmer (qqch.).
déterminant, e adj. et n. Qui caractérise, qui définit ; propre à déclencher un événement. *Épithète déterminante. Jouer un rôle déterminant,* décisif, essentiel. / n. LING. et GRAMM. Élément (article, adjectif ou complément) qui ajoute une détermination à un terme (le déterminé). / Article ou adjectif qui spécifie le genre et le nombre du substantif. Syn. déterminatif. *Dans le syntagme « le vieil homme », « le » et « vieil » sont des déterminants au sens linguistique, seul « le » est un déterminant au sens grammatical.*
déterminatif, ive adj. Qui spécifie un terme. *Adjectif déterminatif.* / LING. et LOG. Qui spécifie un terme ou un concept. *Proposition déterminative* : proposition relative qui restreint l'extension de son antécédent (par ex. « l'homme qui vient »), par oppos. à la *proposition explicative* (par ex. « l'homme qui est un mammifère »), qui développe une idée déjà contenue dans l'antécédent.
détermination n. f. **I.** Action de déterminer ; son résultat. / LING. et LOG. Fait d'attribuer une spécification ou une valeur à un terme ou à une variable. Ant. indétermination. / PHILO. Relation entre deux phénomènes telle que l'un est la cause de l'autre et de ses conditions d'existence ; ce qui est à l'origine d'un phénomène ou d'un concept et de leurs caractéristiques. **II.** Décision prise après réflexion ; résolution, ténacité. *Agir avec détermination.*
déterminé, e adj. Défini, précisé. *Selon une hypothèse bien déterminée.* Ant indéterminé. / (En parlant de personnes) Décidé, résolu. *Un homme déterminé à tout.*
déterminer v. t. [1] Définir (qqch.). *Déterminer la règle du jeu.* / Établir (un fait, une réalité) avec précision. *Déterminer la cause d'un événement. Déterminer la longueur d'un trajet.* / LING. Caractériser, préciser la fonction, la signification de (un mot). *L'article détermine le nom.* / Entraîner, avoir pour conséquence, décider de. *Chercher la cause qui a déterminé un accident.* / *Déterminer qqn à,* le décider à. *Je l'ai déterminé à renoncer.* / v. pron. *Se déterminer à* : se décider à, prendre la résolution de. *Il s'est déterminé à agir.*
déterminisme n. m. Ensemble de conditions qui déterminent un phénomène. *À quel déterminisme obéit ce comportement ?* / Principe affirmant, dans le cadre d'une conception scientifique du monde, que les mêmes causes produisent les mêmes effets, de sorte que les conditions d'existence d'un phénomène étant établies, celui-ci se produira nécessairement et peut donc être prédit de manière certaine. Ant. indéterminisme. / PHILO. Théorie selon laquelle tout phénomène, tout événement ou toute action s'insère dans un enchaînement causal rigoureux.
déterministe adj. et n. Relatif au déterminisme ; tenant du déterminisme.
déterré, e adj. et n. Sorti de terre. / Subst. *Avoir une mine de déterré(e)* : être pâle comme un cadavre, avoir mauvaise mine.
déterrer v. t. [1] Sortir (qqch.) de terre. *Déterrer un trésor. Déterrer un cadavre,* l'exhumer. Ant. enterrer.
détestable adj. Vx Qui mérite d'être détesté. / Mod. Exécrable, haïssable.
détestablement adv. De manière détestable.
détestation n. f. Litt. Aversion, exécration.
détester v. t. [1] Avoir en horreur, en aversion. *Détester les menteurs, la pluie.*
détimbré, e adj. *Voix détimbrée,* dont le timbre n'est pas net, n'est pas précis.
détonant, e adj. et n. m. Qui détone. *Mélange détonant.*
détonateur n. m. TECHN. Amorce servant à faire détoner un explosif. / Fig. Cause immédiate d'un événement. *L'incident a servi de détonateur à la révolte.*
détonation n. f. Bruit intense et soudain provoqué par une explosion. / CHIM., PHYS. Combustion rapide à une vitesse de plusieurs km par seconde, avec onde de choc et effets brisants.
détoner v. i. [1] Exploser en fracassant.
détonner v. i. [1] MUS. Ne pas être dans le ton ; jouer faux, chanter faux. / Être discordant. *Un meuble moderne qui détonne dans un décor ancien.*
détour n. m. Itinéraire qui s'écarte du tracé direct. / Tournant. *Détour d'une rue.* / Fig. Biais, manière indirecte. *Parler sans détour* : avec franchise.

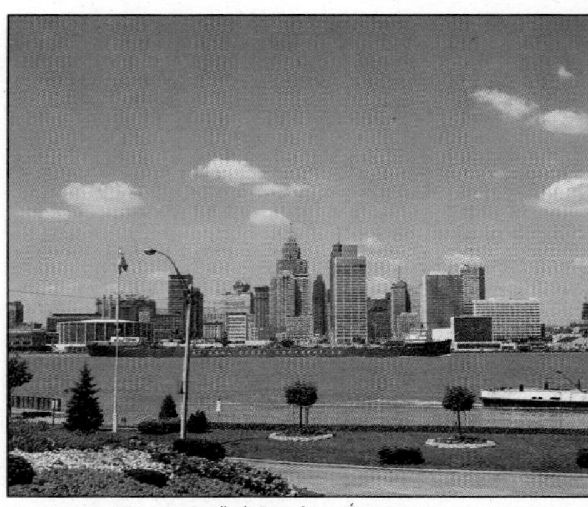

La ville de **Detroit**, aux États-Unis.

détourage n. m. Action de détourer.
détourer v. t. [1] Faire disparaître (ce qui entoure un sujet) dans une image, une photo. *Détourer un visage.* / TECHN. Donner à (une pièce en cours d'usinage) sa forme définitive.
détourné, e adj. Chemin détourné, qui fait un détour. / Fig. *Employer des moyens détournés* : agir indirectement.
détournement n. m. Action de détourner. *Détournement d'une voie d'eau, d'un avion.* / DR. Appropriation frauduleuse. *Détournement de fonds, de biens. Détournement d'actifs* : dissimulation de biens afin de les soustraire aux poursuites des créanciers. *Détournement du pouvoir* : emploi abusif d'un pouvoir, à des fins autres que celles officiellement fixées. / DR. *Détournement de mineur* : soustraction d'un(e) mineur(e) à l'autorité de ses parents, de la personne qui en a officiellement la charge ; incitation de mineur à la débauche.
détourner v. t. [1] Dévier le cours, le trajet normal, prévu de (qqch.). *Détourner un avion.* / Parer (une attaque, un heurt). *Détourner un coup.* / *Détourner le regard, la tête,* les orienter de manière à ne pas voir, ne pas être vu. / Fig. *Détourner qqn de son devoir. Détourner l'attention de qqn,* le distraire. *Détourner une conversation,* en faire changer le sujet. *Détourner de l'argent,* le soustraire de manière frauduleuse.
détracteur, trice n. Personne qui cherche à déprécier qqch. ou qqn, qui critique avec virulence.
détramage n. m. TECHN. Action de détramer.
détramer v. t. [1] TECHN. Éliminer la trame de photogravure d'un cliché.
détraqué, e adj. Fam. Perturbé, malade. *Machine détraquée.* / Subst. *Un(e) détraqué(e)* : une personne détraquée, malade (mentalement).
détraquer v. t. [1] Perturber le fonctionnement de. *Détraquer un mécanisme.* / Fig. fam. Nuire à. *Les abus lui ont détraqué la santé. Un orage qui a détraqué le temps.*
détrempe [1] n. f. BX-ARTS. Peinture délayée dans de l'eau et à laquelle on mêle un agglutinant (colle, gomme, etc.), utilisée notam. pour peindre sur panneau ou pour réaliser certaines fresques. *Peindre à la détrempe.* / Œuvre réalisée à l'aide de ce mélange.

Le **détroit** de Messine, entre Sicile et Italie continentale.

détrempe [2] n. f. TECHN. Action de détremper l'acier.
détremper [1] v. t. [1] Délayer ; mouiller abondamment. *Sentier détrempé,* mouillé, amolli par la pluie, boueux.
détremper [2] v. t. [1] Détruire la trempe de (l'acier).
détresse n. f. Sentiment d'abandon et d'impuissance extrême. / Situation très pénible ou de grand danger. *Navire en détresse,* en perdition. *Appels, signaux de détresse.*
détriment n. m. Dommage matériel ou moral. *Au détriment de* : au préjudice de.
détritique adj. GÉOL. *Dépôt, roche détritique,* constitués des détritus produits par la désagrégation mécanique des roches préexistantes.
détritus n. m. Débris, déchets. / GÉOL. Débris de roches désagrégées.
Detroit *992 100 h.* Port des États-Unis, sur la rivière de Detroit, qui unit les lacs Saint-Clair et Érié. L'un des centres mondiaux de la production automobile (Ford et General Motors).
détroit n. m. Passage étroit entre des terres qui fait communiquer deux mers. *Le détroit de Gibraltar réunit l'Atlantique et la Méditerranée.*
Détroits Historiquement, on donne ce nom à l'ensemble constitué par les Dardanelles et le Bosphore, unique passage entre la mer Noire et la Méditerranée. La Turquie fut contrainte par le traité de Kutchuk-Kaïnardji (1774) d'ouvrir les Détroits à la navigation des navires de commerce russes, puis, par le traité d'Andrinople (1829) à

Dévastations dues à un séisme.

ceux des autres puissances. Le traité de Sèvres ordonna (1920) l'internationalisation des Détroits, mais ne fut pas appliqué ; le traité de Lausanne (1923) les restitua à la Turquie, les démilitarisa et les plaça sous contrôle international et, en 1936, la Turquie fut autorisée à les fortifier et à restreindre la liberté de passage des navires de guerre.

détromper v. t. [1] Tirer (qqn) de l'erreur. Ant. tromper. / v. pron. *Détrompez-vous !* : ne croyez pas cela !

détrôner v. t. [1] Destituer (un souverain) de son pouvoir. *Détrôner un roi.* / Fig. Se substituer à. *Une mode en détrône une autre.*

détrousser v. t. [1] Litt. Voler (qqn) sous la menace. *Un malfrat qui détrousse les passants.*

De Troy ou **Detroy (François)** 1645-1730 Peintre français. Portraitiste de l'aristocratie et de la Cour (La Duchesse du Maine), il interpréta de manière personnelle le genre du portrait allégorique (Mlle de Blois et le comte de Toulouse en Vénus et Adonis) qui allait, plus tard, faire la célébrité de Nattier. **Jean-François** 1679-1752 Fils du précédent. Il peignit la vie parisienne avec distinction, donnant des toiles pittoresques aux couleurs vives et au trait rapide (*Le Déjeuner d'huîtres*, 1735). On lui doit aussi de grandes compositions dramatiques (*La Peste de Marseille*, 1722), des portraits et des cartons de tapisserie.

détruire v. t. [3] Mettre à bas, démolir (une construction). *Les bombardements ont détruit la ville.* / Anéantir en altérant, faire disparaître. La pollution détruit la faune et la flore. / Fig. Mener à sa perte, défaire, ruiner. *Détruire une théorie, une réputation.*

dette n. f. Somme d'argent due. *Remise de dette* : abandon par le créancier de ses droits. *Reconnaissance de dette* : acte écrit par lequel le débiteur reconnaît qu'il a une dette envers le créancier. / *Dette publique* : ensemble des engagements financiers d'un État.

détumescence n. f. ANAT., MÉD. Diminution de volume d'un organe érectile ou d'une tumeur. *La détumescence du pénis.* Ant. tumescence.

Deucalion MYTH. GR. Fils de Prométhée. Il fut sauvé par Zeus du déluge pour fonder avec sa femme Pyrrha une nouvelle humanité.

DEUG n. m. Acronyme pour *diplôme d'études universitaires générales. Le D.E.U.G. sanctionne les deux premières années d'études universitaires.*

deuil n. m. État consécutif à la perte d'un être cher. *Être en deuil.* / Cette perte. / Ensemble des vêtements, des marques extérieures qui manifestent le deuil. *Deuil en 24 heures* : mention autrefois souvent portée sur une vitrine de teinturier, annonçant que le commerçant se chargeait de teindre en noir en 24 heures les vêtements qu'on lui apportait. / Cortège funéraire. *Conduire le deuil.* / Fig. et fam. *Faire son deuil de qqch.*, y renoncer. / PSYCHAN. *Travail de deuil* : processus par lequel la libido se détache de l'objet perdu.

deus ex machina n. m. inv. (mots latins) Personnage ou événement dont l'intervention inopinée dénoue une situation dramatique, au théâtre ou dans la vie réelle.

deutérium n. m. PHYS., CHIM. Isotope stable de l'hydrogène (symbole : D), de masse atomique 2, dont le noyau est constitué d'un proton et d'un neutron et qui, combiné avec l'oxygène, donne l'eau lourde (D_2O).

deutérocanonique adj. et n. m. THÉOL. Se dit des livres bibliques qui n'ont été considérés comme inspirés par Dieu, et, donc, ne sont entrés dans le canon des Écritures que tardivement, au moment où fut fixée la deuxième liste (XVIe siècle). *Certains livres considérés comme deutérocanoniques par les catholiques sont considérés par les juifs et tout ou partie des protestants comme apocryphes.* / n. m. *Le livre de Judith est un deutérocanonique.*

Deutéronome Dans la Bible, cinquième livre du Pentateuque, qui constitue une sorte de « deuxième lecture » des événements et préceptes de l'Exode, du Lévitique et des Nombres.

deutérostéromiens n. m. pl. ZOOL. Groupes de métazoaires dont le blastopore, au cours du développement embryonnaire, donne l'anus, la bouche se formant ultérieurement. *Les échinodermes et les chordés (notam. les vertébrés) sont des deutérostéromiens.*

deutsche Mark n. m. (mots allemands) Ancienne unité monétaire (DM) d'Allemagne. Pl. Des *deutsche Marks.*

deux adj. num. et n. m. inv. Un plus un. *Deux enfants.* / Deuxième. *Page deux. La deux* : en France, la deuxième chaîne de télévision hertzienne. Ellip. *Le 2 juin* : le deuxième jour du mois de juin. / n. m. Nombre qui suit le nombre un. *Deux et deux font quatre.* / Chiffre qui représente le nombre deux. *Les 2, les 4 et les 6 sont en rouge, les autres chiffres en bleu.* / Carte à jouer à deux marques. *Le deux de carreau.*

deuxième adj. num. ord. et n. Qui occupe le rang désigné par le nombre deux. / *Elle est deuxième sur la liste.* / n. *De toutes les jupes que tu as essayées, c'est la deuxième qui te va le mieux.*

deuxièmement adv. En deuxième lieu.

deux-mâts n. m. inv. Voilier à deux mâts.

deux-pièces n. m. inv. Tenue composée d'une veste et d'une jupe taillées dans le même tissu ; tailleur. / Tenue de bain comprenant un slip et un soutien gorge. / Logement comprenant deux pièces d'habitation. *Un deux-pièces cuisine sur la cour.*

deux-points n. m. inv. Signe de ponctuation constitué de deux points superposés (:) introduisant en général une énumération, une citation ou une explication.

Deux-Roses (guerre des) Nom donné aux guerres civiles qui, de 1450 à 1485, firent rage en Angleterre entre les deux branches rivales des Plantagenêts, les Lancastre (rose rouge) et les York (rose blanche) et qui se termina par la victoire d'Henri Tudor, héritier des Lancastre.

deux-roues n. m. inv. Véhicule à deux roues (moto, cyclomoteur, bicyclette). *Garage pour deux-roues.*

Deux-Sèvres Voir **Sèvres (département des Deux-)**

Deux-Siciles Ancien royaume d'Italie fondé par Alphonse V d'Aragon en 1442 qui unit les royaumes de Sicile et de Naples. Séparés en 1458, ils furent à nouveau réunis en 1816, avant de former, avec le Piémont, le royaume d'Italie en 1861.

deux-temps adj. et n. m. Se dit d'un moteur à explosion à deux temps. / n. m. inv. *Un deux-temps* : un moteur à deux temps.

dévaler v. i. / v. t. [1] Descendre rapidement une pente. *Le sentier dévale jusqu'à la rivière.* / v. t. Descendre rapidement (une pente). *Le sentier dévale la colline. Dévaler un escalier.*

De Valera (Eamon) 1882-1975 Homme politique irlandais. Prenant part à l'insurrection de Pâques (1916) fomentée contre les Anglais, il est condamné à mort, puis gracié et libéré en 1917. Il fonde en 1927 le *Fianna Fáil*, qui remporte les élections de 1932, et gouverne le pays de 1932 à 1948 (il décide alors que l'Irlande restera neutre pendant la Deuxième Guerre mondiale) et de 1951 à 1959. En 1959, il est élu président de la République, poste qu'il occupe jusqu'à son retrait en 1973.

dévaliser v. t. [1] Voler ses effets, ses affaires à. *Dévaliser un voyageur.* / Par ext. *Dévaliser une banque.* / Fig. fam. (iron.) *Dévaliser un magasin*, y faire de nombreux achats. *Dévaliser le frigo, le buffet*, manger tout ce qui s'y trouve.

dévalorisation n. f. Action de dévaloriser ; son résultat. Ant. valorisation.

dévaloriser v. t. [1] Diminuer la valeur de. *Dévaloriser une théorie.* Ant. valoriser.

dévaluation n. f. Action de dévaluer. / ÉCON. Diminution de la valeur d'une monnaie nationale par rapport à un étalon ou au cours des devises étrangères.

dévaluer v. t. [1] Déprécier, dévaloriser (une monnaie). *Dévaluer le dollar.* / Fig. Déprécier, dévaloriser. *Ces idées sont dévaluées maintenant.*

dévanâgarî ou **nâgarî** n. f. ou m. et adj. (mot sanscrit) Système d'écriture qui transcrit aujourd'hui le sanscrit et l'hindi. / adj. inv. *Écriture dévanâgarî*

devancer v. t. [1] Précéder (qqch., qqn). *Il vous a devancé de peu.* / Prévenir (un événement). *Devancer l'offensive de l'adversaire.*

devancier, ère n. Prédécesseur. *Saluer le travail de ses devanciers.*

devant [1] prép. et adv. **A.** prép. À l'avant de, en face de. *Il courait devant nous. La cabine téléphonique est devant la maison.* / En présence de. *Il l'a confirmé devant son associé.* / loc. prép. *Au-devant de* : à la rencontre de. / DR. *Par-devant* : en présence de. *Passer un accord par-devant notaire.* **B.** adv. En avant. *Il est parti devant, nous le rejoindrons plus tard.* / Vx ou litt. Auparavant. *Être Gros-Jean comme devant*, aussi démuni, aussi peu avancé dans ses affaires qu'antérieurement.

devant [2] n. m. Ce qui est placé devant. *Le devant d'un bâtiment* : la façade. / *Aller au-devant de*, à la rencontre de. / Fig. *Prendre les devants* : prendre une initiative avant que qqn agisse ou qu'un événement se produise.

devanture n. f. Façade, revêtement d'un devant de boutique. / Étalage en vitrine ou un peu en retrait.

dévastateur, trice adj. et n. Qui dévaste. *Cyclone dévastateur.* / n. Rare *Un dévastateur.*

dévastation n. f. Action de dévaster ; son résultat.

dévaster v. t. [1] Ravager. *Un séisme a dévasté le pays.*

déveine n. f. Fam. Malchance, manque de veine. *Quelle déveine !*

développable adj. Qu'il est possible de développer. / MATH. *Fonction développable. Surface développable* : surface dont tous les points sont tangents à un même point, par ex. un cylindre. / Mise au point d'un produit en vue d'en développer les applications, qui suit sa conception et précède sa fabrication en série.

développante n. f. MATH. On appelle développante d'une courbe (C), une courbe (C') telle qu'elle est normale à toutes les tangentes issues de (C). *Une courbe possède une infinité de développantes.*

développé, e adj. et n. **A.** adj. Qui a crû, s'est étendu, s'est épanoui. *Une plante bien développée.* / Fig. *Un pays développé*, dont l'économie a atteint un développement technique optimum. **B.** n. m. SPORT Mouvement par lequel on lève, à bout de bras et à la verticale, un haltère que l'on tenait à la hauteur des épaules. **C.** n. f. MATH. On appelle développée d'une courbe (C) une courbe (C') qui est tangente à toutes les droites normales à (C).

développement n. m. Action de développer qqch. Ant. enveloppement. / Fait de se développer. / BIOL. Processus de formation d'un organisme. *Développement d'une cellule. Développement embryonnaire. Biologie du développement*, qui étudie notam. les modes de contrôle génétique du développement embryonnaire. / Fig. Processus au cours duquel qqch. se constitue, évolue ; croissance. *Développement intellectuel. Développement du*

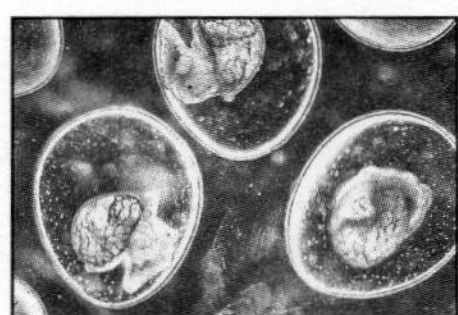

Développement embryonnaire.

secteur tertiaire. / ÉCON. *Pays en voie de développement* ou *P.V.D.* : pays du tiers-monde dont l'économie n'a pas atteint le niveau technique de celle des pays industriels. / PHOTO Opération qui consiste à tremper la pellicule impressionnée dans un bain révélateur puis dans un bain fixateur, afin d'en révéler l'image latente. / *Développement d'une bicyclette*: distance parcourue par un tour de pédales. / MATH. Projection de la surface d'un solide sur un plan. *Développement d'un tétraèdre.* / MATH. Écriture d'une fonction sous la forme d'un polynôme. / Exposition, assez fournie et détaillée, des différents aspects d'un thème, d'une idée. *Un long développement historique.* / (Au plur.) Suites, conséquences. *Les développements inattendus d'une affaire.*

développer v. t. / v. pron. [1] **A.** Dégager de son enveloppe. *Développer un paquet.* / Détendre, étaler (ce qui est enroulé, plié); déployer. *Développer une carte.* / PHOTO. Faire le développement de (une pellicule). / Fig. Exposer dans le détail, point par point. *Développer une idée, un thème.* / Favoriser, augmenter le développement, la croissance de. *Développer sa musculature.* / Faire progresser, augmenter. *Développer son intelligence. Développer le commerce. Développer une maladie*, en être atteint et en souffrir. **B.** v. pron. Se déployer, s'étendre. / Accomplir sa croissance; progresser.

devenir [1] v. t. [3] Prendre, acquérir (telle forme, telle qualité, telle condition nouvelle ou différente). *Devenir grand, méchant. Devenir maire. Ses cheveux sont devenus blancs.* / Connaître tel sort, tel devenir. *Qu'est-il devenu ?*

devenir [2] n. m. Passage d'un état à un autre. / PHILO. Modification de l'être à travers le temps.

déverbal n. m. LING. Substantif formé à partir du radical d'un verbe, en particulier sans suffixe (par ex. « tracas », de « tracasser »).

dévergondage n. m. Péjor. Conduite d'une personne dévergondée.

dévergondé, e adj. et n. Péjor. Qui n'observe plus les règles morales de la société dans laquelle il vit, débauché, libertin. / Subst. *Un(e) dévergondé(e).*

dévergonder (se) v. pron. [1] Abandonner toute retenue; se débaucher.

Devéria (Achille) 1800-1857 Peintre français, témoin de la vie mondaine de son temps qu'il a rendue à travers de nombreux portraits (*Victor Hugo*, *Lamartine*).

déverrouillage n. m. Action de déverrouiller. Ant. verrouillage. / Ouverture de la culasse d'une arme à feu.

déverrouiller v. t. [1] Ouvrir (ce qui est verrouillé). *Déverrouiller une porte.*

devers prép. Vx Vers. / loc. prép. *Par-devers*: en la possession de. *Garder des informations par-devers soi.*

dévers n. m. Dénivellation entre les rails d'une voie en courbe, le rail extérieur étant plus élevé. / Inclinaison transversale d'une route dans un virage.

déversement n. m. Action de déverser, de se déverser. / ARCHIT. Inclinaison des supports d'une construction sous la poussée de la voûte ou du toit, aplomb défectueux.

déverser v. t. [1] Faire couler (un liquide). *Déverser l'eau d'une cuvette dans l'évier.* (Emploi pron.) *Le torrent se déverse dans un lac.* / Par ext. *Déverser du grain dans un silo.* / Fig. *Déverser sa colère.*

déversoir n. m. TECHN. Ouvrage par lequel s'évacue l'eau en excès. *Déversoir d'orage des égouts parisiens.*

dévêtir v. t. [3] Déshabiller.

déviance n. f. Caractère de ce qui s'écarte d'une norme. / PSYCHOL. Conduite d'un déviant.

déviant, e adj. et n. PSYCHOL. Qui n'est pas conforme aux normes sociales.

déviation n. f. Action de dévier. / Fait de dévier de sa direction, de sa position normale; l'écart ainsi produit. *Déviation pour travaux. Emprunter la déviation. Déviation de la colonne vertébrale.* / Fig. Écart par rapport à une ligne de conduite normale.

déviationnisme n. m. POLIT. Attitude d'un adhérent, d'un militant qui s'écarte de la ligne prônée par une organisation politique dont les principes s'apparentent à des dogmes. *Être accusé de déviationnisme petit-bourgeois.*

déviationniste adj. et n. Relatif au déviationnisme, de la nature du déviationnisme; qui pratique le déviationnisme. *Attitude déviationniste. Une déviationniste.*

dévider v. t. [1] Dérouler le fil embobiné sur. *Dévider une bobine.* / Fig. *Dévider un chapelet d'insultes.*

dévidoir n. m. TEXT. Appareil permettant de dérouler rapidement les fils. / TECHN. Appareil utilisé pour dérouler ou enrouler des câbles, des tuyaux.

dévier v. t. / v. i. [1] **A.** v. i. S'écarter de la voie, de la direction suivie, prévue. *La flèche a dévié.* / Fig. *Ne pas dévier de son projet.* **B.** v. t. Détourner (un flux). *Dévier la circulation automobile.*

devin, eresse n. Personne qui prétend découvrir des événements passés ou à venir par des moyens surnaturels.

deviner v. t. [1] Connaître (ce qui sera) par la divination, par l'intuition, en relevant des indices; imaginer, prévoir. *Deviner la pensée de qqn.*

devinette n. f. Petit problème amusant et astucieux.

devis n. m. Estimation de la nature et du prix des travaux à accomplir. *Devis de réparation d'une voiture.*

dévisager v. t. [1] Regarder attentivement et longuement le visage de. *Dévisager qqn.*

devise n. f. Emblème accompagné d'une sentence. *La devise de Louis XI était un fagot rempli d'épine avec ces mots : « Qui s'y frotte s'y pique ».* / Cette sentence seule. *La devise de Paris est « Fluctuat nec mergitur ».* / Formule exprimant une règle de vie. *Vivre et laisser vivre, telle est ma devise.* / FIN. Monnaie d'un pays considérée par rapport au cours des monnaies étrangères. *Une devise forte.*

Dévidoir de rouet.

Devise : le dollar américain.

deviser [1] v. i. [1] Litt. Converser familièrement. *Nous marchions en devisant.*

deviser [2] v. t. [1] COMM. Faire le devis de. *Deviser le ravalement de la façade.*

dévissage n. m. Action de dévisser qqch. / SPORT Fait de tomber, pour un alpiniste. / FIN. *Dévissage d'une monnaie*: chute de son cours.

dévisser v. t. / v. i. [1] Ôter (ce qui visse). *Dévisser un écrou.* / v. i. SPORT Lâcher prise et choir, en escaladant. *Un alpiniste qui a dévissé.*

de visu loc. adv. (mots latins) En voyant. *Je l'ai constaté de visu.*

dévitalisation n. f. Action de dévitaliser. *Dévitalisation d'une molaire.*

dévitaliser v. t. [1] Ôter la partie vitale (tissu, pulpe, nerf) à une dent.

dévoiement n. m. CONSTR. Changement de direction d'un conduit. *Dévoiement de la conduite des eaux usées.* / Fig. Action de dévoyer qqn ou qqch.; fait d'être dévoyé. *Le dévoiement d'une institution.*

dévoilement n. m. Action de dévoiler, de se dévoiler.

dévoiler v. t. [1] Montrer (ce qui est caché par un voile). *Dévoiler une statue.* / Par ext. Laisser voir (ce qui est habituellement caché). *Un décolleté qui dévoile les épaules.* / Fig. Révéler (ce qui est ignoré). *Dévoiler un secret.*

devoir [1] v. t. / v. pron. [3] **A.** v. t. Être débiteur de (une somme d'argent). *Je lui dois mille euros.* / Être tenu à (une obligation légale, morale, de convenance). *Devoir assistance à une personne en danger. Devoir le respect.* / Être redevable de, tenir (une qualité) de qqn, de qqch. *Je vous dois la vie, mon bonheur. Les végétaux doivent leur couleur verte à la chlorophylle.* / (avec valeur d'auxiliaire). Marque l'obligation ou la nécessité, le besoin. *Il a dû aller à l'école. Je dois dormir huit heures.* / Marque la supposition, la probabilité. *Il doit être en train de manger.* / Marque le futur proche, l'intention. *Je dois le voir demain.* **B.** v. pron. *Se devoir à*: être tenu de se dévouer à. *Se devoir de* (+ inf.): être dans l'obligation morale de. (Emploi impers.) *Comme il se doit*: comme il convient.

devoir [2] n. m. Ce que l'on doit faire pour respecter la loi sociale, morale ou religieuse. *Le devoir du citoyen.* / Exercice demandé à l'élève par un enseignant. *Devoirs de français.* / Civilité, marque de respect. *Présenter ses devoirs. Rendre les derniers devoirs à qqn*, assister à ses funérailles.

dévoisé, e adj. LING. Qui n'est pas voisé. *Consonne dévoisée.*

dévoltage n. m. ÉLECTR. Diminution du voltage.

dévolu, e adj. et n. m. DR. *Dévolu à*: acquis par. *Succession dévolue à l'État.* (Par ext.) Attribué à. *Les tâches qui nous sont dévolues.* / n. m. (En loc.) *Jeter son dévolu sur qqch.*, se l'attribuer.

dévolution n. f. DR. Attribution d'un héritage, d'un droit. *Dévolution d'une succession.*

Dévolution (guerre de) 1667-1668 Guerre menée par Louis XIV. À la mort de Philippe IV, roi d'Espagne, Louis XIV revendique les Pays-Bas espagnols (la Belgique actuelle) pour sa femme, Marie-Thérèse, née du premier mariage de Philippe IV. Sur le refus du nouveau roi d'Espagne, Charles II, demi-frère de la reine de France, une courte guerre, au cours de laquelle s'illustrèrent Condé et Turenne, permet à Louis XIV de conquérir les Pays-Bas espagnols et la Franche-Comté. Devant la Triple Alliance des Provinces-Unies (les Pays-Bas actuels), de l'Angleterre et de l'Espagne, Louis XIV restitue la Franche-Comté au traité d'Aix-la-Chapelle (1668), mais garde onze places fortes de la Flandre Occidentale, dont Lille et Douai.

Dévoluy (le) Région des Alpes françaises du Sud formée d'une dépression dominée par de fortes pentes, à l'aspect désolé. Il culmine à l'Obiou (*2 792 m*).

dévonien adj. et n. m. Se dit de la quatrième période du Paléozoïque, de - 410 à - 360 millions d'années, entre le Silurien et le Carbonifère. / n. m. *Le Dévonien est marqué par l'apparition des vertébrés terrestres et des plantes vasculaires, mais aussi par le développement de la faune marine.*

Devonshire ou **Devon** *6 715 km²* *1 051 300 h.* Comté du sud-ouest de la Grande-Bretagne. Chef-lieu *Exeter*. L'économie est tournée vers l'élevage, les cultures fruitières et la pêche. La ville principale est le port de Plymouth.

dévorer v. t. [1] Manger avec voracité. *Le lion dévore sa proie. Dévorer son plat*, le manger avec grand appétit. *Les mites dévorent la laine*, la rongent. *Les moustiques m'ont dévoré*, m'ont piqué à maintes reprises. / Détruire, consumer entièrement. *Le feu a dévoré la forêt.* / Par anal. *Être dévoré par la maladie.* / Fig. Tourmenter vivement. *La passion le dévore. Être dévoré par la curiosité.*

Devos (Raymond) 1922 Artiste de variétés français. Jouant sur les mots, il atteint à une jubilation tragi-comique.

dévot, e adj. et n. Se dit d'un croyant qui remplit ses devoirs religieux avec une extrême assiduité. / Subst. *Une dévote.* / Qui est accompli avec dévotion. *Récitation dévote de son chapelet.*

dévotement adv. Avec dévotion.

dévotion n. f. Attachement très marqué aux dogmes et aux rites d'une religion. / Culte dont on honore un saint. *Dévotion à la*

Centre de **Dhaka**, la capitale du Bangladesh.

Sainte Vierge. / (Au plur.) Prières, pratiques religieuses. *Faire ses dévotions.* / Fig. Respect quasi religieux porté à une personne. *Être à la dévotion de qqn*, lui être totalement dévoué, l'admirer inconditionnellement.

dévoué, e adj. Qui sait se dévouer à, pour. *C'est un ami dévoué.*

dévouement n. m. Action de se dévouer. *Dévouement à la science.* / Disposition à se consacrer à autrui, à une cause. *Soigner qqn avec un grand dévouement.*

dévouer v. t. [1] Litt. Vouer. / v. pron. *Se dévouer à*: se consacrer à. *Se dévouer à sa patrie. Se dévouer pour*: se sacrifier pour. *Se dévouer pour ses enfants.* (Emploi absol.) Fam. *C'est toujours les mêmes qui se dévouent !*, qui acceptent de s'occuper de l'aspect trivial, déplaisant des choses, qui se sacrifient.

dévoyé, e adj. et n. Détourné du droit chemin, de son devoir. / Subst. *Un(e) dévoyé(e).*

dévoyer v. t. [1] Détourner (qqn) du droit chemin, de son devoir. *Dévoyer un adolescent.*

De Vries (Hugo) 1848-1935 Botaniste néerlandais. Dans les années 1880, ses travaux sur des variétés sauvages d'une plante, *Œnothera lamarckiana*, lui firent mettre en évidence des variations brusques et discontinues dont il constata le caractère héréditaire; il donna à ce phénomène le nom de *mutation*. Il exposa ses thèses dans son ouvrage *Théorie de la mutation* (1900-1903).

Dewar (sir **James**) 1842-1923 Physicien écossais, spécialiste de la liquéfaction des gaz.

Dewey (Melvil) 1851-1931 Bibliographe américain, inventeur (1876) d'une classification décimale des livres qui porte son nom, toujours en usage.

Dewey (John) 1859-1952 Philosophe et pédagogue américain, promoteur des méthodes d'éducation active et initiateur d'une philosophie proche du pragmatisme qu'il a nommée *instrumentalisme* ou *fonctionnalisme* (*Essais dur l'éducation*, 1910; *Essais de logique expérimentale*, 1916).

dextérité n. f. Adresse, agilité dans l'exécution d'un travail manuel. / Fig. Habileté intellectuelle. *Conduire une affaire avec dextérité*, avec adresse.

dextre n. f. Vx La main droite. / HÉRALD. Le côté droit de l'écu (le côté gauche est le *senestre*).

dextrine n. f. CHIM., BIOCHIM. Polysaccaride de taille moyenne, produit par hydrolyse partielle de l'amidon, fortement dextrogyre. *La dextrine est utilisée dans l'industrie des colles, des colorants, des encres et dans l'industrie pharmaceutique.*

dextrocardie n. f. MÉD. Position anormale du cœur dans l'hémithorax droit.

dextrogyre adj. CHIM., PHYS. Qui dévie le plan de polarisation de la lumière vers la droite (dans le sens des aiguilles d'une montre) pour un observateur qui regarde dans la direction de la source de lumière. Ant. lévogyre.

dey n. m. (mot turc) HIST. Titre honorifique donné à l'officier de janissaires ottoman commandant une régence, et spécialement celle d'Alger de 1671 à 1830, date de la conquête française.

D.G.S.E. Sigle pour *Direction générale de la sécurité extérieure*, nom adopté en 1982 par les services français de renseignements et de contre-espionnage.

Dhaka ou **Dacca** *3 397 187 h.* Capitale du Bangladesh, un peu à l'est du delta du Gange. Centre commercial et industriel (textiles), l'agglomération groupe plus de *6 000 000 h.* Fondée au IXe siècle, capitale au XVIIe siècle du Bengale oriental moghol, la ville conserve de nombreux monuments de cette époque et compte plus de 700 mosquées.

dharma n. m. (mot sanscrit) Dans l'hindouisme, conformité à l'ordre naturel qui régit les normes sociales ou métaphysiques. *La notion de dharma est une des notions essentielles de la civilisation de l'Inde.*

Dhuoda IXe siècle Dame franque. Épouse de Bernard, gouverneur de Septimanie (région qui correspond au bas Languedoc), elle écrit (841-843) en latin pour son fils aîné Guillaume dont elle est séparée le plus ancien traité d'éducation connu en France, le *Liber manualis* (*Manuel pour mon fils*, traduction française de 1975); on y trouve des préceptes moraux, des réflexions théologiques, un traité de mathématiques et une foule de renseignements encyclopédiques et techniques.

dia! interj. Cri des charretiers pour faire aller leurs chevaux vers la gauche. *Tirer à hue et à dia*: voir *hue*.

diabète n. m. MÉD. Ensemble de pathologies caractérisées par une diurèse et une consommation d'eau excessives et des modifications sanguines qui peuvent amener la cachexie.

♦ Le *diabète sucré* (couramment nommé simplement *diabète*), dont le symptôme est l'hyperglycémie, est dû soit à un déficit en insuline (*diabète insulinodépendant*), soit à une déficience du métabolisme, le plus souvent chez des sujets plus âgés et présentant un surpoids. La thérapie comprend un régime alimentaire adapté, la prise de médicaments hypoglycémiants, et pour le diabète insulinodépendant, l'injection d'insuline. Mal soigné, le diabète entraîne des complications vasculaires, rénales, neurologiques, oculaires, voire une forme de coma. Le *diabète insipide*, sans hyperglycémie, est lié à un trouble de l'hypophyse (sécrétion insuffisante de l'hormone antidiurétique) et se manifeste par une très forte diurèse indépendante de l'apport d'eau à l'organisme.

diabétique adj. et n. Du diabète; atteint du diabète. / Subst. *Un(e) diabétique.*

diable [1] n. m. **I.** Figure incarnant l'esprit du mal, dans les religions et les mythologies judaïque et chrétienne. *Le diable*: Satan, dans la tradition chrétienne. / Fig. *Avoir le diable au corps*: faire preuve soit d'une perversité ou d'une turbulence extrêmes, soit d'une remarquable énergie, ou encore d'une sensualité puissante. *Se débattre comme un beau diable*, avec la dernière énergie. *Tirer le diable par la queue*: souffrir de la pauvreté. *La beauté du diable*: la beauté liée à la jeunesse. *C'est, ce serait bien le diable si...*: il serait très surprenant que... *Que le diable t'emporte !*: sois maudit ! / loc. adv. *Au diable*: très loin. *À la diable*: sans soin, n'importe comment. *En diable*: extrêmement. / Enfant turbulent, espiègle. *Un petit diable.* / (vieilli) Homme méchant. *Ce diable sème partout la discorde.* / Personnage fort énergique. *Ce diable d'homme est partout à la fois. Un pauvre diable*: un homme qui suscite la pitié. **II.** Petite représentation de diable, souvent à ressort, qui sort d'une boîte à surprise. / Chariot de manutention à deux roues. / Poêlon double en terre cuite. **III.** *Diable de Tasmanie*: marsupial de Tasmanie, à l'aspect d'ourson. Syn. sarcophile. *Diable cornu*: moloch.

diable! [2] interj. (manifestant surprise, inquiétude, doute) *Diable ! Tu as déjà fini ?* / *Que diable !* (renforçant une exclamation) *Dépêche-toi, que diable !*

diablement adv. Remarquablement, redoutablement. *Il est diablement intelligent.*

Diablerets (les) *3 246 m* Massif montagneux des Alpes suisses. Station de sports d'hiver.

diablerie n. f. Vx Sorcellerie. / Fig. et litt. Machination, intrigue. / Espièglerie, malice enfantine. / LITTÉR. Mystère mettant en scène des diables.

diablesse n. f. Démon femelle. / Fig. (vieilli) Femme méchante et rusée. Mod, fam. Femme pleine de fougue, pétulante.

diablotin n. m. Petit diable. / (Euph.) Enfant turbulent.

diabolique adj. Du diable. *Pouvoir diabolique.* / Qui semble procéder du diable. *Imagination diabolique.*

diaboliquement adv. De manière diabolique.

diaboliser v. t. [1] Faire passer pour un suppôt de Satan, un personnage démoniaque; donner un caractère sulfureux à. *Diaboliser un adversaire, une opinion.*

diabolo n. m. Jouet constitué d'une bobine que l'on fait rouler sur un fil tendu entre deux baguettes. / Boisson préparée avec de la limonade et du sirop. *Diabolo menthe.*

diacétylmorphine ou **diamorphine** n. f. CHIM. Dérivé de la morphine. Syn. héroïne.

diachronie n. f. LING. Aspect historique, évolutif, des faits de langue. Ant. synchronie.

diachronique adj. LING. Qui concerne la diachronie, qui a un rapport avec la diachronie. *Microstructure diachronique d'une entrée de dictionnaire.*

diacide n. m. CHIM. Corps doté de deux fonctions acide.

diaclase n. f. GÉOL. Fissure affectant une roche sans qu'il y ait déplacement d'un des blocs.

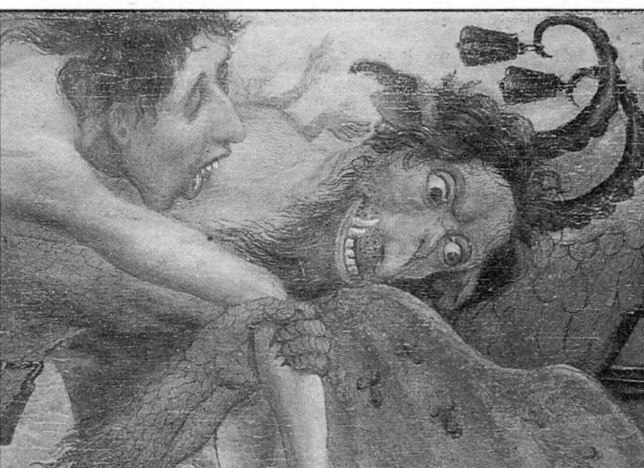

Bois peint représentant le **diable** (XVe siècle).

diaconat n. m. RELIG. Troisième ordre majeur, dans les Églises catholique et orthodoxe. / Fonction, office du diacre ; sa durée.

diaconesse n. f. HIST. Dans la primitive Église, jeune fille, veuve consacrée à des tâches religieuses. / Dans le calvinisme, femme vivant en communauté et se consacrant à des œuvres caritatives.

diacoustique n. f. Partie de la physique qui étudie la réfraction des sons.

diacre n. m. RELIG. Clerc des Églises catholique et orthodoxe qui a reçu le diaconat. *Le concile de Vatican II a reconnu le ministère permanent du diacre (autrefois considéré uniquement comme une étape vers la prêtrise) et décidé que des hommes mariés pouvaient, dans l'Église catholique de rite latin, être ordonnés diacres.* / Laïc remplissant bénévolement des tâches administratives ou caritatives, dans certaines Églises réformées.

diacritique adj. Qui sert à distinguer. / GRAMM. et LING. *Signe diacritique* : signe qui modifie la valeur d'un phonème, ou, pour distinguer deux mots homographes, d'une lettre. *Le tilde, en espagnol, la cédille, en français, sont des signes diacritiques.*

diadème n. m. HIST. Bandeau ceignant la tête, marque distinctive de la royauté dans l'Antiquité. / Bijou féminin en forme de bandeau.

diadoque n. m. HIST. Nom des généraux qui se disputèrent l'empire d'Alexandre le Grand. / Titre du prince héritier dans la Grèce moderne.

Diafoirus Nom de deux médecins ridicules, le père et le fils, dans *Le Malade imaginaire* (1673) de Molière.

Diaghilev (Serge de) 1872-1929 Metteur en scène et chorégraphe russe qui monte *Boris Godounov* (1908) à l'Opéra de Paris avant de devenir l'animateur des Ballets russes (1909) qu'il dirige jusqu'à sa mort.

diagnostic n. m. Identification d'une maladie. *Le diagnostic repose sur une analyse des symptômes qui met en relation les informations fournies par le patient, l'examen physique (complété éventuellement par des examens biologiques ou radiologiques) et l'observation par le médecin. Poser, établir un diagnostic.* / Fig. Estimation, évaluation d'une situation que l'on a analysée.

diagnostique adj. Qui permet d'établir un diagnostic.

diagnostiquer v. t. [1] Faire le diagnostic de (une maladie). / Fig. Identifier, déceler (un défaut).

diagonale n. f. GÉOM. Droite joignant deux sommets non consécutifs d'un polygone. *Les diagonales d'un rectangle sont égales et se coupent en leur milieu ; les diagonales d'un carré ou d'un losange se coupent en leur milieu à angle droit.* / Fig. *En diagonale* : en biais. / Fam. *Lire en diagonale* : parcourir très vite.

diagramme n. m. Représentation graphique d'un phénomène. *Diagrammes des espaces, vitesses et accélérations*, figurant les variations de ces grandeurs en fonction du temps. / Schéma figurant les parties d'un ensemble et leur disposition relative. *Diagramme floral*, qui indique les positions relatives des différentes pièces florales (pétales, sépales, pistil, étamines, etc.)

dialcool n. m. CHIM. Corps doté de deux fonctions alcool.

dialectal, ale, aux adj. D'un dialecte. *Arabe dialectal* : arabe parlé (par oppos. à arabe *littéral*).

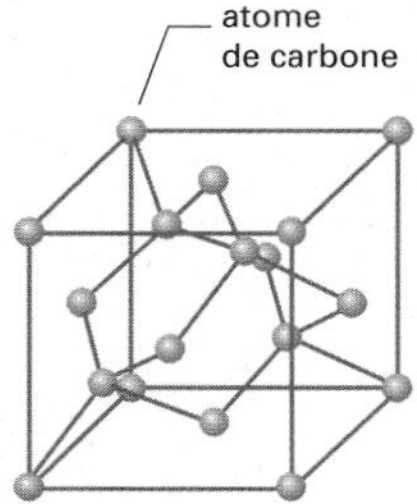

Structure du ***diamant****, montrant la répartition des atomes de carbone.*

dialecte n. m. Forme régionale ou particulière d'une langue, et qui constitue un système linguistique à part entière.

dialectique n. f. et adj. PHILO. Art du dialogue, de la discussion philosophique. / Principe de compréhension du réel qui met en œuvre les notions de négativité et de contradiction. / adj. Qui est propre à la dialectique ou la met en œuvre.

♦ Apparaissant comme critique du discours chez Zénon d'Élée, la dialectique prendra d'abord chez Platon, en réaction à l'usage (à ses yeux, perverti, purement rhétorique et polémique) qu'en font les sophistes, la forme de la maïeutique, du questionnement socratique, puis de la discussion critique permettant un accord. Dans les dialogues tardifs, cette dialectique, devenue « ascendante », remontant des hypothèses au principe, axée sur la relation entre différence et identité, va acquérir le statut de science, statut dénié par Aristote (et par Kant à sa suite), qui y voit cependant une féconde méthode logique, en particulier de critique du raisonnement. Avec Hegel, qui renoue avec la conception héraclitéenne de la dialectique, l'affirmation de l'unité des opposés, celle-ci devient le « principe moteur du concept », le « travail du négatif » ; en détruisant les séparations abstraites opérées par l'entendement, elle va produire l'affirmation de l'unité du sujet et de l'objet, du concept et du réel, dont elle est le mouvement même. Marx étendra aux phénomènes naturels et surtout à l'histoire humaine ce principe de « négation de la négation », mais dans le cadre d'une critique matérialiste, violemment opposée au caractère spéculatif et téléologique du système hégélien.

dialogue n. m. Conversation entre deux personnes. / Ensemble des conversations tenues par les personnages d'une œuvre littéraire, dramatique ou cinématographique. / Fig. Discussion engagée par deux parties en vue de parvenir à un accord ; négociation. *Patronat et syndicats ont ouvert, rompu le dialogue.* / Œuvre littéraire adoptant la forme de conversation. *Les dialogues de Platon. Le « Dialogue des orateurs » de Tacite.*

dialoguer v. i. [1] Établir un dialogue, une conversation (avec qqn) ; négocier. *Syndicat prêt à dialoguer.*

Dialogues IVe s. av. J.-C. Nom donné à l'ensemble des œuvres philosophiques de Platon. L'auteur adopta le dialogue philosophique pour reproduire la façon dont Socrate accouchait les esprits pour les élever à la vision du Vrai, du Bien et du Beau. C'est par le jeu des questions et des réponses que le sophiste opposé à Socrate s'empêtre dans ses contradictions et que le disciple voit s'exprimer l'Idée qu'il portait en lui. Les *Dialogues* authentiques sont au nombre de 28, classés en trois groupes : dialogues de la jeunesse, de la maturité, de la vieillesse.

dialoguiste n. Auteur du dialogue d'un film.

dialypétale adj. et n. f. BOT. Se dit d'une fleur dont les pétales sont séparés, ne sont pas soudés. / n. f. *Une dialypétale* : une plante (angiosperme) dont les fleurs ont des pétales non soudés.

dialyse n. f. CHIM. Procédé d'analyse tirant parti de la semi-perméabilité de certaines membranes, utilisé pour séparer les substances, colloïdes et cristalloïdes, composant un mélange. / MÉD. Épuration artificielle du sang utilisant ce procédé en cas d'insuffisance rénale. *L'hémodialyse recourt à un appareillage (rein artificiel), la dialyse péritonéale utilise le péritoine comme membrane.*

dialysépale adj. et n. f. BOT. Se dit d'une fleur dont les sépales sont séparés, ne sont pas soudés. / n. f. *Une dialysépale* : une plante (angiosperme) dont les fleurs ont des sépales non soudés. Ant. gamosépale.

diamagnétisme n. m. PHYS. Propriété des substances qui, placées dans un champ magnétique, s'aimantent en sens inverse du champ en question (elles acquièrent un moment magnétique de sens inverse de celui du champ).

diamant n. m. Forme cristalline du carbone pur. Le diamant est le plus dur et le plus brillant des minéraux naturels (densité : 3,5). / Bijou (et en particulier bague) orné d'un diamant. *Elle ne porte jamais son diamant.* / Outil de vitrier. *Couper une vitre avec un diamant.*

♦ Les variétés altérées de diamant, le bort et le carbonado, sont utilisées respectivement comme abrasif et pour le forage. Le diamant peut être taillé en croix, en facettes, en rose, en poire. Parmi les plus réputés, on trouvera l'*Orlov* de Catherine II, le *Régent* (137 carats, le plus pur), acheté par Philippe d'Orléans, le *Cullinam* (3 106 carats avant sa taille, le plus gros au monde), acquis par Édouard VII.

diamantaire n. Spécialiste de la taille ou du commerce du diamant.

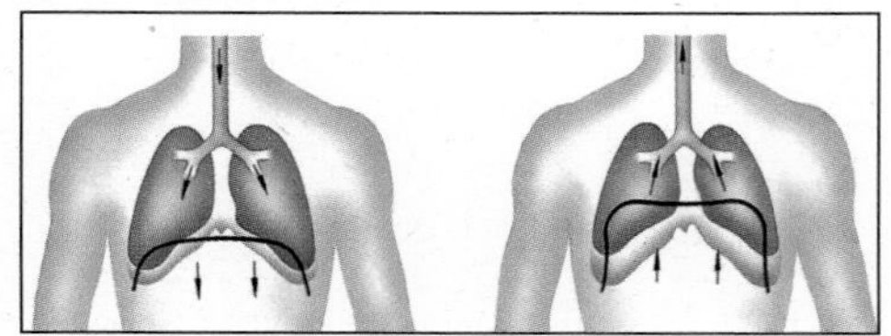

Mouvements du ***diaphragme*** *pendant l'inspiration (à gauche) et l'expiration (à droite).*

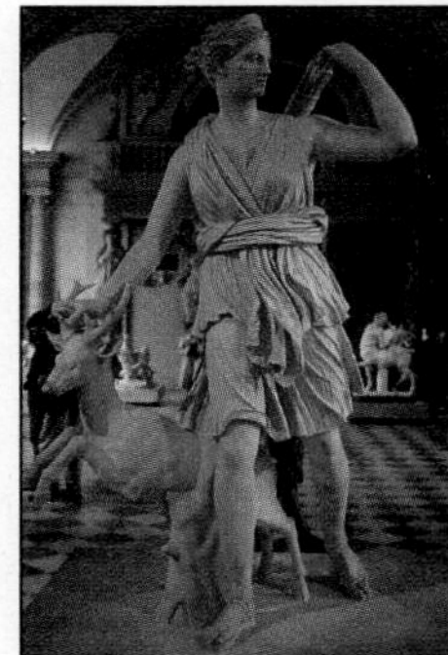

Diane*, déesse de la chasse.*

diamantifère adj. Qui contient du diamant.

diamétralement adv. GÉOM. Dans le sens du diamètre. *Points diamétralement opposés.* / Fig., cour. Absolument, totalement. *Avis diamétralement opposés.*

diamètre n. m. Segment de droite passant par le centre d'un cercle, d'une sphère. / MATH. *Diamètre d'une courbe* : lieu des milieux des cordes de cette courbe parallèles à une direction donnée.

diamide n. m. CHIM. Corps doté de deux fonctions amide.

diamine n. f. CHIM. Corps doté de deux fonctions amine.

diamorphine Voir **diacétylmorphine**

diane n. f. Anc. Batterie de tambour ou sonnerie de clairon qui marquait le réveil des soldats ou des marins. *Sonner la diane.*

Diane MYTH. ROM. Fille de Jupiter et de Latone, elle devint la déesse des bois, des animaux et de la chasse. Protectrice de la procréation et de l'accouchement, elle assure la continuité des naissances tout en demeurant chaste. Elle est identifiée à l'Artémis des Grecs.

Diane de France ou **de Valois** 1538-1619 Dame française, fille naturelle d'Henri II. Légitimée, elle épousa Horace Farnèse, duc de Castro, puis François de Montmorency. Elle joua un rôle politique important comme médiatrice entre Henri III et le futur Henri IV.

Diane de Poitiers, duchesse **de Valentinois** 1499-1566 Dame française. Veuve à 32 ans de Louis de Brézé, elle devint la maîtresse du futur Henri II et le demeura jusqu'à sa mort. Elle exerça une grande influence sur le roi qui fit construire à son intention le château d'Anet et lui donna le duché de Valentinois (1548).

diantre! interj. (vieilli ou plaisant) Diable ! *Que diantre venez-vous faire ici ?*

diapason n. m. Étendue des sons du plus grave au plus élevé d'une voix humaine ou d'un instrument de musique. / Son de référence permettant l'accord des voix, des instruments, correspondant au *la* de la 3e octave, soit une fréquence de 440 Hz. / Instrument à deux branches métalliques en forme de U qui émet ce *la*. / Fig. *Être, se mettre au diapason* : être du même avis ou s'accorder aux sentiments et opinions d'un groupe.

diapause n. f. ZOOL. Période d'arrêt dans l'activité, le développement de certains insectes.
diapédèse n. f. MÉD. Passage de certains éléments du sang (notam. globules blancs) hors des parois des vaisseaux capillaires.
diaphane adj. Qui laisse passer les rayons lumineux, sans être transparent ; translucide.
diaphragme n. m. ANAT. Muscle respiratoire principal qui sépare la cavité thoracique de la cavité abdominale. *En forme de dôme, le diaphragme est rattaché aux côtes inférieures, au sternum et à la colonne vertébrale ; il s'aplatit environ 16 fois par minute pour contribuer à la dilatation des poumons et à l'inspiration.* / BOT. Cloison séparant les graines dans les fruits en forme de capsules. / MÉD. Contraceptif féminin constitué d'une membrane souple en forme de dôme, qui se place sur le col de l'utérus. / TECHN. Membrane transversale dans les appareils acoustiques. / TECHN. Cloison extensible, percée d'un orifice, que l'on dispose à l'intérieur d'une canalisation, d'un appareil, dans le but de mesurer, réduire ou augmenter un débit, de régler l'admission de faisceaux lumineux des instruments d'optique. *Diaphragme d'un appareil photographique.*
diaphragmer v. t. / v. i. [1] v. t. TECHN. Munir d'un diaphragme. / v. i. PHOTO Réduire l'ouverture d'un appareil photographique en agissant sur le diaphragme.
diaphyse n. f. ANAT. Partie des os longs située entre les deux extrémités de ces os.
diaporama n. m. Projection de diapositives accompagnée d'un fond sonore ou d'un commentaire synchronisé.
diapositive n. f. Épreuve photographique positive qui doit être vue par projection.
diapré, e adj. Dont la couleur est changeante ; chatoyant. *Gemme, lumière diaprée.*
diaprure n. f. Litt. Caractère d'un objet diapré.
diapsides n. m. pl. et adj. ZOOL. Groupe de reptiles caractérisés par un crâne comportant deux paires de fosses temporales. / adj. *Reptiles diapsides.*
diariste n. Litt. Auteur de journal intime.
diarrhée n. f. MÉD. Augmentation de la fréquence des émissions de selles, qui prennent une consistance liquide.
diarrhéique adj. De la diarrhée. *Selles diarrhéiques.*
diarthrose n. f. ANAT. Articulation qui permet aux os des mouvements étendus (entre l'humérus et l'omoplate, au coude, au genou).
Dias (Bartolomeu, en français **Barthélemy Diaz)** 1450 ?-1500 Navigateur portugais. Il fut le premier à contourner l'Afrique et à découvrir le cap de Bonne-Espérance (1487). Au cours d'un voyage ultérieur, il mourut dans un naufrage.
diaspora n. f. HIST. *La Diaspora* : la dispersion des communautés juives, entamée dès le IXe siècle avant notre ère, poursuivie après l'exil à Babylone (587 av. J.-C.) et la chute de Jérusalem (70) ; l'ensemble des communautés juives dispersées dans le monde. / Fig. Dispersion d'un peuple, d'une communauté à travers le monde ; ces communautés. *La diaspora chinoise, libanaise.*
diastole n. f. PHYSIOL. Phase de relâchement des cavités cardiaques, alternant avec leur contraction, la systole. *Diastole auriculaire*, des oreillettes. *Diastole ventriculaire.*

Charles Dickens.

diatomées n. f. pl. BOT. Groupe d'algues microscopiques, le plus souvent unicellulaires (parfois coloniales ou filamenteuses), dont la paroi est formée de deux valves siliceuses. / (Au sing.) *Une diatomée d'eau douce.*
diatomique adj. CHIM. Dont la molécule est constituée de deux atomes.
diatomite n. f. GÉOL. Roche siliceuse formée par des débris de diatomées, utilisée pour ses propriétés absorbantes et abrasives.
diatonique adj. MUS. *Gamme diatonique* : gamme formée de cinq tons et deux demi-tons, par oppos. à la *gamme chromatique.*
diatribe n. f. Discours ou pamphlet violemment critique. *Les diatribes des lyriques grecs.*
diaule n. f. ANTIQ. GR. Flûte à deux tuyaux.
Diaz (Barthélemy) Voir **Dias**
Diaz (Porfirio) 1830-1915 Général et homme politique mexicain. Président de la République de 1876 à 1880 et de 1884 à 1911, son administration autoritaire fut marquée par un développement de l'économie du pays.
Diaz de la Peña (Narcisse Virgile) 1807-1876 Peintre français d'origine espagnole proche de Théodore Rousseau.
diazoïque adj. et n. m. CHIM. Se dit d'un composé organique comportant deux atomes d'azote.
Dib (Mohammed) 1920-2003 Écrivain algérien d'expression française. Son roman *La Grande Maison* (1952), qui décrit la misère des paysans, marque une date dans la littérature algérienne. Après d'autres romans réalistes (*L'Incendie*, 1954 ; *Le Métier à tisser*, 1957), il subit l'influence du nouveau roman français sans perdre sa force et son originalité : *Le Maître de chasse* (1973), *Le Sommeil d'Ève* (1989) ; *L'Arbre à dire* (1998) n'est ni un récit, ni un roman, ni un poème, mais un peu de tout cela à la fois.
dicastère n. m. DR. CANON. Chacun des organismes qui composent juridiquement la Curie romaine. *La Secrétairerie d'État est un dicastère.* / En Suisse, subdivision d'une administration municipale.
dichotomie n. f. BOT. Division en rameaux par bifurcations successives. / LOG. Division d'un concept en deux concepts opposés, par ex. la notion d'« être vivant » en « être vivant humain » et « être vivant non humain ». / Fig. Opposition entre deux idées, deux éléments. *Dichotomie entre l'éthique et le pouvoir.* / Partage des honoraires, illicite et contrevenant à la déontologie, entre deux médecins dont l'un fournit une clientèle à l'autre.
dichroïsme n. m. PHYS. Propriété des substances dont la couleur varie selon leur orientation par rapport à l'observateur et/ou leur épaisseur.
Dick (Philip Kindred) 1928-1982 Romancier américain, auteur de nombreux romans de science-fiction (*Ubik*, 1969) et de plus de cent nouvelles.
Dickens (Charles) 1812-1870 Écrivain anglais. Il connut les humiliations d'une enfance misérable, obligé de vivre dans une prison pour dettes avec sa famille et de travailler à douze ans. Ses romans sociaux retracent avec un réalisme brutal souvent teinté de sensiblerie les visages tantôt souriants tantôt tragiques de l'Angleterre du XIXe siècle. Clerc de notaire en 1827, journaliste, il publie en 1835 les *Esquisses de Boz*, qui lui apportèrent le succès et la commande de son premier roman, *Les Aventures de M. Pickwick* (1837), œuvre picaresque et pleine d'humour qui l'imposa à un vaste public. Il donna ensuite *Oliver Twist* (1838), *Nicholas Nickleby* (1839), *Le Magasin d'antiquités* (1840), *Martin Chuzzlewit* (1843), des *Contes de Noël* (1843-1846), *David Copperfield* (1849), *les Temps difficiles* (1854), *Les* (ou *De*) *Grandes Espérances* (1861). Le thème de l'enfance (en particulier de l'enfance malheureuse, reflet de ses propres humiliations d'enfant) imprègne toute son œuvre, notamment *Oliver Twist*, *Nicholas Nickleby*, *David Copperfield.*
Dickinson (Emily) 1830-1886 Poétesse américaine. Isolée dans sa retraite du Massachusetts, elle a écrit d'innombrables petits poèmes lyriques, dont seuls cinq furent publiés de son vivant sans éveiller le moindre écho. Sa sœur et des amis en publièrent après sa mort une centaine, en 1890, dans une version peu fiable, puis des lettres, en 1895 ; il fallut attendre 1955 (poèmes) et 1958 (lettres) pour pouvoir lire Emily Dickinson dans une bonne édition.
dicline adj. BOT. Dont les fleurs sont unisexuées.
dico n. m. Abrév. de *dictionnaire.*
• **dicotylédones** n. f. pl. BOT. Classe d'angiospermes dont les embryons possèdent deux cotylédons. / (Au sing.) *Une dicotylédone.*
dictame ou **dictamne** n. m. BOT. Plante de la famille des rutacées, à fleurs blanches ou roses, en grappes dressées.
dictaphone n. m. Magnétophone utilisé pour dicter des textes.

*Timbre à l'effigie d'***Emily Dickinson**.

dictateur n. m. ANTIQ. ROM. Magistrat exerçant la dictature. *César se fit nommer dictateur à vie.* / Mod. Homme politique exerçant sans contrôle une autorité absolue.
dictatorial, ale, aux adj. Relatif au dictateur, à la dictature. / Fig. Impérieux, extrêmement autoritaire. *Une injonction dictatoriale.*
dictature n. f. ANTIQ. ROM. Sous la République, magistrature exceptionnelle, confiant tous les pouvoirs à un seul homme, conférée par le sénat pour une durée ne devant pas excéder six mois. / Régime politique instauré par un dictateur. / Mod. Autorité abusive. / PHILO et POL. *Dictature du prolétariat* : selon la théorie marxiste-léniniste, phase de transition devant déboucher sur l'instauration d'une société socialiste, sans classes, durant laquelle l'exercice du pouvoir par les seuls représentants du prolétariat apparaît comme l'unique moyen et la garantie de la destruction de l'État bourgeois.
dictée n. f. Action de dicter. / Exercice scolaire dont le but est de vérifier les connaissances des enfants en orthographe. *Avoir de bonnes notes en dictée.* / Fig. *Agir sous la dictée de qqn, qqch.* : être inspiré ou contraint par qqn, qqch.
dicter v. t. [1] Énoncer mot à mot (un texte) le plus distinctement possible pour que ceux qui l'entendent puissent l'écrire. *Dicter le courrier. Le professeur dicte une fable de La Fontaine.* / Imposer (une contrainte). *Dicter les conditions de la paix.* / Être la cause, la raison de. *C'est l'appât du gain qui lui dicte ses choix.*
diction n. f. Manière ou art de dire un texte.
dictionnaire n. m. Ouvrage qui recense et décrit, dans un certain ordre, un ensemble particulier d'éléments du lexique d'une (ou plusieurs) langue(s). *Dictionnaire de langue*, qui décrit le sens, les valeurs, les emplois, etc. des mots d'une langue. *Dictionnaire encyclopédique*, qui, outre les descriptions des mots, donne des développements encyclopédiques sur les objets désignés par ces mots. *Dictionnaire monolingue*, qui décrit une seule langue. *Dictionnaire bi(pluri)lingue*, qui fournit les équivalents des mots et expressions d'une (de plusieurs) langue(s) dans une langue, d'autres langues. *Dictionnaire de spécialité*, qui se consacre au lexique d'un domaine particulier du savoir.
dictionnairique adj. et n. f. Du dictionnaire ; qui concerne le(s) dictionnaire(s). *La production dictionnairique.* / n. f. Pratique de la rédaction, de l'édition de dictionnaires.
dictionnairiste ou **dictionnariste** n. Spécialiste de la rédaction, de l'édition de dictionnaires.
dicton n. m. Maxime devenue proverbe. *« Il n'y a pas de fumée sans feu » est un dicton.*
dictyoptères n. m. pl. ZOOL. Ordre d'insectes dans lequel sont parfois regroupées les mantes et les blattes.
didacticiel n. m. INFORM. Logiciel à vocation didactique.
didactique adj. et n. f. Qui est conçu ou employé pour instruire. *Littérature didactique. Terme, usage didactique*, propre à une discipline scientifique ou technique. / n. f. Discipline qui traite de l'enseignement et de ses méthodes.
didascalie n. f. ANTIQ. GR. Ensemble des indications données aux interprètes par un auteur dramatique. / (Au plur.) Indications de mise en scène, de jeu, données par l'auteur.

D

Quelques Dicotylédones

1. *Polycarpiques :* plantes ligneuses et herbacées, munies de nombreux carpelles sur l'axe floral et d'une grande quantité d'étamines ; magnolia, laurier, noix de muscade, bouton d'or, aconit, épine-vinette, nénuphar, camphrier.
2. *Rosales :* plantes herbacées, arbustives ou formant des lianes, ayant des fleurs de 5 pétales et 5 sépales ; sédum, saxifrage, rosier, fraisier, poirier, pommier, prunier, cerisier.
3. *Légumineuses :* plantes herbacées ou ligneuses, dont le fruit est généralement un légume (nommé couramment une gousse), qui possèdent souvent des bactéries symbiotes fixatrices d'azote dans leurs racines ; acacia, tamarinier, genêt, trèfle, lentille, haricot.
4. *Myrtales :* plantes herbacées ou ligneuses, aux fleurs comportant 4 pétales et 4 sépales ; myrte, goyavier, giroflier, grenadier.
5. *Rhœadales :* plantes généralement herbacées, aux fleurs radiées ; coquelicot, radis, moutarde, chou, câprier.
6. *Pariétales :* plantes ligneuses ou herbacées, aux fleurs comportant 5 pétales et 5 sépales ; ciste, drosera, violette, papayer.
7. *Guttiférales :* plantes généralement ligneuses, aux fleurs ayant l'ovaire toujours supère (situé au-dessus du périanthe) ; camélia, thé, hypérique.
8. *Columnifères :* plantes généralement ligneuses, aux fleurs comportant 5 pétales et 5 sépales ; mauve, cotonnier, arbre à pain, tilleul, cacaotier.
9. *Gruinales :* plantes herbacées, aux fleurs radiées ; ciguë, pélargonium, géranium, lin.
10. *Térébenthales :* en général des arbres et des arbustes, sécrétant des huiles essentielles, des résines et des baumes ; rue, citronnier, oranger, érable, châtaignier d'Inde, ailante, manguier.
11. *Célastrales :* plantes généralement ligneuses, ressemblant beaucoup aux térébenthacées ; houx.
12. *Rhamnales :* plantes généralement ligneuses, ressemblant beaucoup aux térébenthacées ; bourdaine, vigne.
13. *Ombellifères :* plantes généralement ligneuses, avec les fleurs regroupées en ombelles ; cornouiller, lierre, carotte, céleri, persil, angélique.
14. *Centrospermales :* plantes majoritairement herbacées, aux feuilles simples ; œillet, chénopode, bette, salicorne, nopal.
15. *Polygonales :* plantes herbacées, aux fleurs peu apparentes et en général de couleur verdâtre ; rhubarbe.
16. *Santalales :* plantes herbacées ou ligneuses, parasites ou hémiparasites ; gui.
17. *Tricoques :* plantes herbacées ou ligneuses, aux fleurs en général dépourvues de périanthe ; euphorbe, herbe à verrues, ricin, buis.
18. *Urticales :* plantes herbacées ou ligneuses, aux fleurs regroupées en de denses inflorescences ; orme, mûrier blanc, houblon, ortie.
19. *Fagales :* Plantes ligneuses, aux fleurs peu voyantes regroupées en chatons ; noisetier, charme, bouleau, hêtre, chêne vert, chêne-liège, chêne, châtaignier.
20. *Juglandales :* plantes en général ligneuses, aux fleurs regroupées en chatons ; noyer.
21. *Salicales :* plantes généralement ligneuses, aux fleurs regroupées en chatons ; saule, peuplier noir, peuplier.
22. *Pipérales :* plantes herbacées ou arbustes, exclusivement tropicales ; poivrier.
23. *Éricales :* arbustes à feuilles pérennes, aux fleurs comportant 5 pétales et 5 sépales ; bruyère, airelle, rhododendron.
24. *Primulales :* plantes herbacées ou comportant un pied, dont les fleurs ont 5 pétales et 5 sépales ; primevère, cyclamen.
25. *Contortales :* plantes herbacées ou ligneuses, aux fleurs sur lesquelles chaque lobe de la corolle recouvre le suivant ; gentiane, laurier-rose, jasmin, henné, frêne, olivier.
26. *Tubiflores :* plantes herbacées ou ligneuses, aux fleurs tubuleuses ; renouée, menthe, thym, romarin, verveine, pomme de terre, tabac, pétunia, linaire, digitale, plantain. Voir synanthérales ci-dessous.
27. *Rubiales :* plantes herbacées ou ligneuses, avec des fleurs de 4 ou 5 pétales, et le même nombre de sépales ; gaillet, caféier, sureau, valériane.
28. *Cucurbitales :* plantes herbacées, aux fleurs en forme d'entonnoir ; courge, melon, pastèque.
29. *Synanthérales :* plantes herbacées ou ligneuses, contenant souvent du latex, dont les fleurs sont disposées selon un rayon ; clochette, marguerite, camomille, chardon, pissenlit, chicorée. Ordre comprenant aussi la famille des composées, qui elle-même comprend celle des tubiflores.

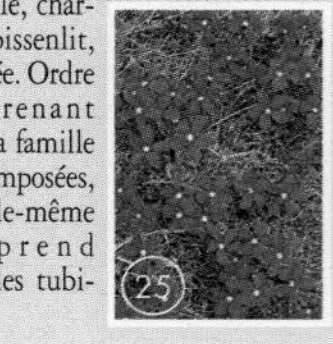

Denis Diderot.

Didelot (Charles) 1767-1837 Danseur et chorégraphe français. Il a monté de nombreux ballets au théâtre impérial de Saint-Pétersbourg et a ainsi favorisé le développement de la danse en Russie.
didelphe adj. MÉD. *Utérus didelphe*, forme extrême de dualité utérine, dans laquelle existent deux demi-utérus, bien distincts, avec deux corps et deux cols.
didelphidés n. m. pl. ZOOL. Famille de mammifères marsupiaux, comprenant les opossums et diverses espèces fossiles.
Diderot (Denis) 1713-1784 Écrivain français. Après de solides études, il va à Paris où il mène une vie de bohème et fréquente les milieux littéraires. Il vit de son travail de précepteur et de traductions de l'anglais. En 1746, il donne *Pensées philosophiques*, qui témoignent de l'évolution de l'élève des jésuites (envisageant de devenir prêtre, il avait été tonsuré en 1726, mais cela n'était pas allé plus loin) vers le déisme et la religion naturelle. En 1747, le libraire Le Breton lui confie la direction de l'*Encyclopédie*. Diderot s'y consacre avec passion, ce qui ne l'empêche pas d'écrire quantité d'ouvrages: *Lettre sur les aveugles* (1749), *Lettre sur les sourds et muets* (1751), *Discours sur la poésie dramatique* (1758). En 1766, l'*Encyclopédie* s'achève, sa situation financière s'est améliorée grâce à Catherine II de Russie qui lui a acheté sa bibliothèque tout en lui en laissant la jouissance et en lui assurant une pension. À partir de 1773, il voyage: La Haye d'abord, puis la Russie, pour remercier Catherine II auprès de qui il passe cinq mois. De retour à Paris en 1775, il n'écrit plus guère (*Entretien avec la maréchale*, 1776; *Essai sur les règnes de Claude et de Néron*, 1778). Ayant définitivement renoncé à publier ses œuvres complètes, il s'éteint paisiblement à 71 ans. Écrivain d'une extrême fécondité, Diderot s'exprime dans tous les genres: il est philosophe (*Promenade du sceptique*, 1747, publié en 1830; *Le Rêve de d'Alembert*, 1769), auteur dramatique (*Le Fils naturel*, 1757, joué en 1771; *Le Père de famille*, 1758, joué en 1761), théoricien de l'art théâtral (*Discours sur la poésie dramatique*, 1758; *Paradoxe sur le comédien*, publié en 1830), critique d'art (les *Salons*, de 1759 à 1781, d'abord écrits pour la *Correspondance littéraire* de Grimm; *Essai sur la peinture*, 1766, publié en 1795) et romancier (*Les Bijoux indiscrets*, petit conte licencieux de 1748; *La Religieuse*, 1780 puis 1797; *Jacques le Fataliste et son maître*, 1778-1780, puis 1796; *Le Neveu de Rameau*, publié en 1891). Cette intense activité littéraire ne l'a pas empêché d'accomplir parallèlement le travail écrasant d'éditeur de l'*Encyclopédie*.
Didier ?-apr. 774 Roi des Lombards (756-774). En lutte avec la papauté, il est vaincu d'abord par Pépin le Bref, puis par Charlemagne en 774. C'est le dernier roi des Lombards.
didjeridoo ou **didjeridu** n. m. (mot d'une langue d'Australie) MUS. Instrument de musique des aborigènes d'Australie, fait d'un cylindre de bois creux, long d'environ 2 m, souvent muni d'un embout de cire ou d'argile. *Si primitif que semble le didjeridoo, le musicien en obtient des effets très variés d'une grande virtuosité.*
Didon MYTH. ROM. Fille du roi de Tyr et veuve de Sicharbas, elle s'enfuit et fonda, selon la légende, Carthage. Demandée en mariage par Hiarbas, elle préféra se poignarder sur un bûcher plutôt que d'accepter un nouvel époux. Dans l'*Énéide*, Virgile en fait l'amante malheureuse d'Énée pour l'amour duquel elle n'hésite pas à se sacrifier.
Didot (François Ambroise) 1730-1804 Imprimeur parisien. Il crée le caractère d'imprimerie nommé *didot*. **Firmin** 1764-1836 Fils du précédent. Il invente la stéréotypie et mène de front une carrière industrielle, à la tête de l'entreprise familiale, littéraire (traduction, théâtre) et politique (il est député de l'Eure de 1827 à sa mort). Bibliophile, il a dispersé son importante bibliothèque en 1811. **Ambroise Firmin** 1790-1876 Fils du précédent. Helléniste, il grave des caractères grecs et édite nombre d'ouvrages classiques en grec.
dièdre n. m. et adj. MATH. Figure formée par deux demi-plans. *L'angle ou rectiligne du dièdre est obtenu par la section du dièdre avec un plan perpendiculaire à son arête.* / adj. Qui est formé par deux plans sécants. *Angle dièdre.*
diélectrique adj. et n. m. PHYS. Se dit d'une substance non conductrice de l'électricité qui, placée dans un champ électrique, acquiert un moment électrique de même sens que celui du champ.
Dien Bien Phu (cuvette de) Site du Vietnam, dans la plaine alluviale comprise entre le fleuve Rouge et le Mékong, dans laquelle l'armée française installa un camp retranché en novembre 1953. Une longue bataille opposa du 13 mars au 7 mai 1954 la garnison française sous les ordres du colonel de Castries aux troupes du général Giap, chef des forces du Viêt-minh. Les Français durent se rendre et les accords de Genève mirent fin à la première guerre d'Indochine.
diencéphale n. m. ANAT. Région centrale de l'encéphale située au niveau du troisième ventricule et comprenant le thalamus, l'hypothalamus et l'épiphyse.
diène n. m. CHIM. Nom générique des carbures d'hydrogène possédant deux doubles liaisons carbone-carbone.
Dieppe *35 894 h.* Ville de la Seine-Maritime, sur la Manche. Port de pêche et de commerce. Endommagée par un raid en 1942, la ville conserve de nombreux monuments: les églises Saint-Jacques et Saint-Rémy, et un château (XIVe-XVIIIe siècle).
diérèse n. f. PHON. Dissociation d'une diphtongue en deux éléments. *On prononce par diérèse di-ergol au lieu de diergol.*
diergol n. m. CHIM. Propergol constitué de deux ergols.
Dies irae (« jour de colère ») Premiers mots d'une prose latine de la liturgie catholique, qui évoque le Jugement dernier.
dièse n. m. et adj. MUS. Signe (#) indiquant l'élévation d'un demi-ton de la note devant laquelle il est placé. *Le double dièse indique une élévation de deux demi-tons.* / adj. Affecté d'un dièse. *Des fa dièses.*
diesel n. m. Moteur à combustion interne, inventé en 1897 par l'ingénieur allemand Rudolf Diesel. *Dans un diesel, le carburant (gazole) injecté dans le cylindre, s'enflamme spontanément du fait du taux de compression très élevé de l'air qui s'y trouve.* / (Appos.) *Moteur diesel.*
Diesel (Rudolf) 1858-1913 Ingénieur allemand, inventeur du moteur qui porte son nom et dont le premier exemplaire fonctionna en 1897.
diester n. m. Huile végétale (de colza ou de tournesol) estérifiée, employée pure ou mélangée à du gazole, utilisée comme carburant des diesels.
diète [1] n. f. HIST. Assemblée politique, parlement, dans certains États d'Europe centrale et du Nord.
diète [2] n. f. Vieilli Régime alimentaire suivi dans un but thérapeutique. / Jeûne total ou partiel observé pour des raisons de santé. *Être, se mettre à la diète.*
diététicien, enne n. Spécialiste de la diététique.
diététique n. f. et adj. Discipline qui étudie l'alimentation. / adj. Relatif à la diététique; conforme aux règles de la diététique. / Cour. *Repas diététique*, pauvre en calories.
Dietrich (Marlène) 1902-1992 Actrice américaine d'origine allemande. Son rôle (1930) dans *L'Ange bleu* de Sternberg fit d'elle le type même de la vamp, femme fatale à qui les hommes ne résistent pas et qui fait leur malheur. C'est au même réalisateur qu'elle doit ses meilleurs rôles (*Shanghai Express*, 1932; *L'Impératrice rouge*, 1934; *La Femme et le Pantin*, 1935). Chanteuse à la voix pénétrante et rauque, elle soutint l'effort de guerre des Alliés au cours de la Seconde Guerre mondiale.
dieu, déesse n. m. Dans les religions polythéistes, entité supérieure personnifiée par des attributs, dotée de fonctions spécifiques, et souvent de pouvoirs surnaturels. *Éole, dieu des Vents des Grecs et des Romains. Athéna, déesse de la Guerre. Ganesha, dieu hindou, dont la tête*

Dieu, *détail de la fresque de Michel-Ange, 1508-1512 (chapelle Sixtine, Rome).*

Diffraction *des rayons du Soleil.*

d'éléphant symbolise la sagacité. Dieux lares: protecteur de la maison et de la cité, chez les Romains. / Dans les religions monothéistes, être suprême et éternel, doté de toutes les perfections, créateur de toutes choses (en ce sens, le mot porte une capitale et n'a pas de pluriel). *En hébreu, Dieu se nomme Yahveh, en arabe, Allah. Prier, louer, invoquer Dieu.* / Fig. Personne ou chose que l'on révère à l'égal d'un dieu. *Les dieux du stade*: les athlètes. *Faire de l'argent son dieu. Être dans le secret des dieux*: avoir la confiance de personnages haut placés. Pl. Des *dieux*, des *déesses*.

Dieudonné (Jean) 1906-1992 Mathématicien français. Membre fondateur du groupe Bourbaki, ses recherches ont porté sur de très nombreuses branches des mathématiques (topologie générale, théorie des groupes, géométrie algébrique).

Dieuzaide (Jean) 1921 Photographe français, spécialiste de l'architecture et de la sculpture, en particulier de l'art roman.

diffamation n. f. Action de diffamer. / Écrit ou propos par lequel on diffame qqn. / DR. Allégation portant atteinte à l'honneur ou à la réputation.

diffamatoire adj. Qui diffame, vise à diffamer. *Propos diffamatoire.*

diffamer v. t. [1] Attaquer la réputation, l'honneur de (qqn) en rapportant des médisances à son propos.

différé, e adj. et n. m. **A.** adj. Reporté à plus tard. *Un rendez-vous différé de quelques jours.* **B.** n. m. Diffusion d'une émission radiophonique ou télévisée après son enregistrement, par oppos. au *direct*. *Débats retransmis en différé.* / FIN. *Différé d'amortissement*: report de l'échéance d'un remboursement.

différemment adv. De manière différente ; autrement.

différence n. f. Caractère distinctif entre deux choses ou deux personnes. / *Différence spécifique*: caractère distinctif d'une espèce par rapport à une autre espèce appartenant au même genre. / MATH. Résultat de la soustraction de deux nombres ou de deux expressions algébriques. / FIN. Écart positif ou négatif entre le taux des valeurs négociées et celui de l'exécution du marché.

différenciation n. f. Action de différencier ; fait de se différencier ou d'être différencié. / BIOL. *Différenciation cellulaire*: processus au cours duquel les cellules acquièrent leurs fonctions spécifiques et les caractères qui leur sont liés.

différencier v. t. [1] Faire la différence entre. *Différencier des visages.* / v. pron. *Les variétés de cette plante se différencient par la couleur de leur fleur.*

différend n. m. Désaccord ; conflit d'intérêts entre des personnes. *Avoir, régler un différend.*

différent, e adj. Autre, dissemblable. *Ces sensations sont toutes différentes. Différent de*: distinct de, autre que. *Son avis est différent du mien.* (Au pl., devant le nom) Divers. *On peut identifier différentes influences dans cette œuvre.*

différentiation n. f. MATH. Opération qui consiste à trouver la différentielle d'une fonction ou d'une équation.

différentiel, elle [1] adj. Relatif aux différences ou aux variations ; qui les détermine. / *Tarif différentiel*: tarif de transport qui varie en proportion inverse de la quantité de marchandises et de la distance. / MATH. *Calcul différentiel*: partie des mathématiques qui étudie les variations infinitésimales des fonctions. *Géométrie différentielle*: branche de la géométrie qui étudie les propriétés des courbes relatives à leur longueur, à leurs tangentes normales et à leur courbure et torsion, ainsi que les propriétés de nature analogue relatives aux surfaces. *Équation différentielle*: équation dont l'inconnue est une fonction et dans laquelle apparaissent les dérivées de cette fonction.

différentiel [2] n. m. TECHN. Mécanisme transmettant aux roues d'une automobile le mouvement du moteur de telle façon que dans un virage la roue extérieure tourne plus vite que la roue intérieure. / ÉCON. Pourcentage exprimant la différence entre deux grandeurs. *Différentiel d'inflation.*

différentielle n. f. MATH. Approximation linéaire des variations d'une fonction, pour des valeurs voisines de sa variable.

différer [1] v. t. [1] Reporter (qqch.) à plus tard. *Différer une décision.*

différer [2] v. i. [1] *Différer de*: être différent de. *En quoi le mauve diffère-t-il du violet ?* (Absol.) Être distinct, dissemblable. *Des opinions qui diffèrent.*

difficile adj. Qui demande des efforts, pénible ; qui n'est pas facile. *Une locomotion difficile. Un problème difficile.* / De caractère abrupt, de commerce rude ; indiscipliné. *Un enfant difficile.* / Exigeant. *Être difficile*: se montrer pointilleux sur la qualité de la nourriture.

difficilement adv. Avec difficulté.

difficulté n. f. Ce qui rend quelque chose pénible à exécuter, malaisé à comprendre / Chose difficile ; obstacle, gêne. *Se heurter à, surmonter une difficulté. Se mouvoir avec difficulté.*

difficultueux, euse adj. Rare (En parlant de personnes) Qui fait des difficultés. *Un vieillard difficultueux.*

diffluence n. f. GÉOL. Partage d'un cours d'eau, d'un glacier, en plusieurs bras. *À proximité de la mer, la diffluence d'un fleuve forme un delta.*

difforme adj. Dont la forme n'est pas celle qui devrait être. / Mal formé.

difformité n. f. Caractère de ce qui est difforme. / Spécial. Malformation.

diffraction n. f. OPT. Modification de la direction de propagation d'un rayonnement lumineux lorsqu'il rencontre un obstacle. / PHYS. Déviation de la trajectoire d'une onde radiomagnétique.

diffus, e adj. Constant, sans variation d'intensité, quelle que soit la direction (par oppos. à *localisé, concentré*). *Chaleur diffuse.*

diffuser v. t. [1] Répandre tout autour. *Diffuser de la lumière, un parfum.* / Transmettre, propager. *Diffuser des informations.* / Transmettre (un programme) par les ondes radioélectriques. / Assurer la diffusion commerciale de. *Diffuser un nouveau produit.*

diffuseur n. m. Dispositif qui diffuse la lumière. / Dispositif qui diffuse une substance par évaporation. *Diffuseur de parfum.* / TECHN. Appareil utilisé pour extraire le jus sucré des betteraves. / Entreprise, professionnel spécialisé dans la diffusion de livres.

diffusion n. f. Action de diffuser ; spécialement, action de mettre en librairie des ouvrages à la disposition du public. / Fait de se diffuser ou d'être diffusé. *Diffusion de la chaleur. Diffusion d'une théorie.* / PHYS. Processus par lequel les parties d'un fluide se répartissent en tous sens dans un milieu et deviennent homogènes. / PHYS. Dispersion d'un ensemble de particules dans un milieu. / PHYS. NUCL. Modification de la direction d'une particule entrant en collision avec une autre particule.

digamma n. m. Lettre de l'ancien alphabet grec qui correspond au son [w].

digérer v. t. [1] Assimiler (un aliment) par le processus de digestion. / Fig. et fam. Assimiler, comprendre ; supporter, endurer. *Digérer sa leçon. Je ne puis digérer cet affront.*

digest n. m. (mot anglais) Compte rendu d'un livre ou d'un article. / Publication composée d'écrits de ce genre.

digeste [1] adj. Qui se digère aisément. *Cuisine digeste.*

digeste [2] n. m. DR. ROM. Répertoire des décisions prises par les jurisconsultes, rédigé au VIe siècle sur ordre de l'empereur Justinien.

digesteur n. m. CHIM. Autoclave dans lequel on fait dissoudre, on fait cuire diverses substances à très haute température. / Cuve dans laquelle fermentent des boues usées et des déjections animales pour produire du méthane.

digestif, ive adj. et n. m. Relatif à la digestion, qui permet la digestion. *Appareil digestif.* / n. m. Liqueur, alcool, pris après le repas.

digestion n. f. Action de digérer ; moment où l'on digère. / PHYSIOL. Transformation, effectuée dans l'appareil digestif, des aliments ingérés en matières assimilables par l'organisme.

♦ Au cours de la digestion, les aliments subissent dans la bouche l'action mécanique des dents (mastication) et l'action chimique de la salive ; dans l'estomac, ils sont brassés en présence du suc gastrique ; dans l'intestin, les diastases des sucs pancréatique et

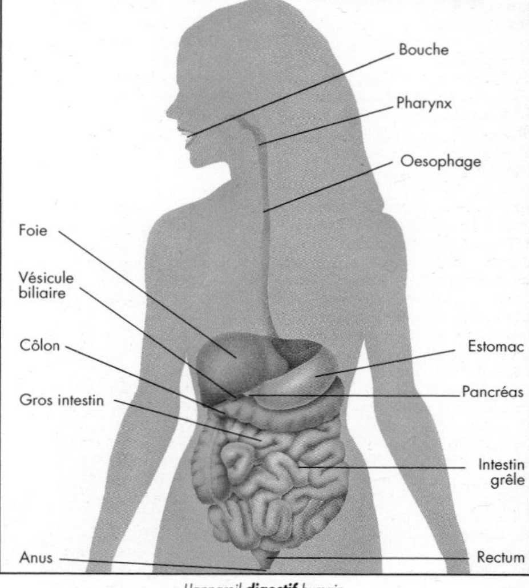

L'appareil ***digestif*** *humain.*

Digitale.

intestinal poursuivent l'hydrolyse de leurs constituants et la bile joue un rôle dans la digestion des graisses. L'absorption des substances à petites molécules est réalisée au niveau des villosités de l'intestin grêle et les résidus sont ensuite expulsés sous forme de matières fécales.

digicode n. m. (nom déposé) Appareil muni d'un clavier alphanumérique, qui commande l'ouverture d'une porte.

digital, ale, aux adj. (anglicisme) Numérique. *Enregistrement, affichage digital.*

digitale n. f. BOT. Plante de la famille des scrofulariacées, dont les fleurs, disposées en longue grappe, évoquent la forme d'un doigt de gant. *La digitale est une plante vénéneuse, elle contient notamment de la digitaline.*

digitaline n. f. Toxine extraite de la digitale. *La digitaline a été longtemps utilisée comme tonicardiaque.*

digitaliser v. t. [1] INFORM. Convertir en code numérique (des données).

digitigrade adj. et n. m. ZOOL. Se dit d'un animal qui marche en prenant appui sur les doigts, la plante du pied ne touchant pas le sol. *Le chat est digitigrade.* / n. *Un digitigrade.*

digne adj. *Digne de*: conforme à ce qu'on peut attendre de. *Un choix digne de vous. Digne d'un idiot.* / Qui mérite (qqch.). *Digne d'éloges.* Ant. indigne. / (Absol.) Qui mérite, suscite le respect; fier. *Garder une attitude digne.*

Digne-les-Bains *16087 h.* Chef-lieu des Alpes-de-Haute-Provence, dominé par les *Préalpes de Digne*. Station thermale. Église romane (XIIIe siècle). Cathédrale gothique (XVe siècle).

dignement adv. De manière digne.

dignitaire n. m. Personne dont la fonction, la dignité est particulièrement importante.

dignité n. f. **I.** Caractère de ce qui est digne, de ce qui mérite, suscite le respect. *Dignité d'une fonction.* Ant. indignité. / Attitude qui manifeste le respect de soi ou d'autrui. *Garder sa dignité.* **II.** Fonction qui donne à son titulaire une place importante dans la société.

digramme n. m. Groupe formé par deux signes graphiques, utilisé pour transcrire un son unique tel, en français, *ph* pour *f*.

digression n. f. Développement du discours qui s'écarte du sujet traité. *Se perdre en digressions.*

digue n. f. Levée de terre ou de maçonnerie destinée à contenir les eaux ou à protéger un port du courant, de la tempête. / Fig. Ce qui freine, fait obstacle à un mouvement, une force.

Dijon *146703 h.* Chef-lieu de la Région Bourgogne et de la Côte-d'Or, situé au confluent du Suzon et de l'Ouche, sur le canal de Bourgogne. Ancienne capitale du duché de Bourgogne, Dijon conserve non seulement une vocation commerciale (carrefour ferroviaire) et industrielle (métallurgie, alimentation) mais aussi un patrimoine artistique considérable: cathédrale Saint-Bénigne (XIIIe-XIVe siècle), palais de justice, palais des ducs de Bourgogne (presque entièrement reconstruit sous Louis XIV), chartreuse de Champmol, nombreuses maisons anciennes.

diktat n. m. (mot allemand) Ce qui est imposé par la force, en particulier dans les relations internationales.

dilacérer v. t. [1] Déchirer, mettre en pièces.

dilapidation n. f. Action de dilapider; gaspillage.

dilapider v. t. [1] Dissiper (un bien) par des dépenses intempestives, excessives. *Dilapider sa fortune.*

dilatation n. f. Action de dilater; fait de se dilater, d'être dilaté. / MÉD. Augmentation du calibre d'un conduit, d'un vaisseau ou du volume d'un organe. / PHYS. Augmentation du volume d'un corps due à une élévation de la température.

dilaté, e adj. En état de dilatation. *Pupilles dilatées.*

dilater v. t. [1] Augmenter le volume, la dimension de. *Dilater un gaz.* / v. pron. *Bronches qui se dilatent.*

dilatoire adj. DR. Qui vise à faire durer une procédure, à retarder un jugement. / Fig. Qui vise à gagner du temps. *Des manœuvres dilatoires.*

dilection n. f. RELIG. Amour de nature spirituelle.

dilemme n. m. LOG. Syllogisme dont la majeure comporte une alternative d'au moins deux termes amenant la même conclusion. *Les propositions successives: « X vit à Paris ou à Marseille; si X vit à Paris, il vit en France; si X vit à Marseille, il vit en France; donc X vit en France » constituent un dilemme.* / Fait d'être placé devant un choix dont chacune des options est source d'ennui ou de danger. *Trahir ou mourir, il était pris dans ce dilemme.*

dilettante n. (mot italien) Personne qui pratique une activité ou s'intéresse à qqch. en amateur, sans s'y investir vraiment.

dilettantisme n. m. Comportement du dilettante.

diligence n. f. **I.** Empressement; rapidité avec laquelle on exécute une tâche. *Faire diligence.* / DR. *À la diligence de*: sur la requête de. **II.** Voiture à cheval qui transportait autrefois à longue distance les voyageurs.

diligent, e adj. Qui manifeste de la diligence, qui s'empresse d'agir. *Soyez diligent.*

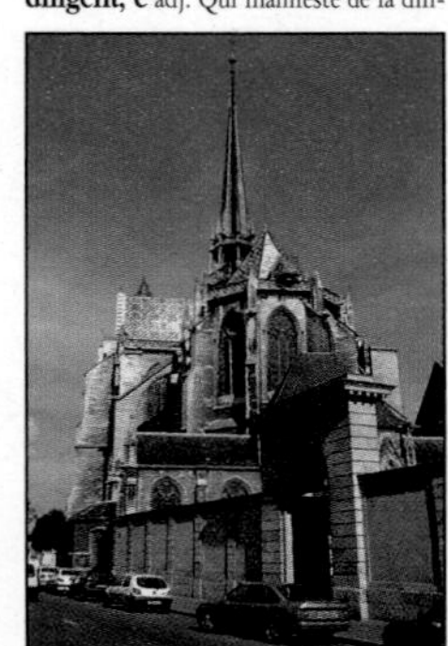

La cathédrale Saint-Bénigne à ***Dijon***.

Assassinat de ***Dimitri V Ivanovitch*** *à Ouglitch en 1591.*

diligenter v. t. [1] Faire, faire faire avec empressement, avec zèle. *Diligenter une enquête.*

diluant, e adj. et n. m. Qui dilue. / n. m. Un diluant.

diluer v. t. [1] Ajouter du solvant à (une solution), diminuer la concentration de. *Diluer une laque.* / Délayer (qqch.).

dilution n. f. Action de diluer; fait de se diluer, d'être dilué.

diluvien, enne adj. Propre au déluge; qui rappelle le déluge. *Des pluies diluviennes.*

dimanche n. m. Septième et dernier jour de la semaine.

dîme n. f. HIST. Sous l'Ancien régime, impôt qui correspondait à une fraction de la récolte attribuée à l'Église. / Mod. *Prélever une, sa dîme sur qqch.*, s'en approprier une partie.

dimension n. f. Grandeur d'une surface d'un solide mesurable dans toutes les directions (largeur, longueur, hauteur, profondeur). / Grandeur, taille d'un objet. *Un tableau de petite dimension.* / Fig. Importance, portée; aspect significatif de qqch. *Évaluer la dimension d'un projet. La dimension idéologique d'une théorie.* / *La quatrième dimension*: la dimension temporelle (la durée) de l'Univers envisagé comme espace-temps dans la théorie de la relativité.

dimensionner v. t. [1] TECHN. Calculer les dimensions de (un objet, un ustensile) en fonction de son utilisation.

diminuer v. t. / v. i. [1] Rendre moindre, moins important, réduire. *Diminuer une longueur, un son, une vitesse, ses dépenses.* (Au fig.) Affaiblir; rabaisser (qqn). *La maladie l'a diminué.* / v. i. Devenir moins grand, moins important, moins intense. *Produit qui diminue en quantité et en qualité. Le vent a diminué.*

diminutif, ive adj. et n. m. LING. Se dit d'un morphème, d'un procédé linguistique qui apporte une idée de petitesse à un mot, à son radical. *Les suffixes -et, -ette sont diminutifs.* / n. m. Nom, prénom transformé de manière à exprimer la familiarité. *« Anitou » (« petite Anne ») est, dans les langues d'oc, le diminutif du prénom « Anne ».*

diminution n. f. Action de diminuer; son résultat.

Dimitri Nom de plusieurs souverains russes. **Dimitri Ier Alexandrovitch** XIIIe siècle. Fils d'Alexandre Nevski, grand-prince de Vladimir (1276-1294). Les ravages causés par les Mongols dans sa principauté le portèrent au désespoir et il se fit moine. **Dimitri II** XIVe siècle Prince de Novgorod (1319-1326), mis sur le trône par les Mongols, il fut assassiné par eux. **Dimitri III** XIVe siècle Prince de Souzdal (1359-1362) sous suzeraineté mongole, il fut détrôné par Dimitri IV, son gendre. **Dimitri IV Ivanovitch Donskoï** 1350-1389 Prince de Moscou en 1362, il tenta de secouer le jug mongol; d'abord victorieux à Pereiaslav (1378) et à Koulikovo (1380), sur le Don (d'où son surnom de *Donskoï*), il fut finalement vaincu (1382). **Dimitri V Ivanovitch** 1583-1591 Fils puîné d'Ivan le Terrible, il aurait dû succéder à son frère Fedor Ier, mais fut évincé par Boris Godounov, que l'on accusa de l'avoir fait assassiner. Sa mystérieuse disparition a permis à divers imposteurs de se faire passer pour lui. **Dimitri** (dit le **Faux Dimitri**) 1580-1606 Il s'agissait probablement d'un moine défroqué qui, soutenu par la Pologne et le Saint-Siège, s'empara du trône en 1605 après l'assassinat du fils de Boris Godounov et fut massacré au cours d'un coup d'État conduit par Vassili Chouïski. **Dimitri** (second **Faux Dimitri**, dit l'*Imposteur* ou le *Brigand de Touchino*) ?-1610 Également soutenu par les Polonais, il envahit la Russie et s'approcha de Moscou (à Touchino, 1608); mais, abandonné par la Pologne, il fut vaincu et tué.

Dimitrov (Gueorgui) 1882-1949 Homme politique bulgare. Communiste, il s'exila en 1923 en Allemagne, où les nazis l'impliquèrent (à tort: il était à Munich) dans l'incendie du Reichstag (1933). Ils l'expulsèrent en U.R.S.S. et Staline fit de lui le secrétaire général de la IIIe Internationale (1935-1943). Rentré en Bulgarie en 1946, élu député, il contribue à la chute de la monarchie et, lorsque le royaume devient une démocratie populaire, il devient président du Conseil, poste qu'il occupera jusqu'à sa mort.

dimorphisme n. m. BIOL. Caractère propre aux espèces qui se présentent sous deux formes différentes, selon la saison ou le sexe. *Le dimorphisme sexuel chez les rapaces diurnes consiste souvent en une différence de taille, le mâle étant plus petit que la femelle.* / CHIM. Propriété des corps qui cristallisent sous deux formes différentes.

dinanderie n. f. Ensemble des ustensiles en cuivre jaune.

dinandier, ère n. Fabricant, marchand de dinanderie.

dinar n. m. Anc. Ancienne monnaie d'or arabe. / Unité monétaire principale de l'Algérie, de l'Irak, de la Jordanie, de la Yougoslavie, etc.

dînatoire adj. Fam. Qui fait office de dîner. *Goûter dînatoire*, abondant et tardif.

dinde n. f. Femelle du dindon. / Fig. péjor. Femme sotte. *Il a épousé une dinde.*

dindon n. m. Oiseau de l'ordre des galliformes, de la famille des phasianidés, à tête

Dindon.

doctoral, ale, aux adj. D'un docteur. / (Péjor.) Pédant.
doctorant, e n. Celui, celle qui prépare un doctorat d'État.
doctorat n. m. Qualité de docteur. *Doctorat d'État.* / Épreuve qui permet d'obtenir cette qualité. *Passer son doctorat.*
doctoresse n. f. Vieilli Femme médecin. *Mme la doctoresse.*
doctrinaire adj. et n. Se dit de qqn qui suit à la lettre les principes d'une doctrine, d'un système philosophique, politique ou religieux. / HIST. Partisan, sous la Restauration, des idées politiques de Guizot et Royer-Collard, mélange éclectique de libéralisme et de conservatisme.
doctrinal, ale, aux adj. Qui procède d'une doctrine; relatif aux doctrines. *Querelles doctrinales.*
doctrine n. f. Systématisation de principes politiques, philosophiques, littéraires ou religieux qui prétend offrir une juste compréhension des faits ou des idées. / DR. Exposition et interprétation théorique des règles de droit, par oppos. à la *jurisprudence.*
document n. m. Écrit ou objet servant de preuves ou fournissant des informations. / DR. COMM. Imprimé permettant d'identifier une marchandise en cours de transport.
documentaire adj. et n. m. Qui a la nature d'un document, lui appartient; qui permet de se documenter, de s'informer. / n. m. Se dit d'un film traitant de faits, d'événements réels. *Tourner un documentaire sur la situation au Proche-Orient.*
documentaliste n. Professionnel chargé de collecter, d'ordonner et de diffuser la documentation dans une entreprise ou un service public.
documentariste n. Auteur et/ou réalisateur de films documentaires.
documentation n. f. Recherche, collecte d'information à partir de documents. / Ensemble des méthodes de collecte et d'utilisation des documents. / Ensemble des documents dont dispose un particulier, un organisme, une entreprise; ensemble des documents disponibles qui ont trait à un sujet particulier.
documenter v. t. [1] Informer; fournir des documents à (qqn). (Emploi pron.) *Se documenter*: s'informer. / Étayer (qqch.) par des documents. *Une étude bien documentée.*
dodécaèdre n. m. Polyèdre à douze faces.
dodécagone n. m. Polygone comptant douze angles, et donc douze côtés.
Dodécanèse (« les douze îles ») *2 663 km² 163 500 h.* Capitale *Rhodes*. Archipel grec de la mer Égée, constitué par les Sporades du Sud: Astypalaïa, Kalymnos, Karpathos, Kassos. Kôs, Leros, Nisyros, Patmos, Rhodes. Symê, Télos, Khalkê. Possession turque depuis le XVIe siècle, ces îles furent prises par l'Italie en 1912 et revinrent à la Grèce le 31 janvier 1948.
dodécaphonique adj. MUS. Du dodécaphonisme.
dodécaphonisme n. m. Langage musical utilisant la série complète des douze sons de la gamme chromatique, qui, en abolissant la hiérarchie du système tonal, inaugure la musique atonale occidentale. (Les musiciens de l'école de Vienne, Schönberg, Berg et Webern, initiateurs de ce courant, adoptent à partir de 1923 la série comme principe organisateur de leurs compositions, d'où l'identification du *dodécaphonisme* à la *musique sérielle*).

Jeune femme **dogon**.

dodécasyllabe adj. et n. Didac. Qui compte douze syllabes. / n. m. *Un dodécasyllabe.*
dodelinement n. m. Balancement léger de la tête ou du corps.
dodeliner v. i. [1] Remuer, se balancer doucement. *Dodeliner de la tête.*
Dodgson (Charles) Voir **Carroll (Lewis)**
dodo [1] n. m. Mot enfantin pour sommeil, lit. *Faire un petit dodo. Aller au dodo.*
dodo [2] n. m. ZOOL. Grand oiseau coureur, à grosse tête et gros bec, appartenant à l'ordre des columbiformes, incapable de voler, endémique de l'île Maurice, exterminé par l'homme, au XVIIe siècle. Syn. dronte.
Dodoma *203 833 h.* Capitale de la Tanzanie, au centre du pays.
dodu, e adj. Grassouillet, replet, potelé.
dogaresse n. f. Femme d'un doge.
doge n. m. HIST. Chef suprême, désigné par élection, des anciennes républiques de Venise et de Gênes.
Doges (palais des) ou **Palais ducal** Ancienne résidence des doges, construite du XIVe au XVIe siècle. L'aile orientale est reliée aux prisons par le pont des Soupirs. Décoré notamment par Tintoret (1575-1590), auteur de l'immense *Paradis* (24 x 7,5 m) et par Véronèse (*Le Triomphe de Venise*, 1575-1577), le palais des Doges est aujourd'hui un musée.
dogmatique adj. et n. Qui procède d'un dogme; relatif aux dogmes. *Querelles dogmatiques. Philosophie dogmatique*, qui affirme certaines vérités (par oppos. à *sceptique*). / Subst. *Les dogmatiques*: les philosophes dogmatiques. / n. f. RELIG. Ensemble des dogmes organisés en doctrine.
dogmatiquement adv. De façon dogmatique.
dogmatisme n. m. Caractère d'une doctrine religieuse ou philosophique bâtie sur un ou des dogmes; attitude philosophique qui consiste à présenter comme certaines des propositions sans les soumettre à examen critique, par oppos. au *scepticisme* et au *criticisme*. / Caractère d'une personne, d'une démarche intellectuelle dogmatique, qui refuse toute discussion, toute critique, des principes ou des opinions qu'elle énonce.
dogme n. m. Principe, point de doctrine considéré comme fondamental et incontesté; ensemble des dogmes d'une religion. / Principe présenté comme incontestable.
Dogons Peuple du Mali, dans la boucle du Niger, qui parle une langue voltaïque. Ils occupent les falaises de Bandiagara, cultivent le mil et élèvent du petit bétail sur un sol ingrat. Leur cosmogonie est d'une grande richesse et leurs génies et ancêtres tutélaires traduisent une vision dualiste de l'univers (bien/mal; homme/femme; vie/mort). On retrouve les personnages de cette cosmogonie dans leurs sobres statuettes en bois, aux formes nettes et élancées.
dogue n. m. Chien de garde, à tête épaisse, à museau court, aux mâchoires puissantes.
doigt n. m. Appendice articulé de la main de l'homme et des tétrapodes vertébrés. *L'homme a cinq doigts à chaque main: le pouce, l'index, le majeur, l'annulaire, l'auriculaire. Doigt de pied*: orteil. / Mesure approximative correspondant à l'épaisseur d'un doigt. / TECHN. Petite pièce servant d'arrêt ou de repère, ou à l'entraînement d'un mécanisme. / Fig. *Obéir au doigt et à l'œil*, aveuglément. / *Savoir sur le bout des doigts*, par cœur, parfaitement. *Mettre le doigt sur qqch.*: repérer, discerner. *Montrer du doigt*: dénoncer, moquer publiquement.
doigté n. m. MUS. Indication, sur une partition, du jeu des doigts en vue de l'exécution du morceau. / Adresse des doigts. / Fig. Tact, diplomatie, savoir-faire.
doigtier n. m. Fourreau qui couvre, protège un doigt.
Doisneau (Robert) 1912-1994 Photographe français de la vie quotidienne, qui donne du petit peuple de Paris et de sa banlieue une image poétique et tendre.
Doisy (Edward) 1893-1986 Biochimiste américain. Il étudia l'insuline, les hormones, les antibiotiques et il fit la synthèse de la vitamine K.
doit n. m. Partie du compte qui présente les dettes de son titulaire. *Doit et avoir d'un compte*: le passif et l'actif.
dojo n. m. (mot japonais) Salle réservée à la pratique des arts martiaux.
dol n. m. DR. Manœuvre frauduleuse qui a pour but de tromper une personne pour conclure un acte juridique.
dolby n. m. inv. (nom déposé) Procédé qui permet de réduire le bruit de fond d'un enregistrement sonore, inventé en 1967 par l'Américain R. Dolby.
dolce adv. (mot italien) MUS. Avec douceur.
Dole *25 000 h.* Chef-lieu d'arrondissement du Jura. Important nœud ferroviaire, la ville est riche de monuments anciens; c'est la ville natale de Pasteur.
doléance n. f. (Généralement au plur.) Plainte, réclamation. *Présenter ses doléances.* / HIST. *Cahiers de doléances*: sous l'Ancien Régime, registres des plaintes et requêtes adressés au roi, établis par les assemblées préparatoires des états généraux.

Dolmen à Tella, en Aragon.

dolent, e adj. Vx ou litt. Souffrant. *Se sentir dolent.* / Vieilli Plaintif, triste. *Un ton dolent.*
Dolet (Étienne) 1509-1546 Imprimeur français, auteur des *Commentarii linguae latinae* (1536-1538), qui édita Rabelais. On l'accusa d'hérésie et d'athéisme et, condamné au bûcher, il fut brûlé avec ses livres.
dolichocéphale adj. et n. Se dit d'une personne dont la boîte crânienne présente une forme allongée. Ant. brachycéphale.
doline n. f. GÉOL. Petite dépression circulaire au fond tapissé d'argile rouge, forme originale du relief karstique.
dollar n. m. Unité monétaire des États-Unis depuis 1793, et de nombreux autres pays. *Dollar canadien.*
Dollard des Ormeaux (Adam) 1635-1660 Officier français. S'aventurant avec dix-sept hommes dans la province nommée aujourd'hui Ontario, il résista héroïquement à une tribu d'Iroquois, qui les massacrèrent, mais ils avaient sauvé la colonie.
dollarisation n. f. Processus de substitution du dollar des États-Unis à la monnaie d'un pays. *Dollarisation d'un État d'Amérique latine.*
Dollfuss (Engelbert) 1892-1934 Homme politique autrichien. À la tête de la jeune république d'Autriche, il tenta de donner une solution nationaliste et chrétienne aux malaises sociaux qui agitaient son pays. Attiré par le fascisme de Mussolini, il était toutefois antinazi. Il fut assassiné lors d'un complot manqué des nationaux-socialistes dont il avait interdit le parti, ce qui donnait désormais libre cours aux visées d'annexion d'Hitler sur l'Autriche.
dolman n. m. Veste militaire cintrée.
dolmen n. m. (mot breton) Monument mégalithique constitué d'une dalle posée horizontalement sur des blocs de pierre, formant une sorte de table.
dolomie n. f. GÉOL. Roche sédimentaire constituée essentiellement de dolomite.
dolomite n. f. Carbonate double de calcium et de magnésium.

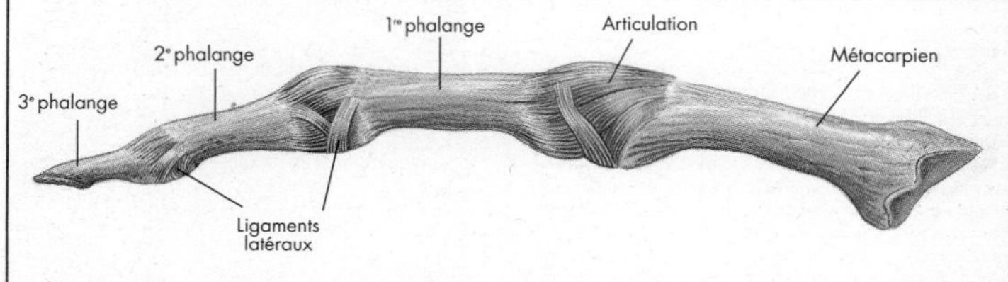

Le **doigt** et ses articulations (schéma valable pour tous les doigts de la main, à l'exception du pouce, qui n'a que deux phalanges).

Pointe des Châteaux, Guadeloupe.

Rocher du Diamant, Martinique.

Anse des Cascades, Réunion.

DOM-TOM

Dolomites ou **Alpes dolomitiques** *3 332 m* Massif italien des Alpes orientales situé entre l'Adige, la Piave, la Rienza et la Brenta. Ses sommets, curieusement découpés par l'érosion, sont fort appréciés des alpinistes.
dolorisme n. m. Didac. Doctrine qui affirme l'utilité, la valeur morale, l'excellence de la douleur.
dolosif, ive adj. DR. Qui tient du dol.
Dolto (Françoise) 1908-1988 Psychanalyste française. Son étude du psychisme de l'enfant (*Psychanalyse et pédiatrie*, 1939 ; *Le Cas Dominique*, 1971 ; *Lorsque l'enfant paraît*, 3 volumes, 1977-1979 ; *La cause des enfants*, 1985) lui a valu une vaste audience.
DOM Acronyme pour *département d'outre-mer*. Voir *département*.
DOM-TOM Sigle de l'ensemble formé par les départements et les territoires d'outre-mer français.
Domagk (Gerhard) 1895-1964 Biochimiste allemand. Il fit des études sur le traitement du cancer et de la tuberculose et fut un pionnier du traitement par les sulfamides.
domaine n. m. Grande propriété foncière. *Domaine seigneurial. Le domaine de Chambord.* / DR. *Le Domaine* : l'ensemble des biens appartenant à l'État. *Les Domaines* : le service chargé de l'administration de ces biens. *Tomber dans le domaine public* : en parlant d'une œuvre artistique ou scientifique, ne pouvoir plus se prévaloir du droit d'appropriation privée et devenir ainsi susceptible d'être mise sans rémunération du (des) auteur(s) à la disposition du public. *En Europe, une œuvre tombe dans le domaine public soixante-dix ans (et parfois quelques années de plus, dont le nombre dépend des juridictions nationales) après la mort de son auteur.* / Fig. Ce qui ressortit à une science ou à une compétence particulière. *Le domaine des beaux-arts.* / MATH. *Domaine d'une fonction* : ensemble des valeurs pour lesquelles cette fonction est définie ; région de l'espace ou du graphe limitée par cet ensemble.
domanial, ale, aux adj. D'un domaine, en partic. celui de l'État. *Forêt domaniale.*
Dombes (la) Région de France, dans l'Ain, située entre le Jura et le Beaujolais. C'est un plateau sableux, parsemé d'étangs qui servent de viviers ou que l'on a asséchés pour les transformer en prairies d'élevage. À Villars-les-Dombes, on a constitué une réserve d'oiseaux. Ancienne principauté, la Dombes fut rattachée à la Couronne en 1762.
dôme [1] n. m. ARCHIT. Toit de forme hémisphérique ou arrondi ; couverture extérieure d'une coupole. / Ce qui s'apparente au dôme par sa forme ; en particulier, montagne de forme arrondie. *Un dôme de feuillage.* / TECHNOL. Pièce surmontant une chaudière, servant à éloigner la prise de vapeur.
dôme [2] n. m. Église cathédrale, en Italie. *Le dôme de Florence.*
Dôme (monts) ou **chaîne des Puys** Volcans éteints d'Auvergne. Le puy de Dôme culmine à *1 465 m* et conserve les ruines d'un temple dédié à Mercure.
domestication n. f. Action de domestiquer un animal. / Fig. Domination, asservissement.
domesticité n. f. Vx Condition de domestique. / Ensemble des serviteurs d'une maison.
domestique adj. et n. Relatif à la vie d'un foyer, d'une famille. *Travaux domestiques. Animal domestique*, dont l'espèce a été apprivoisée, qui vit au sein d'un foyer humain. / ÉCON. (Anglicisme) Intérieur, national. *Marché, échanges domestiques. Vols domestiques.* / n. HIST. Personne attachée au service d'un roi, d'un prince. / Employé de maison, chargé du service, de l'entretien du domicile d'un particulier.
domestiquer v. t. [1] Rendre domestique (un être vivant, une espèce). *Domestiquer le chien.* (Par ext.) Asservir (qqn). *Domestiquer un peuple.* / Fig. *Domestiquer l'énergie nucléaire.*
domicile n. m. Lieu d'habitation légal ou officiel. / Demeure, maison qu'on habite le plus souvent. / Fig. *À domicile* : chez soi.
domiciliaire adj. Propre ou relatif au domicile. DR. *Visite domiciliaire*, à domicile.
domiciliation n. f. DR. Choix du domicile où un effet de commerce est payable.
domicilier v. t. [1] Donner un domicile, une domiciliation à. *Domicilier une entreprise.* / v. pron. Élire pour domicile. *Star du showbiz qui se domicilie dans un paradis fiscal.*
dominant, e adj. et n. f. **A.** adj. Qui domine, régit ; essentiel, prépondérant. / BIOL. *Gène ou caractère dominant*, dont l'allèle s'exprime seul, chez un sujet hétérozygote, par oppos. au *gène dominé* ou *récessif*, dont il empêche l'expression. **B** n. f. Élément qui caractérise un ensemble. / MUS. Dans un système modal ou tonal, son qui est le plus important ; dans la tonalité classique, cinquième degré de la gamme.
dominateur, trice adj. et n. Qui aime dominer, qui cherche à dominer. *Esprit dominateur.*
domination n. f. Fait de dominer ; autorité, pouvoir, influence, prépondérance. *Être sous la domination de qqn*, assujetti à son pouvoir. / THÉOL. *Les dominations* : premier ordre de la seconde hiérarchie des anges.
dominer v. t. / v. i. [1] **A.** v. t. Tenir sous sa domination, sous son autorité. *Dominer un peuple, un État.* / Montrer sa supériorité sur, dans. *Dominer l'adversaire. Dominer une épreuve.* / Fig. Être maître de, contrôler. *Dominer ses envies, ses passions.* (Emploi pron.) *Se dominer en toute occasion.* / Occuper une position plus élevée que, surplomber. *Le fort domine l'entrée du port.* / Par ext. Embrasser du regard. *Du sommet, on domine toute la vallée.* **B.** v. i. Exercer une domination. / Être plus important en nombre, en intensité. *Dans ce tableau, le jaune domine.*
Domingo (Placido) 1941 Ténor espagnol, interprète de Bizet, Puccini, Verdi, Wagner.
dominicain, e [1] adj. et n. Vx De l'île de Saint-Domingue. / De la république Dominicaine. *Agriculture dominicaine. Un(e) Dominicain(e).*
• **dominicain, e [2]** n. et adj. RELIG. Religieux, religieuse appartenant à l'ordre des frères prêcheurs, fondé par saint Dominique. / adj. Des dominicains. *La spiritualité dominicaine.*
• **Dominicaine (République)** État des Antilles situé dans la partie orientale de l'île d'Haïti.
dominical, ale, aux adj. RELIG. Qui appartient au Seigneur. *Oraison dominicale* : le Pater (« Notre Père »). / Cour. Du dimanche (jour du Seigneur dans le monde chrétien). *Repos dominical.*
dominion n. m. (mot anglais) Ancienne colonie britannique, aujourd'hui État indépendant, associé au Commonwealth. *Le Canada, la Nouvelle-Zélande, l'Australie sont des dominions.*
dominiquais, e adj. et n. De l'île de la Dominique. *Volcan dominiquais. Un(e) Dominiquais(e).*

Dominicain

Cloître dominicain.

Fidèles à la mission que leur a assignée leur fondateur, les dominicains se consacrent essentiellement à la prédication. Ils collaborent en outre avec les tribunaux de l'Inquisition : le pape Grégoire IX leur confie en 1233 le soin de combattre cathares et vaudois dans le royaume de France et les régions voisines. Toute-puissante au XIIIe siècle, l'Inquisition connaît un déclin progressif à partir de 1312 ; au début du XVe siècle, elle ne joue plus aucun rôle en France. On ne saurait réduire l'action des dominicains à leur rôle dans l'Inquisition. À leur ordre appartiennent des artistes comme Fra Angelico (vers 1400-1455), des théologiens comme Thomas d'Aquin (1228-1274), Albert le Grand (vers 1200-1280) ou, plus près de nous, Marie-Dominique Chenu (1895-1990) et Yves Congar (1904-1995), des mystiques comme Maître Eckhart (vers 1260-vers 1327) qui a influencé Luther, des missionnaires comme Bartolome de Las Casas (1470-1566), apôtre et défenseur des Indiens d'Amérique réduits en esclavage par les conquistadores, des savants comme les fondateurs de l'École biblique de Jérusalem. Leur apostolat s'exerce aujourd'hui dans tous les milieux et ils sont présents dans le monde entier.

D

Dominicaine (République)

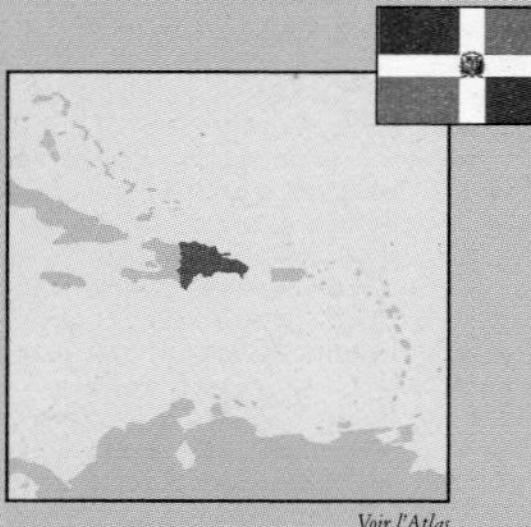

Voir l'Atlas

Superficie: *48 734 km²* – **Nombre d'habitants:** *8 500 000 h.* – **Capitale:** *Saint-Domingue*
Villes principales: *Santiago de los Caballeros, La Romana* – **Système politique:** *république*
Langue(s): *espagnol* – **Religion(s):** *catholicisme* – **Monnaie(s):** *peso dominicain*

Géographie physique et humaine

Montagneux à l'ouest (le Pico Duarte culmine à *3 175 m*) et formé à l'est de collines et de plaines, le pays est périodiquement ravagé par de violents cyclones. La population, catholique, comprend 75 % de Métis, 15 % de Blancs et 10 % de Noirs.

Économie

La culture du sucre, du café, du cacao, du tabac fait vivre 80 % de la population. À ces ressources s'ajoutent le nickel et un peu d'or. La création de zones franches industrielles a provoqué un essor (relatif) qui ne peut remédier à l'inflation et au remboursement de la dette. Le pays dépend des États-Unis. Le tourisme est en expansion.

Histoire

Jusqu'au traité de Ryswick (1697), l'histoire de la république Dominicaine (Saint-Domingue) se confond avec l'histoire de l'île d'Haïti. La France accède à la propriété entière de l'île, en 1795, lors du traité de Bâle.

En 1803, les troupes françaises chassées d'Haïti par Dessalines (qui proclame l'indépendance de ce pays en 1804) se réfugient à Saint-Domingue (la partie espagnole), dont les colons blancs, eux aussi, les chassent en 1808. Ils créent la première république Dominicaine en 1809, de courte durée en raison d'une nouvelle intervention espagnole en 1814. L'indépendance est à nouveau proclamée en 1821. Les Haïtiens occupent le pays de 1822 à 1844. La troisième république Dominicaine dure de 1844 à 1861 et la dernière domination espagnole, de 1861 à 1865.

La fin du XIXe siècle et le début du XXe siècle sont marqués par des troubles. Les États-Unis, créanciers du pays, l'occupent de 1916 à 1924. Ils soutiennent Rafael Trujillo, qui exerce la dictature jusqu'à son assassinat (1961). Le président du parti libéral, Juan Bosch, qui avait été jusqu'alors en exil, devient président de la République en 1962. Son renversement (1963) entraîne des troubles. En 1965, les États-Unis interviennent.

De 1966 à 1978, Joachim Balaguer (ancien dauphin de Trujillo) est président. Il accède à nouveau à ce poste en 1986, est réélu en 1990 et 1994 (cette fois, pour deux ans). En 1996, Leonel Fernandez lui succède, et aux élections de 2000 la présidence va échoir à Hipolito Mejia.

À Saint-Domingue, Casa del Almirante (XVIe siècle).

La cathédrale de Saint-Domingue.

Dominique (Domingo de Calaruega ou de Guzmán, saint) v. 1170-1221 Prédicateur castillan. Il suit Diego de Acevedo, évêque d'Osma (en Vieille-Castille, sur le Douro) qui part pour le Danemark négocier le mariage de l'infant Ferdinand avec une princesse danoise. La jeune fille meurt, les deux hommes s'arrêtent à Toulouse et se joignent au groupe des moines cisterciens en lutte contre l'hérésie cathare. Ils prêchent plusieurs années dans le comté de Toulouse et fondent en 1207 à Prouille, près de Carcassonne, une communauté de femmes converties du catharisme et une communauté d'hommes. L'évêque regagne l'Espagne. L'assassinat, en 1208, du légat Pierre de Castelnau donne le signal de la croisade contre les Albigeois, menée jusqu'à la victoire (1213) par Simon de Montfort. Dominique continue de prêcher et installe (1214) à Toulouse, dans une maison particulière, une communauté qui n'a pas encore de statut religieux. Au concile de Latran (1215), il informe le pape de son désir de fonder un ordre nouveau qui respectera la pauvreté évangélique; en 1217, l'ordre des « Frères prêcheurs » est approuvé. Dominique reste en Italie, où il meurt, à Bologne.

• **Dominique (la)** État insulaire des Petites Antilles.

Dominiquin (Domenico Zampieri, dit **le)** 1581-1641 Peintre italien. Élève des Carrache, il a accompli une œuvre imprégnée des théories idéalistes en vogue. Ses paysages allient réalisme et pittoresque des détails et harmonie de la composition.

domino n. m. Jeu composé de vingt-huit pièces plates, dont une face porte sur chaque moitié de zéro à six points, et que l'on doit juxtaposer selon leur valeur. / Sorte de cape à capuchon portée autrefois par les ecclésiastiques; vêtement similaire porté dans les bals masqués. / ÉLECTR. Petite pièce permettant de raccorder deux fils conducteurs.

dominoterie n. f. Ensemble de ce qui concerne les dominos. / Papier imprimé, et fabrication de ce papier, servant à certains jeux de société.

dominotier, ère adj. et n. Du domino. / Subst. Ouvrier, ouvrière qui fabrique de la dominoterie.

Domitien (en latin **Titus Flavius Domitianus)** 51-96 Empereur romain en 81. Fils de Vespasien, il succède à son frère Titus. Il se montre d'abord un souverain habile, mais son caractère hautain et soupçonneux le rend de plus en plus tyrannique. Il succombe, victime d'un complot auquel participe sa femme, Domitia.

dommage n. m. Perte, dégât. *Les dommages causés par la grêle aux cultures.* / Préjudice moral ou matériel. / DR. *Dommages et intérêts*: indemnité réparatrice versée à la victime d'un préjudice. / Fig. *C'est dommage*: c'est ennuyeux, regrettable.

dommageable adj. Qui cause un dommage.

domotique n. f. Ensemble des dispositifs et des systèmes de gestion automatisée d'une habitation, employés notam. pour la sécurité, les communications, le confort.

domptage n. m. Action de dompter, dressage d'un animal.

dompter v. t. [1] Soumettre à sa volonté, réduire à l'obéissance. *Dompter les lions. Dompter la rébellion.* / Se rendre maître de (un phénomène naturel), contenir. *Dompter les eaux.* Au fig. *Dompter ses ardeurs.*

dompteur, euse n. Spécialiste du domptage d'animaux. *Dompteuse de tigres.*

Domrémy-la-Pucelle *182 h.* Commune des Vosges, en Lorraine, sur la Meuse. Maison natale de Jeanne d'Arc.

don [1] n. m. Attribution gratuite; cadeau. *Don en nature, en espèces. Don de sang, d'organes.* / Fig. *Don de soi*: dévouement. / Fig. Aptitude innée, talent. *Le don de plaire.*

don, doña [2] n. (mot espagnol) Titre d'honneur de la noblesse espagnole précédant le prénom. *Don Quichotte, Doña Isabel.*

don [3] n. m. Titre de courtoisie, en Italie, équivalant peu ou prou à « monsieur ».

Don (le) *1 870 km* Fleuve de Russie qui naît près de Toura et débouche dans la mer d'Azov. Des travaux importants ont été réalisés, destinés à régulariser le cours du fleuve, et à utiliser son énergie hydraulique. Le Don est relié à la Volga et constitue une bonne voie commerciale.

Donat ?-v. 355 Évêque de Carthage à l'élection contestée, qui donna forme à un schisme fondé moins sur des rivalités doctrinales que sur des conceptions antagonistes des rapports entre les Églises locales et le pouvoir impérial, garant de l'unité religieuse de l'empire.

donataire n. DR. Personne qui reçoit une donation.

Donatello (Donato di Niccolo di Betto Bardi, dit) 1383 ou 1386-1466 Sculpteur florentin. *Saint-Georges, David,* la *cantoria* (tribune des chantres) de Santa Maria del Fiore, *Saint-Jean-Baptiste adolescent,* conservés à Florence, la statue équestre du condottiere *Gattamelata* (1447-1453), à Padoue, sont autant de chefs-d'œuvre d'un style original, plein de nervosité. Si son *David*, sa première œuvre identifiée de manière certaine, est proche par sa grâce du gothique international, son style évolue vers un réalisme parfois violent (la série des prophètes du campanile de Florence). Il traite

David, par **Donatello,** 1408 (Musée National du Bargello, Florence)

le bas-relief de manière très personnelle (socle de la statue de saint Georges) et se montre novateur dans la sculpture funéraire (tombeau de l'antipape Jean XXIII dans le baptistère de Florence). Son *Gattemalata*, inspiré d'une statue antique de Marc Aurèle, inaugure le genre de la statue équestre. À la fin de sa vie, il adopte, pour ses œuvres d'une grande expressivité, la manière dite du « non finito », qui donne un aspect comme inachevé au groupe *Judith et Holopherne* et à sa *Marie-Madeleine*.

donateur, trice n. DR. Personne qui fait une donation. / Cour. Personne qui fait un don. / (Spécial.) Personne qui donne à une église une œuvre dans laquelle figure sa représentation. *Vierge au donateur.*

donation n. f. DR. Contrat par lequel le donateur abandonne à titre gratuit la propriété ou la jouissance d'un bien au profit d'un donataire qui l'accepte. *Donation partage*, faite de son vivant par qqn qui répartit ses biens entre ses descendants.

donatisme n. m. RELIG. Courant hérétique qui provoqua un schisme dans l'Église d'Afrique.

donatiste n. Adepte du donatisme.

♦ Donat et ses partisans dénient toute valeur aux sacrements conférés par des ministres du culte jugés indignes pour avoir failli lors de la persécution de Dioclétien et livré des livres saints aux païens : la validité des sacrements est liée à la sainteté du ministre. Opposés à l'Église officielle, les donatistes, nombreux parmi les paysans berbères, se maintiennent jusqu'à l'invasion arabe ; ils représentent le courant « pur, dur et pauvre » de l'Église primitive.

Donbass (contraction de *Donetski Basseïn*, « bassin du Donets ») Bassin houiller d'Ukraine (pour la majeure partie) et de Russie. C'est le plus grand bassin minier et métallurgique d'Europe (*60 000 km²*) et on évalue ses réserves à près de 100 milliards de tonnes. Le gisement, découvert en 1721, est exploité depuis 1870 (création d'un réseau ferré), d'abord avec l'aide de capitaux étrangers ; l'industrialisation date de la fin du XIXe siècle.

donc conj. (Introduisant une conséquence, la conclusion d'un raisonnement précédemment énoncé) *Les calculs sont faux, il faut donc les refaire. Je pense, donc Dieu existe* (La Bruyère). / (Introduisant la reprise d'un raisonnement interrompu) *Je vous expliquais donc que…* / (Exprimant la surprise, l'impatience, l'insistance) *Que se passe-t-il donc ? Allons donc ! Quand donc allez-vous vous décider ?*

Donen (Stanley) 1924 Cinéaste américain. Il a réalisé la comédie musicale *Chantons sous la pluie*, avec Gene Kelly, auteur de la chorégraphie. On lui doit aussi *Drôle de frimousse* (*Funny Face*), 1957.

Donetsk *1 121 200 h.* Ville d'Ukraine, située dans le Donbass. Centre industriel : sidérurgie, industries mécaniques et textiles.

Dönitz (Karl) 1891-1980 Amiral allemand. Après la mort de Hitler, en 1945, il accepta la capitulation sans condition du Reich. Au procès de Nuremberg, il fut condamné à 10 ans de prison.

Donizetti (Gaetano) 1797-1848 Compositeur italien. De son œuvre qui aborde tous les genres, on retient surtout ses opéras : *Lucie de Lammermoor* (1835) et *La Fille du régiment* (1840).

donjon n. m. Tour fortifiée dominant un château fort, et qui servait de dernier retranchement en cas d'attaque. / MAR. Tour blindée à plusieurs étages d'un cuirassé.

Don Juan Tenorio Personnage mythique du XVIe siècle espagnol, type du séducteur libertin. Selon la *Chronique de Séville*, il tua le commandeur Ulloa, père d'une jeune fille qu'il avait séduite. Assassiné à son tour par des franciscains qui l'avaient entraîné dans leur couvent où sa victime avait été ensevelie, il aurait été traîné en enfer par la statue funéraire, soudain devenue vivante, d'Ulloa qu'il était venu insulter. Ce thème inspira de nombreux poètes, dont, en premier, Tirso de Molina (*Le Trompeur de Séville et le convive de pierre*, vers 1625). La commedia dell'arte et la comédie littéraire s'en emparèrent en Italie, avec *Le Convive de pierre* (Jacopo Cicognini, vers 1650) et Gilberto (pièce perdue, vers 1650 également), dernière pièce dont s'inspirèrent sans doute vers 1660 les deux médiocres comédies tragiques des comédiens auteurs Dorimon et Villiers, portant toutes deux le même titre, *Le Festin de pierre ou le Fils criminel*. Le mythe était connu en France grâce aux troupes italiennes, Molière s'en empara à son tour en 1655 dans *Dom Juan ou le Festin de pierre*, où le « trompeur » est un libre penseur cynique et tourmenté. Le thème fut ensuite repris d'innombrables fois, dans d'innombrables langues, tant au théâtre : *The Libertine* (vers 1675) de Shadwell, *Don Juan* (1714) de Zamora, *Don Giovanni Tenorio ou le Débauché* (1736) de Goldoni, *Don Juan et Faust* (1829) de l'Allemand Christian Dietrich Grabbe (1801-1836), *Le Convive de pierre* (1831) de Pouchkine, *Don Juan Tenorio* (1844) de Zorrilla y Moral, qu'en poésie : *Don Juan* (1818) de Byron, *Don Juan* (1844) de l'Allemand Nicolas Lenau (1802-1850). Le thème a été également traité pour la scène lyrique par Mozart dans *Don Giovanni* (1787), sur un livret de L. da Ponte : il a inspiré à Gluck un ballet (1761) et à Richard Strauss un poème symphonique (1889).

donjuanisme n. m. Comportement d'une personne qui, à l'instar de Don Juan, accumule les conquêtes sexuelles.

donne n. f. Distribution des cartes à jouer ; les cartes distribuées à chaque joueur. / Fig. Situation. *Événement qui change la donne. La nouvelle donne géopolitique.*

Donne (John) 1572-1631 Poète anglais. Catholique, marié en 1601, père de douze enfants, il devient prêtre anglican en 1615. La mort de sa femme en 1617 le plonge dans la douleur. Sa poésie associe la sensualité et la mort : *Voyage de l'âme* (écrit en 1601, publié après sa mort), *Élégies, chants et sonnets* (1611), *Biathanatos* (publié en 1644).

donnée n. f. LOG. et MATH. Point, principe tenu pour connu dans l'énoncé d'un problème ou d'un raisonnement. / Élément connu ou admis sur lequel se fonde une recherche, une théorie ; information fiable, exploitable. *Données statistiques. Base de données.* / STAT. *Donnée corrigée*, reformulée de façon à annuler les effets de facteurs particuliers, et, notamment, des variations.

DOMINIQUE (LA)

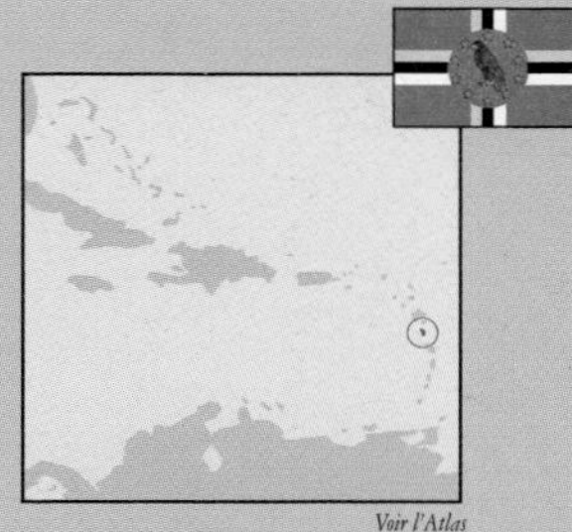

Voir l'Atlas

Superficie : *751 km²*
Nombre d'habitants : *75 000 h.*
Capitale : *Roseau*
Système politique : *république au sein du Commonwealth*
Langue(s) : *anglais (officielle) ; créole franco-dominiquais*
Religion(s) : *catholicisme*
Monnaie(s) : *dollar des Caraïbes*

Géographie physique et humaine

La Dominique est située entre la Martinique et la Guadeloupe. Le relief volcanique atteint *1 447 m.* Exportations de coprah, cacao. Les Noirs constituent 90 % de la population. Catholique, celle-ci parle un créole à base de français, mais la langue officielle est l'anglais.

Histoire

Découverte par Colomb en 1493, un dimanche (*dominica* en espagnol, dans le langage ecclésiastique), occupée par les Espagnols, l'île fut longtemps disputée entre les Français et les Anglais qui en prirent définitivement possession en 1805. Autonome en 1960, elle est indépendante au sein du Commonwealth depuis 1978.

Une plage de la côte orientale de la Dominique.

Don Quichotte *de Cervantès. Gravure de Gustave Doré.*

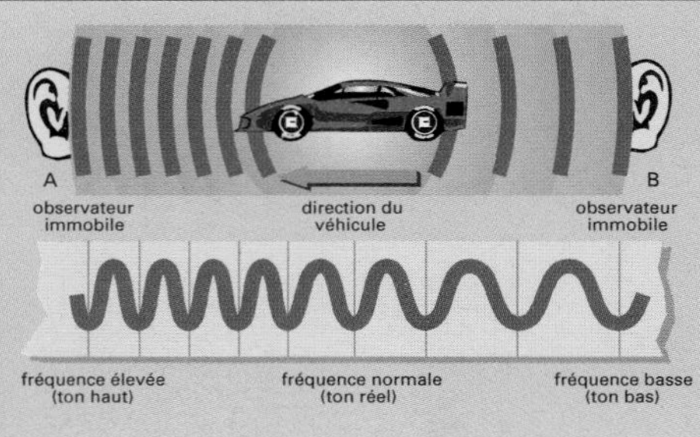

Représentation schématique de l'effet ***Doppler****.*

donner v. t. [1] **I.** Offrir (qqch.). *Donner un cadeau.* / Consacrer, vouer. *Donner son temps, son énergie. Donner son amour.* (Emploi pron.) *Se donner corps et âme.* / Accorder, attribuer, concéder (qqch.). *Donner un délai. Donner de l'importance à qqch.* / Présenter, transmettre, remettre (qqch. à qqn). *Donnez-moi du feu, s'il vous plaît.* / Présenter (qqch.) à un public. *Donner un cours. Donner une fête, un concert.* / Communiquer (qqch.). *Donner son adresse, des nouvelles.* / Confier (qqn). *Donner son enfant à garder.* / Pop., péjor. Dénoncer (qqn). *Donner ses complices à la police.* **II.** Produire, émettre (qqch.). *Le poirier donne beaucoup de fruits* ou (absol.) *donne beaucoup. Le feu donne de la chaleur. Donner de la voix*: crier. *Les recherches n'ont rien donné.* / Exercer (une action) sur qqn, qqch. *Donner un coup.* / Loc. *Donner confiance. Donner envie. Donner de l'air. Donner faim. Donner l'avantage. Donner raison.* (Pron.) *Se donner du mal*: faire des efforts. / Être à l'origine de. *La grippe donne de la fièvre.* / Loc. *Donner lieu à*: occasionner. *Donner l'occasion*: permettre. *Donner dans*: déboucher dans; (fam.): être porté à (un défaut, un trait de caractère sot, agaçant, blâmable). *Tu donnes dans l'intégrisme végétarien. Donner dans le panneau*: accepter (une idée, une suggestion) sans réfléchir. *Donner sur*: être orienté vers. / *Donner à*: inciter à

donneur, euse n. Personne qui fait un don à quelqu'un. / MÉD. *Donneur universel*: sujet dont le sang, dépourvu d'agglutinogène et appartenant au groupe O, peut être transfusé à des individus de tous les groupes sanguins. / Joueur qui distribue les cartes. / Pop., péjor. Indicateur qui fournit des renseignements à la police.

Don Quichotte de la Manche 1605 et 1615 Roman en deux parties de Miguel de Cervantès. Il parodie le roman de chevalerie et tourne en dérision la noble extravagance du « chevalier à la triste figure ». Un dialogue incessant oppose deux types d'humanité aux conceptions différentes. Du côté de Don Quichotte, une bravoure impétueuse et une imagination dont les excès dépassent la réalité. De l'autre, la sagesse, la crainte, les faux-fuyants et les appels à la prudence de Sancho Pança, le fidèle écuyer. L'influence de ce livre fut considérable.

donquichottisme n. m. Comportement d'une personne généreuse et idéaliste, qui, comme Don Quichotte, se lance dans des entreprises désespérées et soutient des causes perdues.

Donskoï (Mark Semenovitch) 1901-1981 Cinéaste soviétique surtout connu pour son adaptation de la trilogie autobiographique de Gorki: *L'enfance de Gorki* (1938), *En gagnant mon pain* (1939), *Mes universités* (1940). On lui doit aussi, notamment, *La Mère* (1954, toujours d'après Gorki, remake du film de Poudovkine) et *Le Cheval qui pleure* (1956).

dont pron. rel. inv. De qui ; duquel (de laquelle, desquels, desquelles) *La personne dont je vous parle. Le sujet dont il est question. Les marchandises dont nous assurons la livraison.* / Au sujet de quoi, duquel (de laquelle, desquels, desquelles) *Ce dont il se vante.* / Parmi lesquels, lesquelles. *Ils ont tiré vingt numéros au sort, dont le mien. Douze pêches, dont six à consommer immédiatement.*

donzelle n. f. Fam. Jeune fille prétentieuse. / Toute jeune fille vive et hardie.

Doon de Mayence (geste de) XIIe-XIIIe siècles Épopée médiévale qui relate notamment la lutte de Renaud de Montauban contre l'empereur Charlemagne. Le chevalier révolté, Renaud de Cambrai, le chevalier Ogier sont les descendants d'un certain Doon de Mayence, qui assure la liaison entre ces différents épisodes.

dopage n. m. Emploi illégal de substances destinées à stimuler un sportif, un animal, dans une compétition. / ÉLECTR. Ajout d'impuretés à un matériau semi-conducteur, par ex. de phosphore, afin de diminuer sa résistance.

dopamine n. f. Neurotransmetteur, précurseur de l'adrénaline et de la noradrénaline.

doper v. t. [1] Soumettre à un dopage. / v. pron. Absorber des stimulants.

Doppler (Christian) 1803-1853 Physicien autrichien. Spécialiste d'acoustique, il découvrit en 1843 l'*effet Doppler* que Fizeau appliqua à la lumière en 1848. *L'effet Doppler* est la modification de la fréquence d'une vibration sonore, d'une onde électromagnétique, perçue par l'observateur lorsque celui-ci et la source se trouvent en mouvement relatif. En médecine, le Doppler (ou doppler) est un examen par ultrasons, utilisant l'effet Doppler, employé en particulier pour déceler une anomalie cardio-vasculaire.

dorade Voir **daurade**

Dorade (la) Constallation circumpolaire sud ; voir **constellation.**

Dorat (Jean Dinemandi, dit) 1508-1588 Auteur français de vers grecs et latins qui eut une grande influence sur les poètes de la Pléiade, dont il fit partie.

Dordogne (la) *490 km* Rivière du sud-ouest de la France. Elle naît au puy de Sancy, passe à Souillac, Bergerac et Libourne, et

Département de la ***Dordogne****.*

Gravure de **Gustave Doré**.

conflue avec la Garonne, au bec d'Ambès, pour former la Gironde. Son cours supérieur est équipé de centrales hydroélectriques en escalier.

Dordogne (département de la) [24] *9 060 km² 386 365 h.* Chef-lieu *Périgueux.* Département qui fait partie de la Région Aquitaine. Il s'étend sur le Périgord, région de plateaux calcaires creusés par les vallées de l'Isle, de la Dordogne, de la Vézère et couverts de bois de châtaigniers, de chênes et de pins. On y pratique l'élevage des moutons et des bovins. Dans les vallées sont cultivés le blé, le maïs et le tabac. La région de Bergerac possède un vignoble très riche. Le sous-développement de l'industrie, orientée vers le bois, le papier et le cuir (chaussures), est une des causes de l'émigration de la population, freinée depuis 1970. Le tourisme est en expansion: Périgueux, Sarlat, Lascaux.

Dordrecht *113 700 h.* Port maritime et fluvial des Pays-Bas, à l'embouchure de la Meuse. Aujourd'hui centre industriel (chimie) et métallurgique (chantiers navals), la ville a conservé un aspect pittoresque.

Dore (monts) Massif d'Auvergne, nommé aussi massif du Mont-Dore. Le plus haut sommet est le puy de Sancy (*1 885 m*).

doré, e adj. et n. **I.** Recouvert d'or. *Bois doré.* Au fig. *Existence dorée*, luxueuse. / HIST *Jeunesse dorée*: jeunes gens qui participèrent au mouvement de réaction contre la Terreur. **II.** Couleur d'or. *Cheveux dorés.* / n. m. *Le doré de ce bois s'efface en partie.*

Doré (Gustave) 1832-1883 Peintre et graveur français qui a consacré la plus grande partie de son activité à l'illustration de livres: œuvres de Rabelais (1851 et 1873), *Contes drolatiques* de Balzac (1855), *L'Enfer* de Dante (1861), *Don Quichotte* (1863), *La Bible* (1866). Romantique, il fait preuve d'une grande invention, touchant au fantastique. Il manie également avec maîtrise la lithographie (série des *Tauromachies*), l'eau forte et l'aquatinte ; on a récemment redécouvert son talent de peintre.

dorénavant adv. À l'avenir.

dorer v. t. [1] Appliquer une couche d'or sur. *Dorer la tranche d'un livre.* / Loc. fig. *Dorer la pilule à qqn*, le tromper en donnant une apparence avantageuse à ce qui ne l'est pas. / Donner une couleur dorée à. *Dorer une darne de colin à la poêle. Dorer un pâté*, l'enduire de jaune d'œuf avant la cuisson. / v. pron. *Se dorer la peau au soleil.*

doreur, euse n. Personne qui dore, dont le métier est de dorer.

Dörfel (Georg) 1643-1688 Astronome allemand qui étudia surtout les comètes ; il découvrit le premier que leur trajectoire pouvait être une parabole ayant le Soleil pour foyer.

Dorgelès (Roland Lécavelé, dit **Roland)** 1885-1973 Écrivain français. Après avoir fréquenté la bohême de Montmartre (il en a donné une vivante chronique dans plusieurs ouvrages, dont *Le Château des brouillards*, 1932), il s'engagea en 1914 et son expérience des tranchées lui inspira *Les Croix de bois* (1919), roman dont la simplicité et l'émotion lui assurèrent un grand succès. Il est également l'auteur de récits exotiques (*Partir*, 1926) et de reportages effectués au cours de la Deuxième Guerre mondiale comme correspondant de guerre (*Carte d'identité*, 1945).

Doria (Andrea) 1466-1560 Condottiere italien. Au service du pape, du roi de Naples, puis de divers autres princes, il arma des galères à ses frais et s'attaqua avec succès aux pirates barbaresques. Au service de François Iᵉʳ, il battit (1524) sur les côtes de Provence Charles Quint à qui il se rallia en 1528. Ayant pris le pouvoir à Gênes, il imposa à la ville un gouvernement autocratique et autoritaire et continua de combattre pour l'empereur.

Doriens Peuple apparu en Grèce péninsulaire au XIIᵉ siècle av. J.-C. et provenant des régions du Danube. Grâce à leurs qualités de marins, les Doriens essaimèrent dans toute la Grèce jusqu'aux régions les plus méridionales et même en Italie (Agrigente, Syracuse, Tarente).

Doriot (Jacques) 1898-1945 Homme politique français. Un des dirigeants du parti communiste français, exclu (1934), il fonda (1936) le Parti populaire français qui collabora avec les nazis (1940-1944). En 1944, il s'enfuit en Allemagne où il fut tué lors d'un bombardement.

dorique adj. et n. m. Propre ou relatif aux Doriens. / *Ordre dorique* ou (n. m.) *dorique*: ordre le plus ancien et le plus sobre de l'architecture grecque antique. *Le dorique est notam. caractérisé par un chapiteau sans ornement et une colonne sans base, avec un décor de triglyphes et de métopes au-dessus de l'architrave.*

doris [1] n. m. Embarcation à fond plat, à rames, dont les deux extrémités sont pointues et relevées.

doris [2] n. f. ZOOL. Mollusque gastéropode marin, à l'aspect de limace. *Les doris sont parfois appelées limaces de mer.*

Dorléac (Françoise) 1942-1967 Actrice de cinéma française, sœur de Catherine Deneuve avec qui elle partage la vedette des *Demoiselles de Rochefort*. Elle fut l'héroïne de *L'Homme de Rio* (1963) de Philippe de Broca, avec Jean-Paul Belmondo.

dorloter v. t. [1] Câliner (qqn). *Dorloter une enfant.*

dormance n. f. BOT. Pause dans leur développement que font certains organes végétaux sous l'effet de facteurs internes ou externes. *Dormance des graines dans un milieu sec.*

dormant, e adj. et n. m. Litt. Qui dort. *La Belle au bois dormant.* Au fig. *Eau dormante*: eau stagnante. / BOT. En état de dormance. / MAR. *Manœuvre dormante*: cordage fixe (par oppos. à manœuvre *courante*). / CONSTR. *Châssis dormant* ou (n. m.) *dormant*: partie fixe d'un châssis (par oppos. à *ouvrant*).

dormeur, euse adj. et n. Qui dort. *Poupée dormeuse.* / *Crabe dormeur* ou (n. m.) *dormeur*: tourteau. / n. Personne qui dort ; personne qui dort beaucoup, qui aime dormir. / n. f. Boucle d'oreille dont le motif central (pierre précieuse ou autre), monté sur pivot, se fixe sur le lobe de l'oreille, au lieu d'être suspendu à un autre élément, comme le sont les pendeloques.

dormir v. i. [3] Être en état de sommeil. *Dormir profondément, dans son lit.* / Péjor. Être comme en état de sommeil. *Avance au lieu de dormir !* / Fig. Être oublié, inemployé ; être inactif, improductif. *Projets qui dorment dans un carton. Capitaux qui dorment.*

dormition n. f. THÉOL. Pour les catholiques et les orthodoxes, mort de la Vierge (qui fut comme un sommeil) avant son Assomption.

Dormoy (Marx) 1888-1941 Homme politique français, ministre socialiste de l'Intérieur dans le deuxième gouvernement du Front populaire (juin 1937-avril 1938). Il périt à Montélimar, victime de la Cagoule.

dorsal, ale, aux adj. et n. f. Qui appartient au dos. *L'épine dorsale*: la colonne vertébrale. *Vertèbre, nageoire dorsale. Muscles dorsaux.* / n. f. GÉOG. et GÉOL. Ligne de relief. *Dorsale océanique*: relief sous-marin, pouvant s'étendre sur plusieurs milliers de kilomètres. / MÉTÉO. Ligne de hautes pressions.

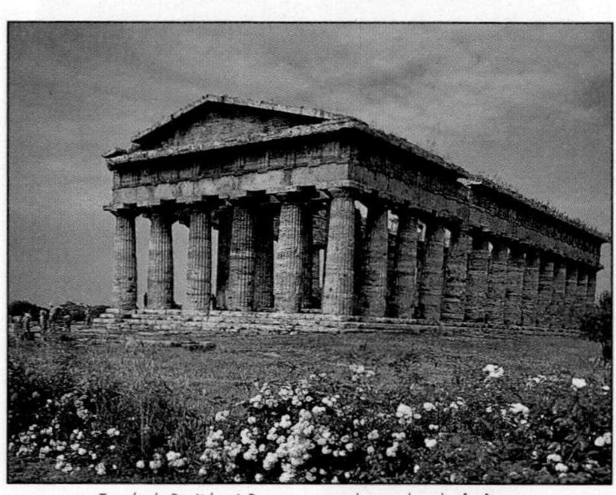
Temple de Poséidon à Paestum, aux colonnes de style **dorique**.

Françoise Dorléac *dans* Les Demoiselles de Rochefort *de Jacques Demy.*

Dortmund *600 900 h.* Port fluvial d'Allemagne, en Rhénanie du Nord-Westphalie, sur l'Emscher. La ville, située dans la région de la Ruhr, est un grand centre industriel.

dortoir n. m. Pièce où dorment les membres d'une collectivité (caserne, internat, etc.). / *Cité-dortoir*: agglomération dépourvue d'activités et d'espaces économiques et sociaux.

dorure n. f. Action de dorer ; son résultat. / Feuille d'or utilisée pour dorer. / Ensemble d'ornements dorés.

Dorval (Marie Delaunay, dite **Marie)** 1798-1849 Actrice française qui interpréta plusieurs rôles du théâtre romantique : *Marion Delorme* de Hugo (1831), *Chatterton* de Vigny (1834). Elle eut une liaison avec Vigny (1832-1838) qu'elle quitta pour Alexandre Dumas père. Vigny ne se consola jamais de cette séparation.

doryphore n. m. ZOOL. Coléoptère originaire d'Amérique du Nord, à élytres rayées de jaune et de noir, parasite de la pomme de terre ou d'autres solanacées.

dos n. m. Partie du corps située, chez les vertébrés, entre les épaules et le bassin. / Partie postérieure d'un objet. *Dos d'une chaise.* / Partie constituant le revers d'une chose, le verso. *Le dos d'une feuille, le dos de la main.* / *Avoir bon dos*: supporter injustement une accusation ou une responsabilité. / *Tourner le dos à*: se détourner de.

dosage n. m. Action de doser ; son résultat. *Le dosage d'une préparation pharmaceutique.* / Fig. Mélange, combinaison. *Un curieux dosage de réserve et d'humour.*

dos-d'âne n. m. inv. Bombement de la chaussée.

dose n. f. MÉD. et PHARM. Mesure de médicament administrée en une seule fois ou quotidiennement. / Quantité d'un ingrédient entrant dans la composition d'une préparation quelconque. *Une petite dose de piment.* / PHYS. *Dose absorbée*: quantité d'énergie, de substance transmise ou reçue par une unité dans un milieu donné. /

D

DRUZE

Les druzes pratiquent un islam hétérodoxe issu du chiisme ismaélien. Ils croient à la réincarnation et à la métempsycose. Pour eux, le calife fatimide al-Hakim bi-Amr Allah (996-1021), qui tenta d'imposer sa foi ismaélienne à ses sujets sunnites, est la dernière incarnation divine. Leur profession de foi diffère de celle de l'islam (« Il n'y a de Dieu que Dieu et Mahomet est son prophète »), ils sont monogames et accordent autant de droit à la femme qu'à l'homme. Dans leur communauté, une élite d'initiés est seule à avoir accès aux assemblées et aux textes sacrés. Jaloux de leur indépendance, ils s'opposèrent aux croisés et se rallièrent (XVIe siècle) aux Ottomans. Leur organisation clanique a causé des troubles à plusieurs reprises, en particulier au XIXe siècle. En 1860, les maronites furent violemment attaqués par les druzes dont l'insurrection fut réprimée par les Ottomans. D'autres soulèvements, anti-français cette fois, éclatèrent en 1925-1926. Les druzes sont aujourd'hui dispersés entre Liban, Syrie, Jordanie et Israël, et la famille Joumblatt a acquis, après la Deuxième Guerre mondiale, la suprématie.

Druze du Liban

La Génuflexion de l'évêque, tableau de ***Jean Dubuffet***.

dubitativement adv. De manière dubitative.

Dublin *533 900 h.* Capitale de la république d'Irlande. Premier centre industriel du pays. Les musées renferment notamment des collections d'art celtique. **Histoire** Fondée par des pirates norvégiens au IXe siècle, occupée par les Danois, elle passa (1170) sous la domination des Anglo-Normands qui en firent la capitale du Pale (enclave anglaise d'Irlande). Deuxième ville du Royaume-Uni au XVIIIe siècle, elle devint, à partir du début du XIXe siècle, le centre de la contestation nationaliste irlandaise, contestation marquée notamment par les « Pâques sanglantes » de 1916. Elle est la capitale de la république d'Irlande depuis 1922.

dubnium n m. CHIM. Élément artificiel (symbole Dg), de numéro atomique Z=104, de masse atomique 261.

Dubois (Guillaume) 1656-1723 Cardinal (1721) et homme politique français. Précepteur du duc d'Orléans, il fut son conseiller quand celui-ci devint Régent (1715), et dirigea la diplomatie de la France. Celle-ci ayant été ruinée par les guerres de Louis XIV, il préserva la paix en s'alliant en 1717 avec l'Angleterre et avec les Provinces-Unies, puis (1718) avec l'Autriche (Triple-Alliance puis Quadruple-Alliance), contre l'Espagne.

Dubos ou **Du Bos (Jean-Baptiste**, abbé) 1670-1742 Écrivain français. Ses réflexions critiques sur la poésie et la peinture (1719) prennent parti pour les Modernes. Il accomplit aussi une œuvre d'historien.

Du Bos (Charles) 1882-1939 Écrivain français. Critique pénétrant, il tente d'aboutir avec le créateur dont il analyse les œuvres à une sorte d'osmose, de fusion intime, pour mieux le comprendre. Les 7 volumes d'*Approximations* (1922-1937) sont habités par l'interrogation plus tard formulée : *Qu'est-ce que la littérature ?* (1939). Un long parcours intellectuel et spirituel le mena au catholicisme (1927) et son journal (posthume) exprime ses préoccupations morales tournées vers le mysticisme.

Du Bouchet (André) 1924-2001 Poète français. Ses poèmes difficiles, à la typographie heurtée et complexe, tentent de cerner des instants d'éblouissement (*Dans la chaleur vacante*, 1961 ; *Désaccordée comme de la neige*, 1985). Du Bouchet est également traducteur (Hölderlin, Celan, Shakespeare).

Dubout (Albert) 1905-1976 Dessinateur humoristique français au style burlesque et truculent.

Dubrovnik (autrefois, *Raguse*) *49 800 h.* Port de la côte dalmate, en Croatie, situé sur un rocher. Centre commercial et touristique. Nombreux monuments (dus notamment à des architectes vénitiens). La ville fut bombardée pendant la guerre croato-serbe de 1991, ce qui endommagea légèrement la vieille ville et gravement la ville nouvelle et le port.

Dubuffet (Jean) 1901-1985 Peintre français. Il utilisa divers matériaux (papier journal, débris), dont il tira des effets plastiques, peut-être plus recherchés que sa condamnation de la « culture » ne le laisserait entendre. Son œuvre de sculpteur est importante. En 1945, il nomma « art brut » l'art de personnes « indemnes de toute culture ».

duc [1] n. m. Anc. Souverain de certains États. *Le duc de Bourgogne. Le duc de Bavière.* / Titre le plus élevé de la noblesse française sous l'Ancien Régime, la Restauration et la monarchie de Juillet ; titre le plus élevé après celui de prince sous l'Empire. *Duc et pair de France. Davout, duc d'Auerstaedt.*

duc [2] n. m. Rapace nocturne de l'espèce des hiboux. *Grand duc.*

duc [3] n. m. Anc. Luxueuse voiture à cheval, comportant deux places à l'intérieur, un siège à l'avant pour le cocher, un siège à l'arrière pour les domestiques.

La vieille ville et le port de ***Dubrovnik****, en Croatie.*

ducal, e adj. Propre à un duc, à une duchesse. *Le palais ducal d'Urbino.*

Du Camp (Maxime) 1822-1894 Homme de lettres et journaliste, ami de Gustave Flaubert. Il a laissé des *Souvenirs littéraires*. Photographe, il illustra de ses propres photographies le récit de son voyage en Orient (*Égypte, Nubie, Palestine et Syrie*, 1852), réalisant ainsi le premier livre illustré par des photographies.

ducasse n. f. Fête populaire des Flandres et du nord de la France.

ducat n. m. Ancienne monnaie d'or, frappée par les doges (ducs) de Venise ; monnaie d'or ou d'argent frappée autrefois en Espagne, en Autriche et aux Pays-Bas.

Duccio di Buoninsegna 1260?-1318? Artiste siennois. Le retable de la *Maestà* à Sienne, bien qu'il se rattache encore à la peinture byzantine, témoigne déjà de toutes les finesses de formes et de coloris qui caractériseront la peinture siennoise et la peinture florentine.

Duchamp (Marcel) 1887-1968 Peintre français. D'abord proche des impressionnistes, influencé par le cubisme, bon connaisseur du futurisme et du cinétisme, il essaye de représenter les différentes phases d'un mouvement avec *Nu descendant un escalier* dont il existe deux versions (1911 et 1912), et qui, refusé au Salon des Indépendants, ne fut exposé qu'à New York en 1913. À partir de cette date, il expose des *ready-made* (objets manufacturés) élevés au rang d'objets d'art (porte-bouteilles, urinoir à l'envers, reproduction de la Joconde avec moustache et barbiche) souvent assortis de titres ironiques où le jeu de mots est roi : l'urinoir s'appelle *Fontaine*, la Joconde moustachue, *L.H.O.O.Q.* De 1915 à 1923, il travailla à un immense rébus réalisé sur une dalle de verre, *La mariée mise à nu par ses célibataires, même*, inachevé, qui est une partie d'une œuvre jamais achevée non plus, *Le Grand Verre*. À partir de 1923, il cessera d'exposer, publiera un petit texte de recherches verbales (*Marchand du sel*), collaborera avec Man Ray à un film muet (*Anemic Cinema*), et travaillera 20 ans en secret à un travail d'assemblage, découvert à sa mort : *Étant donné 1° la chute de l'eau, 2° le gaz d'éclairage.* Il consacrera les dernières années de sa vie au jeu d'échecs.

Duchamp-Villon (Raymond Duchamp, dit) 1876-1918 Sculpteur français, frère de M. Duchamp et J. Villon. Il passa du cubisme à l'abstraction.

Ducharme (Réjean) 1941 Romancier québécois. Il s'est intéressé à la marginalité : *L'Avalée des avalés* (1966), *Les Enfantômes* (1990), *Va savoir* (1994).

duché n. m. Principauté, territoire appartenant à un duc.

Duchés (guerre des) En 1863, l'Autriche et la Prusse affrontent, pour la possession des trois duchés du Schleswig, du Holstein et du Lauenburg, le Danemark qui sera très vite vaincu (1864), les vainqueurs se partageant les territoires : le Schleswig, le Lauenburg et la ville de Kiel passent sous administration prussienne, le Holstein sous administration autrichienne. Cette guerre a permis à la Prusse de tester sa puissance militaire et d'affermir sa suprématie en Allemagne.

Duchesne (le père) Journal politique violent et antiroyaliste, dirigé par Hébert, sous la Révolution française. Il parut de 1790 à l'exécution d'Hébert (1794).

duchesse n. f. Dame possédant un duché. *Aliénor, duchesse d'Aquitaine.* / Épouse d'un duc. *La duchesse d'Uzès.* / loc., fam. *Faire sa duchesse, prendre un air, un ton de duchesse* : adopter une contenance affectée. / *Poire duchesse* : variété de poire fondante et parfumée. *Une corbeille de poires duchesse.*

Ducis (Jean-François) 1733-1816 Poète français qui adapta librement Shakespeare, le faisant ainsi connaître en France : *Hamlet* (1769), *Roméo et Juliette*, *Le Roi Lear*, *Macbeth*, *Othello* (1792).

Duclos (Jacques) 1896-1975 Homme politique français, membre du bureau politique du parti communiste français de 1931 à sa mort, vice-président de l'Assemblée nationale (1946-1948), sénateur (1959), il se présenta à l'élection présidentielle de 1969.

Du Coudray (Angélique Marguerite Le Boursier, dame Du Coudray) 1712-1789 Sage-femme française. Chargée par Louis XV de « tenir des cours d'instruction publique dans toutes les Provinces du Royaume » pour les élèves sages-femmes, elle parcourt la France pendant vingt ans pour donner des cours d'obstétrique ; sa méthode est agréée par l'Académie de chirurgie et son *Abrégé de l'art des accouchements* (1759) a fait autorité jusqu'au XIXe siècle.

La Rue Pavoisée, *de* **Raoul Dufy**, *1906 (Centre Pompidou, Paris)*

ducroire n. m. FIN. Prime payée à un commissionnaire qui se porte garant d'une marchandise.

ductile adj. PHYS. Qui peut être étiré sans se rompre.

ductilité n. f. Propriété d'un corps ductile.

duègne n. f. Anc. En Espagne, dame d'un certain âge qui surveillait une jeune personne.

duel [1] n. m. Anc. Combat singulier opposant deux adversaires armés, dont l'un demandait réparation d'une offense. / Toute espèce de combat. *Duel d'artillerie.* / Fig. Lutte, compétition entre deux personnes.

duel [2] n. m. LING. Catégorie du nombre, distincte du pluriel et du singulier, indiquant deux éléments dans les déclinaisons et les conjugaisons de certaines langues (l'hébreu, le sanskrit, etc.).

duel, elle [3] adj. GRAM. Propre au duel. / Rare, didac. Relatif au concept de dualité.

duelliste n. Personne qui combat en duel.

duettiste n. Personne qui chante ou joue en duo avec une autre.

Dufay (Guillaume) v. 1400-1474 Compositeur franco-flamand (Hainaut), chantre à Rome, Florence et Bologne, maître de chapelle à la cour de Savoie, il s'établit à Cambrai en 1445. Chanoine, il composa, dans un style qui fait le lien entre le contrepoint français, la mélodie italienne et l'harmonie anglaise, des messes, des motets et des magnificats ; on lui doit aussi des chansons.

duffel-coat ou **duffle-coat** n. m. (mot anglais) Épais manteau trois-quarts en laine, à capuchon.

Du Fu ou **Tou Fou** 712-770 Poète chinois. Lettré, mais refusé aux examens d'État donnant accès à un poste officiel, il mena une carrière en dents de scie, tantôt dans la misère, tantôt petit fonctionnaire, tantôt gentilhomme campagnard. La guerre civile qui ravagea la Chine du Nord en 755 bouleversa sa vie ; il mourut au cours d'un voyage. Son œuvre abondante (près de 1 500 poèmes) chante la vie de famille, l'amitié, la souffrance des pauvres, dans un style très travaillé que la traduction se révèle incapable de faire passer.

Dufy (Raoul) 1877-1953 Peintre français. D'abord influencé à la fois par Lautrec et par les impressionnistes (ses marines rappellent Boudin et Monet), il travailla dans la lignée de Matisse et se lia avec Marquet, avant de s'en éloigner au profit d'une palette proche de celle de Braque, dont il s'éloignera également pour élaborer, à partir de 1919, un style personnel, fantaisiste, désinvolte et joyeux. Il traite, avec un trait libre et fin et une palette lumineuse, les thèmes les plus divers, sans éviter parfois la facilité : canotiers, courses, cirque, régates, divertissements mondains, portraits, paysages… Il s'intéresse à tout : illustrations de livres, décors de théâtre, cartons de tapisserie, céramique… Pour le pavillon de l'Électricité de l'exposition universelle de 1937 il réalise l'immense *Fée Électricité*.

dugong ou **dugon** n. m. ZOOL. Mammifère marin herbivore, de l'ordre des siréniens, qui mesure généralement 2 à 3 mètres de long, vivant dans l'océan Indien et l'océan Pacifique. *Le dugong est parfois appelé vache marine.*

Duguay-Trouin (René) 1673-1736 Marin français qui s'illustra dans la guerre de course contre les navires de commerce ennemis, durant le règne de Louis XIV.

Du Guesclin (Bertrand Du) 1315?-1380 Chevalier français. Au service de Charles V, il fut fait prisonnier pendant la guerre de succession de Bretagne. Le roi paya sa rançon et le pria de débarrasser la France des Grandes Compagnies. Du Guesclin les emmena en Castille pour soutenir Henri de Trastamare contre Pierre le Cruel. Il fut battu, mais, à son retour, Charles V le fit connétable et il mena contre les Anglais une guerre victorieuse en Normandie, en Poitou, en Guyenne et en Saintonge.

Duhamel (Georges) 1884-1966 Écrivain français. Médecin sensible à la douleur (il est médecin militaire pendant la Première Guerre mondiale), humaniste traditionaliste à la recherche d'une morale fraternelle, opposé à la guerre et contempteur de la civilisation moderne en route vers une mécanisation inhumaine, il trace le portrait d'un être velléitaire et sans illusion sur lui-même (*Vie et Aventures de Salavin*, 6 volumes 1920-1932) et s'attache à conter l'histoire d'une famille bourgeoise (*Chronique des Pasquier*, 10 volumes, 1933-1945).

Duisbourg *536 100 h.* Ville d'Allemagne, en Rhénanie du Nord-Westphalie, située au confluent de la Ruhr et du Rhin. C'est le plus grand port fluvial européen (Duisbourg-Ruhrort) et un centre industriel de métallurgie lourde et d'industries chimiques.

Dukas (Paul) 1865-1935 Compositeur français, auteur d'une musique brillante et bien rythmée, d'une écriture parfaite. On lui doit notamment un scherzo (*L'Apprenti sorcier*, 1897), des *Variations sur un thème de Rameau* (1903), un opéra (*Ariane et Barbe-Bleue*, 1907), un poème chorégraphique (*La Péri*, 1912).

Dulac (Germaine) 1882-1942 Cinéaste française. Ses films, *La Fête espagnole* (1920), *La Souriante Madame Beudet* (1922), *La Coquille et le clergyman* (1927) sont des œuvres très personnelles. Elle ne réalisa plus rien à partir de l'avènement du cinéma parlant.

dulçaquicole adj. BIOL. Qui vit dans les eaux douces.

dulcinée n f. Par plaisant. Femme dont on est amoureux. (Dulcinée est une paysanne dont le Don Quichotte de Cervantès fait la « dame de ses pensées »…).

dulie n. f. THÉOL. Culte rendu aux anges et aux saints, par oppos. à la *latrie*, qui est due à Dieu seul.

Dulles (John Foster) 1888-1959 Homme politique américain. Secrétaire d'État aux Affaires étrangères (1952-1959), il mena la politique dite du *containment*, pour tenter de « contenir » la progression du communisme.

Dullin (Charles) 1885-1949 Acteur et metteur en scène de théâtre français. Après avoir travaillé avec Jacques Copeau dans la troupe du Vieux-Colombier (qu'ils avaient fondée ensemble), il créa sa propre école (1921) puis le théâtre de l'Atelier (1922) qu'il dirigea jusqu'en 1939. Il y faisait jouer Aristophane, Ben Jonson, Salacrou, Pirandello, Molière, Achard, Shakespeare, Balzac, dans des mises en scène innovantes d'une extrême qualité. Il mena parallèlement une carrière d'acteur de cinéma, avec, notamment, *Volpone* (1940) et *Quai des Orfèvres* (1947).

Dulong (Pierre) 1785-1838 Physicien et chimiste français. Auteur d'études sur les gaz, il énonça, avec Petit, la loi sur les chaleurs massiques des corps.

Alexandre Dumas.

Dumarsais (César Chesneau, sieur) 1676-1756 Grammairien français. Sa *Grammaire générale* (posthume, 1767) poursuit dans la voie qu'avait ouverte la *Grammaire de Port-Royal*. Son *Traité des tropes* (1730) répertorie les figures (les tropes : les « tours ») du discours d'une façon révolutionnaire.

Dumas (Jean-Baptiste) 1800-1884 Chimiste français. Il découvrit l'anthracène et l'alcool méthylique.

Dumas (Alexandre Davy de La Pailletterie, dit Alexandre) 1802-1870 Écrivain français. Petit-fils d'un colon de Saint-Domingue et d'une esclave noire nommée Dumas, fils d'un général républicain, orphelin à 4 ans, clerc de notaire à 14 ans, il s'installe à Paris en 1823, se lance dans la vie mondaine, rencontre une couturière qui lui donnera un fils, et fait représenter (1829) un drame, *Henri III et sa cour*, qui remporte un grand succès et sera suivi (1833) d'*Antony*, qui remporte un triomphe. Se succèdent ensuite amours éphémères, naissance d'une fille, Marie, mariage (éphémère lui aussi) et pièces de théâtre au succès inégal. La vogue du feuilleton permet à Dumas de délaisser la scène pour le roman historique, échafaudé sur une trame fournie par le jeune professeur d'histoire Auguste Maquet : *Le Comte de Monte-Cristo* (1844), la trilogie que constituent *Les Trois Mousquetaires*, *Vingt ans après*, *Le Vicomte de Bragelonne* (entre 1844 et 1850), celle qui conte l'histoire des Valois (*La Reine Margot*, *La Dame de Monsoreau*, *Les Quarante-cinq*, entre 1845 et 1848), les mémoires d'un médecin du XVIIIe siècle (*Joseph Balsamo*, *Le Collier de la reine*, *Ange Pitou*, *La Comtesse de Charny*, entre 1846 et 1853). Fruits d'une prodigieuse activité, ses romans d'aventures au style enlevé et au rythme fougueux témoignent du même appétit de vivre, de la même bonne humeur, de la même vitalité que ses récits de voyage et son *Grand Dictionnaire de cuisine*. Un roman inconnu a été découvert en Savoie plus de cent ans après sa mort (*La Royale Maison de Savoie*, publié en 1998-1999). **Alexandre**, dit **Dumas fils** 1824-1895 Écrivain français, fils du précédent. Il triompha au théâtre. Parmi ses pièces réalistes où il aborde en moraliste les problèmes sociaux de son temps, *La Dame aux camélias* (1852, adapté de son roman publié en 1848) eut et a encore un succès considérable.

Dumouriez, à la bataille de Valmy, fait battre en retraite les Prussiens.

Du Maurier (Louis Palmella Busson, dit **George)** 1834-1896 Peintre, dessinateur et écrivain anglais. Son roman *Peter Ibbetson* (1891) conte l'histoire d'un prisonnier qui rejoint chaque nuit en rêve celle qu'il aime et qui, elle aussi, fait ce rêve. **Hubert Edward Busson,** dit **Gerald Du Maurier** 1873-1934 Fils du précédent, acteur, il dirigea plusieurs théâtres à Londres. **Daphne Du Maurier,** lady **Browning** 1907-1989 Romancière britannique, fille du précédent. Auteur (1937) d'une histoire de sa famille sur trois générations, *Les Du Maurier*, elle publia *Rebecca* (1938) dans le goût « gothique » des romans victoriens, ouvrage qui rencontra un grand succès, tout comme ses romans historiques (*L'Auberge de la Jamaïque*, 1936 ; *Le Général du roi*, 1946).

dum-dum adj. inv. *Balle dum-dum* : balle taillée en croix, de manière à provoquer de larges blessures.

dûment adv. Selon ce qui doit être fait.

Dumézil (Georges) 1898-1986 Historien français des civilisations. Spécialiste du monde indo-européen, il démontre que toutes les religions indo-européennes présentent la même structure hiérarchique de trois fonctions : souveraineté spirituelle, force et fécondité, cette structure commune s'exprimant différemment selon les civilisations. Il a exposé ses vues dans de nombreux ouvrages, parmi lesquels *Les Dieux des Germains* (1939), *L'Idéologie tripartite des Indo-Européens* (1958), *Mythe et Épopée* (1968-1973), *Romans de Scythie et d'alentour* (1978).

Dumonstier ou **Dumoustier (Geoffroy)** ?-1573 Enlumineur, graveur et dessinateur français. Il travailla pour François Ier et Henri II, en particulier à Fontainebleau. **Étienne** 1520 ?-1603, **Pierre** 1524-1600 et **Cosme** ?-1605 Peintres et dessinateurs français. Fils du précédent, ils furent tous les trois peintres de Catherine de Médicis. Ils exécutèrent de nombreux portraits aux trois crayons, d'un trait fin et précis. **Daniel** 1574-1646 Fils de Cosme. Peintre de Louis XIII, il est l'auteur de portraits de cour aux mines de couleur, rehaussés de pastel et de gouache.

Dumont (René) 1904-1998 Agronome français. Pionnier de l'écologisme, spécialiste de l'économie des pays en voie de développement, il s'est notamment inquiété du devenir de l'Afrique : *L'Afrique noire est mal partie* (1962), *L'Afrique étranglée* (1980).

Dumont d'Urville (Jules) 1790-1842 Marin et explorateur français. Au cours de ses voyages (dont il a fait le récit dans *Voyages et découvertes autour du monde à la recherche de La Pérouse*, 1822-1834 ; *Voyage au pôle Sud et en Océanie*, 1842-1846), il parcourut l'Océanie, s'arrêtant notamment à Vanikoro où se trouvait l'épave du navire de La Pérouse, visita les régions antarctiques et prit possession, pour la France, de la terre Adélie (1840).

Dumoulin (Charles) 1500-1566 Jurisconsulte français versé dans le droit coutumier dont il prépara l'unification.

Dumouriez (Charles François du Périer, dit**)** 1739-1823 Général français, placé à la tête d'une armée qui se couvrit de gloire en arrêtant les Prussiens à Valmy, le 20 septembre 1792. À la mort de Louis XVI, il tenta en vain d'entraîner ses troupes contre la Convention et passa à l'ennemi, le 5 avril 1793. Exilé en Angleterre, il y mourut.

dumper n. m. (mot anglais) TRAV. PUBL. Engin automoteur employé pour le terrassement. Syn. tombereau.

dumping n. m. (mot anglais) Pratique qui consiste à vendre un produit à un prix inférieur à celui du marché sur lequel on veut s'imposer.

Dunant (Henri) 1828-1910 Philanthrope suisse. Horrifié par la tuerie que fut la bataille de Solferino, il réunit la conférence de Genève (1863) que suivirent la création de la Croix-Rouge (1863) et la convention de Genève (1864) pour la protection des blessés de guerre. Puis, tombé dans l'oubli, il connut la misère. En 1901, il fut le premier lauréat du prix Nobel de la paix nouvellement créé.

Duncan (Isadora) 1878-1927 Danseuse américaine. Elle tenta d'imposer une danse « naturelle » imprégnée de spiritualité, improvisant librement ses figures d'après la musique. Éprise d'Antiquité classique, elle se produisait pieds nus, drapée dans une tunique grecque. Recueillant un grand succès, elle ouvrit une école à Berlin, puis à Moscou (elle avait épousé Essenine), enfin à Meudon. D'une première union, elle avait eu deux enfants, morts dans un accident d'automobile ; en 1914, en pleine guerre, elle donna naissance à un troisième, qui mourut aussitôt. Un accident mettra fin à sa vie errante et passionnée : elle fut étranglée par son écharpe qui s'était enroulée dans une roue de sa voiture de sport.

Dundee *167 800 h.* Port d'Écosse sur l'estuaire du Tay. Centre industriel.

dune n. f. Colline de sable formée sous l'action du vent ou d'un courant. *Dunes désertiques, littorales ou sous-marines.*

Dunes (bataille des) Bataille qui se déroula en 1658 près de Dunkerque. Turenne triompha de Condé, passé du côté des Espagnols.

dunette n. f. MAR. Superstructure fermée couvrant toute la largeur du pont d'un navire.

Dunfermline *130 100 h.* Ville d'Écosse, ancienne résidence des rois d'Écosse.

Dunhuang ou **Touen-huang** *876 000 h.* Ville de Chine, dans le Gansu. Au sud-est de la ville, à Mogao, se trouvent les grottes aux Mille Bouddhas. Creusées à partir du IVe siècle, 492 grottes abritent 2 500 statues et environ 45 000 m² de fresques et de peintures. On y a découvert, en 1900, dans une cache murée, près de 30 000 manuscrits en chinois, tibétain, sanskrit, ouigour, sogdien et koutchéen, datés du milieu du IVe siècle à la fin du Xe siècle.

Dunkerque *70 331 h.* Port français du département du Nord, en grande partie reconstruit après la Seconde Guerre mondiale. Centre industriel. **Histoire** Acculés à la mer par l'avancée allemande, 230 000 Britanniques et 110 000 Français s'embarquèrent à Dunkerque pour l'Angleterre entre le 27 mai et le 4 juin 1940.

Dunlop (John Boy) 1840-1921 Inventeur écossais. Il mit au point le premier pneumatique, constitué d'un tube de caoutchouc enveloppé d'une toile.

Dunois (Jean, comte de Longueville, dit « le Bâtard d'Orléans »**)** 1403-1468 Homme de guerre français, fils naturel de Louis, duc d'Orléans. Compagnon de Jeanne d'Arc, il défendit Orléans assiégée et poursuivit après la mort de la Pucelle la lutte contre les Anglais.

Dunoyer de Segonzac (André) 1884-1974 Peintre, dessinateur et graveur français. Ses œuvres, d'abord d'esprit naturaliste, à la pâte épaisse et aux couleurs sourdes, subirent ensuite l'influence de Cézanne. Il illustra de nombreux livres.

Duns Scot (John) v. 1266-1308 Théologien écossais, surnommé *le Docteur subtil*. Franciscain, il critiqua saint Thomas d'Aquin et affirma l'unité de l'être, thèse qui trouve sa plus haute expression chez Spinoza. Il a été béatifié en 1993.

Dustable (John) 1400 ?-1453 Musicien anglais. Ses fragments de messe et ses motets témoignent d'une influence française, s'inspirant notamment des chansons profanes.

Les **dunes** du Pyla, sur la côte landaise.

Le centre de **Dunkerque**.

duo n. m. Morceau de musique écrit pour deux interprètes, voix ou instruments. / Numéro exécuté par deux artistes.

duodécimain, e adj. RELIG. *Chiisme duodécimain* : branche du chiisme pour laquelle l'imam caché est le douzième successeur d'Ali.

duodénum n. m. Première portion de l'intestin grêle, qui fait suite au pylore et se prolonge par le jéjunum ; il reçoit les canaux pancréatiques (de Wirsung et de Santorini) et le canal cholédoque, vecteur de la bile.

Dupanloup (Félix) 1802-1878 Prélat français. Député, sénateur, il défendit activement la liberté de l'enseignement. Catholique libéral, il incita le pape à ne pas condamner toutes les libertés modernes.

Du Parc (Marquise-Thérèse de Gorle, dite **la)** 1633-1668 Comédienne française. Membre jusqu'en 1667 de la troupe de Molière, épouse de Gros-René, elle créa le rôle d'Elvire dans *Dom Juan*, puis, maîtresse de Racine, celui d'Andromaque que le poète avait écrit pour elle.

Duparc (Henri Fouques-Duparc, dit**)** 1848-1933 Compositeur français. Il est l'auteur d'un recueil de treize mélodies sur des poèmes de Baudelaire et des parnassiens : *Chanson triste*, *L'Invitation au voyage*, *Soupir*. Il cessa de composer en 1885.

Duparc (Henri) 1941 Cinéaste ivoirien, l'un des plus importants d'Afrique : *Mouna* (1969), *Bal poussière* (1988), *Rue Princesse* (1993).

dupe n. f. et adj. Se dit d'une personne qui a été trompée, trahie.

duper v. t. [1] Tromper (qqn). *Duper un client.*

duperie n. f. Action de duper qqn ; résultat de cette action. / État de celui qui est dupe.

Du Perron (Jacques Davy) 1556-1618 Prélat et écrivain français. Calviniste, il se convertit au catholicisme et entra dans les ordres. Après avoir obtenu du pape la réconciliation d'Henri IV, il devint cardinal. On lui doit des ouvrages de polémique théologique, des sermons et des poésies.

Dupes (journée des) Journée du 10 novembre 1630, au cours de laquelle on crut qu'une cabale dirigée par Marie de Médicis avait eu raison de Richelieu, mais le Cardinal garda la faveur de Louis XIII.

Joseph François Dupleix, sculpture de C. H. Bridan. (Château de Versailles).

Dupleix (Joseph François, marquis **de)** 1697-1763 Administrateur colonial français. Successeur de Dumas comme gouverneur général de la Compagnie des Indes en 1741, Dupleix met son armée au service des princes hindous à qui il demande, en échange, de l'argent et des territoires. Il devient ainsi le maître d'immenses contrées qui vont du golfe du Bengale à la mer d'Oman. Cependant, la politique ruineuse de Dupleix, qui engloutit dans l'affaire sa propre fortune, se révéla impuissante face aux menées de l'Angleterre. En 1754, on le pria de revenir en France. Il s'y débattit dans d'insolubles difficultés financières, car il n'obtenait pas le remboursement des sommes qu'il avait avancées.

Duplessis (Maurice Le Noblet) 1890-1959 Homme politique québécois. Premier ministre conservateur du Québec de 1936 à 1939 et de 1944 à 1959, il œuvra au développement de l'économie du pays, dont il obtint l'autonomie fiscale.

Duplessis-Mornay (Philippe de Mornay, seigneur du **Plessis-Marly**, dit**)** 1549-1623 Homme politique français. Protestant, il devint conseiller, puis ambassadeur d'Henri de Navarre. Lorsque ce dernier abjura, il se retira à Saumur où il fonda la première académie protesante (1599). Son *Traité de l'eucharistie* fut le sujet d'une importante controverse théologique avec Du Perron.

duplex n. m. Système qui permet l'envoi et la réception simultanés d'informations. / Système de transmission qui permet de diffuser simultanément des programmes radiophoniques ou télévisés émis par plusieurs stations. / Appartement sur deux étages.

duplicata n. m. inv. (mot latin) DR. Copie d'un acte, valide au même titre que l'original.

duplication n. f. Action de dupliquer; son résultat. / GÉNÉT. Mutation qui engendre la présence en plusieurs exemplaires d'un gène ou d'un segment de chromosome plus ou moins long (un unique exemplaire étant présent avant la mutation). *La duplication génique est un processus évolutif important.*

duplicité n. f. Caractère d'une personne qui cache un aspect de sa personnalité, qui joue double jeu.

Dupont de Nemours (Pierre Samuel) 1739-1817 Économiste français. Son ouvrage *La Physiocratie* (1767) expose la doctrine de Quesnay, son ami et disciple. En 1799, il s'exila aux États-Unis. **Victor-Marie** 1767-1827 et **Éleuthère Irénée** 1771-1834 Chimistes et industriels français. Fils du précédent, émigrés aux États-Unis, ils créèrent dans le Delaware une usine de munitions. Celle-ci est à l'origine d'une des plus grandes entreprises de produits chimiques du monde.

Dupont-Sommer (André) 1900-1983 Philologue français. Il déchiffra les manuscrits de la mer Morte.

Dupuytren (Guillaume, baron**)** 1777-1835 Chirurgien français. Il fonda l'anatomie pathologique et réunit une collection de pièces anatomiques aujourd'hui conservée au musée Dupuytren (Paris).

duquel, desquels, desquelles Voir **lequel**

Duquesne (Abraham) 1610-1688 Marin français. Commandant l'escadre royale française en Méditerranée, il inflige de lourdes pertes aux flottes espagnole et hollandaise en 1676. Calviniste, il refuse d'abjurer sa foi, malgré le bâton de maréchal que lui offre Louis XIV. Lors de la révocation de l'édit de Nantes (1685), il n'est pas proscrit, rarissime exception.

Duquesnoy (Jérôme) 1570-1641 Sculpteur wallon dit *Jérôme le Vieux*, auteur du *Manneken-Pis* (1617) de Bruxelles. **François** 1597-1643 Fils du précédent, il fut sculpteur à Rome, se consacrant particulièrement à la sculpture d'angelots (Putti jouant de la musique, 1642). **Jérôme II**, dit *le Jeune* 1602-1654 Architecte, sculpteur et graveur. Frère du précédent, il travailla en Espagne et en Italie avant de revenir à Bruxelles; on lui doit le monument funéraire de Mgr Triest dans la cathédrale de Gand.

dur, e adj. adv. et n. **I.** Difficile à entamer, à fléchir; qui n'est ni tendre ni mou. *Matière dure.* Loc. fig. *Y croire dur comme fer*: croire à qqch. avec la plus grande conviction. *Avoir la tête dure*: être obstiné. / Ferme, solide. *Un œuf dur*, durci par la cuisson. / Qui manque de douceur. *Un lit dur. Eau dure*: voir *eau*. Loc. adv. *Taper dur*, avec force. *À la dure*: sans confort, sévèrement. *Être élevé à la dure.* **II.** Fig. Rigoureux, pénible. *Un hiver dur.* / Strict, sévère. *Un visage dur.* / Fam. *Dur à* (suivi d'un infinitif): difficile à. *Cuisine dure à digérer.* / (En parlant d'une personne) *Être dur d'oreille*, un peu sourd. *Dur à* (suivi d'un subst.): résistant à. *Dur au mal.* (Subst.) *Un(e) dur(e)*: une personne inflexible.

durabilité n. f. Caractère de ce qui est durable. / DR. Temps d'utilisation d'un bien, de validité d'un droit.

durable adj. Qui peut durer. *Un accord durable.*

durablement adv. De façon durable.

duralumin n. m. (nom déposé) Alliage d'aluminium (94,5 %), de cuivre (4 %), de magnésium (0,5 %), de silicium (0,5 %) et de manganèse (0,5 %). *Trempé à 500 °C, le duralumin présente d'excellentes qualités mécaniques qui le font employer dans l'industrie aéronautique.*

duramen n. m. BOT. Partie centrale d'un tronc d'arbre, qui est complètement lignifiée.

Durance (la) *304 km* Rivière des Alpes du Sud, née au mont Genèvre et affluent du Rhône. Elle passe à Briançon, Embrun, Sisteron, Manosque. Les barrages installés en aval de Serre-Ponçon ont conduit à dévier le cours de la Durance vers l'étang de Berre et la Méditerranée.

Durand-Ruel (Paul) 1831-1922 Marchand de tableaux français. En 1867, il créa à Paris une galerie qui bientôt défendit les impressionnistes. En 1889, il créa une autre galerie, à New York, qui eut un succès bien plus grand que la galerie parisienne, au bord de la ruine.

Durandal Épée de Roland, dans la *Chanson de Roland* (XIe siècle).

Marguerite Duras.

durant prép. Au cours de. *Durant la nuit…* / Pendant toute la durée de. *Il a cultivé son jardin sa vie durant.*

Duras (Marguerite Donnadieu, dite **Marguerite)** 1914-1996 Écrivain français. Dans ses romans, dont plusieurs évoquent son enfance et son adolescence en Indochine, elle mêle la sécheresse de la notation à un lyrisme incantatoire: *Un barrage contre le Pacifique* (1950), *Le Marin de Gibraltar* (1952), *Moderato cantabile* (1958), *Le Ravissement de Lol V. Stein* (1964), *Le Vice-Consul* (1965), *L'Amant* (1980). Elle est également l'auteur de pièces de théâtre: *Les Viaducs de Seine-et-Oise* (1960). Au cinéma, elle écrivit le scénario d'*Hiroshima mon amour* (de Resnais, 1959), d'*Une aussi longue absence* (d'Henri Colpi, 1961) et réalisa plusieurs films, dont *Détruire, dit-elle* (1969), *India Song* (1975), *Le Camion* (1977).

Durban *715 669 h.* Ville d'Afrique du Sud, dans le Kwazulu-Natal, port important sur l'océan Indien. Centre industriel.

durcir v. t. / v. i [1] Rendre dur, plus dur. *L'effort durcit les muscles.* Au fig. *Les épreuves ont durci son caractère.* / v. i. (ou v. pron.) Devenir dur. *Matière qui durcit en séchant. Muscle qui se durcit sous l'effort.*

durcissement n. m. Action de durcir, de se durcir; son résultat. *Durcissement d'une poterie d'argile.* / Fig. *Durcissement d'une position politique.*

durcisseur n. m. Produit employé pour durcir un matériau, un adhésif.

durée n. f. Intervalle mesurable entre deux points du temps; temps de déroulement d'une action, d'un événement. / PHILO. Chez Bergson, déroulement temporel continu, donnée immédiate de la conscience indissociable de l'expérience vécue.

durement adv. Avec dureté.

dure-mère n. f. ANAT. Méninge externe fibreuse et épaisse protégeant la moelle épinière et l'encéphale.

durer v. i. [1] Avoir une certaine durée. *Durer peu, des mois entiers.* / (Emploi absol). Se prolonger dans le temps, persister. *Ça ne peut plus durer ainsi. Faire durer des vivres, le plaisir.*

Dürer (Albrecht) 1471-1528 Peintre et graveur allemand. Fils d'un orfèvre, il travaille avec son père, puis fait son apprentissage de peintre graveur et voyage (Flandre, Colmar, Strasbourg, Bâle, Italie) avant d'installer son propre atelier à Nuremberg en 1495. De cette époque date son *Autoportrait en fiancé* (1493). En Allemagne, il pratique avec le même bonheur gravure (pour l'*Apocalypse*) et peinture (*Hercule et les oiseaux du lac Stymphale*); sa renommée s'étend à toute l'Europe. Un deuxième voyage en Italie le conduit à Venise, puis il reprend son travail à Nuremberg, traitant de nouveaux sujets (*Adam et Ève*, 1507) dans un style proche du maniérisme et en usant de couleurs éclatantes. Il délaisse peu à peu la peinture, dessine pour l'empereur Maximilien, écrit des ouvrages théoriques (*Traité des proportions du corps humain*, posthume) et grave portraits et scènes allégoriques, telle la mystérieuse *Mélancolie*.

dureté n. f. Consistance de ce qui est dur, résiste à la pression. / CHIM. *Dureté de l'eau*, sa teneur en ions, calcium et magnésium. / Fig. Rigueur, caractère de ce qui est pénible. *Dureté du climat, des conditions de détention.* / Caractère insensible d'une personne.

Durey (Louis) 1888-1979 Compositeur français. Membre du groupe des Six, il est l'auteur de pièces pour piano, de musique de chambre, de musique de scène, de mélodies et de cantates.

durian, durion ou **dourian** n. m. (mot malais) BOT. Arbre tropical de la famille des malvacées, dont les fruits, ovales (15 à 30 cm de long) et couverts d'épines, sont très appréciés pour leur saveur, malgré leur odeur désagréable.

durillon n. m. Épaississement de l'épiderme de la paume de la main (cal) ou de la plante du pied (cor), produit par des frottements répétés.

durit ou **durite** n. f. (nom déposé) Conduit de caoutchouc conçu pour raccorder les éléments d'un moteur à explosion.

Durkheim (Émile) 1858-1917 Philosophe français, pionnier de la sociologie dont il fit une science. Après *De la division du travail social* (1893), ses *Règles de la méthode sociologique* (1894) définissent les faits sociaux comme des choses, des objets extérieurs à la conscience de l'individu, de sorte que le sociologue peut les étudier comme un physicien étudie des phénomènes dus à des lois de la physique. En 1896, il crée la revue *L'Année sociologique*, dont l'influence est grande. Il applique sa méthode positiviste au *Suicide* (1897), utilisant une multitude de statistiques, et à l'ethnologie: *Les Formes élémentaires de la vie religieuse: le système totémique en Australie* (1912).

Durrell (Lawrence) 1912-1990 Écrivain anglais. Né en Inde, il fut diplomate au Caire (1939). Dans son cycle romanesque *Le Quatuor d'Alexandrie* (site de l'action), l'auteur, jouant avec habileté des retours en arrière, raconte la même histoire du point de vue des

Autoportrait d'**Albrecht Dürer**, *1498 (Musée du Prado, Madrid).*

Anton Dvorák.

quatre personnages principaux: *Justine* (1957), *Balthazar* (1958), *Mountolive* (1958), *Clea* (1960). Installé en France, il donnera un autre cycle: *Monsieur ou le Prince des Ténèbres*, 1975; *Livia ou l'Enterrée vive*, 1978; *Constance ou les Pratiques solitaires*, 1982; *Sebastian ou les Passions souveraines*, 1983; *Quinte ou la Version Landru*, 1985 (*Quintette d'Avignon*). Durrell est également l'auteur de récits de voyages, de poèmes et d'une pièce de théâtre (*Sappho*).

Dürrenmatt (Friedrich) 1921-1990 Écrivain suisse d'expression allemande. Influencé par Brecht, il critique de façon âpre la société bourgeoise dans son théâtre: *La Visite de la vieille dame* (1956), *Franck V, opéra d'une banque privée* (1959), *Les Physiciens* (1962), sur la bombe nucléaire.

Duruy (Victor) 1811-1894 Historien et homme politique français. Ministre de l'Instruction publique sous le Second Empire (1863-1869), il développa l'instruction féminine.

Dusapin (Pascal) 1955 Compositeur français. Musicien fécond, on lui doit plus de soixante-dix œuvres. Influencé par Varèse, élève de Xenakis, il donne en 1989 son premier opéra, *Roméo et Juliette*, qui sera suivi de plusieurs autres (*Medeamaterial*, 1991; *To be sung*, 1994; *Perelà, l'homme de fumée*, 2003).

Duse (Eleonora) 1858-1924 Actrice italienne qui interpréta, sur toutes les scènes d'Europe, les pièces d'Ibsen et de Gabriele D'Annunzio, avec lequel elle eut une liaison amoureuse.

Düsseldorf *572 600 h.* Ville d'Allemagne, capitale de la Rhénanie du Nord-Westphalie, sur le Rhin, métropole commerciale et bancaire de la Ruhr.

D.U.T. n. m. Sigle de *diplôme universitaire de technologie*, sanctionnant deux années d'études supérieures à vocation professionnelle, délivré par les Instituts universitaires de technologie (I.U.T.).

Dutilleux (Henri) 1916 Compositeur français à l'œuvre peu abondante, mais pleine de poésie, reflet d'une grande richesse intérieure: sonate pour piano, symphonies, ballet (*Le Loup*), concertos, quatuors, mélodies.

duumvir n. m. (mot latin) ANTIQ. ROM. Magistrat qui partageait la responsabilité d'une charge avec un autre magistrat.

duumvirat n. m. ANTIQ. ROM. Fonction du duumvir.

Duvalier (François) 1909-1971 Homme politique haïtien. Médecin, il est élu président de la République en 1957 et abolit rapidement toutes les institutions démocratiques. En 1962-1963, il tient tête aux États-Unis et se fait nommer président à vie en 1964. Surnommé *Papa Doc*, il fonde son pouvoir sur 40 000 miliciens que leurs machettes font surnommer « tontons macoutes », s'en prenant à l'ensemble de la population et plus particulièrement aux métis (car Papa Doc prône la négritude). **Jean-Claude** 1951 Fils du précédent, dit *Bébé Doc*. Succédant à son père, il croit pouvoir libéraliser le régime sans rétablir les libertés et préfère ménager le *statu quo* et l'enrichissement de sa famille. Il doit démissionner en 1986 sous la pression américaine et se réfugie en France.

Duvergier de Hauranne (Jean, abbé de **Saint-Cyran)** 1581-1643 Théologien français. Janséniste, il devint directeur de conscience des religieuses de Port-Royal. Son intransigeance, sa haine des jésuites, ses amitiés avec les parlementaires lui valurent d'être interné à Vincennes sur l'ordre de Richelieu. La mort de ce dernier le libéra, mais, malade, il mourut très peu après.

duvet n. m. Petites plumes très légères qui recouvrent le corps des oiseaux et, en particulier, celui des oisillons. / Poils fins et doux des mammifères. / Édredon ou sac de couchage garni avec du duvet d'oie ou d'eider, ou avec toute autre matière ayant le même aspect et les mêmes propriétés.

Duvivier (Julien) 1896-1967 Cinéaste français qui adopta avec succès, au fur et à mesure de sa carrière, de nombreux styles: *Poil de carotte* (1925 et 1932), *La Bandera* (1935), *Pépé le Moko* (1936), *Le Petit Monde de Don Camillo* (1951), *Pot-Bouille* (1957).

DVD n. m. (sigle anglais de *Digital Video [Versatile] Disc*) Disque optique numérique de grande capacité.

DVD-ROM ou **DVD-Rom** n. m. (sigle anglais de *Digital Versatile Disc Read Only Memory*) DVD à mémoire morte destiné à l'informatique.

Dvina occidentale (la) *1 020 km* Fleuve né en Russie qui traverse la Biélorussie, la Lettonie et se jette dans la mer Baltique.

Dvina septentrionale (la) *744 km* Fleuve de Russie qui se jette dans la mer Blanche à Arkhangelsk.

Dvorák (Antonín) 1841-1904 Compositeur tchèque. Son œuvre abondante et très personnelle est marquée par le folklore tout en subissant l'influence de Liszt et de Brahms. Outre 9 symphonies (*Symphonie du Nouveau Monde*, 1893) et plusieurs opéras (*Rusalka*, 1901), il est l'auteur de concertos pour piano, violon et violoncelle, d'œuvres religieuses (*Te Deum*, 1893), d'oratorios, de nombreuses pièces de musique de chambre, d'ouvertures, de mélodies et d'œuvres pour orchestre.

dyke n. m. (mot anglais) Filon de roches éruptives conduisant jusqu'à un réservoir de magmas, dégagé par l'érosion.

Dylan (Robert Zimmerman, dit **Bob)** 1941 Chanteur et auteur-compositeur américain. Mêlant le « folklore » et le rock, il a témoigné, par son nom, de son admiration pour Dylan Thomas. Avec *Blowin' in the wind* (1962), il se fait le chantre de la contestation de la jeunesse américaine des années 1960: pacifisme, refus de la violence, révolte contre la normalisation de la société, retour à la nature.

dynamique adj. et n. f. **I.** adj. Qui concerne les forces et les mouvements engendrés par ces forces, par oppos. à *statique*. / Fig. Énergique; susceptible d'évoluer, de se développer rapidement. *Une personne dynamique. Une entreprise dynamique.* **II.** n. f. MÉCAN. Partie de la mécanique qui s'intéresse aux forces et à leurs relations, aux systèmes sur lesquelles agissent ces forces. / PSYCHO. *Dynamique des groupes*: étude des lois qui gouvernent le comportement d'un groupe; ensemble des techniques qui se proposent d'améliorer, grâce au groupe, le comportement d'un individu ou du groupe lui-même. / Fig. Ensemble des forces, des phénomènes qui donnent à un processus son caractère propre, qui l'accélèrent.

dynamiser v. t. [1] Donner du dynamisme à.

dynamisme n. m. Énergie, vitalité. *Le dynamisme d'un mouvement politique.*

dynamite n. f. Substance explosive à base de nitroglycérine, mise au point par Nobel, en 1866.

dynamiter v. t. [1] Faire sauter à la dynamite.

dynamo n. f. ÉLECTR. Dispositif permettant d'obtenir du courant électrique continu à partir d'une force mécanique utilisant le principe du courant induit.

dynamomètre n. m. Appareil de mesure de l'intensité d'une force.

dynamométrique adj. Relatif à la mesure des forces.

dynastie n. f. Succession de rois ou de princes d'une même famille ayant régné sur un pays. *La dynastie des Wittelsbach.* / Par anal. Suite d'hommes illustres d'une même famille. *La dynastie des Ford.*

dynastique adj. D'une dynastie; relatif à la dynastie.

Dyoula(s) Voir **Diola(s)**

dysenterie n. f. MÉD. Syndrome résultant de divers types d'agression (inflammatoires, parasitaires, infectieuses, tumorales) du gros intestin (côlon, notam.), caractérisé par des diarrhées sanglantes, douloureuses, des faux besoins, etc. Syn. syndrome dysentérique. / Infection du côlon provoquée par une amibe (dysenterie amibienne) ou un bacille (dysenterie bacillaire).

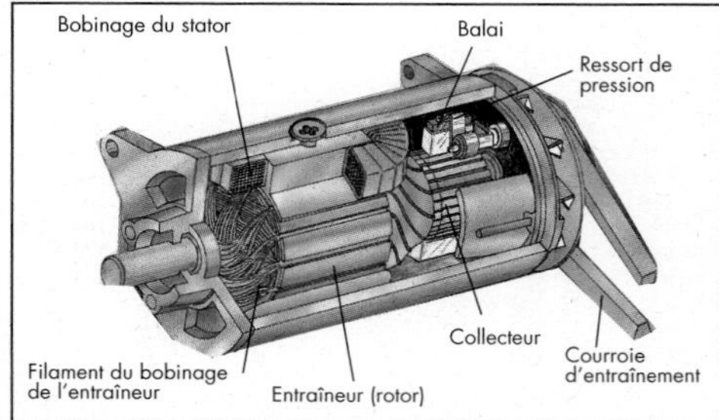

*Coupe d'une **dynamo**.*

dysentérique adj. Propre ou relatif à la dysenterie.

dysfonctionnement n. m. MÉD. Fonctionnement anormal d'un organe. *Dysfonctionnement rénal.* / Fig. Fonctionnement défectueux, anormal.

dysgraphie n. f. Trouble dans l'acquisition de l'écriture.

dysgraphique adj. De la dysgraphie; atteint de dysgraphie.

dysidrose ou **dyshidrose** n. f. MÉD. Variété d'eczéma de la main et du pied.

dyslexie n. f. Difficulté d'acquisition des mécanismes de la lecture et de l'écriture chez des sujets dont la maîtrise du langage oral est normale.

dyslexique adj. et n. De la dyslexie; atteint de dyslexie.

dysménorrhée n. f. MÉD. Syndrome douloureux précédant ou accompagnant la menstruation.

dysorthographie n. f. Trouble de l'acquisition et de la pratique de l'orthographe.

dysorthographique adj. De la dysorthographie; atteint de dysorthographie.

dyspepsie n. f. MÉD. Ensemble de troubles digestifs, plus particulièrement gastriques, qui ne paraissent pas en rapport avec des affections bien individualisées de l'appareil digestif.

dyspeptique adj. De la dyspepsie; atteint de dyspepsie.

dysplasie n. f. BIOL., MÉD. Anomalie dans le développement (d'un tissu, d'un organe) qui aboutit à une (ou des) malformation(s).

dyspnée n. f. MÉD. Perception consciente d'une difficulté à respirer.

dysprosium n. m. CHIM. Métal de la famille des terres rares (symbole: Dy), de numéro atomique Z=66, de masse atomique: 162,5, qui fond à 1 412 °C et bout à 2 600 °C.

dystrophie n. f. MÉD. Anomalie cellulaire ou tissulaire liée à un trouble nutritionnel causé par une carence nutritive, hormonale ou d'origine métabolique. *Dystrophie musculaire*, terme générique désignant diverses affections héréditaires dégénératives des muscles striés. *Dystrophie cornéenne*, terme générique désignant diverses affections dégénératives de la cornée, essentiellement dues à des troubles métaboliques (pas d'atteinte virale ou infectieuse). *Dystrophie ovarienne*, ensemble des modifications des tissus ovariens liés à des troubles hormonaux.

dystrophine n. f. BIOCHIM., MÉD. Protéine impliquée, au sein d'un complexe comprenant toute une série de molécules, dans le fonctionnement des cellules musculaires striées; des myopathies sont associées à divers défauts de constitution de ce complexe.

dysurie n. f. MÉD. Ensemble de troubles de la miction.

dytique n. m. Gros insecte coléoptère, carnassier, vivant dans les étangs, les mares et les cours d'eau, dont le dos est noir à reflets verts et le ventre jaune.

Dzerjinski (Felix Edmoundovitch) 1877-1926 Homme politique soviétique. D'abord proche de Trotski, il soutient ensuite Staline. Il est (1917) le fondateur de la Commission extraordinaire panrusse de lutte contre la contre-révolution, plus connue sous le nom de *Tchéka*, qui devient (1922) la police politique (*Guepeou*).

dzéta Voir **zêta**

Dzoungarie Voir **Djoungarie**.

E

Eames (Charles Ormand) 1907-1978 Architecte et designer américain. Élève de Saarinen, il a créé un mobilier fonctionnel qui mêle réminiscences japonaises et modernisme occidental.

Eanes (Gil) XVᵉ siècle Navigateur portugais. Le premier, il franchit (1434) le cap Bojador (aujourd'hui cap du même nom, dans le Sahara occidental, ou bien cap Juby, au sud-ouest du Maroc), dernier repère connu sur la côte africaine.

Eanes (Antonio Dos Santos Ramalho) 1935 Général et homme politique portugais, président de la République de 1976 à 1986.

E.A.O. Sigle de *enseignement assisté par ordinateur.*

Éaque MYTH. GR. Fils de Zeus et roi de l'île d'Égine ; sa sagesse lui valut d'être nommé juge suprême des Enfers.

East Anglia Région naturelle et historique de Grande-Bretagne, au nord-est de Londres, dont les marais ont été drainés, ce qui en fait une des plus importantes régions céréalières d'Angleterre.

Eastman (George) 1854-1932 Inventeur américain. Il perfectionna les pellicules photographiques et fonda en 1892 la Eastman Kodak Company.

Eastwood (Clint) 1930 Acteur (interprète emblématique de *L'Inspecteur Harry*, 1971) et réalisateur américain ; sa présence écrasante, presque muette parfois, donne un sens étrange aux plus classiques films d'aventure. Son talent de réalisateur marque des œuvres lourdes d'émotion (*Sur la route de Madison*, 1995).

• **eau** n. f. **I.** Substance liquide incolore, inodore et sans saveur à l'état pur, de symbole chimique H_2O. *Eau dure*, très calcaire. *Eau douce*, non salée. *Eau gazeuse*, qui contient du dioyde de carbone dissous, par oppos. à *eau plate*. / *Eaux usées*, souillées. / *Eau de vaisselle*, dans laquelle on a lavé la vaisselle. Fig., fam. *C'est de l'eau de vaisselle* : se dit d'une soupe, d'une sauce, aqueuse et insipide, d'une boisson sans goût. / RELIG. *Eau baptismale, bénite, consacrée*. / CONSTR. *Mettre hors d'eau (un bâtiment)* : en terminer la couverture, en assurer l'étanchéité. / BOT. *Eau de végétation*, contenue dans les plantes. / CHIM. *Eau lourde* : oxyde de deutérium (D_2O). **II.** Toute

EAU

L'eau est l'élément le plus abondant que l'on trouve à la surface de la Terre. Il se rencontre dans les trois états de la matière : gazeux, liquide, solide. À la pression atmosphérique normale (1013,25 hPa), la température de l'ébullition de l'eau détermine le 100° de l'échelle Celsius, et celle de la glace fondante, celui du 0°. Dans le système solaire, l'eau, rare ou abondante, est présente sous forme liquide ou solide dans les comètes, dans certains satellites des planètes géantes et dans les anneaux de ces planètes. Sur la Terre (plus de *510 milliards de km²*), les eaux maritimes et océaniques représentent 74 % de cette surface (97 % du volume total d'eau). Sur les 3 % qui restent, l'eau douce propre à la consommation compte pour 2 % et seule une infime partie, constituée par les fleuves, les lacs, les rivières et les nappes phréatiques, en est exploitable. Le solde (1 %) est contenu sous forme de vapeur d'eau dans l'atmosphère.

Par nature, l'eau est le principal facteur de vie, mais, devenue un élément quotidien de notre environnement, sa présence familière oblitère le rôle primordial qu'elle joue dans ses interactions avec la biosphère et la lithosphère, qu'elle contribue à modifier journellement. Bien qu'en apparence inépuisables, grâce au cycle de l'eau, ces ressources sont inégalement réparties selon les régions et selon les saisons. La question de l'eau, considérée sous le seul aspect des ressources et de l'approvisionnement, constitue, pour un grand nombre de nations, un problème majeur. La croissance démographique engendre, d'une part, un développement des surfaces cultivables, donc de leur irrigation, et d'autre part un développement industriel, lié à une consommation domestique en continuelle progression. Ces facteurs suscitent la recherche de nouvelles sources d'eau, ce qui contribue à l'épuisement du volume d'eau potable naturellement existant. La communauté internationale a pris conscience du risque de pénurie qu'encourra la population lorsque celle-ci atteindra 7,5 milliards d'individus (sans doute vers 2025).

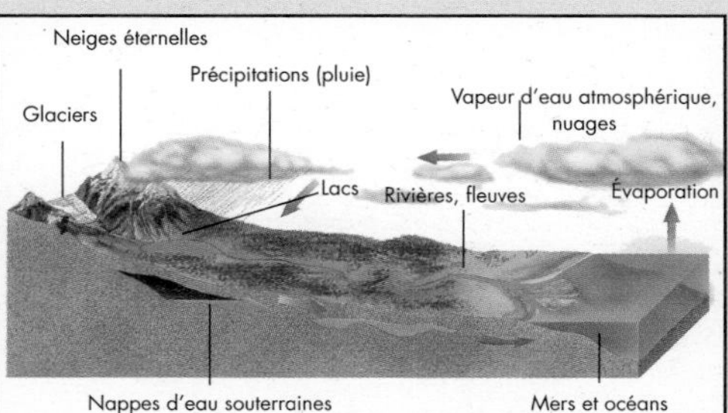

Représentation schématique du cycle de l'eau.

Un certain nombre de dispositions ont été prises pour sauvegarder les ressources en eau : utilisation optimale des techniques modernes d'irrigation ; mise au point d'un programme de dépollution des eaux douces par la création d'usines de retraitement des eaux usées et de bassins d'épandage (en Namibie, la capitale, Windhoek, recycle en les rendant potables plus de 30 % de ses eaux usées). Certains États (notamment la Libye, dont le territoire est en zone aride) se sont lancés dans de vastes projets hydrauliques lorsque les ressources hydriques étaient insuffisantes ou trop irrégulières ; d'autres (Arabie Saoudite, Émirats arabes unis, Koweït) ont recours au dessalement de l'eau de mer ; d'autres encore (la Grèce, pour alimenter en eau ses îles voisines ; la Turquie, pour alimenter le nord de Chypre) transportent l'eau dans des sacs remorqués à la surface de la mer.

étendue, toute masse plus ou moins importante de ce liquide (mer, lac, fleuve, étang…). / *Hautes eaux et basses eaux*: marées haute et basse; niveau le plus haut ou le plus bas d'un cours d'eau. / MAR. *Faire eau*: prendre l'eau accidentellement, en parlant d'un navire. / Dr *Eaux territoriales*: zone longeant les côtes et délimitée par une ligne valant comme frontière maritime d'un État. / *Grandes eaux*: aménagement des bassins avec des eaux jaillissantes; ces eaux jaillissantes elles-mêmes. / ADMIN. *Eaux et Forêts*: les cours d'eau, les lacs et les bois considérés comme entités administratives faisant l'objet d'une législation et d'une surveillance étatiques. **III.** Au pl., en locution Eaux qui ont des vertus curatives, que l'on utilise en les buvant ou en s'y baignant. *Prendre les eaux. Ville d'eaux. Aller aux eaux*, dans une ville d'eaux pour s'y soigner. / (Au sing.) *Eau minérale*: eau de source naturelle contenant des sels minéraux en dissolution. *Eau thermale*, qui a des vertus curatives. **IV.** Préparation aqueuse, alcoolisée ou non, diversement élaborée et utilisée. *Eau de Javel*: solution de chlorure et d'hypochlorite de sodium servant de désinfectant, de décolorant. *Eau oxygénée*: solution aqueuse de bioxyde d'hydrogène à forte action antiseptique. *Eau de Cologne, eau de toilette. Eau de rose, eau de fleur d'oranger. Eau de Seltz*: eau contenant du gaz carbonique dissous et sous pression, utilisée comme boisson. V. Sécrétion aqueuse du corps humain (sueur, salive, larmes). *Être en eau*, en sueur. / (Au plur.) PHYSIOL. Liquide amniotique. *Perdre les eaux.* **VI.** Pureté des pierres précieuses et des perles. *Un diamant d'une belle eau.* / loc. adj., fig. *De la plus belle eau*: parfait dans son genre. *Un escroc de la plus belle eau.*

eau-de-vie n. f. Boisson alcoolique obtenue par distillation du jus fermenté de fruits ou de céréales. Pl. Des *eaux-de-vie*.

eau-forte n. f. Nom courant de l'acide nitrique. / BX-ARTS Estampe tirée sur une planche gravée à l'acide nitrique. / Cette technique de gravure. Pl. Des *eaux-fortes*.

eaux-vannes n. f. pl. Eaux de vidange (W-C, bassins de vidange) dont le rejet dans l'environnement est réglementé.

ébahi, e adj. Stupéfait, éberlué. *Sourire ébahi.*

ébahissement n. m. État ébahi, stupéfaction.

ébarbage n. m. Action d'ébarber; son résultat.

ébarber v. t. [1] Enlever les barbes de (qqch.). *Ébarber de l'orge. Ébarber un métal.*

ébats n. m. pl. Gestes, mouvements de qqn qui s'ébat, de personnes qui s'ébattent. *Ébats amoureux.*

ébattre (s') v. pron. [3] Bouger librement.

ébaubi, e adj. Vieilli Très étonné et, en même temps, admiratif.

ébaubir (s') v. pron. [2] Vieilli Éprouver à la fois de l'étonnement et de l'admiration.

ébauche n. f. Première forme donnée à un ouvrage, première esquisse d'une œuvre d'art. / Fig. Commencement. *L'ébauche d'un sourire.*

ébaucher v. t. [1] Donner une ébauche à (un ouvrage). *Ébaucher un portrait.* / Esquisser, commencer à faire (qqch.). *Ébaucher un mouvement.*

ébénacées n. f. pl. BOT. Famille de plantes dicotylédones des régions tropicales comprenant des arbres à bois dur.

ébène n. f. Bois de l'ébénier, noir, dur et lourd, utilisé en ébénisterie. / Fig. *Noir d'ébène*, d'un noir éclatant. / *Bois d'ébène*: nom autrefois donné aux esclaves noirs par les négriers.

*L'**Èbre** à Tortosa, en Catalogne, peu avant qu'il ne se jette dans la Méditerranée.*

ébénier n. m. BOT. Arbre des régions tropicales, de la famille des ébénacées, qui fournit l'ébène. / *Faux ébénier*: cytise.

ébéniste n. Artisan spécialisé dans la fabrication des meubles de luxe en utilisant la technique du placage (d'ébène à l'origine), la restauration des meubles anciens et le travail des bois précieux. / Ouvrier, artisan qui fabrique des meubles.

ébénisterie n. f. Art, profession de l'ébéniste.

Eberhardt (Isabelle) 1877-1904 Écrivain français d'origine russe. Journaliste (à *La Dépêche algérienne* notamment), elle mena une vie aventureuse, se convertit à l'islam et épousa un sous-officier algérien. Ses écrits, qui témoignent de son combat pour les humbles, ont été publiés après sa mort accidentelle au cours de l'inondation d'Aïn Sefra (*Dans l'ombre chaude de l'Islam*, 1906).

éberluer v. t. [1] Vieilli Ébahir. (Au part. passé) *Regard éberlué*, stupéfait.

Ebert (Friedrich) 1871-1925 Homme politique allemand. Leader du parti socialiste en 1913, il vota les crédits de guerre en 1914. Chancelier en novembre 1918, président du Reich (1919-1925), il écrasa en 1919 le mouvement spartakiste de Rosa Luxemburg.

ébionite n. et adj. RELIG. Membre d'un des groupes hétérodoxes judéo-chrétiens des premiers siècles qui vivaient selon la loi mosaïque, ne reconnaissaient en Jésus qu'un homme et rejetaient saint Paul. / adj. *Secte ébionite.*

Ebla Royaume et cité proche d'Alep (Syrie); le royaume fut puissant au IIIe millénaire av. J.-C. avant de disparaître définitivement vers 1650. Les fouilles ont livré des milliers de tablettes cunéiformes.

éblouir v. t. [2] Aveugler momentanément par un éclat trop intense. *Être ébloui par les phares d'une voiture.* / Fig. Impressionner vivement par des qualités réelles ou supposées. *Il a ébloui l'assistance par son érudition. Se laisser éblouir par de beaux discours.*

éblouissant, e adj. Qui éblouit. *Phares éblouissants.* Au fig. Étonnant, remarquable. *Virtuosité éblouissante.*

éblouissement n. m. Trouble passager de la vue provoqué par un éclat trop vif. / Fig. Émerveillement. / MÉD. Trouble de la vue dû à des causes internes et accompagné d'étourdissements.

Ebola (virus) Virus originaire d'Afrique, responsable d'une maladie contagieuse grave qui se caractérise par de la fièvre et des hémorragies.

ébonite n. f. Caoutchouc mélangé à plus de 30 % de soufre et durci par vulcanisation, qui est un très bon isolant électrique.

éborgnage n. m. En horticulture, action de supprimer les yeux, les bourgeons inutiles d'un arbre fruitier.

éborgner v. t. [1] Rendre (qqn) borgne. / En horticulture, pratiquer un éborgnage sur (un arbre fruitier). / v. pron. Se crever un œil.

Éboué (Félix) 1884-1944 Haut fonctionnaire français, administrateur des colonies. Premier gouverneur noir (Guadeloupe, 1936; Tchad, 1938), il fut également un des premiers à décider le ralliement du territoire dont il avait alors la charge, le Tchad, à la France libre en août 1940. Il devint ainsi le gouverneur général de l'Afrique-Équatoriale française.

éboueur n. m. Employé chargé de l'enlèvement des ordures ménagères.

ébouillanter v. t. [1] Arroser (qqn, qqch.) d'eau bouillante, ou l'y tremper. / v. pron. Se brûler avec de l'eau bouillante.

éboulement n. m. Fait de s'ébouler. *Un éboulement de pierres.* / Éboulis.

ébouler v. t. [1] Provoquer l'affaissement, l'effondrement de (qqch.). *Ébouler un mur.* / v. pron. S'affaisser, s'effondrer. *La muraille s'éboule.*

éboulis n. m. Matériau détritique résultant de l'accumulation de pierres détachées des pentes rocheuses.

ébouriffant, e adj. Fam. Extraordinaire, renversant.

ébouriffé, e adj. (En parlant des cheveux) Hirsute, en désordre. / Par ext. *Une tête toute ébouriffée.*

ébrancher v. t. [1] Dépouiller (un arbre) de ses branches.

ébranlement n. m. Oscillation due à une ou plusieurs secousses ou consécutive à un choc. / Fig. Menace d'effondrement. *L'ébranlement de la monarchie.*

ébranler v. t. [1] Mettre en mouvement, en branle; faire osciller, vibrer. / Par ext. Menacer l'équilibre, la résistance de (qqch.). *Ébranler une quille sans la faire tomber.* Au fig. *Les derniers événements ont ébranlé le régime.* / Fig. Affaiblir (des idées, des sentiments) en suscitant le doute. *Son repentir a ébranlé la résolution de ses juges.* / v. pron. Se mettre en mouvement. *Le troupeau s'ébranle.*

ébrasure n. f. ou **ébrasement** n. m. ARCHIT. Biais pratiqué dans l'encadrement d'une baie, pour faciliter le jeu des battants ou pour un gain de lumière.

Èbre (l') *930 km* Fleuve d'Espagne. Né dans les monts Cantabriques, il traverse le pays d'ouest en est et se jette dans la Méditerranée. Il fournit une partie importante de l'énergie hydroélectrique de l'Espagne et irrigue de nombreuses régions.

ébrécher v. t. [1] Faire une brèche sur le bord de (un objet). *Ébrécher un bol.* / Fig. fam. Détériorer, porter atteinte à (qqch.). *Ébrécher une réputation.*

ébréchure n. f. Légère cassure sur le bord d'un objet.

ébriété n. f. Ivresse.

Ébroïn ?-v. 651 Maire du palais de Neustrie et de Bourgogne, il lutta victorieusement contre Pépin de Herstal mais fut assassiné.

ébrouement n. m. Éternuement bruyant du cheval et de certains animaux.

ébrouer (s') v. pron. [1] (En parlant d'un animal) Souffler en faisant vibrer ses naseaux. / Par ext. *Un chien qui s'ébroue au sortir de l'eau*, qui se secoue avec vigueur pour se sécher.

ébruitement n. m. Action d'ébruiter; son résultat.

ébruiter v. t. [1] Rendre public; divulguer.

ébulliométrie n. f. PHYS. Technique qui permet de mesurer le point d'ébullition d'une solution diluée.

ébullioscopie n. f. PHYS. Ensemble des méthodes qui permettent de mesurer l'élévation du point d'ébullition d'un solvant, lorsque la concentration du soluté qui y est dissout varie.

ébullition n. f. État d'un liquide qui bout. / Passage d'un liquide à l'état gazeux. *Atteindre le point d'ébullition.* / Fig. *Être en ébullition*, en effervescence.

éburnéen, enne adj. Didac. Qui a l'aspect de l'ivoire.

Éburons Peuple germanique établi entre le Rhin et la Meuse. Il fut presque totalement exterminé par Jules César.

écaillage n. m. Action d'écailler. / Défaut des peintures ou des vernis qui se détachent par plaques.

écaille n. f. ZOOL. Chacune des minces plaques, imbriquées ou juxtaposées, qui recouvrent la peau de certains animaux, notam. les poissons et les reptiles. / Matière cornée tirée des carapaces de tortue, employée à la confection d'objets variés (peignes, montures de lunettes, etc.). / Vx Chacune des valves de certains mollusques (huîtres, moules). / Parcelle qui se détache en plaques minces. *Des écailles de peinture.* / BOT. Chacune des lames imbriquées servant de feuilles à certains organes végétaux (bourgeon, bulbe, rhizome). / Chacune des lamelles de métal qui composaient certaines armures.

écailler [1] v. t. [1] Enlever les écailles

***Écailles** cycloïdes, propres à certains poissons osseux (actinoptérygiens notam.).*

de. *Écailler un poisson.* / Ouvrir (un coquillage). *Écailler une huître.* / v. pron. Se détacher par plaques. *Une peinture qui s'écaille.*
écailler, ère [2] n. Personne qui vend et ouvre des huîtres et des fruits de mer.
écale n. f. Enveloppe dure de certains fruits (noix, noisettes, amandes).
écaler v. t. [1] Enlever l'écale de. *Écaler des noix.*
écarlate n. f. et adj. Colorant d'un rouge intense, extrait d'un insecte, la cochenille. / Vx Étoffe rouge. / adj. Rouge vif.
écarquiller v. t. [1] *Écarquiller les yeux,* les ouvrir en grand, d'étonnement, d'admiration.
écart n. m. Distance, espace entre deux points. / Variation, différence quantitative. *Écarts de température.* / Différence entre deux grandeurs (ou deux valeurs) dont l'une est une moyenne ou une grandeur de référence. / STAT. *Écart type*: racine carrée de la variance. / ÉCON. *Écart d'inflation*: différentiel d'inflation. / ADMIN. Hameau rattaché à une commune, mais qui en est éloigné. / Action de s'écarter. *Cheval qui fait un écart.* / Fig. Fait de déroger à une norme, à une règle. *Écart de langage, de conduite.* / *Grand écart*: exercice de danse consistant à écarter les jambes d'avant en arrière, ou latéralement, les cuisses devant toucher le sol.
écarté n. m. Jeu de cartes se jouant le plus souvent à deux, avec 32 cartes.
écartelé, e adj. Déchiré, partagé entre deux possibilités. *Un homme écartelé entre son désir et son devoir.*
écartèlement n. m. Supplice ancien qui consistait à disloquer complètement un condamné en lui arrachant les membres, tirés par quatre chevaux.
écarteler v. t. [1] Faire subir à (qqn) le supplice de l'écartèlement.
écartement n. m. Fait d'écarter, de s'écarter. / État de ce qui est écarté. / Distance qui sépare une chose d'une autre.
écarter v. t. / v. pron. [1] **A.** Éloigner l'un de l'autre, les uns des autres (des parties d'un tout). *Écarter les bras.* / Éloigner en séparant, en mettant à distance. *Écarter un enfant du bord du trottoir.* Au fig. *Écarter un candidat,* rejeter sa candidature. / Détourner (qqch., qqn) de son but. *La menace est écartée. B.* v. pron. Se séparer, se diviser. *La foule s'écarta pour laisser passer les secours.* / Se détourner. *S'écarter du droit chemin, de son propos.*
écarteur n. m. CHIR. Instrument servant à écarter les bords d'une incision, des plans musculaires, etc. / Dans les courses landaises, homme qui provoque l'animal et l'évite en faisant un écart.

ecballium n. m. BOT. Plante de la famille des cucurbitacées croissant dans les lieux incultes dont le fruit, à maturité, éclate en expulsant les graines.
Ecbatane (aujourd'hui *Hamadan*, en Iran) Ancienne capitale de la Médie, puis de la Perse, dont il ne reste rien; elle ne nous est connue que par les textes.
ecce homo n. m. inv. (mots latins, prononcés par Pilate: en français, « voici l'homme ») BX-ARTS Représentation du Christ couronné d'épines après la flagellation, tel qu'il fut montré à la foule dans le prétoire de Pilate.
ecchymose n. f. Poche de sang sous-cutanée consécutive à une contusion ou une fracture, qui donne à l'épiderme une coloration bleuâtre, d'où son appellation courante de *bleu.*
ecclésial, ale, aux adj. Propre ou relatif à l'Église, communauté des chrétiens.
ecclésiologie n. f. Didac. Étude de l'histoire des Églises chrétiennes.
Ecclésiaste (l') Livre de la Bible (sans doute IIIᵉ siècle av. J.-C.). En hébreu, il se nomme Qôhéléth (celui qui prend la parole en public), Qôhéléth étant traditionnellement identifié à Salomon. Désenchanté, le livre dénonce la vanité du bonheur humain.
ecclésiastique adj. et n. m. Propre ou relatif à l'Église, au clergé. / n. m. Membre du clergé.
Ecclésiastique (l') Livre deutérocanonique de la Bible, également nommé Sagesse de Sirach, ou Sagesse de Jésus, fils de Sirach, d'où son autre nom de *Siracide.* C'est la traduction grecque (v. 130 av. J.-C.) d'un original hébreu de la fin du IIᵉ siècle.
écervelé, e adj. Étourdi; qui manque de prudence, de réflexion.
E.C.G. Sigle de *électrocardiogramme.*
échafaud n. m. Plate-forme élevée pour l'exposition et l'exécution des condamnés. / Peine de mort par décapitation.
échafaudage n. m. Charpente de bois ou de fer provisoire, destinée à la construction, la réparation ou le ravalement des bâtiments. / Fig. Entassement d'objets les uns sur les autres. / Ensemble de raisonnements ou d'arguments disparates et peu convaincants. / Élaboration progressive. *Échafaudage d'un système.*
échafauder v. i. / **v.** t. [1] Dresser un échafaudage. / v. t. Dresser (qqch. en échafaudage). Au fig. *Échafauder des théories.*
échalas n. m. Perche plantée en terre, ou long tuteur, servant à soutenir un cep de vigne ou un jeune arbre trop faible. / Fig. Personnage grand et maigre.

***Échange** de marchandises.*

échalote n. f. Plante potagère de la famille des liliacées, voisine de l'oignon, dont les petits bulbes sont utilisés comme condiment.
échancré, e adj. Profondément découpé, largement ouvert. *Rivage échancré. Col échancré,* ouvert sur la poitrine. *Corsage échancré,* décolleté.
échancrer v. t. [1] Creuser, découper le bord de. *Échancrer le col d'une robe.*
échancrure n. f. Découpure dans le tissu d'un vêtement, dans une paroi. / Avancée de la mer à l'intérieur d'une côte.
échange n. m. Fait d'échanger, de céder un objet contre un autre. / ÉCON. Opération commerciale. *Échanges internationaux.* / Fait de s'adresser réciproquement telle ou telle chose. *Échange de lettres, de vues, de sourires.* / PHYS. Opération qui, pour un système constitué de deux particules identiques, consiste à effectuer la substitution idéale de l'une par l'autre. / BIOL. Transfert et circulation de substances entre l'organisme, la cellule et le milieu extérieur. *Échanges gazeux respiratoires.* / SPORT *Échange de balles*: échauffement avant une partie ou un match, dans les jeux de balle.
échanger v. t. [1] Céder (qqch.) pour recevoir (qqch. d'autre). *Échanger des biens contre des services.* / S'adresser, se communiquer mutuellement. *Échanger des nouvelles. Échanger des baisers, un salut, des coups. Échanger des balles,* au tennis, au ping-pong.
échangeur n. m. TECHN. *Échangeur de chaleur*: appareil utilisé pour transférer une certaine quantité de chaleur d'un fluide à un autre. / CHIM. *Échangeur d'ions*: composé chimique ionique qui retient certains ions d'une solution, par échange avec ses propres ions. *Les échangeurs d'ions sont notamment employés pour l'adoucissement des eaux, les ions calcium et magnésium de l'eau étant remplacés par les ions sodium de l'échangeur.* / TRAV. PUBL. Dispositif routier à plusieurs niveaux permettant aux automobilistes de passer d'une route à une autre sans rencontrer d'intersection leur imposant un arrêt. *Un échangeur autoroutier.*
échangisme n. m. Théorie économique privilégiant l'échange dans l'analyse économique, par rapport à la production et à la consommation. / Pratique sexuelle consistant à changer librement de partenaires, le temps d'une soirée.
échangiste n. Personne qui effectue un échange de biens. / Personne qui pratique l'échangisme sexuel.
échanson n. m. Anc. Officier qui avait la responsabilité de servir le vin à un personnage important ou au roi lui-même.
échantillon n. m. Portion d'une marchandise servant à en faire apprécier la qualité. *Un échantillon de tissu.* / Fig. Aperçu. *Donner un échantillon de son savoir-faire.* / MAR. Relevé de la dimension des différentes pièces employées dans la structure d'un bateau. / STAT. Fraction représentative d'une population donnée. Syn. panel.
échantillonnage n. m. Ensemble d'échantillons. *Un échantillonnage de tissus.* / STAT. Choix d'un échantillon pour une enquête par sondage. *Échantillonnage empirique,* au hasard.
échantillonner v. t. [1] Prélever des échantillons dans. / *Échantillonner des peaux,* les rogner sur les bords pour en égaliser les formes. / STAT. Choisir un échantillon dans (une population).

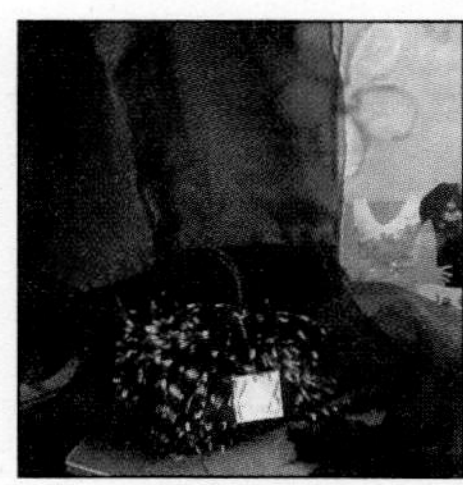

*Une **écharpe**.*

échappatoire n. f. Procédé habile pour se tirer d'une situation difficile.
échappée n. f. Champ de vision compris dans un espace limité. / Espace ménagé pour permettre le passage. / SPORT Fait de distancer ses concurrents, dans une course cycliste. / ARCHIT. Distance comprise entre les marches et la voûte d'un escalier.
échappement n. m. MÉCAN. Évacuation des gaz après combustion, ou de la vapeur d'un moteur à explosion ou à vapeur. *Pot d'échappement.* / Mécanisme oscillant d'horlogerie régularisant le mouvement des montres, des pendules.
échapper v. i. / v. pron. [1] **A.** v. t. Cesser d'être tenu, retenu par. *La vaisselle m'a échappé des mains. Laisser (qqch., qqn) échapper*: être incapable de retenir qqch., qqn. *Laisser échapper un mot. Le gardien a laissé échapper un prisonnier.* / *Échapper à*: être, se tenir hors de portée de. *Un phénomène qui échappe à notre perception sensorielle. Un bandit qui échappe à la police.* Éviter (qqch.). *Échapper à un danger.* / Fig. *Cette occasion nous a échappé,* n'est plus à notre portée, est perdue. *Votre nom m'échappe,* je ne m'en souviens plus. *Un cri de douleur m'a échappé,* je l'ai émis involontairement. **B.** v. pron. S'enfuir. *Le prisonnier s'est échappé.* (Par ext.) Partir discrètement, s'éclipser. *Je me suis échappé avant la fin de la réunion.* / (En parlant de choses) S'évacuer, fuir. *L'eau s'échappe par une canalisation. De la vapeur s'échappe de la bouilloire.*
écharde n. f. Éclat de bois (ou de tout autre matière, métal notamment) entré par accident sous l'épiderme.
écharnage n. m. TECHN. Action d'écharner les peaux.
écharner v. t. [1] TECHN. Débarrasser (une peau) de sa chair avant tannage.
écharpe n. f. Bande de tissu portée autour du cou. / Long morceau de tissu porté en bandoulière ou à la taille comme insigne de certaines fonctions (maire, député). / MÉD. Bandage soutenant un bras blessé ou fracturé. *Porter un bras en écharpe.* / ARCHIT. Pièce de bois ou de métal placée en diagonale sur une charpente pour en prévenir la déformation.
écharper v. t. [1] Blesser profondément (qqn) avec un instrument tranchant. *Écharper un ennemi d'un coup de sabre.* / Massacrer (qqn). *Se faire écharper par un fauve.* / Fig. *Un spectacle qui se fait écharper par la critique.*
échasse n. f. Chacun des deux longs bâtons, munis d'étriers pour poser les pieds, servant à marcher dans les terrains difficiles (marais) à une certaine hauteur au-dessus du sol. / ZOOL. Oiseau de l'ordre des charadriiformes, à pattes très longues, à plumage noir et blanc, au bec allongé, qui vit notam. dans les marécages.

Échassier : *la grue couronnée.*

échassiers n. m. pl. ZOOL. Groupe d'oiseaux caractérisés par leurs longues pattes, leur long bec et leurs mœurs essentiellement aquatiques. *Les échassiers, qui regroupent des charadriiformes, des ciconiiformes et des gruiformes, ne constituent pas un groupe monophylétique et l'on n'utilise plus aujourd'hui le terme comme unité de classification.* / Sing. *Le héron est un échassier.*

échaudé, e adj. Qui a souffert d'une chaleur trop forte. *Blé échaudé*, dont les grains flétris ne donnent que peu de farine.

échauder v. t. [1] Jeter de l'eau très chaude sur ; plonger dans l'eau très chaude ou bouillante. *On échaude un cochon pour le débarrasser plus facilement de son poil.* / Brûler avec un liquide très chaud. / Fig. *Être échaudé* : être déçu ; avoir subi un mécompte. *Chat échaudé craint l'eau froide* : on craint même l'apparence de ce qui a nui.

échauffement n. m. Accroissement de chaleur. / AGRIC. Fermentation des céréales ou des farines, due à la chaleur. / MÉCAN. Élévation anormale de la température de certaines pièces mécaniques en mouvement. / SPORT Entraînement destiné à assouplir les muscles et les articulations avant un exercice sportif.

échauffer v. t. / v. pron. [1] **A.** v. t. Rendre (qqch.) chaud, plus chaud. *Échauffer une surface par frottement. Échauffer ses muscles en faisant de l'exercice.* / Fig. Exciter. *L'alcool avait échauffé les esprits.* Loc. fam. *Échauffer la bile, les oreilles de qqn*, l'irriter. **B.** v. pron. SPORT. Faire des exercices d'échauffement. *Coureur qui s'échauffe avant une course.* / Fig. S'animer, s'exciter. *Les esprits s'échauffent.*

échauffourée n. f. Combat bref, imprévu et sans gravité.

échauguette n. f. ARCHIT. Guérite construite en encorbellement sur une muraille et permettant à une sentinelle de faire le guet.

èche, esche ou **aiche** n. f. Appât fixé à l'hameçon.

échéance n. f. Date limite à laquelle une dette doit être payée, ou une obligation exécutée. / Temps qui sépare la date d'un engagement de celle de son exécution.

échéancier n. m. Livre qui répertorie échéance par échéance les effets à payer ou à recevoir. / Par ext. Ensemble de délais à respecter.

échéant, e adj. Qui échoit. *Effet échéant.* / Loc. adv. *Le cas échéant* : à l'occasion.

échec n. m. Insuccès, revers. / JEU Aux échecs, position du roi ou de la reine, dans une case battue par une pièce adverse. *Échec et mat* : coup final d'une partie qui intervient quand un des adversaires ne peut plus sauver son roi. / (Au plur.) *Échecs* : jeu qui se joue à deux sur un échiquier de 64 cases au moyen de diverses pièces (roi, reine, tours, cavaliers, fous, pions) et dont le but est de capturer le roi adverse (« échec et mat »).

échelle n. f. Appareil formé de deux montants reliés par des barreaux ou échelons, utilisé pour monter et descendre. *Échelle de meunier* : voir *meunier*. / GÉOGR. Rapport entre les distances portées sur une carte ou un plan et leur valeur réelle. *Représentation d'une région à grande, à petite échelle. Dans une carte à l'échelle de 1 / 200 000ᵉ, 1 cm = 2 km.* / Graduation marquée sur un appareil de mesure indicateur. *Échelle de Beaufort*, mesurant la force du vent. / PHYS. *Échelle de température* : échelle définie en établissant arbitrairement une correspondance bijective entre la mesure d'une grandeur physique (propriété thermométrique) et l'ensemble des nombres réels (ces nombres sont alors les valeurs des températures repérées sur l'échelle choisie). / MATH. Droite sur laquelle est portée une graduation ou une suite de points à chacun desquels est associée une valeur numérique ; le système est lié à la notion de repérage impliquant de définir une origine, une unité de mesure et un sens positif du déplacement. / PHYS. Suite homogène de points de comparaison fixée de manière conventionnelle, qui permet de mesurer l'intensité d'un phénomène ; sur la base de cette différence, on parle d'échelle thermométrique, de dureté, de pression, etc. / Ordre de grandeur, comparaison. *À l'échelle humaine.* / Suite progressive ou continue, établissant une hiérarchie, en particulier, indexation des salaires sur l'indice des prix de détail. *L'échelle sociale.* / ÉCON. *Échelle mobile* : variation automatique d'un prix en fonction d'un indice. / *Échelle musicale* : suite des sons du plus grave au plus aigu. / *Échelle à poissons* : dispositif permettant aux poissons qui remontent les fleuves de franchir les barrages. / (Au plur.) Anc. Ports de commerce établis dès le XVIᵉ siècle sur la côte orientale de la Méditerranée et en Afrique du Nord par les marchands chrétiens. *Les Échelles du Levant.*

échelon n. m. Chacune des barres transversales d'une échelle. / Degré d'avancement, pour un fonctionnaire. / Niveau, degré. *À l'échelon du commandement.* / MILIT. Chaque élément d'une troupe disposée en profondeur, le premier échelon étant le plus proche de l'ennemi. *Échelon aéroporté.*

échelonnement n. m. Action d'échelonner ; son résultat. *Échelonnement d'une dette*, son étalement.

échelonner v. t. [1] MILIT. Disposer (des troupes) par échelon. / Fig. Répéter (un processus) à échelons, à intervalles réguliers. *Échelonner un paiement.*

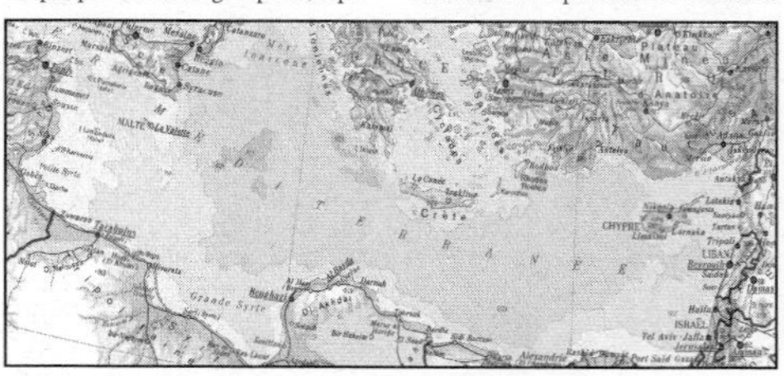

*Carte de la Méditerranée orientale à l'**échelle** 1/12 000 000ᵉ.*

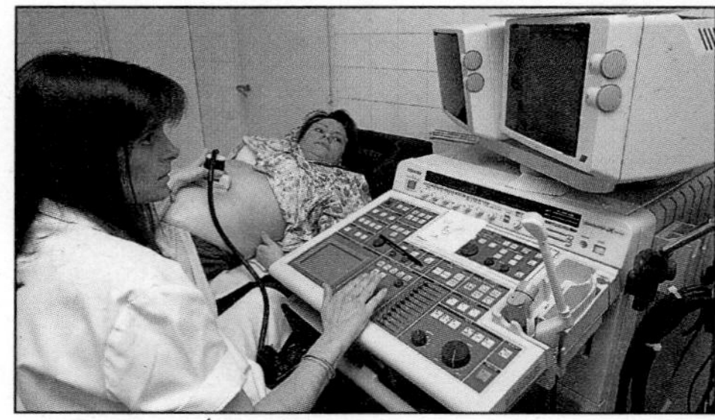

***Échographie** en gynécologie-obstétrique.*

écheniller v. t. [1] Ôter les chenilles de (un arbre). / Fig. Ôter ce qui est inutile ; élaguer. *Écheniller un texte.*

écheveau n. m. Long fil d'une matière textile quelconque, enroulé en cercle ou replié sur lui-même. / Fig. Ce qui est complexe, embrouillé.

échevelé, e adj. Dont la chevelure est en désordre. / Fig. Effréné. *Une course échevelée.*

échevin n. m. HIST. En France, sous l'Ancien Régime, magistrat municipal élu parmi les notables ou nommé par le roi ou le seigneur. / Mod. En Belgique, aux Pays-Bas, adjoint du bourgmestre.

échevinage n. m. Fonction d'échevin ; temps pendant lequel est exercée cette fonction. / Corps des échevins ; ressort de leur juridiction. / Mode d'organisation de certaines juridictions associant des magistrats professionnels à des personnalités représentatives d'un métier en relation avec la chose jugée, ou qui ont compétence pour connaître de cette chose jugée.

Échidna MYTH. GR. Femme-serpent (*la Vipère*), épouse de Typhon, qui engendra des monstres : la Chimère, le Sphinx, Cerbère, l'Hydre de Lerne.

échidné n. m. ZOOL. Mammifère monotrème ovipare, insectivore, fouisseur, d'Australie et de Nouvelle-Guinée, à bec corné et au corps couvert de piquants (son aspect rappelle celui du hérisson).

échine n. f. Colonne vertébrale (de l'homme et de certains animaux). / ARCHIT. Moulure arrondie du chapiteau dorique. / BOUCH. Partie du bœuf comprenant l'aloyau et l'ensemble des côtes.

échiner (s') v. pron. [1] Fam. Faire beaucoup d'efforts pour parvenir à ses fins. *S'échiner à l'entraînement.* Au fig. *S'échiner à convaincre qqn.*

échinidés n. m. pl. Classe d'échinodermes à test globuleux garni de piquants. *Les oursins sont des échinidés.*

échinococcose n. f. MÉD. Parasitose due à l'échinocoque.

échinocoque n. m. ZOOL. Ténia parasite, à l'état adulte, de l'intestin du renard, du chien, etc. et dont la larve peut accidentellement contaminer l'homme.

échinodermes n. m. ZOOL. Embranchement d'animaux marins deutérostomiens invertébrés, à symétrie rayonnée d'ordre 5, à squelette calcaire interne, souvent munis de piquants, comprenant les oursins, les astéries, les ophiures, les holothuries, les crinoïdes.

échiquier n. m. Planche carrée divisée en 64 cases de deux couleurs alternées, sur lesquelles on dispose les pièces du jeu d'échecs. / Répartition des objets en carrés alternés. *Une plantation en échiquier.* / Fig. Lieu où se confrontent des opinions ou des intérêts divergents. *L'échiquier européen.* / *Chancelier de l'Échiquier* : en Grande-Bretagne, ministre des finances.

écho n. m. Répétition plus ou moins distincte d'un son, due à sa réflexion sur un obstacle éloigné. / ÉLECTRON. Onde électromagnétique qu'émet un radar et qui lui revient après avoir rencontré un obstacle. / *Chambre d'écho* : appareil permettant une répétition contrôlée du signal sonore. / Fig. Propos rapporté, nouvelle. / (Au plur.) *Échos d'un journal* : rubrique d'informations locales ou anecdotiques. / Réponse. *Proposition restée sans écho.*

Écho MYTH. GR. Nymphe qui favorisa les infidélités de Zeus et fut condamnée par Héra à ne plus pouvoir prononcer que les derniers sons des paroles qui lui étaient adressées.

échographie n. f. MÉD. Moyen de diagnostic reposant sur l'enregistrement des échos produits par des ultrasons lors de leur passage à travers divers milieux de l'organisme.

♦ Les ultrasons sont émis et leurs signaux reçus par l'intermédiaire d'un cristal de quartz, pour être transformés en images statiques ou dynamiques sur un écran ou sur un film photographique. Cet acte de radiologie, qui permet notamment le diagnostic de kystes et de malformations internes, est indolore et ne présente pas de dangers connus. Il est largement pratiqué en gynécologie-obstétrique (suivi de la grossesse), mais aussi en cardiologie, angiologie, ophtalmologie, hépatologie, etc.

échoir v. t. ind. / v. i. [3] (v. défectif qui ne se conjugue qu'à la troisième personne,

Éclairs *lors d'un orage nocturne.*

à l'infinitif, au participe présent *échéant* et passé *échu*) Être dévolu à (qqn) par le sort. *Le rôle qui lui échoit ne lui convient pas.* / v. i. Arriver à échéance. *Le premier versement est échu.*

écholalie n. f. PSYCHIATR. Répétition automatique des dernières syllabes ou mots prononcés par l'interlocuteur, observable dans certaines aphasies, et qui témoigne d'un trouble grave de l'idéation.

écholocation ou **écholocalisation** n. f. ZOOL. Mécanisme de localisation des obstacles, des proies, etc. utilisé par certains animaux (notam. les chauves-souris, les dauphins), reposant sur l'émission d'ultrasons réfléchis par les obstacles.

échoppe [1] n. f. Petite boutique fixe ou mobile, généralement construite avec des planches de bois et adossée contre un mur.

échoppe [2] n. f. TECHN. Burin de graveur.

échosondage n. m. Mesure de la profondeur des fonds sous-marins à l'aide d'un instrument (échosondeur) utilisant la réflexion des ultrasons.

échotier, ère n. Journaliste chargé des échos.

échouage ou **échouement** n. m. Action d'échouer délibérément un navire. / Situation d'un navire dont la quille touche le fond de la mer.

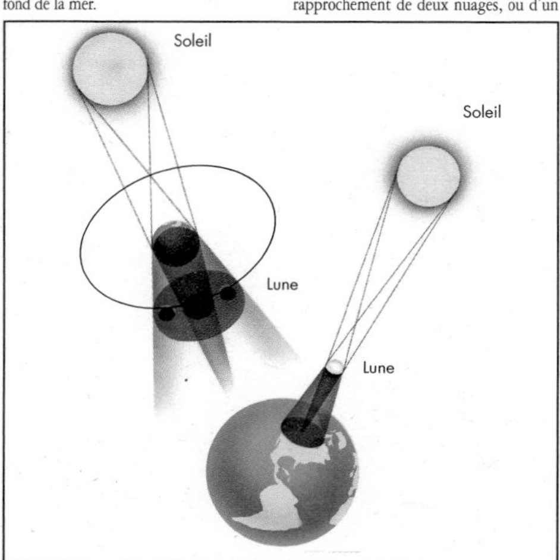

Éclipses, *partielles et totales, de Lune (à gauche) et de Soleil (à droite).*

échouer v. i. / v. t. [1] (Souvent pron.) S'immobiliser au contact d'un écueil, du rivage, en parlant d'un navire. *La barque a échoué (ou s'est échouée) sur un banc de sable.* / Fig. S'arrêter involontairement (en un lieu). *Les voyageurs ont échoué dans un hôtel vétuste.* / Ne pas réussir; manquer, rater. *Échouer à un concours, dans une entreprise. Le plan a échoué.* / v. t. Immobiliser (un navire) sur un haut-fond, sur le rivage.

écimage n. m. AGRIC. Action d'écimer (une plante) pour forcer la croissance des ramifications; son résultat. *Écimage du tabac, du maïs.*

écimer v. t. [1] AGRIC. Couper la cime de (un végétal). *Écimer le maïs.*

Eckhart ou **Eckart (Johann,** dit **Maître)** 1260?-1327? Théologien mystique allemand. Dominicain, il eut une grande influence en Rhénanie et s'attira les foudres de l'Inquisition (certains points de sa doctrine furent condamnés en 1329, après sa mort). S'inspirant de la philosophie de Plotin, il restitue au sentiment religieux son essence mystique et à l'idée de divin son caractère ineffable. Ses disciples ont recueilli et publié ses sermons (*Livre de la consolation divine*).

Eckmühl Village de Bavière, au sud de Ratisbonne, où les Autrichiens furent battus par l'armée impériale commandée par Davout qui fut, par la suite, fait prince d'Eckmühl.

Eckmühl (phare d') Phare construit en 1892 sur la pointe de Penmarch (Finistère), à la demande de la fille du maréchal Davout..

éclabousser v. t. [1] Mouiller, salir par projection d'un liquide. *Éclabousser un convive en servant le café.* (Emploi pron.) *Jouer à s'éclabousser dans l'eau.* / Fig. Compromettre la réputation de (qqn). *Le scandale l'a éclaboussé.*

éclaboussure n. f. Matière liquide ou boueuse qui rejaillit en pluie. / Fig. Dommage subi par contrecoup.

éclair [1] n. m. Rapide éclat lumineux dû à une décharge électrique produite par le rapprochement de deux nuages, ou d'un nuage et du sol. / Toute apparition rapide et subite de lumière. *Éclair d'un flash.* / Fig. Lueur, bref éclat. *Ses yeux lancent des éclairs.* / Manifestation soudaine et brève. *Un éclair de lucidité.*

éclair [2] n. m. Gâteau de forme allongée, fait de pâte à choux, fourré de crème au café ou au chocolat, et glacé sur le dessus.

éclairage n. m. Action déclairer de manière artificielle. / Façon dont on éclaire un objet. *Éclairage indirect*, dans lequel le flux lumineux est dirigé vers une paroi qui diffuse la lumière vers l'objet à éclairer. / Dispositif, appareils donnant de la lumière.

éclairagiste n. TECHN. Spécialiste de l'éclairage artificiel, notamment dans le domaine du spectacle.

éclairant, e adj. Qui a la propriété d'éclairer. *Fusée éclairante.* / Fig. Apportant la compréhension. *Une explication éclairante.*

éclaircie n. f. Endroit du ciel découvert par temps nuageux. / Bref moment de temps clair dans une journée pluvieuse. / Dans un bois, espace où les arbres sont moins touffus.

éclaircir v. t. / v. pron. [2]. **A.** v. t. Rendre plus clair. *Éclaircir une teinte.* / Rendre moins dense ou moins sombre. *Éclaircir un sous-bois.* / Fig. Rendre plus explicite. *Éclaircir un point de droit, une tournure obscure.* **B.** v. pron. *S'éclaircir les cheveux.* Au fig. *S'éclaircir la voix*: se racler la gorge, pour la rendre plus pure.

éclaircissement n. m. Explication de ce qui est compliqué ou équivoque.

éclairé, e adj. Qui reçoit de la lumière. *Une rue éclairée.* / Fig. *Un esprit éclairé*, par les lumières de la connaissance.

éclairement n. m. Fait de recevoir de la lumière. *Éclairement du plan de travail d'une cuisine.*

éclairer v. t. [1] Répandre de la lumière sur (qqn, qqch.) ou la laisser se répandre; illuminer. *Éclairer une pièce en ouvrant les volets.* (Emploi absol.) *La lampe éclaire mal.* Au fig. *Un sourire éclaira ses traits.* / Fig. Faire comprendre, donner des éléments de compréhension (de qqch). *L'histoire éclaire souvent l'actualité. Éclairer qqn de conseils avisés.*

éclaireur [1] n. m. Soldat qui devance une troupe ou une flotte pour lui signaler les obstacles éventuels qu'elle rencontrera sur son parcours.

éclaireur, euse [2] n. Jeune garçon ou jeune fille appartenant au mouvement des Éclaireurs de France (mouvement de scouts non confessionnel), qui groupe les Éclaireurs israélites, les Éclaireurs unionistes (de sensibilité protestante), la Fédération française des éclaireuses (laïque).

éclampsie n. f. MÉD. Crise convulsive pouvant affecter les femmes dans les derniers mois de la grossesse, pendant l'accouchement ou dans les premiers jours du post-partum, qui évolue vers le coma.

éclat n. m. Petite partie d'un corps dur jaillie du bris de ce corps. *Un éclat de bois.* / Bruit violent et soudain. *Des éclats de voix, de rires.* / Lueur vive et brillante. *L'éclat d'un bijou.* / Vivacité (d'un coloris). *Éclat du teint.* / ASTRON. *Éclat absolu d'un astre*, sa luminosité absolue.

éclaté, e adj. et n. m. *Vue éclatée, dessin éclaté,* représentant dissociés les différentes parties d'un ensemble. / n. m. *L'éclaté d'un moteur.*

éclatement n. m. Cassure d'un objet en morceaux projetés. *Éclatement d'une bombe, d'un pneu.* / Fig. Dispersion.

éclater v. i. [1] Se rompre, se défaire brusquement et souvent bruyamment, en projetant des fragments; exploser. *Fruits qui éclatent en tombant. Coups de feu qui éclatent.* / Fig. Se fragmenter. *L'empire a éclaté en principautés.* / Survenir brusquement. *La crise a fini par éclater.* / Manifester bruyamment (une émotion), en parlant de qqn. *Éclater de rire, en sanglots, en injures.* / Briller intensément. / Apparaître avec évidence. *Faire éclater la vérité.* / v. pron. Fam. Prendre un grand plaisir à (une activité).

éclateur n. m. ÉLECTR. Ensemble constitué par deux électrodes et un diélectrique, qui protège de la surtension.

éclectique adj. et n. Qui procède de l'éclectisme. / PHILO Adepte, d'un adepte de l'éclectisme.

éclectisme n. m. Tendance à s'éparpiller entre différentes activités ou à pratiquer différentes disciplines. / PHILO. Système consistant à réunir et à concilier des idées empruntées à des doctrines différentes.

éclipse n. f. Disparition temporaire d'un corps céleste, provoquée par l'interposition d'un astre entre ce corps et le lieu d'observation terrestre. *On parle d'éclipse quand le phénomène intéresse la Lune et le Soleil, et d'occultation quand il s'agit d'autres astres.* / *Éclipse de Lune*, se produisant quand la Lune entre dans la zone d'ombre de la Terre. *L'éclipse de Lune est totale au moment où l'interposition de la Terre empêche toute lumière solaire de parvenir à la Lune; elle est partielle quand la Lune n'entre qu'en partie dans le cône d'ombre terrestre.* / *Éclipse de Soleil*, se produisant quand la Lune s'interpose entre la Terre et le Soleil. *L'éclipse de Soleil est totale quand le Soleil disparaît entièrement dans l'alignement Terre-Lune, et annulaire quand le disque lunaire se trouve projeté sur le Soleil, qui ne laisse plus apparaître qu'une mince couronne brillante.* / Fig. Disparition momentanée.

éclipser v. t. / v. pron. [1] **A.** v. t. ASTRON. Cacher (un astre) au cours d'une éclipse. *La Lune peut éclipser totalement le Soleil, ou bien l'éclipser partiellement.* / Fig. Attirer toute l'attention sur soi au détriment de. *Un comédien éclipse ses partenaires.* **B.** v. pron. Fam. Partir discrètement. *S'éclipser d'une soirée.*

écliptique n. m. ASTRO. Projection de la trajectoire de l'orbite de la Terre sur la sphère céleste.

éclisse n. f. Éclat allongé de bois. / MUS. Chacune des plaques de bois mince qui forment les côtés d'un instrument à cordes. / MÉD. Attelle. / CH. DE FER Plaque d'acier reliant deux rails bout à bout.

éclopé, e adj. et n. Qui marche péniblement à cause d'une blessure à la jambe. *Vieillard éclopé.* / n. *Les éclopés avaient du mal à suivre la retraite.* / adj

éclore v. i. [3] Naître d'un œuf. *Les poussins ont éclos.* / Par ext. (En parlant d'un œuf) S'ouvrir. / Par anal. S'ouvrir (en parlant d'une fleur). *Les bourgeons vont éclore.* / Fig. Se manifester. *Son talent vient d'éclore.*

écloserie n. f. En aquaculture, bassin où sont rassemblés les géniteurs, où éclosent les œufs et se développent larves et alevins.

éclosion n. f. Éclatement de l'œuf à la naissance de l'oisillon. / Moment de l'ouverture d'une fleur. / Fig. Première manifestation. *L'éclosion d'un talent.*

éclusage n. m. Utilisation d'une écluse lors de la navigation fluviale.

Écluse.

écluse n. f. Bassin artificiel servant à régulariser le débit d'un cours d'eau en un point où celui-ci change de niveau, et qui permet le passage des bateaux. (L'écluse se compose d'un bassin, ou sas, isolé des biefs supérieur et inférieur par des portes munies de vannes, servant à amener l'eau dans le sas au niveau du bief inférieur ou du bief supérieur; quand les niveaux sont égaux, la porte est ouverte pour le passage du bateau).

écluser v. t. [1] Faire passer (un bateau) par une écluse. / Fig., pop. Boire. *Écluser un godet.*

éclusier, ère n. Personne préposée à la garde, à la manœuvre d'une écluse.

ecmnésie n. f. PSYCHIATR. Confusion entre le passé et le présent.

Eco (Umberto) 1932 Écrivain italien. Universitaire, il étudie l'œuvre d'art sous un angle sémiologique. Ses romans savants (*Le Nom de la rose*, 1980; *Le Pendule de Foucault*, 1988) ont connu un grand succès, le premier d'entre eux ayant été adapté au cinéma par J.-J. Annaud en 1986. Il est également l'auteur d'ironiques chroniques sur les ridicules de la société de consommation (*Comment voyager avec un saumon*, 1998).

écobilan n. m. Bilan des incidences écologiques de la fabrication, de l'utilisation et de l'élimination d'un produit industriel.

écobuage n. m. AGRIC. Méthode de fertilisation d'une terre consistant à en arracher la végétation sauvage (ou les restes de végétation après récolte), à la brûler et à répandre la cendre.

écœurant, e adj. Qui écœure. *Une odeur écœurante.* Au fig. *Une attitude écœurante.*

écœurement n. m. État d'une personne écœurée. / Fig. Aversion, dégoût.

écœurer v. t. [1] Dégoûter, soulever le cœur de. *Ces pâtisseries m'écœurent.* Au fig. *Vous m'écœurez avec vos méthodes.*

écolâtre n. m. HIST. Au Moyen Âge, ecclésiastique dirigeant l'école attachée à une cathédrale.

école n. f. Établissement public ou privé où l'on donne un enseignement collectif dans une ou plusieurs matières. *École de langues. École de commerce.* / *École maternelle*, facultative et destinée aux enfants de trois à six ans. / *École primaire* ou *élémentaire*, obligatoire, correspondant à l'enseignement du premier degré (du cours préparatoire à l'entrée en sixième). / *Professeur des écoles*: instituteur. / *Grandes écoles*, appartenant à l'enseignement supérieur, accessibles par voie de concours (Polytechnique, École normale supérieure, École nationale d'administration, etc.). / Ce qui forme par l'expérience. *L'école de la vie.* / Ensemble de philosophes, d'hommes de lettres professant une même doctrine ou développant dans leurs œuvres des principes et des idées semblables. *L'école positiviste.* / Groupe d'artistes dont les œuvres présentent une communauté de style, de technique, d'inspiration. *L'école de Barbizon.* / Ensemble des artistes, peintres ou sculpteurs, qu'ont donnés une cité, une province, un pays. *L'école siennoise, l'école anglaise.* / *L'École*: la philosophie scolastique, au Moyen Âge. / *Faire école*: se dit d'un maître ou d'une doctrine dont les principes donnent lieu à de nombreux développements artistiques ou littéraires.

École d'Athènes (l') 1509-1510 Fresque de Raphaël dans la chambre de la Signature, au Vatican, qui représente, sur un large escalier, les grands penseurs de l'Antiquité sous les traits de grands hommes de la Renaissance. Ainsi, Platon a le visage de Léonard de Vinci.

École de la médisance (l') 1777 Comédie de mœurs de Sheridan. Elle flétrit une société qui cache avec raffinement la plus grande corruption.

École des femmes (l') 1662 Comédie de Molière, en cinq actes et en vers. Arnolphe, tuteur souffreteux de la jeune Agnès, s'est mis en tête de l'épouser. Il la séquestre, mais en vain. L'amour viendra jusqu'à elle sous les traits du jeune Horace qu'elle réussira à épouser. En 1663, Molière donnera *La critique de l'École des femmes*, une comédie en un acte et en prose, qui répond aux détracteurs de sa pièce.

École des maris (l') 1661 Comédie de Molière en trois actes et en vers. Deux frères, Ariste et Sganarelle, sont les tuteurs de deux sœurs. Alors que le débonnaire Ariste obtient, sans l'avoir demandée, la main de sa pupille Léonor, le soupçonneux Sganarelle tombe dans les pièges que lui a tendus celle dont il a la charge, Isabelle, afin d'épouser le jeune Valère.

École militaire Édifice construit sur le Champ-de-Mars à Paris, par Gabriel (1752). D'abord école de cadets jusqu'à la Révolution, les bâtiments sont actuellement occupés par des organismes dépendant du ministère de la Défense nationale, notamment l'École supérieure de guerre.

École nationale d'administration (E.N.A.) École fondée en 1945, qui dépend du Premier ministre. Elle forme les futurs hauts fonctionnaires recrutés par concours.

écolier, ère n. Élève d'une école primaire. *Parents qui accompagnent les écoliers.* / Loc. fig. *Le chemin des écoliers*, le plus long, celui de ceux qui traînent pour aller à l'école. / En appos. *Papier écolier*: papier réglé.

écolo n. et adj. Abréviation pour *écologiste. Voter pour les écolos. Un vote écolo.*

écologie n. f. Science étudiant les rapports entre les êtres vivants et le milieu où ils vivent (climat, nature du sol, rapports avec les plantes et animaux du milieu naturel).

écologique adj. Relatif à l'écologie. / Par ext. Qui respecte l'environnement.

écologiste adj. et n. Écologue. / Partisan de l'écologie politique. *Parti écologiste.*

écologue n. Spécialiste d'écologie.

écomusée n. m. Musée ethnographique présentant le mode de vie, le patrimoine géographique et culturel d'une région.

Liège couvrant l'**écorce** d'un pin royal.

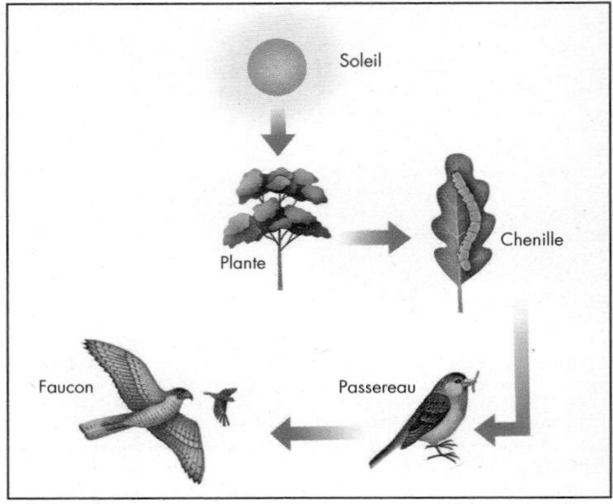

Écologie : relations trophiques simplifiées dans un **écosystème.**

éconduire v. t. [3] Litt. Refuser de recevoir (qqn), ne pas agréer sa requête. *Éconduire un soupirant.*

économat n. m. Fonction, charge de la personne qui gère les dépenses d'une entreprise, d'un établissement scolaire ou de toute autre communauté. / Magasin dont les marchandises sont destinées au personnel de l'entreprise dont il dépend.

économe adj. et n. **A.** adj. Qui fait des économies, épargne, dépense peu. *Une ménagère économe. Gestion économe.* / Par ext. *Être économe de ses paroles, de ses faveurs.* **B.** n. Personne responsable de la gestion financière d'une communauté.

économétrie n. f. Mode d'investigation économique qui utilise le calcul mathématique et statistique, et qui permet de faire des prévisions.

économie n. f. Vx Gestion financière et administrative d'un établissement ou d'une maison. / Ensemble des activités, des faits ayant trait à la production, à la circulation et à la consommation des richesses d'une collectivité ou d'un État. / Mode d'organisation de ces activités, système économique. *Économie dirigée*: système économique qui fait une large part à l'intervention de l'État dans les initiatives privées et s'oppose par là à l'*économie libérale* qui, elle, prône l'initiative privée. *Économie mixte*: système visant à la création de sociétés industrielles dont le financement se fait à l'aide de capitaux publics et privés. / *Économie politique*: science ayant pour objet la connaissance des phénomènes et la détermination des lois qui régissent la production, la distribution et la consommation des richesses. / (Au plur.) L'argent mis de côté, ce qu'on a épargné. *Faire des économies.* / Mesure dans la dépense, bon usage d'une chose. *Faire l'économie de ses forces.*

économique adj. Propre ou relatif à l'économie en tant que production, circulation et consommation de richesse. *Crise économique.* / Économe. *Mettre au point un procédé de fabrication plus économique.*

économiquement adv. De manière économique; du point de vue de l'économie en tant que science.

économiser v. t. [1] Dépenser (une chose) avec modération, pour ne pas en manquer. *Économiser des ressources non renouvelables.* / (Absol.) Limiter ses dépenses pour accumuler de l'argent, des biens; épargner.

économisme n. m. Doctrine privilégiant le fait économique dans l'explication et l'interprétation des comportements.

économiste n. Spécialiste d'économie en tant que production, circulation et consommation de richesse.

écope n. f. Pelle en bois qui sert à évacuer l'eau qui a pénétré dans un bateau.

écoper v. t. [1] Vider (un liquide) avec une écope. *Écoper l'eau d'une embarcation.* / Par ext. *Écoper le fond d'une barque.* / v. t. ind. Fig., fam. Recevoir à titre de sanction. *Écoper d'un coup franc.* (Sans compl.) *C'est encore moi qui vais écoper.*

écoproduit n. m. Produit fabriqué sans polluer l'environnement. Syn. produit vert.

écorce n. f. BOT. Enveloppe externe de la tige de certaines plantes, en particulier du tronc et des branches des arbres. / Enveloppe épaisse de certains fruits (châtaigne,

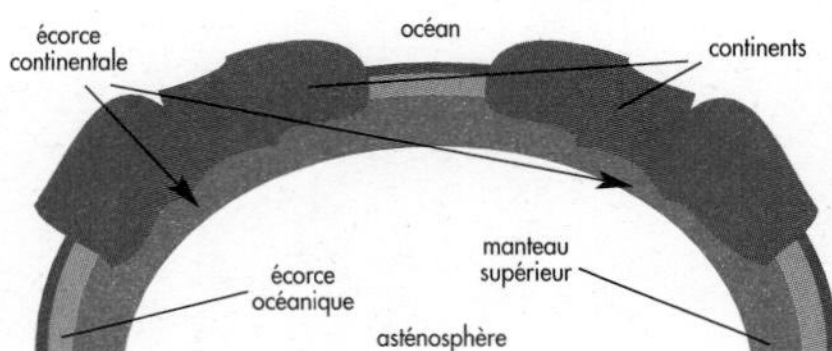

Représentation schématique de la répartition de l'**écorce** continentale et de l'écorce océanique.

citron, orange, etc.) / GÉOL. *Écorce terrestre*: croûte terrestre (partie la plus superficielle du globe terrestre). / MÉD. Formation dure, faite de sang coagulé, qui se forme sur les plaies cutanées et persiste jusqu'à la cicatrisation complète.

écorcer v. t. [1] Ôter l'écorce de (un arbre). / Décortiquer.

écorché, e adj. et n. m. **I.** adj. Que l'on a dépouillé de sa peau. *Un chat écorché.* **II.** n. m. BX-ARTS Représentation d'un homme ou d'un animal laissant voir les muscles à nu. / TECHN. Dessin montrant l'intérieur d'une machine, d'un mécanisme. / Fig. Personne à la sensibilité à fleur de peau. *C'est un écorché vif.*

écorcher v. t. [1] Dépouiller de sa peau (un animal, un homme). *Écorcher du gibier, un cadavre.* / Fig. Causer une douleur ou un désagrément. *Stridence qui écorche les oreilles.* / Déformer en prononçant. *Écorcher un nom étranger.* / v. pron. Blesser superficiellement, en éraflant la peau. *S'écorcher le genou en tombant.*

écorcheur n. m. Personne qui dépouille de leur peau les animaux destinés à la boucherie.

écorchure n. f. Plaie bénigne de la peau résultant d'une déchirure superficielle du tégument.

écorner v. t. [1] Briser, limer les cornes de (un animal), l'en amputer. *Écorner un taureau.* / Endommager le coin d'un objet. *Écorner un meuble, la couverture d'un livre.* / Fig. Entamer, diminuer (une ressource). *Écorner son patrimoine.*

écornifleur, euse n. Vx Pique-assiette.

écossais, e adj. et n. D'Écosse. *Climat écossais. Un(e) Écossais(e).* / *Tissu écossais* ou (n. m.) *écossais*: étoffe à carreaux de couleur. / n. f. Danse populaire d'Écosse.

• **Écosse** *78 783 km² 5 132 000 h.* Partie septentrionale de la Grande-Bretagne. Capitale *Édimbourg*.

écosser v. t. [1] Enlever la cosse de. *Écosser des haricots.*

écosystème n. m. ÉCOL. Ensemble fonctionnel constitué par un environnement naturel (biotope) et les êtres vivants qui y vivent (biocénose).

écot n. m. Vieilli Part que chacun doit payer lors d'un repas pris en commun.

écotaxe n. f. Taxe prélevée sur certains produits industriels, contribuant à financer le recyclage des emballages.

écotoxique adj. et n. m. Qui est toxique pour l'environnement. *Une substance écotoxique.* / n. m. *Un écotoxique puissant.*

écotype n. m. BIOL. Ensemble d'organismes d'une espèce présentant des caractères héréditaires particuliers, qui représentent une adaptation à des conditions écologiques données.

Écouen *4 846 h.* Commune du Val-d'Oise près de laquelle un château du XVIᵉ siècle abrite le musée national de la Renaissance.

écoulement n. m. Évacuation d'un liquide. / GÉOGR. *Indice d'écoulement*: rapport entre le débit annuel d'un cours d'eau et sa surface d'alimentation. *Coefficient d'écoulement*: rapport entre l'indice d'écoulement et l'indice pluviométrique. / COMM. Débit; possibilité de vente. *L'écoulement des produits.*

écouler v. t. / v. pron. [1] **A.** v. t. Vendre (un stock de marchandises) jusqu'à épuisement. *Écouler de la fausse monnaie*, la mettre en circulation. **B.** v. pron. Suivre son cours, en parlant d'un liquide. *Les fleuves s'écoulent vers la mer.* (Au fig.) Progresser peu à peu. *La foule s'écoule vers la sortie.* / Fig. Passer, se dérouler régulièrement. *Le temps s'écoule lentement dans l'attente.*

écoumène ou **œkoumène** n. m. GÉOGR. Ensemble des terres habitées ou exploitées par l'homme.

E

ÉCOSSE

Géographie

Tandis qu'au nord du pays les Highlands, hautes terres montagneuses déchirées d'innombrables lacs, ne bénéficient que d'un sol pauvre et d'un climat rude où l'élevage du mouton est la principale ressource, les Lowlands (basses terres) sont le centre économique et humain de la région grâce à leur sol fertile, aux facilités d'accès et à la présence de gisements de houille; on y trouve Édimbourg *(443 600 h.)*, capitale politique et intellectuelle, qui est également un port important, et Glasgow *(680 000 h.)*, grand centre industriel et économique. L'Écosse a subi durement à partir des années 1960 la crise qui frappe les industries traditionnelles, mais elle bénéficie du pétrole de la mer du Nord.

Paysage rural dans le sud de l'Écosse.

Histoire

L'Écosse, peuplée dès le Néolithique, fut envahie à partir du VIᵉ siècle av. J.-C. par des Celtes et ne fut guère touchée par la colonisation romaine. Pour isoler les tribus autochtones, Hadrien fit construire (121) des fortifications abandonnées moins de cent ans plus tard. Lorsque les Romains quittent définitivement (410) la région (dite Calédonie), elle est divisée en quatre zones d'influence: les Scots sont à l'ouest, les Pictes au nord et au nord-est, les Britons au sud-ouest, les Angles au sud-est; elle sera évangélisée au VIᵉ siècle par saint Colomba. Au cours du haut Moyen Âge, à la suite de nombreuses incursions, des éléments scandinaves se fixèrent en Calédonie et s'assimilèrent aux peuples déjà installés. Au XIᵉ siècle la dynastie scote (à laquelle l'Écosse doit son nom moderne, *Scotland*, le « pays des Scots ») réalise l'unité du pays en un seul royaume.

Le loch Lomond.

Aux XIIᵉ et XIIIᵉ siècles, l'Écosse subit l'influence de l'Angleterre avant de devenir, en 1292, un royaume vassal du roi Édouard Iᵉʳ, avec, à sa tête, le prétendant agréé par le roi, John Baillol. Humilié par les Anglais, ce dernier se révolta et une lutte d'une extrême cruauté opposa Anglais et Écossais, jusqu'à ce qu'un nouveau souverain, Robert Iᵉʳ Bruce, chasse les Anglais (1314) et réorganise une Écosse indépendante, mais ruinée. Sa fille, Marjorie, épousa le Grand Sénéchal (*Stuart*) d'Écosse, donnant ainsi naissance à la dynastie des Stuarts qui régna à partir de 1371 sur une terre en proie à de sauvages luttes de clans dont les rois peinent à venir à bout. Les prédications enflammées de John Knox convertissent l'aristocratie à un calvinisme rigoriste. Revenue en Écosse à la mort de son époux, le roi de France François II, la reine Marie Stuart, catholique, ne pourra pacifier un royaume déchiré entre réformés et catholiques; elle devra abdiquer au profit de son fils Jacques VI. Ce dernier, héritier à la fois de la couronne d'Écosse et, à la mort de la reine Élisabeth, de celle d'Angleterre (il était l'arrière-arrière-petit-fils d'Henri VII, et les enfants d'Henri VIII étaient morts sans postérité), montera sur le trône d'Angleterre en 1603, sous le nom de Jacques Iᵉʳ de *Grande-Bretagne*, inaugurant ainsi une « union personnelle » qui perdurera jusqu'en 1707, date à laquelle l'Acte d'Union créera le Royaume-Uni, faisant de l'Écosse et de l'Angleterre un seul État. Les sanglantes révoltes qui déchirèrent les deux pays, les essais menés par l'Angleterre pour imposer l'anglicanisme à une Église écossaise rétive (et finalement victorieuse), les tentatives de restauration des Stuart, sous le règne de Guillaume d'Orange et au XVIIIᵉ siècle, ne purent rompre cette union.

La pacification des Highlands fut cruellement menée par les Anglais, le développement économique du pays, tant agricole qu'industriel, produisit de telles injustices que des réformes électorales et politiques devinrent indispensables à partir de 1850. L'Écosse devient progressivement une province du Royaume-Uni, avec des traits culturels originaux (le gaélique survit et l'antique système des clans imprègne toujours les mentalités), une organisation ecclésiale indépendante et ses propres problèmes économiques. La création d'un Parlement régional a été approuvée par référendum après l'arrivée au pouvoir des travaillistes et les premières élections se sont déroulées en 1999. Les députés ont de larges compétences et l'Écosse dispose d'une autonomie fiscale; l'exécutif est dirigé par un ministre en chef (*First Minister*).

Luss, village du centre de l'Écosse.

écourter v. t. [1] Rendre plus court, en longueur ou en durée. *Écourter une jupe, une réunion.*
écoute [1] n. f. MAR. Cordage attaché au coin inférieur d'une voile, servant à régler et à maintenir sa tension et son orientation dans le vent.
écoute [2] n. f. MILIT. Détection de l'activité ennemie par le son. *Poste d'écoute.* / Fait de suivre une émission de radio, une conversation téléphonique, etc. *Indice d'écoute d'une émission de télévision.* / *Table d'écoute*: dispositif permettant de suivre les conversations privées au téléphone. / (Au plur.) Oreilles du sanglier.

écouter v. t. / v. pron. [1] **A.** v. t. S'appliquer à entendre. *Écouter le chant des oiseaux.* / Par ext. Prêter attention à. *Écouter un exposé. Écouter de toutes ses oreilles. N'écouter que d'une oreille*, distraitement. / Prendre en considération. *Écouter des avis divers avant de décider qqch. N'écouter que son courage, son cœur*: ne tenir compte que de sa bravoure, de ses sentiments. **B.** v. pron. Marquer de la complaisance vis-à-vis de soi-même, ou de ses maux. *S'écouter parler. À trop s'écouter, on devient vraiment malade.* / Suivre son impulsion. *Si je m'écoutais, je lui dirais son fait.*
écouteur n. m. Récepteur téléphonique ou radiophonique individuel que l'on place contre ou dans l'oreille.
écoutille n. f. MAR. Ouverture dans le pont d'un bateau, qui donne accès aux entreponts et aux cales.
écouvillon n. m. Petite brosse cylindrique fixée à une longue tige, pour nettoyer l'intérieur d'un récipient à goulot étroit. / CHIR. Petite brosse employée pour nettoyer des cavités naturelles.
écrabouiller v. t. [1] Fam. Écraser, réduire en bouillie.
écran n. m. Plaque mobile placée devant l'âtre pour se protéger de la chaleur du feu. / Tout élément opaque pouvant dissimuler. *Écran de fumée.* / CIN. Surface blanche sur laquelle sont projetés un film vidéo ou des diapositives. / *Écran (de visualisation)*: surface sur laquelle se forment les images reçues ou produites par un téléviseur, un ordinateur, un appareil d'imagerie médicale, etc. Syn. moniteur. / *Écran cathodique*: surface sur laquelle se forme l'image d'un tube cathodique. / Par méton. Le cinéma comme art, comme moyen d'expression. *Adapter à l'écran un roman connu.* / *Petit écran*: télévision.
écrasant, e adj. Accablant ; très difficile à supporter. *Chaleur écrasante.* / Énorme. *Une écrasante majorité.*
écrasement n. m. Action d'écraser ; son résultat. / Fig. Anéantissement.
écraser v. t. / v. pron. [1] **A.** v. t. Aplatir, déformer ou broyer par une pression, un choc. *Écraser le raisin, une cigarette.* / Spécial. Renverser et rouler sur (qqch., qqn, un animal), en parlant d'un véhicule. / Fig. Dominer par sa taille, sa puissance. *Écraser les autres par l'étendue de son savoir.* / Accabler par trop d'exigences. *Ses hautes fonctions l'écrasaient.* / Vaincre totalement. *L'armée des rebelles fut écrasée.* *B.* v. pron. Se disloquer sous l'effet d'un choc, d'une chute. *L'avion s'est écrasé contre la montagne.* / Pop. S'abstenir, se taire pour éviter un échec. *S'écraser devant plus fort que soi.*
écrémage n. m. Action d'écrémer. / Fig. Prélèvement des meilleurs éléments d'un ensemble.
écrémer v. t. [1] Enlever la crème (du lait). / Par anal. Prendre ce qui surnage sur. *Écrémer du verre en fusion*, en retirer les impuretés. / Fig. Prendre le meilleur de. *Écrémer un magasin.*
écrémeuse n. f. Machine servant à écrémer le lait.
écrêtement n. m. Fig. Action d'écrêter ; résultat de cette action. *Écrêtement des salaires.*
écrêter v. t. [1] Ôter la crête de. *Écrêter un coq.* / Par ext. *Écrêter une citadelle au canon.* / Niveler (un relief). *Écrêter une colline.* / Fig. Niveler (des inégalités). *Écrêter les salaires.*
écrevisse n. f. ZOOL. Crustacé décapode macroure d'eau douce, aux pattes antérieures munies de fortes pinces. *Manger des écrevisses. «Incertitudes, ô mes délices / Vous et moi nous nous en allons / Comme s'en vont les écrevisses / À reculons à reculons…» (Apollinaire). Être rouge comme une écrevisse*, très rouge (comme une écrevisse après cuisson).

***Écriture** cunéiforme sur une tablette d'argile mésopotamienne datant de 2400 av. J.-C.*

***Écritoire** en argent du XVIIIe siècle.*

écrier (s') v. pron. [1] Énoncer (qqch.) en criant ; exprimer (qqch.) d'une voix forte. *Il s'écria qu'il reviendrait.*
écrin n. m. Coffret dans lequel on range des bijoux, des objets précieux.
Écrins (barre des) *4 103 m* Mont le plus élevé du massif du Pelvoux, dans les Alpes du Dauphiné. Il fait partie du parc national des Écrins.
écrire v. t. / v. i. [3] **A.** v. t. Tracer (des signes appartenant à un système d'écriture) pour transcrire la parole, la pensée, consigner des informations. *Écrire le compte rendu d'un débat.* / Spécial. *Écrire de la musique*, la transcrire, la noter. (Emploi absol.) *Écrire au tableau. Machine à écrire*, munie d'un clavier, permettant de reproduire les caractères d'imprimerie. / Orthographier. (Emploi pron.) *Ce mot s'écrit comme il se prononce.* / Rédiger pour transmettre (un texte ou son contenu). *Écrire un rapport, une lettre. Il m'a écrit son opinion sur la question.* (Emploi absol.) Correspondre par courrier. *Il écrit souvent à ses amis.* (Emploi pron.) *Ils s'écrivent régulièrement.* / Composer un ouvrage de l'esprit ; énoncer (des idées) par écrit. *Écrire un roman, un article, une chanson.* (Emploi absol.) *Écrire en prose, en vers, avec facilité. Avoir la vocation d'écrire. B.* v. i. Marquer, imprimer, en parlant d'un instrument servant à l'écriture. *Crayon qui écrit mal.*
écrit, e adj. et n. m. **A.** adj. Noté au moyen de l'écriture. *Un message écrit.-Langue écrite.* / Couvert de signes d'écriture. *Page mal écrite.* / Fig. Visible, manifeste. *C'est écrit sur son visage.* / Fatal, consigné dans le livre du destin. *C'était écrit !* **B.** n. m. Document écrit. / Épreuves écrites d'un examen ou d'un concours. *Il a été reçu à l'écrit.* / Ouvrage littéraire ou scientifique. *Les écrits de Balzac.*
écriteau n. m. Inscription portée sur un panneau ; le panneau portant l'inscription.
écritoire n. f. Anc. Coffret renfermant tout le nécessaire pour écrire.
écriture n. f. Représentation de la pensée et de la parole par des signes graphiques conventionnels de forme variable. *Écriture gothique, anglaise.* / Manière personnelle de tracer les lettres. *Une écriture illisible.* / Style d'un écrivain. *Écriture classique.* / (Au plur.) Comptabilité d'une entreprise ; ensemble des registres comptables. / Dr Écrits rédigés lors d'un procès. / RELIG. Texte sacré. *Les Saintes Écritures* ou *l'Écriture sainte*: l'Ancien et le Nouveau Testament.
écrivaillon n. m. Fam., péjor. Mauvais écrivain.
écrivain, e n. Personne qui écrit des livres à l'intention du public, homme de lettres. / *Écrivain public*: personne qui rédige (des lettres personnelles, des missives à caractère juridique ou administratif) pour le compte d'autrui.
écrivassier, ère n. et adj. Écrivaillon. / Personne qui a la manie d'écrire. / adj. *Elle est très écrivassière.*
écrou [1] n. m. Dr Acte constatant la remise d'un individu à l'administration d'une prison. *Registre d'écrou.* / *Levée d'écrou*: libération du détenu.
écrou [2] n. m. Pièce percée d'un trou cylindrique portant un filetage hélicoïdal correspondant à celui d'une tige filetée ou d'une vis.
écrouelles n. f. pl. MÉD. Vx Lésions inflammatoires tuberculeuses, d'origine ganglionnaire, siégeant sur les côtés du cou, ancien nom de l'adénopathie cervicale chronique. *On prêtait aux rois de France le pouvoir de guérir les écrouelles par simple apposition des mains, en particulier le jour de leur sacre.*
écrouer v. t. [1] Inscrire (qqn) sur le registre d'écrou. / Par ext. Emprisonner (qqn). *Écrouer un suspect.*
écrouissage n. m. Opération consistant à travailler un métal en le soumettant à des efforts dépassant sa limite d'élasticité, afin notam. d'augmenter sa résistance à la déformation.
écroulement n. m. Fait de s'écrouler. / Fig. Anéantissement. *L'écroulement de l'Empire arabe.*
écrouler (s') v. pron. [1] (En parlant d'une construction) Choir, s'effondrer. *Une muraille qui s'écroule.* / (Avec ellipse du pronom) *Faire écrouler une maison.* / (En parlant d'une personne) Choir. *Il s'écroula de tout son long.* / Fig. *Une civilisation qui s'écroule.*
écroûter v. t. [1] Débarrasser de sa croûte. *Écroûtez les tranches de pain avant de les beurrer.*
écru, e adj. Qui est à l'état brut (fil, tissu, cuir, fer, pâte à papier). *Toile écrue*, non blanchie. *Fil écru*, non lavé. *Fer écru*, mal corroyé.
ecstasy n. m. ou f. (mot anglais) Drogue euphorisante et stimulante (3, 4-méthylène-dioxymétamphétamine ou M.D.M.A.), qui se présente généralement sous forme de pilules. *L'ecstasy est un stupéfiant.*
ectasie n. f. MÉD. Dilatation d'un organe creux, d'un conduit, d'un vaisseau. *Ectasie artérielle.*
ecthyma n. m. MÉD. Variété d'impétigo caractérisé par son évolution dermique profonde, qui peut évoluer jusqu'à former des lésions gangréneuses.
ectoblaste n. m. BIOL. Feuillet cellulaire externe des premiers stades de l'embryon, qui se différenciera au cours du développement en épiderme, système nerveux et organes des sens. / Ensemble de ces tissus, issus du feuillet externe de l'embryon.
ectoderme n. m. BIOL. Ensemble des tissus issus du feuillet externe de l'embryon (ectoblaste). *Les organismes diploblastiques possèdent deux feuillets, l'ectoderme et l'endoderme, les organismes triploblastiques en possèdent trois, l'ectoderme, le mésoderme et l'endoderme ; le même mot désigne parfois le feuillet cellulaire externe des premiers stades de l'embryon.*
ectoparasite n. m. ZOOL. Parasite externe, qui vit à la surface du tégument de son hôte. *Le pou est un ectoparasite.* Ant. endoparasite.
ectopie n. f. MÉD. Position anormale d'un organe. *Ectopie testiculaire.*
ectoplasme n. m. BIOL. Zone périphérique du cytoplasme de certaines cellules, notam. chez les protozoaires. / Cour. Substance visible qui émanerait d'un médium en état de transe.
ectoproctes n. m. pl. ZOOL. Syn. de bryozoaires.
ectropion n. m. MÉD. Éversion pathologique de la paupière, qui perd le contact

Écureuil.

avec le globe oculaire et découvre sa face muqueuse.
écu n. m. Bouclier des chevaliers au Moyen Âge. / HÉRALD. Forme du corps des blasons portant les armoiries. / Ancienne monnaie française d'argent ou d'or.
Écu Constellation équatoriale; voir **constellation**.
écubier n. m. Ouverture percée dans la coque d'un navire, à l'avant et des deux côtés, pour le passage des chaînes d'ancre ou des câbles d'amarrage.
écueil n. m. Rocher ou tout autre obstacle marin, affleurant l'eau, et dangereux pour la navigation. / Fig. Obstacle, piège.
écuelle n. f. Petite assiette creuse; son contenu. *Une écuelle en bois. Une écuelle de soupe.*
éculé, e adj. Usé, en parlant du talon d'une chaussure. / Fig. *Une plaisanterie éculée*, trop connue.
écumant, e adj. Couvert d'écume. / Fig. *Un personnage écumant de fureur*.
écume n. f. Mousse blanche obtenue à la surface d'un liquide agité ou chauffé. / Bave de certains animaux en colère. / Sueur du cheval. / *Écume de mer* ou *magnésite*: silicate hydraté de magnésium naturel, d'un blanc-gris, poreux, dont on fait des pipes. / Matière résiduaire flottant à la surface des métaux en fusion.
écumer v. i. / v. t. [1] **A.** v. i. Se couvrir d'écume. *La mer écume.* / Baver. *Un cheval qui écume.* / Fig. *Écumer de rage*: être au comble de l'irritation. **B.** v. t. Ôter l'écume en surface de (un liquide). *Écumer du bouillon.* / Loc. fig. *Écumer les mers*, y pratiquer la piraterie; (sens atténué) naviguer dans toutes les mers du monde. / Par ext. Soumettre (un territoire) à sa loi, le passer au crible. *Les voyous, la police écument le quartier.*
écumeur n. m. *Écumeur des mers*: pirate.
écumoire n. f. Large cuillère de cuisine plate percée de trous, servant à écumer.
écureuil n. m. ZOOL. Petit mammifère arboricole de l'ordre des rongeurs, à longue queue en panache, au pelage souvent roux.
écurie n. f. Bâtisse où sont logés les chevaux. / Tous les chevaux de course d'un propriétaire. / Ensemble des voitures de course ou des coureurs cyclistes représentant une même firme ou une même équipe.
écusson n. m. Écu d'armoiries de petite taille utilisé soit comme un écu normal, soit comme ornement d'un écu plus grand. / Sorte de tablette ou de cartouche sur lesquels se trouvent représentées des pièces héraldiques, des figures. / MAR. Pièce d'ornement de la poupe qui représente un emblème ou le nom d'un navire. / TECHN. Plaquette de métal ornant l'entrée d'une serrure. / AGRIC. Plaque d'écorce sur laquelle se trouve un œil ou un bouton de greffe.

Le palais de Holyrood, à **Édimbourg**.

écussonnage n. m. Greffe pratiquée avec un morceau d'écorce portant un bourgeon.
écussonner v. t. [1] Mettre un écusson sur (qqch.). / AGRIC. Greffer en écusson.
écuyer, ère n. Dans l'armée, moniteur d'équitation. *Écuyer du Cadre noir.* / Homme ou femme qui se produit à cheval dans un spectacle. / Anc. Gentilhomme attaché à la personne d'un chevalier dont il portait l'écu. / Intendant de l'écurie d'un grand seigneur.
eczéma n. m. MÉD. Affection cutanée érythémateuse, formant des lésions vésiculeuses prurigineuses, souvent mal délimitées.
Edam *25 000 h.* Port de pêche et centre de villégiature des Pays-Bas. Commerce du fromage.
Edda XIIIe siècle Titre donné à deux recueils de poèmes mythologiques islandais. Le premier, l'*Edda poétique* (IXe-XIIe siècle), raconte les aventures des héros et des dieux scandinaves. Le second, l'*Edda prosaïque* (v. 1220), est un art poétique, un manuel de langue et un traité de mythologie.
Eddington (Arthur Stanley) 1882-1944 Astronome et physicien anglais. Il étudia la structure interne des étoiles, établissant que l'énergie qui les anime est le fruit de réactions thermonucléaires dont leurs régions centrales sont le siège. En 1919, il vérifia, lors d'une éclipse de Soleil, la prévision d'Einstein selon laquelle la lumière émise par les étoiles lointaines est déviée par le champ de gravitation du Soleil, et cela en accord avec la théorie de la relativité générale. En 1924, il établit la relation entre leur masse et leur luminosité. Avec Georges Lemaître il a proposé l'hypothèse de l'expansion de l'Univers.
edelweiss n. m. BOT. Plante de la famille des composées poussant en haute montagne, à petites fleurs jaune pâle, dont les tiges et les feuilles sont recouvertes d'un duvet blanc.
éden n. m. (avec une majuscule) Dans la Bible, le paradis terrestre. *Le jardin d'Éden.* / Fig. Endroit paradisiaque. *Cette île est un éden.*
Eden (Robert Anthony, 1er comte **d'Avon)** 1897-1977 Diplomate et homme politique britannique. Ministre des Affaires étrangères en 1935, il démissionna en 1938 par hostilité à la politique de Chamberlain. Churchill lui confia le même ministère en 1940, puis en 1951, et Eden lui succéda en 1955. Opposé à la nationalisation du canal de Suez, il engagea le Royaume-Uni dans l'expédition de Suez aux côtés de la France, mais dut retirer ses troupes. Il démissionna en 1957 et abandonna la vie politique.
édenté, e adj. Qui n'a plus de dents. *Un vieillard édenté.*
édentés n. m. pl. ZOOL. Ancien ordre de mammifères à la denture réduite ou absente, qui comprenait les paresseux, les fourmiliers, les tatous, les pangolins et les oryctéropes.
Édesse (aujourd'hui *Urfa*) *362 600 h.* Ville de Turquie. Ancienne cité de Mésopotamie septentrionale, elle devient une place forte de l'Empire romain. Christianisée dès le IIIe siècle puis occupée par les Arabes en 638, elle est conquise pendant la première croisade

Edelweiss (*Leontopodium alpinum*).

par Baudouin de Boulogne, frère de Godefroi de Bouillon. Elle devient alors le centre du comté d'Édesse (1098), citadelle chrétienne que les Turcs reprennent en 1144.
É.D.F.-G.D.F. Sigle de *Électricité de France-Gaz de France*, établissement public né de la nationalisation en avril 1946 de la production et de la distribution de l'énergie électrique et du gaz.
édicter v. t. [1] Prescrire (un édit). *Édicter une ordonnance royale.*
édicule n. m. Petite construction utilitaire sur la voie publique (toilettes, kiosque).
édifiant, e adj. Qui édifie, porte à la vertu. *Un sermon édifiant.* / Particulièrement révélateur. *Des propos édifiants*.
édification n. f. Construction (d'un bâtiment). / Création. *L'édification d'une fortune.* / Fig. Exhortation à la piété, à la vertu. *L'édification des fidèles.*
édifice n. m. Bâtiment d'une taille relativement importante. / Arrangement, assemblage. / Ensemble organisé. *L'édifice social.*
édifier v. t. [1] Élever en bâtissant. *Édifier un tombeau, un palais.* Par ext. *Édifier une doctrine.* / Amener à la vertu, à la piété. *Édifier les croyants en prêchant l'abnégation.* / Éclairer, rendre lucide. *Ce revirement m'a édifié.*
édile n. m. ANTIQ. ROM. Magistrat responsable à Rome de la police, de l'organisation des divertissements et de leur surveillance, de l'approvisionnement de la ville, de l'inspection des bâtiments publics. / Litt. Magistrat municipal.
édilitaire adj. Propre ou relatif aux édiles.
Édimbourg *443 600 h.* Ville de Grande Bretagne, capitale de l'Écosse, située près

EL INGENIOSO
HIDALGO DON QVI-
XOTE DE LA MANCHA,
Compuesto por Miguel de Ceruantes
Saauedra.
DIRIGIDO AL DVQVE DE BEIAR,
Marques de Gibraleon, Conde de Benalcaçar, y Bañares, Vizconde de la Puebla de Alcozer, Señor de
las villas de Capilla, Curiel, y
Burguillos.
Año, 1605.
CON PRIVILEGIO,
EN MADRID Por Iuan de la Cuesta.
Vendese en casa de Francisco de Robles, librero del Rey

Édition *originale du* Don Quichotte *de Cervantès (1605).*

de l'estuaire du Forth. Elle fut fondée au VIIe siècle par le roi Edwin de Northumbrie qui lui donna son nom et se développa au Moyen Âge autour de l'abbaye de Holyrood qui deviendra résidence royale avant que la ville elle-même ne devienne, au XVe siècle, la capitale du royaume. Considérablement agrandie au XVIIIe siècle suivant un plan régulier, elle a perdu (bien qu'elle ait intégré le port de Leith) de son importance industrielle, mais demeure une métropole politique (siège du parlement), intellectuelle (deux universités, dont l'une remonte à 1542), religieuse et artistique (nombreux monuments, festival de musique d'audience internationale).
Edirne (autrefois *Andrinople*) *117 300 h.* Ville de Turquie d'Europe, chef-lieu de l'île du même nom, en Thrace orientale. Fondée par Hadrien en 125, ravagée par les Barbares, les Bulgares, enfin les croisés, la ville fut la capitale de l'empire ottoman jusqu'en 1458. On y signa en 1829 le traité qui reconnaissait l'autonomie de la Grèce. Disputée entre Bulgares et Turcs jusqu'à la Première Guerre mondiale, la ville, d'abord attribuée à la Grèce (1920), fut rendue à la Turquie en 1923. Ruines romaines. Mosquées des XVe et XVIe s.

Thomas Edison.

Edison (Thomas Alva) 1847-1931 Ingénieur américain. Autodidacte, il a déposé quelque 2 000 brevets dans le domaine de l'enregistrement et de la transmission des sons: microphone, télégraphe duplex, phonographe-gramophone (enregistrement et reproduction), dictaphone, kinétoscope (qui préfigurait le cinéma par l'enregistrement, non projetable, d'images sur pellicule), et il a inventé une lampe qui utilisait un fil de carbone porté à incandescence par le passage d'un courant électrique.
édit n. m. ANTIQ. ROM. Règlement imposé par un magistrat et observable pendant le temps de sa magistrature. / Sous l'Ancien Régime en France, loi émanant du roi.
éditer v. t. [1] Faire connaître (un ouvrage) au public par l'impression et la reproduction. *Éditer le catalogue d'une exposition, des périodiques.* / Par ext. Mettre à la disposition du public. *Éditer les meubles d'un designer célèbre.* / INFORM. Présenter (des résultats de traitements informatiques) sur un support accessible à l'utilisateur.
éditeur, trice n. Personne ou société assurant la publication et, en général, la diffusion d'ouvrages imprimés, ou la gravure et la diffusion de disques, de cassettes, etc. / INFORM. *Éditeur de textes*: programme destiné à la composition de textes sur ordinateur. / (pour traduire le mot anglais *editor*) Personne responsable de l'établissement d'un texte.
édition n. f. Action d'éditer; impression et publication d'une œuvre. *Édition d'un livre, d'un disque.* / Ensemble des exemplaires

imprimés à chacun des différents tirages d'une même œuvre ou d'un même journal. *Édition originale, deuxième édition. Édition régionale d'un quotidien.* / Établissement d'un texte ; ce texte. *Édition critique.* / *Édition princeps* : première édition, qui sert d'édition de référence. / Ensemble des métiers qui ont rapport avec la publication et la diffusion des livres. / Chacune des émissions d'un journal télévisé ou radiodiffusé. *L'édition de vingt heures.* / INFORM. Matérialisation, sur un support accessible à l'utilisateur, des résultats de traitements informatiques.

E

édito n. m. Abrév. de *éditorial.*

éditorial, ale, aux adj. et n. m. **A.** adj. Propre ou relatif à l'édition. *Activités éditoriales.* **B.** n. m. Article de fond d'un journal politique, exposant le point de vue de la rédaction du journal sur un événement.

éditorialiste n. Personne qui rédige l'éditorial d'une publication.

Edjeleh Centre d'exploitation du pétrole du Sahara algérien, relié au golfe de Gabès (Tunisie) et à Bejaia par deux oléoducs.

Edmonton *616 740 h.* Ville du Canada, capitale de l'Alberta, arrosée par le Saskatchewan. Important centre industriel.

Edo Nom de Tokyo avant 1868.

Édomites Selon la Bible, descendants d'Ésaü (dit aussi Édom) qui s'installèrent au sud de la mer Morte v. 1300 av. J.-C. Après la conquête de Jérusalem par Babylone, leurs descendants gagnèrent la région qui allait prendre le nom d'idumée.

Édouard (lac) *2 150 km²* Lac d'Afrique équatoriale, sur la frontière entre l'Ouganda et la république démocratique du Congo.

Édouard le Confesseur (saint) 1000 ?-1066 Roi (1042) des Anglo-Saxons. Issu à la fois de la lignée des rois anglo-saxons et de celle des ducs de Normandie, élevé en Normandie, plus soucieux, en outre, de religion que de politique, il ne put imposer la paix à un royaume déchiré par l'antagonisme opposant Saxons et Normands. Marié, mais ayant toujours vécu comme un moine, il choisit comme héritier d'abord Guillaume de Normandie, puis le Saxon Harold.

Édouard Nom de huit rois d'Angleterre. **Édouard I**[er] 1239-1307 Roi en 1272, descendant direct de Guillaume le Conquérant et premier roi vraiment anglais. Il conquit le royaume gallois et l'Écosse, qu'il annexa mais ne put soumettre. Autoritaire, il sut pourtant s'appuyer sur le Parlement en reconnaissant ses prérogatives financières. **Édouard II** 1284-1327 Fils du précédent ; roi en 1307. Faible et discrédité, il meurt assassiné dans sa prison, sur l'instigation de sa femme Isabelle de France et de l'amant de cette dernière, Roger Mortimer, après avoir abdiqué en faveur de son fils. **Édouard III** 1312-1377 Fils du précédent, roi en 1327. Il engage la guerre de Cent Ans contre la France où il remporte de nombreux succès (Crécy, 1346). Sous son règne, le royaume est ravagé par la peste noire (1349) et des troubles sociaux. **Édouard IV** 1442-1483 Roi en 1461. Fils de Richard d'York, il dispute la couronne à son cousin Henri VI de Lancastre et le fait enfermer à la Tour de Londres. **Édouard V** 1470-1483 Fils du précedent, roi d'avril à juin 1483. Il est assassiné avec son frère par son oncle Richard, duc de Gloucester (Richard III). **Édouard VI** 1537-1553 Fils d'Henri VIII et de Jane Seymour, roi en 1547 sous la régence du duc de Somerset. **Édouard VII** 1841-1910 Fils de la reine Victoria et du prince Albert, roi en 1901. Prince de Galles, la longévité de sa mère le maintient longtemps loin du pouvoir et il mène la vie d'un riche et intelligent oisif dans le Paris de la Belle Époque. Excellent diplomate, francophile, il est l'artisan de l'Entente cordiale avec la France (1904). **Édouard VIII** 1894-1972 Fils de George V, roi de janvier à décembre 1936. Populaire mais désireux d'épouser une Américaine deux fois divorcée, Wallis Simpson, il doit abdiquer en faveur de son frère George, duc d'York. Il prend le titre de duc de Windsor et vit dès lors à l'étranger.

Édouard, prince de **Galles**, dit le **Prince Noir** 1330-1376 Prince anglais. Fils d'Édouard III d'Angleterre, soldat de talent, il doit son surnom à la couleur de son armure. Pendant la guerre de Cent Ans, il fait prisonnier à Poitiers (1356) le roi de France Jean II, puis devient gouverneur de l'Aquitaine (1363) avant de s'allier, en Castille, à Pierre le Cruel contre Henri II le Magnifique et de triompher de Du Guesclin (1367).

édredon n. m. Vx Duvet de l'eider. / Couvre-pied en duvet (de l'eider, d'autres oiseaux ou de toute autre matière analogue).

éducateur, trice n. et adj. Personne qui éduque, pratique l'éducation. *Éducateur de rues* : éducateur spécialisé dans la prévention de la délinquance, dans le suivi des anciens délinquants après leur libération. / adj. Propre ou relatif à l'éducation. *Activités éducatrices.*

éducatif, ive adj. De l'éducation. *Méthodes éducatives.* / Qui éduque. *Ouvrage éducatif.*

éducation n. f. Action d'éduquer, de développer et de perfectionner les aptitudes intellectuelles, physiques ou morales par l'instruction ou par l'exercice. *Éducation civique, physique, religieuse.* / *Éducation nationale* : ensemble des services dépendant du ministère du même nom, chargés de l'organisation et de la mise en œuvre de l'enseignement public et, en France, du contrôle de l'enseignement privé. / Respect des usages et des conventions de la vie en société. *Avoir une bonne éducation.*

Éducation sentimentale (l') 1869 Roman de Gustave Flaubert. Dans le Paris des années qui précèdent la révolution de 1848, Frédéric Moreau, jeune provincial, idéaliste velléitaire et passionné sans espoir, vit l'échec de ses illusions tandis que l'amour de Mme Arnoux reste un désespérant mirage. Initiation à la vie amoureuse et sociale qui n'aboutit ni au succès ni au bonheur, *L'Éducation sentimentale* est un roman de l'échec. La première version de ce livre, écrite en 1843-1845, n'a été publiée qu'au XXe siècle.

Éduens Peuple gaulois établi entre la Saône et la Loire. Sous la domination romaine ils abandonnèrent Bibracte, leur capitale, pour Autun. En 48 apr. J.-C., l'empereur Claude leur accorda le droit de cité romain.

édulcorant, e adj. et n. m. **A.** adj. Qui donne une saveur douce. *Pouvoir édulcorant d'une substance.* **B.** n. m. PHARM. Principe adoucissant associé à la substance agissante d'un médicament. / *Édulcorant de synthèse* : substance sucrante dépourvue de sucre et quasiment de calories.

édulcorer v. t. [1] Adoucir, sucrer (une substance). *Édulcorer une potion.* / Fig. Rendre moins dérangeant, affadir (qqch.). *Édulcorer un texte.*

éduquer v. t. [1] Instruire par une action prolongée. *Éduquer le public par des campagnes d'information.* / Par ext. Développer, enrichir (des facultés). *Éduquer les sens, les réflexes.*

***Édouard VII**, le jour de son couronnement.*

E.E.G. Sigle de *électroencéphalogramme.*

efendi ou **effendi** n. m. Ancien titre de dignitaire civil ou religieux, dans l'empire ottoman.

effaçable adj. Qu'il est possible d'effacer. Ant. ineffaçable.

effacé, e adj. (En parlant d'une personne) Discret, timide. *Un élève effacé.*

effacement n. m. Action d'effacer ; son résultat. *Effacement d'un fichier informatique.* / Action de s'effacer ; attitude d'une personne effacée.

effacer v. t. [1] Faire disparaître, affaiblir jusqu'à supprimer (ce qui était inscrit, visible). *Effacer des taches, des graffitis. Effacer un enregistrement.* / Fig. Rejeter dans l'oubli. *Effacer le passé d'un criminel.* (Emploi pron.) *Cet épisode s'est effacé de ma mémoire.* / v. pron. Se mettre en retrait. *S'effacer pour laisser passer qqn.*

effaceur n. m. Dispositif servant à effacer. / (en appos.) *Stylo, crayon effaceur*, qui efface certaines encres.

effarant, e adj. Qui effare. / (Sens atténué) Très étonnant. *Il est d'une adresse effarante.*

effarement n. m. État de quelqu'un d'effaré.

effarer v. t. [1] Troubler fortement (qqn), le stupéfier. *Des nouvelles qui nous ont effarés.* (Au part. passé) *Je suis effarée*, stupéfiée.

*Un comprimé **effervescent**.*

effarouchement n. m. Action d'effaroucher ; résultat de cette action.

effaroucher v. t. [1] Faire fuir (un animal, une personne) en l'effrayant. *Effaroucher des oiseaux, des enfants.* / Fig. Provoquer la défiance, la gêne de (qqn). *Vos affirmations péremptoires, vos plaisanteries grivoises ont effarouché tout le monde.*

effarvatte n. f. ZOOL. Petite fauvette des marais, au plumage brun-roux, qui niche dans les roseaux. / Appos. *La rousserolle effarvatte.*

effecteur, trice adj. et n. PHYSIOL. Se dit des organes (notam. musculaire, glandulaire) qui agissent en réponse à une stimulation reçue par un organe récepteur, après transmission de l'information par voie nerveuse ou hormonale. / n. m. *Un effecteur.* / BIOCHIM. *Effecteur allostérique* : molécule induisant le changement de conformation d'une enzyme allostérique.

effectif, ive adj. et n. m. **A.** adj. Réel. *Valeur effective d'une monnaie.* **B.** n. m. Nombre de militaires, gradés ou non, formant un corps d'armée. / Nombre des personnes composant un ensemble donné. *L'effectif d'une classe.* / STAT. Ensemble de personnes d'un groupe social donné.

effectivement adv. Réellement.

effectuer v. t. [1] Exécuter, accomplir (une tâche, une opération). *Effectuer un remboursement, une manœuvre délicate.* (Emploi pron.) *Le déménagement s'est effectué très vite.*

Effel (François Lejeune, dit **Jean)** 1908-1982 Dessinateur humoristique français, auteur de caricatures politiques et d'albums à la grâce volontairement naïve : *La Création du monde* (1951).

efféminé, e adj. (En parlant d'un individu de sexe masculin) Dont les caractères que l'on attribue aux femmes sont manifestes. *Un adolescent efféminé.*

effendi Voir **efendi**

efférent, e adj. ANAT. Qui conduit hors d'un organe, qui va du centre vers la périphérie. *Nerfs, vaisseaux efférents.*

effervescence n. f. Bouillonnement produit par la mise en contact de certaines substances, du calcaire et de l'acide par exemple. / Agitation vive et passagère. *Une foule en effervescence.*

Un **effondrement** de terrain (© SDCS).

effervescent, e adj. En état d'effervescence ; qui peut entrer en effervescence.
effet n. m. **I.** Ce qui résulte d'une cause. *Le climat alpin a un effet vivifiant.* / JEU Mouvement de rotation particulier imprimé à une boule, à une balle, pour l'amener à modifier sa trajectoire après un heurt ou un rebond. *Balle qui a de l'effet.* / PHYS. *Effet Joule* : dégagement de chaleur dans un matériau conducteur parcouru par un courant électrique. / ÉLECTR. *Effet de contact* : production d'une différence de potentiel lorsque l'on met en contact deux conducteurs de nature différente. / MÉTÉO. *Effet de serre* : augmentation excessive de la proportion de dioxyde de carbone dans l'atmosphère. / Impression produite sur qqn. *Faire de l'effet.* / Procédé utilisé pour capter l'attention. *Faire des effets de style.* / AUDIOV. *Effets spéciaux* : trucages visuels ou sonores. / Dr Conséquences de l'application d'une loi. *Prendre effet* : devenir exécutoire. **II.** Ensemble des biens, des valeurs que l'on possède. *Effet de commerce* : titre négociable, représentatif d'une certaine somme d'argent (billet à ordre, chèque, lettre de change, warrant). *Effets publics* : rentes ou autres titres émis par l'État et cotés en Bourse. **III.** (Au plur.) Vêtements, linge. **IV.** loc adv. *En effet* : effectivement. *À cet effet* : dans cette intention.
effeuillage n. m. Action d'effeuiller un végétal (pour favoriser la maturation des fruits).
effeuillaison n. f. BOT. Chute naturelle des feuilles. *L'automne, saison de l'effeuillaison.*
effeuillement n. m. Chute des feuilles ; état d'un végétal effeuillé. *L'effeuillement de la marguerite.*
effeuiller v. t. [1] Dépouiller (un végétal) de ses feuilles. / Par anal. *Effeuiller une fleur*, en arracher les pétales.
effeuilleuse n. f. Fam. Strip-teaseuse.
efficace adj. Qui produit le résultat escompté. *Une intervention efficace.* / Qui parvient au résultat escompté. *Un opérateur efficace.* Ant. inefficace.
efficacement adv. De manière efficace.
efficacité n. f. Caractère efficace (de qqch., qqn). Ant. inefficacité.
efficience n. f. Caractère efficient (de qqch., qqn).
efficient, e adj. PHILO. (Selon Aristote) *Cause efficiente*, qui produit un effet, qui transforme. / Anglicisme pour *efficace*.
effigie n. f. Représentation, portrait d'une personne sur une pièce de monnaie, une médaille. *Louis d'or à l'effigie de Louis XIV.* / Par ext. Représentation quelconque d'une personne. *Brûler qqn en effigie* : brûler ce qui la représente (mannequin, image).
effilé, e adj. Mince, fin, tranchant comme un fil. *Une lame effilée.*
effiler v. t. [1] Défaire (une étoffe) fil à fil. / Rendre effilé.
effilocher v. t. [1] Séparer en brins (un tissu). / v. pron. *Tissu qui s'effiloche à l'usage.* Au fig. *Des nuages qui s'effilochent.*
efflanqué, e adj. Dont les flancs sont creux, décharnés. *Cheval efflanqué.* / Par ext. Très maigre. *Un homme efflanqué.*
effleurage n. m. MÉD. Massage léger. / TECHN. Technique consistant à enlever la première couche d'un cuir tanné, pour en éliminer les défauts.
effleurement n. m. Action d'effleurer ; atteinte légère. / Attouchement du bout des doigts.
effleurer v. t. [1] Atteindre légèrement, frôler (qqch., qqn). *La balle a effleuré le filet.* Au fig. *Le scandale n'a fait qu'effleurer sa réputation. Effleurer un sujet*, ne l'aborder que superficiellement. / Par ext. Toucher légèrement.
efflorescence n. f. CHIM. Perte progressive de l'eau d'un sel hydraté, s'accompagnant de la désagrégation des cristaux. / Floraison, épanouissement.
efflorescent adj. En efflorescence ; susceptible d'être en efflorescence.
effluent, e adj. et n. m. Qui s'écoule d'une source. / n. m. GÉOGR. Cours d'eau issu d'un glacier ou d'un lac. / TECHN. *Effluent urbain* : ensemble des eaux usées et des eaux de ruissellement évacuées par les égouts. / *Effluents radioactifs* : liquides ou gaz radioactifs résultant de l'utilisation ou du traitement de matières radioactives.
effluve n. m. Odeur que dégagent les corps organisés, les végétaux, certaines substances. / *Effluve électrique* : faible décharge électrique, de peu de luminosité, produite par deux conducteurs présentant une forte différence de potentiel.
effondrement n. m. Fait de s'effondrer. *Effondrement d'un plafond.* / GÉOL. *Fossé d'effondrement* : dépression soudaine du sol. / Fig. Anéantissement. *L'effondrement de l'Empire.*
effondrer v. t. / v. pron. [1] Rare Briser, défoncer. *Effondrer la terre.* / v. pron. (En parlant d'une construction) Choir, s'écrouler. *Bâtiment qui s'effondre.* Au fig. *Un rêve de gloire qui s'effondre.*
efforcer (s') v. pron. [1] *S'efforcer de* : faire beaucoup d'efforts pour. *S'efforcer de regagner la rive.*
effort n. m. Activité consistant à employer ses forces musculaires ou intellectuelles dans un certain but.
effraction n. f. Dr Rupture intentionnelle de toute clôture (porte, fenêtre, serrure) dans un but criminel.
effraie n. f. ZOOL. Chouette au plumage très clair (blanc, roux, gris), à la face en forme de cœur, nichant dans les granges, les clochers, etc. Syn. dame blanche.
effranger v. t. [1] Effiler (une étoffe) sur le bord pour constituer une frange.
effrayante, e adj. Qui effraie. *Une vision effrayante.* / (Sens atténué) Pénible, difficile à supporter. *Une agitation effrayante.*
effrayer v. t. [1] Susciter la frayeur ou l'inquiétude de. *L'obscurité effraie cet enfant. Ces incertitudes m'effraient.* / v. pron. *Ne vous effrayez pas, c'est un jeu.*
effréné, e adj. Sans frein. *Une course effrénée.*
effritement n. m. Action d'effriter ; résultat de cette action.
effriter v. t. [1] Désagréger, réduire (qqch.) en poussière. / v. pron. *Plafond qui s'effrite.*
effroi n. m. Terreur, épouvante.
effronté, e adj. et n. Impudent, insolent. *Attitude effrontée.* / Subst. *Un(e) jeune effronté(e).*
effrontément adv. Avec effronterie.
effronterie n. f. Attitude d'une personne effrontée.
effroyable adj. Qui cause de l'effroi, effrayant. *Un spectacle effroyable.* / (Sens atténué) Pénible, difficile à supporter. *Une chaleur effroyable.*
effroyablement adv. De manière effroyable.
effusion n. f. *Effusion de sang* : épanchement abondant de sang. *Combat sans effusion de sang.* / Fig. Épanchement des sentiments.
E.G.A. ou **EGA** Sigle de (ou acronyme pour) *Earth Grazing Asteroids* (astéroïdes frôleurs de la Terre), qui désigne une famille d'astéroïdes dont la trajectoire orbitale frôle ou coupe celle de la Terre. Syn. géocroiseurs.
égailler (s') v. pron. [1] Se disperser. *S'égailler dans la nature.*
égal, e aux adj. et n. **A.** adj. Identique, pareil, semblable. *Deux droites égales.* Ant. inégal. / Sans changement, uniforme. *Elle est toujours d'humeur égale.* / Indifférent. *Cela lui est bien égal.* **B.** n. Personne qui a les mêmes droits, les mêmes devoirs, etc. qu'une autre. *La femme est l'égale de l'homme.* / loc. adj. *Sans égal* : qualifie qqn qui est le meilleur dans sa spécialité, qqch. dont la qualité ne peut être égalée.
également adv. De manière égale ; aussi.
égaler v. t. [1] Être de quantité, de valeur, d'importance égale à (un élément de comparaison). *Sa prudence égale son courage. Égaler une performance, les meilleurs.*
égalisation n. f. Action de rendre égal ; son résultat. / SPORT *Égalisation d'un score* : fait de marquer un but ou un point qui rend les scores égaux.
égaliser v. t. / v. i. [1] Rendre égal. *Égaliser les chances d'accès à la formation. Égaliser les cheveux* : couper les mèches qui dépassent. / v. i. SPORT Obtenir un score égal à celui de l'adversaire. *Égaliser à dix minutes de la fin du match.*
égaliseur n. m. ÉLECTRON. Dispositif permettant de modifier la courbe de réponse d'un système de production, de transmission ou d'enregistrement du son, généralement en affectant une intensité égale à toutes les fréquences d'une bande déterminée.

San Juan de los Reyes, construit par l'architecte espagnol **Enrique de Egas**.

égalitaire adj. Visant à l'égalité. *Principes égalitaires.*
égalitarisme n. m. Doctrine prônant l'égalité entre les hommes, dans les domaines civique, politique et social notamment.
égalité n. f. Qualité de deux choses de même nature, de même valeur, de même forme, de même quantité. Ant. inégalité. / Principe selon lequel les hommes sont tous semblables devant les lois et disposent des mêmes droits politiques et sociaux. *Liberté, égalité, fraternité.* / *Égalité du terrain* : caractère plan d'un terrain. / *Égalité d'humeur* : qualité d'une personne toujours calme.
égard n. m. **I.** Attention, considération. *Il n'a pas porté égard à ces événements.* / loc. prép. *Eu égard à* : en considération de. *Eu égard aux circonstances, il a des excuses.* / *À l'égard de* : vis-à-vis de. *Je me suis toujours bien conduit à son égard.* / loc. adv. *À tous égards* : à tous les points de vue. *À certains, différents égards* : à certains, différents points de vue. **II.** Déférence. *Par égard pour ses parents.* / (au plur.) *Avoir des égards pour les personnes âgées*, leur manifester du respect, des attentions déférentes.
égaré, e adj. et n. **I.** Qui a perdu son chemin. *Un touriste égaré.* / n. *Retrouver les égarés.* **II.** Jeté dans la confusion, dans le trouble. / Qui dénote le trouble, la confusion, le désarroi. *Un regard égaré.*
égarement n. m. Fait de s'écarter des voies de la morale. / Trouble passager de la raison. / Dérèglement dû à la passion.
égarer v. t. / v. pron. [1] **A.** v. t. Détourner de la bonne direction, intentionnellement ou non. *Égarer ses poursuivants.* (au fig.) *Égarer les soupçons.* / Ne plus retrouver (qqch.) momentanément. *Égarer une facture.* (Emploi pron.) *Votre lettre s'est égarée.* / Fourvoyer. *Son obsession l'égare. B.* v. pron. Se perdre. *S'égarer dans le dédale des rues.* / Fig. Déraisonner, s'écarter du bon sens. *S'égarer en rêveries.*
Egas (Enrique de) 1455?-1534? Architecte espagnol. Pour les Rois Catholiques, il édifia, dans le style plateresque, l'hôpital royal de Saint-Jacques-de-Compostelle, la chapelle funéraire de Grenade, l'hôpital de la Sainte-Croix à Tolède, l'hôpital de Grenade.
Égates ou **Égades (îles)** Nom antique d'un archipel proche de la côte occidentale de la Sicile (Favignana, Levanzo, Maretimo) ; c'est là que fut battu Hannon le Grand (241 av. J.-C.), défaite carthaginoise qui mit fin à la première guerre punique.
Égaux (conspiration des) Conspiration organisée, à partir de mars 1796, par Babeuf et ses amis (dont Buonarotti) et visant à renverser le Directoire pour mettre en place une dictature révolutionnaire, prélude à l'instauration d'un système communiste. Les conjurés furent dénoncés et Babeuf condamné à mort et exécuté.
égayer v. t. [1] Rendre (qqn) gai, plus gai. *Le vin égaie les convives.* / Rendre (qqch.) plus agréable. *Égayer un appartement avec des couleurs vives.* / v. pron. Devenir gai. *Commencer à s'égayer.*
Egbert le Grand ?-839 Roi du Wessex en 802. En 827, il réunit les sept royaumes angles et saxons (Mercie, East-Anglia, Essex, Sussex, Kent, Northumbrie et Wessex) sous le nom d'Angleterre.

Égée (mer) Partie de la Méditerranée qui s'étend de la Crète à l'Hellespont, entre la côte orientale de la Grèce et la côte occidentale d'Asie Mineure. Elle doit son nom à Égée, roi légendaire d'Athènes et fils de Pandion, qui s'y jeta, croyant son fils Thésée vaincu par le Minotaure. Les îles sont divisées en trois régions, dont la Crète.
égéen, enne adj. De la mer Égée ; des Égéens.
Égéens Peuples antérieurs aux Grecs dont les premières manifestations en Crète se produisirent au milieu du IIIᵉ millénaire av. J.-C. Ils firent rayonner jusqu'au Péloponnèse une civilisation brillante.
Égée méridionale *5 286 km² 257 481 h.* Région de Grèce, au sud de la mer Égée. Chef-lieu *Hermoupolis*. La région comprend les nomes des Cyclades et du Dodécanèse.
égérie n. f. Femme considérée comme conseillère ou inspiratrice.
Égérie MYTH. ROM. Nymphe conseillère du roi Numa. Elle versa tant de larmes à sa mort, qu'elle fut changée en source dans le bois d'Aricie.
Égérie (bienheureuse) Voir **Etheria**
Égée septentrionale *3 836 km² 199 231 h.* Région de Grèce, au nord de la mer Égée. Chef-lieu *Mytilène*. La région comprend les nomes de Chio, Lesbos et Samos.
égide n. f. Litt. Ce qui protège. *Sous l'égide de* : sous la tutelle de, la protection de.
Égide MYTH. GR. Bouclier merveilleux de Zeus et d'Athéna recouvert de peau de chèvre.
Égine (île d') *85 km² 7 000 h.* Petite île grecque située en face du Pirée. Elle fut, dans l'Antiquité, un port fort riche et imposa sa monnaie à plusieurs pays, dont l'Égypte. Elle suscita la jalousie des Athéniens qui en firent la conquête vers 460 av. J.-C. et en expulsèrent les habitants. Ruines du temple d'Aphaia.
Éginhard v. 770-840 Chroniqueur franc. Sa *Vie de Charlemagne* (*Vita Caroli Magni*) est une source irremplaçable (mais exigeant une lecture critique) d'informations sur les Carolingiens.
Égisthe MYTH. GR. Héros de la famille des Atrides et amant de Clytemnestre. Aidé de cette dernière, il tua Agamemnon à son retour de Troie. Oreste le tua, ainsi que Clytemnestre, pour venger son père.
églantier n. m. BOT. Rosier sauvage, utilisé comme porte-greffe pour les variétés cultivées.
églantine n. f. Fleur de l'églantier.
églefin ou **aiglefin** ou **aigrefin** n. m. Poisson téléostéen de la famille des gadidés, proche de la morue, qui se mange fumé sous le nom de haddock.
église n. f. **I.** (Avec une majuscule) Communauté chrétienne. *L'Église de Jérusalem. Les Églises orthodoxes.* / Absol. *L'Église* : pour les catholiques, l'Église catholique, apostolique et romaine. *Les commandements de l'Église.* / Ensemble du clergé ; état ecclésiastique. *Homme d'Église.* **II.** (avec une minuscule) Lieu consacré où les chrétiens célèbrent le culte. *L'église Saint-Germain-des-Prés.*
Église (États de l') Voir **Pontificaux (États)**
églogue n. f. Poème pastoral mettant en scène des bergers. *Les églogues de Ronsard.*
Egmont (Lamoral, comte d') 1522-1568 Aristocrate du Hainaut. Commandant des troupes espagnoles dans les Pays-Bas, il se montra tolérant vis-à-vis des protestants et soutint, bien que catholique, Guillaume le Taciturne. Il fut décapité sur ordre du duc d'Albe, exécution qui contribua au déclenchement d'une insurrection générale aux Pays-Bas. Son histoire a inspiré à Goethe sa tragédie *Le Comte d'Egmont* (1787) pour laquelle Beethoven écrivit une partition (1810).
ego n. m. PHILO. Selon la philosophie de Kant, le sujet en tant qu'unité transcendantale. / PSYCHAN. *L'ego* : le moi.
égocentrique adj. et n. Qui manifeste de l'égocentrisme.
égocentrisme n. m. Attitude de celui qui pense le monde extérieur en rapportant tout à lui-même.
égoïne n. f. Petite scie à lame rigide, munie d'une poignée.

Les civilisations préhelléniques mer ***Égée***.

*Façade de l'***église** *(dite aussi "chapelle") de la Sorbonne à Paris, construite par Jacques Lemercier en 1629 pour le cardinal de Richelieu.*

égoïsme n. m. Amour immodéré de soi, attachement excessif à ses propres intérêts au détriment de ceux des autres. Ant. altruisme.
égoïste adj. et n. Qui manifeste de l'égoïsme.
égoïstement adv. De manière égoïste.
égorgement n. m. Action d'égorger.
égorger v. t. [1] Couper la gorge de. *Égorger un mouton.* / Loc. fig. *Égorger le client* : vendre à un prix exorbitant.
égorgeur, euse n. Criminel qui égorge ses victimes.
égosiller (s') v. pron. [1] Crier très fort ; se faire mal à la gorge à force de crier, parler.
égotisme n. m. Litt. Disposition à ne porter attention qu'à soi.
égotiste n. et adj. Celui, celle qui pratique l'égotisme. / Qui manifeste l'égotisme.
égout n. m. Canal souterrain destiné à l'évacuation des eaux résiduaires d'une ville. / *Tout-à-l'égout* : système de conduits évacuant directement les eaux usées d'un immeuble dans les égouts collecteurs de la ville.
égoutier n. m. Ouvrier travaillant à l'entretien des égouts.
égouttage ou **égouttement** n. m. Action d'égoutter ; fait de s'égoutter. *Égouttage du linge.*
égoutter v. t. [1] Laisser tomber goutte à goutte le liquide qui imbibe (qqch.). *Égoutter du linge.* / (emploi pron.) *Le linge s'égoutte.*
égouttoir n. m. Ustensile, casier à claire-voie où l'on dispose ce que l'on veut faire égoutter. / Spécial. Casier à claire-voie pour l'égouttage de la vaisselle.
égrainer Voir **égrener**
égrapper v. t. [1] Détacher un à un les grains de la grappe de. *Égrapper du raisin.*
égrappoir n. m. Appareil à égrapper.
égratigner v. t. [1] Écorcher superficiellement la peau de. *Égratigner un genou.* / Par anal. *Égratigner un meuble*, l'érafler. *Égratigner la terre*, la labourer en surface.
égratignure n. f. Blessure légère.
égrenage n. m. Action d'égrener ; résultat de cette action.
égrener ou **égrainer** v. t. [1] Détacher un à un les grains de. *Égrener du blé.* / Par anal. *Égrener un chapelet* : prier en passant d'un grain à l'autre à chaque prière. *La pendule égrène l'heure*, fait entendre ses coups de carillon à chaque heure. / v. pron. Se détacher un à un. *Une file de coureurs cyclistes qui s'égrène le long de la route.*
égrillard, e adj. Grivois, licencieux. *Chanson égrillarde.*
égrotant, e adj. Vx ou litt. Malade ; de santé fragile. *Un vieux monsieur égrotant.*
égrugeage n. m. Action d'égruger ; résultat de cette action.
égrugeoir n. m. Mortier à égruger.
égruger v. t. [1] Réduire en poudre (une substance). *Égruger du sel.*
égueulé, e adj. GÉOL. *Cratère égueulé*, dont la paroi a été en partie détruite au cours d'une éruption.
• **Égypte** État situé au nord-est du continent africain.
égyptien, enne adj. et n. D'Égypte. *Pyramides égyptiennes. Un(e) Égyptien (ne).* / n. m. LING. Langue de l'ancienne Égypte.
égyptologie n. f. Étude de l'Égypte ancienne, de son histoire et de ses vestiges.
égyptologue n. Spécialiste d'égyptologie.
eh ! interj. (Pour marquer la surprise, l'admiration, la souffrance) *Eh ! Que se passe-t-il ? Eh bien ! On ne dirait pas !*
éhonté, e adj. Impudent, sans vergogne.
Ehrenbourg (Ilia Grigorievitch) 1891-1967 Journaliste et romancier soviétique. Exilé à Paris en 1908, de retour en Russie après la révolution de février 1917, il est, à partir de 1921, correspondant de la presse soviétique en France et en Espagne. Ses œuvres d'alors appartiennent peu ou prou à une « littérature de combat » (*Sans reprendre haleine*, 1935) glorifiant le socialisme. Après la débâcle de 1940 (qui lui inspire *La Chute de Paris*, 1941), il regagne définitivement l'U.R.S.S. *La Tempête* (1948) et

ÉGYPTE

Superficie : *1 001 449 km²* – **Nombre d'habitants :** *65 200 000 h.* – **Capitale :** *Le Caire*
Villes principales : *Alexandrie, El-Giza, Port-Saïd, Tanta* – **Système politique :** *république*
Langue(s) : *arabe* – **Religion(s) :** *islam, christianisme copte* – **Monnaie(s) :** *livre égyptienne*

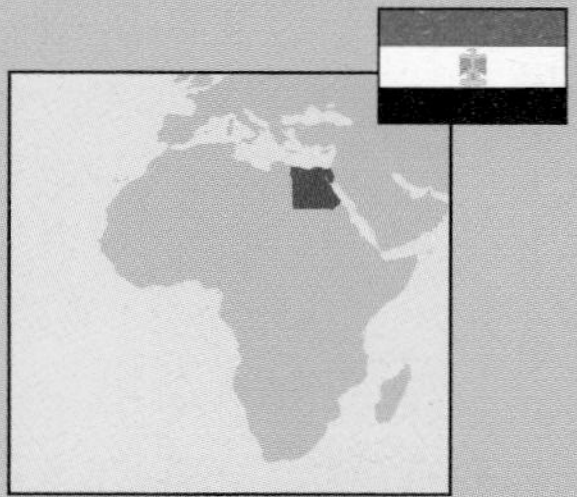

Voir l'Atlas

Géographie physique

Le Nil qui traverse le pays du sud au nord est bordé à l'ouest par le désert de Libye, suite de vastes plateaux de grès et de calcaire de faible altitude, et à l'est par le désert arabique, suite de chaînes de montagnes élevées, parfois d'origine volcanique. La sécheresse du climat (influence des vents sahariens) accentuée par l'absence de système d'irrigation fait de l'Égypte un pays désertique à l'exception de la seule vallée du Nil (*1 500 km*), dont le lit atteint 20 km de large et dont les crues confèrent à la région une grande fertilité, encore que les nombreux barrages aient privé les terres inondées de l'apport de limon et que l'on doive désormais les fertiliser artificiellement.

Économie

Elle dépend pour une très grande partie de l'agriculture, essentiellement consacrée aux céréales (blé, maïs, riz) et au coton (90 % des exportations). La découverte d'hydrocarbures, l'annulation partielle de la dette, les dons occidentaux (des États-Unis, surtout), les droits de passage sur le canal de Suez, le tourisme (malgré le terrorisme) ne résolvent pas les graves problèmes : essor démographique (plus de 12 millions de personnes, souvent misérables, s'entassent dans la ville du Caire), pollution du Nil, urbanisation de terres fertiles, déficit de la balance commerciale (les exportations ne couvrent que le tiers des importations).

Histoire

Peuplée dès le Paléolithique, cultivée au Néolithique (orge et blé), l'Égypte était faite de deux parties géographiquement très différentes : la haute vallée du Nil et le delta. Ces deux terres furent unifiées sans doute vers 3000 avant notre ère par un roi de Haute-Égypte que les Anciens nomment Menès. Ce dernier conquit le delta et établit sa nouvelle capitale au point de jonction entre haute vallée et delta, à un endroit qui deviendrait plus tard Memphis. Nous savons peu de choses sur les deux dynasties les plus anciennes, dites *thinites*, parce que les souverains étaient enterrés près de la ville de Thinis. La diffusion de l'écriture (dont la naissance remonte peut-être à 3200 ou 3300 av. J.-C.) permet d'organiser l'administration et de rédiger traités et documents. Entre 2815 et 2400 se succéderont les dynasties de l'Ancien Empire (de la IIIe à la VIe dynastie) dont une des figures marquantes est Pepi II (v. 2270-v. 2180, le plus long règne de l'histoire). Cette époque est marquée par de grandioses réalisations architecturales (premières pyramides) et de nombreuses expéditions militaires (Libye, Nubie, Soudan, Sinaï, Palestine). Vers 2400, pour des raisons qui demeurent encore en partie obscures, l'empire s'effondre, le pouvoir s'atomise en plusieurs dynasties dont chacune a sa capitale : Héracléopolis (au sud de l'entrée du Fayoum), Thèbes (aujourd'hui Louxor), Assiout. C'est la période dite « des royautés multiples » à laquelle met fin, vers 2000, Amménémès Ier qui fonde la XIIe dynastie et règne du nord au sud. Deux siècles plus tard, le pouvoir se morcelle de nouveau : des peuples venus d'Asie s'emparent du trône vers 1720 et le perdent à la fin du XVIe siècle ; la XVIIIe dynastie, d'origine thébaine, commence à les refouler vers 1590 et leur capitale tombe vers 1570. S'ouvre alors la période faste du Nouvel Empire (1590-1085) : heureuses expéditions militaires, réorganisation du territoire, essor du commerce, des lettres et des arts. Au traditionnel polythéisme dominé par le dieu dynastique Amon, le jeune pharaon Aménophis IV entend substituer le culte d'un dieu unique et immatériel, Aton, symbolisé par le disque solaire ; il devient Akhenaton, « celui qui plaît à Aton », et, à Tell el-Amarna s'épanouit une civilisation brillante qui ne résistera pas à l'hostilité du clergé d'Amon et à la montée en puissance des Hittites. Les successeurs du pharaon hérétique ont grand mal à maintenir la puissance de l'empire, malgré les succès de Ramsès II contre les Hittites et de Ramsès III contre les peuples de la mer. Le pays se disloque peu à peu, les royaumes d'Asie deviennent de plus en plus puissants et l'Égypte passe sous domination étrangère : elle est aux mains des Perses en 525 et Alexandre le Grand s'en empare en 332. On parle alors d'Égypte hellénistique (332-30 av. J.-C.) à la tête de laquelle s'installe, après la mort d'Alexandre, la dynastie des Lagides qui doit son nom à un Macédonien devenu gouverneur de l'Égypte, Ptolemaios (Ptolémée Ier Sôter), fils de Lagos. Les Lagides organisent une société de type colonial et font de l'Égypte, dont ils respectent les institutions et les croyances, l'État le plus riche d'Orient. Cependant la situation se dégrade (querelles dynastiques, soulèvement de paysans réduits en esclavage). Cléopâtre redonnera, pour une très brève période, tout son éclat à la dynastie qui périt avec elle quand elle se suicide en 30 av. J.-C., après qu'Octave eut écrasé Antoine, son amant, lors de la bataille navale d'Actium. Désormais province de Rome, l'Égypte romaine (30 av. J.-C.-395 apr. J.-C.) est régie par un proconsul suivant les méthodes des Lagides. Le christianisme s'implante au début du IIe siècle après J.-C. À la chute de l'Empire romain d'Occident, l'Égypte passe sous la domination de Byzance (395-642). Les querelles théologiques des premiers siècles aboutissent à une rupture avec Constantinople : les chrétiens d'Égypte rejettent les formulations du concile de Chalcédoine et professent que le Christ n'a qu'une seule nature, la nature divine (d'où leur nom de *monophysites*). En 642, les Arabes s'emparent de l'Égypte. La population se convertit majoritairement à l'islam. L'Égypte suit désormais le destin de l'Empire arabe jusqu'en 1517, date à laquelle elle est conquise par les Turcs. Elle sera désormais une province de l'Empire ottoman jusqu'en 1805. Elle connaît la domination de plusieurs dynasties dont celle des Mamelouks ; la prospérité

Évolution historique de l'Égypte antique.

E

ÉGYPTE (SUITE)

Panorama du Caire : la citadelle de Saladin (XIIe siècle).

économique se maintient et Alexandrie confirme son rôle de port le plus important de la Méditerranée. Après l'épisode de la conquête française (1798-1801), l'anarchie est telle que le sultan envoie en Égypte Méhémet Ali qui massacre les derniers Mamelouks et obtient le titre de pacha (1805) ; sa dynastie va régner jusqu'en 1952. Lui et ses successeurs entreprennent la modernisation du pays (percement du canal de Suez dès 1859). L'occupation anglaise, commencée en 1882 à l'occasion d'une émeute à Alexandrie, devient effective à la fin du XIXe siècle. Dès 1918, l'Égypte réclame son indépendance, mais ne l'obtient totalement qu'en 1936. L'Angleterre continue toutefois d'occuper la zone du canal, déclarée neutre (1888). Pendant la Seconde Guerre mondiale, l'Égypte adopte une position germanophile et, en 1945, le roi Farouk réclame l'évacuation de Suez. Devant faire face à une grave crise sociale à laquelle s'ajoute la défaite de 1948 contre Israël, Farouk appelle au pouvoir le parti nationaliste Wafd mais, le 26 juillet 1952, le complot de l'Association des Officiers libres (organisation animée, notamment, par le lieutenant-colonel Nasser et le général Néguib, et qui s'est choisi ce dernier pour chef) le contraint à l'abdication au profit de son fils de six mois. Néguib proclame la République (18 juin 1953) et, en 1954, est remplacé par Nasser qui, d'emblée, se pose en leader des pays arabes. Le 26 juillet 1956, il nationalise le canal de Suez. Le 29 octobre, Israël attaque l'Égypte, suivi de la France et de la Grande-Bretagne le 31. L'U.R.S.S. (suivie par les États-Unis) demande à l'ONU d'intervenir : l'ONU impose le cessez-le-feu (2-4 novembre). Poursuivant sa politique d'unité arabe, prônant le neutralisme politique et bénéficiant à la fois de l'appui financier des États-Unis et de l'U.R.S.S., Nasser obtient en 1955 que la Syrie fusionne avec l'Égypte en une République arabe unie (R.A.U.) dont la Syrie se retire en 1961 (mais l'Égypte conserve le nom de R.A.U.). Sur le plan intérieur, Nasser entreprend la socialisation du pays : nationalisation des grandes entreprises étrangères et des banques, réforme agraire et élaboration de plans quinquennaux avec l'aide technique de l'U.R.S.S. qui finance en grande partie les travaux du barrage d'Assouan tandis que d'autres pays (les États-Unis, l'Italie, la Chine, le Japon, la République fédérale d'Allemagne, notamment) participent au développement du pays. Afin de cimenter l'union nationale, Nasser crée, en 1962, l'Union socialiste arabe, parti unique dont il est le chef. Si le redressement économique est spectaculaire, il est toutefois menacé par une très forte poussée démographique, une bureaucratie envahissante, un taux de chômage élevé et les dépenses entraînées par les conflits avec Israël. Jusqu'à la mort de Nasser en 1970, le problème israélien est utilisé comme ciment de la solidarité des pays arabes.

C'est au Caire qu'a été constituée l'organisation de la libération de la Palestine (O.L.P.). Malgré le soutien de nombreux pays africains et l'appui du roi Hussein de Jordanie, la troisième guerre contre Israël, en juin 1967 (guerre des Six-Jours), s'est soldée pour les Arabes par un échec militaire total et les Israéliens ont conquis le Sinaï. En 1970, le vice-président Anouar el-Sadate succède à Nasser. Il constitue avec la Syrie et la Libye l'Union des républiques arabes. À l'intérieur, il se débarrasse de l'aile gauche de l'Union socialiste arabe et entreprend de libéraliser l'économie. En 1971, il transforme la R.A.U. en République arabe d'Égypte. En 1972, il renvoie les conseillers militaires imposés par l'U.R.S.S. Le 6 octobre 1973, jour du Kippour, l'Égypte et la Syrie attaquent Israël, dont la victoire est, cette fois, difficile. L'U.R.S.S. et les États-Unis obtiennent de l'ONU, le 22 octobre, qu'elle fasse cesser les combats. En juin 1974, le président américain Nixon se rend en Égypte. En 1977, Sadate et le Premier ministre israélien, M. Begin, se rencontrent : bravant l'hostilité des pays arabes, Sadate se rend en Israël et s'exprime à la tribune du parlement. Le 26 mars 1979, les deux hommes signent un traité de paix à Washington. La Ligue arabe exclut l'Égypte. Le 6 octobre 1981, Sadate est assassiné au Caire. Le général Hosni Moubarak lui succède. En avril 1982, les dernières troupes israéliennes quittent le Sinaï. En 1987, le Parti national démocrate de Moubarak remporte très largement les élections et Moubarak est réélu président de la République. En 1989, la Ligue arabe réintègre l'Égypte. En 1992, le terrorisme islamiste se manifeste pour la première fois. On lui impute en 1995 un attentat (manqué) contre Moubarak à Addis-Abeba. Malgré une sévère répression, il continue de se manifester sporadiquement, s'attaquant en particulier aux chrétiens (destruction d'églises, massacres de villageois) et aux touristes. En 1996, quand Israël reprend l'implantation des colonies juives sur les territoires cédés aux Palestiniens, Moubarak manifeste son opposition, qu'il a maintenue depuis lors. En décembre 1998, il désapprouve publiquement les bombardements américano-britanniques en Irak. Après le déclenchement (20 mars 2003) de la guerre américano-britannique en Irak, les manifestations de rue hostiles à la politique américaine ont mis le régime dans l'embarras, sans que s'infléchisse pour autant la politique étrangère de l'Égypte.

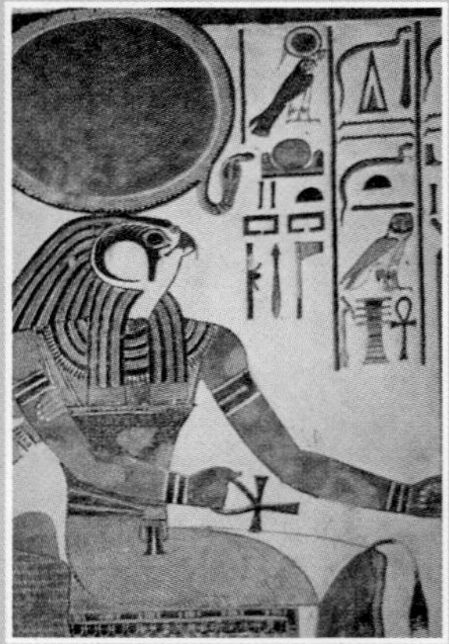

Le Dieu Horus, divinité solaire.

Le temple de Deir el Bahari, à Thèbes, construit au XVe siècle avant J.-C. pour la reine Hatshepsout.

Art et culture de l'Égypte pharaonique

L'unité historique du pays a été assurée par la vallée du Nil qui, plus large qu'aujourd'hui et bénéficiant d'un climat sensiblement plus humide, fut très tôt peuplée ; de l'époque préhistorique (Ve et IVe millénaires), l'archéologie a retrouvé les témoignages d'un habitat primitif constitué par des huttes de terre et un artisanat de poteries auquel la découverte du cuivre au IVe millénaire ajouta une orfèvrerie déjà raffinée, tandis que les vases étaient sculptés dans des roches dures, puis dans l'albâtre. Dès le IIIe millénaire, le système politique qui mettait le pays sous l'autorité sacrée et incontestable du pharaon, les conceptions d'une religion agraire, et enfin les conventions graphiques de l'écriture hiéroglyphique sont fixées. La solidité et l'inviolabilité que les Égyptiens tentèrent de donner aux demeures des morts, en raison de l'importance que revêtait la vie dans l'au-delà, valent à l'archéologie de suivre l'évolution d'un art que la disparition quasi totale des villes, construites dans des matériaux périssables, aurait voué au néant. De plus, cette croyance à une vie supraterrestre gardant tous les caractères de la vie d'ici-bas les incita à recréer dans les tombes tous les aspects de la vie quotidienne. Ainsi peintures et reliefs nous restituent la vie des champs, la chasse, la vie urbaine, tandis que des maquettes déposées dans les tombes nous ont conservé l'aspect de telle maison ou atelier, voire de telle activité. Sous l'Ancien Empire, la croyance dans l'au-delà inspire une architecture grandiose dont les principaux témoignages sont la pyramide de Saqqarah, construite par le ministre Imhotep pour abriter la

E

ÉGYPTE (SUITE)

tombe du roi Djeser et les pyramides de Gizeh, demeures funéraires des rois Chéops, Chéphren et Mykérinos. Au pied de ces immenses constructions, symboles d'éternité, dont le procédé d'édification reste mystérieux, les tumuli des mastabas, qui signalent au niveau du sol la présence d'une chambre funéraire, regroupent dans la mort les fonctionnaires autour du maître du pays. L'Égypte connaît deux types de temples dont les dispositions varient peu au cours de son histoire: le temple dédié au culte du Soleil où une pyramide entourée d'une enceinte sacrée se dresse à ciel ouvert, et le temple couvert qui présente classiquement trois parties: le pylône d'entrée qui donne sur une cour à portiques, la salle à colonnes dont la partie médiane est éclairée par une claire-voie et enfin le sanctuaire suivi parfois de chapelles auxquelles on accède par un naos.

Quoique les Égyptiens aient connu l'emploi de la voûte, ils la réservèrent à des édifices utilitaires et ne l'employèrent ni dans la construction de leurs temples ni dans celle de leurs habitations. La colonne servant de support à un toit en terrasse fut donc la structure architectonique le plus souvent utilisée. À l'origine, pilier de pierre à section carrée, tel qu'on peut le voir encore dans le temple du Sphinx à Gizeh, la colonne affecta diverses formes généralement d'inspiration naturaliste, à l'exception des colonnes protodoriques. Des chapiteaux ouverts en campanule ou fermés aux fûts lisses ou fasciculés, les types en furent très tôt fixés. Dès cette époque également, la sculpture en ronde bosse accuse un goût pour un réalisme grandiose propre à rendre la majesté pharaonique (le roi Chéphren, musée du Caire) mais qui sait également traduire la spontanéité de la vie (*Scribe accroupi*). Le relief et la peinture offrent, suivant les conventions d'une représentation sans perspective qui ne varie guère pendant des milliers d'années, un art désireux de restituer, et par là de conserver, l'image de la vie dans ses aspects les plus quotidiens (*oies de Meidoun*).

À partir de la VIe dynastie, l'affaiblissement de l'État engendre une crise spirituelle qui aboutit cependant, grâce à la fixation du mythe d'Osiris, à une confirmation de la croyance dans une vie supraterrestre. Il ne reste que peu de vestiges des temples du Moyen Empire, mais on note cependant l'émergence d'un nouveau type de sépulture royale qui combine les dispositions de la pyramide et de la tombe rupestre. Quant aux nécropoles des fonctionnaires, elles continuent à adopter les plans des mastabas de l'Ancien Empire; cependant, les gouverneurs des provinces profitent de l'érosion du pouvoir pharaonique pour se faire ériger des tombeaux imposants, à la mesure du pouvoir qu'ils ont exercé pendant leur vie.

En sculpture, si le réalisme de la XIIe dynastie pratique le style sévère (Sésostris III), le rôle protecteur que doit jouer le pharaon incline par la suite le sculpteur à adoucir l'expression des visages. Vers 1780 av. J.-C., un nouvel affaiblissement de pouvoir permit à des roitelets venus d'Asie antérieure, les Hyksos, d'imposer à la Basse-Égypte leur domination. Mais l'unité du pays est reconstituée et s'ouvre alors la période du Nouvel Empire. Les souverains thébains, las des déprédations dont les tombes royales étaient l'objet, décident de se faire désormais ensevelir dans des tombes creusées à flanc de rocher dans le site plus tard appelé la Vallée des rois. C'est là que fut découverte la sépulture de Toutankhamon. L'ensemble de son mobilier funéraire et de son trésor permet de se faire une idée précise des arts décoratifs de cette époque. La majorité des temples de disposition classique qui sont parvenus jusqu'à nous datent du Nouvel Empire, époque où l'Égypte a atteint l'apogée de sa civilisation (temples de Karnak, de Louxor, de Médinet Abou, d'Abou Simbel). En sculpture, on perfectionne le style empreint de noblesse et de sérénité des époques précédentes (la reine Hatshepsout; Aménophis III et son épouse la reine Tiyi) tout en respectant les conventions traditionnelles de la représentation. Seule l'époque du règne du roi hérétique Aménophis IV Akhenaton, appelée période amarnienne du nom de sa nouvelle capitale Tell el-Amarna, sans remettre en question les principes qui règlent les représentations, inspire au style une évolution dont le buste gracile de la reine Néfertiti résume l'esprit. Les statues, qui ont toujours orné les murs des sanctuaires, parviennent à une extrême finesse soit dans le genre du bas-relief proprement dit (Abydos, Thèbes) soit dans le relief en creux (Karnak) dont la technique si particulière à l'art égyptien couvre les murs.

La peinture, enfin, orne les parois des tombes de scènes dessinées d'un trait ferme qui, sauf à l'époque amarnienne, ignore le modelé pour rendre dans des à-plats nettement définis les scènes traditionnelles de chasse, de pêche ou de vie rurale (peintures de Thèbes), dont tout souci de perspective reste exclu, tandis que l'importance relative des personnages commande leur échelle respective. À partir de 1085, s'ouvre la période appelée Basse Époque qui s'achève avec la conquête d'Alexandre de Macédoine en 332 av. J.-C. Les conquêtes assyriennes (671-663 av. J.-C.), la période saïte qui suit immédiatement et la domination perse n'altèrent en rien la culture de l'Égypte qui reste fidèle à ses dieux et à ses institutions.

L'art de la Basse Époque reste non seulement imperméable aux influences étrangères mais ressuscite l'esprit de l'art de l'Ancien Empire auquel son antiquité donne une valeur de référence. Aussi un certain archaïsme est-il réintroduit dans les formes. Cependant, la conquête alexandrine ouvre l'Égypte aux influences grecques, quoique les Ptolémées se posent en successeurs des pharaons et, à ce titre, respectent l'originalité de la civilisation égyptienne.

À partir d'Alexandrie rayonne le prestige d'une culture à laquelle les apports grecs et juifs donnent une valeur universelle. Si les temples conservés, qui présentent une remarquable harmonie des proportions, montrent une fidélité aux schémas d'ensemble des édifices antérieurs, si la sculpture en ronde bosse et le bas-relief garde leur caractère traditionnel, il faut cependant mentionner quelques apports venus de l'extérieur qui s'expriment dans des genres d'ailleurs étrangers à l'Égypte traditionnelle.

C'est le cas des mosaïques hellénistiques de type alexandrin et des portraits à l'encaustique, dont la majorité a été retrouvée dans le Fayoum et qui constituent un prolongement du portrait romain. Avec la christianisation de l'Égypte au IIe siècle apr. J.-C., prend fin la civilisation de l'ancienne Égypte. La destruction d'Alexandrie au moment de la conquête arabe, en 645, efface à son tour les influences gréco-romaines. Désormais, le destin de l'Égypte se confond avec celui du monde musulman qui trouve dans Le Caire sa capitale intellectuelle.

Littérature moderne

L'expédition de Bonaparte (1798-1801) ouvre l'Égypte à l'Occident et ses lettres vont bientôt connaître une nouvelle naissance. Le premier poète de l'école moderne est Shawqi (1868-1932). Après la Première Guerre mondiale, romanciers et nouvellistes réalistes foisonnent. Le plus célèbre en Occident est Tawfiq al-Hakîm (*Journal d'un substitut de campagne*, 1937). Puis vient Naguib Mahfouz qui, peu après la Seconde Guerre mondiale, donne une trilogie sur Le Caire.

Cinéma

Le cinéma parlant a fait du Caire la capitale cinématographique du monde arabe, qui fait connaître dans les moindres villages la chanteuse Umm Kulthum ainsi que les chanteurs Farid El Atrach et Muhammad Abdel Wahab. Sans renoncer à cette importante production (digne des États-Unis et de l'Inde), les studios du Caire réalisent à partir de l'ère nassérienne des films de qualité et font connaître au monde Youssef Chahine dès 1957 (*Gare centrale*).

Les pyramides de Chéops, Mykérinos et Chéphren, dans le complexe funéraire de Gizeh, érigées sous la IVe dynastie entre 2613 et 2563 av. J.-C.

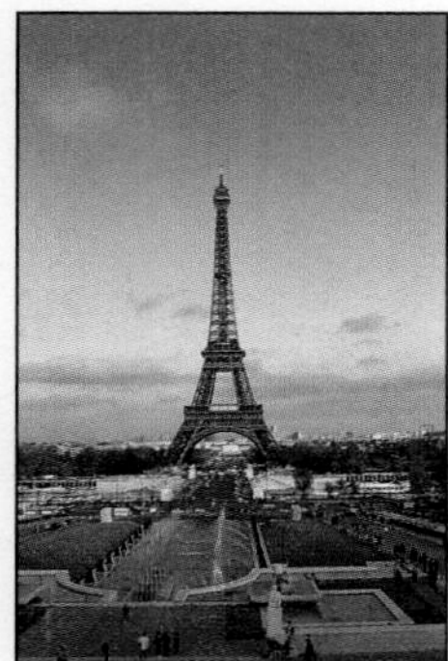

La tour **Eiffel**, *à Paris, vue des jardins du Trocadéro.*

son activité au sein du Mouvement de la Paix témoignent de l'horreur éprouvée pendant les années de guerre. *Le Dégel* (1954-1956), critique du stalinisme, est suivi par six volumes de mémoires, *Les Années et les Hommes* (1961-1965).

Eichmann (Adolf) 1906-1962 Fonctionnaire allemand, chargé par le régime nazi du transport, en vue de leur extermination, des populations juives de treize pays. Réfugié après la guerre en Argentine, il fut enlevé par un commando israélien en 1960 puis jugé et pendu en Israël.

eider n. m. ZOOL. Grand canard marin dont le duvet était autrefois utilisé dans la confection des édredons.

éidétique adj. PHILO. Qui se rapporte à l'essence des choses. / PSYCHO. *Image éidétique*: image d'une parfaite netteté, fruit d'une hallucination.

Eiffel (Gustave) 1832-1923 Ingénieur français. En employant le fer laminé et l'acier à la place de la fonte utilisée jusque-là, il a fait réaliser de grands progrès à la construction métallique comme en témoignent le viaduc de Garabit, sur la Truyère (1884), l'armature interne de la statue de la Liberté, à New York (1886) et l'audacieuse tour Eiffel, à Paris (1889).

Eiger *3 975 m* Sommet des Alpes bernoises (massif de l'Aar) situé près d'Interlaken en Suisse.

Eijkman (Christiaan) 1858-1930 Physiologiste néerlandais. L'étude du béribéri lui permit de découvrir le rôle des vitamines.

Eilat Voir **Elath**

Eindhoven *196 600 h.* Ville des Pays-Bas (Brabant-Septentrional), sur la Dommel. Elle a subi pendant la Seconde Guerre mondiale un raid aérien meurtrier. Reconstruite, elle est devenue un grand centre industriel.

• **Einstein (Albert)** 1879-1955 Physicien allemand, naturalisé citoyen du canton de Zurich et, par là, citoyen de la Confédération Helvétique en 1901, puis naturalisé américain en 1940 après avoir fui l'Allemagne nazie en 1933.

einsteinium n. m. CHIM. Élément artificiel de numéro atomique Z = 99, de masse atomique 254 (symbole Es).

Einthoven (Willem) 1860-1927 Physiologiste néerlandais. Il découvrit le principe de l'électrocardiographie.

Eire Nom officiel de la République d'Irlande.

Eisenhower (Dwight David) 1890-1969 Général et homme d'État américain. Il dirigea les campagnes de Tunisie et d'Italie puis le débarquement de Normandie en 1944. Commandant suprême des forces atlantiques en Europe, il devint président (républicain) des États-Unis en 1953 (réélu en 1956); anticommuniste convaincu, il mena avec son ministre Foster Dulles une politique étrangère orientée contre l'U.R.S.S. sans pour autant dépasser le stade de la guerre froide.

Eisenstein (Sergheï Mikhaïlovitch Aïzenchtaïn, dit **Serge)** 1898-1948 Cinéaste russe. D'abord homme de théâtre (il fut assistant de Meyerhold, dessinateur et décorateur), il s'intéressa très tôt au cinéma. Il sut donner au gros plan et au montage des fonctions expressives qui révolutionnèrent l'art cinématographique. Ses deux premiers films, *La Grève* (1924) et *Le Cuirassé Potemkine* (1925) affirment sa puissante originalité et son engagement révolutionnaire. Suivirent *Octobre* (1927), *La Ligne générale* (1929), *Que viva Mexico* (1931), inachevé, dont le producteur américain fit un montage insatisfaisant, plusieurs fois refait depuis par des cinéphiles, *Le Pré de Béjine* (1935), au montage également inachevé, *Alexandre Nevski* (1938) et *Ivan le Terrible*, en deux parties (1942-1946), dont Staline interdit l'achèvement. Ses *Mémoires* et ses études théoriques ont été publiées en français à partir de 1973 (*Œuvres*, 1974-1980).

Eisler (Hanns) 1898-1962 Compositeur allemand. Élève de Schönberg, il fit de la technique dodécaphonique l'un des aspects essentiels de son œuvre. Sa réflexion sur le rôle social de la musique le conduisit ce-

EINSTEIN (ALBERT)

Rien ne laissait prévoir le destin de ce jeune élève, que seule distinguait de ses camarades une forte volonté à affirmer une indépendance de caractère qui finira par lui aliéner la considération des professeurs du Luitpoldt Gymnasium de Munich, dont il dira : « Leur autoritarisme et la méthode *par cœur* d'enseignement pratiquée dans cet établissement m'étaient profondément antipathiques ».

Il rejoint ses parents installés à Milan et c'est en candidat libre qu'il se présente au concours d'entrée de l'Institut Polytechnique de Zurich. Il y échoue une première fois, mais l'intégrera l'année suivante. Après quatre ans d'études, il en sortira diplôme en main mais les poches vides, sans moyen de subsistance, et devra vivre d'expédients jusqu'à ce que le Bureau Suisse des Brevets de Berne l'emploie au titre d'expert technique de troisième classe.

En 1905, il publie dans les *Annalen der Physik* (« Les Annales de la physique ») un article intitulé : « Sur l'électrodynamique des corps en mouvement », dans lequel il affirme que les lois de l'électrodynamique et de l'optique sont valides dans tous les systèmes de références où sont valides les équations de la mécanique.

Puis, toujours dans la même revue, il énonce que, dans le vide, la vitesse de la lumière est uniforme, et que toute énergie, quelle qu'elle soit, possède une masse. Il lui faudra deux ans pour démontrer que la réciproque est vraie : toute masse, quelle qu'elle soit, possède une énergie.

En 1907, dans le *Jahrbuch der Radioaktivität*, il pose l'équation $E=mc^2$ comme la conséquence la plus importante de la relativité; cette équation sera vérifiée 26 ans plus tard. En 1915, Einstein termine la mise au point de sa théorie de la relativité générale, puis, en 1916, il généralise ses considérations de la relativité restreinte aux systèmes en mouvement accéléré, ce qui l'obligera à formuler une nouvelle théorie de la gravitation en faisant le constat d'équivalence entre un système soumis à la gravitation et un système soumis à l'accélération : les deux systèmes sont soumis à l'action de l'attraction gravitationnelle et subissent tous deux une accélération qui équilibre l'action de la force de gravitation. Prenons un exemple : quand l'astronaute, lors d'une sortie extravéhiculaire, « flotte » dans le vide de l'espace, il est, comme son véhicule spatial, soumis au champ d'attraction gravitationnelle de la Terre, mais l'accélération à laquelle l'homme et le véhicule sont soumis équilibre l'action de la force d'attraction. On retrouve là le principe d'équivalence énoncé par Einstein. Mais la théorie de la relativité générale prévoit, toujours selon le principe d'équivalence, que la lumière, qui ne possède pas de masse, doit être, elle aussi, affectée par un champ de gravité. Cette hypothèse incite Einstein à penser que la lumière issue des étoiles et se propageant dans l'espace devait être déviée à l'approche du Soleil sous l'effet du champ de gravité solaire. Cela impliquait que la position apparente occupée par une étoile dans le ciel serait différente de celle qu'elle occuperait lors d'une éclipse totale de Soleil.

Deux expéditions, organisées par Eddington, l'une en Afrique et l'autre au Brésil pour l'éclipse du 29 mai 1919, prouvèrent, par les mesures effectuées sur les clichés photographiques, que la position de deux étoiles prises comme références étaient différentes et que cette différence était en accord avec les prévisions d'Einstein.

Cette déviation des rayons lumineux dans un champ gravitationnel s'est vérifiée à propos de l'objet 0957+561 A.B, un quasar situé dans la constellation de la Grande Ourse qui, sous l'effet du champ gravitationnel d'une galaxie massive située entre nous et le quasar, provoque une déviation de ses rayons lumineux en produisant des images multiples de l'objet.

À partir de 1933, opposant affirmé du nazisme, Einstein a vécu à Princeton, aux États-Unis, où il enseignait à l'université; ses prises de position en faveur de la paix lui ont assuré une audience qui a dépassé le cercle des scientifiques.

*L'***Elbe***, à Dresde.*

pendant à critiquer l'utilisation systématique de cette technique, et à parfois la simplifier (*Neuf cantates de chambre*, 1937) ou la mettre de côté (*Suites pour orchestre*, 1931-1934) sans pour autant abandonner ses exigences de compositeur d'avant-garde. Son engagement au côté du mouvement ouvrier se traduisit par la composition de « chants de combat » et des partitions plus complexes, à caractère antifasciste (*Symphonie allemande*, 1935-1957). Il s'exila (1933-1948) lors de l'arrivée au pouvoir d'Hitler, vivant principalement aux États-Unis, où il composa de la musique de chambre (*Quatorzes manières de décrire la pluie*, 1940 ; *Symphonie de chambre*, 1940), des pièces pour piano (*Sonate n°3*, 1943) et de nombreux lieder (*Élégies de Hollywood*, 1942). Son œuvre est traversée par l'humour et la mélancolie, ainsi que par le souci d'éviter le pathos et le sentimentalisme. Il est l'auteur de musiques de scène, en particulier pour son ami B. Brecht (*La Décision*, 1930 ; *La Mère*, 1932 ; *Têtes rondes et têtes pointues*, 1936 ; *La Vie de Galilée*, 1947), et travailla pour le cinéma (J. Ivens, F. Lang, J. Renoir, A. Resnais ; *Musique de cinéma*, 1947, écrit en collaboration avec Th. Adorno).

éjaculation n. f. Fait d'éjaculer.

éjaculer v. t. [1] Expulser du corps (une sécrétion). / (Emploi absol.) Émettre du sperme.

éjectable adj. Que l'on peut éjecter. *Siège, cabine éjectable*, qui peuvent être éjectés d'un avion, d'un submersible, avec le pilote, les passagers en cas d'accident.

éjecter v. t. [1] Jeter, propulser (qqch.) au dehors. *Le volcan éjecte de la lave.* / Fig. fam. Chasser (qqn). *Je me suis fait éjecter du bal.*

éjection n. f. Action d'éjecter. / Projection d'une douille vide, hors de la culasse, après que le coup de fusil a été tiré. / PHYSIOL. Évacuation d'excréments, d'urine.

ektachrome n. m. (nom déposé) Film inversible pour la photographie en couleur ; le cliché obtenu avec ce film.

élaboration n. f. Action d'élaborer. *Élaboration d'un projet. L'élaboration d'un chef-d'œuvre.* / PSYCHAN., PSYCHOL. Travail psychique.

élaborer v. t. [1] Préparer ; produire par un long travail. *Élaborer une œuvre.* / (En parlant d'un organisme vivant) Sécréter, transformer (une substance). *Les abeilles élaborent du miel.*

elæis ou **éléis** n. m. BOT. Palmier cultivé pour ses fruits, dont la pulpe fournit l'huile de palme et la graine l'huile de palmiste.

Élagabal ou **Héliogabale** 204-222 Empereur romain de 218 à 222. Ancien prêtre du Soleil (El Gabal) à Émèse, en Syrie, il importa ce culte à Rome. Cruel et débauché, il fut assassiné par les prétoriens.

élagage n. m. Action d'élaguer ; son résultat.

élaguer v. t. [1] Débarrasser (un arbre) des branches qui entravent son développement, sa fructification. / Fig. Débarrasser (un texte) de ce qui l'allonge inutilement. *Élaguer un discours.*

Élam Région correspondant au sud-ouest de l'Iran actuel, mentionnée dans certains textes dès le IIIe millénaire av. J.-C. Les Élamites conquirent Babylone au XIIe siècle av. J.-C. Chassés en 640 av. J.-C., ils furent successivement soumis par les Perses puis par Alexandre ; on perd leur trace avant l'ère chrétienne.

élan [1] n. m. ZOOL. Grand cerf des régions froides, aux larges bois aplatis. *L'élan atteint 2 mètres au garrot et pèse près d'une tonne.* Syn. orignal.

élan [2] n. m. Mouvement fougueux, impulsion. *Prendre son élan.* / Fig. *Les élans du cœur.*

élancé, e adj. Grand et svelte. *Un adolescent élancé.*

élancement n. m. MÉD. Douleur lancinante.

élancer v. i. / v. pron. [1] **A.** Faire sentir des élancements. *Une blessure qui élance.* **B.** v. pron. Se propulser vers l'avant, jaillir. *S'élancer d'un bond.* / Fig. *Les arbres s'élancent vers le ciel.*

éland n. m. ZOOL. Grande antilope d'Afrique sub-équatoriale, aux cornes droites dont les côtes sont en hélice.

élapidés n. m. pl. ZOOL. Famille de serpents venimeux des régions tropicales d'Amérique, d'Asie et d'Australie, à laquelle appartient le cobra.

élaps n. m. ZOOL. Syn. de *serpent corail* ; voir **corail**.

élargir v. t. / v. pron. [2] **A.** v. t. Rendre plus large, plus vaste. *Élargir une route.* / Par ext. Faire paraître plus large. *Peindre les murs en blanc pour élargir l'espace.* / Fig. Donner plus d'ampleur, d'importance à. *Élargir son audience, le domaine de ses compétences.* / Dr Rendre la liberté à (qqn). *Élargir un prisonnier.* **B.** v. pron. Devenir plus large, se développer. Au fig. *Sa curiosité s'est élargie grâce aux voyages.*

élargissement n. m. Action de rendre plus large, plus étendu. *L'élargissement d'une chaussée.* / Dr Mise en liberté (d'un détenu).

élasthanne n. f. TEXT. Toute fibre élastomère de grande élasticité.

élasticimétrie n. f. PHYS. Technique utilisée en résistance des matériaux pour mesurer les contraintes auxquelles est soumis un corps.

élasticité n. f. PHYS. Propriété de certains corps de subir des déformations proportionnelles aux forces qui les produisent et de tendre à reprendre leur forme première quand ces forces ont cessé d'agir. *Limites d'élasticité* : valeurs physiques extrêmes pour lesquelles les corps élastiques retrouvent leur forme première. *Quand les forces exercées dépassent les limites d'élasticité, puis sont supprimées, les déformations persistent.* / Souplesse, absence de rigidité physique ou mentale. / ÉCON. Caractère de variation relative d'un phénomène en fonction d'un autre. *Élasticité de l'offre et de la demande.*

élastine n. f. BIOCHIM. Protéine dont il existe des conformations plus ou moins étirées, composante essentielle des fibres élastiques du tissu conjonctif.

élastique adj. et n. m. **A.** adj. Capable d'élasticité. *Latex élastique.* / Fait de matière élastique. *Bretelles élastiques.* / PHYS. *Choc élastique*, au cours duquel l'énergie cinétique totale est conservée. / Fig. Aisément adaptable, modifiable. *Avoir des horaires élastiques.* **B.** n. m. Tissu contenant des fils de caoutchouc. / Ruban taillé dans ce tissu. *Faire tenir avec des élastiques.* / Petit cercle de caoutchouc.

élastomère n. m. CHIM. Polymères de caractéristiques analogues à celles du caoutchouc naturel (propriétés élastiques).

élatéridés n. m. pl. ZOOL. Famille d'insectes coléoptères (taupins) capables de sauter, lorsqu'ils sont tombés sur le dos, et de se remettre ainsi sur leurs pattes.

Elath ou **Eilat** *29 900 h.* Ville d'Israël, sur la mer Rouge, port sur le golfe d'Akaba. C'est la tête de l'oléoduc qui aboutit à Haïfa.

Elbe (île d') *28 000 h.* Île italienne située dans la mer Tyrrhénienne. Elle devint française en 1803 et Napoléon Ier y régna, à la chute de l'Empire, du 4 mai 1814 au 26 février 1815, date à laquelle il s'embarqua pour la France avant les Cent-Jours.

Elbe *1 165 km* Fleuve d'Europe qui prend sa source dans le massif de Bohême, à *1 400 m* d'altitude et se jette dans la mer du Nord, à Hambourg, après avoir traversé la République tchèque et l'Allemagne ; trafic important grâce aux canaux le reliant à l'Oder.

Elbourz *5 670 m* Massif montagneux du nord de l'Iran. Son point culminant est le Demavend.

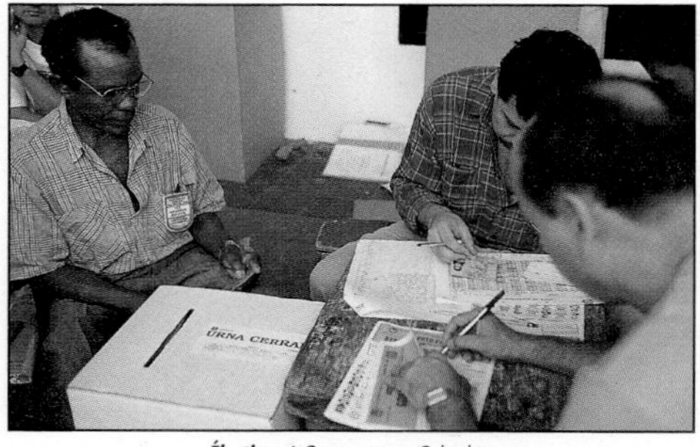

Élection*, à Cartagena, en Colombie.*

Juan Sebastián El Cano.

Elbrous ou **Elbrouz** *5 633 m* Point culminant du Caucase, à la frontière entre la Russie et la Géorgie.

El Cano (Juan Sebastián) v. 1476-1526 Navigateur espagnol. Il accompagna Magellan et parvint à revenir en Espagne (1522), accomplissant ainsi, le premier, le tour de la Terre. Lors d'une expédition ultérieure, il périt dans le Pacifique.

Elche *188 100 h.* Ville d'Espagne dans la province d'Alicante. Nombreuses palmeraies. Un buste antique, d'origine incertaine (œuvre d'un artiste local influencé par l'art grec ? œuvre d'un artiste grec ?) et de datation controversée (sans doute milieu du IVe siècle av. J.-C.), la *Dame d'Elche*, y fut découvert en 1897.

eldorado n. m. (mot espagnol, *el Dorado*, « le Doré », donc « le pays de l'or ») **I.** *L'Eldorado* : la contrée mythique d'Amérique du Sud qui devait regorger d'or, selon les conquistadores espagnols. **II.** Pays d'abondance et de délices.

éléate adj. et n. D'Élée, de ses habitants. / n. m. pl. *Les Éléates* : les philosophes grecs dont l'école aurait été fondée dans la ville d'Élée ; Parménide, qui enseignait la permanence de l'être, et Zénon d'Élée, qui soutenait le paradoxe d'un mouvement immobile, en sont les membres les plus illustres.

électeur, trice n. Personne qui a le droit de voter lors d'une élection ou d'un référendum. (En France, sont électeurs les citoyens nés français, ou naturalisés depuis plus de cinq ans, qui ont atteint la majorité légale [18 ans] avant le 1er avril précédant la consultation et dont le nom figure sur la liste électorale d'une commune ; sont en outre électeurs, dans certaines conditions, les ressortissants de l'Union européenne). / HIST. Chacun des princes, laïcs ou hommes d'Église, du Saint Empire romain germanique qui élisaient l'empereur. (L'empereur était, à l'origine, élu par l'ensemble des princes allemands. Peu à peu certains d'entre eux, plus puissants, affirmèrent leur importance et, en quelque sorte, confisquèrent l'élection. D'abord sept, ils furent huit, puis neuf, puis dix. Après 1871, la naissance de l'empire allemand unitaire abolit le système électoral). / *Le Grand Électeur* : l'électeur de Brandebourg.

électif, ive adj. Qui fait l'objet d'un choix. *Affinités électives.* / Qui fait l'objet d'une élection. *Monarchie élective. Mandat électif.*

élection n. f. Action d'élire ; résultat de cette action. *Élections au suffrage universel.* /

Pays d'élection, sujet d'élection, dont les qualités les rendent dignes d'être choisis, préférés. / *Élection de domicile*: acte juridique par lequel on établit un domicile comme légal.

électoral, ale, aux adj. Qui concerne une élection. *Campagne électorale.*

électoralisme n. m. Tendance démagogique d'un parti ou d'un gouvernement dont la politique vise, avant tout, à obtenir des succès électoraux.

électoraliste adj. De la nature de l'électoralisme.

électorat n. m. Droit légal de voter lors d'une élection. / Ensemble des électeurs d'un groupe politique ou d'un pays. *L'électorat de gauche.* / HIST. Charge d'Électeur dans le Saint Empire romain germanique. / Région placée sous l'autorité administrative d'un Électeur. *L'électorat de Bohême.*

Électre MYTH. GR. Fille d'Agamemnon. Elle sauva son frère Oreste et l'aida à accomplir le meurtre d'Égisthe, l'amant de leur mère Clytemnestre et l'assassin de leur père. Son personnage a inspiré les dramaturges grecs Eschyle, Sophocle et Euripide et, plus près de nous, Hugo von Hofmannsthal (*Élektre*, 1903; Richard Strauss en tira un opéra, *Elektra*, en1909), Jean Giraudoux (*Électre*, 1937), Eugene O'Neil (*Le Deuil sied à Électre*, 1931).

électret n. m. PHYS. Substance possédant une polarisation permanente capable de générer un champ électrique permanent.

• **électricité** n. f. Fluide dont les propriétés physiques peuvent être attractives ou répulsives.

électrification n. f. Action d'électrifier; son résultat.

électrifier v. t. [1] Alimenter (un lieu) en énergie électrique en y installant les dispositifs nécessaires. *Électrifier une région. Électrifier une voie ferrée*, la doter de la traction électrique.

électrique adj. Qui se rapporte à l'électricité. *Phénomène électrique.* / Qui produit de l'électricité. *Centrale électrique.* / Qui fonctionne à l'électricité. *Rasoir électrique.*

électriquement adv. Grâce à l'énergie électrique.

électriser v. t. [1] Communiquer une charge électrique à (un corps). *Électriser de l'ambre jaune par frottement.* / Fig. Exciter, stimuler. *Électriser un auditoire.*

électroaimant n. m. PHYS. Dispositif constitué par le noyau d'un matériau ferromagnétique qui a la propriété de s'aimanter lors du passage d'un courant électrique dans une bobine placée autour de lui.

électroacoustique n. f. et adj. PHYS. Branche de la physique qui étudie les méthodes et les matériels électriques utilisés pour la détection, la production, la mesure et la vibration élastique des ondes sonores. / adj. *Musique électroacoustique*, qui recourt à la technique électroacoustique pour obtenir et manipuler des sons de synthèse enregistrés sur bandes magnétiques en studio.

électrocapillarité n. f. PHYS. Variation de la tension superficielle de la ligne de contact entre deux liquides lorsqu'ils sont parcourus par un courant électrique.

électrocardiogramme n. m. MÉD. Enregistrement graphique de l'activité électrique et des variations du potentiel du muscle cardiaque durant son activité.

électrochimie n. f. CHIM. Branche de la chimie qui a pour objet l'étude des phénomènes accompagnant le passage du courant électrique dans des systèmes électrochimiques particuliers, formés de deux électrodes entre lesquelles est interposé un électrolyte qui, en solution, est dit « conducteur de première espèce », et, s'il est fondu, est dit « de seconde espèce ».

Un groupe **électrogène**.

électrochoc n. m. PSYCHIATR. Technique utilisée dans le traitement de certaines maladies mentales, consistant à faire traverser l'encéphale par une brève décharge électrique, ce qui provoque une crise convulsive. / Fig. Choc psychologique.

électrocinétique n. f. PHYS. Branche de la physique qui étudie les effets des charges électriques en mouvement dans un milieu donné.

électrocoagulation n. f. MÉD. Destruction très localisée d'un tissu, sous l'effet de la chaleur dégagée par le passage d'un courant électrique de haute fréquence transmis par une aiguille.

électrocuter v. t. [1] Tuer (qqn) par électrocution. / v. pron. *S'électrocuter.*

électrocution n. f. Mort causée par le courant électrique. *L'électrocution est un mode d'exécution des condamnés à mort dans certains États des États-Unis.*

électrode n. f. Dans un dispositif, extrémité métallique qui a la forme et les dimensions susceptibles de favoriser la perte ou la capture d'électrons de la part d'un conducteur permettant des phénomènes de conduction non métallique.

électrodéposition n. f. MÉTALL. Procédé utilisé pour couvrir les surfaces métalliques d'un objet par une couche d'un métal différent. *L'électrodéposition est obtenue par la fusion de la couche couvrante au moyen d'un arc électrique que l'on fait jaillir par l'intermédiaire de fils ou de baguettes situés entre la surface du matériau de recouvrement et la surface à couvrir.*

électrodiagnostic n. m. MÉD. Application des techniques de l'électrophysiologie au diagnostic de certaines affections, notam. par l'étude des réactions musculaires et nerveuses aux excitations électriques.

électrodialyse n. f. MÉD. Dialyse accélérée au moyen d'une force électromotrice.

électrodynamique n. f. ÉLECTR. Théorie globale des phénomènes électriques, qui traite des rapports réciproques entre courants électriques et champs magnétiques. Syn. (vieilli) électromagnétisme.

électrodynamomètre n. m. ÉLECTR. Instrument de mesure fondé sur l'action électrodynamique entre deux bobines, dont l'une est fixe et l'autre mobile.

électroencéphalogramme n. m. MÉD. Tracé obtenu par électroencéphalographie.

électroencéphalographie n. f. MÉD. Enregistrement, au moyen d'électrodes appliquées sur le cuir chevelu, des variations de potentiel électrique qui se produisent de façon continue au niveau de l'écorce cérébrale et qui constituent les manifestations électriques de son activité.

électrofaible adj. PHYS. *Théorie électrofaible*: théorie unifiée des interactions électromagnétiques et des interactions faibles.

électrogène adj. Qui produit de l'électricité. *Groupe électrogène*: ensemble formé par un moteur et un générateur, qui transforme l'énergie mécanique fournie par le moteur en énergie électrique.

électroluminescence n. f. PHYS. Caractéristique de certains corps solides qui ont la propriété d'émettre un flux lumineux lorsqu'ils sont soumis à l'action d'un champ électrique variable.

électroluminescent, e adj. PHYS. Qui a la propriété d'électroluminescence. *Le néon est électroluminescent.*

électrolyse n. f. PHYS., CHIM. Décomposition d'un corps sous l'action d'un courant électrique.

électrolyser v. t. [1] TECHN. Faire l'électrolyse de.

électrolyte n. m. PHYS., CHIM. Composé qui, à l'état liquide ou en solution, peut être décomposé par électrolyse en ions positifs et négatifs.

électrolytique adj. PHYS., CHIM. Propre ou relatif à un électrolyte ou à l'électrolyse.

électromagnétique adj. PHYS. Propre ou relatif à l'électromagnétisme.

électromagnétisme n. m. PHYS. Étude des interactions magnétiques entre courants et aimants.

électromécanique n. f. et adj. Ensemble des applications pratiques de l'électricité et de la mécanique. / adj. Qualifie un dispositif mécanique actionné ou contrôlé par l'électricité.

électroménager adj. m. et n. m. *Appareil électroménager*: appareil à usage domestique qui fonctionne à l'électricité. / n. m. Ensemble de ces appareils et secteur économique leur correspondant.

électrométallurgie n. f. Ensemble des techniques permettant, grâce à l'usage de l'électricité, d'extraire les métaux de leurs minerais et de les affiner ou de les allier.

électromètre n. m. PHYS. Instrument utilisé pour la mesure des charges électriques et des différences de potentiel.

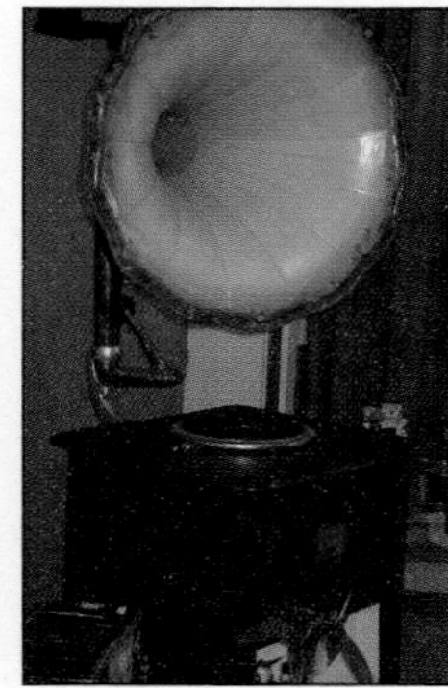

Un **électrophone**.

électromoteur, trice adj. PHYS. Qui a la propriété de développer une force électrique par l'action d'un agent chimique ou mécanique.

électron n. m. PHYS. Particule élémentaire, stable, insensible aux forces nucléaires. ◆ L'électron n'est pas un constituant du noyau atomique; il a été découvert en 1897 par Thomson, en tant que constituant des rayons cathodiques. Il a pour caractéristiques une charge (négative) *e* ayant pour valeur 1,602.10^{-19} coulomb, une masse (au repos) égale à 9, I07.I0^{-37} kg, un spin (ou mouvement angulaire, ou moment de rotation propre), dont P. Dirac montra en 1928 que l'on pouvait démontrer son existence à partir d'une théorie quantique relativiste. L'électron est le constituant fondamental de l'atome et la liaison au noyau est de type électronique.

électronicien, enne n. et adj. Spécialiste d'électronique.

électronique n. f. et adj. **A.** n. f. Branche de la physique qui étudie l'émission des électrons par les conducteurs et les semi-conducteurs et les propriétés qui en découlent. / Technique de l'utilisation des propriétés des électrons dans les tubes à vide et les semi-conducteurs. **B.** adj. Relatif à l'électron. *Charge électronique.* / Qui fonctionne selon les principes de l'électronique. *Annuaire électronique.*

électroniquement adv. En obéissant aux lois de l'électronique.

électronucléaire adj. et n. m. *Centrale électronucléaire*: centrale électrique utilisant l'énergie thermique produite par un réacteur nucléaire. / n. m. Ensemble des techniques ayant pour but la production d'électricité à partir de l'énergie nucléaire.

électronvolt n. m. PHYS. Unité de mesure d'énergie (symbole: eV) utilisée en physique nucléaire, qui équivaut à l'énergie acquise par un électron lorsque celui-ci, dans le vide, est accéléré sous une différence de potentiel de 1 volt.

électro-optique n. f. PHYS. Étude des effets d'un champ électrique sur la propagation et l'absorption de la lumière.

électrophone n. m. Appareil électroacoustique permettant de reproduire des sons enregistrés sur un disque. *L'électrophone comprend un tourne-disque, avec un bras et une tête de lecture qui détecte sur le disque des signaux qui sont transmis par un amplificateur au haut-parleur.*

électrophorèse n. f. TECHN. Technique permettant de séparer diverses substances en fonction de leur mobilité plus ou moins grande dans un champ électrique (cette mobilité dépend de la charge électrique, de la taille et de la forme des substances en question dans le milieu d'étude). *L'électrophorèse, très souvent utilisée en biochimie, permet notamment de distinguer des protéines correspondant à des allèles différents d'un même gène.*

électrophorétique adj. TECHN. Qui se rapporte à l'électrophorèse. *Mobilité électrophorétique. Variants électrophorétiques.*

électrophysiologie n. f. PHYSIOL. Branche de la physiologie qui s'attache à l'étude des propriétés électriques des tissus vivants.

électroponcture ou **électropuncture** n. f. MÉD. Méthode thérapeutique utilisée en acupuncture, consistant à implanter des aiguilles par lesquelles on fait passer un courant électrique.

ÉLECTRICITÉ

Les premières manifestations du « phénomène électrique » sont la foudre, liée aux décharges lumineuses des éclairs, les aurores boréales et la propriété qu'ont certains matériaux, comme l'ambre et la magnétite (oxyde de fer), d'attirer à eux d'autres matériaux. Dans l'Antiquité, Démocrite avait étudié la propriété de l'aimant.

Au XVIIe siècle, on voit, avec Otto Guericke et Christian Huygens, la création d'une première machine capable de fournir de l'électricité que l'on qualifie de statique. La luminescence produite par le passage d'électricité dans un gaz raréfié est constatée, mais aucune théorie n'est encore élaborée. Enfin Cisternay Du Fay (1698-1739) décrit les deux formes de l'électricité : celle obtenue par frottement de corps transparents, tel le verre, est dite vitreuse ou positive, alors que celle issue de corps bitumeux ou résineux, tel l'ambre, est dite résineuse ou négative.

Dans la première moitié du XVIIIe siècle, était admise l'existence d'un fluide qui pouvait se propager à l'aide de matériaux conducteurs et que ce même fluide pouvait être stocké dans un appareil (bouteille de Leyde) dont l'invention est due à Musschenbroek (1735-1784). Franklin formule la première théorie générale de l'électricité. Pour lui, l'électricité est un fluide unique qui se trouve dans la matière ordinaire, tandis que, pour Symmer et Bergman, deux fluides sont préexistants et en quantité égale. Mis en présence d'un corps électrisé, ce dernier attire l'un des fluides et repousse l'autre, créant ainsi un état d'influence.

Les premières mesures sont dues à Cavendish et à Coulomb. Cavendish met en avant les notions de « conducteur » et de « potentiel » (degrés d'électrification), puis explicite le sens de l'expression « électricité positive et négative ». Coulomb, à l'aide de la balance de torsion, dont il est l'inventeur, mesure la force attractive et répulsive s'exerçant entre deux corps électrisés, force qui varie selon l'inverse du carré de la distance qui les sépare ; il établit l'uniformité du champ magnétique terrestre et développe la théorie moléculaire du magnétisme. Walsh, puis Galvani étudient, à l'aide d'une bouteille de Leyde, les composantes électriques des corps vivants (poissons et grenouilles) sans aller au-delà de la description de l'électricité animale. Les expériences que mena Volta, à la suite des travaux de Sulzer, le conduisent à établir une classification des métaux selon leur conductibilité électrique. Il inventa ensuite un appareil composé de plaques de zinc et de cuivre dont chaque entité cuivre-zinc était séparée de la suivante par une plaque de carton humide. Cet appareil constituait un ensemble de condensateurs qui produisaient de l'électricité, mais avaient aussi la propriété de se recharger instantanément. Volta venait de trouver le principe de la pile électrique.

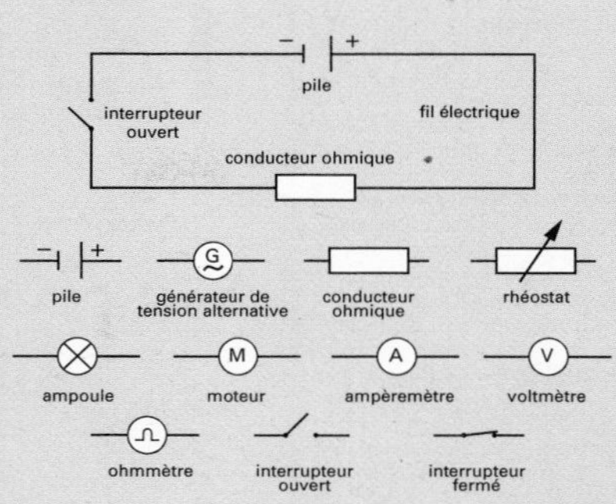

Symboles électriques.

Pour les physiciens, cette découverte a été une révolution : de statique, l'électricité devenait dynamique. Dans le domaine de la chimie, l'électricité permet d'accélérer les recherches, Davy décompose la soude et la potasse et découvre le sodium et le potassium, Berzelius énonce une théorie de l'électrochimie en établissant que toute combinaison chimique est l'union de deux constituants, l'un électropositif, l'autre électronégatif. A. Rive démontre que dans une solution chimique liquide que l'on décompose à l'aide de l'électricité, les deux constituants circulent en sens inverse dans le liquide.

Depuis le début du XVIIIe siècle, on savait que la foudre provoquait l'aimantation d'une tige de fer. Il était logique de rechercher l'existence d'une relation entre l'électricité et le magnétisme.

En 1819, C. Œrsted observe que l'aiguille d'une boussole placée parallèlement à un fil métallique est déviée de sa position naturelle lorsque ce fil est parcouru par un courant électrique. A. M. Ampère déduisit de cette observation un certain nombre de principes qui définirent le champ magnétique engendré par le passage d'un courant électrique : les actions d'un courant électrique sont inversées quand est inversé le sens de ce courant ; il y a inégalité des actions exercées sur un conducteur mobile par deux conducteurs fixes situés à égales distances si l'un est rectiligne et l'autre replié et enroulé d'une manière quelconque. En 1821, T. Seebeck met en évidence l'effet thermoélectrique en constatant la production d'un faible courant électrique dans des conducteurs dont les assemblages bimétalliques sont portés à des températures différentes. Il en tire une loi : une force électromotrice est proportionnelle à la température des soudures qui lient des métaux différents.

M. Faraday, vers 1830, découvre les courants d'induction qui naissent dans des conducteurs placés dans des champs magnétiques variables ou qui se déplacent dans les champs magnétiques. De cette découverte naîtront de nombreuses applications de l'industrie électrique.

Vers le milieu du XIXe siècle, les physiciens cherchent à établir une théorie de l'électricité et du magnétisme. J.C. Maxwell propose une théorie qui relie champ électrique et champ magnétique et prévoit l'existence d'ondes électromagnétiques ayant des propriétés identiques, en nature et en vitesse de déplacement, à celles des ondes lumineuses. H. Hertz réussit à produire des ondes ayant les mêmes propriétés que celles qu'avait prévues Maxwell, vérifiant ainsi la théorie des ondes électromagnétiques, ce qui entraînera le développement de la radiodiffusion. En 1869, Z. Gramme invente la dynamo, puis, en 1882, M. Duprez réalise le premier transport d'électricité en courant continu, et l'invention du transformateur permet d'utiliser le courant électrique sous la forme alternative ; en 1891, on effectue le premier transport d'énergie électrique sur une grande distance à l'aide de fil conducteur.

Le XXe siècle, avec les centrales thermiques, l'utilisation de l'énergie hydraulique, du nucléaire, voit la transformation directe de différentes sources énergétiques en énergie électrique.

sens du courant électrique
solution ionique
⊕ porteurs de charges positives (ions positifs)
⊖ porteurs de charges négatives (ions négatifs)

Déplacement des charges dans une solution ionique et sens du courant électrique dans le circuit.

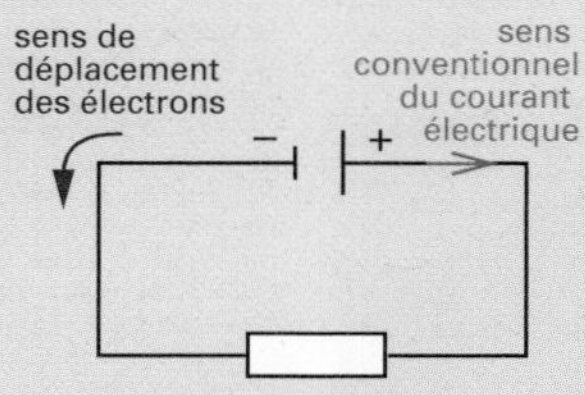

Sens conventionnel du courant dans un circuit.

électroradiographie n. f. MÉD. Ensemble des utilisations médicales (diagnostic et traitement) des techniques de l'électricité et de la radiographie.
électroscope n. m. TECHN. Instrument de mesure de l'état de charge électrique d'un corps.
électrostatique n. f. et adj. PHYS. Partie de l'électromagnétisme qui étudie les actions réciproques entre les charges au repos dans un conducteur et toutes configurations possibles lorsque les charges sont à l'équilibre. / adj. Qui concerne l'électricité statique.
électrotechnique n. f. et adj. Science qui a pour objet la mise en application des lois générales de l'électricité dans les domaines pratique et technique. / adj. Relatif à cette mise en application.
électrothérapie n. f. MÉD. Emploi de l'électricité comme moyen thérapeutique.
électrothermie n. f. Partie de la science et de la technique s'intéressant à la transformation de l'énergie électrique en chaleur.
électrum n. m. Alliage naturel composé de trois quarts d'or et d'un quart d'argent.
électuaire n. m. Anc. Remède mélangeant des plantes, des poudres minérales et du miel.
Élée (aujourd'hui *Castellamare della Bruca* en Campanie) Ancienne ville de la Grande Grèce, fondée au VIe siècle av. J.-C. par des colons de Phocée, célèbre dans l'Antiquité pour son école philosophique.
élégamment adv. Avec élégance.
élégance n. f. Qualité de ce qui est élégant.
élégant, e adj. et n. Qui a de l'aisance, de la distinction, dans la forme, le comportement, l'habillement. *Style élégant. Homme élégant.*
élégiaque adj. Propre ou relatif à l'élégie.
élégie n. f. Poème lyrique à caractère mélancolique et tendre. « *Élégie aux nymphes de Vaux* » *de La Fontaine.*
éléis Voir **elæis**
• **élément** n. m. Toute partie constitutive d'un ensemble. / Par ext. Personne appartenant à un groupe. *J'ai recruté de très bons éléments pour cette usine.* / Principe de base. *Éléments d'une science.* / Milieu naturel dans lequel vit un être. *L'élément liquide.* / *Les quatre éléments* : le feu, l'air, la terre et l'eau, qui, pour les Anciens, étaient les principes constitutifs de tous les corps. / MATH. Objet mathématique appartenant à un ensemble. *Les nombres 0, 1, 2, 3,... sont éléments de l'ensemble N des entiers naturels. Les éléments d'un ensemble E = {A, B, C, D} sont A, B, C et D.* / CHIM. Configuration atomique caractérisée pas son numéro atomique (nombre de protons contenus dans le noyau). *Les éléments chimiques sont désignés pas un symbole (H pour l'élément hydrogène, He pour l'hélium, C pour le carbone, O pour l'oxygène, N pour l'azote, U pour l'uranium, etc.) et sont classés dans le tableau périodique des éléments, issu des travaux de Mendeleïev. La molécule d'hydrogène,* H_2, *est composée de deux atomes de l'élément hydrogène.*
élémentaire adj. Propre ou relatif à l'élément, aux éléments. *Analyse élémentaire.* / Réduit au minimum. *Besoins élémentaires.*
Éléonore de Habsbourg 1498-1558 Archiduchesse d'Autriche, fille de Philippe le Beau, archiduc d'Autriche, et de Jeanne la Folle, reine de Castille. Veuve en 1521 de Manuel Ier, roi de Portugal, elle épousa en 1530 François Ier, lui-même veuf de Claude de France.

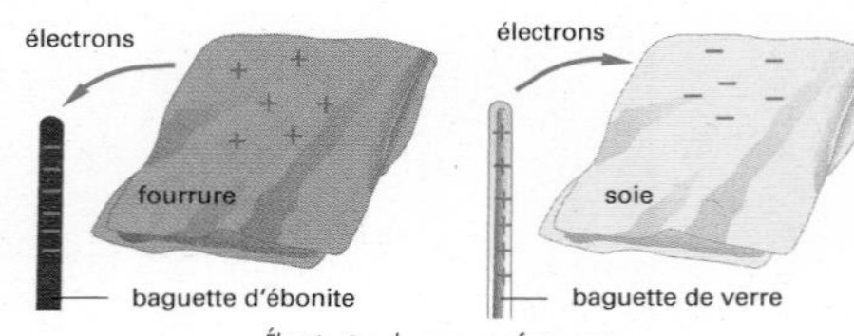

Électrisation de corps par frottement.

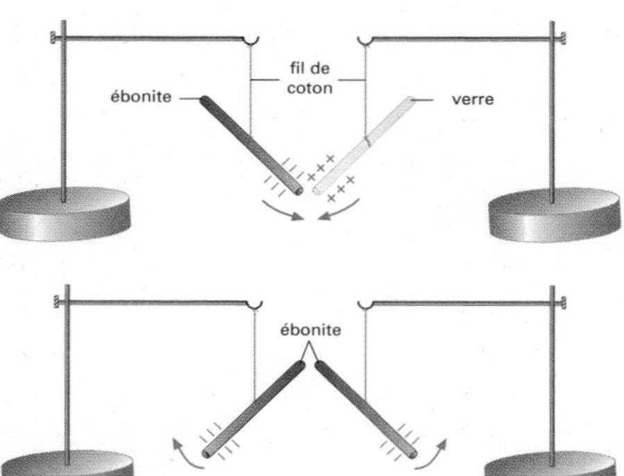

On rapproche les baguettes préalablement frottées : elles s'attirent. On rapproche les deux bâtons d'ébonite préalablement frottés dans une pièce de fourrure : ils se repoussent.

ÉLECTROSTATIQUE

éléphant n. m. ZOOL. Très grand mammifère terrestre de l'ordre des proboscidiens, herbivore, muni d'une trompe préhensile et de défenses, dont le cuir épais et rugueux varie du gris clair au gris foncé. *L'éléphant barète ou barrit.* / *Éléphant de mer* : grand phoque dont l'appendice nasal allongé du mâle évoque la trompe de l'éléphant.
éléphante n. f. Éléphant femelle.
éléphanteau n. m. Petit de l'éléphant ; jeune éléphant.
éléphantesque adj. Qui évoque les caractéristiques de l'éléphant, en particulier par la taille.
éléphantiasis n. m. MÉD. Complication trophique pouvant survenir au cours de certains types d'œdèmes chroniques, caractérisée en premier lieu par l'augmentation considérable du volume des membres inférieurs et par l'épaississement de la peau (il arrive que d'autres parties du corps soient atteintes : membres supérieurs, organes génitaux, etc.). *L'éléphantiasis peut être secondaire à diverses affections, congénitales ou non, parfois d'origine tumorale ou parasitaire (filariose).*

Éléphant.

éléphantin, e adj. De l'éléphant. / Constitué d'ivoire.
Éléphantine (île) Île formée par le Nil au large d'Assouan, prospère sous les pharaons ; sur un des quais se trouve le nilomètre.
Éleusis *20 300 h.* Ville grecque située au nord-ouest d'Athènes qui, grâce à la célébration des mystères liés au culte de Déméter et de Perséphone, joua un rôle important dans la vie spirituelle de la Grèce antique.
élevage n. m. Production, soin, entretien (des animaux domestiques ou utiles à l'homme) ; ensemble de ces animaux, en un lieu donné. *Élevage des porcs pour leur viande. Un élevage de moutons mérinos.*
élévateur adj. m. et n. m. ANAT. *Muscle élévateur*, ayant pour fonction d'élever ou de relever. *Muscle élévateur de la paupière.* / TECHN. *Appareil élévateur* ou (n. m.) *élévateur*, utilisé pour soulever et transporter des charges de natures diverses.
élévation n. f. Mouvement consistant à porter qqch. de bas en haut. / LITURG. CATHOL. Moment de la messe où le prêtre élève l'hostie et le vin consacrés. / Augmentation. *Élévation de la température.* / Relief, petite colline. / Promotion. *Élévation au trône pontifical.* / ARCHIT. Représentation graphique d'une face d'un bâtiment sur un plan vertical parallèle à cette face. / ASTRON. *Élévation du pôle dans un lieu* : distance entre le pôle et l'horizon de ce lieu. / MATH. Action d'élever un nombre à une puissance. *Élévation au cube.* / Action d'élever qqn, de s'élever à un rang supérieur. *Élévation à la dignité d'ambassadeur de France.* / Qualité de ce qui est moralement élevé. *Il a montré une grande élévation de sentiments.*
élève n. Personne qui reçoit un enseignement. *Les élèves de seconde. Les élèves de Lacan.* / Personne qui travaille sous la direction de qqn, qui subit son influence. *Coustou fut l'élève de Coysevox.*
élevé, e adj. Haut. *Le pic le plus élevé d'une chaîne de montagne.* Au fig. *Le grade le plus élevé dans la hiérarchie.* / *Bien, mal élevé* : bien, mal éduqué ; poli, impoli. *Un enfant bien, mal élevé.*
élever v. t. / v. pron. [1] **A.** v. t. Mettre plus haut, diriger vers le haut. *Élever la main, le niveau de l'eau.* / Dresser, construire. *Élever une statue, un mur.* / Augmenter l'intensité, la valeur, la quantité de (qqch.). *Élever le volume sonore, les taux d'intérêt.* / Fig. Porter, placer à un rang, un degré supérieur. *Ses mérites l'ont élevé au poste qu'il occupe. Cette musique élève l'âme.* / Opposer en dressant un obstacle. *Élever des protestations.* / Spécial. Contribuer durablement à la maturation de (qqn) ; éduquer, instruire. *Elle a élevé seule ses enfants.* / Par ext. *Élever un animal de compagnie.* **B.** v. pron. Monter, se dresser. *La tour s'élève au-dessus des toits.* / Fig. Atteindre un degré, un rang supérieur. *Il s'est élevé à la force du poignet.* / Spécial. *Son salaire s'élève à deux mille cinq cents euros,* atteint cette somme. / *S'élever contre* (qqn, qqch.), s'y opposer. / Surgir. *Une rumeur s'éleva de la foule.*
éleveur, euse n. Personne qui fait de l'élevage d'animaux.
elfe n. m. MYTH. Génie de l'air, de la terre ou du feu des mythologies scandinave, anglo-saxonne et germanique.
Elgin (James Bruce, 11e comte de **Kincardine,** 7e comte d'**)** 1766-1841 Diplomate britannique qui, alors qu'il était ambassadeur en Turquie, fit déposer et transporter à Londres une partie de la frise du Parthénon (aujourd'hui au British Museum).
Eliade (Mircea) 1907-1986 Écrivain roumain. Professeur à Paris, puis à l'université de Chicago, il étudia mythes et religions (*Histoire des croyances et des idées religieuses*, 1975-1983) et donna des romans : *La Nuit bengali* (titre original *Maitreya*, 1933, en français en 1950), *Le Vieil Homme et l'officier* (1968), *Uniformes de général* (1981). Il a publié ses souvenirs (*Mémoire*, 1980-1988).
Elias (Norbert) 1897-1990 Historien et sociologue allemand qui a étudié l'évolution

Élevage *avicole.*

TABLEAU PÉRIODIQUE DES ÉLÉMENTS

symbole — H 1 — numéro atomique
1,01 — masse atomique relative (ou masse molaire atomique en g/mol)
hydrogène — nom

	1 IA	2 IIA	3 IIIB	4 IVB	5 VB	6 VIB	7 VIIB	8 VIIIB	9 VIIIB	10 VIIIB	11 IB	12 IIB	13 IIIA	14 IVA	15 VA	16 VIA	17 VIIA	18 VIIIA
1	**H 1** 1,01 hydrogène																	**He 2** 4,00 hélium
2	**Li 3** 6,94 lithium	**Be 4** 9,01 béryllium											**B 5** 10,81 bore	**C 6** 12,01 carbone	**N 7** 14,01 azote	**O 8** 15,99 oxygène	**F 9** 19,00 fluor	**Ne 10** 20,18 néon
3	**Na 11** 22,99 sodium	**Mg 12** 24,30 magnésium											**Al 13** 26,98 aluminium	**Si 14** 28,09 silicium	**P 15** 30,97 phosphore	**S 16** 32,07 soufre	**Cl 17** 35,45 chlore	**Ar 18** 39,95 argon
4	**K 19** 39,10 potassium	**Ca 20** 40,08 calcium	**Sc 21** 44,96 scandium	**Ti 22** 47,88 titane	**V 23** 50,94 vanadium	**Cr 24** 51,99 chrome	**Mn 25** 54,94 manganèse	**Fe 26** 55,85 fer	**Co 27** 58,93 cobalt	**Ni 28** 58,69 nickel	**Cu 29** 63,55 cuivre	**Zn 30** 65,39 zinc	**Ga 31** 69,72 gallium	**Ge 32** 72,61 germanium	**As 33** 74,92 arsenic	**Se 34** 78,96 sélénium	**Br 35** 79,90 brome	**Kr 36** 83,80 krypton
5	**Rb 37** 85,47 rubidium	**Sr 38** 87,62 strontium	**Y 39** 88,91 yttrium	**Zr 40** 91,22 zirconium	**Nb 41** 92, 91 niobium	**Mo 42** 95,94 molybdène	**Tc 43** 98,91 technétium*	**Ru 44** 101,57 ruthénium	**Rh 45** 102,91 rhodium	**Pd 46** 106,42 palladium	**Ag 47** 107,87 argent	**Cd 48** 112,41 cadmium	**In 49** 114,82 indium	**Sn 50** 118,71 étain	**Sb 51** 121,76 antimoine	**Te 52** 127,60 tellure	**I 53** 126,90 iode	**Xe 54** 131,29 xénon
6	**Cs 55** 132,91 césium	**Ba 56** 137,33 baryum	**La 57** 138,91 lanthane	**Hf 72** 178,49 hafnium	**Ta 73** 180,95 tantale	**W 74** 183,85 tungstène	**Re 75** 186,21 rhénium	**Os 76** 190,2 osmium	**Ir 77** 192,22 iridium	**Pt 78** 195,08 platine	**Au 79** 196,97 or	**Hg 80** 200,59 mercure	**Tl 81** 204,38 thallium	**Pb 82** 207,2 plomb	**Bi 83** 208,98 bismuth	**Po 84** 208,98 polonium	**At 85** 209,99 astate	**Rn 86** 222,02 radon
7	**Fr 87** 223,02 francium	**Ra 88** 226,03 radium	**Ac 89** 227,03 actinium	**Rf 104** 261 • rutherfordium	**Db 105** 262 • dubnium	**Sg 106** 263 • seaborgium	**Bh 107** 262 • bohrium	**Hs 108** 265 • hassium	**Mt 109** 266 • meitnerium	**Uun 110** 269 • ununnilium	**Uuu 111** 272 • unununium	**Uub 112** 277 • ununbium		**Uuq 114** 289 • ununquadium		**Uuh 116** 289 • ununhexium		**Uuo 118** 293 • ununoctium

6	**Ce 58** 140,12 cerium	**Pr 59** 140,91 praséodyme	**Nd 60** 144,24 néodyme	**Pm 61** 144,91 • prométhium	**Sm 62** 150,36 samarium	**Eu 63** 151,96 europium	**Gd 64** 157,25 gadolinium	**Tb 65** 168,93 terbium	**Dy 66** 162,50 dysprosium	**Ho 67** 164,93 holmium	**Er 68** 167,26 erbium	**Tm 69** 168,93 thulium	**Yb 70** 173,04 ytterbium	**Lu 71** 174,97 lutécium
7	**Th 90** 232,04 thorium	**Pa 91** 231,03 protactinium	**U 92** 238,03 uranium	**Np 93** 237,08 • neptunium	**Pu 94** 244,06 • plutonium	**Am 95** 243,06 • américium	**Cm 96** 247 • curium	**Bk 97** 247,07 • berkélium	**Cf 98** 251,08 • californium	**Es 99** 252,03 • einsteinium	**Fm 100** 257,09 • fermium	**Md 101** 258,01 • mendélévium	**No 102** 259,10 • nobélium	**Lr 103** 260,11 • lawrencium

Métaux alcalins — Métaux de transition — Actinides — Non métaux — Halogènes

Métaux alcalino-terreux — Lanthanides — Autres métaux — Gaz rares — •: éléments créés artificiellement

Élisabeth Ire.

Élisabeth II.

des sociétés : *La Dynamique de l'Occident* (1939).

Élide Région du nord-ouest du Péloponnèse qui constitue actuellement un nome de *179 400 h.* dont le chef-lieu est Pyrgos. Dans l'Antiquité, la ville principale était Olympie.

élidé, e adj. Dont une voyelle a subi l'élision. *Article élidé.*

élider v. t. [1] Effectuer l'élision de (une voyelle).

Élie IXe s. av. J.-C. Prophète hébreu qui s'éleva contre le culte de Baal ; contraint à la fuite par la haine de Jézabel, il s'éleva au ciel sur un char de feu, laissant sa succession à Élisée.

Élie de Beaumont (Léonce) 1798-1874 Géologue français qui établit la première carte géologique de la France.

éligibilité n. f. Caractère éligible (de qqn). Ant. inéligibilité.

éligible adj. Qu'on peut élire ; qui remplit les conditions légales pour être élu. Ant. inéligible.

élimé, e adj. Usé par frottement. *Veste élimée.*

élimination n. f. Action d'éliminer ; résultat de cette action. / PHYSIOL. Fait d'éliminer une substance de l'organisme. *Élimination de la sueur.*

éliminatoire adj. et n. f. Dont le but, le résultat est d'éliminer. *Note éliminatoire à un examen.* / n. f. (Généralement au plur.) SPORT Épreuve hors concours permettant d'opérer une première sélection parmi les participants d'une compétition sportive.

éliminer v. t. [1] Retrancher (qqch., qqn) d'un ensemble, écarter. *Éliminer d'un récit les détails inutiles. Éliminer une équipe de la compétition.* / Par ext. Faire disparaître, tuer (qqn). *Dictateur qui élimine les opposants.* / PHYSIOL. Expulser du corps (des substances toxiques ou en excès). / (Emploi absol.) *Faire du sport pour éliminer.*

élingue n. f. MAR. Cordage dont on entoure les charges pour les soulever ; filin utilisé pour mettre à la mer un petit canot.

Eliot (Mary Ann Evans, dite **George)** 1819-1880 Écrivain anglais. Le désir d'objectivité et les intentions morales que révèlent *Adam Bede* (1859), *Le Moulin sur la Floss* (1860), *Silas Marner* (1861), *Middlemarch* (1871-1872) confèrent quelque froideur aux situations dramatiques dans lesquelles se débattent ses héros.

Eliot (Thomas Stearns) 1888-1965 Dramaturge et poète britannique d'origine américaine. Influencé par le symbolisme et par Ezra Pound, dont la rencontre fut déterminante, il donne dès 1922 *La Terre vaine*, grande fresque poétique que traduira Michel Leiris. Constamment préoccupé par les rapports entre la vie matérielle, qui n'est qu'apparence, et la réalité spirituelle, il construit une œuvre abondante qui met au premier plan la pénitence et la rédemption (*Mercredi des Cendres*, 1930 ; *Les Quatre Quatuors*, 1935-1942 ; *La Réunion de famille*, 1939). Cette méditation d'un croyant (anglican, Eliot appartenait à la *High Church*, c'est-à-dire à la mouvance de l'anglicanisme la plus proche du catholicisme) sur la destinée de l'homme se retrouve dans le drame *Meurtre dans la cathédrale* (1935), récit lyrique et mystique de la mort de Thomas Beckett. Le poète fut aussi critique, de la société et de la littérature (*Sommes-nous encore en chrétienté ?*, 1948 ; *De la poésie et de quelques poètes*, 1964).

élire v. t. [3] Vx ou litt. Porter son choix sur (qqn, qqch.). *Elle l'a élu pour mari.* / Spécial. *Élire domicile (à, dans)* : choisir pour résidence. / Conférer par un vote une fonction, un titre (à qqn). *Élire des sénateurs, élire le bureau en assemblée générale.*

Élisabeth ou **Elizabeth Ire** 1533-1603 Reine d'Angleterre et d'Irlande en 1558. Fille d'Henri VIII et d'Anne Boleyn, d'abord déclarée illégitime, elle recouvra ses droits (1544) et succéda à sa sœur aînée, Marie Tudor, morte sans enfant. Son avènement provoqua le rétablissement de l'Église anglicane, persécutée sous le règne de la catholique Marie ; les Trente-Neuf Articles, publiés en 1563, constituent la profession de foi anglicane. Souveraine absolue, Élisabeth réduisit toutes les oppositions et en particulier, après son excommunication (1570), celle des catholiques irlandais contre lesquels s'exerça une répression violente. Marie Stuart, la catholique reine d'Écosse, émettait des prétentions à la couronne d'Angleterre, en tant que descendante d'Henri VII ; l'agitation protestante, menée par le calviniste fanatique John Knox, la força à abdiquer et elle se réfugia en Angleterre, où Élisabeth la fit emprisonner. La prisonnière ne cessant d'intriguer et de fomenter des complots, la reine d'Angleterre la fit condamner à mort et exécuter au terme d'une machiavélique machination. En politique étrangère, elle apporta un soutien constant aux nations protestantes, notamment aux Pays-Bas, ce qui l'opposa pendant plus de dix ans à l'Espagne. Contre Philippe II d'Espagne, l'Angleterre remporta la première grande victoire navale (1588) de son histoire en détruisant la flotte espagnole, l'Invincible Armada, au large des côtes britanniques. De cette victoire date une importante expansion maritime, accompagnée d'un essor économique sans précédent : ouverture de la Bourse de Londres, fondation de la Compagnie des Indes orientales, développement de l'industrie, transformation de l'agriculture au profit de l'élevage. Toujours célibataire, la reine dut laisser le trône au fils de Marie Stuart, héritier légitime et (contrairement à sa mère) protestant. Le règne de la « reine vierge » fut, pour l'Angleterre, une époque aussi brillante sur le plan littéraire (avec Shakespeare, notamment) que sur le plan économique et politique.

Élisabeth ou **Elizabeth II** 1926 Reine de Grande-Bretagne et chef du Commonwealth depuis 1952, fille de George VI. Elle a épousé Philippe, duc d'Édimbourg, en 1947 et en a eu quatre enfants, Charles, Anne, Andrew et Edward.

Élisabeth de Bavière 1876-1968 Reine des Belges. Épouse d'Albert Ier, elle montra un grand courage pendant la Première Guerre mondiale ; esprit non conformiste, musicienne, elle exerça beaucoup d'influence sur la vie intellectuelle de la Belgique.

Élisabeth de France 1545-1568 Fille d'Henri II et de Catherine de Médicis. Elle épousa Philippe II d'Espagne.

Élisabeth de France, dite **Madame Élisabeth** 1764-1794 Sœur de Louis XVI. Elle exerça sur le roi une grande influence. Emprisonnée avec la famille royale au Temple, elle mourut sur l'échafaud.

Élisabeth de Hongrie (sainte) 1207-1231 Fille du roi de Hongrie, veuve à 20 ans, elle entra dans le tiers-ordre franciscain et se consacra à la prière et aux œuvres de charité.

Duke Ellington *(au piano) et son orchestre.*

Ellébore.

Élisabeth de Wittelsbach 1837-1898 Princesse de Bavière, impératrice d'Autriche par son mariage avec François-Joseph en 1854. À partir de 1880, elle mena une vie errante, assombrie par des drames familiaux dont le plus cruel fut le suicide de son fils Rodolphe à Mayerling. Elle fut assassinée par un anarchiste alors qu'elle séjournait à Genève.

Élisabeth Petrovna 1709-1762 Impératrice de Russie (1741), fille de Pierre le Grand et de Catherine Ire à laquelle elle succéda grâce à un coup d'État. Son règne fut marqué par la guerre contre la Suède, qui assura à la Russie la possession du sud de la Finlande, et la guerre contre la Prusse de Frédéric II. Elle entreprit une réorganisation administrative de son pays.

Élisabethville Voir **Lubumbashi**

Élisée IXe siècle av. J.-C. Prophète hébreu, disciple et successeur d'Élie.

élision n. f. GRAMM. Suppression d'une voyelle finale devant la voyelle initiale du mot suivant (*l'aigle* au lieu de *le aigle*). *L'apostrophe marque l'élision.*

élitaire adj. Qui appartient à une élite. *Comportement élitaire.*

élite n. f. Ensemble constitué des meilleurs éléments d'un groupe, d'une communauté donnés. *L'élite de la fonction publique.* / (au pl.) *Les élites* : l'ensemble des personnes jouissant des meilleurs avantages (économiques, culturels, professionnels, politiques…). *Réservé aux élites.*

élitisme n. m. Système ou politique visant à sélectionner et à favoriser un nombre restreint de personnes au détriment du plus grand nombre.

élitiste adj. Qui procède de l'élitisme.

élixir n. m. Vx Préparation magique, philtre. *Élixir de longue vie.* / Mod. Préparation pharmaceutique sucrée contenant des substances médicamenteuses en solution alcoolique.

elle, elles pron. pers. f. de la troisième personne (En fonction de sujet) *Elle(s) est (sont) belle(s)* (voir *il*, *ils*). / (En fonction de complément) *C'est excellent pour elle(s)* (voir *lui*, *eux*).

ellébore ou **hellébore** n. m. BOT. Plante de la famille des renonculacées, aux feuilles composées en éventail, et dont la fleur possède des sépales colorés. *L'ellébore passait autrefois pour guérir la folie. L'ellébore noir, ou rose de Noël, fleurit en plein hiver.*

Ellesmere (terre d') Île de l'archipel arctique canadien, en grande partie recouverte par des calottes glaciaires.

Ellington (Edward Kennedy, dit **Duke)** 1899-1974 Pianiste et compositeur de jazz américain. Son orchestre, fondé à New York en 1925, fut une des plus célèbres formations de jazz. Il fit, comme pianiste ou avec son orchestre, de très nombreux enregistrements (*Black, Brown and Beige*, 1944 ; *Money Jungle*, 1962).

De la declamation des louenges de follie/stille facessieux et profitable pour congnoistre les erreurs et abuz du monde.

Stultorum numerus is finitus.

On les vend a Paris par Galliot du pre Marchant Libraire/demeurant sur le pont nostre dame a lenseigne de la Gallee/Et en la grād salle du pallais au tiers pillier.

Première édition de **Éloge de la folie**, *d'Érasme, parue en 1511.*

ellipse [1] n. f. MATH. Courbe conique à centre sans point réel à l'infini. (Cette courbe est l'ensemble des points dont les distances à deux points donnés, ou foyers, sont constantes, et dans lequel chacun de ces points forme un rapport constant à l'un des foyers et à une droite, ou directrice, notée *e*, ou excentricité. Si le rapport *e* est nul (*e* = 0), la courbe décrite par cet ensemble de points est un cercle et le foyer, le centre).

ellipse [2] n. f. GRAMM. Procédé stylistique consistant à supprimer un ou plusieurs mots d'une phrase, sans pour autant nuire à sa compréhension. *L'ellipse du verbe est fréquente en français ; des tournures comme « j'aime les pommes, toi les poires », avec ellipse du verbe « aimer » dans la deuxième partie de la phrase, sont courantes.*

ellipsographe n. m. Appareil de dessin utilisé pour le tracé d'une ellipse.

ellipsoïde n. m. et adj. MATH. Solide engendré par la révolution d'une demi-ellipse autour d'un de ses axes ; l'ellipsoïde est dit *allongé* si la révolution a lieu autour du grand axe de la demi-ellipse ; il est dit *aplati* si la révolution a lieu autour du petit axe. *Le globe terrestre a sensiblement la forme d'un ellipsoïde aplati.* / adj. En forme d'ellipse.

elliptique adj. Propre ou relatif à une ellipse ; en forme d'ellipse.

elliptiquement adv. De façon elliptique ; par ellipse.

Ellora *213 000 h.* Ville de l'Inde, dans l'Andhra Pradesh. Site archéologique abritant trois groupes de sanctuaires (bouddhiques, brahmaniques, jaina) creusés ou taillés dans le roc entre le IVe et le XIIIe siècles et ornés de hauts-reliefs.

Ellsworth (Lincoln) 1880-1951 Explorateur américain qui effectua avec Amundsen plusieurs raids aériens au-dessus du pôle Nord, puis, seul, au-dessus de l'Antarctique.

élocution n. f. Manière dont on s'exprime par la parole. *Avoir une grande facilité d'élocution.*

élodée ou **hélodée** n. f. BOT. Plante aquatique à petites fleurs blanches, qui doit son nom vulgaire de *peste d'eau* à la rapidité de sa multiplication dans les étangs et les canaux.

éloge n. m. Écrit ou discours prononcé en l'honneur de qqch. ou de qqn. *Un éloge funèbre.* / Louange.

Éloge de la folie 1511 Ouvrage satirique en latin savant, dans lequel Érasme fustige, avec autant d'érudition que d'ironie, les travers des théologiens et des philosophes.

élogieux, euse adj. De la nature de l'éloge, louangeur. *Propos élogieux.*

élogieusement adv. De manière élogieuse.

Éloi (saint) 588-660 Orfèvre, évêque de Noyon en 641, maître de la Monnaie de Clotaire II puis trésorier de Dagobert Ier.

éloignement n. m. Fait d'éloigner, de s'éloigner. / Distance entre deux lieux, deux choses.

éloigner v. t. [1] Placer, mettre plus loin ; écarter. *Éloigner un verre du bord de la table.* / Par ext. Séparer par plus de temps. *Éloigner le moment d'intervenir.* / Fig. Détourner. *Cette digression l'éloigne de son propos.* / v. pron. S'écarter (dans l'espace, le temps), partir loin de. *Il s'est éloigné de ses amis. Sentir la jeunesse s'éloigner.*

élongation n. f. MÉD. Allongement accidentel ou thérapeutique des ligaments d'une articulation ou d'un nerf. / ASTRON. Distance angulaire d'un astre au Soleil par rapport à un observateur situé sur la Terre. *Dans le cas d'une planète ou d'un satellite, l'élongation est la distance angulaire du satellite à la planète mesurée depuis la Terre.* / PHYS. Angle que fait, à un moment donné, un pendule avec la verticale.

éloquemment adv. De façon éloquente.

éloquence n. f. Art de s'exprimer avec facilité, dans le but de convaincre un auditoire. *L'éloquence du barreau.*

éloquent, e adj. Qui s'exprime, est exprimé avec éloquence. *Orateur éloquent. Discours éloquent.*

El Paso *579 300 h.* Ville des États-Unis, dans le sud du Texas, sur le Rio Grande. Industries. Marché agricole alimenté par l'élevage.

Elseneur (en danois *Helsingør*) *56 400 h.* Port danois situé dans l'île de Sjaelland, très actif grâce à ses chantiers navals ; station balnéaire. Shakespeare y situa l'action de sa tragédie *Hamlet*. Château de Kronborg (XVIe siècle).

Elskamp (Max) 1862-1931 Poète belge d'expression française. Symboliste, il s'intéressa aux milieux populaires (anversois, notam.) : *La Louange de la vie* (1898), *La Chanson de la rue Saint-Paul* (1922).

Elster Rivières d'Allemagne. L'*Elster blanche* (*195 km*) draine l'ouest des monts Métallifères et se jette dans la Saale, affluent de l'Elbe ; l'*Elster noire* (*188 km*) se jette directement dans l'Elbe.

Eltsine (Boris Nicolaïevitch) 1931 Homme politique russe. Suppléant au bureau politique du Parti communiste d'Union soviétique, il en est exclu en 1987. Député de Moscou en 1990, il est élu en juin 1991 président de la fédération de Russie, dont il contribue à l'indépendance, prononcée en décembre. Prônant une politique de réformes destinées à développer l'économie de marché, il se heurte au Parlement, où les anciens communistes constituent une forte minorité, alors que l'économie du pays et le niveau de vie se dégradent. En 1993, il dissout le Parlement. Il est réélu, mais au Parlement l'opposition sort renforcée des nouvelles élections. En 1996, il est une nouvelle fois réélu, mais son action est entravée par l'opposition parlementaire, tandis que s'accentue la chute du niveau de vie et que l'économie ne parvient pas à se redresser. Sa santé se dégrade : cette même année 1996, il subit une intervention cardiaque, qui ne semble pas améliorer beaucoup son état. En 1997, il obtient que la Russie, dont les performances économiques sont de plus en plus mauvaises, s'intègre au G7, devenu G8 (groupe des 8 pays économiquement les plus puissants de la planète), mais les prêts se révèlent inefficaces et les investisseurs peu motivés. En 1999, malade, affaibli par de nombreux scandales, il démissionne au profit de son Premier ministre, Vladimir Poutine.

***El Paso**, au Texas.*

élu, e adj. et n. **A.** adj. Qui a été choisi. *Le peuple élu*, choisi par Dieu (les Hébreux). / Qui a été choisi au terme d'un vote. *Député élu.* **B.** n. Personne désignée par le vote lors d'une élection. *Les élus locaux.* / RELIG. Personne qui a été choisie par la volonté de Dieu selon ses mérites, pour la félicité éternelle.

Éluard (Eugène Grindel, dit **Paul)** 1895-1952 Poète français. Tuberculeux, il séjourne en sanatorium avant d'être mobilisé (1914) ; son expérience de la guerre lui inspire son pacifisme et son amour de la justice. Il participe au mouvement Dada, puis, avec ses amis Soupault, Breton, Aragon, Picabia, à la naissance du surréalisme (*Capitale de la douleur*, 1926 ; *L'Immaculée Conception*, avec Breton, 1930 ; *La Vie immédiate*, qui célèbre l'amour fou, 1932). Communiste en 1926, il est exclu en 1933 et se consacre à une poésie qu'il veut accessible à tous (*Les Yeux fertiles*, 1936). Solidaire des républicains espagnols, résistant (*Poésie et Vérité*, 1942 ; *Les Armes de la douleur*, 1944), il adhère de nouveau au parti communiste (alors clandestin) en 1943. Après la Libération, il poursuit son œuvre, toujours centrée sur les mêmes thèmes de l'amour, de la paix et de la fraternité humaine (*Le Dur Désir de durer*, 1946 ; *Le Phénix*, 1949).

***Boris Eltsine**.*

élucidation n. f. Action d'élucider ; son résultat.

élucider v. t. [1] Rendre compréhensible (ce qui était incompris, confus). *Élucider une affaire policière.*

élucubration n. f. Péjor. Propos ou écrit extravagant, dépourvu de sens. / Vx Travail ayant demandé pour sa préparation de longues veilles.

élucubrer v. t. [1] Produire (une, des élucubrations).

éluder v. t. [1] Éviter, esquiver (qqch.). *Éluder une question.*

élusif, ive adj. Qui esquive, élude. *Une réponse élusive.*

éluvion n. f. GÉOL. Fragment de roche resté sur place après sa désagrégation. Ant. alluvion.

Élysée ou **champs Élysées** MYTH. GR. Lieu délicieux, séjour des âmes des héros et des hommes vertueux.

Élysée (palais de l') Hôtel construit en 1718 par Mollet pour le comte d'Évreux, acheté par Louis XV pour Mme de Pompadour. Demeure luxueuse, résidence des hôtes étrangers sous les règnes de Louis XV et de Louis XVI, elle fut habitée par la duchesse de Bourbon, le financier Beaujon, Murat, l'impératrice Joséphine, le duc et la duchesse de Berry, avant de devenir pour la première fois, sous la IIe république, résidence du chef de l'État. La disparition des Tuileries lui a valu cette affectation définitive à partir de 1873. Quoique les dépendances et le porche d'entrée aient été reconstruits à l'époque de la IIe république, que des ajouts aient été faits sous la IIIe République (salle des fêtes), le palais a gardé l'aspect des grands hôtels particuliers du XVIIIe siècle.

élyséen, enne adj. MYTH. GR. Qui appartient à l'Élysée, aux champs Élysées. / Du palais de l'Élysée, résidence du président de la République. *Les cercles élyséens.*

Elytis (Odhysséas Alepudhelis, dit **Odysseus)** 1911-1996 Poète lyrique grec influencé par le surréalisme et attentif aux problèmes du temps présent. Sa poésie est imprégnée de la lumière et des couleurs de la Grèce : *Axion esti* (« Il est digne »), 1960 ; *Trois poèmes sous pavillon de complaisance*, 1982.

élytre n. m. ZOOL. Chez les insectes coléoptères et orthoptères, aile antérieure dure qui, au repos, recouvre et protège l'aile

E

postérieure, membraneuse, permettant à l'insecte de voler. *Élytre du hanneton, de la sauterelle.*

elzévir n. m. Ouvrage imprimé entre le XVIIe et le XVIIIe siècle par un membre de la famille Elzévir. / TYPO. Caractère typographique à empattements triangulaires, proche du modèle employé par les Elzévir.

Elzévir, Elsevier ou **Elsevier** Famille de libraires et imprimeurs hollandais des XVIe et XVIIe siècles, que l'on retrouve au Danemark. On leur doit le caractère à empattements triangulaires qui porte leur nom.

E

émaciation n. f. MÉD. Amaigrissement pathologique.

émacié, e adj. Très amaigri. *Visage émacié.*

émail n. m. Vernis opaque ou transparent fait d'un produit vitreux, appelé fondant, et d'oxydes métalliques colorants. *L'émail s'applique par fusion sur les objets à recouvrir et s'emploie pour protéger certaines surfaces métalliques en leur donnant une coloration inaltérable.* / Objet d'art obtenu par le procédé d'émaillage. / Enduit vitrifiable ou « glaçure » des céramiques (grès, faïence, porcelaine) de composition chimique diverse. / HÉRALD. Couleur du blason. / ANAT. Tissu dur, minéralisé, qui recouvre la couronne dentaire. / Pl. Des *émaux.*

Christ en **émail** sur une patène en albâtre.

e-mail n. m. (abréviation de *e (lectronic) mail*, « courrier électronique ») Courrier électronique. / Adresse électronique. Syn. recommandé par l'administration : mél (pour *m (essage) él (ectronique)*). Voir *courriel.*

émaillé, e adj. Recouvert d'émail. *Fonte émaillée.* / Fig. *Émaillé de* : parsemé de. *Un pré émaillé de fleurs. Un texte émaillé de fautes.*

émailleur, euse n. Spécialiste du travail de l'émail.

émanation n. f. Vx Échappement sous forme de particules infimes des substances volatiles contenues dans un solide ou un liquide. / Exhalaison, odeur qui se dégagent de certains corps. *Émanations de gaz toxique.* / Fig. Expression, reflet. *Le vote est l'émanation de la volonté populaire.*

émancipation n. f. DR Acte juridique par lequel un mineur, soustrait à l'autorité parentale ou à la tutelle légale, devient responsable de lui-même devant la loi et obtient la capacité juridique d'administrer ses biens et de toucher des revenus. / Affranchissement, libération. *L'émancipation de la pensée. L'émancipation des esclaves.*

émanciper v. t. [1] Dr Affranchir (un mineur) de l'autorité parentale ou de tutelle. / Libérer (qqn) d'une dépendance, d'une domination. *Émanciper les colonies.* / v. pron. *Ce siècle a vu les femmes s'émanciper.*

émaner v. t. ind. [1] S'exhaler, se dégager (de qqch.). *Les parfums qui émanent des fleurs.* Au fig. *La bonté qui émane de son sourire.* / Fig. Provenir (de qqch.). *Décision qui émane du conseil d'administration.*

émargement n. m. Action d'émarger une page. / Signature dans la marge d'un document. *Feuille d'émargement* : feuille de présence où les personnes intéressées doivent apposer leur signature.

émarger v. t. [1] Diminuer la marge de. *Émarger une estampe.* / Procéder à l'émargement de. *Émarger une liste.* / v. t. ind. *Émarger à* : toucher des appointements de. *Émarger au budget d'une administration.*

émasculation n. f. Suppression chez le mâle des organes de la reproduction.

émasculer v. t. [1] Pratiquer l'émasculation de, châtrer (qqn). / Fig. Affaiblir, diminuer la vigueur de (qqch.). *Censeur qui émascule un texte.*

Émaux et camées 1852 Recueil de poèmes de Théophile Gautier, à la fois soumis à l'influence du symbolisme et proche du Parnasse.

Emba *712 km* Fleuve du Kazakhstan qui prend sa source dans les monts Mougodjary et se jette dans la mer Caspienne, à l'est du fleuve Oural.

embâcle n. m. Dans une rivière ou un fleuve, accumulation de glaçons pouvant faire obstacle à l'écoulement des eaux et provoquer une inondation. Ant. débâcle.

emballage n. m. Action d'emballer. *Carton d'emballage.* Ant. déballage. / Ce dans quoi un objet est emballé. *Emballage solide, fragile, mal conçu.*

emballement n. m. Action de s'emporter ou de se passionner soudainement pour qqch. / Accélération soudaine d'un moteur, difficile à contenir. / Fait, pour un cheval, de prendre le mors aux dents.

emballer v. t. [1] **A.** Mettre (qqch.) dans un emballage. *Emballer des vêtements.* Ant. déballer. / Fam. Réprimander (qqn). *Je me suis fait emballer par le surveillant.* / Argot. Capturer, emprisonner (qqn). *Les flics l'ont emballé.* / Fam. Ravir, enthousiasmer (qqn). *Le film m'a emballé.* **B.** v. pron. *Cheval qui s'emballe,* qui échappe au contrôle de son cavalier. / Par anal. *Moteur qui s'emballe,* qui tourne à un régime anormalement élevé. / En loc. (emploi transitif) *Emballer un moteur.* / Fig. fam. S'emporter, s'enthousiasmer. *S'emballer pour un rien.*

Main de Fatima,
emblème de la fille de Mahomet.

embarcadère n. m. Quai le long duquel les bateaux accostent dans un port, où les trains s'arrêtent dans une gare, aménagé pour l'embarquement des marchandises et des voyageurs. Ant. débarcadère.

embarcation n. f. Petit bateau sans pont ; tout petit bateau.

embardée n. f. Mouvement bref et non contrôlé effectué par un véhicule ou une embarcation.

embargo n. m. D^R MAR. Mesure officielle contraignant un navire étranger à demeurer dans le port dans lequel il est ancré. / Mesure par laquelle on empêche la circulation de certaines marchandises. / Mesure de contrainte décrétée par un gouvernement contre un État, interdisant l'exportation vers ce pays d'une ou plusieurs marchandises. *Embargo pétrolier.* / Fig. *Mettre l'embargo sur une information,* en empêcher la diffusion.

embarquement n. m. Action d'embarquer. Ant débarquement.

embarquer v. i. / v. t. / v. pron. [1] **A.** v. i. Monter à bord d'une embarcation, d'un avion, d'un véhicule. *L'équipage a embarqué.* Ant. débarquer. **B.** v. t. Charger, faire monter à bord d'un navire ou, par ext., de tout autre véhicule. *Embarquer les bagages, les passagers.* / Spécial. et fam. *Se faire embarquer par la police* : se faire arrêter et emmener dans un véhicule de police. / Fig. et fam. Emporter (ce qui appartient à qqn d'autre), voler. / Fig. et fam. Entraîner (qqn) dans une entreprise difficile, hasardeuse. C. v. pron. *S'embarquer pour un voyage au long cours.* / Fig. S'engager dans une entreprise hasardeuse. *Il s'est embarqué dans ce projet sans réfléchir.*

embarras n. m. Vx Obstruction d'une voie. *Embarras de voitures. Embarras gastrique* : troubles intestinaux. / Fig. Ce qui gêne. *Causer de l'embarras. Être dans l'embarras* : manquer provisoirement d'argent ; ne savoir que faire devant un événement.

embarrassant, e adj. Qui embarrasse. *Bagages embarrassants. Question embarrassante.*

embarrasser v. t. [1] Gêner le passage, encombrer. / Rendre les mouvements malaisés. *Ce bouquet l'embarrasse.* Ant. débarrasser. / Fig. Troubler, mettre dans l'embarras. *Embarrasser (qqn) par trop de familiarité. Être embarrassé par un problème.* / v. pron. S'encombrer de trop d'objets et, au fig., de considérations inutiles. *Ne pas s'embarrasser de scrupules.*

embase n. f. TECHN. Pièce qui sert de support à une autre ; renfort à la base d'une pièce.

embastiller v. t. [1] HIST. Emprisonner à la Bastille. / Fam. Mettre (qqn) en prison.

embauchage n. m. ou **embauche** n. f. Action d'embaucher. Ant. débauchage.

embaucher v. t. [1] Fournir (par contrat) un emploi rémunéré à (qqn). *Embaucher du personnel.* (Emploi absol.) *Cette entreprise n'embauche plus.* Ant. débaucher.

embauchoir n. m. Forme rigide qu'on place dans les chaussures pour éviter qu'elles se déforment.

embaumement n. m. Action d'embaumer (un cadavre) ; résultat de cette action.

embaumer v. t. [1] Remplir (un lieu) d'odeurs balsamiques, parfumées. *L'encaustique embaume toute la maison.* (Sans compl.) *Ces fleurs embaument.* / Traiter (une dépouille humaine, animale) en l'emplissant de substances balsamiques afin d'en retarder ou d'en empêcher la décomposition. *Embaumer un cadavre.*

embaumeur, euse n. Spécialiste de l'embaumement.

embellie n. f. MAR. Amélioration passagère de l'état du temps ou de la mer. / Éclaircie.

embellir v. t. / v. i. [2] Accroître la beauté de. *Embellir une ville par des espaces verts.* (Emploi absol.) *L'amour embellit.* / Transformer pour donner plus d'attrait, d'intérêt. *Embellir l'histoire de sa vie.* / v. i. Gagner en beauté. *Cette femme ne cesse d'embellir.*

embellissement n. m. Action d'embellir ; ce qui embellit.

emberlificoter v. t. [1] Emmêler (qqch.). *Emberlificoter de la laine.* / Fig., fam. *Emberlificoter qqn,* le séduire habilement, le duper, l'embobiner.

embêtant, e adj. Qui embête, ennuie. *Un cours embêtant.*

embêtement n. m. Fam. Fait d'embêter, d'être embêté ; ce qui embête *Causer des embêtements.*

embêter v. t. [1] Fam. Contrarier ; ennuyer. *Ce contretemps m'embête.* / Taquiner. *Embêter sa sœur par jeu.* / v. pron. S'ennuyer. *Il s'embête pendant les vacances.*

emblaver v. t. [1] AGRIC. Ensemencer (une terre) en blé et, par ext., de toute autre céréale.

emblavure n. f. AGRIC. Terre emblavée.

emblée (d') loc. adv. Du premier coup, à la première tentative.

emblématique adj. Qui sert d'emblème. / Qui se rapporte à un emblème.

emblème n. m. Représentation symbolique d'une idée par une figure ou un insigne quelconques, généralement accompagnée d'une devise. / Être ou objet, symbole d'une qualité ou d'un défaut. *La colombe, emblème de la paix.*

embobiner v. t. [1] Enrouler (du fil) sur

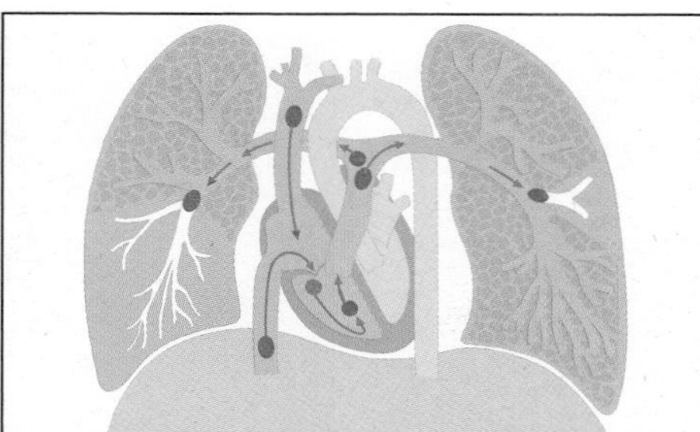

*L'***embolie** *pulmonaire est causée par l'occlusion brutale de l'artère pulmonaire (ou de l'une de ses ramifications) par un corps étranger (caillot par ex.) charrié par le sang.*

une bobine. Ant. débobiner. / Fam. Séduire habilement, duper (qqn).
emboîtage n. m. Action d'emboîter; résultat de cette action. / Mise dans une boîte. / Cartonnage servant d'étui pour protéger un livre fragile.
emboîtement n. m. Adaptation de deux pièces qui entrent l'une dans l'autre. *L'emboîtement d'un livre dans son étui.*
emboîter v. t. [1] Faire pénétrer (une pièce dans une autre), ajuster entre elles (plusieurs pièces). *Emboîter les éléments d'une armoire.* Ant. déboîter. / Loc. fig. *Emboîter le pas à qqn*, le suivre de près. / v. pron. *S'emboîter*: s'interpénétrer, s'ajuster. *Des éléments qui s'emboîtent parfaitement.*
embolie n. f. MÉD. Obstruction brusque d'un vaisseau, généralement artériel, par un corps étranger: caillot de sang, bulle gazeuse, amas de graisse, de cellules cancéreuses, de bactéries, etc. *Embolie pulmonaire*, touchant l'artère pulmonaire ou l'une de ses branches.
embonpoint n. m. État d'une personne un peu grasse, un peu grosse. *Prendre de l'embonpoint*: grossir.
embossage n. m. MAR. Action d'embosser (un navire); son résultat.
embosser v. t. / v. pron. [1] v. t. Maintenir (un navire) dans une direction déterminée en l'amarrant. / v. pron. *S'embosser à proximité de la plage.*
embouche n. f. Prairie où l'on fait paître les bovins pour les engraisser. / Engraissement des bestiaux en prairie. *Des veaux à l'embouche.*
embouché, e adj. *Mal embouché*: grossier, qui ne profère que des grossièretés.
emboucher v. t. [1] Mettre à la bouche (un instrument à vent). *Emboucher une trompette.* / *Emboucher un cheval,* lui mettre le mors dans la bouche.
embouchoir n. m. ARM. Pièce métallique réunissant le canon au fût d'une arme à feu.
embouchure n. f. Lieu où une rivière se jette dans la mer. *L'embouchure de l'Amazone est large de 300 kilomètres.* / MUS. Partie d'un instrument à vent qui est en contact direct avec les lèvres.
embouquement n. m. Entrée d'une passe, d'un canal. / Entrée d'un navire dans une passe ou un canal.
embouquer v. i. / v. t. [1] v. i. MAR. S'engager dans une passe étroite. / v. t. *Embouquer un chenal.*
embourber v. t. [1] Enfoncer (qqch.) dans un bourbier. *Embourber une voiture.* / v. pron. *Le véhicule s'est embourbé.* Au fig. *S'embourber dans des explications vaseuses.*
embourgeoisement n. m. Fait de s'embourgeoiser.
embourgeoiser v. t. / v. pron. [1] v. t. Donner un caractère bourgeois à. / v. pron. Adopter le mode de vie, le comportement de la bourgeoisie.
embout n. m. Garniture de métal ou de matière dure fixée à l'extrémité d'un objet pour la protéger de l'usure. *Embout d'une canne.* / Pièce d'extrémité d'un objet. / Extrémité d'une seringue, sur laquelle s'adapte l'aiguille.
embouteillage n. m. TECHN. Action de mettre en bouteille. / Obstruction d'une voie de circulation; encombrement. *Embouteillage de voitures.*
embouteiller v. t. [1] Mettre (qqch.) en bouteille. *Embouteiller du vin.* / Obstruer (une voie de circulation) par un embouteillage. *Embouteiller une rue.*
emboutir v. t. [2] TECHN. Donner une forme à (de la tôle) par emboutissage. / (En parlant d'un véhicule) Heurter, défoncer (qqch.). *Emboutir un mur.*
emboutissage n. m. TECHN. Travail d'une plaque de métal avec un marteau, ou un mandrin et une matrice, pour lui donner la forme et le profil désirés.
emboutisseur, euse n. Professionnel de l'emboutissage. / n. f. Machine à emboutir.
embranchement n. m. Division en branches d'un tronc. / Ramification en canaux d'une voie, d'un canal. / Lieu où plusieurs voies se rejoignent, bifurcation. / BIOL. Syn. de *phylum*.
embrasement n. m. Violente et soudaine inflammation, incendie. *L'embrasement d'une forêt.* / Fig. Passion à son plus haut degré.
embraser v. t. [1] Mettre le feu à. *Embraser de la paille.* / Par ext. Chauffer intensément. *Le soleil embrasait l'air.* / Illuminer. *Le soleil embrasait l'horizon.* / Fig. Exalter. *La passion embrase les cœurs.* / Mettre à feu et à sang. *La guerre a embrasé la région.*
embrassade n. f. Action d'embrasser, de s'embrasser.
embrasse n. f. Cordon servant à retenir des rideaux ou une tenture.
embrasser v. t. [1] Serrer dans ses bras; étreindre, entourer. *Embrasser un ami.* / Par ext. Donner un baiser à, poser un baiser sur. *Embrasser un enfant.* (Emploi pron.) *Amants qui s'embrassent passionnément.* / Fig. Englober (un ensemble) dans son étendue. *Le programme embrasse la plupart des disciplines scientifiques.* / Appréhender par la vue ou la pensée. *Du belvédère, on embrasse un vaste horizon.* / Se vouer à. *Embrasser une cause, une carrière.*
embrasure n. f. Ouverture pratiquée dans l'épaisseur d'un mur, dans laquelle est placée une fenêtre, une porte. / Ouverture pratiquée dans une fortification, dans la coque d'un navire pour y placer un canon ou un tireur.
embrayage n. m. Dispositif mécanique permettant de relier un moteur à l'organe ou à la machine qu'il doit entraîner. Ant. débrayage. / Commande de ce dispositif.
embrayer v. i. [1] Mettre en contact (la pièce passive d'un mécanisme) avec la pièce active. *Embrayer une courroie.* (Sans compl.) Mettre en communication un moteur avec ce qu'il doit mettre en mouvement. *Le pilote a embrayé.* Ant. débrayer.
embrigadement n. m. Péjor. Action d'embrigader; son résultat.
embrigader v. t. [1] MILIT. Grouper (des hommes, des régiments) pour former une brigade. / Par ext. Enrégimenter, grouper (des personnes) sous une direction autoritaire, par contrainte ou persuasion. *Se faire embrigader dans un mouvement politique.*
embringuer v. t. [1] Fam. Engager, entraîner (qqn). *Se laisser embringuer dans une sale affaire.* / v. pron. *Dans quoi s'est-il embringué?*
embrocation n. f. Application d'un liquide gras sur une partie du corps; le liquide ainsi appliqué.
embrocher v. t. / v. pron. [1] v. t. Mettre à la broche (une pièce de viande, une volaille). / Par ext. Blesser (qqn) avec une arme pointue. / v. pron. Se blesser gravement en heurtant avec violence un objet pointu.
embrouillamini n. m. Fam. Désordre, confusion.
embrouille n. f. Fam. Affaire confuse destinée à duper, ou qui semble l'être. *Faire des embrouilles.*
embrouiller v. t. [1] Enchevêtrer, emmêler différentes parties, différents éléments de (qqch.). *Embrouiller un fil à coudre.* / Fig. *Embrouiller un récit par des apartés inutiles.* / Rendre confus le jugement de (qqn). *Tu m'embrouilles avec tes histoires.* / v. pron. *S'embrouiller dans ses propres explications.*
embrumer v. t. [1] Charger de brume. / Fig. Assombrir, attrister.
embrun n. m. (Généralement au pluriel) Gouttelette d'eau arrachée par le vent à la surface d'une grande étendue d'eau (océan, lac), à la crête des vagues. *Respirer les embruns.*
embryogenèse ou **embryogénie** n. f. BIOL. Formation et développement de l'embryon (aussi bien animal que végétal) à partir du zygote.
embryogénique adj. BIOL. Relatif à l'embryogenèse.
embryologie n. f. BIOL. Partie de la biologie qui a pour objet l'étude de l'embryogenèse.
embryologique adj. Relatif à l'embryologie.
embryologiste n. Spécialiste de l'embryologie.
embryon n. m. ZOOL. Organisme pluricellulaire aux stades précoces de son développement. (L'embryon des métazoaires passe notamment par les stades de la blastula et de la gastrula. Dans l'espèce humaine, on parle d'embryon durant les deux premiers mois de la grossesse, ensuite, de fœtus.) / BOT. Plantule au début de son développement. / Fig. Se dit de ce qui est en voie de développement, à l'état d'ébauche. *L'embryon d'une œuvre.*

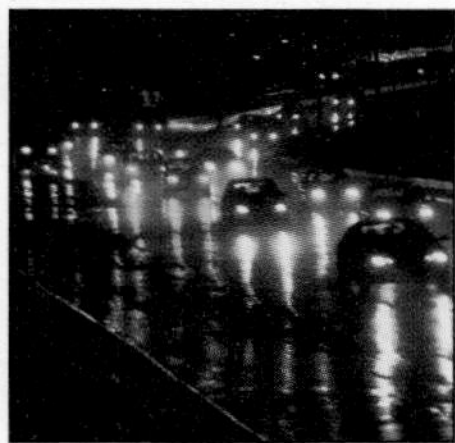

Embouteillage *sur une autoroute.*

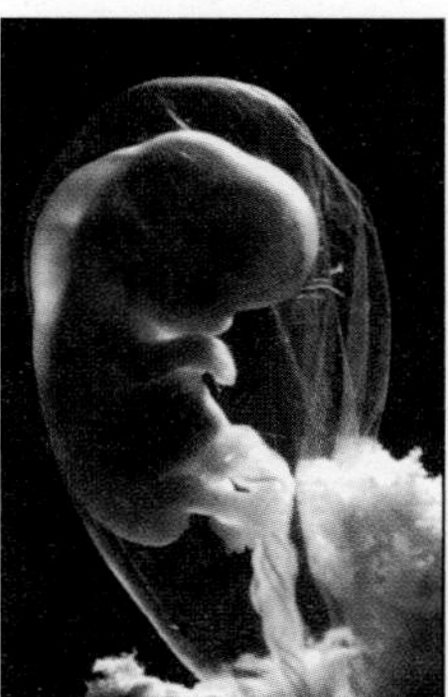

Embryon humain (6 semaines).

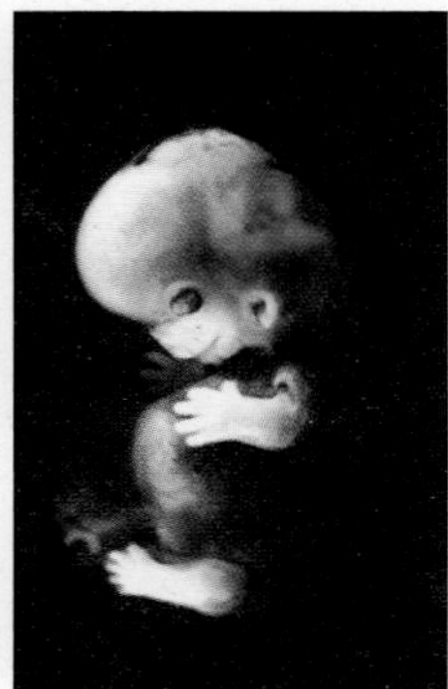

Embryon humain (8 semaines).

EMBRYON

E

embryonnaire adj. BIOL. Relatif à l'embryon. / Fig. À l'état d'ébauche, en germe.
embryopathie n. f. MÉD. Maladie, d'origine non génétique, touchant l'embryon au début de la vie intra-utérine, susceptible d'entraîner diverses malformations.
embryoscopie n. f. MÉD. Examen endoscopique de l'embryon au cours de la grossesse.
embûche n. f. (Généralement au plur.) Obstacle, piège, difficulté.
embuer v. t. [1] Couvrir de buée. *Une vitre embuée.* / Fig. *Un regard embué de larmes.*
embuscade n. f. Manœuvre d'une troupe qui se cache dans un endroit propice (bois, défilé) pour attaquer. *Tomber dans une embuscade.*
embusqué, e adj. et n. En embuscade. *Des soldats embusqués.* / n. Personne affectée à un poste sans danger pendant une guerre. *Les embusqués de l'arrière.*
embusquer v. t. [1] Mettre (qqn) en embuscade. *Embusquer des hommes sur les toits.* / Fam. Affecter (qqn), pendant une guerre, à un poste sans danger. *Se faire embusquer dans les bureaux, à l'arrière.*
éméché, e adj. Légèrement ivre.
émeraude n. f. MINÉR. Pierre précieuse translucide, de couleur verte (variété de béryl). / Par ext. *Émeraude orientale*: corindon vert. / Appos. *Un vert émeraude.* / adj. inv. *Une robe émeraude.*
émergence n. f. Action d'émerger; état de ce qui émerge. / Fig. Apparition d'un fait, d'une idée nouvelle. / PHYS. Sortie hors d'un milieu. *Point d'émergence*: lieu où un rayon lumineux sort d'un milieu qu'il vient de traverser.
émergent, e adj. Qui émerge, apparaît. / PHYS. *Rayons émergents*: rayons lumineux qui sortent du milieu qu'ils viennent de traverser. / ÉCON. *Pays émergents*, qui émergent du sous-développement.
émerger v. i. [1] Sortir, apparaître hors de l'eau. *Des récifs émergent à marée basse.* / Fig. Apparaître avec netteté. *Un bruit qui émerge du silence.* / Se distinguer nettement par ses qualités. *Talent qui émerge de la masse.* / Se dégager d'un état. *Émerger du sommeil, d'une retraite volontaire.*
émeri n. m. Variété très dure de corindon qui, pulvérisée, est utilisée comme abrasif. / *Toile émeri*: toile sur laquelle a été collée de la poudre d'émeri. / *Flacon bouché à l'émeri*, dont le bouchon de verre, poli à l'émeri, s'adapte hermétiquement au goulot de ce flacon.
émerillon n. m. ZOOL. Petit faucon nichant en Europe du Nord, qui se nourrit essentiellement d'oiseaux et d'insectes. / TECHN. Système de jonction de deux pièces (boucles, crochets) permettant à chacune de tourner indépendamment. *Poulie à émerillon*: poulie tournant sur elle-même.
émérite adj. Qui a acquis une expérience et une compétence remarquables. *Professeur émérite*: universitaire retraité continuant d'exercer certaines fonctions.
émersion n. f. Montée vers la surface d'un corps solide plongé dans un fluide. *L'émersion d'un sous-marin.* / ASTRON. Réapparition d'un astre après le passage de ce dernier derrière un autre (éclipse).
Emerson (Ralph Waldo) 1803-1882 Poète, essayiste et philosophe américain. Il développe dans son livre *La Nature* (ensemble de conférences, publié en 1836) les principes de sa doctrine, le transcendantalisme: l'homme doit atteindre à Dieu en se détournant des richesses. Il éprouve pour la nature un amour à tonalité presque panthéiste et en prône le respect. D'une scrupuleuse honnêteté personnelle, morale et intellectuelle, il s'est prononcé clairement contre l'esclavage et a soutenu John Brown.

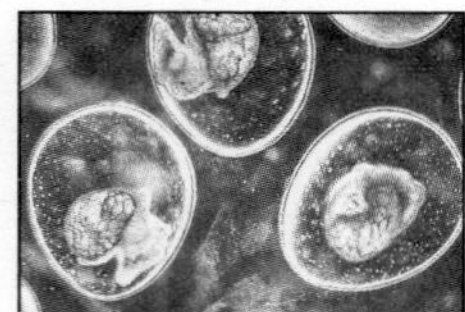
Développement **embryonnaire**.

émerveillement n. m. Fait de s'émerveiller; état de celui qui s'émerveille.
émerveiller v. t. [1] Provoquer l'étonnement et le ravissement mêlés de (qqn). *La découverte de mondes inconnus émerveille les esprits.* / v. pron. *S'émerveiller du spectacle de la nature.*
Émery (Michel Particelli, sieur d') 1595-1650 Financier français d'origine italienne qui sut gagner la confiance de Richelieu mais se rendit impopulaire en créant de nouveaux impôts.
Émèse (aujourd'hui *Homs*) Ville de l'ancienne province romaine de Cœlésyrie (dans l'actuelle Syrie). Élagabal fut le grand-prêtre de son temple du Soleil.
émétique adj. et n. m. Qui provoque le vomissement.
émetteur, trice adj. et n. **A.** adj. Qui envoie par ondes hertziennes des signaux, des images. *Station émettrice.* **B.** n. m. ou f. - Personne ou organisme qui émet des billets, des titres. / n. m. ÉLECTRON. L'un des trois électrodes d'un transistor. / TÉLÉCOM. Poste d'émission de signaux électromagnétiques, destiné à l'émission d'informations (sons, images, messages télégraphiques). *Émetteur pirate.*
émettre v. t. [3] Produire de manière perceptible, se signaler par. *Émettre un son.* / Par ext. Exprimer. *Émettre un doute, des vœux.* / Spécial. Mettre en circulation. *Émettre des billets de banque.*
émeu n. m. ZOOL. Grand oiseau ratite vivant en Australie, qui mesure près de 2 mètres de haut. Pl. Des *émeus*.
émeute n. f. Trouble, révolte populaire et spontanée.
émeutier, ère n. Personne qui prend part à une émeute.
émiettement n. m. Action d'émietter, de fragmenter. / Fig. *Émiettement des responsabilités*, leur dispersion.
émietter v. t. [1] Réduire (qqch.) en miettes. *Émietter du pain.* / Par anal. Réduire en parcelles, fragmenter. *Émietter la terre en petites propriétés.*
émigrant, e n. Personne qui émigre.
émigration n. f. Fait d'émigrer. *L'émigration des Irlandais au XIXe siècle.* / Ensemble des émigrés. *L'émigration italienne à New York.* / HIST. (avec une majuscule) Ensemble des nobles qui quittèrent la France sous la Révolution. *Les armées de l'Émigration.* / ZOOL. Migration.
émigré, e n. et adj. Qui a émigré. / adj. *Les familles émigrées.* / HIST. *Les Émigrés*: les nobles français qui fuirent à l'étranger la Révolution française.
émigrer v. i. [1] Quitter son pays natal pour aller vivre à l'étranger. / Quitter périodiquement un territoire pour un autre, en parlant d'animaux.
Émile ou De l'éducation 1762 Roman de J.-J. Rousseau. Partant de l'idée selon laquelle l'homme est bon par nature et le vice imputable à l'état social, l'auteur développe les principes d'une éducation négative, qui n'enseigne pas la vérité, mais protège de l'erreur; qui n'inculque pas la vertu, mais soustrait des mauvaises influences. Le livre contient, en outre, *La Profession de foi du vicaire savoyard*.
Émilie-Romagne *22 123 km² 3 929 171 h.* Région de l'Italie centrale limitée par le Pô, l'Adriatique, les Apennins et la vallée de la Trebbia, qui réunit les provinces de Bologne, Ferrare, Modène, Plaisance, Forli, Parme, Ravenne, Reggio et Rimini. Capitale *Bologne*. On y cultive le riz et le maïs; on y trouve également du soufre et du pétrole. L'industrialisation est poussée. C'est l'une des régions les plus riches d'Italie. Partagées entre les États pontificaux, la Lombardie et divers petits États indépendants, l'Émilie et la Romagne furent réunies en 1859 et incorporées au royaume d'Italie en 1860.
émincé n. m. CUIS. Fine tranche de viande; mets cuisiné avec cette viande. *Émincé de poulet au curry.*
émincer v. t. [1] Couper (qqch.) en tranches minces.
éminemment adv. Au plus haut degré.
éminence n. f. Élévation de terrain, butte. / ANAT. Saillie osseuse. / Fig. Haute position sociale et morale. / (Avec une majuscule) Titre d'honneur donné aux cardinaux. / *Éminence grise*: surnom du père Joseph (Joseph Le Clerc du Tremblay), capucin français, conseiller de Richelieu, influent, mais sans poste officiel; par ext. personne qui exerce sur qqn une influence occulte.

Couverture d'**Émile ou De l'éducation**, de Jean-Jacques Rousseau.

éminent, e adj. (À titre social, honorifique) Supérieur. *Personnage éminent.*
Eminescu (Mihaïl Eminovici, dit Mihai) 1850-1889 Poète roumain, considéré comme le poète national de Roumanie. Il a exprimé la malédiction du génie, perdu dans un monde hostile: *Les Épigones* (1870), *L'Étoile du soir* (1883). En 1883, il sombra dans la folie et, interné dans un asile, fut assassiné par un aliéné.
émir n. m. (mot arabe) HIST. Dans la société musulmane ancienne, haut personnage assurant des fonctions militaires, administratives ou religieuses. / Titre donné aux descendants du Prophète. / Titre de certains membres de familles princières. *L'émir d'Abou Dhabi.*
émirat n. m. Dignité d'émir. / État gouverné par un émir. *Les Émirats arabes unis.*
émirati, e ou **émirien, enne** adj. et n. Des Émirats arabes unis. *Pétrole émirien. Un(e) Émirati(e)* ou *un(e) Émirien (ne)*
• **Émirats arabes unis (Fédération des)** État de la péninsule d'Arabie réunissant depuis 1971 sept émirats: Abu Dhabi, Dubaï, Chardja, Adjman, Umm al-Qaywayn, Fudjayra et Ra's al-Khaymah.
émissaire [1] n. m. Personne mandatée par une autre pour régler discrètement une affaire. / *Bouc émissaire*: personne à qui l'on veut faire porter la responsabilité d'un acte.
émissaire [2] n. et adj. **I.** n. m. TRAV. PUBL. Collecteur principal d'un réseau d'égouts. **II.** ANAT. n. f. et adj. *Émissaires* ou *veines émissaires*: petites veines qui traversent le crâne.
émission n. f. Action de pousser (un liquide) hors du corps; résultat de cette action. *Émission de sperme.* / Action de produire. *Émission de voix. Émission d'ondes.* / Action de diffuser par le moyen d'ondes électromagnétiques; ce qui est diffusé. *Une émission de variétés.* / Mise en circulation. *Émis-*

Émigration: départ des émigrants espagnols vers les États-Unis à la fin du XIXe siècle.

ÉMIRATS ARABES UNIS (FÉDÉRATION DES)

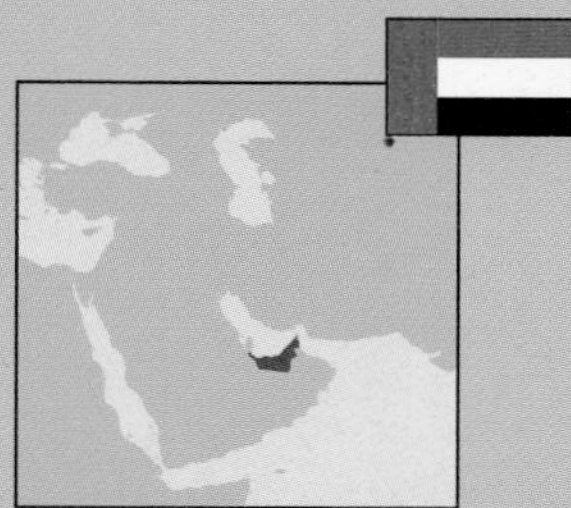

Voir l'Atlas

Superficie : *83 600 km²* – **Nombre d'habitants :** *3 000 000 h.* – **Capitale :** *Abu Dhabi*
Villes principales : *Dubaï, Sharjah* – **Système politique :** *fédération (gouvernée par un Conseil suprême)* – **Langue(s) :** *arabe* – **Religion(s) :** *islam* – **Monnaie(s) :** *dirham*

Économie

Depuis les années 1960, cet ensemble désertique (Abou Dhabi, Dubaï, Sharjah, Ajman, Umm al-Qaïwain, Ras al-Khaima, Fujaïrah), dont les populations vivaient chichement d'élevage nomade et de pêche (poissons, perles), est devenu l'une des régions les plus riches du monde grâce à la manne pétrolière : Abu Dhabi, Dubaï et Shardja produisent plus de 100 millions de tonnes d'hydrocarbures par an. Les gisements sont sous-marins. Les réserves (y compris de gaz naturel) les plus importantes sont situées à Abu Dhabi. Cette manne a permis une industrialisation puissante et une urbanisation à 84 %. Plus d'un million d'émigrés (Pakistanais et Indiens, surtout) sont venus travailler dans un pays où toutes les précautions ont été prises pour libérer l'industrie et le système bancaire contre les baisses du cours du pétrole. Le tourisme se développe à Dubaï, champion également de l'industrie de pointe. En 2000, un complexe industriel (dessalement de l'eau de mer et centrale électrique) implanté à Abu Dhabi doublera la production d'électricité et accroîtra la production d'eau douce.

Histoire

Islamisé depuis le VIIᵉ siècle, un temps sous influence portugaise (les Portugais ont contrôlé les ports aux XVIᵉ et XVIIᵉ siècles), le pays était au XVIIIᵉ siècle en proie au désordre ; sur la côte, une tribu se livrait à la piraterie à l'encontre des navires de la Compagnie des Indes, ce qui lui valut son surnom de *Côte des Pirates.* Pour protéger ses routes maritimes, la Grande-Bretagne signa (1835, puis 1853) une trêve avec les pirates, de sorte que la côte se nomme désormais *Côte de la Trêve*, et les émirats *Trucial States* (*États de la Trêve*) ; les Britanniques imposèrent en 1892 leur protectorat, ce régime prenant fin en 1968. L'ancienne puissance protectrice désirait grouper en un seul État les émirats qui constituent aujourd'hui la fédération, plus Bahrein et Qatar. Ces deux derniers ayant unilatéralement proclamé leur indépendance, une fédération de six émirats se constitue en 1971, bientôt rejointe (1972) par Ras al-Khaymah. Depuis sa création, la Fédération a pour président le souverain d'Abu Dhabi ; elle a participé aux côtés des Occidentaux à la guerre contre l'Irak en 1991, mais n'a pas rejoint, en mars 2003, la coalition menée par les Américains et les Britanniques pour triompher de Saddam Hussein..

Usine de ciment à Ras al-Khaymah.

Monument glorifiant la coopération des pays arabes, à Abu Dhabi.

sion de billets d'avion. Émission d'actions, d'obligations.

émissole n. f. ZOOL. Petit requin, commun en Méditerranée et dans l'Atlantique, appelé aussi chien de mer.

emmagasinage ou **emmagasinement** n. m. Action d'emmagasiner ; son résultat.

emmagasiner v. t. [1] Mettre (qqch.) en magasin. / Fig. Acquérir, accumuler (qqch.). *Emmagasiner des connaissances, de la chaleur.*

emmailloter v. t. [1] Mettre (un bébé) dans un maillot ; l'envelopper de langes. / Par ext. Envelopper.

emmancher v. t. [1] Mettre un manche à. *Emmancher un balai.* / Fig. fam. *Bien emmancher une affaire*, bien la commencer.

emmanchure n. f. Ouverture pratiquée dans un vêtement à la hauteur de l'épaule et à laquelle la manche est cousue.

Emmanuel (Noël Mathieu, devenu **Pierre)** 1916-1984 Poète français. Sa poésie dans la tradition romantique, riche de réminiscences bibliques, s'est imposée en partie grâce aux œuvres lyriques nées dans la Résistance (*La Liberté guide nos pas*, 1945) ; son ampleur témoigne à la fois d'une inquiétude métaphysique et d'une angoisse suscitée par la condition de l'homme moderne.

Emmaüs Bourg de Judée, au nord de Jérusalem, nommé aujourd'hui Al-Qubeiba (Cisjordanie). L'Évangile de saint Luc rapporte que Jésus y apparut à deux de ses disciples, le soir de sa résurrection.

Emmaüs (les compagnons d') Mouvement d'entraide créé en 1949 par l'abbé Pierre, aujourd'hui international.

emmêler v. t. [1] Mêler, enchevêtrer différentes parties de (qqch.). *Emmêler un fil à coudre.* Au fig. Rendre confus. *Emmêler ses souvenirs.* Ant. démêler.

emménagement n. m. Action d'emménager ; son résultat. Ant. déménagement.

emménager v. i. / v. t. [1] v. i. S'installer dans un nouveau logement. / v. t. Installer dans un nouveau logement. *Emménager ses meubles.*

emménagogue adj. et n. m. PHARM. Se dit d'une substance qui régularise le flux menstruel. / n. m. *Un emménagogue.*

emmener v. t. [1] Mener avec soi ; conduire, transporter (qqn) d'un endroit à un autre. *Emmener des élèves à la piscine. Le téléski nous emmène en haut des pistes.* / Entraîner à sa suite. *Emmener le peloton.*

Emmenthal ou **Emmental** Vallée de Suisse située dans les Préalpes où l'on fabrique un fromage qui porte ce nom.

emmerdant, e adj. Très fam. Extrêmement ennuyeux. *Il est emmerdant comme la pluie. Cette histoire, c'est très emmerdant.*

emmerdement n. m. Très fam. Gros ennui, contrariété. (Abrév : *emmerde*, n. f.).

emmerder v. t. [1] Très fam. Ennuyer, contrarier (qqn). *Il fait tout pour m'emmerder.* / Mépriser. *Si tu savais comme je t'emmerde !* / v. pron. S'ennuyer. *Qu'est-ce qu'on s'emmerde ici !*

emmerdeur, euse n. Très fam. Personne qui emmerde, ennuie les autres.

emmitoufler v. t. [1] Envelopper douillettement (qqn). *Emmitoufler un enfant dans une couverture.*

emmouscailler v. t. [1] Euphémisme pour *emmerder.*

emmurer v. t. [1] Enfermer en murant. / Fig. Isoler. *Être emmuré dans la douleur.*

émoi n. m. Agitation d'esprit causée par l'attente d'un événement extraordinaire ou par une situation inhabituelle.

émollient, e adj. et n. m. MÉD. Qui ramollit les tissus. *Propriété émolliente d'une substance.* / n. m. Produit pharmaceutique ayant des propriétés émollientes.

émolument n. m. Dʳ Part légale de la communauté qui revient à l'un des époux lors de la dissolution de celle-ci, ou part d'un héritier dans une succession. / (Au plur.) Appointements, en particulier alloués aux officiers ministériels.

émonction n. f. PHYSIOL. Évacuation par l'organisme des déchets.

émonctoire n. m. PHYSIOL. Organe (rein, foie, poumon) ou structure histologique (glande sudoripare) qui permet l'émonction.

émondage n. m. Action d'émonder ; son résultat.

émonder v. t. [1] Élaguer (un arbre).

émotif, ive adj. et n. Dû à l'émotion. *Choc émotif.* / Qui s'émeut facilement. *Personne émotive.*

émotion n. f. Trouble psychophysiologique qui témoigne d'une inadaptation à la situation donnée, agréable ou non, et qui peut être dû à une pensée, une vision ou une impression.

émotionnel, elle adj. Propre ou relatif à l'émotion. *Réaction émotionnelle.*
émotivité n. f. Caractère d'un individu émotif.
émouchet n. m. Appellation courante de petits rapaces, notamment du faucon crécerelle et de l'épervier.
émoulu, e adj. Aiguisé sur une meule. *Un fer émoulu.* / Loc. fig. *Frais émoulu*: récemment diplômé d'un établissement d'enseignement, de formation. *Un cadre frais émoulu de son école.*
émoussé, e adj. Rendu mousse. *Pointe émoussée.* Au fig. Moindre; affaibli. *Une pointe de vitesse un peu émoussée.*
émoussement n. m. Action d'émousser. / État de ce qui est émoussé.
émousser v. t. [1] Rendre mousse (ce qui était aigu, tranchant). *Émousser une lame.* / Fig. Rendre moins intense. *Émousser le désir, le plaisir.*
émoustiller v. t. [1] Rendre gai. *Un verre de vin suffit à l'émoustiller.* / Éveiller les désirs sensuels de (qqn). *L'érotisme du spectacle l'avait émoustillé.*
émouvant, ante adj. Qui émeut.
émouvoir v. t. [3] Causer de l'émotion à; toucher, troubler affectivement. *Sa détresse m'émeut. Émouvoir (jusqu')aux larmes.* / v. pron. *S'émouvoir devant une œuvre d'art.* (Spécial.) S'inquiéter. *L'opinion s'est émue du sort des réfugiés.*
empailler v. t. [1] Emplir avec de la paille la dépouille de (un animal mort) pour lui conserver un aspect naturel; naturaliser. *Empailler un renard.* / Garnir (un siège) de paille. *Empailler une chaise.* / Envelopper, couvrir (qqch.) avec de la paille. *Empailler le tronc d'un arbre.*
empailleur, euse n. Artisan qui empaille les sièges. / Artisan qui empaille les animaux morts. Syn. taxidermiste.
empaler v. t. [1] Infliger à (qqn) le supplice du pal. / v. pron. Être accidentellement transpercé par un objet pointu que l'on a heurté. *S'empaler sur un pieu.*
empan n. m. Ancienne mesure de longueur, égale à l'intervalle que présente l'ouverture maximale de la main entre l'extrémité du pouce et celle du petit doigt (23 cm environ).
empanacher v. t. [1] Orner d'un panache.
empaquetage n. m. Action d'empaqueter; résultat de cette action.
empaqueter v. t. [1] Mettre (qqch.) en paquet.
emparer (s') v. pron. [1] *S'emparer de*: se saisir de. *S'emparer d'une arme.* / Par ext. Prendre possession de (qqch.), l'envahir. *S'emparer d'une ville.* / Fig. *Un désir intense s'était emparé de lui.*
empâtement n. m. Action d'empâter; résultat de cette action. / Alourdissement des formes du visage et du corps sous l'effet de l'adiposité. / Engraissement des volailles. *L'empâtement des oies.* / BX-ARTS Couche épaisse de peinture sur une toile.
empâter v. t. [1] Emplir, enduire (qqch.) de pâte. / Rendre pâteux, plus pâteux (qqch.). *Cette purée m'a empâté la bouche.* / Fig. Faire grossir, gonfler (qqn, qqch.). *L'alcool avait empâté ses traits. Empâter une volaille*, l'engraisser.
empathie n. f. PSYCHOL. Faculté d'identification intuitive au vécu ou au ressenti de qqn.
empattement n. m. Distance séparant les essieux arrière et avant d'un véhicule. / ARCHIT. Soubassement d'un mur, formant saillie à la manière d'un socle et lui donnant ainsi une meilleure assise. / TYPO. Trait horizontal ou motif triangulaire qui souligne le haut et le bas du jambage d'une lettre.
empaumure n. f. Base élargie des bois du cerf, d'où partent les andouillers.
empêchement n. m. Ce qui entrave la réalisation de qqch., y fait obstacle. *Un empêchement de dernière minute.*
empêcher v. t. [1] Rendre impossible (qqch. à qqn), volontairement ou non. *Des circonstances imprévues ont empêché leur rencontre. Empêcher l'accomplissement d'un forfait.* / loc. impers. *(Il) n'empêche que…*: malgré tout. *N'empêche que les faits nous donnent raison.* / Fam. *N'empêche*: néanmoins. *Il est fatigué, n'empêche, il aurait pu au moins téléphoner.* / v. pron. Se retenir, s'interdire. *Il n'a pas pu s'empêcher de trahir notre secret.*
empêcheur, euse n. Loc. *Empêcheur de tourner, de danser en rond*: trouble-fête.
Empédocle d'Agrigente v. 490-v. 435 av. J.-C. Philosophe grec. Sa cosmogonie, résumée dans deux poèmes *Physica* (dont il reste 400 vers) et *Katharmoï* (« Purifications », 120 vers), fait intervenir l'action alternée de deux forces fondamentales et antagonistes: l'Amour, principe d'unification de l'être; la Haine, principe de division. Selon une légende, il se serait jeté dans le feu purificateur à l'Etna, qui rejeta ses sandales.
empeigne n. f. Partie supérieure d'une chaussure qui recouvre le cou-de-pied. / loc. Argot *Gueule d'empeigne*: figure antipathique.
empennage n. m. AÉRON. Petites ailes horizontales et verticales (dérive) situées à l'extrémité arrière des avions, des fusées, des missiles, afin d'en stabiliser la trajectoire.
empenne n. f. Partie d'une flèche garnie de plumes raides destinées à stabiliser sa trajectoire.
empenner v. t. [1] Garnir (une flèche) d'une empenne.
empereur n. m. HIST. Souverain de l'empire romain, puis de l'empire byzantin. *L'empereur Néron. L'empereur Justinien.* / Souverain du Saint Empire romain germanique. *L'empereur Charles-Quint.* / Titre de certains souverains à l'époque moderne ou contemporaine. *Maximilien Ier, empereur du Mexique. L'empereur du Japon.* / Absol. (en France, avec une majuscule) *L'Empereur*: Napoléon Ier.
empesage n. m. Fait d'empeser. Syn. amidonnage.
empesé, e adj. Apprêté à l'empois. *Col empesé.* / Fig. Guindé. *Avoir l'air empesé.*
empeser v. t. [1] Apprêter (du linge) avec de l'empois.
empester v. t. [1] Infecter, empuantir (un milieu). *Empester l'atmosphère.* Au fig. *Des lois qui empestent le climat social.* / Exhaler (une odeur désagréable). *Empester le mauvais parfum.* / Absol. *Cette peinture empeste.*
empêtrer v. t. [1] Entraver la liberté de mouvement de (un membre). *Empêtrer ses pieds dans des broussailles.* Ant. dépêtrer. / v. pron. *S'empêtrer dans sa robe.* Au fig. *S'empêtrer dans des contradictions.*
emphase n. f. Péjor. Expressivité excessive de l'élocution; exagération dans l'emploi des termes. / LING. Insistance formelle sur un élément de la phrase.
emphatique adj. Qui procède de l'emphase. *Discours emphatique.* / Qui s'exprime avec emphase. *Orateur emphatique.* / LING. Employé par emphase, pour insister sur un élément de la phrase. *Pluriel emphatique*, employé à la place d'un singulier.

L'empereur Napoléon.

emphatiquement adv. Avec emphase.
emphysémateux, euse adj. et n. Atteint d'emphysème.
emphysème n. m. MÉD. Infiltration diffuse d'un gaz dans un tissu cellulaire. *Emphysème sous-cutané. Emphysème pulmonaire*: affection caractérisée par une dilatation anormale des bronchioles et du parenchyme pulmonaire, causant diverses lésions évolutives.
emphytéose n. f. Dr Bail à long terme (18 à 99 ans) concédant à un locataire la jouissance d'un immeuble et donnant un droit d'hypothèque au preneur, à la condition que ce dernier fasse faire les travaux nécessaires à l'entretien du fonds.
emphytéotique adj. Dr Qui tient de l'emphytéose. *Bail emphytéotique.*
empiècement n. m. COUT. Pièce rapportée à un vêtement.
empierrement n. m. Action d'empierrer; son résultat. / Lit de pierres concassées aménagé pour la construction ou la réparation d'une route.
empierrer v. t. [1] Garnir (qqch.) de pierres. *Empierrer une rue.*
empiètement n. m. Action d'empieter; son résultat. / Usurpation.
empiéter v. i. [1] *Empiéter sur*: gagner sur, s'étendre aux dépens de. / Fig. Usurper en partie (les droits, le pouvoir de qqn). *Empiéter sur les prérogatives de qqn.*
empiffrer (s') v. pron. [1] Fam. Manger avec goinfrerie.
empilage ou **empilement** n. m. Objets mis les uns sur les autres.
empiler v. t. [1] Mettre (des éléments) en pile. *Empiler des pierres.* / Par anal. Entasser. *Empiler des papiers.*
empire n. m. État ou ensemble d'États soumis à l'autorité d'un empereur. *L'Empire romain. L'empire du Milieu*: la Chine ancienne. / Ensemble des territoires dépendant d'un gouvernement central. *L'Empire britannique.* / Fig. Domination absolue. *Agir sous l'empire de la peur, de la passion.* / *Style Empire*: style en vogue à la cour de Napoléon Ier, qui puise ses éléments décoratifs dans l'Antiquité romaine.
• **Empire (Premier)** 1804-1815 Régime qui, en France, succède au Consulat.
• **Empire (Second)** 1852-1870 Régime qui, en France, fait suite à la IIe République.
empirer v. i. / v. t. [1] Devenir pire. *L'état du malade empire.* / v. t. Rendre pire, aggraver. *Le voyage a empiré son état.*
empiriocriticisme n. m. PHILO. Doctrine fondée sur la critique de la valeur absolue de la science, combattue par Lénine (*Matérialisme et Empiriocriticisme*, 1909).
empirique adj. Fondé sur l'expérience. / PHILO. De l'empirisme.
empiriquement adv. De façon empirique.
empirisme n. m. Méthode de connaissance ou mode d'action qui ne s'appuie que sur la seule expérience. / PHILO. Doctrine selon laquelle toute connaissance humaine est issue uniquement de l'expérience. *Soutenue au XVIIe siècle par le philosophe anglais Locke contre Descartes, la doctrine de l'empirisme a été reprise au siècle suivant par Hume.*
emplacement n. m. Lieu où se trouve qqn, qqch.
emplafonner v. t. [1] Heurter violemment. *Il s'est fait emplafonner par un camion.*
emplâtre n. m. MÉD. Médicament à usage externe, de consistance pâteuse.
emplette n. f. Achat d'objets courants. *Faire des emplettes.* / L'objet acheté lui-même.
emplir v. t. [2] Rendre plein (un contenant). *Emplir un tiroir.* Au fig. *Cette nouvelle m'emplit de joie.*
emploi n. m. Usage que l'on fait d'une chose, manière de s'en servir. / *Mode d'emploi*: notice expliquant la manière de se servir d'un appareil ou d'un produit. / *Double emploi*: répétition superflue. / Activité professionnelle rémunérée. *Chercher un emploi. Demandeur d'emploi.* / ÉCON. Ensemble des personnes employées et rémunérées, dans un système économique donné. *Période de plein-emploi. La situation de l'emploi.* / THÉÂTRE Type de rôle. *Emploi de jeune premier.*
employabilité n. f. Qualité d'une personne apte à conserver son emploi, à trouver un nouvel emploi.
employable adj. Que l'on peut employer.
employé, e n. Personne occupant une fonction autre que cadre, agent de maîtrise ou ouvrier dans une entreprise industrielle ou commerciale. / *Employé de maison*: domestique.
employer v. t. [1] Faire usage de, recourir à (qqch.). *Employer un crayon pour écrire. Employer la ruse, la force, les grands moyens pour réussir. Bien employer son temps libre. Employez le terme approprié!* / Faire travailler, donner de l'emploi à (qqn). *Cette entreprise emploie de nombreux salariés.* / v. pron. Consacrer ses efforts, son attention à (qqch.). *S'employer à satisfaire la clientèle.*
employeur, euse n. Personne, entreprise pour laquelle travaillent un ou plusieurs salariés.
emplumé, e adj. Couvert, garni de plumes.
empocher v. t. [1] Recevoir (de l'argent). *Empocher une prime.*
empoignade n. f. Échange de propos violents qui peut donner lieu à un pugilat.
empoigne n. f. Vx Action d'empoigner. / Mod. *Foire d'empoigne*: conflit tumultueux entre personnes se disputant des biens, des avantages.
empoigner v. t. [1] Saisir (qqch., qqn) avec poigne. *Empoigner une épée. Empoigner qqn au collet.*
empois n. m. Préparation à base d'eau et d'amidon dont on se sert pour donner de la tenue au linge avant de le repasser.
empoisonnement n. m. Fait d'être empoisonné. *Un empoisonnement à l'arsenic.* / Meurtre par le poison. / (Généralement au plur.) Fig., fam. Ennuis de toutes sortes.
empoisonner v. t. [1] Intoxiquer, tuer en administrant un poison. *Empoisonner des rats.* (Emploi pron.) *S'empoisonner avec du cyanure.* / Infecter (qqch.) avec du poison. *Les déchets industriels empoisonnent les rivières.* / Par ext. Vicier, empuantir. / Fig. Gâter, altérer en dégradant. *Une vieille rancune empoisonne leurs*

relations. / Fam. Importuner. *Ces soucis m'empoisonnent.*
empoisonneur, euse n. Personne coupable d'empoisonnement. / Fig. Corrupteur. / Importun.
empoissonnement n. m. Action d'empoissonner; son résultat.
empoissonner v. t. [1] Peupler de poissons. *Empoissonner un étang.*
emporium n. m. ANTIQ. ROM. Comptoir commercial établi à l'étranger. Pl. *emporia.*
emporté, e adj. Qui est en colère, qui se met facilement en colère. *C'est un homme emporté et violent.*
emporte-pièce n. m. inv. Instrument servant à découper d'un seul coup, suivant une forme déterminée, un morceau d'une matière quelconque (métal, cuir, carton, pâte...). / loc. adj., litt. *À l'emporte-pièce*: incisif. *Un style à l'emporte pièce.*
emportement n. m. Colère subite et violente.
emporter v. t. [1] Prendre avec soi pour porter hors d'un lieu. *Emporter quelques provisions.* / Par ext. Voler. *Les cambrioleurs ont emporté les bijoux.* Spécial. *Vous ne l'emporterez pas au paradis*: vous n'en profiterez pas longtemps. *Emporter son secret dans la tombe*, mourir sans le dévoiler. / Enlever avec force, arracher. *Le fleuve en crue a tout emporté.* / Fig. Arracher à la vie. *La maladie l'a emporté.* / Entraîner au loin. *Le temps a emporté les illusions de la jeunesse.* / Au fig. Entraîner à des sentiments excessifs. *La passion vous emporte.* / Enlever par un combat, conquérir. *Emporter une ville après un siège.* / Fig. *L'emporter sur*: vaincre, prévaloir. *L'amitié l'emporte sur la rancune.* / v. pron. Céder à la colère. *À la moindre contradiction, il s'emporte.*
empoté, e adj. et n. Fam. Peu dégourdi, maladroit.
empourprer v. t. / v. pron. [1] v. t. Colorer de pourpre. / v. pron. *S'empourprer*: rougir violemment.
empoussiérer v. t. [1] Couvrir de poussière.
empreindre v. t. [3] (rare à la voix active) Imprimer (qqch.) par pression, en creux ou en relief. *Empreindre ses pas dans le goudron frais. Empreindre une pièce de monnaie.* / Fig. *Empreindre de*: marquer de. *Sa voix est empreinte de douceur.*
empreinte n. f. Trace en relief ou en creux laissée sur un objet. *Empreintes de pas sur la neige.* / Fig. Témoignage, marques. *Les empreintes de la civilisation occidentale.* / *Empreintes digitales*: relevé graphique du relief cutané des extrémités des doigts.
empressé, e adj. Qui manifeste de l'empressement. *Un geste empressé.*
empressement n. m. Zèle apporté à accomplir une tâche ou à servir qqn pour lui plaire.
empresser (s') v. pron. [1] *S'empresser de*: se hâter de. / Par ext. *S'empresser autour de qqn*, lui montrer de l'attention.
emprise n. f. Forte influence exercée sur une personne par une autre ou par une passion. *Sous l'emprise de la colère.* / Dr Expropriation par l'Administration d'un terrain destiné à un usage public; ce terrain.
emprisonnement n. m. Action d'emprisonner. / État d'une personne emprisonnée.
emprisonner v. t. [1] Mettre en prison. Par ext. Enfermer. *Emprisonner un animal.* / Serrer de façon gênante, immobiliser. *Emprisonner la main de l'adversaire.*
emprunt n. m. Action d'emprunter une somme d'argent à titre de prêt; la somme ainsi obtenue. *L'ensemble des emprunts de l'État constitue la dette publique.* / Usage temporaire d'un objet appartenant à quelqu'un d'autre. / Fig. Utilisation de thèmes pris à d'autres auteurs, de mots pris à une autre langue. *Emprunts à l'anglais.*
emprunté, e adj. *Une attitude empruntée*, peu naturelle et, par ext., gauche, maladroite.

E

EMPIRE (PREMIER) 1804-1815

Le sénatus-consulte (dit « Constitution de l'an XII ») du 18 floréal an XII (18 mai 1804) proclame que « le gouvernement de la République française est confié à un empereur; [...] Napoléon Bonaparte, Premier Consul de la République française, est empereur des Français ». Un plébiscite ratifie cette décision en novembre de la même année. Le 2 décembre, l'empereur Napoléon Ier est sacré à Notre-Dame de Paris par Pie VII. Ainsi est instauré un régime de pouvoir personnel: les ministres, nommés et révoqués par l'empereur, ne sont responsables que devant lui; le pouvoir législatif est réduit à la portion congrue avec la mise au pas du Sénat, entamée dès 1802, et la suppression du Tribunat (1807). Le Corps législatif, rarement réuni, n'est qu'une chambre d'enregistrement.
Le Conseil d'État élabore les codes qui régiront l'empire, inspireront la majorité des codes européens et sont, pour la plupart, toujours en vigueur. Sur le plan intérieur, Napoléon Ier parvient à s'attacher de nombreux membres de l'aristocratie d'Ancien Régime, crée une nouvelle noblesse et, ainsi, donne de l'éclat à la cour qu'il reconstitue.
Les grands corps de l'État sont réorganisés; l'université reçoit le monopole de l'enseignement (les établissements privés ne peuvent fonctionner qu'avec son accord et selon les règles qu'elle édicte) et le baccalauréat naît en 1809. Sur le plan international, l'empereur érige en royaume la République italienne et s'en proclame roi (mai 1805), mais il doit faire face à l'Europe coalisée.
Mis en échec par l'Angleterre à la suite de la défaite de Trafalgar (1805), il écrase l'Autriche à Austerlitz (1805) et la Prusse à Iéna (1806). La victoire de Friedland, suivie de l'entrevue de Tilsit (1807), lui apporte l'alliance du tsar Alexandre Ier. Ainsi peut-il espérer le succès du Blocus continental, machine de guerre contre l'Angleterre née à Berlin le 21 novembre 1806, qui se révélera impossible à appliquer. En Europe continentale, le Saint-Empire s'est effondré avec la création de la Confédération du Rhin (12 juillet 1806), conséquence de la paix de Presbourg signée par l'Autriche (26 décembre 1805); à cette mainmise sur l'Allemagne fait écho le renversement des Bourbons de Naples (1806), dont le trône revient à Joseph Bonaparte, que remplacera Murat (1808). La politique familiale bat son plein: Joseph Bonaparte, roi de Naples, sera roi d'Espagne (1808); Louis Bonaparte, roi de Hollande; Jérôme Bonaparte, roi de Westphalie, territoire arraché à la Prusse; Eugène de Beauharnais, vice-roi d'Italie; Elisa Bacciochi, princesse de Lucques et de Piombino, puis grande-duchesse de Toscane (1809).

Napoléon, lors une parade militaire à Vienne en 1805, après la défaite de l'Autriche à Austerlitz (Vienne, musée de la Ville).

Entre 1802 et 1811, la France, qui comptera à sa plus grande étendue 130 départements, s'est agrandie de l'Étrurie (qui prendra le nom de grand-duché de Toscane), des États pontificaux, de la Hollande, d'une partie de l'Allemagne du Nord, et exerce son influence sur plusieurs États vassaux.
Le Portugal est envahi et l'empereur, pour faire respecter le Blocus continental, intervient en Espagne. Madrid tombe rapidement, mais les Madrilènes se soulèvent et Wellington débarque au Portugal.
Malgré une féroce répression (2 mai 1808), l'armée impériale s'enlise dans une guerre qui, en cinq ans (1808-1813), lui coûtera 400 000 hommes et lui attirera une haine durable du peuple espagnol.
Pour assurer l'avenir de sa dynastie, Napoléon, qui a répudié Joséphine, épouse en avril 1810 Marie-Louise, fille de l'empereur d'Autriche, battu un an auparavant. L'empereur d'Allemagne François II est devenu François Ier, empereur d'Autriche, la cinquième coalition (Angleterre et Autriche) est vaincue.
Cependant, l'édifice se lézarde: le pape, privé de ses États et emprisonné, excommunie l'empereur, ce qui bouleverse les catholiques; le sentiment national s'éveille en Allemagne; engagée sur la voie d'importantes réformes, la Prusse se modernise et se renforce; la Russie se détache de l'alliance.
En 1812, refusant d'accorder au tsar l'évacuation de la Poméranie et de la Prusse par les troupes françaises, Napoléon entre en Russie en juin, puis s'y enfonce, jusqu'au moment où la Grande Armée, prisonnière du froid, dépourvue de ravitaillement et harcelée par les Russes, est contrainte à la retraite (décembre). L'année 1813 est une année noire: la Prusse s'allie à la Russie, l'Allemagne se soulève, la Suède et l'Autriche se joignent aux coalisés, suivies par la Bavière, le Wurtemberg et la Saxe.
En 1814, les armées étrangères sont en France et entrent à Paris (31 mars). La capitale prise, l'Empereur abdique (6 avril) et gagne l'île d'Elbe que lui abandonnent les Alliés.
La monarchie héréditaire des Bourbons est restaurée, Louis XVIII, frère de Louis XVI, monte sur le trône. Dix mois plus tard, profitant des maladresses de la première Restauration, Napoléon débarque à Golfe-Juan et rentre à Paris, soutenu par ceux qui voyaient en lui l'héritier de la Révolution. Mais il ne bénéficie plus de l'appui des notables et est contraint, par l'Acte additionnel, de reprendre la Charte des Bourbons. La mise « hors la loi » prononcée contre lui par les souverains réunis à Vienne est confirmée à Waterloo le 18 juin 1815 par Wellington et Blücher; Napoléon abdique le 22.
Les Anglais auxquels il a demandé asile le déportent à Sainte-Hélène, île de l'Atlantique. La parenthèse des Cent-Jours s'est refermée, Louis XVIII a retrouvé son trône.

E

EMPIRE (SECOND) 1852-1870

Élu président de la République en décembre 1848, Louis-Napoléon Bonaparte opère un coup d'État le 2 décembre 1851, pour éliminer les opposants. Un plébiscite (21-22 décembre) lui donne mandat d'établir une nouvelle Constitution, promulguée le 14 janvier 1852, qui confie au prince-président, élu pour dix ans, la totalité du pouvoir exécutif et une bonne part du pouvoir législatif: il a l'initiative des lois; les ministres, qui ne peuvent pas être parlementaires, ne sont responsables que devant lui; un serment de fidélité au président est exigé des ministres, des parlementaires, des magistrats, des officiers, des fonctionnaires. Le Conseil d'État assure le travail législatif; le parlement comporte deux chambres, le Corps législatif, qui vote les projets de loi, sans en avoir l'initiative, et le Sénat, qui a le pouvoir de juger de la constitutionnalité des lois et, éventuellement, de modifier la Constitution. Après une tournée triomphale du prince-président en France, le sénatus-consulte du 7 novembre 1852 propose que soit rétablie la dignité impériale; c'est chose faite après le plébiscite du 2 décembre: Louis Napoléon Bonaparte devient Napoléon III, sans même qu'il soit besoin de modifier la Constitution de janvier 1852.
Jusqu'en 1860, l'empereur - qui a épousé en 1853 l'Espagnole Eugénie de Montijo et en a eu un fils en 1856 - exerce un pouvoir sans partage: c'est l'*Empire autoritaire.* La liberté de la presse n'est pas garantie; si le suffrage universel, instauré en 1848, n'a pas été aboli, de savants découpages électoraux et le système de la candidature officielle, qui assure aux candidats du régime de substantiels avantages financiers et l'appui du préfet, en atténue les effets; les préfets sont d'autant plus puissants que les maires ne sont pas élus, mais nommés; l'université est soumise à de tatillons contrôles. Cet autoritarisme n'empêche pas l'essor économique: grands travaux d'Haussmann à Paris, fondation de grands établissements de crédit, développement du chemin de fer et des lignes maritimes, politique de libre-échange, industrialisation accélérée, modernisation

Napoléon III.

du commerce avec la création des grands magasins (Louvre, Bon Marché, Samaritaine). En outre, les expositions universelles de l855 et 1867 stimulent les échanges internationaux. En politique étrangère, Napoléon III pratique une diplomatie très personnelle; pacifiste de tempérament, il se laisse entraîner dans des aventures guerrières pour effacer les traités de 1815 ou défendre le principe des nationalités. Allié de l'Angleterre contre la Russie durant la guerre de Crimée (1854-1856), il retire de la victoire un grand prestige et impose (1856) un souverain catholique à la Roumanie émancipée de la tutelle ottomane, puis contribue puissamment à l'unification de l'Italie; mais il signe brusquement l'armistice après les victoires de Magenta et de Solferino (juin 1859); il est en effet, soucieux de ne pas mécontenter la papauté, ainsi que l'impératrice et les milieux catholiques. L'Autriche cède la Lombardie à la nouvelle Italie unifiée et ne s'oppose pas à l'annexion par la France de Nice et de la Savoie, que l'empereur obtient pour prix de son appui au Piémont. À partir de 1860, sentant croître la force de l'opposition républicaine, il amorce des réformes libérales. L'unification italienne, qui aboutit à la perte de ses États par la papauté, aliène au régime nombre de catholiques attachés au maintien du pouvoir temporel des papes. Désireux de trouver de nouveaux alliés, l'empereur desserre l'étau, une véritable vie politique s'amorce, les opposants obtiennent quelques sièges aux élections de 1863 : l'*Empire autoritaire* fait place à l'*Empire libéral* (droit de grève et de coalition accordés aux ouvriers, droit d'interpellation du gouvernement accordé aux parlementaires, libéralisation de la presse, reconnaissance du droit de réunion).
À l'extérieur, la pacification de la Kabylie (1857) a parachevé la conquête de l'Algérie et Napoléon III tente d'y mener une politique d'égalité entre Européens et indigènes qui suscite de la part des colons une opposition si violente qu'il doit y renoncer. La France est largement présente en Afrique (colonisation du Sénégal, annexion du sultanat d'Obock, traité de commerce avec Madagascar), en Asie (conquête de la Cochinchine, intervention en Chine aux côtés de l'Angleterre), au Proche-Orient (protection des chrétiens de Syrie-Liban), en Égypte (creusement du canal de Suez). En Amérique, l'expédition du Mexique (1862-1867) est un cuisant échec, le rêve d'un empire latin catholique qui pourrait faire contrepoids aux États-Unis anglo-saxons et protestants s'effondre. En 1866, l'Autriche, en conflit avec la Prusse, est battue à Sadowa. La puissance de la Prusse inquiète l'empereur, contraint, par la poussée de l'opposition aux élections de 1869, de faire appel à Émile Ollivier, républicain rallié à l'empire. C'est l'*Empire parlementaire.* Napoléon III pense restaurer son pouvoir par une victoire contre la Prusse. Mal informé, habilement manipulé par Bismarck, Napoléon déclare, le 19 juin 1870, la guerre à la Prusse. Deux mois plus tard, à la suite de sévères défaites, Napoléon III capitule à Sedan et est emmené prisonnier en Allemagne, tandis que le 4 septembre la république est proclamée à Paris, en même temps que la déchéance de l'empereur.

emprunter v. t. [1] Prendre, recevoir en s'engageant à rendre; obtenir un prêt. *Emprunter un outil. Emprunter de l'argent à une banque.* / Fig. Prendre (une voie de circulation). *Emprunter l'itinéraire conseillé.* / Imiter. *Emprunter le ton de qqn.* / Utiliser, faire sien. *Chaque génération emprunte à celles qui l'ont précédée.*

empuantir v. t. [2] Infecter (un milieu) de puanteur. *L'odeur des poubelles empuantit la rue.*

empuse n. f. ZOOL. Insecte carnassier, proche de la mante religieuse, vivant dans les régions méditerranéennes. / BIOL. Champignon parasite de certains insectes, notam. des mouches.

empyème n. m. MÉD. Accumulation de pus dans une cavité naturelle, en particulier dans la plèvre.

empyrée n. m. Dans certaines cosmologies anciennes, la plus haute des sphères célestes, séjour des dieux. / Poét. Le ciel.

Ems *320 km* Fleuve d'Allemagne qui naît dans le Teutoburger Wald et se jette dans la mer du Nord.

Ems ou **Bad Ems** *11 000 h.* Ville d'Allemagne, dans la Hesse, située à l'est de Coblence, qui exploite ses sources hydrominérales. En 1786, les envoyés de plusieurs archevêques allemands y rédigèrent la *Punctation d'Ems*, limitant l'autorité du pape, mais elle ne fut jamais appliquée. C'est également d'Ems que partit, le 13 juillet 1870, la dépêche de Guillaume Ier à Bismarck par laquelle il informait son chancelier de sa décision de ne prendre aucun engagement au sujet de la succession au trône d'Espagne, contrairement aux souhaits formulés par la France. Bismarck, dont l'ambition était l'unification de l'Allemagne, saisit l'occasion de contraindre la France à déclarer la guerre à l'Allemagne (ce qu'elle fit le 19 juillet) en faisant publier une version de la dépêche injurieuse pour la France.

ému, e adj. En proie à l'émotion. *Il est très ému.* / Qui s'accompagne d'émotion, qui marque l'émotion. *Un regard ému.*

émulateur n. m. INFORM. Ordinateur équipé pour en émuler un autre.

émulation n. f. Sentiment qui pousse à égaler ou à surpasser qqn dans l'accomplissement d'une tâche. / INFORM. Simulation, sur un ordinateur, du fonctionnement du terminal ou du système d'exploitation d'un autre ordinateur.

émule n. Litt. Personne qui tente d'égaler ou de surpasser les qualités ou les mérites d'une autre personne.

émuler v. t. [1] INFORM. Utiliser la technique d'émulation sur (un ordinateur).

émulsifiant, ante adj. et n. m. Qui favorise la formation et la stabilisation d'une émulsion.

émulsine n. f. BIOCHIM. Complexe enzymatique, contenu notam. dans les amandes, qui a la propriété d'émulsionner les lipides.

émulsion n. f. Suspension dans un liquide d'un corps non miscible avec lui, divisé en très fines gouttelettes. *Le lait est une émulsion de graisse dans de l'eau contenant des sels minéraux. La vinaigrette est une émulsion d'huile et de vinaigre.* / TECH. Préparation à base de sels d'argent et de gélatine, sensible à la lumière, couvrant les films et les papiers photographiques.

émulsionner v. t. [1] Mettre (un corps) en émulsion. *Émulsionner du bitume.* / PHARM. Mêler (une émulsion) à une boisson.

en [1] prép. (Marquant le lieu, le temps, la durée, l'intervalle) *En France. En hiver. Il a peint cette toile en un mois. Les spéléologues progressent de mètre en mètre dans la rivière souterraine.* / (Marquant l'état, la matière dont est faite une chose, la forme qu'elle adopte, le domaine d'activité) *Un quartier en fête. Un bijou en jade. Des tilleuls plantés en quinconce. Un docteur en droit.* / (Indiquant un changement, une évolution, un mode d'action, une

En attendant Godot, pièce de Samuel Beckett (deuxième en partant de la droite), créée en 1952, et mise en scène pour la première fois en 1953 par Roger Blin.

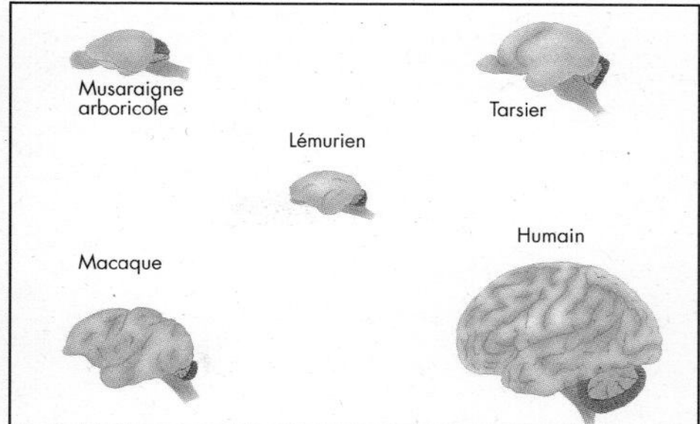

Encéphales de divers mammifères, des moins évolués jusqu'à l'homme.

manière d'être) *Se déguiser en arlequin. Se muer en orateur. Se conduire en dictateur.*
en [2] pron. adverbial (Indiquant une origine) *Je m'en suis échappé.* / (Représentant un être, une chose ou une idée dont on a parlé) *Ce chien n'est pas un chien de garde, mais il en a les qualités. J'en suis conscient. J'en ai peur. J'aime les verres gravés, j'en ai un certain nombre. De laquelle de mes filles parlez-vous ? J'en ai deux.* / (Dans certaines locutions figées). *S'en faire. S'en aller. S'en remettre à. En finir. S'en tenir à (là)…*
E.n.A. ou **ENA** Sigle de (ou acronyme pour) **École nationale d'administration**.
énamourer ou **enamourer (s')** v. pron. [1] Litt. Tomber amoureux.
énanthème n. m. MÉD. Éruption localisée sur les muqueuses.
énantiomère adj. (et n. m.) CHIM. Se dit de deux molécules de composition élémentaire identique, mais non superposables car de conformation spatiale différente, chacune étant la symétrique de l'autre par rapport à un plan (comme peuvent l'être un objet et son reflet dans un miroir). / n. m. *Deux énantiomères*. Syn. énantiomorphe.
énarque n. Élève, ancien élève de l'École nationale d'administration (E.N.A.).
énarthrose n. f. ANAT. Articulation comportant une surface convexe et une surface concave.
En attendant Godot 1952 Pièce en deux actes de Samuel Beckett. Deux êtres misérables, à l'apparence et au verbe tragi-comiques, attendent un certain Godot, qui ne viendra pas, mais deux autres personnages, de type maître et esclave, font leur apparition.
en-avant n. m. inv. SPORT Au rugby, faute commise par un joueur qui attrape le ballon devant lui lors d'un déplacement en direction du camp adverse.
en-but n. m. inv. SPORT Au rugby, surface qui se trouve derrière la ligne de but adverse et où les joueurs s'efforcent de marquer des essais.
encablure n. f. MAR. Ancienne mesure de longueur utilisée pour estimer les courtes distances, valant 120 brasses, soit environ 195 m.
encadré n. m. Dans une publication quelconque (périodique, livre, brochure…), texte mis en valeur par un / des filet(s) qui l'isole (nt) du texte environnant.
encadrement n. m. Ce qui encadre. *L'encadrement d'un tableau, d'une fenêtre.* / Personnel qualifié chargé de commander, de maintenir l'ordre dans un groupe organisé. *L'encadrement d'une armée.* / Ensemble des cadres d'une entreprise. / ÉCON. *Encadrement du crédit*, sa limitation par les pouvoirs publics.
encadrer v. t. [1] Placer dans un cadre. *Encadrer une photographie, un paragraphe.* / Par ext. Se placer de part et d'autre de. *Des agents encadraient le prisonnier.* / Fig. Avoir la responsabilité de (un groupe) pour en assurer la formation, la surveillance. *Encadrer des stagiaires, des enfants, des nouvelles recrues.* / Pop. *Ne pas pouvoir encadrer qqn*, ne pas le supporter.
encadreur, euse n. Spécialiste de l'encadrement d'un objet.
encaisse n. f. FIN. Somme disponible d'une trésorerie. *Encaisse métallique, encaisse or*: valeurs disponibles en métaux précieux, en or.
encaissé, e adj. Situé dans un lieu aux parois escarpées. *Cours encaissé d'une rivière.*
encaissement n. m. Action de mettre dans des caisses. / Réception d'une somme d'argent que l'on inscrit en recettes. Ant. décaissement. / GÉOGR. État de ce qui est encaissé. *Encaissement d'une vallée, d'un fleuve.*
encaisser v. t. [1] Mettre (qqch.) en caisse. / (En parlant d'une trésorerie) Recevoir (de l'argent). / Fig. Border de deux parois abruptes. / SPORT Recevoir (des coups), subir. *Encaisser plusieurs directs du droit. Encaisser un but*, le concéder à l'adversaire, le perdre. Par ext. *Encaisser les coups du sort.*
encaisseur n. m. Celui qui encaisse de l'argent. / Garçon de recette qui effectue les recouvrements à domicile.
encalminé, e adj. MAR. Se dit d'un voilier immobilisé par manque de vent.
encan (à l') loc. adv. Aux enchères publiques. *Une vente à l'encan.* / Fig. *Mettre la justice à l'encan*, la livrer au plus offrant.
encanailler (s') v. pron. [1] Fréquenter des gens peu recommandables. *Aristocrate qui s'encanaille.* / Par plaisant. S'enhardir, se laisser aller à une certaine licence. *Ses propos sont plus libres, il s'encanaille.*
encart n. m. Feuille ou cahier intercalés dans une publication. *Un encart publicitaire.*
encarter v. t. [1] Insérer (un encart) entre les pages d'un ouvrage imprimé. / Fixer sur une carte (des objets divers : agrafes, boutons, etc.).
encarteuse n. f. Machine à encarter de menus objets.
en-cas ou **encas** n. m. inv. Légère collation.
encastrable adj. Conçu pour être encastré, pour s'ajuster à un ensemble. *Four encastrable.*
encastrement n. m. Action d'encastrer ; résultat de cette action. / Espace aménagé dans une pièce pour permettre à une autre de s'y encastrer.
encastrer v. t. [1] Ajuster (une pièce) à l'intérieur d'une autre qui lui sert de support.
encaustique n. f. Solution de cire dans l'essence de térébenthine, pour entretenir et faire briller carrelages, parquets, meubles… / BX-ARTS. Peinture constituée par des couleurs délayées dans de la cire fondue, et travaillée à chaud.
encaustiquer v. t. [1] Passer à l'encaustique.
enceinte [1] adj. f. Qualifie une femme qui attend un enfant.
enceinte [2] n. f. Mur entourant un domaine, une ville. / L'espace ainsi défini. *Dans l'enceinte de la ville.* / Intérieur d'un édifice public. *L'enceinte du tribunal.* / AUDIOV. *Enceinte acoustique* ou *enceinte* : partie d'une chaîne haute-fidélité contenant les haut-parleurs.
enceinter ou **enceintrer** v. t. [1] En Afrique, rendre (une femme) enceinte.
encens n. m. Substance résineuse dont le parfum pénétrant se dégage quand elle brûle. *L'encens est souvent utilisé dans les cérémonies liturgiques.* / Fig., litt. Louanges excessives.
encenser v. t. [1] LITURG. Honorer par un balancement d'encensoir, en faisant brûler de l'encens. *Encenser l'autel au cours de la messe.* / Fig., litt. Flatter avec exagération. / Absol. *Le cheval encense*, remue sa tête de haut en bas.
encensoir n. m. LITURG. Petit récipient suspendu à des chaînettes, servant à faire brûler de l'encens, au cours de certaines cérémonies liturgiques.
encéphale n. m. ANAT. Partie antérieure du système nerveux central, contenue dans la boîte crânienne et comprenant le cerveau (composé des deux hémisphères cérébraux et du diencéphale ou cerveau intermédiaire), le cervelet et le tronc cérébral.
encéphaline Voir **enképhaline**
encéphalique adj. ANAT., MÉD. De l'encéphale.
encéphalite n. f. MÉD. Inflammation de l'encéphale, le plus souvent d'origine virale. *Encéphalite léthargique. Encéphalite de Californie*, appelée ainsi parce que la première épidémie eut lieu en Californie en 1964. *Encéphalite de la taïga*, transmise par les tiques et les moustiques.
encéphalogramme n. m. Électroencéphalogramme.
encéphalographie n. f. Radiographie de l'encéphale.
encéphalopathie n. f. MÉD. Terme générique désignant les affections diffuses de l'encéphale, entraînant généralement une

Partie de l'**enceinte** fortifiée de Carcassonne.

confusion mentale, le coma ou encore des crises d'épilepsie.

♦ L'encéphalopathie spongiforme bovine ou E.S.B. (appelée communément maladie de la vache folle), la tremblante du mouton, la maladie de Creutzfeld-Jakob chez l'homme sont des encéphalopathies spongiformes ; celles-ci sont caractérisées notam. par une vacuolisation des neurones (d'où leur nom) et une durée d'incubation très longue (jusqu'à plusieurs dizaines d'années) ; elles sont causées par des agents infectieux de nature protéique, les prions.

encercler v. t. [1] Entourer d'un cercle. / Cerner. *La police a encerclé les manifestants.*

enchaînement n. m. Action d'enchaîner. / Succession logique de propositions d'un raisonnement, d'accords musicaux, d'images d'un film.

enchaîner v. t. [1] Attacher avec des chaînes. *Enchaîner un bagnard, un chien.* / Fig. Asservir. *La drogue enchaîne le toxicomane.* (Emploi pron.) *S'enchaîner par un serment* : se lier par un serment. / Faire se suivre, se succéder (dans une succession harmonieuse, logique). *Enchaîner des mouvements. Enchaîner des airs en un pot-pourri.* (Emploi absol.) *Enchaîner sans s'arrêter.* / v. pron. *Ces épisodes s'enchaînent bien*, découlent harmonieusement l'un de l'autre.

enchanté, e adj. Victime d'un enchantement, d'un sortilège. / Profondément séduit. / (Sens atténué, dans une formule de politesse) Heureux. *Je serai enchanté de voir votre fils.*

enchantement n. m. Action d'enchanter par magie ; résultat de cette action. *L'enchantement avait transformé la citrouille en carrosse. Comme par enchantement* : avec une facilité qui semble tenir de la magie. / Fig. Profond ravissement. *La musique le plonge dans l'enchantement.* / Ce qui enchante, ravit. *Ce spectacle est un enchantement.*

enchanter v. t. [1] Ensorceler. / Fig. Séduire, ravir (qqn). *Une voix qui enchante l'auditoire.* / Rendre très heureux. *Cette perspective m'enchante.*

enchanteur, eresse adj. et n. Qui enchante. / n. Magicien. *Merlin l'enchanteur.*

enchâssement n. m. Action d'enchâsser. / État de ce qui est enchâssé.

enchâsser v. t. [1] Mettre (qqch.) dans une châsse. *Enchâsser des reliques.* / Fixer (qqch.) dans un logement aménagé à cet effet. *Enchâsser un rubis.* Au fig. Insérer.

enchère n. f. Dans une vente publique, offre d'achat d'un montant supérieur à celui des offres déjà faites. *Faire monter les enchères.* / *Vente aux enchères* ou *à l'enchère* : vente publique où la chose mise en vente revient à celui qui offre le meilleur prix.

enchérir v. i. [2] Devenir plus cher. *Le pétrole enchérit.* / *Enchérir sur* : proposer plus cher que. *Enchérir sur une offre.* Au fig. Surpasser (un état, une proposition). *Enchérir sur une hypothèse.*

enchérissement n. m. (Vieilli) Augmentation de prix. *L'enchérissement de la vie.*

enchérisseur, euse n. Celui, celle qui enchérit. *Dernier enchérisseur.*

enchevêtrement n. m. Embrouillement de plusieurs objets ou idées, situation compliquée et peu claire.

enchevêtrer v. t. [1] CONSTR. Unir (des solives) par un chevêtre. / Cour. Emmêler (une chose) avec une autre, différentes parties de (qqch.). *Enchevêtrer plusieurs fils.* Au fig. Enchevêtrer des souvenirs. / v. pron. *Des propos qui s'enchevêtrent.*

enchifrené, e adj. Embarrassé de mucosités. *Nez enchifrené.*

Encina (Juan del) 1469-1529 ? Poète dramatique et musicien espagnol, auteur des *Eglogas*, pour lesquelles il composa également la musique des parties chantées. Ses farces, nommées *Représentations* (1496), sont les premières pièces profanes du théâtre espagnol.

enclave n. f. Terrain entouré de tous côtés par d'autres terrains. / Territoire faisant partie d'un État donné, enfermé dans un autre État ou limité par les frontières d'autres États. *L'enclave de Cabinda, en Afrique.* / GÉOL. Morceau de roche inclus dans une roche d'une autre nature.

enclavement n. m. Action d'enclaver ; résultat de cette action. Ant. désenclavement.

enclaver v. t. [1] Enclore, entourer (une terre). *Le cadastre nous montre les différentes propriétés qui enclavent notre terrain.* Ant. désenclaver. / (Au part. passé) *Propriété enclavée.* / Fig. Insérer (qqch.) dans.

enclenchement n. m. Action d'enclencher ; état d'un mécanisme enclenché. / TECHN. Organe, dispositif mobile rendant deux éléments solidaires.

enclencher v. t. [1] Rendre solidaires les éléments de (un mécanisme) pour le mettre en marche. *Enclencher un aiguillage.* / Fig. *L'affaire est enclenchée*, démarre correctement.

enclin, e adj. *Enclin à* : disposé à ; qui a un penchant certain pour. *Je suis encline à l'indulgence. Il est enclin à la frivolité.*

enclore v. t. [3] Entourer (un lieu) d'une clôture. *Enclore un jardin.*

enclos n. m. Portion de terrain délimitée par une clôture. / Cette clôture même. *Un enclos grillagé.* / Domaine de faible étendue.

enclosure n. f. (mot anglais) HIST. Procédé utilisé du XVIe au XVIIIe siècle en Angleterre par les propriétaires terriens pour clôturer leurs champs et leurs pâturages, alors ouverts, ce qui, empêchant le libre passage et la libre pâture, appauvrit les paysans au profit des éleveurs de moutons.

enclume n. f. Masse de fer sur laquelle le forgeron forge les métaux au marteau. / Fig. *Être pris entre le marteau et l'enclume* : se trouver entre deux partis opposés en risquant de ne pouvoir les concilier et d'en être victime. / ANAT. Deuxième osselet de l'oreille interne.

encoche n. f. Entaille de petite dimension.

encodage n. m. Processus de production d'un message (texte ou tout autre message) selon un code.

encoder v. t. [1] Didac. Produire selon un code. / INFORM. Coder (une information). / LING. Émettre (un discours) selon des règles codées.

encodeur n. m. Personne, dispositif, machine effectuant un encodage.

encoignure n. f. Angle rentrant à la jonction de deux murs. / Meuble en quart de cercle conçu pour être placé dans un angle. *Une encoignure Louis XV.*

encollage n. m. Action d'encoller ; résultat de cette action.

encoller v. t. [1] Enduire de colle (une surface). *Encoller du papier peint.*

encolure n. f. Cou du cheval. *Gagner d'une encolure* : gagner une course avec une faible avance, de la longueur d'une encolure. / Cou de l'être humain, considérédu point de vue de sa forme, de son importance. *Un homme petit, rablé, de forte encolure.* / Partie d'un vêtement qui entoure le cou.

encombrant, e adj. Qui encombre. *Un meuble encombrant.*

encombre (sans) loc. adv. Sans difficulté.

encombrement n. m. Fait d'encombrer. *L'encombrement d'une ligne téléphonique.* / Espace ou volume encombré.

encombrer v. t. [1] Embarrasser (un espace, une surface). *Les reliefs du repas encombraient la table.* Au fig. *Encombrer son esprit de détails inutiles.* / v. pron. *S'encombrer d'objets inutiles.* Au fig. *Ne pas s'encombrer de scrupules.*

encomienda n. f. (mot espagnol) HIST. Au temps de l'Amérique espagnole, institution de la couronne d'Espagne conférant des droits et imposant des devoirs à un conquistador sur un groupe d'Indiens.

encontre de (à l') loc. prép. Dans le sens contraire à ; à l'inverse de. *Vous agissez à l'encontre de vos intérêts.*

encor Voir **encore**

encorbellement n. m. ARCHIT. Construction en saillie par rapport au plan vertical d'un mur et portant sur des consoles ou corbeaux.

encorder (s') v. pron. [1] SPORT Se relier par une corde. *Les alpinistes se sont encordés.*

encore ou **encor** adv. Jusqu'à maintenant. *Elle est encore étudiante.* / De nouveau. *Il a encore raté son train.* / Davantage, une fois de plus. *Puis-je avoir encore du café ?* / (Exprimant un doute) *Cet hôtel est tout juste convenable, et encore !* / loc. conj. *Encore si... ! Si encore... !* : si seulement. / *Encore que* : quoique.

encorner v. t. [1] Blesser à coup de corne.

encornet n. m. Petit calmar comestible.

encoubler v. t. / v. pron. [1] **A.** v. t. En Suisse, entraver. / Embarrasser. *Encoubler le passage.* / Fig., fam. Ennuyer. *File, tu m'encoubles !* **B.** v. pron. *S'encoubler* : trébucher (sur) ; se prendre les pieds (dans). *Tu vas t'encoubler dans le tuyau d'arrosage.*

encourageant, e adj. Qui encourage. *Propos encourageants.* / Par ext. Qui donne de l'espoir. *Des résultats encourageants.*

encouragement n. m. Action d'encourager. Ant. découragement. / Acte, parole, geste qui inspire du courage, de l'assurance à qqn.

encourager v. t. [1] Donner du courage à (qqn), inciter (qqn) à agir en surmontant les réticences. *Encourager un élève à persévérer après des débuts prometteurs.* Ant. décourager. / Soutenir le développement de, favoriser. *Encourager l'initiative privée.*

encourir v. t. [3] S'exposer à (un désagrément). *Encourir une sanction.*

en-cours ou **encours** n. m. inv. FIN. Montant des effets escomptés par une banque n'ayant pas atteint la date de leur échéance.

encrage n. m. Action d'encrer ; son résultat. *Encrage des plaques d'une machine à imprimer. Encrage insuffisant.*

encrassement n. m. Fait de s'encrasser, d'être encrassé. Ant. décrassement.

encrasser v. t. [1] Recouvrir (qqch.) de crasse. Ant. décrasser. / v. pron. *Un système d'allumage qui s'encrasse.*

encre n. f. Liquide fortement teinté dont on se sert pour écrire, dessiner et imprimer, dont il existe de nombreuses variétés se différenciant par leur composition, leur couleur ou

Planche gravée tirée de l'**Encyclopédie**, illustrant le travail du chaudronnier.

*L'amande est une graine recouverte d'une enveloppe lignifiée protectrice contenue dans un noyau (**endocarpe**).*

leur consistance. *Encre pour stylos à plume ou à bille. Encre d'imprimerie. Encre de Chine.* / *Encre sympathique*: voir *sympathique*. / Fig. *Bouteille à l'encre*: affaire obscure, compliquée. / Fig. Manière d'écrire. *Son pamphlet est d'une encre particulièrement ironique.* / ZOOL. Liquide brun que sécrètent certains céphalopodes (poulpe, pieuvre, seiche) pour protéger leur fuite.
encrer v. t. [1] Enduire (qqch.) d'encre. *Encrer le rouleau d'une machine à imprimer.*
encreur adj. m. Qui sert à encrer. *Tampon encreur.*
encrier n. m. Petit récipient contenant de l'encre. / IMPR. Réservoir contenant l'encre grasse dans lequel s'imprègnent les rouleaux encreurs.
encroûtement n. m. Action d'encroûter; fait de s'encroûter. *Si elle ne change pas d'employeur, l'encroûtement la guette.*
encroûter v. t. [1] Recouvrir (qqch.) d'une croûte. *De la terre encroûte mes chaussures.* / CONSTR. *Encroûter un mur,* l'enduire de mortier. / v. pron. Se couvrir d'une croûte. (Au fig.) S'arrêter d'évoluer, s'installer dans le confort de la routine. *Il s'est encroûté dans le mariage.*
enculer v. t. [1] (Grossier) Sodomiser. / Loc. fig. *Enculer les mouches*: croire en l'impossible, s'y essayer en vain.
encyclique n. f. RELIG. CATHOL. Lettre du pape qui transmet une décision ou adresse des recommandations aux pasteurs et aux fidèles.
encyclopédie n. f. Ouvrage qui traite, d'une manière exhaustive et méthodique (alphabétique ou thématique), de l'ensemble des connaissances ou d'une discipline spécifique. *Encyclopédie générale alphabétique en 10 volumes. Encyclopédie du bricolage.*
Encyclopédie** ou **Dictionnaire raisonné des sciences, des arts et des métiers 1751-1772 Œuvre de vulgarisation scientifique et philosophique composée en France sous la direction de Diderot, qui avait d'abord songé à adapter le *Dictionnaire universel* de l'Anglais Chambers, publié en 1728. Le *Discours préliminaire*, rédigé par l'académicien d'Alembert (responsable de la partie mathématique), fait part de la double finalité de l'ouvrage: « Comme encyclopédie, il doit exposer autant qu'il est possible l'ordre et l'enchaînement des connaissances humaines; comme dictionnaire raisonné des sciences, des arts et des métiers, il doit contenir, sur chaque science et sur chaque art, soit libéral, soit mécanique, les principes généraux qui en sont la base et les détails qui en font le corps et la substance ». Voltaire, J.J. Rousseau, Montesquieu, Turgot, Condillac et une foule de penseurs éminents apportèrent leur contribution à la réalisation de cet ouvrage, qui fit rayonner le rationalisme des Lumières.
encyclopédique adj. Relatif à l'encyclopédie, à l'ensemble des connaissances. / (Par oppos. à *lexicographique*) Relatif aux objets du savoir, aux notions considérés en tant que tels. *Dans un dictionnaire encyclopédique, un développement encyclopédique complète souvent une définition lexicographique.* / *Savoir encyclopédique*: ensemble de connaissances très diverses. *Esprit encyclopédique*, tourné vers l'acquisition de connaissances très diverses.
encyclopédisme n. m. Vx Système de pensée des encyclopédistes du XVIIIe siècle. / Tendance à accumuler systématiquement des connaissances très diverses dans tous les domaines du savoir.
encyclopédiste n. Rédacteur, rédactrice d'articles encyclopédiques.
en deçà loc. adv. Voir **deçà**
endémie n. f. Persistance d'une maladie dans une région géographique, de manière constante ou par résurgence périodique.
endémique adj. MÉD. Qui procède de l'endémie. *La bilharziose vésicale est endémique en Afrique.* / Fig. *Chômage qui persiste à l'état endémique.* / BIOL. (En parlant d'une espèce animale ou végétale) Dont l'aire de répartition est bien délimitée. *Le kiwi est endémique en Nouvelle-Zélande.*
endémisme n. m. Caractère d'une maladie endémique. / BIOL. En parlant d'une espèce vivante, fait d'occuper une aire de répartition bien délimitée.
endettement n. m. Fait de s'endetter; son résultat.
endetter v. t. [1] Charger de dettes. *La baisse du prix des matières premières endette les pays producteurs.* / v. pron. Contracter des dettes. *S'endetter en multipliant les emprunts.*
endeuiller v. t. [1] Plonger dans le deuil, dans le chagrin. *La catastrophe a endeuillé tout le pays.* / Donner un aspect de tristesse à. *Les fumées d'usines endeuillent le paysage.*
endêver v. i. [1] Vx Rager. / Vieilli *Faire endêver qqn*, le faire enrager.
endiablé, e adj. Vx Possédé du démon. / Vieilli Qui a le diable au corps. / Mod. Fougueux. *Rythme endiablé.*
endiguement n. m. Action d'endiguer; son résultat.
endiguer v. t. [1] Contenir par des digues. *Endiguer un fleuve.* / Fig. *Un service d'ordre endigue la foule des manifestants.*
endimancher (s') v. pron. [1] Mettre ses habits du dimanche; mettre ses plus beaux habits. / Au participe passé. *Il est endimanché, elle a l'air endimanché*: il porte avec gaucherie des habits rarement endossés; elle semble mal à l'aise dans de trop beaux vêtements.
endive n. f. Bourgeon forcé de la chicorée de Bruxelles, cultivé sous terre, à l'obscurité, et consommé cru ou cuit.
endoblaste ou **endoderme** n. m. BIOL. Feuillet embryonnaire interne, qui se différenciera au cours du développement en la paroi du tube digestif, de l'arbre respiratoire et ses glandes annexes (foie, par ex.). / Ensemble des tissus issus de ce feuillet interne.
endocarde n. m. ANAT. Tunique interne du cœur, dont elle limite les cavités.
endocardite n. f. MÉD. Inflammation de l'endocarde, souvent consécutive à une infection bactérienne.
endocarpe n. m. BOT. Couche interne de la paroi du fruit (péricarpe), au contact de la graine. *L'endocarpe des drupes est lignifié et forme la partie externe du noyau.*
endocrine adj. ANAT. *Glandes endocrines*: glandes dont le produit de sécrétion (hormones par ex.) est déversé directement dans le milieu interne (sang ou lymphe). *La thyroïde, les surrénales, les testicules et les ovaires sont (notam.) des glandes endocrines.* / *Une sécrétion endocrine.* Ant. exocrine.
endocrinien, enne adj. Propre ou relatif aux glandes endocrines. *Système endocrinien.*
endocrinologie n. f. Science qui a pour objet l'étude des glandes endocrines.
endocrinologique adj. Relatif à l'endocrinologie.
endocrinologue ou **endocrinologiste** n. Spécialiste d'endocrinologie.
endoctrinement n. m. Action d'endoctriner; son résultat. *L'endoctrinement politique.*
endoctriner v. t. [1] Vx Instruire. / Mod. Imposer de manière insistante une doctrine, des idées. *Se laisser endoctriner par les membres d'une secte.*
endocytose n. f. BIOL. Processus par lequel des éléments extracellulaires pénètrent dans le cytoplasme de la cellule, mettant en jeu une modification temporaire de sa membrane.
endoderme Voir **endoblaste**
endogamie n. f. ANTHROP. Coutume qui oblige les membres d'une même tribu à se marier exclusivement entre eux. / Union entre personnes consanguines. Ant. exogamie.
endogamique adj. Relatif à l'endogamie.
endogène adj. PHYSIOL., MÉD. Qui prend naissance, est produit à l'intérieur de l'organisme. / Qui a une cause interne à l'organisme. Ant. exogène. / BOT. Qui se développe à l'intérieur de l'organe qui l'engendre. / GÉOL. *Roches endogènes*, d'origine magmatique ou métamorphique.
endolori, e adj. Douloureux. *Membre endolori.*
endomètre n. m. ANAT. Muqueuse de l'utérus. *La structure de l'endomètre est déterminée par l'imprégnation hormonale; à la fin de chaque cycle menstruel, sa desquamation détermine les règles.*
endométriose n. f. MÉD. Présence, en situation anormale, de tissu identique à l'endomètre.
endométrite n. f. MÉD. Inflammation de l'endomètre, d'origine infectieuse.
endommagement n. m. Action d'endommager. / État de ce qui est endommagé.
endommager v. t. [1] Causer des dommages, des dégâts à (qqch.); détériorer. *Endommager des meubles au cours d'un déménagement.*
endomorphine Voir **endorphine**
endoparasite n. m. BIOL. Parasite vivant à l'intérieur du corps de son hôte, par exemple dans son tube digestif ou son système circulatoire. *Le ténia est un endoparasite.* Ant. ectoparasite.
endoplasme n. m. BIOL. Zone interne du cytoplasme de certaines cellules.
endoplasmique adj. De l'endoplasme.
endoréique adj. GÉOMORPH. Se dit d'un cours d'eau qui se dévers dans un plan d'eau ou dans une dépression intérieure, sans communication avec la mer. / *Région endoréique*, dont les cours d'eau sont endoréiques.
endoréisme n. m. GÉOMORPH. Caractère de l'hydrographie d'une région sans débouché maritime, où les fleuves et les rivières se perdent dans les dépressions intérieures.
endormir v. t. / v. pron. [3] **A.** v. t. Faire dormir, plonger dans le sommeil. *Endormir un patient par hypnose.* / Ennuyer au point de donner envie de dormir. / Affaiblir la réaction de, rendre moins vif. *Endormir les réflexes, la méfiance. B.* v. pron. Commencer à dormir. / Relâcher son effort. *S'endormir sur ses lauriers*: se reposer sur l'effort déjà fourni.
endormissement n. m. Moment où l'on passe de l'état de veille au sommeil.
endorphines ou **endomorphines** n. f. pl. BIOCHIM. Substances polypeptidiques présentes dans le système nerveux central et dotées de propriétés comparables à celles de la morphine, en particulier de propriétés antalgiques.
endos n. m. FIN. Synonyme d'endossement.
endoscope n. m. MÉD. Instrument, introduit par un orifice naturel ou une petite incision, muni d'un dispositif d'éclairage, destiné à explorer certains conduits, certaines cavités anatomiques.
endoscopie n. f. MÉD. Technique d'examen faisant appel à l'endoscope.

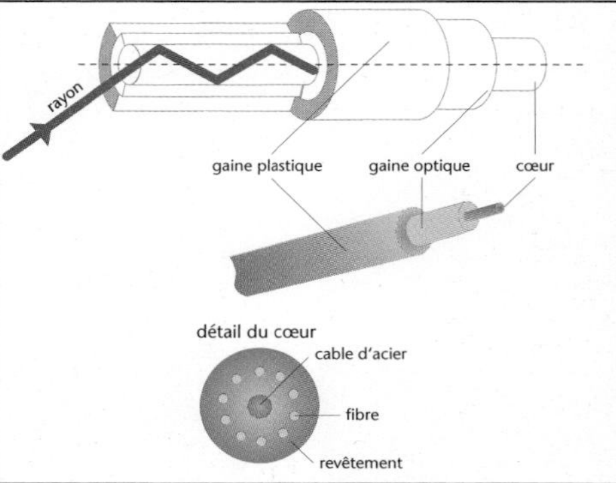

*Les différentes parties d'un **endoscope** rigide.*

E

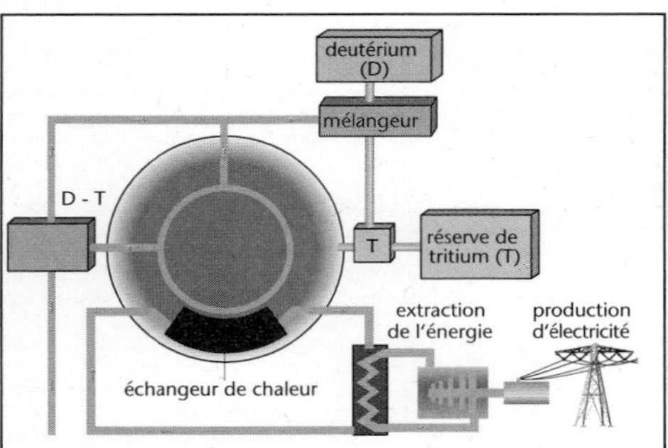

*Schéma simplifié d'une centrale à plasma (gaz contenant des ions et électriquement neutre) pour la production d'**énergie** électrique.*

endoscopique adj. Relatif à l'endoscopie.
endosmose n. f. PHYS. Dans un phénomène d'osmose, diffusion du solvant, qui s'établit de l'extérieur vers l'intérieur d'un compartiment fermé par une membrane semi-perméable. Ant. exosmose.
endossable adj. FIN. Que l'on peut endosser.
endossement ou **endos** n. m. FIN. Mention portée au dos d'un chèque ou d'un effet de commerce, par laquelle le bénéficiaire donne ordre au débiteur d'en payer le montant à un autre bénéficiaire. / Autorisation donnée à un voyageur d'utiliser le titre de transport d'une compagnie aérienne sur un vol d'une autre compagnie.
endosser v. t. [1] Mettre (un vêtement) sur son dos. *Endosser son manteau.* / Fig. Prendre la charge, la responsabilité de. *Endosser les conséquences de ses erreurs.* / FIN. Procéder à l'endossement de. *Endosser un chèque.*
endothélial, e adj. BIOL. De l'endothélium.
endothélium n. m. BIOL. Épithélium qui tapisse la surface interne du système circulatoire (cœur, vaisseaux sanguins, vaisseaux lymphatiques).
endotoxine n. f. BIOL. Substance toxique libérée lors de la lyse de certaines bactéries.
endroit n. m. Espace déterminé. / Partie d'une chose. / Partie d'une œuvre de l'esprit. / Côté extérieur d'une chose, destiné à être vu, par oppos. à l'*envers*. *L'endroit d'un tissu.*
enduire v. t. [3] Couvrir (une surface) d'un enduit. *Enduire de beurre le fond d'un plat.* / Par ext. *Enduire de farine.*

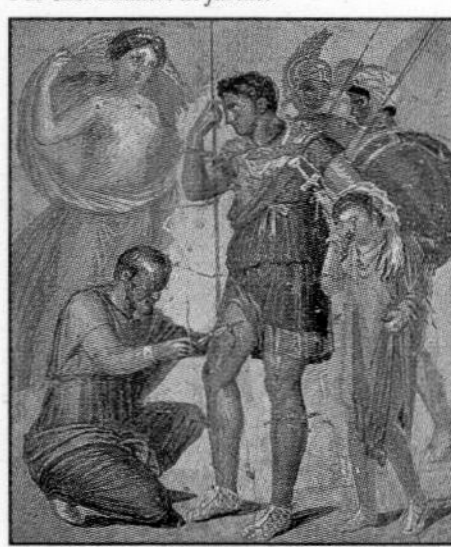

*Peinture murale romaine représentant **Énée** blessé.*

enduit n. m. Revêtement plus ou moins pâteux étendu d'une façon régulière sur un objet pour le rendre lisse, le protéger ou le rendre imperméable. / CONSTR. Couche de plâtre, de chaux, de mortier ou de tout autre matériau qu'on applique sur un mur, une façade, dans un but de protection, de lissage, de préparation pour l'application d'un autre matériau.
endurance n. f. Résistance à la fatigue, à la douleur, à la peine. / TECHN. Capacité d'un matériau à résister à l'usure.
endurant, e adj. Qui a de l'endurance. *Un coureur endurant.*
endurci, e adj. Devenu dur, insensible. *Un cœur endurci.* / Installé dans une longue habitude. *Un célibataire endurci.*
endurcir v. t. [2] Rendre plus dur, plus solide. / Rendre plus résistant, développer l'endurance. / Réduire la sensibilité de. *L'avarice endurcit le cœur.* / v. pron. Devenir moins vulnérable, moins sensible. *S'endurcir par une discipline sévère.*
endurcissement n. m. Fait de s'endurcir, au propre et au figuré.
endurer v. t. [1] Supporter (qqch. de pénible). *Endurer une souffrance.*
enduro n. m. SPORT Épreuve d'endurance tout-terrain disputée à moto.
Endymion MYTH. GR. Berger de Carie qui fut aimé de Séléné, la personnification de la Lune. Endymion fut plongé par Zeus dans un sommeil éternel qui figea la beauté de ses traits.
Énée MYTH. GR. Héros de l'*Énéide* de Virgile. Fils d'Aphrodite et d'Anchise, il aurait combattu les Grecs pendant la guerre de Troie et sauvé son père en l'emportant, sur ses épaules, hors de la ville en flammes. Après un long périple qui lui fit rencontrer Didon, fondatrice de Carthage, il aborda en Italie, où la légende veut que son fils Ascagne, ou Iule, ait fondé Albe-la-Longue.
Énéide (l') Ier s. av. J.-C. Poème de Virgile qui célèbre la venue d'Énée dans le Latium et la légendaire origine de Rome.
énergétique adj. et n. f. Relatif à l'énergie. *Besoins énergétiques de l'organisme. Ressources énergétiques d'un pays.* / n. f. Science de l'énergie, de sa production et de ses transformations.
énergie n. f. Force, puissance d'action (sur le plan physique ou moral). *Cette course demande beaucoup d'énergie. Il manque d'énergie

*Captation de l'**énergie** par une centrale solaire.*

dans la direction de l'entreprise.* / Fermeté. *Le gouvernement manque d'énergie.* / PHYS. Grandeur qui mesure la capacité d'un corps ou d'un système à produire un travail, à élever une température. *Énergie calorifique, électromagnétique, électrique, nucléaire, mécanique, chimique... L'énergie se mesure en joules (J, unité du système international), mais également en watts-heures (1 Wh = 3600 J) ou encore en électrons-volts (1 eV = $1{,}6.10^{-19}$ J).* / Cour. Ensemble des ressources, à l'exception des biens de consommation, utilisées dans la vie courante (pour la cuisson des aliments, l'éclairage, le chauffage, l'alimentation en eau, etc.) et qui permettent à l'activité économique de s'exercer.
♦ Sur Terre, l'énergie est produite directement par le Soleil (énergie solaire), par le vent (énergie éolienne), par le mouvement de l'eau (énergie hydraulique, que ce mouvement soit celui des cours d'eau ou des marées), par la combustion ou le traitement de matériaux organiques (bois, déchets), par la combustion ou la transformation de produits extraits du sous-sol (charbon, gaz, pétrole, nodules polymétalliques, uranium). Les sources d'énergie du sous-sol (qui représentent entre 80 % et 95 % de l'énergie totale utilisée) ne sont pas renouvelables.
énergique adj. Qui a de l'énergie. *Personne énergique.* / Qui dénote l'énergie. *Décision énergique.*
énergiquement adv. De manière énergique.
énergumène n. m. Vx Personne possédée du démon. / Personne qui parle et gesticule avec force, dont le comportement est excessif.
énervation n. f. Vx Amollissement des forces physiques et de la volonté. / HIST. Supplice médiéval consistant à brûler au fer rouge les tendons des genoux et des jarrets. / CHIR. Ablation ou section d'un nerf.
énervé, e adj. En état d'énervement. *Un enfant énervé.* / Qui dénote l'énervement. *Un geste énervé.*
énervement n. m. État d'excitation nerveuse inhabituelle d'une personne, d'un animal. / Vx État d'une personne qui reste sans réaction, qui est molle.
énerver v. t. [1] Vx Priver de nerfs, de force ; alanguir. / Mod. Provoquer la nervosité, mettre à l'épreuve la patience (de qqn) ; agacer, exaspérer. *Ses manies énervent tout le monde.* / v. pron. *Quand il est fatigué, il s'énerve pour un rien.*
Enesco ou **Enescu (George)** 1881-1955 Compositeur et violoniste roumain. Imprégné du folkore de son pays et de la musique tsigane, il s'en est inspiré et les a sublimés. Enfant prodige (son *Poème roumain* est créé à Paris en 1897), on lui doit des sonates pour piano et violon, des rhapsodies, des symphonies, des quatuors à cordes et un opéra, *Œdipe* (1932). Pédagogue incomparable, il fut le maître de nombreux virtuoses, notamment de Y. Menuhin.
enfance n. f. Période de la vie humaine comprise entre la naissance et la puberté. / L'ensemble des enfants. *Aide, protection de l'enfance.*
enfant n. m. Être humain dans l'enfance. *Enfant de chœur* : enfant qui se tient dans le chœur et assiste le prêtre pendant la messe ; (au fig.) personne naïve, confiante, comme un enfant tenu à l'écart du mal. *Il ne faut pas le prendre pour un enfant de chœur.* / Être humain considéré par rapport à sa filiation ; fils, fille. *Enfant légitime*, né dans le mariage. *Enfant naturel*, né hors mariage. *Enfant adoptif.* / Descendant. *Si l'on en croit la Genèse, nous sommes les enfants d'Adam et d'Ève.* / Être humain considéré par rapport à ses origines (pays, famille, milieu). *Enfant de Paris. Un enfant de la balle. Les enfants de France* : les fils et les filles du souverain. / Fig. Ce qui vient de, est issu de. *Ce film est un enfant de la colère.*
enfantement n. m. Vieilli Accouchement. / Fig. Création, mise au point difficile (d'une œuvre).
enfanter v. t. [1] Mettre (un enfant) au monde. *La reine avait enfanté une fille.* Au fig. *La misère a enfanté une révolte sanglante.*
enfantillage n. m. Façon de procéder, paroles, dignes d'un enfant.
enfantin, e adj. De l'enfance. *Plaisirs enfantins.* / À la portée des enfants par sa facilité. *Un problème enfantin. Ce fut enfantin à résoudre.*
Enfantin (Barthélemy Prosper) 1796-1864 Socialiste français. Chef des disciples de Saint-Simon à la mort de celui-ci (1825), Enfantin (dit « le père Enfantin ») les organisa en une communauté de type religieux. Au cours d'un séjour en Égypte, il tenta de mettre sur pied une société pour le percement du canal de Suez et, à son retour, fonda une société de chemin de fer, qu'il administra.
Enfants du paradis (les) 1945 Film de Marcel Carné sur un scénario de Prévert, en deux parties : *Le Boulevard du Crime* et *L'Homme blanc*. Au-delà des infortunes de l'amour, de grands thèmes esthétiques, tels les rapports de l'art et de la vie, sont évoqués. Arletty, J.-L. Barrault, P. Brasseur y campent les principaux personnages.
enfariné, e adj. Enduit de farine. / Loc.

***Enfant de chœur**, tableau de Pablo Picasso.*

E

*L'***enfer***, représenté sur un retable médiéval.*

Avoir le bec enfariné: montrer naïvement ses intentions en étant certain d'obtenir ce qu'on demande (comme les anciens acteurs comiques jouant les niais le visage poudré de farine).

enfer n. m. RELIG. Pour les chrétiens, lieu de malédiction où les damnés endurent les pires supplices. / Litt. Juron. *Enfer et damnation!* / Fig. Endroit où l'on s'expose à la souffrance et au tourment. / Partie d'une bibliothèque réservée aux livres licencieux.

enfermement n. m. Action d'enfermer (qqn); fait d'être enfermé.

enfermer v. t. [1] Placer, maintenir dans un lieu fermé, empêcher de sortir. *Enfermer des animaux. Enfermer un délinquant.* / Fig. Maintenir dans des conditions de contrainte. *Enfermer la créativité dans un cadre trop strict.* / Mettre sous clef, abriter en lieu sûr. *Enfermer des bijoux dans un coffre-fort.* / Vieilli Ceindre, contenir. *Ces murs enferment une belle demeure.* / v. pron. S'isoler dans un lieu clos. *S'enfermer pour travailler.* Au fig. *S'enfermer dans un monde de rêves.*

enferrer v. t. / v. pron. [1] **A.** v. t. Rare Percer d'une épée, d'une pique. **B.** v. pron. Se jeter sur l'arme de son adversaire. / Fig. Tomber dans son propre piège. *En voulant rattraper sa gaffe, il s'est enferré.*

Enfers (les) MYTH. GR. et ROM. Lieu souterrain où séjournaient les âmes des défunts.

enfeu n. m. ARCHÉOL. Niche funéraire en arcade, pratiquée dans le mur d'une église.

enfiévrer v. t. [1] Donner de la fièvre à (qqn). / Fig. Susciter l'ardeur de. *Enfiévrer les esprits.*

enfilade n. f. Objets, ou pièces d'un appartement, disposés à la suite les uns des autres suivant un même axe. / *Tir d'enfilade*, dans la longueur de l'objectif.

enfiler v. t. / v. pron. [1] **A.** v. t. Passer un fil à travers, dans le trou de. *Enfiler une aiguille.* / Endosser, mettre. *Enfiler un manteau.* / Rare Percer de part en part. / Vulg. Posséder sexuellement. *Se faire enfiler sur la banquette arrière.* / Vieilli Duper. *Se faire enfiler.* **B.** v. pron. Pop. Manger. *Il s'est enfilé tout le foie gras.* / Exécuter (une corvée). *Je me suis enfilé tout le balayage.*

enfin adv. Au bout du compte, finalement. / (Pour introduire une précision, une restriction, exprimer la résignation.) *Cette étoffe est rouge, enfin, carmin. Nous avons fini, enfin, presque. Enfin, s'il le faut...*

enflammer v. t. [1] Mettre le feu à. (Emploi pron.) Prendre feu. / Fig. Échauffer. / Faire briller, faire rougir. *La fièvre lui enflammait les joues.* / Litt. Emplir d'ardeur. *Des propos enflammés.* (Pron.) S'enflammer pour une idée, un projet. / Provoquer l'inflammation de. *Une écorchure enflammée.*

enfléchure n. f. MAR. Échelon en corde, fixé entre les haubans des mâts d'un navire, dont la suite forme des échelles pour monter dans la mâture.

enfler v. t. / v. i. [1] **A.** v. t. Gonfler d'air, de gaz. / Fig. Remplir de. *Enfler de vanité.* / Augmenter le volume, l'intensité de. *Enfler la voix, les articulations.* / Fig. Grossir, exagérer l'importance de. *Enfler le bilan d'un sinistre, ses mérites.* / Très fam. *Se faire enfler*: se faire duper. *B.* v. i. Prendre du volume, de l'importance. *Avoir un genou qui enfle.* Ant. désenfler.

enflure n. f. Boursouflure, gonflement d'une partie du corps. / Fig. Emphase du style.

enfoiré, e adj. et n. Vulg. Souillé d'excrément. / n. Fig. Idiot; salaud.

enfoncement n. m. Action d'enfoncer; résultat de cette action, creux, recul d'une surface vers l'intérieur dû à une poussée brutale.

enfoncer v. t. / v. i. / v. pron. [1] **A.** v. t. Faire pénétrer profondément. *Enfoncer la main dans la pâte.* Au fig. *Enfoncer le clou*: répéter avec insistance, pour être bien compris. *Enfoncez-vous ça dans le crâne*: souvenez-vous en bien. / Défoncer en poussant. Au fig. *Enfoncer des portes ouvertes*: rappeler des vérités d'évidence. / Fig. Amener vers le fond, perdre (qqn) aux yeux d'autrui. *Enfoncer un rival malheureux. B.* v. i. Aller vers le fond. *Enfoncer dans la neige fraîche. C.* v. pron. Pénétrer profondément. *S'enfoncer en terre inconnue.* / Fig. Aggraver sa situation. *S'enfoncer dans ses mensonges, dans la morosité.*

enfouir v. t. [2] Enterrer; cacher sous la terre. *L'autruche enfouit sa tête dans le sable.* / Faire disparaître dessous. *Enfouir un document sous une pile de papiers.* Au fig. *Un souvenir enfoui.* / v. pron. Disparaître en s'enfonçant, en se cachant sous (qqch.). *S'enfouir dans la vase, sous les couvertures.*

enfouissement n. m. Action d'enfouir; son résultat.

enfourcher v. t. [1] Monter à califourchon sur. *Enfourcher un cheval.*

enfourchure n. f. Séparation des deux branches d'une fourche. / COUT. Entrejambe.

enfourner v. t. [1] Mettre (qqch.) dans un four. *Enfourner le pain.* / Fig., fam. Mettre (qqch.) dans. *Enfourner des papiers dans un sac. Enfourner un sandwich*, le manger avec gloutonnerie.

enfreindre v. t. [3] Transgresser (un interdit); contrevenir à (un règlement). *Enfreindre une loi.*

Friedrich Engels.

enfuir (s') v. pron. [3] Prendre la fuite. *S'enfuir en courant.*

enfumage n. m. Action d'enfumer. *Enfumage d'une ruche.*

enfumer v. t. [1] Remplir (un lieu) de fumée. *Enfumer un terrier.* / *Enfumer des abeilles*, les engourdir avec de la fumée de manière à récolter le miel sans être piqué. / Vieilli Noircir (qqch.) avec de la fumée. *La bougie, en se consumant, enfume le verre de la lampe.*

Engadine Partie suisse de la haute vallée de l'Inn (canton des Grisons). Cette région montagneuse, de langues allemande et romanche, autrefois vouée à l'agriculture et à l'élevage, tire aujourd'hui l'essentiel de ses ressources du tourisme. Le parc national suisse est situé dans la basse Engadine.

engagé, e adj. et n. Qui exprime ouvertement un engagement pour une cause politique, sociale. *Écrivain engagé.* / ARCHIT. *Colonne engagée*, partiellement intégrée dans un mur, un pilier. / MAR. Bloqué. *Ancre engagée*, prise au fond. *Navire engagé*, soumis à une inclinaison qui l'empêche de se relever. / MILIT. Qui s'est enrôlé dans l'armée. (Subst.) *Un(e) engagé(e).*

engageant, e adj. Attirant, séduisant. *Une personne à l'air engageant.*

engagement n. m. Fait de mettre en gage. *Engagement d'un objet au mont-de-piété.* / Passation d'une convention, d'un contrat. *Signer un engagement.* / Promesse, contrat moral. *Un engagement sur l'honneur.* / MILIT. Contrat par lequel un soldat s'enrôle volontairement dans l'armée. / Conflit de courte durée dans un secteur très limité. *Un engagement meurtrier.* / Encouragement, stimulation. *Un engagement à poursuivre sa tâche.* / Fait de prendre parti face aux problèmes de son temps en adhérant à une cause politique, sociale, religieuse, etc. / MÉD. Première phase de l'accouchement. / SPORT Coup d'envoi.

engager v. t. [1] **I.** Mettre (qqch.) en gage. *Engager sa montre au mont-de-piété.* / Mettre (qqch.) en jeu. *Engager son honneur, sa réputation sur un projet. Cette démarche n'engage à rien. Engager sa fortune dans un investissement risqué.* / (Emploi pron.) Se lier par une promesse. *S'engager dans l'armée* (ou *s'engager*). *S'engager à rembourser un emprunt.* (Spécial.) S'exposer à soutenir une cause, à prendre parti, en parlant d'intellectuels, d'artistes. **II.** Introduire (qqch.); faire entrer, passer (qqch.) *Engager la tête dans l'entrebâillement d'une porte.* Au fig. *Engager le gouvernement dans la voie des réformes.* / (Emploi pron.) Entrer, passer. *S'engager sous un pont.* **III.** Commencer, entamer (une action, un processus). *Engager les hostilités.* / (Emploi pron.) S'amorcer. *La conversation s'engage.* **IV.** (En parlant d'une personne) Inciter (qqn). *Engagez-le à venir nous consulter.* / Recruter (qqn). *Engager des collaborateurs.*

engazonner v. t. [1] Couvrir de gazon.

engeance n. f. Catégorie de personnes détestables ou méprisables. *Quelle sale engeance!*

Engels (Friedrich) 1820-1895 Philosophe allemand. Fils d'un industriel, il rencontre Marx, à Paris, en 1844 et l'accompagne à Londres, où il analyse la situation du monde ouvrier (*La Situation des classes laborieuses en Angleterre*, 1845). Il écrit avec Marx plusieurs ouvrages dont *La Sainte Famille* (1845), *L'Idéologie allemande* (1845-1846) et le *Manifeste du parti communiste* (1848), qui proclame les principes d'un socialisme scientifique appuyé sur une conception matérialiste de l'histoire. Il écrit seul *L'Anti-Dühring* (1878), *La Dialectique de la nature* (publié après sa mort) et *L'Origine de la famille, de la propriété et de l'État* (1884), et assure la publication du tome II (1885) et du tome III (1894) du *Capital* à partir des manuscrits de Marx, mort en 1883. Animateur, avec Marx, de la 1re Internationale (Association internationale des travailleurs, 1864), il a marqué profondément de son influence la social-démocratie.

engelure n. f. Lésion, due au froid, siégeant surtout au niveau des doigts et des orteils, caractérisée par une enflure limitée, dure, rouge et douloureuse, compliquée parfois de crevasses de la peau.

engendrement n. m. Action d'engendrer.

engendrer v. t. [1] Litt. (Surtout en parlant des mâles) Procréer, donner la vie à (qqn). *Engendrer une nombreuse descendance.* / Fig. Être à l'origine de. *La guerre engendre de multiples calamités.* / GÉOM. Tracer, former. *Un demi-cercle engendre une sphère par rotation autour de son diamètre.*

Enghien-les-Bains *10077 h.* Ville du Val-d'Oise. Station thermale (maux de gorge et maladies de peau). Champ de courses.

Enghien (Louis de Bourbon-Condé, duc d'**)** 1772-1804 Dernier héritier des Condé. Émigré en 1789, il se battit contre les armées républicaines. Bonaparte le fit enlever dans le duché de Bade et fusiller à Vincennes après un jugement sommaire, afin de donner aux républicains un gage de ses sentiments antiroyalistes.

engin n. m. Instrument, dispositif, système, machine, arme. *Engins de guerre. Engin spatial.* / Fam. Toute construction hors du commun.

engineering n. m. (mot anglais) Ensemble des études préliminaires concernant la conception et la réalisation d'un projet industriel: étude de rentabilité, choix techniques et économiques du procédé et des matériels, programme d'investissement et de construction, définition des conditions d'exploitation, mise en service. Syn. (recommandé) ingénierie.

englober v. t. [1] Comprendre en un tout.

engloutir v. t. [2] Absorber, manger avec gloutonnerie. Au fig. *Des dépenses inconsidérées ont englouti son pécule.* / Faire disparaître par submersion. *Le navire fut englouti dans la tempête. La légende d'Ys, cité engloutie.*

engloutissement n. m. Action d'engloutir; fait d'être englouti.

engluement ou **engluage** n. m. Action d'engluer; son résultat.

engluer v. t. [1] Enduire (qqch.) d'une matière gluante. *Engluer ses doigts de confiture.* / Capturer (un animal) à la glu. *Engluer un oiseau.* Au fig. *S'engluer dans des explications incompréhensibles.*

engobe n. f. TECHN. Enduit terreux appliqué sur une pâte céramique pour en masquer la couleur naturelle.

engoncer v. t. [1] (À propos d'un vêtement) Faire paraître le cou de (qqn) enfoncé dans les épaules. *Ce manteau vous engonce.* / v. pron. *S'engoncer dans un manteau trop grand.*

engorgement n. m. Action d'engorger; son résultat. / Fig. Saturation. *L'engorgement d'un service.* / MÉD. Accumulation de sang, de sérosité ou de liquide dans un organe.

engorger v. t. [1] Obstruer (un conduit). *Engorger une canalisation.*

engouement n. m. Enthousiasme vif et passager pour une chose ou une personne. *L'engouement pour une nouvelle mode.* / MÉD. Rare Obstruction d'un organe.

engouer (s') v. pron. [1] Vx S'étouffer. / Mod. *S'engouer de* : s'enticher de. *S'engouer d'un auteur.*
engouffrer v. t. [1] Litt. Faire disparaître (qqch., qqn) dans un gouffre. *L'océan engouffra le radeau.* / Fig. Engloutir (qqch.). *Engouffrer tous les gâteaux.* / v. pron. Fig. *S'engouffrer dans*, pénétrer précipitamment, violemment dans. *Le vent s'engouffre dans la maison.*
engoulevent n. m. ZOOL. Oiseau de l'ordre des caprimulgiformes, au plumage couleur de feuilles mortes, nocturne et crépusculaire, au bec largement fendu, qui capture les insectes en volant le bec grand ouvert.
engourdir v. t. [2] Causer l'engourdissement de. *Le froid les avait engourdis.* Ant. désengourdir. / v. pron. *S'engourdir* : être pris d'engourdissement.
engourdissement n. m. État d'un membre momentanément paralysé, dont la circulation sanguine a été entravée par le froid ou par une mauvaise position. Ant. désengourdissement. / Fig. État de torpeur.
engrais n. m. Action d'engraisser. *Mettre un animal à l'engrais*, l'engraisser. / AGRIC. Toute matière naturelle ou chimique qui améliore la fertilité d'un sol en lui apportant les éléments nutritifs nécessaires à la croissance et à la maturation des végétaux.
engraissement ou **engraissage** n. m. Action d'engraisser le bétail ; résultat de cette action.
engraisser v. t. / v. i. [1] **A.** v. t. Faire devenir gras, plus gras (un animal, qqn). *Engraisser un porc.* / Amender (une terre) par l'adjonction d'engrais. *Engraisser une platebande.* / Fig. Faire prospérer. **B.** v. i. Devenir gras, plus gras. *Il a engraissé depuis la dernière fois qu'on l'a vu.*
engramme n. m. PSYCHOL. Trace laissée dans le cerveau par un événement antérieur.
engranger v. t. [1] Mettre (qqch.) dans une grange. *Engranger les récoltes.* Au fig. *Engranger des connaissances, des souvenirs.*
engrenage n. m. MÉCAN. Ensemble de roues ou pignons dentés s'entraînant les uns les autres, pour transmettre le mouvement de rotation d'un arbre à un autre.
engrosser v. t. [1] Grossier ou par plaisant. Rendre grosse, enceinte.
engueulade n. f. Fam. Action d'engueuler, de s'engueuler ; reproches véhéments.
engueuler v. t. [1] Fam. Faire de véhéments reproches à (qqn). *Il m'a engueulé dès mon arrivée.* / v. pron. récipr. *Ils ne cessent de s'engueuler.*
enguirlander v. t. [1] Garnir (qqch.) d'une guirlande. / Fam., euph. pour *engueuler*. *Je me suis fait enguirlander par mon patron.*
enhardir v. t. [2] Donner de la hardiesse à (qqn). *Mon silence l'a enhardi.*
enharmonie n. f. MUS. Rapport entre deux notes conjointes ne présentant pas de différence d'intonation, et représenté dans les instruments par un son unique intermédiaire (ex. do dièse et ré bémol).
enharmonique adj. Relatif à l'enharmonie.
enherber v. t. [1] Mettre (un terrain) en herbe, le convertir en pré.
énième adj. numéral ordinal Dont le rang, le classement est indéterminé. *Se reproduire pour la énième fois.*

***Enluminure** du manuscrit*
Grandes Chroniques de France (XIVe *siècle*).

énigmatique adj. Propre ou relatif à une énigme. *Paroles énigmatiques.* / Mystérieux. *Un personnage énigmatique.*
énigmatiquement adv. De manière énigmatique.
énigme n. f. Problème difficile à résoudre et souvent entouré de mystère. / Devinette.
enivrant, e adj. Qui enivre. *Boisson enivrante.* / Fig. *Une beauté enivrante.*
enivrement n. m. Vx Ivresse. / Fig. Exaltation de l'esprit ou des sens. *L'enivrement du pouvoir.*
enivrer v. t. [1] Rendre ivre. *Enivrer qqn pour le faire parler.* / Fig. Procurer une excitation qui ressemble à l'ivresse. *La promesse d'une aventure l'enivrait.* / v. pron. *S'enivrer tous les soirs.* Au fig. *S'enivrer de rêves glorieux.*
enjambée n. f. Grand pas. *Marcher à grandes enjambées.*
enjambement n. m. GÉNÉT. Syn. de crossing-over. / LITTÉR. Dans une pièce en vers, construction dans laquelle il y a débordement des groupements syntaxiques par rapport aux groupements métriques (passage d'une portion de phrase d'un vers au suivant, alors qu'elle se rattache par la syntaxe au premier). / Spécial. Cette construction, lorsque le dépassement de la syntaxe par rapport aux limites du vers n'entraîne pas la mise en valeur d'un élément particulier de la phase (à la différence du rejet). *Le texte de Victor Hugo « Eh bien, non ! – Le sublime est en bas. Le grand choix / C'est de choisir l'affront. (...) » est un exemple d'enjambement.*
enjamber v. t. / v. i. [1] Passer au-dessus de (qqch.) en étendant la jambe. *Enjamber une balustrade.* Au fig. *Le pont enjambe l'estuaire.* / v. i. *Enjamber sur* : empiéter sur. *Cette poutre enjambe sur le mur.*
enjeu n. m. JEU Somme d'argent mise en jeu au début de la partie. / Fig. Ce que l'on hasarde dans une entreprise. *L'enjeu d'un conflit.*
enjoindre v. t. [3] *Enjoindre de* : ordonner de. *Enjoindre de respecter la loi.*
enjôler v. t. [1] Charmer (qqn), le séduire par la douceur. *Cette femme l'a enjôlé.*
enjôleur, euse adj. et n. Charmeur, séducteur. *Des paroles enjôleuses.* / Subst. *C'est un enjôleur, c'est une enjôleuse.*
enjoliver v. t. [1] Rendre plus joli (qqch.). *Enjoliver une façade.* / Par ext. *Enjoliver un récit*, y ajouter des détails pittoresques pour l'illustrer, le rendre plus intéressant (au détriment de sa véracité).
enjoliveur n. m. Couvercle en métal qui cache la partie centrale d'une roue d'automobile.
enjolivure n. f. Ornement.
enjoué, e adj. Plein d'enjouement, gai. *Des paroles enjouées.*
enjouement n. m. Gaieté spontanée.
enképhalines ou **encéphalines** n. f. pl. BIOCHIM Substances polypeptidiques présentes dans le système nerveux, dotées de propriétés analogues à celles de la morphine.
enkysté, e adj. BIOL., MÉD. Enfermé dans un kyste.
enkystement n. m. MÉD. Formation d'un kyste.
enkyster (s') v. pron. [1] BIOL., MÉD. S'entourer de tissu conjonctif dense qui isole du tissu environnant.
enlacement n. m. Fait d'être enlacé. *L'enlacement des branches.* / Étreinte.
enlacer v. t. [1] Serrer en entourant ; entremêler. *Lianes qui enlacent le tronc d'un arbre. Enlacer des rubans.* / Entourer de ses bras, étreindre. / v. pron. *Les amants s'enlacèrent tendrement.*
enlaidir v. t. / v. i. / v. pron. [2] Rendre laid, plus laid. *Enlaidir une façade.* / v. i. Devenir laid, plus laid. *Il enlaidit en vieillissant.* / v. pron. Se rendre laid, plus laid. *S'enlaidir pour paraître plus sérieux.*
enlaidissement n. m. Action, fait d'enlaidir, de s'enlaidir.
enlevé, e adj. *Une musique enlevée*, entraînante.
Enlèvement au sérail (l') 1782 Opéra-comique de Mozart, en trois actes, sur un livret de Bretzner.
enlèvement n. m. Action d'enlever (qqch.). *L'enlèvement des ordures.* / Action de s'emparer de (qqn) par ruse ou par force.
enlever v. t. [1] Lever en portant, soulever. *Enlever une charge à l'arraché.* / Fig. Soulever d'enthousiasme. / Prendre pour emporter. *Les déménageurs ont enlevé le piano. Enlever les assiettes à la fin du déjeuner.* / S'emparer de ; obtenir par force. *Enlever quelqu'un pour en obtenir une rançon. Enlever une place forte. Enlever la victoire.* / Faire disparaître, effacer. *Enlever les traces d'un crime.* / Fig. Priver de, ôter. *Enlever à qqn toutes ses illusions, toutes ses inquiétudes.* / Soustraire par la mort. *Il a été enlevé prématurément à l'affection des siens.*
Enlil MYTH. Dans le panthéon sumérien, dieu de l'air qui préside aux relations entre les hommes et les puissances supérieures.
enlisement n. m. Fait de s'enliser.
enliser v. t. [1] Enfoncer (qqch.) dans un sol sans consistance. *Enliser un véhicule.* / v. pron. *S'enliser dans le sable.* Au fig. *S'enliser dans les difficultés.*
enluminer v. t. [1] Orner de motifs en couleur (un manuscrit).
enlumineur n. m. Auteur d'enluminures.
enluminure n. f. Art d'enluminer. / Ornementation en couleur d'un manuscrit.
Ennéades IIIe siècle Nom donné aux œuvres complètes de Plotin car chacun des six livres contient neuf chapitres (en grec *ennea*).
ennéagone n. m. GÉOM. Polygone à neuf côtés.
enneigé, e adj. Couvert de neige. *Pentes enneigées.*
enneigement n. m. Recouvrement du sol par la neige. Ant. déneigement. / MÉTÉO. Hauteur atteinte par la couche neigeuse.
ennemi, e n. et adj. Personne qui éprouve de la haine à l'égard d'autrui et cherche à lui nuire. / Adversaire avec lequel on entre en conflit, en guerre. / adj. Qui manifeste son aversion pour certaines choses. *Être ennemi de la solitude.* / De l'adversaire ; relatif à l'adversaire. *Les armées ennemies.*
Ennius (en latin **Quintus Ennius**) 239-169 av. J.-C. Poète latin. Né en Grande-Grèce (en Calabre), il fit connaître à Rome la culture grecque et traduisit ou adapta de nombreuses pièces (d'Euripide, notamment) dont il ne reste que quelques centaines de lignes. On lui doit aussi des satires (*Saturae*) et une épopée, *Les Annales*, qui conte l'histoire de Rome et dont on ne possède que quelques fragments. On voit en lui le père de la littérature romaine.
ennoblir v. t. [2] Rendre noble, plus noble. *Sa mansuétude l'ennoblit.*
ennoblissement n. m. Action d'ennoblir ; état qui en résulte.
ennoyer v. t. [1] Recouvrir (une partie de continent), en parlant de la mer.
ennuager v. t. [1] Couvrir de nuages.
ennui n. m. Vx Tristesse profonde. / Mod. Désintérêt. / (Généralement au plur.) Souci résultant d'une situation fâcheuse. *Causer des ennuis.*
ennuyer v. t. [1] **I.** Causer de l'ennui, lasser par manque d'intérêt. / v. pron. Éprouver de l'ennui, de la lassitude. *Il s'ennuie si personne n'est là pour le distraire. S'ennuyer de* : être affecté de la privation de. *S'ennuyer de ses enfants.* **II.** Contrarier, causer des ennuis, du souci à. *Ce contretemps m'ennuie.* / Importuner. *Ses récriminations ennuient tout le monde.*
ennuyeux, euse adj. Qui ennuie. *Un spectacle ennuyeux.* / Propre à causer des ennuis. *Une affaire ennuyeuse pour l'avenir.*
Énoch ou **Hénoch** Personnage biblique mentionné dans la Genèse, père de Mathusalem et fils de Jared. Il aurait eu directement accès au Ciel sans connaître la souffrance ni la mort.
énoncé n. m. Expression, formulation. *L'énoncé d'un problème.* / D^r^ *L'énoncé d'une loi* : le texte même rédigé par le juriste. / LING. Séquence de discours. / LOG. Proposition.
énoncer v. t. [1] Dire (qqch.). *Énoncer une proposition.* / v. pron. « *Ce qui se conçoit bien s'énonce clairement* » (Boileau).
énonciation n. f. Action d'énoncer, d'exprimer qqch. par écrit ou oralement. *Énonciation d'une règle.* / Dr Déclaration faite dans un acte juridique. / LING. Production d'un énoncé dans des circonstances précises de communication.

*Sol et végétation **enneigés**.*

enorgueillir v. t. [2] Rendre orgueilleux ou rendre digne d'orgueil, plus orgueilleux ou plus digne d'orgueil. *Des succès qui enorgueillissent.* / v. pron. *S'enorgueillir de*: tirer orgueil de. *S'enorgueillir de la noblesse de sa naissance.*

énorme adj. Démesuré, excessivement grand. *Un diamant énorme.* / Par ext. (Sens abstrait) *Un énorme courage.*

énormément adv. Démesurément.

énormité n. f. Grandeur excessive. / Acte ou propos d'une absurdité manifeste.

enquérir (s') v. pron. [3] *S'enquérir de*: se renseigner, s'informer sur. *S'enquérir des conditions d'admissibilité à un poste.*

enquête n. f. Recherche de faits et de témoignages pour éclaircir une situation, étudier une question. *Enquête sociologique.* / Investigation faite sur l'ordre d'une autorité administrative ou judiciaire. *Enquête criminelle.*

enquêter v. i. [1] Faire une enquête.

enquêteur, trice n. Personne qui enquête.

enquiquiner v. t. [1] Fam. Ennuyer. *Cette histoire m'enquiquine.*

enquiquineur, euse n. Fam. Personne qui enquiquine; importun. *C'est une vraie enquiquineuse.*

enracinement n. m. Fait de s'enraciner. / Façon dont poussent les racines d'un arbre. *Enracinement pivotant ou enracinement vertical. Enracinement traçant ou enracinement horizontal.* / Fig. Fait de rester fixé dans un lieu, attaché à une habitude.

enraciner v. t. [1] Faire prendre racine à. *Enraciner une plante.* Au fig. *Enraciner une opinion dans la tête d'un enfant.* / v. pron. Prendre racine. *Plante qui s'enracine.* / Fig. *S'enraciner dans la routine*, s'y complaire, ne pas tenter d'en sortir.

enragé, e adj. et n. m. pl. Atteint de la rage. / n. m. pl. HIST. *Les Enragés*: la faction la plus radicale des sans-culottes (1793-1799).

enrager v. i. [1] Être en colère, en rage. *Il enrage de ne pouvoir faire ce qu'il veut.* / Par plaisant. *Faire enrager qqn*, le taquiner. *Cet enfant aime bien me faire enrager.*

enraiement ou **enrayement** n. m. Vx Action de bloquer le mouvement d'une roue. / Fig. Action d'arrêter le cours de qqch. *Enraiement d'une épidémie.*

enrayage n. m. Arrêt accidentel d'un mécanisme, en particulier d'une arme à feu.

enrayer v. t. [1] Empêcher, arrêter la propagation de (un phénomène fâcheux). *Enrayer une épidémie.* / v. pron. (En parlant du mécanisme d'une arme à feu) Se bloquer. *La mitraillette s'est enrayée.*

enrégimentement n. m. Action d'enrégimenter; son résultat.

enrégimenter v. t. [1] MILIT. Incorporer (qqn) dans un régiment. / Par ext. Grouper (des personnes) sous une direction autoritaire, par contrainte ou persuasion.

enregistrement n. m. Action d'enregistrer. *Enregistrement des bagages.* / Dr Formalité fiscale qui consiste à percevoir un droit à l'inscription d'actes ou de déclarations diverses (ventes, legs). / L'administration elle-même qui perçoit ce droit. / Fixation sur un support matériel (disque, cassette, bande magnétique, pellicule optique) d'un phénomène acoustique, optique, mécanique que l'on désire conserver et reproduire à volonté. *Studio d'enregistrement. Enregistrement numérique. Enregistrement d'une émission radio sur cassette.* / Ce qui a été enregistré. *Écouter un nouvel enregistrement d'une œuvre.*

enregistrer v. t. [1] Noter sur un registre; consigner par écrit. *Enregistrer une plainte.* / Dr Procéder à l'enregistrement de (un acte). / Par ext. Mettre en mémoire. *J'ai bien enregistré votre demande.* / Constater (un phénomène). *Enregistrer une baisse des ventes.* / Reproduire (des informations visuelles, sonores, etc.) par transfert sur un support matériel. / Spécial. Reproduire des sons sur (une bande magnétique, un disque, etc.). *Enregistrer un concert en direct, à la radio.* / Par ext. Réaliser l'enregistrement sonore de. *Ce chanteur a enregistré de nombreux succès.*

enregistreur, euse adj. et n. Qui enregistre. *Caisse enregistreuse*, équipée d'un appareil de calcul automatique. / n. m. Appareil qui enregistre.

enrhumer v. t. [1] Causer un rhume à. / v. pron. Contracter un rhume. *S'enrhumer dès les premiers froids.*

enrichi, e adj. Dont la proportion d'un constituant a été augmentée. *Minerai enrichi.* / PHYS. NUCL. *Uranium enrichi*, dont la teneur en matière fissile a été augmentée.

enrichir v. t. [2] Rendre riche, plus riche. (Emploi pron.) *S'enrichir en spéculant.* / Donner plus de valeur à, accroître l'importance de (qqch.) par des apports nouveaux. *Enrichir ses connaissances, son vocabulaire.* / Traiter une substance de manière à augmenter sa teneur en (qqch.). *Enrichir un produit alimentaire en vitamines.* / Spécial. *Enrichir un sol*, le fertiliser par des apports d'engrais.

enrichissement n. m. Fait d'enrichir. *Enrichissement d'une collection de tableaux. Enrichissement de l'uranium.* / Fait de s'enrichir. *Son enrichissement a été rapide.* / Ce qui contribue à augmenter l'expérience, le savoir-faire, la culture de qqn. *Ce stage a été pour elle un enrichissement.*

enrobage ou **enrobement** n. m. Fait d'enrober; son résultat.

enrober v. t. [1] Recouvrir (un produit) d'une couche qui le protège ou en améliore le goût. *Amande enrobée de chocolat.* / Fig. *Être enrobé*, un peu gras. / Déguiser, envelopper. *Enrober une vacherie dans une phrase polie.*

enrochement n. m. TRAV. PUBL. Ensemble des blocs de pierre ou de ciment servant d'assise à une construction bâtie dans l'eau, ou sur un sol mouvant ou peu résistant.

enrôlement n. m. Action d'enrôler, de s'enrôler. / Dr Fait de porter une affaire devant les tribunaux.

enrôler v. t. [1] Inscrire (qqn) sur les rôles de l'armée. / Par ext. Faire entrer (qqn) dans un groupe. / v. pron. *Il s'est enrôlé dans le parti socialiste.*

***Enseigne** alsacienne.*

enroué, e adj. *Voix enrouée*, rauque, devenue rauque.

enrouement n. m. Fait de s'enrouer; altération de la voix, qui devient rauque.

enrouer v. t. [1] Rendre rauque la voix de (qqn). *Avoir trop crié l'avait enroué. Enrouer la voix*, la rendre rauque. / v. pron. *Il s'enroue facilement.*

enroulement n. m. Action d'enrouler. Ant. déroulement. / Ornement en spirale. / ÉLECTR. Bobinage réalisé en enroulant un fil conducteur.

enrouler v. t. [1] Rouler plusieurs fois (une chose) sur elle-même, autour d'une autre. *Enrouler un câble.* Ant. dérouler. / v. pron. *S'enrouler dans ses couvertures.*

enrouleur, euse n. Qui sert à enrouler. / n. m. Tambour sur lequel s'enroule un câble.

enrubanner v. t. [1] Garnir (qqch.) de ruban(s).

ensablement n. m. Dépôt de sable formé par le vent ou par un cours d'eau. Ant. dessablement. / Fait d'être ensablé. *L'ensablement de plusieurs véhicules a retardé le convoi.*

ensabler v. t. [1] Couvrir, remplir (qqch.) de sable. *Le vent a ensablé la terrasse.* Ant. dessabler. / v. pron. Se couvrir, se remplir de sable. *Le canal s'ensable au fil des ans.* / S'enfoncer dans le sable. *Le camion s'est ensablé.*

ensacher v. t. [1] Mettre (qqch.) dans un sac.

ensanglanter v. t. [1] Tacher, couvrir (qqch.) de sang. *Plusieurs blessures ensanglantaient son corps.* / Fig. Répandre le sang, par une agression meurtrière. *La guerre civile a ensanglanté ce pays.*

enseignant, ante adj. et n. *Corps enseignant*: ensemble des personnes ayant pour métier l'enseignement. / n. Membre du corps enseignant.

ℕ : entiers naturels (0 ; 1 ; 2 ;...)

ℤ : entiers relatifs (–1 ; 0 ; +3...)

𝔻: décimaux (–3,51 ; +2...)

ℝ : réels { ℚ : rationnels $\left(\frac{5}{2} ; -\frac{1}{4} ; +3...\right)$; 𝕀 : irrationnels (π ; e ; $\sqrt{3}$...) }

ℂ : nombres complexes ($a+ib$; a et b réels)

On a : $\mathbb{N} \subset \mathbb{Z} \subset \mathbb{Q} \subset \mathbb{R} \subset \mathbb{C}$

*Les principaux **ensembles** de nombres en mathématiques.*

enseigne [1] n. f. Panneau figuratif indiquant la présence d'un commerce, d'un cinéma, d'un hôtel. / MILIT. Drapeau d'une armée.

enseigne [2] n. m. Civil ou militaire qui porte le drapeau. / *Enseigne de vaisseau*: officier de marine ayant un grade identique à celui de sous-lieutenant ou de lieutenant dans l'armée de terre.

enseignement n. m. Leçon reçue de l'expérience. *Tirer les enseignements d'un échec.* / Action de transmettre les connaissances; ensemble des procédés pédagogiques mis en œuvre dans ce but. *Enseignement assisté par ordinateur (E.A.O.). Enseignement à distance*, ou *télé-enseignement.* / Secteur de l'éducation nationale ou privée chargé de l'organisation et de la mise en œuvre de l'enseignement. *Enseignement primaire, secondaire, supérieur. Enseignement technique.* / Profession des enseignants. *Entrer dans l'enseignement.*

enseigner v. t. [1] Transmettre, dispenser (un savoir). *Enseigner les rudiments d'une langue à des enfants.* / (Emploi absol.) Exercer la profession d'enseignant. *Enseigner à l'université.* / Fig. Apprendre, indiquer (la leçon de qqch., une conduite à suivre). *L'expérience lui a enseigné la prudence.* / Vx Instruire. *Enseigner un apprenti.*

ensellure n. f. ANAT. Chez l'homme, cambrure de la colonne vertébrale; chez les quadrupèdes, concavité prononcée de la région lombaire. *Un cheval à la forte ensellure.*

ensemble adv. et n. m. **A.** adv. L'un (les uns) avec l'autre (les autres). *Ils viennent ensemble.* / En même temps. *Les concurrents ont atteint ensemble la ligne d'arrivée.* **B.** n. m. Le tout, par oppos. aux parties. / Vêtement féminin composé de pièces coordonnées. / Unité entre les diverses parties d'un tout. *Le mouvement d'ensemble des danseurs. Un cheval qui a de l'ensemble*, qui est bien proportionné. / MATH. Série finie ou infinie de figures ou de signes mathématiques possédant une propriété commune. *L'ensemble des multiples d'un nombre est infini, l'ensemble de ses diviseurs est fini.* / MUS. *Ensemble vocal, instrumental*: petit groupe de choristes ou d'instrumentistes interprétant des œuvres de musique de chambre. / *Grand ensemble*: groupe d'immeubles construits sur le même modèle et formant une unité d'habitation munie d'équipements collectifs.

♦ Dans les mathématiques modernes, la théorie des ensembles considère tout être mathématique en tant qu'il fait partie d'ensembles et de sous-ensembles formés d'éléments qui ont de plus en plus de caractères communs; par ex., telle figure fait partie de l'ensemble des carrés, les carrés constituent un sous-ensemble de l'ensemble des rectangles.

ensemblier n. m. Spécialiste de la combinaison des ensembles décoratifs.

ensemencement n. m. Action d'ensemencer.

ensemencer v. t. [1] Mettre de la semence dans (la terre). *Ensemencer un champ.* / Introduire des micro-organismes, leurs spores, dans (un milieu de culture). / Par ext. *Ensemencer une rivière*, y introduire des alevins.

enserrer v. t. [1] Entourer (qqch.) en serrant. *Un turban lui enserrait la tête.*

ensevelir v. t. [2] Enterrer (un mort), inhumer. / Recouvrir d'un amoncellement.

ESPAGNE (SUITE)

Le palais royal de Madrid (XVIIIe siècle).

par la majorité des peintres de l'époque. L'influence du Caravage, alors prédominante en Europe, n'est pas seule à expliquer leur manière. Au contraste en clair-obscur, au dessin irréprochable, mais aussi au puissant réalisme des sujets du Caravage, les peintres du temps de Philippe III et de Philippe IV ajoutent le goût du concret servi par une maîtrise picturale sans égale. De l'ensemble d'une production immense qui est le fait d'une école ayant atteint la plénitude de ses moyens et que servent Francisco Pacheco, Herrera le Vieux, Alonso Cano, Valdes Leal, se détachent quatre peintres particulièrement doués : Ribera, Francisco de Zurbaran, Murillo, Vélasquez. Le XVIIIe siècle voit fléchir la qualité de la peinture espagnole jusqu'à l'apparition de Goya.
Au XIXe siècle, la peinture espagnole s'académise et perd toute audience européenne. Le centre le plus brillant est Barcelone où le jeune Picasso acquerra sa formation classique avant de gagner Paris où, aux côtés de son compatriote castillan Juan Gris, il sera un des fondateurs du cubisme. Salvador Dalí, Juan Miró, Clavé, Pelayo, Tapiès et d'autres montrent, plus près de nous, la vitalité de la peinture espagnole contemporaine.

Deux personnages, *de Joan Miró, 1935, (Kruger Museum, Washington D. C.).*

Sculpture

Les plus anciennes églises n'offrent qu'un décor géométrique et végétal. Il revient à l'époque romane de faire éclore un art placé directement sous l'influence du Languedoc (chapiteaux de la cathédrale de Jaca, porche de Ripoll, cloître de Santo-Domingo de Silos, porche de la Gloire à Saint-Jacques-de-Compostelle). Excepté en Catalogne où l'usage des retables polychromes introduit un élément original, la sculpture à l'époque gothique reste dépendante de l'influence française. Au XVe siècle, elle est surtout pratiquée par des artistes étrangers qui créent, à partir d'éléments flamboyants, mudejar et renaissant, les réseaux compliqués du style plateresque dont les deux principaux maîtres sont Juan Guas et Gil de Siloé (retable et tombeaux de la chartreuse de Miraflores, à Séville). Le style pathétique des sculpteurs bourguignons et flamands, introduit au XVe siècle, se perpétue au siècle suivant. Ce goût du théâtral domine encore la spiritualité de la Contre-Réforme qui pare de polychromie ses statues nerveuses et expressives. Le baroque, à la fin du XVIIe siècle, envahit d'une exubérance délirante les retables de Churriguera et de Vergara tandis que la sculpture polychrome garde la faveur populaire et que les Français dominent l'art de cour.
À partir du XIXe siècle, la sculpture tombe dans l'académisme néo-classique que le goût de l'anecdote supplante à partir du milieu du siècle. Parmi les sculpteurs non figuratifs, c'est la figure de Juan Miró qui domine.

Musique

La musique espagnole trouve son origine dans les chants wisigothiques, appelés plus tard mozarabes, qui sont des chants religieux créés aux Ve et VIe siècles. Au Moyen Âge, la représentation des mystères et des autos fait appel à des parties chantées et, de même qu'en France, l'Espagne connaît alors jongleurs et troubadours. Au XVIe siècle, Antonio de Cabezon illustre les intentions mystiques de la musique sacrée telles que, déjà avant lui, l'Italien Palestrina les a fixées. Au XVIIe siècle, Calderon de la Barca crée une forme typique de déclamation alternée de chant, la zarzuela, genre auquel le XVIIIe siècle ajoute la tonadilla, sorte d'opéra-comique. Mais malgré l'originalité des genres et la présence de musiciens de talent, l'influence italienne est, dans ces deux siècles, prépondérante.
Ainsi les séjours en Espagne de Domenico Scarlatti et de Luigi Boccherini influencent la musique de chambre et de clavecin. Au XIXe siècle, l'effort des compositeurs est essentiellement fixé sur l'opéra, de type rossiniste, mais la seconde partie du siècle voit la résurrection de la zarzuela ou zarzuela grande et l'apparition de musiciens de talent. Isaac Albéniz et Enrique Granados, formés par les grands romantiques de la littérature pianistique (Chopin, Liszt), empruntent à la musique folklorique le rythme de leur inspiration. Plus près de nous, c'est dans le folklore andalou que puise Manuel de Falla jouant d'un impressionnisme proche de celui de Ravel et de Debussy. Enfin, la vogue de la guitare due en grande partie au talent d'Andrés Segovia et le succès du chant populaire andalou, le flamenco, ont répandu hors d'Espagne les sources d'inspiration de la musique espagnole moderne.

Cinéma

Bien que l'Espagne ait produit peu de films, elle a donné quelques grands réalisateurs dont le principal est Luis Buñuel qui a cependant tourné le plus souvent hors de son pays, en France et au Mexique. Luis Garcia Berlanga et Juan Antonio Bardem dénoncent les travers et le conformisme des conduites sociales en moralistes classiques dans un esprit marqué par le néo-réalisme italien. Carlos Saura peint avec force et finesse la fin du régime franquiste, puis perd l'inspiration alors qu'une « nouvelle vague espagnole », dynamique et grinçante, propose une nouvelle vision de l'Espagne, notamment avec Pedro Almodovar.

Esquimaux.

esplanade n. f. Lieu dégagé devant un édifice, une fortification. *L'esplanade des Invalides*, à Paris.
espoir n. m. Espérance, attente confiante d'une chose, d'un événement. Ant. désespoir. / Objet d'espérance. *Son fils reste son unique espoir.* / Personne promise à un bel avenir dans un domaine déterminé. *C'est un espoir de la chanson.*
esprit n. m. **I.** Substance incorporelle qui est consciente d'elle-même. *Dieu est pur esprit. Le Saint Esprit*: la troisième personne de la Trinité. *L'esprit malin*: Satan. / Âme. *Il a rendu l'esprit*: il est mort. / Être désincarné; fantôme. *Croire aux esprits.* **II.** Ensemble des facultés intellectuelles, psychiques. *Simple d'esprit*: personne de peu d'entendement, au faible quotient intellectuel. / Personne considérée du point de vue de telle ou telle caractéristique intellectuelle. *Un esprit curieux.* Manière de penser, d'agir. *Avoir l'esprit philosophique. Faire preuve d'esprit d'entreprise.* / Sens profond. *L'esprit et la lettre*: le fond et la forme. / Finesse intellectuelle. *Homme d'esprit.* **III.** GRAM. En grec, signe graphique placé devant une voyelle initiale, pour marquer l'aspiration (esprit rude) ou son absence (esprit doux). **IV.** En chimie ancienne, partie la plus volatile d'un corps soumis à la distillation. *Esprit-de-sel*: acide chlorhydrique.
Esprit des lois (De l') ou ***Du rapport que les lois doivent avoir avec la constitution de chaque gouvernement, les mœurs, le climat, la religion, le commerce*** 1748 Ouvrage de Montesquieu. Au cours des 21 chapitres où il tente de mettre en évidence le rapport des lois et des conditions qui les font naître, Montesquieu prescrit les formes de gouvernement qui lui paraissent souhaitables. Soucieux de garantir la liberté des citoyens, il opte, quant au pouvoir exécutif, pour une monarchie qui, s'appuyant socialement sur la noblesse, partage la souveraineté de l'État avec un pouvoir législatif et un pouvoir judiciaire distincts de lui. Cette doctrine de la séparation des pouvoirs reconstitue le fondement des démocraties modernes.
esquarre Voir **escarre**
esquif n. m. Litt. Petite embarcation légère.
Esquilin Une des sept collines de Rome, à l'est de la ville.
esquille n. f. MÉD. Petit fragment d'un os qui a été fracturé.
esquimau, aude ou **eskimo** adj. et n. **A.** adj. et n. Relatif au peuple des Esquimaux, ou Inuit(s). / Subst. *Un(e) Esquimau (de).* **B.** n. m. Crème glacée enrobée de chocolat, tenue par un bâtonnet.
esquimautage n. m. SPORT En kayak, manœuvre qui consiste à s'immerger entièrement et à faire un tour complet.
Esquimaux ou **Eskimos** Peuple d'origine asiatique habitant les terres arctiques. Ils vivent essentiellement de la pêche et de l'élevage du renne. Ils pratiquent la sculpture et le dessin. Leur littérature, orale (récits légendaires, chants), commence à être écrite.
esquinter v. t. [1] Fam. Détériorer (qqch.). *Esquinter ses souliers.* / (En parlant de personnes) Par ext. *Il s'est fait esquinter dans une rixe.* / v. pron. S'éreinter, s'épuiser. *S'esquinter au travail.*
Esquirol (Jean Étienne Dominique) 1772-1840 Médecin aliéniste français, l'un des fondateurs de la psychiatrie moderne.
esquisse n. f. BX-ARTS Première ébauche, premier jet d'une peinture, d'une sculpture, d'une œuvre d'art. / Exposé succinct donnant l'idée générale d'une composition littéraire. / Étude donnant un aperçu sur un sujet. *Une esquisse historique.* / Premier signe, amorce. *L'esquisse d'un mouvement.*
esquisser v. t. [1] Faire l'esquisse de. *Esquisser un portrait.* / Fig. Ébaucher, débuter, commencer à faire (qqch.). *Esquisser un mouvement.*
esquive n. f. Action rapide par laquelle on évite le coup d'un adversaire, ou tout autre danger.
esquiver v. t. [1] Éviter (qqch.) par une esquive. *Esquiver un coup.* / v. pron. S'en aller, disparaître discrètement. *S'esquiver en fin de soirée.*
essai n. m. Mise à l'épreuve d'un objet ou d'une personne, pour en apprécier les qualités, les capacités. *Période d'essai*, préalable à l'engagement d'un salarié. / LITTÉR. Ouvrage, exposé d'observations et de commentaires sur un sujet traité de manière non exhaustive. *Les « Essais » de Montaigne.* / SPORT But marqué en posant le ballon dans l'en-but, au rugby. / Tentatives autorisées, en athlétisme, avant l'épreuve réelle. / Analyse chimique. *Un tube à essais.*
Essai sur les mœurs et l'esprit des nations 1756 Dans cet ouvrage polémique, Voltaire oppose à l'histoire théologique de Bossuet une histoire philosophique où la raison triomphe du fanatisme et de l'intolérance.
essaim n. m. Groupe d'abeilles (reine, mâles et ouvrières) quittant une ruche pour former une nouvelle colonie. / Multitude. *Un essaim d'enfants.*
essaimage n. m. Formation d'une nouvelle colonie par les abeilles. / Époque où les abeilles forment cet essaim.
essaimer v. i. [1] Former un essaim. *Abeilles qui essaiment.* / Fig. S'étendre, s'implanter ailleurs. *Une entreprise qui essaime.*
Essais 1580 et 1588 Ouvrage de Montaigne qui propose, à partir de l'expérience personnelle de son auteur, un art de vivre et une philosophie de l'existence inspirés du stoïcisme et marqués par le scepticisme. En 1580, Montaigne publia une première version de ce livre, entrepris en 1571. En 1588, il publia une deuxième version, qui enrichissait fortement la première, et poursuivit cet enrichissement jusqu'à sa mort (1592). Sa filleule, Marie Le Jars de Gournay, publia en 1595 cette troisième version.
essart n. m. AGRIC. Terre défrichée.
essarter v. t. [1] AGRIC. Défricher (un terrain boisé) et le débarrasser de toutes les broussailles.
essayage n. m. Essai d'un vêtement.
essayer v. t. [1] Faire l'épreuve de (qqch. de nouveau) pour vérifier sa qualité, son bon fonctionnement, ou par curiosité. *Essayer un prototype. Essayer un produit, un nouveau journal. Essayer un vêtement,* le revêtir pour savoir s'il convient. Par ext. *Essayez ce commerçant, il est bon marché.* / Tenter, hasarder. *J'ai essayé les caresses et les menaces, en vain. Essayer de*: tâcher de. *Essayez de rassembler vos souvenirs.* / v. pron. *S'essayer à*: éprouver ses capacités à; s'efforcer de. *S'essayer à la peinture à l'huile, à oublier ses griefs.*
essayiste n. LITTÉR. Auteur d'essai(s).
esse n. f. Double crochet métallique en forme de S. / Calibre pour fils de fer. / MUS. Ouverture en forme de S sur la table d'un violon, d'un violoncelle, etc. Syn. ouïe.
Essen *618 000 h.* Ville d'Allemagne, dans la Rhénanie du Nord-Wesphalie. L'installation des usines Krupp en 1812 en a fait un centre industriel très important.
essence n. f. PHILO. Ce qui est lié nécessairement et en permanence à la nature même de l'être considéré, par oppos. à *accident*. Syn. substance. / Ce qui caractérise une chose et permet de la définir comme telle. *Par essence*: par définition. / Liquide volatil, odorant, extrait de plantes par distillation. Syn. huile essentielle. / Produit pétrolier, naturellement incolore, volatil, inflammable, obtenu par distillation du pétrole brut entre 70 °C et 150 °C, utilisé principalement comme carburant ou solvant. / BOT. Espèce d'arbre. *Essences rares.*
Esséniens IIe siècle av. J.-C. Secte juive de l'Antiquité dont les membres vivaient en marge de la société palestinienne, près de la mer Morte, où on a découvert en 1946-1956 d'importants manuscrits. Collectivistes, ils ne possédaient aucun bien propre et pratiquaient le célibat. Leur vie austère était consacrée au travail, à la prière, à la méditation et à l'exaltation de la pureté. Leur secte disparut vers l'an 70 dans la guerre des Juifs contre Rome.
Essenine (Sergheï Aleksandrovitch) 1895-1925 Poète russe. D'origine paysanne, il trouve dans la terre russe l'origine de ses premières œuvres lyriques (*Transfiguration*, 1918). Rallié à la Révolution (*Inonia*, 1918), il voyage en France et aux États-Unis (où il épouse Isadora Duncan), célébrant la vie de bohème (*Confession d'un voyou*, 1921; *Moscou des bouges*, 1924). Rentré en U.R.S.S., déçu, amer, déprimé (*L'Homme noir*, paru en 1926), il se suicide.
essentialisme n. m. PHILO. Doctrine considérant que l'essence précède l'existence. *L'essentialisme de Platon.*
essentiel, elle adj. et n. m. PHILO. Relatif à l'essence, par oppos. à *accidentel*. Syn. intrinsèque. / Nécessaire, fondamental, capital. *Argument essentiel.* / MÉD. Se dit d'une maladie dont la cause est inconnue ou indéterminée. *Anémie essentielle.* / CHIM. *Huile essentielle*: essence. / n. m. Le point le plus important, l'indispensable. *Retenez l'essentiel. Emporter l'essentiel.*
essentiellement adv. Par essence; principalement.
esseulé, e adj. Délaissé.
Essex *3 672 km² 1 569 400 h.* Comté du sud de l'Angleterre dont fait partie la banlieue nord-est de Londres. C'est une région essentiellement agricole. La région constitua, du VIe au VIIIe siècle, un royaume saxon dont la capitale était Lunden (Londres) et qui fut annexé par le Wessex en 825.
Essex (Robert Devereux, 2e comte d'**)** 1566-1601 Général anglais, favori de la reine Élisabeth Ire, sur laquelle il exerça d'abord une grande influence. Étant entré en disgrâce, il fomenta un complot et fut exécuté. **Robert,** 3e comte **d'Essex** 1591-1646 Fils du précédent; nommé lord-chambellan par Charles Ier, il prit le commandement de l'armée parlementaire en 1642.

*Extraction des goudrons et fuels lourds (tours de cracking à gauche) et récupération d'**essences** plus légères de la tour de distillation fractionnée (au centre).*

essieu n. m. Tige métallique ou de bois dont chaque extrémité, ou fusée, pénètre dans le moyeu d'une des roues d'un véhicule dont elle supporte le poids.
Essling Village d'Autriche, proche de Vienne. Napoléon y remporta, le 22 mai 1809, une victoire contre les troupes autrichiennes de l'archiduc Charles, au cours de laquelle Lannes fut mortellement blessé. Masséna, qui avait contribué à la victoire à la tête de 30 000 hommes, reçut le titre de prince d'Essling.
Essonne *90 km* Rivière du Gâtinais qui se jette dans la Seine à Corbeil-Essonnes.
Essonne (département de l') [91] *1 804 km² 1 084 824 h.* Chef-lieu *Évry*. Département de la Région Île-de-France. Créé en 1964, il correspond à une partie de l'ancien département de Seine-et-Oise. Couvrant une partie de la Beauce, il a surtout une vocation agricole (culture extensive du blé et du maïs). Toutefois, dans sa partie nord, aux environs immédiats de Paris, le département est industriel (papeteries, constructions mécaniques), la Seine constituant un axe de circulation. La faculté d'Orsay, le Centre national de la recherche scientifique et le Centre de recherches nucléaires de Saclay s'y sont installés.
essor n. m. Progression, développement rapide. *L'essor des biotechnologies.* / Litt. Envolée d'un oiseau. / Cour. *Prendre son essor*: s'envoler, en parlant d'un oiseau.
essorage n. m. Action d'essorer; son résultat.
essorer v. t. [1] Débarrasser (une matière) du liquide qui l'imprègne. *Essorer du linge.*
essoreuse n. f. Machine à essorer.
essoucher v. t. [1] Dessoucher.
essoufflement n. m. État d'une personne essoufflée. / Fig. *L'essoufflement d'un projet*, son ralentissement.
essouffler v. t. [1] Rendre la respiration difficile, haletante. / v. pron. Perdre le souffle, respirer avec peine. *Il s'essouffle au moindre effort.* Au fig. Perdre l'élan, l'énergie antérieurs sous l'effet de l'usure. *Récit, humoriste qui s'essouffle.*
essuie-glace n. m. Dispositif constitué d'un bras articulé et d'une lame munie d'un caoutchouc, servant à nettoyer le pare-brise d'une automobile. Pl. Des *essuie-glaces*.
essuie-mains n. m. inv. Linge destiné à essuyer les mains.
essuie-pieds n. m. inv. Linge destiné à essuyer les pieds.
essuie-tout n. m. inv. Papier absorbant à usage domestique.
essuyer v. t. [1] Sécher en frottant; par ext. dépoussiérer en frottant. *Essuyer la vaisselle, les meubles.* Au fig. *Essuyer les plâtres*: être le premier à pâtir d'un changement défavorable. / Fig. Subir, supporter. *Essuyer une tempête, un camouflet.*
est n. m. Point cardinal, du côté du soleil levant. / Partie du ciel située de ce côté. / HIST. *Pays de l'Est*: nom donné à l'entité politique (de 1945 à 1989) qui regroupait les régimes socialistes de l'Europe de l'Est.
Est (canal de l') *480 km* Canal, composé de deux branches, qui relie la Meuse et la Moselle à la Saône.
establishment n. m. (mot anglais) Classe privilégiée détenant le pouvoir politique et économique, et défendant l'ordre établi.
estacade n. f. Digue formée de pieux pour fermer l'entrée d'un port ou d'une rivière, d'un canal, ou pour en détourner le cours.
estafette n. f. Militaire chargé de porter le courrier. / Anc. Cavalier qui acheminait les messages et le courrier.
estafier n. m. Litt., péjor. Spadassin.
estafilade n. f. Coupure importante faite par un objet tranchant sur le corps, ou, particulièrement, au visage.
Estaing (Jean-Baptiste, comte d') 1729-1794 Amiral de France (1792). Après une carrière dans l'armée de terre, il entra en 1759 dans la marine et prit une part active à la guerre d'Indépendance des États-Unis. Bien que partisan de la Révolution, il fut guillotiné en 1794.
estaminet n. m. Vieilli Petit débit de boisson.
estampage n. m. TECHN. Travail à froid du métal pour lui donner, par déformation plastique, les dimensions, profil et forme voulus. / Impression en creux et en relief sur du métal, du cuir, du papier.
estampe n. f. Image imprimée sur papier à l'aide d'une planche de cuivre ou de bois gravée (eau-forte, taille-douce), ou par lithographie. *Estampes japonaises. Cabinet des Estampes*: département de la Bibliothèque Nationale conservant dessins et gravures.
estamper v. t. [1] TECHN. Façonner (une matière) par estampage. / Fig.; pop. *Estamper un client*, lui soutirer de l'argent, l'arnaquer.
estampillage n. m. Action d'estampiller; son résultat.

Estampille *de l'époque des Templiers, XIIe siècle (Paris, Bibliothèque nationale).*

estampille n. f. Marque (sceau, cachet, timbre, signature, etc.) attestant l'authenticité d'une œuvre d'art, d'un produit, d'un document, ou le paiement d'un droit fiscal. / Instrument servant à poser cette marque.
estampiller v. t. [1] Marquer d'une estampille.
estancia n. f. (mot espagnol) Grande propriété, en Amérique du Sud.
Estaque (l') Faubourg de l'ouest de Marseille, dominé par une petite chaîne de montagnes, l'*Estaque*. Le lieu a inspiré de nombreux peintres (Cézanne, Braque, Dufy, Derain, notamment).
este adj. et n. m. LING. Synonyme d'estonien.
Este (maison d') Famille princière d'Italie qui régna sur Ferrare, Modène et Reggio. **Alphonse Ier d'Este** 1476-1534 Duc de Ferrare et de Modène en 1505, époux de Lucrèce Borgia, protecteur de l'Arioste. **Hippolyte II,** cardinal **d'Este** 1509-1572 Archevêque de Lyon, de Milan et de Narbonne, gouverneur de Parme pour le compte de la France (1552-1554); il construisit la villa d'Este à Tivoli. **Hercule II d'Este** 1508-1550 Époux de Renée de France, il recueillit, avec sa femme, les calvinistes persécutés, dont Marot. **Alphonse II d'Este** 1533-1597 Dernier représentant de la branche aînée, il mourut sans enfant et la papauté s'empara de Ferrare (1598). **Hercule III d'Este** 1727-1803 Dernier duc de Modène; le traité de Campoformio (1797) le déposséda de ses États; sans héritier mâle, il maria sa fille à l'archiduc Ferdinand d'Autriche, ce qui apporta aux Habsbourg le patrimoine de la maison d'Este.
Este (villa d') Voir **Tivoli**
ester [1] n. m. CHIM. Composé organique obtenu par action d'un alcool sur un acide carboxylique, avec élimination d'eau.
ester [2] v. i. [1] Dr *Ester en justice*: exercer une action en justice comme demandeur ou défendeur.
Esterel Massif de Provence (Var et Alpes-Maritimes) partiellement composé de porphyre rouge qui donne sa couleur au littoral entre Fréjus et La Napoule; c'est un massif volcanique de l'ère primaire, culminant au mont Vinaigre (*616 m*).

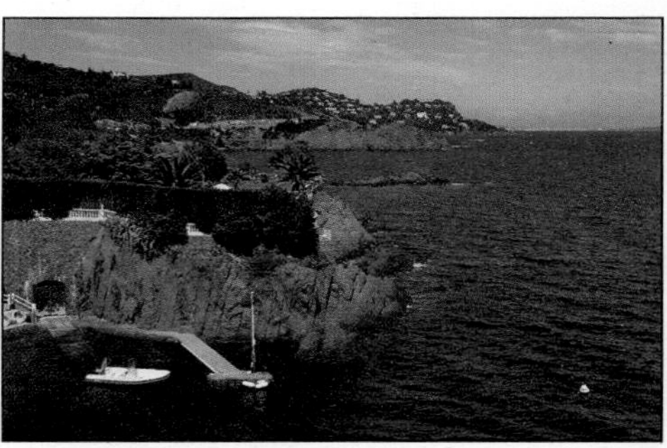

*Corniche de l'****Esterel****.*

Esterhazy Famille noble hongroise. **Paul Anton** 1711-1762 Érudit et mécène, il prit Haydn à son service. **Nicolas** 1714-1790 Frère du précédent. Il fut mécène comme son frère; Haydn composa pour lui une grande partie de ses œuvres. **Nicolas II** 1765-1833 Petit-fils du précédent; c'est à lui que Haydn dédia ses six dernières messes, et Beethoven sa *Messe en ré*.
Esterhazy (Ferdinand Walsin) 1847-1923 Officier français d'origine hongroise. Auteur du bordereau qui fit condamner Dreyfus, il fut d'abord acquitté (1898) mais sa culpabilité fut établie postérieurement.
estérifier v. t. [1] CHIM. Transformer en ester.
Estève (Maurice) 1904-2001 Peintre abstrait français. Il assemble des surfaces irrégulières de diverses couleurs, à la façon de Poliakoff.
Esther Personnage biblique. Selon la Bible (*Livre d'Esther*), elle épousa le roi perse Assuérus et déjoua le complot d'Aman qui projetait de massacrer le peuple juif.
Esther 1689 Tragédie de Racine en 3 actes avec chœurs écrite, sur la demande de madame de Maintenon, pour les demoiselles de Saint-Cyr qui la jouèrent devant Louis XIV. Son sujet s'inspire du *Livre d'Esther*.
esthète n. Personne qui a le sens du beau, qui confère à l'art une place essentielle. / Péjor. Celui, celle qui affiche ses prétentions esthétiques, fait du culte du beau la valeur suprême.
esthéticien, enne n. Personne s'occupant d'esthétique. / (Surtout au fém.) Personne ayant pour métier de donner des soins de beauté.
esthétique adj. et n. f. **A.** adj. Qui a trait au beau. *Proportions esthétiques.* / *Chirurgie esthétique*: chirurgie qui se propose de remodeler et d'embellir le visage ou le corps. **B.** n. f. Science, théorie du beau. / Ensemble des principes, des caractéristiques d'un mouvement artistique ou littéraire. *L'esthétique classique.* / Caractère harmonieux des proportions. *Esthétique d'un corps.* / *Esthétique industrielle*: technique qui essaie de concilier la beauté avec l'aspect utile des produits. Syn. design.
esthétiquement adv. De façon esthétique.
esthétisme n. m. Doctrine, comportement des esthètes.
Estienne Famille française de libraires, de typographes et d'érudits. **Henri Ier** 1470-1520 Fondateur de l'entreprise, il ouvrit une imprimerie à Paris en 1505. **Robert** 1503-1559 Fils cadet du précédent. Il publia de nombreux ouvrages en grec et rédigea un *Traité de la grammaire française* et un *Thesaurus linguae latinae.* **Henri II** 1531-1598 Fils du précédent. Éditeur (il est le premier à publier Anacréon), il est aussi traducteur (souvent du grec en latin); on lui doit un *Thesaurus linguae graecae* (1572-1573), d'une grande qualité, réédité au XIXe siècle.
Estienne d'Orves (Honoré d') 1901-1941 Officier de marine et résistant français. Il fut arrêté par la Gestapo sur dénonciation et fusillé au mont Valérien.
estimatif, ive adj. Qui constitue une estimation. *Devis estimatif.*
estimation n. f. Détermination de la valeur d'un objet. *Estimation d'un héritage.* / STAT. Évaluation d'un nombre à partir d'un échantillon ou de sondages. *Estimation de la population en France en 2050.*
estimatoire adj. Relatif à l'estimation.
estime n. f. Opinion favorable et respectueuse que l'on a (de qqn). / MAR. Calcul qui permet de déterminer, de manière approximative, la position d'un navire.
estimer v. t. [1] Évaluer la valeur, le prix de. *Estimer le coût d'une réparation.* / Par ext. Apprécier (une quantité) approximativement. *J'estime à dix minutes la durée du trajet.* / Avoir pour avis; considérer. *Estimer*

nécessaire une concertation. Estimer que tous les moyens ont été épuisés. / Reconnaître le mérite de, considérer avec respect. *Estimer le travail d'un artiste. Son dévouement lui vaut l'estime de tous.* / v. pron. Se considérer. *Qu'il s'estime heureux d'avoir évité le pire !*

estivage n. m. Transport des troupeaux des vallées vers la montagne, en été.

estival, ale, aux adj. D'été. *Vacances estivales.*

estivant, e n. Personne qui, pendant l'été, passe ses vacances dans un lieu de villégiature.

estivation n. f. ZOOL. État d'engourdissement propre à certains animaux poïkilothermes, en été. Ant. hibernation.

estive n. f. Pâturage d'été en montagne; période de l'estivage.

estiver v. t. / v. i. [1] v. t. Mettre (du bétail) à l'estive. / v. i. En parlant du bétail, passer l'été dans des pâturages de montagne.

estoc n. m. Anc. Épée longue et effilée. / Mod. *Frapper d'estoc et de taille* : frapper de la pointe et du tranchant.

estocade n. f. Coup mortel donné avec la pointe de l'épée. / En tauromachie, mise à mort du taureau; ultime coup d'épée.

estomac n. m. ANAT. Partie dilatée et contractile du tube digestif, située sous le diaphragme, faisant suite à l'œsophage et débouchant dans le duodénum. *L'estomac est délimité par deux orifices sphinctériens, le cardia à l'entrée, le pylore à la sortie, dont la fermeture pendant la digestion stomacale maintient les aliments dans l'estomac (où ils subissent l'action d'un liquide très acide, le suc gastrique).*

estomaquer v. t. [1] Fam. Stupéfier (qqn).

estompe n. f. Morceau de papier enroulé en pointe, avec lequel on étend le trait d'un dessin fait au crayon ou au pastel, afin d'obtenir des effets de demi-teintes ou de transparence. / Ce dessin lui-même.

estomper v. t. [1] Passer (un dessin) à l'estompe. / Par anal. Rendre flou (ce que l'on voit). *Le brouillard estompe le paysage.* / v. pron. Devenir flou, imprécis. *Des souvenirs qui s'estompent.*

• **Estonie** État balte situé au nord de la Lettonie et à l'ouest de la Russie.

estonien, enne adj. et n. De l'Estonie. *Lacs estoniens. Un(e) Estonien (ne).* / n. m. Langue finno-ougrienne parlée en Estonie. Syn. este.

estourbir v. t. [2] Fam. Assommer, étourdir (une personne, un animal).

estrade n. f. Plancher surélevé.

estragon n. m. BOT. Armoise dont les feuilles sont utilisées comme condiment. *Un poulet à l'estragon. Du vinaigre à l'estragon.*

Estragon (*Artemisia dracunculus*).

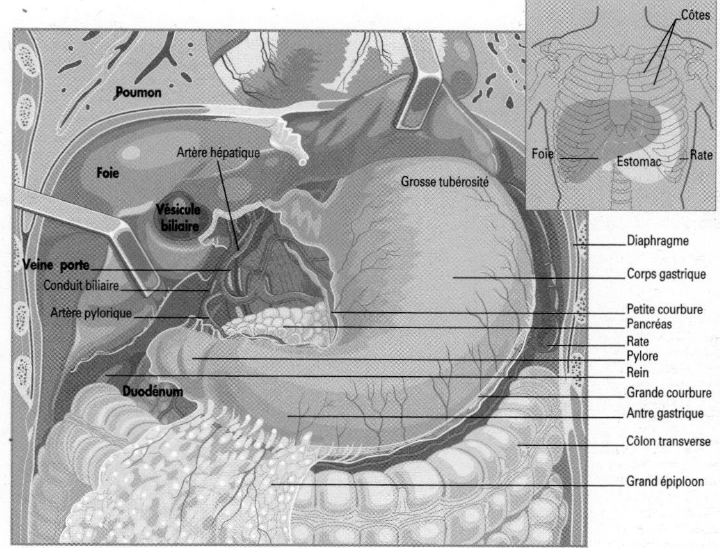

*L'**estomac** se trouve dans la cavité supérieure de la paroi abdominale, sous le diaphragme et, obliquement, sous le foie. Il comporte trois parties : la grosse tubérosité, le corps gastrique et l'antre gastrique. La décomposition des protéines s'amorce dans l'estomac grâce à la pepsine et sous l'influence du suc gastrique, très riche en acide chlorhydrique.*

estran n. m. Espace littoral compris entre le niveau de la haute mer et celui de la basse mer.

estrapade n. f. HIST. Supplice consistant à hisser un condamné en haut d'un mât, puis à le laisser tomber, un câble le retenant au ras du sol. / ÉQUIT. Saut de mouton effectué par un cheval pour tenter de désarçonner son cavalier.

Estrées (Gabrielle d', marquise de Montceaux, duchesse de Beaufort) 1573-1599 Dame française. Fille d'Antoine d'Estrées, grand-maître de l'artillerie, gouverneur de l'Ile-de-France, elle devint la maîtresse d'Henri IV qui lui fit épouser Nicolas Damerval de Liancourt avant de faire annuler cette union de pure forme. Elle donna trois enfants au roi, qui songeait à l'épouser lorsqu'elle mourut subitement. **François Annibal** 1573-1670 Frère de la précédente; d'abord évêque, il devint militaire (maréchal de France) et diplomate (ambassadeur à Rome).

Estrela (serra da) Chaîne montagneuse la plus élevée du Portugal, dans le centre du pays. Elle culmine à *1 981 m.*

Estrémadure *41 634 km² 1 061 850 h.* Communauté autonome d'Espagne, au centre-ouest du pays, comprenant les provinces de Badajoz et Cáceres. Capitale *Mérida.* Elle est constituée d'un sol pauvre, couvert de chênes verts, où l'on pratique l'élevage des ovins. Dans les plaines, on cultive les céréales et, dans les zones les plus fertiles, la vigne et l'olivier. **Histoire** Romaine, puis wisigothique, la province fut soumise au califat de Cordoue avant de devenir un royaume indépendant. Elle a été conquise en 1229 par Alphonse VI.

Estrémadure portugaise Cette région aux limites imprécises, qui se déploie autour de l'axe Lisbonne-Porto, appartient à la Région de Lisbonne-Vallée-du-Tage; elle forme une chaîne côtière qui abrite des ports de pêche et sur laquelle Lisbonne exerce son attraction économique.

Estrie *10 122 km² 280 000 h.* Région située à l'est de Montréal, dite aussi *Cantons de l'Est*, bordée par la frontière des États-Unis.

estrogène Voir œstrogène

estropié, e n. et adj. Personne privée d'un membre, de l'usage d'un membre. *Les estropiés de la guerre.* / adj. *Enfant estropié.*

estropier v. t. [1] Faire perdre à (qqn) l'usage d'un de ses membres. / Fig. Déformer. *Estropier un nom propre.*

estuaire n. m. Embouchure d'un fleuve en forme de golfe étroit, affecté par le mouvement des marées. *Estuaire de la Gironde.*

estudiantin, e adj. Propre ou relatif aux étudiants.

esturgeon n. m. ZOOL. Grand poisson chondrostéen à tête allongée, dont les flancs portent des rangées de plaques caractéristiques, atteignant 6 mètres de long. *L'esturgeon vit en mer, mais remonte les estuaires des fleuves à l'époque du frai. Le caviar est constitué d'œufs d'esturgeon.*

Esztergom *28 560 h.* Ville de Hongrie, sur le Danube, au nord de Budapest. Imposante basilique du XIXe siècle. L'archevêque d'Esztergom est primat de Hongrie.

et conj. (Pour lier les parties du discours) *Le riche et le pauvre. Je le sais et je le dis.* / (Avec une fonction d'insistance, d'emphase) *Et le père et la mère, et le frère et la sœur. Et tout le monde de s'esclaffer !*

êta n. m. inv. Septième lettre de l'alphabet grec (η, H).

E.T.A. Sigle de *Euskadi ta Askatasuna* (« Pays basque et sa liberté »), organisation basque indépendantiste, créée en 1959.

étable n. f. Abri pour les bovins d'élevage.

établi [1] n. m. Table de travail robuste et massive utilisée dans divers métiers.

établi, e [2] adj. Instauré; installé de manière durable. *Une tradition bien établie.*

établir v. t. / v. pron. [2] **A.** v. t. Installer de manière stable en un lieu. *Établir un décor. Établir des comptoirs le long d'une route commerciale.* / Fig. Assurer la stabilité de (une situation, qqn). *Établir un protégé. Établir sa fortune à force de ténacité.* / Rendre applicable;

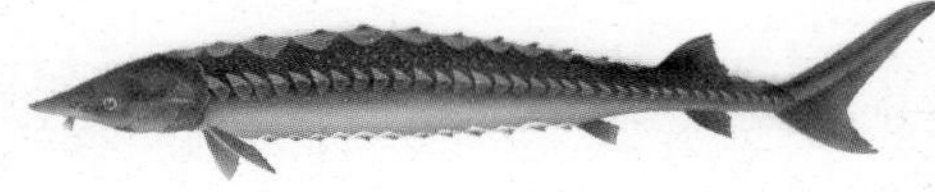

*L'**esturgeon** commun (Acipenser sturio), poisson chondrostéen.*

Estonie

Superficie : *45 100 km²* – **Nombre d'habitants :** *1 455 000 h* – **Capitale :** *Tallinn*
Villes principales : *Tartu, Narva* – **Système politique :** *république* – **Langue(s) :** *estonien*
Religion(s) : *christianisme* – **Monnaie(s) :** *kroon (couronne estonienne)*

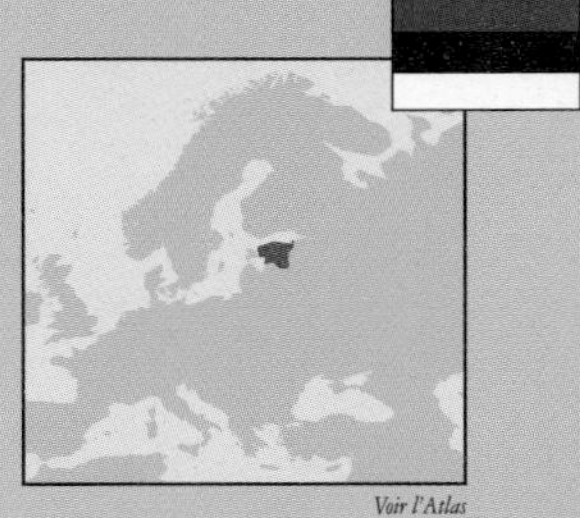

Voir l'Atlas

Géographie physique et humaine

Des plateaux peu élevés occupent le nord-ouest du pays, dont l'est est plus accidenté. Le paysage a été modelé par les glaciers, qui ont laissé de nombreux lacs. La forêt occupe 45 % du territoire.
Les Estoniens constituent les deux tiers de la population, qui compte de nombreux Russes et Ukrainiens. L'Estonie a pour principale culture le lin. L'élevage bovin et porcin est important. On exploite la forêt et les schistes bitumineux.
Les industries sont variées et peu importantes. Tallinn est un port de pêche et de commerce actif. Négative de 1990 à 1995, la croissance a repris en 1996.

Histoire

Durant le haut Moyen Âge, l'est de l'Estonie appartenait à l'État russe. Au début du XIIIe siècle, les Estes, paysans païens de langue finno-ougrienne, furent christianisés.
Disputée entre les Danois et les chevaliers Teutoniques (qui réduisirent le peuple en esclavage) dès la première moitié du XIIIe siècle, puis entièrement placée sous l'hégémonie allemande, l'Estonie fut reprise par les Suédois et les Polonais au XVIe siècle. Soumis à la domination russe en 1721 par la paix de Nystad, qui entérinait la victoire du tsar sur la Suède, le pays fait l'objet, après la révolution d'octobre 1917, d'un nouveau partage entre bolcheviks majoritaires et Allemands.
Indépendante à partir de 1918 (indépendance reconnue par l'Union soviétique en 1920 seulement), l'Estonie est annexée par l'U.R.S.S. en juillet 1940, occupée par l'Allemagne de 1941 à 1944, et devient en 1944 une république socialiste fédérative d'U.R.S.S.
En 1991, elle accède à l'indépendance. En juin 1992, Lennart Meri est élu président de la République ; il est réélu en 1996 et remplacé en 2001 par Arnold Rüütel. L'adhésion de l'Estonie à l'Union européenne est prévue pour mai 2004.

La cathédrale orthodoxe de Tallinn.

La grande place de Tallinn.

instituer. *Établir des normes de fabrication.* Par ext. Instaurer. *Établir une dictature.* / Prouver, démontrer. *Établir la concordance des faits entre eux.* Par ext. Faire reconnaître la réalité de. *Établir les circonstances d'un accident.* B. v. pron. Se fixer (dans un lieu de résidence), adopter (une profession). *Il s'est établi dans le Bordelais. S'établir épicier.* / S'instaurer, s'amorcer. *Une complicité s'établit.*

établissement n. m. Action d'établir. *Établissement d'un régime. Établissement d'un devis, d'un planning.* / Mise en place, instauration. *Établissement de nouvelles relations entre deux pays.* / Unité de production administrative ou juridique, entreprise. *Siège social d'un établissement. Établissement bancaire, hospitalier, etc. Établissement public* : institution administrative qui gère un service public. / Lieu d'enseignement. *Établissement scolaire. Chef d'établissement.*

Établissement (Acte d') Loi, votée en 1701 par le Parlement anglais, qui imposait la religion réformée à ceux qui prétendaient au trône, ce qui eut pour conséquence d'écarter de la succession le prétendant Stuart, catholique, au profit de l'Électeur de Hanovre, protestant.

Établissements français dans l'Inde Ensemble de cinq comptoirs (Chandernagor, Pondichéry, Yanaon, Karikal et Mahé) français de la côte de l'Inde, constitués en colonie avec Pondichéry pour capitale. Fondés entre 1668 et 1739, ils furent l'objet des soins de Dupleix dont le traité de Paris anéantit l'œuvre. Ils sont revenus, sous des formes diverses, à l'Union indienne entre 1951 et 1954.

étage n. m. Espace compris entre deux planchers, dans un bâtiment. *Tour de vingt étages.* / Chacun des niveaux, des plans d'un ensemble constitué de parties superposées. *Étages d'une fusée.* / GÉOL. Subdivision d'une période géologique, caractérisée par des terrains de même âge, par un type particulier de flore ou de faune.

étager v. t. [1] Disposer en étages. / (Emploi pron.) Être disposé en étages. *Les champs s'étagent sur la colline.*

étagère n. f. Tablette horizontale fixée au mur.

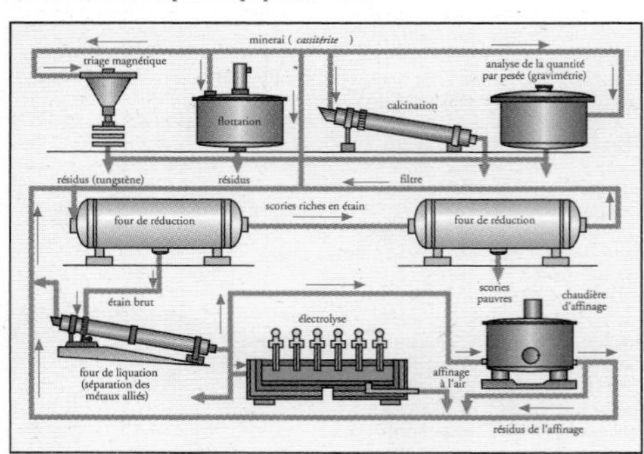

*Schématisation de l'extraction de l'**étain** à partir de la cassitérite.*

étai [1] n. m. Pièce de bois très robuste soutenant une construction, les parois d'une galerie ou d'une fouille. / Soutien.

étai [2] n. m. MAR. Hauban joignant la tête du mât et l'avant du bateau.

étain n. m. CHIM. Métal blanc argent qui ternit à l'air, élément (symbole Sn) de numéro atomique Z = 50, de masse atomique 118,69, très fusible (232 °C) et très malléable, de densité 7,3. *L'étain est employé dans de nombreux alliages (bronzes, alliages de soudure, etc.) Le fer-blanc est constitué d'une tôle d'acier recouvert d'une mince couche d'étain.* / Objet en étain. *Des étains du XVIIe siècle.*

étal n. m. Longue table de bois dur et épais sur laquelle le boucher découpe la viande. / Table où sont disposées les marchandises à vendre. Pl. Des *étals* ou, plus rarement, des *étaux*.

étalage n. m. Exposition de produits à vendre ; la marchandise exposée. *Un étalage de qualité.* / Action d'exhiber avec ostentation. *Faire l'étalage de ses mérites.* / (Au plur.) MÉTALL. Partie inférieure d'un haut-fourneau.

étalagiste n. Personne qui fait les étalages, qui dispose les objets dans les vitrines

étale adj. et n. m. Égal, plat. *Vent étale*, faible et continu. *Navire étale*, immobile. *Mer étale* : mer dont le niveau reste stationnaire, entre le flot et le jusant et

Étalon or.

inversement. / n. m. Moment où la mer est étale. *Étale de haute, de basse mer.*
étalement n. m. Fait d'étaler. *L'étalement des départs en vacances.*
étaler v. t. / v. pron. [1] **A.** v. t. Exposer à la vente. / Répandre, étendre, déployer. *Étaler ses affaires. Étaler la pâte sur une planche.* Au fig. *Étaler ses cartes, son jeu* : ne rien cacher de ses intentions. / Par ext. Étendre dans le temps. *Le programme a été étalé sur cinq ans.* / Fig. Donner à voir avec ostentation. *Étaler sa science, ses charmes, ses richesses.* **B.** v. pron. S'étendre dans le temps. *Les festivités s'étalent sur trois jours.* / S'exposer avec ostentation. *Un luxe scandaleux s'étale aux yeux de tous.* / Fam. Tomber de tout son long.
étalon [1] n. m. Cheval mâle entier élevé pour la reproduction.
étalon [2] n. m. Grandeur ou modèle utilisés pour définir une unité légale. / ÉCON. Métal (or ou argent) servant de référence à l'unité monétaire d'un pays. *Étalon or.*
étalonnage ou **étalonnement** n. m. Mesure du rapport entre les grandeurs d'un objet que l'on désire mesurer et une grandeur type choisie comme unité. / PHYS. Procédé par lequel on fixe la graduation d'un instrument de mesure. *L'étalonnage d'un ampèremètre.*
étalonner v. t. [1] Faire l'étalonnage de (qqch.) *Étalonner un instrument.*
étamage n. m. Protection d'un métal par une mince couche d'étain pour éviter l'oxydation.
étambot n. m. MAR. Pièce de bois ou de métal constituant l'arête arrière de la carène d'un bateau et à laquelle est fixé le gouvernail.
étamer v. t. [1] Revêtir d'étain (un métal). / Revêtir de tain (une vitre) afin d'en faire un miroir.
étameur n. m. TECHN. Spécialiste de l'étamage.
étamine [1] n. f. BOT. Organe reproducteur mâle de la fleur comprenant le filet et l'anthère dont les sacs polliniques renferment le pollen.
étamine [2] n. f. Étoffe légère et mince, non croisée. / Tissu lâche servant à tamiser.
Étampes *21 457 h.* Chef-lieu d'arrondissement de l'Essonne, sur la Juine, au nord de la Beauce. La ville possède de nombreux monuments médiévaux et des maisons anciennes.
Étampes (Anne de Pisseleu, duchesse d'**)** 1508-1580 Dame française, favorite de François Ier. Elle encouragea les arts.
étanche adj. Imperméable. *Cloison étanche.*
étanchéité n. f. Caractère de ce qui est imperméable.
étanchement n. m. Litt. Action d'étancher.
étancher v. t. [1] Arrêter l'écoulement de (un liquide). *Étancher ses larmes.* / Par anal. *Étancher la soif de qqn*, l'abreuver. / MAR. *Étancher une voie d'eau*, la boucher. / Rendre étanche (une paroi, un contenant). *Étancher un compartiment.*
étançon n. m. Poutre verticale ou légèrement inclinée, soutenant une paroi qui risque de s'effondrer.
étang n. m. Étendue d'eau stagnante et peu profonde. *Étang de Berre.*
étape n. f. Dans un long parcours, point où l'on s'arrête pour prendre du repos avant de continuer. / Distance entre deux arrêts consécutifs. *Une étape de trente kilomètres.* / Fig. Période significative. *Les étapes de la vie, d'une civilisation.*
etarra n. (mot basque) Indépendantiste basque, membre de l'E.T.A. *Les etarras.*
état n. m. **I.** Situation d'une chose, d'une personne. *État civil* : ensemble des éléments d'identification d'une personne (nationalité, nom, domicile, etc.). / Aspect physique sous lequel peut se présenter une substance. *État solide, liquide, gazeux.* / Litt. Condition sociale. *Être médecin de son état.* / HIST. Sous l'Ancien Régime, condition politique. *Les trois états* : clergé, noblesse, tiers état. / GRAMM. *Verbe d'état*, exprimant que le sujet est dans un état donné (par oppos. au *verbe d'action*). / Énumération. *État des recettes.* / Écrit descriptif. *État des lieux* : inventaire constatant l'état d'un local à un moment donné. **II.** *Un État* : une entité politique caractérisée par un gouvernement exerçant une autorité souveraine garantissant l'unité d'un peuple et d'un territoire délimité par des frontières, et personnifiant juridiquement la nation. *Chef d'État. Secret d'État.* / Les pouvoirs publics. *Fonctionnaires de l'État.* / Territoire relevant d'une fédération. *Les États-Unis réunissent 50 États.*
État français Nom pris, le 10 juillet 1940, par le régime qui succéda à la IIIe République après que le maréchal Pétain eut reçu, d'une majorité parlementaire de 569 membres, la mission de promulguer une nouvelle Constitution. Le pouvoir exécutif, qui siégeait alors à Vichy, entreprit une « Révolution nationale » ; il rédigea une série d'actes « constitutionnels ». Par une ordonnance du 9 août 1944, le Gouvernement provisoire de la République française rétablit la république.
étatique adj. D'État. *Domaine étatique.*
étatisation n. f. Opération par laquelle l'État place certains services sous son autorité administrative. Ant. privatisation.

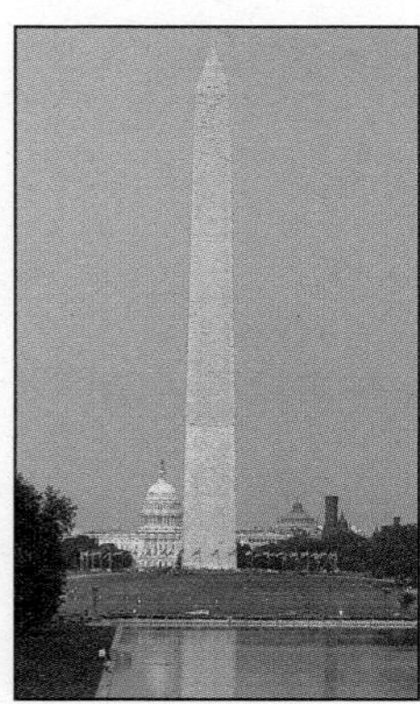
*Obélisque devant le Capitole, à Washington, capitale des **États-Unis d'Amérique**.*

*Ouverture des **états généraux** le 5 mai 1789, à Versailles.*

étatisé, e adj. Soumis à l'État, nationalisé. *Économie, société étatisées.*
étatiser v. t. [1] Soumettre (une institution, un domaine économique) à l'autorité directe de l'État, à son intervention ; nationaliser. *Étatiser le secteur bancaire.* Ant privatiser.
étatisme n. m. Doctrine qui préconise l'extension des pouvoirs de l'État dans les domaines économique et social.
état-major n. m. Groupe de collaborateurs d'un officier supérieur ; lieu où ils se réunissent. / MAR. Ensemble des officiers d'un navire. / Fig. Direction, noyau des dirigeants. *L'état-major d'un parti.* Pl. Des *états-majors.*
États de l'Église ou **États pontificaux** Voir **Pontificaux (États)**
états généraux Assemblées siégeant irrégulièrement sous l'Ancien Régime sur convocation royale où les trois ordres, clergé, noblesse et tiers état, étaient représentés. Les derniers états généraux furent convoqués le 2 mai 1789 par Louis XVI. À la suite d'un désaccord sur des modalités de vote qui leur étaient défavorables, les députés du tiers état refusèrent de siéger avec les ordres privilégiés et, suivis par une partie du clergé, se déclarèrent Assemblée nationale constituante le 9 juillet 1789.
• **États-Unis d'Amérique** (en anglais, *United States of America* ou *USA)* État fédéral d'Amérique du Nord formé de 50 États, auxquels s'ajoute un District fédéral.
étau n. m. Instrument composé de deux mâchoires, qui peuvent être rapprochées grâce à une vis afin de fixer les objets sur lesquels on travaille.
étayage n. m. Action d'étayer ; résultat de cette action.
étayer v. t. [1] Soutenir (qqch.) au moyen d'un étai.
et cætera, et cetera loc. adv. (mots latins) Et le reste. (Abréviation : *etc.*).
Etchmiadzine *61 000 h.* Ville d'Arménie, proche d'Erivan. Siège du catholicossat de l'Église arménienne. Cette très ancienne cité, édifiée sur le site d'une ville connue depuis le IIe millénaire av. J. C. (Vagharchapat), comporte de nombreux monuments : cathédrale bâtie en 303 par saint Grégoire l'Illuminateur, plusieurs fois reconstruite (V[e] et VIIe siècles) ; église Sainte-Hripsimé (début du VIIe siècle) ; église Sainte-Galané (VIIe siècle, restaurée au XVIIe siècle).
été n. m. Saison comprise entre le printemps et l'automne, commençant avec le solstice de juin et s'achevant avec l'équinoxe de septembre, dans l'hémisphère Nord.
éteignoir n. m. Petit cône creux servant à éteindre une chandelle.
éteindre v. t. / v. pron. [3] **A.** v. t. Faire cesser de brûler, de se consumer. *Éteindre un incendie, des braises.* / Par ext. Faire cesser d'éclairer, de fonctionner. *Éteindre l'électricité, le gaz. Éteindre la musique* : couper le son. / Fig. Affaiblir jusqu'à faire disparaître ; atténuer. *Éteindre la fièvre, un désir.* / Dr Annuler. *Éteindre une dette.* *B.* v. pron. Cesser de brûler, de briller, de fonctionner. Au fig. *Avec le temps, ses tourments s'éteindront.* / Mourir, disparaître en parlant de qqn. *Sa famille s'éteint avec lui.*
éteint, e adj. Qui ne brûle, qui ne brille plus. *Feu éteint.* / Fig. *Regard éteint*, qui a perdu son éclat. *Voix éteinte*, faible, sans timbre. / Disparu. *Espèce éteinte.*
étendage n. m. Action d'étendre. *Étendage du linge.*
étendard n. m. Anc. Enseigne de guerre. / Fig. Signe de ralliement des défenseurs d'une même cause. *Combattre sous l'étendard de la liberté.* / BOT. Pétale supérieur d'une papilionacée (haricot, pois).
étendoir n. m. Corde ou dispositif servant à étendre le linge pour le faire sécher.
étendre v. t. / v. pron. [3] **A.** v. t. Ouvrir, développer en long et en large ; étaler. *Étendre une bâche, un filet.* / Ouvrir en longueur ; étirer. *Étendre les bras, les ailes.* / Coucher, allonger (qqn). *Étendre un enfant endormi.* Au fig., fam. *Étendre un adversaire, un concurrent*, en triompher. *Étendre un candidat à un examen*, le refuser. / Augmenter ou couvrir une surface avec. *Étendre les couleurs sur la toile.* / Par ext. (surtout au participe passé) Diluer. *Vin étendu d'eau.* / Fig. Agrandir, développer. *Étendre ses prérogatives, sa clientèle.* *B.* v. pron. Couvrir, occuper en surface. Au fig. *L'usage de l'ordinateur s'est vite étendu.* / Développer (un propos). *S'étendre sur un point de détail.* / S'allonger. *S'étendre pour lire.*
étendue n. f. PHILO. Propriété des corps d'être situés dans l'espace et d'en occuper une partie. / Espace ; surface ; durée. *L'étendue du jardin. L'étendue de plusieurs générations.* / Importance. *Étendue d'une défaite.* / MUS. Écart entre le son le plus aigu et le son le plus grave d'une voix. Syn. registre.
Étéocle MYTH. GR. Fils d'Œdipe et de Jocaste. Il périt en tuant son frère Polynice, au cours de la guerre des Sept Chefs contre Thèbes.
éternel, elle adj. et n. m. Sans début ni fin, hors de la réalité temporelle. *Vérité éternelle. Béatitude éternelle.* / Par ext. Immuable ; qui dure depuis très longtemps. *La Ville éternelle* : Rome. / Continuel, habituel. *Je suis las de vos éternelles remontrances. Un éternel chapeau sur la tête.* **B.** n. m. Ce qui est considéré comme immuable. *L'éternel féminin* : ensemble des caractères psychologiques considérés comme inhérents au sexe féminin. / THÉOL. Ce qui est du domaine divin. *Le temporel et l'éternel.* (Avec une majuscule) *L'Éternel* : Dieu.

*Neiges **éternelles**.*

États-Unis d'Amérique

Superficie : *9 363 520 km²* – **Nombre d'habitants :** *284 000 000 h.*
Capitale : *Washington* – **Villes principales :** *New York, Los Angeles, Chicago*
Système politique : *république fédérale* – **Langue(s) :** *anglais*
Religion(s) : *protestantisme, catholicisme* – **Monnaie(s) :** *dollar*

Voir l'Atlas

Géographie physique et humaine

Deux grands ensembles montagneux entourent une dépression centrale drainée par le Mississippi et ses affluents. À l'ouest, les montagnes Rocheuses occupent un tiers de la superficie du pays et se prolongent au Canada et au Mexique. Elles sont très élevées à l'est (pic Blanca, *4 386 m*) où elles forment une barrière continue ; à l'ouest, la sierra Nevada, d'origine volcanique, porte le point culminant des États-Unis (Mont Whitney, *4 418 m*) et dessine une côte rocheuse présentant des abris sûrs. Entre ces deux systèmes s'étend une zone de plateaux (Columbia, Arizona, Nouveau-Mexique) et de vastes dépressions (Grand Lac Salé). Au centre, les plaines, d'origine sédimentaire, s'étendent sur une largeur de 1 000 km ; elles sont traversées par la dépression alluviale du Mississippi. Plus élevées près des Rocheuses avec un relief découpé où alternent plateaux et ravins, elles se terminent au sud par le golfe du Mexique aux côtes plates et marécageuses. À l'est, les Appalaches offrent trois aspects : le plateau appalachien, un paysage de crêtes et de vallées dû à l'érosion fluviale et traversé par la « grande vallée », et des massifs cristallins assez élevés (*2 050 m*). La plaine côtière de l'Atlantique s'élargit vers le sud et se termine par la presqu'île de Floride. Les deux barrières rocheuses soustraient le pays aux influences océaniques et déterminent un climat de type continental ; les plaines centrales laissent passer, l'hiver, les vents glacés d'origine polaire et, l'été, les masses d'air tropical.

Le 100e méridien délimite à l'ouest une région sèche et aride, avec de vastes étendues steppiques et à l'est une zone plus humide où la végétation variée comprend des forêts tropicales au sud, des prairies au centre et des forêts au nord. Le réseau hydraulique est constitué par l'immense bassin du Mississippi (*3 780 km*) et par ses affluents dont le plus important est le Missouri (*4 370 km*). De très gros débit, le Mississippi a des crues redoutables et une capacité de transport très élevée. Au nord, les Grands Lacs (Supérieur, Michigan, Huron, Érié, Ontario) délimitent la frontière avec le Canada. Reliés par un réseau de canaux, ils sont une grande voie de circulation. L'importance de la population des États-Unis est liée à deux phénomènes : l'immigration, actuellement négligeable, et un essor démographique considérable et constant. L'immigration des Blancs a été associée aux événements politiques, économiques et démographiques européens des XVIIIe et XIXe siècles. Les Amérindiens constituent une infime minorité vivant dans des réserves. Les Noirs, descendants d'esclaves (30 millions), représentent la minorité la plus importante, mais aujourd'hui, l'ensemble formé par les Latino-Américains et les Asiatiques compte 35 millions de personnes.

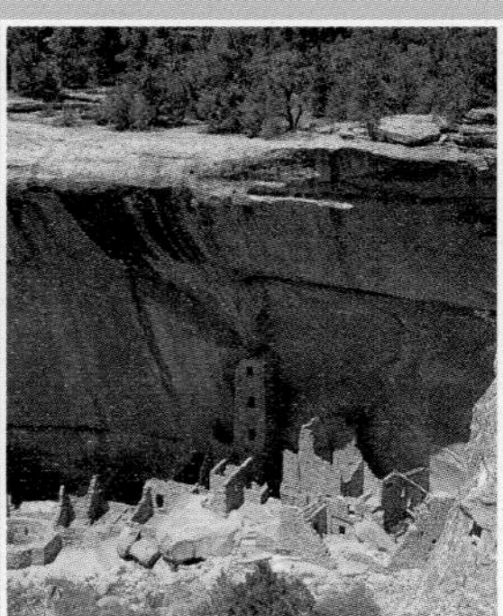

Tower Square House dans le parc national de Mesa Verde (Colorado).

Économie

Première du monde, l'agriculture n'occupe que 3 % de la population active. Toute la région s'étendant des Grands Lacs jusqu'à la Nouvelle-Angleterre (*dairy belt*, « ceinture du lait ») est consacrée à l'élevage et à la production laitière ; les cultures maraîchères alimentent les grandes villes. Au sud des Grands Lacs s'étend la région de culture du maïs (*corn belt*, « ceinture des céréales ») associée à l'élevage des porcs. Dans les grandes plaines, de la frontière canadienne à l'Arkansas, se trouve l'immense *wheat belt*, zone de culture extensive du blé qui se continue au sud par la *cotton belt*, domaine traditionnel du coton mais où l'on pratique la polyculture (tabac, riz, canne à sucre). Dans les régions côtières du sud et du sud-est, ainsi qu'en Californie, se trouve une zone de cultures tropicales (riz, canne à sucre). L'élevage extensif et scientifique du bétail se retrouve à l'ouest de la *wheat belt*, en particulier au Texas, premier fournisseur de bétail du pays. La viande, traitée industriellement, en particulier dans la région de Chicago, est partiellement exportée.

À cela s'ajoutent la sylviculture (premier rang mondial) et la pêche (sixième rang). Le charbon (1/4 de la production mondiale) est surtout abondant dans les Appalaches. Le pétrole, source d'énergie la plus importante (1/8 de la production mondiale) se trouve plus particulièrement au Texas et en Californie où abonde également le gaz naturel. Un puissant réseau d'oléoducs et de gazoducs dirige le produit brut vers les raffineries.

L'énergie électrique, provenant essentiellement de centrales thermiques, représente un peu moins du tiers de la production mondiale. L'énergie nucléaire représente plus du quart de la production électrique des États-Unis qui occupent les premiers rangs mondiaux en ce qui concerne l'extraction de zinc, plomb, soufre, phosphate, potasse, mercure, or, argent, bauxite, uranium.

L'industrie est caractérisée par l'accroissement constant de la demande de biens de consommation (lié à l'augmentation du niveau de vie) et les commandes militaires, nationales et internationales. La délocalisation, nationale (par exemple, du nord vers le sud) et internationale, constitue un trait important des politiques industrielles. Les hauts fourneaux sont concentrés dans la région des lacs où se trouvent minerais et énergie. Les industries mécaniques (Detroit est la capitale mondiale de l'automobile), textiles (côte Atlantique), chimiques (de plus en plus orientées vers la recherche) ont des chiffres de production considérables. Les États-Unis ont été les pionniers de l'industrie agroalimentaire. L'industrie électronique et les techniques de communication ont connu et connaissent un puissant développement. Le tertiaire occupe 72 % de la population active (premier rang mondial).

Le libéralisme, exacerbé par l'administration de R. Reagan (1981-1989), a montré à la fois son efficacité et ses dangers : paupérisation, perte des valeurs traditionnelles, forte délinquance. Il a fait baisser le chômage à 4 %, mais en développant des emplois précaires. Le déficit budgétaire atteignait des sommets. Le budget fut excédentaire en 1997, 1998, 1999 et 2000, mais le déficit commercial demeurait important.

La population a semblé satisfaite de l'administration de B. Clinton, dont l'efficacité est apparue lors du second mandat (janvier 1997-janvier 2001),

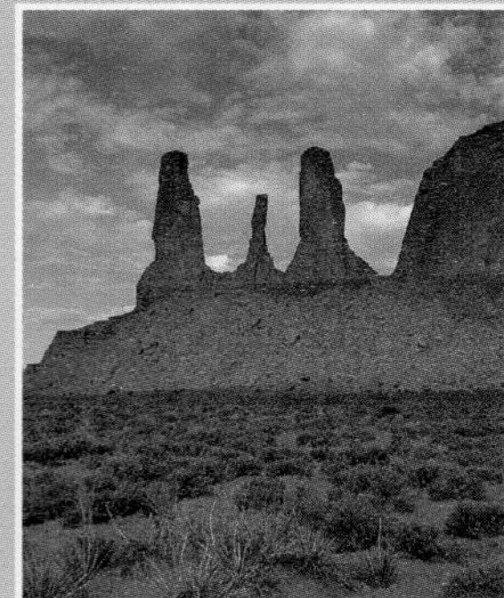

Les pics des Trois Frères, en Arizona dans la National Monument Valley.

ÉTATS-UNIS D'AMÉRIQUE (SUITE)

mais le coup porté à l'économie mondiale par la crise financière qui a frappé l'Asie du Sud-Est, en septembre 1997, accroissant la récession japonaise, continue de menacer la croissance américaine. En revanche, le fonctionnement de l'ALENA (Union économique nord-américaine, entrée en vigueur le 1er janvier 1994) s'est révélé positif. Il a désorganisé le Mexique dans les premiers temps, mais l'aide financière des États-Unis a été efficace. Dans le reste du monde, les tournées du président Clinton (Chine, Afrique, etc.) ont contribué à assurer le rayonnement économique des États-Unis.

Histoire

Le pays découvert à partir du XVIe siècle par les premiers explorateurs européens était très faiblement peuplé (entre *500 000* et *1 500 000 h.*, selon les meilleures estimations) d'indigènes qu'ils nommèrent *Indiens*, l'Amérique s'étant d'abord appelée « Indes occidentales ». La colonisation du nord de l'Amérique du Nord commence au XVIIe siècle. La France s'implante (très modestement) dans ce qui deviendra le Canada, fondant Québec en 1608, tandis que les Anglais établissent successivement sur la côte est : la Virginie (1607), le Massachusetts (1620), le New Hampshire, le Maryland, le Connecticut, Rhode Island, la Caroline.

En 1664, ils achètent New York (New Amsterdam), le Delaware et le New Jersey aux Provinces-Unies (Pays-Bas actuels). En 1681, le roi Charles II donne à W. Penn la Pennsylvanie. En 1732, la Géorgie devient une colonie britannique. Ces 13 colonies (en 1730, la Caroline se sépare en Caroline du Nord et Caroline du Sud) se développent rapidement. En 1763, le danger français, au nord, est totalement écarté : lors du traité de Paris, la France cède ses territoires nord-américains à l'Angleterre. En 1765-1767, l'Angleterre veut imposer à ses colons deux impôts que ceux-ci refusent. Le 4 juillet 1776, ils proclament une Déclaration d'indépendance. Sous les ordres de George Washington, ils remportent la guerre d'Indépendance (1775-1782), notamment grâce à l'appui d'un corps expéditionnaire français commandé par La Fayette et Rochambeau.

En 1783, l'Angleterre reconnaît leur indépendance (traité de Versailles). À Philadelphie, une Convention rédige la Constitution de la République fédérale des États-Unis (13 États), approuvée le 27 septembre 1787. George Washington est le premier président de la République, élu en mars 1789. Réélu en 1792, il refuse un troisième mandat en 1796. À John Adams (1797-1801), fédéraliste, succède Thomas Jefferson (1801-1809), fondateur du Parti anti-fédéraliste. Dit Premier Parti républicain, ce parti deviendra le Parti démocrate dans les années 1830.

En 1803, Jefferson achète à Bonaparte, Premier consul, pour une somme modique, la Louisiane française qui s'étendait sur tout le centre des États-Unis actuels, axé par le Mississippi. L'Espagne vend en 1815 la Floride. Vingt ans plus tard, les États-Unis affrontent le Mexique. En 1845, ils annexent le Texas, ancien État mexicain qui s'était érigé en république indépendante en 1836. Le Mexique déclare la guerre aux États-Unis (1846-1848), la perd et leur cède la Californie, le Nouveau-Mexique et l'Arizona. Cette même année 1848, l'Angleterre leur cède l'Oregon, qui deviendra en 1859 le 33e État de l'Union. En 1854, se forme un parti antiesclavagiste, qui deviendra le Parti républicain. Il fait élire Abraham Lincoln en 1860. En 1861, les États du sud quittent l'Union et forment les États confédérés d'Amérique, adoptant pour capitale celle de la Virginie, Richmond. Les Nordistes remportent la guerre de Sécession (1861-1865). L'esclavage est aboli, mais, plus encore, les états du nord, industriels et financiers, l'emportent sur ceux du sud, agricoles. Tous les présidents des États-Unis seront des républicains jusqu'en 1912, quand le démocrate Wilson sera élu. Paradoxalement, les démocrates, implantés dans le sud esclavagiste, développeront, jusqu'à nos jours, une politique sociale moins conservatrice que les républicains.

La déclaration d'indépendance et ses auteurs.

Alors que se développent la conquête de l'ouest et la construction des lignes de chemin de fer, les États-Unis prennent peu à peu leur physionomie de grande puissance capitaliste moderne. Sur le plan extérieur, ils étendent leur influence aux deux Amériques et accentuent leur hégémonie économique (Union panaméricaine) par des interventions à Cuba (Guerre hispano-américaine, 1895-1897), Saint-Domingue, Haïti. Ils affirment leur neutralité au début de la guerre de 1914, mais s'engagent au côté des Alliés en 1917 et le président Wilson a une influence prépondérante sur la création de la Société des Nations, mais le Congrès refuse que les États-Unis y adhèrent.

De 1921 à 1933, les présidents sont républicains. Après une période de prospérité économique due à l'après-guerre, les États-Unis, victimes de la surproduction et du développement anarchique du crédit qui suscite une intense spéculation, sont à l'origine de la grave crise économique qui s'étend au monde entier en 1929.

En 1933, les démocrates reviennent au pouvoir avec Roosevelt. Ils s'attachent à relancer l'économie du pays par des mesures dirigistes (*New Deal*); une reprise sérieuse se dessine à partir de 1935. Sur le plan extérieur, Roosevelt rompt avec les traditions impérialistes de ses prédécesseurs à l'égard des pays contrôlés politiquement et économiquement par les États-Unis et s'intéresse de plus en plus aux affaires de l'Europe vis-à-vis de laquelle il lui paraît impossible que son pays conserve une position neutraliste (intervention lors des accords de Munich). Maintenu au pouvoir pendant toute la guerre (fait unique, il sera président des États-Unis douze années consécutives), Roosevelt entraîne son pays dans le conflit mondial où les États-Unis auront une action décisive : après le bombardement de la base aérienne de Pearl Harbor en décembre 1941, la puissante machine de guerre américaine vient appuyer les armées européennes et permet le succès du débarquement de Normandie (juin 1944).

À la conférence de Yalta, les trois grands (Roosevelt, Churchill et Staline) jettent les bases de l'organisation future de l'Europe. Roosevelt, réélu triomphalement, meurt subitement en avril 1945 avant la capitulation de l'Allemagne. Avec le président Truman, qui lui succède, s'ouvre la période de la guerre froide. En face de la puissance grandissante de l'U.R.S.S. qui étend son influence en Europe orientale, les États-Unis organisent la défense du monde non communiste (Organisation du traité de l'Atlantique Nord ou OTAN, 1949); ils aident en même temps au redressement économique de l'Europe à la fois pour y affirmer leur influence et dans l'intérêt de leur propre économie qui subit assez durement le retour à la paix. Ils essuient toutefois des échecs : en Chine, où ils soutenaient le gouvernement de Tchang Kaï-chek, et en Corée, où ils combattent pour le compte de l'ONU, sans aucun avantage (1950-1953). Sous la présidence d'Eisenhower (1953-1961), républicain, se crée une psychose anticommuniste qui aboutit au maccarthysme.

Une détente s'amorce à la mort de Staline et se confirme sous la présidence du démocrate J. F. Kennedy (élu en 1960), malgré la crise cubaine et le problème de Berlin : c'est la période de la coexistence pacifique. À l'intérieur, Kennedy mène une politique antiségrégationniste. En novembre 1963, il est assassiné à Dallas. Son vice-président L. B. Johnson

ÉTOILE

Éléments fondamentaux de l'Univers, les étoiles, de forme apparente sphérique, sont composées de gaz résultant de la condensation de nuages interstellaires sous l'effet de la gravitation. Leur composition chimique est relativement semblable du fait de l'origine du milieu dont elles sont issues. Elles sont regroupées en systèmes (ou galaxies) composés de milliards de ces objets. Chaque étoile génère sa propre énergie, émettant un rayonnement dans toutes les longueurs d'onde du spectre électromagnétique, et engendrée par les réactions nucléaires dont le cœur de l'étoile est le siège. L'étude des spectres stellaires, qui permet de connaître leur température, externe ou interne, leur densité et leur composition chimique, établit des types spectraux.

En classant les étoiles, de distance connue, par type spectral et par magnitude, le diagramme de Hertzsprung-Russell distribue les étoiles en classes de luminosité. Leurs masses, leurs dimensions étant variables, on distingue les *étoiles naines*, de forte densité et de faible luminosité; les *étoiles géantes*, de faible densité et de forte luminosité; les *supergéantes*, dont les magnitudes sont les plus faibles. Certaines étoiles ont des propriétés particulières: *naines blanches* de densité énorme et *étoiles variables*, soumises à de brusques variations d'éclat. Elles sont sujettes à des déplacements imperceptibles mais systématiques qui caractérisent leur mouvement propre: le Soleil, qui est une étoile, se déplace autour du centre galactique en 220 millions d'années, à 216 km/s. Elles présentent aussi un mouvement différentiel qui les éloigne ou les rapproche de leurs voisines (déplacement de 19 km/s vers l'étoile Véga pour le Soleil). La distance des étoiles est établie par le procédé de triangulation, ou par la différence de leur éclat apparent et de leur éclat réel mesuré à l'aide d'un spectroscope.

À l'aide d'un télescope, on distingue dans la galaxie spirale d'Andromède, le noyau central très lumineux et les bras composés d'une multitude de jeunes étoiles brillantes.

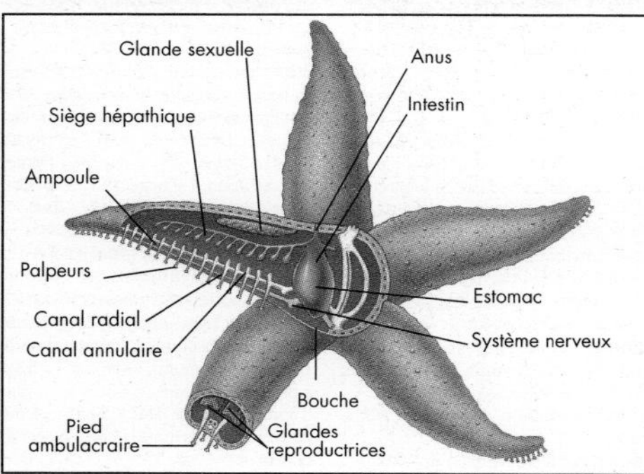

*Structure d'une **étoile** de mer.*

Indice de classement attribué à des hôtels, des restaurants. / *Étoile de mer*: astérie. / *Étoile filante*: météorite. / *Étoile Polaire*: étoile qui indique le nord.

Étoile (place de l') Rond-point parisien où convergent, comme les branches d'une étoile, douze larges avenues dont celle des Champs-Élysées. Au centre, se dresse l'Arc de triomphe, élevé par Chalgrin sur l'initiative de Napoléon Ier. La place a été baptisée place Charles-de-Gaulle en novembre 1970.

étole n. f. LITURG. Ornement sacerdotal, écharpe longue et étroite que porte autour du cou le prêtre officiant. / Bande de fourrure de forme semblable.

Étolie Région montagneuse de la Grèce, au nord du golfe de Corinthe. Excellents guerriers, les Étoliens formaient, au IVe siècle av. J.-C., une ligue puissante. Soumise à Rome, puis occupée par les Turcs, l'Étolie est redevenue grecque en 1829. Aujourd'hui, la province d'Étolie et Acarnanie (*5 461 km², 228 180 h.*, chef-lieu *Missolonghi*) fait partie de la Région Grèce-Occidentale.

Eton *3 800 h.* Ville d'Angleterre, au nord-ouest de Londres. Son collège a été fondé en 1440 par Henri VI.

étonnamment adv. De façon étonnante, de manière propre à étonner.

étonnant, e adj. Qui étonne; surprenant.

étonnement n. m. Surprise causée par un événement imprévu.

étonner v. t. [1] Vx Ébranler comme par un coup de tonnerre. / Saisir, surprendre par son caractère imprévu. *C'est un prodige qui étonne tout le monde.* / v. pron. Être surpris. *Garder la faculté de s'étonner. Ne s'étonner de rien.*

étouffant, e adj. Qui gêne la respiration. *Une chaleur étouffante.* / Qui provoque un malaise. *Une atmosphère étouffante.*

étouffé, e adj. et n. f. Assourdi, retenu. *Un cri étouffé.* / loc. adv. CUIS. *À l'étouffée*: à l'étuvée.

étouffe-chrétien n. m. Fam. Mets de consistance si épaisse, si compacte qu'il est difficile à avaler.

étouffement n. m. Action d'étouffer; résultat de cette action, asphyxie. / Trouble qui rend la respiration difficile. / Fig. Répression. *L'étouffement d'une conspiration.*

étouffer v. i. / v. t. / v. pron. [1] **A.** v. i. Être privé d'air, asphyxié; respirer difficilement, suffoquer. *Ouvrez la fenêtre, j'étouffe! Étouffer de rire, de colère*: rire, être en colère à en perdre la respiration. / Par ext. *Étouffer de chaleur*: avoir trop chaud. (Absol.) *Étouffer dans un vêtement.* / Fig. Se sentir à l'étroit, oppressé. *Il étouffe dans un rôle trop effacé pour lui.* **B.** v. t. Faire suffoquer (qqn). *La chaleur l'étouffe.* / Fig. fam. *Ce n'est pas la politesse qui l'étouffe*, qui le gêne. / Par ext. Faire périr (qqn, un animal) par manque d'air. *L'assassin a étouffé sa victime avec un oreiller.* / Asphyxier (une plante). *Les mauvaises herbes étouffent les jeunes pousses dans le potager.* *i* Éteindre (un feu) par manque d'oxygène. *Étouffer un foyer d'incendie sous une couverture.* / Fig. Amortir (les sons), assourdir. *Une moquette qui étouffe les pas.* Retenir (un son). *Étouffer un cri.* / Fig. Empêcher le développement de (un processus). *Étouffer une révolte, un complot.* *C.* v. pron. S'asphyxier. *S'étouffer en mangeant.* / Fig. Se presser les uns contre les autres. *S'étouffer dans le compartiment bondé d'un train.*

étouffoir n. m. Récipient étanche destiné autrefois à la conservation des braises. / MUS. Tampon de feutre qui, en retombant sur les cordes d'un piano ou d'un clavecin, en arrête les vibrations.

étoupe n. f. Filasse grossière de chanvre ou de lin, employée pour boucher des fissures ou comme mèche.

étourderie n. f. Disposition à agir précipitamment, sans précaution ni réflexion. / Inattention, oubli.

étourdi, e adj. et n. Qui agit de manière irréfléchie. *Un enfant étourdi.* / Subst. *Un(e) étourdi(e).*

étourdiment adv. Avec étourderie.

étourdir v. t. [2] Amener à la limite de l'évanouissement; assommer. / Causer une sorte d'ivresse. *Le rythme et le mouvement étourdissent les danseurs.* / Par ext. Fatiguer. *Les allées et venues m'étourdissent.* / v. pron. Se griser de divertissements. *S'étourdir pour oublier les soucis.*

étourdissement n. m. Évanouissement passager, vertige. / Fig. Griserie.

étourneau n. m. ZOOL. Oiseau de l'ordre des passériformes, à plumage noir finement tacheté de blanc, vivant en bandes parfois extrêmement nombreuses. Syn. sansonnet.

étrange adj. Inhabituel, surprenant.

étrangement adv. De manière étrange.

étranger, ère adj. et n. Qualifie, désigne une personne d'une autre nationalité, par rapport aux nationaux d'un pays donné. *Les travailleurs étrangers en France. Les langues étrangères. C'est une étrangère.* / Qui concerne les relations avec les autres pays. *Ministère des Affaires étrangères.* / Qui ne fait pas partie d'un groupe social ou familial donné. *Personne étrangère au service.* / MÉD. *Corps étranger*, présent de façon anormale dans l'organisme. *Extraire un corps étranger d'une plaie.*

Étranger (l') 1942 Court roman d'Albert Camus. Un jeune homme, Meursault, reste indifférent à la mort de sa mère. Avec la même indifférence, il tue gratuitement un Arabe inconnu d'un coup de revolver. Condamné à mort, il continue d'être étranger à un monde absurde.

étrangeté n. f. Caractère de ce qui est étrange; chose étrange.

étranglement n. m. Action d'étrangler; résultat de cette action. / Resserrement na-

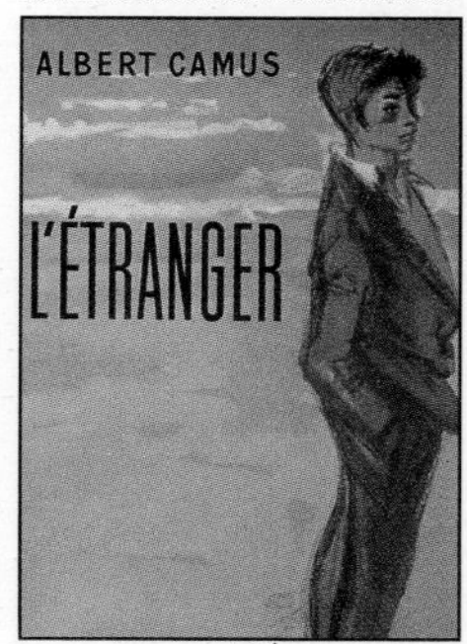

*Couverture de **L'Étranger**, roman d'Albert Camus.*

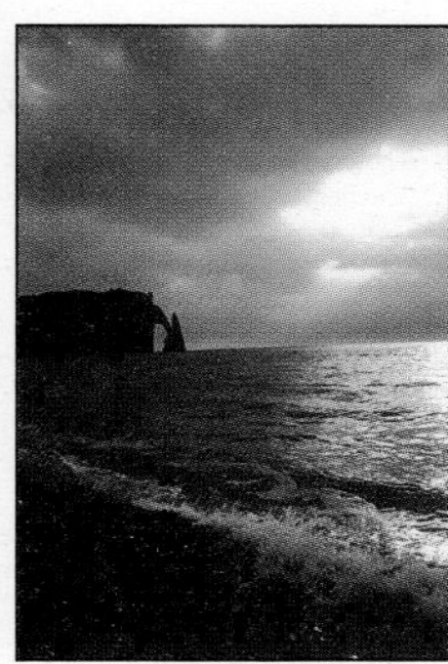
Les falaises d'**Étretat**.

turel ou artificiel. *Étranglement d'un cañon.* / MÉD. *Étranglement d'un organe*: constriction et arrêt de son fonctionnement. / *Goulet d'étranglement*: voir *goulet*.
étrangler v. t. / v. pron. [1] **A.** v. t. Serrer le cou (de qqn) jusqu'à l'étouffement. / Par ext. Gêner la respiration de. Au fig. *La fureur l'étranglait.* / Fig. Mettre dans l'incapacité d'agir. *Étrangler l'économie d'un pays par un blocus. B.* v. pron. Manquer de souffle. Au fig. *S'étrangler de rire.* / Se resserrer, en parlant d'une chose. *La rivière s'étrangle après le pont.*
étrangleur, euse n. et adj. Personne qui étrangle. / adj. *Liane étrangleuse,* qui étrangle progressivement l'arbre qu'elle entoure.
étrave n. f. Pièce fixée à l'avant d'un navire, dans le prolongement de la quille.
être [1] v. i. [3] **I.** Exister. *Je pense donc je suis (Descartes).* / Exister (ainsi, tel). *Ils sont bien.* (Reliant le sujet à l'attribut). *Il est riche. Elle est mariée.* (Reliant le sujet à un complément circonstanciel) *Nous sommes en France. Être en tenue de soirée. Y être*: se trouver en tel endroit. *J'y serai demain.* Au fig. *J'y suis !*: j'ai compris ! *En être à*: être parvenu à (tel point, telle situation). *Où en est-il de ses recherches ?* Au fig. *Il ne sait plus très bien où il en est*: il est désorienté, perdu. / En loc. *C'est, c'était*...: il (elle) est, il (elle) était... *C'était lui le chef. Ce sont des amis.* (Formule interrogative) *Est-ce vous qui avez fait cela ?* (Appelant l'approbation de l'interlocuteur) *N'est-ce pas vous qui avez dit cela ?* (Absol.) *N'est-ce pas ?*: n'est-ce pas exact ? (Introduisant une explication) *C'est que*: c'est la conséquence de. *Si je n'ai rien fait, c'est que je ne pouvais rien faire.* (Formule interrogative) *Est-ce que ?*: cela est-il ? *Est-ce que vous voulez ?* **II.** *Être à*: appartenir à. *Ce manteau est à moi.* Au fig. *Je suis à vous*, à votre disposition ; je m'occupe de vous. / (Suivi d'un infinitif) *Ces instructions sont à suivre impérativement*, doivent être impérativement suivies. *Cette occasion est à saisir*: il ne faut pas la manquer. *C'est à toi de jouer*: c'est ton tour, tu dois jouer. **III.** *Être de, en être*: participer de, faire partie de. *Être de toutes les époques. De quel groupe es-tu ? Voulez-vous en être ?* En loc. (emploi impersonnel) *Des gens malheureux, s'il en est*, s'il y en a, ils en font partie. **IV.** (Emploi impersonnel) *Il est* (telle heure, telle situation dans la durée). *Il est midi. Il est tard.* En loc. (litt.) *Il est*: il y a. *Il est des gens plus à plaindre que vous. Il n'est que de*: il n'y a qu'à. *Inutile de s'impatienter, il n'est que d'attendre. Qu'en est-il ?*: quelle est la situation, qu'est-il advenu ? *Il n'en est rien*: cela n'est pas. V. En auxiliaire (Emploi avec des v. i., aux temps composés) *Je suis venu vous voir.* (Emploi aux temps composés des formes pronominales). *Mon ami s'est marié.* (Emploi avec des formes passives) *Les troncs d'arbre sont emportés par la rivière.* **VI.** Aller (emploi uniquement pron., au passé simple) Litt. *Il s'en fut*: il s'en alla. / (Au passé composé et au plus que parfait ; emploi critiqué). *J'ai été à la campagne*: je suis allé à la campagne.
être [2] n. m. PHILO. État de ce qui est ; essence. *L'être et le non-être.* / Ce qui existe réellement. *Un être vivant.* / Personne humaine. *L'être aimé. L'Être suprême*: Dieu. / Nature intime. *Tout son être s'y refuse.*
étrécir v. t. [2] Litt. Rendre étroit.
Être et le Néant (l') 1943 Ouvrage métaphysique dans lequel Sartre développe les principes de sa philosophie influencée par Husserl et Heidegger, dont il se distingue en professant un existentialisme athée : l'existence est antérieure à l'essence ; jusqu'à la mort, nous nous déterminons librement ; ensuite, « les jeux sont faits », la détermination enferme la totalité de notre vie.
Être et Temps 1927 Ouvrage philosophique dans lequel Heidegger développe les principes de sa métaphysique. L'analyse phénoménologique y détermine les modes de l'*être-là* ou *Dasein*, fondement du réel intelligible. Tournant le dos à l'humanisme, Heidegger affronte la question de l'Être, en refusant la notion de Dieu, et donc celles du néant et de l'angoisse humaine.
Être suprême (culte de l') Religion civique fondée par la Convention le 20 prairial de l'an II (8 juin 1794), dans l'intention de substituer au catholicisme désuet une philosophie naturelle qui servirait d'assise idéologique à la Révolution. Les principes de cette religion, dont Robespierre, président de la Convention depuis le 4 juin, fut le grand prophète, exaltaient la vertu du citoyen et la dévotion à un dieu social et républicain. À peine un mois plus tard, Robespierre était guillotiné et le culte aboli.
étreindre v. t. [3] Entourer (qqn, qqch.) de ses bras en pressant contre soi. *Étreindre un ami. Étreindre le tronc d'un arbre.* / Fig. Oppresser (qqn). *L'angoisse m'étreint.*
étreinte n. f. Action d'étreindre ; son résultat. / Fig. Oppression. *L'étreinte du pouvoir.*
étrenne n. f. (Au plur.) Cadeau que l'on offre le jour du nouvel an. / Gratification de fin d'année. *Étrennes du facteur, de la concierge.*
étrenner v. t. [1] User de (qqch.) en premier, pour la première fois. *Étrenner un service de table.*
êtres n. m. pl. Vx (À propos d'une habitation) Les différentes parties et leur emplacement. *Connaître les êtres d'une maison.*
Étretat *1 565 h.* Commune du département de Seine-Maritime. L'érosion marine, qui a découpé des arches dans la falaise, a façonné le paysage de cette station balnéaire des côtes de la Manche, une des plages normandes les plus fréquentées.

Étrier (Argentine, XVIIIe siècle).

Art **étrusque** : le sarcophage des époux, découvert à Cerveteri (VIe siècle avant J.-C.).

étrier n. m. ÉQUIT. Arceau métallique qui pend de chaque côté de la selle et sert d'appui au pied du cavalier. / MÉD. Appareil fixé à une table d'examen et destiné à maintenir écartés les jambes et les pieds du patient allongé sur la table. / Appareil de traction pour réduire les fractures. / ANAT. Troisième osselet (le plus interne) de l'oreille moyenne. / CONSTR. Armature métallique en béton armé. / Échelle de corde que l'alpiniste accroche par un mousqueton pour franchir les passages difficiles.
étrille n. f. Petite plaque de fer dentelée utilisée pour brosser les chevaux. / ZOOL. Crabe comestible, dont les pattes postérieures sont aplaties en palette, vivant sur le littoral Atlantique.
étriller v. t. [1] Nettoyer (un cheval) avec une étrille. / Fig. Malmener (qqn). *L'équipe adverse les a étrillés.*
étriper v. t. [1] Ôter ses tripes à. *Étriper une volaille.* / *v.* pron. récipr. Lutter, se battre avec violence ; s'entretuer. *Les adversaires se sont étripés.*
étriqué, e adj. Étroit, manquant d'ampleur. *Costume étriqué.* / Fig. Mesquin, sans envergure. *Esprit étriqué.*
étrive n. f. MAR. Amarrage à l'aide de deux cordages qui se croisent.
étrivière n. f. ÉQUIT. Courroie réglable en cuir qui rattache les étriers à la selle.
étroit, e adj. et adv. **I.** Dont la dimension transversale est petite, peu étendue ; qui n'est pas large. *Route étroite.* / Loc. adv. *À l'étroit*, dans un espace exigu. *Vivre à l'étroit dans un studio.* Par ext. Confiné. *Se sentir à l'étroit dans une ville de province.* **II.** Fig. Intime. *Des liens étroits.* / Littéral, strict. *Respect étroit des consignes.* / Péjor. Mesquin, étriqué. *Esprit étroit.*
étroitement adv. Intimement ; de manière stricte.
étroitesse n. f. Qualité de ce qui est étroit. *Étroitesse d'une ruelle.* / Fig. Caractère d'un esprit étroit. *Étroitesse de vue.*
Étrurie Province de l'Italie antique, correspondant approximativement à l'actuelle Toscane. Elle fut le foyer de la civilisation étrusque et possède de nombreux sites archéologiques (Tarquinia, Cerveteri). Elle fut soumise par Rome au IIIe siècle av. J.-C.
Étrurie (royaume d') Royaume créé en 1801 par Bonaparte. Enlevant le grand-duché de Toscane aux Habsbourg, il en fait le royaume d'Étrurie au profit du duc de Parme, gendre du roi d'Espagne. Après avoir été absorbé (1807-1809) dans l'empire dont il forma trois départements, le grand-duché de Toscane est reconstitué pour Élisa Bonaparte et revient à l'Autriche en 1814.
étrusque adj. et n. De l'Étrurie. *Tombeaux étrusques. Un(e) Étrusque.* / n. m. Langue parlée par les Étrusques, sans parenté connue et non encore déchiffrée.
Étrusques Peuple apparu en Toscane au VIIIe siècle av. J.-C. et dont les origines sont encore discutées. Regroupés en puissantes cités, de gouvernement oligarchique, les Étrusques s'emparent de Rome au VIIe siècle av. J.-C. et étendent leur puissance sur une grande partie de l'Italie. Rome, dont les rois furent étrusques, ne les élimine définitivement qu'au IIIe siècle av. J.-C. Ils ont laissé les vestiges d'une civilisation très raffinée, animée d'une confiance dans le bonheur terrestre, et originale bien que soit très sensible l'influence hellénique venue des rapports qu'ils entretenaient avec la Grande-Grèce, au sud de l'Italie. Excellents bijoutiers et orfèvres, ils furent aussi de remarquables peintres (tombes de Tarquinia) et sculpteurs. Les Romains ont hérité de l'architecture étrusque la forme des temples surélevés sur un podium. Leur langue, qu'on peut lire mais non traduire, demeure encore mystérieuse.
étude n. f. Travail de l'esprit qui vise à apprendre, à comprendre. / Apprentissage. *L'étude du piano, du latin.* / (au pluriel) *Les études*: l'ensemble des degrés successifs de l'enseignement (primaire, secondaire, universitaire). *Faire ses études à Paris.* / Ouvrage dans lequel un auteur traite d'un sujet qu'il a étudié. *Une étude sociologique.* / BX-ARTS Ébauche. / MUS. Composition destinée, en principe, à exercer les élèves. *Les études pour piano de Chopin.* / Travail préparatoire. *Le devis définitif a été précédé d'une série d'études.* / *Salle d'étude*, ou (ellip.) *étude*: salle de travail où les élèves font leurs devoirs. / Lieu d'exercice de l'activité des notaires, avoués et huissiers ; cette activité, cette charge. *Céder son étude à sa fille.*
étudiant, e n. Personne qui suit les cours de l'enseignement supérieur.
étudié, e adj. Préparé, prémédité. *Une voix étudiée*, maîtrisée, sans spontanéité. *Des prix étudiés,* calculés au plus juste.

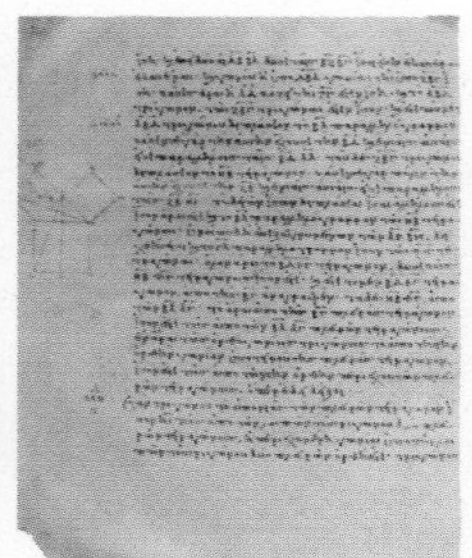

Le théorème de Pythagore, tel qu'il apparaît dans les Éléments d'**Euclide** (manuscrit datant de 888).

étudier v. t. / v. pron. [1] **A.** v. t. S'appliquer à apprendre, à comprendre ou à connaître (un domaine, un objet d'étude); faire des études de. *Étudier un rôle, le latin. Étudier un cas à l'appui d'une thèse.* (Emploi absol.) *Étudier sans relâche, à l'université.* Par ext. *Étudier une proposition*, la soumettre à l'examen. / Arranger avec soin, par souci de son apparence. *Étudier sa toilette.* **B.** v. pron. S'observer réciproquement avec attention. *S'étudier du regard.* / S'observer soi-même, pour se façonner une apparence.

étui n. m. Enveloppe rigide ou souple destinée à contenir un objet. *Étui à lunettes, étui à cigarettes.*

étuve n. f. Autrefois, établissement de bains dont la température était élevée pour provoquer artificiellement la transpiration. / Lieu où il fait très chaud. / BIOL. Appareil destiné à obtenir une chaleur élevée et constante pour les cultures de microbes (37 °C) ou la stérilisation du matériel médical (140 °C).

étuvée (à l') loc. adv. CUIS. *Cuisson à l'étuvée*, dans un récipient hermétiquement clos.

étuver v. t. [1] Faire passer à l'étuve. / CUIS. Cuire à l'étuvée.

étymologie n. f. Science de l'origine et de la filiation des mots. / Origine ou filiation d'un mot. *Étymologie incertaine.*

étymologique adj. Propre ou relatif à l'étymologie. *Dictionnaire étymologique.*

étymologiquement adv. Selon l'étymologie.

étymon n. m. LING. Mot dont est issu un autre mot. *Le mot latin « generosus » est l'étymon de « généreux ».*

Eu *8 344 h.* Commune de Seine-Maritime, reliée au Tréport par un canal. Château des XVIe et XVIIe siècles, endommagé par un incendie en 1902. La forêt d'Eu (*9 395 ha*) est essentiellement formée de hêtres.

eubactéries n. f. pl. BIOL. Groupe de procaryotes comprenant les bactéries vraies, par opposition aux *archéobactéries*, dont elles se distinguent notam. par les constituants de la paroi cellulaire. *La plupart des bactéries vivant dans le sol et dans les organismes vivants sont des eubactéries.*

Eubée *208 400 h.* Île grecque dont l'importance fut déterminante sous l'Antiquité. Organisée en puissantes cités, elle colonise, dès le IIIe millénaire av. J. C., de nombreuses îles des Cyclades et des territoires du continent. La rivalité coloniale pousse les Athéniens à conquérir l'île en 506 av. J.-C. Les Macédoniens la soumettent en 338, les Romains en 194 avant de la rattacher à la province d'Achaïe. Envahie par les Croisés (1205), elle demeure franque jusqu'à la conquête turque (XVe siècle). Elle se libère de la Turquie en 1821 pour se rattacher à la Grèce.

eucalyptol n. m. CHIM., PHARM. Substance antiseptique tirée de l'eucalyptus. *Une inhalation d'eucalyptol.*

eucalyptus n. m. BOT. Arbre de très grande taille, originaire d'Australie, appartenant à la famille des myrtacées, à feuilles odorantes. *L'eucalyptus fournit du bois de charpente, du tanin et un antiseptique, l'eucalyptol.*

eucaryote adj. et n. m. pl. BIOL. Se dit des cellules possédant un système membranaire interne complexe, avec en particulier une membrane nucléaire séparant le cytoplasme du noyau, dans lequel se trouve l'A.D.N. / Se dit des organismes dont les cellules ont un tel système membranaire. / n. m. pl. *Les eucaryotes* : le taxon regroupant ces organismes. Ant. procaryote.

eucharistie n. f. RELIG. Sacrement par lequel se perpétue le sacrifice du Christ. (Pour les catholiques et les orthodoxes, le pain et le vin de l'eucharistie sont le corps et le sang du Christ. La théologie des Églises issues de la Réforme est différente).

eucharistique adj. Propre ou relatif à l'eucharistie.

Euclide IVe-IIIe siècle av. J-C. Mathématicien grec qui enseigna à Alexandrie. Son œuvre, les *Éléments*, comportait treize livres, dont six nous sont parvenus. Nous lui devons deux théorèmes fondamentaux de la géométrie du triangle rectangle qui s'énoncent ainsi : « Un côté de l'angle droit est moyenne proportionnelle entre l'hypoténuse et sa projection sur l'hypoténuse. La hauteur relative de l'hypoténuse est moyenne proportionnelle entre les projections sur l'hypoténuse des deux côtés de l'angle droit. »

euclidien, enne adj. GÉOM. Propre ou relatif à Euclide ; fondé sur le postulat des parallèles énoncé par Euclide. *Géométrie euclidienne.*

eudémonisme n. m. PHILO. Doctrine morale qui pose le bonheur de l'homme comme but de toute action.

Eudes 860 ?-898 Comte de Paris et de Troyes, puis roi de France (888). Seigneur puissant, il défendit Paris contre les Normands, puis fut élu roi de France pour succéder à Charles le Gros. Combattu par les Carolingiens, il partagea son royaume avec Charles le Simple et le désigna comme héritier.

Eudes de Montreuil 1220 ?-1289 Architecte français qui suivit Saint Louis à la septième croisade. Il édifia les fortifications de Jaffa. Plusieurs fondations religieuses parisiennes de Saint Louis, aujourd'hui détruites, lui devaient leurs plans (notamment l'hospice et l'église des Quinze-Vingts).

eudiomètre n. m. CHIM. Appareil permettant de faire jaillir une étincelle électrique entre deux électrodes dans un milieu gazeux, utilisé à des fins d'analyse chimique et de synthèse.

Eudoxe de Cnide 406 ?-355 av. J.-C. Astronome et philosophe grec qui construisit un système complexe pour rendre compte des mouvements apparents du Soleil et des planètes. Selon lui, ces astres décrivent des cercles qui ont toutes pour centre le centre de la Terre. Aristote reprit ce système. C'est pour cette raison que Galilée fut condamné.

Statuette représentant **Eugénie Grandet**.

Eudoxe de Cyzique IIe s. av. J.-C. Navigateur grec qui alla par deux fois en Inde et aurait fait, par la mer, le tour de l'Afrique.

Eudoxie (en latin **Aelia Eudoxia**) ?-404 Impératrice d'Orient, épouse d'Arcadius en 395. Elle eut pour principal ennemi le patriarche Jean Chrysostome qui lui reprochait sa conduite légère.

Eudoxie (en latin **Aelia Eudoxia**) ?-460 Impératrice d'Orient. Païenne née à Athènes, elle se nommait Athénaïs avant de se convertir au christianisme. Épouse de l'empereur Théodose II, elle eut une grande influence intellectuelle à Constantinople et passa la fin de sa vie à Jérusalem dans le recueillement.

Eugène (Eugène de Savoie-Carignan, dit **le Prince)** 1663-1736 Homme de guerre autrichien, fils du comte de Soissons et d'une nièce de Mazarin, Olympe Mancini. S'étant vu refuser un régiment par Louis XIV, il servit l'empereur d'Autriche et s'illustra par ses victoires contre les Turcs et contre Louis XIV à Oudenaarde et à Malplaquet.

Eugénie (Eugenia Maria de Montijo de Guzmán, comtesse de **Teba)** 1826-1920 Impératrice des Français par son mariage avec Napoléon III. Belle et brillante, elle donna de l'éclat à la cour, mais son catholicisme intransigeant incita l'empereur à favoriser les tentatives d'établir un empire catholique au Mexique, à prendre le parti du pape contre les tenants de l'unité italienne et (peut-être) à déclarer la guerre à la Prusse.

Eugénie Grandet 1833 Roman de Balzac, narrant l'histoire d'une âme pure trompée par l'avidité d'un père et de prétendants.

eugénisme n. m. ou **eugénique** n. f. Ensemble des méthodes, fondées sur les progrès de la génétique, dont l'objet est l'amélioration par sélection de l'espèce humaine.

eugéniste n. et adj. Spécialiste de l'eugénisme. / Adepte de l'eugéniste.

euh... interj. (Pour marquer l'hésitation) *Viendrez-vous au concert ? Euh... je n'en sais encore rien.*

Euler (Leonhard) 1707-1783 Mathématicien suisse. Son *Traité complet de la mécanique* (1736) accorde les théorèmes de l'analyse et les lois du mouvement. En 1744, il publie une *Théorie des isopérimètres* et une *Théorie du mouvement des planètes et des comètes*, puis de nombreuses études sur les calculs infinitésimaux, différentiel et intégral, qui témoignent de son génie mathématique.

Euménides Autre nom des Érinyes.

eunecte n. m. ZOOL. Anaconda.

eunuque n. m. Homme castré. / HIST. Castrat auquel était confiée la garde des femmes, notamment des femmes du souverain, en Orient, en Chine.

eupatrides n. m. pl. HIST. GR. À Athènes, avant le VIe siècle av. J.-C., membres de la caste patricienne possédant le pouvoir politique et le pouvoir militaire, dont les réformes de Solon rognèrent les privilèges et affaiblirent l'influence.

euphémique adj. Qui comporte un euphémisme.

euphémisme n. m. Procédé rhétorique consistant à dissimuler le caractère déplaisant ou désagréable d'une idée par une expression qui l'atténue ou même le supprime. *« Il a vécu » pour « il est mort » est un euphémisme.*

euphonie n. f. Effet harmonieux provoqué par certaines successions de sons dans une langue.

euphonique adj. Qui procède de l'euphonie. *Voyelle euphonique.*

euphorbe n. f. BOT. Plante de la famille des euphorbiacées, qui sécrète un latex blanc.

euphorbiacées n. f. pl. BOT. Vaste famille de plantes dicotylédones dont la plupart renferment un latex, à laquelle appartiennent l'hévéa, le ricin, le manioc, etc.

euphorie n. f. MÉD. Impression de bien-être général caractéristique de l'état conva-

Leonhard Euler.

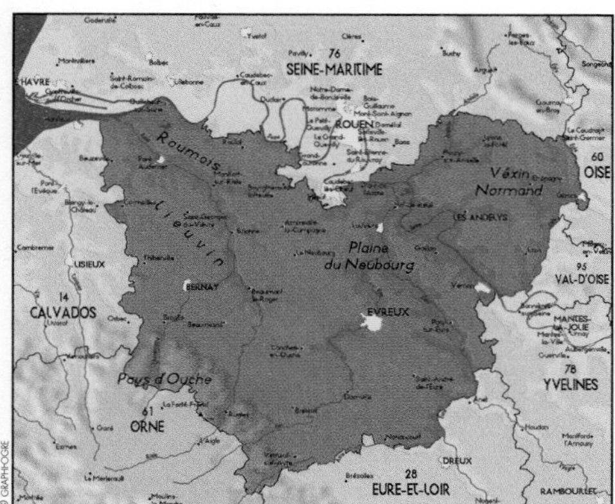

*Département de l'**Eure**.*

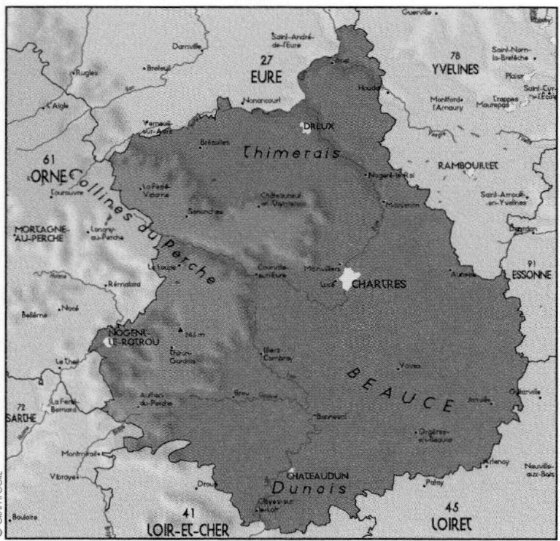

*Département de l'**Eure-et-Loir**.*

lescent, ou provoqué artificiellement par l'usage de drogues. / Fig. Sentiment intense de joie intérieure, de plénitude.

euphorique adj. Qui procède de l'euphorie. *État euphorique.*

euphorisant, e adj. et n. m. Qui provoque l'euphorie. *Médicament euphorisant.* / n. m. *Un euphorisant.*

Euphrate *2 780 km* Fleuve d'Asie occidentale. Né en Arménie turque, il longe la Syrie et traverse l'Irak où il rejoint le Tigre pour former le Chatt el-Arab. Celui-ci, long de *80 km*, se jette dans le golfe Persique. L'Euphrate et le Tigre délimitaient l'ancienne Mésopotamie, dont la ville principale, Babylone, se trouvait sur l'Euphrate.

Euphrosyne MYTH. GR. L'une des trois Grâces avec Thalie et Aglaé. Elle symbolise la joie intérieure.

euphuisme n. m. LITTÉR. Style précieux à la mode en Angleterre sous le règne d'Élisabeth Ire.

euplectelle n. f. ZOOL. Éponge à spicules siliceux, vivant dans les mers chaudes.

eurasiatique adj. Relatif à l'Eurasie.

Eurasie 54 831 853 km^2 Continent formé par l'Europe (*10 360 261* km^2) et l'Asie (*44 471 592* km^2), « parties du monde » dont la frontière (les monts Oural) est arbitraire.

eurasien, enne adj. et n. Dont un des parents est européen et l'autre asiatique.

Euratom Nom couramment donné à la Communauté européenne de l'énergie atomique créée en 1957 par le traité de Rome (qui instituait la C.É.E.).

Eure *225 km* Rivière du Bassin parisien. Née dans le Perche, elle traverse Chartres, Nogent-le-Roi et conflue avec la Seine près de Pont-de-l'Arche.

Eure (département de l' [27] *6039* km^2 *513 818 h.* Chef-lieu *Évreux.* Département qui fait partie de la Région Haute-Normandie. C'est un département à vocation agricole en raison de la richesse de son sol : dans le Vexin normand ainsi que dans les plaines de Neubourg et de Saint-André, un limon fertile permet la culture du blé et de la betterave sucrière. Le pays d'Ouche, au sud-ouest, est spécialisé dans l'élevage de bovins réputés. Dans le Lieuvin, à l'ouest, on pratique les cultures normandes traditionnelles, en particulier les arbres fruitiers. Dans l'ensemble du département, de nombreuses forêts donnent un grand charme au paysage. La Seine y reçoit l'Eure, à Pont-de-l'Arche. La principale industrie est l'industrie agroalimentaire, à quoi s'ajoutent l'industrie textile, les constructions mécaniques et électriques.

Eure-et-Loir (département de l') [28] *5 880* km^2 *396 073 h.* Chef-lieu *Chartres.* Département qui fait partie de la Région Centre. Plus de la moitié du département s'étend sur la Beauce, vaste plateau monotone couvert de limon fertile où se pratique la culture extensive du blé. Le nord du département (collines du Perche), moins fertile mais plus accidenté, offre un paysage bocager où se pratiquent l'élevage (bœufs, chevaux percherons) et les cultures maraîchères. L'Eure et le Loir drainent une partie de département. La décentralisation et l'excellence des communications ont favorisé l'industrialisation, notamment à Chartres et à Dreux.

eurêka ! interj. (mot grec signifiant « j'ai trouvé ! ») Interjection attribuée à Archimède lorsqu'il découvrit dans son bain la loi de la pesanteur. / Exclamation de satisfaction provoquée par la découverte d'une solution, d'une idée.

Euripide 480-406 av. J.-C. Dramaturge grec. Ses tragédies marquèrent le triomphe de l'esprit critique à l'âge d'or de la civilisation athénienne. Le ressort dramatique de ses œuvres n'est plus axé sur le heurt des puissances humaines et divines. Il se situe dans l'obscurité du cœur humain, dans l'enchevêtrement des désirs et des aversions : *Alceste, Électre, Médée, Hélène, Andromaque.*

euristique Voir **heuristique**

euro n. m. Monnaie européenne entrée en vigueur au 1er janvier 1999 dans onze pays (Allemagne, Autriche, Belgique, Espagne, Finlande, France, Irlande, Italie, Luxembourg, Pays-Bas, Portugal), suivis par la Grèce le 1er janvier 2001, pour une mise en circulation le 1er janvier 2002. *La valeur de l'euro a été fixée le 31 décembre 1998 à 6,55 francs.* Pl. Des *euros.*

***Euripide**.*

eurobanque n. f. Banque spécialisée dans le marché des eurodevises.

eurodéputé n. m. Député au Parlement européen.

eurodevise n. f. Devise placée dans une banque européenne différente de celle du pays émetteur par un non-résident. Syn. euromonnaie.

eurodollar n. m. Dollar placé dans une banque européenne.

euromarché n. m. Marché européen des capitaux.

euromissile n. m. Missile nucléaire américain de moyenne portée (installés en 1983 dans certains pays de l'OTAN, et retirés à partir de 1987).

euromonnaie n. f. Synonyme de eurodevise.

euro-obligation n. f. FIN. Obligation libellée en eurodevises, émise sur le marché financier international. Pl. Des *euros-obligations.*

europarlementaire n. m. Membre du Parlement européen.

Europe MYTH. GR. Sœur de Cadmos. Jupiter, sous la forme d'un taureau, l'enleva et la transporta jusqu'en Crète, sur le continent qui porte son nom. Elle eut trois fils, dont Minos et Rhadamanthe qui devinrent les juges de la Mort.

• **Europe** *10 360 261* km^2 *701 925 000 h.* L'une des parties du monde, constituée par l'ouest du continent eurasien. La frontière arbitraire entre l'Asie et l'Europe (considérées autrefois comme deux continents) est constituée par les monts Oural, en Russie. L'Europe n'est séparée de l'Afrique que par le détroit de Gibraltar (*14 km*). Sa surface n'est pas considérable (l'Asie est quatre fois plus grande), mais son peuplement est dense et assez régulièrement réparti. Son relief est varié et généralement accidenté. La mer, qui l'entoure sur trois côtés, le pénètre en de profondes échancrures.

européanisation n. f. Action d'européaniser.

européaniser v. t. [1] Soumettre (des personnes, un pays) à l'influence européenne ; faire devenir européen. *Les immigrants sont peu à peu européanisés.* / Élargir à l'Europe (une question, une notion, etc.). *Européaniser le débat sur les langues minoritaires.*

européen, enne adj. et n. D'Europe. *Union européenne. Un(e) Européen (ne).*

europium n. m. CHIM. Élément chimique (symbole Eu) de numéro atomique Z = 63, de masse atomique 151,96, métal du groupe des lanthanides.

eurostratégique adj. Relatif à défense européenne.

Eurovision Organisme (siégeant à Genève) chargé de retransmettre les émissions radiodiffusées ou télévisées, en direct et simultanément dans plusieurs pays européens.

Eurydice MYTH. GR. Femme d'Orphée. Poursuivie par le berger Aristée, elle fut piquée par un serpent et mourut. Orphée, après avoir séduit les puissances infernales grâce à la magie de ses chants, obtint de ramener Eurydice des Enfers, mais la perdit une seconde fois en se retournant vers elle, malgré l'interdiction de Pluton.

Eurysthée MYTH. GR. Roi d'Argolide. Ennemi d'Héraclès (Hercule), il lui imposa les tâches périlleuses des douze travaux.

eurythmie n. f. Harmonie d'une œuvre musicale. / MUS. Ensemble harmonieux de sons. / MÉD. Régularité du pouls.

E

EUROPE

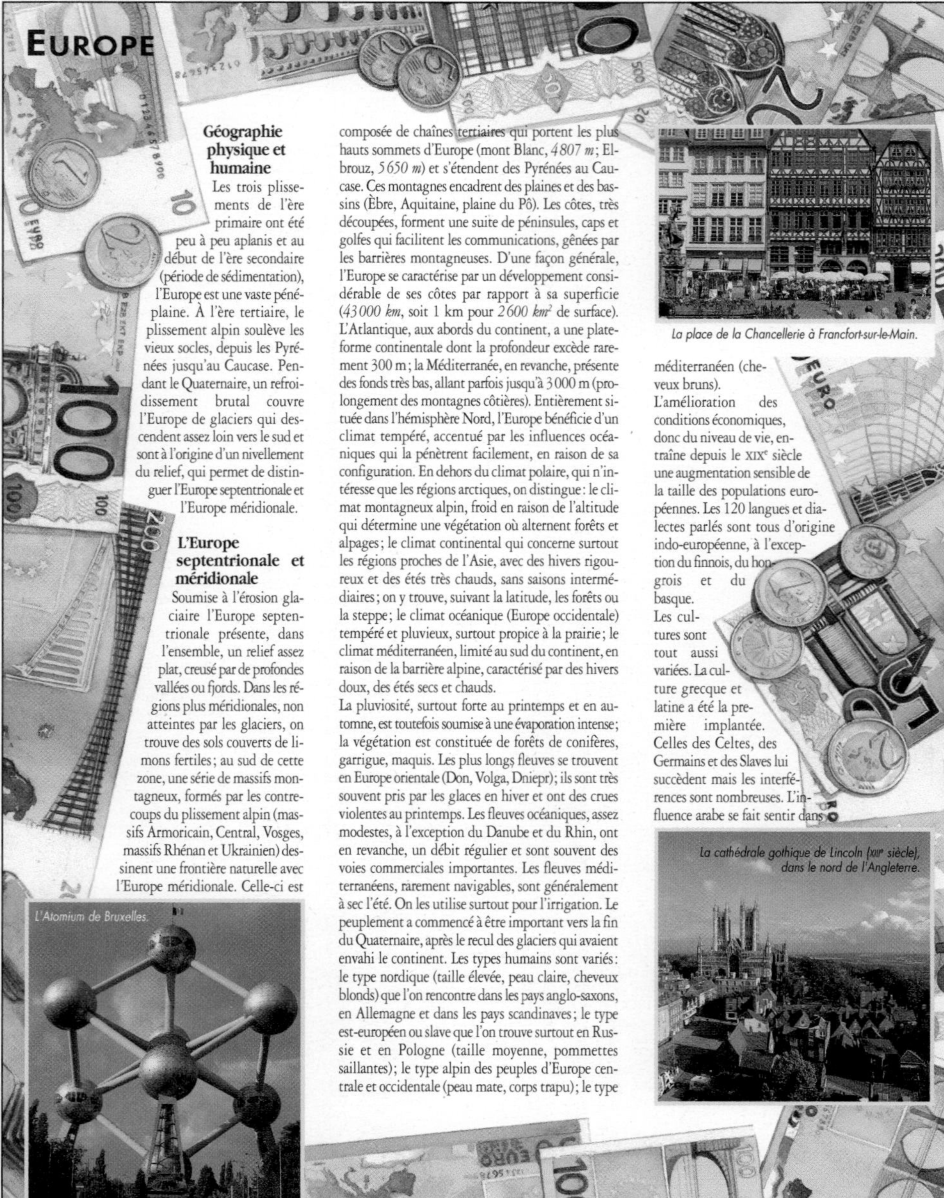

Géographie physique et humaine

Les trois plissements de l'ère primaire ont été peu à peu aplanis et au début de l'ère secondaire (période de sédimentation), l'Europe est une vaste pénéplaine. À l'ère tertiaire, le plissement alpin soulève les vieux socles, depuis les Pyrénées jusqu'au Caucase. Pendant le Quaternaire, un refroidissement brutal couvre l'Europe de glaciers qui descendent assez loin vers le sud et sont à l'origine d'un nivellement du relief, qui permet de distinguer l'Europe septentrionale et l'Europe méridionale.

L'Europe septentrionale et méridionale

Soumise à l'érosion glaciaire l'Europe septentrionale présente, dans l'ensemble, un relief assez plat, creusé par de profondes vallées ou fjords. Dans les régions plus méridionales, non atteintes par les glaciers, on trouve des sols couverts de limons fertiles; au sud de cette zone, une série de massifs montagneux, formés par les contrecoups du plissement alpin (massifs Armoricain, Central, Vosges, massifs Rhénan et Ukrainien) dessinent une frontière naturelle avec l'Europe méridionale. Celle-ci est composée de chaînes tertiaires qui portent les plus hauts sommets d'Europe (mont Blanc, *4807 m*; Elbrouz, *5650 m*) et s'étendent des Pyrénées au Caucase. Ces montagnes encadrent des plaines et des bassins (Èbre, Aquitaine, plaine du Pô). Les côtes, très découpées, forment une suite de péninsules, caps et golfes qui facilitent les communications, gênées par les barrières montagneuses. D'une façon générale, l'Europe se caractérise par un développement considérable de ses côtes par rapport à sa superficie (*43000 km*, soit 1 km pour *2600 km²* de surface). L'Atlantique, aux abords du continent, a une plateforme continentale dont la profondeur excède rarement 300 m; la Méditerranée, en revanche, présente des fonds très bas, allant parfois jusqu'à 3000 m (prolongement des montagnes côtières). Entièrement située dans l'hémisphère Nord, l'Europe bénéficie d'un climat tempéré, accentué par les influences océaniques qui la pénètrent facilement, en raison de sa configuration. En dehors du climat polaire, qui n'intéresse que les régions arctiques, on distingue: le climat montagneux alpin, froid en raison de l'altitude qui détermine une végétation où alternent forêts et alpages; le climat continental qui concerne surtout les régions proches de l'Asie, avec des hivers rigoureux et des étés très chauds, sans saisons intermédiaires; on y trouve, suivant la latitude, les forêts ou la steppe; le climat océanique (Europe occidentale) tempéré et pluvieux, surtout propice à la prairie; le climat méditerranéen, limité au sud du continent, en raison de la barrière alpine, caractérisé par des hivers doux, des étés secs et chauds.

La pluviosité, surtout forte au printemps et en automne, est toutefois soumise à une évaporation intense; la végétation est constituée de forêts de conifères, garrigue, maquis. Les plus longs fleuves se trouvent en Europe orientale (Don, Volga, Dniepr); ils sont très souvent pris par les glaces en hiver et ont des crues violentes au printemps. Les fleuves océaniques, assez modestes, à l'exception du Danube et du Rhin, ont en revanche, un débit régulier et sont souvent des voies commerciales importantes. Les fleuves méditerranéens, rarement navigables, sont généralement à sec l'été. On les utilise surtout pour l'irrigation. Le peuplement a commencé à être important vers la fin du Quaternaire, après le recul des glaciers qui avaient envahi le continent. Les types humains sont variés: le type nordique (taille élevée, peau claire, cheveux blonds) que l'on rencontre dans les pays anglo-saxons, en Allemagne et dans les pays scandinaves; le type est-européen ou slave que l'on trouve surtout en Russie et en Pologne (taille moyenne, pommettes saillantes); le type alpin des peuples d'Europe centrale et occidentale (peau mate, corps trapu); le type méditerranéen (cheveux bruns).

L'amélioration des conditions économiques, donc du niveau de vie, entraîne depuis le XIXe siècle une augmentation sensible de la taille des populations européennes. Les 120 langues et dialectes parlés sont tous d'origine indo-européenne, à l'exception du finnois, du hongrois et du basque.

Les cultures sont tout aussi variées. La culture grecque et latine a été la première implantée. Celles des Celtes, des Germains et des Slaves lui succèdent mais les interférences sont nombreuses. L'influence arabe se fait sentir dans

La place de la Chancellerie à Francfort-sur-le-Main.

L'Atomium de Bruxelles.

La cathédrale gothique de Lincoln (XIIIe siècle), dans le nord de l'Angleterre.

EUROPE (SUITE)

Carte politique de l'Europe au XVIIe siècle.

les régions méditerranéennes, en Espagne et en Sicile. À partir du XIIIe siècle, la philosophie et la science arabes ont induit en Europe, depuis Cordoue, une renaissance qui se manifesta surtout à partir du XVIe siècle et qui a, jusqu'à nos jours, des répercussions sur le monde entier. La structure physique, morcelée, du continent a favorisé la création de nombreux États à partir de considérations ethniques et religieuses.

Puis deux phénomènes inverses sont intervenus: l'unité italienne et l'unité allemande au XIXe siècle; l'éclatement de l'URSS et de la Yougoslavie en 1991. Les religions les plus fortement et les plus anciennement implantées en Europe sont d'origine chrétienne: catholicisme, protestantisme, christianisme des Églises orientales, orthodoxes notamment. Le judaïsme et l'islam ont de l'importance dans divers pays. La densité moyenne de la population est élevée et assez harmonieusement répartie; les plus fortes densités se trouvent toutefois en Europe occidentale. Composée d'États généralement développés sur le plan économique, l'Europe a un accroissement démographique de plus en plus faible et l'âge moyen de la population ne cesse d'augmenter. L'Europe occupe une place importante dans l'économie mondiale. Cette situation est due tant à ses richesses naturelles et aux conditions climatiques favorables à l'agriculture, qu'à l'importance de sa population et à sa qualification. Depuis des siècles, elle a connu une activité commerciale constante et ses réserves de capitaux lui ont permis de s'industrialiser rapidement dès le début du XIXe siècle. Toutefois, de nombreuses crises économiques se sont succédé et « l'aventure communiste » (1917-1990 pour l'URSS et 1945-1990 pour les «démocraties populaires») a ruiné l'Europe de l'Est.

L'Europe de l'Ouest Sa superficie cultivée occupe plus de la moitié du continent. Dans l'ensemble, le rendement moyen est élevé, bien que l'introduction des techniques modernes soit très variable selon les pays. La monoculture occupe une place réduite et l'on pratique généralement une polyculture associée à l'élevage. Toutes les céréales sont représentées, mais les cultures fruitières et maraîchères tiennent une place de plus en plus grande. L'importance quantitative du cheptel des bovins et sa qualité placent l'Europe occidentale aux premiers rangs de la production laitière mondiale, ce qui explique les répercussions économiquement et humainement dramatiques de la crise « de la vache folle » à partir des années 1990. L'Europe de l'Ouest est, dans son ensemble, nettement industrialisée. Les ressources énergétiques ne sont plus le charbon, comme ce fut le cas jusque dans les années 1950-1960, mais le pétrole (importé, sauf en mer du

E

EUROPE (SUITE)

Carte politique de l'Europe au XVIIIe siècle.

Nord et en Russie). Le pétrole de la mer du Nord et le développement du nucléaire ont allégé la facture de divers États. Le sous-sol est riche en minerai de fer, mais la plupart des pays préfèrent l'importer ; le cuivre, le plomb, le zinc, le chrome, le nickel, le cobalt, font presque entièrement défaut. L'industrie était divisée en trois branches essentielles : la sidérurgie, la métallurgie et l'industrie textile, très développée, mais qui devait importer des matières premières pour les textiles naturels. Aujourd'hui, l'économie privilégie les techniques de pointe (aciers spéciaux, plastiques, chimie fine, laboratoires pharmaceutiques, informatique) et les activités tertiaires. Les échanges sont favorisés par la densité et la qualité des voies de communication : routes, chemins de fer, lignes aériennes et fleuves ; les ports, nombreux en raison de la topographie des côtes, ont une importance considérable pour l'ensemble du commerce international, mais le Pacifique a détrôné l'Atlantique dans les échanges avec l'Amérique.

L'Europe de l'Est À partir de 1945, elle s'est alignée sur l'URSS, qui a fourni à de nombreuses démocraties populaires (dont certaines l'alimentaient en produits agricoles) des matières premières. Collectivisant l'agriculture (à l'exception partielle de la Pologne), les usines et les commerces, elle a privilégié l'industrie lourde et la production d'électricité, au détriment des biens de consommation et des techniques de pointe. De 1949 à 1991, le Comecon a été le « Marché commun de l'Est ». Catastrophiques en URSS, les privatisations, à partir de 1990, ont eu des résultats inégaux dans les anciennes démocraties populaires, qui aspirent à entrer dans l'Union européenne. Réintégrée dans l'Allemagne, l'ancienne R.D.A. parvient difficilement à se développer.

Histoire

Tous les peuples d'Europe doivent leur écriture à l'Antiquité grecque et romaine. Avant la conquête de César (Ier siècle av. J.-C.), la Gaule ignorait l'écriture. À l'est, les langues slaves reçurent une écriture, depuis Byzance, à partir du IXe siècle. Rome imposa la *pax romana* pendant plusieurs siècles, jusqu'à ce que les invasions barbares renversent l'empire au Ve siècle. Dès lors, l'Europe devint un vaste champ de bataille. La guerre de Trente ans (1618-1648) tua 10 des 16 millions d'Allemands. La Première Guerre mondiale tua 10 millions d'hommes et la Seconde Guerre mondiale 50 millions.

L'Antiquité La civilisation n'atteint, sous les Grecs, que la frange méridionale de l'Europe. Les Romains étendent leur empire jusqu'au Rhin, mais ne pour-

EUROPE (SUITE)

suivent pas au-delà leur conquête ; au sud, ils créent des provinces jusqu'en Roumanie et en Hongrie actuelles. Le déclin de l'empire romain va favoriser les invasions barbares germaniques et l'Empire byzantin ne compte plus en Europe que quelques places fortes. De la fusion des mondes germain et romain naît la civilisation médiévale.

Le Moyen Âge Le phénomène dominant est l'implantation du christianisme en Europe que le système féodal voue, par ailleurs, au morcellement, en dépit du regroupement éphémère de l'Empire carolingien (800). Cependant, malgré les vicissitudes que connaît la formation des futurs grands États, une civilisation brillante s'épanouit à partir du XIe siècle. Les croisades (XIe-XIIIe siècle) et l'apport arabe lui seront bénéfiques.

Le XVIe siècle est marqué par la Renaissance qui débute en Italie au XIIIe siècle. C'est également l'époque des grandes découvertes qui ouvrent à l'Europe un champ nouveau : Christophe Colomb atteint les Antilles en 1492 ; Vasco de Gama double le cap de Bonne-Espérance en 1497 et débarque en Inde en 1498. Bien que les États constitués restent jaloux de leur indépendance, les grandes puissances assurent à tour de rôle leur hégémonie, ainsi l'Espagne et l'Autriche jusqu'au traité de Westphalie (1648), qui marque le début de la prépondérance française, bientôt à son apogée sous le règne de Louis XIV. Par ailleurs, la religion cesse d'être un facteur d'unité pour devenir un facteur de désunion après l'excommunication de Luther (1520).

Le XVIIIe siècle En 1763, le traité de Paris sanctionne la perte des colonies américaines possédées par la France au profit de l'Angleterre. Cette dernière, maîtresse des mers depuis qu'elle a anéanti l'Invincible Armada espagnole en 1588, entreprend vers 1750 la première révolution industrielle et se constitue un immense et riche empire. Parlementariste, elle inspire les idées développées par les philosophes français, Montesquieu, Voltaire, Diderot et Rousseau qui amènent la Révolution de 1789. Elle va être à l'origine des guerres napoléoniennes et se soldera dans l'immédiat par un échec et un retour au conservatisme.

Le XIXe siècle Après la chute de l'Empire napoléonien, les souverains victorieux se partagent l'Europe au Congrès de Vienne (1815) sans tenir compte des aspirations nationales et politiques des peuples. Cette situation sera à l'origine de revendications et de conflits constants cristallisés par les révolutions de 1848, signal de troubles profonds contre les diverses formes d'oppression. Sous le Second Empire (1852-1870), la France s'industrialise. La France et l'Angleterre restent, grâce à leur libéralisme, à la tête du mouvement intellectuel. L'Italie réalise son unité, de même que l'Allemagne qui reçoit ainsi le cadre politique où sa puissance industrielle va pouvoir s'affirmer.

Au début du XXe siècle, la possession d'un vaste potentiel industriel et d'un champ commercial étendu grâce aux empires coloniaux conduit l'Europe à son apogée.

Le XXe siècle La mésentente des grandes puissances, les incidents nationaux de la péninsule des Balkans sont à l'origine de la guerre de 1914-1918 dont l'Europe sort affaiblie tant sur le plan démographique qu'économique. Parallèlement, la puissance des États-Unis s'affirme et l'URSS, issue de la révolution de 1917, se désolidarise des États européens. Ceux-ci considèrent parfois la montée du bolchevisme comme plus dangereuse que celle du nazisme. La puissance nazie, les atermoiements des démocraties, la volonté de conquête d'Hitler aboutissent à la Seconde Guerre mondiale (1939-1945) qui met fin à l'hégémonie de l'Europe. En outre, celle-ci est désormais divisée en deux blocs dont la ligne de démarcation traverse l'Allemagne. L'Europe de l'Ouest, épuisée par la guerre, doit faire appel à l'aide financière américaine et se place ainsi en situation de dépendance (plan Marshall) tandis que l'URSS impose sa direction politique aux États d'Europe centrale et de l'Est devenus des « démocraties populaires » ; elle impose aussi un modèle économique marqué par l'immobilisme bureaucratique. L'affaiblissement de l'europe de l'Ouest est bientôt aggravé par la perte des colonies britanniques, françaises, espagnoles et portugaises, et le réveil des pays africains et asiatiques.

Le musée d'Orsay à Paris.

Gondoles à Venise.

E

EUROPE (SUITE)

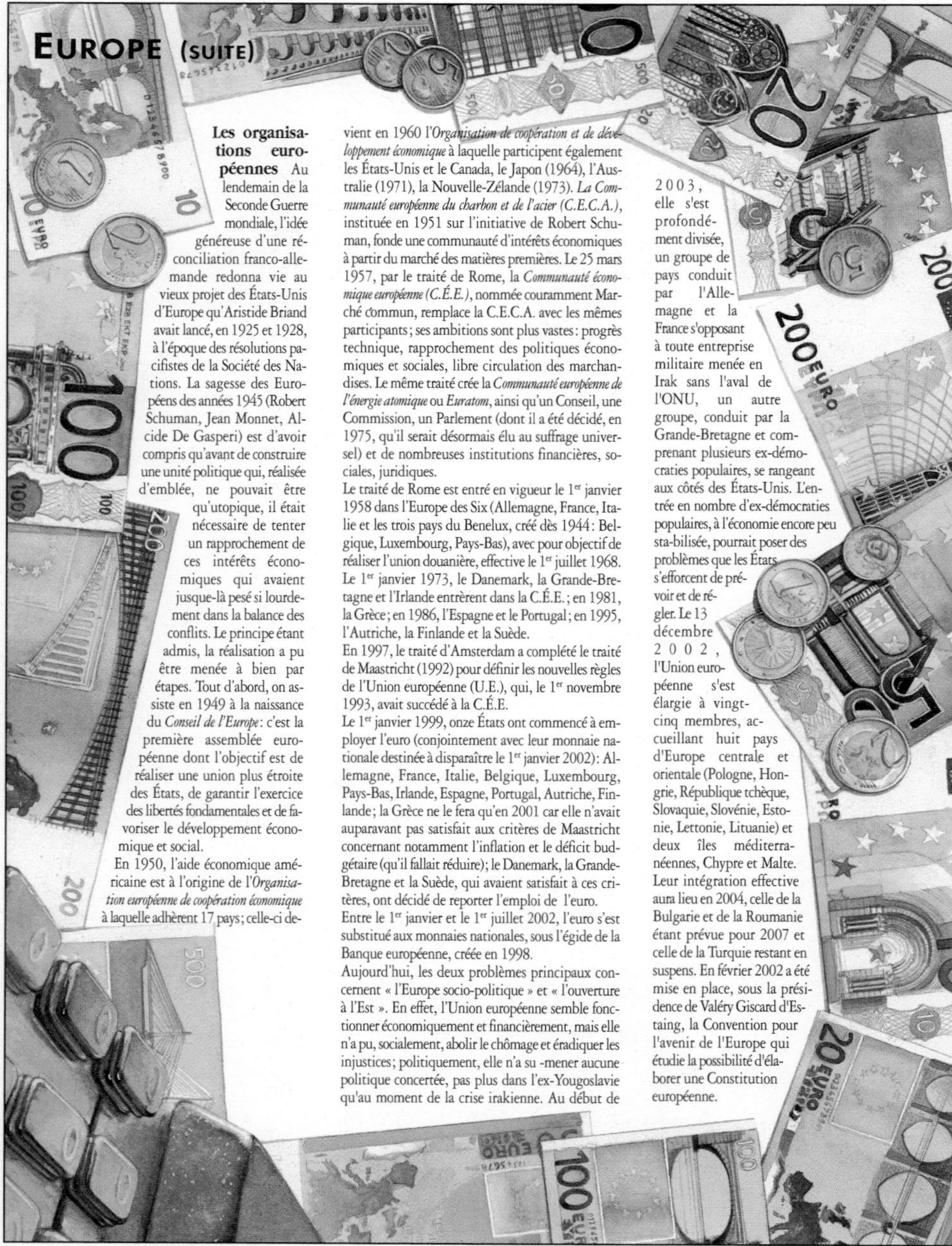

Les organisations européennes Au lendemain de la Seconde Guerre mondiale, l'idée généreuse d'une réconciliation franco-allemande redonna vie au vieux projet des États-Unis d'Europe qu'Aristide Briand avait lancé, en 1925 et 1928, à l'époque des résolutions pacifistes de la Société des Nations. La sagesse des Européens des années 1945 (Robert Schuman, Jean Monnet, Alcide De Gasperi) est d'avoir compris qu'avant de construire une unité politique qui, réalisée d'emblée, ne pouvait être qu'utopique, il était nécessaire de tenter un rapprochement de ces intérêts économiques qui avaient jusque-là pesé si lourdement dans la balance des conflits. Le principe étant admis, la réalisation a pu être menée à bien par étapes. Tout d'abord, on assiste en 1949 à la naissance du *Conseil de l'Europe*: c'est la première assemblée européenne dont l'objectif est de réaliser une union plus étroite des États, de garantir l'exercice des libertés fondamentales et de favoriser le développement économique et social.

En 1950, l'aide économique américaine est à l'origine de l'*Organisation européenne de coopération économique* à laquelle adhèrent 17 pays; celle-ci devient en 1960 l'*Organisation de coopération et de développement économique* à laquelle participent également les États-Unis et le Canada, le Japon (1964), l'Australie (1971), la Nouvelle-Zélande (1973). *La Communauté européenne du charbon et de l'acier (C.E.C.A.)*, instituée en 1951 sur l'initiative de Robert Schuman, fonde une communauté d'intérêts économiques à partir du marché des matières premières. Le 25 mars 1957, par le traité de Rome, la *Communauté économique européenne (C.É.E.)*, nommée couramment Marché commun, remplace la C.E.C.A. avec les mêmes participants; ses ambitions sont plus vastes: progrès technique, rapprochement des politiques économiques et sociales, libre circulation des marchandises. Le même traité crée la *Communauté européenne de l'énergie atomique* ou *Euratom*, ainsi qu'un Conseil, une Commission, un Parlement (dont il a été décidé, en 1975, qu'il serait désormais élu au suffrage universel) et de nombreuses institutions financières, sociales, juridiques.

Le traité de Rome est entré en vigueur le 1er janvier 1958 dans l'Europe des Six (Allemagne, France, Italie et les trois pays du Benelux, créé dès 1944: Belgique, Luxembourg, Pays-Bas), avec pour objectif de réaliser l'union douanière, effective le 1er juillet 1968. Le 1er janvier 1973, le Danemark, la Grande-Bretagne et l'Irlande entrèrent dans la C.É.E.; en 1981, la Grèce; en 1986, l'Espagne et le Portugal; en 1995, l'Autriche, la Finlande et la Suède.

En 1997, le traité d'Amsterdam a complété le traité de Maastricht (1992) pour définir les nouvelles règles de l'Union européenne (U.E.), qui, le 1er novembre 1993, avait succédé à la C.É.E.

Le 1er janvier 1999, onze États ont commencé à employer l'euro (conjointement avec leur monnaie nationale destinée à disparaître le 1er janvier 2002): Allemagne, France, Italie, Belgique, Luxembourg, Pays-Bas, Irlande, Espagne, Portugal, Autriche, Finlande; la Grèce ne le fera qu'en 2001 car elle n'avait auparavant pas satisfait aux critères de Maastricht concernant notamment l'inflation et le déficit budgétaire (qu'il fallait réduire); le Danemark, la Grande-Bretagne et la Suède, qui avaient satisfait à ces critères, ont décidé de reporter l'emploi de l'euro.

Entre le 1er janvier et le 1er juillet 2002, l'euro s'est substitué aux monnaies nationales, sous l'égide de la Banque européenne, créée en 1998.

Aujourd'hui, les deux problèmes principaux concernent « l'Europe socio-politique » et « l'ouverture à l'Est ». En effet, l'Union européenne semble fonctionner économiquement et financièrement, mais elle n'a pu, socialement, abolir le chômage et éradiquer les injustices; politiquement, elle n'a su mener aucune politique concertée, pas plus dans l'ex-Yougoslavie qu'au moment de la crise irakienne. Au début de 2003, elle s'est profondément divisée, un groupe de pays conduit par l'Allemagne et la France s'opposant à toute entreprise militaire menée en Irak sans l'aval de l'ONU, un autre groupe, conduit par la Grande-Bretagne et comprenant plusieurs ex-démocraties populaires, se rangeant aux côtés des États-Unis. L'entrée en nombre d'ex-démocraties populaires, à l'économie encore peu sta-bilisée, pourrait poser des problèmes que les États s'efforcent de prévoir et de régler. Le 13 décembre 2002, l'Union européenne s'est élargie à vingt-cinq membres, accueillant huit pays d'Europe centrale et orientale (Pologne, Hongrie, République tchèque, Slovaquie, Slovénie, Estonie, Lettonie, Lituanie) et deux îles méditerranéennes, Chypre et Malte. Leur intégration effective aura lieu en 2004, celle de la Bulgarie et de la Roumanie étant prévue pour 2007 et celle de la Turquie restant en suspens. En février 2002 a été mise en place, sous la présidence de Valéry Giscard d'Estaing, la Convention pour l'avenir de l'Europe qui étudie la possibilité d'élaborer une Constitution européenne.

eurythmique adj. Relatif à l'eurythmie.
euscara ou **euskera** Voir **eskuara**
Eusèbe de Césarée 265 ?-340 Écrivain chrétien d'expression grecque. Évêque de Césarée de Palestine (313), il bénéficia de l'appui de l'empereur Constantin et raconta, dans sa *Chronique* et son *Histoire ecclésiastique*, l'histoire du christianisme (depuis Abraham jusqu'en 323). Il est aussi l'auteur d'œuvres apologétiques et de la première synopse du Nouveau Testament.
eustache n. m. Arg., vx Couteau de poche à virole et manche de bois, utilisé comme arme.
Eustache (Jean) 1938-1981 Cinéaste français. Son film de quatre heures, *La Maman et la Putain* (1973, avec Jean-Pierre Léaud et Bernadette Lafont, la « maman »-maîtresse qui l'héberge) est l'un des plus vivants de ceux que produisit la nouvelle vague, mais il ne sut conquérir le public, pas plus que *La Rosière de Pessac* (1969), *Mes petites amoureuses* (1974), *Une sale histoire* (1977). Sans producteur, Eustache se suicida.
Eustache de Saint-Pierre 1287 ?-1371 Bourgeois de Calais qui s'offrit en otage avec cinq de ses compagnons au roi d'Angleterre Édouard III pour sauver la ville. La reine d'Angleterre, Philippa de Hainaut, obtint que leur vie restât sauve.
eustatique adj. GÉOL. Sujet à l'eustatisme. *Mouvements eustatiques.*
eustatisme n. m. GÉOL. Variation du niveau des océans et des mers, due à des changements climatiques ou d'origine tectonique.
Euterpe MYTH. GR. Muse de la poésie pastorale et de la musique; son principal attribut est la flûte.
euthanasie n. f. Mort provoquée afin d'abréger les souffrances d'un malade.
euthanasier v. t. [1] Donner à (un être humain, et, par ext., à un animal) une mort sans souffrance.
euthériens n. m. pl. ZOOL. Placentaires.
eutrophisation n. f. Accumulation de débris organiques dans des eaux stagnantes, notam. due à la pollution, mais qui peut avoir une origine naturelle (eaux de ruissellement se déversant dans un lac), provoquant la prolifération des végétaux aquatiques et l'appauvrissement en oxygène des eaux profondes.
Eutychès 378 ?-454 ? Hérésiarque grec. Il fut d'abord l'adversaire de Nestorius qui niait l'unité de personne en Jésus-Christ. Lui-même s'écarta ensuite de l'orthodoxie chrétienne en n'admettant que la nature divine du Christ (monophysisme) et en considérant sa nature charnelle comme une simple apparence. Il fut condamné par le concile de Chalcédoine en 451 et mourut exilé en Égypte.

*L'**évaporation** d'anciennes mers salées met au jour des roches salines dont on extrait le sel gemme.*

eux pron. pers. m. pl. de la troisième personne, en fonction de complément (voir *il, ils, lui*) (Précédé d'une préposition) *Je m'en remets à eux. C'est d'eux que je parle.* / (Dans une comparaison) *Elle est plus agréable qu'eux.* / (En fonction de sujet, forme d'insistance) *Eux sont venus, pas vous. Eux-mêmes en sont convaincus*: ils en sont personnellement convaincus.
évacuation n. f. Action d'évacuer; son résultat. *Évacuation des blessés à la suite d'un attentat. Évacuation d'un navire.* / MÉD. Expulsion (d'une matière organique) hors du corps. / Écoulement, déversement d'un liquide. *Évacuation des eaux d'égout.*
évacuer v. t. [1] Vider, rejeter du corps (une substance organique). / Par ext. Vider, débarrasser (qqch.) d'un lieu. *Évacuer des gravats.* / Par ext. Faire quitter (un lieu) à. *Évacuer la salle.* / Éloigner (des personnes) en raison d'un danger. *Évacuer les populations des abords d'un volcan en activité.* / Quitter (un lieu) en raison d'un danger. *Les locataires ont évacué l'immeuble dès le début de l'incendie.* / Fig. Repousser hors de soi. *Évacuez ce doute qui vous ronge.*
évadé, e adj. et n. Qui s'est évadé. *Prisonniers évadés. Poursuivre les évadés.*
évader (s') v. pron. [1] (En parlant d'un captif) S'échapper. *Des prisonniers qui s'évadent.* (Employé sans pronom). *Il l'a fait évader.*
évagination n. f. BIOL., MÉD. Sortie d'un organe hors de sa gaine. Ant. Invagination.
évaluation n. f. Action d'évaluer; son résultat. *Évaluation d'une fortune, des connaissances. Évaluation forte, faible.*
évaluer v. t. [1] Juger, mesurer la valeur de, la quantité de; estimer. *Évaluer le coût des réparations. Évaluer les connaissances d'un candidat. Évaluer avantages et inconvénients avant de décider.*
évanescence n. f. Caractère de ce qui est évanescent.
évanescent, e adj. Qui disparaît peu à peu.
évangéliaire n. m. Recueil des textes évangéliques lus au cours des cérémonies liturgiques.
évangélique adj. Des Évangiles; conforme à l'Évangile. *Message évangélique. Un comportement évangélique.* / Qualifie, en dehors des pays francophones, les Églises issues de la Réforme, exception faite de l'Église anglicane et des Églises qui, en Amérique, sont rattachées à cette dernière.
évangélisateur, trice adj. et n. Qui évangélise. *Message évangélisateur.* / Subst. Personne qui évangélise.
évangélisation n. f. Action d'évangéliser; son résultat.
évangéliser v. t. [1] Prêcher l'évangile à. *Évangéliser un peuple.*
évangélisme n. m. Caractère de la doctrine professée par l'Évangile; conformité à cette doctrine. / Doctrine des Églises évangéliques.
évangéliste n. m. Chacun des quatre apôtres de Jésus-Christ qui ont rédigé les Évangiles. / Évangélisateur.
• **Évangile** n. m. (avec une majuscule) Parole et enseignement de Jésus-Christ. / Chacun des quatre livres du Nouveau Testament qui exposent le Message du Christ. *Évangile selon saint Marc. Les évangiles.* / Livre contenant un ou plusieurs de ces textes. *Un évangile du XIXe siècle.* / Texte extrait de l'un de ces livres, lu à la messe. / Fig. Texte faisant référence absolue pour une doctrine.
évanoui, e adj. Qui a perdu conscience. *Un homme évanoui.*
évanouir (s') v. pron. [2] Perdre conscience. *Le blessé s'est évanoui.* / Fig. Se dissiper, disparaître. *Les nuages se sont évanouis. L'apparition s'évanouit sous nos yeux.*
évanouissement n. m. Perte de connaissance. / Litt. Disparition, anéantissement progressif. *L'évanouissement d'un espoir.* / TÉLÉCOM. Diminution momentanée de l'intensité d'une onde radioélectrique lors de la réception. (On utilise plus couramment le terme anglais *fading*).
Evans (sir John) 1823-1908 Archéologue, géologue et numismate britannique (*Les Âges de la pierre en Angleterre*). Sir **Arthur John** 1851-1941 Fils du précédent, également archéologue, il découvrit le site de Cnossos.
Evans (Walker) 1903-1975 Photographe américain. Participant aux programmes de réduction de la pauvreté mis au point par Roosevelt, il a photographié les fermiers du Sud et étudié l'architecture locale, dans un style documentaire d'une grande sobriété. En 1936, son travail, avec James Agee, sur les métayers de l'Alabama aboutit à la publication de *Louons maintenant les grands hommes* (1941).
Evans-Pritchard (Edward) 1902-1973 Anthropologue britannique. Il publia en 1940 une étude des Nuers (population du haut Nil), éleveurs de bovins, et plus tard une *Anthropologie sociale* (1951).
évaporation n. f. PHYS. Phénomène physique de transformation d'un liquide en vapeur, qui se produit à toute température au niveau de sa surface libre.
évaporé, e adj. et n. Qui s'est transformé en vapeur. / Fig. Étourdi, léger. *Un caractère évaporé.* Subst. *Un(e) évaporé(e).*
évaporer v. t. [1] Transformer (un liquide) en gaz. / v. pron. Se transformer en gaz, en parlant d'un liquide. (Au fig.) Disparaître, s'esquiver. *Son forfait accompli, il s'est évaporé dans la nature.*
évapotranspiration n. f. Didac. Ensemble de l'eau évaporée par le sol, les nappes d'eau et les plantes.
évasé, e adj. Qui s'élargit. *Corolle évasée.*
évasement n. m. Action d'évaser; état de ce qui s'évase. *Évasement d'un récipient.*
évaser v. t. [1] Élargir (une ouverture) comme l'orifice d'un vase. *Évaser une robe.* / v. pron. S'élargir. *Une vallée qui s'évase vers la mer.*
évasif, ive adj. Qui élude, reste vague.
évasion n. f. Action de s'enfuir d'un lieu de détention. *Tentative d'évasion.* / Fig. Fait de se libérer de ses occupations habituelles, de se distraire. *Besoin d'évasion.* / *Évasion fiscale*: fait de ne pas déclarer une partie des revenus soumis à l'impôt. *Évasion de capitaux*: fuite de capitaux à l'étranger, dans le but de les soustraire au fisc ou aux conditions économiques nationales.
évasivement adv. De manière évasive.
Ève La première femme, selon la Genèse. Dieu la fit naître de la chair d'Adam. Poussée par le Démon, qui lui était apparu sous la forme d'un serpent, à désobéir à Dieu, elle goûta au fruit défendu, entraînant Adam dans le péché originel. Ils furent alors chassés du Paradis. Ils eurent trois enfants: Caïn, Abel et Seth.
évêché n. m. Circonscription territoriale sur laquelle un évêque exerce sa juridiction. Syn. diocèse. / Résidence d'un évêque.
évection n. f. ASTRON. Déviation périodique du mouvement de la Lune sous l'effet de l'attraction solaire, qui se manifeste par une oscillation dont la période est de 31,8 jours, et l'amplitude de 1 degré 16 minutes.
éveil n. m. Fait de sortir de son sommeil. / Fait de se révéler, d'apparaître. *Éveil de l'intelligence d'un enfant.* / *Activités, disciplines d'éveil*: activités pédagogiques pratiquées dans les classes de maternelle et de primaire, destinées à stimuler la curiosité intellectuelle, l'observation et les aptitudes artistiques, par oppos. aux matières strictement scolaires (français, mathématiques).
éveiller v. t. / v. pron. [1] **A.** v. t. Litt. Tirer (qqn) du sommeil, réveiller. *Le chant du coq l'éveilla.* / Fig. Faire se manifester, susciter. *Éveiller l'intelligence, l'attention.* **B.** v. pron. Sortir du sommeil. / Par ext. *La nature qui s'éveille.* / Fig. Naître, commencer à se manifester. *Sa curiosité s'éveille.*
éveinage n. m. MÉD. Technique de traitement chirurgical des varices. Syn. stripping.
événement n. m. Manifestation d'un phénomène qui se produit dans le temps. / (Au plur.) Fait marquant de l'histoire ou de l'actualité. *Les événements de mai 1968.* / STAT. Résultat espéré ou effectif, dans un tirage au sort.
événementiel, elle adj. Propre ou relatif à un événement.
évent n. m. **I.** Vx Exposition à l'air, notam. d'un aliment ou d'une boisson, ainsi altérés, éventés. / **II.** Vx Ce qui permet le passage de l'air. / TECHN. Orifice des appareils industriels d'où s'échappe du gaz ou de l'air. *L'évent d'une fusée.* / ZOOL. Narine située sur le haut de la tête de certains cétacés (baleines, cachalots).
éventail n. m. Demi-cercle de tissu ou de papier que l'on déplie et que l'on agite devant le visage pour se rafraîchir. / Fig. Ensemble de choses de même catégorie. *Éventail des prix, des salaires.* / *En éventail*: ouvert, déployé. / ARCHIT. *Voûte en éventail*, dont les nervures forment un éventail (style anglais gothique). Pl. Des *éventails*.

***Éventail** espagnol peint à la main.*

E

ÉVANGILE

Parmi les quatre évangiles (évangiles de Mathieu, Marc, Luc et Jean), les trois premiers sont dits *synoptiques* : une grande partie de leur contenu leur est commun. Dans leurs grandes lignes, ils obéissent au même plan, relatent les mêmes événements, rendent compte de la même façon du message du Christ.

Le dernier évangile, l'évangile de Jean, est moins narratif. Son propos est théologique : Jean précise qu'il l'a écrit « pour que vous croyiez que Jésus, le Messie, est fils de Dieu, et qu'en croyant vous ayez la vie en son nom. »

L'évangile de Mathieu date des années 70-80. Il s'ouvre sur la généalogie de Jésus qui prouve son caractère messianique. Puis vient le récit des premières années, l'*évangile de l'enfance* : la nativité, la visite des mages, la fuite en Égypte, le retour en Israël. Mathieu rend ensuite compte de la vie publique du Christ, de la rencontre avec Jean-Baptiste à la Résurrection.

L'évangile de Marc est sans doute un peu plus ancien, peut-être légèrement antérieur à l'an 70. Il ne fait aucune allusion à l'enfance du Christ, le récit commence avec la prédication de Jean-Baptiste et s'achève à l'Ascension.

L'évangile de Luc est contemporain de celui de Mathieu. C'est lui qui donne le récit le plus détaillé de l'enfance de Jésus. Il est seul à relater la naissance miraculeuse de Jean-Baptiste, dont la mère Élisabeth est « stérile et d'âge avancé », l'annonce faite à la Vierge Marie par l'ange Gabriel qu'elle enfanterait un fils (l'Annonciation), la visite de Marie à Élisabeth (la Visitation), le recensement ordonné par les Romains, l'adoration des bergers, la circoncision, la présentation au temple, la bénédiction du vieillard Siméon qui reconnaît en l'enfant le Messie annoncé, la rencontre au Temple avec les docteurs de la Loi que l'adolescent de douze ans éblouit par son savoir.

La Sainte Famille avec saint Jean, du Pontormo. Les rencontres de Jésus et de Jean-Baptiste ne sont pas attestées par les évangiles mais font partie de la tradition.

De même, le repas du Christ avec ses disciples à Emmaüs, entre la Résurrection et l'Ascension, ne figure que dans l'évangile de Luc. L'évangile de Jean, le plus tardif (on le date de 95-100) n'a pas de correspondance chronologique avec les synoptiques. Il célèbre la nature divine du Verbe de Dieu incarné dans l'homme Jésus, insiste sur sa messianité, son origine céleste, son contact permanent avec son Père, la haine que la révélation de cette origine suscite chez les juifs qui le menacent de mort.

Le récit de l'incrédulité de l'apôtre Thomas qui, après la Résurrection, ne reconnaît Jésus qu'en mettant la main dans la plaie de son côté, est propre à Jean. Et le dernier chapitre, récit d'une dernière manifestation du Christ ressuscité à quelques apôtres, n'est certainement pas de Jean, mais peut-être d'un de ses disciples.

éventaire n. m. Étalage de marchandises.

éventé, e adj. Qui a perdu son arôme au contact de l'air. *Parfum éventé.* / Fig. Déjoué, qui ne surprend plus. *Une ruse éventée.*

éventer v. t. / v. pron. [1] **I.** v. t. Agiter l'air autour de (qqn) pour rafraîchir. *Un serviteur qui évente son maître.* / v. pron. S'éventer avec son chapeau. **II.** Exposer (qqch.) à l'air, à un courant d'air. *Éventer la paille, le grain,* les remuer pour empêcher la fermentation. / v. pron. S'altérer au contact de l'air. *Le vin s'est éventé.* / Fig. Flairer, deviner (qqch. d'hostile, d'inattendu) et le déjouer. *Éventer un piège.*

éventration n. f. Fait d'être éventré ; plaie de l'abdomen laissant s'échapper les viscères. / MÉD. Hernie, généralement postopératoire, se produisant au niveau de la paroi abdominale, avec sortie des viscères abdominaux ou pelviens hors de l'abdomen.

éventrer v. t. [1] Blesser, tuer (qqn) en lui ouvrant le ventre. *Le tueur en série éventre ses victimes.* / Fig. *Éventrer une valise,* la crever.

éventualité n. f. Caractère de ce qui est éventuel. / Événement qui peut se produire. *Parer à toute éventualité.*

éventuel, elle adj. Contingent, subordonné à certaines circonstances ou conditions. *Droits éventuels.*

éventuellement adv. Le cas échéant.

évêque n. m. RELIG. Pour les catholiques, les orthodoxes et les diverses autres Églises d'Orient, ecclésiastique qui possède la plénitude du sacerdoce et dirige un diocèse. / Pour les anglicans et les épiscopaliens, ecclésiastique qui a seul le droit d'ordonner, de confirmer, d'assurer la juridiction spirituelle. / Pour les luthériens, dignitaire religieux aux pouvoirs limités, au rôle souvent purement administratif et / ou de représentation.

Everest (sir George) 1790-1866 Militaire et explorateur britannique. Directeur du Service géodésique de l'Inde, il découvrit le point culminant de la Terre, auquel on a donné son nom.

Everest (mont) *8 846 m* Le plus haut sommet du monde entre le Tibet et le Népal dans la chaîne de l'Himalaya. De nombreuses expéditions tentèrent, à partir de 1921, de l'atteindre. En 1953, le Néo-Zélandais Hillary et le Sherpa Tensing y réussirent.

Everglades Région marécageuse des États-Unis, en Floride, plaine inondée à végétation de mangroves. Une partie est constituée en parc national, à la faune (oiseaux, alligators) et à la flore très particulières.

éversion n. f. MÉD. Hernie d'une muqueuse évaginée au niveau d'un orifice naturel, en y formant un bourrelet.

évertuer (s') v. pron. [1] *S'évertuer à* : faire beaucoup d'efforts pour. *S'évertuer à faire qqch.*

Évian-les-Bains *6 895 h.* Station climatique et thermale de Haute-Savoie dont les eaux possèdent des vertus curatives diverses (la première source est exploitée depuis 1780). **Histoire** Le 18 mars 1962 ont été signés à Évian, entre des représentants du G.P.R.A. et du gouvernement français, des accords mettant fin à la guerre d'Algérie. Ces accords, en fonction d'un cessez-le-feu effectivement intervenu le 19 mars, reconnaissaient l'indépendance de l'Algérie et mettaient au point les conditions du référendum d'autodétermination (1er juillet).

éviction n. f. DR Perte d'un bien au profit d'un tiers qui possède sur ce bien un droit antérieur. / Fait d'évincer, expulsion. *Éviction d'un rival dangereux.* / *Éviction scolaire* : exclusion temporaire d'un écolier atteint d'une maladie contagieuse.

évidement n. m. Action d'évider ; son résultat.

évidemment adv. De façon évidente. / (Utilisé comme un acquiescement) *Il faut participer à cette réunion. — Évidemment !*

évidence n. f. Caractère de ce qui est évident. *Nier l'évidence.* / La chose qui fait l'objet d'une certitude. *C'est une évidence.* / *Mettre en évidence* : démontrer clairement ou mettre en lumière qqch.

évident, e adj. Manifestement vrai, indubitable.

évider v. t. [1] Creuser (qqch.), extraire l'intérieur de. *Évider une calebasse.* / Échancrer (qqch.) *Évider un mur*, y aménager des échancrures.

évier n. m. Bac alimenté en eau par un robinet, pourvu d'un orifice d'évacuation, dans une cuisine.

évincement n. m. Fait d'évincer, d'être évincé.

évincer v. t. [1] Mettre à l'écart, chasser pour neutraliser ; exclure. *Cet ambitieux a su évincer discrètement tous ses rivaux.* / DR Priver d'une possession par éviction.

éviscérer v. t. [1] Ôter les viscères de.

évitement n. m. PSYCHOL. *Réaction* ou *comportement d'évitement*, qui permet d'éviter un stimulus nocif, une agression. / CH. DE

*Le versant sud du mont **Everest**.*

FER *Voie d'évitement*, où l'on gare un train pour laisser libre le passage à un autre.
éviter v. t. / v. i. [1] Permettre, faire en sorte d'échapper à (qqch.), de ne pas être confronté à (qqn). *La prévoyance évite bien des déconvenues. Éviter les regards. Il évite désormais ses anciennes relations. Éviter de commettre une bévue. Éviter qqch. à qqn*, lui permettre d'y échapper. (Emploi pron.) *S'éviter une démarche inutile.* / v. i. MAR. Changer d'orientation, en parlant d'un navire à l'ancre.
évocateur, trice adj. Propre à évoquer.
évocation n. f. Action d'évoquer (qqn, qqch.). / Dr *Droit d'évocation*: droit d'évoquer une cause.
évoluer v. i. [1] Changer, se transformer progressivement. *Les innovations techniques font évoluer les modes de vie.* / *Maladie qui évolue*, dont la progression se poursuit. / Effectuer une succession de déplacements. *Regarder les poissons évoluer dans un aquarium.* / MILIT. Manœuvrer.
évolutif, ive adj. Qui évolue; qui est susceptible d'évoluer. *Phénomène évolutif.* / MÉD. Qui s'aggrave. *Maladie évolutive.*
évolution n. f. Mouvement exécuté par une troupe, des véhicules, conformément à un plan. / Ensemble de mouvements coordonnés. *Évolutions d'un patineur sur glace.* / Transformation lente et graduelle. *Évolution des mœurs, d'une maladie.* / BIOL. Transformation progressive des caractères (génétiques, morphologiques, comportementaux, etc.) portés par les populations, les espèces au cours du temps. (L'évolution permet l'apparition d'espèces nouvelles [spéciation], mais met également en jeu des extinctions d'espèces. Au niveau des populations, les principaux processus de l'évolution, qui y entraînent la modification des fréquences géniques, sont la mutation, la sélection naturelle, la migration [flux génique] et la dérive génétique).
évolutionnisme n. m. BIOL. Théorie selon laquelle les espèces dérivent les unes des autres par descendance avec modification. *Le lamarckisme et le darwinisme relèvent tous deux de l'évolutionnisme, mais diffèrent quant aux mécanismes invoqués.*
évolutionniste n. et adj. Partisan de l'évolutionnisme. / adj. Qui procède de l'évolutionnisme. *Théorie évolutionniste.*
évoquer v. t. [1] Tenter d'entrer en relation surnaturelle avec. *Évoquer les esprits des morts.* / Faire allusion à. *Évoquer des souvenirs communs. Évoquer les difficultés à venir.* / Par ext. Faire penser à, rappeler (qqch., qqn). *Un relief montagneux qui évoque un visage. Cette histoire m'évoque mon frère.* / Dr *Évoquer une cause*: en parlant d'un tribunal d'un ordre supérieur, appeler à soi une cause pour laquelle est compétent un tribunal d'un ordre inférieur.

Examen du fond d'œil.

Évreux *49 103 h.* Chef-lieu du département de l'Eure. Centre industriel. Cathédrale des XIIe-XVIIe siècles (vitraux des XIVe-XVe siècles).
Évry *45 531 h.* Chef-lieu du département de l'Essonne. Créée dans les années 1960, à partir d'Évry-Petit-Bourg, cette ville est devenue un centre industriel et s'est dotée d'une université.
Evtouchenko (Ievgueni Aleksandrovitch) 1933 Poète russe, dont le style rappelle celui de Maïakovski, qui incarna le renouveau dans l'ère khrouchtchévienne: *Promesse* (1957), *Babi Iar* (1961, dénonciation de l'antisémitisme). On lui doit aussi une chronique (*Les Baies sauvages de Sibérie*, 1981) et une anthologie de la poésie russe (*Les Strophes du siècle*, 1995).
evzone n. m. Soldat grec de l'infanterie légère. *Le costume traditionnel des evzones, aujourd'hui réservé à la parade, se compose d'un jupon blanc ou fustanelle, d'une chemise blanche, d'un gilet noir, d'un fez rouge et de chaussures à gros pompon noir.*
Éwé(s) ou **Éoué(s)** Ensemble de populations du Togo, du Ghana et du Bénin, parlant une langue nigéro-congolaise du groupe kwa.
ex abrupto loc. adv. (mots latins) Sans préambule, brusquement.
exacerbation n. f. Aggravation passagère des symptômes d'une maladie. / Amplification d'intensité d'une sensation ou d'un sentiment.
exacerber v. t. [1] Rendre plus intense (une sensation, un sentiment). *Exacerber une douleur.*
exact, e adj. Vrai, rigoureusement conforme à la réalité. *C'est exact.* / Précis. *Un chiffre exact. L'heure exacte.* / Par ext. Ponctuel. *Être exact au rendez-vous.* Ant. inexact.
exactement adv. De manière exacte; tout à fait.
exaction n. f. Fait d'exiger ce qui n'est pas dû ou ne l'est plus. / Extorsion de fonds commise par un fonctionnaire. / (Au plur.) Sévices, actes de violence.
exactitude n. f. Caractère de ce qui est exact. / Ponctualité. Ant. inexactitude.
ex æquo loc. adv. (mots latins) À égalité. *Arriver ex æquo.*
exagération n. f. Caractère de ce qui est exagéré. / Fait de présenter une chose comme plus importante qu'elle n'est.
exagéré, e adj. Excessif, outré. *Une indignation exagérée.*
exagérément adv. De façon exagérée.
exagérer v. t. [1] Fausser la réalité en grossissant l'importance de (qqch.). *Le peintre a exagéré les dimensions du personnage. Exagérer le prix d'un service, une donnée statistique. Exagérer la gravité des faits.* (Emploi pron.) *S'exagérer l'ampleur d'une tâche.* / Par ext. (Emploi absol.) Abuser, passer la mesure. *Il exagère, il n'a rien rangé!*
exaltant, e adj. Qui exalte; propre à exalter, à enthousiasmer.
exaltation n. f. Action d'exalter; résultat de cette action. *Exaltation amoureuse.* / Fait de glorifier, de célébrer avec enthousiasme. *Exaltation du nationalisme.* / LITURG. *Exaltation de la sainte Croix (fête de l')* : fête catholique commémorant l'élévation (exaltation) de la croix du Christ à Jérusalem, lors de la dédicace des basiliques élevées sur le Golgotha en 335, sous Constantin.
exalté, e adj. et n. Dont les sentiments, les sensations ont atteint un degré supérieur, anormal d'intensité. / Subst. *Un(e) exalté(e).*
exalter v. t. [1] Porter (l'esprit, les sentiments, les sensations) à un degré supérieur, anormal d'intensité. *Exalter l'imagination.* / Par ext. Enthousiasmer, exciter (qqn). *Exalter le public.* / Litt. Louer, glorifier (qqn, les vertus de qqn). *Exalter un héros. Exalter les qualités d'un lauréat.*
examen n. m. Étude approfondie d'une question. / *Examen médical*: ensemble des investigations cliniques et techniques effectuées par un praticien. / Dr *Mise en examen*: acte par lequel un juge d'instruction fait connaître à qqn les faits qui lui sont reprochés. / Épreuve ou ensemble d'épreuves destinées à déterminer le niveau de connaissances ou les aptitudes d'une personne à entrer dans une école, exercer une fonction, obtenir un titre, etc.
examinateur, trice n. Personne qui examine le travail d'un candidat.
examiner v. t. [1] Soumettre à l'examen; observer, considérer avec soin. *Examiner un patient. Examiner l'uniforme d'un soldat. Examiner les moyens de résoudre une difficulté.*
exanthème n. m. MÉD. Éruption cutanée due à certaines maladies infectieuses (rougeole, rubéole, scarlatine).
exarchat n. m. ANTIQ. ROM. Gouvernement militaire impérial, en Italie et en Afrique. *L'exarchat de Ravenne.* / Dignité d'exarque. / Circonscription ecclésiastique des Églises orthodoxes, des Églises catholiques d'Orient, dirigée par un exarque.
exarque n. m. HIST. Gouverneur d'un exarchat. / RELIG. Dans les Églises chrétiennes d'Orient, prélat dont la dignité est inférieure à celle du patriarche, mais supérieure à celle de l'archevêque.
exaspérant, e adj. Qui suscite l'exaspération.
exaspération n. f. État d'une personne exaspérée.
exaspérer v. t. [1] Énerver (qqn), l'irriter au plus haut point. *Il m'exaspère avec son ton supérieur.* / Accroître l'intensité de. *Exaspérer le désir.*
exaucement n. m. Action d'exaucer; résultat de cette action.
exaucer v. t. [1] Répondre positivement au désir de (qqn), satisfaire à (sa demande). *Exaucer un vœu.*
ex cathedra loc. adv. (mots latins signifiant « [du haut] de la chaire ») THÉOL. Se dit des actes solennels accomplis par le pape en tant que chef de l'Église. / Litt. Avec un ton doctoral.
excavateur n. m. ou **excavatrice** n. f. CONSTR. Engin de terrassement muni d'une chaîne à godets, permettant de creuser le sol et d'évacuer les déblais.
excavation n. f. Cavité, creux dans le sol.
excavatrice Voir **excavateur**
excédé, e adj. Exaspéré. *Il avait un air excédé.*
excédent n. m. Ce qui est en surplus, en quantité surnuméraire. / ÉCON. Solde positif, par oppos. à *déficit*.
excédentaire adj. En excédent. *Valeurs excédentaires.*
excéder v. t. [1] Être au-delà de, dépasser en quantité, en valeur, en durée. *Le voyage n'excède pas une heure.* / Aller au-delà de ce qui est possible; outrepasser. *Un tel prodige excède l'entendement.* / Exaspérer (qqn). *Ses caprices m'ont excédé.*

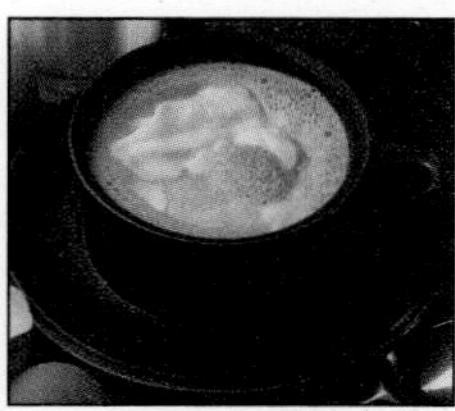

Excitant: le café.

E

excellemment adv. De manière excellente.
excellence n. f. Qualité de ce qui est excellent. *L'excellence d'un produit. Prix d'excellence*, attribué à l'élève qui a excellé au cours d'une année. / (Avec une majuscule) Titre honorifique donné aux ambassadeurs, archevêques ou ministres.
excellent, e adj. Qui excelle. *Un excellent ouvrier. Un excellent fromage.*
exceller v. i. [1] Montrer des qualités supérieures. *Exceller au tir à l'arc.*
excentré, e adj. Qui ne coïncide pas avec le centre géométrique. / *Quartier excentré*, éloigné du centre ville.
excentrer v. t. [1] Déplacer le centre de. / Centrer (qqch.) en un point différant du centre géométrique.
excentricité n. f. GÉOM. Position excentrique de. *Excentricité d'une ellipse*: rapport de la distance des foyers au grand axe. / Fig. *L'excentricité d'un comportement, d'un personnage.*
excentrique adj. et n. GÉOM. Éloigné par rapport à un centre de référence. *Quartier excentrique*, excentré. / Fig. Qui s'éloigne du commun par son originalité, se remarque par son extravagance. *Un personnage excentrique.* Subst. *Un(e) excentrique.*
excentriquement adv. De manière excentrique.
excepté, e prép. et adj. (Devant un nom) Sauf. *Tout le monde, excepté elle.* / adj. (Après un nom) Mis(e) à part. *Tout le monde, elle exceptée.*
excepter v. t. [1] Exclure (qqch.), exempter (qqn) d'un ensemble systématique. *Excepter qqn d'une contrainte réglementaire.*
exception n. f. Fait d'excepter; état de ce qui échappe à la règle générale. / Dr Procédé employé par la défense au cours d'un procès pour faire apparaître un vice de forme et différer le jugement. *Exception d'irrecevabilité.* / *Loi d'exception*, exorbitante du droit commun.
exceptionnel, elle adj. Qui fait exception; extraordinaire. *Des mesures exceptionnelles. Des performances exceptionnelles.*
exceptionnellement adv. De manière exceptionnelle.
excès n. m. Ce qui est en trop. / Ce qui dépasse la mesure, qui sort des limites admises. *Excès de vitesse.* / Abus. *Excès de table.*
excessif, ive adj. Qui excède les limites prévues ou assignées (à connotation négative). *Un prix excessif. Un comportement excessif.* / (Emploi superlatif critique) Extrême. *Il est d'une excessive amabilité.*

Exclus de la société.

excessivement adv. De manière excessive.
exciper v. i. [1] Litt. ou Dr *Exciper de*: se fonder sur, tirer argument de. *Exciper d'un précédent.*
excipient n. m. Substance que l'on ajoute à un principe médicamenteux pour le rendre absorbable.
exciser v. t. [1] Ôter (qqch.) du corps en coupant par un acte chirurgical. / ANTHROP. Pratiquer l'ablation rituelle du clitoris (et parfois des petites lèvres de la vulve).
exciseur, euse n. Personne qui pratique une excision.
excision n. f. Action d'exciser.
excitabilité n. f. PHYSIOL. Propriété d'un organisme de répondre à des stimulations.
excitable adj. Qui peut être excité.
excitant, e adj. et n. m. Qui excite. *Un spectacle excitant.* / n. m. Substance ayant les propriétés d'augmenter le niveau d'éveil ou d'activité motrice. *Le café est un excitant.*
excitateur, trice adj. et n. Qui excite. / n. m. PHYS. Dispositif permettant d'exciter un milieu. *Une anche est un excitateur d'air.* / ÉLECTR. Appareil servant à décharger un condensateur.
excitation n. f. Action d'exciter, de stimuler l'énergie de qqch., de qqn; état qui en résulte. / PHYSIOL. Stimulation d'un élément nerveux ou musculaire.
exciter v. t. [1] Éveiller ou augmenter (une activité physique ou psychique). *Exciter les sens, le désir sexuel. Roman qui excite la fibre sentimentale du lecteur. Exciter l'indignation, la colère.* / Stimuler l'activité de (un être vivant); par ext., énerver. *Exciter le taureau dans l'arène. Exciter qqn à réagir*, l'y inciter. / (Emploi pron.) S'énerver. *La foule s'excite dans les tribunes.* / PHYSIOL. Provoquer une réaction du système nerveux à des fins d'observation. / ÉLECTR. Envoyer un courant dans un circuit inducteur (d'un moteur, d'un générateur).
exclamation n. f. Cri exprimant un sentiment de joie, de surprise, de douleur. / *Point d'exclamation*: signe de ponctuation qui suit une exclamation. *Ah!*
exclamer (s') v. pron. [1] Pousser des exclamations.
exclu, e adj. et n. Qui n'est pas, n'est plus inclus dans un ensemble, une communauté. *Élève exclu pour une heure.* / Subst. *Un(e) exclu(e)*: une personne exclue (d'un groupe, de la société). / Spécial. *Les exclus*: les individus, les groupes qui ne profitent pas des avantages qu'offre une société donnée.
exclure v. t. [3] Chasser, ne plus accepter (qqn) dans une communauté. *Exclure un militant politique.* / Interdire l'accès (de qqch. à qqn). *Exclure un héritier d'une succession.* / Refuser ou se refuser à l'usage de (qqch.); ne pas vouloir prendre en compte. *Exclure un mot de son vocabulaire. Exclure une éventualité.* / Être incompatible avec. *L'un n'exclut pas l'autre*, n'empêche pas l'autre. (Emploi pron.) *Proposer deux hypothèses qui s'excluent.* Ant. inclure.
exclusif, ive adj. Qui exclut tous ceux qui n'en ont pas le privilège, tout ce qui n'en est pas l'objet. *Jouissance exclusive. Amour exclusif.* / GRAMM. *Pronom exclusif*: pronom de la deuxième personne du pluriel (*vous*) qui exclut le locuteur. Ant. Inclusif. / COMM. *Produit exclusif*, propre à une firme, un label, un distributeur.
exclusion n. f. Action d'exclure; résultat de cette action. Ant. inclusion. / *Exclusion sociale*: marginalisation de certaines catégories sociales.
exclusivement adv. Uniquement; en excluant.
exclusivité n. f. Litt. Caractère exclusif (de qqch.). *L'exclusivité d'une passion.* / Droit exclusif de commercialiser un produit, un livre, un film, de publier un article. *Film en exclusivité.* / MÉDIAS Information donnée par un seul journal, une seule chaîne de radio ou de télévision.
excommunication n. f. Dr CANON Action d'excommunier; son résultat.
excommunier v. t. [1] Dr CANON Exclure (un chrétien) de la communauté des fidèles.
excoriation n. f. Légère plaie, écorchure qui n'affecte que la peau.
excrément n. m. Toute matière que les hommes ou les animaux évacuent de leur corps par les voies naturelles (sueur, urine, fèces...). (Au plur.) Matières fécales. / Vx ou litt. Déchet, être ou chose vile, méprisable. *« Chétif excrément de la terre » (La Fontaine).*
excrémentiel, elle adj. Propre ou relatif aux excréments.
excréter v. t. [1] PHYSIOL. Évacuer (qqch.) par excrétion.
excréteur, trice adj. PHYSIOL. Propre ou relatif à une excrétion. *Canal excréteur.*
excrétion n. f. PHYSIOL. Évacuation d'un produit de sécrétion par des canaux destinés à cet effet. *Excrétion rénale. Excrétion sudoripare*: sueur.
excroissance n. f. Protubérance se développant sur une partie du corps (verrue, kyste). / BOT. Protubérance parasitaire sur une plante.
excursion n. f. Promenade dont le but est de visiter une région.
excursionner v. i. [1] Vieilli Faire une, des excursion(s).
excursionniste n. Personne qui fait une excursion.
excusable adj. Qui peut être excusé. *Une erreur excusable.*
excuse n. f. Raison donnée pour justifier une conduite. / (Au plur.) Expression du regret d'avoir gêné, offensé quelqu'un. *Présenter ses excuses.*
excuser v. t. / v. pron. [1] **A.** v. t. Justifier (une faute, une erreur) ou s'efforcer de le faire. *Excuser l'inattention par la fatigue.* / Décharger d'une erreur, d'une faute; pardonner. *Veuillez excuser mon absence à cette réunion.* Par ext. *Se faire excuser*: obtenir une dispense. **B.** v. pron. Pouvoir être pardonné. *C'est un comportement qui s'excuse, vu les circonstances.* / Donner des motifs pour obtenir un pardon; avouer des regrets. *Je vous prie de m'excuser de mon emportement.*
exeat n. m. inv. (mot latin « qu'il sorte ») RELIG. CATHOL. Permission que donne un évêque à un ecclésiastique de quitter son diocèse.
exécrable adj. Qui mérite, provoque l'exécration. *Un sentiment exécrable.* / (Sens atténué) Très désagréable. *Être d'une humeur exécrable.*
exécration n. f. Litt. Sentiment d'horreur et de haine. / Personne, chose inspirant ce sentiment.
exécrer v. t. [1] Abhorrer (qqch., qqn). *Exécrer la médiocrité.*
exécutable adj. Que l'on peut exécuter.
exécutant, e n. Personne qui exécute, accomplit une tâche.
exécuter v. t. [1] Faire se réaliser, rendre effectif (qqch.); accomplir. *Exécuter un ordre, une tâche.* / Réaliser (un ouvrage). *Exécuter une commande.* Spécial. *Exécuter un morceau de musique*, le jouer, l'interpréter. / Appliquer à (qqn) une condamnation à mort; par ext., assassiner (qqn) sur ordre. / v. pron. Se résoudre à obéir malgré ses réticences. *Il a fini par s'exécuter.*
exécuteur, trice n. Dr *Exécuteur testamentaire*, chargé par le testateur d'exécuter son testament. / Personne qui met en œuvre une décision. / Anc. *L'exécuteur des hautes œuvres*: le bourreau.
exécutif, ive adj et n. m. Chargé de l'exécution des projets, des lois. *Pouvoir exécutif* ou (n. m.) *l'exécutif* (par oppos. au *législatif*): le pouvoir qui fait appliquer les lois.
exécution n. f. Mise en œuvre des moyens propres à réaliser une œuvre, un projet. / Interprétation d'un morceau de musique. *Exécution d'une symphonie.* / Dr Mise à effet d'un jugement. *Exécution capitale*: mise à mort d'un condamné.
exécutoire adj. Dr Qui doit être mis à exécution; qui permet de mettre à exécution.
exégèse n. f. Interprétation philologique, historique, doctrinale, des textes et, en particulier, de la Bible.
exégète n. Spécialiste d'exégèse.
Exelmans (Rémi, comte**)** 1775-1852 Maréchal et pair de France (1851). Officier de cavalerie remarqué en Italie, nommé général, il s'illustra particulièrement à Austerlitz, Eylau et sur la Moskova.
exemplaire [1] adj. Qui peut, doit être pris en exemple. *Une réalisation exemplaire. Une punition exemplaire.*
exemplaire [2] n. m. Chacun des objets reproduits d'après un modèle. *Tirage à dix mille exemplaires.*
exemplarité n. f. Caractère de ce qui est exemplaire.
exemple n. m. Personne ou action que l'on peut prendre pour modèle. / Châtiment infligé pour empêcher qu'une faute ne se reproduise. *Pour l'exemple.* / Ce qui sert à illustrer, à préciser. *Confirmer une règle en donnant un exemple.*
exemplifier v. t. [1] Illustrer à l'aide d'exemples.
exempt, e adj. et n. m. **A.** adj. Dispensé, exempté. *Exempt de service militaire.* / Dépourvu, préservé. *Exempt d'erreurs.* **B.** n. m. HIST. Sous l'ancien régime, sous-officier de cavalerie remplaçant, en cas d'absence, le capitaine et ses lieutenants, et déchargé du service ordinaire. / Dans la police, officier subalterne.
exempter v. t. [1] *Exempter qqn de*, le dispenser de. *Exempter d'impôts un contribuable.*
exemption n. f. Dispense qui affranchit d'une charge celui qui la reçoit.

La bataille d'Austerlitz, au cours de laquelle s'illustra le maréchal ***Rémi Exelmans****.*

EXISTENTIALISME

Soren Kierkegaard.

Bien qu'on lui ait attribué divers ancêtres (saint Augustin, Pascal, Rousseau) et qu'on en ait fait un prolongement du romantisme, l'existentialisme naît avec Kierkegaard qui, en se posant la question : qui suis-je ?, constate que, pour l'Univers, il n'est rien, pour lui, il est tout. Il précise : plus je pense impersonnellement, moins j'existe, mais plus je pense mon existence telle que je la vis, concrètement, quotidiennement, plus se creuse le fossé entre pensée de l'être et pensée de l'existence.

Pour l'homme, exister, c'est prendre conscience de ce fossé, de ce hiatus, et vivre avec la conscience de cet abîme, que cette conscience soit sourde ou lucide, tue ou exprimée.

La pensée abstraite envisage l'existence sous l'angle de l'éternité, alors qu'elle se situe dans le temps, bornée par la naissance et la mort. L'existence est donc une tension, puisqu'elle se dirige vers l'infini et qu'elle est condamnée à la finitude, et elle se dérobe à tout savoir déterminé. Elle est en outre déchirement puisque l'être se révèle à nous à la fois comme objet pour des sujets (c'est le lieu du monde), comme sujet pour le sujet (c'est le lieu de la liberté), comme en-soi (c'est le lieu de la transcendance) ; monde, liberté et transcendance sont incommunicables, l'existence est incompréhensible.

L'homme, en proie à l'angoisse, prouve sa liberté en agissant, au risque soit de se dissoudre dans les choses sensibles, soit d'être happé par le vide en sortant du monde. L'angoisse est la conscience de l'existence et l'homme est séparé par un néant de son essence, laquelle est la totalité des caractères qui expliquent l'acte, mais l'acte se situe par-delà l'essence, il est arrachement à ce qui est. L'existence précède l'essence, il la crée en se plongeant dans le monde et en y luttant. Les thèses fondatrices de Kierkegaard ont été reprises, sous des formes diverses, par Jaspers, Heidegger, Sartre, Gabriel Marcel, Merleau-Ponty.

exequatur n. m. inv. (mot latin « qu'il exécute ») DR Autorisation donnée par un chef d'État à un consul étranger d'exercer ses fonctions dans le pays où il réside. / Dr Décision qui rend exécutoire, sur le territoire national, une sentence arbitrale, un jugement rendu à l'étranger.

exercé, e adj. Dont l'habileté a été acquise par l'exercice ; dont la finesse est due à un certain entraînement. *Un ébéniste exercé. Un œil exercé.*

exercer v. t. / v. pron. [1] **A.** v. t. Pratiquer (qqch.) *Exercer une fonction.* (Sans compl.) *Il exerce déjà* (sa fonction, son métier). / Faire appliquer (qqch.). *Exercer un droit.* / Faire fonctionner (qqch.) *Exercer sa mémoire.* / Former, entraîner (qqn, un animal) à une pratique. *Exercer des soldats au tir.* / (Sujet nom de chose) Produire (un effet). *La lune exerce une influence sur les océans.* B. v. pron. Se former, s'entraîner à. *S'exercer au maniement des armes.* / Faire sentir son effet. *Une force qui s'exerce pleinement.*

exercice n. m. Action, fait de s'exercer, de se former par des actes répétés. / Action d'exercer le corps. *Prendre de l'exercice.* / Pratique d'un métier, d'une activité. *Exercice de la médecine, du pouvoir.* / Travail, devoir d'application donné à un élève. *Exercice d'anglais.* / Instruction, entraînement militaire. *L'exercice des troupes.* / DR COMM. Période comprise entre deux inventaires comptables, deux budgets.

exérèse n. f. MÉD. Ablation chirurgicale d'un organe ou d'une partie d'organe, d'une tumeur ou d'un corps étranger nuisible à l'organisme.

exergue n. m. Place réservée au bas d'une médaille pour graver une date, une inscription. / L'inscription même. / Citation, avertissement placés en tête d'un ouvrage ou d'un chapitre. Syn. épigraphe. / *Mettre en exergue*, en évidence.

exfiltration n. f. Action d'exfiltrer ; son résultat.

exfiltrer v. t. [1] Rapatrier (un agent secret) de l'endroit où il était infiltré.

exfoliation n. f. BOT. Chute de l'écorce d'un arbre. / MÉD. Destruction, dégénérescence de la partie superficielle (kératinisée) de l'épiderme.

exhalaison n. f. Gaz, vapeur ou odeur qui émane d'un corps.

exhalation n. f. PHYSIOL. Action d'exhaler.

exhaler v. t. [1] PHYSIOL. Rejeter (de l'air chargé de vapeur) au moment de l'expiration.

exhaussement n. m. Action d'exhausser, surélévation d'un terrain, d'une chaussée, d'une construction.

exhausser v. t. [1] Rendre plus haut (qqch.) *Exhausser un mur.*

exhaustif, ive adj. Constitué de tous les éléments d'un ensemble. *Donner une liste exhaustive.* / Par ext. Qui traite entièrement d'un sujet. *Un travail exhaustif.*

exhaustivement adv. De façon exhaustive.

exhaustivité n. f. Caractère de ce qui est exhaustif.

exhiber v. t. [1] Dr Montrer (un document officiel) à la requête d'une autorité judiciaire. *Exhiber un titre de propriété.* / Montrer ostensiblement, impudiquement (qqch.) *Exhiber ses cicatrices, ses organes génitaux.* (Emploi pron.) *S'exhiber en public.*

exhibition n. f. DR Action d'exhiber un document officiel. / Action de montrer, de présenter. *Exhibition de fauves.* / Fait d'exhiber avec ostentation ou impudeur.

exhibitionnisme n. m. Action d'exhiber impudiquement ses organes génitaux, ses pratiques sexuelles. / Fig. Fait d'exprimer en public ses idées ou ses sentiments intimes.

exhibitionniste n. Personne qui pratique l'exhibitionnisme.

exhortation n. f. Propos, texte, discours par lesquels on exhorte.

exhorter v. t. [1] Tenter de persuader (qqn) de. *Exhorter des électeurs à se prononcer en faveur d'un candidat.* (Spécial.) Encourager (qqn). *Un chef militaire qui exhorte ses troupes.*

exhumation n. f. Action d'exhumer ; résultat de cette action.

exhumer v. t. [1] Faire apparaître (qqch.) qui était en terre ; l'en retirer. *Exhumer des vestiges archéologiques.* / Spécial. Déterrer le cadavre de (qqn). *La police a fait exhumer la victime.* Ant. inhumer. / Fig. *Exhumer des vieux papiers*, les découvrir, les tirer de l'oubli.

exigeant, e adj. Qui exige beaucoup. *Un ami exigeant.*

exigence n. f. Fait d'exiger ; ce que quelqu'un exige. / Caractère d'une personne difficile à satisfaire. / Condition nécessaire, besoin impératif et contraignant. *Les exigences du corps.* / (Au plur.) Prétentions financières.

exiger v. t. [1] Imposer (qqch.) comme obligatoire, nécessaire. *Le devoir l'exige. Obtenir ce que vous voulez exige quelques efforts.* / Demander, réclamer (qqch.) en vertu d'une légitimité réelle ou prétendue telle. *Exiger des compensations.*

exigibilité n. f. Caractère de ce qui est exigible. *L'exigibilité d'une dette.*

exigible adj. Qui peut être exigé.

exigu, uë adj. Manquant d'espace, insuffisant en volume, en ampleur.

exiguïté n. f. Caractère de ce qui est exigu. *Exiguïté d'un logement.*

exil n. m. Expatriation, bannissement d'une personne hors de son pays. / Litt. Le lieu où la personne est exilée. / Fig. Éloignement de qqch. ou de qqn que l'on regrette.

exilé, e adj. et n. Qui est condamné à l'exil, qui vit en exil.

exiler v. t. [1] Condamner (qqn) à l'exil. / Fig. Éloigner (qqn). *Son patron l'a exilé en province.*

existant, e adj. et n. **A.** adj. Qui existe. / Qui existe au moment présent. *Les conditions existantes.* **B.** n. m. *L'existant* : ce qui existe. / COMM. Ce qui appartient à une entreprise à un moment donné.

existence n. f. PHILO. Le fait d'être, d'exister, d'avoir une réalité. *Preuves de l'existence de Dieu. Existence d'un fait.* / Durée de ce qui existe. *Société ayant un an d'existence.* / Vie, mode de vie. *Une triste existence.*

• **existentialisme** n. m. Mouvement philosophique qui met l'accent sur l'existence concrète de l'homme, son vécu individuel et historique, et affirme la primauté de l'existence sur l'essence.

existentialiste adj. et n. Qui procède de l'existentialisme. / Adepte de l'existentialisme.

existentiel, elle adj. PHILO. Propre ou relatif à l'existence.

exister v. i. [1] PHILO. Être réel. *Dieu existe-t-il ?* (Emploi impersonnel) *Il existe* : il y a. *Il existe plusieurs magasins de ce genre dans le quartier.* / Vivre. *Votre ami a cessé d'exister.* / Avoir de l'importance, être considéré. *Il n'existe plus pour moi.*

exit n. m. inv. (mot latin « il sort ») THÉÂTRE Indication scénique pour signaler que le personnage concerné sort de scène. / (hors du domaine du théâtre, pour signaler la sortie de qqn) *Exit Marie.*

ex-libris n. m. (mots latins « [faisant partie] des livres [de] ») Griffe ou vignette que les bibliophiles font graver et collent sur leurs livres et qui porte leur nom ou leur devise.

ex nihilo loc. adv. (mots latins) À partir de rien. *Création ex nihilo.*

exobiologie n. f. Science qui étudie les possibilités d'une vie extraterrestre.

exocet n. m. ZOOL. Poisson téléostéen des mers chaudes, dont les nageoires pectorales extrêmement développées lui permettent d'effectuer des vols planés hors de l'eau. Syn. poisson volant.

exocrine adj. PHYSIOL. *Glandes exocrines*, dont le produit de sécrétion se déverse à l'extérieur de l'organisme ou dans une cavité en contact avec l'extérieur de l'organisme (soit directement, soit par un canal excréteur). Ant. endocrine.

exocytose n. f. BIOL. Processus par lequel des produits de sécrétion ou des déchets cellulaires sont rejetés hors de la cellule.

exode n. m. Émigration d'un peuple devant un danger menaçant. *L'exode de mai et juin 1940.* / *L'Exode* : dans la Bible, la sortie des Hébreux hors d'Égypte. / *Exode des capitaux* : fuite des capitaux à l'étranger. / *Exode rural* : phénomène de migration

Exocet *ou poisson volant.*

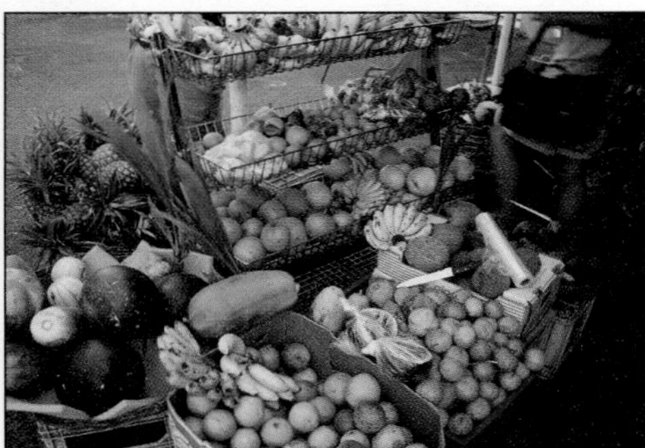

Fruits **exotiques** (Martinique).

intérieure qui conduit les populations des campagnes à s'installer définitivement dans les villes.
Exode (l') Deuxième livre du Pentateuque que la tradition biblique attribue à Moïse. Il relate l'esclavage des Hébreux en Égypte et leur sortie d'Égypte sous la conduite de Moïse. Le chapitre XX contient les Dix Commandements.
exoder v. i. [1] En Afrique, quitter son village pour la ville.
Exodus 1957 Roman de l'Américain Leon Uris racontant le périple d'un navire qui emmène des émigrants juifs en Palestine. Otto Preminger en a tiré un film (1960).
exogame adj. et n. Qui pratique l'exogamie. / n. *Un exogame.*
exogamie n. f. ANTHROP. Coutume, règle qui impose de choisir son conjoint en dehors de son groupe de parenté (famille, lignage, clan, etc.). Ant. endogamie.
exogamique adj. Relatif à l'exogamie ; de la nature de l'exogamie. *Mariage exogamique.*
exogène adj. Dont l'origine, la cause, etc., est extérieure à un organisme, un système, etc. Ant. endogène. / GÉOL. *Roche exogène*, qui se forme à la surface du globe terrestre.
exon n. m. GÉNÉT. Portion d'un gène conservée au cours de la maturation de l'A.R.N. (phénomène d'épissage), et à laquelle, s'il s'agit d'un A.R.N. messager, correspondra une portion de la protéine synthétisée à partir de ce gène. *Dans un gène eucaryote, les exons (parties codantes) sont séparés les uns des autres par des parties non codantes, les introns.*
exonération n. f. Action d'exonérer ; son résultat. *Exonération fiscale.*
exonérer v. t. [1] Exempter (qqn, qqch.) d'une taxe, d'une obligation. *Exonérer les personnes âgées d'une redevance. Exonérer de droits de douanes une marchandise.*
exophtalmie n. f. MÉD. Saillie anormale du globe oculaire hors de l'orbite.
exophtalmique adj. De l'exophtalmie ; relatif à l'exophtalmie.
exoplanète n. f. ASTRON. Syn. de *planète extrasolaire* ; voir **extrasolaire**.
exorbitant, e adj. Exagéré, excessif, déraisonnable. *Prix exorbitant.*
exorbité, e adj. (En parlant de l'œil) Qui semble sortir de l'orbite. *Des yeux exorbités de peur.*
exorciser v. t. [1] Chasser (l'esprit du mal) par un exorcisme. *Exorciser un démon.* Pratiquer un exorcisme sur (qqn). *Exorciser un possédé du diable.*
exorcisme n. m. Pratique religieuse ou magique destinée à chasser les démons.
exorciste n. Personne qui exorcise, qui a le droit d'exorciser. / Anc. L'un des ordres mineurs, conférant le droit d'exorciser.
exorde n. m. Introduction d'un discours ayant pour objet de susciter l'intérêt de l'auditoire pour la question traitée. / Introduction d'une œuvre littéraire ou musicale.
exosmose n. f. PHYS. Dans un phénomène d'osmose, diffusion du solvant, qui s'établit de l'intérieur vers l'extérieur d'un compartiment fermé par une membrane semi-perméable. Ant. endosmose.
exosolaire adj. Syn. de extrasolaire.
exosphère n. f. ASTRON. Enveloppe externe de l'atmosphère de la Terre constituée essentiellement d'atomes et d'ions d'hydrogène et d'hélium dans des conditions de raréfaction extrême. *La limite inférieure de l'exosphère se situe vers 500 km, sa limite supérieure ne peut être nettement définie en raison de la dispersion graduelle de son contenu dans le milieu interplanétaire.*
exosquelette n. m. ZOOL. Structure dure, externe à l'animal, dont la fonction est analogue à celle du squelette interne des vertébrés (en particulier cuticule des arthropodes, coquille des mollusques).
exotique adj. Étrange, inhabituel, qui ne provient pas du pays où l'on se trouve. *Des mœurs exotiques.* / Qui provient de contrées lointaines, tropicales ou équatoriales. *Plantes exotiques.*
exotisme n. m. Caractère de ce qui est exotique. / Goût, intérêt pour ce qui provient des pays exotiques.
exotoxine n. f. BIOL. Toxine excrétée par les bactéries gram positives lors de leur croissance.
expansé, e adj. TECHN. Qualifie un matériau ayant subi une expansion, le dotant d'une structure cellulaire. *Polystyrène expansé.*
expansibilité n. f. PHYS. Propriété expansible des gaz, qui peuvent se répandre dans tout le volume qui leur est offert.
expansible adj. Susceptible d'expansion.
expansif, ive adj. et n. Qui tend à se dilater. *Ciment expansif.* / Fig. *Une personne au caractère expansif,* qui extériorise volontiers ses sentiments, ses opinions. Subst. *Un expansif, une expansive.*
expansion n. f. PHYS. Dilatation, développement d'un fluide en volume ou en surface. *Expansion d'un gaz.* / ZOOL. Accroissement d'un organe ou d'une plante. / Fig. Tendance à s'étendre en se développant. *Expansion d'une religion.* / *Expansion économique* : accroissement de la production économique et du revenu d'une nation. / ASTRON. *Expansion de l'Univers* : voir *Univers*.
expansionnisme n. m. Attitude politique qui prône l'expansion territoriale et économique d'un peuple en dehors de ses frontières.
expansionniste n. et adj. Partisan de l'expansionnisme. / adj. *Politique expansionniste.*
expatriation n. f. Action d'expatrier ; résultat de cette action. / Fait de s'expatrier.
expatrié, e adj. et n. Qui a quitté sa patrie. *Des enfants expatriés.* / Subst. *Un(e) expatrié(e).*
expatrier v. t. [1] Exiler (qqn). / v. pron. Quitter sa patrie. *S'expatrier pour toujours.*
expectative n. f. Attente passive d'un événement que l'on juge très probable. / *Rester dans l'expectative* : attendre avec prudence.
expectoration n. f. Action d'expectorer ; ce qui est expectoré.
expectorer v. t. [1] MÉD. Cracher (les substances présentes dans les voies respiratoires, dans les bronches).
expédient n. m. Solution pratique apportée à une difficulté. *Recourir à un expédient.* / Péjor. Moyen qui permet de se tirer momentanément d'embarras, en renvoyant la difficulté à plus tard. / *Vivre d'expédients* : recourir, pour assurer sa subsistance, à tous les moyens possibles, y compris des moyens indélicats.
expédier v. t. [1] ADMIN. *Expédier les affaires courantes,* les mener avec diligence. / Cour. Bâcler (qqch.). *Expédier son travail.* / Se débarrasser promptement de (qqn). *Expédier un gêneur.* / Envoyer (qqch., qqn). *Expédier un colis. Expédier un marin au bout du monde.*
expéditeur, trice adj. et n. Qui expédie ; personne qui expédie.
expéditif, ive adj. Prompt, rapide. *Méthode expéditive.* / Bâclé. *Jugement expéditif.*
expédition n. f. Action d'expédier ; envoi. / Exécution menée rapidement. *Expédition d'une affaire.* / Opération militaire à l'étranger. / Voyage d'exploration scientifique. / Dr Copie conforme d'un acte.
expéditionnaire adj. et n. En expédition militaire, chargé d'une expédition militaire. *Corps expéditionnaire.* / n. Personne chargée de l'expédition des marchandises.
expéditivement adv. De façon expéditive.
expérience n. f. Connaissance pratique d'une chose acquise par l'apprentissage. *Avoir de l'expérience.* / Tentative, essai. / Fait de provoquer un phénomène en vue d'une observation scientifique. *Expérience de chimie.* / PHILO. Ensemble des phénomènes faisant l'objet d'une perception empirique.
expérimental, e adj. Fondé sur l'expérience. *« Introduction à l'étude de la médecine expérimentale », ouvrage de Claude Bernard.* / Qui constitue une expérience, qui sert de vérification. *Parcours expérimental d'un nouveau véhicule.*
expérimentalement adv. De façon expérimentale ; à titre d'expérience.
expérimentateur, trice n. Personne qui expérimente.
expérimentation n. f. Action d'expérimenter ; résultat de cette action. / LOG. Méthode scientifique consistant à recourir systématiquement à l'expérience pour contrôler par les faits les hypothèses de recherche.
expérimenté, e adj. Qui a de l'expérience. *Un technicien expérimenté.*
expérimenter v. t. [1] Soumettre (qqch.) à l'expérience. *Expérimenter un nouveau produit.*
expert, e adj. et n. Qui possède une grande compétence et une grande habileté dans un domaine. / Exercé. *Mains expertes.* / n. m. Dr Spécialiste commis par une juridiction pour effectuer une expertise judiciaire, et

Le retour de l'**expédition** de Magellan et El Cano.

*Vue partielle de l'**Exposition** universelle de Séville en 1992, en Espagne.*

dont le rapport est remis au juge. *Médecin expert.* / Spécialiste chargé d'authentifier ou d'estimer la valeur d'un objet, d'une œuvre d'art. / INFORM. *Système expert* : logiciel de simulation de raisonnements et de prises de décision d'un spécialiste, exploitant la somme des connaissances dans un domaine donné, dans le but de résoudre un problème (aide au diagnostic médical, système de conduite du réseau électrique français, etc.).

expert-comptable, experte-comptable n. Personne dont la profession est d'établir, de vérifier et de redresser des comptabilités en y engageant sa responsabilité.

expertise n. f. Évaluation, examen d'une situation, d'un objet, par des personnes ayant compétence et autorité en la matière. *Expertise d'un tableau.* / Dr Mesure d'instruction qui consiste à faire mener une enquête plus approfondie par des personnes qualifiées et dont les conclusions sont consignées dans un rapport au juge. *Expertise médicale.*

expertiser v. t. [1] Soumettre (qqch.) à une expertise. *Expertiser une œuvre d'art.*

expiation n. f. Souffrance imposée ou acceptée à la suite d'une faute et considérée comme rachat de cette faute.

expiatoire adj. Qui permet d'expier. *Cérémonie expiatoire. Victime expiatoire*, dont le sacrifice sert d'expiation.

expier v. t. [1] Racheter (un péché). *Expier un blasphème par une pénitence.* / Par ext. Réparer (un délit). *Expier ses crimes en prison.*

expiration n. f. Action d'expirer l'air emmagasiné dans les poumons. / Fig. Terme d'un délai prévu. *Expiration d'une dette.*

expirer v. i. / v. t. [1] **A.** v. t. Rejeter (ce que l'on a inspiré). *Expirer de l'air.* / (Emploi intransitif) *Respirer nécessite d'inspirer et d'expirer.* **B.** v. i. Mourir, rendre le dernier soupir. *Le mourant vient d'expirer.* / Fig. Arriver à son terme. *Un bail qui expire bientôt.*

explétif, ive adj. GRAMM. Qualifie un mot dont la présence dans une phrase n'est pas nécessaire au sens ou à la syntaxe. *Dans « regardez-moi ce maladroit », « moi » est explétif.*

explicable adj. Qui peut être expliqué. Ant. inexplicable.

explicatif, ive adj. Qui explique.

explication n. f. Fait d'expliquer. *Une longue explication n'est pas nécessaire.* / Commentaire, développement qui éclaire la compréhension d'une chose. *Explication d'un texte.* / Raison, cause d'un phénomène, d'un événement, justification. *L'explication de sa conduite.* / Débat, dispute. *Avoir une explication.*

explicitation n. f. Fait d'expliciter ; ce qui explicite.

explicite adj. Qui exprime une pensée en termes clairs, non ambigus, sans sous-entendus. Ant. implicite.

explicitement adv. De manière explicite.

expliciter v. t. [1] Rendre explicite (un énoncé). *Expliciter certaines clauses d'un contrat.*

expliquer v. t. / v. pron. [1] **A.** v. t. Faire comprendre (qqch.) *J'explique ce phénomène récent par des causes lointaines.* / Justifier (qqch.) *Expliquer une attitude, un choix.* / Exposer (qqch.) en détail. *Expliquer ce que l'on va faire.* / (Sujet nom de chose) Constituer l'origine, la cause de. *L'érosion explique le relief montagneux.* **B.** v. pron. Se justifier, fournir des explications. *S'expliquer en public.* / (Récipr.) *Nous nous sommes expliqués devant le tribunal.* Par plaisant. *Ils se sont expliqués dehors, à coups de poings* : ils se sont battus. / (Sujet nom de chose) Faire comprendre les raisons de. *Un vol à l'étalage qui s'explique par la misère et la faim.*

exploit n. m. Acte exceptionnel de bravoure ou d'héroïsme. *Les exploits de Du Guesclin.* / Performance remarquable. *L'exploit d'un athlète* / Dr *Exploit d'huissier* : acte judiciaire signifié par huissier.

exploitable adj. Qui peut être exploité.

exploitant, e adj. et n. Qui exploite. *Propriétaire exploitant.* / n. *Les exploitants agricoles.*

exploitation n. f. Action d'exploiter. *Exploitation d'un commerce.* / *Exploitation agricole* : terre cultivée. (Absol.) *Une exploitation de cent hectares.* / Fig. Utilisation. *L'exploitation d'une idée.* / Péjor. Utilisation à son seul profit. *Exploitation de l'homme par l'homme* : fait, pour une classe donnée, de tirer profit du travail d'une autre classe. / INFORM. *Système d'exploitation* : voir *système*.

exploiter v. t. [1] Faire valoir (qqch.), en tirer des produits. *Exploiter une terre.* / Fig. Tirer un avantage de (qqch.). *Exploiter une situation.* / Tirer un injuste bénéfice du travail de (qqn). *L'usine exploite les employés en les payant misérablement.*

exploiteur, euse n. Péjor. Celui, celle qui tire d'autrui un injuste profit en abusant de sa crédulité, de sa situation.

explorateur, trice n. Personne qui explore une région inconnue, ou d'accès difficile. / n. m. MÉD. Instrument utilisé pour examiner un conduit ou une cavité interne du corps humain.

exploration n. f. Action d'explorer (une région, un pays). / MÉD. Action d'explorer (un organe, un conduit, une plaie).

exploratoire adj. Propre ou relatif à une exploration. *Mission exploratoire. Phase exploratoire*, qui précède la phase active d'une opération.

explorer v. t. [1] Visiter (un lieu) pour le mieux connaître, pour l'étudier. *Explorer un pays.* / Par ext. *Explorer un tiroir*, examiner son contenu en détail.

Explorer Nom de chacun des satellites scientifiques, de formes et de masses très variées, d'une série lancée par les États-Unis pour l'exploration et l'étude de l'espace. Le premier de ces satellites a été lancé le 1er janvier 1958.

exploser v. i. [1] Éclater avec violence. *Faire exploser une bombe.* Au fig. Se manifester brusquement et avec véhémence. *Il laissa exploser sa colère.*

explosif, ive adj. et n. **A.** adj. Propre ou relatif à une explosion. *Puissance explosive.* / Susceptible d'exploser. *Mélange explosif.* Au fig. *Une situation explosive.* / LING. *Consonne explosive* (ou n. f.) une *explosive* : consonne prononcée arrêtant l'air expulsé du larynx avant de le libérer brusquement. *La lettre p est la plus explosive des consonnes.* **B.** n. m. Corps ou mélange capable de se décomposer ou de se combiner, avec dégagement instantané d'une très grande quantité d'énergie.

explosion n. f. Action d'exploser. *Explosion d'une grenade.* / Par méton. Bruit qui accompagne un éclatement violent. *Entendre une explosion à plusieurs kilomètres de distance.* / Libération soudaine de gaz contenus sous pression. *Explosion de grisou dans une mine.* / Troisième temps de fonctionnement d'un moteur à quatre temps ou *à explosion* (les deux premiers étant l'admission et la compression, et le quatrième, l'échappement). / Fig. Manifestation subite et intense.

exponentiel, elle adj. MATH. Dont l'exposant est une variable ou une inconnue. / Dont la croissance ou le développement s'opère d'une manière rapide et continue.

exponentiellement adv. De façon exponentielle.

exportable adj. Que l'on peut exporter.

exportateur, trice n. et adj. COMM. Qui exporte. Ant. importateur.

exportation n. f. COMM. Action d'exporter. *Aides à l'exportation. Exportation de capitaux*, leur placement à l'étranger. / Ensemble des produits exportés. *Baisse des exportations.* Ant. importation.

exporter v. t. [1] COMM. Vendre (une marchandise) à l'étranger. *Exporter du blé.* Ant. importer.

exposant, e n. Personne qui tient un stand dans une foire commerciale. / n. m. MATH. Nombre indiquant à quelle puissance on élève un autre nombre.

exposé, e adj et n. m. **A.** adj. *Une maison bien exposée*, bien orientée. **B.** n. m. Développement où l'on expose une série de faits ou d'idées. / Dr *Exposé des motifs* : considérations explicatives précédant un projet ou une proposition de loi.

exposer v. t. [1] Soumettre (qqch.) à l'action de. *Exposer une plante au soleil.* Au fig. *Exposer au danger.* / Présenter (qqch.) au regard. *Exposer une sculpture.* Au fig. Porter à la connaissance, soumettre (qqch.) à l'examen. *Exposer une thèse.*

exposition n. f. **I.** Action d'exposer ; présentation. *Exposition de livres d'occasion sur le trottoir.* / HIST. Peine consistant à exposer un condamné sur la place publique. / Présentation publique de produits commerciaux ou d'œuvres d'art ; lieu où ils sont exposés. *Une exposition de tableaux, de dessins, de voitures. Exposition universelle*, présentant les produits et les réalisations de nombreux pays. / Fig. Action d'exposer à la connaissance, à l'examen. *Exposition des circonstances d'un fait.* / LITTÉR. Première partie d'une œuvre littéraire, où l'on introduit le sujet. / MUS. Première partie d'une œuvre, dans laquelle le thème est présenté. **II.** Orientation (d'un bâtiment, d'un terrain, etc.). *Exposition au sud, au soleil.* / Action de soumettre à un certain effet. *Exposition d'une étoffe mouillée à la chaleur pour la faire sécher.* / PHOTO. Fait d'exposer une surface sensible à la lumière. **III.** Dr Abandon (d'un nouveau-né, notamment).

exprès, expresse adv. et adj. **A.** adv. Volontairement. *Je l'ai fait exprès.* / *Un fait exprès* : une coïncidence désagréable, qui semble le fruit d'une volonté délibérée. **B.** adj. Énoncé à dessein, formellement. *Défense expresse.* / *Colis exprès, lettre expresse*, confiés

*Trois phases d'**explosion** thermonucléaire sur l'atoll de Mururoa (Polynésie française).*

à un préposé qui se déplace exprès et remet l'objet en main propre.

express [1] adj. et n. m. inv. *Café express*, passé dans un percolateur. / n. m. *Boire un express au bar.*

express [2] n. m. et adj. inv. (mot anglais) Train circulant à grande vitesse et s'arrêtant peu. / adj. *Un train express.*

expressif, ive adj. Qui exprime intensément. *Un geste expressif.* Ant. inexpressif. / Qui exprime bien l'intention de son auteur. *Une formule expressive.*

E

expression n. f. Fait d'exprimer un sentiment, une émotion. *L'expression de la tristesse.* / Fait de s'exprimer par le langage. *Liberté d'expression.* / Mot ou locution. *Expression imagée.* / MATH. Formule d'une valeur mathématique. *Expression algébrique.* / *Réduire à sa plus simple expression*: réduire une chose à sa forme la plus élémentaire. / Qualité d'une œuvre artistique ou d'un interprète exprimant avec intensité qqch.

• **expressionnisme** n. m. Tendance artistique et littéraire qui, au début du XXᵉ siècle, a mis au service d'une inspiration romantique et violente une expression intense, alliée à une outrance de la couleur en peinture, des formes en sculpture, un goût poussé du fantastique au cinéma.

expressionniste adj. et n. Propre ou relatif à l'expressionnisme. *Peinture expressionniste.* / Subst. *Les expressionnistes.*

expressivité n. f. Caractère de ce qui est expressif.

exprimable adj. Qui peut être exprimé. Ant. inexprimable.

exprimer v. t. [1] Faire sortir, extraire (qqch.) par pression. *Exprimer le suc d'un végétal.* / Fig. Manifester (qqch.) de soi. *Exprimer ses sentiments. Exprimer sa pensée*: parler. / Par ext. Donner une impression de. *Une musique qui exprime la sérénité.* / v. pron. *S'exprimer par gestes. S'exprimer en anglais.*

expropriation n. f. Dʀ Action d'exproprier. / *Expropriation par un créancier ou par l'Administration*: saisie pour dettes ou pour des raisons d'utilité publique.

exproprier v. t. [1] Priver (qqn), par voie légale, d'un bien dont il était propriétaire.

expulser v. t. [1] Chasser (qqn, qqch.) d'un lieu. *Expulser un locataire. Expulser un clou.*

expulsion n. f. Action d'expulser. *Mesure d'expulsion*: mesure administrative obligeant qqn à quitter un lieu.

expurger v. t. [1] Débarrasser (qqch.) d'éléments jugés indésirables. *Expurger un texte.*

exquis, e adj. Très agréable aux sens, suave. *Une boisson exquise.* / Par ext. Délicat, raffiné. *Une décoration d'un goût exquis. Une personne exquise.*

exsangue adj. Extrêmement pâle. / MÉD. Qui a perdu beaucoup de sang. *Blessé exsangue.* / Fig. Sans énergie aucune, très affaibli. *Économie exsangue.*

exsanguino-transfusion n. f. Remplacement total du sang d'un malade, obtenu par une transfusion massive réalisée en même temps qu'une soustraction d'un volume équivalent de sang. *L'exsanguino-transfusion est préconisée dans certaines maladies du sang, en particulier, dans les cas d'incompatibilité de sangs entre la mère et le nouveau-né, du fait de facteurs Rhésus opposés.* Pl. Des *exsanguino-transfusions.*

exsudation n. f. MÉD. Suintement pathologique d'un liquide organique.

EXPRESSIONNISME

En peinture, les précurseurs sont Van Gogh, Toulouse-Lautrec, Ensor, Munch et Hodler et les groupes allemands successifs *die Brücke* (« Le Pont », 1905-1913), avec Nolde et Kirchner, et *der Blaue Reiter* (« Le Cavalier bleu », 1911), avec Marc et Jawlensky.

L'expressionnisme est illustré en France par Soutine, Rouault, Chagall, Vlaminck, puis Dubuffet; en Belgique, après Ensor, par le groupe Cobra (également danois et néerlandais); en Autriche par Kokoschka et Schiele; aux États-Unis par Pollock, et au Mexique (1910-1920) par Rivera et Siqueiros. L'expressionnisme a aussi influencé la sculpture (Lehmbruck, Barlach, Couturier), la poésie (Benn, Trakl) et le cinéma avec *Le Cabinet du docteur Caligari* réalisé par Wiene en 1919.

Murnau et Fritz Lang en Allemagne, Epstein, Gance et L'Herbier en France, Rouben Mamoulian et O. Welles aux États-Unis présentent des traits expressionnistes.

Le Démon sur les barques, *tableau de Paul Klee (1916).*

Fulmination des anges, *tableau de James Ensor.*

Portrait de Hewarth Walden de Oskar Kokoschka *(1910).*

exsuder v. t. / v. i. [1] v. t. Émettre (une substance) par exsudation. / (Emploi intransitif) Suinter.

extase n. f. État d'exaltation d'une personne qui se trouve comme transportée hors d'elle et du monde. *L'extase mystique.* (Sens atténué) *Être en extase*, en admiration. *Être en extase devant un paysage.* / PSYCHIATR. État d'insensibilité et d'exaltation morbide.

extasier (s') v. pron. [1] Être en admiration, en extase. *S'extasier devant un tableau.*

extatique adj. Qui procède de l'extase. *Contemplation extatique.*

extenseur adj. m. et n. m. ANAT. Qui assure l'extension, par oppos. à *fléchisseur*. *Muscles extenseurs.* / n. m. SPORT Appareil de musculation composé d'une bande élastique et de une ou deux poignées.

extensible adj. Susceptible de s'étendre.

extensif, ive adj. AGRIC. *Culture extensive*, pratiquée sur des surfaces de grandes dimensions et dont le rendement est assez faible. / *Élevage extensif*, pratiqué sur de grandes étendues.

extension n. f. Action de se déployer. *Extension du bras.* / Fig. Accroissement. *Extension d'un réseau commercial.* / LING. Fait d'employer un mot dans une acception plus générale. *Par extension.* / LOG. Ensemble des objets auxquels s'applique un concept, par oppos. à *compréhension*. *Le concept d'homme a pour extension l'ensemble des hommes.*

extenso (in) Voir **in extenso**

exténuation n. f. Action d'exténuer, de s'exténuer; résultat de cette action.

exténuer v. t. [1] Causer une fatigue extrême à (qqn). *Le voyage m'a exténué.* / v. pron. *S'exténuer en vain.*

extérieur, e adj. et n. m. **A.** adj. Qui se situe au dehors. *Côté extérieur. Boulevards extérieurs*, à la périphérie. Ant. intérieur. / Visible, apparent. *Signes extérieurs de richesse.* / Qui se manifeste au dehors. *Monde extérieur.* / Relatif aux pays étrangers. *Politique extérieure d'un État.* **B.** n. m. Ce qui est au-dehors d'une chose. / Ce qui s'offre au regard. *Extérieur séduisant.* / Pays étrangers. *Rapports avec l'extérieur.* / (Généralement au plur.) CIN. Prises de vues tournées hors des studios.

extérieurement adv. À l'extérieur.

extériorisation n. f. Fait d'extérioriser. Ant. intériorisation.

extérioriser v. t. [1] Manifester (ce que l'on ressent). *Extérioriser sa douleur.* Ant. intérioriser. / PSYCHOL. Lier à une cause extérieure (ce que l'on ressent intérieurement).

extériorité n. f. Caractère de ce qui est extérieur. Ant. intériorité. / PHILO. Ce que nous percevons par les sens et qui nous apparaît comme objectif.

exterminateur, trice adj. et n. Qui extermine. / *L'ange exterminateur*: dans l'Ancien Testament, l'ange de Yahvé qui se manifeste comme l'instrument de la colère de Dieu.

extermination n. f. Action d'exterminer ; son résultat.
exterminer v. t. [1] Détruire, massacrer en totalité (ce qui appartient à une espèce, une catégorie d'êtres vivants). *Exterminer des parasites. Exterminer un peuple.*
externalisation n. f. COMM. Action d'externaliser ; son résultat.
externaliser v. t. [1] COMM. Confier (une activité, une production) à une entreprise extérieure à l'entreprise principale.
externat n. m. Établissement d'enseignement qui n'accueille que des élèves externes. Ant. internat. / Fonction d'externe dans les hôpitaux.
externe adj. et n. **A.** adj. Dehors, à l'extérieur. *Face externe.* Ant. interne. / MÉD. *Médicament à usage externe*, à ne pas ingérer. / (Sens abstrait) Du dehors, de l'extérieur. *Cause externe.* **B.** n. Élève d'un établissement scolaire qui dort chez lui chaque soir. / Étudiant en médecine assistant un interne.
exterritorialité n. f. Dr Immunité dont jouissent les diplomates exerçant leurs fonctions dans un État étranger, qui leur permet de rester soumis aux lois de leur propre pays. / MAR. Immunité qui est accordée à un navire dans des eaux étrangères. Syn. extraterritorialité.
extincteur n. m. Appareil mobile pour éteindre les incendies par projection d'une substance sous pression arrêtant la combustion : gaz incomburant (qui ne permet pas la combustion) ou corps incombustible (qui ne peut être consumé) isolant le foyer de l'oxygène de l'air.
extinction n. f. Action d'éteindre une source de lumière. / *Extinction des feux* : moment où les militaires doivent éteindre toutes les lumières. / Fig. Disparition naturelle ou artificielle d'une chose. *Extinction d'une dynastie.* / *Extinction de voix* : cessation de la faculté de parler, aphonie.
extirpation n. f. Action d'extirper ; résultat de cette action. / Fig. *L'extirpation des croyances superstitieuses.*
extirper v. t. [1] Arracher (un végétal) avec sa racine. *Extirper du chiendent.* / Par ext. *Extirper une dent. Extirper une tumeur.* / Fig. *Extirper le mal.*
extorquer v. t. [1] Obtenir (qqch.) de qqn en dépit de sa résistance. *Extorquer de l'argent à ses parents.*
extorsion n. f. Action d'extorquer. *Extorsion de fonds.*
extra n. m. et adj. inv. (mot latin) Chose qui se produit de manière inhabituelle (dépense, sortie, repas). / Service temporaire effectué à titre exceptionnel ; personne qui effectue ce service. *Faire des extras. Engager un extra pour une réception.* / adj. inv. Fam. Supérieur ; remarquable. *De la viande extra. C'est extra. Extra, ce concert !*
extracellulaire adj. Qui est, qui se produit à l'extérieur d'une cellule. *Le milieu extracellulaire.* Ant. intracellulaire.
extra (-) courant n. m. ÉLECTR. Courant d'induction qui se produit à l'ouverture et à la coupure d'un circuit. Pl. Des *extra-courants*. Des *extracourants*.
extracteur n. m. Instrument ou organe mécanique servant à extraire qqch. d'un corps, d'une substance, d'un objet. / ARMES. Pièce de la culasse d'une arme à feu qui extrait automatiquement les cartouches vides après le tir.
extraction n. f. Action de retirer, d'arracher. *Extraction d'une dent.* / MATH. Calcul de la racine d'un nombre. / Origine d'une personne. *Être de noble extraction.*
extrader v. t. [1] Soumettre (qqn) à l'extradition. *Extrader un prisonnier.*
extradition n. f. Dr Procédure de droit international qui permet à un État de se faire livrer un prévenu par le pays où celui-ci s'est réfugié.
extrados n. m. ARCHIT. Surface extérieure convexe d'une voûte ou d'un arc. / AVIAT. Face convexe d'une aile d'avion. Ant. intrados.
extra-dry adj. inv. (anglicisme) (En parlant d'une boisson alcoolique) Très sec, très peu sucré. *Champagne extra-dry.*
extra-fin ou **extrafin, fine** adj. (En parlant de qqch. de granuleux) Très fin. *Sucre extra-fin.* / Par ext. De première qualité, de qualité supérieure. *Chocolat extra-fin.*
extrafort ou **extra-fort, e** adj. et n. m. Extrêmement résistant, extrêmement fort. *Moutarde extraforte*, à la saveur particulièrement piquante. / n. m. Ganse utilisée pour border, en les renforçant, les ourlets, les coutures.
extragalactique adj. ASTRON. Qui se situe en dehors de notre Galaxie.
extraire v. t. [3] *Extraire de* : tirer hors de, faire sortir (qqch.) de. *Extraire un caillou du sol.* / Séparer (une substance) de. *Extraire un métal d'un minerai.* Au fig. *Extraire une citation d'un texte.* / MATH. *Extraire la racine carrée d'un nombre*, la calculer.
extrait n. m. Produit obtenu à partir du traitement physique ou chimique d'une substance. *Extrait d'arnica.* / Parfum ayant un fort degré de concentration. *Extrait de lavande.* / Concentré alimentaire. *Extrait de café.* / Passage tiré d'une œuvre littéraire. *Citer des extraits d'un écrivain.* / Dr Copie littérale d'un acte. *Extrait d'acte de naissance.*
extrajudiciaire adj. Qui se situe en dehors de toute procédure judiciaire. *Exécution extrajudiciaire de présumés terroristes.*
extralégal, ale, aux adj. En dehors de la légalité.
extralucide adj. Qui prétend posséder la faculté de voir l'avenir ou le passé. *Voyant extralucide.*
extra-muros adv. et adj. inv. (mots latins) En dehors de la cité. *Quartier extra-muros.* Ant. intra-muros.
extranet n. m. INFORM. Ensemble des relations par courrier informatique établi avec l'extérieur (d'un service, d'une entreprise).
extraordinaire adj. Exceptionnel, inhabituel, remarquable.
extraordinairement adv. De manière extraordinaire ; à l'extrême.
extrapolation n. f. MATH. Détermination des valeurs prises par une fonction en dehors de l'intervalle limité dans lequel on l'a vérifiée. Ant. interpolation. / Cour. Raisonnement de qqn qui extrapole qqch.
extrapoler v. t. [1] MATH. Calculer (une valeur) par extrapolation. *Extrapoler une fonction.* Ant. interpoler. / Cour. Généraliser (un résultat obtenu dans un domaine particulier), inférer (le général) du particulier. *Extrapoler les conséquences d'un raisonnement.*
extrapyramidal, ale, aux adj. ANAT. *Système extrapyramidal* : ensemble de structures nerveuses comprenant les noyaux gris moteurs et les fibres afférentes et efférentes des régions situées sous le cortex et sous le thalamus, exception faite de la voie pyramidale et du cervelet. / MÉD. *Syndrome extrapyramidal* : ensemble des troubles (syndrome parkinsonien, par ex.) résultant d'une atteinte de ce système.
extrasensoriel, elle adj. En parapsychologie, se dit de ce qui est perçu autrement que par les sens ; relatif à ce mode de perception.
extrasolaire ou **exosolaire** adj. ASTRON. Relatif à tout ce qui se situe en dehors de la sphère d'influence du Soleil, là où l'action gravitationnelle du Soleil cesse de jouer un rôle. *Planète extrasolaire* : planète qui gravite autour d'une étoile autre que le Soleil. ♦ La première planète gravitant autour d'une autre étoile que le Soleil a été découverte en 1995 par deux astronomes de l'observatoire de Genève, Michel Mayor et Didier Queloz, qui faisaient leurs observations à l'aide du télescope de l'OHP (Observatoire de Haute-Provence). Cette planète tourne autour de l'étoile 51 Pegasus (dans la constellation de Pégase) située à 40 années de lumière de la Terre et présentant une similitude avec notre Soleil. La planète, dont la masse serait la moitié de celle de Jupiter, soit 159 masses terrestres (masse de la Terre : 1), orbite autour de son étoile à une distance estimée à 5 % de la distance Terre-Soleil, soit plus ou moins 7 500 000 km (Mercure, la planète la plus proche du Soleil, est à 57 000 000 km). Sa période de révolution orbitale s'effectue en 4,2 jours (révolution orbitale de Jupiter : 11,8 ans). Par comparaison, Mercure effectue sa rotation orbitale en 88 jours. Les découvertes qui se sont succédé depuis 1995 (environ une centaine de planètes) posent aujourd'hui la question de savoir si notre système solaire est unique ou si, comme les scientifiques le supposent, les planètes gravitant autour d'étoiles seraient un phénomène banal. La Voie lactée, qui compte environ 100 milliards d'étoiles, nous réserve donc quelques surprises bien que nos moyens d'observation nous interdisent encore de déceler des planètes de type terrestre (telluriques), et, a fortiori, de détecter sur elles une quelconque forme de vie.
extrasystole n. f. MÉD. Trouble du rythme cardiaque correspondant à une contraction cardiaque prématurée par rapport au rythme de base.
extraterrestre adj. et n. Situé en dehors de la Terre et de l'atmosphère terrestre. *Hypothèses d'une vie extraterrestre.* / n. Habitant supposé d'une autre planète que la Terre.
extraterritorialité n. f. Dr Syn. de exterritorialité.
extra-utérin, ine adj. MÉD. *Grossesse extra-utérine*, dans laquelle l'œuf fécondé se développe en dehors de l'utérus, le plus souvent dans une des trompes de Fallope, ce qui entraîne plus ou moins rapidement sa rupture et provoque une hémorragie interne grave.
extravagance n. f. Caractère de ce qui est extravagant, d'une personne extravagante.
extravagant, e adj. Farfelu, excentrique.
extravéhiculaire adj. Qui s'effectue, a lieu en dehors d'un engin spatial. *Sortie extravéhiculaire d'un astronaute.*
extraversion n. f. PSYCHOL. Caractère d'une personne extravertie. Ant. introversion.
extraverti, e adj. PSYCHOL. Qui est ouvert au monde extérieur, qui ne se replie pas sur lui-même. Ant. introverti.
extrême adj. et n. m. **A.** adj. Situé au plus loin (dans l'espace, dans le temps). *Limite extrême.* / Qui s'écarte de la norme au plus haut point possible. *Climat extrême.* / Qui se situe au plus fort, au plus haut point d'intensité. *Joie extrême.* **B.** n. m. Situation opposée à une autre. *Passer d'un extrême à l'autre.* / (Au plur.) MATH. *Les extrêmes d'une proportion* : les premier et dernier termes. / Loc adv. *À l'extrême* : à la limite du possible. *Il s'est montré autoritaire à l'extrême.*

Étienne Eyadema (© NATIONS UNIES).

extrêmement adv. De manière extrême ; très.
extrême-onction Voir **onction**
extrémisme n. m. Tendance, doctrine des extrémistes.
extrémiste adj. et n. Partisan des opinions, des solutions extrêmes, en particulier en politique.
extrémité n. f. Situation extrême, bout. / (En parlant d'une personne) *Les extrémités* : les pieds et les mains. / Fin, dernier moment de la vie. *Être à la dernière extrémité.* / (Au plur.) Violent emportement. *En venir aux pires extrémités.*
extrinsèque adj. Qui vient du dehors, qui n'est pas propre à. *Cause extrinsèque d'un phénomène.* Ant. intrinsèque.
extruder v. t. / v. i. [1] v. t. TECHN. Procéder à l'extrusion de. / v. i. GÉOMORPH. Expulser de la lave, en parlant d'un volcan.
extrusion n. f. GÉOL. Émission de lave formant des aiguilles ou des dômes. / TECHN. Procédé de transformation des matières plastiques, consistant à faire passer la matière à fluidifier à travers une filière.
exubérance n. f. Caractère de ce qui est exubérant. *Exubérance de la végétation.* / Fig. *Parler avec exubérance.*
exubérant, e adj. Surabondant, profus. *Végétation exubérante.* / Fig. *Joie exubérante.* (En parlant d'une personne) *Un enfant exubérant*, débordant de vie.
exultation n. f. Fait d'exulter.
exulter v. i. [1] Être transporté d'allégresse.
exutoire n. m. Moyen de se débarrasser d'une chose, dérivatif à un sentiment violent. / TRAV. PUBL. Ouverture pour l'écoulement des eaux.
ex-voto n. m. inv. (mot latin « suivant le vœu [fait] ») Objet, tableau, inscription symbolique que l'on dépose dans un lieu saint pour un vœu exaucé.
Eyadema (Étienne, puis **Gnassingbé)** 1935 Militaire et homme politique togolais. En 1967, il renversa N. Grunitzky et le remplaça au pouvoir. Élu président de la République en 1972, il fut sans cesse réélu (bien qu'il ait rétabli le multipartisme en 1990).
eye-liner n. m. (mot anglais) Liquide noir ou autrement coloré, utilisé dans le maquillage pour souligner le bord de la paupière.

Èze.

Le prophète **Ezéchiel**, détail de la fresque de Michel-Ange (Chapelle Sixtine, Rome).

Eylau (aujourd'hui *Bagrationovsk*) *7 500 h.* Ancienne ville prussienne (Prusse-Orientale), près de Königsberg. Les troupes de Napoléon Ier y affrontèrent les troupes russes à partir de février 1807 mais n'obtinrent la victoire que dans le courant de l'été. Cette bataille fit 40 000 victimes.

eyra n. m. ZOOL. Petit puma d'Amérique du Sud.

Eyskens (Gaston) 1905-1988 Homme politique belge. Social-chrétien, il fut Premier ministre en 1949, de 1958 à 1961 et de 1968 à 1972.

Eyzies-de-Tayac-Sireuil (Les) *909 h.* Commune du département de la Dordogne, autour de laquelle on a découvert de nombreux sites préhistoriques. Dans l'un des abris-sous-roche, on a exhumé, en 1868, des squelettes, datés de 30 000 av. J.-C., auxquels on a donné le nom d'*hommes de Cro-Magnon*.

Èze *2 446 h.* Commune du département des Alpes-Maritimes. Bâtie sur un rocher, elle domine la Méditerranée. Ruines d'une forteresse sarrasine. *Èze-sur-Mer*, installée sur le littoral, est une station balnéaire.

Ézéchias Roi de Juda de 715 à 685 av. J.-C. Fils d'Achaz, il lui succéda. Il fortifia Jérusalem et fit creuser un tunnel pour l'approvisionner en eau.

Ézéchiel 627 ?-570 ? av. J.-C. L'un des quatre grands prophètes hébreux, captif des Babyloniens avec Jéchonias. Le *Livre d'Ézéchiel* réunit ses oracles et ses prophéties (prise de Jérusalem par Nabuchodonosor, renaissance d'Israël, etc.).

Ezra Voir **Esdras**

F

fa n. m. inv. Quatrième note de la gamme d'*ut*. / *Clé de fa* : formé d'un C retourné suivi de deux points. *La clé de fa est placée sur la quatrième ligne de la portée et indique que la note entre les deux points est un fa.*
Faber (Sandra) 1944 Physicienne américaine, auteur de l'hypothèse selon laquelle la masse cachée de l'Univers existerait sous la forme de matière froide invisible. En 1990, elle met en évidence « le Grand Attracteur », gigantesque quantité de matière dont l'existence est fondée sur l'étude du mouvement de milliers de galaxies à travers l'espace.
Fabergé (Carl) 1846-1920 Orfèvre russe. Ses créations utilisent pierres fines et métaux précieux ; ses œufs de Pâques, destinés notamment aux tsars Alexandre III et Nicolas II, étaient recherchés par toutes les cours d'Europe.
Fabian Society Société créée en Angleterre en 1884 dont les membres voulaient réaliser un programme socialiste inspiré des théories de John Stuart Mill et préconisaient le mode de gestion collectif et direct du bien public, ainsi que la libération de la femme. Ils ne visaient pas le pouvoir mais une transformation de la société profonde, durable, sur un temps long. Pour cette raison, ils se référaient à Fabius Maximus le Temporisateur. Ils contribuèrent à la naissance, en 1893, du Parti travailliste. De son action politique est né le *Labour Party* auquel adhérèrent ses représentants les plus éminents.
Fabiola de Mora y Aragón 1928 Reine des Belges par son mariage avec le roi Baudouin Ier.
Fabius (en latin **Quintus Maximus Verrucosus Fabius,** dit **Cunctator**, « le Temporisateur »**)** 275-203 av. J.-C. Homme politique romain. Deux fois consul, en 233 et 226 av. J.-C., il fut nommé dictateur en 217 après la défaite de Trasimène. Il mena contre Hannibal qui menaçait Rome une guerre d'usure, ce qui lui valut son surnom. Le Sénat diminua ses pouvoirs, mais la défaite de Cannes (216) montra la justesse de sa stratégie. Il fut nommé encore trois fois consul (215, 214 et 209).
Fabius (Laurent) 1946 Homme politique français. Socialiste, il a été ministre du Budget (1981-1983), ministre de l'Industrie et de la Recherche (1983-1984), puis Premier ministre (1984-1986). Président de l'Assemblée nationale (1988-1992 ; 1997-2000), il devient ministre de l'Économie, des Finances et de l'Industrie (2000-2002).
fable n. f. Genre littéraire qui, sous la forme d'un récit allégorique, illustre une vérité de morale pratique. *Les Fables de La Fontaine.* / Histoire inventée, mensongère.
Fables 1668-1694 Œuvre de Jean de La Fontaine comprenant douze livres dont les sujets sont tirés, pour la plupart, d'Ésope et de Phèdre mais aussi du *Roman de Renart* et de quelques fabliaux du Moyen Âge. Dans ces paraboles, le pittoresque des situations illustre une sagesse et un bon sens un peu étroits. Chaque fable met en scène quelques acteurs, animaux et êtres humains, souvent associés à un travers dominant (lion : orgueil, renard : ruse, lièvre : peur) mais, loin de s'en tenir à ce symbolisme psychologique et moral, La Fontaine nuance la conduite de ses protagonistes et leur prête un langage conforme à leur caractère. Enfin le sens de la Nature et un lyrisme discret tempèrent l'ironie de cette « comédie aux cent actes divers ».
fabliau n. m. Court récit en vers, propre à la littérature du Moyen Âge dont le but est de divertir ou d'illustrer une vérité populaire.

Les ***Fables*** *de Jean de la Fontaine :*
Le Renard et la Cigogne,
Le Lièvre et la Tortue.

Charles Fabry.

Fabre (Jean Henri) 1823-1915 Entomologiste français. Montrant un sens de l'observation exceptionnel, ses *Souvenirs entomologiques* (10 volumes, 1879-1917) valent aussi par le style.
Fabre d'Églantine (Philippe Fabre, dit**)** 1750-1794 Écrivain et homme politique français. Disciple de Rousseau, poète (*Il pleut, il pleut, bergère*), il écrit des comédies dont les sujets sont inspirés de l'actualité. Député de Paris à la Convention, il a travaillé au calendrier républicain en rebaptisant les mois de noms imagés. Trafiquant et prévaricateur, il fut guillotiné avec Danton et les Indulgents.
fabricant, e n. Personne qui possède ou dirige une entreprise dans laquelle on confectionne des objets, des produits finis. / Personne qui fabrique elle-même les produits qu'elle vend.
fabrication n. f. Action de fabriquer. *Objet de fabrication artisanale.*
fabrique n. f. Établissement où l'on transforme des matières premières ou des produits semi-finis en produits manufacturés destinés à être commercialisés.
fabriquer v. t. [1] Entreprendre la fabrication de, produire, élaborer. *Fabriquer une cabane. Usine qui fabrique des pâtes.* / Fig. Créer, inventer pour abuser. *Fabriquer un faux, un alibi.* / Fam. Faire. *Qu'est-ce qu'il fabrique ?*
Fabry (Charles) 1867-1945 Physicien français. Polytechnicien, il est professeur à Marseille, puis à la Sorbonne. Ses travaux, orientés essentiellement vers les interférences en acoustique et en optique, le conduisent à inventer avec A. Pérot l'interféromètre à ondes multiples (1896). Il établit une norme internationale de la mesure des longueurs d'ondes fondée sur l'équivalence avec celle du mètre étalon. En 1913, il met en évidence l'existence de la couche d'ozone dans l'atmosphère terrestre et en effectue le dosage par la mesure de l'absorption de la lumière ultraviolette émise par le Soleil.
fabulateur, trice n. Personne qui fabule.
fabulation n. f. PSYCHOL. Fait d'élaborer et de faire passer pour vrais des faits purement imaginaires.
fabuler v. i. [1] PSYCHOL. Se livrer à la fabulation.
fabuleux, euse adj. Propre à la fable. / Par ext. Exceptionnel, digne d'une fable. *Un joueur fabuleux.*
fabuleusement adv. Prodigieusement.
fabuliste n. m. Auteur qui imagine et compose des fables.
fac n. f. Fam. Abrév. de *faculté. Aller à la fac. Fac de médecine.*
façade n. f. Partie antérieure d'un bâtiment où se trouve l'entrée principale. / Chacune des parties extérieures d'un bâtiment. *Procéder au ravalement des façades d'un immeuble.* /

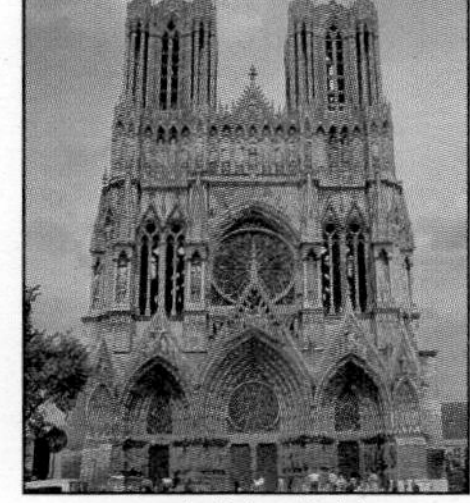

Façade *de la cathédrale Notre-Dame de Reims.*

Fig. Apparence superficielle et trompeuse. *Il est très attentionné mais ce n'est qu'une façade !*
face n. f. et loc. **A.** Partie antérieure de la tête de l'homme ; son visage. / Chacune des surfaces d'une chose. *Un miroir à deux faces.* / Côté d'une médaille ou d'une monnaie qui porte une figure. / MATH. Chacun des plans délimitant un polyèdre. *Les six faces d'un cube.* / Aspect sous lequel se présente qqch. *Résoudre un problème après l'avoir examiné sous toutes ses faces.* / *Perdre la face* : perdre sa dignité, sa crédibilité. *Sauver la face* : sauvegarder les apparences après avoir commis une erreur, subi un échec. *Faire face à* : affronter. *Faire face aux difficultés.* **B.** loc. adv. *En face* : par-devant. *De face* : en ayant sous les yeux l'ensemble de la face. *Face à face* : dans la position où le visage de l'un est tourné vers le visage de l'autre. **C.** loc. prép. *En face de* : vis-à-vis de ; en présence de. *À la face de* : à la vue de.
face-à-face n. m. inv. Débat, confrontation qui se déroule entre deux personnes face au public.
face-à-main n. m. Binocle comportant un manche que l'on tient dans la main. Pl. Des *faces-à-main.*
facétie n. f. Plaisanterie burlesque, bouffonnerie. Par ext. Petite farce amusante, malicieuse. *Les facéties d'un enfant.*
facétieusement adv. De façon facétieuse.
facétieux, euse adj. De la nature de la facétie. *Des aventures facétieuses.* / Qui fait des facéties, qui aime faire des facéties. *Un personnage facétieux.*
facette n. f. Chacune des petites faces délimitant les contours d'un objet. *Les facettes d'une pierre précieuse.* / Fig. Chacun des aspects, différents, parfois contradictoires ou déroutants d'une personne. *Personnage à facettes.* / ZOOL. *Œil à facettes* : œil de certains insectes, composé d'un grand nombre de facettes hexagonales ou carrées, juxtaposées.
fâché, e adj. Mécontent. *J'en suis fâché.* / Brouillé. *Elle est fâchée avec ses parents.*
fâcher v. t. / v. pron. [1] Provoquer la colère de ; contrarier, peiner. *Ce retard me fâche beaucoup.* / v. pron. Se mettre en colère. *Sa mère s'est fâchée contre lui.* Se disputer, se brouiller. *Il s'est fâché avec son ami.*
fâcherie n. f. Brouille momentanée.
fâcheusement adv. De manière fâcheuse.
fâcheux, euse adj. et n. Qui est cause de désagrément. *Un incident fâcheux.* Syn. Déplaisant, malencontreux, regrettable. / n. Litt. Personne dont la présence gêne, importune.
facho adj. et n. m. Fam. Fasciste. *Une manif facho. Qu'est-ce que c'est que ce facho ?*
Fachoda (aujourd'hui *Kodok*) Ville du Soudan, située près du Nil. Un incident violent y opposa en 1898 les troupes du capitaine Marchand, envoyées par la France désireuse de devancer l'Angleterre sur le haut Nil, et celles de lord Kitchener. La France céda, sur l'ordre du ministre des Affaires étrangères Delcassé, qui désirait l'Entente cordiale (effective en 1904).
facial, ale, aux adj. De la face. *Chirurgie faciale.*
faciès n. m. (Souvent péjor.) Ensemble des traits, aspect général du visage. *Le faciès grimaçant d'un meurtrier.* / GÉOL. Structure générale d'une roche considérée du point de vue de sa genèse. / PRÉHIST. Ensemble des éléments qui caractérisent une période par référence à l'évolution dans la fabrication des objets (outils, armes, objets usuels), aux modifications des modes de vie sociaux et culturels.
facile adj. Qui n'est pas difficile, qui se fait sans peine, avec aisance. *Un travail facile.* / Péjor. À la portée de n'importe qui. *Plaisanterie facile.* / Peu exigeant, docile. *Un enfant facile. Femme facile,* qui accorde ses faveurs sans difficulté.
facilement adv. Avec facilité.
facilitation n. f. Action de faciliter ; son résultat.
facilité n. f. Qualité de ce qui est facile. *La facilité d'un travail.* / Aptitude à réaliser qqch. sans effort. *Étudier avec facilité.* / (Au plur.) Conditions avantageuses. *Facilités de déplacement, de paiement.*
faciliter v. t. [1] Rendre facile, plus facile. *Faciliter l'accès au port. Faciliter des rapports sociaux.*
façon n. f. **I.** Manière d'être ou d'agir d'une personne. *Reconnaître qqn à sa façon de marcher.* / Appos. À la manière de ; à l'imitation de. *Un meuble façon Louis XV.* / loc. adv. De toute façon : quoi qu'il en soit. / loc. prép. De façon à (marque l'intention, le but) De façon à lui plaire. / loc. conj. De (telle) façon que : de telle sorte que. **II.** n. f. pl. Manière de se conduire, d'agir, propre à une personne. *Je n'aime pas ses façons.* / Comportement affecté, politesse excessive. *Faire des façons.* / loc. adv. *Sans façon(s)* : avec naturel et simplicité. **III.** Travail, mise en œuvre, mise en forme, effectués par un artisan, un artiste. *Facturer la façon d'un costume. Travailler à façon* : exécuter un travail sur une matière qui a été fournie. / AGRIC. Travail de préparation et d'entretien d'une terre.
faconde n. f. Disposition à parler avec abondance, volubilité.

Façonnage *d'une pièce de monnaie.*

façonnage n. m. Action, art de façonner. *Façonnage du bois, d'une pièce mécanique.*
façonner v. t. [1] Travailler (une matière) pour lui donner une forme. *Façonner du métal.* / Donner forme à, fabriquer (qqch.). *Façonner un chapeau.* / Fig. Former. *L'adversité façonne le caractère.*
façonnier, ère n. Personne qui travaille à façon.
fac-similé n. m. Reproduction exacte, imprimée, gravée, photographiée d'un écrit, d'un dessin, etc. Pl. Des *fac-similés.*
facteur [1] n. m. **I.** Fabricant d'instruments de musique, en particulier d'instruments à clavier, à vent, et de harpes. *Facteur d'orgues.* **II.** Chacun des éléments contribuant à un résultat. *L'industrie est le facteur prépondérant de la prospérité d'un pays.* / BIOL. *Facteur rhésus* : voir *rhésus.* / MATH. Chacun des termes d'un produit à effectuer. *Facteur commun* : nombre qui en divise exactement plusieurs. *Facteur premier* : nombre qui en divise un autre, mais qui n'est divisible que par lui-même ou par l'unité. *Mise en facteurs* : décomposition d'une expression algébrique en produits de facteurs.

The Boston Daily Globe

BIG CRASH AND RALLY IN STOCKS

All Records for Severity of Decline Broken—12,894,650 Shares Traded In, a New High Mark—Tape 160 Minutes Behind at Close—Pool Formed at Morgan Office at Conference of Bankers Checks Headlong Break; Then Some Stocks Recover 10 to 20 Points—Banks and Brokers Sound

BALLOT PROBE IS STOPPED BY JUDGE

$100,000 FIRE LOSS TO HOME IN HINGHAM

WALL ST WORKERS LABOR ALL NIGHT

Fac-similé *d'un journal.*

facteur, trice [2] n. Employé des postes qui distribue le courrier à domicile (aujourd'hui, on dit plutôt *préposé*).
factice adj. Qui est réalisé artificiellement en imitant la nature. *Des fleurs factices.* / Qui représente, imite un objet réel. *Flacon de parfum factice.* / Fig. Qui manque de sincérité, de naturel. *Gentillesse factice.*
factieux, euse adj. et n. Qui prépare, organise des actions destinées à troubler, à renverser l'ordre établi.
faction n. f. MILIT. Mission de surveillance confiée à un soldat. *Être en faction, de faction* : monter la garde. / Groupe politique qui se livre à une opposition active, génératrice de troubles et d'agitation.
factionnaire n. m. MILIT. Soldat en faction.
factorerie n. f. HIST. Comptoir installé par une compagnie de commerce en pays étranger, notamment dans les colonies d'Afrique.
factoriel, elle adj. Qui procède d'un facteur. / MATH. *Analyse factorielle,* qui cherche à déterminer les facteurs communs à plusieurs variables.
factoring n. m. (anglicisme déconseillé) Affacturage.
factoriser v. t. [1] Mettre en facteurs.
factotum n. m. Vieilli Employé subalterne qui assume des charges multiples dans une entreprise, une maison.
factum n. m. (mot latin) DR. Mémoire constitué par chacune des parties d'un procès, pour y exposer sa version des faits, y exprimer accusations ou justifications.
facturation n. f. Établissement de factures de produits vendus, de travaux exécutés. / Service où se font ces opérations.
facture [1] n. f. Écrit comptable indiquant d'une manière précise le prix de vente d'une marchandise ou d'un service, les modalités de paiement, de livraison.
facture [2] n. f. Style, technique de réalisation d'une œuvre d'art. *Tableau d'une facture très originale.* / Fabrication des instruments de musique.
facturer v. t. [1] Établir la facturation de. *Facturer des frais.*
facturette n. f. Petit reçu attestant du paiement par carte bancaire.
facturier, ère n. Celui, celle qui se charge de la facturation. / n. m. COMM. Livre qui répertorie les factures. / n. f. Machine qui établit les factures.
facule n. f. ASTRON. Ensemble des régions brillantes de la photosphère du Soleil que l'on observe à proximité du limbe en lumière blanche.
facultatif, ive adj. Que l'on peut choisir de faire ou de ne pas faire, d'utiliser ou de ne pas utiliser. *Option facultative.*
facultativement adv. De manière facultative.
faculté n. f. Capacité physique ou morale qui permet d'agir. *Avoir une grande faculté d'adaptation. Jouir de toutes ses facultés* : avoir toute sa raison. / Possibilité, autorisation de faire qqch. *Accorder à qqn toute faculté de régler une transaction.* / Propriété d'une matière. *La chaleur a la faculté de dilater les corps.* / Vieilli Établissement d'enseignement supérieur où l'on enseigne telle ou telle matière. *Faculté de droit, des sciences. La Faculté* : la faculté de médecine ; le corps médical.
fada adj. et n. m. Rég. Dans le Midi, un peu fou, cinglé. *Elle est fada. Un fada.*
fadaise n. f. Propos futile et dépourvu d'intérêt. *Dire des fadaises.* Syn. Niaiserie, platitude.
fadasse adj. Péjor. Fade.
fade adj. De peu de saveur. *Un breuvage fade.* / Fig. Qui laisse indifférent. *Des propos fades.*
Fadeïev (Aleksandr Aleksandrovitch) 1901-1956 Romancier soviétique dont les œuvres appartiennent au plus pur « réalisme socialiste » (*La Jeune Garde,* 1945).
fadement adv. Avec fadeur.
Fades (viaduc des) Le plus haut viaduc ferroviaire de France (*132 m*) dans le Puy-de-Dôme, construit de 1901 à 1908. Formé de poutres métalliques, long de *470 m,* il traverse la Sioule.
fadeur n. f. Caractère de ce qui manque de goût. / Fig. Caractère de ce qui est ennuyeux, sans charme. *La fadeur d'un roman.*
fading n. m. (mot anglais) Diminution momentanée de l'intensité d'un signal électrique lors de sa réception. / Fig. *« Fading de la tristesse oubli / Le bruit du cœur brisé faiblit »* (Aragon).
fado n. m. (mot portugais) Chant populaire portugais imprégné de tristesse, de mélancolie.
Faenza *53 600 h.* Ville d'Italie, en Émilie-Romagne. Dès le XIIe siècle, on y fabrique des poteries d'argile émaillée, nommée, en français, faïence. La ville possède un musée qui retrace l'évolution de l'art de la céramique dont l'apogée se situe, pour

Arbre de la famille des **fagacées**: le chêne et son fruit , le gland.

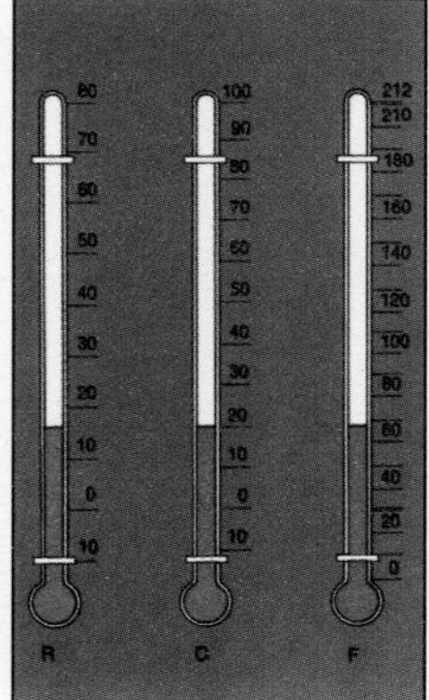

L'échelle Réaumur (R), longtemps utilisée en France. On lui préfère aujourd'hui l'échelle Celsius (C). L'échelle **Fahrenheit** (F) est en vigueur dans les pays anglo-saxons.

Faenza, au XVIe siècle. La ville est entourée de remparts du XVe siècle.

fagacées n. f. pl. BOT. Famille d'arbres dicotylédones, dont le fruit, un akène, est pris dans une cupule. *Les fagacées comprennent notam. le hêtre, le chêne, le noisetier.* Syn. Cupulifères.

fagales n. f. pl. BOT. Ordre d'arbres dicotylédones dont le fruit est un akène, comprenant les fagacées et les bétulacées. *Le hêtre, le bouleau, le noisetier sont des fagales.*

fagne n. f. Dépression marécageuse ou tourbeuse sur les plateaux ardennais.

Fagnes (Hautes) Plateau de l'Ardenne belge où alternent forêts, landes et tourbières. Il culmine à *692 m* au signal de Botrange.

fagot n. m. Assemblage de petites branches coupées, attachées ensemble au moyen d'un lien. / loc. adj. Fig. *De derrière les fagots*: d'une qualité particulièrement remarquable et que l'on conserve pour une occasion exceptionnelle. *Un petit vin de derrière les fagots.*

fagoté, e adj. Fam. *Un individu mal fagoté,* mal habillé. *Un projet mal fagoté,* mal pensé, mal présenté.

Fahd ibn Abd al-Aziz 1922 Roi d'Arabie séoudite. Quinzième fils d'Ibn Séoud, il succède (1982) à son frère Khaled et engage son pays contre l'Irak dans la guerre du Golfe (1990-1991). Malade, il laisse gouverner le prince héritier Abdallah, son demi-frère.

Fahrenheit (Daniel) 1686-1736 Physicien allemand. Il fabriqua des thermomètres en substituant le mercure à l'alcool (1715). L'échelle linéaire de température qu'il choisit prend comme repère la température de fusion de la glace, qu'il fixa à 32 °F, et celle de l'ébullition de l'eau, fixée à 212 °F. La conversion de l'échelle de température Fahrenheit vers l'échelle Celsius s'obtient par la relation: $t_F = 32+1{,}8\ t_C$.

faiblard, e adj. Fam. Faible, plutôt faible.

faible adj. et n. Qui manque d'énergie physique ou de volonté. / Qui manque de résistance, de solidité. / Qui manque d'intensité, de puissance. *Un faible bruit. De faibles pluies.* / Dont le niveau est insuffisant. / n. Personne sans caractère, sans forme morale. *Faible d'esprit*: personne dont les facultés mentales sont diminuées. / n. m. Fig. Penchant, préférence. *Le chocolat, c'est son faible! Avoir un faible pour qqn, qqch.*: avoir une attirance particulière pour qqn, qqch.

faiblement adv. Avec faiblesse ; à peine.

faiblesse n. f. Manque de vigueur physique. / Manque de résistance, de solidité d'une chose. *Faiblesse d'une charpente.* / Mollesse de caractère, absence de fermeté et de capacité de décision. / Défaillance physique momentanée. *Avoir une faiblesse.* / Fig. Préférence, goût, indulgence. *J'ai une faiblesse pour les tomates séchées. Il a une faiblesse pour son petit-fils, malgré son insolence.*

faiblir v. i. [2] Devenir faible, plus faible. *Le vent faiblit.*

Faidherbe (Louis) 1818-1889 Officier français. Gouverneur du Sénégal de 1854 à 1861 et de 1863 à 1865, il entreprit une politique de colonisation des pays voisins, en recrutant des troupes de tirailleurs sénégalais. Il s'attacha à la mise en valeur du Sénégal et fonda le port de Dakar. Républicain, mis à l'écart sous le Second Empire, il fut, après 1871, sénateur et grand chancelier de la Légion d'honneur.

faïence n. f. Poterie d'argile recouverte d'un émail ou d'un vernis. *Vaisselle en faïence.* / Objet en faïence. *Des faïences de Rouen, de Nevers.*

faïencerie n. f. Fabrique de faïence. / Objet en faïence.

faille [1] n. f. Étoffe de soie dont la trame forme des côtes transversales.

faille [2] n. f. GÉOL. Profonde fissure de l'écorce terrestre, accompagnée d'une dénivellation des blocs séparés par la cassure. / Fig. Défaut, défaillance. *Argumentation sans faille.*

failli, e adj. et n. Qui a fait faillite.

faillibilité n. f. Rare Possibilité de se tromper, de commettre une erreur ou une faute. *La faillibilité est inhérente à la raison humaine.* Ant. Infaillibilité.

faillible adj. Qui peut faillir. Ant. Infaillible.

faillir v. t. ind. / v. i. [3] **A.** v. t. ind. *Faillir à*: ne pas respecter (un engagement, un devoir). *Faillir à sa parole.* **B.** v. i. Litt. Commettre une faute. / *Faillir* (+ inf.): être près de, sur le point de (faire ou subir qqch.). *J'ai failli le renverser. Il a failli mourir.*

faillite n. f. État d'un commerçant dont la cessation de paiement suivie du dépôt de bilan a fait l'objet d'un constat légal. *Faire faillite.* / DR. *Faillite personnelle*: état d'une personne qui dirige un commerce, une entreprise en cessation de paiements à la suite d'actes délictueux. / Fig. Échec complet. *La faillite d'un projet, d'une politique.*

faim n. f. Sensation accompagnant le besoin de manger et due aux contractions de l'estomac. / Fig. Désir passionné. *Avoir faim de gloire.* / État de disette, de famine frappant un pays, une population.

faine ou **faîne** n. f. BOT. Fruit du hêtre.

fainéant, e adj. et n. Qui ne veut pas travailler, qui reste inactif. / HIST. *Les rois fainéants*: les derniers rois mérovingiens qui laissaient gouverner les maires du Palais. Syn. paresseux.

fainéanter v. i. [1] Paresser.

fainéantise n. f. Caractère fainéant (de qqn). *Sa fainéantise est proverbiale.*

Fairbanks *31 850 h.* Ville des États-Unis (Alaska) créée par les chercheurs d'or. Importante base militaire pendant la Seconde Guerre mondiale.

Fairbanks (Douglas Ullman, dit **Douglas)** 1883-1939 Acteur américain, vedette de films muets: *Le Signe de Zorro* (1920), *Robin des bois* (1922), *Le Voleur de Bagdad* (1924), *Le Masque de fer* (1929).

faire v. t. / v. i. / v. impers. / v. pron. [3] **A.** v. t. **I.** Créer, fabriquer, produire. *Faire un meuble, un film, le repas. Faire des enfants.* / Agir pour se procurer. *Faire des provisions, de l'argent.* **II.** Exécuter (un mouvement, une action); exercer (une activité). *Faire des bonds, des efforts. Faire le bien, le mal. Faire du tennis, des études.* Loc. *Ne faire que*: ne pas cesser de. **III.** (suivi d'un adj., d'un adv., d'un nom exprimant un prix, une mesure, etc.) Paraître, sembler. *Il fait plus jeune que son âge.* / Jouer (un rôle); imiter. *Faire l'idiot.* / Investir (qqn) d'un titre, d'une qualité. *Il fut fait chevalier.* / Produire tel effet. *Faire peur. Faire du bien.* / Donner tel résultat, constituer. *Deux et deux font quatre.* / Avoir telle forme. *La rue fait un angle.* / Avoir pour (telle taille, telle forme, telle vitesse). *Je fais du 42. Cette jupe fait jeune. Cette voiture fait du 180 à l'heure.* (Pour éviter les répétitions, se substitue à un verbe.) *Je voudrais danser comme tu le fais.* **B.** v. i. Agir. *Faire vite et bien.* **C.** v. impers. *Il fait*: le temps, la température est. *Il fait beau et chaud.* **D.** v. pron. Devenir. *Se faire vieux, rare. Il se fait tard.* / Décider de devenir. *Se faire moine. Se faire à*: s'habituer, s'adapter à. / Loc. *Ça se fait*: c'est en usage. / Former en soi. *Se faire des idées, du souci.* / Se procurer. *Se faire plaisir. Se faire des amis.* / S'accomplir. *Ce projet se fera plus tard.*

faire-part n. m. inv. Lettre, billet qui annonce un événement (naissance, fiançailles, mariage, décès).

faire-valoir n. m. inv. Mode de gestion, d'exploitation d'un capital immobilier. *Faire-valoir direct*: exploitation d'une terre par son propriétaire. / Personnage, acteur de second plan dont le rôle est de mettre en valeur un acteur de premier plan. *Servir de faire-valoir au jeune premier.* / Personne qui met qqn en valeur en restant en retrait.

fair-play n. m. inv. et adj. inv. (mot anglais) Dans la pratique d'un sport, d'un jeu, attitude de celui qui applique avec loyauté les règles, respecte son adversaire, accepte sa défaite. / Par ext. Loyauté dans les rapports professionnels, amicaux, etc. / adj. *Se montrer fair-play.*

faisabilité n. f. Caractère de ce qui est réalisable. *Étudier la faisabilité d'un projet.*

faisable adj. Qu'il est possible de faire.

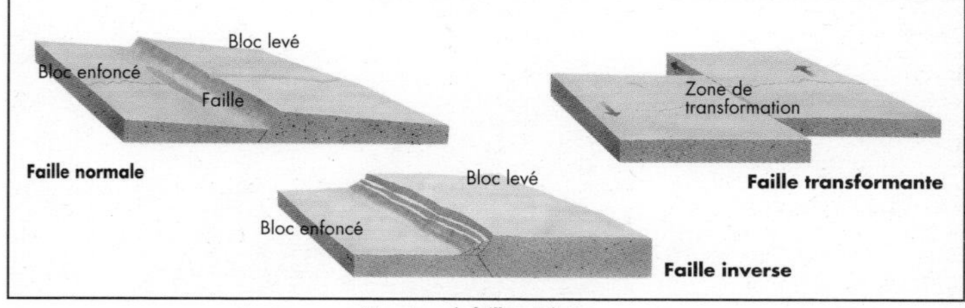

Divers types de **failles** géologiques.

F

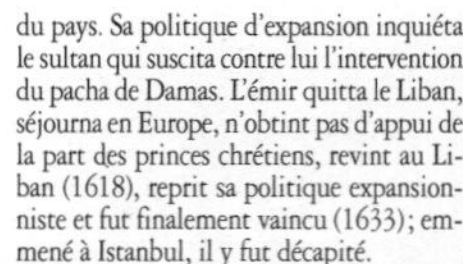

Faisan *mâle (à gauche) et femelle (à droite).*

faisan, ane n. ZOOL. Oiseau gallinacé à longue queue, originaire d'Asie, de la famille des phasianidés, dont le plumage du mâle est vivement coloré. *Le dimorphisme sexuel est prononcé chez les faisans, la femelle (poule faisane ou faisane) possède un plumage terne, beige à dessins noirs.* / Fig. Escroc. *Il m'a volé, quel faisan!*
faisandage n. m. Fait de laisser se mortifier la viande de gibier pour qu'elle prenne un fumet spécial.
faisandé, e adj. Auquel le faisandage a donné sa saveur spéciale. *Gibier faisandé.* / Fig. Corrompu. *Des fonctionnaires faisandés.*
faisanderie n. f. Élevage de faisans.
Faisans (île des) Île située sur la Bidassoa, qui appartient pour moitié à la France et à l'Espagne. Le traité des Pyrénées y fut signé en 1659.
faisceau n. m. Assemblage d'objets de forme allongée, de même nature et liés ensemble. / MILIT. Groupe de fusils dont les crosses sont posées au sol et dont les canons s'appuient les uns contre les autres, formant une pyramide. *Mettre des fusils en faisceau.* / ARCHIT. *Colonne en faisceau*: colonne formée par plusieurs colonnettes. / ANAT. Ensemble de fibres juxtaposées. *Faisceaux musculaires, nerveux.* / BOT. Ensemble des vaisseaux du xylème, dans lesquels circule la sève brute. *Faisceau ligneux.* / PHYS. *Faisceau lumineux*: ensemble de rayons lumineux émanant d'une même source. / Fig. Ensemble d'éléments qui convergent dans une même direction, vers un même but. *Un faisceau de preuves.*
faiseur, euse n. Personne qui fait, qui fait habituellement (qqch.). *Un faiseur de tours d'adresse.* / Péjor. *Un faiseur de phrases, d'embarras.* / Vieilli *Faiseuse d'anges*: femme qui pratique des avortements. (Emploi absol.) Personne qui se fait passer pour ce qu'elle n'est pas. *Ce n'est qu'un faiseur.*
faisselle n. f. Récipient à fond percé de trous, pour faire égoutter les fromages.
fait [1] n. m. Action de faire, de réaliser qqch. *Le fait de partir. Le fait d'écrire, de bouger.* / Ce qui existe; ce qui s'est réellement passé. *Raconter les faits. S'incliner devant les faits.* / Action glorieuse. *Haut fait. Fait d'armes.*
fait, e [2] adj. Fabriqué; constitué; réalisé. Cette jupe est mal faite. Ta fille est faite au tour: ta fille a une silhouette parfaite. Sitôt dit, sitôt fait. / Accompli; parvenu à maturité. Un homme fait, adulte. Fromage fait, bon à la consommation. / Fam. Sur le point d'être démasqué. S'il trouve ces papiers, vous êtes fait comme un rat.
faîtage n. m. Pièce supérieure d'une charpente supportant l'extrémité des chevrons. / Couverture de l'arête supérieure d'une toiture à deux versants.
fait divers ou **fait-divers** n. m. Événement relaté par les médias, qui touche des particuliers et présente un caractère dramatique ou insolite. *Rubrique des faits-divers dans un journal.* Pl. Des *faits(-)divers.*
faîte n. m. Partie la plus haute d'un édifice. / Sommet. *Le faîte d'un arbre.* / Fig. Apogée, point culminant. *Être au faîte de la gloire.* / GÉOGR. *Ligne de faîte*: ligne idéale qui relie les points culminants d'une montagne. Syn. Ligne de crête.
faîtière n. f. Tuile semi-cylindrique recouvrant l'arête supérieure d'un toit (on dit aussi *tuile faîtière*). / Lucarne éclairant l'espace situé sous le toit.
faitout ou **fait-tout** n. m. Récipient profond muni de deux anses et d'un couvercle, pour la cuisson des aliments. *Un faitout émaillé.* Pl. Des *faitouts* ou *fait-tout.*
faix n. m. Vx ou litt. Fardeau très pesant, pénible à porter. Au fig. Charge, obligation pesante. / ARCHIT. Tassement d'une maison qui se produit peu après la construction. / MÉD. Le fœtus et ce qui l'accompagne.
Fakhr al-Din II ou **Ficardin** 1572-1635 Émir druze. Autour de Beyrouth, qu'il fortifia et embellit, il réorganisa le Liban, développa l'agriculture et favorisa les chrétiens qu'il poussa à s'installer dans le sud du pays. Sa politique d'expansion inquiéta le sultan qui suscita contre lui l'intervention du pacha de Damas. L'émir quitta le Liban, séjourna en Europe, n'obtint pas d'appui de la part des princes chrétiens, revint au Liban (1618), reprit sa politique expansionniste et fut finalement vaincu (1633); emmené à Istanbul, il y fut décapité.
fakir n. m. Ascète musulman ou hindou qui pratique des mortifications en public et vit d'aumônes. / Personne qui exécute des exercices, des tours qui relèveraient de la magie.
falaise n. f. Escarpement abrupt, élevé, formé par l'érosion de la mer. *Falaise vive*: falaise toujours attaquée par la mer qui déblaie les éboulis à la base de l'abrupt. *Falaise morte*: falaise au pied de l'abrupt de laquelle les éboulis s'amoncellent et ne sont plus arrachés par la mer.
Falasha(s) ou **Falacha(s)** Population du nord de l'Éthiopie. Parlant une langue sémitique (amharique ou tigrigna), ils pratiquent un judaïsme archaïque dont certains traits sont très proches du christianisme primitif dont l'Église éthiopienne a conservé bien des traditions et des rites. Ils se nomment eux-mêmes *Beta Israel* (« Maison d'Israël »); leur origine demeure sujette à discussion et certains ethnologues ne voient pas en eux des juifs, mais une tribu (ou un peuple) dont les coutumes s'écartent de celles des chrétiens éthiopiens. En 1973, les instances religieuses d'Israël les ont reconnus comme juifs et, entre 1985 et 1991, nombre d'entre eux se sont installés en Israël.
falbala n. m. Anc. Bande d'étoffe à fronces qui servait de garniture au bas des robes et des rideaux. / (Au plur.) Ornements qui surchargent exagérément une tenue vestimentaire. *Robe à falbalas.*
falciforme adj. ANAT. Qui est en forme de faucille. *Ligament falciforme.* / MÉD. *Anémie falciforme*: drépanocytose.
Falconet (Étienne) 1716-1791 Sculpteur français. Ses premières statues ont une grâce délicate de même que les modèles qu'il exécuta pour la manufacture de Sèvres. Sa dernière œuvre, la statue équestre de Pierre le Grand, réalisée à la demande de Catherine II lors de son séjour à Saint-Pétersbourg, témoigne d'un retour au classicisme.
Falconetti (Renée) 1892-1946 Comédienne française; actrice de théâtre, son unique rôle au cinéma (*La Passion de Jeanne d'Arc*, de Dreyer, 1928) la fit connaître sur le plan international.

Falaises *de Bonifacio (Corse).*

Manuel de Falla.

falconidés n. m. pl. ZOOL. Famille d'oiseaux de l'ordre des falconiformes, regroupant les faucons.
falconiformes n. m. pl. ZOOL. Ordre d'oiseaux à bec crochu, munis de serres, communément appelés rapaces diurnes, regroupant les faucons, les aigles, les buses, les vautours, etc.
Falkland (îles) (en français *Malouines,* en espagnol *Malvinas) 12 173 km² 2 000 h.* Chef-lieu *Port Stanley.* Archipel britannique, situé dans l'Atlantique Sud, au large de la Terre de Feu, qui comprend deux îles principales. Ce sont essentiellement des bases de pêche à la baleine et l'on y pratique aussi l'élevage du mouton. Les îles Falkland sont revendiquées par les Argentins qui les occupèrent de 1829 à 1832 et en 1982, ce qui entraîna de la part de la Grande-Bretagne une intervention dont elle sortit victorieuse.
Falla (Manuel de) 1876-1946 Compositeur espagnol qui a puisé son inspiration aux sources de la danse, de la littérature et de la musique populaires de son pays. Ami de Ravel, Debussy, Dukas, il ne se laissa cependant pas influencer par leurs styles; sa première œuvre est un opéra (*La Vie brève*, 1905, d'abord représenté à Paris). Il composa notamment des *Chansons populaires* (1914), des ballets, *L'Amour sorcier* (1915), *Le Tricorne* (1919), un concerto, une pièce pour piano et orchestre, *Nuits dans les jardins d'Espagne* (1916). Il n'acheva pas *L'Atlantide* et s'exila en Argentine après la guerre civile.
fallacieusement adv. De façon fallacieuse.
fallacieux, euse adj. Qui est destiné à tromper ou qui induit en erreur en ayant l'apparence de la vérité. *Prétexte fallacieux. Argument fallacieux.*
Fallada (Rudolf Ditzen, dit **Hans)** 1893-1947 Écrivain allemand, auteur de romans où il décrit avec justesse et poésie la vie des milieux ruraux, la révolte des petites gens de Berlin, dans l'Allemagne d'Hitler: *Et maintenant, mon petit bonhomme?* (1932).
Fallières (Armand) 1841-1931 Homme politique français, président de la République de 1906 à 1913.
falloir v. impers. [3] (n'est employé qu'à l'infinitif, à l'indicatif présent, imparfait, futur, au passé simple, au conditionnel présent, au subjonctif présent et imparfait, et

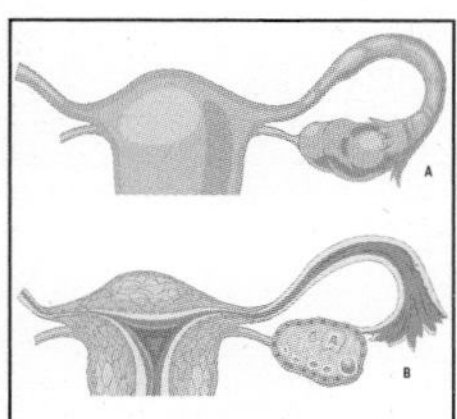

*Vue générale (A) et en coupe (B) de la trompe de **Fallope** et de l'ovaire.*

aux troisièmes personnes du sing. des temps composés) *Il faut* : il est nécessaire de. *Il faut manger pour vivre. Il fallait venir pour voir ça. Il faut être fou pour faire une chose pareille,* c'en est la conséquence logique. *Il a fallu qu'il vienne ce jour-là,* c'était fatal. / Loc. *Comme il faut* : convenablement. *Faire les choses comme il faut.* (Par ext.) *Des gens comme il faut,* convenables. / *S'en falloir de* : manquer. *Il s'en faut de beaucoup. Il s'en est fallu de peu que* : il a failli advenir que.

Fallope (Gabriel, en italien **Gabriele Falloppia)** 1523-1562 Médecin italien. Il étudia l'oreille interne et les organes génitaux féminins, donnant son nom aux *trompes de Fallope.*

Falloux (Frédéric, comte de**)** 1811-1886 Homme politique français. Membre du parti catholique libéral, il fut ministre de l'Instruction publique en 1848-1849. La *loi Falloux* (1850) favorisait l'enseignement confessionnel ; elle fut, au cours des siècles, plusieurs fois modifiée. En 1888, on publia ses mémoires.

falot [1] n. m. Grosse lanterne portative.

falot, e [2] adj. Qui manque de personnalité ; insignifiant. *Une jeune fille falote.*

falsification n. f. Action de falsifier ; ce qui est falsifié.

falsifier v. t. [1] Modifier volontairement (qqch.) dans une intention malhonnête. *Falsifier un document.*

Falstaff Aventurier cynique, beau parleur et lâche, créé par Shakespeare dans *Henri IV* et que l'on retrouve dans *Les Joyeuses Commères de Windsor.* Verdi lui a consacré une comédie lyrique (1893) et O. Welles un film (1966) qu'il a interprété.

faluche n. f. Anc. Sorte de béret noir, en velours, que portaient les étudiants.

falun n. m. Sédiment marin calcaire, riche en coquilles et en éléments fossilisés, déposé dans certaines régions (Touraine, Aquitaine) lors de la transgression marine de l'ère tertiaire.

falzar n. m. Fam. Pantalon.

famé, e adj. *Mal famé* : de mauvaise réputation. *Quartiers mal famés d'une ville.*

famélique adj. Qui a faim. *Populations faméliques.* / Par ext. Maigre, émacié. *Une figure famélique.*

fameusement adv. Très.

fameux, euse adj. Renommé, réputé. *Un personnage fameux.* / Dont on parle beaucoup. *C'est le fameux incident d'hier.* / Par ext. Excellent. *Un fameux repas. Ce n'était pas fameux* : c'était médiocre.

familial, ale, aux adj. Propre ou relatif à la famille. *Patrimoine familial.*

familiariser v. t. [1] Accoutumer, habituer. *Familiariser un enfant avec son nouvel environnement.* / (Emploi pron.) *Il s'est familiarisé avec son nouvel environnement.*

familiarité n. f. Ensemble de relations d'intimité comparables à celles existant dans une famille. / Comportement simple, naturel envers qqn. *Traiter qqn avec une amicale familiarité.* / (Au plur.) Péjor. Manières, attitudes trop libres.

familier, ère adj. et n. Dont la compagnie est habituelle. *Animaux familiers.* / Subst. Personne qui fait partie de l'entourage de qqn ou qui fréquente assidûment un endroit. *C'est un familier de l'hôtel.* / Sans affectation, comme entre intimes. *Langage familier.* / Par ext., péjor. Qui manque un peu trop de respect, de déférence. *Je déteste me montrer familière.* / (En parlant de choses) Connu, courant, habituel. *Paysage familier.*

familièrement adv. De manière familière.

familistère n. m. HIST. Dans le système de Fourier, phalanstère groupant plusieurs familles. *Familistère de Guise* : établissement fondé, dans l'Aisne, en 1860, pour loger un grand nombre d'ouvriers de l'usine Godin en leur assurant de nombreux avantages sociaux et une participation aux bénéfices ; les ouvriers en sont devenus propriétaires en 1880 et le lieu est toujours habité en copropriété. / Coopérative, dans certaines régions françaises.

famille n. f. Ensemble de personnes du même sang, de la même souche. *La famille Dupont.* / Ensemble des personnes ayant des liens de parenté plus ou moins éloignés. / Ensemble formé par le père, la mère et les enfants. *Défendre les droits de la famille.* / Ensemble des enfants issus d'un couple. *Une famille nombreuse.* / BIOL. Unité de classification de rang inférieur à l'ordre et supérieur au genre. *Famille des félidés, des labiacées.* / LING. *Famille de mots*, qui regroupe les mots formés à partir d'une même racine (par ex. : esprit, spirituel, spirite, spiritisme, spiritualisme, spiritualité, spiritueux, etc.). / MATH. *Famille de courbes* : ensemble de courbes qui varient en fonction d'un paramètre, valeur supposée connue. / Ensemble de personnes ou de choses possédant des origines, des valeurs, des particularités communes. *Appartenir à la même famille politique.*

famine n. f. Manque total de nourriture dans une contrée, un pays, une ville. / Fig. *Salaire de famine*, insuffisant pour subsister.

fan n. et adj. inv. en genre. (mot anglais) Fam. Personne qui voue une admiration enthousiaste et passionnée à qqn, à qqch., particulièrement à une vedette du cinéma, de la chanson.

fana adj. et n. Fam. Fanatique. *Elle est fana de tennis.*

fanal n. m. Grosse lanterne servant de signal sur les bateaux ou de balise à l'entrée d'un port. / Phare de locomotive. Pl. Des *fanaux.*

fanatique adj. et n. Qui exprime du fanatisme.

fanatiquement adv. De manière fanatique.

fanatiser v. t. [1] Rendre fanatique. *Les orateurs ont fanatisé la foule.*

fanatisme n. m. Passion exaltée et intolérante jusqu'à la violence pour une personne, une croyance, une doctrine, une idée. *Fanatisme religieux.*

fanchon n. f. Coiffure féminine faite d'un fichu noué sous le menton, portée autrefois par les paysannes, et mise à la mode au XVIIIe siècle dans les milieux élégants.

*Affiche du film **Fanfan la Tulipe**.*

fandango n. m. (mot espagnol) Danse très rythmée d'origine andalouse, avec accompagnement de guitare et de castagnettes ; air qui accompagne cette danse.

fane n. f. (Généralement au plur.) Tiges et feuillage de diverses plantes dont on consomme une partie. *Fanes de carottes, de radis.*

fané, e adj. Flétri. *Couleur, visage fanés.*

faner v. t. / v. i. [1] **A.** v. t. Remuer et étaler (l'herbe coupée) pour qu'elle sèche. / Défraîchir (une fleur). / Faire perdre son éclat à. **B.** v. i. et pron. Défraîchir, se flétrir, en parlant d'une fleur. / Perdre de son éclat.

faneur, euse n. Personne qui fane. / n. m. AGRIC. Machine à faner.

Fanfan la Tulipe 1819 Héros de la chanson populaire *En avant Fanfan la Tulipe* qui inspira à Christian-Jaque un film (1951), avec Gérard Philipe et Gina Lollobrigida.

fanfare n. f. Air interprété à un rythme rapide et entraînant par des cuivres et des trompettes. / Orchestre où prédominent les cuivres. / *En fanfare* : à grand bruit. *Réveil, arrivée en fanfare.*

fanfaron, onne adj. et n. Qui se vante avec exagération de ses mérites, de ses qualités.

fanfaronnade n. f. Propos, attitude de fanfaron.

fanfaronner v. i. [1] Faire le fanfaron.

fanfreluche n. f. (Souvent péjor. et au plur.) Accessoire destiné à orner une tenue vestimentaire, à décorer. *Porter des robes à fanfreluches. Des rideaux surchargés de fanfreluches.*

Fang(s) ou **Pahouins** Population du Gabon, de Guinée équatoriale et du Cameroun, venue du nord-est en lentes migrations depuis le XVIIIe siècle, et qui a supplanté les peuples bantous qui occupaient le pays auparavant. Les Fang sculptent dans du bois dur des têtes au visage inscrit dans un triangle et des masques.

fange n. f. Boue. / Fig. et litt. Condition vile, méprisable. *Il se complaît à vivre dans la fange.*

fangeux, euse adj. Plein de fange ; souillé de fange.

Fangio (Juan-Manuel) 1911-1995 Coureur automobile argentin. Cinq fois champion du monde, il domina de 1948 à 1958 la compétition automobile mondiale.

fanion n. m. Petit drapeau de tissu, de papier, distinctif ou servant de jalon sur un parcours. *Fanion d'un club de sport.*

fanon n. m. LITURG. CATHOL. Paire de deux bandes fixées à l'arrière de la mitre épiscopale. / ZOOL. Peau qui pend sous le cou de certains animaux (chiens, bœufs, oiseaux, etc.). *Les fanons d'un dindon.* / Touffe de crins qui recouvre l'ergot et la partie postérieure du pied du cheval. / Chacune des lames cornées qui garnissent la mâchoire supérieure de la baleine et d'autres cétacés, et qui leur servent à filtrer l'eau en retenant le plancton dont ils se nourrissent.

Fanon (Frantz) 1925-1961 Psychiatre français d'origine martiniquaise, théoricien de la révolution dans le tiers-monde. Celui-ci, selon Fanon, devrait réinventer l'histoire au lieu de répéter les erreurs (et horreurs) occidentales : *Peau noire, masques blancs* (1952), *Les Damnés de la terre* (1961).

fantaisie n. f. Vx Imagination. / Créativité qui s'exprime librement, de façon originale, imaginative. *Laisser libre cours à sa fantaisie.* / Humeur passagère ; caprice. *Passer une fantaisie à qqn* : satisfaire son caprice. / MUS. Morceau de structure libre. / *De fantaisie* ou, en appos., *fantaisie* : qualifie un objet, un vêtement, un accessoire sans valeur intrinsèque, mais qui, s'écartant des modèles classiques, plaît par son originalité. *Un bracelet fantaisie.*

fantaisiste adj. et n. **I.** Qui agit au gré de ses caprices, de ses humeurs. / Qui manque de sérieux. *Une théorie fantaisiste.* / n. Personnage original et farfelu. *Ne faites pas attention, c'est un fantaisiste.* **II.** n. Artiste de music-hall, de cabaret qui présente un répertoire de chansons, d'histoires, d'imitations.

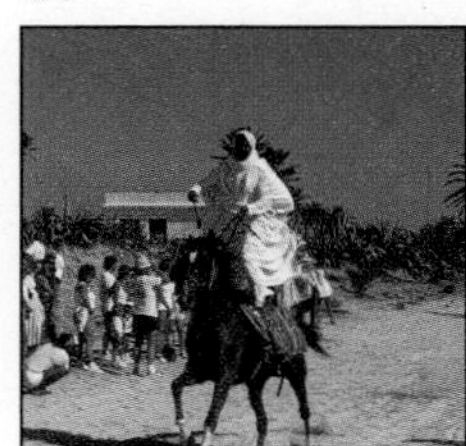
***Fantasia** à Djerba (Tunisie).*

fantasia n. f. (mot arabe issu de l'espagnol) Démonstration équestre des cavaliers arabes qui exécutent des tours d'adresse au galop, en tirant des coups de fusil et en poussant des cris guerriers.

fantasmagorie n. f. Vx Art de faire apparaître des formes fantomatiques dans une salle obscure, grâce à des effets d'optique. / Fig. Spectacle qui a qqch. de fantastique et d'un peu effrayant. / Utilisation d'effets surnaturels et extraordinaires dans une œuvre littéraire.

fantasmagorique adj. Qui procède de la fantasmagorie.

fantasmatique adj. De la nature du fantasme.

fantasme ou (vieilli) **phantasme** n. m. PSYCHAN. Représentation imaginaire que le sujet élabore pour fuir le réel et exprimer des désirs, conscients ou inconscients, qu'il a refoulés.

fantasmer v. i. [1] Produire, élaborer des fantasmes.

fantasque adj. Dont l'humeur, le comportement peuvent changer de façon inattendue ; capricieux.

Fantômas, Le Mort qui tue, un film de Louis Feuillade.

fantassin n. m. Soldat qui sert dans l'infanterie.
fantastique adj. et n. m. Qui est le fruit de l'imagination, qui n'existe pas dans la réalité. *Le griffon est un animal fantastique.* / Qui semble bizarre, insolite. *La brume donnait au paysage des formes fantastiques.* / Qui étonne par son caractère exceptionnel. *Courir à une vitesse fantastique.* / n. m. *Le fantastique*: genre artistique, littéraire où le surnaturel se mêle à la réalité.
fantastiquement adv. De manière fantastique; prodigieusement.
Fantin-Latour (Henri) 1836-1904 Peintre français. Ami de Manet, de Degas et des impressionnistes, peintre de bouquets et de natures mortes dont la technique irréprochable et les couleurs franches ne renient pas la tradition, il est l'auteur de portraits collectifs qui rassemblent les artistes de son temps (*Un atelier aux Batignolles*, 1870).
fantoche n. m. Marionnette articulée que l'on manipule à l'aide de fils. / Fig. Personne sans caractère, que l'on peut facilement manipuler. / Appos. *Gouvernement fantoche*, sans pouvoir réel, soumis à une autorité extérieure.
Fantômas Héros des romans policiers de Marcel Allain et Pierre Souvestre dont Louis Feuillade a tiré cinq films (1913-1914).
fantomatique adj. Qui offre l'apparence d'un fantôme.
fantôme n. m. Spectre, apparition surnaturelle d'un défunt. *Une maison hantée par des fantômes.* / Fig. Personne, chose, qui n'a que l'apparence de ce qu'elle est censée être. *Cet homme est un fantôme de président.* Appos. *Parents fantômes.* / MÉD. *Membre fantôme*: membre qu'une personne amputée perçoit comme existant toujours par suite de la rémanence de certains circuits neurologiques.
fanzine n. m. ou n. f. Magazine imprimé le plus souvent de façon artisanale, à faible tirage et de périodicité variable, consacré d'abord à la bande dessinée, puis à d'autres formes d'expression (cinéma, notamment), et destiné aux amateurs de ces modes d'expression.
F.A.O. Sigle anglais pour *Food and Agriculture Organization*, « Organisation (des Nations unies) pour l'alimentation et l'agriculture », créée en 1945 par l'ONU, pour promouvoir l'agriculture, rééquilibrer l'alimentation (en particulier dans les pays les plus pauvres) et améliorer le niveau de vie. Elle siège à Rome.
faon n. m. Petit du cerf, du daim, du chevreuil.
faquin n. m. Vx ou litt. Homme vil, méprisable et irrespectueux.
far n. m. CUIS. Flan, gâteau fait de crème anglaise cuite, additionnée ou non de fruits (pruneaux, abricots notamment).
Farabi (Abu Nasr Muhammad ibn Muhammad ibn Tarkhan ibn Uzalagh al-), dit **Alfarabius** 872-950 Philosophe arabe d'origine turque. Il concilia l'enseignement de Platon et celui d'Aristote dans *L'Accord entre les doctrines des deux sages: Platon et Aristote.* Théoricien de la politique, il tente de déterminer la meilleure organisation politique (*Livre du gouvernement de la cité*).
farad n. m. Unité de capacité électrique du système international (symbole: F). *Un farad correspond à la capacité d'un condensateur entre les armatures duquel apparaît une différence de potentiel de 1 volt quand il est chargé d'une quantité d'électricité égale à 1 coulomb.*
faraday n. m. Unité (n'appartenant pas au système SI) de quantité d'électricité, de symbole F, valant 96 487 coulombs.
Faraday (Michael) 1791-1867 Chimiste et physicien anglais. Issu d'une famille modeste, apprenti relieur chez un émigré français à Londres, il s'intéresse en autodidacte à la chimie et à l'électricité. En 1813, il obtient un poste de technicien à la *Royal Institution of Great Britain* grâce à l'appui de Davy avec qui il travaille. En 1818, il réussit la première liquéfaction du chlore, ce qui lui permettra d'être élu à la *Royal Society* en 1824. Poursuivant ses recherches, il découvre le benzène, puis élabore la synthèse de composés du carbone. À la suite de la découverte (1822) de Œrsted portant sur les relations entre le magnétisme et le courant électrique, il approfondit l'étude de l'électromagnétisme et propose le concept de « ligne de champ ». Il démontre la possibilité de transformer l'énergie électrique en énergie productrice de travail (principe du moteur électrique). En 1831, il découvre le principe d'induction, découverte qui trouve son application dans l'utilisation du courant alternatif et des dynamos. Étudiant l'électrostatique, il montre, par l'analyse de l'électrisation par influence, que l'intérieur d'un conducteur creux se trouve hors de l'influence des champs électriques extérieurs (principe de la cage de Faraday). Constatant qu'un conducteur diélectrique peut retenir de l'énergie électrique et qu'un électroaimant génère de l'énergie dans son environnement, il en déduit qu'il est possible que l'électromagnétisme soit présent dans l'espace, déduction qui sera reprise par J. Maxwell dans sa théorie générale de l'électromagnétisme.

Michael Faraday.

faramineux ou (vieilli) **pharamineux, euse** adj. Extraordinaire, fabuleux. *Un projet d'un coût faramineux.*
farandole n. f. Danse d'origine provençale, d'une cadence rapide, dans laquelle les danseurs se tiennent par la main; air sur lequel on la danse.
faraud, e adj. et n. Fanfaron.
farce [1] n. f. CUIS. Hachis de viande, d'herbes ou de divers ingrédients dont on garnit l'intérieur d'une volaille, d'un poisson ou d'un légume.
farce [2] n. f. Pièce de théâtre bouffonne, d'un comique un peu grossier, qui préfigure la comédie de mœurs. *La farce de maître Pathelin.* / Tour malicieux que l'on joue à qqn.
farcer v. i. / v. t. [1] v. i. En Afrique, Blaguer, plaisanter. / v. t. Faire une farce, une blague à (qqn); tromper (qqn) en se moquant de lui.
farceur, euse n. et adj. Vx Au théâtre, acteur de la farce. / Personne qui aime faire des farces; plaisantin. (Emploi adj.) *C'est une petite fille farceuse.* / Personne sur laquelle on ne peut compter. *Ne l'écoute pas, c'est un farceur.*
farci, e adj. CUIS. Rempli de farce. *Tomates farcies.* / Fig. *Texte farci d'erreurs.*
farcir v. t. [2] Emplir de farce. *Farcir une dinde.* / Fig., fam. Bourrer, surcharger. *Il lui a farci la tête d'idées pernicieuses.* / v. pron. Pop., fig. Devoir supporter (qqn ou qqch. de pénible). *Il va falloir se le farcir.*
fard n. m. Cosmétique utilisé pour donner plus d'éclat au teint et masquer les imperfections du visage. / Fig. *Parler sans fard*, sans dissimulation, avec sincérité. / Fam. *Piquer un fard*: devenir rouge de confusion.
fardage n. m. MAR. Prise au vent des superstructures et de la partie émergée d'un navire. / Planche de fond de cale sur laquelle on pose les marchandises.
fardeau n. m. Lourde charge qu'il faut transporter. / Fig. Ce qui est pénible à supporter. *Le fardeau des péchés.*
farder v. t. [1] Mettre du fard sur. *Farder un visage.* (Emploi pron.) *Se farder.*
fardier n. m. Anc. Voiture basse destinée à transporter de lourds fardeaux. *Le fardier de Cugnot est le premier véhicule automobile, à vapeur, réalisé en 1771 par Nicolas Cugnot.*
faré n. m. (mot d'une langue polynésienne) Habitation traditionnelle en Polynésie.
Farel (Guillaume) 1489-1565 Réformateur français. Fondateur de l'Église réformée de Genève en 1533, il y rencontra Calvin et parvint à l'y retenir, alors que ce dernier

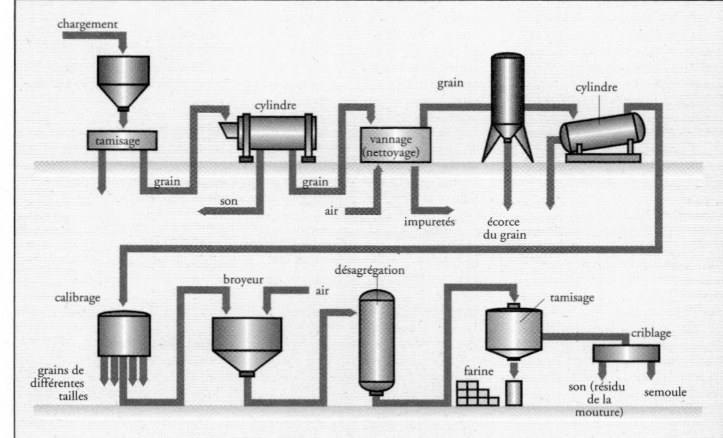

*Représentation schématique de la fabrication de la **farine**.*

Le Chanteur **Farinelli** et ses amis, *par Jacopo Amigoni, vers 1750–1752*
(© National Gallery of Victoria, Melbourne).

ne pensait s'y arrêter qu'une nuit sur le chemin de Strasbourg. À la suite d'obscures querelles politico-religieuses, il fut banni de Genève, avec Calvin, de 1537 à 1541. Il avait publié en 1533 *La Manière et façon qu'on tient ès lieux que Dieu de sa grâce a visités.*

farfadet n. m. Esprit follet, lutin espiègle.

farfelu, e adj. Extravagant.

farfouiller v. i. [1] Fam. Fouiller en tout dérangeant.

Fargue (Léon-Paul) 1876-1947 Poète français. Il a consacré à Paris, sa ville natale, une grande partie de son œuvre poétique: *D'après Paris* (1932), *Le Piéton de Paris* (1939).

faribole n. f. (Le plus souvent au plur.) Vain propos, chose dénuée d'importance. *Raconter des fariboles.*

Farina (Giovanni Maria) 1685-1766 Chimiste et négociant italien. Il habita Cologne où il fabriqua un parfum appelé, depuis, *eau de Cologne.*

farine n. f. Poudre obtenue par mouture des grains de certaines céréales ou d'autres plantes. *Farine de blé, de maïs, de seigle. Farine de moutarde.* / *Farines animales*: ensemble de produits, destinés à l'alimentation du bétail, des volailles, des poissons d'élevage, dits aussi « farines de viande et d'os », dont l'aspect évoque celui de la farine, et qui sont extraits de carcasses animales broyées. *L'emploi des farines animales est interdit pour l'alimentation du bétail.* (voir NAIF).

Farinelli (Carlo Broschi, dit**)** 1705-1782 Chanteur italien, castrat, il remporta dans l'Europe entière d'impressionnants succès; installé à Madrid, il jouit d'une grande influence à la cour de Philippe V.

fariner v. t. [1] Poudrer de farine; passer dans la farine. *Fariner un poisson avant de le mettre à la poêle.*

Farines (guerre des) Mouvement populaire suscité dans diverses provinces par l'augmentation du prix du blé en avril 1725. Turgot le réprima durement.

farineux, euse adj. et n. m. Qui contient de la fécule. / Qui a une consistance rappelant celle de la farine. *Un fruit farineux.* / Recouvert de farine. / n. m. Végétal qui contient de la fécule (graines, tubercules). *Les lentilles, les haricots secs sont des farineux.* Syn. Féculent.

farlouse n. f. ZOOL. Petit oiseau passériforme, au plumage brun rayé, commun en France. / Appos. *Un pipit farlouse.*

Farman (Henri) 1874-1958 Aviateur et avionneur français, d'origine britannique. Il fit le premier vol avec passager (1908), détint les records de vitesse et d'altitude, créa la première école de pilotage sans visibilité en 1911, puis une compagnie de navigation aérienne et une entreprise de construction aéronautique. **Maurice** 1877-1964 Frère du précédent. Son type d'avion biplan fut utilisé durant la Première Guerre mondiale et il fut un des promoteurs du tourisme aérien.

Farnèse Maison princière italienne qui régna sur Parme et Plaisance de 1545 à 1731. **Alexandre Farnèse** 1468-1549: voir **Paul III**. **Pierre-Louis** 1503?-1547 Fils de Paul III, il reçut de son père les duchés de Parme et de Plaisance; en conflit avec Charles Quint, il périt assassiné par des sbires d'un allié de l'empereur. **Alexandre** 1545-1592: voir **Alexandre Farnèse**.

Farnèse (palais) Édifice de la Renaissance, construit à Rome pour Paul III par Sangallo le jeune. Il fut achevé par Michel-Ange et abrite aujourd'hui l'ambassade de France.

farniente n. m. (mot italien) Fam. Oisiveté reposante et agréable. *Le farniente des vacances.*

faro n. m. Bière fabriquée (surtout en Belgique) avec du malt d'orge et de froment.

farouche adj. Sauvage, qui fuit quand on l'approche. *Animal farouche.* / Cruel, irréductible. *Une haine farouche.*

farouchement adv. De manière farouche.

Farouk 1920-1965 Roi d'Égypte (1936-1952), fils de Fouad Ier. Il voulut se dégager de la tutelle du parti Wafd, pour gouverner seul, mais les Anglais, qui suspectaient sa sympathie pour les puissances de l'Axe, lui imposèrent le chef de ce même parti, Nahhas Pacha, qui devint ministre en 1942. La défaite militaire contre Israël (1948) et la corruption affaiblirent son régime. Il fut renversé par le coup d'État des « officiers libres » (Néguib et Nasser), le 23 juillet 1952.

Farrell (James Thomas) 1904-1975 Romancier et critique littéraire américain. Son œuvre, proche de l'autobiographie, peint avec réalisme la vie des pauvres dans les villes (*Judgment Day*, 1935).

Farrère (Frédéric Charles Bargon, dit **Claude)** 1876-1957 Officier de marine et romancier français (*Fumée d'opium*, 1904; *La Bataille*, 1909).

farsi n. m. LING. Langue officielle de la Perse, puis de l'Iran (persan).

fart n. m. Substance dont on enduit les semelles des skis pour mieux glisser sur la neige.

fartage n. m. Action de farter; son résultat.

farter v. t. [1] Enduire de fart.

Far West Territoires situés à l'ouest du Mississippi, dont la conquête ne commença qu'à la fin du XVIIIe siècle et dura un siècle. La conquête de l'Ouest a donné naissance à un genre cinématographique épique, le western.

fasce n. f. HÉRALD. Bande horizontale qui coupe un écu par le milieu et en occupe le tiers.

fascia n. m. ANAT. Membrane d'aponévrose qui enveloppe un muscle ou une région anatomique.

fasciation n. f. BOT. Anomalie du développement de certains végétaux dont les tiges, les rameaux ou les pédoncules s'aplatissent, symptôme de diverses maladies.

fascicule n. m. Ensemble de feuilles imprimées formant une partie d'un ouvrage publié par fragments. *Ouvrage encyclopédique publié par fascicules.* / MILIT. *Fascicule de mobilisation*: feuille mise dans le livret militaire et indiquant la formation que doit rejoindre l'appelé en cas de mobilisation.

*Siège de Maastricht par les troupes d'***Alexandre Farnèse***.*

Farouk.

F

fascié, e adj. BOT. Atteint de fasciation. / ZOOL. Rayé. *La huppe fasciée.*

fascinant, e adj. Qui fascine. *Un regard fascinant.*

fascination n. f. Action de fasciner; son résultat. / Fig. Charme irrésistible. *La fascination de l'argent. La fascination de l'Orient.*

fascine n. f. Fagot composé de menus branchages utilisé pour combler des fossés ou pour éviter les éboulements.

fasciner v. t. [1] Immobiliser par la seule force du regard. *Les serpents passaient autrefois pour fasciner leurs proies.* / Fig. Séduire, charmer. *Esprit, aventures qui fascinent.*

fascisant, e adj. Qui se rapproche du fascisme; qui rappelle le fascisme.

• **fascisme** n. m. Régime autoritaire instauré par Mussolini en Italie, en 1922, qui tire son nom du mot italien *fasci*, « faisceaux ». / Par ext. et abusivement Tout régime, toute idéologie qui rappelle le fascisme italien.

fasciste adj. et n. Propre ou relatif au fascisme. / Partisan du fascisme.

faseyer ou **faseiller** v. i. [1] (En parlant d'une voile) Battre en recevant le vent.

Fassbinder (Rainer Werner) 1945-1982 Cinéaste allemand, également dramaturge, acteur, journaliste, producteur. Il réalisa de nombreux films contestataires portés à un haut degré d'achèvement malgré la vélocité des tournages, entre 1969 (*L'Amour est plus froid que la mort*) et 1982 (*Querelle*, d'après Genet): *Les Larmes amères de Petra von Kant* (1972), *Effi Briest* (1974), *Le Mariage de Maria Braun* (1979), *Lili Marleen* (1980).

fast food ou **fast-food** n. m. (mot anglo-américain) Établissement où l'on vend des plats préemballés à consommer sur place ou à emporter. / Type de restauration pratiqué par ces établissements. Syn. Restauration rapide. Pl. Des *fast foods*, des *fast-foods*.

faste [1] adj. ANTIQ. ROM. *Jour faste*: jour où, les auspices étant favorables, il était permis d'accomplir certains actes, tel rendre la justice. / Par ext. *Jour faste*: jour favorable, jour où advient un événement heureux.

faste [2] n. m. Grand déploiement de luxe. *Le faste des réjouissances royales.*

fastes n. m. pl. ANTIQ. ROM. *Fastes consulaires*: liste où figuraient dans l'ordre chronologique les noms des consuls et des grands dignitaires. / Calendrier sur lequel

Fascisme

Benito Mussolini.

Le fascisme est né au lendemain de la Première Guerre mondiale. L'Italie était troublée par de violents conflits sociaux et agitée d'un sourd mécontentement : victorieux en 1918, le pays jugeait ne pas avoir tiré suffisamment profit de sa victoire, les traités de paix ne lui ayant pas attribué tous les territoires qu'il avait réclamés.

Le premier « faisceau de combat » est né à Milan en 1919, se donnant pour but la défense de l'ordre public, la conquête de Fiume (aujourd'hui Rijeka, en Croatie) et de la Dalmatie, des réformes sociales et politiques. Le mouvement se répandit vite ; les faisceaux se constituèrent en organisations paramilitaires (*squadre*, « escouades ») dont les membres (*squadristi*) devaient obéissance à leur chef, le Duce, Benito Mussolini. Les squadristi se livrèrent à diverses exactions contre les locaux des partis de gauche et des syndicats et, en 1921, Mussolini créa un parti national fasciste qui utilisa, pour asseoir sa puissance, de nombreux éléments (passivité des masses populaires terrorisées, division des partis démocratiques, désir des grands groupes industriels de voir régner l'ordre, sentiments nationalistes des anciens combattants frustrés par les médiocres avantages que le pays avait retirés de la victoire de 1918, tiédeur des forces de l'ordre peu enclines à réprimer les violences des faisceaux).

En 1922, Mussolini exigea du roi qu'il lui confiât le pouvoir, ce qu'il obtint après une « marche sur Rome » à laquelle le gouvernement fit à peine mine de s'opposer. Une réforme électorale fit élire une chambre des députés à la dévotion du Duce : le fascisme s'était installé en utilisant des voies légales. En juin 1924, l'assassinat, par des nervis, du député socialiste Matteotti (assassinat dans lequel Mussolini, qui ne l'a sans doute pas formellement ordonné, porte une responsabilité morale) marque un tournant : en janvier 1925 le régime devient totalitaire, les partis sont dissous, le Parlement voit son rôle réduit à une peau de chagrin, une police politique est créée. Le nouveau régime acquiert ses traits distinctifs : primauté absolue du chef, le Duce ; primauté du parti fasciste ; politisation de la nation, endoctrinée par une propagande omniprésente (presse, radio, cinéma) ; embrigadement de la jeunesse dans des organisations vouées au culte du Duce ; exaltation de la nation italienne (avec, à partir de 1938, instauration d'une politique antisémite). Sur le plan intérieur, le fascisme est à l'origine d'un réel développement économique : amélioration de la production agricole, bonification des terres (assèchement des marais Pontins), construction de centrales électriques, essor industriel, construction d'autoroutes ; à l'extérieur, l'Italie conquiert la Cyrénaïque, l'Éthiopie, puis l'Albanie.

En 1939, le rapprochement avec l'Allemagne nazie entraîne l'Italie dans la guerre ; le fascisme, dont l'avance des troupes alliées dans le sud de la péninsule avait, en 1943, sonné le glas, ne se relèvera pas de la défaite de 1945.

Jeunes fascistes italiens.

étaient mentionnés les jours fastes et les jours néfastes. / Livre dans lequel sont consignés des événements mémorables.

fastidieusement adv. De manière fastidieuse.

fastidieux, euse adj. Qui provoque l'ennui ; lassant. *Des explications fastidieuses.*

fastigié, e adj. BOT. Se dit des rameaux dirigés vers le haut.

Fastolf (sir John) 1378 ?-1459 Capitaine anglais. Après s'être distingué à la bataille d'Azincourt contre l'armée française (1415), il fut nommé gouverneur de l'Anjou et du Maine. Il inspira le personnage de Falstaff de Shakespeare.

fastueusement adv. Avec faste ; de façon fastueuse.

fastueux, euse adj. Plein de faste, somptueux.

fat adj. m. et n. m. Vaniteux, suffisant. *Un sourire fat.*

Fatah (al-) ou **al-Fath** Mouvement de libération de la Palestine, fondé en 1965, principale composante de l'O.L.P.

fatal, ale, als adj. Qui est déterminé par avance par le destin ; qui doit inexorablement se produire. *Après tant de dissensions, le conflit était fatal.* / Qui entraîne des conséquences dramatiques. *Erreur fatale.* / Qui entraîne la mort. *Coup, accident fatal.*

fatalement adv. Inévitablement.

fatalisme n. m. Attitude de celui qui considère que toute intervention sur les événements, sur le cours des choses, est inutile et les accepte donc passivement.

fatalité n. f. Caractère d'un événement qui se produit inéluctablement et nécessairement. *La fatalité de la vieillesse.* / Force surnaturelle qui déterminerait de façon inéluctable le cours des événements. *Croire en la fatalité.* / Enchaînement d'événements fâcheux, de coïncidences malheureuses. *Il semble qu'une sorte de fatalité l'empêche de réussir.*

Fatehpur-Sikri Ville de l'Inde, dans l'Uttar Pradesh, qui recèle un grand nombre de monuments érigés par les Grands Moghols au XVIe siècle.

fatidique adj. Qui paraît marqué par un signe du destin. *L'accusé attendait le moment fatidique du jugement.*

fatigant, e adj. Qui fatigue. *Une journée fatigante.*

fatigue n. f. Malaise dû à un trop grand effort physique ou mental. / Affaiblissement fonctionnel d'un organe après une activité excessive. *Fatigue des yeux.* / TECHN. État d'usure, d'altération, de déformation d'un matériau, d'une pièce mécanique soumis à un usage répété, à des forces trop importantes.

fatigué, e adj. Qui témoigne de fatigue. *Des yeux fatigués. Avoir le cœur fatigué.* / Fig. Usé. *Vêtements fatigués. Terre fatiguée*, dont on a épuisé les ressources.

fatiguer v. t. / v. i. [1] **I.** Causer de la fatigue à. *La chaleur et les efforts l'ont fatigué. Cette lumière fatigue les yeux.* (Emploi intransitif ou pron.) *Il (se) fatigue vite.* **II.** Fig. Ennuyer, importuner (qqn). *Sa présence me fatigue.* (Emploi pron.) *Se fatiguer de qqn, de qqch.*, s'en lasser. / Fam. (En parlant de choses) *Fatiguer la terre*, épuiser ses ressources. *Fatiguer la salade*, la remuer pour y mêler un assaisonnement.

Fátima *6 500 heures* Ville du Portugal, dans l'Estrémadure, lieu de pèlerinage très fréquenté depuis qu'en 1917 trois jeunes bergers affirmèrent y avoir vu apparaître la Vierge à six reprises.

Fatima 606 ?-633 Fille de Mahomet et de Khadidja. Elle épousa Ali, son cousin, à l'âge de quinze ans, et eut trois enfants, Hassan, Hussein et Mohsen.

Fatimides Dynastie chiite qui régna sur l'Afrique du Nord et l'Égypte, une partie de la Syrie, Malte, la Sicile et la Sardaigne de 910 à 1171, et dont le fondateur prétendait descendre de Fatima, fille de Mahomet. Après s'être emparés de Kairouan, aux mains des Aghlabides qui gouvernaient la Tunisie pour le compte des Abbassides, les Fatimides tentèrent d'imposer le chiisme et parvinrent à étendre leur pouvoir sur une importante partie des côtes méditerranéennes et des îles, tant en Afrique qu'en Europe, et sur une partie du Proche-Orient. Leur puissance déclina après la conquête normande de la Sicile (1072) et le Kurde Saladin restaura (1171) les Abbassides et rétablit le rite sunnite.

fatras n. m. Amas désordonné d'objets disparates. *Fatras*, recueil de poèmes de Jacques Prévert. / Ensemble confus, incohérent d'idées, de paroles. *Sa conversation est un fatras d'idées reçues.* / LITT. Au Moyen Âge, pièce en vers fondée sur un procédé analogue à celui de la comptine. *Certains fatras ont un sens immédiat, d'autres se rapprochent de la fatrasie par leur recours au non-sens.*

fatrasie n. f. LITT. Au Moyen Âge, pièce en vers, fondée sur le non-sens, qui rappelle par son principe la comptine.

fatuité n. f. Caractère, comportement du fat.

fatum n. m. (mot latin) Litt. Destin irrévocable, fatalité.

fatwa n. f. (mot arabe) En terre d'Islam, consultation donnée par une autorité religieuse ; sentence prononcée à l'issue de cette consultation.

faubert n. m. MAR. Balai de vieux cordages utilisé pour sécher le pont des navires après lavage.

faubourg n. m. Quartier qui se situe en dehors de la ville, à sa périphérie.

faubourien, enne adj. et n. Des faubourgs. / Subst. Habitant d'un faubourg.

fauchaison n. f. AGRIC. Action de faucher ; époque à laquelle on fauche.

fauché, e adj. Fam. Désargenté. *Fauché comme les blés* : raide comme un passe-lacet.

faucher v. t. [1] Couper à la faux, à la faucheuse (la végétation). *Faucher les blés.* / Fig. Abattre (qqn). *Il fut fauché en pleine course par un tir de mitrailleuse. Il a été fauché par un camion*, renversé. Au fig. *La mort l'a fauché dans son sommeil.* / Pop. Voler (qqch). *Faucher un briquet.*

faucheur [1] Voir **faucheux**

faucheur, euse [2] n. Personne qui

QUELQUES FAUCONS

fauche. / Fig., litt. *La Faucheuse*: la mort. / n. f. Machine destinée à couper des herbes grâce au mouvement de va-et-vient d'une lame fixée sur un bâti qui se déplace.

faucheux ou **faucheur** n. m. ZOOL. Arachnide non venimeux, voisin de l'araignée, au corps ovoïde, aux longues pattes grêles.

Faucheux (Pierre) 1924-1999 Typograhe et graphiste français. Sa rigueur, son sens des proportions, son imagination et son goût de l'innovation ont marqué les arts graphiques, tant dans le domaine du livre (maquettes intérieures, couvertures, reliures) que dans celui de la presse. Il fut également affichiste et architecte.

Faucille (col de la) *1 320 m.* Station de sports d'hiver dans le Jura oriental.

faucille n. f. Instrument servant à couper les herbes ou les céréales, formé d'un manche de bois sur lequel est fixée une lame d'acier semi-circulaire.

faucon n. m. ZOOL. Oiseau de la famille des falconidés, à bec court et crochu, aux ailes pointues, au vol rapide, dont on dresse certaines espèces pour la chasse. *Le faucon pèlerin est capable de voler à plus de 200 km à l'heure.* / Fig. Dans le langage des médias, partisan de la guerre, par opp. à *colombe.*

Faucon maltais (le) 1930 Roman policier de D. Hammett dont l'intrigue s'enroule en un écheveau diabolique autour de la possession d'une statuette (le faucon). John Huston le porta à l'écran en 1941, avec H. Bogart.

fauconnerie n. f. Art de dresser, pour la chasse, les faucons et les autres oiseaux de proie. / Lieu où l'on procède à l'élevage, au dressage de ces oiseaux.

fauconnier n. m. Dresseur de faucon pour la chasse.

faufil n. m. COUT. Fil utilisé pour faufiler, pour bâtir; ce bâti.

faufiler v. t. / v. pron. [1] **A.** v. t. Coudre provisoirement à longs points. *Faufiler un vêtement avant l'essayage.* **B.** v. pron. *Se faufiler*: se glisser adroitement dans un endroit d'accès difficile; passer subrepticement en restant inaperçu.

Faulkner (William) 1897-1962 Romancier américain qui décrit la vie des Blancs et des Noirs dans le sud des États-Unis où il a vécu. Le lyrisme de sa prose difficile et parfois obscure, le symbolisme des images qui font violence à l'imagination ajoutent à la complexité de l'œuvre une dimension essentielle: celle d'un pessimisme brutal, d'une inquiétude métaphysique exacerbée par le spectacle d'un « monde où l'homme n'existe qu'écrasé » (Malraux): *Le Bruit et la Fureur* (1929), *Sartoris* (1929), *Tandis que j'agonise* (1930), *Sanctuaire* (1931), *Lumière d'août* (1932), *Absalon ! Absalon !* (1936), *Requiem pour une nonne* (1951). Il a écrit aussi des contes: *L'Ours*, *Treize Histoires*.

faune [1] n. f. Ensemble des animaux vivant dans une région d'une certaine étendue ou dans un milieu bien déterminé. *Faune marine, tropicale.*

faune [2] n. m. MYTH. LAT. Divinité champêtre portant des cornes sur la tête et possédant des pieds de chèvre.

faunesque adj. Du faune. / Qui évoque un faune.

faunesse n. f. Litt. Faune femelle.

Faure (Félix) 1841-1899 Homme politique français, président de la République (1895). Élu par une coalition droite-modérés, il renforça l'alliance franco-russe et s'opposa à la révision du procès du capitaine Dreyfus. Sa mort, dans des conditions scandaleuses, fut à l'origine d'une forte agitation politique.

Faure (Élie) 1873-1937 Écrivain français. Médecin, il n'exerce que peu de temps, devient critique d'art dès 1902 et se consacre entièrement à cette activité après la Première Guerre mondiale. Pour la première fois en France, il donne une vision globale de l'histoire de l'art, de la préhistoire à l'époque contemporaine, sans négliger les productions artistiques non occidentales (il met à leur juste place les arts d'Afrique et d'Asie) et en englobant tous les arts (peinture, sculpture, architecture, danse, cinéma, musique) qu'il met en relation avec les civilisations qui leur ont donné naissance (*Histoire de l'art*, 1909-1921; *L'Esprit des formes*, 1927). Il est également le premier à donner son importance à l'iconographie, qu'il choisit lui-même et commente, ce qui fait de lui le pionnier du « livre d'art ». Humaniste, homme de gauche, il donne des cours dans les universités populaires, défend Dreyfus et apporte son soutien aux républicains espagnols.

Faune, *divinité champêtre.*

Faure (Edgar) 1908-1988 Homme politique français. Radical-socialiste, il est président du Conseil en 1952 et en 1955-1956. En 1955, il rétablit sur son trône le sultan du Maroc et accorde l'indépendance à la Tunisie. Sous la Ve république, il est trois fois ministre, notamment de l'Éducation nationale (1968-1969) puis préside l'Assemblée nationale (1973-1978).

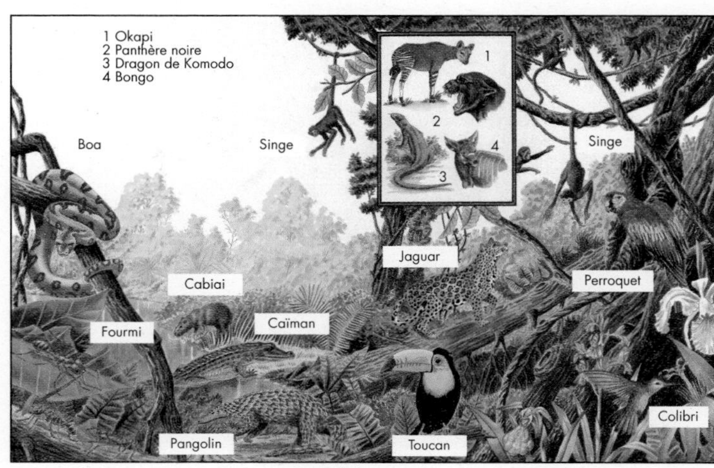

Faune *des forêts tropicales.*

Fauré (Gabriel) 1845-1924 Compositeur français, harmoniste subtil à la sensibilité contrôlée. Il compose d'abord des œuvres vocales (*Mélodies*, 1868-1900), dont certaines sont inspirées par la littérature, les poèmes de Verlaine notamment (*La Bonne Chanson*, 1891), et d'autres manifestent force et sérénité (*Requiem*, 1887). Fauré est l'auteur de nombreuses pièces pour piano (*Valses caprices*, *Impromptus*, *Nocturnes*, *Barcarolles*, *Préludes*, *Ballade*, *Fantaisie*); ses œuvres les plus émouvantes datent de la fin de sa vie, époque où la surdité, qui le frappe en 1903, l'éloigne du monde (*Quintette* avec piano, *Sonates* de violoncelle, *Trio* pour piano, violon, violoncelle, *Quatuor* à cordes). Il a également donné des musiques de scène et deux tragédies lyriques (*Prométhée*, 1900; *Pénélope*, 1913).

faussaire n. Personne qui commet des falsifications, qui fait des faux. *Ce tableau est l'œuvre d'un faussaire.*

faussement adv. À tort; en simulant.

fausser v. t. [1] Rendre faux (qqch.). *Fausser un résultat.* / Déformer, gauchir (qqch.). *Fausser une clef.* / Loc. *Fausser compagnie à qqn*, l'abandonner sans prévenir; (par euph.) fuir, s'échapper (en parlant d'un captif). *Le voleur avait faussé compagnie aux gendarmes.*

Fausses confidences (les) 1737 Comédie de Marivaux. Dorante, jeune homme bien né mais sans argent, se fait engager comme intendant par une riche veuve, Araminte, dont il est amoureux. Il retrouve dans la maison un ancien valet, Dubois, qui s'ingénie à jeter le trouble dans le cœur d'Araminte en lui parlant des sentiments du jeune intendant. Les stratagèmes de Dubois auront raison des dernières résistances de sa maîtresse qui finira par céder à l'amour.

fausset [1] n. m. TECHN. Cheville de bois servant à boucher le trou pratiqué dans un tonneau pour goûter le vin.

fausset [2] n. m. *Voix de fausset* ou *fausset*: voix aiguë, dite « voix de tête ».

fausseté n. f. Caractère de ce qui est faux. *Fausseté d'une théorie, d'une explication.* / Caractère de ce qui est hypocrite, déloyal. *Derrière son amabilité, je devine la fausseté de ses intentions.*

Faust Personnage légendaire qui aurait vécu en Allemagne vers 1500, et aurait vendu son âme au diable. Son histoire fut publiée par un auteur allemand anonyme en 1587. L'Anglais Marlowe la porta au théâtre en 1588. Goethe s'en inspira dans deux drames: en 1808 (après une esquisse, *Urfaust*, en 1773-1774) et à la fin de sa vie; le second *Faust* resta inachevé. Les deux drames posent d'innombrables questions sur la destinée de l'homme et ses rapports avec l'univers. Faust est un savant qui rêve de dominer le monde et conclut pour cela un pacte avec le diable. Le « premier Faust » (*Faust, une tragédie* ou *La tragédie de Marguerite*) a inspiré Berlioz (1846) et Gounod (1859).

Fausta (en latin **Flavia Maxima Fausta**) 289?-326 Impératrice romaine. Fille de l'empereur Maximien Hercule, deuxième épouse (307) de Constantin Ier, elle fut la mère de trois empereurs (Constantin II, Constance II, Constant Ier). Éprise de son beau-fils qui la dédaignait, elle l'accusa d'adultère et l'empereur le fit mettre à mort. Lorsque Constantin apprit la vérité, il fit périr son épouse.

Faustin Ier Voir **Soulouque**

faute n. f. Manquement aux lois morales ou sociales. *Commettre, avouer une faute.* / DR. Acte ou omission, volontaire ou involontaire, qui, par manquement à une obligation légale ou contractuelle, porte atteinte à autrui et dont la réparation relève de la loi. *Faute civile. Faute pénale.* / Manquement à une règle, à un principe bien établi. *Faute d'orthographe.* / Maladresse; action préjudiciable. *Cette faute politique lui a coûté sa carrière.* / *Faute de*: par manque de.

Le second ***Faust*** *de Goethe (Faust, Hélène et Euphrion), d'après Wilhelm von Kaulbach (Goethe Gallerie, Munich).*

fauter v. i. [1] Fam., vieilli ou plaisant. En parlant d'une femme, d'une jeune fille, se laisser séduire. *Elle a fauté avec un beau militaire.*

fauteuil n. m. Siège comportant un dossier et deux bras. / Fig. Place, fonction dans un groupe, une assemblée. *Fauteuil d'académicien.* / Fam. *Arriver comme dans un fauteuil*: gagner, remporter une victoire sans lutte ni effort.

fauteur, fautrice n. *Fauteur de troubles*: personne qui suscite, favorise les troubles, le désordre.

fautif, ive adj. et n. Qui a commis une faute. *Se sentir fautif.* / Subst. *Dénoncer les fautifs.* / Incorrect, erroné. *Résultat fautif.*

Fautrier (Jean) 1898-1964 Peintre français. D'abord expressionniste (*Gibiers écorchés*), il se tourne vers une peinture non figurative et devient, après 1945, un pionnier de l'art dit « informel », qui malaxe les pâtes et pigments (*Otages*) et fait des effets de matière (peinture à la colle, encres transparentes ou opaques) le sujet unique du tableau.

fauve adj. et n. m. **A.** adj. De couleur rousse, ou tirant sur le roux. / *Bête fauve*: animal féroce, ou considéré comme tel (spécialement grand félin: tigre, lion, panthère). *Odeur fauve*: odeur forte qui évoque celle des bêtes fauves. / n. m. *Un fauve en liberté.* **B.** n. m. BX-ARTS Peintre tenant du fauvisme. *Les fauves.*

fauvette n. f. ZOOL. Oiseau de l'ordre des passériformes (famille des sylviidés), insectivore, au chant harmonieux, au plumage discret.

• **fauvisme** n. m. Mouvement pictural du début du XXe siècle qui, inspiré par la peinture de Van Gogh et de Gauguin, rechercha l'utilisation violente et libre des couleurs pour exprimer le « sentiment intérieur ».

faux, fausse [1] adj., adv. et n. m. **A.** adj. Non conforme à la vérité, inexact, par oppos. à *vrai*. *C'est faux.* / Qui n'est pas ce qu'il paraît être. *Un faux ami.* / Artificiel. *De fausses dents.* / Vain, illusoire. *Une fausse joie. Faux problème.* / Inadapté. *Un faux mouvement.* / Erroné, (par oppos. à *juste*). *Faire fausse route. Votre résultat est faux.* MUS. *Note fausse*, imprécise ou non accordée à la tonalité d'ensemble. **B.** adv. Sans justesse. *Chanter faux. Raisonner faux.* **C.** n. m. Ce qui n'est pas vrai, ce qui contredit la vérité. *Plaider le faux pour savoir le vrai*: feindre de savoir certaines choses pour apprendre ou faire avouer la vérité. / Contrefaçon frauduleuse d'actes, d'écritures, de signatures, d'objets de valeur. *Faire un faux. Ce tableau est un faux.* / *S'inscrire en faux*: contester en justice l'authenticité d'une pièce; (par ext.), opposer un démenti. *S'inscrire en faux contre une affirmation.*

faux [2] n. f. Instrument composé d'un long manche de bois auquel est adaptée une lame d'acier courbe, servant à couper les herbes ou les céréales.

faux-bourdon n. m. MUS. Dans le chant liturgique, forme de polyphonie parallèle à base de tierces, sixtes, quartes, quintes et octaves, généralement à trois parties, utilisée à partir du XVe siècle. Pl. Des *faux-bourdons*.

faux-filet n. m. BOUCH. Morceau de viande de bœuf placé le long de l'échine. *Du faux-filet grillé.* Pl. Des *faux-filets*.

faux-fuyant n. m. Moyen détourné pour éluder une question embarrassante, pour éviter une explication franche. Pl. Des *faux-fuyants*.

faux-monnayeur n. m. Personne qui fabrique de la fausse monnaie ou qui se charge de l'écouler. Pl. Des *faux-monnayeurs*.

Faux-Monnayeurs (les) 1925 Roman d'André Gide dans lequel tous les personnages sont les victimes d'un milieu social qui monnaye les fausses valeurs émises par un moralisme étriqué; celui-ci suscite, par contrecoup, des situations et des réactions « amorales ». Pendant l'écriture de ce livre, conçu comme un roman-feuilleton, Gide tint *Le Journal des Faux-Monnayeurs*, publié en 1926.

faux-semblant n. m. Apparence trompeuse. / Manifestation, expression de sentiments que l'on n'éprouve pas. *Un faux-semblant de générosité.* Pl. Des *faux-semblants*.

favela n. f. (mot portugais) Au Brésil, ensemble d'habitations précaires et insalubres dans les quartiers défavorisés des villes.

faverole Voir **féverole**

faveur n. f. I. Bienveillance et protection accordées à une personne de préférence à une autre. *Obtenir la faveur du roi.* / Considération, crédit acquis auprès d'une personne, d'un groupe. / Avantage particulier; marque de bienveillance. *Recevoir une faveur.* (Au plur., vieilli) Privautés amoureuses qu'une femme accorde à un homme. **II.** Petit ruban. *Une bonbonnière entourée d'une faveur.*

favorable adj. *Favorable à*: bien disposé à l'égard de. *Le directeur est favorable à votre projet.* / À l'avantage de. *Le vent nous est favorable.* (Absol.) *Préjugé favorable.*

favorablement adv. De manière favorable.

favori, ite adj. et n. Qui est l'objet d'un intérêt particulier; qui est préféré entre tous. *C'est l'une de ses histoires favorites. C'est le favori de la maîtresse.* Syn. Préféré. / Qui est considéré comme ayant les meilleures chances de réussite. *L'équipe favorite.* / n. Personne qui a la faveur du roi, d'un personnage important. / n. f. Maîtresse d'un souverain qui jouit de privilèges particuliers. *Les favorites de Louis XIV.*

favoris n. m. pl. Touffes de barbe qui suivent le contour des joues et ne couvrent pas le menton.

favoriser v. t. [1] Traiter (qqn) avec faveur; avantager. *Favoriser un candidat.* / (Sens passif.) Être favorable à. *Les circonstances l'ont favorisé.* / Contribuer au développement, à la réussite de. *Favoriser la croissance.*

favoritisme n m. Propension à accorder des avantages par faveur, et non en fonction des titres, du mérite.

Favre (Jules) 1809-1880 Homme politique français. Républicain, député, il participa à la journée du 4 septembre 1870 qui se termina par la chute du Second Empire.

FAUVISME

La Dame en bleu, *de Henri Matisse, 1937 (Philadelphia Museum of Art, Philadelphie).*

Regroupés au Salon d'automne de 1905, autour de Matisse et de Marquet, les différents peintres qui composaient ce mouvement, Derain et Vlaminck d'une part, Dufy, Braque, Friesz et Van Dongen d'autre part, n'étaient pas des théoriciens, mais des adeptes spontanés de la couleur qui, d'ailleurs, s'imposait de plus en plus depuis l'impressionnisme.
À partir de 1907, les recherches des cubistes, tournées vers les spéculations sur l'espace, entameront la cohésion du groupe, et nombre d'entre les fauves, Derain et Braque en particulier, renonceront à cette exaltation systématique de la couleur.
Le fauvisme aura cependant marqué définitivement Matisse et Van Dongen. Le nom de « fauves » leur a été donné d'abord par dérision : le critique Vauxcelles, apercevant, au salon de 1905, une statuette de style florentin dans la salle où exposaient Matisse et ses amis, s'est écrié : « Donatello parmi les fauves ! »

La Fête aux Sables-d'Olonne, *d'Albert Marquet, 1933 (Musée des Beaux-Arts, Bordeaux).*

Ministre des Affaires étrangères dans le gouvernement de la Défense nationale, il résista à l'ultimatum de Bismarck lors de l'entrevue de Ferrières, mais fut contraint de signer l'armistice (1871).
favus n. m. MÉD. Maladie contagieuse affectant le cuir chevelu, due à la présence d'un champignon parasite.
fax n. m. (Abrév. de *téléfax*) Télécopie.
faxer v. t. [1] Envoyer par fax. *Faxez-moi votre devis.*
Fayçal Ier 1883-1933 Roi d'Irak en 1921. Chérif de La Mecque, il mena la lutte arabe contre les Turcs avec l'appui de Lawrence d'Arabie. Devenu roi d'Irak grâce à l'Angleterre, il obtint l'indépendance de son pays et son entrée à la Société des Nations en 1932. **Fayçal II** 1935-1958 Petit-fils du précédent ; fils de Ghazi Ier, il arriva au pouvoir en 1953, à sa majorité, après la régence de son oncle Abd Allah. Il fut assassiné lors du coup d'État du général Kassem qui mit fin à la monarchie.
Fayçal Ier ibn Abd al-Aziz 1906-1975 Roi d'Arabie Séoudite en 1964. Il a succédé à son frère Ibn Séoud, déposé, et s'est attaché à moderniser son pays en appliquant une politique, extérieure et intérieure, prudente pour conserver l'appui des sociétés pétrolières des grandes puissances occidentales. Il fut assassiné par un de ses neveux.
Faydherbe (Luc) 1617-1697 Sculpteur et architecte flamand qui vécut à Malines. Il pratiqua le baroque avec une grande originalité.
fayot n. m. Pop. Haricot sec. *Un plat de fayots.* / Arg., péjor. Militaire qui fait du zèle. / Par ext. Personne qui fait du zèle.
fayoter v. i. [1] Arg. Faire le fayot.
Fayoum *1 827 km² 1 995 000 h.* Gouvernorat d'Égypte, proche du Caire. Chef-lieu *Médinet el-Fayoum.* C'est une oasis située dans une profonde dépression et reliée à la vallée du Nil par un étroit couloir. Elle est irriguée par les eaux du fleuve qui forment le lac Moeris. Les cultures sont riches et variées (céréales, arbres fruitiers, riz, coton). Les pharaons de la XIIe dynastie y séjournèrent, mais il subsiste surtout d'importantes ruines gréco-romaines (Crocodilopolis, aujourd'hui Médinet el-Fayoum). Au XIXe siècle, les tombes ont livré des portraits parfaitement individualisés, peints à l'encaustique sur les cartons qui recouvraient la tête des momies, que l'on date généralement des premiers siècles de notre ère (du Ier au IVe ou Ve siècle).
fazenda n. f. (Mot portugais du Brésil) Au Brésil, grande propriété terrienne.
FBI Voir **Federal Bureau of Investigation**
féal, ale, aux adj. et n. Vx Fidèle. / (Subst.) Litt. Ami fidèle.
fébrifuge adj. et n. m. Antipyrétique.
fébrile adj. MÉD. Relatif à la fièvre ; provoqué par la fièvre. *État fébrile.* / Atteint par la fièvre. *Malade fébrile.* / Fig. Qui témoigne d'une grande agitation. *Activité fébrile.*
fébrilement adv. De manière fébrile.
fébrilité n. f. État de grande nervosité, d'excitation. *La fébrilité de l'opinion publique.*
Febvre (Lucien) 1878-1956 Historien français, fondateur avec Marc Bloch de la revue *Annales d'histoire économique et sociale* (1929), qui a donné une impulsion nouvelle aux travaux de synthèse, en accordant aux faits économiques, sociaux et culturels une grande place dans l'explication historique. Il a notamment étudié le XVIe siècle : *Un destin, Martin Luther* (1928), *Le Problème de l'incroyance au XVIe siècle, la religion de Rabelais* (1942).
fécal, ale, aux adj. Propre ou relatif aux fèces. *Matière fécale.*
fécalome n. m. MÉD. Concrétion de matières fécales, résultant d'un ralentissement du transit intestinal.
Fécamp *20 808 heures* Ville du département de la Seine-Maritime, station balnéaire, port de commerce et port de pêche.

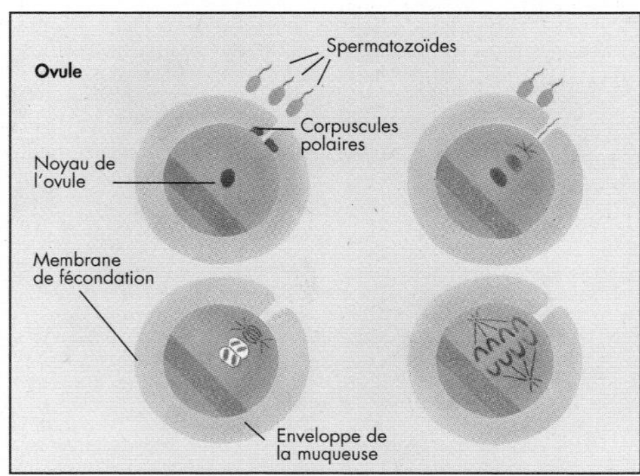

Fécondation *et début de la division du zygote.*

L'abbaye de Fécamp a été fondée en 658 et devint en 1510 le centre de la fabrication de la bénédictine. La ville garde de son passé de nombreux monuments : église de La Trinité, ancienne abbatiale (XIe-XIIe siècle), chapelle de la Vierge (XVe siècle), palais Bénédictine (XIXe siècle, aujourd'hui musée).
fèces n. f. pl. Excréments de l'homme et de l'animal, constitués des résidus solides de la digestion.
Fechner (Gustav Theodor) 1801-1887 Philosophe allemand, professeur à l'université de Leipzig où il enseigna la physique puis la philosophie. Selon lui, les relations quantitatives entre le corps et le psychisme obéissent à la loi de Weber selon laquelle « la sensation est proportionnelle au logarithme de l'excitation » : *Éléments de psychophysique* (1860).
fécond, e adj. (En parlant des êtres vivants) Capable de se reproduire. Ant. Infécond. / Qui a, peut avoir une nombreuse descendance. *Race féconde.* / Par ext. Fertile, qui produit, peut produire beaucoup. *Sol fécond.* / Fig. *Année féconde en événements importants. Écrivain fécond.*
fécondation n. f. BIOL. Fusion de deux cellules sexuelles (les gamètes : la cellule mâle, ou spermatozoïde, et la cellule femelle, ou ovule), qui aboutit à la formation de l'œuf (zygote). / *Fécondation croisée* : syn. de *croisement.* / *Fécondation in vitro* : fécondation réalisée en laboratoire (à l'issue de laquelle l'embryon ainsi formé pourra être implanté dans l'utérus de la mère).
féconder v. t. [1] Réaliser la fécondation de. *Le spermatozoïde féconde l'œuf. Le mâle féconde la femelle.* / Rendre fertile, productif. *Féconder la terre.* Au fig. *Féconder l'esprit.*
fécondité n. f. Qualité de ce qui est fécond. *Fécondité du sol.* / Qualité d'une personne féconde. *La fécondité d'une épouse.* / Fig. Faculté de produire, de créer en abondance. *La fécondité d'un écrivain.*

Commémoration devant le **mur des Fédérés**, au cimetière du Père-Lachaise. Peinture de Répine, 1883.

fécule n. f. Amidon de la pomme de terre, de certaines graines.
féculent, e adj. et n. m. Riche en fécule. / n. m. *Les lentilles sont des féculents.*
fedayin n. m. pl. (mot arabe) Combattants palestiniens qui luttent contre Israël pour la reconnaissance d'un État palestinien. Sing. Un *fedayi.*
fédéral, ale, aux adj. et n. m. pl. Propre à une fédération. *Organisme fédéral. Pouvoirs fédéraux.* / Constituant une fédération. *État fédéral.* / n. m. pl. Ceux qui défendaient l'Union fédérale (les États du Nord) pendant la guerre de Sécession (d'Amérique). Syn. Nordiste.
Federal Bureau of Investigation (F.B.I. ou **FBI)** Service de la police fédérale aux États-Unis. Créé en 1908 et dépendant du ministère de la Justice, il a des pouvoirs très étendus, mais ne peut intervenir dans les affaires intérieures des différents États, sauf (depuis 1934) si l'affaire touche à plusieurs États de l'Union en même temps. Depuis 1945, ses compétences s'étendent au contre-espionnage et à la lutte anticommuniste.
fédéralisme n. m. Système politique dans lequel il existe un partage de compétences entre les institutions du gouvernement central et celles des États membres (États fédérés).
fédéraliste adj. et n. Propre ou relatif au fédéralisme. / Subst. Partisan du fédéralisme.
fédérateur, trice adj. et n. Qui fédère, qui aide, tend à fédérer.
fédératif, ive adj. Constitué en fédération. *République fédérative.*
fédération n. f. Union groupant plusieurs États qui partagent, avec un gouvernement central, certaines compétences (notam. en matière législative) mais gardent une large autonomie. / Union de plusieurs associations de même type, de différents syndicats ou corporations. *La fédération française de rugby.* / HIST. Au début de la Révolution française, mouvement de citoyens qui défendait les acquis de 1789 et luttait pour renforcer l'unité de la nation.
Fédération nationale (fête de la) Fête nationale, décidée par l'Assemblée constituante ; elle se déroula sur le Champ-de-Mars le 14 juillet 1790, jour anniversaire de la prise de la Bastille. Avec Louis XVI, La Fayette, chef des gardes nationales de France, prêta serment à la Constitution en présence de 14 000 délégués des fédérations provinciales.
fédéré, e adj. et n. m. **A.** adj. Qui appartient à une fédération. *Cantons fédérés.* **B.** n. m. HIST. Garde nationale appartenant à une fédération en 1780-1790. / Partisan armé de la Commune de Paris, qui luttait contre le gouvernement de Thiers et l'armée régulière (les versaillais) en 1871.
fédérer v. t. [1] Grouper (des institutions) en fédération.
Fédérés (mur des) Mur du cimetière du Père-Lachaise contre lequel les derniers fédérés (membres de la Commune), au nombre de 147, furent fusillés par l'armée versaillaise le 28 mai 1871.
Fedine (Konstantin Aleksandrovitch) 1892-1977 Écrivain soviétique. Membre du groupe des Frères Sérapion, il publia de nombreux romans dans la veine du réalisme socialiste (*Premières Joies*, *Un été extraordinaire*, *Les Feux dans la campagne*, trilogie, 1945-1965).
Fédor ou **Fiodor** Nom de trois tsars de Russie. **Fédor Ier Ivanovitch** 1557-1598 Fils d'Ivan le Terrible, tsar en 1584, il laissa gouverner son beau-frère Boris Godounov qui lui succéda. **Fédor II Borissovitch** 1589-1605 Fils de Boris Godounov, tsar en 1605, il fut assassiné la même année sur les ordres du faux Dimitri. **Fédor III Alexeïevitch** 1661-1682 Fils d'Alexis Ier Mihaïlovitch, tsar en 1676, il s'attaqua aux privilèges des boyards et joua un rôle réformateur et civilisateur en créant notamment de nombreuses écoles.
fée n. f. Être féminin imaginaire, doué d'un pouvoir magique, bienfaisant ou malfaisant. / *Conte de fées* : conte dans lequel l'intervention des fées constitue le ressort de l'action. / Fig. Femme qui charme par sa grâce, sa gentillesse, son adresse. / *Avoir des doigts de fée* : être capable d'exécuter les tâches manuelles les plus délicates avec adresse, habileté.
feed-back n. m. inv. (mot anglais) Anglicisme pour rétroaction.
feeder n. m. (mot anglais) Câble électrique reliant une centrale ou un poste de transformation à un centre de distribution.
feeling n. m. (mot anglais) MUS. Intensité de la sensibilité dans une interprétation musicale. / Fam. Manière d'appréhender intuitivement une situation, de ressentir ce qui se dégage d'une atmosphère, d'une ambiance. *Avoir du feeling*, de l'intuition, de la sensibilité.
féerie n. f. Spectacle d'une beauté irréelle. *Une féerie de lumières.* / Pièce de théâtre, spectacle où interviennent le fantastique et le surnaturel.
féerique adj. Relatif à la féerie ; d'une beauté qui rappelle le monde des fées.
Fehling (Hermann) 1811-1885 Chimiste allemand. Il mit au point le réactif cupro-potassique dit *liqueur de Fehling*, qui est utilisé pour doser le glucose.
feignant, e adj. et n. Pop. Fainéant.
feindre v. t. [3] Simuler. *Feindre la joie, une maladie.* / v. t. ind. *Feindre de* : faire semblant de. *Il a feint de partir.*
Feininger (Lyonel) 1871-1956 Peintre et dessinateur américain. Proche des cubistes et des constructivistes, professeur au Bauhaus, il peint, après 1930, des marines et des vues de ville (New York notamment) dans un géométrisme rigoureux.
feinte n. f. Dissimulation, fait de déguiser qqch. sous une apparence trompeuse. / SPORT Mouvement simulé pour tromper l'adversaire. *Une feinte de corps.* / Fam. Duperie, ruse.
feinter v. t. [1] Faire une feinte à (qqn). *Feinter le gardien de but.*
feld-maréchal n. m. Grade le plus élevé de la hiérarchie militaire allemande et autrichienne. Pl. Des *feld-maréchaux.*
feldspath n. m. MINÉR. Silicate double d'aluminium et, selon les variétés, de potassium, de sodium ou de calcium.
fêlé, e adj. Qui a été fêlé. *Un vase fêlé.* / *Voix fêlée*, dont le timbre rappelle le son d'un objet fêlé. / Fam. Un peu cinglé.
fêler v. t. [1] Causer une fêlure à, fendre superficiellement. *Fêler un vase.* / Fig. et fam. *Être fêlé* : être un peu fou.
félibre n. m. Écrivain, poète en langue d'oc.
félibrige n. m. École littéraire fondée en Provence en 1854, ayant pour but la sauvegarde et l'illustration de la langue d'oc, notamment du provençal, et représentée par F. Mistral, Th. Aubanel, F. Roumanille, entre autres.
félicitations n. f. pl. Compliments adressés à qqn pour exprimer sa satisfaction, son admiration ou pour l'associer à un événement heureux. *Mériter des félicitations. Les mariés ont reçu de nombreux messages de félicitations.*
félicité n. f. Litt. Bonheur parfait ; béatitude.
féliciter v. t. [1] Adresser ses félicitations à. *Féliciter les mariés. Je te félicite pour ta victoire.* / v. pron. *Se féliciter de* : se réjouir, se louer de. *Je me félicite d'être venu.*
félidés n. m. pl. ZOOL. Famille de mammifères carnivores digitigrades, généralement armés de griffes rétractiles, à fortes canines et à molaires tranchantes. *Le chat, le lynx, le puma, le lion, le tigre, le guépard sont des félins.*
félin, e adj. et n. m. Propre ou relatif au chat, à la famille des félidés. / Qui évoque le chat. *Grâce féline.* / n. m. pl. *Les félins* : les félidés.

Federico Fellini.

fellaga ou **fellagha** n. m. (mot arabe) Opposant armé, en lutte contre l'autorité française établie en Algérie et en Tunisie avant l'indépendance.
fellah n. m. (mot arabe) Paysan, en Égypte, au Maghreb.
fellation n. f. Pratique sexuelle qui consiste à provoquer l'excitation du sexe viril par des caresses buccales.
Fellini (Federico) 1920-1993 Cinéaste italien. Il débute comme scénariste de Rossellini puis réalise *Le Cheik blanc* (1952), satire du courrier du cœur, et *I Vitelloni*, satire amère du monde des jeunes bourgeois provinciaux. En 1954, *La Strada*, témoigne de son désir de délivrer un message chrétien et fustige une société qui repose sur l'aliénation de la femme. En 1960, il rompt avec le néo-réalisme des *Nuits de Cabiria* (1956) pour aborder le genre baroque avec *La Dolce Vita*. En 1962, *Huit et demi* est une interrogation onirique sur son art, qui sacrifiera à la fantasmagorie spectaculaire mais jamais gratuite : *Le Satyricon* (1969), *Fellini-Roma* (1972), *Amarcord* (1973), autobiographique, *Casanova* (1977), *Et vogue le navire* (1983). *Ginger et Fred* (1985) associe son acteur préféré, M. Mastroianni, et son épouse Giulietta Masina (1920-1994). Suivront *Intervista* (1987) et *La Voce della luna* (1989).
félon, onne adj. FÉOD. Infidèle à son seigneur. *Chevalier félon.* / Par ext. Traître.
félonie n. f. FÉOD. Trahison d'un félon. / Par ext., litt. Acte déloyal commis envers qqn.
felouque n. f. Petite embarcation, longue et étroite, à voiles et à rames, à mâts inclinés, utilisée en Méditerranée.
fêlure n. f. Fente, fissure que présente un objet dont les morceaux ne sont pas disjoints. *La fêlure d'un plat.* / Fig. Altération du timbre de la voix. / Faille. *Apparition d'une fêlure dans un couple.*
f.é.m. Sigle de *force électromotrice.*
femelle n. f. Animal appartenant au sexe féminin. *La chienne est la femelle du chien.*
Femina (prix) Prix littéraire créé en 1904 et décerné à un romancier par un jury composé de femmes de lettres.
féminin, e adj. et n. m. I. Propre ou relatif à la femme, par oppos. à *masculin. Sexe féminin.* / Qui a les caractères que l'on attribue à la femme. *Allure féminine d'un homme.* / n. m. *L'éternel féminin* : ce que l'on considère traditionnellement comme intangible dans la psychologie féminine. **II.** GRAMM. *Genre féminin* : un des deux genres grammaticaux de la langue française. / n. m. *Les mots appartenant au féminin sont ceux qui peuvent être précédés par l'article « la » ou l'article « une », les mots du masculin étant précédés de « le » ou « un ».*

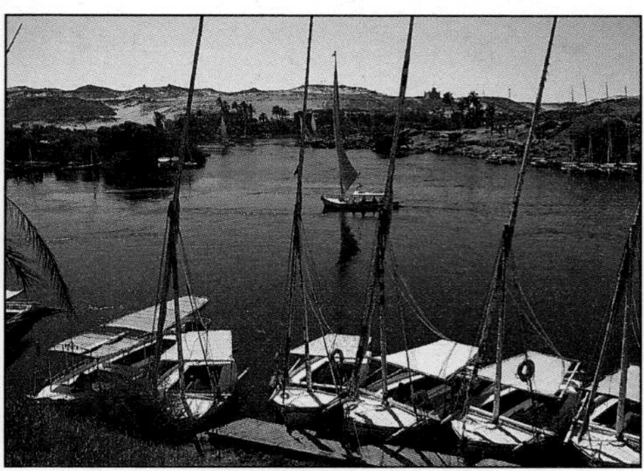

Felouques *sur le Nil.*

féminisation n. f. Fait de donner des caractères propres à la femme. / BIOL. Apparition naturelle ou artificielle de caractères sexuels féminins chez un individu mâle. / Augmentation du nombre de femmes dans un domaine, une activité. *Féminisation des milieux professionnels.*

féminiser v. t. [1] Donner un caractère féminin à (ce qui était masculin). *Féminiser les titres, les fonctions.* / Donner un caractère plus féminin à (une catégorie sociale). *Féminiser une profession.*

féminisme n. m. Doctrine qui revendique, pour la femme, l'amélioration de son rôle, de sa place dans la société, et la jouissance des mêmes droits que ceux de l'homme.

féministe adj. et n. Propre ou relatif au féminisme. / Adepte du féminisme.

féminité n. f. Ensemble des caractères particuliers à la femme, ou estimés comme tels par la société.

Femis Acronyme pour *Fédération européenne des métiers de l'image et du son*, établissement d'enseignement situé à Paris, qui prépare aux techniques et aux arts audiovisuels. En 1986, il a succédé, avec un programme élargi, à l'Institut des hautes études cinématographiques (IDHEC), créé en 1943.

femme n. f. **I.** Être humain appartenant au sexe qui met des enfants au monde. / Adulte de sexe féminin. / Adulte de sexe féminin considéré par rapport à son caractère, ses origines, son statut social ou professionnel. *Femme de cœur. Femme de tête. Femme du monde. Femme de lettres*: auteur, écrivain. *Femme de ménage*: employée chargée des travaux ménagers. **II.** Épouse. *Je vous présente ma femme.*

Femme 100 têtes (la) 1929 Livre d'images surréaliste composé par Max Ernst à partir de gravures populaires du XIXe siècle. Les sous-titres sont de brefs poèmes. En 1956, Ernst en donna une édition augmentée.

femmelette n. f. Vieilli Femme de faible constitution; femme craintive, sans caractère. / Péjor. Homme faible, sans personnalité, sans courage.

Femmes savantes (les) 1672 Comédie en cinq actes et en vers où Molière s'en prend aux femmes qui se piquent d'être de beaux esprits, délaissant leur rôle familial et leur féminité. Molière ridiculise plus encore les pédants.

fémoral, ale, aux adj. Du fémur, de la cuisse. *Artère fémorale.*

fémur n. m. ANAT. Os long constituant le squelette de la cuisse.

FEN Acronyme pour *Fédération de l'Éducation nationale*, née en 1948 d'une scission avec la Confédération générale du travail (CGT). Elle regroupe une majorité d'enseignants.

fenaison n. f. Coupe et récolte des foins. / Époque à laquelle se fait ce travail.

fendant [1] n. m. Vx En escrime, coup donné de haut en bas.

fendant [2] n. m. Vin blanc suisse du Valais.

fendiller v. t. [1] Causer de petites fentes à. *La sécheresse a fendillé la terre.* / v. pron. *Le mur se fendille au niveau du linteau de la fenêtre.*

fendre v. t. / v. pron. [3] **A.** v. t. Diviser dans la longueur. *Fendre du bois.* / Faire une fente, une crevasse dans. *La bêche fend la terre.* Loc. fig. *Fendre le cœur*: affliger. / S'ouvrir un passage à travers (un fluide). *Le navire fend l'eau.* Par ext. *Fendre la foule.* **B.** v. pron. Se disjoindre, se fissurer. / Fam. *Se fendre de*: faire l'effort d'offrir. *Se fendre d'un sourire, d'une bouteille.* / SPORT (En escrime) Faire une fente.

fendu, e adj. Ouvert d'une fente. *Jupe fendue.* / En forme de fente oblongue. *Yeux fendus.*

Fénelon (François de Salignac de La Mothe) 1651-1715 Prélat français. Issu d'une famille noble du Périgord, prêtre, il est (1678-1689) supérieur de l'institution des Nouvelles-Catholiques, qui se propose d'instruire les jeunes filles protestantes récemment converties au catholicisme, lorsque la faveur de Mme de Maintenon le fait nommer précepteur du duc de Bourgogne, petit-fils de Louis XIV. Pour son pupille, il met au point une pédagogie fort en avance sur les usages du temps et écrit plusieurs ouvrages: *Fables* (en prose, 1690), *Les Aventures de Télémaque* (1699), qui déplaisent au roi, *Dialogues des morts* (1700-1712). Mystique proche du quiétisme (*Explication des maximes des saints*, 1697), lié à Mme Guyon, il s'oppose à Bossuet. Certaines propositions de son *Explication* ayant été condamnées par le pape, il se soumet immédiatement, se retire de la cour et se consacre à son diocèse de Cambrai dont il est archevêque depuis 1695; il rédige alors *Lettre sur les occupations de l'Académie française*, dont il était membre; ce testament littéraire, écrit en 1714, n'a été publié qu'en 1716.

Fénelon.

Fenouil.

Fénéon (Félix) 1861-1944 Écrivain français. Critique littéraire, il fit connaître Rimbaud et Joyce; critique d'art, il fit apprécier les impressionnistes. Il fut secrétaire de rédaction de la *Revue blanche* de 1894 à 1905.

fenestron n. m. Rég. Dans le midi de la France, petite fenêtre d'aération; ouverture pratiquée dans un mur intérieur, entre deux pièces.

fenêtre n. f. Ouverture pratiquée dans un mur pour aérer et éclairer l'intérieur d'un bâtiment. / Châssis mobile et vitré servant à fermer cette ouverture. / Fig. *Jeter son argent par les fenêtres*: dépenser son argent de façon inconsidérée, extravagante. / Ouverture pratiquée dans un objet. *Enveloppe à fenêtre.* / ANAT. Nom de deux ouvertures faisant communiquer l'oreille moyenne et l'oreille interne. *Fenêtre ovale et fenêtre ronde.*

fenian (mouvement) Société secrète révolutionnaire irlandaise qui tient son nom des fianna, guerriers héroïques de la légende gaélique. Fondée simultanément (1858) aux États-Unis (par O'Mahony) et à Dublin (par Stephens), elle avait pour but de soustraire l'Irlande à la domination anglaise. En Irlande, elle fit paraître dès 1863 son journal, *The Irish People*, mais, en 1866, l'arrestation de ses principaux chefs, à la suite d'une insurrection avortée, la démantela. Clandestins, les fenians réapparaissent au début du XXe siècle et donnent aux mouvements indépendantistes une coloration résolument républicaine.

fenil n. m. Grenier à foin.

fennec n. m. ZOOL. Petit renard aux longues oreilles, à la queue touffue, adapté aux milieux désertiques vivant notam. au Sahara, appelé aussi renard des sables.

fenouil n. m. Plante ombellifère potagère, à goût d'anis (on consomme notam. ses pétioles charnus, crus ou cuits). *Une salade de fenouil. Du fenouil braisé.*

fente n. f. Fissure à la surface d'une matière solide. *Fente qui s'élargit sur un mur.* / Ouverture étroite et longue ménagée dans un objet. *La fente d'une boîte aux lettres.* / SPORT En escrime, action de se porter en avant sur un pied pour atteindre son adversaire.

Fenton (Roger) 1819-1869 Photographe britannique. Pionnier du reportage, il fut correspondant de guerre en Crimée.

féodal, ale, aux adj. et n. Propre ou relatif à un fief, à la féodalité. *Droits féodaux. Les grands féodaux*: les grands seigneurs.

féodalisme n. m. HIST. Système féodal. / Caractère de ce qui rappelle le fonctionnement, les pratiques du système féodal.

• **féodalité** n. f. Système d'organisation sociale, politique et juridique qui se développa en Europe et, notam., en France, après la désagrégation de l'Empire carolingien.

fer n. m. I. Élément chimique (symbole: Fe) de numéro atomique Z=26, de masse atomique 55,85; métal blanc argenté, ductile, de densité 7,9, qui fond à 1535 °C. / *Âge du fer*: période, succédant à l'Âge du bronze, au cours de laquelle se répandit l'usage du fer. **II.** Objet, instrument de fer, d'acier, de métal. / Élément métallique tranchant d'un objet, d'une arme. *Le fer d'un rabot. Un fer de lance*: pointe métallique d'une lance. / Lame d'une épée. (Par ext.) L'épée, le fleuret. *Croiser le fer.* / *Fer à cheval*: pièce métallique en forme de U, fixée sous les sabots d'un cheval pour les protéger. / Outil en fer, en métal. *Fer à repasser. Fer à souder.* **III.** (Au plur.) *Les fers*: les chaînes qui servaient à entraver les mouvements des prisonniers. / MÉD. Vx *Les fers*: les forceps. u Le fer, qui constitue environ 5 % de l'écorce terrestre, est très abondant dans les couches plus profondes du globe. La métallurgie du fer (sidérurgie) englobe les activités liées à la fabrication du fer et de ses alliages, notam. l'acier. Les aciers spéciaux contiennent de faibles quantités de métaux tels que le nickel, le chrome, le tungstène, le manganèse. Les propriétés mécaniques du fer et des aciers varient beaucoup selon la composition des alliages et les traitements thermiques subis. Le fer pur, de ce point de vue nettement moins intéressant que les aciers, est rarement utilisé dans l'industrie. En revanche, les aciers ont des emplois innombrables qui font du fer un métal d'une très grande importance industrielle et économique.

Fer (île de) *278 km² 6000 h.* La plus occidentale des îles Canaries, la plus petite et la moins peuplée. Jusqu'au XVIIIe siècle, on y faisait passer le méridien origine.

féra n. f. ZOOL. Poisson proche du corégone, à chair fine et délicate, vivant dans les lacs alpins.

fer-à-cheval n. m. ZOOL. Syn. de rhinolophe.

féralies n. f. pl. ANTIQ. ROM. Fêtes célébrées chaque année en février pour honorer les défunts.

Feraoun (Mouloud) 1913-1962 Écrivain algérien d'expression française. Ses romans évoquent la vie déchirée et souvent misérable de ses compatriotes berbères (*Le Fils du pauvre*, 1950). Il a été assassiné par l'O.A.S.

FÉODALITÉ

Dans une économie agraire, la possession de la terre constitue le fondement de la richesse et du pouvoir. Ainsi, Rome récompensait ses soldats vétérans en leur octroyant des terres. Au Bas-Empire, cette pratique donna naissance à l'institution des « bucellarii », hommes libres liés par choix personnel à un seigneur qu'ils aidaient militairement en échange de sa protection et de son soutien.

La féodalité, appelée aussi féodalisme, est le système politique issu au Moyen Âge de la convergence de cette institution avec diverses coutumes germaniques, dont celle du Gefolge (ou *comitatus*), groupe d'hommes composant la suite d'un chef et liés à lui par fidélité personnelle.

La féodalité repose partout sur le même principe : un vassal reçoit un fief (du germain *fiehu* : propriété) octroyé par un seigneur auquel il doit rendre hommage et qui devient alors son suzerain. Le vassal conserve sa condition d'homme libre, mais il doit se soumettre à l'autorité du seigneur, suivre ses conseils et lui rendre des services aussi bien civils que militaires. En échange il reçoit aide et protection, y compris dans l'exercice du pouvoir sur son fief. Le contrat s'appuyant sur le principe moral de fidélité, le rompre équivaut au parjure. L'hommage au suzerain, le serment de fidélité et l'investiture donnaient lieu à un rituel élaboré, chargé de symbolisme.

Versement de la taxe sur le sel à l'entrée d'une ville, d'après le Code des privilèges, manuscrit du XVe siècle.

Le manque d'homogénéité de l'héritage germanique en matière de partage du pouvoir, de droit foncier ou de succession explique la grande diversité des formes légales ou usuelles prises localement par ce système. Certains vassaux dépendaient d'un seigneur (comte, évêque, abbé), d'autres directement du roi. La terre pouvait être donnée en alleu, en tenure ou en fief, selon le degré des avantages et obligations réciproques. Certains fiefs étaient immenses, certains pouvaient être hypothéqués, transmis en héritage, défendus par des places fortes, tandis que d'autres étaient minuscules, ou sans limites précises, ou soumis à des règles qui en limitaient l'usufruit. Il existait même des vassaux sans fief, uniquement dévoués au service d'un seigneur. Les devoirs du suzerain envers son vassal variaient en fonction des habitudes locales et des fluctuations de l'histoire. Ils étaient ainsi définis avec beaucoup plus de précision sur les territoires saxons, germains ou angles que sur ceux d'obédience wisigothe, lombarde ou, plus tard, normande (Angleterre, Sicile).

Hommage d'un chevalier à son seigneur (au XVe siècle), d'après la Chronique d'Ulrich de Richental (Bibliothèque Universitaire, Prague).

Il est donc impossible de dresser un état précis et homogène de la féodalité, en dehors de ses principes de base. L'instauration du féodalisme en Europe occidentale profita du désordre résultant des invasions barbares aux IVe, V[e] et VIe siècles. Dès le VIIIe siècle le régime de la vassalité était fortement implanté, principalement en France ; mais la féodalité devint véritablement le fondement du lien social avec l'éclatement de l'empire carolingien, propice à une dispersion des allégeances que vinrent renforcer les invasions et traditions normandes. On la considère donc comme établie à partir du Xe siècle, son apogée se situant au XIIe siècle.

Le féodalisme structure la société comme une pyramide dont le roi serait le sommet, les étages inférieurs étant dévolus aux seigneurs, puis aux hommes libres, aux vassaux et enfin aux serfs. Une répartition tripartite des activités (entre laboureurs, clercs et guerriers) vient renforcer ces modalités d'exercice du pouvoir et de répartition des richesses. La bataille de Bouvines (1214) marque, pour les historiens, la fin du régime féodal. Tout en légitimant par le droit divin cette répartition des tâches établie par la force, l'autorité royale prit dès lors le pas sur le conglomérat des liens féodaux, les territoires se regroupèrent, préfigurant l'État moderne.

fer-blanc n. m. Tôle d'acier doux recouverte d'une fine couche d'étain qui lui sert de protection contre la rouille. Pl. Des *fers-blancs*.
ferblanterie n. f. Industrie, commerce du fer-blanc. / Objets en fer-blanc.
ferblantier n. m. Personne qui fabrique, vend des objets en fer blanc.

Ferdinand Nom de nombreux souverains.

EMPEREURS DU SAINT-EMPIRE

Ferdinand Ier 1503-1564 Roi de Bohême et de Hongrie en 1526, roi des Romains en 1531, empereur en 1556 à l'abdication de son frère, Charles Quint. Dès son élection au trône de Bohême et de Hongrie, il dut se battre contre les Ottomans sur le front du Danube et dut signer (1562) avec les Turcs une trêve qui le forçait à leur payer tribut. Humaniste, il s'attacha à la réforme de l'Église et se montra désireux de promouvoir une entente entre catholiques et luthériens. **Ferdinand II** 1578-1637 Petit-fils du précédent, roi de Bohême en 1617 et de Hongrie en 1618, empereur en 1619. Il lutta de façon intransigeante contre les protestants avec l'appui de la Sainte Ligue catholique. La répression menée contre la révolte tchèque est à l'origine de la guerre de Trente Ans, au cours de laquelle l'empereur se heurta au roi de Suède, Gustave II Adolphe (1631), puis à la France et à l'Espagne (1635). **Ferdinand III** 1608-1657 Fils du précédent, roi de Hongrie en 1625 et de Bohême en 1627, empereur en 1637. Sorti vaincu de la guerre de Trente Ans, il se vit imposer par la France et la Suède les traités de Westphalie en 1648.

ARAGON et SICILE

Ferdinand Ier le Juste 1380 ?-1416 Roi d'Aragon et de Sicile en 1412, fils de Jean Ier roi de Castille. Avant d'asseoir son pouvoir en Aragon et en Sicile, il combattit avec succès les Maures de Grenade (1410). Prince énergique, bon administrateur, il fut très influent en Italie et en Allemagne. **Ferdinand II le Catholique** 1452-1516 Fils de Jean II d'Aragon, il est roi d'Aragon et de Sicile en 1479, roi de Naples (sous le nom de Ferdinand III) en 1504. Son mariage avec Isabelle, reine de Castille, réunit les deux grandes monarchies ibériques en 1469. Après la conquête, en 1492, du royaume maure de Grenade, les deux époux, dits « les Rois Catholiques », règnent sur presque toute la péninsule ibérique et leur autorité s'affirme contre la noblesse (dont il rogna l'indépendance), les Juifs et les Maures (introduction en Espagne de l'Inquisition, 1479 ; expulsion des Juifs, 1492). La découverte de l'Amérique par Christophe Colomb, cette même année 1492, ouvre une ère nouvelle. Régent de Castille au nom de sa fille Jeanne la Folle, il conquiert la Navarre, le Milanais, Oran, Bougie et Tripoli. Sa deuxième épouse, Germaine de Foix, ne lui ayant pas donné d'enfant, il offre la couronne à son petit-fils Charles de Gand, fils de Jeanne, le futur Charles Quint.

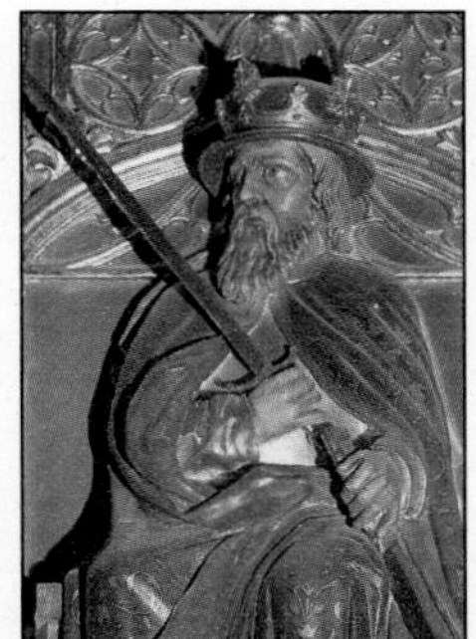
Ferdinand II, roi de León.

Vision romantique de la mort de **Ferdinand Ier le Juste**, roi d'Aragon et de Sicile.

AUTRICHE

Ferdinand Ier 1793-1875 Empereur d'Autriche (1835-1848), roi de Bohême et de Hongrie (1830-1848). Faible d'esprit, lorsqu'il succéda à son père, il laissa le pouvoir à un conseil de régence présidé par Metternich qui détenait les rênes de l'État et les conserva. La révolution de 1848 fut fatale aux deux hommes. Ferdinand Ier abdiqua en faveur de son neveu, François-Joseph Ier.

BULGARIE

Ferdinand Ier de Saxe-Cobourg-Gotha 1861-1948 Prince élu de Bulgarie en 1887, il fut plus tard reconnu par la Russie et l'ensemble des pays européens. En 1908, il profita de la crise balkanique pour se rendre indépendant de la Turquie et se fit proclamer tsar. Il s'allia à l'Allemagne au cours de la Première Guerre mondiale et, en 1918, abdiqua en faveur de son fils Boris.

CASTILLE, LEÓN ET ESPAGNE

Ferdinand Ier le Grand 1017 ?-1065 Roi de Castille en 1035, il devint roi de León et des Asturies (1037) après avoir évincé son beau-frère Bermude III, puis annexa la Navarre. Il remporta d'importantes victoires sur les Maures. **Ferdinand II** 1145 ?-1188 Roi de León et de Galice en 1157. Il poursuivit la reconquête contre les Maures. **Ferdinand III** (saint) 1199 ?-1252 Roi de Castille en 1217, roi de León en 1230. Il unifia définitivement les royaumes de León et Castille, refoula les Maures vers le sud et fonda l'université de Salamanque. Il fut canonisé en 1671. **Ferdinand IV l'Ajourné** 1285-1312 Roi de Castille et de León en 1295. Il s'empara de Gibraltar. **Ferdinand V** Voir **Ferdinand II** d'Aragon. **Ferdinand VI le Sage** 1713-1759 Roi d'Espagne en 1746. À la suite de la guerre de Succession d'Autriche, il gagna Parme et Plaisance ; il régna ensuite pacifiquement, maintenant l'équilibre entre l'Angleterre et la France et accomplissant de nombreuses réformes. **Ferdinand VII** 1784-1833 Roi d'Espagne en 1808, puis à partir de 1814. Son père Charles IV abdiqua en sa faveur en mars 1808 et Ferdinand, à son tour, fut contraint par Napoléon Ier à l'abdication en mai de la même année et assigné à résidence en France, à Valençay. Restauré en 1813, il abolit la Constitution libérale de 1812 (due à Joseph Bonaparte) et exerça un pouvoir absolu jusqu'à ce qu'une révolte, en 1820, le force à rétablir cette Constitution. Après un bref intermède libéral, la France, en la personne du duc d'Angoulême, neveu de Louis XVIII, lui permit (1823) de rétablir l'absolutisme. Abrogeant la loi salique de Philippe V, il transmit le trône à son seul enfant, sa fille Isabelle, au détriment de son frère Carlos, dont les partisans (les *carlistes*) déclenchèrent une guerre (1833-1840) ; le carlisme perdura jusqu'au XXe siècle.

FLANDRE

Ferdinand de Portugal, dit **Ferrand** 1186-1233 Comte de Flandre et de Hainaut par son mariage (1212) avec Jeanne de Flandre. Fils de Sanche Ier, roi de Portugal, vassal de Philippe Auguste, il rallia le camp de Jean sans Terre quand son suzerain envahit ses terres. Vaincu à Bouvines et emprisonné en 1214, il accepta définitivement la suzeraineté française mais dut céder des villes de Flandre.

NAPLES ET DEUX-SICILES

Ferdinand Ier 1751-1825 Fils de Charles III d'Espagne, roi de Naples sous le nom de Ferdinand IV en 1759. La France l'ayant chassé au profit de Murat en 1806, il retrouva son trône en 1815 sous le nom de Ferdinand Ier, roi des Deux-Siciles, fit fusiller Murat et abolit la Constitution. **Ferdinand II** 1810-1859 Roi des Deux-Siciles en 1830. Contesté en 1848 par les libéraux, il ne se maintint qu'en acceptant une Constitution qu'il n'appliqua jamais.

Ferdinand VII, roi d'Espagne, par Goya.

Ferdinand Ier, roi de Roumanie.

ROUMANIE

Ferdinand Ier 1865-1927 Roi de Roumanie (1814-1927), il succéda à son oncle Charles Ier en 1914. Malgré ses origines allemandes (c'était un Hohenzollern-Sigmaringen), il se rangea en 1916 dans le camp des Alliés. Le traité de paix de Trianon (1920) lui permit d'annexer de nouveaux territoires.

TOSCANE

Ferdinand III 1769-1824 Grand-duc de Toscane, deuxième fils de l'empereur Léopold II, il fut dépouillé de ses États par le Directoire (1799), les reprit, les perdit à nouveau (1801), obtenant en échange (1803) la principauté de Salzbourg qu'il s'empressa d'échanger (1806) contre le grand-duché de Würzburg. La chute de l'empire lui rendit la Toscane.

Ferenczi (Sándor) 1873-1933 Psychanalyste hongrois. Psychiatre, il travaille avec Freud, puis occupe (1918) à Budapest la première chaire de psychanalyse de l'histoire.

***Ferme** en Finlande.*

Dans son ouvrage *Thalassa, psychanalyse de l'origine de la vie sexuelle* (1924), il tente de mettre au jour la cause originelle du traumatisme de la naissance, qu'il rattache aux origines mêmes de l'humanité : Thalassa, la mer, en grec, a pour réplique symbolique le liquide amniotique. Freud ne partageait pas toutes ses positions théoriques, mais l'opposition – forte à partir de 1930 – entre les deux hommes repose davantage sur des différences fondamentales de pratique psychanalytique.

Fergana ou **Ferghana** *env. 22 000 km²* Région d'Asie centrale, bassin fertile partagé entre Ouzbékistan, Kirghizistan et Tadjikistan, aujourd'hui essentiellement consacré à la culture du coton. Conquis par les Arabes, dévasté par Gengis khan et Tamerlan, le pays fut annexé par les Ouzbeks avant de l'être par la Russie (1875).

feria n. f. (mot espagnol) Fête annuelle en Espagne et dans le midi de la France, au cours de laquelle se déroulent généralement des courses de taureaux.

férie n. f. ANTIQ. ROM. Jour qui était consacré aux dieux et durant lequel il était interdit de travailler.

férié, e adj. *Jour férié* : jour chômé en raison d'une fête civile ou religieuse, par oppos. à *jour ouvrable*.

férir v. t. [3] *Sans coup férir* : sans difficulté, sans obstacle (v. défectif, ne s'emploie que dans cette loc. et au participe passé *féru, e*).

ferler v. t. [1] MAR. Plier (une voile, un pavillon) et l'attacher le long de la vergue.

Ferlinghetti (Lawrence) 1919 Poète et éditeur américain. Ses recherches formelles lui valent une célébrité moindre qu'à ses amis de la *beat generation* (Ginsberg, par exemple, qu'il édita).

fermage n. m. Mode d'exploitation d'un domaine, d'une ferme, dans lequel un bail concédé pour le propriétaire prévoit un loyer fixe dû par l'agriculteur exploitant.

fermail n. m. Vx ou BX-ARTS Agrafe ; fermoir de livre relié.

Fermat (Pierre de) 1601-1665 Mathématicien français. Magistrat, conseiller au parlement de Toulouse, éloigné des grands centres intellectuels, il n'appartenait pas à la communauté savante européenne, mais entretenait avec ses membres une importante correspondance. On reconnaît en lui le fondateur de la théorie des nombres, branche des mathématiques qui étudie les propriétés des nombres entiers. Il énonça un grand nombre de théorèmes dont on ne fit les démonstrations que longtemps après sa mort. Comme tous les mathématiciens de son temps, il étudia les sciences classiques de l'Antiquité et, en théorie des nombres, l'*Arithmetica* de Diophante qui eut sur lui une forte influence ; dans son exemplaire de l'ouvrage, Fermat laissa quantité de notes qui ne furent pas publiées de son vivant ; l'une de ces notes posait une question dont les mathématiciens allaient chercher la réponse pendant plus de trois siècles. Il s'agissait de trouver des carrés qui devaient résulter de la somme de deux carrés. Le *grand théorème de Fermat* s'énonce ainsi : « [...] Un cube n'est jamais la somme de deux cubes, une puissance quatrième n'est jamais la somme de deux autres puissances quatrième, et, plus généralement, aucune puissance supérieure à 2 n'est la somme de deux puissances analogues. J'ai trouvé une merveilleuse démonstration de cette proposition, mais je ne peux l'écrire dans cette marge car elle est trop longue ». Nous devons à Fermat la géométrie analytique (avec Descartes), le calcul infinitésimal (avec Leibniz et Newton), le calcul des probabilités (avec Pascal) ; mais personne n'avait réussi à trouver la démonstration de son théorème. Le 23 juin 1993, à l'institut Isaac Newton de l'université de Cambridge, Andrew Wiles présentait le résultat de ses travaux. En posant la formule « $u^p + v^p + w^p = 0$ implique u v w nuls », il résolvait une énigme qui avait défié les mathématiciens pendant 328 ans.

ferme [1] n. f. DR. Convention par laquelle un propriétaire confie à qqn pour un certain temps et à un certain prix l'exploitation d'un domaine agricole. *Donner ses terres à ferme.* / Domaine agricole loué à ferme. / Exploitation agricole quelle qu'elle soit ; ensemble des bâtiments, des installations de cette exploitation. *Ferme d'élevage, ferme viticole.*

ferme [2] adj. et adv. **I.** De consistance résistante, sans être dur. *Un fruit à chair ferme.* / Solide, stable. *Poser le pied sur la terre ferme.* **II.** Fig. Résolu, assuré, décidé. *Marcher d'un pas ferme. Parler d'une voix ferme. Une ferme intention.* / Loc. *Prison ferme*, sans sursis. / Qui ne se laisse pas fléchir. *Être ferme avec ses employés.* / (Emploi adverbial) Avec force. *Discuter ferme.*

ferme [3] n. f. CONSTR. Ensemble d'éléments de charpente triangulés, assemblés et disposés verticalement, pour soutenir une couverture.

fermement adv. De manière ferme.

ferment n. m. Micro-organisme ou enzyme qui est l'agent d'une réaction de fermentation. *Ferment lactique.* / Fig. Ce qui entretient les passions. *Le ferment de la révolte.*

fermentation n. f. BIOCHIM. Dégradation enzymatique d'une substance organique par un ferment. *Fermentation aérobie, fermentation anaérobie. La fermentation alcoolique transforme du sucre en alcool éthylique sous l'action de certaines levures.* / Fig. Agitation des esprits.

fermenté, e adj. Qui est en état de fermentation. *Fromage fermenté.*

fermenter v. i. [1] Être en état de fermentation.

fermer v. t. / v. i. [1] **A.** v. t. Manœuvrer (le dispositif mobile servant à obturer). *Fermer les volets, les rideaux.* / Obturer, clore (un espace, un contenant) en rabattant le dispositif mobile. *Fermer sa chambre, une malle.* / Rapprocher les parties écartées de (un ensemble). *Fermer la bouche. Fermer une enveloppe.* (Emploi pron.) *Ses yeux se ferment.* / Empêcher le franchissement de. *Fermer une route, une frontière.* / Interrompre (un flux). *Fermer l'eau, le gaz.* / Être le dernier élément de. *Fermer la marche.* / Suspendre, temporairement ou définitivement, l'activité de. *Fermer une école. Fermer boutique. Fermer un compte*, le clore. **B.** v. i. Demeurer clos, ne pas ouvrir. *La porte ne ferme plus. Le magasin ferme le lundi.*

fermeté n. f. État de ce qui est ferme. *La fermeté des chairs.* / Assurance, sûreté. *La fermeté du dessin de Matisse. Fermeté dans les gestes.* / Qualité d'une personne résolue, déterminée. *Montrer sa fermeté face aux épreuves.* / FIN. *Fermeté de la Bourse* : maintien des cours à un niveau élevé.

fermeture n. f. Dispositif qui sert à fermer. *Fermeture d'une porte.* / *Fermeture éclair* (nom déposé) ou *à glissière* : système de fermeture composé de deux bandes à dentures qui s'imbriquent pour réunir les parties séparées d'un vêtement. / Action de fermer. *Attention à la fermeture automatique des portes.* / État d'un lieu fermé. *Horaires de fermeture d'un magasin.*

fermi n. m. Unité de physique nucléaire, valant 10^{-24} cm^2.

***Enrico Fermi**.*

Fermi (Enrico) 1901-1954 Physicien italien, naturalisé américain à Los Alamos en 1944 ; il avait émigré aux États-Unis en 1938 depuis la Suède où il était allé recevoir le prix Nobel de physique. Son nom est attaché à la théorie statistique des particules de spin demi-entier aujourd'hui appelé *fermion*. En 1932, il propose une première théorie de l'interaction faible. En 1934, il dirige les recherches d'un groupe de physiciens qu'il oriente vers l'étude de la radioactivité naturelle mise en évidence par Irène Curie et Frédéric Joliot. En 1939, il met au point le concept de réacteur nucléaire et, avec Szilar, collabore, dans le cadre du projet « Manhattan », à la réalisation d'un réacteur nucléaire terminé en 1942. En 1952, il découvre la résonance méson pion-nucléon à l'aide du cyclotron de 450 MeV de Chicago. On considère qu'il est à l'origine de la découverte de l'énergie nucléaire ; on a donc donné son nom à l'unité de mesure de longueur en physique nucléaire.

fermier, ère n. et adj. **A.** n. Personne qui prend un droit à ferme. / Appos. *Une compagnie fermière.* / HIST. *Fermier général* : sous l'Ancien Régime, financier qui prenait à ferme la perception des impôts. / Personne qui exploite une terre à ferme ; (par ext.) Tout exploitant agricole. **B.** adj. De ferme. *Fromage fermier.*

fermion n. m. PHYS. NUCL. Particule dont le comportement est conforme à la statistique de Fermi-Dirac et au principe de Pauli. *Le comportement statistique des fermions s'oppose à celui des bosons. Les électrons, les protons, les neutrons, les neutrinos sont des fermions.*

***Fernandel**.*

fermium n. m. CHIM. Élément radioactif artificiel (symbole : Fm) de numéro atomique Z = 100, de la famille des transuraniens.

fermoir n. m. Agrafe, attache permettant de fermer un collier, un livre, un sac, etc.

Fernandel (Fernand Contandin, dit) 1903-1971 Acteur français. Il débuta comme comique troupier au café-concert, puis au music-hall. De 1931 à sa mort, il interprète au cinéma plus de cent rôles comiques (*François Ier*, 1937 ; les *Don Camillo*, de 1952 à 1965) ou dramatiques (notamment pour Pagnol : *Regain*, 1937).

Fernández (Juan) 1536 ?-1599 ? Navigateur espagnol. Il longea les rivages de l'Amérique du Sud et découvrit au large de Valparaiso l'archipel qui porte son nom.

Fernandez (Emilio) 1904-1986 Cinéaste mexicain. Ses films, aux scénarios parfois un peu élémentaires, ont eu un grand succès à cause de leur qualité plastique (*Maria Candelaria*, 1943 ; *La Red*, 1953).

Fernando Poo Voir **Bioko**

féroce adj. Dont l'instinct est de tuer. *Animal féroce.* / Qui dénote la férocité. *Une bataille féroce.* / Fig. Cruel, brutal. *Un tyran féroce.* / Par ext. *Un appétit féroce.*

férocement adv. De manière féroce.

férocité n. f. Caractère féroce (de). *La férocité d'un meurtrier, d'un affrontement.*

Féroé ou **Faeroe** *1 399 km² 44 509 h.* Chef-lieu *Thorshavn*. Archipel situé au nord de l'Écosse, communauté autonome au sein

*Rade de Thorshavn, chef-lieu des îles **Féroé**.*

du royaume de Danemark. Comprenant 18 îles d'origine volcanique et de relief abrupt, il a, malgré sa latitude, un climat tempéré qui favorise la culture et l'élevage. Danois en 1814, il bénéficie depuis 1948 d'un Parlement et d'un exécutif autonomes.

ferrade n. f. Action de marquer au fer rouge les bestiaux. / Réjouissances et fêtes qui sont célébrées à cette occasion en Provence, notam. en Camargue.

ferrage n. m. Action de ferrer. *Le ferrage d'une roue. Ferrage d'un cheval.*

ferraille n. f. Morceaux de fer ou d'acier, ou objets, pièces métalliques inutilisables. *Tas de ferraille.*

ferrailler v. i. [1] Péjor. Vx Se battre en duel, au sabre ou à l'épée. / Mod. Passer son temps en polémiques. *Ferrailler contre ses adversaires politiques.* / Faire un bruit de ferraille. *Le véhicule avance en ferraillant.*

ferrailleur n m. Marchand de ferraille.

Ferrare *137 336 heures* Ville d'Italie, chef-lieu de la province du même nom, qui fait partie de la Région Émilie-Romagne. Important marché agricole où se sont développées les industries liées à l'agriculture. Ferrare fut, sous la Renaissance, un centre littéraire et artistique important. Le peintre Cosimo Tura y fonda au XVe siècle l'école ferraraise qui a laissé plusieurs chefs-d'œuvre. L'Arioste, Le Tasse y bénéficièrent du mécénat des ducs d'Este, dont le château (XIVe-XVIe siècles) a une architecture d'une impressionnante puissance. Rattachée (1598) aux États pontificaux, occupée par la France (1796), jointe au royaume d'Italie (1801-1814), occupée par les Autrichiens, la ville devint possession de l'Italie unifiée en 1860.

Ferrari (Enzo) 1898-1988 Constructeur d'automobiles italien. Coureur sur Alfa Roméo dans les années 1920, il fonda sa propre entreprise de voitures de sport et de luxe, reprise par Fiat en 1969.

Ferrat (Jean Tenenbaum, dit **Jean)** 1930 Auteur-compositeur et interprète français ; certaines de ses chansons témoignent de son engagement politique à gauche (*Potemkine*), d'autres sont d'une veine poétique ; il a mis Aragon en musique (*Les Yeux d'Elsa*).

Ferré (Léo) 1916-1993 Chanteur français, auteur-compositeur au style réaliste (*Jolie môme, Avec le temps*) d'inspiration souvent libertaire (*Graine d'ananar*). Il a mis en musique des poèmes de Villon, Rimbaud, Baudelaire, Aragon.

ferrement n. m. Action de ferrer. / Résultat de cette action, ferrage, ferrure.

ferrer v. t. [1] Garnir (qqch.) de fer. *Ferrer la pointe d'un bâton. Ferrer les sabots d'un cheval.* / PÊCHE *Ferrer le poisson* : bien enfoncer l'hameçon, une fois que le poisson a mordu, en tirant d'un coup sec sur la ligne.

Ferrer Guardia (Francisco) 1859-1909 Anarchiste espagnol. Après quelques années d'exil à Paris (1885), il revint à Barcelone où il ouvrit une école laïque et libertaire et fonda une maison d'édition d'ouvrages pédagogiques dont quelques-uns furent dus à Élisée Reclus. En 1909, une émeute éclata à Barcelone. On lui en imputa la responsabilité morale et politique. Il fut appréhendé, jugé et exécuté après une parodie de procès. Dès 1911, le procès a été révisé et la condamnation reconnue erronée.

Ferreri (Marco) 1928-1997 Cinéaste italien. Il dépeint de façon grotesque et provocante les errements de la fin du siècle : *La Grande Bouffe* (1973), *Contes de la folie ordinaire* (1981).

Jules Ferry.

ferret n. m. Extrémité en métal d'un lacet, d'une aiguillette. *Des ferrets de diamants*, garnis de diamants et servant d'ornement. / *Ferret d'Espagne* : variété d'hématite rouge.

ferreux, euse adj. Qui contient du fer. *Minerai ferreux.* / CHIM. Qui contient du fer bivalent. *Sel ferreux.*

ferricyanure n. m. CHIM. Anion complexe du fer trivalent, de formule $[Fe(CN)_6]^{3-}$.

Ferrié (Gustave) 1868-1932 Général et savant français qui mit au point des émetteurs-récepteurs radioélectriques. En 1903, il équipa d'un émetteur la tour Eiffel.

Ferrières *1655 h.* Commune du département de Seine-et-Marne. Château, reconstruit au XIXe siècle par les Rothschild, où, après la défaite de Sedan (septembre 1870), Jules Favre rencontra Bismarck pour tenter de négocier un armistice ; le gouvernement de la Défense nationale, hostile à la cession d'une quelconque partie du territoire français, fit échouer la négociation.

ferrique adj. CHIM. Qui contient du fer trivalent. *Composé ferrique.*

ferrite n. **I.** n. m. CHIM. Céramique ferromagnétique faites de mélanges d'oxydes, dont l'oxyde ferrique Fe_2O_3. **II.** n f. MÉTALL. Solution solide de carbone dans le fer α.

ferrocyanure n. m. CHIM. Anion complexe du fer bivalent, de formule $[Fe(CN)_6]^{4-}$.

ferromagnétique adj. PHYS. Qui peut s'aimanter sous l'action d'un champ magnétique.

ferromagnétisme n. m. PHYS. Propriété de certains métaux (fer, cobalt, nickel, dysprosium) qui, sous l'action d'un champ magnétique extérieur, s'aimantent fortement. *Les substances douées de ferromagnétisme sont utilisées pour constituer des aimants.*

ferromanganèse n. m. Alliage de fer et de manganèse contenant une proportion importante de manganèse (30 à 80 %).

ferromolybdène n. m. Alliage de fer et de molybdène, contenant de 40 à 80 % de molybdène, servant à fabriquer des aciers spéciaux.

ferronickel n. m. Alliage de fer et de nickel (plus de 25 %).

ferronnerie n. f. Fabrique où l'on façonne des ouvrages de fer de grande taille. / Art, travail du fer forgé. / Objets en fer forgé.

ferronnier, ère n. Personne qui fabrique, qui vend de la ferronnerie d'art.

ferronnière n. f. Bijou qui orne le front, formé d'une chaînette, portant en son milieu une pierre précieuse, un ornement. *La ferronnière était un bijou en vogue à la Renaissance.*

ferroutage n. m. TRANS. Transport par remorques routières chargées sur des wagons de chemin de fer.

ferroviaire adj. Relatif au chemin de fer.

ferrugineux, euse adj. Qui contient un oxyde de fer, un sel de fer.

ferrure n. f. Garniture de fer. *Ferrures d'un coffre.* / Ensemble de fers que l'on met à un cheval ; manière de les poser.

Ferry (Jules) 1832-1893 Homme politique français. Avocat de profession, maire de Paris en 1870, il y maintint rudement l'ordre. Député (1871), chargé d'une mission diplomatique en Grèce (1872-1873), il fut, de 1879 à 1883, plusieurs fois ministre de l'Instruction publique et fit voter les lois scolaires en faveur d'un enseignement primaire laïque, obligatoire et gratuit, et étendit aux jeunes filles l'enseignement secondaire d'État. Président du Conseil (1880-1881 ; 1883-1885), ministre des Affaires étrangères (1883-1885), il établit le protectorat sur la Tunisie, entreprit la colonisation de Madagascar, conquit le bas Congo et le Tonkin. Jugée périlleuse par Clemenceau, cette dernière opération provoqua la chute de son ministère.

ferry-boat n. m. (mot anglais) Navire destiné à transporter les wagons d'un train, les véhicules automobiles, à l'intérieur desquels les passagers demeurent parfois durant la traversée. Pl. Des *ferry-boats*.

Fersen (Axel, comte **de)** 1755-1810 Officier suédois. Colonel de l'armée française de Royal-Bavière en 1779, il se distingua sous les ordres du général Rochambeau pendant la campagne d'Amérique. Intime de la reine Marie-Antoinette, il organisa la fuite manquée des souverains à Varennes (1791). Rentré en Suède, il y périt tragiquement, lapidé par la populace de Stockholm qui l'accusait d'avoir empoisonné le prince royal Christian-Auguste.

ferté n. f. Vx Ville forte. (Ce mot n'est plus employé que dans des noms de lieu : La Ferté Bernard, La Ferté Saint-Aubin...).

fertile adj. Qui produit en abondance, par oppos. à *stérile*. *Terre fertile.* (Au fig.) *Imagination fertile*, qui produit beaucoup d'idées. / Par ext. Fécond. *Couple fertile.* / Fig. *Fertile en* : riche en. *Une histoire fertile en rebondissements.*

Souk des teinturiers dans la médina de **Fès**.

F

fertilisation n. f. Action de fertiliser ; son résultat.

fertiliser v. t. [1] Rendre fertile (un sol).

fertilité n. f. Qualité de ce qui est fertile. *La fertilité d'un sol.* / Fig. *La fertilité de l'imagination.*

féru, e adj. *Féru de* : passionné de. *Féru de numismatique.*

férule n. f. Palette en bois ou en cuir avec laquelle on frappait sur les doigts des écoliers pour les punir. / Fig. *Être sous la férule de qqn* : être soumis à son autorité.

fervent, e adj. et n. Qui éprouve de la ferveur. / Subst. *Les fervents de musique classique.* / Qui dénote de la ferveur. *Plaidoyer fervent.*

ferveur n. f. Dévotion ardente. *Prier avec ferveur.* / Enthousiasme passionné ; élan du cœur. *Défendre une cause, une personne avec ferveur.*

Fès *564 000 heures* Ville du Maroc, bâtie au fond d'une vallée fertile. Centre religieux et universitaire musulman, la ville a été inscrite par l'Unesco au patrimoine mondial de l'humanité. *Fès Bali* est fondée (IXe siècle) par la dynastie des Idrissides qui la dotent de nombreux monuments, dont la mosquée Qarawiyin, agrandie en 956 et en 1135 ; autour de celle-ci s'étendent les médersas (collèges) et les souks qui regroupent les activités artisanales (travail du cuir, des tissus, parfums, épices). Au XIe siècle, la ville accueille des émigrés venus d'Espagne et de Tunisie, puis connaît aux XIIIe et XIVe siècles, avec les Mérinides, un nouvel essor qui se traduit par la création d'un nouveau quartier, *Fès el-Djedid*, aux nombreux palais et jardins. C'est à Fès qu'a été signée, en 1912, la convention établissant le protectorat français sur le Maroc. Enfin, Fès s'est adjoint un quartier moderne qui concentre les activités administratives de la région.

Ferry-boat *britannique.*

Fête-Dieu à Grenade (Espagne).

fesse n. f. Chacune des deux parties charnues situées au bas du dos, à l'arrière du bassin, chez l'homme et chez certains animaux.

fessée n. f. Châtiment corporel consistant à frapper qqn sur les fesses, vigoureusement et de façon répétée. / Fig., fam. Défaite humiliante, déculottée.

fesse-mathieu n. m. Vx ou litt. Usurier; avare. Pl. Des *fesse-mathieux*.

fesser v. t. [1] Donner une fessée à.

fessier, ère adj. et n. m. ANAT. Relatif aux fesses. *Nerfs fessiers. Muscles fessiers* ou, n. m. *fessiers. Les muscles fessiers sont au nombre de trois : le petit, le moyen et le grand fessier.*

fest-noz n. m. (mot celte) Fête bretonne accompagnée de musique, de danses, de chants régionaux de tradition celtique. Pl. Des *fest-noz* ou des *festou-noz*.

festif, ive adj. Propre ou relatif à la fête.

festin n. m. Repas de fête.

festival n. m. Manifestation musicale, théâtrale, cinématographique, etc., qui a lieu périodiquement, dans un cadre particulier. *Festival d'Avignon. Festival de Salzbourg*. Pl. Des *festivals*.

festivalier, ère n. Personne qui fréquente un festival.

festivité n. f. Vx Allégresse générale. / Mod. (au pluriel) Grandes fêtes. *Les festivités ont duré plusieurs jours.*

feston n. m. Guirlande de fleurs, de feuilles et de fruits que l'on suspend pour servir de décoration. / ARCHIT. Motif décoratif représentant de telles guirlandes. / Bordure faite de points de broderie dont le dessin forme des arcs de cercle.

festoyer v. i. [1] Faire la fête, faire un festin.

feta n. f. (mot grec) Fromage de brebis grec.

fêtard, e n. Personne qui fait la fête, aime faire la fête, la fait souvent.

fête n. f. Commémoration d'un événement civil ou religieux donnant lieu à des réjouissances ou des cérémonies. *La fête de Noël commémore la naissance de Jésus-Christ.* / Jour consacré au saint dont on a reçu le nom. *Souhaiter sa fête à qqn.* / Réjouissances organisées à l'intention d'un groupe de personnes (amis, famille, etc.). *Être invité à une fête.* / *Faire la fête*: s'adonner aux plaisirs, aux divertissements.

Fête-Dieu n. f. RELIG. CATHOL. Fête instituée par le pape Urbain IV en 1264, pour honorer la présence de Jésus-Christ dans l'hostie consacrée, célébrée le deuxième dimanche après la Pentecôte. *Hors de France, la Fête-Dieu se nomme généralement « Corpus Christi ».*

fêter v. t. [1] Célébrer (un événement) par une fête. *Fêter Noël, un anniversaire, la victoire.* / Accueillir (qqn) avec joie, par une fête.

fétiche n. m. ETHNOL. Objet ou animal, investi de pouvoirs surnaturels ou faisant l'objet d'un culte, dans certaines civilisations. / Objet considéré comme un porte-bonheur.

féticheur n. m. ETHNOL. Dans les religions qui pratiquent le fétichisme, celui qui est doué d'un pouvoir magique.

fétichisme n. m. ETHNOL. Culte voué aux fétiches. / Adoration aveugle que l'on voue à qqn, à qqch. / PSYCHAN. Perversion sexuelle qui se traduit par l'importance symbolique attribuée par le sujet à certains objets en l'absence desquels il ne peut éprouver de plaisir.

fétichiste n. ETHNOL. Personne qui pratique le fétichisme. / PSYCHAN. Atteint de fétichisme.

fétide adj. Qui sent très mauvais. *Odeur fétide.*

fétu n. m. Brin de paille.

fétuque n. f. BOT. Graminée très commune dans les prairies naturelles ou cultivées.

feu [1] n. m. **I.** Dégagement de chaleur et de lumière qui accompagne la combustion de certains corps. / Matières inflammables en combustion, allumées dans un but utilitaire. *Un feu de bois. Faire du feu pour se réchauffer. Feu de camp*: réunion autour d'un feu, le soir, en plein air. / Source de chaleur. *Faire rôtir à feu vif. Faire cuire à petit feu*: faire mijoter. / Incendie. *Mettre le feu*: incendier. Loc. *Mettre à feu et à sang*: détruire en incendiant, en tuant, en pillant. / Par ext. Lumière qui s'allume pour signaler la position, le gabarit, le ralentissement ou le changement de direction d'un véhicule. *Feux clignotants.* / *Feux de circulation*: système de lampes synchronisées réglant la circulation routière. *Feu rouge,* interdisant le passage. *Feu orange,* obligeant à ralentir, annonçant un feu rouge. *Feu vert,* laissant libre la circulation. / *Feu d'artifice*: Voir *artifice*. / *Arme à feu*: arme qui propulse un projectile par déflagration d'une matière explosive, tels fusil, canon, mitraillette, revolver, etc. / Tir. *Faire feu. Coup de feu.* **II.** Au fig. Vx Famille, foyer. *Un village de deux cents feux.* / Irritation ou inflammation d'un organe ou de la peau, provoquée par un frottement. *Le feu du rasoir.* / Ardeur; exaltation. *Défendre ses idées avec feu.* / Vx ou litt. *Les feux de l'amour*: la passion amoureuse. / Loc. fig. *Mourir à petit feu*: très lentement, dans la souffrance. *Être pris entre deux feux*, entre deux menaces, deux dangers, deux choix. *Ne pas faire long feu*: échouer rapidement. *Jouer avec le feu*: agir sans prendre conscience du danger. / *Mettre à feu et à sang*: répandre la guerre.

feu, feue [2] adj. sing. (ne s'accorde que lorsqu'il est placé entre le déterminant et le nom) Litt. Défunt. *« Feu la mère de madame », comédie de Feydeau. La feue princesse.*

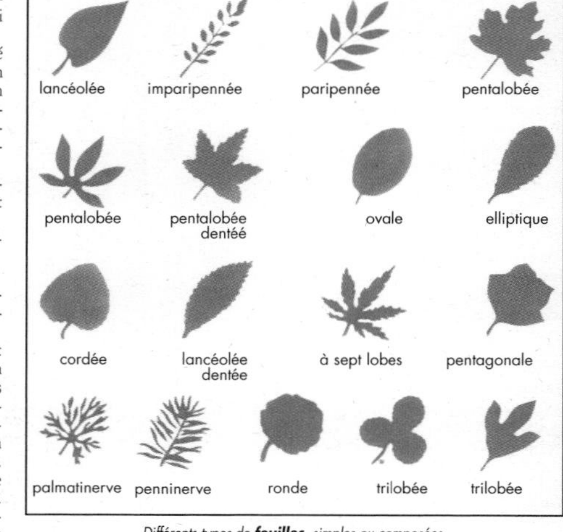

*Différents types de **feuilles**, simples ou composées.*

feudataire n. FÉOD. Possesseur d'un fief; vassal.

Feuerbach (Ludwig) 1804-1872 Philosophe allemand. Hégélien, il évolua vers l'athéisme, publiant (1839) sa *Contribution à la critique de la philosophie hégélienne*, que suivra son œuvre maîtresse, *L'Essence du christianisme* (1841). Il considère que l'aliénation religieuse est un instant de l'histoire de l'humanité, moment nécessaire mais qu'il faut dépasser; pour lui, le secret de la philosophie, c'est l'anthropologie. Sa pensée prend ensuite une tournure matérialiste et naturaliste (*Sciences naturelles et Révolution*, 1850).

Feuillade (Louis) 1873-1925 Cinéaste français. Après avoir tourné de nombreux films comiques, il se spécialisa dans les films à épisodes: *Fantômas* (1913-1914), *Les Vampires* (1915), *Judex* (1917).

feuillage n. m. Ensemble formé par les feuilles d'un arbre, d'une plante. / Branche coupée garnie de feuilles.

feuillaison n. f. Apparition des feuilles après l'hiver. / Époque où elles naissent et se développent.

feuillant n. m. Religieux appartenant à un ancien ordre cistercien réformé par Jean de la Bannière (1577) et dissous en 1791. / HIST. *Club des feuillants*: association de révolutionnaires modérés qui défendaient à la fois la Constitution et le roi, et se réunissaient (1791-1792) dans l'ancien couvent des feuillants, à Paris.

feuillantine n. f. Religieuse appartenant à un ordre qui suivait la règle des feuillants et fut dissous en 1791. / *Les Feuillantines*: l'ancien couvent de cet ordre, à Paris.

feuillard n. m. Branche de bois souple, fendue en deux, ou mince bande de métal dont on fait des cercles de tonneaux. / Bande métallique utilisée pour renforcer une caisse, un emballage.

feuille n. f. BOT. Partie de l'appareil aérien des végétaux angiospermes et gymnospermes, qui se présente généralement sous la forme d'une mince lame verte (le limbe), parcourue de nervures et d'un pétiole la rattachant à la tige. *L'essentiel de la photosynthèse chlorophyllienne se déroule dans les feuilles, qui sont également le siège d'une importante évaporation, responsable de la montée de la sève brute dans la plante.* / Structures similaires par leur morphologie et leur fonction chez divers autres végétaux (par ex. fougères). / *Les feuilles mortes*: les feuilles jaunies et desséchées qui tombent à l'automne des espèces à feuilles caduques. *« Les feuilles mortes se ramassent à la pelle / les souvenirs et les regrets aussi »* (Jacques Prévert). / Plaque de bois ou de métal très mince. *Une feuille de laiton, d'or.* / Morceau de papier rectangulaire. *Feuille volante*: feuille ne faisant pas partie d'un cahier ou d'un livre. / Publication périodique. / Fam. *Feuille de chou*: journal sans intérêt. / Écrit imprimé servant à divers usages administratifs. *Feuille de paie, feuille d'impôts.* / Ornement sculpté ou brodé en forme de feuille.

feuillée n. f. Litt. Abri naturel formé par les branches des arbres. *Danser sous la feuillée.* / (Au plur.) *Les feuillées*: tranchée abritée par des branchages et servant de latrines aux troupes en campagne.

Feuillère (Edwige Cunati, dite Edwige) 1907-1998 Actrice française. Grande, utilisant au mieux son port de reine et sa

***Feu** d'artifice à Paris.*

Occupe-toi d'Amélie !, *pièce de théâtre de* ***Georges Feydeau***.

voix grave, elle crée ou interprète des rôles majeurs de 1930 à sa mort, au théâtre (la reine de *L'Aigle à deux têtes* de Cocteau ; Ysé du *Partage de midi* de Claudel ; le rôle-titre de *La Folle de Chaillot* de Giraudoux, après la mort de Marguerite Moreno) et au cinéma (*Lucrèce Borgia* d'Abel Gance ; *La Chair de l'orchidée*, de Chéreau).

feuillet n. m. Feuille d'un livre, d'un cahier comportant le recto et le verso. / Troisième partie de l'estomac des ruminants après la panse et le bonnet, et avant la caillette. / Planche de bois mince utilisée en menuiserie. / BIOL. *Feuillets embryonnaires* : chacune des couches cellulaires fondamentales des organismes métazoaires (ectoblaste, mésoblaste et endoblaste chez les triploblastiques, ectoblaste et endoblaste chez les diploblastiques) qui, au cours du développement, se différencient pour former les différentes structures anatomiques.

Feuillet (Octave) 1821-1890 Écrivain français, auteur de courtes pièces de théâtre et de romans : *Le Roman d'un jeune homme pauvre* (1858).

feuilletage n. m. CUIS. Action de feuilleter la pâte ; pâte feuilletée.

feuilleté, e adj. et n. m. Formé de feuilles superposées. / CUIS. *Pâte feuilletée* : pâte à gâteau travaillée de manière à se séparer à la cuisson en feuilles fines superposées. / n. m. *Un feuilleté au fromage.*

feuilleter v. t. [1] Parcourir (un livre, un journal) en tournant rapidement les feuilles. / CUIS. Feuilleter de la pâte, la travailler de façon à obtenir, à la cuisson, de la *pâte feuilletée.*

feuilletis n. m. Partie d'une ardoise où il est facile de la diviser en feuillets. / Arête d'une pierre précieuse taillée.

feuilleton n. m. Rubrique, chronique, publiée régulièrement dans un journal. / Récit romanesque publié régulièrement par épisodes dans un journal ; le récit entier ainsi publié. Syn. Roman-feuilleton. *Les feuilletons d'Alexandre Dumas, d'Eugène Sue.* / Par ext. *Un feuilleton radiophonique. Un feuilleton télévisé.*

feuilletoniste n. Auteur de feuilletons.

feuillu, e adj. et n. m. Qui possède un abondant feuillage. *Un arbuste feuillu.* / n. m. Arbre à feuilles caduques. *Le chêne, le hêtre, etc. sont des feuillus.*

feulement n. m. Cri du tigre ; grognement du chat.

feuler v. i. [1] Pousser son cri, en parlant de certains félins (tigre notamment). / Grogner, en parlant du chat.

feutrage n. m. Procédé de fabrication d'étoffes sans filature ni tissage qui consiste à agglomérer et à comprimer des fibres textiles. / Détérioration d'un tissu qui a pris la texture, l'aspect du feutre.

feutre n. m. Étoffe obtenue par feutrage. / Chapeau en feutre. / Stylo dont la pointe est en feutre ou en matière synthétique.

feutré, e adj. Garni de feutre. / À l'aspect feutré. *Étoffe feutrée.* / Fig. Assourdi, étouffé. *Atmosphère feutrée.* Loc. *À pas feutrés*, discrets, silencieux.

feutrer v. t. [1] Garnir (qqch.) de feutre. / Donner à (une étoffe) l'aspect du feutre. *Feutrer un drap, un lainage.* (Emploi pron.) Prendre l'aspect du feutre. *Se feutrer au lavage.* / Fig. Amortir (les sons). *Feutrer les bruits extérieurs.*

feutrine n. f. Tissu de laine feutré, souple et léger.

Féval (Paul) 1817-1887 Romancier français très fécond, auteur en particulier de romans-feuilletons : *Les Mystères de Londres* (1844), *Le Bossu* (1858, dont son fils écrivit la suite).

fève n. f. Plante potagère papilionacée, dont les gousses contiennent des graines comestibles. / Cette graine elle-même. / Petite figurine de porcelaine ou de plastique, cachée dans la galette des Rois, que l'on partage traditionnellement au moment de l'Épiphanie, et qui remplace la vraie fève que l'on y cachait autrefois. *La fève de la galette des rois désigne le roi ou la reine.*

féverole, fèverole, fèverolle ou **faverole** n. f. BOT. Papilionacée à tige longue et petits grains. *La féverole a une tige plus longue et des grains plus petits que la fève.*

février n. m. Deuxième mois de l'année, qui compte 28 jours, à l'exception des années bissextiles où il en compte 29.

février 1848 (journées de) Voir **Révolution française de 1848**

février 1934 (journées des 6 et 9) Journées d'émeute organisée place de la Concorde à Paris par l'extrême-droite, exploitant l'affaire Stavisky qui avait mis en lumière la corruption parlementaire. Elles firent vingt morts, plus de deux mille blessés, et entraînèrent la démission de Daladier. Le 9 février, une manifestation fut organisée par les partis de gauche pour dénoncer la « menace fasciste » et fut suivie, le 12, par une grève générale. L'union des partis de gauche et des syndicats annonçait le Front populaire.

Feydeau (Georges) 1862-1921 Écrivain français dont les vaudevilles au comique ravageur, où les situations cocasses et les rebondissements inattendus, s'enchaînant avec la précision d'un mécanisme d'horlogerie, mettent en scène la société de la Belle Époque : *La Dame de chez Maxim* (1899), *La Puce à l'oreille* (1907), *Occupe-toi d'Amélie !* (1908).

Feyder (Jacques Frédérix dit Jacques) 1888-1948 Cinéaste français d'origine belge. Ses films, d'une grande qualité de composition et d'une technique sobre et efficace, s'adressent à un public très vaste : *L'Atlantide* (1921), *Thérèse Raquin* (1928), *Le Grand Jeu* (1934), *La Kermesse héroïque* (1935), *La Loi du Nord* (1942).

Feynman (Richard) 1918-1988 Physicien américain. Après avoir étudié au M.I.T. de Princeton, il présente une thèse sur le rayonnement électronique. Il dirige à Los Alamos le groupe de calcul qui travaille sur le projet « Manhattan ». En 1949, il participe à l'élaboration de la théorie de l'électrodynamique quantique. En 1950, il propose la théorie quantique de la superfluidité de l'hélium. En 1958, avec Gell-Mann, il énonce une théorie de l'interaction faible, établie sur le modèle de l'électromagnétisme. En 1986, il est membre de la commission d'enquête sur l'explosion de la navette spatiale *Challenger*.

FIBRE

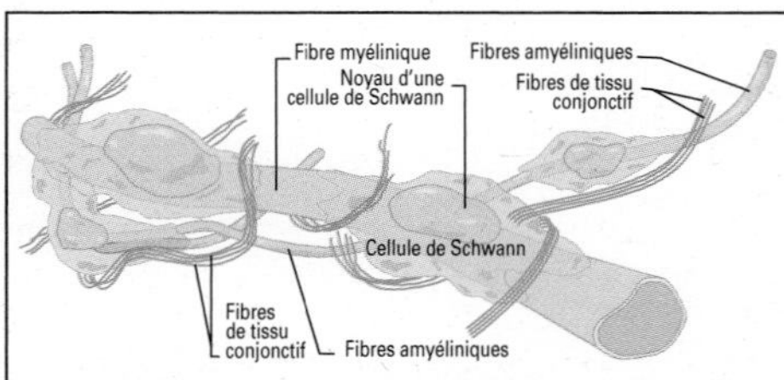

Schéma d'une fibre nerveuse.

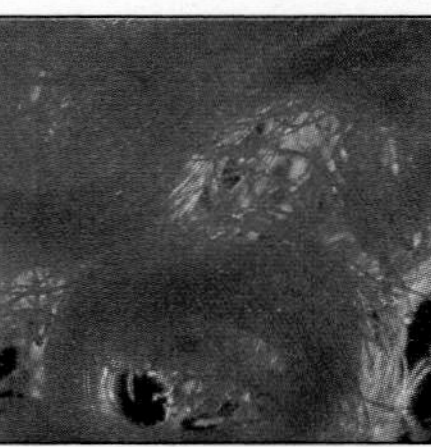

Fibre acrylique, notamment utilisée dans la confection et l'ameublement.

Fibre de Rilsan obtenue à partir d'un plastique polyamide.

Feyzin Vaste complexe pétrochimique de la banlieue lyonnaise, alimenté par l'oléoduc Lavera-Karlsruhe.

fez n. m. Calotte de feutre rouge, parfois garnie d'un gland de soie noire, portée par les hommes dans certains pays musulmans.

Fezzan *700 000 km²* Immense plateau quasi désertique au sud-ouest de la Libye. Occupé par les Italiens (1930), il fut pris par la France libre (1941-1942). La France y implanta plusieurs garnisons, évacuées en 1955 ; entre temps, le Fezzan avait été intégré au royaume de Libye (1951).

F.F.I. Sigle pour *Forces françaises de l'intérieur.*

fi ! interj. Vx (Exprime le dégoût) *Fi ! Quelle horreur !* / Mod. *Faire fi de* : ne pas se soucier de ; mépriser.

fiabilité n. f. Qualité de ce qui est fiable. *La fiabilité d'un ordinateur.*

fiable adj. Auquel on peut se fier. *Personne fiable.* / TECHNOL. En parlant d'un système, d'une machine, capable de fonctionner sans défaillance dans un temps et des conditions déterminés.

fiacre n. m. Voiture à cheval louée à l'heure ou à la course.

fiançailles n. f. pl. Promesse solennelle de mariage, entre futurs époux. *Bague de fiançailles.* / Période qui sépare cette promesse du mariage lui-même.

fiancé, e n. et adj. Personne qui s'est promise au mariage par des fiançailles.

fiancer v. t. [1] Promettre en mariage (un de ses enfants) par la cérémonie des fiançailles. *Il vient de fiancer son fils.* / v. pron. *Elle s'est fiancée avec un marin.* (Réciproque) *Ils se sont fiancés hier.*

Fiannna Fáil (en gaélique, « soldats de la destinée ») Parti politique irlandais fondé par Eamon De Valera (1927). Il obtint l'indépendance de l'Irlande en 1932 et gouverna seul jusqu'en 1948. Depuis, Fianna Fáil et Fine Gael alternent au pouvoir.

fiasco n. m. (mot italien) Fam. Échec total.

fiasque n. f. Bouteille à goulot long et mince, à large corps enveloppé de paille tressée, d'usage en Italie.

Fiat (*Fabbrica Italiana Automobili Torino*) Société industrielle italienne (essentiellement dédiée à la construction automobile) créée en 1899 à Turin.

Fibonacci (Leonardo), dit **Léonard de Pise** 1170 ?-1250 ? Mathématicien italien. Il s'initie aux mathématiques auprès de savants arabes alors que son père dirige le comptoir des marchands pisans à Bougie (aujourd'hui Bejaia, en Algérie). En 1202, il publie le *Liber abbaci* (« Livre des abaques »), dans lequel il adopte le système de numérotation indo-arabe, puis achève, en 1220, son deuxième ouvrage, *Practica geometria* (« Géométrie pratique »), qui fait largement appel aux *Éléments* d'Euclide. On y trouve une introduction aux notions algébriques, ainsi qu'une méthode plus précise que celle d'Archimède pour trouver la valeur du nombre Π. Le legs de Léonard de Pise dans le domaine des mathématiques va bien au-delà de la contribution d'un modeste géomètre pisan du XIIIe siècle : il s'était attaché à poursuivre l'œuvre de Diophante et de ses successeurs arabes.

fibranne n. f. (nom déposé) Textile artificiel à base de cellulose, composé de fibres courtes.

fibre n. f. Élément filamenteux constitutif de certains tissus organiques ou de certaines textures minérales. *Fibres musculaires.* /

FIDJI

Superficie : *18 274 km²* – **Nombre d'habitants :** *809 000 h.* – **Capitale :** *Suva* – **Villes principales :** *Lautoka, Nadi* – **Système politique :** *république parlementaire* – **Langue(s) :** *fidjien, anglais* – **Religion(s) :** *hindouisme, protestantisme* – **Monnaie(s) :** *dollar fidjien*

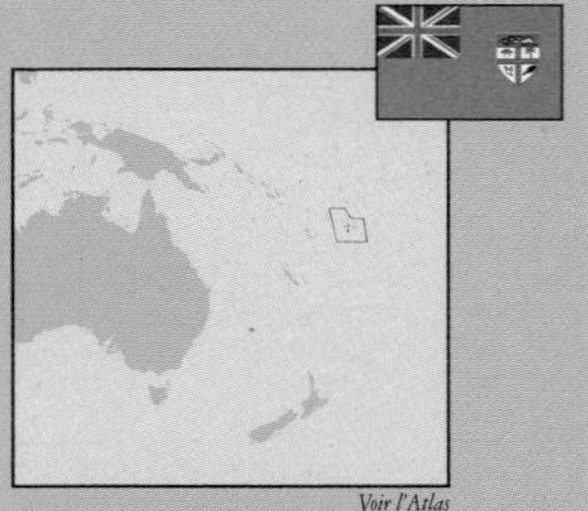

Voir l'Atlas

Le parc Sakuna à Suva.

Géographie physique et humaine

D'origine volcanique, les îles, dont les plus importantes sont Viti Levu (*10 497 km²*) et Vanua Levu (*5 534 km²*), produisent essentiellement de la canne à sucre. D'autre part, on exploite des gisements d'or et d'argent. Les Fidjiens, d'origine mélanésienne, constituent 50 % de la population, les Indiens 45 %.

Histoire

Découvert en 1643 par Tasman, visité par le capitaine Cook en 1774, l'archipel est devenu une colonie britannique en 1874. Maîtres du pays, les Britanniques firent venir en nombre des Indiens pour cultiver la canne à sucre. Les îles Fidji, déchirées par la rivalité entre Indiens et Fidjiens, ont accédé à l'indépendance en 1970. En 1987, le colonel (fidjien) Rabuka a pris le pouvoir et fait du pays une république qui sera exclue du Commonwealth jusqu'en 1997. En 1990, une nouvelle Constitution, hostile aux Indiens, renforce le pouvoir des Mélanésiens, mais elle sera abrogée en 1997 : les discriminations sont abolies. En 1999, Mahendra Chaudhry, d'ethnie indienne, a été élu chef du gouvernement. En mai 2000, le chef de l'État, Kamisese Mara, élu en 1993, réélu en 1999, a été renversé par un coup d'État conduit par le Mélanésien George Speight et la loi martiale a été instaurée.

Élément de forme ou de structure filamenteuse, d'origine naturelle ou artificielle. *Fibre textile. Fibre synthétique. Fibre de verre* : filament obtenu par chauffage et étirage du verre, utilisé notam. comme isolant thermique. / *Fibre optique* : filament de verre à l'intérieur duquel la lumière se propage, utilisé pour la transmission d'informations.

fibreux, euse adj. De fibre ; qui contient des fibres.

fibrillation n. f. MÉD. Trouble du rythme cardiaque provoqué par l'activité non coordonnée des fibres cardiaques. *Fibrillation auriculaire.*

fibrille n. f. Petite fibre. / ANAT. Constituant de la fibre musculaire, formant un filament doué de propriétés contractiles.

fibrine n. f. BIOCHIM. Globuline insoluble, constituant principal du caillot sanguin. *La fibrine se forme à partir d'un précurseur soluble, présent dans la plasme, le fibrinogène ; la thrombine intervient dans cette transformation.*

fibrinogène n. m. BIOCHIM. Glycoprotéine plasmatique, synthétisée dans le foie, précurseur de la fibrine.

fibroblaste n. m. BIOL. Cellule fondamentale du tissu conjonctif, en forme de fuseau ou d'étoile, qui élabore les fibres de collagène, les fibres élastiques et la plupart des composants de ce tissu.

fibrociment n. m. Produit en amiante-ciment servant à la construction.

fibromateux, euse MÉD. Relatif au fibrome, à la fibromatose.

fibromatose n. f. MÉD. Affection caractérisée par le développement de plusieurs tumeurs fibreuses, plus ou moins localisées ou disséminées dans l'organisme.

fibrome n. m. MÉD. Tumeur bénigne se développant à partir de fibroblastes. / Cour. Tumeur bénigne se développant aux dépens du tissu musculaire lisse de l'utérus.

fibroscopie n. f. MÉD. Endoscopie pratiquée à l'aide d'un endoscope souple dont les rayons lumineux sont conduits par des fibres optiques.

fibrose n. f. MÉD. Affection caractérisée par un développement anormal des tissus conjonctifs, avec prolifération des fibroblastes produisant du collagène. *Fibrose pulmonaire.*

fibule n. f. ANTIQ. Agrafe ou épingle utilisée autrefois pour fixer les pans de vêtements.

ficaire n. f. BOT. Petite plante vivace de la famille des renonculacées, dont une espèce à fleurs jaune d'or est commune dans les sous-bois au printemps.

ficeler v. t. [1] Lier (qqch., qqn) avec de la ficelle. *Ficeler un paquet.*

ficelle n. f. Corde mince. / Fig. (Le plus souvent au plur.) Procédé que l'on garde secret ; truc. *Les ficelles du métier.* / Fig. *Tirer les ficelles* : agir sur le comportement des autres sans se dévoiler. / adj. inv. Malin. *Il est vraiment ficelle.*

fiche n. f. Petite feuille cartonnée sur laquelle on consigne divers renseignements, et que l'on classe ensuite selon un certain ordre. / ÉLECTR. Pièce que l'on enfonce dans une prise électrique afin d'établir un contact. *Fiche multiple*, sur laquelle on peut fixer plusieurs prises.

ficher [1] v. t. / v. pron. [1] **A.** v. t. Enfoncer (un objet perforant). *Ficher un pieu dans le sol.* / Fam., euph. pour *foutre* (infinitif cour. *fiche* ; participe passé cour. *fichu*) Donner (un coup), mettre. *Ficher une claque.* / Faire. *Qu'est-ce que tu veux que ça me fiche ? Qu'est-ce que tu as fichu ?* / Loc. *Ficher qqn dehors*, le chasser. *Ficher le camp* : déguerpir. **B.** v. pron. *Se ficher de* : se moquer de. *Il se fiche de moi.*

ficher [2] v. t. [1] Noter (qqch.) sur une fiche. / Spécial. *Ficher des suspects*, les répertorier dans un fichier.

Fiches (affaire des) Affaire qui provoqua la démission du général André, ministre de la Guerre de 1901 à 1904. Le général André avait instauré un système de fiches sur lesquelles étaient consignées les opinions politiques et religieuses des officiers ; de ces opinions dépendait leur avancement. Une violente levée de boucliers aboutit non seulement à la démission du général André, mais aussi à celle du président du Conseil, Émile Combes.

fichier n. m. Ensemble de fiches regroupées et classées suivant un certain ordre. / Boîte métallique ou meuble dans lequel on conserve ces fiches. / INFORM. Ensemble des données de même type, stockées sur un ordinateur ; support sur lequel sont mémorisées ces données.

Fichte (Johann Gottlieb) 1762-1814 Philosophe allemand, d'inspiration hégélienne. Il fait reposer son idéalisme absolu sur l'idée d'un moi infini, principe de toute réflexion et limité dans l'acte de connaissance par le non-moi, c'est-à-dire par le monde ou tout ce qui n'est pas ma pensée ou ma volonté : *La Théorie de la science* (1794), *La Destination de l'homme* (1800). Il a également joué un grand rôle politique par son *Discours à la nation allemande* (1807-1808), qui, hostile à Napoléon Ier, posa les bases du nationalisme allemand.

fichtre ! interj. (Pour marquer l'étonnement, le regret) Fam. *Fichtre ! La jolie maison.*

fichtrement adv. Fam. Bigrement (édulcoration de *foutrement*).

fichu [1] n. m. Pièce de tissu de forme triangulaire dont les femmes se servent pour se couvrir la tête ou les épaules.

fichu, e [2] adj. Fam. (euph. pour *foutu*) Mauvais. *Quel fichu caractère ! Être fichu* : être fini (en parlant de personnes), être raté (en parlant de choses). / *Être bien fichu*, bien fait (en parlant de choses), bien proportionné (en parlant de personnes). *Un travail bien fichu. Elle est drôlement bien fichue.* / *Être mal fichu*, mal fait (en parlant de choses), mal proportionné, ou patraque (en parlant de personnes). *Dossier mal fichu. Dommage qu'elle soit mal fichue, elle a un ravissant visage. Je me sens très mal fichu.*

fictif, ive adj. Propre à une fiction, inventé, imaginaire. *Personnage fictif.* / Conventionnel. *Valeur fictive.*

fiction n. f. Œuvre de l'imagination. *Fiction poétique.*

fictivement adv. De manière fictive.

ficus n. m. BOT. Genre d'arbres de la famille des moracées, essentiellement tropicaux, comprenant le figuier et le caoutchouc. *Certaines espèces de ficus, comme le caoutchouc, sont cultivées comme plantes ornementales.*

fidéicommis n. m. DR. Disposition testamentaire qui consiste à gratifier une personne d'un bien pour qu'elle le remette ensuite à un tiers bénéficiaire.

fidéisme n. m. Doctrine selon laquelle la connaissance de la vérité repose sur la foi considérée comme supérieure à la raison.

fidéiste adj. et n. Relatif au fidéisme ; tenant du fidéisme.

fidèle adj. et n. **A.** adj. Qui respecte ses engagements. *Être fidèle à un serment.* Ant. Infidèle. / Constant, fiable. *Un ami fidèle. Être fidèle en amour. Mémoire fidèle.* / Exact. *Traduction fidèle. Récit fidèle*, conforme à la vérité. / PHYS. (À propos d'un appareil) Qui, dans des conditions identiques, donne des résultats identiques. *Instrument fidèle.* **B.** n. Personne animée par sa foi et qui respecte les préceptes de la religion à laquelle elle appartient. *Cérémonie qui rassemble beaucoup de fidèles.* / Personne qui fait preuve d'un attachement durable pour qqn, pour qqch. *Les fidèles du président. C'est un fidèle de notre association.*

fidèlement adv. Avec fidélité.

fidélisation n. f. Action de fidéliser ; son résultat.

fidéliser v. t. [1] Rendre fidèle (un client) ; attacher (le consommateur) à un produit, à un type de produit.

fidélité n. f. Qualité (d'une personne, d'une chose) fidèle. *La fidélité d'un ami. La fidélité d'une traduction, d'un témoignage.* Ant. Infidélité. / PHYS. *La fidélité d'une balance.*

• **Fidji** ou **Fiji** (îles) État constitué de 326 îles, situé dans le Pacifique, au nord-nord-est de la Nouvelle-Calédonie.

fidjien, enne adj. et n. Des îles Fidji. *Archipel fidjien. Un(e) Fidjien(ne).* / n. m. Langue mélanésienne parlée aux îles Fidji.

fiduciaire adj. Qualifie des valeurs fondées sur la confiance que l'on accorde à la personne, à l'établissement qui les émet. *Monnaie fiduciaire* : monnaie (billets de banque, pièce) dont la valeur fictive est garantie par l'organisme d'État qui l'a émise. / DR. *Héritier fiduciaire*, chargé de la transmission d'un bien légué par fidéicommis. / *Société fiduciaire* : société chargée de gérer la comptabilité, les problèmes de contentieux, les questions juridiques et fiscales pour le compte d'une entreprise.

fief n. m. FÉOD. Domaine possédé par un seigneur vassal de son suzerain. / Fig. Domaine où une personne exerce une influence déterminante ou exclusive. *Un fief électoral.*

fieffé, e adj. Péjor. *Un fieffé salaud* : un salaud complet, intégral.

W. C. Fields.

fiel n. m. Bile de certains animaux. / Fig. Amertume, acrimonie. *Des propos pleins de fiel.*

Fielding (Henry) 1707-1754 Écrivain anglais. Auteur de nombreuses comédies (*Don Quichotte en Angleterre*, 1734), journaliste, magistrat, il vient au roman avec *Les Aventures de Joseph Andrews* (1742) qui tourne en ridicule le *Paméla* (1740) de Richardson. *L'Histoire de Tom Jones, enfant trouvé* (1749) renouvelle le roman picaresque avec un bonheur constant et une gaieté communicative.

Fields (John Charles) 1863-1932 Mathématicien canadien. Par testament, il créa la *Médaille Fields*, prix international qui depuis 1936 est attribué tous les quatre ans à un jeune mathématicien.

Fields (William Claude Dukinfield, dit **W. C.)** 1879-1946 Acteur comique américain. Il triompha au music-hall de 1900 à 1921, puis interpréta au cinéma un personnage d'ivrogne faussement débonnaire, cynique et épris d'absurde : *Sally, fille de cirque* (1925), *Les Joies de la famille* (1935), *Mon petit poussin chéri* (1940).

fielleux, euse adj. Plein de fiel, d'acrimonie. *Discours fielleux.*

fiente n. f. Excrément semi-liquide des oiseaux et de certains animaux. *Fiente de volailles, de loup.*

fier (se) v. pron. [1] *Se fier à* : accorder sa confiance à. *Se fier à qqn, à son instinct.*

fier, fière adj. et n. Orgueilleux, hautain, dédaigneux. *Fier comme un paon.* / Subst. *Faire le fier, la fière.* / Qui s'estime digne du respect des autres. *Pauvre mais fier.* / Qui dénote un esprit orgueilleux. *Une fière répartie.* / *Fier de* : qui tire orgueil de (qqn, qqch.). *Être fier de son compatriote. Être fier de ses résultats.*

fier-à-bras n. m. Vieilli Fanfaron qui ne se montre courageux qu'en paroles. *Jouer les fiers-à-bras.* Pl. Des *fiers-à-bras* ou des *fier-à-bras.*

fièrement adv. Avec fierté.

fierté n. f. Caractère fier de. / Dignité. *La fierté d'un peuple.* / Satisfaction, estime que l'on a envers soi-même pour ce que l'on a accompli, réussi. *Montrer son travail avec fierté.*

Fieschi (Giuseppe) 1790-1836 Aventurier français. Poussé par certains milieux républicains, il voulut mettre fin à la monarchie de Juillet en assassinant Louis-Philippe ; il conçut une machine infernale qui éclata, le 28 juillet 1835, sur le passage du roi, sans le blesser, mais en faisant dix-huit morts. Capturés, Fieschi et ses complices furent décapités.

Fiesole *15 000 heures* Banlieue résidentielle de Florence, en Italie. Ancien centre de civilisation étrusque et romaine (thermes, théâtre), c'est un site archéologique important. Boccace situe les scènes du *Décaméron* sur les collines de Fiesole.

Fiesque (en italien, *Fieschi* ou *Fiesco*) Famille italienne, originaire de Gênes, qui donna, outre de nombreux prélats et hommes de guerre, deux papes, Innocent IV et Adrien V. **Gian Luigi Fiesco,** comte de **Lavagna** 1523-1547 Avec l'appui de François Ier, puis du duc de Plaisance et du pape Paul III, il conspira contre le maître de Gênes, Andrea Doria. Sa mort accidentelle fit échouer la conjuration, dont la répression fut effroyable. Cette histoire fut contée par le cardinal de Retz (les Fieschi s'étaient réfugiés en France où ils avaient francisé leur nom) et inspira un drame à Schiller.

fiesta n. f. (mot espagnol) Fam. Fête. *La fiesta du samedi soir.*

fièvre n. f. Élévation de la température centrale du corps s'accompagnant généralement de l'accélération du pouls et de la respiration, et qui est l'un des symptômes de maladies diverses (maladies infectieuses notam.). *Fièvre jaune* : maladie infectieuse due au virus amaril transmis par un insecte des régions intertropicales. *Fièvres éruptives* : maladies infectieuses présentant des éruptions cutanées comme la rougeole, la scarlatine, la variole, la varicelle. *Fièvre aphteuse* : maladie éruptive du bétail et parfois de l'homme contaminé par le lait. *Fièvre tierce, fièvre quarte* : voir *tiers, quart.* / Fam. *Une fièvre de cheval* : fièvre brusque et intense. / Fig. Grande excitation ; surexcitation. *La fièvre électorale.*

fiévreusement adv. De manière fiévreuse.

fiévreux, euse adj. Atteint par la fièvre. *Malade fiévreux.* / Symptomatique de la fièvre. *Pouls fiévreux.* / Fig. Très agité. *Activité fiévreuse.* Syn. Fébrile.

fifre n. m. Petite flûte traversière, à six trous, au son très aigu. / Joueur de fifre.

fifrelin n. m. Vx Petite monnaie ; chose de peu de valeur. *Cela ne vaut pas un fifrelin* : cela ne vaut rien.

figaro n. m. Fam., vx Coiffeur (par allusion au personnage du *Barbier de Séville*, de Beaumarchais).

Figaro Personnage créé par Beaumarchais, type du valet astucieux et entreprenant qui garde avec ses maîtres son franc-parler et fait preuve d'un certain esprit révolutionnaire.

Figaro (le) Journal, à l'origine satirique, fondé en 1826. Hippolyte de Villemessant en reprit le titre (1854) et en fit un quotidien d'actualité (1866).

figé, e adj. Immobile. *Sourire figé,* inexpressif. / Loc. *Rester figé dans ses principes,* refuser d'en changer.

figer v. t. [1] Coaguler, cailler (un liquide). *Le froid a figé l'huile.* / v. pron. *La sauce s'est figée dans le plat.* Au fig. *Son visage s'est figé* : ses traits ont perdu leur mobilité.

fignolage n. m. Fam. Action de fignoler.

fignoler v. t. [1] Fam. Exécuter (une tâche) avec minutie.

fignoleur, euse n. Fam. Personne qui fignole.

figue n. f. BOT. Fruit comestible du figuier. *La figue n'est pas à proprement parler le fruit, mais le réceptacle de l'inflorescence du figuier, qui contient des akènes, lesquels sont les fruits au sens botanique du terme.* / *Figue de Barbarie* : fruit du nopal, dont la chair comestible est recouverte d'une peau épaisse portant de petites épines. / ZOOL. *Figue de mer* : ascidie comestible qui vit en Méditerranée. / *Mi-figue, mi-raisin* : qui exprime une certaine ambiguïté, entre le mécontentement et la satisfaction.

figuier n. m. BOT. Arbre de la famille des moracées (genre *Ficus*), à grandes feuilles lobées, cultivé dans les régions méditerranéennes. / *Figuier banian* : voir *banian.* / *Figuier de Barbarie* : nopal (ou opuntia).

figurant, e n. Au spectacle, personne qui fait de la figuration.

figuratif, ive adj. Qui représente, reproduit, de façon précise ou schématique, l'aspect réel d'une personne, d'une chose. / *Art figuratif* : art qui s'applique à représenter les formes réelles des personnes, des objets.

figuration n. f. Action de représenter qqch. de façon visible. *Sur cette carte, la figuration des cours d'eau est en bleu.* / Métier exercé par une personne qui joue un rôle accessoire dans un spectacle. *Faire de la figuration.* / Ensemble des personnes employées pour faire de la figuration au cours d'un spectacle.

figure n. f. Aspect extérieur d'un corps et, en particulier, du visage humain. *Faire figure de* : avoir les apparences de. / *Figure de proue* : buste ou emblème fixé à la proue, sous le beaupré des anciens navires à voiles. / Personnalité marquante. *Les grandes figures de l'Histoire.* / Représentation par le dessin, la peinture ou la sculpture d'un homme, d'un animal. *Une figure gravée.* / Composition de pas et de gestes qui s'enchaînent pour former un ensemble. *Figure de ballet. Figures libres en patinage artistique.* / Carte à jouer sur laquelle est représenté le roi, la reine ou le valet. / GÉOM. Tout ensemble de points, lignes, surfaces, volumes, représenté graphiquement. *Figure plane.* / *Figure de style* : procédé de langage, d'écriture. *Figure de rhétorique* : figure de style destinée à rendre le discours plus vivant, plus riche, plus expressif. *La métaphore, l'euphémisme, l'antithèse, la métonymie sont des figures de rhétorique.*

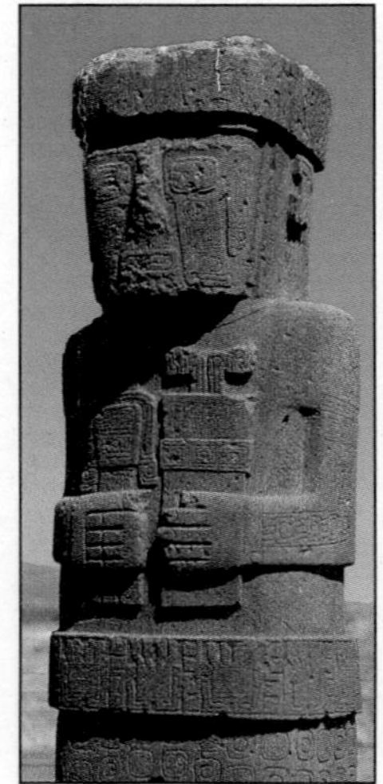

Monolithe Ponce, **figure** anthropomorphe trouvée dans l'enceinte de Kalasasaya à Tiahuanaco (Bolivie), probablement sculptée entre 900 et 1200.

figuré, e adj. et n. m. Qui est représenté par une figure, un dessin, un symbole *Jardins, parcs figurés par un point vert.* / LING. *Sens figuré* : sens nouveau attribué à un mot que l'on emploie métaphoriquement, en s'écartant de son sens initial (*sens propre*). *Dans l'expression « trousseau de clés », « clés », est employé au sens propre ; dans « la clé des songes », « clé » est employé au sens figuré.* / n. m. *Une expression qu'il faut comprendre au figuré,* au sens figuré.

figurer v. t. / v. i. [1] **A.** v. t. Représenter par le dessin, la sculpture, etc. ; décrire. *La scène figure un combat.* / Représenter en tant que signe, en tant que symbole. *Le lierre figure l'attachement.* **B.** v. i. Faire de la figuration. / Se trouver, être inclus. *Figurer sur la liste, parmi les convives.* **C.** v. pron. S'imaginer, croire. *Il se figure que je vais le laisser faire.*

figurine n. f. Statuette. *Figurine de porcelaine, de terre cuite, de bronze, d'ivoire.*

fil n. m. **I.** Brin long et mince, fait de fibres végétales, animales ou synthétiques. *Fil de coton, de nylon. Du fil blanc.* / *Fil à plomb* : fil tendu par un poids pour donner la verticale. / Substance sécrétée en longs filaments par certains insectes. *Fil de la Vierge* : fil sécrété par certaines araignées, que le vent emporte et qui flotte dans l'air. / Métal étiré en long filament de faible diamètre. *Fil de fer.* / *Fil électrique* : fil conducteur de courant. / loc. fig. *Donner du fil à retordre à qqn,* lui causer de grandes difficultés. *Ne tenir qu'à un fil* : être à la merci du moindre incident, de la moindre petite chose. *Sa vie ne tient qu'à un fil.* **II.** Tranchant d'une arme blanche, d'un outil. *Fil d'une épée, d'un rasoir.* **III.** Direction des fibres dans certaines matières (bois, viande). **IV.** Fig. Enchaînement. *Suivre le fil de ses pensées.* / Loc. fig. *Au fil de l'eau* : dans le sens du courant.

fil-à-fil n. m. inv. Tissu dans lequel les fils, le plus souvent de laine ou de coton, sont alternativement de couleur claire ou foncée.

filage n. m. Fabrication d'un fil textile. / Fabrication de fils ou de tuyaux en métal.

filaire n. f. ZOOL. Ver nématode parasite des vertébrés, notam. de l'homme, agent de diverses maladies (filarioses). *La filaire de Médine, de diamètre inférieur à 2 mm, atteint 1 mètre de long ; elle vit sous la peau des membres ou de la face.*

filament n. m. Petit brin long et fin comme un fil. / ANAT. Fibre d'un tissu animal ou végétal très allongé. *Filaments musculaires, nerveux.* / ÉLECTR. Fil conducteur porté à l'incandescence par le passage du courant dans une ampoule électrique.

filamenteux, euse adj. Qui a des filaments ; formé de filaments.

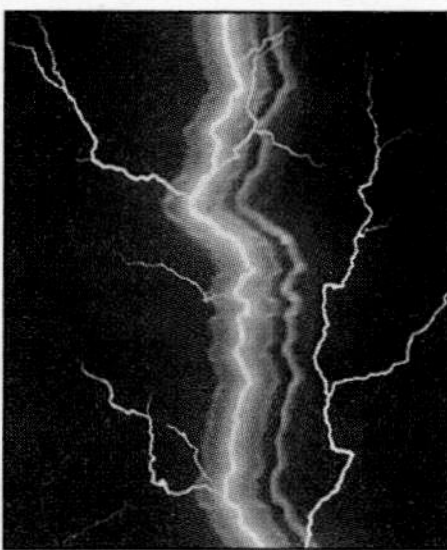
Foudre.

professeur à l'Oratoire, il se rallia à la Révolution. Conventionnel, il lutta violemment contre la religion et dirigea les massacres de Lyon. Habile politique, il fut l'un des instigateurs de la réaction thermidorienne, réussit à être peu inquiété (arrêté, il fut amnistié), et devint ministre de la Police sous le Directoire. Il appuya le coup d'État du 18 Brumaire. Intelligent et opportuniste, manipulant avec art un important réseau d'agents et d'espions, il sut toujours se rendre indispensable. Fait duc d'Otrante en 1809, il garda ses fonctions jusqu'en 1810. En 1814, il se rallia à Louis XVIII, puis à Napoléon pendant les Cent-Jours, et à nouveau à Louis XVIII. En 1816, il tomba sous le coup de la loi qui frappait les régicides et gagna Prague, Linz (où il prit la nationalité autrichienne), puis Trieste, où il mourut.

foudre [1] n. f. Décharge électrique qui se produit, entre deux nuages fortement électrisés ou entre un nuage et le sol, et se manifeste par un trait de lumière (éclair), qu'accompagne une violente détonation (tonnerre). / Fig. *Coup de foudre*: amour violent et soudain, que l'on éprouve pour qqn. / (Au plur.) La colère, le châtiment. *Les foudres de Dieu.*

foudre [2] n. m. MYTH. Faisceau de tiges en zigzag, attribut de Zeus et de Jupiter. / (souvent iron.) *Foudre de guerre*: grand homme de guerre.

foudre [3] n. m. Gros tonneau.

foudroyant, e adj. Qui foudroie. *Éclair foudroyant.* / Fig. Qui frappe, advient soudainement. *Coup foudroyant. Succès foudroyant.* / Loc. fig. *Jeter des regards foudroyants à qqn*, le foudroyer du regard.

foudroyer v. t. [1] Frapper de la foudre; électrocuter. / Fig. Abattre, terrasser brutalement, soudainement. *L'infarctus l'a foudroyé.* / Loc. fig. *Foudroyer qqn du regard*, le regarder avec colère ou avec haine.

fouet n. m. Instrument fait d'une corde, d'un faisceau de corde, d'une (de) lanière(s) de cuir, attachés à un manche. *Faire claquer son fouet pour faire avancer les chevaux. Donner le fouet à qqn*, le battre avec un fouet. / Fig. *Coup de fouet*: stimulation qui produit un effet immédiat. / *Tir de plein fouet*: tir direct sur une cible. *De plein fouet*: de face et avec violence. *Les voitures se sont heurtées de plein fouet.* / ZOOL. *Fouet de l'aile*: chez les oiseaux, ensemble des rémiges primaires (fixées sur la main), formant la pointe de l'aile. *Fouet de la queue*: touffe de poils à l'extrémité de la queue de certains mammifères. / Ustensile de cuisine servant à battre les œufs, les crèmes, les sauces.

fouettard adj. m. Vieilli *Le Père fouettard*: personnage fictif, menaçant de battre avec un fouet les enfants désobéissants.

fouetté, e adj. et n. m. CUIS. Battu avec un fouet. *Crème fouettée.*

fouette-queue n. m. ZOOL. Syn d'uromastix.

fouetter v. t. [1] Donner des coups de fouet à. *Fouetter un cheval.* / Loc. fam. *Il n'y a pas de quoi fouetter un chat*: c'est sans grande importance. / Fig. Cingler. *La pluie lui fouette le visage.* / (Emploi intransitif) *Fouetter contre*: battre contre. *La pluie fouette contre les vitres.* / CUIS. Battre (qqch.) avec un fouet. *Fouetter une sauce.*

foufou, fofolle adj. et n. Un peu fou, folle; farfelu.

fougasse Voir **fouace**

fougère n. f. BOT. Plante appartenant à l'embranchement des ptéridophytes, à grandes feuilles généralement pennées. *Comme les autres cryptogames vasculaires, les fougères possèdent des vaisseaux conducteurs de sève mais sont dépourvues de fleurs et de graines; elles se reproduisent au moyen de sporanges, qui forment de petits amas sur la face intérieure des feuilles et dans lesquels se développent les spores.*

fougue n. f. Élan vital irrépressible, impétuosité. *La fougue d'un cheval.* / Fig. Enthousiasme, entrain. *Parler avec fougue.*

fougueusement adv. Avec fougue.

fougueux, euse adj. Plein(e) de fougue, d'impétuosité.

fouille n. f. Excavation creusée dans le sol pour en extraire ce qui s'y trouve. / (Au plur.) Travaux de creusement, d'exploration, de recherches dans le but de mettre au jour des vestiges archéologiques. / Recherche minutieuse et systématique. *La fouille des suspects.*

fouillé, e adj. Approfondi; minutieusement travaillé.

fouiller v. t. / v. i. [1] **A.** v. t. Creuser (le sol). *Fouiller la terre.* / Inspecter minutieusement (un lieu, un contenant) à la recherche de qqn, de qqch. *Fouiller un bois, une maison.* / Fig. Étudier en détail, approfondir. *Fouiller le sujet.* **B.** v. i. *Fouiller dans*: remuer, examiner pour trouver ce que l'on cherche. *Fouiller dans ses poches.* Au fig. *Fouiller dans sa mémoire.*

fouilleur, euse adj. Personne qui fouille, qui fait des fouilles archéologiques.

fouillis n. m. Fam. Mélange confus d'objets.

fouinard, e Voir **fouineur, euse**

fouine n. f. ZOOL. Petit mammifère carnivore, de la famille des mustélidés, voisin de la martre, au corps allongé, bas sur pattes, au pelage brun et blanc. *Les fouines vivent souvent à proximité des habitations.* / Fig. Personne maligne et indiscrète.

***Fouilles** archéologiques.*

Fougère.

fouiner v. i. [1] Fam. Fureter, chercher à découvrir qqch. *Fouiner partout.*

fouineur, euse ou **fouinard, e** adj. et n. Qui fouine, qui fouine partout.

fouir v. t. [2] Creuser (un passage) dans le sol. *Les taupes ont foui des galeries partout.* / ETHNOL. *Bâton à fouir*, qui ameublit superficiellement le sol avant les semailles.

fouisseur, euse adj. et n. Qui fouit la terre, qui sert à fouir.

Foujita (Tsuguharu, devenu **Léonard)** 1886-1968 Peintre japonais fixé à Paris dès 1913, dont les portraits de femmes, au dessin ferme et à la technique parfaite, n'échappent pas toujours au maniérisme. Converti au catholicisme à la fin de sa vie, il prit le nom de Léonard en hommage à Léonard de Vinci, et peignit des sujets religieux.

foulage n. m. Action de fouler. / IMPRIM. Relief qui marque le verso d'une feuille de papier imprimée en typographie quand la pression exercée par la machine est trop forte.

foulant, e adj. TECHN. *Pompe foulante*, qui élève un liquide par la pression qu'elle exerce. / Fig., fam. Fatigant, astreignant (souvent sous forme négative). *Ce n'est pas foulant, ton boulot.*

foulard n. m. Étoffe légère qui sert à confectionner des écharpes, des cravates, des robes. / Carré de tissu léger, que l'on porte sur la tête ou autour du cou. *Un foulard de soie.*

Fould (Achille) 1800-1867 Banquier et homme politique français. Ministre des Finances de 1849 à 1852 et de 1861 à 1867, il fonda le Crédit mobilier et créa des caisses de retraite et de secours.

foule n. f. Affluence d'hommes, de choses, d'animaux. / *La foule*: la masse des hommes. / Le peuple. *Refuser de se mêler à la foule.*

foulée n. f. Manière dont le cheval pose le pied sur le sol à chaque temps du trot, du galop. / Distance couverte par un coureur à pied entre deux appuis au sol. / Fig. *Dans la foulée*: dans le même élan. / (Au plur.) VÉNER. Traces laissées au sol par une bête.

fouler v. t. / v. pron. [1] **A.** v. t. Presser, comprimer (qqch.) avec les pieds, les mains, des rouleaux. *Fouler du drap. Fouler le raisin.* / Litt. Marcher sur. *Fouler le sol de sa patrie. Fouler aux pieds*: piétiner; (au fig.) enfreindre (une obligation). *Fouler aux pieds un règlement.* **B.** v. pron. S'infliger une foulure. *Se fouler la cheville.* / Fig., fam. Se donner du mal. *Il s'est foulé pour faire ça.*

foulon n. m. Ouvrier qui prépare le feutre, les draps en les foulant. *Moulin à foulon*: machine utilisée autrefois pour le foulage de certaines étoffes. / Tonneau servant au tannage des cuirs. / *Terre à foulon*: argile absorbante utilisée pour le dégraissage des textiles et le raffinage des huiles.

foulque n. f. ZOOL. Oiseau aquatique de l'ordre des gruiformes, au plumage gris-noir, au bec blanc surmonté d'une flaque frontale de la même couleur.

foultitude n. f. Fam. Grande quantité.

foulure n. f. MÉD. Entorse légère.

Fouquet (Jean) 1420?-1480? Peintre et miniaturiste français. Après un voyage en Italie, il travaille pour Charles VII et devient peintre officiel de Louis XI (1474). Peintre sur émail, il est également l'organisateur des fêtes royales. Encore plus importante est son œuvre de miniaturiste (*Livre d'heures d'Étienne Chevalier*, v. 1450; *Boccace*, v. 1458; les *Grandes Chroniques de France* et les *Antiquités judaïques*, v. 1470), témoignent de sa maîtrise de la perspective, de son talent de paysagiste, de la précision de son regard, caractéristiques que l'on retrouve dans ses portraits (*Charles VII*, v. 1445).

Fouquet ou **Foucquet (Nicolas)** 1615-1680 Administrateur français. Grâce à Mazarin dont il est l'homme de confiance, il acquiert la surintendance des Finances en 1653. Il profite de cette fonction pour accroître sa fortune, fait construire le château de Vaux-le-Vicomte, et soutient les artistes de Louis XIV (Le Vau, Le Brun, Le Nôtre, Molière, La Fontaine). Mais Mazarin meurt et Colbert, qui voulait sa place, dénonce au roi ses malversations; Louis XIV, blessé par la somptuosité d'une fête donnée en son honneur à Vaux et jaloux du luxe de son hôte, le fait arrêter en 1661. Fouquet, au terme d'un long procès, est banni en 1664 et emprisonné à Pignerol; les circonstances de sa mort n'ont pas été réellement éclaircies.

Fouquier-Tinville (Antoine) 1746-1795 Révolutionnaire français qui, à partir de 1793, fut le redoutable accusateur public du Tribunal révolutionnaire. Il obtint la tête de Marie-Antoinette et, après Thermidor, fut lui-même condamné et exécuté.

four n. m. Construction de maçonnerie ouverte par-devant, où l'on fait cuire le pain, divers aliments. *Four de boulanger. Four à pizzas.* / Partie d'une cuisinière où l'on fait rôtir les aliments; dans une cuisine, appareil de cuisson indépendant de la cuisinière. *Four électrique. Four à micro-ondes.* / TECHN. Appareil où une matière est chauffée dans le but de lui faire subir une transformation. / Fig., fam. Insuccès, en parlant d'un spectacle. *Cette pièce est un four.*

Fourastié (Jean) 1907-1990 Économiste français. Auteur de nombreux ouvrages sur la société moderne et son avenir, il croit aux bienfaits du progrès technique: *Le Grand*

***Four** à pain d'une installation militaire, gravure du XIXe siècle.*

Espoir du XXᵉ siècle. Les Trente Glorieuses ou la Révolution invisible (1979) analyse les trente ans (ou plutôt vingt-six ans : 1949-1975) de croissance ininterrompue des économies occidentales.

fourbe adj. Qui trompe sournoisement.

fourberie n. f. Caractère fourbe (de qqn, qqch.). *La fourberie de son attitude.* / Action fourbe.

Fourberies de Scapin (les) 1671 Comédie de Molière : un valet, Scapin, règle au mieux les affaires de son maître et de l'ami de son maître par des mensonges et subterfuges.

fourbi n. m. Vx Équipement du soldat. / Par ext., fam. Affaires personnelles. *Ranger son fourbi dans l'armoire.* / Pop. Désordre, confusion. *Quel fourbi !*

fourbir v. t. [2] Polir (un métal). *Fourbir une lame.* / Loc. fig. *Fourbir ses armes* : se préparer à un affrontement.

fourbissage n. m. Action de fourbir.

fourbu, e adj. Harassé, épuisé. *Je suis complètement fourbu.*

fourche n. f. Instrument composé d'un long manche de bois achevé par deux ou plusieurs dents (de bois, d'acier) et servant à ramasser la paille, le foin. / Pièce d'un véhicule à deux roues qui relie l'axe de la roue avant au guidon. / Division, disposition en plusieurs branches ; embranchement. *La fourche d'un arbre.* En arrivant à la fourche, prenez la route de droite. / HIST. *Fourches caudines* : voir *caudines*.

fourchelangue n. f. Syntagme difficile à prononcer dont l'énoncé entraîne souvent des fautes de prononciation. *« Les chemises de l'archiduchesse sont sèches et archisèches » est une fourchelangue.*

fourchette n. f. Ustensile de table à dents. Des fourchettes en argent. *Avoir un bon coup de fourchette* : être un gros mangeur. / MÉCAN. Pièce affectant la forme d'une fourche. *La fourchette d'un boîtier de vitesses.* / ZOOL. Chez les oiseaux, os constitué par la soudure des deux clavicules ; chez les chevaux, partie cornée située dans la cavité du sabot, en forme de fourchette à deux branches. / MILIT. Écart de portée probable permettant le réglage du tir d'un projectile. / STAT. Intervalle entre deux chiffres ou deux pourcentages, représentant la marge de variation d'un phénomène. / JEUX *Prendre en fourchette* : prendre à son adversaire une carte quand on détient deux cartes, l'une supérieure, l'autre inférieure à la sienne.

fourchu, e adj. Qui fait une fourche. *Branche fourchue.* / Par ext. *Pied fourchu*, à sabot bifide.

Foureau (Fernand) 1850-1914 Explorateur français. De 1888 à 1900, il dirigea plusieurs expéditions scientifiques qui traversèrent le Sahara de l'Algérie jusqu'au lac Tchad.

fourgon [1] n. m. Véhicule, wagon utilisé pour transporter des bagages, des marchandises, du courrier, etc. / *Fourgon mortuaire* : corbillard automobile.

fourgon [2] n. m. Instrument à l'aide duquel on remue le bois, le charbon, dans un four.

fourgonner v. i [1] Remuer la braise, le feu avec un fourgon (sens 2). / Fam. Farfouiller (dans qqch.).

fourgonnette n. f. Voiture à usage commercial, comportant deux sièges à l'avant et s'ouvrant à l'arrière pour recevoir des marchandises.

Fourmi.

fourgue n. m. Arg. Receleur.

fourguer v. t. [1] Arg. Vendre (le produit d'un vol), se débarrasser de (qqch. de détérioré, de compromettant). *Fourguer les diamants volés. Fourguer une vieille bagnole.*

Fourier (Joseph, baron) 1768-1830 Mathématicien français. Normalien, il est, après ses études, l'assistant de Monge (1795) puis de Lagrange à l'école Polytechnique. Il fait partie du groupe de savants que Bonaparte emmène en Égypte, puis est nommé préfet de l'Isère en 1801. En 1807, il présente à l'Académie des sciences (dont il deviendra membre en 1816) un mémoire qui précise les conditions de diffusion de la chaleur dans les milieux continus. En 1822, il publie son ouvrage sur « la théorie analytique de la chaleur ».

Fourier (Charles) 1772-1837 Philosophe français. Dans *Théorie de l'unité universelle* (1822), il montre que les hommes sont brimés par l'ordre social existant et propose de redonner la joie de vivre et le goût du travail en les rassemblant dans des communautés à économie fermée où ils se regrouperont par affinités, les phalanstères. Cette organisation utopiste, fondée sur l'accord de personnes aux caractères différents (Fourier pensait que ces caractères obéissaient aux combinaisons différentes des passions humaines fondamentales, qu'il mettait au nombre de treize) et qui devait aboutir à l'harmonie universelle, ne fonctionna pas, mais Fourier eut des disciples.

fouriérisme n. m. Système utopique conçu par Charles Fourier.

fouriériste adj. et n. Partisan du fouriérisme.

fourme n. f. Fromage de vache des régions du centre de la France. *Fourme d'Ambert.*

fourmi n. f. ZOOL. Insecte hyménoptère aculéate vivant en colonies pouvant comprendre des centaines de milliers d'individus. / Fig., fam. *Avoir des fourmis dans les jambes* : ressentir des picotements (généralement du fait d'une immobilité prolongée) ; ressentir une grande envie de bouger. / Fig. (par allusion à la fable de La Fontaine, *La Cigale et la Fourmi*) Personne économe et laborieuse.

fourmilier n. m. ZOOL. Mammifère xénarthre qui se nourrit de fourmis et de termites qu'il attrape en les engluant sur sa langue longue et visqueuse. *Le tamanoir est une espèce de fourmilier.*

fourmilière n. f. Nid dans lequel vit une colonie de fourmis ; cette colonie. / Fig. Lieu où s'affairent un grand nombre de gens.

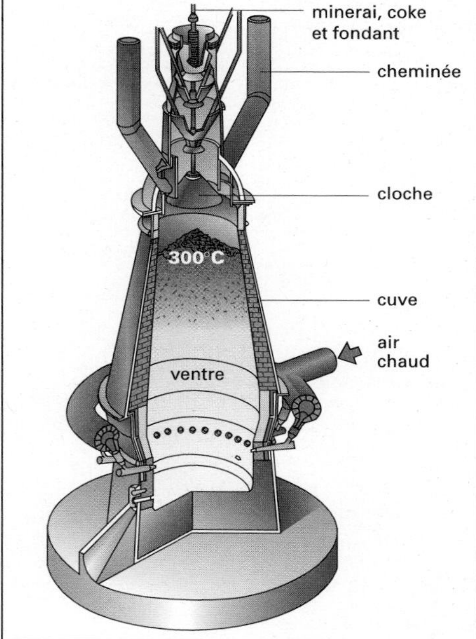

Schéma d'un haut ***fourneau****.*

fourmi-lion ou **fourmilion** n. m. ZOOL. Insecte dont l'adulte ressemble à une libellule, et dont la larve, armée de grosses mandibules, se nourrit d'insectes, particulièrement de fourmis, qu'elle capture lors de leur chute dans un entonnoir que ces larves ont creusé dans le sol et au fond duquel elles se sont enfouies.

fourmillement n. m. Agitation d'une multitude d'êtres, comparable à celle des fourmis. / Picotement que l'on ressent dans un membre, causé par l'engourdissement ou par la compression d'un nerf, d'une veine.

fourmiller v. i. [1] Grouiller comme des fourmis. *Des insectes qui fourmillent sur le sol.* / *Fourmiller de* : être couvert de (une multitude grouillante). *Une souche qui fourmille d'insectes.* / Fig. *Un ciel qui fourmille d'étoiles. Une dictée qui fourmille de fautes.*

F

fournaise n. f. Feu ardent qui dégage une grande quantité de chaleur. / Lieu où la chaleur est suffocante.

fourneau n. m. Appareil aménagé pour recevoir du bois, du charbon que l'on fait brûler pour cuire les aliments. / *Fourneau d'une mine* : endroit où l'on dispose la charge d'explosif nécessaire pour abattre le charbon et progresser dans la galerie. / *Fourneau d'une pipe* : godet dans lequel brûle le tabac. / Appareil dans lequel on peut effectuer des opérations techniques, industrielles sous l'action d'une forte chaleur. *Fourneau d'une forge*, constitué d'un foyer recevant du bois ou du charbon ; le feu est attisé par un soufflet et les métaux y sont chauffés au rouge, puis travaillés sur l'enclume. / *Haut fourneau* : construction en hauteur destinée à la fabrication de la fonte, conçue de façon à produire une température très élevée qui permet de réduire le minerai de fer. u Les hauts fourneaux se composent d'une grande cavité allongée, très haute, la cuve, dont la partie supérieure, le gueulard, est ouverte et permet l'introduction en alternance de couches de charbon et de couches de minerai. Dans la partie inférieure, très resserrée, débouchent les tuyères destinées à faire pénétrer l'air chaud nécessaire à la combustion. Au-dessous, dans le creuset, se réunissent tous les produits provenant de la réduction du minerai : fonte liquide surmontée de scories. Actuellement, les hauts fourneaux comportent des échangeurs de température : les gaz provenant de la combustion sont récupérés au sommet de la cuve, au niveau du gueulard ; ils passent dans des chambres tapissées de briques réfractaires où ils perdent la plus grande partie de leur chaleur. Celle-ci est récupérée par l'air alimentant les tuyères qui ne refroidit donc pas le mélange à transformer. Les gaz d'échappement, à la sortie des chambres, sont encore combustibles et peuvent être utilisés pour alimenter des moteurs.

Fourneau (le) Constellation australe ; voir **constellation**.

fournée n. f. Quantité de ce qui cuit en même temps dans un four. *Fournée de poteries.* / *Fournée de pain.* / Fig., fam. Ensemble de personnes accédant en même temps aux mêmes fonctions ou subissant le même sort.

fourni, e adj. Pourvu, approvisionné. *Un magasin bien fourni.* / Abondant, dense. *Végétation fournie.*

fournil n. m. Pièce d'une boulangerie dans laquelle le boulanger pétrit la pâte et où se trouve le four destiné à la cuisson du pain.

Notre-Dame de Fourvière domine la ville de Lyon.

fourniment n. m. Attirail que porte le soldat, son équipement.
fournir v. t. [2] Pourvoir, approvisionner. *Fournir le magasin en épicerie.* / Procurer. *Fournir des couvertures. Fournir du travail à qqn.* / Produire, être source de. *Fournir de la chaleur.* / Accomplir. *Fournir des efforts.*
fournisseur, euse n. Personne ou entreprise qui pourvoit, approvisionne en marchandises un client (particulier ou entreprise).
fourniture n. f. Action de fournir; ce qui est fourni ou à fournir. *S'assurer la fourniture des pièces en temps utile.* / (au plur.) Ce qui est nécessaire à l'exercice d'une activité. *Fournitures scolaires.*
fourrage n. m. Tiges, feuilles ou racines, fraîches ou séchées, dont se nourrit le bétail.
fourrager [1] v. i. [1] Fouiller en mettant du désordre.
fourrager, ère [2] adj. et n. f. Propre à servir de fourrage. *Plantes fourragères.* / n. f. Terrain destiné à la culture du fourrage. / Charrette destinée au transport du fourrage.
fourragère n. f. Ornement d'uniforme militaire constitué d'une tresse qui se porte autour du bras et s'attache sur l'épaule.
fourre n. f. En Suisse, tout ce qui sert à envelopper, couvrir, protéger: housse (de couette, de canapé, de fauteuil), étui (d'appareil photo), couverture (de cahier), pochette (de disque). *Fourre d'oreiller*: taie d'oreiller.
fourré [1] n. m. Partie touffue d'un bois composé de jeunes plants, d'arbustes qui conservent encore leurs branches basses.
fourré, e [2] adj. Doublé de fourrure. / Garni à l'intérieur. *Dattes fourrées.* / Fam. *Coup fourré*: en escrime, coup par lequel chacun des adversaires touche l'autre; par ext., fig., fam. coup bas.
fourre-tout n. m. inv. Endroit qui sert de débarras. / Grand sac qui ne comporte aucune poche, aucun compartiment.
fourreau n. m. Étui de forme allongée dans lequel on glisse une arme, un objet, pour les protéger. / Robe moulante. *Un fourreau en lamé.*
fourrer v. t. [1] Doubler (un vêtement) de fourrure. / Garnir (qqch.) intérieurement. *Fourrer des dattes de pâte d'amande.* / Mettre, faire pénétrer (qqch.) à l'intérieur de. *Fourrer ses mains dans ses poches.* / Par ext., fam. Poser (qqch.) quelque part. *Où ai-je fourré mes lunettes ?* / Fig., fam. *Fourrer son nez là où il ne faut pas.* / v. pron. Se mettre, se placer. *Se fourrer dans le pétrin.*
fourreur n. m. Personne qui travaille les peaux ou qui vend des fourrures.
fourrier n. m. MILIT. Anc. Sous-officier chargé du logement des troupes, de la nourriture et de l'hébergement des hommes de la compagnie. / (emploi adj.) *Sergent fourrier.*
fourrière n. f. Lieu où sont placés les animaux abandonnés par leur propriétaire, les voitures saisies par la police sur la voie publique.
fourrure n. f. Peau de certains animaux préparée avec son poil pour doubler, garnir ou confectionner des vêtements. / Vêtement confectionné dans cette peau. *Une fourrure de renard.* / TECHNOL. Pièce de bois ou de métal servant de jointure ou de cale entre deux pièces d'un ouvrage. / HÉRALD. Partie émaillée d'un écu.
Fourvière (Notre-Dame de) Basilique dominant Lyon. Bâtie (1872-1894) sur l'ancien forum de Trajan où saint Pothin, premier évêque de Lyon, fut martyrisé à l'époque de Marc Aurèle, elle est un lieu de pèlerinage.
fourvoiement n. m. Litt. Fait de se fourvoyer. / Fig. Erreur, méprise.
fourvoyer v. t. [1] Égarer (qqn), l'induire en erreur. *Ce vieux plan m'a fourvoyé.* / v. pron. *Se fourvoyer dans une impasse.* Au fig. Se tromper. *Se fourvoyer dans un raisonnement.* / Par ext. Se compromettre. *Se fourvoyer en douteuse compagnie.*
Fouta-Djalon (le) *1 515 m* Massif montagneux de la Guinée. C'est le château d'eau de la région: le Sénégal (face nord) et le Niger (face sud) y prennent leur source.
foutaise n. f. Fam. Chose sans valeur, sans intérêt. *Tout ça, c'est de la foutaise.*
foutoir n. m. Vulg. Bordel. / Pop. Désordre, lieu en désordre. *Range ce bordel, s'il te plaît.*
foutre [1] v. t. / v. pron. [3] **A.** v. t. Vulg., vieilli Prendre, posséder sexuellement. / Fam. Mettre, fourrer. *Où ai-je pu foutre mes clefs ?* / Flanquer (un coup). *Foutre une claque à qqn.* / Faire. *Il ne fout rien à l'école.* / Loc., vulg. *Va te faire foutre*: va te faire pendre ailleurs; (sens atténué) va-t'en. / Fam. *Foutre qqn dehors,* le chasser. *Foutre le camp*: déguerpir. *Foutez-lui la paix*: laissez-le en paix. **B.** v. pron. *Se foutre de*: se moquer de. *Il se fout de moi.*
foutre [2] n. m. et interj. Vulg. Sperme. / interj. Syn. de fichtre.
foutrement adv. Fam. Énormément.
foutriquet n. m. Fam., péjor. Individu incapable et prétentieux.
foutu, e adj. Fam. Fait; réalisé. *Travail bien, mal foutu*, bien, mal exécuté. (en parlant d'une personne, en général d'une femme) Roulée. *Elle est drôlement bien foutue.* / Perdu, cassé. *Elle ne guérira jamais, elle est foutue. Il est foutu, ton ordinateur.* / (avant le nom) Sale, désagréable; sacré. *Cette foutue serrure est encore bloquée.*
Fowler (William) 1911-1995 Ingénieur et physicien américain. Nommé en 1938 professeur de physique au M.I.T., il se consacre à l'astrophysique en poursuivant les travaux de H. Bethe pour comprendre le système de réaction au sein des étoiles et met en évidence la nucléosynthèse stellaire. Il établira, avec H. et G. Murbridge et Fred Hoyle, les processus de création des atomes plus lourds que l'hélium dont la formation était impossible lors de la nucléosynthèse primordiale.
Fox (George) 1624-1691 Mystique anglais qui fonda le mouvement des quakers, sous le nom de Société des amis.
fox-hound n. m. (mot anglais) Chien courant anglais, utilisé pour la chasse au renard. Pl. Des *fox-hounds.*
fox-terrier n. m. Chien terrier dont il existe deux variétés, l'une à poil dur, l'autre à poil ras. Pl. Des *fox-terriers.*
fox-trot n. m. inv. Danse à deux temps, originaire des États-Unis, très à la mode vers les années vingt en Europe.
Foy (Maximilien Sébastien) 1775-1825 Général français qui servit la Révolution puis l'Empire. Il fut le plus populaire des libéraux sous la Restauration. Ses obsèques, à Paris, donnèrent lieu à une immense manifestation.
foyer n. m. **I.** Endroit où l'on fait du feu. / Endroit d'où part un feu. *Un foyer d'incendie.* / Partie d'une machine où l'on met le combustible. *Le foyer d'une chaudière.* **II.** Lieu où habite une famille. *Quitter son foyer. Fonder un foyer*: fonder une famille. *Réintégrer ses foyers*: rentrer chez soi. / Lieu où l'on loge, lieu où l'on se réunit. *Foyer de travailleurs. Foyer d'étudiants. Foyer des artistes*: lieu où se rassemblent des acteurs de théâtre. **III.** Point à partir duquel se propage qqch. *Foyer d'une maladie. Foyer d'une révolte. Foyer d'une épidémie.* / MATH. Point remarquable associé à certaines courbes, (ellipse, parabole, hyperbole). *La somme des distances d'un point d'une ellipse à ses deux foyers est constante.* / PHYS. Point de convergence de rayons lumineux ou calorifiques initialement parallèles, après réflexion ou réfraction.
Fra Diavolo (Michele Pezza, dit**)** 1771-1806 Chef d'une bande de brigands calabrais à la solde des Anglais et de la reine de Naples, Marie Caroline. Il complota contre Joseph Bonaparte et fut pendu.
frac n. m. Costume de cérémonie masculin, noir, dont les basques se terminent en queue de pie.
fracas n. m. Bruit très violent produit par ce qui se casse, ce qui se heurte brutalement. *Le fracas d'une vitre qui se brise.*
fracassant, e adj. Très bruyant. / Fig. Qui a beaucoup d'éclat, qui fait grand bruit. *Une proclamation fracassante.*
fracasser v. t. [1] Casser, briser en mille morceaux, avec fracas.
fractal, ale, aux adj. et n. f. MATH. *Objet fractal* ou (n. f.) *fractale*: figure géométrique mise en évidence par Bernard Mandelbrot, qui permet de modéliser des figures de complexité élevée, caractérisées par leur propriété d'autosimilarité, quelle que soit l'échelle à laquelle elles sont produites, chacune des parties considérées étant la réplique du tout.
fraction n. f. **I.** Vx Action de diviser qqch en plusieurs morceaux. / LITURG. *La fraction du pain*: acte qui consiste à rompre le pain eucharistique. **II.** MATH. Symbole ou nombre exprimant une ou plusieurs parties égales d'une unité, représenté sous la forme a/b, a étant le numérateur et b le dénominateur; les opérations d'addition ou de soustraction des fractions ne s'effectuent qu'après leur réduction au même dénominateur. / *Fraction décimale*: fraction dont le dénominateur est une puissance de 10. / *Fraction irréductible*: fraction qui ne peut être simplifiée. / Fig. Portion, partie. *Fraction d'un capital.* / Spécial. Groupement organisé au sein d'un parti politique, sur la base d'un désaccord avec la ligne générale de ce parti.
fractionnaire adj. MATH. Sous forme de fraction.
fractionnel, elle adj. Propre ou relatif à une, des fractions au sein d'un groupe politique. *Activité fractionnelle.*
fractionnement n. m. Action de fractionner; son résultat. / CHIM. Opération de séparation des constituants d'un mélange.
fractionner v. t. [1] Diviser (un ensemble) en plusieurs parties.
fracture n. f. Cassure brutale; ce qui est cassé. / GÉOL. Cassure qui affecte la croûte terrestre. *Fracture d'une couche géologique.* / MÉD. Brisure (d'un os). *Réduire une fracture*: remettre en place un os cassé.
fracturer v. t. [1] Briser. (Emploi pron.) *Se fracturer un membre.* / Forcer. *Fracturer un coffre.*
fragile adj. Qui manque de solidité, qui se rompt aisément. *Fragile comme du cristal.* / Fig. Précaire, vulnérable. *Un équilibre fragile. Santé fragile.*
fragiliser v. t. [1] Rendre fragile.
fragilité n. f. Propriété d'une chose qui se brise ou se détériore facilement. *La fragilité*

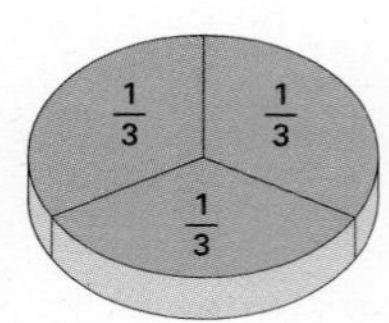

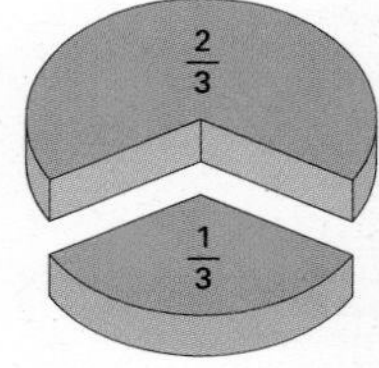

Exemple de **fractions** irréductibles.

du cristal. La fragilité d'un tissu. / Caractère de ce qui est éphémère, précaire. *La fragilité du bonheur.*

fragment n. m. Morceau d'une chose qui a été brisée. *Un fragment de poterie.* / Ce qui a subsisté d'une œuvre dont l'essentiel a été perdu. / Extrait tiré d'un écrit, d'un texte.

fragmentaire adj. D'un fragment ; partiel, incomplet. *Pièces fragmentaires.*

fragmentairement adv. De façon fragmentaire.

fragmentation n. f. Action de fragmenter ; résultat de cette action.

fragmenter v. t. [1] Réduire ou diviser en fragments.

Fragonard (Jean-Honoré) 1732-1806 Peintre français. D'abord peintre d'histoire, il abandonna, dès son entrée à l'Académie (où son morceau de réception, *Le Grand Prêtre Corésus se sacrifiant pour sauver Callirhoé*, 1765, avait obtenu un grand succès), ce genre pictural au profit de la peinture galante et des scènes libertines (*Les Hasards heureux de l'escarpolette*, 1766 ou 1767). Remarquable dessinateur, coloriste virtuose, plein de grâce et de sensibilité, il a également excellé dans les scènes de la vie familiale (*La Lecture*) et dans les paysages, avec personnages individualisés (*Paysage aux laveuses*) ou perdus dans une profusion de feuilles et de buissons, dominés par un ciel immense (*Fête à Rambouillet*). **Alexandre Évariste** 1780-1850 Fils du précédent, élève de son père et de David. D'abord peintre d'histoire dans le style néo-classique (*Le Jeune Pyrrhus à la cour de Glaucias*), il évolua vers le romantisme comme en témoignent l'énergie de son dessin et son usage maîtrisé de la couleur.

fragrance n. f. Litt. Parfum.

frai n. m. Chez les poissons, ensemble des phénomènes de reproduction que constituent la ponte des œufs et leur fécondation par les mâles. / Œufs des poissons et des batraciens. / Très jeunes poissons.

fraîchement adv. Depuis peu, récemment ; sans cordialité.

fraîcheur n. f. Froid léger et agréable. *La fraîcheur d'une boisson.* / Qualité d'une denrée périssable qui n'a subi aucune altération. *La fraîcheur d'une viande.* / Brillant, éclat, aspect qui caractérise ce qui est neuf ou ce qui ne s'est pas altéré. *Des couleurs qui ont gardé toute leur fraîcheur.* Au fig. *Un roman plein de fraîcheur.*

Fraises.

La Musique *de* **Jean-Honoré Fragonard**, *vers 1769 (musée du Louvre, Paris).*

fraîchin n. m. Odeur de poisson frais ; odeur de marée. / Par anal. Odeur fade qu'émet parfois la vaisselle mal lavée.

fraîchir v. i. / v. impers. [2] Devenir frais, plus frais. / (Emploi impers.) *Il fraîchit* : il fait plus frais. / MAR. (En parlant du vent) Souffler plus fort.

frais [1] n. m. pl. Dépense. / *Faux frais* : menues dépenses généralement imprévues. / *Frais généraux* : dépenses occasionnées par le fonctionnement d'une entreprise. *Frais fixes* : dépenses correspondant aux charges permanentes d'une entreprise et qui sont indépendantes des variations de la production. *Frais variables*, qui varient en fonction de la production de l'entreprise. / *En être pour ses frais* : s'être donné de la peine en vain, sans obtenir le résultat espéré. / Fig. *Se mettre en frais* : se donner de la peine ; faire des efforts.

frais, fraîche [2] adj. et n. **I.** Un peu froid. *Temps frais.* Loc. *Il fait frais* : la température de l'air est un peu basse. / n. f. (En loc.) *À la fraîche* : à l'heure où il fait frais. / n. m. (En loc.) *Au frais*, à température un peu basse. *Prendre le frais* : sortir pour profiter de la fraîcheur de l'air. **II.** Fig. Sans cordialité, sans chaleur. *Un accueil plutôt frais.* / Nouveau, nouvellement produit ; récent. *Pain frais. Nouvelles fraîches. Peinture fraîche*, qui n'a pas encore eu le temps de sécher. (Emploi adv.) *Rasé de frais*, depuis peu. *Être frais émoulu*, récemment diplômé, admis à une fonction. / Non traité pour la conservation. *Poisson frais.* / Sain, reposé ; en forme. *Avoir le teint frais. Se sentir frais et dispos.* (Par antiphrase) *Nous voilà frais !* : nous voilà dans une mauvaise posture.

fraisage n. m. TECHN. Travail à la fraise de dentiste ; usinage à la fraise.

fraise [1] n. f. BOUCH. Membrane conjonctive qui entoure les intestins de l'agneau, du veau, utilisée en charcuterie. / ZOOL. Masse de chair rouge et granuleuse qui pend sous le bec des dindons.

fraise [2] n. f. Collerette formée de volants de mousseline ou de dentelle, tuyautés ou à godrons, portée aux XVIe et XVIIe siècles.

fraise [3] n. f. Faux fruit du fraisier, constitué par un réceptacle charnu, de couleur rouge, comestible, qui porte à sa surface des petits grains qui sont les véritables fruits (akènes).

fraise [4] n. f. Outil d'acier de forme conique ou cylindrique, comportant des arêtes tranchantes sur toutes les faces et travaillant en rotation, pour donner une forme précise à un objet en acier. / Instrument fonctionnant selon le même principe, utilisé en dentisterie.

fraiser v. t. [1] Usiner avec une fraise.

fraiseur, euse n. Ouvrier, ouvrière spécialiste du fraisage.

fraiseuse n. f. Machine à fraiser.

fraisier n. m. Plante rampante de la famille des rosacées qui produit les fraises. *Le fraisier se reproduit par stolons.*

framboise n. f. Fruit comestible du framboisier, formé d'un amas de petites baies rouges.

framboisier n. m. Arbrisseau de la famille des rosacées, voisin de la ronce, qui produit les framboises.

franc [1] n. m. HIST. Nom donné à plusieurs monnaies françaises depuis l'époque médiévale jusqu'à nos jours. / Unité monétaire officielle de la France de la Révolution à 2002. / Unité monétaire de la Belgique et du Luxembourg jusqu'en 2002, et toujours en cours en Suisse. / *Franc C.F.A.* : franc de la Communauté française africaine, utilisé dans plusieurs pays d'Afrique.

franc, franche [2] adj. Vx Libre, par oppos. à *asservi*, *esclave*. / Mod. (en composition ou en loc.) Libre. *Avoir les coudées franches* : être libre de ses mouvements, de son action. *Corps franc* : unité combattante non soumise à l'autorité de l'armée régulière. / SPORT *Coup franc* : pénalité jouée sans que l'adversaire puisse s'y opposer. / (Devant le nom) *Un franc* : un vrai. *Un franc succès.* / Libre de taxe. *Zone franche.* / Libre de tout calcul, de toute réserve, sincère. *Soyez franc.* Fig. *Jouer franc jeu* : agir loyalement. (Emploi adv.) *Parlons franc.* / Qui exprime la sincérité. *Un regard franc.* / Libre de toute confusion, net. *Une situation franche.* / Libre de tout mélange, pur. *Couleur franche.*

franc, franque [3] n. et adj. Des Francs. *Tribus franques.*

français, e adj. et n. De France. *Campagne française. Un(e) Français(e).* / n. m. LING. Langue latine parlée en France, en Francophonie. *Ancien français* : francien. *Moyen français* : langue issue du francien, parlée et écrite entre le XIVe et le XVIe siècles.

franc-alleu n. m. FÉOD. Terre de pleine propriété, dont le possesseur était exempt de toute redevance. Pl. Des *francs-alleux*.

franc-bord n. m. Espace de terrain bordant une rivière ou un canal et situé au-delà des digues ou des chemins de halage. / MAR. Hauteur mesurée entre le niveau de l'eau à l'extérieur du navire chargé et la partie supérieure du pont le plus élevé. Pl. Des *francs-bords*.

franc-bourgeois n. m. Au Moyen Âge, citadin exempt de charges municipales. Pl. Des *francs-bourgeois*.

France (Anatole Thibault, dit **Anatole)** 1844-1924 Écrivain français. Ses romans historiques et satiriques montrent son scepticisme et sa sympathie pour les idées socialistes et pacifistes : *Le Crime de Sylvestre Bonnard* (qui consiste en l'amour des lettres, 1881) ; *Thaïs* (1890), *La Rôtisserie de la reine Pédauque* (1893). Dreyfusard, proche du communisme à sa naissance en France, A. France se défiait de tout dogmatisme : *Les Dieux ont soif* (1912) exprime son aversion pour toute idéologie politique risquant de tourner au mysticisme.

France (Henri de) 1911-1986 Ingénieur français, inventeur du système Secam de télévision en couleur.

• **France** État d'Europe occidentale bordé au nord par la Belgique et le Luxembourg, à l'est par l'Allemagne, la Suisse et l'Italie, au sud par l'Espagne.

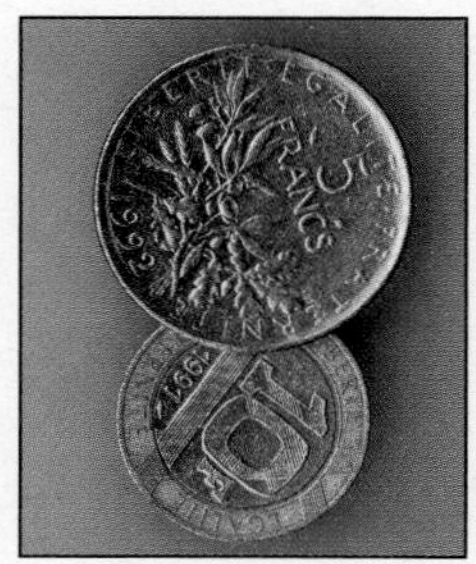

Pièces de cinq et dix ***francs****.*

F

FRANCE

Superficie : *551 500 km²* – **Nombre d'habitants :** *58 749 000 h.* – **Capitale :** *Paris*
Villes principales : *Marseille, Lyon, Toulouse* – **Système politique :** *république parlementaire*
Langue(s) : *français* – **Religion(s) :** *catholicisme, protestantisme, judaïsme, islam* – **Monnaie(s) :** *euro*

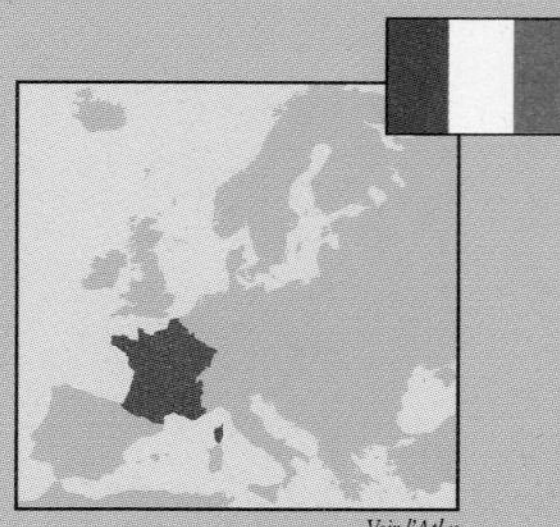

Voir l'Atlas

Géographie physique et humaine

Située entre le 42ᵉ et le 51ᵉ parallèle, la France est un pays aux dimensions à peu près égales en largeur et en longueur : la distance du nord au sud est de *950 km* et, de l'ouest à l'est, dans sa plus grande extension, de *975 km*. Elle occupe le plus étroit des isthmes européens, puisque, entre l'océan Atlantique et la mer Méditerranée, il n'y a, en ligne droite, que *360 km*. D'autre part, aucun point du territoire français n'est à plus de *400 km* d'un littoral. C'est le seul pays d'Europe à posséder trois façades maritimes : la mer Méditerranée, l'océan Atlantique et la Manche et la mer du Nord. Ces mers, relativement tièdes, tempèrent le climat.

Relief Il se compose de massifs anciens, dus au plissement hercynien (à la fin de l'ère primaire) : massif Armoricain, Massif central, Vosges, Ardennes, Maures, Esterel et Corse. Leurs formes sont souvent douces et arrondies et leur altitude peu élevée. Le sol y est en général pauvre et couvert de landes ou de forêts. Les volcans du Massif central, nés à l'époque du plissement alpin, qui releva ce massif et le fractura, sont aujourd'hui éteints : Cantal, Mont-Dore, Dôme. Les montagnes jeunes, formées au tertiaire, sont les Pyrénées, les Alpes et le Jura. Leurs sommets, élevés, se présentent en général sous la forme de pics, dents ou aiguilles. Quant aux plaines françaises, elles présentent une grande diversité de

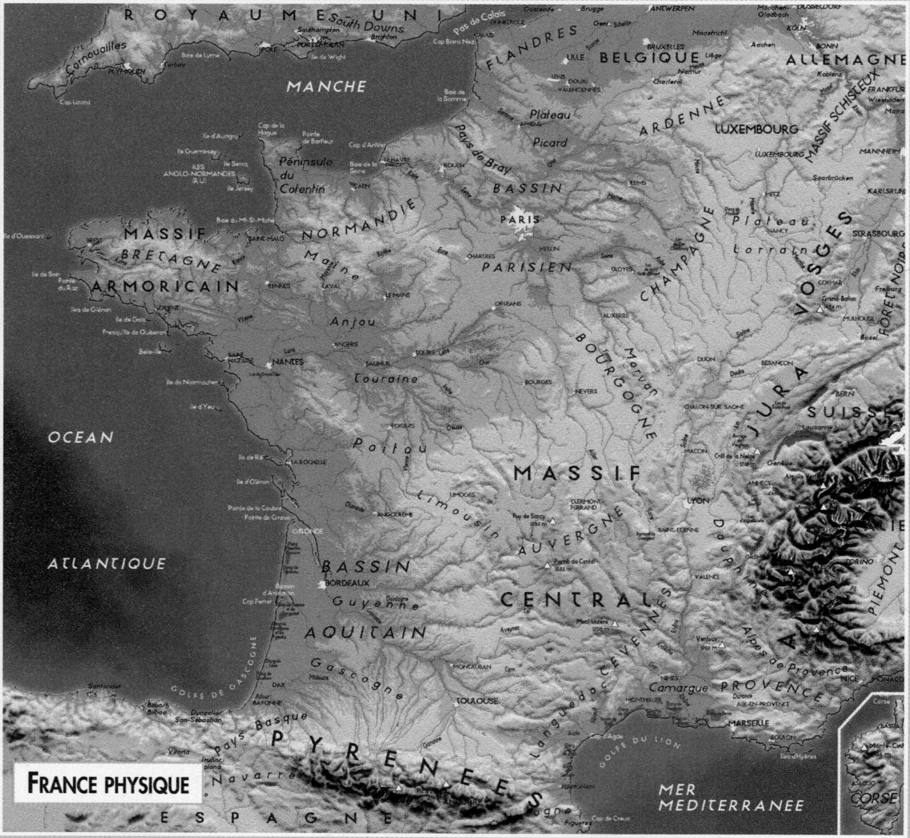

FRANCE PHYSIQUE

FRANCE (SUITE)

Marseille.

Lyon.

Toulouse.

sols en raison de la variété des sédiments qui les constituent. Le Bassin parisien, le bassin d'Aquitaine, les vallées de la Saône et du Rhône, le Languedoc communiquent entre eux grâce à des seuils généralement peu élevés (seuils de Bourgogne, du Poitou, de Naurouze).

Le pourtour de la France est composé, à l'est et au sud, de chaînes de montagnes que des cols permettent de franchir plus aisément dans les Alpes que dans les Pyrénées. Les régions méridionales communiquent avec celles du Nord grâce au sillon rhodanien et à la vallée de la Saône.

Climat La France, dans son ensemble, jouit d'un climat tempéré. Les masses d'air froid arrivant de l'est ou du nord sont équilibrées par les masses d'air tiède et humide venues de l'océan Atlantique. Du nord au sud, de l'est à l'ouest, on distingue de nombreuses nuances. La Bretagne, la Normandie, le Nord et l'Aquitaine ont un climat de type océanique : hivers doux (de plus en plus doux à mesure qu'on descend vers le sud), étés tièdes, pluies abondantes en toutes saisons ; l'humidité et la douceur des températures favorisent les herbages et les primeurs.

Le centre et l'est connaissent un climat semi-continental aux hivers froids et secs, aux étés chauds et orageux. Les forêts, en futaies, subsistent sur les hauteurs et dans les plaines ; les défrichements ont permis l'extension des cultures céréalières et le reboisement est actif.

Un climat de type méditerranéen règne sur le Roussillon, le Languedoc, dans la basse vallée du Rhône, en Provence, sur la Côte d'Azur et en Corse ; l'atmosphère y est lumineuse, les hivers doux et les étés chauds et secs, coupés d'orages rares et violents. C'est le domaine du maquis ou de la garrigue, de l'olivier et de la vigne.

Le climat de montagne est particulier aux Pyrénées, aux Alpes, au Jura, au Massif central et aux Vosges. Jusqu'à environ 800 m, le sol est occupé par des cultures et des bois de chênes ; jusqu'à 1 200 m, par des pâturages ; ensuite, ce sont des forêts de conifères et des alpages, avant d'atteindre les neiges persistantes.

Hydrographie La France possède quatre grands fleuves : la Loire prend sa source dans le Massif central au mont Gerbier-de-Jonc ; la Seine naît sur le plateau de Langres (Jura) et se jette dans la Manche ; le Rhône prend sa source en Suisse dans le massif du Saint-Gothard et la Garonne en Espagne, dans la Maladetta. En outre, le Rhin dessine à l'est une frontière naturelle avec l'Allemagne et coule en France sur 195 km.

Démographie La France était en 1801 l'État le plus peuplé d'Europe. L'accroissement de la population étant assez lent, elle n'occupe aujourd'hui, avec 61 005 600 h., y compris les DOM et les TOM (58 749 000 h. pour la métropole), que le 4e rang européen, derrière l'Allemagne, la Grande-Bretagne et l'Italie. Alors que la situation démographique était mauvaise en 1946 (40 500 000 h.), la population française a pris son essor à partir de 1950 ; la natalité, dont le taux était monté à plus de 2,1 % pour descendre jusqu'à 1,73 %, atteint aujourd'hui 1,9 %. L'accroissement annuel (0,4 %) est relativement faible, moins faible toutefois que dans les autres pays européens (0,2 %). La densité de la population métropolitaine est de 108 h/km^2, ce qui est faible par rapport aux autres pays européens (Allemagne : 230, Belgique : 332). La population française est inégalement répartie sur le territoire. À côté de zones très peuplées (régions urbaines et industrielles, le nord, l'est), apparaissent des zones de peuplement faible (moins de 20 h/km^2) ou en voie de dépeuplement : montagnes, régions purement rurales que les habitants quittent, attirés par les villes. En effet, la population urbaine représente plus de 75 % du total dont plus de 2 millions dans Paris même ; avec 11 millions d'h., la Région Île-de-France atteint une densité de 920 h/km^2. La France est un pays de faible émigration (1 800 000 Français hors de France). L'immigration a été forte jusqu'au développement du chômage dans les années 1980. En 1968, on comptait 2 621 000 étrangers ; on en compte aujourd'hui 3 600 000.

Économie

La France est la 4e puissance économique du monde (suivant les critères actuels, qui ne tiennent pas compte, par exemple, de l'Inde et de la Chine). En 1850, elle avait un fort retard sur l'Angleterre, qu'elle a comblé par la suite ; dans les années 1960, elle était dépassée par les États-Unis, le Japon et l'Allemagne. Dans les années 1980-1990, grâce à la Communauté économique européenne (puis Union européenne), grâce au commerce avec l'Allemagne, son principal client, et surtout grâce à une augmentation considérable de sa productivité, son P.N.B. a progressé fortement, mais chômage et inégalités sociales ont crû. En 1996, son P.N.B./h. atteignait 24 990 dollars, contre 26 980 aux États-Unis (où les inégalités sont plus fortes) et 27 510 en Allemagne, alors que son « rival » traditionnel, la Grande-Bretagne (champion du libéralisme de 1979 à la fin des années 1990), avait un P.N.B./h. de 18 700 dollars. En 1968, la population active se répartissait ainsi : agriculture : 25 % ; industrie : 38 % ; secteur tertiaire : 37 %. Aujourd'hui, les pourcentages sont les suivants : 5 %, 29 % et 66 % (États-Unis : 3 %, 25 %, 72 % ; Allemagne : 3 %, 39 %, 58 % ; Grande-Bretagne : 2 %, 28 %, 70 %).

Agriculture Les terres labourables couvrent 33 % du territoire, les prairies et pâturages 19 %, les bois et forêts 27 % ; le reste est improductif. Le reboisement est, dans l'ensemble, efficace : plus vaste que naguère, la forêt française est (proportionnellement)

Paludier des marais salants de Guérande.

FRANCE (SUITE)

Le port de Calais, le principal port français de voyageurs.

Le Train à Grande Vitesse (TGV).

la plus grande forêt d'Europe, mais elle compte une forte proportion de conifères (au détriment des peuplements en feuillus) et la tempête de décembre 1999 a causé de très gros dégâts. L'agriculture française est la première d'Europe pour le blé, le maïs, les pommes de terre, le sucre de betterave, le vin et les bovins.

Outre le blé et le maïs, la France produit d'autres céréales: orge, avoine, riz. Elle occupe le premier rang mondial pour les betteraves sucrières et le vin, le 4e pour l'orge, le 5e pour le blé et le maïs. Elle est le 2e exportateur mondial de céréales (après les États-Unis). Les cultures maraîchères prospèrent soit dans les régions climatiquement privilégiées (Bretagne, Roussillon, Vaucluse, vallées de la Garonne et de la Loire), soit près des grandes concentrations humaines (Île-de-France, Nord-Pas-de-Calais). Les cultures fruitières sont localisées dans le val de Loire, la vallée moyenne de la Garonne, le Roussillon et le couloir rhodanien, ainsi que partout où l'exposition favorise l'ensoleillement (côtes lorraines, Alsace). Le vignoble français est dispersé et spécialisé; les vins de qualité étaient autrefois surtout issus des vignobles de Bourgogne, d'Alsace, des côtes du Rhône, du Beaujolais et du Bordelais. De nombreux autres terroirs ont amélioré de façon importante leurs méthodes culturales et leurs techniques de vinification, produisant des vins « de pays » de bon aloi qui ont trouvé leur public. Les cultures industrielles du chanvre et du lin n'ont plus d'importance économique. Sans suffire à ses besoins, la France est un important producteur de tabac. Les prairies et pâturages occupent environ le quart du sol français et l'élevage demeure puissant: 20 millions de bovins, 10 millions d'ovins, 15 millions de porcs (contre 12 millions en 1990).

Les forêts de France sont productrices non seulement de bois, mais d'écorce à tanin, de gemme et de liège. Quant à la pêche française, son importance diminue, tandis que l'aquaculture progresse (poissons, huîtres, moules, etc.), surtout sur la façade atlantique. L'ensemble agroalimentaire (production et transformation) présente un considérable bénéfice pour la France: les exportations excèdent les importations de 35 %.

Industrie Les dernières mines de charbon ont fermé dans les années 1990. 12 % de la production électrique provient des centrales hydroélectriques; plus des trois quarts proviennent des centrales nucléaires, qui font de la France le numéro 2 mondial du nucléaire (après les États-Unis), et le numéro 1 en proportion du nombre d'habitants. La France est le 7e producteur mondial d'électricité (qu'elle exporte). La production de pétrole et de gaz naturel est très modeste. L'exploitation des énergies renouvelables ne s'est pas développée. Les ressources minérales sont faibles. Le fer de Lorraine, jugé peu rentable, n'est quasiment plus exploité. La bauxite ne l'est plus.

De 1970 à 1990, le secteur secondaire (y compris le bâtiment) a supprimé 5 millions d'emplois.

Les industries de la seconde génération (pétrochimie et sidérurgie dans les ports) se sont révélées des échecs, mais les textiles et les caoutchoucs synthétiques sont en augmentation. Pâte à papier, carton connaissent une progression. La construction automobile subit des aléas; avec le vingtième de la production mondiale, la France occupe le 5e rang; dans ce domaine, les exportations excèdent de plus d'un tiers les importations. Comme toutes les grandes puissances, la France a développé les industries de pointe: chimie fine, laboratoires pharmaceutiques, électronique, aérospatiale, T.G.V., télécommunications. Pour cette raison, le « bilan industriel » de la France est équilibré: elle n'importe pas plus de produits métalliques qu'elle n'en exporte; même chose pour les demi-produits non métalliques. Les progrès technologiques et les « performances à l'exportation » sont souvent dus à de petites et moyennes entreprises.

Le secteur tertiaire s'est considérablement développé, depuis les services jusqu'aux activités bancaires. Dans tous les domaines, le partenariat européen joue un rôle majeur. Modernisant ses structures d'accueil et le confort des moyens de communication, se livrant à une importante restauration de son patrimoine, la France est devenue le n° 1 du tourisme mondial. Ce secteur emploie 2 millions de personnes. Enfin, la France demeure spécialisée dans les produits de luxe (parfumerie, haute couture, maroquinerie...).

Communications Le réseau routier français est un des plus denses du monde (964577 km de routes et environ 9000 km d'autoroutes) pour un parc automobile de plus de 32 millions de véhicules (dont près de 27 millions de voitures de tourisme). Le réseau ferroviaire est le premier d'Europe avec 32275 km de voies ferrées. Il atteignait 40000 km: un grand nombre de lignes secondaires ont été fermées. Le T.G.V. s'étend sur l'ensemble du territoire. Le trafic aérien subit cette concurrence, malgré le grand nombre d'aéroports régionaux.

Sur le plan du trafic international, l'aéroport de Paris (Roissy-Charles de Gaulle et Orly) est l'un des plus actifs du monde: 50 millions de passagers en 1992, 60 millions en 1997. Les voies fluviales ont une longueur totale de 5736 km, dont 3740 km de canaux, ce qui est insuffisant. Aussi la route assure-t-elle la circulation de 60 % des marchandises, ce qui accroît la pollution. La marine marchande

Tignes, au pied du mont Pourri, importante station de sport d'hiver.

FRANCE (SUITE)

française, avec 4 millions de tonneaux de jauge brute, est en régression (5 millions en 1968).

Commerce extérieur Jusqu'en 1991, il était déficitaire ; il est aujourd'hui excédentaire. L'Allemagne est le client principal de la France (un peu plus de 18 %) et son principal fournisseur (un peu moins de 18 %). Viennent ensuite la Grande-Bretagne (4e fournisseur), l'Italie (2e fournisseur), la Belgique (5e fournisseur), l'Espagne (6e fournisseur). Les échanges avec les États-Unis (3e fournisseur, 6e client) et plus encore avec le Japon (8e fournisseur, 9e client) sont défavorables à la France.

Histoire

La Gaule n'était qu'un vaste territoire sans unité et peuplé de tribus diverses lorsque les Romains en entreprirent la conquête sous le commandement militaire de Jules César, de 58 à 50 av. J.-C. Le chef des Arvernes, Vercingétorix, tenta de résister, mais en vain : il dut se rendre après le long siège d'Alésia. Sous la tutelle romaine, la Gaule connut trois siècles de paix et de prospérité mais la décadence de l'Empire romain la livra aux invasions.

Au Ve siècle, après l'échec des Huns venus d'Asie, divers peuples germaniques (Wisigoths, Francs, Burgondes) réussirent à s'implanter en Gaule. Le chef franc Clovis conquit la majeure partie du territoire et fonda la dynastie des Mérovingiens. Mais à sa mort, en 511, ses fils se partagèrent le royaume, entraînant le pays dans des guerres qui l'appauvrirent. Sous les derniers rois mérovingiens, l'autorité passa aux maires du palais. L'un d'eux, Charles Martel, reconstitua l'unité et arrêta en 732, à Poitiers, l'invasion des « Arabes » (en fait, essentiellement des Berbères islamisés) venus d'Espagne. Sous l'administration de son fils Pépin le Bref, maire du palais de 751 à 768 et fondateur de la dynastie des Carolingiens, puis sous le règne de son petit-fils Charlemagne (768-814), le pays connut une relative prospérité et un renouveau des lettres et des arts. Le traité de Verdun en 843 morcela son vaste empire : de ce partage naîtront la France (alors nommée *Francia occidentalis*), l'Allemagne et l'Italie. Le royaume de France est ravagé par les coups de main et les pillages des Normands, peuples scandinaves venus par la mer. L'autorité centrale se dissout et les grands propriétaires terriens sont contraints d'organiser eux-mêmes la protection de leurs biens, avec l'aide de leurs vassaux : ainsi naît la féodalité. L'incapacité des derniers Carolingiens provoque l'avènement d'une nouvelle dynastie, celle des Capétiens, dont le fondateur est Hugues Capet, proclamé roi de France en 987 : elle restera au pouvoir jusqu'à la Révolution, puis de nouveau entre 1814 et 1848. L'autorité royale s'affermit peu à peu, la population augmente, de nouvelles terres sont défrichées, le commerce prend son essor. La France, prend une part importante aux croisades en Terre sainte (1095-1270). En 1152, commence une guerre qui oppose jusqu'en 1259 les rois de France et d'Angleterre, pour la possession de l'ouest de la France. La monarchie française l'emporte et agrandit ses possessions. Charles IV meurt en 1328 sans laisser de fils ; la famille des Valois, branche cadette des Capétiens, lui succède et régnera jusqu'en 1589. La France connaît alors deux siècles et demi de guerres incessantes : guerre de Cent Ans entre la France et l'Angleterre (1337-1453), guerres d'Italie se terminant par le traité de Cateau-Cambrésis qui donne à la France Calais, Metz, Toul et Verdun, guerres civiles entre catholiques et protestants (guerres de Religion) auxquelles l'édit de Nantes met fin en 1598. Le pays traverse une série de crises graves, aussi bien politiques qu'économiques. Famines et épidémies font des ravages. La France se transforme profondément, sur tous les plans (économique, sociologique, culturel). La bourgeoisie se développe, la noblesse de robe prend de l'importance, mais le sort du peuple s'améliore assez peu, les paysans étant accablés par les impôts.

La danse macabre est un thème très répandu dans la peinture de la fin du Moyen Âge, sans doute lié aux événements dramatiques (épidémies et guerres) qui ont marqué l'Europe aux XIVe et XVe siècles (Bibliothèque nationale, Paris).

La dynastie des Valois s'éteint en 1589 avec Henri III. La couronne passe alors à la famille des Bourbons, issue du dernier fils de Saint Louis. Parvenue au trône avec Henri IV, elle régnera jusqu'en 1793, puis de 1814 à 1830. Henri IV, puis Louis XIII et son ministre Richelieu sont obligés d'imposer durement leur autorité pour anéantir l'opposition des nobles et des protestants. Sous la minorité de Louis XIV, une révolte du Parlement et de grands seigneurs ambitieux contre Mazarin aboutit à une guerre civile, la Fronde ; elle s'achève par le triomphe de l'absolutisme royal qui connaît son apogée avec Louis XIV, le Roi Soleil.

Pendant un siècle, la France déclenche, au risque de se ruiner, un grand nombre de guerres à l'issue desquelles le territoire s'agrandit progressivement. L'économie connaît un essor remarquable au XVIIIe siècle

Sac de Jérusalem lors de la première croisade, en 1099 (miniature française, Bibliothèque nationale, Paris).

France (suite)

Ils ont gourverné la France...

Clovis

Charlemagne

Saint Louis

Philippe le Bel

Louis XI

François Ier

F

Souverain	Règne	Remarques
Mérovingiens		
Clovis Ier	481-511	Roi des Francs.
Clotaire Ier (roi de Soissons, puis seul roi à partir de 558)	511-561	Jusqu'en 558 a partagé avec ses frères le royaume de Clovis.
Caribert (Paris)	561-567	
Gontran (Bourgogne)	561-593	
Chilpéric Ier (Neustrie)	561-584	Luttes entre Chilpéric, époux de Frédégonde, et Sigebert, époux de Brunehaut.
Sigebert Ier (Austrasie)	561-575	
Clotaire II (Neustrie, puis seul roi à partir de 613)	584-628	Fils de Chilpéric Ier.
Dagobert Ier	629-639	Fils de Clotaire II ; réunifie un royaume affaibli.
Sigebert III (Austrasie)	634-656	Ces deux fils de Dagobert laissent gouverner des maires du palais.
Clovis II (Neustrie-Bourgogne)	639-657	
Clotaire III (Neustrie)	657-673	Fils de Clovis II ; le maire du palais Ebroïn gouverne sous son règne et celui de ses fils, Thierry III et Clovis III, les premiers « rois fainéants ». En 687, l'Austrasie l'emporte sur la Neustrie
Thierry III (Neustrie)	673-691	
Clovis III (Neustrie)	691-695	
Childebert III (Neustrie)	695-711	Fils de Thierry III.
Dagobert III (Neustrie)	711-715	Fils de Childebert III ; Pépin d'Herstal, maire du palais d'Austrasie, gouverne.
Chilpéric II (choisi par la Neustrie)	715-721	Vaincu par Charles Martel, fils de Pépin d'Herstal.
Clotaire IV (Austrasie)	717-719	Fils de Chilpéric II ; désigné par Charles Martel contre son père.
Thierry IV	721-737	Charles Martel gouverne (jusqu'à sa mort en 741).
Childéric III	743-751	Pépin le Bref gouverne (à partir de 741).
Carolingiens		
Pépin le Bref	751-768	Prend le titre de roi des Francs en 751.
Charlemagne	768-814	Gouverne avec son frère Carloman jusqu'en 771 ; devient empereur en 800.
Louis Ier le Pieux ou le Débonnaire, empereur	814-840	
Charles II le Chauve (empereur en 875)	840-877	En 843 (traité de Verdun avec Louis le Germanique et Lothaire), l'empire est divisé en trois.
Louis II le Bègue	877-879	
Louis III et	879-882	
Carloman	879-884	
Charles le Gros, régent (empereur en 881)	884-887	
Eudes, duc de France, élu roi	887-898	En lutte avec le futur Charles III.
Charles III le Simple	898-923	En lutte avec les futurs rois Robert et Raoul.
Robert Ier, fils d'Eudes, duc de France, élu roi	922-923	
Raoul, gendre de Robert Ier, duc de France, élu roi	923-936	
Louis IV d'Outre-Mer	936-954	Fils de Charles le Simple ; allié puis ennemi d'Hugues le Grand (fils de Robert Ier).
Lothaire	954-986	Fils de Louis IV ; allié puis ennemi d'Hugues Capet.
Louis V	986-987	Fils de Lothaire.
Capétiens		
Capétiens directs		
Hugues Capet	987-996	Fils d'Hugues le Grand ; élu roi par les grands seigneurs.
Robert II le Pieux	996-1031	
Henry Ier	1031-1060	
Philippe Ier	1060-1108	
Louis VI le Gros	1108-1137	Le premier Capétien puissant, avec son fils Louis VII.
Louis VII le Jeune	1137-1180	Épouse et répudie Aliénor d'Aquitaine.
Philippe II Auguste	1180-1223	L'emporte sur les Anglais ; vainqueur à Bouvines (1214).
Louis VIII le Lion	1223-1226	Épouse Blanche de Castille.

FRANCE (SUITE) — ILS ONT GOURVERNÉ LA FRANCE...

Louis IX, Saint Louis	1226-1270	Meurt à la croisade; canonisé en 1297.
Philippe III le Hardi	1270-1285	
Philippe IV le Bel	1285-1314	Avec ses légistes, il perfectionne l'administration.
Louis X le Hutin	1314-1316	
Jean Ier (fils posthume de Louis X)	4 jours en 1316	
Philippe V le Long	1316-1322	
Charles IV le Bel	1322-1328	Troisième fils de Philippe le Bel; mort sans héritier mâle.
Valois		
Philippe VI de Valois	1328-1350	Neveu de Philippe le Bel; son règne marque le début de la guerre de Cent Ans.
Jean II le Bon	1350-1364	Capturé à Poitiers par les Anglais (1356).
Charles V le Sage	1364-1380	L'emporte sur les Anglais, notamment grâce à Du Guesclin.
Charles VI le Bien-Aimé	1380-1422	Épouse Isabeau de Bavière; devient fou.
Charles VII le Victorieux ou le Bien Servi	1422-1461	Servi par Jeanne d'Arc (1429-1430). Fin de la guerre de Cent Ans.
Louis XI le Patient	1461-1483	Vainqueur du duc de Bourgogne, Charles le Téméraire.
Charles VIII l'Affable	1483-1498	Entame les guerres d'Italie.
Valois-Orléans		
Louis XII, le père du peuple	1498-1515	Fils du duc Charles d'Orléans; continue les guerres d'Italie.
Valois-Angoulême		
François Ier, le Père des Lettres	1515-1547	Fils de Charles d'Angoulême; il incarne la Renaissance française et instaure l'absolutisme royal.
Henri II	1547-1559	Épouse Catherine de Médicis, dont la haute figure domine la France jusqu'à sa mort (1589).
François II	1559-1560	
Charles IX	1560-1574	
Henri III	1574-1589	
Bourbons		
Henri IV le Grand	1589-1610	Beau-frère d'Henri III qui, bien qu'il fût protestant, le reconnut comme héritier; il se convertit et mit fin aux guerres de Religion.
Louis XIII, le Juste	1610-1643	Eut pour ministre Richelieu (1624-1642).
Louis XIV le Grand	1643-1715	Le plus long règne de l'histoire de France, au début dominé par Mazarin (1642-1661).
Louis XV le Bien-Aimé	1715-1774	Le pouvoir fut d'abord exercé par Philippe d'Orléans, régent de France, puis Fleury.
Louis XVI	1774-1792	Assemblée nationale constituante du 9 juillet 1789 à septembre 1791; Assemblée législative d'octobre 1791 à septembre 1792. Suspendu le 10 août 1792; guillotiné le 21 janvier 1793.
Ire République		
Convention nationale	septembre 1792-1795	Chute de Robespierre le 9 thermidor an II (27 juillet 1794).
Directoire	1795-1799	Cinq Directeurs. Coup d'État de Bonaparte le 18 brumaire an VIII (9 novembre 1799).
Consulat	1799-1804	Bonaparte Premier consul, puis consul à vie (1802).
Ier Empire		
Napoléon Ier, empereur	1804-1814	Sacré le 2 décembre 1804; abdication (à Fontainebleau) le 6 avril 1814.
	1815 (les Cent-Jours)	Du 20 mars au 22 juin (Waterloo, le 18 juin).
Napoléon II	1814	Proclamé, ne règne pas.
Bourbons (Restauration)		
Louis XVIII	1814-1815	Première Restauration, coupée par les Cent-Jours.
	1815-1824	
Charles X	1824-1830	Renversé par la révolution de Juillet (27, 28 et 29 juillet 1830).

Henri IV

Louis XIII

Louis XIV

Louis XV

Napoléon Ier

Napoléon III

François Ier d'après J. Clouet (Musée du Louvre, Paris).

se fait le protecteur, ce qui aboutit de facto à l'abolition de l'Empire, il abdique son titre d'empereur germanique, conservant celui d'empereur d'Autriche qu'il portait depuis 1804. En 1810, il accorde à Napoléon la main de sa fille Marie-Louise. En 1815, il renforce sa puissance avec l'acquisition du royaume lombard-vénitien, mais n'obtient pas le rétablissement de l'Empire.

FRANCE

François Ier 1494-1547 Roi en 1515. Fils de Charles d'Angoulême et de Louise de Savoie, il succède à son beau-père et cousin, Louis XII, qui n'avait pas d'héritier mâle. Beau, aimant le faste et les arts, c'est aussi un homme de guerre. Poursuivant les guerres d'Italie, il remporte en 1515 la victoire de Marignan sur des troupes suisses au service du duc de Milan. En 1516, il signe avec la Suisse la Paix perpétuelle de Fribourg. À partir de 1519, son règne est dominé par sa lutte contre Charles Quint, pour essayer de rétablir l'équilibre européen menacé par la maison d'Autriche dont les possessions (Pays-Bas au nord, terres italiennes à l'est, Espagne au sud) encerclent la France. Combats et brèves réconciliations se suivent (au cours d'une de ces réconciliations, François Ier, veuf depuis 1524, épouse Éléonore d'Autriche, sœur de Charles Quint), tandis qu'alternent, dans les deux camps, succès et défaites, au cours de guerres qui durent quarante ans. François Ier échoue dans sa tentative d'alliance avec Henri VIII d'Angleterre, au camp du Drap d'or (1520). Marqué par la trahison du connétable de Bourbon et par la défaite de Pavie (1525) à la suite de laquelle le roi est emmené en captivité, un des conflits s'achève par le désastreux traité de Cambrai (1529). Devant la menace des Impériaux, la France obtient l'alliance des princes protestants d'Allemagne, du pape et des Turcs. Mais la guerre reprend à l'avantage de Charles Quint, allié à Henri VIII. Les difficultés religieuses de l'empereur le contraignant à signer la paix de Crépy-en-Laonnois (1544), la France se voit confirmer la possession de la Savoie et du Piémont mais doit renoncer à ses prétentions sur le Milanais. Au cours d'un règne de plus de trente ans, François Ier a réussi à maintenir l'intégrité du territoire, sans négliger la prospérité du pays. Personnellement tolérant, très lié à sa sœur Marguerite de Navarre dont les sympathies pour la Réforme étaient publiques, il ne sut longtemps quelle attitude adopter envers les protestants, oscillant de la magnanimité à la répression et à la persécution (1534). Véritable prince de la Renaissance, cultivé, ami des arts, le roi vit dans un grand luxe et entretient une cour brillante. Il protège des écrivains (Clément Marot) et s'entoure d'artistes, pour la plupart italiens (Léonard de Vinci, Benvenuto Cellini, Rosso, le Primatice). Il fonde le Collège de France et la Bibliothèque nationale, et fait construire plusieurs châteaux (Fontainebleau, Villers-Cotterêts, Chambord, Saint-Germain-en-Laye). En 1539, l'ordonnance de Villers-Cotterêts impose de rédiger en français (et non plus en latin) les actes judiciaires et notariés. **François II** 1544-1560 Roi en 1559. Fils aîné d'Henri II et de Catherine de Médicis, époux de Marie Stuart, reine d'Écosse, le jeune roi, de santé fragile, laissa l'exercice du pouvoir à son entourage, notamment aux Guise, oncles de sa femme, contre lesquels les protestants montèrent la conjuration d'Amboise. Ce fut le début des guerres de Religion.

François (Samson) 1924-1970 Pianiste français, enfant prodige, il interpréta de préférence Debussy et Chopin et créa le *Cinquième Concerto* de Prokofiev en 1947.

Saint-François d'Assise, par Giotto.

François d'Assise (saint) 1182-1226 Fils d'un riche marchand, François, après une jeunesse aventureuse, mène à Assise une vie consacrée au soin des lépreux et à la méditation, lorsque, en 1209, à la messe, il entend la lecture d'un passage de l'évangile de saint Mathieu : « Ne possédez ni or ni argent ni monnaie dans vos ceintures ; pas de besace pour le chemin, ni de deuxième tunique, ni de chaussures, ni de bâton. [...] Où que vous entriez [...] cherchez-y quelqu'un qui soit digne et demeurez là jusqu'à votre départ. [...] Si la maison en est digne, que votre paix vienne sur elle ; si elle n'en est pas digne, que votre paix retourne vers vous. Et si on ne vous accueille pas et qu'on n'écoute pas vos paroles, sortez de cette maison en secouant la poussière de vos pieds ». Dans ces paroles du Christ François voit un appel à consacrer sa vie à l'apostolat dans le dénuement et l'humilité. Plusieurs compagnons le rejoignent et il obtient du pape l'approbation orale d'une première règle de vie en communauté pour ceux qu'il appelle « Frères mineurs », les plus petits des frères. L'ordre se développe rapidement ; François, hanté par le désir du martyre et la volonté de convertir les infidèles, débarque en Égypte (1219) avec les croisés, prêche devant le sultan, puis, protégé par ce dernier et par son frère, le sultan de Damas, se rend à Acre et visite la Terre Sainte. De retour à Assise, épuisé, il abandonne (1221) la direction de l'ordre. En 1224, frère François reçoit les stigmates : un séraphin aux six ailes de feu, et crucifié, marque son corps des stigmates de la passion du Christ. Malade, presque aveugle à cause d'une ophtalmie contractée en Orient, il compose son *Cantique au Soleil* et son *Cantique des créatures*, louange à Dieu à travers les merveilles de la création. En 1226, il meurt dans une cabane, aussi humblement qu'il a vécu.

Assassinat de **François-Ferdinand de Habsbourg** à Sarajevo, le 28 juin 1914.

François de Paule (Francesco Martolilla, saint**)** 1416?-1507? Ermite dès l'adolescence, supérieur à dix-neuf ans d'une communauté d'ascètes qui allait devenir l'ordre des Frères minimes, il jouissait d'une réputation de thaumaturge qui poussa Louis XI, malade, à le faire venir à Plessis-les-Tours, dans l'espoir d'une guérison. Il demeura en France après la mort du roi et y fonda deux couvents.

François de Sales (saint) 1567-1622 Prêtre, il se consacre à la conversion des calvinistes et devient (1602) évêque de Genève. Il fonde en 1610 l'ordre féminin de la Visitation avec Jeanne de Chantal. Dans son *Introduction à la vie dévote* (1604) et son *Traité de l'amour de Dieu* (1616), il enseigne que la pratique de la piété est compatible avec les obligations de la vie quotidienne ; cette forme de spiritualité a su toucher les chrétiens de son temps.

François-Ferdinand de Habsbourg 1863-1914 Archiduc d'Autriche et héritier du trône. Autoritaire, proche des milieux militaires, il se montrait cependant partisan d'une plus grande autonomie des nations composant l'immense empire qu'il voulait faire évoluer vers une forme de fédéralisme. Son assassinat à Sarajevo, le 28 juin 1914, par l'étudiant serbe Princip, déclencha la Première Guerre mondiale.

François-Joseph Ier 1830-1916 Empereur d'Autriche en 1848 et roi de Hongrie en 1867, successeur de son oncle Ferdinand Ier. À l'intérieur, son règne est dominé par le problème de l'unité de l'empire. Devant la montée des minorités slaves, le compromis de 1867, que seuls acceptent les Hongrois, institue une égalité entre l'Autriche et la Hongrie dont François-Joseph devient roi (empire d'Autriche-Hongrie). Il hésitera toujours entre une politique centraliste et une politique fédéraliste. Seuls l'appui de l'armée et le prestige personnel de François-Joseph maintiennent ce dualisme politique toujours menacé par les minorités. À l'extérieur, François-Joseph perd la Lombardie à la défaite de Solferino (1859) et cède la Vénétie à l'Italie après le désastre de Sadowa (1866). En 1879, il adhère à la Duplice, alliance avec l'Allemagne à laquelle se joint l'Italie en 1882 pour former la Triplice. La guerre de 1914 fera éclater l'empire.

François-Xavier (Francisco de Yasu [Iassu] y Javier [Xavier], saint**)** 1506-1552 Missionnaire espagnol. Jésuite, il est un des premiers compagnons de saint Ignace de Loyola et, nommé nonce apostolique, s'embarque pour Goa, alors possession portugaise, qu'il atteindra en 1542. Sept ans durant, il évangélise l'Inde du sud, Malacca et les Moluques, puis décide de se rendre au Japon et en Chine. Au Japon, il se lie avec les seigneurs locaux, adopte partiellement leurs coutumes et inaugure ce que l'on appellera plus tard l'*inculturation* : la connaissance et

François-Joseph Ier, empereur d'Autriche.

le respect des cultures locales auxquelles on tente de s'assimiler. Il n'atteindra jamais la Chine : sur le chemin, il meurt, épuisé, dans l'îlot de Siancian, en face de Canton. Son œuvre ne lui survivra pas plus d'un siècle : jaloux des succès des jésuites, d'autres ordres religieux obtiennent du pape le droit de prêcher au Japon. Arrogants, liés aux trafiquants portugais, ils se font détester. Les chrétiens seront persécutés et l'église du Japon disparaîtra presque totalement vers 1650.

francolin n. m. ZOOL. Grand oiseau galliforme à allure de perdrix, fréquent en Afrique.

Franconie Région historique de l'ancien Empire germanique qui correspond à la partie nord de l'actuelle Bavière. Au haut Moyen Âge, ce terme désignait un plus vaste ensemble, peuplé par les Francs Ripuaires (en opposition aux Francs Saliens, établis en Gaule).

francophile adj. et n. Qui aime la France, les Français.

francophilie n. f. Sympathie prononcée pour la France, pour les Français, pour ce qui vient de France.

francophobe adj. et n. Qui n'aime pas la France, les Français.

francophobie n. f. Antipathie prononcée pour la France, pour les Français, pour ce qui vient de France.

francophone adj. et n. Qualifie qqn qui parle français. / Qualifie un pays, une région où l'on parle le français.

Francophonie Ensemble géoculturel ayant en commun l'usage de la langue française. En 1880, l'essayiste Onésime Reclus (1837-1916) utilise, le premier, les mots francophone et francophonie. En 1962, le concept resurgit dans la revue *Esprit*, relayé par Habib Bourguiba et Léopold Sedar Senghor. Senghor propose que cette notion donne le jour à des institutions durables. Sont créées successivement, en 1961, l'*Association des universités partiellement ou entièrement de langue française* (A.U.P.E.L.F.), qui deviendra, en 1997, l'*Agence universitaire de la Francophonie*, et, en 1970, l'*Agence* (intergouvernementale) *de coopération culturelle et technique* (A.C.C.T.), qui deviendra en 1995 l'*Agence de la Francophonie*. En 1986, le premier Sommet des chefs d'États et de gouvernements ayant en commun l'usage du français se réunit à Paris ; les sommets suivants se réuniront au Québec (1987), à Dakar (1989), à Paris (1991), à l'île Maurice (1993), à Cotonou (1995), à Hanoï (1997), à Moncton (1999). À Hanoï, en 1997, est élu, pour quatre ans, le premier Secrétaire général de la Francophonie, l'Égyptien Boutros Boutros-Ghali, auquel succède le Sénégalais Abdou Diouf. La Francophonie regroupe aujourd'hui 52 États et gouvernements, dont tous ne sont pas à proprement parler francophones : Belgique, Bénin, Bulgarie, Burkina Faso, Burundi, Cambodge, Cameroun, Canada, Cap Vert, République Centrafricaine, Communauté française de Belgique (gouvernement), Comores, les deux républiques du Congo, Côte d'Ivoire, Djibouti, Dominique, Égypte, France, Gabon, Guinée, Guinée-Bissau, Guinée équatoriale, Haïti, Laos, Liban, Luxembourg, Madagascar, Mali, Maroc, Maurice, Mauritanie, Moldavie, Monaco, Niger, Nouveau-Brunswick (gouvernement), Québec (gouvernement), Roumanie, Rwanda, Sao Tomé et Principe, Sainte-Lucie, Sénégal, Seychelles, Suisse, Tchad, Togo, Tunisie, Vanuatu, Viêtnam. Depuis 1997, l'Albanie et la Pologne ont le statut d'observateurs.

Portrait de ***Benjamin Franklin*** *par le graveur et portraitiste David Martin.*

franc-parler n. m. Langage libre et sans contrainte. *Avoir son franc-parler.* Pl. Des *francs-parlers*.

Francs Peuple germanique qui apparaît au milieu du IIIe siècle sur les rives du Rhin (Francs Ripuaires, c'est-à-dire « des rives »). Les Francs Saliens s'établissent sur l'IJssel, d'où ils descendent vers le sud (Belgique actuelle) au milieu du Ve siècle. Clovis Ier, roi des Francs de 481 à 511, occupe le nord de la France actuelle. Les envahisseurs francs s'intègrent à la population gallo-romaine dont ils adoptent la langue (le bas latin) et la religion, le catholicisme (baptême de Clovis à Reims).

franc-tireur n. m. Soldat qui n'appartient pas à une armée régulière. Pl. Des *francs-tireurs*.

Francs-Tireurs et Partisans français (F.T.P.F.) Troupes d'action du Front national, mouvement de résistance à l'occupant allemand créé par le Parti communiste français.

frange n. f. Garniture faite de cordons ou de fils pendant au bord d'un tissu, utilisée en confection, dans l'ameublement. / Cheveux coupés droits et couvrant le front. / Fig. Limite floue, imprécise. / Petite minorité en marge d'un groupe, d'un ensemble. *La frange extrémiste d'un parti politique.* / PHYS. *Franges d'interférence* : bandes équidistantes alternativement brillantes et obscures, résultant de la superposition de deux radiations lumineuses de même fréquence et permettant le calcul des longueurs d'ondes correspondantes.

frangin, e n. Fam. Frère, sœur. / Pop. *Une frangine* : une fille, une femme. *Salut les frangines !*

frangipane n. f. Parfum extrait d'une sorte de laurier-rose, dont on se servait au début du XXe siècle, pour imprégner les gants. / CUIS. Crème épaisse à base d'amandes dont on fourre certaines pâtisseries. / BOT. Fruit du frangipanier.

frangipanier n. m. BOT. Arbuste tropical de la famille des apocynacées, cultivé à des fins ornementales et pour ses fleurs dont l'odeur rappelle celle de la frangipane.

franglais n. m. Français mâtiné d'anglais.

Franhoffer (Joseph von) 1737-1826 Ingénieur et physicien allemand. Habile constructeur d'instruments d'optique, il fabrique des lentilles corrigées de l'aberration chromatique. Afin d'améliorer les applications de la spectroscopie, il réalise des réseaux optiques dont il élabore la théorie. C'est ainsi qu'il obtient en 1814 le premier spectre de la lumière émise par le Soleil (spectre de Franhoffer), reconnu aujourd'hui comme le spectre d'absorption de la lumière solaire.

Franju (Georges) 1912-1987 Cinéaste français. Il fonda en 1936 la Cinémathèque française avec Henri Langlois. Il tourna plusieurs documentaires (*Le Sang des bêtes*, 1949), puis des longs métrages souvent marqués par la violence et le fantastique : *La Tête contre les murs* (1959), *Les Yeux sans visage* (1960), *Thérèse Desqueyroux* (1962), *Judex* (1964).

Frank (Robert) 1924 Photographe et cinéaste américain d'origine suisse. Son album *Les Américains* (1958) témoigne de son subjectivisme. Depuis 1966, il se consacre entièrement au cinéma.

Frank (Annelies Marie, dite **Anne)** 1929-1945 Jeune juive allemande réfugiée aux Pays-Bas avec sa famille qui, dénoncée, fut déportée ; Anne mourut à Bergen-Belsen. Elle avait écrit, dans sa cachette, un *Journal* (14 juin 1942-1er août 1944), découvert après la guerre, qui constitue un émouvant témoignage sur le sort des juifs en pays occupé.

Frankenstein ou le Prométhée moderne 1818 Roman d'épouvante de Mary Shelley, contant l'histoire du docteur Frankenstein, qui crée un homme à partir de cadavres. La « chose de Frankenstein » qui refuse d'être un monstre est contrainte par les humains à se comporter comme tel. En 1931, l'Américain James Whale (1896-1957) porta à l'écran *Frankenstein*, suivi de *La Fiancée de Frankenstein* (1935), tous deux avec Boris Karloff.

Franklin (Benjamin) 1706-1790 Physicien, philosophe et homme d'État américain. Essayiste, il fonde l'*Almanach du bonhomme Richard* ; homme de science, il est à l'origine des découvertes sur le rôle des isolants dans la protection des phénomènes électriques, identifie l'origine électrique de la foudre puis invente (1752) un système de protection contre ses effets (paratonnerre). Homme d'État, il est député au premier Congrès américain et participe à la rédaction de la Déclaration d'indépendance (1776). Puis il se rend à Paris, où il obtient l'alliance de la France en 1778. Il est l'auteur de la constitution fédérale signée par Washington (1787).

Franklin (sir John) 1786-1847 Navigateur britannique. Cherchant le passage du Nord-Ouest (à partir de l'Atlantique), au nord du Canada, il mourut au cours de cette expédition.

franquette n. f. En loc. adv., fam. *À la bonne franquette* : sans façons, avec simplicité. *Recevoir des amis à la bonne franquette.*

franquisme n. m. Doctrine et régime politique du général Franco et de ses partisans, instauré en Espagne après la guerre civile et la défaite des républicains, en 1939.

franquiste n. Partisan du franquisme.

Après la guerre civile en Espagne, le général Franco (ici lors d'un défilé) instaura en 1939 le ***franquisme****.*

fransquillon n. m. Péjor. En Belgique francophone, personne qui parle français avec affectation. / En Belgique néerlandophone, francophone.
fransquillonner v. i. [1] Péjor. En Belgique, parler comme un fransquillon.
frappant, e adj. Qui produit une forte impression. *Une beauté frappante.*
frappe [1] n. f. Action de marquer d'une empreinte les faces d'une monnaie, d'une médaille. / Assortiment de matrices pour la fonte des caractères d'imprimerie. / Action de dactylographier. / SPORT Manière de frapper, d'attaquer. *Frappe d'un boxeur, d'un footballeur.* / MILIT. *Force de frappe*: moyens militaires destinés à intimider les autres nations.
frappe [2] n. f. Fam. Voyou. *Tu n'es qu'une petite frappe.*
frapper v. t. / v. i. [1] **A.** v. t. Donner un ou des coups à, sur; percuter. *Frapper la table du poing. Frapper qqn à mort. Frapper une monnaie, une médaille*, les marquer d'une empreinte. **B.** v. i. Taper en produisant un bruit. *Frapper sur un tambour, à la porte.* / Fig. Toucher, affecter durement. *Être frappé par la maladie.* / Soumettre à une condamnation, à une contrainte. *Frapper un vote de nullité, une marchandise de taxes.* / Impressionner vivement. *Frapper les esprits. Leur ressemblance m'a frappé.* / Rafraîchir (une boisson) dans de la glace.
frappeur adj. m. *Esprit frappeur*, qui, selon les spirites, se manifeste en frappant des coups.
Fraser (le) *1 200 km* Fleuve du Canada. Né dans les montagnes Rocheuses, il rejoint le Pacifique, au sud de Vancouver, en creusant des gorges sauvages dans les plateaux qu'il traverse.
frasque n. f. Extravagance dans le comportement. *Faire des frasques.*
Fratellini Nom d'une famille de clowns d'origine italienne. **Gustave** 1842-1902 Né à Florence, il fut le premier à s'installer en France. **Paul** 1877-1940 Fils du précédent, fut un clown au flegme légendaire. **François** 1879-1951 Frère du précédent, manifesta dans ses créations une grâce extrême. **Albert** 1885-1961 Frère des précédents, il fut, dans le trio qu'il formait avec François et Paul, le plus cocasse des trois; excellents musiciens, fantaisistes et poètes, ils inspirèrent des créateurs aussi différents que Copeau, Cocteau et le couturier Paul Poiret. **Annie** 1932-1997 Petite-fille de Paul, d'abord artiste de music-hall, elle a fondé l'École nationale du cirque (1972).
fraternel, elle adj. Du frère, de la sœur, des frères et des sœurs. *Amour fraternel.* / Par ext. *Amitié fraternelle*, comparable à l'amour liant des frères, frères et sœurs. *Se montrer fraternel avec qqn*, lui manifester une amitié fraternelle.
fraternellement adv. De manière fraternelle.
fraternisation n. f. Action de fraterniser.
fraterniser v. i. [1] Nouer des relations de fraternité; cesser les hostilités. *Fraterniser avec l'ennemi.*
fraternité n. f. Lien de parenté qui unit frères et sœurs. / Lien de solidarité qui unit tous les hommes ou des personnes qui se soutiennent mutuellement comme les membres d'une même famille.
fratricide n. et adj. Personne qui assassine son frère ou sa sœur. / n. m. Meurtre d'un frère ou d'une sœur. / adj. Qui oppose les membres d'une communauté qui devraient vivre dans la fraternité. *Guerre fratricide.*
fratrie n. f. Didac. Groupe que constituent les frères et les sœurs d'une même famille.
fraude n. f. Acte commis de mauvaise foi dans l'intention de tromper. / DR. Falsification. *Service de répression des fraudes. Fraude fiscale. Fraude électorale.* / Action de soustraire des produits aux droits de douane. *Importer des marchandises en fraude.*
frauder v. i. / v. t. [1] Se rendre coupable de fraude. / v. t. *Frauder le fisc.*
fraudeur, euse n. Personne qui fraude.
frauduleusement adv. De façon frauduleuse.
frauduleux, euse adj. Entaché de fraude.
Fraunhofer (Josef von) 1787-1826 Physicien allemand. Il étudia les raies sombres du spectre solaire, dites aujourd'hui *raies de Fraunhofer*.
frayer v. t. / v. i. [1] **A.** v. t. Ouvrir, ménager (un passage). (Emploi pron.) *Se frayer un chemin à travers les ronces.* **B.** v. i. Pondre ses œufs (le frai) ou les féconder, en parlant d'un poisson. / v. t. ind. *Frayer avec qqn*: entretenir des relations avec qqn.

***Frédéric Ier Barberousse** entrant à Milan.*

frayère n. f. Lieu où les poissons pondent ou fécondent leurs œufs.
frayeur n. f. Grande peur causée par un danger réel ou imaginaire.
Frayssinous (Denis Antoine, comte **de)** 1765-1841 Prélat français. Opposé à la Constitution civile du clergé, il parvient à se cacher sous la Révolution. À la restauration, il est aumônier du roi (1821), grand maître de l'Université (1822), ministre des Affaires ecclésiastiques (1824-1828). Il supprime l'École normale, fait provisoirement fermer les écoles de droit et de médecine et interdire plusieurs cours magistraux (ceux de Guizont et Cousin notamment). En 1830, il se réfugie à Rome.
Frazer (sir **James George)** 1854-1941 Anthropologue écossais. Il expose dans *Totémisme et Exogamie* (1910) sa théorie fondée sur le tabou attaché aux unions consanguines, et s'attache à l'étude des religions qu'il rattache à la magie. *Le Rameau d'or* (entre 1890 et 1915), *La Croyance en l'immortalité et le culte des morts* (1913-1924), *Le Folklore dans l'Ancien Testament* (1918) exposent sa conception synthétique des mythes, des rites, des coutumes, du folklore.
Frears (Stephen) 1941 Cinéaste britannique. Son œuvre, très personnelle, allie un ton souvent satirique et un humour parfois grinçant à une violente critique de la société britannique contemporaine (*My beautiful laundrette*, 1985; *Les Arnaqueurs*, 1990).
fredaine n. f. Écart de conduite sans conséquence grave. *Faire des fredaines.*
Frédégonde 545?-597 Reine des Francs de Neustrie. Désireuse d'épouser Chilpéric Ier, elle le poussa à assassiner sa femme Galswinthe (568), puis l'épousa. L'assassinat de Galswinthe déclencha la guerre entre Neustrie et Austrasie (la reine d'Austrasie, Brunehaut, épouse de Sigebert Ier, était la sœur de Galswinthe). Frédégonde fit assassiner Sigebert (575) et, veuve (584), exerça la régence pour son fils Clotaire II. Ce dernier, victorieux de l'Austrasie, fit périr Brunehaut.

Frédéric Nom de plusieurs souverains

EMPEREURS DU SAINT EMPIRE

Frédéric Ier Barberousse 1122?-1190 Il est élu roi des Romains par la diète de Francfort en 1152, à la mort de son oncle Conrad III. Arbitre des conflits féodaux, il renforce considérablement sa puissance dans l'Empire en éliminant Henri le Lion. Se réclamant de Charlemagne, il commence la reconquête de l'Italie et se fait couronner empereur à Rome en 1155; mais il entre en conflit avec le pape Alexandre III dont il conteste l'autorité. Le pape réunit contre lui la Ligue lombarde et Frédéric, vaincu à Legnano (1176), doit se prosterner devant Alexandre III (paix de Venise, 1177). Malgré ses défaites en Italie, il a considérablement affaibli ses adversaires et peut s'assurer, par le mariage de son fils avec Constance de Sicile, l'appui du royaume de Sicile. Il est un des chefs de la troisième croisade, remporte quelques succès, puis meurt en Cilicie, en se noyant accidentellement dans le Selef (antique Cydnus). **Frédéric II** 1194-1250 Fils de l'empereur Henri VI et de Constance de Sicile, roi de Sicile en 1197, roi des Romains en 1216 et empereur en 1220. Laissant derrière lui les villes lombardes et l'Allemagne révoltées, il part en croisade, reprend Jérusalem et s'y fait proclamer roi en 1229. Son règne n'est qu'une suite de luttes pour maintenir l'unité de son royaume, et de heurts avec l'Église qui l'excommunie plusieurs fois. En 1245, le concile, réuni à Lyon par Innocent IV, dépose Frédéric II. Esprit très brillant, agnostique, il accueillit à sa cour des penseurs chrétiens, juifs et musulmans. L'Empire, auquel Frédéric II sacrifia les intérêts de l'Italie, sombra, après sa mort, dans l'anarchie. **Frédéric III de Habsbourg** 1415-1493 Successeur d'Albert II, il se fait couronner à Rome (1452): ce sera le dernier empereur à agir ainsi. En mariant son fils Maximilien à Marie de Bourgogne, il inaugure la politique matrimoniale qui aboutira à la constitution de l'empire de Charles Quint. On lui doit la devise qui sera pendant des siècles celle des Habsbourg: *A. E. I. O. U., Austria est imperare orbi universo*, « il appartient à l'Autriche de gouverner le monde ».

DANEMARK

Frédéric Ier 1471-1533 Roi de Danemark en 1523, roi de Norvège en 1524; luthérien, il introduisit le protestantisme dans ses États. **Frédéric II** 1534-1588 Roi de Danemark et de Norvège en 1559; il ne put triompher de la Suède. **Frédéric III** 1609-1670 Roi de Danemark et de Norvège en 1648. Il dut céder à la Suède une partie du territoire danois (1658) et, en 1660, rendit la monarchie héréditaire. **Frédéric IV** 1671-1730 Roi de Danemark et de Norvège en 1699. Il agrandit son royaume aux dépens du duché de Holstein, favorisa l'instruction et abolit le servage. **Frédéric VI** 1768-1839 Roi de Danemark en 1808 et de Norvège de 1808 à 1814. Très populaire pour ses idées libérales, protecteur des lettres et des arts, il dut céder la Norvège à la Suède (1814). **Frédéric VII** 1808-1863 Roi en 1848. Il proclama une Constitution libérale et parvint à garder les duchés de Schleswig-Holstein. **Frédéric VIII** 1843-1912 Roi en 1906. Son fils Christian lui succéda sous le nom de Christian X et son autre fils fut roi de Norvège (Haakon VII). **Frédéric IX** 1899-1972 Roi en 1947; sa fille Margrethe lui a succédé.

PRUSSE

Frédéric Ier 1657-1713 Électeur de Brandebourg, il soutient l'empereur contre les Turcs et contre Louis XIV, obtenant en échange le titre de roi de Prusse en 1701. **Frédéric II le Grand** 1712-1786 Roi de Prusse en 1740. Attiré par les lettres et les arts, bon musicien (il était flûtiste et compositeur), il reçut, de mauvais gré, une éducation militaire sévère qui l'opposa si violemment à son père qu'il tenta de fuir en Angleterre. Trahi, il fut appréhendé et emprisonné, tandis que son complice et ami Katte était exécuté (en présence du jeune prince) pour trahison. Contraint d'occuper des postes administratifs subalternes, puis, enfin, pourvu d'un commandement, il s'entoure de beaux esprits et correspond avec Voltaire, élaborant sa théorie personnelle du pouvoir. Lors de la guerre de Succession d'Autriche, il occupe la Silésie sans même déclarer officiellement la guerre. Pendant la guerre de Sept Ans (1756-1763), il doit lutter contre la coalition qui groupe l'Autriche, la Russie, la France et la Saxe. Instigateur du premier démembrement de la Pologne, en accord avec Catherine II de Russie, il annexe la Prusse polonaise en 1772. À l'intérieur, il met en valeur ses terres en faisant appel, comme ses prédécesseurs, à des colons étrangers. Il favorise l'expansion des manufactures donne un véritable essor à l'industrie naissante. Niant l'origine divine du pouvoir monarchique, il se réclame du despotisme éclairé, mais gouverne en autocrate. Pratiquant une politique de prestige, il fait construire le château de Sans-Souci, y invite de nombreux penseurs, dont Voltaire, et écrit en français plus de 40 000 vers, et des essais en prose (notamment *L'Anti-Machiavel*, où il expose sa théorie du pouvoir). **Frédéric III** 1831-1888 Roi de Prusse et empereur d'Allemagne en 1888 ; déjà très malade à la mort de son père, Guillaume Ier, il ne régna que quelque mois ; il est le père de Guillaume II.

Frédéric-Auguste Ier le Juste 1750-1827 Premier roi de Saxe en 1806. À la mort de son père, Frédéric-Christian, il devient Électeur de Saxe. Allié de Napoléon à partir de 1806, il se proclame roi et rejoint la Confédération du Rhin. Il voit son royaume démembré par les coalisés en 1815.

Frédéric-Guillaume Nom de plusieurs souverains.

BRANDEBOURG

Frédéric-Guillaume dit **le Grand Électeur** 1620-1688 Électeur de Brandebourg (1640), devenu duc de Prusse en 1657. Quand il succède, en 1640, à son père Georges-Guillaume, il s'emploie à relever le Brandebourg dévasté par la guerre de Trente Ans. Il réussira au cours de son électorat à tripler la superficie de ses États, à les mettre en valeur en y attirant de nombreux étrangers (notamment des huguenots français) et à unifier ces populations de diverses origines en utilisant des méthodes autoritaires mais efficaces. La victoire de Fehrbellin remportée sur la Suède (1675) révèle la force nouvelle de son armée, une des plus puissantes d'Europe.

PRUSSE

Frédéric-Guillaume Ier dit **le Roi-Sergent** 1688-1740. Roi de Prusse en 1713, il succéda à son père Frédéric Ier. Travailleur acharné, il rénova l'administration, donna un nouvel essor à l'économie, modernisa l'agriculture, améliora le sort des paysans en abolissant le servage sur les terres de la couronne (qui occupaient le tiers du pays à la fin du règne), encouragea l'immigration et fit de son armée une machine de guerre : formée de mercenaires encadrés par les officiers issus de la petite noblesse terrienne, elle devint une véritable caste, principal soutien du pouvoir. **Frédéric-Guillaume II** 1744-1797 Roi en 1786. Il succéda à son oncle, Frédéric II. Il lutta avec l'Autriche contre la France et subit une défaite à Valmy (1792) ; membre de la première coalition, de nouveau battu, il dut céder la rive gauche du Rhin par le traité de Bâle (1795). Il participa aux deuxième et troisième partages de la Pologne. **Frédéric-Guillaume III** 1770-1840 Fils du précédent, roi en 1797. D'abord libéral, il entreprit de timides réformes et se laissa entraîner par le tsar dans la coalition contre la France. La coalition fut vaincue, et, en 1807, au traité de Tilsit, la Prusse fut réduite de moitié. Le roi amorça une réforme de l'administration et fonda l'université de Berlin. Le traité de Vienne (1815) restitua ses territoires à la Prusse, rétablissant ainsi sa puissance politique. **Frédéric-Guillaume IV** 1795-1861 Fils du précédent, roi en 1840. Romantique, irrésolu, fantasque, il accorda une Constitution libérale (1848) et ne cessa ensuite de la modifier. Il refusa (1849) la couronne impériale que lui offrait l'Assemblée nationale de Francfort, soutint la politique réactionnaire de son ministre Radowitz et son rêve de « petite Allemagne », union des princes allemands excluant l'Autriche. Devenu fou, il abandonna le pouvoir à son frère Guillaume en 1851. **Frédéric-Guillaume le Kronprinz** 1882-1951 Prince de Prusse. Fils de Guillaume II, il abdiqua en 1918 en même temps que son père.

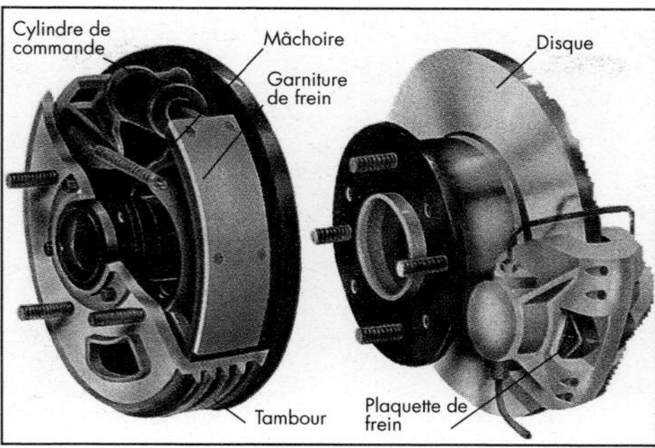

***Frein** à tambour (à gauche) et frein à disque (à droite).*

fredonnement n. m. Action de fredonner.
fredonner v. t. [1] Chanter (un air) à mi-voix sans articuler de paroles.
Freed (Leonard) 1929 Photographe américain. Reporter, il s'attache à la peinture des pays et des êtres plus ou moins en marge (de l'économie de marché, de la société, des structures administratives...) : la Pologne du temps de la guerre froide, les Noirs américains, les immigrés asiatiques en Grande-Bretagne, la police, le chômage, la violence...

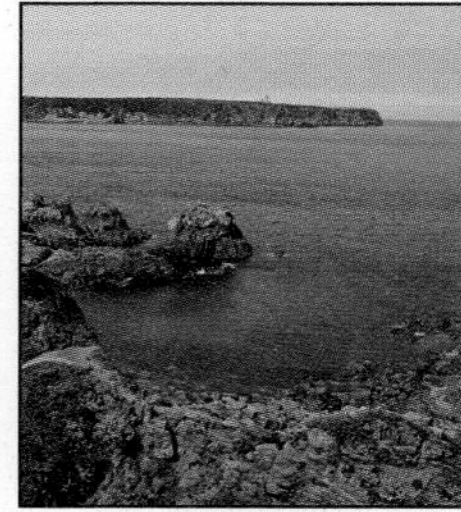

Cap Fréhel.

free jazz n. m. inv. (mots anglais) Courant musical qui s'est développé aux États-Unis au début des années 1960 et qui, se dégageant des contraintes du jazz traditionnel liées au tempo, à la mélodie, privilégie l'improvisation et ouvre un champ d'exploration dans les domaines de la rythmique, de l'harmonie, de la pratique instrumentale. *Au free jazz se rattachent John Coltrane, Ornette Coleman, Archie Shepp.*
free-lance adj. inv. et n. m. (mot anglais) Qualifie une personne qui exerce une activité professionnelle indépendante, particulièrement dans le domaine artistique ou dans les médias. *Journaliste free-lance.* / n. m. Ce type de travail lui-même.
free-martin n. m. (mot anglais) BIOL. Génisse (ou, plus rarement, femelle d'une autre espèce, ovine, caprine ou porcine) plus ou moins intersexuée à la suite d'un déterminisme hormonal anormal de son sexe. (Lorsqu'une vache porte des faux jumeaux, une anastomose des artères ombilicales permet aux hormones mâles de gagner l'embryon femelle, ainsi masculinisé, qui sera stérile).
free-shop n. f. (mot anglais) Boutique franche, où les produits vendus sont libres de taxe.
freesia n. m. Plante à bulbe de la famille des iridacées, à fleurs en grappes, cultivée à des fins ornementales.
Freetown *469 800 h.* Capitale et port de la Sierra Leone. Aéroport. Industries. Travail du diamant. Raffinerie de pétrole à Kissy.
freezer n. m. (mot anglais) Compartiment d'un réfrigérateur où la température est inférieure à 0 °C.
frégate n. f. Anc. Navire de guerre à trois mâts, léger et rapide, et portant entre 40 et 60 canons. / Mod. Navire d'escorte très rapide, armé d'engins antiaériens et anti-sous-marins. / ZOOL. Oiseau des mers tropicales, appartenant à l'ordre des pélécaniformes, de grande taille, au plumage sombre, aux ailes allongées, dont le long bec à l'extrémité crochue surmonte un sac membraneux gonflable.
Fréhel (cap) Cap situé à l'extrémité est de la baie de Saint-Brieuc, en Bretagne.
frein n. m. Organe servant à ralentir ou à arrêter un mécanisme ou un véhicule en mouvement. / ANAT. Repli membraneux, ligament qui retient un organe. / Vieilli Mors. / Fig. Ce qui ralentit ou empêche une action. *Mettre un frein à ses ardeurs.*
freinage n. m. Action des freins. / Ralentissement.
freiner v. i. / v. t. [1] Actionner le frein. / v. t. Ralentir ou stopper avec un frein. / Fig. Ralentir dans sa progression, tempérer. *Freiner ses dépenses. Freiner ses ardeurs.*
Freinet (Célestin) 1896-1966 Pédagogue français. Instituteur dans les Alpes-Maritimes, il dispensa un enseignement aussi éloigné de l'autoritarisme que du laisser-aller qui développe les facultés créatrices de l'élève sans pour autant mépriser les étapes de l'acquisition d'un savoir. En conflit avec la mairie de Vence, il démissionna et fonda sa propre école. Son expérience, exposée notamment dans *L'Éducation du travail* (1947), a inspiré de nombreuses réformes pédagogiques.
Fréjus (col de) *2 542 m* Col des Alpes, à la frontière franco-italienne. Il est traversé par le tunnel de Fréjus (appelé improprement le tunnel du Mont-Cenis) long de 13,6 km, inauguré en 1871, et qui relie Grenoble à Turin. En 1980, un tunnel routier a été inauguré.

*Le port de **Fréjus**.*

Fréjus *41 486 h.* Ville du Var, sur l'Argens. Située au fond du golfe de Fréjus, la ville, qui fut un grand port militaire romain, a conservé des vestiges de cette époque (forum Julii, arènes, aqueduc). Cathédrale (XIe-XIIe siècle). Bonaparte y débarqua en 1799, à son retour d'Égypte.
frelater v. t. [1] Altérer la composition de (qqch.) par l'adjonction de substances étrangères. *Frelater du lait. Huile frelatée.* / (au participe passé) Fig. Corrompu. *Un milieu frelaté.*
frêle adj. Gracile, fluet. *Un corps frêle.* / Par ext. Faible, léger. *Une voix frêle.*
frelon n. m. Grosse guêpe dont la piqûre, très douloureuse, peut être dangereuse pour l'homme.
freluquet n. m. Péjor. Jeune homme vaniteux ; petit homme, homme faible. *Espèce de freluquet.*
Frémiet (Emmanuel) 1824-1910 Sculpteur français, élève et neveu de Rude, auteur de la statue équestre de Jeanne d'Arc érigée place des Pyramides à Paris. Sculpteur animalier, on lui doit notamment les *Chevaux et Dauphins* de la fontaine de l'Observatoire.

frémir v. i. [2] S'agiter en bruissant. *Feuilles qui frémissent. Eau qui frémit dans la bouilloire.* / Être pris de frémissements. *Frémir de froid, de joie, d'horreur.*

frémissant, e adj. Qui frémit. / Qui s'émeut facilement.

frémissement n. m. Faible agitation accompagnée d'un bruit léger qui semble se propager. *Le frémissement de l'eau qui va bouillir.* / Tremblement dû à une émotion. *Un frémissement d'angoisse, de joie.*

Frenay (Henri) 1905-1988 Militaire et homme politique français. Officier de carrière, résistant dès 1940, il créa le réseau Combat ; membre du Comité français de Libération nationale, il organisa le retour des déportés en France à partir de 1944 et, d'abord commissaire aux prisonniers, déportés et réfugiés, il occupa les mêmes fonctions avec le titre de ministre jusqu'en 1945.

frêne n. m. BOT. Arbre de la famille des oléacées, à l'écorce lisse, de couleur grise, aux feuilles composées, portant en hiver de gros bourgeons noirs caractéristiques ; le bois de cet arbre, blanc et dur, est utilisé notamment pour la fabrication des échelles et des manches d'outils.

frénésie n. f. Exaltation, violente excitation. / Ardeur, passion extrême. *Danser avec frénésie.*

frénétique adj. Qui exprime de la frénésie. *Cris frénétiques.*

frénétiquement adv. De manière frénétique.

fréon n. m. CHIM. (nom déposé) Dérivé chloré et fluoré de l'éthane ou du méthane, utilisé comme liquide réfrigérant.

fréquemment adv. Souvent.

fréquence n. f. **I.** Caractère de ce qui se produit de façon répétée ou à certains intervalles. **II.** PHYS. Nombre d'intervalles de temps séparant deux passages successifs d'un mouvement vibratoire par la même valeur, au cours d'une unité de temps. *L'unité de fréquence, le hertz* (symbole : Hz), est égale à un cycle par seconde. Les hautes fréquences se situent entre 3 et 300 MHz (mégahertz), les basses fréquences entre 30 et 300 kHz (kilohertz). / *Ultra-haute-fréquence (UHF)* : fréquence se situant entre 300 et 3 000 MHz. **III.** STAT. Classement des unités d'une série d'après un critère donné. *Série de fréquences.*

fréquent, e adj. Qui advient, se répète souvent.

fréquentatif, ive adj. et n. m. LING. Qualifie un verbe, un préfixe, un suffixe qui marque la répétition. Syn. Itératif. / n. m. Verbe fréquentatif. *« Sautiller » est le fréquentatif de « sauter ».*

fréquentation n. f. Action de fréquenter (un lieu), d'entretenir des relations suivies avec (une personne). *La fréquentation assidue de l'institut de beauté. La fréquentation de ses cousins.* / Personne qu'on a l'habitude de fréquenter.

fréquenté, e adj. Où beaucoup de gens vont fréquemment. *Une rue fréquentée. Bien, mal fréquenté* : fréquenté par des gens recommandables, peu recommandables.

fréquenter v. t. [1] Aller régulièrement dans (un lieu). *Fréquenter le collège, les bars.* / Avoir des relations fréquentes avec. *Fréquenter ses voisins.*

frère n. m. Enfant de sexe masculin né du même père et de la même mère qu'un autre enfant. *Frères jumeaux*, nés d'un même accouchement. *Frères germains*, nés de la même mère et du même père. *Frères utérins*, nés de la même mère mais pas du même père. *Frères consanguins*, nés du même père mais d'une mère différente. *Frères de lait* : l'enfant de la nourrice et celui qu'elle nourrit. / Personne qui se sent unie à qqn, à d'autres personnes par des sentiments de solidarité, de fraternité, d'appartenance commune. *Frère d'armes* : amis qui ont combattu côte à côte. / Nom donné aux membres de certains ordres religieux. *Les Frères prêcheurs* : les dominicains. / Religieux non prêtre. *Frère lai. Frère des Écoles chrétiennes.*

Fresque de Maderuelo (XVe SIÈCLE ; musée du Prado à Madrid).

Frère (Aubert) 1881-1944 Général français. Gouverneur de Strasbourg, général de corps d'armée, il se battit sur la Somme en 1940. Entré tôt en résistance, il contribua à fonder l'ORA (Organisation de résistance de l'armée). Arrêté par les Allemands, emprisonné à Fresnes, il fut déporté au camp du Struthof, où il mourut.

Frères Karamazov (les) 1879-1880 Roman de Dostoïevski. Les quatre fils de Fiodor Karamazov, un vieil ivrogne brutal et fantasque, ont des caractères totalement différents : Dmitri, impulsif ; Ivan, raisonneur agnostique ; Aliocha, mystique empli de bonté ; Smerdiakov (enfant illégitime), épileptique. C'est lui qui tue le père indigne, mais on condamne Dmitri au bagne.

Frères musulmans Mouvement réformateur musulman, fondé en Égypte en 1922. D'abord confrérie religieuse prêchant le retour à l'islam des origines en tentant de le dégager des superstitions, le mouvement a très vite de nombreuses activités sociales (fondation de petites entreprises et d'écoles, organisation de l'assistance médicale). Mais la politique prend de plus en plus de place, la lutte contre les influences étrangères (et contre la domination britannique) s'organise (ce qui conduira le mouvement à prendre contact avec les forces de l'Axe), une organisation terroriste est fondée en 1939 : on lui imputera l'assassinat de deux Premiers ministres en 1945 et 1948. Pour les Frères musulmans, la vie quotidienne doit être réglée par la religion ; ils exigent l'abolition des jeux de hasard et de la prostitution, l'interdiction des écoles mixtes, l'organisation de la *zakat* (aumône qui constitue un des « cinq piliers » de l'islam), l'interdiction de l'usure. Le Coran, d'origine divine et, donc, impossible à modifier par les hommes, doit être la Constitution de l'État, dont le gouvernement est assuré un conseil qui prend les décisions et nomme le chef de l'État, dont le pouvoir n'est pas héréditaire. Ces conceptions, qui reposent sur un rêve de grandeur islamique, trouvent un important écho dans la population. Mais la révolution des officiers libres (1952) répond aux désirs de la petite bourgeoisie qui se détache des Frères. L'organisation est dissoute en 1952 ; un attentat manqué contre Nasser (1954) suscite une sévère répression ; elle surgit de nouveau au grand jour grâce à Sadate et affiche désormais des positions légalistes en Égypte, en Syrie et en Jordanie où son influence est importante. Mais il lui est de plus en plus difficile de contenir les débordements des islamistes radicaux.

Frères Sérapion (les) Groupe d'écrivains soviétiques fondé à Petrograd en 1921, qui prit son nom dans l'œuvre d'Hoffmann (*Les Contes des frères Sérapion*). Ses membres (V. Chklovski, L. Lunz, K. Fedine, V. Kaverine, V. Ivanov, Zochtchenko, V. Pozner, et d'autres) s'attachaient à promouvoir la liberté de l'imagination et l'indépendance de la création artistique, comme en témoigne leur devise : « Chacun a son tambour ».

frérot n. m. Fam. Petit frère.

Frescobaldi (Girolamo) 1583-1643 Compositeur italien. Organiste à Saint-Pierre de Rome, il écrivit de nombreuses pièces pour clavier qui eurent sur Bach une grande influence, et des recueils de musique vocale.

Fresnay (Pierre Laudenbach, dit Pierre) 1897-1975 Acteur français de théâtre et de cinéma. Au cinéma, la trilogie *Marius, Fanny, César* (1931-1936) le révéla, puis il tourna *La Grande Illusion* (1937), *Le Corbeau* (1943), *Monsieur Vincent* (1947), vie un peu romancée de saint Vincent de Paul. Le succès de ce film le conduisit à incarner à l'écran d'autres personnages célèbres : Offenbach, le docteur Schweitzer, l'entomologiste Fabre.

Fresneau (François) 1703-1770 Ingénieur français qui découvrit en Guyane l'hévéa, dont il sut extraire le caoutchouc.

Fresnel (Augustin) 1788-1827 Physicien français. Il étudia la diffraction de la lumière, puis, assistant à l'École polytechnique, il poursuivit ses recherches et rendit, en 1819, ses conclusions tendant à établir le caractère ondulatoire de la lumière, pressenti par Huygens cent trente ans auparavant. Nommé à la Commission des phares, il mit au point la lentille qui porte son nom, faite d'une lentille centrale entourée d'anneaux et de segments d'anneaux de verre prismatiques qui, assemblés, offrent un foyer optique commun.

Fresnes *26 959 h.* Ville du département du Val-de-Marne où se trouve une prison construite en 1899.

fresque n. f. Technique picturale qui consiste à peindre sur un mur fraîchement enduit, avec des couleurs détrempées dans de l'eau de chaux. / Toute œuvre ainsi exécutée. *Les fresques de Giotto à Assise.* / Par ext. Peinture murale. / Fig. Œuvre romanesque qui trace le tableau de toute une époque, de tout un milieu social.

fressure n. f. BOUCH. Ensemble des gros viscères d'un animal (cœur, foie, rate, poumons).

fret n. m. Prix de location d'un navire. / Prix à payer pour le transport des marchandises par mer, terre ou air. / Cargaison transportée par bateau, par avion, par route.

fréter v. t. [1] Louer (un véhicule). *Fréter un navire.*

frétillement n. m. Fait de frétiller.

frétiller v. i. [1] Être agité de petits mouvements rapides. *Des poissons qui frétillent.*

fretin n. m. Ensemble de petits poissons que les pêcheurs rejettent à la mer. / Fig. *Le fretin, le menu fretin* : les gens insignifiants, sans importance.

Sigmund Freud en 1891.

Freud (Sigmund) 1856-1939 Psychiatre autrichien, fondateur de la psychanalyse. Né dans une famille juive de la modeste bourgeoisie, le jeune homme choisit la carrière médicale et devient neurologue. Il met en évidence les propriétés analgésiques de la cocaïne et, au cours d'un remplacement (1885) dans un service de psychiatrie, mesure l'inefficacité des soins. À Paris, il travaille avec Charcot à la Salpêtrière et s'initie au traitement de l'hystérie par l'hypnose, puis retourne en Autriche avant de faire (1889) un nouveau séjour en France, à Nancy cette fois. En 1891, il ouvre un cabinet médical à Vienne, puis publie avec Breuer (1895) un ouvrage qui n'est pas encore un ouvrage de psychanalyse (le mot apparaîtra seulement en 1896), mais l'annonce, *Études sur l'hystérie*, qui expose les premières applications de la « cure par la parole ». Il s'agit de conduire le malade à évoquer des souvenirs oubliés, liés à d'anciens traumatismes, et dont le surgissement à la conscience fait disparaître les symptômes hystériques. Cette méthode, que Freud perfectionnera et théorisera, deviendra la psychanalyse. C'est d'abord à lui-même que Freud l'applique ; il comprend que les images du rêve sont des transpositions voilées de nos désirs inconscients et s'attache à retranscrire et à étudier

Fribourg-en-Brisgau.

ses propres rêves. Puis il découvre le sens des actes manqués (erreurs de lecture, d'écriture, lapsus, oublis de noms ou de projets) qui trahissent à son insu celui qui les commet. Une longue psychanalyse (1897-1902) pratiquée sur lui-même lui révèle, à son intense stupéfaction, l'existence du complexe d'Œdipe qui lui donne la clé de faits et de manifestations qui demeuraient pour lui mystérieux. La psychanalyse est alors fixée dans ses grandes lignes. Le chercheur solitaire, qui a déjà publié plusieurs ouvrages (*L'Interprétation des rêves*; *Psychopathologie de la vie quotidienne*; *Le Mot d'esprit dans ses rapports avec l'inconscient*) et scandalisé le milieu médical en mettant en évidence le rôle de la sexualité dans la naissance des névroses et l'existence d'une sexualité infantile, rassemble autour de lui des praticiens passionnés. Des sociétés de psychanalyse se créent un peu partout dans le monde, mais l'unité du mouvement s'effrite et ses disciples choisissent des voies différentes, tandis que Freud lui-même ne cesse d'approfondir son art et de publier (*Totem et Tabou*, 1913; *Psychologie collective et analyse du moi*, 1920). La fin de sa vie est pleine de tristesse; il assiste à la montée du nazisme, il souffre d'un cancer de la mâchoire, qu'il sait incurable, ses livres sont brûlés à Berlin en 1934, en 1938 l'invasion de l'Autriche le contraint à quitter Vienne. L'aide de Marie Bonaparte lui permet d'émigrer à Londres, où il meurt quelques mois après son arrivée. **Anna** 1895-1982 Psychanalyste britannique, fille du précédent, spécialiste de la psychanalyse des enfants (*Le Traitement psychanalytique des enfants*, 1951).

freudien, enne adj. et n. Propre ou relatif à Freud, à ses théories psychanalytiques. / Adepte des théories de Freud.

Freund (Gisèle) 1912-2000 Photographe française d'origine allemande. Pionnière de l'utilisation de la couleur dans le reportage, elle est l'auteur de nombreux portraits d'écrivains et d'artistes. Sociologue (sa thèse de doctorat porte sur la photographie française au XIXe siècle), elle a exposé ses théories dans *Le Monde et ma caméra* (1970).

freux n. m. ZOOL. Corbeau au plumage entièrement noir, à la face dénudée, blanchâtre, qui vit en bandes. / Appos. *Un corbeau freux.*

Freycinet (Charles Louis de Saulces de) 1828-1923 Ingénieur et homme politique français. Ministre des Travaux publics (1877-1879), il favorisa le développement des chemins de fer, des canaux et des ports. Il fut quatre fois président du Conseil entre 1879 et 1899.

Freyja ou **Freja** MYTH. Déesse de la Fécondité chez les Scandinaves.

Freyssinet (Eugène) 1879-1962 Ingénieur français. Il construisit le pont à arc de Plougastel et fit des recherches sur le béton armé et sur ses déformations élastiques. Il eut, en 1917, l'idée de le soumettre à des vibrations (béton vibré) et inventa la technique du béton précontraint.

friabilité n. f. Propriété de ce qui est friable.

friable adj. Qu'il est possible, aisé de réduire en menus fragments, en poudre. *Roche friable.*

friand, e adj. et n. m. *Friand de*: qui aime particulièrement. *Être friand de miel.* Au fig. *Être friand de ragots.* / n. m. CUIS. Petit pâté enveloppé de pâte feuilletée. / Petit gâteau à la pâte d'amande.

friandise n. f. Sucrerie, petite pâtisserie.

Fribourg *32 700 h.* Ville de Suisse, sur la Sarine, chef-lieu du canton du même nom. Petit centre industriel, la ville a conservé de beaux monuments, cathédrale gothique du XIIe siècle, hôtel de ville.

Fribourg (canton de) *1 671 km² 224 552 h.* Canton de l'ouest de la Suisse, francophone pour les deux tiers, germanophone pour un tiers. C'est une des régions agricoles les plus riches de la Suisse (céréales, tabac, fruits, vin, élevage bovin pour la fabrication du fromage de Gruyère). Le canton adhère à la Confédération suisse en 1481. Le traité de paix perpétuelle avec la France y fut signé en 1516. Catholique, le canton fut, à partir du XVIe siècle, un bastion de la Contre-Réforme.

Fribourg-en-Brisgau *198 500 h.* Ville d'Allemagne, dans le Bade-Wurtemberg, au pied de la Forêt-Noire. Ce centre universitaire est une cité ancienne, qui possède une cathédrale gothique en grès rose (XIIe-XVIe siècle).

fric n. m. Fam. Finance, argent.

fricatif, ive adj. et n. f. PHONÉT. *Consonne fricative*, articulée en resserrant le chenal expiratoire et dont l'émission est caractérisée par un bruit de frottement. / n. f. *Une fricative.*

fricandeau n. m. BOUCH. Morceau de veau lardé.

fricassée n. f. CUIS. Mets constitué de petits morceaux de viande ou d'abats (cœurs de volaille), ou de petits oiseaux (ortolans, grives) sautés à la poêle et souvent servis avec de l'ail et du persil.

fric-frac n. m. inv. Fam. Cambriolage.

friche n. f. Terre non cultivée, laissée à l'abandon.

frichti n. m. Fam. Fricot; repas.

fricot n. m. Fam. Mets cuisiné sans recherche.

fricoter v. t. / v. i. [1] Vieilli Cuisiner (un fricot). *Fricoter un morceau de viande avec des oignons.* Au fig. Manigancer (qqch. de louche). *Qu'est-ce que tu fricotes?* (Emploi intransitif) *Fricoter dans les affaires.*

friction n. f. Massage énergique d'une partie du corps. / Massage du cuir chevelu avec une lotion. / PHYS. Frottement ou résistance entre deux surfaces en contact dans un mécanisme. / Fig. Désaccord, conflit.

frictionner v. t. [1] Faire une friction à.

Friedland Localité du royaume de Prusse, aujourd'hui russe et nommée *Pravdinsk*. Napoléon y vainquit les Russes en juin 1807.

Friedman (Milton) 1912 Économiste américain. Ses œuvres insistent sur le rôle déterminant de la monnaie et sur l'inutilité des interventions de l'État dans le domaine économique.

Friedmann (Alexandre Alexandrovitch) 1888-1925 Mathématicien russe. Professeur à Saint-Pétersbourg où il fit ses études, il entreprit des recherches sur le géomagnétisme et l'hydrodynamique. Après la publication de la théorie de la relativité générale d'Einstein à l'encontre de laquelle il se montra fort critique, il démontra, par des modèles dynamiques d'Univers, que la constante cosmologique, introduite arbitrairement par Einstein, était inutile, ce que ce dernier reconnaîtra en disant: « Ce fut ma plus grande erreur. »

Friedrich (Caspar David) 1774-1840 Peintre et graveur allemand. Ses toiles mélancoliques (cimetières, vues de paysages enneigés, arbres échevelés) expriment un sentiment romantique de la nature.

Friesz (Othon) 1879-1949 Peintre français. D'abord lié aux Fauves, notamment à Braque, il s'en éloigne, subit l'influence de Cézanne, adopte des couleurs moins violentes, plus sourdes, et simplifie les volumes; on lui doit des nus, des paysages, des portraits et des natures mortes.

Frigga MYTH. Femme d'Odin, déesse de la Terre et symbole de la Fertilité.

frigidaire ou **Frigidaire** n. m. (nom déposé) Marque de réfrigérateurs qui désigne, usuellement et abusivement, tout réfrigérateur quelle que soit sa marque.

frigide adj. Dont le désir, le plaisir sexuel est inhibé. *Femme frigide.*

Matin de Pâques,
de ***Caspar David Friedrich***, *1833.*

frigidité n. f. Caractère, comportement frigide.

frigo n. m. Fam. Abrév. d'appareil frigorifique, de réfrigérateur. *Mets la viande au frigo.*

frigorie n. f. Anc. Unité exprimant la quantité de chaleur qu'il est nécessaire d'enlever à un kilogramme d'eau à 15 °C pour abaisser d'un degré sa température. *La frigorie, utilisée dans l'industrie du froid, n'est pas une unité légale et n'est plus en usage.*

frigorifier v. t. [1] Soumettre (qqch., qqn) au froid. *Le vent glacial m'a frigorifié.*

frigorifique adj. et n. m. Qui produit du froid. *Machine frigorifique. Armoire frigorifique*, qui maintient au froid. / n. m. *Un frigorifique*: un appareil, un établissement frigorifique.

frigoriste n. Technicien spécialiste des installations frigorifiques.

frileusement adv. De manière frileuse.

frileux, euse adj. Qui craint le froid; qui dénote la crainte du froid. *Devenir frileux en vieillissant. Attitude frileuse.* / Fig. Exagérément prudent.

frilosité n. f. Caractère, comportement frileux de (qqn). *La frilosité d'un malade.* / Fig. Prudence exagérée.

frimaire n. m. Troisième mois du calendrier républicain, allant du 21, 22 ou 23 novembre au 20, 21 ou 22 décembre.

frimas n. m. Litt. Brouillard qui se transforme en glace au fur et à mesure qu'il tombe. Syn. cour. Brouillard givrant.

frime n. f. Fam. Simulation trompeuse. *C'est de la frime!*

frimer v. i. [1] Fam. Faire de la frime.

frimeur, euse n. Fam. Personne qui frime.

frimousse n. f. Fam. Visage d'un enfant, d'une personne jeune. *Une jolie frimousse.*

fringale n. f. Faim impérieuse et subite. / Fig. Désir ardent.

fringant, e adj. Alerte, vif. *Cheval fringant.* / *Jeune homme fringant*, de bonne apparence.

fringillidés n. m. pl. ZOOL. Famille d'oiseaux de l'ordre des passériformes, à bec conique, généralement granivores, tels que le pinson, le chardonneret, le bouvreuil, le serin, la linotte.

fringuer v. t. [1] Pop. Habiller (qqn). / v. pron. *Savoir se fringuer*: s'habiller avec recherche.

fringues n. f. pl. Pop. Vêtements. *Porter de vieilles fringues.* Syn. frusques.

Frioul-Vénétie-Julienne *7 855 km² 1 063 000 h.* Région autonome du nord-est de l'Italie, comprenant les provinces d'Udine, Gorizia, Pordenone et Trieste. Capitale *Trieste*. Pays de montagnes et de collines, dont les lagunes côtières ont été drainées, c'est une région essentiellement agricole. **Histoire** Le Frioul (nom qui vient de la ville antique *Forum Julii*) a été un duché créé par les Lombards en 568 et conquis par Charlemagne en 775. Le duché échut (1077) aux patriarches d'Aquilée qui en cédèrent la majeure partie à Venise en 1420. L'Autriche, qui dominait depuis 1500 l'est du pays (*Frioul autrichien*, capitale Trieste) se vit attribuer l'ouest (*Frioul vénitien*, capitale Udine) au traité de Campoformio (1797). La quasi-totalité du Frioul fut incorporée au royaume d'Italie en 1866. Les territoires de la province orientale de Gorizia, restés autrichiens, furent âprement disputés entre les deux pays (1916-1918) et

Max Frisch.

cédés à l'Italie en 1919 (traité de Saint-Germain). La Yougoslavie s'en est fait attribuer la partie orientale (à l'exception de Trieste) en 1947, et la rattacha à la Croatie.
fripe n. f. Vieilli Vêtement usagé.
friper v. t. [1] Chiffonner, froisser. / (Au part. passé) Froissé comme une fripe. *Vêtement fripé.* Au fig. *Un visage aux traits fripés.*
friperie n. f. Vieux vêtements. / Commerce, lieu de vente de fripes.
fripier, ère n. Personne qui vend des fripes.
fripon, onne n. et adj. Vx. Escroc, voleur. / Fam. Polisson, enfant malicieux. / adj. *Avoir l'air fripon.*
friponnerie n. f. Action d'un fripon.
fripouille n. f. Pop. Canaille, personne malhonnête, méprisable.
fripouillerie n. f. Comportement, action de fripouille.
friqué, e adj. Fam. Riche; qui a du fric.
frire v. i. / v. t. [3] v. i. Cuire dans un corps gras. *Mettre du poisson à frire.* / v. t. Faire cuire (qqch.) dans un corps gras. *Frire des calamars.*
frisant, e adj. Rasant. *Lumière frisante.*
frisbee n. m. (nom déposé) Disque en plastique qu'on lance à la main et qui se déplace en tournant sur lui-même. / Jeu qui se pratique entre plusieurs partenaires qui se renvoient ce disque.
Frisch (Karl von) 1886-1982 Entomologiste autrichien. Il a montré que la danse des abeilles constituait un langage précis et complexe.
Frisch (Ragnar) 1895-1973 Économiste norvégien spécialiste d'économétrie, quantification des phénomènes économiques.
Frisch (Otto Robert) 1904-1979 Physicien britannique d'origine autrichienne. Il étudia la fission de l'uranium et mesura les moments magnétiques du proton et du neutron.
Frisch (Max) 1911-1991 Écrivain suisse d'expression allemande. Portant un regard pessimiste sur le monde contemporain et sur l'homme d'aujourd'hui il a écrit des romans (*Homo faber*, 1957; *L'homme apparaît au quaternaire*, 1979) et des pièces tragicomiques influencées par Brecht (*Biedermann et les incendiaires*, 1958).
frise n. f. ARCHIT. Partie de l'entablement située entre l'architrave et la corniche. / Surface plane à motifs décoratifs formant une bande continue. / Bande de toile placée au-dessus d'une scène de théâtre pour figurer un ciel ou un plafond.
Frise *3 360 km² 609 600 h.* Province du nord des Pays-Bas. Chef-lieu *Leeuwarden.* La province comprend, outre sa partie continentale, les îles Ameland et Schiermonnikoog. Située presque entièrement au-dessous du niveau de la mer, protégée par des digues, c'est une région d'élevage. Une industrie laitière importante s'y est implantée. **Histoire** Une région beaucoup plus vaste que la Frise actuelle, aux contours mal définis, a été occupée au début de l'ère chrétienne par les Frisons, peuple proche des Saxons, qui furent refoulés vers le nord par les Mérovingiens qui les soumirent et les christianisèrent au VIIIe siècle. Terre d'Empire, la Frise fut morcelée au Moyen Âge entre plusieurs principautés et échut au futur Charles Quint en 1515. Après son adhésion à l'Union d'Utrecht (1579), son histoire se confond avec celle des Provinces-Unies.
frisé [1] adj. et n. Disposé en fines boucles serrées. *Cheveux frisés.* / Par anal. *Chicorée frisée*, aux feuilles dentelées et enroulées partiellement sur elles-mêmes. / n. f. *Une frisée*: une chicorée frisée.
frisé [2] n. m. Arg. Allemand, pendant la Deuxième Guerre mondiale.
Frise-orientale Région de l'Allemagne qui s'étend entre les vallées de l'Ems et de la Weser, et constitue le nord-ouest du Land de Basse-Saxe. C'est un pays de polders, bordé d'un chapelet d'îles qui prolongent celles de la Frise néerlandaise. **Histoire** Soumise à divers comtés, la région passa à la Prusse en 1744. Rattachée par Napoléon Ier au royaume de Hollande, puis à la France (département de l'Ems-Oriental), elle fut restituée en 1814 à la Prusse qui la remit au Hanovre.
friser v. t. / v. i. [1] Arranger en fines boucles serrées. *Friser ses cheveux au fer. Se faire friser.* / Passer tout près de, effleurer, frôler. *La balle lui a frisé la tempe.* Au fig. *Friser le ridicule. Friser la catastrophe. Friser la quarantaine.* / v. i. Former des frisures, être bouclé.
frisette n. f. Petite boucle de cheveu.
frison [1] n. m. Petite mèche de cheveu.
frison, onne [2] adj. et n. De Frise. *Îles frisonnes. Un(e) Frison(ne).* / *Race frisonne*: race de bovins dont les vaches sont élevées pour leur lait.
frisotter v. i. / v. t. [1] Friser par petites boucles.
frisquet, ette adj. et adv. D'un froid pénétrant. *Vent frisquet.* / adv. *Il fait frisquet.*
frisson n. m. Tremblement involontaire de la peau et des muscles par lequel un organisme réagit au froid, à la peur, à une émotion.
frissonner v. i. [1] Être pris de frissons; frémir.
frisure n. f. Manière de friser. / Boucle légère.
frite n. f. Morceau de pomme de terre, généralement coupé dans le sens de la longueur, saisi dans la friture.
friteuse n. f. Ustensile de cuisine dans lequel on fait frire les aliments.
fritons n. m. pl. CUIS. Petits morceaux de lard que l'on fait fondre dans la bassine du confit de porc jusqu'à ce qu'ils soient dorés et croustillants.
fritte n. f. Mélange composé de sable et de soude, utilisé pour fabriquer le verre.
friture n. f. Mode de cuisson qui consiste à saisir un aliment dans une matière grasse (huile, graisse animale ou végétale) bouillante. / Matière grasse utilisée pour frire. / Aliment frit, et plus particulièrement le poisson. / Fig. Grésillement parasite qui perturbe une liaison téléphonique.
frivole adj. Attaché à des choses sans importance; futile. *Propos frivoles.*
frivolement adv. De manière frivole.
frivolité n. f. Caractère frivole de (qqn, qqch); ce qui est frivole. *La frivolité de ses propos. S'occuper de frivolités.*
Frobenius (Leo) 1873-1938 Ethnologue allemand. Il fut l'un des premiers à s'intéresser à l'art africain (*Und Afrika sprach*, 1912-1913; *Histoire de la civilisation africaine*, 1936) et à utiliser la notion d'aire culturelle (*Atlas Africanus*, 1921-1931).
froc n. m. Vx Partie de l'habit monacal qui recouvre la tête et les épaules; cet habit lui-même. *Prendre le froc*: devenir moine. / Fam. *Jeter le froc aux orties*: abandonner l'état ecclésiastique. / Arg. Pantalon.
froid, e adj. et n. m. **A.** adj. Dont la température est basse. *Temps froid. Repas froid,* où l'on ne sert que des plats froids. *Animal à sang froid*: voir *poïkilotherme.* / Fig. Qui ne manifeste pas d'émotion. *Rester froid. Garder la tête froide. Colère froide.* / Sans cordialité, sans sympathie. *Un accueil froid. Battre froid à qqn,* lui manifester de la froideur, de l'hostilité. / *Couleur froide, tons froids*, qui évoquent l'eau (bleu, vert). / loc. adv. *À froid*: sans chauffer préalablement. *Forger à froid.* Au fig. *Décider à froid*, après réflexion, en évitant les réflexes passionnels. MÉD. *Opérer à froid*: pratiquer une opération chirurgicale avant (ou après) une crise aiguë. **B.** n. m. Température basse. *Avoir froid*: sentir le froid. *Prendre un coup de froid, attraper froid*: se refroidir, être indisposé par le froid. / Fig. Sensation morale pénible, comparable à la sensation physique du froid. *Le froid de l'exil. Jeter un froid*: procurer un sentiment de gêne. *Sa réflexion a jeté un froid.* / Détérioration des relations, affaiblissement de l'amitié. *Cette dispute a créé un froid entre eux. Être en froid avec qqn*: être plus ou moins fâché avec qqn.

Frise chinoise représentant un empereur, ses femmes et ses généraux.

Contrôle de la maturation d'un **fromage**.

froidement adv. De manière froide sans émotion; sans chaleur.
froideur n. f. Manque de sensibilité, d'émotivité; manque de cordialité, de chaleur. *Recevoir qqn avec froideur.*
froidure n. f. Litt. Température froide de l'air.
Froissart (Jean) 1337?-1400? Écrivain français. Ses *Chroniques* sont une peinture vivante de la haute société féodale et courtoise au début de la guerre de Cent Ans. Froissart rédigea plusieurs versions successives. Il travailla à cette œuvre pendant plus de trente ans, se comportant à la façon d'un journaliste d'aujourd'hui.
froissement n. m. Action de froisser; fait d'être froissé. / Léger bruit provoqué par qqch. que l'on froisse, qui se froisse. *Le froissement d'une jupe de soie.* / Meurtrissure causée par un choc. *Le froissement d'un nerf.* / Fig. Blessure d'amour-propre.
froisser v. t. [1] Plisser irrégulièrement, donner de faux plis à (une matière, un tissu). *Froisser du papier. Froisser son pantalon.* / Léser (un élément organique) par pression, traction. *Froisser un muscle.* Au fig. Blesser. *Froisser qqn dans son honneur, froisser l'amour-propre de qqn.*
froissure n. f. Froissement durable. *La froissure d'une étoffe.*
frôlement n. m. Action de frôler.
frôler v. t. [1] Atteindre légèrement (qqch., qqn) au passage, effleurer. *La flèche lui a frôlé le cuir chevelu.* / Par ext. Passer très près de. *L'hélicoptère frôle la cime des arbres.* Au fig. *Frôler la catastrophe.* Syn. Friser. / v. pron. (Récipr.) *Les danseurs se frôlent sur la piste.*
fromage n. m. Aliment à base de lait caillé, égoutté, que l'on fait, ou non, fermenter. / *Fromage de tête*: charcuterie préparée avec la tête du porc (joues, langue, cartilages, oreilles, museau) et présentée en gelée. / Fig. fam. Situation, place qui offre de multiples avantages, sans qu'il soit besoin de se fatiguer.
fromager, ère [1] n. et adj. Propre ou relatif au fromage. *Commerce fromager.* / Personne qui fabrique, vend du fromage.
fromager [2] n. m. BOT. Grand arbre tropical, dont les fruits de certaines espèces fournissent le kapok.

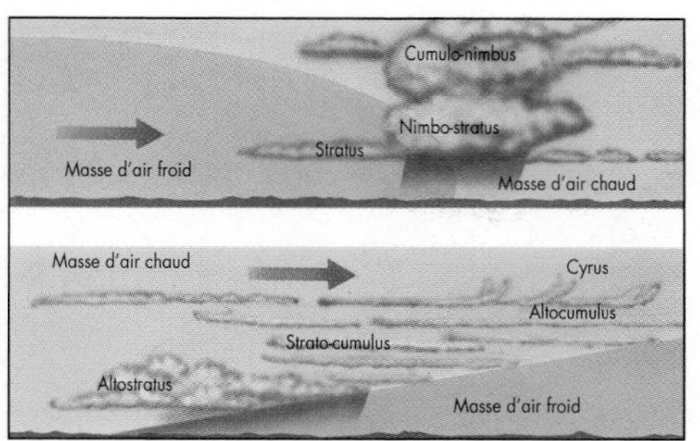

*Évolution d'un **front** froid (en haut) et d'un front chaud (en bas).*

Froment (Nicolas) 1425?-1486? Peintre français. On ne sait à peu près rien de sa jeunesse, mais il a sans doute été formé en Flandre, son attachement pour l'art flamand ne s'étant jamais démenti. Peintre du roi René, on lui attribue de façon certaine *La Résurrection de Lazare* (1461, musée des Offices, à Florence) et *Le Buisson ardent* (1476, cathédrale Saint-Sauveur à Aix-en-Provence), peint pour son souverain.

froment n. m. Blé cultivé.

Fromentin (Eugène) 1820-1876 Peintre et écrivain français. Épris d'Orient, il est l'auteur de récits de voyages en Afrique du Nord (*Une année dans le Sahel*, 1858), de tableaux aux couleurs chatoyantes et d'un roman autobiographique (*Dominique*).

fronce n. f. COUT. Chacun des petits plis serrés que l'on obtient en faisant passer un fil dans une pièce d'étoffe et en le faisant coulisser. *Les fronces diminuent la largeur d'un tissu à un endroit déterminé, tout en maintenant son ampleur à un autre endroit.*

froncement n. m. Action de plisser en contractant. *Un froncement de sourcil.*

froncer v. t. [1] Plisser (qqch.) par contraction. *Froncer les sourcils.* / Resserrer (un tissu) par des fronces. *Les tissus épais sont difficiles à froncer.* / Par anal. *Froncer une robe.*

frondaison n. f. Apparition des feuilles sur les arbres. / Le feuillage lui-même.

fronde n. f. Arme de jet formée de deux lanières reliées à un morceau de cuir dans lequel on place un projectile que l'on lance en utilisant la force centrifuge. / Jouet d'enfant fait d'un élastique attaché aux deux branches d'une petite fourche. Syn. Lance-pierres.

Fronde (la) 1648-1652 Guerre civile qui eut lieu pendant la minorité de Louis XIV, que voulurent exploiter la noblesse et le Parlement pour reconquérir privilèges et prérogatives mis à mal par la ferme politique de Richelieu, en profitant de l'impopularité de Mazarin et du mécontentement populaire suscité par une grave crise de subsistance et diverses mesures financières. Le parlement de Paris refuse d'enregistrer l'édit d'avril 1648 qui suspendait pour quatre ans le traitement des membres des cours souveraines, et, par l'arrêt d'union du 13 mai, s'engage à s'unir au Grand Conseil, à la Cour des comptes et à la Cour des aides pour délibérer des affaires du royaume : c'était faire du parlement, cour de justice, une assemblée politique. Mazarin réagit en faisant arrêter certains des plus importants des parlementaires, les Parisiens se soulèvent (journée des Barricades du 26 août), font relâcher les prisonniers et forcent le jeune Louis XIV et la régente Anne d'Autriche à se réfugier à Saint-Germain. Mais l'armée royale assiège Paris et les parlementaires, inquiets, acceptent la paix de Rueil qui leur accorde l'amnistie. À cette Fronde parlementaire succède la Fronde des princes, menée par Condé et Conti, princes du sang, l'évêque coadjuteur de Paris (Gondi, le futur cardinal de Retz) et plusieurs très grands seigneurs. Après un premier échec (Condé et Conti sont arrêtés), Gaston d'Orléans, frère cadet de Louis XIII, conspirateur impénitent, prend la tête des mécontents, l'anarchie gagne les provinces, Anne d'Autriche fait semblant de sacrifier Mazarin qui s'exile en Rhénanie (1651). Mais la mésentente règne chez les frondeurs, Mazarin revient, Condé complote avec l'Espagne, soulève la Guyenne et le Poitou, s'empare de Paris, et Mazarin s'exile à nouveau. Condé se rend odieux aux Parisiens, qui le chassent ; Anne d'Autriche regagne Paris avec son fils et rappelle Mazarin. Condé est condamné à mort (réfugié aux Pays-Bas espagnols, il ne sera pas exécuté et rentrera en grâce en 1659), Gaston d'Orléans est exilé à Blois. Le pouvoir royal a triomphé.

fronder v. i. / v. t. [1] Vx Lancer des pierres avec une fronde. / v. t. Litt. Critiquer, railler (qqn, qqch.). *Journalistes qui frondent la politique gouvernementale.*

frondeur, euse adj. et n. Qui fronde. *Un article frondeur. C'est une frondeuse.* / HIST. Personne du parti de la Fronde.

front n. m. Partie antérieure du crâne des vertébrés qui, chez l'homme, est comprise entre la racine des cheveux et les sourcils. / La tête. *Courber le front.* / Fig. Audace, insolence. *Tu as le front de me parler sur ce ton.* / Partie d'une chose qui fait face. *Le front d'une montagne. Front de mer* : bord de mer. / MILIT. Première ligne d'une troupe rangée en ordre de combat ; limite avant d'un champ de bataille ; par ext., terrain des hostilités. *Aller au front.* / Coalition politique formée de partis différents pour la défense d'intérêts communs. *Le Front populaire.* / GÉOGR. Surface de séparation entre des masses d'air de températures et de degrés d'humidité différents. / *Front de taille* : dans une mine, surface d'un filon suivant laquelle on attaque verticalement la taille de la couche à exploiter.

frontal, ale, aux adj. et n. m. ANAT. Relatif au front. *Os frontal* ou, n. m., *frontal* : os formant la partie antérieure de la voûte crânienne.

frontalier, ère adj. et n. À la frontière. *Fleuve frontalier.* / Subst. Habitant d'une ville, d'une région frontalière.

frontalité n. f. ARCHI, BX-ARTS *Loi de frontalité* : loi par laquelle la statue d'un être humain reste dans un plan vertical, sans être déportée latéralement. *Les statues grecques archaïques obéissent à la loi de frontalité.*

Front de libération nationale (F.L.N.) Organe politique algérien qui s'imposa, à partir de 1954, comme le principal artisan de l'indépendance de l'Algérie. Celle-ci acquise (1962), le F.L.N. devint le parti unique jusqu'en 1989.

frontière n. f. Limite qui marque l'étendue d'un territoire, ligne de démarcation entre deux États. *Frontière naturelle*, marquée par le tracé d'un obstacle naturel (fleuve, montagne). / Fig. Limite, dernière extrémité. *Les frontières de la connaissance.*

frontispice n. m. Façade principale d'un édifice. / Gravure placée en regard du titre d'un livre.

Front national Mouvement de résistance à l'occupant, créé en France pendant la Seconde Guerre mondiale par le parti communiste et qui trouva un écho important dans divers milieux politiques. Ses troupes, les Francs-Tireurs et Partisans français, étaient commandées par Charles Tillon.

Front national Parti politique français créé en 1973 par J.-M. Le Pen. Ses positions d'extrême-droite et son hostilité à l'Union européenne lui attirent une fraction du corps électoral. En 1998, la rivalité entre son fondateur et Bruno Mégret aboutit à une scission : Mégret crée (1999) le M.N.R. (Mouvement national républicain) ; le parti a perdu de son influence aux élections municipales de 2001.

Front national de libération du Viêtnam du Sud (F.N.L.) Organisation politique créée en décembre 1960 pour « libérer le Viêtnam du Sud de l'impérialisme américain ». Il exigeait le retrait total des troupes américaines et la constitution d'un gouvernement de coalition de toutes les couches populaires. En 1975, il aida l'armée nord-viêtnamienne à conquérir le Viêtnam du Sud et à unifier le Viêtnam.

fronton n. m. Ornement d'architecture, souvent triangulaire, qui surmonte et couronne l'entrée principale d'un édifice. / Mur contre lequel on envoie la balle à la pelote basque.

Front populaire Nom donné à la coalition des partis de gauche (socialistes, communistes, radicaux) qui remporta les élections de mai 1936. Léon Blum forme avec les socialistes et les radicaux un gouvernement soutenu par les communistes. La C.G.T. exige des réformes immédiates et fondamentales ; la grève générale éclate, tandis que le gouvernement se heurte à l'opposition résolue des milieux financiers et des milieux d'affaires. L'arbitrage de Blum permet d'aboutir aux accords de Matignon (juin 1936) entre le patronat et la C.G.T., ratifiés par le Parlement (ils comportent notamment la semaine de quarante heures, les congés payés, des relèvements de salaires, un statut légal pour les délégués ouvriers, les conventions collectives). Les premières nationalisations sont décidées (chemins de fer). Cependant, les difficultés financières, l'opposition de la droite et les violentes critiques des communistes (qui, en outre, désapprouvent la politique de non-intervention dans le conflit espagnol) conduisent Blum à démissionner le 21 juin 1937. Après un éphémère nouveau cabinet Blum (mars-avril 1938), le Front populaire se disloque, mais ses réalisations sociales ont durablement marqué l'histoire française.

Frost (Robert Lee) 1874-1963 Poète américain, chantre de la Nouvelle-Angleterre (*North of Boston*, 1914).

frottement n. m. Mouvement de deux corps qui déplacent leur surface de contact l'une sur l'autre. / MÉCAN. Résistance qui empêche deux corps en contact de glisser l'un sur l'autre. / MÉD. Bruit que l'on perçoit à l'auscultation dans les cas d'inflammation de la plèvre ou du péricarde. / Fig. Désaccord.

frotter v. t. / v. i. / v. pron. [1] **A.** v. t. Exercer un frottement sur (qqn, qqch.) pour nettoyer, pour enduire, frictionner ; soumettre à un frottement. *Frotter une tache, des casseroles. Frotter son pain d'ail. Frotter une allumette.* **B.** v. i. Produire un frottement. **C.** v. pron. Frotter (une partie de son corps). *Se frotter les yeux.* / *Se frotter contre* : frotter son corps contre. / *Se frotter à* : fréquenter (un milieu) ; fam. se mesurer à (qqn), affronter (qqch.).

frotteur, euse n. Personne qui frotte. *« Les Frotteurs de parquet », toile de Malevitch.*

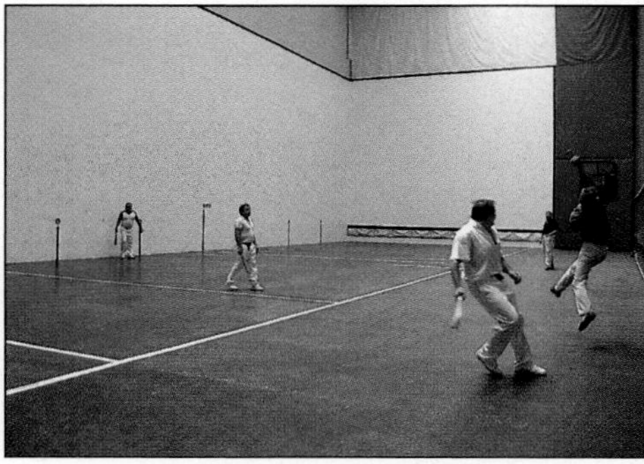
***Fronton** de pelote basque.*

F

frottis n. m. En peinture, couleur légère et transparente, appliquée sur une autre, ou dont l'étalement laisse apparaître le grain de la toile. / MÉD. Pellicule mince d'un tissu organique, d'une sécrétion, déposée sur une plaque de verre, en vue de son examen au microscope. *Frottis sanguin.*
frottola n. f. (mot italien) MUS. Courte chanson profane italienne, en honneur de la fin du XVe siècle au milieu du XVIe siècle.
frou-frou ou **froufrou** n. m. Bruit produit par un froissement, un frottement léger. *On entendait le frou-frou de sa robe de satin.* / (Le plus souvent au plur.) Ornements légers, vaporeux, d'une toilette féminine. Pl. Des *frous-frous* ou des *froufrous.*
froufrouter v. i. [1] Produire un, des frou-frou(s).
froussard, e adj. Fam. Qui a la frousse, peureux.
frousse n. f. Fam. Peur. *Avoir la frousse.*
fructidor n. m. Douzième mois du calendrier républicain, allant du 18 ou 19 août au 16 ou 17 septembre.
fructidor an V (coup d'État du **18**) Coup d'État organisé le 4 septembre 1797 par les Directeurs républicains (notamment Barras) contre la majorité monarchiste issue des élections de 1797. Le général Augereau, envoyé par Bonaparte, fit investir le Conseil des Cinq-Cents et des Anciens. Les élections furent annulées et de nombreux royalistes exécutés.
fructifère adj. Qui porte des fruits.
fructification n. f. BOT. (Chez les phanérogames) Action de fructifier, ensemble des phénomènes faisant suite à la fécondation, par lesquels le pistil d'une fleur se transforme en fruit. / (Chez les cryptogames) Ensemble des organes impliqués dans les phénomènes de reproduction sexuée. *Les fructifications d'un champignon, d'une algue, d'une fougère.* / (Chez les phanérogames) Ensemble des fruits portés par une plante. / Époque où se développent les fruits.
fructifier v. i. [1] Donner des fruits. Au fig. *Faire fructifier son argent.*
fructose n. m. BIOCHIM. Sucre de formule $C_6H_{12}O_6$ (hexose), possédant une fonction cétone.
fructueusement adv. De manière fructueuse.
fructueux, euse adj. Profitable, qui porte ses fruits. Ant. Infructueux.
frugal, ale, aux adj. À base d'aliments simples et peu copieux. *Vie frugale. Repas frugal.* / (En parlant d'une personne) Qui se satisfait d'une vie simple.
frugalement adv. Avec frugalité.
frugalité n. f. Caractère de ce qui est frugal. *La frugalité d'un repas.*
frugivore adj. et n. ZOOL. Qui se nourrit de fruits. *Oiseau frugivore. Un frugivore.*
fruit n. m. **I.** BOT. (Chez les phanérogames) Organe qui se forme après la floraison, à partir du pistil fécondé de la fleur et renferme les graines, qui résultent de l'évolution des ovules. / Produit comestible des arbres, des arbustes. *Des fruits mûrs.* / RELIG. *Fruit défendu* : la pomme, fruit de l'arbre de vie qu'Ève et Adam mangèrent malgré l'interdiction de Dieu. / (Au plur.) Vieilli ou litt. Produits que fournit la nature. *Les fruits de la terre.* / Par ext. *Fruits de mer* : crustacés et coquillages comestibles. **II.** Fig. Enfant considéré comme issu de sa mère, d'une union, d'un mariage. *Le fruit de leur amour. « Et Jésus, le fruit de vos entrailles, est béni »* (paroles de l'annonce faite à la Vierge Marie par l'ange Gabriel). / Résultat. *Le fruit de l'expérience.* / Résultat avantageux, profit. Loc. *Porter ses fruits* : atteindre le résultat escompté. *Une méthode qui a porté ses fruits.* Les fruits peuvent être charnus (drupes, baies) ou secs, revêtus d'une enveloppe ligneuse indéhiscente (akènes) ou déhiscente (capsules, gousses, etc.). Les faux fruits (fraises, ananas) sont composés du fruit lui-même et d'une autre partie, hypertrophiée, de l'appareil floral ou de l'inflorescence (par ex. réceptacle floral). Les fruits composés (mûres, framboises) résultent de la soudure de plusieurs fruits.
fruitier, ère adj. et n. **A.** adj. Qui produit des fruits comestibles. *Arbre fruitier.* **B.** n. Personne qui vend des fruits. / n. m. Local où l'on conserve les fruits frais ; étagère à claire-voie destinée à recevoir des fruits.
fruitière n. f. Rég. Fromagerie coopérative, dans le Jura, en Savoie.
Frumence (saint) 315 ?-380 ? Chrétien de Syrie qui introduisit le christianisme en Éthiopie. La tempête le contraignit à aborder au port d'Adoulis, au sud de Massaouah. Réduit en esclavage, il fut conduit au roi païen d'Axoum et devint le trésorier du royaume, puis le précepteur d'Ezana, fils du roi. Il fit bâtir des églises pour les chrétiens qui se rendaient à Axoum et, à la majorité de son pupille, quitta l'Éthiopie pour Alexandrie, où le patriarche l'ordonna évêque en lui enjoignant de retourner à Axoum. Ezana se convertit et son peuple avec lui. L'histoire de Frumence est sans doute en partie légendaire, mais la conversion du roi d'Axoum, au IVe siècle, est historique.

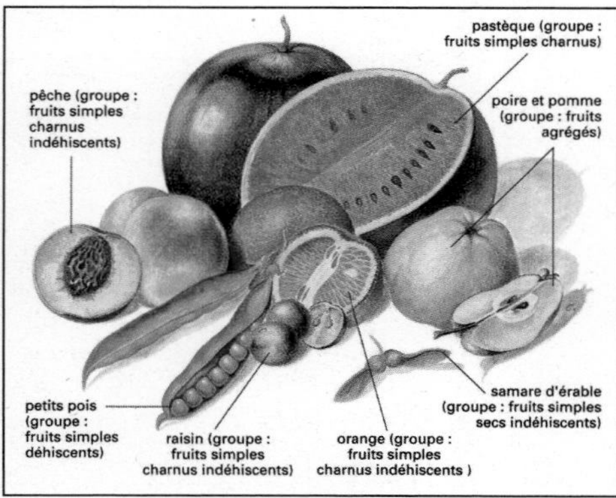

Différentes sortes de ***fruits***.

Fuchsia.

Alberto Fujimori.

frumentaire adj. ANTIQ. ROM. *Lois frumentaires* : lois qui régissaient la distribution du blé.
frusques n. f. pl. Pop. Vêtements. *Donner de vieilles frusques.* Syn. Fringues.
fruste adj. Rustre, grossier, sans raffinement. *Homme fruste. Manières frustes.*
frustrant, e adj. Qui produit, qui est de nature à produire une frustration.
frustration n. f. Privation d'un avantage, d'un bien qui est dû. / PSYCHAN. État d'un sujet qui ne peut satisfaire un désir, qui refoule une envie pulsionnelle.
frustrer v. t. [1] Priver (qqn) de ce à quoi il aspire, de ce qu'il escomptait obtenir.
fruticuleux, euse adj. BOT. Qui a la forme d'un petit arbre. *Lichen fruticuleux.*
fucacées n. f. pl. BOT. Famille d'algues brunes de l'ordre des fucales, à laquelle appartiennent les fucus et les sargasses.
fucales n. f. pl. BOT. Ordre d'algues brunes, auquel appartiennent les fucus et les sargasses, dont les thalles donnent directement les gamètes.
Fuchs (Lazarus) 1833-1902 Mathématicien allemand. Il étudia les équations différentielles linéaires ainsi que certaines fonctions transcendantes qui lui permirent de généraliser la théorie des fonctions elliptiques.
fuchsia n. m. BOT. Arbrisseau cultivé pour ses fleurs roses ou violettes, qui pendent en clochettes. / Appos. *Un rose fuchsia. Une chemise fuchsia.*
fuchsine n. f. CHIM. Colorant rouge utilisé notam. en cytologie et dans l'industrie textile.
fucus n. m. BOT. Algue marine brune, de la famille des fucacées, au thalle rubanné ramifié, muni de flotteurs.
fuel Voir **fioul**
Fuentes (Carlos) 1928 Écrivain mexicain. Ses récits éclatés flétrissent la bourgeoisie de son pays, en proie à la violence : *La Mort d'Artemio Cruz* (1962), *Chant des aveugles* (1964), *Terra nostra* (1975), *Les Eaux brûlées* (1983).
fuero n. m. (mot espagnol) HIST. En Espagne, charte qui garantissait les libertés d'une ville, d'une province.
fugace adj. Qui ne dure pas, éphémère.
fugacité n. f. Caractère de ce qui est fugace, éphémère.
fugitif, ive n. et adj. Qui a pris la fuite. *Poursuivre des fugitifs.* / adj. Qui dure peu de temps. *Une vision, une sensation fugitive.* Syn. Passager, fugace.
fugitivement adv. De manière fugitive.
fugue n. f. MUS. Composition obéissant aux règles du contrepoint, généralement faite de trois parties (exposition, développement, strette) qui semblent se fuir dans les reprises du motif. / Abandon subit du domicile habituel. *Faire une fugue.*
fuguer v. i. [1] Faire une fugue.
fugueur, euse adj. et n. Qui fait une fugue ; qui fugue souvent. *Enfant, adolescent fugueur.*
Führer n. m. (mot allemand, « guide ») Titre que l'on donna à Hitler après le plébiscite d'août 1934 qui faisait de lui le maître de l'Allemagne.
fuir v. i. / v. t. [3] **A.** v. i. S'éloigner rapidement pour échapper à un danger. *Il a fui devant l'ennemi.* / Fig. S'esquiver. *Fuir devant ses responsabilités.* / Litt. S'éloigner, s'écouler très vite. *Le temps fuit.* / S'échapper de son contenant par un trou, une fente ; laisser échapper un fluide. *Le gaz fuit. Stylo, robinet qui fuit.* **B.** v. t. Chercher à échapper à (qqn, qqch.). *Fuir les importuns. Fuir les mondanités.* / Litt. Se dérober à. *La réussite me fuit.*
fuite n. f. Action de fuir. / *La fuite en Égypte* : selon les Évangiles, voyage vers l'Égypte entrepris par Joseph et Marie avec le Christ nouveau-né, pour échapper à la colère d'Hérode. / Loc. *Prendre la fuite* : fuir, se sauver. / DR. *Délit de fuite* : délit commis par le conducteur d'un véhicule qui, après avoir provoqué un accident, s'enfuit pour se dérober à sa responsabilité civile ou pénale. / Échappement d'un fluide contenu dans un récipient ; fissure par laquelle il s'échappe. *Une fuite d'eau. Ce tuyau a une fuite.* / Communication illicite de documents devant rester secrets. / *Point de fuite* : dans un dessin, convergence de lignes en perspective.
Fujimori (Alberto) 1938 Homme politique péruvien. D'une famille japonaise émigrée au Pérou, il fut élu président de la République en 1990, appliqua en écono-

mie une politique libérale, réprima durement toutes les manifestations d'opposition (dissolution du Congrès, suspension des libertés constitutionnelles, arrestation et emprisonnement d'opposants) et fut réélu en 1995. Compromis dans de nombreux scandales, convaincu de corruption, il gagna le Japon (dont il avait, selon la loi japonaise, conservé la nationalité) et annonça qu'il ne reviendrait pas au Pérou. En 2001, les élections ont porté Alan Garcia à la présidence.

Fujiwara Famille noble japonaise, fondée au VIIe siècle, qui, pendant sept cents ans, donna au Japon, outre une pléiade d'écrivains et de poètes, presque tous les Premiers ministres et régents. Alliée par plusieurs mariages à la famille impériale, la famille fut toute-puissante du Xe au XIIe siècle.

Fujiwara no Michinaga 966-1027 Homme d'État japonais. Ministre, puis régent, il maria ses filles à trois empereurs successifs et détint le pouvoir à partir de 996. Homme de cour, il y attira de grands écrivains (Sei Shônago, Murasaki Shikibu) et fit construire plusieurs temples. Devenu moine en 1018, il continua de diriger le pays par l'intermédiaire de ses fils.

Fujiwara no Sadaie 1162-1241 Homme politique, poète et calligraphe japonais. On lui attribue une anthologie comprenant 100 poèmes de 100 poètes différents.

Fuji Yama (mont Fuji) *3 778 m* Volcan éteint, le plus haut sommet du Japon, dans l'île de Honshu ; c'est un des thèmes favoris des peintres japonais.

Fulda *218 km* Rivière d'Allemagne, qui s'unit à l'Eder, à la Schwaim et à la Werra pour constituer la Weser.

Fulda *55 800 h.* Ville d'Allemagne (Hesse), sur la Fulda. La ville s'est construite à partir du VIIIe siècle autour d'une abbaye bénédictine qui fut, au Moyen Âge, un important centre religieux et intellectuel. Elle conserve de son passé une église carolingienne et des monuments baroques.

fulgurance n. f. Qualité de ce qui est fulgurant.

fulgurant, e adj. Qui fulgure. *Un éclair fulgurant.* Au fig. *Un regard fulgurant.* (Par anal.) *Idée fulgurante,* qui illumine soudainement l'esprit.

fulguration n. f. Éclair qui illumine l'atmosphère sans être suivi par le tonnerre. / Accident causé par la foudre sur un organisme vivant.

fulgurer v. i. [1] Briller, illuminer soudainement, comme l'éclair.

full n. m. (mot anglais) JEUX Au poker, ensemble d'un brelan et d'une paire, dans une main.

full-contact n. m. (mot anglais) Sport de combat dans lequel les adversaires se servent de leurs mains et de leurs pieds protégés par des accessoires spéciaux. *Le full-contact associe les techniques de la boxe et du karaté.* Syn. Boxe américaine. Pl. Des *full-contacts.*

Fuller (Marie-Louise Fuller, dite **Loïe)** 1862-1928 Danseuse américaine. Ses danses du feu, de la fleur, etc. utilisaient des voiles et un éclairage mouvant.

Fuller (Richard Buckminster) 1895-1983 Architecte américain, pionnier de l'utilisation d'éléments identiques assemblés, légers et autoportants, couvrant une grande surface ; on nomme « dômes géodésiques » ses couvertures hémisphériques.

Fuller (Samuel) 1912-1997 Cinéaste américain. Il a peint, sans l'exalter, la violence avec un art dépouillé : *Le Port de la drogue* (1953), *Le Jugement des flèches* (1957), *Shock Corridor* (1963).

Fuji Yama.

fullerène n. m. CHIM. Famille de molécules carbonées dans lesquelles les atomes sont arrangés selon la troisième forme du carbone pur (les deux autres étant le diamant et le graphite). *Les fullerènes ont été découverts en 1985 ; le fullerène C_{60} comporte soixante atomes de carbone uniformément répartis aux sommets d'un isocaèdre tronqué.*

fulmicoton n. m. Nitrocellulose à aspect de coton, constituant un puissant explosif.

fulminant, e adj. Qui foudroie. *Jupiter fulminant.* / CHIM. Qui détone quand la chaleur augmente. *Produit fulminant.* / Fig. En colère ; exprimant la colère. *Regards fulminants.*

fulminate n. m. CHIM. Sel de l'acide fulminique, détonant par percussion ou par friction. *Les fulminates sont utilisés dans la fabrication des amorces.*

fulminer v. i. / v. t. [1] **A.** v. i. Vx Foudroyer. / CHIM. Détoner quand la chaleur augmente. / Fig. S'emporter, se mettre en colère. *Fulminer contre ses adversaires.* **B.** v. t. Litt. Énoncer (qqch.) avec colère, véhémence. *Fulminer des reproches.* / RELIG. CATHOL. En droit canon, publier dans les formes requises (un acte comminatoire, une condamnation). *Fulminer une excommunication.*

fulminique adj. CHIM. *Acide fulminique* : acide très instable, explosif, de formule C=N–OH.

Fulton (Robert) 1765-1815 Mécanicien américain. Il mit au point le principe de la propulsion des navires par la vapeur ainsi qu'un procédé sous-marin de destruction des bâtiments ennemis.

fumage [1] n. m. Action de fumer une terre pour l'amender.

fumage [2] n. m. Action de fumer un aliment pour le conserver.

fumagine n. f. BIOL. Maladie des arbres (notam. fruitiers) causée par des champignons ascomycètes, qui se manifeste par la formation d'une croûte noire à la surface des feuilles de la plante contaminée.

fumaison n. f. Procédé qui permet de conserver les aliments, viandes, poissons ou fromages, en les fumant.

fumant, e adj. Qui fume, dégage de la fumée, de la vapeur. / Fam. Sensationnel. *Un coup fumant.*

fumé, e adj. et n. m. **A.** adj. Qui a été exposé à la fumée, conservé par fumage. *Poisson fumé.* / Fig. *Verre fumé,* de teinte foncée. **B.** n. m. Épreuve d'essai d'une gravure.

fumée n. f. Mélange de particules très fines et de substance gazeuse qui s'élève des corps en combustion en formant une sorte de nuage grisâtre ou noir. / Vapeur dégagée par un liquide que l'on chauffe. / Fig. *S'en aller, partir en fumée* : disparaître, se dissiper sans rien laisser, sans avoir produit qqch. *Un rideau de fumée* : un écran servant à masquer un escamotage. / (Au plur.) Excitation, trouble de l'esprit provoqués par un excès de boisson. *Les fumées du vin.*

fumer [1] v. t. [1] Épandre du fumier, de la fumure sur (une terre) pour l'amender.

fumer [2] v. i. / v. t. [1] **A.** v. i. Produire, répandre de la fumée. *Brasier qui fume en brûlant. Cheminée qui fume.* / Loc. *Fumer comme un sapeur,* beaucoup. / Produire de la vapeur. *Lessiveuse qui fume.* **B.** v. t. Aspirer la fumée produite par la combustion de. *Fumer une cigarette.* / (Absol.) *Avoir envie de fumer. Défense de fumer.* / Exposer (un aliment), pour le conserver, à l'effet dessicatif de la fumée.

fumerolle n. f. Gaz qui s'échappe d'une crevasse et signale la persistance d'une activité volcanique souterraine.

fumet n. m. Arôme qui se dégage des viandes pendant leur cuisson. / Bouquet d'un vin.

fumeterre n. f. BOT. Petite plante herbacée aux menues fleurs pourpres.

fumette n. f. Arg. Drogue à fumer. / Fait, habitude de fumer de la drogue (cannabis, haschisch, opium, etc.). *On se fait une petite fumette ?*

fumeur, euse n. Personne qui a l'habitude de fumer du tabac ou d'autres substances. *Un fumeur d'opium.*

fumeusement adv. De manière fumeuse.

fumeux, euse adj. Vieilli Qui répand de la fumée. / Fig. Confus, vague. *Propos fumeux.*

fumier n. m. Engrais préparé avec la litière des bestiaux mêlée à leurs excréments qu'on a laissé fermenter.

fumigation n. f. Production, en espace clos, à partir de substances médicamenteuses, de fumées ou de vapeurs aux propriétés thérapeutiques ou désinfectantes. / Technique d'utilisation de fumées ou de vapeurs toxiques pour détruire les parasites des végétaux.

fumigène adj. et n. m. Qui produit de la fumée. *Les engins fumigènes (obus, grenades, etc.) sont utilisés notam. pour produire des nuages, des écrans de fumée destinés à servir de camouflage dans les opérations militaires.* / n. m. *Un fumigène* : un engin fumigène.

fumiste n. m. Ouvrier spécialisé dans l'installation et l'entretien des cheminées et des appareils de chauffage. / Fig. fam. n. Personne qui cache son incompétence derrière un rideau de fumée, qui manque de sérieux, sur laquelle on ne peut pas compter.

fumisterie n. f. Profession de fumiste. / Ensemble des appareils et canalisations servant à l'évacuation de la fumée. / Fig., fam. *C'est de la fumisterie, une fumisterie* : c'est digne d'un fumiste, fait par un fumiste.

fumoir n. m. Local dans lequel on fume le poisson ou les viandes. / Pièce, petit salon où l'on se tient pour fumer ; local aménagé pour les fumeurs.

fumure n. f. Action d'amender, de fertiliser une terre par l'apport d'engrais. / Les engrais, les substances utilisées pour cette opération.

fun n. m. Fam. Au Québec, Plaisir, divertissement. *Avoir du fun, un fun noir, un fun vert* : avoir beaucoup de plaisir. / loc. adv. *Pour le fun* : pour le seul plaisir de se divertir, de plaisanter ; pour voir.

funambule n. m. Acrobate qui fait des évolutions sur une corde tendue au-dessus du sol.

funambulesque adj. Digne d'un funambule ; invraisemblable. *Qu'est-ce que c'est que cette histoire funambulesque ?*

funboard n. m. (mot anglais) Planche à voile sans dérive, de petites dimensions, permettant l'exécution de figures acrobatiques (sauts, etc.). / Sport pratiqué avec cette planche à voile.

funèbre adj. Relatif aux funérailles. *Rites funèbres.* / Qui est d'une tristesse qui évoque la mort ; lugubre, macabre. *Une musique funèbre.*

funérailles n. f. pl. Cérémonie qui accompagne les enterrements.

funéraire adj. Qui concerne les funérailles. *Monument funéraire. Urne funéraire,* qui renferme les cendres d'un mort.

funérarium n. m. Établissement où l'on conserve les corps des défunts et où se rassemblent les familles avant les funérailles.

Funès (Louis de) 1914-1983 Acteur français à la verve comique irrésistible, parfois hystérique, parfois d'une grande finesse (*La Traversée de Paris*, 1956 ; *Les Aventures de Rabbi Jacob*, 1973).

funeste adj. Qui est signe de mort, de malheur, de désastre. *Pressentiment, décision funeste.*

funiculaire n. m. Chemin de fer tracté par câbles, qui peut monter de fortes pentes.

funicule n. m. BOT. Pédoncule réunissant le placenta à l'ovule, contenant le faisceau nourricier de ce dernier.

F

F

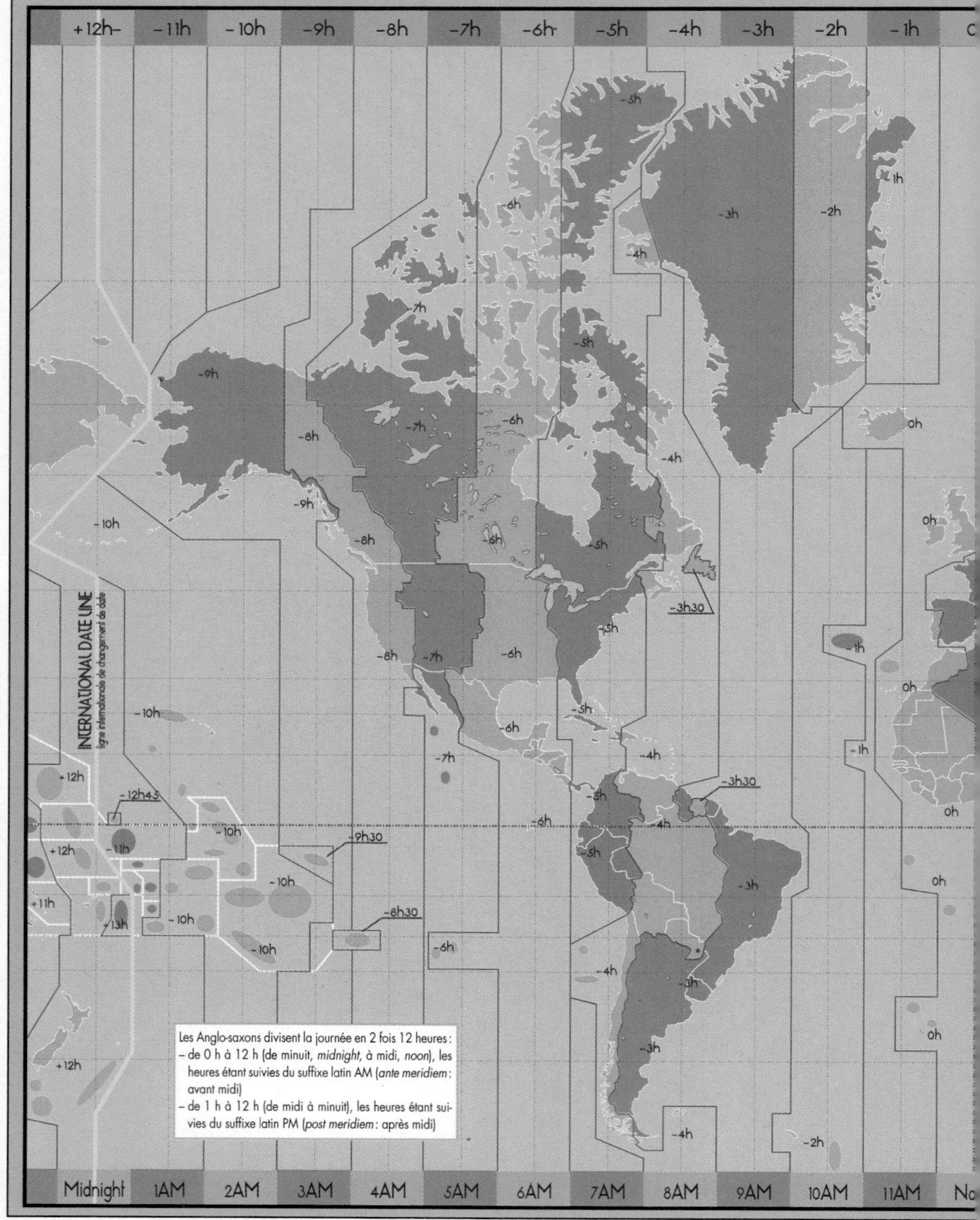
+12h- -11h -10h -9h -8h -7h -6h -5h -4h -3h -2h -1h
INTERNATIONAL DATE LINE
ligne internationale de changement de date
-3h30
-9h30
-8h30
-12h45
Les Anglo-saxons divisent la journée en 2 fois 12 heures :
– de 0 h à 12 h (de minuit, *midnight*, à midi, *noon*), les heures étant suivies du suffixe latin AM (*ante meridiem* : avant midi)
– de 1 h à 12 h (de midi à minuit), les heures étant suivies du suffixe latin PM (*post meridiem* : après midi)
Midnight 1AM 2AM 3AM 4AM 5AM 6AM 7AM 8AM 9AM 10AM 11AM

1h
+2h
+3h
+4h
+5h
+6h
+7h
+8h
+9h
+10h
+11h
+12h-
-11h
INTERNATIONAL DATE LINE
ligne internationale de changement de date
+3h30
+4h30
+5h45
+5h30
+6h30
+9h30
-12h45
+13h
-10h
PM
2PM
3PM
4PM
5PM
6PM
7PM
8PM
9PM
10PM
11PM
Midnight
1AM

F

Le **furet**.

funk n. m. et adj. inv. (mot anglo-américain) MUS. Forme de musique apparue dans les années 1970, qui mêle rock et rythm'n'blues. *Le funk est inspiré du funky.*

Funk (Casimir) 1884-1967 Biochimiste américain. Il découvrit les vitamines en 1912 et en inventa le nom.

funky n. m. et adj. inv. (mot anglo-américain) MUS. Style de musique d'inspiration afro-américaine, apparu dans les années 1960, et qui, issu d'un courant de jazz (le hard-bop), mêle jazz et rock, en se rapprochant des formes populaires de la musique noire.

furax adj. inv. Fam. Furieux. *Il est sorti furax de son rendez-vous.*

fur et à mesure (au) loc. adv. Successivement, en suivant un certain ordre. *Ranger les couverts au fur et à mesure.* / loc. conj. *Résoudre les problèmes au fur et à mesure qu'ils se présentent.* / loc. prép. *Distribuer les secours au fur et à mesure des besoins.*

furet n. m. ZOOL. Variété de putois albinos ou partiellement albinos, qui était domestiqué et utilisé pour chasser les lapins (qu'il est capable de débusquer dans leur terrier). / Jeu de société dans lequel un joueur tente de découvrir dans quelle main se trouve un objet que les autres joueurs se passent de l'un à l'autre.

Furet (François) 1927-1997 Historien français. Membre de l'école des Annales, spécialiste de la Révolution française (*La Révolution de Turgot à Jules Ferry 1770-1880*, 1988), il en a contesté l'interprétation marxiste et appliqué sa grille d'interprétation du phénomène révolutionnaire à la révolution russe d'octobre 1917 et à l'histoire des partis communistes (*Le Passé d'une illusion*, 1995).

fureter v. i. [1] CHASSE Chasser du gibier au furet. / Par ext., fam. Chercher à découvrir qqch., fouiner. *Fureter partout.*

fureteur, euse adj. Qui furète.

Furetière (Antoine) 1619-1688 Écrivain français, auteur du *Roman bourgeois* (1666), où il décrit les mœurs de Paris sous Louis XIV. En 1684, il commença la rédaction d'un *Dictionnaire universel* concurrent de celui de l'Académie, qui l'exclut en 1685 (elle l'avait élu en 1662) parce qu'il n'avait pas respecté le monopole dont elle jouissait dans l'édition de dictionnaires.

fureur n. f. Colère violente. / Passion démesurée. *Fureur de vivre. Faire fureur*: être très à la mode. / Violence. *Le vent soufflait avec fureur.*

furibard, e adj. Fam., iron. Furibond.

furibond, e adj. En proie à une extrême fureur; qui manifeste de la fureur. *Ce contretemps l'a rendu furibond. Jeter des regards furibonds.*

furie n. f. Colère extrême et violente. / Fig. Agitation extrême. *La mer en furie.* / Fig. Femme méchante et coléreuse; harpie.

Furie MYTH. ROM. Chacune des trois divinités infernales que les Grecs appelaient Érinyes. Elles vengent les victimes en punissant les coupables.

furieusement adv. Avec furie.

furieux, euse adj. Qui ressent de la fureur, de la furie. *Guerrier furieux.* / (Sens atténué) Très mécontent. *Il est reparti furieux après votre entretien.* / Qui dénote de la furie, de la colère. *Avoir l'air furieux.* / Violent. *Donner des coups furieux contre une porte.* / Fig. Extrêmement agité. *Mer furieuse.*

furioso adj. et adv. (mot italien) MUS. Impétueux, violent. *Allegro furioso.*

Furius Camillus (Marcus) ?-365 av. J.-C. Général romain qui lutta contre les Étrusques et fit fortifier le Capitole.

Furnes, en néerl., *Veurne 11 000 h.* Ville de Belgique. Longtemps convoitée par les Français, elle fut conquise par les armées de la Révolution et fit partie du département de la Lys. Redevenue belge, elle fut, pendant la Première Guerre mondiale, la capitale de la Belgique libre.

furoncle n. m. MÉD. Inflammation sous-cutanée due à l'infection d'un follicule pileux par le staphylocoque doré.

furonculeux, euse adj. MÉD. De la nature du furoncle. *Inflammation furonculeuse.* / Atteint de furoncles.

furonculose n. f. MÉD. Éruption d'une série de furoncles.

Fürst (Walter) XIIIe siècle Citoyen du canton suisse d'Uri qui aurait prêté, au nom de ce canton, le serment du Grütli (1291).

furtif, ive adj. Qui se fait de manière rapide en se dérobant à la vue des autres, en se cachant. *Saluer qqn d'un geste furtif. Lancer un regard furtif.* / *Avion furtif*, dont la structure et les matériaux ont été conçus pour le rendre indétectable aux radars.

furtivement adv. De manière furtive.

Furtwängler (Wilhelm) 1886-1954 Chef d'orchestre allemand qui dirigea des œuvres de Beethoven, Wagner, Schönberg.

FUSAIN

fusain n. m. BOT. Arbuste à feuilles vertes, minces et luisantes. / Charbon très léger obtenu par la combustion du fusain et servant à dessiner; crayon fait avec ce charbon. / Dessin réalisé au fusain.

• **fuseau** n. m. Anc. Petit instrument en bois, renflé au centre et effilé à chaque bout, servant à filer à la quenouille. / Petit instrument de forme identique, utilisé pour faire de la dentelle. / *Pantalon fuseau* ou *fuseau*, dont les jambes se rétrécissent vers le bas. / BIOL. *Fuseau achromatique*: faisceau de fibrilles protéiques disposées symétriquement entre les centrosomes et auquel s'accrochent les chromosomes dans leur migration vers les pôles de la cellule, pendant la mitose et la méiose. / ZOOL. Mollusque gastropode à branchies, à la coquille longue et pointue. / MATH. Partie de la surface d'une sphère comprise entre deux demi-cercles ayant un diamètre commun. / *Fuseau horaire*: chacune des 24 divisions idéales de la surface terrestre comprise entre deux méridiens qui est soumise à la même heure légale *(voir carte page précédente)*.

Fusée.

fusée n. f. Engin propulsé par l'échappement des gaz en combustion qui produit une force en sens inverse provoquant le mouvement. / Pièce d'artifice contenant de la poudre servant à divers usages (feux d'artifice, signaux de détresse). / MILIT. Dispositif placé sur les bombes pour provoquer leur explosion. / Portion de fil qui peut être enroulé autour d'un fuseau. / Extrémité d'un essieu qui entre dans le moyeu d'une roue.

fuselage n. m. Partie centrale d'un avion ayant une forme étudiée pour offrir la moindre résistance à l'air. *Le fuselage supporte la voilure et contient la partie où se trouvent les passagers, le poste de pilotage, les bagages.*

fuselé, e adj. En forme de fuseau. *Colonne fuselée.* Syn. Fusiforme. / Par ext. Galbé. *Doigts fuselés.*

fuser v. i. [1] Fondre, se répandre sous l'effet de la fusion. *Une bougie qui fuse.* / CHIM. Se décomposer au contact du feu en crépitant. *Un sel qui fuse.* / Brûler en déflagrant. *Une poudre qui fuse.* / Par ext. Jaillir. *La vapeur fuse.* Au fig. *Des cris fusent de partout.*

fusible adj. et n. m. Qui a la propriété de fondre. / n. m. Élément fait d'un alliage spécial qui fond rapidement lorsque l'intensité du courant devient trop forte, constituant ainsi une protection pour le circuit électrique.

fusiforme adj. En forme de fuseau.

fusil n. m. Anc. Morceau d'acier qui permettait de faire jaillir une étincelle lorsqu'on le frottait à un silex. / Pierre de silex taillé qui servait à enflammer la poudre dans les anciennes armes à feu. / Arme à feu por-

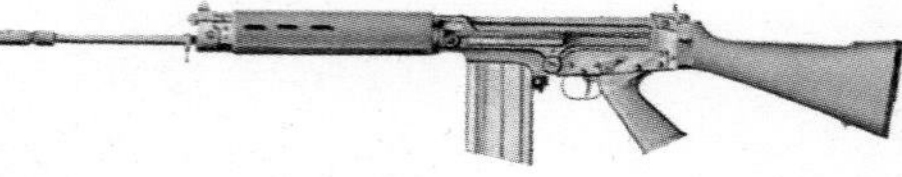

Fusil mitrailleur.

Ci-contre : Le Cauchemar, de ***Johann Heinrich Füssli,*** *1782 (Detroit Institute of the Arts). Ci-dessus, une autre version datant de 1790-1791 (Francfort, Goethemuseum).*

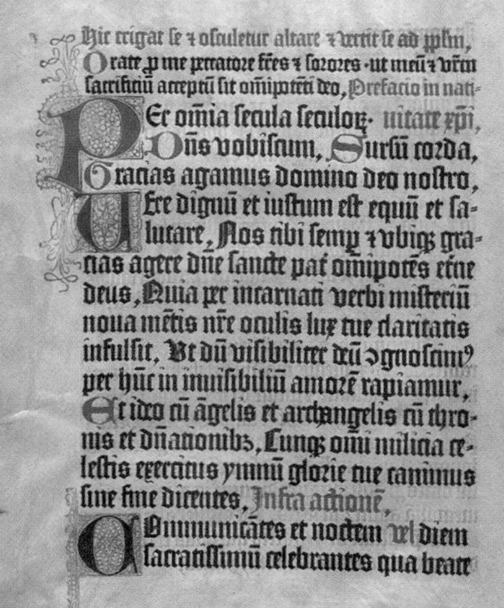

Hic erigat se ⁊ osculetur altare a dextris se ad ipsum,
Orate pro me peccatore fres ⁊ sorores ·ut meū ⁊ vrm
sacrificiū acceptū sit omipotēti deo. Prefacio in nati-
Per omīa secula seculorū· uitate xpi,
Dñs vobiscum. Sursū corda,
Gracias agamus domino deo nostro,
Vere dignū et iustum est equū et sa-
lutare, Nos tibi semp ⁊ vbiqz gracias agere dñe sancte pat omipotēs etne
deus, Quia per incarnati verbi misteriū
noua mētis nře oculis lux tue claritatis
infulsit, Vt dū visibiliter deū cognoscim⁹
per hūc in inuisibiliū amorē rapiamur,
Et ideo cū āgelis et archangelis cū thro-
nis et dñacionibz, Cumqz omni milicia ce-
lestis exercitus ymnū glorie tue canimus
sine fine dicentes, Infra actionē,
Communicātes et noctem vel diem
sacratissimū celebrantes qua beate

Johann Fust et Peter Schöffer : Canon Missae (Canon de la Messe), *Mayence, 1458.*

tative comportant un canon fixé sur un fût en bois, un système de visée et de mise à feu. / Personne qui pratique le tir au fusil. *C'est un excellent fusil.* / Pierre ou instrument en acier utilisés pour aiguiser les couteaux ou certains outils. / Fig. *Changer son fusil d'épaule* : changer de manière d'agir ; procéder de façon différente.

fusilier n. m. Anc. Soldat armé d'un fusil. / *Fusilier marin* : marin formé pour les combats d'abordage et de débarquement et chargé du maintien de l'ordre à bord d'un bateau.

fusillade n. f. Décharge simultanée de plusieurs fusils ou armes à feu. / Affrontement au cours duquel on échange des coups de feu.

fusiller v. t. [1] Tuer, exécuter à coups de fusil. *Vous serez fusillé à l'aube.* Loc. fig. *Fusiller qqn du regard*, lui lancer un regard chargé d'animosité.

fusil-mitrailleur n. m. Arme à tir automatique capable de propulser les balles en rafales (abrév. *F.M.*). Pl. Des *fusils-mitrailleurs.*

fusion n. f. Passage d'un corps de l'état solide à l'état liquide sous l'effet de la chaleur. / PHYS. NUCL. Constitution d'un atome lourd par réunion de plusieurs atomes plus légers. *Lors d'une fusion, la masse de l'atome obtenu est inférieure à la masse totale des atomes de départ ; il y a libération d'une quantité importante d'énergie, déterminée par cette différence de masse.* / Réunion de divers éléments en un tout. *Nation qui résulte de la fusion de plusieurs peuples. Fusion de sociétés commerciales.*

fusionnel, elle adj. PSYCHOL. *Relation fusionnelle* : relation affective dans laquelle les individus se différencient peu les uns des autres.

fusionnement n. m. Action de fusionner.

fusionner v. t. / v. i. [1] Regrouper par fusion (des groupes, des sociétés). / v. i. Se regrouper par fusion.

Füssli (Johann Heinrich) 1741-1825 Peintre et dessinateur suisse. À Londres (sous le nom de *Henry Fuseli*), où il était ami de William Blake, il s'inspira de Shakespeare et d'Homère pour réunir histoire et légende, rêve et érotisme : *Le Cauchemar* (1782), *Les Trois sorcières de Macbeth* (1783).

Fust (Johann) 1400 ?-1466 Imprimeur allemand. À Mayence, vers 1450, il s'associe à Gutenberg, qui travaillait à l'impression de la *Bible à 42 lignes*. En 1455, il lui demande, en justice, de lui restituer les sommes qu'il lui a versées. Pendant le procès, Gutenberg, insolvable, doit remettre à Fust son matériel et, peut-être, la Bible. En 1457, Fust s'associe à Peter Schöffer, auquel Gutenberg a transmis son savoir, et les deux hommes impriment le Psautier de Mayence.

fustanelle n. f. Jupon court, plissé, qui fait partie du costume traditionnel grec autrefois porté par les hommes, aujourd'hui réservé aux manifestations folkloriques et à la parade.

Fustel de Coulanges (Numa Denis) 1830-1889 Historien français, auteur de *La Cité antique* (1864) qui retrace la naissance et l'évolution des institutions sociales de la Grèce antique et de l'Empire romain. Il étudia aussi l'*Histoire des institutions de l'ancienne France* (1875-1892).

fustigation n. f. Action de fustiger. / Fig. Blâme, sévère désapprobation.

fustiger v. t. [1] Battre (qqn) à coups de fouet, de bâton. / Fig. Blâmer, critiquer durement (qqch., qqn). *Fustiger les vices de ses contemporains. Fustiger ses adversaires.*

fût n. m. Partie d'un arbre comprise entre le sol et les premières branches. / ARCHIT. Corps d'une colonne, entre la base et le chapiteau. / Tonneau de capacité variable destiné à contenir des liquides, particulièrement du vin. / Monture supportant le canon d'une arme à feu.

Futabatei Shimei (Hasegawa Tatsunosuke, dit**)** 1864-1919 Écrivain japonais. Traducteur de russe, il fit connaître au public japonais Tourgueniev et Gogol ; ses romans utilisent, pour la première fois, le dialecte de Tokyo, rompant avec la tradition qui ne considérait comme « littéraire » que la langue « classique », inchangée depuis le XIIe siècle.

futaie n. f. Portion de forêt cultivée en vue de produire des arbres de grande taille.

futaille n. f. Tonneau ; ensemble de tonneaux.

futaine n. f. Anc. TEXT. Étoffe croisée à chaîne de fil et trame de coton.

futé, e adj. et n. Fam. Perspicace, malin. / Subst. *C'est un(e) futé(e), un(e) petit(e) futé(e).*

futile adj. Insignifiant, frivole ; vain. *Des propos futiles. Une personne futile.*

futilement adv. De manière futile.

futilité n. f. Caractère de ce qui est futile, d'une personne futile.

futon n. m. (mot japonais) Matelas souple et peu épais, fait d'une toile de coton surpiquée, bourrée de flocons de coton. *Le futon est conçu pour être roulé et rangé après la nuit afin de libérer de l'espace.*

Futuna (île) *110 km^2 4816 h.* Île volcanique d'Océanie, qui fait partie du territoire français d'outre-mer Wallis-et-Futuna.

futur, e adj. et n. m. **A.** adj. Qui adviendra. *Les temps futurs.* / RELIG. *La vie future,* qui adviendra dans l'au-delà. / (Placé avant le nom) Qui sera tel, ou est destiné à l'être. *Les futurs époux.* / Subst. (vieilli ou par plaisant.) *Le futur, la future* : les futurs époux. *Je vous présente ma future.* **B.** n. m. GRAMM. Temps du verbe exprimant un état ou une action à venir. / *Futur antérieur* : temps indiquant une action à venir qui sera antérieure à une autre action à venir. *Dans la phrase « J'aurai fini quand tu arriveras », « j'aurai fini » est au futur antérieur.* / Anglicisme (emploi critiqué) Avenir.

• **futurisme** n. m. BX-ARTS., LITT. Tout mouvement philosophique, artistique, culturel qui s'intéresse prioritairement à ce qui préfigure, annonce l'avenir, en négligeant le passé et en se détachant du présent.

futuriste adj. et n. Qui semble préfigurer le futur. *Une vision futuriste.* / Propre ou relatif au futurisme ; adepte du futurisme. *Un peintre futuriste.*

futurologie n. f. Étude prospective de la société, de son évolution dans l'avenir, des perspectives techniques, économiques, scientifiques, sociales.

futurologue n. Spécialiste de futurologie.

fuyant, e adj. Qui fuit. / Fig. Qui se dérobe, qui n'est pas franc. / Qui paraît s'éloigner dans l'arrière-plan. *Perspective, ligne fuyante.* / Dont les contours sont en retrait par rapport à l'ensemble du visage. *Menton fuyant.*

fuyard, e adj. et n. Qui s'enfuit. / Subst. *Courir après les fuyards.*

Fuzuli (Mehmed ben Süleyman) 1480 ?-1556 Poète turc d'origine kurde, d'expression arabe, persane et turque. Ses nombreux *diwans* (recueils) chantent l'amour, la mort, la douleur.

Futuna.

FUTURISME

Illustration pour la couverture de Poésie à Beny de Marinetti.

Le *futurisme italien* est né, en 1909, sous l'impulsion du poète italien Marinetti. Violemment polémique, le futurisme réclame l'abolition de la conception classique de l'art, veut exprimer la beauté du monde moderne dans sa violence, célébrant la vitesse, la machine, le dynamisme. Dans leurs réalisations, les peintres futuristes, Balla, Severini, Boccioni, tentèrent de restituer les phases successives du mouvement en s'inspirant des cubistes qui s'attachaient à représenter un objet sous toutes ses faces. Le *futurisme russe* est apparu en Russie dans les années 1910 ; il comprend divers courants attachés à la recherche de nouvelles formes d'expression en phase avec la réalité du monde moderne (en particulier le dynamisme, mais également les enjeux sociaux et politiques).
Ces préoccupations se traduisent par une grande variété de style et une impressionnante vitalité. En peinture, on va de l'art abstrait (suprématisme de Malevitch, rayonnisme de Larionov et Gontcharova, constructivisme) à l'art appliqué (affiches, typographie, architecture, costumes et décors de théâtre, etc.). On assiste en outre à la redécouverte et à l'exploration du patrimoine artistique russe (primitivisme de Larionov et Gontcharova). En littérature, la poésie est largement prédominante. L'importance du langage comme matériau est mise en avant (travail sur le vocabulaire, utilisation de néologismes, effort de renouvellement du rythme et de la syntaxe). La provocation est souvent présente, comme en témoigne le titre du manifeste *Une gifle au goût du public*.

Affiche du film Pépé le Moko *de Julien Duvivier, avec* **Jean Gabin**.

gaba n. m. (acronyme pour *gamma aminobutyric acid*, en anglais) BIOCHIM. Acide γ-aminobutyrique, de formule NH_2–$(CH_2)_3$–COOH, acide aminé ayant une fonction de neurotransmetteur.

gabardine n. f. Tissu croisé de laine, très serré. / Vêtement imperméable confectionné dans ce tissu.

gabare ou **gabarre** n. f. MAR. Embarcation pour le transport des marchandises, dans les ports ou sur les rivières. / Filet de pêche utilisé à l'embouchure des cours d'eau.

gabarit n. m. Modèle en vraie grandeur servant à tracer ou à façonner un élément ou un ouvrage (notam. dans la construction navale). / Appareil de mesure servant à vérifier des formes ou des dimensions. / CH. DE FER *Gabarit de chargement* : arceau permettant de contrôler le chargement des wagons découverts. / Dimension ou forme réglementée. / Dimension physique ou morale de qqn.

gabbro n. m. GÉOL. Roche magnétique basique, grenue, sombre, constituée essentiellement de feldspath calco-sodique et de pyroxène.

gabegie n. f. Désordre dû à une mauvaise administration, gaspillage résultant d'une gestion financière déficiente.

gabelle n. f. HIST. Sous l'Ancien Régime, impôt annuel payé par tous les sujets sur l'achat de sel. / Administration chargée de collecter cet impôt.

gabelou n. m. HIST. Commis de la gabelle. / Mod. péjor. ou plaisant. Douanier.

Gabès *92 300 h.* Ville du sud de la Tunisie, sur le golfe de Gabès. Chef-lieu du gouvernorat. Port de pêche. Industries. Palmeraie. Arbres fruitiers.

gabier n. m. Marin affecté à la manœuvre d'un navire.

Gabin (Jean Alexis Moncorgé, dit **Jean)** 1904-1976 Acteur français. Tête d'affiche du cinéma d'avant-guerre avec *Pépé le Moko* de Julien Duvivier (1937), *La Grande Illusion* de Jean Renoir (1937), *Quai des Brumes* de Marcel Carné (1938), il incarna, après la Deuxième Guerre mondiale (à laquelle il prit part comme engagé volontaire), des personnages de gangsters et d'hommes mûrs, puis de vieillards, souvent bougons, sans abandonner la veine populaire de ses débuts (*Touchez pas au grisbi*, 1954; *Maigret tend un piège*; 1957; *En cas de malheur*, 1958; *Un singe en hiver*, 1962; *Le Pacha*, 1968; *Le Chat*, 1971), et sans s'interdire de figurer parfois dans des films purement commerciaux (*L'Année Sainte*, 1976).

gable ou **gâble** n. m. ARCHIT. Pignon triangulaire coiffant un portail ou une fenêtre, très employé dans l'architecture gothique.

Clark Gable *et Claudette Colbert dans* New York-Miami *de Frank Capra (1934).*

Dennis Gabor.

Gable (Clark) 1901-1960 Acteur américain. Il dut son succès à des rôles d'aventuriers et de séducteurs, notamment dans *Les Révoltés du Bounty* de Frank Lloyd (1935) ou *Autant en emporte le vent* de Victor Fleming (1939). C'est par une comédie de Frank Capra, *New York-Miami* (1934), qui lui valut un Oscar d'interprétation, que débuta sa carrière de star. Elle s'acheva avec *Les Désaxés* (*The Misfits*) de John Huston, sorti en 1961.

Gabo (Naum Neemia Pevsner, dit **Naum)** 1890-1977 Sculpteur américain d'origine russe. Frère cadet d'Anton Pevsner, il s'intéressa comme lui aux mouvements d'avant-garde. Il participa au développement du constructivisme, dont il expose les principes dans *Le Manifeste réaliste* (1920), signé aussi par son frère.

• **Gabon** État d'Afrique équatoriale, sur l'océan Atlantique, encadré par la Guinée équatoriale et le Cameroun, au nord, et le Congo, à l'est et au sud.

gabonais, e adj. et n. Du Gabon. *Forêt gabonaise. Un(e) Gabonais(e).*

Gabor (Dennis) 1900-1979 Physicien britannique d'origine hongroise. Ses travaux portant sur l'optique électronique et la théorie de l'information l'amenèrent à inventer l'holographie en 1948.

Gaboriau (Émile) 1832-1873 Écrivain français. Son roman *L'Affaire Lerouge* (1866), pour lequel il s'inspire des *Histoires extraordinaires* d'Edgar Poe, marque la naissance du roman policier. Il publia en 1867 *Le Crime d'Orcival* et *Le Dossier n° 113*, et, en 1869, *Les Esclaves de Paris* et *Monsieur Lecoq*.

Gaborone (autrefois *Gaberones*) *133 500 h.* Capitale du Botswana, dans le sud-est du pays, à la frontière de l'Afrique du Sud. Centre administratif et universitaire. Aéroport international.

Gabriel Archange des traditions juive, chrétienne et musulmane. Dans l'Ancien Testament (Livre de Daniel), il interprète visions et prophéties. Dans les Évangiles, il annonce la naissance de Jean-Baptiste à Zacharie et celle de Jésus à Marie. Selon la tradition musulmane, c'est lui qui révèle à Mahomet sa vocation prophétique.

Gabriel Famille d'architectes français. **Jacques** 1667-1742 Contrôleur des Bâtiments du roi, il dessine à Bordeaux la place Royale (actuelle place de la Bourse) et reconstruit le centre de la ville de Rennes après l'incendie de 1720. **Jacques Ange** 1698-1782 Fils du précédent. Il lui succède comme premier architecte du roi et directeur de l'Académie d'architecture. Il construit les deux édifices bordant la place Louis XV (auj. place de la Concorde) et l'École Militaire, à Paris, le Petit Trianon et l'Opéra de Versailles, et remanie plusieurs résidences royales (Fontainebleau, Compiègne, Choisy).

Gabrieli (Andrea) 1510?-1586 Compositeur et organiste vénitien qui fit d'abord carrière en Bavière. Organiste à Saint-Marc, il composa la musique des fêtes données à Venise à l'occasion de la victoire de Lépante (1571) et de la visite d'Henri III (1574).

Le Petit Trianon, une œuvre de **Jacques Ange Gabriel**.

GABON

Superficie : *267 668 km²* – **Nombre d'habitants :** *1 200 000 h.* – **Capitale :** *Libreville*
Villes principales : *Port-Gentil, Masuku* – **Système politique :** *république*
Langue(s) : *français* – **Religion(s) :** *catholicisme, protestantisme* – **Monnaie(s) :** *franc C.F.A.*

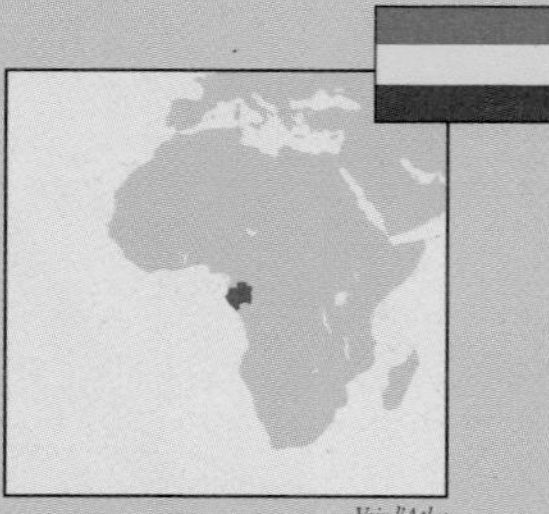

Voir l'Atlas

Géographie physique et humaine

Le pays constitue le bassin de l'Ogooué, qui prend sa source au Congo. La forêt dense occupe 80 % du pays. La plaine côtière, rectiligne au sud et au centre, comporte des lagunes ; au nord, des rias la pénètrent profondément. Libreville et Port-Gentil (à l'embouchure de l'Ogooué) sont bâtis sur des promontoires.
Le climat équatorial, chaud et très humide, favorise la croissance de très beaux arbres dans la forêt dense. La saison sèche est courte. La région de Libreville est la plus arrosée. La population comprend 60 ethnies. Plus de 95 % des Gabonais sont chrétiens (dont 65 % sont catholiques). Le taux d'urbanisation avoisine les 50 %.

Économie

Le bois (notamment l'okoumé) constitue la principale richesse, et le manioc la principale culture vivrière. La richesse minière est importante : pétrole offshore, uranium (4ᵉ rang mondial), manganèse, phosphate. Jusqu'en 1994 (dévaluation du franc C.F.A.), la crise a frappé le pays, puis la croissance est revenue, mais le cours du pétrole est soumis à d'importantes variations et l'Indonésie concurrence le Gabon dans le secteur du bois.

Vue de Libreville.

Histoire

On rencontre dans la savane et la forêt des vestiges préhistoriques mais l'on ne sait à peu près rien du peuplement primitif du Gabon bien que la présence très ancienne des Pygmées soit attestée ; ils ont été suivis, à des dates indéterminées, par d'autres ethnies, comme les Fang. Les Portugais reconnaissent la côte au début du XVᵉ siècle, le commerce de l'ivoire et des esclaves se développe entre le XVIIᵉ et le début du XIXᵉ siècle. En 1843, les Français installent un fort sur la rive nord de la baie du Gabon et, en 1849, fondent Libreville, qui se peuple d'esclaves libérés. L'exploration de l'intérieur demande plus d'un demi-siècle. Le pays passe progressivement sous contrôle français : Libreville est de 1888 à 1904 la capitale du Congo français, avant d'être supplantée par Brazzaville. En 1910, le Gabon devient une des colonies de l'Afrique-Équatoriale française. Au cours de la Deuxième Guerre mondiale, le Gabon se rallie à la France libre. Léon M'Ba, maire de Libreville, fonde le Bloc démocratique gabonais. Il devient en 1961 le premier président de la République gabonaise (autonome dans le cadre de l'Union française en 1958, indépendante le 17 août 1960) ; à sa mort (1967), Albert-Bernard Bongo lui succède et, en 1968, instaure un régime de parti unique. Il lance l'exploitation du pétrole. En 1973, il se convertit à l'islam et adopte le prénom d'Omar. En 1990, après les émeutes de Port-Gentil, il réintroduit le multipartisme ; une nouvelle Constitution est adoptée en 1991. En 1993 et 1998, il remporte l'élection présidentielle.

Giovanni 1557-1612 Neveu du précédent. Il est le premier compositeur à employer de grands ensembles vocaux et instrumentaux.
Gace Brulé (v. 1159-apr. 1213) Trouvère champenois dont certaines chansons sont assorties d'une notation musicale.
gâche [1] n. f. TECHN. Outil servant à gâcher, à délayer le plâtre, le ciment.
gâche [2] n. f. TECHN. Pièce recevant le pêne d'une serrure ou la crémone d'une fenêtre.
gâcher v. t. [1] Délayer avec de l'eau (du plâtre, du ciment, etc.). / Fig. Perdre, compromettre par un mauvais usage ; ruiner. *Gâcher son temps, la nourriture. La pluie a gâché nos vacances.*
Gachet (Paul Ferdinand) 1828-1909 Médecin, peintre, graveur et amateur d'art français. Lié à de nombreux peintres, il accueillit Van Gogh dans sa maison d'Auvers-sur-Oise.
gâchette n. f. Pièce d'une arme à feu qui, actionnée par la détente, commande le percuteur. / TECHN. Petite pièce d'une serrure qui maintient le pêne.
gâchis n. m. Mortier confectionné avec du plâtre, du ciment ou de la chaux et de l'eau. / Accumulation de choses gâchées, abîmées. / Fig. Gaspillage. / Fig. Situation embrouillée, désordre. *Gâchis politique.*
Gad Personnage biblique, fils de Jacob, ancêtre éponyme d'une tribu d'Israël.
Gadda (Carlo Emilio) 1893-1973 Écrivain italien. Il pourfend la haute société de Milan dans *La Madone des philosophes* (1931) et *La Connaissance de la douleur* (1938-1941, édition complète en 1963), où il dénonce la collusion de la bourgeoisie et du fascisme. *L'Affreux Pastis de la rue des Merles* (1957) connut un vif succès ; il relate un fait divers qui provoque l'intervention d'une multitude de citoyens de Rome dont chacun parle un dialecte différent des autres.
Gaddi Famille de peintres florentins dont la manière est voisine de celle de Giotto. **Taddeo** v. 1300-1366 Fils du peintre mosaïste Gaddo, il fut pendant plus de vingt ans le collaborateur de Giotto. **Agnolo** v. 1340-1396 Fils et élève du précédent, il travailla au Vatican et à Florence.
gadget n. m. (mot américain) Objet, appareil nouveau, amusant ou ingénieux, plus ou moins utile.
gadidés n. m. pl. ZOOL. Famille de poissons téléostéens possédant souvent, sous la mandibule, un barbillon tactile. *La morue, l'églefin, le merlan, le lieu sont des gadidés.*
gadin n. m. Pop. *Prendre, (se) ramasser un gadin* : tomber (en parlant d'une personne).
gadjo, gadji(e) n. (mot tsigane) Personne qui n'appartient pas au monde des Gitans, des Tsiganes.
gadolinium n. m. CHIM. Élément de numéro atomique 64, de masse atomique 157,25, appartenant au groupe des lanthanides (symbole : Gd).
gadoue n. f. Terre détrempée par la pluie. / Terre mêlée d'immondices, utilisée comme engrais.
gaélique adj. et n. m. Propre ou relatif aux Gaëls. / n. m. LING. Groupe des langues celtiques parlées en Écosse et en Irlande.
Gaëls Peuple celte qui s'installa dans les îles britanniques au Iᵉʳ siècle av. J.-C., tout particulièrement dans les territoires correspondant au pays de Galles et à l'Irlande actuels.
Gaète *22 340 h.* Ville d'Italie, dans le Latium (port de pêche, pétrole, raffinage). Gaète servit de refuge à Pie IX en 1848 ; le royaume des Deux-Siciles s'effondra avec la prise de la ville (1861).
gaffe [1] n. f. Perche utilisée pour la manœuvre d'une embarcation.
gaffe [2] n. f. Fam. Bêtise, maladresse. / Fam. *Faire gaffe* : faire attention.
gaffer [1] v. t. [1] Atteindre (qqch.), manœuvrer (une embarcation) avec une gaffe.
gaffer [2] v. i. [1] Fam. Commettre une gaffe.
gaffeur, euse n. Personne qui commet une gaffe, commet souvent des gaffes.
Gafsa *60 900 h.* Ville de Tunisie méridionale, sur le site de l'ancienne ville numide de Capsa. Chef-lieu de gouvernorat. Centre d'une région où abonde le phosphate.

Iouri Alekseievitch Gagarine.

gag n. m. (mot anglais) Péripétie inattendue provoquant un effet comique, dans un film. / Situation comique.
gaga adj. et n. Fam. Gâteux.
Gagaouzes Population de langue turque et de religion orthodoxe qui vit dans le sud de la république de Moldavie. Quand, après l'éclatement de l'Union soviétique, celle-ci accéda à l'indépendance, ils voulurent créer leur république, la Gagaouzie. Cette entité reçut en 1994 un statut d'autonomie.
Gagarine (Iouri Alekseievitch) 1934-1968 Cosmonaute soviétique. Il a été le premier homme à accomplir un vol spatial (108 minutes) autour de la Terre à bord du vaisseau Vostok 1. Il trouva la mort dans un accident au cours d'un vol d'entraînement.
gage n. m. DR. Bien mobilier remis à un créancier pour garantir le paiement d'une dette. *Prêteur sur gages.* / Fig. Tout ce que l'on dépose en garantie. / Fig. Garantie, caution, preuve. *Donner un gage d'amitié.* / Dans certains jeux, pénitence imposée par les autres joueurs au perdant. / (Au plur.) Rémunération des employés de maison. / *Tueur à gages* : homme payé pour exécuter un assassinat.
gager v. t. [1] Garantir (qqch.) par un gage. *Gager une créance.* / (Vieilli) Parier. *Je gage que vous mentez.*
gageure n. f. Vx Promesse réciproque entre deux personnes qui font un pari. / Litt. Action, projet qui ressemble à un défi.
gagnage n. m. Vx ou CHASSE Pâturage ; lieu où se nourrit le gibier.
gagnant, e adj. et n. Qui gagne.
gagne n. f. SPORT Fam. Envie, volonté de gagner.

Jonathan Buttall (The Blue Boy), v. *1776, par* ***Thomas Gainsborough*** *(Huntington Art Gal., San Marino, Calif.)*

gagne-pain n. m. inv. Ce qui permet de gagner sa vie (métier, instrument de travail).
gagne-petit n. m. inv. Péjor. Personne aux revenus médiocres, chichement acquis.
gagner v. t. / v. i. [1] **A.** v. t. **I.** Obtenir (un gain, un avantage). *Gagner de l'argent, du temps, du terrain. Gagner une heure, un mètre, cent francs. Avoir tout à (y) gagner. Vous l'avez bien gagné*: vous le méritez. / Vaincre, emporter le gain de. *Gagner la bataille, une course, un pari.* (Par ellipse) *Gagner au loto. Gagner d'une longueur.* / Fig. Conquérir (qqch.) *Gagner la confiance de qqn. Gagner les cœurs.* **II.** Se diriger vers, atteindre (un lieu). *Gagner le large, la sortie. L'incendie a gagné le grenier.* Au fig. *Se laisser gagner par le sommeil.* **B.** v. i. Vaincre. *C'est lui qui a gagné. Gagner sur*: l'emporter sur. / *Gagner à*: avoir avantage, intérêt à. *Il gagne à être connu.* / *Gagner en*: faire des progrès en (tel domaine). *Gagner en influence.*
gagneur, euse n. Personne qui a la volonté de gagner, qui aime gagner. / n. f. Argot Prostituée.
gai, gaie adj. De bonne humeur (par oppos. à *triste*). *Un compagnon très gai.* / Par ext. *Un peu gai*: un peu ivre. / Enjoué. *Un sourire gai.* / Qui suscite la bonne humeur. *Des couleurs gaies.* / Loc. (par antiphrase) *C'est gai!*: c'est désagréable, contrariant.
Gaïa ou **Gê** MYTH. GR. Personnification de la Terre selon la cosmogonie d'Hésiode. Gaïa émergea du Chaos et engendra Ouranos (le Ciel), les Montagnes et Pontos (le Flot). Unie à Ouranos, elle engendra les Titans, les Titanides et les Cyclopes. Le dernier des Titans, Cronos, donnera naissance à Zeus.
gaïac n. m. BOT. Arbre d'Amérique centrale et des Antilles, à bois très dur et résineux, qui fournit une résine d'où l'on extrait le gaïacol.
gaïacol n. m. CHIM. Ester extrait de la résine de gaïac ou de la créosote de hêtre, utilisé en pharmacie comme antiseptique pulmonaire.
gaieté ou (vieilli) **gaîté** n. f. Humeur gaie, disposition au rire et au badinage. / Caractère de ce qui rend gai. *La gaieté d'un roman.*
gaillard, e [1] adj. et n. **A.** adj. Vieilli Plein de vigueur, de santé, d'entrain. / Grivois. *Chansons gaillardes.* **B.** n. Personne pleine de vigueur, de santé, d'entrain. *C'est une gaillarde*: elle a du tempérament.
gaillard [2] n. m. MAR. Autrefois, chacune des parties surélevées du pont d'un navire à l'avant et à l'arrière. *Le gaillard d'arrière s'appelle aujourd'hui « dunette » et les mots « gaillard d'avant » désignent la superstructure à l'avant du pont supérieur.*
Gaillard (Félix) 1919-1970 Homme politique français. Député radical-socialiste (1946), il fut nommé président du Conseil en 1957. Sa démission en 1958 ouvrit une nouvelle crise ministérielle qui aboutit en Algérie à l'insurrection du 13 mai 1958.
gaillarde [1] n. f. Danse à trois temps, en vogue aux XVIe et XVIIe siècles.
gaillarde ou **gaillardie [2]** n. f. BOT. Plante herbacée, de la famille des composées, cultivée pour ses capitules de couleurs diverses (rouge, jaune fauve, jaune orangé).
gaillardement adv. De façon gaillarde.
gaillardise n. f. Propos, comportement gaillard, grivois. *Chanter des gaillardises.*
gaîment ou **gaiement** adv. Avec gaieté.
gain n. m. Action de gagner. *Le gain d'un procès. Obtenir gain de cause*: l'emporter, obtenir satisfaction. / Profit financier, rémunération. *Réaliser de gros gains. L'appât du gain.* / Avantage. *Gain de temps, de place.* / ÉLECTRON. Amplification apportée par un dispositif à un signal.
gaine n. f. Étui, housse. *Gaine d'un poignard.* / Sous-vêtement féminin en tissu élastique qui enserre les hanches et la taille. / ANAT. Enveloppe protectrice d'un organe. / BOT. Base de la feuille qui entoure la tige. / ARCHIT. Piédestal de statue, plus étroit en bas qu'en haut. / CONSTR. Conduit. *Gaine d'aération, de ventilation.*
gainer v. t. [1] Mettre une gaine à. / Enrober étroitement. *De très longues jambes gainées de nylon brillant.* / Recouvrir (un objet) d'une matière souple. *Gainer de cuir une boîte à cigares.*
gainier n. m. Personne qui confectionne, vend des gaines, des étuis.
Gainsborough (Thomas) 1727-1788 Peintre anglais. Paysagiste à la sensibilité souvent mélancolique, il se dégage de l'influence de Ruysdael et de Rubens pour atteindre simplicité et liberté. Installé à Bath en 1749, puis à Londres, il fait d'innombrables portraits dont la fluidité du trait et l'élégance des couleurs remportent un grand succès (*Mrs Sheridan*, 1785). Il n'a pas toujours su éviter les travers du « portraitiste mondain », mais il n'a pas négligé pour autant la vérité psychologique. C'est pour défier Reynolds, hostile à la dominante bleue, qu'il réalisa le célèbre *Blue Boy* (« garçon bleu ») en 1770. Si son art rappelle celui de Greuze, la poésie qui se dégage de l'atmosphère parfois onirique de beaucoup de ses toiles annonce le romantisme.
Gainsbourg (Lucien Ginsburg, dit **Serge)** 1928-1991 Chanteur, auteur-compositeur, acteur et cinéaste français. Ses chansons sont souvent teintées d'une ironie grinçante. Il intégra à son répertoire des musiques comme le reggae, la pop et même le rap. Il a réalisé plusieurs films (notamment *Je t'aime, moi non plus*, 1975, avec sa compagne Jane Birkin).
gaîté Voir **gaieté**
gaize n. f. GÉOL. Grès siliceux, léger et poreux, riche en spicules d'éponges.
gal n. m. Unité de mesure de l'accélération due à la pesanteur (symbole Gal), valant 10^{-2} mètres par seconde carrée. Pl. Des *gals*.
gala n. m. Fête, réception.
Galaad Région ancienne de la Palestine correspondant au nord-ouest de la Jordanie actuelle. Elle pratiquait avec l'Égypte le commerce du bétail, qui la rendit prospère.
galactique adj. ASTRON. Relatif à une galaxie ou à la Galaxie. *Plan galactique*: plan de symétrie de la Galaxie.
galactogène adj. et n. m. PHYSIOL. Se dit d'une substance qui stimule la sécrétion du lait.
galactophore adj. ANAT. *Canaux galactophores*, qui amènent le lait aux mamelons.
galactose n. m. BIOCHIM. Hexhose isomère du glucose, qui se combine avec ce dernier pour former le lactose.
galalithe n. f. (nom déposé) Matière plastique à base de caséine et de formol.
galamment adv. De manière galante.
galant, e adj. et n. m. **I.** Litt. Relatif aux échanges amoureux, sexuels. *Aventure galante.* / Péjor. *Femme galante*: prostituée. / n. m. *Donner rendez-vous à son galant*, à son amoureux, à son amant. / Vx *Vert galant*: séducteur. HIST. *Le Vert-Galant*: Henri IV. **II.** Courtois, attentionné avec les femmes. *Un homme galant. Un geste galant.* / (Vieilli) *Un galant homme*: un homme d'honneur.
galanterie n. f. Attitude galante, courtoisie à l'égard des femmes. / Vieilli ou litt. Commerce sexuel. *Tomber dans la galanterie*, dans la prostitution. *Se livrer à la galanterie*: se prostituer.
galantine n. f. CUIS. Mets constitué d'un rouleau de chair de poule (parfois de dinde ou de pintade), farci et entouré de la peau de la volaille, cuit, qui se mange froid.
Galapagos (îles) ou **archipel de Colón** *7 800 km² 13 000 h.* Chef-lieu *Puerto Baquerizo*. Province de l'Équateur située à environ 1 000 km des côtes dans l'océan Pacifique. Cet archipel volcanique, formé d'une soixantaine d'îles, vit essentiellement de la pêche (langouste, tortue) et du tourisme. On y a aménagé une réserve où l'on protège une faune unique au monde (iguanes géants, tortues *galapagos*, otaries, oiseaux), dont l'étude a incité Darwin à élaborer ses théories relatives à l'évolution des espèces.
galapiat n. m. Fam. et vieilli Vaurien.
Galatée MYTH. GR. Nymphe marine aimée par le cyclope Polyphème à qui elle préféra le berger sicilien Acis. Polyphème, ayant surpris les amants, écrasa son rival sous un rocher. Galatée s'enfuit alors vers la mer où elle rejoignit ses sœurs, les Néréides, après avoir métamorphosé Acis en fleuve. C'est aussi le nom de la statue aimée par Pygmalion et animée par Aphrodite.

Poupe d'une ***galère*** *du* XVIe *siècle.*

Paysage des ***îles Galapagos***.

Galatie Ancienne région de l'Asie Mineure envahie au IIIe siècle av. J.-C. par des Celtes, les Galates, et qui recouvrait une partie de l'Anatolie actuelle. Soumise par les Romains en 25 av. J.-C., la Galatie a conservé la langue celtique jusqu'au Ve siècle. Saint Paul évangélisa les Galates au Ier siècle (*Épître aux Galates*).
• **galaxie** n. f. Rassemblement d'étoiles de toute dimension et de toute nature, de gaz et de matière interstellaire formant un vaste ensemble dont l'étendue et la cohésion sont maintenues par la force de gravitation.
Galba (Servius Sulpicius) v. 5 av. J.-C.-69 apr. J.-C. Empereur romain en 68. Gouverneur en Afrique, puis en Espagne où il suscita une révolte militaire, il entraîna en 68 le suicide de Néron. Alors reconnu empereur par le Sénat, mais jugé trop sévère et avare, il fut tué huit mois plus tard par les prétoriens de sa garde.
galbe n. m. Arrondi plus ou moins marqué d'un objet d'art, d'un meuble, etc. / Ligne gracieuse d'un corps ou d'un visage.
galbé, e adj. En forme de galbe.
galber v. t. [1] Donner du galbe à.
Galbraith (John Kenneth) 1908 Économiste américain. Il s'est livré à une étude critique de la société industrielle: *L'Ère de l'opulence* (1961), *Le Nouvel État industriel* (1967), *Anatomie du pouvoir* (1985).
gale n. f. MÉD. Maladie cutanée contagieuse, provoquée par un acarien parasite (sarcopte), et caractérisée par des éruptions de vésicules, de fortes démangeaisons et des lésions spécifiques, linéaires, appelées sillons, au niveau desquelles se trouve le sarcopte. / *Gale du ciment*: ensemble des lésions provoquées par l'action du ciment sur la peau (mains rouges, œdèmes, crevasses, eczéma, etc.), dermite professionnelle qui frappe les ouvriers cimentiers. / ZOOL. Nom donné à diverses maladies cutanées contagieuses, touchant diverses espèces animales. / Fig., fam. Personne très méchante. / BOT. Voir *galle*.
galéjade n. f. (En Provence) Plaisanterie, histoire inventée pour mystifier.
galéjer v. i. [1] (En Provence) Dire des galéjades.
galène n. f. MINÉRAL. Sulfure de plomb (PbS) contenant de l'argent, de la couleur grise du plomb, que l'on trouve dans les gisements hydrothermaux de basses températures, et qui fut longtemps utilisé comme semi-conducteur pour la détection des signaux radioélectriques (*poste à galène*).
galénique adj. Didac. Relatif à Galien, à sa doctrine.
galéopithèque n. m. ZOOL. Mammifère euthérien arboricole, de taille moyenne, pourvu d'une membrane reliant le cou, les membres antérieurs, postérieurs et la queue, qui lui permet de planer. Syn. dermoptère.
galère n. f. Anc. Bâtiment de guerre à rames et parfois à voiles, de faible tonnage.

GALAXIE

Les galaxies ont été réparties selon une classification établie par l'astronome E. Hubble en 1926. Elle a été l'objet d'un certain nombre de remaniements et comporte aujourd'hui quatre grandes classes qui déterminent avec plus de précision la morphologie des galaxies. Les *galaxies elliptiques* ont une forme ovale ou elliptique, une apparence homogène et une luminosité régulièrement distribuée. Le groupe des *galaxies spirales* comprend la Galaxie, ou « Voie Lactée », notre galaxie.
Ces galaxies ont deux composantes, le bulbe (ou partie centrale), et un disque dans lequel on distingue une structure spirale. Elles sont elles-mêmes subdivisées en deux groupes, les spirales normales et les spirales barrées. Les *galaxies lenticulaires* possèdent un bulbe, mais pas de structure spirale. Les *galaxies irrégulières* n'ont pas de structure bien définie. Depuis que E. Hubble, en 1924, a apporté la preuve de l'existence d'autres galaxies, en mettant en évidence la présence d'étoiles dans la nébuleuse d'Andromède (ce qui fait d'elle une gigantesque concentration d'étoiles identique à la Galaxie), on a recensé des centaines de millions de ces objets, dont on s'accorde à penser qu'elles représentent, avec la matière noire, l'un des constituants essentiels de l'Univers.

La Voie lactée à l'échelle des autres galaxies (à droite) et son agrandissement. Le système solaire (encadré) se situe sur l'un des bras en spirale de la Galaxie, le bras du Sagittaire.

Galaxie spirale vue de trois-quarts. La Voie lactée fait partie de ce type de galaxie.

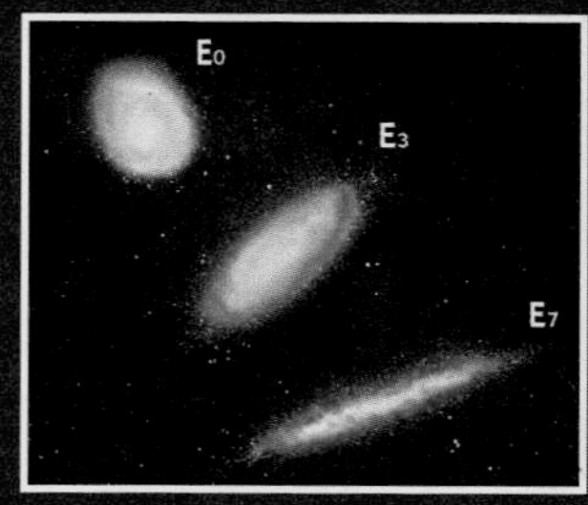

Galaxies elliptiques.

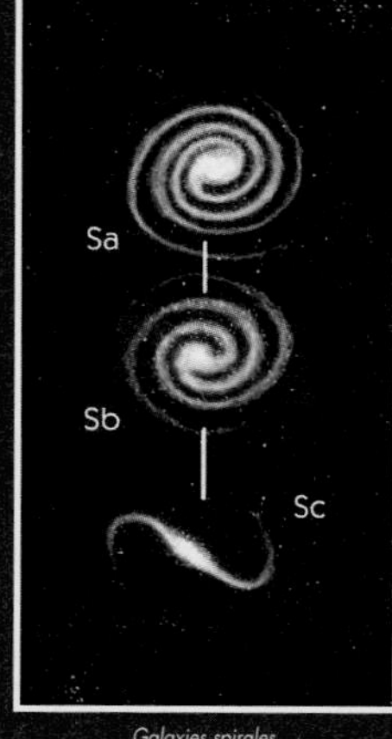

Galaxies spirales.

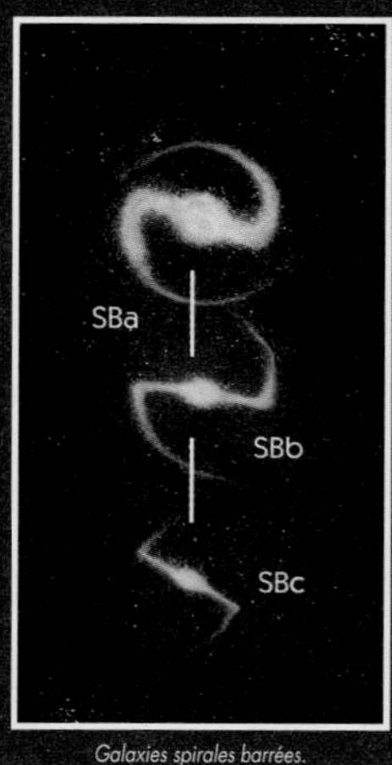

Galaxies spirales barrées.

(Au plur.) Anc. Peine condamnant à ramer sur les galères du roi. / Fig. Lieu, situation intenable.

Galère (en latin **Caius Galerius Valerius Maximianus)** v. 250-311 Empereur romain en 305. L'empereur Dioclétien le nomma césar, lui donna sa fille en mariage puis abdiqua en lui laissant l'Empire. Persécuteur des chrétiens, Galère publia pourtant, avant de mourir, un édit de tolérance envers la religion chrétienne.

galérer v. i. [1] Fam. Vivre une situation personnelle ou professionnelle difficile ; s'ennuyer. *J'ai galéré deux ans à faire des petits boulots.*

galerie n. f. Long passage couvert, situé à l'intérieur ou à l'extérieur d'un bâtiment, servant à la promenade, à la communication, etc. *Galerie des Glaces du château de Versailles. Galerie marchande*, bordée de commerces. / Local aménagé pour une exposition ou une vente d'objets d'art. *Galerie d'art, de peinture.* / Balcon en encorbellement d'une salle de spectacle. / Ensemble de spectateurs ; assistance, public. *Amuser la galerie.* / Porte-bagages posé sur le toit d'une voiture. / Couloir souterrain ou tunnel pratiqué dans une mine ou dans un ouvrage fortifié. / Chemin souterrain creusé dans le sol par un animal. *Galeries de taupe.*

galérien n. m. Rameur sur une galère.

galeriste n. Personne qui tient une galerie d'art.

galet n. m. Caillou poli par l'action de l'eau (mer, torrent ou glacier). / PRÉHIST. *Galet aménagé*, façonné en outil tranchant. / TECHN. Disque ou petit rouleau de bois, de métal, assurant le roulement, le guidage, la rotation d'une pièce.

galetas n. m. Vx Logement situé sous les combles. / Habitation misérable. / Rég. Dans le sud-ouest de la France, grenier sous les toits.

galette n. f. Gâteau rond et plat, cuit au four. *Galette des Rois*, que l'on consomme à l'occasion de l'Épiphanie et qui contient une fève. / Crêpe de farine de sarrasin. / Objet en forme de galette. / Argot, vieilli Argent. *Avoir de la galette*, de la fortune.

galeux, euse adj. et n. Propre ou relatif à la gale. / Atteint par la gale. / Subst. *Un galeux, une galeuse.* / Loc. fig. *Brebis galeuse* : personne qu'on tient à l'écart.

Galibier (col du) *2645 m* Col des Alpes françaises qui permet, grâce à un tunnel, de passer de la vallée de Briançon à celle de la Maurienne.

Galice *29 574 km² 2 731 700 h.* Communauté autonome d'Espagne. Capitale *Saint-Jacques-de-Compostelle.* La Galice groupe les quatre provinces de La Corogne, Lugo, Orense et Pontevedra. C'est une région côtière pittoresque où la pêche, très active

Galice: *église romane (XIIe-XVe siècle), La Corogne.*

(conserveries), représente la moitié du tonnage national. Malgré un relief de montagnes et la médiocrité du sol, l'élevage bovin et la polyculture, favorisés par la douceur du climat, constituent les ressources principales, avec les industries portuaires (Vigo, La Corogne). Grâce à la création d'emplois, l'immigration vers l'Amérique du Sud ralentit. C'est en 1978 que la Galice a obtenu, comme le Pays basque et la Catalogne, un statut de « grande autonomie ».

Galicie Région d'Europe centrale située au nord des Carpates, longtemps disputée entre la Pologne et l'Autriche, qui l'annexa de 1772 à 1918. Elle fut le théâtre de nombreux combats entre Russes et Autrichiens entre 1915 et 1917. Lors de la conférence de Potsdam (1945), elle fut partagée : l'ouest, qui comprend la vieille cité de Cracovie, est polonais ; l'est, avec Lvov, est devenu ukrainien.

galicien, enne adj. et n. De Galice, ou de Galicie. *Pêcheurs galiciens. Un(e) Galicien(ne).* / n. m. Langue romane parlée en Galice, proche du portugais.

Galien (Claude, en latin **Claudius Galenus)** 131 ?-201 ? Médecin grec. Il étudia la philosophie puis la médecine et fit d'importantes découvertes en anatomie grâce à ses dissections d'animaux. Comme Hippocrate, il fonde sa physiologie sur les quatre humeurs (sang, bile, atrabile et pituite). Cette doctrine fit autorité jusqu'au XVIIe siècle.

Galigaï (Dianora Dori, dite **Leonora)** 1568-1617 Favorite de Marie de Médicis. Son mari, Concini, qui avait fait grâce à elle une carrière politique rapide, fut assassiné sur l'ordre du jeune Louis XIII. Elle-même fut condamnée à mort et exécutée : elle fut décapitée puis brûlée comme sorcière.

Galilée Ancienne région de Palestine, elle appartient aujourd'hui à l'État d'Israël. Au bord de la Méditerranée, elle est limitée au nord par le Liban, à l'est par la Syrie et la Jordanie (lac de Tibériade). Elle est traversée par une chaîne de montagnes. Zone pluvieuse propice aux cultures (céréales, vigne, fruits, olives, tabac), on y pratique aussi la pêche et la pisciculture. Les Évangiles y situent plusieurs épisodes de la vie de Jésus.

• **Galilée (Galileo Galilei,** dit**)** 1564-1642. Mathématicien et astronome italien, né à Pise d'un père musicien passionné de mathématiques et d'une mère dont les origines aristocratiques le mirent en contact avec les arts, les sciences, le commerce, préoccupations essentielles de la bonne société toscane du XVIe siècle.

GALILÉE

Après avoir fait ses classes à Florence et étudié la médecine à Pise, Galilée enseigne les mathématiques dans cette dernière ville (1589-1592) puis à Padoue (1592-1610). En 1604 survient un événement qui sera à l'origine d'une grande controverse philosophique. Alors qu'en Europe les idées de la réforme protestante s'opposent de plus en plus vivement à la tradition catholique, l'apparition d'une « étoile nouvelle » à la luminosité changeante (*supernova*) va déclencher une crise de conscience tant chez les philosophes que chez les théologiens. Selon la pensée de l'époque, le monde céleste, d'origine divine, est divisé en deux familles. Dans la première se trouve tout ce qui change sur la Terre (qui, elle, est immobile), et tout ce qui varie dans une sphère comprise entre la Terre et la Lune, et, dans la seconde, toutes les étoiles, tous les corps d'essence céleste situés audelà de la Lune. Une étoile, qui se situe au-delà de l'orbite de la Lune appartient par définition à la famille des objets célestes et ne peut alors présenter un aspect aussi étrange, qui viole les règles divines. Or, en 1572, un phénomène analogue avait été observé. Tycho Brahé avait avancé une explication : « l'objet en question appartenait bien à la sphère céleste mais son comportement lumineux instable faisait de lui un objet céleste imparfait ». Cette interprétation pouvait très bien convenir à l'objet de 1604, mais Galilée en décida autrement. Pour lui, un problème astronomique ne peut être résolu que sur la base de mesures, et non en se fondant sur des considérations métaphysiques. En outre, il pensait qu'il n'y avait aucun intérêt pour l'homme de science à connaître « l'essence » des étoiles. Les conclusions de Galilée, entièrement fondées sur l'observation, faisaient ressortir que cette nouvelle étoile n'était ni un phénomène atmosphérique ordinaire, ni une quelconque manifestation sublunaire, mais que cet objet appartenait bien à la famille des étoiles.

Galilée réfutait ainsi l'idée selon laquelle les corps célestes sont immobiles et, donc, rejetait le concept des étoiles fixes, fondement de toute la connaissance philosophique et théologique de l'époque. Pour lui, l'enjeu n'était pas une rivalité de pouvoir entre la philosophie alliée à la théologie et la science.

L'inacceptable venait du fait que, du point de vue de la vérité, un concept posé comme un absolu était préférable, pour les philosophes, à un ensemble de mesures, étayées par l'observation, qui mettait en lumière une contradiction éclatante. En prenant ses distances avec la philosophie aristotélicienne, Galilée subit l'opprobre d'une société qui ne tolérait pas la remise en question des principes fondateurs de son savoir et de son autorité. La publication (1632), à Florence, du *Dialogue sur les deux grands systèmes du monde, ptoléméen et copernicien*, le conduira devant le Saint-Office qui le condamnera à abjurer. Cette condamnation n'entravera pas le progrès des sciences ; l'énoncé des lois qui régissent la nature se substituera peu à peu à des principes philosophiques.

Galilée, gravure (1884) de Félix Parra.

Physicien, Galilée a formulé le principe de l'inertie et la loi de l'universalité de la chute des corps dans le vide, en mettant en évidence la relation entre vitesse et distance. Astronome, il a découvert quatre satellites de Jupiter (Europe, Io, Ganymède et Callisto), décrit la surface de la Lune, expliqué l'apparition des taches solaires, observé « l'étrange ovale » de Saturne et les phases de Vénus.

Pustules provoquées par la **galle** sur les feuilles d'un chêne.

galiléen, enne [1] adj. et n. De la Galilée. *Vestige galiléen. Un(e) Galiléen(ne). Le Galiléen*: Jésus-Christ (qui fut élevé à Nazareth, en Galilée).

galiléen, enne [2] adj. Propre ou relatif à Galilée. *Satellites galiléens*: satellites découverts par Galilée.

galimatias n. m. Discours confus et incohérent.

galion n. m. Anc. Grand navire de charge, utilisé par les Espagnols pour rapporter l'or et l'argent des colonies d'Amérique.

galiote n. f. Anc. Navire à voiles hollandais utilisé pour la pêche le long des côtes.

galipette n. f. Fam. Culbute, roulade.

galipot n. m. Suc résineux extrait du pin maritime. / MAR. Enduit à base de résine, pour protéger le bois des carènes de navires.

Gall (Franz Josef) 1758-1828 Médecin allemand qui inventa la phrénologie, étude du caractère et de l'intelligence à partir de l'aspect extérieur du crâne.

Galla ou **Oromo** Peuple de langue couchitique, en majorité musulman, qui constitue la population la plus nombreuse d'Éthiopie.

Galla Placidia 390?-450 Impératrice romaine. Fille de Théodose Ier, elle épousa d'abord Athaulf, roi des Wisigoths, qui mourut en 415, puis, en 417, le futur Constance III, qui partagea le pouvoir avec Honorius. À la mort d'Honorius (423), Galla Placidia gouverna l'empire d'Occident jusqu'à la majorité de son fils Valentinien III. Son mausolée, à Ravenne, est orné de mosaïques.

Galland (Antoine) 1646-1715 Orientaliste français. Ayant appris l'arabe, le turc et le persan au cours de ses voyages, il fut nommé professeur d'arabe au Collège de France. C'est par sa traduction française que *Les Mille et Une Nuits* (12 vol., 1704-1717) furent révélées à l'Occident.

galle ou **gale** n. f. BOT. Excroissance d'un tissu végétal provoquée par la présence d'un parasite. *Les galles peuvent être provoquées par la présence de larves d'insectes d'acariens, de champignons, de bactéries. Noix de galle*: galle sphérique des feuilles du chêne, dont on extrait du tanin.

Galle (Johann Gottfried) 1812-1910 Astronome allemand. Le 18 septembre 1846, dans une communication à l'Académie des sciences, Le Verrier affirme que ses calculs lui permettent de prédire l'existence d'une planète inconnue, Neptune. Galle utilise ces indications pour observer Neptune le 23 septembre avec son télescope de l'observatoire de Berlin.

Gallé (Émile) 1846-1904 Verrier, céramiste et ébéniste français. En 1874, il ouvre une verrerie à Nancy. Grâce à ses recherches et à sa virtuosité technique, il obtient un grand succès lors des Expositions universelles de 1878, 1884, 1889 et 1900. Il est l'un des créateurs de l'Art nouveau.

• **Galles (pays de)** *20 768 km² 2 913 000 h.* Capitale *Cardiff.* Partie du Royaume-Uni, au sud-ouest de la Grande-Bretagne.

gallican, e adj. et n. Propre ou relatif à l'Église catholique de France. / Partisan du gallicanisme.

gallicanisme n. m. HIST. Doctrine de l'Église catholique de France, qui réclamait une certaine indépendance à l'égard de Rome.

gallicisme n. m. Emploi d'un mot ou d'une construction propre à la langue française.

Gallien (en latin **Publius Licinius Egnatius Galienus**) 218?-268 Empereur romain en 253 avec son père Valérien avant de régner seul (260). Il mit fin à la persécution contre les chrétiens et fit face à de nombreux dangers extérieurs (invasion des Goths). Trente de ses généraux (« Les Trente Tyrans ») s'étant proclamés empereurs dans les provinces, il ne régna qu'en Italie et fut assassiné par ses officiers.

Gallieni (Joseph) 1849-1916 Maréchal de France. Il participa à la guerre de 1870 contre l'Allemagne. Il se distingua au Niger, au Soudan et au Tonkin, puis occupa et pacifia Madagascar, dont il fut le gouverneur général de 1896 à 1905. Gouverneur militaire de Paris en 1914, il contribua (par une utilisation audacieuse des taxis parisiens pour transporter les troupes) à la première victoire de la Marne. Ministre de la Guerre en 1915-1916, il fut nommé maréchal de France en 1921 à titre posthume.

Galliffet (Gaston, marquis de**)** 1830-1909 Général français. Il participa aux guerres du Second Empire et réprima violemment la Commune de Paris en 1871. Gouverneur de Paris (1880), il fut ministre de la Guerre (1899-1900) dans le cabinet républicain de Waldeck-Rousseau, au moment de l'affaire Dreyfus.

galliformes n. m. pl. ZOOL. Ordre d'oiseaux terrestres d'allure trapue, au vol lourd (poule, paon, pintade, tétras, perdrix, dindon, etc.).

Gallimard (Gaston) 1881-1975 Éditeur français. Cofondateur de *La Nouvelle Revue française* en 1908, il fonda en 1911 les Éditions de la Nouvelle Revue française, qui devinrent en 1919 la Librairie Gallimard.

Galliformes : poules (en haut) et coq (en bas).

gallinacés adj. et n. ZOOL. adj. Qui ressemble à la poule, qui a rapport à la poule. / n. m. pl. *Les gallinacés*: les galliformes (synonyme ancien).

GALLES (PAYS DE)

Géographie

Le pays de Galles forme une péninsule montagneuse culminant au Snowdon (*1086 m*), séparée de l'Irlande par le canal Saint-George. Les sols ne se prêtent guère qu'à l'élevage extensif d'ovins. La présence de charbon a permis de développer l'industrie, qui se concentre aujourd'hui sur les ports, au sud. Autour de Swansea, Cardiff, Newport, la métallurgie et le raffinage pétrolier sont actifs. Sur le reste du littoral, touristique, les stations balnéaires sont nombreuses.

Histoire

Région occupée par les Celtes, le pays de Galles demeura divisé mais indépendant jusqu'à sa conquête par Édouard Ier (1277-1283), et ne fut intégré au royaume d'Angleterre qu'en 1536 par Henri VIII. Le fils aîné du roi d'Angleterre, héritier du trône, porte le titre de prince de Galles depuis 1301. En 1997, par référendum, les Gallois ont choisi l'autonomie: désormais, ils ont leur propre Parlement.

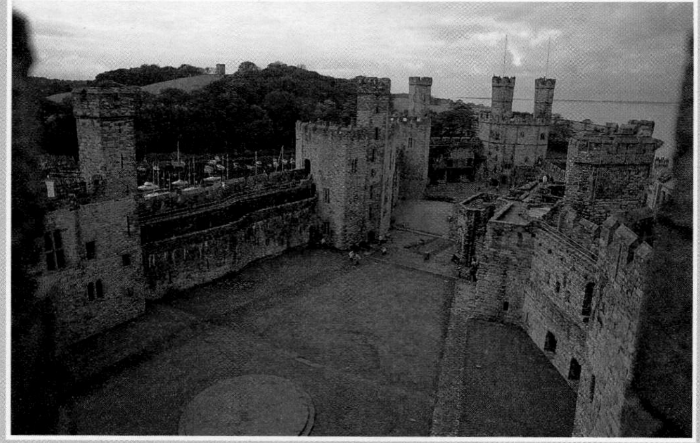
Le château de Caernarvon (XIIIe siècle) au pays de Galles.

Évariste Galois.

Vasco de Gama.

gallium n. m. CHIM. Élément de numéro atomique Z=31, de masse atomique 69,72, métal gris clair (symbole : Ga). *Les propriétés du gallium sont voisines de celles de l'aluminium.*

gallo n. m. et adj. Langue d'oïl parlée à l'est de la Bretagne. / adj. *Pays gallo*, où l'on parle gallo.

gallois, e adj. et n. m. Du pays de Galles. *Traditions galloises. Un(e) Gallois(e).* / n. m. Langue celtique parlée dans le pays de Galles.

Gallois (Lucien) 1857-1941 Géographe français, cofondateur des *Annales de géographie*, puis directeur de la *Géographie universelle.*

gallon n. m. Unité de capacité employée aux États-Unis (où il vaut 3,78 litres) et en Grande-Bretagne (4,5 litres). *Le gallon est divisé en 8 pintes et 4 quarts.*

gallo-romain, e adj. et n. Se dit des habitants de la Gaule quand celle-ci fit partie de l'Empire romain (de 118 av. J.-C. dans le Midi et de 52 av. J.-C. dans le reste du pays jusqu'aux invasions barbares à la fin du Ve siècle apr. J.-C.).

gallo-roman, e adj. et n. m. Se dit des dialectes romans parlés sur le territoire de l'ancienne Gaule.

galoche n. f. Grosse chaussure de cuir à semelle de bois. / Fig. *Menton en galoche*, saillant et relevé vers l'avant.

Galois (Évariste) 1811-1832 Mathématicien français. Républicain actif, il fit deux séjours en prison, où il continua à travailler. La veille de sa mort (survenue au cours d'un duel), il rédigea un manifeste politique ainsi que l'essentiel de ses découvertes mathématiques. Incompris par ses contemportains, il est à l'origine de la notion de groupe, fondamentale dans les mathématiques actuelles.

galon n. m. Ruban serré et épais servant à renforcer des tissus, orner des vêtements. / Signe distinctif correspondant aux différents grades et fonctions militaires.

galonné, e adj. Qui porte un galon, des galons.

galop n. m. Allure la plus rapide du cheval et de certains équidés, comportant trois temps. / Fig. *Galop d'essai* : mise à l'épreuve, test. / Ancienne danse rapide à deux temps, d'origine bavaroise. / MÉD. *Bruit de galop* : rythme à trois temps décelé à l'auscultation du cœur et caractérisé par la production d'un bruit anormal pendant la diastole.

galopade n. f. Course au galop. / Par ext. Course précipitée. *Des galopades enfantines.*

galopant, e adj. Qui s'accroît très vite. *Inflation galopante.* / MÉD., vx *Phtisie galopante* : tuberculose pulmonaire qui évolue très rapidement.

galoper v. i. [1] Aller au galop. / Par ext. Courir précipitamment ; (fig.) se hâter. / Fig. *Laisser galoper son imagination*, lui donner libre cours.

galopin n. m. Jeune enfant turbulent, garnement. *Attendez que je vous attrape, petits galopins !*

Galsworthy (John) 1867-1933 Écrivain anglais qui s'attacha à peindre et à critiquer la haute société britannique, notamment dans *La Saga des Forsyte*, fresque commencée en 1906 et dont le dernier volume parut en 1933, et dans ses pièces de théâtre.

galubet n. m. Flûte provençale à trois trous.

galuchat n. m. Peau de certains poissons (raies, requins), préparée et utilisée en maroquinerie, en reliure, etc.

galurin ou **galure** n. m. Fam. Chapeau.

Galvani (Luigi) 1737-1798 Médecin italien. Il fait ses études et mène ses recherches à l'université de Bologne où il enseigne l'anatomie. Au cours d'une expérience, il découvre fortuitement que les muscles d'une grenouille réagissent au courant émis par une machine électrostatique. Multipliant les expérimentations, il observe un effet similaire par simple contact avec certains couples de métaux. De ces observations naît un débat entre Galvani, qui défend l'idée d'une électricité d'origine animale, et Volta, qui donne pour origine à l'électricité la jonction de deux métaux différents.

galvanique adj. Relatif au galvanisme.

galvanisation n. f. Action de galvaniser. / MÉD. Utilisation de courants électriques continus de faible intensité.

galvaniser v. t. [1] Vx Soumettre à l'action d'un courant électrique. / Mod., fig. Stimuler, électriser. *Galvaniser les combattants.* / TECHN. Recouvrir (un métal) d'une couche de zinc, pour le protéger de la corrosion, opération autrefois effectuée par dépôt électrolytique.

galvanisme n. m. BIOL. Action d'un courant galvanique sur les organes d'un être vivant.

galvanomètre n. m. ÉLECTR. Instrument servant à mesurer les courants continus de faible intensité, en utilisant leurs actions électromagnétiques.

galvanoplastie n. f. TECHN. Procédé consistant à déposer, par électrolyse, une couche de métal sur un support.

galvanoplastique adj. De la galvanoplastie.

galvaudage n. m. Action de galvauder.

galvauder v. t. [1] Gâcher (une vertu, une qualité) par un mauvais usage, un usage répété. *Galvauder son talent.* (Au part. passé) *Plaisanterie galvaudée.*

Gama (Vasco de) 1469 ?-1524 Navigateur portugais qui, en 1498, atteignit les Indes, en passant par le cap de Bonne-Espérance (1497). Lors d'un second voyage, en 1502, il installa des comptoirs sur les côtes d'Afrique. En 1524, il devint vice-roi des Indes portugaises.

gamay n. m. Cépage noir cultivé surtout dans le Beaujolais et dans le Centre ; vin issu de ce cépage.

gamba n. f. (mot espagnol) Grosse crevette (s'emploie surtout au pluriel). Pl. Des *gambas*.

gambade n. f. Saut, bond, cabriole.

gambader v. i. [1] Faire des gambades.

gamberge n. f. Argot. Action de gamberger ; réflexion ; astuce.

gamberger v. i. [1] Argot. Méditer, réfléchir ; ressasser. *Qu'est-ce que t'as à gamberger aujourd'hui ?* / v. t. Combiner, calculer. *Gamberger un coup.*

Gambetta (Léon) 1838-1882 Avocat et homme politique français. Opposant à Napoléon III, auteur du programme radical dit « programme de Belleville », il fut élu en 1869 député de Paris. Il participa le 4 septembre 1870 à la journée révolutionnaire qui vit la déchéance de l'empereur et la proclamation de la IIIe République. Ministre du gouvernement provisoire de la Défense nationale, il organisa en province la lutte contre l'Allemagne. Rejetant la capitulation (janvier 1871), il démissionna. En février 1871, député à l'Assemblée nationale, il refusa de signer le traité de paix et quitta la Chambre, où il fut réélu dès juillet 1871. Il lutta contre les monarchistes et contribua au départ, en 1879, du président de la République, Mac-Mahon, remplacé par Grévy. Président de la Chambre (1879), puis du Conseil (1881), il vit son gouvernement renversé au bout de deux mois.

gambette n. f. Fam. Jambe.

Gambie *1 130 km* Fleuve d'Afrique occidentale, né dans le Fouta-Djalon (Guinée), qui traverse le sud-est du Sénégal et la Gambie, et se jette dans l'Atlantique par un large estuaire.

• **Gambie** État d'Afrique occidentale enclavé dans le sud du Sénégal et bordé par l'Atlantique.

gambien, enne adj. et n. De Gambie. *La mangrove gambienne. Un(e) Gambien(ne).*

Gambier (îles) *35 km² 600 h.* Archipel, d'origine volcanique, de la Polynésie française, au sud-est de l'archipel des Tuamotu. Chef-lieu *Rikitea*. Les quatre îles principales sont : Taravai, Akamaru, Aukena et Mangareva. La culture du cocotier est la principale ressource de ces îles découvertes en 1797 par le capitaine Wilson qui leur donna le nom de l'amiral britannique James Gambier. La France annexa l'archipel en 1881.

gambit n. m. Aux échecs, sacrifice volontaire d'une pièce pour s'assurer un avantage.

gamelan n. m. (mot javanais) MUS. Orchestre traditionnel indonésien.

Gamelin (Maurice) 1872-1958 Général français. Membre de l'état-major de Joffre (1902-1911) dont il devient chef de cabinet en 1914, il participe à la Première Guerre mondiale puis réprime la révolte des Druzes en Syrie (1925-1927). En septembre 1939, il commande les troupes alliées ; il est remplacé par Weygand dès mai 1940 à la suite de l'échec de son plan de campagne. Traduit devant la cour de Riom (1942), il est déporté par les Allemands jusqu'en 1945.

gamelle n. f. Récipient métallique à couvercle, individuel ou collectif, servant à transporter un repas. / MILIT. Table commune des officiers d'un navire. *Chef de gamelle.* / Fam. Projecteur de théâtre ou de cinéma.

gamète n. m. BIOL. Cellule reproductrice. *Gamète mâle* : spermatozoïde (animaux), anthérozoïde (végétaux). *Gamète femelle* : ovule (animaux), oosphère (végétaux). *Les gamètes sont haploïdes ; de l'union d'un gamète mâle et d'un gamète femelle (fécondation) résulte une cellule diploïde (zygote).*

gamétogenèse n. f. BIOL. Ensemble des processus aboutissant à la formation des gamètes.

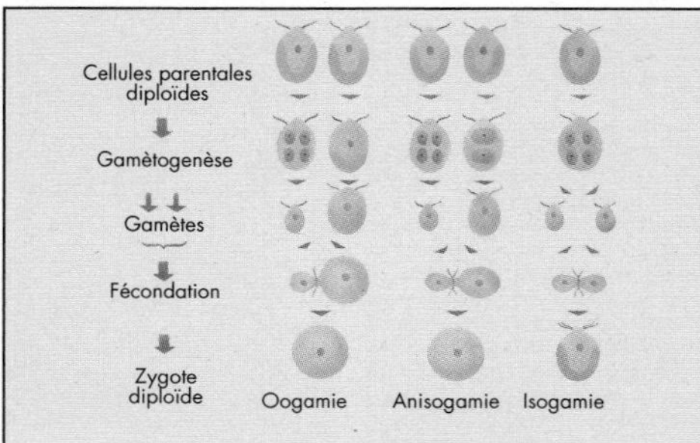

*Formation et devenir des **gamètes**.*

G

GAMBIE

Superficie : *11 295 km²* – **Nombre d'habitants :** *1 300 000 h.* – **Capitale :** *Banjul*
Villes principales : *Brikama, Bakau* – **Système politique :** *république* – **Langue(s) :** *anglais*
Religion(s) : *islam* – **Monnaie(s) :** *dalasi*

Voir l'Atlas

Géographie physique et humaine

La Gambie, formant une bande étroite orientée est-ouest, est située de part et d'autre du fleuve Gambie. Elle est couverte d'une forêt-galerie avec mangrove à l'embouchure. Dans le climat tropical, la chaleur est constante. Les Malinké (40 %) constituent l'ethnie principale devant les Peuls, les Wolofs, les Diolas, les Soninké (entre 18 % et 8 %). La population est à plus de 95 % musulmane.

Économie

On cultive l'arachide et le riz. L'industrie est presque inexistante. Le tourisme est en essor. Les importations constituent le double des exportations.

Vue de Banjul.

Histoire

La Gambie fait partie des empires du Ghana et du Mali puis se fractionne en petits royaumes à la fin du Moyen Âge. Les Anglais dominent le pays dès le XVIIe siècle, afin de se ménager une voie d'accès au Niger, fondent Banjul (alors nommé Bathurst) et développent la culture de l'arachide. En 1888, la Gambie devient une colonie britannique, dont les frontières avec le Sénégal (où les Français sont établis) sont déterminées l'année suivante. En 1962, ils accordent son autonomie à la Gambie, indépendante le 18 février 1965, érigée en république en 1970 par Dawda Jawara (Premier ministre de 1962 à 1970), qui est élu président. Entre 1982 et 1989, la Gambie et le Sénégal s'unissent pour former l'éphémère confédération de Sénégambie. En 1994, Jawara est renversé par de jeunes lieutenants, qui donnent le pouvoir à Yahya Jammeh, élu président en 1996 et réélu en 2001.

Stockage des cacahuètes, dont la Gambie est un important exportateur.

gamétophyte n. m. BOT. Organisme végétal haploïde, issu d'une spore, et spécialisé dans la formation des gamètes.
♦ Au cours d'un cycle végétal typique, se succèdent deux organismes, le gamétophyte et le sporophyte. Le gamétophyte (haploïde) produit les gamètes (haploïdes); le sporophyte (diploïde) est issu de la fécondation; il produit, après méïose, les spores (haploïdes), qui donnent naissance à une seconde génération de gamétophytes.

gamin, e n. Enfant, adolescent.

gaminerie n. f. Enfantillage.

gamma n. m. Troisième lettre de l'alphabet grec (Γ, γ). / ASTRON. *Point gamma* : synonyme de *point vernal*. / PHYS. *Rayonnement gamma* : partie du rayonnement électromagnétique de haute énergie ayant pour longueur d'onde 10^{4} Å.

gammaglobuline n. f. BIOCHIM. Protéine sérique ; voir *immunoglobuline*.

gammagraphie n. f. MÉD. Radiographie effectuée à l'aide de rayons gamma émis par un isotope radioactif.

gammare n. m. ZOOL. Petit crustacé amphipode des eaux marines et des eaux douces, parfois appelé crevette d'eau douce.

gamme n. f. MUS. Succession ascendante ou descendante de notes, placées à des intervalles convenus (tons et demi-tons). *Dans la musique occidentale, on distingue la gamme chromatique et la gamme diatonique, majeure ou mineure, selon l'ordre dans lequel se succèdent tons et demi-tons.* / Fig. Série d'objets classés par gradation naturelle.

gammée adj. f. *Croix gammée*, dont chaque branche a la forme d'un gamma majuscule.

gamopétale adj. et n. f. BOT. Se dit d'une fleur dont les pétales sont soudés. / n. f. Plante dont les fleurs sont gamopétales. Ant. dialypétale.

gamosépale adj. et n. f. BOT. Se dit d'une fleur dont les sépales sont soudés. / n. f. Plante dont les fleurs sont gamosépales. Ant. dialysépale.

Gamow (George Anthony) 1904-1968 Physicien américain d'origine russe. Il reprit la théorie du big-bang sur la base des idées de Lemaître et calcula la température résiduelle du rayonnement cosmologique originel qui devait subsister aujourd'hui. Ses calculs furent confirmés en 1965 par la découverte, due à Wilson et Penzias, du rayonnement cosmologique à 3°k, ce qui conforta l'hypothèse du big bang.

ganache [1] n. f. Chez le cheval, région latérale de la tête située entre la joue et le bord inférieur du maxillaire inférieur. / Fam. Personne incapable.

ganache [2] n. f. PÂTISS. Préparation à base de chocolat et de beurre pour fourrer ou glacer certains gâteaux.

ganaderia n. f. (mot espagnol) Domaine où sont élevés les taureaux de combat.

Gance (Abel) 1889-1981 Cinéaste français. Il s'éloigne du réalisme qui a marqué, avec Méliès, les débuts du cinéma français en multipliant trouvailles techniques, effets de flou et de surimpression, surtout dans sa période muette : *Mater dolorosa* (1917 ; version sonore 1937), *La Dixième Symphonie* (1918), *J'accuse* (1918 ; version sonore 1938), *La Roue* (1923), *Napoléon* (1927 ; version sonore 1934). Abel Gance utilise des techniques nouvelles ; on lui doit notamment l'invention du triple écran, première forme du cinérama, de la perspective sonore et de la stéréophonie. L'avènement du parlant (1929) brisa son élan en le contraignant à des effets plus terre à terre. Il a tourné, entre autres : *Le Maître de forges* (1933), *La Dame aux camélias* (1934), *Un grand amour de Beethoven* (1937), *La Tour de Nesles* (1954), *Austerlitz* (1960).

La cathédrale gothique de **Gand** (XIIIe-XIVe siècle).

Gand *230 500 h.* Ville et port de Belgique, au confluent de la Lys et de l'Escaut, relié à la mer du Nord par le canal de Terneuzen. C'est le second port du pays et le chef-lieu de la province de Flandre-Orientale. Centre culturel et industriel, Gand est aussi une ville touristique qui a conservé de nombreux monuments du Moyen Âge et de la Renaissance : la cathédrale Saint-Bavon (commencée en 1228) renferme le polyptyque de Van Eyck, *L'Agneau mystique*. L'industrie est très diversifiée. Grand centre textile, Gand est une ville drapière depuis le Moyen Âge. L'industrie du drap a été complétée par le lin, le coton au XVIIIe siècle, le jute au XIXe siècle et, aujourd'hui, les textiles synthétiques. Les industries lourdes se multiplient le long du canal de Terneuzen dont l'aménagement permet l'accès aux navires de fort tonnage.

Gandhara Province ancienne de l'Inde, qui couvrait le nord-ouest de l'Inde, le nord du Pakistan et l'est de l'Afghanistan actuels. Elle donna son nom à une école d'art bouddhique inspirée par de nombreuses influences, dont celle de la civilisation grecque, qui s'épanouit au début de l'ère chrétienne.

Bain rituel dans le ***Gange****.*

Gandhi (Mohandas Karamchand, dit **le Mahatma,** « la grande âme ») 1869-1948 Penseur et homme politique indien. Issu d'une famille aisée, il étudia à Londres où il devint avocat. Il exerça à Bombay puis en Afrique du Sud, où il lutta contre la ségrégation raciale. De retour en Inde, il organisa des campagnes contre la domination anglaise tout en prêchant la non-violence, appelant à la « désobéissance civile » et au boycott des produits importés d'Angleterre. Plusieurs fois emprisonné, faisant la grève de la faim jusqu'à la limite de ses forces, il participa néanmoins, avant la Deuxième Guerre mondiale, aux négociations pour l'indépendance. Il lutta pour l'égalité entre les hommes, exigeant la réhabilitation des intouchables. Opposé à la partition entre Inde et Pakistan rendue inéluctable par l'intransigeance du chef de la Ligue musulmane, Ali Jinnah, il assista, déchiré, à ce qu'il appelait « vivisection » et qui intervint dès l'indépendance, en 1947. Il tenta, en vain, de réconcilier hindous et musulmans et fut assassiné par un hindou fanatique le 30 janvier 1948.

Gandhi (Indira) 1917-1984 Femme politique indienne. Fille de Nehru, elle épousa un avocat, Feroze Gandhi, sans lien de parenté avec le Mahatma Gandhi. Elle fut élue en 1959 présidente du Congrès (parti politique issu des luttes pour l'indépendance) et fut Premier ministre de 1966 à 1977, puis de 1980 à sa mort. Elle fut assassinée par des soldats sikhs de sa garde. **Rajiv** 1944-1991 Homme politique indien, fils de la précédente. Il succéda à sa mère comme président du parti du Congrès puis comme Premier ministre (1984-1989). Il œuvra pour la libéralisation économique du pays. Il allait très probablement retrouver le pouvoir lorsqu'il fut assassiné, sans doute par des extrémistes tamouls du Sri-Lanka.

gandin n. m. Vieilli Jeune homme d'une élégance trop recherchée et ridicule.

gandoura n. f. (mot arabe maghrébin) Tunique sans manches que l'on porte sous le burnous en Afrique du Nord.

Ganesha ou **Ganesh** Dieu hindou, patron des commerçants, des voyageurs et des voleurs, représenté avec une tête d'éléphant.

gang n. m. (mot anglais) Bande organisée de malfaiteurs.

ganga n. m. (mot catalan) ZOOL. Oiseau de l'ordre de columbiformes, à l'allure de pigeon, à ailes et queue effilées, bon voilier, vivant dans les régions arides de l'Ancien Monde.

Gange (le) *2 700 km* Fleuve du nord de l'Inde et du Bangladesh. Né dans l'Himalaya, à plus de *4 000 m* d'altitude, il traverse une immense plaine avant de se jeter dans le golfe du Bengale par un vaste delta qu'il forme avec le Brahmapoutre. Les Indiens considèrent ses eaux comme sacrées et purificatrices et s'y baignent.

gangétique adj. Du Gange, relatif au Gange.

ganglion n. m. ANAT. Petit renflement que présentent certains vaisseaux lymphatiques ou certains nerfs. (Les ganglions nerveux sont des amas de cellules nerveuses situées hors du système nerveux central, importants dans la transmission de l'information nerveuse. Les ganglions lymphatiques sont le siège de la formation de lymphocytes et peuvent s'hypertrophier lors d'infections microbiennes).

ganglionnaire adj. Qui concerne les ganglions.

gangrène n. f. MÉD. Infection caractérisée par la nécrose des tissus et leur putréfaction à des degrés plus ou moins importants. *Gangrène sèche*, avec dessiccation des tissus, causée généralement par une oblitération artérielle. *Gangrène humide*, avec infection microbienne et putréfaction des tissus. *Gangrène gazeuse*, caractérisée par le développement de bactéries anaérobies entraînant notam. la formation de gaz dans les tissus mortifiés. / Fig. Corruption progressive des mœurs.

gangrener v. t. [1] MÉD. Affecter de gangrène. (Emploi pron.) *Sa jambe s'est gangrenée.* / Fig. Corrompre. *La passion de l'argent a gangrené les cercles dirigeants.*

gangster n. m. (mot américain) Bandit.

gangue n. f. Masse rocheuse qui enveloppe un minerai ou une pierre précieuse.

ganse n. f. Cordon ou ruban tressé, utilisé pour border un vêtement ou décorer une pièce d'ameublement.

gant n. m. Pièce de l'habillement qui couvre la main en épousant chaque doigt séparément. *Gants de laine, de cuir.* / Gant ou moufle servant à divers usages. *Gants de boxe. Gant de toilette*: poche en tissu-éponge pour se laver. / Fig. *Jeter le gant*: lancer un défi. *Prendre des gants*: agir avec précaution. *Raccrocher ses gants*: renoncer à la boxe, en parlant d'un boxeur.

gantelet n. m. Anc. Gant recouvert de plaques de fer, qui complétait l'armure médiévale. / Manchon de cuir qui protège la main, dans certains métiers.

ganter v. t. / v. pron. / v. i. [1] Mettre un gant à. / S'adapter parfaitement à la main de (qqn). / v. pron. *Se ganter*: mettre, porter des gants. / v. i. Avoir pour pointure de gant. *Je gante du 6 1/2.*

ganterie n. f. Fabrication, commerce des gants.

gantier, ère n. Personne qui confectionne, vend des gants.

Ganymède MYTH. GR. Prince troyen d'une beauté légendaire. Zeus, séduit, se métamorphosa en aigle pour l'enlever et l'emporter sur l'Olympe, où il devint l'échanson des dieux.

Gao *55 000 h.* Ville de l'est du Mali, sur le Niger, en aval de Tombouctou. Chef-lieu de la région du même nom. Exportation de produits de l'élevage (peaux, laine, bétail). Cité caravanière. Centre commercial. Gao joua ce rôle dès le Moyen Âge, quand les caravanes reliaient, à travers le Sahara, l'Afrique du Nord et l'Afrique subsaharienne, et devint la capitale du royaume songhaï (XIe-XVIe siècle).

Gap.

Viaduc de Garabit.

gap n. m. (mot anglais) Écart important entre des choses, des personnes, des pays; retard sur un plan économique, technologique, etc.

Gap *36 262 h.* Chef-lieu du département des Hautes-Alpes, sur la Luye, affluent de la Durance. La ville de Gap devint le siège d'un évêché au Xe siècle.

gara n. m. (mot arabe) GÉOL. Butte rocheuse, en milieu désertique. Pl. Des *gour.*

Garabit (viaduc de) Ce pont de chemin de fer construit par Eiffel de 1882 à 1884 permet de franchir la gorge de la Truyère, dans le Cantal. Ce fut le premier grand ouvrage métallique en France. Il est long de 564 m et haut de 122 m.

garage n. m. Action de garer un véhicule. / *Voie de garage*: voie de chemin de fer réservée au stationnement des wagons; au fig., emploi, activité sans avenir. / Local servant à abriter des véhicules. / Établissement commercial assurant l'entretien et la réparation des automobiles.

garagiste n. Personne qui tient un garage.

garance n. f. Plante herbacée de la famille des rubiacées. On la cultivait autrefois dans le Midi pour ses racines dont on extrayait un colorant rouge.

garant, e n. et adj. **A.** adj. Qui répond de qqn, de qqch. *Être, se porter garant*: être responsable (de qqn ou de qqch.). **B.** n. Personne qui assume une obligation de garantie. / n. m. Ce qui garantit; assurance, caution. *La qualité est le meilleur garant du succès.* / MAR. Cordage formant un palan.

garantie n. f. DR. Engagement par lequel on assure à autrui la jouissance d'une chose ou d'un droit, et la responsabilité qui en résulte. / Engagement pris par un fabricant, un commerçant de prendre à sa charge le remplacement d'une marchandise défectueuse, ou sa réparation. *Cette montre est sous garantie.* / Fig. Ce qui garantit, protège; assurance. *Prendre des garanties.*

garantir v. t. [2] Se porter garant de. *Garantir un paiement, un droit.* / Répondre de la qualité, de l'authenticité de (qqch.) par une garantie. *Garantir une voiture, un original.* / Donner pour sûr, certifier. *Je te garantis qu'il viendra.* / Protéger, défendre. *Les remparts garantissent la cité contre les attaques.* (Emploi pron.) *Se garantir du froid.*

Garbo (Greta Gustafsson, dite **Greta)** 1905-1990 Actrice américaine, d'origine suédoise. *La Légende de Gösta Bering* (1924) du cinéaste suédois Mauritz Stiller la révéla. Sa beauté fascinante la fit surnommer « La Divine » et elle connut, jusqu'en 1941, date à laquelle elle décida brusquement de disparaître de la scène internationale, un succès qui devint vite mythique : *La Chair et le Diable* (1927), *La Reine Christine* (1933), *Anna Karénine* (1935), *Le Roman de Marguerite Gautier* (*La dame aux camélias*, 1937), *Ninotchka* (1939), *La Femme aux deux visages* (1941).

garbure n. f. CUIS. Soupe de ménage béarnaise, comprenant obligatoirement des haricots, tous les légumes de saison et un morceau de jambon ou de confit (oie ou porc).

Federico García Lorca.

Gabriel García Márquez.

garce n. f. Fam. péjor. Vx Jeune fille. *Une belle garce.* / Mod. Femme ou fille méchante, chipie.

garcette n. f. MAR. Petite corde tressée servant à resserrer les ris. / Vx Dans la marine ancienne, corde tressée utilisée comme fouet.

García Gutiérrez (Antonio) 1813-1884 Poète et dramaturge romantique espagnol. *Le Trouvère* (1836), un succès éclatant, inspira à Verdi son opéra du même nom (1853). Il obtint un grand succès avec deux tragédies, *Vengeance catalane* (1864) et *Juan Lorenzo* (1865). Son répertoire comprend également des comédies.

García Lorca (Federico) 1899-1936 Poète et dramaturge espagnol. Doué pour la musique, le dessin, la poésie et le théâtre, il a puisé son inspiration aussi bien dans la tradition populaire espagnole que dans l'art le plus actuel (notamment le surréalisme). Célèbre dès 1928 grâce à son recueil poétique *Romancero gitan*, il rapporta d'un voyage aux États-Unis son *Poète à New York* qui contient une « Ode à Walt Whitman ». En 1931 il fonda une troupe théâtrale, « La Barraca », et se consacra dès lors au théâtre : *Noces de sang* (1933), *Yerma* (1935), *La Maison de Bernarda Alba* (1936). Arrêté en 1936, il fut fusillé par les troupes franquistes.

García Márquez (Gabriel) 1928 Écrivain colombien. Il a commencé par de courts récits qui sont souvent le prolongement les uns des autres et où les mêmes personnages reparaissent : *La Feuillée* (1955), *Pas de lettre pour le colonel* (1961), *La Mala Hora* (1962). Le roman *Cent ans de solitude* (1967), gros

HISTORIA GENERAL DEL PERU,
TRATA, EL DESCUBRIMIENTO, DE EL;
Y COMO LO GANARON, LOS ESPAÑOLES:
LAS GUERRAS CIVILES, QUE HUVO ENTRE PIZARROS, Y ALMAGROS, SOBRE LA PARTIJA DE LA TIERRA.
CASTIGO, Y LEVANTAMIENTO DE TYRANOS, y otros sucesos particulares, que en la Historia se contienen.
ESCRITA POR EL YNCA GARCILASO DE LA VEGA; Capitan de su Magestad, &c.
DIRIGIDA A LA LIMPISIMA VIRGEN MARIA; Madre de Dios, y Señora Nuestra.
SEGUNDA IMPRESION, ENMENDADA, Y AÑADIDA; CON DOS TABLAS, UNA DE LOS CAPITULOS, Y OTRA DE LAS MATERIAS.
Año 1722.
CON PRIVILEGIO.
En Madrid: En la Oficina Real, y à Costa de Nicolas Rodriguez Franco, Impressor de Libros, se hallarán en su Casa.

Édition de 1722 de L'Histoire générale du Pérou, de **Garcilaso de la Vega**, dit **l'Inca**.

succès en Amérique latine et traduit dans une quinzaine de pays, lui apporta la gloire. Il publia ensuite *L'Automne du patriarche* (1975), *Chronique d'une mort annoncée* (1981), *L'Amour au temps du choléra* (1985). Son œuvre, dénonçant la condition tragique des peuples d'Amérique latine, témoigne de ses dons de conteur mêlant vie quotidienne et imaginaire, réel et fantastique, humour et gravité.

García Moreno (Gabriel) 1821-1875 Homme politique équatorien, président de la République (1821-1875) ; il mit en route le chemin de fer entre la côte et la cordillère des Andes et s'attacha à promouvoir l'enseignement.

Garcilaso de la Vega 1503-1536 Poète espagnol. De noble origine, familier de la cour de Charles Quint dès l'adolescence, militaire intrépide, écrivain inspiré, il incarne de façon exemplaire l'idéal humain de la Renaissance. Son lyrisme est dominé par l'amour, un amour malheureux et déchiré. Ses œuvres (sonnets, élégies, églogues) ont paru longtemps après sa mort.

Garcilaso de la Vega dit **l'Inca** 1539-1616 Écrivain espagnol. Fils d'un conquistador et d'une princesse inca, il écrivit les *Commentaires royaux* (1609) qui, mettant en relief la gloire de l'empire inca, déplurent violemment aux Espagnols.

garçon n. m. Enfant du sexe masculin (par oppos. à *fille*). / Jeune homme ; homme. *Un beau garçon.* / Célibataire. / Employé, dans certaines professions. *Garçon coiffeur.* / Serveur, dans un café ou un restaurant.

Garçon (Maurice) 1889-1967 Avocat et écrivain français. Réputé pour ses plaidoyers, il est aussi l'auteur d'ouvrages consacrés à l'histoire (*Louis XVII ou la Fausse Énigme,* 1952) et à la sorcellerie (*Magdelaine de la Croix, abbesse diabolique,* 1939). On lui doit un *Essai sur l'éloquence judiciaire* (1941) et une *Histoire de la justice sous la IIIe République* (1957).

garçonne n. f. (Vieilli) Jeune fille ayant l'allure ou les mœurs d'un garçon. *Coiffure à la garçonne*, où les cheveux sont coupés très court.

garçonnet n. m. Jeune garçon.

garçonnière n. f. Appartement de célibataire.

Gard (le) *130 km* Rivière du sud-est de la France, affluent du Rhône. Près de Remoulins, le Gard est franchi par un pont aqueduc composé de trois rangs d'arcades, haut de 49 m et long de 273 m. Le pont du Gard, qui date du Ier siècle, alimentait la Nîmes antique.

Gard (département du) [30] *5 853 km² 623 125 h.* Département français qui fait partie de la région Languedoc-Roussillon. Chef-lieu *Nîmes*. Dominée au nord et à l'ouest par les Cévennes cristallines et les Grands Causses calcaires, hauteurs pauvres et dépeuplées, la plaine du Bas Languedoc, irriguée par un canal, est couverte de vigne et de cultures maraîchères et fruitières. Le bassin houiller d'Alès traverse une crise et tente d'évoluer vers une métallurgie élaborée. Marcoule est le plus ancien centre atomique français. Nîmes développe les industries du textile et de l'agroalimentaire. Au sud du département, la Petite Camargue produit du sel (Aigues-Mortes) et attire les touristes (Le Grau-du-Roi), comme les monuments antiques de la région de Nîmes.

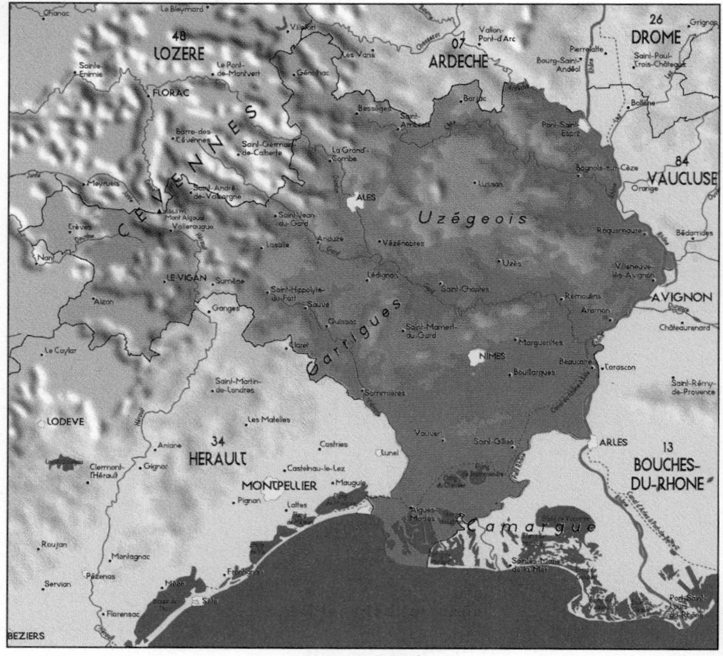

Département du **Gard**.

garde [1] n. f. **I.** Action de surveiller une personne ou une chose que l'on veut préserver, défendre ou conserver. *La garde d'un malade. Tenir un objet sous bonne garde.* / *Garde à vue*: mesure permettant à un officier de police judiciaire de retenir une personne pour les besoins d'une enquête et pendant un délai réglementé. / Surveillance exercée sur un lieu pour en défendre l'accès. *Chien de garde. Monter la garde*: être de faction, faire le guet. / Service de surveillance ou de sécurité assuré en continuité. *Pharmacie de garde.* / Attitude de défense ou d'attaque dans certains sports (boxe, escrime, etc.). *Ouvrir sa garde. Se mettre en garde.* / Fig. Attitude de méfiance. *Être sur ses gardes. Mettre qqn en garde*, l'avertir d'un danger. *Prendre garde*: faire attention. **II.** Troupe ou groupe d'hommes qui assurent une mission de protection ou de maintien de l'ordre. *Corps de garde. Garde républicaine*: corps de la gendarmerie nationale chargé des services d'honneur et de sécurité à Paris. / Fig. *La vieille garde*: les plus anciens partisans d'un homme politique, d'un régime. **III.** Partie d'une arme blanche qui protège la main. *La garde d'une épée.* / *Garde au sol*: intervalle entre le sol et le plancher d'un véhicule. *Pages de garde*: feuillets placés au début et à la fin d'un livre.

garde [2] n. Celui, celle qui exerce une garde, une surveillance. *Garde forestier*, chargé de surveiller une forêt. *Garde champêtre*: agent communal chargé de faire appliquer les règlements de police rurale. / Soldat qui fait partie d'une garde. / *Garde des Sceaux*: ministre de la Justice, dépositaire des sceaux. *Monsieur le Garde des Sceaux, Madame la Garde des Sceaux.* / *Garde du corps*: personne attachée à la protection d'un chef d'État, d'une personnalité.

Garde (lac de) *370 km²* Lac d'Italie du Nord, en Lombardie, traversé par le Mincio, affluent du Pô. La douceur du climat en fait un lieu de villégiature.

garde-à-vous interj. et n. m. inv. *Garde-à-vous !*, commandement enjoignant à un militaire d'adopter la position immobile réglementaire de respect en présence d'un supérieur (debout, tête droite, talons joints, bras le long du corps). / n. m. inv. Cette position. *Rester au garde-à-vous.*

garde-barrière n. m. Personne préposée à la fermeture et à l'ouverture d'un passage à niveau. Pl. Des *gardes-barrière(s).*

garde-boue n. m. inv. Pièce incurvée recouvrant partiellement les roues des cycles et des motocycles pour empêcher la projection d'éclaboussures.

garde-chasse n. m. Dans une chasse privée, gardien chargé de veiller à la conservation du gibier et à la répression des délits commis sur ce domaine. Pl. Des *gardes-chasse(s).*

garde-chiourme n. m. Anc. Surveillant des galériens, des forçats. / Péjor. Personne brutale et autoritaire. Pl. Des *gardes-chiourme(s).*

garde-corps n. m. inv. Parapet, garde-fou. / MAR. Cordage tendu sur le pont d'un navire pour servir d'appui.

garde-côte n. m. Anc. Petit navire de guerre servant à la défense des côtes. Pl. Des *gardes-côtes.*

Garde de fer (la) Parti fasciste roumain fondé en 1931 par un jeune capitaine, Codreanu. Toléré jusqu'en 1933 par le gouvernement, il fut interdit en 1936 mais poursuivit son œuvre de propagande. En 1938, les chefs de la Garde de Fer furent traduits devant les tribunaux ; Codreanu, condamné à neuf ans de prison, fut tué lors d'une tentative d'évasion. En 1940, le parti aida le maréchal Antonescu à prendre le pouvoir, mais celui-ci s'en débarrassa, avec l'aide de l'armée allemande, en 1941.

garde-fou n. m. Parapet placé au bord des ponts, des quais ou des terrasses, pour empêcher les chutes. Pl. Des *garde-fous.*

garde-française n. m. Soldat appartenant à un régiment créé en 1563 sous Charles IX et chargé, jusqu'en 1789, de protéger la famille royale. Pl. Des *gardes-françaises.*

garde-frein *n.* m. Synonyme de serre-frein. Pl. Des *gardes-frein(s).*

Gardel (Charles Gardès, dit Carlos) 1890-1935 Chanteur et auteur-compositeur argentin d'origine française (né à Toulouse). Il donna au tango une audience internationale.

garde-malade n. Personne qui garde et soigne les malades. Pl. Des *gardes-malades.*

garde-manger n. m. inv. Petite armoire à parois grillagées ou placard extérieur servant à conserver les aliments.

garde-meuble(s) n. m. Local spécialisé où l'on peut laisser des meubles en garde. Pl. Des *garde-meubles.*

gardénal n. m. (nom déposé) Médicament barbiturique, utilisé comme anticonvulsif et sédatif. Pl. Des *gardénals.*

gardénia n. m. BOT. Arbrisseau ornemental originaire de Chine, de la famille des rubiacées à grandes fleurs, souvent blanches, délicatement parfumées.

garden-party n. f. (mot anglais) Réception donnée dans un jardin. Pl. Des *garden-parties.*

Gardénia.

La ***gare*** *Montparnasse à Paris.*

garde-pêche n. m. Agent chargé de la police de la pêche sur les cours d'eau, les étangs et les lacs. Pl. Des *gardes-pêche.* / Embarcation chargée de la surveillance des zones de pêche côtière. Pl. Des *garde-pêche.*

garder v. t. [1] Tenir sous sa garde, surveiller, protéger. *Garder des chèvres. Garder un enfant. Des cerbères gardent l'entrée. Dieu vous garde !* / Rester en possession de. *Tu peux garder ces objets.* / Tenir en soi, pour soi. *Garder son calme. Garder sa foi. Garder un secret*, ne pas le révéler. / Tenir sur soi, près de soi. *Garder son manteau.* / Rester ou maintenir dans (un lieu). *Malade qui garde la chambre. Garder un enfant au lit.* / Maintenir dans une position. *Garder les yeux baissés, les jambes pliées.* / Réserver pour qqn. *Je vous ai gardé la place.* / Retenir (qqn). *Je vous garde à dîner.* / v. pron. *Se garder de*: se prémunir contre ; s'abstenir de. *Je me garde du soleil. Se garder d'interrompre une conversation.*

garderie n. f. Local où l'on garde les jeunes enfants en dehors des heures de classe. / Étendue de bois surveillée par un garde-forestier.

garde-robe n. f. Vieilli Penderie dans laquelle on range des vêtements. / Ensemble des vêtements d'une personne. / Vx Cabinets d'aisance. Pl. Des *garde-robes.*

gardian n. m. (mot provençal) En Camargue, gardien de taureaux ou de chevaux.

gardien, enne n. Personne chargée de la garde d'une personne, d'un lieu ou d'un objet. *Gardien de musée.* / Protecteur. *Gardien de la Constitution.* / *Gardien de but*: joueur chargé de défendre le but au football, au hockey, etc. / *Gardien de la paix*: agent de police.

gardiennage n. m. Service privé de garde fourni par des professionnels.

gardon n. m. ZOOL. Poisson d'eau douce de la famille des cyprinidés, aux flancs gris clair et au ventre argenté.

gare [1] n. f. CH. DE FER Ensemble des installations aménagées sur une ligne pour le débarquement et l'embarquement des voyageurs et des marchandises. *Chef de gare. Gare de triage*: ensemble de voies permettant de grouper les wagons et de former les trains. / *Gare maritime*, aménagée sur les quais d'un port. / *Gare routière*, accueillant les véhicules routiers (autocars, camions). / Endroit où les bateaux peuvent se garer ou se croiser, sur un cours d'eau navigable.

gare ! [2] interj. (Pour attirer l'attention) *Gare aux voitures venant de droite ! Sans crier gare*: sans avertir, sans prévenir.

garenne n. f. Bois de chênes ou de hêtres, au terrain sablonneux, peuplé de lapins sauvages. / *Lapin de garenne* ou, n. m., *garenne*: lapin sauvage.

Gargouille *gothique du* XVe *siècle.*

garer v. t. / v. pron. [1] **A.** v. t. Mettre en sûreté. / Mettre (un véhicule) dans un garage, un lieu de stationnement. **B.** v. pron. S'écarter pour dégager la voie. *Gare-toi sur le côté.* / Ranger sa voiture. *Se garer dans un parking, en double file.* / Fig. *Se garer de*: se mettre à l'abri de. *Se garer des voitures, de la bousculade.*

Garfield (James) 1831-1881 Homme politique américain. 20ᵉ président des États-Unis. Il prit part à la guerre de Sécession. Leader républicain élu à la présidence en 1880, il fut assassiné en mars 1881.

Gargantua Héros de l'œuvre de Rabelais (*La Vie inestimable du grand Gargantua*, 1534), qui raconte sur un mode bouffon et satirique la vie du géant Gargantua. Rabelais y développe son idéal humaniste. Dans une première partie, il nous expose l'enfance pittoresque de Gargantua, fils de Grandgousier et de Gargamelle, et se moque des méthodes d'éducation du Moyen Âge qui abêtissent l'esprit de l'élève. Dans la seconde partie, on assiste à la guerre de Picrochole, roi violent et injuste, contre le bon roi Grandgousier, défenseur de la paix. Gargantua s'y illustre par ses exploits et sa droiture. Pour finir, un compagnon de Gargantua, le frère Jean des Entommeures, reçoit en récompense pour sa loyauté l'abbaye de Thélème, paradis terrestre qui a pour devise « Fais ce que tu voudras ». Gargantua est le père de Pantagruel, dont Rabelais avait publié l'histoire en 1532.

gargantuesque adj. Dont la masse, l'énormité évoque Gargantua. *Un appétit gargantuesque. Un repas gargantuesque.*

gargariser (se) v. pron. [1] Faire un gargarisme. / Fam. et péj. Savourer, se délecter. *Se gargariser de compliments.*

gargarisme n. m. Action de se rincer l'arrière-bouche et la gorge avec un liquide médicamenteux ; ce liquide.

gargote n. f. Fam., péjor. Restaurant bon marché et peu soigné.

gargotier, ère n. Fam. péjor. Tenancier d'une gargote.

gargouille n. f. ARCHIT. Conduit en saillie, revêtant la forme d'un animal fantastique, qui déverse loin des murs l'eau des gouttières.

gargouillement ou **gargouillis** n. m. Bruit produit par le déplacement d'un fluide

Giuseppe Garibaldi.

Buste de **Charles Garnier**.

Romain Gary.

à l'intérieur d'une canalisation. / Bruit produit par le déplacement des gaz dans le tube digestif.

gargouiller v. i. [1] Émettre des gargouillements.

gargoulette n. f. Récipient en matière poreuse dans lequel l'eau se rafraîchit par évaporation.

Garibaldi (Giuseppe) 1807-1882 Homme politique italien, héros du Risorgimento. Après avoir participé à des insurrections au Brésil et en Uruguay, il rentra en Italie au moment de la révolution de 1848 puis, définitivement, en 1854, pour combattre en faveur d'une Italie unifiée. Il leva une armée (les « Chemises rouges »), vainquit les Autrichiens à Varèse et à Brescia (1859) et conquit Naples et la Sicile (expédition des Mille, 1860). Malgré ses idées républicaines, il se rallia au roi Victor-Emmanuel II. Mais la cession de Nice et de la Savoie à la France l'indigna et il se mit en marche sur Rome; les « Chemises rouges » furent arrêtées par les troupes de Victor-Emmanuel II à Aspromonte en 1862 et, au cours d'une nouvelle tentative, par les Français à Mentana en 1867. Garibaldi vint cependant au secours des Français avec ses troupes en 1870. Élu à l'Assemblée de Bordeaux, il n'y siégea pas et finit sa vie comme député de Rome. **Menotti** 1840-1903 Homme politique italien, fils du précédent, député d'extrême gauche (1876-1900). **Ricciotti** 1847-1924 Frère du précédent. Après avoir combattu aux côtés des Grecs contre les Turcs, il constitua la *Légion garibaldienne* qu'il mit au service de la France en 1914.

Garigliano (le) Petit fleuve d'Italie séparant le Latium et la Campanie. Il fut le théâtre de fait d'armes de Bayard (1503) et d'une victoire de l'armée française (1944), qui ouvrit aux Alliés la route de Rome.

Garin de Monglane Héros légendaire qui a donné son nom à un cycle de chansons de geste (XIIIe siècle, début XIVe). Ses descendants, Aymeri de Narbonne et Guillaume d'Orange, qui luttèrent contre les Sarrasins, y apparaissent aussi.

Garizim (mont) Montagne de Jordanie. Les Samaritains, y situant les sacrifices de Melchisédech, d'Abraham et de Jacob, la considéraient comme un lieu sacré. Ils y élevèrent un temple au IVe siècle av. J.-C. Ils y célèbrent encore la Pâque chaque année.

garnement n. m. Jeune enfant turbulent, galopin. *Une bande de garnements.*

Garner (Erroll) 1921-1977 Pianiste de jazz américain. Influencé au début par Fats Waller et Art Tatum, son style original consiste à improviser dans les aigus avec la main droite tout en soutenant le rythme avec la main gauche.

Garnerin (André Jacques) 1769-1823 Aéronaute français. Il effectua la première descente en parachute le 22 octobre 1797 à Paris. **Jeanne (Jeanne Labrosse, M**[me] **Garnerin)** 1775-1847 Épouse du précédent, elle fut la première femme aéronaute et parachutiste.

garni, e adj. et n. m. Complété par (qqch.). *Plat garni.* / n. m. Petit et très modeste logement meublé.

Garnier (Robert) 1544-1590 Poète dramatique français. Ses tragédies: *Hippolyte* (1573), *Antigone* (1580), *Les Juives* (1583), et sa tragi-comédie *Bradamante* (1582) annoncent Corneille.

Garnier (Charles) 1825-1898 Architecte français. Auteur de l'opéra de Paris, appelé aujourd'hui le « Palais Garnier » (1862-1875), il a construit également le casino de Monte-Carlo. Il a essayé de créer un style original, de tendance baroque, à partir d'emprunts faits au passé, de mélanges et de surcharge fastueuse, avec beaucoup de liberté.

Garnier (Francis) 1839-1873 Officier de marine et explorateur français. Il participa aux campagnes contre la Chine et l'Annam (1860-1862). Il explora le Mékong (1866-1868), conquit le delta du fleuve Rouge reliant le Tonkin au Yunnan et soutint la politique d'implantation en Indochine.

garnir v. t. [2] Munir d'une protection, d'un renfort ou d'un ornement. *Garnir une porte de bourrelets. Garnir un chapeau de plumes.* / Remplir de ce qui convient, de ce qui complète. *Garnir le poêle de charbon.* / Remplir, occuper (un espace). *La foule garnit les gradins.*

garnison n. f. Ensemble des troupes stationnées dans une place pour la défendre. / Ensemble des troupes casernées dans une ville; la ville elle-même.

garnissage n. m. Action de garnir; résultat de cette action.

garniture n. f. Ce qui sert à garnir une chose, pour l'orner, la renforcer, la compléter. *Une garniture de dentelle.* / *Garniture de cheminée*: ensemble des objets servant à orner un dessus de cheminée. / MÉCAN. *Garniture d'embrayage, de frein*: matériau de friction qui assure l'embrayage ou le freinage dans une automobile. / CUIS. Ce qui accompagne une viande. *Garniture de légumes.*

Garonne (la) *650 km (575 km* sans la Gironde) Fleuve tributaire de l'Atlantique qui traverse le sud-ouest de la France. Née en Espagne, dans le massif de la Maladetta, la Garonne traverse les Pyrénées près de Montréjeau et décrit un vaste demi-cercle vers Toulouse, où elle prend sa direction définitive vers le nord-ouest. Elle rejoint la Dordogne dans un estuaire commun, la Gironde. Alimentée par de nombreux affluents (Save, Gers, Ariège, Tarn, Lot), la Garonne a des crues redoutées. La navigation l'a abandonnée pour un canal dans tout son cours moyen. Malgré les risques d'inondation, l'agriculture est très prospère sur ses rives. La polyculture (blé, maïs, vergers) est de plus en plus spécialisée autour d'Agen et de Marmande: tabac, chasselas, pêches, prunes. Dans le Bordelais, le fleuve est dominé par des terrasses caillouteuses, les graves, et des terres alluviales humides, les palus, couvertes de vignobles et de cultures maraîchères.

Confluent de la **Garonne** et du Lot à Aiguillon.

Garonne (département de la Haute-) [31] *6300 km² 1046338 h.* Département du sud-ouest de la France qui fait partie de la région Midi-Pyrénées. Chef-lieu: *Toulouse.* Le département, dont la forme allongée est calquée sur le tracé du fleuve qui lui donne son nom, a une partie pyrénéenne étroite mais riche de possibilités hydroélectriques, thermales (Luchon) et sportives (Superbagnères); l'hydroélectricité a permis l'industrialisation. La plaine de la Garonne et les plateaux du Terrefort ont de riches cultures et un élevage développé. Toulouse, quatrième ville de France, métropole qui a fortement polarisé la région, concentre avec son agglomération 70 % de la population du département et accueille des industries modernes: aéronautique et spatiale, électronique, chimique (azote, engrais).

garrigue n. f. Formation végétale typique des sols calcaires en région méditerranéenne, maigre végétation basse et discontinue qui associe à des chênes verts nains des plantes odoriférantes comme le thym, le romarin et la lavande.

garrot [1] n. m. Pièce de bois que l'on introduit dans une corde et que l'on tourne pour obtenir la tension voulue. *Le garrot d'une scie.* / MÉD. Lien utilisé pour comprimer l'artère afin d'arrêter une hémorragie. / Instrument de supplice par strangulation, utilisé autrefois en Espagne.

garrot [2] n. m. Région du dos des grands quadrupèdes, située au-dessus des épaules, à la base de l'encolure.

garrotter v. t. [1] Lier étroitement (qqn), enserrer (qqch.). *Garrotter un prisonnier. Garrotter une plaie.*

garou Voir **loup-garou**

gars n. m. Fam. Garçon; jeune homme. / Par ext. Homme, type. *Qu'est-ce qu'il cherche ce gars-là?*

Gary (Romain Kacew, dit **Romain)** 1914-1980 Romancier français d'origine russe. Il passe son enfance et sa jeunesse en Russie et en Pologne, puis est mobilisé en 1939 dans l'aviation. Il combat pour la France libre et écrit, entre ses missions, un roman qui évoque la résistance polonaise aux nazis: *Éducation européenne* (1945). Après la guerre, il devient diplomate. Révolté par les injustices tragiques du monde moderne, il affirme dans son œuvre ses valeurs humanistes : justice, liberté et tension vers l'absolu, et une morale de l'héroïsme. *Les Racines du ciel*, roman qui traite du massacre des éléphants africains, reçoit le prix Goncourt en 1956. En 1960, il livre le récit romancé de son enfance, de sa jeunesse pendant la Seconde Guerre mondiale et de la naissance de sa vocation d'écrivain : *La Promesse de l'aube*. Après la parution d'un roman sur la vieillesse, *Au-delà de cette limite, votre ticket n'est plus valable* (1976) et le suicide de sa femme, Jean Seberg (1979), il se suicide en 1980. *Vie et mort d'Émile Ajar* (posthume, 1981) révèle alors que Romain Gary était, sous le pseudonyme d'Émile Ajar, l'auteur de *Gros-Câlin* (1974), *La Vie devant soi* (prix Goncourt 1975) et *L'Angoisse du roi Salomon* (1979). Il est ainsi le seul écrivain à avoir été deux fois lauréat du prix Goncourt.

gas-oil ou **gasoil** n. m. (mot anglais) Gazole.

Gascogne Ancienne province française qui couvrait les territoires situés entre l'océan Atlantique, les Pyrénées et la Garonne, à l'exception du Pays basque. Capitale *Auch*. Les Vascones (Basques) qui l'envahirent au VIe siècle la baptisèrent *Vasconie* (attesté pour la première fois en 602), origine de son nom actuel. Le duché de Gascogne, formé après une révolte en 768, fut uni au XIe siècle au duché d'Aquitaine. Il passa aux anglo-saxons de 1154 à 1453 avant d'être reconquis par la France, et fut rattaché à la Guyenne. La Gascogne actuelle se définit essentiellement comme un domaine linguistique, lui-même morcelé en plusieurs parlers (le béarnais en particulier), qui ne coïncide pas avec les limites départementales.

Gascogne (golfe de) (autrefois *golfe de Biscaye*) Golfe de l'Atlantique, compris entre les côtes du sud-ouest de la France et celles du nord-ouest de l'Espagne.

gascon, onne adj. et n. **A.** adj. et n. De Gascogne. *Cuisine gasconne. Un(e) Gascon(ne).* **B.** n. Vx Fanfaron. / Mod. *Promesse de Gascon*, que l'on sait ne pas pouvoir (ou vouloir) tenir. / n. m. LING. Parler de langue d'oc propre à la Gascogne.

gasconnade n. f. Fanfaronnade.

gasconner v. i. [1] Parler avec l'accent gascon.

gaspacho n. m. (mot espagnol) Potage à base de légumes crus (tomates, concombres, etc.) et d'aromates, servi glacé.

Gaspard Un des trois Rois mages qui se rendirent à Bethléem.

Gaspé *13 000 h.* Ville du Québec, à l'extrémité de la Gaspésie, sur la baie de Gaspé. Centre commercial, administratif et touristique. C'est ici que Jacques Cartier débarqua, en 1534.

Gaspésie Péninsule du Québec, sur la rive droite de l'estuaire du Saint-Laurent. Les ressources principales de cette bande de collines boisées, occupée en son centre par une chaîne de montagnes, sont la pêche, les réserves de cuivre, le tourisme et l'exploitation du bois.

gaspillage n. m. Action de gaspiller.

gaspiller v. t. [1] Utiliser à mauvais escient, dépenser sans nécessité ; dilapider. *Gaspiller son argent, son temps, son talent.*

Vittorio Gassman.

gaspilleur, euse n. Personne qui gaspille.

Gassendi (Pierre Gassend, dit**)** 1592-1655 Philosophe et savant français. Ordonné prêtre en 1616, il devint prévôt de la cathédrale de Digne en 1626. Enseignant au Collège royal, il fit des observations astronomiques et se déclara partisan du système de Copernic et admirateur de Galilée. Il observa la planète Saturne, sans toutefois distinguer son système d'anneaux, et fut le premier (1631) à observer le transit de la planète Mercure devant le Soleil. Il a publié de nombreuses critiques d'Aristote et de Descartes, dont ses *Objections aux Méditations de Descartes* (1644). Il voulut concilier sa philosophie et la doctrine chrétienne. Très critiqué de son vivant, il a animé un petit groupe de « libertins érudits » et a influencé Locke et Voltaire, ainsi que Cyrano de Bergerac.

Gassman (Vittorio) 1922-2000 Acteur italien. Il débuta au théâtre en 1943 et fonda sa propre compagnie en 1952. Révélé au cinéma par *Riz amer* de Giuseppe de Santis (1948), il triompha dans *Le Pigeon* de Mario Monicelli (1957), *Le Fanfaron* (1962) et *Parfum de femme* (1974) de Dino Risi. Acteur de renommée internationale, il a tourné notamment avec Robert Altman (*Un mariage* et *Quintett*; 1978), Alain Resnais (*La vie est un roman*, 1983). Il a lui-même réalisé plusieurs films.

gastéromycètes Voir **gastromycètes**

gastéropodes n. m. pl. ZOOL. Classe de mollusques terrestres, marins ou d'eau douce, caractérisés par un pied musculeux large et épais, généralement protégés par une coquille spiralée. *Les gastéropodes se déplacent au moyen de leur pied, sur lequel ils rampent (escargot, limace) ou dont ils se servent comme organe natatoire (patelle, buccin).*

Gaston III de Foix, dit **Gaston Phébus** 1331-1391 Comte de Foix en 1343. Seigneur équitable, chevalier courageux, ami des arts et des belles-lettres, il fut admiré pour son mécénat mais condamné pour ses emportements : il tua lui-même son unique fils légitime lors d'un accès de colère. Il participa à plusieurs combats, notamment contre le comte d'Armagnac, mais garda une relative neutralité lors de la guerre de Cent Ans et tint sa petite principauté à l'écart des grands conflits. Il entretint une cour brillante dans son château d'Orthez et laissa des *Oraisons* et un *Traité de l'art de la chasse*. Faute d'héritier, il légua ses possessions à la Couronne.

gastralgie n. f. MÉD. Douleur de l'estomac.

gastrectomie n. f. CHIR. Ablation totale ou partielle de l'estomac.

gastrique adj. De l'estomac. *La cavité gastrique. Suc gastrique* : suc digestif, très acide, sécrété pas l'estomac.

gastrite n. f. MÉD. Inflammation aiguë ou chronique de l'estomac.

gastro-entérite n. f. MÉD. Inflammation des muqueuses de l'estomac et de l'intestin, d'origine bactérienne ou virale. Pl. Des *gastro-entérites*.

gastro-entérologie n. f. MÉD. Spécialité médicale qui étudie la physiologie et la pathologie du tube digestif.

gastro-entérologue n. MÉD. Médecin spécialiste de gastro-entérologie.

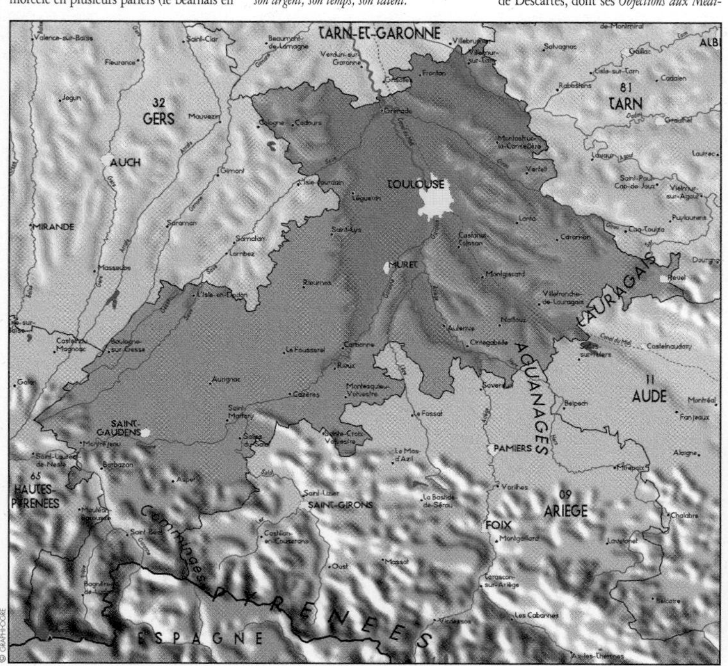

*Département de la **Haute-Garonne**.*

*La limace est un **gastéropode** dépourvu de coquille.*

gastro-intestinal, ale, aux adj. MÉD. Qui concerne à la fois l'estomac et l'intestin.
gastromycètes ou **gastéromycètes** n. m. pl. BIOL. Sous-classe de champignons basidiomycètes dont les spores sont produites dans une glèbe. *La vesse-de-loup est un gastromycète.*
gastronome n. Amateur de bonne chère, de mets raffinés.
gastronomie n. f. Art de préparer et de goûter les mets, la bonne chère.
gastronomique adj. Relatif à la gastronomie.
gastroscopie n. f. MÉD. Endoscopie de la cavité gastrique, effectuée à l'aide d'un endoscope introduit par l'œsophage.
gastrula n. f. EMBRYOL. Stade embryonnaire, succédant à la blastula, dans lequel les feuillets embryonnaires externes (ectoderme) et interne (endoblaste) se sont mis en place.
gastrulation n. f. EMBRYOL. Processus d'invagination de la blastula aboutissant à la formation de l'endoderme et de l'intestin primitif, dont l'orifice est le blastopore.
gâteau n. m. Pâtisserie le plus souvent à base de farine, de sucre, de beurre et d'œufs. *Gâteau au chocolat. Gâteaux secs.* / Masse de matière en forme de gâteau. *Gâteau de plâtre.* / Ensemble des alvéoles où les abeilles conservent leur miel.
gâter v. t. [1] Abîmer, pourrir. *Trop de sucre gâte les dents.* / Altérer l'aspect, la beauté de. *Gâter le paysage, le teint.* / Combler (qqn) d'attentions, de cadeaux ; traiter (un enfant) avec trop de clémence. / v. pron. Se détériorer, prendre une fâcheuse tournure. *Le temps se gâte. Les affaires se gâtent.*
gâterie n. f. Petit présent ; friandise.
Gates (William, dit Bill) 1955 Informaticien américain. Il a créé, en collaboration, le langage *basic* pour ordinateurs. À 21 ans, il a fondé la société Microsoft, qui a vite acquis une importance mondiale.
gâteux, euse adj. et n. MÉD. Se dit d'une personne atteinte de gâtisme. / Se dit d'une personne qui se comporte stupidement, par faiblesse, par amour, etc.
gâtifier v. i. [1] Se comporter comme un gâteux ; bêtifier.
Gâtinais Région du sud-est du Bassin parisien, à l'ouest de la Beauce, située de part et d'autre du Loing. Ce pays bocager se consacre à l'élevage d'ovins, de vaches laitières et de volailles, et à la polyculture. L'apiculture y a une place importante (miel du Gâtinais). La ville principale est Montargis.
gâtisme n. m. MÉD. État de décrépitude physique et mentale due à l'âge ou à la maladie.
Gatsby le Magnifique 1925 Roman de F. S. Fitzgerald : à New York, au temps de la prohibition, le jeune Jay Gatsby amasse une fortune, mais l'amour le jettera à terre.
GATT Acronyme pour *General Agreement on Tariffs and Trade* (« Accord général sur les tarifs douaniers et le commerce »). Accord signé en 1947 à Genève pour réglementer le commerce mondial et, notamment, harmoniser les politiques douanières. Plusieurs cycles de négociation ont eu lieu pour compléter cet accord : le *Kennedy Round* (1964-1968), le *Tokyo Round* (1973-1979). Après des années de tractations, au cours desquelles les États européens ont tenté de tempérer le libéralisme extrême des États-Unis, 117 pays ont signé en 1993 un accord qui vise à libéraliser les échanges mondiaux en rendant illégales les mesures protectionnistes. L'accord final, en 1994, signé par plus de 120 pays, a permis de créer l'Organisation mondiale du commerce (OMC).

L'église de la Sagrada Familia d'**Antonio Gaudí y Cornet**.

Gatti (Armand) 1924 Auteur dramatique et metteur en scène français. Dans son théâtre militant, il met au service de ses convictions révolutionnaires un talent multiforme et original, écrivant pour ceux à qui la société ne donne pas la parole (prisonniers, marginaux, exclus, chômeurs) : *La Vie imaginaire de l'éboueur Auguste Geai*, 1962 ; *Rose collective*, 1973. On lui doit aussi des films et des videos.
gauche adj. et n. **A.** adj. **I.** Qui n'est pas droit ou plan, qui est de travers. (Subst). *Avoir du gauche* : être de travers. / MATH. Se dit d'une courbe, d'une ligne dont tous les points n'appartiennent pas à un même plan. / Fig. Maladroit, malhabile. *Attitude gauche.* **II.** Situé du côté du corps où se trouve le cœur. *Main gauche.* / Qui est situé vers le côté gauche d'un observateur, d'une chose. *Rive gauche d'un fleuve*, située du côté gauche en descendant le courant. **B.** n. f. Le côté gauche d'une personne ou d'une chose. / POLIT. Ensemble des élus (députés et sénateurs) qui siègent à la gauche du président de l'Assemblée et qui sont sensibles aux idées de progrès social ; ensemble des mouvements et partis qui défendent ces idées. *La gauche plurielle* : en France, l'ensemble constitué par le parti socialiste, le parti communiste, les « Verts » (écologistes), les radicaux de gauche et le Mouvement des citoyens. **C.** n. m. Le poing gauche, en boxe. *Un direct du gauche.* / TECHN. Déviation d'une pièce. *Le gauche d'une tôle, d'une bielle.*
gauchement adv. De manière gauche.
gaucher, ère adj. et n. Se dit d'une personne qui se sert plus souvent et plus habilement de sa main gauche que de sa main droite.
gaucherie n. f. Maladresse.
gauchir v. i. / v. t. [2] **A.** v. i. Se déformer, prendre du gauche. *Pièce qui gauchit.* **B.** v. t. Déformer (qqch.), fausser. *Gauchir une planche.* Ant. dégauchir. / Fig. *Vous avez gauchi mes propos.* / En politique, faire évoluer vers la gauche (une attitude, un comportement, une position).
gauchisme n. m. Péjor. Courant, attitude politique d'extrême gauche, préconisant l'action révolutionnaire immédiate.
gauchissement n. m. Action, fait de gauchir.
gauchiste adj. et n. Qui procède du gauchisme, qui en est partisan.
gaucho n. m. (Mot espagnol) En Argentine, cavalier chargé de surveiller les grands troupeaux de la pampa.
gaude n. f. (généralement au pluriel) Rég. En Bourgogne, en Franche-Comté, mets fait à partir d'une bouillie de farine de maïs.
Gaudí y Cornet (Antonio) 1852-1926 Architecte, urbaniste, peintre et sculpteur espagnol. Son style très personnel, mêlant les genres, les matériaux et les motifs, est illustré par l'église inachevée de la Sagrada Familia (entreprise en 1883) à Barcelone. Imaginatif et non-conformiste, Gaudí est l'un des pionniers de l'art moderne. On peut voir nombre de ses œuvres à Barcelone : la casa Vicens (1878-1880), le palais Güell (1885-1889) et le parc Güell (1900-1914), la casa Battló (1905-1907), la casa Milá (1905-1910).
gaudriole n. f. Fam. Plaisanterie grivoise. / Débauche.
gaufrage n. m. Action de gaufrer.
gaufre n. f. Pâtisserie légère cuite entre deux plaques alvéolées. / Gâteau de cire des abeilles.
gaufrer v. t. [1] Imprimer des dessins en relief ou en creux sur (du papier, du tissu, du cuir…).
gaufrette n. f. Petit biscuit sec feuilleté, souvent fourré.
gaufrier n. m. Moule à gaufres.
Gauguin (Paul) 1848-1903 Peintre français. Jusqu'en 1883, sa vie est celle d'un modeste employé qui consacre ses loisirs à la peinture ; il travaille avec Pissarro puis Cézanne, expose en 1876 au Salon, puis de nombreuses fois avec les impressionnistes. À partir de 1883, il quitte son emploi pour s'adonner à son art. Il se rend en Bretagne (1886) où il rencontre Émile Bernard avec qui il fonde l'école de Pont-Aven, puis à Paris où il fait la connaissance de Van Gogh, enfin à Panama et à la Martinique (1887). Il revient à Pont-Aven, puis retrouve Van Gogh à Arles où il passe quelques mois à la fin de 1888, mais leur amitié mouvementée ne résiste pas à ce séjour. Attiré par l'exotisme, Gauguin part pour Tahiti en 1891, revient en France en 1893 et repart pour Tahiti en 1895. Il ne quittera plus l'Océanie et mourra misérablement aux îles Marquises. L'art de Gauguin fut d'abord influencé par l'impressionnisme. Mais dès 1886, lors de son premier séjour en Bretagne, il élabore avec Émile Bernard le procédé du cloisonnisme qui consiste en formes simplifiées et cernées et en aplats de couleurs vives. Il affirme l'originalité de son style dans *Le Christ jaune* (1889). À Tahiti, sa recherche d'un symbolisme personnel se teinte d'apports exotiques : *Sur la plage* (1891), *Les Seins aux fleurs rouges* (1897). La population et les paysages polynésiens vont enrichir la dimension métaphysique de l'œuvre de ce peintre soucieux d'exprimer le spirituel : il considère *D'où venons-nous ? Que sommes-nous ? Où allons-nous ?*, réalisé avant une tentative de suicide (1897), comme son testament artistique. Gauguin a laissé également de nombreuses sculptures, des céramiques et des masques, ainsi que des écrits sur la peinture et une importante correspondance. Les recherches de Gauguin ont influencé des mouvements artistiques comme celui des nabis, le fauvisme et le cubisme.
gaule n. f. Longue perche de bois léger utilisée pour faire tomber les fruits mûrs des arbres. / Canne à pêche.
• **Gaule (la)** Nom donné par les Romains, dans l'Antiquité, à la partie de l'Europe de l'ouest comprise entre les Pyrénées, les Alpes et le Rhin, qui correspond à peu près à la France, à la Belgique, à la Suisse (Helvétie) et à une partie des Pays-Bas actuels.

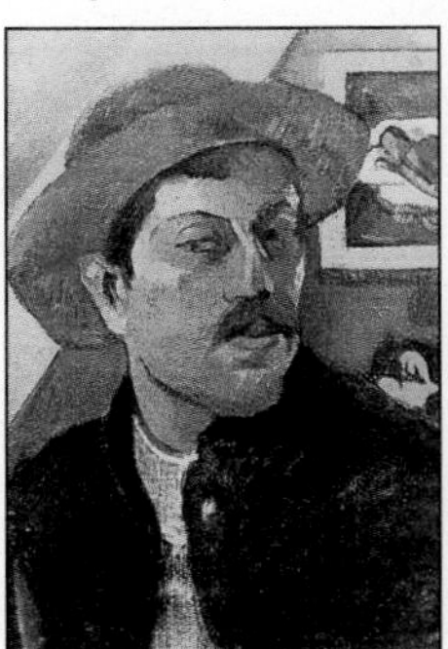
Autoportrait au chapeau, *1893*, de **Paul Gauguin** *(Musée d'Orsay, Paris).*

Pourquoi es-tu fâchée ?, *toile de* **Paul Gauguin**, *1896 (Art Institute of Chicago).*

Gaule (La)

À cette *Gaule transalpine*, les Romains opposaient la *Gaule cisalpine*, c'est-à-dire la plaine du Pô, que les Celtes occupèrent vers 400 av. J.-C. et que Rome soumit un siècle plus tard.

La Gaule était habitée par des peuples divers, Ligures, Basques, Ibères, Armoricains, auxquels s'ajoutèrent dès le IIe millénaire av. J.-C. les Celtes venus d'Europe centrale, qui s'y établirent en plusieurs étapes. C'est à l'ensemble de ces peuples que les Romains donnèrent le nom de *Gaulois*. La civilisation gauloise nous est connue par les découvertes archéologiques et les récits de César.

Les Celtes du IIe millénaire av. J.-C. semblent avoir été des pasteurs qui pratiquaient la transhumance des troupeaux ; ils se sont sédentarisés entre 1200 et 900 av. J.-C. et développèrent les techniques agricoles. Jusqu'à la conquête romaine, les activités industrielles et la vie urbaine sont restées embryonnaires. César décrit dans ses *Commentaires* le Gaulois du Ier siècle av. J.-C. comme un géant blond ou roux vêtu de braies et d'une tunique courte ; en réalité, il y avait une grande diversité de types physiques qui correspondait à la division de la Gaule en plusieurs dizaines de peuples jaloux de leurs particularismes et souvent en lutte les uns contre les autres.

Cependant, on peut voir dans la réunion annuelle des druides, prêtres d'une religion mal connue, un début d'unité. Des Grecs venus d'Asie Mineure fondent vers 600 av. J.-C. la colonie phocéenne de Marseille qui essaime sur une partie du littoral méditerranéen ; mais l'influence hellénique reste très localisée. Les colonies grecques, menacées par des tribus gauloises, appellent les Romains à leur secours en 125 av. J.-C. ; ces derniers interviennent en Gaule et en profitent pour conquérir la Provence et le Languedoc dont ils font la *Provincia* (120 av. J.-C.) ; dite aussi *Gaule en braies*, par opposition au reste de la Gaule, la *Gaule chevelue*, la Provincia s'étend jusqu'aux villes actuelles de Lyon, Genève et Toulouse. César divise la Gaule libre en trois parties : la Gaule belgique au nord, entre le Rhin et la Seine, la Gaule celtique au centre, entre la Seine, la Garonne et le Rhin, et l'Aquitaine au sud-ouest.

Au danger romain s'ajoute pour les Gaulois le danger germanique, plus redoutable : des envahisseurs cimbres et teutons ravagent le pays ; ils sont battus par l'armée romaine en 101 av. J.-C. Servi par leur peur des Germains et par les dissensions des Gaulois, Jules César, dont les ambitions politiques exigent un grand succès militaire, entreprend la conquête de la Gaule. Commencée en 58, celle-ci se termine en 51 av. J.-C., malgré une tardive tentative de résistance dirigée par le chef arverne Vercingétorix.

Après quelques succès, Vercingétorix doit s'enfermer dans Alésia, citadelle autour de laquelle les Romains avaient édifié de formidables fortifications ; la chute d'Alésia (52 av. J.-C.) décide du sort de la Gaule. Devenue romaine, la Gaule assimile rapidement la civilisation du vainqueur qui apporte la paix, sait se concilier habilement les notables, favorise la prospérité économique.

Le pays se couvre de vignobles et d'ateliers industriels, de ponts et de routes, de villes florissantes ornées de monuments gallo-romains (théâtre d'Orange, amphithéâtre d'Arles, pont du Gard) ; le commerce se développe grâce à un bon réseau routier et à la navigation en Méditerranée.

Auguste fixe en 27 av. J.-C. les divisions administratives de la Gaule romaine : on distingue la Narbonnaise (l'ancienne Provincia), l'Aquitaine (étendue jusqu'à la Loire), la Lyonnaise (ou Celtique) et la Gaule belgique.

Plus tard, le sud de la Gaule belgique deviendra la Séquanaise (Franche-Comté et Suisse). La Gaule adopte la religion romaine, la langue latine. Certaines traditions religieuses et artistiques gauloises semblent cependant survivre parmi les classes populaires.

À partir du IIIe siècle apr. J.-C., la Gaule partage les vicissitudes de l'Empire romain ; elle recouvre son indépendance pendant quelques années (260-273) ; le christianisme se répand progressivement.

Au Ve siècle, se produisent les grandes invasions ; si les Huns d'Attila sont repoussés aux champs Catalauniques (451), les Germains envahissent la Gaule. Des royaumes barbares se constituent (Vandales, Wisigoths, Burgondes, Francs), alors qu'à Rome disparaît le dernier empereur (476). Clovis, roi des Francs, converti au catholicisme (496 ou 498) et donc soutenu par ses sujets gallo-romains, établit sa domination sur la quasi-totalité du pays qui deviendra la France.

Le pont du Gard, datant de l'époque gallo-romaine.

G

Gaulle (Charles de)

Jusqu'au 6 juin 1940, date à laquelle il est nommé sous-secrétaire d'État à la Défense nationale et à la Guerre, il mène une carrière militaire brillante, ponctuée par la publication d'ouvrages d'histoire politique (*Le Fil de l'épée*, 1932) comme de stratégie militaire (*Vers l'armée de métier*, 1934).
Déterminé à poursuivre la guerre, il propose le repli du gouvernement à l'étranger. Mais il rencontre l'opposition du maréchal Pétain, partisan de l'armistice, qui forme un gouvernement le 17 juin. C'est donc seul qu'il lancera, de Londres, son appel du 18 juin 1940, demandant aux Français de résister à l'ennemi par tous les moyens.
Condamné à mort par le régime légal de Vichy, il incarne le refus français de la défaite. Il organise les Forces françaises libres (FFL) et cherche à diriger de Londres la résistance de l'intérieur. Après un échec à Dakar (septembre 1940), il rallie autour de lui la plupart des colonies françaises d'Afrique et constitue le Conseil de défense de l'Empire (octobre 1940).
Entretenant avec Churchill des rapports aussi étroits que conflictuels, mal compris par les Américains qui entretiennent longtemps une représentation diplomatique à Vichy, il ne participe pas au débarquement allié en Afrique du Nord (1942). Américains et Britanniques reconnaissent l'autorité du général Giraud, que de Gaulle rencontre après la conférence de Casablanca ; cette rencontre aboutit à la création du Comité français de libération nationale qui siège à Alger et dont Giraud est rapidement éliminé.
Ayant instauré un gouvernement provisoire de la République française (juin 1944) et fait une entrée triomphale à Paris libéré (25 août 1944), il s'impose comme chef politique. Choisi par la première Assemblée nationale constituante comme président du Gouvernement provisoire (novembre 1945), il

Charles de Gaulle.

accomplit d'importantes réformes : nationalisations, création de la sécurité sociale et des allocations familiales. Son projet de renforcement du pouvoir exécutif rencontre de vives oppositions ; il démissionne dès janvier 1946.
Retiré dans sa propriété de Colombey-les-Deux-Églises (Haute-Marne), il crée en 1947 le Rassemblement du peuple français (R.P.F.), organisation influente qui ne le ramènera cependant pas au pouvoir. Ce n'est que le 29 mai 1958, peu après l'insurrection (13 mai) des partisans de l'Algérie française, qu'il est rappelé par le président Coty. Le 1er juin, l'Assemblée nationale investit le général de Gaulle et vote les « pleins pouvoirs ». Il cherche d'abord à réformer les institutions.
Le 28 septembre, il organise un référendum sur une nouvelle Constitution, qui sera approuvée et, le 21 décembre, il est élu président de la Ve République. Il travaille au redressement économique du pays (nouveau franc en 1960), à l'établissement de rapports nouveaux entre la métropole et son empire colonial (création de l'Union française, d'abord, rupture des liens institutionnels aboutissant à l'indépendance de toutes les colonies, ensuite), et mène une politique étrangère active qui tend à redonner à la France prestige et puissance. Celui qui s'est écrié « Je vous ai compris ! » devant les Français d'Algérie et « Vive l'Algérie française ! » s'engage, après 1961, dans une direction différente ; les accords d'Évian (mars 1962) aboutissent à l'indépendance de l'Algérie. Réélu, cette fois au suffrage universel, en 1965, il affirme l'indépendance de la France en œuvrant au rapprochement entre l'est et l'ouest de l'Europe ; le pays se retire de l'Otan sans se retirer de l'Alliance atlantique et met sur pied une force de frappe atomique. Des difficultés économiques surgissent (l'inflation reprend), des divergences politiques se font jour, une certaine impatience agite sourdement une partie des Français. Après l'échec d'un référendum sur le Sénat et la régionalisation, le général de Gaulle démissionne le 27 avril 1969.
Il passe les dernières années de sa vie dans sa propriété de la Boisserie. Écrivain fécond au style très particulier, il est l'auteur de *Mémoires de guerre* : *L'Appel* (1954), *L'Unité* (1956), *Le Salut* (1959) et de *Mémoires d'espoir* (1970-1971).

gauleiter n. m. (mot allemand) HIST. Chef d'un district, dans l'Allemagne nazie et dans les territoires occupés rattachés au Reich.

gauler v. t. [1] Battre (les branches d'un arbre) avec une gaule pour en récolter les fruits. *Gauler un cerisier.* / Par méton. *Gauler des cerises.*

• **Gaulle (Charles de)** 1890-1970 Général et homme politique français.

gaullien, enne adj. Qui se réfère à la doctrine politique du général de Gaulle, qui est influencé par le gaullisme. *Une vue gaullienne de la politique internationale.*

gaullisme n. m. Doctrine ou attitude politique se réclamant de l'action et des idées du général de Gaulle.

gaulliste n. Qui procède du gaullisme, qui en est partisan.

gaulois, e adj. et n. **I.** HIST. De la Gaule. *Tribus gauloises. Un(e) Gaulois(e).* / n. m. Langue celtique parlée par les Gaulois. **II.** Caractéristique de la France traditionnelle. *Esprit gaulois. Coq gaulois* : emblème de la fierté nationale française. *Plaisanterie gauloise*, paillarde.

gauloise n. f. Cigarette française, de tabac brun à l'origine, créée en 1910.

gauloisement adv. De façon gauloise ; avec une gaieté un peu libre.

gauloiserie n. f. Propos un peu leste.

gaultheria ou **gaulthérie** n. f. BOT. Arbrisseau de la famille des éricacées, dont les feuilles donnent l'essence de wintergreen, aux propriétés antiseptiques.

Gaumont (Léon) 1864-1946 Inventeur et industriel français. Constructeur de l'un des premiers appareils de cinéma (1895), peu après les frères Lumière, il fut l'un des pionniers du cinéma sonore avec une première tentative en 1902. Seul sur le marché français face à Charles Pathé, qui avait créé en 1905 un laboratoire de tirage de films, il installa à Paris les premiers studios français de cinéma (1906) qui produisirent, sous la direction artistique de Louis Feuillade en particulier, de très nombreux films.

gaur n. m. ZOOL. Bœuf sauvage d'Inde et de Malaisie.

gauss n. m. Ancienne unité d'induction magnétique (symbole Gs), n'appartenant pas au système S.I. *On utilise aujourd'hui le tesla ; un gauss vaut 10-4 tesla.*

Gauss (Carl Friedrich) 1777-1855 Savant allemand qui étudia les congruences, les formes quadratiques, les propriétés des polygones et des surfaces, la mécanique céleste, la théorie des erreurs, la méthode des moindres carrés, l'électricité, le magnétisme et l'optique. La *loi de Gauss* (ou *de Laplace-Gauss*) détermine la probabilité d'une variable aléatoire continue, dont la représentation graphique a la forme d'une cloche (*courbe de Gauss*).

gausser (se) v. pron. [1] *Se gausser de* : railler (qqn).

Gautier (Théophile) 1811-1872 Écrivain français. Très jeune, bien qu'affichant son indépendance vis-à-vis des romantiques, il défend Victor Hugo durant la bataille littéraire que provoque *Hernani* (1830). Il fonde un journal en 1836. Ce défenseur de « l'art pour l'art » exprime dans la « Préface » de son roman *Mademoiselle de Maupin* (1835-1836) son exigence de beauté pure, rejetant en littérature tout engagement politique et toute référence à la vie intime de l'artiste. Il préfère se tourner vers les ailleurs (récits de voyages) et vers le passé : *Le Roman de la momie* (1858), *Le Capitaine Fracasse* (1863). Son œuvre poétique, qui comprend notamment *Émaux et Camées* (1852), influença les poètes du Parnasse et fut saluée par Baudelaire (dédicace des *Fleurs du Mal*).
Judith 1845-1917 Écrivain français, fille du précédent. Familière, grâce à un mandarin ami de son père, des cultures d'Extrême-Orient, elle traduisit des poèmes chinois (*Le Livre de jade*, 1867) et japonais (*Poèmes de la libellule*, 1885) et écrivit des romans inspirés par l'Asie (*Le Dragon impérial*, 1869). Brièvement épouse de Catulle Mendès, liée à Wagner qu'elle fit connaître en France, ayant fréquenté tous les écrivains de son temps, elle a publié des mémoires d'un grand intérêt.

gavage n. m. Action de gaver ; son résultat. / MÉD. Alimentation à l'aide d'une sonde gastrique.

Gavarni (Sulpice Guillaume Chevalier, dit Paul) 1804-1866 Dessinateur français. Il croque avec élégance et ironie des scènes de la vie parisienne : *Les Étudiants*

Louis Joseph Gay-Lussac.

(1838-1840), les *Lorettes* (1841). Il a laissé de nombreuses gravures et illustrations de livres.

Gavarnie (cirque de) Site touristique des Hautes-Pyrénées, au sud du petit village de Gavarnie, formant un vaste amphithéâtre où tombent de nombreuses cascades et où naît le gave de Pau.

gave n. m. Rivière torrentielle, dans les Pyrénées.

gaver v. t. [1] Alimenter de force, abondamment (un animal) pour l'engraisser. *Gaver les oies.* / Fam. Bourrer (qqn) de nourriture. *Ce plat m'a gavé.* / v. pron. Manger avec excès. *Se gaver de friandises.*

gavial n. m. ZOOL. Grand crocodilien des fleuves et rivières d'Asie du Sud-Est (Inde, Birmanie, Pakistan), au museau très étroit et allongé. Pl. Des *gavials.*

gaviiformes n. m. pl. ZOOL. Ordre d'oiseaux aquatiques regroupant les plongeons.

gavotte n. f. Ancienne danse française à deux temps; air sur lequel on la dansait.

gavroche n. m. Type du gamin de Paris, courageux et moqueur, d'après le personnage créé par Victor Hugo dans *Les Misérables.*

Gaxotte (Pierre) 1895-1982 Historien et journaliste français, auteur de *La Révolution française* (1928), *La France de Louis XIV* (1946), *Histoire des Français* (1951). Membre de l'Action française, il fonda l'hedbomadaire *Candide* en 1924 et collabora au *Figaro* dès 1945.

gay n. m. et adj. inv. (mot anglais) Homosexuel. / adj. inv. *La communauté gay.*

Gay (John) 1685-1732 Poète dramatique anglais, auteur satirique et parodique de *L'Opéra du gueux* (1728), que Bertolt Brecht adaptera sous le titre *L'Opéra de quat' sous.*

Gay-Lussac (Louis Joseph) 1778-1850 Physicien français. Admis à l'École Polytechnique, il en sort (1800) avec le diplôme d'ingénieur et devient l'assistant de Berthollet. En 1802 il énonce la loi de la dilatation des gaz., puis, en 1808, énonce une loi sur la composition volumétrique des gaz, démontrant qu'il faut deux volumes d'hydrogène et un volume d'oxygène pour obtenir de l'eau. Ses travaux de chimie, menés avec L. Thénard, lui permirent de réaliser la séparation du sodium, du potassium, du bore contenus dans des composés chimiques.

gaz n. m. inv. PHYS. État de la matière qui se distingue de l'état solide et de l'état liquide par son expansibilité et sa compressibilité; un gaz occupe tout le volume dont il dispose. *Dans un gaz, les interactions entre molécules sont très faibles. Gaz parfait*: état théorique dans lequel les interactions entre molécules sont nulles. / CHIM. Corps qui se trouve à l'état gazeux dans des conditions ordinaires de température et de pression tels l'hydrogène, l'azote, l'oxygène, le méthane. *Gaz rares*: éléments de la dernière colonne de la classification périodique, qui existent en faible quantité dans l'air (hélium, néon, argon, krypton, xénon, radon). / Cour. Gaz utilisé comme combustible ou carburant (usage domestique ou industriel). *Gaz naturel*: mélange d'hydrocarbures gazeux contenant surtout du méthane. *Gaz de ville*: gaz naturel à usage domestique, distribué par canalisations. *Bouteille de gaz. Gaz de pétrole liquéfié (G.P.L.)*, utilisé comme carburant. / (Au plur.) Mélange détonnant d'air et de vapeurs de combustible, utilisé dans les moteurs à explosion. Fam. *À pleins gaz*: à toute vitesse. / Substance toxique utilisée à l'état gazeux comme arme chimique. *Gaz de combat. Gaz lacrymogène. Masque à gaz. Chambre à gaz*: structure hermétique dans laquelle les déportés promis à la mort par les nazis, au cours de la Seconde Guerre mondiale, étaient assassinés par des émanations de zyklon B. / (Au plur.) Gaz formés dans l'appareil digestif, pouvant provoquer des douleurs aiguës.

Gaza (territoire de) *363 km² 750 000 h.* Territoire palestinien jouissant depuis 1994 d'une autonomie partielle. Chef-lieu *Gaza* (*120 000 h.*) L'Autorité palestinienne, présidée par Y. Arafat, siège à Gaza. Cette « bande de Gaza », autrefois revendiquée par l'Égypte, a été occupée par Israël de novembre 1956 à mars 1957, puis à la suite de la guerre des Six-Jours (juin 1967).

gazage n. m. Fait de gazer (qqch. ou qqn).

gaze n. f. Tissu fin et transparent. *Gaze de soie, de coton.* / Tissu de coton très léger et aéré utilisé pour les pansements, les compresses.

gazéification n. f. Procédé qui consiste à transformer un solide ou un liquide en gaz. / Dissolution de gaz carbonique dans une boisson pour la rendre gazeuse.

gazelle n. f. ZOOL. Petite antilope d'Afrique et d'Asie, à la course extrêmement rapide.

gazer [1] v. t. / v. i. [1] **A.** v. t. TECHN. Passer (un textile) à la flamme pour le débarrasser de son duvet. *Gazer de la soie.* / Intoxiquer, assassiner (qqn) avec un gaz nocif. **B.** v. i. Fig., fam. Aller vite. *Tu es déjà là ? Tu as gazé ! Ça gaze*: ça va très bien.

gazer [2] v. t. [1] Vieilli Mettre une gaze sur (qqch.). *Gazer une plaie.*

gazette n. f. Vieilli Publication périodique. *La Gazette de Lausanne.*

Tafel 11. (Planche 11)

Frankreich: Gasschutz-Filtergeräte

France : Protection contre les gaz ; masques à gaz

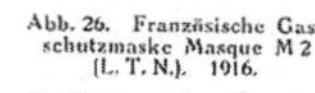

Abb. 26. Französische Gasschutzmaske Masque M 2 (L. T. N.). 1916.

Fig. 26. Masque à gaz français, masque M2 (L.T.N.). 1916.

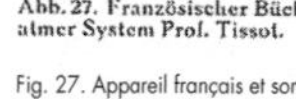

Abb. 27. Französischer Büchsenatmer System Prof. Tissot. 1916.

Fig. 27. Appareil français et son étui. Système du prof. Tissot. 1916.

Abb. 28. Französische Gasschutzmaske 1917 l'appareil respiratoire spezial A. R. S.

Fig. 28. Masque à gaz français 1917. L'appareil respiratoire spécial A.R.S.

*Planche allemande décrivant des masques à **gaz** utilisés pendant la guerre de 14-18.*

Gazelle.

Gazette (la) Premier journal français, créé par Théophraste Renaudot qui en fit paraître le premier numéro le 30 mai 1631; il devint la *Gazette de France* en 1762 et disparut en 1914.

gazeux, euse adj. De la nature du gaz, à l'état de gaz. *Mélange gazeux.* / Qui contient du gaz. *Eau gazeuse.*

gazier n. m. Personne qui travaille dans une usine à gaz ou une compagnie du gaz. / Fam. Individu, type.

gazinière n. f. (Vieilli) Cuisinière à gaz.

gazoduc n. m. Conduite servant au transport, sur une longue distance, de gaz naturel.

gazogène n. m. Appareil destiné à produire un gaz combustible à partir du bois ou du charbon.

gazole n. m. Produit de la distillation du pétrole, utilisé comme carburant pour les moteurs Diesel et comme combustible. Syn. Gas-oil.

gazoline n. f. Produit le plus volatil de la première distillation du pétrole.

gazomètre n. m. Anc. Grand réservoir dans lequel était stocké le gaz de ville.

gazon n. m. Herbe courte et dense. *Terrain couvert de gazon.*

gazonné, e adj. Couvert de gazon. *Terrain gazonné.*

gazouillement n. m. Action de gazouiller; bruit produit par cette action. *Le gazouillement des oiseaux.*

gazouiller v. i. [1] (En parlant des oiseaux) Siffler de manière agréable, douce. *Les moineaux gazouillent gaiement.* / Fig. *Le ruisseau gazouille au loin. Les enfants gazouillent*, babillent.

gazouillis n. m. Léger gazouillement; suite de gazouillements.

Gdansk (autrefois ***Dantzig***) *465 000 h.* Port de Pologne, sur la Vistule, à quelques kilomètres de la Baltique (baie de Gdansk), chef-lieu de la voïévodie du même nom. Le port artificiel de Gdynia (*251 000 h.*), créé à proximité et doté d'un équipement moderne, forme avec Gdansk le complexe portuaire le plus important de Pologne (constructions navales). Gdansk, centre culturel, commercial, scientifique et industriel (mécanique, chimie, textile, alimentaire) reste la ville principale d'une conurbation de plus de *800 000 h.* Prussienne (sous le nom de *Dantzig*) de 1793 à 1807, puis de 1814 à 1919 (après l'unification de l'Allemagne, elle fut capitale de la Prusse-Occidentale), la ville devint une ville libre au nord du *couloir de Dantzig*, qui permettait à la Pologne d'accéder à la Baltique. En septembre 1939, Hitler occupa la ville, ce qui déclencha la Seconde Guerre mondiale. En 1945, la ville fut libérée par les Soviétiques et réincorporée à la Pologne. C'est à Gdansk, lors de grandes grèves, que le syndicat Solidarnosc fut créé en 1980.

Geai.

Gê Voir **Gaïa**
geai n. m. ZOOL. Oiseau de la famille des corvidés, dont une espèce commune en Europe et en Asie a un plumage brun clair, noir et blanc, avec des taches bleues sur les ailes; certaines autres espèces ont un plumage essentiellement bleu. *Le geai cajole.*
géant, e n. et adj. **A.** n. m. MYTH. GR. Être fabuleux, né de Gaïa, la Terre, et d'Ouranos, le Ciel. / n. Personne anormalement grande. *C'est une géante.* / Fig. Personne remarquable, aux dons exceptionnels. *Les géants de la littérature.* **B.** adj. Beaucoup plus grand que les êtres, les choses de même nature. *Raie géante. Des écrans géants. Étoile géante.*
géaster n. m. BIOL. Champignon gastromycète voisin de la vesse-de-loup qui, à maturité, a la forme d'une sphère surmontant une étoile.
Geber Voir **Jabir ibn Hayyan**
gecko n. m. ZOOL. Lézard nocturne des régions chaudes, au corps trapu, aux yeux globuleux et aux doigts pourvus de lamelles adhésives, qui se nourrit d'insectes.
géhenne n. f. L'enfer, dans la Bible. / Litt. Intense souffrance.
Geiger (Hans) 1882-1945 Physicien allemand. Élève de Rutherford, il mesura l'énergie des particules alpha dans leurs diverses transformations radioactives et inventa (1913) avec Müller le détecteur de particules qui porte son nom.
geignard, e adj. Péjor. Qui se plaint beaucoup, souvent, sans motif.
geignement n. m. Faible plainte inarticulée.
Geijer (Erik Gustaf) 1783-1847 Écrivain suédois. Il est l'un des initiateurs du courant romantique en Suède. C'est sous son impulsion que s'est développée la passion pour le passé nordique et les anciens idéaux vikings: *Le Viking* (1811). Historien (*Histoire du peuple suédois*, 1832-1836), il a aussi réuni et publié des *Chants populaires suédois* (1814-1816).
geindre v. i. [3] Pousser des geignements. *Le malade a geint toute la nuit.* / Fam. Se lamenter à tout propos, sans motif.
Geiséric ou **Genséric** ?-477 Roi des Vandales en 428, il les conduisit à la conquête de l'Afrique (429). Il prit Carthage en 439 et y établit sa capitale. Il persécuta les chrétiens et dépouilla les Romains de leurs terres. Conquérant cruel et insatiable, il se rendit maître d'une partie de l'Afrique romaine, de la Corse, des Baléares, de la Sicile et de la Sardaigne, et pilla les côtes italiennes et grecques.
geisha n. f. (mot japonais) Au Japon, jeune femme formée dès son plus jeune âge au chant, à la danse, à la conversation, et jouant le rôle d'hôtesse dans les maisons de thé et certaines réunions.
Geissler (Heinrich) 1815-1879 Mécanicien et physicien allemand qui construisit des tubes de verre contenant un gaz raréfié. Ces tubes de Geissler, alimentés par un générateur de haute tension, indiquent les niveaux d'énergie des atomes qui constituent le gaz qu'ils renferment.
gel n. m. Congélation de l'eau; période de gelée. / CHIM. Substance de consistance molle, translucide, obtenue à partir d'un colloïde. / Préparation pharmaceutique ou cosmétique de consistance gélatineuse. *Gel coiffant.* / Fig. Suspension, blocage. *Gel des crédits.*
Gela *75 320 h.* Ville de Sicile, sur la côte sud, à l'est d'Agrigente. En 480 av. J.-C., son tyran, Gélon, vainquit les Carthaginois qui, en 404 av. J.-C., rasèrent la ville. Une ville nouvelle, construite au XIIIe siècle, est la Gela actuelle.
gélatine n. f. Substance soluble dans l'eau, issue du collagène dénaturé sous l'action de la chaleur, ayant l'aspect d'une gelée. (La gélatine animale est obtenue à partir d'os et de cartilages, la gélatine végétale s'obtient à partir d'algues. La gélatine est utilisée dans l'industrie alimentaire, pour préparer les plaques photographiques, glacer le papier, fabriquer des colles, etc.).
gélatineux, euse adj. De gélatine; qui en a l'aspect, la consistance. *Masse gélatineuse.* / Qui contient de la gélatine. *Solution gélatineuse.*
gelé, e adj. Durci par le froid, glacé. *Lac gelé.* / Fig. Causant une vive sensation de froid. *Avoir les pieds gelés.*
gelée n. f. Abaissement de la température atmosphérique en dessous de 0 °C provoquant la congélation de l'eau. / *Gelée blanche*: congélation de la rosée, par nuit claire. / Suc de viande ou de poisson qui s'est solidifié en refroidissant. / Jus de fruits cuits avec du sucre qui se coagule en refroidissant. / *Gelée royale*: substance sécrétée par les abeilles pour nourrir les larves de reines et, à un certain stade de leur développement, les autres larves de la ruche.
geler v. t. / v. i. / v. impers. [1] **A.** v. t. Durcir (qqch.) par le froid. *Le froid a gelé le lac.* Ant. Dégeler. / Abîmer, endommager (un corps gélif) par le froid. *Geler les mains, les pieds. Geler les bourgeons.* / Fig. Causer une vive sensation de froid. *Le vent nous gelait le visage.* / Fig. Suspendre, bloquer. *Geler les prix, les négociations.* **B.** v. i. Durcir de froid. *Le sol a gelé.* / Souffrir du froid. **C.** v. impers. *Il gèle*: il fait un froid glacial.
gélif, ive adj. Susceptible de geler, de pâtir du froid. / *Pierre gélive*, fendue par le froid.

Geisha en tenue d'apparat (estampe).

Les Gémeaux, un des douze signes du zodiaque.

gélifiant adj. et n. m. En parlant d'un additif alimentaire, qui donne à une préparation la consistance d'un gel; cet additif.
gélifier v. t. [1] Transformer en gel.
gélinotte ou **gelinotte** n. f. ZOOL. Oiseau de l'ordre des galliformes, à plumage brun-roux ou grisâtre tacheté et barré de brun et de noir, vivant dans les forêts.
Gellée (Claude) Voir **Lorrain (le)**
Gell-Mann (Murray) 1929 Physicien américain. Spécialiste des particules élémentaires, il conçut une « symétrie unitaire » qui est à l'origine de la théorie des quarks.
Gélon 540-478 av. J.-C. Tyran de Gela, il établit son pouvoir sur Syracuse en 485 av. J.-C. et y fit transporter la moitié des habitants de Gela. Après sa victoire sur les Carthaginois en 480 av. J.-C., il devint maître d'une grande partie de la Sicile.
gelose n. f. Agar-agar.
gélule n. f. Capsule de gélatine servant à contenir des médicaments en poudre et à en faciliter l'absorption buccale.
gelure n. f. Lésion due au froid, siégeant aux extrémités des membres et parfois à la face.
Gemârâ n. f. (en hébreu, « achèvement » ou « tradition ») RELIG. Dans le judaïsme, le Talmud considéré en totalité, ou, plus précisément, l'ensemble des discussions et des essais qui ont présidé à l'élaboration de la Mishnah.
Gemayel (Pierre) 1905-1984 Homme politique libanais maronite; il fonda en 1936 l'organisation des Phalanges libanaises.

Murray Gell-Mann.

Amine 1942 Fils du précédent; il fut président de la République de 1982 à 1988. **Bachir** 1947-1982 Frère du précédent; il dirigea les milices chrétiennes à partir de 1976, fut élu président de la République en 1982, mais fut aussitôt assassiné.
Gémeaux (les) Constellation zodiacale. / Un des douze signes du zodiaque, qui correspond à la période du 21 mai au 22 juin. Voir **constellation**.
gémellaire adj. Relatif aux jumeaux.
géméllipare adj. Qui donne naissance à des jumeaux.
géméllparité n. f. Fait de donner naissance à des jumeaux.
gémellité n. f. Situation de personnes jumelles.
Gémier (Firmin Tonnerre, dit Firmin) 1869-1933 Acteur français, qui interpréta à ses débuts Courteline and Jarry (la création d'*Ubu Roi*, en 1896, fut houleuse). Il assura la direction de plusieurs théâtres parisiens, dont l'Odéon, et fonda en 1920 le Théâtre national populaire, prolongeant ainsi l'œuvre d'André Antoine, en faveur d'un théâtre libre.
géminé, e adj. Double; groupé par paire.
Gemini Programme spatial américain mis en œuvre entre 1965 et 1966. Ce programme de vols pilotés à l'aide de vaisseaux à deux places avait pour but de tester la technique des rendez-vous entre deux véhicules spatiaux, de vérifier l'aptitude des astronautes à des séjours prolongés en situation d'apesanteur et de contrôler les possibilités de sortie extravéhiculaire. Le programme comporta 12 vols dont les deux premiers étaient inhabités. Les 10 vols suivants, tous pilotés, permirent, avec Gemini IV, la sortie extravéhiculaire de l'astronaute E. White, puis, avec Gemini VI et VIII, le premier rendez-vous spatial. Le rendez-vous entre Gemini VIII et un étage de la fusée Agena fut la première tentative réussie d'amarrage spatial entre deux véhicules. Ce programme, malgré quelques incidents mineurs, se termina avec succès; il fut le prélude au programme Apollo qui lui succéda, avec pour mission la conquête de la Lune.
Geminiani (Francesco) 1687-1762 Violoniste et compositeur italien qui poursuivit l'œuvre de son maître Corelli et écrivit de nombreux recueils de concertos grossos, trios et sonates pour violon.
gémir v. i. [2] Pousser des gémissements. *Gémir dans son sommeil, de douleur.* / Émettre

Photo de la capsule **Gemini** VII prise à partir de la capsule Gemini VI.

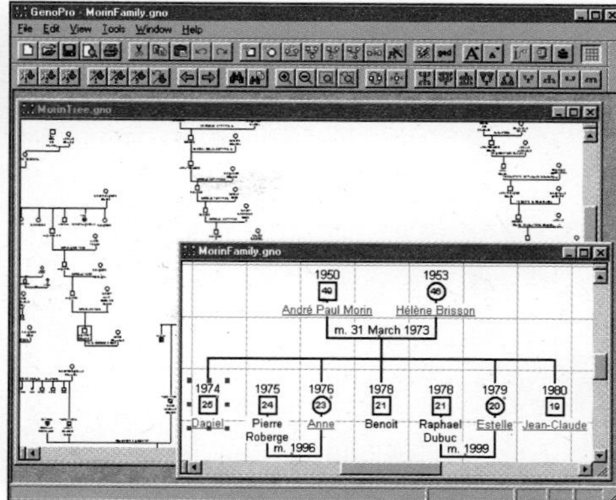

Arbre **généalogique** créé sur ordinateur.

un son semblable à un gémissement. *Vent, plancher qui gémit.*

gémissement n. m. Plainte faible et inarticulée. / Bruit semblable à une plainte. *Le gémissement d'une porte.*

gemme n. f. et adj. **A.** n. f. Pierre précieuse ou pierre fine. / Résine brute des conifères. / BOT. Bourgeon. **B.** adj. *Sel gemme*: chlorure de sodium cristallisé, extrait du sous-sol.

gemmer v. t. [1] *Gemmer les pins*, en extraire la résine en pratiquant une incision dans le tronc.

gemmeur, euse n. Personne qui gemme les pins.

gemmiparité n. f. ZOOL. Mode de reproduction asexuée par bourgeonnement (qui intervient par ex. dans le stade de développement de certains cnidaires).

gemmule n. f. BOT. Bourgeon de la plantule, situé au-dessus du point d'insertion du ou des cotylédons.

gémonies n. f. pl. *Vouer quelqu'un aux gémonies*, le mépriser, l'injurier en public. *L'expression « vouer qqn aux gémonies » vient du fait que, à Rome, on exposait sur les* gemoniæ scalæ, *« l'escalier aux gémissements », les cadavres des malfaiteurs exécutés par pendaison avant de les jeter dans le Tibre.*

gênant, e adj. Qui suscite la gêne, embarrassant. *Une situation gênante.*

gencive n. f. Muqueuse buccale qui enserre et fixe les dents.

gendarme n. m. Militaire appartenant à la gendarmerie. / *La peur du gendarme*, des sanctions, de l'autorité. / Fig. Personne autoritaire. / Fam. Hareng saur. / Saucisse sèche, fumée et plate. / ZOOL. Nom courant d'une punaise orange et noire, fréquente en France. / En alpinisme, piton rocheux difficile à franchir. / Fam. *Gendarme couché*: ralentisseur sur une chaussée, constitué d'une élévation de terrain plus ou moins importante.

gendarmer (se) v. pron. [1] Fam. S'opposer (à); se rebeller. *Il s'est violemment gendarmé contre son autorité.*

gendarmerie n. f. Corps militaire chargé de veiller à la sécurité publique et d'assurer le maintien de l'ordre. / Caserne où sont logés les gendarmes; locaux où ils assurent leurs fonctions.

♦ Placée sous l'autorité du ministère de la Défense, la gendarmerie est organisée en *gendarmerie départementale* (unités territoriales et spécialisées [unités d'autoroute, de montagne et de haute montagne, etc.]) et en *gendarmerie mobile*. Elle comprend aussi la Garde républicaine, la gendarmerie de l'air, la gendarmerie maritime, le groupe d'intervention de la gendarmerie nationale (G.I.G.N.), etc.

gendre n. m. Mari de la fille par rapport aux parents de cette dernière.

gêne n. f. Malaise physique. *Gêne respiratoire.* / Situation matérielle ou financière précaire. / Embarras, impression désagréable.

gène n. m. BIOL. Segment de chromosome contenant l'information nécessaire à la synthèse d'une protéine déterminée. (Lors de la mitose, chaque gène se duplique en deux exemplaires strictement identiques: il y a conservation de l'information génétique. Une mutation est une altération du gène, modifiant l'information génétique portée par celui-ci; si cette mutation touche la lignée cellulaire germinale, elle peut être transmise à la descendance).

gêné, e adj. Qui dénote de la gêne. *Un sourire gêné.*

généalogie n. f. Liste chronologique des ascendants d'un individu. / Science qui a pour objet de rechercher l'origine et la filiation des individus, des familles.

généalogique adj. Relatif à la généalogie. *Arbre généalogique.*

généalogiste n. Spécialiste de généalogie.

genépi ou **génépi** n. m. Armoise de haute montagne; liqueur préparée avec cette plante.

gêner v. t. [1] Causer une gêne physique à, incommoder. *La ceinture me gêne. La fumée te gêne-t-elle ?* / Constituer une entrave, un obstacle pour (qqn ou qqch. en mouvement, en action). *Gêner la circulation. Pousse-toi, tu me gênes.* Au fig. *Gêner des projets.* / Mettre mal à l'aise, troubler (qqn). *Son regard insistant me gêne.* / v. pron. (Sujet nom de personne, surtout en tournure négative) Être troublé, mal à l'aise. *Ne vous gênez pas pour moi. Ne pas se gêner pour dire ou faire qqch.*: dire ou faire qqch. sans scrupules, sans hésitation. (Récipr.) Se faire obstacle mutuellement. *Ils se sont gênés en reculant.*

général, ale, aux [1] adj. et n. **A.** adj. Qui s'applique à un ensemble d'êtres ou de choses. *Idée générale.* / Qui concerne la majorité d'un ensemble, d'un groupe. *Assemblée générale. État général*, qui concerne l'organisme tout entier. / Qui n'est pas spécialisé. *Culture générale.* / Qui coiffe l'ensemble d'une organisation. *Direction générale.* / THÉÂTRE *Répétition générale*: dernière répétition d'une pièce avant la première. **B.** n. *Aller du général au particulier.*

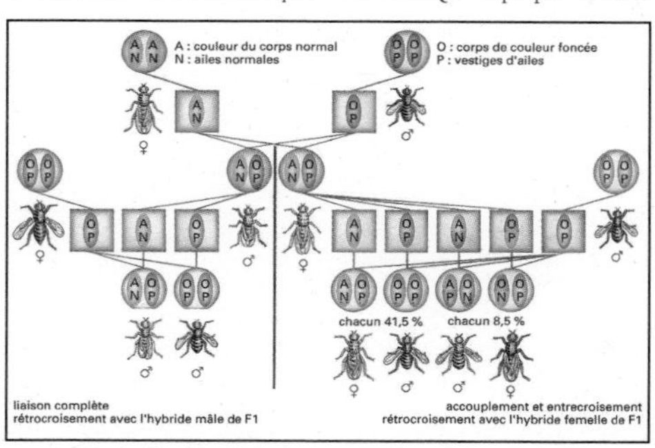

Carte chromosomique des facteurs héréditaires de Morgan (1910).
Ses expériences sur les mouches drosophiles ont établi les notions de liaison entre **gènes** et de recombinaison entre allèles de différents gènes.

général, ale, aux [2] n. Officier appartenant aux grades les plus élevés des armées de terre et de l'air. *On distingue les généraux de brigade (2 étoiles), les généraux de division (3 étoiles), les généraux de corps d'armée (4 étoiles), les généraux d'armée (5 étoiles).* (n. b. Les règles de féminisation des noms de fonctions et de métiers imposent de nommer *générale* les officiers généraux de sexe féminin). / Cour. et abus. *Le général des jésuites*: le supérieur général de la Compagnie de Jésus, dont le nom exact est « préposé général ».

General Agreement on Tariffs and Trade Voir **GATT**

générale n. f. Épouse d'un général. / THÉÂTRE Répétition générale.

généralement adv. En général.

généralisation n. f. Action de généraliser; fait de se généraliser. *La généralisation de l'usage de l'ordinateur.* / Opération intellectuelle par laquelle on étend à une classe de faits, d'objets ou d'êtres, des propriétés appartenant en propre à certains composants de cette classe.

généraliser v. t. [1] Rendre général; répandre. *Généraliser l'usage de l'ordinateur.* (Emploi pron.) *L'usage du téléphone portable s'est généralisé*, s'est répandu, est devenu commun. *L'infection s'est généralisée*, s'est étendue à tout l'organisme. / (Sans comp.) Raisonner en allant du particulier au général. *Il ne faut pas généraliser.*

généralissime n. m. Général qui assume le haut commandement d'une ou de plusieurs armées. *Foch fut nommé généralissime en 1918.*

généraliste n. Médecin qui traite l'ensemble de l'organisme, par oppos. à *spécialiste*. Syn. Omnipraticien.

généralité [1] n. f. Caractère de ce qui est général. / (Au plur.) Propos imprécis, empreints de banalité.

généralité [2] n. f. HIST. Sous l'Ancien Régime, circonscription fiscale placée sous l'autorité d'un intendant des finances. / En Espagne, circonscription politique et administrative. *Généralité de Catalogne.*

JEAN GENET

Enfant de l'Assistance publique, accusé de vol à 10 ans, il passe dix ans dans une maison de redressement, avant de s'évader pour s'engager dans la Légion étrangère. Déserteur en 1932, il mène une vie errante et marginale (vol, mendicité, prostitution); il est emprisonné à plusieurs reprises.

C'est en prison qu'il commence à écrire. Son premier texte, publié à compte d'auteur, est un long poème: *Le Condamné à mort* (1942). Cocteau l'encourage vivement à se vouer à l'écriture. Paraissent alors les romans semi-autobiographiques: *Notre-Dame des Fleurs* (1944), *Miracle de la rose* (1946), *Querelle de Brest* (1947), *Journal du voleur* (1949). Genet, sulfureux et provocateur, renverse délibérément dans son œuvre la morale établie. Revendiquant sa marginalité, il érige en contre-valeur ce que la société réprouve, comme l'homosexualité, le vol, la prostitution, allant jusqu'à célébrer le crime et l'ignominie dans une langue riche, très travaillée, à la fois violente, argotique, parodique et poétique. En 1947, il a donné une pièce de théâtre, *Les Bonnes*.

En 1952, Sartre publie une volumineuse étude, *Saint Genet, comédien et martyr*; s'ensuit une période de silence pour l'écrivain mis à nu. Après plusieurs années, il revient au théâtre, attirant le scandale et le succès, avec *Le Balcon* (1956), *Les Nègres* (1958), *Les Paravents* (1961). Puis, Genet s'écarte de l'écriture pour se consacrer à l'action politique. Il laissera inachevé *Le Captif amoureux*, publié après sa mort (1986).

générateur, trice adj. et n. Relatif à la génération, à la reproduction. *Organes générateurs.* / Fig. Qui produit, qui est la cause de. *Une décision génératrice de désordres.* / MATH. Qui engendre une droite, une surface, etc. / n. m. Appareil qui produit de l'énergie électrique à partir d'une forme quelconque d'énergie. / n. f. Appareil qui produit du courant continu à partir d'énergie mécanique.

génération n. f. Vieilli Fonction de reproduction des êtres vivants. *Génération spontanée*: théorie (définitivement infirmée par Pasteur) selon laquelle des êtres vivants peuvent spontanément se former à partir de la matière inerte. / Ensemble des individus qui descendent de qqn à chaque degré de filiation. / Période qui sépare chaque degré de filiation (environ 30 ans). / Ensemble des individus qui vivent à la même époque et qui ont à peu près le même âge. *Conflit des générations.* / Chacun des stades d'évolution d'une technique. *Une nouvelle génération d'ordinateurs.*

Génération perdue Traduction de l'expression américaine *Lost Generation*, caractérisant la génération d'écrivains américains des années 1920-1930, en rébellion contre les valeurs d'avant-guerre, comme Hemingway, Fitzgerald et Dos Passos. Nombre d'entre eux vécurent à Paris. Gertrude Stein leur dit un jour: « Vous autres, jeunes gens qui avez fait la guerre, vous êtes tous une génération perdue », formule qui allait faire florès.

générationnel, elle adj. Propre à une génération, à une classe d'âge.

générer v. t. [1] Engendrer, produire. *Générer des conflits. Générer des bénéfices.*

généreusement adv. Avec générosité.

généreux, euse adj. Dont les sentiments sont nobles, désintéressés. *Qui m'aima généreux me haïrait infâme* (Corneille). / Qui dénote de tels sentiments. *Paroles généreuses.* / Prodigue; dispensé avec prodigalité. *Être généreux de ses conseils. Un prêt généreux.* / Magnanime. *Un pardon généreux.* / (En parlant de choses) Fécond; abondant. *Un sol généreux. Une récolte généreuse.* / *Un vin généreux*, savoureux et capiteux. / *Une femme aux formes généreuses*, épanouies.

générique [1] adj. Qui appartient au genre. *Terme générique*, dont le sens englobe toute une catégorie d'objets. / PHARM. *Médicament générique*, dont le brevet est tombé dans le domaine public et qui est vendu à bas prix. Ant. Spécifique.

générique [2] n. m. Séquence d'un film ou d'une émission de télévision, placée au début ou à la fin, où sont indiqués les noms des collaborateurs (acteurs, techniciens, producteurs, réalisateurs).

générosité n. f. Caractère de qqn, qqch. de généreux. *La générosité d'un homme, d'une action.* / Au pl. Bienfaits, libéralités. *Combler qqn de générosités.*

Gênes *650 700 h.* Ville d'Italie, sur le golfe de Gênes, capitale de la Ligurie et chef-lieu de la province de Gênes. Premier port italien, Gênes importe du pétrole et des matières premières. C'est également un grand complexe industriel (chantiers navals, raffineries, métallurgie). Gênes est le siège d'un archevêché et d'une université. République maritime prospère, rivale de Pise, puis de Venise, elle fut secouée par l'affrontement des grandes familles gênoises, auxquelles l'amiral Andrea Doria mit fin: en 1528, il chercha l'alliance de Charles Quint et donna à l'État des institutions solides. La République aristocratique se maintiendra jusqu'en 1797. Affaiblie, en 1768, elle dut abandonner la Corse à la France. Elle fut occupée par la France en 1796 et devint la République ligurienne en 1797, annexée par Bonaparte en 1805. Réunie au royaume de Piémont-Sardaigne en 1815, elle suivra le destin de celui-ci (rattachement au royaume d'Italie en 1861). Gênes garde de son passé d'importants monuments, notamment la cathédrale San Lorenzo (XIIe-XIVe siècle) et de nombreux palais et églises.

*Le lac Léman, à **Genève**, et son jet d'eau.*

genèse n. f. Ensemble des processus aboutissant à la production ou à la formation de qqch. *La genèse d'une maladie, d'une œuvre.* / *La Genèse*: premier livre de l'Ancien Testament qui relate la création du monde, les origines de l'humanité et l'histoire des patriarches (Abraham, Isaac, Jacob et Joseph) avant la naissance de Moïse.

• **Genet (Jean)** 1910-1986 Écrivain français.

genêt n. m. BOT. Arbrisseau de la famille des légumineuses (papilionacées), à fleurs jaunes croissant notam. dans les landes.

genet n. m. Cheval originaire d'Espagne, petit et robuste.

généticien, enne n. Spécialiste de génétique.

génétique adj. et n. f. **A.** adj. Relatif à la genèse de qqch. *Critique génétique*, qui étudie la genèse d'une œuvre littéraire. / BIOL. Relatif aux gènes, à l'hérédité. *Code génétique. Maladie génétique. Dérive génétique*: processus de variation aléatoire des fréquences géniques dans les petites populations, qui peut aboutir à l'élimination des allèles mutés ou à leur fixation dans la population. **B.** n. f. Branche de la biologie qui a pour objet l'étude des lois de l'hérédité. *Génétique chromosomique, génétique moléculaire, génétique des populations.*

génétiquement adv. Du point de vue génétique.

génétisme n. m. PSYCHOL. Théorie selon laquelle une structure psychologique, une faculté, en particulier la perception de l'espace, ne sont pas innées mais acquises.

genette n. f. ZOOL. Mammifère de l'ordre des carnivores (famille des viverridés), au pelage clair tacheté de noir, d'allure allongée, féline, vivant en Europe et en Afrique.

gêneur, euse n. Personne qui gêne.

Genève (lac de) Voir **Léman**

Genève *172 100 h.* Ville de Suisse, construite à l'extrémité sud-ouest du lac Léman, chef-lieu du canton de Genève. Burgonde, puis franque, la ville fut rattachée au Saint Empire en 1032. Jaloux de leurs libertés, les Genevois luttèrent contre (et s'allièrent alternativement avec) leurs évêques et la maison de Savoie, avant de voir leur indépendance reconnue en 1530 par le duc de Savoie. Foyer de la Réforme menée par Calvin au XVIe siècle, Genève, qui fut dès le Moyen Âge une place financière importante, doit son exceptionnel développement au fait que de nombreux organismes internationaux s'y sont établis: la Croix-Rouge en 1863, de 1920 à 1946 la Société des Nations (S.D.N., dont le bâtiment abrite désormais le siège de l'Organisation des Nations Unies pour l'Europe), l'Organisation internationale du travail (O.I.T.), l'Organisation mondiale de la santé (O.M.S.). La ville moderne, cosmopolite, s'est étendue le long du lac tandis que le quartier médiéval reste un centre culturel (université fondée par Calvin, nombreux musées, cathédrale Saint-Pierre, XIIe siècle). Genève a des industries traditionnelles (horlogerie, bijouterie) et nouvelles (chimie, mécanique de précision).

Genève (canton de) *282 km^{2} 399 000 h.* Canton de l'ouest de la Suisse. Chef-lieu *Genève.* Le canton est très urbanisé (sa superficie se confond à peu près avec celle de l'agglomération genevoise); les terres agricoles sont occupées par le vignoble et les cultures maraîchères.

Genève (conférence de) Conférence qui réunit, du 26 avril au 21 juillet 1954, les représentants des États-Unis, de l'U.R.S.S., de la France, de la Grande-Bretagne, de la Chine communiste, des deux Corées, du Laos, du Cambodge, du Viêtnam et du Viêtminh (communiste). Elle mit fin à la guerre d'Indochine et décida le partage du Viêtnam en deux zones de part et d'autre du 17e parallèle.

Geneviève (sainte) 422?-502 Vierge chrétienne. Selon la tradition, ses prières auraient détourné Attila de Lutèce; patronne de Paris, elle fut enterrée sous la colline qui porte aujourd'hui son nom (montagne Sainte-Geneviève).

Geneviève de Brabant Héroïne de la *Légende dorée*, légende populaire du Moyen Âge dont la première transcription fut donnée par Jacques de Voragine (XIIIe siècle). Accusée d'adultère, elle fut condamnée à mort par son époux, Siegfried, et abandon-

GENGIS KHAN

Chef d'une horde turco-mongole, il rassemble autour de lui divers groupes de nomades, se fait élire chef suprême et proclamer une première fois *Gengis Khan* par l'assemblée des clans mongols (sans doute en 1197). En 1206, il se rend maître de la Mongolie tout entière, fait confirmer la proclamation de 1197 et entreprend la conquête des royaumes voisins.

En 1209, il envahit la Chine du Nord et, après une longue guerre de siège menée contre les places fortes des Jürchets, prend Pékin en 1215. Il ne s'attarde pas en Chine (qui ne passera sous la domination mongole qu'avec Kubilay Khan) où il laisse un de ses lieutenants, et se dirige vers l'ouest.

Il conquiert la Perse et l'Afghanistan, où ses troupes se livrent au pillage et détruisent systématiquement plusieurs villes dont ils massacrent les habitants. À la tête de 20 000 cavaliers, deux de ses capitaines dévastent la Géorgie, le Caucase et la Crimée et remontent la Volga, pénétrant en Russie, tandis que Gengis Khan organise ses conquêtes.

À sa mort, son empire va de Pékin à la Volga. Ses chevauchées ont été dévastatrices pour les peuples et les civilisations qui se sont trouvés sur son chemin, mais il a su imposer l'ordre et faire régner la paix et la sécurité sur cet immense territoire, bien gouverné et bien administré, en partie grâce au concours de lettrés bouddhistes et nestoriens.

En outre, il n'a jamais manifesté le moindre sectarisme religieux, accueillant chrétiens, bouddhistes et musulmans ; attaché aux anciennes croyances mongoles, il semble qu'il se soit montré indifférent à toutes les autres religions.

Baies de **genévrier**.

née dans une forêt avec son enfant. Son mari la retrouva des années plus tard et reconnut son innocence. Geneviève incarne la vertu persécutée mais victorieuse ; sa légende inspira de nombreux écrivains et musiciens (Haydn, Schumann, Offenbach).

Genevoix (Maurice) 1890-1980 Écrivain français. Blessé pendant la Première Guerre mondiale, il se fait connaître avec *Ceux de quatorze* (cinq volumes parus entre 1916 et 1923). Ensuite, la plupart de ses romans décrivent, avec poésie, les charmes de la vie campagnarde et de la nature en Sologne : *Raboliot* (1925), *Rroû* (1930), *La Loire, Agnès et les garçons* (1962). Il est également l'auteur de *Afrique blanche et noire* (1949), *Fatou Cissé* (1954), *Trente mille jours* (1979).

Genèvre (col du mont) *1 850 m* Col des Hautes-Alpes, reliant Briançon à la Doire Ripaire en Italie.

genévrier n. m. BOT. Arbuste conifère, dont les feuilles forment des épines persistantes, dont les cônes femelles forment des fausses baies utilisées comme condiment et pour parfumer divers alcools (notam. genièvre et gin).

• **Gengis Khan** 1155 ?-1227 Nom de règne (« khan océanique », c'est-à-dire « souverain vaste comme l'océan, souverain universel ») du conquérant mongol Temudjin.

génial, ale, aux adj. Qui exprime du génie. *Idée géniale.* / Qui a du génie. *Un créateur génial.*

génialement adv. De manière géniale.

génie n. m. MYTH. ROM. Esprit qui veillait au destin des hommes. / Être fantastique doué d'un pouvoir surnaturel. *Le génie du mal.* / Caractère spécifique et original (d'un peuple, d'une langue, etc.). / Aptitude exceptionnelle à créer, à inventer. *Avoir du génie.* / Personne douée de cette aptitude. / MILIT. Dans l'armée de terre, arme et service chargés des travaux de construction et de l'entretien des infrastructures militaires. / Ensemble des techniques utilisées dans un domaine particulier. *Génie civil* : ensemble des techniques concernant les constructions civiles. *Génie génétique* : ensemble des techniques visant à modifier le génome d'une espèce.

Génie du christianisme (Le) 1802 Œuvre de Chateaubriand, qui cherche à réhabiliter la religion catholique, qu'il juge poétique et humaine, face aux critiques des philosophes du XVIIIe siècle. Cette apologie du christianisme eut un grand retentissement sur la littérature romantique. Le livre contient les récits *Atala* et *René*, publiés séparément en 1801 et 1802.

genièvre n. m. Genévrier commun. / Fausse baie de cet arbuste. / Eau-de-vie parfumée avec ces fausses baies.

génique adj. BIOL. Relatif aux gènes. *Thérapie génique.*

génisse n. f. Jeune vache qui n'a pas encore mis bas.

génital, ale, aux adj. ANAT., PHYSIOL. Qui sert à la génération. *Organes génitaux* : organes sexuels. / PSYCHAN. *Stade génital* : dernier stade du développement libidinal (après les stades oral et anal) apparaissant à la puberté et caractérisé par le primat des organes génitaux en tant que zones érogènes. *Dans l'espèce humaine, l'ensemble des organes génitaux (appareil génital) comprend, chez l'homme, les testicules, le pénis, les vésicules séminales, la prostate ; chez la femme, les ovaires, les trompes, l'utérus, le vagin.*

géniteur, trice n. Celui, celle qui a engendré. / ZOOL. Animal destiné à la reproduction.

génitif n. m. LING. Dans les langues à déclinaison, cas exprimant l'origine, l'appartenance ou la dépendance.

Genji monogatari vers 1000 Œuvre d'une poétesse japonaise, Murasaki Shikibu, dame de la cour impériale. Ce premier grand roman japonais prend prétexte de la vie de cour et des amours agitées du prince Genji pour noter avec un art savant d'infimes impressions et des sentiments éternels. Ce livre précieux pour l'histoire sociale de l'époque, a été traduit en français sous le titre *Le dit du Genji* (1978 et 1988).

Gennes (Pierre-Gilles de) 1932 Physicien français. Ancien élève de l'École normale supérieure, il entre au Commissariat à l'énergie atomique et s'oriente vers la physique théorique, notamment la diffusion des neutrons et les changements d'états. Il s'intéresse à la supraconductivité et étudie la profondeur de pénétration du champ magnétique dans la matière supraconductrice, les propriétés des cristaux liquides, et explique les conditions particulières de diffusion de la lumière par ces mêmes cristaux.

génocidaire adj. et n. Relatif au génocide ; coupable de génocide.

• **génocide** n. m. Crime contre l'humanité, consistant en l'extermination systématique d'un groupe ethnique.

génois, e adj. et n. De Gênes. *République génoise. Un(e) Génois(e).*

génoise n. f. Gâteau léger (généralement biscuit de Savoie) fourré à la crème. / ARCHIT. Frise placée sous le toit et faite de tuiles rondes superposées et incorporées dans le mortier.

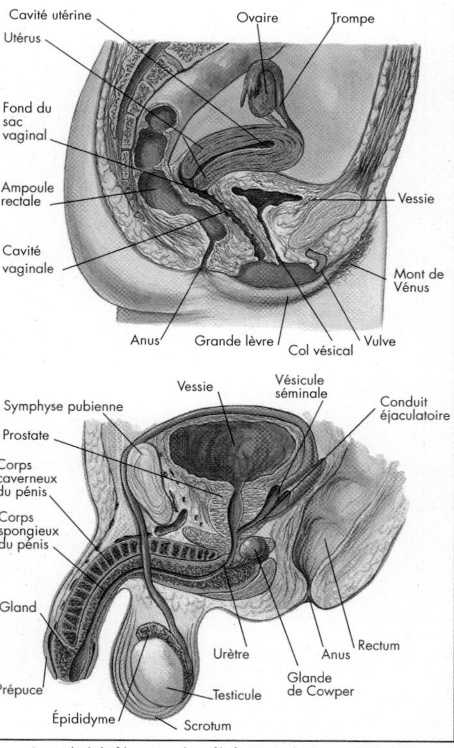

Appareil **génital** humain vu de profil : féminin (en haut), masculin (en bas).

GÉNOCIDE

La notion de génocide a été définie après la Seconde Guerre mondiale pour caractériser la « solution finale » mise au point par les nazis pour éliminer définitivement les Juifs et les Tziganes de la surface de la Terre.

Elle a été ensuite étendue à d'autres massacres, appartenant à un lointain passé (ceux des Amérindiens par les colons blancs d'Amérique), intervenus au début du XXe siècle (ceux des Arméniens par les Turcs en 1915-1916), récents (l'extermination de millions de Cambodgiens par les Khmers rouges, l'épuration ethnique en ex-Yougoslavie, les massacres du Rwanda).

Les historiens s'entendent aujourd'hui sur une définition relativement restrictive : est considérée comme génocide toute entreprise menée par une puissance publique légitime (ou se considérant comme légitime) visant à détruire un groupe humain pour des raisons ethniques, en dehors de toute autre raison, militaire ou politique notamment.

À cette définition correspondent, outre le génocide des Juifs et des Tziganes au cours de la Seconde Guerre mondiale (effectué par des déportations dans des camps de concentration, des assassinats en masse dans des chambres à gaz, des exécutions collectives, etc.), les massacres de Tutsis et de Hutus au Rwanda et (sans doute) ceux des Amérindiens.

Certains historiens émettent des réserves sur le caractère génocidaire des massacres des Arméniens par les Turcs, mettant en avant d'une part, le fait que l'on n'a pas la certitude absolue qu'ils aient été ordonnés en tant que tels, par écrit, par la puissance publique, d'autre part, le fait que, dans ce conflit qui opposait la Turquie à la Russie, les Arméniens, chrétiens, auraient pu être considérés comme des alliés potentiels de l'ennemi de la patrie. Il n'en demeure pas moins que personne ne nie ces massacres, qui ont fait des millions de victimes, et que ce génocide a été reconnu par le Parlement français en 2000.

Quant à la purification ethnique en ex-Yougoslavie et aux événements du Rwanda, leur caractère génocidaire ne fait guère de doute. Pour ce qui concerne le Cambodge, les Khmers rouges se sont surtout attaqués à leur propre peuple, à certaines catégories sociales de leur propre peuple, même si leur fureur s'est aussi largement exercée sur des Vietnamiens. Les juristes internationaux discutent donc de la qualification de ce crime contre l'humanité, employant parfois le terme « autogénocide », sans pour autant que ce crime soit, en lui-même, nié ou contesté.

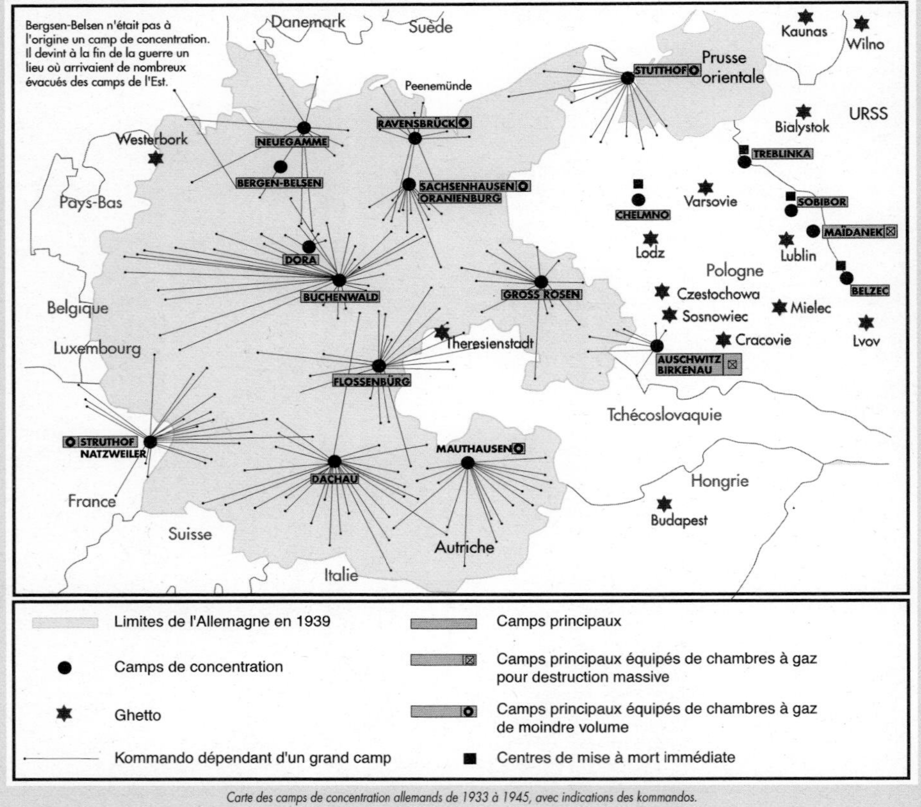

Carte des camps de concentration allemands de 1933 à 1945, avec indications des kommandos.

Gentiane *et sa racine séchée.*

génome n. m. BIOL. Ensemble des gènes portés par les chromosomes (pour une espèce donnée). *Le génome de l'espèce humaine.*

génomique adj. BIOL. Relatif au génome.

génotype n. m. BIOL. Ensemble des gènes portés pas les chromosomes d'un organisme vivant. Voir **phénotype**.

genou n. m. ANAT. Articulation de la jambe et de la cuisse. / Chez les quadrupèdes, articulation du membre antérieur, entre l'avant-bras et le canon. / TECHN. Pièce de jonction articulée. Pl. Des *genoux*.

genouillère n. f. Anc. Pièce d'armure qui protégeait le genou. / Manchon élastique protecteur, bande de protection dont on entoure le genou.

genre n. m. **I.** Ensemble d'êtres ou de choses ayant des caractères communs. *Le genre humain*: l'ensemble des êtres humains. / BIOL. Catégorie taxonomique de rang supérieur à celui de l'espèce et inférieur à celui de la famille. *Le genre Sylvia regroupe de nombreuses espèces de fauvettes*: Sylvia atricapilla *(la fauvette à tête noire)*, Sylvia borin *(la fauvette des jardins)*, Sylvia conspicillata *(la fauvette à lunettes), etc.* / Catégorie d'œuvres littéraires ou artistiques définies par leur sujet, leur style. *Genre épistolaire, dramatique. Peinture de genre*, qui représente des scènes de mœurs, des scènes de la vie quotidienne. / Sorte, catégorie. *Deux robes du même genre.* / Comportement, manière d'être. *Avoir bon, mauvais genre.* / *Genre de vie*: ensemble des conditions économiques, sociales et culturelles qui déterminent le mode d'existence d'une population donnée. **II.** LING. Classification morphologique de certaines parties du discours (catégories grammaticales) réparties en français en masculin et féminin. *Genre d'un nom, d'un pronom, d'un adjectif.*

gens [1] n. f. (mot latin) À Rome, groupe de plusieurs familles descendant d'un même ancêtre. Pl. Des *gentes*.

gens [2] n. m. pl. Personnes en nombre indéterminé (l'adjectif qui précède directement *gens* se met au féminin lorsqu'il y a une forme féminine distincte [*les vieilles gens*]). / *Jeunes gens*: jeunes hommes et jeunes femmes. *Venez ici, jeunes gens.* / Pluriel de *jeune homme. Une dizaine de jeunes gens.* / (suivi d'un nom de profession, d'état) Catégorie particulière de personnes. *Gens de robe*: la magistrature. *Gens de lettres.* / Vx (avec un possessif) Domestiques. *Si je suis absent, mes gens vous accueilleront.*

Genséric Voir **Geiséric**.

gent [1] n. f. Vieilli ou litt. Espèce. *La gent marécageuse*: les grenouilles. *La gent trotte-menu*: les souris. / *Droit des gens*: droit qui préside aux rapports des nations entre elles. Pl. Des *gens*.

gent, e [2] adj. Vx ou plaisant Aimable, joli. *Venez donc, gente dame.*

gentiane n. f. BOT. Plante herbacée, croissant dans les montagnes, dont la racine amère est utilisée en pharmacie et sert à la préparation de liqueurs apéritives. / Liqueur au goût amer, à base de gentiane.

gentil [1] n. m. Non juif, chez les Hébreux; païen, chez les premiers chrétiens. *Saint Paul, apôtre des gentils.*

gentil, ille [2] adj. Vx. De naissance noble. / Mod. Aimable, dépourvu de méchanceté, d'agressivité. *Un homme gentil. Un geste gentil.*

Gentil (Émile) 1866-1914 Explorateur français. À partir de 1895, il contribua à la colonisation des régions situées au sud-est du lac Tchad.

Gentile da Fabriano 1370?-1427 Peintre italien, actif successivement à Venise, Brescia, Florence et Rome où son style orné fait école: *L'Adoration des Mages* (1423). Il est avec Pisanello un représentant du gothique international.

Gentileschi (Orazio Lomi, dit**)** 1563-1639 Peintre italien. Influencé par Caravage, il travailla à la cour d'Angleterre de 1626 à sa mort. **Artemisia Lomi** dite **Gentileschi** 1597?-1655? Peintre italienne, fille du précédent; elle travailla à Naples. Adepte du caravagisme, elle en développa fortement la violence, tant dans le domaine des éclairages que dans celui des sentiments.

gentilhomme n. m. Anc. Homme d'origine noble. / Litt. Homme qui se conduit de manière délicate, courtoise, généreuse. Pl. Des *gentilshommes*.

gentilhommière n. f. Petit château campagnard.

gentillesse n. f. Qualité d'une personne gentille, aimable, attentionnée.

gentillet, ette adj. Fam. Plutôt gentil; assez mignon; plutôt agréable.

gentiment adv. De manière gentille.

gentleman farmer n. m. (anglicisme) Propriétaire foncier qui exploite ses terres. Pl. Des *gentlemen farmers*.

gentleman n. m. (mot anglais) Homme distingué et courtois. Pl. Des *gentlemen*.

gentleman's agreement n. m. (mots anglais) Accord de principe conclu entre les représentants de deux ou plusieurs États, les engageant moralement mais dépourvu d'effet juridique. Pl. Des *gentlemen's agreements*.

gentry n. f. (En Angleterre) Petite noblesse. / Par ext. (En France) Gens du monde, élite mondaine. Pl. Des *gentries*.

génuflexion n. f. Flexion du genou en signe d'adoration, de respect ou de soumission.

géoanticlinal n. m. GÉOL. Relief pouvant être sujet à un soulèvement qui sépare longitudinalement un géosynclinal.

géocentrique adj. Qualifie un système de coordonnées qui a le centre de la Terre pour origine. / Par ext. Qui a la Terre pour centre.

géocentrisme n. m. ASTRON. Système de représentation de l'Univers qui, d'après Ptolemée, son fondateur, avait la Terre pour centre. (Dans ce système, qui fit autorité jusqu'au XVIe siècle, le Soleil et les planètes décrivaient autour de la Terre un mouvement circulaire en se déplaçant sur un fond céleste formé par les étoiles, que l'on appelait « la sphère des fixes ».)

géochimie n. f. Science qui étudie la nature, l'origine, la répartition et le comportement des éléments chimiques constitutifs du globe terrestre.

géochimique adj. De la géochimie.

géochimiste n. Spécialiste de géochimie.

géocouronne n. f. ASTRON. Enveloppe d'hydrogène atomique qui constitue l'exosphère, dont la distance à la Terre se situe entre 400 km (limite basse) et 100 000 km (limite haute).

géocroiseur Voir **géofrôleur**

géode n. f. GÉOL. Cavité arrondie d'une roche, composée en général d'un seul minéral.

géodésie n. f. Science qui étudie la forme et les dimensions de la Terre.

géodésique adj. et n. f. Propre ou relatif à la géodésie. / GÉOM. *Courbe géodésique* (ou, n. f. *une géodésique*): courbe tracée sur une surface telle qu'en chacun de ses points, la normale principale coïncide avec la normale à la surface de ce point. *Toutes les courbes méridiennes sont des géodésiques.*

géodynamique n. f. GÉOL. Science qui étudie les mouvements de la Terre dus à l'activité tellurique, au volcanisme (terrestre et sous-marin) et à l'érosion provoquée par l'action de l'eau.

Geoffrin (Marie-Thérèse Rodet, Mme**)** 1699-1777 Dame française qui tint un salon où elle recevait artistes et savants, gens de lettres et philosophes. Liée à Diderot et d'Alembert, elle contribua au financement de l'*Encyclopédie*.

Geoffroi Ier d'Anjou, dit **Grise Gonelle** Xe siècle Il guerroya toute sa vie contre le comte de Poitiers et les Bretons. **Geoffroi II** 1006?-1060 Duc d'Anjou, il conquit Tours, Langeais, Chinon et d'autres villes de Touraine. **Geoffroi III** XIe siècle Duc d'Anjou, il fut dépouillé de ses États par son frère. **Geoffroi V**, dit **Plantagenêt** 1113-1151 Duc d'Anjou et du Maine (1131), duc de Normandie (1144) par son mariage avec Mathilde, fille du roi d'Angleterre Henri Ier (lui-même également duc de Normandie) et veuve de l'empereur Henri V. Il ne put conserver le trône d'Angleterre à sa femme, mais affermit ses droits sur la Normandie qu'il confia à son fils aîné Henri, futur Henri II d'Angleterre.

Génuflexion, *statuette (XVIIIe siècle av. J.-C.).*

Geoffroy Saint-Hilaire (Étienne) 1772-1844 Naturaliste français. Il enseigna la zoologie au Museum national d'histoire naturelle, où il travailla avec Cuvier. Il participa, engagé par Bonaparte, à l'expédition d'Égypte (1798). Ses travaux, développant l'idée d'un plan unique d'organisation des êtres vivants, posent les bases de l'anatomie comparée. Dans *Philosophie anatomique* (1818-1822) et *Principes de philosophie zoologique* (1830), il défend la thèse du transformisme, selon laquelle les modifications des espèces sont dues à l'influence du milieu.

G

géofrôleur ou **géocroiseur** n. m. et adj. ASTRON. Tout corps céleste dont la trajectoire orbitale frôle, croise ou intercepte celle de la Terre. Syn. E.G.A.

◆ L'astéroïde 1950 DA, découvert le 23 février 1950, frôlait la Terre à une distance de 8 millions de km. Il a été repéré presque cinquante et un ans plus tard, le 31 décembre 2000; les astronomes purent alors déterminer avec précision sa trajectoire orbitale et prévoir qu'il y aurait un risque possible de collision avec la Terre lors de son prochain passage, en 2032. Cet astéroïde mesure environ 1 km de diamètre. Un impact avec un objet de cette taille entraînerait des conséquences planétaires. De telles catastrophes se sont déjà produites dans le passé et les chercheurs tentent de retrouver et d'identifier la signature d'une trace laissée sur le sol par ce type de collision. L'existence d'un cratère en constitue la preuve la plus significative. En 1979, la découverte d'une teneur anormalement élevée d'iridium dans la couche de sédiments située à la jonction du Crétacé et du Paléogène déclenche une véritable enquête à l'échelle de la planète. La concentration d'iridium à l'état natif est extrêmement faible sur Terre, mais elle est forte dans les roches météoritiques. Dans la décennie qui suivit, une équipe de physiciens, dirigée par Luis Alvarez et secondée par le géologue Walter Alvarez, montre que seul un impact d'origine cosmique peut être responsable de cet apport important d'iridium dans les couches sédimentaires datées de la fin du Crétacé (période de la disparition des dinosaures). Ce n'est qu'en 1991 qu'a été confirmée l'existence, dans la province du Yucatán, au Mexique, d'un cratère d'impact appelé Chicxulub, dont le diamètre est estimé à 200 km, et qui est dû à la chute d'un astéroïde d'environ 14 km de diamètre. La communauté scientifique s'accorde sur le fait que l'extinction de masse survenue il y a 65 millions d'années est due à une collision cosmique cataclysmique, alors que les causes probables des autres extinctions antérieures (survenues il y a 435, 370, 230, 195 millions d'années) n'ont pas encore été établies. Une catastrophe de ce genre entre dans la catégorie des cas uniques, voire hasardeux, car, à quelques dizaines de minutes près, en plus ou en moins, par rapport à la position de la Terre sur sa trajectoire orbitale, le cataclysme n'aurait pas eu lieu. Les dinosaures n'auraient pas disparu, ils auraient poursuivi leur évolution et, vraisemblablement, aujourd'hui, l'Homme ne peuplerait pas la Terre.

géographe n. Spécialiste de la géographie.

géographie n. f. Science qui étudie les phénomènes physiques et biologiques se produisant à la surface de la Terre et leur interaction avec le milieu considéré ; la synthèse obtenue par comparaison statistique des différents paramètres permet de classer les divers aspects du paysage géographique et biologique.

Géographie universelle 1927-1948 Publication monumentale dirigée par Paul Vidal de La Blache puis par Lucien Gallois, à laquelle collaborèrent les principaux géographes français. Cette première tentative moderne de synthèse des connaissances en géographie comporte la description (géographie physique, humaine, politique) du monde divisé en cinq grandes parties.

géographique adj. Propre ou relatif à la géographie.

géographiquement adv. Relativement à la géographie.

géoïde n. m. GÉOG. Nom donné à la forme théorique de la Terre, déterminée par la géodésie en se référant à un solide équivalent (ellipsoïde) ; dans ce cas, géoïde et ellipsoïde ont le même axe de révolution, le même centre de gravité et la même masse.

geôle n. f. Litt. Prison.

geôlier, ère n. Litt. Gardien de prison.

géologie n. f. Science qui étudie l'origine, la structure et l'histoire de la Terre.

géologique adj. Propre ou relatif à la géologie.

géologiquement adv. Relativement à la géologie.

géologue n. Spécialiste de la géologie.

géomagnétisme n. m. PHYS. Ensemble des phénomènes magnétiques et électromagnétiques dans la croûte terrestre, à la surface du globe, dans l'atmosphère et la proche magnétosphère.

géomancie n. f. Méthode de divination à partir de figures formées au hasard en jetant une poignée de terre sur une table.

géomètre n. Spécialiste de la géométrie. / Technicien qualifié qui réalise des levés topographiques et topométriques. / n. m. ZOOL. Papillon d'allure gracile, généralement nocturne, dont la chenille, dite arpenteuse ou géomètre, a un mode de déplacement particulier, donnant l'impression de mesurer le chemin qu'elle parcourt au sol. Syn. Phalène.

géométrie n. f. Branche des mathématiques qui étudie l'espace et les figures de l'espace. *La géométrie prend ses racines dans un ensemble de postulats concernant les notations primitives de points, de droites, de plans, ou d'abstractions de points matériels faisant l'objet de l'expérience quotidienne.*

géométrique adj. Qui procède de la géométrie. *Figure géométrique.* / *Motifs géométriques* : ornementation basée sur les figures géométriques. / BX-ARTS *Abstraction géométrique* : tendance de l'art abstrait mettant en évidence la valeur esthétique des figures géométriques.

géométriquement adv. Relativement à la géométrie.

géomorphologie n. f. Branche de la géologie qui décrit les formes de la surface terrestre et leur évolution, et qui en recherche les causes.

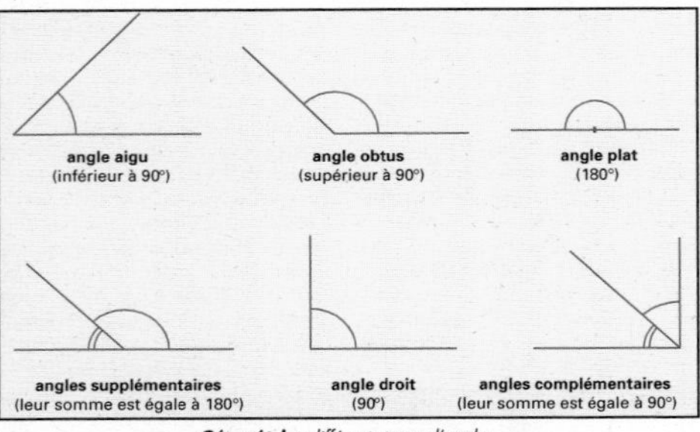

Géométrie *: différents types d'angles.*

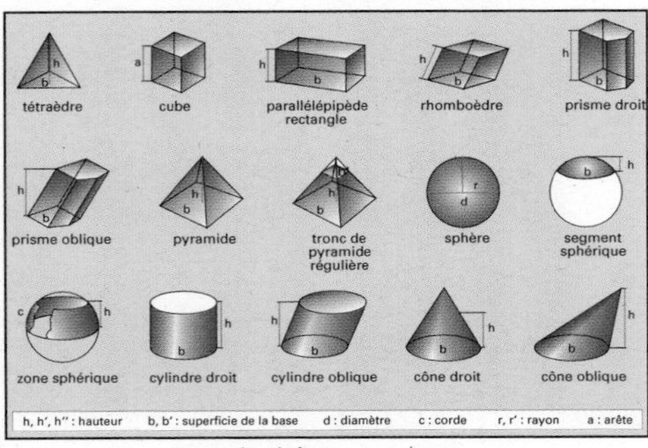

Figures ***géométriques*** *en trois dimensions.*

George Ier.

George IV.

géomorphologique adj. Relatif à la géomorphologie.

géophysicien, enne n. Spécialiste de géophysique.

géophysique n. f. Science qui étudie la nature et les caractéristiques de la Terre, sa structure interne et l'action des forces qui agissent en modifiant sa morphologie. La géophysique englobe la climatologie, l'aérologie, la glaciologie, la volcanologie, la sismologie, l'océanographie.

géopolitique n. f. et adj. Étude de l'influence de la géographie sur la politique internationale. / adj. *Impératifs géopolitiques.*

George Nom de plusieurs rois de Grande-Bretagne.

George Ier 1660-1727 Électeur de Hanovre, arrière-petit-fils de Jacques Ier, il devint roi de Grande-Bretagne et d'Irlande à la mort de la reine Anne Stuart, en 1714. Ne parlant pas anglais, impopulaire, il laissa gouverner ses ministres whigs, Stanhope et Walpole. **George II** 1683-1760 Fils du précédent. Électeur de Hanovre, il devint roi de Grande-Bretagne et d'Irlande en 1727. Il laissa d'abord gouverner Walpole, mais dut se séparer de lui en 1742, car son pacifisme soulevait des oppositions. La participation de l'Angleterre à la guerre de Succession d'Autriche (1741-1748) se solda par un désastre, mais William Pitt, secrétaire d'État à partir de 1756, redressa la situation durant la guerre de Sept Ans (1756-1763) et contribua à l'expansion coloniale de la Grande-Bretagne aux Indes et en Amérique. **George III** 1738-1820 Petit-fils du précédent. Électeur puis roi de Hanovre, roi de Grande-Bretagne et d'Irlande en 1760, il fut le premier de la dynastie de Hanovre à recevoir une éducation britannique et à vouloir exercer une autorité, mais sa politique lui aliéna rapidement l'opinion. Le Traité de Paris, qui mit fin à la guerre de Sept Ans, fut mal reçu. Déterminé à écraser la Révolution américaine (1775-1782), il dut pourtant reconnaître l'indépendance des États-Unis en 1783. Pendant quelques années, la personnalité du second Pitt domina la vie politique britannique et George III, atteint de folie, dut abandonner le pouvoir à son fils, nommé régent en 1811. **George IV** 1762-1830 Fils du précédent. Roi de Hanovre, régent en 1811 puis roi de Grande-Bretagne et d'Irlande en 1820, il encouragea la politique des tories Wellington et Castlereagh, puis fit appel à Canning qui, durant son ministère, sut accorder les réformes nécessaires pour prévenir les mouvements révolutionnaires. Jeune, il avait mené une vie dissolue et épousé secrètement et illégalement une jeune catholique, Mrs Fitzherbert, dont il dut se séparer. Marié contre son gré à sa cousine Caroline de Brunswick, il lui attenta un scandaleux procès en adultère, suivi d'un divorce, qui jeta sur la couronne britannique un durable discrédit. **George V** (1865-1936) Roi de Grande-Bretagne et d'Irlande en 1910, fils d'Édouard VII, auquel il succéda. Il engagea l'Angleterre dans la Première Guerre mondiale et dut faire face aux difficultés économiques et sociales qui la suivirent, puis aux crises qui amenèrent l'indépendance de l'Irlande (1921) et de l'Égypte (1922), enfin à la crise économique de 1936, qui entraîna la dévaluation de la livre. Son attitude démocratique, son respect des institutions valurent une grande popularité à la couronne. **George VI** 1895-1952 Roi de Grande-Bretagne et d'Irlande du Nord en 1936. Il succéda à son frère aîné Édouard VIII à l'abdication de ce dernier. Son courage et celui de sa femme Elizabeth, au cours de la Seconde Guerre mondiale, leur valurent l'estime et l'affection de leurs sujets, leur attitude symbolisant la détermination de la nation à résister aux nazis.

George (Marguerite Weimer, dite **Mademoiselle)** 1787-1867 Actrice française, sociétaire de la Comédie-Française. Tragédienne, elle se consacra au drame romantique après 1830.

George (Stefan) 1868-1933 Poète allemand. D'abord romantique, sa poésie se teinte de symbolisme et d'ésotérisme (*Pèlerinages*, 1891). La revue qu'il fonde en 1891 avec Hofmannsthal, *Les Feuilles pour l'art*, est au cœur d'une recherche spirituelle qui séduit nombre d'écrivains. Esthète, George se fait mage, prophète, éducateur (*Le Nouveau Règne*, 1928). Sa vision aristocratique du monde, son horreur de la vulgarité le rapprochent de Nietzsche, tandis que son pa-

Saint Georges et le dragon, *de Rubens, 1606 (Musée du Prado, Madrid).*

triotisme lui vaut l'admiration des nazis dont, pourtant, tout le sépare : il quittera l'Allemagne au moment de leur prise de pouvoir.

Georges (saint) IIIe ou IVe siècle ? Martyr chrétien qui mourut sans doute à Lydda, durant une des persécutions contre les chrétiens de la fin du IIIe siècle. De nombreuses légendes à son sujet, dont un combat contre le dragon qui menaçait une jeune fille, le rendirent très populaire en Orient comme en Occident dès le VIe siècle. Il est le patron de nombreuses villes et de pays, dont l'Angleterre.

Georges Nom de deux rois de Grèce.

Georges Ier 1845-1913 Roi de Grèce en 1863. Fils de Christian IX, roi du Danemark, il fut élu roi après la chute d'Othon Ier, avec l'appui de la France, de la Grande-Bretagne et de la Russie. Il dota en 1864 la Grèce d'une constitution démocratique et agrandit son royaume, mais fut assassiné. Son fils Constantin Ier lui succéda.

Georges II 1890-1947 Roi de Grèce. Il monta sur le trône en 1922, après l'abdication de son père Constantin Ier, mais abdiqua en 1923 sous la pression du mouvement républicain, qui devait bientôt proclamer la République (1924). Rappelé par un plébiscite (1935), il confia le pouvoir à Metaxas qui instaura la dictature, puis s'exila après l'invasion des Allemands (1941), et ne rentra en Grèce qu'en 1946. Son frère Paul Ier lui succéda.

Georges Podiébrad ou **de Podebrady** 1420-1471 Roi de Bohême en 1458. Hussite, il enleva Prague aux catholiques (1448) et administra le royaume en tant que régent, avant d'être proclamé roi à la mort de Ladislas V ; il parvint à chasser Mathias Corvin (1479).

Georgetown *248 500 h.* Capitale de la Guyana et principal port du pays, exportant la bauxite, le café, le cacao et le sucre.

Georgetown Voir **Penang**

Géorgie *152 580 km² 7 650 200 h.* État côtier du sud-est des États-Unis. Capitale *Atlanta*. La Géorgie vivait surtout de la culture du coton ; aujourd'hui, on y cultive davantage l'arachide et le tabac. Les nombreuses forêts de l'État ont permis le développement de l'industrie du bois (usine de pâte à papier à Savannah). La Géorgie, colonie britannique depuis 1732, adhéra à l'Union dès 1788. Son économie reposant sur l'esclavage (c'est en Géorgie qu'est né le folklore afro-américain), elle fit sécession en 1861.

• **Géorgie** État du Caucase dont l'ouest est baigné par la mer Noire, qui jouxte la Turquie au sud-ouest et la Russie au nord-est.

géorgien, enne [1] adj. et n. **I.** De la Géorgie caucasienne. *Les royaumes géorgiens. Un(e) Géorgien(ne).* / n. m. Langue caucasienne parlée en Géorgie. *Le géorgien possède son propre alphabet.* **II.** De la Géorgie américaine. *La campagne géorgienne. Un(e) Géorgien(ne).*

G

GÉORGIE

Superficie : *69 700 km²* – **Nombre d'habitants :** *5 000 000 h.* – **Capitale :** *Tbilissi*
Villes principales : *Koutaïssi, Roustavi* – **Système politique :** *république* – **Langue(s) :** *géorgien*
Religion(s) : *christianisme orthodoxe* – **Monnaie(s) :** *lari*

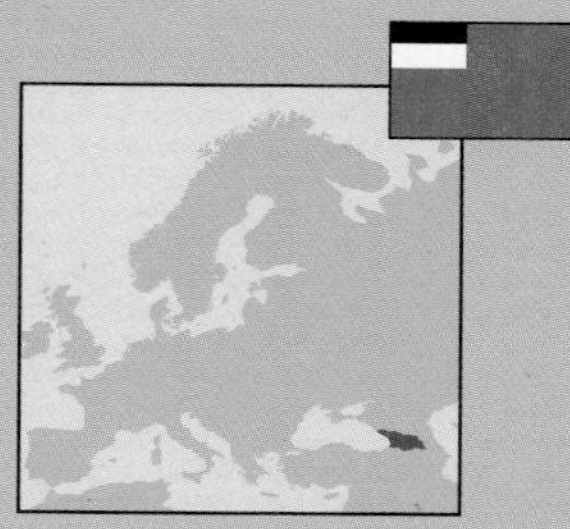

Voir l'Atlas

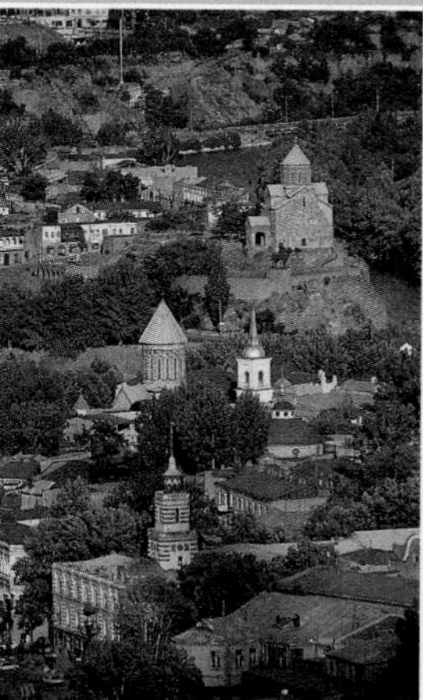

Église de Metekhi, dans le centre historique de Tbilissi, capitale de la Géorgie.

Barrage sur la Koura, fleuve qui se jette dans la mer Caspienne.

Géographie

C'est une dépression entre le Grand Caucase, au nord, et la Transcaucasie, au sud. Le Rion (Rioni) et la Koura l'arrosent, permettant la culture du blé, du maïs, du tabac, de la vigne, des agrumes, du thé. Le manganèse s'ajoute à ces ressources.

Les industries textiles et alimentaires sont bien développées. La Russie demeure le principal partenaire commercial de la Géorgie et les difficultés économiques nées avec l'éclatement de l'URSS demeurent importantes. Le pays fonde de grands espoirs sur l'oléoduc Bakou-Tbilissi-Ceyhan (Azerbaïdjan-Turquie), censé transporter vers les marchés mondiaux le pétrole de la Caspienne, qui traverse son territoire et dont les travaux ont commencé à l'automne 2002.

Histoire

Dans l'Antiquité, la Géorgie formait deux royaumes : l'Ibérie, à l'est, et, au bord de la mer Noire, la Colchide, où l'existence de mines d'or donna probablement naissance à la légende de la Toison d'or. Le pays fut ravagé par les Perses et passa sous la domination d'Alexandre le Grand, avant de prendre son indépendance à la mort du conquérant et de s'allier à Mithridate qui fut vaincu par Pompée.

Au Ier siècle, la Colchide devint romaine et l'Ibérie, perse. Chrétienne au IVe siècle, disputée entre la Perse et l'empire byzantin, puis envahie par les Arabes à partir du milieu du VIIe siècle, unifiée au Xe siècle, la Géorgie connut son apogée au XIIe siècle : le royaume s'étendait de la mer Noire à la Caspienne, du Caucase du Nord à l'Azerbaïdjan iranien et à Erzurum.

Le pays fut ravagé au XIVe siècle par une invasion mongole et devint l'enjeu d'une lutte entre les Turcs et les Perses durant trois siècles. La Russie le libéra (1783), puis l'annexa (1801). Indépendante en 1918, soumise au régime soviétique en 1921, elle devint une République socialiste soviétique en 1936. Elle accéda à l'indépendance en avril 1991, mais deux rébellions sécessionnistes la déchirèrent : celle de l'Ossétie du Sud et celle de l'Abkhazie, qui constitua une République autonome en 1993. Ancien ministre des Affaires étrangères de l'Union soviétique à l'époque de Gorbatchev, Eduard Chevarnadze fut élu président du Conseil d'État de Géorgie en mars 1992, puis élu président de la République en 1995 selon les modalités de la nouvelle constitution et réélu en 2000. La Géorgie, qui n'entra dans la C.E.I. qu'en 1993, aspire à se libérer de la tutelle militaire et économique de la Russie, toujours lourde.

Culture

Une importante littérature en géorgien, langue caucasique dotée d'un alphabet propre, exista dès le Ve siècle. Religieuse à l'origine, elle se diversifia au Xe siècle et s'épanouit aux XIe-XIIIe siècles, notamment sous le règne de la reine Thamar. De cette époque faste tant pour les lettres que pour les arts, datent les œuvres du poète Roustaveli, de belles pièces d'orfèvrerie, de grandes réalisations architecturales (cathédrales, ensembles monastiques), de nombreuses peintures de manuscrits, tant religieux que profanes, et d'innombrables fresques décorant les murs des églises, aujourd'hui souvent très détériorées. Le XIXe siècle, marqué par la domination russe, voit l'essor du romantisme nationaliste dans la poésie géorgienne. Le roman se développe aux XIXe-XXe siècles.

Centrale **géothermique** islandaise.

géorgien [2] adj. et n. m. D'un étage inférieur du cambrien. *Les trilobites géorgiens.* / n. m. *Le Géorgien* : cet étage.
Géorgiques (Les) 38 ?-29 ? av. J.-C. Poème de Virgile, en quatre chants. L'auteur y fait un exposé sur l'agriculture, qu'il agrémente d'épisodes narratifs relatant l'histoire et la mythologie romaine.
géosciences n. f. pl. Ensemble des sciences qui ont pour objet l'étude de la Terre (géologie, géophysique, géomorphologie, climatologie).
géosphère n. f. GÉOG. Sphère terrestre.
géostationnaire adj. ASTRON. Se dit d'un satellite artificiel géosynchrone lorsqu'il décrit une orbite circulaire directe équatoriale. (Pour l'observateur terrestre, ce type de satellite apparaît fixe dans le ciel, car sa vitesse angulaire est constante et identique à celle de la Terre ; l'orbite dite géostationnaire est située vers 35 800 km d'altitude).
géostratégie n. f. Didac. Ensemble des facteurs stratégiques envisagés en liaison avec la géographie (physique et humaine).
géostrophique adj. MÉTÉO. Qui concerne la force et l'accélération des vents dans l'atmosphère, lorsque la direction du déplacement s'effectue parallèlement aux isobares. *Dans le cas où la vitesse de rotation équilibre la force de pression, on parle d'équilibre géostrophique.*
géosynchrone adj. ASTRON. Se dit d'une orbite lorsque l'objet placé sur celle-ci a une période de révolution égale ou proche de la période de révolution terrestre. / Par ext. *Rotation géosynchrone.*
géosynclinal n. m. GÉOL. Type particulier de bassin sédimentaire, constitué par une dépression de l'écorce terrestre allongée en forme de fosse. *Le géosynclinal représente le premier stade de l'orogenèse.*
géotechnique n. f. Partie de la géologie qui étudie les propriétés mécaniques, physiques, chimiques d'un terrain. *La géotechnique trouve son application dans toutes les études d'ingénierie civile.*
géotectonique n. f. Branche de la géologie qui étudie la tectonique au niveau de l'ensemble du globe terrestre. Syn. Tectonique globale.
géothermie n. f. GÉOL. Étude des propriétés thermiques de la Terre, de la chaleur qu'elle génère et de l'énergie thermique qui en est issue.
géothermique adj. Propre ou relatif à la géothermie.
géotropisme n. m. BOT. Phénomène de croissance orientée des organes d'une plante sous l'effet de la pesanteur.
gérable adj. Que l'on peut gérer.
Géraldy (Paul Lefèvre, dit Paul) 1885-1983 Poète français. Son recueil *Toi et Moi* (1913) a connu un grand succès.
gérance n. f. Fonction de gérant ; temps pendant lequel dure cette fonction.
géranium n. m. BOT. Plante sauvage à petites fleurs régulières souvent roses ou violettes, à feuilles très découpées. *Cueillir des géraniums dans les bois. Le géranium herbe-à-Robert.* / Cour. Plante ornementale couramment cultivée dans les jardins, appartenant au genre *Pelargonium*, genre voisin. *Planter des géraniums sur son balcon.*
gérant, e n. Personne physique ou morale qui gère, qui administre pour le compte d'autrui. *Gérant d'immeubles. Gérant de portefeuilles. Gérant de société.*
Gérard (François, baron) 1770-1837 Peintre français. Élève de David, il exécuta des portraits élégants : *Isabey et sa fille* (1795, Louvre), *Madame Récamier* (1802). Napoléon le nomma portraitiste de la cour et Louis XVIII en fit son peintre officiel.
Gerbault (Alain) 1893-1941 Navigateur français. Après avoir traversé l'Atlantique, seul à bord d'un voilier, le *Firecrest*, il fit le tour du monde (1924-1929). Il succomba à la malaria dans une île du Pacifique.
gerbe n. f. Assemblage de céréales coupées et liées, les épis étant dirigés dans le même sens ; bouquet de fleurs à longues tiges. *Gerbe de roses.* / Ce qui rappelle la forme d'une gerbe. *Gerbe d'eau.* / MILIT. Faisceau formé par les éclats d'un obus ; ensemble des différentes trajectoires suivies par les projectiles successifs tirés par une même pièce d'artillerie. / PHYS. NUCL. Faisceau de particules chargées électriquement, produit par l'interaction d'une particule de haute énergie avec la matière.
gerber [1] v. t. [1] Mettre en gerbe. / TECHN. Disposer en piles.
gerber [2] v. i. [1] Vulg. Vomir.
gerbera n. m. BOT. Plante herbacée de la famille des composées, cultivée pour ses grandes fleurs jaunes ou orange.
Gerbert d'Aurillac entre 945 et 950-1003 Moine clunisien. Esprit universel, il enseigna à Reims la philosophie, la dialectique, la rhétorique, les mathématiques (dans lesquelles il s'était sans doute perfectionné au cours d'un séjour en Catalogne qui l'avait mis en contact avec les savants arabes de Cordoue), la musique, l'astronomie. Il écrivit un *Traité sur l'astrolabe*, conçut un abaque pour l'enseignement de la géométrie et construisit plusieurs sphères reproduisant le mouvement des astres, destinées à l'étude des constellations. Politique subtil, il contribua à l'élection d'Hugues Capet (élu roi en 987), devint archevêque de Reims (991), puis de Ravenne (998). Lié à Othon III dont il avait été le précepteur, il fut élu pape en 999 et prit le nom de Sylvestre II.
Gerbier-de-Jonc (mont) *1 551 m* Sommet du haut Vivarais, en Ardèche, où la Loire prend sa source.
gerbille n. f. ZOOL. Petit mammifère de l'ordre des rongeurs, adapté aux milieux arides, vivant dans les steppes et les déserts d'Afrique et d'Asie.
gerboise n. f. ZOOL. Petit mammifère de l'ordre des rongeurs, aux pattes postérieures très longues, qui se déplace par bonds, vivant en Afrique, en Asie et en Amérique du Nord.
gercer v. t. [1] Causer des gerçures à.
gerçure n. f. Petite crevasse de la peau ou des muqueuses (lèvres, mains, mamelons) occasionnée par le froid, la sécheresse ou un état inflammatoire. / Fendillement (de la terre, d'une écorce, d'un revêtement).
gérer v. t. [1] Assurer la gestion de. *Gérer un patrimoine, un commerce. Gérer son budget.* / Fig. Organiser ou maîtriser au mieux. *Gérer son temps, son stress.*
gerfaut n. m. ZOOL. Grand faucon des régions nordiques, au plumage clair, parfois presque blanc. *« Comme un vol de gerfauts hors du charnier natal, / Fatigués de porter leurs misères hautaines, / De Palos de Moguer, routiers et capitaines / Partaient, ivres d'un rêve héroïque et brutal »* (Heredia). / Appos. *Un faucon gerfaut.*
Gergovie Ancienne ville de Gaule, capitale des Arvernes, voisine de Clermont-Ferrand. Elle fut le théâtre de la résistance victorieuse de Vercingétorix aux assauts des troupes romaines conduites par Jules César en 52 av. J.-C.
Gerhardt (Charles) 1816-1856 Chimiste français. Il fut l'un des fondateurs de la notation atomique.
gériatre n. Médecin spécialiste de gériatrie.
gériatrie n. f. Branche de la médecine qui traite des maladies de la vieillesse.
gériatrique adj. Relatif à la gériatrie.
Géricault (Théodore) 1791-1824 Peintre français. Épris de grandeur, de tragique et de mouvement, il fut l'un des premiers romantiques. Il exécuta des portraits de fous et peignit des têtes de suppliciés (1819). Son grand tableau inspiré d'un fait divers, *Le Radeau de la Méduse* (1819), qui obtint un grand succès et provoqua de violentes polémiques lors de sa présentation à Londres, apparut comme un manifeste de l'école romantique.
germain, e [1] adj. (rare) et n. De la Germanie.
germain, e [2] adj. et n. *Frères germains, sœurs germaines*, nés du même père et de la même mère. / *Cousins germains*, descendant d'un même grand-parent. / n. *Cousins issus de germains*, dont les parents sont cousins germains.
Germain (Sophie) 1776-1831 Mathématicienne française. Autodidacte, elle a dix-neuf ans lorsqu'est fondée (1795) l'École Polytechnique et ne peut, à cause de sa formation incomplète, suivre les cours de cette institution. Elle trouvera pourtant le moyen de se faire donner les cours de chimie de Fourcroy et, surtout, les cours de mathématiques de Lagrange auquel elle adressera ses notes sous le nom de Le Blanc, emprunté à un ancien élève de l'École. Lorsque l'académie des sciences mit au concours le sujet de la théorie des surfaces élastiques, Sophie Germain présente trois mémoires (1811, 1813, 1815), avant de recevoir le prix en 1816.
Germains Nom de plusieurs peuples sans doute venus de pays scandinaves qui émigrèrent vers le sud au IIIe siècle av. J.-C. Les Germains étaient d'une extrême mobilité. Ils traversèrent la zone européenne située entre la Baltique et la mer Noire, puis, à la fin du IIe siècle av. J.-C., les Cimbres et les Teutons marchèrent vers la Méditerranée, envahissant le sud de la Gaule, l'est de l'Espagne et la plaine du Pô. Seuls les Romains leur opposèrent une résistance efficace : Marius les défit en 102 et en 101 av. J.-C., César en 58 av. J.-C. Auguste les établit dans les nouvelles provinces de Germanie à la fin du Ier siècle av. J.-C. Au IIIe siècle ap. J.-C., une nouvelle poussée ébranla l'Empire romain : divers peuples envahirent la Belgique, la Gaule, le nord de l'Italie ; sans organisation, ils furent refoulés. Au IVe siècle, commencèrent les Grandes Invasions. En 406, les Vandales franchirent le Rhin ; ils traversèrent la Gaule, l'Espagne, prirent l'Afrique du Nord et pillèrent les côtes de la Méditerranée. Les Wisigoths prirent Rome en 410 et envahirent l'Espagne en 415. Au Ve siècle, les Francs conquirent la Gaule.
Germanicus (Caius Julius Caesar, dit) 15 av. J.-C.-19 apr. J.-C. Général romain, petit-neveu d'Auguste. Adopté par

Portrait d'un officier, tableau de **Théodore Géricault**.

Germes de pomme de terre.

Affiche de **Germinal**, adaptation au théâtre du roman d'Émile Zola.

son oncle Tibère, il fut nommé consul très jeune. À la tête de plusieurs légions, il triompha du Germain Arminius et réussit à pacifier la province de Germanie. Ses victoires lui valurent le nom de *Germanicus*, mais Tibère, jaloux de sa popularité, l'envoya en Orient où il réprima une série de révoltes. Il mourut subitement à Antioche après avoir, sur son lit de mort, accusé Pison, gouverneur de Syrie sous les ordres de Tibère, de l'avoir empoisonné. Son épouse, Agrippine l'Aînée, rapporta ses cendres à Rome et fit intenter un procès à Pison qui, traduit devant le Sénat, se suicida. Germanicus est le père de Caligula et le grand-père de Néron.

Germanie La Germanie antique était limitée par la Mer du Nord et la Baltique, le Rhin à l'ouest, la Vistule à l'est et le Danube au sud. Le fractionnement et la mobilité des tribus germaniques empêchèrent la naissance d'une véritable nation. César, qui vainquit les Germains en 58 av. J.-C., tenta deux expéditions de reconnaissance en Germanie avant de fixer sur le Rhin la frontière de l'Empire. Auguste projeta de la reporter sur l'Elbe. Il constitua les deux provinces romaines de Germanie à la fin du Ier siècle av. J.-C. mais, en 9 ap. J.-C., Arminius anéantit les légions de Varus. Malgré l'échec du rêve d'Auguste, la Germanie fut intensément et rapidement romanisée.

Germanie (royaume de) Royaume né en 843 du démembrement de l'Empire de Charlemagne (après la mort de son fils et successeur Louis Ier le Pieux) et que le traité de Verdun donna à son petit-fils Louis II le Germanique.

germanique adj. Propre ou relatif aux Germains. *Langues germaniques. Saint Empire romain germanique* : voir *Saint Empire*.

germaniser v. t. [1] Rendre germanique.

germanisme n. m. Mot, idiotisme propre à la langue allemande. / Emprunt à la langue allemande.

germaniste n. Spécialiste des langues germaniques, de la civilisation germanique.

germanium n. m. CHIM. Élément métallique de numéro atomique 32, de masse atomique 72,6 (symbole : Ge). *Le germanium est employé dans l'industrie des semi-conducteurs.*

germanophile adj. et n. Qui aime, apprécie l'Allemagne, les Allemands.

germanophilie n. f. Attitude, comportement d'une personne germanophile.

germanophobe adj. et n. Qui n'aime pas, n'apprécie pas l'Allemagne, les Allemands.

germanophobie n. f. Attitude, comportement d'une personne germanophobe.

germanophone adj. et n. Qui parle allemand ; où l'on parle allemand. *Il est germanophone. Les germanophones. Un canton suisse germanophone.*

germano-soviétique (pacte) 23 août 1939 Pacte de non-agression signé par l'Allemagne et l'U.R.S.S., qui prévoyait le partage de la Pologne entre les deux puissances. Hitler put se consacrer à l'offensive vers l'ouest sans craindre un front oriental. Malgré le pacte, ayant vaincu la France (juin 1940), il prépara l'invasion de l'U.R.S.S. (juin 1941).

germe n. m. État initial, ébauche d'un être vivant ou d'un organe qui commence à se développer (œuf, embryon, plantule, bourgeon, etc.). / Spécial. Première pousse d'une plante issue d'une graine, d'un tubercule, etc. *Germes de blé.* / MÉD. Micro-organisme (virus, bactérie, etc.) ; (spécial.) micro-organisme pathogène. *Le bacille de Koch est le germe de la tuberculose.* / Fig. Principe, élément à partir duquel se développe qqch. *Le germe d'une idée, d'une œuvre.*

germen n. m. BIOL. Lignée des cellules formant les gamètes, par oppos. aux autres cellules qui constituent le soma.

germer v. i. [1] Faire apparaître son germe, en parlant d'une graine, d'un bulbe, d'un tubercule. / Fig. Commencer à se développer. *Ce projet qui germait dans son esprit.*

germinal, ale, aux [1] adj. BIOL. Relatif au germe ; au germen. *La lignée germinale* : le germen.

germinal [2] n. m. Septième mois du calendrier républicain, allant du 21 ou 22 mars au 19 ou 20 avril.

Germinal 1885 Roman d'Émile Zola, de la série des Rougon-Macquart, où l'auteur décrit la vie et la misère des mineurs sous le Second Empire. Leur grève les affame et ils sont écrasés par l'armée.

germinatif, ive adj. BOT. Qui a le pouvoir de faire germer. / Relatif à la germination.

germination n. f. BOT. Ensemble des transformations morphologiques qui se produisent lorsque les tissus de la graine, reprenant une vie active, donnent naissance à une nouvelle plante.

gérondif n. m. GRAMM. En latin, forme verbale déclinée de l'infinitif ; en français, forme verbale en *-ant*, précédée généralement de la préposition *en*, employée comme complément circonstanciel (*la fortune vient en dormant*).

Le Ter à **Gérone**.

Gérone *70 900 h.* Ville du nord-est de l'Espagne, en Catalogne, centre industriel et touristique (monuments romans, cathédrale gothique des XIVe et XVe siècles, aux clocher et cloître romans).

Geronimo (Goyathlay, en anglais **Jerome,** en espagnol**)** 1829-1908 Chef d'une tribu apache. Il prit en 1874 la tête de la révolte des Apaches enfermés dans une réserve et ne se rendit qu'en 1886. Il dicta ses mémoires à un journaliste américain.

gérontocratie n. f. Gouvernement exercé par des vieillards.

gérontologie n. f. Étude du vieillissement et des phénomènes biologiques, pathologiques, psychologiques et sociaux qui lui sont liés.

gérontologue n. Spécialiste de gérontologie.

Gers (le) *178 km* Rivière du bassin Aquitain. Né sur le plateau de Lannemezan, le Gers traverse Auch et se jette dans la Garonne.

Gers (département du) [32] *6 291 km² 172 335 h.* Département du sud-ouest de la France, qui fait partie de la Région Midi-Pyrénées. Chef-lieu *Auch*. Le département est tout entier compris dans l'Armagnac,

Paysage rural, dans le **Gers**.

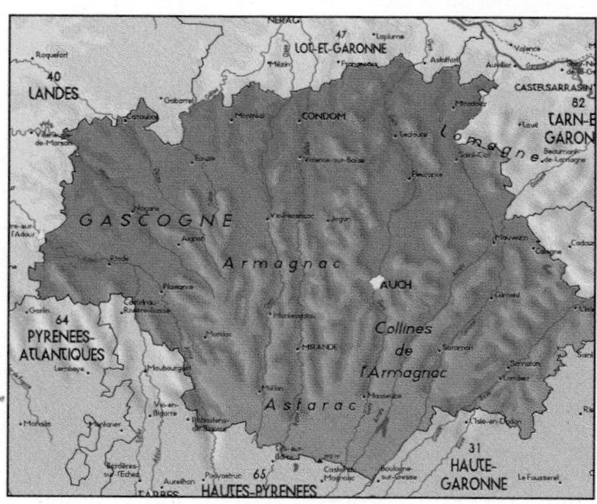

Département du **Gers**.

George Gershwin.

région découpée en éventail par les rivières divergeant du Lannemezan. Très rural, le Gers associe à la polyculture (blé, maïs et surtout vignoble : eau-de-vie d'Armagnac) l'élevage de bovins, de canards et d'oies (foie gras du Gers). Les villes sont surtout des marchés agricoles dont la population est inférieure à 10 000 habitants.

Gershwin (George) 1898-1937 Compositeur américain. Son œuvre musicale combine des éléments du jazz et du classique : *Rhapsody in Blue* (1924), *Un Américain à Paris* (1928). Il a composé un opéra, *Porgy and Bess* (1935), inspiré du folklore noir, qui obtint un grand succès.

Gerson (Jean Charlier, dit **Jean de)** 1363-1429 Théologien français. Chancelier de l'Université de Paris, il participa au concile de Constance (1414-1418), qui mit fin au schisme d'Occident par l'élection du pape Martin V (1417).

gésier n. m. ZOOL. Poche de l'estomac des oiseaux, à parois musculeuses, dans laquelle les aliments sont broyés.

gésine n. f. Vx *En gésine* : sur le point d'accoucher.

gésir v. i. défectif [3] (usité au présent, à l'imparfait de l'indicatif, au participe présent) Être étendu, tombé. *Il gisait à terre. Des vêtements gisaient sur le lit. Des corps gisant au sol.* / Être étendu mort. *Ci-gît* : ici repose (formule d'épitaphe). / Fig. *C'est là que gît la source de nos ennuis.*

gesse n. f. BOT. Plante herbacée de la famille des légumineuses (papilionacées), dont les stipules forment des vrilles. *Certaines espèces de gesse sont ornementales (gesse odorante ou pois de senteur) ou fourragères (jarosse).*

Gestalttheorie ou (en français) **gestaltisme** n. m. Syn. de *théorie de la forme* ; voir *forme*.

Gestalttherapie ou **gestalt-thérapie** n. f. PSYCHO. Psychothérapie de groupe ayant pour but d'amener le patient à prendre conscience de ses contradictions à travers ses émotions et ses expressions corporelles.

Gestapo (abréviation de *GEheime STAats-POlizei*, « police d'État secrète ») Police politique de l'Allemagne nazie, créée par Gœring en 1933 et réorganisée en 1936 par Himmler. La Gestapo fut un instrument de terreur et d'oppression en Allemagne comme dans les pays occupés, employant la torture et les exécutions sommaires et installant des camps de concentration pour combattre et exterminer tous les ennemis (réels ou supposés) du nazisme : résistants, communistes, Juifs, Tziganes.

gestation n. f. BIOL. État d'une femelle vivipare qui porte son ou ses petits, de la fécondation à l'accouchement ; durée de cet état. / Fig. Travail d'élaboration. *Une œuvre en gestation.*

geste [1] n. f. LITT. Ensemble de poèmes épiques de l'époque médiévale qui relatent les hauts faits d'un héros. *La geste de Charlemagne. Chanson de geste* : l'un de ces poèmes. / (Au plur.) *Faits et gestes* : conduite détaillée d'une personne.

geste [2] n. m. Mouvement du corps, volontaire ou non. / Fig. Action. *Un geste généreux.*

Gerster (Georg) 1928 Photographe suisse, spécialisé dans l'ethnologie, l'histoire des civilisations, l'archéologie, l'histoire de l'art et la photographie aérienne. Ses travaux, publiés dans de nombreux périodiques (*National Geographic Magazine, Geo, Epoca*, notamment), ont été souvent édités sous forme de livres (*Sinaï*, 1962 ; *L'Art éthiopien*, 1968 ; *L'Éthiopie, toit de l'Afrique*, 1974 ; *La Terre de l'homme*, 1975 et 1988 ; *Le Pain et le Sel*, 1980).

gesticulation n. f. Action de gesticuler.

gesticuler v. i. [1] Faire beaucoup de gestes en tous sens.

gestion n. f. Administration d'un bien, d'une entreprise.

gestionnaire [1] adj. et n. Propre ou relatif à la gestion. *Réalisme gestionnaire.* / n. Spécialiste de la gestion ; personne chargée de la gestion. *Un bon gestionnaire.*

gestionnaire [2] n. m. INFORM. Logiciel qui assure le traitement de l'information, en entrée ou en sortie d'un ordinateur, en liaison avec son système d'exploitation. *Gestionnaire de fichiers.*

gestuel, elle adj. et n. f. Relatif aux gestes. *Langage gestuel.* / n. f. Manière de se mouvoir, de s'exprimer par les gestes, propre à une personne. *La gestuelle d'un acteur, d'un danseur.*

Gesualdo (Carlo, prince **de Venosa)** 1560?-1613 Compositeur italien. Membre d'une des plus anciennes et des plus nobles familles du royaume des Deux-Siciles (il descendait du roi normand Roger II), ce fut un personnage étrange à la vie tourmentée. Assassin (1590) de sa femme Marie d'Avalos et de l'amant de celle-ci, le duc d'Andria, il se terre deux ans dans son château de Venosa (aux confins de la Basilicate et des Pouilles) et s'y consacre à la musique. À Ferrare, où il séjourne de 1593 à 1597, il se remarie avec Éléonore d'Este et publie ses premiers madrigaux. De retour dans ses terres, il continue à composer et mène une existence de plus en plus solitaire, empreinte d'un mysticisme violent. De cette époque datent ses œuvres religieuses (*Ave dulcissima Maria*), aussi pathétiques que ses madrigaux (*Moro Lasso*).

Gethsémani Jardin situé au pied du mont des Oliviers, à proximité de Jérusalem. Selon les Évangiles, Jésus s'y retira après la Cène et la trahison de Judas pour prier en compagnie de ses disciples (qui s'y endormirent) avant son arrestation et sa Passion.

Getty (Jean Paul) 1892-1976 Industriel américain qui fit fortune dans le pétrole. Il a réuni sa très riche collection d'œuvres d'art (Antiquité, Renaissance, XVIIe et XVIIIe siècles) dans le musée J. Paul Getty, ouvert en 1974 à Malibu (Californie).

Getz (Stanley, dit **Stan)** 1927-1991 Saxophoniste de jazz américain. Maître du saxophone ténor pendant les années cinquante, il fut le rival de Sonny Rollins. Propagateur du style « cool », il s'intéressa à la musique sud-américaine (bossa-nova) qu'il adapta au jazz, avant de revenir à une expression moins bâtarde.

Représentation de la bête du ***Gévaudan****.*

Gévaudan (le) Région de plateaux du sud de l'Auvergne (Lozère), couverte de landes et consacrée à l'élevage. En 1787, on tua dans la région un lynx, ce qui mit fin à la légende de la *bête du Gévaudan*, animal fabuleux auquel on avait attribué les mystérieuses disparitions qui, entre 1765 et 1768, avaient mis la France en émoi.

gewurztraminer n. m. Cépage blanc d'Alsace ; vin issu de ce cépage.

Gex (pays de) Région de France située au sud du Jura, dans le département de l'Ain. Suisse, la région fut cédée à la France en 1601.

geyser n. m. GÉOL. Source thermale qui se manifeste périodiquement par de puissants jets d'eau mêlée ou non à de la vapeur. *Le geyser est l'une des manifestations de l'activité magmatique de la Terre.*

Ghana (empire du) Ancien empire situé entre les fleuves Sénégal et Niger, s'étendant jusqu'au sud de la Mauritanie actuelle. Le souverain de cette monarchie sacrée était considéré comme une divinité. L'empire fut fondé par des Soninkés, vers 950 si l'on en croit les traditions orales. Son contrôle des routes commerciales, en particulier celles de l'or soudanais, favorisant le commerce avec l'Afrique du Nord (grâce à des caravanes transsahariennes) et sa puissante cavalerie lui assurèrent la prépondérance. Il connut son apogée au XIe siècle. En 1076, il succomba aux assauts des Almoravides. Il subit l'hégémonie du Mali du XIIIe au XVe siècle, puis celle de l'empire des Songhaïs.

• **Ghana (république du)** État d'Afrique occidentale, sur le golfe de Guinée, entre la Côte d'Ivoire, à l'ouest, et le Togo, à l'est.

ghanéen, enne adj. et n. Du Ghana. *Littoral ghanéen. Un(e) Ghanéen(ne).*

Ghardaïa *87 000 km² 220 000 h.* Oasis du nord du Sahara algérien, constituant une wilaya. Chef-lieu *Ghardaïa*. La ville de Ghardaïa (*62 500 h.*), très ancienne (elle a été fondée au XIe siècle) présente une architecture très particulière : ses maisons roses et blanches, en terre glaise, sont dotées d'arcades et regardent vers la mosquée en forme de pyramide qui se dresse au centre de la cité.

Ghassanides Membres d'une dynastie de l'Arabie du Sud qui régna (IIIe-VIe siècle) sur la Palmyène et des tribus du sud de la Palestine. Vassaux de Byzance, les Ghassanides étaient chrétiens (monophysites).

Ghâtes ou **Ghâts** Montagnes de l'Inde péninsulaire bordant les côtes du Deccan à l'ouest (Ghâtes occidentales, élevées et arrosées, couvertes de forêts) et à l'est (Ghâtes orientales, basses et sèches).

Ghazali (Abu Hamid Muhammad al-) 1058-1111 Philosophe musulman. Il naquit et mourut en Perse, mais il enseigna à Bagdad, puis fut pèlerin errant pendant plus de dix ans (Palestine, Arabie). Il écrivit *Revivification des sciences de la religion* ainsi que des ouvrages de philosophie polémique : *Incohérence des philosophes*. Il tenta de concilier le traditionalisme, le rationalisme et le mysticisme soufi.

Ghazi Ier 1912-1939 Roi d'Irak en 1933. Successeur de son père Fayçal Ier, il mourut accidentellement, laissant le trône à un enfant de quatre ans, son fils Fayçal II.

Ghaznévides X[e]-XIIe siècle Dynastie turque qui eut pour capitale *Ghazni* (en Afghanistan). Les Ghaznévides, vassaux des Samanides, les renversèrent en 999. Au XIe siècle, leur pouvoir s'étendait sur la Perse et le nord-ouest de l'Inde. Ils défendirent l'orthodoxie sunnite et encouragèrent l'architecture, les arts et les sciences, animant une cour brillante à Ghazni. Leur capitale fut prise en 1150.

Ghelderode (Adémar Martens, dit **Michel de)** 1898-1962 Auteur dramatique belge d'expression française. Ses farces

Geyser *dans le parc national de Yellowstone (Wyoming, États-Unis).*

GHANA

Superficie : *238 533 km²* – **Nombre d'habitants :** *19 700 000 h.* – **Capitale :** *Accra*
Villes principales : *Kumasi, Sekondi-Takoradi, Tamale* – **Système politique :** *république*
Langue(s) : *anglais* – **Religion(s) :** *christianisme, animisme, islam* – **Monnaie(s) :** *cedi*

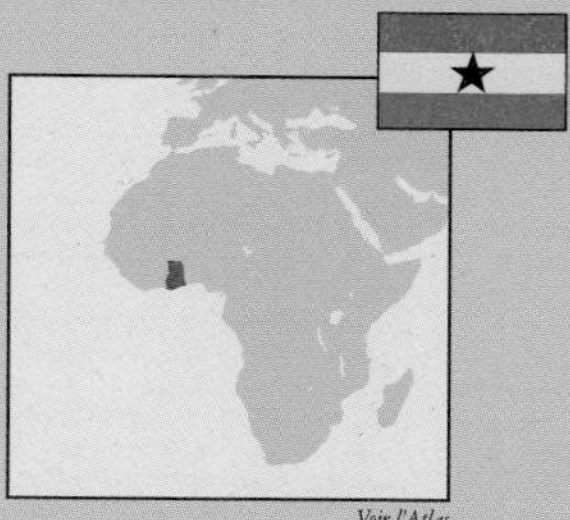

Voir l'Atlas

Géographie physique et humaine

Des plateaux peu élevés dominent les plaines côtières. Occupant la cuvette de l'est, un lac artificiel de 8 500 km², le lac Volta, est alimenté par les trois Volta (barrage d'Akosombo). De nombreuses tribus peuplent le Ghana, fortement christianisé.

Économie

L'agriculture domine l'économie (manioc, riz, mil et surtout cacao). Le bois est exporté. À l'or s'ajoutent les diamants, le manganèse et la bauxite, mais la richesse du pays dépend du cours de l'or et du cacao.

Histoire

Les empires du Ghana et du Mali, qui se procuraient l'or auprès des populations locales, contrôlèrent le nord du pays jusqu'au XVe siècle. À cette époque, les Portugais s'établirent sur la côte et nommèrent le pays *Côte-de-l'Or* (ce sera *Gold Coast* en anglais). Au XVIIIe siècle, les Ashantis, ayant pour capitale Kumasi, exigèrent des populations soumises un tribut en esclaves. Au XIXe siècle, ils opposèrent une vive résistance aux colons européens. En 1874, les Britanniques, après une dure campagne contre les Achantis, firent de la *Gold Coast* une colonie britannique à laquelle fut rattachée, en 1918, une partie du Togo allemand voisin. Kwame Nkrumah, après l'indépendance (6 mars 1957), donna à la Gold Coast le nom de *Ghana*, en référence au glorieux empire du Ghana (bien qu'il ne recouvre pas le même territoire) et devint président de la République en 1960. Son régime s'orienta vers le socialisme et il ne put parvenir à l'indépendance économique. En 1966, l'armée prit le pouvoir. Un gouvernement civil instauré en 1969 ne put se maintenir : un coup d'État militaire y mit fin en 1972. En 1979 puis en 1981, le capitaine Jerry Rawlings s'empara du pouvoir. Son plan de redressement économique se révéla efficace. En 1992, le Ghana adopta le multipartisme et Rawlings remporta démocratiquement l'élection présidentielle ; il fut réélu en 1996. L'élection présidentielle de 2000 a été remportée par John Kuffuor.

L'arc de l'indépendance, à Accra.

Une plage du golfe de Guinée, à Senya Beraku.

à la fois truculentes et tragiques font revivre le XVIe siècle : *La Mort du docteur Faust* (1928), *Barabbas* (1929), *Magie rouge* (1934), *La Balade du Grand Macabre* (1935), *Fastes d'enfer* (1938).

Ghéon (Henri Léon Vangeon, dit **Henri)** 1875-1944 Dramaturge français. Un des fondateurs de la *Nouvelle Revue française*, il anima, avec Jacques Copeau, le théâtre du Vieux-Colombier, y faisant représenter, par la troupe des Compagnons de Notre-Dame, des pièces d'inspiration chrétienne (*Le Pauvre sous l'escalier*, 1921 ; *Le Mystère de la messe*, 1934).

« Porte du paradis », *sculptée par* ***Lorenzo Ghiberti***.

Gheorghiu-Dej (Gheorghe) 1901-1965 Homme politique roumain. Secrétaire général du parti communiste (1945), il fut Premier ministre de 1952 à 1955 puis chef de l'État de 1961 à sa mort.

Gherardesca Voir **Ugolin**

ghetto n. m. (mot italien) Quartier dans lequel les Juifs étaient autrefois contraints de résider. *Le ghetto de Varsovie.* / Lieu, quartier habité par une minorité en marge du reste de la population. / Fig. État d'isolement, de marginalisation volontaire ou non. *Ghetto culturel.*

ghettoïsation n. f. Transformation en ghetto. *La ghettoïsation des cités de banlieue.*

Ghiberti (Lorenzo) 1378 ?-1455 Sculpteur, orfèvre et architecte florentin. Il exécuta deux portes en bronze pour le baptistère de Florence : l'une, de 1403 à 1424 ; l'autre, de 1425 à 1452, surnommée par Michel-Ange la « Porte du paradis ».

Ghika Famille princière roumaine, d'origine albanaise, qui a donné à la Moldavie et à la Valachie de nombreux princes et hommes politiques, du XVIIe au XIXe siècle.

ghilde Voir **guilde**

Ghirlandaio (Domenico di Tommaso Bigordi, dit) 1449-1494 Peintre florentin. Il dirigea un atelier où Michel-Ange étudia. Ses fresques représentent avec réalisme la Florence de son siècle et les bourgeois florentins. Il ne quitta Florence que pour un séjour à Rome où il réalisa une fresque (chapelle Sixtine).

Ghor (le) Dépression du Proche-Orient qui constitue, entre la mer Morte (400 m au-dessous du niveau de la mer) et le lac Tibériade (200 m au-dessous du niveau de la mer), la vallée du Jourdain.

G8 Groupe des huit États dont le revenu national brut est le plus élevé. Ce sont dans l'ordre de richesse décroissant : les États-Unis, le Japon, l'Allemagne, la France, l'Italie, la Grande-Bretagne, le Canada, la Russie. Celle-ci a été admise dans le groupe en 1997 ; jusqu'à cette date, on parlait de G7.

G.I. n. m. inv. Sigle de l'anglais *Government Issue*, « fourniture du gouvernement ». Sobriquet des soldats de l'armée américaine, depuis la Seconde Guerre mondiale.

Giacometti (Alberto) 1901-1966 Sculpteur, dessinateur et peintre suisse. Fils d'un peintre impressionniste, il est, à son installation à Paris (1922), l'élève de Bourdelle. Interprétant de manière très stylisée les formes humaines (*Femme cuiller*, 1928), influencé par Lipchitz, Brancusi, l'art africain et l'art des Cyclades, il est, un temps, proche des surréalistes (*La Boule suspendue*, 1930). Il poursuit ensuite une recherche solitaire et revient au modèle. À partir de 1945, il apparaît à contre-courant des grands mouvements de l'époque. Ses dessins sont presque monochromes, ses statuettes sont de plus en plus petites, offrant des volumes étirés à l'extrême. Ses personnages aux silhouettes curieusement allongées, filiformes, aux très grands pieds, sont souvent réduits à une armature. Immobiles (*Femme nue debout*) ou en mouvement (*L'Homme qui marche*), ils témoignent de sa recherche d'une réalité insaisissable. **Diego** 1902-1985 Sculpteur suisse. Frère du précédent, qu'il a aidé à modeler ses statues ; il est l'auteur de meubles en bronze.

Portrait d'un vieil homme avec un enfant, *de* ***Domenico Ghirlandaio,*** *1480 (Musée du Louvre, Paris).*

Giambologna Voir **Bologne (Jean de)**

giaour n. m. (mot turc) Péjor. En Turquie, non-musulman, infidèle, chrétien.

Giap (Vô Nguyên Giap, dit couramment**)** 1912 Général vietnamien. Commandant en chef de l'armée du Viêt-minh (1947), il vainquit les Français à Diên Biên Phu (1954). Il dirigea ensuite les troupes du Viêtnam du Nord qui vainquirent le Viêtnam du Sud en 1975. Il fut ministre de la Défense (1976-1980) et vice-Premier ministre du Viêtnam réunifié jusqu'en 1991.

André Gide

Il débute par des œuvres symbolistes : *Les Cahiers d'André Walter* (1891), *Le Traité du Narcisse* (1891). Plus tard, Gide découvre son homosexualité et, à la suite d'une crise spirituelle, prône une nouvelle philosophie : refus des contraintes, culte des sens, qu'il développe dans *Les Nourritures terrestres* (1897) et *L'Immoraliste* (1902).

Il participe à la fondation de la *Nouvelle Revue française* (1909) où paraît *La Porte étroite*. Ses récits expriment les tentations contraires de l'auteur, hésitant entre l'exigence chrétienne et la poussée hédoniste et anticonformiste : *Le Retour de l'enfant prodigue* (1909), *Les Caves du Vatican* (1914), *La Symphonie pastorale* (1919).

Pour Gide, l'œuvre d'art doit refléter les expériences et les préoccupations intimes de l'auteur ; il parsème ses récits de doubles de lui-même. Il a publié de nombreux textes autobiographiques, dont un récit d'enfance paru en 1920, *Si le grain ne meurt*, ainsi que son *Journal*. Son roman *Les Faux-Monnayeurs* (1926) reprend en précurseur le problème de la création littéraire, abordé dès 1895 avec *Paludes*. Des voyages en Afrique l'amènent à critiquer le colonialisme : *Voyage au Congo* (1927), *Retour du Tchad* (1928) ; son voyage en Union soviétique le détache du communisme dont il avait été proche et il exprime sa désillusion dans *Retour de l'URSS* (1936).

Il a entretenu une importante correspondance avec de nombreux écrivains, notamment Jammes, Rilke, Claudel et Valéry.

Le rocher de ***Gibraltar***.

giard(i)a n. m. ou f. BIOL. Protozoaire flagellé, parasite intestinal pathogène de l'homme. Syn. lamblia.

giard(i)ase n. f. MÉD. Ensemble des troubles digestifs (diarrhées) provoqués (souvent chez les enfants) par l'action pathogène du parasite intestinal giardia. Syn. lambliase.

gibbeuse adj. f. ASTRON. *Lune gibbeuse* : aspect que présente la Lune, entre le premier quartier et la pleine Lune, lorsque la surface éclairée visible depuis la Terre est supérieure à la moitié du disque.

gibbon n. m. ZOOL. Singe anthropoïde d'Inde et d'Asie du Sud-Est, dépourvu de queue, se déplaçant agilement dans les arbres grâce à ses bras très longs.

Gibbon (Edward) 1737-1794 Historien anglais. Son œuvre monumentale (*Histoire du déclin et de la chute de l'Empire romain*, 6 vol., 1776-1788) en fait un pionnier de l'histoire scientifique. Sceptique à l'égard de la religion, il a également participé au mouvement critique et philosophique du Siècle des Lumières.

Gibbons (Orlando) 1583-1625 Compositeur anglais. Organiste de la chapelle royale, puis de l'abbaye de Westminster, il a composé aussi bien de la musique d'église que de la musique profane. Il est, avec Byrd, le meilleur représentant de la musique élisabéthaine.

gibbosité n. f. Bosse dorsale produite par une déformation de la colonne vertébrale. / Par ext. Saillie faisant bosse.

Gibbs (Josiah Willard) 1839-1903 Physicien américain qui a développé l'application de la thermodynamique à la chimie et la physique mathématique.

gibecière n. f. Grand sac utilisé par les chasseurs pour mettre le menu gibier. / Vieilli Cartable d'écolier qui se porte sur le dos.

gibelin n. m. HIST. Partisan aux XIIIe et XIVe siècles de la domination des empereurs allemands en Italie. *Les gibelins s'opposèrent violemment aux guelfes, défenseurs du pouvoir de la papauté.*

gibelotte n. f. CUIS. Sauté de lapin au vin blanc (aussi usité pour certains poissons).

giberne n. f. Anc. Poche que les soldats utilisaient pour mettre la poudre.

gibet n. m. Potence servant au supplice de la pendaison ; le supplice lui-même.

gibier n. m. Ensemble des animaux que l'on chasse. *Petit gibier* : lièvre, perdrix, faisan, etc. *Gros gibier* : sanglier, cerf, chevreuil. / Fig. *Gibier de potence* : individu malhonnête.

giboulée n. f. Pluie violente et de courte durée, souvent accompagnée de grêle ou de neige, fréquente en mars et en avril.

giboyeux, euse adj. Où abonde le gibier.

Gibraltar (détroit de) Bras de mer large de 15 km entre l'Espagne et l'Afrique, séparant l'Atlantique et la Méditerranée. Cette voie de passage abrite de nombreux ports africains et européens.

Gibraltar *6 km² 28 100 h.* Colonie britannique, au sud de l'Espagne. Située sur un rocher, Gibraltar est une puissante base aéronavale ; le port est une escale pour le commerce et le ravitaillement pétrolier. Bâtie dès l'Antiquité pour garder le détroit, la ville, occupée par les Arabes (711-1462), reprise par les Espagnols, appartient depuis 1713 à la Grande-Bretagne. Un référendum organisé en 1967 a montré que, malgré de nombreux troubles, la population locale ne veut pas être rattachée à l'Espagne.

Gibran (Khalil, dit **Jubran ou Djubran**, en français**)** 1883-1931 Poète et peintre libanais, d'expression arabe et anglaise. Il a étudié l'art à Paris et vécu à New York, sans cesser de se préoccuper du destin de son pays natal. C'est en anglais qu'il a écrit *Le Prophète* (1923).

Gibson (Ralph) 1939 Photographe américain. Après un début comme photographe de mode et de publicité, il évolua vers la recherche de formes minimales : fragments, gros plans.

gibus n. m. Chapeau haut de forme qu'on peut aplatir. Syn. Chapeau claque.

giclée n. f. Jet d'un liquide qui jaillit avec force de façon saccadée.

gicler v. i. [1] Jaillir brusquement, avec force.

gicleur n. m. MÉCAN. Tube calibré servant à doser la quantité d'essence qui pénètre dans le carburateur d'un moteur à explosion.

• **Gide (André)** 1869-1951 Écrivain français.

G.I.E. ou **GIE** n. m. Sigle de *groupement d'intérêt économique*.

Gien *15 332 h.* Ville du Loiret, sur la Loire, renommée pour sa faïencerie fondée en 1821.

Giens Presqu'île du Var, sur la Méditerranée, site estival très prisé.

Gierek (Edward) 1913 Homme politique polonais. Communiste, il succéda à Gomulka en 1970 comme premier secrétaire du parti ouvrier unifié, mais fut exclu du parti en 1981, à la suite des grèves qu'organisa Solidarnosc en 1980.

Gieseking (Walter) 1895-1956 Compositeur et pianiste allemand. Interprète de la musique française, il contribua à faire connaître Debussy et Ravel en Allemagne. Il a également composé des œuvres pour piano, cordes et instruments à vent.

gifle n. f. Coup frappé sur la joue avec la main ouverte.

gifler v. t. [1] Donner une gifle à (qqn). / Fig. Fouetter comme une gifle. *La pluie lui giflait le visage.*

gigantesque adj. Géant, énorme. *Monstre gigantesque.* / Fig. Démesuré. *Entreprise gigantesque.*

gigantisme n. m. MÉD. Accroissement exagéré de la taille (par rapport à la taille moyenne de la population, à âge égal). *Dans certains cas, le gigantisme est accompagné d'acromégalie et lié à une affection de l'hypophyse.* / Fig. Caractère démesuré de qqch. *Le gigantisme d'une multinationale.*

gigantomachie n. f. MYTHOL. GR. et ROM. Combat de géants contre des dieux ; œuvre d'art sur ce thème.

gigogne adj. (En parlant d'objets) Qui s'emboîtent les uns dans les autres. *Tables gigognes. Poupées gigognes.*

gigolo n. m. Jeune amant d'une femme plus âgée, entretenu par elle.

gigot n. m. Cuisse de mouton, d'agneau ou de chevreuil, destinée à la consommation. / *Manche gigot* : manche bouffante de l'épaule au coude.

gigoter v. i. [1] Fam. Agiter son corps, ses membres de manière désordonnée.

gigue n. f. Danse populaire ancienne d'origine anglaise, au rythme vif et enlevé.

Gilbert (William) 1540 ?-1603 Médecin et physicien anglais. Premier médecin de la reine Elisabeth, il effectua des travaux sur le magnétisme et donna également les premières notions sur l'électricité.

Gilbert (Nicolas) 1750-1780 Poète français. Il écrivit une satire dénonçant l'athéisme et les mœurs faciles de son temps, *Le Dix-Huitième siècle* (1775) une *Ode imitée de plusieurs psaumes* (1780). Dans son roman *Stello* (1832), Vigny le présente comme un poète incompris mourant dans la misère, mais il est mort d'une blessure accidentelle.

Gilbert et Ellice (îles) Archipel du Pacifique, comprenant de nombreux atolls et îles dispersés de part et d'autre de l'Équateur. Ancienne colonie britannique (1892) annexée en 1915, l'archipel, devenu indépendant en 1979, forme la république de Kiribati.

gilbertien, enne adj. et n. De l'archipel des Gilbert. / LING. Langue parlée à Kiribati (État qui se nommait autrefois « Gilbert et Ellice »).

Gilbert-Lecomte (Roger Lecomte, dit **Roger)** 1907-1943 Écrivain français. Cofondateur du *Grand Jeu*, il s'opposait à tout ce qui pouvait ressembler à un dogme

Golfe de ***Giens***.

Branche de **ginkgo**.

Concert champêtre, de **Giorgione**, 1508 (musée du Louvre, Paris).

Le **ginseng**, sa racine et son fruit.

(ce qui le conduisit à s'affronter à Breton) et entendait aller jusqu'au bout de toutes les expériences psychiques (y compris celles que provoquait la drogue) en les associant à la révolution. Tôt disparu (il mourut du tétanos à 36 ans), il laisse une œuvre brève et étincelante (*La Vie l'Amour la Mort le Vide et le Vent*, 1933; *Le Miroir noir*, 1938).

***Gil Blas de Santillane* (Histoire de)** 1715-1735 Roman picaresque de Lesage, en 4 volumes. Les aventures du héros, Gil Blas, et ses rencontres diverses, donnent prétexte à une peinture satirique des mœurs de l'époque.

Gilbreth (Frank Bunker) 1868-1924 Ingénieur américain, pionnier de l'organisation du travail.

gilde Voir **guilde**

gilet n. m. Vêtement masculin sans manches, court et boutonné sur le devant, porté sous le veston. / *Gilet de sauvetage*: bouée en forme de gilet. / Veste tricotée à manches longues; cardigan.

giletier, ère n. Personne qui confectionne des gilets.

Gilgamesh Héros sumérien du IIIe millénaire av. J.-C., roi d'Uruk, héros d'une épopée connue surtout par les tablettes en cunéiforme retrouvées à Ninive. C'est l'un des principaux personnages de la mythologie assyro-babylonienne. L'*Épopée de Gilgamesh*, constituée par des poèmes distincts dont nous avons retrouvé des parties, conte les exploits de Gilgamesh et de son ami Enkidou, de type herculéen, et le récit d'un Déluge analogue à celui de la Genèse (postérieure).

Gillespie (John Birks, dit **Dizzy)** 1917-1993 Trompettiste et chef d'orchestre de jazz américain. Il fut l'un des chefs de file du be-bop, qu'il diffusa dans le monde entier grâce à son grand orchestre.

Gillot (Claude) 1673-1722 Peintre et graveur français. Ses compositions, qui mettent souvent en scène les personnages de la commedia dell'arte, inspireront son élève, Antoine Watteau.

Gillot (Firmin) 1820-1872 Lithographe et photograveur français. Il inventa un procédé de transformation d'une épreuve lithographique en cliché typographique, appelé zincographie.

Gilson (Étienne) 1884-1978 Philosophe français, spécialiste de la philosophie médiévale: *Le Thomisme* (1921).

gin n. m. (mot anglais) Eau-de-vie de grain (orge, avoine, blé) aromatisée avec des baies de genièvre.

Saint François d'Assise recevant les stigmates, fresque de **Giotto**, chapelle Bardi de l'église Santa Croce, Florence (Italie).

gin-fizz n. m. Cocktail de gin et de jus de citron plus ou moins sucré, allongé d'eau gazeuse.

gingembre n. m. Plante herbacée de la famille des zingibéracées, originaire d'Asie, dont le rhizome est utilisé comme condiment. / Ce condiment lui-même.

gingival, ale, aux adj. Relatif à la gencive.

gingivite n. f. Inflammation des gencives.

ginkgo n. m. BOT. Grand arbre gymnosperme, originaire de Chine, aux feuilles en éventail, appelé parfois arbre aux [cent] écus à cause de la couleur jaune d'or que prennent ses feuilles en automne.

Ginsberg (Allen) 1926-1997 Poète américain de la *Beat Generation*.

ginseng n. m. Plante herbacée originaire d'Asie, dont la racine est utilisée pour ses propriétés toniques. / Cette racine elle-même et les substances que l'on en tire.

• **Giono (Jean)** 1895-1970 Romancier français. Il est également l'auteur d'essais, de poésie, de pièces de théâtre et de nouvelles.

Giordano (Luca) 1634-1705 Peintre napolitain d'inspiration baroque que sa célébrité appela à Venise, Florence, Rome et enfin en Espagne, où il décora notamment l'Escurial.

Giorgi (Giovanni) 1871-1950 Physicien italien, auteur du premier système d'unités de base, dit *MKSA* (mètre-kilogramme-seconde-ampère), en 1901, adopté internationalement en 1935.

Giorgione (Giorgio da Castelfranco, dit) 1477?-1510 Peintre vénitien. On connaît peu de choses de sa vie, mais on sait qu'il fut l'élève de Giovanni Bellini auquel il doit sans doute la maîtrise dont il fait montre dans le traitement de la lumière. On dit qu'il peignait directement, sans dessin ni esquisse préalable. Il n'a été actif que de 1500 à 1510 et très peu de tableaux peuvent lui être attribués avec certitude: *Le Christ portant sa croix*, *Laura* (à Vienne), le *Portrait Terris* (à San Diego, en Californie), *La Tempête* (à Venise), *Les trois philosophes* (à Vienne), une *Vénus couchée* (à Dresde), les fresques du Fondacco dei Tedeschi, à Venise.

giorno (a ou **à)** loc. adv. (mots italiens) Comme en plein jour. / loc. adj. *Une salle de spectacle éclairée a giorno.*

Giotto di Bondone 1266?-1337 Peintre, mosaïste et architecte italien. Sans doute

JEAN GIONO

Autodidacte, il a arrêté ses études à 16 ans pour travailler dans une banque. Après le succès de son premier roman publié, *Colline* (1928), il décide de vivre de sa plume. Paraissent alors *Un de Baumugnes* (1929) et *Regain* (1930), qui complètent la *Trilogie de Pan* où Giono exalte la sensation et le monde naturel, *Naissance de l'Odyssée* (1930), où l'auteur réinvente avec poésie et humour l'origine du récit d'Homère, *Jean le Bleu* (1932), récit romancé de son enfance, *Le Chant du monde* (1934). Les films que Pagnol adapte, librement, de ses romans contribuent à leur succès, bien qu'ils donnent de son œuvre une vision très partielle, la réduisant à son aspect anecdotique. Dans les années trente, Giono, ancien soldat de 1914-1918, se bat pour la paix; il multiplie les écrits engagés et dénonce la guerre (*Le Grand Troupeau,* 1931). Son pacifisme fervent jusqu'à la naïveté provoque des malentendus; il est emprisonné brièvement, pour cette raison, en 1939 puis en 1944, sans réel chef d'inculpation. Son expérience de la prison transparaît dans *Pour saluer Melville* (1940), une biographie imaginaire de l'auteur de *Moby Dick*. Après la guerre, Giono publie des « Chroniques romanesques », romans courts décrivant les sombres passions qui animent un « Sud imaginaire », s'appuyant sur une grande inventivité narrative, mêlant bouffonnerie et tragique, vraisemblance et désillusion romanesque: *Un roi sans divertissement* (1947), *Noé* (1948), roman du romancier, *Les Âmes fortes* (1950), *Les Grands Chemins* (1951), *Le Moulin de Pologne* (1953), *Deux cavaliers de l'orage* (1965; rédigé pour l'essentiel de 1938 à 1942), *Ennemonde et autres caractères* (1968), *L'Iris de Suse* (1970). Parallèlement, il publie le « cycle du Hussard », récits stendhaliens retraçant les aventures d'un jeune héros piémontais, Angelo Pardi: *Le Hussard sur le toit* (1951), *Le Bonheur fou* (1957), *Angelo* (1958). Dans *Mort d'un personnage* (1949), on découvrait Pauline de Théus, le grand amour d'Angelo, à la fin de sa vie.

G

Jean Giraudoux

Diplomate, il se retire des affaires publiques en 1940, refusant de cautionner le régime de Vichy. Il écrit d'abord des romans où s'expriment sa fantaisie et son humour : *Suzanne et le Pacifique* (1921), *Siegfried et le Limousin* (1922), *Juliette au pays des hommes* (1924), *Bella* (1926).
Sa rencontre avec Louis Jouvet, qui lui donne la passion du théâtre, entraîne un changement décisif dans sa carrière littéraire. Il adapte pour la scène son roman de 1922, qui donne *Siegfried* (1928), début d'une série ininterrompue de pièces de théâtre : *Amphitryon 38* (1929), *Intermezzo* (1933), *La Guerre de Troie n'aura pas lieu* (1935), *Électre* (1937), *Ondine* (1939), *La Folle de Chaillot* (posth., 1945).
Si ses premières pièces expriment un humanisme optimiste, si ses pièces mythologiques, empreintes de gravité, font place à l'humour et à un anachronisme voulu, l'œuvre dramatique de Giraudoux, face à la cruauté du monde, se teinte de désespoir.

formé (à Florence ?) par Cimabue, il travailla avec ce dernier aux fresques de l'église d'Assise. Au service du pape Boniface VIII, puis à celui de grands banquiers (les Scrovegni à Padoue, les Peruzzi et les Bardi à Florence) et de princes (Robert d'Anjou à Naples en fit un de ses familiers), il devint rapidement riche et célèbre. Sa vision moderne de l'espace, son souci d'individualiser ses personnages, son attention portée à l'observation de la nature annoncent l'art de la Renaissance. Les fresques de la chapelle Scrovegni à Padoue (v. 1304-1307) narrent la vie du Christ et celle de la Vierge. Celles de la basilique supérieure d'Assise (v. 1295 -1300) et de Santa Croce à Florence (v. 1320 ?) narrent la vie de saint François. Architecte, il a, à Florence, dirigé les travaux des fortifications et de la cathédrale dont il a également dessiné le campanile pour lequel il a réalisé des bas-reliefs.

Giovanni da Udine 1487-1564 Peintre italien qui collabora avec Raphaël à la décoration des Loges (*Stanze*) du Vatican.

Giovanni Pisano 1245 ?-1314 ? Sculpteur et architecte italien. Fils et élève de Nicola Pisano, il fut le maître d'œuvre du baptistère de Pise et de la façade de la cathédrale de Sienne. Il subit, dans sa statuaire, les influences conjuguées de l'art antique et de l'art gothique.

gipsy n. m. (mot anglais) Anglicisme pour tsigane. Pl. Des *gypsies*.

girafe n. f. ZOOL. Grand mammifère d'Afrique, appartenant à l'ordre des artiodactyles, au cou démesurément long (jusqu'à six mètres de hauteur), au pelage fauve réticulé ou tacheté de brun. / CIN. Longue perche munie d'un microphone, utilisé pour les prises de son.

Girafe (la) Constellation circumpolaire nord ; voir **constellation**.

girandole n. f. Gerbe tournante de fusées de feu d'artifice. / Chandelier à plusieurs branches étagées. / Bijou porté en pendant d'oreille, fait d'un assemblage de diamants. / Guirlande lumineuse.

Girard (Philippe de) 1775-1845 Inventeur et industriel français. Il présenta en 1810 une machine à filer le lin et fonda une filature près de Varsovie.

Girardin (Émile de) 1806-1881 Journaliste français qui fonda le premier journal accessible au grand public, *La Presse* (1836), introduisant le roman-feuilleton : la publication à grand tirage permettait d'obtenir un prix modique. **Delphine (Delphine Gay,** madame Émile de **Girardin)** 1804-1855 Écrivain français. Épouse du précédent, elle fut poète et romancière (*Le Marquis de Pontanges*, 1835). Elle a publié un récit (*La Canne de M. de Balzac*, 1836), des chroniques dans le journal de son mari (*Lettres parisiennes*, sous le pseudonyme de « vicomte de Launay »), et fit jouer des tragédies et des comédies.

Girardon (François) 1628-1715 Sculpteur français. Son style classique a dominé la sculpture de Versailles. Collaborateur de Le Brun, il a réalisé d'importants groupes de sculptures pour le parc du château : *Apollon servi par les nymphes*, *Enlèvement de Proserpine*, *Bain des Nymphes*.

giratoire adj. *Mouvement giratoire*, circulaire. / *Sens giratoire* : sens obligatoire de circulation des véhicules autour d'un rond-point.

Giraud (Henri) 1879-1949 Général français. Fait prisonnier en 1940, il gagna Alger après son évasion (1942) et prit le commandement en chef civil et militaire de l'Afrique du Nord. Président avec de Gaulle du Comité français de libération nationale (CFLN), il démissionna en 1943, mais demeura commandant en chef jusqu'en 1944.

• **Giraudoux (Jean)** 1882-1944 Écrivain français.

giravion n. m. TECHN. Tout appareil volant dont la sustentation en vol est assuré par une voilure tournante. *L'hélicoptère est un giravion.*

girelle n. f. Petit poisson méditerranéen aux couleurs vives.

girl n. f. (mot anglais) Danseuse de revue, de music-hall.

girofle n. m. Bouton floral du giroflier, appelé aussi clou de girofle, utilisé en cuisine comme aromate.

giroflée n. f. BOT. Plante vivace, de la famille des crucifères, à grappes de fleurs odorantes. *Les giroflées sont parfois cultivées comme plantes ornementales.*

Girafe.

Giroflée.

giroflier n. m. BOT. Arbre de la famille des myrtacées, originaire d'Indonésie, qui produit les girofles.

girolle n. f. BIOL. Champignon de couleur jaune orangé, comestible. Voir **chanterelle**.

giron n. m. Partie du corps comprise entre la taille et les genoux, dans la position assise. / Fig. Milieu protecteur. *Le giron familial.* / HÉRALD. Triangle dont le sommet se trouve au centre de l'écu. / CONSTR. Surface horizontale d'une marche d'escalier.

girond, e adj. Pop. (En parlant d'une personne). Joli, bien fait, désirable. *Elle est gironde, ta copine !*

Gironde (la) Estuaire commun à la Garonne et à la Dordogne, réunies au bec d'Ambès, et situé en aval de Bordeaux. Long de *75 km*, il atteint *10 km* de large. Jalonné de ports, il permet aux navires d'atteindre Bordeaux.

Gironde (département de la) [33] *10 000 km² 1 287 334 h.* Département fran-

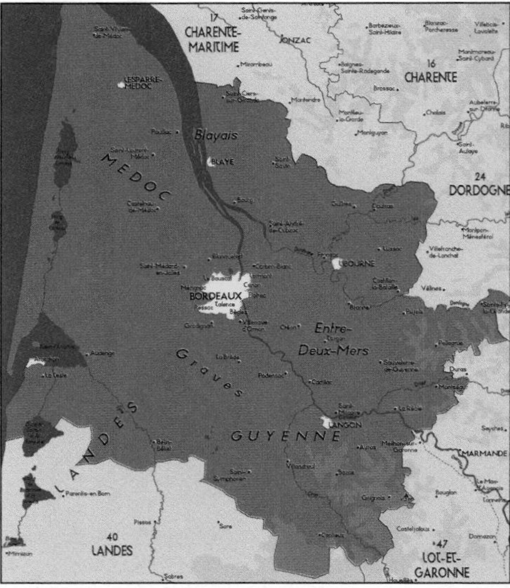

*Département de la **Gironde**.*

Girouette en forme de sirène.

çais qui fait partie de la Région Aquitaine. Chef-lieu *Bordeaux*. La Gironde, qui est le plus étendu des départements français, oppose une région plate, à l'ouest (stations balnéaires, plaine boisée des Landes, bassin d'Arcachon où dominent le tourisme et l'ostréiculture) à une région de collines fertiles, à l'est, qui concentre l'activité et la population du département (le Bordelais, drainé par la Garonne et la Dordogne, est réputé pour ses vignobles : Médoc, Graves, Entre-Deux-Mers, Saint-Émilion). Métropole économique, port important, Bordeaux possède des industries variées.

girondin adj. et n. De la Gironde. *Vignobles girondins. Un(e) Girondin(e).* / HIST. Du parti des Girondins. *Députés girondins.*

Girondins (1791-1793) Groupe politique français dont plusieurs chefs étaient députés de la Gironde. À l'époque, on les nommait *Brissotins*, du nom de l'un de leurs membres, Brissot ; à ce groupe appartenaient Roland de la Platière, Condorcet, Pétion. Inscrits pour la plupart au Club des Jacobins jusqu'en septembre 1792, ils siégèrent à gauche à l'Assemblée législative, hostiles aux monarchistes constitutionnels. Louis XVI les appela pourtant au ministère en mars 1792, et Pétion fut nommé maire de Paris (1791-1792); mais, en juin 1792, le roi renvoya ses ministres girondins, qui organisèrent ensuite la journée révolutionnaire du 20 juin. Les Girondins dominèrent encore les débuts de la Convention, où ils siégèrent à droite. Partisans de la clémence envers le roi et estimant que le mouvement révolutionnaire avait atteint ses objectifs, ils se heurtèrent violemment aux Montagnards (notamment Marat et Robespierre). Sous la pression des « sans-culottes » parisiens, ils furent mis hors la loi par la Convention (31 mai-2 juin 1793) et les chefs, condamnés à mort par le Tribunal révolutionnaire, périrent sur l'échafaud (fin octobre 1793).

Giroud (Françoise Gourdji, dite Françoise) 1916-2003 Journaliste, écrivain et femme politique française. Née dans une famille de la bourgeoisie juive ottomane, elle est journaliste à Lyon sous l'occupation, puis participe à la fondation de l'hebdomadaire *Elle*, avant de créer, avec Jean-Jacques Servan-Schreiber, le magazine *L'Express* (1953), dont elle devient plus tard directrice. Secrétaire d'État à la Condition féminine (1974-1976) et à la Culture (1976-1977), inlassable défenseur des droits des femmes (*Les Françaises*, 1999), elle a écrit de nombreux ouvrages : essais (*Nouvelle Vague*, 1958, sur le cinéma ; *La Comédie du pouvoir*, 1977), mémoires (*Leçons particulières*, 1990), romans (*Le Bon Plaisir*, 1983 ; *Les Taches du léopard*, 2003), biographies (*Cosima la sublime*, 1988).

girouette n. f. Pièce de métal mobile, placée sur un axe au sommet d'un édifice pour indiquer la direction du vent. / Fig., fam. Personne inconstante et versatile.

Gisah Voir **Gizeh**

gisant, e adj. et n. m. Qui gît. / n. m. Statue funéraire, représentant le défunt couché.

Giscard d'Estaing (Valéry) 1926 Homme d'État français. Ministre des Finances dans le gouvernement Pompidou de 1962 à 1966, il fonde en 1966 la Fédération nationale des républicains indépendants, alliée à la majorité gaulliste, qu'il présidera jusqu'en 1974, mais se démarque de la majorité : en 1969, il prône le « non » au référendum qui marquera la fin politique du général de Gaulle. Sous la présidence de Pompidou, il retrouve le portefeuille de l'Économie et des Finances (1969-1974). En 1974, après la mort de Pompidou, il se présente à l'élection présidentielle contre Chaban-Delmas, gaulliste, et Mitterrand, socialiste ; il remporte le second tour contre Mitterrand avec 50,8 % des voix. Il choisit comme Premier ministre le gaulliste Jacques Chirac, qui l'avait soutenu contre Chaban-Delmas. Chirac démissionne en 1976. Il le remplace par un économiste, Raymond Barre. Battu aux présidentielles de 1981 par Mitterrand, il préside le conseil régional d'Auvergne en 1986 puis l'U.D.F. (1988-1996). Il a dirigé la liste commune U.D.F.-R.P.R. lors des élections européennes de 1989. Depuis 2000, il préside la Convention sur l'avenir de l'Union Européenne.

Gischia (Léon) 1903-1991 Peintre et décorateur français à la palette étincelante, qui créa de nombreux décors et costumes pour Jean Vilar au TNP.

Giselle 1841 Ballet en deux actes du compositeur français Adolphe Adam (1803-1856). La chorégraphie de Jean Coralli en fit le modèle du ballet romantique.

gisement n. m. Disposition des masses minérales dans le sous-sol ; masse minérale exploitable. *Gisement d'or, d'hydrocarbures.* / MAR., AVIAT. Angle formé par l'axe du navire, de l'aéronef, et la direction du nord.

Gish (Lillian De Guiche, dite Lilian) 1896-1993 Actrice américaine. Découverte par Griffith, qui fit d'elle la plus grande vedette du cinéma muet, elle apparaît dans ses films *Naissance d'une nation* (1915), *Le Lys brisé* (1919), *Les Deux Orphelines* (1922). Elle joue aussi dans *Le Vent* (1928) de Sjöstrom. Elle fit quelques apparitions dans des films parlants : *Duel au soleil* de King Vidor (1947), *La Nuit du chasseur* de Charles Laughton (1955), *Le Vent de la plaine* de John Huston (1960), *Un mariage* de Robert Altman (1978).

Gislebert XIIe siècle Sculpteur bourguignon. On lui attribue le tympan du *Jugement dernier* de la cathédrale d'Autun (qui porte l'inscription *Gislebertus hoc fecit*, « Gislebert a fait cela »), un fragment du portail nord (l'*Ève tentée*, au corps allongé et au visage à la fois confus et enfantin) et des chapiteaux fortement modelés.

gitan, e n. et adj. **I.** Bohémien, bohémienne d'Espagne. *Les gitans.* / adj. *Le quartier gitan de Grenade.* **II.** Par ext. Tout bohémien, tout tsigane. *Une gitane.* / adj. *Une robe gitane.*

gitane n. f. Cigarette française de tabac brun.

gîte [1] n. f. MAR. Inclinaison d'un navire sur le côté. *Avoir, prendre de la gîte.*

gîte [2] n. m. Litt. Endroit où l'on peut se loger et se reposer. *Le gîte et le couvert. Gîte rural* : logement aménagé à la campagne

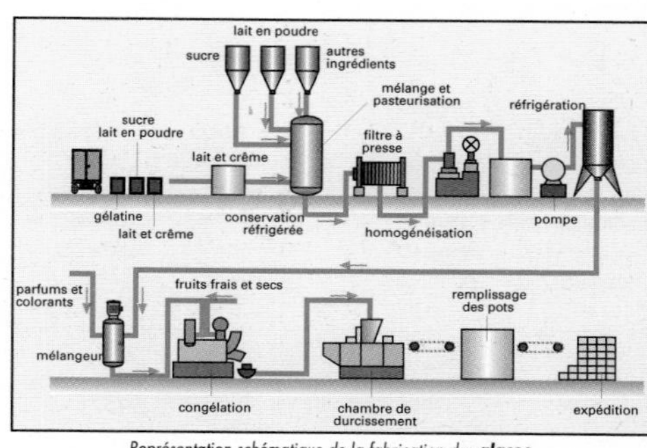

Représentation schématique de la fabrication des **glaces**.

pour recevoir des vacanciers. / Endroit où s'abrite le gibier, et particulièrement le lièvre. / BOUCH. Morceau coupé dans la partie inférieure de la cuisse du bœuf.

gîter [1] v. i. [1] MAR. Avoir de la gîte. *Le navire gîte anormalement.*

gîter [2] v. t. ind. [1] Avoir (tel lieu) pour gîte. *Le lièvre peut gîter dans un sillon.*

giton n. m. Litt. Jeune homosexuel.

Giverny *524 h.* Commune de l'Eure. Le musée Claude-Monet se trouve dans la maison où Monet finit sa vie, peignant les *Nymphéas* de son parc (1897-1926).

givre n. m. Fine couche de glace formée au contact d'une surface solide (branches, vitres) par la congélation des gouttelettes surfondues en suspension dans le brouillard.

givré, e adj. Couvert de givre. *Végétation givrée.* / Qui semble couvert de givre. *Un gâteau givré de sucre.* / *Orange, citron givré,* vidé et fourré de sa propre pulpe en sorbet. / Fam. Un peu fou. *Elle est givrée, ne fais pas attention.*

givrer v. t. [1] Couvrir (qqch.) de givre, d'une substance d'aspect givré. *Le froid givre les carreaux.* (Emploi intransitif) *Les vitres sont en train de givrer,* de se couvrir de givre. Ant. Dégivrer.

Gizeh, Guiseh ou **Gisah** (en arabe, **El Giza)** *2 144 000 h.* Ville d'Égypte, sur la rive gauche du Nil, formant l'un des faubourgs du Caire. Chef-lieu du gouvernorat du même nom. Hors de la ville, s'élèvent les trois grandes pyramides de Gizeh (Chéops, Chéphren et Mykérinos) et le Sphinx.

glabre adj. Dépourvu de poils, de barbe, de duvet.

glaçage n. m. TECHN. Opération qui consiste à donner à la surface d'une matière (étoffe, papier, poterie, cuir, photographie) un aspect lustré et brillant. / CUIS. Action de recouvrir (une pâtisserie) d'une glace ; cette glace elle-même. *Glaçage d'un gâteau. Un glaçage épais.*

glace n. f. PHYS. État solide de l'eau. *À 0 °C, la glace a une densité inférieure à l'eau (0,91689 g / cm³). La glace est un système cristallin incolore et transparent dans lequel les molécules d'eau se disposent selon un réseau symétrique hexagonal dû à la présence de liens hydrogène.* / Dessert préparé avec une crème parfumée et congelée. / Plaque de verre, étamée ou non, assez épaisse, qui sert de vitre ou de miroir ; vitre ; miroir. / Petite trace d'éclat sur une gemme. / CUIS. Préparation à base de sucre et de blanc d'œuf, servant à recouvrir certains gâteaux ; (appos.) *Sucre glace,* très fin, utilisé notamment pour le glaçage. / CUIS. Jus de viande réduit. *Glace de veau.*

Glace (mer de) Glacier des Alpes françaises, dans le massif du Mont-Blanc (Haute-Savoie), qui s'étend sur 14 km.

glacé, e adj. Transformé en glace, congelé. *Rivière glacée.* / Fig. Causant une vive sensation de froid. *Avoir les mains glacées.* / Fig. Dénué de cordialité, de sympathie, de chaleur. *Politesse glacée.* / TECHN., CUIS. Soumis au glaçage. *Papier glacé. Marrons glacés.*

Mer de Glace.

Période	Amérique du Nord	Europe (Alpes)	Europe centrale
glaciaire	Nebraska	Günz	Elbe
interglaciaire	Afton	Günz-Mindel	Elbe-Elster
glaciaire	Kansas	Mindel	Elster
interglaciaire	Yarmouth	Mindel-Riss	Elster-Saale
glaciaire	Illinois	Riss	Saale
interglaciaire	Sangamon	Riss-Würm	Saale-Vistule
glaciaire	Wisconsin	Würm	Vistule

***Glaciations** et périodes interglaciaires.*

*Le **glacier** Svartirsen, en Norvège.*

glacer v. i. / v. t. [1] **A.** v. i. Se transformer en glace, geler. *L'eau glace en dessous de 0° centigrade.* **B.** v. t. Transformer (l'eau) en glace. *Le froid avait glacé les mares.* / Fig. Causer une sensation de froid. *Le froid nous glaçait les oreilles.* / Fig. Figer, paralyser, pétrifier. *Son expression nous glaça. Le spectacle nous glaça d'horreur.* / TECHN., CUIS. Soumettre au glaçage.

glaceuse n. f. TECHN. Appareil à glacer les photos.

glaciaire adj. Propre ou relatif à un glacier, une glaciation. *Dépôts glaciaires.*

glacial, ale, als ou **aux** adj. Très froid. *Eau glaciale.* / Fig. Dénué de cordialité, de sympathie, de chaleur. *Accueil glacial.*

glaciation n. f. GÉOL. Phénomène physique d'expansion des glaces polaires et des glaciers continentaux qui a concerné à plusieurs reprises, au cours de l'histoire géologique de la Terre, de vastes étendues terrestres et maritimes.

♦ Les causes géologiques qui déterminent les glaciations ne sont pas encore totalement connues. Les cycles d'activité solaire, la dynamique des eaux océaniques, les variations des données astronomiques liées aux mouvements de la Terre sur son axe de rotation, sont autant de paramètres à prendre en considération, mais leurs interactions et leurs implications échappent encore à notre compréhension. On connaît des glaciations depuis le Précambrien, au début du Cambrien, au Carbonifère, à la fin du Tertiaire et au Quaternaire. Au Quaternaire, à l'âge interglaciaire Donau-Günz (2 millions à 1,2 million d'années av. J.-C.) succèdent la glaciation de Günz (700 000 à 650 000 av. J.-C.); la période interglaciaire Günz-Mindel (650000 à 350 000 av. J.-C.); la glaciation de Mindel (350 000 à 300 000 av. J.-C.); la période interglaciaire de Mindel-Riss (300 000 à 120000 av. J.-C.); la glaciation de Riss (120 000 à 80 000 av. J.-C.); la période interglaciaire de Riss-Würm; la glaciation de Würm (80 000 à 10 000 av. J.-C.). Il y a environ 10 000 ans, l'humanité est entrée dans une période postglaciaire sans que nous puissions savoir si l'évolution climatique actuelle nous entraîne, ou non, vers une nouvelle période glaciaire.

glacier n. m. GÉOL. Masse de glace d'un seul tenant qui, dans certaines régions, recouvre la Terre sur de grandes surfaces et qui, sous l'action de la force de gravité, se déplace d'un mouvement très lent depuis sa zone d'origine jusqu'à la zone où la température plus élevée entraîne sa fonte.

♦ Pour que le glacier se forme, il faut que se produisent de fortes précipitations sous la forme de neige dans des conditions d'altitude et / ou de latitude liées à un gradient de température inférieur à 0 °C permettant la conservation de la quantité de neige accumulée au cours de l'année. La notion de limite d'altitude est indépendante de la latitude : dans les régions de hautes latitudes (polaires), la limite d'altitude se situe au niveau de la mer.

glacière n. f. Récipient maintenu à basse température par de la glace pour conserver des aliments.

glaciologie n. f. Étude scientifique des glaciers, de leur répartition géographique et de leurs mouvements.

glaciologue n. Spécialiste de glaciologie.

glacis [1] n. m. GÉOGR. Surface d'érosion en pente douce au pied d'un relief. / CONSTR. Pente donnée à la surface supérieure d'une corniche afin de faciliter l'écoulement des eaux de pluie. / Talus en pente, en avant d'une fortification.

glacis [2] n. m. En peinture, préparation de couleur très fluide posée en mince pellicule sur une couche sèche.

glaçon n. m. Petit morceau de glace.

glaçure n. f. TECHN. Enduit, préparation qui donne un aspect verni, glacé, lustré à certaines matières (en particulier à des céramiques).

gladiateur n. m. Chez les Romains, homme qui combattait dans les jeux du cirque contre d'autres hommes ou contre des bêtes féroces.

Gladstone (William Ewart) 1809-1898 Homme politique anglais. Leader du parti libéral, quatre fois Premier ministre entre 1868 et 1894, il lutta pour améliorer le sort de l'Irlande et réformer le système électoral. Hostile à l'impérialisme, il s'opposa au conservateur Disraeli, ministre favori de la reine Victoria.

glagolitique adj. *Écriture glagolitique* : écriture mise au point au IXe siècle, peut-être par saint Cyrille, pour transcrire l'Écriture sainte en slavon. *Dérivée de l'alphabet grec, l'écriture glagolitique fut rapidement abandonnée (sans doute dès le XIe siècle) au profit du cyrillique.*

glaïeul n. m. BOT. Plante à bulbe de la famille des iridacées, à grandes fleurs décoratives, disposées en épis.

glaire n. f. MÉD. Substance blanchâtre et consistante, sécrétée par les membranes des muqueuses. / Blanc d'œuf cru.

glaireux, euse adj. De glaire. *Crachat glaireux.* / Qui a l'aspect de la glaire. *Masse glaireuse.*

glaise n. f. Terre grasse, argileuse, très imperméable à l'eau, utilisée comme matière première pour fabriquer les tuiles et les poteries.

glaiseux, euse adj. Constitué de glaise. *Sol glaiseux.*

glaive n. m. Épée courte à deux tranchants.

Glama ou **Glommen (le)** *570 km* Fleuve le plus long de Norvège qui se jette dans la mer du Nord. Usines hydro-électriques.

gland n. m. Fruit du chêne. / Élément de passementerie dont la forme rappelle celle du gland. / ANAT. Partie renflée qui termine la verge.

glande n. f. ANAT. Organe formé de tissus épithéliaux élaborant des produits de sécrétion. *Les glandes exocrines déversent leur sécrétion à l'extérieur de l'organisme ou dans une cavité (glandes lacrymales, salivaires, etc.). Les glandes endocrines déversent leur sécrétion (ou hormones) dans le sang (thyroïde, surrénales, etc.). Les glandes mixtes sont à la fois exocrines et endocrines (foie, pancréas, etc.).*

glandée n. f. Récolte des glands.

glander v. i. [1] Pop. Ne rien faire, paresser, être oisif. *Passer ses journées à glander.*

glandeur, euse n. Pop. Personne qui glande.

glandulaire adj. Relatif à une glande. / De la nature ou de la forme d'une glande.

glaner v. t. [1] Ramasser dans les champs (les restes d'une récolte). *Glaner des pommes de terre.* / Ramasser (qqch.) çà et là. *Glaner du bois.* / Fig. *Glaner des renseignements.*

glaneur, euse n. Personne qui glane.

Glanum Ancienne ville gallo-romaine située à 2 km au sud de Saint-Rémy-de-Provence, prospère sous l'empire et anéantie par les Germains en 270. Il reste de ce passé un arc municipal et un mausolée de l'époque d'Auguste, les « Antiques ».

Donald Arthur Glaser.

Glaoui ou **Glawi (Madani al-Glawi,** dit en français **le)** 1875-1956 Chef de tribus berbères, pacha de Marrakech, qui pratiqua une politique pro-française.

glapir v. i. [2] Pousser un glapissement.

glapissement n. m. Cri bref et aigu de certains animaux. / Cri aigu et criard.

glaréole n. f. ZOOL. Petit oiseau charadriiforme, à la queue fourchue, à la silhouette fine, vivant dans les marais.

Glaris (canton de) *685 km² 39 410 h.* Canton de l'est de la Suisse. Chef-lieu *Glaris*. L'activité industrielle est importante (textile, industries mécaniques et électriques, papeteries), tout comme l'élevage. Le canton entra dans la Confédération helvétique en 1352. Zwingli y fut curé (1506-1516) et Glaris adopta le protestantisme, pour s'en détacher rapidement. Le conflit entre catholiques et protestants a été réglé par la Constitution de 1936.

Glaris *5 600 h.* Commune de Suisse, dans les Alpes de Glaris, chef-lieu du canton du même nom.

glas n. m. Tintement lent et répété d'une cloche, pour annoncer une mort ou des funérailles.

Glaser (Donald Arthur) 1926 Physicien nucléaire américain. Son invention de la chambre à bulles a joué un rôle important dans la physique des particules des années 1950-1960.

Glasgow *680 000 h.* Ville d'Écosse. Fondée au VIe siècle, Glasgow resta un petit centre commercial, intellectuel et religieux jusqu'au XVIIIe siècle. Son essor commença alors, l'union des royaumes d'Angleterre et d'Écosse permettant à Glasgow de participer au trafic avec les colonies anglaises d'Amérique. Le port, aménagé au XIXe siècle, est le plus important d'Écosse. La proximité de gisements de charbon a permis le développement de l'industrie sidérurgique et métallurgique, aujourd'hui en déclin. Constructions navales. Université. Évêché du XIIe siècle. Cathédrale gothique Saint-Mungo (XIVe siècle). Musée des Beaux-Arts. La ville fut un centre important de l'Art nouveau grâce, notamment, à Mackintosh.

Glashow (Sheldon Lee) 1932 Physicien américain, l'un de ceux qui conçurent la théorie des quarks.

Glauber (Johann Rudolph) 1604-1668 Chimiste allemand qui découvrit les propriétés thérapeutiques du sulfate de sodium, ou *sel de Glauber.*

Îles de Glénan.

glaucome n. m. MÉD. Terme désignant diverses affections oculaires caractérisées par l'augmentation de la pression à l'intérieur de l'œil, déterminant une diminution de l'acuité visuelle pouvant aller jusqu'à la cécité.
glauque adj. De couleur vert tirant sur le bleu, verdâtre. / Fig. Sinistre, lugubre.
glaviot n. m. Pop. Crachat.
Glazounov (Alexandre Constantinovitch) 1865-1936 Compositeur russe. Élève de Rimski-Korsakov, il fut le directeur du conservatoire de Saint-Pétersbourg (1905-1928) avant de se fixer à Paris. Il a composé notamment plusieurs ballets, huit symphonies, six quatuors à cordes, un concerto pour violon, deux concertos pour piano.
glèbe n. f. Litt. Terre cultivée. / FÉOD. *Serf de la glèbe*, attachés à une terre pour la cultiver.
Gleizes (Albert) 1881-1953 Peintre français. D'abord séduit par l'impressionnisme, il subit l'influence du cubisme auquel il demeura fidèle toute sa vie et auquel il consacra, en 1912, le premier ouvrage théorique consacré à ce mouvement (*Du cubisme*).
Glélé ou **Glé-Glé** ?-1889 Roi du royaume d'Abomey (Bénin actuel) de 1858 à sa mort. Il affermit le pouvoir de son royaume, mais les Français le contraignirent à leur céder Cotonou (1868). Son fils Béhanzin lui succéda.
Glénan (îles de) Groupe de neuf îlots de la côte sud de Bretagne (Finistère). École de voile. Laboratoire maritime.
Glencoe Vallée d'Écosse qui fut, en 1692, le théâtre d'une bataille sanglante opposant le clan des Campbell (partisans de Guillaume d'Orange devenu Guillaume III d'Angleterre) au clan des Macdonald (partisans des Stuart). Les Campbell massacrèrent leurs adversaires et leur victoire porta un coup fatal à la cause jacobite.
glène n. f. ANAT. Cavité, à l'extrémité d'un os, dans laquelle s'articule un autre os.
glial, ale, aux adj. De la glie. *Cellules gliales*, qui constituent la glie. *Tissu glial*: glie.
glie n. f. ANAT. Tissu interstitiel nourricier du système nerveux. Syn. Névroglie.
Glières (plateau des) Plateau de Haute-Savoie où des maquisards résistèrent à l'assaut des Allemands et des miliciens de Vichy, qui les massacrèrent (février-mars 1944).
Glinka (Mikhaïl Ivanovitch) 1804-1857 Compositeur russe. Ami de Donizetti, Bellini et Berlioz, il enrichit et influença la musique russe du XIXe siècle. On retrouve dans ses opéras l'influence de la musique italienne, associée aux chants populaires russes: *La Vie pour le tsar* (1836), *Rouslan et Ludmila* (1842).
gliome n. m. MÉD. Terme générique désignant les diverses tumeurs primitives, bénignes ou malignes, de l'encéphale et de la moelle, notam. celles affectant la glie.

glires n. m. pl. ZOOL. Super-ordre de mammifères euthériens comprenant l'ordre des rongeurs et celui des lagomorphes. *Le lapin est un glire. La souris est un glire.*
glissade n. f. Action de glisser; mouvement que l'on fait en glissant. / CHORÉGR. Pas de danse où le pied effleure le sol.
glissando n. m. (mot italien) MUS. Passage progressif d'un ton à un autre. *Les glissandos des trombones.*
Glissant (Édouard) 1928 Écrivain français qui chante les Antilles et le peuple antillais dans une langue chatoyante, dénonce l'esclavage et appelle à la libération. Ses poèmes (*Les Indes*, 1956; *Pays rêvé, pays réel*, 2000) et ses romans (*Sartorius*, 1999) utilisent aussi bien le parler populaire que le français « châtié » des puristes.
glisse n. f. Aptitude d'un matériel de sport ou d'un sportif à glisser sur une surface (neige, glace, eau, etc.) / *Sports de glisse*: ensemble des sports où l'on glisse sur une surface (ski, patinage, surf, ski nautique, etc.).
glissement n. m. Action de glisser, de se déplacer sur une surface lisse; mouvement de ce qui glisse. / GÉOGR. *Glissement de terrain*: déplacement de couches de terrain sur un versant qui se produit sans éboulement. / Fig. Passage progressif d'un état à un autre. / ÉCON. Évolution d'une variable (prix, salaires, etc.), mesurée entre deux dates de référence.
glisser v. i. / v. t. / v. pron. [1] **A.** v. i. Se déplacer de façon continue sur une surface lisse ou en pente. *Ses skis glissent sur la neige. Les larmes glissent sur sa joue.* (Par anal.) *Le bateau glisse sur l'eau.* / Tomber ou déraper par manque d'équilibre. *Glisser d'une paroi. Glisser sur le sol verglacé. Le bol lui a glissé des mains.* / Être glissant. *Le parquet glisse.* / Fig. Ne pas atteindre. *Les insultes glissent sur lui.* / Passer rapidement outre. *Glisser sur le sujet.* / Entrer progressivement dans un nouvel état. *L'électorat tend à glisser à gauche. Glisser vers la délinquance.* **B.** v. t. Faire passer adroitement ou subrepticement. *Glisser sa main dans sa poche, un mot à l'oreille de qqn.* **C.** v. pron. S'introduire. *Se glisser dans son lit. Une erreur s'est glissée dans le texte.*

*L'ensemble sculpté du Portique de la **Gloire**, dans la cathédrale de Saint-Jacques-de-Compostelle (Espagne), achevé en 1188 par maître Matthieu.*

glissière n. f. TECHN. Pièce fixe destinée à guider par une rainure le mouvement d'une pièce mobile. / *Glissière de sécurité*: bordure métallique disposée le long d'une route ou d'une autoroute, pour retenir les véhicules qui dérapent.
global, ale, aux adj. Qui est considéré dans sa totalité, en bloc. *Somme globale.* / *Méthode globale*: méthode d'apprentissage de la lecture qui consiste à faire reconnaître à l'enfant des phrases ou des mots avant de les décomposer en syllabes et en lettres.
Global Change Programme scientifique mené à l'échelle internationale pour l'étude des changements climatiques de la Terre. Il comprend deux sous-programmes, l'un dit géosphère-biosphère, l'autre, plus spécialisé sur le climat, dit *World Climate Research Program*, « programme mondial de recherche sur le climat »; il est soutenu par l'organisation météorologique mondiale.
globalement adv. De manière globale.

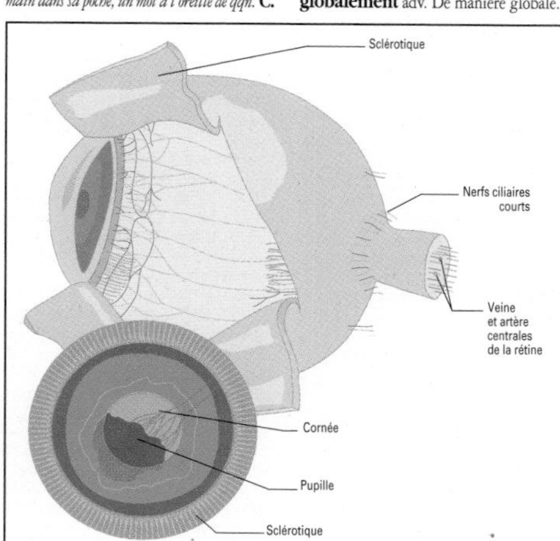

*Écorché du **globe** oculaire.*
La constitution de l'œil fait de lui un organe très perfectionné mais aussi délicat. Une altération de l'une de ses parties constituantes peut causer de graves dommages.

globalisation n. f. Action de globaliser; son résultat.
globaliser v. t. [1] Considérer (diverses choses) dans leur ensemble, les réunir en un tout.
globalité n. f. Caractère de ce qui est global.
Globalstar Réseau mondial de téléphonie mobile et de radiolocalisation par satellite. Ce projet, lancé en 1994, prévoit l'utilisation de 56 satellites répartis par groupe de 8 sur 6 plans orbitaux à une altitude de 1 420 km. Sont associés à ce projet les États-Unis, la Corée du Sud, l'Allemagne, la France, l'Italie, le Royaume-Uni.
globe n. m. Corps sphérique. / *Le globe terrestre* ou, absol., *le globe*: la Terre. *Parcourir le globe.* / Sphère matérielle représentant la Terre ou la voûte céleste. / Sphère ou demi-sphère creuse en verre servant d'abat-jour, de protection. *Pendule sous globe.*
globe-trotter n. m. (mot anglais) Personne qui parcourt le monde. Pl. Des *globe-trotters*.
globicéphale n. m. ZOOL. Grand dauphin dépourvu de bec dont la tête porte dans la région frontale un renflement caractéristique.
globine n. f. BIOCHIM. Partie protéique de la molécule d'hémoglobine, dont le groupement prosthétique est l'hème.
globulaire adj. et n. f. **A.** adj. Qui a la forme d'un globe. / BIOL. Relatif aux globules du sang. *Numération globulaire*: détermination de la concentration sanguine en globules rouges, en globules blancs et en plaquettes. / **B.** n. f. BOT. Plante herbacée dicotylédone à fleurs bleues gamopétales, réunies en capitules globuleux.
globule n. m. Vx Petit corps sphérique. / BIOL. Petit corps ou cellule contenus dans le sang, la lymphe. *Globule rouge*: hématie. *Globule blanc*: leucocyte.
globuleux, euse adj. En forme de globule, de petite sphère.
globuline n. f. BIOCHIM. Protéine de poids moléculaire élevé (supérieur à 150 000 daltons). *Les protéines sériques (notam. les immunoglobulines), à l'exception de l'albumine, sont des globulines, de même que le fibrinogène, la myoglobine, etc.*
gloire n. f. Grande réputation, célébrité que donnent les hauts faits ou le talent. / Personne célèbre. / THÉOL. Manifestation de la toute-puissance divine. / BX-ARTS Auréole qui enveloppe tout le corps du Christ

G

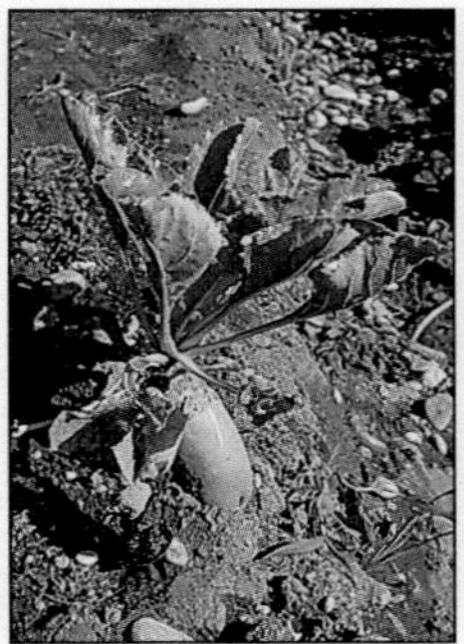
Parmi les **glucides**, le sucre ordinaire (saccharose), extrait de la betterave ou de la canne à sucre.

Gnome en bois.

(à la différence du nimbe, qui entoure la tête seule); faisceau de rayons émanant de la représentation symbolique de la Trinité ou du Saint-Esprit.

glomérulaire adj. BOT. Qui a la forme d'un glomérule. *Une inflorescence glomérulaire.* / ANAT. Des glomérules; relatif aux glomérules. *Filtration glomérulaire.*

glomérule n. m. ANAT. Formation globuleuse, vasculaire ou nerveuse. *Glomérules rénaux ou glomérules de Malpighi*: bouquet de capillaires sanguins, constituant la tête du néphron, au niveau desquels a lieu la filtration du plasma, qui aboutit à la formation de l'urine primitive (filtration glomérulaire). / BOT. Type d'inflorescence (cyme) compacte, comme celle de la cuscute.

glomérulonéphrite n. f. MÉD. Maladie des reins touchant en premier lieu les glomérules rénaux, dont une manifestation clinique fréquente est l'insuffisance rénale.

Glommen Voir **Glama**

gloria n. m. inv. (mot latin) LITURG. Prière de louange chantée ou récitée à la messe en latin, commençant par les mots *Gloria in excelsis Deo* (Gloire à Dieu au plus haut des cieux).

gloriette n. f. Pavillon ouvert, cabinet de verdure, dans un parc, un jardin.

glorieusement adv. De manière glorieuse.

Glorieuses (les Trois) Nom donné aux journées révolutionnaires des 27, 28 et 29 juillet 1830, au cours desquelles le peuple parisien renversa Charles X.

glorieux, euse adj. Qui donne de la gloire. *Victoire glorieuse.* / Qui a acquis de la gloire. *Un glorieux combattant.* / RELIG. Qui participe de la gloire divine.

glorification n. f. Action de glorifier; son résultat.

glorifier v. t. / v. pron. [1] **A.** v. t. Rendre gloire à, honorer, célébrer. *Glorifier les grands hommes.* / THÉOL. Appeler à partager la béatitude céleste. *Dieu glorifie les saints.* **B.** v. pron. Se faire gloire de; tirer vanité de. *Il se glorifie sans cesse de ses relations.*

gloriole n. f. Vanité sans fondement.

glose n. f. Annotation destinée à expliquer un mot ou un passage obscur dans un texte; (par ext.), commentaire explicatif. / Critique malveillante.

gloser v. t. / v. i. [1] Litt. Éclaircir (un texte) par une glose. *Gloser un vers.* / v. i. *Gloser sur*: faire des commentaires, des critiques à propos de. *Gloser sur tout. Gloser sur qqn.*

glossaire n. m. Lexique du vocabulaire spécialisé utilisé dans un ouvrage. / Dictionnaire de termes anciens, rares ou spécialisés.

glossine n. f. ZOOL. Mouche hématophage d'Afrique tropicale, vecteur de la maladie du sommeil. Syn. Mouche tsé-tsé.

glossodynie n. f. MÉD. Douleur de la langue.

glossolalie n. f. RELIG. Charisme, appelé aussi *don des langues*, se manifestant par la faculté de parler en langues mystérieuses qui appellent une interprétation. / PSYCHIATR. Langage personnel, fait de mots inventés ou déformés et possédant une syntaxe propre, observé dans certaines maladies mentales.

glotte n. f. ANAT. Partie du larynx comprise entre les deux cordes vocales inférieures.

Gloucester *104 700 h.* Port du sud-est de la Grande-Bretagne, relié à la Severn, chef-lieu du comté du Gloucestershire. Cette ville industrielle (constructions aéronautiques) a conservé ses monuments médiévaux dont une cathédrale romane et gothique (XIe-XVe siècle).

glouglou n. m. Bruit que fait un liquide s'écoulant par un orifice étroit. *Les glouglous de la bouteille.* / Cri du dindon, de la dinde.

glouglouter v. i. [1] Produire des glouglous. / Pousser son cri, en parlant de la dinde, du dindon.

gloussement n. m. Cri de la poule. / Petit rire étouffé.

glousser v. i. [1] Pousser des gloussements.

glouton [1] n. m. ZOOL. Mammifère de l'ordre des carnivores (famille des mustélidés), au pelage brun, à queue courte, vivant dans les taïgas et les toundras.

glouton, onne [2] adj. Qui mange avidement et avec excès.

gloutonnerie n. f. Fait de manger avidement et avec excès.

glu n. f. Matière visqueuse et collante extraite de l'écorce du houx et des baies du gui et dont on se sert pour piéger les oiseaux.

gluant, e adj. Collant, visqueux comme de la glu. *Avoir les mains gluantes.* / Fig. Dont on n'arrive pas à se débarrasser. *Il est gluant ce type!*

glucagon n. m. BIOCHIM. Hormone hyperglycémiante, antagoniste de l'insuline, sécrétée par le pancréas.

glucide n. m. BIOCHIM. Nom générique des composés organiques ternaires, contenant du carbone, de l'hydrogène et de l'oxygène, appelés aussi sucres ou hydrates de carbone. *Les glucides constituent pour l'organisme un facteur énergétique essentiel; on les divise en deux groupes: les oses, non hydrolysables (glucose, fructose, etc.), et les osides, décomposables par hydrolyse (saccharose, amidon, cellulose, etc.).*

Gluck (Christoph Willibald, chevalier **von)** 1714-1787 Compositeur allemand formé en Italie, il se détacha ensuite de l'influence italienne. Grand voyageur, il vécut à Vienne puis à Paris et marqua profondément de son influence la musique française en réformant le style lyrique, dominé par le modèle italien: simplification des lignes mélodiques, recherche d'expressivité et de naturel. Il a composé plus de cent opéras: *Orphée et Eurydice* (1762; traduit en français sous le titre *Orphée*, 1774), *Alceste* (1767), *Hélène et Pâris* (1770), *Iphigénie en Aulide* (1774), *Armide* (1777), *Iphigénie en Tauride* (1779).

glucocorticoïde n. m. et adj. BIOCHIM. Corticoïde dont l'action se rapproche de celle du cortisol. *Les glucocorticoïdes ont une action importante sur le métabolisme; ce sont des anti-inflammatoires puissants, ils ont également des propriétés anti-allergiques et immunosuppressives.* / adj. *Une substance glucocorticoïde.*

glucogenèse Voir **glycogenèse**

glucose n. m. BIOCHIM. Glucide (ose) de formule $C_6H_{12}O_6$, cyclique, possédant une fonction aldéhyde, nutriment essentiel de la cellule.

glucoside n. m. BIOCHIM. Nom générique des composés glucidiques donnant par hydrolyse du glucose. *Les glucosides sont présents dans de nombreux végétaux, certains sont utilisés en médecine.*

glume n. f. BOT. Bractée située à la base des épillets des graminées.

glumelle n. f. BOT. Chacune des deux bractées situées à la base de la fleur des graminées et enveloppant celle-ci.

gluon n. m. PHYS. NUCL. Particule (boson) associée à l'interaction entre les quarks.

glutamate n. m. BIOCHIM. Sel de l'acide glutamique. *Le glutamate de sodium est utilisé comme agent de sapidité notam. dans la cuisine asiatique.*

glutamine n. f. BIOCHIM. Acide aminé de formule NH_2–CO–$(CH_2)_2$–CH (NH_2)–COOH (amide de l'acide glutamique). *La glutamine joue un rôle important dans le transport de l'ammoniaque au sein de l'organisme.*

glutamique adj. BIOCHIM. *Acide glutamique*: acide aminé de formule HOOC–$(CH_2)_2$–CH (NH_2)–COOH.

gluten n. m. BIOCHIM. Complexe protéique qui constitue (avec l'amidon) l'un des constituants essentiels de la graine des céréales, qui donne par hydrolyse des peptides riches en glutamine.

glycémie n. f. PHYSIOL. Taux du glucose dans le sang. *À jeun, la glycémie normale est approximativement comprise entre 0,70 et 1 g de glucose par litre de sang.*

glycéride n. m. CHIM. Nom générique des esters de la glycérine et des acides gras.

glycérine n. f. ou **glycérol** n. m. CHIM. Liquide incolore, très visqueux, comportant trois fonctions alcool, de formule CH_2OH–CHOH–CH_2OH. *La glycérine intervient notam. dans la composition de nombreux produits pharmaceutiques et dans la fabrication des explosifs (l'un de ses dérivés, la nitroglycérine, sert à fabriquer la dynamite).*

glycine [1] n. f. BOT. Arbrisseau grimpant ornemental de la famille des légumineuses (papilionacées), à grappes de fleurs mauves, blanches ou roses, très odorantes.

glycine [2] Voir **glycocolle**

glycocolle n. m. ou **glycine** n. f. BIOCHIM. Acide aminé de formule NH_2–CH_2–COOH.

glycogène n. m. BIOCHIM. Glucide de très haute masse moléculaire, formé de longues chaînes ramifiées de glucose. *Le glycogène constitue l'une des principales formes de stockage du glucose dans l'organisme (muscles, foie); en cas de besoins métaboliques, il peut être rapidement hydrolysé en glucose.*

glycogenèse ou **glucogenèse** n. f. PHYSIOL. Formation du glucose à partir du glycogène.

glycol n. m. CHIM. Nom générique des dialcools. / Nom usuel du dialcool de formule CH_2OH–CH_2OH, utilisé notam. comme antigel.

glycolyse n. f. BIOCHIM. Ensemble de réactions du métabolisme par lesquelles le glucose est dégradé en pyruvate (et au cours desquelles une certaine quantité d'énergie est fournie à la cellule). *La glycolyse constitue la première étape de la respiration cellulaire (en aérobiose) et de la fermentation (en anaérobiose).*

glycoprotéine n. f. BIOCHIM. Protéine complexe, comprenant un groupement glucidique.

glycorégulation n. f. PHYSIOL. Ensemble des mécanismes par lesquels l'organisme régule la glycémie.

glycosurie n. f. MÉD. Présence excessive de glucose dans l'urine. *La glycosurie constitue l'un des symptômes du diabète.*

glyphe n. m. ARCHIT. Trait gravé en creux dans la pierre.

glyptique n. f. Art de graver sur pierres fines; selon la technique employée, on obtient des intailles (gravées en creux) ou des camées (en relief).

glyptothèque n. f. Didac. Lieu où l'on conserve des collections de pierres gravées ou de sculptures.

G.M.T. loc. adv. et adj. Sigle de l'anglais *Greenwich Mean Time* (temps moyen de Greenwich), échelle de temps où les jours sont comptés de midi à midi.

gnangnan adj. inv. et n. inv. Fam. Geignard, mièvre.

gnathostomes n. m. pl. ZOOL. Groupe de vertébrés pourvus d'une mâchoire, formée à partir des premiers arcs branchiaux. *Les chondrichthyens, les ostéichtyens, les tétrapodes sont des gnathostomes, les lamproies et les myxines n'en sont pas.* / Sing. *Un gnathostome.*

gnathostomulides n. m. pl. ZOOL. Embranchement d'animaux triploblastiques de petite taille (pas plus d'un millimètre), d'allure vermiforme, munis d'une mâchoire complexe, qui vivent enfouis dans le sable des plages et dans les sédiments. / Sing. *Un gnathostomulide.*

gnaule Voir **gnôle**

gneiss n. m. GÉOL. Roche métamorphique à structure schisteuse composée de quartz, de feldspath mica et de un ou plusieurs minéraux métamorphiques comme le grenat. *Les gneiss se forment par métamorphisme de roches sédimentaires et de roches éruptives.*

Gnous.

gniole Voir **gnôle**
gnocchi n. m. (mot italien) Boulette à base de semoule ou de purée de pommes de terre pochée et gratinée. Pl. Des *gnocchi(s)*.
gnognote ou **gnognotte** n. f. Loc. fam. *C'est de la gnognotte*: ça n'a pas de valeur.
gnôle, gniole, gnaule ou **niôle** n. f. Fam. Eau-de-vie.
gnome n. m. Génie métamorphique qui vit dans les entrailles de la terre où il garde les trésors souterrains, selon la tradition kabbalistique. / Homme très petit et difforme.
gnomon n. m. Cadran solaire de conception ancienne constitué d'une surface plane et d'un stylet planté verticalement dont l'ombre projetée par la lumière du Soleil indique l'heure.
gnon n. m. Fam. Coup porté ou reçu ; ecchymose.
gnose n. f. RELIG. Connaissance révélée, qui transcende la foi, et qui est par essence salvatrice. *La gnose est à la fois le moyen d'obtenir le salut et le salut lui-même; par cette révélation, réservée aux initiés, l'homme prend conscience de sa véritable nature et de son essence divine; il connaît le Dieu transcendant et découvre l'explication de sa destinée.*
gnosticisme n. m. RELIG. Ensemble des mouvements, des sectes et des écoles qui, au début de l'ère chrétienne, ont adopté une conception de la gnose combattue par l'Église.
♦ Le gnosticisme est né à une date impossible à déterminer avec précision, sans doute en Méditerranée orientale avec le Samaritain Simon le magicien. Il a donné naissance à une abondante littérature presque entièrement disparue dans la langue d'origine, le grec ; il en demeure des traductions coptes. Il s'agit d'évangiles apocryphes où le Christ livre un enseignement secret à un personnage qu'Il choisit pour transmettre son message, d'apocalypses, de psaumes, de traités dogmatiques. Le gnosticisme est dualiste : les puissances qui ont créé l'Univers (le démiurge) et le gouvernent sont mauvaises ; elles s'opposent au Dieu véritable, transcendant, qui n'est pas le créateur, et, donc, n'est pas responsable du monde (le cosmos), ni du mal. Comme il est transcendant, il ne peut s'incarner. Le monde est voué au mal, le corps de l'homme (*soma*) en est l'incarnation ; son âme (*psychè*) appartient, elle aussi, au monde, seul y échappe son esprit (*pneuma*). Cette appartenance au monde de l'âme et du corps interdit toute compromission avec lui ; mariage et procréation sont proscrits. À la vision tripartite de la nature humaine correspond une organisation tripartite des adeptes de la gnose : croyants, auditeurs, élus. Ces derniers, les parfaits, êtres pneumatiques (appartenant à l'esprit), sont les seuls à détenir la connaissance : ils constituent les Églises gnostiques. Le dualisme fondamental du gnosticisme a influencé divers courants hétérodoxes chrétiens et donné naissance au manichéisme, au mandéisme, au bogomilisme, puis, par cet intermédiaire, au catharisme.
gnostique adj. et n. Propre ou relatif à la gnose, au gnosticisme. / n. Adepte de la gnose, du gnosticisme.
gnou n. m. ZOOL. Antilope d'Afrique dont la tête massive s'orne de cornes pointues recourbées vers l'arrière et d'une crinière.
go n. m. inv. (mot japonais) Jeu de stratégie d'origine chinoise consistant pour chacun des joueurs à placer des pions sur un plateau quadrillé de manière à délimiter des territoires aussi vastes que possible.
go (tout de) loc. adv. Soudain, de façon abrupte.
Goa *3 702 km² 1 169 800 h.* État de l'Inde, sur la côte de Malabar, en bordure de la mer d'Oman. Capitale *Panaji (42 915 h.)* Cette région fut une colonie portugaise du XVIe siècle à 1962, quand l'Inde l'annexa et en fit un territoire avec Daman et Diu (*territoire de Goa*, *Daman* et *Diu*), qui devint en 1987 un État. La ville ancienne de Goa, à proximité de la capitale actuelle (appelée autrefois Nova Goa), comporte des vestiges portugais.
goal n. m. (mot anglais) Dans divers sports (football, hockey, polo), gardien de but.
gobe-mouche(s) ou **gobemouche** n. m. et adj. ZOOL. Petit oiseau insectivore, de l'ordre des passériformes, qui avale les insectes en plein vol. *Un gobe-mouche gris. Un gobe-mouche à collier.* / Fig., vx Personne naïve et crédule, prête à croire tout ce qu'on lui dit, à adopter toutes les opinions. / Adj. Rare *Un enthousiasme gobemouche.* / Plur. *Des gobe-mouches, des gobemouches.*
gobelet n. m. Récipient sans pied, au bord évasé, utilisé pour boire. / Récipient de même forme servant à faire des tours d'escamotage ou à lancer des dés à jouer.
Gobelins (Manufacture nationale des) Manufacture de tapisseries située à Paris dans le XIIIe arrondissement. En 1602, Henri IV loue pour ses tapissiers flamands des ateliers qui s'étendent jusqu'aux rives de la Bièvre, où travaillent depuis un siècle et demi les teinturiers Gobelin. En 1662, Colbert y fonde la Manufacture royale des meubles de la Couronne qui, sous la direction de Le Brun, produit des tapisseries à la gloire de la monarchie, ainsi que des meubles. Aujourd'hui, la manufacture travaille surtout à la décoration de bâtiments publics.
gober v. t. [1] Avaler (qqch.) en aspirant, sans mâcher. *Gober un œuf.* / Fig., fam. Croire (un mensonge, une plaisanterie). *On lui fait gober n'importe quoi.*
goberger (se) v. pron. [1] Fam. Faire bombance.
Gobi ou **Chamo (désert de)** Plateau désertique d'Asie centrale partagé entre la Mongolie et la Chine. Élevage nomade.
gobie n. m. Petit poisson téléostéen vivant près des côtes et qui se fixe aux rochers par une ventouse ventrale.
Gobineau (Joseph-Arthur, comte **de)** 1816-1882 Diplomate et écrivain français. Son *Essai sur l'inégalité des races humaines* (1853-1855), qui entend fonder sur des critères objectifs la supériorité de la race nordique germanique, fut détourné et exploité par les pangermanistes et, plus tard, par les nazis. Dans son roman *Les Pléiades* (1874), Gobineau illustre son point de vue sur la nature humaine en montrant le destin de trois êtres supérieurs, des « fils de rois » égarés dans un monde de brutes et de sots. Il est également l'auteur d'ouvrages d'érudition, de récits de voyages et de nouvelles : *Nouvelles Asiatiques* (1876).

Installation des fils de chaîne sur les ensouples dans un atelier des ***Gobelins****, au XVIIIe siècle.*

Statue de ***Godefroi de Bouillon***.

godailler v. i. [1] Fam. Goder.
Godard Nom de deux frères, **Eugène** (1827-1890) et **Louis** (1829-1885), aéronautes français qui assurèrent le service de la poste pendant le siège de Paris (1870-1871).
Godard (Jean-Luc) 1930 Cinéaste français. Après avoir collaboré aux *Cahiers du Cinéma*, il devint avec *À bout de souffle* (1959), le chef de file de la Nouvelle Vague. *Vivre sa vie* (1962), *Les Carabiniers* (1963), *Le Mépris* (1963, avec Brigitte Bardot), *Une femme mariée* (1964), *Alphaville* (1965), *Pierrot le Fou* (1965), *Week-End* (1967), *La Chinoise* (1967), qui posent un regard critique sur la société contemporaine (problèmes de la condition féminine, de la guerre, du couple, de la mort), peuvent être considérés comme des œuvres expérimentales. Godard, dans ses recherches sur la nature et la fonction du cinéma, multiplie les exercices de style. Il a réalisé en 1972 *Tout va bien,* qui raconte l'occupation d'une entreprise par ses salariés, *Numéro deux* en 1975, *Sauve qui peut (la vie)* en 1979, *Passion* en 1982, *Prénom Carmen* (1983), *Je vous salue Marie* (1985), *Nouvelle vague* (1990), *JLG, JLG* (1995). Il a publié *Histoire(s) du cinéma* (1998), un essai sur le septième art.
godasse n. f. Fam. Chaussure.
Godavari (la) *1 500 km* Fleuve de l'Inde traversant le Deccan d'ouest en est pour se jeter dans le golfe du Bengale.
Goddard (Robert Hutchings) 1882-1945 Ingénieur et physicien américain. Il est considéré comme l'un des fondateurs de l'astronautique moderne, ayant imaginé puis construit les premières fusées à propergols liquides.
Godefroi IV de Boulogne, dit **Godefroi de Bouillon** 1058 ?-1100 Duc de Basse-Lorraine (1089-1095). Il vendit ses biens pour participer à la première croisade dont il fut l'un des chefs. Après la prise de Jérusalem (1099), il en fut élu le souverain mais préféra gouverner avec le simple titre d'« avoué du Saint-Sépulcre ».
Gödel (Kurt) 1906-1978 Mathématicien et logicien américain d'origine autrichienne, connu pour le théorème qui porte son nom ou théorème d'incomplétude, selon lequel, à l'intérieur d'un système formel, contenant la théorie des nombres, il existe des propositions qui ne sont pas « décidables ». Ce théorème donne une limite définitive à

Portrait de **Manuel Godoy Alvarez de Faria** par Goya.

Maria Goeppert Mayer.

toutes tentatives de formalisation complète des théories mathématiques.

godelureau n. m. Fam. Jeune homme qui fait le galant.

goder v. i. [1] (En parlant d'un vêtement) Faire des faux plis.

godet n. m. Petit récipient, verre à boire sans pied ni anse. *Boire un godet.* / Petite auge d'une roue hydraulique, d'une excavatrice. / *Jupe à godets*, à plis souples et évasés.

godiche adj. et n. f. Fam. Maladroit, empoté. *Il a l'air godiche. C'est une godiche.*

godille n. f. Aviron placé à l'arrière d'une embarcation et auquel on imprime un mouvement hélicoïdal assurant la propulsion. / SPORT En ski, technique de descente consistant en un enchaînement de virages serrés.

godiller v. i. [1] Faire avancer une embarcation à la godille. / SPORT En ski, pratiquer la godille.

godillot n. m. Ancienne chaussure militaire à tige courte. / Par ext. Gros soulier. / Par métaph., fam. Personne qui suit un chef sans discuter.

Godoy Alvarez de Faria (Manuel) 1767-1851 Homme politique espagnol. De petite noblesse, il devient l'amant de la reine Marie-Louise, épouse de Charles IV, et celui-ci le fait Premier ministre (1792 à 1798 et 1800 à 1808). Il cherche à réorganiser le royaume en appliquant un despotisme éclairé. En politique extérieure, il met fin au conflit avec la France par le traité de Bâle (1795) et s'allie à Napoléon contre l'ennemi héréditaire de l'Espagne, l'Angleterre. La défaite de Trafalgar (1805) est un échec pour l'Espagne comme pour la France. Après l'insurrection d'Aranjuez (1808), Godoy fut accusé de trahison et emprisonné. Totalement soumis à la France, il est délivré par Murat et conduit le roi et la reine à Bayonne, où il fait signer à Charles IV son abdication en faveur de Joseph Bonaparte. Il suit alors le couple royal en exil puis s'installe à Paris, où il reste jusqu'à sa mort.

godron n. m. TECHN. Ornement ovoïde, creux ou saillant, au bord de la vaisselle d'argent. / Ornement architectural de même forme. / Anc. Gros pli rond et empesé d'une fraise, d'un jabot.

God Save the King ou **the Queen** « Dieu sauve le Roi » ou « la Reine » Hymne national britannique. Ce chant d'origine incertaine sans doute écrit au XVIIe siècle, aurait été entonné pour la première fois en 1746, à Londres, quand on apprit la victoire de George II sur « le Prétendant », Charles Édouard Stuart.

Godwin (William) 1756-1836 Écrivain anglais. Il écrivit, tout comme son épouse, Mary Wollstonecraft, des essais consacrés à la question sociale : *Recherches sur la justice politique et son influence sur la moralité et le bonheur* (1793) et des romans : *Les Aventures de Caleb Williams* (1794).

Godwin Austen Voir **K2**

Goebbels (Joseph Paul) 1897-1945 Homme politique allemand. Membre du parti national-socialiste dès 1922, député au Reichstag en 1928, il utilisa habilement la presse, la radio et le cinéma pour répandre l'idéologie nazie. Dès l'avènement d'Hitler, il fut ministre de l'Information et de la Propagande du IIIe Reich (1933-1945). Il régenta tous les moyens d'expression et, par ses qualités d'orateur, eut un rôle prépondérant dans l'excitation de la haine contre les Juifs, prenant personnellement la tête de l'expédition meurtrière qui, en 1938, saccagea les synagogues et les maisons des Juifs. Hilter lui confia la direction de la guerre totale en 1944. Il se suicida avec sa femme et ses enfants lors du siège de Berlin.

goéland n. m. ZOOL. Oiseau de l'ordre des charadriiformes, généralement marin, à ailes longues, au plumage le plus souvent blanc, avec le dos et les ailes gris ou noirs, dont il existe de nombreuses espèces. *Goéland argenté. Goéland marin. Goéland brun. Goéland cendré. Goéland railleur. Goéland sénateur (ou mouette ivoire).*

goélette n. f. Petit navire rapide, le grand mât étant à l'arrière.

goémon n. m. BOT. Nom courant des algues (fucus, laminaires) que la marée rejette en paquets sur le rivage, parfois utilisées comme engrais. Syn. Varech.

Goeppert-Mayer (Maria Goeppert, Mme Joseph Mayer, connue sous le nom de **Maria)** 1906-1972 Physicienne américaine d'origine allemande. Issue d'une famille d'enseignants, étudiante à Göttingen, elle s'établit aux États-Unis avec son mari et participe, aux côtés d'Urey, au projet « Manhattan » en travaillant à la séparation des isotopes de l'uranium. En 1949, à la suite de ses études sur la stabilité des noyaux, elle élabore un modèle nucléaire en couches, similaire au modèle atomique, dans lequel les nucléons se répartissent sur des couches successives, puis, sur une suggestion de Fermi, introduit dans ce modèle le couplage spin / orbite des nucléons. Malgré de nombreuses critiques, dont celles de N. Bohr, cette proposition est validée par les résultats d'expériences menées en laboratoire.

Goethe

Issu d'une famille bourgeoise et cultivée, il entreprend des études de droit mais s'intéresse avant tout à la littérature et au théâtre. Il donne, en 1774, un drame en prose, *Götz de Berlichingen* qui, en réaction contre le théâtre classique traditionnel, inaugure le mouvement appelé *Sturm und Drang*. Cette même année, son roman épistolaire *Les Souffrances du jeune Werther,* histoire d'un jeune homme romantique tourmenté par la passion, a un retentissement dans l'Europe entière. Werther sera le héros de toute une génération, et Goethe dominera pendant plus de cinquante ans la vie littéraire allemande. Il achève la première version de *Faust*, dite *Urfaust* (1773-1775). En 1775, Goethe est nommé conseiller auprès du grand-duc Charles-Auguste à Weimar. Outre sa double carrière d'homme politique et d'écrivain, il s'adonne à l'étude des sciences. Il donne drames et tragédies, évoluant peu à peu vers le classicisme : *Stella* (1776), reflet de sa première période, puis *Iphigénie en Tauride* (en prose, 1779 ; en vers, 1787) et *Egmont* (1787). Après un séjour en Italie (1786-1788), il termine le drame *Torquato Tasso* (1789). En 1792-1793, il participe à la campagne des Prussiens contre la France, qui lui fournit une nouvelle matière à réflexion ; il analysera cette expérience en 1821 dans *La Campagne de France*. En 1794, il noue une amitié solide avec le poète Schiller. En 1796, Goethe publie la première partie de son grand roman de formation, *Les Années d'apprentissage de Wilhelm Meister* ; en 1797, une épopée (*Hermann et Dorothée*) et des ballades (*La Fiancée de Corinthe*). La mort de Schiller, en 1805, l'affecte profondément. En 1808, la publication de *Faust*, deuxième version de la pièce de 1775, lui confère une renommée internationale. De nouvelles passions amoureuses l'inspirent : il publie un roman autobiographique, *Les Affinités électives* (1809), les poèmes du *Divan occidental-oriental* (1819) et *L'Élégie de Marienbad* (1821), mais consacre également beaucoup de soin à ses recherches scientifiques et à ses réflexions sur l'art, la morale et la religion. Il tente de reconstituer et de juger son passé dans *Poésie et Vérité* (1811-1831), publié après sa mort, en 1833. Des travaux scientifiques, *Les Années de voyage de Wilhelm Meister* (1821-1829), enfin *Le Second Faust* (1832) complètent son œuvre.

Goerg (Édouard) 1893-1969 Peintre, dessinateur et graveur français. Il fut jusqu'à la guerre un représentant de l'expressionnisme, à la peinture marquée par une vision tragique de l'univers. Une grande partie de son œuvre est consacrée à la figure féminine.

Goering ou **Göring (Hermann)** 1893-1946 Maréchal et homme politique allemand. Aviateur pendant la guerre de 1914, il rencontra Hilter en 1922 et adhéra au parti national-socialiste. Président du Reichstag (1932), ministre de l'Air (1933), commandant de la Luftwaffe (aviation militaire allemande) à partir de 1935, il fut le deuxième personnage politique du Reich. Il mena une vie luxueuse, amassa une fortune considérable, s'appropria, en particulier dans les pays occupés par l'Allemagne, une très importante collection d'œuvres d'art. Les échecs de la Luftwaffe lui firent perdre le crédit d'Hitler (qui, en 1939, l'avait désigné pour lui succéder) et il fut expulsé du parti en 1945. Condamné à mort par le tribunal de Nuremberg, il s'empoisonna dans sa cellule.

• **Goethe (Johann Wolfgang von)** 1749-1832 Écrivain allemand.

Gog et Magog Dans la Bible (Ézéchiel et Apocalypse), puissances démoniaques qui combattent Dieu.

gogo n. m. Fam. Personne crédule, d'une grande naïveté ; jobard. *Ne me prends pas pour un gogo !*

gogo (à) loc. adv. Fam. En abondance.

Gogol (Nikolaï Vassilievitch) 1809-1852 Écrivain russe. Ses nouvelles, souvent teintées de fantastique, où l'humour trahit l'angoisse, obtiennent un vif succès : *Le Portrait, La Perspective Nevsky, Le Journal d'un fou, Le Nez* (1835). *Tarass Boulba*, récit historique retraçant la lutte des Cosaques ukrainiens contre les Polonais au XVIIe siècle, reste exceptionnel dans son œuvre plutôt sombre. Sa comédie satirique *Le Revizor* (1836) propose une caricature réaliste des fonctionnaires russes. Il achève en 1841 sa nouvelle *Le Manteau*. Ici encore, les détails réalistes se mêlent à l'absurde et au fantastique : la description minutieuse de l'existence quotidienne d'un petit fonctionnaire qui rêve de s'acheter un manteau chaud pour l'hiver se conclut par un épilogue fantastique. Gogol

Une scène de Tarass Boulba, de **Nikolaï Vassilievitch Gogol**, peinture de Répine.

Carlo Goldoni (à droite), voyageant avec ses comédiens.

travaille ensuite à la grande œuvre de sa vie, *Les Âmes mortes*, dont il publie la première partie en 1842. Hanté par l'impression d'avoir failli à sa mission en calomniant l'homme russe, il tente de réhabiliter ses personnages dans une seconde partie qu'il finit par brûler, la jugeant ratée.

goguenard, e adj. Qui exprime la raillerie, narquois. *Un air goguenard.*

goguette (en) loc. adv. et loc. adj. Fam. Être en goguette: faire la fête, être en humeur de faire la fête. / loc. adj. *Des noceurs en goguette.*

Goiás *340 166 km² 4 490 000 h.* État du centre du Brésil. Capitale *Goiânia.* Il englobe le district fédéral de Brasília. On y pratique un élevage intensif et la culture du soja.

goinfre n. Personne qui mange avidement, excessivement.

goinfrer (se) v. pron. [1] Manger comme un goinfre.

goinfrerie n. f. Manière avide et malpropre de manger.

goitre n. m. MÉD. Hypertrophie diffuse de la thyroïde, entraînant une augmentation du volume du cou.

goitreux, euse adj. et n. De la nature du goitre. / Atteint d'un goitre.

Golan (plateau du) Région du sud-ouest de la Syrie occupée par Israël depuis 1967. Le plateau a été annexé par Israël en 1981.

Golconde Ancienne cité de l'Inde, à l'ouest de Hyderabad, aujourd'hui en ruines, qui était célèbre pour ses diamants.

Goldbach (Christian) 1690-1764 Mathématicien allemand. Il émit l'hypothèse que tout nombre pair peut être considéré comme la somme de deux nombres premiers.

golden n. f. Variété de pomme à peau jaune et à chair juteuse.

Golding (William) 1911-1993 Écrivain britannique. Son roman *Sa majesté des mouches* (1954), dont Peter Brook a réalisé l'adaptation au cinéma en 1963, raconte comment des enfants naufragés sur une île reviennent à l'état sauvage. Ce thème du mal chez l'Homme revient dans *Les Héritiers* (1955), *Chute libre* (1959), *Parade sauvage* (1979), *Cible mouvante* (1982).

Goldmann (Nahum) 1895-1982 Dirigeant sioniste. Il défendit la cause sioniste auprès de la S.D.N. et des autorités américaines, et participa au plan de partage de la Palestine (1947). Il fut l'un des fondateurs (1936) et président du Congrès juif mondial (organisation qui s'attache à la défense des

Camillo Golgi.

intérêts juifs à travers le monde) de 1951 à 1977 et président de l'Organisation sioniste mondiale de 1956 à 1968.

Goldoni (Carlo) 1707-1793 Écrivain italien, auteur de nombreuses comédies. Il a modernisé le théâtre comique italien, dominé par la commedia dell'arte, en y introduisant une description réaliste de la société de son temps et en produisant des pièces entièrement écrites, alors qu'elles étaient des canevas sur lesquels improvisaient les comédiens. *Arlequin, serviteur de deux maîtres* (1745) n'est encore qu'en partie écrit. *La Pamela* (1750) est la première comédie sans masque. *La Locandiera* (1753) est tout entière construite autour d'un seul caractère, la *locandiera*, « l'hôtesse ». *Les Rustres* (1760) est en dialecte vénitien, tout comme *La Villégiature* (1761) et *Baroufe à Chioggia* (1762). Invité à Paris par la Comédie-Italienne, il écrivit en français *Le Bourru bienfaisant* (1771) et ses *Mémoires* (1784-1787).

Goldschmidt (Richard Benedikt) 1878-1958 Généticien américain d'origine allemande. Remettant en cause le gradualisme phylétique, sans toutefois s'opposer totalement aux théories néo-darwiniennes, il mit en avant l'importance comme processus évolutif de macro-mutations. Ces mutations induiraient des modifications phénotypiques de grande ampleur, le plus souvent sans avenir, mais produisant parfois un « monstre prometteur », adapté à un nouveau mode de vie (*The Material Basis of Evolution*, 1940).

Goldsmith (Oliver) 1728-1774 Écrivain anglais. Après une vie errante, il publie, en 1764, un poème didactique, *Le Voyageur*, qui le rend célèbre. Il aborde également le roman (*Le Vicaire de Wakefield*, 1766) et la comédie (*Elle s'abaisse pour triompher*, 1773). Malgré la renommée que lui apporte son œuvre (notamment un poème pastoral, *Le Village abandonné*, 1770), il meurt dans la misère.

Goldwyn (Samuel Goldfish, dit **Samuel)** 1882-1974 Producteur américain de cinéma, fondateur de la Metro Goldwyn Mayer.

golem n. m. Personnage légendaire de la tradition juive, sorte d'automate qui prenait vie lorsqu'on fixait un verset de la Bible sur son front.

golf n. m. (mot anglais) Sport de plein air consistant à frapper une balle avec un club pour la faire entrer en un minimum de coups dans les 18 trous successifs disposés le long d'un parcours (sur un vaste terrain). / *Golf miniature*: jeu imité du golf, se jouant sur un petit parcours.

golfe n. m. Large échancrure littorale dans laquelle s'avance la mer.

Golfe (guerre du) Conflit déclenché par l'invasion du Koweït par l'Irak en 1990, et qui opposa l'Irak à une coalition d'une trentaine de pays, dont le plus actif fut les États-Unis. Devant l'échec des négociations, l'ONU autorisa le recours à la force. Les États-Unis, soutenus par des troupes de la coalition internationale, bombardèrent intensément l'Irak à partir du 17 janvier 1991 et libérèrent le Koweït (28 février).

Golgi (Camillo) 1843-1926 Médecin italien. Il étudia le paludisme et le système nerveux, et découvrit l'*appareil de Golgi*, organite cellulaire qui élabore des sucres et des protéines.

Golgotha (le) Forme grecque de l'araméen *gulgota*, « crâne », que le latin transpose en « lieu du crâne » (« calvaire »). Dans les évangiles, le Golgotha est la colline située au nord-ouest de Jérusalem où Jésus-Christ fut crucifié. La basilique du Sain-Sépulcre a été construite sur son emplacement supposé.

Goliath Dans la Bible, géant philistin qui avait défié les soldats d'Israël; David, avec sa fronde, le tua d'une pierre au front.

gombette adj. f. *Loi gombette*: loi rédigée (en latin) sur ordre de Gondebaud. *Destinée à des Barbares, la loi gombette a subi l'influence du droit romain.*

gombo n. m. (mot anglo-américain) Plante potagère tropicale dont on consomme les feuilles et les fruits; ce fruit, en forme de pyramide allongée, riche en mucilage. / En Louisiane, plat confectionné avec ce fruit.

Gombrowicz (Witold) 1904-1969 Écrivain polonais, romancier (*Ferdydurke*, 1937; *Le Transatlantique*, 1953) et dramaturge (*Yvonne, princesse de Bourgogne*, 1935). Son œuvre est marquée par l'érotisme, voire la pornographie (*Le Pornographe*, 1960) et par un individualisme consciemment assumé.

Gómez de la Serna (Ramón) 1888-1963 Écrivain espagnol dont l'œuvre nie systématiquement la réalité et use abondamment de la métaphore et de l'humour (*Le Marché aux puces*, 1915; *Le Docteur invraisemblable*, 1921).

gomme n. f. Substance visqueuse et transparente qui s'écoule de l'écorce de certains arbres. *Gomme arabique*, extraite de l'acacia. / Petit morceau de caoutchouc, d'une autre substance aux propriétés identiques, qui sert à effacer l'encre, le crayon. / Substance caoutchouteuse d'un pneu. Loc. fig. et fam.

Goliath et David, miniature du Moyen Âge.

Gondoles amarrées sur le grand canal de Venise, en Italie.

Mettre la gomme: pousser à l'extrême la vitesse d'une automobile, (par ext.) d'un véhicule. / MÉD. Lésion inflammatoire de la peau, de nature infectieuse, s'observant notam. dans les mycoses, la tuberculose et la syphilis.

gommé, e adj. Qui a été enduit d'une couche de gomme. *Toile gommée.*

gomme-gutte n. f. Résine d'un arbre d'Asie, de couleur jaune, utilisée dans la fabrication de peintures et comme laxatif. Pl. Des *gommes-guttes.*

gomme-laque n. f. Résine issue du dépôt, sur les arbres, d'une gomme produite par une cochenille d'Asie, utilisée dans la fabrication des vernis. Pl. *Des gommes-laques.*

gommer v. t. [1] Enduire d'une couche de gomme. / Effacer avec une gomme. / Fig. Atténuer. *Gommer une imperfection.*

gommeux, euse adj. et n. m. De la nature de la gomme. / Qui produit de la gomme. / n. m. Fig., péjor., vieilli Jeune élégant prétentieux.

Gomorrhe Dans la Bible, ville de Palestine située au sud-est de la mer Morte, aussi dépravée que Sodome, avec laquelle elle disparut, sous une pluie de soufre et de feu envoyée par l'Éternel.

Gomulka (Wladyslaw) 1905-1982 Homme politique polonais. Secrétaire général du Parti ouvrier unifié (1943-1948), il fut victime du stalinisme. Destitué, emprisonné de 1951 à 1955, il retrouva son poste en 1956. Il entreprit, malgré l'alliance avec les Soviétiques, des réformes libérales qui échouèrent. En 1970, à la suite d'émeutes ouvrières, il dut démissionner.

gonade n. f. ANAT. Glande productrice des gamètes (testicule chez le mâle et ovaire chez la femelle). *Les gonades sont aussi des glandes endocrines productrices des hormones sexuelles (qui jouent un rôle à la fois dans la maturation des gamètes et dans le développement des structures génitales).*

gonadostimuline n. f. Syn. de gonadotrophine.

gonadotrophines n. f. pl. PHYSIOL. Groupe d'hormones agissant sur le développement et le fonctionnement des gonades. *Les gonadotrophines sont sécrétées soit par l'hypophyse (hormone folliculostimulante* {follicle-stimuling hormone *en anglais, ou FSH}, hormone lutéinisante* {luteinizing hormone *en anglais, ou LH} et prolactine), soit par le trophoblaste au cours de la grossesse (gonadotrophine chorionique humaine* {human chorionic gonadotropin *en anglais, ou hCG}). Syn. Gonadostimulines.* / Sing. *Une gonadotrophine.*

Gonçalves (Nuno) XVe siècle Peintre portugais, nommé peintre de la cour d'Alphonse V en 1450. Son *Polyptyque de São Vicente* témoigne de la puissance de sa personnalité.

Goncourt (Huot de) Nom de deux frères, écrivains français : **Edmond** (1822-1896) et **Jules** (1830-1870), coauteurs de romans naturalistes (*Renée Mauperin*, 1864; *Germinie Lacerteux*, 1864; *Madame Gervaisais*, 1868) et d'un *Journal* qui, entrepris en 1851, constitue un document important sur la vie littéraire de l'époque. Après la mort de son frère, Edmond publia seul plusieurs romans (*La Fille Élisa*, 1877, *Chérie*, 1884) et poursuivit la rédaction du *Journal*, qu'il fit paraître partiellement de son vivant. Il créa par testament la société littéraire qui porte le nom des deux frères; l'Académie Goncourt, composée de dix écrivains, siège depuis 1902 et décerne chaque année, depuis 1903, un prix récompensant une œuvre de fiction.

gond n. m. Pièce de métal qui permet de faire pivoter une porte, une fenêtre.

Gondar *112 000 h.* Ville d'Éthiopie. Capitale du pays du XVIe au XIXe siècle, elle connut une période florissante (XVIIe et XVIIIe siècles). De cette époque, subsistent des vestiges de palais et d'églises.

Gondebaud ?-516 Roi des Burgondes v. 480. Il dépouilla ses frères, les tua, étendit largement ses possessions, s'opposa à Clovis, puis s'allia à lui. Il publia un code connu sous le nom de « loi gombette ». Il était l'oncle de Clotilde.

Gondi Nom d'une famille florentine qui s'établit en France au XVIe siècle et dont est issu Paul de Gondi, cardinal de Retz.

gondole n. f. Barque vénitienne, allongée et étroite, relevée à l'avant et à l'arrière, propulsée par un aviron placé à l'arrière. / Long présentoir à rayons superposés, dans les magasins à libre-service.

gondoler v. i. [1] Se bomber. *Papier qui gondole.* / v. pron. Fig. *Se gondoler*: se tordre de rire.

gondolier, ère n. Batelier, batelière qui conduit une gondole.

Gondwana Continent austral de l'ère primaire. Lors de la formation des continents (+ /- 300 millions d'années), ceux-ci étaient regroupés en un vaste ensemble appelé Pangée. Vers 200 millions d'années av. J.-C., ce supercontinent commença à se fragmenter en donnant naissance à deux nouveaux continents, la Laurasie (formée de l'actuelle Amérique du Nord, de l'Europe et de l'Asie) et le Gondwana qui, à son tour, se divisa en plusieurs continents qui deviendront l'Amérique du sud, l'Afrique et Madagascar, l'Arabie, l'Inde, l'Australie et la Nouvelle-Zélande, l'Antarctique. Ces deux supercontinents constituent l'ensemble des terres émergées actuelles. De cette formation des terres émergées découlent d'une part, l'histoire géologique de ces continents et, d'autre part, l'inégale répartition des ressources énergétiques exploitées ou non.

gonfalon ou **gonfanon** n. m. HIST. Au Moyen Âge, étendard de guerre à trois pointes.

gonfalonier ou **gonfanonier** n. m. HIST. Porteur de gonfalon. / Titre porté par le seigneur qui défendait un lieu saint. *Gonfalonier du Saint-Siège*: titre des rois de Naples, puis du duc de Parme. *Gonfalonier de justice*: magistrat, parfois premier magistrat de certaines républiques toscanes.

gonflable adj. Que l'on peut gonfler.

gonflage n. m. Action de gonfler.

gonflé, e adj. **I.** Rempli et tendu. *Ventre gonflé comme une outre.* / *Roue gonflée*, remplie d'air. **II.** Fig. *Avoir le cœur gonflé de douleur.* / Loc. fig. et fam. *Gonflé à bloc*: plein de détermination. / Par ext. Audacieux; excessivement audacieux. *Un type gonflé.*

gonflement n. m. Augmentation de volume. *Le gonflement d'un fleuve, d'un ballon, d'un visage.*

gonfler v. t. / v. i. [1] **A.** v. t. Distendre en emplissant d'air, de gaz. *Gonfler un ballon, ses joues. Le vent gonfle les voiles.* Ant. Dégonfler. / Augmenter le volume de. *Les pluies gonflent le fleuve.* Au fig. *Cette distinction a gonflé son orgueil.* / Fig. Exagérer, surestimer. *Gonfler les prix, une note.* / Arg. (complément nom de personne) Importuner (qqn). *Tu me gonfles, ce matin!* **B.** v. i. et pron. Se remplir d'air; enfler; augmenter de volume.

gonflette n. f. Fam. (souvent péjor.) Musculation pratiquée par certains culturistes qui aboutit à un très important développement musculaire; cette hypertrophie musculaire. *Ce n'est plus de la musculation, c'est de la gonflette.*

gonfleur n. m. Appareil destiné au gonflage des pneumatiques.

gong n. m. Instrument de musique à percussion, originaire d'Extrême-Orient, composé d'un plateau de métal sonore suspendu, sur lequel on frappe avec une baguette à tampon. / Timbre qui annonce le début et la fin d'une reprise, dans un match de boxe.

Góngora y Argote (Luis de) 1561-1627 Poète et ecclésiastique espagnol. Il écrivit un poème parodique au style raffiné, *Pyrame et Thisbé.* Son style recherché, souvent hermétique (*La Fable de Polyphème et Galatée, Les Solitudes*, 1613), qui fut longtemps critiqué, a fait école sous le nom de *gongorisme.*

gongorisme n. m. LITT. Style baroque, souvent affecté et obscur, mis à la mode par Gongora et ses disciples.

goniomètre n. m. TECHN. Tout instrument utilisé pour la mesure des angles. *Le niveau à bulle, les clinomètres, les équerres d'arpenteur, le théodolite sont des goniomètres.*

gonococcie n. f. MÉD. Infection causée par le gonocoque. *Il existe divers modes de contamination par le gonocoque; on distingue les gonococcies vénériennes (blennorragies) des gonococcies non vénériennes (conjonctivite du nouveau-né, vulvovaginite de la petite fille).*

gonochorisme n. m. BIOL. État d'une espèce chez laquelle les gamètes mâles et les gamètes femelles sont produits par des individus différents. Ant. Hermaphrodisme.

gonocoque n. m. MÉD. Bactérie gram négatif pathogène pour l'homme, provoquant des gonococcies.

gonocyte n. m. ZOOL. Cellule de la lignée germinale des animaux mâles (spermatocyte) ou femelle (ovocyte), dont sont issus, après méiose, les gamètes.

gonorrhée n. f. MÉD. Blennorragie.

Gontcharov (Ivan Aleksandrovitch) 1812-1891 Romancier russe, auteur d'*Une histoire banale* (1847) et de *Le Ravin* (ou *La Falaise*, 1869). *Oblomov* (1859), décrit l'inertie et le mal d'être d'un jeune homme; on lui doit aussi un récit de voyage au Japon, *La Frégate « Pallada »* (1855-1857).

Gontcharova (Natalia Sergueïevna) 1881-1962 Peintre russe. Elle créa, avec son mari Larionov, le *rayonnisme* et s'affirma comme l'un des pionniers de l'art abstrait. Elle a réalisé plusieurs décors et costumes pour les Ballets russes de Diaghilev.

Gontran 545?-593 Fils de Clotaire Ier, roi de Bourgogne et d'Orléans en 561, il tenta d'arbitrer le conflit entre Neustrie et Austrasie.

Gonzague Famille princière italienne qui régna sur Mantoue (1328-1708) et sur le duché de Nevers (XVIe-XVIIe siècles). **Jean-François II** ?-1519 Époux d'Isabelle d'Este, il fit de Mantoue un foyer littéraire, artistique et scientifique. **Ferdinand** ?-1557 Vice-roi de Sicile, gouverneur de Milan, il commit de telles exactions que Philippe II le déposséda de ses États.

Gonzague (Anne de), dite **la Princesse Palatine** 1616-1684 Princesse française issue de la branche des ducs de Nevers. Épouse de l'Électeur palatin, elle joua pendant la Fronde un rôle modérateur, tentant de faire libérer les princes emprisonnés.

González Márquez (Felipe) 1942 Homme politique espagnol. Secrétaire général du Parti socialiste ouvrier espagnol (P.S.O.E.) de 1974 à 1997, élu député en 1977, il mena le P.S.O.E. à la victoire aux

Ivan Aleksandrovitch Gontcharov.

Felipe González Márquez.

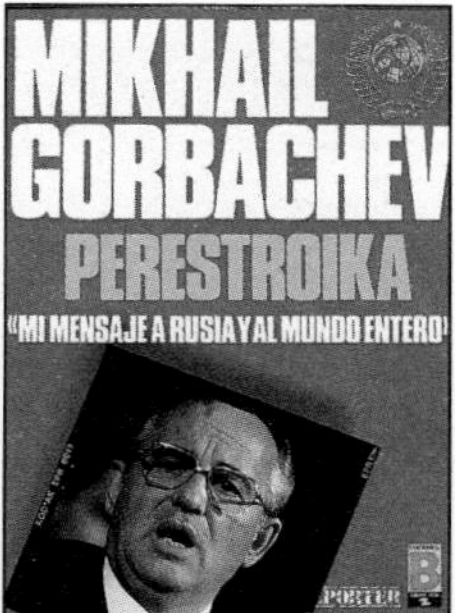

Édition espagnole du livre Perestroïka *de* ***Mikhaïl Sergueïevitch Gorbatchev**.*

élections législatives de 1982. Premier ministre de 1982 à 1996, il accélère la modernisation de son pays et son intégration à l'Europe. Son gouvernement fut ébranlé par des scandales politico-financiers. Quand le P.S.O.E. perdit les élections législatives, en 1996, il démissionna.

Gonzalve de Cordoue 1453-1515 Général espagnol. Envoyé par le roi Ferdinand V en Italie, il vainquit les troupes françaises de Louis XII, donnant en 1503 à l'Espagne le royaume de Naples dont il fut nommé vice-roi, avant d'être disgrâcié en 1506.

gonze, gonzesse n. Arg. (vieilli ou régional) Homme, personne. / n. f. Pop. Jeune femme, jeune fille.

Goodman (Benjamin David dit **Benny)** 1909-1986 Clarinettiste et chef d'orchestre de jazz américain. Il fut l'un des premiers musiciens blancs à intégrer des jazzmen noirs dans son orchestre. Il lança le style swing (1935).

Gorbatchev (Mikhaïl Sergueïevitch) 1931 Homme politique soviétique. Membre du parti communiste dès 1952, de son bureau politique (1980), il en devient secrétaire général en 1985. Il applique un programme de réformes appelé *perestroïka* (« restructuration »). À l'extérieur, il relance le dialogue avec l'Ouest et négocie avec les États-Unis sur le désarmement (traité de 1987). À l'intérieur, il supprime le parti unique, adopte une nouvelle loi électorale et amorce une réforme économique reconnaissant le rôle du marché et de la propriété privée, mais rencontre de vives résistances. Élu président du Praesidium du Soviet Suprême (1988) puis président de l'URSS (1990), il œuvre en faveur d'une ouverture. Son action, aux conséquences importantes (chute du mur de Berlin, dissolution du Comecon et du Pacte de Varsovie), lui vaut en 1990 le prix Nobel de la paix. En août 1991, des communistes conservateurs tentent un coup de force qu'Eltsine, président du Soviet Suprême de Russie, déjoue. Gorbatchev donne sa démission de secrétaire du Parti, mais reste président de l'Union soviétique. Il ne peut empêcher l'éclatement de l'URSS en décembre 1991 et démissionne. Retiré de la vie politique, il la commente. Il a publié ses *Mémoires*.

Gordias MYTH. GR. Humble laboureur qui fut proclamé roi de Phrygie pour s'être présenté sur un char, conformément à la prédiction de l'oracle. Son fils Midas lui succéda. Le char légendaire fut installé dans le temple de Zeus et dédié à ce dieu. Un oracle promit que l'empire d'Asie reviendrait à celui qui dénouerait le nœud inextricable qui attachait le joug au timon du char de Gordias. Alexandre le Grand déjoua la difficulté en tranchant le nœud gordien d'un coup d'épée.

gordien adj. m. *Nœud gordien*: difficulté qui paraît impossible à surmonter. *Trancher le nœud gordien*: résoudre de façon radicale une difficulté.

Gordien Nom de trois empereurs romains. **Gordien Ier** ou **Gordien l'Ancien**, ou **l'Africain** (en latin **Marcus Antonius Gordianus**) 157?-238 Proclamé empereur en 238, en même temps que son fils, il se suicide trois semaines plus tard en apprenant la mort de ce dernier. **Gordien II** (en latin **Marcus Antonius Gordianus Sempronianus**) 192?-238 Fils du précédent, proclamé empereur avec lui, il est tué à Carthage. **Gordien III**, dit **Gordien le Pieux** (en latin **Marcus Antonius Gordianus**) 224?-244 Empereur en 238. Petit-fils de Gordien Ier, il n'a pas 14 ans quand il monte sur le trône impérial et laisse gouverner son beau-père, préfet du prétoire. Il est assassiné par Philippe l'Arabe.

Gordimer (Nadine) 1923 Romancière sud-africaine d'expression anglaise. Ses romans décrivent l'apartheid déchirant son pays, qu'elle a refusé de quitter: *Un monde d'étrangers*, 1979, *Ceux de July* (1981), *Fille de Burger* (1982), *Un caprice de la nature* (1990), *Histoire de mon fils* (1991). Elle est également l'auteur de six recueils de nouvelles.

Gordon (Charles, dit **Gordon Pacha)** 1833-1885 Officier britannique. Il réprima la révolte des Taïping pour l'empereur de Chine en 1864, puis passa au service de l'Égypte et fut nommé gouverneur du Soudan. Il périt en défendant la ville de Khartoum assiégée par l'armée du Mahdi.

Gore (Albert Arnold Gore jr, dit **Al)** 1927 Homme politique américain. Démocrate, il a été vice-président des États-Unis (1993-2001), puis s'est présenté en novembre 2000 contre George Bush jr et a été battu.

Gorée (île de) Île de la côte du Sénégal, face à Dakar, ancien comptoir français d'où l'on expédiait les esclaves vers l'Amérique. Des maisons témoignent de ce passé colonial. L'île fut rattachée en 1929 à Dakar dont elle ferme la rade.

goret n. m. Jeune cochon.

gorge n. f. Partie antérieure du cou. / Cavité intérieure du cou, située à l'arrière de la bouche. *Avoir mal à la gorge.* / Par euph. Poitrine d'une femme. / GÉOL. Vallée profonde et étroite. / ARCHIT. Moulure concave. / Entrée d'un ouvrage fortifié. / TECHN. Partie creuse, rainure. *Gorge d'une poulie. Gorge d'une serrure*: pièce mobile qui immobilise ou libère le pêne dormant.

gorgée n. f. Quantité de liquide bue en une seule fois.

gorger v. t. [1] Faire avaler (qqch.) à (qqn) en quantité, avec excès. *On le gorgea de vin. Gorger une volaille*, la gaver. / Imprégner (qqch.). *La pluie avait gorgé d'eau le terrain.* / v. pron. *Se gorger de*: avaler en quantité, avec excès. *Se gorger de dessert.*

gorgerin n. m. Anc. Partie inférieure du casque qui protégeait le cou. / ARCHI. Partie étroite du chapiteau dorique ou toscan, au-dessus de la colonne.

Gorgias 487?-380? av. J.-C. Sophiste grec dont la pensée fut discréditée par Platon dans *Gorgias ou De la rhétorique*. Dans ce dialogue, Socrate oppose à la rhétorique sophistique que défend Gorgias le discours vrai qui seul permet de préserver la justice dans la cité. Rejetant la loi du plus fort, Platon y développe aussi les principes qui doivent guider l'homme politique au pouvoir.

gorgone n. f. ARCHI. Tête de femme à la chevelure de serpents, utilisée comme ornement. / ZOOL. Cnidaire anthozoaire des mers chaudes, dont les colonies de polypes ont des formes arborescentes ou en éventail.

Gorgones MYTH. GR. Monstres ailés au corps de femme qui avaient pour cheveux des serpents, et qui changeaient en pierre qui osait les regarder. Elles étaient trois sœurs: Sthéno, Euryale et Méduse.

gorgonzola n. m. Fromage de vache italien, bleu crémeux et moelleux.

Gorgonzola *16260 h.* Ville d'Italie, en Lombardie, célèbre pour son fromage.

Gorgulov (Pavel, dit **Paul)** 1895-1932 Extrémiste russe. Pour protester contre la reconnaissance de l'URSS par la France, il assassina Paul Doumer en 1932; jugé, il fut condamné à mort et guillotiné.

gorille n. m. ZOOL. Grand singe anthropoïde des forêts d'Afrique équatoriale, de très grande taille et de stature imposante (il peut atteindre deux mètres de hauteur et peser 250 kg). / Fig. Garde du corps.

Göring Voir **Goering**

Gorizia *37700 h.* Ville d'Italie, dans le Frioul-Vénétie-Julienne, chef-lieu de la province du même nom, à la frontière slovène. Possession autrichienne sous le nom de Görz (ou Goritz), la ville fut âprement disputée par l'Italie et l'Autriche entre 1916 et 1918; elle fut partagée entre la Yougoslavie et l'Italie lors du traité de paix de 1947. La partie slovène de la ville s'appelle Nova Gorica.

***Gorille** des montagnes.*

*Les **gorges** de Galamus, dans l'Aude.*

Gorki (Alexeï Maximovitch Pechkov, dit **Maxime)** 1868-1936 Écrivain russe. Une existence errante et difficile lui inspire des romans où il évoque la vie des pauvres gens et développe des thèses socialistes. *Foma Gordeiev* (1899), *La Mère* (1907) et deux pièces de théâtre influencées par Tchekhov (*Les Petits-Bourgeois*, 1902 et *Les Bas-Fonds*, 1902), lui valent une renommée internationale. Il est arrêté après la révolution de 1905 et libéré un an plus tard. Il quitte alors la Russie et voyage aux États-Unis et en Italie, où il écrit *Enfance* (1913-1914), récit autobiographique. Rentré dans son pays en 1917, il s'attache, avec des résultats souvent décevants, à la défense de la culture et des écrivains, mais doit quitter l'Union soviétique en 1921, à la fois parce que son indépendance gêne, parce qu'il a perdu beaucoup d'illusions et parce que, tuberculeux, il ne peut supporter le climat russe. Entre 1921 et 1928, il séjourne essentiellement à Sorrente et voyage en Allemagne. Revenu en URSS à l'occasion de son soixantième anniversaire, célébré avec éclat, il s'y fixe définitivement en 1929 et son rôle de maître de la littérature sociale russe lui vaut tous les honneurs. Il contribue à élaborer la théorie « du réalisme socialiste » et devient le premier président de l'Union des écrivains soviétiques. De cette époque date *La Vie de Klim Samguine* (tétralogie, 1927-1936). Outre des romans et des pièces de théâtre, Gorki a publié des récits autobiographiques: *Enfance*, *En gagnant mon pain* (1915-1916), *Mes universités* (1923), un volume de souvenirs et ses *Notes de Journal*.

Gorki Voir **Nijni-Novgorod**

Gorky (Vosdanig Adoian, dit **Arshile)** 1904-1948 Peintre américain originaire d'Arménie turque, l'un des représentants de l'abstraction lyrique new-yorkaise. Il évolua vers un art non figuratif sous l'influence de Miró et de Matta.

Gorski (Aleksandr Alekseïevitch) 1871-1924 Danseur et chorégraphe russe. Son goût de l'innovation, sa liberté d'esprit et son réalisme ont renouvelé la présentation des œuvres classiques (*Le Lac des cygnes*, 1911). Il a exercé une forte influence sur le ballet soviétique à ses débuts (*Stenka Razine*, 1918).

Goudéa.

Gortyne Ancienne ville du centre de la Crète fondée au IIe millénaire av. J.-C. Parmi les ruines abondantes (temple, théâtres, thermes), on a retrouvé en 1884 des pierres gravées dont les inscriptions, dites *Lois de Gortyne*, datant du VIe siècle av. J.-C., nous renseignent sur la législation de la société crétoise archaïque.
gosette n. f. En Belgique, chausson aux pommes pouvant contenir, aujourd'hui, des prunes ou des abricots, de forme traditionnellement semi-circulaire.
Gosho Heinosuke 1902-1981 Cinéaste japonais. Auteur, avant la Seconde Guerre mondiale, de films réalistes (*La Danseuse d'Izu*, 1933), il se consacra, après 1945, à la peinture du petit peuple des grandes villes et des banlieues (*Quand le nuage se déchire*, 1961).
gosier n. m. Partie arrière de la bouche et du pharynx; (par ext.), organe de la voix. *Crier à plein gosier.*
gospel n. m. (mot anglais) Chant religieux des Noirs des États-Unis.
Gossaert ou **Gossart (Jan**, dit **Mabuse)** 1478?-1535? Peintre flamand. Il se rendit à Florence, Rome et Venise en 1508-1509; séduit et influencé par l'art italien, il fut l'un des premiers à introduire le répertoire formel de la Renaissance italienne dans l'art flamand.
gosse n. Fam. Enfant. / Pop. *Beau gosse, belle gosse*: beau garçon, belle fille.
Göteborg *459600 h.* Ville et port de la côte sud-ouest de Suède qui doit son développement à la construction, au XIXe siècle, du canal (*Götakanal*) le reliant à la Suède centrale. Plus facile d'accès que Stockholm, Göteborg est le premier port du pays. Carrefour ferroviaire et routier, c'est un important centre industriel (chantiers navals, métallurgie, industrie automobile et alimentaire).
gotha n. m. *Le Gotha*: l'almanach de Gotha. / Par ext. Ensemble de personnalités du monde littéraire, politique, artistique, etc., qui exercent de l'influence et jouissent d'une grande notoriété. *Le gotha de la télévision.*
Gotha *53000 h.* Ville d'Allemagne, en Thuringe, ancienne capitale du duché de Saxe-Cobourg-Gotha.
Gotha (almanach de) Recueil établissant la généalogie des maisons princières d'Europe et des familles ducales européennes, publié annuellement à Gotha de 1764 à 1944.
Gotha (congrès de) Congrès organisé en mai 1875 à Gotha par les deux mouvements socialistes allemands d'alors: un parti fondé par Lassalle et un parti, fondé par Bebel et Liebknecht, d'inspiration marxiste. Le programme qui y fut élaboré officialisa l'unification de ces deux mouvements avec la création du Parti social-démocrate allemand, et en définit les grandes lignes d'action.
• **gothique** adj. et n. **I.** adj. Relatif aux Goths. / Se dit d'une forme d'art qui s'est répandue dans toute l'Europe du XIIe au XVIe siècle. / Se dit d'une écriture manuscrite utilisée du XIIe au XVe siècle, caractérisée par des traits droits et anguleux. **II.** n. m. *Le gothique*: l'art gothique. / n. f. *La gothique*: l'écriture gothique.
Goths Peuple de Germains. Originaires de Scandinavie, ils se sont installés au Ier siècle av. J.-C. à l'embouchure de la Vistule puis, à la fin du IIe siècle de notre ère, au bord de la mer Noire (Ukraine actuelle), étendant leur domination des Carpates au Don. Établis aux frontières de l'Empire romain, ils ravagèrent au IIIe siècle les Balkans et l'Asie mineure. Au IVe siècle, l'évêque Ulfilas les convertit au christianisme arien. L'invasion des Huns (v. 375) les contraignit à se réfugier dans l'Empire romain et marqua définitivement la dissociation, entamée dès la fin du IIIe siècle, des deux rameaux établis de part et d'autre du Dniepr: les Ostrogoths (à l'est) et les Wisigoths (à l'ouest).
gotique n. m. Langue germanique que parlaient les Goths.
Gotland *3100 km² 57100 h.* Île suédoise dans la mer Baltique. Chef-lieu *Visby*. Important carrefour commercial au Moyen Âge, l'île conserve des vestiges de ses anciennes fortifications. Le climat doux favorise l'agriculture (betterave à sucre). Élevage, pêche (hareng). L'île est un plateau calcaire qui alimente des cimenteries. Tourisme développé.
Göttingen *127500 h.* Ville d'Allemagne, en Basse-Saxe. Université fondée en 1737, où enseigna notamment Carl Friedrich Gauss.
Gottwald (Klement) 1896-1953 Homme politique tchécoslovaque. Secrétaire général du parti communiste à partir de 1929, il devint président du Conseil en 1946. En 1948, il élimina du gouvernement les ministres non communistes («coup de Prague»). Il devint alors président de la République (1948-1953).
gouache n. f. Peinture à l'eau, épaissie par addition de gomme et rendue pâteuse. / Œuvre peinte à la gouache.
gouacher v. t. [1] Peindre ou retoucher à la gouache.
gouaille n. f. Verve railleuse et insolente.
gouailleur, euse adj. Qui a de la gouaille. *Ton gouailleur.*
gouda n. m. Fromage de vache hollandais à pâte pressée non cuite, de forme cylindrique.
Gouda *68600 h.* Ville des Pays-Bas, en Hollande-Méridionale. Industries alimentaires (fromages). Église et hôtel de ville du XVe siècle.
Goudéa ou **Gudea** XXIe siècle av. J.-C. Gouverneur de la ville de Lagash, il en fit un centre important de la civilisation néo-sumérienne.
Goudimel (Claude) 1520?-1572 Compositeur français. Auteur de psaumes (notamment plusieurs versions du psautier huguenot), de messes et de motets, il mit également en musique des poèmes de Ronsard et des chansons profanes. Il fut assassiné à Lyon, lors de la Saint-Barthélemy.

La Fontaine des Innocents à Paris, réalisée par **Jean Goujon**.

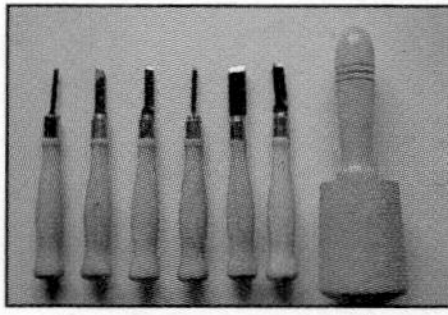

Jeu de **gouges** pour tailler le bois.

goudron n. m. Produit noirâtre, visqueux, obtenu de diverses façons. (Les *goudrons de houille* sont des produits de la distillation de la houille et sont employés à divers usages: calfatage des navires, revêtement des routes; on en tire d'importants dérivés: benzène, acétone. Le *goudron végétal* ou *de bois*, obtenu par carbonisation ou distillation du bois, renferme du naphtalène, de la paraffine. Il existe aussi des *goudrons de pétrole* et des *goudrons animaux*, utilisés comme engrais).
goudronner v. t. [1] Recouvrir (une surface) de goudron. *Goudronner une route.*
goudronneuse n. f. Machine à goudronner.
gouffre n. m. Cavité naturelle largement ouverte et très profonde. / GÉOMORPH. Étroit et profond puits naturel, formation typique du relief karstique. / Fig. Ce qui engloutit beaucoup d'argent. *Cette maison est un gouffre. Être au bord du gouffre*, au bord de la ruine, d'une catastrophe.
gouge n. f. Outil tranchant, à lame courbe, utilisé en menuiserie, en sculpture, en chirurgie.
gougère n. f. Gâteau salé préparé avec de la pâte à choux et du gruyère.
gouille n. f. En Suisse, flaque; petite mare boueuse; fossé plein d'eau.
Gouin (Félix) 1884-1977 Homme politique français. Il rejoignit la France libre à Londres en 1942. Député socialiste, il présida l'Assemblée consultative provisoire à Alger (1943), puis l'Assemblée nationale constituante (1945-1946). Après la démission du général de Gaulle, il dirigea le Gouvernement provisoire de la République française (janvier-juin 1946).
gouine n. f. Péjor., vieilli Homosexuelle.
goujat n. m. Homme grossier.
goujaterie n. f. Attitude, comportement de goujat.
Goujon (Jean) 1510?-1569? Sculpteur et architecte français. Il travailla aux bas-reliefs du jubé de Saint-Germain-l'Auxerrois et à ceux de l'actuel musée Carnavalet. En 1547, il devint sculpteur du roi Henri II et collabora avec Lescot à la décoration du Louvre: bas-reliefs sur la façade de la cour carrée, Caryatides de la tribune des musiciens (1550). Il est l'auteur de la *Fontaine des Innocents* située dans le quartier des Halles à Paris (1549). Son style, qui renoue avec l'esprit classique de la sculpture grecque, atteste sa connaissance de l'art antique et des œuvres italiennes et en fait l'un des sculpteurs les plus importants de la Renaissance. Protestant, il dut quitter la France en 1562 et se réfugia à Bologne.

Gothique (Art)

L'appellation « art gothique », dépréciative à l'origine (« art relatif aux Goths »), est née à la Renaissance pour désigner l'architecture médiévale, si distincte des canons classiques; on distingue aujourd'hui l'art gothique de l'art roman, qui qualifie la période antérieure, et auquel le gothique s'est peu à peu substitué. Né en Île-de-France, il se définit moins par l'emploi de l'arc-boutant (découvert seulement en 1180), de l'arc brisé (ou ogive) et de la voûte sur croisée d'ogives (déjà utilisés à l'époque romane) que par la volonté d'aération et de luminosité: les supports des édifices religieux gagnent en hauteur, les parois s'évident et les ouvertures se multiplient.

Intérieur de la cathédrale de Lincolnshire (XIIe et XIIIe siècle), Angleterre, de style gothique tardif.

Architecture

Les débuts de l'art gothique On trouve des voûtes d'ogives dès la fin du XIe siècle en Normandie (Lessay), en Angleterre et en Italie, mais les maîtres d'œuvre gothiques ont su l'utiliser avec habileté et en ont systématisé l'emploi. Le premier exemple de ce nouveau style date des années 1130-1140: le chœur de la basilique de Saint-Denis, réaménagé sous la direction de Suger. Les architectes gothiques pratiquent l'élévation à quatre niveaux et la voûte en six parties. Un système savant d'ogives réunit, par l'intermédiaire d'une rangée de colonnes, le déambulatoire et les chapelles rayonnantes. La suppression des supports massifs permet de donner un rôle essentiel à la lumière. À la cathédrale de Sens, l'élévation est réduite à trois niveaux, les tribunes sont supprimées et les baies agrandies. La cathédrale de Chartres, reconstruite au début du XIIIe siècle, impose le type du gothique classique: élévation à trois niveaux et voûte quadripartite. La cathédrale de Reims (XIIIe siècle) offre l'un des exemples les plus parfaits du gothique. Cette nouvelle architecture, qui connaît un âge d'or de 1190 à 1260, s'étend rapidement en France et en Europe.

Gothique rayonnant Aux XIIIe et XIVe siècles, les façades s'éclairent de « roses » où s'épanouissent les vitraux: Sainte-Chapelle, cathédrales de Strasbourg et de Metz. Ce nouveau style, dit « gothique rayonnant », se répand dans le sud de la France (Carcassonne), en Allemagne (cathédrale de Cologne) et en Europe du Nord. Diverses tendances se dessinent et se développent en parallèle.

Gothique flamboyant Les églises, de plus en plus vastes et de plus en plus élevées, nécessitent de nombreux éléments de contrebutement: les façades extérieures s'ornent de culées et d'arcs-boutants. À la fin du XIVe siècle, le gothique évolue vers un style flamboyant qui se caractérise par la surenchère décorative. Le « gothique flamboyant » s'illustre jusqu'au XVIe siècle. C'est de cette période que datent la façade de la cathédrale de Tours (XVe) et le portail de la cathédrale de Limoges (XVIe).

Architecture gothique en Europe L'architecture gothique, élaborée en France, se propage en Europe grâce aux moines cisterciens et aux princes qui attirent à leur cour les artistes français. L'Angleterre adopte très tôt ce mode de construction (chœur de la cathédrale de Canterbury, XIIe siècle), mais élabore des formes originales de gothique: cathédrale d'York, de Salisbury. En Espagne, les cathédrales de Burgos et de Tolède sont bâties sur le modèle de celle de Bourges. À Avila, c'est le plan de Vézelay qui est adopté. Mais l'architecture évolue au contact d'autres influences, comme celle de l'art islamique (mudéjares) et oriental. Les éléments mauresques et gothiques s'amalgament dans diverses constructions à Ségovie, Tolède, Burgos et Salamanque. La cathédrale de Séville, entreprise au début du XVe siècle, encore gothique d'esprit, frappe par la simplicité de ses lignes alors que la voûte est d'une richesse foisonnante. L'art de Bourgogne et d'Île-de-France pénètre en Italie (cathédrales de Sienne et d'Orvieto), mais les architectes font appel à d'autres modèles et élaborent un style original (basilique Saint-François à Assise), sauf dans le Sud du pays où s'officialise le gothique français. L'architecture gothique connaît aussi un grand succès aux Pays-Bas, en Flandre et en Allemagne (cathédrale de Trèves), où l'on voit apparaître « l'église-halle » dont la cathédrale de Marbourg est représentative.

Architecture civile L'architecture civile adopte le style ogival: maison de Jacques Cœur à Bourges, hôtel de Cluny à Paris. L'architecture militaire donne de nombreux exemples du style gothique: enceintes fortifiées de Carcassonne et d'Aigues-Mortes.

Sculpture

À l'époque gothique, la sculpture est liée à l'architecture religieuse. Des bas-reliefs ornent les tympans des églises; des statues décorent les trumeaux et des colonnes encadrent les portails. Au milieu du XIIIe siècle, les sculpteurs de la région parisienne exécutent des œuvres où s'équilibrent la puissance monumentale et le raffinement (façade de la cathédrale de Reims, portails des cathédrales de Chartres, de Reims, de Bourges, de Notre-Dame de Paris). À

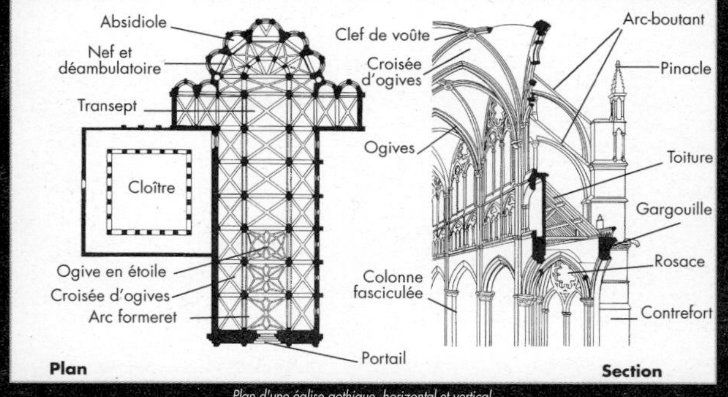

Plan d'une église gothique, horizontal et vertical.

GOTHIQUE (ART) (SUITE)

Détail de la façade de la cathédrale de Salisbury, Angleterre (XIIIe siècle), caractéristique du gothique perpendiculaire.

partir du XIVe siècle, se multiplient les œuvres isolées : statues de dévotion, portraits de donateurs, sculpture funéraire (gisants).

Sculpture gothique en Europe L'Allemagne adopte le maniérisme français. En Italie, Nicola Pisano bouleverse les traditions de la sculpture en s'inspirant des reliefs de l'Antiquité (Pise, Sienne); son fils Giovanni Pisano reprend le modèle paternel. L'influence gothique traverse les Alpes mais reste nuancée par l'inspiration antique. La fin du XIVe siècle est dominée par la personnalité de Claus Sluter, artiste flamand travaillant en Bourgogne : il initie le courant « réaliste » qui se développe au XVe siècle.

Arts plastiques

Vitrail La peinture et l'enluminure du XIIe siècle restent attachées aux traditions romanes, tandis que l'art du vitrail, plus lié à l'architecture, appartient pleinement à l'art gothique. Les tons sont chauds et vibrants, le dessin précis, cerné de plomb, la composition pleine. Le vitrail du XIIIe siècle, marqué par différentes écoles régionales, est généralement moins luxuriant : la palette évolue, accordant une place de choix à la grisaille. Au XIVe siècle, le dessin devient plus délicat. L'art du vitrail se développe surtout en France, puis en Angleterre et en Allemagne. L'importance des fenêtres dans l'architecture gothique ouvre la voie a des progrès techniques qui permettent une plus grande liberté de facture (Chartres, Reims, Sainte-Chapelle, Notre-Dame de Paris).

Enluminure L'enluminure se dégage lentement de l'emprise romane. Influencée par l'art du vitrail, elle adopte un style plus souple vers 1230. Le nouveau style ne commence véritablement à se constituer que sous Saint Louis, au milieu du XIIIe siècle (*Psautier de Blanche de Castille*), et se renouvelle complètement au XIVe siècle (illustration de la Bible) : la technique témoigne de la volonté de réalisme des artistes.

Tapisserie La tapisserie, technique nouvelle (fin XIVe), connaît, comme l'orfèvrerie, un grand essor à l'époque gothique : *L'Apocalypse d'Angers*.

La Résurrection du Christ, détail d'une fresque de la cathédrale de Brunswick, XIIIe siècle.

Peinture La peinture gothique s'épanouit surtout en Italie et aux Pays-Bas, où s'illustrent Rogier Van der Weyden et Jan Van Eyck (*L'Agneau mystique*, 1432). En Italie, Giotto opère une révolution stylistique en introduisant une nouvelle conception du volume et de l'espace, qui annonce la Renaissance. Le style « gothique international », combinant les influences française, italienne (Pisanello) et flamande, se caractérise par des décors irréalistes et des couleurs fraîches.

Le Banquet nuptial de l'Agneau divin ; enluminure (Trinity College, Cambridge).

goujon n. m. ZOOL. Petit poisson de la famille des cyprinidés vivant dans les eaux douces courantes d'Europe occidentale.
goujonnière adj. f. ZOOL. *Perche goujonnière*: grémille.
goulache ou **goulasch** n. m. ou f. (mot hongrois) CUIS. Ragoût de bœuf au paprika, typique de la cuisine hongroise.
Goulag ou **goulag (le)** (acronyme russe pour *g(lavnoje) ou(pravlenie) lag(erej)*, « direction principale des camps de travail ») Ensemble des camps de travail forcé, dans l'ex-URSS.
Gould (Glenn) 1932-1982 Pianiste canadien. À partir de 1964, il abandonne les concerts publics pour se consacrer à l'enregistrement en studio. Il donne une interprétation très personnelle de son large répertoire: Bach (*Variations Goldberg*, 1955, 1981), Haydn, Beethoven, Schoenberg. Il a laissé de nombreux écrits.
Gould (Stephen Jay) 1941-2002 Paléontologue américain. Il s'est intéressé aux rythmes de l'évolution biologique, proposant en 1972, comme une alternative au gradualisme phylétique, le modèle des équilibres ponctués (selon lequel, au cours de l'évolution, les espèces nouvelles apparaissent en un temps bref à l'échelle des processus géologiques, après de longues phases de stase). Il s'est également penché sur les rapports qui existent entre l'ontogénie et la phylogénie et leurs implications dans la théorie de l'évolution (*Ontogeny and Phylogeny*, 1977). Il est l'auteur de nombreux ouvrages de vulgarisation scientifique, dans lesquels il évoque divers aspects de la théorie de l'évolution ainsi que la place qu'occupe la connaissance scientifique au sein de la société (*Le Pouce du Panda*, 1982; *La Malmesure de l'homme*, 1983; *Quand les poules auront des dents*, 1984; *Le Sourire du flamant rose*, 1988; *Les Coquillages de Léonard*, 2001).
goule n. f. Dans la mythologie orientale, vampire femelle.
goulée n. f. Fam. Grosse bouchée ou grosse gorgée. / *Goulée d'air*: quantité d'air aspirée en une seule fois.
goulet n. m. Passage étroit entre deux massifs montagneux. / Entrée étroite d'un port, d'une rade. / *Goulet d'étranglement*: passage étroit qui occasionne des difficultés; au fig., obstacle qui entrave un processus.
Goulette (La) (en arabe *Halq al-Wadi*) *61 610 h.* Ville et port de commerce de Tunisie, sur le golfe de Tunis, reliée à la ville de Tunis par un canal maritime. Station balnéaire.
gouleyant, e adj. Qui se boit facilement, en parlant d'un vin.
goulot n. m. Ouverture étroite et allongée d'une bouteille.
goulu, e adj. Vx Qui a une grande bouche. / Glouton.
goulûment adv. Avec voracité.
goum n. m. (mot arabe) HIST. Au Maroc, du temps du protectorat français, compagnie de supplétifs berbères encadrés par des officiers français.
goumier n. m. HIST. Membre d'un goum. *Au cours de la Seconde Guerre mondiale, les goumiers ont joué un rôle important dans les opérations militaires, notamment en Italie (prise du mont Cassin).*
Gounod (Charles) 1818-1893 Compositeur français. Attiré d'abord par la musique religieuse, organiste et maître de chapelle, il compose notamment un *Te Deum* et un *Requiem*. Il se dirige ensuite vers le théâtre avec *Sapho* (opéra, 1851) et *Le Médecin malgré lui* (opéra comique, 1858), œuvres qui n'ont guère de succès. Il finit pourtant par s'imposer comme auteur lyrique avec *Faust* (1859), d'abord mal accueilli, puis *Mireille* (1864) et *Roméo et Juliette* (1867). Déçu par l'échec du *Tribut de Zamora* (1881), il revient à la musique religieuse (*Rédemption*, 1882). On lui doit également deux symphonies, des messes, des motets, des cantiques, des mélodies, des pièces pour piano et pour orgue. Ses dons mélodiques, son lyrisme, sa parfaite connaissance de la voix humaine et de l'orchestre ont influencé de nombreux musiciens, de Bizet à Debussy.
goupil n. m. Vx Renard.
goupille n. f. Pièce d'assemblage, consistant en une petite tige de métal ou de bois, pénétrant dans les deux pièces à réunir.
goupillon n. m. LITURG. Instrument en bois terminé par une touffe de poils ou une boule percée de trous, utilisé pour les aspersions d'eau bénite. / Fam. et péjor. *Le sabre et le goupillon*: l'armée et l'Église. / Brosse utilisée pour nettoyer les bouteilles.
gour [1] Voir **gara**
gour [2] n. m. GÉOMORPH. Petite cavité à bords abrupts, remplie d'eau.
Gouraud (Henri) 1867-1946 Général français. Il fit carrière au Soudan (1898) et au Maroc (1912-1914). Il se distingua lors de la Première Guerre mondiale; commandant la IVe armée en Champagne, il fit échouer la dernière offensive allemande dans ce secteur et mena victorieusement la contre-offensive (1918). Haut-commissaire en Syrie qu'il contribua à pacifier (1919-1923), il fut gouverneur militaire de Paris de 1923 à 1937.
gourbi n. m. (mot arabe d'Algérie) Habitation rustique d'Afrique du Nord, recouverte de chaume ou de terre. / Fam. Logement misérable.
gourd, e adj. Engourdi. *Avoir les doigts gourds.*
gourde [1] n. f. Plante grimpante de la famille des cucurbitacées dont le fruit (calebasse), vidé et séché, peut servir de récipient. / Par ext. Récipient fait de ce fruit. / Par anal., cour. Petit bidon étanche destiné à transporter de la boisson.
gourde [2] n. f. et adj. Fam. Fille, femme stupide. *Quelle gourde!* / adj. *Elle est vraiment gourde.*
gourde [3] n. f. Unité monétaire de la république de Haïti.
gourdin n. m. Gros bâton très solide, servant à frapper.

***Gousses** de vanille.*

gourer (se) v. pron. [1] Fam. Se tromper.
gourgandine n. f. Vieilli, fam. ou par plaisant. Femme de mœurs légères. / Anc. Corsage souple lacé sur le devant, porté au XVIIe siècle.
Gourgaud (Gaspard, baron**)** 1783-1852 Général français. Il accompagna Napoléon à Sainte-Hélène et écrivit avec Montholon les *Mémoires pour servir à l'histoire de France sous Napoléon* (1822-1825). En 1835, Louis-Philippe le nomma aide de camp.
Gourkhas Voir **Gurkhas**
gourmand, e adj. et n. **I.** Qui aime la bonne nourriture. *Enfant gourmand.* / Subst. Personne gourmande. *Un gâteau qui plaira aux gourmands.* / *Gourmand de*: friand de. *Il est gourmand de sucreries.* / Fig. Dont les besoins sont grands, qui consomme beaucoup. *Une voiture gourmande en carburant, en huile.* **II.** BOTAN. n. m. Rameau ne portant pas de fruit. / Spécial. Stolon de fraisier ne portant pas de fraise. *Débarrasser un fraisier de ses gourmands.*
gourmander v. t. [1] Réprimander (qqn). *Gourmander un enfant.*
gourmandise n. f. Goût prononcé pour les plaisirs de la table.
gourme n. f. Maladie des jeunes chevaux, due à un streptocoque. / Vx Impétigo. / Fig. *Jeter sa gourme*: s'émanciper.
gourmé, e adj. Guindé, d'une gravité affectée.
gourmet n. m. Personne qui apprécie les mets raffinés, les bons vins.
gourmette n. f. Chaîne reliant chaque extrémité du mors d'un cheval et passant sous sa mâchoire inférieure. / Bracelet fait d'une chaîne à mailles aplaties.
Gourmont (Remy de) 1858-1915 Écrivain français. Collaborateur de la revue *Mercure de France*, critique littéraire, il se fait le héraut de la poésie symboliste (*Le Livre des masques*, 1896-1898). Il est l'auteur de nombreux ouvrages de critique littéraire (*Esthétique de la langue française*, 1899, *Promenades littéraires*, 1904-1913) et de romans (*Sixtine*, 1890).
gourou ou **guru** n. m. Dans l'hindouisme, maître spirituel. / (Souvent péjor.) Maître à penser.

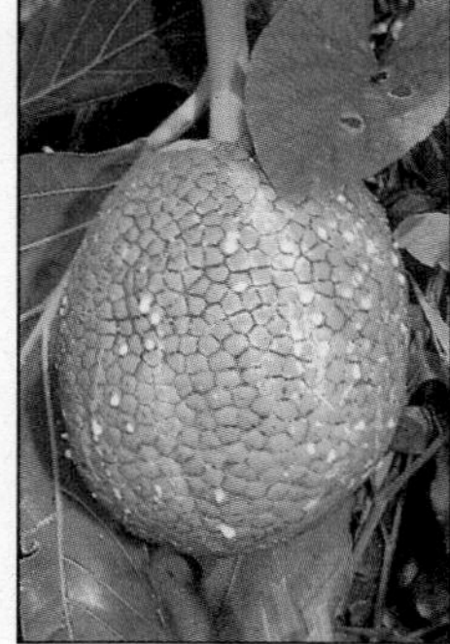

*L'arbre à pain donne des fruits dont le **goût** rappelle celui du pain.*

gousse n. f. BOT. Fruit sec à deux valves des légumineuses. *Une gousse de petits pois, de fèves.* / Abus. *Gousse de vanille*: fruit du vanillier. *Gousse d'ail*: partie d'une tête d'ail.
gousset n. m. Petite poche ronde du pantalon ou du gilet dans laquelle on rangeait sa montre. / TECHN. Pièce d'assemblage triangulaire.
goût n. m. Un des cinq sens, par lequel on perçoit la saveur des aliments grâce aux papilles gustatives situées sur la langue. / La saveur elle-même. *Un goût acide.* / Faculté de discerner ce qui est beau. *Avoir du goût.* / Attirance, penchant pour qqch. *Le goût de l'étude.*
goûter [1] v. t. / v. i. [1] **A.** v. t. Percevoir le goût de; boire ou manger (qqch.) en petites quantités pour en apprécier la saveur. *Goûter un vin, un assaisonnement.* / Trouver agréable, aimer. *Goûter les plaisirs de la table.* Au fig. *Je ne goûte guère ses manières.* / v. t. ind. *Goûter à, de*: boire ou manger une certaine quantité de; consommer pour la première fois. *Il n'a pas goûté au dessert.* Au fig. Faire l'expérience de. *Goûter à l'isolement du cachot.* **B.** v. i. Manger son goûter. *J'avais pris l'habitude de goûter à heure régulière.*
goûter [2] n. m. Collation prise au milieu de l'après-midi.
goûteux, euse adj. Qui a bon goût. *Un mets goûteux.*
goutte [1] n. f. Maladie due à un excès d'acide urique dans le sang et se manifestant par des accès inflammatoires aigus au niveau des articulations, en particulier celle du gros orteil.
goutte [2] n. f. Très petite quantité de liquide de forme sphérique. *Gouttes de pluie.* / Petite quantité de boisson. *Une goutte de lait.* / ARCHIT. Ornement de forme conique dans l'entablement dorique. / (Au plur.) Remède liquide dont les doses sont administrées par gouttes.
goutte-à-goutte n. m. inv. MÉD. Dispositif permettant de régler le débit d'une perfusion; cette perfusion.
gouttelette n. f. Petite goutte.
goutter v. i. [1] Laisser tomber goutte à goutte. *Robinet qui goutte.*
goutteux, euse adj. et n. Atteint de la goutte. / adj. Dû à la goutte.
gouttière n. f. Conduite en métal, fixée sous le bord des toits, qui canalise les eaux

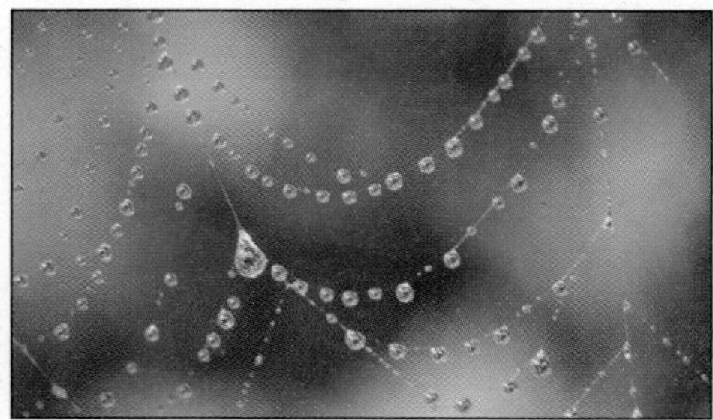

*Fines **gouttelettes** de rosée sur les fils d'une toile d'araignée.*

G

GOYA Y LUCIENTES (FRANCISCO DE)

Saturne dévorant ses enfants, *1820-1823* (Musée du Prado, Madrid).

Il se forma à Saragosse où il réalisa des commandes religieuses pour la cathédrale et le palais Sobradiel (v. 1770-1772), puis des fresques pour l'église Nuestra Señora del Pilar (1780-1782). En 1786, il est nommé peintre du roi Charles III et, en 1789, à l'avènement de Charles IV, peintre de la chambre du roi. Il réalise de nombreux portraits d'apparat, dont *La Famille de Charles IV* (1800), où percent tantôt la lucidité et la férocité de son regard, tantôt sa sensibilité délicate.
Frappé de surdité en 1792, coupé du monde extérieur, il traverse une crise profonde. Ses thèmes se teintent de noirceur et de violence, et il prend plus de liberté dans la facture de ses œuvres. Il exécute une série de gravures, *Les Caprices*, qu'il publie en 1799 : images satiriques et caricaturales de la société et de ses vices, qui accordent une large place au fantastique, elles sont retirées de la vente par peur de l'Inquisition. Il achève en 1814 la série d'eaux-fortes, commencée en 1810, intitulée *Les Désastres de la guerre*, dénonçant avec violence la cruauté des guerres napoléoniennes, et commémore dans deux tableaux dramatiques les débuts de l'insurrection espagnole (*Le Deux Mai* et *Le Trois Mai 1808*, 1814). En 1819, il couvre sa maison, la *Quinta del Sordo* (« maison du sourd »), de 14 peintures murales représentant des visions hallucinées.
En 1824, Goya fuit l'Espagne absolutiste de Ferdinand VII pour s'installer à Bordeaux, où il réalise *La Laitière de Bordeaux* et les lithographies des *Taureaux de Bordeaux*. Influencé par Vélasquez, dont il a gravé les tableaux à partir de 1778, Goya, à la recherche d'une expression libre, s'est libéré des règles classiques pour se forger un langage plastique très personnel.
Son œuvre, extrêmement abondante et variée, s'exprime tantôt par l'horreur, tantôt par la critique sociale (*Le Tribunal de l'Inquisition*), tantôt par la sensualité (*La Maja nue*), tantôt par la douceur de l'enfance (*Manuel Osorio*, 1787, *Mariano Goya*, 1813), tantôt par le fantastique. Elle a ouvert la voie à la peinture moderne.

de pluie. / CHIR. Appareil entourant un membre fracturé pour l'immobiliser.
gouvernail n. m. Plaque orientable de bois ou de métal plongeant dans l'eau et servant à diriger un bateau. / *Gouvernail de profondeur*, servant à régler la montée et la descente d'un sous-marin. / Fig. Direction. *Quitter le gouvernail.*
gouvernance n. f. Manière de gouverner. / Au Sénégal, ensemble des services administratifs d'une région ; édifice qui les abrite ; résidence du gouverneur.
gouvernant, e adj. (rare) et n. Qui gouverne. *Instance gouvernante.* / n. *Conférence réunissant les gouvernants de nombreux pays.*
gouvernante n. f. Femme qui a la charge d'éduquer des enfants. / Femme qui dirige le ménage d'une personne seule. / Femme chargée de l'ensemble de la domesticité.
gouverne n. f. *Pour ta (votre, sa...) gouverne* : pour te (vous, lui...) servir de règle de conduite. / MAR. Action de piloter une embarcation. *Aviron de gouverne.* / AÉRON. Chacun des organes (aileron, empennage, etc.) permettant de diriger un avion. *Gouvernes de profondeur, de direction.*
gouvernement n. m. Action de gouverner, de diriger les affaires publiques d'un pays. / Régime politique d'un État. *Gouvernement républicain.* / Organes de l'État qui exercent le pouvoir exécutif ; ensemble des ministres. *Chef du gouvernement* : en France, Premier ministre. / Territoire placé sous l'autorité d'un gouverneur. / Vx Direction, conduite. *Le gouvernement des âmes.*
Gouvernement provisoire de la République française (G.P.R.F.) 3 juin 1944-16 janvier 1947 Nom pris, à Alger, le 3 juin 1944, par le Comité français de libération nationale, fondé à Londres par le général de Gaulle. Présidé par de Gaulle, le G.P.R.F. siégea à Paris à partir d'août 1944, après le débarquement des Alliés en Normandie. Après la démission du général de Gaulle, en janvier 1946, il fut présidé successivement par Félix Gouin (janvier-juin 1946), Georges Bidault (juin-novembre 1946), Léon Blum (décembre 1946-janvier 1947). Il eut à résoudre des problèmes particulièrement difficiles : reconstruction économique et sociale du pays, épuration, remise en cause des institutions. L'adoption par référendum de la Constitution de la IVe République (octobre 1946) et l'élection de son premier président, Vincent Auriol (janvier 1947), mirent un terme à cette période de transition.
gouvernemental, ale, aux adj. Du gouvernement. *Programme gouvernemental.* / Proche du gouvernement ; qui soutient le gouvernement. *Presse gouvernementale.*
gouverner v. t. [1] Tenir le gouvernail de, diriger (une embarcation). / Assurer le gouvernement de (un peuple, un pays). / Diriger. *Gouverner sa maison.* Au fig. *Se laisser gouverner par les vices.* / GRAMM. Régir (une proposition syntaxique). *Les verbes exprimant le doute gouvernent le subjonctif.*
gouverneur n. m. HIST. Officier royal placé à la tête d'une province. *Gouverneur du Languedoc.* / Haut fonctionnaire représentant la métropole dans une colonie, en Algérie. *Gouverneur général de l'A.-O. F.* / *Gouverneur général du Canada* : chef de l'État canadien, qui représente la reine d'Angleterre. / MILIT. Chef de place. *Le gouverneur militaire de Paris.* / Directeur de certaines grandes institutions financières. *Le gouverneur de la Banque de France.* / Aux États-Unis, chef du pouvoir exécutif dans un État. / Anc. Précepteur. *Gouverneur des enfants de France.*
Gouvion-Saint-Cyr (Laurent, marquis **de)** 1764-1830 Maréchal de France. Il participa aux campagnes du Premier Empire en Prusse (1806-1807), en Espagne et en Russie (1812). Nommé ministre de la Guerre par Louis XVIII, il fit voter une loi réorganisant l'armée (*loi Gouvion-Saint-Cyr*, 1818) : l'obtention des grades étant désormais soumise à l'ancienneté, il n'était plus possible aux nobles d'accéder directement au grade d'officier.
goy n. (mot hébreu) Personne non-juive, pour un juif. Pl. Des *goys* ou des *goyim.*
• **Goya y Lucientes (Francisco de)** 1746-1828 Peintre et graveur espagnol.
goyave n. f. Fruit comestible du goyavier, de couleur jaune, en forme de poire, à la chair blanche ou rose.
goyavier n. m. BOT. Arbre de la famille des myrtacées, originaire d'Amérique tropicale, dont le fruit est la goyave.
Goytisolo (Juan) 1931-1999 Romancier espagnol. Il critique l'Espagne franquiste (*Jeux de mains*, 1954, *Fiestas*, 1958, *Danses d'été*, 1962), expérimentant par la suite des techniques narratives proches du « nouveau roman » français (*Pièces d'identité*, 1966 ; *Paysages après la bataille*, 1982). *Barzach* (1991), inspiré par ses voyages au Maroc, manifeste encore son vif intérêt pour les événements politiques de son temps.
Gozzi (Carlo) 1720-1806 Écrivain italien. Il défendit, contre Goldoni, la tradition théâtrale italienne. Il a composé, entre 1761 et 1765, des pièces de théâtre tirées de contes de fées : *L'amour des trois oranges*, *Le Corbeau*, *Le Roi cerf*, *Turandot* (qui a inspiré un opéra à Puccini).
Gozzoli (Benozzo di Lese, dit **Benozzo)** 1420-1497 Peintre italien. Élève de Ghiberti puis de Fra Angelico, c'est un décorateur brillant au style précieux (*Le Cortège des Rois mages*, 1459-1460).
G.P.L. n. m. Sigle de *gaz de pétrole liquéfié.*
G.P.S. n. m. Sigle de l'anglais *Global Positioning System*, système de localisation par satellites, utilisé à des fins militaires ou civiles.
Graal ou **Saint-Graal (le)** Vase sacré qui aurait servi à Jésus-Christ pour la Cène et dans lequel Joseph d'Arimathie aurait recueilli le sang qui coulait des plaies de Jésus lors de sa Crucifixion. La « quête » (recherche) du Graal devint un thème d'inspiration majeur du roman courtois et de la poésie médiévale : le roman en vers de Chrétien de Troyes, *Perceval ou le Conte du Graal* (v. 1180), et celui de Robert de Boron, *L'Histoire du Graal*, racontent la quête allégorique du Graal par les chevaliers de la Table ronde. Wagner a repris ce thème dans son opéra *Parsifal* (1882).
grabat n. m. Lit misérable.
grabataire adj. et n. Se dit d'un malade qui ne peut quitter le lit.
graben n. m. (mot allemand) GÉOMORPH. Fosse tectonique.
grabuge n. m. Pop. Querelle bruyante ; bagarre. / Par ext. Dégâts. *Il y a du grabuge !*
Gracchus Nom de deux frères, tribuns du peuple romains, issus d'une branche plébéienne de la gens Sempronia, dits en français *les Gracques*. **Tiberius Sempronius Gracchus** 162-133 av. J.-C. Tribun en 133 av. J.-C., il fit voter une loi agraire redistribuant aux citoyens pauvres les terres illégalement acquises par les nobles. Il fut tué au cours d'une émeute provoquée par

Le Cortège des rois mages, de **Benozzo Gozzoli**, 1459 (Palais Medici-Riccordi, Florence).

Les Trois **Grâces**, de Rubens, vers 1636 (Musée du Prado, Madrid).

les grands propriétaires, hostiles à la réforme. **Caius Sempronius Gracchus** 154-121 av. J.-C. Frère du précédent, il fut tribun en 124 av. J.-C., continua l'œuvre entreprise par son frère, mais il fut massacré avec trois mille de ses partisans et les lois des Gracques furent abolies.

grâce n. f. et loc. prép. **A.** n. f. Faveur accordée à qqn par bienveillance, sans y être obligé. *Demander une grâce. Être dans les bonnes grâces de qqn*: disposer de sa bienveillance. Ant. Disgrâce. *Action de grâces*: prière de remerciement à Dieu. / Manifestation de reconnaissance. *Rendre grâce(s) à qqn*, le remercier. / Pardon, indulgence. *Demander grâce. Faire grâce à qqn de qqch.*, l'en dispenser. *Coup de grâce*, qui met un terme aux souffrances de qqn ou qui achève de le perdre. / DR. Remise de peine, partielle ou totale, accordée à un condamné. / THÉOL. Don surnaturel accordé par Dieu aux hommes pour leur salut. *État de grâce*: état de celui qui n'a pas commis de péché, dont les péchés ont été absous; au fig., période particulièrement propice, favorable. / Charme d'une personne lié à sa beauté, à l'aisance de ses mouvements ou à une harmonie intérieure. / En Angleterre, titre donné à un duc ou à un archevêque anglican. **B.** loc. prép. *Grâce à*: avec l'aide de. *J'ai obtenu cela grâce à votre intercession.*

Grâces (les) MYTH. ROM. Déesses de la Beauté. Elles sont trois: Aglaé, Thalie et Euphrosyne. Elles correspondent aux Charites des Grecs, qui les considèrent comme des filles de Zeus.

gracier v. t. [1] DR. Accorder la grâce à (un condamné).

gracieusement adv. Avec grâce; aimablement; gratuitement.

gracieuseté n. f. (Souvent iron.) Action, parole aimable. / (Par antiphrase) *Il a débité un lot de gracieusetés*, de paroles désagréables.

gracieux, euse adj. **I.** Qui est accordé sans contrepartie. *À titre gracieux*: gratuitement. / DR. *Juridiction gracieuse*, qui est exercée en dehors de tout litige, par oppos. à *contentieux*. **II.** Qui a de la grâce; charmant, joli. Ant. Disgracieux.

gracile adj. Frêle, trop mince.

gracilité n. f. Caractère de ce qui est gracile.

Gracq (Louis Poirier, dit **Julien)** 1910 Écrivain français. Auteur d'essais sur la littérature, il y révèle son penchant pour le surréalisme (*André Breton*, 1948) tout en prônant la subjectivité dans l'art (*En lisant, en écrivant*, 1980). Ses romans, empreints d'une atmosphère onirique, accordent une grande place aux symboles et à l'insolite: *Au château d'Argol* (1938), *Un beau ténébreux* (1945), *Le Rivage des Syrtes* (1951, prix Goncourt refusé par l'auteur: il avait pourfendu cette institution dans *La Littérature à l'estomac* en 1950), *Un balcon en forêt* (1958). *La Presqu'île* (1970) regroupe trois récits.

gradation n. f. Accroissement ou affaiblissement par degrés. / RHÉT. Succession de mots ou d'expressions de valeur croissante ou décroissante.

grade n. m. Degré d'une hiérarchie, en particulier de la hiérarchie militaire. *Monter en grade. Grade universitaire*: degré d'études attesté par un diplôme. / MATH. Unité de mesure d'angle plan, égale à 1 / 100 de l'angle droit (symbole: gr). *Un grade vaut 0,9 degré.* / TECHN. Indice de viscosité d'une huile de graissage.

gradé, e adj. et n. Qui a un grade dans une hiérarchie. *Soldat gradé. Saluer un gradé.*

gradient n. m. PHYS. Taux de variation d'une grandeur (température, pression) en fonction de la distance (verticale, horizontale). *Gradient de température*, mesuré en degrés par 100 m. *Gradient de pression*, mesuré en millibars par 100 km. / BIOL. Variation progressive d'une propriété physiologique, d'une grandeur biochimique dans un organisme, dans une cellule. / MATH. *Gradient d'une fonction*: vecteur dont les coordonnées sont les dérivées partielles de la fonction par rapport à chacun des axes d'une base canonique orthonormée.

gradin n. m. Chacun des bancs d'un amphithéâtre disposés à des hauteurs croissantes. / Chacun des étages d'un terrain, d'une construction à plans successifs. / Petite marche formant étagère sur un meuble.

gradualisme n. m. Caractère de ce qui progresse de manière graduelle. / En partic. BIOL. *Gradualisme phylétique*: théorie selon laquelle, au cours de l'évolution, les espèces nouvelles apparaissent d'une manière graduelle, par l'accumulation lente et régulière d'infimes changements.

graduation n. f. Action de graduer un instrument de mesure; ensemble des divisions ainsi portées.

gradué, e adj. Progressif. / Pourvu d'une graduation.

graduel, elle [1] adj. et n. m. Par degré. *Une progression graduelle.*

graduel [2] n. m. LITURG. CATHOL. Pendant la messe, chant exécuté avant l'évangile; livre qui contient les parties chantées de la messe.

graduellement adv. Par degrés.

graduer v. t. [1] Diviser en degrés, en intervalles égaux. *Graduer un baromètre, une règle.* / Augmenter progressivement (qqch.). *Graduer les difficultés d'une épreuve.*

Graf (Stefi) 1969 Joueuse de tennis allemande. Championne olympique en 1988, vainqueur de nombreuses fois en France et en Angleterre, elle a dominé le tennis mondial de 1987 à 1996.

graff n. m. Abréviation de graffiti, composition picturale à base de tags bombés sur un mur.

graffiti n. m. (mot italien) Inscription ou dessin tracés sur un mur. Pl. Des *graffitis* ou des *graffiti*.

Graham (terre de) Péninsule de l'Antarctique, au sud du cap Horn, revendiquée par la Grande-Bretagne, l'Argentine et le Chili.

Graham (Thomas) 1805-1869 Chimiste écossais. Il énonça en 1846 la loi de la vitesse de diffusion des gaz à travers les cloisons poreuses (*loi de Graham*).

Graham (Martha) 1894-1991 Danseuse et chorégraphe américaine, pionnière de la danse moderne. Ses recherches esthétiques l'ont conduite à révolutionner le ballet moderne. Auteur d'une technique chorégraphique, elle a fondé une école en 1927 et une troupe en 1930. Elle fut active jusque dans les années 1980. Elle a créé notamment: *Lamentation* (1930), *Cave of the Heart* (1946), *A Time of Snow* (1968), *Lucifer* (1975), *The Rite of Spring* (1984).

Grains *de blé.*

graillon n. m. Péjor. Friture, débris d'aliments brûlés. *Odeur de graillon.*

graillonner [1] v. i. [1] Fam. Tousser en crachant.

graillonner [2] v. i. [1] Prendre une odeur de graillon.

grain n. m. Tout fruit, toute graine de petite taille et de forme plus ou moins sphérique. *Grain de raisin, de café.* / *Le grain, les grains*: les graines des céréales. *Poulet de grain*, nourri au grain. / Petit corps plus ou moins sphérique. *Grain de poussière, de sel.* / Petite aspérité à la surface d'une pierre, d'une étoffe, d'un cuir; aspect plus ou moins grenu d'une surface. *Grain de la peau. Grain de beauté*: petite tache ou saillie pigmentaire sur la peau. / PHOTO. Ensemble des particules plus ou moins fines formant l'émulsion. / Très petite quantité. *Il est parfois utile d'avoir un grain de bon sens.* / Fig. fam. *Avoir un grain*: être un peu fou. / Ancienne unité de masse valant 0,053 g. / MAR. Coup de vent brusque et passager; (par ext.), averse soudaine. / Fig. *Veiller au grain*: être sur ses gardes.

graine n. f. BOT. Chez les végétaux spermaphytes, organe végétal résultant du développement de l'ovule après la fécondation, qui assure généralement la dissémination de ces plantes. *La graine est contenue dans le fruit chez les angiospermes, elle*

Phases du développement de la ***graine****. Le tégument éclate; l'embryon, encore sans chlorophylle, se développe d'abord à partir des réserves à sa disposition avant que, à l'air libre, la plantule verdisse, grâce à la photosynthèse, ce qui rend la plante autonome.*

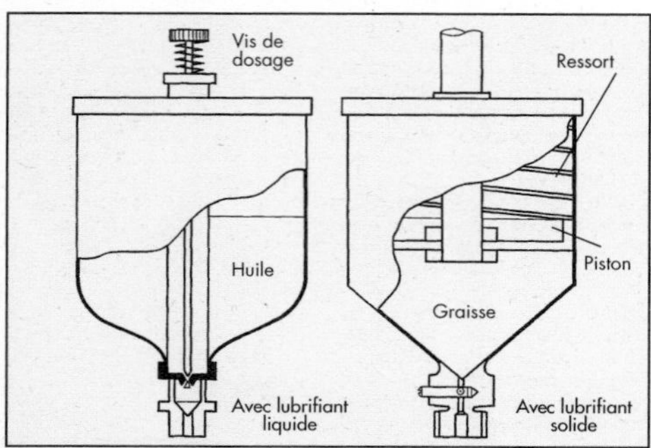

***Graissage** d'un mécanisme à l'aide d'un lubrifiant.*

est nue chez les gymnospermes ; elle se compose d'une amande qui enveloppe l'embryon et les cotylédons, et d'un tégument extérieur. / Fig., fam. *En prendre de la graine*: en tirer une leçon. / *Mauvaise graine*: mauvais sujet. / (Souvent péjor.) *Graine de*, pour exprimer ce qu'on pense qu'une personne deviendra. *Ces enfants, c'est de la graine de voleur !* / Fam. *Casser la graine*: manger. / ZOOL. Œuf du bombyx du mûrier. / GÉOPHYS. Partie interne du noyau terrestre.

grainer ou **grener** v. i. [1] Venir à graine, produire des graines.

graineterie n. f. Commerce, magasin de grainetier.

grainetier, ère n. Personne qui produit, vend des graines.

Graisivaudan ou **Grésivaudan (le)** Région française qui occupe une partie de la vallée de l'Isère, dans le sillon alpin. Cette riche plaine agricole (vigne, arbres fruitiers, élevage) fut rapidement industrialisée (métallurgie, chimie, papeterie) grâce aux possibilités hydroélectriques et à la proximité de Grenoble.

graissage n. m. TECHN. Action de graisser ; son résultat.

graisse n. f. Substance onctueuse, qui fond entre 25 et 50 °C, d'origine animale, végétale, minérale. *La margarine est un mélange fait essentiellement de graisses végétales. La graisse de porc est le saindoux. La graisse de moteur est d'origine minérale.* / Adiposité, embonpoint. / TYPO. Épaisseur des pleins d'une lettre, dans un caractère d'imprimerie. / Altération de certaines boissons alcooliques qui prennent une consistance visqueuse.

graisser v. t. [1] Enduire (qqch.) de graisse. *Graisser le fond d'un plat.* Ant. Dégraisser. / Loc. fig. et fam. *Graisser la patte à qqn*, le payer frauduleusement.

graisserons n. m. pl. Rég. Dans le sud-ouest de la France, conserve faite de morceaux de lard et de tous les éléments qui, dans la préparation du confit de porc, d'oie et de canard, n'en sont pas partie intégrante, que l'on fait longuement cuire ensemble et que l'on passe à la moulinette. *On appelle aussi les graisserons de volaille rillettes d'oie, rillettes de canard.* Syn. gratons.

graisseur, euse n. m. et adj. Professionnel préposé au graissage. / Appareil, dispositif servant à répartir un lubrifiant à l'intérieur d'un mécanisme. / adj. *Godet graisseur.*

graisseux, euse adj. De la nature de la graisse. / Souillé de graisse.

gram n. m. inv. MICROBIOL. *Gram positif (gram +), gram négatif (gram -)* : types de bactéries qui se distinguent par leur réaction à la coloration de Gram.

Gram (Hans Christian Joachim) 1853-1938 Médecin danois. On lui doit une technique de coloration des bactéries qui permet leur classement. *Coloration de Gram*: technique de coloration qui consiste à faire agir sur les bactéries une préparation à base de violet de gentiane, à les laver à l'alcool puis à appliquer un second colorant (solution de fuchsine) ; les bactéries gram positif gardent le premier colorant, tandis que les bactéries gram négatif sont décolorées par l'alcool et prennent le second colorant.

graminées ou **graminacées** n. f. pl. BOT. Famille de plantes monocotylédones, à petites fleurs groupées en épis (épillets), à fruits secs riches en amidon (caryopses), comprenant plusieurs milliers d'espèces. *Les graminées comprennent la majorité des plantes herbacées des prairies, des savanes, des steppes, les céréales, le bambou, la canne à sucre.* Syn. poacées.

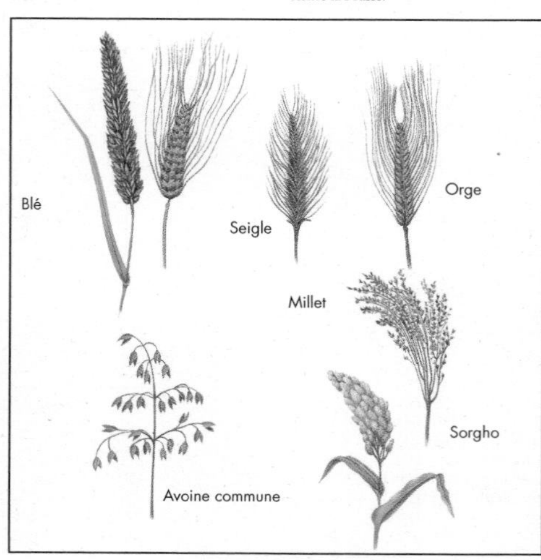

*Diverses espèces de **graminées**.*

grammaire n. f. Ensemble des règles qui définissent l'usage correct d'une langue parlée ou écrite. *Grammaire normative*, qui établit les règles. *Faute de grammaire.* / Étude descriptive d'une langue, de ses formes (morphologie) et de son fonctionnement (syntaxe). *Grammaire historique, comparée.* / Manuel ou traité de grammaire.

grammatical, ale, aux adj. Propre ou relatif à la grammaire. Analyse grammaticale. / Qui suit les règles de la grammaire. *Veillez à ce que vos phrases restent grammaticales.*

grammaticalement adv. Du point de vue de la grammaire.

gramme n. m. Unité de masse du système C.G.S., valant un millième de kilogramme (symbole : g).

Gramme (Zénobe) 1826-1901 Électricien et inventeur belge. Il imagina le collecteur qui permit la réalisation d'appareils à courant continu et présenta en 1871 à l'Académie des sciences la première dynamo, la *machine Gramme.*

Grammont (Jacques Delmas de) 1796-1862 Général et homme politique français. La *loi Grammont*, qu'il fit voter en 1850, interdit le mauvais traitement des animaux.

Gramont (maison de) Famille française originaire de Navarre. **Antoine III**, duc **de Gramont** 1604-1678 Maréchal de France, il prit part à la guerre de Trente Ans et resta fidèle au roi pendant la Fronde. Il a laissé des *Mémoires.* **Philibert**, comte **de Gramont** 1621-1707 Frère du précédent. Rival amoureux de Louis XIV, il fut exilé en Angleterre. L'écrivain irlandais Hamilton, son beau-frère, écrivit en français *Les Mémoires de la vie du comte de Gramont* (1715). **Antoine Agénor**, duc **de Gramont** 1819-1880 Diplomate et homme politique français. Il fut ministre des Affaires étrangères en 1870 ; son intervention auprès de Napoléon III, qui fut à l'origine de l'affaire de la dépêche d'Ems, contribua à entraîner la France dans la guerre contre la Prusse.

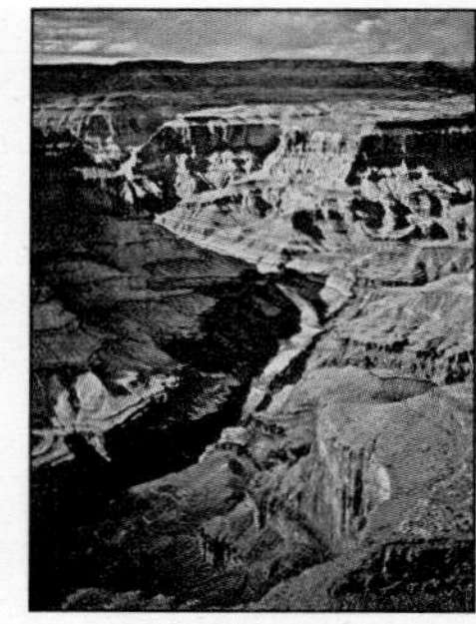
***Grand Canyon**.*

Grampians (monts) Massif cristallin d'Écosse, culminant au Ben Nevis (*1 343 m*), et entaillé de profonds fjords (ou firths) sur son rebord occidental. Élevage et tourisme.

Gramsci (Antonio) 1891-1937 Philosophe et homme politique italien. En 1921, il fonda le Parti communiste italien (P.C.I.) avec Togliatti. Opposant au régime fasciste, il fut arrêté en 1926 et poursuivit en prison son œuvre de théoricien du marxisme, interrompue par sa mort prématurée : *Cahiers de prison* (1929-1935), *Lettres de prison.* Son travail, publié à partir de 1947, a marqué le marxisme de l'après-guerre.

Granados y Campina (Enrique) 1867-1916 Compositeur et pianiste espagnol. Il allie son inspiration romantique à des rythmes populaires : *Danses espagnoles* (1892), *Goyescas* (1911). Il a composé des opéras, des pièces de musique symphonique, de musique de chambre, et des morceaux pour chant et piano.

grand, e adj. et n. **A.** adj. D'une taille, de dimensions supérieures à la moyenne, par oppos. à *petit. Un homme grand. Un grand arbre. Une grande ville.* / Qui dépasse quelque peu la valeur définie. *Une grande heure. Un grand mois.* / Par ext. Intense, abondant. *Un grand froid. Une grande fortune. Laver à grande eau.* / *Au grand jour, au grand air*: en plein jour, en plein air. / Fig. Important. *Les grandes dates de l'histoire. Un grand homme.* / (Dans les surnoms) Prestigieux. *Alexandre le Grand.* / (Dans les titres, augmentant la dignité). *Grand officier.* / Loc. *Les grandes personnes*: les adultes. **B.** n. Qui n'est plus petit, qui n'est plus enfant, personne adulte. *C'est une grande, maintenant. Avoir le droit de veiller avec les grands.* / n. m. Personne importante par sa condition, son rang, etc. *Les grands de ce monde.* / (Spécial.) n. m. pl. *Les grands*: les États du monde les plus puissants. / HIST. Membre de la haute noblesse. *Les grands d'Espagne.* **C.** adv. Avec ampleur. *Voir, prévoir grand. Voir les choses en grand.* / En loc. (se rapportant à un nom féminin) Principal, de premier ordre. *La grand-route. La grand-messe.*

grand-angle ou **grand-angulaire** n. m. OPT. Objectif à focale courte, couvrant un large champ. Pl. Des *grands-angles*, des *grands-angulaires.*

Grand Canyon Gorges spectaculaires du fleuve Colorado, aux États-Unis (Arizona) : 450 km de long, de 1,5 à 30 km de large, 1 600 m de profondeur maximale. C'est l'un des sites naturels les plus visités au monde. Parc national.

La Grande-Motte.

Grand Chien (le) Constellation australe ; voir **constellation**.
grand-croix n. f. inv. Grade le plus élevé dans les ordres de chevalerie. / n. m. Personne titulaire de ce grade. Pl. Des *grands-croix*.
grand-duc n. m. Titre du souverain d'un grand-duché. *Le grand-duc de Luxembourg*. / HIST. Titre des membres de la famille impériale de Russie. Pl. Des *grands-ducs*.
grand-duché n. m. Pays dont le souverain a le titre de grand-duc ou de grande-duchesse. Pl. Des *grands-duchés*.
Grande-Bretagne *225 000 km² 55 600 000 h.* La plus grande des deux îles principales formant l'archipel britannique. Elle comporte l'Angleterre, le pays de Galles et l'Écosse. On désigne également par ce nom abrégé le *Royaume-Uni de Grande-Bretagne et d'Irlande du Nord*.
grande-duchesse n. f. Femme d'un grand-duc ou souveraine d'un grand-duché. *La grande-duchesse Maria-Teresa de Luxembourg. Élisa Bonaparte, grande-duchesse de Toscane.* / HIST. Titre des princesses de la famille impériale de Russie. Pl. Des *grandes-duchesses*.
Grande-Grèce Nom donné, dans l'Antiquité, à l'ensemble (sans unité politique) des régions d'Italie du Sud et de Sicile colonisées par les Grecs à partir du VIIIᵉ siècle av. J.-C. Ils fondèrent notamment Syracuse en 734 av. J.-C. et, en 600 av. J.-C., l'ancêtre de Naples. Malgré des rivalités meurtrières, ces colonies connurent un développement rapide et virent rayonner la civilisation hellénique jusqu'en 272 av. J.-C. (prise de Tarente par les Romains).
Grande Illusion (la) 1937 Film français de Jean Renoir, écrit par Charles Spaak et Jean Renoir, retraçant la vie de prisonniers français dans un camp allemand pendant la Première Guerre mondiale, puis leur évasion. Les principaux rôles étaient tenus par Jean Gabin, Eric von Stroheim, Pierre Fresnay, Julien Carette, Marcel Dalio.
grandement adv. Beaucoup ; avec munificence ; avec générosité.
Grande-Motte (La) *6 500 h.* Commune de l'Hérault, au fond du golfe d'Aigues-Mortes. Station balnéaire. Port de plaisance.
Grande Ourse (la) Constellation boréale ; voir **constellation**.
Grande-Terre *595 km² 185 370 h.* Île orientale de l'archipel formant la Guadeloupe. Chef-lieu *Pointe-à-Pitre*.
grandeur n. f. Caractère de ce qui est grand, important. *La grandeur d'un danger.* / Importance sociale, puissance. *Du temps de sa grandeur. Avoir la folie des grandeurs* : avoir des envies, une ambition démesurées. / Élévation morale. *Grandeur d'âme.* / Taille, dimension. *Évaluer la grandeur d'une pièce.* / loc. adj. ou adv. *Grandeur nature* : aux dimensions réelles *Un portrait grandeur nature. Ordre de grandeur* : dimension approximative. / MATH., PHYS. Quantité, propriété susceptible d'être mesurée. *Grandeur physique.*
Grand-Guignol (le) Théâtre parisien (Montmartre), actif de 1895 à 1962, qui se spécialisa dans les pièces d'épouvante.
Grandier (Urbain) 1590-1634 Ecclésiastique français. Curé d'une paroisse de Loudun, il inspira à quelques ursulines de la ville une brûlante passion ; en proie à des troubles hystériques, elles prétendirent qu'il les avait envoûtées. il fut brûlé comme sorcier.
grandiloquence n. f. Caractère de ce qui est grandiloquent.
grandiloquent, e adj. D'une éloquence emphatique, pompeuse.
grandiose adj. Majestueux, imposant.
grandir v. i. / v. t. [2] **A.** v. i. Devenir plus grand, croître, se développer. *Ses enfants ont grandi.* / Par ext. *Son prestige a grandi.* **B.** v. t. Rendre plus grand, faire paraître plus grand. *Ses talons la grandissent plus encore.* / Fig. Élever moralement. *Cette épreuve l'a grandi.*
grandissant, e adj. Qui grandit, qui va en s'accroissant.
Grand Jeu (le) Éphémère (trois numéros) revue littéraire fondée en 1928 par Roger Vailland, Roger Gilbert-Lecomte, René Daumal et Joseph Sima, qui donna son nom à un groupe d'écrivains rassemblés autour d'elle. Elle s'attaquait au rationalisme, pensait que le langage créait la pensée, et s'attachait à la recherche d'une métaphysique de l'action en étudiant le fait religieux dans sa pureté. Né dans la mouvance surréaliste, le Grand Jeu sera en butte aux anathèmes de Breton et disparaîtra en 1930.
Grand Lac Salé (en anglais *Great Salt Lake*) Marécage salé des États-Unis qui s'étend sur *4 700 km²*, au Nord de l'Utah, près de Salt Lake City. La secte des Mormons s'est établie sur ses rives au XIXᵉ siècle.
grand-livre n. m. COMPTA. Registre sur lequel on reporte les opérations du journal et qui regroupe tous les comptes de l'entreprise. / FIN. Liste de tous les créanciers de l'État. Syn. Grand-livre de la Dette publique. Pl. Des *grands-livres*.
grand-maman n. f. Fam. Grand-mère. Pl. Des *grand(s)-mamans*.
Grandma Moses (Anna Mary Robertson, Mrs Thomas E. Moses, connue sous le nom de**)** 1860-1961 Peintre américaine. Fermière de Nouvelle-Angleterre, elle se mit avec passion à la peinture à 80 ans. Autodidacte, elle se consacra au paysage (la figure humaine ne l'intéressait pas, et elle ne fut jamais vraiment à l'aise avec le monde animal) avec une délicatesse, une sensibilité et un sens de la couleur qui en firent un peintre naïf internationalement reconnu.
Grand Meaulnes (le) 1913 Roman d'Alain-Fournier qui restitue l'atmosphère de rêve et d'irréalité du monde de l'enfance et de l'adolescence : le héros, Augustin Meaulnes, aime passionnément Yvonne de Galais.
grand-mère n. f. Mère du père ou de la mère. Pl. Des *grand(s)-mères*.
grand-messe n. f. Messe chantée solennelle, par oppos. à la *messe basse*. / Fig., fam. Célébration solennelle d'un événement politique, culturel, sportif, etc. Pl. Des *grand(s)-messes*.
grand-papa n. m. Fam. Grand-père. Pl. Des *grands-papas*.
grand-peine (à) loc. adv. Avec beaucoup de difficultés.
grand-père n. m. Père du père ou de la mère. Pl. Des *grands-pères*.
grand-rue n. f. Rue principale, centrale. *Traverser la grand-rue.* Pl. Des *grand(s)-rues*.
Grands Lacs (américains) Nom collectif donné à cinq immenses lacs voisins d'Amérique du Nord, partagés par la frontière entre les États-Unis et le Canada : les lacs Supérieur (*84 130 km²*), Huron (*61 800 km²*), Michigan (*58 020 km²*), Érié (*25 610 km²*) et Ontario (*18 940 km²*).
Grands Lacs africains Nom collectif donné aux grands lacs d'Afrique de l'Est. Les plus vastes sont, du nord au sud, les lacs Victoria (*68 100 km²*), Tanganyika (*32 890 km²*, jusqu'à *1 460* m de profondeur) et Malawi (*30 800 km²*).
grands-parents n. m. pl. Le grand-père et la grand-mère, du côté paternel et/ou maternel.
Grandville (Jean Ignace Isidore Gérard, dit**)** 1803-1847 Dessinateur et graveur français. Son goût du fantastique, allié à une verve caricaturale et satirique, fait de lui un précurseur du surréalisme. Il a illustré les *Fables* de La Fontaine, *Robinson Crusoé* de Daniel Defoe, *Les Voyages de Gulliver* de Jonathan Swift. Il a publié *Scènes de la vie privée et publique des animaux* (1842), *Un autre monde* (1844), *Fleurs animées* (1847).
grand-voile n. f. La plus grande voile d'un voilier. Pl. Des *grand(s)-voiles*.
Granet (François) 1775-1849 Peintre français. Élève de David, ce fut également un ami d'Ingres. Auteur de portraits, il a peint des intérieurs d'églises. Ses toiles manifestent un sens subtil de la lumière. Ses aquarelles, les vues de Rome en particulier, préfigurent l'art de Corot.
grange n. f. Bâtiment clos où l'on entrepose les récoltes, le fourrage, dans une exploitation agricole. / HIST. Au Moyen Âge, exploitation agricole dépendant d'une abbaye. *Les granges cisterciennes.*
Granier-Deferre (Pierre) 1927 Cinéaste français : *La Veuve Couderc* (1973), *Le Chat* (1974), *L'Étoile du nord* (1982).
Granique (le) Petit fleuve d'Asie Mineure sur la rive duquel Alexandre le Grand vainquit l'empereur perse Darios III en 334 av. J.-C.
granite ou **granit** n. m. GÉOL. Roche métamorphique, lourde, compacte et imperméable, composée de cristaux de quartz, de feldspath et de mica répartis de manière uniforme.
granité, e adj. et n. m. Ayant l'aspect grenu du granite. / n. m. Tissu à gros grains. / Sorbet à consistance granuleuse.
granitique adj. De granit.
granivore adj. et n. Qui se nourrit de graine. *Un oiseau granivore. Un granivore.*
granny-smith n. f. inv. (mots anglais) Variété de pomme verte à chair ferme et acidulée.
Gran Sasso d'Italia Massif des Abruzzes où se trouve le point culminant des Apennins : le Corno Grande (*2 912 m*).
Grant (Ulysses) 1822-1885 Général et homme politique américain. Commandant l'armée fédérale pendant la guerre de Sécession, il obligea le général sudiste Lee à capituler. Membre du parti républicain, il fut élu président en 1868 et réélu en 1872.

Rochers de ***granite***.

Cary Grant.

Grant (Archibald Alexander Leach, dit **Cary)** 1904-1986 Acteur américain d'origine britannique. Son charme et son humour firent de lui l'un des plus subtils interprètes de la comédie américaine : *Cette Sacrée Vérité* (1937), *L'Impossible M. Bébé* (1938), *Arsenic et vieilles dentelles* (1944), *Chérie, je me sens rajeunir* (1952), *Opération jupons* (1959), *Charade* (1963). Son talent de comique ne l'a pas empêché d'incarner des rôles dramatiques, notamment sous la direction d'Hitchcock : *Soupçons* (1941), *Les Enchaînés* (1946), *La Mort aux trousses* (1959).

granulat n. m. Ensemble des éléments inertes (sable, notamment) entrant dans la composition des bétons, des mortiers.

granulation n. f. Formation de petits grains par agglomération ou fragmentation d'une substance. / MÉTAL. Coulée d'un métal dans un liquide refroidisseur permettant d'obtenir des fragments aux formes arrondies. / MÉD. Formation de petites nodosités sur les muqueuses ou dans les organes. / ASTRON. *Granulation solaire* : ensemble des granules disposés en réseau sur la photosphère du Soleil.

granule n. m. Petit grain. / PHARM. Médicament présenté sous forme de petite pilule. / ASTRON. Élément brillant de forme irrégulière et de petites dimensions, observable sur la surface de la photosphère solaire. Syn. Formation en grain de riz.

granulé, e adj. et n. m. Qui présente une granulation. / n. m. PHARM. Médicament présenté sous forme de petit grain irrégulier enrobé de sucre.

granuleux, euse adj. Formé de grains. *Substance granuleuse.*

granulie n. f. MÉD. Forme aiguë et généralisée de la tuberculose, caractérisée par la présence de granulations dans les organes atteints, en particulier les poumons. Syn. Tuberculose miliaire.

granulocyte n. m. BIOL. Leucocyte présentant un noyau à plusieurs lobes et des granulations spécifiques. Syn. Polynucléaire. *On distingue trois variétés de granulocytes : les granulocytes basophiles, neutrophiles et éosinophiles.*

granulome n. m. MÉD. Petite tumeur d'origine inflammatoire.

granulométrie n. f. GÉOL. Branche de la pétrographie qui étudie les propriétés et les dimensions des fragments rocheux.

graphe n. m. MATH. *Graphe d'une fonction d'une variable* : représentation graphique, dans un système d'axes de coordonnées, de toutes les valeurs prises par la fonction pour toutes les valeurs possibles de la variable. *Le graphe d'une fonction polynôme à une variable, du premier degré, est une droite.* / MATH. Structure mathématique constituée d'un ensemble de points (les sommets du graphe) et d'un ensemble de couples de ces points (les arêtes reliant ces sommets); figure représentant cette structure mathématique. *La théorie des graphes connaît de nombreuses applications pratiques.*

graphème n. m. LING. La plus petite unité graphique dans un système d'écriture.

graphie n. f. Manière dont un mot est écrit.

graphiose n. f. BOT. Maladie cryptogamique de l'orme, véhiculée par certains coléoptères (scolytes).

graphique adj. et n. m. Qui représente par des figures, des signes. / Relatif au dessin et, par ext., aux procédés d'impression. *Arts et industries graphiques.* / n. m. Représentation figurée d'un phénomène, d'une évolution; tracé d'un appareil d'enregistrement. *Le graphique d'un sismographe.*

graphiquement adv. À l'aide d'un graphique, d'un dessin, de l'écriture.

graphisme n. m. Caractère particulier d'une écriture. / BX-ARTS Qualité d'un dessin, d'un tracé.

graphiste n. Dessinateur spécialisé dans les arts graphiques.

graphite n. m. GÉOL. Carbone naturel qui se présente sous la forme d'un cristal à contour hexagonal.

graphologie n. f. Étude scientifique de l'écriture manuscrite considérée comme une expression de la personnalité.

graphologique adj. Relatif à la graphologie.

graphologue n. Spécialiste de graphologie.

grappa n. f. (mot italien) Eau-de-vie de marc de raisin, fabriquée en Italie.

grappe n. f. Inflorescence comportant un axe principal sur lequel s'insèrent des rameaux séparés portant les fleurs et, après développement, les fruits. *Grappe de raisin, de groseilles, de glycine.* / Assemblage serré de personnes ou d'objets.

grappillage n. m. Action de grappiller.

grappiller v. i. / v. t. [1] **A.** v. i. Cueillir des grappes de raisin çà et là. **B.** v. t. Fig. *Grappiller des informations*, les récolter au hasard. *Grappiller de l'argent* : emprunter de petites sommes à diverses personnes (rarement avec l'intention de les leur restituer).

grappin n. m. MAR. Ancre formée de quatre pointes recourbées. / TECHN. Partie articulée d'un appareil de levage pour saisir des matériaux. / Crochet que l'on fixe aux pieds pour grimper aux arbres. / Fig., fam. *Mettre le grappin sur qqn*, l'accaparer. *Mettre le grappin sur qqch.*, s'en emparer.

graptolit(h)es n. m. pl. PALÉONT. Classe d'animaux marins de l'ère primaire, coloniaux et planctoniques, rattachés aux hémicordés.

gras, grasse adj. et n. m. **A.** adj. Qui est formé de graisse ou qui en contient. *Viande grasse. Corps gras* : corps qui, lorsqu'il tache le papier, le rend translucide (huile, beurre, graisse, suif, cire). / Préparé avec de la graisse, de la viande. *Bouillon gras.* (Par ext.) *Jours gras* : les trois jours précédant le carême, où l'Église catholique permettait aux fidèles de manger de la viande, par oppos. à *jours maigres. Mardi gras.* / CHIM. *Acides gras* : acides non ramifiés, comportant un nombre pair d'atomes de carbone, qui se forment à partir d'un dérivé de l'acide acétique. *Les acides gras sont les acides stéarique, oléique, palmitique, butyrique.* / Qui a beaucoup de graisse, en parlant d'une personne, d'un animal. / Qui est sali de graisse. *Eaux grasses. Papier gras. Peau grasse*, affectée de séborrhée. / Qui a la consistance, l'aspect de la graisse. *Terre grasse.* / *Plantes grasses*, à feuilles et à tiges gorgées d'eau, épaisses et charnues. / TYPO. *Caractères gras*, épais, par oppos. à *maigre.* / Graveleux. *De grasses plaisanteries.* **B.** n. m. Substance grasse. *Tache de gras.* / Partie grasse de la viande. / *Le gras de la cuisse, de la jambe* : la partie la plus charnue. Ant. Maigre.

*Vue panoramique de **Grasse**.*

gras-double n. m. Membrane comestible de l'estomac du bœuf. Pl. Des *gras-doubles.*

Grass (Günter) 1927 Écrivain allemand. Essayiste engagé, poète et auteur de pièces de théâtre (*Les Méchants Cuisiniers,* 1961), il peint un univers cruel, absurde et inquiétant, reflet de cette génération meurtrie par les séquelles du nazisme et de la guerre. Dans ses romans, il mêle le réalisme et le fantastique : *Le Tambour* (1959), adapté au cinéma par Volker Schlöndorff, *Les Années de chien* (1963), *Le Turbot* (1977), *Toute une histoire* (1995) où il critique la réunification allemande.

Grasse *41 388 h.* Ville des Alpes-Maritimes, centre de villégiature dans l'arrière-pays niçois, spécialisé dans la culture des fleurs et l'industrie des parfums.

grassement adv. Généreusement.

Grasset (Bernard) 1881-1955 Éditeur français. En 1907, il fonda sa maison d'édition, qui publia souvent à compte d'auteur au début : en 1913, paraît *Du côté de chez Swann*, de Marcel Proust. Il a joué un rôle important dans l'édition française de l'entre-deux-guerres : il crée en 1921 la collection des « Cahiers verts » et publie Giraudoux, Mauriac, Morand, Montherlant, Drieu la Rochelle, Cocteau, Cendrars, Giono, Radiguet, inaugurant de nouveaux procédés de publicité et de lancement. Bernard Grasset est l'auteur de plusieurs essais : *Remarques sur l'édition* (1928), *La Chose littéraire* (1929).

Grappe de raisin.

grasseyement n. m. Fait de grasseyer.

grasseyer v. i. [1] (Par oppos. à la prononciation de ceux qui *roulent les r*) Prononcer de la gorge la lettre *r. Grasseyer comme à Paris, dans le Nord.*

grassouillet, ette adj. Dodu, un peu gras.

Gratiant (Gilbert) 1895-1985 Écrivain français d'origine martiniquaise. Il revendiqua, contre les tenants antillais de la négritude, le double héritage africain et européen (*Credo des Sang-Mêlé*, 1948) et écrivit ses poèmes en français, en créole ou en mêlant les deux langues.

Gratien (en latin **Flavius Gratianus)** 359-383 Empereur romain d'Occident en 375. Fils de Valentinien Ier, il lui succéda en Occident et partagea le pouvoir avec son frère Valentinien II. À la mort de Valens, il confia le trône d'Orient à Théodose Ier, qui le poussa à combattre le paganisme.

gratifiant, e adj. Valorisant, psychologiquement satisfaisant. *Métier gratifiant.*

gratification n. f. Somme d'argent versée en plus de ce qui est dû. / Satisfaction psychologique, valorisation.

gratifier v. t. [1] Accorder une faveur à. *Gratifier qqn d'une pension, d'un sourire.* Par ironie. *Gratifier qqn d'un reproche.*

gratin n. m. Vx Ce qui reste attaché au fond d'une casserole après la cuisson d'un plat. / Croûte grillée (chapelure, fromage râpé) qui recouvre certains plats passés au four; le plat ainsi préparé. *Gratin dauphinois* / Fig., fam. Ensemble de personnes que leur pouvoir, leurs manières, leurs richesses font considérer comme la partie supérieure de la société, d'un certain milieu. *Le gratin de la politique.*

gratiné, e adj. et n. f. **I.** Couvert de gratin. *Courgettes gratinées.* / n. f. Soupe à l'oignon gratinée. **II.** Fig., fam. Surprenant, singulier; osé. *Gratiné, son culot ! Ce film est gratiné.*

gratiner v. t. / v. i. [1] CUIS. Préparer au gratin. / v. i. Dorer pendant la cuisson.

gratis adv. et adj. inv. (mot latin) Sans payer. *Entrer gratis.* / adj. *Place gratis.*

Gratte-ciel.

gratitude n. f. Reconnaissance pour un bienfait.
gratteron ou **grateron** n. m. Plante très répandue, nommée aussi gaillet, dont les fruits et la tige sont couverts de poils munis de crochets. *Dans les parlers occitans, le gratteron se nomme (selon les vocalisations) « agafarous » ou « gaffarot ».*
gratons n. m. pl. Rég. Syn. de graisserons.
grattage n. m. Action de gratter; résultat de cette action.
gratte-ciel n. m. inv. Immeuble de très grande hauteur.
gratte-cul n. m. Fam. Syn. de cynorrhodon. Pl. Des *gratte-cul(s).*
gratte-papier n. m. inv. Péjor. Employé de bureau.
gratter v. t. / v. i. [1] **A.** v. t. Frotter en raclant, en entamant. *Gratter le parquet. Le chien gratte la terre avec ses pattes.* / Ôter en grattant. *Gratter le vernis. Gratter une inscription.* / Fig., fam. Prélever ou obtenir (un petit profit). *Gratter vingt euros, quelques secondes.* / Causer une irritation, une démangeaison à. *La laine gratte la peau.* / Frotter (une partie du corps) avec les ongles. *Gratte-moi le dos.* / v. pron. *Se gratter la tête.* **B.** v. i. / v. t. ind. Produire un grattement. *Le chat gratte à la porte.* / v. t. ind. Jouer médiocrement (d'un instrument à cordes). *Gratter de la guitare.*
grattoir n. m. Instrument servant à gratter, à frotter, à racler.
gratuit, e adj. Donné, reçu gratis. *Place gratuite.* / Sans raison, sans motif légitime. *Méchanceté gratuite. Acte gratuit*, désintéressé, libre de tout calcul.
gratuité n. f. Caractère de ce qui n'est pas payant. / Caractère de ce qui est fait sans motif. *La gratuité d'un acte.*
gratuitement adv. De manière gratuite.
grau n. m. Rég. En Languedoc, passage naturel ouvert dans un cordon littoral et faisant communiquer la mer avec un étang côtier.
grauwache ou **grauvacke** n. f. GÉOL. Roche sédimentaire composée de feldspath, de fragments de roches métamorphiques et de quartz. *Les grauwaches sont les composants caractéristiques des dépôts dans les géosynclinaux.*
gravats n. m. pl. Matériaux de démolition. / Partie du plâtre restant après le tamisage.
grave adj. et n. m. **A.** adj. Qui est important ou qui peut avoir des suites fâcheuses, dangereuses. *Faute grave. Maladie grave.* / Sérieux et posé. *Un visage grave.* / ACOUST. Se dit d'un son, d'une voix dont la fréquence est basse, par oppos. à *aigu.* / GRAMM. *Accent grave*, incliné de gauche à droite. **B.** n. m. (En musique, en acoustique) Ensemble des fréquences basses, par oppos. à l'*aigu. On entend bien les graves dans cette pièce.*
graveleux, euse adj. Licencieux et vulgaire. *Des propos graveleux.* / BOT. Se dit d'un fruit dont la pulpe contient des cellules pierreuses formant des grains durs. / GÉOL. Mêlé de gravier. *Terrain graveleux.*
gravelle n. f. MÉD., vx Petit calcul rénal; maladie caractérisée par la présence de ces calculs.
graver v. t. [1] Tracer (des traits, des motifs) sur (une surface dure) à l'aide d'un outil tranchant ou par un procédé chimique. *Graver du bois, du cuivre. Graver un nom sur la pierre.* / (Spécial.) Tracer (sur un disque) un sillon qui porte un enregistrement. *Graver un CD-ROM.* / Fig. Imprimer durablement. *Graver une date dans sa mémoire.*
graves n. f. pl. et n. m. GÉOL. Terrain formé de graviers alluvionnaires dans le Bordelais. / n. m. Vin produit dans la région des Graves.
Graves (les) Région du Bordelais (Gironde), sur la rive gauche de la Garonne, en bordure de la forêt landaise. Sur le sol caillouteux (les graves), on cultive un vignoble renommé (Médoc et Graves de Bordeaux).
gravement adj. De manière grave.
gravettien adj. et n. m. PRÉHIST. Qui concerne un faciès du Paléolithique supérieur (de 27 000 à 20 000 avant notre ère, entre l'Aurignacien et le Solutréen). *L'art gravettien, dont les premiers témoignages ont été découverts sur le site de La Gravette (Dordogne), se caractérise par des figurines de femmes aux volumes stylisés.* / n. m. Ce faciès.
graveur, euse n. Personne qui grave, qui pratique la gravure. / n. m. TECHN. Transducteur électromagnétique qui transfère des informations analogiques ou numériques sur un disque.
gravide adj. En état de gestation.
gravidique adj. MÉD. Relatif à la grossesse, à la gestation.
gravier n. m. Ensemble de très petits cailloux. / GÉOL. Roche détritique formée de sables grossiers et de petits cailloux.
gravifique adj. Qui concerne la gravitation.
gravillon n. m. Gravier fin obtenu par concassage, utilisé pour le revêtement des routes, la confection des bétons.
gravillonner v. t. [1] Garnir de gravillon.
gravimètre n. m. TECHN. Instrument qui mesure l'intensité de l'accélération de la pesanteur sur la Terre.
gravimétrie n. f. PHYS. Branche de la géodésie qui étudie les variations de l'accélération observée à la surface de la Terre. / CHIM. Méthode d'analyse quantitative par pesées.

Gravure polonaise du XVIIIe siècle.

L'opéra de Graz.

gravir v. t. [2] Monter avec effort. *Gravir une colline.* Au fig. *Gravir les échelons d'une profession.*
gravissime adj. Extrêmement grave.
gravitation n. f. Attraction universelle, une des trois interactions fondamentales de la physique.
♦ La propriété de cette interaction se traduit par la force attractive qui s'exerce entre tous les corps ayant une masse. C'est Newton qui a, le premier, formulé la loi de la gravitation universelle: deux corps ponctuels de masse m et m', situés à une distance r l'un de l'autre, s'attirent avec une force dirigée selon une droite qui les joint, dont l'intensité est proportionnelle à leur masse respective et inversement proportionnelle au carré de la distance qui les sépare: $F = G \bullet m \bullet m'/r^2$ (G, constante universelle, dite constante de gravitation, a pour valeur: $G = 6{,}672 \bullet 10^{-11} \bullet m^2 \bullet kg^{-2}$).
gravitationnel, elle adj. Qui concerne la gravitation.
gravité n. f. Caractère d'une personne grave; attitude pondérée, réservée; sérieux. *La gravité de l'assistance. Un message plein de gravité.* / Caractère de ce qui est grave, dangereux. *La gravité d'un problème, d'une blessure.* / PHYS. Force de gravitation exercée par un corps quelconque sur un autre corps quelconque (gravité du Soleil exercée sur les planètes du système solaire). *Centre de gravité*: point d'application de la résultante des forces de pesanteur s'exerçant sur tous les points d'un corps. / MUS. Caractère d'un son grave.
graviter v. i. [1] Se mouvoir selon la loi de la gravitation. *Tous les corps, sans exception, contenus dans l'Univers gravitent.* / Fig. Évoluer dans l'entourage de.
graviton n. m. PHYS. NUCL. Particule hypothétique introduite en physique fondamentale afin de tenter d'unifier les trois forces fondamentales: force électromagnétique, force nucléaire et gravitation. *Le graviton, dont l'existence n'a pas encore été mise en évidence, serait le quantum de la force de gravitation.*
gravois n. m. pl. TECHN. Gravats.
gravure n. f. Action de graver. / Art de graver; procédé employé pour graver. *Gravure au burin. Gravure à l'eau forte.* / Travail du graveur; estampe. *Gravure sur cuivre. Les gravures de Picasso.* / Par ext. Toute image, toute illustration imprimée. *Ouvrage orné de gravures en noir et blanc.* / Action de transcrire un enregistrement sonore sur un disque; l'enregistrement lui-même.
gray n. m. PHYS. Unité S.I. de mesure de dose absorbée de rayonnements ionisants (symbole: Gy). (1 Gy est égal à la dose absorbée capable de céder 1 joule d'énergie par kilogramme de matière irradiée (1 Gy = 1 J / kg); le Gy a remplacé le rad dont la valeur était de: 1 rad = 10^{-2} Gy.)
Gray (Stephen) 1670?-1736 Physicien anglais. L'un des premiers à étudier l'électricité, il révéla l'existence de corps conducteurs et isolants et découvrit l'électrisation par influence.
Gray (Thomas) 1716-1771 Poète anglais. Son *Élégie écrite dans un cimetière de campagne* (1751) le rendit célèbre. Son œuvre annonce le romantisme (*Le Barde, Les Parques, La descente d'Odin*).
Gray (William) 1901-1978 Physicien anglais. Il étudia les effets de la radioactivité. On désigne par gray (Gy) l'unité de mesure, dans le système S.I., des doses de rayonnement absorbées.
Graz *237 810 h.* Ville d'Autriche, capitale de la Styrie, dans le sud-est du pays. Centre industriel et touristique. Cathédrale gothique (XVe siècle). Université (XVIe siècle).
Graziani (Rodolfo, marquis de Neghelli**)** 1882-1955 Maréchal italien. Vice-roi d'Éthiopie en 1936-1937, il fut vaincu par les Anglais en Libye en 1940. Il fut ministre de la Guerre dans le gouvernement républicain de Mussolini de 1943 à 1945. Condamné par un tribunal italien, il fut emprisonné de 1945 à 1950.
gré n. m. Convenance. *Trouver qqch. à son gré. De gré à gré*: par convenance mutuelle. *Agir selon son gré*, selon son goût. / Volonté. *Agir de son plein gré*, librement. *De bon gré*: volontiers. *De mauvais gré*: par obligation. *Bon gré, mal gré*: qu'on le veuille ou non. *De gré ou de force*: volontairement ou sous la contrainte. / *Savoir gré à qqn*, lui être reconnaissant.
Gréban (Arnoul) 1420?-1471 Poète dramatique français, auteur d'un *Mystère de la Passion* (v. 1450), l'œuvre dramatique la plus grandiose qu'ait inspirée le christianisme. Elle comporte près de 35 000 vers; la représentation s'étendait sur quatre journées.
grèbe n. m. ZOOL. Oiseau aquatique de l'ordre des podicipédiformes, au bec pointu, aux pattes lobées (non palmées), très bon nageur, qui se nourrit de poissons.
grec, grecque adj. et n. Relatif à la Grèce. *Un(e) Grec(que).* / *Église grecque*: Église orthodoxe autocéphale de Grèce. / n. m. Langue indo-européenne parlée en Grèce.
• **Grèce** État d'Europe, au sud de la péninsule balkanique.

GRÈCE

Superficie : *131 990 km²* – **Nombre d'habitants :** *10 600 000 h.* – **Capitale :** *Athènes*
Villes principales : *Thessalonique, Patras* – **Système politique :** *république* – **Langue(s) :** *grec*
Religion(s) : *christianisme orthodoxe* – **Monnaie(s) :** *euro*

Voir l'Atlas

Géographie

La Grèce, divisée en neuf régions, comprend une partie continentale (Thrace à l'est, Macédoine au nord, terminée par la péninsule de Chalcidique) prolongée par une péninsule montagneuse et déchiquetée, entourée d'îles. La péninsule comprend : l'Épire, région montagneuse que la chaîne du Pinde (qui culmine à *2637 m* au Smolikas) sépare de la Thessalie, plaine cultivée, fermée au nord par les massifs de l'Olympe (*2917 m*); la Grèce centrale, constituée de massifs montagneux irréguliers (Parnasse, *2457 m*); au sud, le Péloponnèse, relié au continent par l'isthme de Corinthe, et qui offre, à l'exception de la plaine d'Argolide, un paysage aride traversé par des chaînes montagneuses (Taygète, *2404 m*; Killini, *2376 m*; Érymanthe, *2223 m*).
Les îles constituent également des régions : îles Ioniennes, îles de la mer Égée et Crète. Les îles représentent un quart de la superficie du pays : à l'ouest, les îles Ioniennes (Corfou, Leucade, Céphalonie, Zante, Ithaque); au sud, Cythère et la Crète; dans la mer Égée, au sud les Cyclades (Andros, Tinos, Mykonos, Délos, Naxos, Paros, Milo) et les Sporades du Sud (Rhodes, Samos, Icarie, Cos, Karpathos), au centre l'île d'Eubée, formant une région avec la Grèce centrale, et les Sporades du Nord (Skyros, Skopelos); au nord et à l'est, Thasos, Samothrace, Lemnos, Lesbos, Chio. Le climat est méditerranéen, chaud et sec l'été, avec des influences continentales dans le nord, mais la fragmentation du relief entraîne de nombreux microclimats. La population grecque se concentre dans les plaines côtières; près d'un tiers se regroupe dans l'agglomération d'Athènes. L'émigration est importante.

Vue de Mykonos, l'une des plus pittoresques des îles Cyclades.

Économie

Peu favorisée par les sols pierreux, la sécheresse et la petite taille des exploitations et des surfaces cultivables, l'agriculture, qui occupait encore 40 % de la population active en 1971, en emploie 25 % aujourd'hui. Elle progresse malgré tout, en partie grâce à l'adhésion de la Grèce à la CÉE (1981), même si les excédents s'exportent de moins en moins bien. C'est une agriculture de type méditerranéen fondée sur le blé, la vigne, les oliviers, le tabac, le coton, les agrumes et l'élevage ovin et caprin. La pêche fournit un complément alimentaire. Les ressources minières sont faibles (le sous-sol contient essentiellement de la bauxite; les hydrocarbures sont importés), ce qui freine le développement industriel. Les deux grands ports, Athènes (Le Pirée) et Salonique, ont vu la création de complexes industriels à proximité : industries alimentaires, textiles, chimiques, fabriques de cigarettes. Le déficit de la balance commerciale est atténué par la flotte marchande, une des premières du monde, le tourisme, les envois de devises des travailleurs émigrés et l'aide importante de l'Union européenne. Les écarts de revenus avec la communauté européenne ont commencé de diminuer; alors que le pays n'avait d'abord pu satisfaire aux critères adoptés à Maastricht, la Grèce a obtenu le droit d'utiliser l'euro en janvier 2001.

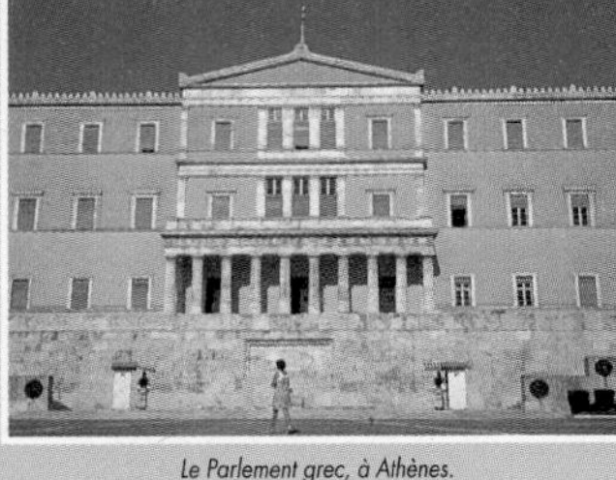

Le Parlement grec, à Athènes.

Histoire

La Grèce est déjà habitée au Néolithique : les premiers établissements humains apparaissent dès le Vᵉ millénaire av. J.-C. Des vagues de migrations successives peuplent le pays. C'est en Crète que se développe la civilisation préhellénique la plus brillante, dès le IIIᵉ millénaire : la *civilisation minoenne*, qui dominera le monde grec jusqu'en 1400 environ av. J.-C. Au début du IIᵉ millénaire arrivent en Grèce de nouveaux envahisseurs, des Indo-Européens venus du nord, en qui on s'accorde à reconnaître les premiers Grecs : les *Achéens*. Une civilisation brillante se développe vers 1580, proche de la civilisation crétoise et considérée comme la première civilisation hellénique : on l'appelle *civilisation mycénienne*, du nom de l'un de ses foyers de rayonnement, Mycènes. Les tablettes en linéaire B découvertes à Pylos datent de cette époque. De petits royaumes se créent et s'étendent. Au début du XIIIᵉ siècle, le chef des Achéens, Agamemnon, prend et détruit Troie (Homère en fera le récit légendaire dans *L'Iliade*). Au XIIᵉ siècle av. J.-C., un autre peuple venu du nord, les Doriens, envahit et ravage la péninsule; une partie des Grecs, fuyant devant eux, s'établit en Arcadie, puis en Ionie (littoral de l'Asie Mineure) et dans les îles méditerranéennes.
C'est donc dans les îles et terres de la côte orientale de la mer Égée, territoire appelé la *Grèce d'Asie*, que s'instaure le centre de rayonnement de l'hellénisme. La civilisation mycénienne disparaît; de grands changements politiques et culturels interviennent. La période qui suit les invasions doriennes, du XIᵉ au IXᵉ siècle av. J.-C., reste peu connue; seuls les poèmes d'Homère, qui vécut au IXᵉ siècle, apportent quelques informations.
Dès *l'époque archaïque* (VIIIᵉ-VIᵉ siècle), le cadre de la vie grecque est la cité, ou *polis*, État indépendant formé d'une capitale et de la campagne environnante. Le régime oligarchique se substitue aux régimes monarchiques. Du VIIᵉ au VIᵉ siècle av. J.-C., les cités se multiplient : un intense mouvement de colonisation les fait essaimer sur le pourtour de la Méditerranée, surtout en Sicile et dans le sud de l'Italie, que l'on appelle la *Grande-Grèce*. Ces cités, très jalouses de leur indépendance, entretiennent de nombreuses querelles. Elles sont toutefois unies par la langue et par la religion; les grands sanctuaires de Delphes, d'Éleusis et d'Olympie sont les rendez-vous du monde grec; on y consulte les oracles, on y dispute, en l'honneur des dieux, des jeux qui imposent une trêve sacrée; on y engage aussi des tractations diplomatiques.
Les jeux Olympiques sont célébrés pour la première fois en 776 av. J.-C., date qui marque le point de départ de la chronologie grecque. Du VIIIᵉ au VIᵉ siècle, deux cités dominent le monde grec. Sparte, État oligarchique et militaire, possède une armée puissante qui établit son hégémonie sur tout le Péloponnèse. Athènes, tournée vers la mer et le grand commerce, supprime la royauté et instaure l'archontat (magistrats élus). En 507 av. J.-C., Clisthène dote Athènes d'institutions démocratiques. Au début du Vᵉ siècle av. J.-C., les cités grecques doivent faire face aux ambitions de Darios Iᵉʳ, maître de l'Empire perse qui cherche à étendre sa domination en Méditerranée. Les cités grecques d'Ionie se révoltent en 499 av. J.-C. et, avec l'aide d'Athènes, renversent la domination perse sur les côtes d'Asie mineure. Darios réprime la rébellion (497-493 av.

GRÈCE (SUITE)

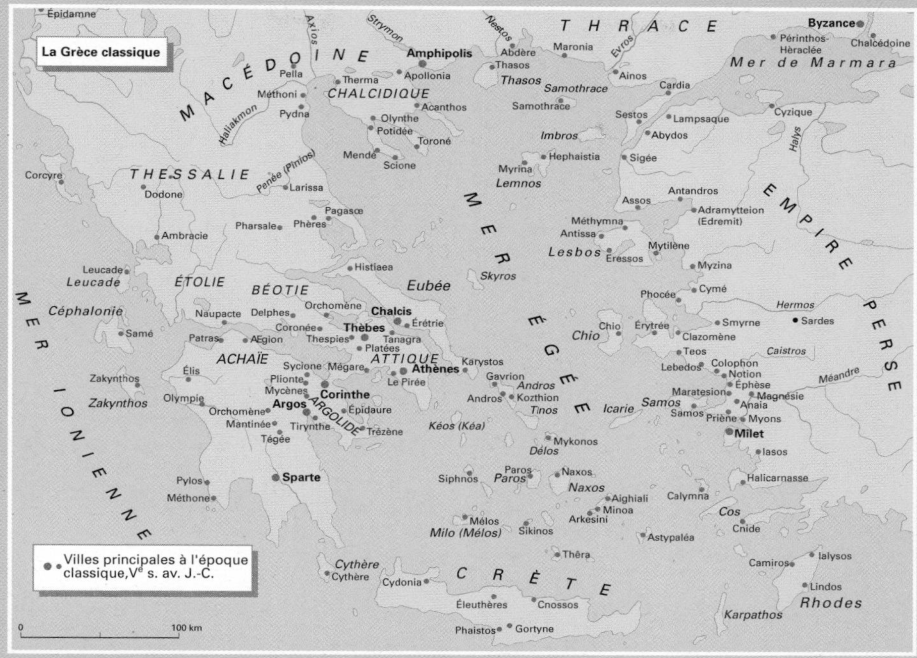

La Grèce classique.

J.-C.) puis décide de soumettre la Grèce. Au nombre de trois, les *guerres médiques* (492-448 av. J.-C.) qui opposent alors les Grecs aux Perses (ou Mèdes) montrent la résistance héroïque du peuple grec, qui remporte des victoires célèbres : à Marathon (490 av. J.-C.), à Salamine (480 av. J.-C.), à Platées (479 av. J.-C.). La contribution d'Athènes et de sa flotte à la victoire commune a été prépondérante et l'incite à arracher aux Perses la Grèce d'Asie.

Elle forme, avec de nombreuses cités grecques et ioniennes, la ligue de Délos (477 av. J.-C.), qui va progressivement se transformer en un véritable empire athénien : Athènes poursuit une vaste expansion coloniale et domine la Méditerranée orientale ; les cités doivent lui verser un tribut et les révoltes sont durement châtiées. Les guerres médiques s'achèvent en 449. Athènes parvient alors à l'apogée de sa puissance et de sa civilisation sous la sage conduite de Périclès, qui est l'auteur de grandes réformes démocratiques. Le *siècle de Périclès*, qui recouvre en fait le Ve siècle et la première moitié du IVe est la période où la culture classique atteint son apogée. Mais les autres cités grecques, qui veulent maintenir leur indépendance, se dressent, derrière Sparte, contre les ambitions d'Athènes ; c'est la guerre du Péloponnèse (431-404 av. J.-C.) ; Athènes, vaincue en 404, perd sa suprématie. Sparte domine jusqu'en 371 av. J.-C., où elle doit s'incliner à son tour devant Thèbes (victoire d'Épaminondas à Leuctres). Au IVe siècle av. J.-C., les cités grecques se trouvent affaiblies par des rivalités et des conflits internes. La Macédoine, qui reste en marge de la civilisation classique, étend progressivement sa domination sur le reste du pays.

En une vingtaine d'années (359-336 av. J.-C.), le roi Philippe II de Macédoine, après sa victoire décisive contre les armées thébaine et athénienne alliées à Chéronée, en 338, devient maître de la Grèce, qu'il engage sur la voie de l'unification fédérale. Les cités grecques, qui gardent leur indépendance politique, reconnaissent Philippe comme chef militaire de la Grèce. Les Grecs unis (à l'exception de Sparte) forment le projet de conquérir l'Empire perse. Succédant à son père Philippe en 336 av. J.-C., Alexandre le Grand réalise et dépasse ce projet. Il entraîne la Grèce à la conquête de l'Asie mineure (ou Anatolie), de la Syrie, de la Phénicie et de l'Égypte où il fonde Alexandrie (332-331), puis il se dirige vers la Mésopotamie et conquiert l'Asie occidentale jusqu'à l'Indus (334-323 av. J.-C.). À sa mort, l'empire, gigantesque donc vulnérable, est longuement disputé par ses successeurs et démembré : en 301, après la bataille d'Ipsos, l'Égypte revient à Ptolémée, la Thrace et l'Asie à Lysimaque, la Babylonie à Séleucos, la Macédoine et la quasi-totalité de la Grèce à Cassandre. À cette période se développe, au contact de l'Orient, la brillante *civilisation hellénistique*, qui rayonne notamment à Alexandrie, Pergame, Antioche. De leur côté, les cités grecques, hostiles à la domination macédonienne, organisent la lutte en constituant des ligues (Ligue achéenne). Sparte, elle, s'allie à la Macédoine, qui parvient à maintenir son autorité sur la Grèce jusqu'au IIe siècle av. J.-C. Le IIe siècle voit le début de l'*ère romaine*. En 148, la Macédoine devient une province romaine ; en 146, l'Empire romain étend sa tutelle à l'ensemble de la Grèce.

La *civilisation hellénistique* exerce une grande influence sur l'art romain. Au IVe siècle apr. J.-C., l'installation

GRÈCE (SUITE)

Une scène de la bataille de Missolonghi où s'affrontèrent Grecs et Turcs en 1824.

d'un empire chrétien à Byzance, où l'empereur Constantin fonde en 330 la ville de Constantinople, marque la fin de l'Antiquité grecque. En 395, la Grèce est rattachée à l'Empire romain d'Orient (ou byzantin), dont elle partage désormais le sort, et la *civilisation byzantine* s'y développe. L'Empire byzantin est rapidement hellénisé. Vers 630, Héraclius adopte le grec comme langue officielle de l'Empire. Au moment du schisme d'Orient (1054), la Grèce suit l'Église orthodoxe de Constantinople. La Grèce subit de nombreuses invasions pendant cette période byzantine : Barbares (Ve-VIe siècle), Arabes (VIIe et IXe), Bulgares (Xe), Normands (XIe). Aux Vénitiens et aux Latins, venus à la suite des croisades, succèdent les Turcs. La conquête ottomane commence en 1391 et s'achève en 1461 ; la Grèce sera soumise à la Turquie pendant plus de trois siècles. Au début du XIXe siècle, alors que l'Empire ottoman est affaibli (guerres russo-turques à la fin du XVIIIe), un réveil national se produit en Grèce comme dans le reste de la péninsule des Balkans. Une guerre difficile et sanglante commence en 1821, quand la révolution est proclamée dans le Péloponnèse. La cause hellène suscite la sympathie des libéraux et des intellectuels, principalement en France et en Angleterre. Le sort de la Grèce dépend en réalité des intérêts des grandes puissances qui mènent chacune leur jeu diplomatique dans la question d'Orient. La France, l'Angleterre et la Russie interviennent dans le conflit à partir de 1827 pour soutenir la Grèce. La Grèce obtient en 1829 son autonomie (traité d'Andrinople) et son indépendance en 1832 ; elle devient un royaume placé sous l'autorité de princes étrangers : Otton Ier règne de 1832 à 1862. Le royaume comprend le Péloponnèse, la Grèce centrale et l'Eubée. La Grèce complète son unité nationale à la faveur des guerres balkaniques (1912-1913) puis de la Première Guerre mondiale : en 1917, Venizélos, partisan des Alliés, triomphe de Constantin Ier, qui doit abdiquer en faveur de son fils Alexandre Ier ; la Grèce entre en guerre contre les Empires centraux aux côtés des Alliés et en retire un gain territorial, la Thrace (traités de Sèvres, 1919, et de Neuilly, 1920). La guerre contre la Turquie (1920-1922) se solde par une défaite désastreuse. La paix revenue, la Grèce ne parvient pas à trouver son équilibre politique ; elle devient une république en 1924 puis, après une période d'instabilité, est soumise à la dictature du maréchal Metaxas (1936-1941). À partir de 1940, envahie par l'Italie puis l'Allemagne, elle développe un puissant mouvement de Résistance ; elle subit quatre années d'une dure occupation d'où elle sort épuisée et divisée. Une guerre civile intermittente (1944-1949) oppose alors l'armée gouvernementale aux insurgés communistes et se solde par la défaite de ces derniers. Le pays connaît un certain progrès économique sous Paul Ier, le tourisme se développe, mais le niveau de vie reste bas, les conditions sociales et politiques mauvaises. Constantin II succède à son père Paul Ier en 1964. En avril 1967 a lieu le coup d'État des colonels qui s'emparent du pouvoir et établissent un régime autoritaire, dominé par le colonel Papadopoulos. Le roi s'exile. En 1973, Papadopoulos proclame la république et se nomme président, mais il est aussitôt renversé par une partie de l'armée. En 1974, la Turquie permet aux Chypriotes turcs de faire sécession. Les « colonels », affaiblis par ce conflit et par la déroute financière, décident de rendre le pouvoir aux civils : appelé en juillet 1974, Constantin Karamanlis rétablit la démocratie, faisant approuver la république par un référendum. Élu président en 1980, il fait entrer la Grèce dans la Communauté économique européenne (aujourd'hui Union européenne) le 1er janvier 1981. Cette même année, un parti socialiste panhellénique, le PASOK, remporte les élections législatives. Son leader, Andréas Papandréou, nommé Premier ministre (1981-1989), et le nouveau président socialiste élu en 1985, Kristos Sarzetakis, poursuivent la démocratisation du régime. En 1989, ils perdent les élections législatives au profit de la Nouvelle Démocratie ; Karamanlis retrouve la présidence en 1990. Il sera remplacé en 1995 par Costis Stephanopoulos, qui sera réélu en 2000. À partir de 1992, la vie politique est dominée par les questions balkaniques et nationales : la Grèce revendique la totalité de la Macédoine, mais le nouveau leader du PASOK, Costas Simitis, Premier ministre depuis 1996, met fin à cette prétention en 1997 et décide de jouer un rôle de modérateur dans cette « partie chaude » de l'Europe, sans toutefois abandonner ses alliances traditionnelles avec les autres États orthodoxes (Serbie et Monténégro notamment) et son opposition (formelle) au fait que la Macédoine ex-yougoslave ait gardé ce nom qui, selon les Grecs, ne doit pas être employé dans ce cas, la Macédoine étant grecque. En outre, des mouvements nationalistes revendiquent sporadiquement une partie du territoire albanais, qu'ils nomment « Épire du Nord ».

Peinture murale représentant le centaure Chiron donnant des instructions à Achille, l'orgueilleux héros de L'Iliade.

Littérature et théâtre

Les œuvres conservées de la littérature grecque ancienne témoignent de l'évolution de la langue. Les plus anciennes, qui remontent au VIIIe siècle av. J.-C. sont écrites en différents dialectes, en particulier l'éolien, l'ionien et le dorien. Aux Ve et IVe siècles av. J.-C., le grec tend à s'unifier : sous la prépondérance athénienne, le dialecte attique s'impose. Cette période, où naît un grand nombre de chefs-d'œuvre littéraires, est particulièrement féconde. Après la faillite des cités et les conquêtes d'Alexandre (fin du IVe siècle), une langue commune, proche de l'attique, est adoptée ; elle survivra jusqu'à la fin de l'époque byzantine et donnera naissance au grec moderne. *L'Iliade* et *L'Odyssée*, poèmes épiques attribués à Homère et datant sans doute du VIIIe siècle av. J.-C., sont les premiers textes littéraires grecs connus ; l'auteur y révèle déjà un style et une technique élaborés. *L'Iliade* raconte un épisode de la guerre de Troie, menée par Agamemnon, roi de Mycènes. Homère donne à cet événement historique, survenu plusieurs siècles auparavant, une dimension légendaire. Les dieux eux-mêmes apparaissent et interviennent dans les affaires des hommes. Aux scènes héroïques s'ajoutent descriptions, scènes d'émotion, scènes comiques.

Dans *L'Odyssée*, les aventures d'Ulysse, lors de son retour de Troie puis de son arrivée à Ithaque, relèvent moins de l'héroïsme épique que du merveilleux. Vers la même époque, Hésiode, poète didactique, prône la piété et le labeur rural dans *Les Travaux et les Jours*, adressés à son frère, et rassemble des récits mythologiques dans *La Théogonie*, ou « généalogie des dieux ». Au VIIe siècle av. J.-C., de nouvelles voix, de plus en plus nombreuses, se font entendre dans tout le monde grec et la poésie se développe ; la métrique s'affine, les sujets se diversifient et se personnalisent. Anacréon, à la fin du VIe siècle, représente le lyrisme personnel. La poétesse

GRÈCE (SUITE)

Relief illustrant une scènes des poèmes homériques: hoplites en action.

Sapphô, créatrice du lyrisme érotique et de la strophe dite *saphique*, enrichit le lyrisme au début du VIe siècle av. J.-C. ; au Ve siècle, Pindare exalte les vainqueurs des jeux grecs dans ses odes triomphales.

Les Ve et IVe siècles av. J.-C., avec le rayonnement d'Athènes, voient l'apogée de la littérature grecque. C'est au Ve siècle av. J.-C., âge classique et fécond de la Grèce, que naît le théâtre. Les représentations sont organisées par la cité, lors des fêtes données en l'honneur de Dionysos, sous forme de concours. Le théâtre s'illustre d'abord par la tragédie, qui met généralement en scène des héros affrontant un destin terrible : père du genre, Eschyle dégage le théâtre du lyrisme choral dont il est issu en y introduisant le dialogue et l'action ; avec Sophocle, l'action s'enrichit de péripéties et de retournements ; Euripide, lui, se révolte contre la toute-puissance des dieux et s'attache plus à décrire les passions humaines que la grandeur tragique des héros légendaires. Il fait allusion à des épisodes contemporains. La comédie apparaît un demi-siècle après la tragédie. À la fin du Ve et au début du IVe siècle, elle trouve avec Aristophane une brillante illustration. Par la suite, la comédie mettra l'accent sur les caractères, comme chez Ménandre (fin IVe-début IIIe siècle), dont les comédies de mœurs tournent souvent à la farce.

C'est aussi au Ve siècle av. J.-C. que le genre historique, en prose, se développe, d'abord avec Hérodote, puis avec Thucydide. Xénophon, au début du IVe siècle av. J.-C, continue le récit de Thucydide. S'il est un art que les Grecs ont aimé et porté à la perfection, c'est celui de l'éloquence, qui s'élabore au Ve siècle av. J.-C. sous l'influence de la philosophie sophistique. Elle prend un rôle essentiel dans l'enseignement et se révèle utile devant les assemblées populaires et dans les tribunaux. L'art oratoire s'illustre avec les plaidoyers de Lysias et de son rival Isocrate, qui préfère ensuite se consacrer à l'éloquence politique, puis surtout au IVe siècle av. J.-C. avec Démosthène et Eschine : le premier s'engage dans l'action contre Philippe de Macédoine, tandis que le second embrasse la cause macédonienne. C'est aussi au IVe siècle av. J.-C. que Démétrios de Phalère recueille les *Fables* attribuées à Ésope (VIe siècle av. J.-C.). Après cet apogée, la Grèce, soumise par Alexandre, puis conquise par Rome, ne produira plus cette littérature brillante qui a modelé la culture occidentale. La poésie alexandrine est représentée au IIIe siècle av. J.-C par les œuvres raffinées et savantes de Théocrite et de Callimaque, et par la poésie épique d'Apollonios de Rhodes. Dans la période romaine, il faut signaler les traités historiques de Polybe (IIe siècle av. J.-C.), les travaux de Plutarque (Ier-IIe siècles apr. J.-C.) et le génie satirique de Lucien de Samosate (IIe siècle apr. J.-C).

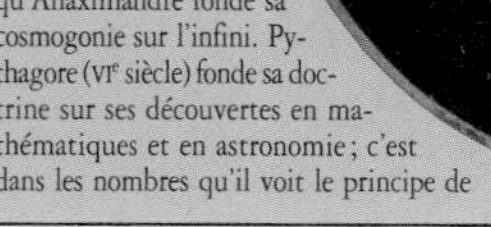

Une littérature chrétienne apparaît avec Clément d'Alexandrie et Origène (IIe-IIIe siècles). Du IVe au XVe siècle, l'empire byzantin hérite de la culture hellénique, dont il maintient les traditions tout en l'imprégnant de marques orientales et chrétiennes, qu'il transmettra à l'Europe. Mais sous la domination turque, il n'y a guère de place pour la création littéraire ; dans les îles grecques, qui gardent plus longtemps leur indépendance vis-à-vis des Turcs, survit une littérature insulaire. Une nouvelle littérature nationale s'affirmera au XIXe siècle avec l'élan vers l'indépendance et l'adoption, au terme d'une longue controverse linguistique, d'une langue populaire adaptée aux exigences modernes, le grec démotique, qui a su s'imposer dans l'écrit. Aux XIXe et XXe siècles, poètes, prosateurs et romanciers ont doté la Grèce d'œuvres qui lui ont permis de faire à nouveau entendre sa voix.

Philosophie

D'abord une réflexion scientifique sur la nature et sur ce qui a donné naissance à l'Univers et à l'homme, la philosophie se manifeste en Grèce dès le VIIe siècle av. J.-C. Les penseurs de l'école d'Ionie, aux VIe et Ve siècles, tentent, dans leurs cosmogonies matérialistes, d'expliquer l'Univers à partir d'un principe premier : l'eau, le feu, tandis qu'Anaximandre fonde sa cosmogonie sur l'infini. Pythagore (VIe siècle) fonde sa doctrine sur ses découvertes en mathématiques et en astronomie ; c'est dans les nombres qu'il voit le principe de toute chose. L'école d'Élée (VIe-Ve siècles av. J.-C.), dont Xénophane est considéré comme le fondateur, s'oppose à la philosophie ionienne : Parménide et son disciple Zénon d'Élée affirment l'identité et l'éternité de l'être. La philosophie d'Empédocle (Ve siècle av. J.-C.) apparaît comme une tentative de synthèse éclectique des philosophies ionienne et éléate.

Démocrite (Ve-IVe siècle) précise et développe la théorie atomiste de Leucippe. Matérialiste lui aussi, Anaxagore (Ve siècle) est le premier à concevoir le rôle ordonnateur de l'intelligence. Aux Ve et IVe siècles av. J.-C., les sophistes se tournent vers un champ de réflexion plus restreint : les problèmes qui concernent l'homme et la morale. Professant une philosophie empirique et sensualiste, ils s'appuient sur le relativisme et le scepticisme. La sophistique contribue au développement de l'art oratoire. La philosophie de Socrate, fondée sur sa foi en la raison humaine, est exclusivement orale. Ce sont surtout les œuvres de ses disciples qui ont fait de lui un maître à penser et le père de la philosophie.

La philosophie grecque atteint son sommet avec l'œuvre de Platon et d'Aristote.Diogène le Cynique (IVe siècle) cherche la sagesse en vivant dans le dénuement. Pyrrhon (IVe-IIIe siècle), considéré comme le fondateur du scepticisme, préconise le doute. Épicure (IVe-IIIe siècle), qui définit le bonheur comme la sérénité de l'âme, enseigne à Athènes et ses thèses se répandent dans le bassin méditerranéen jusqu'au début de l'ère chrétienne. Élaboré au IIIe siècle av. J.-C. par Zénon de Citium, puis aux Ier et IIe siècles de notre ère par Épictète et les Romains Sénèque et Marc Aurèle, le stoïcisme propose une morale fondée sur la résignation face au destin et sur l'exigence de la vertu. À l'ère chrétienne, le philosophe néoplatonicien Plotin (IIIe siècle) tente de concilier l'exigence de rationalité de la philosophie platonicienne avec des aspirations mystiques.

La musique, le chant et la danse étaient intrinsèquement liés au théâtre grec.

G

GRÈCE (SUITE)

Le temple de Poséidon sur le cap Sounion, à l'est d'Athènes.

Colonnes corinthiennes du temple de Zeus Olympien, à Athènes.

Beaux-Arts

De ses origines à la période classique, l'art grec est, dans l'ensemble, assez peu influencé par les autres cultures du monde méditerranéen. Il puise ses sources dans l'art mycénien. Au XIIe siècle av. J.-C., le monde mycénien s'éteint et très peu de témoignages subsistent de cette première civilisation.

Architecture Les bâtiments les plus anciens qui ont été mis au jour remontent sans doute aux VIIIe-VIIe siècles av. J.-C. Ces temples, qui sont plutôt de petites chapelles, se trouvent à Samos, Olympie et Thermos : ils se limitent à un simple abri en bois, *naos* ou *cella*, pour la statue du dieu, et se présentent tantôt comme une cabane se terminant en abside, tantôt comme un *mégaron*, salle rectangulaire héritée des palais mycéniens, précédée d'un porche, le *pronaos*, avec deux colonnes. Au VIIe siècle, les plans de temples s'enrichissent d'une colonnade axiale à l'intérieur de la *cella* et d'un péristyle (Héraion d'Olympie). Dès l'époque archaïque, les styles dorique et ionique s'opposent. L'ordre dorique, adopté en Grèce continentale, en Grande-Grèce et en Sicile, est caractérisé par le sens des volumes, de l'équilibre. L'élévation d'un temple dorique présente un soubassement à trois degrés, une colonne tronconique cannelée, un chapiteau très simple qui supporte l'entablement composé d'une architrave et d'une frise et enfin le fronton. L'ordre ionique, qui se retrouve en Asie Mineure et dans les îles de la mer Égée, frappe par la grâce et l'élégance des formes, par la richesse décorative. Ces constructions sont en pierre, recouverte de placages de terre cuite, ou en marbre. Les temples doriques du VIe siècle av. J.-C. annoncent par certains côtés l'architecture classique : la « basilique » de Paestum et, en Grèce, même le temple d'Apollon à Corinthe. À Athènes, les Pisistratides aménagent l'Acropole et font construire plusieurs temples dont l'Hécatompédos qui était à l'emplacement du Parthénon, un temple à Athéna et à Poséidon et enfin l'Olympiéion. En Ionie, l'Artémision d'Éphèse et les temples de Samos sont de style ionique, entourés d'une double colonnade, influence de l'Égypte. Le premier exemple d'architecture classique est le temple de Zeus à Olympie, de style dorique. Sur l'Acropole, le Parthénon est commencé en 447 av. J.-C. par Callicratès et Ictinos avec le sculpteur Phidias. C'est un temple dorique aux vastes proportions, dont la *cella* est aménagée de façon à mettre en valeur la statue d'Athéna : ainsi est construit le premier espace intérieur structuré avec une colonnade, très simple, à deux étages, sur trois côtés. À partir de 421 av. J.-C., sont construits deux autres temples, l'Athéna Nikê et l'Érechtéion, qui montrent l'évolution de l'architecture en Attique : de nombreux éléments ioniques se combinent au dorique. Quelques années auparavant, on avait construit à l'entrée de l'Acropole les Propylées, dans le même style mais sur un plan sévère et symétrique. À partir du IVe siècle, l'architecture, de plus en plus variée, combine les différents ordres. La Tholos de Delphes est un temple rond où l'on a employé l'ordre dorique pour la colonnade extérieure et l'ordre corinthien pour la colonnade intérieure.

Korê (jeune fille) trouvée dans les ruines de la ville grecque d'Ampurias (Espagne, Catalogne).

En Ionie, quelques temples respectent encore le style ionique classique, par exemple le temple d'Athéna Polias à Priène (350-320 av. J.-C.). Il faut aussi signaler l'importance des grands sanctuaires panhelléniques comme Delphes et Olympie où chaque cité construisait un petit temple votif (Trésor de Siphonos à Delphes). Quant à la période latine, elle n'a laissé que peu d'édifices religieux ; à Athènes, il reste une partie d'une église gothique (Hypapandi), à Chypre la cathédrale de Nicosie. Il subsiste encore des ruines de forteresses, à Mistra notamment. La création artistique ne revit que depuis la fin de la guerre d'Indépendance et est alors profondément influencée par l'Occident, surtout par l'Allemagne et le romantisme. Autour des années 1930, les architectes s'inspirent de Le Corbusier. Cet élan est freiné par la guerre de 1940 puis la guerre civile, jusqu'en 1952. Deux ans plus tard, le développement du tourisme offre de nouvelles possibilités aux architectes ; en outre, de nombreux artistes ont émigré en France.

Sculpture Excepté des statuettes en métal, ivoire ou terre, la sculpture antérieure au VIIe siècle av. J.-C. n'a pas été conservée. Les premières statues sont des kouros et des korês, influencées par l'Égypte, d'où émane une vitalité puissante. Au début du Ve siècle av. J.-C., ces effigies évoluent sous l'action ionienne et sont traitées selon le goût oriental. En même temps, les sculpteurs attiques deviennent plus sensibles à la beauté

GRÈCE (SUITE)

L'une des cariatides de l'Érechthéion, sur l'Acropole d'Athènes.

du corps humain, cherchent à animer la musculature et à rendre le mouvement. Ils réalisent des créations hardies où la frontalité n'est plus respectée. La sculpture décorative s'applique aux métopes et aux frontons des temples, ce qui exige l'emploi du haut-relief. Il s'agit d'une sculpture narrative, théâtrale et dramatique. La forme triangulaire du fronton impose la symétrie, le groupement par juxtaposition. La métope se prête bien aux récits d'exploits héroïques. Sous l'influence de l'Ionie, les korês deviennent plus gracieuses, leurs courbes plus amples, les plis de leurs vêtements plus décoratifs (Cariatides du trésor de Cnide, à Delphes). On constate une évolution vers la simplicité et la vérité humaine. La sculpture monumentale progresse également. La frise du trésor de Siphnos à Delphes constitue une œuvre originale. Cette époque est riche en innovations plastiques; la peinture, très florissante, exerce son influence sur la sculpture. Dès la fin du VIᵉ siècle av. J.-C., apparaissent les premières sculptures classiques. Les korês tendent à l'uniformité, à l'impassibilité. C'est maintenant au tour de l'Ionie de se trouver sous l'ascendant du style dorien : les figures sont plus sveltes.
Au début du siècle suivant, sont exécutés les frontons du temple d'Aphaia à Égine, très différents l'un de l'autre. Le fronton ouest, encore très archaïque, combine les styles dorien (dessin net, savante répartition des figures) et ionien (draperies); le fronton est préfigure l'époque classique par la nouveauté des attitudes. En Attique, les sculpteurs cherchent à exprimer les rapports d'équilibre qui existent entre les proportions du corps et les lignes des attitudes. Un peu plus tard, sont réalisés les métopes et les frontons d'Olympie, sculptures d'une grande intensité dramatique où se mélangent les différents styles. Les sculpteurs de l'âge classique ont cherché à rendre le rythme, comme Myron avec son *Discobole* et le groupe de *Marsyas et Athéna* ; Polyclète avec le *Doryphore* introduit dans la statuaire la correspondance croisée ou chiasme ; enfin Phidias avec les statues chryséléphantines (en or et en ivoire) de Zeus et d'Athéna et surtout avec le Parthénon où il accomplit la synthèse de l'art péloponnésien et du style dorien. L'influence de Phidias transparaît dans l'œuvre de ses disciples. Au IVᵉ siècle av. J.-C., la peinture et la sculpture réalisent une conquête de l'espace, manifestent un certain goût pour le paysage, pour le pittoresque (statuettes de Tanagra). Les artistes s'intéressent davantage aux caractères, d'où la vogue du portrait. Les grands maîtres de ce siècle continuent l'œuvre de leurs prédécesseurs, profitant de leurs innovations. Les commandes individuelles deviennent plus fréquentes ; les princes et les rois hellénistiques, les personnages puissants s'entourent d'artistes. Les frises du grand autel de Pergame sont représentatives de la sculpture hellénistique.

Peinture et céramique

La peinture proprement dite n'a pas laissé beaucoup de vestiges ; elle ne nous est connue que par des descriptions littéraires et par la décoration des vases. La céramique a produit de nombreux chefs-d'œuvre tout au long de l'histoire de l'art grec. La civilisation minoenne a laissé des vases en argile à décor zoomorphe ou végétal. La *période géométrique* (IXᵉ-VIIIᵉ siècles av. J.-C.) doit son nom aux motifs qui ornent les vases. Des figures humaines, très stylisées, apparaissent au VIIIᵉ siècle à Athènes. À la fin de ce siècle, sous l'influence orientalisante, le répertoire s'enrichit de motifs végétaux ou animaliers disposés en frise.

Vase de céramique corinthien en forme de chouette.

La céramique corinthienne du VIIᵉ siècle av. J.-C. donne une place de choix à l'être humain. Les peintres d'Athènes donnent une place plus importante encore à l'action. Les dessins se détachent en noir sur un fond beige clair. Au VIᵉ siècle av. J.-C., la céramique évolue beaucoup, car une nouvelle technique est mise au point : les figures noires se détachent sur un fond rouge ; le dessin est meilleur, les thèmes plus variés mais encore dominés par l'aspect décoratif. L'époque de Pisistrate est marquée par une grande activité artistique. Une nouvelle technique apparaît, la céramique à figures rouges : les silhouettes claires sur fond sombre permettent un traité plus fin. Le dessin triomphe alors véritablement, permettant de représenter l'homme dans les attitudes les plus variées. Les artistes empruntent des thèmes à la vie quotidienne et à la mythologie. Les compositions s'améliorent ; les peintres découvrent les raccourcis, reproduisent de nombreux détails. Au Vᵉ siècle av. J.-C., le peintre Polygnote de Thasos, auteur de fresques qui nous sont connues par des descriptions et par son influence sur les décorateurs de vases, s'intéresse au rendu de l'espace et de la profondeur. *Le Cratère des Niobides* (Louvre) traduit à cet égard le style de Polygnote dans la céramique. À cette époque, certains peintres exécutent leurs motifs sur les fonds blancs de vases considérés comme des objets de luxe en raison de leur délicatesse, et dont la production s'arrête à la fin du Vᵉ siècle av. J.-C.
Pendant une partie du IVᵉ siècle av. J.-C., la céramique à figures rouges continue la tradition du siècle précédent puis se limite à copier la sculpture contemporaine. À partir de cette date, cet art est sur son déclin. Le peintre Apelle, portraitiste d'Alexandre le Grand, marque la peinture du IVᵉ siècle av. J.-C. Ses fresques ne nous sont connues que par les mosaïques qui en sont sans doute inspirées.

Musique

La musique grecque antique, aux origines légendaires (Orphée), remonte à des temps très anciens : l'archéologie a permis de constater la présence d'instruments de musique en Crète entre 4000 et 2000 av. J.-C. ; la lyre est attestée dès 1400 av. J.-C. Elle fait partie intégrante de la vie religieuse et sociale. Au VIIIᵉ siècle av. J.-C., Terpandre établit les premières règles musicales. Bien des poètes, auteurs d'odes et de monodies, sont aussi et avant tout musiciens. Le Vᵉ siècle av. J.-C. est aussi brillant pour la musique que pour les autres arts. Les instruments sont variés (percussions, instruments à vent [aulos], lyre, cithare) et le théâtre permet à l'art choral de s'épanouir. La théorie musicale proprement dite naît au IVᵉ siècle av. J.-C.
La musique grecque moderne comprend la musique folklorique, monophone, et la musique néo-hellénique qui réapparaît au début du XIXᵉ siècle. En 1871 est fondé le Conservatoire d'Athènes, mais ce n'est qu'au début du XXᵉ siècle que naît l'école nationale qui s'inspire des chansons populaires et de la mélodie byzantine. Certains compositeurs sont restés partagés entre le style de l'école nationale et la musique traditionnelle occidentale. Installé en France, Xénakis a été l'un des grands noms de la musique expérimentale du XXᵉ siècle.

Cinéma

Le premier film grec est réalisé en 1906. La production nationale démarre lentement à cause des difficultés commerciales et industrielles. Le cinéma grec connaît un premier essor en 1928-1932. Georges Tzavellas se révèle dès l'Occupation avec *Les Applaudissements* (1943). De jeunes cinéastes s'imposent après la guerre et, peu à peu, le cinéma grec acquiert une renommée internationale ; en 1960, l'actrice Mélina Mercouri est l'égérie de Jules Dassin (*Jamais le dimanche*) ; en 1969, le cinéaste Costa Gavras évoque dans Z la Grèce des colonels.

L'Adoration des bergers, par **le Greco** 1612-1614 (Musée du Prado, Madrid).

Grèce centrale *15 549 km² 582 300 h.* Région de Grèce qui, avec l'île d'Eubée, forme l'une des neuf régions administratives du pays. Chef-lieu *Lamia*. Le relief est constitué de hauts massifs sauvages (Parnasse, Kallidromon, Iti) et de plaines fragmentées (Béotie, Mésogée). Au nord de la région, l'attraction d'Athènes est trop forte pour qu'une économie autonome puisse se développer ; le taux d'industrialisation reste faible. La péninsule de l'Attique est plus dynamique, entraînée par le rayonnement de la capitale.

Grèce occidentale *11 350 km² 707 700 h.* Région de Grèce largement ouverte sur la mer Ionienne. Chef-lieu *Patras*. L'économie repose essentiellement sur l'activité maritime (Patras est un grand port de commerce) et le tourisme.

Greco (Domenico Theotokopoulos, dit le) 1541-1614 Peintre espagnol, né en Crète. Il passe quelques années à Venise, où il subit l'influence de Titien, du Tintoret et de Bassano, et voyage en Italie avant de gagner l'Espagne en 1577 et de se fixer à Tolède. Marqué par le maniérisme italien, il s'en démarque par son refus du formalisme et évolue vers une expression de plus en plus singulière et personnelle. Son art procède d'une dématérialisation des formes qu'il allonge démesurément et qu'il enveloppe d'une lumière irréelle, traduisant une exaltation mystique. On lui doit des portraits, des paysages et surtout des tableaux religieux : *Le Martyre de saint Maurice* (1582-1584), *L'Enterrement du comte d'Orgaz*, peint pour l'église Santo Tomé de Tolède (1586).

Gréco (Juliette) 1927 Chanteuse et actrice française. Elle a entamé sa carrière de chanteuse à Paris, dans les caves du Saint-Germain-des-Prés d'après-guerre, dont elle est devenue l'égérie. Elle s'est imposée dès 1949 en chantant Queneau (*Si tu t'imagines*) et Sartre (*Rue des Blancs-Manteaux*). Elle a mené parallèlement une carrière d'actrice au théâtre et au cinéma : *Elena et les hommes* de Jean Renoir (1956).

gréco-bouddhique adj. BX-ARTS Se dit d'un art de l'Inde (art du Gandhara, milieu du Ier siècle av. J.-C.) fortement influencé par l'art grec.

gréco-latin, e adj. et n. Qui procède des mondes grec et latin. *Culture gréco-latine.*

gréco-romain, e adj. et n. HIST. Relatif à la période de l'histoire grecque allant de la conquête romaine (146 av. J.-C.) à la fin de l'empire d'Occident (fin du Ve siècle de notre ère). *Architecture gréco-romaine.* / SPORT (Par oppos. à *lutte libre*) *Lutte gréco-romaine*, qui exclut les clefs, les coups et les prises au-dessous de la ceinture.

grecque n. f. ARCHIT. Ornement fait d'une suite de lignes brisées revenant sur elles-mêmes, à angle droit. / En reliure, chacune des entailles ménagées au dos des cahiers assemblés, avant couture.

gredin, e n. (Vieilli) Personne peu estimable, filou.

gredinerie n. f. (Vieilli) Attitude, comportement d'un gredin.

gréement n. m. MAR. Ensemble des éléments nécessaires à la manœuvre des voiles d'un navire.

green n. m. (mot anglais) Au golf, espace de gazon ras aménagé autour de chaque trou.

Green (Julien) 1900-1998 Romancier français d'origine américaine. Protestant, il s'est converti au catholicisme, et toute son œuvre est hantée par le conflit entre le mysticisme et la débauche : *Adrienne Mesurat*, 1927 ; *Léviathan*, 1929 ; *L'Autre sommeil*, 1931 ; *Le Visionnaire*, 1934 ; *Moïra*, 1950 ; *Chaque homme dans sa nuit*, 1960. Il a créé un univers sombre, teinté de fantastique. Il a également écrit pour le théâtre : *Sud*, 1953 ; *L'Ennemi*, 1954 ; *L'Ombre*, 1956. Auteur d'un triptyque autobiographique (*Partir avant le jour*, 1963 ; *Mille chemins ouverts*, 1964 et *Terre lointaine*, 1966) il a écrit, à partir de 1919, son *Journal*.

Greenaway (Peter) 1942 Cinéaste anglais. Il a forgé avec ses films un style original, mêlant humour noir et recherche esthétique : *Meurtre dans un jardin anglais* (1982), *Le Ventre de l'architecte* (1987), *Drowning by Numbers* (1988), *Le Cuisinier, le voleur, sa femme et son amant* (1989), *Prospero's Book* (1991).

Greene (Graham) 1904-1991 Romancier catholique anglais, auteur de nombreux romans dont beaucoup ont été portés à l'écran : *Tueur à gages* (1936), *La Puissance et la Gloire* (1940), *Le Troisième Homme* (1949), *La fin d'une liaison* (1951), *Un Américain bien tranquille* (1955), *Le Capitaine et l'Ennemi* (1991).

Greenpeace (« paix verte ») Mouvement pacifiste et écologiste international, créé à Vancouver en 1971 pour lutter contre les essais nucléaires et l'extermination des espèces animales.

Greenwich Faubourg de Londres où, en 1675, fut construit un observatoire astronomique. C'est là que l'on fit passer le méridien d'origine, ou méridien zéro, à l'aide duquel on détermina la longitude et l'évaluation du temps moyen dans le système des fuseaux horaires. Le temps universel est le temps qui correspond à celui du méridien de Greenwich.

gréer v. t. [1] Munir (une embarcation) d'un gréement. / Disposer (un élément de ce gréement). *Gréer une voile.*

greffe [1] n. f. BOT. Technique qui consiste à insérer une partie vivante d'une plante (le *greffon*) dans une autre plante (le *sujet* ou le *porte-greffe*). / Ce greffon. *La greffe n'a pas pris.* / CHIR. Transplantation (d'un tissu, d'un organe, d'un ensemble d'organes).

greffe [2] n. m. Dans un tribunal, local où sont déposées les minutes des jugements, les déclarations des parties et les pièces nécessaires à la procédure ; service chargé de la conservation de ces documents.

greffer v. t. [1] BOTAN. Soumettre (une plante) à une greffe. *Greffer un poirier.* / CHIR. Implanter (un tissu, un organe). *Greffer un cœur.* / Fig. Ajouter, insérer (un élément nouveau). / v. pron. *Récit qui se greffe sur un autre.*

greffier, ère n. Fonctionnaire du greffe.

greffon n. m. BOT. Partie d'une plante qu'on greffe sur une autre plante. / CHIR. Tissu, organe transplanté ou destiné à être transplanté.

grégaire adj. BIOL. Qui vit en groupe ; propre aux organismes qui vivent en groupe. *Des animaux grégaires. Instinct grégaire*, qui pousse les animaux à se regrouper. / Fig. *Esprit, instinct grégaire*, qui porte certains individus à adopter les comportements du groupe auquel ils appartiennent.

grégarisme n. m. BIOL. Tendance à vivre au sein de groupes. / Fig. Esprit grégaire.

grège adj. *Soie grège*, brute, telle qu'on l'a retirée du cocon. / adj. inv. Qui est de la couleur gris beige de cette soie.

grégeois adj. m. HIST. *Feu grégeois* : mélange incendiaire à base de soufre, de salpêtre, etc., utilisé dans l'Antiquité et au Moyen Âge, notam. dans les combats navals (ce mélange ayant la propriété de pouvoir brûler sur l'eau).

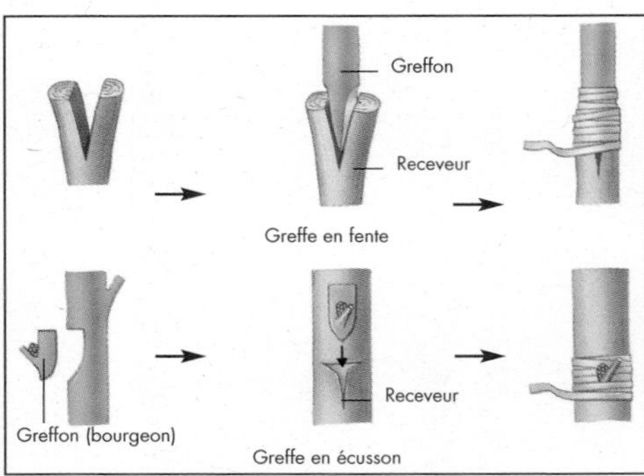

Divers types de **greffes** végétales.

Le pape **Grégoire XVI**.

Grégoire Nom de plusieurs papes et antipapes. **Grégoire Ier le Grand** (saint) 540 ?-604 Pape en 590. Préfet de Rome, il abandonna son poste pour la vie monastique. Élu pape malgré lui en 590, il consacra ses talents d'administrateur au gouvernement temporel de l'Église, étendit l'autorité du Saint-Siège, envoya des missionnaires évangéliser l'Angleterre et simplifia la liturgie. **Grégoire II** (saint) 669-731 Pape en 715. Il combattit les iconoclastes. **Grégoire III** (saint) ?-741 Pape en 731. Il fit excommunier les iconoclastes. Il sollicita en vain le soutien de Charles Martel contre les Lombards. **Grégoire IV** ?-844 Pape en 828. **Grégoire V** (Brunon de Carinthie) 973-999 Pape en 996. Il fut le premier pape allemand. **Grégoire VI** (Jean Gratien) ?-1048 Pape de 1045 à 1046. L'empereur Henri III le contraignit à abdiquer. **Grégoire VII** (saint) 1020 ?-1085 Pape en 1073, il fut d'abord moine clunisien sous le nom d'Hildebrand. Il est à l'origine de la réforme dite « grégorienne » : il promulgua l'interdiction du mariage des prêtres, condamna la simonie et lutta pour subordonner l'Empire à la papauté en affirmant la supériorité du pouvoir spirituel sur l'autorité temporelle. Son combat contre les titres ecclésiastiques conférés par les princes laïques provoqua la querelle des Investitures ; il obligea l'empereur Henri IV, qu'il avait excommunié, à venir implorer son pardon à Canossa (1077), mais Henri IV installa un antipape à Rome, Clément III, et contraignit Grégoire VII à l'exil (1084). **Grégoire VIII** (Alberto di Mora) ?-1187 Pape deux mois en 1187. **Grégoire IX** (Ugolino de Segni) 1145 ?-1241 Pape en 1227. Il lutta contre le roi de Sicile (l'empereur germanique Frédéric II). Il organisa l'Inquisition. **Grégoire X** le Bienheureux (Tebaldo Visconti) 1210-1276 Pape en 1271. Il réunit le concile de Lyon de 1274. **Grégoire XI** (Pierre Roger de Beaufort) 1329-1378 Pape en 1370. D'abord pape d'Avignon, il rétablit la papauté à Rome en 1377. **Grégoire XII** (Angelo Correr) 1325 ?-1417 Pape de 1406 à 1415. Il tenta de réduire le grand schisme d'Occident par des démarches auprès du pape d'Avignon, mais, comme lui, refusa d'abdiquer. Déposé par le concile de Pise en 1409, il abdiqua seulement en 1415 lors du concile de Constance. **Grégoire XIII** (Ugo Buoncompagni) 1502-1585 Pape en 1572. Il réforma le calendrier. **Grégoire XIV** (Niccolò Sfondrati) 1535-1591

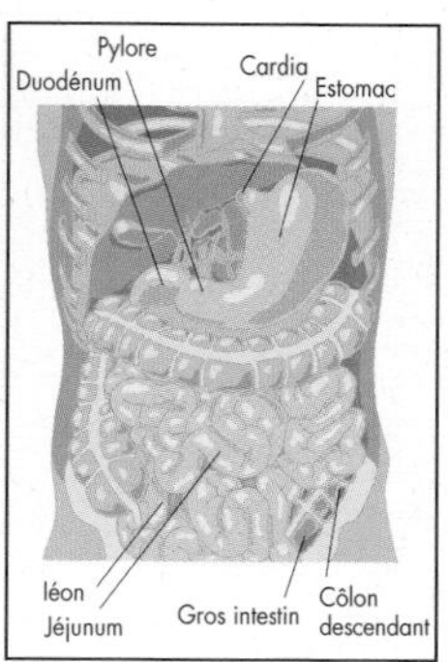

Schéma de l'intestin ***grêle***.

Pape en 1590. Il renouvela l'excommunication d'Henri IV. **Grégoire XV** (Alessandro Ludovisi) 1554-1623 Pape en 1621. Il fonda la congrégation de la Propagande, chargée d'envoyer des missionnaires dans le monde entier. **Grégoire XVI** (Bartolomeo Alberto Cappellari) 1765-1846 Pape en 1831. Conservateur, il fit appel à l'Autriche et à la France pour réprimer les insurrections révolutionnaires dans les États pontificaux. Il condamna les doctrines libérales défendues par Lamennais (encyclique *Mirari vos*, 1832).
Grégoire (Henri, dit **l'abbé)** 1750-1831 Ecclésiastique et homme politique français. Député du clergé aux États généraux de 1789, il se rallia au tiers état. Partisan de l'abolition totale des privilèges et du suffrage universel, il fut le premier à prêter serment à la Constitution civile du clergé (1790). Il fit voter l'émancipation des Juifs et l'abolition de l'esclavage par la Convention.
Grégoire de Nazianze (saint) 330?-390? Père de l'Église d'Orient. Évêque de Nazianze, devenu évêque de Constantinople, il y présida le second concile œcuménique (381), où il défendit l'orthodoxie contre l'arianisme, puis démissionna. Il est l'auteur de discours théologiques, de poèmes et de sermons.
Grégoire de Nysse (saint) 335?-395? Père de l'Église d'Orient. Évêque de Nysse, il assista aux deux premiers conciles d'Antioche et de Constantinople et se fit le défenseur de l'orthodoxie chrétienne contre l'arianisme : *Discours contre Eunomios*.
Grégoire de Tours (saint) 538?-594? Théologien et historien français, auteur d'une *Histoire des Francs* en 40 volumes. Il fut nommé évêque de Tours (573), et défendit les droits de l'Église face à Chilpéric et Frédégonde.
Grégoire l'Illuminateur (saint) 240?-326? Prélat arménien. Chrétien, il accompagna Tiridate lorsque ce dernier, qui était païen, devint roi d'Arménie en 294. Grégoire refusa de participer aux fêtes en l'honneur d'une déesse et fut jeté en prison ; il y passa quinze ans et en fut extrait par Tiridate, malade, qu'il guérit et convertit. Élu pasteur suprême (catholicos), sacré évêque, il organisa l'Église d'Arménie qui, depuis, se nomme en son honneur « Église grégorienne ».
grégorien, enne adj. *Chant grégorien* ou, n. m., *le grégorien* : chant rituel de l'Église catholique romaine dont la codification, traditionnellement attribuée à Grégoire Ier le Grand, date en réalité du IXe siècle. *Strictement monodique (plain-chant), le chant grégorien utilise une échelle tonale à six degrés.* / *Réforme grégorienne* : réforme de l'Église catholique romaine menée au XIe siècle par Grégoire VII, qui visait à rétablir la discipline dans l'Église et à réformer les mœurs des clercs. / *Calendrier grégorien*, tel qu'il a été établi par le pape Grégoire XIII. *Selon ce calendrier, l'année grégorienne a une durée conventionnellement fixée à 365,242 jours.* / *Église grégorienne* : Église arménienne, réformée par saint Grégoire l'Illuminateur.
Gregory (James) 1638-1675 Mathématicien et opticien écossais. Il étudia les séries mathématiques, dont il distingua les divergences et les convergences, et mit au point un télescope à réflexion.
grègues n. f. pl. Anc. Haut-de-chausses. *Tirer ses grègues* : s'enfuir.
Greimas (Algirdas Julien) 1917-1992 Sémioticien français proche du structuralisme (*Sémantique structurale*, 1966).
grêle [1] adj. Très long et très mince. *Des jambes grêles.* / ANAT. *Intestin grêle* ou, n. m., *grêle* : portion la plus longue de l'intestin, précédant le gros intestin, et comprenant le duodénum, le jéjunum et l'iléon. / Fig. *Voix grêle*, faible et aiguë.
grêle [2] n. f. Précipitation atmosphérique constituée par des granules de glace agglomérée autour des grains de poussières microscopiques contenues dans l'atmosphère ; l'ensemble de ces granules. / Fig. Chute abondante et violente. *Une grêle de projectiles.*
grêlé, e adj. Vx Abîmé par la grêle. / Marqué par les cicatrices de la variole.
grêler v. impers. [1] *Il grêle* : il tombe de la grêle.
grêlon n. m. Glaçon constitutif de la grêle.
grelot n. m. Petite boule de métal creuse et fendue contenant une bille de métal qui résonne lorsqu'on l'agite.
grelottement n. m. Tremblement. / Tintement.
grelotter v. i. [1] Trembler. *Grelotter sous la pluie. Grelotter de fièvre.* / Produire le même tintement qu'un grelot.
greluche n. f. Vx Jeune femme de mœurs légères. / Mod., fam., péjor. Jeune femme sans intérêt.
greluchon n. m. Vx Amant de cœur d'une femme entretenue. / Mod., fam., péjor. Petit jeune homme sans intérêt, freluquet.
grémille n. f. ZOOL. Poisson téléostéen d'eaux douces, voisin de la perche, appelé aussi perche goujonnière.
Grémillon (Jean) 1901-1959 Cinéaste français. Il a réalisé des documentaires (*Le 6 juin à l'aube*, 1944-1945) et des films de fiction. D'abord influencé par l'avant-garde française dans *Gardiens de phare* (1929), *La Petite Lise* (1930), il adopta ensuite un réalisme plus poussé, s'attachant à montrer la situation sociale et la vie quotidienne des personnages : *Gueule d'amour* (1937) avec Jean Gabin, *L'Étrange M. Victor* (1938), *Remorques* (1941), sur un scénario de Jacques Prévert, comme *Lumière d'été* (1943), *Le ciel est à vous* (1944), *Pattes blanches* (1948), *L'Amour d'une femme* (1953).
grenache n. m. Cépage noir du Languedoc et du Roussillon ; vin doux fait avec ce cépage.
grenade [1] n. f. Fruit comestible du grenadier dont l'enveloppe coriace renferme de nombreuses graines entourées d'une pulpe rouge, sucrée.
grenade [2] n. f. ARMES Projectile lancé à la main ou à l'aide d'un fusil, constitué par une enveloppe métallique remplie d'un mélange explosif, incendiaire, fumigène, lacrymogène, etc. et munie d'un détonateur. *Grenade sous-marine* : engin explosif utilisé contre les sous-marins.
• **Grenade (la)** État membre du Commonwealth, dans les Petites Antilles, comprenant l'île de Grenade et les îles du sud de l'archipel des Grenadines (Carriacou et Petit Martinique). Agriculture tropicale, pêche, tourisme constituent ses ressources.

GRENADE (LA)

Superficie : *344 km²* – **Nombre d'habitants :** *93 000 h.*
Capitale : *Saint George's* – **Système politique :** *monarchie constitutionnelle au sein du Commonwealth* – **Langue(s) :** *anglais*
Religion(s) : *catholicisme, protestantisme* – **Monnaie(s) :** *dollar des Caraïbes orientales*

Voir l'Atlas

L'île de la Grenade, volcanique, fut découverte par Christophe Colomb en 1498. Française à partir de 1650, elle passa en 1762 aux mains de l'Angleterre, qui lui rendit son indépendance en 1974. En 1979, un coup d'État instaura un régime de type socialiste, soutenu par Cuba, auquel une intervention de l'armée américaine mit fin en 1983. Le système parlementaire a été rétabli.

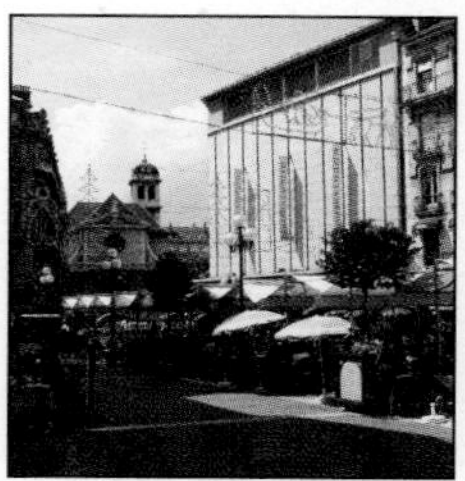
Grenoble *: place Grenette.*

Grenade *256 784 h.* Ville d'Andalousie, au sud de l'Espagne, chef-lieu de la province du même nom. Au pied de la Sierra Nevada, située dans une plaine fertile, c'est un marché agricole et une ville touristique très fréquentée. Très prospère sous la domination arabe, du XIe au XVe siècle, la capitale du royaume de Grenade fut prise par les Rois Catholiques, Ferdinand d'Aragon et Isabelle, en 1492, mettant fin à la Reconquista. La ville conserve un quartier maure. La cathédrale baroque (XVIe-XVIIIe siècle) renferme les tombeaux des Rois Catholiques. L'Alhambra, cité des rois maures, construite du XIIIe au XIVe siècle, conserve deux palais. En 1526, Charles Quint y a ordonné la construction d'un palais Renaissance (XVIe-XVIIe siècle). Le Generalife, résidence d'été des rois maures, est connu pour ses jardins.
grenadier [1] n. m. BOT. Petit arbre méditerranéen, à fleurs rouges, dont le fruit est la grenade.
grenadier [2] n. m. Anc. Soldat chargé de lancer les grenades sur l'ennemi ; jusqu'en 1870, soldat appartenant à certains corps d'élite. / Fig. Homme de grande taille, d'allure imposante ; grande femme d'allure masculine.
grenadille n. f. BOT. Passiflore dont le fruit comestible rappelle par son goût la grenade.
grenadin, e adj. et n. De la Grenade. *Tourisme grenadin. Un(e) Grenadin(e).*
grenadine n. f. Sirop à base de jus de grenade. / Sirop rouge, à base de divers fruits.
Grenadines (les) Archipel des Petites Antilles. Les îles du nord appartiennent à Saint-Vincent-et-les-Grenadines, les îles du sud à la Grenade.
grenaille n. f. Métal réduit en grains. *La grenaille de plomb.* / Rebut de grain, pour la volaille.
grenat n. m. et adj. inv. Silicate naturel qui entre dans la composition des roches métamorphiques et éruptives, pierre dure dont certaines variétés sont utilisées en joaillerie. / adj. inv. Rouge sombre (comme certaines variétés de grenat).
grener Voir **grainer**
grenier n. m. Lieu où l'on garde les grains ; lieu où l'on garde d'autres produits (fourrages, sel, fruits). / Fig. Région fertile en céréales. / Partie supérieure d'une maison, située sous les combles.
Grenoble *156 760 h.* Chef-lieu de l'Isère, sur l'Isère et le Drac. Cette vieille ville militaire commandant la route d'Italie, réputée pour sa ganterie, a vu naître, grâce à

***Grenouille** verte.*

l'abondance de l'hydroélectricité, des industries et centres de recherches dynamiques : alimentation (pâtes et biscuiterie), mécanique, vêtement, bâtiment (ciment), électronique, laboratoires nucléaires. Grenoble est aussi une ville universitaire, commerciale et la plaque tournante du tourisme de montagne ; elle concentre 20 % de la population des Alpes du Nord qui s'étend rapidement. Autour de la vieille ville (cathédrale des XIIe-XIIIe siècles, musée des Beaux-Arts, musée Stendhal), des quartiers modernes ont été aménagés, ainsi que des équipements hôteliers, administratifs et culturels. En 1968, les jeux Olympiques d'hiver s'y déroulèrent.

grenouillage n. m. Fam. Combine, intrigue, manœuvres douteuses.

grenouille n. f. Amphibien anoure, à la peau lisse, à longues pattes postérieures palmées, adaptées à la nage et au saut. *Les grenouilles vivent généralement dans les régions marécageuses et les lieux humides ; il existe des espèces de grenouilles tropicales.*

grenouiller v. i. [1] Fam. Se livrer à des grenouillages.

grenu, e adj. Dont la surface présente des petites aspérités arrondies. *Cuir grenu.* / GÉOL. *Roche grenue*, formée de cristaux visibles à l'œil nu.

Grenville (George) 1712-1770 Homme politique anglais. Premier ministre (1763-1765), il fit voter la loi du timbre (*Stamp Act*, 1765) qui obligeait les colonies d'Amérique à participer aux dépenses de la métropole, ce qui déclencha leur révolte.

grès n. m. Roche sédimentaire siliceuse, d'origine détritique, formée par cimentation des grains de sable. / Céramique d'une extrême dureté, obtenue par un mélange d'argile et de silice.

gréseux, euse adj. De grès.

Gresham (sir **Thomas)** 1519-1579 Financier anglais. Commerçant et banquier, il fut agent à Anvers pour le roi Edouard VI, puis grand financier de la Couronne sous Elizabeth Ire. Il fonda le *Royal Exchange* (la Bourse de Londres), ouvert en 1571. La *loi de Gresham* énonce que, dans un pays où circulent deux monnaies concurrentes, « la mauvaise monnaie chasse la bonne » : la monnaie la plus appréciée tend à disparaître de la circulation, car elle est employée pour les paiements à l'étranger et pour la thésaurisation.

grésil n. m. Fine grêle de cristaux de neige givrés.

grésillement n. m. Léger crépitement.

grésiller [1] v. impers. [1] *Il grésille* : il tombe du grésil.

grésiller [2] v. i. [1] Faire entendre un grésillement.

Grésivaudan Voir **Graisivaudan**

gressin n. m. Pain biscotté italien en forme de baguette.

Grétry (André) 1741-1813 Compositeur français d'origine belge. Voltaire l'engagea à venir à Paris où il composa pour le théâtre. Ses mélodies expressives ont contribué à l'évolution de l'opéra-comique : *L'Ingénu ou le Huron* (1768), *Lucile* (1769), *Zémire et Azor* (1771), *L'Amant jaloux* (1778), *Richard Cœur de Lion* (1784), *Guillaume Tell* (1791). Il a publié ses *Mémoires* (1789-1797) et les *Réflexions d'un solitaire*.

Greuze (Jean-Baptiste) 1725-1805 Peintre français. Admiré par Diderot, il a réalisé de nombreuses scènes de genre, sentimentales et édifiantes (*Un père de famille expliquant la Bible à ses enfants*, 1755), conformément au goût de l'époque, voire lourdement moralisatrices (*Piété filiale*, 1763, qui montre un paralytique soigné par ses enfants). Aux compositions larmoyantes (*Jeune fille qui pleure son oiseau mort*, 1765), aux toiles soigneusement composées autour d'un visage d'enfant ou de jeune fille à l'innocence affichée (*La Cruche cassée*, 1789) s'opposent des portraits sans mièvrerie et très expressifs (*Buste de Mgr le Dauphin*, *Sophie Arnould*, *Benjamin Franklin*).

grève [1] n. f. Bord de rivière ou de mer, couvert de gravier ou de sable. / Banc de sable qui se déplace.

grève [2] n. f. Cessation du travail collective et concertée dans un but revendicatif. *Faire grève, être en grève. Grève surprise*, qui intervient sans préavis. *Grève tournante*, qui affecte successivement les différents secteurs de la production ou les ateliers d'une entreprise. *Grève sur le tas*, qui s'accompagne d'une occupation du lieu de travail. *Grève du zèle* : excès de minutie qui paralyse le rythme du travail. / *Grève de la faim* : action de revendication ou de protestation qui consiste à refuser toute alimentation.

Grève (place de) Nom, jusqu'en 1806, de l'actuelle place de l'Hôtel-de-Ville à Paris. Elle descendait en pente douce vers la Seine, ce qui lui valut son nom. Les ouvriers sans travail s'y réunissaient (*faire grève* signifiait alors « se tenir sur la place de Grève en attendant du travail ») et les exécutions capitales s'y déroulaient.

grever v. t. [1] Soumettre à une lourde charge financière. *Grever le peuple d'impôts. Grever un budget.*

Grévin (musée) Galerie de figures de cire, fondée en 1882 à Paris par le dessinateur et caricaturiste Alfred Grévin (1827-1892).

Grevisse (Maurice) 1895-1980 Grammairien belge d'expression française. Sa

***Edvard Grieg**.*

grammaire normative et descriptive du français, *Le Bon Usage* (1936, enrichie au cours des éditions successives), comporte une multitude d'exemples puisés dans toute la littérature française.

gréviste n. Personne en grève.

Grévy (Jules) 1807-1891 Homme d'État français. À la tête de l'opposition républicaine sous le Second Empire, il se rangea parmi les Républicains modérés après la chute de Napoléon III. Président de l'Assemblée nationale (1871-1873) puis de la Chambre des députés à partir de 1876, il remplaça Mac-Mahon à la présidence de la IIIe République en janvier 1879. Réélu en 1885, il fut obligé de démissionner en 1887 après le scandale du trafic des décorations auquel était mêlé son gendre, le député Daniel Wilson.

Griaule (Marcel) 1898-1956 Ethnologue français. Après un long séjour en Éthiopie, il conduisit la mission Dakar-Djibouti (1931-1933) qui mena de nombreuses enquêtes ethnologiques. Au cours de ce voyage, il rencontra les Dogons et y consacra plusieurs études (*Les Masques dogons*, 1938 ; *Dieu d'eau*, 1948).

Gribeauval (Jean-Baptiste Vaquette de) 1715-1789 Général et ingénieur français. Il réorganisa l'artillerie qu'il allégea et rendit mobile, et inventa de nouveaux canons. Ce type de matériel fut utilisé pour toutes les campagnes de la Révolution et de l'Empire.

Griboïedov (Aleksandr Sergueïevitch) 1795-1829. Auteru dramatique russe. Sa comédie en vers, *Le Malheur d'avoir trop d'esprit*, écrite en 1822-1824, est une satire des mœurs de la haute société moscovite. Elle ne sera jouée qu'en 1831 et publiée qu'en 1833, après la mort de son auteur, assassiné alors qu'il était ambassadeur à Téhéran.

***Grève** des ouvriers d'une fabrique espagnole au XIXe siècle.*

gribouillage ou **gribouillis** n. m. Dessin ou écriture informes, confus.

gribouiller v. t. [1] Écrire, dessiner (un gribouillage). *Gribouiller quelques mots.* Syn. Griffonner.

gribouillis Voir **gribouillage**

grief n. m. Motif de plainte, de mécontentement. *Avoir des griefs contre qqn.* / DR. Préjudice subi en raison d'un jugement et permettant d'en faire appel.

Grieg (Edvard) 1843-1907 Compositeur norvégien. Influencé par le folklore de son pays, il est l'auteur d'œuvres originales : des *Danses norvégiennes* (1870), des *Pièces lyriques* pour piano, de la musique de chambre, de la musique symphonique, de la musique de scène (*Peer Gynt* d'Ibsen, 1876).

Grierson (John) 1898-1972 Cinéaste et producteur anglais, il fut le chef de file de l'école documentariste anglaise. Il débuta en 1929 avec un documentaire sur la pêche au hareng (*Drifters*). Il influença de nombreux cinéastes puis devint directeur de l'Office national du film, à Ottawa, en 1939, donnant une forte impulsion au cinéma canadien.

grièvement adv. Avec de graves conséquences. *Être grièvement blessé.*

griffe n. f. ZOOL. Ongle pointu et crochu de certains vertébrés (reptiles, oiseaux, mammifères). *Les griffes des félidés sont généralement rétractiles. Les griffes des rapaces sont appelées serres.* / BOT. Rhizome court de certaines plantes (par ex. asperge, renoncule) dont la forme évoque celle d'une griffe. / TECHN. Outil, pièce en forme de griffe. *Griffe de tapissier.* / ARCHIT. Chacun des ornements qui relient le bas d'une colonne à son soubassement. / Fig. Empreinte reproduisant une signature manuscrite. *Apposer sa griffe sur un document.* / Marque apposée sur la production d'un créateur, d'un fabricant. *La griffe d'un grand couturier.* / Fig. Marque, empreinte.

griffer v. t. [1] Égratigner avec des griffes, des ongles. *Ne t'approche pas du chat, il va te griffer.* / Par ext. *Les ronces m'ont griffé les joues.* / Fig. COMM. (surtout au participe passé) Apposer une griffe sur (un vêtement). *Une robe griffée.*

Griffith (Arthur) 1872-1922 Homme politique irlandais. Il fonda en 1902 le mouvement Sinn Féin pour l'indépendance de l'Irlande. Emprisonné par les Anglais (1916-1918), il négocia avec eux le traité de Londres (1921) qui reconnaissait l'État libre d'Irlande. Il remplaça à la présidence De Valera qui était, lui, hostile aux conditions du traité.

Griffith (David Wark) 1875-1948 Cinéaste américain. Il débute au cinéma en 1908 et, en quatre ans, il réalise environ 400 films (deux par semaine). Ces films inégaux ont le mérite d'assimiler les découvertes techniques. Par la suite, il pose les bases du langage proprement cinématographique, le libérant des conventions théâtrales, employant des innovations techniques à des fins narratives originales. *Naissance d'une nation* (1915) est une grandiose épopée sur la guerre de Sécession à laquelle on a reproché son caractère raciste. L'année suivante, il réalise *Intolérance*, entreprise gigantesque qui emploie des milliers de figurants et des décors fastueux ; c'est un échec commercial. Il tourne ensuite *Le Pauvre Amour* (1919), *Le Lys brisé* (1919), mélodrame dont la vedette est une fois encore Lilian Gish, et encore de nom-

***Grilles** andalouses.*

breux films jusqu'en 1930 : *À travers l'orage* (*Way Down East*), *Les Deux Orphelines*, *Isn't life wonderful*. Outre l'invention de certains effets techniques et d'un montage original (alternance de plans lointains et de plans rapprochés), Griffith a contribué au développement des studios d'Hollywood qui allaient devenir prédominants, et a découvert de très nombreux talents.

griffon n. m. Animal fabuleux, tenant du lion et de l'aigle. / Vautour fauve. / Chien de chasse ou d'agrément, au poil broussailleux.

griffonnage n. m. Action de griffonner ; résultat de cette action.

griffonner v. t. [1] Écrire, dessiner hâtivement, confusément (qqch.). *Griffonner quelques mots.* Syn. Gribouiller.

griffu, e adj. Pourvu de griffes.

griffure n. f. Marque due à un coup de griffe, d'ongle ; égratignure.

Grignan (Françoise-Marguerite de Sévigné, comtesse de**)** 1646-1705 Fille de Mme de Sévigné. Son mariage l'éloigna de sa mère ; elles entretinrent une correspondance assidue.

Grignard (Victor) 1871-1935 Chimiste français. Il découvrit les dérivés organomagnésiens qui permirent la réalisation de nombreuses synthèses en chimie organique.

grignotage n. m. Grignotement. / Fig. Appropriation ou destruction progressive de qqch. *Le grignotage de ses économies.*

grignotement n. m. Action de ronger ou de manger par petites quantités. Syn. Grignotage. / Bruit ainsi produit.

grignoter v. t. [1] Manger (qqch.) en rongeant. *Les rats ont grignoté les boiseries.* / Par ext. Manger (qqch.) lentement, petit à petit. *Grignoter des noisettes.* / Fig. Consommer (un bien) petit à petit. *Grignoter ses réserves.* / Réduire petit à petit (un écart). *Les poursuivants ont grignoté quelques secondes.*

grigou n. m. Fam. Avare.

gri-gri ou **grigri** n. m. En Afrique, amulette ou talisman qui porte bonheur ou sert à conjurer le mauvais sort. / Mod. Petit bijou, breloque. Pl. Des *gris-gris* ou *grigris*.

gril n. m. Ustensile métallique formé de tiges parallèles ou d'une plaque de fonte nervurée, sur lequel on fait cuire les mets (viandes, poissons) à feu vif. / Anc. Instrument de supplice sur lequel on étendait un condamné pour le brûler. / Fig. *Être sur le gril* : être très impatient ou très inquiet. / TECHN. Claire-voie placée en amont d'une vanne pour arrêter les détritus charriés par les eaux. / MAR. Plate-forme de carénage. / THÉÂTRE Plancher à claire-voie au-dessus des cintres, pour la manœuvre des décors.

grillade n. f. Cuisson au gril. / Pièce de viande ou de poisson destinée à cette cuisson ou ayant subi cette cuisson. *Des grillades de porc.*

grillage [1] n. m. Action de griller. *Grillage du café* : torréfaction. / TECHN. Opération consistant à porter un minerai à température élevée en présence d'un gaz, pour en modifier la composition chimique.

grillage [2] n. m. Treillis métallique. *Poser un grillage autour du poulailler.*

grillager v. t. [1] Munir d'un grillage.

grille n. f. Assemblage de barreaux clôturant une ouverture, ou servant de séparation. *Grille d'égout. Grille d'un parc.* / Châssis métallique à claire-voie sur lequel brûle le combustible, dans une cheminée, un poêle, etc. / ÉLECTRON. Électrode en grillage disposée entre la cathode et l'anode d'un tube électronique, servant à régler l'intensité du courant anodique. / Carton percé de jours (et, par extension, tout document de référence) destiné à chiffrer ou déchiffrer un texte, un cryptogramme. / Figure quadrillée. *Grille de mots croisés, de loto.* / Tableau représentant un classement, une organisation, un programme. *Grille des salaires. Grille des programmes de télévision.*

grille-pain n. m. inv. Petit appareil électroménager pour faire griller des tranches de pain.

griller v. t. / v. i. [1] Faire cuire sur un gril, sur la braise. *Griller un poisson. Griller du café*, le torréfier. (Emploi intransitif) *La viande est en train de griller.* / Endommager, dessécher par une température excessive. *Le soleil grille la peau. Le froid a grillé les épis.* Fam. *Griller un cigare*, le fumer. / Mettre hors d'usage par un échauffement excessif. *Griller une lampe.* (Emploi intransitif) *L'ampoule a grillé.* / Fam. Dépasser (une limite) sans s'arrêter ; devancer (qqn) ou, au fig., supplanter (qqn). *Griller un stop. Je l'ai grillé au démarrage.*

grillon n. m. ZOOL. Insecte orthoptère sauteur, de couleur noire ou brune, incapable de voler. *Le grillon mâle stridule en frottant entre elles ses élytres.*

grimace n. f. Déformation du visage par contraction des muscles faciaux, pouvant manifester la douleur, le dégoût, le mécontentement.

grimacer v. i. [1] Faire des grimaces. / (Emploi transitif) *Grimacer un sourire.*

grimacier, ère adj. et n. Qui fait des grimaces. *Un comique grimacier.*

grimage n. m. Action de grimer ; résultat de cette action.

Grimal (Pierre) 1912-1996 Historien français, spécialiste de Rome, en particulier de la littérature latine (*Dictionnaire de la mythologie gréco-romaine*, 1951 ; *Rome, la littérature et l'histoire*, 1986), et biographe (*Cicéron*, 1986 ; *Tacite*, 1990 ; *Marc-Aurèle*, 1991).

Grimaldi Site archéologique d'Italie, en Ligurie, proche de la frontière française. Les fouilles de ces neuf grottes ont permis de mettre au jour le squelette humain fossile de l'*homme de Menton*. Le *type de Grimaldi* est proche de celui de Cro-Magnon.

Grimaldi (maison **de**) Famille noble d'origine génoise. Connue depuis le XIIe siècle, elle est alors l'une des grandes familles rivales de Gênes, opposée notamment aux Doria, et possédait également Monaco. Depuis la fuite

*Illustration pour Hänsel et Gretel, un conte des frères **Grimm**.*

à Monaco de François Grimaldi, chassé de Gênes en 1297, une branche de la famille gouverne la principauté. Après la disparition du dernier héritier mâle en 1731, l'héritière fut mariée à un membre de la famille Goyon-Matignon, qui prit le nom et les armes des Grimaldi. En 1920, **Louis II**, fils et successeur d'Albert Ier, en l'absence d'héritier légitime, absence qui allait automatiquement conduire à l'annexion de la principauté par la France, légitima la fille qui lui était née d'une liaison en Algérie, alors qu'il servait dans l'armée française, la titra (Charlotte de Monaco), et la maria à Pierre de Polignac qui prit à son tour le nom et les armes des Grimaldi. Leur fils **Rainier III** (né en 1923) succéda comme prince de Monaco à son grand-père Louis II en 1949.

grimaud n. m. Vieilli, péjor. Mauvais écrivain.

Grimault (Paul) 1905-1994 Cinéaste français d'animation, auteur de dessins animés poétiques. Venu du dessin publicitaire, il réalisa des courts métrages raffinés : *Le Voleur de paratonnerres* (1945), *La Flûte magique* (1946). Sa collaboration avec Jacques Prévert, qui a écrit le scénario du *Petit Soldat* (réalisé en 1947), a encore donné *La Bergère et le Ramoneur*, dont une version incomplète sortit en 1953. Grimault a repris et complété ce film après la mort de Prévert, pour en faire le long métrage *Le Roi et l'Oiseau* (1979). Il a également réalisé *La Table tournante* (1988).

grimer v. t. [1] Maquiller (un acteur, qqn qui se déguise).

Grimm (Melchior, baron de**)** 1723-1807 Écrivain allemand, ami des philosophes français du XVIIIe siècle et ennemi de Rousseau. Sa *Correspondance littéraire, philosophique et critique* (1754-1773) avec des princes étrangers les renseignait sur la vie intellectuelle en France.

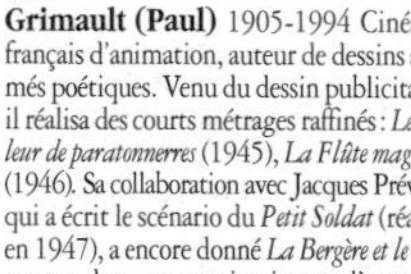

*La perruche, oiseau **grimpeur**.*

Grimm Nom de deux frères, écrivains et philologues allemands, **Jacob** (1785-1863) et **Wilhelm** (1786-1859). Romantiques, ils ont reconstitué par leurs recherches les contes et légendes de la littérature allemande ancienne et, croyant restituer les formes de pensée et d'expression populaire, ont pourtant créé une langue neuve, poétique, dans les contes qu'ils ont publiés. Ces recueils sont devenus des classiques : les *Contes* de 1812 comportent notamment *Blanche-Neige et les Sept Nains* et *Hänsel et Gretel*. Philologues, les frères Grimm ont laissé une *Histoire de la langue allemande* (1848) et un *Dictionnaire allemand* (1852-1858).

Grimmelshausen (Hans Jakob Christoffel von) 1620 ?-1676 Écrivain allemand. Son roman *La Vie de l'aventurier Simplicius Simplicissimus* (1669), s'inspirant du roman picaresque espagnol, raconte les aventures de Simplicissimus lors de la guerre de Trente Ans, entraîné à travers toute l'Allemagne. Son récit *L'Aventurière Courage* inspira à Brecht sa pièce *Mère Courage et ses enfants* (1938).

grimoire n. m. Recueil de formules magiques, d'incantations. / Ouvrage indéchiffrable, incompréhensible.

grimpée n. f. Chemin qui grimpe. *La grimpée qui mène au col est plutôt rude.* / Action de grimper. *S'arrêter pendant la grimpée. Faire de la grimpée en montagne.*

grimper [1] v. i. / v. t. [1] **A.** v. i. Monter en s'agrippant. *Grimper aux arbres, à la corde.* / Croître en s'enroulant, en s'accrochant. *La vigne grimpe le long du mur.* / Monter vers un point élevé. *Grimper jusqu'au sommet. Grimper sur sa bicyclette. Grimper dans le train.* / S'élever en pente raide. / Fig. et fam. Augmenter, s'accroître. *Prix, températures qui grimpent.* **B.** v. t. Escalader. *Grimper l'escalier.*

grimper [2] n. m. SPORT Exercice d'une personne qui grimpe à la corde lisse, à la corde à nœuds, aux agrès.

grimpette n. f. Fam. Chemin qui grimpe. *Ça fait une bonne grimpette jusqu'en haut.* / Fam. Action de grimper. *Faire de la grimpette en montagne.*

grimpeur, euse n. Cycliste qui monte bien les côtes. / Alpiniste. / n. m. pl. ZOOL. Vx Ordre d'oiseaux ayant deux doigts dirigés vers l'avant et deux doigts vers l'arrière, abandonné dans les classifications actuelles,

Le Fumeur, *tableau cubiste de* ***Juan Gris.***

qui regroupait les psittaciformes (perroquets), les cuculiformes (coucous) et les piciformes (pics, toucans, etc.).

Grimsby *92 150 h.* Ville d'Angleterre, sur la mer du Nord, à l'embouchure de la Humber. C'est le premier port de pêche de Grande-Bretagne. Raffineries de pétrole.

grinçant, e adj. Qui grince. / Fig. *Humour grinçant.*

grincement n. m. Bruit strident produit par frottement.

grincer v. i. [1] Émettre un grincement. *Porte qui grince. Grincer des dents.*

grincheusement adv. De manière grincheuse.

grincheux, euse adj. et n. Qui manifeste sa mauvaise humeur par des récriminations; grognon.

gringalet n. m. Individu chétif.

gringo n. m. (mot espagnol) Pour les Latino-Américains, Américain des États-Unis; Anglo-Saxon.

Gringore (Pierre) 1475?-1538? Poète dramatique français. Auteur de mystères moraux et surtout de soties, il soutint Louis XII dans sa lutte contre le pape Jules II : avec *Le Jeu du prince des Sots et de la mère Sotte*, représenté en 1512, il fait glisser la sotie dans le théâtre politique. Il est « Gringoire » dans *Notre-Dame de Paris* de Victor Hugo.

gringue n. f. Fam. *Faire du gringue à* : faire la cour à.

griot n. m. En Afrique subsaharienne, poète musicien, détenteur de la tradition orale.

griotte n. f. Petite cerise de pleine saison, juteuse, au goût sucré.

grippage n. m. MÉCAN. Frottement anormal de deux surfaces métalliques. / Fig. Défectuosité de fonctionnement d'un mécanisme.

grippal, ale, aux adj. Relatif à la grippe.

grippe n. f. **I.** Vx Caprice. / Mod. (par antiphrase) *Prendre en grippe*: se mettre à détester, ne plus pouvoir supporter. *J'ai pris ce bureau en grippe.* **II.** MÉD. Maladie infectieuse, virale, contagieuse, qui se manifeste par de la fièvre, des maux de tête, un affaiblissement général et s'accompagne fréquemment d'un catarrhe avec complications broncho-pulmonaires et, parfois, de troubles digestifs.

grippé, ée adj. et n. MÉCAN. *Moteur grippé*: bloqué par grippage. / MÉD. Atteint de la grippe. *Malade grippé.* / Subst. *Soigner les grippés.*

grippe-sou n. m. Fam. Avare. Pl. Des *grippe-sou(s).*

gris, grise adj. et n. m. **I.** D'une couleur intermédiaire entre le noir et le blanc; où l'on trouve du noir (ou une couleur sombre, dense) et du blanc. *Un manteau gris. Des cheveux gris.* / Terne. *Teint gris.* / ANAT. *Substance grise*: tissu nerveux de couleur grisâtre, formé de neurones et de cellules gliales, constituant certaines parties du système nerveux central (notam. le cortex cérébral et la partie centrale de la moelle épinière). / Fig. et fam. *Matière grise*: cerveau, intelligence. / n. m. Couleur grise. **II.** Fig. Un peu ivre. *Elle est grise.*

Gris (José Victoriano Gonzalez, dit **Juan)** 1887-1927 Peintre espagnol. Il s'installe à Paris en 1906. Ami de Braque et Picasso, il est considéré comme l'un des principaux représentants du cubisme : série *Pierrots et Arlequins* (1919). Il a donné quelques décors et costumes pour les Ballets russes.

grisaille n. f. BX-ARTS Peinture monochrome dans des nuances de gris. / Fig. Caractère de ce qui est terne, monotone, sans éclat.

grisant, e adj. Qui grise.

grisâtre adj. Qui tire sur le gris.

griser v. t. [1] **I.** Colorer en gris, rendre gris. **II.** Fig. Enivrer. *Le vin me grise.* Ant. Dégriser. / Par ext. Étourdir; exalter. *La vitesse me grise. Se laisser griser par le succès.*

griserie n. f. Légère ivresse. / Exaltation de l'esprit. *Griserie du succès.*

grisette n. f. Vx Jeune fille de condition modeste, coquette mais non vénale.

Gris-Nez (cap) Cap du Pas-de-Calais, entre Calais et Boulogne-sur-Mer. C'est une large avancée de falaises qu'une trentaine de kilomètres sépare des côtes anglaises.

grisonner v. i. [1] (En parlant des cheveux, des poils) Devenir gris. *Une moustache qui grisonne.* / Avoir les cheveux, les poils qui deviennent gris. *Elle grisonne.*

Grisons (les) *7 105 km² 185 100 h.* Le plus grand des cantons suisses, rattaché à la Confédération en 1803, entièrement situé dans les Alpes, à l'est du pays. Chef-lieu *Coire*. Ce territoire montagneux (*4 049 m* au pic Bernina), essentiellement rural, qui comprend les hautes vallées du Rhin et de l'Inn, est une région touristique : stations d'été et de sports d'hiver. On y parle l'allemand, l'italien et le romanche.

grisou n. m. Mélange gazeux de méthane (CH_4) et d'air que l'on rencontre dans les mines de charbon ou de soufre. *Le grisou n'est pas toxique mais rend l'air irrespirable si sa concentration atteint 8 % ou 9 % du volume considéré; si la concentration de grisou est comprise entre 5 % et 14 %, le mélange est hautement explosif.*

grive n. f. ZOOL. Oiseau de la famille des turdidés, au plumage brun, au ventre tacheté, voisin du merle. / (Proverbe) *Faute de grives, on mange des merles*: faute de ce que l'on désire, de ce que l'on préfère, on se contente de ce que l'on a.

grivèlerie n. f. DR. Délit consistant à consommer sans payer dans un café, un restaurant.

grivois, e adj. Enjoué et licencieux, égrillard. *Paroles grivoises.*

grivoiserie n. f. Caractère de ce qui est hardi ou licencieux; propos égrillard, licencieux.

grizzli ou **grizzly** n. m. (mot anglo-américain) ZOOL. Sous-espèce de l'ours brun d'Amérique, de grande taille, vivant en Amérique du Nord, dans les montagnes Rocheuses.

Grock (Adrien Wettach, dit**)** 1880-1959 Clown suisse. Ses talents acrobatiques et sa virtuosité musicale lui valurent une popularité internationale.

Groddeck (Walter Georg, dit **George)** 1866-1934 Médecin et psychanalyste allemand. Il étudia les causes psychiques de certaines maladies somatiques (*Le Livre du Ça*, 1923), créant ainsi la médecine psychosomatique. Il prit ses distances avec les hypothèses de Freud, avec qui il correspondit.

Grodno *298 400 h.* Ville de Biélorussie, sur le Niémen. Chef-lieu de la province du même nom. Industrie chimique (plastiques). En 1793, la Russie et la Pologne y signèrent le traité de Grodno, qui entérina le second partage de la Pologne.

grœnendael n. m. Chien de berger belge, à poils longs et noirs.

• **Groenland** (en danois « terre verte ») *2 175 600 km² 55 860 h.* État autonome dépendant du Danemark, immense territoire insulaire situé au nord-est du Canada, en bordure de l'océan Arctique. Capitale *Nuuk*.

grog n. m. (mot anglais) Boisson chaude préparée avec de l'eau, du rhum, du sucre et du citron.

groggy adj. inv. (mot anglais) SPORT Se dit d'un boxeur étourdi par les coups au point de ne pouvoir réagir. / Par ext. Ébranlé par un choc physique ou moral; épuisé.

grognard n. m. HIST. Soldat de la vieille garde de Napoléon Ier.

grogne n. f. Fam. Mécontentement, mauvaise humeur. *La grogne des syndicats.*

grognement n. m. Cri du cochon, du sanglier, de l'ours. / Cri sourd, parole indistincte. *Des grognements de colère, de protestation.*

grogner v. i. [1] Faire entendre un grognement.

grognon, onne adj. et n. (Rare au féminin) Qui grogne, qui grogne souvent; de mauvaise humeur. *Enfant grognon. C'est un grognon.*

groin n. m. Museau du porc, du sanglier propre au fouissage.

Groix (île de) *15 km² 2 485 h.* Île française de l'Atlantique, au large de Lorient, qui fait partie du Morbihan, en Bretagne. Pêche au thon. Port de plaisance, tourisme.

grole ou **grolle** n. f. Chaussure.

GROENLAND

Géographie physique et humaine

Le territoire est recouvert d'une épaisse couche de glace (inlandsis), sauf sur le littoral, parfois déglacé sur plus de 100 km de large.
Le climat est polaire. La population (Inuit en grande majorité), qui vit essentiellement de la pêche, se concentre près des côtes. Les immenses ressources minérales connaissent un début d'exploitation.

Histoire

Découvert en 982, par l'Islandais Érik le Rouge, puis oublié, il fut redécouvert en 1578 par l'Anglais Martin Frobisher et en 1721 par le missionnaire danois Hans Egede.

Icebergs au large du Groenland.

Colonie danoise en 1814, le Groenland fait partie intégrante du royaume en 1953, et reçoit son autonomie en 1979 : seule sa défense lui échappe, confiée au Danemark.
De nombreuses expéditions ont permis d'y étudier les conditions climatiques, la géologie et les populations autochtones de l'île. Elle abrite depuis 1941 des bases militaires américaines (accord américano-danois en 1951).
En 1985, le Groenland a quitté la Communauté économique européenne, tout en y restant associé. L'île jouit d'un statut particulier, avec un parlement de 31 membres qui élit un exécutif de sept membres et envoie deux représentants au Folketing, le Parlement danois.

*Croquis des usines Fagus à Alfeld-am-der-Leine (Allemagne), œuvre réalisée en 1910 par **Walter Gropius** et Adolf Meyer.*

Gromaire (Marcel) 1892-1971 Peintre et graveur français. L'œuvre de cet admirateur de Matisse et Léger révèle les influences du cubisme et de l'expressionnisme : *La Guerre* (1925). Il a également réalisé des cartons de tapisserie.

grommeler v. i. [1] Faire entendre des grommellements. / (Emploi transitif) *Grommeler des injures.*

grommellement n. m. Paroles, sons indistincts exprimant le mécontentement, la mauvaise humeur.

gromologie n. f. En Afrique, art d'utiliser des mots savants (gros mots) dans une conversation ou dans un texte.

Gromyko (Andreï Andreïevitch) 1909-1989 Homme politique soviétique. Après avoir occupé plusieurs postes diplomatiques, il fut ministre des Affaires étrangères de l'URSS (1957-1985), puis président du praesidium du Soviet suprême (1985-1988).

grondement n. m. Bruit sourd et prolongé, souvent menaçant. *Le grondement d'un chien, du tonnerre.*

gronder v. i. / v. t. [1] Émettre, faire entendre un grondement. *Ours, lion qui gronde. Le tonnerre, le canon gronde au loin.* Au fig. *L'émeute gronde,* menace d'éclater. / v. t. Réprimander. *Gronder un enfant. Se faire gronder.*

grondeur, euse adj. Qui a l'habitude de gronder, de réprimander. / Qui évoque la gronderie. *Un ton grondeur.*

grondin n. m. ZOOL. Poisson téléostéen marin, à grosse tête, de couleur grise ou rose *(rouget grondin)*, ainsi appelé en raison du bruit que peut émettre sa vessie natatoire lorsqu'on le sort de l'eau. Syn. Trigle.

Groningue (en néerlandais *Groningen*) *169 390 h.* (agglomération *208 410 h.*) Ville du nord-est des Pays-Bas, chef-lieu de la province du même nom. Ville universitaire, centre industriel (gisement de gaz naturel à Slochteren) relié par un canal à la mer du Nord, c'est surtout un centre commercial et culturel animé. Musée d'art et d'histoire.

Groningue (la) (en néerlandais *Groningen*) *2 347 km² 558 000 h.* Province du nord-est des Pays-Bas. Région essentiellement agricole (blé, betterave à sucre, pomme de terre, élevage bovin).

groom n. m. (mot anglais) Jeune employé en livrée, garçon de courses ou portier d'hôtel.

Gropius (Walter) 1883-1969 Architecte et urbaniste américain d'origine allemande. En 1919, il fonde le Bauhaus dont il construit les nouveaux bâtiments (1925-1926). Fuyant l'Allemagne nazie, il émigre d'abord en Angleterre puis aux États-Unis (1937). Professeur d'architecture à l'université de Harvard (1937-1945), il fonde une agence, The Architects Collaborative (TAC), et édifie notamment le Backbay Center (centre administratif et commercial) à Boston en 1953. Architecte novateur (structures d'acier et de verre avec des murs-rideaux transparents, abandon de la symétrie axiale, fonctionnalisme), il a participé à la genèse de l'architecture moderne.

gros, grosse adj. et n. **A.** adj. Dont le volume, l'épaisseur sont supérieurs à la moyenne. *Un gros sac.* / Corpulent. *Il est gros.* (Subst.) *Il préfère les grosses.* / adj. f. Vieilli Enceinte. *Elle est grosse de cinq mois.* / Important. *Le gros lot.* / MÉTÉO. *Mer grosse,* dont les vagues sont hautes (6 à 9 mètres). *Mer très grosse,* dont les vagues atteignent 9 à 14 mètres. *Gros temps* : mauvais temps. / Grossier, sans finesse. *Dire des gros mots. Du gros vin* (ou, fam. *du gros rouge*) : du vin (rouge) ordinaire. **B.** adv. Beaucoup. *Risquer gros.* / loc. adv. *En gros* : sans donner de précisions ; par grosses quantités. *En gros, il refuse. Vente en gros.* **C.** n. m. *Le gros de* : la partie la plus importante de. *Le gros de l'assistance.* / COMM. (par oppos. à *détail*) *Commerce de gros. Magasin de gros.*

Gros (Antoine, baron**)** 1771-1835 Peintre français. Les vastes compositions de cet élève de David, qui devint le peintre officiel de Napoléon (*Les Pestiférés de Jaffa,* 1804, *La Bataille d'Aboukir,* 1806, *Le Champ de bataille d'Eylau,* 1808), annoncent la peinture romantique.

groseille n. f. Fruit comestible du groseillier, petite baie rouge ou blanche qui pousse en grappe. / *Groseille à maquereau* : fruit du groseillier épineux, grosse baie rouge ou verdâtre.

groseillier n. m. BOT. Arbrisseau de la famille des saxifragacées, cultivé pour ses fruits. *On distingue le groseillier épineux ou groseillier à maquereau, le groseillier à grappes, à fruits rouges ou blancs et le groseillier noir ou cassissier.*

Groseilliers (Médard Chouart, sieur **des)** 1618-1690 ? Explorateur français du Canada, qui se livra au commerce des fourrures.

gros-grain n. m. Tissu à grosses côtes. / Par méton. Ruban de ce tissu.

Grosjean (Jean) 1912 Écrivain français. Ancien prêtre, théologien, familier de la Bible, il est l'auteur de poèmes lyriques (*La Gloire,* 1969 ; *Runes,* 1989), de récits (*Le Messie,* 1974 ; *La Reine de Saba,* 1987), et de traductions du grec (l'*Évangile selon saint Jean,* notamment).

gros-plant n. m. Cépage cultivé dans la région de Nantes ; vin blanc produit par ce cépage. Pl. Des *gros-plants.*

gros-porteur n. m. Avion de transport de grande capacité. Pl. Des *gros-porteurs.*

Gros-René (René Berthelot, dit**)** v. 1630 ?-1664 Comédien français de la troupe de Molière, époux de Marquise Du Parc, créateur des rôles de Sganarelle.

grosse n. f. COMM. Douze douzaines. *Une grosse de brosses.* / DR. Copie d'un jugement, d'un arrêt, d'un acte, revêtue de la formule exécutoire.

grossesse n. f. État de la femme enceinte commençant avec la fécondation et se terminant avec l'accouchement, normalement d'une durée de neuf mois. *Grossesse extra-utérine* : développement anormal de l'ovule fécondé en dehors de la cavité utérine, le plus souvent dans une trompe. *Grossesse multiple* : développement simultané de deux (ou plus de deux) fœtus dans la cavité utérine. *Grossesse nerveuse* : état d'une femme présentant des signes de grossesse (arrêt des règles, nausées, etc.) mais qui n'est pas enceinte.

grosseur n. f. État d'une personne, d'un animal qui est gros, corpulent. / Volume, taille de qqch. *Des œufs de même grosseur.* / Excroissance, enflure ou tumeur. *Une grosseur au cou.*

Grossglockner *3 797 m* Sommet le plus élevé des Alpes autrichiennes, dans le massif des Hohe Tauern.

grossier, ère adj. Sans finesse. *Des traits grossiers.* / Élaboré, fait de manière rudimentaire, approximative. *Tissu grossier. Nettoyage grossier.* / Sans raffinement, fruste. *Un peuple grossier et ignorant.* / Qui dénote l'ignorance. *Des fautes grossières.* / Qui contrevient à la bienséance. *Propos grossiers. Grossier personnage.*

grossièrement adv. De manière grossière.

grossièreté n. f. Caractère ce qui est grossier, d'une personne grossière. *La grossièreté d'un dessin. Ce personnage est d'une grande grossièreté.* / Propos grossier, attitude grossière. *Ses grossièretés ne m'impressionnent pas.*

grossir v. i. / v. t. [2] **A.** v. i. Devenir gros, plus gros ; enfler. *Il a grossi de cinq kilos.* / Augmenter en nombre. *La foule continuait de grossir.* / S'amplifier. *Bruit, rumeur qui grossit.* **B.** v. t. Rendre ou faire paraître plus gros. *Ce pantalon te grossit.* / Augmenter en nombre. *Grossir les rangs.* / Fig. Exagérer. *Grossir les faits.*

Grotte.

*Fruits et feuille du **groseillier**.*

grossissement n. m. Fait de devenir plus gros. / Caractéristique d'un instrument d'optique, correspondant au rapport entre le diamètre d'un objet vu à travers l'instrument et le diamètre de cet objet vu à l'œil nu. *Télescope, microscope à fort grossissement.*

grossiste n. Commerçant de gros, intermédiaire entre le producteur et le détaillant.

grosso modo loc. adv. (mots latins) Sans entrer dans le détail.

Grosz (George) 1893-1959 Peintre, dessinateur et graveur américain d'origine allemande. Il exprima dès 1916 une virulente critique antibourgeoise et antimilitariste dans les journaux spartakistes, puis participa au mouvement dada à Berlin. Ses dessins, ses photomontages, ses peintures au style violemment expressif suscitèrent le scandale en Allemagne. Il s'est réfugié aux États-Unis en 1933.

grotesque adj. et n. Qui présente un aspect caricatural, ridicule, extravagant. / n. m. Caractère, genre grotesque. / n. f. pl. Ornements, arabesques qui, dans leurs enroulements, enferment des figures, des bouquets de fleurs, des animaux.

Grotewohl (Otto) 1894-1964 Homme politique allemand. En 1946, il fonda, en Allemagne de l'Est occupée par l'U.R.S.S., le Parti socialiste unifié (S.E.D.), fusion des partis socialiste et communiste. Chef du gouvernement de la République démocratique allemande (1949), il se maintint à ce poste jusqu'à sa mort.

Grotowski (Jerzy) 1933-1999 Metteur en scène et théoricien du théâtre français d'origine polonaise. Il crée le Théâtre-Laboratoire de Wroclaw (1965-1982) qui est, plus qu'une salle de spectacles, une école où il enseigne sa méthode s'appuyant sur le yoga et la psychanalyse : l'acteur est invité à se dépouiller de ses résistances physiques et psychiques, à se mettre à nu pour pouvoir intérioriser son rôle. Grotowski prône un théâtre « pauvre », centré sur l'acteur et débarrassé des éléments scéniques (décor, musique, lumières, maquillage) qui gênent le contact direct avec les spectateurs. Son essai *Vers un théâtre pauvre* parut en 1971.

grotte n. f. Cavité naturelle creusée dans le sous-sol et pouvant atteindre de grandes dimensions. *Les grottes présentent des galeries ramifiées dues à l'action des mécanismes d'érosion et de dissolution engendrés par la circulation des eaux souterraines.*

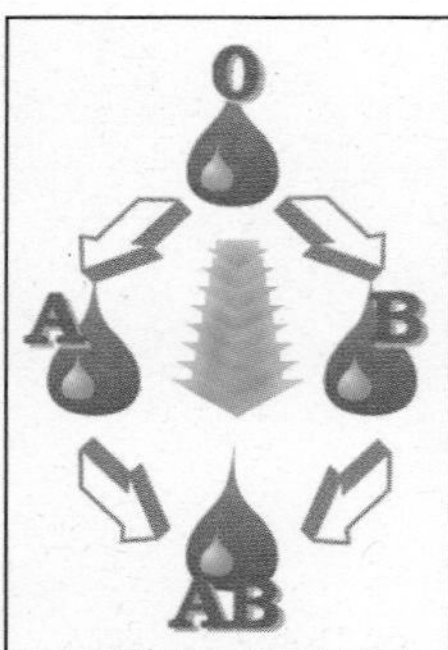

Schéma de la compatibilité des ***groupes*** *sanguins lors d'une transfusion.*

Grouchy (Emmanuel, marquis de**)** 1766-1847 Maréchal de France. Il participa à toutes les grandes campagnes napoléoniennes et rejoignit Napoléon durant les Cent-Jours. Considéré comme responsable de la défaite de Waterloo, il fut proscrit par la seconde Restauration ; pourtant, en poursuivant les Prussiens de Blücher au lieu de marcher sur Waterloo au secours des troupes françaises, il avait obéi strictement aux ordres de Napoléon. Louis-Philippe lui restitua son titre de maréchal et le fit pair de France en 1832.

grouillant, e adj. Qui grouille. *Multitude grouillante.* / *Grouillant de* : fourmillant de.

grouillement n. m. Mouvement de ce qui grouille.

grouiller v. i. [1] Pulluler en s'agitant. *Vers qui grouillent sur une plaie.* / *Grouiller de* : être couvert de (une multitude pullulante). *Une souche qui grouille d'insectes.* / v. pron. Fam. Se hâter. *Il se grouille de rentrer chez lui.*

grouillot n. m. Anc. Jeune employé de la Bourse. / Péjor. Garçon de course ; employé subalterne.

Groulx (Gilles) 1931 Cinéaste canadien, l'un des principaux créateurs du cinéma québécois, qui a fait ses premiers pas dans les années 1960 : *Les Raquetteurs* (1958), *Le Chat dans le sac* (1964), *Première Question sur le bonheur* (1979).

groupage n. m. Action de grouper des colis pour les acheminer. / MÉD. Détermination du groupe sanguin ou tissulaire d'une personne.

groupe n. m. Ensemble de personnes ou de choses réunies dans un même lieu. *Un groupe de visiteurs. Un groupe de maisons.* / Ensemble de personnes ayant des caractères communs ou faisant partie d'une même organisation. *Groupe social. Groupe parlementaire*, formé par les élus d'une même tendance politique, au sein d'une assemblée. / Ensemble d'entreprises dépendant d'une société mère. *Groupe industriel, financier.* / Formation de musiciens. *Groupe de rock.* / MILIT. Formation élémentaire de combat, dans l'infanterie. / Réunion d'êtres ou de choses formant un ensemble, dans une classification. *Verbes du premier, deuxième, troisième groupe.* / MÉD. *Groupes sanguins* : catégories d'individus déterminées par les types d'antigènes portés par leurs érythrocytes. (Dans le système ABO, les individus du groupe A portent des antigènes de type A, les individus du groupe B, des antigènes de type B, les individus du groupe AB portent à la fois des antigènes de type A et de type B, les individus du groupe O ne portent aucun de ces deux antigènes. Le système rhésus est déterminé par un ensemble d'antigènes plus complexe. Il existe divers autres systèmes déterminant des groupes sanguins, notam. le système Kell et le système Lewis). / MATH. Ensemble muni d'une loi de composition interne associative, admettant un élément neutre et dont tout élément admet un symétrique. (Un ensemble E muni d'une loi de composition notée + est un groupe si, et seulement si, pour tous les éléments x et y de E, $x+y$ est un élément de E [la loi + est une loi de composition interne] ; $(x+y)+z = x+(y+z)$ [+ est associative] ; il existe un élément, e, tel que $x+e = e+x = x$ [élément neutre], il existe pour tout x un élément x' tel que $x'+x = e$ [x' est le symétrique de x]). *Groupe abélien* : groupe dont la loi de composition est commutative (pour tous les éléments x et y, $x+y = y+x$). *L'ensemble des entiers relatifs* $Z = \{\ldots, -1, 0, +1, \ldots\}$ *muni de l'addition est un groupe abélien.*

groupé, e adj. En groupe. *Tir groupé*, dont les impacts sont très proches. / SPORT *Saut groupé*, effectué en ramenant les genoux près du torse.

groupement n. m. Action de grouper ; fait d'être groupé. / Réunion plus ou moins structurée de personnes ayant des intérêts ou des objectifs communs. *Groupement politique.* MILIT. *Groupement tactique* : réunion temporaire de plusieurs éléments de corps placés sous un commandement unique en vue d'une mission déterminée.

grouper v. t. [1] Mettre ensemble, disposer en groupe. *Grouper les bêtes dans l'enclos. Grouper des insectes par classes, par ordres, par familles.*

groupie n. (mot anglais) Personne qui admire passionnément un chanteur, un groupe de musique, qui le suit dans ses déplacements et assiste à tous ses concerts ; par ext., tout admirateur inconditionnel d'une personnalité quelconque.

groupusculaire adj. Relatif à un groupuscule, à l'action de groupuscules.

groupuscule n. m. Péjor. Petit groupe politique.

grouse n. f. ZOOL. (mot écossais) Lagopède d'Écosse.

Grousset (René) 1885-1952 Historien français, spécialiste de l'Asie : *Histoire de l'Extrême-Orient* (1928-1929), *Histoire de l'Orient latin* (1938), *Histoire des croisades et du royaume franc de Jérusalem* (1934-1936), *L'Empire des steppes* (1939), *Bilan de l'histoire* (1946).

Grouse .

Groznyï *401 000 h.* Capitale de la Tchétchénie, au centre d'une région riche en pétrole. Les bombardements russes (hiver 1994-1995 puis hiver 1999-2000) ont en partie détruit la ville.

gruau n. m. Grain de céréale grossièrement moulu et non encore réduit en farine. / Fine fleur de farine.

grue n. f. ZOOL. Grand oiseau échassier de l'ordre des gruiformes, à longues pattes et long cou. *La grue cendrée niche dans le nord de l'Europe et hiverne en Afrique ; elle vole lors de la migration en grandes troupes disposées en V.* / Fig. et fam. *Faire le pied de grue* : attendre longtemps. / Vieilli Femme de mœurs légères ; prostituée. / Engin servant à mouvoir de lourdes charges au moyen d'un bras, ou flèche, monté sur un support. *Grue à tour*, dont la flèche est montée sur un pylône. *Grue flottante. Grue automotrice.* / CIN. Appareil articulé permettant le déplacement vertical de la caméra.

Grue (la) Constellation australe ; voir **constellation**.

gruger v. t. [1] Tromper, abuser (qqn). *Se faire gruger.*

gruiformes n. m. pl. ZOOL. Ordre d'oiseaux comprenant les grues, les râles, les poules d'eau, les outardes, etc.

grume n. f. Tronc d'arbre abattu, ébranché mais encore revêtu de son écorce.

grumeau n. m. Petite masse coagulée formée par le caillage du lait ou par une substance mal délayée dans un liquide.

grumeleux, euse adj. CUIS. Plein de grumeaux. *Sauce grumeleuse.* / Qui présente des granulations dures. *Bois grumeleux.*

Grünewald (Mathis Nithart ou **Gothart**, dit **Matthias)** 1460 ?-1528 Peintre allemand. Son chef-d'œuvre est le *Retable d'Issenheim*, réalisé pour le couvent des Antonites (v. 1515) : d'un réalisme tragique, ces peintures consacrées à saint Antoine laissent apparaître un tempérament visionnaire.

Grunwald ou **Tannenberg** Ancien village de Prusse-Orientale, aujourd'hui en Pologne (*Stębark*). La *bataille de Grunwald*, qui eut lieu le 15 juillet 1410, vit la victoire du roi de Pologne, Ladislas II Jagellon, sur les chevaliers Teutoniques.

Gruss Famille française d'artistes qui marque l'histoire du cirque depuis 1945.

André 1919 Il a dirigé le Grand Cirque de France, puis le petit Cirque à l'ancienne.

Alexis 1944 Fils du précédent ; il dirige le Cirque national Gruss (accordant une place importante au dressage et à la voltige équestre) où il est aussi voltigeur et clown blanc.

Grue *commune.*

Forêt de la ***sierra de Guadarrama***.

grutier, ère n. Personne qui conduit une grue.

Grütli ou **Rütli (le)** Prairie du canton suisse d'Uri, sur la rive du lac des Quatre-Cantons. Le 1er août 1291, les représentants des cantons de Schwyz (dont la Suisse a tiré son nom), d'Uri et d'Unterwald prêtèrent le *serment du Grütli* : ils jurèrent de libérer leur pays de la domination des Habsbourg. L'alliance de ces trois cantons est à l'origine de la Confédération helvétique (le 1er août est le jour de la fête nationale en Suisse).

gruyère n. m. Fromage de vache, à pâte cuite et pressée, parsemée de trous, ou yeux, d'origine suisse.

Gruyère (la) Région de Suisse, autour de la ville de Gruyères (*1 460 h.*), dans le canton de Fribourg. Centre d'une florissante industrie fromagère.

guacamole n. m. (mot espagnol) CUIS. Plat mexicain, purée d'avocats pimentée.

Guadalajara *2 847 300 h.* Ville du Mexique, capitale de l'État de Jalisco, à *1 600 m* d'altitude. Centre industriel et touristique. Université. Musées, marché d'artisanat. Nombreux édifices de style colonial (cathédrale des XVIe-XVIIe siècles).

Guadalajara *63 600 h.* Ville d'Espagne dans la région Castille-la Manche, chef-lieu de la province du même nom, à 56 km de Madrid. Le palais des ducs de l'Infantado (XVe-XVIIe siècle) est de style gothico-mudéjar. Pendant la guerre civile, les républicains y luttèrent victorieusement contre un corps expéditionnaire italien (1937).

Guadalcanal *6 500 km² 47 000 h.* Île volcanique de l'archipel des Salomon, dans le Pacifique, à l'est de la Nouvelle-Guinée. En février 1943, après de durs combats, les Américains y remportèrent leur premier succès sur les Japonais, qui l'occupaient depuis juillet 1942.

Guadalquivir (le) *680 km* Fleuve d'Andalousie, en Espagne, qui traverse Cordoue et Séville et se jette dans le golfe de Cadix. Ses eaux sont utilisées pour l'irrigation de la région et la production d'énergie hydroélectrique.

Guadarrama (sierra de) Chaîne de montagnes d'Espagne, séparant les régions Castille-la Manche, au sud, et Castille-León, au nord. Elle culmine à *2 405 m* au pic de Peñalara.

• **Guadeloupe** [971] *1 780 km² 422 500 h.* Île des Petites Antilles, formant, avec Marie-Galante, la Désirade, les Saintes, Saint-Barthélemy et une partie de Saint-Martin, un département français d'outre-mer. Chef-lieu *Basse-Terre.*

guadeloupéen, enne adj. et n. De Guadeloupe. *Rhum guadeloupéen. Un(e) Guadeloupéen(ne).*

Guadiana (le) *801 km* Fleuve, né en Espagne, qui entre au Portugal et dessine la frontière entre les deux États.

GUADELOUPE

La Guadeloupe est formée de deux parties séparées par un bras de mer étroit : à l'est la Grande-Terre, plateforme calcaire, à l'ouest la Basse-Terre, volcanique.
Le climat est tropical, avec des risques de cyclones (cyclone « Hugo » en 1989). Chaude et humide, l'île produit, pour l'exportation, de la canne à sucre qui permet la fabrication du rhum, des bananes et, accessoirement, du café, du cacao et de la vanille.
Elle est peuplée de Blancs (créoles) en minorité, de Noirs et de Métis, descendants des esclaves amenés au XVIIe siècle.
Le tourisme offre un potentiel important, mais l'archipel dépend de plus en plus de la métropole, vers laquelle l'émigration est forte. Découverte par Christophe Colomb en 1493, colonie française depuis le XVIIe siècle, l'île est devenue un département d'outre-mer en 1946, doté du statut de Région en 1982.

Marie-Galante.

Il Ridotto, *tableau de* **Francesco Guardi**.

A Guadalajara palais des ducs de l'Infantado, par **Juan Guas**.

Guam *549 km² 149 000 h.* Île de l'archipel des Mariannes, en Micronésie, dans l'océan Pacifique. Chef-lieu *Agana.* Sur cette île volcanique en partie couverte de forêts, au climat tropical humide, on cultive l'igname, le riz et la noix de coco. Le tourisme est florissant. Colonisée par les Espagnols au XVIIe siècle, l'île fut cédée aux États-Unis en 1898, après la guerre hispano-américaine. Occupée par les Japonais de 1941 à 1944, l'île est devenue une puissante base aéronavale américaine.

guanine n. f. BIOCHIM., GÉNÉT. Une des bases puriques qui constituent les acides nucléiques.

guano n. m. Matière constituée d'excréments d'oiseaux marins, très riche en phosphates et en azote, utilisé comme engrais. / Engrais d'origine animale.

guanosine n. f. BIOCHIM. Nucléoside formé par la combinaison d'une molécule de guanine avec une molécule de ribose.

guarani adj. et n. Des Guaranis, de leur langue. *La civilisation guaranie. Un(e) Guarani(e).* / n. m. LING. Langue des Guaranis. / n. m. Unité monétaire du Paraguay.

Guaranis Indiens d'Amérique du Sud, vivant essentiellement au Paraguay. Leur langue appartient à la famille tupi-guarani.

Guardi (Francesco) 1712-1793 Peintre vénitien. Il débuta dans l'atelier de son frère Gianantonio (1699-1760). Beau-frère de Tiepolo, il a, comme Canaletto, représenté dans un style nerveux et subtil des vues (*Vedute*) de Venise, de ses lagunes et de ses fêtes.

Guarini (Gian Battista) 1538-1612 Poète italien, auteur de poèmes, de comédies et d'une pastorale, *Il Pastor fido* (publiée en 1690), qui eut un succès durable.

Guarneri ou **Guarnerius (Giuseppe Antonio)** 1698-1744 Luthier italien issu d'une famille de luthiers réputée, active à Crémone aux XVIIe et XVIIIe siècles. Il fut le rival de Stradivarius.

Guas (Juan) ?-1496 Architecte espagnol d'origine bretonne qui travailla à Tolède (dessin de San Juan de los Reyes), à Guadalajara (palais de l'Infantado) et à Ségovie (monastère des Hiéronymites, église Santa Cruz).

• **Guatemala** État d'Amérique centrale, au sud du Mexique.

Guatemala ou **Ciudad de Guatemala** *1 675 590 h.* Capitale du Guatemala, à *1 480 m* d'altitude, centre économique et culturel du pays.

guatémaltèque adj. et n. Du Guatemala. *Plantations guatémaltèques. Un(e) Guatémaltèque.*

Guattari (Félix) 1930-1992 Psychanalyste français. Ses travaux marquent un tournant dans la critique de la psychanalyse. Il collabora avec Gilles Deleuze sur plusieurs essais : *L'Anti-Œdipe* (1972) et *Mille Plateaux* (1980), tous deux sous-titrés « Capitalisme et schizophrénie », ainsi que *Qu'est-ce que la philosophie ?* (1991).

Guayaquil *1 508 444 h.* Ville et port de l'Équateur sur le rio Guayas, important centre industriel, financier et commercial.

Gudea Voir **Goudea**

Guderian (Heinz) 1888-1954 Général allemand. Il créa après l'avènement de Hitler les divisions blindées qui furent la principale force de l'armée allemande en 1939-1941. Il commanda en Pologne (1939), dans les Ardennes (1940) et en Russie (1941) et fut chef d'état-major de l'armée de terre en 1944-1945.

gué n. m. Point où une rivière est assez peu profonde pour qu'on puisse la traverser sans perdre pied.

guéable adj. Que l'on peut franchir à gué.

guèbre adj. et n. RELIG. Qui appartient à une minorité religieuse de l'Iran, héritière du mazdéisme autrefois pratiqué en Perse. *Une communauté guèbre. Les guèbres.* (Voir *parsi*).

Guebwiller (ballon de) ou **Grand Ballon** *1 423 m* Sommet arrondi situé à l'ouest de la ville de Guebwiller et qui constitue le point culminant des Vosges.

guède n. f. BOT. Pastel. / Teinture bleue extraite du pastel.

Guéhenno (Jean) 1890-1978 Écrivain français : *Journal d'un homme de 40 ans* (1934), *Journal des années noires, 1940-1944* (1946), *Jean-Jacques* (1948-1952), une étude sur Rousseau.

Gueldre *5 015 km² 1 864 730 h.* Province orientale des Pays-Bas. Chef-lieu *Arnhem.* Arrosée par le Rhin et la Meuse, la province produit des fruits, des légumes, des œufs, des volailles, des vaches laitières.

guelfe n. m. HIST. Au Moyen Âge, partisan de l'Église dans la querelle qui opposa, en Italie, la papauté et le Saint Empire, défendu par les gibelins.

guelte n. f. Dans un magasin, prime donnée à un vendeur en fonction du produit de ses ventes.

Guénégaud (Henri de, marquis de Plessis-Belleville**)** 1609-1676 Financier français. Secrétaire d'État à la Maison du roi en 1643 ; Louis XIV le remplaça en 1669 par Colbert.

guenille n. f. (Surtout au plur.) Vieux vêtement déchiré.

guenon n. f. Vx Singe cercopithèque. / Femelle du singe, quelle que soit son espèce. / Fam. Femme laide.

guépard n. m. ZOOL. Mammifère carnivore, de la famille des félidés, à griffes non rétractiles, à robe fauve mouchetée de noir, très rapide à la course (il peut atteindre 100 km/h). *Le guépard vit en Afrique, en Asie et au Proche-Orient.*

Guépard (le) 1958 Roman inachevé de G. Tomasi di Lampedusa, publié après sa mort, que Visconti porta à l'écran en 1963 (avec Alain Delon, Claudia Cardinale, Burt Lancaster).

Guatemala

Superficie : *108 889 km²* – **Nombre d'habitants :** *11 700 000 h.* – **Capitale :** *Guatemala*
Villes principales : *Quezaltenango, Escuintla* – **Système politique :** *république* – **Langue(s) :** *espagnol* – **Religion(s) :** *catholicisme* – **Monnaie(s) :** *quetzal*

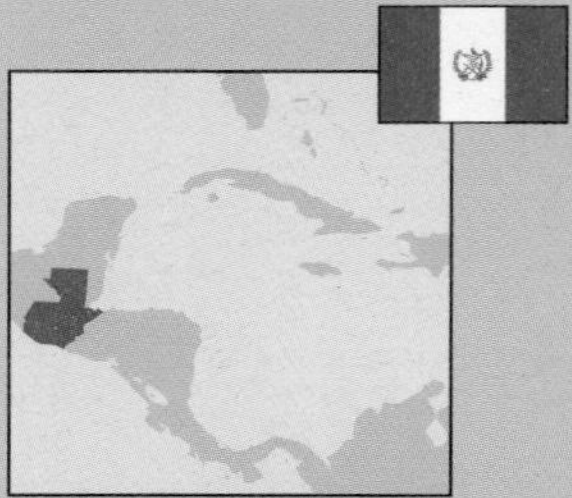

Voir l'Atlas

Géographie physique et humaine

Dans ce pays de montagnes en partie volcaniques, la population se concentre sur les terres hautes. Les hauts plateaux dominent les plaines côtières du Pacifique, situées au sud ; le volcan Tajumulco culmine à *4210 m*, au sud-ouest.

Au nord, le Petén est un plateau couvert de forêt dense et quasi inhabité. Le climat tropical varie avec l'altitude. Le versant Pacifique est plus arrosé que l'est. Les Amérindiens, descendant des Mayas, constituent la moitié de la population. Formant des groupes divisés, ils vivent surtout dans les zones rurales, ont conservé leurs langues, leur religion et leurs traditions et restent à l'écart du pouvoir politique et économique des habitants des villes et des *ladinos* (Métis et Blancs d'origine espagnole). Le Guatemala est le pays le plus peuplé d'Amérique centrale.

Cultures dans la région du lac Atitlan.

Économie

Malgré l'accroissement du secteur industriel (principalement dans le textile et l'alimentaire), l'agriculture reste le principal pourvoyeur d'emplois du pays. Les plantations du littoral pacifique produisent canne à sucre, coton, tabac, café et fruits tropicaux, dévolus à l'exportation. Le tourisme s'est développé à proximité du site de Tikal.

Histoire

Morceau de l'empire maya (le site le plus important est Tikal, dans le Petén), le pays fut conquis en 1523-1524 par un lieutenant de Cortés. Il acquit son indépendance en 1821 pour être inclus dans l'Empire du Mexique (jusqu'en 1823) puis dans les Provinces-Unies de l'Amérique centrale (1824-1839).

Véritablement indépendant à partir de 1839, il passa sous la dépendance économique des États-Unis, que le gouvernement des dictateurs Estrada Cabrera, de 1898 à 1920, et Jorge Ubico, de 1931 à 1944, renforça. En 1954, bénéficiant de l'aide de la C.I.A., une junte militaire renversa le président progressiste Jacobo Arbenz Guzmán qui avait décidé une réforme agraire lésant les intérêts nord-américains. Ensuite, les dictatures militaires se succédèrent, se maintenant dans un climat de terreur (assassinats de leaders démocrates, massacres de paysans). Durant les années 1970 et 1980, le pays, ravagé par un tremblement de terre en 1976, fut confronté à une guérilla sanglante qui était latente depuis 1960. Parmi les paysans mayas, il y eut 100 000 morts et autant de réfugiés au Mexique.

Dans les années 1990, la lutte du peuple maya fut reconnue par la communauté internationale (attribution du prix Nobel de la paix à une militante maya, Rigoberta Menchú, en 1992) et le gouvernement a reconnu le caractère multilingue et multiethnique du Guatemala.

Le président Alvaro Arzú, candidat de la droite progressiste élu en 1996, a signé en décembre 1996 à Mexico un accord de paix avec les groupes révolutionnaires guatémaltèques. Mais l'application des accords reste difficile. En 2000, Alfonso Portillo, candidat de la droite radicale, a été élu président de la République. Il doit faire face à une situation économique difficile et à une délinquance si importante qu'elle fait du Guatemala le pays dont le taux de criminalité est le plus élevé de toute la région.

Le centre de la ville de Guatemala.

Marché aux fruits à Chichicastenango, bourg dont la population est entièrement amérindienne.

La vue de l'Arche, à Antigua, l'ancienne capitale du pays, ravagée par une éruption du volcan Agua en 1773.

Culture

L'écrivain Miguel Ángel Asturias, indien par sa mère, puise son inspiration dans la culture maya : *Légendes du Guatemala* (1930), *Hommes de maïs* (1949). Il a dénoncé l'injustice et la misère dont souffre son pays dans *Monsieur le Président* (1946), où il analyse le pouvoir dictatorial et *Le Pape vert* (1959), où il décrit l'emprise des trusts américains.

guêpe n. f. ZOOL. Insecte hyménoptère aculéate, à abdomen annelé de jaune et de noir, dont de nombreuses espèces sont sociales. *La piqûre de la guêpe est très douloureuse.* / Fig. *Taille de guêpe* : taille très fine.

Guépéou ou **G.P.U.** (sigle russe de *Gossoudarstvennoïe Polititcheskoïe Oupravlenie* : « administration politique d'État ») Police politique soviétique. Elle succéda en 1922 à la Tcheka et fut remplacée en 1934 par le Commissariat du peuple aux Affaires intérieures ou N.K.V.D. Le G.P.U. joua un rôle important dans le régime de Staline, dirigeant notamment dès 1930 le Goulag.

guêpier n. m. ZOOL. Oiseau de l'ordre des coraciiformes, très coloré (jaune, roux, bleu-vert), au bec courbe et aux rectrices médianes allongées, se nourrissant d'hyménoptères. / Nid de guêpes. / Fig. Situation difficile, piège.

guêpière n. f. Sous-vêtement féminin couvrant le buste et soulignant la taille.

Guérande *11 665 h.* Ville de la Loire-Atlantique, qui possède une enceinte fortifiée des XIVe-XVe siècles aux six tours et aux quatre portes monumentales, dont la porte Saint-Michel.

Guéranger (dom Prosper) 1805-1875 Religieux français. Prêtre séculier, il acheta (1833) le prieuré bénédictin de Solesmes, alors à l'abandon, pour y restaurer l'ordre bénédictin. Il fit profession sous la règle de saint Benoît en 1837 et fut nommé par le pape abbé de Solesmes et supérieur général de la congrégation française de l'ordre bénédictin.

Guerchin (Giovanni Francesco Barbieri, dit le) 1591-1666 Peintre italien. Élève, à Bologne, de Ludovico Carrache, il s'installe à Venise (1618) où il produit des œuvres (*Martyre de saint Pierre*, 1619) à la fois lyriques et dramatiques. À Rome, où l'appelle Grégoire XV, son style s'apaise (*L'Aurore*, 1621). Il regagne définitivement Bologne en 1630.

guère adv. *Ne... guère*: peu. *Je ne le vois guère.* / *Ne plus... guère*: presque plus. *Il ne vient plus guère à Paris.* / *Ne guère... que*: presque que. *Il ne reste guère que lui à s'en souvenir.*

guéret n. m. Vx Jachère. / Terre labourée et non ensemencée.

Guéret *14706 h.* Chef-lieu de la Creuse, centre commercial et administratif doté de petites industries.

Guericke (Otto von) 1602-1686 Physicien allemand. Il étudia les effets du vide au cours de l'expérience connue sous le nom d'*expérience des hémisphères de Magdebourg* (1654).

guéridon n. m. Petite table ronde soutenue en son centre par un pied unique.

guérilla n. f. Guerre de harcèlement, menée par des bandes de partisans, des groupes clandestins, attaquant par embuscades.

guérillero n. m. Combattant pratiquant la guérilla.

Guérin (Maurice de) 1810-1839 Écrivain français, auteur de poèmes en prose (*Le Centaure, La Bacchante*) et de lettres à sa sœur. **Eugénie** 1805-1848 Sœur du précédent et destinataire de ses lettres; auteur de poèmes et d'un *Journal*, elle a publié l'œuvre de son frère emporté par une maladie incurable à 29 ans.

Guérin (Camille) 1872-1961 Vétérinaire et biologiste français, auteur, avec Calmette, du vaccin contre la tuberculose appelé B.C.G. (bacille Calmette-Guérin).

Guêpe.

Guêpier.

Guernica y Luno: le Parlement de Biscaye.

guérir v. t. / v. i. [2] **A.** Débarrasser (qqn) d'une maladie, d'un mal physique ou, par ext., moral. *Le médecin l'a guéri de son angine.* / Soigner, faire cesser (un mal). *Sirop qui guérit la toux. Guérir sa peur.* **B.** v. i. et pron. Parvenir à la guérison, se débarrasser d'un mal. *Il a guéri en trois jours. Se guérir de sa timidité.*

guérison n. f. Recouvrement de la santé. / Par ext. Atténuation, disparition d'un mal moral, d'un chagrin.

guérissable adj. Que l'on peut guérir.

guérisseur, euse n. Personne qui, sans être médecin, fait profession de guérir en utilisant des méthodes qui ne relèvent pas de la médecine (imposition des mains, remèdes à base de plantes...).

guérite n. f. Abri pour une sentinelle. / Petite construction servant d'abri. *Guérite d'une vendeuse de boissons fraîches.*

Guernesey *63 km² 58900 h.* Île britannique de l'archipel anglo-normand de la Manche. Chef-lieu *Saint Peter Port*. Elle vit du tourisme et des cultures maraîchères, fruitières et florales. De 1855 à 1870, Victor Hugo y vécut en exil.

Guernica y Luno *18130 h.* Ville sainte du Pays basque espagnol, où les rois d'Espagne venaient jurer sous un chêne de respecter les libertés basques (les *fueros*). Les bombardements de la ville le 26 avril 1937 par l'aviation allemande, qui appuyait les nationalistes, inspirèrent à Picasso une puissante composition en noir, gris-bleu et blanc, *Guernica* (349x777 cm), aujourd'hui exposée au musée du Prado à Madrid.

guerre n. f. Lutte armée entre des États, des groupes humains. *Déclaration de guerre. Guerre de conquête, de libération. Guerre sainte*, menée au nom d'une foi religieuse. *Guerre civile*, entre deux groupes armés de citoyens d'un même pays. *Guerre totale*, qui vise à anéantir l'adversaire par tous les moyens. / Conflit entre des États, des groupes n'allant pas jusqu'à la lutte armée. *Guerre économique. Guerre froide*: voir plus loin. / Fig. Lutte, combat. *Entre eux, c'est la guerre. Faire la guerre à qqch.*, chercher à le combattre, à le supprimer.

guerre de 1870-1871 Voir **franco-allemande (guerre)**

Guerre et Paix 1863-1869 Roman de Léon Tolstoï, vaste fresque de la société russe au début du XIXe siècle, pendant la campagne de Napoléon en Russie. Les destins de trois familles se mêlent, notamment ceux du prince André Bolkonski, de Natacha Rostov et de Pierre Bezoukhov.

guerre froide Nom couramment donné à la tension persistante opposant les États-Unis et l'U.R.S.S., dès la fin de la Seconde Guerre mondiale. Les deux puissances se combattirent par des adversaires interposés, notamment en Corée (1950-1953). En 1961-1962, Kennedy et Khrouchtchev amorcèrent une détente, malgré la crise de Cuba (à laquelle le démantèlement des rampes de lancement soviétiques, en octobre 1962, mit un terme), mais l'opposition des deux puissances se manifesta, indirectement, au Viêtnam (1965-1975, retrait des troupes américaines en 1973), en Éthiopie, en Angola, où des troupes cubaines intervinrent, en Afghanistan. À partir de 1969, des conférences sur le désarmement se succédèrent. Reagan et Gorbatchev conclurent d'importants accords, dont le premier (1987) porta sur les armes nucléaires. La guerre froide s'acheva réellement en décembre 1991, quand l'U.R.S.S. éclata.

Guerre d'Indépendance américaine Voir **Indépendance**

• **Guerre mondiale (Première)** 1914-1918.

• **Guerre mondiale (Seconde)** 1939-1945.

guerrier, ère adj. et n. LITT. Relatif à la guerre. / Belliqueux. / n. Personne qui fait la guerre.

guerroyer v. i. [1] Mener une guerre d'escarmouches.

Guesde (Jules Bazile, dit Jules) 1845-1922 Homme politique français. Fondateur en 1879 du parti ouvrier français de tendance marxiste, puis député du Nord, il participa en 1905 à la création du parti socialiste unifié (S.F.I.O.), que les idées de Jaurès dominèrent dès 1906. Rallié à l'Union sacrée, il fut ministre d'État (1914-1916).

guet n. m. Action de guetter, de surveiller. *Faire le guet.* / HIST. Patrouille chargée des rondes de nuit, dans une ville ou une place forte.

Le musée *Guggenheim* à New York

guet-apens n. m. Embuscade préméditée contre qqn, pour le frapper, le tuer. / Fig. Machination. Pl. Des *guets-apens.*

guêtre n. f. Sorte de jambière de cuir ou de toile, fermée sur le côté, qui protège le bas de la jambe et le dessus du soulier.

guetter v. t. [1] Attendre les sens en éveil, en épiant dans l'espoir de surprendre. *Guetter sa proie.* / Attendre impatiemment. *Guetter le facteur. Guetter l'occasion.* / Fig. Menacer. *La faillite le guette.*

guetteur, euse n. Personne qui fait le guet.

gueulante n. f. Fam. Cri de colère, de protestation.

gueulard [1] n. m. TECHN. Orifice situé en haut d'un haut fourneau, par lequel on enfourne le minerai et le combustible.

gueulard, e [2] adj. et n. Fam. Qui gueule; qui aime gueuler.

gueule n. f. Bouche de certains animaux carnivores, des poissons. / Fam. Bouche de l'homme et, par ext., visage. *Avoir une sale gueule. Casser la gueule à qqn*, le frapper. *Gueule cassée*: ancien combattant, grand blessé de la face. *Avoir la gueule de bois*, la bouche pâteuse et la tête lourde après avoir bu trop d'alcool. / Ouverture de certains objets. *Gueule d'un canon.*

gueule-de-loup n. f. Muflier. Pl. Des *gueules-de-loup.*

gueuler v. i. / v. t. [1] Pop. Crier très fort, hurler. *Gueuler dans son micro.* / Manifester bruyamment son mécontentement. *Il gueule toujours pour un rien.* / v. t. Dire, chanter en gueulant. *Gueuler un air, des injures.*

gueules n. m. HÉRALD. Couleur rouge, figurée en gravure par des hachures verticales.

gueuleton n. m. Fam. Festin, banquet.

gueuletonner v. i. [1] Fam. Faire un gueuleton.

gueux, gueuse n. Vx Mendiant. / Litt. Être méprisable. / n. f. Vx Prostituée. / n. m. pl. HIST. Insurgés des Pays-Bas espagnols en lutte contre Philippe II d'Espagne, au XVIe siècle.

gueuze ou **gueuse** n. f. Bière belge.

Guevara (Ernesto, dit Che) 1928-1967 Révolutionnaire cubain d'origine argentine. Médecin, il gagna Cuba et rallia Fidel Castro avec qui il dirigea la révolution cubaine (1956-1959) et qui le nomma ministre de l'Industrie en 1961. Disparu en 1965, il réapparut en 1967 comme l'inspirateur clandestin des mouvements insurrectionnels sud-américains. Il fut tué en Bolivie. Théoricien de la guérilla, il a développé sa conception stratégique dans *La Guerre de guérilla* (1959) et sa pensée politique dans *Le Socialisme et l'homme à Cuba* (1966).

guèze n. m. et adj. LING. Langue chamito-sémitique de l'Éthiopie ancienne (précisément du royaume d'Axoum), supplantée par l'amharique et demeurée la langue liturgique des chrétiens éthiopiens. / adj. *La littérature guèze.*

Guggenheim (Solomon) 1861-1949 Homme d'affaires, mécène et collectionneur américain. Il a créé en 1937 la fondation Guggenheim qui gère les musées Guggenheim de Venise (abritant les collections de sa nièce Peggy Guggenheim), Bilbao (inauguré en 1998) et Berlin. Ses collections d'art contemporain sont exposées au musée Guggenheim de New York, construit par F.L. Wright de 1956 à 1959.

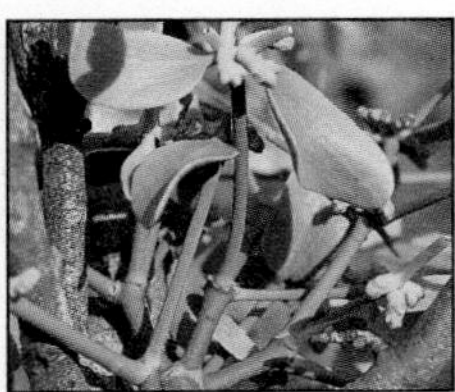

***Gui** sur l'arbre qu'il parasite.*

gui n. m. BOT. Plante à feuilles épaisses allongées, chlorophyllienne, vivant en semi-parasite sur les branches des arbres (peupliers, pommiers, notam.), formant des boules caractéristiques. *Les fruits du gui sont des baies blanchâtres, dont on tire la glu. S'embrasser sous le gui*, pour se souhaiter la bonne année. *Au gui l'an neuf !*

guibolle ou **guibole** n. f. Fam. Jambe.

guiche n. f. Mèche de cheveux en forme d'accroche-cœur, sur les tempes ou le front.

guichet n. m. Petite porte pratiquée dans une porte plus grande, dans un mur. *Guichet d'une porte de prison.* / *Guichets du Louvre* : passages voûtés donnant accès aux cours intérieures du Louvre, à Paris. / Comptoir, petite ouverture derrière lesquels se tiennent les employés en contact avec le public, dans certaines administrations. / *Guichet automatique de banque* : ordinateur permettant aux clients d'une banque d'effectuer certaines opérations.

guidage n. m. MÉCAN. Dispositif servant à diriger le mouvement d'une pièce mobile dans une machine. / TECHN. Ensemble des pièces (bois, rails ou câbles) servant à diriger la montée et la descente de la cage d'extraction dans un puits de mine. / AÉRON. Action de diriger un avion, une fusée, un missile selon une trajectoire donnée, par commande à distance (*téléguidage*), par radio (*radioguidage*) ou par un système autonome (*autoguidage*).

Gui d'Arezzo (en italien **Guido d'Arezzo**) 990 ?-1050 ? Moine bénédictin italien qui enseigna la musique à la cathédrale d'Arezzo, ville où il naquit et mourut. Théoricien de la musique, il donna à la notation musicale la forme qu'on lui connaît aujourd'hui.

GUERRE MONDIALE (PREMIÈRE)

Guerre qui éclata à la suite de l'assassinat à Sarajevo (Serbie) de l'archiduc François-Ferdinand, héritier du trône d'Autriche-Hongrie, mais les causes profondes en sont plus lointaines : antagonisme franco-allemand à propos de l'Alsace-Lorraine, rivalités des impérialismes autrichien et russe dans les Balkans, agitation des minorités nationales en Autriche-Hongrie, imprudences politiques des jeunes États balkaniques en pleine fièvre nationaliste, ambitions coloniales et maritimes de l'Allemagne qui inquiètent l'Angleterre.

Le 28 juillet 1914, l'Autriche déclare la guerre à la Serbie ; l'Allemagne, à la Russie, le 1er août, à la France, le 3 août ; la Grande-Bretagne à l'Allemagne, le 4 août. Deux blocs s'opposent : les Alliés (France, Angleterre, Russie, Serbie, Belgique, Japon) et les puissances centrales, dites aussi Empires centraux (Allemagne, Autriche-Hongrie, Empire ottoman) ; plus tard, l'Italie, la Roumanie et les États-Unis se joindront aux Alliés, la Bulgarie aux puissances centrales.

Cette guerre présente des traits particuliers : tous les continents y sont impliqués, mais on se bat surtout en Europe et en Méditerranée orientale ; en outre, elle oppose des armées bien plus nombreuses que par le passé. Se prolongeant, elle prend un caractère de plus en plus scientifique et industriel, utilisant des armes nouvelles telles que les gaz asphyxiants, les tanks, les avions. Elle ruine des régions entières et leurs trésors artistiques, et impose de terribles sacrifices aux combattants des tranchées exposés au feu de l'artillerie et de l'infanterie ennemies. Elle soumet à de graves privations les populations civiles, notamment chez les puissances centrales, soumises au blocus allié. La guerre se divise en plusieurs périodes.

C'est d'abord la guerre de mouvement, d'août à novembre 1914. Les Allemands pénètrent en Belgique, puis en Lorraine, dès août ; le territoire fran-

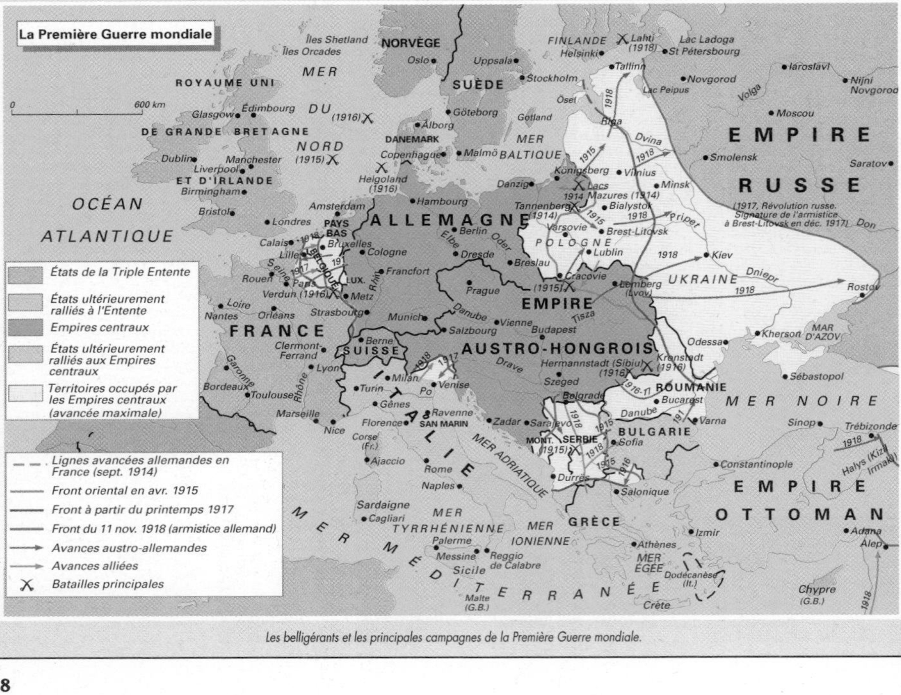

La Première Guerre mondiale

États de la Triple Entente
États ultérieurement ralliés à l'Entente
Empires centraux
États ultérieurement ralliés aux Empires centraux
Territoires occupés par les Empires centraux (avancée maximale)

Lignes avancées allemandes en France (sept. 1914)
Front oriental en avr. 1915
Front à partir du printemps 1917
Front du 11 nov. 1918 (armistice allemand)
Avances austro-allemandes
Avances alliées
Batailles principales

Les belligérants et les principales campagnes de la Première Guerre mondiale.

Guerre mondiale (Première) (suite)

çais est profondément envahi. L'armée française, qui a reculé en bon ordre sous le commandement du généralissime Joffre, attend avec sang-froid une occasion favorable.

Elle contre-attaque avec succès sur la Marne (6-13 septembre) et cette victoire, qui arrête l'avance allemande, permet de refouler les envahisseurs jusqu'à l'Aisne. Les forces allemandes essaient alors de saisir les ports du Pas-de-Calais et de tourner les armées alliées par l'ouest : c'est la course à la mer, qui est arrêtée sur l'Yser. Désormais les armées ennemies se font face sur un front continu, de la frontière suisse à la Manche, et s'enterrent pour résister sur place.

La guerre de tranchées.

C'est le début de la guerre de tranchées, guerre d'usure et de position qui dure trois ans. De coûteuses offensives sont déclenchées de part et d'autre sans aucun résultat : attaques alliées de Champagne, d'Artois et de la Somme, siège allemand de Verdun (400 000 tués). À l'est, l'armée russe, après avoir envahi la Prusse orientale, est écrasée par Hindenburg à Tannenberg (août 1914) : son affaiblissement progressif lui interdit ensuite presque toute initiative d'envergure.

L'année 1917 est marquée par des événements importants : la guerre à outrance livrée par les sous-marins allemands provoque l'entrée en lice des États-Unis ; d'autre part, la Russie s'effondre et le gouvernement des Soviets arrête les hostilités (armistice puis paix de Brest-Litovsk le 3 mars 1918). Dans les deux camps se manifeste une grande lassitude ; des tentatives de paix échouent, des mutineries se produisent dans l'armée française, reprise en main par Pétain. L'arrivée au pouvoir de Georges Clemenceau, que le président de la République Poincaré nomme président du Conseil en novembre 1917, marque la volonté de la France de lutter jusqu'à la victoire finale.

Au printemps de 1918, la défection russe permet aux Allemands, commandés par Hindenburg et Ludendorff, de lancer toutes leurs forces dans une grande offensive à l'ouest. La deuxième victoire de la Marne les arrête (juillet 1918).

Foch, devenu généralissime des armées alliées, qu'étaient venues renforcer des troupes américaines, déclenche alors sur tous les fronts une contre-offensive qui entraîne en quatre mois l'effondrement des empires centraux ; les alliés de l'Allemagne capitulent les uns après les autres ; la révolution éclate à Berlin, Guillaume II abdique ; l'Allemagne signe l'armistice le 11 novembre. La guerre a causé la mort de dix millions d'hommes.

Le traité de Versailles, traité de paix signé entre l'Allemagne et les Alliés le 28 juin 1919, n'est pas ratifié par le Sénat des États-Unis, qui le juge d'une rigueur exagérée. Évoquant cette rigueur jugée particulièrement injuste par les Allemands, Hitler utilisera ce sentiment populaire pour prendre le pouvoir en 1933.

D'autres traités (Saint-Germain-en-Laye, 1919 ; Trianon, 1920 ; Sèvres, 1920) démembrent l'Autriche-Hongrie et l'Empire ottoman. La face de l'Europe est changée. Cette phase historique marque le déclin de l'Europe au profit des États-Unis.

G

Guerre mondiale (Seconde)

La Seconde Guerre mondiale, de 1939 à 1940.

La Seconde Guerre mondiale, de 1941 à novembre 1942.

GUERRE MONDIALE (SECONDE) (SUITE)

La Seconde Guerre mondiale, de novembre 1942 à 1945.

Guerre déclenchée par l'Allemagne nazie. Dès son arrivée au pouvoir, Hitler manifeste sa volonté de rassembler tous les peuples de langue allemande et de leur donner l'espace vital auquel ils estiment avoir droit. En 1936, il constitue, avec l'Italie de Mussolini, l'axe Berlin-Rome qui menace les démocraties.

La guerre d'Espagne lui permet d'expérimenter sa puissance militaire, qui contribue à la victoire de Franco sur la République espagnole (1936-1939), abandonnée par les démocraties. La Grande-Bretagne et la France ont cru sauvegarder la paix en cédant à Hitler lors de la conférence de Munich (septembre 1938). Mais l'abandon de la Tchécoslovaquie n'a fait qu'encourager les dictateurs dans leur politique agressive. Hitler, ayant signé avec Staline un pacte de non-agression (23 août 1939), a les mains libres : ses armées envahissent la Pologne le 1er septembre.

La France et la Grande-Bretagne tiennent alors leurs engagements et déclarent la guerre à l'Allemagne le 3 septembre. Ce conflit, qui durera six ans, devient rapidement une conflagration mondiale, une guerre totale qui martyrisera les populations civiles, une guerre de matériel qui utilise massivement l'aviation et les blindés, enfin une guerre cruelle qui atteint le comble de l'horreur avec les camps de concentration nazis où périrent des millions d'êtres humains (dont six millions de Juifs). Elle n'a pas opposé seulement les armées régulières, mais aussi les forces improvisées des mouvements de Résistance, et les idéologies : contre l'ordre nouveau hitlérien, fondé sur le racisme et la force brutale, les démocraties ont défendu la liberté et le respect de la personne humaine.

C'est d'abord la guerre-éclair : la Pologne est écrasée en quatre semaines et partagée entre l'Allemagne et la Russie. Puis c'est la drôle de guerre à l'ouest : de septembre 1939 à mai 1940, l'armée française, cantonnée sur la ligne Maginot, se maintient dans une passivité que l'Allemagne met à profit pour achever ses préparatifs. En avril 1940, le Danemark et la Norvège, qui ont une grande valeur stratégique, sont occupés par l'armée allemande ; un corps expéditionnaire franco-anglais prend pied dans le port norvégien de Narvik mais ne tarde pas à se retirer. Le 10 mai 1940, Hitler lance ses divisions blindées et son aviation dans une puissante offensive. En quelques jours, les Pays-Bas et la Belgique sont submergés, le front français est percé à Sedan ; les meilleures divisions françaises et le corps expéditionnaire anglais sont pris au piège. Sous les attaques incessantes de l'artillerie et de l'aviation, leur évacuation se fait par Dunkerque, mais les pertes en matériel sont énormes.

Le commandement français ne réussit pas à stopper l'avance allemande sur la Somme ; les divisions blindées et motorisées allemandes se répandent dans toutes les directions ; l'Italie entre à son tour en guerre. Le désastre militaire est total : Paris se rend sans combat, la bataille de France est perdue, des millions d'hommes sont faits prisonniers, les routes de l'exode sont encombrées de civils en proie à la panique, l'État s'effondre. Le 22 juin, le maréchal Pétain, devenu chef du gouvernement, signe l'armistice à des conditions très sévères.

La IIIe République disparaît, Pétain installe à Vichy un nouveau régime prêt à collaborer avec les nazis. Cependant, de Londres, le général de Gaulle lance

Guerre mondiale (Seconde) (suite)

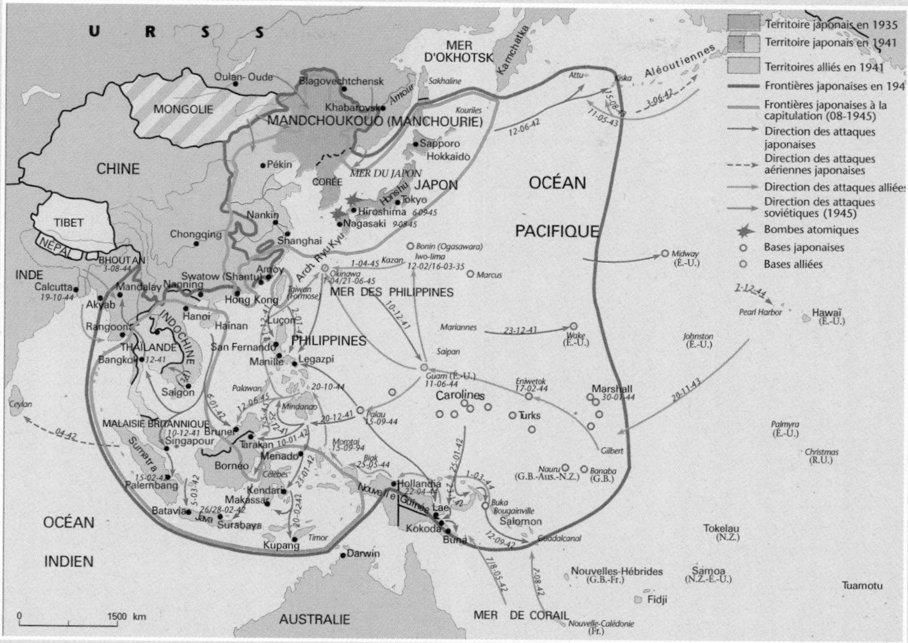

La Seconde Guerre mondiale en Extrême-Orient.

le 18 juin un appel à la résistance : c'est le modeste début du mouvement de la France libre, qui se développera progressivement au cours des années suivantes. L'Angleterre, restée seule, résiste héroïquement aux attaques aériennes de l'Allemagne qui n'ose pas tenter le débarquement projeté.

La guerre gagne l'Afrique. Partant de Libye, les Italiens puis l'Afrikakorps de Rommel menacent l'Égypte et le canal de Suez. Les Balkans sont entièrement occupés par les forces de l'Axe ; puis Hitler attaque la Russie le 22 juin 1941 ; le conflit s'étend au Pacifique et à l'Asie du Sud-Est quand le Japon détruit par une attaque-surprise la flotte américaine mouillée à Pearl Harbor dans les îles Hawaï (7 décembre 1941).

Pendant plusieurs mois, les forces de l'Axe remportent d'impressionnants succès : en Russie, les armées allemandes atteignent Leningrad, Moscou, la Volga ; en Afrique, Rommel est à 100 km d'Alexandrie ; quant aux Japonais, ils sont aux portes de l'Inde et de l'Australie. Mais les États-Unis font un gigantesque effort d'armement et l'U.R.S.S., en résistant pied à pied, notamment dans Stalingrad, gagne le temps nécessaire à sa riposte. Le grand tournant se produit à la fin de l'année 1942. La maîtrise du Pacifique revient aux Américains qui commencent la reconquête des îles ; Montgomery bat Rommel à El-Alamein et se rend maître de la Libye ; un corps expéditionnaire anglo-américain débarque au Maroc et en Algérie, d'importantes forces françaises se reconstituent et entrent dans la lutte, dirigés depuis Alger par de Gaulle et Giraud.

Soldat italien dans le désert de Libye.

En Russie, les Allemands sont obligés de se replier, la sanglante bataille de Stalingrad se termine par la capitulation de l'armée allemande ; le pilonnage aérien de l'Allemagne et des pays occupés se fait de plus en plus intense. À partir de la Tunisie débarrassée des forces de l'Axe, un débarquement a lieu en Sicile en juillet 1943, puis en Italie du Sud. Mussolini renversé, l'Italie signe l'armistice, mais les Allemands réussissent à se maintenir dans le nord et le centre ; Rome ne sera occupée que le 4 juin 1944.

La réussite, sous les ordres d'Eisenhower, du débarquement anglo-américain en Normandie (6 juin 1944), puis en Provence (15 août), est un succès décisif. Leclerc libère le 25 août Paris soulevé par la Résistance. La contre-offensive désespérée de von Rundstedt dans les Ardennes échoue après quelques succès initiaux ; l'Allemagne est envahie par l'ouest et par l'est ; Hitler se suicide le 30 avril au moment où les Russes entrent dans Berlin. L'Allemagne signe sa capitulation le 8 mai et est entièrement occupée par les armées des vainqueurs.

Les Américains peuvent alors se consacrer entièrement à la guerre contre le Japon. Pour briser sa résistance, ils emploient la bombe atomique qu'ils ont préparée en grand secret ; elle détruit Hiroshima puis Nagasaki (6 et 9 août 1945) ; le Japon capitule à son tour (15 août). La guerre est terminée ; elle a coûté la vie à une quarantaine de millions d'hommes et ravagé l'Europe et une partie de l'Asie. Les accords de Yalta (1945), puis les traités de Paris (1947) sanctionnent un nouveau partage du monde.

*L'Europe politique à l'époque de **Guillaume le Conquérant**, dont le royaume, dit anglo-normand, comprenait l'Angleterre et la Normandie.*

guide n. **A.** n. Personne qui accompagne pour montrer le chemin, faire visiter. *Guide de montagne. Guide de musée.* / Fig. Ouvrage donnant des indications utiles sur un sujet particulier. *Guide gastronomique, touristique.* / Personne qui donne une direction morale, conseiller. / n. f. Jeune fille faisant partie d'une association de scoutisme féminin. **B.** n. m. MÉCAN. Partie d'une machine servant à diriger le mouvement d'une pièce mobile. / TÉLÉCOM. *Guide d'ondes* : dispositif servant à canaliser les ondes électromagnétiques entre deux points. **C.** n. f. pl. Rêne attachée au mors du cheval et permettant de conduire l'attelage. *Tirer sur les guides.*

Guide (le) Voir **Reni (Guido)**

guider v. t. [1] Servir de guide à (qqn). *Guider qqn à travers la ville, dans un musée.* / Fig. Conseiller (qqn). *Guider qqn dans ses études.* / Fig. Commander. *C'est la méchanceté qui le guide.* / Diriger à distance (un véhicule), faire avancer (un animal).

guidon n. m. Anc. Étendard de certaines unités de cavalerie ; officier qui portait cet étendard. / MAR. Pavillon triangulaire ou à deux pointes. / Barre transversale, munie de poignées et reliée à la roue avant, qui permet de diriger une bicyclette ou une motocyclette. / Sur une arme à feu, point de visée matérialisé à l'extrémité du canon par une pièce métallique.

guigne [1] n. f. Cerise rouge à chair juteuse et sucrée, issue de la merise.

guigne [2] n. f. Fig., fam. Malchance. *Avoir, porter la guigne.*

guigner v. t. [1] Regarder (qqch.) à la dérobée, avec convoitise. *Guigner le jeu de cartes de son adversaire.* / Par ext. Convoiter. *Guigner une place.*

guignol n. m. Marionnette à gaine. / Théâtre, spectacle de marionnettes. / Fig., fam. Sot personnage ; individu grotesque. *Qu'est-ce que c'est que ce guignol ?*

Guignol Personnage du théâtre de marionnettes français, représentant l'esprit frondeur du peuple. Cette marionnette fut créée vers 1808 à Lyon par le marionnettiste Laurent Mourguet (1769-1844). Guignol, impertinent, débrouillard mais aussi étourdi, est sans cesse aux prises avec un gendarme avec lequel il échange nombre de coups de bâton. Il a pour ami et complice Gnafron (*gnaf*, terme populaire d'origine lyonnaise, signifiant « cordonnier »).

guignolet n. m. Liqueur faite avec des guignes.

guignon n. m. Fam., vx Syn. de *guigne.*

Guilbert (Yvette) 1867-1944 Chanteuse française qui interpréta un répertoire populaire dans les théâtres et cabarets. *Le Fiacre* et *Madame Arthur* comptent parmi ses plus grands succès. Le peintre Toulouse-Lautrec l'a immortalisée avec sa chevelure rousse, sa robe verte, ses longs gants noirs et son visage étonnant.

guilde, gilde ou **ghilde** n. f. HIST. Au Moyen Âge, association confraternelle ou économique de commerçants, d'artisans ou de bourgeois. / Association commerciale, culturelle.

Guillain (Simon) 1581-1658 Sculpteur français, auteur (1647) du monument en bronze représentant Louis XIII, Anne d'Autriche et Louis XIV enfant.

Guillaume Nom de plusieurs souverains

ANGLETERRE
ET GRANDE-BRETAGNE

Guillaume Ier le Conquérant ou **le Bâtard** (1027 ?-1087) Duc de Normandie en 1035 et roi d'Angleterre en 1066. Fils naturel de Robert, duc de Normandie, qui le désigna pour successeur, il ne s'imposa en Normandie qu'en 1047. Son cousin Édouard le Confesseur, roi d'Angleterre, l'ayant désigné pour héritier du trône, il débarqua en Angleterre en 1066 et battit à Hastings l'usurpateur saxon Harold II qui fut tué. Il fit montre d'une grande autorité et introduisit en Angleterre les institutions (le régime féodal, notamment) et les coutumes normandes. Il dut lutter contre des révoltes en Angleterre et en Normandie où elles étaient menées par son fils Robert Courteheuse, soutenu par Philippe Ier, roi de France. **Guillaume II le Roux** 1056 ?-1100 Fils du précédent. Roi d'Angleterre en 1087. Il s'imposa en Normandie (1096) contre son frère Robert, battit et tua Malcolm, roi d'Écosse (1093). Son frère Robert lui succéda en Normandie, et son autre frère, Henri, en Angleterre. **Guillaume III** Voir **Guillaume III d'Orange-Nassau. Guillaume IV** 1765-1837 Roi de Grande-Bretagne, d'Irlande et de Hanovre en 1830. Il succéda en 1830 à son frère George IV et, sans enfant, transmit la couronne d'Angleterre à sa nièce Victoria et celle de Hanovre à son frère Ernest-Auguste Ier.

AQUITAINE

Guillaume Ier le Pieux ?-918 Duc d'Aquitaine en 898 ou 909, fondateur (909) de l'abbaye de Cluny. **Guillaume III Tête d'étoupe** ?-963 Duc d'Aquitaine en 951, beau-père d'Hugues Capet. **Guillaume V le Grand** 960 ?-1030 Duc d'Aquitaine en 994, il se rendit indépendant du roi, refusa la couronne impériale (1024), protégea les lettres et les arts et termina sa vie sous l'habit monastique. **Guillaume VIII** 1027 ?-1086 Duc d'Aquitaine en 1058, il annexa la Saintonge et la Gascogne et lutta en Espagne contre les musulmans. **Guillaume IX** 1071-1127 Duc d'Aquitaine et de Gascogne en 1086. Paillard, brutal, sceptique, il eut souvent maille à partir avec les autorités ecclésiastiques et fut deux fois excommunié, bien qu'il ait conduit une armée à la croisade en 1101. Ce fut un grand poète en langue d'oc dont on a conservé quinze chansons. **Guillaume X** 1099-1137 Duc d'Aquitaine et de Gascogne en 1127. Fils du précédent, comme lui épris de faste et de poésie, il maria sa fille Aliénor au roi Louis VII de France à qui il laissa son duché. Il fut le dernier duc d'Aquitaine.

HOLLANDE

Guillaume Ier d'Orange-Nassau, dit **le Taciturne** 1533-1584 Stathouder de Hollande (1559-1567, 1572-1584). Converti au calvinisme, il organisa dès 1566 la lutte des Pays-Bas contre l'Espagne absolutiste pour l'indépendance. Stathouder des dix-sept provinces à la pacification de Gand (1576), il ne put empêcher les Espagnols de reprendre les provinces catholiques (la Belgique actuelle) mais fit proclamer l'indépendance de sept provinces protestantes par l'Union d'Utrecht (1579), qui devait être suivie par la formation des Provinces-Unies. Il fut assassiné par un fanatique à l'instigation des Espagnols. **Guillaume II** 1626-1650 Stathouder des Provinces-Unies en 1647. Il fit reconnaître l'indépendance des Provinces-Unies en 1648 (traité de Westphalie). Petit-fils de Guillaume Ier, il a succédé à son père Frédéric-Henri. Il épousa la fille de Charles Ier, roi d'Angleterre. Sa mort prématurée mit fin à un conflit qui allait l'opposer aux bourgeois hollandais, républicains. **Guillaume III** 1650-1702 Stathouder des Provinces-Unies en 1672, roi d'Angleterre, d'Écosse et d'Irlande en 1689. Il sauva la Hollande envahie par Louis XIV (1672) en inondant le pays et obtint la paix de Nimègue (1678) qui lui permettait de préserver l'intégrité de son pays. Petit-fils de Charles Ier d'Angleterre et gendre de Jacques II, il partagea la couronne avec son épouse Marie II. La révolution chassa son beau-père qui s'enfuit en France (1688). Il prit le titre de roi d'Angleterre, que Louis XIV dut lui reconnaître au traité de Ryswick (1697). Il accepta le régime constitutionnel (Déclaration des droits, 1689). **Guillaume IV** 1711-1751 Stathouder en 1747 des Provinces-Unies qu'il réunit en totalité sous son autorité à la suite de la guerre de Succession d'Autriche. **Guillaume V** 1748-1806 Dernier (1751-1795) stathouder de Hollande, il fut chassé en 1795 par les armées françaises et se réfugia en Allemagne.

PAYS-BAS

Guillaume Ier 1772-1843 Roi des Pays-Bas et grand-duc de Luxembourg (1815-1840). Fils du dernier stathouder de Hollande, Guillaume V de Nassau, il fut désigné par le congrès de Vienne comme roi des Pays-Bas (1815) et régna aussi sur la Belgique. Devenu impopulaire aux Pays-Bas après la révolte belge et l'indépendance de la Belgique (1830), indépendance qu'il ne reconnut qu'en 1839, il abdiqua en 1840. **Guillaume II** 1792-1849 Roi des Pays-Bas et grand-duc de Luxembourg en 1840. Il succéda à son père Guillaume Ier. En 1848, il dut accorder une Constitution parlementaire à ses sujets. **Guillaume III** 1817-1890 Roi des Pays-Bas et grand-duc de Luxembourg en 1849. Fils et successeur de Guillaume II, il laissa, à sa mort, le trône à sa fille Wilhelmine.

PRUSSE ET ALLEMAGNE

Guillaume Ier de Hohenzollern 1797-1888 Roi de Prusse en 1861 et empereur d'Allemagne en 1871. Il confia dès 1862 la direction des affaires à Bismarck qui put réaliser à sa guise l'unité allemande. Les guerres permirent de conquérir des territoires et de renforcer l'unité des États allemands alliés. Vainqueur du Danemark (1864), de l'Autriche (1866), de la France (1871), il fut couronné empereur au château de Versailles (18 janvier 1871). **Guillaume II de Hohenzollern** 1859-1941 Empereur d'Allemagne (1888-1918), petit-fils du précédent. Il succéda à son père Frédéric III qui n'avait régné que quelques mois. Il renvoya Bismarck (1890). Il favorisa l'essor économique de l'Allemagne mais ne put supprimer le malaise ouvrier et pratiqua une politique d'expansion coloniale. Il se heurta à la Grande-Bretagne et à la France. S'il réussit à étendre son influence sur l'Empire ottoman, il échoua au Maroc (1905-1911). Confiant dans son armée et sa flotte puissantes, il profita du drame de Sarajevo pour exciter l'animosité de son allié autrichien, François-Joseph, contre la Serbie, et fut en partie responsable du déclenchement de la guerre en 1914. Après la défaite et la révolution qui suivirent, il dut abdiquer le 9 novembre 1918 (la république fut proclamée aussitôt) et se réfugia aux Pays-Bas.

Guillaume (Charles Édouard) 1861-1938 Physicien suisse. Il codifia l'emploi du thermomètre et fut l'un des inventeurs de l'invar et de l'élinvar, alliages d'acier et de nickel qui ne se dilatent pas.

Guillaume (Paul) 1893-1934 Critique d'art français et marchand de tableaux. Sa collection personnelle a été donnée en 1960 à l'État par sa veuve.

Guillaume de Champeaux 1070?-1121 Théologien et philosophe français inscrit dans la tradition scolastique. Il participa à la querelle des universaux, qui agita dès le XIIe siècle les universités médiévales. Il soutint la thèse réaliste contre son élève Abélard.

Guillaume de Lorris 1200?-1240? Poète français, auteur de la première partie du *Roman de la rose*.

Guillaume de Machaut ou **de Machault** 1300?-1377? Compositeur et poète français. Il laisse une œuvre théorique importante dans laquelle il fixe les règles de plusieurs genres musicaux et poétiques. Ses recherches musicales ont inauguré les messes polyphoniques. Il est l'auteur de messes, lais, virelais, ballades, rondeaux.

Guillaume de Rubrouk 1220?-après 1295 Religieux flamand. Franciscain, il participa à la septième croisade et fut envoyé (1252) par Saint Louis comme ambassadeur auprès de Möngke, grand khan des Mongols. Il a donné de sa mission, à but à la fois religieux (il espérait convertir le khan mais n'y parvint pas) et diplomatique, une relation intelligente et vivante qui constitue une source inappréciable de renseignements sur l'Europe orientale et l'Asie centrale du XIIIe siècle.

Guillaume de Tyr 1130?-1185? Prélat français. Archevêque de Tyr, chroniqueur (*Gesta Amaurici*, histoire du règne d'Amaury Ier, roi de Jérusalem), régent au cours de la minorité de Baudouin IV, le roi lépreux, il écrivit l'histoire de l'Orient latin (*Historia rerum in partibus transmarinis gestarum*).

Guillaume d'Occam 1290?-1349? Théologien et philosophe scolastique, né en Angleterre. Moine franciscain opposé au pape à propos de la pauvreté de Jésus-Christ, il fut excommunié. Il est l'un des principaux partisans du nominalisme. Il annonce l'empirisme de Locke et de Hume.

Guillaume d'Orange ou **le Grand** (saint) 755?-812? Comte de Toulouse et duc d'Aquitaine. Il repoussa l'invasion des Sarrasins dans le Languedoc et les combattit en Espagne. Il fonda l'abbaye de Saint-Guilhem-le-Désert où il se retira. On l'a identifié avec « Guillaume au Court Nez » ou « Guillaume d'Orange », héros d'un cycle de chansons de geste médiévale qui, luttant contre les païens, allie piété et bravoure.

Guillotine.

Guillemot.

Guillaume Tell XIVe siècle Héros légendaire suisse. D'après la tradition, il aurait refusé de saluer le chapeau aux couleurs des Habsbourg, symbole de leur domination, installé par le bailli Gessler pour mettre à l'épreuve la fidélité du peuple. Condamné par Gessler à percer d'une flèche une pomme placée sur la tête de son propre fils, il aurait réussi l'épreuve. Cet épisode illustre la résistance des Suisses à la domination autrichienne, et Guillaume Tell en constitue le symbole, mais une histoire semblable, bien antérieure, fait partie du folklore scandinave. La tragédie de Schiller *Guillaume Tell* (1804) inspira un opéra à Rossini (1829).

Guillaumin (Armand) 1841-1927 Peintre français. Ami des impressionnistes, il a donné des paysages de la région parisienne et surtout de la Creuse.

guilledou n. m. Loc. fam. vieilli ou plaisant. *Courir le guilledou* : aller à la recherche d'aventures galantes.

guillemet n. m. (Surtout au plur.) Signe typographique qu'on utilise par paire (« ») pour encadrer un mot ou un groupe de mots (citation, parole rapportée, indication de sens, etc.). *Ouvrir, fermer les guillemets.*

guillemot n. m. ZOOL. Oiseau marin de de la famille des alcidés, au plumage généralement sombre, à bec long et droit, proche du pingouin.

Guillén (Nicolás) 1902-1989 Poète cubain. Il combattit en Espagne dans les rangs républicains (*Espagne aux quatre angoisses*, 1937), s'inscrivit au parti communiste et resta fidèle au castrisme. Sa poésie engagée utilise les rythmes de la musique antillaise : *Élégies antillaises* (1948-1958), *Le Grand Zoo* (1967), *Avec ce cœur je vis* (1972).

guilleret, ette adj. Plein de gaieté, plein d'entrain. *Avoir l'air guilleret.*

Guillevic (Eugène) 1907-1997 Poète français au lyrisme retenu et parfois incantatoire (*Carnac*, 1961 ; *Creusement*, 1987).

guillocher v. t. [1] Orner de guillochis.

guillochis n. m. Ornement fait de traits gravés régulièrement entrecroisés.

Guillotin (Joseph Ignace) 1738-1814 Médecin et homme politique français. Député aux états généraux (1789), il détermina le gouvernement à entreprendre l'assèchement des marais du Poitou et de la Saintonge. Il demanda, pour l'exécution des condamnés à mort (nobles comme roturiers), la fabrication d'une machine à laquelle on donna son nom : la *guillotine.* Mais il ne fit qu'en proposer l'usage à l'Assemblée nationale, et c'est au docteur Louis qu'il appartint d'étudier et de réaliser cet instrument qu'on appela d'abord la *louison* ou la *louisette.*

guillotine n. f. Instrument constitué d'un couperet glissant entre deux montants verticaux, utilisé pour décapiter les condamnés à mort. / Peine de mort par décapitation. / *Fenêtre à guillotine*, dont le châssis se relève et s'abaisse comme le couperet d'une guillotine.

guillotiner v. t. [1] Soumettre (qqn) au supplice de la guillotine.

Guilloux (Louis) 1899-1980 Romancier français. *La Maison du Peuple* (1927) rappelle son enfance de fils de militant socialiste. Il évoque aussi la misère, la dignité et la révolte du peuple dans *Dossier confidentiel* (1930), *Compagnons* (1931), *Hyménée* (1932), *Angelina* (1934) et dans le récit d'enfance *Le Pain des rêves* (1942). Le héros à la fois burlesque et tragique du *Sang noir* (1935), le professeur Cripure, a donné son nom à l'adaptation théâtrale que Guilloux a tirée de son roman en 1962. *Le Jeu de patience* (1949) est une chronique de la vie provinciale entre les deux guerres.

Guimard (Hector) 1867-1942 Architecte et décorateur français. Un des principaux créateurs de l'Art nouveau (modern style), il a doté de son ornementation végétale, hostile au répertoire ornemental traditionnel, les entrées du métro parisien (1899-1904), ainsi que le Castel Béranger à Paris (1897-1898) et bien d'autres réalisations.

guimauve n. f. BOT. Plante herbacée de la famille des malvacées, utilisée en pharmacie pour ses propriétés émollientes. / Confiserie à pâte molle (confectionnée autrefois avec de la racine de guimauve). / Fig., fam. *C'est de la guimauve* : c'est sans saveur marquée, sans caractère.

guimbarde n. f. Fam. Voiture en piteux état. / TECHNOL. Petit rabot. / Instrument de musique que l'on tient dans la bouche, fait d'une languette flexible fixée dans un cadre et que l'on fait vibrer.

Guimet (Émile) 1836-1918 Industriel et érudit français. Il fonda à Lyon (1879) un musée pour abriter l'importante collection d'objets d'art asiatiques qu'il avait rassemblée au cours de ses voyages ; à sa mort, il la légua à l'État qui la transféra à Paris (musée Guimet).

guimpe n. f. Pièce de toile avec laquelle les religieuses se couvrent la tête et le cou. / Chemisette montante ou plastron portés sous un décolleté.

guincher v. i. [1] Fam. Danser.

guindé, e adj. Qui a une attitude rigide ou affectée, qui manque de naturel. *Un air guindé. Un style guindé*, ampoulé.

guinée n. f. Ancienne monnaie anglaise valant 21 shillings.

• **Guinée** État d'Afrique occidentale, bordé par l'Atlantique et situé entre la Guinée-Bissau, le Sénégal et le Mali, au nord, et la Sierra Leone, le Liberia et la Côte-d'Ivoire au sud.

• **Guinée-Bissau** État d'Afrique occidentale, bordé par l'océan Atlantique, situé entre le Sénégal, au nord, et la Guinée au sud et à l'est.

• **Guinée équatoriale** État d'Afrique centrale, bordé par l'Atlantique et situé entre le Cameroun, au nord, et le Gabon, au sud et à l'est.

Guinée espagnole Ancien nom de la Guinée équatoriale.

guinéen, enne adj. et n. De Guinée. *Le sous-sol guinéen. Un(e) Guinéen(ne).*

Guinée portugaise Ancien nom de la Guinée-Bissau.

guingois (de) loc. adv. De travers.

guinguette n. f. Petit café de banlieue dans lequel on danse, généralement en plein air.

GUINÉE

Superficie : *245 857 km²* – **Nombre d'habitants :** *7 600 000 h.* – **Capitale :** *Conakry*
Villes principales : *Kankan, Labé, Kindia* – **Système politique :** *république*
Langue(s) : *français* – **Religion(s) :** *: islam, animisme* – **Monnaie(s) :** *franc CFA*

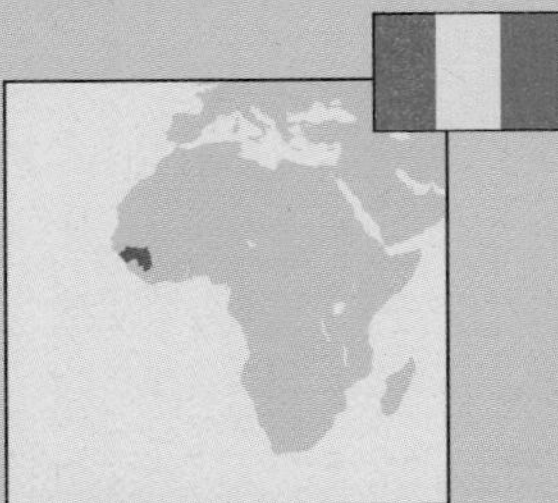

Voir l'Atlas

Paillotes d'un village de la région de Nzérékoré.

Géographie physique et humaine

D'ouest en est, on passe d'une vaste plaine maritime, peuplée, à des régions montagneuses.
Le massif situé le plus à l'ouest, le Fouta-Djalon, donne naissance à de nombreux fleuves : la Gambie et le Bafing (qui rejoint le fleuve Sénégal) coulent vers le nord ; le Niger, vers le nord-est.
Le pays regroupe plusieurs ethnies parlant diverses langues. Environ 80 % de la population est rurale. Conakry est la seule ville importante.

Économie

Les ressources agricoles (riz, mil, manioc, bovins) sont insuffisantes et l'agriculture d'exportation (bananes, huile de palme) diminue. Le bois est exploité. Le sous-sol est riche : bauxite, dont le pays est l'un des premiers producteurs mondiaux, or, diamants. Ces matières premières sont exploitées et exportées avec l'aide d'investissements étrangers. L'exploitation de l'immense potentiel hydroélectrique débute à peine. Malgré ses richesses, le pays garde une balance commerciale déficitaire.

Histoire

Le plateau mandingue, au nord-est du pays, appartenant à l'empire du Ghana, voit naître au XIIe siècle celui du Mali. À partir du XIIIe siècle, par vagues, des Peuls venus du Sahel gagnent le Fouta-Djalon, où ils fondent au XVIIe siècle un État islamique. Au XIXe siècle, les Français entreprennent la conquête de la région. Ils signent des traités avec les chefs locaux, fondent Conakry (1890) et construisent une voie de chemin de fer la traversant d'ouest en est (Conakry-Kankan). En 1893, la Guinée devient une colonie française et rejoint l'Afrique-Occidentale française en 1895.
En 1952, Ahmed Sékou Touré prend la tête du Parti démocratique de Guinée. Sous son impulsion, la Guinée est le seul pays d'Afrique à refuser, au référendum de 1958, d'adhérer à la Communauté, devenant ainsi le premier pays de l'A.-O.F. à accéder à l'indépendance (2 octobre 1958). Sékou Touré instaure un régime autoritaire s'appuyant sur un parti unique, avec une gestion socialiste de l'économie qui entraîne des conflits avec les pays voisins.
À la fin des années 1970, Sékou Touré, dont la dictature révolte de plus en plus la population, renoue avec la France. Après sa mort en 1984, le colonel Lansana Conté prend le pouvoir.
En 1988, il admet le multipartisme. Une nouvelle Constitution mettant fin au régime militaire est approuvée par référendum en 1990, et Conté remporte l'élection présidentielle de 1993. Sa victoire en 1998 est contestée par l'opposition qui, persuadée que les législatives de 2002 seraient frauduleuses (elles l'ont très probablement été), n'a pas voulu y présenter un front uni.

GUINÉE-BISSAU

Superficie : *36 125 km²* – **Nombre d'habitants :** *1 200 000 h.* – **Capitale :** *Bissau*
Villes principales : *Bafatá, Gabú* – **Système politique :** *république* – **Langue(s) :** *portugais*
Religion(s) : *animisme, islam* – **Monnaie(s) :** *franc CFA*

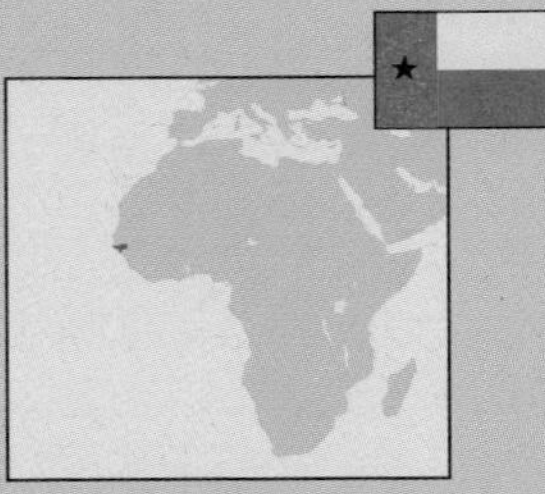

Voir l'Atlas

Géographie physique et humaine

Au large de la plaine maritime, découpée en lagunes couvertes de mangroves, l'archipel des Bissagos comprend de nombreuses îles. Le climat est tropical humide. Le pays compte une vingtaine d'ethnies. La langue officielle (portugais) a donné naissance à une langue créole.

Économie

L'économie est basée sur la culture du riz et de l'arachide. Le pays, essentiellement rural, n'atteint pas l'autosuffisance alimentaire. Les importations sont le triple des exportations. Les gisements de bauxite et de phosphates découverts dans les années 1990 ne sont guère exploités, faute d'infrastructures.

Histoire

Les Portugais, qui découvrirent le pays en 1446, explorèrent d'abord les côtes. Les comptoirs portugais, créés à partir du XVe siècle, dépendaient d'une capitainerie qui siégeait dans les îles du Cap-Vert.
En 1879, la Guinée-Bissau devint une colonie séparée administrativement du Cap-Vert. En 1956, Amilcar Cabral créa le Parti africain pour l'indépendance de la Guinée portugaise et des îles du Cap-Vert (P.A.I.G.C.). Il organisa la lutte armée contre l'occupation portugaise et fut assassiné en 1973.
Son demi-frère Luís lui succéda et proclama la république de Guinée-Bissau, dont l'indépendance fut reconnue par le Portugal le 10 septembre 1974. Luís Cabral fut renversé lors d'un coup d'État en 1980 par le général João Bernardo Vieira qui, en 1991, admit le multipartisme ; il fut réélu président en 1994.
Une rébellion armée le renversa en 1999. Kumba Yala, leader de l'opposition, fut élu à la présidence de la République en 2000.

Une rue de Bissau, la plus grande ville de Guinée-Bissau.

GUINÉE ÉQUATORIALE

Superficie : *28 051 km²* – **Nombre d'habitants :** *500 000 h.* – **Capitale :** *Malabo* **Villes principales :** *Bata* – **Système politique :** *république* – **Langue(s) :** *espagnol, français* – **Religion(s) :** *catholicisme* – **Monnaie(s) :** *franc CFA*

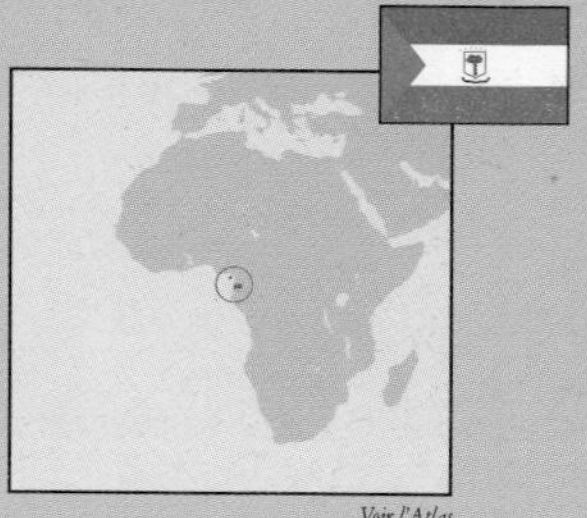

Voir l'Atlas

Géographie physique et humaine

La plaine littorale se redresse fortement dans le centre et dans l'est. À cette partie continentale, nommée *Mbini* (anciennement Río Muni), et dont le fleuve principal est le Mbini, s'ajoute une partie insulaire regroupant notamment l'île de Bioko, au large du Cameroun, et l'île de Pagalu (anciennement Annobón), plus au sud, au large du Gabon.

Ces deux parties ont un climat équatorial. Le Mbini est peuplé de Fangs. Le christianisme domine largement (près de 90 %). La capitale, Malabo, se trouve dans l'île de Bioko. La ville principale du Mbini, Bata, compte à peu près le même nombre d'habitants que Malabo.

Économie

Le bois était autrefois la principale ressource et Bioko, le 4e producteur mondial de cacao. Depuis 1992, l'économie repose essentiellement sur l'exploitation du pétrole off shore dont les bénéfices ont connu une croissance exponentielle, sans que le peuple, un des plus pauvres d'Afrique, en tire le moindre profit.

Histoire

En 1778, le Portugal cède à l'Espagne les îles Annobón et Fernando Poo (l'actuelle Bioko), qu'il occupait depuis le XVe siècle. L'intérieur du Río Muni n'est occupé qu'en 1926. La Guinée espagnole, autonome en 1963, accède à l'indépendance le 12 octobre 1968. Francisco Macias Nguema, premier président de la République, instaure la dictature. En 1979, il est renversé par le colonel Teodoro Obiang Nguema Mbasogo. Le nouveau président conserve le même parti unique. En 1992, le multipartisme est autorisé mais guère appliqué, et l'opposition boycotte les premières élections pluralistes de 1993 ; en 1996, Obiang Nguema Mbasogo est réélu ; il le sera de nouveau en 2002.

Côte de l'île de Bioko.

Guinness (sir **Alec**) 1914-2000 Acteur anglais. Grand interprète de Shakespeare au théâtre, il triomphe au cinéma dans *Noblesse oblige* (1949), film dans lequel il tient huit rôles. Il marqua ensuite *L'Homme au complet blanc* (1951) et *Tueurs de dames* (1955) de son humour typiquement britannique. David Lean lui confia des rôles dramatiques dans *Le Pont de la rivière Kwaï* (1957) et *Lawrence d'Arabie* (1962).

guipure n. f. Dentelle sans fond à larges mailles.

Guipúzcoa *1 980 km² 676 500 h.* Province d'Espagne qui fait partie du Pays basque espagnol. Chef-lieu *Saint Sébastien*. C'est une région montagneuse où l'on pratique l'élevage bovin et qui dispose d'une abondante énergie hydroélectrique. La côte attire le tourisme estival.

guirlande n. f. Cordon décoratif fait de fleurs, de fruits, de feuillages ou de motifs en papier. *Guirlande de roses. Guirlande de Noël.* / Motif décoratif, utilisé en architecture ou en peinture, imitant une guirlande.

Guirlande de Julie (La) Recueil de poèmes écrits en 1634 par les hommes de lettres fréquentant l'hôtel de Rambouillet, dont le duc de Montausier, qui offrit le manuscrit à sa fiancée Julie d'Angennes. L'œuvre fut imprimée en 1653.

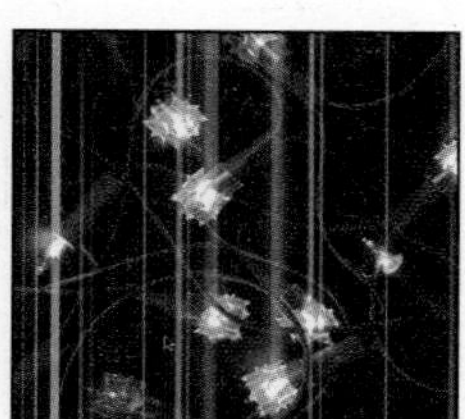

Guirlandes.

Guiscard (Robert) 1015 ?-1085 Homme d'armes normand. Guerroyant dans le sud de l'Italie, il fonda le futur royaume de Sicile et devint duc de Pouille, de Calabre et de Sicile (1059-1085). En 1084, il intervint à Rome où l'empereur Henri IV retenait prisonnier le pape Grégoire VII, assiégé.

guise n. f. Vx Façon. / *À ma, ta… guise*, selon mon, ton… goût. / *En guise de* : en manière de.

Guise Famille française, branche cadette de la maison ducale de Lorraine. **Claude de Lorraine, Ier duc de Guise** 1496-1550 Compagnon de François Ier, il fut blessé à Marignan ; sa fille fut reine d'Écosse et donna naissance à Marie Stuart. **François Ier** 1519-1563 Fils du précédent, il lutta, sous Henri II, contre Charles Quint et l'obligea à lever le siège de Metz (1552) ; puis, il chassa les Anglais de Calais (1558) et, par ses victoires sur les Espagnols, contribua à la paix du Cateau-Cambrésis (1559). Sous le règne de François II, époux de sa nièce Marie Stuart, il exerça le pouvoir et lutta contre les protestants, qu'il fit massacrer à Wassy en 1562, déclenchant ainsi les guerres de Religion. Il fut assassiné par un protestant. **Henri Ier**, dit **le Balafré** 1550-1588 Fils du précédent. Après avoir lutté contre les Turcs (1566), il battit les protestants à Jarnac (1569). Il tenta de faire assassiner Coligny pour venger son père, n'y parvint pas, et contribua au déclenchement du massacre de la Saint-Barthélemy (nuit du 23 au 24 août 1572), auquel ni la reine mère Catherine de Médicis ni le roi Charles IX ne purent (ou ne voulurent) s'opposer. Très populaire à Paris, chef de la Ligue catholique (1576), il s'opposa à Henri III, frère et successeur de Charles IX. Paris se souleva en sa faveur : la journée des Barricades (12 mai 1588) contraignit le roi à fuir à Blois. Convoqué aux états généraux de Blois, le duc de Guise y fut assassiné sur l'instigation du roi. **Louis II** 1555-1588 Frère du précédent, cardinal de Lorraine, également chef de la Ligue, il fut assassiné à Blois avec son frère.

guitare n. f. Instrument de musique à cordes pincées (six le plus souvent), à long manche et à caisse plate, d'origine espagnole. *Guitare classique. Guitare folk*, à six ou douze cordes métalliques. *Guitare basse*, à quatre cordes. *Guitare électrique*, à caisse pleine et amplification électronique.

guitariste n. Personne qui joue de la guitare.

guitoune n. f. MILIT., fam. Tente dans un camp militaire ; abri de fortune. / Par ext. Toute tente ; cahute.

Guitry (Lucien) 1860-1925 Comédien français qui fit une brillante carrière tant en France qu'en Russie. **Sacha** 1885-1957 Fils du précédent. Acteur, auteur dramatique et cinéaste français. Il a écrit de nombreuses comédies : *Faisons un rêve* (1916), *Mon père avait raison* (1919), *Le Mot de Cambronne* (1936), *N'écoutez pas, mesdames* (1942), *Moâ* (1949). Les films, dont il est l'auteur, le réalisateur et l'interprète, valent par leur humour noir (*Le Roman d'un tricheur*, 1935 ; *La Poison*, 1951), le comique des situations (*Désiré*, 1937), la fantaisie historique (*Les Perles de la Couronne*, 1937 ; *Remontons les Champs-Élysées*, 1938 ; *Si Versailles m'était conté*, 1953).

Guitare espagnole.

Guizot (François) 1787-1874 Historien et homme politique français. Partisan d'une monarchie constitutionnelle, il publia en 1826-1827 *Histoire de la révolution d'Angleterre*. Député en janvier 1830, il s'opposa à la politique réactionnaire de Charles X et contribua à l'instauration de la Monarchie de Juillet. Il fut plusieurs fois ministre de Louis-Philippe et fit voter (1833) la loi sur l'instruction publique qui porte son nom. À partir de 1840, en accord avec le roi, il dirigea la politique dans un sens conservateur, appuyé par une majorité parlementaire docile. Son refus de toute réforme contribua au déclenchement du mouvement insurrectionnel qui devait s'achever par la révolution de 1848. Retiré de la vie politique, il se consacra à la rédaction de ses *Mémoires pour servir à l'histoire de mon temps* (1858-1867).

Gujerat ou **Gujarat** *196 024 km² 41 309 600 h.* État du nord-ouest de l'Inde, sur la mer d'Oman. Capitale *Gandhinagar*. Des plaines fertiles produisent du coton et des céréales. L'industrialisation a été accélérée par la proximité de Bombay et par la production de pétrole. Patrie du Mahatma Gandhi, le Gujerat a été l'un des centres du nationalisme indien.

Gulbenkian (Calouste Sarkis) 1869-1955 Homme d'affaires britannique d'origine arménienne. Il fonda (1911) la Turkish Petroleum Company, en céda les droits au consortium irakien (1920) et conserva

Affiche du film Yol *de* ***Yilmaz Güney***.

5 % du capital et des bénéfices. Également propriétaire d'une partie de l'Anglo-Iranian Company, il consacra, après 1945, son immense fortune au mécénat (Fondation Gulbenkian) et à sa collection d'œuvres d'art, rassemblée à Lisbonne dans le musée qui porte son nom.

Gulf Stream (« courant du golfe ») Courant chaud (25 °C) de l'Atlantique Nord. Formé au sud de la Floride par la réunion de deux courants, l'un en provenance du golfe du Mexique, l'autre en provenance des Antilles, il tempère les côtes de l'Amérique du Nord et favorise au large de Terre-Neuve, au contact des eaux froides, la formation de bancs de poissons, ce qui en fait l'une des principales zones de pêche du monde. Il se prolonge par la dérive nord-atlantique qui adoucit le climat de l'Europe occidentale jusqu'en Norvège.

Güney (Yilmaz Putun, dit **Yilmaz)** 1937-1984 Cinéaste turc. Militant communiste, il affirme dans ses films ses convictions politiques : *Élégie* (1971), inédit en France. Emprisonné en 1974 en tant qu'opposant, il écrivit, en donnant toutes les indications nécessaires pour le tournage, trois films qui montrent les difficultés de la société turque et le régime dictatorial que subit son pays : *Le Troupeau* (1978), réalisé par Zeki Okten ; *L'Ennemi* (1979) ; *Yol* (1980), réalisé par Serif Gören. En 1981, il s'évada et s'installa en France, où il réalisa *Le Mur* (1983).

Günz Affluent du Danube qui se jette dans le fleuve à Günzburg, à l'est d'Ulm, et qui a donné son nom à une glaciation. / n. m. GÉOL. Première des grandes glaciations du Quaternaire en Europe.

Guomindang ou **Kouo-min-tang** (« Parti national du peuple ») Parti chinois fondé par Sun Yat-sen, qui a pris son nom actuel en 1911. Il force les Mandchous à abdiquer et proclame la république en 1912 à Nankin, mais Yuan Shikai confisque le pouvoir jusqu'en 1916. À partir de cette date, Sun Yat-sen et le Guomindang tentent des expériences démocratiques, s'alliant en 1921 avec le parti communiste. À la mort de Sun Yat-sen (1925), Tchang Kaï-chek lui succède. Il rompt aussitôt l'alliance avec le P.C., dont le Guomindang réprime durement l'insurrection, à Shanghai et à Canton, en 1927. Les deux partis s'unissent contre le Japon (1937-1945), puis leur conflit reprend. La victoire communiste (1949) contraint Tchang Kaï-chek et les cadres du Guomindang à l'exil à Taiwan, dont ils font le siège de la République de Chine nationaliste, qui siège à l'ONU. Tchang Kaï-chek et le Guomindang, parti unique, y exercent le pouvoir de façon autoritaire. À la mort de Tchang Kaï-chek (1975), son fils Tchang King-kouo lui succède ; peu avant sa mort (1988), il assouplit un peu le régime. Son successeur, Lee Teng-lui, autorise le multipartisme en 1989. Le Guomindang est resté le parti dominant à Taiwan jusqu'en mars 2000, qui a vu la victoire aux élections présidentielles de Chen Shui-bian, candidat du parti démocratique progressiste.

Gupta Dynastie qui a régné sur l'Inde du Nord et l'Inde centrale du IIIe au VIe siècle. Les Gupta favorisèrent le développement de la littérature, de la peinture et de la sculpture indiennes. Le site d'Ajanta est le plus célèbre témoignage de cette civilisation marquée par le bouddhisme.

Gurkhas ou **Gourkhas** Clan hindou implanté au Népal où il constitue une aristocratie militaire. L'armée britannique y a trouvé des recrues de qualité pour encadrer les régiments.

guru Voir **gourou**

Gurvitch (Georges) 1894-1965 Sociologue français d'origine russe. Utilisant des méthodes de type structuraliste, il s'est beaucoup intéressé à la sociologie du droit (*Éléments de sociologie juridique*, 1940). Il a voulu mettre en évidence le caractère global du phénomène social. Il a publié notamment : *Morale théorique et Science des mœurs* (1937), *Déterminismes sociaux et Liberté humaine* (1955), *Traité de sociologie* (1960).

gustatif, ive adj. Relatif au goût. *Papilles gustatives.*

Gustave Nom de six rois de Suède. **Gustave Ier Vasa** 1496-1560 Roi de Suède en 1523. Il fut élu roi après avoir chassé les Danois. Il imposa le luthéranisme en Suède et confisqua les biens du clergé. Il favorisa le développement économique de son pays. Fondateur de la dynastie, il rendit la couronne héréditaire. **Gustave II Adolphe** 1594-1632 Roi en 1611. Petit-fils du précédent, il succéda à son père Charles IX. Soutenu par son chancelier Oxenstierna, il modernisa la Suède. Allié de la France durant la guerre de Trente Ans, à la tête d'une armée bien organisée, il battit les troupes de l'empereur germanique Ferdinand. Mais il fut tué alors qu'il remportait la victoire de

Gustave II Adolphe.

Gutenberg *dans son atelier (gravure).*

Lützen (1632). **Gustave III** 1746-1792 Roi en 1771. Il succéda à son père Adolphe-Frédéric. Ami des philosophes et despote éclairé, il accrut ses pouvoirs grâce à une nouvelle constitution en 1772. Après avoir combattu le Danemark et la Russie, il fut assassiné à la suite d'un complot de la noblesse qu'il s'était aliénée par ses réformes (liberté de la presse, tolérance religieuse). **Gustave IV Adolphe** 1778-1837 Roi de 1792 à 1809, fils du précédent. Il dut abandonner la Finlande aux Russes (1808), mécontentant l'armée qui le déposa lors d'un coup d'État. **Gustave V** 1858-1950 Roi en 1907. Il respecta scrupuleusement la Constitution et réussit à préserver la neutralité de la Suède durant les deux guerres mondiales. **Gustave VI Adolphe** 1882-1973 Roi en 1950, fils du précédent.

Gutenberg (Johannes Gensfleisch, dit**)** 1400 ?-1468 Imprimeur allemand qui inventa la presse à imprimer et une encre dont les caractéristiques autorisaient l'impression sur les deux faces d'une même feuille. Il parvint à fabriquer des caractères métalliques mobiles (ou types), inventant ainsi la typographie, et à en perfectionner l'utilisation. Actif à Strasbourg, puis à Mayence, il mit en vente, en 1454, une bible qui comportait 42 lignes par page, qui fut suivie de plusieurs autres ouvrages. Anobli par l'archevêque de Mayence, il dut à la protection de ce prélat de pouvoir poursuivre ses travaux.

gutta-percha n. f. (mot anglais, du malais *getah perca*) Substance proche du caoutchouc, obtenue à partir du latex d'un arbre d'Asie tropicale, le *Palaguium gutta*, utilisée pour la fabrication d'isolants électriques. Pl. Des *guttas-perchas*.

guttural, ale, aux adj. Du gosier. / Qui part du gosier. *Son guttural.* / PHON. Prononcé du gosier. *Consonne gutturale.*

• **Guyana** État du nord-est de l'Amérique du Sud, sur l'Atlantique, situé entre le Venezuela, à l'ouest, et le Surinam, à l'est.

guyanais, e adj. et n. De Guyane. *Forêt guyanaise. Un(e) Guyanais(e).*

Guyane ou **Guyanes** Région naturelle du nord-est de l'Amérique du Sud, limitée par l'Orénoque à l'ouest, l'océan Atlantique au nord et l'Amazone (et ses affluents) à l'est et au sud. Elle est partagée, d'ouest en est, entre l'est du Venezuela, les trois Guyanes (Guyana, Surinam, Guyane française) et le nord du Brésil. Couverte de forêt dense, elle est bordée d'une plaine côtière fertile. Le climat est équatorial. Les ressources du sous-sol (or, pierres précieuses) sont peu exploitées, à l'exception de la bauxite.

• **Guyane française** [973] *91 000 km² 114 680 h.* Département français d'outre-mer, le plus vaste et le moins peuplé des DOM, situé dans le nord-est de l'Amérique du Sud, sur l'Atlantique, entre le Surinam, à l'ouest, et le Brésil, au sud. Chef-lieu *Cayenne*.

Guyenne Ancienne province de France correspondant à l'Aquitaine. Ce duché formait l'ensemble des possessions françaises du roi d'Angleterre (1259-1453).

Guynemer (Georges) 1894-1917 Officier aviateur français. Héros de la Première Guerre mondiale commandant l'escadrille des « Cigognes », il remporta 53 victoires. Il mourut au cours d'un combat dans le ciel de Belgique.

Guyon du Chesnoy (Jeanne-Marie Bouvier de la Motte, Mme**)** 1648-1717 Mystique française. Elle a introduit en France le quiétisme. Attaquée par Bossuet, elle fut défendue par Fénelon.

guyot n. m. GÉOL. Mont sous-marin en forme de cône tronqué, à sommet aplati.

Guyotat (Pierre) 1930 Écrivain français. Son œuvre, parfois volontairement illisible (*Le Livre*, 1981) est marquée par la sexualité et la violence (*Tombeau pour 500 000 soldats*, 1967, ouvrage inspiré par la guerre d'Algérie ; *Eden, Eden, Eden*, 1971).

Guys (Constantin) 1802-1892 Dessinateur et aquarelliste français. Il envoya à des journaux illustrés français et anglais ses dessins de voyage et ses scènes de la vie parisienne. Baudelaire a salué son travail dans son essai *Le Peintre de la vie moderne* (1863).

Guyton de Morveau (Louis Bernard, baron**)** 1737-1816 Magistrat et chimiste français. Il fut avocat général au parlement de Dijon (1755), député à l'Assemblée législative puis à la Convention, et membre du Comité de salut public. Il s'intéressa au gaz ammoniac dont il réalisa la liquéfaction, et à la nomenclature chimique qu'il réforma en collaboration avec Lavoisier et Berthollet.

Guzmán (Martín Luis) 1887-1976 Écrivain mexicain. Il évoque la révolution mexicaine dans son roman *L'Aigle et le Serpent* (1928) et dans les *Mémoires de Pancho Villa* (1938-1939), et flétrit la dictature dans *L'Ombre du Caudillo* (1929).

Guzmao (José Alexandre, dit **Kay Rata Xanana)** 1948 Homme politique

GUYANA

Superficie : *214 969 km²* – **Nombre d'habitants :** *700 000 h.* – **Capitale :** *Georgetown*
Villes principales : *Fort Wellington, New Amsterdam* – **Système politique :** *république*
Langue(s) : *anglais* – **Religion(s) :** *hindouisme, protestantisme, catholicisme* – **Monnaie(s) :** *dollar de la Guyana*

Voir l'Atlas

Géographie physique et humaine

C'est l'ancienne Guyane britannique. La population (essentiellement des descendants d'immigrés indiens et des Noirs, mais aussi des Amérindiens, des Européens et des Chinois) se concentre sur la plaine côtière, qu'elle cultive (riz, canne à sucre). Couverts de forêt dense, plateaux et montagnes recèlent bauxite, manganèse, or, diamants.

Histoire

La Grande-Bretagne occupa la Guyane, d'abord possession hollandaise, à partir de 1796 et acquit définitivement la Guyana en 1814, cédant le Surinam aux Hollandais. Elle en fit une colonie en 1831 (la Guyane britannique) et lui accorda l'indépendance en 1966. La république fut proclamée en 1970. Noirs, menés par Forbes Burnham (président de 1980 à 1985) et Indiens s'opposent. De 1992 à 1997, le progressiste Cheddi Jaggan, d'origine indienne, fut président. Après sa mort, survenue en cours de mandat, sa femme Janet Jagan fut élue président de la République. Elle démissionna en 1999 et Bharrat Jagdeo lui succéda. Le pays souffre d'une crise économique et reste tributaire des capitaux des pays industrialisés.

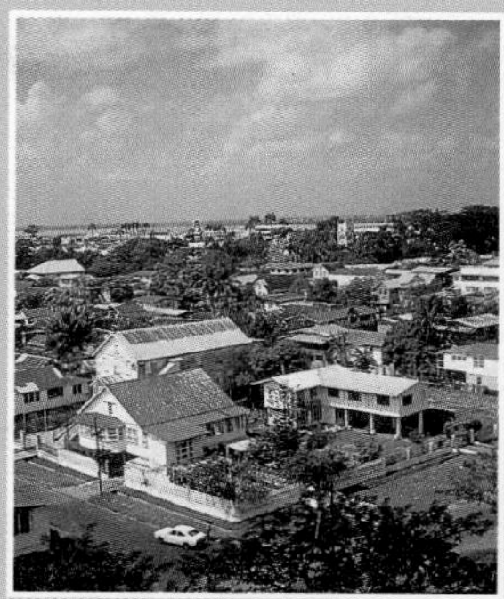

Vue de Georgetown, capitale de la Guyana.

GUYANE FRANÇAISE

Géographie Le vaste plateau intérieur, couvert de forêt dense, est traversé par les rivières Oyapock et Maroni. Des groupes d'Amérindiens y subsistent.Le reste de la population vit sur la côte ; plus de la moitié se concentre dans l'agglomération de Cayenne.
La base spatiale française de Kourou, à l'ouest de Cayenne, a entraîné le développement de la côte, mais emploie principalement du personnel d'origine métropolitaine. Les richesses du sous-sol sont sous-exploitées.
Histoire Les Français fondèrent Cayenne en 1637. Lieu de déportation politique de 1794 à 1805, la Guyane fut longtemps disputée entre Français, Anglais, Hollandais et Portugais ; elle fut rendue à la France lors du partage de la région en 1814. La colonie française, exploitant des esclaves dans les plantations, fut ruinée par l'abolition de l'esclavage (1848-1849). En 1852, un bagne fut créé à Cayenne ; il fut supprimé en 1945. La Guyane acquit le statut de DOM en 1946. En 1967, le centre spatial de Kourou fut créé, et la première fusée Ariane fut lancée depuis cette base en 1979. En 1982, le DOM reçut le statut de région.

Le Maroni, à Saint-Laurent-du-Maroni.

timorais. Fonctionnaire, poète *(Mauberiadas)*, photographe, il adhère au Fretilin (Front révolutionnaire pour l'indépendance du Timor oriental) et se joint à la guérilla qui combat l'armée indonésienne (1977-1979). Il tente de négocier pour aboutir à une solution pacifique du conflit, mais l'armée indonésienne rompt les pourparlers. Capturé en 1992 et condamné à la réclusion criminelle à perpétuité, Guzmao sera libéré en 1999, élu président du Conseil national de la résistance timoraise, puis président de la République en 2002.

Gwalior *690 765 h.* Ville de l'Inde construite sur un promontoire rocheux, au pied duquel s'étend la ville moderne. Son fort est entouré de statues géantes, de palais et de temples.

Gygès 687 ?-652 ? av. J.-C. Roi de Lydie. Selon la légende grecque, Gygès, berger, assassina le roi Candaule et prit sa place grâce à un anneau magique qui lui permettait de disparaître à volonté. Il fonda la dynastie des Mermnades.

gymkhana n. m. (mot anglais) Course d'automobiles, de motocyclettes dans laquelle les concurrents doivent suivre un parcours semé d'obstacles et d'embûches.

gymnase n. m. ANTIQ. GR. Lieu où les éphèbes pratiquaient les exercices d'éducation physique. / Bâtiment aménagé pour la pratique de la gymnastique et de certains sports en salle. / En Allemagne et en Suisse, établissement scolaire équivalant au lycée français.

gymnaste n. Personne pratiquant la gymnastique.

gymnastique adj. et n. f. **I.** adj. *Pas gymnastique* : pas de course obéissant à une cadence. **II.** n. f. Art, action d'exercer le corps pour l'assouplir et le fortifier ; ensemble des exercices de culture physique. *Gymnastique corrective* : exercices de rééducation musculaire pratiqués dans un but thérapeutique. / SPORT Discipline de compétition comportant diverses épreuves, avec agrès (cheval d'arçons, barres, poutre, etc.) et au sol. / Fig. Exercices de l'esprit, de la pensée.

gymnophiones n. m. pl. ZOOL. Ordre d'amphibiens fouisseurs dépourvus de pattes. Syn. Apodes. / Sing. *Un gymnophione.*

gymnospermes n. f. pl. BOT. Sous-embranchement de phanérogames, dont les ovules sont nus (contrairement à ceux des angiospermes, qui sont entourés d'un carpelle), de même que les graines (qui ne sont pas dans un fruit). *Les sapins, les pins, les cèdres sont des gymnospermes.*

gymnote n. m. ZOOL. Poisson téléostéen des eaux douces d'Amérique du Sud, ressemblant à une anguille et pouvant atteindre 2,50 m de long, capable de produire des décharges électriques.

gynandrie n. f. BOT. Caractère d'une fleur dont les étamines sont soudées au pistil. / MÉD. Présence chez une femme de certains caractères sexuels secondaires masculins.

gynécée n. m. ANTIQ. GR. Partie des appartements que l'on réservait aux femmes. / BOT. Ensemble des organes reproducteurs femelles d'une fleur (carpelles). Syn. Pistil.

gynécologie n. f. MÉD. Partie de la médecine qui a pour objet l'étude de la physiologie et de la pathologie de l'appareil génital féminin.

gynécologique adj. Relatif à la gynécologie.

gynécologue n. MÉD. Médecin spécialiste de gynécologie.

gynérium n. m. BOT. Graminée originaire d'Amérique du Sud, cultivée pour ses épis ornementaux en panache, parfois appelés plumes de la pampa. Syn. herbe de la pampa.

Gyp (Sibylle de Riqueti de Mirabeau, comtesse **de Martel de Janville**, dite**)** 1849-1932 Femme de lettres française qui connut un grand succès mondain (*Le Mariage de Chiffon*, 1894). Elle illustra certains de ses textes sous le nom de Bob.

gypaète n. m. ZOOL. Grand vautour (ordre des falconiformes), d'une envergure de 2,50 m, à ailes longues et queue cunéiforme, qui porte une touffe de plumes sous le bec, évoquant une barbe.

gypse n. m. GÉOL. Minéral monocline prismatique de sulfate bihydrate de calcium $CaSO_4 \bullet 2H_2O$. *Le gypse se présente en cristaux prismatiques tabulaires, il se forme à l'état naturel par dépôt à la suite de l'évaporation de l'eau de mer; on le trouve dans les dépôts de soufre, il est le constituant principal des albâtres.*
gyrocompas n. m. Gyroscope électrique utilisé dans la marine et l'aviation pour donner la direction du nord géographique.
gyromagnétique adj. PHYS. *Rapport gyromagnétique*: quotient du moment magnétique d'un corps électriquement chargé à son moment cinétique.
gyromètre n. m. AÉRON. Appareil servant à indiquer les changements d'orientation d'un avion.

Gypse.

gyrophare n. m. Phare rotatif placé sur le toit d'un véhicule prioritaire (ambulance, voiture de police…), ou équipant certains bateaux, hélicoptères, etc.
gyroscope n. m. Appareil constitué d'un volant tournant à grande vitesse autour de son axe, un système de suspension spécial en double arceau (dit « à la Cardan ») permettant à cet axe de rester fixe par rapport à l'axe de rotation de la Terre et, donc, de fournir une direction invariable de référence.
gyroscopique adj. Du gyroscope; relatif au gyroscope, à ses applications.
gyrostat n. m. Nom générique de tout solide animé d'un mouvement de rotation autour de son axe. *La Terre est un gyrostat.*
gyrovague adj. et n. m. *Moine gyrovague* ou (n. m.) *un gyrovague*: moine errant. *Nombreux aux premiers siècles, les gyrovagues ont peu à peu disparu en Occident avec l'organisation des ordres monastiques auxquels ils se sont rattachés; ils ont perduré longtemps en Orient (Russie et Grèce, notamment).*

Gyroscope.

Fritz Haber,
prix Nobel de chimie 1918.

ha! Voir **ah!**
Haakon Nom de sept rois de Norvège.
Haakon Ier le Grand 920?-960 Roi vers 935. Il s'empara du trône de son demi-frère Érik, dont les fils le tuèrent au combat.
Haakon IV Haakonsson l'Ancien 1204-1263 Roi en 1223. Il agrandit son royaume de l'Islande et du Groenland. **Haakon VI Magnusson** 1340-1380 Roi en 1343, il partagea à partir de 1361 le pouvoir avec son père Magnus VII. Son mariage (1363) avec Marguerite Valdemarsdotter, fille du roi de Danemark, permit l'union (provisoire) de la Norvège, de la Suède et du Danemark. Mais il dut donner la Suède à Albert de Mecklembourg. Après sa mort, sa femme, devenue régente, reprit la politique d'unification des pays scandinaves. **Haakon VII** 1872-1957 Élu roi de Norvège en 1905 après que la Norvège et la Suède se sont séparées. En juin 1940, refusant de collaborer avec les Allemands qui occupaient son pays, il s'exila en Angleterre d'où il revint en 1945.
Haarlem *149 561 h.* Ville des Pays-Bas, en Hollande-Septentrionale. Industries. Harlem est, depuis le XVIe siècle, le marché mondial de la tulipe. Musée Frans-Hals.
Habache (Georges) 1926 Homme politique palestinien. Médecin, il a créé (1967) le Front populaire pour la libération de la Palestine (F.P.L.P.). Après le « septembre noir » de 1970, qui mit fin à la présence palestinienne en Jordanie, il se rallia au marxisme-léninisme et prit ses distances avec les membres les plus extrémistes du F.P.L.P., sans, toutefois, soutenir le processus de paix.
Habacuc VIIe siècle? Un des douze petits prophètes juifs.
habanera n. f. (mot espagnol) Danse afro-cubaine au rythme syncopé. / MUS. Morceau au rythme binaire et retenu qui s'inspire de cette danse. *La habanera de « Carmen » de G. Bizet.*
habeas corpus n. m. (mots latins) Garantie contre la détention arbitraire en Angleterre, définitivement assurée par une loi de 1679.
Haber (Fritz) 1868-1934 Chimiste allemand, auteur d'un catalyseur fer-alumine-potasse employé pour la synthèse de l'ammoniac.
Habermas (Jürgen) 1929 Sociologue allemand. S'attachant à une critique du positivisme et de la technique, il étudie les rapports de la démocratie et des sociétés industrielles modernes (*La Technique et la science comme idéologie*, 1968) et élabore une critique du marxisme (*Après Marx*, 1975).
habile adj. Qui sait faire ce qu'il fait, qui le fait bien, compétent. *Un artisan habile.* Ant. Malhabile. / Qui dénote de l'ingéniosité, de la perspicacité. *Une manœuvre habile.*
habilement adv. De manière habile.
habileté n. f. Qualité d'une personne habile. / Qualité de ce qui est habile dans sa réalisation, sa conception. *Habileté d'un travail artisanal. Habileté d'une décision.*
habilitation n. f. Action d'habiliter; son résultat.
habilité, e adj. Qui est légalement apte (à faire qqch.) *Expert habilité.*
habiliter v. t. [1] DR Rendre (qqn) légalement apte à accomplir un acte juridique.
habillage n. m. Action de s'habiller ou d'habiller qqn. / Revêtement extérieur mis sur une chose. *Habillage en céramique.*
habillé, e adj. Vêtu. *Rester habillé malgré la chaleur.* / Vêtu avec recherche, pour une soirée, une cérémonie. *Parmi tous ces gens habillés, j'ai été très remarqué avec mon vêtement de ville.* / Par ext. *Une tenue habillée est de rigueur. Être invité à une soirée habillée.*
habillement n. m. Ensemble des vêtements portés par une personne. / Action d'habiller, de fournir des vêtements. *Habillement d'une armée.* / Secteur professionnel du vêtement. *Les salariés de l'habillement.*
habiller v. t. [1] Mettre des vêtements à (qqn). *L'enfant habille sa poupée.* / Procurer des vêtements à. *Habiller une équipe de foot.* / Être seyant. *Ce manteau vous habille à ravir.* / Couvrir, envelopper. *Habiller des tableaux de housses.* / Apprêter (qqch.) pour un usage particulier. *Habiller une volaille pour la cuisson.* / v. pron. Mettre des vêtements sur soi. *S'habiller en vitesse.* (Spécial). Revêtir des habits de soirée. *S'habiller pour un dîner en ville.*
habilleur, euse n. Personne qui a pour fonction d'aider les artistes de scène à s'habiller (théâtre, opéra, cinéma) et qui est responsable de l'entretien des costumes.
habit n. m. Pièce de vêtement. *Ranger ses habits.* / Costume de cérémonie masculin, en drap noir et à basques. / *Habit vert*: tenue officielle des académiciens, membres de l'Institut de France. / Vêtement de religieux. *L'habit des franciscains. Prendre l'habit*: entrer dans les ordres.
habitabilité n. f. Caractère de ce qui est habitable. / Place offerte à ses occupants par un logement, un véhicule.
habitable adj. Qui peut être habité.
habitacle n. m. Espace intérieur de la carrosserie d'un véhicule, où prennent place les occupants. / Partie de l'avion, à l'avant, où se tient le pilote ou l'équipage. / MAR. Boîte étanche contenant le compas de route, les lampes.
habitant, e [1] n. Personne qui réside de manière habituelle dans un lieu. *Les habitants d'un quartier.* / Litt. *Les habitants des forêts, des lacs...*: la faune qui y vit.
habitant, e [2] n. HIST. Au Canada, particulier établi à demeure sur une terre qui lui a été concédée par le roi pour qu'il en assure le défrichement et la culture. *À partir de 1686, les soldats venus en Nouvelle-France qui se mariaient et « se faisaient habitants » étaient libérés du service et continuaient de recevoir leur solde pendant un an.* / Par ext., vieilli Personne qui cultive, exploite une terre. *Du beurre d'habitant. Un gros habitant*: un cultivateur prospère. / Péjor. Ignorant, personne peu dégourdie. *Faire l'habitant*, l'imbécile.
habitat n. m. Milieu naturel convenant particulièrement à une espèce animale ou végétale. / Ensemble des conditions de peuplement d'un lieu par l'homme. *L'habitat urbain, rural.*
habitation n. f. Fait d'habiter en un lieu. / Lieu qu'on habite. *Habitation à loyer modéré (H.L.M.)*: logement construit avec l'aide financière de l'État et destiné aux personnes à revenu moyen.

*Intérieur d'une **habitation** allemande au XIXe siècle.*

Le château de ***Habsbourg*** *en Argovie (Suisse).*

habiter v. t. / v. i. [1] **A.** v. t. Vivre en (un lieu) de façon durable, habituelle. *Habiter Paris, un chalet.* / Fig. Occuper (qqn), hanter. *La joie habite son cœur.* **B.** v. i. Demeurer, résider. *Habiter à la campagne, chez des amis.*
habituation n. f. PSYCHOL. Diminution progressive de l'intensité d'une réaction à un stimulus, résultant d'une accoutumance.
habitude n. f. Manière habituelle d'être, de penser, d'agir. *Avoir des habitudes strictes.* / Comportement, aptitude que l'on acquiert par actes répétés. *L'habitude de veiller tard.* / Loc. adv. *D'habitude*: ordinairement.
habitué, e n. Personne qui a l'habitude de fréquenter un endroit déterminé. *Les habitués d'un restaurant.*
habituel, elle adj. Usuel, récurrent. *Un comportement habituel.*
habituellement adv. De manière habituelle; le plus souvent.
habituer v. t. [1] Accoutumer, familiariser, entraîner, endurcir par l'habitude. *Habituer un enfant à remercier.* / v. pron. *S'habituer à la chaleur du climat.*
habitus n. m. (mot latin) MÉD. Aspect général du corps, considéré comme représentatif de l'état de santé du sujet. / SOCIOL. Aspect et comportement d'ensemble d'une personne qui rendent compte de son appartenance à un groupe ou une classe sociale déterminés.
hâblerie n. f. Vantardise, propos, attitude du hâbleur.
hâbleur, euse n. Personne qui fanfaronne, se vante (occasionnellement ou habituellement).
Habré (Hissène) 1936 Homme politique tchadien. Dirigeant du Frolinat (Front de libération nationale), chef d'une rébellion armée (1970) dans le nord du Tchad, il est Premier ministre en 1978. En conflit avec Goukouni Oueddeï, également membre du Frolinat, il parvient, après diverses péripéties militaires et politiques, à confisquer le pouvoir en 1982; il est renversé en 1990.
Habsbourg Dynastie européenne qui tire son nom du château de Habichtsburg construit au XIe siècle en Argovie par Werner Ier. Elle accède à la dignité impériale avec Rodolphe Ier, élu en 1273. Celui-ci acquiert les duchés d'Autriche, de Styrie et de Carniole en 1278. La maison d'Autriche est dès lors constituée; elle obtient au XIVe siècle la Carinthie, le Tyrol, Fribourg, Trieste et le Vorarlberg. L'émancipation des cantons suisses (1389) et divers partages successoraux l'affaibliront jusqu'au XVe siècle, époque à laquelle Frédéric de Habsbourg devient l'empereur Frédéric III (1440-1493). Il réunit sous son autorité tous ses domaines (1490) et, désormais, la couronne impériale ne quittera plus la maison de Habsbourg (sauf de 1740 à 1745). Une habile politique matrimoniale permet aux Habsbourg de rassembler un immense domaine et de devenir la plus puissante famille d'Europe. En 1477, le mariage de l'orpheline Marie de Bourgogne, la fille de Charles le Téméraire, avec le fils de Frédéric III, qui sera l'empereur Maximilien Ier, apporte aux Habsbourg les Pays-Bas bourguignons (Pays-Bas, Belgique et Luxembourg actuels) et la Franche-Comté; l'union de leur fils, Philippe le Beau, avec Jeanne la folle, héritière de Castille, fera de leur fils Charles, élu empereur en 1519 (Charles Quint), le souverain d'un « empire sur lequel le soleil ne se couche jamais »: aux États patrimoniaux d'Autriche et de Bourgogne s'ajoutent la Bohême, la Hongrie, une partie de l'Italie et l'Espagne avec son empire colonial. À son abdication (1556), Charles Quint partage son Empire entre son fils et son frère; il y aura désormais une branche autrichienne et une branche espagnole de la maison de Habsbourg. Celle-ci s'éteindra en 1700 et des Bourbons occuperont le trône d'Espagne. En 1736, François de Lorraine épouse Marie-Thérèse d'Autriche. Quand il monte sur le trône en 1745 (François Ier) la dynastie devient celle des Habsbourg-Lorraine. En 1804, Napoléon Ier met fin au Saint Empire germanique, l'empereur François II, petit-fils de François Ier, devient l'empereur d'Autriche François Ier; son petit-fils François-Joseph réussit à écraser la révolution hongroise de 1848, mais doit modifier la structure de l'État qui devient l'Autriche-Hongrie (1867); il est « empereur et roi », empereur d'Autriche et roi de Hongrie. Les ambitions de l'Autriche-Hongrie en Europe centrale et balkanique seront fatales à la dynastie; à la suite des défaites de la guerre de 1914-1918, l'Empire est démembré; l'empereur Charles Ier est chassé par la Révolution (1918).
hache n. f. Outil formé d'une forte lame, courte et large, fixée au bout d'un manche, servant à couper, fendre ou tailler, notam. du bois.
haché, e adj. Réduit en petits morceaux. *Viande hachée.*
Hachémites ou **Hachimites** Famille arabe qui aurait été fondée par Hachim ibn Abd Manaf, donné pour ancêtre de Mahomet; à cette famille appartiennent depuis le XIe siècle les chérifs héréditaires de La Mecque. Les deux fils de l'un d'entre eux, Hussein ibn Ali, qui devint roi du Hedjaz en 1916, ont fondé les deux monarchies hachémites d'Irak (1921-1958) et de Jordanie.

Deux types de ***haches****, l'une moderne, l'autre ancienne.*

hacher v. t. [1] Réduire (un corps, une matière) en petits morceaux avec un instrument tranchant. *Hacher une viande.* / Par ext. Détruire, déchiqueter. *L'orage a haché les vignes.* / Fig. Interrompre brièvement mais de façon répétée. *Les coupures du micro hachaient la chanson.*
hachette n. f. Petite hache.
Hachette (Jeanne Laisné ou **Fourquet,** dite **Jeanne)** 1456 ?-? Héroïne française. Armée d'une hache, elle galvanisa les défenseurs de Beauvais assiégé par Charles le Téméraire, qui se retira après onze heures de lutte (1472).
Hachette (Louis) 1800-1864 Éditeur français. Il édita d'abord des livres de classe, puis les œuvres des grands écrivains contemporains, français (Hugo, George Sand, T. Gautier…) ou étrangers (Cervantes, Dickens…). Il devint le premier éditeur de guides de tourisme (il acheta les Guides Joanne à leur créateur), puis d'ouvrages pour la jeunesse (ceux de la comtesse de Ségur notamment). Condisciple de Littré au collège Henri IV, il lui commanda un dictionnaire que Littré mit plus de vingt ans à achever et dont l'éditeur ne vit que les premières livraisons (1863). Longtemps entreprise familiale, la « Librairie Hachette », devenue une des plus grosses maisons françaises d'édition (presse et livre) et de distribution, fait aujourd'hui partie du groupe Lagardère.
hachis n. m. Viande, poisson ou comestible finement coupés. *Hachis parmentier*: purée de pommes de terre accompagnée de hachis de viande gratinée au four.
hachisch ou **haschisch** n. m. (mot arabe) Résine sécrétée par les inflorescences femelles du chanvre indien, cultivé dans le Proche-Orient et en Inde. *Mâché ou fumé, le hachish a des propriétés psychotropes dues à un alcaloïde, la cannabine, qui peut mener à un état de dépendance et à la toxicomanie.*
hachoir n. m. Grand couteau à large lame, qui sert à hacher la viande, les légumes, les herbes aromatiques, etc. / Appareil à hacher la viande. *Hachoir électrique.* / Par méton. Table, planche sur laquelle on hache la viande.
hachure n. f. Fine rayure; chacune des parallèles ou des lignes croisées dont la juxtaposition figure les ombres et les volumes, en dessin ou en gravure; en cartographie, chacun des traits parallèles reliant les courbes de niveau entre elles et marquant la pente d'un terrain ou les différences de relief.
hacienda n. f. (mot espagnol) Grande propriété terrienne en Amérique du Sud.
Hadamard (Jacques) 1865-1963 Mathématicien français. En 1895, il a prouvé la raréfaction des nombres premiers. Il a abordé de nombreux domaines des mathématiques.
haddock n. m. (mot anglais) Églefin fumé.
Hadès MYTH. GR. Dieu des Enfers, frère de Zeus. Les Romains l'ont identifié à Pluton.
hadith n. m. (mot arabe) RELIG. Propos tenu par le prophète Mahomet. / Acte accompli par lui ou en sa présence et ayant son approbation au moins tacite. / Ensemble de la tradition prophétique, deuxième source de l'islam, la première étant le Coran.

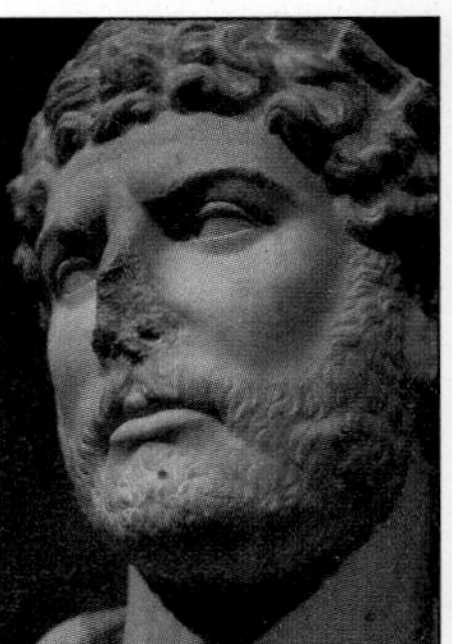
L'empereur romain ***Hadrien****.*

hadj n. m. (mot arabe) RELIG. Pèlerinage à La Mecque que tout musulman se doit d'accomplir au moins une fois au cours de sa vie.
hadji ou **hadj** n. m. (mot arabe) RELIG. Titre que prennent les musulmans après avoir accompli le hadj, le pèlerinage à La Mecque.
Hadramaout Région montagneuse du Yémen qui domine le golfe d'Aden et la mer d'Oman.
Hadrien ou **Adrien** (en latin **Publius Aelius Hadrianus)** 76-138 Empereur romain en 117. Fils adoptif de Trajan, il lui succéda. Préférant une politique défensive à une politique offensive, il fit fortifier les frontières impériales (mur d'Hadrien dans l'Angleterre actuelle, long de 117 km et proche de la frontière Anglo-écossais, destiné à mettre en échec les invasions pictes; renforcement des défenses en Germanie; abandon des conquêtes de Trajan au-delà de l'Euphrate). Voyageur infatigable, il parcourut l'empire en tout sens (121-125; 128-134) pour s'informer et asseoir son autorité. Admirateur de la Grèce, dont il pratiquait la langue et aimait la littérature, il fit réaliser, pour la *Villa Adriana* qu'il avait fait construire à Rome, des reproductions de monuments athéniens et des répliques de sculptures grecques. Son mausolée, *Moles Adriani*, est aujourd'hui le château Saint-Ange. Administrateur avisé et juriste averti, il fit codifier (131) le droit en un « édit perpétuel » qui s'imposa à tout l'Empire.
hadron n. m. PHYS. NUCL. Particule élémentaire capable d'interactions fortes, et qui est soit un méson soit un baryon.
Haeckel (Ernst) 1834-1919 Naturaliste allemand, ardent défenseur de la théorie darwinienne de l'évolution des espèces.
Haendel ou **Händel (Georg Friedrich)** 1685-1759 Compositeur anglais d'origine allemande. Il séjourna à Hambourg, où il donna des opéras dans le style italien (*Almira*, 1705), puis se rendit en Italie où il rencontra Corelli et les Scarlatti et où son opéra *Agrippina* (1709) lui valut un triomphe. Précédé d'une flatteuse réputation d'organiste et de claveciniste virtuose, d'une part, et de compositeur de cantates et d'oratorios, d'autre part, il revint en Allemagne où, à Hanovre, il devint maître de chapelle de l'Électeur, poste dont il donna très vite congé pour se rendre en Angleterre. Son succès fut immédiat (*Rinaldo*, opéra, 1711;

Georg Friedrich Haendel.

Te Deum pour célébrer la paix d'Utrecht, 1713); l'Électeur de Hanovre étant devenu le roi George Ier d'Angleterre, il lui dédia sa *Water Music* (1717). Travailleur infatigable, il contribua à la fondation de la Royal Academy of Music (1719) dont il assura la direction musicale et pour laquelle il composa une quinzaine d'opéras d'esprit italien. Victime de diverses cabales, l'Académie fut dissoute ; mais Haendel, lutteur pugnace et compositeur fécond, fonda une deuxième, puis une troisième compagnie et écrivit d'innombrables œuvres lyriques (*Alessandro Nell'Indie*, 1731 ; *Orlando*, 1733) et instrumentales et des oratorios (*Deborah*, 1733). Lorsqu'il fut interdit de porter à la scène des sujets bibliques, le musicien se consacra exclusivement à l'oratorio (*Le Messie*, 1742 ; *Salomon*, 1748), certains n'ayant d'ailleurs pas de caractère religieux (*Heraklès*, 1747). Malgré une vue de plus en plus mauvaise, il continua de composer et d'accompagner à l'orgue l'exécution de ses œuvres. Mort aveugle, il fut inhumé dans l'abbaye de Westminster.

Hafiz (Chems ed-Din Mohammed) 1320 ?-1389 ? Poète lyrique persan. Il enseigna à Chiraz, outre la théologie et l'exégèse coranique, la langue et la littérature arabes. Familier avec la thématique de la poésie persane, il s'en inspira et en renouvela tous les genres. Son diwan, d'un lyrisme jusqu'alors inconnu et comprenant des poèmes d'une extrême variété (poèmes d'amour, poèmes bachiques, poèmes mystiques) eut un retentissement considérable.

hafnium n. m. CHIM. Métal de la famille des terres rares de numéro atomique Z=72, de masse atomique 178,49 (symbole Hf).

Hafsides Dynastie maghrébine qui étendit sa domination de Tunis au Maroc septentrional et développa une civilisation brillante entre 1228 et 1534 (date de la prise de Tunis par Khaïr ed-Din Barberousse). Rétablis par Charles Quint (ils entretenaient de bonnes relations avec les princes chrétiens), les Hafsides ne purent se maintenir au-delà de la reconquête de Tunis par les Turcs en 1574.

hagard, e adj. Qui manifeste un désarroi profond. *Un air, des yeux hagards.*

hagiographe adj. et n. **A.** adj. Vx *Les livres hagiographes* : les livres de l'Ancien Testament autres que le Pentateuque et les Prophètes. **B.** n. Vx Auteur d'un livre hagiographe. / Mod. Auteur d'une hagiographie.

hagiographie n. f. Branche de l'histoire religieuse qui a pour objet les vies des saints. / Biographie d'un saint.

hagiographique adj. Relatif à l'hagiographie.

Hague (la) Cap à l'extrémité ouest du Cotentin où une importante usine de retraitement des matières radioactives a été implantée.

Matériaux radioactifs qui seront retraités à l'usine de ***la Hague.***

Hahn (Otto) 1879-1968 Physicien nucléaire allemand. Il découvrit de nouveaux isotopes radioactifs et, en étudiant la formation des éléments transuraniens par bombardement de l'uranium, la fission nucléaire.

Hahn (Reynaldo) 1875-1947 Compositeur français, auteur d'opérettes (*Ciboulette*, 1933), de ballets (*La Fête chez Thérèse*).

Hahnemann (Samuel) 1755-1843 Médecin allemand. Exposées dans *Organon de l'art de guérir* (1810), ses recherches lui permirent de déduire la loi de similitude, fondement de l'homéopathie, qui définit que toute substance capable de déterminer, chez l'homme sain, certaines manifestations, peut, chez l'homme malade, faire disparaître des manifestations semblables.

haïdouk ou **heiduque** n. m. HIST. (mot hongrois) Boyard hongrois incorporé à une milice. / Hors-la-loi chrétien qui, dans les Balkans (Bulgarie et territoire correspondant à l'ex-Yougoslavie, en particulier) faisait partie des bandes armées en lutte contre les Turcs entre le XVIIe et le XIXe siècle.

haie n. f. Clôture faite d'arbustes marquant la limite de deux terrains, de deux propriétés. *Haie vive*, faite de végétaux. *Haie morte*, faite avec des pieux. / SPORT *Course de haies* : course hippique ou athlétique comportant des obstacles à franchir. / File de personnes massées le long d'une voie. *Haie d'honneur* : double file de personnes se faisant face, disposée pour honorer le passage d'une personnalité.

Haïfa *246 600 h.* Important port israélien sur la Méditerranée, aboutissement du pipeline en provenance d'Eilat, centre de raffinage du pétrole.

haïk n. m. (mot arabe) Grand voile rectangulaire dans lequel les musulmanes d'Afrique du Nord s'enveloppent par-dessus les vêtements.

haïku n. m. (mot japonais) Dans la littérature japonaise, court poème en trois vers et d'un total de dix-sept syllabes.

Haïlé Sélassié Ier 1892-1975 Empereur d'Éthiopie (1930-1974) de la lignée des Salomonides. De son nom de naissance Tafari Makonnen, neveu de la fille de Ménélik II, l'impératrice Zaoditou (qui n'a pas d'enfant), il est en 1916, à la mort de Ménélik, proclamé héritier du trône et régent. Couronné par Zaoditou négus « roi » de Gondar en 1928, sous le nom de Haïlé Sélassié, « force de la Trinité », il est empereur (négus nigesti, « roi des rois ») en 1930, à la mort de la souveraine. Après avoir interdit la traite des esclaves et pris des dispositions devant aboutir, à terme, à l'abolition de l'esclavage, il avait, en 1923, obtenu l'admission de l'Éthiopie à la Société des Nations. Il entreprend de moderniser son pays mais doit fuir devant l'attaque italienne (1936), et se réfugier en Angleterre. Il reprend la lutte en 1940 à partir de Khartoum et rentre à Addis-Abeba en 1941. Son prestige international est immense mais ses efforts d'adaptation au monde moderne de son pays arriéré (90 % d'analphabètes) et dominé par les grands féodaux se heurtent à de nombreuses résistances et la famine qui dévaste le pays en 1973-1974 (famine d'autant plus mal ressentie que l'empereur a amassé une importante fortune personnelle) aboutit à une révolte. Il est destitué par un coup d'État militaire (1974). Âgé, malade, il meurt à Addis-Abeba en 1975 dans des circonstances obscures, peut-être assassiné.

haillon n. m. Vieux vêtement en loques. *Mendiant vêtu de haillons.*

Hainan *34 000 km² 7 110 000 h.* Île chinoise, située au sud du pays, entre le golfe du Tonkin et la mer de Chine. Tropicale et volcanique, elle forme, avec 200 autres îles, une province dont la capitale est Haikou (*410 050 h.*).

Hainaut (comté de) Région historique de l'Europe de l'Ouest, située à cheval sur la Belgique et la France. Portion de province romaine, le Hainaut fut province impériale, gouvernée, à partir de 880 environ, par des comtes héréditaires dont l'un, Gislebert (915-939) fut reconnu duc de Lotharingie par l'empereur. La Flandre lui fut rattachée (1051) par le mariage de Richilde, descendante de Gislebert, avec Baudouin VI, comte de Flandre. De longues querelles dynastiques s'ensuivirent, auxquelles Saint Louis mit fin par l'arbitrage de Péronne (1246). En 1433, le duc de Bourgogne, Philippe II le Bon, s'attribua le pays. En 1659 (traité des Pyrénées) et 1678 (paix de Nimègue), la France obtint le sud du Hainaut (avec Valenciennes et Maubeuge). En 1814, le Hainaut autrichien devint une province hollandaise, puis belge (1830).

Hainaut *3 786 km² 1 286 600 h.* Province du sud-ouest de la Belgique, appartenant à la Région wallonne. Chef-lieu *Mons*. C'est une région de riche agriculture (betterave à sucre, céréales, fourrages) en raison de la fertilité de son sol limoneux. L'intense activité industrielle du nord du Hainaut était due à l'existence du gisement houiller qui s'étend du Borinage jusqu'au bassin de Charleroi et dont l'exploitation est abandonnée, ce qui a donné lieu à diverses tentatives de reconversion. Outre les industries d'origine agricole (sucre, tabac, textiles), la sidérurgie, la chimie, la mécanique sont actives, mais la reconversion du secteur du textile bouleverse l'équilibre économique et social.

haine n. f. Antipathie et hostilité profondes envers qqn à qui l'on fait ou l'on souhaite du mal. / Grande aversion pour qqch. *Avoir la haine du bruit.*

haineusement adv. De façon haineuse.

haineux, euse adj. Qui procède de la haine. *Propos haineux.*

Haïlé Sélassié Ier.

Bill Haley.

Haiphong *783 133 h.* Port du Viêtnam, dans le nord du pays, dont il constitue le principal centre industriel.

H

haïr v. t. [2] Éprouver de la haine pour (qqn). *Ne pas haïr même son pire ennemi.* / v. pron. *Ces deux familles se haïssent.* / Avoir de l'aversion pour (qqch.). *Haïr la fausseté et le mensonge.*

haire n. f. RELIG. Chemise de crin ou de poil de chèvre que portaient à même la peau certains ascètes, par mortification ou pénitence. Syn. Cilice.

haïssable adj. Qui mérite la haine, détestable.

Haïti *48 734 km² 8 097 000 h.* Île de l'océan Atlantique qui fait partie des Grandes Antilles. Découverte en 1492 par Christophe Colomb, qui la baptisa *Española*, puis *Santo Domingo* (les cartographes anciens adoptant plus généralement la graphie *Hispaniola*), l'île est depuis 1844 juridiquement partagée entre la république d'Haïti à l'ouest et la république Dominicaine à l'est. Elle est formée de chaînes montagneuses (pic Trujillo, *3 175 m*) orientées d'est en ouest et séparées par de profondes dépressions (lacs Saumâtre et Enriquillo); les séismes y sont fréquents. L'opposition est nette entre l'Est, exposé aux alizés, humide et forestier, et l'Ouest, sous le vent, beaucoup plus sec. **Histoire** Lorsque Colomb la découvrit, l'île était occupée par des Indiens Arawaks (ou Taïnos) que la colonisation fit rapidement disparaître. Ne renfermant pas d'or, elle n'intéressait personne, et des boucaniers et flibustiers, venus de l'île de la Tortue, au nord, occupèrent la grande île et les Espagnols ne parvinrent pas à les repousser. Le traité de Ryswick (1697) reconnut à la France la possession de la partie occidentale qui fit l'objet d'une exploitation esclavagiste forcenée; en 1789, il y avait quatre fois plus d'esclaves noirs que de colons blancs. Les esclaves se révoltèrent en 1791 et, après diverses péripéties, l'indépendance fut proclamée en 1804.

• **Haïti** État occupant la partie occidentale de l'île d'Haïti.

haïtien, enne adj. et n. De Haïti. *Littérature haïtienne. Un(e) Haïtien(ne).*

Hakim (Tawfiq Al-) 1898-1987 Écrivain égyptien. Son *Journal d'un substitut de campagne* (1937) a marqué une date dans la littérature arabe par sa modernité et son réalisme. Il a créé le théâtre de langue arabe: *Les Hommes de la caverne* (1933), *Œdipe-Roi* (1949), *Le Sultan perplexe* (1960).

halage n. m. Action de haler, de tirer un bateau au moyen d'un cordage. *Chemin de halage*: le long de la rive d'un cours d'eau, chemin utilisé par les hommes, les animaux de trait ou les tracteurs qui tirent un bateau.

halal adj. (mot arabe) Se dit de la viande d'un animal tué en respectant les rites de l'islam, et qui est donc consommable par les musulmans. *Viande halal.* / Par méton. *Boucherie halal*, où l'on vend de la viande halal.

Halbwachs (Maurice) 1877-1945 Sociologue français. Il s'intéressa aux problèmes de psychologie sociale (*Les Cadres sociaux de la mémoire*, 1925; *La Mémoire collective*, posthume, 1949), aux mathématiques, à la démographie.

Hale (George Ellery) 1868-1938 Astronome américain. Inventeur du spectrohéliographe, l'un des pères fondateurs de la physique du Soleil.

hâle n. m. Brunissement plus ou moins soutenu de la peau, sous l'effet du soleil et de l'air.

hâlé, e adj. Bruni par le soleil.

haleine n. f. Air rejeté par les poumons pendant l'expiration. / Respiration. *Perdre haleine*: perdre son souffle. / Fig. *D'une haleine*: d'un seul coup, sans interruption. / *Travail de longue haleine*, de longue durée. / *Tenir qqn en haleine*, le passionner, en maintenant son attention en éveil, par ce qu'on dit ou ce qu'on fait.

hâler v. t. [1] Brunir, bronzer. *Une exposition prolongée au soleil et au grand air avait hâlé son corps.*

haler v. t. [1] MAR. Tirer (qqch.) vers soi. *Haler un cordage.* / Faire avancer (une embarcation) en la tirant avec un cordage. *Haler une péniche.*

Hales (Stephen) 1677-1761 Savant anglais. Il découvrit le dioxyde de carbone (CO^2), sut mesurer la pression sanguine, expliqua le phénomène physique qui fait monter la sève dans les plantes.

haletant, e adj. Qui halète. / Précipité, saccadé. *Voix haletante.*

halètement n. m. Respiration rapide et saccadée.

haleter v. i. [1] Respirer précipitamment, avec peine. *Je l'entendais haleter en haut de l'escalier.* / Fig. Être tenu en haleine. *Chaque soir, les spectateurs halètent jusqu'au dénouement.*

Halevi (Judah) 1075-1141 Poète, médecin et philosophe juif espagnol qui vécut à Tolède et à Grenade. Il est l'auteur de 800 poèmes (certains sont encore chantés dans les synagogues) et d'un traité, originellement écrit en arabe, *Livre de l'argument et de la preuve pour faire triompher la religion méprisée*, dans lequel il définit, contre l'islam et le christianisme, ce qui constitue l'essence même de l'excellence du judaïsme. Parti en pèlerin pour Jérusalem, il mourut en chemin, en Égypte.

Halévy (Ludovic) 1834-1908 Écrivain français, auteur de nombreuses opérettes écrites en collaboration avec Meilhac, sur une musique d'Offenbach: *La Belle Hélène*, *La Périchole*, *La Vie parisienne.*

Haley (William, dit **Bill)** 1925-1981 Chanteur et chef d'orchestre de rock'n'roll, dont la chanson *Rock around the Clock* (1954) connut un succès mondial.

half-track n. m. (mot anglais) MILIT. Véhicule blindé, chenillé uniquement aux roues arrière, en usage au cours de la Seconde Guerre mondiale. Pl. Des *half-tracks.*

Halicarnasse (aujourd'hui *Bodrum*, en Turquie) Ancienne ville d'Asie Mineure, capitale du roi Mausole; la femme de celui-ci, Artémise II, fit élever, à la mort de son époux, le célèbre Mausolée qui comptait parmi les Sept merveilles du monde. Hérodote et Denys d'Halicarnasse naquirent dans cette ville.

halieutique adj. et n. f. Didac. Qui se rapporte à la pêche. / n. f. Art de la pêche.

Halifax *114 455 h.* Ville du Canada, capitale de la Nouvelle-Écosse. Grand port de commerce et de voyageurs. Centre industriel. L'agglomération avoisine les *340 000 h.*

Halifax (George Savile, 1er marquis de**)** 1633-1695 Homme politique anglais. Artisan de la restauration de Charles II, il se mit au service de Jacques II. Disgracié, il se tourna vers le Hollandais Guillaume III de Nassau, époux de Marie II, dont il facilita l'accession au trône d'Angleterre.

Halifax (Edward Frederick Lindley Wood, 1er comte de**)** 1881-1959 Homme politique britannique. Député conservateur, vice-roi des Indes (1925-1931), ministre des Affaires étrangères (1938-1941), il appuya Chamberlain dans sa politique d'apaisement vis-à-vis d'Hitler et prépara la conférence de Munich (1938). Il fut ensuite (1941-1946) ambassadeur aux États-Unis.

haliotide n. f. ZOOL. Mollusque gastéropode marin, à la coquille nacrée et peu profonde, dont le pourtour s'orne d'une série de perforations. Syn. Ormeau.

hall n. m. (mot anglais) Grande salle d'entrée d'une maison ou d'un édifice public. *Hall de gare.*

hallali n. m. VÉNER. Cri ou sonnerie des chasseurs signalant que le cerf est aux abois.

Halle *290 051 h.* Ville d'Allemagne, dans le Land de Saxe-Anhalt. Centre intellectuel (université). Centre industriel important.

*Quartier qui évoque les anciennes **Halles** de Paris.*

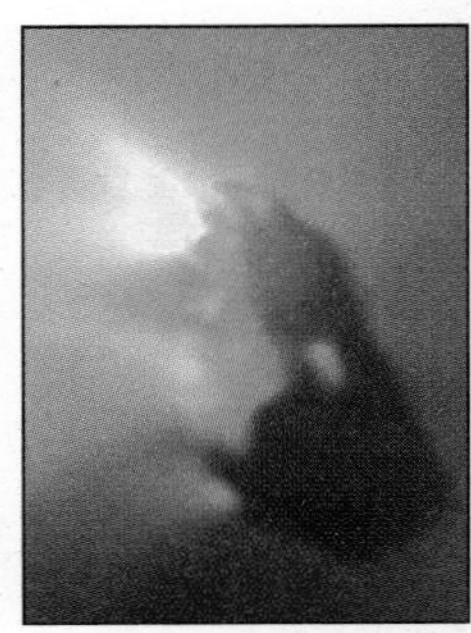

*Le noyau de la **comète de Halley**. Photo prise par la Halley Multicolor Camera de la sonde Giotto (ESA).*

halle n. f. Vaste bâtiment public abritant un marché, un commerce en gros. *Halle aux vins* / *Les halles*: marché central des produits alimentaires, desservant une grande agglomération urbaine, et où les détaillants vont s'approvisionner. *Les halles de Rungis, près de Paris.*

hallebarde n. f. Arme d'hast utilisée autrefois par les fantassins, comportant un fer en forme de hache sur un côté, et prolongée par une dague. / Fam. *Il pleut des hallebardes*, à verse.

hallebardier n. m. Porteur de hallebarde.

Hallelujah 1929 Film américain réalisé par King Vidor. Drame musical entièrement interprété et chanté par des Noirs. Il retrace la vie des Noirs du Sud avec un grand souci d'authenticité.

Halles (les) Nom d'un quartier du Ier arrondissement de Paris, consacré, dès le XIIe siècle, au commerce alimentaire. En 1969, les halles ont été transférées à Rungis. Un des pavillons de métal et de verre, construits en 1854 par Victor Baltard, a été reconstitué dans le Val-de-Marne.

Halley (Edmund) 1656-1742 Astronome et physicien anglais. On lui doit de nombreuses découvertes dans le domaine de l'astronomie et des phénomènes atmosphériques. Il est surtout connu pour ses travaux sur la comète qui porte aujourd'hui son nom et qu'il identifia en tant que comète périodique. Il succéda à J. Flamsteed comme astronome royal à l'observatoire de Greenwich.

Halley (comète de) Comète observée en 1682 par Halley qui, le premier, en calcula les paramètres orbitaux (aphélie à *5 300 000 000 km* du Soleil et périhélie à *88 000 000 km*, entre les orbites de Mercure et de Vénus). Sa périodicité est de 76 ans. Lors de son dernier passage en 1986, elle a été pour la première fois observée depuis l'espace par la sonde européenne Giotto et quatre autres sondes, deux soviétiques et deux japonaises.

hallier n. m. Gros buisson épais. *Gibier réfugié dans un hallier.*

halloween n. f. (mot anglais) Dans les pays anglo-saxons, fête annuelle (31 octobre) au cours de laquelle des enfants déguisés (souvent en sorciers et sorcières) et masqués viennent quémander des friandises de porte en porte. *La fête de halloween s'est popularisée hors de l'Angleterre et de l'Amérique du nord.*

HAÏTI

Superficie : *27 400 km²* – **Nombre d'habitants :** *8 100 000 h.* – **Capitale :** *Port-au-Prince*
Villes principales : *Cap-Haïtien, Gonaïves, Les Cayes* – **Système politique :** *république*
Langue(s) : *français, créole* – **Religion(s) :** *catholicisme* – **Monnaie(s) :** *gourde*

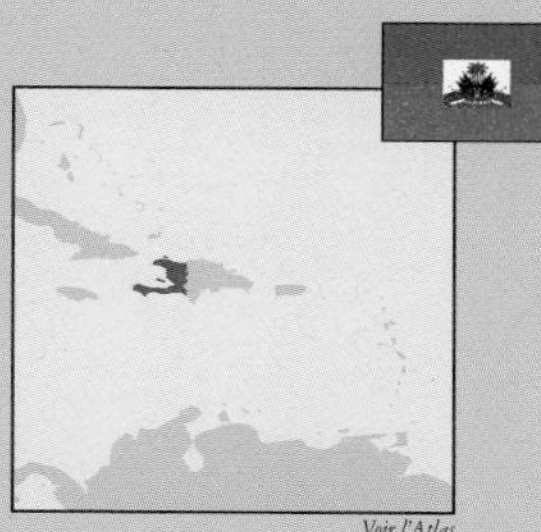

Voir l'Atlas

Géographie physique et humaine

Deux chaînes ouest-est occupent les deux péninsules : méridionale, allongée, se terminant par le massif de la Hotte (*2 414 m*) ; septentrionale, massive, moins élevée, baignée au nord par l'Atlantique et séparée de Cuba par le canal du Vent (*90 km*). Le climat tropical, plus humide dans le nord, est tempéré par l'altitude. Déforestation et plantations ont ravagé l'île. Les Noirs sont 95 %, les Métis 5 %. La population, rurale à 70 % (mais qui, poussée par la misère, vient s'entasser dans les faubourgs de Port-au-Prince), connaîtrait un « galop démographique » plus grand si l'émigration n'avait été massive sous les Duvalier. Les langues officielles sont le créole et le français (parlé par 10 % des Haïtiens). Les chiffres officiels annoncent 80 % de catholiques et 15 % de protestants sans citer le vaudou.

Économie

Un tiers des terres (soumises à une érosion désastreuse) est cultivé, mais les cultures vivrières (maïs, sorgho, haricots) sont insuffisantes ; les plantations (café, coton) appartiennent à des étrangers. L'élevage (bovin, caprin, ovin et de volailles) est important. Malgré la pêche, la famine règne. Les ressources minières et industrielles sont inexistantes, 70 % des actifs sont au chômage. Haïti dépend des États-Unis, principal client (53 %) et fournisseur (46 %). 15 % des 4 000 km de routes sont asphaltés. Le chemin de fer n'existe pas. Les statistiques officielles avancent 47 % d'analphabètes ; les observateurs doublent ce chiffre. L'espérance de vie avoisine les 45 ans.

Histoire

En 1649, des Français créent Port-au-Prince. Ils importent 500 000 esclaves africains, dirigés par 30 000 Blancs et 20 000 Métis (et aussi Noirs) libres. Ces derniers constituent la classe dominante de la république haïtienne. En 1770, en plus de la canne à sucre, on cultive le café. Sous la Révolution française, la Constituante envoie en 1791 des délégués qui, en 1793, abolissent l'esclavage, avec le soutien des esclaves et des Métis, contre les colons. En 1795, un Noir alphabétisé, Toussaint Louverture, devient le bras droit du gouverneur français. Il conquiert l'est, devient général en chef en 1796, chasse les envahisseurs anglais en 1798, devient gouverneur en 1801, rappelle les colons blancs pour restaurer l'économie. En 1802, Bonaparte rétablit l'esclavage et délègue en Haïti le général Leclerc. Arrêté par traîtrise, Toussaint Louverture est envoyé en France (où il meurt en 1803), mais son compagnon, Jean-Jacques Dessalines lance le mot d'ordre « l'indépendance ou la mort ».

En novembre 1803, il remporte une victoire éclatante, les soldats français fuient dans l'est. Le 1er janvier 1804, l'indépendance de toute l'île est proclamée : naît alors la première république noire de l'histoire de l'humanité. En septembre 1804, Dessalines en fait un empire, se proclame Jacques Ier et combat les colons blancs et l'oligarchie des Métis (et des Noirs) ; il est assassiné en 1806. Son empire est

De nombreux cultivateurs haïtiens tentent d'écouler leur production maraîchère sur les marchés locaux.

partagé en 1807 : Henry Christophe prend le nord (dont il fait un royaume, se proclamant roi sous le nom de Henry Ier) et Alexandre Sabès, dit Pétion, le sud républicain. En 1818, Pétion meurt. Jean-Pierre Boyer, un Métis, occupe son poste. Quand le roi Christophe meurt (1820), Boyer annexe le nord, puis l'est (espagnol). En 1825, la France exige une somme colossale pour accepter l'indépendance d'un pays exsangue aux plantations ruinées. Boyer ne peut rien faire. Son renversement en 1843 est suivi par la sécession de l'est, définitive : la république Dominicaine est née.

Dans l'ère de troubles politiques qui suit, l'impuissance économique de l'oligarchie donne le pouvoir à des banques étrangères. Les révoltes de *piquets* (paysans du nord) et de *cacos* (paysans du sud) se succèdent. Celle de 1911 entraîne l'intervention des États-Unis en 1915. Ils quittent l'île en 1934, mais ils ont obtenu le droit constitutionnel (1918) de posséder des terres, d'exproprier les Haïtiens, d'exploiter les forêts de manière intensive. Le calme est rétabli sous la présidence de Stenio Vincent (1930-1941). L'instabilité marque la période suivante. Élu démocratiquement en 1957, le docteur François Duvalier, un Noir, « Papa Doc », commence par persécuter les Métis puis l'ensemble de la population, en faisant agir le corps des Volontaires de la Sécurité nationale, les 40 000 « tontons macoutes » (nommés ainsi à cause de leurs machettes). À sa mort (1971), son fils Jean-Claude, « Bébé Doc », lui succède. Moins autoritaire que son père, il laisse agir les duvaliéristes et se poursuivre la corruption. En 1979, il déclare le créole seconde langue officielle. Les émeutes (juin 1985-début 1986) le contraignent à l'exil : un avion de l'armée américaine le mène en France. Les militaires et les duvaliéristes demeurent les maîtres. Les coups d'État se succèdent, les désordres ne cessent pas (un massacre a lieu dans une église à Port-au-Prince, lors d'une messe célébrée par un religieux salésien membre de l'opposition, le père Jean-Bertarnd Aristide). Le duvaliériste élu président en 1988 démissionne en avril 1990 et l'anarchie s'installe.

Le père Aristide (exclu de son ordre en 1988) est élu régulièrement en décembre 1990 et renversé par l'armée en septembre 1991. Les États-Unis hésitent à intervenir, le font sous l'égide de l'ONU en septembre 1994. Aristide, rétabli en octobre, ne peut constitutionnellement se présenter à l'élection présidentielle de 1995, que remporte René Préval. Celui-ci, pendant son mandat, que personne ne conteste, ne parvient pas à nommer des gouvernements stables et efficaces. En 2000, Aristide est de nouveau élu, à la suite d'un processus électoral dont on peut contester la régularité (absence d'observateurs indépendants, tant haïtiens qu'étrangers, abstention massive). Il ne peut ni rétablir l'ordre ni remettre l'économie sur pied.

Culture

Pionnier de la négritude dans *Ainsi parla l'oncle* (1928) Jean Price-Mars (1876-1970) suscita la naissance d'une école littéraire révolutionnaire d'expression française, dont les maîtres sont les romanciers Jacques Roumain (*La Montagne ensorcelée*, 1931 ; *Gouverneurs de la rosée*, 1944), Jacques-Stephen Alexis (*Compère Général Soleil*, 1955), René Depestre (*Le Mât de cocagne*, 1979) et Jacques Métellus (*Les Feuilles Vortex*, 1982), également poète. La peinture naïve haïtienne, née après 1945, est aujourd'hui célèbre. La production, de plus en plus abondante et tournée vers le tourisme, a parfois un caractère industriel.

Johnny Hallyday.

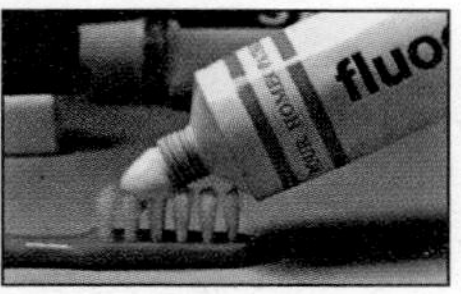

Le fluor contenu dans les pâtes dentifrices est un ***halogène****.*

Hallstatt Village de Haute-Autriche où furent découverts des sépultures préhistoriques et de nombreux objets de l'âge du fer. Depuis, on nomme *Hallstatt* le début de l'âge du fer (800 à 500 av. J.-C.).

hallucinant, e adj. Qui provoque des hallucinations. / Fig. D'une grande puissance d'évocation.

hallucination n. f. Perception d'objets qui n'existent pas en réalité.

hallucinatoire adj. Propre ou relatif à une hallucination.

halluciné, e adj. et n. Qui a des hallucinations. *Il est halluciné. Une hallucinée.* / Par ext. *Un regard halluciné.*

halluciner v. t. / v. i. [1] Provoquer des hallucinations chez (qqn). / v. i. Fam. *J'hallucine* : je n'en crois pas mes yeux, je ne peux pas y croire.

hallucinogène adj. et n. m. Se dit d'une substance qui provoque des hallucinations et des troubles de la perception psychique (L.S.D., cocaïne, ecstasy, etc.).

Hallyday (Jean Philippe Smet, dit **Johnny)** 1943 Chanteur de variétés français qui fut l'idole de la jeunesse des années 1960 et sut ensuite faire évoluer son style.

halo n. m. ASTRON. Cercle brillant couronnant parfois le Soleil ou la Lune, dû à la réfraction de la lumière dans de minuscules cristaux de glace en suspension dans l'atmosphère. / PHOTO. Irradiation lumineuse faisant disparaître les détails autour d'un objet fortement éclairé. / Par ext. Auréole, plus ou moins lumineuse, qui irradie autour d'une source de lumière.

halogène n. m. CHIM. Chacun des cinq corps simples figurant dans la colonne VII A de la classification périodique des éléments de Mendeleïev : fluor, chlore, brome, iode et astate. / *Lampe (à) halogène* : lampe à incandescence, au filament de tungstène baignant dans un halogène qui stabilise et intensifie la lumière.

Portrait d'homme, de ***Frans Hals****, 1633 (National Gallery, Londres).*

halophile adj. Se dit des organismes qui vivent dans des sols riches en sel.

halophyte n. f. BOT. Plante halophile.

Hals (Frans) 1585 ?-1666 Peintre hollandais. Ses tableaux corporatifs (*Banquet des officiers de Saint-Georges*) sont d'une facture très libre et d'une grande richesse chromatique, tout comme ses portraits individuels (*Andries Van der Horn*) et ses toiles aux thèmes populaires, également sous forme de portraits (*La Bohémienne*). À la fin de sa vie, son style deviendra plus austère et il abandonnera ses couleurs vivantes et allègres pour une palette dominée par les noirs (*Les Régents et les Régentes de l'hospice des vieillards*, 1664).

halte n. f. Moment d'arrêt, de repos dans une activité en cours. / Étape, endroit où l'on s'arrête au cours d'une marche, d'un voyage, etc.

halte-garderie n. f. Crèche de quartier admettant des enfants de moins de 6 ans pour une courte durée et occasionnellement. Pl. Des *haltes-garderies*.

haltère n. m. Instrument de culture physique composé de deux boules ou de disques de fonte réunis par une tige, et qu'on soulève pour développer les muscles. / ZOOL. Chez les insectes diptères, chacune des deux ailes antérieures, réduites, servant lors du vol d'organe d'équilibration. Syn. balancier.

haltérophile n. Athlète qui pratique l'haltérophilie. *En compétition, les haltérophiles sont groupés par catégorie de poids (plume, léger, moyen, mi-lourd, lourd).*

haltérophilie n. f. Sport qui consiste à soulever des haltères.

halva n. m. (mot turc) Confiserie orientale composée essentiellement de graines de sésame, d'amandes ou de noisettes liées au miel.

Ham Bourgade de la Somme possédant un fort où fut enfermé en 1840 Louis Napoléon qui s'en évada en 1846.

hamac n. m. (mot caraïbe) Morceau de toile rectangulaire, ou filet, suspendu en hauteur entre deux éléments fixes et dans lequel on s'étend pour se reposer ou dormir.

hamada n. f. (mot arabe) GÉOG. Au Sahara, vaste plateau formé de blocs rocheux dégagés et polis en dalles par l'érosion éolienne.

hamadryade n. f. MYTH. GR. Nymphe des bois qui vivait enfermée dans un arbre et mourait avec lui.

hamadryas n. m. ZOOL. Singe du groupe des babouins, à face rouge, de pelage brun jaunâtre, à crinière fournie et dont le mâle a les épaules couvertes d'un manteau de longs poils. *L'hamadryas était un animal sacré dans l'Égypte antique.*

hamamélis n. m. BOT. Arbrisseau d'Amérique du Nord, de la famille des hamamélidacées. *L'écorce et les feuilles de certaines espèces d'hamamélis ont des propriétés vasoconstrictrices.*

Hambourg *1 705 872 h.* Port d'Allemagne, sur l'estuaire de l'Elbe, au confluent de l'Elbe et de l'Alster, qui forme avec ses faubourgs un Land de *755 km²*. **Histoire** Fondée au début du IXe siècle pour servir de base à l'évangélisation de la Scandinavie, la ville est au XIIe siècle, avec Lübeck, à l'origine de la Ligue hanséatique et devient au Moyen Âge un des principaux ports d'Europe. En 1510, elle est promue « ville impériale ». En 1815, elle entre, en qualité de ville libre, dans la Confédération germanique ; elle est annexée à l'Empire allemand en 1871 et déclarée port franc en 1881. Son expansion est favorisée par l'essor économique de l'Allemagne, l'ouverture du canal de Kiel et l'internationalisation de l'Elbe. Les bombardements de la Seconde Guerre mondiale et la perte de son arrière-pays, lors du partage de l'Allemagne, l'ont poussée à intensifier ses industries. C'est aujourd'hui la deuxième ville d'Allemagne et l'un de ses plus grands centres économiques. Son activité industrielle est importante et diversifiée (constructions navales, mécanique, fonderies, chimie, raffinage du pétrole) et son rayonnement culturel intense (université, opéra, musée). Ville d'armateurs depuis des siècles, Hambourg est la tête de ligne de nombreuses compagnies de navigation et son port est relié à 1 100 ports dans le monde.

Affiche de Mucha (1900), pour une représentation de ***Hamlet*** *de Shakespeare.*

hamburger n. m. (mot anglo-américain) Sandwich de steak haché servi dans un petit pain rond avec des condiments et des ingrédients variables (tranche de fromage, œuf au plat, rondelles de cornichons, etc.).

Hamburger (Jean) 1909-1992 Médecin français, spécialiste de néphrologie, il mit au point l'hémodialyse et pratiqua la première transplantation rénale réussie entre non-jumeaux (1962).

hameau n. m. Agglomération rurale sans personnalité juridique qui ne comprend généralement que quelques maisons ou fermes.

hameçon n. m. Petit crochet d'acier à une ou plusieurs pointes qu'on fixe, muni d'un appât, au bout d'une ligne pour prendre le poisson. / *Mordre à l'hameçon* : se laisser séduire, se laisser prendre à un piège.

Hamilcar Barca 290 ?-229 av. J.-C. Général carthaginois, père d'Hannibal. Il résista pendant six ans aux Romains en Sicile, durant la première Guerre punique. Finalement vaincu (241), il rentra à Carthage où il écrasa la révolte des mercenaires (240-238). Pendant les neuf dernières années de sa vie, il s'employa à fonder un État carthaginois en Espagne.

Hamilton (Anthony, en français **Antoine,** comte de**)** 1646-1720 Écrivain irlandais d'expression française (*Mémoires de la vie du comte de Gramont*, son beau-frère, 1713). Il est également l'auteur d'un pastiche des *Mille et Une Nuits* et de poésies.

Hamilton (Alexander) 1757-1804 Homme d'État américain. Il fonda le parti fédéraliste et fut un collaborateur influent de Washington.

Hamilton (Emma Lyon, lady**)** 1765-1815 Dame anglaise. D'origine modeste, elle épousa Sir William Hamilton, ambassadeur à Naples, puis entretint une longue liaison avec l'amiral Nelson. Elle a publié ses *Mémoires*.

Hamilton (sir **William)** 1788-1856 Philosophe écossais. Influencé par Reid et par Kant, il professait que la croyance l'emporte sur la connaissance.

Hamilton (sir **William Rowan)** 1805-1865 Mathématicien et astronome irlandais. Il inventa une unité : le quaternion qui, combiné à trois autres, permet de noter des quantités complexes.

Hamlet IIe siècle ? Prince légendaire du Jylland, fils du roi Horvendel assassiné par son frère Fengo qui épousa sa veuve. Simulant la folie, il échappa à la mort, puis vengea son père en tuant Fengo. Sa légende inspira Shakespeare.

Hamlet 1601 Drame de Shakespeare. Le roi de Danemark a été assassiné par son frère Claudius qui lui a succédé sur le trône et a épousé sa femme, Gertrude. Le fils du roi, Hamlet, pour venger son père (dont le spectre lui est apparu), simule la folie et provoque plusieurs meurtres, le suicide d'Ophélie (qu'il a repoussée), avant d'être lui-même tué par Laertes (frère d'Ophélie), qui a empoisonné son épée. Avant de mourir, Hamlet tuera Claudius. Les romantiques se sont reconnus dans ce héros tourmenté.

Hammaguir Base française de lancement de fusées, dans le Sahara, de 1961 à 1967.

hammam n. m. (mot arabo-turc) Établissement de bains de vapeur. Syn. Bains turcs.

Hammarskjöld (Dag) 1905-1961 Homme politique suédois. Ministre d'État, il fut élu secrétaire général de l'ONU en

Le code d'**Hammourabi**, (musée du Louvre, Paris).

1953, et réélu à ce poste en 1957. Il disparut dans un accident d'avion.

Hammett (Dashiell) 1894-1961 Écrivain américain. Ancien détective de l'agence Pinkerton, il est l'auteur des premiers romans dits « noirs » : *Le Faucon maltais* (1930), *La Clé de verre* (1931). Par l'intermédiaire de son héros, le détective Sam Spade, il dénonce la corruption du monde politique et du monde des affaires.

Hammourabi IIe millénaire av. J.-C. Roi de Babylone, peut-être à partir de 1730, il fit de son royaume un État puissant et centralisé.

Hammourabi (code d') Recueil de lois gravé sur une stèle découverte à Suse en 1902, aujourd'hui au Louvre : sous le portrait du roi sont gravées plus de 3 500 lignes de signes cunéiformes. Le code d'Hammourabi, qui régit tous les aspects de la vie sociale, clair et logique, influença fortement les civilisations du Moyen-Orient.

hampe [1] n. f. BOUCH. Partie latérale charnue du ventre du bœuf, près de la cuisse.

hampe [2] n. f. Manche en bois d'un drapeau, d'une lance ou d'une hallebarde. / BOT. Tige allongée, sans feuilles, portant une seule fleur ou plusieurs fleurs groupées. / Partie de certaines lettres (d, g, h, l, p, etc.) dépassant la ligne.

Hampshire *3 772 km² 1 605 800 h.* Comté du sud de l'Angleterre, baigné par la Manche. Chef-lieu *Winchester*. Sur son sol fertile et bien arrosé prospèrent la culture du houblon et l'élevage des moutons. Villes principales : Portsmouth et Southampton.

Hampton (Lionel) 1909-2002 Chef d'orchestre de jazz américain. D'abord batteur, il se rendit célèbre en jouant du vibraphone avec quatre ou six mailloches à la fois.

Hampton Court Ancien manoir saxon, dans la banlieue londonienne, résidence des rois d'Angleterre sous Henri VIII et jusqu'au début du XVIIIe siècle. On lui préféra alors Buckingham Palace. Hampton Court est aujourd'hui un musée très riche.

Knut Hamsun.

hamster n. m. (mot allemand) Petit mammifère rongeur d'Europe et d'Asie, de la famille des cricétidés, au pelage roux ou fauve et blanc, et dont une espèce, le hamster doré, est appréciée comme animal de compagnie.

Hamsun (Knut Pedersen, dit Knut) 1859-1952 Écrivain norvégien. Après une jeunesse vagabonde, il se rendit célèbre par la publication d'un roman autobiographique (*La Faim*, 1890). Ses nombreux autres romans ou récits poétiques chantent la vie sans entrave, la nature, l'individualisme : *Mystères* (1892), *Pan* (1894), *Sous l'étoile d'automne* (1904), *Vagabonds* (1927). Certaines de ses prises de position pronazies lui valurent des ennuis à la Libération.

han n. m. inv. et interj. Onomatopée imitant le cri sourd de qqn faisant un gros effort. *Pousser des han.* / interj. *Et han ! On y va !*

Han Non de deux dynasties d'empereurs de Chine. Les *Han occidentaux* (ou Han antérieurs) régnèrent de 206 av. J.-C. à 23 apr. J.-C. Les *Han orientaux* (ou Han postérieurs) régnèrent de 25 à 220.

hanafisme ou **hanéfisme** n. m. RELIG. École d'interprétation de la loi religieuse musulmane, fondée au VIIIe siècle par Abou Hanîfa (v. 700-767). *Le hanafisme accorde une place importante à l'interprétation et au raisonnement personnel.*

hanafite ou **hanéfite** adj. RELIG. Du hanafisme. *École hanafite.*

hanap n. m. Haut vase à boire médiéval, en métal et fermé par un couvercle.

hanbalisme n. m. RELIG. École d'interprétation juridique de l'islam sunnite, fondée au IXe siècle par Ahmad ben Hanbal qui, affirmant que le droit était d'origine divine, rejetait tout raisonnement personnel et toute spéculation philosophique humaine, celle-ci ne pouvant qu'introduire des innovations contraires à la volonté divine. *Le hanbalisme, rigoureux et formaliste, populaire en Irak et en Syrie au Moyen Âge, a repris vigueur au XVIIIe siècle avec l'instauration du wahhabisme.*

hanbalite adj. RELIG. Du hanbalisme. *École hanbalite.*

hanche n. f. Région inférieure et latérale du tronc où la cuisse s'unit au bassin. / Articulation coxo-fémorale de l'os iliaque et du fémur.

hanchement n. m. Attitude hanchée.

hancher v. i. / v. t.[1] Adopter une posture qui fait saillir une hanche. / v. t. Représenter (un personnage) dans une attitude qui fait saillir une hanche. (Au part. passé). *Les vierges gothiques sont souvent hanchées.*

handball n. m. (mot allemand) Sport se pratiquant avec deux équipes de sept ou onze joueurs qui essaient de mettre le ballon dans la cage adverse, uniquement à l'aide des mains.

handicap n. m. (mot anglais) **I.** Infirmité. / Fig. Incapacité, entrave. *Une timidité excessive est un handicap.* **II.** SPORT Compétition, notam. hippique, engagée entre des concurrents de toutes forces, dont les inégalités sont compensées par un système de points en plus (aux plus faibles) ou en moins (aux plus forts).

handicapé, e n. et adj. Personne défavorisée par une infirmité physique ou psychique, congénitale ou acquise (maladie, accident).

handicaper v. t. [1] Soumettre (qqn) à une infirmité. *Une grave maladie l'a handicapé dès l'enfance.* / Fig. Désavantager, gêner (qqn, qqch.). *Sa dyslexie handicape sa scolarité.* / SPORT Soumettre (un concurrent) à un handicap.

handisport adj. et n. m. Se dit de sports qui sont pratiqués par des handicapés. / n. m. Ensemble de ces disciplines sportives.

Handke (Peter) 1942 Écrivain et cinéaste autrichien. Dans un style simple, il note la complexité de l'homme moderne : *Le Colporteur* (roman, 1967), *L'Angoisse du gardien de but au moment du penalty* (récit, 1970), *Le Malheur indifférent* (théâtre, 1972), *La Leçon de la Sainte Victoire* (récit et essai, 1980). Il a écrit le texte du film de W. Wenders *Les Ailes du désir* (1983) et réalisé *La Femme gauchère* (1978).

hanéfisme Voir **hanafisme**

hanéfite Voir **hanafite**

hangar n. m. Vaste bâtiment servant d'abri à des récoltes, des outils, des véhicules, etc.

Hangzhou *2 589 500 h.* Port du sud de la Chine, capitale de la province de Zhejiang. Capitale de la Chine sous les Song du Sud (XIIe-XIIIe siècles), elle est restée un centre touristique important autant par son climat agréable que par ses monuments.

Hankou Voir **Wuhan**

hanneton n. m. Gros insecte coléoptère, de couleur rousse, au vol lourd et maladroit. *La larve du hanneton, dite « ver blanc », vit enfouie sous terre pendant plusieurs années, elle est particulièrement nuisible aux racines des plantes.*

Hannibal ou **Annibal** 247-183 av. J.-C. Général carthaginois. Fils d'Hamilcar Barca, et beau frère d'Hasdrubal, il eut pour unique objectif de vaincre Rome, l'ennemie de Carthage. Il déclencha la deuxième Guerre punique ; franchissant Pyrénées et Alpes, il défit (218-216) les légions à la Trébie, à Trasimène, à Cannes (dans les Pouilles actuelles). Face à Fabius Cunctator (le Temporisateur), il adopta une attitude analogue et stationna à Capoue en Campanie. Rappelé à Carthage, il ne put éviter la terrible défaite de Zama (202). Il dut fuir et, réfugié en Orient, s'empoisonna pour échapper aux Romains.

Hannon VIe ou Ve siècle av. J.-C. Navigateur carthaginois connu par la traduction grecque du livre carthaginois (peut-être apocryphe) *Périple d'Hannon*. Ce périple longe la côte occidentale de l'Afrique.

Hannon le Grand IIIe siècle av. J.-C. Général et homme politique carthaginois. Vaincu par les Romains aux îles Égates, il mata la révolte des mercenaires (240-238 av. J.-C.) avec Hamilcar Barca. Partisan d'un compromis avec Rome, il n'envoya pas à Hannibal les secours qu'il réclamait après sa victoire à Cannes (216) et négocia la paix avec Rome (201).

Hanoi *1 073 760 h.* Capitale du Viêtnam, dans le delta du fleuve Rouge, qui souvent l'inonde. Centre industriel et commercial. **Histoire** Site historique des capitales successives du pays (Long Biên, VIe siècle ; Thang Long, XIe siècle ; Dông Dô ou Dông Kinh, XVIe siècle, enfin Hanoi qui resta capitale jusqu'en 1802), la ville fut prise en 1873 par les Français qui en firent la capitale de l'Indochine française (1887-1954), mais Saigon devint la ville la plus importante. Capitale du Viêtnam du Nord, elle fut dévastée par les raids aériens américains (1965-1973) et devint en 1976 la capitale du Viêtnam réunifié.

Hanotaux (Gabriel) 1853-1944 Historien et homme politique français, ministre des Affaires étrangères de 1894 à 1898. Il est l'auteur de l'*Histoire illustrée de la guerre de 1914* (17 vol., 1915-1926).

Hanoukkah Fête juive de la Dédicace et des Lumières, qui rappelle les victoires de Judas Maccabée et la nouvelle dédicace du temple réapproprié. *La lampe de Hanoukkah est allumée chaque soir pendant les huit jours que dure la fête.*

Hanovre *525 763 h.* Ville d'Allemagne, capitale du Land de Basse-Saxe. Ancienne résidence des souverains de Hanovre, c'est un centre commercial (foires) et industriel actif et un nœud ferroviaire important.

Hanovre Ancien duché d'Allemagne du Nord, qui devint en 1692 un Électorat. En 1714, l'Électeur George-Louis, arrière-petit-fils de Jacques Ier d'Angleterre, succéda à la reine Anne, tout en conservant le Hanovre

Hannibal franchissant les Alpes avec son armée.

HANSE

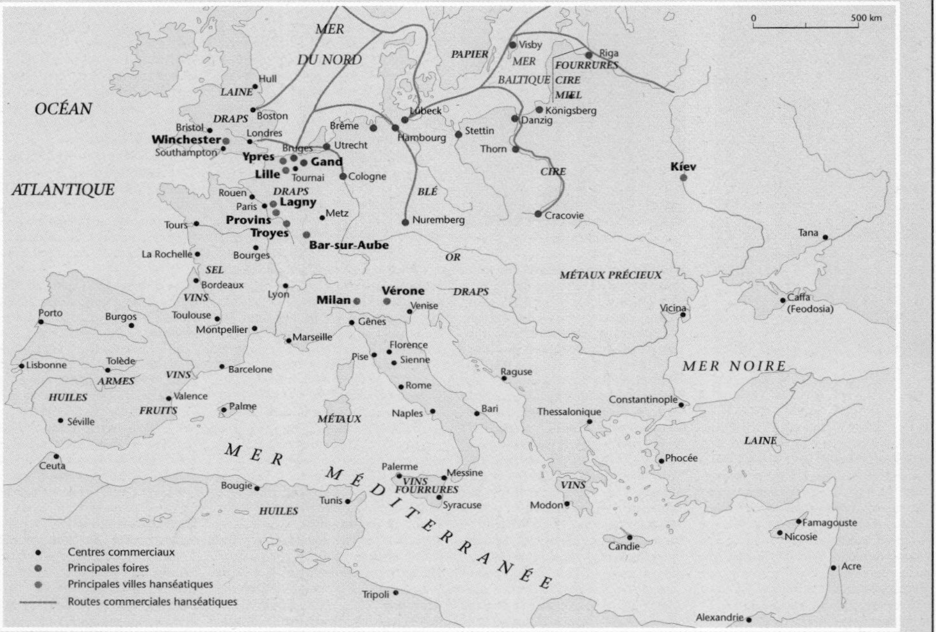

Le commerce européen au XIIIe siècle : routes et ports de la Hanse.

Dès le XIIe siècle, des associations de marchands s'étaient fondées dans des comptoirs à l'étranger (Visby, île de Gotland, Bruges, Londres, Bergen). L'expansion commerciale s'est étendue au nord et à l'est (Riga, Reval, Dantzig, Dorpat, Novgorod). L'alliance entre Hambourg et Lübeck a été conclue en 1241 et, à la fin du XIIIe siècle, les marchands allemands monopolisaient tout le commerce en mer Baltique. La Hanse se constitua formellement à la fin du XIVe siècle pour lutter contre les Danois qui, vaincus, lui accordèrent d'importants privilèges (1370). Sans unité politique, sans marine permanente, elle ne possédait pour organisme de gouvernement qu'une diète qui se réunissait théoriquement tous les trois ans. Groupant au XVe siècle un grand nombre de villes marchandes (Lübeck, Hambourg, Brême, Rostock, Stettin, Dantzig, Königsberg, Riga, Reval, Visby, Cracovie, Magdebourg, Londres, Bruges, Bruxelles, Novgorod et bien d'autres) liées par une solidarité sans faille, la Hanse joua jusqu'à la fin du XVe siècle un rôle politique considérable. Son déclin, commencé avec la fermeture du comptoir de Novgorod (1494), se poursuivit avec la montée en puissance du commerce transatlantique, l'ouverture de la route maritime des Indes et la concurrence anglaise ajoutée à la concurrence hollandaise. La guerre de Trente Ans lui porta le coup de grâce.

Éveline Hanska.

qui, démembré sous Napoléon puis érigé en royaume (1814), fut gouverné par les rois d'Angleterre jusqu'à l'avènement de la reine Victoria (1837). Son dernier roi, George V, tenta de s'opposer à la Prusse qui finit par annexer le royaume en 1866.

• **Hanse** Association de marchands allemands, puis de villes d'Allemagne du Nord et d'Europe septentrionale.

hanséatique adj. Qui a rapport à la Hanse.

Hansi (Jean-Jacques Waltz, dit**)** 1872-1951 Écrivain et dessinateur français, auteur de livres pour enfants qui mettent en scène des petits Alsaciens sous l'occupation allemande (1871-1914). Son succès fut très grand après la guerre de 1914-1918.

Hanska (Éveline Rzewuska, comtesse**)** 1801-1882 Dame polonaise qui correspondit avec Balzac à partir de 1832 et l'épousa en 1850.

Hantaï (Simon) 1922 Peintre français d'origine hongroise. Des motifs discrets, des signes caractérisent son art parfois proche de l'abstraction lyrique.

hantavirus n. m. pl. MÉD. Groupe de virus à A.R.N., qui provoquent des fièvres hémorragiques.

hanté, e adj. Que l'on dit, que l'on croit fréquenté par l'esprit des morts. *Maison hantée.*

hanter v. t. [1] Fréquenter habituellement (un lieu). *Hanter les bars.* / Occuper (un lieu) en parlant d'un esprit, d'un fantôme. *Les esprits qui hantent le manoir.* / Fig. Obséder. *Son crime le hante.*

hantise n. f. Obsession angoissante.

Haoussa(s) Population de religion musulmane, implantée principalement dans le nord du Nigeria (plus de 20 millions de personnes) et le sud du Niger (5 millions de personnes). Le haoussa, langue du groupe nigéro-tchadien, est une langue véhiculaire abondamment parlée. Les Haoussa ont formé d'importantes cités-États du XIIe au XIXe siècle.

hapax n. m. LING. Mot, expression dont on ne connaît qu'un seul exemple à une époque donnée.

haploïde adj. BIOL. Se dit d'une cellule (ou d'un organisme) qui ne contient qu'un seul chromosome de chacune des paires de chromosomes propres à l'espèce. *Les gamètes sont haploïdes.*

happening n. m. (mot anglais) Spectacle dans lequel le public est appelé à participer avec spontanéité à l'action sur scène. *Populaires aux États-Unis, les happenings sont introduits en Europe dans les années 1960.*

happer v. t. [1] Attraper brusquement avec la gueule, le bec, en parlant d'un animal. *Le dauphin happait la nourriture qu'on lui jetait.* / Par ext. Saisir ou entraîner brusquement, soudainement (qqn, qqch.). *Se faire happer par un bus.*
happy end n. m. (mots anglais) Dénouement heureux dans un film, une pièce de théâtre, un roman. / Par ext. Dénouement heureux dans une affaire quelconque. Pl. Des *happy ends*.
haptonomie n. f. PSYCHOL. Technique visant à instaurer ou à améliorer des relations affectives avec un sujet au moyen de contacts tactiles, notamment du fœtus par légers massages sur le ventre de la mère.
haquenée n. f. Vx Petit cheval ou jument allant l'amble, autrefois monture favorite des dames.
hara-kiri n. m. (mot japonais) Au Japon, suicide rituel qui consiste à s'ouvrir le ventre avec une dague. (Au Japon, le mot *hara-kiri* est entaché de vulgarité; les Japonais préfèrent le terme *seppuku*.) / Par ext. *(Se) faire hara-kiri* : se suicider, réellement ou métaphoriquement. Pl. Des *hara-kiris*.
Harald Nom de quatre rois de Norvège. **Harald Ier Haarfager** (« à la belle chevelure ») 850 ?-933 Roi vers 872. Il réalisa pour la première fois l'unification de la Norvège. **Harald II Graafel** (« à la pelisse grise ») ?-vers 970 Roi vers 961. Petit-fils du précédent, il lutta sans cesse contre des prétendants au trône. **Harald III Haardraade** (« le Sévère ») 1015 ?-1066 Roi en 1046. En exil en terre varègue pendant sa jeunesse, il séjourna à Novgorod, puis à Constantinople, et revint en Russie où il épousa Élisabeth, fille du grand-prince de Kiev Iaroslav le Sage. De retour en Norvège, il acheva l'unification du pays, et tenta même, en vain, d'envahir l'Angleterre. Il y mourut très peu de temps avant le débarquement de Guillaume le Conquérant. **Harald IV Gille** vers 1103-1136 Roi en 1130. Après avoir partagé le pouvoir avec Magnus IV, il devint seul roi en 1136, mais périt peu après, victime d'un prétendant au trône.
Harald Nom de trois rois de Danemark. **Harald Hildetand** VIIe-VIIIe siècle Roi peut-être légendaire qui aurait fondé un puissant royaume mais aurait été tué par les Suédois. **Harald Klak** ?-860 ? Prétendant au trône, il requit l'appui de Louis le Pieux qui le fit baptiser; il revint au Danemark avec saint Anschaire qui entreprit d'évangéliser le pays. **Harald Blaatand** ou **Dent bleue** 910 ?-v. 985 ? Roi vers 950. D'abord persécuteur des chrétiens, il se convertit vers 960 et se fit le propagandiste du christianisme. Il soumit la Norvège et repoussa les Wendes jusqu'à l'Oder.
harangue n. f. Discours adressé à une assemblée, à un personnage important. / Péjor. Discours emphatique et ennuyeux.
haranguer v. t. [1] Adresser une harangue à (qqn). *Haranguer des troupes avant la bataille.*
Harappa Site du Pakistan, dans le Penjab, où se développa une civilisation rurale, dite « civilisation de l'Indus », encore mal connue. Elle eut d'autres centres dans l'actuel Pakistan, connut sans doute son âge d'or au IIIe millénaire av. J.-C. et disparut vers 1500 av. J.-C., ravagée par des tribus venues d'Afghanistan.
Harar *122 932 h.* Ville de l'est de l'Éthiopie, ancien centre musulman important, aujourd'hui grand marché du café.
Harare (autrefois *Salisbury*) *1 189 100 h.* Capitale du Zimbabwe, dans le nord du pays. Chef-lieu de province. La proximité de mines d'or et de plantations de tabac, la bonne desserte routière en font un centre commercial et industriel (engrais, montage d'automobiles). Aéroport international.
haras n. m. Écurie où les juments et les étalons sont élevés en vue de la reproduction et de l'amélioration de la race chevaline.
harassant, e adj. Épuisant.
harassement n. m. Grande fatigue, état d'une personne harassée.
harasser v. t. [1] Fatiguer, exténuer (qqn). *Le long trajet les avait harassés.*
Harbin *2 830 000 h.* Ville de Chine, capitale de la province de Heilongjiang. Nœud ferroviaire, centre industriel. La ville fut russe (Kharbin) puis japonaise à la fin du XIXe et au début du XXe siècle. C'est le berceau des Jürchets.
harcèlement n. m. Action de harceler, d'attaquer l'ennemi par à-coups pour l'épuiser. / *Harcèlement sexuel, harcèlement moral* : comportement qui consiste à abuser de son pouvoir, notam. sur le lieu de travail, pour obtenir sous contrainte les faveurs sexuelles de qqn, ou pour imposer son pouvoir en humiliant qqn.
harceler v. t. [1] Lancer de petites attaques répétées. *Harceler l'ennemi.* / Poursuivre sans cesse, lasser, tourmenter par des questions, des attentions ou des critiques répétées.
hard adj. inv. et n. m. (mot anglais) **A.** adj. Fam. Difficile à supporter. *Des slogans un peu trop hard.* / Pornographique. *Film, cinéma hard.* / MUS. *Hard rock* : genre de rock très violent. / COMM. *Hard discounter* : chaîne de supermarchés ou d'hypermarchés pratiquant des prix très bas. **B.** n. m. INFORM. Abrév. de *hardware*.
hard-top n. m. (mot anglais) AUTO. Toit rigide, amovible, d'un cabriolet.
harde [1] n. f. Troupe d'animaux sauvages.
harde [2] n. f. VÉNER. Lien servant à attacher les chiens par groupe de quatre ou de six. / Réunion de plusieurs couples de chiens attachés par une harde.
Hardenberg (Karl August, prince von**)** 1750-1822 Homme politique prussien. Chancelier en 1810, il contribua, par des réformes libérales (abolition du servage, 1811 ; émancipation des juifs, 1812), à la renaissance de la Prusse qu'il représenta en 1815 au congrès de Vienne, où l'autorité de Metternich l'éclipsa.

Oliver Hardy.

hardes n. f. pl. Vx Ensemble des biens personnels (linge, vêtements, meubles). / Mod., litt. Vieux habits.
hardeuse n. f. Fam. Actrice de film pornographique.
hardi, e adj. Audacieux, entreprenant. *Il est hardi pour son âge.* Ant. Timide. / Qui dénote de l'audace. *Entreprise hardie.* / Fig. Osé, scabreux. *Des propos hardis.*
hardiesse n. f. Caractère de ce qui est hardi. / Fig. *La hardiesse d'une architecture. La hardiesse d'une plaisanterie.*
hardiment adv. Avec hardiesse.
Harding (Warren) 1865-1923 Président des États-Unis. Élu en 1920, adversaire du traité de Versailles et de la Société des Nations, partisan du protectionnisme et de la prohibition, il mourut avant la fin de son mandat.
Hardouin-Mansart (Jules Hardouin, dit **Jules)** 1646-1708 Architecte français. Il attira l'attention de Louis XIV en construisant le château de Clagny pour Mme de Montespan et sa faveur ne cessa de croître : premier architecte du roi (1681), surintendant des bâtiments royaux (1689), comte de Sagonne. Après avoir achevé le dôme de l'église des Invalides, il travailla à Versailles, donnant au château son aspect définitif; on lui doit aussi le Grand Trianon et la chapelle qu'il n'eut pas le temps d'achever. Travailleur infatigable, il dessina les plans des châteaux de Dampierre et de Bouffers, du couvent de Saint-Cyr et des grandes places parisiennes conçues autour de la statue du roi (place des Victoires, place des Conquêtes, aujourd'hui place Vendôme).

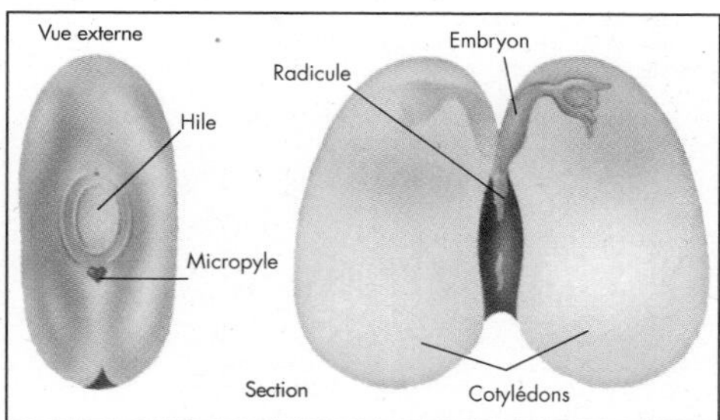

Structure d'une graine de ***haricot***.

hardware n. m. (mot anglais) INFORM. Ensemble des éléments d'un matériel électronique (unité centrale, moniteur, imprimante, etc., d'un ordinateur), par oppos. à *software* (logiciels, programmes). Syn. Matériel.
Hardy (Thomas) 1840-1928 Écrivain anglais, qui décrit avec finesse et amertume la vie provinciale anglaise : *Tess d'Urberville* (1891) et *Jude l'obscur* montrent l'acharnement de la fatalité sur de pauvres créatures. Hardy publia ensuite des recueils de poèmes, tout aussi amers : *Dynastes* (1904-1908), *Moments de vision* (1917).
Hardy (Oliver) 1892-1957 Acteur de cinéma américain. Il devint en 1927 le partenaire de Stan Laurel avec lequel il devait former le tandem le plus célèbre du cinéma. Leur comique est fondé sur la disproportion de leurs tailles : Hardy est gros, fort et autoritaire, tandis que Laurel est chétif et soumis.
harem n. m. (mot arabe) Chez les musulmans, appartement réservé aux femmes. / Ensemble des femmes qui y vivent. *Le harem d'un sultan ottoman.*
hareng n. m. Poisson téléostéen, de la famille des clupéidés, au ventre argenté et au dos bleu-vert. *On pêche le hareng sur toutes les côtes européennes de l'Atlantique. Hareng saur* : hareng séché et fumé. / Fig., fam. *Sec comme un hareng* : très maigre. *Être serrés comme des harengs, comme des harengs dans une boîte à sardines, comme harengs en caque*, très serrés.
harengaison n. f. Pêche au hareng ; temps pendant lequel on pratique cette pêche.
harengère n. f. Vx Marchande de harengs ; poissonnière. / Mod., péjor. Femme grossière et forte en gueule. *Une voix de harengère.*
haret adj. et n. m. *Chat haret* : chat domestique retourné à l'état sauvage. / n. m. *Un haret.*
harfang n. m. ZOOL. Grande chouette à plumage blanc tacheté, des régions arctiques. / Appos. *Une chouette harfang.*
Harfleur *9 180 h.* Port de Seine-Maritime, actif jusqu'au XVIe siècle, date à laquelle son ensablement progressif le rendit impropre. Cette petite ville pittoresque attire les touristes.
hargne n. f. Mauvaise humeur s'exprimant par des paroles et un comportement agressifs. *Accueil plein de hargne.*
hargneusement adv. Avec hargne.
hargneux, euse adj. Qui procède de la hargne. *Propos hargneux.* / Agressif. *Chien hargneux.*
Hariana Voir **Haryana**
haricot [1] n. m. Plante annuelle de la famille des légumineuses papilionacées, d'origine américaine, dont certaines espèces sont cultivées pour leurs fleurs, d'autres pour l'alimentation. *Le haricot commun est connu en France depuis le XVIe siècle ; on consomme soit le fruit vert avant le développement en gousses des graines (haricots verts), soit les graines elles-mêmes, fraîches ou séchées.* / La gousse ou la graine de cette plante. *Haricots verts. Haricots rouges.* / Fig. et fam. *C'est la fin des haricots*, la fin de tout, le désastre. / MÉD. Petit bassin en forme de haricot où, en chirurgie, l'on dépose ce qui est à jeter.
haricot [2] n. m. CUIS. *Haricot de mouton* : ragoût de mouton et de divers légumes.
haridelle n. f. Vieilli Mauvais cheval maigre.

Harmonica.

Hariri (Abu Muhammad al-Qasim Al-) 1054-1122 Écrivain arabe. Auteur d'un poème didactique consacré à la grammaire (*Mulhal al-Irab*), il donna 50 *maqamat*, enrichissant un genre littéraire né un siècle auparavant en Iran. La *maqama*, mot que l'on traduit généralement par « séance », est un bref texte écrit dans une prose rimée et rythmée ; c'est une des premières manifestations de la prose arabe classique.

harissa n. f. (mot arabe) CUIS. Condiment fait de purée de piments rouges forts et d'huile d'olive, utilisé dans la cuisine des pays du Maghreb.

harka n. f. (mot arabe) HIST. En Afrique du Nord, troupe armée non permanente qui suivait un chef pour une, des opération(s) militaire(s). / Au Maroc, sous le protectorat, troupe de supplétifs berbères sous commandement français comprenant en général trois ou quatre compagnies (ou *goums*). *Au cours de la Seconde Guerre mondiale, on a donné le nom de « tabors » aux harkas ; celles-ci ont joué un rôle fondamental dans les combats de la Libération.* / Pendant la guerre d'Algérie, entre 1956 et 1962, troupe de supplétifs algériens sous commandement français. *Le trait fondamental de la harka, quels que soient l'époque et le lieu considérés, est le lien personnel entre le chef et ses hommes, qui n'est pas sans évoquer les rapports existant, au Moyen Âge, entre un chef de guerre et ses soldats.*

harki n. m. et adj. (mot arabe) Militaire algérien ayant servi dans une harka en Algérie, entre 1956 et 1962. / Par ext. Membre de la famille d'un de ces militaires installés en France après 1962. / adj. *La communauté harkie.*

harle n. m. ZOOL. Grand canard piscivore, à bec fin, dont les bords dentelés lui permettent de saisir les poissons.

Harlem Quartier noir de New York, au nord-est de Manhattan, où vivent également de nombreux Hispaniques.

harmattan n. m. (mot twi [langue du Ghana]) Vent d'est, chaud et sec, qui souffle en Afrique occidentale.

harmonica n. m. Instrument à vent composé d'une série d'anches libres, logées dans une boîte rectangulaire et qu'on fait vibrer avec le souffle. *Harmonica de verre* : instrument composé d'une série de verres fixés sur une tige horizontale actionnée par un pédalier qui, mis en mouvement et frôlés par le doigt, donnent les tons de la gamme. *La forme moderne de l'harmonica de verre a été fixée par Benjamin Franklin et Mozart a composé pour cet instrument.*

harmonie n. f. Impression, agréable à l'oreille, résultant de sons s'accordant bien entre eux. / MUS. Science et ensemble des lois qui régissent la formation et l'enchaînement des accords. *Un traité d'harmonie.* / Partie de l'orchestre comprenant les instruments à vent (bois et cuivres). / Orchestre composé d'instruments à vent et de percussion. / Accord parfait entre les parties d'un ensemble. *Un paysage plein d'harmonie.* / LITT. *Harmonie imitative* : arrangement de mots dont la sonorité particulière évoque la réalité de qqch. *Dans le vers de Racine « Pour qui sont ces serpents qui sifflent sur vos têtes ? », le son « s », multiplié, produit une harmonie imitative du sifflement des serpents.* / PHILO. *Harmonie préétablie* : doctrine de Leibniz selon laquelle il existerait un accord inné, créé par Dieu, entre les lois de l'âme et celles du corps. / Fig. Affinité, entente profonde. *Se sentir en harmonie avec qqn.*

harmonieusement adv. De manière harmonieuse.

harmonieux, euse adj. Qui donne un sentiment d'harmonie.

harmonique adj. et n. m. MUS. Qui obéit aux lois de l'harmonie. *Enchaînement harmonique.* / n. m. PHYS. En acoustique, son musical dont la fréquence est un multiple de la fréquence du son de base. *De la superposition des harmoniques résulte le timbre propre à chaque instrument.*

harmonisation n. f. Action de mettre des choses, des idées, etc., en harmonie. / MUS. Ajout d'une ou de plusieurs parties vocales ou instrumentales à une ligne mélodique, en fonction des lois de l'harmonie.

harmoniser v. t. [1] Mettre en harmonie. / v. pron. Être en harmonie, en accord (avec qqch.). *Couleurs qui s'harmonisent.*

harmonium n. m. MUS. Instrument à vent et à clavier imitant le son de l'orgue, comportant deux pédales actionnant des soufflets qui alimentent en air les anches libres d'où sortent les sons. *L'harmonium sert surtout à accompagner la musique religieuse.*

harnachement n. m. Pose du harnais sur le dos du cheval. / L'ensemble des éléments du harnais. / Fig. Accoutrement ridicule et encombrant.

harnacher v. t. [1] Mettre un harnais à (un animal de trait, de selle). *Harnacher un cheval.* / Fig. Accoutrer.

harnais ou (vx) **harnois** n. m. Anc. Armure complète d'un homme au combat. / Équipement d'un animal de selle ou de trait ; pièce de cet équipement et, spécialement, pièce souple (trait, courroie...) / Par anal. Dispositif constitué de sangles qui entourent le corps et répartissent en plusieurs points les chocs dus à une chute, une violente projection en avant. *Harnais de parachutiste. Harnais de couvreur.* / TEXT. Ensemble des éléments d'un métier à tisser. / MÉCAN. *Harnais d'engrenages* : sur une machine-outil, ensemble des engrenages permettant divers rapports de vitesse.

Harpie *représentée sur un vase grec.*

haro n. m. Au Moyen Âge, cri d'alarme émis par une personne attaquée. *La clameur de haro obligeait ceux qui l'entendaient à porter secours à la victime et à arrêter le coupable qui était déféré sur-le-champ à la justice.* / Fig. *Crier haro sur* : s'indigner publiquement contre.

Harold Ier Harefoot (« Pied de lièvre ») ?-1040 Roi d'Angleterre en 1035. Né du premier mariage de Knud le Grand, il combattit deux ans son frère Knud, dit Hardeknud, avant de l'emporter et de soumettre le Wessex et les provinces du nord de la Tamise. **Harold II** 1022 ?-1066 Il se fit proclamer roi d'Angleterre à la mort de son beau-frère Édouard le Confesseur (1066). Mais il fut tué à Hastings par les soldats de Guillaume Ier le Conquérant (Guillaume de Normandie) qui se disait l'héritier d'Édouard.

Haroun al-Rachid 766-809 Calife abbasside de Bagdad monté sur le trône en 786. Conquérant intrépide qui ne put conserver ses conquêtes, souverain fastueux mais monarque impulsif, il protégea les arts et les lettres (ce qui fit de lui le héros de plusieurs contes des *Mille et Une Nuits*). Ses relations, que la tradition dit excellentes, avec Charlemagne ne sont peut-être que légendaires : aucune source arabe ne les confirme.

harpagon n. m. Avare.

Harpagon Personnage principal de *L'Avare* (1668) de Molière. Il pousse son amour de l'argent jusqu'à sacrifier sa famille.

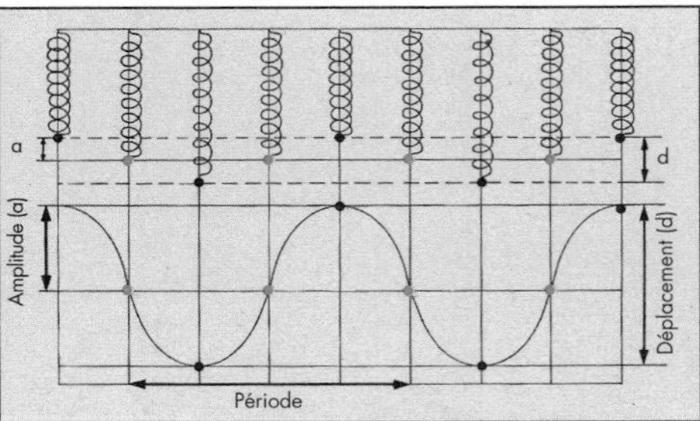

Oscillations d'un ressort, exemple d'un mouvement ***harmonique*** *simple.*

Harpe.

harpe [1] n. f. CONSTR. Pierre laissée en saillie dans une construction pour le raccordement d'une construction voisine qui sera entreprise ultérieurement.

harpe [2] n. f. MUS. Instrument de musique à cordes pincées tendues sur un cadre triangulaire, qui, aujourd'hui, possède 47 cordes et 7 pédales. / *Harpe éolienne* : instrument populaire allemand dont le vent fait résonner les cordes.

harpie n. f. MYTH. Divinité à visage de femme et au corps d'oiseau de proie. / Par ext. Femme acariâtre. ZOOL. Grand aigle à huppe érectile d'Amérique tropicale, se nourrissant de singes, d'opossums, de fourmiliers, etc.

Harpies MYTH. GR. Monstres fabuleux ayant un visage de femme, un corps et des serres de vautour. Les Harpies étaient trois sœurs et jouaient souvent un rôle de ravisseuses ; elles personnifiaient la Tempête et ont été assimilées aux Furies romaines.

Harpignies (Henri) 1818-1916 Paysagiste français de l'école de Barbizon.

harpiste n. Musicien qui joue de la harpe.

harpon n. m. PÊCHE Sorte de javelot à pointe barbelée, utilisé pour la pêche des très gros poissons et des cétacés. / CONSTR. Crochet de fer reliant deux pièces de maçonnerie.

harponner v. t. [1] Atteindre, transpercer (un animal aquatique) avec un harpon. *Harponner une baleine.* / Fig., fam. Arrêter, capturer. *Se faire harponner par la police.*

harponneur, euse n. Personne qui harponne.
Harriman (William Averell) 1891-1986 Homme politique américain. Conseiller de Roosevelt, puis chargé de mission en Europe (1948-1950), dans le cadre du plan Marshall, il fut nommé ambassadeur itinérant par John Kennedy.
Harris (Zellig Sabbetai) 1909 Linguiste américain d'origine ukrainienne qui poursuivit les travaux de Bloomfield (*Méthods in Structural Linguistics*, 1951) et influença N. Chomsky.
Harrison (John) 1693-1776 Horloger anglais. Il fut le premier à réaliser un chronomètre de marine pour la détermination des longitudes.
Harrison (William Henry) 1773-1841 Homme politique américain, du parti républicain. Président des États-Unis en 1840, il mourut peu après le début de son mandat.
Harrison (Benjamin) 1833-1901 Homme politique américain. En 1888, il remporta l'élection présidentielle contre le président sortant, le démocrate Cleveland, qui le vainquit en 1892.
Harrison (George) 1943-2001 Musicien anglais, membre du groupe des Beatles.
Harrow *210308 h.* Commune de Grande-Bretagne située au nord-ouest de Londres. Collège (*Public school*) fondé en 1571.
Hartley (Leslie Poles) 1895-1972 Romancier britannique, fasciné par le monde de l'enfance (*La Crevette et l'Anémone*; *Le Sixième Ciel*; *Estache et Hilda*, trilogie, 1944-1947). Son roman *The Go-Between* a été porté à l'écran par Joseph Losey (*Le Messager*, 1970).
Hartung (Hans) 1904-1989 Peintre et graveur français d'origine allemande. Élève de Kandinsky, il est l'un des grands maîtres de l'abstraction lyrique. Fuyant le nazisme, il s'installe en France en 1935 et poursuit son travail à l'écart des courants. Engagé dans la Légion étrangère en 1939, il passe en Espagne en 1942, y est interné et, libéré, rejoint les troupes françaises en Afrique du Nord. Blessé devant Belfort en 1944, on l'ampute d'une jambe. Il commence à connaître la notoriété en 1945 et continue à produire des toiles aux couleurs fortes, aux lignes souples évoquant la calligraphie orientale, tout en pratiquant le pastel et la gravure.
Harunobu (Suzuki Harunobu, dit**)** 1725?-1770 Peintre et graveur japonais. Ses estampes, souvent d'une veine érotique, chantent la beauté féminine.
haruspice ou **aruspice** n. m. ANTIQ. À Rome, prêtre qui prédisait l'avenir et interprétait la volonté des dieux en examinant les entrailles des animaux offerts en sacrifice.
Harvard La plus ancienne université des États-Unis située à Cambridge (Massachusetts). Elle a pris le nom de son fondateur John Harvard (1636).
Harvey (William) 1578-1657 Médecin anglais de Jacques Ier et de Charles Ier. Il découvrit le mécanisme de la circulation du sang. Ses théories, opposées aux conceptions classiques, furent rejetées par bien des savants de son temps. Il s'intéressa aussi à l'embryologie.
Haryana ou **Hariana** *44 200 km² 16310000 h.* État de l'Union indienne, issu (1972) de la division du Pendjab. Capitale *Chandigarh*. Agriculture, industries diverses.

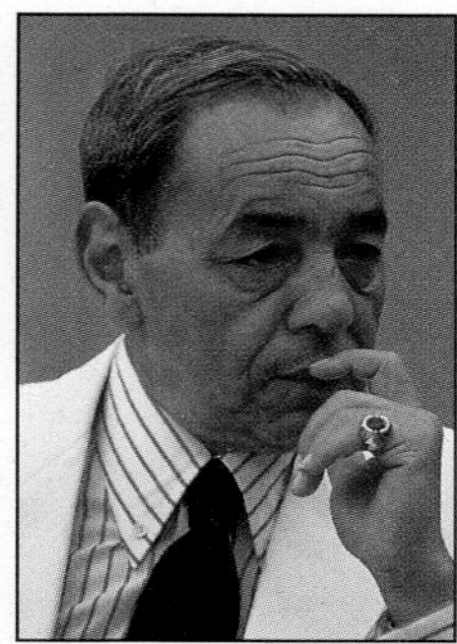
Hassan II.

Harz Montagne d'Allemagne (point culminant *1 142 m*) datant du plissement hercynien. Les gisements métallifères (plomb, argent, fer, cuivre) qui ont fait sa richesse dès le Moyen Âge sont presque épuisés. Tourisme.
hasard n. m. Cause d'un événement à première vue inexplicable et qui résulte d'un concours de circonstances considérées comme fortuites. *Rencontrer qqn par hasard. Le hasard fait bien les choses.* / Risque, danger. *Les hasards d'une bataille.* / *Jeux de hasard*: jeux où l'intelligence n'intervient pas (roulette, dés, loterie, etc.).
hasarder v. t. [1] Litt. Risquer, livrer (qqch.) au hasard. *Hasarder sa vie.* / Prendre le risque d'exprimer (qqch.) *Hasarder une phrase.* / Vieilli *Hasarder de* (suivi d'un infinitif): risquer de. *Hasarder de perdre sa réputation.* / v. pron. *Se hasarder à*: se risquer à.
hasardeux, euse adj. Dont le résultat dépend du hasard, risqué. *Une entreprise hasardeuse.*
haschisch Voir **hachisch**
haschischin(s) n. m. pl. Membres d'une secte musulmane chiite fondée au XIe siècle par Hassan ben Sabah qui conquit en 1090 la forteresse d'Alamut, près de Qazvin (sud-ouest de la Perse, au pied de l'Elbourz). Les haschischin (d'où dérive le mot *assassin*), partisans d'un islam strictement spirituel et opposés à tout institutionnalisme et à tout légalisme, défendirent leur foi par la terreur, exercée aussi bien contre les Turcs seldjoukides que contre les croisés. Leur forteresse fut prise par Hulagu (1256), mais la chute d'Alamut ne mit pas fin à leur influence.
Hasdrubal Nom de plusieurs chefs carthaginois. **Hasdrubal le Beau** 270?-221? av. J.-C. Gendre et successeur d'Hamilcar Barca, il fonda Carthagène. **Hasdrubal Barca** 245?-207 av. J.-C. Frère d'Hannibal, il remporta en Espagne quelques succès sur les Romains avant d'être vaincu par Scipion l'Africain. Passé en Italie, il fut battu et tué au Métaure. **Hasdrubal** ?-146? av. J.-C. Vaincu par Massinissa en 153, il assura la défense de Carthage au cours de la troisième Guerre punique puis se rendit à Scipion et mourut prisonnier en Italie.
hase n. f. Femelle du lièvre.
Hasek (Jaroslav) 1883-1923 Écrivain tchèque, auteur des *Aventures du brave soldat Chveik* (1921-1923), histoire d'un pauvre militaire qui endure les souffrances de la Grande Guerre avec une résignation pleine d'humour.
Haskil (Clara) 1895-1960 Pianiste suisse d'origine roumaine, interprète de Mozart, Schubert et Schumann.
Hassan ben Sabah ?-1124 Religieux persan. Il fonda la secte des haschischin(s).
Hassan ibn Ali 625?-669 Premier fils d'Ali et de Fatima, nommé calife par les chiites à la mort d'Ali. Il s'entendit avec Moawiya, renonça au califat et se retira à Médine; second imam des chiites. **Hussein ibn Ali** 626-680 Frère du précédent. Ses partisans le firent venir en Irak pour le proclamer, mais, avant d'arriver à Kufa, il fut tué à Kerbela avec plusieurs membres de sa famille. Troisième imam des chiites, la commémoration de sa mort donne tous les ans lieu à de pathétiques cérémonies.
Hassan II 1929-1999 Roi du Maroc en 1961. Après avoir fait des études en France et suivi son père Mohammed V en exil, il lui succéda. Cultivé, intelligent, il tenta de libéraliser le régime sans toutefois renoncer à sa conception traditionnelle de l'exercice du pouvoir, ne laissant que peu de place à l'expression d'une opposition politique. Toutefois, en 1992 et en 1996, il démocratisa la Constitution, et, en 1998, il nomma Premier ministre un socialiste, chargé d'apporter des réformes. Il engagea également le processus de paix à propos du statut du Sahara -Occidental.
hassid n. m. (mot hébreu) Juif professant le hassidisme. Pl. Des *hassidim.*
hassidique adj. Du hassidisme.
hassidisme n. m. RELIG. Courant austère et mystique du judaïsme, né au XIIe siècle en Allemagne. (Le hassidisme primitif prônait, d'une part, la prière contemplative, et d'autre part les œuvres de bienfaisance. Le hassidisme actuel est issu d'une réforme opérée par l'Ukrainien Ba'al Shem Tov [1700-vers 1760], privilégiant surtout l'exaltation de la foi et la ferveur religieuse).
Hassi Messaoud Centre pétrolier d'Algérie, au Sahara. Le pétrole découvert en 1954 représente 40 % de la production algérienne; il est acheminé par des oléoducs aux ports de Bejaia, Skikda et Arzew.
Hassi R'Mel Gisement algérien, dans le Sahara, producteur de gaz naturel. Plusieurs gazoducs acheminent ce gaz vers Arzew, Oran, Alger et, en Tunisie, Sousse.
hast n. m. *Arme d'hast*: toute arme blanche dont le fer est emmanché sur une longue hampe, telle la hallebarde.
Hastings *74 800 h.* Station balnéaire de Grande-Bretagne sur le pas de Calais. Guillaume le Conquérant y vainquit le roi anglo-saxon Harold II (1066), gagnant ainsi la couronne d'Angleterre.
Hastings (Warren) 1732-1818 Gouverneur anglais de la Compagnie des Indes (1773-1785). Il conforta la puissance britannique en Inde. Rentré en Angleterre, il fut accusé de malversations; il gagna son procès (1788-1795), mais il avait perdu sa fortune.
Hatchepsout Voir **Hatshepsout**
hâte n. f. Diligence dans l'action; précipitation. *Se sauver en hâte.*
hâter v. t. [1] Faire arriver plus tôt, plus vite; presser. *Hâter sa venue.* / v. pron. Se dépêcher. *Hâte-toi d'en finir.*
Hathaway (Henry Leopold de Fiennes, dit **Henry)** 1898-1985 Cinéaste américain. Il débuta comme acteur puis réalisa de nombreux westerns et films d'action (*Les Trois Lanciers du Bengale*, 1935), des policiers (*Appelez Nord* 777, 1948), des films d'amour (*Peter Ibbetson*, 1937, d'après G. Du Maurier; *Niagara*, avec M. Monroe, 1953).

Détail de la tapisserie dite « de la reine Mathilde » (musée de Bayeux), représentant la bataille de ***Hastings****.*

Hathor MYTH. Divinité égyptienne représentée avec une tête de vache. Elle est à la fois le symbole de la fécondité et la déesse des cimetières.
hâtif, ive adj. Qui advient tôt, précocement. *Fruit hâtif.* / Qui se déroule plus rapidement que la moyenne, la normale. *Croissance hâtive.* / Accompli à la hâte, dans la précipitation. *Décision hâtive.*
hâtivement adv. De manière hâtive.
Hatshepsout ou **Hatchepsout** 1504?-1483 av. J.-C. Reine d'Égypte (1520?-1483). Elle succéda à Thoutmosis II, son demi-frère et époux, puis épousa son neveu Thoutmosis III et gouverna à sa place. Elle fit construire un temple funéraire à Deir el-Bahari (en face de Thèbes), mais Thoutmosis III fit disparaître son nom de tous les monuments.
hattéria ou **hatteria** n. m. ZOOL. Syn. de sphénodon, tuatara.
Hatti(s) Peuple du centre de l'Asie Mineure que l'Empire hittite soumit au IIe millénaire av. J.-C.
Hattousas ou **Hattusas** Ancienne capitale de l'empire hittite, fondée au XVIIe siècle av. J.-C. et détruite vers 1200 av. J.-C. Ruines imposantes à Bogazkale, en Turquie centrale.
Hattousil Ier 1650? av. J.-C. Roi hittite qui mena en Syrie des guerres continuelles contre les Hourrites, sans parvenir à s'emparer d'Alep. **Hattousil III** 1280? av. J.-C. Roi hittite qui, pour rétablir la situation de son royaume soumis aux attaques incessantes de ses voisins, négocia avec eux, notamment avec l'Égypte.
hauban n. m. MAR. Cordage servant à maintenir droit un mât par l'arrière ou le travers. / Câble ou cordage utilisé pour maintenir dressé un pylône, une grue ou pour assurer la rigidité d'une construction.
haubaner v. t. [1] Consolider (un mât, une érection, une construction) à l'aide de haubans. *Haubaner une grue.*
haubert n. m. Longue tunique en cotte de mailles portée par les chevaliers au Moyen Âge.

Gerhart Hauptmann.

Hauptmann (Gerhart) 1862-1946 Écrivain allemand, surtout célèbre pour son drame naturaliste *Les Tisserands* (1893).
Hauser (Kaspar) 1812?-1833 Personnage mystérieux qui survint un jour de 1828 à Nuremberg et qui fut assassiné. On en fit (à tort : l'enquête menée en 1875 par le gouvernement badois l'a démontré) le prince héritier de Bade, né le 29 septembre 1812, dont on a affirmé qu'il était mort le 29 octobre, et qui, enlevé, aurait été confié à des paysans. D'autres hypothèses, tout aussi fantaisistes, ont été émises.
hausse n. f. Élévation en hauteur. *Hausse du niveau de la mer.* / Augmentation. *La hausse des prix.* / Système, dispositif servant à hausser qqch. *Surélever une tribune par une hausse.* / ARMES Dispositif fixé sur le canon d'une arme à feu servant à régler la ligne de mire et à définir le pointage.
haussement n. m. Action de hausser, d'élever. / *Haussement d'épaules* : mouvement des épaules vers le haut exprimant l'impatience, le dédain, l'agacement, la résignation, l'hésitation ou l'indifférence.
hausser v. t. / v. i. [1] **A.** v. t. Ajouter de la hauteur à (qqch.) *Hausser un mur.* / Soulever, placer plus haut. *Hausser les épaules.* / v. pron. *Se hausser sur la pointe des pieds.* / Fig. Augmenter (une valeur). *Hausser les prix.* / Augmenter l'intensité, la force de. *Hausser la voix, le ton* : parler plus fort. **B.** v. i. Gagner en hauteur, en intensité, en valeur. *Le niveau a haussé d'un mètre. Hausser d'un cran.*
haussier, ère n. et adj. En Bourse, personne qui spécule à la hausse, c'est-à-dire sur la future hausse, supposée, des valeurs boursières. / adj. Qui concerne la hausse des valeurs boursières. *Marché haussier.*
haussière Voir **aussière**
Haussmann (Georges Eugène, baron**)** 1809-1891 Homme politique français. Préfet de la Seine (1853-1870), il transforma Paris en perçant des boulevards (Saint-Michel, Sébastopol), en construisant les Halles, en aménageant bois et jardins, en installant l'eau, le gaz et les égouts, en lui rattachant des communes périphériques : Auteuil, Passy, Grenelle, Vaugirard, Montmartre.
haut, e adj. et adv. et n. m. **A.** adj. Qui s'élève à telle hauteur. *Le mont Blanc est haut de plus de 4 000 m.* / Qui dépasse en hauteur d'autres éléments, de nature similaire. *Une tour très haute.* / Qui atteint un niveau au-dessus de la normale. *Haute température.* / Qui est situé à une altitude supérieure. *Visiter la ville haute.* / Se dit de la partie d'un pays ou d'un cours d'eau la plus éloignée de la mer. *Le haut Poitou. Le haut Danube.* / *La haute mer* : la pleine mer, au large. / Qui est d'une intensité élevée. *Parler à voix très haute.* / Se dit de la période initiale d'une ère historique. *La haute Antiquité.* / Qui est prééminent, supérieur par rapport à d'autres catégories de même nature. *Le haut clergé. La haute société.* / Qui est qualitativement ou quantitativement remarquable, supérieur. *Une haute intelligence. Avoir un haut salaire.* / RELIG. *Le Très-Haut* : Dieu. / DR. *Les hautes parties contractantes* : en droit international, les États cosignataires d'un traité, d'un pacte, etc. / Fig. *Aller la tête haute*, sûr de soi et n'ayant rien à se reprocher. / *Haut en couleur* : original, cocasse et pittoresque. / *Haut comme trois pommes* : qui est de très petite taille, en parlant d'une personne. **B.** adv. À une certaine hauteur. *Haut placé. Avion qui vole haut.* / À voix élevée. *Il parle trop haut.* / *D'en haut* : d'un endroit élevé ; au fig., d'une instance supérieure. *Recevoir des ordres d'en haut.* / *Tomber de haut* : être subitement désillusionné. / *Le prendre de haut* : répondre avec arrogance. / *Traiter qqn de haut*, d'une manière dédaigneuse. **C.** n. m. Partie supérieure d'un objet. *Le haut d'une armoire.* / Hauteur. *Avoir deux mètres de haut.*
hautain, e adj. Qui manifeste une attitude méprisante et condescendante à l'égard d'autrui. *Prendre un ton hautain.*
hautainement adv. De manière hautaine.
hautbois n. m. MUS. Instrument à vent, de la famille des bois, à anche double et à tuyau conique. / Hautboïste.
hautboïste n. Joueur de hautbois.
haut-de-chausse(s) n. m. Anc. Culotte bouffante qui couvrait le corps de la taille aux genoux. Pl. Des *hauts-de-chausse(s)*.
haut-de-forme n. m. Chapeau en soie, haut et cylindrique, porté par les hommes lors de cérémonies, avec la jaquette ou la redingote. Pl. Des *hauts-de-forme*.
Haute-Autriche Voir **Autriche (Haute-)**
Hautecombe Village de Savoie, sur la rive ouest du lac du Bourget ; son abbaye, fondée par les cisterciens en 1121, est actuellement occupée par la communauté charismatique du Chemin neuf. Les princes de la maison de Savoie y sont inhumés.
haute-contre n. f. MUS. Registre de voix masculine plus aigu que le registre ténor, et qui fait souvent appel à la voix de tête. *Le répertoire de la haute-contre appartient principalement à la musique des XVIe et XVIIe siècles.* / (Au masculin) Interprète du chant classique qui possède ce registre. Pl. Des *hautes-contre*.
Haute-Corse Voir **Corse (Haute-)**
haute-fidélité n. f. Ensemble des techniques assurant une reproduction de haute qualité et de haute précision des sons, qui s'applique aux appareils électroacoustiques et aux supports d'enregistrement sonore (disque vinyle, cassette audio, disque compact laser, etc.). Pl. Des *hautes-fidélités*.

Le boulevard **Haussmann** à Paris.

Messieurs en chapeau **haut-de-forme**.

Haute-Garonne Voir **Garonne (Haute-)**
Haute-Loire Voir **Loire (Haute-)**
Haute-Marne Voir **Marne (Haute-)**
hautement adv. Vx À haute voix. / Fig. Ouvertement, de façon ostensible. / Extrêmement. *Un technicien hautement qualifié.*
Haute-Normandie Voir **Normandie (Haute-)**
Hautes-Alpes Voir **Alpes (Hautes-)**
Haute-Saône Voir **Saône (Haute-)**
Haute-Savoie Voir **Savoie (Haute-)**
hautes études (École pratique des) Établissement français d'enseignement supérieur créé en 1868 et dont le domaine couvre les sciences de la vie, de la Terre et l'histoire. En 1975, on en a détaché la VIe section, devenue l'*École des hautes études en sciences sociales* (EHESS).
Hautes-Pyrénées Voir **Pyrénées (Hautes-)**
hauteur n. f. **I.** Dimension dans le sens vertical. *La hauteur d'une colonne.* / Espace existant entre un corps et la surface de la terre. *Hauteur d'une montagne* : distance comprise entre son sommet et le niveau de la mer. / SPORT *Saut en hauteur* : discipline consistant à franchir une barre horizontale fixée de plus en plus haut sans la frôler du corps. / MATH. En géométrie, perpendiculaire qui joint le sommet d'une figure à sa base. / PHYS. En acoustique, fréquence de vibrations d'un son. / *Hauteur barométrique* : longueur de la colonne de mercure contenue dans un baromètre et variant avec la pression atmosphérique. / MAR. *À la hauteur de* : à la latitude de. / *Hauteur d'un astre* : angle formé par la direction d'un astre avec le plan de l'horizon. **II.** Fig. Élévation morale. *Hauteur de sentiments.* / Envergure, valeur. *Hauteur de vues.* / Dédain. *S'adresser à quelqu'un avec hauteur.* / *Être à la hauteur de* : avoir les qualités nécessaires pour.
Haute-Vienne Voir **Vienne (Haute-)**
Haute-Volta (république de) Ancien nom du Burkina Faso.
haut-fond n. m. Relèvement du fond marin, récif toujours immergé et dangereux pour la navigation. Pl. Des *hauts-fonds*.
haut-fourneau ou **haut fourneau** n. m. MÉTALL. Appareil de très grande dimension (jusqu'à 30 mètres de hauteur), abritant une cuve chauffée au coke, et qui sert à opérer la réduction du minerai de fer et l'élaboration de la fonte. Pl. Des *hauts (-) fourneaux*. Les principaux éléments du haut fourneau sont : le *gueulard* (partie haute) par lequel entre le minerai de fer, le coke et le fondant (castine ou carbonate de calcium) ; la *cuve*, le *ventre* et les *étalages*, dans lesquels s'élabore et s'achève la réduction du minerai sous l'action d'air chaud (300 °C) provenant des *tuyères* (partie médiane) ; enfin, le *creuset* (partie basse) où se rassemblent la fonte élaborée et le laitier (silicates de calcium et d'aluminium) provenant de la fusion de la gangue et qui sert à fabriquer le ciment.
haut-le-cœur n. m. inv. Brusque envie de vomir. / Fig. Dégoût profond.
haut-le-corps n. m. inv. Brusque mouvement du corps, souvent réflexe, dû à la surprise ou à l'indignation.
haut-parleur n. m. Appareil transformant un courant de basse fréquence en ondes sonores. *Le haut-parleur reproduit les sons transmis par radio ou enregistrés sur disque, qu'un amplificateur lui transmet transformés en courant électrique.* Pl. Des *haut-parleurs*.
haut-relief n. m. BX-ARTS Sculpture en relief qui se détache du fond, contrairement au bas-relief où la sculpture est à fleur de matériau. Pl. Des *hauts-reliefs*.
Haut-Rhin Voir **Rhin (Haut-)**
Hauts de Hurlevent (les) 1847 Roman d'Emily Brontë dont l'action se passe dans les landes désolées du nord de l'Angleterre, battues par la pluie et le vent. Le héros, Heathcliff, est un enfant trouvé, devenu un riche propriétaire, que dévore son amour pour Catherine Earnshaw. Ayant été autrefois repoussé, il assouvit son désir de vengeance.
Hauts-de-Seine (département des) *176 km² 1 391 658 h.* Chef-lieu *Nanterre.* Département, créé en 1964, qui fait partie de la Région Île-de-France. Il est constitué par la proche banlieue ouest de Paris. En forme de demi-cercle, il comprend le méandre de la Seine en aval de la capitale et s'appuie au sud sur des plateaux boisés (Saint-Cloud, Meudon). Deux zones industrielles y alternent avec deux zones rési-

La Havane, sur la côte nord de Cuba.

La plage de Waikiki, à Honolulu, capitale d'**Hawaii**.

dentielles. Au nord, la plus importante zone industrielle englobe les banlieues d'Asnières, de Colombes et de Gennevilliers, où le port de Paris a équipé bassins et hangars. Une zone résidentielle s'étendant de Neuilly à Rueil-Malmaison enserre le centre d'affaires de la Défense et l'université de Nanterre. De Boulogne-Billancourt à Montrouge, se trouve une seconde zone industrielle. Au sud, la banlieue résidentielle de Sceaux affirme son caractère universitaire.

hauturier, ère adj. Qui se pratique en haute mer. *Navigation, pêche hauturière.*

Haüy (abbé **René Just**) 1743-1822 Minéralogiste français, fondateur de la cristallographie. **Valentin** 1745-1822 Pédagogue français. Frère du précédent, il fonda l'Institution nationale des jeunes aveugles et inventa les caractères en relief destinés à leur instruction, invention perfectionnée par Braille.

havage n. m. TECHN. Abattage du minerai effectué en pratiquant une saignée le long de la taille; cette saignée.

havane n. m. et adj. inv. Cigare ou tabac en provenance de La Havane. / adj. De couleur marron clair tirant sur le roux. *Une veste havane.*

Havane (La) *2 175 900 h.* Capitale de la république de Cuba, fondée en 1519. Son port réalise les deux tiers des exportations cubaines. Centre industriel produisant cigares, rhum, sucre et liqueurs. Université. Aéroport international.

Havas (Charles Henri) 1783-1858 Publiciste français, fondateur (1825) d'un bureau de traduction d'articles de presse destinés aux journaux français, qui devient l'Agence Havas en 1835, fournit des informations françaises à la presse étrangère et s'ouvre (1847) à la publicité. **Agence Havas** La création de Charles Havas maintient jusqu'à la Seconde Guerre mondiale ses deux activités, mais, à partir de 1920, elle tire la majorité de ses ressources de la publicité. La branche « information » est nationalisée en 1940 par Vichy et la branche « publicité » est acquise par les Allemands à 47 %. Confisquant les avoirs de Vichy et des Allemands, le gouvernement français devient, en 1944, actionnaire majoritaire et le restera jusqu'en 1987, date à laquelle l'État privatise ses parts. Entre temps, l'Agence s'était fortement développée, prenant une part considérable dans le multimédia (presse, édition, radio, télévision) jusqu'à sa fusion-absorption par le groupe Vivendi, en 1998.

hâve adj. Très pâle, très maigre, affaibli par la souffrance. *Il est sorti de l'hôpital hâve et décharné.*

Havel (Václav) 1936 Écrivain et homme politique tchèque. Contestant le régime communiste, il publie *La Garden-party* (1963), fonde en 1977 la *Charte 77*, mouvement de défense des droits de l'homme, est emprisonné en 1979, fait représenter en France une trilogie théâtrale *Audience, Vernissage, Pétition* (1979-1981). Président de la République de Tchécoslovaquie (1989-1992), il ne peut s'opposer à la partition de celle-ci. Il est élu président de la République tchèque en 1993 et réélu en 1998. Son mandat s'est achevé le 2 février 2003.

haver v. t. [1] Abattre (le minerai) par havage. / (Emploi absol.) Effectuer le havage.

haveuse n. f. Machine à haver.

havre n. m. Litt. Petit port bien abrité. / Fig. Abri. *Un havre de paix.*

Havre (Le) *195 854 h.* Port de la Seine-Maritime, sur la rive droite de l'estuaire de la Seine. Fondé en 1517 pour la marine de guerre, le port ne s'est développé qu'au XIXe siècle, avec l'essor du trafic maritime de l'Atlantique Nord (commerce et voyageurs). Gaz naturel et surtout pétrole forment l'essentiel du trafic. L'industrie chimique (raffinage de Gonfreville) et métallurgique en est née. La ville basse, détruite par le bombardement de 1945, a été reconstruite par Auguste Perret.

havresac n. m. Vieilli Sac à dos, en toile, dans lequel les militaires, les scouts, les campeurs transportent leur équipement. / Sac à outils d'un ouvrier.

Hawaii (îles) (autrefois *îles Sandwich*) *16 759 km² 1 186 602 h.* Cinquantième État des États-Unis depuis 1959. Capitale *Honolulu*. Cet archipel du centre du Pacifique comprend huit îles principales dont Hawaii (*10 400 km²*), toutes d'origine volcanique. Le climat tropical permet la culture de la canne à sucre et de l'ananas, qui, avec la pêche, alimentent l'industrie agro-alimentaire. Le tourisme est en plein essor. **Histoire** Les îles, peuplées de Polynésiens arrivés à partir du Ve siècle, furent découvertes en 1778 par Cook. Unifié à partir de 1795 (à l'arrivée de Cook on comptait quatre royaumes), débarrassé de la piraterie espagnole, l'archipel fut christianisé par des missionnaires protestants (qui apportèrent l'écriture et l'imprimerie), puis catholiques, puis mormons. Une constitution fut promulguée en 1840 et l'indépendance reconnue par les États-Unis. Ils s'y firent néanmoins concéder la base de Pearl Harbor, puis annexèrent l'archipel en 1898.

Hawking (Stephen) 1942 Physicien britannique, auteur d'une nouvelle théorie par introduction de la mécanique quantique dans l'étude de la cosmologie. Il tente de définir un nouveau modèle d'Univers pour lequel il n'y aurait, comme pour une sphère, pas de frontière. L'Univers serait fini en volume et en temps. Le problème de la singularité initiale disparaîtrait au profit d'un Univers qui n'aurait eu ni commencement ni fin.

Hawkins (Coleman) 1904-1969 Saxophoniste de jazz américain. *Body and Soul* (1939) montre tout le parti qu'il sait tirer de son saxophone ténor.

Hawks (Howard) 1896-1977 Cinéaste américain. Ses souvenirs de pilote de chasse pendant la Première Guerre mondiale lui ont inspiré plusieurs films d'aviation (*La Patrouille de l'aube*, 1930; *Seuls les anges ont des ailes*, 1939), auxquels il faut ajouter des drames policiers (*Scarface*, 1932), des comédies (*L'Impossible M. Bébé*, 1937), des westerns (*Rio bravo*, 1958).

Haworth (sir **Walter Norman**) 1883-1950 Chimiste anglais qui donna la formule de l'acide ascorbique (vitamine C) et en fit la synthèse.

Hawthorne (Nathaniel) 1804-1864 Romancier américain. Son chef-d'œuvre, *La Lettre écarlate* (1850), restitue l'atmosphère puritaine de la Nouvelle-Angleterre. Une même hantise du mal caractérise *La Maison aux sept pignons* (1851).

Joseph Haydn.

Haydn (Joseph) 1732-1809 Compositeur autrichien. Issu d'un milieu modeste, membre, enfant, de la maîtrise de la cathédrale de Vienne, il écrivit ses premiers quatuors à cordes en 1757. En 1761, il entra au service de la famille Esterhazy. Le prince Nicolas Ier, dit « le Magnifique », fut pour lui à la fois un protecteur tyrannique et un flamboyant mécène. Il demeura pendant près de trente ans à Esterhaza, produisant des opéras (*Le Monde de la lune*, 1777), des symphonies (*Les Adieux*, 1772), des quatuors à cordes, des messes, des pièces de musique religieuse (*Les Sept Dernières paroles du Christ*, 1786-1787), des sonates, des trios pour piano. À la mort du prince Nicolas, il se rendit en Angleterre qui le réclamait depuis plusieurs années et lui fit un triomphe. De retour en Autriche après le dernier de ses deux séjours londoniens (1791-1792; 1794-1795), il reprit son poste à Esterhaza, auprès, cette fois, du prince Nicolas II, passionné de musique sacrée. Il donne à cette époque deux oratorios, *La Création* (1798) et *Les Saisons* (1801). Ses dernières années ont été assombries par la maladie et le désenchantement, malgré l'hommage que lui rendit l'Europe entière. Sa musique, équilibrée et sereine, a influencé Mozart et Beethoven.

Sir **Walter Norman Haworth**.

Rita Hayworth.

Haye (La) (en néerlandais *Den Haag*) *444 108 h.* Ville des Pays-Bas, chef-lieu de la province de Hollande-Méridionale, au bord de la mer du Nord. Cité aristocratique, coupée d'avenues et de parcs, à proximité d'une station balnéaire, c'est la résidence de la famille royale et le siège de la Cour internationale de justice. Fondée au XIIIe siècle par Guillaume III, la ville possède de nombreux monuments, des musées et quelques industries de luxe. La Haye fut le siège de deux conférences. L'une, réunie en 1899, statua sur les conventions en période de guerre (interdiction des bombardements aériens, gaz asphyxiants et balles explosives). L'autre, réunie en 1907, compléta ces règlements.

Hayes (Rutherford Birchard) 1822-1893 Homme politique américain, du Parti républicain, président des États-Unis (1877-1881).

hayon n. m. Chacune des deux claies amovibles situées l'une à l'avant et l'autre à l'arrière d'une charrette. / Pommeau pivotant horizontalement servant de porte arrière sur certains véhicules (break, camionnette, etc.).

Hayworth (Margarita Carmen Cansino, dite **Rita)** 1918-1987 Actrice de cinéma américain. Mondialement célèbre grâce à *Gilda* (1946), elle fut magnifiée par son mari Orson Welles dans *La Dame de Shanghai* (1948), alors qu'ils étaient en instance de divorce ; elle tourna ensuite des films mineurs.

Hazard (Paul) 1878-1944 Universitaire français : *La Crise de la conscience européenne 1680-1715* (1935).

hé! interj. (Pour interpeller) *Hé ! La dame en rouge, vous vous trompez de chemin.* (Pour marquer la surprise) *Hé ! Que fais-tu ici ?* Voir **eh!**

Heaney (Seamus) 1939 Poète irlandais, chantre de la terre d'Irlande et de ses figures mythiques : *Les Errances de Sweeney*, 1983.

Hearn (Lafcadio) 1850-1904 Écrivain japonais d'origine britannique. Né en Grèce d'un père irlandais et d'une mère grecque, il a mené une vie errante aux États-Unis et aux Antilles, avant de se fixer au Japon, de s'y marier avec une Japonaise et de prendre la nationalité de son pays d'adoption sous le nom de Koizumi Yakumo. Ses œuvres font connaître en Occident les multiples aspects de la vie japonaise.

Hearst (William Randolph) 1863-1951 Homme d'affaires américain, à la tête d'un trust de presse : quotidiens, magazines (notamment « à sensation »). Il a inspiré Orson Welles (*Citizen Kane*).

Heartfield (Helmut Herzfelde, dit **John)** 1891-1968 Artiste allemand, créateur de photomontages qui dénoncent le nazisme en exploitant toutes les ressources de la photographie et de la typographie.

Heath (Edward) 1916 Homme politique britannique. Premier ministre conservateur (1970-1974), il fit entrer en 1972 la Grande-Bretagne dans la Communauté économique européenne (aujourd'hui Union européenne).

heaume n. m. Casque porté par les hommes d'armes et les chevaliers au Moyen Âge, qui couvrait le visage et comportait une visière étroite pour les yeux.

Heaviside (Oliver) 1850-1925 Mathématicien et physicien anglais. Étudiant la propagation des ondes électromagnétiques, il montra que la couche ionisée de l'atmosphère (qui aujourd'hui porte son nom) les réfléchit.

Hebbel (Friedrich) 1813-1863 Dramaturge allemand. Après *Judith* (1840), *Marie-Madeleine* (drame naturaliste, 1848) et diverses pièces historiques, sa trilogie des *Nibelungen* (1861) illustre, avec un grand talent dramatique, un des thèmes les plus connus de la légende allemande.

hebdomadaire adj. et n. m. Qui a lieu durant une semaine ou une fois par semaine. *Travail, repos hebdomadaire.* / n. m. Journal ou revue paraissant chaque semaine (abrév. fam. : hebdo.).

hebdomadairement adv. Une fois par semaine.

Hébé MYTH. GR. Déesse de la Jeunesse qui servait le nectar aux dieux.

hébéphrénie n. f. PSYCHIATR. Schizophrénie précoce.

hébergé, e n. En Afrique, enfant ne vivant plus dans son foyer d'origine, mais en ville, chez des parents ou des amis. *Abdou habite Dakar maintenant, c'est un hébergé.*

hébergement n. m. Action d'héberger, de loger qqn. / Logement provisoire accordé à quelqu'un.

héberger v. t. [1] Loger (qqn) chez soi. *Héberger un ami.* Par ext. *Pays qui héberge des réfugiés.*

Hébert (Jacques) 1757-1794 Journaliste et homme politique français. Dans son journal, *Le Père Duchesne*, il se déchaîna avec une extrême violence contre les Girondins, les dantonistes et la reine Marie-Antoinette.

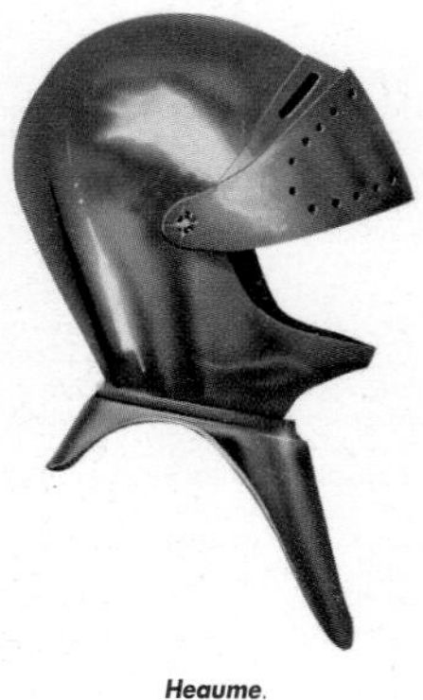

Heaume.

Lettres hébraïques	Noms des lettres	Valeurs numériques	Lettres hébraïques	Noms des lettres	Valeurs numériques
א	Alef	1	ל	Lamed	30
ב	Bét	2	מ	Mém	40
ג	Guimel	3	נ	Nun	50
ד	Dalet	4	ס	Samekh	60
ה	Hé	5	ע	Ayin	70
ו	Vav	6	פ	Pé	80
ז	Zayin	7	צ	Tsade	90
ח	Hét	8	ק	Qof	100
ט	Tét	9	ר	Resh	200
י	Yod	10	ש	Shin	300
כ	Kaf	20	ת	Tav	400

Système numéral ***hébraïque*** *: à chaque lettre de l'alphabet correspond une valeur numérique.*

Sa politique démagogique, sa propagande pour le culte de la déesse Raison inquiétèrent Robespierre qui le fit arrêter en mars 1794 et condamner à mort.

Hébert (Anne) 1916-2000 Écrivain québécois. Dans ses romans (*Kamouraska*, 1970 ; *La Cage*, 1990) comme dans ses poèmes (*Les Songes en équilibre*, 1942) ou ses nouvelles (*Le Torrent*, 1950), elle exprime avec force l'angoisse et le sentiment de solitude qui la hantent.

hébertiste n. et adj. HIST. Partisan de Jacques Hébert.

hébétement n. m. Hébétude.

hébéter v. t. [1] Engourdir les facultés intellectuelles de (qqn), l'abrutir. *L'alcool avait hébété les convives.*

hébétude n. f. État d'une personne hébétée. / PSYCHIATR. Diminution plus ou moins avancée des facultés psychiques caractéristique de certains états pathologiques.

hébraïque adj. Des Hébreux, de leur langue. *Caractères hébraïques.*

hébraïsant, e n. Spécialiste de l'hébreu.

hébraïsme n. m. LING. Tournure particulière à l'hébreu.

hébreu adj. m. (au f. on emploie toujours *hébraïque*) et n. m. **A.** adj. Des Hébreux, de leur langue. *Alphabet hébreu.* **B.** n. m. Langue sémitique parlée autrefois par les Hébreux et qui est aujourd'hui la langue officielle de l'État d'Israël. / Fig. *C'est de l'hébreu* : se dit d'un texte, d'un jargon ou d'une écriture incompréhensible.

• **Hébreux** Ancien peuple du Proche-Orient ; la Bible en fait le « peuple de Dieu » et ce qu'elle en dit est en de nombreux points confirmé par les fouilles archéologiques.

Hébrides (îles) ou **Western Islands** *2 898 km² 29 300 h.* Archipel britannique, au nord-ouest de l'Écosse, formé de deux groupes d'îles (en tout 500 îles ou îlots) où le climat humide permet l'élevage. Tissage artisanal de la laine (tweed).

Hébrides (Nouvelles-) Voir **Vanuatu**

Hébron *42 680 h.* Ville de Cisjordanie, au sud de Jérusalem. Elle fut occupée en 1967 par Israël qui la céda en 1997 à l'Autorité palestinienne (avec un statut d'autonomie). Mais Israël continua d'implanter des colonies juives, ce qui crée des heurts avec les Palestiniens. **Histoire** La tradition des trois religions monothéistes situe à Hébron le tombeau d'Abraham, devenu un lieu de culte. La ville fut la capitale de David lorsqu'il régnait sur Juda.

Hécate MYTH. Déesse grecque qui engendra le monstre Scylla.

hécatombe n. f. ANTIQ. Sacrifice de cent bœufs chez les Grecs. / Massacre d'un nombre élevé de personnes ou d'animaux. / Fig. *N'ont été reçus que dix candidats sur deux cents, c'est une hécatombe.*

hectare n. m. Unité de superficie correspondant à un hectomètre carré, égale à 100 ares ou à 10 000 mètres carrés (symbole : ha).

hectogramme n. m. Unité de masse de cent grammes (symbole : hg).

hectolitre n. m. Unité de mesure de capacité égale à cent litres (symbole : hl).

hectomètre n. m. Unité de mesure de longueur égale à cent mètres (symbole : hm).

hectopascal n. m. MÉTÉO. Unité de pression du système international égale à cent pascals (symbole : hPa). *L'hectopascal remplace le millibar dans l'évaluation de la pression atmosphérique.*

Hector ANTIQ. GR. Héros troyen, fils de Priam, époux d'Andromaque et père d'Astyanax. Il tua Patrocle en combat singulier mais fut tué par Achille.

Hécube ANTIQ. GR. Femme de Priam et mère de nombreux enfants dont Cassandre, Pâris, Polyxène, Hector. Pendant la guerre de Troie, elle assista, impuissante, au massacre de son époux et de ses enfants.

Hedjaz Région d'Arabie Séoudite qui s'étend au nord-ouest du pays, le long de la mer Rouge. La population rurale pratique l'élevage des chameaux. Des musulmans y viennent de tous les pays du monde, débarquant à Djeddah, pour faire le pèlerinage de La Mecque et de Médine. Libéré du joug ottoman en 1916, le pays devint un royaume indépendant qui, en 1926, s'unit au Nedjd pour former l'Arabie Séoudite.

hédonisme n. m. PHILO. Doctrine morale selon laquelle le plaisir est le souverain bien. *L'hédonisme tempéré de la philosophie d'Épicure.* / ÉCON. Principe d'économie libérale selon lequel l'homme tend vers le maximum de jouissances matérielles en échange d'un effort minimaliste (*loi du moindre effort*), et dont il convient de considérer la satisfaction de cette quête des plaisirs comme le moteur et l'objectif essentiels de l'économie mondiale.

HÉBREUX

L'histoire des Hébreux se déroule dans la région, en partie désertique, comprise entre l'Euphrate et l'Égypte, appelée plus tard la Palestine. De longues périodes de lutte et d'asservissement alternent avec de courts moments de tranquillité et de prospérité. En effet, les Hébreux, longtemps nomades, choisirent de se fixer, sous la conduite du patriarche Abraham, dans le pays de Canaan, voie de passage menant des pays du Nil à ceux de l'Euphrate ; en outre, les Hébreux adoraient un seul Dieu, Yahvé, qui avait contracté une alliance avec son peuple, ce qui les opposait aux autres peuples, polythéistes.
Selon la Bible, quelques grandes figures ont marqué l'histoire des Hébreux. Moïse fut le grand législateur d'Israël ; ayant conduit les Juifs hors d'Égypte où ils étaient asservis, il leur imposa les volontés de Yahvé (les *dix commandements*) et les mena en vue de la Terre promise de Canaan (XIIIe siècle av. J.-C.). Samson, guerrier d'une force herculéenne, s'illustra au cours de guerres contre les Philistins qui tenaient la côte, ainsi que le roi David, qui vainquit en combat singulier le géant philistin Goliath. Le règne de Salomon, fils de David (Xe siècle av. J.-C.), marque l'apogée du royaume hébreu, prospère et bien administré ; il éleva, dans sa capitale de Jérusalem, un temple magnifique à la gloire de l'Éternel. Après sa mort, l'État se divisa en deux royaumes : Juda et Israël, et les Hébreux ne tardèrent pas à perdre leur indépendance ; ils connurent même, au VIe siècle av. J.-C., la déportation en Babylonie.
Au milieu de ces épreuves, des personnages inspirés, les Prophètes, s'efforçaient de les maintenir dans le respect de la Loi. Le roi des Perses Cyrus les autorisa à regagner la Palestine et ils reconstruisirent le temple de Jérusalem. Leur indépendance politique était cependant à jamais perdue : après les Perses, ce furent les Séleucides, puis les Romains qui les asservirent. C'est à ce moment que se situe la naissance de Jésus, considéré par certains comme le Messie annoncé par les Prophètes. S'étant révoltés contre l'autorité romaine, les Hébreux furent durement châtiés par Titus (70 apr. J.-C.), puis par Hadrien qui les chassa de Palestine et les obligea à se disperser dans tout le bassin méditerranéen : ce fut la Diaspora.

Vers la Terre promise. « Josué fit ce que Moïse lui avait dit, et il alla combattre contre Amalec... »

H

Friedrich Hegel.

hédoniste adj. et n. De l'hédonisme ; adepte de l'hédonisme.
Hegel (Friedrich) 1770-1831 Philosophe allemand. Professeur à Iéna et Berlin, il publia *Phénoménologie de l'esprit* (1807), *Science de la logique* (1812-1816) et *Principes de la philosophie du droit* (1821). Parmi ses cours, publiés après sa mort, se détache son *Esthétique*. Son influence sur la pensée moderne est considérable.
hégélianisme n. m. PHILO. Système de pensée du philosophe allemand F. Hegel.
♦ Parti du système de Kant, Hegel pense, à l'opposé de ce dernier, pour qui l'Esprit est transcendant à la Nature, que l'univers est rationnel. Il affirme l'immanence réciproque de ces deux concepts. L'histoire est l'accomplissement progressif de l'esprit émergeant de la nature. Le moteur de l'histoire est une dynamique dialectique qui se réalise en devenir continu. Ce processus a souvent été schématisé de manière simple, mais réductrice, par la succession et l'enchaînement de trois phases : la *thèse* (réalité qui se pose en soi), l'*antithèse* (elle s'oppose à elle-même en se développant hors de soi), la *synthèse* (elle retourne en soi, concilie ses éléments opposés et aboutit à une réalité plus accomplie : une nouvelle thèse, qui subira à son tour la dynamique dialectique). Cette dynamique se veut totalisante. Elle englobe toute la réalité universelle, particulière et générale.
hégélien, enne adj. et n. Relatif à Hegel et à l'hégélianisme. / Partisan de l'hégélianisme.
hégémonie n. f. ANTIQ. Suprématie d'une cité grecque sur les autres cités. *Athènes, Sparte et Thèbes se disputèrent tour à tour l'hégémonie.* / Par anal. Domination, suprématie en matière politique, militaire ou économique.
hégémonique adj. En situation d'hégémonie. *Pouvoir hégémonique.*
hégire n. f. Ère des musulmans dont le commencement est marqué par le départ du prophète Mahomet, de La Mecque vers Médine, en 622.
Heian (époque de) Époque de l'histoire japonaise qui va de la fondation de Heian-kyo (aujourd'hui Kyoto) en 794 jusqu'à 1192 (époque de Kamakura).
Heidegger (Martin) 1889-1976 Philosophe allemand. Son livre le plus important est *L'Être et le Temps* (1927). Il a publié aussi *Qu'est-ce que la métaphysique ?* (1929), *Kant et le problème de la métaphysique* (1929), *Introduction à la métaphysique* (1935), *Qu'appelle-t-on penser ?* (1954). Son œuvre difficile est surtout une réflexion sur la métaphysique, sur l'*étant*, sur l'*être-dans-le-monde*, sur l'*être-pour-la-mort*, sur l'angoisse qui aide à une plus grande prise de conscience. Elle a marqué les philosophes existentialistes en France. Son adhésion au nazisme a troublé ses plus profonds admirateurs.
Heidelberg *138 964 h.* Ville d'Allemagne, dans le Land de Bade-Wurtemberg, sur le Neckar. Ancienne capitale du Palatinat rhénan, elle possède une université fondée en 1386 et qui fut, au XVIe siècle, un foyer calviniste.
Heidenstam (Verner von) 1859-1940 Écrivain suédois dont l'œuvre romantique et nationaliste marqua un tournant dans la littérature suédoise. Il publia le *Manifeste du mouvement Renaissance* en 1889, puis un roman en vers (*Hans Alienus*, 1892) et des nouvelles historiques (*Les Carolins*, 1897-1898).
heiduque Voir **haïdouk**
Heifetz (Jascha) 1901-1987 Violoniste américain d'origine russe. Adolescent prodige (sa carrière internationale commença lorsqu'il avait 18 ans), il se consacra essentiellement au répertoire romantique et post-romantique.
Heilongjiang *454 000 km² 36 400 000 h.* Province de la Chine du nord-est, bordée par le fleuve du même nom (l'Amour). Capitale *Harbin*. Dans cette province, où cohabitent plus de trente minorités chinoises, se trouvent les plus importantes réserves de bois de la Chine. Les richesses en fer, houille, or, cuivre, plomb, pétrole ont permis une industrialisation déjà ancienne (sidérurgie).
hein ! interj. Fam. (Pour marquer l'impatience, l'incompréhension, pour renforcer un ordre, une injonction) *Hein ? Qu'est-ce que tu veux encore ? Et soyez à l'heure, hein !*
Heine (Heinrich) 1797-1856 Poète allemand. En 1827, il publie *Le Livre des chants* ; ce recueil de poèmes romantiques qui évoquent les rythmes des mélodies populaires rencontre un grand succès. Ses origines juives, ses opinions libérales valent à Heine quelques difficultés en Allemagne et il s'installe en 1831 à Paris où il fréquente les salons, les cercles politiques libéraux et le milieu des socialistes allemands. Il donne des articles à *La Revue des Deux-Mondes*, à *Globe*, à la revue socialiste *Vorwärts*, aux *Annales franco-allemandes* de Marx. Sa poésie se tourne vers la satire politique et sociale (*Atta Troll*, 1843 ; *Nouvelles poésies*, 1844) avant de revenir au lyrisme romantique avec *Romanzero* (1851). Maladivement sensible, plein de contradictions, à la fois romantique et classique, libéral et critique caustique des libéraux allemands, athée et tenté par la foi en un Dieu personnel, juif et protestant, il a suscité l'ire des nationalistes allemands et ses œuvres ont été mises au pilori sous le nazisme. Sa vie et son œuvre n'ont cessé (et ne cessent) de susciter prises de position contradictoires et controverses passionnées.
Heinkel (Ernst) 1888-1958 Ingénieur allemand, avionneur de 1911 à 1945.
Heinsius (Anthonie) 1641-1720 Grand pensionnaire de Hollande. Lorsque Guillaume d'Orange devint roi d'Angleterre (1689), Heinsius, qui avait toute sa confiance, le représenta auprès des États de Hollande. Instigateur de la grande alliance de La Haye (1701), il fut l'adversaire de Louis XIV pendant la guerre de Succession d'Espagne.
Heisenberg (Werner) 1901-1976 Physicien allemand, l'un des plus importants théoriciens de la structure de l'atome. Il fut l'un des fondateurs de la mécanique quantique. Il exprima le *principe d'incertitude* qui porte son nom : on ne peut connaître à la fois la position et la vitesse d'une particule élémentaire (électron, par exemple).
hélas ! interj. (Pour exprimer le regret, le chagrin) *Tout est perdu, hélas !*
Hélène (sainte) 247 ?-328 ? Mère de l'empereur Constantin le Grand. La légende veut qu'elle soit à l'origine de « l'invention (la découverte) de la Sainte Croix » à Jérusalem.

Transport (à gauche) et sauvetage (à droite) par **hélicoptère**.

Hélène Princesse grecque d'une grande beauté, qui épousa Ménélas, roi de Sparte et frère d'Agamemnon. Ravie par Pâris, fils du roi de Troie Priam, son enlèvement fut la cause de la guerre des Grecs contre les Troyens.
héler v. t. [1] Appeler (qqn) de loin. *Héler un passant.* / Par ext. *Héler un taxi,* lui faire signe de s'arrêter.
Helgoland (anc. *Heligoland*) *1 800 h.* Petite île d'Allemagne dans la mer du Nord. Sa position stratégique en fit une base navale jusqu'en 1945.
hélianthe n. m. BOT. Syn. de héliotrope.
hélianthème n. m. BOT. Plante vivace, à fleurs jaunes, blanches ou roses, souvent cultivée comme plante ornementale.
hélianthine n. f. CHIM. Colorant utilisé comme indicateur de pH : dans les milieux très acides (pH inférieur à 3,7), elle a une couleur rose, qui devient jaune-orangé dans les milieux de pH supérieur à cette valeur.
Hélias (Pierre Jakez) 1914-1995 Écrivain français d'expression française et bretonne. Son autobiographie, *Le Cheval d'orgueil* (1975 en français, 1986 en breton sous le titre *Marh al Lohr*), doit au moins autant au talent du conteur qu'à l'intérêt du sujet d'être devenu un classique d'ethnographie régionale qui, en outre, a joué un rôle pionnier dans l'émergence de cette forme d'expression. Il a également donné des poèmes bilingues.
héliaste n. m. ANTIQ. GR. Juge du tribunal de l'héliée. *Tout citoyen athénien pouvait être héliaste dès l'âge de 30 ans : les héliastes, répartis entre dix tribunaux, tirés au sort, étaient indemnisés.*
hélicase n. f. BIOCHIM. Enzyme qui permet de dérouler la double hélice d'A.D.N., lors de sa réplication.
hélice n. f. MATH. En géométrie, courbe tracée sur un cylindre dont elle coupe à angle constant les génératrices. / TECHN. Appareil composé de pales de forme hélicoïdale, fixées à un axe, dont la rotation crée une force utilisée pour la propulsion de certains types de bateaux et d'avions ; cette force dépend de la vitesse et du pas de l'hélice, le pas d'une hélice circulaire étant la distance séparant deux points d'intersection d'une génératrice. / ARCHIT. Volute faisant partie de l'ornementation des chapiteaux corinthiens. / CONSTR. Spirale d'un escalier en pas de vis.
héliciculture n. f. Élevage des escargots.
hélico n. m. Fam. Abréviation d'*hélicoptère.*
hélicoïdal, ale, aux adj. Didac. En forme d'hélice ou d'hélicoïde. / MÉCAN. *Mouvement hélicoïdal* : mouvement d'un solide qui tourne autour d'un axe avec une vitesse angulaire constante, et qui est, en même temps, animé d'un mouvement de translation uniforme parallèlement à cet axe.
hélicoïde n. m. MATH. En géométrie, surface engendrée par une droite s'appuyant sur une hélice circulaire, dite directrice, et sur l'axe de celle-ci, en restant parallèle à un plan donné.
hélicon n. m. Instrument à vent de grande taille, de la famille des cuivres, d'un registre de contrebasse par rapport au tuba, et qui est utilisé dans les fanfares.
hélicoptère n. m. Aéronef dont la sustentation, la force ascensionnelle et la propulsion sont assurées par une hélice à axe vertical ou rotor. *L'hélicoptère peut décoller et atterrir verticalement et s'immobiliser dans l'air.*
Héliée n. f. ANTIQ. GR. Tribunal athénien qui se réunissait au lever du soleil et qui traitait des affaires courantes, hormis celles qui relevaient de la juridiction de l'aréopage.
héligare n. f. Aérogare réservée aux hélicoptères.
Hélikon *1 748 m* Montagne de Béotie. Dans l'Antiquité grecque, elle était consacrée à Apollon (dieu du Soleil, en grec Hélios) et aux muses (protégées par Apollon).
héliocentrique adj. Dont le soleil est le centre de référence. *Le système de Copernic est héliocentrique.*
héliocentrisme n. m. ASTRON. Système et théorie qui font du Soleil le centre du cosmos par oppos. au *géocentrisme.*
Héliodore ?-175 av. J.-C. Ministre du roi syrien Séleucos IV. Chargé de piller le temple de Jérusalem, il en aurait été miraculeusement empêché. En 175, il assassina Séleucos, tenta de se faire proclamer roi, mais fut renversé et assassiné à son tour par Antiochos IV Épiphane.
Héliogabale Voir **Élagabal**
héliogravure n. f. IMPRIM. Procédé de gravure photomécanique dans lequel la plaque de cuivre, gravée en creux, est couverte de gélatine dont la perméabilité à l'agent corrosif dépend de l'intensité de la lumière qu'elle reçoit. / Procédé d'impression utilisant cette technique. / Illustration, image obtenue ainsi.
héliomarin, e adj. Qui a recours à l'effet thérapeutique des rayons solaires et à celui de l'air marin.
hélion n. m. PHYS. NUCL. Noyau de l'atome d'hélium, également appelé particule alpha. *Certaines substances radioactives émettent des hélions.*
Héliopolis Ville de Basse-Égypte. Située au sud du delta du Nil, elle était le centre du culte de Râ (le Soleil), à l'époque pharaonique. Plus tard, le dieu grec du Soleil, Hélios, y rendait des oracles. La ville possédait un collège de prêtres et une école de philosophie où, dit-on, Platon aurait enseigné. C'est aujourd'hui un faubourg du Caire.

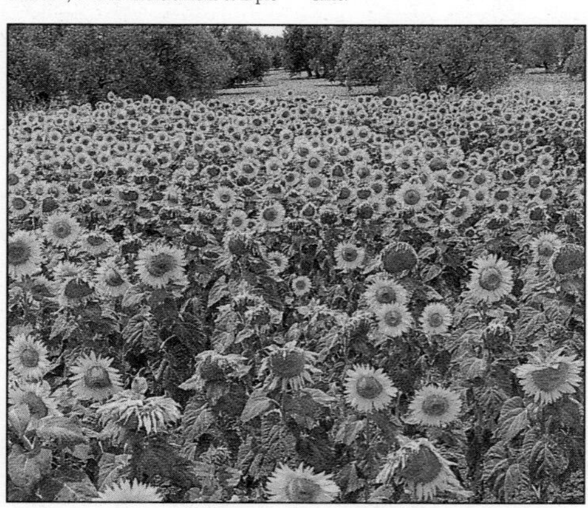

Héliotropes : champ de tournesol.

Hélios MYTH. GR. Dieu du soleil, il conduisait un char d'or attelé de trois chevaux ailés et éclairait les humains en parcourant quotidiennement le ciel.
héliosphère n. f. ASTRON. Champ magnétique du Soleil qui s'exerce sur le système solaire.
héliostat n. m. ASTRON. Instrument utilisé dans l'observation du Soleil, équipé d'un miroir plan et mobile, qui réfléchit les rayons solaires en un point fixe quel que soit leur changement de direction dû à la rotation terrestre.
héliosynchrone adj. ASTRON. Se dit de l'orbite d'un satellite artificiel dont le plan présente un angle constant avec la direction Terre-Ciel, assurant au satellite un ensoleillement constant.
héliothérapie n. f. MÉD. Utilisation thérapeutique des rayons ultraviolets naturels ou artificiels.
héliotrope n. m. BOT. Grande plante herbacée, dont une espèce, le tournesol, est cultivée pour ses graines oléagineuses et une autre, le topinambour, pour ses tubercules comestibles. Syn. Hélianthe. / MINÉR. Variété de calcédoine d'un vert profond veiné de rouge.
héliotropine n. f. CHIM. Composé aromatique obtenu à partir de l'essence de sassafras, d'une odeur proche de l'héliotrope, utilisé en parfumerie.
héliotropisme n. m. Propriété des plantes qui se tournent vers le soleil, attirées par la lumière.
héliozoaires n. m. pl. ZOOL. Classe de protozoaires à pseudopodes rayonnants appartenant à l'embranchement des actinopodes, qui vivent généralement en eau douce.
héliportage n. m. Transport de personnes, de matériel par hélicoptère.
héliporté, e adj. Qui a été transporté par hélicoptère.
hélitreuillage n. m. Action d'hélitreuiller (une personne, une charge).
hélitreuiller v. t. [1] Treuiller (une personne, une charge) avec un hélicoptère maintenu en vol stationnaire. *Hélitreuiller un blessé.*
hélium n. m. CHIM. Corps gazeux simple, de numéro atomique Z=2, de masse atomique 4,002 6, qui se solidifie à - 272 °C, et se liquéfie à - 268 °C (symbole : He).
♦ L'hélium est présent dans l'atmosphère solaire et, en très petite quantité, dans l'air. On l'utilise pour réaliser la soudure du magnésium et de l'aluminium en atmosphère inerte non oxydante. On emploie des mélanges d'oxygène et d'hélium pour des traitements respiratoires. À l'état liquide, l'hélium est utilisé en cryogénie pour générer un milieu de très basse température. Le thermomètre à hélium sert au repérage de très basses températures. Il sert également, en raison de sa très grande légèreté et de son ininflammabilité, au gonflage des ballons et des aérostats, de préférence à l'hydrogène, ce dernier étant très inflammable.
hélix n. m. ANAT. Pourtour saillant du pavillon de l'oreille externe.
helladique adj. et n. m. ARCHÉOL. Relatif à l'art, à la civilisation qui s'est développée en Grèce continentale (et dans quelques îles) au cours d'une période qui s'étend sans doute du Chalcolithique (date impossible à préciser) à la fin du IIe millénaire av. J.-C. *Habitat helladique.* / n. m. *L'Helladique ancien, moyen, récent.*

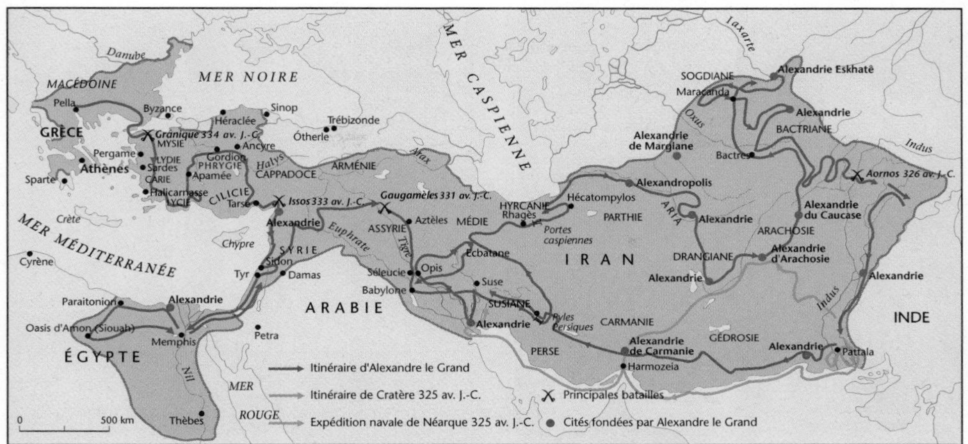

Les conquêtes d'Alexandre le Grand qui ont donné naissance à la civilisation ***hellénistique***.

hellébore Voir **ellébore**

Hellen MYTH. GR. Fils de Deucalion et de Pyrrha, il eut trois fils, à l'origine des peuples qui s'établirent en Grèce, les Doriens, les Ioniens, les Éoliens et les Achéens.

hellène n. et adj. Habitant de la Grèce ; qui tient à la Grèce, à ses habitants. *Les Hellènes. Les tribus hellènes.*

hellénique adj. De la Grèce. *Civilisation hellénique.* / De la langue grecque. *Dialecte hellénique.*

helléniser v. t. [1] Donner un caractère grec à.

hellénisme n. m. LING. Tournure idiomatique propre à la langue grecque. / Ensemble de la civilisation grecque proprement dite et de son influence sur le monde antique non grec. *L'influence de l'hellénisme sur la pensée occidentale.*

hellénistique adj. Se dit de la civilisation et de l'histoire du monde grec depuis les conquêtes d'Alexandre le Grand (356-323 av. J.-C.) jusqu'à la conquête romaine. *Période hellénistique. La philosophie hellénistique de Plotin.*

Hellespont Ancien nom du détroit des Dardanelles.

Helleu (Paul) 1859-1927 Peintre et dessinateur français dont le trait nerveux et élégant et les portraits de femmes aux poses alanguies et maniérées sont caractéristiques de la Belle Époque.

Helmholtz (Hermann von) 1821-1894 Physicien allemand qui s'intéressa aux problèmes d'acoustique, d'optique, de mécanique, d'électricité, de géométrie, de physiologie. Il fut un des fondateurs de la thermodynamique.

helminthe n. m. ZOOL., MÉD. Ver parasite de l'homme (ou de certains autres vertébrés). *On appelle helminthes des animaux appartenant à des groupes zoologiques très divers (plathelminthes aussi bien que némathelminthes).*

helminthiase n. f. MÉD. Maladie parasitaire déterminée par la présence d'un helminthe (plathelminthe ou némathelminthe).

hélodée Voir **élodée**

héloderme n. m. ZOOL. Grand lézard des régions semi-arides du sud-ouest des États-Unis et du Mexique, à la morsure venimeuse. *L'héloderme est nocturne, il se nourrit principalement de petits rongeurs.* Syn. Monstre de Gila.

Héloïse vers 1100 ?-1164 Philosophe et religieuse française. Nièce du chanoine parisien Fulbert, elle eut Abélard pour précepteur, devint sa maîtresse, en eut un fils, puis l'épousa contre la volonté de son oncle qui le fit émasculer (1113 ?). Religieuse au couvent d'Argenteuil, elle en devint prieure, avant d'être abbesse du Paraclet, abbaye proche de Nogent-sur-Seine. Elle échangea avec Abélard une correspondance dont on ne connaît que sept lettres, dont trois d'Héloïse (probablement authentiques quant au fond, sinon quant à la forme), dans lesquelles elle se montre amoureuse inconsolable.

Helsinki *512 176 h.* Capitale de la Finlande, sur le golfe de Finlande. Ville universitaire, centre industriel et port principal du pays. **Histoire** La ville a été fondée en 1550 par Gustave Ier Vasa, roi de Suède. Elle est devenue en 1812, capitale du grand-duché (russe) de Finlande avant d'être, après l'indépendance du pays, capitale du nouvel État. En 1975, une conférence sur la sécurité en Europe et sur la liberté de circulation des hommes et des idées aboutit à des accords signés par les pays européens de l'Ouest et de l'Est.

helvelle n. f. BIOL. Champignon ascomycète, au chapeau composé de lamelles irrégulières, à pied épais, comestible.

helvète n. D'Helvétie. *Vestiges helvètes. Un(e) Helvète.*

Helvétie Nom donné à une région de la Gaule, correspondant approximativement à la Suisse actuelle, peuplée de Celtes nommés Helvètes.

helvétique adj. De Suisse. *Confédération helvétique.*

helvétisme n. m. LING. Tournure idiomatique propre au français parlé en Suisse romande.

Helvétius (Claude Adrien) 1715-1771 Philosophe français, collaborateur de l'*Encyclopédie*. Dans ses ouvrages *De l'esprit* (1758) et *De l'homme, de ses facultés intellectuelles et de son éducation* (1772), il expose une philosophie matérialiste, sensualiste et athée qui a scandalisé ses contemporains.

hémarthrose n. f. MÉD. Épanchement sanguin dans une articulation.

hématémèse n. f. MÉD. Vomissement de sang résultant d'une hémorragie du tube digestif (ulcère, gastrite, etc.).

hématie n. f. PHYSIOL. Globule rouge du sang qui contient l'hémoglobine et qui véhicule l'oxygène dans l'organisme. *Les hématies ont la forme d'une lentille biconcave de sept microns de diamètre ; on en compte normalement environ 5 millions par mm³ de sang.*

hématine n. f. BIOCHIM. Substance ferrugineuse, intervenant comme groupement prostétique des hémoglobines, mais dont les propriétés chimiques ne permettent pas la fixation de l'oxygène. *L'hématine empêche le transport d'oxygène par les molécules d'hémoglobine ; elle peut se former au cours de certaines intoxications.*

hématite n. f. MINÉR. Nom donné à deux oxydes naturels qui sont des minerais de fer ; il existe des hématites brunes et des hématites rouges.

hématoblaste n. m. PHYSIOL. Cellule sanguine de stade médullaire.

hématocrite n. m. BIOL. Pourcentage du volume occupé par les hématies (globules rouges) pour un volume donné de sang.

hématologie n. f. MÉD. Étude du sang du point de vue histologique, physiologique et pathologique.

hématologique adj. Relatif à l'hématologie.

hématologiste ou **hématologue** n. Spécialiste d'hématologie.

hématome n. m. MÉD. Épanchement interne de sang à la suite d'une rupture de vaisseau qui peut être due à une lésion, un traumatisme, une fracture.

hématophage adj. ZOOL. Qui se nourrit se sang.

hématopoïèse n. f. BIOL. Formation des globules sanguins dans certains organes dits hématopoïétiques (moelle osseuse, ganglions lymphatiques, rate).

hématopoïétique adj. BIOL. Qui réalise l'hématopoïèse. *La moelle osseuse, les ganglions lymphatiques et la rate sont, chez l'adulte, les principaux organes hématopoïétiques.*

hématosarcome n. m. MÉD. Terme désignant la prolifération maligne de certaines cellules, le plus souvent celle des lymphocytes. Syn. Lymphome.

hématose n. f. PHYSIOL. Transformation du sang veineux en sang artériel qui s'effectue au niveau des alvéoles pulmonaires par fixation de l'oxygène sur l'hémoglobine des globules rouges, tandis que le gaz carbonique est éliminé.

hématozoaire n. m. ZOOL. Protozoaire parasite vivant dans le sang. *Le paludisme est dû à un hématozoaire, le plasmodium.*

hématurie n. f. MÉD. Présence de sang dans les urines.

hème n. f. BIOCHIM. Portion non protéique de la molécule d'hémoglobine dans laquelle un atome de fer, par des réactions d'oxydo-réduction, peut fixer et libérer l'oxygène.

héméralopie n. f. MÉD. Affaiblissement anormal de la vision lorsque la lumière est faible, notam. au crépuscule.

hémicellulose n. f. BIOCHIM. Terme désignant divers polysaccharides présents dans la paroi des cellules végétales.

hémicordés ou **hémichordés** n. m. pl. ZOOL. Embranchement d'animaux marins d'allure vermiforme, coelomates, invertébrés, dépourvus de chorde, munis de fentes pharingiennes et possédant un système nerveux dorsal. *Le balanoglosse est un hémicordé.*

hémicycle n. m. Toute construction ou espace en forme de demi-cercle. / Ensemble de gradins disposés en demi-cercle et destinés à recevoir une assemblée.

hémiédrie n. f. MINÉR. Propriété de certains cristaux qui, n'obéissant pas à la loi de symétrie, n'admettent les modifications structurales que sur la moitié de leurs angles semblables.

Ernest Hemingway.

hémimétabole adj. et n. ZOOL. Se dit des insectes qui atteignent la forme adulte après une série de mues et une métamorphose incomplète. / n. m. *Un hémimétabole.*

Hemingway (Ernest) 1899-1961 Écrivain américain. Son goût de l'action le conduit à participer à la Première Guerre mondiale (infirmier sur le front italien en 1918, il tirera de son expérience *L'Adieu aux armes*, 1929) et à la guerre d'Espagne (qui lui inspirera *Pour qui sonne le glas*, 1940). Journaliste, il s'installe à Paris en 1921 ; il est correspondant du *Star* de Toronto et commence à publier ses premières nouvelles, épaulé par Gertrude Stein, Ezra Pound et Sherwood Anderson. Passionné par la tauromachie, la chasse en Afrique, la pêche au gros, il a retracé en les romançant ses nombreuses expériences dans des œuvres au style direct, elliptique et sans fioritures, inspiré du journalisme : la tauromachie inspire *Mort dans l'après-midi* (1932), l'amour de l'Afrique est au cœur des *Neiges du Kilimandjaro* (1927), le vieux pêcheur du récit *Le Vieil Homme et la Mer* (1952) est comme un double de l'auteur, qui aimait tant pratiquer la pêche à l'espadon dans la mer des Antilles. Il ne peut s'engager dans l'armée au cours de la Seconde Guerre mondiale, mais se fait envoyer en France comme correspondant de guerre en 1944. Cette expérience ne donne lieu à aucune transposition littéraire ; Hemingway, en apparence plein de vitalité, est, en réalité, fatigué et dépressif ; il se suicide d'un coup de fusil dans la tête.

hémione n. f. ZOOL. Équidé asiatique sauvage, à la robe isabelle, qui ressemble à la fois au cheval et à l'âne. *Les hémiones atteignent 1,25 m au garrot.*

hémiplégie n. f. MÉD. Paralysie frappant une moitié latérale du corps.

hémiplégique adj. et n. De l'hémiplégie. / Atteint d'hémiplégie.

hémiptères n. m. pl. Syn. de hétéroptères.

hémiptéroïdes n. m. pl. ZOOL. Superordre d'insectes, comprenant notamment les punaises, les pucerons, les cigales, les thysanoptères (thrips) et les anoploures (poux), dotés de pièces buccales en forme de rostres permettant de piquer et de sucer.

hémisphère n. m. Chaque moitié d'une sphère divisée par un plan passant par son centre. / GÉOGR. Chacune des moitiés du globe terrestre, situées de part et d'autre de l'équateur. *L'hémisphère Nord et l'hémisphère Sud.* / ASTRON. Moitié de la sphère céleste ; moitié d'un astre sphéroïdal. / ANAT. *Hémisphères cérébraux* : les deux moitiés latérales du cerveau séparées par une profonde scissure. / PHYS. *Hémisphères de Magdebourg* : hémisphères métalliques de 80 cm de diamètre, accolés suivant leur base et à l'intérieur desquels on avait fait le vide, qui ne purent être séparées que par les efforts conjugués de deux attelages de huit chevaux. *L'expérience des hémisphères de Magdebourg a été réalisée en 1654 par Otto von Guericke pour prouver l'existence de la pression atmosphérique.*

hémistiche n. m. En poésie, moitié du vers partagé par la césure. *L'alexandrin est généralement coupé en deux hémistiches égaux.*

hémocompatible adj. MÉD. Qui a un groupe sanguin compatible avec un autre ou plusieurs autres groupes sanguins. *Donneur hémocompatible.*

hémoculture n. f. BIOL. Ensemencement d'un milieu de culture avec une petite quantité de sang prélevé sur un sujet afin de déterminer les micro-organismes qui l'affectent.

hémocytoblaste n. m. BIOL. Une des cellules de la moelle osseuse qui participe à l'hématopoïèse.

hémodialyse n. f. MÉD. Synonyme de dialyse.

hémoglobine n. f. ZOOL. Pigment rouge des hématies, composé de quatre sous-unités protéiques (globines), chacune associée à une hème ; l'hémoglobine assure le transport de l'oxygène dans l'organisme.

hémogramme n. m. MÉD. Évaluation quantitative et qualitative des globules rouges et blancs du sang, ainsi que des plaquettes (thrombocytes).

sain
malade
porteur du gène de la maladie
mère
père

*La transmission de l'**hémophilie**.*

hémolymphe n. f. ZOOL. Liquide assurant chez certains animaux (invertébrés) des fonctions similaires à celles du sang et de la lymphe, notamment en ce qui concerne les échanges gazeux, la circulation des nutriments, etc.

hémolyse n. f. Libération de l'hémoglobine contenue dans l'hématie par rupture de la paroi de ce globule en présence d'un milieu hypotonique, l'hémoglobine se dissolvant alors dans le plasma sanguin.

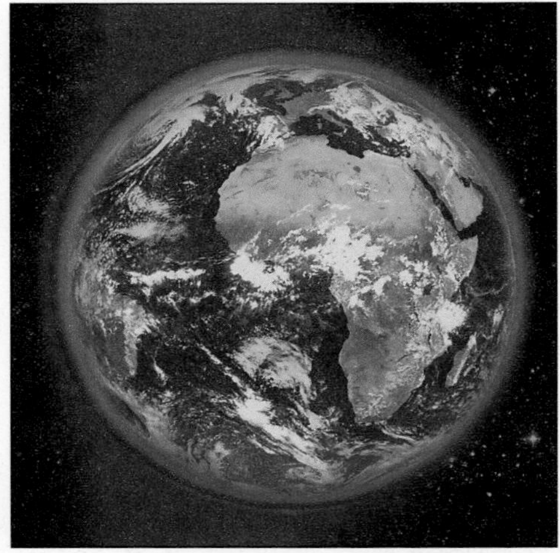

*Photographie prise de l'espace : l'Afrique, répartie sur les deux **hémisphères** (nord et sud).*

Hémon (Louis) 1880-1913 Romancier français. Ses expériences de la vie au Canada, où il s'était installé en 1911, ont inspiré *Maria Chapdelaine* (posthume, 1916) ; il est également l'auteur de *Monsieur Ripois et la Némésis* (posthume, 1950).

hémopathie n. f. MÉD. Toute maladie du sang.

hémophile adj. et n. MÉD. Atteint d'hémophilie.

hémophilie n. f. Maladie caractérisée par un retard à la coagulation du sang.
♦ Maladie génétique, l'hémophilie n'affecte que les hommes mais est transmise par les femmes ; elle détermine des hémorragies graves, causées par des traumatismes minimes : ce sont des hémorragies récidivantes, cutanées ou muqueuses, ou des hémarthroses entraînant un état d'anémie. La maladie est due à une insuffisance de l'un des facteurs nécessaires à la coagulation (prothrombine ou sérozyme) et liée à un gène récessif porté par un hétérochromosome X.

hémoptysie n. f. MÉD. Crachement de sang provenant des voies respiratoires et causé le plus souvent par la tuberculose pulmonaire.

hémorragie n. f. Effusion de sang hors d'un vaisseau sanguin, d'origine traumatique ou pathologique.
♦ L'hémorragie est externe si le sang sort d'un orifice naturel ou d'une plaie. L'hémorragie interne peut entraîner une mort rapide ou, au contraire, demeurer méconnue et n'être décelée que par l'analyse des urines ou des selles. On distingue les hémorragies artérielles où le sang de couleur rouge vif jaillit par saccades, les hémorragies veineuses où le sang de couleur plus foncée coule de la plaie de manière uniforme.

hémorragique adj. Propre ou relatif à l'hémorragie.

Jimi Hendrix.

hémorroïde n. f. MÉD. Tumeur variqueuse formée par la dilatation d'une veine de l'anus ou du rectum.
hémostase n. f. MÉD. Arrêt d'une hémorragie, soit par coagulation, soit par un procédé artificiel (ligature d'un vaisseau, pose de pinces hémostatiques, pansement compressif).
hémothorax n. m. MÉD. Épanchement sanguin dans la plèvre.
Henan ou **Ho-nan** *167 000 km² 89 500 000 h.* Province de la Chine du Centre-Est, traversée par de nombreux fleuves. Capitale *Zhengzhou*. Berceau de la civilisation chinoise, la province est riche de son agriculture (céréales, soja, tabac, oléagineux), de ses ressources minières (bauxite et molybdène) et de son industrie (sidérurgie, textile). Victime d'incessantes inondations, elle fait l'objet d'aménagements des fleuves et d'un important programme de reboisement.
Hendaye *11 578 h.* Ville frontalière des Pyrénées-Atlantiques, sur l'estuaire de la Bidassoa. Belle plage de sable fin.
hendécasyllabe n. m. et adj. POÉT. Vers de onze syllabes. / adj. *Vers hendécasyllabe.*
hendécasyllabique adj. POÉT. De onze syllabes.
Hendrix (James Marshall, dit Jimi) 1942-1970 Guitariste et chanteur américain, l'une des stars du rock et du blues (*Hey Joe*, 1967). Il s'imposa comme un instrumentaliste hors pair.
henné n. m. (mot arabe) Arbuste épineux dont les feuilles et l'écorce sont utilisées notam. au Moyen-Orient et en Afrique du Nord pour préparer un colorant rouge servant à teindre les cheveux, la barbe, les ongles. / Ce colorant.
Hennebique (François) 1842-1921 Ingénieur français; il a réalisé en 1898 le premier immeuble parisien en béton armé (rue Danton).
Hennig (Willi) 1913-1976 Entomologiste allemand. En 1950, la publication de son ouvrage *Grudzüge einer Theorie der phylogenetischen Systematik* (*Principes d'une théorie de la systématique phylogénétique*) fut peu remarquée. La publication, en anglais, de *Phylogenetic systematics* (*La Systématique phylogénétique*, 1966) eut en revanche un retentissement énorme et des conséquences durables sur toute la biologie. Hennig y donne une assise scientifique à la classification des espèces vivantes, affirmant que cette classification doit reposer sur la phylogénie et ne contenir que des groupes monophylétiques, ayant un sens du point de vue de l'évolution.
hennin n. m. Coiffe féminine du XVe siècle en forme de cône rigide et pointu, recouvert d'un voile tombant dans le dos.
hennir v. i. [2] Pousser un hennissement.
hennissement n. m. Cri du cheval. / *Par anal.* Cri ou rire évoquant le hennissement du cheval.
Hénoch ou **Énoch (Livre de)** Livre apocryphe de la Bible (IIe siècle av. J.-C. ?) au caractère apocalyptique. Hénoch est un personnage légendaire qui aurait quitté la vie terrestre sans mourir; il avait pour fils Mathusalem.

Henri Nom de nombreux souverains.

ALLEMAGNE (Rois et empereurs)

Henri Ier l'Oiseleur 876?-936 Roi de Germanie en 919. Duc de Saxe (912), il succéda comme roi de Germanie à Conrad Ier, s'empara de la Lotharingie et lutta contre les Slaves et les Hongrois.
Henri II le Saint 973-1024 Empereur germanique en 1014. Roi de Germanie (1002), roi d'Italie (1004), il fut couronné empereur à Rome en 1014. Il lutta contre la Pologne, qui affirma son indépendance. Il protégea l'Église et favorisa les fondations clunisiennes. Il fut canonisé en 1146.
Henri III le Noir 1017-1056 Empereur germanique en 1039. Il vassalisa les Slaves de Bohême, les Polonais et les Hongrois. Voulant soumettre la papauté à son autorité, il déposa le pape Grégoire VI et fit successivement élire papes trois évêques allemands (Clément II, Damase II, Léon IX).
Henri IV 1050-1106 Empereur germanique en 1056. Il succéda à son père Henri III à l'âge de 6 ans, sous la tutelle de sa mère Agnès de Poitiers qui dut lutter contre les ducs de Saxe et de Bavière. Henri IV avait rétabli son autorité en Saxe lorsqu'éclata la querelle des Investitures (1076). En conflit avec le pape Grégoire VII, il le fit destituer, mais celui-ci riposta en l'excommuniant, en le déposant et en déliant ses sujets du devoir d'obéissance. Abandonné de tous, Henri IV fut contraint de venir avec humilité solliciter son pardon en Italie, à Canossa (1077). La levée de l'excommunication lui permit de mater les féodaux qui s'étaient révoltés et, sûr de son pouvoir, il fit de nouveau déposer Grégoire VII et élire un antipape. Entré en Italie, il s'empara de Rome (1084) et s'y fit couronner empereur par l'antipape. Son triomphe fut de courte durée: après la mort de Grégoire VII (1085), le court règne de Victor III et un assez long interrègne, une élection régulière porta (1088) Urbain II au Saint-Siège; ce dernier reprit Rome (1093) et chassa Henri d'Italie. L'empereur fut contraint à l'abdication par son fils (1106) et mourut dans la solitude à Liège.
Henri V 1081-1125 Empereur germanique en 1106. Fils aîné d'Henri IV, il déposa son père, lutta contre la papauté (il suscita deux antipapes), s'empara de Rome et dut, après plus de quinze ans de conflit, signer avec le pape Calixte II le concordat de Worms (1122) qui mettait fin à la querelle des Investitures.
Henri VI le Cruel 1165-1197 Empereur germanique en 1190. Fils et successeur de Frédéric Barberousse. Son mariage (1186) avec Constance de Sicile lui apporta la Sicile, mais Tancrède de Lecce lui disputait le royaume et il ne fut couronné qu'en 1194, à la mort de son adversaire. Il gouverna de manière despotique et tint en captivité Richard Cœur de Lion à son retour de la croisade.
Henri VII 1211-1242 Roi de Sicile (1212), roi de Germanie (1220). Il se révolta (1234) contre son père Frédéric II et, vaincu, se suicida.
Henri VII de Luxembourg 1275?-1313 Empereur germanique en 1308 (il porte le nom d'Henri VII parce que le fils de Frédéric II ne fut pas juridiquement empereur). Élu grâce à l'appui du pape, il se fit couronner à Rome (1312) mais ne put imposer son autorité à une Italie déchirée entre les guelfes et les gibelins.

ANGLETERRE

Henri Ier Beauclerc 1068-1135 Roi d'Angleterre en 1100, duc de Normandie en 1106. Il succéda à son frère Guillaume le Roux, dépouillant de ses États tant britanniques que normands son autre frère Robert Courteheuse. Il guerroya en France et choisit sa fille Mathilde pour lui succéder mais ce fut son neveu Étienne de Blois qui monta sur le trône.
Henri II 1133-1189. Fils de Geoffroi Plantagenêt et petit-fils d'Henri Ier. Duc de Normandie (1150), comte d'Anjou (1151), duc d'Aquitaine (1152) par son mariage avec Aliénor, reine de France répudiée par Louis VII, roi d'Angleterre en 1154. Maître de l'Angleterre et d'une partie de la France, il fut un administrateur et un législateur éclairé. Mais il entra en conflit avec l'archevêque de Canterbury, Thomas Becket, dont il permit l'assassinat (1170). Ses fils, encouragés par leur mère puis par le roi de France Philippe Auguste, menèrent contre lui une lutte incessante à partir de 1173. Père de Richard Cœur de Lion et de Jean sans Terre.
Henri III 1207-1272 Roi d'Angleterre en 1216. Il succéda à son père Jean sans Terre. Guerroyant en France contre Saint Louis qui avait confisqué à Jean sans Terre ses possessions françaises (1242), il eut à lutter en Angleterre contre Simon de Montfort, comte de Leicester, qui voulait limiter le pouvoir royal en lui imposant les *Provisions d'Oxford* (1258). Forcé de les signer, il refusa de les appliquer, ce qui conduisit à la « guerre des barons » (1261-1265), qui se termina à son désavantage par la confirmation de la Grande Charte (1265). Saint Louis lui prit le Poitou, la Saintonge et l'Auvergne (1259).
Henri IV 1367-1413 Roi d'Angleterre en 1399, premier roi de la dynastie de Lancastre. Petit-fils d'Édouard III, il détrôna et fit tuer son cousin Richard II. Il combattit les Gallois, les Écossais, et les Français.
Henri V 1387-1422 Fils du précédent, roi d'Angleterre en 1413. Après avoir réprimé la révolte des lollards et reconquis la Normandie, il écrasa les Français à Azincourt en 1415. Par le traité de Troyes (1420), il obtint la main de Catherine, fille de Charles VI et d'Isabeau de Bavière, et le titre d'héritier de la couronne de France au détriment du futur Charles VII. Mais il mourut prématurément à Vincennes.
Henri VI 1421-1471 Fils du précédent, roi d'Angleterre (1422-1461; 1470-1471). Roi d'Angleterre et de France à 8 mois, il fut sacré roi de France en 1431 à Paris et régna sous la tutelle de ses oncles Gloucester (pour l'Angleterre) et Bedford (pour la France). La fin de la guerre de Cent Ans chassa les Anglais de France (1453). Cette défaite entraîna en Angleterre la guerre civile dite « des Deux-Roses », les partisans de la maison de Lancastre arborant la rose rouge, ceux de la maison rivale d'York, la rose blanche. Richard d'York, arrière-petit-fils d'Édouard III par les femmes, puis son fils Édouard, tenants de la rose blanche, combattirent Henri VI de 1455 à 1466. Édouard qui se fit proclamer roi (Édouard IV) en 1461, après la mort de son père, remporta sur la maison de Lancastre la bataille de Towton (1461): Henri VI et sa femme se réfugièrent en Hollande. Rétabli sur le trône en 1470, il retomba au pouvoir d'Édouard qui le fit enfermer à la Tour de Londres où il mourut peu après, peut-être assassiné.
Henri VII 1457-1509 Roi d'Angleterre en 1485. Fils d'Edmond Tudor et dernier descendant de la maison de Lancastre par sa mère, exilé en France par Édouard IV, il mit fin à la guerre des Deux-Roses en gagnant la bataille de Bosworth, au cours de laquelle Richard III fut tué. Fondateur de la dynastie des Tudor, il rétablit la paix en épousant Élisabeth d'York. À la fois autoritaire et bon administrateur, il ramena l'ordre et rendit la prospérité à l'Angleterre.
Henri VIII 1491-1547 Roi d'Angleterre en 1509, roi d'Irlande en 1541. Politique habile, il chercha, à l'extérieur, à ne pas

Henri VIII.

Henri II.

favoriser les ambitions du roi François Ier et de l'empereur Charles Quint. Il s'éloigna du premier après la fastueuse entrevue du camp du Drap d'or (1520) pour se rapprocher du second. Mais, inquiet de la puissance de Charles Quint après sa victoire de Pavie sur François Ier en 1525, il fit la paix avec la France cette même année. Zélé catholique, adversaire de Luther, il se brouilla cependant avec le pape Clément VII qui refusait de prononcer son divorce d'avec Catherine d'Aragon ; celle-ci ne lui avait pas donné de fils et Henri était amoureux d'une dame d'honneur de la reine, Anne Boleyn. L'Acte de Suprématie (1534) fit du roi (excommunié en 1533) le « protecteur et chef suprême de l'Église d'Angleterre » : cet acte marque la naissance du schisme anglican qui entraîna la persécution des catholiques (exécution de Thomas More et de Jean Fisher). Après Catherine d'Aragon, Henri VIII épousa Anne Boleyn, décapitée pour adultère, Jeanne Seymour, morte en couches, Anne de Clèves, répudiée au bout de quelques mois, Catherine Howard, décapitée pour adultère et Catherine Parr qui lui survécut. Ces désordres privés n'empêchèrent pas Henri VIII de gouverner l'Angleterre d'une main de fer, créant une flotte, unifiant le royaume en luttant contre l'indépendance du pays de Galles, de l'Écosse et de l'Irlande, et protégeant les arts en parfait mécène de la Renaissance. De ses nombreuses épouses, il avait eu plusieurs enfants : Marie, fille de Catherine d'Aragon, Elizabeth, fille d'Anne Boleyn, et Édouard VI, fils de Jeanne Grey.

CASTILLE ET LEÓN

Henri Ier 1204-1217 Roi de Castille en 1214. Sa sœur Bérengère exerça le pouvoir à sa place. Il mourut avant sa majorité.

Henri II le Magnifique 1333-1379 Roi de Castille et León en 1369. Fils naturel d'Alphonse XI, il fit appel au roi de France Charles V pour détrôner son frère Pierre le Cruel. Grâce à du Guesclin, il vainquit Pierre, qu'il tua, s'assurant le trône de Castille en 1369. Allié fidèle, il aida Charles V à reprendre La Rochelle aux Anglais en 1372.

Henri III le Maladif 1379-1406 Roi de Castille et León en 1390. Il succéda à son père Jean Ier. Ayant ramené à l'obéissance ses oncles révoltés, il battit les Portugais et occupa Tétouan.

Henri IV l'Impuissant 1425-1474 Roi de Castille et León en 1454. Il succéda à son père Jean II. Il soutint une guerre contre l'Aragon et reprit Gibraltar aux Maures. Mais les nobles refusèrent de reconnaître la légitimité de sa fille Jeanne, soupçonnée d'être la fille d'un amant de la reine. Il dut désigner comme héritière sa propre sœur Isabelle qui, par son mariage avec Ferdinand d'Aragon, prépara l'union des deux royaumes (1469).

FRANCE

Henri Ier 1008 ?-1060 Roi de France en 1031. Petit-fils d'Hugues Capet, il succéda à son père Robert II le Pieux. Il eut à lutter contre son frère Robert, soutenu par un puissant vassal, Eudes, comte de Blois. Luimême s'était acquis l'alliance du duc de Normandie, puis de son héritier, Guillaume le Bâtard. Mais il se brouilla plus tard avec ce prince et fut vaincu en 1054. Il eut comme seconde épouse Anne, fille du grand-prince de Kiev.

Henri II 1519-1559 Roi de France en 1547. Il succéda à son père François Ier et fut comme lui hostile à la Réforme et à la maison d'Autriche. Époux de Catherine de Médicis (qui lui donna dix enfants), il eut pour maîtresse Diane de Poitiers qui exerça sur lui une grande influence, notamment en favorisant les ambitions de la maison de Guise. Reprenant la lutte contre Charles Quint, il se fit céder par les princes protestants allemands les trois évêchés de Metz, Toul et Verdun. Après l'abdication de Charles, la lutte continua avec son fils Philippe II qui, malgré sa victoire à Saint-Quentin, signa la paix du Cateau-Cambrésis. Elle laissait à la France les trois évêchés et Calais, que le duc de Guise avait repris aux Anglais en 1559. Henri II mourut au cours d'un tournoi donné à l'occasion du mariage de sa fille avec le roi d'Espagne Philippe II.

Henri III 1551-1589 Roi de France en 1574. Troisième fils d'Henri II, d'abord élu roi de Pologne en 1573, il succéda à son frère Charles IX. Cultivé, de caractère indécis, entouré de mignons qui exerçaient sur lui un grand ascendant, il ne manquait ni d'intelligence, ni de courage. Influencé par sa mère Catherine de Médicis, inquiète de la popularité d'Henri de Guise, chef des catholiques intransigeants, il accorda aux protestants la liberté de leur culte, l'accès aux emplois publics et des garanties judiciaires et militaires (paix dite « de Monsieur » ou « de Loches », 1576). Les catholiques indignés formèrent une Ligue. Henri de Guise en prit la tête et contraignit le roi à s'engager à ses côtés contre les protestants et à revenir sur ses engagements en réduisant les garanties qu'il leur avait accordées en 1576 (paix de Nérac, 1580). Cela ne calma pas l'ardeur des Ligueurs et Henri de Guise songea à le détrôner, d'autant que la mort du duc d'Anjou, son frère, faisait du prince protestant Henri de Navarre l'héritier du trône (le roi n'avait pas d'enfant de son mariage avec Louise de Lorraine). La lutte continuait entre les catholiques, dirigés par Henri de Guise, et les protestants, menés par Henri de Navarre, mais lors de la journée des Barricades (12 mai 1588), les Parisiens, soulevés par Henri de Guise, obligèrent le roi à fuir à Blois, où il convoqua les états généraux. Pour anéantir la Ligue, il y fit assassiner Henri de Guise ainsi que son frère le cardinal de Lorraine. Se rapprochant d'Henri de Navarre, il vint assiéger Paris où les Ligueurs avaient proclamé sa déchéance et nommé Mayenne, frère d'Henri de Guise, lieutenant général du royaume. C'est alors qu'Henri III fut poignardé par un moine ligueur, Jacques Clément. Il avait désigné Henri de Navarre comme son successeur.

Henri IV 1553-1610 Roi Navarre en 1572 et roi de France en 1589 (sous le nom d'Henri III). Fils de Jeanne d'Albret, il était, en vertu de la loi salique excluant du trône les femmes et leurs descendants, l'héritier légitime d'Henri III ; en effet, son père, Antoine de Bourbon, était l'unique descendant de Saint Louis par les mâles. Malgré ses victoires d'Arques (1589) et d'Ivry (1590), sur la Ligue catholique soutenue par les Espagnols, il échoua devant Paris. Mais, profitant de l'inquiétude des catholiques modérés, qui craignaient la mainmise de Philippe II d'Espagne sur la France, il abjura le protestantisme en 1593 (il avait déjà abjuré sa foi, provisoirement, en 1572, lors de la Saint-Barthélemy) ; cela lui permit d'être sacré à Chartres et d'entrer triomphalement dans Paris en 1594. Peu à peu, refusant d'exercer sur quiconque une quelconque vengeance, il se rallia l'ensemble du royaume dont il refit l'unité, après avoir obligé Philippe II à signer le traité de Vervins rétablissant celui du Cateau-Cambrésis (1598). Peu de temps avant (13 avril 1598), l'édit de Nantes avait assuré la paix religieuse en restituant aux protestants, et en les élargissant, les droits que leur avait déjà reconnus Henri III en 1576. Ayant fait annuler son mariage avec Marguerite de Valois (qu'il avait épousée en 1572), Henri IV épousa en 1600 la fille du duc de Toscane, Marie de Médicis, ce qui ne l'empêcha pas de multiplier les liaisons orageuses (Gabrielle d'Estrées, Henriette d'Entragues). Mais, autoritaire sous des dehors bon enfant, capable de susciter des dévouements fidèles, il avait une haute idée de ses devoirs de roi. Il ramena à l'obéissance, parfois durement, Parlement et villes. Il travailla à rendre au royaume sa prospérité en soutenant l'œuvre financière de son conseiller Sully, les réformes agricoles proposées par Olivier de Serres, ainsi que les tentatives commerciales et industrielles de Laffemas, de même qu'il favorisa l'expansion outre-mer (Champlain part explorer le Canada en 1603). Mais l'entente des Habsbourg d'Autriche et d'Espagne l'inquiétait. Allié aux protestants allemands, Henri IV se préparait à combattre l'empereur catholique ; l'hostilité que cette guerre rencontrait chez bien des Français poussa un demi-fou, Ravaillac, à poignarder le roi le 14 mai 1610.

Arrivée à Venise du roi de France **Henri III**, *tableau du Tintoret.*

Henri IV.

PORTUGAL

Henri le Cardinal 1512-1580 Roi de Portugal en 1578. Grand inquisiteur, prélat, il fut porté au trône à la mort du roi Sébastien, son petit-neveu. Faible et irrésolu, il ne se choisit pas de successeur, ce qui permit à l'Espagne de s'emparer du Portugal.

Henri de Bourgogne 1057 ?-1114 Comte de Portugal en 1097. Arrière petit-fils de Robert le Pieux, il combattit les Maures aux côtés d'Alphonse de Castille dont il épousa la fille. Il reçut de ce dernier le comté de Portugal et, après la mort de son beau-père, proclama son indépendance (1109).

Henri le Navigateur 1394-1460 Prince portugais, fils de Jean Ier de Portugal. Après son expédition contre Ceuta, épris de la mer,

Henri le Navigateur.

il fonda l'école de navigation de Sagres. Sous son impulsion, les marins lusitaniens découvrirent Madère et les Açores (1419-1432), touchèrent le Sénégal et la Guinée, ouvrant ainsi la voie à l'empire colonial portugais.

Henri IV 1598 Drame historique de Shakespeare, qui évoque la lutte de la maison de Lancastre pour s'assurer le pouvoir ; on y voit un prince de Galles insouciant (le futur Henri V) se livrant à la débauche avec le bouffon Falstaff. Ce drame fut suivi d'*Henri V* (1600) dans lequel le prince de Galles, assagi (il renvoie Falstaff), devient roi. *Henri VI* évoque la lutte des Anglais contre Jeanne d'Arc (présentée comme une prostituée). *Henri VIII* fut écrit (1612-1613, en collaboration avec Fletcher) à la demande d'Elizabeth Ire.

Henri IV 1925 Drame de Pirandello. Un fou se prend pour Henri IV, empereur d'Allemagne ; redevenu lucide, il continue à jouer son personnage.

Henriette-Anne Stuart (duchesse d'Orléans, dite **Henriette d'Angleterre)** 1644-1670 Fille de Charles Ier d'Angleterre. Elle épousa Philippe d'Orléans (*Monsieur*), frère de Louis XIV, en 1661. Jolie femme, intelligente et cultivée, elle gagna la confiance du roi. Au retour d'une mission secrète à Londres, elle mourut brusquement. Bossuet prononça son oraison funèbre : « Madame se meurt, Madame est morte ».

Henriette-Marie de France 1609-1669 Fille d'Henri IV et sœur de Louis XIII. Elle épousa Charles Ier d'Angleterre. Elle soutint courageusement son époux contre les protestants mais ne réussit pas à le sauver.

Henriette-Marie de France.

henry n. m. ÉLECTR. Unité d'inductance. (C'est l'inductance d'un circuit fermé, où une force électromotrice de 1 volt est créée lorsque le courant électrique qui le parcourt varie uniformément à raison de 1 ampère par seconde).

Henry (Joseph) 1797-1878 Physicien américain qui, au cours de ses recherches sur le télégraphe, découvrit les effets de l'auto-induction.

Henry (Pierre) 1927 Compositeur français, pionnier de la musique électroacoustique : *Symphonie pour un homme seul* (1950), *Messe pour le temps présent* (1967, ballet de M. Béjart), *Noces chymiques* (1980).

hep ! interj. (Pour appeler qqn) *Hep ! Vous, là-bas ! Remontez sur le trottoir !*

héparine n. f. BIOCHIM. Polysaccaride aux propriétés anticoagulantes, présent dans divers tissus de l'organisme (foie, peau, notam.). *L'héparine est utilisée dans le traitement des thromboses et des embolies.*

hépatique [1] adj. et n. ANAT., MÉD. Propre ou relatif au foie. *Colique hépatique.* / Atteint d'une maladie du foie. / Subst. *Un(e) hépatique.*

hépatique [2] n. f. BOT. Petite plante herbacée, vivace, de la famille des renonculacées, parfois cultivée comme fleur d'ornement. *On attribuait autrefois aux hépatiques la propriété de guérir les maladies du foie.* / n. f. pl. Classe de bryophytes qui se distingue de celle des mousses notamment par la forme de l'appareil végétatif.

hépatite n. f. MÉD. Affection inflammatoire du foie.

hépatocyte n. m. BIOL. Cellule du foie.

hépatologie n. f. MÉD. Étude du foie aux points de vue anatomique, physiologique et pathologique. / Branche de la médecine correspondant à cette spécialité.

hépatomégalie n. f. MÉD. Augmentation pathologique du volume du foie.

Hepburn (Katharine) 1907 Actrice de cinéma américaine, tout aussi efficace dans la comédie (*L'impossible Monsieur Bébé*, 1938) que dans le drame (*Passion immortelle*, 1947 ; *The African Queen*, 1951 ; *Comme la neige au printemps*, 1977).

Hepburn (Audrey) 1929-1993 Actrice américaine aux rôles d'ingénue : *Vacances romaines* (1953), *Guerre et Paix* (1956), *Charade* (1963). Elle joua son dernier rôle dans *Always* de Steven Spielberg (1989).

Héphaïstos MYTH. GR. Dieu des Volcans et de la Forge. Il façonnait les armes que son frère Arès confiait aux guerriers. Ce dieu laid et boiteux, engendré par Héra seule, épousa des femmes superbes, pour son plus grand malheur : Aphrodite le trompa avec Arès. Il fut assimilé au Vulcain des Romains.

heptaèdre n. m. GÉOM. Polyèdre à sept faces.

heptagone n. m. GÉOM. Polygone à sept côtés et sept angles.

heptane n. m. CHIM. Hydrocarbure de formule C_7H_{16} utilisé comme solvant.

Heptarchie VIe-IXe siècle Nom que les historiens modernes ont donné à sept royaumes anglo-saxons (Essex, East-Anglia, Sussex, Northumbrie, Kent, Wessex et Mercie) dont les derniers disparurent au IXe siècle.

heptathlon n. m. SPORT Discipline et épreuve d'athlétisme féminine comportant sept concours : 100 m haies, 200 m, 800 m, hauteur, longueur, poids et javelot (l'épreuve remplace celle du pentathlon depuis 1981).

Hepworth (Barbara) 1903-1975 Sculpteur britannique. D'abord influencée par Brancusi, elle édifia, à partir de 1947, de grandes sculptures à aspect de menhirs qui évoquent vaguement les formes humaines, puis revint à l'abstraction (importantes constructions mises en harmonie avec le paysage).

Héra MYTH. GR. Épouse de Zeus, souveraine de l'Olympe et protectrice des foyers, elle était aussi la déesse des amours légitimes et fécondes, dont les attributs étaient le voile nuptial, le paon et le sceptre. Elle fut assimilée à la Junon des Romains.

Héraclès ou **Héraklès** MYTH. GR. Demi-dieu, fils de Zeus et d'Alcmène, femme d'Amphitryon. Hercule chez les Romains.

Héraclide du Pont 388-312 av. J.-C. Astronome grec qui pressentit que la Terre tournait sur elle-même et imagina un système qui prenait la Terre pour centre du monde et donnait au Soleil deux satellites, Mercure et Vénus.

Katharine Hepburn.

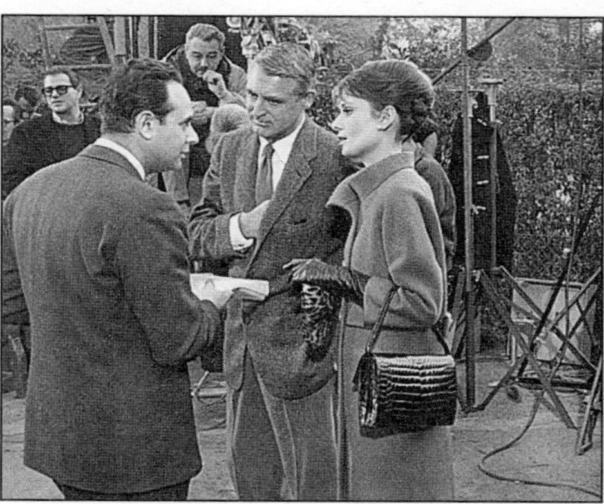
Le cinéaste Stanley Donen, Cary Grant et **Audrey Hepburn**, lors du tournage de Charade.

Héraclides MYTH. GR. Nom des soixante fils d'Héraklès et, plus généralement, de tous les descxendants du héros ; les Héraclides auraient reconquis le Péloponnèse et se le seraient partagé. Plusieurs importantes familles grecques, puis romaines, se donnèrent le nom d'Héraclides, prétendant descendre d'Héraklès.

Héraclides Descendants et successeurs d'Héraclius Ier.

Héraclite 550-480 av. J.-C. Philosophe grec, surnommé l'*Obscur* à cause de son style. Il considère que le feu a créé toute vie et que l'univers ne cesse de se transformer : « On ne se baigne jamais deux fois dans le même fleuve ». De son œuvre, il ne nous reste que des fragments dont l'intensité poétique a exercé une grande influence (notamment sur René Char).

Héraclius Ier 575 ?-641 Empereur byzantin en 610. Il détrôna l'usurpateur Phokas (610) et tenta de rétablir la puissance d'un empire déchiré par les conflits religieux (querelle du monophysisme). Il écarta les Avars de Constantinople, lutta victorieusement contre le roi des Perses Chosroès II (il le contraignit à rendre la vraie croix aux Chrétiens) et entra dans Ispahan (622-629). Mais, à la fin de son règne, il ne put contenir l'avance des Arabes et dut leur abandonner la Syrie, Jérusalem, la Palestine et l'Égypte, tandis que les Slaves pénétraient au sud du Danube. Soucieux de rétablir la paix religieuse, il tenta un compromis, mais ses efforts, loin de réconcilier les parties en présence, suscitèrent une nouvelle hérésie (monothélisme). **Héraclius II Héracléonas** 618-645 Empereur byzantin en 641, fils du précédent. Il régna quelques mois avec son frère Constantin III ; à la mort de ce dernier, il fut déposé, mutilé et exilé.

Héraklion (anc. *Candie*) *116 180 h.* Ville et port de Grèce, chef-lieu de la Crète. Venise posséda ce port de 1204 à 1669, date de la conquête de l'île par les Turcs.

héraldique adj. et n. f. Qui a rapport au blason. / n. f. Art, étude et connaissance des blasons, des armoiries et des emblèmes symboliques adoptés par les familles nobles, les villes ou les nations.

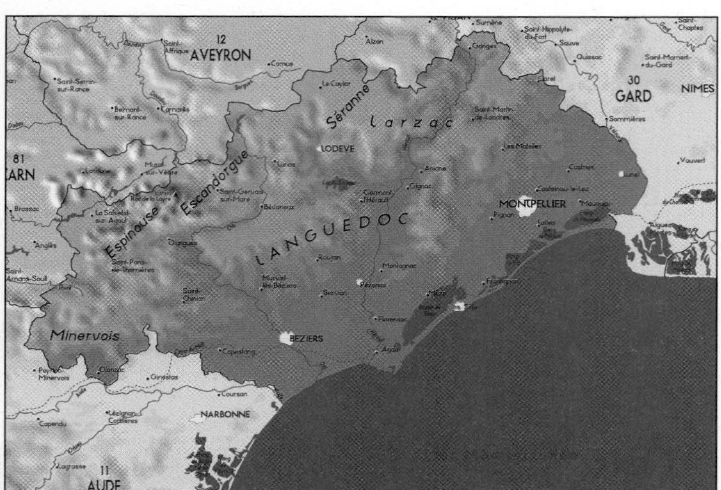

Département de l'***Hérault***.

Hérault *160 km* Rivière de France qui prend sa source au mont Aigoual et se jette dans la Méditerranée, près d'Agde.

Hérault (département de l') [34] *6 224 km² 794 603 h.* Chef-lieu *Montpellier*. Département qui fait partie de la Région Languedoc-Roussillon. Il comporte deux zones. Le nord-est, montagneux, volcanique, au sol pauvre, est peu peuplé ; son économie repose sur l'élevage des ovins. Le sud, constitué par les plaines du Biterrois, de l'Hérault et de Montpellier, est consacré à la viticulture. Grâce au canal du Languedoc, cultures maraîchères et fruitières et élevage laitier se développent. La côte sableuse, bordée d'étangs, est mise en valeur : activité portuaire et industrie chimique (raffinage) à Sète et Frontignan ; tourisme (stations balnéaires de Palavas et Valras, complexes touristiques modernes de la Grande-Motte et du cap d'Agde).

héraut n. m. HIST. *Héraut d'armes* ou *héraut* : officier qui, au Moyen Âge, transmettait les messages (déclarations de guerre) et les proclamations solennelles. / Mod., fig. Messager.

herbacé, e adj. BOT. Qui a l'aspect, la structure de l 'herbe. *Plantes herbacées.*

herbage n. m. Prairie de pâturage pour le bétail.

herbager, ère n. et adj. Éleveur qui engraisse les bovins sur des herbages. / adj. Couvert d'herbages. *Région herbagère.*

herbe n. f. **I.** Plante non ligneuse à tige verte de peu de consistance, qui meurt chaque année. / Gazon, pelouse. / *Fines herbes* : plantes aromatiques utilisées en cuisine (persil, cerfeuil, estragon, ciboulette, etc.). / *Herbe médicinale* : plante utilisée en pharmacie pour ses propriétés curatives. / *Mauvaise herbe*, nuisible aux cultures. / loc. fig. *Pousser comme de la mauvaise herbe*, très rapidement. *Couper l'herbe sous les pieds de qqn*, le prendre de vitesse, le supplanter. / loc. adj. *En herbe* : en parlant de choses, qui n'a pas atteint sa maturité ; en parlant de personnes, encore inaccompli, qui montre des dispositions, une inclination pour quelque chose. *Blé en herbe. Un acteur en herbe.* **II.** Pop. Haschisch, marijuana. *Fumer de l'herbe.*

Herbert (Frank) 1920-1986 Écrivain américain, l'un des maîtres de la science-fiction (*Dune*, trilogie, 1965-1976).

herbeux, euse adj. Où pousse de l'herbe. *Terrain herbeux.*

herbicide adj. et n. m. Se dit d'un produit qui détruit les mauvaises herbes ; ce produit.

herbier n. m. Collection de plantes séchées et fixées sur des feuillets. / Ouvrage de botanique illustré. / Banc d'herbes aquatiques poussant dans le lit d'un cours d'eau, d'un lac, etc.

Herbin (Auguste) 1882-1960 Peintre français, le maître de l'abstraction géométrique en France, l'un des créateurs du groupe Abstraction-Création qui a exercé une grande influence dans les années précédant la Seconde Guerre mondiale. Il fut aussi théoricien (*L'Art non figuratif, non objectif*, 1949).

herbivore adj. et n. m. Se dit d'un animal qui ne se nourrit que de végétaux.

herborisation n. f. Action d'herboriser.

herboriser v. i. [1] Cueillir des plantes pour les étudier, les employer en herboristerie.

herboriste n. Personne qui cueille, vend des plantes médicinales.

herboristerie n. Commerce, boutique d'herboriste.

herbu, e adj. Où pousse une herbe abondante. *Terrain herbu.*

herbue ou **erbue** n. f. Terre propice au pâturage.

Herculano (Alexandre) 1810-1877 Écrivain portugais. Poète romantique (*La Harpe du croyant*, 1838) et historien (*Histoire du Portugal*, 1846-1853), il fut aussi romancier.

Hercule *tuant un ennemi (bas-relief).*

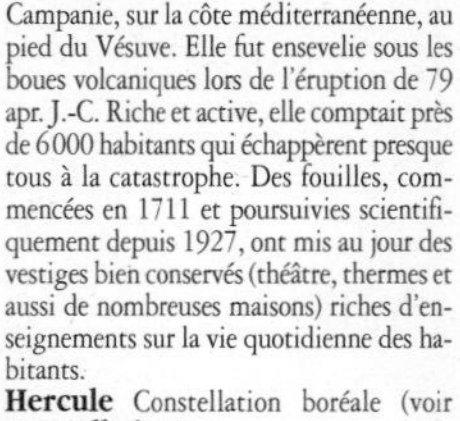

Herculanum Ancienne ville d'Italie, en Campanie, sur la côte méditerranéenne, au pied du Vésuve. Elle fut ensevelie sous les boues volcaniques lors de l'éruption de 79 apr. J.-C. Riche et active, elle comptait près de 6000 habitants qui échappèrent presque tous à la catastrophe. Des fouilles, commencées en 1711 et poursuivies scientifiquement depuis 1927, ont mis au jour des vestiges bien conservés (théâtre, thermes et aussi de nombreuses maisons) riches d'enseignements sur la vie quotidienne des habitants.

Hercule Constellation boréale (voir **constellation**).

Hercule Demi-dieu latin, assimilé par les Romains à Héraclès. Il accomplit des exploits demeurés célèbres sous le nom des *douze travaux d'Hercule* : étrangler le lion de Némée ; tuer l'hydre de Lerne ; capturer dans son repaire le sanglier d'Érymanthe ; rejoindre à la course la biche aux pieds d'airain ; exterminer avec ses flèches les oiseaux du lac Stymphale ; délivrer Minos du taureau de l'île de Crète ; libérer la Thrace du cruel Diomède qui nourrissait ses chevaux de chair humaine ; vaincre les Amazones ; nettoyer les écuries du roi Augias en y faisant passer le fleuve Alphée ; dompter Cerbère, gardien des Enfers ; abattre Géryon, géant à trois têtes et lui enlever ses troupeaux ; s'emparer des pommes d'or du jardin des Hespérides. En plus de ces exploits, il eut raison du géant Antée, délivra Prométhée cloué au Caucase et enfin tua le centaure Nessus qui convoitait sa femme Déjanire. Hercule périt en revêtant la tunique empoisonnée que Nessus avait remise à Déjanire.

herculéen, enne adj. Digne d'Hercule.

hercynien, enne adj. GÉOL. *Plissement hercynien* : plissement qui s'est produit à la fin de l'ère primaire (au carbonifère).

♦ Le plissement hercynien a fait émerger, en France, le Massif armoricain, le Massif central, les Vosges et les Ardennes ; le mouvement se continue en Europe centrale et en Russie. Ces massifs, où prédominent les granits, les roches métamorphiques et les sédiments primaires, sont très érodés. Les débris se sont accumulés dans des poches où se déposaient également les végétaux composant la houille. Lors de la poussée alpine, ces montagnes ont été relevées (Vosges, Jura) ou cassées (plaine d'Alsace dans la faille du bloc Vosges-Forêt Noire).

Herder (Johann Gottfried) 1744-1803 Écrivain et philosophe allemand dont les conceptions novatrices en matière de littérature inspirèrent le mouvement du Sturm und Drang. Sa rencontre avec Goethe en 1770 fut déterminante dans l'évolution de celui-ci. Dans son *Essai sur l'origine du langage* (1770), il pose le langage comme consubstantiel à l'homme, partie intégrante de sa nature, absolument spontané, et s'exprimant de la manière la plus authentique par la poésie. Dans toute littérature, il voit l'expression de l'âme populaire et de l'histoire des peuples (*Idées sur la philosophie de l'histoire de l'humanité*, 1784-1791).

Héré de Corny (Emmanuel) 1705-1763 Architecte français, auteur des travaux d'embellissement de Nancy (place Stanislas) ; il est l'un des meilleurs représentants du style rocaille.

hère [1] n. m. Litt. *Un pauvre hère* : un homme d'une misère pitoyable.

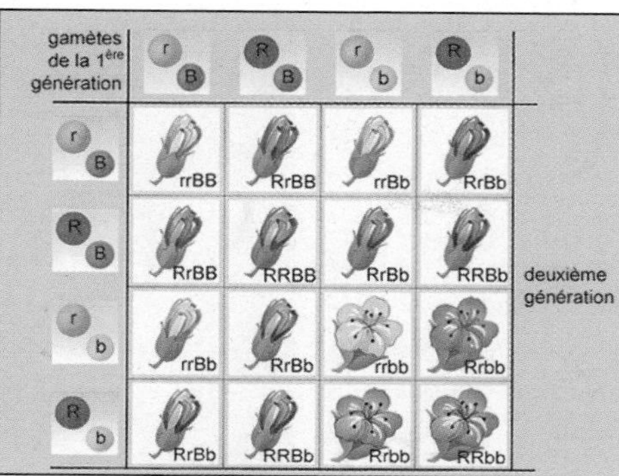

***Hérédité**. La troisième loi de Mendel.*

hère [2] n. m. VÉNER. Jeune cerf de six mois à un an ou jeune daim qui ne porte pas encore de bois.

Hérédia (José-Maria de) 1842-1905 Poète français d'origine cubaine, auteur d'un recueil de sonnets parnassiens (*Les Trophées*, 1893), qui chantent souvenirs glorieux, civilisations anciennes et paysages lointains.

héréditaire adj. Qui se transmet par hérédité. *Caractères héréditaires. Trône héréditaire.* / Par ext. *Une haine héréditaire,* qui se transmet traditionnellement de génération en génération.

héréditairement adv. Par transmission héréditaire.

hérédité n. f. GÉNÉT. Transmission, par reproduction sexuée, des caractères génétiques de génération en génération. / Transmission de caractères physiques ou moraux particuliers d'une génération à une autre. / DR. Caractère de ce qui est transmis par succession. *L'hérédité d'une charge.* / Vx Qualité d'héritier.

hérésiarque n. m. Auteur d'une hérésie ; maître d'une secte hérétique.

hérésie n. f. RELIG. Opinion ou doctrine chrétienne qui diverge, par son contenu ou sa forme, de l'orthodoxie définie par les dogmes de l'Église, et qui a fait l'objet d'une condamnation solennelle prononcée par le pape ou par un concile convoqué par le pape. *L'hérésie cathare fut condamnée par le pape Innocent III.* / Par ext. Toute doctrine non conforme à la tradition, à l'opinion commune.

hérétique adj. et n. Propre ou relatif à une hérésie. *Croyances hérétiques.* / Adepte d'une hérésie. *La persécution des hérétiques.* / Par ext. Dont l'opinion s'oppose aux idées généralement admises. *Il passe pour un hérétique dans son milieu.*

Hergé (Georges Rémi, dit**)** 1907-1983 Auteur belge de bandes dessinées. Faisant un pseudonyme de ses initiales inversées (RG : Hergé), il a créé en 1929 le personnage de Tintin (*Tintin chez les Soviets*), héros très populaire, entouré du chien Milou, du capitaine Haddock, du professeur Tournesol, etc., dont les aventures ont fait l'objet de nombreux albums au succès international.

hérissement n. m. Érection soudaine, fait de se hérisser, en parlant des plumes, des poils d'un animal.

*Fleur **hermaphrodite** de lis.*

hérisser v. t. / v. pron. [1] **A.** v. tr. Dresser (ses poils, ses plumes). *Un porc-épic qui hérisse ses piquants.* / Par ext. Munir (qqch.) de pointes, de piquants. *Hérisser de barbelés une clôture.* / Fig. *Hérisser qqn,* l'horripiler. *La moindre contrariété le hérisse.* **B.** v. pron. (En parlant de poils, de plumes) Se dresser. *Les poils du chat se hérissent de peur.* / Fig. Réagir vivement, se mettre sur la défensive. *Il se hérisse dès qu'on évoque cette histoire.*

hérisson n. m. Petit mammifère de l'ordre des insectivores, au dos recouvert de piquants et qui, en cas de danger, se met en boule. / TECHNOL. Tout instrument garni de piquants de fer (brosse à ramonage, roue à pointes, cylindre servant à carder la laine, dispositif pour égoutter les bouteilles, pointes empêchant l'escalade d'un mur, etc.). / MILIT. Formation de défense réalisée par les fantassins regroupés, avec leurs armes pointées contre l'ennemi. / CONSTR. Assemblage de moellons ou de pierres placés sur leur plus petite face et servant de base à la construction d'une route.

héritage n. m. Patrimoine transmis par succession, après la mort de la personne qui le possédait. *Faire un héritage*: recevoir légalement les biens d'une personne décédée. / Par anal. Tout ce que l'on tient traditionnellement de ses parents et des générations passées.

hériter v. t. ind. [1] *Hériter de (qqch.)* : recevoir par héritage, par hérédité. *Il a hérité d'une maison.* / v. t. direct (seulement en présence de deux compléments) *Il a hérité les cheveux frisés de son père.* / (Emploi intransitif) *Il est riche depuis qu'il a hérité.*

héritier, ère n. Personne désignée, par le droit, à bénéficier d'un héritage. *Héritier légitime. Héritier présomptif*: voir *présomptif.* / Personne qui fait un héritage. / Fig. *Les héritiers d'une civilisation lointaine.*

Hermandad ou **Sainte-Hermandad** Association espagnole dont le but était de maintenir la paix en poursuivant les voleurs. Possédant des milices entretenues par des impôts et placées sous l'autorité de l'évêque de Carthagène, la Sainte-Hermandad, instituée vers le XIIIe siècle pour protéger les pèlerins qui se rendaient à Saint-Jacques-de-Compostelle, devint auxiliaire du roi d'Espagne en 1488, puis de l'Inquisition.

hermaphrodisme n. m. Présence d'organes sexuels mâles et femelles fonctionnels chez un même individu ou une même plante.

hermaphrodite adj. et n. m. Se dit d'un être vivant qui présente les caractères de l'hermaphrodisme. *L'escargot est un animal hermaphrodite.* Syn. Bisexué.

Hermaphrodite MYTH. GR. Fils d'Hermès et d'Aphrodite. Il devint androgyne par la volonté de Zeus, unissant en un seul corps les attributs des deux sexes.

herméneutique n. f. Science et méthode qui a pour objet l'interprétation des textes anciens et particulièrement des livres bibliques. / Théorie de l'interprétation de signes ayant valeur de symboles, en référence à une culture donnée.

hermès n. m. BX-ARTS Tête ou buste du dieu Hermès (ou de son homologue romain Mercure). *Buste en hermès*, dont la poitrine et les épaules sont coupées par des plans verticaux.

Hermès MYTH. GR. Fils de Zeus, maître du vent, messager des dieux. Il protégeait les arts, le commerce et même les voleurs. Les Romains l'ont identifié à Mercure.

Hermès Trismégiste Nom donné par les Grecs à Thot, dieu lunaire des Égyptiens, inventeur supposé des sciences et surtout de l'alchimie.

*Statue d'**Hermès**, que les romains identifièrent à Mercure.*

***Hermine**.*

hermétique adj. Litt. Qui procède de l'hermétisme. *Philosophie hermétique.* / Par ext. Difficile à comprendre, abscons. *Poésie hermétique.* / Fig. Parfaitement étanche. *Joint hermétique.*

hermétiquement adv. De manière hermétique.

hermétisme n. m. Science de l'alchimie et doctrine philosophique occulte qui en découle telles qu'on les pratiquait au Moyen Âge, et qui se fondaient sur les textes gréco-romains dont l'inspiration était attribuée à Hermès Trismégiste. / Fig. Caractère obscur, difficile à comprendre, notam. d'une œuvre littéraire ou philosophique.

hermine n. f. Petit carnivore de la famille des mustélidés à pelage fauve l'été et blanc l'hiver (à l'exception du bout de la queue qui reste toujours noir). *Le pelage de l'hermine constitue une fourrure précieuse.* / HÉRALD. Champ d'argent semé de croix de sable, qui constitue, avec la contre-hermine, le vair et le contre-vair, l'une des quatre fourrures du blason. / Bande de fourrure d'hermine portée sur certaines toges (magistrature, enseignement supérieur, etc.).

herminette ou **erminette** n. f. Hachette dont le tranchant est perpendiculaire au manche.

Hermione MYTH. GR. Princesse grecque, fille de Ménélas et femme de Pyrrhus. N'ayant pu avoir d'enfant, elle était jalouse d'Andromaque et quitta son mari pour Oreste.

Hermite (Charles) 1822-1901 Mathématicien français. Il a étudié les espaces vectoriels, les polynômes du 5e degré, les nombres transcendants. On lui doit la découverte d'un système de polynômes qui porte son nom.

Hernández (José) 1834-1886 Poète argentin. Son épopée *Martin Fierro* (1872-1879), à la gloire des gauchos, a créé un genre et exercé une influence considérable.

Hernani 1830 Drame romantique de Victor Hugo qui donna lieu à la fameuse bataille entre partisans (romantiques) et adversaires (classiques) de l'œuvre. L'action se passe au XVIe siècle en Espagne : doña Sol aime Hernani, un proscrit que traque le roi d'Espagne, mais elle est fiancée au vieux duc don Ruy Gomez. Celui-ci surprend les deux jeunes gens mais refuse de livrer son hôte au roi : Hernani devra mourir quand le duc le lui ordonnera en faisant sonner du cor ; ce sera au moment où les deux amants célébreront leur mariage. Hernani est suivi dans la mort par Doña Sol et Ruy Gomez.

herniaire adj. D'une hernie. *Bandage herniaire.*

hernie n. f. Sortie d'organe ou d'une partie d'organe, partielle ou totale, hors de la cavité qui les contient normalement, à travers un orifice naturel ou accidentel. (La hernie de l'intestin peut se compliquer en *hernie étranglée* qui doit être réduite d'urgence par

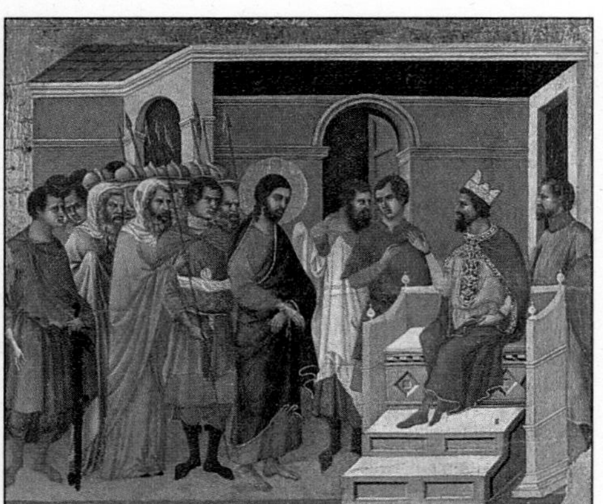
Jésus devant **Hérode Antipas**, *v. 1208, par Duccio di Buoninsegna.*

Hérodote.

une intervention chirurgicale.) *Hernie discale*, faisant déborder le disque intervertébral avec compression potentielle du nerf sciatique.

Hérode Nom de plusieurs rois des Juifs. **Hérode Ier le Grand** 73-4 av. J.-C. Roi en 37. Au service des Romains, gouverneur de Galilée, il fut, grâce à la protection de Marc Antoine, nommé roi de Judée en 40. Il dut prendre d'assaut Jérusalem, avec l'aide des Romains, pour devenir roi (37). Partisan de Marc Antoine, puis rallié à Octave, qui avait vaincu Marc Antoine (31), il combattit victorieusement Parthes et Arabes. Selon la tradition chrétienne, il aurait fait assassiner une de ses femmes (il se maria dix fois) et deux de ses fils et fait massacrer les enfants mâles à Bethléem (massacre des saints Innocents). Considéré comme un païen par les Juifs, il fit cependant rebâtir le temple de Jérusalem. **Hérode Antipas** 20 av. J.-C.-39 apr. J.-C. Fils du précédent, il dut partager avec un frère aîné le royaume de leur père. Selon les évangiles, il fit mettre à mort saint Jean-Baptiste à la demande de sa femme Hérodiade et de sa belle-fille Salomé et ce fut devant lui que Ponce Pilate renvoya Jésus-Christ. Caligula l'exila à Lugdunum Convenarum (localité proche de l'actuelle commune de Saint-Bertrand-de-Comminges, en Haute-Garonne), puis en Espagne. **Hérode Philippe le Tétrarque** ?-34 apr. J.-C. Fils d'Hérode le Grand, il régna sur la région située à l'est du lac de Tibériade. Il fut l'époux de Salomé. **Hérode Agrippa Ier** 10 av. J.-C.-44 apr. J.-C. Petit-fils d'Hérode Ier, élevé à Rome dans l'intimité des empereurs Caligula et Claude, il reconstitua à son profit le royaume juif. Les Actes des Apôtres lui attribuent le martyr de saint Jacques le Majeur et l'arrestation de saint Pierre. Il est le père de la reine Bérénice. **Hérode Agrippa II** 27-100 ? Fils du précédent, il régna sur les possessions d'Hérode Philippe et combattit avec les Romains lors de la révolte juive (66-70).

Hérodiade ou **Hérodias** 7 av. J.-C.-39 apr. J.-C. Princesse juive. Petite-fille d'Hérode Ier, elle épousa ses oncles Hérode dit Philippe (prince juif nommé « Philippe » par les évangiles, sans doute par erreur, homonyme de Hérode Philippe le Tétrarque) dont elle eut une fille, Salomé, et Hérode Antipas. Elle fit exécuter saint Jean-Baptiste qui avait condamné ce second mariage, contraire à la loi juive. Elle suivit son époux en exil.

Hérodote 484-425 ? av. J.-C. Historien grec. Né à Halicarnasse, il voyagea sur plusieurs continents. La vaste documentation qu'il a rapportée sur la géographie et les mœurs des pays visités (Égypte), ainsi que son objectivité, font de lui le père de l'histoire. À partir de 445 av. J.-C., il vécut sans doute en grande partie à Athènes, mais participa peut-être à la fondation de la cité grecque de Thourioi (ruines en Calabre, sur le golfe de Tarente) où il est possible qu'il soit mort. Son œuvre monumentale (*Histoires*), écrite en dialecte ionien, a pour sujet principal les guerres médiques.

héroï-comique adj. LITTÉR. Qui tient à la fois du genre héroïque et du genre comique.

héroïne [1] Voir **héros**

héroïne [2] n. f. Stupéfiant dérivé de la morphine, aux propriétés analgésiques puissantes, qui est aussi une drogue extrêmement toxique.

héroïnomane n. Personne atteinte d'héroïnomanie.

héroïnomanie n. f. Dépendance pathologique à l'héroïne.

héroïque adj. Relatif aux héros de l'Antiquité. / Qui relève de l'héroïsme, qui est propre aux héros.

héroïquement adv. De manière héroïque.

héroïsme n. m. Magnanimité, noblesse de caractère et grandeur d'âme d'un héros ou d'une héroïne. / Qualité de ce qui est héroïque. *Héroïsme d'un sacrifice.*

héron n. m. Oiseau échassier de l'ordre des ciconiiformes, au plumage blanc et gris, possédant un long cou flexible, de hautes pattes et un bec allongé. Il vit aux bords des eaux et se nourrit de poissons, de batraciens et de rongeurs.

Héron, dit **l'Ancien** ou **d'Alexandrie** Ier s. apr. J.-C. Mathématicien et mécanicien grec. Il mit au point un certain nombre d'appareils expérimentaux : la *fontaine de Héron* (un jet d'eau), l'*éolipile* (sphère métallique mise en mouvement par la vapeur d'eau), la *dioptre*, instrument de mesure employé pendant plusieurs siècles. C'est également un théoricien remarquable qui exprime sa théorie de la vision dans *Catoptrique* et traite de manière utilitaire les problèmes de mathématiques dans *Métriques*.

héronnière n. f. Lieu où perchent, où nichent les hérons. / Lieu où l'on élève des hérons.

héros, **héroïne** n. **I.** n. m. MYTH. Demi-dieu (né d'un dieu et d'une mortelle ou d'une déesse et d'un mortel). *Hercule, Achille sont des héros.* **II.** n. Personne qui fait preuve d'un courage exemplaire et qui accomplit avec abnégation et générosité des actes difficiles qui forcent l'admiration. *Il s'est conduit en héros. Bertie Albrecht, héroïne de la Résistance.* / Personnage principal d'une histoire d'aventures, d'un film ou d'un roman.

herpès n. m. MÉD. Affection de la peau due à un virus et consistant en petites vésicules transparentes entourées d'une auréole inflammatoire. *L'herpès peut siéger autour de la bouche (herpès labial) ou sur les muqueuses génitales ; il est hautement contagieux.*

herpétologie Voir **erpétologie**

herpétologiste Voir **erpétologiste**

Herrade de Lansberg 1125 ?-1195 Religieuse alsacienne. Fort érudite, elle écrivit en latin, pour l'instruction des novices du couvent du Mont-Sainte-Odile dont elle était abbesse, un ouvrage encyclopédique consacré à l'histoire spirituelle de l'humanité (*Hortus deliciarum* ou *Jardin des délices*). Le manuscrit a brûlé lors de l'incendie de la bibliothèque de Strasbourg en 1871, mais on a pu reconstituer le texte à partir de ses nombreuses copies.

Héron *cendré.*

Triomphe de saint Herménégilde de ***Francisco Herrera le Jeune***.

Herrera (Juan de) 1530-1597 Architecte espagnol. Il est avec Juan de Tolède l'auteur de l'Escurial. Il travailla également à l'Alcazar de Tolède, à la cathédrale de Valladolid et à la Lonja à Séville.

Herrera (Fernando de) 1534-1597 Poète espagnol, représentant de l'école sévillane, auteur de compositions patriotiques (*À la bataille de Lépante*, 1571), ainsi que de nombreux poèmes (dont de brûlants poèmes d'amour) en vers hendécasyllabiques d'une facture savante.

Herrera (Francisco de, dit **le Vieux)** 1576 ?-1656 Peintre espagnol au style réaliste et puissant. À Séville, où il eut Vélasquez pour élève, il a peint de nombreux tableaux pour les églises et les couvents (cycle de saint Bonaventure pour les franciscains). **Francisco**, dit **le Jeune** 1622-1685 Fils du précédent, il fut peintre et architecte.

Herriot (Édouard) 1872-1957 Homme politique français. Professeur de lettres à Lyon, maire de la ville en 1905, sénateur du Rhône, député, président du parti radical (1919-1957), il fut six fois ministre et trois fois président du Conseil : comme chef du Cartel des gauches, en 1924-1925 ; en 1926 (1 mois), en 1932 (6 mois). Son gouvernement reconnut l'URSS (1924) et évacua la Ruhr. Président de la Chambre des députés, il s'abstint lors du vote accordant les pleins pouvoirs à Pétain (1940) et, peu favorable au maréchal, fut mis en résidence surveillée par le gouvernement de Vichy avant d'être déporté en Allemagne (1944). Il fut réélu député en 1945, puis président de l'Assemblée nationale (1947-1954).

Herschel (sir William) 1738-1822. Astronome anglais d'origine allemande. Il s'établit en Angleterre en 1757 après l'occupation par la France de sa ville natale de Hanovre. Passionné d'astronomie, il construit de nombreux télescopes. En observant systématiquement le ciel, il découvre (1781) une nouvelle planète qu'il nomme Uranus. Son travail minutieux sur la rotation des planètes le mènera (1787) à la dé-

Walter Rudolf Hess.

Rudolf Hess.

couverte de deux satellites d'Uranus, Titania et Oberon, puis (1789) à celle de deux satellites de Saturne, Encelade et Mimas. Il met en évidence le mouvement du système solaire, calcule sa vitesse de déplacement et détermine la direction de ce mouvement, vers la constellation d'Hercule. Il tentera de décrire la forme de la Galaxie et la nature de ses bras, tout en indiquant avec une assez bonne précision la position du Soleil dans l'un de ceux-ci. Son travail le plus remarquable demeure l'étude du mouvement des étoiles doubles dont il décrit la rotation autour de leur centre de gravité commun comme s'effectuant selon les lois établies par Kepler. **Caroline** 1750-1848 Astronome britannique. Sœur du précédent, elle fut sa collaboratrice et termina le catalogue des nébuleuses. **John** 1792-1871 Astronome britannique. Fils de William, il conçut une méthode pour calculer l'orbite réelle des couples d'étoiles.

herse n. f. Instrument comportant des rangées de dents, qui sert à briser les mottes d'un champ labouré afin de l'aplanir. / Anc. Grille munie de pointes, tombant verticalement, qui défendait l'accès d'une place forte ou d'un château fort. / Dispositif d'éclairage de scène de théâtre, dissimulé dans les cintres. / Chandelier d'église, à pointes, sur lequel on pique des cierges.

Herstal *38 590 h.* Commune de Belgique, dans la province de Liège. Centre industriel. C'est l'ancien Héristal, seigneurie de Pépin de Herstal ou Héristal, qui devint maire du palais d'Austrasie en 680, charge qu'il transmit à son fils Charles Martel.

hertz n. m. PHYS. Unité de fréquence de tout phénomène dont la période est d'une seconde.

Hertz (Heinrich) 1857-1894 Physicien allemand. Il conçut un résonateur et un oscillateur et étudia les ondes électromagnétiques (dites ensuite *hertziennes*) et, en 1887, démontra qu'elles obéissent aux mêmes lois que la lumière. **Gustav** 1887-1975 Physicien allemand. Neveu du précédent, spécialiste de physique atomique. Ses travaux avec J. Franck (en particulier l'expérience connue sous le nom d'*expérience de Franck et Hertz*) ont contribué à préciser la notion de niveau d'énergie et à confirmer la théorie atomique de N. Bohr.

hertzien, enne adj. TÉLÉCOM. Qui concerne les ondes électromagnétiques. *Ondes hertziennes.* / *Réseau hertzien*, qui utilise les ondes hertziennes. *Téléphone hertzien*, sans fil. *Relais hertzien*: voir *relais*.

Hertzsprung (Ejnar) 1873-1967 Astronome danois. Étudiant l'évolution des étoiles, il est à l'origine du *diagramme de Hertzsprung-Russell*, qui comprend en abscisse le type spectral des étoiles et en ordonnée leur magnitude absolue, ce qui permet de faire apparaître leur évolution.

Hervé (Florimond Ronger, dit) 1825-1892 Compositeur français, auteur d'opérettes (*Mam'zelle Nitouche*, 1883).

Herzégovine Région des Balkans, rattachée à la Bosnie en 1482 par l'Empire ottoman, qui avait conquis les deux régions en 1463-1465. Ville principale *Mostar*.

Herzen ou **Guertsen (Alexandre Ivanovitch)** 1812-1870 Écrivain russe. Exilé pour ses opinions antitsaristes, il fonda à Londres puis à Genève deux revues, *L'Étoile polaire* (1855), puis La *Cloche* (1857) dans lesquelles il exposait ses thèses empreintes de socialisme utopique.

Herzl (Theodor) 1860-1904 Écrivain juif hongrois. Correspondant à Paris d'un journal de Vienne, il fut témoin du déferlement d'antisémitisme provoqué par l'affaire Dreyfus. Désormais persuadé que les Juifs ne pouvaient vivre en paix ailleurs que dans leur patrie historique, auteur d'un ouvrage dans lequel il exposait ses thèses (*L'État juif*, 1896), il fut le fondateur du sionisme dont le premier congrès se tint à Bâle (1897). Il tenta, sans succès, d'obtenir du sultan la possibilité d'installer un foyer national juif en Palestine (la Palestine dépendait de l'empire ottoman) et ne put davantage obtenir l'appui de Guillaume II ni de l'Angleterre. Après le pogrom de Kichinev (1903), il conçut le projet d'établir ce foyer national en Ouganda, mais n'obtint pas l'accord de l'Organisation sioniste internationale. Il fallut attendre la déclaration Balfour (1917) pour voir se concrétiser le rêve de Herzl.

Herzog (Maurice) 1919 Alpiniste français qui conquit, avec Lachenal, l'Annapurna (*8 708 m*), dans l'Himalaya, au Népal, le 3 juin 1950. Il fut secrétaire d'État à la Jeunesse et aux Sports (1958-1966).

Herzog (Werner Stipetic, dit Werner) 1942 Cinéaste allemand visionnaire et tourmenté : *Aguirre, la colère de Dieu* (1972).

Hésiode VIIIe s. av. J.-C. Poète grec, né en Béotie. Poète-paysan, il est l'auteur d'un ouvrage (*Les Travaux et les Jours*) qui oppose violemment la vertu du laboureur, dont le travail constitue un hommage rendu aux puissances divines, aux exactions des puissants et des rois de Béotie. Sa *Théogonie* conte l'histoire de la naissance du monde ; généalogie des dieux (*théogonia* en grec), son poème est aussi une cosmogonie (*cosmogonia*, « histoire de la naissance de l'Univers » en grec): les dieux originels personnifient les forces naturelles.

hésitant, e adj. Qui hésite, indécis. *Une attitude hésitante.* / Par ext. Mal assuré, incertain. *Avancer d'un pas hésitant.*

hésitation n. f. Fait d'hésiter; état d'incertitude. / Bref temps d'arrêt dans le cours d'une action et qui marque l'embarras. *Avouer qqch. avec hésitation.*

hésiter v. i. [1] Être dans un état d'incertitude quant à un choix, une action à faire. *Hésiter à plonger. Hésiter entre deux partis.* / Manifester son hésitation en marquant un temps d'arrêt. *Il hésita au moment de franchir le seuil.*

Hespérides MYTH. GR. Nom des filles d'Atlas. Les arbres de leur jardin, gardé par un dragon, produisaient des pommes d'or qu'Hercule subtilisa.

Hespérides (les) Îles mythiques des Anciens que les géographes plaçaient dans l'océan Atlantique, au large de l'Afrique; on les a identifiées aux Canaries ou aux îles du Cap-Vert.

Hespérie Nom donné par les Grecs à l'Italie et par les Romains à l'Espagne.

Hess (Walter Rudolf) 1881-1973 Neurologue suisse, pionnier de la neurochirurgie.

Hess (Rudolf) 1894-1987 Homme politique allemand. Membre du parti nazi en 1920, il devint en 1939, après Göring, le second successeur désigné de Hitler et son secrétaire particulier. En 1941, rêvant de négocier une paix séparée, il s'enfuit en Écosse et fut incarcéré par les Britanniques. Il fut condamné à la prison à vie par le tribunal de Nuremberg en 1946.

Hess (Victor Franz) 1883-1964 Physicien américain d'origine autrichienne. Il découvrit l'orgine extraterrestre d'un rayonnement ionisant auquel on donna plus tard le nom de rayonnement cosmique.

Hesse *21 114 km² 6 009 913 h.* Land d'Allemagne. Capitale *Wiesbaden*. Située au cœur de l'Allemagne, la Hesse a constitué de tout temps une voie de passage entre la vallée du Rhin et les plaines du Nord. C'est un pays de plateaux et de vallées comportant quelques reliefs d'origine volcanique et dont le sol, généralement infertile, est partiellement couvert de forêts. La plaine de confluence du Main et du Rhin contraste par son climat plus chaud, sa fertilité, son agriculture riche. L'industrie est fortement implantée dans la région de Francfort et de Wiesbaden (automobiles, machines-outils, chimie). **Histoire** Envahie par les Francs (VIIIe siècle) qui l'évangélisèrent (fondation du monastère de Fulda, 720), possession de la Franconie, puis de la Thuringe, indépendante au XIIIe siècle, elle fut divisée à la fin du XVIe siècle. La Hesse-Cassel, dont les souverains reçurent la dignité d'Électeurs en 1803, fut incoporée par Napoléon au royaume de Westphalie puis annexée par la Prusse en 1866. La Hesse-Darmstadt fut dévastée par la guerre de Trente Ans et entra dans la Confédération de l'Allemagne du Nord en 1866. La Hesse-Hombourg fut enlevée à la Hesse-Darmstadt (qui avait pris le parti de l'Autriche contre la Prusse lors de la guerre austro-prussienne) en 1866 par la Prusse. La Hesse-Nassau a été créée en 1868 par la réunion de la Hesse-Cassel, de la Hesse-Hombourg, de Nassau et de Francfort-sur-le-Main.

Hermann Hesse.

Hesse (Herman) 1877-1962 Romancier suisse d'origine allemande. Cet être solitaire et tourmenté entreprit une cure psychanalytique, et cette expérience nourrit *Le Loup des steppes* (1927) dont le héros tente de réconcilier animalité et spiritualité. Son voyage aux Indes lui donna une bonne connaissance des religions d'Asie (*Siddharta*, 1922). *Narcisse et Goldmund* (1930) témoigne de son désir de résoudre les conflits entre vie contemplative et passion, tandis que *Le Jeu des perles de verre* (1943), à la fois roman d'anticipation et utopie romantique, évoque une cité idéale.

Hestia MYTH. GR. Sœur aînée de Zeus, elle protégeait les foyers. Les Romains en ont fait Vesta.

hésychasme n. m. RELIG. École de spiritualité (et méthode de méditation et d'ascèse) des Églises chrétiennes d'Orient, fondée sur la contemplation et sur l'invocation répétée du nom de Jésus.

hétaïre n. f. ANTIQ. GR. Courtisane.

hétairie n. f. HIST. À Athènes, club politique qui jouait un rôle souvent occulte. / Dans l'empire romain d'Orient, corps de troupe formé d'étrangers qui constituait la garde personnelle du souverain. / Au XIXe siècle, en Grèce, société d'abord littéraire puis politique (et alors devenue clandestine), à caractère nationaliste, hostile à l'occupation ottomane.

hétéro adj. et n. Fam. Abréviation d'hétérosexuel.

hétérochromosome n. m. GÉNÉT. Chacun des deux chromosomes sexuels (XY chez l'homme, XX chez la femme).

hétéroclite adj. Qui ne répond pas aux normes spécifiques de son genre, ou aux règles de l'art. *Une versification hétéroclite.* / Qui se compose d'éléments disparates, sans rapport les uns avec les autres. *Des meubles hétéroclites.*

hétérodoxe adj. Qui n'est pas conforme à un dogme, à une doctrine, à des principes quelconques. Ant. orthodoxe.

hétérodyne n. f. ÉLECTRON. Générateur d'ondes entretenues qui, dans un récepteur de radio, produisent des fréquences de battement audibles par interférence avec les ondes reçues.

Forêt de **hêtres**.

Heurtoir sculpté de la grande mosquée de Cordoue, en Espagne, VIIIe siècle.

hétérogamie n. f. BIOL. Fécondation dans laquelle le zygote résulte de la fusion de deux gamètes dissemblables (spermatozoïde et ovule). Ant. isogamie.

hétérogène adj. (En parlant des éléments d'un tout) De nature différente, disparate. *Mélange hétérogène.* Ant. homogène.

hétérogénéité n. f. Caractère de ce qui est hétérogène. Ant. homogénéité.

hétérogreffe n. f. BIOL. Greffe pratiquée entre sujets d'espèces différentes. Ant. homogreffe.

hétérométabole adj. et n. ZOOL. Se dit d'un insecte dont les métamorphoses sont incomplètes. / n. m. *Un hétérométabole.*

hétéromorphe adj. BOT. Se dit des espèces de plantes dont le gamétophyte et le sporophyte sont morphologiquement très différents. / ZOOL. Se dit de caractères morphologiques qui se présentent avec des différences très marquées au sein d'une même espèce; se dit de l'espèce qui présente de tels caractères. Syn. Polymorphe. / MINÉR. Se dit de cristaux de composition chimique identique mais de structure différente. / GÉNÉT. *Chromosomes hétéromorphes*: chromosomes (d'une même paire) différant par la taille ou la forme.

hétéronomie n. f. Fait pour une personne de ne pas choisir elle-même les principes qui la gouvernent et d'obéir à des influences ou des règles extérieures à sa volonté.

hétéroptères n. m. pl. ZOOL. Ordre d'insectes hémiptéroïdes, comprenant des espèces terrestres et des espèces aquatiques, dont les ailes antérieures sont semi-cornées et qui sont dotés de pièces buccales servant à piquer et à sucer. *Les punaises sont des hétéroptères.* Syn. hémiptère.

hétérosexualité n. f. Sexualité hétérosexuelle, par oppos. à *homosexualité.*

hétérosexuel, elle adj. et n. Dont la sexualité a pour objet des personnes du sexe opposé, par oppos. à *homosexuel.*

hétéroside n. m. BIOCHIM. Oside dont l'hydrolyse complète fournit d'une part des oses et d'autre part des résidus non glucidiques. Ant. holoside.

hétérotrophe adj. BIOL. Se dit des espèces vivantes qui ne sont capables d'utiliser pour effectuer leurs biosynthèses que des sources organiques de carbone, d'azote, etc. *Les animaux et les champignons sont hétérotrophes.* Ant. autotrophe.

hétérozygote adj. et n. m. BIOL. Se dit d'un individu qui présente des gènes allèles différenciés pour au moins un gène particulier, par oppos. à *homozygote.*

hetman n. m. (mot slave) HIST. En Europe orientale, aux XVIe et XVIIe siècles, militaire du grade le plus élevé. / Du XVIe au XVIIIe siècle, chez les Cosaques, chef élu à vie concentrant entre ses mains les pouvoirs civils et militaires.

hêtraie n. f. Lieu planté de hêtres.

hêtre n. m. Grand arbre forestier de la famille des cupulifères dont le bois résistant est utilisé en ébénisterie et en menuiserie; les fruits, appelés faines, sont comestibles.

Hetzel (Pierre Jules) 1814-1886 Éditeur et écrivain français. Auteur (*Maroussia*) ou adaptateur (*Les Quatre Filles du docteur March*, d'après L. M. Alcott; *Les Patins d'argent*, d'après M. Mapes Dodge) de nombreux romans sous le pseudonyme de P. J. Stahl, il est surtout connu comme éditeur. Républicain, il dut s'exiler en Belgique après 1851; c'est à Bruxelles qu'il publia le pamphlet de V. Hugo, *Napoléon le Petit.* Après son retour (1860), il fonda le *Magasin d'éducation et de récréation* (1864), périodique pour lequel il écrivit la plupart de ses textes originaux ou de ses adaptations. Outre Jules Verne (qu'il découvrit et avec qui il entretint une correspondance abondante, amicale et parfois orageuse) et Victor Hugo, il édita Stendhal, G. Sand, Zola, Erckman-Chatrian, Proudhon, Daudet, Tourgueniev, et bien d'autres. Il fit appel aux meilleurs dessinateurs de son temps, entre autres T. Johannot et G. Doré à qui il commanda les gravures des *Contes* de Perrault.

heu! interj. (Pour marquer le doute, l'hésitation, l'embarras) *Eh bien… heu… je disais…*

heur n. m. Litt. *Avoir l'heur de plaire à qqn,* avoir la chance de lui plaire.

heure n. f. **I.** Vingt-quatrième partie d'un jour complet, c'est-à-dire du temps écoulé entre deux passages successifs du soleil au méridien d'un lieu donné. *Heure solaire*: vingt-quatrième partie du jour solaire (les jours solaires étant inégaux, l'heure solaire est une heure moyenne). *Heure sidérale*: vingt-quatrième partie du jour sidéral. / Durée précise de soixante minutes. / *Heure légale*, déterminée, dans chaque pays, par le gouvernement (l'*heure d'été*, en France est en avance d'une heure sur l'*heure d'hiver*). / Moment déterminé de la journée. *L'heure des repas.* / *Heure H*: heure prévue, mais non divulguée, pour une opération quelconque. **II.** Fig. *Des heures difficiles*: des moments, des jours pénibles à vivre. *La dernière heure*: le moment de la mort. *De bonne heure*: tôt. *À la bonne heure*: voilà qui est enfin bien, satisfaisant. / LITURG. *Heures canoniales*, où l'on récite les diverses parties de l'office divin. *Livre d'heures*: livre de prières.

Reinhard Heydrich.

heureusement adv. De manière heureuse; avec succès.

heureux, euse adj. Qui éprouve de la joie, du bonheur. *Des mariés heureux.* / Qui manifeste le bonheur. *Avoir l'air heureux.* / Qui est chanceux, favorisé par le sort. *Un heureux gagnant au jeu.*

heuristique ou **euristique** adj. et n. f. **A.** adj. Qui sert à la découverte, qui favorise la découverte. / Spécial. Se dit d'une méthode d'enseignement où l'élève est amené à découvrir progressivement, et de lui-même, l'objet du savoir qu'on lui inculque. **B.** n. f. Discipline scientifique qui a pour objet l'étude des procédures de la découverte.

heurt n. m. Choc rude et imprévu. / Fig. Mésentente, accroc. *Des heurts entre associés.* / Contraste violent. *Le heurt des couleurs.*

heurter v. t. [1] Entrer violemment en contact avec, cogner contre. / v. pron. *Se heurter à un coin de table.* / Fig. Choquer, contrarier; blesser. *Heurter l'opinion, la sensibilité de qqn.*

heurtoir n. m. Main ou anneau en métal fixés à une porte d'entrée et servant à frapper. / CH. DE FER Dispositif situé en bout de voie où butent les wagons.

Heuss (Theodor) 1884-1963 Homme politique allemand. Il fut (1949-1959) le premier président de la République fédérale d'Allemagne.

hévéa n. m. (mot quichua) BOT. Grand arbre de la famille des euphorbiacées dont le tronc fournit, par incision, un latex utilisé pour la fabrication du caoutchouc. *L'hévéa, originaire du Brésil, est intensivement cultivé en Extrême-Orient.*

hexachlorophène n. m. PHARM. Antiseptique à usage externe.

hexachlorure n. m. CHIM. Chlorure dont la molécule comporte six atomes de chlore.

hexacoralliaires n. m. pl. ZOOL. Groupe de cnidaires anthozoaires aux tentacules en nombre multiple de six; ils comprennent des individus solitaires, comme les anémones de mer, et coloniaux, comme les madrépores dont les squelettes calcaires forment les récifs de coraux.

hexadécane n. m. CHIM. Alcane à seize atomes de carbone ($C_{16}H_{34}$). Syn. cétane.

hexaèdre n. m. GÉOM. Polyèdre à six faces. *Le cube est un hexaèdre.*

hexafluorure n. m. CHIM. Sel qui dont la molécule contient six atomes de fluor. *Hexafluorure de carbone.*

hexagonal, ale, aux adj. GÉOM. En forme d'hexagone. / Dont la base est un hexagone. / Fig. Relatif à l'Hexagone, à la France. *Politique hexagonale.*

hexagone n. m. GÉOM. Polygone à six côtés. *L'hexagone est régulier s'il est plan et si ses côtés sont égaux deux à deux.* / Par anal. *L'Hexagone*: la France, dont les contours évoquent plus ou moins les formes d'un hexagone.

hexamètre n. m. LITT. Vers comportant six mesures, six pieds.

hexose n. m. BIOCHIM. Glucide de saveur sucrée dont la molécule possède six atomes de carbone: cinq d'entre eux portent chacun une fonction alcool, le dernier porte, soit une fonction aldéhyde (glucose, galactose), soit une fonction cétone (fructose).

Heydrich (Reinhard) 1904-1942 Homme politique allemand. Membre du parti nazi, créateur de la Gestapo, il fut nommé chef du Protectorat de Bohême-Moravie en 1941 et exécuté par la Résistance tchèque en 1942.

Hezbollah (parti de Dieu) Organisation chiite, créée au Liban en 1982, qui a lutté contre la présence israélienne dans le sud du pays et mène des actions terroristes sur le territoire israélien.

hi! interj. dont la répétition exprime le rire, les pleurs.

hiatus n. m. Rapprochement discordant de deux voyelles, à l'intérieur d'un mot, ou entre deux mots qui se suivent. *Il demanda à Alain.* / ANAT. Orifice naturel dans une paroi. *Hiatus œsophagien*, donnant passage à l'œsophage à travers le diaphragme. / Fig. Brève interruption, discontinuité dans un processus.

hibernation n. f. ZOOL. Engourdissement léthargique de certains animaux pendant l'hiver (chauve-souris, tortue, loir). *L'organisme des animaux en hibernation, subissant une baisse notable de température interne, vit au ralenti sur les réserves accumulées pendant l'été.* / MÉD. *Hibernation artificielle*, obtenue progressivement, grâce à des vecteurs chimiques, permettant d'abaisser très fortement la température corporelle, et utilisée lors de longues opérations chirurgicales.

hiberner v. i. [1] Passer l'hiver en hibernation. *Les marmottes hibernent.*

hibiscus n. m. Genre comprenant des arbres, des arbustes et des plantes herbacées des régions tropicales et tempérées, de la

Fleurs et feuilles d'**hibiscus**.

*Grand-duc, le plus grand des **hiboux**.*

***Hiéroglyphes** gravés dans la pierre.*

famille des malvacées, dont plusieurs espèces sont cultivées pour leurs grandes fleurs aux coloris vifs. *Certaines espèces d'hibiscus fournissent des fibres, d'autres une huile musquée.*

hibou n. m. Nom donné à certains rapaces nocturnes (ordre des strigiformes), dont la tête est ornée de deux aigrettes (contrairement aux chouettes, qui n'en portent pas). *Hibou petit-duc, hibou moyen-duc, hibou grand-duc, hibou des marais. Le hibou hulule ou bubule.* / Fig. *Vieux hibou* : vieillard solitaire et de caractère difficile. Pl. *Des hiboux.*

hic n. m. inv. Fam. Point difficile, épineux. *Je ne sais quoi dire, c'est bien le hic.*

hic et nunc loc. adv. (mots latins) Ici et maintenant.

hickory n. m. BOT. Arbre d'Amérique du Nord et d'Asie, voisin du noyer.

hidalgo n. m. (mot espagnol) Espagnol de petite noblesse.

hideur n. f. Rare Caractéristique de ce qui est hideux.

hideusement adv. Rare De façon hideuse.

hideux, euse adj. D'une laideur extrême. *Cette étoffe est hideuse.* / Fig. Moralement affreux, ignoble. *Une haine hideuse.*

Hideyoshi Toyotomi 1536-1598 Homme d'État japonais. Au service d'Oda Nobunaga, il s'empara de nombreux fiefs et châteaux pour le compte de son maître avant de lui succéder (1582). Allié à un autre condottiere, Tokugawa Ieyasu, il devint tout-puissant (1584), se fit construire l'immense château d'Osaka et fut nommé *daijodaijin* (ministre principal) par l'empereur qui lui conféra (1586) le patronyme de Toyotomi, ce qui faisait de lui un authentique noble. Il acheva la pacification et l'unification du Japon, interdit le christianisme et voulut mettre le pied sur le continent. Si la conquête de la Corée (1592) ne fut pas trop difficile, la réaction chinoise empêcha toute victoire décisive et Hideyoshi dut finalement ordonner la retraite de ses troupes (1598).

hidjab n. m. (mot arabe) Voile islamique.

hièble ou **yèble** n. f. BOT. Petit sureau dont les baies et l'écorce étaient autrefois utilisées pour leurs vertus médicinales.

hier adv. et n. Le jour qui précède le jour où l'on est. *Je suis arrivée hier.* / Dans un passé récent. *À l'échelle des temps géologiques, les dinosaures se sont éteints hier.* / n. m. *Il a fait beau temps tout hier.*

hiérarchie n. f. RELIG. Ordre et subordination des divers états ecclésiastiques. *L'Église catholique connaît la hiérarchie d'ordre (évêques, prêtres, ministres) et la hiérarchie de juridiction (pape, évêques, curés).* / THÉOL. *Hiérarchie angélique* : ensemble des trois ordres regroupant les neufs chœurs des anges (première hiérarchie, la plus élevée : Séraphins, Chérubins, Trônes ; la deuxième : Dominations, Vertus, Puissance ; la troisième : Principautés, Archanges, Anges). / Par ext. Organisation instaurant un ordre d'importance respective et des rapports de subordination entre les membres d'un groupe humain, social, professionnel, etc. *Hiérarchie administrative. Consulter sa hiérarchie*, ses supérieurs. *La hiérarchie militaire* : les grades au sein de l'armée, et en particulier les officiers supérieurs et généraux. / Classification, par ordre d'importance ou de grandeur décroissant, d'éléments constituant un tout cohérent. *Hiérarchie des réformes à promouvoir.*

hiérarchique adj. Qui procède d'une hiérarchie. *Voie hiérarchique.*

hiérarchiquement adv. Selon la hiérarchie.

hiérarchiser v. t. [1] Organiser selon une hiérarchie. *Hiérarchiser les priorités.*

hiérarque n. m. RELIG. Haut dignitaire, dans une Église orthodoxe. / Personnage d'importance, dans une organisation. *Consulter les hiérarques du parti.*

hiératique adj. Qui concerne les choses sacrées ; qui est conforme aux prescriptions liturgiques. / *Écriture hiératique* : écriture cursive des anciens Égyptiens, dérivée des hiéroglyphes, et de laquelle dérivera, à son tour, l'écriture démotique. / Fig. Immobile, majestueux et marmoréen. *Prendre une pose hiératique.*

hiéroglyphe n. m. Dessin figuratif utilisé par les anciens Égyptiens pour écrire. *Les hiéroglyphes sont soit des idéogrammes, soit des phonogrammes.* / Fig. Signe indéchiffrable ; écriture illisible.

hiéroglyphique adj. Propre aux hiéroglyphes. *Signe hiéroglyphique.* / Composé de hiéroglyphes. *Écriture hiéroglyphique.*

Hiéron Nom de princes de Syracuse. **Hiéron Ier** ? - 466 ? av. J.-C. Tyran de Syracuse en 478, il battit les Étrusques à Cumes (474) et protégea les poètes Eschyle et Pindare. **Hiéron II** 306 ?-215 ? av. J.-C. Roi de Syracuse en 265. Allié des Carthaginois dans la première guerre punique, fit ensuite la paix avec les Romains et assura à Syracuse le calme et la prospérité entre les deux premières guerres puniques.

hiéronymite n. m. RELIG. CATHOL. Religieux d'un des ordres ayant pris pour patron saint Jérôme. *Monastère des hiéronymites de Belém.*

hi-fi n. f. inv. (abrév. de l'anglais *high-fidelity*). Haute-fidélité.

high-tech adj. inv. et n. m. inv. (abrév. de l'anglais *high technology*). Se dit des technologies de pointe. *Matériel informatique high-tech.*

Highlands Hauts plateaux d'Écosse culminant au Ben Nevis (*1 340 m*). Semées de lochs (lacs) qui se prolongent vers la mer par des firths (fjords), couvertes de landes,

*L'**Himalaya**.*

les Highlands, au climat rude et pluvieux, sont le domaine des moutons.

Highsmith (Patricia) 1921-1995 Auteur américain de romans policiers psychologiques : *L'Inconnu du Nord-Express* (1950, porté à l'écran par Hitchcock en 1951), *Monsieur Ripley* (1955), inquiétant héros de plusieurs autres romans, *Catastrophe* (1988) notamment.

higoumène n. m. RELIG. Dans les Églises orthodoxes, supérieur d'un monastère d'hommes.

Hikmet (Nazim) 1902-1963 Poète et dramaturge turc, auteur d'épopées à thème patriotique, de drames d'inspiration marxiste au style vigoureux, et de poèmes (*C'est un dur métier que l'exil*, 1957).

Hilaire (saint) 315 ?-367 ? Évêque de Poitiers et docteur de l'Église qui lutta contre l'arianisme ; il fut exilé en Phrygie.

hilarant, e adj. Qui fait rire. *Comédie hilarante.* / Vieilli *Gaz hilarant* : oxyde azoteux N_2O.

hilare adj. En état d'hilarité. *Public hilare.*

hilarité n. f. Gaieté exprimée par le rire.

Hilbert (David) 1862-1943 Mathématicien allemand. Son œuvre est immense : théorie des nombres, calcul des invariants, équations intégrales. Il est célèbre pour avoir révisé totalement l'axiomatique d'Euclide, de sorte qu'on nomme *espace hilbertien* (ou *d'Hilbert*) un espace vectoriel euclidien.

Hildebrandt (Johann Lukas von) 1668-1745 Architecte autrichien qui construisit de majestueux palais baroques ; à Vienne, le Belvédère (1714-1724) a été réalisé pour le prince Eugène d'après ses dessins.

Hildegarde (sainte) 1098-1179 Religieuse et mystique bénédictine. Elle fonda près de Bingen le monastère de Rupertsberg dont elle devint l'abbesse, puis celui d'Eibingen. Musicienne, médecin, visionnaire (son ouvrage, le *Scivias*, en latin « Connais les voies [du Seigneur] », est étudié et commenté tout au long du Moyen Âge chrétien), elle a prêché à Mayence, à Trèves, à Cologne, conseillé des rois et des papes et correspondu avec l'empereur Frédéric Barberousse.

hile n. m. ANAT. Zone de jonction, généralement déprimée, d'un vaisseau ou d'un nerf avec un organe. *Le hile du foie.* / BOT. Cicatrice laissée par le funicule sur l'enveloppe de la graine quand celle-ci arrive à maturité.

Hillary (sir **Edmund**) 1919 Explorateur néo-zélandais. Accompagné du sherpa Tensing, il atteignit le 28 mai 1953, à une altitude de *8848 m*, la cime de l'Everest.

Hilliard (Nicolas) 1547-1619 Peintre, miniaturiste et orfèvre anglais. Après un séjour en France, il devint, à son retour à en Angleterre, le peintre attitré d'Élisabeth Ire, fonction qu'il conserva à l'avènement de Jacques Ier.

Himachal-Pradesh *55 673 km²* *511 000 h.* État de l'Union indienne, enclavé dans l'Himalaya. Capitale *Simla*. Agriculture dans les vallées, temples bouddhiques, tourisme en expansion.

Himalaya Chaîne montagneuse en forme d'arc, la plus haute du monde (une centaine de monts dépassent les *7 000 m*), située en Asie entre le plateau du Tibet au nord et la plaine indo-gangétique au sud. Large de 250 à 500 km, il s'étend sur une longueur de *2 800 km* et culmine à *8 848 m* (Everest). Les plus hauts sommets (Everest, Annapurna, Makalu) se trouvent dans l'Himalaya oriental, presque entièrement situé dans l'État du Népal ; véritable barrière montagneuse, cette région est caractérisée, au sud, par le régime des moussons et une végétation tropicale jusqu'à *2 000 m* ; au nord, par un climat froid et sec. La population, qui vit de l'élevage, est concentrée dans les vallées, en particulier celle du Brahmapoutre. L'Himalaya occidental culmine à *8 114 m*. Le climat y est plus sec et la végétation plus proche de celle des pays tempérés (haute vallée de l'Indus). Il y a peu de cols de franchissement et l'isolement a permis à de petits États de survivre (Népal, Bhoutan, Sikkim). Ce plissement se produisit quand la plaque indienne vint se souder à la plaque eurasiatique.

himalayen, enne adj. De l'Himalaya.

Himes (Chester Bomar) 1909-1984 Écrivain américain qui a décrit avec saveur et âpreté la communauté noire et montré le racisme avec crudité, notamment dans des romans policiers : *La Reine des pommes* (1958), *L'Aveugle au pistolet* (1969) qui mettent en scène deux policiers noirs, Ed Cercueil et Fossoyeur Jones.

Himmler (Heinrich) 1900-1945 Homme politique allemand. Lié à Hitler dès 1923, il devint en 1934 chef de la Gestapo. Ministre de l'Intérieur en 1943, il organisa les déportations et les massacres des Juifs et des opposants. Révoqué par Hitler pour avoir essayé, en vain, de se rapprocher des Alliés, il se suicida après son arrestation par les Anglais.

Hinault (Bernard) 1954 Coureur cycliste français qui a remporté cinq fois le Tour de France entre 1978 et 1985.

Hindemith (Paul) 1895-1963 Compositeur américain d'origine allemande. Il a laissé des opéras (*Cardillac*, 1926 ; *Mathis le peintre*, 1933-1938), des lieder (*Das Marienleben*, 1923), de la musique symphonique (*Harmonie du monde*, 1951), des concertos et de très nombreuses œuvres de musique instrumentale. Professeur au conservatoire de Berlin, il dut quitter l'Allemagne après l'arrivée des nazis (Hitler avait fait interdire l'exécution de ses œuvres « contraires à la tradition allemande ») et s'exila en Suisse, puis aux États-Unis.

Hindenburg (Paul von Beneckendorff und von) 1847-1934 Maréchal et homme politique allemand. Il participa aux guerres de 1866 (contre l'Autriche) et 1870

Le temple **hindou** de Besakih dans l'île de Bali, XVIe siècle.

Hippocrate, médecin grec.

(contre la France) et fut rappelé à l'activité en 1914. Secondé par Ludendorff, il obtint quelques succès non décisifs sur le front oriental puis, nommé chef d'état-major en 1916, il ne parvint pas à vaincre la résistance de Foch malgré les offensives de 1918. Élu à la présidence de la République le 26 avril 1925, il ne sut pas résister à la poussée nationale-socialiste. Il fut réélu en 1932 et, en appelant Hitler (dont le parti était pourtant minoritaire à l'Assemblée) à la chancellerie en 1933, il lui abandonna tous les pouvoirs.

hindi n. m. Langue officielle de l'Inde, écrite en caractères nagari, et fortement imprégnée de sanscrit. *L'hindi appartient au groupe des langues indo-aryennes.*

Hindou Kouch ou **Hindu Kush** Chaîne montagneuse du nord de l'Afghanistan (culminant à 7 680 *m*) qui délimite la frontière avec le Turkestan sur 600 km.

hindou, e adj. et n. Propre ou relatif à l'hindouisme. / Adepte de l'hindouisme.

• **hindouisme** n. m. Religion polythéiste, qui est la religion majoritaire de l'Inde.

hindouiste adj. et n. RELIG. Relatif à l'hindouisme ; fidèle de l'hindouisme.

Hindoustan Région du nord-est de l'Inde correspondant à la plaine indo-gangétique.

hindustani ou **hindoustani** n. m. Langue de communication de l'Union indienne, variante de l'hindi.

Hines (Earl) 1903-1983 Pianiste de jazz américain. Il créa son propre orchestre en 1928 et mit à la mode le trumpet-piano style, octave en trémolo imitant le vibrato de la trompette d'Armstrong.

hip-hop n. et adj. (mot américain) Forme artistique d'expressions diverses (rap notam.), apparue dans les quartiers pauvres des villes des États-Unis, dans les années 1980, et largement diffusée dans les autres pays depuis, associée à un phénomène de mode vestimentaire et comportementale. / adj. *Mouvement hip-hop.*

hipparchie n. f. ANTIQ. GR. Division de la cavalerie comportant environ 500 hommes.

hipparion n. m. PALÉONT. Équidé fossile, de petite taille, aux pattes munies de trois doigts (Miocène et Pliocène).

hipparque n. m. ANTIQ. GR. Officier qui commandait une hipparchie.

Hipparque Tyran d'Athènes de 527 à 514 av. J.-C., avec son frère Hippias, à qui il abandonna la réalité du pouvoir. Mécène et érudit, il soutint Anacréon et constitua une importante bibliothèque. Un complot causa sa mort.

Hipparque IIe s. av. J.-C. Astronome grec, auteur de calculs très précis sur les positions des étoiles et la précession des équinoxes.

Hippias ?-490 av. J.-C. Tyran d'Athènes de 527 à 510 av. J.-C. Fils aîné de Pisistrate, il gouverna avec Hipparque. Le regain de vigueur de l'opposition jusqu'alors affaiblie, la menace perse, les visées de Sparte, l'assassinat d'Hipparque poussèrent Hippias à mener une politique répressive. Assiégé dans Athènes par les Spartiates, il rendit les armes et s'exila à la cour de Darius qu'il suivit dans son expédition contre les Grecs, participant du côté perse à la bataille de Marathon. Il périt peu après.

hippie ou **hippy** n. et adj. (mot angloaméricain) Adepte d'un mode de vie et de comportement intellectuel, né aux États-Unis dans les années 1960, qui rejetait la société de consommation et ses normes, considérées comme « bourgeoises » et conformistes. / adj. *Le mouvement hippie.*
♦ Prônant la non-violence et la liberté dans tous les domaines (liberté de mœurs, habillement insolite, cheveux longs et port de la barbe pour les hommes, usage assez généralisé du haschisch, etc.), le mouvement hippie perdura jusqu'au milieu des années 1970, après s'être étendu à l'Europe occidentale.

hippique adj. Relatif aux chevaux. *Sport hippique.*

hippisme n. m. Ensemble des sports d'équitation (dressage, courses de chevaux, trot monté ou attelé, etc.).

hippocampe n. m. ZOOL. Petit poisson marin, d'une forme de tête évoquant celle du cheval, et dont la morphologie est extrêmement modifiée par rapport à celle d'autres poissons. (La queue préhensile de l'hippocampe lui permet de se fixer aux algues. Le mâle possède sur le ventre une poche incubatrice et couve les œufs jusqu'à leur éclosion.) / ANAT. Cinquième circonvolution du lobe temporal du cerveau.

Hippocrate 460 ?-377 ? av. J.-C. Médecin grec. Il fut le premier à comprendre l'importance de l'observation clinique et pratiqua la chirurgie. Sa médecine repose tout entière sur la théorie des humeurs (sang,

Le Serment d'Hippocrate

• Je jure par Apollon, médecin, par Esculape, par Hygie et Panacée, par tous les dieux et toutes les déesses, les prenant à témoin que je remplirai, suivant mes forces et ma capacité, le serment et l'engagement suivants :

• Je mettrai mon maître de médecine au même rang que les auteurs de mes jours, je partagerai avec lui mon avoir, et, le cas échéant, je pourvoirai à ses besoins.

• Je tiendrai ses enfants pour des frères, et, s'ils désirent apprendre la médecine, je la leur enseignerai sans salaire ni engagement.

• Je ferai part des préceptes, des leçons orales et du reste de l'enseignement à mes fils, à ceux de mon maître, et aux disciples liés par un engagement et un serment suivant la loi médicale, mais à nul autre.

• Je dirigerai le régime des malades à leur avantage, suivant mes forces et mon jugement, et je m'abstiendrai de tout mal et de toute injustice.

• Je ne remettrai à personne du poison, si on m'en demande, ni ne prendrai l'initiative d'une pareille suggestion ; semblablement, je ne remettrai à aucune femme un pessaire abortif.

• Je passerai ma vie et j'exercerai mon art dans l'innocence et la pureté.

• Je ne pratiquerai pas l'opération de la taille, je la laisserai aux gens qui s'en occupent.

• Dans quelque maison que j'entre, j'y entrerai pour l'utilité des malades, me préservant de tout méfait volontaire et corrupteur, et surtout de la séduction des femmes et des garçons, libres ou esclaves.

• Quoi que je voie ou entende dans la société pendant l'exercice ou même hors de l'exercice de ma profession, je tairai ce qui n'a jamais besoin d'être divulgué, regardant la discrétion comme un devoir en pareil cas.

• Si je remplis ce serment sans l'enfeindre, qu'il me soit donné de jouir heureusement de la vie et de ma profession, honoré à jamais parmi les hommes.

• Si je viole et que je me parjure, puissé-je avoir un sort contraire !

HINDOUISME

Pour nommer leur religion, les hindous utilisent l'expression sanscrite de *sanâtana dharma*, que l'on peut traduire par « la Loi permanente », l'adjectif *sanâtana* impliquant, outre l'idée de durée, celles d'ancienneté et d'immutabilité, et le mot *dharma* désignant ce qui est fondamental. Elle impose des devoirs et détermine des fonctions en conformité avec la nature individuelle déterminée par la naissance dans un milieu donné. En effet, sauf exception, on est hindou par la naissance : on naît hindou, on ne le devient pas. L'histoire du *sanâtana dharma*, vieille de plusieurs millénaires, est habituellement scindée en trois phases principales sous les noms de védisme, brahmanisme et hindouisme. Il ne s'agit pas d'une quelconque déviation par rapport à la révélation originelle représentée par le Veda, mais d'adaptations que l'histoire a rendues nécessaires. Entre 1800 et 1500 avant notre ère, des tribus de pasteurs venues sans doute de la vallée de la Volga et du Kazakhstan, se répandent en Inde. Ils se nomment eux-mêmes *Arya*, « nobles », dont nous avons fait *Aryens*. Les peuples autochtones avec lesquels ils finiront par se fondre ne possèdent pas de tradition écrite. Ils leur apportent leurs livres saints, les *Veda*. L'ensemble de textes que nous nommons les *Veda* transmet *le Veda*, le savoir par excellence, la connaissance sacrée. À l'origine, ces textes ont été *vus* par des sages, les *rishis*, les « voyants » : tel *rishi* a eu la vision de telle portion du Veda ; ces sages les ont aussi *entendus* : cette révélation, *shruti* en sanscrit, est littéralement une « connaissance par audition ». D'abord conservée oralement, elle a été écrite progressivement, au cours d'une très longue période, sans doute entre le XVIIIe et le VIIIe siècle avant notre ère, et organisée en recueils. Le panthéon védique groupe une multitude de dieux, répartis en trois groupes : les dieux du ciel, de l'air et de la terre. Divinités célestes, Mitra et Varuna sont les fils d'Aditi, la Grande Mère, l'universelle nature ; ils font respecter l'ordre du monde, Varuna représentant le pouvoir séculier et Mitra, le pouvoir sacerdotal, la force spirituelle. Ushas est le Soleil à son lever, l'aurore, et Surya, le Soleil éclatant. Vichnou a mesuré le monde en trois pas ; très en retrait dans le védisme, il deviendra un des dieux majeurs du brahmanisme. Dieu de l'air, Indra, qui possède la foudre, délivre le monde du démon et libère les eaux prisonnières ; séparant le ciel de la terre, il la rend habitable. Agni est le dieu terrestre, dieu du feu, feu lui-même. Gardien des hommes, il leur confère l'immortalité par le sacrifice. Au milieu du VIe siècle avant notre ère, des mouvements spirituels s'écartent de la tradition védique ; le brahmanisme ouvre une voie nouvelle, qui s'articule autour des *Upanishad*. Cette voie nouvelle, c'est la *bakhti*, « abandon d'amour » : le dieu devient un être personnel susceptible d'être aimé et d'aimer en retour ; sa grâce permettra au fidèle d'accéder au salut et d'échapper au cycle des réincarnations. Parallèlement à cette voie de dévotion, les *Upanishad* sont à la source d'un courant philosophique et métaphysique, la voie de la connaissance ; ils présentent l'homme comme un microcosme, de même structure que le macrocosme, l'univers. Les fonctions des dieux védiques se modifient. La triade divine, ou Trimûrti (« triple forme »), groupe Brahma, Vichnou et Rudra-Çiva ; Brahma, qui englobe Prajapati, est lié à la création, Vichnou à la conservation, et Çiva au couple destruction-création. Lorsque le bon ordre du monde est menacé, Vichnou descend sur terre : cette « descente », ou *avatara*, se produit sous des formes humaines, également adorées, parmi lesquelles Rama et Krishna sont objets de nombreuses dévotions. C'est au brahmanisme qu'on doit l'apparition d'une figure féminine, la Déesse (*devî*) ou Grande Déesse (*mahadevî*), à la fois mère, matrice et énergie créatrice (*Çakti*). La Çakti, qui porte de multiples noms, personnifie la force créatrice du dieu dont elle est l'aspect féminin, la parèdre (épouse et émanation). Elle peut être bienveillante, comme Lakshmi, parèdre de Vichnou, ou revêtir divers aspects : la parèdre de Çiva est aimable et gracieuse (Parvati), terrible (Durga) ou sanguinaire (Kali). Puis apparaît l'hindouisme, à la fois doctrine et mythologie, qui se réfère à la *smriti*, « tradition appuyée sur la mémoire », plus qu'à la *shruti*, la révélation. La *smriti* se fonde sur deux épopées, le *Râmâyana* (« Geste de Râma ») et le *Mâhâbharata* (« Grande Geste des Bharata », tribu aryenne des premiers âges). C'est dans le *Mâhâbharata* que se trouve la *Bhagavad-Gîtâ*, le « Chant du Bienheureux », livre de chevet de l'hindou pieux. Au niveau suprême se trouve le *brahman*, personnifié par le dieu Brahma, de qui émane l'univers. Si Brahma est recueilli en lui-même, le cosmos demeure caché, s'il sort de son recueillement, l'univers se manifeste à l'extérieur. Jours et nuits cosmiques se succèdent sans fin, longs de plusieurs milliards d'années.

Statue de Çiva.

Dans ce devenir perpétuel, on naît pour mourir, et l'on re-naît pour mourir à nouveau : c'est la transmigration, la *samsara*, dans la roue sans fin des renaissances. Elles sont régies par la loi du *karman*, la conduite humaine, conforme ou non à l'ordre des choses, le *dharma*. On renaît dans une caste ou une autre, parmi les parias, ou hors de l'espèce humaine. La division de la société en castes figure dans les Veda : les *brahmanes*, les prêtres, constituent la plus haute caste, puis viennent les *kshatryas*, les guerriers, puis les *vaïçyas*, cultivateurs et artisans, enfin les *sudras*, les serviteurs. En dehors de ces castes, se trouvent les *parias*, les intouchables, les sans-caste, qui se chargent des besognes impures en relation avec le sang et la saleté. Le salut consiste à sortir de la servitude de ces renaissances, ne plus renaître est la libération suprême : on parvient alors à s'unir à l'Absolu. Pour atteindre ce but, le « renonçant », l'ascète, abandonne tout, vit de mendicité et pratique la vertu par excellence de la non-violence, l'*ahimsa*. L'hindouisme contemporain se signale par l'abandon complet des grands rites collectifs de l'époque védique. La plupart des dieux célébrés par le Veda ont cédé la prééminence à deux grandes divinités qui partagent la collectivité hindouiste en deux branches principales, connues sous les noms de vichnouisme et çivaïsme. En même temps sont venues progressivement à l'avant-plan les *çakti* respectives de l'un et l'autre dieu, représentant, sous la forme symbolique d'épouses, la double action conservatrice et destructrice de ces deux principes dans le devenir universel.

Deux sortes de textes sont essentiels pour comprendre les multiples aspects de l'hindouisme contemporain : les *Purâna* et les *Tantra*. Les premiers, écrits en un sanscrit facile, en vue d'une grande audience, comprenant les femmes et les sudras, ont été élaborés avec des matériaux de toutes provenances dont certains remontent à une très haute antiquité. Mythes et légendes y côtoient des considérations cosmogoniques et théogoniques, la description des *avatara* (avatars) de Vichnou, le récit des exploits ascétiques et guerriers de Çiva, mêlés de préceptes sur le *dharma*, le rituel, les fêtes religieuses, les pèlerinages, etc. Il faut associer aux *Purâna* certaines œuvres en langues indigènes d'une égale importance « folklorique », comme le *Râmâyana* en hindî de Tulsidâs et les poésies de Thayumanavar et de Manika Vâçagar en tamoul. Les textes sacrés appelés *Tantra* sont souvent regardés comme formant un Veda spécialement destiné aux hommes du *Kali-Yuga*, l'Âge des conflits où se débat la présente humanité. Tenant compte que les hommes de cette époque sont en général trop enfoncés dans la matière pour pouvoir suivre la voie de l'ascète et du renonçant, les *Tantra* promulguent la voie du héros (*vîra*), fondée sur la puissance (et la jouissance) dans le monde envisagé non plus comme illusion (*mâyâ*) mais comme corps de la divinité. Dans le cas le plus favorable, cette puissance ou jouissance consistera en la maîtrise des « centres de force » micromacrocosmiques dans une ascension menant au sommet du cosmos où s'effectuera sans entraves la Délivrance. Les hindous çivaïtes et vichnouites ont, les uns et les autres, les *Purâna* et les *Tantra* qui leur sont propres et qui correspondent plus particulièrement à leurs tendances. Les premiers accordent moins d'importance aux rites extérieurs et sont plus directement intéressés par la réalisation (*sâdharnâ*) de la Délivrance, tandis que les seconds, plus nombreux, mettent davantage l'accent sur la *bhakti*, l'amour dévotionnel dont l'objet est Krishna ou Râma, avatars de Vichnou. De part et d'autre, il ne s'agit jamais d'un credo entraînant la négation de l'autre. L'hindouisme n'est pas une « fédération (hétéroclite) de religions », comme il arrive à certains de l'affirmer, mais un vaste ensemble de disciplines ayant la même finalité plus ou moins immédiate, l'union (*yoga*) effective et consciente avec le Principe suprême. La transcendance de cette fin nécessite le recours à des « adjuvants » et justifie, comme elle rend relatif, ce qui, aux yeux d'observateurs superficiels, passe pour polythéisme, sectarisme, idolâtrie. Chaque culte, c'est-à-dire chaque voie, présuppose une identification méthodique de l'Absolu avec quelque aspect déterminé du divin pris comme support de méditation, comme point d'appui formel pour se concentrer sur l'informel.

Hippopotame.

Hirondelle rustique.

lymphe, bile jaune, bile noire). Lorsqu'elles sont en équilibre, réparties en bonnes proportions, l'homme est en bonne santé ; dans le cas contraire, il est malade. L'influence d'Hippocrate s'est exercée durant des siècles et les médecins français, au moment du doctorat, prêtent toujours le serment que prêtaient les médecins grecs (serment d'Hippocrate).

hippodrome n. m. ANTIQ. En Grèce et à Byzance, cirque où se déroulaient les courses de chevaux et de chars. / Lieu où se déroulent les courses de chevaux. *Hippodrome de Longchamp.*

hippologie n. f. Étude et ensemble des connaissances portant sur le cheval.

Hippolyte MYTH. GR. Fils de Thésée et de l'Amazone Antiope. Il résiste à l'amour coupable de Phèdre, sa belle-mère. Celle-ci le calomnie alors auprès de Thésée qui voue son fils à la colère de Poséidon. Un monstre marin effraie les chevaux d'Hippolyte qui se tue sur les rochers du rivage. Ce mythe a inspiré Euripide (*Hippolyte*) et celui-ci a inspiré Racine (*Phèdre*, 1677).

Hippolyte MYTH. GR. Reine des Amazones, peuplade fabuleuse de femmes guerrières de l'Asie Mineure. Elle fut vaincue par Héraclès, qui lui déroba sa ceinture magique.

hippomobile adj. Mû par un cheval. *Véhicule hippomobile.*

Hippone Ancienne ville de Numidie, près du site actuel d'Annaba (Algérie). Saint Augustin en fut l'évêque.

hippophagique adj. *Boucherie hippophagique*: boucherie chevaline.

hippopotame n. m. Gros mammifère ongulé, de l'ordre des périssodactyles, vivant dans les cours d'eaux africains ; il se distingue par son corps massif de 4 à 5 mètres de long, sa tête imposante aux énormes mâchoires et sa peau épaisse et nue ; herbivore, l'adulte pèse jusqu'à 4 tonnes.

Hirohito 1901-1989 Empereur du Japon en 1926. Après avoir été régent (1921), il monta sur le trône en 1926 (sous le nom de Showa Tenno, nom qui, selon la coutume ja-

Hirohito.

ponaise, ne lui sera attribué qu'après sa mort, son règne devant alors prendre le nom d'« ère Showa ») et soutint les impérialistes japonais dans la lutte contre la Chine, l'union avec Hitler et Mussolini, et la guerre contre les États-Unis (Pearl Harbor, 7 décembre 1941). Obligé de capituler, Hirohito dut faire du Japon occupé, sous la tutelle de MacArthur, une monarchie constitutionnelle.

hirondelle n. f. Petit oiseau migrateur, de l'ordre des passériformes, à plumage généralement sombre et à queue échancrée ; l'hirondelle vole très vite et se nourrit d'insectes pris au vol. *L'hirondelle des cheminées fait son nid contre les murs, sous les poutres, etc., l'hirondelle des rivages creuse des terriers. L'hirondelle trisse.* / *Hirondelle de mer*: sterne. / *Nid d'hirondelle*: nid de la salangane. / Fig. *Une hirondelle ne fait pas le printemps*: un cas isolé ne suffit pas à l'établissement d'une règle générale.

Hiroshighe ou **Ando Hiroshige** 1797-1858 Peintre japonais, paysagiste minutieux et coloriste raffiné, auteur de milliers d'estampes, dessins, aquarelles et objets peints (*Huit Vues du lac Biwa*, 1834).

Hiroshima *1 106 370 h.* Ville et important port commercial du Japon, au sud de l'île Honshu, sur la mer Intérieure. Chef-lieu de ken. Industries alimentaires, chantiers navals, pêcheries. La première bombe atomique qui y fut lancée par un avion américain le 6 août 1945 fit plus de 100 000 morts. Un important mémorial a été édifié.

hirsute adj. Qui a des cheveux, des poils longs et fournis. / Hérissé, ébouriffé, en parlant des cheveux, des poils. *Une tête barbue et hirsute.*

hirsutisme n. m. MÉD. Trouble qui se manifeste, notam. chez la femme jeune, par un développement exagéré du système pileux, pouvant s'étendre à des zones du corps qui en sont normalement dépourvues, et qui est généralement dû à un dysfonctionnement des glandes surrénales.

hirudinées n. f. pl. ZOOL. Classes d'annélides (sangsues) ne portant pas d'appendices ni de soies, souvent pourvus de ventouses, dont la métamérie est moins marquée que chez les autres annélides. *Certaines espèces de sangsues vivent dans les eaux douces, d'autres sont marines ou terrestres.*

Hispaniola Nom donné à l'île d'Haïti par Christophe Colomb.

hispanique adj. et n. Qui concerne l'Espagne et sa civilisation. / Personne qui a des origines espagnoles.

hispanisation n. f. Action d'hispaniser ; son résultat.

hispaniser v. t. [1] Donner un caractère espagnol, hispanique à.

hispanisme n. m. LING. Tournure particulière à la langue espagnole.

hispaniste n. Spécialiste de l'espagnol, de la civilisation hispanique.

hispano-américain, e adj. et n. Relatif à l'Amérique hispanophone. / Se dit des citoyens des États-Unis originaires d'Espagne ou d'Amérique hispanophone. Pl. Des *Hispano-Américains.*

hispano-américaine (guerre) 1898 Guerre navale remportée par les États-Unis contre l'Espagne. Une insurrection générale ayant éclaté à Cuba contre la domination espagnole en 1895, le gouvernement américain envoya à La Havane, pour protéger ses ressortissants, le cuirassé *Maine*. Une explosion le détruisit le 15 février 1898. Les Américains, en majorité favorables aux insurgés, crurent à un attentat espagnol. La guerre fut déclarée le 21 avril. Les flottes espagnoles de Cuba et des Philippines furent détruites et le traité de Paris accorda à Cuba son indépendance et céda Porto-Rico, les Philippines et l'île de Guam aux États-Unis (décembre 1898).

hispano-arabe ou **hispano-mauresque** (ou **moresque**) adj. et n. Se dit de l'art musulman en Espagne occupée par les Arabes, notam. durant le califat de Cordoue. *Faïences hispano-arabes.*

hispanophone adj. et n. Qui parle espagnol ; où l'on parle espagnol. *Il est hispanophone. Les hispanophones. Un pays hispanophone.*

hisse (oh)! interj. Cri qui rythme les efforts de plusieurs personnes coordonnant leurs gestes pour soulever, hisser qqch.

hisser v. t. [1] Élever à l'aide d'un cordage. *Hisser une voile.* / Tirer vers le haut, souvent avec effort. / v. pron. *Se hisser hors de la piscine.* / Fig. Faire accéder (qqn) à un degré supérieur.

histamine n. f. BIOCHIM. Amine dérivée de l'histidine, généralement présente, en quantité variable, dans les divers tissus des mammifères sous une forme inactive, sous sa forme active, elle favorise la sécrétion des sucs gastriques, la vasodilatation capillaire et participe au mécanisme des réactions allergiques.

histaminique adj. BIOCHIM. De l'histamine.

histidine n. f. BIOCHIM. Acide aminé basique et polaire, qui a souvent une fonction fondamentale dans le site actif des enzymes.

histocompatibilité n. f. MÉD. Degré de compatibilité entre un tissu greffé et celui du patient receveur, dont dépend le rejet ou le non-rejet du greffon.

histogenèse n. f. BIOL. Formation des divers tissus des organismes vivants, à partir de cellules indifférenciées. / MÉD. Formation des tissus pathologiques, notam. des tumeurs. / MÉD. Étude de la formation des tissus pathologiques.

histogramme n. m. STAT. Représentation graphique d'une série de classes statistiques au moyen de rectangles juxtaposés dont les hauteurs varient en fonction des effectifs des classes ainsi représentées.

histoire n. f. **I.** Récit des événements successifs relatifs à l'humanité entière, à une nation, à un groupe, à une personne ou à l'une des disciplines de l'esprit. *Histoire uni-*

La prise de Guantanamo par les Américains pendant la ***guerre hispano-américaine***.

verselle. Histoire des Aztèques. Histoire de l'Église. Histoire de l'automobile. / Science qui traite des événements passés et de leur analyse. *Cours d'histoire. L'histoire doit être impartiale.* / Vieilli *L'histoire sainte*: les récits bibliques de l'Ancien et du Nouveau Testament. / Vieilli *L'histoire naturelle*: les sciences naturelles. / Suite des événements en cours, vus de manière rétrospective. *L'histoire jugera. Accélération de l'histoire.* / *La petite histoire*: l'ensemble des informations et récits portant sur un, des point(s) de faible intérêt (amours, manies, anecdotes, racontars...) **II.** Récit chronologique d'un fait particulier. *L'histoire d'un meurtre.* / Conte, récit fictif. *Enfants qui réclament une histoire.* / Propos trompeurs. *Vous me racontez des histoires.* Fig. *Faire des histoires*, créer de l'embarras. / *Sans histoire*: sans problème. / *C'est toute une histoire*: c'est long à expliquer, à raconter. / Fam. *Histoire de*: juste pour (faire qqch.). *Faisons les cent pas, histoire de patienter.* / Récit d'événements personnels. *Il lui est arrivé une drôle d'histoire.*

Histoire naturelle 1749-1789 Œuvre monumentale (36 vol.) rédigée par Buffon (et par quelques auteurs placés sous sa direction sur le modèle de l'*Encyclopédie* de Diderot). Les trois premiers volumes (*Théorie de la Terre*) et l'introduction à l'étude du règne animal énoncent l'éventualité de l'évolution des espèces, ce que personne n'avait encore jamais soutenu. 12 volumes traitent des quadrupèdes ; 10, des oiseaux ; 11, du règne minéral.

Histoires extraordinaires 1840-1845 Œuvre d'Edgar Poe (*Tales of the Grotesque and Arabesque*), traduite en français sous ce titre par Baudelaire en 1856, en 1857 et en 1865. On y trouve des récits de science-fiction, des énigmes policières et des contes fantastiques : *Le Scarabée d'or*, *Le Chat noir*, *Le Double Assassinat de la rue Morgue*. Aux *Histoires extraordinaires* firent suite les *Nouvelles Histoires extraordinaires* (*Tales*, 1845).

histologie n. f. Partie de la biologie qui étudie les tissus des êtres vivants.

histologique adj. MÉD. Relatif à l'histologie. *Examen histologique.*

histolyse n. f. BIOL. Destruction des tissus vivants.

histones n. f. pl. BIOCHIM. Famille de protéines basiques associées à l'A.D.N. des organismes eucaryotes.

Alfred Hitchcock.

Fragment d'un bas-relief **hittite**.

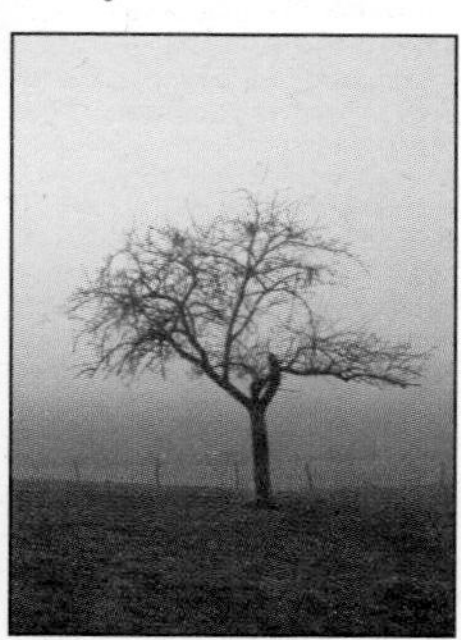

Paysage d'**hiver**.

histoplasmose n. f. MÉD. Mycose pouvant toucher, selon les formes, divers tissus : elles peuvent être, notamment, responsables de lésions cutanées, sous-cutanées ou pulmonaires.

historicité n. f. Didac. Caractère historique (de qqch.).

historien, enne n. Spécialiste des études historiques. / Auteur d'ouvrages d'histoire.

historiette n. f. Histoire courte, anecdotique.

historiographe n. m. Homme de lettres chargé officiellement de rédiger la biographie d'un souverain, ou d'écrire l'histoire de son époque. *Racine fut nommé historiographe de Louis XIV.*

historiographie n. f. Art, travail de l'historiographe. / Ensemble des ouvrages dus à des historiographes au cours d'une période donnée.

historique adj. et n. m. Qui relève de l'histoire. *La réflexion historique.* / Dont l'existence est attestée, par oppos. à *légendaire*. *La ville de Troie est historique.* / Qui est digne d'être mentionné dans l'histoire. *Assister à un événement historique.* / n. m. Récit chronologique d'un événement ou d'un sujet. *Faire l'historique d'une carrière politique.*

historiquement adv. Du point de vue historique.

histrion n. m. ANTIQ. ROM. Comédien qui jouait les rôles de bouffons. / Au Moyen Âge, baladin jongleur. / Par ext. Cabotin.

Hitchcock (sir Alfred) 1899-1980 Cinéaste américain d'origine britannique. Son œuvre abondante, qui va de *Chantage* (1929) à *Complot de famille* (1975), en passant par *L'Homme qui en savait trop* (1934), *Les 39 marches* (1935), *Une femme disparaît* (1938), en Grande-Bretagne, puis *Rebecca* (1940), *Les Enchaînés* (1946), *La Corde* (1948), *L'Inconnu du Nord-Express* (1951), *Sueurs froides* (1958), *La Mort aux trousses* (1959), *Psychose* (1960), *Les Oiseaux* (1963), *Pas de printemps pour Marnie* (1967), *Frenzy* (1972), aux États-Unis, fait appel, pour créer un suspense rarement égalé, au drame psychologique, à la terreur, aux poursuites effrénées, à l'érotisme secret, sans pour autant négliger l'humour et la recherche formelle.

• **Hitler (Adolf)** 1889-1945 Homme d'État allemand.

hitlérien, enne adj. Propre ou relatif à Hitler, à l'hitlérisme.

hitlérisme n. m. Doctrine politique d'Adolf Hitler. Syn. Nazisme, national-socialisme.

hit-parade n. m. (mot anglo-américain) Palmarès classant les chansons, les disques vendus, les films, les artistes du spectacle, etc., selon leur succès auprès du public. Syn. (recommandé) Palmarès. Pl. Des *hit-parades*.

hittite adj. et n. Des Hittites. *La civilisation hittite. Un(e) Hittite.* / n. m. Langue indo-européenne parlée par les Hittites.

Hittites Peuple du centre de l'Anatolie, né de la fusion d'autochtones et de guerriers d'origine indo-européenne qui s'installèrent à une date indéterminée en Asie Mineure et y fondèrent des principautés vers 1900 av. J.-C. Ils constituèrent un vaste empire en luttant contre les Babyloniens et les Égyptiens (XVIe-XIIIe s. av. J.-C.). Cet empire fut détruit vers 1200 av. J.-C., sans doute par l'invasion des Peuples de la mer.

Hittorff (Jacques) 1792-1867 Architecte français d'origine allemande. Élève de Percier, il construisit l'église Saint-Vincent-de-Paul, la gare du Nord, les plans du bois de Boulogne. Il termina l'aménagement de la place de la Concorde.

Hittorf (Wilhelm) 1824-1914 Physicien allemand. Il fit de nombreuses expériences sur les rayons cathodiques (1869).

HIV ou **H.I.V.** Voir **V.I.H.**

hiver n. m. Une des quatre saisons de l'année, caractérisée, d'une manière générale, par l'abaissement des températures et les précipitations pluvieuses et neigeuses. *L'hiver dure du 21 décembre (solstice d'hiver) au 20 mars (équinoxe de printemps) dans l'hémisphère Nord et du 21 juin au 20 septembre dans l'hémisphère Sud.*

hivernage n. m. Période de relâche des bateaux pendant l'hiver, dans des ports abrités. / Séjour du bétail dans l'étable durant les grands froids. / AGRIC. Labour d'hiver.

hivernal, ale, aux adj. et n. f. Propre ou relatif à l'hiver. *Vacances hivernales.* / n. f. SPORT Ascension hivernale en haute montagne.

hivernant, e adj. et n. Qui hiverne. / Personne qui séjourne en un lieu particulier pendant l'hiver. *Les hivernants et les estivants.*

hiverner v. i. [1] Passer l'hiver dans une région au climat tempéré (surtout en parlant des oiseaux).

Hjelmslev (Louis Trolle) 1899-1965 Linguiste danois. Créateur de la « glossématique », théorie générale et structurale du langage (*Prolégomènes à une théorie du langage*, 1943), il s'inscrit dans la lignée de Saussure et distingue dans la langue une structure abstraite (schéma), des usages (ou normes), et des manifestations que l'on peut observer.

HLA (système) n. m. MÉD. (Sigle anglais pour *Human Leucocyte Antigens*) Principal système d'histocompatibilité chez l'homme ; ce système antigénique joue un rôle fondamental dans le rejet ou le succès des greffes.

Hlinka (Andrej) 1864-1938 Prêtre et homme politique slovaque. Nationaliste, adversaire des Hongrois, il accueillit favorablement l'union de la Slovaquie et de la Bohême-Moravie qui allait donner naissance (1918) à la Tchécoslovaquie. Mais il s'opposa bientôt à Masaryk qui ne respectait pas sa promesse d'accorder à la Slovaquie une large autonomie. À sa mort, Josef Tiso lui succéda à la direction du mouvement autonomiste slovaque.

H.L.M. n. f. et m. Sigle pour *habitation à loyer modéré.*

ho! interj. (Pour héler qqn, pour exprimer la souffrance, la colère, l'indignation) *Ho ! Viens ici ! Ho ! C'est impossible !*

Hoa Binh Localité du Viêtnam du Nord, théâtre de durs combats (1951-1952) entre les troupes françaises et le Viêt-minh.

Hobbema (Meindert) 1638-1709 Peintre paysagiste hollandais, dans la lignée de Ruysdael.

Hobbes (Thomas) 1588-1679 Philosophe anglais qui considère que l'homme est un loup pour l'homme et que mieux vaut, pour vivre en paix, renoncer à la liberté au profit d'un souverain tout-puissant, mais non despotique, puisqu'il ne peut pas attenter à la vie de ses sujets (*Le Léviathan*, 1651). Sa philosophie conçoit le monde en termes strictement mécanistes : les corps sont définis par leur forme et leur étendue. Ils sont soit en mouvement, soit en repos. Lorsqu'ils sont en mouvement, ils se meuvent continuellement, sauf s'ils en sont empêchés. La vie d'un animal, c'est le « mouvement vital » et les pensées sont des mouvements internes dus à des mouvements externes qui se manifestent ou disparaissent sous la forme de sensations, de rêves, d'imaginations, de souvenirs.

hobby n. m. (mot anglais) Passe-temps préféré. Pl. Des *hobbys* ou *hobbies*.

hobereau n. m. ZOOL. Petit faucon gris bleuté, se nourrissant principalement d'oiseaux. / Fig. et (parfois) péjor. Gentilhomme campagnard.

Hoche (Lazare) 1768-1797 Général français. Sergent des gardes-françaises en

HITLER (ADOLF)

Autrichien de naissance, autodidacte, combattant de 1914-1918, chef du parti national-socialiste en 1921, il devient, par ses succès électoraux, chancelier en 1933, puis, à la mort du président Hindenburg (1934), assume tous les pouvoirs avec le titre de *Reichsführer*. Orateur populaire, véhément, ambitieux, énergique et rusé, il élimine républicains et communistes et persécute les Juifs. Maître absolu de l'Allemagne qu'il réarme, voulant dominer l'Europe, il occupe la Rhénanie, au mépris du traité de Versailles (1936), puis l'Autriche (1938) et la Tchécoslovaquie (1939), malgré le pacte de Munich. Ayant acquis la neutralité soviétique par le pacte du 23 août 1939, il entre en Pologne le 1er septembre, ce qui déclenche la guerre avec la France et la Grande-Bretagne (3 septembre). Ses victoires lui ayant permis de dominer l'Europe occidentale, il attaque l'URSS le 22 juin 1941. Mais la contre-offensive soviétique, conjuguée avec celle des Anglo-Américains à l'ouest, entraîne la débâcle de l'armée allemande et le suicide d'Hitler, le 30 avril 1945, dans son abri fortifié de Berlin, où l'on ne retrouvera pas son corps.

H

Hockey *sur gazon.*

1789, il est en 1793 le général victorieux de l'armée de la Moselle. Jaloux, son rival Pichegru le fait emprisonner comme suspect en janvier 1794. Libéré le 9 Thermidor an II (27 juillet 1794), Il reprend son commandement et vient à bout de l'insurrection vendéenne. Après l'échec d'une expédition en Irlande, il bat les Autrichiens (avril 1797). Nommé ministre de la Guerre en juillet, il rejoint son commandement en Allemagne et meurt peu après.

hochement n. m. Léger mouvement de la tête, latéralement ou de bas en haut.

hochequeue ou **hoche-queue** n. m. Autre nom de la bergeronnette (cet oiseau remue sans arrêt la queue).

hocher v. t. [1] Secouer, balancer en un hochement. *Hocher la tête en signe d'approbation, de dénégation, de doute.*

hochet n. m. Jouet de bébé, souvent garni de petites boules mobiles, qui fait du bruit lorsqu'on l'agite. / Fig. et litt. Futilité qui flatte. *Les hochets de la gloire d'un jour.*

Hô Chi Minh (Nguyên Tat Thanh, puis **Nguyên Ai Quôc**, dit) 1890-1969 Homme politique vietnamien. Expatrié à 20 ans, il navigue sur un paquebot français jusqu'en 1917, date à laquelle il s'installe à Paris où il adhère au parti socialiste; après le congrès de Tours (1920), il se rallie à la fraction prosoviétique, futur parti communiste. Représentant de l'Asie du Sud-Est au Komintern, il est à Moscou en 1924, en Chine en 1925, puis poursuit son travail de propagande et d'organisation dans toute l'Asie du Sud-Est. Il impose ses vues lors de la création du parti communiste indochinois (1930) et, alors qu'il vit à Hong Kong, est condamné à mort par un tribunal français. Les autorités coloniales britanniques ne le livreront pas à la France et il regagne l'URSS d'où il partira pour la Chine où il crée (1941) le Viêt-minh (Front pour l'indépendance du Viêtnam) qui groupe communistes et nationalistes. L'occupation japonaise avait réduit à néant la présence coloniale française en Indochine et la défaite du Japon (août 1945) permet à Hô Chi Minh et à ses partisans de s'emparer de Hanoi où ils proclament le 2 septembre l'indépendance de la république démocratique du Viêtnam. La France envoie un corps expéditionnaire et le général Leclerc propose un compromis: le Viêtnam pourrait être un « État libre dans l'Union française », compromis que la conférence de Fontainebleau (1946) ne parvient pas à entériner. En décembre, les Français sont attaqués à Hanoi par des milices du Viêt-Minh; c'est la guerre. Elle durera jusqu'en 1954. Le pays est alors divisé en deux, un Nord-Viêtnam (capitale Hanoi) aux mains du Viêt-minh, un Sud-Viêtnam (capitale Saigon) où s'est installé un régime pro-américain. Hô Chi Minh, président de la république démocratique du Viêtnam, décide en 1959 de soutenir l'insurrection qui, à Saigon, s'oppose au gouvernement anticommuniste. Du nord au sud, le Viêtnam s'embrase; malgré l'habileté de sa politique (il entamera des négociations avec les États-Unis en 1968), Hô Chi Minh ne connaîtra pas la paix: il mourra six ans avant la victoire de son camp.

Hô Chi Minh-Ville (*Saigon* jusqu'en 1975) *3015743 h.* Ville du Viêtnam, la plus grande, port important sur un bras du Mékong, à 80 km de la mer. Elle forme une municipalité de *2000 km²*. Cho Lon (Cholon) est un ancien faubourg incorporé à la ville. Centre administratif, commercial et industriel. **Histoire** Les Français occupèrent Saigon dès 1859 et en firent la capitale de la Cochinchine (intégrée à l'Union indochinoise en 1887). De 1954 à 1975, elle fut la capitale du Sud-Viêtnam et se gonfla de réfugiés. En avril 1975, les communistes entrèrent sans résistance dans la ville, qu'ils rebaptisèrent. Hanoi devint la capitale du Viêtnam réunifié.

hockey n. m. (mot anglais) Sport d'équipe, se pratiquant avec une crosse, sur du gazon (deux équipes de onze joueurs chacune), et dont les règles sont proches de celles du football; ou sur glace (deux équipes de six joueurs chacune, chaussés de patins), et qui se joue avec un palet (appelé *rondelle*, au Canada). *Dans le hockey, les joueurs doivent introduire une balle, ou « puck », dans la cage adverse.*

Hockney (David) 1937 Peintre britannique. Proche du pop'art (couleurs vives, emploi des aplats, naïveté feinte), il s'en distingue en ne s'intéressant pas aux objets de la vie quotidienne et peint dans des couleurs froides des tableaux faussement réalistes empreints d'un humour acide. On lui doit aussi des eaux-fortes, des décors de théâtre, des montages photographiques.

Hodgkin (Thomas) 1831-1913 Médecin britannique. Il a pour la première fois étudié et décrit l'affection qui porte son nom. *Maladie de Hodgkin*: affection maligne (lymphogranulomatose) caractérisée par une adénopathie, une splénomégalie, une fièvre ondulante, des troubles cutanés, une éosinophilie sanguine. *Le traitement de la maladie de Hodgkin associe chimiothérapie et radiothérapie.*

Hodja ou **Hoxha (Enver)** 1908-1985 Homme d'État albanais. Étudiant à Montpellier, il adhère au Parti communiste français. De retour en Albanie, il enseigne au lycée français de Tirana et contribue à fonder le Parti communiste albanais. Pendant la guerre, il participe à la résistance; président (1944) du comité antifasciste qui devient gouvernement provisoire, il en prend la tête. Lorsque l'Albanie est proclamée (1946) république populaire, il est chef du gouvernement, ministre de la Défense, ministre des Affaires étrangères. En 1954, il abandonne la direction du gouvernement à Mehmet Shéhu, qui l'avait déjà remplacé à la Défense et aux Affaires étrangères, et se fait nommer Premier secrétaire du Parti du travail (ex-parti communiste), sans que faiblisse son autorité, le Parti étant placé audessus de l'État.

hodjatoleslam n. m. (mot arabe) RELIG. Dans l'islam chiite, théologien, docteur de la loi.

Hodler (Ferdinand) 1853-1918 Peintre suisse, auteur d'œuvres symbolistes au style monumental et expressif (*Le Jour*, 1900).

Hofer (Andreas) 1767-1810 Héros national tyrolien. Il mena la lutte contre les Bavarois qui avaient conquis le Tyrol (1809), mais ne put s'opposer aux Français qui occupent Innsbruck. Reprenant les armes après une amnistie, il est contraint à la clandestinité; pris par des soldats italiens, il est emmené à Mantoue où il est fusillé sur ordre de Napoléon.

Illustration pour Les Élixirs du diable, *un conte d'**Ernst Hoffmann**.*

Hoffmann (Ernst) 1776-1822 Écrivain et compositeur allemand. Ce fonctionnaire, à l'imagination débordante tournée vers le fantastique, s'adonna, pendant ses loisirs, à la littérature: *Les Élixirs du diable* (1815-1816), *Contes des frères Sérapion* (1819-1821), *Le Chat Murr* (1820-1822), avec autant de succès qu'à la musique: lieder, opéras (*Ondine*, 1816). Il fut aussi critique musical.

Hoffmann (Josef) 1870-1956 Architecte allemand. Disciple d'Otto Wagner, il fut le représentant majeur de la Sécession de Vienne. On lui doit de nombreux immeubles conçus à partir de modules cubiques; il construisit le palais Stoclet à Bruxelles (1905-1911) et des maisons populaires sobrement géométriques (1924-1925).

Hoffmann (Roald) 1937 Chimiste américain d'origine polonaise. Il a étudié la structure des composés organométalliques et contribué à édicter les règles de sélection permettant de prévoir les réactions entre les grosses molécules.

Hofmannsthal (Hugo von) 1874-1929 Écrivain autrichien. Son œuvre s'inspire du théâtre de la Grèce antique (*Œdipe et le Sphinx*) ou des mystères médiévaux (*Jedermann*). Il écrivit pour Richard Strauss plusieurs livrets d'opéra: *Ariane à Naxos* (1910), *Le Chevalier à la rose* (1911), *La Femme sans ombre* (1919).

Hogarth (William) 1697-1764 Peintre et graveur anglais. Après avoir peint de nombreux portraits de groupe dans un cadre familier, qu'on nomme en anglais, *conversation pieces* (*Les Enfants Graham*), il se consacra presque exclusivement à la gravure satirique et moraliste où l'acuité de son regard, la férocité de son humour et la vigueur de son trait firent merveille (*La Vie d'une courtisane*, *Le Mariage à la mode*, *La Marchande de crevettes*). On lui doit aussi des illustrations de livres (*L'Âne d'or d'Apulée*).

Hoggar ou **Ahaggar** Massif montagneux cristallin du Sahara; il contient plusieurs sommets volcaniques élevés, en particulier le Tahat (*2918 m*). Il est peuplé de Touaregs. Ville principale: *Tamanrasset*.

Hohenlohe (Chlodwig, prince de**)** 1819-1901 Homme d'État allemand. Il fut nommé gouverneur d'Alsace-Lorraine en 1885 et chancelier par Guillaume II. Bülow le remplaça à ce poste en 1900.

Hohenstaufen (maison de) Dynastie impériale allemande. Vers 1050, le duc Frédéric, gendre de l'empereur Henri IV, donna le nom de son château d'Hohenstaufen à sa famille qui reçut de l'empereur la Souabe et la Franconie. Les Hohenstaufen donnèrent à l'Allemagne six empereurs entre 1138 et 1254: Conrad III, Frédéric Ier Barberousse, Henri VI, Philippe Ier, Frédéric II, Conrad IV. Le fils de ce dernier, Conradin, en lutte avec la papauté, fut vaincu et tué en Italie en 1268. La disparition de cette maison marqua, pour l'Allemagne, le début d'une période d'anarchie, le Grand Interrègne (1254-1273), qui ne prit fin qu'à l'avènement des Habsbourg.

Hohenzollern Dynastie allemande, souveraine d'un petit État de la Confédération germanique, situé au sud de l'Allemagne. La famille doit son nom au château construit au Xe siècle sur le Zollernberg. En 1227, les fils de Frédéric III de Hohenzollern se partagèrent l'héritage de leur père; la famille se divisa en lignée de Souabe et lignée de Franconie. La branche souabe se scinda elle-même (1576) en Hohenzollern-Hechingen et Hohenzollern-Sigmaringen. Les Hohenzollern de Souabe cédèrent leurs possessions à la Prusse en 1849. La lignée de Franconie accrut son territoire de Bayreuth, Kulmbach et Anspach (XIIIe-XIVe siècle), puis de la marche de Brandebourg et Prusse (1415); son histoire se confond désormais avec celle de la Prusse.

Hohneck *1361 m.* Sommet des Vosges centrales qui domine le col de la Schlucht.

hoirie n. f. DR. Anc. Héritage. / Mod. *Avancement d'hoirie*: donation anticipée à un héritier présomptif.

Hokkaïdo *78523 km² 5677000 h.* Île montagneuse, la plus au nord du Japon, qui culmine à *2290 m*. Elle constitue un seul ken, ayant pour chef-lieu *Sapporo*. Étant donné son climat rude et son relief acci-

La Marchande de crevettes, de ***William Hogarth***, *1759 (National Gallery, Londres).*

Les Ambassadeurs, de **Hans Holbein le Jeune**, 1533 (National Gallery, Londres).

denté, l'île n'a été mise en valeur que récemment : tourisme, pêche, élevage bovin, céréales, bois, hydroélectricité, industrie agroalimentaire. Depuis 1988, un tunnel ferroviaire sous-marin relie l'île à Honshu. Les derniers Aïnous (*20 000 personnes*) vivent à Hokkaïdo.

Hokusai (Nakajima Tetsujiro, dit **Katsushika Hokusai** ou**)** 1760-1849 Peintre japonais. Son œuvre extrêmement abondante, et qu'il a signée sous divers noms, décrit la vie quotidienne au Japon sous tous ses aspects, avec un souci du pittoresque qui influencera des artistes occidentaux comme Toulouse-Lautrec ou Degas (*Les Trente-six vues du mont Fuji*). Refusant toute affiliation à une école, il fut peu apprécié des artistes de son temps et mourut pauvre.

holà ! interj. et n. m. inv. (Pour attirer l'attention de qqn) *Holà ! Les enfants ! À table !* / (Pour ramener le calme) *Holà ! Qu'est-ce que c'est que ce bruit ?* / n. m. *Mettre le holà à* : mettre fin à.

Holbach (Paul Henri, baron d'**)** 1723-1789 Philosophe matérialiste français, animé de l'esprit critique et irrévérencieux des encyclopédistes : *Système de la Nature* (1770).

Holbein Nom de deux peintres allemands. **Hans**, dit **l'Ancien** 1465 ?-1524 Peintre et dessinateur, il dirigea à Augsbourg un atelier spécialisé dans la production de retables (*Scènes de la vie de la Vierge*). On lui doit aussi des portraits. **Hans**, dit **le Jeune** 1497-1543 Fils du précédent, il fit de nombreux séjours à Bâle (où il illustra, dès 1515, l'*Éloge de la folie* d'Érasme), en Italie, en France, en Angleterre. Son œuvre compte des compositions religieuses, pour la plupart exécutées à Bâle (*Le Christ mort*, 1521-1522 ; *La Madone de Soleure*, 1522 ; *Dyptique du Christ et de la Vierge de douleurs*, v. 1521), mais il fut avant tout portraitiste. En Angleterre, où il se rendit sur le conseil d'Érasme et où il passa plusieurs années (1526-1528 ; 1532-1543), il rencontra Thomas More qui lui offrit sa protection ; puis il devint peintre du roi Henri VIII et peignit d'innombrables portraits au style calme et vigoureux (*Les Ambassadeurs* ; *Thomas Cromwell* ; *Henri VIII* ; *Christine de Danemark* ; *Anne de Clèves*...). Ses dessins préparatoires, en bonne partie conservés, sont d'une grande finesse et d'une parfaite élégance.

Holberg (Ludvig, baron**)** 1684-1754 Écrivain danois, auteur de comédies inspirées de Molière (*Jeppe de la montagne*) et d'ouvrages historiques.

hold-up n. m. inv. (mot américain) Vol à main armée perpétré dans un lieu privé ou public.

Billie Holiday.

Hölderlin (Friedrich) 1770-1843 Poète allemand. Fils d'un pasteur luthérien, destiné au même état, il se consacre à la poésie tout en occupant la fonction de précepteur dans une famille de Francfort. Là, il vit une passion partagée (mais sans issue) avec la mère de ses élèves, qu'il nomme Diotima. Séparé d'elle, il devient bibliothécaire à Hombourg, mais, impliqué dans un complot visant à renverser le duc de Wurtemberg et à instaurer une république en Allemagne, il est menacé d'arrestation et n'évite la prison que sur la foi d'un certificat médical de complaisance qui le déclare fou. Sa mère le fait interner dans une maison de santé de Tübingen d'où il ne sortira que pour s'installer dans le village : on a reconnu qu'il était parfaitement inoffensif. Là, il continuera d'écrire, mais on ne connaît pas d'œuvres marquantes datées de cette période. On doit à Hölderlin des romans (*Hyperion*, roman épistolaire en deux parties, 1797 et 1799), une tragédie inachevée, *La Mort d'Empédocle* (1798-1799), des *Odes*, des *Élégies*, des traductions du grec (*Œdipe roi* et *Antigone* de Sophocle).

holding n. m. (mot anglais) Société financière qui exerce un droit de contrôle sur l'ensemble des activités techniques, commerciales et financières de diverses entreprises dans lesquelles elle possède des actions.

Holiday (Eleonora Holiday, dite **Billie)** 1915-1959 Chanteuse de jazz américaine, au répertoire parfois proche de la variété. Principaux enregistrements : *Billie's Blues* (1936), *Strange Fruit* (1939).

hollandais, e adj. De Hollande. *Les polders hollandais. Un(e) Hollandais(e).*

hollande n. m. Fromage rond à pâte cuite, fait de lait de vache et recouvert de cire rouge. / Papier de luxe, vergé et à filigrane.

Hollande Région située à l'ouest des Pays-Bas partagée en deux provinces : Hollande-Septentrionale et Hollande-Méridionale. Érigée en comté au début du XIe siècle, cédée au duc de Bourgogne en 1433, la Hollande fut rattachée aux domaines des Habsbourg en 1482. Ralliée à la Réforme, elle soutint Guillaume d'Orange et fut intégrée à la république des Provinces-Unies en 1579.

Hollande-Méridionale *2 905 km² 3 270 000 h.* Province des Pays-Bas. Chef-lieu *La Haye*. La province est faite d'une plaine protégée par un cordon de dunes, et d'un archipel constitué par les îles que fragmentent les divers bras du Lek, du Waal et de la Meuse. L'économie repose sur l'horticulture (fruits et légumes), l'élevage bovin et l'industrie (fromageries de Gouda, métallurgie, chantiers navals, raffineries). Les activités tertiaires occupent la conurbation Rotterdam-La Haye.

Hollande-Septentrionale *2 668 km² 2 422 000 h.* Province des Pays-Bas. Chef-lieu *Haarlem*. Située presque entièrement au-dessous du niveau de la mer, la Hollande-Septentrionale est formée de polders, parcourue de canaux et protégée à l'ouest par des dunes et par des digues. Malgré cette double protection, l'eau d'infiltration doit être continuellement pompée. L'économie repose sur l'horticulture et l'élevage, le commerce de gros et les services.

Hollerith (Hermann) 1860-1929 Statisticien américain qui construisit des machines à cartes perforées et fonda la *Tabulating Machine Corporation* devenue aujourd'hui la société I.B.M.

Hollywood *185 000 h.* Faubourg de Los Angeles aux États-Unis en Californie, capitale du cinéma américain dès 1920. Depuis les années 1960, d'autres villes la concurrencent (New York, notamment) et elle développe le secteur de la télévision.

Holmes (Sherlock) Détective à la logique implacable imaginé par Conan Doyle.

holmium n. m. CHIM. Élément métallique de la famille des terres rares, de numéro atomique Z=67, de masse atomique 164,93 (symbole : Ho).

holocauste n. m. RELIG. Rite pratiqué par les Hébreux qui consistait à sacrifier un animal et à le consumer par le feu. / L'animal ainsi sacrifié. / HIST. *L'Holocauste* : l'extermination des Juifs par le régime nazi, durant la Seconde Guerre mondiale. / Fig. et litt. *S'offrir en holocauste* : se sacrifier, se vouer corps et âme au service d'une cause.

holocène adj. et n. m. GÉOL. De la période de l'ère quaternaire la plus proche des temps historiques, où l'homme commence à aménager la nature. / n. m. *L'Holocène a débuté aux environs de 8000 av. J.-C. et s'étend à nos jours.*

hologramme n. m. Image réalisée par holographie, et qui, éclairée, semble en relief.

holographie n. f. Technique photographique permettant de réaliser des hologrammes. (L'holographie consiste en l'enregistrement, sur une plaque photosensible, de deux rayons laser interférant l'un avec l'autre et émis par une même source ; l'un impressionne directement la plaque, et l'autre venant se superposer au premier après avoir été réfléchi par l'objet à photographier. On obtient alors, sur la plaque, l'image de l'objet en relief).

holographique adj. Relatif à l'holographie.

holométabole adj. et n. ZOOL. Se dit des insectes à métamorphose complète. / n. m. *Un holométabole.*

Holopherne VIe s. av. J.-C. Personnage imaginaire. Le *Livre de Judith* en fait un général de Nabuchodonosor assassiné par une veuve juive, Judith, lors du siège de Béthulie.

holoprotéine n. f. BIOCHIM. Protéine constituée exclusivement d'acides aminés.

holoside n. m. BIOCHIM. Oside dont l'hydrolyse complète fournit exclusivement des oses (et aucun résidu non glucidique, comme c'est le cas pour les hétérosides). Ant. Hétéroside.

holothurie n. f. ZOOL. Animal des fonds marins, de l'embranchement des échinodermes, appelé vulgairement concombre de mer, à l'aspect vermiforme. *Les holothuries se consomment séchées et fumées en Asie et Océanie.*

Holstein Ancien État allemand. Devenu comté indépendant de la Saxe en 1110, le Holstein, après quatre siècles de lutte, fut conquis en 1460 par le Danemark, en même temps que le Schleswig. Après un conflit entre le Danemark et la Confédération germanique (1848-1866), ces deux territoires furent annexés par la Prusse.

holster n. m. (mot anglais) Étui de revolver, porté sous la veste et fixé, par des sangles, au niveau de l'aisselle.

Homais (Monsieur) Pharmacien imaginé par Flaubert dans *Madame Bovary*. Voltairien, ce petit notable de province est un bourgeois imbécile.

homard n. m. Grand crustacé décapode aux pinces puissantes, à la chair très estimée.

Représentation schématique de l'***holographie***.

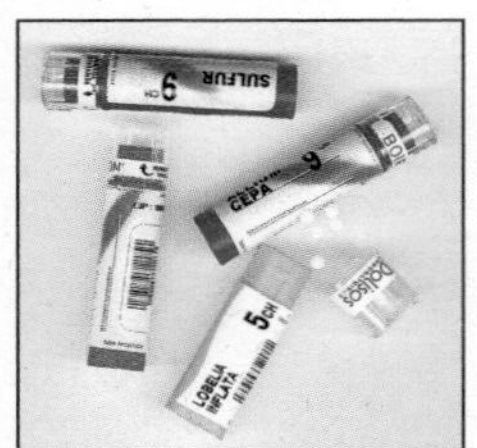

Tubes de médicaments ***homéopathiques***.

home n. m. (mot anglais) Anglicisme pour chez-soi, foyer. / *Home d'enfants* : maison d'accueil pour enfants.

Home Rule Projet d'autonomie de l'Irlande. En 1886, pour mettre fin aux troubles d'Irlande, Gladstone présenta un projet de gouvernement autonome de l'île, le *Home Rule*, qui fut rejeté. Ce projet, repris en 1912 et voté par les Communes, vit son application retardée de deux ans par l'opposition de la Chambre des lords et fut définitivement enterré à la suite de la guerre de 1914-1918 et des revendications d'indépendance de l'Irlande.

homélie n. f. Sermon fait sur un ton familier. / Fig. Discours moralisant et fastidieux.

homéopathe n. Médecin pratiquant l'homéopathie.

homéopathie n. f. Pratique thérapeutique créée par l'Allemand Hahnemann, par oppos. à *allopathie*. *L'homéopathie consiste à administrer au malade, à doses infinitésimales, des substances qui déterminent, chez l'homme sain, des symptômes analogues à ceux que l'on veut combattre chez le malade.*

homéopathique adj. Qui procède de l'homéopathie. *Remède homéopathique.*

homéostasie n. f. PHYSIOL. Faculté d'adaptation et d'autorégulation de l'organisme des êtres vivants soumis aux variations du milieu extérieur (équilibration, pression artérielle, etc.).

homéotherme adj. et n. ZOOL. Se dit des animaux à sang chaud, dont l'organisme se maintient à une température constante quelle que soit celle du milieu extérieur. / n. m. *Les homéothermes étaient autrefois appelés « animaux à sang chaud ».*

homéothermie n. f. ZOOL. Caractère des animaux homéothermes.

homéotique adj. GÉNÉT. *Gènes homéotiques* : gènes intervenant dans le développement embryonnaire des animaux, responsables de la conformation des différentes parties de l'organisme. / *Mutations homéotiques* : mutation de ces gènes, qui peuvent par exemple induire chez la drosophile le remplacement des antennes par des pattes ou d'un segment dépourvu d'ailes par un segment ailé.

Homère IXᵉ s. av. J.-C. ? Poète grec à qui l'on attribue l'*Iliade* et l'*Odyssée* mais dont on connaît mal la vie : dans l'Antiquité, plus de dix villes grecques le revendiquaient. Hérodote le disait actif en Ionie au milieu du IXᵉ siècle av. J.-C. La légende conte que, vieux et aveugle (son nom pourrait signifier « pas de lumière du jour », mais aussi bien « otage »), il allait de ville en ville pour y chanter ses poèmes. Ceux-ci appartiennent à diverses époques de la période des Xᵉ-IXᵉ siècles av. J.-C., sur laquelle ils nous renseignent. Enfin, et surtout, ils reprennent, en les modifiant, des traditions orales plus anciennes : les événements racontés se déroulent au XIIIᵉ siècle av. J.-C. L'*Iliade* (d'*Ilion*, nom grec de Troie) raconte la fin de la guerre de Troie. L'*Odyssée* (d'*Odysseus*, nom grec d'Ulysse) décrit le retour laborieux d'Ulysse dans sa patrie, après la prise de Troie. Quel(s) que soi(en)t l'auteur (ou les auteurs : l'*Iliade* et l'*Odyssée* ne sont sans doute pas du même auteur), la poésie « homérique » a gardé tout son pouvoir de suggestion.

homérique adj. Propre ou relatif à Homère. *Poésie homérique.* / Qui rappelle les récits épiques d'Homère. *Bataille homérique. Rire homérique*, énorme.

homicide [1] n. m. Fait, action de tuer un être humain. / DR. *Homicide involontaire*, commis par accident et sans préméditation. *Homicide volontaire* : crime intentionnel.

homicide [2] n. et adj. Celui, celle qui tue un être humain. / adj. Qui donne ou qui peut donner la mort. *Intention, geste homicide. La haine est homicide.*

hominidés n. m. pl. PALÉONT., ANTHROPOL. Famille d'hominiens ne comprenant qu'une seule et unique espèce, *Homo sapiens*, l'homme actuel. / ZOOL. Famille de grands singes anthropoïdes comprenant le gorille, le chimpanzé et l'homme.

hominiens n. m. pl. PALÉONT., ANTHROPOL. Lignée de primates allant des hommes fossiles aux hommes actuels (genre I).

hominisation n. f. PALÉONT. Processus évolutif par lequel l'espèce humaine a émergé de l'ordre des primates.

hommage n. m. Témoignage de respect, d'admiration. *Nous rendons hommage à votre sens du devoir.* / FÉOD. Promesse de fidélité faite à son suzerain par un vassal qui, au cours d'une cérémonie, s'engageait à être son « homme ». / Offrande, témoignage de reconnaissance, de gratitude. *Composer un poème en hommage à un être aimé.* / (Au plur.) Marque de respect, de déférence, notam. à l'égard d'une dame qu'on salue. *Madame, mes hommages !*

hommasse adj. f. Péjor. (En parlant d'une femme) D'allure virile. *Une athlète hommasse.*

homme n. m. Être humain, sans distinction de sexe. *La Déclaration universelle des droits de l'homme.* / Être humain de sexe masculin. *Caractères sexuels qui différencient l'homme de la femme. Des vêtements d'homme.* / Être humain de sexe masculin et d'âge adulte. *Trois hommes et deux petits garçons.* Être humain considéré comme possédant les qualités généralement assimilées à son sexe. *Agis en homme !* / Fam. Mari, amant. *Je consulterai mon homme.* / Homme de : individu de sexe masculin, déterminé par sa profession, ses goûts, ses qualités, ses défauts… *Un homme de bien*, charitable, honnête. *Homme d'État* : homme politique de grande envergure et qui joue ou a joué un rôle historique au service de son pays. *Homme de loi* : magistrat, avocat. *Homme de lettres* : écrivain. *Homme de cœur*, généreux. *Homme de paille*, qui sert de prête-nom. / Exécutant sous les ordres d'un supérieur. *Le capitaine et ses hommes.* / *D'homme à homme* : en toute franchise. *Comme un seul homme* : tous ensemble et parfaitement d'accord.

Homme-sandwich *(1898, litographie).*

homme-grenouille n. m. Nageur qui, équipé d'une combinaison, de palmes, d'un masque et d'un appareil respiratoire, accomplit certaines missions sous-marines. Pl. Des *hommes-grenouilles*.

homme-orchestre n. m. Musicien ambulant jouant de plusieurs instruments en même temps. / Fig. Personne capable de diriger avec succès et simultanément plusieurs affaires différentes. Pl. Des *hommes-orchestres*.

L'Apothéose d' ***Homère****, de Jean Dominique Ingres, 1827 (musée du Louvre, Paris).*

homme-sandwich n. m. Homme qui promène dans les rues un (double) panneau publicitaire. Pl. Des *hommes-sandwichs*.

Hommes de bonne volonté (les) 1932-1947 Roman de Jules Romains en 27 volumes, vaste fresque de la vie politique et sociale entre 1908 et 1933. Les hommes de bonne volonté sont deux amis, Jallez et Jerphanion.

homo adj. et n. Fam. (rare au féminin) Abréviation d'*homosexuel*. *Il est homo. Les homos.*

Homo n. m. (mot latin) Nom de genre de l'espèce humaine. *Homo erectus. Homo sapiens.*

homocentre n. m. MATH. Centre commun à plusieurs cercles dits concentriques.

homochromie n. f. ZOOL. Aptitude qu'ont certains animaux de modifier leur couleur en fonction de celle du milieu dans lequel ils vivent, afin de se camoufler. *Homochromie du caméléon.*

homogène adj. Constitué d'éléments de même nature. *Un liquide uni et homogène.* / Fig. Cohérent. *Une équipe homogène.* Ant. Hétérogène. / MATH. *Polynôme homogène* : polynôme constitué de monômes du même degré.

homogénéisation n. f. Action de rendre un ensemble homogène. *Homogénéisation du lait* : réduction de la taille de ses globules gras, ce qui évite leur montée en surface et la formation de la crème. / TECHN. Technique similaire, utilisée en bactériologie, afin de rendre homogène des liquides contenant des particules en suspension.

homogénéiser v. t. [1] Rendre homogène. *Mélanger des ingrédients pour les homogénéiser.*

homogénéité n. f. Qualité de ce qui est homogène. Ant. hétérogénéité.

homographe adj. et n. m. LING. Se dit de mots qui ont une orthographe identique mais des sens différents (par ex. *grue*, « oiseau », et *grue*, « appareil de levage »).

homographie n. f. LING. Caractère des mots homographes. / GÉOM. Application par laquelle une droite d'un premier espace vectoriel devient la droite d'un second espace vectoriel.

homographique adj. GÉOM. Relatif à l'homographie.

homogreffe n. f. Greffe dans laquelle le greffon est prélevé sur un sujet de la même espèce que celle du sujet greffé.

homologation n. f. DR. Confirmation officielle qui rend exécutoire un acte juridique. *Homologation d'un contrat* : reconnaissance de sa validité. / SPORT Enregistrement officiel d'une performance par une fédération nationale ou internationale.

homologie n. f. Caractère de ce qui est homologue.

homologue adj. et n. m Qui est analogue, équivalent à qqn ou à qqch. *Personnes de rang homologue.* / CHIM. *Composés homologues*, d'une même fonction et d'une même structure moléculaire. / n. m. Personne se trouvant dans la même situation, notam. professionnelle, et ayant les mêmes obligations qu'une autre. *Le ministre de l'Intérieur et son homologue anglais.*

homologuer v. t. [1] DR. Donner l'homologation à (un acte). / SPORT *Homologuer une performance, un record*, les enregistrer, leur donner valeur officielle. / TECHN. Reconnaître la conformité de (qqch.) à une norme officielle. *Homologuer un produit.*

HONDURAS

Superficie : *112 088 km²* – **Nombre d'habitants :** *6 600 000 h.* – **Capitale :** *Tegucigalpa*
Villes principales : *San Pedro Sula, La Ceiba, El Progreso* – **Système politique :** *république* –
Langue(s) : *espagnol* – **Religion(s) :** *catholicisme* – **Monnaie(s) :** *lempira*

Voir l'Atlas

La cathédrale de Comayagua, ancienne capitale du Honduras.

Géographie physique et humaine

Entre la large façade sur l'Atlantique (très précisément, sur la mer des Antilles), au nord, et l'étroite fenêtre sur le Pacifique au sud, un fossé d'effondrement au sol fertile constitue l'axe économique du pays entouré de hautes montagnes volcaniques. Le climat tropical humide est atténué dans les montagnes, par exemple dans la capitale (située à *1 000 m* d'altitude). La population vit surtout dans l'ouest et dans les vallées. Surtout rurale, elle se livre à de maigres cultures vivrières. Bananes, café, bois, zinc, plomb sont exportés vers les États-Unis, qui assistent le pays. Les rares industries traitent les produits agricoles : sucre, rhum, cigarettes, cotonnades.

Un quartier de Tegucigalpa, l'unique capitale du pays depuis 1880.

Histoire

Pays maya (comme le Guatemala), le Honduras voit débarquer les colons espagnols en 1523. Il accède à l'indépendance en 1821 et entre dans la Fédération des États (ou Provinces-Unies) d'Amérique centrale en 1824, pour en sortir en 1838. L'armée pèse sur la vie politique, ainsi que la société américaine United Fruit Company. En 1969-1970, le conflit avec le Salvador, puis, à partir de 1979-1980, la guerre des « contras » contre le Nicaragua sandiniste (basés notamment au Honduras) font de l'Amérique centrale un point chaud. Ensuite, le plan Arias, dû au président du Costa Rica Óscar Arias Sánchez (1986-1990), ramène la paix dans la région, mais celle-ci est dévastée par l'ouragan Mitch en 1998. Depuis 1981, alternent des gouvernements conservateurs et libéraux. Le président Ricardo Maduro, élu en 2002, promet de s'attaquer à la délinquance et de réduire la pauvreté, mais le pays demeure gangrené par la corruption.

Un marché à Santa Rosa de Copán, ville proche de la frontière du Guatemala.

homomorphie n. f. ZOOL. Mimétisme, chez l'animal, par lequel ce dernier adopte la forme d'un des éléments du milieu naturel où il se trouve.

homoncule ou **homuncule** n. m. HIST. Petite créature à l'image de l'homme que les alchimistes prétendaient pouvoir créer. / Homme tout petit et malingre.

homonyme adj. et n. n. LING. Se dit d'un mot homophone mais ayant une orthographe et un sens différents (*mère* et *mer*) ou la même orthographe mais un sens différent : *glace* (miroir) et *glace* (dessert). / n. Personne portant le même nom qu'une autre.

homonymie n. f. Caractère des mots homonymes.

homophobe adj. et n. Qui fait montre d'homophobie ; qui témoigne d'homophobie. *Il est homophobe. Des propos homophobes.*

homophobie n. f. Aversion pour les homosexuels.

homophone adj. LING. Se dit de mots qui se prononcent de manière identique (ex. : *verre, vert, vers, vair*).

homophonie n. f. LING. Caractère des mots homophones. / MUS. Fait de produire des sons instrumentaux ou vocaux à l'unisson ou à l'octave, par oppos. à *polyphonie*.

homoptères n. m. pl. ZOOL. Ordre d'insectes dotés de quatre ailes égales et transparentes et d'une trompe suceuse et piqueuse, tels le puceron, la cigale, la cochenille.

homosexualité n. f. Sexualité homosexuelle, par oppos. à *hétérosexualité*.

homosexuel, elle adj. et n. Dont la sexualité a pour objet des personnes de même sexe, par oppos. à *hétérosexuel*.

homosphère n. f. Couche de l'atmosphère comprise entre la Terre et l'altitude de 100 km, composée d'un mélange d'oxygène et d'azote dans un rapport constant.

homothermie n. f. Caractère stable de la température des eaux.

homothétie n. f. GÉOM. Transformation ponctuelle qui fait correspondre à un point M un point M' de sorte que OM' = kOM, les points O, M et M' étant alignés ; O est nommé *centre d'homothétie* et k, *rapport d'homothétie. Une homothétie est positive ou négative suivant la valeur de k.*

homothétique adj. GÉOM. Qui a le caractère de l'homothétie.

homozygote adj. et n. BIOL. Se dit d'un organisme vivant diploïde chez lequel les deux chromosomes d'une même paire portent, à un même locus, deux allèles identiques. / *Jumeaux homozygotes*, qui naissent d'un même œuf et ont donc exactement les mêmes gènes.

Homs (autrefois *Émèse*) *440 000 h.* Ville de Syrie occidentale, sur l'Oronte. Au cœur d'une région agricole prospère, c'est un centre commercial et industriel (textile, industries alimentaires, travail du cuir, raffinerie de pétrole).

Honduras (golfe de) Profond golfe de la mer des Antilles, au sud du Yucatán.

• **Honduras (république du)** État d'Amérique centrale, entouré par le Salvador, le Guatemala et le Nicaragua.

Honduras britannique Ancien nom de Belize.

hondurien, enne adj. et n. Du Honduras. *Agriculture hondurienne. Un(e) Hondurien(ne).*

Honecker (Erich) 1912-1994 Homme politique allemand. Secrétaire général du Parti socialiste unifié de R.D.A. (1976-1989), il se retira lorsque le processus de dissolution de la R.D.A. se révéla irréversible. Poursuivi pour sa politique répressive, il ne fut pas jugé.

Honegger (Arthur) 1892-1955 Compositeur suisse, le plus célèbre du groupe

Le port de **Honfleur** (© OLIVIER AVENEL).

Le centre financier et industriel de **Hong Kong**.

des Six, fondé en 1918. Il a composé cinq symphonies, des musiques de films, des ballets et des oratorios : *Le Roi David* (1921), *Jeanne au bûcher* (1935).

Honfleur *8 272 h.* Petit port du Calvados, à l'embouchure de la Seine. Port important au Moyen Âge, Honfleur conserve un intérêt touristique.

Hong Kong ou **Hongkong** *1 092 km² 6 000 000 h. env.* Région administrative spéciale (RAS) de la république populaire de Chine, au sud-est de Canton. Capitale *Victoria*. De 1842 à 1997, Hong Kong constitua une colonie britannique, formée de trois parties : l'île de Hong Kong, montagneuse (*76 km²*) et les îlots voisins ; la presqu'île de Kowloon (*10 km²*) ; les Nouveaux Territoires (*959 km²*). Revenue à la Chine, elle continue de constituer une entité à part, riche de banques et de sociétés commerciales et industrielles (matériel électrique et électronique, textiles, bijoux, métallurgie, chantiers navals, importante industrie cinématographique, etc.) ; la crise qui a frappé le Sud-Est asiatique en 1997 l'a peu ébranlée. **Histoire** Hong Kong n'était rien quand la Grande-Bretagne y installa une base. En 1842, elle acquit la propriété officielle de l'île, en 1861, celle de Kowloon. En 1898, la Chine lui loua, pour 99 ans, des territoires situés au nord de Kowloon : les Nouveaux Territoires. Peu après la victoire des communistes en Chine (1949), des réfugiés vinrent gonfler la population de la colonie, qui bientôt devint un des « dragons » (économiques) du Sud-Est asiatique. Elle est revenue, sans heurts, en 1997 à la Chine qui a confirmé son statut spécial pour une durée de 50 ans.

hongre n. m. et adj. m. Cheval châtré. / adj. *Un cheval hongre.*

• **Hongrie** *93 000 km² 10 236 000 h.* État d'Europe centrale enclavé entre l'Autriche, à l'ouest, et la Roumanie, à l'est.

hongrois, e adj. et n. De Hongrie. *Plaine hongroise. Un(e) Hongrois(e).* / n. m. Langue finno-ougrienne parlée par les Hongrois.

hongroyage ou **hongroierie** n. f. Fait de hongroyer ; technique de celui qui hongroie.

hongroyer v. t. [1] Préparer (le cuir) au gros sel et à l'alun, à la manière dite « de Hongrie ».

honnête adj. Qui obéit à la voix de la conscience, à la loi morale, aux règles du devoir et de la probité. *Un homme honnête et sans reproche.* / Qui est satisfaisant, bien accompli. *Son travail est honnête.* / *Pour être honnête* : en toute franchise.

honnêtement adv. De manière honnête ; franchement.

honnêteté n. f. Qualité d'une personne ou d'une chose honnête.

honneur n. m. **I.** Sens de sa dignité, estime de soi. *Sauvegarder son honneur. Blesser qqn dans son honneur. Un homme d'honneur*, intègre à tous égards. *Parole d'honneur*, qui oblige à tenir une promesse sous peine de manquer à son honneur, à sa dignité. *Mettre un point d'honneur à (faire qqch.)*, à accomplir par respect de soi-même et de ses principes. *Mourir au champ d'honneur*, sur le champ de bataille. / *Dette d'honneur* ou *affaire d'honneur*, où la réputation de qqn est en jeu. / Témoignage d'estime, d'admiration dû au mérite, au rang d'une personne. *Faire honneur à quelqu'un. Garde d'honneur* : ensemble des soldats chargés d'escorter un personnage important. *Place d'honneur* : première place réservée dans une assemblée à une personnalité. *En l'honneur de (qqn ou qqch.)* : pour célébrer dignement (qqn, qqch.). *Cour, escalier d'honneur*, que l'on n'utilise que pour les personnalités. *Garçon, demoiselle d'honneur*, qui escortent les époux lors de la cérémonie nuptiale. *Dame d'honneur*, attachée au service d'une reine ou d'une princesse. *Être à l'honneur* : être fêté, honoré par tous. *Avoir l'honneur de*, le grand plaisir de (formule de politesse et de cérémonie). **II.** (Au plur.) *Les derniers honneurs* ou *les honneurs funèbres* : hommages au défunt rendus lors des obsèques. *Honneurs militaires* : ensemble de démonstrations (saluts, salves, défilés) qui s'effectuent pour honorer une personnalité. / Titres, hautes fonctions. *Académicien comblé d'honneurs.* / *Faire à qqn les honneurs d'une maison*, l'y recevoir, la lui faire visiter avec des attentions particulières. / JEU Cartes aux valeurs les plus élevées, le plus souvent, les figures.

honni, e adj. Litt. Exécré, méprisé. *Un être honni.*

honnir v. t. [2] Litt. Exécrer, vouer au mépris. *Honnir la trahison.* (Au passif) *Être honni de, par qqn. Honni soit qui mal y pense* (devise de l'ordre de la Jarretière) : honte à qui y voit du mal.

Honolulu *385 881 h.* Capitale de l'État américain d'Hawaii, dans l'île d'Oahu. Escale aérienne, port important, base militaire et centre touristique.

honorabilité n. f. Qualité d'une personne ou d'une chose honorable.

honorable adj. Qui est intègre et digne de respect et de confiance. *Avoir affaire à un homme honorable.* / Qui est d'une bonne moralité. *Une intention honorable.* / Louable et satisfaisant. *Un score honorable.* / *Faire amende honorable* : avouer ses torts et les réparer.

honorablement adv. De manière à attirer les honneurs ; suffisamment.

honoraire adj. (Accompagnant un titre, une qualité) Qui ne correspond plus à une fonction ou qui n'a de valeur qu'honorifique. *Inspecteur honoraire. Président honoraire.*

honoraires n. m. pl. Rémunération des membres des professions libérales (médecin, architecte, avocat…).

honorariat n. m. Condition conférée par un titre honoraire.

Honorat (saint) 350 ?-429 ? Archevêque d'Arles (427). Vers 400, il fonda le monastère de Lérins, dans l'île de l'archipel de Lérins (en face de Cannes) qui porte son nom.

honorer v. t. [1] Rendre honneur, hommage à ; célébrer. *Honorer les saints.* / Gratifier (qqn de qqch.). *Il nous honora de sa présence.* / Procurer de l'estime à. *Votre courage vous honore.* / Respecter, acquitter (un engagement). *Honorer une dette.* / v. pron. *S'honorer de* : s'enorgueillir, être fier de.

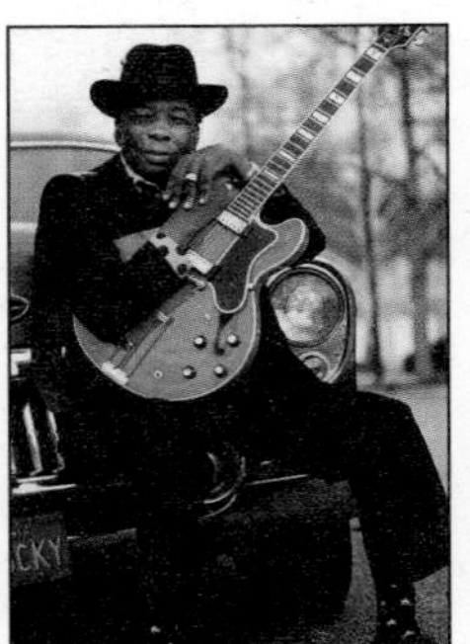

John Lee Hooker.

honorifique adj. Qui confère des honneurs, mais sans fonction ni pouvoir. *Titre honorifique.*

honoris causa loc. adj. (mots latins) Se dit d'un titre universitaire, et notam. du doctorat, qui est conféré à titre honorifique à des personnalités méritantes, sans qu'elles remplissent les conditions normalement exigées pour l'obtention de ce titre.

Honorius (en latin **Flavius Honorius**) 384-423 Empereur d'Occident en 395. Fils de Théodose Ier, il fut le premier empereur d'Occident, cependant que son frère Arcadius héritait de l'empire d'Orient. Faible, il ne sut mettre un frein à l'invasion barbare.

Honshu (nommée autrefois *Hondo* par les Occidentaux) *230 500 km² 100 533 000 h.* Île du Japon entre Hokkaïdo et Shikoku, la plus importante de l'archipel, tant par sa superficie (63 % du territoire japonais) que par sa population (80 % des Japonais). Le centre est occupé par de hautes montagnes dont le mont Fuji (*3 776 m*). Les séismes y sont fréquents. On y passe, sur 8° de latitude, d'un climat subtropical au sud à un climat frais au nord. Les étroites plaines côtières condensent la population qui s'y livrait à une agriculture intensive (riz, notamment). Aujourd'hui, l'industrie occupe toute la côte est depuis Nagoya jusqu'au nord de Tokyo, la région d'Osaka et plusieurs régions méridionales.

honte n. f. Sentiment pénible causé par la conscience d'une infériorité par rapport à autrui, par la conscience d'une faute commise, par une humiliation subie ou par la crainte du ridicule. *Rougir, pleurer de honte.* / Déshonneur. *Ruminer sa honte.* / Scandale. *Votre conduite est une honte !* / *Avoir toute honte bue* : être devenu insensible au déshonneur. / *Sans fausse honte* : sans scrupules injustifiés.

honteusement adv. De manière honteuse.

honteux, euse adj. Qui ressent de la honte. / Qui est cause de scandale, de déshonneur. / Vieilli *Maladie honteuse* : maladie vénérienne. *Les parties honteuses* : les organes génitaux. / ANAT. *Artères, veines honteuses*, celles des organes génitaux.

Hooke (Robert) 1635-1703 Physicien anglais. Esprit universel, contemporain et adversaire de Newton avec qui il polémiqua, contribuant ainsi à l'avancement des sciences, en particulier dans le domaine de l'optique mathématique, il étudia aussi bien l'anatomie comparée des végétaux fossiles, grâce à un microscope qu'il avait construit, que la diffraction de la lumière. La loi de Hooke établit que sont proportionnels les petites déformations élastiques et les efforts qui les produisent.

Hooker (John Lee) 1917-2001 Guitariste et chanteur de blues américain. Il fut une légende du blues avec sa voix traînante.

hooligan ou **houligan** n. m. (mot anglais) Jeune au comportement asocial, qui se livre à des actes délibérés de délinquance (agressions, violences, vandalisme, etc.) surtout lors de manifestations sportives, notam. de football.

Hoover (Herbert Clark) 1874-1964 Homme politique américain. Chargé de missions économiques en Europe, puis du ministère du Commerce (1921), il fut élu à la présidence des États-Unis, comme candidat républicain, en 1928. Impuissant devant la crise économique de 1929, il fut battu par le démocrate Franklin Roosevelt lors de l'élection présidentielle de 1932.

HONGRIE

Superficie : *93 032 km²* – **Nombre d'habitants :** *10 200 000 h.* – **Capitale :** *Budapest*
Villes principales : *Debrecen, Miskolc, Szeged, Pécs* – **Système politique :** *république* –
Langue(s) : *hongrois* – **Religion(s) :** *catholicisme, protestantisme* – **Monnaie(s) :** *forint*

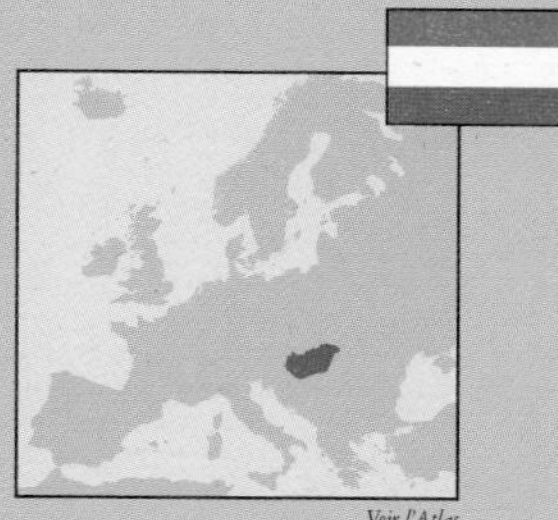

Voir l'Atlas

Géographie

C'est une immense cuvette entre les Alpes et les Carpates au nord, et les montagnes balkaniques au sud. Elle comprend des reliques lacustres comme le Balaton, de grands couloirs hydrographiques (Danube moyen, Tisza), de vastes plaines steppiques (*puszta*) ou de cultures (*alföld*), entrecoupées par une arête dorsale montagneuse de *600* à *1 000 m* (monts Bakony). Le climat est continental.

Économie

Avant 1946 la Hongrie était un pays exclusivement agricole. Le pays produit en abondance blé, maïs, pommes de terre, tabac, tournesol, betterave à sucre, et possède de grands troupeaux de bovins, d'ovins et de chevaux, ainsi que des vignobles (tokay), des vergers et des cultures maraîchères. Vitrine de l'Europe communiste, la Hongrie a connu, à partir de 1968 et, surtout, de 1986, des réformes tendant à encourager l'initiative privée, mais l'industrialisation n'a pas progressé. Depuis les privatisations entreprises dès 1990, elle a même régressé (extraction de bauxite et de lignite, production de fonte, acier, aluminium, ciment), malgré la politique libérale (au sens économique) menée par un ancien communiste, G. Horn, de 1995 à 1998, et l'importance des investissements étrangers.

L'abbaye de Tihany sur la rive du lac Balaton.

Histoire

Traversé par le Danube, le territoire qui forme la Hongrie actuelle était occupé par des peuples divers, Celtes et Daces notamment, avant d'être soumis par Rome (qui le nommait Pannonie) entre 10 et 107 ap. J.-C. Au cours des Grandes Invasions, la plaine danubienne fut traversée par des Germains (Vandales et Ostrogoths) que les Huns chassèrent vers 370-380. Après le reflux des Huns (454), d'autres Barbares fondèrent d'éphémères empires détruits par les Avars qui conquirent tout le pays. Contenus par Charlemagne qui avait fondé la marche orientale de l'empire (*Ostmark*, noyau de l'Autriche actuelle) et les Bulgares, ils s'effondrèrent à la fin du VIIIe siècle. Les Magyars, de langue finno-ougrienne (qui forment aujourd'hui 95 % des Hongrois), n'apparaissent qu'à la fin du IXe siècle. Établis au nord de l'Oural, peu à peu descendus vers la moyenne Volga, ils étaient constitués en tribus que leur chef, Arpad, conduisit au-delà des Carpates pour échapper aux Petchénègues. Installés (896) dans la haute vallée de la Volga, ils multiplient les raids dévastateurs en Occident. Au Xe siècle, battus par Otton Ier, les Hongrois se fixent dans la plaine pannonienne; le fondateur de l'État hongrois est le prince Étienne Bathory (996-1037) qui convertit son peuple au christianisme et reçoit du pape la couronne royale (1000). Au Moyen Âge, la Hongrie est puissante, bien organisée (elle est divisée en comitats, ou comtés) et très étendue : elle englobe la Croatie (qui jouit d'une large autonomie), la Bosnie, la Dalmatie (qui lui offre un accès à la mer), la Transylvanie, l'Ukraine subcarpatique et la Slovaquie. La dynastie des Arpad donne des rois à la Hongrie jusqu'à son extinction (1301). Le trône passe alors à la maison d'Anjou (1308-1386) dont un des membres, Louis Ier le Grand, qui est également roi de Pologne, porte à son apogée la puissance hongroise. Les règnes suivants sont troublés par des querelles dynastiques, la révolte des nobles (les magnats), l'agitation des hussites et l'invasion turque (défaites de Nicopis, en 1396, et de Séméndria, en 1412). En 1458, Mathias Corvin est élu roi. Il donne à la Hongrie un brillant essor culturel (il fonde l'université de Presbourg, aujourd'hui Bratislava) et confie l'exploitation des mines d'argent et de cuivre à des étrangers. Remarquable homme de guerre, il tente de faire passer toute l'Europe centrale sous son autorité, s'emparant de la Moravie, de la Silésie, de la Lusace et même de la Basse-Autriche, Vienne comprise. Mais le désordre recommence avec ses successeurs et la Hongrie tombe entre les mains des Turcs ottomans, à l'exception de la région occidentale, autour de Presbourg, qui revient aux Habsbourg (1526): c'est la *Hongrie royale*. Le centre et l'est du pays sont gouvernés par des seigneurs locaux vassaux des Turcs. Au XVIIe siècle, les Habsbourg mènent une série de guerres plus ou moins heureuses ; après avoir dégagé leur capitale, Vienne, assiégée par les Turcs (1683), ils libèrent la Hongrie qui devient une dépendance héréditaire des Habsbourg (1687). Ceux-ci mènent une politique absolutiste et catholique qui provoque de constantes oppositions et installent des paysans allemands dans le Banat, des Serbes, des Croates et des Roumains dans les garnisons frontalières : la Hongrie devient ainsi, aux XVIIe et XVIIIe siècles, une mosaïque ethnique, culturelle et religieuse (catholiques, calvinistes, orthodoxes). Despote éclairé, Joseph II abolit le servage (ce qui mécontente les magnats possesseurs d'immenses propriétés terriennes), supprime l'autonomie des comitats (ce qui déplaît à tous les féodaux) et tente d'imposer l'allemand comme langue officielle se substituant au latin et au hongrois (ce qui provoque l'ire de la noblesse, de l'Église, de la bourgeoisie éclairée et de la paysannerie). Vers 1820 s'expriment des revendications nationalistes à tendances conservatrices (avec Istvan Széchenyi) ou libérales (avec Lajos Kossuth). En 1848, la révolution ayant éclaté à Vienne, Kossuth entraîne les Hongrois dans une insurrection nationale qui ne sera réprimée qu'en 1849 grâce à l'aide apportée par la Russie à l'empereur François-Joseph, sans que faiblisse pour autant la résistance passive des Hongrois. Né de la défaite autrichienne de Sadowa, le compromis austro-hon-

Budapest, la capitale de la Hongrie, la nuit.

La ville de Pécs (au fond : la mosquée de Ghazi Kassim Pacha).

HONGRIE (SUITE)

Fontaine en bronze, dans la cour du château de Buda, célébrant Mathias Corvin.

grois de 1867 accorde à la Hongrie une large autonomie interne et toute autorité sur les populations allogènes qui vivent à l'intérieur de ses frontières et constituent plus de la moitié de la population totale; elles seront soumises à une magyarisation forcée. À la fin de 1918, l'Empire austro-hongrois s'écroule, la Hongrie est séparée de l'Autriche. Son territoire est fortement réduit par le traité de Trianon (1920), de nombreux Hongrois forment des minorités nationales dans les États voisins (en Transylvanie, désormais roumaine, notamment). Après la brève et sanglante tentative de gouvernement communiste de Béla Kun (mars-août 1919) et l'échec des tentatives de restauration de Charles Ier de Habsbourg, la monarchie hongroise est placée sous la régence de l'amiral Horthy (1920-1944). Des forces hongroises coopèrent avec l'armée nazie pendant la guerre contre l'URSS. En 1944, l'Armée rouge occupe la Transylvanie et l'armistice est signé en janvier 1945. Les terres des grandes propriétés sont distribuées aux paysans et, de 1946 à 1948, est menée une politique générale de collectivisation. En 1949, le parti communiste, dont le rigide Matyas Rákosi est premier secrétaire, fait du pays une république populaire. En 1953 Imre Nagy, partisan d'une certaine libéralisation, lui succède; il sera exclu en 1955, mais rappelé en octobre 1956, lors de la révolution antisoviétique. Il prend fait et cause pour les insurgés; l'Armée rouge intervient brutalement (4 novembre 1956) et se rend vite maîtresse de la capitale, tandis que les combats continuent en province. Nagy est arrêté, emmené en Roumanie, ramené à Budapest et exécuté en 1958 après un procès secret. János Kádár, qui avait fondé un contre-gouvernement fidèle à l'URSS, succède à Nagy et se livre à une dure répression (traduction d'insurgés devant des tribunaux d'exception, exécutions, internements administratifs) tandis que plus de 200 000 Hongrois fuient à l'étranger. À partir de 1968, Kádár libéralise le régime et l'économie, mais la Hongrie participe à la répression du « printemps de Prague » en tant que membre du Pacte de Varsovie. En 1988, Kádár se retire. La Hongrie voit, à partir de 1989, passer des dizaines de milliers d'Allemands de l'Est qui profitent de l'ouverture de la frontière hungaro-autrichienne pour passer à l'Ouest. La même année, le parti communiste, devenu parti socialiste, abandonne le centralisme démocratique et la dictature du prolétariat et la République populaire née en 1949 fait place à la IVe République. En 1990, les premières élections démocratiques sont remportées par le Forum démocratique, parti de droite dirigé par J. Antall qui entreprend des privatisations accélérées. L'inflation abaisse le niveau de vie, le chômage s'étend. En 1994, le parti socialiste (naguère communiste) remporte les élections. Son leader, Gyula Horn, Premier ministre, applique la politique libérale préconisée par le F.M.I. En 1998, la Fédération des jeunes démocrates (acronyme: Fidesz) lance le slogan « la loi et l'ordre » et remporte les élections. Son leader, Viktor Orbán, poursuit la politique économique de Horn, tout en adoptant des positions de plus en plus nationalistes et populistes ; il est battu aux élections de 2002, au profit de Ferenc Madl ; une coalition dominée par les sociaux-démocrates (anciens communistes) exerce le pouvoir. En avril 2003, les Hongrois se sont prononcés par référendum pour l'adhésion de leur pays à l'Union européenne.

Culture

Beaux-Arts Très ouvert aux influences occidentales, l'art est présent en Hongrie dès l'époque romane (églises de Pécs et de Ják), et brille d'un éclat particulier à la fin de l'époque gothique où se déploie une remarquable école de sculpture (Georges et Martin de Kolozsvar) et de peinture (Thomas de Kolozsvar et le maître MS notamment). Au XVIe siècle s'élèvent les palais de Buda et de Visegrad. Après la coupure de l'occupation turque, au XVIIe siècle, comme dans les autres possessions des Habsbourg, l'art baroque s'épanouit dans de multiples édifices (églises de Buda, de Pest, de Sopron, d'Eger, de Györ, résidences de Godollo, d'Esterhaza, de Veszprem). Au style néo-classique (cathédrale d'Esztergom) succèdent les pastiches néo-gothiques auxquels Budapest doit le palais du Parlement. Le XIXe siècle tente de libérer la sculpture de l'académisme représenté jusque-là par Ferenczy tandis qu'une école de peintres se forme à l'imitation des réalistes et impressionnistes français (Meszöly, Munkàcsy, Szinyei Merse). L'art moderne, présent en architecture dès le début du siècle, a trouvé des adeptes en sculpture et en peinture, mais le régime de Horthy puis le communisme en ont poussé bon nombre vers l'émigration ; Moholy-Nagy et Vasarely sont les plus grands noms, avec Simon Hantaï.

Littérature Les œuvres médiévales, en latin ou en hongrois, sont très peu nombreuses et jusqu'au XVIIIe siècle, savants et érudits écrivent en latin. Au XVIe siècle, on traduit la Bible en hongrois, le soldat-poète Balint Balassi (1554-1594) chante la nature, les femmes et l'amour. Autre poète-soldat, Miklos Zrinyi (1620-1664) donne une épopée imprimée à Vienne et ignorée en Hongrie avant d'être republiée au XIXe siècle, *La Zrinyiade*, et un journal, *Lettres de Turquie*. Attirés à Vienne par l'impératrice Marie-Thérèse, de jeunes nobles y découvrent les civilisations germanique, française et italienne et, rentrés chez eux, écrivent poèmes, romans et tragédies. Le XIXe siècle voit l'épanouissement d'une littérature véritablement nationale avec les poètes Mihaly Vörösmarty et Sandor Petöfi, et les romanciers Jozsef Eötvös (1813-1871), Zsigmond Kemény (1814-1875), puis Mihàly Babits (1883-1941). Jusqu'à la fin de la Première Guerre mondiale, Endre Ady (1877-1919) exercera un véritable magistère et Ferenc Molnar (1878-1952) subira son influence. Après 1945, la vie intellectuelle est sous surveillance et le réalisme socialiste posé comme un impératif contre lequel Tibor Déry est le premier à réagir. En philosophie, le marxiste G. Lukács a acquis une renommée universelle.

Musique La musique hongroise a toujours joui d'une grande faveur en Europe. Très développée dans le peuple dont les rythmes et les mélodies constituent un beau folklore, elle a donné deux grands noms au patrimoine mondial : Franz Liszt (*Rhapsodies hongroises*, 1846-1885) et Béla Bartók (*Musique pour cordes, percussion et célesta*, 1936). Zoltán Kodály (qui a trouvé dans la Bible traduite au XVIIe siècle son *Psalmus hungaricus*, 1923) a poursuivi dans la même voie.

Cinéma Sous Horthy, la Hongrie produit des comédies légères sans intérêt et de nombreux artistes se sont exilés, notamment M. Curtiz. Malgré la censure, le cinéma hongrois s'est affirmé sous le régime communiste. Après *Quelque part en Europe* (1947) de Radvanyi et *Un lopin de terre* (1948) de Frigyes Ban, de très nombreux cinéastes de talent sont apparus, notamment Zoltán Fábri (*L'Orage*, 1952 ; *Un petit Carrousel de fête*, 1955), Karoly Makk (*Liliomfi*, 1954), Imre Feher (*Un amour du dimanche*, 1957 ; *Départ de zéro*, 1975), Istvan Szabó (*L'Âge des illusions*, 1965 ; *Mephisto*, 1981), et le plus grand de tous : Miklós Jancsó (*Les Sans-Espoir*, 1966 ; *Rouges et Blancs*, 1967 ; *Pour Électre*, 1975 ; *L'Aube*, 1986). Un tel cinéma, qui souvent plaisait davantage aux cinéphiles occidentaux qu'au public hongrois, était subventionné par l'État. La manne s'est tarie et les années 1990 n'ont vu sortir en France qu'un ou deux films désespérés.

Paysage rural, au pied des monts Bakony (dans le nord-ouest de la Hongrie).

La Fabrique de caisses, d'**Edward Hopper**.

Hoover (John Edgar) 1895-1972 Haut fonctionnaire américain, directeur du FBI (Bureau fédéral d'investigation) de 1924 à sa mort.

hop! interj. Onomatopée imitant le son produit par un saut, un bond rapide. *Hop! Saute par-dessus le ruisseau!*

hôpital n. m. Établissement public ou privé où l'on diagnostique les pathologies et où l'on dispense toute la gamme des soins médicaux aux malades, et notam. des soins chirurgicaux. *Faire un séjour de quelques jours à l'hôpital.*

hoplite n. m. ANTIQ. GR. Fantassin lourdement armé.

Hopper (Edward) 1882-1967 Peintre américain. Par leur minutie, ses tableaux ressemblent à des photographies qui excitent l'imagination et suggèrent des mystères.

hoquet n. m. Contraction spasmodique du diaphragme soulevant le thorax et l'abdomen, accompagnée d'un bruit rauque dû au passage brusque de l'air respiré dans la glotte. *Avoir le hoquet.*

hoqueter v. i. [1] Avoir le hoquet. / (Emploi transitif) Émettre des sons ressemblant à un hoquet. *Hoqueter quelques mots.*

Horace (en latin **Quintus Horatius Flaccus**) 65-8 av. J.-C. Poète latin, protégé par Mécène qui lui offrit une villa près de Tibur (aujourd'hui Tivoli) où il passa la plus grande partie de sa vie. Dans ses poésies, (*Satires*, *Épodes*, *Odes*, *Épîtres*), il célèbre la vie simple de la campagne et prône une sagesse aimable où puisera La Fontaine. Il a laissé un *Art poétique* dont Boileau s'est inspiré.

Horaces (les trois) Héros (peut-être légendaires) romains. Pour établir la suprématie de Rome sur Albe, ces trois frères auraient combattu les trois frères Curiaces d'Albe. Deux Horaces ayant succombé, le troisième abattit séparément les Curiaces blessés. Voyant sa sœur pleurer son fiancé, un des Curiaces, il la tua. Condamné à mort par les magistrats, il fut gracié par le peuple de Rome reconnaissant. La légende inspira à Corneille sa tragédie *Horace* (1640).

horaire adj. et n. m. **A.** adj. Relatif aux heures. *Planning horaire.* / Qui correspond à une durée d'une heure. *Salaire horaire. Débit horaire.* **B.** n. m. Tableau indiquant les heures de départ et d'arrivée des services de transport en commun ou les heures d'ouverture d'établissements publics. *Consulter l'horaire d'une bibliothèque.* / Emploi du temps. *Avoir un horaire chargé.*

Horatius Cocles (en latin, **Publius Horatius Cocles**, « le Borgne ») Héros légendaire romain. Il aurait défendu, seul contre l'armée du roi étrusque Porsenna, le pont Sublicius, aux abords de Rome, que les Romains détruisaient derrière lui. Puis il aurait réussi à traverser le Tibre à la nage.

horde n. f. Groupe d'individus bruyants et violents. *Une horde de hooligans.* / Groupe de personnes indisciplinées. *Une horde de marmots braillards.*

Horde d'Or Khanat mongol, échu (1227) à Batou, petit-fils de Gengis Khan. Les Mongols constituant la Horde d'Or conquirent, après plusieurs victoires sur les Slaves, le sud de la Russie (1236-1240). Les tsars russes mirent trois siècles pour le reconquérir (1480-1783).

Horemheb ?-1314 av. J.-C. Dernier pharaon de la XVIIIe dynastie, monté sur le trône en 1343, à la mort de Toutakhamon, grâce aux prêtres d'Amon. Il conquit la Palestine.

horion n. m. (Souvent au plur.) Litt. Coup violent sur la tête, donné surtout au cours d'une rixe. *Les horions pleuvaient.*

horizon n. m. Ligne éloignée et circulaire autour de l'observateur, sur laquelle s'arrête sa vue et où la terre ou la mer semblent rejoindre le ciel. / AÉRON. *Horizon artificiel*: appareil de pilotage, dans un avion, déterminant la position de l'horizontale. / ASTRON. Plan circulaire de la sphère céleste, perpendiculaire au plan horizontal. / GÉOL. Chacune des couches parallèles qui constituent le sol en épaisseur. / Fig. Étendue d'une activité quelconque, champ de la pensée. *Les nouveaux horizons ouverts par la technologie moderne.*

horizontal, **ale**, **aux** adj. et n. f. Qui est parallèle à l'horizon, perpendiculaire à la verticale. *Poutre horizontale.* / *Se mettre à l'horizontale*, en position couchée. / MATH. *Droite horizontale* (ou, n. f., *une horizontale*), *plan horizontal*: droite ou plan parallèles au plan de l'horizon.

horizontalement adv. Dans une position horizontale.

horizontalité n. f. Caractère de ce qui est horizontal.

horloge n. f. Appareil de mesure du temps, de dimensions plus ou moins importantes, actionné par la descente d'un poids ou la détente d'un ressort, marquant et sonnant l'heure. L'horloge comprend essentiellement le moteur, à poids ou à ressort, le régulateur, pendule ou ressort spiral, et l'échappement qui transmet au régulateur l'action du moteur. / *Horloge électrique*, dont le dispositif fonctionne à l'électricité. *Horloge atomique*, d'une précision quasi absolue, réglée sur la fréquence vibratoire des atomes de certains corps. / Fig. *Réglé comme une horloge*: d'une extrême régularité ou ponctualité dans ses activités quotidiennes.

Horloge (l') Constellation australe (voir **constellation**).

horloger, ère adj. et n. Propre ou relatif à l'horlogerie. *Industrie horlogère.* / n. Personne qui fabrique, vend, répare des horloges, des montres.

horlogerie n. f. Fabrication, industrie des horloges, des montres. / Commerce horloger.

hormis prép. Litt. Excepté.

hormonal, ale, aux adj. Propre ou relatif aux hormones.

hormone n. f. BIOL. Substance chimique transportée par le sang, et destinée à réguler la fonction de certains organes, ou à agir plus directement sur certains tissus.
♦ C'est grâce à la découverte des hormones, au XIXe siècle, que le fonctionnement de nombreux organes a été progressivement connu et les causes de maints troubles organiques identifiées. Elles sont sécrétées par cinq glandes (ou groupes de glandes) à sécrétion interne, dites « glandes endocrines »: l'hypophyse, la thyroïde, la parathyroïde, la glande surrénale et les glandes génitales (ovaire et testicule), par des amas de cellules disséminées dans diverses parties du corps: îlots de Langerhans [pancréas], cellules duodénales [intestin], cellules du foie, endothélium vasculaire, certaines cellules du système nerveux, et, enfin, à titre temporaire, par le placenta, le corps jaune, le thymus et l'épiphyse. Elles assurent la coordination des fonctions vitales et jouent un rôle essentiel dans les fonctions de reproduction et dans la croissance. En outre, certaines d'entre elles ont une influence sur le psychisme.

hormonothérapie n. f. MÉD. Traitement par administration d'hormones.

Horn (cap) Extrémité la plus méridionale de l'Amérique du Sud. Il est situé au Chili dans l'archipel de la Terre de Feu par 55° 59' de latitude sud.

horodateur, **trice** adj. et n. m. Se dit d'un appareil qui imprime la date et l'heure sur des documents. / n. m. Compteur de temps de stationnement des véhicules automobiles sur la voie publique.

horoscope n. m. ASTROL. Observation de la position relative des astres au moment de la naissance d'une personne, afin d'en déduire son caractère et les tendances générales de sa vie. / Tableau subdivisé selon les signes du zodiaque, auquel se réfèrent ceux qui prédisent l'avenir.

Horowitz (Vladimir) 1904-1989 Pianiste américain d'origine russe, interprète de Chopin, Liszt, Debussy.

horreur n. f. Aversion violente et sentiment d'effroi causés par la vue de qqn ou de qqch. de particulièrement affreux, repoussant, ou à l'idée d'une chose qui choque violemment la sensibilité personnelle. *Être frappé d'horreur. Une horreur insurmontable.* / Caractère de ce qui est repoussant, cruel. *Les horreurs de la guerre.* / Chose affreuse. *Quelle horreur!* / Fig. Propos grossiers. *Dire des horreurs.*

Horloge *des petits géants, à Bruges.*

Horloge *astronomique de l'hôtel de ville de Prague.*

HORLOGE

horrible adj. Qui suscite l'horreur. *Vision horrible.* / (Sens atténué) Déplaisant, contrariant. *Il a fait un temps horrible.*

horriblement adv. De manière horrible; extrêmement.

horrifier v. t. [1] Emplir d'horreur, de terreur. / Par ext. Frapper d'indignation et de stupeur.

horripilant, e adj. Exaspérant.

horripilation n. f. PHYSIOL. Érection des bulbes pileux, ou chair de poule, causée par un frisson de froid, de peur ou de répulsion. / Fig. Exaspération.

horripiler v. t. [1] PHYSIOL. Provoquer la chair de poule de. / Fig. Exaspérer.

hors prép. En dehors de. *Fonctionnaire hors cadre. Un rapport de trois cents pages et douze tableaux synoptiques hors texte.*

horsain ou **horsin** n. m. (Régional, en Normandie) Étranger au pays.

hors-bord n. m. inv. Canot dont l'ensemble propulseur, moteur et hélice, est placé à l'extérieur de la coque.

hors-d'œuvre n. m. inv. Mets servi avant le plat principal. / ARCHIT. Pièce ou construction annexe faisant saillie par rapport au bâtiment principal. / Fig. Introduction, préambule. *Après ce hors-d'œuvre, il aborda l'essentiel.* / Partie non essentielle d'un ouvrage littéraire ou artistique.

hors-jeu n. m. inv. SPORT Au rugby et au football, pénalisation d'un joueur lorsqu'il se trouve dans une position de terrain interdite par le règlement.

H

humble adj. Plein d'humilité. *Un homme humble. Humbles excuses.* / De condition sociale médiocre. *Des gens humbles.* / Subst. *Les humbles* : les gens humbles. / Modeste, médiocre. *Une humble demeure.*

humblement adv. De manière humble.

Humboldt (Wilhelm von) 1767-1835 Érudit, philologue et diplomate allemand. Philoloque et polyglotte, il étudia des langues aussi diverses que le basque, le sanscrit, le chinois, le birman, le hongrois, le japonais et quelques langues amérindiennes. Il mena en même temps une carrière diplomatique qui le conduisit, comme ambassadeur de Prusse, à Rome, Vienne et Londres. Il fut également le fondateur de l'université de Berlin. Son œuvre théorique majeure, *Sur la différence de structure des langues humaines et son influence sur le développement intellectuel de l'humanité* (1820) a influencé la plupart des linguistes modernes. **Alexander** 1769-1859 Savant et explorateur allemand. Frère du précédent, il parcourut l'Amérique tropicale, le Mexique et les États-Unis, puis la Russie et l'Asie centrale jusqu'à la mer Caspienne. Ses travaux concernent aussi bien les sciences de la Terre et les sciences naturelles que les sciences humaines. Il se montra un pionnier dans les domaines de la climatologie et de la biogéographie (*Cosmos, essai d'une description physique du monde,* 1845-1858), des sciences naturelles (il a décrit des centaines de plantes inconnues, des animaux jamais étudiés et fait les premières observations sur la respiration des poissons) et des sciences de l'homme (ethnologie, archéologie, histoire et économie des colonies espagnoles d'Amérique). Le courant de Humboldt, courant froid du Pacifique qui longe le Chili et le Pérou, a été ainsi nommé en son honneur : il l'a découvert et a poursuivi des études sur les courants marins.

Hume (David) 1711-1776 Philosophe anglais, auteur du *Traité de la nature humaine* (1739) et des *Essais sur l'entendement humain* (1748). Il défend l'empirisme, doctrine selon laquelle la connaissance est une acquisition de l'expérience, c'est-à-dire de la sensation. En d'autres termes : la causalité n'est pas l'œuvre de la raison mais de l'habitude, qui lie cause et effet. Hume répondait à Leibniz (*Nouveaux Essais sur l'entendement humain*, 1703-1704), lequel avait critiqué *Essai concernant l'entendement humain* (1690) de Locke. *La Critique de la raison pure* (1781) de Kant portera le débat à un plus haut niveau.

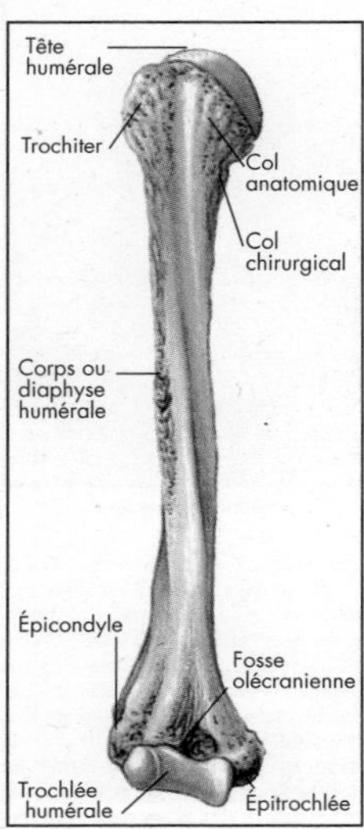

Humérus.

Hune d'un voilier du XVIIe siècle.

humecter v. t. [1] Mouiller légèrement (qqch.) *Humecter un linge.*

humer v. t. [1] Inspirer par le nez pour sentir, flairer. *Humer l'odeur d'un repas.*

humérus n. m. ANAT. Os long du bras, dont l'extrémité supérieure ou *tête humérale* s'articule avec l'omoplate, l'extrémité inférieure avec le cubitus et le radius.

humeur n. f. Vx Selon la médecine ancienne, un des quatre liquides (sang, lymphe, bile et atrabile) de l'équilibre desquels était censée dépendre la santé. / PHYSIOL. *Humeur aqueuse* : liquide organique situé entre la cornée et le cristallin de l'œil. *Humeur vitrée* : substance gélatineuse, située dans la cavité du globe oculaire, en arrière du cristallin. / Fig. Tempérament habituel d'une personne. *Un homme d'humeur placide.* / Disposition passagère du caractère. *Bonne, mauvaise humeur.*

humide adj. Imprégné d'eau, de vapeur d'eau, ou d'un liquide quelconque. *Vêtements humides. Climat humide.*

humidificateur n. m. Appareil servant à augmenter ou à réguler l'humidité de l'air, dans un espace clos.

humidifier v. t. [1] Rendre humide.

humidité n. f. État de ce qui est humide. / PHYS. *Humidité absolue* : degré d'humidité de l'air évalué en grammes de vapeur d'eau contenus dans 1 m³ d'air. *Humidité relative* : pourcentage de la pression de la vapeur d'eau par rapport à la pression de la vapeur maximale (saturante).

humiliation n. f. Action d'humilier qqn. / Sentiment de honte de la personne humiliée. / Ce qui blesse l'orgueil, affront. *Subir des humiliations.*

humilier v. t. [1] Infliger une humiliation à, vexer profondément (qqn). *Humilier qqn par des huées. Son renvoi l'a humilié.* / v. pron. Se faire humble. *S'humilier devant Dieu.*

humilité n. f. Absence d'orgueil due à la prise de conscience de sa faiblesse et à la volonté de ne pas surestimer ses qualités.

humoriste n. Personne qui a le sens de l'humour. / Dessinateur, acteur, écrivain pratiquant le genre satirique, comique.

humoristique adj. Relatif à l'humour ; plein d'humour.

humour n. m. Forme d'ironie plaisante, souvent satirique, qui souligne de façon spirituelle les aspects comiques, cocasses, insolites de la réalité. *Humour noir*, dont la force comique vient de rencontres cruelles, macabres mais en même temps plaisantes.

humus n. m. Matière noirâtre et spongieuse, constituée de débris végétaux et de déchets animaux, qui se trouve dans le sol et qui contribue à sa fertilité.

hune n. f. MAR. Plate-forme en saillie autour d'un mât, servant de poste d'observation ou de tir.

Huns Peuple barbare d'origine turque, mongole ou ougrienne. Cavaliers nomades venus d'Asie, les Huns occidentaux chassèrent devant eux les Germains en pénétrant en Europe vers 375. Ils s'installèrent sur le Danube et constituèrent un vase empire fédérant les tribus. En 451, leur chef Attila traversa la Gaule puis l'Italie du Nord. Ayant reçu un tribut, il alla se fixer dans la Hongrie actuelle, en 452. À cette même époque, les Huns Hephthalites (c'est-à-dire « incendiaires ») partirent du sud de la Sibérie vers le Turkestan, la Perse, et furent arrêtés en Inde au début du VIe siècle.

Huon de Bordeaux XIIIe siècle Chanson de geste française. Un jeune chevalier, coupable du meurtre du fils de Charlemagne doit, pour se racheter, aller à Babylone et subir des épreuves rocambolesques. Le nain Aubéron, qui l'aide à triompher, provient de légendes germaniques et il inspirera à Wieland un poème dont Weber tirera un opéra : *Oberon* (1826).

huppe n. f. Oiseau insectivore de l'ordre des coraciiformes au long bec arqué, portant sur la tête des plumes érectiles, au plumage orange, blanc et noir. *La huppe pupule. Sale comme une huppe* : très sale (vx). / Touffe de plumes sur la tête de certains oiseaux.

huppé, e adj. Qui porte une huppe. / Fig., fam. *Des gens huppés* : des gens du monde, fortunés.

hure n. f. Tête de certains animaux. *Hure de sanglier, de brochet.* / Tête de sanglier empaillée, en guise de trophée. / CUIS. Charcuterie faite du museau, des pieds, des oreilles et de la langue de porc (ou de sanglier). Syn. Fromage de tête.

Hurepoix Ancienne région de France située entre Paris et Orléans.

hurlement n. m. Cri aigu et prolongé de certains animaux. *Le hurlement du loup.* / Fig. Cri aigu, violent.

Huppe.

Saddam Hussein.

hurler v. i. / v. t. [1] **A.** v. i. Pousser des hurlements. *Les loups hurlent à la lune.* / Parler, chanter, crier de toutes ses forces. / Produire un son comme un hurlement. *La sirène se mit à hurler.* / Fig. Produire un effet discordant. *Des couleurs qui hurlent.* **B.** v. t. *Les manifestants hurlaient leur révolte.*

hurleur, euse adj. et n. m. Se dit de qqn ou d'une bête qui hurle. / n. m. ZOOL. Grand singe platyrhinien, arboricole, au pelage touffu dont l'hyoïde forme une caisse de résonance lui permettant de pousser de puissants hurlements.

hurluberlu, e n. Fam. Personne qui se comporte de manière bizarre, illogique, extravagante. *Qu'est-ce que c'est que cet hurluberlu ?*

huron, onne adj. et n. Des Hurons. *Les tribus huronnes.* / n. m. Langue du groupe iroquois, parlée par les Hurons.

Huron (lac) *61 797 km²* Un des cinq Grands Lacs américains à la frontière des États-Unis et du Canada.

Hurons Amérindiens du Nord. Lors de l'arrivée des Européens, ils étaient établis sur la rive est du lac Huron. Alliés des Français, ils furent en grande partie exterminés dans les guerres contre les Iroquois, alliés des Anglais (1641-1701). Les survivants vivent aujourd'hui près de Québec.

hurrah ! Voir **hourra**

Hurtado de Mendoza (Diego) 1503-1575 Diplomate et écrivain espagnol auquel certains ont attribué le roman picaresque *Lazarillo de Tormes* (1554).

Hus (Jan) 1370 ?-1415 Réformateur religieux tchèque. Recteur à l'université de Prague, il adopta les théories de l'Anglais Wyclif et dénonça les abus de l'Église. Excommunié une première fois en 1411, puis de nouveau en 1413, il fut cité à comparaître devant le Concile de Constance. Il refusa de se rétracter et fut condamné comme hérétique et brûlé vif. Sa mort déchaîna un soulèvement religieux et national qui ravagea la Bohême et l'Allemagne durant vingt ans (guerres hussites).

husky n. m. (mot anglais) Chien de traîneau à belle fourrure blanche, grise et noire et aux yeux bleus ou très clairs. Pl. Des *huskies*.

hussard, houssard ou **housard** n. m. et loc. adv. **A.** n. m. HIST. Soldat servant dans la cavalerie hongroise, au XVe siècle, contre les Ottomans. / MILIT. Soldat servant dans la cavalerie légère. **B.** loc. adv. *À la hussarde,* sans ménagement, avec brutalité. *Dire, faire qqch. à la hussarde.*

Hussein (Saddam) 1937 Homme politique irakien. Chef du parti Baas, puis chef de l'État (1979), il tenta d'envahir l'Iran et déclencha la première guerre du Golfe (septembre 1980-juillet 1988), qui fit des millions de morts et épuisa son pays. En août 1990, il envahit le Koweït, déclenchant la riposte de trente pays, sous la direction des États-Unis (seconde guerre du Golfe, 15 janvier-3 mars 1991), mais cela n'ébranla pas son pouvoir qu'il maintint, dans un pays exsangue, au prix d'une dure répression de toute opposition, celle des chiites et des Kurdes notamment, tandis qu'il accumulait (et permettait à ses proches d'accumuler) une gigantesque fortune. Après d'interminables inspections de ses stocks d'armes par une commission de l'ONU (refusée par Saddam Hussein, puis acceptée, refusée, etc.), les États-Unis, alliés à la Grande-Bretagne, se livrèrent à de nouveaux bombardements à partir de décembre 1998, sans plus de résultats. Les inspections reprennent en 2002 mais, sans en attendre le résultat et sans l'accord de l'ONU, les États-Unis, alliés à la Grande-Bretagne, déclenchent, le 20 mars 2003, une nouvelle guerre qui aboutit à la chute de Saddam Hussein après la prise de Bagdad, le 9 avril.
Hussein ibn Ali Voir **Hassan**
Hussein ou **Husayn ibn Talal** 1935-1999 Roi de Jordanie. Il monta sur le trône après la déposition pour raisons de santé de son père Talal en 1952. Cherchant à pratiquer une politique indépendante par rapport à l'Égypte, il participa cependant à la guerre de 1967 contre Israël. Soutenu par les États-Unis, il dut imposer son autorité aux réfugiés palestiniens en Jordanie, massacrés lors du Septembre noir de 1971 ; mis au ban des pays arabes, il se rapprocha d'Arafat en 1985. À partir de cette date, il chercha une solution pacifique au conflit israélo-palestinien. En 1999, son fils aîné Abdallah lui succède.
Husserl (Edmund) 1859-1938 Philosophe allemand, créateur de la phénoménologie, doctrine qui essaie de dépasser l'empirisme et le rationalisme classiques. Il préconise deux types de réductions : la *réduction eidétique* permet à l'esprit d'isoler une essence (par exemple le rouge d'une chemise rouge) ; la *réduction phénoménologique*, qui permet à l'esprit d'isoler l'acte de conscience en faisant abstraction du phénomène qui suscite son action (car « Toute conscience est conscience de quelque chose »). Ses œuvres principales (*Recherches logiques*, 1900-1901 ; *Logique formelle et logique transcendantale*, 1929) exercèrent une grande influence, notamment sur Heidegger, Sartre et Merleau-Ponty (qui résuma sa pensée dans l'introduction de *Phénoménologie de la perception*, 1945).
hussite n. et adj. HIST., RELIG. Partisan de Jean Hus et de sa doctrine. / adj. *Les guerres hussites* : les guerres qui ont opposé les partisans de Jean Hus et les souverains hongrois, au XVe siècle.
Huston (John) 1906-1987 Cinéaste américain. Il commença sa carrière de réalisateur par une brillante réussite : *Le Faucon maltais* (1941), qu'interprétait son acteur préféré, Humphrey Bogart, héros plus tard du *Trésor de la Sierra Madre* (1947) et d'*African Queen* (1952). On lui doit aussi *Quand la ville dort* (1950), *Moby Dick* (1956), *Les Désaxés* (1961), *Reflets dans un œil d'or* (1967), *Le Malin* (1979), *Au-dessous du volcan* (1984), *Gens de Dublin* (1987).

John Huston.

Aldous Huxley.

hutte n. f. Petite cabane rudimentaire, faite de bois, de terre, de branches, etc.
Hutu(s) Peuple d'origine bantoue qui constitue l'immense majorité de la population du Burundi et du Rwanda. Agriculteurs, les Hutus ont longtemps été soumis à des pasteurs nomades, les Tutsi(s). Après des siècles de cohabitation, l'antagonisme entre les deux ethnies a provoqué révoltes et massacres, au cours de guerres civiles qui ont ravagé le Burundi et le Rwanda.
Huxley (Thomas Henry) 1825-1895 Physiologiste anglais. Il a démontré les affinités de l'homme avec les singes anthropoïdes dans son livre *Place de l'homme dans la nature*, et défendu vigoureusement la théorie de l'évolution. **Huxley (sir Julian Sorell)** 1887-1975 Naturaliste britannique. Petit-fils du précédent, il fut le premier directeur général de l'UNESCO. **Huxley (Aldous)** 1894-1963 Écrivain britannique. Frère du précédent, romancier, il a écrit des livres brillants dans lesquels il évoque avec ironie la société anglaise des années 1920, en particulier le monde littéraire et ses coteries (*Contrepoint*, 1928). Dans *Le Meilleur des mondes* (1932), il imagine avec pessimisme l'avenir de l'humanité.
Huygens (Christiaan) 1629-1695. Mathématicien et astronome hollandais. Il est l'inventeur d'un système optique qui, par la taille et la combinaison convenable de lentilles, élimine l'aberration chromatique. Il contribua au grossissement des lunettes astronomiques qui lui permirent (1655) de découvrir l'anneau de Saturne et son satellite Titan, la rotation de Mars et sa période de révolution et d'observer la nébuleuse d'Orion (1656). À Paris, où il vécut de 1665 à 1680, il rencontra le mathématicien Gilles de Roberval, Pascal et Pierre de Fermat. De retour à La Haye, il travailla sur les logarithmes hyperboliques, sur la mesure du temps et perfectionna les mécanismes des horloges marines. Son génie dans la conception et la réalisation des systèmes optiques lui permit d'améliorer son microscope ainsi que son système d'éclairage afin de mieux observer les solutions biologiques. À la fin de sa vie, il sera le témoin de la naissance du calcul différentiel et intégral de Leibniz et de la mécanique newtonienne, sans toutefois adhérer au principe de l'attraction des corps.
Huyghe (René) 1906-1997 Critique d'art et académicien français, auteur de nombreux ouvrages sur l'art (*Dialogue avec le visible*, 1955 ; *Sens et Destin de l'art*, 1967).
Huysmans (Georges-Charles, dit **Joris-Karl)** 1848-1907 Romancier français. De milieu modeste, il perdit à 8 ans son père, lithographe d'origine hollandaise, et entra très jeune dans l'administration du ministère de l'Intérieur où il passa la plus grande partie de sa vie. Si ses premiers romans sont dans la veine naturaliste (*À vau-l'eau*, 1882), *À rebours* (1884) marque une rupture : son héros décadent, Des Esseintes, manifeste dans son amour de l'artifice et ses goûts extravagants une aspiration vers un idéal. Préoccupé par les mystères de la religion, Huysmans se convertit au catholicisme, au terme d'un long chemin que retracent *Là-bas* (1891) et *En route* (1895). Il s'installe à Ligugé, près du couvent bénédictin où il sera reçu oblat (1901), puis à Paris, dans l'annexe des bénédictines de la rue Monsieur et rue de Babylone. De ces années datent *La Cathédrale* (1898) et *L'Oblat* (1903). Prenant de nouveau part à la vie littéraire, Huysmans préside l'académie Goncourt et donne des ouvrages consacrés au catholicisme (*Sainte Lydwine de Schiedam*, 1901 ; *Les Foules de Lourdes*, 1906), avant d'être emporté par un cancer.
hyænidés Voir **hyénidés**
hyalite n. f. MINÉR. Variété d'opale translucide. / MÉD. Inflammation du corps vitré de l'œil.
hybridation n. f. BIOL. Croisement de deux sujets qui appartiennent à des espèces différentes ; elle aboutit généralement chez les animaux à des sujets stériles ou peu féconds. / Croisement de deux sujets appartenant à deux variétés d'une même espèce. / TECHN. Technique permettant l'appariement de molécules d'acides nucléiques qui ne sont que partiellement complémentaires.
hybride n. m. et adj. **A.** n. m. BIOL. Organisme vivant engendré par hybridation.

***Hybride** : le mulet* (© MARC-ANDRÉ D'ANJOU).

Le mulet est l'hybride de la jument et de l'âne. / *Cellule hybride*, formée expérimentalement par fusion de deux cellules génétiquement distinctes. / *Population hybride*, groupe d'organismes résultant de la reproduction d'individus appartenant à des populations génétiquement distinctes. / Macromolécule composée de deux (ou plus) molécules d'origine différente, associées (acides nucléiques en particulier). **B.** adj. LING. *Mot hybride*, qui est composé d'éléments relevant de langues différentes (ex. : *bicéphale*, composé du latin « bis » et du grec « kephalê »). / Fait d'éléments mal assortis. *Un style hybride.*
hybrider v. t. [1] Pratiquer l'hybridation entre.
hybridome n. m. BIOL. Cellule hybride, créée in vitro, issue d'un lymphocyte sensibilisé (en contact avec un antigène) et d'une cellule tumorale, et générant des anticorps monoclonaux.
hydarthrose n. f. MÉD. Épanchement inflammatoire d'un liquide séreux dans une cavité articulaire, très souvent celle du genou.
Hyde Park Grand parc (*146 ha*), dans l'ouest de Londres.
Hyderabad (ou **Hyderabad du Sind**) *751 529 h.* Ville du Pakistan, à la tête du delta de l'Indus. Centre industriel, administratif et universitaire.
Hyderabad *4 280 300 h.* Capitale de l'Andhra Pradesh, en Inde. Construite au XVIe siècle dans une île située sur un bras de l'Indus, la ville conserve une enceinte et de beaux monuments. Sa position au centre de l'Inde en fait un carrefour important.
Hydra *2 560 h.* Île grecque de la mer Égée face à la presqu'île de l'Argolide.
hydracide n. m. CHIM. Nom générique des acides non oxygénés qui résultent de la combinaison d'hydrogène avec un ou plusieurs éléments métalliques. *L'acide chlorhydrique est un hydracide.*
hydraires n. m. pl. ZOOL. Ordres de cnidaires, la plupart marins, fixés, comprenant des formes, solitaires (telles les hydres) ou coloniales, chez lesquels le stade polype est bien développé.
hydratant, e adj. Qui produit l'hydratation, notam. celle de la peau. *Lotion, crème hydratante*, pour peau trop sèche.
hydratation n. f. Apport d'eau dans un organisme, des tissus déshydratés. / CHIM. Fixation de molécules d'eau sur une substance chimique.
hydrate n. m. CHIM. Composé résultant d'une hydratation à l'état solide sans destruction des molécules d'eau. / *Hydrates de carbone* : ancien nom des glucides.
hydrater v. t. [1] CHIM. Combiner avec de l'eau. / Apporter de l'eau à (un organisme, un tissu). *Hydrater un malade, la peau.*
hydraulicité n. f. Rapport entre le débit moyen d'eau courante, évalué à long terme, et le débit moyen annuel.
hydraulique adj. et n. f. Qui est actionné par la force générée par l'eau. *Turbine hydraulique. Énergie hydraulique*, produite par la force de l'eau. / Qui a rapport à l'eau. *Débit hydraulique.* / Qui se solidifie au contact de l'eau. *Ciment hydraulique.* / n. f. *L'hydraulique* : la science des lois de l'écoulement des liquides et des problèmes que posent l'utilisation et le transport de l'eau.
hydravion n. m. Avion muni de flotteurs ou d'un fuselage pouvant flotter, lui permettant de se poser sur un plan d'eau ou d'en décoller.

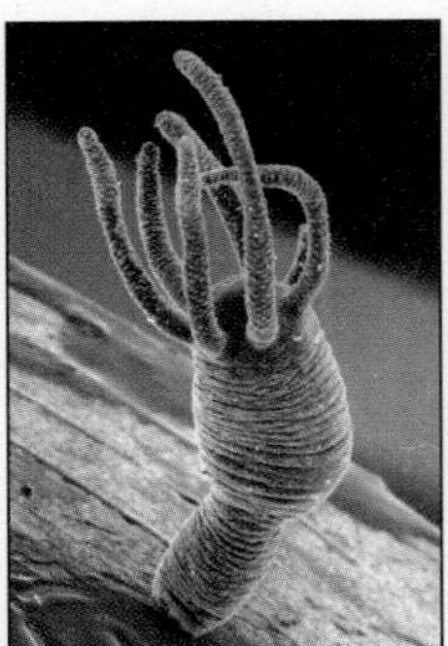

***Hydre** d'eau douce* (© ULB. L. De Vos).

*L'**hydrogène** liquide est utilisé comme combustible pour des moteurs de fusées, entre autres pour le vaisseau spatial Spaceshuttle et pour les fusées Ariane 4 et 5.*

hydre n. f. MYTH. GR. *L'hydre de Lerne*: serpent monstrueux à sept têtes qui se reformaient à mesure qu'on les coupait, et qui fut tué par Héraclès au cours de ses douze travaux. / Fig. et litt. Fléau qui se renouvelle sans cesse malgré les efforts accomplis pour le combattre. *L'hydre de la mafia.* / ZOOL. Petit cnidaire (polype solitaire) d'eau douce, qui vit fixé par un pédoncule dans les étangs et les rivières, capturant les animaux (crustacés, insectes, etc.) dont il se nourrit, et qui manifeste d'importantes capacités de régénération de ses tissus.

Hydre femelle (l') Constellation équatoriale (voir **constellation**).

Hydre mâle (l') Constellation australe (voir **constellation**).

hydrobase n. f. Base pour hydravions, équipée d'un plan d'eau.

hydrocarbure n. m. Nom générique des corps composés uniquement de carbone et d'hydrogène, également appelés *carbures d'hydrogène*; le pétrole est un mélange naturel d'hydrocarbures.

hydrocèle n. f. MÉD. Épanchement séreux dans la tunique vaginale enveloppant les testicules et le cordon spermatique.

hydrocéphale adj. Atteint d'hydrocéphalie.

hydrocéphalie n. f. MÉD. Épanchement de liquide séreux dans la cavité des ventricules cérébraux ou entre les feuillets des méninges, provoquant une augmentation de volume de la boîte crânienne de l'enfant, dont les os ne sont pas encore soudés; elle peut entraîner une atrophie des hémisphères cérébraux, responsable d'une grave arriération mentale.

hydrocoralliaires n. m. pl. ZOOL. Groupe de cnidaires hydrozoaires coloniaux, à squelette calcaire, présents dans les récifs coralliens.

hydrocortisone n. f. BIOCHIM. Une des hormones naturelles les plus actives de la cortico-surrénale, qu'on peut synthétiser, et à haute efficacité anti-inflammatoire.

hydrocution n. f. Syncope brutale, en cas de bain dans une eau trop froide, due à une réaction vasomotrice, et qui peut causer la mort par noyade.

hydrodynamique n. f. Branche de la mécanique des fluides, traitant de leurs mouvements et des résistances qu'ils opposent à la progression des objets qui s'y meuvent.

hydroélectricité n. f. CHIM. Électricité obtenue par l'énergie hydraulique des cours et des chutes d'eau (énergie appelée *houille blanche*) actionnant des turbines qui transforment l'énergie mécanique en énergie électrique.

hydroélectrique adj. Relatif à l'hydroélectricité.

hydrofuge adj. TECHN. Qui préserve de l'humidité. *Enduit, produit hydrofuge.*

hydrogénation n. f. CHIM. Réaction qui fixe de l'hydrogène sur une molécule sans la détruire.

hydrogène n. m. CHIM. Corps simple, gazeux, inflammable et très léger, de numéro atomique Z=1, de masse atomique 1,008, (symbole: H), qui se liquéfie à -252,7 °C et se solidifie à -259,2 °C.

♦ Isolé en 1781 par l'Anglais Henry Cavendish, l'hydrogène est partout présent dans l'Univers. Réducteur efficace, il est utilisé dans l'industrie pour des réactions catalytiques de synthèse: ammoniac, chlorure d'hydrogène, méthanol, hydrogénation des huiles végétales non saturées. Liquide, il sert de carburant pour les moteurs-fusées à réaction. L'hydrogène naturel se présente à 98,98 % sous forme de *protium*, hydrogène dit *léger*, à proton unique. Il a deux autres isotopes: l'*hydrogène lourd*, ou *deutérium*, entrant dans la composition de l'eau lourde, et l'*hydrogène hyperlourd*, ou *tritium*.

hydrogéné, e adj. CHIM. Combiné avec de l'hydrogène; qui contient de l'hydrogène. *Huile hydrogénée.*

hydrogénosulfite n. f. CHIM. Sel de l'acide sulfureux contenant encore un atome d'hydrogène acide.

hydrogéologie n. f. Branche de la géologie traitant des eaux souterraines, leur mode d'infiltration, de distribution et de captage.

hydroglisseur n. m. Bateau propulsé par un réacteur ou une hélice aérienne; son fond plat lui permet de glisser rapidement sur l'eau, même peu profonde.

hydrographie n. f. Branche de la géographie physique qui étudie les mouvements des mers et des océans, le régime des cours d'eau, la formation des lacs, ainsi que les propriétés de ces différents milieux. / Ensemble des cours d'eau et des lacs d'un pays.

hydrographique adj. Propre ou relatif à l'hydrographie.

hydrolase n. f. BIOCHIM. Enzyme qui catalyse une hydrolyse.

hydrologie n. f. Science qui traite des différentes propriétés des eaux naturelles, mécaniques, physico-chimiques (teneur en sels minéraux), et de leur utilité thérapeutique, agricole, industrielle, etc.

hydrolyse n. f. Décomposition d'un corps sous l'effet des molécules de l'eau qui se dissocient en ions H^+ et OH^-.

hydromel n. m. Boisson d'eau et de miel, fermentée ou non, appréciée des Anciens.

hydrométrie n. f. Science qui traite des propriétés de l'eau, notam. des eaux naturelles, et des différentes façons de mesurer leurs débits.

hydrométrique adj. Propre ou relatif à l'hydrométrie.

hydrophile [1] adj. Qui est perméable à l'eau et qui l'absorbe. *Coton hydrophile.* / CHIM. Soluble dans l'eau. Ant. hydrophobe.

hydrophile [2] n. m. ZOOL. Coléoptère noir des eaux stagnantes.

hydrophobe adj. Imperméable à l'eau, qui repousse l'eau. Ant. hydrophile.

hydrophobie n. f. Phobie, crainte irrépressible de l'eau.

hydropique adj. et n. MÉD. Atteint d'hydropisie.

hydropisie n. f. MÉD. Vieilli Épanchement de sérosité dans une cavité séreuse et, en particulier, dans l'abdomen. Syn. Anasarque.

hydroponique adj. AGRIC. *Culture hydroponique*, qui se fait au moyen d'une solution nutritive, sans support de terre.

hydrospeed n. m. SPORT Descente de rapides, sur une luge, à plat ventre.

hydrosphère n. f. GÉOGR. Totalité des eaux océaniques et de l'eau douce de la Terre.

hydrostatique n. f. et adj. Partie de la physique qui traite de l'équilibre des fluides. / adj. *Balance hydrostatique.*

hydrothérapie n. f. Emploi thérapeutique de l'eau sous toutes ses formes et à toutes les températures.

hydrothermalisme n. m. Ensemble du secteur d'activité des stations thermales, des cures qu'on y effectue, et des services qui y sont liés. / GÉOL. Circulation d'eaux chaudes souterraines, passant dans le voisinage d'un magma.

***Hygromètre** artisanal (dont les couleurs changent selon l'humidité ambiante).*

***Hyène**.*

hydrotimétrie n. f. Mesure, par des procédés chimiques, de la teneur en sels calcaires d'une eau naturelle.

hydroxyde n. m. CHIM. Composé associant un métal à un ou plusieurs groupements hydroxyle OH. *L'hydroxyde de sodium NaOH est couramment appelé soude.*

hydroxylase n. f. BIOCHIM. Enzyme qui catalyse le remplacement d'un atome d'hydrogène par un groupement hydroxyle OH.

hydroxyle n. m. CHIM. Radical OH; ion OH^-.

hydrozoaires n. m. pl. ZOOL. Classe de cnidaires chez lesquels alternent des formes fixées (souvent coloniales): les polypes, et des formes libres, sexuées: les méduses.

hydrure n. m. CHIM. Composé obtenu par action de l'hydrogène sur un métal.

hyène n. f. Mammifère de l'ordre des carnivores (famille des hyénidés), vivant en Afrique et en Asie, aux membres postérieurs nettement plus courts que les membres antérieurs, de mœurs nocturnes, qui se nourrit de charognes. *L'hyène hurle, ricane.* / Fig. Personne qui s'attaque aux plus faibles, vile, cruelle. *Ce type est une hyène!*

hyénidés ou **hyænidés** n. m. pl. ZOOL. Famille de mammifères de l'ordre des carnivores, comprenant principalement les hyènes.

Hyères (îles d') Archipel de la Méditerranée au large d'Hyères, dans le Var. Il comprend les îles du Levant, de Porquerolles et de Port Cros. Cette dernière est tout entière parc national.

hygiaphone n. m. (nom déposé) Dispositif comprenant une plaque transparente et perforée, équipant certains guichets sécurisés, qui sépare le public et les employés tout en évitant une promiscuité défavorable à l'hygiène.

hygiène n. f. Partie de la médecine qui traite des différentes règles à suivre pour conserver et améliorer sa santé. / *Hygiène de vie*: règles de vie, ou régime, que suit une personne dans le but de conserver un bon état physique et mental. / Ensemble des soins individuels permettant au corps de rester dans un parfait état de propreté.

hygiénique adj. Qui procède de l'hygiène. *Pratiques hygiéniques.* / Relatif à l'intimité corporelle. *Papier hygiénique.* / Sain, favorable à une bonne santé. *Promenade hygiénique.*

hygromètre n. m. Instrument de mesure du degré d'humidité de l'air.

hygrométrie n. f. PHYS. Étude, mesure de l'humidité de l'air.

hygrométrique adj. PHYS. Propre ou relatif à l'hygrométrie. *Degré hygrométrique*: différence de pression entre celle de la vapeur d'eau de l'air et la vapeur d'eau à la pression de vapeur saturante.

hygrostat n. m. Climatiseur qui maintient constant le degré d'humidité de l'air dans un espace clos.
Hyksos Peuple asiatique que les invasions indo-européennes chassèrent vers l'Asie Mineure 2 000 ans av. J.-C. Ils se dirigèrent ensuite vers le delta du Nil puis étendirent leur domination sur toute l'Égypte (1750-1580 av. J.-C.), d'où ils furent chassés.
hymen [1] n. m. ANAT. Membrane qui, chez la femme vierge, obstrue l'entrée du vagin.
hymen [2] ou **hyménée** n. m. Union conjugale, mariage.
hyménium n. m. Chez les champignons ascomycètes et basidiomycètes, couche de cellules fertiles, essentiellement composées de cellules productrices de spores.
hyménomycètes n. m. pl. Groupe de champignons basidiomycètes dont l'hyménium est à l'air libre. *Les bolets et les polypores sont des hyménomycètes.*
hyménoptères n. m. pl. Ordre d'insectes à quatre ailes membraneuses dont les pièces buccales leur permettent de lécher ou d'aspirer des liquides, et parfois de broyer. *Les guêpes, les abeilles, les fourmis sont des hyménoptères.*
hymne n. m. et n. f. ANTIQ. Poème ou chant à la gloire d'un héros, d'un dieu. / Chant national d'un pays (en France, « la Marseillaise »). / LITURG. Chant religieux. / Poème lyrique, œuvre musicale exprimant de l'enthousiasme pour quelque chose de noble, d'exaltant. *« L'Hymne à la joie » conclut la Neuvième Symphonie de Beethoven.*
hyoïde n. m. ANAT. Petit os en forme de fer à cheval, situé entre la base de la langue et le larynx.
Hypatie 370-415 Philosophe et mathématicienne grecque. Après des études à Athènes, elle ouvre à Alexandrie une école où elle commente les ouvrages des mathématiciens grecs (Diophante notamment) ; elle construit des appareils scientifiques et parcourt les rues de la ville en dispensant son enseignement. Païenne, elle est massacrée par la populace chrétienne qui prend parti pour le patriarche Cyrille en conflit avec le préfet (païen) Oreste.
hyperacidité n. f. Acidité excessive.
hyperacousie n. f. MÉD. Sensibilité excessive et douloureuse au bruit.
hyperactivité n. f. Activité, agitation excessive.
hyperbole n. f. MATH. En géométrie, courbe plane engendrée par un point se déplaçant de telle sorte que la différence de ses distances à deux points fixes, appelés *foyers*, reste constante. / LITT. Figure de style consistant à employer une expression exagérée pour mettre en relief une idée (ex. : *Je t'aime à mort !*). Ant. Litote.
hyperbolique adj. Propre ou relatif à une hyperbole.

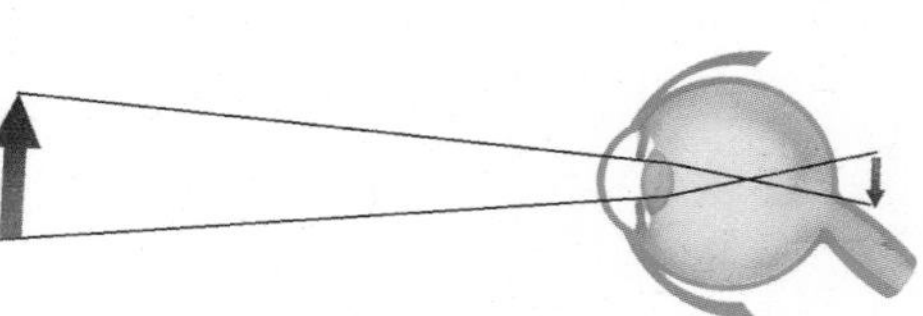

Hypermétropie : l'image se forme en arrière de la rétine.

hypercalcémie n. f. MÉD. Quantité anormalement élevée de calcium dans le sang.
hyperchlorhydrie n. f. MÉD. Excès d'acide chlorhydrique dans le suc gastrique qui entraîne des troubles de la digestion.
hyperdulie n. f. RELIG. Culte de vénération rendu à la Vierge Marie, supérieur au culte de vénération rendu aux saints (*dulie*), et différent du culte d'adoration (*latrie*) dû à Dieu seul.
hyperémotivité n. f. Émotivité excessive.
hyperfréquence n. f. TÉLÉCOM. Fréquence comprise entre 300 mégahertz et 300 gigahertz.
hypergamie n. f. ANTHROP. Dans les sociétés régies par le rang, le statut, fait, pour qqn, d'épouser qqn de statut, de rang supérieur au sien, à celui de sa famille, de sa lignée. Ant. hypogamie.
hyperglycémiant, ante adj. PHYSIOL. Qui provoque une augmentation de la glycémie. Ant. hypoglycémiant.
hyperglycémie n. f. MÉD. Taux de glucose sanguin supérieur à la valeur normale ; augmentation de ce taux. Ant. hypoglycémie.
hypergol n. m. CHIM. Propergol dont les ergols entrent en interaction spontanément, et qui est utilisé comme combustible pour les moteurs-fusées.
hyperleucocytose n. f. MÉD. Augmentation anormale du nombre des globules blancs dans le sang.
hyperlien n. m. INFORM. Lien inséré dans un hypertexte et qui ouvre sur un autre hypertexte, notam. dans le langage HTML pratiqué sur Internet.
hypermarché n. m. Magasin en libre service d'une superficie supérieure à 2 500 m^2.
hypermédia n. m. Système de fonctionnement d'un programme multimédia (texte, animations, son, images) dans lequel sont insérés des hyperliens.
hypermétrope adj. et n. MÉD. Atteint d'hypermétropie.
hypermétropie n. f. Anomalie de la vision, due à une insuffisante convergence du cristallin, dans laquelle l'image se forme en arrière de la rétine, et qui se corrige par des verres convergents.
hypermnésie n. f. PSYCHIATR. Présence dans la mémoire du sujet de nombreux souvenirs qu'il exprime de manière désordonnée, avec, dans certains cas, confusion entre le passé et le présent.
hypéron n. m. PHYS. NUCL. Particule lourde, de la famille des baryons, et de masse légèrement supérieure à celle des nucléons.
hypéronyme n. m. LING. Terme générique. *« Mammifère » est un hypéronyme par rapport à « chien, chat, éléphant ».* Ant. hyponyme.

***Hyperréalisme** : Lavabo et miroir d'Antonio López, 1967 (collection particulière).*

hypéronymie n. f. LING. Caractère de ce qui est hypéronyme. Ant hyponymie.
hyperplasie n. f. BIOL. Développement excessif d'un tissu par prolifération anormale de ses cellules.
hyperréalisme n. m. BX-ARTS Courant artistique, apparu aux États-Unis à la fin des années 1960, qui s'est attaché à une représentation picturale quasi photographique des réalités quotidiennes, abordées sous un angle volontairement froid et neutre.
hypersensibilité n. f. Caractère de ce qui est hypersensible.
hypersensible adj. Très sensible ; exagérément sensible.
hypersonique adj. TECHN. *Vitesse hypersonique* : vitesse plusieurs fois supérieure à celle du son.
hypersustentation n. f. AÉRON. Augmentation de la portance d'une aile d'avion à l'aide de fentes ou de volets placés sur le bord d'attaque ou le bord de fuite.
hypertélie n. f. ZOOL., PALÉONT. Développement exagéré d'organes chez certains animaux, qui peut être une gêne pour eux ou tout au moins dont l'utilité directe n'est pas évidente. *Les bois des cerfs constituent un cas d'hypertélie.*
hypertendu, e adj. et n. MÉD. Qui souffre d'hypertension. Ant. hypotendu.
hypertension n. f. MÉD. Augmentation anormale de la tension à l'intérieur d'un vaisseau, d'une cavité. *Hypertension artérielle.* Ant. hypotension.
hypertexte n. m. INFORM. Système qui permet, dans une base de données, de naviguer d'un texte à un autre, thématiquement liés, grâce à des hyperliens.
hyperthermie n. f. MÉD. Élévation anormale de la température du corps. Syn. Fièvre.
hyperthyroïdie n. f. Exagération de la sécrétion d'hormone thyroïdienne, accompagnée souvent d'une hypertrophie de la glande thyroïde (goitre).
hypertonie n. f. PHYS. État d'une solution présentant une pression osmotique plus élevée que celle d'une autre solution de référence. / MÉD. Augmentation de la tonicité d'un muscle. Ant. hypotonie.
hypertonique adj. MÉD, PHYS. Relatif à l'hypertonie ; de la nature de l'hypertonie. Ant. hypotonique.
hypertrophie n. f. MÉD. Accroissement de volume d'un organe ou d'un tissu. *Hypertrophie du cœur*, touchant un ou deux ventricules. *Hypertrophie d'une glande endocrine*, due à son hyperfonctionnement.
hypertrophier v. t. [1] Produire l'hypertrophie de. (Au part. passé) *Muscles hypertrophiés.*
hypervitaminose n. f. MÉD. Ensemble des troubles de l'organisme provoqués par l'administration excessive de vitamines.
hypholome n. m. Champignon non comestible, se développant en touffes sur les souches.
Hypnos MYTH. GR. Dieu du Sommeil et frère de Thanatos, dieu de la Mort.
hypnose n. f. État voisin du sommeil, provoqué par des moyens artificiels. *L'hypnose est parfois utilisée en thérapie psychiatrique.*
hypnotique adj. et n. m. **I.** Qui procède de l'hypnose, de l'hypnotisme. *Sommeil hypnotique.* **II.** MÉD. Qui provoque le sommeil. *Médicament hypnotique.* / n. m. *Un hypnotique.* Syn. Somnifère.
hypnotiser v. t. [1] Endormir (qqn) par hypnose. / Fig. Fasciner. *Être hypnotisé par le spectacle.*
hypnotiseur, euse n. Personne qui pratique l'hypnotisme.
hypnotisme n. m. Ensemble des techniques de suggestion de l'hypnose.

hypoacousie n. f. MÉD. Diminution pathologique de l'acuité auditive.
hypoallergénique adj. et n. m. Se dit d'un produit peu susceptible de provoquer une allergie. *Savon hypoallergénique.*
hypocalcémie n. f. MÉD. Quantité anormalement basse de calcium dans le sang.
hypocalorique adj. Qui est pauvre en calories. *Régime, aliment hypocalorique.*
hypocentre n. m. Zone souterraine à partir de laquelle se propage un séisme. Syn. Foyer.
hypocondre n. m. ANAT. Chacune des régions latérales supérieures de l'abdomen, limitées par le diaphragme et séparées par l'épigastre. *L'hypocondre droit contient le foie, l'hypocondre gauche, l'estomac.*
hypocondriaque adj. et n. PSYCHOPATHOL. Qui souffre d'hypocondrie.
hypocondrie n. f. PSYCHOPATHOL. Syndrome dépressif qui porte une personne physiquement bien portante à être perpétuellement inquiète de sa santé, du bon fonctionnement de ses organes, et à se croire atteinte de maladies graves.
hypocrisie n. f. Vice consistant à dissimuler son caractère, à affecter des opinions, des vertus qui ne sont pas les siennes.
hypocrite adj. et n. Qui procède de l'hypocrisie. / Subst. *C'est un(e) hypocrite.*
hypocritement adv. De manière hypocrite.
hypocycloïde n. f. GÉOM. Courbe décrite par un point d'une circonférence qui roule sans glisser à l'intérieur d'une circonférence fixe appelée base.
hypoderme n. m. ANAT. Partie de la peau, située sous le derme, richement vascularisée et plus ou moins adipeuse. / ZOOL. Grosse mouche velue dont la larve parasite les ruminants.
hypogamie n. f. ANTHROP. Dans les sociétés régies par le rang, le statut, fait, pour qqn, d'épouser qqn de statut, de rang inférieur au sien, à celui de sa famille, de sa lignée. Ant. hypergamie.
hypogastre n. m. Région inférieure de l'abdomen, juste au-dessus du pubis.
hypogée n. m. ARCHÉOL. Sépulture souterraine formée par des chambres en enfilade. *Les hypogées phéniciens.* / Tombeau souterrain.
hypoglosse adj. ANAT. *Nerf grand hypoglosse*: nerf moteur de la langue, issu du bulbe rachidien.
hypoglycémiant, ante adj. PHYSIOL. Qui provoque une diminution de la glycémie. Ant. hyperglycémiant.
hypoglycémie n. f. MÉD. Diminution ou insuffisance de la quantité de glucose contenue dans le sang. Ant. hyperglycémie.
hypokhâgne n. f. (Argot scolaire) Classe préparatoire à la khâgne.
hyponymie n. f. Caractère de ce qui est hyponyme. Ant. hypéronymie.
hyponyme n. m. LING. Terme dont le sens est plus spécifique et plus restreint que celui d'un autre terme. *Le mot « chat » est un hyponyme de « félidé ».* Ant. hypéronyme.

*L'**hystérie**, au sens propre du terme, ne correspond pas à des incidents immédiats ou récents, mais à des traumatismes passés.*

hypophysaire adj. PHYSIOL. De l'hypophyse.
hypophyse n. f. PHYSIOL. Petite glande située à la face ventrale de l'encéphale et d'une importance capitale pour le développement et la régulation de l'organisme.
♦ Le lobe antérieur de l'hypophyse (*antéhypophyse*) sécrète les hormones de croissance (*stimulines*), contrôle le fonctionnement de toutes les glandes endocrines de l'organisme et particulièrement de la thyroïde, de la corticosurrénale et des gonades ; son lobe postérieur (*posthypophyse*) sécrète une hormone qui régule la production urinaire, une autre qui agit sur la contraction des muscles lisses, et d'autres hormones encore contrôlant diverses fonctions (teneur de l'organisme en eau, taux de glycémie, etc.).
hypostase n. f. PHILO. Sujet existant ; substance. / THÉOL. Chacune des trois Personnes (Père, Fils, Saint-Esprit) absolument consubstantielles mais distinctes, au sein de la Trinité.
hypotendu, e adj. et n. MÉD. Qui souffre d'hypotension. Ant. hypertendu.
hypotension n. f. MÉD. Diminution anormale de la tension artérielle. Ant. hypertension.
hypoténuse n. f. GÉOM. Dans un triangle rectangle, côté opposé à l'angle droit. *Le carré de l'hypoténuse est égal à la somme des carrés des deux autres côtés.*
hypothalamus n. m. ANAT. Portion inférieure du diencéphale située en dessous du thalamus et du troisième ventricule, centre neuro-végétatif qui joue un rôle important dans le contrôle des fonctions végétatives.
hypothécaire adj. Propre ou relatif à une hypothèque.
hypothèque n. f. DR. Droit réel sur un bien appartenant à un débiteur, servant de garantie au créancier et ne privant pas le débiteur de son avoir. / Fig. Obstacle menaçant, dans le cours d'un processus. *Échec qui constitue une hypothèque pour l'avenir.*
hypothéquer v. t. [1] Grever d'une hypothèque. *Hypothéquer une maison.* Au fig. *Hypothéquer l'avenir.* / Garantir par une hypothèque. *Hypothéquer une créance.*
hypothermie n. f. Abaissement de la température normale du corps ou d'une partie du corps.
hypothèse n. f. LOG. Proposition particulière comprise sous la thèse générale. / MATH. Donnée de base d'un problème, sur laquelle se fonde une démonstration. / Dans la recherche scientifique, supposition expliquant un phénomène et qui sera ultérieurement contrôlée par l'expérience. / Supposition touchant la possibilité ou l'explication d'un fait. *Se perdre dans des hypothèses.*
hypothétique adj. Qui exprime ou contient une hypothèse. / Par ext. Incertain, douteux. *Une hypothétique amélioration.*
hypothétiquement adv. De manière hypothétique ; par hypothèse.
hypothyroïdie n. f. MÉD. Insuffisance de la sécrétion thyroïdienne.
hypotonie n. f. BIOCHIM. Diminution de la concentration moléculaire d'une solution par rapport à celle du plasma sanguin. / MÉD. Baisse anormale du tonus musculaire. Ant. hypertonie.
hypotonique adj. MÉD., PHYS. Relatif à l'hypotonie ; de la nature de l'hypotonie. Ant. hypertonique.
hypotrophie n. f. MÉD. Développement trop faible du corps ou d'un organe ; déficit de croissance.
hypovitaminose n. f. MÉD. Carence de l'organisme en vitamines.
hypoxémie n. f. MÉD. Diminution de la teneur du sang artériel en oxygène.
hypsométrie n. f. Mesure des altitudes d'une région déterminée. / Représentation de ces altitudes sur une carte au moyen de courbes de niveau ou de gradation de couleurs.
hyracoïdes n. m. pl. ZOOL. Ordre de petits mammifères ongulés, herbivores, à l'allure de lapin, comprenant notam. le daman.
Hyrcan Ier ou **Jean Hyrcan** ?-105 av. J.-C. Prince juif asmonéen, grand-prêtre ; il régna sur la Judée et la Samarie à partir de 135. **Hyrcan II** 110-30 av. J.-C. Grand-prêtre juif asmonéen (76-67 ; 63-40) ; ethnarque des Juifs (47-41). Il exerça peu le pouvoir : soumis d'abord à sa mère, il fut détrôné à la mort de cette dernière par son frère. Il sollicita l'appui des Romains, ce qui conduisit à la mainmise romaine sur son pays. Renversé en 40, il fut plus tard mis à mort.
hysope n. f. BOT. Arbuste aromatique d'Asie et du pourtour méditerranéen, utilisé par les Hébreux pour des aspersions rituelles. *« Traite-moi avec de l'hysope pour que je sois pur, lave-moi pour que je sois plus blanc que neige »* (Psaume LI).
hystérectomie n. f. CHIR. Ablation de l'utérus. *Hystérectomie partielle*, de l'utérus seul. *Hystérectomie totale*, de l'utérus et des ovaires.
hystérésis n. f. PHYS. *Phénomène d'hystérésis* : phénomène magnétique lié aux propriétés des substances ferromagnétiques ; celles-ci s'aimantent fortement quand on les place dans un champ magnétique et lorsqu'on annule le champ magnétisant, l'aimantation de la substance diminue, mais ne disparaît pas.
hystérie n. f. PSYCHIATR. Névrose caractérisée, suivant la description de Charcot, par des phases aiguës avec convulsions, gesticulation, cris et troubles de la conscience. / Selon Freud, qui parle d'« hystérie d'angoisse », névrose à caractère phobique, par les manifestations de laquelle le sujet conjure des situations et des faits angoissants qu'il veut fuir absolument. / Fig. Excitation excessive, incontrôlable. *Hystérie collective d'une foule déchaînée.*
hystérique adj. et n. Qui procède de l'hystérie. / Subst. *Un(e) hystérique.*
hystériquement adv. De manière hystérique.
hystérographie n. f. MÉD. Radiographie de l'utérus, après injection, dans la cavité utérine, d'une substance opaque aux rayons X.

I

Dolorès Ibarurri.

I.A. n. f. Sigle d'*intelligence artificielle*.
Iacopo (ou **Jacopo**) **della Quercia** 1374?-1438 Sculpteur italien. Ses œuvres, bien qu'encore ancrées dans le gothique, annoncent déjà la Renaissance : La *Fonte Gaia* à Sienne, le portail principal de la basilique San Petronio à Bologne.
Iakoutie Voir **Sakha**
iambe ou **ïambe** n. m. En poésie, pied composé d'une syllabe brève suivie d'une longue. / LITTÉR. Poème satirique en alexandrins et octosyllabes alternés. *Iambes d'André Chénier.*
Iaroslav Vladimirovitch le Sage 978-1054 Grand-prince de Kiev. Prince de Novgorod en 1010, il combat ses frères après la mort de son père, Vladimir Ier (1015), pour devenir son unique héritier. Grand-prince de Kiev dès 1019, bien que forcé de partager la principauté avec son frère Mstislav jusqu'en 1034, il étendit ses territoires jusqu'à la Baltique.
Iaroslavl' *625 600 h.* Ville de Russie. Située sur la Volga, elle fut fondée en 1026 par Iaroslav Vladimirovitch. C'est aujourd'hui un grand centre industriel (chimie). Elle possède plusieurs églises du XVIe, XVIIe et XVIIIe siècles.
Iasi ou **Jassy** *346 613 h.* Ville de Roumanie, en Moldavie. Industries textiles et pharmaceutiques. Cette ville, qui fut la capitale de la Moldavie du XVIe au XIXe siècle, conserve des monuments religieux des XVIe et XVIIe siècles. Université.
iatrogène adj. MÉD. Se dit d'une maladie provoquée par un traitement médical.
Ibadan *1 328 000 h.* Ville du Nigeria, capitale de l'État d'Oyo. Industries agroalimentaires. Université.
Ibarruri (Dolorès, dite **la Passionaria)** 1895-1989 Militante communiste espagnole. Elle joua un rôle important pendant la guerre civile et se réfugia en URSS d'où elle ne revint qu'en 1977.
ibère adj. et n. Des Ibères ; d'Ibérie. *Civilisation ibère. Les Ibères.* u Les Ibères, peuple dont on ignore l'origine, se seraientt établis en Italie, en Espagne et dans les îles Britanniques au néolithique. Au Ve siècle av. J.-C., les Celtes envahirent l'Espagne et les deux peuples, s'unissant, donnèrent naissance aux Celtibères. La péninsule Ibérique (Espagne et Portugal) leur doit son nom.
Ibérie Ancien nom de la péninsule Ibérique.
Ibérie Ancien royaume du Caucase, correspondant à peu près à l'est et au centre de la Géorgie actuelle, constitué à la fin du Ier millénaire av. J.-C. Son histoire se confond avec celle de la Géorgie.

Art des **Ibères** : La Dame d'Elche.

Ibis sacré.

ibérique adj. Qui a rapport aux Ibères. / Qui a rapport à l'Espagne et au Portugal. *États de la péninsule Ibérique. Les civilisations ibériques.*
Ibert (Jacques) 1890-1962 Compositeur français. Lauréat du concours de Rome en 1919 et directeur de la Villa Médicis de 1937 à 1955, il laisse une œuvre abondante (opéras, ballets, et compositions symphoniques) d'une très grande élégance : *Escale* (tryptique symphonique, 1924), *Diane de Poitiers* (ballet, 1934).
ibidem adv. (mot latin) Au même endroit qu'une référence précédente. *Ibidem s'emploie, dans un texte, pour ne pas avoir à reformuler une référence déjà donnée.* (Abréviation : ibid.)
ibis n. m. ZOOL. Oiseau de l'ordre des ciconiiformes, vivant dans les régions tempérées et tropicales, à hautes pattes et à long bec courbe. *L'ibis sacré, que vénéraient les anciens Égyptiens, a un plumage noir et blanc.*
Ibiza *67 000 h.* Île de l'archipel des Baléares (Espagne). La douceur du climat favorise la culture de la vigne, des agrumes, et le tourisme.
Ibn Arabi (Muhyî al-Dîn Abu Abd Allah Muhammad ibn Ali ibn Muhammad al-Hatim) 1165-1241 Philosophe et mystique musulman, figure majeure du soufisme. Né en Espagne, promis à une grande carrière de fonctionnaire, il décida très tôt de se consacrer à la vie spirituelle. L'inflexibilité des autorités religieuses et politiques du Maghreb, qui n'appréciaient pas sa philosophie marquée par la tolérance et l'ardeur, le poussa à émigrer au Proche-Orient. Il fit de nombreux voyages dans le monde musulman jusqu'à son installation à Damas en 1224. Théoricien du monisme ontologique, il écrivit de nombreuses œuvres (plus de 200) qui, aujourd'hui encore, sont la base de la terminologie métaphysique en arabe. Ses principaux écrits authentiques sont *Conquêtes spirituelles*, *Les Théophanies divines*, *Les Gemmes de la sagesse*.
Ibn Battuta (Abû 'Abd Allâh Muhammad ibn Abd Allah) 1304-1377? Géographe arabe qui vécut au Maroc. Le journal de ses voyages, *Rihla*, comporte de précieux renseignements historiques sur l'Arabie, l'Afrique, la Perse, la Chine et l'Inde.
Ibn Khaldoun (en arabe **Abu Zayd al-Rahman ibn Muhamad ibn Khaldun)** 1332-1406 Historien arabe, auteur

Henrik Ibsen.

d'une *Histoire universelle* des peuples de l'Islam, dont la préface (*Muqaddima*), contenant ses réflexions sur l'histoire et les méthodes à appliquer pour l'étudier, affirme l'existence de cette discipline en tant que science.

Ibn Séoud (en arabe **'Abd al-Aziz ibn Sa'ud)** 1880?-1953 Roi d'Arabie Séoudite en 1932. Fils et successeur de l'émir du Nedjd, 'Abd al-Rahmân, il entama la conquête de la péninsule arabe dès 1902, date à laquelle il prit Riyad. Allié aux Britanniques durant la Seconde Guerre mondiale, il s'empara des villes saintes du Hedjaz (La Mecque et Médine). Devenu roi du Hedjaz en 1926, il fonda le royaume d'Arabie Séoudite en 1932. **Ibn Séoud (**en arabe **Sa'ud ibn 'Abd al-Aziz)** 1902-1969 Fils et successeur du précédent. Roi d'Arabie Séoudite (1953-1964), il pratiqua la même politique étrangère (alliance étroite avec les États-Unis, anticommunisme) que son père et fut dépossédé par son frère Fayçal. Il mourut en exil à Athènes.

Ibo(s) ou **Igbo** Ethnie du Biafra, dans le sud-est du Nigeria. De 1967 à 1970 (guerre du Biafra), elle a lutté en vain pour se séparer de la République fédérale du Nigeria.

Ibrahim bey 1735?-1816 Chef mamelouk d'Égypte. Gouverneur du Caire, il assista aux batailles livrées par Bonaparte, mais fut obligé de s'exiler pour ne pas être assassiné par le pacha d'Égypte, Méhémet Ali.

Ibrahim pacha 1789-1848 Fils de Méhémet-Ali et vice-roi d'Égypte. Grand chef militaire, il participa à la révolte de son père contre les Turcs, en envahissant la Syrie (1831), qu'il dut abandonner sous la pression des puissances occidentales (1840). Il mourut quelques mois après son père.

Ibsen (Henrik) 1828-1906 Écrivain norvégien, auteur de poèmes dramatiques et de pièces à thèse. Né dans une famille pauvre, autodidacte, il commence tôt à s'intéresser à la littérature romantique scandinave. Ses premières pièces (*La Fête à Solhaug*, 1857; *Les Guerriers de Helgeland*, 1858) sont inspirées des sagas islandaises. Il est alors directeur du nouveau théâtre de Christiania (futur Oslo), marié et père de famille. Les années suivantes sont pour lui difficiles, il sombre dans la dépression, le théâtre fait faillite. Nommé conseiller littéraire du Théâtre, il obtient une bourse qui lui permet de voyager en Europe. Il écrit à Rome ses premières grandes pièces, en forme de poèmes épiques: *Brand* (1866), *Peer Gynt* (1867). Son intérêt pour la politique et les questions sociales le pousse ensuite à s'attaquer aux problèmes de son époque tels que la libération de la femme (*Maison de poupée*, 1879), et les dangers de l'oppression (*Un ennemi du peuple*, 1882). Avec *Le Canard sauvage* (1884), Ibsen s'éloigne de la dénonciation sociale pour écrire des pièces plus symboliques dont la puissance réside dans la peinture psychologique des personnages: *La Dame de la mer* (1888) et *Hedda Gabler* (1890). En dépit d'une œuvre très diverse, à la fois naturaliste et philosophique, abordant une grande variété de thèmes, la préoccupation majeure d'Ibsen demeure, jusque dans ses dernières pièces, les luttes intérieures de l'âme écartelée entre la vocation profonde de l'individu, son ambition et le doute qui le ronge continuellement.

Icare MYTH. GR. Fils de Dédale, enfermé avec son père dans le Labyrinthe par le roi de Crète, Minos. Tous deux s'en évadèrent au moyen d'ailes fixées avec de la cire par Dédale. Mais Icare vola trop près du Soleil et, lorsque la cire fondit, il fut précipité dans la mer (mer *Icarienne*).

iceberg n. m. (mot anglais) Grosse masse de glace d'eau douce produite par la rupture marginale des glaciers continentaux. *Les icebergs, immergés aux neuf-dixièmes de leur hauteur, sont entraînés par les courants polaires à de grandes distances des inlandsis et peuvent constituer un péril pour la navigation.* / Fig. *La partie cachée de l'iceberg*, ce qui est volontairement caché, dans une affaire, et qui est néanmoins essentiel.

ice-field n. m. (mot anglais) GÉOGR. Vaste zone de glace d'eau salée, dans les régions polaires. Syn. banquise.

icelui, icelle, iceux, icelles pron. dém. Vx, plaisant ou DR. Celui-ci, celle-ci, ceux-ci, celles-ci.

Ichikawa Kon 1915 Cinéaste japonais. Sa description des horreurs de la guerre l'a révélé au public occidental: *La Harpe de Birmanie* (1956, remake en 1985), *Feux dans la plaine* (1959).

ichthys ou **ichthus** n. m. Monogramme formé des premières lettres traduites en caractères latins à partir des mots grecs *Iêsous Christos Theou Uios Sôter* signifiant «Jésus-Christ, Fils de Dieu, Sauveur». *Comme le mot grec «ichtus» signifie également «poisson», le dessin de cet animal fut souvent utilisé comme symbole du Christ et comme signe de reconnaissance par les premiers chrétiens.*

La partie émergée d'un ***iceberg*** *ne représente qu'un dixième de sa masse.*

ichtyologie n. f. Branche de la zoologie consacrée à l'étude des poissons.

ichtyologique adj. Relatif aux poissons ou à l'ichtyologie.

ichtyologiste n. Spécialiste d'ichtyologie.

ichtyornis n. m. PALÉONT. Oiseau fossile, de la taille d'un pigeon, qui vivait au Crétacé en Amérique du Nord.

ichtyosaure n. m. PALÉONT. Grand reptile marin fossile, à l'allure de poisson, atteignant dix mètres de long, qui vivait à l'ère secondaire.

ichtyose n. f. MÉD. Maladie cutanée, souvent héréditaire, qui se manifeste par une sécheresse de la peau et la formation de squames.

ici adv. À l'endroit où l'on est. *Je suis ici depuis une semaine.* / Dans un texte, à l'endroit indiqué. *Ici, une note s'impose.* / Au moment présent. *Jusqu'ici.* / *D'ici, d'ici à*: de maintenant à. *D'ici une semaine. D'ici à l'an prochain.* / *D'ici là*: de maintenant à une date ultérieure, que l'on précise. *Je m'en occuperai la semaine prochaine, d'ici là le travail aura avancé.*

ici-bas loc. adv. En ce monde, sur Terre.

icône [1] n. f. Dans les Églises d'Orient, image sainte représentant le Christ, la Vierge Marie ou des saints.

icône [2] n. f. INFORM. Représentation graphique apparaissant sur l'écran d'un moniteur, et qui symbolise une fonction, un logiciel, etc.

iconoclasme n. m. RELIG. Doctrine qui, aux VIIIe et IXe siècles, dans l'Empire byzantin, considérait comme idolâtrique le culte des images saintes (icônes du Christ et des saints) et le condamnait.

iconoclaste adj. et n. RELIG. Partisan de l'iconoclasme. / Fig. Se dit d'une personne, ou d'une attitude, qui s'attaque délibérément à tout ce qui relève d'une tradition.

iconodule adj. et n. RELIG. Partisan du culte des images.

iconographe n. Spécialiste d'iconographie.

iconographie n. f. Étude des représentations visuelles d'un sujet donné (personnage, thème, etc.); ensemble de ces représentations. *L'iconographie de Napoléon Ier.* / Ensemble des illustrations d'un ouvrage.

iconographique adj. Relatif à l'iconographie.

iconolâtre n. HIST. Péjor. Adorateur d'images sacrées. *Les iconoclastes traitaient d'iconolâtres les défenseurs du culte des images saintes.*

iconolâtrie n. f. HIST. Péjor. Adoration des images sacrées.

iconologie n. f. Didac. Art de la représentation allégorique. / Étude des symboles et des emblèmes qu'elle utilise. / Étude des attributs des divinités, des personnages mythologiques.

iconologique adj. Relatif à l'iconologie.

iconoscope n. m. AUDIOV. Tube cathodique utilisé pour explorer une image et la transmettre par télévision.

La Vierge de Smolensk, ***icône*** *des XVe-XVIe siècles.*

iconostase n. f. Dans les églises de rite oriental, cloison décorée d'icônes qui sépare la nef, où se tiennent les fidèles, de l'autel où s'isole l'officiant lors de la consécration.

ictère n. m. MÉD. Présence de pigments biliaires, en quantité anormale, dans le sang. / État pathologique lié à la présence, en quantité anormale, de pigments biliaires dans le sang, caractérisé par une coloration jaune des téguments; cette coloration, causée par l'accumulation d'autres substances. Syn. jaunisse.

Ictinos 2e moitié du Ve s. av. J.-C. Architecte grec qui, sous Périclès, participa à la construction du Parthénon d'Athènes avec Phidias et Callicratès.

Ida Chaîne de montagnes en Asie Mineure située près de Troie. La mythologie situe le jugement de Pâris sur le mont Ida (aujourd'hui Kaz Dagi, *1 767 m*).

Ida ou **Idi** Montagne en Crète (*2 456 m*), considérée, dans la mythologie comme le lieu de naissance de Zeus.

Idaho *216 432 km² 1 210 232 h.* État de l'ouest des États-Unis. Capitale *Boise*. Situé dans les Rocheuses, c'est un État peu peuplé. Ses principales ressources sont agricoles: cultures de céréales irriguées par la rivière Columbia et la Snake River, exploitation du bois et des richesses minérales (argent). Peuplé dès 1855 par des Mormons, l'Idaho ne se développa que tardivement grâce à la découverte de mines d'or après 1860. Ce territoire fut le 43e État à entrer dans l'Union en 1890.

ide n. m. ZOOL. Poisson cyprinidé, de couleur rouge, élevé dans les étangs. Syn. orfe.

idéal, ale, aux adj. et n. m. **A.** adj. PHILO. Qui n'existe qu'en idée; imaginaire. *Monde idéal.* / Cour. Qui atteint l'idée que l'on peut avoir de la perfection, rêvé; parfait dans son genre. *Des vacances idéales.* **B.** n. m. Ce qui représente la perfection dans un ordre de valeurs particulier. *Un idéal de beauté et d'harmonie.* / Aspiration profonde à ce qui peut donner pleine satisfaction. *Venir en aide aux pauvres était son idéal.* Pl. Des *idéals* ou *idéaux*.

idéalement adv. De manière idéale.

idéalisation n. f. Fait d'idéaliser qqn ou qqch., de le parer de toutes les perfections. *L'idéalisation d'un grand homme disparu.*

idéaliser v. t. [1] Prêter un caractère idéal à. *Idéaliser une femme, l'amour.*

***Idéogramme** chinois.*

idéalisme n. m. PHILO. Caractère des doctrines qui n'accordent d'existence aux choses que dans la pensée. / Attitude qui consiste à agir et à penser en fonction d'un idéal. / BX-ARTS Attitude de ceux qui pensent que l'art n'est pas fait pour représenter le réel, mais pour traduire un idéal.
idéaliste n. PHILO. Qui procède de l'idéalisme. / Qui pense, agit avec idéalisme. (Subst.) *Un(e) idéaliste.*
idéation n. f. Didac. Processus de la formation des idées.
idée n. f. Représentation abstraite, dans l'esprit, d'une chose ou de rapports entre les choses. *L'idée du mal.* / PHILO. Concept. Selon Platon, seule réalité dont les choses ne sont que le reflet. / Opinion sur un domaine quelconque. *N'avoir aucune idée de ce qui va se passer.* / Pensée, conception originale. *Artiste aux idées novatrices.* / Projet, plan. *Une idée lui vint à l'esprit.* / *Idée fixe*: pensée qui revient sans cesse à l'esprit; obsession. / Fig. *Avoir des idées noires*: être déprimé, pessimiste. / Fam. *Se faire des idées*: imaginer des choses fausses, s'illusionner.
idem adv. (mot latin) De même, aussi (pour éviter une répétition, une énumération. Abréviation: id.).
identifiable adj. Que l'on peut identifier.
identificateur n. m. INFORM. Symbole qui répertorie une donnée, une variable, une fonction, dans le cadre d'une programmation.
identification n. f. Action d'identifier, de reconnaître. *Identification du meurtrier, d'une œuvre artistique.* / PSYCHAN. Processus par lequel un individu adopte le comportement d'une autre personne par un phénomène de projection.
identifier v. t. [1] Considérer comme identique, comme ne faisant qu'un. *Identifier son bonheur à celui de ses amis.* (Emploi pron.) *Lecteur qui s'identifie au héros d'un roman*, qui se prend pour lui. / Établir l'identité de. *Identifier un coupable, un corps.* / Par ext. Établir l'origine, la nature de. *Identifier un accent, un problème.*
identique adj. Qui est exactement semblable (à qqch., qqn). *Deux tapis identiques.* / loc. adj. ou adv. *À l'indentique*: de la même façon. *Remplacement à l'identique*, avec les mêmes matérieux. *Remplacer qqch. à l'identique*, en utilisant les mêmes constituants. / Qui est le même, qui ne change pas. *Identique à lui-même.*
identiquement adj. De façon identique; à l'identique.
identitaire adj. Didac. Relatif à l'identité. *Revendication identitaire.*
identité n. f. Caractère de ce qui est identique. *Identité d'opinions.* / Qualité d'une chose qui reste identique à elle-même dans le temps. *Identité culturelle.* / *Principe d'identité*: principe de logique qui s'énonce généralement sous la forme *A est A* ou bien *ce qui est, est.* / DR. Ensemble des caractéristiques qui permettent de différencier une personne des autres. *Carte d'identité*: document donnant ces caractéristiques relevant de l'état civil. *Identité judiciaire*: service de la police chargé de la recherche et de l'identification des délinquants. MATH. Égalité entre deux expressions algébriques qui reste vraie quelles que soient les valeurs attribuées aux variables. *Identités remarquables*:
$(a + b)^2 = a^2 + 2ab + b^2$;
$(a - b)^2 = a^2 - 2ab + b^2$;
$a^2 - b^2 = (a + b)(a - b)$.
idéogramme n. m. Signe d'écriture n'exprimant pas une lettre mais une idée, figurée parfois par un objet. *Les hiéroglyphes égyptiens sont des idéogrammes.*
idéographique adj. Se dit d'une écriture qui utilise des idéogrammes. *L'écriture maya est une écriture idéographique.*
idéologie n. f. Système d'idées philosophiques, sociales, politiques, morales, religieuses, etc. qui sont propres à un groupe, à un pays, à une époque. *L'idéologie communiste. L'idéologie nazie.*
idéologique adj. Qui procède de l'idéologie, d'une idéologie.
idéologue n. Concepteur d'un système idéologique; celui, celle qui pense selon un tel système. / HIST. *Les idéologues*: les membres d'un groupe philosophique et politique de la fin du XVIIIe et du début du XIXe siècle dont les principaux représentants furent Destutt de Tracy, Cabanis, Volney et Daunou. *Les idéologues préféraient la science de l'homme à la métaphysique, étudiant les idées au travers de l'analyse logique du langage; ils furent à l'origine des réformes de l'instruction publique après la Terreur.*
ides n. f. pl. ANTIQ. Dans le calendrier romain, quinzième jour des mois de mars, mai, juillet, octobre et treizième jour des autres mois. *On prédit à Jules César qu'il serait assassiné aux ides de mars.*
idiolecte n. m. LING. Ensemble des particularités langagières d'un individu donné.
idiomatique adj. Qui relève d'un idiome. *Tournure idiomatique.*
idiome n. m. Langue propre à une communauté. *L'idiome provençal.*
idiopathie n. f. Vieilli Maladie qui existe en soi, qu'on ne peut relier à aucune autre.
idiopathique adj. Vieilli Qui procède de l'idiopathie.
idiosyncrasie n. f. MÉD. Ensemble de réactions individuelles, notam. en fonction d'un traitement, d'un médicament. / Manière de réagir propre à chacun dans les diverses situations de la vie courante.
idiot, e adj. et n. Sot, stupide. *Vous êtes idiot de penser ainsi.* (Subst.) *Vous êtes un(e) idiot(e).* / Qui manifeste un manque de perspicacité, de la sottise; irréfléchi. *Ce que je viens de faire est idiot.* / MÉD. Atteint d'idiotie.
Idiot (l') 1868 Roman de Dostoïevski. Le prince Mychkine, jeune homme épileptique d'une pureté et d'une compassion extrêmes, cherche à sauver Nastassia Philippovna, une femme entretenue. Mais le fougueux Rogojine, devenu l'ami de Mychkine, assassine cette femme qu'il aime passionnément, plongeant ainsi Mychkine dans la folie.
idiotement adv. Sottement.
idiotie n. f. Caractère de qqn, de qqch. d'idiot. *Il est d'une totale idiotie. L'idiotie de son comportement est invraisemblable.* / Parole, action inepte. *Trêve aux idioties!* / MÉD. La plus profonde des arriérations mentales.
idiotisme n. m. Expression particulière à une langue et intraduisible dans une autre.
idoine adj. Litt. ou par plaisant. Approprié, convenable. *Chercher la solution idoine.*
idolâtre adj. et n. Qui adore des idoles. *Des païens idolâtres. Un(e) idolâtre.* / Fig. Qui aime avec excès (qqch. ou qqn).
idolâtrer v. t. [1] Fig. Aimer avec excès (qqch., qqn), idéaliser (l'objet aimé). *Idolâtrer son fils.*
idolâtrie n. f. Adoration, culte des idoles. / Fig. Fait d'idolâtrer une personne ou une chose.
idolâtrique adj. De l'idolâtrie; relatif à l'idolâtrie.
idole n. f. Représentation matérielle d'une divinité vouée à l'adoration. / Fig. Personne, chose qui fait l'objet d'une sorte de culte. *L'argent est son idole. Idole des jeunes*: vedette à laquelle son jeune public voue une sorte d'adoration.
Idoménée MYTH. GR. Roi de Crète, fils de Deucalion et petit-fils de Minos. L'un des principaux personnages de l'Iliade et de l'Odyssée. Selon une légende postérieure à Homère, il fut surpris par une tempête en revenant du siège de Troie et il jura, s'il échappait à la mort, de sacrifier à Poséidon la première personne qui l'accueillerait sur le rivage. Forcé de mettre son fils à mort, il fut ensuite chassé de son royaume.
Idris Ier (Muhammad Idris al-Mahdi al-Sanusi) 1890-1983 Roi de Libye (1951-1969). Petit-fils du fondateur de la confrérie des Senoussis, émir de Cyrénaïque, il fut dépossédé de son territoire par les Italiens (1923). La Grande-Bretagne le lui restitua et il devint roi de Libye en 1950. Il fut renversé le 1er septembre 1969 par un coup d'État qui plaça le colonel Khadafi à la tête du pays. Il mourut en Égypte.
Idrisi (Abu Abd Allah Muhammad al-Hammudi, dit al-) v. 1100-v. 1166 Géographe arabe qui parcourut l'Afrique du Nord, l'Asie Mineure, l'Espagne et la France. Appelé en Sicile par Roger II, il conçut pour lui une mappemonde en argent (disparue; on n'en connaît que des copies) dans la tradition de Ptolémée, et rédigea un important traité de géographie, *Divertissement de celui qui désire parcourir le monde.*

Michael Jackson,
***idole** des jeunes dans les années 1980.*

Idrissides Dynastie arabe qui régna sur le Maroc de 788 à 974 et fonda la ville de Fès. Son premier monarque, Idris Ier, devint l'imam d'une tribu berbère et soumit les tribus alentour. Le royaume se disloqua après la mort de son fils, Idris II.
Idumée ou **Édom** Nom ancien d'une région et d'un royaume situés au sud de la mer Morte. Selon la tradition biblique, le fils d'Isaac, Ésaü, surnommé Édom, s'y serait établi. Ses descendants, les *Iduméens* ou *Édomites*, furent soumis par David, roi d'Israël (environ 1000 av. J.-C.). Passée plus tard sous contrôle nabatéen, la région fut finalement intégrée à l'Empire romain.
idylle n. f. LITTÉR. Petit poème d'amour à caractère bucolique. / Fig. Aventure amoureuse, souvent platonique, empreinte de tendresse. / Période d'entente parfaite entre des personnes.
idyllique adj. Propre ou relatif à l'idylle, à une idylle. / Par ext. D'une perfection, d'une douceur qui évoque l'idylle. *Séjour idyllique.*
Iekaterinbourg (de 1924 à 1991, *Sverdlovsk*) *1 370 000 h.* Ville de Russie, à l'est de l'Oural. Centre industriel et culturel (université). La ville a été fondée sous Pierre le Grand; c'est à Iekaterinbourg que furent massacrés, en 1918, par les bolcheviks, le tsar Nicolas II et sa famille.
Iéna (en allemand *Jena*) *102 204 h.* Ville d'Allemagne, dans la Thuringe, sur la Saale. Industries optiques (Zeiss). Université fondée au XVIe siècle, où ont enseigné Fichte, Hegel et Schelling. Napoléon y vainquit les Prussiens, le 14 octobre 1806.
Ienisseï *3 800 km* Fleuve qui traverse la Sibérie centrale du sud au nord, il prend sa source en Mongolie et se jette dans l'océan Arctique. Il est équipé de puissantes centrales hydroélectriques.
if n. m. Grand arbre conifère au feuillage persistant et vert sombre, aux baies rouges toxiques.
If Îlot calcaire dans la rade de Marseille. Le château d'If, construit en 1524, servit de prison d'État. Une partie de l'action du *Comte de Monte-Cristo* d'Alexandre Dumas s'y déroule.
Ife ou **Ifé** *240 000 h.* Ville de l'ouest du Nigeria, dans l'État d'Oyo. Fondée au XIe ou au XIIe siècle par des Yorouba dont c'était la ville sacrée, elle a développé aux XIIIe et XIVe siècles un art du bronze qui s'est répandu chez les peuples voisins. Elle a également laissé des portraits en pierre et en terre cuite.
Ifni *1 500 km^2 54 000 h.* Ancienne (1860-1969) enclave espagnole située au sud du Maroc, sur la côte atlantique. Elle a été restituée au Maroc.
Ifriqiya Nom donné par les Arabes à la Tunisie et à l'est de l'Algérie lors de leurs conquêtes en Afrique du Nord à partir du VIIe siècle.
igloo n. m. (mot inuit) Hutte hémisphérique des Eskimos, faite de blocs de neige gelée.

Saint **Ignace de Loyola**.

I.G.N. ou **IGN** Sigle de *Institut géographique national*.

Ignace de Loyola (saint) 1491-1556 Fondateur de l'ordre des jésuites. Né dans le Pays basque espagnol et grièvement blessé au cours de la bataille de Pampelune (1521), il décide de consacrer sa vie à Dieu. Après un pèlerinage à Jérusalem (1523), il étudie durant plusieurs années avant de réunir à Paris quelques compagnons avec lesquels il fait vœu (Montmartre, 1534) de pauvreté, de chasteté et d'apostolat en Terre sainte (ou dans tout autre endroit du monde, selon les désirs du pape). Il est ordonné prêtre en 1537 à Venise et, avec ses compagnons, décide de se rendre à Rome où ils prêchent, confessent et pratiquent la charité, faisant « oblation » au pape pour toute mission qu'il voudrait leur confier. Leur « libre association » (à laquelle ils ont donné le nom de « Compagnie de Jésus ») est d'une grande souplesse, mais, s'ils sont envoyés aux quatre coins du monde, cette souplesse pourrait devenir faiblesse. Ils s'engagent à ajouter à leurs vœux de pauvreté et de chasteté celui d'obéissance à celui d'entre eux qu'ils désigneraient, et soumettent au pape Paul III la première rédaction de la règle de la Société de Jésus, que le Souverain Pontife approuve en 1540 en donnant une existence officielle au nouvel ordre.

igname n. f. BOT. Plante de la famille des dioscoréacées, cultivée dans les pays chauds pour ses tubercules riches en fécule, comestibles après cuisson ou torréfaction. / Tubercule de cette plante.

ignare adj. et n. Particulièrement ignorant, totalement inculte. *Elle est ignare. C'est un ignare.*

igné, e adj. De feu, en feu. *Matière ignée du Soleil.* / Produit par le feu. *Roche ignée.*

ignifugation n. f. TECHN. Action d'ignifuger ; son résultat.

ignifuge adj. Qui rend incombustible, peu sensible au feu. *Produit ignifuge.*

ignifuger v. t. [1] Rendre incombustible.

ignition n. f. État d'un corps en combustion ou d'un métal incandescent.

ignitron n. m. ÉLECTR. Tube électronique destiné à établir et à interrompre le passage de courant électrique de forte intensité un grand nombre consécutif de fois par seconde.

ignoble adj. D'une extrême bassesse morale ; abject. *Un crime ignoble.* / Particulièrement répugnant, dégoûtant. *Cette cave est ignoble.*

ignoblement adv. De façon ignoble.

ignominie n. f. Déshonneur causé par une conduite indigne, infamante. *Tomber dans l'ignominie.* / Caractère de ce qui soulève l'indignation, la réprobation morale. *L'ignominie d'un jugement.*

ignominieusement adv. De façon ignominieuse.

ignominieux, euse adj. Propre ou relatif à l'ignominie. *Traitement ignominieux.*

ignorance n. f. État de qqn qui ne sait pas ; fait d'ignorer. *Être dans l'ignorance d'un scandale.* / Défaut d'instruction, de culture générale.

ignorant, e adj. et n. Qui ignore, qui ne sait pas. *Il était ignorant de ce qui se passait.* (Subst.) *Un(e) ignorant(e).* / Inculte. *Enfant ignorant.*

ignorantin n. m. et adj. Surnom mi-familier mi-moqueur des frères des Écoles chrétiennes, aux XVIIIe et XIXe siècles. / adj. *Frère ignorantin.*

ignorer v. t. [1] Ne pas connaître, ne pas savoir. *J'ignore tout de cette affaire. J'ignorais que vous étiez là.* / Ne faire aucun cas de ; feindre de ne pas remarquer. *Il a ignoré mes mises en garde. Je l'ai croisé dans la rue mais il m'a ignoré.* / Ne pas avoir fait l'expérience de. *Ignorer la peur, la haine.* / v. pron. Ne pas avoir conscience d'une vocation, d'un don. *C'est un acteur qui s'ignore.*

I.G.S. ou **IGS** Sigle de *Inspection générale des services*.

Iguaçu *1 320 km* Rivière du Brésil méridional. Son cours accidenté qui comporte de nombreuses chutes, se jette dans le Paraná à la frontière argentine.

iguane n. m. ZOOL. Grand lézard d'Amérique tropicale, à longue queue effilée, à crête dorsale épineuse, pouvant atteindre près de 2 m de long.

iguanodon n. m. PALÉONT. Grand dinosaurien du Crétacé, herbivore, pouvant atteindre 10 m de long.

Ihara Saikaku 1642?-1693 Écrivain et poète japonais d'Osaka, couramment appelé *Saikaku*, qui s'inspira du *haïku* pour écrire de nombreux poèmes, souvent inconvenants.

IHS ou **I.H.S.** Initiales de *Iesus Hominum Salvator*, en latin « Jésus Sauveur des hommes ».

Les chutes de l'**Iguaçu**.

Iguane.

IJsselmeer Lac d'eau douce des Pays-Bas créé en 1932 par la construction d'une digue qui sépara le Zuiderzee de la mer de Wadden. Il est utilisé pour lutter contre les infiltrations d'eau salée dans les polders environnants.

ikebana n. m. Art floral japonais, pratiqué depuis le VIIe siècle, et dont les principes de composition sont chargés de symboles.

il, ils [1] pron. pers. m. de la troisième personne, toujours en fonction de sujet. *Il est charmant. Ils sont les premiers à se manifester.* / pron. pers. neutre, employé comme sujet des verbes impersonnels. *Il pleut. Il se fait tard. Il arrive que…* / (Employé pour *cela*, *ce*, dans quelques expressions) *Je suis en retard, il est vrai, mais ne m'en veuillez pas.*

Île Caret (Guadeloupe).

il [2] n. m. (mot turc) Circonscription administrative, en Turquie. Pl. Des *iller*.

ilang-ilang Voir **ylang-ylang**

île n. f. Terre entourée d'eau de tous côtés. / CUIS. *Île flottante* : dessert fait de blancs d'œufs montés en neige et cuits, flottant sur une crème anglaise.

Île-de-France Ancienne région et province française limitée par la Seine, la Marne, l'Aisne et l'Oise. Domaine que la dynastie des Capétiens réunit progressivement pour en faire un domaine royal et qui permit d'asseoir le siège du gouvernement du royaume de France à Paris.

Île-de-France *12012 km² 11061800 h.* Chef-lieu *Paris*. Région qui comprend les départements suivants : Paris, l'Essonne, les Hauts-de-Seine, la Seine-et-Marne, la Seine-Saint-Denis, le Val-de-Marne, le Val-d'Oise et les Yvelines. Plus petite que la région historique de l'Île-de-France, elle occupe le centre du Bassin parisien et comprend des terres fertiles, ainsi que d'importantes forêts (Rambouillet, Fontainebleau). Le taux d'urbanisation atteint 96 % : sur 2,2 % de la France se concentre 18,9 % de la population. Le P.N.B. par habitant est nettement supérieur à la moyenne nationale, le taux de chômage, inférieur. La Région est à la pointe des secteurs industriels (25 % de la production française, sans les industries lourdes) et tertiaires. Paris est une métropole internationale, grâce notamment aux deux aéroports de la région (Roissy-Charles-de-Gaulle et Orly). Le réseau des transports possède une diversité et une densité exceptionnelles ; chaque jour, 20 millions de déplacements sont enregistrés mais sont encore difficiles d'une banlieue à une autre : Paris constitue souvent une étape obligatoire et l'usage de la voiture personnelle accroît la pollution. Paris et l'Île-de-France, en raison notamment de leur patrimoine culturel d'importance nationale, forment un grand pôle touristique.

Île-d'Yeu *4900 h.* Commune de Vendée et chef-lieu de canton qui occupe le territoire de l'île d'Yeu (*23 km²*). Ses principales activités sont la pêche et le tourisme. Le maréchal Pétain y fut interné de 1945 à sa mort en 1951.

iléon n. m. ANAT. Segment terminal de l'intestin grêle, qui fait suite au jéjunum et qui s'abouche au cæcum.

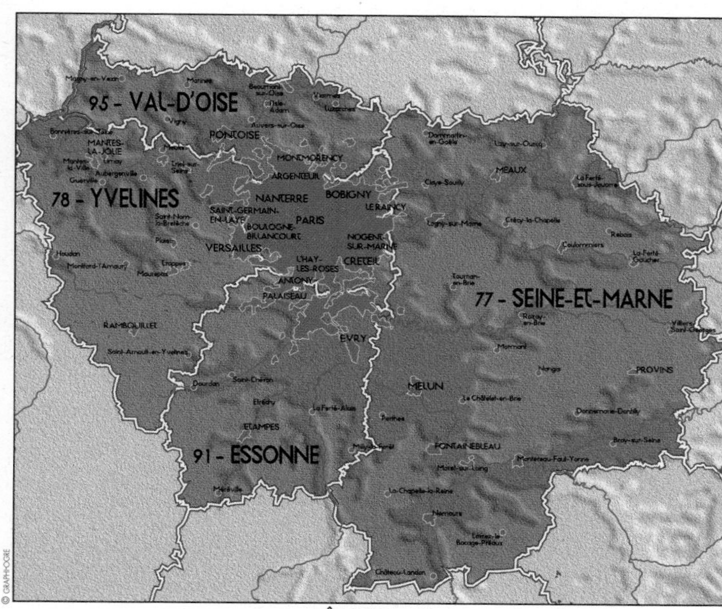

Île-de-France.

illettrisme n. m. État d'une personne qui, bien qu'ayant été alphabétisée, a perdu l'usage habituel de la lecture et de l'écriture.
illicite adj. Qui n'est pas licite. *Des bénéfices illicites.*
illico adv. (mot latin) Fam. Tout de suite.
illimité, e adj. Qui n'a pas de limite.
Illinois *145 934 km² 11 895 850 h.* État du centre des États-Unis. Capitale *Springfield.* Riche État agricole (maïs) et industriel situé dans la région de la Prairie et traversé par la rivière Illinois. Chicago, l'une des grandes métropoles américaines, concentre de nombreuses industries (sidérurgie, mécanique, conserves). Cédé par la France à la Grande-Bretagne en 1763 (traité de Paris), l'Illinois entra dans l'Union en 1818.
illisible adj. Qui n'est pas lisible. *Écriture illisible. Roman illisible.*
illogique adj. Qui n'est pas logique.
illogisme n. m. Caractère d'une proposition, d'un raisonnement, d'un esprit illogique. / Chose illogique.
illumination n. f. THÉOL. Grâce accordée par Dieu, qui donne à l'âme connaissance et amour surnaturel. / Action d'éclairer avec de nombreuses lumières ; ensemble des lumières ainsi disposées. / Fig. Inspiration soudaine qui éclaire l'esprit.
illuminé, e adj. et n. Vivement éclairé. *Rue illuminée.* / Fig. *Sourire illuminé.* / Subst. RELIG. Mystique qui se dit inspiré par Dieu. (Péjor.) *C'est un illuminé,* un esprit chimérique.
illuminer v. t. [1] Éclairer d'une vive clarté. *Les étoiles illuminent le ciel.* / Garnir

iléus n. m. MÉD. Occlusion intestinale.
Iliade IXe s. av. J.-C. Poème épique composé de 24 chants attribué à Homère et qui retrace principalement les exploits d'Achille durant la guerre de Troie. S'étant disputé avec Agamemnon, chef des Achéens, Achille se retire du combat contre les Troyens. La réconciliation n'a lieu qu'après une défaite grave de son camp et la mort de son ami Patrocle aux mains d'Hector. Achille se venge de l'assassin de son ami, mais le rend finalement à Priam, son père, qui le réclame. L'épopée met en scène d'autres personnages ainsi que les dieux grecs, partisans dans le conflit qui oppose les Achéens et les Troyens.
iliaque adj. ANAT. Relatif aux flancs. *Os iliaque* : chacun des deux os formant le pelvis, résultant de la soudure de l'ischion, du pubis et de l'ilion.
îlien, enne n. et adj. Insulaire. / Spécial. Habitant d'une des îles françaises de l'Atlantique.
Iliescu (Ion) 1930 Homme politique roumain. Dirigeant communiste écarté par Ceausescu en 1984, il contribua à sa chute en 1989. Élu président de la République en 1990 en tant que chef du Front de salut national, réélu en 1992, il fut battu en 1996, mais réélu en 2000.
ilion n. m. ANAT. Partie supérieure de l'os iliaque.
Ilion Nom de l'ancienne Troie, capitale de la Troade, prise et ruinée au XIIIe siècle avant J.-C. par les Grecs, après un siège de dix ans.
Iliouchine (Serguei Vladimirovitch) 1894-1977 Ingénieur soviétique. Concepteur, en 1936, d'un bimoteur qui établit plusieurs records, il en donna une version militaire (bombardier) pendant la Deuxième Guerre mondiale. Il construisit ensuite plus de cinquante modèles d'avions, tant civils que militaires.
Ill *208 km* Rivière d'Alsace, née dans le Jura, qui arrose Mulhouse, Colmar et Strasbourg avant de se jeter dans le Rhin.
Illampu *6 550 m* Point culminant de la cordillère des Andes orientales, en Bolivie.
Ille-et-Vilaine (département d') [35] *6 775 km² 798 718 h.* Chef-lieu *Rennes.* Département qui fait partie de la Région Bretagne. S'étendant sur le Massif armoricain et ouvert sur la baie de Saint-Malo par une région basse et partiellement aménagée en polders (marais de Dol), le département se caractérise par la dispersion de l'habitat dans un paysage de bocage et par la prépondérance d'une agriculture céréalière, maraîchère et fruitière (pommes à cidre) associée à l'élevage bovin. La pêche (en déclin), et surtout le tourisme, font vivre les villes du littoral : Saint-Malo, Cancale, Dinard. Des industries se sont implantées à Rennes, à Fougères. Rennes est la capitale universitaire et économique de la Bretagne intérieure.
illégal, ale, aux adj. Qui n'est pas légal ; qui est contraire à la loi.
illégalement adv. Contrairement à la loi.
illégalité n. f. Caractère de ce qui est illégal. Ant. légalité.
illégitime adj. Qui n'est pas légitime. / DR. *Enfant illégitime,* né hors mariage et non légitimé. / Qui n'est pas fondé ni justifié. *Revendication illégitime.*
illégitimité n. f. Caractère de ce qui est illégitime. Ant. légitimité.
illettré, e adj. et n. Qui ne sait ni lire ni écrire. / Cour. Analphabète.

*Département d'**Ille-et-Vilaine**.*

IMA (© HARALD A. JAHN).

d'illuminations. *Illuminer les rues d'une ville, le sapin de Noël.* / Fig. Parer d'un vif éclat. *Votre présence a illuminé la soirée.* (Emploi pron.) *Son regard s'illumina.* / RELIG. Éclairer de la lumière divine.

illuminisme n. m. PHILO., RELIG. Courant philosophique et religieux de la fin du XVIIIe siècle, qui accorde une importance extrême à la dimension intérieure de la religion et de sa pratique, opérant une distinction fondamentale entre l'esprit et la lettre, entre l'homme intérieur et l'homme extérieur.

illuministe adj. et n. De l'illuminisme; adepte de l'illuminisme.

illusion n. f. Méprise des sens ou de l'esprit qui fait voir les choses d'une façon non conforme à la réalité. *Illusion d'optique*: perception erronée de l'aspect d'un objet, de certaines qualités des objets. *Faire illusion*: tromper par une apparence flatteuse. / *Se faire des illusions*: se rassurer en s'abusant.

illusionner (s') v. pron. [1] Se faire des illusions.

illusionnisme n. m. Art de créer l'illusion par des tours de passe-passe; prestidigitation.

illusionniste n. Personne qui pratique l'illusionnisme.

Illusions perdues Roman de Balzac en trois parties (*Illusions perdues*, 1837, devenu plus tard *Les deux poètes*; *Un grand homme de province à Paris*, 1839; *Ève et David*, 1843, devenu plus tard *Les Souffrances de l'inventeur*), l'ensemble prenant le titre *Illusions perdues* en 1843. Lucien de Rubempré, un jeune poète ambitieux, rêve de gloire littéraire. Devenu un journaliste à succès à Paris, il compromet son talent en voulant se lancer dans la politique. Déchu et ruiné, il retourne finalement à Angoulême, sa ville natale.

illusoire adj. Qui est trompeur et qui ne pourra se réaliser. *Promesse, espoir illusoire.*

illustrateur, trice n. Artiste qui fait métier d'illustrer des textes.

illustratif, ive adj. Qui constitue une illustration.

illustration n. f. État de ce qui est illustre; action de rendre illustre. *Le Primatice contribua à l'illustration du règne de François Ier.* / Litt. Embellissement. *« Défense et illustration de la langue française », de J. du Bellay.* / Action d'illustrer (un texte, un ouvrage); ce qui illustre (dessin, gravure, photographie...) un texte.

illustre adj. Qui jouit d'une immense renommée; célèbre.

illustré, e adj. et n. m. Accompagné d'illustrations. *Journal illustré.* / n. m. *Un illustré*: une publication périodique où l'illustration tient un rôle primordial.

illustrer v. t. [1] Orner (un ouvrage) d'illustrations. / Rendre intelligible, éclairer par des exemples (un écrit, un propos). / Litt. Faire devenir illustre. / v. pron. *S'illustrer au combat, par des exploits.*

illustrissime adj. Plaisant ou vx Extrêmement illustre.

Illyrie Ancien nom de la partie montagneuse de la côte adriatique aujourd'hui partagée entre la Slovénie, la Croatie, la Bosnie-Herzégovine et l'Albanie. Colonisée par les Grecs au VIIe siècle av. J.-C., elle devint l'ennemie puis l'alliée et enfin la propriété de Rome (27 av. J.-C.) pour se protéger contre les Barbares. Conquise par les Slaves au VIe siècle, puis par les Ottomans, l'Illyrie fut rattachée à l'Autriche en 1815.

îlot n. m. Très petite île. / *Par anal.* Petit groupe de choses, de personnes, isolé dans un environnement totalement différent. *Un îlot de verdure en milieu urbain.* / *Îlot insalubre*: ensemble de constructions à l'abandon et qui menacent ruine.

îlotage n. m. Système de surveillance d'une ville ou d'un quartier divisés en îlots, chaque îlot étant confié à la garde d'un ou de plusieurs policiers îlotiers.

ilote ou **hilote** n. m. ANTIQ. À Sparte, prisonnier employé par l'État. / Fig. et litt. Personne misérable et ignorante.

îlotier, ère n. Gardien d'un îlot urbain; agent de police affecté à la surveillance des îlots urbains.

IMA Acronyme pour *Institut du monde arabe.*

image n. f. Représentation d'une chose ou d'un être par les arts graphiques, plastiques ou photographiques. / OPT. Représentation d'un objet par une surface qui le réfléchit. (L'*image réelle* est formée par les rayons convergents émanant de l'objet et qu'on peut recevoir sur un écran; l'*image virtuelle* est visible par l'œil, mais ne peut être reçue par un écran). / Fig. Ressemblance d'un être avec un autre. *Dieu créa l'homme à son image.* / Représentation mentale d'un être ou d'une chose. *Revoir son passé en images.* / *Image de marque*: idée qualitative que se fait le public d'une marque commerciale, d'une institution ou d'un personnage. *Soigner son image de marque.* / LITTÉR. Métaphore. / HIST. *Querelle des images*: dans l'Empire byzantin, conflit (725-843) au sujet du culte voué aux représentations du Christ et des saints.

♦ En 725, l'empereur Léon III et plusieurs évêques décrètent que les images sacrées sont assimilables aux idoles, et leur culte, à l'idolâtrie. Un édit condamnant ce culte est promulgué en 730 et les persécutions se renforcent sous le successeur de Léon III, Constantin V. Malgré la résistance des moines et du peuple, les iconoclastes, opposés au culte des images, triomphent, jusqu'à ce que, en 787, se réunisse à Nicée un concile œcuménique qui rétablit ce culte une première fois. La querelle reprend avec l'arrivée au pouvoir de Léon V et ne prend définitivement fin qu'en 843.

imagé, e adj. *Langage imagé,* riche en métaphores, en images.

image-orthicon n. m. ÉLECTRON. *Tube image-orthicon*: pièce électronique faisant partie d'une caméra de télévision, qui analyse les images avec une sensibilité très supérieure à celle de l'iconoscope.

imagerie n. f. Art, industrie et commerce des images. *L'imagerie d'Épinal. L'imagerie religieuse.* / Ensemble ou série d'images liées à un thème commun. / MÉD. *Imagerie médicale*: ensemble des techniques de diagnostic faisant appel à des images internes du corps humain et qui sont obtenues par divers procédés (radiologie, scanner, scintigraphie, échographie, tomographie, I.R.M., etc.).

imagier, ière adj. et n. **A.** adj. Propre ou relatif à l'image, aux images. *Production imagière.* **B.** n. Personne qui fabrique, vend des images. / n. m. Sculpteur, peintre médiéval. *Les imagiers des cathédrales.*

imaginable adj. Qu'il est possible d'imaginer. Ant. inimaginable.

imaginaire adj. et n. **I.** Qui relève de l'imagination, et qui est fictif. / n. m. *L'imaginaire*: le monde, l'activité de l'imagination. **II.** MATH. *Nombre imaginaire*: nombre du type $z = x + iy$, x et y étant des nombres réels et i étant défini par la relation $i^2 = -1$. Syn. nombre complexe. *Partie imaginaire d'un nombre complexe* $z = x + iy$: le nombre réel y (x étant appelé partie réelle de ce nombre complexe). / n. *Les imaginaires purs*: les nombres complexes dont la partie réelle est nulle.

imaginatif, ive adj. Qui imagine aisément, qui se plaît à imaginer. *Un enfant imaginatif.* / Par ext. Bien imaginé, plein d'imagination. *Un projet imaginatif.*

***Image** de synthèse.*

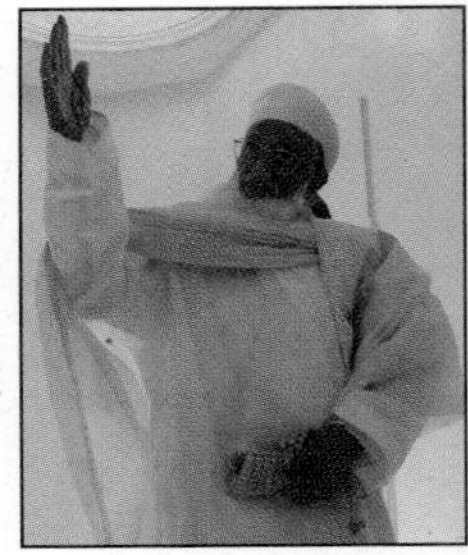

Imam.

imagination n. f. Aptitude de l'esprit à concevoir l'image de certains objets. / Faculté de création. / Litt. Ce qui est créé par cette faculté; (péjor.) idée fantaisiste ou fausse. *De pures imaginations.*

imaginer v. t. [1] Voir, se représenter par l'imagination; supposer. *Ferme les yeux et imagine un arbre, imagine-toi dans la forêt. J'imagine qu'il est en colère.* / Concevoir, inventer. *Imaginer une machine, un poème.*

imagisme n. m. LITTÉR. Mouvement poétique anglo-américain (1912-1917) dont les principaux représentants furent Ezra Pound et Amy Lowell.

♦ Opposé au symbolisme, ainsi qu'au sentimentalisme, l'imagisme visait la netteté d'expression, le rejet des affectations de langage afin de traiter ses objets (images) avec plus de liberté et de musicalité. Bien que de courte durée, ce mouvement eut une influence sur la poésie nouvelle et sur certains auteurs, comme T.S. Eliot et D.H. Lawrence.

imagiste n. LITTÉR. Poète tenant de l'imagisme.

imago [1] n. f. PSYCHAN. Prototype inconscient né, dans la prime enfance, des premières relations avec autrui (image du père, de la mère, etc.) qui détermine, au cours de la vie adulte, la manière dont on appréhende l'autre.

imago [2] n. m. ZOOL. Chez les insectes, forme adulte de l'animal, apte à la reproduction.

imam ou **iman** n. m. Chef religieux musulman. / Titre de tous les héritiers de Mahomet chez les sunnites, de quelques-uns seulement (les descendants d'Ali, avec des variantes pour les générations suivantes, selon les divers groupes chiites) chez les chiites. / Anc. Titre des docteurs de l'Islam. / Chef de la communauté religieuse chiite. *L'imam Khomeyni.* / Ministre du culte qui conduit la prière, dans une mosquée.

imamat n. m. RELIG. Dignité, titre, charge d'imam.

Imamura Shohei 1926 Cinéaste japonais faisant partie de la « nouvelle vague » de réalisateurs nippons: *Cochons et cuirassés* (1961), *La Femme insecte* (1963). *La Ballade de Narayama* (1983) et *L'Anguille* (1996) furent récompensés au festival de Cannes.

imbattable adj. Qu'il est impossible de battre.

imbécile adj. et n. Sot, idiot. *Rire imbécile. Un(e) imbécile.* / PSYCHIATR. Vx Arriéré mental.

imbécillité n. f. Caractère de qqn d'imbécile, de qqch. d'imbécile; sottise. / Acte ou parole imbécile. / PSYCHIATR. Idiotie.

L'**Immaculée** Conception, *tableau de Giambattista Tiepolo.*

imberbe adj. Qui ne porte pas de barbe. / Dont la barbe n'a pas encore poussé.
imbiber v. t. [1] Imprégner (une substance) de liquide.
imbrication n. f. Disposition imbriquée. / Fig. *L'imbrication de nombreuses situations différentes*, leur liaison.
imbriqué, e adj. (En parlant de divers éléments) Disposé en recouvrement partiel (à la manière des tuiles d'un toit, des écailles de poisson). / Fig. *Des problèmes étroitement imbriqués.*
imbriquer v. t. / v. pron. [1] **A.** v. t. Disposer en faisant se chevaucher (comme les tuiles d'un toit). **B.** v. pron. Se recouvrir par imbrication. / Fig. Se mêler de manière indissociable, en parlant de sentiments, de pensées, de situations, etc.
imbroglio n. m. (mot italien) Situation confuse. / THÉÂTRE Intrigue compliquée.
imbrûlés n. m. pl. TECHN. Parties non brûlées d'un combustible.
imbu, e adj. *Être imbu de soi-même, de sa personne*, pénétré, convaincu de sa propre importance, fat.
imbuvable adj. Qui n'est pas buvable, qui a très mauvais goût. *Ce vin est imbuvable.* / Fig., fam. (En parlant de personnes) Insupportable. *Elle est snob au point d'en être imbuvable.*
Imérina Région du centre de Madagascar, où l'on pratique la riziculture en altitude.
Imhotep v. 2800 av. J.-C. Architecte égyptien. Conseiller du roi Djoser (IIIe dynastie), il fit construire le complexe funéraire de Saqqarah dans lequel est incluse la première pyramide à degrés de l'histoire de l'Egypte. Imhotep était « grand des voyants », grand prêtre d'Héliopolis.
imitateur, trice adj. et n. **I.** adj. Qui imite. *L'enfant est spontanément imitateur.* **II.** n. Plagiaire. *Un imitateur de Picasso.* / Artiste de music-hall spécialisé dans l'imitation de la voix et des mimiques de personnages célèbres et vivants (politiciens, chanteurs, vedettes, etc.).
imitatif, ive adj. Qui imite.
imitation n. f. Action d'imiter. / Action de s'inspirer de qqn ou de qqch. en le prenant comme modèle. / Contrefaçon. *Une imitation qui ne trompe personne.*
imiter v. t. [1] Reproduire ou s'efforcer de reproduire le plus fidèlement possible. *Imiter une intonation.* / Prendre pour modèle. *Imiter les peintres de la Renaissance.* / Contrefaire. *Ce matériau imite le bois*, a l'apparence du bois. *Imiter qqn*, reproduire ses gestes, son attitude ; suivre son exemple.
immaculé, e adj. Qui est sans tâche, d'une blancheur absolue. / THÉOL. *L'Immaculée Conception* : la conception de la Vierge Marie, préservée du péché originel.
immanence n. f. PHILO. Caractère de ce qui est immanent, de ce qui est contenu dans la nature humaine, et qui doit constituer, selon certains philosophes (*immanentisme* de Spinoza), la finalité même de l'homme et de l'éthique, par oppos. à toute notion de *transcendance*.
immanent, e adj. PHILO. Qui relève de l'être même, qui est en lui et demeure en lui (par oppos. à transcendant). / *Justice immanente*, qui frappe le coupable en découlant naturellement, *sui generis*, des actes mauvais qu'il a commis.
immanentisme n. m. PHILO. Doctrine qui a pour principe l'immanence, et qui rejette toute notion de transcendance.
immangeable adj. Qui n'est pas mangeable.
immanquable adj. Qui n'est pas possible, envisageable de manquer. *Une cible immanquable.* / Qui ne peut pas manquer d'advenir. *Conséquence immanquable.*
immanquablement adv. Sans le moindre doute ; infailliblement.
immarcescible adj. Litt. Qui ne peut se flétrir.
immatérialisme n. m. PHILO. Doctrine idéaliste qui n'accorde d'existence à la matière que dans la représentation abstraite que l'on s'en fait (Berkeley).
immatérialité n. f. Caractère de ce qui est immatériel. *Immatérialité des entités.*
immatériel, elle adj. Qui n'est pas matériel. Ant. matériel.
immatriculation n. f. Action d'immatriculer ; résultat de cette action. *Immatriculation d'une voiture.*
immatriculer v. t. [1] Donner un numéro de matricule à (un objet ou une personne) et le porter sur un registre officiel. *Immatriculer une automobile.*
immature adj. BIOL. Qui n'est pas encore propre à la reproduction sexuée. / PSYCHOL. Qui n'a pas atteint la maturité affective, professionnelle de l'âge adulte.
immaturité n. f. Absence de maturité. Ant. maturité
immédiat, e adj. et n. m. **A.** adj. PHILO. Qui agit, que l'on atteint, qui se produit sans intermédiaire. *Connaissance immédiate*, intuitive. Qui se produit sans délai. *Intervention immédiate.* / CHIM. *Analyse immédiate* : détermination des corps purs constituant un mélange. / Qui est placé juste après, sans intermédiaire. *Successeur immédiat.* **B.** n. m. *L'immédiat* : le présent, le moment qui suit sans délai. *Dans l'immédiat* : tout de suite ; pour le moment.
immédiatement adv. Tout de suite.
immédiateté n. f. Caractère de ce qui est immédiat.
immémorial, ale, aux adj. Antérieur à toute mémoire. *La découverte du feu est immémoriale.* / Par ext. Très ancien. *Passé immémorial.*
immense adj. Qui est ou paraît sans limites.
immensément adv. De façon immense.
immensité n. f. Caractère de ce qui est immense. *Immensité du ciel.*
immerger v. t. [1] Plonger (un corps) dans un liquide. *Immerger des déchets.*
immérité, e adj. Qui n'est pas mérité.
immersion n. f. Action d'immerger ; résultat de cette action. / ASTRON. Passage d'une planète dans la zone d'ombre d'une autre planète. / *Immersion des terres* : recouvrement des terres en cas d'inondations fluviales ou marines.
immettable adj. Qui n'est pas mettable (en parlant d'un vêtement démodé, usé). *Cette jupe est immettable.* Syn. importable (sens 2).
immeuble adj. et n. m. DR. Qui ne peut être déplacé. *Bien immeuble.* / n. m. Construction à plusieurs étages.
immigrant, e adj. et n. Qui immigre.
immigration n. f. Action d'immigrer ; établissement, dans un pays, de personnes non autochtones. / Ensemble des personnes immigrées.
immigré, e adj. et n. Qui a émigré. *Les travailleurs immigrés. Un(e) immigré(e).*
immigrer v. i. [1] Entrer dans un pays étranger pour s'y installer. *Il a immigré aux États-Unis.*
imminence n. f. Caractère de ce qui est imminent.
imminent, e adj. Qui doit avoir lieu très bientôt, qui peut se produire à tout moment. *Il n'y a plus d'essence, la panne est imminente.*
immiscer (s') v. pron. [1] S'ingérer, intervenir mal à propos, indûment (dans les affaires d'autrui).
immixtion n. f. Action de s'immiscer ; ingérence dans les affaires d'autrui.
immobile adj. Qui n'est pas mobile, ne bouge pas. *Se tenir immobile.* / Qui ne se meut pas ; fixe. *Une lueur immobile à l'horizon.*
immobilier, ère adj. et n. m. DR. Relatif aux biens immeubles. / Relatif à un ou plusieurs immeubles. *Propriété, vente immobilière.* / n. m. Secteur professionnel du commerce et de la gestion des biens immobiliers.
immobilisation n. f. Action d'immobiliser ; résultat de cette action. / DR. Procédé juridique donnant fictivement à un bien mobilier la qualité d'immeuble. *Immobilisation des capitaux d'un mineur*, qui les rend indisponibles. / (Au plur.) ÉCON. Actif d'une entreprise constitué par ses instruments de travail.
immobiliser v. t. [1] Rendre (qqch., qqn) immobile. *Immobiliser un membre avec une attelle. Immobiliser un adversaire.* Au fig. *Immobiliser des capitaux*, les rendre indisponibles. Ant. mobiliser. / v. pron. S'arrêter. *Il s'immobilisa devant moi.*
immobilisme n. m. Attitude qui consiste à maintenir obstinément ce qui est établi en s'opposant à tout progrès, à toute nouveauté.
immobilité n. f. État d'une chose, d'une personne, d'une situation qui ne bouge pas, qui n'évolue pas. Ant. Mobilité.
immodéré, e adj. Qui n'est pas modéré ; excessif.
immodérément adv. Excessivement.
immodeste adj. Vx Impudique.
immodestie n. f. Vx Manque de pudeur. / Rare Manque de modestie.
immolation n. f. Sacrifice d'une victime (être humain, animal) en offrande à une divinité. / Fig. et litt. Sacrifice de qqch. de cher pour satisfaire une exigence supérieure.
immoler v. t. [1] Tuer (qqn, un animal) en sacrifice à un dieu. *Immoler un agneau.* / v. pron. Se sacrifier par le feu. *Le bonze s'immola devant la foule.*
immonde adj. Dégoûtant ; ignoble. *Une immonde saleté.* / Moralement ignoble. *C'est un être immonde.*
immondice n. f. Vx Chose ignoble. *C'est une immondice*, une ignominie. / n. f. pl., mod. Déchets de toutes sortes, ordures ménagères.
immoral, ale, aux adj. Qui n'est pas moral, qui est contraire à la morale.
immoralisme n. m. Doctrine morale qui prône des valeurs en opposition avec la morale courante, fondée sur l'éthique chrétienne, celle-ci entérinant la totalité du droit naturel. *L'immoralisme de Nietzsche.*
immoraliste adj. et n. Qui professe l'immoralisme. / n. *« L'immoraliste », roman de Gide.*
immoralité n. f. Caractère de ce qui est immoral. Ant. moralité.
immortalisation n. f. Action d'immortaliser ; son résultat.
immortaliser v. t. [1] Rendre immortel (qqch., qqn) dans la mémoire. *Immortaliser la résistance d'un peuple. Une victoire qui immortalise un conquérant.*
immortalité n. f. Qualité de ce qui est immortel, qui ne meurt jamais. *Immortalité de l'âme.* / Fig. Survie dans le souvenir des hommes.

*Marseille, ville de transit pour l'***immigration***, notamment celle d'Afrique du Nord.*

immortel, elle adj. et n. Qui n'est pas mortel, sujet à la mort. / Qui reste vivant dans la mémoire des générations. *Les immortelles symphonies de Beethoven.* / n. Vieilli ANTIQ. *Les immortels*: les dieux. / Fam. Membre de l'Académie française.
immuabilité n. f. Caractère de ce qui est immuable.
immuable adj. Qui ne change pas. *Un emploi du temps immuable.*
immun, e adj. MÉD. Qui a développé une immunité. *Un organe immun. Une personne immune.* / *Complexe immun*: complexe antigène-anticorps.
immunisation n. f. MÉD. Acquisition d'une immunité. / Action de rendre immun (par exemple par vaccination).
immuniser v. t. [1] MÉD. Rendre immun. / Fig. Rendre (qqn) insensible à une atteinte extérieure. (Emploi passif) *Être immunisé contre le froid, la peur.*
immunitaire adj. BIOL., MÉD. Relatif à l'immunité. *Système immunitaire. Réaction immunitaire.*
immunité n. f. DR. Privilège soustrayant certaines catégories de personnes à la juridiction commune. *Immunité diplomatique, parlementaire.* / BIOL., MÉD. Propriété de résistance d'un organisme à l'action d'un agent externe (agression infectieuse ou toxique, greffe, etc.). *L'immunité est naturelle lorsqu'une espèce est réfractaire à l'agression d'un agent pathogène donné; elle est acquise si elle résulte de causes exogènes, par exemple vaccination ou première attaque de la maladie.*
immunodéficience n. f. MÉD. État d'un organisme dont les défenses immunitaires sont plus ou moins gravement déficientes. *Syndrome d'immunodéficience acquise*: sida. Syn. immunodéficit, immunodépression, immunosuppression.
immunodéficit n. m. MÉD. Syn. de immunodéficience, immunodépression, immunosuppression.
immunodéficitaire adj. MÉD. Relatif à l'immunodéficit; atteint d'immunodéficit.
immunodépresseur n. m. et adj. MÉD. Substance qui diminue ou supprime les défenses immunitaires de l'organisme. *Les immunodépresseurs sont notam. utilisés pour prévenir le rejet des organes greffés.* / adj. *Un traitement immunodépresseur.* Syn. immunosuppresseur.
immunodépressif, ive adj. Syn. de immunodépresseur.
immunodépression n. f. MÉD. Carence plus ou moins importante des défenses immunitaires d'un individu. Syn. Immunodéficience, immunodéficit, immunosuppression.
immunofluorescence n. f. Technique de mise en évidence des antigènes, par leur fixation aux anticorps correspondants, qui ont été colorés par une substance fluorescente.
immunoglobuline n. f. BIOCHIM. Globuline sérique qui a la propriété de réagir de manière spécifique avec un antigène. Syn. anticorps.
♦ Les immunoglobulines sont composées de quatre chaînes polypeptidiques, deux chaînes dites légères et deux chaînes dites lourdes, de poids moléculaires plus élevé, dont la structure détermine différentes classes d'immunoglobulines: les immunoglobulines G (IgG), les immunoglobulines A (IgA), les immunoglobulines M (IgM), les immunoglobulines D (IgD), les immunoglobulines E (IgE). Chacune des quatre chaînes est composée d'une partie dite constante, identique dans toutes les immunoglobulines d'un individu, et d'une partie dite variable, spécifique de l'anticorps, qui permet la reconnaissance de l'antigène correspondant.
immunologie n. f. Branche de la biologie qui étudie les défenses immunitaires, leurs carences et les divers moyens de les stabiliser ou de les rétablir.
immunologique adj. Relatif à l'immunologie.
immunologiste n. Spécialiste d'immunologie.
immunoscintigraphie n. f. MÉD. Technique de scintigraphie permettant de visualiser des tumeurs après injection d'anticorps marqués radioactivement, qui réagissent avec les antigènes tumoraux.
immunothérapie n. f. MÉD. Thérapie qui consiste à stimuler les réactions immunitaires de l'organisme: injection de lymphocytes, de sérums immuns (sérothérapie), administration d'antigènes, etc.
immutabilité n. f. DR. Caractère de ce qui ne peut être modifié (actes juridiques, etc.).
impact n. m. Heurt, choc entre deux corps. *Point d'impact*: endroit précis où un projectile frappe son objectif. / Fig. Conséquence, retentissement d'une action forte. *L'impact de la publicité sur les consommateurs.*

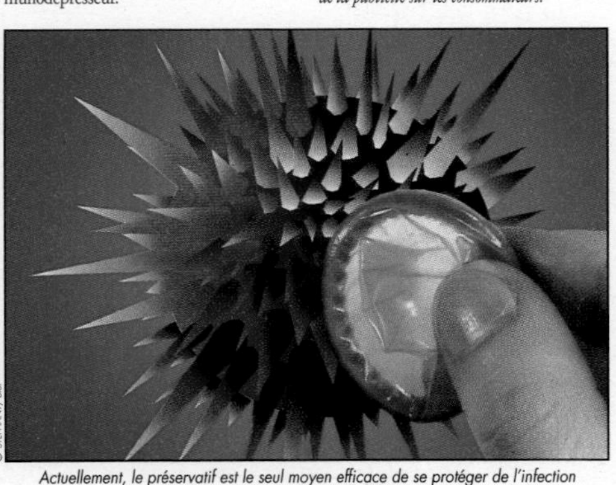
© STÉPHANT/BSIP
Actuellement, le préservatif est le seul moyen efficace de se protéger de l'infection par le VIH (virus de l'**immunodéficience** humaine).

impair, e adj. et n. m. MATH. *Nombre impair*, qui n'est pas pair, qui n'est pas multiple de deux. *Fonction impaire f*, telle que f(-x) = -f(x). / Qui porte un numéro impair. *Portes paires et impaires.* / n. m. Faute de tact. *Il a commis un impair en ne l'invitant pas.*
impala n. f. ZOOL. Antilope du centre, du sud et de l'est de l'Afrique, dont seuls les mâles portent des cornes.
impalpable adj. Qu'on ne peut palper; si ténu qu'il ne fait pas d'impression au toucher. *Poudre impalpable.*
impaludation n. f. MÉD. Contamination par l'agent du paludisme.
impaludé, e adj. MÉD. Contaminé par l'agent du paludisme.
impanation n. f. THÉOL. Selon le protestantisme luthérien, présence symbolique et spirituelle, non réelle, du Christ dans le pain eucharistique (par oppos. à *transsubstantiation*).
imparable adj. Impossible à parer.
impardonnable adj. Qui n'est pas pardonnable.
imparfait, e adj. et n. m. Incomplet, inachevé, qui n'est pas parfait. *Travail imparfait.* / n. m. GRAMM. Temps du verbe indiquant dans le passé, la durée, l'habitude, la répétition ou la simultanéité de plusieurs actions non terminées ou qui ont lieu à un moment indéterminé. *Chaque soir, il écoutait de la musique.*
imparfaitement adv. De façon imparfaite.
impartial, ale, aux adj. Qui n'est pas partial, qui ne prend pas parti.
impartialement adv. Avec impartialité.
impartialité n. f. Caractère de ce qui est impartial. *Juge impartial. Avis impartial.*
impartir v. t. [2] Accorder (qqch.). *Impartir un délai.*
impasse n. f. Petite rue sans issue, en cul-de-sac. / Fig. Situation sans issue favorable. / JEU Technique de certains jeux de cartes que l'on emploie en jouant une carte inférieure à la carte maîtresse d'une fourchette, en imaginant que le joueur précédent possède la carte intermédiaire. / Fig. *Faire l'impasse sur (une éventualité défavorable)*: prendre le risque que cette éventualité ne se réalise pas. / FIN. *Impasse budgétaire*: déficit de l'État dont le financement n'est pas assuré par les ressources budgétaires mais par des opérations de trésorerie.
impassibilité n. f. Caractère d'une personne impassible. / Par ext. *Un visage impassible.*
impassible adj. Qui est insensible, en réalité ou en apparence, aux émotions ou à la douleur.
impatiemment adv. Avec impatience.
impatience n. f. Caractère impatient de, manque de patience. *L'impatience du désir.* / (Au plur.) Mouvements nerveux. *Avoir des impatiences dans les jambes.*
impatient, e adj. Qui n'est pas patient.
impatienter v. t. [1] Agacer; faire perdre patience à. / (Emploi pron.) *Dépêchons-nous, il va s'impatienter*, perdre patience.
impavide adj. Qui n'a pas peur ou qui ne manifeste pas sa peur.
impayable adj. Fam. Extraordinaire, extravagant, comique.
impayé, e adj. et n. Qui n'a pas été payé. *Facture impayée.* / n. m. *Recouvrer les impayés*, les factures impayées.
impeachment n. m. (mot anglais) Procédure de mise en accusation et de destitution d'un président ou d'un vice-président des États-Unis par le Sénat américain.

Catherine II, **impératrice** de Russie.

impec adj. inv. Fam. Abréviation d'impeccable.
impeccabilité n. f. Caractère impeccable. *Au sens propre du terme, l'impeccabilité ne concerne que le Christ et la Vierge, née exempte du péché originel.*
impeccable adj. THÉOL. Qui ne peut commettre de péchés. / Cour., abus. Irréprochable. *Un travail impeccable. C'est impeccable*: c'est parfait.
impeccablement adv. Parfaitement.
impécunieux, euse adj. Litt. Qui manque d'argent, de finances.
impécuniosité n. f. Vx ou litt. Manque d'argent.
impédance n. f. ÉLECTR. Rapport entre la différence de potentiel aux bornes d'un circuit et le courant qui parcourt ce circuit.
impedimenta n. m. pl. (mot latin) MILIT. Matériel divers encombrant, qui retarde l'avancée d'une armée. / Fig. et litt. Ce qui constitue une gêne et qui retarde l'accomplissement de qqch. *Que d'impedimenta dans la vie!*
impénétrabilité n. f. Caractère de ce qui est impénétrable. *L'impénétrabilité d'une forêt.* / Fig. Caractère de ce qui est difficile à comprendre. *L'impénétrabilité d'une pensée.* / PHYS. Propriété en vertu de laquelle deux corps ne peuvent occuper le même lieu en même temps.
impénétrable adj. Où l'on ne peut pénétrer. *Fourré impénétrable.* / Que l'on ne peut traverser. *Mur impénétrable.* / Fig. Que l'on ne peut comprendre. *Ces propos sont impénétrables.* / Dont on ne peut pénétrer les pensées, les sentiments. *C'est un homme impénétrable.* / Par ext. *Un visage impénétrable*, qui ne trahit ni émotion ni sentiment.
impénitence n. f. THÉOL. Caractère d'une personne impénitente. Ant. pénitence.
impénitent, e adj. THÉOL. Qui n'est pas pénitent, qui est endurci dans le péché.
impensable adj. Inconcevable.
imper n. m. Fam. Abréviation d'imperméable.
impératif, ive adj. et n. m. Qui exprime le commandement. *Parler d'une voix impérative.* / n. m. Nécessité à laquelle on ne peut

se soustraire. *Des impératifs de dernière minute.* / GRAMM. Mode du verbe indiquant un ordre, une défense (« Marchons ! »). / PHILO. *Impératif catégorique* : chez Kant, obligation éthique absolue, n'ayant de fin qu'elle-même.

impérativement adv. Nécessairement, impérieusement.

impératrice n. f. Souveraine d'un empire, ou titre porté par la femme d'un empereur. *Victoria, impératrice des Indes. L'impératrice du Japon.*

imperceptibilité n. f. Caractère de ce qui est imperceptible.

imperceptible adj. Qui n'est pas perceptible, ou qui est à peine perçu, par les sens, par l'attention. *Bruit imperceptible.*

imperceptiblement adv. De façon imperceptible.

imperfection n. f. État de ce qui est imparfait. / Défaut. Ant. perfection.

imperforation n. f. MÉD. Malformation congénitale consistant en l'absence d'ouverture d'un canal, d'un orifice naturel. *Imperforation de l'anus.*

Autobus à **impériale**, Londres.

impérial, ale, aux adj. Qui est propre à un empereur ou à un empire. *Insignes impériaux.* / HIST. *Les Impériaux* : les troupes des empereurs du Saint Empire. / Fig. Pompeux et autoritaire. *Geste impérial.* / Fastueux. *Un accueil impérial.*

impériale n. f. Étage supérieur d'une voiture de transport de voyageurs. *Autobus à impériale.* / Barbichette étroite mise à la mode par Napoléon III.

impérialisme n. m. Pratique d'un État qui cherche à étendre et à conserver sur les autres nations une hégémonie politique, économique ou culturelle.

impérialiste n. et adj. Partisan de l'impérialisme. / adj. *Attitude impérialiste.*

impérieusement adv. De façon impérieuse.

impérieux, euse adj. Qui s'impose avec force et autorité. *Donner un ordre impérieux.* / Irrésistible et puissant. *Désir impérieux.*

impérissable adj. Qui n'est pas périssable. *Chef-d'œuvre impérissable.*

impéritie n. f. Litt. Inaptitude ; manque d'habileté, de professionnalisme. *Faire montre d'impéritie dans la gestion d'une entreprise.*

imperméabilisation n. f. Action d'imperméabiliser ; son résultat.

imperméabiliser v. t. [1] Rendre imperméable.

imperméabilité n. f. Qualité d'un corps imperméable. Ant. perméabilité. / Fig. Caractère d'une personne que rien ne peut influencer.

imperméable adj. et n. m. Qui n'est pas perméable. Syn. étanche, hermétique. Au fig. Insensible, indifférent. / n. m. Vêtement imperméable à l'eau.

impersonnalité n. f. Caractère de ce qui est impersonnel. *Impersonnalité de la justice. Impersonnalité d'un décor.* Ant. personnalité.

impersonnel, elle adj. Qui n'est pas personnel, qui n'appartient à personne en particulier, qui est dépourvu de marque, d'intention personnelle. *La loi est impersonnelle.* / GRAMM. *Verbes impersonnels*, dont le sujet, indéterminé, est toujours neutre et qui ne s'emploient qu'à la troisième personne du singulier et à l'infinitif (*il pleut, il faut, pleuvoir, falloir*...). *Emploi ou construction impersonnelle*, qui s'applique à des verbes

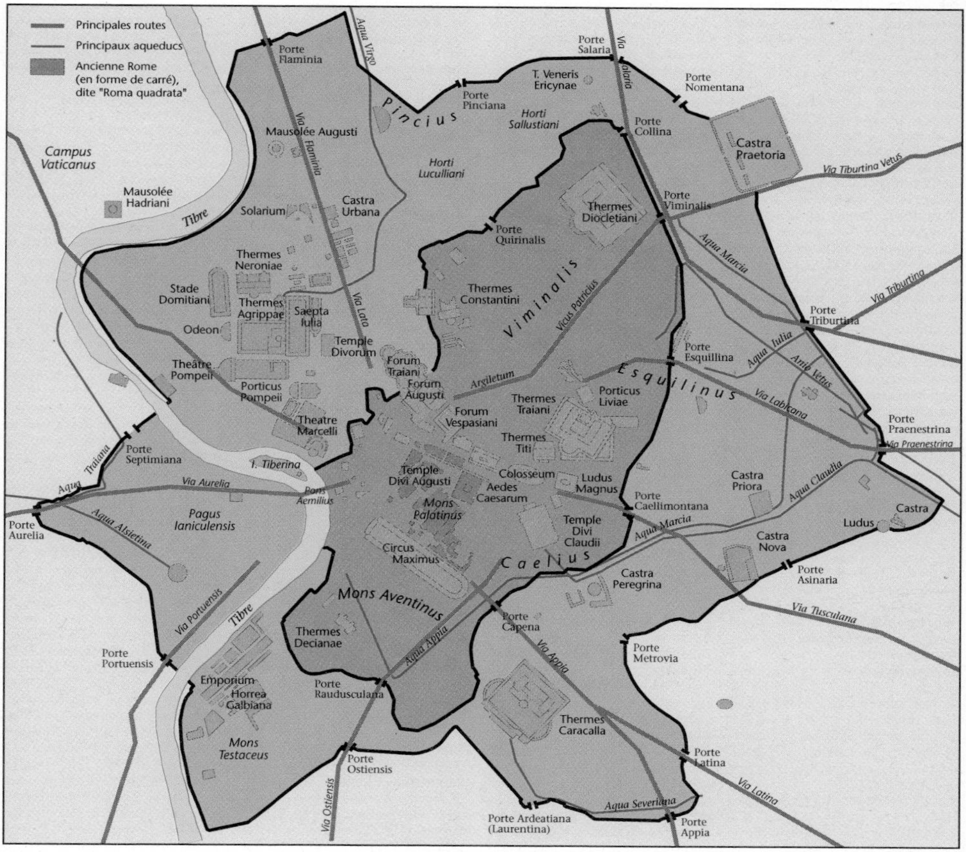

Plan de la Rome **impériale**.

Implosion *d'un immeuble.*

personnels (*il convient, il y a, il vaut mieux...*). *Mode impersonnel,* sans indication de sujet. *L'infinitif, le participe et le gérondif sont les modes impersonnels du français.*

impertinence n. f. Comportement, action, propos impertinents.

impertinent, e adj. et n. Irrévérencieux, insolent. *Enfant impertinent. Réplique impertinente.* (Subst.) *C'est un(e) impertinent(e).*

imperturbabilité n. f. Caractère imperturbable. *L'imperturbabilité d'un visage.*

imperturbable adj. Que l'on ne peut pas perturber. *Calme imperturbable.*

imperturbablement adv. De façon imperturbable.

impétigo n. m. MÉD. Maladie contagieuse de la peau, caractérisée par des lésions pustuleuses, en particulier sur le visage et les mains, due au streptocoque ou au staphylocoque. *L'impétigo est fréquent chez l'enfant.*

impétrant, e n. DR. Personne qui se voit décerner un diplôme ou un titre par une autorité compétente.

impétueusement adv. Fougueusement.

impétueux, euse adj. Agité de mouvements puissants et brusques. *Vents impétueux.* / Animé d'un élan vital irrépressible. *Jeunesse impétueuse. C'est un homme impétueux.*

impétuosité n. f. Caractère de ce qui est impétueux, d'une personne impétueuse. *Impétuosité des vagues. L'impétuosité du désir. Son impétuosité lui jouera des tours.*

impie adj. et n. Qui fait preuve d'impiété, qui manifeste de l'impiété.

impiété n. f. Absence de piété, dédain pour les choses de la religion. / Action, parole impie.

impitoyable adj. Qui ne manifeste aucune pitié. *Ennemi impitoyable. Réquisitoire impitoyable.*

impitoyablement adv. De façon impitoyable.

implacabilité n. f. Caractère implacable. *L'implacabilité du destin.*

implacable adj. Dont on ne peut tempérer l'hostilité, la violence. *Ennemi implacable.* / Auquel on ne peut échapper, inexorable. *Mal implacable.*

implacablement adv. De façon implacable.

implant n. m. MÉD. Pastille stérile de petite dimension, introduite sous la peau, et qui se résorbe en plusieurs mois, en réalisant une imprégnation régulière et continue de l'organisme. / *Implant dentaire*: dispositif de soutien à une prothèse dentaire, implanté dans la mâchoire.

implantation n. f. Action d'implanter (qqch.). *Procéder à l'implantation d'une prothèse.* / MÉD. Introduction sous la peau, après une petite incision, d'un implant. / Mise en place d'un implant dentaire. / Façon dont est plantée ou fixée (une chose). *L'implantation des racines d'un végétal. Implantation touffue des cheveux.* / CONSTR. *Implantation d'un bâtiment sur un terrain.*

implanter v. t. [1] Planter, insérer (qqch.). *Implanter une prothèse.* / CONSTR. *Implanter une usine en zone rurale.* / v. pron. *Une industrie qui s'implante dans une région.*

implémentation n. f. INFORM. Installation et mise en marche d'un logiciel sur un ordinateur.

implication n. f. Action d'impliquer une personne dans une affaire; situation de cette personne. *Il ne supporte pas son implication dans ce procès.* / Relation logique entre deux idées ou deux données dont l'une entraîne l'autre; conséquence qui en découle.

implicite adj. Qui n'est pas formellement dit ou écrit, mais qui se déduit logiquement, aisément. *Volonté, interdiction, choix implicite.* Ant. explicite.

implicitement adv. De façon implicite.

impliquer v. t. [1] Contenir implicitement, supposer comme conséquence logique. *L'amitié implique l'estime et la confiance. Cela implique que...* / Entraîner (qqn) dans une situation ambiguë, mettre en cause. (Emploi passif) *Être impliqué dans un meurtre, un trafic.* / v. pron. Fam. *S'impliquer dans qqch.*, s'y vouer entièrement.

implorant, e adj. Qui implore.

imploration n. f. Action d'implorer.

implorer v. t. [1] Supplier (qqn), lui demander pitié. *Victime qui implore son bourreau. Implorer la grâce, l'aide de (qqn)*, en faire la demande en suppliant.

imploser v. i. [1] Faire implosion.

implosion n. f. Phénomène par lequel un corps solide ou creux, dont la pression, à l'intérieur, est plus faible qu'une pression exercée à l'extérieur, s'écrase brutalement sur lui-même. *Implosion d'un tube de télévision.* / Fig. Destruction, effondrement interne de qqch.

impoli, e adj. Qui n'est pas poli. *Manières impolies.*

impolitesse n. f. Caractère impoli. *Impolitesse d'une attitude.* / Manquement à la politesse, à la courtoisie. *Commettre une impolitesse.*

impondérable adj. et n. m. PHYS. Qui paraît ne pas avoir de poids. *Fluides impondérables*: dans la physique ancienne, la lumière, la chaleur, l'électricité. / n. m. Circonstance imprévisible, mais dont les conséquences peuvent être importantes. *Les impondérables de la vie quotidienne.*

impopulaire adj. Qui n'est pas populaire, qui n'est pas aimé du peuple.

impopularité n. f. Caractère de ce qui est impopulaire. *L'impopularité d'une loi.* / Manque de popularité.

importable [1] adj. Que l'on peut importer.

importable [2] adj. Que son poids rend impossible à porter; dont on ne peut supporter la charge. / Fam. Que l'on ne peut porter (en parlant d'un vêtement). *Enlève ce chandail troué, il est importable.*

importance n. f. Qualité d'une chose importante. *L'importance d'une décision.* / Prestige, autorité. *L'importance du président est en jeu.* / Vanité. *Se donner des airs d'importance. Prendre de l'importance*: augmenter, se développer. / loc. adj. *D'importance*: considérable. *Un discours d'importance.*

important, e adj. et n. m. **I.** adj. Considérable par son intérêt, ses dimensions, sa portée. *Ouvrage important.* / (En parlant de personnes) Qui a de l'influence, du pouvoir. *Un homme politique important.* **II.** n. m. Ce qu'il importe de considérer. *L'important est ailleurs.* / HIST. *Les Importants*: les grands seigneurs qui, se jugeant les victimes de Richelieu qui avait rogné leurs privilèges, tentèrent de profiter de la minorité de Louis XIV pour prendre leur revanche en se débarrassant de Mazarin (1643); ils n'y parvinrent pas, le principal meneur de la cabale fut emprisonné à la Bastille et les autres exilés en province où ils complotèrent avant de fomenter la Fronde.

importateur, trice n. et adj. COMM. Qui importe. Ant. exportateur.

importation n. f. COMM. Dans un pays, entrée de marchandises étrangères; ces marchandises elles-mêmes. Ant. exportation.

importer [1] v. impers. transitif direct et indirect [1] *Il importe de, que*: il est important ou nécessaire que. *Peu m'importe ce que vous pensez.* (Emploi elliptique) *Son succès nous importait peu*: il nous importait peu qu'il eût du succès. *Peu m'importe que*: il m'importe peu que. (Absol.) *Peu importe!* / Loc. *N'importe qui, quoi*: une personne, une chose quelconque. *N'importe où, quand, comment*: dans un endroit, à un moment, d'une façon quelconque.

importer [2] v. t. [1] COMM. Faire venir par importation. *Importer des bananes.* Au fig. *Importer une mode.* Ant. exporter.

import-export n. m. sing. Secteur professionnel du commerce d'importation et d'exportation.

importun, e adj. et n. (en parlant de personnes) Qui dérange, qui gêne. *Il s'est montré importun. Recevoir la visite d'un importun.* / Par ext. *Une enquête des plus importunes.*

importuner v. t. [1] Se montrer importun envers; gêner, incommoder. *Il ne cesse de m'importuner. Le bruit m'importune.*

importunité n. f. Caractère de ce qui est importun. / Vieilli Action importune.

imposable adj. Sujet à l'impôt. *Revenu imposable.*

imposant, e adj. Qui impressionne, force le respect, l'admiration. *Une imposante procession.* / D'une importance, d'une taille impressionnante. *Des gains imposants. Un palais imposant.*

imposé, e adj. Obligatoire. *Épreuve imposée.* / Soumis à l'impôt. *Diminution du nombre de contribuables imposés.*

imposer v. t. / v. pron. [1] **A.** v. t. Obliger, forcer à subir ou à faire. *Imposer sa loi. Imposer de ne pas fumer. Imposer le silence*: faire taire. / Obliger à admettre (qqch.) en convainquant de sa valeur, de sa nécessité; inspirer. *Imposer ses idées. Imposer le respect.* Loc. *En imposer*: susciter l'admiration, le respect ou la crainte. / FIN. Soumettre à un impôt, à une taxe (qqn, qqch.). *Imposer les contribuables. Imposer le revenu.* / LITURG. *Imposer les mains*, les poser sur la tête de qqn pour le bénir, accomplir un rite sacramentel. / IMPR. *Imposer une feuille*, en disposer les pages de manière que, après pliage, ces pages se lisent dans l'ordre voulu. **B.** v. pron. Imposer sa présence. / Se distinguer; triompher. *Il s'impose comme le favori. Le coureur s'est imposé dans la première étape.* / Être nécessaire. *Des mesures urgentes s'imposent.*

imposition n. f. Fait de soumettre qqn ou qqch. à l'impôt. / Taxe, impôt. / LITURG.

Imposition des mains: action d'imposer les mains. / IMPR. Manière dont les pages sont imposées. *Erreur d'imposition.*
impossibilité n. f. Caractère de ce qui est impossible. Ant. possibilité.
impossible adj. et n. m. Qui n'est pas possible. *Chose impossible.* / Extravagant, inimaginable. *Des idées impossibles.* / *Caractère impossible*, insupportable. / Peu vraisemblable, peu probable. *Espoir impossible.* / n. m. *Tenter l'impossible*: tout tenter.
imposte n. f. Châssis, généralement vitré, fixe ou ouvrant, surmontant la partie mobile d'une porte ou d'une fenêtre. / ARCHIT. Pierre généralement en saillie, placée en haut d'un pilier qui supporte la voûte d'une arcade.
imposteur n. m. Personne qui se fait passer pour ce qu'il n'est pas.
imposture n. f. Tromperie de l'imposteur. *L'imposture a été découverte.*
impôt n. m. Droit, taxe dont sont redevables des personnes, dont sont frappées des personnes ou choses, utilisés pour subvenir aux dépenses d'intérêt public. / Fig. *Impôt du sang*: obligations militaires. *Sous l'Ancien Régime, les membres de la noblesse ne payaient pas d'impôts parce que, à l'origine, ils étaient soumis à l'impôt du sang.*
♦ Les *impôts directs* comprennent l'impôt sur le revenu des personnes physiques, les taxes sur les plus-values, l'impôt sur les sociétés; ils sont perçus par l'État. Les *impôts indirects* sont la taxe à la valeur ajoutée (T.V.A.) et diverses autres taxes (sur le tabac, les alcools, les carburants, les spectacles…) Les *impôts locaux* sont levés par les communes, le département, la région, et frappent les propriétés foncières (taxes foncières), le logement (taxes d'habitation), l'outil professionnel (taxes professionnelles).
impotence n. f. État d'une personne impotente.
impotent, e adj. et n. Qui a perdu beaucoup de ses capacités motrices.
impraticable adj. Qui n'est pas praticable. *Route impraticable.* / Qu'on ne peut mettre en pratique. *Idée impraticable.*
imprécateur, trice n. Celui, celle qui profère des imprécations.
imprécation n. f. (Souvent au plur.) Propos de malédiction destinés à attirer le malheur sur qqn. *Lancer des imprécations.*
imprécis, e adj. Qui n'est pas précis. *Tir imprécis.*
imprécision n. f. Caractère de ce qui est imprécis. *Imprécision de statistiques.* Ant. précision.
imprégnation n. f. Action d'imprégner; résultat de cette action. / Fig. Conditionnement psychologique progressif. *L'imprégnation des mentalités par les idées révolutionnaires.*
imprégner v. t. [1] Imbiber (qqch.), pénétrer dans (en parlant d'un liquide). *La pluie avait imprégné ses vêtements.* / Par ext. *L'odeur des chèvrefeuilles imprégnait l'air.*
imprenable adj. Qui ne peut être pris. *Forteresse imprenable.* / *Vue imprenable*, qu'aucun obstacle ne peut occulter. *Vue imprenable sur l'océan.*
impresario ou **imprésario** n. m. (mot italien) Personne qui gère la carrière d'un artiste. Pl. Des *impresarii* ou des *imprésarios.*
imprescriptibilité n. f. DR. Qualité de ce qui est imprescriptible.
imprescriptible adj. DR. Qui ne peut pas être prescrit, qui n'est pas sujet à la prescription.

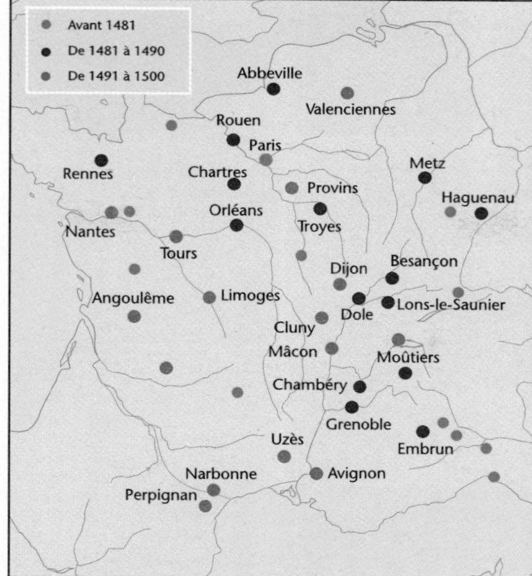

*La diffusion de l'***imprimerie** *en France à la fin du XVe siècle.*

impression n. f. **I.** Action d'imprimer; résultat de cette action. *Impression à 10 000 exemplaires. Une impression trop noire.* / TECHN. *Couche d'impression*: couche de peinture initiale pour rendre un support moins perméable à la peinture qui va le recouvrir. **II.** Fig. Effet produit sur les sens ou sur l'esprit. *Une impression de chaleur. Une impression de crainte. Faire impression*: laisser un souvenir marquant. / *Donner l'impression de*, l'illusion, l'effet de. / *Avoir l'impression de* (ou *que*): s'imaginer de, que.
impressionnabilité n. f. Caractère d'une personne impressionnable. / TECH. Caractère d'une surface impressionnable.
impressionnable adj. Qui se laisse aisément impressionner. *Enfant impressionnable.* / TECHN. Qui peut être impressionné.
impressionnant, e adj. Qui produit une forte impression sur l'esprit.
impressionner v. t. [1] Exciter (un organe sensoriel) de manière à provoquer une sensation. *Les rayons lumineux impressionnent la rétine.* / TECH. Produire une impression matérielle sur (une surface sensible). / Fig. Causer une vive impression sur (qqn). *Son calme impressionna les jurés.* / Fam. Faire peur. *Tes menaces ne m'impressionnent pas.*
• **impressionnisme** n. m. Courant pictural français du dernier quart du XIXe siècle, marquant une réaction contre l'académisme et le réalisme.
impressionniste n. et adj. Adepte de l'impressionnisme. / adj. Propre ou relatif à l'impressionnisme. *Peinture impressionniste.*
imprévisible adj. Qui n'est pas prévisible.
imprévision n. f. Manque de prévision. / DR. *Théorie de l'imprévision*, qui permet la modification des clauses d'un contrat administratif si la situation économique se trouve brusquement bouleversée, ce qui

Une **imprimerie** *du XVe siècle.*

contrevient au principe de l'immutabilité des conventions.
imprévoyance n. f. Manque de prévoyance. *Son imprévoyance nous coûtera cher.* Ant. prévoyance.
imprévoyant, e adj. Qui n'est pas prévoyant.
imprévu, e adj. et n. m. Qui n'avait pas été prévu et qui survient fâcheusement. *Des circonstances imprévues. Un imprévu.*
imprimante n. f. INFORM. Organe périphérique d'un ordinateur, qui imprime les données résultant d'un traitement. *Imprimante à laser.*
imprimatur n. m. inv. (mot latin) Autorisation d'imprimer un livre, donnée par la hiérarchie de l'Église et, autrefois, par l'Université.

imprimé, e adj. et n. m. (En parlant d'un support) Marqué par l'impression de signes, de motifs, de caractères quelconques. *Tissu imprimé.* (En parlant d'un signe, d'un motif, d'un caractère) Reproduit par impression sur un support quelconque. *Texte imprimé.* / n. m. Feuille, brochure imprimée. *Expédition d'imprimés par la poste.*
imprimer v. t. [1] Faire apparaître (une empreinte) en exerçant une pression. (Emploi pron.) *Les traces de pas s'impriment sur la neige.* / Communiquer (un mouvement, un rythme). *Imprimer une rotation. Imprimer la cadence.* / Fig. Faire pénétrer dans l'esprit et fixer durablement. *Imprimer des principes.* / TECHN. Reproduire (des signes, du texte, des images) sur un support quelconque (papier, tissu, etc.) au moyen d'une forme porteuse de matière colorante. *Imprimer un tissu. Imprimer un livre. Imprimer un journal.* / Par ext. Publier.
imprimerie n. f. Art et technique de l'impression des textes, des images, etc. / Établissement où l'on imprime.
Imprimerie nationale Établissement financé par l'État, rattaché au ministère des Finances et chargé des travaux d'impression destinés aux ministères et aux administrations centrales. Sous François Ier, il existait plusieurs imprimeurs du roi qui se spécialisaient selon les langues: hébreu, français, latin, arabe, grec… En tant qu'institution, l'Imprimerie royale fut fondée par Louis XIII (1640) et se développa sous Louis XIV. Imprimerie de la République sous la Révolution, puis Imprimerie impériale, de nouveau Imprimerie royale, elle a pris plus tard son nom actuel. Son Cabinet des poinçons possède une collection unique au monde de poinçons typographiques, dont les plus anciens remontent à François Ier, et près de 80 alphabets (et caractères, pour les écritures non alphabétiques) transcrivant des dizaines de langues (du chinois au tifinagh, du grec à l'hébreu, du copte au sanscrit…).
imprimeur n. m. Personne qui imprime des ouvrages, travaille dans une imprimerie.
improbable adj. Qui n'est pas probable.
improductif, ive adj. Qui n'est pas productif.
improductivité n. f. Caractère de qqn ou de qqch. qui est improductif. Ant. productivité.
impromptu, e adj., adv. et n. m. **A.** adj. Qui n'a pas été prévu, qui n'a pas été préparé. *Discours impromptu.* **B.** adv. Sans préparation, à l'improviste. *S'adresser impromptu à qqn.* **C.** n. m. LITTÉR. Petite pièce de vers, ou courte pièce de théâtre, à caractère spontané. / MUS. Court morceau instrumental, notam. pour piano, de forme libre. *Les impromptus de Schubert, de Chopin.*
imprononçable adj. Qui n'est pas prononçable, qu'il est difficile de prononcer.
impropre adj. *Impropre à*: qui n'est pas propre à. *Denrée impropre à la consommation.* / Qui ne convient pas pour exprimer une pensée. *Mot impropre.*
improprement adv. De manière impropre (à exprimer la pensée).
impropriété n. f. Caractère d'un mot, d'une expression impropre; ce mot, cette expression.
improvisateur, trice n. Personne qui improvise.
improvisation n. f. Action d'improviser; ce qui est improvisé. *L'improvisation d'un discours. Une improvisation au piano. Théâtre d'improvisation.*

I

IMPRESSIONNISME

La Diligence sur la route d'Ennery, *tableau de Camille Pissarro.*

Les précurseurs de l'impressionnisme sont d'une part les peintres de Barbizon qui travaillent sur le motif dans la forêt de Fontainebleau, et d'autre part Boudin et Jongkind, qui peignent aussi en plein air, sur les plages normandes, notant les changements de lumière des ciels nuageux.

Mais c'est Manet qui annonce encore plus directement l'impressionnisme. *Le Déjeuner sur l'herbe* puis *Olympia*, exposés au Salon des refusés en 1863 et 1865, suscitent le scandale parmi la critique et le public et l'admiration de Bazille, Sisley, Renoir et Pissarro. Les jeunes artistes sont attirés par le naturel, la liberté de ces compositions, la nouveauté des sujets empruntés à la vie contemporaine. Dans l'*Olympia*, apparaissent des innovations techniques importantes : Manet supprime les ombres, le modelé et la profondeur, utilise une gamme de tons clairs, éléments qu'il a empruntés aux estampes japonaises. La découverte des estampes, vers 1860, a eu un grand retentissement sur la peinture occidentale, dans le coloris, le choix des thèmes, la mise en page.

La photographie, invention alors toute récente, a influencé plusieurs peintres, notamment Degas : ses gros plans, certains effets de lumière et de contre-jour sont inspirés de cette technique. L'impressionnisme adopte pour principe la division et la juxtaposition des tons, et utilise les couleurs pures, les ombres colorées. Cette conception repose sur l'analyse de la lumière, qui dissout les objets en taches de couleur, estompant les contours et simplifiant les formes, sur l'observation directe de la nature et de ses changements sous l'effet de la lumière. Enfin il n'y a plus de sujet « noble » : les peintres traitent n'importe quel thème.

Ainsi Monet, Renoir, Sisley et Pissarro peignent des paysages champêtres et urbains (*La Neige à Louveciennes*, de Sisley), Renoir des nus féminins, des portraits (*Madame Charpentier et ses enfants*), Manet et Degas sont attirés par les brasseries, les cafés-concerts ; les ballerines et les champs de course sont les thèmes favoris de Degas (*Musiciens à l'orchestre*). C'est Monet qui applique et illustre le mieux les principes de l'impressionnisme. À Paris, il rencontre Renoir, Bazille et Sisley à l'atelier Gleyre. Vers la même époque, Pissarro, Cézanne et Guillaumin se lient d'amitié à l'académie Suisse. Ensemble, ils vont peindre en plein air dans la forêt de Fontainebleau et à Honfleur. Après le Salon de 1863, les jeunes artistes adoptent comme chef de file Manet, leur aîné.

En 1869, Pissarro, jusqu'alors installé à Pontoise, va vivre à Louveciennes, Monet à Bougival, où Renoir le rejoint pour peindre sur les bords de la Seine : ils donnent plusieurs versions de *La Grenouillère*, baignade à la mode. Monet traduit la vibration de la lumière par de larges aplats, tandis que Renoir l'obtient par la fusion des touches. Pendant la guerre de 1870, le groupe est dispersé ; Monet et Pissarro vont à Londres, où ils rencontrent le marchand Durand-Ruel et découvrent la peinture de Turner et de Constable.

La paix revenue, Monet s'installe à Argenteuil, toujours suivi de Renoir, tandis que Sisley se fixe à Marly, et Pissarro à Pontoise. En 1874, a lieu la première exposition impressionniste chez le photographe Nadar ; Manet refuse d'y participer, Renoir y expose *La Danseuse*, Monet le fameux *Impression, soleil levant*, toile qui provoquera la mauvaise humeur du public et au sujet de laquelle le critique Louis Leroy créera, par dérision, le terme *impressionnisme* qui sera désormais appliqué à l'ensemble du mouvement. Y sont également représentés Berthe Morisot, belle-sœur de Manet, et Degas qui, avec Pissarro, organisera les différentes expositions du groupe. Deux ans plus tard, la seconde exposition se déroule chez Durand-Ruel : le public fait toujours preuve d'incompréhension mais ces artistes ont, malgré tout, quelques partisans et une étude (la première) leur est consacrée en 1878.

C'est vers cette époque que se situe l'apogée de la peinture impressionniste. Mais si les peintres présentent certains points communs, ils possèdent chacun un style très personnel. À l'exposition de 1880, la divergence de leur évolution apparaît : Monet pousse plus avant ses études sur la lumière en peignant les séries de la *Cathédrale de Rouen*, de la *Gare Saint-Lazare*, et des *Nymphéas* ; Pissarro se tourne vers le pointillisme ; Cézanne s'intéresse de plus en plus à la construction de ses compositions ; Renoir et Degas délaissent quelque peu l'étude de la lumière au profit du dessin et de la composition. Manet meurt en 1883, mais une dernière exposition réunit les toiles des impressionnistes en 1886. Déjà, une nouvelle génération, de nouvelles tendances se manifestent avec Seurat, Van Gogh, Gauguin et Toulouse-Lautrec qui doivent beaucoup à leurs prédécesseurs. Si aujourd'hui l'impressionnisme semble parfois d'une facture « traditionnelle », il a nettement rompu avec les conceptions académiques de la peinture du XIXe siècle comme avec le réalisme intégral de Courbet, et a marqué l'une des étapes les plus décisives de l'histoire de l'art.

Les Rochers de Belle-Île, *tableau de Claude Monet.*

improviser v. t. [1] Composer, exécuter ou réciter sans préparation (une musique, un texte). *Improviser un discours.* / Organiser, réaliser d'emblée, avec ce dont on dispose. *Improviser un repas, un campement.* / v. pron. Assumer (une fonction, un rôle) de façon inattendue. *S'improviser cuisinier.*
improviste (à l') loc. adv. Soudain, sans prévenir.
imprudemment adv. De façon imprudente.
imprudence n. f. Caractère imprudent. Ant. prudence. / Action imprudente. *Commettre une imprudence.*
imprudent, e adj. et n. Qui n'est pas prudent.
impudence n. f. Audace insolente et cynique. *Mensonge d'une rare impudence.*
impudent, e adj. Qui est plein d'impudence. (Subst.) *Un(e) impudent(e).*
impudeur n. f. Manque de pudeur (au physique et au moral); indécence.
impudicité n. f. Rare Caractère de qqch., de qqn d'impudique. / Parole, action impudique.
impudique adj. Qui n'est pas pudique.
impuissance n. f. Incapacité physique ou morale de mener à bien une action. *Réduire qqn à l'impuissance.* Ant. puissance. / (Spécial.) Caractère d'un homme impuissant sexuellement.
impuissant, e adj. et n. m. *Impuissant à*: qui n'est pas assez puissant pour. *Ses efforts furent impuissants à nous aider.* (Absol.) *Colère impuissante.* / (Spécial.) Incapable de pratiquer le coït. *Un homme impuissant* ou (n. m.) *un impuissant.*
impulser v. t. [1] Donner une impulsion à (emploi critiqué: anglicisme).
impulsif, ive adj. Qui agit par impulsion, qui dénote de l'impulsion. *Geste impulsif.*
impulsivement adv. De manière impulsive.
impulsion n. f. Poussée, généralement brève, qui met un corps en mouvement ou qui assure la continuité de ce mouvement. *Donner une impulsion au balancier d'une horloge.* / MÉCAN. *Impulsion d'une force*: produit de cette force par le temps d'application. / PHYS. Variation brusque de la quantité d'un mouvement. / Activité, tonus. *Manquer d'impulsion.* / PSYCHOL. Penchant irrésistible, compulsion. *Combattre ses impulsions.*
impulsivité n. f. Caractère impulsif.
impunément adv. Sans subir de punition. / Sans inconvénient, sans conséquences fâcheuses. *Jouer impunément avec le feu.*
impuni, e adj. Qui n'est pas puni, demeure sans punition.
impunité n. f. Absence de punition.
impur, e adj. Qui n'est pas pur. *Des eaux impures.* / Fig. Contraire à la pureté des mœurs; impudique. *Pensées impures. Animal impur,* souillé, tabou.
impureté n. f. Caractère de ce qui est impur. *L'impureté d'une eau.* / Fig. Acte contraire à la pureté morale. Ant. pureté.
imputable adj. Qui peut, doit être imputé (à). *Cet accident lui est imputable.*
imputation n. f. Action d'imputer.
imputer v. t. [1] *Imputer à*: attribuer (qqch. de fâcheux) à. *Imputer un accident de la route à l'alcoolisme d'un chauffard.* / FIN. Affecter (une somme) à tel ou tel poste comptable.
imputrescibilité n. f. Caractère de ce qui est imputrescible. *Imputrescibilité du bois de cèdre.* Ant. putrescibilité.
imputrescible adj. Qui n'est pas putrescible.
inabordable adj. Rare Que l'on ne peut aborder. *Côte inabordable.* / D'un abord difficile, en parlant de personnes. *Elle est si sévère qu'elle en est inabordable.* / D'un prix trop élevé. *Loyer inabordable.*
inabouti, e adj. Qui n'a pas abouti. *Un projet inabouti.*
in abstracto loc. adv. (mots latins) Dans l'abstrait. / loc. adj. *Un raisonnement in abstracto.*
INA Acronyme pour *Institut national de l'audiovisuel.*
inacceptable adj. Qui n'est pas acceptable, que l'on ne saurait accepter.
inaccessible adj. Qui n'est pas accessible. *Étage inaccessible.* / Que l'on ne peut comprendre. *Discours scientifique inaccessible.* / *Inaccessible à*, insensible à. *Inaccessible à la compassion.*
inaccoutumé, e adj. Qui ne correspond pas à l'habitude; qui n'a pas coutume de se faire, d'exister. *Une cordialité inaccoutumée.* / Qui n'est pas accoutumé (à). *Inaccoutumé à la dureté du climat.*
inachevé, e adj. Qui n'est pas achevé.
inactif, ive adj. et n. Qui n'est pas actif. / Subst. *Les inactifs*: les personnes qui n'ont pas (ou plus) d'activité professionnelle.
inactinique adj. PHYS. En parlant d'un rayonnement, qui n'exerce pas d'action, ou qui exerce une action imperceptible sur une surface sensible. *Lumière inactinique*, qui n'impressionne pas la pellicule photographique.
inaction n. f. Absence d'action.
inactivation n. f. BIOL. Arrêt de l'activité pathogène d'une bactérie, d'un champignon, d'un virus, etc., ou d'une substance biochimique.
inactiver v. t. [1] BIOL. Rendre inactif (un composé chimique, un micro-organisme). / (Au part. passé) *Virus inactivé*, dont on a détruit le pouvoir infectieux.
inactivité n. f. Absence d'activité.
inactuel, elle adj. Didac. Qui n'est pas d'actualité;
inadaptation n. f. Manque d'adaptation. / PSYCHO. État de celui, de celle (surtout d'un enfant) qui ne peut se plier aux règles de la vie en société.
inadapté, e adj. et n. Qui n'est pas adapté. *Enfant inadapté*, qui souffre d'inadaptation sociale. *Un(e) inadapté(e).*
inadéquat, e adj. Qui n'est pas adéquat.
inadéquation n. f. Caractère de ce qui est inadéquat.
inadmissible adj. Qui n'est pas admissible; intolérable.
inadvertance n. f. Manque d'attention. / loc adv. *Par inadvertance*: par mégarde.
inaliénabilité n. f. DR. Caractère inaliénable.
inaliénable adj. Qui ne peut être aliéné.
inaltérabilité n. f. Caractère de ce qui est inaltérable.
inaltérable adj. Qui ne peut être altéré, ne se dégrade pas.
inamical, e adj. Qui n'est pas amical.
inamovibilité n. f. Caractère de ce qui est inamovible. / DR. Situation d'une personne inamovible. *L'inamovibilité d'un juge.*
inamovible adj. Qui n'est pas amovible.
inanimé, e adj. Qui n'est pas doué de vie. *« Objets inanimés, avez-vous donc une âme / Qui s'attache à notre âme et la force d'aimer ? »* (Lamartine). / Qui a perdu (ou semble avoir

Charles Batchelor, photographe, qui utilisa le premier des lampes à **incandescence**.

perdu) la vie. *Tomber inanimé.*
inanité n. f. Caractère de ce qui est vain, inutile. *Inanité d'un faux prétexte.*
inanition n. f. Épuisement par défaut de nourriture. *Mourir d'inanition.*
inappétence n. f. Manque d'appétit.
inapplicable adj. Qu'il est impossible d'appliquer.
inappréciable adj. Que l'on ne peut trop estimer. *Un trésor inappréciable.* / Trop minime, trop infime pour être perçu. *Une inappréciable fêlure dans sa voix.*
inapproprié, e adj. Qui n'est pas approprié.
inapte adj. Qui n'est pas apte. *Être déclaré inapte au service national.*
inaptitude n. f. Caractère inapte. *Inaptitude au travail manuel.*
inarticulé, e adj. Qui n'est pas articulé, qui n'est pas distinctement articulé. *Des sons inarticulés.*
inassouvi, e adj. Qui n'est pas assouvi; insatisfait.
inattaquable adj. Qu'il est impossible d'attaquer.
inattendu, e adj. et n. m. Qui n'est pas attendu. / n. m. *Craindre l'inattendu.*
inattentif, ive adj. Qui n'est pas attentif.
inattention n. f. Manque d'attention, étourderie.
inaudibilité n. f. Caractère inaudible. Ant. audibilité.
inaudible adj. Qui n'est pas audible. *Murmures presque inaudibles.* / Qui est pénible pour l'oreille. *Un genre de musique inaudible.*
inaugural, ale, aux adj. Qui inaugure. *Séance inaugurale.*
inauguration n. f. Action d'inaugurer. *L'inauguration d'un barrage.*
inaugurer v. t. [1] Marquer par une manifestation, une cérémonie, une fête la mise en service de. *Inaugurer un musée.* / Faire usage de (qqch.) pour la première fois. *Inaugurer une maison, une veste.* / Marquer le début de. *« Le Malade imaginaire » inaugurera la saison théâtrale.*
inavouable adj. Que l'on ne peut avouer.
inavoué, e adj. Qui n'est pas avoué.
I.N.C. ou **INC** Sigle de *Institut national de la consommation.*
incalculable adj. Que l'on ne peut calculer. / Que l'on ne peut évaluer. *Une catastrophe aux conséquences incalculables.*
incandescence n. f. État incandescent. *Lampes à incandescence*, contenant du tungstène.
incandescent, e adj. Qui émet des rayonnements lumineux sous l'effet d'une haute température. *Matière incandescente.*
incantation n. f. Récitation de formules magiques, dites avec ferveur et souvent répétitives, pour communiquer avec les puissances occultes.
incantatoire adj. Qui procède de l'incantation.
incapable adj. et n. Qui n'est pas capable. *Je suis incapable de vous le dire. Une bande d'incapables.* / DR Qui n'a pas la capacité légale d'exercer ses droits. *Personne incapable d'ester en justice. La protection des incapables majeurs.*
incapacité n. f. État d'une personne incapable. / *Incapacité de travail*: inaptitude d'une personne à exercer son métier à la suite d'une maladie ou d'un accident.
incarcération n. f. Action d'incarcérer; état d'une personne incarcérée. *Incarcération pour meurtre.*
incarcérer v. t. [1] DR. Mettre en prison.
incarnat, e adj. et n. m. D'une couleur rouge chair, d'un rouge tirant sur le rose.
incarnation n. f. THÉOL. *L'Incarnation*: mystère par lequel le Verbe de Dieu, prenant chair de la Vierge Marie, s'unit à la nature humaine dans la personne de Jésus-Christ, pour opérer la rédemption universelle. / Personne ou chose qui représente à un haut degré une entité abstraite. *Cet homme est l'incarnation de la générosité.*
incarné, e adj. (En parlant de Dieu, d'un dieu) Qui s'est incarné. *Le Christ, Dieu incarné.* / Personnifiée. *Cette femme est la beauté incarnée.* / MÉD. *Ongle incarné*, qui a pénétré la chair.
incarner v. t. [1] Être la représentation matérielle de (qqch.) *Le magistrat incarne la loi.* / Interpréter le rôle de. *Une comédienne qui incarne Jeanne d'Arc dans une reconstitution historique.* / v. pron. *Une divinité qui s'incarne en un animal.*
incartade n. f. Entorse à des principes de conduite. / ÉQUIT. Écart brusque d'un cheval.
• **Incas** Nom donné aux souverains du peuple précolombien de la tribu quechua qui, à son apogée au XVᵉ siècle, forma un puissant empire s'étendant à l'ouest des Andes sur une partie de l'Équateur, du Pérou, de la Bolivie, de l'Argentine et du Chili actuels. La capitale se trouvait à Cuzco (Pérou).
incassable adj. Que l'on ne peut casser. *Assiettes incassables.*
Ince (Thomas Harper) 1882-1924 Cinéaste et producteur américain. D'abord acteur, il se lança dans la mise en scène en développant méthodiquement et avec efficacité les techniques cinématographiques de découpage et de montage. Il supervisa ainsi certains des premiers grands westerns, à la tête d'équipes de réalisateurs (dont Francis Ford, frère de John Ford, fit notamment partie). Parmi ses principaux films: *Civilisation* et *Pour sauver sa race* (1916).
incendiaire n. et adj. Destiné à provoquer un incendie. *Bombe incendiaire. Un incendiaire a été pris sur le fait.* / Fig. *Discours incendiaire*, d'une ardeur subversive. *Sourire incendiaire*, qui éveille l'ardeur du désir.

Ruines d'Ingapirca, ville **inca** située en Équateur.

INCAS

La puissance de l'Inca s'exerçait de manière absolue sur les nombreuses tribus que l'empire fut amené à contrôler lors de son expansion au XVe siècle. En dépit d'une certaine autonomie des tribus locales, notamment en matière de croyances, les Incas imposaient le Dieu-Soleil comme le dieu suprême et le quechua comme langue unique. La civilisation inca est caractérisée par sa puissante administration et sa société très hiérarchisée et réglementée. La terre, propriété du souverain, était répartie chaque année entre les Incas qui la cultivaient. Les récoltes, amassées dans des magasins d'État, étaient ensuite redistribuées. Cette organisation, facilitée par un remarquable réseau routier, nécessitait une comptabilité compliquée, tenue par des fonctionnaires au moyen de cordelettes de couleurs diverses, marquées de nœuds, qui servaient d'outil de recensement. Toutefois, une guerre de succession permit aux Espagnols, menés par Pizarro, de conquérir rapidement, et au moyen de très peu d'hommes, les territoires incas (1533). Le dernier empereur, Atahualpa, fut mis à mort par le commandant espagnol après sa défaite. Les Incas ont laissé des traces de leur civilisation dans le domaine de l'art mais aussi de l'architecture, comme en témoignent, à Cuzco, les vestiges de l'enceinte qui défendait les palais et les temples du Soleil et de la Lune, aux murs couverts d'or et d'argent.

Plan de la ville de Cuzco, lors de la conquête espagnole.

L'empereur inca Atahualpa, assassiné par Pizarro.

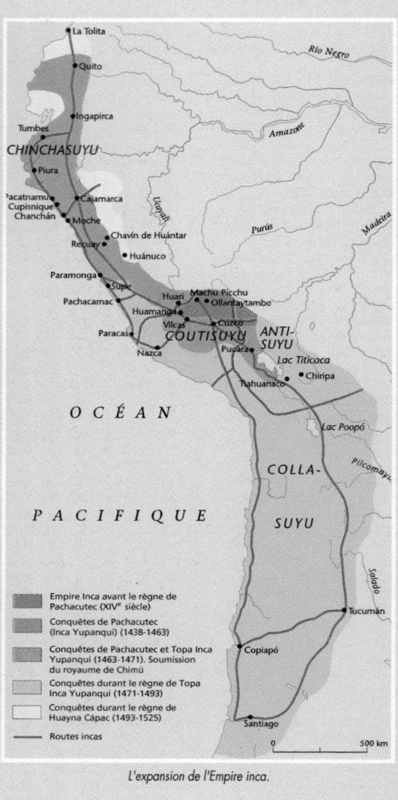

L'expansion de l'Empire inca.

incendie n. m. Feu dévastateur. / Fig. Ensemble de troubles sociaux ou politiques de grande portée. *L'incendie révolutionnaire de 1789.*

incendier v. t. [1] Mettre le feu à. *Incendier une forêt.* / Fig. Éclairer avec l'éclat d'une flamme. *Le soleil incendie la pièce.* / Fam. Accabler de reproches violents. *Je me suis fait incendier.*

incertain, e adj. Qui n'est pas certain. *Victoire incertaine. Temps incertain,* variable. / Vague, flou. *Limite incertaine.* / (En parlant de qqn) Qui doute, qui n'a pas de certitude, hésite. *Être incertain de son choix.* Par méton. *Démarche incertaine,* hésitante.

incertitude n. f. État d'une chose incertaine. *Incertitude d'un témoignage.* Ant. certitude. / Chose incertaine. *Il subsiste de graves incertitudes.* / (En parlant de qqn) État incertain. *Rester dans l'incertitude.* / PHYS. *Principe d'incertitude*: principe fondamental selon lequel les grandeurs conjuguées d'un même système microscopique ne peuvent être mesurées simultanément sans que l'une des mesures effectuées sur l'une des grandeurs n'affecte l'autre grandeur d'une certaine incertitude. *Le principe d'incertitude d'Heisenberg, énoncé en 1927, est une conséquence des principes de la mécanique quantique.*

incessamment adv. Sous peu.

incessant, e adj. Qui n'a pas de cesse.

incessible adj. DR. Qui ne peut être cédé.

inceste n. m. Rapports sexuels entre des personnes dont le degré de parenté interdit le mariage. *Inceste entre le frère et la sœur.*

incestueux, euse adj. Propre ou relatif à l'inceste. *Désir incestueux.*

inchoatif, ive adj. LING. Qui exprime le commencement, la progression d'une action. *S'endormir, se réveiller sont des verbes inchoatifs.*

incidemment adv. Par hasard, en passant.

incidence n. f. Répercussion (d'un fait, d'un événement). *Les incidences d'un coup d'État. Ne pas avoir d'incidence, être sans incidence.* / PHYS. Direction suivant laquelle un corps, un rayon, rencontre une ligne ou une surface. *Point d'incidence*: lieu de rencontre d'un rayon lumineux et d'une surface. *Angle d'incidence*: angle formé par ce rayon et la perpendiculaire à la surface élevée au point d'incidence.

incident, e adj. et n. m. **A.** adj. Qui survient accessoirement, en parlant de qqch. *Une question incidente à régler.* / GRAMM. *Proposition incidente,* incise dans une autre. / PHYS. Qui relève de l'incidence. **B.** n. m. Événement imprévu, sans importance en soi, mais dont les conséquences peuvent être graves. *Incident diplomatique.* / Querelle, contestation. *Cet incident est clos.* / DR. *Incident de procédure,* créé au cours d'un procès pour en retarder ou suspendre la marche.

incinérateur n. m. Appareil servant à brûler les ordures ménagères, les déchets.

incinération n. f. Action d'incinérer.

incinérer v. t. [1] Réduire (qqch.) en cendres.

incipit n. m. inv. (mot latin) Didac. Premiers mots d'un livre, d'un manuscrit.

incise n. f. GRAMM. Proposition brève, insérée dans une autre, et qui apporte une précision. Syn. proposition incidente.

inciser v. t. [1] Pratiquer une incision dans.

incisif, ive adj. Qui incise. / Fig. Acerbe. *Propos incisifs.*

incision n. f. Entaille faite à l'aide d'un instrument tranchant. *Incision d'un furoncle au bistouri. Incision d'un arbre.*

Extinction d'un incendie de forêt, en Gironde, par les moyens traditionnels.

Incendie de forêt arrêté par une clairière.

Incendie de forêt dans le parc national de Yellowstone.

Extinction d'un incendie de forêt par un Canadair.

INCENDIE

incisive n. f. Chacune des dents occupant la partie médiane et antérieure des maxillaires chez les mammifères, à couronne plate, à bord tranchant. *Les mâchoires de l'homme portent huit incisives.*
incitatif, ive adj. Qui incite.
incitation n. f. Action d'inciter à. *Incitation à la violence.*
inciter v. t. [1] Pousser (qqn) à. *Des propos qui m'incitent à réagir.*
incivilité n. f. Vx ou litt. Manque de civilité, de politesse. / Mod. Action ou parole qui témoigne d'impolitesse, de manque de respect pour autrui, de rejet des règles les plus simples de la vie sociale. *Les injures, les comportements grossiers, les atteintes à l'environnement (jet d'objets sur la voie publique, tags, etc.) constituent des incivilités.*
inclassable adj. Que l'on ne peut classer.
inclinaison n. f. Position oblique (de qqch.). *L'inclinaison de la tour de Pise. Degré d'inclinaison d'une pente.* / MATH. Angle formé par l'intersection de deux lignes, de deux plans. / ARMES *Angle d'inclinaison*: angle de la trajectoire d'un projectile par rapport à l'horizontale. / ASTRON. Angle formé par le plan de l'écliptique et le plan de l'orbite d'une planète. / PHYS. *Inclinaison magnétique*: angle formé avec l'horizon par une aiguille aimantée suspendue par son centre de gravité.
inclination n. f. Action d'incliner le corps ou la tête. / Fig. Disposition naturelle. *Inclination à la paresse.* / Sentiment spontané d'affection. *Mariage d'inclination.*
incliner v. t. / v. i. / v. pron. [1] **A.** v. t. Pencher (qqch.) *Incliner la tête.* / *Incliner (qqn) à*, l'inciter à. **B.** v. i. *Incliner à*: être enclin à. *J'incline à plus de clémence.* **C.** v. pron. Se pencher, se courber. *L'arbre s'incline dangereusement. Les fidèles s'inclinent à la consécration.* / Fig. *S'incliner devant la force*: se soumettre devant la force.
inclure v. t. [3] Insérer (une chose) dans une autre. *Inclure un nom dans une liste.* Ant. exclure. / Contenir, comprendre. *La facture inclut les frais de port.*
inclus, e adj. Intégré, contenu (dans qqch.). *Pièce incluse dans un dossier. Liste ci-incluse.* Loc. adj. *Ci-inclus*: inséré ici, dans cet envoi. (Est invariable avant le nom: *ci-inclus cette lettre.*) Ant. exclu. / MATH. Se dit d'un ensemble dont tous les éléments appartiennent aussi à un autre ensemble, et que l'on note A⊃B. / MÉD. *Dent incluse*, non sortie du maxillaire.
inclusif, ive adj. Qui contient, comprend. Ant. exclusif. / GRAMM. *Pronom inclusif*: pronom de la première personne du pluriel (*nous*) qui inclut le locuteur.
inclusion n. f. Action d'inclure, d'insérer; son résultat. Ant. exclusion. / MATH. État d'un ensemble inclus. / MÉD. *Inclusion dentaire*: état d'une dent enfermée dans le maxillaire. / MINÉR. Corps inclus dans un autre de nature différente.
inclusivement adv. En incluant.
incoercibilité n. f. Caractère de ce qui est incoercible.
incoercible adj. Qui ne peut être réprimé. *Vomissements incoercibles.*
incognito n. m. et adv. (mot italien) Situation d'une personne qui désire ne pas être reconnue. *L'impossible incognito d'une vedette de cinéma.* / adv. *Faire un voyage incognito.*
incohérence n. f. Caractère de ce qui est incohérent.
incohérent, e adj. Qui n'est pas cohérent.
incollable adj. CUIS. *Riz incollable*, qui ne colle pas à la cuisson. / Fig. Fam. Qui répond à toutes les questions, qu'on ne peut pas coller. *Concurrent incollable.*
incolore adj. Sans couleur.
incomber v. t. ind. [1] *Incomber à*: être de la responsabilité de. *Il vous incombe d'en prendre soin.*
incommensurable adj. Que l'on ne peut mesurer, quantifier. *Distances incommensurables.* / MATH. Se dit de deux grandeurs dont le rapport des mesures est un nombre irrationnel (ex.: le cercle et son diamètre).
incommensurablement adv. De façon incommensurable.
incommode adj. Qui n'est pas commode.
incommoder v. t. [1] Causer une incommodité, un léger malaise à.
incommodité n. f. Caractère de ce qui n'est pas commode. / Spécial. Indisposition, léger malaise.
incommunicabilité n. f. Caractère de ce qui est incommunicable.
incommunicable adj. Qu'il n'est pas possible de communiquer.
incommutable adj. DR. *Propriétaire incommutable*, qui ne peut être dépossédé de son bien. *Propriété incommutable*, qui ne peut changer de propriétaire.
incomparable adj. Tellement supérieur que l'on ne peut rien lui comparer.
incomparablement adv. De façon incomparable.
incompatibilité n. f. Caractère de ce qui est incompatible. *Incompatibilité d'humeur. Incompatibilité de fonctions. Incompatibilité tissulaire, sanguine.* Ant. compatibilité.
incompatible adj. Qui n'est pas compatible. / DR. *Fonctions incompatibles*, qu'une même personne ne peut exercer simultanément.
incompétence n. f. Caractère incompétent. *L'incompétence d'un tribunal.*
incompétent, e adj. Qui n'est pas compétent.
incomplet, ète adj. Qui n'est pas complet.
incomplètement adv. De façon incomplète.
incompréhensible adj. En parlant de choses, impossible ou très difficile à comprendre. *Texte incompréhensible.* / En parlant de personnes, dont le comportement est (ou paraît) inexplicable.
incompréhensif, ive adj. Qui manque de compréhension à l'égard d'autrui.
incompréhension n. f. Difficulté plus ou moins totale pour assimiler une connaissance. / Incapacité ou refus d'admettre les idées ou la personnalité d'autrui. Ant. compréhension.
incompressibilité n. f. Caractère de ce qui est incompressible.
incompressible adj. PHYS. Qui n'est pas compressible. *L'eau est presque incompréhensible.* / Impossible à réduire. *Dépense incompressible.*

$\overline{B}$ B • o • a • u • e • i

$\overline{B}$ = {e, i, u} A

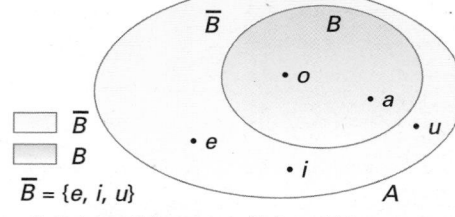

On dit qu'un ensemble B est un sous-ensemble d'un ensemble A, et on écrit B ⊂ A (« B est **inclus** dans A »), si tout élément de B appartient aussi à A.

Édition moderne de l'œuvre de Carl Gustav Jung consacrée à l'**inconscient**.

incompris, e adj. et n. Qui n'est pas intellectuellement compris. *Une affaire qui reste en grande partie incomprise.* / Dont les mérites, la valeur ne sont pas reconnus. *Un génie incompris. Une incomprise.*
inconcevable adj. Que l'esprit ne peut concevoir. *Mystère inconcevable.* / Que l'on ne peut expliquer, admettre. *Sa conduite est inconcevable.*
inconciliable adj. Qualifie des personnes, des choses que l'on ne peut concilier.
inconditionnel, elle adj. et n. Qui n'est pas conditionnel. *Acceptation inconditionnelle.* / n. Partisan en toutes circonstances et sans discussion d'un homme politique, d'un parti, d'une doctrine, ou d'une chose aimée exclusivement. *Les inconditionnels de la cuisine provençale.*
inconduite n. f. Mauvaise conduite, notamment dans le domaine des mœurs.
inconfortable adj. Qui manque de confort. *Lit inconfortable.* / Fig. Gênant. *Situation inconfortable.*
inconfortablement adv. De façon inconfortable.
incongru, e adj. Qui est déplacé, contraire à la bienséance. *Remarque incongrue.*
incongruité n. f. Caractère incongru (de qqch.). *L'incongruité d'une situation.* / Attitude, ou mot, contraire aux convenances.
incongrûment adv. De manière incongrue.
inconnu, e adj. et n. Que l'on ne connaît pas. *Région inconnue.* / Qui n'a aucune célébrité. *Un acteur inconnu.* / Qui n'a jamais été éprouvé. *Malaise inconnu.* / n. Personne dont on ignore l'identité. *Une inconnue m'aborda.* / n. m. *L'inconnu*: ce qui est mystérieux et que l'on ne connaît pas. *Fascination de l'inconnu.* / n. f. Donnée indéterminée d'un problème quelconque. *Reste cette inconnue à tirer au clair.* / MATH. En algèbre, grandeur que l'on doit déterminer pour résoudre une équation.
inconscience n. f. État d'une personne inconsciente. / Par ext. Erreur de jugement, aveuglement. *Voilà où mène votre inconscience.*
inconsciemment adv. De façon inconsciente.
inconscient, e adj. et n. **A.** adj. Qui n'est pas conscient. *Un blessé transporté inconscient à l'hôpital.* / Fig. Qui ne mesure pas les conséquences de ses actes. *Il faut être inconscient*

pour se lancer dans cette entreprise. Il est inconscient du danger. (Subst.) *C'est un(e) inconscient(e).* / Qui échappe à la conscience. *Réflexe inconscient.* **B.** n. m. PSYCHOL. Ensemble des phénomènes psychiques qui échappent à la conscience réfléchie, et qui, selon Freud, correspondent aux désirs refoulés dès l'enfance. / *Inconscient collectif*: chez Jung, ensemble des images et symboles ancestraux qui résultent, dans l'appareil psychique, de l'expérience humaine depuis les origines, et au fil des temps.

inconséquence n. f. Caractère inconséquent. *Inconséquence de qqn, de son attitude.*

inconséquent, e adj. Qui n'est pas conséquent. *Une personne inconséquente.*

inconsidéré, e adj. Irréfléchi. *Propos inconsidérés.*

inconsidérément adv. Sans réfléchir.

inconsistance n. f. Caractère de ce qui est inconsistant. *Inconsistance d'une sauce, d'une gelée.* / Fig. Manque ou absence de valeur morale, de logique, de caractère. *Arguments d'une rare inconsistance.* Ant. consistance.

inconsistant, e adj. Qui n'est pas consistant.

inconsolable adj. Que l'on ne peut consoler.

inconsolé, e adj. Rare ou litt. Qui n'est pas consolé. *« Le ténébreux, le veuf, l'inconsolé »* (Nerval).

inconstance n. f. Caractère de ce qui n'est pas constant, d'une personne qui n'est pas constante. / Infidélité amoureuse.

inconstant, e adj. Qui n'est pas constant; infidèle.

inconstitutionnalité n. f. DR. Caractère de ce qui inconstitutionnel. Ant. constitutionnalité.

inconstitutionnel, elle adj. Qui n'est pas constitutionnel.

incontestable adj. Qui n'est pas contestable.

incontestablement adv. Sans contestation possible.

Un ***Incroyable***.

incontesté, e adj. Qui n'est pas contesté. *Chef incontesté.*

incontinence n. f. MÉD. Émission involontaire de matières fécales ou d'urine. / Transgression des interdits de la morale chrétienne en matière sexuelle. Ant. continence. / Fig. *Incontinence verbale*: tendance à trop parler, à parler à tort et à travers.

incontinent, e [1] adj. Qui n'est pas continent.

incontinent [2] adv. Immédiatement, sans tarder.

incontrôlable adj. Qui n'est pas contrôlable.

inconvenance n. f. Caractère de ce qui est inconvenant. / Parole ou action grossière.

inconvenant, e adj. Qui ne convient pas.

inconvénient n. m. Désagrément attaché à une chose qui peut, ou non, offrir des aspects positifs. *Les inconvénients et les avantages d'une situation nouvelle.*

incorporation n. f. Action d'incorporer; résultat de cette action. / MILIT. Enregistrement des recrues, après l'appel, dans les unités qu'elles doivent rejoindre.

incorporel, elle adj. Qui n'a pas de corps. *Dieu est incorporel.* / DR. *Biens incorporels*, sans existence matérielle. *Les droits d'auteur et d'inventeur sont des biens incorporels.*

incorporer v. t. [1] *Incorporer à*: intégrer (une substance) à. *Incorporer de la levure à une pâte.* / Intégrer (un militaire) dans son unité. *Incorporer les jeunes recrues.*

incorrect, e adj. Qui n'est pas correct.

incorrectement adv. De façon incorrecte.

incorrection n. f. Caractère de ce qui est incorrect; chose incorrecte. *L'incorrection de son attitude. Il a commis une grave incorrection.* / Comportement incorrect. *Il fait preuve d'incorrection.* / Faute, erreur. *L'incorrection d'une phrase.*

incorrigible adj. Qui ne peut être corrigé.

incorruptibilité n. f. Caractère d'une personne ou d'une chose incorruptible.

incorruptible adj. Qui n'est pas sujet à la corruption. *Matériau incorruptible.* / Que l'on ne peut moralement corrompre. *Fonctionnaire, juge incorruptible.* / HIST. *L'Incorruptible*: Robespierre.

incrédibilité n. f. Caractère de ce qui est impossible à croire.

incrédule adj. et n. Qui n'est pas crédule; qui doute. *Il est incrédule.* / RELIG. Qui ne croit pas aux dogmes (d'une religion donnée). *Elle s'est toujours montrée incrédule. Prêcher l'évangile aux incrédules.* / Qui manifeste le doute. *Un regard incrédule.*

incrédulité n. f. Fait d'être incrédule. Ant. crédulité. / Absence de foi religieuse.

incrément n. m. INFORM. Quantité déterminée qu'on ajoute à la valeur d'une variable à chaque nouvelle exécution d'une boucle d'un programme.

incrémentation n. f. INFORM. Ajout d'un incrément.

increvable adj. Que l'on ne peut crever. *Pneu increvable.* / Fig., fam. Infatigable.

incrimination n. f. Action d'incriminer. / (Sens atténué) Mise en cause (d'une personne), reproche.

incriminer v. t. [1] Accuser (qqn) d'un crime, d'une faute; mettre (qqn) en cause.

incroyable adj. et n. m. Qu'on ne peut croire. / Extraordinaire. / n. m. HIST. *Les Incroyables*: jeunes royalistes qui, sous le Directoire, arboraient un habit excentrique et s'abstenaient de prononcer les *r*, répétant à tout propos « C'est inc'oyable ! »

Incubation.

incroyablement adv. De façon incroyable.

incroyance n. f. Absence de foi religieuse; état d'une personne incroyante. Ant. croyance.

incroyant, e n. Personne qui n'a pas de foi religieuse. *Les incroyants sont soit agnostiques, soit athées.*

incrustation n. f. Action d'incruster; résultat de cette action. Ant. désincrustation. / Ornementation d'un objet avec des fragments d'une autre matière sur un dessin gravé en creux. / Résultat de ce travail. *Des incrustations de fil d'or, de nacre et d'ivoire.* / AUDIOV. Sur un écran de télévision, apparition d'une image appartenant à un programme autre que le programme en cours (ex.: image d'un envoyé spécial apparaissant à côté de celle du présentateur local). / TECHN. Dépôt d'une croûte calcaire sur des objets ayant séjourné dans certaines eaux.

incruster v. t. / v. pron. [1] **A.** v. t. Insérer (qqch.) en surface. *Incruster de l'or dans une boiserie.* Ant. désincruster. **B.** v. pron. Se fixer à la surface de. *Coquillages qui s'incrustent sur la coque d'un navire.* / Fig. fam. *S'incruster chez (qqn), dans (un lieu)*, s'y installer de manière importune. *Je lui ai offert l'hospitalité pour une semaine, et il s'incruste. S'incruster dans la salle de réunion après la fin de la séance.*

incubateur, trice adj. et n. m. Qui sert à incuber les œufs. *Poche incubatrice des marsupiaux*: marsupium. *Appareil incubateur* ou (n. m.) *incubateur*: appareil dans lequel on met des œufs à couver. / MÉD. Enceinte réunissant des conditions optimales de température, d'humidité et d'oxygénation, dans laquelle sont placés les bébés très fragiles ou nés prématurément. Syn. couveuse.

incubation n. f. Action de couver des œufs, de façon naturelle ou artificielle. / MÉD. Délai entre le moment où l'organisme est contaminé par un germe pathogène et l'apparition des premiers symptômes de la maladie.

incube n. m. Démon mâle qui, selon les croyances populaires anciennes, venait s'accoupler avec les femmes pendant leur sommeil. *Incubes et succubes.*

incuber v. t. [1] Opérer l'incubation de. Syn. couver.

inculpation n. f. DR. Anc. Action d'inculper; ce dont on était inculpé. *Dans le droit français, l'inculpation a fait place à la mise en examen.*

inculpé, e adj. et n. DR. Anc. Qui était sous le coup d'une inculpation. *Il y a plusieurs personnes inculpées.* (Subst.) *Un(e) inculpé(e).* Syn. (actuel) mis(e) en examen.

inculper v. t. [1] DR. Anc. Imputer à (qqn) une faute qui constitue un crime ou un délit, ce qui donne lieu à une procédure d'instruction. *Inculper qqn de meurtre.* Syn. (actuel) mettre en examen.

inculquer v. t. [1] Faire pénétrer durablement (qqch.) dans la conscience de (qqn). *Inculquer des principes moraux à une enfant.*

inculte adj. Se dit d'un sol non cultivé. / Fig. Sans culture intellectuelle. *Un personnage inculte.*

incunable n. m. Ouvrage datant des débuts de l'imprimerie, donc antérieur à l'an 1500.

incurable adj. Qui ne peut être soigné, dont on ne peut guérir. *Maladie incurable.*

incurablement adv. De façon incurable. *Incurablement paralysé.* / Fig., fam. *Il est incurablement snob.*

incurie n. f. Manque de soin et négligence dans l'accomplissement d'une tâche. *Incurie d'un fonctionnaire.*

incursion n. f. Raid d'un groupe armé ou de soldats. / Entrée imprévisible et inopportune de qqn. *Son incursion dans son bureau l'a beaucoup gêné.* / Fig. Travail effectué hors du domaine qui est le sien.

incurver v. t. [1] Donner une forme courbe à. / v. pron. *Un chemin qui s'incurve.*

• **Inde (république de l')** État fédéral de l'Asie du Sud, membre du Commonwealth, formé de 25 États et 7 territoires.

indéboulonnable adj. Qu'il n'est pas possible de déboulonner. / Fig., fam. Qu'on ne peut destituer. *Un fonctionnaire indéboulonnable.*

indécelable adj. Que l'on ne peut déceler.

indécence n. f. Caractère indécent; manquement à la bienséance ou à la pudeur. Ant. décence. / Parole, acte déplacés.

indécent, e adj. Qui n'est pas décent. *Tenue indécente.*

indéchiffrable adj. Que l'on ne peut déchiffrer. *Texte codé indéchiffrable.* / Très difficile à déchiffrer. *Ses lettres sont des gribouillis indéchiffrables.* / Inintelligible; très difficile à comprendre. *Visage à l'expression indéchiffrable. Personnalité indéchiffrable.*

indécis, e adj. et n. Incertain. *Situation indécise.* / Hésitant. *Personne indécise.* (Subst.) *Un sondage révèle un fort pourcentage d'indécis.*

indécision n. f. Caractère indécis; manque de décision.

indécrottable adj. Rare Impossible à décrotter, à nettoyer. / Fig., fam. Incorrigible. *Un paresseux indécrottable.*

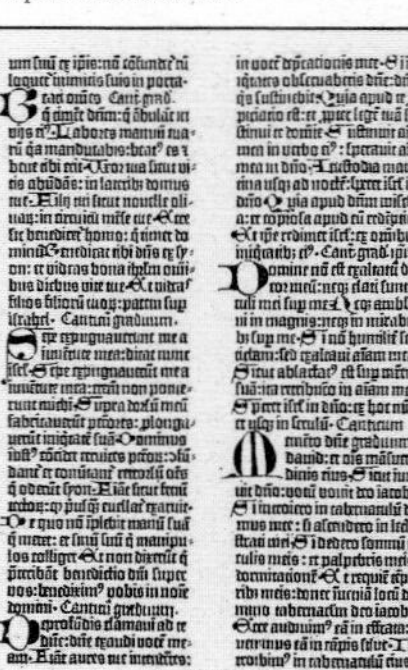

Incunable *: la Bible à 36 lignes de Gutenberg.*

Inde (République de l')

Superficie : *3 287 590 km²* – **Nombre d'habitants :** *1 033 000 000 h.*
Capitale : *New Delhi* – **Villes principales :** *Bombay, Calcutta, Madras, Bangalore, Hyderabad* – **Système politique :** *république fédérale* – **Langue(s) :** *hindi, anglais*
Religion(s) : *hindouisme, islam, christianisme, sikkhisme, bouddhisme, jaïnisme*
Monnaie(s) : *roupie indienne*

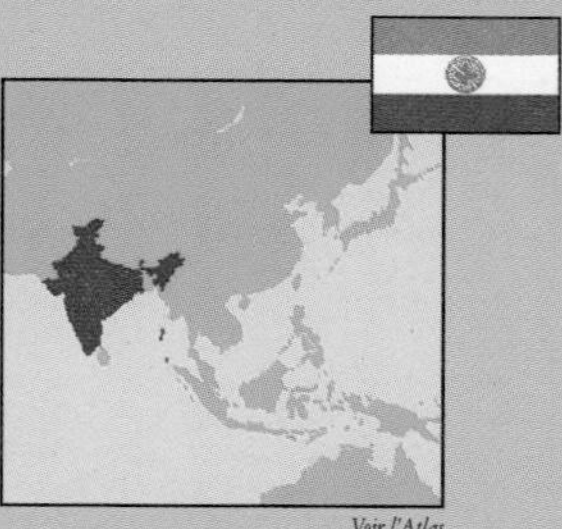

Voir l'Atlas

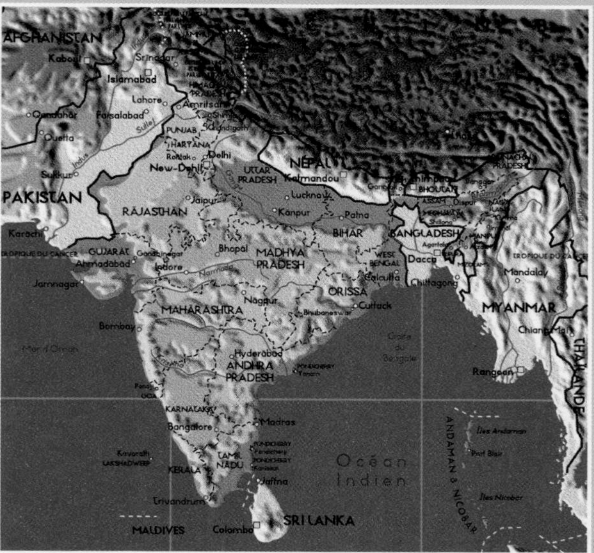

Carte des États indiens.

Géographie physique et humaine

Du nord au sud, trois grandes régions se succèdent : au nord, la barrière de l'Himalaya porte les plus hauts sommets du monde. Très arrosées, les vallées intérieures (Assam et Cachemire) possèdent de riches cultures de thé, de fruits et de blé. La plaine indo-gangétique comprise entre l'Himalaya et la péninsule du Dekkan est le cœur du pays et de la civilisation hindoue (le Gange, fleuve sacré, Bénarès, ville sainte). Les villes, à la fois marchés et centres industriels, s'y succèdent : Delhi, Kanpur et surtout Calcutta, deuxième port derrière Bombay et première ville industrielle du pays. Les sols alluviaux sont irrigués et densément cultivés (riz, blé, coton, jute).

Le plateau du Dekkan est un vieux massif cristallin recelant d'abondantes richesses minérales. Relevé sur les bords (Ghats), il est bordé de plaines côtières. Délaissant l'intérieur couvert de latérite et de savanes sèches, la population se concentre sur les côtes au sol fertile (riz, coton). Ahmedabad, Bombay, Madras sont des centres industriels actifs. Au septième rang mondial pour sa superficie, l'Inde est le pays le plus peuplé après la Chine. Malgré une forte mortalité et un certain contrôle des naissances, l'accroissement naturel est de 19 ‰ par an. 73 % des Indiens vivent dans des villages. L'hindouisme est la religion de 80 % de la population (11 % de musulmans).

Économie

La grande disparité de développement entre les différentes régions, la pauvreté, la faim, le fort pourcentage de population rurale ont encouragé l'établissement de plans quinquennaux. Lancée au début des années 1970, la *révolution verte* a permis l'autosuffisance alimentaire. À côté du secteur nationalisé (énergie, transport), le secteur privé représente 80 % de l'industrie. L'agriculture, en voie de modernisation, reste la principale activité (62 % de la population active). L'irrigation, les engrais et la création de coopératives ont permis d'accroître la production : céréales (2e rang mondial pour le riz et pour le blé), cultures industrielles (arachides : 2e rang mondial ; coton : 3e rang mondial ; jute ; thé : 1er rang mondial ; café ; épices), élevage (seuls les ovins sont destinés à l'alimentation, la consommation de la viande de bœuf étant interdite par la religion hindoue).

La grande industrie progresse, gênée par la pénurie de capitaux et de techniciens mais favorisée par l'abondance des ressources énergétiques et minérales. Le charbon (7e rang mondial), produit à 80 % par le bassin de la Damodar, est la principale source d'énergie, associée au pétrole (Assam) et à l'hydroélectricité. La richesse du sous-sol en fer (Chota-Nagpur, 7e rang mondial), manganèse (2e rang et 1er exportateur mondial), mica (70 % de la production mondiale), bauxite, cuivre, uranium, n'est encore que partiellement exploitée.

La création d'une puissante industrie sidérurgique dans les régions minières (vallée de la Damodar, Hyderabad) avec des capitaux étrangers et indiens a suscité l'installation d'industries mécaniques sur place et dans les ports (Calcutta, Madras, Bombay). L'industrie textile conserve une grande importance : filés de coton (3e rang mondial) qui a essaimé de Bombay vers Ahmedabad (70 % de la production), jute à Calcutta. La recherche scientifique et technologique s'est développée. L'industrie cinématographique a une puissance égale à celle des États-Unis. Mais la compétitivité des produits industriels de l'Inde reste faible et le déficit commercial annuel a doublé entre 1950 et 1998. La croissance a ralenti en 1997, pour se stabiliser, entre 2001 et 2003, à environ 5 %. Environ 15 % de la population jouit d'un niveau de vie élevé, tandis que 40 % des ruraux (soit le quart de la population totale) et de nombreux habitants des faubourgs des grandes villes vivent dans la misère. La société indienne perd ainsi de sa cohésion. À cela s'ajoute le conflit entre hindous et musulmans.

Champ au Cachemire, région fertile que se disputent l'Inde et le Pakistan.

Histoire

Plus qu'un pays, l'Inde est un sous-continent, nettement individualisé par ses frontières maritimes et montagneuses. Mais son isolement derrière la barrière de l'Himalaya n'est que relatif ; par la brèche du nord-ouest, surtout, des peuples et des influences divers ont marqué son peuplement et sa civilisation. Dès le IVe millénaire av. J.-C., dans une région

INDE (RÉPUBLIQUE DE L') (SUITE)

Une mère et son enfant, dans la ville de Jaipur, capitale du Rajasthan.

et l'hindi. À côté des thèmes de la dévotion et de l'héroïsme, un courant sensuel et naturaliste traverse toujours l'art indien, comme en font foi de nombreux poèmes. Outre les langues indo-européennes, on parle en Inde plus vingt langues totalement différentes, les langues dites « dravidiennes » dont quatre sont écrites, sont langues officielles de différents États et sont riches d'une longue tradition littéraire : le tamoul, le télougou, le kannada (ou kanara), le malayalam.

L'époque contemporaine, ouverte à l'influence anglaise, se signale par quelques grands auteurs, comme Rabindranath Tagore, et les écrits autobiographiques de penseurs et hommes politiques tels que Gandhi et Nehru. Sans perdre les traits qui ont fait son originalité, la littérature indienne s'est pénétrée des problèmes du monde moderne en leur apportant son goût pour la beauté et ses aspirations intérieures.

Art

Dès ses origines, l'art indien est lié à la religion. L'artiste, qu'il soit architecte, sculpteur ou peintre, est tenu d'observer certaines règles. Les plus anciens vestiges appartiennent à la civilisation de l'Indus. Des premiers édifices, on ne sait à peu près rien, car ils étaient en bois.

Au IVe siècle av. J.-C., les architectes commencent à utiliser la pierre. Il existe alors deux types d'édifices, les *stupa* et les *chaitya*. Les stupa sont des reliquaires en forme de tumulus dont le dôme est surmonté d'une structure rectangulaire supportant une colonne : le stupa de Sanchi date de cette époque.

Les chaitya sont des sanctuaires rupestres, entièrement souterrains. Les stupa sont ornés de bas-reliefs narratifs, d'un style archaïque, où les influences étrangères du Proche-Orient se mêlent aux conceptions indiennes. L'architecture de la période de transition (Ier siècle av. J.-C.) a laissé très peu de témoignages ; elle est surtout connue grâce aux représentations sculptées sur les bas-reliefs. Les sanctuaires rupestres sont très nombreux. Certains temples témoignent de la pénétration de l'art gréco-romain dans le nord du pays. Cette influence se manifeste aussi dans les sculptures de Gandhara, dans les premières effigies de Bouddha.

En revanche, à Mathura, les artistes élaborent un type de Bouddha tout à fait indien. On trouve également des bas-reliefs illustrant la vie de celui-ci. À Amaravati, les sculpteurs adoptent un style différent, plus élégant. À la dynastie Gupta correspond le plein épanouissement de l'art indien. L'architecture atteint un haut degré de perfection ; les temples, construits à l'air libre, se multiplient : le temple de Kapoteçvara à Chezaria, le temple de Sanchi qui se compose d'une cella fermée, de plan rectangulaire, et d'un portique à colonnes.

En sculpture, les influences étrangères disparaissent totalement ; l'application de canons donne naissance à des formes très pures, à des compositions harmonieuses. C'est aussi une grande période de peinture : des fresques, inspirées des bas-reliefs sculptés, couvrent les murs des sanctuaires rupestres. Entre le XIe et le XVIIe siècles, des édifices en pierre, aux dimensions gigantesques, remplacent les stupa et les chaitya.

De nouveaux types de temples apparaissent : les édifices couverts d'un toit pyramidal comme à Tanjore et ceux couverts d'un toit curviligne comme à Bhubaneswar. La sculpture devient essentiellement décorative et tend vers un style maniériste. Dans le sud, se développe une statuaire de bronze de belle qualité.

À partir du XIIIe siècle, des formes nouvelles s'implantent avec l'introduction de l'islam : mosquées, palais, forteresses et mausolées où se combinent des éléments indiens et musulmans. Le mausolée du Taj Mahal, édifice en marbre blanc entouré de jardins et de pièces d'eau, est le monument le plus représentatif de cet art indo-persan. Sous la dynastie moghole, s'épanouissent de nombreuses écoles d'enluminure : école moghole, rajput, école de Garhwal. Il s'agit d'un art officiel, donc profane, traitant surtout des scènes de palais, de chasse et de batailles, caractérisées par un dessin souple, des couleurs vives, choisies en fonction de leur effet décoratif.

Musique

Très tôt, les musiciens ont élaboré des théories musicales et adopté une notation en syllabes.

La musique indienne suit une méthode d'improvisation sur un thème donné ; c'est une musique modale très riche puisqu'il y avait autrefois jusqu'à 16000 modes, réduits aujourd'hui à une centaine. Ces modes sont appelés *raga*, c'est-à-dire « état d'âme ». Les instruments les plus utilisés sont la vina, le sitar (instruments à cordes), la flûte, le hautbois, le tabla, les cloches et les gongs.

Cinéma

Bien que sa production cinématographique soit méconnue du grand public occidental, l'Inde produit chaque année autant de films que les États-Unis. Le père du cinéma indien est Phalke (1870-1944) dont les films mythologiques (*Raja Harishchandra*, 1913 ; *La Vie de Krishna*, 1918) utilisent des truquages astucieux et une mise en scène somptueuse. Debaki Kumar Bose fonde l'école de Calcutta à laquelle il apporte son lyrisme et une meilleure intégration de la musique et des chansons dans le cours du récit (*Pansabar*, 1929 ; *Sita*, 1934 ; *le Poète*, 1949). L'école de Calcutta détient l'hégémonie du cinéma indien avec un goût formel très avancé et un sens social aigu.

Après Bose, Bimal Roy (1912-1966) donne *Calcutta, ville cruelle* (1953) qui trouvera un écho favorable en Occident, puis *Devdas* (1956), *Pandini (Le Prisonnier*, 1963) qui possèdent le même sens dramatique à travers des récits populaires. Satyajit Ray est le meilleur représentant de cette école, avec sa trilogie (*Pather Panchali*, 1955 ; *Aparajito*, 1957 ; et *Le Monde d'Apu*, 1959), *Le Salon de musique* (1958), *Les Joueurs d'échecs* (1977). Son génie éclipse le talent de Ritwik Ghatak dont le néo-réalisme picaresque s'extériorise avec *Ajaantrik* (1958).

Cependant, l'école de Bombay possède un représentant de valeur en Shantaram qui aborde des sujets sociaux dans *La Flamme immortelle* (1936) ou *Le Docteur Kotnis* (1946), en Inde ou au Bangladesh tragiquement misérable (*Une rivière nommée Titas*, 1973). Raj Kapoor (1924), grande vedette indienne, devient réalisateur et producteur de films ; il crée un personnage proche de Charlot (*Le Vagabond*, 1951 ; *Monsieur 420*, 1956 ; *Sous le voile de la nuit*, 1957).

Il faut aussi noter Mehboob (1907-1964) dont *Mangala, fille des Indes* (1955) obtint un succès international. Mrinal Sen (1923) ne commence véritablement sa carrière qu'en 1969, lorsque *Mr. Shome* montre en lui un émule de Godard ; révolutionnaire dans la forme, il l'est aussi quand il dénonce l'injustice en Inde : *Un jour comme un autre* (1979), *Les Ruines* (1984).

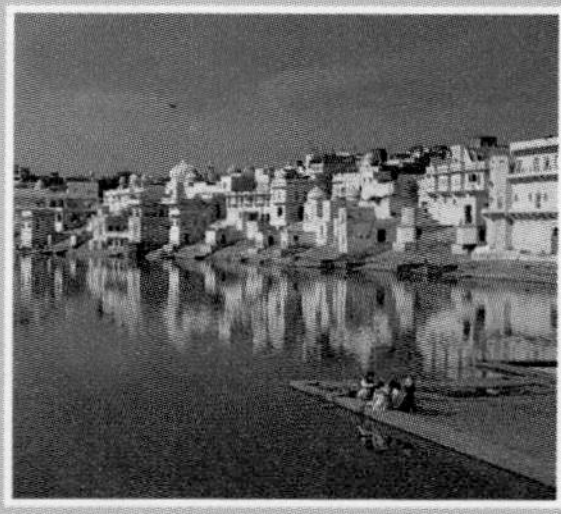
Petite ville du Rajasthan, État du nord-ouest de l'Inde.

indéfectibilité n. f. Caractère de ce qui est indéfectible.
indéfectible adj. Litt. Qui ne peut pas faire défaut. / Cour. Qui ne se dément pas, ne s'est jamais démenti. *Amitié indéfectible.*
indéfectiblement adv. De façon indéfectible.
indéfini, e adj. Qui est sans limites ou dont les limites sont inconnues dans l'espace ou dans le temps. *Durée indéfinie.* Ant. défini. / Vague, incertain, confus. *Soupçon indéfini.* / GRAMM. Se dit de déterminants, de pronoms et d'adjectifs qui accompagnent le nom et le déterminent de la manière la moins précise (articles : un, une, des ; pronoms : qqn, personne, chacun, rien, quiconque, aucun ; adjectifs : quelque, chaque, etc.)
indéfiniment adv. Sans qu'on en voie la fin.
indéfinissable adj. Qui ne peut être défini. / Trop subtil pour être défini. *Charme indéfinissable.*
indéfrisable adj. et n. f. Rare Que l'on ne peut défriser. / n. f. Anc. Traitement que l'on faisait subir aux cheveux pour qu'ils restent ondulés. *Les techniques de l'indéfrisable ont disparu, remplacées par d'autres procédés d'ondulation durable nommés « permanente ».*
indéhiscence n. f. BOT. Caractère d'un fruit indéhiscent. Ant. déhiscence.
indéhiscent adj. (En parlant d'un fruit) Qui ne s'ouvre pas spontanément à maturité. *Les noisettes, les glands sont indéhiscents.*
indélébile adj. Qui ne peut être effacé. *Marque indélébile.*
indélébilité n. f. Rare. Caractère de ce qui est indélébile.
indélicat, e adj. Qui n'est pas délicat dans ses sentiments, ses comportements. *Un amant indélicat.* / Par euph. Malhonnête. *Caissier indélicat. Procédé indélicat.*
indélicatesse n. f. Caractère ou conduite d'un individu indélicat. Ant. délicatesse. / Par euph. Procédé malhonnête. *Être accusé d'indélicatesses.*
indemne adj. Qui n'a souffert d'aucun dommage physique, matériel ou psychologique. *Sortir indemne d'un accident. Cette épreuve ne laisse personne indemne.*
indemnisation n. f. Action d'indemniser ; paiement d'une indemnité.
indemniser v. t. [1] Accorder, verser une indemnité à.
indemnité n. f. Somme d'argent accordée à qqn à titre de dédommagement. / Partie du salaire versée par l'employeur en compensation de certains frais. *Indemnité de transport.* / *Indemnité journalière* : allocation versée par la Sécurité sociale au profit d'un assuré social malade, en congé de maternité ou victime d'un accident du travail. *Indemnité journalière de chômage* : indemnité d'État reçue par les chômeurs. / *Indemnité parlementaire* : rémunération des membres des assemblées représentatives, sénateurs et députés.
indéniable adj. Qui ne fait aucun doute. *Sa bonne foi est indéniable.*
indéniablement adv. De façon indéniable.
indépendamment adv. Vx De manière indépendante. / loc. prép. *Indépendamment de* : en faisant abstraction de ; sans tenir compte de ; outre. *Indépendamment des circonstances. Indépendamment de ses revenus fonciers, il jouit d'un important patrimoine mobilier.*
indépendance n. f. Situation d'une personne indépendante. *Tenir à son indépendance.* Ant. dépendance. / Caractère d'une personne n'admettant aucune contrainte. *Faire preuve d'indépendance.* / Situation de choses ou d'entités non liées entre elles. / Statut de souveraineté nationale d'un pays, proclamé par son gouvernement légitime et reconnu par le droit international. *Guerre d'indépendance. Les héros de l'indépendance.*
Indépendance américaine (guerre de l') 1775-1782 Guerre des treize colonies anglaises de l'Amérique du Nord contre l'Angleterre. Des mesures fiscales décidées par la métropole entraînent, à partir de 1770, une suite de révoltes (sévèrement réprimées). La guerre débute en 1775 avec George Washington, à la tête de l'armée des colonies insurgées qui proclament leur indépendance le 4 juillet 1776. Le 17 octobre 1777, l'armée américaine vainc les Anglais à Saratoga (État de New York). Après l'intervention de La Fayette et de volontaires français dans l'armée de Washington, l'alliance franco-américaine est conclue à Paris où s'est déplacé l'ambassadeur des États insurgés, Benjamin Franklin (1778). En 1781, Rochambeau commande les forces françaises envoyées par Louis XVI. Ces forces et celles de Washington, appuyées par l'escadre de l'amiral français de Grasse, enferment le général anglais Cornwallis dans Yorktown (Virginie), qui capitule en octobre. L'indépendance des treize colonies est consacrée par le traité de Versailles (1783).
indépendant, e adj. et n. Libre de toute dépendance. *Peuple indépendant*, souverain. *Travailleur indépendant*, qui n'a pas de lien de dépendance avec celui qui lui demande un travail, qui n'en est pas salarié. / GRAMM. *Proposition indépendante*, qui ne dépend d'aucune autre et dont aucune autre ne dépend. / *Indépendant de* : qui est sans rapport avec. / Qui refuse toute contrainte. *Une personne de caractère indépendant.* / Subst. *C'est une indépendante.*
indépendantisme n. m. Revendication d'indépendance politique.
indépendantiste n. Partisan de l'indépendance d'un peuple, d'une nation.
Indes (Compagnie française des) Compagnie financière et commerciale créée en 1719 qui succéda à la Compagnie d'Occident, créée par Law en 1717 pour l'exploitation de la Louisiane et du Canada, et fusionna avec les Compagnies des Indes orientales, du Sénégal et de la Chine. Disparue avec l'écroulement du système de Law (1721), elle ressuscita en 1722 sous la forme d'une compagnie uniquement commerciale qui se consacra à l'exploitation du Sénégal, de la Guinée, des îles Bourbon et de France (Maurice et Réunion), et des possessions françaises en Inde. Après diverses vicissitudes (perte de son monopole en 1769 ; rétablissement en 1785 sous le nom de Nouvelle Compagnie des Indes), elle fut définitivement supprimée sous la Convention (1793-1794).

I

Guerre de l'Indépendance américaine

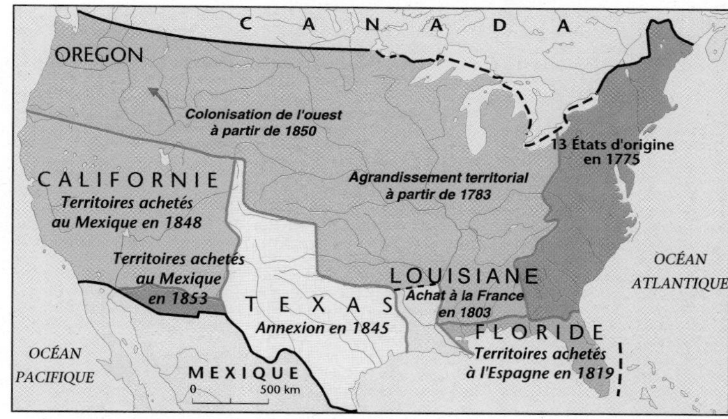

À droite, les États qui sont intervenus dans la guerre de l'Indépendance américaine, et les agrandissements territoriaux successifs.

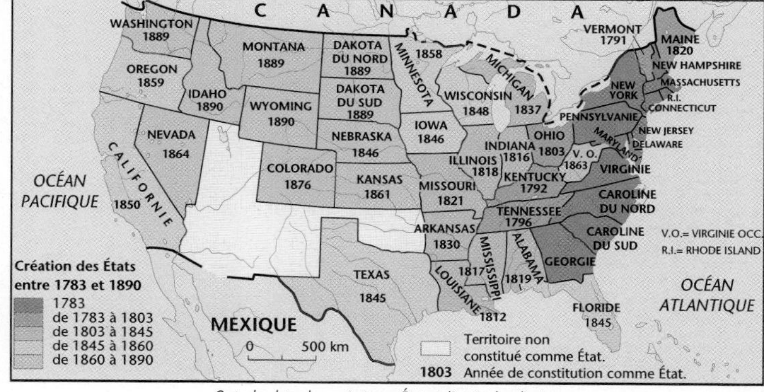

Carte des dates de constitution en États et d'entrée dans l'union.

Indes occidentales Dénomination longtemps appliquée aux Antilles. L'origine provient de l'erreur de Christophe Colomb qui croyait avoir débarqué en 1492 dans des îles voisines de l'Inde.

Indes occidentales (Compagnie française des) Éphémère (1664-1674) société commerciale créée par Colbert qui en fit la propriétaire des possessions françaises en Atlantique (Afrique et Amérique) et lui accorda le monopole du commerce du sucre ; mal gérée, victime de la concurrence hollandaise, elle fut rapidement dissoute.

Indes occidentales (Compagnie hollandaise des) D'abord entreprise de pillage des possessions espagnoles et portugaises, cette compagnie, fondée en 1664, colonisa une partie des actuels États-Unis (fondation de la Nouvelle-Hollande et de la Nouvelle-Amsterdam, qui allait devenir New York), se consacra à la traite des Noirs et disparut en 1792.

Indes orientales (Compagnie anglaise des) Association commerciale formée par la fusion de quatre compagnies de marchands de Londres qui avaient, à partir de 1599, établi des comptoirs aux Indes et dans l'Insulinde, d'où elle fut éliminée par les Hollandais. Mais elle sut évincer les Français de l'Inde (victoire anglaise dans la guerre de Sept ans, 1756-1763). Ses pouvoirs passèrent au gouvernement britannique en 1858, après que l'Inde fut devenue une colonie anglaise.

Indes orientales (Compagnie française des) Association commerciale, créée par Colbert en 1664, elle remplaça cinq compagnies fondées de 1604 à 1644 et eut le monopole du commerce avec l'Inde et avec Madagascar, où elle abandonna ses comptoirs à la Couronne en 1668. Son directeur établit le siège de la compagnie à Pondichéry, en 1673, et fonda les comptoirs de Chandernagor et de Calicut. Elle fut absorbée en 1719 par la Compagnie française des Indes.

Indes orientales (Compagnie hollandaise des) Association commerciale qui groupa en 1602 toutes les compagnies créées par des Hollandais pour le commerce avec les Indes, dont elle eut le monopole entre le cap de Bonne-Espérance et l'océan Pacifique. Puissance militaire et financière, elle occupa les îles malaises et fonda Batavia (aujourd'hui *Djakarta*) en 1619. Elle fut dissoute en 1798.

indescriptible adj. Qu'on ne peut décrire. *Un désordre indescriptible.*

indésirable adj. et n. Qui n'est pas désiré, dont on ne souhaite pas la présence. *Personne indésirable. Ne laissez pas entrer les indésirables.*

indestructible adj. Qui ne peut être détruit.

indétectable adj. Que l'on ne peut détecter.

indétermination n. f. Caractère de ce qui est indéterminé. / Irrésolution.

indéterminé, e adj. Qui n'est pas déterminé. *Jour indéterminé.* / (En parlant de personnes) Indécis, hésitant.

index n. m. Deuxième doigt de la main à partir du pouce. / Table alphabétique des sujets traités dans un livre. / TECHNOL. Repère mobile (aiguille, etc.) sur un cadran. / Anc. *L'Index* : liste publique des ouvrages dénoncés par l'Église comme contraires aux vérités de la foi et que les fidèles avaient interdiction de lire ; le pape Paul VI, par un décret de 1966, supprima l'Index. / Fig. *Mettre à l'index*, à l'écart.

Indien *d'Amérique du Nord.*

indexation n. f. Action d'indexer.

indexer v. t. [1] FIN. Définir la variation des prix, des loyers, et de diverses valeurs en fonction de certaines valeurs de référence. / Réaliser l'index de. *Indexer un ouvrage. Indexer un mot*, le mettre dans un index.

Indiana *93 719 km² 5 864 108 h.* État du centre-ouest des États-Unis, donnant sur le lac Michigan. Capitale *Indianapolis*. État agricole (céréales, fruits, tabac, élevage de porcs et de bovins) grâce aux plaines fertiles au centre du territoire, il possède en outre des gisements de houille et de pétrole qui ont favorisé l'industrialisation et le développement de grandes villes, surtout dans le nord. Le territoire fut cédé par la France à l'Angleterre en 1763 (traité de Paris) et fut le 19e État de l'Union en 1816.

Indianapolis *731 327 h.* Ville des États-Unis, capitale de l'Indiana. Important centre commercial et industriel. Des courses automobiles s'y déroulent.

indianisme n. m. **I.** Caractère indien. / LING. Tournure propre aux langues de l'Inde. / Étude des langues et civilisations indiennes. **II.** Caractère des langues, des civilisations d'Amérique.

indianiste n. Spécialiste de l'indianisme.

indic n. m. Argot Indicateur de police.

indicateur, trice adj. et n. **A.** adj. Qui indique qqch. *Poteau indicateur.* / Subst. Personne qui donne des renseignements à la police en échange de certains avantages, ou pour de l'argent. **B.** n. m. Livre de renseignements. *Indicateur des lignes du métropolitain.* / Appareil qui fournit des indications. *Indicateur de vitesse.* / ÉCON. Variable chiffrée révélatrice d'une situation économique donnée. / CHIM. *Indicateur coloré* : substance permettant, selon ses réactions, de déceler la présence d'un autre corps. / ZOOL. Petit oiseau de l'ordre des piciformes, au plumage terne, dont diverses espèces vivent en Afrique et en Asie.

indicatif, ive adj. et n. m. Qui indique. *Des précisions, à titre indicatif.* / GRAMM. *Mode indicatif* (ou, n. m., *l'indicatif*) : mode du verbe qui exprime la réalité d'une action ou d'un état en cours. *Je mange.* / *Indicatif téléphonique* : combinaison conventionnelle de chiffres, propre à une zone géographique. / AUDIOV. *Indicatif musical* : signal musical propre à une émission de télévision ou de radio.

indication n. f. Action d'indiquer. / Désignation de qqch., renseignement. / MÉD. *Indication thérapeutique* ou (absol.) *indication* : pathologie pour laquelle tel traitement est indiqué.

indice n. m. **I.** Signe extérieur indiquant la probabilité d'un fait ou d'un état, ou qui constitue une trace. *Un voleur qui laisse des indices.* **II.** Nombre exprimant un rapport, un quotient. / PHYS. *Indice de réfraction d'un rayon lumineux* : rapport du sinus de l'angle d'incidence au sinus de l'angle de réfraction. / ÉCON. Rapport traduisant l'évolution de données précises (prix, quantités, etc.). *Indice des prix de la construction. Indice des salaires.* / AUDIOV. *Indice d'écoute* : évaluation, en pourcentage, du nombre de personnes ayant écouté ou regardé une émission de radio ou de télévision. / MATH. Signe affecté à une lettre représentant des grandeurs analogues (a_1, a_2,..., a_n) ; signe placé entre les branches d'un radical, marquant le degré de la racine.

indiciaire adj. Rattaché à un indice, un quotient.

indicible adj. Qui ne peut être dit ; inexprimable à l'aide de mots. *Douleur, joie indicible.*

indien, enne adj. et n. De l'Inde. *Sous-continent indien. Un(e) Indien(ne).* / Abusiv. Propre ou relatif aux peuples indigènes d'Amérique. *Tribu indienne. Indiens d'Amérique* ou (absol.) *Indiens* : Amérindiens.

Indien (l') Constellation australe ; voir **constellation.**

Indien (océan) *75 000 000 km²* Océan situé entre les côtes de l'Afrique orientale, de la péninsule arabe, de l'Asie du Sud, de l'Australie et de la Tasmanie. Il est soumis aux vents de mousson qui soufflent régulièrement sur l'Asie du Sud. Il possède de nombreuses îles (dont Madagascar, la Réunion, les Comores).

Indien (subcontinent) Péninsule isolée du reste de l'Asie par la barrière de l'Himalaya. Cette puissante chaîne se forma quand la plaque indienne, voisine de la côte orientale de l'Afrique, vint s'intégrer à la plaque eurasiatique. Le subcontinent indien a une remarquable unité géographique et historique. Il est formé de cinq États indépendants : la république de l'Inde, le Pakistan, Sri Lanka, le Népal et le Bangladesh. Du nord au sud, trois grands ensembles se succèdent : au nord l'Himalaya, long de *2 700 km* et large de *350 km*, très difficilement franchissable, est encadré de massifs moins élevés : les chaînes baloutches et birmanes. La plaine indo-gangétique, « don de l'Himalaya », immense plaine alluviale, sépare la barrière montagneuse de la péninsule du Deccan (ou Dekkan) au sud, vieux bloc cristallin relevé sur les bords (Ghats). L'Inde est le pays de la mousson qui rythme la vie du pays. Elle reçoit de mai à novembre d'abondantes pluies venues de l'océan Indien. L'Inde humide et agricole du sud-ouest et du nord-est s'oppose à l'Inde sèche couverte de steppes et peu peuplée.

indienne n. f. Étoffe légère de coton, teinte ou imprimée, fabriquée d'abord en Inde.

Indiens Nom donné aux populations autochtones du continent américain par les Européens qui, plusieurs années après les voyages de Christophe Colomb, croyaient encore qu'il s'agissait d'une partie de l'Asie. On précisait parfois *Indiens d'Amérique* pour les distinguer des habitants de l'Inde. Dans la seconde moitié du XXe siècle, le nom plus précis d'*Amérindiens* s'est imposé.

indifféremment adv. De manière indifférenciée.

indifférence n. f. Caractère indifférent. / PHILO. *Liberté d'indifférence* : liberté d'opérer un choix pour ou contre qqch. quand ces deux options sont de force égale. / PHYS., CHIM. *Indifférence d'un corps* : son équilibre ou sa neutralité.

indifférencié, e adj. Qui n'est pas différencié. *Cellule indifférenciée.*

indifférent, e adj. Insensible ; qui n'éprouve pas d'intérêt pour. *Cela me laisse indifférent.* / Qui ne fournit aucun motif de préférence. *Il est indifférent de procéder ou non de cette manière.* / PHYS., CHIM. Qui ne

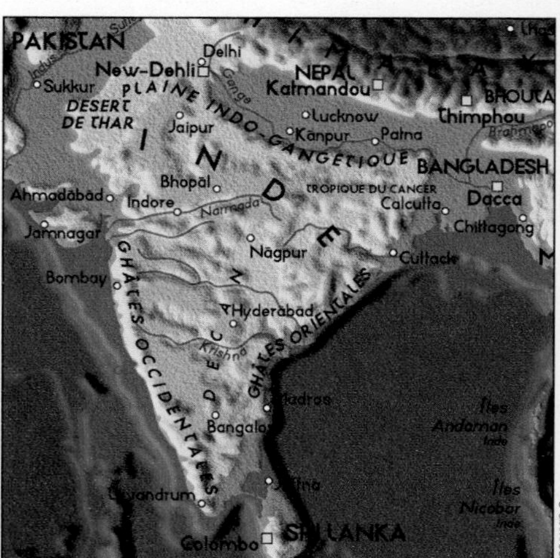

Subcontinent Indien.

INDOCHINE

Détail d'un panneau d'un temple à Angkor, retraçant le départ des troupes à la guerre.

Histoire

Se superposant à des populations primitives, des vagues d'envahisseurs s'avancèrent du nord vers le sud, les uns venant de la Chine, apportant avec eux le bouddhisme, les autres de l'Inde, introduisant l'hindouisme. Les Vietnamiens, soumis aux influences chinoises, finirent par dominer l'est et le sud au détriment des Khmers qui édifièrent une brillante civilisation à Angkor mais furent ensuite refoulés à l'ouest par les Mongols, les Birmans et les Siamois. Dès le XVIe siècle, Portugais et Hollandais s'installaient sur les côtes indochinoises. Mais ce fut seulement au XIXe siècle que les Anglais et les Français se partagèrent la péninsule; seul le royaume de Siam (aujourd'hui Thaïlande) demeura indépendant. En 1947, les Anglais reconnaissaient l'indépendance de la Birmanie et en 1957 celle de la Malaisie et de Singapour. En 1954, la France, par les accords de Genève, abandonnait l'Indochine française au terme d'une longue guerre (1946-1954). Une « deuxième guerre d'Indochine », dite *guerre du Vietnam*, entre le Vietnam du Nord et le Vietnam du Sud, appuyé par les États-Unis, s'ensuivit. Le Vietnam du Nord l'emporta en 1975 et le pays fut réunifié en 1976.

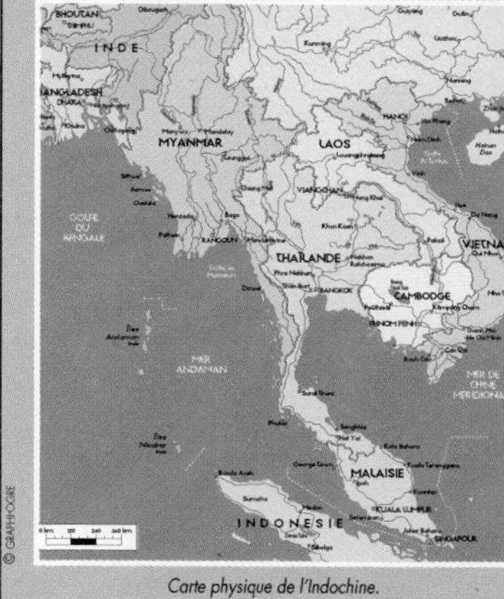

Carte physique de l'Indochine.

tend pas vers un état plus que vers un autre. / MÉCAN. *Corps en équilibre indifférent*, qui reste dans la position qu'on lui a donnée (quelle que soit cette position, par oppos. à équilibre *stable, instable*).
indifférer v. t. ind. [1] Fam. Laisser (qqn) indifférent. *Cela m'indiffère.*
indigence n. f. Détresse matérielle. / Fig. *Indigence intellectuelle.*
indigénat n. m. HIST. Régime administratif appliqué aux indigènes de certaines colonies françaises.
indigène adj. et n. Originaire du pays, de l'endroit où se trouve ce dont on parle, la personne dont on parle. *Faune indigène. Populations indigènes.* / n. (souvent avec une nuance péjor.) *Un(e) indigène*: une personne indigène, dans un pays colonisé, un(e) autochtone. *Les colons et les indigènes.*
indigent, e adj. et n. Qui est dans l'indigence. (Subst.) *Un(e) indigent(e).*
indigeste adj. Lourd à digérer. *Une sauce indigeste.* / Fig. Pénible, mal fait, embrouillé. *Des films souvent indigestes.*
indigestion n. f. Trouble de la digestion, d'origine gastro-intestinale, qui peut s'accompagner de vomissements et de douleurs épigastriques. / Fig., fam. *Avoir une indigestion de*: être fatigué de, dégoûté de, par un usage excessif. *Avoir une indigestion de polars.*
indignation n. f. Sentiment de colère causé par un acte indigne.
indigne adj. *Indigne de*: qui n'est pas digne de. *Il est indigne de vous.* / Qui n'est pas digne de sa qualité. *Mère indigne.* / Odieux. *Manières indignes.*
indignement adv. Odieusement.
indigner v. t. [1] Provoquer l'indignation de. / v. pron. Ressentir de l'indignation. *S'indigner contre une injustice.*
indignité n. f. Caractère d'une chose ou d'une personne indigne. Ant. dignité. / Acte déshonorant. / DR. Sanction légale entraînant la perte de droits civils ou civiques. *Indignité nationale*, sanctionnant des faits de collaboration avec l'ennemi pendant l'Occupation, entre 1940 et 1944. *Indignité successorale*, excluant de la succession un héritier coupable d'offenses graves contre le défunt.
indigo n. m. Colorant organique bleu profond, tirée de l'indigotier ou obtenu par synthèse. / Cette couleur bleue. *L'indigo constitue l'une des couleurs fondamentales du spectre solaire.* / (En appos.) *Bleu indigo.*
indigotier BOT. Plante de la famille des légumineuses (papilionacées), originaire de l'Inde, dont on tirait autrefois l'indigo.
indigotine n. f. CHIM. Constituant principal de l'indigo, de formule $C_{16}H_{10}N_2O_2$.
indiquer v. t. [1] Montrer, désigner (qqch.) sans ambiguïté. *Indiquer le chemin du doigt.* / Faire connaître précisément. *Pouvez-vous m'indiquer la date, la marche à suivre.* (Emploi passif) *Être indiqué*: être recommandé, conseillé. *Ce sirop est indiqué en cas de toux sèche.* / Révéler, être l'indice de. *Rien n'indique son malaise. Tout indique qu'il va pleuvoir.*
indirect, e adj. Qui n'est pas direct. *Éclairage indirect.* / Détourné, implicite, ou qui use d'intermédiaires. *Accusations indirectes.* / GRAMM. *Complément d'objet indirect* (abrév. *C.O.I.*), lié au verbe par une préposition (en particulier «à» et «de»).
indirectement adv. De façon indirecte.
Indirect Rule Termes anglais désignant le mode d'*administration* (*indirecte*) des colonies dans l'empire britannique selon lequel l'organisation traditionnelle des sociétés africaines n'était pas abolie mais subissait néanmoins le contrôle du colonisateur au moyen d'organes administratifs parallèles.
indiscipline n. f. Manque de discipline; désobéissance, insubordination.
indiscipliné, e adj. Qui n'est pas discipliné.
indiscret, ète adj. Qui n'est pas discret.
indiscrètement adv. De façon indiscrète.
indiscrétion n. f. Caractère indiscret; manque de discrétion, de réserve dans la vie en société. / Parole ou acte révélant un secret.
indiscutable adj. Qui n'est pas discutable, patent. *C'est un succès indiscutable.*
indiscutablement adv. De façon indiscutable.
indiscuté, e adj. Qui n'est pas discuté, incontesté. *Un chef indiscuté.*
indispensable adj. et n. Essentiel, dont on ne peut se passer. *Un imperméable est indispensable.* / n. m. *N'emportez que l'indispensable.*
indisponibilité n. f. Caractère indisponible (de qqn, de qqch.). Ant. disponibilité.
indisponible adj. Qui n'est pas disponible.
indisposé, e adj. Victime d'une indisposition.
indisposer v. t. [1] Mettre (qqn) dans une mauvaise disposition d'esprit. *Vos manières l'indisposent.* / Incommoder. *Les champignons m'ont indisposé.*
indisposition n. f. Malaise physique passager. / Par euph. Menstruations.
indissociable adj. Que l'on ne peut dissocier, séparer. *Deux affaires parallèles et indissociables.*
indissolubilité n. f. Caractère indissoluble. *L'indissolubilité du mariage.*
indissoluble adj. Que l'on ne peut dissoudre, rompre. *Le mariage catholique est indissoluble.*
indissolublement adv. De façon indissoluble.
indistinct, e adj. Qui n'est pas distinct, qui n'est pas clairement perçu par les sens. *Chuchotements indistincts.*
indistinctement adv. De façon indistincte.
indium n. m. CHIM. Élément de numéro atomique 49, de masse atomique 114,8 (symbole: In). / Métal blanc, malléable entrant en fusion à 156 °C.
individu n. m. Être organisé considéré isolément dans son espèce (animale, végétale). / Membre d'une collectivité humaine. / Personne indéterminée qu'on ne peut, ou ne veut, nommer. / Personne peu recommandable. *Un drôle d'individu.*
individualisation n. f. Action d'individualiser; personnalisation.
individualiser v. t. [1] Donner un caractère individuel à. *Individualiser un lieu.* / Adapter (qqch.) à un individu. *Individualiser une méthode.*
individualisme n. m. Goût de l'indépendance et de la singularité personnelle dans l'action, la pensée. *Un individualisme effréné.* / PHILO. Théorie selon laquelle l'individu est la valeur suprême et ses droits passent avant ceux de la collectivité.
individualiste adj. et n. Qui procède de l'individualisme. *Un comportement individualiste.* / Subst. *Un(e) individualiste*: une personne individualiste.
individualité n. f. Ensemble de caractères originaux propres à qqn ou à qqch. / Personne douée d'une forte personnalité et qui s'impose aux autres.
individuation n. f. PHILO. Processus de différenciation de la personnalité; son résultat.
individuel, elle adj. De l'individu, d'un individu. *Liberté individuelle. Qualités individuelles.* / Destiné à un individu unique. *Dérogation individuelle.*
individuellement adv. De façon individuelle.
indivis, e adj. DR. Se dit d'un bien possédé par deux ou plusieurs propriétaires, sans avoir été partagé entre eux selon l'importance des droits de chacun. *Patrimoine familial indivis.*
indivisibilité n. f. Qualité de ce qui est indivisible.
indivisible adj. Qui n'est pas divisible.
indivision n. f. DR. Possession en commun d'un bien qui n'est pas matériellement partagé entre les copropriétaires. / Caractère d'un bien indivis.
indo-aryen, enne adj. et n. m. LING. Se dit de la famille des langues parlées en Inde et au Sri Lanka, telles que le sanskrit, le hindi, le bengali, l'ourdou, le cingalais, etc.
• **Indochine** Nom géographique donné à la péninsule de l'Asie du Sud-Est, comprenant le Vietnam, le Laos, le Cambodge, la Thaïlande, la Birmanie et la Malaisie continentale (dont la pointe constitue l'État de Singapour).

Département de l'**Indre**.

Indochine française Nom donné autrefois à l'ensemble des colonies ou protectorats français de Cochinchine (1862), du Cambodge (1863), de l'Annam (1883), du Tonkin (1885), du Laos (1893), et de Guangzhouwan (1899), petit territoire du sud de la Chine cédé à bail et que la Chine recouvra en 1943. L'occupation du pays par les Français se fit en deux temps : Napoléon III, qui se référait à des droits datant de Louis XVI, enleva la Cochinchine à l'empire d'Annam, tout en établissant le protectorat de la France sur le Cambodge (1863-1864). Des mesures de protection en faveur des commerçants français établis au Tonkin entraînèrent un nouveau conflit avec l'Annam, puis avec la Chine (1873-1885), à l'issue duquel le Tonkin et l'Annam devinrent protectorats français. Tous ces pays formèrent en 1887 l'Union indochinoise, accrue en 1893 du protectorat du Laos. Entre 1920 et 1939, malgré une sévère répression, se développa une agitation nationaliste dont le communiste Hô Chi Minh fut un des principaux instigateurs. Elle fut favorisée par les Japonais qui, à la fin de leur occupation du pays, en 1945, proclamèrent l'indépendance du Vietnam. L'amiral Thierry d'Argenlieu rétablit pour un temps la situation. Mais l'échec des négociations avec Hô Chi Minh fut suivi d'une longue guerre (1946-1954). Après l'encerclement du camp retranché de Diên Biên Phu par Giap (mars-mai 1954), la conférence de Genève (26 avril-21 juillet 1954) reconnut l'indépendance du Vietnam, scindé en deux États (Nord, communiste, et Sud) et confirma celle du Laos et du Cambodge (proclamée en 1953).

indochinois, e adj. De l'Indochine. / Spécial., anc. De l'Indochine française. *Les plaines indochinoises. Les Indochinois.*

indocile adj. Qui manque de docilité.

indo-européen, enne n. m. et adj. *L'indo-européen* : la langue primitive hypothétique qui serait à l'origine de nombreuses langues d'Asie et d'Europe. / adj. *Le grec, le latin, le sanscrit, et bien d'autres langues sont des langues indo-européennes.* / Subst. *Les Indo-Européens* : les peuples parlant des langues indo-européennes.

indol ou **indole** CHIM. Composé aromatique de formule C_8H_7N, utilisé en parfumerie.

indolemment adv. Avec indolence.

indolence n. f. Caractère indolent (de qqn).

indolent, e adj. Particulièrement nonchalant.

indolore adj. Qui ne cause aucune douleur. *Soins médicaux indolores.*

indolyl-acétique ou **indole-acétique** adj. BIOCHIM., BOT. *Acide indolyl-acétique* ou *indole-acétique* (AIA) : voir *auxine*. Plur. *indolyl-acétiques, indole-acétiques.*

indomptable adj. Qui ne peut être dompté. *Étalon indomptable.* / Fig. Rebelle, irrépressible. *Tempérament, énergie indomptable.*

• **Indonésie** État de l'Asie du Sud-Est constitué par les anciennes possessions néerlandaises des Indes orientales.

indonésien, enne adj. et n. D'Indonésie. *Archipel indonésien. Un(e) Indonésien(ne).*

in-douze adj. inv. et n. m. inv. IMPR. Dont la feuille d'impression, pliée en douze, forme 24 pages. *Format in-douze.* / n. m. inv. Livre de ce format. *Des in-douze.*

Indra Un des principaux dieux de la mythologie védique de l'Inde. Vainqueur des ténèbres, roi des dieux et maître des saisons, il accorde la fécondité, dispense la pluie et brandit la foudre. On le représente monté sur un éléphant portant une hache à la main.

Indre *265 km* Rivière de France qui arrose Châteauroux, Loches et Azay-le-Rideau avant de se jeter dans la Loire.

Indre (département de l') [36] *6 791 km^2 237 510 h.* Chef-lieu *Châteauroux.* Département qui fait partie de la Région Centre. Zone de contact entre le Massif central et le Bassin parisien, l'Indre est un département agricole associant l'élevage dans les pays bocagers, la grande culture (céréales, betteraves) dans la champagne berrichonne au nord et la polyculture dans la dépression argileuse du Boischaut. L'industrialisation de Châteauroux et d'Issoudun est modeste (aéronautique).

Indre-et-Loire (département d') [37] *6 127 km^2 529 345 h.* Département qui fait partie de la Région Centre. Chef-lieu *Tours.* Au centre de la France, le département correspond à la région et ancienne province de Touraine. Le Val de Loire s'oppose aux plateaux qui l'entourent par la douceur de son climat, la richesse de ses sols (vignes de Bourgueil, de Vouvray, fruits, légumes), la densité de sa population. La Champeigne et le Richelais sont des plateaux calcaires couverts de champs de céréales. La Gâtine tourangelle au nord et le plateau de Sainte-Maure au sud-est sont des régions plus pauvres tournées vers l'élevage. Tours est une capitale régionale ; marché agricole, ville universitaire et culturelle, centre d'industries variées ; son agglomération concentre plus de la moitié de la population du département. Les autres villes sont animées par le tourisme : châteaux de la Renaissance à Chenonceaux, Amboise, Azay-le-Rideau.

indri n. m. (mot malgache) ZOOL. Grand lémurien mesurant 80 cm, queue comprise, pesant jusqu'à 10 kg, végétarien et arboricole.

indu, e adj. et n. m. Contraire à l'usage, aux règles. *Des agissements indus. Une heure indue*, inhabituelle et peu convenable. Ant. dû. / n. m. Somme qui n'est pas due, qui est perçue en trop. *Rembourser l'indu.*

indubitable adj. Dont on ne peut douter. *Preuve indubitable.*

indubitablement adv. De façon indubitable.

inductance n. f. ÉLECTR. Quotient du flux d'induction magnétique d'un courant électrique par l'intensité de ce courant.

inducteur, trice adj. et n. **A.** adj. Qui induit un processus logique. **B.** n. m. ÉLECTR. Dispositif qui produit un champ inducteur dans une machine d'induction (champ électrostatique ou électromagnétique). / BIOCHIM. Substance dont la présence stimule ou déclenche une induction.

inductif, ive adj. Qui procède de l'induction. / ÉLECTR. (En parlant d'un circuit, d'un dispositif) Où se produit une auto-induction.

induction n. f. Terme de logique désignant un raisonnement qui conduit à une conclusion générale à partir de faits particuliers. / PHYS, ÉLECTR. Production d'électricité statique, de magnétisme ou de courant électrique, par la variation ou le déplacement de l'une de ces grandeurs dans un autre circuit. / *Table de cuisson à induction* : machine, plaque chauffante ou four électrique, où le champ magnétique produit la chaleur nécessaire à la cuisson. / BIOCHIM. Accélération de l'activité d'une enzyme sous l'action d'une substance donnée. / EMBRYOL. *Induction embryonnaire* : action, au cours de l'embryogenèse, d'un groupe de cellules sur un groupe de cellules voisin, dont les potentialités de différentiation se trouvent ainsi modifiées.

induire v. t. [3] Mener (qqn) à, par voie de conséquence. *Induire qqn en erreur*, le tromper. / ÉLECTR., BIOL. Produire, réaliser une induction.

indulgence n. f. Caractère indulgent (de qqn) ; bienveillance à l'égard des autres, de leurs fautes et de leurs imperfections. / DR. CANON. Rémission, totale ou partielle, accordée par l'Église, de la peine temporelle attachée aux péchés pardonnés.

Indulgences (querelle des) Conflit qui, au début du XVIe siècle, fut une des origines de la Réforme protestante. Par la pratique des indulgences, l'Église romaine accordait un pardon partiel ou entier des péchés contre une somme d'argent. Cette

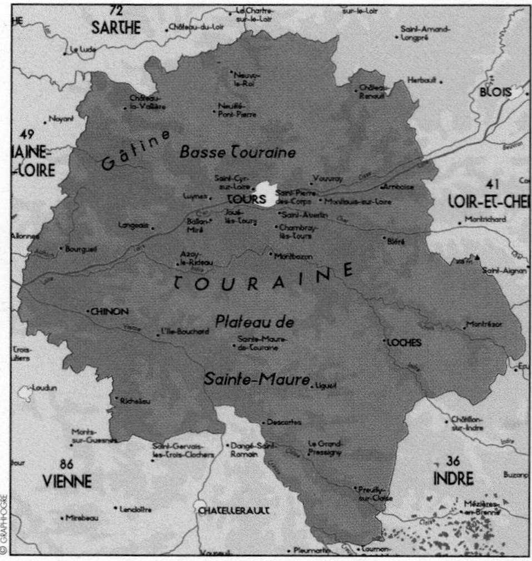

Département de l'**Indre-et-Loire**.

INDONÉSIE

Superficie : *1 890 094 km²* – **Nombre d'habitants :** *213 600 000 h.* – **Capitale :** *Djakarta*
Villes principales : *Surabaya, Bandung, Semarang, Palembang* – **Système politique :** *république*
Langue(s) : *indonésien* – **Religion(s) :** *islam, christianisme* – **Monnaie(s) :** *roupie indonésienne*

Voir l'Atlas

Géographie physique et humaine

L'Indonésie, le plus vaste archipel du monde, est formée de plus de 3000 îles dont les principales sont Sumatra, Java, Bornéo (dont l'Indonésie possède la plus grande partie nommée Kalimantan), les Moluques et l'Irian Jaya (partie ouest de la Nouvelle-Guinée). Java est l'île la plus peuplée et la plus riche.

À l'est de Java, les richesses artistiques et culturelles de l'île de Bali attirent le tourisme. Kalimantan appartient à l'ensemble géographique de l'Insulinde ; les îles de la Sonde, de Sumatra à l'ouest, jusqu'à Timor à l'est, sont toutes indonésiennes ; comme les Célèbes, elles ont une forte unité géomorphologique : ce sont les sommets d'une chaîne volcanique sous-marine, la plus importante du monde ; sur 500 volcans, 120 sont encore actifs. Le climat équatorial chaud, caractérisé par la constance quasi générale des précipitations, a produit une forêt dense, que l'homme a entrepris de défricher dans les temps les plus reculés. La population indonésienne se répartit de façon extrêmement inégale. L'Irian Jaya a une densité de 5 h./km² ; Kalimantan, 25 ; Sumatra, 85 ; Bali, 524 ; Java, 882, mais la moitié des habitants se concentrent sur moins de 10 % de l'île. La population, d'origine malaise (rurale pour les deux tiers), présente une grande variété ethnique et une grande unité religieuse. 87 % des Indonésiens sont musulmans, ce qui fait de l'Indonésie le plus important État musulman du monde, et près de 10 % sont chrétiens ; les Balinais sont hindouistes, on compte une infime minorité de bouddhistes et certaines tribus vivant dans les zones les plus reculées de la forêt ont conservé leurs croyances ancestrales.

Économie

L'agriculture emploie 56 % des actifs. La riziculture a fait des progrès considérables. La production de manioc et de sucre de canne est importante. À cela s'ajoutent le caoutchouc, le café, le thé, le coprah, l'arachide. Les bois tropicaux alimentent l'exportation (numéro 1 mondial), ainsi que le pétrole et le gaz naturel.

L'industrie n'emploie que 14 % de la population, mais jusqu'en septembre 1997 le faible coût de la main-d'œuvre et (donc) les investissements étrangers ont suscité un « miracle indonésien », bien que l'importation des matières premières soit onéreuse : elles sont payées en dollars, alors que les exportations rapportent des devises plus faibles. Le krach qui s'est abattu en 1997 sur le Sud-Est asiatique a montré la fragilité des structures indonésiennes, minées par le népotisme. La croissance commençait à revenir quand, le 12 octobre 2002, un attentat terroriste (imputé à al-Qaida) a endeuillé le centre de Bali, faisant des centaines de morts. Le flux des touristes s'est tari, alors que le tourisme (entre 2%et 3% du PNB indonésien) fait vivre le tiers des Balinais.

Histoire

En 1891, est découvert à Java le crâne d'un hominien baptisé *Pithecanthropus erectus* ; ce « pithécanthrope » vivait à une époque que les paléontologues situent entre 1 million d'années et 800 000 ans. On sait peu de chose sur les étapes du peuplement de l'Indonésie.

Les Indonésiens modernes sont issus en très grande majorité de populations venues d'Asie intérieure, peut-être dès le VIe millénaire : des objets datant de l'Âge du Bronze (haches, vases, tambours) témoignent d'une influence continentale. Jusqu'au XIVe siècle de notre ère, les sources d'information sont fragmentaires et dispersées : sites archéologiques en ruines ; textes épigraphiques de longueur inégale (sur pierre ou sur cuivre), en diverses langues ; mentions dans des textes grecs, latins, arabes ou chinois ; enfin, très tardivement (XIIe siècle), textes littéraires javanais transcrits encore plus tard sur des feuilles de palmier. L'influence indienne s'exerce dès le Ve siècle, notamment au sud de Sumatra et au centre de Java.

Au début du XIe siècle, la civilisation se déplace vers l'est de l'île ; les princes de cette région deviennent puissants et l'un d'eux s'empare de Bali. En 1292, l'empereur mongol Koubilaï, petit-fils de Gengis khan, lance une expédition qui anéantit ce royaume auquel succède l'empire de Madjapahit (ruines près de la ville javanaise de Mojokerto). Au XIVe siècle, sa flotte se livrait au commerce des épices, notamment avec la Chine.

À partir de la fin du XIVe siècle, d'une part, les échanges avec les Chinois s'intensifient et ils affluent à Java, d'autre part, l'islam pénètre dans l'archipel, puis y triomphe : à l'exception de Bali, l'Indonésie est musulmane en 1500, peut-être même plus tôt. Les Portugais atteignent Java en 1511, mais ne s'implantent pas durablement. Dès 1602, les Hollandais interviennent. En 1619, la Compagnie hollandaise des Indes orientales crée le comptoir de Batavia (qui deviendra Djakarta) et s'assure progressivement le contrôle de Java, mais sa mauvaise gestion l'accule à la dissolution (1738). Ses biens reviennent à la République batave (les Pays-Bas, sous influence française à partir de 1795), puis au royaume de Hollande qui envoie un gouverneur à Batavia, annexée à l'Empire en 1810.

Marché aux fruits dans les Célèbes.

La plupart des îles de l'Indonésie, situées sous l'équateur, ont un climat chaud et humide.

Annexion sans lendemain : en 1811, les Anglais s'en emparent. Les comptoirs sont rattachés au gouvernement des Indes et confiés à Sir Thomas Stamford Raffles. Ce dernier doit appliquer les accords qui mettent fin (1814-1815) aux guerres napoléoniennes et restituent aux Pays-Bas leurs anciennes possessions. Contraint de se retirer, il fonde Singapour (1819) pour contrôler la région des détroits ; en 1824, le traité de Londres laisse Singapour aux Britanniques et confirme les droits des Pays-Bas qui étendent leurs pouvoirs sur une grande partie de l'Indonésie et mettent en place leur système colonial : travail forcé (*système Van den Bosch*) qui conduit à la famine et à des révoltes violemment réprimées. En 1920, le parti communiste indonésien est créé et en 1927, le parti nationaliste de Sukarno. En 1942, le Japon occupe l'Indonésie.

Quand il se retire, lors de sa capitulation face aux États-Unis, il laisse Sukarno proclamer l'indépendance du pays, en août 1945. Les Pays-Bas interviennent militairement, provoquant la guérilla. En 1949, ils acceptent l'indépendance du pays dans le cadre d'une union avec les Pays-Bas. Sukarno doit faire face à des mouvements séparatistes, qui récusent la domination de Java, aux Moluques et à Sumatra. En 1954, il rompt l'union avec les Pays-Bas. En avril 1955, il réunit la conférence de Bandung (dans le sud-ouest de Java), conférence des pays non-alignés réunissant (entre autres) la Chine, l'Égypte, la Yougoslavie et l'Inde. Il fait face aux oppositions,

inondé, e adj. Rempli d'eau. *Une cave inondée.*
inonder v. t. [1] Submerger d'eau (qqch.) *La crue a inondé la plaine.* / Fig. Envahir (un lieu) en masse ; pénétrer (qqch.) *La foule inondait l'avenue. La joie inonde nos cœurs.*
Inönü (Ismet Pacha, dit **Ismet)** 1884-1973 Homme d'État turc. Officier de carrière, il prit part au mouvement des Jeunes-Turcs (1908). S'étant joint au mouvement nationaliste de Mustafa Kemal après la Première Guerre mondiale, il fut chargé de combattre les Grecs et remporta la victoire d'Inönü (1921), dont il prit plus tard (1934) le nom. Ministre des Affaires Étrangères en 1922, puis nommé Premier ministre lors de la proclamation de la République turque en 1923, il devint président de la République à la mort de Mustafa Kemal en 1938 et poursuivit la politique réformatrice de celui-ci. Durant la Seconde Guerre mondiale, il maintint la neutralité de la Turquie jusqu'en 1945 et n'autorisa aucun autre parti politique que le sien, le Parti Républicain du Peuple (P.R.P.). Battu aux élections de 1950, il fut à nouveau brièvement président du Conseil en 1961, puis demeura dans l'opposition à la tête du P.R.P. jusqu'en 1972.
inopiné, e adj. Imprévu. *Un séjour inopiné.* / Inopportun, accidentel. *Chute inopinée.*
inopportun, e adj. Qui n'est pas opportun.
inopposabilité n. f. DR. Caractère d'un acte judiciaire inopposable.
inopposable adj. DR. Qui n'est pas opposable à un tiers non impliqué dans la procédure.
inorganique adj. Dont l'origine n'est ni animale ni végétale.
inorganisé, e adj. Qui n'est pas organisé.
inoubliable adj. Qui ne peut être oublié.
inouï, e adj. Qu'on n'a jamais entendu ; extraordinaire ; sans précédent. *Une nouvelle inouïe. Un malheur inouï.*
inox n. m. inv. (nom déposé) Acier inoxydable.
inoxydable adj. Qui ne peut s'oxyder. *Acier inoxydable*, dans la composition duquel entre un minimum de 12,5 % de chrome.
in pace ou **in-pace** n. m. inv. (mots latins) HIST. Prison dans laquelle étaient enfermés à vie des coupables qui avaient fait scandale.
in partibus loc. adj. (mots latins) RELIG. CATHOL. *Évêque in partibus {infidelium}*, titulaire d'un évêché situé dans un pays non chrétien, où, donc, il ne peut pas résider.
in petto loc. adv. (mots latins) À part soi, dans son for intérieur. / RELIG. *Création in petto* : manière propre au pape de nommer des dignitaires ecclésiastiques (aujourd'hui uniquement des cardinaux) sans rendre publique cette nomination qui peut être dévoilée, mais peut aussi demeurer secrète. *Mgr Ignatius Gong Pinmei, évêque émérite de Shanghai, a été nommé cardinal in petto par Jean-Paul II en 1979, nomination qui a été rendue publique en 1991.*
in-plano adj. inv. et n. m. IMP. Dont la feuille d'impression n'est pas pliée. *Format in-plano.* / Livre de ce format. Pl. Des *in-plano* ou des *in-planos*.
input n. m. (mot anglais) INFORM. Entrée d'une donnée dans un traitement.
inqualifiable adj. Qui ne peut être qualifié. Syn. innommable.
in-quarto adj. inv. et n. m. IMPR. Se dit d'une feuille qui se plie en quatre, formant huit pages. *Format in-quarto.* / n. m. Livre de ce format. Pl. Des *in-quartos* ou des *in-quarto*.
inquiet, ète adj. *Inquiet de*, soucieux de. *Être inquiet de son sort.* (Absol.) Qui ne connaît pas la quiétude. *Un homme inquiet.* Ant. (litt. ou vx) quiet. / Qui exprime l'inquiétude. *Regard inquiet.*
inquiétant, e adj. De nature à inquiéter.
inquiéter v. t. [1] Remplir d'inquiétude. Sa maigreur m'inquiète. / Poursuivre, menacer. *Il a été inquiété par la police. Il a été inquiété dans le deuxième set.* / v. pron. Être inquiet. *S'inquiéter de* : se préoccuper de ; s'enquérir de.
inquiétude n. f. État inquiet (de qqn). Ant. quiétude.
inquisiteur, trice n. m. et adj. HIST. Juge de l'Inquisition. *Le Grand Inquisiteur.* / adj. Qui scrute avec suspicion. *Regard inquisiteur.*
inquisition n. f. Enquête sévère, arbitraire.
• **Inquisition** Institution ecclésiastique créée pour lutter contre les hérésies.
inquisitorial, e, aux adj. HIST. Relatif à l'Inquisition. / Qui rappelle les procédés de l'Inquisition ; arbitraire. *Enquête inquisitoriale.*
INRA Sigle de et acronyme pour *Institut national de la recherche agronomique.*
INRI Initiales de *Iesus Nazarenus Rex Iudaeorum*, en latin « Jésus de Nazareth, roi des Juifs ». Pilate fit placer cette inscription, non seulement en latin mais aussi en grec et en araméen, sur la Croix, lors du supplice de Jésus.
insaisissabilité n. f. DR. Caractère de ce qui est insaisissable. *Insaisissabilité des prestations familiales.*
insaisissable adj. Qui ne peut être saisi, capturé, attrapé. *Animal insaisissable.* Au fig. *Nuances insaisissables*, fugaces, presque imperceptibles, indéfinissables. / DR. Qui ne peut faire l'objet d'une saisie. *Biens insaisissables.*
insalubre adj. Qui n'est pas salubre.
insalubrité n. f. Caractère de ce qui est insalubre. *Insalubrité des bidonvilles.* Ant. salubrité.
insane adj. Insensé, déraisonnable. *Des propos insanes.*

INQUISITION

Histoire

L'Inquisition fut créée à l'origine pour lutter contre les hérésies cathare et vaudoise, puis contre d'autres hérésies, contre les sorciers et, en Espagne et au Portugal, contre les musulmans et les juifs convertis que l'on soupçonnait de ne pas avoir totalement abandonné leur foi. En outre, elle fut parfois utilisée par des princes à des fins strictement politiques.

Elle avait pour champ d'activité toute l'Europe chrétienne (Angleterre exceptée) et les colonies espagnoles. Bien que formellement établie en 1231 par la constitution du pape Grégoire IX, ses origines remontent au pontificat d'Innocent III qui avait codifié, au concile de Latran (1215), la lutte contre les hérésies. Le tribunal organisé par Grégoire IX est permanent et indépendant.

Les pouvoirs des juges sont confiés aux dominicains. Très rapidement, grâce au concours des pouvoirs temporels, l'Inquisition étend son activité à presque toute la chrétienté d'Occident. Le tribunal se déplace et s'attaque à tout ce qui est considéré comme hérétique, les Cathares et les Vaudois n'étant plus les seules cibles.

Les hérétiques présumés sont invités à avouer spontanément leurs erreurs ; s'ils s'y refusent, ils sont soumis à des interrogatoires systématiques, sans l'assistance d'un avocat et sans même connaître l'identité des témoins à charge.

La torture est couramment employée ; pour ceux qui se repentent, les peines sont le port de signes infamants, la flagellation, la prison, la confiscation des biens, l'obligation de faire un pèlerinage. Ceux qui refusaient de se repentir étaient livrés au bras séculier qui les condamnait au bûcher. L'Inquisition fut très active aux XIIIe et XIVe siècles, mais suscita aussi de nombreuses oppositions, non seulement des populations se sentant menacées mais aussi de certaines autorités, inquiètes du pouvoir illimité laissé aux inquisiteurs. Les papes sont parfois amenés à les rappeler à l'ordre et en 1321 Jean XXII parvient à restreindre leurs pouvoirs. Avec l'affaiblissement de l'Église au moment du Grand Schisme et le développement de l'autorité juridique laïque, l'Inquisition perd son importance au XVe siècle et disparaît en France au XVIIIe siècle.

Scène de l'Inquisition, *tableau de Eugenio Lucas Padilla.*

En Espagne, cependant, elle reprend en 1478, les rois catholiques voulant venir à bout des minorités musulmanes et juives. Dès le premier inquisiteur général, Torquemada (1485-1494), celles-ci sont étroitement surveillées, puis contraintes à la conversion. L'autodafé devient une cérémonie officielle au cours de laquelle les sentences du tribunal sont rendues publiques et exécutées.

L'Inquisition espagnole se poursuit sans grande interruption jusqu'au XIXe siècle. Initialement interdite par un décret de Napoléon, elle est officiellement abolie par les autorités espagnoles en 1834.

insanité n. f. Litt. Manque de bon sens. / Propos insane. *Proférer des insanités.*
insatiabilité n. f. Caractère de ce qui est insatiable.
insatiable adj. Qu'on ne peut assouvir, combler. *Appétit insatiable. Ambition insatiable.*
insatiablement adv. De façon insatiable.
insatisfaction n. f. Manque de satisfaction.
insatisfaisant, e adj. Qui n'est pas satisfaisant.
insatisfait, e adj. Qui n'est pas satisfait.
insaturé, e adj. CHIM. Qui n'est pas saturé. *Vapeur insaturée.*
inscription n. f. Action d'inscrire; résultat de cette action. / Ensemble de caractères gravés ou écrits; texte qui en résulte. *Inscription funéraire.* / Action de porter sur une liste, un registre le nom de qqn ou de qqch. *Inscription à un concours.* / DR. *Inscription en faux*: acte affirmant qu'un écrit considéré comme authentique est faux. / MAR. Anc. *Inscription maritime*: administration chargée du recensement des marins professionnels et du respect de leurs droits. *On ne parle plus aujourd'hui d'Inscription maritime, mais d'Affaires maritimes.*
inscrire v. t. [3] Écrire, graver sur un matériau dur. *Inscrire une épitaphe sur une stèle.* / Porter (une information que l'on veut conserver) sur un document. *Inscrire une date sur son agenda.* / Enregistrer (un nom) sur une liste, un registre. / Par ext. Faire enregistrer l'admission de (qqn) dans une collectivité. *Inscrire son enfant à l'école.* (Emploi pron.) *S'inscrire à un parti,* en devenir adhérent. Loc. *S'inscrire en faux contre*: s'opposer à, nier. / GÉOM. Tracer (une figure) dans une autre de façon que les sommets de la première soient sur le périmètre de la seconde ou que cette figure soit tangente à tous les côtés de la seconde. / Fig. Insérer, inclure. *Inscrire une matière au programme.* / SPORT Fig., abus. Marquer. *Inscrire un but.*
inscrit, e adj et n. Dont le nom figure sur une liste. *Quel est le nombre des candidats inscrits ?* (Subst.) *Liste des inscrits.* / POLIT. *Député non inscrit,* qui n'appartient à aucun groupe parlementaire. / n. m. *Inscrit maritime*: marin immatriculé par l'Inscription maritime.
insécable adj. Qui n'est pas sécable.
• **insectes** n. m. pl. ZOOL. Classe d'arthropodes dont le corps segmenté est divisé en trois régions (tête, thorax et abdomen), portant une paire d'antennes et généralement deux paires d'ailes, à respiration trachéenne.
insecticide adj. et n. m. Qui détruit les insectes. *Produit insecticide. Un insecticide.*
insectivore adj. et n. m. ZOOL. Qui se nourrit d'insectes. / n. m. pl. Ordre de mammifères placentaires, à dents pointues, se nourrissant d'insectes, de vers, de gastéropodes, etc. *Les taupes, les hérissons, les musaraignes sont des insectivores.*
insécurité n. f. Absence de sécurité. *L'insécurité règne dans cette ville.*
INSÉÉ Acronyme pour *Institut national de la statistique et des études économiques.*
in-seize adj. inv. et n. m. inv. IMPR. Dont la feuille d'impression est pliée en seize, formant ainsi 32 pages. *Format in-seize.* / n. m. inv. Livre de ce format. *Un in-seize.*
inséminateur, trice adj. et n. m. Qui sert à inséminer. / n. m. Spécialiste de l'insémination artificielle des animaux.

INSECTE

La tête des insectes porte une paire d'yeux composés, souvent trois ocelles, une paire d'antennes et les pièces buccales: le labre (ou lèvre supérieure), les deux mandibules (ou mâchoires), les deux maxilles, le labium (ou lèvre inférieure). Le thorax est formé de trois segments pourvus chacun d'une paire de pattes; les deuxième et troisième segments peuvent porter chacun une paire d'ailes. L'abdomen est composé, chez les adultes, de 11 segments et peut porter à son extrémité divers appendices (cerques, aiguillon, ovipositeur, etc.). Le corps des insectes est enveloppé par une cuticule de chitine; leur croissance se fait par mues successives.
D'après le mode de développement, on distingue les holométaboles, à métamorphose complète (chez lesquels il existe un stade nymphal, entre les formes larvaires et l'imago), et les hétérométaboles, à métamorphoses incomplètes.
Les insectes comportent un très grand nombre d'espèces, extrêmement variées, d'une grande diversité de modes de vie (coléoptères, lépidoptères, homoptères, hétéroptères, hyménoptères, etc.).

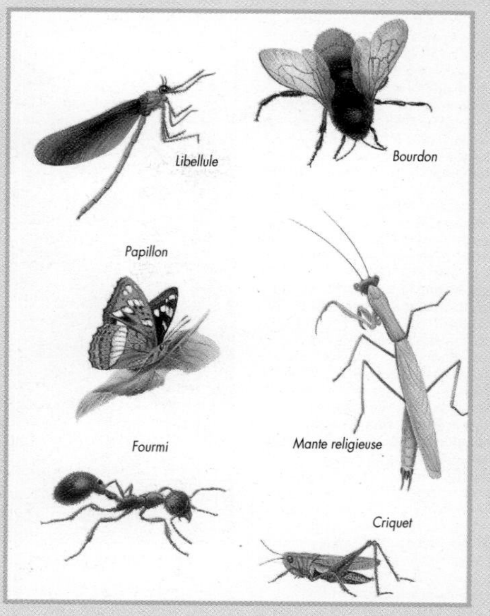

insémination n. f. Introduction de la semence mâle dans les voies génitales femelles. *L'insémination artificielle se fait en dehors de tout rapport sexuel, et constitue une des méthodes de fécondation médicalement assistée.*
inséminer v. t. [1] BIOL. Féconder par insémination artificielle.
insensé, e adj. Qui n'a pas de sens, déraisonnable. *Discours insensé.* Ant. sensé. / Qui déraisonne. *Personne insensée.*
insensibilisation n. f. Action d'insensibiliser. Ant. sensibilisation.
insensibiliser v. t. [1] Rendre insensible (une zone du corps). Ant. sensibiliser.
insensibilité n. f. Caractère insensible (de qqn, de qqch.) Ant. sensibilité.
insensible adj. Qui n'est pas sensible.
insensiblement adv. Imperceptiblement.
inséparable adj. et n. Que l'on ne peut séparer.; qui ne se quittent jamais. *Des amis inséparables. Des inséparables.* / ZOOL. n. m. ou n. f. pl. Nom donné aux perruches que l'on ne peut élever que par couples.
insérer v. t. [1] Introduire (un objet) dans un autre, parmi d'autres. / Fig. Introduire (un élément) dans un ensemble. *Insérer une clause dans un contrat.* / v. pron. Trouver sa place (dans un ensemble). *S'insérer dans la société.*
INSERM Acronyme pour *Institut national de la santé et de la recherche médicale.*
insermenté adj. m. HIST. *Prêtre insermenté,* qui refusa de prêter serment à la Constitution civile du clergé, en 1790. Ant. assermenté.
insert n. m. Dans le langage de l'audiovisuel, tout élément introduit dans une séquence: au cinéma, gros plan, parfois bref, inséré dans une séquence; à la télévision, séquence introduite d'une autre séquence filmée en direct; à la radio, élément sonore intercalé dans une émission. / TECHN. Poêle à bois intégré dans l'âtre d'une cheminée.
insertion n. f. Introduction d'une chose dans une autre; son résultat. / ANAT., BOT. Attache d'un organe, d'un membre, sur le reste de l'organisme. / DR. *Insertion légale*: publication dans la presse, exigée par décision judiciaire.
insidieusement adv. De façon insidieuse.
insidieux, euse adj. Qui tend un piège. *Poser des questions insidieuses.* / MÉD. Plus grave qu'il n'y paraît.
insigne adj. et n. m. **A.** adj. Litt. Remarquable. *Faveur insigne.* **B.** n. m. Marque distinctive d'un grade, d'une fonction, d'une dignité, d'un groupement. *Les insignes militaires.*
insignifiance n. f. Caractère insignifiant (de qqn, de qqch.).
insignifiant, e adj. Qui n'a rien de remarquable, rien d'intéressant. *Personne insignifiante.* / Sans importance. *Chose insignifiante.*
insinuant, e adj. Qui sait insinuer, s'insinuer.
insinuation n. f. Allusion permettant de sous-entendre ce qui n'est pas dit clairement. *Un discours rempli d'insinuations.*
insinuer v. t. / v. pron. [1] **A.** v. t. Faire pénétrer (qqch.) habilement dans l'esprit; faire comprendre (qqch.) de manière allusive. *Insinuer le doute. Qu'insinuez-vous en disant cela ?* **B.** v. pron. S'introduire avec habileté (dans un lieu, auprès de qqn). *S'insinuer dans le camp adverse.* / (En parlant de choses) Pénétrer peu à peu, s'infiltrer.
insipide adj. Qui est sans saveur. *L'eau est insipide.* / Qui manque de goût. *Aliment insipide.* / Fig. Ennuyeux, terne. *Film insipide.*
insipidité n. f. Caractère de ce qui est insipide.
insistance n. f. Action d'insister. / Obstination.
insistant, e adj. Qui insiste. *Regard insistant.*
insister v. i. [1] Persévérer à demander (qqch.). *Il insiste pour être reçu. Insister du regard.* / *Insister sur*: appuyer avec force, mettre l'accent sur. *Insister sur un sujet, sur un point faible.* / Absol. *J'insiste.*
in situ loc. adv. et adj. (mots latins) Dans son milieu naturel. *Étudier des peintures rupestres in situ.* / loc. adj. MÉD. *Une tumeur in situ*, qui ne s'est pas étendue, n'a pas produit de métastase.
insolation n. f. Action du soleil. / Durée d'ensoleillement. *Brièveté de l'insolation en hiver.* / MÉD. Malaise grave dû à une trop longue exposition au soleil. / PHOTO Exposition d'une plaque photosensible à la lumière.
insolemment adv. Avec insolence.

insolence n. f. Caractère insolent (de qqch., de qqn). / Parole, geste insolents. *Assez d'insolences !*
insolent, e adj. et n. Qui manque de respect, impudent. *Remarque insolente.* / Subst. *Un(e) insolent(e)* : une personne insolente. / *Une chance insolente,* abusive.
insoler v. t. [1] TECHN. Soumettre à l'action des rayons solaires, de la lumière.
insolite adj. Qui surprend par son étrangeté, son caractère inhabituel. *Visites insolites. Bruits insolites.*
insolubilité n. f. Caractère de ce qui est insoluble. *Insolubilité d'une substance dans l'eau.* Ant. solubilité. / Fig. *Insolubilité d'une énigme.*
insoluble adj. Qui n'est pas soluble. *Corps insoluble.* / Fig. Auquel on ne peut trouver de solution. *Problème insoluble.*
insolvabilité n. f. Caractère d'une personne insolvable ; incapacité à payer ses dettes ou à honorer ses obligations financières. Ant. solvabilité.
insolvable adj. Qui n'est pas solvable.
insomniaque adj. et n. Qui souffre d'insomnie.
insomnie n. f. Trouble du sommeil.
insondable adj. Trop profond pour être sondé. *Gouffre insondable.* / Fig. *Bêtise insondable.*
insonore adj. Qui n'est pas sonore. / Qui amortit, étouffe les sons. *Revêtement insonore.*
insonorisation n. f. Opération isolant un lieu des bruits extérieurs ou empêchant la propagation du bruit, à l'aide de revêtements absorbant les vibrations sonores.
insonoriser v. t. [1] Procéder à l'insonorisation de. *Insonoriser un appartement.*
insouciance n. f. Caractère insouciant (de qqn, qqch.) *L'insouciance de la jeunesse. L'insouciance de vos propos.* / Par ext. Imprévoyance. *Son insouciance nous coûtera cher.*
insouciant, e adj. Qui ne se fait pas de souci. *Jeunesse insouciante.* / Qui dénote l'insouciance. *Propos insouciants.*
insoumis, e adj. et n. Qui fait preuve d'insoumission. *Un enfant insoumis.* / DR. Militaire qui n'a pas rejoint son corps dans les délais prescrits. *Les insoumis.*
insoumission n. f. État d'une personne qui refuse obstinément d'obéir ; rébellion. / DR. État d'un militaire insoumis.
insoupçonnable adj. Au-dessous de tout soupçon.
insoutenable adj. Que l'on ne peut justifier. *Prétentions insoutenables.* / Que l'on ne peut supporter. *Un spectacle insoutenable.*
inspecter v. t. [1] Examiner (qqch., qqn) pour contrôler, vérifier. *Inspecter un chantier. Inspecter des troupes.* / Examiner attentivement (qqch.) *Inspecter les alentours.*
inspecteur, trice n. Agent, fonctionnaire dont la mission est de contrôler et de surveiller l'activité d'autres fonctionnaires ainsi que celle d'un service public, en vue de la bonne application du règlement et de la loi. *Inspecteur des impôts. Inspecteur du travail. Inspecteur de police.*
inspection n. f. Examen consciencieux d'une chose, d'une personne que l'on veut contrôler. *Inspection des bagages à la douane.* / Travail d'un inspecteur. / Grande administration d'État, avec l'ensemble de ses services. *Inspection générale des finances.*
inspirateur, trice adj. et n. ANAT. Qui permet d'inspirer. / Fig. Qui inspire, dont on s'inspire. *Muse inspiratrice.* (Subst.) *Un inspirateur, une inspiratrice.*

Façade de l'**Institut de France** à Paris, avec la coupole de l'ancienne chapelle.

inspiration n. f. Action d'inspirer ; activité régulière des poumons se remplissant d'air (par oppos. à *expiration*). / RELIG. Illumination divine donnant à l'homme la faculté de prophétiser, de parler et d'agir selon l'esprit de Dieu. *Inspiration des prophètes de la Bible.* / Influence surnaturelle, ou supposée telle, dans le cadre d'une opération magique ou divinatoire. / Naissance spontanée d'une idée, d'un sentiment. *L'inspiration d'un poète.* / Action de suggérer qqch. ; ce qui est suggéré. *Œuvre d'inspiration antique.*
inspiré, e adj. Qui a de l'inspiration. *Poète inspiré.* / Qui manifeste de l'inspiration, la simule. *Prendre des airs inspirés.*
inspirer v. t. [1] Introduire (de l'air) dans ses poumons. Ant. expirer. / Fig. Faire naître (une impression, un sentiment). *Inspirer du dégoût. Inspirer confiance.* / Exciter l'imagination, la créativité de. *Inspirer un poète.* / Pousser à dire, à faire ; suggérer. *C'est lui qui t'a inspiré cette réponse.* / v. pron. *S'inspirer de* : tirer son inspiration de ; emprunter des idées à. *Ce film s'inspire d'un fait divers.*
instabilité n. f. Caractère de ce qui n'est pas stable ; défaut de stabilité. *Instabilité d'un trépied.* / CHIM. Qualité d'un corps dont les éléments se dissocient facilement. / Fig. Absence de continuité, d'équilibre. *Instabilité des relations internationales.*
instable adj. Qui n'est pas stable ; dont le point d'équilibre varie. *Équilibre instable,* détruit par la moindre perturbation.
installateur, trice n. Personne qui effectue des installations.
installation n. f. Action d'installer ou de s'installer ; résultat de cette action. *Installation d'une chaudière. Installation d'un préfet.* Ant. désinstallation.
installer v. t. / v. pron. [1] **A.** v. t. Établir officiellement (qqn) dans une fonction. *Installer un magistrat.* / Placer (qqn) en un endroit adapté. *Installer un malade dans son fauteuil.* / Mettre en place (des objets). *Installer des coussins.* / Placer et mettre en état de marche (un appareil, un circuit). *Installer l'électricité, une machine à laver.* Ant. désinstaller. / Aménager, équiper (un lieu). *Installer une cuisine.* **B.** v. pron. S'établir durablement. *S'installer en ville, dans un meublé.* / S'établir durablement dans une profession. *Ce plombier s'est installé à son compte.* / Fig. *Le doute s'est installé en lui.*
instamment adv. De façon pressante.
instance n. f. Sollicitation pressante. / (Souvent au plur.) *Céder aux instances de sa famille.* / DR. Ensemble des actes de procédure. *Tribunal de première instance* : premier tribunal dans la hiérarchie juridique. / Le tribunal lui-même. *L'instance est compétente pour juger.* / Organisme directeur. *Les instances d'un parti politique.* / *En instance de* : sur le point de.
instant [1] n. m. Moment très court. / *Les derniers instants* : le moment de la mort. / *À l'instant* : immédiatement.
instant, e [2] adj. Pressant. *Prière instante.*
instantané, e adj. et n. m. Qui est immédiat. *Réaction instantanée.* / n. m. PHOTO. Cliché réalisé dans un temps de pose assez court pour que le sujet en mouvement apparaisse immobile.
instantanément adv. Immédiatement ; à l'instant.
instar de (à l') loc. prép. À l'imitation de, comme. *À l'instar de mes parents, je m'installe en Bretagne.*
instauration n. f. Action d'instaurer. *Instauration de la démocratie.*
instaurer v. t. [1] Fonder, établir (qqch.) *Instaurer un régime, une loi.* / Par ext. *Instaurer une mode.*
instigateur, trice n. Personne qui instigue à.
instigation n. f. Rare. Incitation. / loc. prép. *À l'instigation de* : sur le conseil de, sur l'incitation de. *À l'instigation de sa mère.*
instiguer v. t. [1] Vx *Instiguer à* : inciter (qqn) à. *Quelqu'un l'a instigué au crime.*
instillation n. f. Action d'instiller.
instiller v. t. [1] Verser (un liquide) goutte à goutte.
instinct n. m. Impulsion innée, contraignante, qui, chez les animaux, détermine des comportements communs à tous les individus d'une même espèce. *Instinct grégaire.* / Ce même type de comportement, dans l'espèce humaine. *Instinct de conservation.* / Fig. Disposition naturelle ; intuition. *Se diriger d'instinct.* / *D'instinct* : de manière spontanée.
instinctif, ive adj. et n. Né de l'instinct ; relatif à l'instinct. *Réflexe instinctif.* / *Personne instinctive,* qui a tendance à agir spontanément, par instinct. (Subst.) *Un instinctif, une instinctive.*
instinctivement adv. De manière instinctive, spontanément.
instituer v. t. [1] Établir, instaurer (qqch., qqn). *Instituer la démocratie.* / DR. *Instituer un légataire,* l'établir par testament.
institut n. m. Groupe constitué de gens de lettres, d'artistes, de savants. *L'Institut de France* : réunion officielle des cinq Académies. / Nom donné à des établissements de la recherche scientifique. *Institut Pasteur.* / Établissement d'enseignement de type universitaire. *Institut catholique. Institut universitaire de technologie (I.U.T.).* / *Institut de beauté* : établissement où l'on prodigue des soins esthétiques.
Institut catholique de Paris Établissement privé d'enseignement supérieur créé en 1876 (appelé Université catholique jusqu'en 1880) qui siège à Paris (6ᵉ), rue d'Assas.
Institut de France Nom sous lequel la Constitution de l'an III restaura les académies royales supprimées par la Convention en 1793, dont la répartition fut modifiée à différentes reprises en 1803, sous le Consulat, puis en 1816 et 1832 par ordonnances royales. Il comprend aujourd'hui l'Académie française, l'Académie des inscriptions et belles-lettres, l'Académie des sciences, celle des beaux-arts et celle des sciences morales et politiques. Ses membres siègent depuis 1806 dans l'ancien bâtiment du Collège des Quatre-Nations devenu palais de l'Institut, situé quai Conti à Paris.
Institut du monde arabe (IMA) Fondation chargée depuis 1987 de faire mieux connaître en France la civilisation arabo-islamique ancienne et contemporaine. Le bâtiment se trouve à Paris (5ᵉ) au bord de la Seine.
instituteur, trice n. Anc. Personne qui enseigne dans une école maternelle ou primaire (on dit actuellement *professeur des écoles*).
Institut géographique national (IGN) Organisme français dépendant de

l'État, fondé en 1940, chargé des études et relevés topographiques en France et de tenir à jour les cartes officielles du territoire national.

Institut national de l'audiovisuel (INA) Établissement public créé en 1974, pour conserver les archives de la radiodiffusion et de la télévision françaises. Il produit des œuvres audiovisuelles et assure la formation des créateurs et techniciens de ce secteur.

Institut national de la consommation (INC) Établissement public, créé en 1966, qui assure la défense des consommateurs, notamment par le biais du mensuel : *50 millions de consommateurs*.

Institut national de la recherche agronomique (INRA) Établissement public de recherche scientifique créé en 1946 pour améliorer les techniques agricoles, les espèces végétales et animales qui font l'objet de la culture et de l'élevage, et l'industrie agroalimentaire.

Institut national de la statistique et des études économiques (INSÉÉ) Organisme public français créé en 1946 en remplacement de la Direction de la statistique générale. Il est chargé de recueillir, de publier et d'interpréter des données statistiques sur la conjoncture économique, politique et sociale.

Institut national de la santé et de la recherche médicale (INSERM) Organisme public fondé en 1964 pour développer les techniques médicales d'investigation et de soins. Ses laboratoires se trouvent dans toute la France.

institution n. f. Action d'instituer ; établissement d'une œuvre, d'une société, d'un état de choses destiné en principe à durer. *L'État, l'Église sont des institutions. Institution d'un régime politique.* / Établissement d'enseignement privé. *Institution de jeunes filles.* / RELIG. *Institution canonique* : acte qui investit d'une charge un membre du clergé. / (Au plur.) Ensemble des lois et coutumes d'un pays.

institutionnalisation n. f. Action d'institutionnaliser.

institutionnaliser v. t. [1] Donner un caractère institutionnel à.

institutionnel, elle adj. Propre ou relatif à une institution.

instructeur n. m. et adj. m. Personne chargée de l'instruction des recrues, dans l'armée. / adj. *Officier instructeur.* / DR. *Magistrat instructeur*, qui instruit un procès.

instructif, ive adj. Qui instruit, donne de l'instruction. *Un livre instructif.*

instruction n. f. **I.** Transmission ou acquisition des connaissances pratiques et théoriques. *Instruction primaire, secondaire.* / Culture, connaissance. *Avoir une solide instruction.* **II.** (Au plur.) Directives adressées par un supérieur à ses subordonnés. *Des instructions précises.* / Mode d'emploi d'un objet ou de consommation d'un produit. *Se conformer aux instructions.* / INFORM. Commande à appliquer pour l'exécution correcte d'un programme. **III.** DR. Ensemble des faits rassemblés sur une affaire avant qu'elle soit soumise au juge.

Marins chiliens pendant l'***instruction***.

Instrument *à cordes : « pochette » (petit violon) du XVIe siècle.*

instruire v. t. [3] **I.** Former l'esprit de (qqn), lui donner une instruction. *Instruire un enfant.* / v. pron. Acquérir des connaissances. **II.** Informer (qqn), le mettre au fait. *Instruire un accusé de ses droits.* **III.** DR. Procéder à l'instruction de (une cause). *Instruire un procès.*

instruit, e adj. Qui sait beaucoup de choses. *Un homme instruit.*

instrument n. m. Objet (outil, dispositif, machine) utilisé pour l'exécution d'une tâche déterminée. *Instruments rudimentaires. Instruments de haute technologie.* / *Instrument de musique* ou (absol.) *instrument* : objet conçu pour produire des sons quand on en joue selon une technique appropriée. *Instruments à vent, à cordes, à percussion.* / Fig. Personne ou chose servant à atteindre un but. *N'être qu'un instrument entre les mains de qqn.*

instrumental, ale, aux adj. Relatif à l'instrument. / MUS. Qui a recours aux seuls instruments, à l'exclusion du chant. *La musique instrumentale.*

instrumentaliser v. t. [1] Utiliser comme un instrument (une personne, une théorie, un événement) à des fins sans rapport avec la personne, la théorie, l'événement qu'on utilise. *Instrumentaliser les recherches historiques pour asseoir un pouvoir.*

instrumentalisme n. m. PHILO. Pragmatisme qui considère les schémas théoriques et l'intelligence comme des instruments de l'action.

instrumentation n. f. MUS. Art du compositeur lorsqu'il choisit les instruments qui doivent intervenir dans chaque partie de la composition.

instrumentiste n. Artiste qui joue d'un instrument de musique. / CHIR. Aide qui prépare et tend les instruments au chirurgien en train d'opérer.

insu de (à l') loc. prép. Sans que (la personne dont on parle ou la personne qui parle) le sache. *À l'insu de mes parents. À mon insu.*

insubmersible adj. Qui n'est pas submersible. *Embarcation insubmersible.*

insubordination n. f. Désobéissance à un supérieur hiérarchique, manquement à une subordination.

insubordonné, e adj. Qui agit avec insubordination.

insuccès n. m. Échec.

insuffisamment adv. De façon insuffisante.

insuffisance n. f. État de ce qui est insuffisant, d'une personne insuffisante. / MÉD. Défaillance dans l'activité d'un organe. *Insuffisance rénale.*

insuffisant, e adj. Qui ne suffit pas. *Quantité insuffisante.* / Fig. Manquant d'aptitude, de compétence, n'obtenant que de médiocres résultats. *Élève insuffisant en mathématiques.*

insufflation n. f. MÉD. Injection thérapeutique, dans un canal ou une cavité de l'organisme, d'air, de gaz ou de liquide pulvérisé.

insuffler v. t. [1] THÉOL. *Dieu insuffla la vie à Adam*, la lui transmit. / Cour. Inspirer (qqch.) *Insuffler du courage à qqn.* / MÉD. Pratiquer l'insufflation de.

insulaire adj. et n. Propre ou relatif à une île. *Climat insulaire.* / Qui habite une île. Faune insulaire. (Subst.) *Un(e) insulaire.*

insularité n. f. Caractère d'un pays constitué d'une ou de plusieurs îles.

Insulinde Ensemble géographique formé par les îles qui constituent les Philippines et l'Indonésie, et par la presqu'île de Malacca.

insuline n. f. BIOCHIM., MÉD. Hormone hypoglycémiante sécrétée par le pancréas (îlots de Langerhans). *L'insuline entraîne une diminution du taux de glucose dans le sang en favorisant l'utilisation du glucose dans les tissus (en particulier, transformation du glucose en glycogène) ; une carence en insuline est la cause du diabète insulinodépendant.*

insulinodépendant ou **insulino-dépendant, e** adj. MÉD. Qualifie le diabète qui n'est corrigé que par l'administration d'insuline.

insulinothérapie n. f. MÉD. Traitement, par apport d'insuline, du diabète insulinodépendant.

insultant, e adj. De la nature de l'insulte. *Propos insultant.*

insulte n. f. Action ou parole offensante.

insulter v. t. [1] Couvrir (qqn) d'insultes.

insupportable adj. Qui n'est pas supportable ; intolérable. *Souffrance insupportable. Bavardage insupportable.*

1871 – La Commune – Défense du palais de l'Élysée par les ***Insurgés***.

insurgé, e adj. et n. Qui est en état d'insurrection. *Peuple insurgé. Un(e) insurgé(e).*

insurger (s') v. pron. [1] Se révolter.

insurmontable adj. Que l'on ne peut surmonter. *Obstacle, chagrin insurmontable.*

insurpassable adj. Que l'on ne peut surpasser.

insurrection n. f. Action de s'insurger ; révolte armée, en masse, contre le pouvoir en place.

insurrectionnel, elle adj. Propre ou relatif à une insurrection. *Mouvement insurrectionnel.*

intact, e adj. Auquel on n'a rien ôté. *La somme est intacte.* / Qui n'a pas été endommagé. *La marchandise est intacte.* / Fig. Sans atteinte. *Prestige intact.*

intaille n. f. Pierre fine travaillée en creux. *Intaille antique en cornaline.*

intangibilité n. f. Caractère de ce qui est intangible. / Fig. *Intangibilité d'un dogme.*

intangible adj. Qui n'est pas tangible, qui n'est pas perceptible par le toucher. / Fig. Immuable.

intarissable adj. Qui ne peut être tari. *Source intarissable.* / Fig., par plaisant. *D'intarissables bavardages.*

intarissablement adv. De façon intarissable.

intégral, ale, aux adj. et n. f. **A.** adj. Qui est complet et auquel on n'a rien retiré. *Montant intégral à payer.* / *Casque intégral*, couvrant entièrement la tête. / MATH. *Calcul intégral* : ensemble des méthodes propres au calcul des primitives et des intégrales. **B.** n. f. MATH. *Intégrale définie d'une fonction f sur un intervalle {a, b}* : limite d'une somme de termes infinitésimaux, qui correspond à l'aire comprise entre la courbe représentative de la fonction f, l'axe des abscisses et les droites d'abscisses a et b. (Ce nombre se note $\int_a^b f(x).dx$. Il est égal à $F(b) - F(a)$, la fonction F étant une primitive de la fonction f.) / *Intégrale d'une fonction f (ou fonction intégrale d'une fonction f)* : fonction qui admet comme dérivée une fonction f donnée, cette fonction intégrale s'obtient en considérant une intégrale définie de f comme dépendant de la borne supérieur de l'intervalle d'intégration. On note une fonction g, fonction intégrale d'une fonction f : $\int_a^x f(t).dt$. / Édition complète d'une œuvre (littéraire, musicale, etc.).

intégralement adv. Entièrement.

intégralité n. f. Qualité de ce qui est intégral.

intégration n. f. Action d'intégrer. *Intégration de qqn dans une équipe.* / MATH. Calcul de l'intégrale d'une fonction ; de la solution d'une équation différentielle. / ÉCON. Rattachement à une industrie, une branche de l'industrie, d'industries annexes. / PHYSIOL. Fonctionnement coordonné d'organes différents.

intégrationniste adj. et n. Favorable à l'intégration économique, politique, etc.

intègre adj. D'une parfaite honnêteté. *Un homme bon et intègre.*

intégré, e adj. *Commerce intégré*, où détaillants et grossistes participent à un même circuit commercial. / ÉLECTRON. *Circuit intégré*, formé de composants miniaturisés assemblés sur une pastille de silicium. / INFORM. *Traitement intégré* : dans un programme, exécution automatique d'opérations.

intégrer v. t. Incorporer (un élément) dans un ensemble. (Emploi pron.) *S'intégrer dans la société.* / Fam. Réussir le concours d'entrée à (une grande école). / MATH. Calculer l'intégrale de (une fonction).

intégrisme n. m. Attitude de ceux qui souhaitent maintenir dans son intégrité, sans qu'il évolue, un système doctrinal donné.

intégriste adj. et n. Partisan de l'intégrisme.

intégrité n. f. Qualité de ce qui est complet, entier. *Intégrité territoriale.* / Qualité d'une personne intègre.

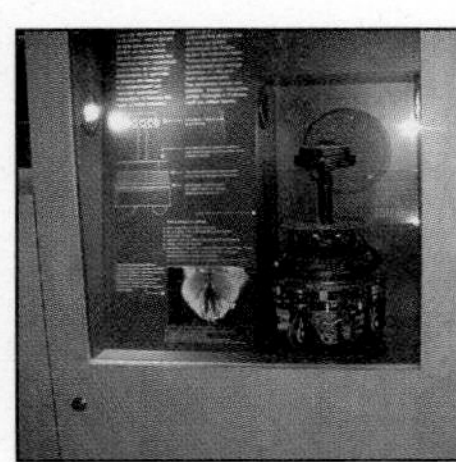

*Un exemple d'***intelligence** *artificielle (Cité des sciences de la Villette, Paris).*

intellect n. m. Entendement, faculté conceptuelle.

intellectualisme n. m. Caractère d'une doctrine philosophique qui affirme l'antériorité ou la priorité métaphysique de l'intelligence et des idées sur les sentiments et les volontés. *L'intellectualisme de Platon.* / Péjor. Caractère d'une personne qui attache une trop grande importance aux choses de l'esprit, au détriment d'autres valeurs.

intellectuel, elle adj. et n. Relatif à l'intellect, à l'intelligence. / (Par oppos. à *manuel*) Qui procède de l'intellect. *Un(e) intellectuel(le)* : personne dont la profession procède surtout de l'intellect.

intellectuellement adv. En ce qui concerne l'intellect.

intelligemment adv. De façon intelligente.

intelligence n. f. **I.** Faculté de compréhension, de conception intellectuelle. *Une intelligence rapide.* / Compréhension d'une chose. *L'intelligence d'un problème.* / INFORM. *Intelligence artificielle (I.A.)* : conception de logiciels capables de traiter des problèmes par déduction rationnelle, à la manière du raisonnement humain. / Personne intelligente. *Une belle intelligence qui fait honneur à la science.* **II.** Compréhension mutuelle. *Vivre en bonne intelligence avec ses voisins.* / Par ext., pl. Communication occulte. *Être accusé d'intelligences avec l'ennemi*

Intelligence Service Service britannique de contre-espionnage et de renseignements, placé sous la responsabilité du Premier ministre.

intelligent, e adj. Qui fait preuve d'intelligence. *Élève intelligent.* / Qui dénote l'intelligence. *Attitude intelligente.*

intelligentsia n. f. (mot russe) Ensemble des intellectuels russes sous le tsarisme. / Ensemble des intellectuels d'un pays.

intelligibilité n. f. Qualité de ce qui est compréhensible. / PHILO. Caractère de ce qui est du seul domaine de la pensée.

intelligible adj. Compréhensible. *Propos intelligibles.* Ant. inintelligible.

intelligiblement adv. De façon intelligible.

intempérance n. f. Caractère intempérant (de qqn, de qqch.) Ant. tempérance.

intempérant, e adj. Qui manque de tempérance. Ant. tempérant.

intempérie n. f. Dérèglement des conditions climatiques. / (Au plur.) Froid, pluie, vent.

intempestif, ive adj. Qui n'est pas fait en temps voulu ; inopportun. *Geste intempestif.*

intempestivement adv. De façon intempestive.

intemporalité n. f. Caractère de ce qui est intemporel. *Intemporalité des notions du bien et du mal.*

intemporel, elle adj. Qui est hors du temps, reste immuable, sur lequel le temps qui passe n'a pas prise.

intenable adj. Qui n'est pas tenable ; insupportable. *Vacarme intenable.* / MILIT. Qui ne peut être défendu davantage. *Position, place intenable.*

intendance n. f. Service qui assure la gestion matérielle et financière d'un établissement. *L'intendance d'un lycée.* / *Intendance militaire*, chargée de pourvoir aux besoins matériels de l'armée (nourriture, habillement, solde, transports). / Fonction de l'intendant ; bureau, locaux affectés à ce service. / HIST. Territoire administré par un intendant.

intendant, e n. Personne qui gère les biens d'une autre. *Intendant d'une grande propriété.* / Responsable d'un service d'intendance. / n. m. HIST. Sous l'Ancien Régime, à partir du XVe siècle, représentant du pouvoir royal chargé de la justice, de la police ou des finances d'une province.

intense adj. **I.** Ressenti avec force. *Plaisir intense.* **II.** Par ext. (En parlant de ce qui peut être ressenti) Fort, grand, considérable. *Chaleur intense.* / Dense. *Bleu intense. Circulation intense.*

intensément adv. De manière intense.

intensif, ive adj. Qui s'accomplit avec de grands efforts ou qui nécessite de grands moyens. *Rendement intensif.* / AGRIC. *Culture intensive*, à production élevée et sur des superficies agricoles restreintes. / LING. Qui renforce la notion exprimée. *« Ultra », « extra », « hyper » sont des préfixes intensifs.*

intensification n. f. Action d'intensifier ; fait de s'intensifier.

intensifier v. t. [1] Rendre (qqch.) plus intense. *Intensifier ses efforts, un son.* / v. pron. *La chaleur s'intensifie.*

intensité n. f. Degré plus ou moins élevé d'activité, de puissance, d'énergie. *Intensité d'un son, d'une force, d'un sentiment.* / PHYS. *Intensité d'un courant électrique* : quantité d'électricité qui passe dans un circuit par unité de temps. *L'unité d'intensité est l'ampère (symbole A) ; 1 ampère équivaut à 1 coulomb par seconde.*

intensivement adv. De façon intensive.

intenter v. t. [1] DR. Engager contre qqn (un procès, une action en justice).

intention n. f. Action volontaire que l'on projette d'accomplir. *J'ai l'intention de voyager. Bonne, mauvaise intention.* / *Procès d'intention* : critique adressée à qqn au sujet des intentions qu'on lui prête. / Fig. *L'enfer est pavé de bonnes intentions* : de nombreuses bonnes résolutions, mises ou non en œuvre, aboutissent souvent à un mauvais résultat, ou à un résultat nul. / loc. prép. *À l'intention de* : à destination de (qqn précisément désigné).

intentionnalité n. f. PHILO. Selon la phénoménologie de Husserl, état de la conscience qui se donne un objet.

intentionnel, elle adj. Fait avec une intention délibérée.

intentionnellement adv. Délibérément.

inter n. m. TÉLÉCOM. Vx Abréviation cour. pour *réseau téléphonique interurbain* (voir *interurbain*). / SPORT Vieilli Au football, joueur faisant la liaison entre les attaquants de pointe et les joueurs du milieu de terrain.

interactif, ive adj. Relatif à l'interaction ; qui favorise l'interaction. / INFORM. Convivial.

interaction n. f. Action réciproque entre deux ou plusieurs êtres ou choses. PHILO. Interdépendance des phénomènes sociaux, politiques, économiques. / PHYS. Situation au cours de laquelle deux ou plusieurs corps exercent sur chacun d'entre eux des influences réciproques (interaction gravitationnelle du système Terre-Lune, par exemple).

♦ On distingue trois formes d'interaction : l'*interaction électromagnétique*, responsable de la situation des atomes, des molécules ; l'*interaction nucléaire forte*, responsable de la stabilité et de la cohésion des noyaux atomiques ; l'*interaction nucléaire faible*, responsable de la désintégration bêta de certains noyaux, qui joue un rôle important dans le processus d'évolution de l'Univers.

interactivité n. f. Caractère de ce qui est interactif.

interallié, e adj. POLIT., MILIT. Qui concerne les relations entre pays alliés. *Conférence interalliée.*

interarmées adj. inv. MILIT. Qui réunit diverses armées (de terre, de l'air etc.). *Forces interarmées.*

interarmes adj. inv. MILIT. Qui réunit diverses armes (artillerie, infanterie, etc.) *École interarmes.*

interbancaire adj. Relatif aux opérations réalisées entre des banques. *Carte interbancaire.*

intercalaire adj. et n. Qui s'intercale. *Feuille intercalaire.* / *Jour intercalaire* : dans une année bissextile, jour ajouté au mois de février (le 29 février). / n. *Un(e) intercalaire.*

intercaler v. t. [1] Placer entre deux choses ; introduire après coup. *Intercaler une planche dans une bibliothèque. Intercaler une clause suspensive dans un contrat.* / Ajouter (un jour, un mois supplémentaire) dans la série habituelle des mois, des jours. *Intercaler le 29 février dans le calendrier, une fois tous les quatre ans.* / v. pron. *Vous vous intercalerez dans le défilé juste après le groupe des élèves de CM2.*

intercéder v. i. [1] *Intercéder en faveur de qqn*, intervenir en sa faveur.

intercepter v. t. [1] Saisir au passage, par surprise (une chose adressée à qqn d'autre). *Intercepter la balle, une passe. Intercepter un message.* / Arrêter le cours de, détourner. *Les voilages interceptent les rayons du soleil. Intercepter qqn, un véhicule*, l'arrêter pour l'empêcher d'atteindre son objectif.

intercepteur n. m. AÉRON. Avion destiné à intercepter les avions ennemis.

interception n. f. Opération consistant à saisir au passage un objet, à interrompre une activité en cours. *Interception d'une marchandise illicite. Interception de la lumière par un écran.*

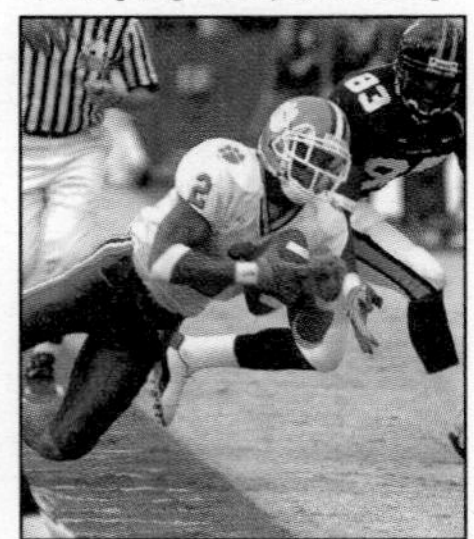

Interception *au football américain.*

intercesseur n. m. Personne qui intercède.

intercession n. f. Action d'intercéder.

interchangeable adj. Se dit de choses ou de personnes qui peuvent s'échanger, se remplacer l'une l'autre.

interclasse n. f. Bref laps de temps entre deux heures de classe.

intercommunal, ale, aux adj. Qui relève de plusieurs communes. *Syndicat intercommunal.*

intercommunautaire adj. Qui concerne les rapports entre deux ou plusieurs communautés.

interconnexion n. f. Connexion entre plusieurs éléments, notam. entre plusieurs circuits ou réseaux fonctionnant en synergie. *Interconnexion de réseaux de télécommunications.*

intercontinental, ale, aux adj. Qui concerne plusieurs continents ou qui s'étend à plusieurs continents. *Échanges commerciaux intercontinentaux.* / ARMES *Missile intercontinental*, lancé d'un continent et qui peut frapper une cible située sur un autre continent.

intercostal, ale, aux adj. ANAT. Situé entre deux côtes.

interdépendance n. f. État de dépendance réciproque.

interdépendant, e adj. En état d'interdépendance.

interdiction n. f. **I.** Action d'interdire qqch. *Interdiction de franchir la clôture.* **II.** Action d'interdire qqn. DR. Anc. *Interdiction judiciaire* : défense faite à qqn (malade mental, handicapé mental) d'exercer tout ou partie de ses droits, de disposer de ses biens. *Aujourd'hui, l'interdiction judiciaire est remplacée par des mesures de sauvegarde, en particulier la tutelle et la curatelle.* / *Interdiction légale* : peine criminelle privant un condamné de l'exercice de ses droits civils. *Toute peine afflictive et infamante entraîne l'interdiction légale.* / *Interdiction de séjour* : défense faite à certains condamnés libérés d'aller dans certains lieux (communes, départements…).

interdire v. t. [3] Défendre absolument (qqch. à qqn). *Interdire le port d'armes. On lui a interdit de bouger.* / DR., ADMIN. Défendre à (qqn) d'exercer ses fonctions, ses droits. *Interdire un prêtre*, lui faire défense s'exercer son ministère.

interdisciplinaire adj. Qui relève de deux ou de plusieurs disciplines ou champs de connaissances. *Enseignement interdisciplinaire.*

interdit, e adj. et n. **A.** adj. et n. (En parlant de choses) Prohibé. *Sens interdit.* / (En parlant de personnes) Frappé d'une peine d'interdiction. *Prêtre interdit.* (Subst.) Personne frappée d'une interdiction légale. *Un interdit de séjour.* **B.** n. m. DR. CANON. Peine prononcée par le pape, ou par l'ordinaire du lieu, qui frappe un prêtre (qui ne peut plus exercer son ministère) ou une communauté entière (qui est privée de la pratique du culte). *Au début du XIIe siècle, le royaume de France fut frappé d'interdit par le pape à la suite d'un conflit entre le roi Louis VII et la papauté.* / Fig. *Jeter l'interdit sur qqn* ou *sur qqch.*, le mettre à l'écart, défendre d'y recourir. / *Lever l'interdit* : faire cesser l'interdiction. / Impératif de nature sociale et éthique interdisant qqch. *L'interdit touchant l'inceste.*

Intérieur *d'une maison au XIXe siècle.*

intéressant, e adj. et n. Qui suscite de l'intérêt. *Un livre intéressant. Personnage intéressant.* (Subst.) *Faire l'intéressant(e)* : essayer de se rendre intéressant, d'attirer l'attention sur soi. Ant. inintéressant. / Avantageux, profitable. *Une occasion intéressante.*
intéressé, e adj. et n. **I.** Dont il est question, concerné. *Les parties intéressées.* (Subst.) *Requérir la signature de l'intéressé.* **II.** Qui cherche d'abord son intérêt, son profit. *Ami intéressé.* Ant. désintéressé.
intéressement n. m. Rémunération sous forme de primes ou sous forme d'actions accordées aux salariés, proportionnellement aux bénéfices de l'entreprise. Ant. désintéressement.
intéresser v. t. [1] **I.** Faire participer (qqn) à un bénéfice. Ant. désintéresser. **II.** Avoir de l'intérêt pour (qqn) ; concerner (qqn). *Cette loi intéresse les salariés.* / Susciter l'intérêt, l'attention de (qqn). *Ce livre ne m'intéresse pas.* / v. pron. Éprouver de l'intérêt (pour qqn, qqch.). *S'intéresser aux sciences.*
intérêt n. m. **I.** Ce qui est avantageux pour qqn ou qqch. *C'est son intérêt d'agir ainsi.* / Sentiment égoïste d'un être qui recherche son avantage, souvent pécuniaire. *Agir par intérêt.* / FIN. Somme due par l'emprunteur au prêteur en plus du capital. *Intérêt composé* : somme rapportée par un capital accru des intérêts déjà produits. / (Au plur.) Sommes placées dans une entreprise dans l'espoir d'en tirer des bénéfices. *Avoir des intérêts dans une affaire.* / Attention pleine de sympathie. *Manifester de l'intérêt à l'égard d'autrui.* **II.** Attrait, importance d'une chose. *L'intérêt d'une œuvre.* Ant. désintérêt.
interface n. f. Limite commune à deux systèmes. / INFORM. Ensemble d'éléments (logiciel et matériel) permettant à deux ou plusieurs systèmes informatiques d'échanger des données. *Interface utilisateur* : ensemble des éléments interactifs (icônes, boîtes de dialogue, message d'avertissement ou de suggestion, etc.) programmés dans un ordinateur à l'intention de l'utilisateur.
interfécond, e adj. BIOL. Capable d'interfécondité.
interfécondité n. f. BIOL. Possibilité de reproduction sexuée entre individus, entre populations (d'une même espèce ou appartenant à deux espèces différentes), aboutissant à une descendance viable et féconde. *L'interfécondité est parfois considérée comme le critère définissant les espèces.*
interférence n. f. PHYS. Phénomène par lequel deux ondes, en se superposant, donnent lieu à un renforcement ou une extinction de leurs amplitudes, selon que celles-ci s'additionnent ou se retranchent. *Les phénomènes d'interférence interviennent dans tous les systèmes où la propagation des ondes entre en jeu (optique, acoustique, radiocommunication, etc.)* / Fig. Fait d'interférer.
interférentiel, elle adj. PHYS. De l'interférence.
interférer v. i. [1] PHYS. Produire des interférences. / Fig. Se combiner, en se renforçant ou en se contrariant.
interféromètre n. m. PHYS. Appareil de mesure de diverses grandeurs physiques, dont le principe repose sur la sensibilité des méthodes interférentielles. (Les applications des interféromètres sont multiples. On les utilise notamment en radioastronomie pour la mesure absolue des longueurs d'onde, et en astronomie, pour la mesure des diamètres des planètes, la distance absolue des étoiles doubles, le diamètre apparent des étoiles).
interférométrie n. f. PHYS. Étude et mesure des phénomènes d'interférence.
interféron n. m. BIOCHIM. Protéine sécrétée par des cellules infectées par un virus et qui permet aux cellules saines de résister à l'attaque virale. *Les interférons sont parfois utilisés, en thérapeutique (notam. contre certains cancers, certaines hépatites, la sclérose en plaques).*
intergalactique adj. ASTRON. Qui est situé entre les galaxies.
interglaciaire adj. Qualifie les périodes de relatif réchauffement comprises entre les glaciations successives du Quaternaire.
intergouvernemental, ale, aux adj. POLIT. Qui concerne plusieurs gouvernements.
intergroupe n. m. POLIT. Réunion de parlementaires, issus de diverses formations politiques, en vue de l'étude d'une question déterminée.
intérieur, e adj. et n. m. **A.** adj. Qui est situé, renfermé dans les limites de qqch. *Jardin intérieur. Intérieur à* : interne à. Ant. extérieur. / Qui relève de l'esprit, de l'affectivité personnelle. *La vie intérieure. Le for intérieur.* **B.** n. m. Espace inclus entre les limites d'une chose. *L'intérieur d'une boîte.* / Domicile, foyer. *Femme d'intérieur*, qui aime rester chez elle et qui soigne son foyer. / BX-ARTS *Scène d'intérieur* : tableau représentant une scène de la vie domestique. / Région centrale d'un pays. *L'intérieur de l'Amazonie.* / Les affaires intérieures d'un État. *Ministre de l'Intérieur.*
intérieurement adv. À l'intérieur. *Des tiroirs intérieurement tapissés de feutre.* / Dans le cœur, dans l'esprit. *Intérieurement bouleversé.*
intérim n. m. inv. Exercice provisoire d'une fonction lorsque le titulaire du poste est absent. / Activité des travailleurs intérimaires.
intérimaire adj. et n. Qui a lieu dans le cadre d'un intérim. *Présidence intérimaire.* / n. Personne qui effectue un travail à durée déterminée dans une entreprise où elle est placée par un bureau de travail temporaire.
intériorisation n. f. Action d'intérioriser.
intérioriser v. t. [1] Rendre plus intérieur, moins manifeste (une émotion, un sentiment). *Intérioriser sa joie.* Ant. extérioriser. / PSYCHOL. Ramener au moi. *Intérioriser un conflit.*
intériorité n. f. Caractère de ce qui est intérieur. Ant. extériorité.
interjection n. f. Mot invariable traduisant un sentiment, une sensation ou une idée soudaine. *« Hélas ! », « bravo ! », « aïe ! », sont des interjections.*
interjeter v. t. [1] DR. *Interjeter appel* : faire appel d'un jugement.
Interlaken *4 900 h.* Ville de Suisse, dans le canton de Berne, située sur l'Aar entre les lacs de Brienz et de Thoune. C'est un centre de villégiature.
interleukine n. f. BIOCHIM. Substance sécrétée par les leucocytes et les macrophages, qui agit sur les cellules du système immunitaire.
interlignage n. m. Manière d'interligner.
interligne n. **A.** n. m. Blanc séparant les lignes d'un texte. / DR. Ce qui est écrit dans les interlignes. *Les interlignes sont interdits dans un texte authentique.* **B.** n. f. TYPO. Lame de métal d'épaisseur réglable servant à fixer la largeur des interlignes.
interligner v. t. [1] IMPRIM. Séparer par des interlignes. / DR. Écrire dans les interlignes.
interlock n. m. (mot anglais) Tissu à maille identique à l'envers et à l'endroit. / Machine qui réalise ce genre de tricot.
interlocuteur, trice n. Personne en conversation avec une autre. / Personne représentative, avec laquelle on négocie.
interlope adj. et n. m. Qui s'adonne à des trafics illégaux. / Fig. Louche. *Milieux interlopes.*
interloquer v. t. [1] Déconcerter, stupéfier (qqn).
interlude n. m. Intermède musical ou filmé, entre deux spectacles, deux émissions.
intermède n. m. Épisode intermédiaire, temps d'arrêt au cours d'une action ou d'un événement. / Divertissement théâtral ou musical joué entre deux actes d'une pièce.

intermédiaire adj. et n. **A.** adj. Qui est au milieu de deux choses, transitoire entre deux choses. *Zone intermédiaire.* **B.** n. Personne qui sert de lien entre deux ou plusieurs autres personnes. / n. m. Moyen, entremise. *Ils ont trouvé leur appartement par l'intermédiaire d'une agence.*
intermezzo n. m. (mot italien) MUS. Interlude entre deux actes d'un opéra. / Morceau instrumental de forme libre.
interminable adj. Qui ne peut (ou semble ne pas pouvoir) se terminer ; extrêmement long. *Un discours interminable.*
interminablement adj. De façon interminable.
interministériel, elle adj. Qui concerne plusieurs ministères ou plusieurs ministres.
intermittence n. f. Interruptions et reprises successives. *Par intermittence* : de temps en temps.
intermittent, e adj. Qui advient par intermittence. *Fièvre intermittente.* / Par ext. Irrégulier. *Travail intermittent.*
intermodal, ale, aux adj. Se dit d'un système, d'une infrastructure qui met en liaison divers modes de transport (aérien, ferroviaire, routier, etc.).
intermodalité n. f. Caractère d'une infrastructure qui met en relations divers moyens de transport. *L'intermodalité d'une plate-forme de chargement.*
intermoléculaire adj. Qui se situe entre les molécules d'un corps. *Espace intermoléculaire.*
internat n. m. Situation d'un élève interne ; l'établissement qui accueille des internes. Ant. externat. / MÉD. Fonction exercée par les internes des hôpitaux ; sa durée.
international, ale, aux adj. et n. Relatif à plusieurs nations, qui concerne les différentes nations. *Relations internationales.* / n. SPORT *Un(e) international(e)*, qui prend part à des compétitions internationales.
International Business Machines Corporation (I.B.M. ou **IBM)** Multinationale américaine, fondée en 1911, spécialisée dans la fabrication et la vente de matériel informatique.
Internationale Association socialiste internationale de travailleurs, rassemblés pour mener une action de coordination et de solidarité des ouvriers. Cette institution répondait au souhait d'unité prolétarienne formulé dans le *Manifeste du parti communiste*

Mikhaïl Bakounine, anarchiste russe affilié à la Ire **Internationale** *(1867) dont il s'écarta après le triomphe des idées de Marx.*

Communiquer avec le monde entier via **Internet**.

par Karl Marx qui rédigea le projet de la Ire Internationale ou l'Association internationale des travailleurs (A.I.T., créée en 1864). Celle-ci réunit les élites ouvrières des pays européens et des États-Unis mais, affaiblie par la répression de la Commune (1871) et par les conflits internes avec les anarchistes, cessa d'exister en 1876. La IIe Internationale, constituée en 1889 à Paris, regroupa pour la première fois des partis socialistes et sociaux-démocrates autonomes du monde entier. Elle s'effrita avec la Première Guerre mondiale en raison des profondes divergences entre les différents partis nationaux et fut reconstituée après 1923. La IIIe Internationale, appelée aussi *Komintern* ou Internationale communiste, fut fondée sous l'impulsion de Lénine en 1919. Elle rassembla jusqu'en 1943 la plupart des partis ayant appartenu à la précédente ; Staline fut alors contraint de la dissoudre à la demande des Alliés. Une IVe Internationale, créée en 1938 par Trotski, existe encore.

Internationale (l') Hymne révolutionnaire, adopté par les partis communistes, dont le texte fut écrit en 1871 par Eugène Pottier (communard emprisonné) et mis en musique par le Belge Pierre Degeyter en 1888.

internationalement adv. Sur le plan international.

internationalisation n. f. Action d'internationaliser.

internationaliser v. t. [1] Rendre international. *Internationaliser un conflit*, y faire intervenir des États qui n'étaient pas belligérants à l'origine.

internationalisme n. m. Doctrine qui prône la primauté de l'intérêt supranational sur les particularismes nationaux des États.

internationaliste adj. et n. Partisan de l'internationalisme.

internationalité n. f. Caractère de ce qui est international.

internaute n. TÉLÉCOM, INFORM. Personne qui utilise fréquemment les services du réseau Internet.

interne adj. et n. **A.** adj. Qui se situe dans, à l'intérieur de qqch. ou qui concerne cet intérieur. *Organisation interne. Contestation interne à un parti politique.* Ant. externe. / ANAT. Qui est situé à l'intérieur de l'organisme ou qui s'y produit. *Oreille interne. Température interne.* **B.** n. Élève nourri et logé dans l'établissement où il fait ses études. / MÉD. *Interne des hôpitaux* : étudiant en médecine, reçu au concours de l'internat, qui exerce des fonctions hospitalières.

internement n. m. Action d'interner. *Internement dans un établissement psychiatrique.* / État d'une personne internée.

interner v. t. [1] Assigner une résidence à (qqn), avec interdiction d'en sortir. *Interner un malade dans un hôpital psychiatrique.*

Internet Réseau informatique, formé par la connexion d'une multitude d'ordinateurs à travers le monde. Créé à l'origine par l'armée américaine (1969), il permet aujourd'hui à des millions d'utilisateurs de communiquer entre eux (via le courrier électronique), et d'avoir (libre) accès aux informations et aux services présents sur le réseau.

internonce n. m. Nonce par intérim ou prélat représentant le pape auprès d'un pays non catholique.

interpellation n. f. Action d'interpeller. *Interpellation brutale.* / DR. Sommation faite par un membre de la magistrature ou un agent de la paix ; arrestation. / Demande d'explications adressée par un parlementaire à un ministre.

interpeller v. t. [1] Appeler (qqn) pour attirer son attention, le questionner ou l'injurier. / Sommer (qqn) de s'expliquer sur un point précis ; procéder à l'interpellation de. / (Emploi critiqué) S'imposer à l'attention de. *Sa détresse m'interpelle.*

interpénétration n. f. Pénétration réciproque.

interpénétrer (s') v. pron. [1] Se pénétrer réciproquement.

interphase n. f. BIOL. Phase intermédiaire entre deux mitoses, au cours de laquelle a lieu la duplication de l'A.D.N.

interphone n. m. Système téléphonique intérieur, équipant des immeubles, et commandant à distance l'ouverture d'une porte de sécurité.

interplanétaire adj. ASTRON. Qui se situe entre les planètes gravitant autour de leur étoile, notamment autour du Soleil.
♦ Le milieu interplanétaire, ou *espace interplanétaire*, est le lieu où se meuvent tous les corps célestes (planètes, astéroïdes, météorites, comètes). Cet espace n'est pas vide ; la recherche spatiale et les sondes interplanétaires ont permis de mieux comprendre les mécanismes qui régissaient l'expansion d'une atmosphère stellaire dans le vide et les processus qui interagissent entre vent solaire et environnement planétaire, la frontière qui sépare le milieu interstellaire et la cavité héliosphérique balayée par le plasma d'origine solaire, lui-même propulsé par le vent issu de l'atmosphère du Soleil, et le mécanisme de pénétration du rayonnement cosmique d'origine galactique dans l'héliosphère.

Interpol Appellation courante de l'Organisation internationale de police criminelle, (OIPC), organisation intergouvernementale fondée en 1923, qui siège depuis 1989 à Lyon et compte plus de 150 membres. Elle opère par le moyen de la coopération internationale entre les autorités de police criminelle pour prévenir et réprimer les délits de droit commun touchant plus d'un territoire national.

interpolation n. f. MATH. Fait d'intercaler des valeurs ou des termes intermédiaires dans une série de termes ou de valeurs connues. / GÉOM. Tracé d'une courbe approximative qui relie des valeurs calculées ou relevées (par exemple le tracé des courbes de la carène d'une coque de navire en fonction des dimensions relevées sur une carène similaire). / Cour. Insertion dans un écrit, par fraude ou par erreur, d'éléments qui ne font pas partie de l'original.

interpoler v. t. [1] MATH. Pratiquer une interpolation. Ant. extrapoler. / Cour. *Interpoler un mot, une phrase dans un texte*, y insérer des éléments qui ne font pas partie de l'original.

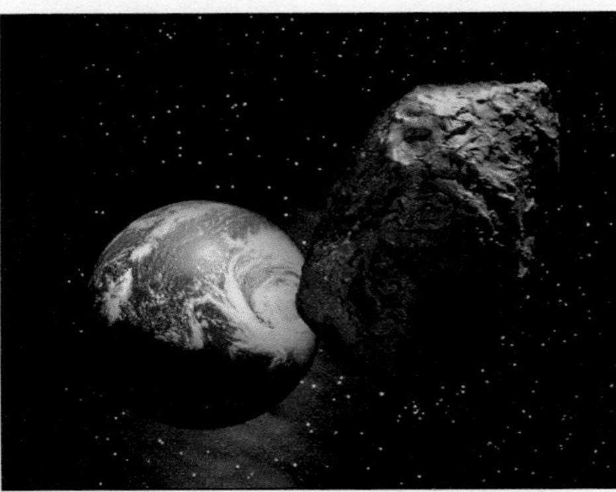

Vue d'artiste d'un astéroïde se déplaçant dans l'espace **interplanétaire**.

interposer v. t. [1] *Interposer qqch. entre*, l'y placer. *Interposer un obstacle entre le public et les officiels.* / v. pron. *S'interposer entre deux adversaires* : intervenir pour apaiser le conflit.

interposition n. f. Action d'interposer ; résultat de cette action. / Intervention, médiation. *Interposition d'un tiers dans un conflit.* / DR. *Interposition de personne* : opération illégale faisant intervenir un prête-nom en lieu et place d'une personne afin que celle-ci puisse obtenir des avantages qui lui seraient autrement refusés.

interprétariat n. m. Fonction d'interprète.

interprétation n. f. Action d'interpréter. / Explication d'une chose obscure. *Interprétation d'un texte.* / Manière dont une œuvre est représentée, exécutée. *Interprétation d'une symphonie.*

interprète n. Traducteur par l'entremise duquel des personnes ne parlant pas la même langue peuvent communiquer oralement. / Personne qui fait part de l'opinion ou des sentiments de qqn à une tierce personne. *Soyez mon interprète auprès d'elle.* / Artiste qui interprète une œuvre musicale. *Un merveilleux interprète de Chopin.* / Artiste qui interprète un rôle au théâtre ou dans un film.

interpréter v. t. [1] Déchiffrer, comprendre (qqch. d'obscur, de compliqué) et en donner la signification. *Interpréter des hiéroglyphes. Interpréter des rêves.* / Attribuer un sens particulier à. *Comment dois-je interpréter ton mutisme ?* / Jouer (un rôle), exécuter (une musique), chanter (un air) en y imprimant sa personnalité.

interpréteur n. m. INFORM. Logiciel qui permet d'exécuter des programmes dans une langue déterminée, instruction par instruction.

interréaction n. f. CHIM. Réaction réciproque entre des éléments ou des composés.

interrègne n. m. Période transitoire pendant laquelle le trône d'un royaume reste vacant ; *par ext.*, vacance d'un pouvoir.

interrogatif, ive adj. Qui marque une interrogation. / GRAMM. *Pronoms, adjectifs, adverbes interrogatifs*, avec lesquels se construisent les propositions interrogatives.

interrogation n. f. Action d'interroger ; question. / Ensemble de questions posées à un élève, un candidat. *Interrogation écrite.* / GRAMM. Phrase exprimant une question. *Interrogation directe*, qui forme une proposition indépendante. *Interrogation indirecte*, qui forme une proposition subordonnée annoncée par un verbe. / *Point d'interrogation* : signe graphique (?) exprimant une question. / Fig. Question, affaire non résolue.

interrogatoire n. m. DR. Ensemble des questions posées par un magistrat à une personne impliquée dans une affaire et des réponses recueillies à cette occasion ; procès-verbal de cet interrogatoire.

interroger v. t. [1] Questionner (qqn). *Interroger un élève. Interroger un témoin. Je l'ai interrogé sur son passé.* / Consulter (qqch.) pour obtenir une information. *Interroger le ciel. Interroger son répondeur.* / v. pron. Se poser des questions ; hésiter. *S'interroger sur la conduite à tenir.*

interrompre v. t. [3] Briser la continuité de, la continuation de (un processus). *Interrompre la circulation, ses études.* / Arrêter (qqn) dans son action, son activité. *Interrompre qqn*

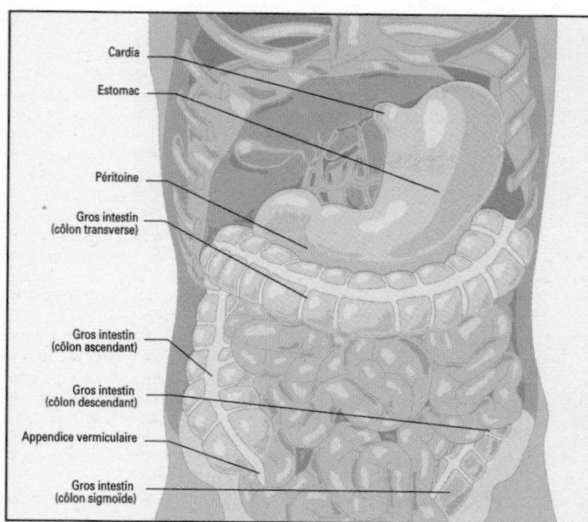

Le gros ***intestin*** *(ou côlon), part de la partie droite de l'abdomen, contourne l'intestin grêle et se termine à l'anus.*

dans sa réflexion. / Spéc. Couper la parole à (qqn). / v. pron. *Il s'est interrompu au milieu de sa phrase.*

interrupteur n. m. Dispositif interrompant ou rétablissant le passage du courant dans un circuit électrique.

interruption n. f. Action d'interrompre ; rupture de la continuité d'une activité, d'une chose. *Interruption d'un discours.* / Paroles, bruit visant à interrompre une personne s'exprimant en public. *Des interruptions bruyantes et incessantes.* / *Interruption volontaire de grossesse (I.V.G.)* : avortement provoqué.

intersaison n. f. Période de baisse d'activité entre deux saisons touristiques, artistiques, sportives, etc.

intersection n. f. Rencontre de deux lignes, surfaces ou volumes. *Point d'intersection* : point de rencontre de deux lignes. *Ligne d'intersection* : ligne de rencontre de deux plans. / MATH. *Intersection de deux ensembles A et B* : ensemble des éléments communs à A et à B (noté $A \cap B$, prononcé « A inter B »).

intersession n. f. Intervalle de temps entre deux sessions.

intersidéral, ale, aux adj. ASTRON. Qui se trouve entre les astres. *Espace intersidéral.*

interstellaire adj. ASTRON. Relatif à ce qui est situé entre les étoiles. *Espace, poussières interstellaires.*

interstice n. m. Très petit espace entre deux corps.

interstitiel, elle adj. Situé dans les interstices de qqch. / ANAT. *Tissu interstitiel* : tissu entourant différentes parties différenciées d'un organe.

intersyndical, ale, aux adj. et n. f. Qui relève de plusieurs syndicats. *Ordre de grève intersyndical.* / n. f. Union de plusieurs syndicats pour promouvoir une action commune.

intertitre n. m. Titre secondaire qui introduit un ou plusieurs paragraphes dans un écrit, en particulier dans un article. / CIN. Texte bref qui apparaît entre les séquences d'un film. *Intertitres d'un film muet.*

intertrigo n. m. MÉD. Atteinte infectieuse du tégument, localisée au niveau des plis de la peau.

intertropical, ale, aux adj. GÉOGR. Situé entre les deux tropiques.

interurbain, e adj. et n. m. Relatif aux liaisons entre les villes. *Des réseaux interurbains.* / n. m. TÉLÉCOM. Vx *L'interurbain* : réseau téléphonique entre villes, avant l'automatisation actuelle.

intervalle n. m. Distance séparant deux points, deux objets ; temps s'écoulant entre deux événements, deux dates. *Dans l'intervalle* : entre temps. / MUS. Distance qui sépare deux sons et qui est proportionnelle à la fréquence de leurs vibrations (seconde, tierce, quarte, quinte, sixte, septième, octave, neuvième, dixième à treizième). *En fonction des lois de l'harmonie, les intervalles peuvent être majeurs ou mineurs, diminués ou augmentés, ou bien justes, et de manière sélective (ainsi la septième ne peut être que majeure, mineure ou diminuée, la quarte qu'augmentée, diminuée ou juste, etc.).* / MATH. Dans un ensemble, sous-ensemble des éléments compris au sens strict (intervalle ouvert) ou au sens large (intervalle fermé) entre deux éléments de l'ensemble (les bornes de l'intervalle).

intervenant, e adj. et n. DR. Qui intervient dans un procès. / n. Personne qui intervient (dans un débat, une discussion). *Les intervenants se sont succédé à la tribune.*

intervenir v. i. [3] Prendre part à une action et influer sur son cours. *Intervenir dans un conflit.* / Prendre la parole pour donner son avis. / Agir en médiateur, en faveur de qqn. *Je suis intervenu auprès de lui pour qu'il vous reçoive.* / Entrer en jeu ; avoir lieu, se produire. / CHIR. Pratiquer une intervention.

intervention n. f. Action d'intervenir ; acte par lequel un tiers prend part à une activité, à un fait. *Force d'intervention* : force militaire qui agit dans un pays étranger. / *Intervention chirurgicale* : opération.

interventionnisme n. m. ÉCON. Doctrine préconisant l'intervention de l'État dans les affaires économiques. / POLIT. Doctrine préconisant l'intervention d'un État dans un conflit concernant d'autres États.

interventionniste n. et adj. Partisan de l'interventionnisme.

interversion n. f. Renversement d'un ordre habituel. *Interversion de mots.*

intervertir v. t. [2] Déranger (un ensemble organisé), inverser (la position de ses éléments). *Intervertir l'ordre des parties. Intervertir les mots d'une phrase.*

interview n. f. (mot anglais) Entretien avec qqn dont on désire connaître et divulguer l'opinion. *L'interview d'un ministre.*

interviewer v. t. [1] Réaliser une interview de (qqn).

intestat adj. et n. DR. Qui n'a pas rédigé de testament. *Mourir intestat. Un intestat.*

intestin, e [1] adj. Qui advient à l'intérieur d'un corps, d'un groupe social. *Luttes intestines.*

intestin [2] n. m. ANAT. Portion de l'appareil digestif comprise entre l'estomac et l'anus. *L'intestin grêle, dans lequel s'ouvre l'estomac (pylore), comprend le duodénum, le jéjunum et l'iléon. La plupart des phénomènes de digestion et d'absorption des nutriments ont lieu au niveau de l'intestin grêle. Il s'abouche dans le gros intestin au niveau du cæcum.*

intestinal, ale, aux adj. Propre ou relatif à l'intestin.

Intifada (mot arabe, « soulèvement ») Mouvement populaire des Palestiniens des territoires occupés (à Gaza et en Cisjordanie) contre les autorités israéliennes qui éclata en 1987. Également appelée *guerre des pierres*, elle conduisit, en 1993-1994, à un premier accord entre l'O.L.P. et Israël sur l'autonomie de Gaza et de Jéricho. Toutefois, l'Intifada reprit en septembre 1996, quand Israël implanta de nouvelles colonies juives dans des territoires auxquels avait été accordée l'autonomie, puis en octobre 2000.

intimation n. f. DR. Action d'intimer ; acte de procédure assignant le défendeur en appel.

intime adj. et n. Personnel, ignoré des autres. *Vie intime. Juger selon son intime conviction.* / Par euph. Relatif aux fonctions corporelles frappées de tabou social ou moral (fonctions excrétrices et sexuelles). *Toilette intime. Relations intimes* : relations sexuelles. / Réservé à des personnes proches. *Dîner intime.* / Par ext. *Ami intime*, très proche. (Subst.) *Soirée réservée aux intimes.*

intimement adv. De façon intime, étroite ; profondément.

intimer v. t. [1] *Intimer un ordre à qqn*, le lui signifier avec autorité. / DR. Signifier légalement. *Intimer son expulsion à un locataire.* / DR. Assigner devant une juridiction supérieure.

*L'**Intifada** ou* la guerre des pierres.

intimidant, e adj. Qui intimide. *Comportement intimidant.*

intimidation n. f. Action d'intimider ; menace visant à faire peur à qqn.

intimider v. t. [1] Inspirer de la crainte, de la peur à ; user d'intimidation envers. / Troubler, remplir de confusion.

intimiste adj. et n. Se dit d'un écrivain qui s'exprime sur le ton de la confidence, d'un peintre qui a une prédilection pour les scènes d'intérieur. / n. *C'est un(e) intimiste.*

intimité n. f. Caractère de ce qui est intime. *L'intimité de la conscience. Intimité corporelle.* / Vie privée. *S'immiscer dans l'intimité de qqn.* / Lien étroit qui unit des personnes. *Vivre en parfaite intimité.*

intitulé, e adj. et n. m. **A.** adj. Qui a pour titre. *L'œuvre intitulée « Dictionnaire du français » est collective.* **B.** n. m. Titre figurant en tête d'un ouvrage, d'un chapitre. / DR. Formule conventionnelle en tête d'un texte juridique (loi, jugement, acte, etc.).

intolérable adj. Qui ne saurait être toléré ; insupportable, inadmissible. *Des prétentions intolérables. Des douleurs intolérables.*

Intolérance 1916 Film muet de D. W. Griffith, montrant avec puissance la réalité historique et contemporaine de l'intolérance à travers quatre épisodes distincts : la chute de Babylone, la Passion du Christ, le massacre de la Saint-Barthélemy et les États-Unis du début du XXe siècle.

intolérance n. f. Absence de tolérance ; disposition à haïr ceux qui ne professent pas les mêmes opinions. *Intolérance religieuse.* / MÉD. Incapacité d'un organisme à supporter certaines substances alimentaires ou médicamenteuses.

intolérant, e adj. Qui manifeste de l'intolérance.

intonation n. f. Inflexion, modulation de la voix.

intouchable adj. et n. **A.** adj. Auquel on ne peut porter atteinte. *Principe intouchable.* / Qui ne peut faire l'objet d'aucune sanction. *Il est corrompu, mais les protections dont il jouit le rendent intouchable.* **B.** n. Individu n'appartenant à aucune des quatre castes de la société indienne. (En Occident, on assimile les intouchables aux parias, mot qui ne désigne que certains d'entre eux. Bien que dépourvu d'existence légale depuis 1947, ce système de classification perdure dans les faits ; Gandhi nommait les intouchables *Harijan*, « enfants de Dieu »).

intoxication n. f. MÉD. Envahissement d'un organisme par un agent toxique. Ant. désintoxication. / Trouble provoqué par cet envahissement. / Fig. Propagande néfaste, mensongère et insidieuse (abrév. *intox.*).

intoxiquer v. t. [1] Affecter (qqn) par intoxication. (Au fig.) *Intoxiquer les populations avec de la propagande.* Ant. désintoxiquer. / v. pron. *S'intoxiquer avec des produits avariés.*

intra-muros adv. et adj. inv. (mots latins) À l'intérieur d'une ville, en excluant sa banlieue (par oppos. à *extra-muros*). *Les espaces verts de Paris intra-muros.*

intra-utérin, ine adj. MÉD. Qui a lieu à l'intérieur de l'utérus. *Endoscopie intra-utérine.*

intracellulaire adj. BIOL. Qui est, qui a lieu à l'intérieur d'une cellule. *Le milieu intracellulaire. Une réaction intracellulaire.*

intradermoréaction n. f. MÉD. Injection dans le derme d'une petite quantité

d'une substance (antigénique, toxique), pratiquée pour évaluer le degré de sensibilité de l'organisme à cette substance.
intrados n. m. Partie concave d'une voûte, d'une arcade. / AVIAT. Face intérieure de la voilure d'un avion. Ant. extrados.
intraduisible adj. Qui n'est pas traduisible. *Tournure intraduisible.*
intraitable adj. Avec qui il est impossible de traiter; inflexible. *Ennemi intraitable.*
intramusculaire adj. Qui est situé, qui se fait à l'intérieur d'un muscle. / MÉD. *Injection intramusculaire*, qui se pratique dans l'épaisseur d'un muscle, notam. fessier.
intranet n. m. INFORM. Réseau interne et privé reliant les ordinateurs d'une entreprise, fonctionnant en circuit fermé.
intransigeance n. f. Caractère intransigeant (de qqn, qqch.).
intransigeant, e adj. Qui n'admet aucun compromis. *Personne intransigeante.* / Qui dénote l'intransigeance. *Attitude intransigeante.*
intransitif, ive adj. et n. m. GRAMM. Se dit d'un verbe exprimant une action se rapportant exclusivement au sujet et qui n'admet pas de complément d'objet direct ou indirect. / n. m. *Un intransitif*: un verbe intransitif.
intransmissible adj. Qui ne peut pas être transmis.
intransportable adj. Qui ne peut être transporté. *Blessé intransportable.*
intraveineux, euse adj. et n. f. MÉD. *Injection intraveineuse* ou (n. f.) *une intraveineuse*, qui se pratique dans une veine.
intrépide adj. Qui n'a pas peur du danger et qui ne faiblit pas devant les épreuves. *Combattant intrépide.* / Par ext. *Une résolution intrépide.*
intrépidité n. f. Caractère intrépide.
intrication n. f. Action d'intriquer; résultat de cette action.
intrigant, e adj. et n. Qui use d'intrigues, qui intrigue volontiers. (Subst.) *Un(e) intrigant(e).*
intrigue n. f. Ensemble des manœuvres secrètes et complexes visant un but déterminé. *L'intrigue a échoué.* / Action qui forme la trame d'une œuvre littéraire, théâtrale, d'un film. / Vx Aventure amoureuse, généralement cachée.
intrigué, e adj. Dont la curiosité est éveillée; qui dénote la curiosité, l'intérêt. *Regard intrigué.*
intriguer v. t. / v. i. [1] Intéresser en éveillant la curiosité et la perplexité. *Ses allées et venues m'intriguent.* / v. i. Mener une intrigue, comploter.
intrinsèque adj. Qui est propre à, essentiel à. *Propriétés intrinsèques d'un corps.* Ant. extrinsèque.
intrinsèquement adv. De façon intrinsèque.
intriquer v. t. [1] Entremêler (des éléments) de manière complexe.
introducteur, trice n. Personne qui introduit. *Vous avez été mon introducteur dans ce cercle.*
introductif, ive adj. Qui sert à introduire, à commencer. *Phrase introductive.*
introduction n. f. Action d'introduire (qqn). *Lettre d'introduction*, par laquelle on recommande qqn à la bienveillance d'une tierce personne. / Action d'introduire (qqch.). *Introduction d'une cartouche dans un fusil.* / Initiation. *Introduction à la numismatique.* / Texte préliminaire présentant un

*Le dôme de la chapelle de l'**hôtel des Invalides**.*

livre; entrée en matière. *Introduction d'une dissertation.* / MUS. Dans la forme sonate, partie initiale, de tempo lent, qui aboutit à l'allegro du premier mouvement.
introduire v. t. / v. pron. [3] **A.** v. t. Faire pénétrer (qqch.). *Introduire la clé dans la serrure. Introduire des armes dans un pays.* / Faire entrer (qqn) dans un lieu. *Le majordome introduit les invités.* / Par ext. Présenter, faire admettre auprès de qqn, dans un milieu. *Il m'a introduit auprès du ministre.* / Mettre en usage (qqch. de nouveau). *Introduire une mode.* / DR. Commencer, engager (une procédure). *Introduire une instance.* **B.** v. pron. Entrer. *S'introduire dans un milieu fermé. S'introduire dans une maison, un appartement.*
introït n. m. LITURG. Prière d'entrée de la messe, récitée par le prêtre ou chantée par le chœur.
introjection n. f. PSYCHAN. Assimilation inconsciente, par le moi ou le surmoi, de l'image d'une personne aimée ou haïe.
intromission n. f. Introduction d'un corps dans un autre, en particulier du pénis dans le vagin.
intron n. m. GÉNÉT. Partie non codante d'un gène, non conservée dans l'A.R.N. mature, et, s'il s'agit d'un A.R.N. messager, non exprimée lors de la synthèse protéique. ♦ Dans un gène eucaryote, les introns alternent avec les parties codantes, les exons. Lors de la synthèse d'un protéine, les introns comme les exons servent de matrice à la synthèse d'un A.R.N. pré-messager (phénomène de transcription). Au cours de la maturation de celui-ci, les séquences correspondant aux introns sont excisées (phénomène d'épissage); l'A.R.N. messager, à partir duquel aura lieu la synthèse protéique proprement dite (phénomène de traduction) ne correspond donc qu'aux seules séquences codantes (exons).
intronisation n. f. Action d'introniser; cérémonie marquant l'entrée en fonction officielle d'un souverain, d'un évêque ou du pape. / Fig. Établissement d'une chose. *L'intronisation d'une coutume.*
introniser v. t. [1] Placer (qqn) sur le trône.
introspectif, ive adj. PSYCHOL. Qui procède de l'introspection.
introspection n. f. PSYCHOL. Connaissance de soi par soi-même, par une réflexion fréquente sur sa vie intérieure, ses sentiments, ses réactions (cette démarche n'a objectivement qu'une valeur relative).
introuvable adj. Qu'on ne trouve pas; disparu, perdu, volé. *Document introuvable.*
introversion n. f. PSYCHOL. Caractère d'une personne introvertie. Ant. extraversion.
introverti, e adj. PSYCHOL. Qui a tendance à se replier sur lui-même. Ant. extraverti.
intrus, e adj. et n. Se dit d'une personne qui fait intrusion quelque part. *Chasser un intrus.*
intrusion n. f. Action de s'introduire sans droit dans une fonction, auprès d'une personne ou d'un groupe. / Fait de s'introduire dans un lieu sans y être invité. / GÉOL. Pénétration d'une roche dans une couche d'une autre nature.
intubation n. f. MÉD. Introduction d'un tube, par la bouche ou le nez, dans la trachée-artère afin d'isoler les voies respiratoires de la voie digestive, en partie pour assurer la respiration artificielle sous anesthésie.
intuber v. t. [1] MÉD. Pratique une intubation sur (un malade, un blessé).
intuitif, ive adj. De la nature de l'intuition. *Hypothèse intuitive.* / Qui manifeste de l'intuition. *Personne intuitive.*
intuition n. f. LOG. Compréhension, connaissance immédiate, sans recours au raisonnement discursif. / Cour. Pressentiment.
intuitionnisme n. m. PHILO. Doctrine qui fait de l'intuition le mode privilégié de la connaissance. *L'intuitionnisme de Bergson.*
intuitivement adv. En se fiant à l'intuition.
intumescence n. f. Augmentation de volume d'une chose, d'un organe; gonflement.
inuit adj. inv. Propre ou relatif aux Inuit. *Langue inuit.*
Inuit (au singulier **Inuk**) Nom (« homme ») que les Esquimaux utilisent pour se désigner eux-mêmes, et qui s'applique aux peuples venus d'Asie habitant aujourd'hui les territoires arctiques du Groenland, du Canada, de l'Alaska et de la Sibérie orientale. Les Inuit ont gardé leurs langues propres, principalement l'inupik et le yupik qui possèdent plusieurs variantes.
inuktitut n. m. LING. Langue parlée par les Inuit.
inuline n. f. BIOCHIM. Polysaccharide, polymère du fructose.
inusable adj. Qui ne s'use pas; qui ne s'use que difficilement.
inusité, e adj. Inhabituel, extraordinaire. *Phénomène d'une ampleur inusitée.* / Qui n'est pas usité. *Mot inusité.*
in utero loc. adj. et adv. (mots latins) Dans l'utérus.
inutile adj. Qui n'est pas utile.
inutilement adv. De façon inutile.
inutilité n. f. Caractère de ce qui est inutile. Ant. utilité.
inutilisable adj. Qui n'est pas utilisable.
Inuvik *3 500 h.* Localité du nord-ouest du Canada, là où le Mackenzie se jette dans la mer de Beaufort. Aéroport.
invagination n. f. BIOL. Repliement d'une cavité en doigt de gant sur elle-même. / MÉD. Repliement d'un segment d'intestin, pouvant dégénérer en occlusion intestinale. / EMBRYOL. Pénétration en profondeur de matériel embryonnaire, à l'intérieur de (ou sous) une autre partie de l'embryon.
invaginé, e adj. BIOL. Qui s'est replié vers l'intérieur, par invagination.
invaincu, e adj. Qui n'a pas été vaincu.
invalidant, e adj. Qui rend invalide. *Un rhumatisme invalidant.*
invalidation n. f. Action d'invalider; annulation. *Invalidation d'une élection.*
invalide adj. et n. **A.** adj. DR. Qui est juridiquement nul. Ant. valide. **B.** adj et n. Se dit d'un infirme qui ne peut pas remplir les obligations de la vie active. / Subst. Militaire blessé ou trop âgé pour continuer à servir dans l'armée. *Pension des invalides.*
invalider v. t. [1] DR. Rendre (un acte) nul, non valide. / MÉD. Rendre (qqn) invalide.
Invalides (hôtel des) Monument parisien destiné à accueillir les soldats blessés, construit à partir de 1670 sur les plans de Libéral Bruant mais réalisé en grande partie par Jules Hardouin-Mansart à qui l'on doit la chapelle Saint-Louis, ajoutée en 1680, et le dôme imposant (1679-1706). Siège de l'Institution nationale des Invalides, il reçut (dans la crypte qu'on creusa sous la chapelle) les cendres de Napoléon Ier (rendues à la France par la Grande-Bretagne en 1840). Il abrite également les sépultures de plusieurs maréchaux de France et le musée de l'Armée.

invalidité n. f. Caractère d'une personne invalide. / DR. Nullité. Ant. validité.
invariable adj. Qui n'est pas variable.
invariablement adv. Constamment, immanquablement. *Il est invariablement de mauvaise humeur le lundi.*
invariance n. f. MATH., PHYS. Propriété de ce qui est invariant.
invariant adj. et n. m. MATH. (En parlant d'une fonction) Qui ne change pas de valeur lors d'une transformation. / PHYS. (En parlant d'une grandeur, d'une loi) Qui se conserve après une transformation. / n. m. *Un invariant*: une grandeur, un élément, une propriété que ne modifie pas une transformation.
invasif, ive adj. MÉD. Se dit d'un processus pathologique qui envahit rapidement l'organisme.
invasion n. f. Irruption d'une armée dans un pays, en provenance d'un pays étranger. / Pénétration massive d'un peuple étranger dans un territoire donné. *Les invasions barbares du Ve siècle apr. J.-C.* / *Par anal.* Envahissement massif d'une région par une espèce animale. *Invasion d'étourneaux.* / Fig. Expansion rapide. *Invasion d'une idéologie.* / MÉD. *Période d'invasion*: période qui succède à la phase d'incubation d'une maladie infectieuse. *La période d'invasion, lors de laquelle apparaissent les premières manifestations cliniques de la maladie, est généralement celle pendant laquelle son caractère contagieux est le plus élevé.*
invective n. f. Parole violente; propos insultants.
invectiver v. t. [1] Lancer des invectives contre. *Invectiver qqn.*
invendable adj. Impossible à vendre.
invendu, e adj. et n. m. Qui n'a pas été vendu. / n. m. Marchandise qui n'a pas été vendue. *Se débarrasser des invendus.*
inventaire n. m. Dénombrement écrit des articles, marchandises, titres que possède un particulier ou une collectivité. / Estimation de l'actif et du passif qui permet à un commerçant de calculer ses profits. / loc. adv. *Sous bénéfice d'inventaire*: après vérification, et sous réserve que celle-ci soit positive. *N'accepter une succession que sous bénéfice d'inventaire.*
inventer v. t. [1] Imaginer, créer, réaliser le premier (qqch. de nouveau). *Inventer une machine, un jeu.* / Concevoir dans un but particulier. *Inventer un moyen de s'en sortir.* / Imaginer et donner pour vrai (qqch. qui ne reflète pas la réalité, la vérité). *Inventer une histoire.*
inventeur, trice n. Personne qui invente, a inventé qqch.
inventif, ive adj. Qui invente aisément, qui aime inventer.
invention n. f. Action d'inventer. *L'invention du télescope.* / Ce qui est inventé. *Le télescope est une importante invention.* / Fig. Fiction, mensonge. *Des inventions éhontées.* / RELIG. Découverte. *L'invention de la vraie croix.*
inventivité n. f. Qualité de qqn d'inventif.
inventorier v. t. [1] Faire l'inventaire de. *Inventorier un stock.*
invérifiable adj. Que l'on ne peut vérifier.
inverse adj. et n. m. Qui est dans un sens contraire au sens normal, naturel, logique, ou qui vient d'être adopté. *Raisonnement inverse. Trajet inverse.* / n. m. Le contraire. *L'inverse n'est pas vrai.* / loc. adv. *À l'inverse*: au contraire.
inversement adv. À l'inverse.
inverser v. t. [1] Placer dans la position, l'ordre ou le sens inverse. *Inverser la disposition des invités. Inverser le courant. Inverser les rôles.*
inverseur n. m. Appareil permettant de changer le sens du courant électrique ou de la marche d'une machine. / *Inverseur de poussée*: dispositif auxiliaire des moteurs à réaction qui, en modifiant le sens d'échappement des gaz, réoriente la poussée.
inversible adj. PHOTO. Se dit d'un film négatif qui devient, par inversion au cours du développement, un film positif (par ex., les diapositives).
inversion n. f. Action d'inverser; résultat de cette action. / LITTÉR. Construction dans laquelle les mots ne sont pas dans l'ordre habituel. *Inversion grammaticale* (par exemple inversion du sujet, dans une phrase interrogative): *« Viendras-tu ? ». Inversion stylistique: « Pour réparer des ans l'irréparable outrage » (Racine).* / CHIM. *Inversion du sucre*: hydrolyse du saccharose (dextrogyre) en glucose et lévulose (formant un mélange lévogyre). / MATH. Transformation dans laquelle un point M du plan a pour image un point M', tel que le produit scalaire OMΔ. OM'Δ est égal à un nombre réel k non nul (appelé puissance d'inversion), O étant un point fixe appelé pôle d'inversion. / ÉLECTR. Changement du sens du courant dans un circuit. / GÉOL. *Inversion du relief ou relief d'inversion*: relief dont l'aspect topographique est en contradiction avec la structure géologique, et qui résulte de l'érosion des anticlinaux, les synclinaux étant épargnés. / MÉTÉO. *Inversion de température*: élévation de la température avec l'altitude (contrairement au phénomène habituel). / GENET. *Inversion chromosomique*: type de réarrangement chromosomique dans lequel une double cassure chromosomique est suivie d'un retournement du fragment ainsi isolé, qui est ensuite réintégré au chromosome. / PHOTO. Procédé permettant d'obtenir dès la prise de vue une image positive. / Vieilli *Inversion sexuelle*: homosexualité.
invertébré, e adj. et n. m. ZOOL. Qui n'a pas de vertèbres. / n. m. pl. *Les invertébrés*: l'ensemble des animaux qui ne sont pas des vertébrés, comme les cnidaires, les mollusques, les arthropodes, les annélides, les échinodermes, etc. *Le groupe des invertébrés n'est pas monophylétique: il ne rend pas compte des relations évolutives qui existent entre les espèces; ce taxon n'est pas utilisé dans les classifications actuelles.*
inverti, e n. Vieilli Personne qui n'éprouve de désir sexuel que pour les personnes de son sexe.
investigateur, trice n. et adj. Personne qui fait des investigations. / adj. *Regard investigateur.*
investigation n. f. Recherche approfondie.
investir v. t. [2] **I.** *Investir qqn de*, lui conférer solennellement (un titre, un pouvoir). **II.** MILIT. Interdire toutes les entrées de (une ville, une place forte), l'encercler. **III.** ÉCON. Placer (des capitaux). *Investir 10 millions.* (Sans compl.) *Investir dans l'industrie.* Au fig. *Investir son énergie dans un projet.* / v. pron. (Emploi critiqué) *S'investir dans*: se consacrer à.
investissement n. m. Action d'investir; son résultat.
investisseur, euse n. ÉCON. Personne qui investit des capitaux.
investiture n. f. Action d'investir, de conférer un titre, un pouvoir; résultat de cette action. / Désignation officielle, par un parti politique, du candidat qu'il présente à une élection. / HIST. Procédure en vigueur sous la IVe République par laquelle l'Assemblée nationale ratifiait le choix du président du Conseil désigné par le président de la République, en votant sa confiance à la majorité absolue. / HIST., DR. CANON. Mise en possession d'un fief, d'un bien d'Église. *Querelle des Investitures.*
Investitures (querelle des) Conflit qui opposa, aux XIe et XIIe siècles, les papes et les empereurs au sujet de l'investiture ecclésiastique. Depuis plus d'un siècle, les empereurs germaniques nommaient eux-mêmes les évêques et abbés, attachant ainsi ces derniers à un fief et au statut de vassal du souverain. En 1059, le pape Nicolas II interdit l'investiture ecclésiastique par les pouvoirs laïcs, mais la crise éclata entre Grégoire VII et l'empereur Henri IV. Ce dernier déposa le pape qui en retour l'excommunia. Devant faire face à une révolte des princes allemands, Henri IV demanda pardon au pape à Canossa (1077), puis, après une nouvelle excommunication en 1080, il prit Rome en 1083 et contraignit Grégoire VII à s'exiler. La lutte se poursuivit sous les papes Urbain II, Pascal II et Gélase II qui (1118) excommunia le fils d'Henri IV, Henri V. La querelle fut résolue par le pape Calixte II au concordat de Worms (1122) qui, établissant une distinction entre les fonctions spirituelles et temporelles des évêques, rendit au clergé le pouvoir de les élire en présence d'un émissaire de l'empereur.
invétéré, e adj. Qui est consacré par l'usage et le temps. *Coutume invétérée.* / Qui a pris l'habitude incorrigible, incoercible, de telle ou telle manière d'être ou de faire. *Buveur, menteur invétéré.*
invincibilité n. f. Caractère invincible (d'une personne ou d'une chose).
invincible adj. Qu'il est impossible de vaincre.
inviolabilité n. f. Caractère de ce qui est inviolable.
inviolable adj. Qui ne peut être violé. *Loi inviolable.* / DR. Qui ne peut faire l'objet de poursuites légales.
invisibilité n. f. Caractère de ce qui est invisible. Ant. visibilité.
invisible adj. Qui n'est pas visible.
invitant, e adj. Qui invite. *Les puissances invitantes.*
invitation n. f. Action d'inviter; son résultat. / Ce par quoi on invite (parole, lettre, etc.) / Action d'inciter à. *Il nous a invités à le suivre.*
invite n. f. Invitation plus ou moins manifeste à faire qqch. *Repousser des invites.*
invité, e n. Personne invitée par une autre. *Faire entrer les invités au salon.*
inviter v. t. [1] Convier. *Inviter un ami à dîner, au théâtre.* / Prier instamment. *Je vous invite à vous taire.* / Encourager, inciter (qqn) à qqch. *Ce paysage invitait à la méditation.* / v. pron. Se rendre en un lieu sans y avoir été convié.

INVERTÉBRÉ

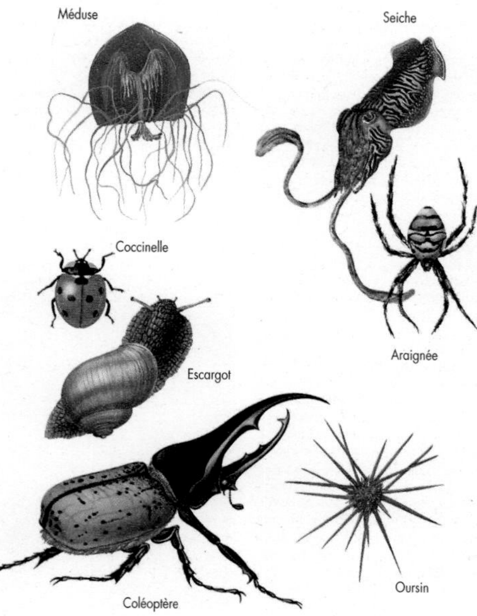

Eugène Ionesco.

in vitro loc. adv. (mots latins) En laboratoire, en dehors du milieu naturel, de l'organisme vivant. *Fécondation in vitro*: voir *fivete*.

invivable adj. Qui n'est pas vivable.

in vivo loc. adv. (mots latins) Dans l'organisme vivant.

invocation n. f. Action d'invoquer; son résultat. / RELIG. *Sous l'invocation de*: sous le patronage, la protection de. *Église placée sous l'invocation de saint Dominique.*

involontaire adj. Qui n'est pas volontaire. *Geste involontaire.*

involontairement adj. De façon involontaire.

involucre n. m. BOT. Ensemble de bractées situé à la base d'une inflorescence (notam. ombelle et capitule).

involution n. f. BIOL. Processus de régression d'un tissu, d'un organe ou de l'ensemble de l'organisme. *L'involution d'une tumeur. Involution sénile*: régression de l'ensemble des fonctions de l'organisme, due à la sénilité. *Involution utérine*: après l'accouchement, retour de l'utérus à son état normal. / BOT. État d'un organe enroulé sur lui-même. *L'involution d'une feuille.*

invoquer v. t. [1] S'adresser à (un être surnaturel) pour en obtenir le secours. *Invoquer le diable.* / Se référer à. *Invoquer qqch. pour se justifier.*

invraisemblable adj. Qui n'est pas vraisemblable.

invraisemblance n. f. Manque de vraisemblance.

invulnérabilité n. f. État invulnérable (de qqn, qqch.) Ant. vulnérabilité.

invulnérable adj. Qui n'est pas vulnérable.

Io MYTH. GR. Fille d'Inachos et grande prêtresse d'Héra, aimée par Zeus qui la métamorphosa en génisse pour la protéger de la jalousie d'Héra. Celle-ci la plaça sous la vigilance d'Argos qui fut tué par Hermès sur l'ordre de Zeus. Poursuivie par un taon envoyé par Héra, Io fuit la Grèce, traversa la mer qui porte son nom (Ionienne) et atteignit l'Égypte en passant le Bosphore (« le passage de la vache »), avant de retrouver sa forme humaine et de donner naissance à Épaphos. Elle fut assimilée à la déesse égyptienne Isis.

Ioannina ou **Jannina** *56 500 h.* Ville de Grèce, capitale de l'Épire, chef-lieu du nome du même nom. Citadelle, mosquée du XVIIe siècle (aujourd'hui musée); université. Normande (XIe siècle), capitale du despotat d'Épire (1204), prise par les Serbes (1345), occupée par les Turcs (1431), elle fut le siège d'un des trois pachas d'Épire. L'un d'entre eux, Ali Pacha de Tebelen, en fit la capitale d'un État rebelle. Les forces ottomanes s'en emparèrent (1821) après un siège de quinze mois; elle a été rattachée à la Grèce en 1913.

iode n. m. CHIM. Élément de numéro atomique 53, de la famille des halogènes. de masse atomique 126,90, de densité 4,9 (symbole: I). *L'iode, à l'état solide, forme des paillettes grises, à éclat métallique; il fond à 113,7° et se sublime à température ordinaire, à l'air libre, en dégageant des vapeurs violettes.*

iodé, e adj. Qui contient de l'iode. *Air iodé.*

iodler, jodler ou **iouler** v. i. [1] Faire des vocalises en passant de la voix de poitrine à la voix de tête.

Iole MYTH. GR. Fille d'Eurytos, roi d'Œchalie. Elle fut enlevée par Héraclès qui en fit sa concubine, provoquant ainsi la jalousie de son épouse Déjanire. Celle-ci fit endosser la tunique de Nessus à son mari, provoquant ainsi sa mort.

ion n. m. CHIM., PHYS. Atome ou groupe d'atomes ayant perdu ou gagné un électron, et qui possède ainsi une charge électrique positive (cation) ou négative (anion).

Iona Petite île des Hébrides (Écosse) où saint Colomba fonda (VIe siècle) son premier monastère; de là partit la christianisation des îles Britanniques.

Ionesco (Eugène) 1912-1994 Auteur dramatique français d'origine roumaine. Son théâtre (dit « de l'absurde ») parodie le théâtre de boulevard (*La Cantatrice chauve*, 1950) en utilisant la dérision, en méprisant la logique de l'action et en ne tenant aucun compte de la vérité psychologique des personnages (*Jacques, ou la Soumission*, 1950, *La Leçon*, 1951). Puis le comique débouche sur l'absurde et suscite le désespoir (*Amédée ou comment s'en débarrasser*, 1953), tandis que se manifeste l'angoisse devant la condition humaine (*Rhinocéros*, 1959; *Le Roi se meurt*, 1962). Peu à peu les personnages disparaissent, remplacés par des symboles (*Le Piéton de l'air*, 1963; *Jeux de massacre*, 1970), et son théâtre utilise toutes les ressources du décor et de la féerie. Romancier (*Le Solitaire*, 1973), attiré par le cinéma (*La Vase*, 1972), Ionesco est aussi l'auteur d'un *Journal en miettes* (1967-1968), témoin de ses hantises et de ses fantasmes.

Ionie Ancien nom de la région formée de douze cités grecques d'Asie Mineure sur la mer Égée (dont Milet, Chio, Éphèse, Phocée, Samos étaient les principales) qui connurent une période brillante au VIe siècle av. J.-C., notamment dans le domaine philosophique (Héraclite et Thalès). Elles payèrent tribut aux rois de Lydie (560 av. J.-C.), puis furent conquises par les Perses (546). Après l'échec de leur révolte (499), elles passèrent sous la domination d'Athènes, d'Alexandre et de ses successeurs, de Rome (133 av. J.-C.) et enfin de l'Empire byzantin.

ionien, enne adj. et n. D'Ionie. *Un(e) Ionien(ne).* / n. m. Idiome grec parlé dans l'Ionie antique.

Ionienne (mer) Partie de la Méditerranée, entre le sud de l'Italie, l'Albanie et la Grèce, qui communique avec l'Adriatique par le canal d'Otrante.

Ioniennes (îles) *2 307 km² 191 000 h.* Archipel grec de la mer Ionienne formé d'un grand nombre d'îles, couvertes de bois, d'oliveraies et de vignobles; les îles principales sont Corfou, Paxos, Leucade, Ithaque, Céphalonie, Zante et Cythère. L'archipel constitue une région administrative. Chef-lieu *Corfou*. Ayant appartenu successivement à l'Empire byzantin, aux rois normands de Sicile et de Naples (XIIe siècle), à Venise, aux Ottomans, à la France et à la Grande Bretagne, elles furent rattachées à la Grèce en 1864.

ionique [1] adj. D'un ion.

ionique [2] adj. et n. m. Vx Ionien. / ARCHIT. *Ordre ionique* ou (n. m.) *l'ionique*: l'un des trois ordres architecturaux de la Grèce antique. *L'ordre ionique se caractérise par une colonne élancée, à base moulurée et à chapiteau en volutes.*

ionisant, e adj. CHIM., PHYS., MÉD. Qui produit une ionisation. *Rayonnement ionisant.*

ionisation n. f. CHIM., PHYS. Formation d'ions. / MÉD. Administration percutanée de substances ionisées, par action d'un courant électrique continu de faible intensité.

ioniser v. t. [1] CHIM., PHYS. Produire l'ionisation de.

ionogramme n. m. BIOCHIM, MÉD. Formule comportant les concentrations des divers ions dans un liquide organique, en particulier dans le plasma sanguin.

ionosphère n. f. Région de l'atmosphère où les rayonnements issus de l'espace interagissent avec les molécules des gaz qui s'échappent des couches inférieures de l'atmosphère. *L'ionosphère se situe entre 60 et 500 km d'altitude; elle est le siège de nombreux phénomènes, comme, par exemple, la réflexion des ondes radio.*

Iorga (Nicolae) 1871-1940 Écrivain et homme politique roumain. Professeur d'histoire à la faculté de Bucarest puis recteur (1928), il devient président du Conseil (1931-1932). Président du Sénat (1939), il est assassiné par la Garde de fer.

Ios ou **Nió** *105 km² 1 300 h.* Île grecque de la mer Égée, l'une des Cyclades, au sud de Naxos. Homère serait mort dans cette île.

iota n. m. inv. Neuvième lettre de l'alphabet grec (ι, Ι) correspondant au i. / Minuscule détail. *Pas un iota*: absolument rien. *N'ôtez pas un iota à ce que j'écris.*

iouler Voir **iodler**

Iowa *145 753 km² 2 852 423 h.* État du centre des États-Unis. Capitale *Des Moines*. Riche territoire agricole (maïs, élevage bovin et porcin), il possède également une industrie lourde (charbon) et une industrie alimentaire. Ayant fait partie de la Louisiane, l'Iowa fut vendu aux États-Unis par Napoléon Ier en 1803. Après la guerre contre les Indiens iowas (terminée en 1832), ce territoire devint le 29e État de l'Union en 1846.

ipéca ou **ipécacuana** n. m. (mot portugais, du tupi) BOT. Nom donné à diverses espèces de plantes d'Amérique du sud, dont les racines ont des propriétés vomitives; ces racines.

Iphigénie MYTH. GR. Fille aînée d'Agamemnon et de Clytemnestre. Pour apaiser la colère d'Artémis dont les vents retiennent la flotte achéenne à Aulis, le devin Calchas annonce à Agamemnon qu'il doit sacrifier sa fille Iphigénie. Selon certains auteurs (Euripide), au moment où Agamemnon va offrir sa fille sur l'autel d'Artémis, la déesse a pitié de la jeune fille et lui substitue une biche comme victime. Elle l'emmène alors en Tauride où elle en fait sa prêtresse. Cette légende comporte de nombreuses variantes qui ont inspiré Eschyle, Racine, Goethe et Gluck.

*Le sacrifice d'***Iphigénie***, mosaïque romaine.*

ipomée n. f. BOT. Plante grimpante, de la famille des convolvulacées, dont il existe de nombreuses espèces, notam. le volubilis et la patate douce.

Ipoustéguy (Jean Robert) 1920 Sculpteur français. D'abord peintre, il sculpte des formes géométriques abstraites, puis des formes humaines tourmentées, d'un réalisme baroque et expressif et d'une grande monumentalité (*La mort du père*, 1968).

ippon n. m. (mot japonais) SPORT Dans les arts martiaux, prise parfaitement exécutée qui met fin au combat et donne la victoire à son auteur.

ipséité n. f. PHILO. Ce qui est essentiel à l'être, en tant qu'individu.

ipso facto loc. adv. (mots latins) Par le fait même, automatiquement. *Tout élément défectueux sera ipso facto éliminé.*

Ipsos Bourg de Phrygie (ouest de la Turquie actuelle), théâtre de la bataille (301 av. J.-C.) qui opposa entre eux les diadoques d'Alexandre le Grand et se termina par la défaite et la mort d'Antigonos Monophthalmos, prélude au démembrement de l'empire.

Iqbal (Muhammad) 1873-1938 Philosophe et poète indien, de religion musulmane et d'expression urdue, persane et anglaise. Ses œuvres politiques ont influencé les fondateurs du Pakistan et ses poèmes sont d'inspiration religieuse (*Livre de l'éternité*).

IRA Sigle de et acronyme pour *Irish Republican Army* (« Armée républicaine irlandaise »), organisation nationaliste irlandaise qui lutte pour l'indépendance totale de l'Irlande, branche armée du parti politique Sinn Fein. Créée en 1919, ses origines remontent à la Première Guerre mondiale et à l'insurrection de Pâques 1916 contre l'occupant anglais protestant. Après la guerre civile et le traité de 1921, l'Irlande, sauf 6 comtés du nord à majorité protestante, obtient l'indépendance. L'IRA décide de poursuivre la lutte en menant des actions terroristes en Irlande comme en Angleterre. Elle se scinde en 1969 entre l'IRA « officielle » et l'IRA « provisoire ». Cette dernière est particulièrement active dans les années 1970, en réponse aux assassinats d'Irlandais catholiques par les extrémistes irlandais protestants favorables au maintien de l'union avec l'Angleterre. Après l'évolution des négociations de paix entre l'Irlande et la Grande-Bretagne dans les années 1980, l'IRA décide de mettre un terme à la violence pour permettre à son aile politique, le Sinn Fein, de participer aux pourparlers sur l'autodétermination de l'Irlande du Nord. Depuis, certaines actions violentes ont été commises au nom de groupes dissidents issus de l'IRA.

• **Irak** ou **Iraq** État de l'Asie du Sud-Ouest.

irakien, enne adj. et n. D'Irak. *Pétrole irakien. Un(e) Irakien(ne).*

• **Iran** (autrefois *Perse*) État d'Asie occidentale situé entre le Pakistan et l'Afghanistan, à l'est, et l'Irak à l'ouest

iranien, enne adj. et n. D'Iran. *Plateau iranien. Un(e) Iranien(ne).* / n. m. LING. L'une des langues indo-européennes du groupe iranien.

IRAK

Superficie : *438 317 km²* – **Nombre d'habitants :** *23 700 000 h.* – **Capitale :** *Bagdad*
Villes principales : *Mossoul, Bassorah* – **Système politique :** *république* – **Langue(s) :** *arabe*
Religion(s) : *islam, christianisme* – **Monnaie(s) :** *dinar irakien*

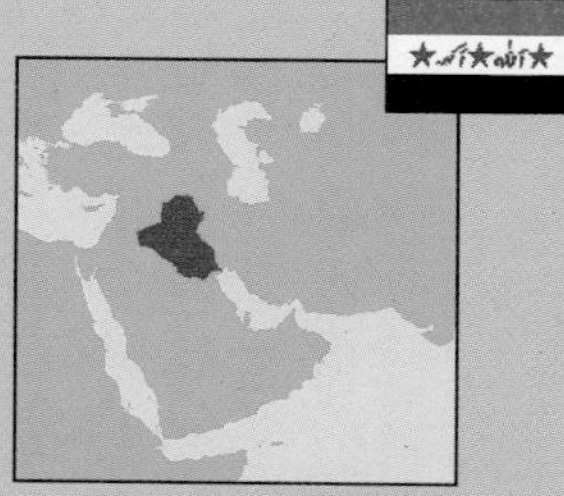

Voir l'Atlas

Géographie physique et humaine

L'Irak oppose, à l'ouest, un ensemble de steppes et de déserts, et, à l'est, la riche plaine de Mésopotamie drainée par le Tigre et l'Euphrate. Reliés l'un à l'autre par un réseau de canaux, sujets à des crues fréquentes, ces deux fleuves se jettent dans le golfe Persique par un vaste delta. Le climat est chaud et sec. À l'exception des Bédouins nomades éleveurs de chameaux dans les déserts, la population (Arabes, mais aussi importante minorité kurde et minorités turque, arménienne, persane) se concentre en Mésopotamie. L'islam est la religion largement dominante, les sunnites, qui ont accaparé le pouvoir sous le régime baasiste, sont minoritaires, les chiites, marginalisés ou persécutés, majoritaires. Les chrétiens, qui appartiennent à plusieurs Églises, sont peu nombreux (environ 4 % de la population) mais cultivés et influents (Tarek Aziz, ancien vice-Premier ministre, est chrétien) ; parmi les minorités religieuses, on compte aussi des mandéens, des mazdéens, des yézidis, une infime communauté juive et des druzes. État laïc, l'Irak n'impose, en principe, aucune discrimination religieuse. La langue officielle est l'arabe, d'autres langues (kurde, turc, notamment) sont pratiquées ; certains groupes isolés parlent encore un dialecte proche de l'araméen, la langue du Christ. L'agriculture, sur 12,5 % du territoire, occupait, en 1968, 70 % des actifs ; ce nombre est tombé à 14 %. Elle reste dépendante de l'irrigation. Sur les terres du *Croissant fertile*, les pluies permettent la culture du blé, de l'orge, du coton, du tabac. Dans le sud de la Mésopotamie, on récolte des dattes (1er rang mondial). Le pays doit importer une bonne partie de sa nourriture. Sa richesse essentielle est le pétrole. En 1990, il était le 4e producteur du Moyen-Orient ; en 1998, sa production (dans les régions de Mossoul, au nord, et de Bassorah, au sud) avait diminué de 40 % alors que celle du Koweït dépassait la production irakienne de 1990. Archaïque en 1968, le pays s'est modernisé (transports, énergie, industrie, services), mais l'armement, la guerre contre l'Iran (1980-1988), les bombardements de 1991, l'embargo de l'ONU, les bombardements anglo-américains (à partir de1998) l'ont placé dans une situation de très grande pauvreté. Les opérations militaires menées en mars-avril 2003 ont causé d'importantes destructions (immeubles, canalisations, infrastructures), mais la plupart des puits de pétrole sont restés intacts.

Histoire

Point de convergence de différents peuples, les vallées du Tigre et de l'Euphrate ont été le berceau du royaume de Babylone et le théâtre des conquêtes des Assyriens, des Perses, des Grecs et des Romains. En 634, les Arabes envahissent le pays, qu'ils conquièrent entre 637 et 638, et nomment Irak. En 762, le calife abbasside Al-Mansur fait de Bagdad sa capitale ; son règne et celui de ses successeurs marque (VIIIe-Xe siècle) l'apogée de la civilisation arabo-islamique. Cet âge d'or est suivi d'un déclin qui commence au XIe siècle, quand seigneuries arabes et kurdes se partagent le pays. Celui-ci est ravagé au XIIIe siècle par le Mongol Hulagu et, à la fin du XIVe siècle, par Tamerlan. De 1534 à 1918, il constitue une province de l'Empire ottoman. La défaite de la Turquie, alliée de l'Allemagne, met fin à la domination ottomane.

Entre 1917 et 1918, les Britanniques occupent la presque totalité du pays, que la S.D.N. place (1920) sous leur mandat. Ils en font une monarchie constitutionnelle, gouvernée par l'émir Faysal Ier, fils du chérif de La Mecque, chassé de Damas par les Français (1921). L'Irak acquiert sa pleine indépendance en 1932. La mort de Faysal (1933), puis celle de son fils Ghazi Ier (1939) dont l'héritier n'avait que 4 ans, plongent l'Irak dans de grosses difficultés, accrues par l'occupation anglaise durant la Seconde Guerre mondiale. L'hostilité contre la dynastie, les intrigues des partisans de la Ligue arabe et de l'Égypte, les menées communistes, aboutirent en 1958 à une sédition militaire, au cours de laquelle Faysal II, son oncle et plusieurs de leurs partisans sont assassinés. Le général Kassem proclame la république et pratique une politique favorable à l'U.R.S.S. En 1963, le colonel Abd al-Salam Aref renverse le général Kassem. Bientôt, il réprime toutes les oppositions, celles des pro-nassériens, des séparatistes kurdes et des communistes. En avril 1966, il meurt dans un accident d'hélicoptère. Son frère Abd al-Rahman lui succède et poursuit sa politique. Il conclut un cessez-le-feu en juin 1966 avec les Kurdes. Avec la Syrie et l'Égypte, il participe (1967) à la guerre des Six Jours contre Israël. En 1968, un coup d'État donne le pouvoir au chef du parti Baas, le général al-Bakr, qui, en accord avec l'U.R.S.S., lance un programme de modernisation économique. En 1972, il accorde aux Kurdes une autonomie qui ne satisfait pas le leader du plus important mouvement nationaliste kurde, Barzani. Celui-ci reprend la lutte armée en 1974, avec l'aide de l'Iran. Mais, en 1975, l'Iran se déclare satisfait par un nouveau partage du Chatt al-Arab et retire son aide aux Kurdes. En 1979, al-Bakr démissionne au profit de Saddam Hussein. Après la chute du shah d'Iran, qui porte au pouvoir des religieux chiites, Saddam Hussein craint qu'ils n'encouragent la rébellion chiite qui s'était déclarée dans le sud du pays. En accord tacite avec les États-Unis, il attaque en septembre 1980 l'Iran, qui retient des otages américains depuis novembre 1979. Cette première « guerre du Golfe » sera longue et ruineuse pour les deux pays, en pertes humaines (un million de morts) et en conséquences économiques. En juillet 1988, un cessez-le-feu intervient, salué comme une victoire par Saddam Hussein, qui peut alors concentrer ses forces sur les Kurdes, victimes, en outre, d'un séisme en 1990. En août 1990, il décide d'annexer le Koweït et ses richesses, avec la certitude que les États-Unis n'interviendront pas. Quand cette certitude s'évanouit, il persiste dans son action, alors que l'ONU décrète un embargo contre l'Irak. Le dernier ultimatum expire le 15 janvier 1991 sans que Saddam Hussein évacue le Koweït. Une coalition de 30 pays (dont la Syrie et l'Égypte), menée par les États-Unis, bombarde intensément l'Irak (on parlera de 100 000 morts) et libère le Koweït à la fin de février. Le 3 mars, un cessez-le-feu met fin à cette nouvelle « guerre du Golfe », mais Saddam Hussein reste en place, voyant même sa popularité renforcée. Il se tourne alors vers les opposants kurdes du nord et chiites du sud, régions où se concentrent les richesses pétrolières de l'Irak. À partir de 1993, de nombreux États (dont la France) démontrent que l'embargo nuit bien davantage au peuple irakien qu'au pouvoir de son chef. En 1994, l'Irak renonce à sa revendication du territoire koweïtien. En 1995, Saddam Hussein est réélu à l'unanimité des suffrages. Il affronte l'ONU, et tout particulièrement les États-Unis, sur deux points. L'ONU lui a interdit de survoler le nord (kurde) et le sud (chiite), mais il néglige souvent cette interdiction. L'ONU veut évaluer son stock d'armes (chimiques, biologiques et nucléaires) ; mais les experts de l'ONU et Saddam Hussein ne parviennent pas à s'entendre.

En 1998, le secrétaire général de l'ONU, Kofi Annan, parvient à un accord sur l'évaluation des stocks, mais en décembre, les États-Unis, qui n'ont cette fois qu'un seul allié, la Grande-Bretagne, bombardent les sites où l'on suppose que ces armes sont

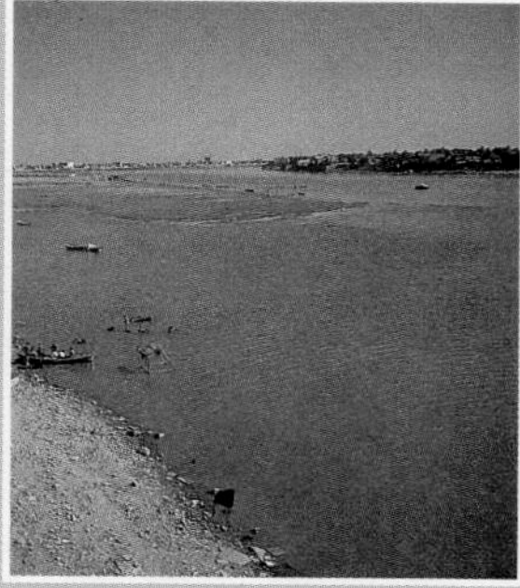

Le Tigre, à proximité de Bagdad.

IRAK (SUITE)

entreposées. La communauté internationale condamne cette décision prise sans l'accord de l'ONU. Des levées partielles de l'embargo sont intervenues à plusieurs reprises et un accord (dit " pétrole contre nourriture ") a permis, pendant quelques années, à l'Irak d'exploiter ses champs pétrolifères et d'exporter le pétrole, de manière à acheter de la nourriture et des médicaments, en quantité d'ailleurs insuffisante.

En 2002, les inspections de l'ONU reprennent. Les menaces de sanction militaire facilitent le travail des inspecteurs qui, en mars 2003, demandent qu'on leur laisse le temps de confirmer les résultats obtenus. Ce délai est jugé inutile par les États-Unis qui, le 20 mars, entrent en guerre contre l'Irak avec leurs alliés (essentiellement la Grande-Bretagne), malgré l'opposition de plusieurs pays (dont la France) et sans l'aval de l'ONU, dans le but de mettre fin au régime de Saddam Hussein. Bagdad tombe le 9 avril et, avec elle, le régime. Le pays (où n'a été découverte aucune trace d'armes de destruction massive) est livré au chaos, tandis que les Kurdes et les chiites, persécutés par le régime, tentent de s'organiser et d'imposer leurs vues, et que des opposants chassés par la dictature reviennent sur la scène politique. L'administration américaine mène avec tous ces groupes de difficiles négociations, tandis que des charniers, où sont ensevelis les corps de milliers de disparus, sont presque quotidiennement mis au jour.

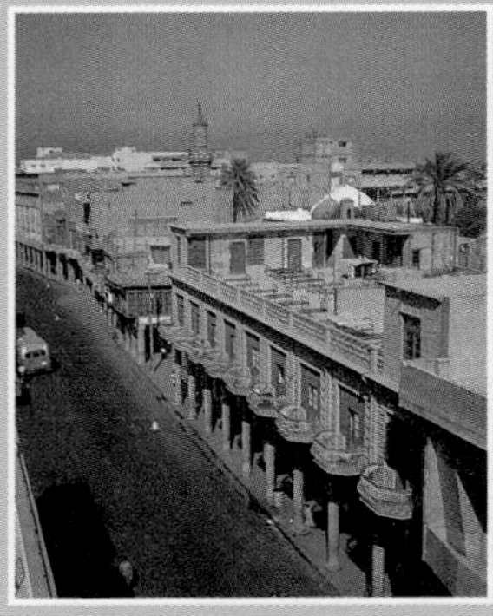

Rue du centre de Bagdad, capitale de l'Irak.

IRAN

Superficie : *1 633 188 km²* – **Nombre d'habitants :** *64 700 000 h.* – **Capitale :** *Téhéran*
Villes principales : *Ispahan, Tabriz, Chiraz* – **Système politique :** *république islamique*
Langue(s) : *persan* – **Religion(s) :** *islam* – **Monnaie(s) :** *rial iranien*

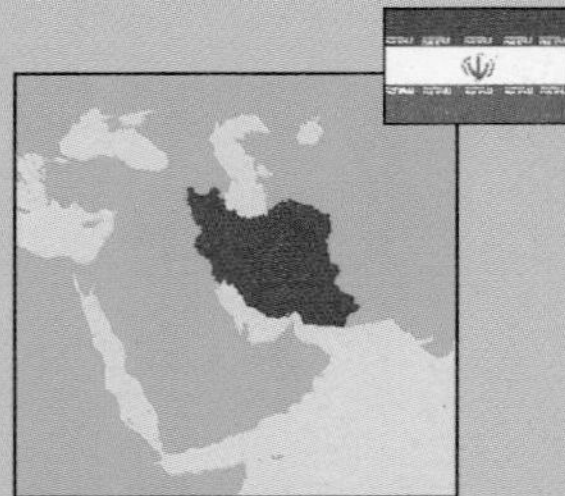

Voir l'Atlas

Géographie physique et humaine

Baigné au nord par la mer Caspienne (côtes basses et marécageuses) et au sud par le golfe Persique (côtes accidentées), l'Iran est un haut plateau aride, couvert de steppes et de déserts (désert de Lout) cerné de montagnes élevées (Elbourz au nord, Zagros à l'ouest) et de vallées arrosées et forestières. Population de paysans et de bergers très souvent nomades, d'origine complexe (Persans en majorité : 45 %, mais 17 % d'Azéris, 9 % de Kurdes, et diverses minorités), la population est dans sa quasi-totalité musulmane de rite chiite ; on compte d'infimes minorités chrétienne, juive et zoroastrienne. Elle a un taux élevé d'accroissement annuel (32 %). L'agriculture est concentrée dans les régions fertiles et irriguées (oasis, terrasses du Fars) : céréales, dattes, agrumes, thé, tabac, coton, et, sur la côte de la mer Caspienne, riz. L'élevage fournit de la laine (moutons astrakans), la pêche, des saumons et des esturgeons (caviar) pour l'exportation. Ce secteur primaire emploie 30 % des actifs, mais il ne couvre que les trois quarts des besoins alimentaires. Malgré la création par le shah de barrages et d'un important artisanat textile (coton, soie, laine) à Ispahan, Chiraz, Tabriz et Téhéran, l'industrie reste insuffisante, gênée par la difficulté des communications.

La principale richesse iranienne est le pétrole dont l'exploitation industrielle a commencé en 1909 (premier producteur du Moyen-Orient et deuxième du monde). La raffinerie d'Abadan a été fortement endommagée par la guerre du Golfe (1979-1988), mais l'Iran a très vite restauré son secteur pétrolier. Malgré cet effort, qui a accentué l'endettement, la crise économique demeure, l'économie reposant trop largement sur le pétrole, dont le prix varie sans cesse.

Raffinerie de pétrole à Agha Jari.

Histoire

De l'origine au XXe siècle, l'histoire de l'Iran (qui ne prendra ce nom qu'en 1935) est celle de la Perse. La découverte du pétrole (1909) accentue la rivalité qui opposait la Russie au Royaume-Uni, les deux pays s'étant partagé l'empire perse en deux zones d'influence : à la Russie, le nord, à la Grande-Bretagne, le sud. La révolution nationaliste de 1906, qui impose au souverain une constitution bientôt abolie, est suivie d'une période troublée.

En 1921, un officier, Reza khan, s'empare du pouvoir, dépose le dernier shah de la dynastie Qadjar et se fait lui-même couronner sous le nom de Reza shah Pahlavi. Il s'efforce de moderniser le pays en utilisant les redevances de l'Anglo-Persian Oil Company qui exploite le pétrole iranien depuis 1909. Contre la domination britannique, il choisit l'alliance allemande. En 1941, les forces anglo-soviétiques occupent le pays et exigent son abdication. Son fils Muhammad Reza lui succède. En 1951, le shah nomme Premier ministre Mossadegh, leader du Front national (créé en 1949). Aussitôt, celui-ci nationalise l'Anglo-Persian Oil Company. Les Britanniques répondent par le blocus du pétrole d'Iran et les Occidentaux obtiennent du shah le renvoi de Mossadegh (1953). Le souverain quitte l'Iran après avoir confié au général Zahedi le soin de diriger le gouvernement et de rétablir l'ordre. La répression s'abat sur Mossadegh (qui sera emprisonné) et ses partisans (dont plusieurs seront condamnés et exécutés).

De retour à Téhéran, le shah mène une politique pro-occidentale. Ayant trouvé avec l'Occident un accord satisfaisant sur les revenus du pétrole, il déclenche en 1962 une « révolution blanche ». L'Iran se modernise dans tous les domaines : agriculture, enseignement, statut de la femme. En 1973, les revenus pétroliers reviennent en totalité à l'Iran. Cette politique se heurte à un double écueil. D'une part, les réformes modernistes suscitent une opposition farouche de la part des milieux religieux chiites ; d'autre part, le régime, de plus en plus autoritaire, ne supporte aucune contestation, qu'il réprime du-

IRAN (SUITE)

rement par l'intermédiaire de sa police politique, la Savak. En exil en Irak, d'abord, puis en France, un dignitaire religieux, l'ayatollah Khomeyni, parvient à galvaniser les masses. Les deux oppositions, conservatrice et progressiste, s'unissent, et des manifestations, sévèrement réprimées, affaiblissent le pouvoir au point que le chah est contraint au départ en janvier 1979.

En avril, la république est proclamée. Déclaré par la Constitution le guide spirituel du pays, Khomeyni instaure un régime plus répressif encore que celui du chah. Il s'appuie sur des comités islamiques plus puissants que les organes légaux du pouvoir, dirigés à partir de janvier 1980 par A. H. Bani Sadr, élu président de la République. Les comités islamiques imposent un islam rigoriste (tchador pour les femmes, barbe pour les hommes, prières obligatoires, etc.) et se livrent à une véritable « chasse aux sorcières » : moudjahidin du peuple (militants de gauche), femmes adultères, homosexuels, etc., leur servent de cibles.

En novembre 1979, ils prennent en otage le personnel de l'ambassade des États-Unis à Téhéran et ferment les portes de l'ambassade. Le président démocrate Carter ne réussit pas à résoudre le problème ; en novembre 1980, il sera battu aux élections par le républicain Reagan et les otages seront libérés en janvier 1981. En septembre 1980, l'Irak attaque l'Iran, qui apporte son aide aux rebelles

Le mausolée du Chah Tcheragh, (XIIe siècle), dans la ville de Chiraz, au sud-ouest de l'Iran.

chiites du Sud irakien. En juin 1981, Khomeyni organise la destitution du président Bani Sadr, remplacé en octobre par Ali Khamenei. En 1982, les milices islamiques massacrent les moudjahidin. Dans le même temps, la répression s'exerce contre les Kurdes et contre l'opposition centriste.

En 1983, tous les dirigeants du parti communiste (le Toudeh) sont incarcérés. L'Occident accentue son blocus économique, mais l'*Irangate* défraye la chronique : des journalistes américains suggèrent que Reagan vend secrètement des armes à l'Iran, épuisé par sa guerre contre l'Irak. Le complexe pétrolier d'Abadan, fortement endommagé par les bombardements irakiens, ne peut être remis en état que si le cessez-le-feu intervient. C'est chose faite en juillet 1988, sous l'égide de l'ONU. L'Irak peut se considérer comme vainqueur, mais la guerre a inutilement éprouvé les deux pays : un million de morts, d'importants dégâts matériels, un très fort endettement. Cette même année, l'Iran lance une condamnation à mort contre l'écrivain britannique Rushdie, auteur d'un roman jugé sacrilège, *Les Versets sataniques*.

En juin 1989, Khomeiny meurt. En juillet, Ali Akbar Hachemi Rafsandjani, élu président de la République, succède à Ali Khamenei. Ces deux événements ont pour conséquence un assouplissement du régime. Les rapports avec l'Irak s'améliorent. En janvier 1991, l'Iran ne fait pas partie des coalisés contre l'Irak dans la deuxième « guerre du Golfe ». L'Occident accuse l'Iran d'organiser le terrorisme international. En 1995, l'embargo commercial décrété par les États-Unis accentue encore les difficultés économiques du pays, où des manifestations populaires protestent contre la dégradation du niveau de vie. En 1997, un religieux modéré, Mohamed Khatami succède à Rafsandjani. Il s'attache à desserrer l'étau des intégristes, à moderniser le pays, à rétablir avec l'ensemble des États du monde des relations diplomatiques normales. Aux élections de 2000, les réformistes remportent une nette victoire et Khatami lui-même est réélu en 2001.

I

IRAS (acronyme pour *InfraRed Astronomy Satellite*, « satellite d'observation astronomique en infrarouge »). Le satellite IRAS est le fruit de la coopération entre le S.E.R.C (Conseil britannique pour la recherche en sciences et techniques), le N.I.V.R. (Agence pour les programmes spatiaux néerlandais) et la N.A.S.A. (Agence spatiale américaine). Il a été lancé le 25 janvier 1983 depuis la base de Vandenberg, en Californie. Placé en orbite polaire, il avait pour mission l'étude globale du ciel. Les détecteurs de son télescope, sensibles aux émissions du rayonnement infrarouge, recensèrent 250 000 sources de ce rayonnement.

irascibilité n. f. Tendance à la colère.

irascible adj. Qui fait preuve d'irascibilité. *Caractère irascible.*

ire n. f. Vx ou par plaisant. Courroux, colère.

Irène v. 752-803 Impératrice d'Orient (797-802). Régente à la mort de son mari Léon IV, elle réunit le concile de Nicée ; la majorité de son fils Constantin VI la contraignit à se retirer, mais elle réussit à le détrôner (797), lui fit crever les yeux et prit le titre masculin de *basileus*. Elle mena une politique catastrophique (l'empire dut payer tribut à Haroun al-Rachid) tout en entretenant le rêve de refaire l'unité de l'Orient et de l'Occident en épousant Charlemagne. Détrônée par un coup d'État (802), elle finit ses jours à Lesbos. Elle a été canonisée par l'Église orthodoxe.

Irénée (saint) v. 130-v. 208 Père et docteur de l'Église, évêque de Lyon (177), il y fut probablement martyrisé. Ses œuvres philosophiques (*Réfutation de la fausse gnose*) opposent aux gnostiques une théologie ecclésiale fondée sur la transmission de la Tradition par la succession des évêques.

irénique adj. Didac. Empreint d'irénisme.

irénisme n. m. Didac. Dans une discussion, attitude de compréhension entre personnes d'opinions différentes. / Par ext. Amour de la paix, propension à faire régner la concorde.

Irgoun (Irgoun Tsvaï Leumi) Organisation sioniste extrémiste issue en 1931 du Bétar, un mouvement nationaliste juif fondé au début du XXe siècle. Opposée à la politique britannique en Palestine en matière de restriction de l'immigration juive, elle perpétra de nombreux attentats contre les Britanniques durant leur occupation de la Palestine avant et pendant la Seconde Guerre mondiale. Elle s'attaqua aussi aux Arabes et entra en lutte avec la Haganah. Menahem Begin la dirigea de 1943 à sa dissolution (1948) ; ses membres acceptèrent alors de faire partie des forces armées de la nouvelle nation israélienne. Ses anciens chefs formèrent le parti de droite Hérout qui fusionna avec le parti libéral en 1988.

Irian Jaya *419 650 km² 1 956 000 h.* Province indonésienne formée par la partie occidentale de la Nouvelle-Guinée. Chef-lieu *Jayapura*. Coprah. Pétrole. Cette presqu'île, colonie néerlandaise (1885-1962), fut confiée par l'ONU en 1963 à l'Indonésie, qui la nomma *Irian Barat*, puis en fit en 1969 une province, nommée *Irian Jaya*. La Papouasie-Nouvelle-Guinée la revendique.

Iribe (Paul) 1883-1935 Caricaturistre (*L'Assiette au beurre*, *Le Témoin*), affichiste (pour les vins Nicolas, notamment) et décorateur français (meubles, objets, bijoux, costumes et décors de cinéma).

iridacées n. f. pl. BOT. Famille de plantes monocotylédones, à rhizomes comme les iris, ou à bulbes comme les crocus ou les glaïeuls.

iridectomie n. f. MÉD. Exérèse chirurgicale d'une partie de l'iris.

iridié adj. TECH. *Platine iridié* : alliage de platine et d'iridium, qui a été utilisé pour réaliser les étalons de mesure.

iridium n. m. CHIM. Élément de numéro atomique 77, de masse atomique 192,22 (symbole : Ir) ; métal blanc brillant, très dur, de densité 22,4 et qui fond à 2 435 °C.

iris [1] n. m. ANAT. Membrane musculeuse colorée et circulaire, située dans l'œil, entre la cornée et le cristallin. *L'iris est percé en son centre d'un orifice, la pupille, dont l'ouverture, variable selon l'intensité lumineuse, joue le rôle d'un diaphragme.* / PHOTO *Iris* ou *diaphragme à iris*, formé de lamelles radiales dont le déplacement détermine l'ouverture.

iris [2] n. m. Vx, poét. Arc-en-ciel. / Les couleurs de l'arc-en-ciel.

iris [3] n. m. BOT. Plante à rhizome de la famille des iridacées, à grandes fleurs jaunes, violettes ou bleues chez les espèces ornementales.

Iris MYTH. GR. Fille du Titan Thammas et de la nymphe Électre, elle est la messagère des dieux (en particulier d'Héra), chargée de communiquer leurs volontés aux hommes. Ailée et revêtue d'un voile léger, elle est la personnification de l'arc-en-ciel.

irisation n. f. Action d'iriser ; fait d'être irisé. / Reflet ayant les couleurs de l'arc-en-ciel.

iriser v. t. [1] Colorer (qqch.) d'une lumière décomposée spectralement.

Irish (Cornell George Hopley-Woolrich, dit William) 1903-1968 Écrivain américain auteur de nombreux romans policiers (*La Mariée était en noir*, 1940 ; *J'ai épousé une ombre*, 1949), pour la plupart adaptés à l'écran.

iritis n. f. MÉD. Inflammation de l'iris.

Irkoutsk *600 896 h.* Ville de Russie, chef-lieu de la région du même nom en Sibérie orientale, sur le lac Baïkal. Centre économique de la Sibérie centrale. Centrale hydroélectrique sur l'Angara. Université.

irlandais, e adj. et n. D'Irlande. *Lacs irlandais. Un(e) Irlandais(e).* / n. m. LING. Langue celtique parlée en Irlande.

• **Irlande** *83 500 km² 5 106 400 h.* Île de l'archipel britannique située dans l'océan Atlantique à l'ouest de la Grande-Bretagne dont elle est séparée par la mer d'Irlande.

• **Irlande (république d')** État d'Europe occidentale.

Irlande du Nord *14 121 km² 1 500 555 h.* Partie de l'Irlande qui appartient au Royaume-Uni, constituée de six comtés (Antrim, Armagh, Derry, Down, Fermanagh, Tyrone). Capitale *Belfast*. Le relief est peu accusé ; le centre est occupé par un lac (lough Neagh) et les bords sont rythmés par de petits massifs primaires (de 700 à

Irlande

Géographie

Région la plus occidentale de l'Europe, l'Irlande est une île massive formée d'une vaste plaine centrale tourbeuse, parsemée de lacs et de cours d'eau (dont le Shannon) encadrée de reliefs d'altitude moyenne (monts de Wicklow, monts de Jerry) séparés par de vastes dépressions. La côte ouest, très découpée (fjords, rias), est bordée d'îles. Les conditions naturelles ne sont pas très favorables à l'homme : climat doux mais humide, sols peu fertiles couverts de landes, de tourbières. Pendant longtemps l'agriculture a été la principale ressource du pays et plus particulièrement l'élevage (bovins dans les plaines centrales, moutons dans les régions pauvres, porcs, chevaux de course et de trait). L'industrie s'est réduite au secteur alimentaire (bière, whisky, conserveries, laiteries) et textile (laine) lié à la vie rurale. Aussi l'Irlande a-t-elle été une terre d'émigration pendant des siècles. Depuis son adhésion à la Communauté européenne en 1973, la situation a radicalement changé.

Histoire

Peuplée par les Celtes et ayant échappé à la domination romaine, cette île est convertie au christianisme au Ve siècle par saint Patrick. Elle est composée de petits royaumes indépendants, lorsque le pape Adrien IV (qui était anglais) donne l'île au roi d'Angleterre, appliquant ainsi une clause de la donation de Constantin qui attribue au Saint-Siège toutes les îles de la chrétienté. La conquête est entreprise en 1169 par des chevaliers normands, suivis par Henri II Plantagenêt ; ce dernier se fait reconnaître comme suzerain par les seigneurs celtes, les barons normands et les princes de l'Église. Celtes et Normands se battront pendant des siècles ; les révoltes succèdent aux révoltes et l'Irlande n'est pacifiée qu'en 1603 par la soumission de l'Ulster, au nord-est. Alors débute le conflit entre les catholiques irlandais et l'occupant anglais protestant dont les méthodes de colonisation débouchent souvent sur des massacres (Drogheda, 1649), et qui interdit aux

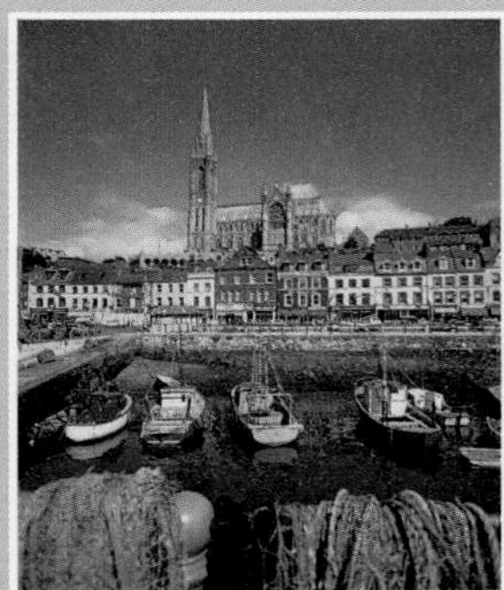

Le port de Cork, dans le sud-est de l'Eire, sur la mer d'Irlande.

catholiques d'exercer des fonctions officielles dans leur propre pays. En 1800, l'acte d'Union rattache formellement l'Irlande à l'Angleterre. Au milieu du XIXe siècle, la famine et la misère entraînent la disparition ou l'émigration vers les États-Unis de la moitié de la population.
Un mouvement de résistance se développe avec les *Fenians*, la Ligue agraire. Le Premier ministre Gladstone parvient à faire voter en 1881 une réforme agraire mais non un projet de gouvernement autonome (*Home Rule*), adopté en 1914, mais jamais appliqué. À la suite d'une guerre civile (1919-1921), l'Angleterre reconnaît l'État libre d'Irlande (Eire). L'Irlande du Nord (Ulster), en grande majorité protestante, reste rattachée à la Grande-Bretagne. Détachée du Commonwealth, l'Eire devient en 1949 une république indépendante.

Art

L'art irlandais date de la préhistoire. L'art chrétien reprit le décor curvilinéaire implanté par les Celtes : les croix sculptées, les pages des manuscrits enluminés sont couvertes de motifs d'entrelacs qu'animent des figures stylisées (*Livre de Durrow*). Au Moyen Âge, l'architecture religieuse s'inspire de celle du continent ; puis l'Irlande adopte l'architecture géorgienne anglaise et, au XIXe siècle, le néoclassicisme et le néogothique.

Littérature

La littérature irlandaise s'est d'abord exprimée dans une langue celtique, le gaélique, introduit sans doute au début de l'ère chrétienne. Les premières inscriptions (entre 300 et 600) utilisent l'alphabet local, l'ogham, les textes plus récents, l'alphabet latin. Encouragé par l'Église, le gaélique littéraire (qui cesse d'être d'usage courant au XVIIe siècle) donne des poèmes, des chroniques, des sagas, des hagiographies, des traités de médecine, des livres de droit.
Au XIIe siècle, les bardes simplifient les règles poétiques et on assiste à une floraison de poèmes et de récits en prose. Mais la littérature demeure – et demeurera – une littérature aristocratique, les seigneurs ayant seuls les moyens d'offrir aux écrivains le coûteux matériel utilisé par les copistes : les imprimeries sont dans les villes, et les villes sont aux mains du colonisateur britannique ; le premier livre imprimé en gaélique (ou irlandais) date de 1603, c'est la traduction protestante du Nouveau Testament.
Au XIXe siècle, on assiste à une renaissance ; les érudits s'intéressent à une langue devenue minoritaire dans son propre pays : elle s'est effritée en plusieurs dialectes, elle n'est plus quotidiennement parlée qu'à la campagne, les revendications nationalistes s'expriment en anglais.
La langue s'unifie vers 1900 ; il faut attendre le milieu du XXe siècle pour qu'une langue officielle soit fixée par décret. Les écrivains utilisant uniquement l'irlandais sont rares, les meilleurs (Shaw, Yeats, Synge, O'Casey, Joyce, Beckett) s'expriment en anglais (et, pour Beckett, en français).

850 m d'altitude maximale) qui s'effondrent dans la mer par la Chaussée des Géants. L'Irlande a été souffert de l'effondrement de l'industrie métallurgique et de la construction navale et tente de trouver une sortie à la crise par le maintien d'un élevage bovin prospère et le développement du tourisme. L'activité économique et culturelle se concentre à Belfast.

I.R.M. ou **IRM** n. f. Sigle de *imagerie par résonance magnétique*.

Iroise (mer d') Bras de mer de Bretagne, entre les îles d'Ouessant et de Sein, parsemé d'écueils.

ironie n. f. Moquerie visant qqn ou qqch. et qui consiste à dire le contraire de ce que l'on veut faire comprendre. / Fig. *Ironie du sort* : raillerie comme émanant du sort personnifié, amenant le contraire de ce à quoi l'on s'attendait. / PHILO. *Ironie socratique* : interrogations multiples amenant les interlocuteurs à se contredire et à découvrir ainsi la vérité, méthode employée par Socrate pour confondre ses adversaires.

ironique adj. Qui manifeste de l'ironie. *Ton ironique.* / (En parlant d'une personne) *Se montrer ironique* : employer l'ironie.

ironiquement adv. De façon ironique ; avec ironie.

ironiser v. i. [1] Faire de l'ironie. *Ironiser sur ses défauts, aux dépens d'autrui.*

ironiste n. Personne qui ironise, ironise volontiers.

iroquois, e adj. et n. Relatif aux Iroquois. *Les tribus iroquoises. Un(e) Iroquois(e).* / n. m. LING. Langue parlée par les tribus iroquoises.

Iroquois Nom de six groupes (Cayugas, Mohawks, Oneidas, Onondagas, Senecas, Tuscaroras) d'Amérindiens, originaires de la région du lac Champlain et du sud des lacs Érié et Ontario. Agriculteurs sédentaires, vivant dans de grandes maisons de rondins couvertes d'écorce, les Iroquois, remarquables guerriers, créèrent en 1570 la Ligue des cinq nations. Alliés aux Anglais, ennemis des Français, ils en vinrent à dominer le commerce des fourrures et devinrent le plus puissant des peuples indiens du nord-est de l'Amérique. Il fallut une armée envoyée par George Washington (1779) pour en venir à bout et ils furent contraints d'abandonner la quasi-totalité de leurs terres ; les survivants sont aujourd'hui rassemblés dans des réserves (État de New York et Canada).

irradiation n. f. Action d'irradier, son résultat. *Irradiation d'une tumeur cancéreuse.* / Phénomène qui se développe à partir d'un centre et rayonne dans toutes les directions. *Irradiation d'une douleur.*

irradier v. t. / v. i. / v. pron. [1] **A.** v. t. Envahir, illuminer par rayonnement. *La lune irradie le bosquet.* Au fig. *La joie irradie son visage.* / PHYS. NUCL. Exposer à un rayonnement ionisant. **B.** v. i. et v. pron. S'étendre, se propager en rayonnant d'un point central.

irraisonné, e adj. Qui n'est pas raisonné. *Geste irraisonné.*

irrationalisme n. m. PHILO. Doctrine qui refuse à la raison le pouvoir de tout expliquer et attribue à d'autres facultés la possibilité de comprendre les phénomènes. Ant. rationalisme.

irrationalité n. f. Caractère de ce qui est irrationnel. Ant. rationalité.

irrationnel, elle adj. Qui n'est pas rationnel. *Méthode irrationnelle.* / MATH. *Nombre irrationnel* : nombre réel, non rationnel, désigné comme *a*, et qui ne peut être le quotient de deux entiers rationnels *p* et *q*.

irrattrapable adj. Que l'on ne peut rattraper.

Irrawaddy (officiellement *Ayeyarwaddy*) *1 800 km environ* Fleuve de Birmanie, né de la réunion de deux rivières du Yunnan, la Mali et la Nmaï, qui arrose la plaine birmane consacrée à la culture du riz. Il se jette dans le golfe du Bengale par un delta à neuf bras,

IRLANDE (RÉPUBLIQUE D')

Superficie : *70 284 km²* – **Nombre d'habitants :** *3 800 000 h.*
Capitale : *Dublin* – **Villes principales :** *Cork, Limerick*
Système politique : *république* – **Langue(s) :** *anglais*
Religion(s) : *catholicisme (majoritaire), protestantisme* – **Monnaie(s) :** *: euro*

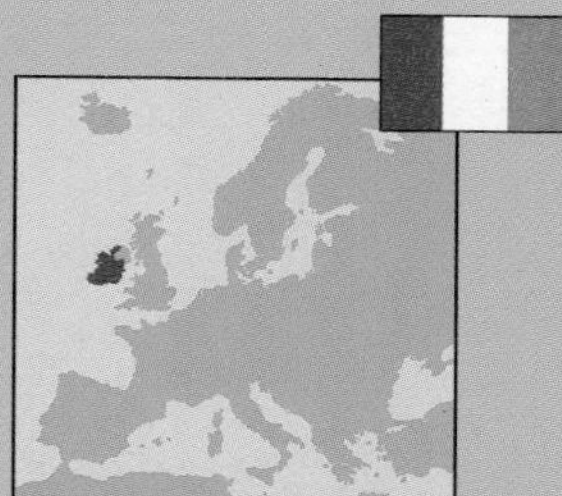

Voir l'Atlas

Maisons rurales dans le comté de Clare.

Géographie

La république d'Irlande (en gaélique *Eire*) occupe toute l'Irlande à l'exception du Nord-Est (*Irlande du Nord*, ou *Ulster*, britannique). Son entrée dans la Communauté économique (aujourd'hui Union) européenne le 1er janvier 1973 et les subventions qu'elle reçut ont donné une forte impulsion à son économie.

Économie

Depuis 1992, on peut parler de miracle économique irlandais. L'élevage continue de tenir une place importante et l'agriculture emploie encore 14 % des actifs ; l'industrie, 29 % ; le tertiaire 67 %. Le quart des investissements que font, hors des États-Unis, les sociétés américaines d'informatique et de télécommunications va en Irlande, où est basé le tiers des *call-centers* européens (centres d'appels téléphoniques concernant le marketing et la vente de biens et de services). La croissance de l'économie irlandaise est aujourd'hui supérieure à celle de tous les autres pays occidentaux (10,5 en 1997). Le chômage, qui marquait cette terre depuis des siècles, était encore de 15 % en 1993. Il est tombé au-dessous de 10 %. La balance commerciale est largement bénéficiaire. Le tourisme est en plein essor.

Histoire

Dès que le Sinn Fein, victorieux aux élections de 1918, proclame l'indépendance de l'Irlande (janvier 1919), une guérilla oppose l'armée républicaine irlandaise (IRA) à l'armée britannique.
Le 6 décembre 1921, la Grande-Bretagne accepte la création d'un État irlandais ayant le statut de dominion, mais le Nord-Est (Ulster) reste britannique. La branche modérée du Sinn Fein accepte le traité, rejeté par les autres factions, et l'IRA continue la lutte jusqu'en 1923. Tous acceptent alors le traité de 1921, mais la condition paysanne, extrêmement dure, ne s'améliore pas sous le gouvernement de Cosgrave (1921-1932) qui, en 1923, fonde le Fine Gael, parti conservateur.

Le sanctuaire de Glendalough, dans le Leinster, à l'est du pays.

Le très célèbre pont O'Connell, au centre de Dublin, capitale de l'Irlande et premier port du pays.

En 1927, De Valera crée le Fianna Fàil, parti nationaliste qui rejette l'extrémisme du Sinn Fein. Il remporte les élections de 1932 et gouverne jusqu'en 1948.
Cette même année, le 21 décembre, l'Irlande abandonne son statut de dominion et devient une république totalement indépendante. Toujours en 1948, le Fine Gael conservateur remporte les élections. L'alternance des partis sera parfaite jusqu'en 1986 ; Fine Gael : 1948-1951, 1954-1957, 1973-1977, 1982-1986 ; Fianna Fàil : 1951-1954, 1957-1973, 1977-1982.
En 1986, le Fianna Fàil n'obtient pas une majorité suffisante. Il dissout l'assemblée en 1987 et remporte les élections. En 1989, sa victoire n'est pas suffisante et il doit former un gouvernement de coalition. En 1992, l'émergence d'une troisième force, le parti travailliste, crée une crise politique. En 1993, le parti travailliste forme un gouvernement de coalition avec le Fianna Fàil puis de 1994 à 1997 avec le Fine Gael. En 1997, c'est le Fianna Fàil qui doit former un gouvernement de coalition.
Depuis 1969, les divers gouvernements ont adopté la même attitude face au conflit qui déchire l'Irlande du Nord : leur sympathie va aux catholiques mais, n'approuvant pas le terrorisme de l'IRA, ils ne demandent pas la réunification de l'Irlande et tentent d'encourager le processus de paix.

de près de 300 km de large, qui avance de 50 m par an.

irréalisable adj. Qui n'est pas réalisable.

irréalisme n. m. Manque ou absence de réalisme.

irréaliste adj. Qui n'est pas réaliste. *Attitude irréaliste.*

irréalité n. f. Caractère de ce qui n'est pas réel.

irrecevabilité n. f. Caractère de ce qui est irrecevable.

irrecevable adj. Que l'on ne peut prendre en considération.

irrécupérable adj. Qui n'est pas récupérable.

irrécusable adj. Qui n'est pas récusable.

irrédentisme n. m. HIST. Mouvement politique italien qui revendiquait, après l'unification de 1870, les territoires du Trentin, de l'Istrie et de la Dalmatie, alors possessions autrichiennes. / Par ext. Position des partisans de l'annexion à leur pays de territoires étrangers habités par des peuples ayant la même origine qu'eux.

irrédentiste adj. et n. Qui procède de l'irrédentisme. / n. Partisan de l'irrédentisme.

irréductibilité n. f. Caractère de ce qui est irréductible.

irréductible adj. Qui n'est pas réductible, ne peut être réduit, fractionné ou assimilé. / MÉD. Qui ne peut être résorbé ou remis à sa place sans intervention chirurgicale. *Fracture irréductible.* / Fig. Qui ne transige pas, ou qui ne peut être fléchi. *Opposants irréductibles. Volonté irréductible.*

irréel, elle adj. Qui n'est pas réel.

irréfléchi, e adj. Qui n'est pas, pas assez réfléchi, raisonné ; inconsidéré.

irréflexion n. f. Manque de réflexion ; étourderie.

irréfragable adj. Litt. Qu'il est impossible de contredire, de récuser.

irréfutable adj. Qu'il n'est pas possible de réfuter. *Preuve irréfutable.*

irrégularité n. f. Caractère de ce qui est irrégulier. / Ce qui est irrégulier. *Contrat entaché d'irrégularités.*

irrégulier, ère adj. et n. Qui n'est pas régulier (dans sa forme, son débit, son rythme…). *Un visage irrégulier. Un fleuve irrégulier. Des vers irréguliers.* / Qui n'obéit pas aux règles. *Cette signature de marché est irrégulière.* / GRAMM. *Verbes irréguliers* : voir *verbe*. / MILIT. Qui ne fait pas partie de l'armée régulière. *Troupes irrégulières.* (Subst.) *Les irréguliers.*

irrégulièrement adv. De façon irrégulière.

irréligieux, euse adj. Qui n'est pas religieux ; offensant pour la religion.

irréligion n. f. Caractère irréligieux (de qqn, qqch.)

irrémédiable adj. À quoi l'on ne peut remédier ; irréparable. *Catastrophe irrémédiable.*

irremplaçable adj. Que l'on ne peut remplacer.

irréparable adj. Qui ne peut être réparé.

irrépressible adj. Que l'on ne peut réprimer.

irréprochable adj. À qui, à quoi rien ne peut être reproché. *Ami irréprochable. Attitude irréprochable.*

irrésistible adj. À qui, à quoi l'on ne peut résister.

irrésistiblement adv. De façon irrésistible.

irrespect n. m. Manque de respect.
irrespectueux, euse adj. Qui manifeste de l'irrespect. Ant. respectueux.
irresponsabilité n. f. Fait d'être irresponsable ; absence de responsabilité. *Vous faites preuve d'irresponsabilité.*
irresponsable adj. et n. Qui n'est pas responsable de ses actes. *Enfant irresponsable.* / Qui n'a pas le sens des responsabilités, qui dénote un manque de responsabilité. *Des parents qui agissent de manière irresponsable.* (Subst.) *Ce sont des irresponsables.* / DR. Qui n'a pas à répondre de ses actes. *Le chef de l'État est irresponsable pendant la durée de son mandat, dans les conditions fixées par la Constitution.*
irrévérence n. f. Manque de respect ; acte ou propos en témoignant.
irrévérencieusement adv. De façon irrévérencieuse.
irrévérencieux, euse adj. Qui manifeste de l'irrévérence.
irréversibilité n. f. Caractère de ce qui est irréversible. Ant. réversibilité.
irréversible adj. Qui n'est pas réversible, et dont on ne peut pas suspendre le cours. *Processus, réaction irréversibles.*
irrévocabilité n. f. Caractère irrévocable (de qqn, qqch.) Ant. révocabilité.
irrévocable adj. Qui n'est pas révocable. *Jugement, décision irrévocables.*
irrévocablement adv. De façon irrévocable.
irrigation n. f. Action d'irriguer un sol. *Canal d'irrigation.* / PHYSIOL. Circulation du sang (dans un organe, un tissu).
irriguer v. t. [1] Arroser, procurer artificiellement de l'eau à (une terre). *Des canaux irriguent les champs.* / PHYSIOL. Faire circuler (en parlant du sang, des liquides organiques) à travers, jusqu'à (un tissu, un organe). *Le sang irrigue le cerveau.*
irritabilité n. f. Caractère d'une personne irritable.
irritable adj. Qui éprouve facilement de l'irritation, de l'énervement. *Malade irritable.*
irritant, e adj. Qui irrite. *Substance irritante.* / Qui agace, excède. *Comportement irritant.*
irritation n. f. Action, fait d'irriter. *Irritation de l'œil par un corps étranger.* / MÉD. Petite inflammation. / État d'une personne irritée, énervée.
irriter v. t. [1] Causer une inflammation légère à. *La fumée irrite les yeux, la gorge.* / Mettre (qqn) en colère, énerver.
irruption n. f. Entrée violente et soudaine dans un endroit clos. *Irruption d'une foule en colère dans une mairie.* / *Faire irruption (quelque part)* : y pénétrer sans prévenir et brusquement. / Débordement massif d'un élément naturel. *Irruption des eaux de la Seine en crue.*
Irving (Washington) 1783-1859 Écrivain américain. Il donne à une petite revue des chroniques pleines de fantaisie dont Diedrick Knickerbocker, qui symbolise les premiers habitants de New York, est le héros farfelu. En Angleterre, après la guerre d'Indépendance, il écrit *Le Livre d'esquisses, Le Cœur brisé, Noël. Rip van Winckle* met en scène un garçon qui fuit son épouse acariâtre en allant chasser dans la montagne où il dort pendant vingt ans. À la mort de sa femme, il s'éveille, est hébergé par sa fille et peut enfin vivre. Il a consacré ses dernières œuvres (*Chroniques de la conquête de Grenade, Contes de l'Alhambra*) à l'Espagne où il était attaché d'ambassade.

Isaac Patriarche de la Bible, miraculeusement né d'Abraham et de Sarah dans leur vieillesse. Mis à l'épreuve par Iahvé, son père s'apprête à le sacrifier lorsque le Seigneur le remplace par un bélier. Il est le père d'Ésaü et de Jacob.
Isaac Nom de deux empereurs de Byzance. **Isaac Ier Comnène** v. 1005-1061 Empereur de 1057 à 1059. Général victorieux des Turcs, il renversa Michel VI. Il tenta d'assainir les finances de l'État et de réformer l'administration, mais se heurta au clergé et aux bureaucrates et fut contraint d'abdiquer. Il vécut ensuite dans un monastère, où il écrivit un ouvrage sur Homère. **Isaac II Ange** v. 1155-1204 Empereur de 1185 à 1195 et en 1203. Il renversa Andronic Ier ; sa politique lui valut l'hostilité des Bulgares, des Serbes et des Valaques qui lui infligèrent de lourdes défaites ; l'empire courait à sa ruine lorsqu'il fut détrôné et aveuglé par son frère Alexis III. Les Vénitiens le rétablirent (1203), il régna avec son fils Alexis IV et, renversé à nouveau, mourut avec lui en 1204.
Isabeau de Bavière 1371-1435 Reine de France. Fille du duc de Bavière, elle épousa Charles VI en 1385. Elle dirigea le Conseil de régence lorsque son mari fut devenu fou (1392) et favorisa son beau-frère, Louis d'Orléans. Son attitude provoqua la lutte entre les armagnacs, inféodés à la famille d'Orléans, et les bourguignons, inféodés au duc de Bourgogne Jean sans Peur. Abandonnant les armagnacs, elle s'allia aux bourguignons et aux Anglais ; le traité de Troyes, conclu avec son accord, remettait la couronne de France au jeune Henri VI d'Angleterre, fils de sa fille Catherine, au détriment de son fils, le futur Charles VII. L'avènement de ce dernier sonna le glas de son pouvoir.
isabelle adj. inv. et n. m. De couleur beige très clair, en parlant d'un cheval.
Isabelle Ire la Catholique 1451-1504 Reine de Castille en 1474. Fille de Jean II, roi de Castille, elle épousa en 1469 Ferdinand V, roi d'Aragon, et succéda à son frère Henri IV sur le trône de Castille (1474). Les deux royaumes furent ainsi étroitement réunis bien que la reine s'assurât du maintien de leur indépendance. La victoire (1479) contre Alphonse V de Portugal, qui l'avait attaquée, confirma son autorité. Elle organisa l'Inquisition en 1478, faisant expulser les juifs de Castille, acheva la *Reconquista* en prenant aux Maures leur dernière possession dans la péninsule, le royaume de Grenade

Isabelle Ire la Catholique.

Isabelle II d'Espagne partant en exil après la proclamation de la République (1868).

(1492), et favorisa le premier voyage de Christophe Colomb. Le pape Alexandre VI donna aux deux époux le titre de *Rois Catholiques* en 1494.
Isabelle II (Marie-Louise, dite) 1830-1904 Reine d'Espagne (1833-1868). Fille de Ferdinand VII, elle lui succéda en 1833, sa mère, Marie-Christine, assurant la régence. Dès ses débuts, son règne fut marqué par des troubles politiques, à commencer par la première guerre carliste (1833-1840) durant laquelle Don Carlos, le frère de Ferdinand VII, tenta de prendre le trône d'Espagne. Après sa majorité (1843), Isabelle tenta de maintenir la monarchie absolue malgré les oppositions carliste et progressiste. Elle fut finalement contrainte de fuir l'Espagne et d'abdiquer après le soulèvement de 1868 dirigé par le général Prim (1814-1870). Le trône ne revint à son fils, Alphonse XII, qu'en 1874.
Isabelle d'Anjou 1169-1205 Reine de Jérusalem en 1192 et de Chypre en 1197. Fille d'Amaury Ier, roi de Jérusalem, à qui elle succéda, elle épousa (1197) le roi de Chypre, qui devint ainsi roi de Jérusalem sous le nom d'Amaury II.
Isabelle d'Autriche (Isabelle-Claire-Eugénie de Habsbourg) 1566-1633 Gouvernante des Pays-Bas espagnols, la Belgique actuelle, en 1599. Fille de Philippe II d'Espagne et d'Élisabeth de Valois, elle reçut ce gouvernement de son frère Philippe III lors de son mariage avec Albert, archiduc d'Autriche, en 1599. À la mort de ce dernier en 1621, elle exerça seule le pouvoir au nom de Philippe IV d'Espagne. En 1609, les deux époux avaient fait de Rubens leur peintre officiel.
Isabelle de France (bienheureuse) 1225-1270 Princesse française, sœur de Saint Louis, fondatrice du monastère des clarisses de Longchamp où elle se retira sans prendre le voile.
Isabelle de France 1292?-1358 Reine d'Angleterre (1308-1327). Fille de Philippe IV le Bel, elle épouse Édouard II d'Angleterre (1308), entièrement dominé par ses favoris. En 1327, Isabelle et son amant, Roger Mortimer, prennent la tête d'une révolte des barons contre le roi qui est déposé puis assassiné en prison. Isabelle assure la régence aidée de son amant. En 1330, son fils Édouard III, âgé de 18 ans, prend le pouvoir, fait exécuter Mortimer et emprisonne sa mère ; elle mourra en prison.

Isabelle de Portugal 1397-1471 Duchesse de Bourgogne. Fille de Jean Ier de Portugal, elle épousa Philippe le Bon, duc de Bourgogne, en 1429. Charles le Téméraire est leur fils.
Isabey (Jean-Baptiste) 1767-1855 Peintre et miniaturiste français. Élève de David, il réalisa un portrait de Bonaparte et devint l'un des portraitistes attitrés de l'Empereur et de sa famille. Il est surtout connu pour ses miniatures sur ivoire.
Isaïe ou **Ésaïe** VIIIe s. av. J.-C. Prophète d'Israël. Il exerça son ministère à Jérusalem où il participa activement à la vie politique et sociale des règnes des rois de Juda, Achas et Ézéchias, prêchant que le salut de Juda ne peut venir que de Dieu, et non pas d'une alliance avec un quelconque État. Le *Livre d'Isaïe* ne serait pas entièrement son œuvre et comporte vraisemblablement des chapitres composés après la mort du prophète.
Isambour, Ingeborg ou **Ingeburge de Danemark** v. 1176-1236 Reine de France. Épouse (1193) de Philippe Auguste, elle fut répudiée le lendemain de ses noces. Pour se réconcilier avec le pape, ce dernier feignit de la reprendre (1200), mais ne s'y résolut vraiment qu'en 1213.
isard ou **izard** n. m. Chamois des Pyrénées.
isatis n. m. BOT. Pastel. / ZOOL. Renard des régions arctiques à la fourrure blanche l'hiver et bleutée l'été.
Isaure (Clémence) Fondatrice légendaire des *Jeux floraux* de Toulouse au XIVe siècle.
isba ou **izba** n. f. (mot russe) En Russie, maison construite avec des rondins superposés.
ISBN n. m. (sigle de l'anglais *International Standard Book Number*) Numéro d'identification attestant l'enregistrement international d'une publication, attribué par l'éditeur selon une codification internationale.
ischémie n. f. MÉD. Diminution ou arrêt de la circulation artérielle dans un organe, un tissu.
ischémique adj. De l'ischémie. *Cardiopathie ischémique.*
Ischia *46 km² 40 000 h.* Île volcanique d'Italie, à l'entrée du golfe de Naples dans la mer Tyrrhénienne.
ischion n. m. ANAT. Partie inférieure et postérieure de l'os iliaque.

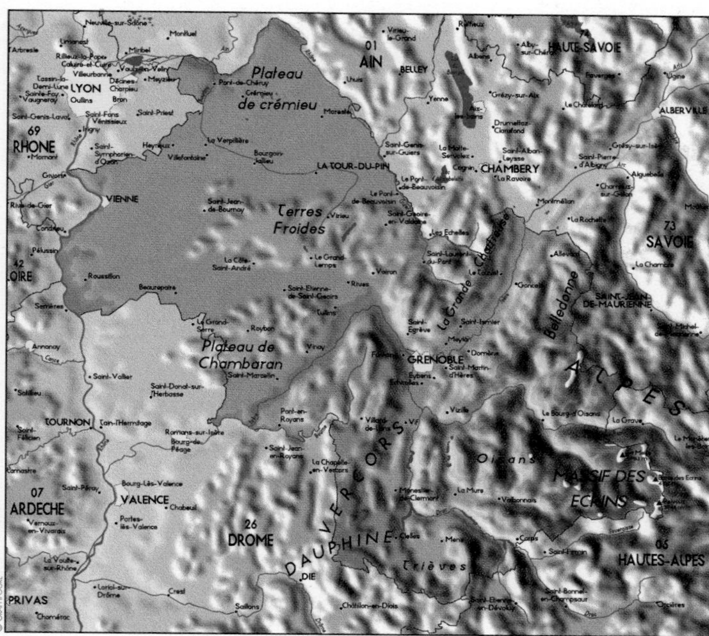

Département de l'**Isère**.

Ise *120 000 h.* Ville du Japon, dans le sud-est de l'île Honshu à l'orée d'une forêt qui abrite les plus anciens temples shintoïstes du pays (IVe siècle) couverts de feuilles d'or. Les sanctuaires sont reconstruits tous les 20 ans et attirent de nombreux pèlerins.

Ise monogatari Recueil (*Contes d'Ise*) de contes en prose (IXe siècle), le plus ancien recueil de contes de la littérature japonaise.

Iseran (col de l') *2 769 m* Un des plus hauts cols routiers d'Europe, situé entre les vallées de l'Arc et de l'Isère, dans les Alpes du Nord.

Isère *290 km* Affluent du Rhône (rive gauche). Elle prend sa source au pied de l'Iseran, près de la frontière italienne, et parcourt les Alpes du Nord : le val de Tignes, le sillon alpin (Graisivaudan). Elle arrose ensuite Grenoble, Romans et se jette dans le Rhône au nord de Valence. Elle reçoit l'Arc et le Drac grossi de la Romanche. Son cours est irrégulier et ses crues fréquentes lors de la fonte des neiges. L'équipement de l'Isère en centrales hydroélectriques (barrage de Tignes sur le lac du Chevril) a permis l'implantation de puissantes industries chimiques et métallurgiques (Ugine dans la vallée de l'Arly). Sa vallée sert également de voie de passage vers les stations de sports d'hiver (Courchevel, Val-d'Isère, Tignes, Méribel).

Isère (département de l') [38] *7 431 km² 1 016 228 h.* Département qui fait partie de la Région Rhône-Alpes. Chef-lieu *Grenoble*. Il comprend deux régions naturelles. À l'ouest, les collines et les plateaux argileux du bas Dauphiné sont situés dans la zone d'attraction de Lyon (industries de la soie, du velours, papeteries). L'est du département fait partie des Alpes du Nord : Préalpes calcaires et massifs aux sommets élevés (massif du Pelvoux *4 102 m*) sont ouverts par les vallées du Drac, de l'Isère (Graisivaudan) et de la Romanche. Ces « rues industrielles » (centrales hydroélectriques, électrochimie et électrométallurgie) portent de riches cultures de vigne, de fruits et de tabac. Grenoble concentre le tiers de la population du département : c'est une ville universitaire, administrative, un centre d'industries variées (métallurgiques, chimiques, alimentaires, ganteries). Les autres villes se développent : industrielles dans la vallée (Allevard, Pontcharra), stations de sports d'hiver (Chamrousse, l'Alpe-d'Huez).

Iseult (ou Iseut) la Blonde Héroïne légendaire du Moyen Âge, apparue dans la littérature française à partir du XIIe siècle. Épouse du roi Marc de Cornouailles, elle tombe amoureuse de Tristan ; le roman *Tristan et Iseult* la montre déchirée entre sa loyauté envers son époux et sa passion irrésistible pour Tristan.

ISF ou **I.S.F.** n. f. (sigle de *impôt de solidarité sur la fortune*) Impôt, institué en 1989, appliqué grandes fortunes, et destiné, initialement, à financer le RMI.

Isherwood (Christopher Bradshaw-Isherwood, dit **Christopher)** 1904-1986 Écrivain américain d'origine britannique. Il séjourna plusieurs fois en Allemagne avant la Deuxième Guerre mondiale (*Adieu à Berlin*, 1939) et émigra (1946) aux États-Unis dont il prit la nationalité. L'Europe cosmopolite d'avant 1939 constitue la matière principale de son œuvre (*La Violette du Prater*, 1945) et son autobiographie (*Le Lion et son ombre*) analyse son homosexualité.

Ishtar (en grec *Astarté*) Déesse mésopotamienne de l'amour et de la guerre. L'une des plus importantes figures du panthéon assyro-babylonien, on l'assimile à la déesse sumérienne Inanna. Également vénérée en Phénicie, elle fut ensuite identifiée à la déesse grecque Aphrodite.

Isidore de Milet VIe s. Architecte et mathématicien byzantin. L'un des constructeurs de la basilique Sainte-Sophie, à Constantinople (537), il érigea notamment sa coupole après la mort d'Anthémios de Tralles.

Isidore de Séville (saint) 560 ?-636 Prélat espagnol, archevêque de Séville (601). Auteur des *Étymologies*, œuvre encyclopédique qui rassemble les connaissances sacrées, laïques et scientifiques de son temps, il organisa l'Église d'Espagne.

Isis MYTH. ÉGYPT. Divinité égyptienne, sœur et femme d'Osiris. D'après la légende, elle retrouva le corps d'Osiris après sa mort, lui rendit la vie, puis enfanta Horus. Magicienne, divinité mère, symbolisant tantôt la fertilité terrestre, tantôt la fécondité humaine, son culte devint très populaire et s'étendit ensuite dans tout le monde gréco-romain. Elle est souvent représentée sous l'aspect d'une vache ou portant des cornes.

Iskra (*l'Étincelle*, en russe) Journal du Parti social-démocrate ouvrier russe, qui parut de décembre 1900 à octobre 1905, avec une périodicité mensuelle, puis bimensuelle. Les premiers numéros (1 à 52) ont été dirigés conjointement par Lénine et Plekhanov, les derniers uniquement par Plekhanov et ses partisans, le journal devenant ainsi l'organe des mencheviks. Il a été publié à Leipzig, à Munich, à Londres, puis, enfin, à Genève (numéros 53 à 112).

• **islam** n. m. Religion monothéiste fondée par le prophète Mahomet (Muhammad).

Islamabad *350 000 h.* Capitale du Pakistan. Construite dans la banlieue de Rawalpindi, elle a remplacé Karachi comme capitale politique et administrative en 1967. Université.

islamisation n. f. Action d'islamiser ; résultat de cette action.

islamiser v. t. [1] Convertir à l'islam.

islamisme n. m. Vx Islam. / Mod. Courant politico-religieux, à caractère intégriste, prônant la stricte application de la *charia* (loi canonique) dans les pays musulmans.

islamiste adj. et n. Vx Musulman. / Mod. Adepte de l'islamisme.

islamologie n. f. Étude de l'islam.

islamologue n. Spécialiste d'islamologie.

islandais, e adj. et n. D'Islande. *Geysers islandais. Un(e) Islandais(e).* / n. m. LING. Langue scandinave parlée en Islande. *L'islandais est issu du norvégien ancien.*

I

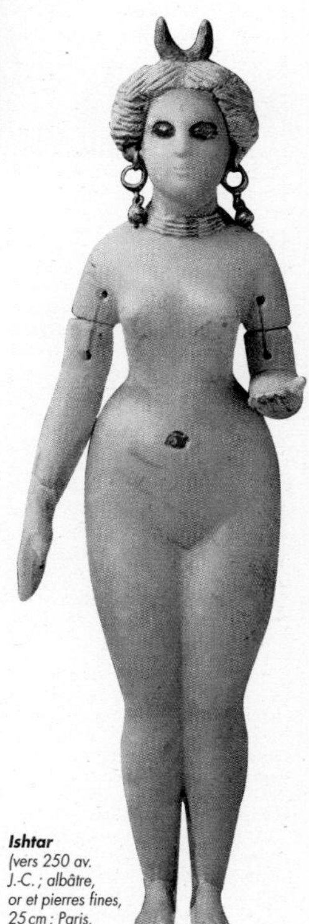

Ishtar *(vers 250 av. J.-C. ; albâtre, or et pierres fines, 25 cm ; Paris, musée du Louvre).*

ISLAM

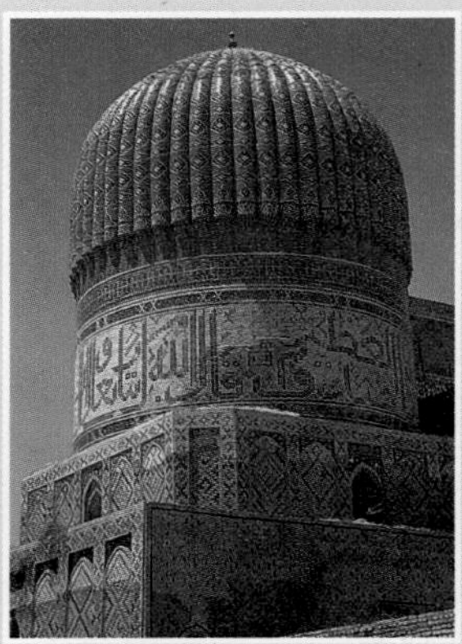

Mausolée de Tamerlan (Ouzbékistan).

Islam signifie « soumission, abandon total à Dieu », et ses fidèles, les musulmans *(mouslimin)* sont « ceux qui se soumettent [à Dieu] ». La doctrine de l'islam est exprimée dans le Coran, complété par la *sunna*, recueil des paroles du prophète *(hadiths)*. Religion monothéiste, l'islam affirme l'unité et l'unicité de Dieu ; Allah est « le » Dieu ; il est un en lui-même, *Allah ahad, Allah*, le seul, Allah, l'impénétrable. « Il n'a pas engendré et n'a pas été engendré. » Dieu est le Tout-Puissant, mais il est surtout le Miséricordieux *(al-Rahman)*, le Vivant *(al-Hayy)*, le Généreux, l'Ami et Protecteur, le Guide et Conducteur ; pour les impies il sera le Terrible, le Redoutable *(al-Qahhar)*.

Dieu est transcendant, inaccessible, et pourtant il est proche, il a parlé aux hommes ; ceux-ci sont invités à méditer sa Parole, à retrouver dans les « signes de l'univers » les « signes de Dieu ». Ainsi, Dieu fait appel à la liberté de l'homme, à son intelligence, pour l'engager à réfléchir. Le fidèle doit observer strictement les règles rituelles édictées par le Coran et la Sunna. Cette soumission au texte sacré considéré comme un tout est, pour le musulman, l'affirmation de l'unicité de Dieu. Mais il croit aussi en la mission des envoyés, des prophètes, et, parmi eux, des cinq « apôtres doués de constance » : Noé, Abraham (le premier qui crut en l'Unique, l'Ami de Dieu), Moïse, Jésus (Aïssa ou Issa), fils de Marie (« verbe de Dieu » que les Juifs « n'ont ni tué ni crucifié », mais qui fut « élevé auprès de Dieu »), et enfin Mahomet, qui scelle la révélation divine. Le musulman croit aux anges, « envoyés » de Dieu, au premier rang desquels le Coran place Gabriel (Djibril), « esprit », souffle de Dieu ; il croit en la résurrection, au grand « rassemblement », où s'élaborera le jugement universel en présence de Mahomet : alors l'homme, responsable de ses œuvres, sera jugé. « En ce jour, chaque âme sera récompensée de ce qu'elle se sera acquis » : au juste, la récompense, les délices du Paradis, du jardin ; au réprouvé, « à celui qui se détourne », l'Enfer, le feu, la fournaise. Les cinq piliers sont les rites que tout musulman doit observer.

Coffret à bijoux en ivoire.

• La *chahada*, clé de voûte de l'islam, est la profession de foi prononcée dans toutes les circonstances solennelles de la vie. Il suffit de la prononcer en toute sincérité pour devenir musulman et s'intégrer à la Communauté ; elle proclame : « Il n'y a de Dieu que Dieu *(la ilah illa Allah)* » et « Mahomet est son envoyé *(Wa Muhammad rasul Allah)* ».

• La prière, ou *salat*, doit être dite cinq fois par jour en se tournant vers La Mecque, dont la direction *(qibla)* est indiquée dans les mosquées par le *mihrab*, niche où l'imam prend place.

• Troisième pilier, le jeûne est pratiqué pendant le mois lunaire du ramadan ; très rigoureux, il interdit de boire, de manger, de fumer et de se livrer à toute activité sexuelle entre le lever et le coucher du soleil. Ce mois, mobile dans le calendrier universel puisque le calendrier musulman utilise une année purement lunaire de douze mois de vingt-neuf ou trente jours, commémore la Révélation du Coran.

• La *zakât* est l'aumône légale que tout musulman doit verser à la Communauté.

• Enfin, au moins une fois dans sa vie, le croyant qui en a les moyens devra faire le pèlerinage à La Mecque, le *hadj*.

À ces cinq piliers s'ajoutent d'autres commandements : le *djihad*, « l'effort sur le chemin de Dieu », effort qui peut provoquer la guerre dans le dessein d'étendre le domaine de l'islam, mais qui s'entend aussi aujourd'hui comme un appel à la conscience civique pour assurer le développement de son pays ou comme un effort d'intériorisation personnelle des valeurs de l'islam ; le mariage fécond ; la propreté du corps ; un certain nombre d'interdits alimentaires (vin, alcool, porc, animaux étranglés, assommés ou tués par accident, etc.). À la différence du christianisme, l'islam n'exige pas d'ascèse de la sensibilité. Il demande que l'on renonce à la concupiscence du cœur et de l'esprit, non à celle de la chair. Le repentir, « retour » à Dieu, est recommandé, mais la pénitence n'est pas imposée. S'il récite la *chahada*, le croyant est assuré de la bienveillance de Dieu à son égard.

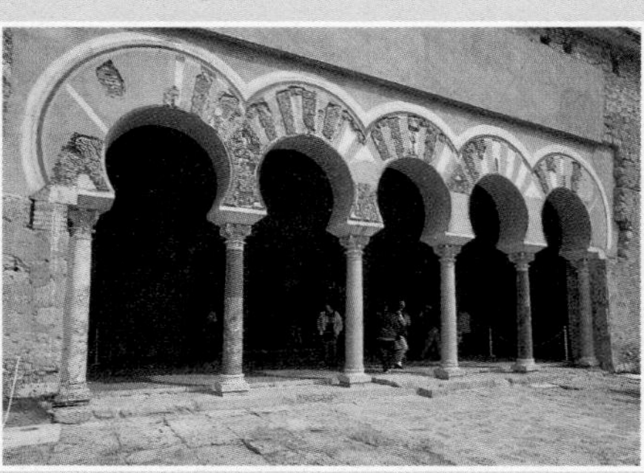

Ruines du palais dit Madinat al-Zahra (978), près de Cordoue (Espagne).

• **Islande** République insulaire européenne située dans l'Atlantique Nord.

Isly (oued) Rivière de l'est du Maroc. Sur ses rives, le 14 août 1844, le général Bugeaud qui dirigeait les forces françaises vainquit les Marocains qui soutenaient l'action d'Abd el-Kader.

Isma'il ?-762 Septième imam des ismaïliens. Il fut déshérité par son père au profit de son frère.

Ismaël ou **Isma'il** Personnage biblique. Fils d'Abraham et de l'Égyptienne Agar, servante de sa femme Sarah. Selon la Bible, l'enfant et sa mère, victimes de la jalousie de Sarah, furent chassés dans le désert après la naissance d'Isaac et les Arabes du désert en sont les descendants (Ismaélites).

ismaélien ou **ismaïlien, enne** n. et adj. Musulman dissident du chiisme. / adj. *La communauté ismaïlienne.*

♦ Les ismaïliens reconnaissent uniquement les sept premiers imams depuis Ali (gendre de Mahomet), et en particulier le septième d'entre eux : Ismaïl. On les appelle, pour cette raison, *septimains* (par oppos. au chiisme *duodécimain*, orthodoxe et majoritaire en Iran, lequel reconnaît les douze imams traditionnels). Les croyances des ismaéliens font une large place à l'inspiration intérieure et aux incarnations d'une Raison universelle, ordonnatrice de l'espace et du temps. Les haschischin(s) et les druzes sont eux-mêmes issus de cette secte qui subsiste aujourd'hui en Syrie, en Inde, en Iran et au Pakistan.

ismaélite ou **ismaïlite** adj. et n. Se dit des Arabes qui affirment traditionnellement être les descendants d'Ismaël, fils d'Abraham et d'Agar.

Ismaïl Pacha 1830-1895 Vice-roi puis khédive d'Égypte. Second fils d'Ibrahim Pacha, il devint vice-roi en 1863. Il obtint du sultan ottoman le titre de khédive en 1867, ce qui lui permit d'accroître son autorité sur l'Égypte devenue plus autonome politiquement et administrativement. En tentant de moderniser le pays, il accrut considérablement la dette publique et dut céder les parts égyptiennes dans le canal de Suez aux Anglais (1874). L'ingérence française et britannique dans les finances égyptiennes provoqua un soulèvement nationaliste et Ismaïl fut contraint par la Porte d'abdiquer en 1879. Il se retira à Constantinople.

isobare adj. et n. f. MÉTÉO. adj. De même pression. / n. f. Sur une carte, courbe qui re-

ISLANDE

Superficie : *103 000 km²* – **Nombre d'habitants :** *300 000 h.* – **Capitale :** *Reykjavik*
Villes principales : *Kópavogur, Hafnarfjördur et Akureyri* – **Système politique :** *république*
Langue(s) : *islandais* – **Religion(s) :** *protestantisme* – **Monnaie(s) :** *couronne islandaise (krona)*

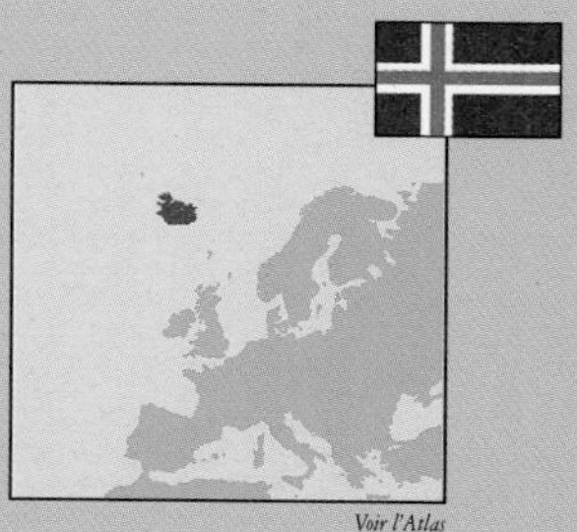

Voir l'Atlas

La côte sud de l'Islande, à proximité de la capitale.

Maisons de l'ouest de l'Islande.

Géographie physique et humaine

Grande île située dans l'océan Atlantique entre le Groenland et la Norvège, l'Islande est constituée d'un vaste plateau recouvert de glaciers dans sa partie centrale et surmonté de volcans en activité (le Hekla *1 447 m*) ou éteints, et entourée d'îles (celle de Grimsey est traversée par le cercle polaire arctique). Les geysers et les sources chaudes sont utilisés pour le chauffage des maisons et des serres et pour produire de l'électricité.

D'origine scandinave, la population se concentre sur les côtes dont le climat est adouci par les influences océaniques. L'île vit de la pêche : morue (1er rang mondial), hareng, baleine, et de l'élevage (moutons et bovins). Fruits, fleurs, légumes sont cultivés en serre. Reykjavik, seule grande ville du pays (avec plus de *150 000 h.*), possède des industries alimentaires (farine de poisson) et une importante usine d'aluminium. À cela s'ajoute la production de ciment et d'engrais. Membre de l'Association européenne de libre-échange (1959) et de l'Espace économique européen, l'Islande a un haut niveau de vie, mais, récemment, la mondialisation l'a conduite à une certaine austérité. Sa croissance est supérieure à la moyenne européenne. Sa balance commerciale est largement excédentaire.

Histoire

L'Islande, découverte au VIIIe siècle par des moines irlandais, fut colonisée vers 870 par des seigneurs norvégiens. Les colons mirent en place une sorte de république ; le pays (alors très peu peuplé : sans doute moins de 40 000 habitants) était gouverné par une assemblée aristocratique, l'Althing, né vers 930, premier parlement de l'histoire. À la fin du Xe siècle, le christianisme y fut introduit par des missionnaires. En 1262, le roi de Norvège s'en empara en lui laissant une certaine autonomie, puis elle passa sous l'autorité du Danemark (1380), qui y imposa en 1550 le luthéranisme et s'accapara son commerce. Une longue période de déclin économique et démographique s'ensuivit.

Au XIXe siècle, la domination danoise se relâcha peu à peu : l'Althing fut rétabli en 1843, une constitution fut accordée en 1874, puis l'autonomie (avec un régime parlementaire) en 1904. En 1918, l'Islande accepta un acte d'Union avec le Danemark qui réduisait les prérogatives de celui-ci au domaine de la politique extérieure, et monétaire. Durant la Seconde Guerre Mondiale, l'occupation du Danemark par les Allemands précipita l'acheminement vers l'indépendance complète. Après un plébiscite (1944), l'Islande devint une république indépendante. Elle est entrée dans l'OCDE en 1948, dans l'OTAN en 1949 et dans l'espace économique européen en 1993.

Depuis son indépendance, ses différents gouvernements ont tous été centristes. De 1980 à 1996, l'Islande a eu pour président de la République une femme, Vigdís Finnbogadottir. En 1996, Olafur Ragnar Grimsson a été élu président de la République.

Le glacier Jökulsarlon en Islande.

lie les points géographiques où, à un instant donné, la pression atmosphérique est égale.

isobathe adj. et n. f. GÉOGR. adj. Situé à la même profondeur. / n. f. Sur une carte, courbe qui relie les points sous-marins ou souterrains d'égale profondeur.

isocèle adj. MATH. En géométrie, qui possède deux côtés égaux. *Dans un triangle isocèle, la bissectrice, la médiane et la hauteur, issues du sommet formé par les deux côtés égaux, sont confondues ; un trapèze isocèle a ses deux côtés non parallèles égaux.*

isochrone ou **isochronique** adj. De durée égale. *Des battements isochrones.*

isochronisme n. m. Caractère des phénomènes qui ont une durée égale. *Isochronisme des oscillations d'un pendule.*

Isocrate 436-338 av. J.-C. Orateur grec. Après avoir été un élève de Gorgias, il ouvrit une école de rhétorique à Athènes qui forma de nombreux politiciens. Créateur du discours d'apparat et du panégyrique, il défendit l'importance morale et éducative de l'éloquence (*Sur l'échange*). En outre, il s'exprima en faveur d'une union panhellénique, notamment contre l'Empire perse, et s'opposa ainsi à Démosthène. Parmi ses plus importants discours politiques : *Panégyrique d'Athènes* (380), *Sur la paix* (356), *À Philippe* (346). Initialement partisan de Philippe II de Macédoine, il fut déçu par l'ambition de ce dernier et se serait laissé mourir après sa victoire à Chéronée.

isoélectrique ou **iso-électrique** adj. CHIM., BIOCHIM. *Point iso-électrique* : pH auquel une substance amphotère soumise à électrophorèse ne migre pas.

isogamie n. f. BIOL. Mode de reproduction sexuée dans lequel les gamètes mâles et femelles sont parfaitement semblables quant à leur forme et à leur structure. *L'isogamie intervient notamment chez certaines thallophytes.* Ant. hétérogamie.

isogone adj. GÉOL. *Courbe isogone, ligne isogone* : ligne ou courbe ayant la même déclinaison magnétique.

iso-immunisation n. f. BIOL., MÉD. Immunisation d'un individu contre un antigène provenant d'un autre individu de la même espèce. *Le phénomène d'iso-immunisation intervient lors des accidents de transfusion sanguine.*

isolant, e adj. et n. m. Qui isole. *Matériau isolant.* / n. m. Milieu ou matériau qui ne propage pas certains phénomènes physiques, comme l'électricité, la chaleur et les sons.

isolat n. m. ETHNOL. Groupe humain restreint contraint, par l'isolement géographique ou par des interdits sociaux, religieux, raciaux, etc., à l'endogamie.

isolation n. f. Action d'isoler ; résultat de cette action.

isolationnisme n. m. Politique d'un pays qui restreint ses contacts politiques ou économiques avec la communauté internationale.

isolé, e adj. Séparé de ses semblables, de ce qui est de même nature. *Un habitant isolé. Un phénomène isolé.* / PHYS. Qui n'est pas en contact avec une matière conductrice ; soustrait à certaines influences. *Conducteur isolé*, entouré d'une gaine isolante. *Enceinte isolée* : en acoustique, enceinte mise à l'abri du bruit.

isolement n. m. État d'une personne ou d'une chose séparée des autres. / PHYS. Qualité d'un conducteur électrique isolé. / HIST. *Splendide isolement* : attitude du gouvernement britannique au XIXe siècle, rejetant toute politique d'alliance.

isolément adv. Séparément.
isoler v. t. [1] Séparer de ce qui entoure, mettre à l'écart. *Les chutes de neige ont isolé le hameau. Isoler un malade contagieux.* (Emploi pron.) *S'isoler pour réfléchir.* / ÉLECTR. Empêcher tout contact entre (des conducteurs); mettre hors tension (un circuit, un dispositif) / Réaliser l'isolation électrique, thermique ou phonique de (un local). / Séparer, extraire (un corps) de son milieu. *Isoler un acide. Isoler un virus.* / Fig. Considérer (une chose) indépendamment de son contexte.
isoleucine n. f. BIOCHIM. Acide aminé essentiel, de formule : $CH_3–CH_2–CH(CH_3)–CH(NH_2)–COOH$.
isoligne n. f. GÉOG. Terme générique par lequel on désigne toutes les lignes tracées à la surface du globe terrestre et constituant un élément de même nature et de même valeur à une époque considérée (lignes isobares, isomagnétiques ou isogones).
isoloir n. m. Dans une salle de vote, cabine où l'électeur introduit son bulletin dans l'enveloppe, à l'abri des regards.
isomérase n. f. BIOCHIM. Enzyme qui catalyse une réaction d'isomérisation.
isomère n. m. et adj. CHIM. Molécule ayant la même formule brute (qu'une autre molécule), mais dont la formule développée ou la structure tridimensionnelle est différente. *Deux isomères n'ont pas les mêmes propriétés physiques et chimiques.* / adj. *Des molécules isomères.*
isomérie n. f. CHIM. Caractère des molécules isomères.
isomérisation n. f. CHIM. Réaction de transformation d'une molécule en un isomère.
isomorphe adj. De même forme. / CHIM. *Corps isomorphes,* de même forme cristalline. / MATH. *Ensembles isomorphes,* reliés par un isomorphisme.
isomorphisme n. m. CHIM. Caractère des corps isomorphes. / MATH. Morphisme bijectif.
isoniazide n. m. PHARM. Antibiotique antituberculeux majeur.
isopet Voir **ysopet**
isopodes n. m. pl. ZOOL. Ordre de crustacés malacostracés, de forme aplatie dorsoventralement, à paires de pattes toutes similaires. *Certains isopodes comme les cloportes, sont terrestres; certains sont parasites (en particulier d'autres espèces de crustacés).*
isoprène n. m. CHIM. Hydrocarbure liquide, de formule $CH_2=C(CH_3)–CH=CH_2$ qui intervient dans la composition de nombreux polymères (caoutchoucs, matières plastiques, etc.).
isoptères n. m. pl. ZOOL. Ordre d'insectes à ailes égales, comprenant les termites.
isostasie n. f. GÉOL. État d'équilibre vers lequel tendraient les différents compartiments qui constituent les couches supérieures de l'écorce terrestre.
isotherme adj. et n. f. De même température. *Ligne isotherme* OU (n. f.) *isotherme* : ligne qui, sur une carte, relie les points où règne la même température. / Qui s'effectue à température constante. / Où règne une température constante.
isotonie n. f. CHIM., PHYS. Équilibre moléculaire de deux solutions séparées par une membrane semi-perméable, atteint lorsque ces solutions ont une même pression osmotique.
isotonique adj. CHIM., PHYS. Qui a la même concentration, la même pression osmotique. / MÉD. Qui a la même pression osmotique que les liquides de l'organisme. *Une solution médicamenteuse isotonique.*

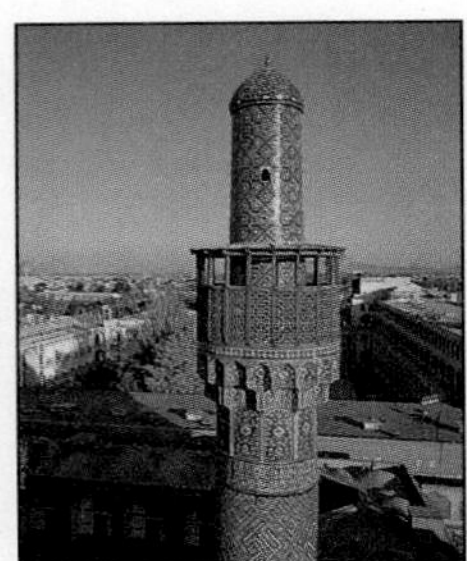

Ispahan *: minaret de la madrasa de la mère du roi, construit de 1706 à 1714 par les Séfévides.*

isotope adj. et n. m. PHYS. NUCL. *Noyaux isotopes*, qui ont le même nombre de protons, mais n'ont pas le même nombre de neutrons. / n. m. *Des isotopes ont le même numéro atomique et des masses atomiques différentes; ils ont les mêmes propriétés chimiques (il s'agit du même élément chimique) mais des propriétés physiques différentes; le carbone 14 (de masse atomique 14) est un isotope radioactif du carbone 12 (de masse atomique 12, le plus courant).*
isotrope adj. PHYS. Qui possède les mêmes propriétés dans toutes les directions. Ant. anisotrope.
Isou (Isidore Goldstein, dit **Isidore)** 1925 Poète français d'origine roumaine. De 1945 à 1950, il publia des essais fondant ainsi le lettrisme, mouvement poétique révolutionnaire qui utilise non le sens des mots mais la force musicale des lettres : *Introduction à une nouvelle poésie et à une nouvelle musique* (1947).
Ispahan *1 220 595 h.* Ville d'Iran, au sud de Téhéran, à *1 500 m* d'altitude. Elle fut la capitale de la Perse sous la dynastie des Seldjoukides (XIe-XIIe siècles), puis fut détruite par les Mongols et Tamerlan (1386). Redevenue la capitale sous les Séfévides (XVe-XVIIIe siècle) elle fut l'un des plus grands foyers de la culture orientale. Elle garde de cette époque d'importants monuments décorés de mosaïques et de tuiles émaillées. Nombreux palais (dont celui des Quarante-Colonnes), mosquées, jardins. Ispahan est aujourd'hui un marché et un centre de manufactures traditionnelles : tapis, brocart, métaux travaillés.
Israël Nom (signifiant « fort contre Dieu » d'après l'étymologie populaire) que le patriarche Jacob reçut après sa lutte avec l'ange (Genèse, XXXII, 23-33). Ses douze fils sont les ancêtres des douze tribus d'Israël (dont est issu le peuple juif) qui s'installèrent dans le pays de Canaan, appelé ensuite royaume d'Israël. À la mort de Salomon (931 av. J.-C.), le royaume se scinda en deux; les tribus de Juda et de Benjamin formèrent le royaume de Juda dans le sud de la Palestine, tandis que le nord constitua le nouveau royaume d'Israël.
Israël (royaume d') Royaume formé à la mort de Salomon (932 av. J.-C.) par les dix tribus du nord, tandis que les tribus de Benjamin et de Juda fondaient le royaume de Juda. Le royaume d'Israël fut conquis en 721 par les Assyriens. Au retour d'exil (539), Cyrus autorisa la restauration d'Israël et la construction du second Temple. À partir de cette date, Israël fut une communauté religieuse administrée successivement par les Perses, les Séleucides et les Romains. Après la révolte de Bar Kocheba (132-135 ap. J.-C.), Israël fut dispersé.
• **Israël** État du Proche-Orient, baigné par la Méditerranée, entre l'Égypte, au sud-ouest, la Jordanie, à l'est, et le Liban, au nord.
israélien, enne adj. et n. D'Israël. *Armée israélienne. Un(e) Israélien(ne).*
israélite adj. et n. HIST. Relatif à l'Israël biblique. / RELIG. Juif.
Issa(s) Population somalie de langue couchitique vivant en Somalie, à Djibouti et en Éthiopie.
Issachar Personnage de la Bible, fils de Jacob et de Lia, ancêtre éponyme d'une des tribus d'Israël.
ISSN n. m. (sigle de l'anglais *International Standard Serial Number*) Numéro d'identification internationale des publications périodiques.
Issoire *13 559 h.* Chef-lieu d'arrondissement du Puy-de-Dôme, sur l'Allier. Marché agricole. Usine d'aluminium. Abbatiale bénédictine du XIIe siècle, typique de l'art roman auvergnat.
Issos ou **Issus** Ville ancienne de Cilicie (sud-est de l'Asie Mineure) près de laquelle Alexandre le Grand infligea au Perse Darios III une défaite décisive en 333 av. J.-C.
Issoudun *13 859 h.* Chef-lieu d'arrondissement de l'Indre, dans la champagne berrichonne, ancienne capitale du bas Berry. Ses foires ont décliné, mais son industrie s'est développée (textile, aéronautique).
issu, e adj. *Issu de*, dont l'origine est (telle). *Cousins issus de germains.*
issue n. f. **I.** Sortie. *Issue de secours. Issues d'un tunnel.* / Fig. Résultat; aboutissement. *L'issue d'une bataille électorale.* / Moyen de sortir d'une situation embarrassante; échappatoire. **II.** n. f. pl. En meunerie, ce qui reste des moutures, après séparation de la farine; en boucherie, parties non comestibles qui restent après que la bête a été dépecée.
Istanbul (autrefois *Byzance* puis *Constantinople*) *7 774 169 h.* Première ville de Turquie, à la frontière entre l'Europe et l'Orient, sur le détroit du Bosphore et la rade naturelle de la Corne d'Or. En raison de sa situation stratégique entre la mer de Marmara et la mer Noire, elle est choisie en 324 par Constantin le Grand pour être la capitale de l'Empire romain. Elle prend (330) le nom de Constantinople et demeure la capitale de l'Empire romain (d'Orient, ou empire byzantin, après la chute de l'Empire d'Occident) jusqu'à ce que les Turcs s'en emparent en 1453. Ceux-ci la nomment Istanbul et en font la capitale de l'Empire ottoman. Elle perd sa fonction de capitale au profit d'Ankara, lors de la création de la

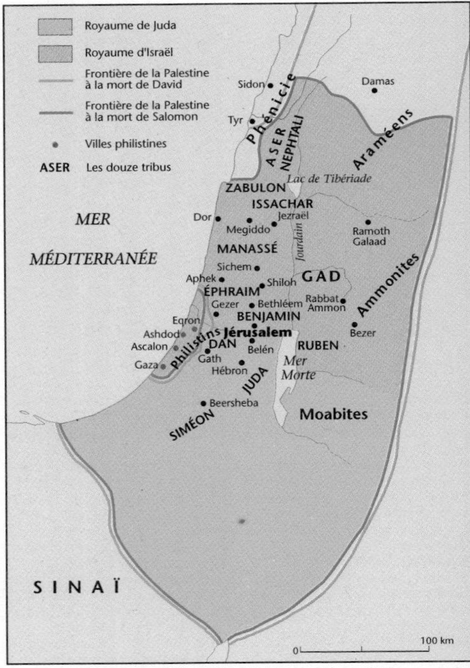

*Les **royaumes d'Israël** (et de Juda) au Xe siècle avant J.-C.*

ISRAËL

Superficie : *20 700 km²* – **Nombre d'habitants :** *: 6 400 000 h.* – **Capitale :** *Jérusalem (non reconnue par l'ONU)* – **Villes principales :** *Tel-Aviv-Jaffa, Haïfa, Petah Tikvah, Beersheba* **Système politique :** *république* – **Langue(s) :** *hébreu, arabe* – **Religion(s) :** *judaïsme, islam et christianisme* – **Monnaie(s) :** *shekel*

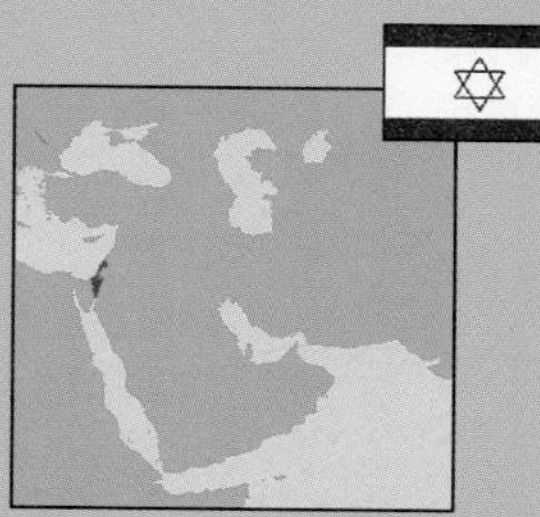

Voir l'Atlas

Géographie physique et humaine

Entre la Méditerranée et la vallée du Jourdain dont il ne possède qu'une partie, Israël s'étire tout en longueur sur *450 km*. La monotonie du littoral bas et sableux n'est interrompue qu'au nord par le promontoire du mont Carmel. Du nord au sud se succèdent trois types de paysages : la Galilée, pays de plaines fertiles et de collines arrosées entourant le lac de Tibériade ; la Judée, formée de plateaux calcaires arides ; au sud, l'immense désert du Neguev s'ouvrant par un étroit débouché sur le golfe d'Aqaba (mer Rouge).

Le golfe d'Aqaba.

Le climat chaud et sec le long de la côte devient aride à l'intérieur, où les cultures méditerranéennes font place aux steppes et aux déserts. La population formée de Juifs (82 %), d'Arabes (12 %) et de diverses minorités, s'accroît rapidement grâce à un fort taux de natalité (21 ‰, essentiellement dans la minorité arabe) et à l'immigration.

Économie

L'agriculture, pratiquée (sur 16 % du territoire) de façon moderne dans de grandes exploitations collectives (kibboutzim) ou des coopératives (mochavim), grande productrice d'agrumes, de céréales, de vin, est cependant insuffisante. L'industrie, favorisée par l'abondance des capitaux, la présence d'une main-d'œuvre expérimentée et l'exploitation active des faibles ressources du sous-sol (potasse, phosphates, cuivre, manganèse, pétrole, gaz), est dynamique et variée : métallurgie, chimie, textiles, conserveries. Les industries mécaniques sont importantes à Tel-Aviv, Jaffa et Haïfa. Le commerce extérieur, orienté vers l'Europe occidentale et les États-Unis, est largement déficitaire, et Israël dépend fortement des capitaux étrangers. Le tourisme était en plein essor jusqu'au dernier mouvement d'Intifada (2000).

Histoire

Le mouvement sioniste, fondé en 1897 par Herzl, voulait faire de la Palestine, où les Hébreux avaient dans l'Antiquité fondé les royaumes d'Israël et de Juda, un foyer pour le peuple juif dispersé. Ce projet prend forme grâce à la déclaration Balfour (1917) et des Juifs d'Allemagne et d'Europe centrale commencent dès 1918 à s'installer en Palestine, sous mandat britannique.

Mais l'hostilité des Arabes incite l'Angleterre à arrêter cette immigration en 1940. Des organisations de résistance juives (Haganah et Irgoun) répondent à cette mesure par la guérilla et l'immigration clandestine. Pour mettre fin aux troubles, les Nations unies partagent la Palestine entre les Arabes et les Juifs (1947). Les États arabes refusent ce partage. Le 14 mai 1948, Ben Gourion proclame l'indépendance de l'État d'Israël, qui doit aussitôt faire face à une attaque des États de la Ligue arabe.

Un armistice fixe en 1949 la frontière entre Israël et la Jordanie, partageant Jérusalem en deux. En 1956, par une offensive préventive, les Israéliens occupent la bande de Gaza et le Sinaï, mais doivent laisser la place aux troupes de l'ONU. En 1967, ces troupes ayant été retirées à la demande de l'Égypte, les Israéliens reprennent Gaza et le Sinaï.

Simultanément, ils occupent la Cisjordanie et Jérusalem, et pénètrent en Syrie. Un cessez-le-feu, ordonné par l'ONU, met fin à cette guerre des Six Jours (5-10 juin 1967). En 1968, le parti de Ben Gourion, puis de Lévi Eshkol (Premier ministre de 1963 à 1969), le Mapaï, d'inspiration socialiste, fusionne avec deux autres formations et devient le parti travailliste. Ses leaders, Golda Meir et Yitzhak Rabin, exercent le pouvoir.

Le 9 octobre 1973, l'Égypte et la Syrie lancent une attaque contre Israël le jour de Kippour ; cette « guerre de Kippour » s'achève au profit d'Israël, qui parvient à repousser ses adversaires. Des accords

Vue partielle du mont des Oliviers.

Intérieur de l'église du Saint-Sépulcre, à Jérusalem.

de désengagement sont conclus avec l'Égypte et la Syrie (1974), puis, en 1975, un accord de retrait est signé avec l'Égypte. En 1977, la majorité change : le Likoud, parti de centre droit, remporte les élections. Mehanem Begin devient Premier ministre. Cette même année, le président égyptien Anouar el Sadate fait à Israël des offres de paix ; il se rend à la Knesseth, à Jérusalem. Cette visite est suivie par des accords signés, sous l'égide du président américain Carter, à Camp-David (septembre 1978) et par un traité de paix israélo-égyptien (mars 1979).

L'Organisation de libération de la Palestine (O.L.P.), fondée en 1964, et les pays arabes dénoncent ce traité. L'Égypte récupère le Sinaï en 1982, alors qu'Israël occupe le Liban (1982-1985) dont elle chasse l'O.L.P. En 1984, la formation d'un nouveau gouvernement se révèle difficile : ni le parti travailliste ni le Likoud n'ont une majorité suffisante pour le former et assurer la stabilité gouvernementale ; le Likoud, notamment, doit s'associer avec des petits partis d'extrême droite.

De 1984 à 1986, le travailliste Shimon Peres est Premier ministre. Conformément à l'accord des deux partis, Itzhak Shamir, leader du Likoud, lui succède en 1986. Il intensifie la colonisation des territoires occupés depuis 1967, où, en 1987, commence l'Intifada palestinienne. En 1988, Shamir demeure Premier ministre. En septembre 1991, le gouvernement israélien et des Palestiniens (non pas l'O.L.P. mais avec l'accord de l'O.L.P.) se rencontrent. En juin 1992, les travaillistes remportent les élections. Leur leader, Itzhak Rabin, Premier ministre, met en route un processus de paix avec l'O.L.P. : l'accord est

ISRAËL (SUITE)

signé à Washington en septembre 1993. Il concerne, notamment, l'autonomie partielle de Gaza, de Jéricho et d'autres villes de Cisjordanie. En 1994, un traité de paix est signé avec la Jordanie. En 1995, Naplouse est autonome, ainsi que cinq autres villes cisjordaniennes. En novembre 1995, un extrémiste israélien assassine Rabin. Shimon Peres lui succède. Pour tenter de mettre fin à l'instabilité qui règne depuis 1984, il fait adopter un nouveau mode de scrutin : le Premier ministre est élu au suffrage universel, et décrète des élections anticipées. En mai 1996, le leader du Likoud, Benjamin Netanyahou, est élu Premier ministre, mais son parti a un nombre de sièges si faible qu'il doit rallier toutes les formations de religieux et d'extrême droite. Sous leur pression, il redonne vie à l'implantation de colonies juives dans les territoires autonomes dès septembre.
L'Intifada reprend. En mai 1999, le travailliste Ehoud Barak, est élu Premier ministre. Le processus de paix peut à nouveau être relancé. En septembre, des accords entre Israéliens et Palestiniens sont signés à Charm el-Cheikh, portant sur le retrait d'Israël d'une portion de la Cisjordanie, la libération de détenus politiques palestiniens, l'établissement d'un couloir entre Gaza et la Cisjordanie ; demeure non résolu le problème de Jérusalem, revendiquée comme capitale par les deux parties, et les efforts du président américain Bill Clinton, à Camp David (juillet 2000), ne peuvent faire évoluer les positions des uns et des autres. En butte à la violente hostilité des partis de droite, incapable de faire aboutir le processus de paix, déstabilisé par la reprise de l'Intifada, Ehoud Barak démissionne ; il est remplacé en février 2001 par un membre du Likoud, Ariel Sharon, qui forme un gouvernement d'union nationale (le travailliste Shimon Pérès est ministre des Affaires étrangères).
L'implantation de colonies juives dans les territoires autonomes reprend, tout comme se radicalise l'Intifada, malgré les représailles d'Israël. Les travaillistes quittent le gouvernement ; les élections anticipées de janvier 2003 donnent, une nouvelle fois, le pouvoir à Sharon. Ce dernier poursuit la lutte armée contre les Palestiniens qui, de leur côté, ne mettent pas fin aux attentats. Cependant, en mai, la «feuille de route» qui propose un règlement du conflit est acceptée par Israël après l'avoir été par les Palestiniens (voir *Palestine*).

Le Mur des Lamentations à Jérusalem.

Carte politique d'Israël.

Agustín de Iturbide, homme politique mexicain, en famille.

république de Turquie (1923). Istanbul juxtapose les vieux quartiers où se trouvent les monuments des époques byzantine et ottomane (Sainte-Sophie, nombreuses églises transformées en musées, mosquées, palais de Topkapi), le quartier commerçant de Galata, les faubourgs asiatiques et, au nord de la Corne d'Or, les quartiers d'affaires modernes.

isthme n. m. Étroite bande de terre entre deux mers, reliant un continent à un autre ou à une presqu'île. *L'isthme de Suez.*

Isthmiques (jeux) ANTIQ. GR. Jeux panhelléniques organisés tous les deux ans en l'honneur du dieu Poséidon dans l'isthme de Corinthe. Ils récompensaient le courage des athlètes et le talent des musiciens.

Istiqlal Parti nationaliste marocain fondé en 1937. Ce parti lança en 1944 son *Manifeste pour l'Indépendance*, fut soutenu par Mohammed V et organisa des manifestations indépendantistes à Casablanca en 1952 et l'insurrection de Fès (septembre 1953-mars 1954). Après l'indépendance (1956), le parti fut appelé au gouvernement (1958) avant d'éclater (1959), l'aile droite, celle des fondateurs, conservant son nom, l'aile gauche, dirigée par Ben Barka, prenant celui d'Union nationale des forces populaires (UNFP). Écarté du pouvoir en 1963, l'Istiqlal est demeuré dans l'opposition et s'est uni (1992) aux principaux partis de cette opposition pour former un bloc démocratique; il fait partie de la coalition au pouvoir depuis 1998.

Istrati (Panait) 1884-1935 Écrivain roumain de langue française. Déçu par la révolution d'Octobre (*Vers l'autre flamme: après seize mois en URSS*, 1929), il mène une vie vagabonde, puis se fixe en Roumanie où il écrit en français. Ses romans évoquent son enfance, ses nombreux voyages et les luttes entre Grecs et Turcs: *Kyra Kyralina* (1924), *Les Chardons du Baragan* (1928).

Istrie Presqu'île de l'Adriatique appartenant à la Croatie et à la Slovénie (nord). Occupée successivement par les peuples qui ont conquis la péninsule italienne, elle fut reprise à l'Autriche par l'Italie en 1920 puis rattachée à la Yougoslavie par le traité de 1947 (à l'exception de Trieste).

italianisant, e adj. et n. Qui rappelle l'art italien, qui s'en inspire. *Tableau italianisant. Artiste italianisant.* / Qui étudie la langue et la civilisation italiennes. *Elle est italianisante. Les italianisants.*

italianiser v. t. / v. i. [1] Donner une tournure, un caractère italien à. / v. i. Employer, en français, un vocabulaire, des tournures empruntés à l'italien.

italianisme n. m. Tournure idiomatique propre à la langue italienne.

• **Italie** République de l'Europe méridionale.

Italie (campagne d') 1796-1797 Ensemble des opérations militaires menées en Italie par Bonaparte, en 1796-1797. Le général Bonaparte, envoyé par le Directoire contre les Autrichiens, les bat quatre fois en avril 1796 puis, après la victoire de Rivoli (14 janvier 1797), leur impose le traité de Campoformio.

Italie (campagne d') 1800 Ensemble des opérations militaires menées par le Premier Consul contre les Autrichiens. En 1800, Bonaparte remporte la victoire de Marengo, grâce à l'appui de Desaix (14 juin). La paix de Lunéville est signée un an plus tard.

Italie (campagne d') 1859 Ensemble des opérations militaires menées par Napoléon III en Italie. En 1859, l'empereur, allié secret du Piémont qui est attaqué par l'Autriche, vient à son secours et remporte les victoires de Magenta et de Solférino. Mais les pertes françaises et la menace de la Prusse le conduisent à conclure l'armistice de Villafranca à la grande colère des Italiens: les Autrichiens gardent le contrôle de l'Italie du Nord.

Italie (campagne d') 1943-1945 Ensemble des opérations militaires menées par les Alliés en Italie au cours de la Deuxième Guerre mondiale. Après avoir occupé la Sicile en août 1943, les Alliés entrent à Naples en septembre. Au début de 1944, le sud de l'Italie jusqu'à Anzio est entre leurs mains. Le front allemand ayant été enfoncé à Cassino (dans le Latium) à la suite d'une manœuvre des Français du général Juin, les Alliés défendent Rome le 4 juin. Repoussés au-delà de Florence, les Allemands occupent la vallée du Pô. Les hostilités se poursuivent jusqu'en avril 1945: le 24, les Alliés passent le Pô; le 29, les Allemands capitulent sans conditions; leur allié Mussolini avait été fusillé le 28 par des partisans antifascistes.

Italie (guerres d') 1494-1559 Guerres de conquête menées par la France en Italie. Elles eurent pour origine les droits revendiqués par Charles VIII sur le royaume de Naples que René d'Anjou lui avait cédé après avoir été détrôné par les Espagnols (1442). En 1495, Charles VIII prend Naples. Mais six mois plus tard, il doit abandonner la ville et livrer bataille à Fornoue pour pouvoir rentrer en France. Son successeur, Louis XII, petit-fils de Valentine Visconti, revendique, de la même manière, le Milanais qu'il enlève au duc Ludovic Sforza (1500). Il reprend Naples aux Espagnols (1501). Mais une coalition formée par le pape Jules II l'oblige, malgré la victoire de Gaston de Foix sur les Espagnols à Ravenne (1512), à abandonner ses conquêtes. Les hostilités, arrêtées par la mort de Jules II, sont reprises par François Ier. Vainqueur des Suisses du duc de Milan (Maximilien Sforza) à Marignan, il réoccupe le Milanais (1515), que Bayard en 1524 défend vainement au prix de sa vie contre les troupes de l'empereur Charles-Quint. L'année suivante, François Ier est battu et fait prisonnier à Pavie. Par la paix de Cambrai, il renonce au Milanais et à Naples (1529). Mais la guerre reprend sous Henri II et ce n'est qu'en 1559 que la France, par le traité du Cateau-Cambrésis signé avec l'Espagne, abandonne ses prétentions sur l'Italie.

italien, enne adj. et n. D'Italie. *Cinéma italien. Un(e) Italien(ne).* / n. m. LING. Langue romane parlée en Italie.

Italiotes ou **Italiques** Peuples de langue indo-européenne qui s'établirent dans la péninsule italienne à partir du XIIIe siècle av. J.-C.

italique adj. et n. f. De l'ancienne Italie. *Peuples italiques.* / *Caractères italiques* ou (n. f.) *italiques*: en typographie, caractères d'imprimerie inclinés vers la droite.

item [1] adv. (mot latin) COMM. Également, de même (dans un compte, une énumération). *Marchandise X, livrée, item marchandise Y.*

item [2] n. m. (mot anglais, du latin) Tout élément d'un système, considéré à part. / PSYCHOL. Chacun des éléments d'un test.

itératif, ive adj. Qui procède de l'itération. / LING. Syn. de *fréquentatif.*

itération n. f. Répétition. / MATH., INFORM. Répétition d'un calcul qui permet peu à peu d'obtenir un résultat approché satisfaisant.

itérativement adv. De façon répétitive.

Ithaque *1 747 h.* Une des îles Ioniennes à l'ouest de la Grèce faisant partie de la Céphalonie. Cette île couverte de vignobles et d'oliveraies est traditionnellement assimilée à l'ancienne Ithaque, le royaume d'Ulysse dans l'Odyssée.

itinéraire n. m. et adj. **A.** n. m. Parcours à suivre ou suivi pour aller quelque part. / Litt. Description d'un voyage. *L'Itinéraire de Paris à Jérusalem, de Chateaubriand.* **B.** adj. Didac. Qui a rapport aux chemins, aux routes. *Mesure itinéraire*: mesure de distance. *Le kilomètre est une mesure itinéraire.*

itinérant, e adj. Que sa fonction, son activité oblige à de constants déplacements. *Ambassadeur itinérant.* / *Exposition itinérante*, que l'on déplace constamment.

itou adv. Fam. De même.

Iturbide (Agustín de) 1783-1824 Général et homme d'État mexicain. D'origine basque, il combattit pour les Espagnols avant de s'allier aux rebelles nationalistes. Après plusieurs victoires, il se fit proclamer empereur en 1822, sous le nom d'Agustín Ier. Mais, renversé par la révolution républicaine de Santa Anna, il dut s'exiler (1823). Ayant tenté de reprendre le pouvoir un an plus tard, il fut arrêté, jugé et fusillé.

iule n. m. ZOOL. Myriapode diplopode, à corps cylindrique, qui s'enroule en spirale pour se protéger.

Iule Voir **Ascagne**

Ivan Nom de six princes et tsars de Russie. **Ivan Ier Danilovitch Kalita** v. 1304-v. 1341 Premier grand-prince de Moscou (1325-1340) et de Vladimir (1328-1340). Il lutta contre les principautés voisines (Tver) pour s'assurer le titre de grand-prince de Vladimir (nord-est de la Russie) avec l'accord de la Horde d'Or. En 1340, il se retira dans un couvent. **Ivan II Ivanovitch le Doux** 1326-1359 Fils d'Ivan Ier Danilovitch, il devint grand-prince de Moscou et de Vladimir à la mort de son frère Siméon en 1353. **Ivan III Vassilievitch le Grand** 1440-1505 Grand-prince de Moscou et de toute la Russie en 1462. Il agrandit son domaine jusqu'à la mer Blanche et le libéra de la tutelle mongole en 1480, ce qui favorisa l'unification de l'État russe. **Ivan IV le Terrible** ou **le Redoutable** 1530-1584 Grand-prince de Russie à partir de 1533. Fils de Vassili III, il lui succéda à trois ans sous la régence de sa mère. En 1547, il se fit couronner tsar de toute la Russie, titre qui sera plus tard adopté définitivement par les souverains moscovites. Il réunit un concile du clergé avant d'entreprendre de grandes réformes administratives, militaires et religieuses et conquit Kazan (1552) et Astrakan (1554), précédemment aux mains des Tatars. Mais à partir de 1564, il persécuta l'aristocratie (les boyards), multiplia les exécutions et tua même son fils aîné en 1581. Les victoires des Polonais et des Suédois lui fermèrent la route de la Baltique, et il acheva son règne dans la démence. **Ivan V Alekseievitch** 1666-1696 Tsar de Russie de 1682 à 1689. Physiquement débile et attardé mental, il fut proclamé tsar à la mort de son frère Fedor III

Ivan IV le Terrible.

ITALIE

Superficie : *301 268 km²* – **Nombre d'habitants :** *57 700 000 h.* – **Capitale :** *Rome*
Villes principales : *Milan, Naples, Turin* – **Système politique :** *république* – **Langue(s) :** *italien*
Religion(s) : *catholicisme* – **Monnaie(s) :** *euro*

Voir l'Atlas

La côte d'Amalfi en Campanie.

Géographie physique et humaine

Rattachée à l'Europe par les Alpes et la plaine du Pô, l'Italie s'avance en forme de botte et se prolonge dans la Méditerranée par deux îles : la Sicile et la Sardaigne. Son relief s'articule autour de deux grands ensembles montagneux : les Alpes, au nord, et l'Apennin, épine dorsale de la péninsule et plus jeune montagne d'Europe (d'où son volcanisme : Etna, Vésuve, Stromboli). Relief, climat et développement économique opposent l'Italie du Nord et l'Italie du Sud. Au nord, les Alpes, forestières, domaine de l'élevage et du tourisme, grandes productrices d'hydroélectricité, dominent la plus grande région agricole de l'Italie : la vaste plaine alluviale du Pô (blé, vin, maïs, riz).

Le climat est semi-continental. L'Italie du Nord concentre la quasi-totalité de l'industrie et 60 % de la population italienne. Le développement commercial et industriel de ses villes (Turin, Milan) et de ses ports (Venise, Gênes, Trieste) remonte au Moyen Âge. Au climat de montagne des Alpes s'oppose le climat presque continental de la plaine du Pô, chaude et orageuse en été, froide et humide en hiver. Au-delà d'une zone de transition, (Toscane et Latium), animée par quelques industries et surtout par le tourisme (Florence, Rome), le *Mezzogiorno* (le Midi) est une région peu développée, bien qu'elle ait été plus riche que le Nord dans l'Antiquité.

L'Italie péninsulaire et insulaire est une mosaïque de montagnes stériles et de plaines littorales étroites parfois enrichies par des dépôts volcaniques (la Campanie autour de Naples, riche en cultures fruitières et céréalières), mais le plus souvent marécageuses (Tavoliere, marais Pontins) ou arides (Pouilles) en voie de bonification.

Le cap de Taormine dans le sud-est de la Sicile.

En Sicile et en Sardaigne s'opposent la richesse des littoraux (vigne, agrumes, tourisme) et la pauvreté des régions intérieures. Grande propriété et culture extensive demeurent prédominantes.

Dotée d'un climat méditerranéen sec et chaud, l'Italie du Sud a longtemps connu la natalité la plus forte du pays, mais celle-ci décline (10,2 ‰ au sud, 7,3 ‰ au nord, pour une moyenne nationale de 9 ‰). Le chômage et l'émigration y sont plus importants qu'ailleurs, alors que, dans l'ensemble, l'Italie a cessé d'être une terre quittée par ses habitants : elle est au contraire devenue une terre d'accueil pour des travailleurs non-qualifiés qui trouvent à s'employer de manière précaire, pour de faibles salaires.

Économie

L'agriculture, qui emploie 9 % des actifs, est performante. L'Italie exporte des légumes, des fruits, des céréales, du vin (elle occupe le deuxième rang mondial derrière la France), et des betteraves sucrières. En revanche, l'élevage (bovin dans le nord et ovin dans le reste du pays) est insuffisant, ce qui nécessite l'importation de viande et de produits laitiers. Le développement industriel a été contrecarré jusqu'à une époque récente par l'absence de ressources minérales.

Après la Seconde Guerre mondiale, un premier « décollage économique » a marqué les années 1960 et un deuxième décollage, à partir de 1985, a placé l'Italie au 5ᵉ rang des puissances industrielles (avec la Grande-Bretagne). À la zone industrielle et commerciale traditionnelle Gênes-Milan-Turin (qui produit la moitié des richesses du pays) s'est ajoutée la région Venise-Bologne-Florence-Rome, très active, alors que le Mezzogiorno ne parvient pas à rattraper son retard.

Les productions italiennes sont caractérisées par une forte valeur ajoutée (électronique, bureautique…) ; les produits de luxe assurent 40 % des exportations. Le pays produit de nombreux biens de consommation, en particulier des automobiles, et son tourisme est l'un des plus développés du monde. Le travail au noir, qui occuperait un actif sur cinq, contribue fortement au « miracle économique italien ». La faiblesse de la monnaie italienne a nui à sa puissance économique et le déficit budgétaire a toujours été important. Toutefois le gouvernement italien a su satisfaire aux « critères de Maastricht » et l'Italie emploie l'euro depuis le 1er janvier 1999.

Histoire

Au IIᵉ millénaire av. J.-C., l'Italie est envahie par des peuples indo-européens venus du nord ; au VIᵉ siècle, les Étrusques dominent l'Italie centrale tandis que les Grecs occupent l'Italie du Sud et que les Gaulois s'installent dans la plaine du Pô. Ces peuples très différents sont souvent en conflit. Rome, fondée selon la légende en 753 av. J.-C., dans le Latium, reste longtemps une petite bourgade dominée par les Étrusques : elle s'en libère en 509 en instaurant la république puis réalise progressivement la conquête de toute l'Italie qui est ainsi unifiée pour la première fois.

Pendant plusieurs siècles, l'histoire de la péninsule se confond avec celle de la république puis de l'Empire romain ; elle est un des foyers principaux de la civilisation gréco-romaine mais sa prospérité dimi-

ITALIE (SUITE)

nue peu à peu devant la concurrence des provinces et les invasions successives des peuples barbares. Au IVe siècle apr. J.-C., Constantin installe la capitale de l'empire à Constantinople. Lorsque, après sa mort, l'empire est divisé en deux, Rome devient la capitale de l'empire romain d'Occident ; la ville est aussi le siège de la papauté. Le déclin de l'Empire fait de l'Italie une terre d'invasion et un champ de bataille ; morcelée, elle connaît des dominations diverses, celles des Byzantins, des Lombards au nord, des Francs (Ve-VIIIe siècle). Pendant cette période agitée, le pape tente d'asseoir son autorité sur la région romaine et s'allie aux Carolingiens.

À la mort de Charlemagne, son empire se divise. Les incursions de nouveaux envahisseurs (Normands, Sarrasins, Hongrois) et le morcellement féodal concourent à plonger l'Italie dans une anarchie dont souffrent l'indépendance et l'autorité du pape. En 962 est fondé le Saint Empire romain germanique ; les empereurs germaniques sont en même temps rois d'Italie et viennent se faire couronner à Rome. Une longue lutte s'engage entre eux et le pape, qui veut maintenir son indépendance. C'est la querelle des Investitures (1073-1122).

Jusqu'au XVe siècle, dans toute l'Italie, partisans du pape (guelfes) et partisans de l'empereur (gibelins) s'affronteront et renforceront les divisions à l'intérieur du pays. La rivalité entre les deux pouvoirs principaux de l'Occident chrétien favorise le mouvement communal qui permet aux villes italiennes de s'affranchir, animées par les activités financières, le commerce, l'industrie des draps, de la laine et des soieries. Autour des villes les plus importantes se constituent quelques grands États rivaux qui, sous des noms divers, vont subsister jusqu'à l'époque moderne : républiques de Venise, de Gênes et de Florence, duché de Milan, États pontificaux, royaume de Naples. Ces villes et ces États sont les foyers multiples d'une civilisation brillante, soutenue par une prospérité économique grandissante renforcée par les croisades et l'accroissement des échanges qui en découle.

Entouré de dignitaires et de militants fascistes, Mussolini manifeste à Naples en 1922.

C'est en Italie que débute la Renaissance et que s'épanouit (XVe-XVIe siècles) l'humanisme. La péninsule est par sa richesse, sa position stratégique et le prestige de sa culture une proie très convoitée : du XVIe au XVIIIe siècle, elle est à nouveau un champ de bataille où s'affrontent les puissances européennes, France, Espagne, Autriche, qui la dominent tour à tour. La découverte de l'Amérique et l'essor des échanges transatlantiques détournent le commerce du bassin méditerranéen, et l'économie italienne décline lentement à partir du XVIIe siècle. Les grandes places financières ne sont plus Venise, Gênes et Florence, mais Anvers, Amsterdam et Londres, la plus puissante du monde jusqu'au début du XXe siècle.

La domination française, qui s'exerce de façon nouvelle pendant la Révolution et l'Empire, éveille les aspirations nationales de l'Italie. Mais elles sont contrecarrées par l'Autriche, qui retrouve sa prépondérance à partir de 1815. Le mouvement du *Risorgimento* (« résurrection »), né avec Manzoni, se développe sous l'influence du mouvement nationaliste Jeune-Italie (1833).

Le mécontentement populaire ne cesse de croître malgré les concessions libérales des divers souverains d'Italie. Une armée s'organise autour du roi du Piémont, mais les efforts des patriotes, notamment du révolutionnaire Garibaldi, ne parviennent pas à venir à bout de l'armée autrichienne. C'est au roi du Piémont, Victor-Emmanuel II, et à son ministre Cavour que reviendra d'engager définitivement l'Italie dans la voie de l'unification, grâce à l'appui de Napoléon III qui bat les Autrichiens en Lombardie. Garibaldi conquiert le royaume de Naples au nom de Victor-Emmanuel II et ce dernier est couronné roi d'Italie à Turin en 1861. Après la prise de la Vénétie en 1866 et la chute de Napoléon III, le roi entre dans Rome et en fait sa capitale en 1870, tandis que le pape se retire au Vatican.

L'Italie unifiée, aux prises avec de graves difficultés sociales et économiques, se maintient sous un régime parlementaire qui manque de stabilité politique. Sa participation à la Première Guerre mondiale aux côtés des Alliés (1915) est une dure épreuve pour un pays mal consolidé et pauvre : elle en sort déçue, n'ayant pu récupérer la Dalmatie et Fiume (Rijeka) qui étaient avant la guerre aux mains de l'Autriche. Cette amertume et la peur du communisme conduisent à la naissance du fascisme, fondé et dirigé par Mussolini. Le 28 octobre 1922, celui-ci organise une marche sur Rome de 40 000 fascistes venus de plusieurs villes italiennes. Cette marche n'est pas un succès, mais, pressé par les milieux d'affaires, le roi Victor-Emmanuel III appelle pourtant Mussolini au gouvernement. En 1925, celui-ci s'empare de tous les pouvoirs. Il élimine les opposants de gauche, se ménage l'Église en signant les accords de Latran (1929), relance l'économie, assèche les marais Pontins (Latium), dote l'Italie d'un empire colonial en conquérant l'Éthiopie (1935-1936) à partir de l'Érythrée (colonie italienne depuis 1889), apporte son appui à Franco pendant la guerre d'Espagne (1936-1939). En 1939, il forme l'Axe Berlin-Rome avec Hitler, envahit l'Albanie en avril 1939, mais ne déclare la guerre à la France qu'en juin 1940. Les troupes germano-italiennes affrontent en Afrique du Nord les Alliés qui les en chassent en mai 1943 et débarquent en Sicile en juillet. Le maréchal Badoglio, placé à la tête du gouvernement par le roi, arrête Mussolini ; l'Italie rejoint le camp des Alliés. En septembre, Mussolini, libéré par les Allemands, fonde en Lombardie un État fantoche, la « république de Salo » (de son nom officiel « république sociale italienne »), qui proclame la déchéance de la monarchie. Dans le nord du pays, les Allemands font régner la terreur. En avril 1945, Mussolini est pris par des partisans anti-fascistes et fusillé. En mai 1946, le roi abdique au profit de son fils Humbert II ; le 2 juin, à la suite d'un référendum, la république est proclamée et Humbert II, qui n'avait régné qu'un mois, part pour l'exil.

Rome : le quartier de l'E.U.R. (Exposition Universelle de Rome) qui devait être le centre de l'exposition prévue pour 1942.

S'ouvre alors le long règne de la démocratie chrétienne (D.C.), fondée par Alcide De Gasperi. Président du Conseil jusqu'en 1953, il est l'un des « pères de l'Europe ». Naguère sous-développée, l'Italie rejoint les pays industriels dans les années

ITALIE (SUITE)

Boccace, par Andrea del Castagno.

1960, mais la D.C. est minée par la corruption: ses liens avec la Mafia, toute-puissante dans le sud, seront progressivement dévoilés. En outre, le parti communiste (P.C.I.), influent et « déstalinisé », propose un *compromis historique* dans les années 1970: le P.C.I. de Berlinguer (secrétaire général de 1972 à sa mort, en 1984) est prêt à s'allier à une D.C. assainie pour lutter contre le terrorisme (Brigades rouges gauchistes et factions d'extrême droite) et favoriser le développement économique (entravé par les nombreuses grèves). Aldo Moro, président de la D.C., semble favorable à ce projet, mais il est enlevé en 1978 par les Brigades rouges et assassiné. Dans les années 1980, tout en conservant les rênes du pays, la D.C. place à la tête du gouvernement le socialiste Bettino Craxi qui s'y maintient 4 ans, durée record pour l'Italie.

Cette stabilité permet au pays de devenir la 5e puissance industrielle du monde. L'instabilité revient en 1987. Trois membres de la D.C. se succèdent au gouvernement; le dernier ministère, le ministère Andreotti (1989-1992), marque la fin d'une époque. L'opération *mani pulite* (« mains propres »), déclenchée en 1993 par la magistrature pour lutter contre la Mafia, verra en Andreotti l'un des grands responsables de la liaison Mafia-D.C. La Mafia sévit surtout dans le sud, « talon d'Achille » de l'Italie. Dans le nord, émergent des Ligues qui proposent de couper l'Italie en deux: d'un côté le nord, riche et industrieux, qui poursuivrait sa croissance, de l'autre côté le sud, misérable, dont les industriels du nord se désintéresseraient.

En 1994, Silvio Berlusconi, propriétaire de chaînes de télévision populaires, s'allie aux Ligues et à d'autres partis de droite, remporte les élections (avril), forme un gouvernement, mais est contraint de démissionner en décembre en raison de graves divisions au sein de la coalition. Un gouvernement de techniciens se maintient de janvier 1995 à février 1996. Les élections d'avril 1996 sont remportées par la gauche; celle-ci est désunie; le parti communiste (rebaptisé parti démocratique de la gauche, en 1990) entre au gouvernement présidé par le centriste Romano Prodi. Grâce aux réformes que réalise ce dernier, l'Italie remplit les critères de Maastricht. Une crise à l'intérieur de la coalition provoque la démission de Prodi, qui est remplacé par D'Alema. En 1999, Ciampi est élu président de la république. Les élections législatives de 2001 ont porté au pouvoir une coalition conservatrice menée par Silvio Berlusconi.

Littérature

L'influence prépondérante du latin et la multiplicité des dialectes expliquent pourquoi la littérature italienne n'est née qu'au XIIe siècle, le toscan constituant la base linguistique. C'est à la fin du XIIIe (*Trecento*) qu'ont paru les premiers et les plus illustres chefs-d'œuvre italiens: *La Vita nuova* et *La Divine Comédie* font de Dante Alighieri un écrivain universel et représentent l'essentiel des thèmes lyriques et épiques du Moyen Âge; la célébration raffinée d'un amour pur constitue la trame du *Canzoniere* de Pétrarque (qui célèbre Laure de Noves, rencontrée en 1327 dans une église d'Avignon); Boccace, dont le *Décaméron* (publié vers 1350) se compose de nouvelles pleines d'humour et de réalisme, fonde la prose romanesque.

Patrie de la culture latine, l'Italie est à la source de l'humanisme de la Renaissance; le culte de la pensée antique, la soif de savoir et l'audace des nouvelles conceptions, symbolisées par Pic de La Mirandole, l'élaboration d'un idéal classique ne vont pas sans provoquer des réactions religieuses, dont les textes de Savonarole, au XVe siècle, sont un violent témoignage. Une poésie chevaleresque se crée avec Pulci, Boiardo et surtout avec l'Arioste, auteur de *Roland furieux*. L'Arétin marque la Renaissance de sa verve satirique. Vasari, Machiavel (*Le Prince*), Bruno (brûlé vif en 1600) développent une prose érudite ou philosophique. Le théâtre pâtit d'une stérile fidélité aux règles établies, mais, chez Ruzzante, la spontanéité anime la *commedia dell'arte*, qui fournit des canevas sur lesquels les acteurs brodent assez librement. Le grand poète du XVIe siècle est le Tasse, auteur du drame pastoral *Aminta* et de l'épique *Jérusalem délivrée* (1581).

Ugo Foscolo.

Alessandro Manzoni, par Abuja.

Au XVIIe siècle s'affirment et triomphent les tendances précieuses déjà sensibles auparavant, notamment avec le *marinisme*, du nom du poète Marino, virtuose en matière de bizarrerie verbale. Au théâtre, le mélodrame, qui mêle texte et musique, touche un large public. Dans le domaine de la littérature scientifique, Galilée expose avec force ses théories physiques et astronomiques. Cette inspiration intellectuelle va s'accorder avec l'esprit nouveau du XVIIIe siècle, époque des lumières européennes: Vico bâtit une philosophie de l'histoire et inaugure l'esthétique moderne. Mais le génie italien se manifeste essentiellement sur la scène: Goldoni développe un comique varié et une observation fine; Métastase est porté par la vogue du mélodrame; la tragédie d'Alfieri jette dans l'action des héros passionnés de civisme qui annoncent les goûts du XIXe siècle, confirmés par le poète Parini.

L'Italie est alors parcourue de courants contraires, néoclassiques et préromantiques, que l'on retrouve chez le versatile Monti et chez Foscolo qui représente plus nettement encore le sentiment national et lyrique qui inspire le Risorgimento. Manzoni illustre le roman historique avec *Les Fiancés* qui rassemblent les traits poétiques, descriptifs, satiriques et patriotiques du romantisme italien, dont le plus grand chantre est Leopardi (*Canti*). Le réalisme émerge dans la seconde partie du siècle avec le *vérisme*, notable dans les romans de Verga (*Les Malavoglia*), et le néoclassicisme du poète et critique Carducci.

Nouvelle réaction vers le début du XXe siècle, dans le sens d'un spiritualisme raffiné chez Pascoli et D'Annunzio. La critique littéraire joue alors un rôle important, tout comme la critique d'art à laquelle Croce (*Bréviaire d'esthétique*) apporte sa contribution en faisant la part de l'histoire, de la philosophie et

ITALIE (SUITE)

La porte romaine située à l'entrée de Sienne.

Le palais des Doges, à Venise.

de la beauté artistique vécue et analysée par identification. Gramsci donne, dans les prisons mussoliniennes, un apport original au marxisme. Les bouleversements de l'époque contemporaine se reflètent dans des revues d'avant-garde et des manifestes, comme celui de Marinetti (1909), chef de file du futurisme, mais l'œuvre la plus importante du XXe siècle est le roman d'un petit homme d'affaires de Trieste, Italo Svevo : *La Conscience de Zeno*. Umberto Saba, Ungaretti, puis Quasimodo, œuvrent pour une poésie hermétiste. Papini, auteur complet, s'est surtout distingué dans le pamphlet et l'autobiographie.

Le roman est très diversement représenté par Malaparte, Vittorini, Carlo Levi (*Le Christ s'est arrêté à Eboli*, essai), Primo Levi (*Si c'est un homme*, récit de sa déportation à Auschwitz), Pavese (*Avant le chant du coq*), Gadda (*L'Affreux pastis de la rue des Merles*), Moravia, Buzzati, Tomasi di Lampedusa (*Le Guépard*), Sciascia (*L'Affaire Moro*), Umberto Eco (*Le Nom de la rose*). La production de Pirandello, constante interrogation sur les mystères de l'existence et de la personnalité humaines, domine le théâtre italien du XXe siècle.

Art

Il n'y a pas de rupture entre l'art romain et l'art italien ; l'influence antique se fait sentir d'une façon marquante, bien que discontinue, dans l'histoire artistique de la péninsule.

Architecture Jusqu'au début du IVe siècle, nécropoles et sanctuaires chrétiens sont souterrains et adoptent des formes architecturales simples (nécropole découverte sous la basilique Saint-Pierre). Après l'édit de Milan, les églises se multiplient, construites le plus souvent sur le plan basilical ou le plan central, tous deux d'origine romaine. La basilique Saint-Jean-de-Latran à Rome, constituée d'une nef flanquée de bas-côtés, se terminant par une abside, est couverte d'une charpente. Le plan central est généralement utilisé pour les baptistères ou les *martyria*.

Le haut Moyen Âge est marqué par l'influence byzantine et les invasions lombardes. Ravenne devient le grand centre artistique de l'Italie. Les plans des édifices religieux demeurent inchangés : l'église Saint-Apollinaire-le-Neuf (Ve siècle), à Ravenne, est de plan basilical, San Vitale, dans la même ville, de plan central. À la fin du IXe siècle, tandis que l'influence byzantine se maintient à Venise et que l'art bénédictin pénètre dans le sud du pays, en Lombardie émerge une architecture qui annonce le style roman et qui va fleurir dans le nord et le centre de l'Italie jusqu'au XIIe siècle. Les églises San Pietro d'Agliate, San Vincenzo de Prato et San Babila de Milan (1010) sont caractérisées par un appareil en moellons, l'emploi de colonnes massives ou de piles rectangulaires, de la voûte d'arête dans les bas-côtés. À l'extérieur, les contreforts sont plats, les façades décorées d'arcatures aveugles et de bandes en légère saillie. Très tôt, les architectes lombards utilisent l'ogive, à Sant'Ambrogio de Milan (début du XIIe siècle). Ailleurs les églises romanes, fidèles au plan basilical, présentent des galeries à arcatures (dérivées du style lombard) sur les façades (cathédrales de Modène, Pise).

À l'extérieur, les murs sont souvent recouverts de placages de marbre polychrome (San Miniato à Florence).

À Venise, les maîtres d'œuvre sont fortement influencés par les édifices byzantins (reconstruction de Saint-Marc vers 1094). Dans l'Italie du Sud et en Sicile, le style byzantin se combine à l'art roman de Normandie et à l'art arabe, ce qui confère un caractère particulier aux cathédrales romanes de Palerme et de Cefalù. L'architecture gothique pénètre assez tardivement en Italie, grâce aux moines cisterciens, et les architectes se dégagent assez vite de l'influence française. Les franciscains élèvent l'église Santa Croce à Florence, les Frari à Venise et la basilique San Francesco à Assise (1228-1260) formée de deux sanctuaires, l'église basse et l'église haute dont la nef unique, rythmée par les colonnettes supportant les retombées de la voûte d'ogives, est éclairée par de grandes baies à deux lancettes. Les dominicains construisent, à Padoue, la basilique Saint-Antoine qui offre à la fois des éléments romans et gothiques.

L'indépendance de l'architecture italienne par rapport aux formes françaises se manifeste surtout dans la cathédrale Santa Maria del Fiore, à Florence, édifiée à la fin du XIIIe siècle par Arnolfo di Cambio, puis dans les cathédrales d'Orvieto et de Sienne. Une des dernières œuvres du gothique italien est le chevet de la cathédrale de Milan commencé à la fin du XIVe siècle. C'est à partir du XIIIe siècle, quand les communes prennent de l'importance, que le Moyen Âge produit les plus beaux exemples d'urbanisme, d'édifices publics. Le Palazzo Vecchio de Florence, le palais public de Sienne, le palais du peuple d'Orvieto présentent à peu près les mêmes caractères : ce sont des bâtiments massifs, proches des forteresses, généralement couronnés de créneaux et dominés par un campanile.

À Venise, les architectes font la synthèse des éléments du gothique flamboyant et de l'art byzantin (palais des Doges).

La tour de Pise.

Italie

Italie (suite)

harmonies de tons chauds. Titien est, lui aussi, excellent coloriste et portraitiste.

À la fin du XVIe siècle, on assiste à l'éclosion du maniérisme, annoncé par Michel-Ange ; le Tintoret (ensemble de la Scuola di San Rocco) et Véronèse (*Le Repas chez Lévi*) à Venise, Corrège à Padoue, Jules Romain à Mantoue baignent leurs tableaux de lumière, les animent d'un mouvement intense. En Lombardie, les frères Carrache réagissent contre ce courant. Dans la décoration du palais Farnèse à Rome, ils utilisent le paysage comme cadre pour des scènes allégoriques. Le Caravage se situe aussi en marge du maniérisme ; l'ensemble de son œuvre manifeste son réalisme, son goût pour les contrastes de lumière appuyés.

Aux XVIIe et XVIIIe siècles, le style baroque est adopté par la plupart des artistes. C'est un art fastueux, illusionniste, mais en même temps profondément naturaliste et vivant. Pierre de Cortone, Andrea Pozzo couvrent les plafonds des églises et des palais de grandes compositions où l'architecture fictive prolonge l'architecture réelle, créant des espaces sans limites, tandis que le Dominiquin, le Guerchin, Guido Reni continuent l'académisme des Carrache. À Venise, au XVIIIe siècle, les fresques de Tiepolo sont fidèles à l'esthétique baroque ; Canaletto peint de lumineuses perspectives, Rosalba Carriera, des portraits au pastel. L'élève de Canaletto, Guardi, dépasse son maître. La peinture, comme les autres arts, se développe peu au siècle suivant.

Vers les années 1900, elle se renouvelle, d'abord grâce aux représentants du futurisme qui prétendent interpréter librement la réalité, reproduire les êtres en mouvement (*Élasticité*, de Boccioni), ensuite, grâce à De Chirico dont la « peinture métaphysique » (1912-1919) annonce le surréalisme. Modigliani, fixé à Paris, reste en dehors de tout courant et peint par grands aplats de couleurs des portraits oblongs d'une originalité certaine. Sous le régime fasciste, l'art se fige. À cette époque et après la guerre, Magnelli s'adonne à la peinture abstraite, Morandi peint des pots, carafes et bouteilles à la limite de l'abstraction. Fontana lacère ses toiles, d'autres renouent avec le symbolisme.

Puccini

Musique

La musique médiévale est liturgique. À Rome, le chant grégorien se développe sous l'impulsion de Grégoire le Grand mais, dans le nord, à Milan, c'est le chant ambrosien qui l'emporte. Au XIIIe siècle, apparaît une forme populaire de chant religieux, les *laudi*. Au siècle suivant, l'Italie découvre la polyphonie et on assiste à l'essor de la musique profane, à la naissance du madrigal et de la ballade avec le compositeur Francesco Landini. Au XVIe siècle, Tromboncino, Pesenti développent la *frottola*, genre léger. Le madrigal, délaissé pendant un siècle, renaît au XVIe avec Andrea Gabrieli, Gesualdo, Marenzio, puis Monteverdi. La musique religieuse, inspirée des Flamands, s'épanouit dans l'œuvre abondante de Palestrina.

À partir de 1550, les compositions instrumentales prennent leur essor. La musique d'orgue s'enrichit du ricercare et de la toccata. Tous ces genres instrumentaux ont acquis droit de cité à l'aube du XVIIe siècle et préparent l'œuvre de Frescobaldi. Depuis deux siècles, tragédies et comédies sont coupées d'intermèdes musicaux, ce qui aboutit à la création d'une nouvelle forme de théâtre musical, le *recitar cantando*. Peri et Rinuccini composent le premier drame lyrique (une *Dafne* en 1594), et le premier « opéra » (*Euridice*, 1600), suivi de l'*Orfeo* de Monteverdi (1607). Ce genre attire aussi des compositeurs romains et vénitiens. Monteverdi renouvelle la musique religieuse en introduisant des formes chorales et instrumentales comme l'oratorio. Le succès, au XVIIe siècle, du violon et des instruments d'archet coïncide avec les inventions de grands luthiers comme Stradivarius.

Scène du film *Le Guépard* de Visconti.

Vittorio De Sica.

Cette vogue se prolonge au siècle suivant grâce aux sonates et concertos pour violon de Vivaldi, Albinoni et Veracini. Platti, et surtout Scarlatti, renouvellent et enrichissent le répertoire du clavecin, Boccherini, celui du violoncelle. Sammartini contribue, avec Vivaldi, à fixer la forme de la symphonie moderne. Enfin l'opéra (Pergolèse) et l'opéra bouffe (Cimarosa) jouissent d'une grande popularité. C'est le début de la vogue du *bel canto* qui régnera sur tout le XIXe siècle. Une série de compositeurs sachant admirablement écrire pour la voix imposent l'opéra dans toute l'Europe : Rossini (*Le Barbier de Séville*), Bellini (*Norma*), Donizetti (*Lucia de Lammermoor*), et surtout Verdi (*Rigoletto*, *La Traviata*).

À la fin du siècle, Puccini (*la Bohème*) incarne le vérisme italien et renouvelle l'opéra en y introduisant des audaces d'écriture. La musique contemporaine, respecte la tradition mais exploite également les possibilités de la musique sérielle et électroacoustique : Dallapiccola, Berio, Nono.

Cinéma

À ses débuts, le cinéma italien connaît de nombreuses difficultés : il est obligé de faire appel à des techniciens et des acteurs français. Dès cette époque, les reconstitutions historiques remportent un vif succès. En 1914, D'Annunzio écrit le scénario de *Cabiria* où apparaît pour la première fois le héros Maciste. Vers le même moment, le drame réaliste commence à intéresser le public : *Perdus dans les ténèbres* de Nino Martoglio annonce le courant néoréaliste. Mais les drames mondains avec les *divas*, équivalents des stars, plaisent davantage. En 1918, l'industrie du cinéma périclite, les films sont de qualité médiocre et souffrent de la concurrence américaine. Ce n'est qu'en 1932 qu'une impulsion est donnée à l'industrie cinématographique par le fascisme. Certains cinéastes réalisent des films qui font date : Masetti (*Vieille Garde*). Pendant la Seconde Guerre mondiale, on tourne des films de genres très divers, comédies, films historiques, et drames. C'est en 1942 que Visconti réalise *Obsession*, une des premières œuvres néoréalistes. Au lendemain de la guerre, en raison de la situation économique, les cinéastes doivent se contenter de moyens modestes : décors naturels, acteurs non professionnels.

Ainsi naît le néoréalisme. Rossellini donne *Rome ville ouverte* et *Paisa* ; De Sica, *Sciuscia* et *Le Voleur de bicyclette* ; De Santis, *Riz amer*. Ce courant est prolongé

ITALIE (SUITE)

avec originalité par trois créateurs fort différents : Visconti, Antonioni et Fellini, alors que continuent avec difficulté leur œuvre Rossellini (*Stromboli*, *Le Général Della Rovere*), et De Sica (*L'Or de Naples*, *Le Voyage*). Visconti, révolutionnaire dans *La Terre tremble*, voire dans *Rocco et ses frères*, se plaira, dès *Senso*, dans la splendeur baroque qu'incarneront plus tard *Le Guépard* et *Mort à Venise*. Antonioni se fait connaître avec *Chronique d'un amour* et *Femmes entre elles* ; son œuvre maîtresse est la trilogie constituée par *L'Avventura*, *La Nuit* et *L'Éclipse* qui traduisent son pessimisme et sa prise de conscience de l'incommunicabilité entre les êtres, thème qu'il développera dans *Blow-up*. Fellini apparaît en 1952 avec *Le Cheikh blanc* ; deux ans plus tard, *La Strada*, avec sa femme, Giulietta Masina, et Anthony Quinn, est un succès mondial ; en 1960, *La Dolce Vita* qui peint la corruption de la société romaine contemporaine, inaugure une nouvelle manière où l'invention technique sert la fantasmagorie sexuelle : *Huit et demi*, *Satiricon*, *Amarcord*, *Ginger et Fred*.

Vittorio Gassman, acteur principal de Parfum de femme.

C'est l'âge d'or du cinéma italien. Rosi traite la réalité sociale et politique (*Salvatore Giuliano*, *L'Affaire Mattei*) ; Risi manie un humour féroce (*Le Fanfaron*, *Parfum de femme*) ; Pasolini mêle marxisme et mysticisme (*Accatone*, *Théorème*, *Salo ou les Cent vingt journées de Sodome*) ; Leone réinvente le western (*western spaghetti*) à partir de *Pour une poignée de dollars* ; Bertolucci indique le malaise de la société et des êtres dans *Prima della revoluzione* et *Le Dernier Tango à Paris*, puis raconte avec amertume l'histoire de deux amis, l'un riche, l'autre pauvre, dans *1900*. Marco Ferreri manifeste le même pessimisme grinçant de façon plus vulgaire (*La Grande Bouffe*, *Contes de la folie ordinaire*). Son œuvre s'inscrit dans une période de déclin. Si Fellini conserve son génie et son audience, Antonioni, Bertolucci et leurs successeurs ont perdu l'inspiration ou ne peuvent résister au pouvoir de la télévision. Citons toutefois les frères Taviani (*Padre padrone*), Olmi (*L'Arbre aux sabots*), Moretti (*Bianca*), Benigni (*La Vie est belle*).

Ivanhoé, *un film de Richard Thorpe, tiré du roman de Walter Scott.*

en même temps que son demi-frère Pierre Ier (le Grand), sous la régence de leur sœur Sophie. En 1689, la régente Sophie et Ivan V furent définitivement écartés du pouvoir par Pierre. **Ivan VI Antonovitch** 1740-1764 Tsar de Russie de 1740 à 1741. Adopté par sa grand-tante Anna Ivanovna, fille d'Ivan V, il fut proclamé tsar à l'âge de deux mois puis renversé par Élisabeth Petrovna, fille de Pierre le Grand. Exilé puis emprisonné, il fut assassiné sous Catherine II.
Ivanhoé 1820 Roman historique de Walter Scott dont l'action se déroule en Angleterre sous le règne de Richard Cœur de Lion. Il met en scène Ivanhoé, fidèle à son roi et opposé à Jean sans Terre, sur fond de rivalités entre Saxons et Normands.
Ivanov (Vsevolod Viatcheslavovitch) 1895-1963 Écrivain soviétique, membre du groupe des Frères Sérapion. Ses romans (*Les Partisans*, 1921 ; *Le Train blindé n° 14-69*, 1922) ont pour thème la guerre civile en Asie.
Ivens (Joris) 1898-1989 Cinéaste néerlandais, documentariste politique. Ses films invitent à la réflexion sur les conflits sociaux et la lutte révolutionnaire : *Zuyderzee* (1930), *Terre d'Espagne* (1937), *Le 17e parallèle* (1967), *Comment Yukong déplaça les montagnes* (1976).
Ives (Charles) 1874-1954 Compositeur américain. Cet autodidacte créa une musique nouvelle annonçant la venue de compositeurs tels que Stravinsky et Bartók. Il a composé des symphonies, des sonates et des mélodies.
I.V.G. n. f. Sigle de *interruption volontaire de grossesse*.
ivoire n. m. ANAT. Tissu osseux très minéralisé, de couleur blanche, qui constitue, protégé à l'extérieur par l'émail et par le cément de la racine, la partie dure de la dent des mammifères. / Objet d'art en ivoire. / *Noir d'ivoire* : poudre noire faite d'ivoire et d'os carbonisés, utilisée en peinture. / Litt. *D'ivoire* : d'une belle blancheur mate comme celle de l'ivoire. *Des bras d'ivoire.*
ivoirien, enne adj. et n. De Côte d'Ivoire. *Cacao ivoirien. Un(e) Ivoirien(ne).*
ivraie n. f. BOT. Plante de la famille des graminées croissant souvent parmi les céréales dont elle perturbe le développement. *L'ivraie enivrante a des propriétés toxiques, tandis que la fausse ivraie (ou ivraie vivace) est utilisée comme gazon.* / Fig. Chose malfaisante nuisant aux bons éléments auxquels elle est mêlée. *Séparer le bon grain de l'ivraie*, les bons éléments des mauvais, le bien du mal.
ivre adj. Dont les réactions, le comportement sont altérés par les effets d'une absorption d'alcool. *Il est ivre. Ivre mort* : que l'effet de l'alcool a rendu inconscient. / Fig. *Ivre de* : exalté par. *Ivre de sang. Ivre de jalousie.*

Joris Ivens.

*Coffre en **ivoire**.*

ivresse n. f. *État d'ivresse* ou (absol.) *ivresse* : état d'une personne ivre. Syn. ébriété. / Fig. Euphorie. *L'ivresse de la gloire.*
ivrogne, ivrognesse. adj. et n. Qui a l'habitude de s'enivrer. (Subst.) *Un(e) ivrogne.* / Vieilli ou péjor. *Une ivrognesse* : une femme ivrogne.
ivrognerie n. f. État d'une personne ivrogne ; habitude de s'enivrer.
iwan n. m. (mot persan) ARCHI. Salle voûtée à quatre angles, d'origine iranienne, ouverte sur la façade ou sur la cour des certaines mosquées par un arc brisé.
Ixion MYTH. GR. Roi des Lapithes. Il précipita son beau-père dans un brasier et trouva asile auprès de Zeus qui avait eu pitié de ses remords. Ayant tenté de charmer Héra, il fut séduit par une nuée de fantômes créés par Zeus à l'image de son épouse : l'union chimérique donna naissance aux centaures. Pour le punir davantage, Zeus le bannit dans le Tartare et le fit attacher à une roue enflammée tournoyant à jamais.
ixode n. m. ZOOL. Tique.
izard Voir **isard**
izba Voir **isba**
Izetbegovic (Alija) 1925 Homme d'État bosniaque. Après avoir été emprisonné par le régime socialiste yougoslave durant les années 1960 et 1970 pour avoir défendu la cause des musulmans, il profite de l'éclatement de la république pour fonder le parti de l'Action Démocratique (S.D.A.). Il devient président de la Bosnie-Herzégovine en 1990, et lutte pour l'indépendance de son pays dont il affirme le caractère multiethnique. La Bosnie se déclare indépendante en 1992. À la suite de la guerre entre Bosniaques, Croates et Serbes, il signe les accords de paix de Dayton (1995) qui partagent la Bosnie en deux : une fédération croato-musulmane et une république serbe. Il est élu à la présidence collégiale de Bosnie-Herzégovine, mais démissionne en octobre 2000 pour raison de santé.
Izis (Israelis Bidermanas, dit) 1911-1980 Photographe français d'origine lituanienne. En France depuis 1930, il fait des

***Ivraie** multiflore : plantules et plantules avancées (© MAPAQ).*

Izmir.

photos d'identité, de mariage et de communion. Réfugié en Limousin pendant la guerre, membre des FFI, il photographie ses camarades de maquis. Entré à Paris-Match en 1949, il fait de nombreux reportages pour ce magazine, qu'il quittera en 1969. Au cours de ces années, il photographie inlassablement, avec simplicité et pudeur, les scènes de la vie quotidienne : fêtes foraines, bals de quartier, petit peuple de Paris. Il a publié de nombreux ouvrages, en collaboration avec des écrivains (*Paris des rêves*, texte de Cocteau, 1950 ; *Israël*, texte de Malraux, 1955), dont une bonne partie en complicité avec Prévert (*Grand Bal du printemps*, 1951 ; *Charmes de Londres*, 1952 ; *Le Cirque d'Izis*, 1965 ; *Paris des poètes*, 1977).

Izmir (autrefois *Smyrne*) *2 017 699 h.* Port de Turquie fondé par les Grecs sur la côte égéenne de l'Asie Mineure. C'est aujourd'hui un centre commercial et un port d'exportation de produits agricoles (huile d'olive, raisins secs) ainsi qu'un grand centre industriel (industries textiles, chimiques). Université.

Izoard (col de l') *2 360 m* Col des Hautes-Alpes au sud-est de Briançon.

Le ***col de l'Izoard.***

j' Voir **je**

Jabir ibn Hayyan ?-804 Médecin, philosophe et alchimiste musulman d'origine iranienne, à qui l'on attribue plusieurs traités de philosophie hermétique de l'islam chiite. Son œuvre est connue en Occident depuis le XIVe siècle, dans des traductions (*La Recherche de la perfection*, *Somme du parfait magistère*, *Invention de la vérité*, *Livre des fourneaux*), et cet ensemble (2000 volumes au moins) paraît être dû à divers auteurs appartenant au courant ismaélien de l'islam chiite.

jabiru n. m. ZONAL. Grande cigogne d'Amérique, au plumage blanc et noir, qui ne couvre pas la tête à peau noire. *Les jabirus se nourrissent de poissons, de reptiles, d'amphibiens.*

jabot n. m. ZONAL. Chez les oiseaux, poche digestive formée par un renflement de l'œsophage, dans laquelle les aliments se ramollissent et s'imprègnent d'eau. / Garniture de dentelle ou de mousseline plissée sur le devant d'une chemise, d'un corsage.

jacana n. m. ZONAL. Oiseau de l'ordre des charadriiformes, aux doigts extrêmement allongés, vivant dans les marais tropicaux.

jacaranda n. m. BOT. Arbre des régions chaudes, de la famille des bignoniacées, à fleurs violettes, dont le bois (palissandre) est utilisé en ébénisterie.

jacasse n. f. Vx ou dial. Pie.

jacasser v. i. [1] (En parlant de la pie) Pousser son cri. / Fig. Bavarder.

Jaccottet (Philippe) 1925 Poète suisse d'expression française. À ses recueils de poèmes (parmi lesquels *L'Effraie*, 1953 ; *Airs*, 1967 ; *À la lumière d'hiver*, 1977 ; *Requiem*, 1991), il convient d'ajouter des essais (*L'Entretien des muses*, 1968) et de nombreuses traductions (Mandelstam, Musil, Th. Mann, Holderlin, etc.).

jachère n. f. État d'une terre arable qu'on laisse reposer en ne l'ensemençant pas ; cette terre.

jacinthe n. f. BOT. Plante bulbeuse monocotylédone, de la famille des liliacées, à fleurs en grappe, colorées et très parfumées.

Jack l'éventreur (en anglais, *Jack the Ripper*) Criminel célèbre, il assassina sauvagement plusieurs prostituées, à Londres, en 1888. Il ne fut jamais arrêté et son identité est restée mystérieuse.

Mahalia Jackson.

Mickael Jackson.

jack n. m. (mot anglo-américain) ÉLECTR. Fiche de connexion à deux conducteurs coaxiaux.

jackpot n. m. (mot anglais) Combinaison gagnante libérant l'argent accumulé dans une machine à sous. / Cet argent. / Cette machine.

Jackson *193 097 h.* Ville des États-Unis, capitale de l'État du Mississippi, sur la Pearl River. Centre industriel (industrie cotonnière ancienne, notamment).

Jackson (Andrew) 1767-1845 Général et homme politique américain. Combattant à treize ans pour l'indépendance, général victorieux des Anglais en 1815 (lors de la guerre de 1812-1815), très populaire, il fut élu président en 1828 et réélu en 1832. De son mandat datent le système des dépouilles (l'élu donne la quasi-totalité des postes administratifs et politiques disponibles à ses partisans) et le règne des politiciens professionnels aux États-Unis.

Jackson (John Hughlins) 1834-1911 Neurologue anglais. Il a notamment étudié l'épilepsie et l'aphasie.

Jackson (Mahalia) 1911-1972 Chanteuse américaine ; elle a limité son répertoire aux *negro spirituals* et aux *gospel songs*. Sa voix grave et profonde lui a assuré une renommée internationale.

Jackson (Michael) 1958 Chanteur (de pop music) et danseur américain, à la gestuelle spectaculaire, dernier-né d'une fratrie de cinq (les Jackson Five), le plus célèbre d'entre eux.

jaco, jacot ou **jacquot** n. m. ZONAL. Perroquet d'Afrique, gris à queue rouge, réputé bon parleur.

Jacob Patriarche hébreu, fils d'Isaac et petit-fils d'Abraham. Il acheta le droit d'aînesse de son frère Ésaü contre un plat de lentilles et reçut le nom d'Israël, « celui qui lutte contre Dieu », pour avoir lutté contre l'ange de Dieu. Ses douze fils formèrent les douze tribus d'Israël.

Jacob (Georges) 1739-1814 Ébéniste français dont le mobilier fut en vogue sous Louis XV, Louis XVI, le Directoire et l'Empire.

Jacob (Max) 1876-1944 Écrivain français. Après avoir mené une vie de bohème, il se convertit au catholicisme et se retire à Saint-Benoît-sur-Loire en 1921. Il meurt au camp de concentration de Drancy. Son œuvre, originale, à la fois réaliste et fantaisiste, annonce le surréalisme ; il a écrit des romans mystiques, des poèmes (*Le Cornet à dés*, 1917 ; *Le Phanérogame*, 1918) ; il a été peintre et critique d'art.

Jacob (François) 1920 Médecin et biologiste français. Il découvrit avec Monod le rôle de l'A.R.N. messager et étudia la génétique des bactéries.

Jacob Baradaï (en français Jacques Baradée) ?-578 Moine de Constantinople, consacré évêque d'Édesse en 542 ou 543, fondateur de l'Église syrienne monophysite (dite, à cause de lui, *jacobite*).

Jacobi (Carl) 1804-1851 Mathématicien allemand qui découvrit la double périodicité des fonctions elliptiques.

jacobin, e n. et adj. Vx Dominicain. *Les dominicains devaient ce surnom au fait que leur premier couvent parisien accueillait, rue Saint-Jacques, les pèlerins allant jusqu'à Saint-Jacques-de-Compostelle.* / HIST. n. m. Membre du Club des Jacobins, sous la Révolution. / n. Fig. Partisan d'une démocratie centralisée et défenseur farouche des idées républicaines. / adj. *Esprit jacobin.*

jacobinisme n. m. Doctrine, théorie politique des jacobins. / Ferveur républicaine d'inspiration jacobine.

Jacobins (club des) Société révolutionnaire née en 1789 qui, sous le nom de « Société des amis de la Constitution », tenait séance dans le couvent des dominicains (dits « jacobins ») de la rue Saint-Honoré à Paris. Après la fuite du roi à Varennes (1791), le club se scinda. Les modérés fondèrent le club des Feuillants, les partisans de la déchéance du roi, le club des Jacobins, âme du gouvernement révolutionnaire.

Membre du ***Club des Jacobins****.*

Métier à tisser **Jacquard**.

jacobite [1] n. et adj. HIST. Nom donné en Angleterre aux partisans de Jacques II et de son fils Jacques Édouard Stuart, après la révolution de 1688. / adj. *Les révoltes jacobites.*
jacobite [2] adj. *Église jacobite*: Église syrienne monophysite, organisée au VIe siècle par Jacques Baradée.
Jacobs (Edgar Pierre dit **E. P.)** 1904-1987 Dessinateur belge, auteur notam. de la série de B.D. publiée sous le titre général de *Blake et Mortimer*. Ses personnages ont été repris après sa mort par Ted Benoit et font l'objet d'une série de nouvelles aventures.
Jacobs (René) 1946 Chef d'orchestre et chanteur (haute contre) belge, spécialiste du répertoire baroque.
jacot Voir **jaco**
jacquard n. m. Métier à tisser inventé par Joseph-Marie Jacquard, encore utilisé pour le tissage manuel. / Tricot dont les dessins nécessitent l'emploi de laines de plusieurs couleurs.
Jacquard (Joseph Marie) 1752-1834 Mécanicien français. Il mit au point le métier à tisser automatique (dit *Jacquard*), qui utilisait des cartes perforées et révolutionna l'industrie textile (d'abord à Lyon).
jacquemart Voir **jaquemart**
Jacquemart de Hesdin ?-v. 1410 Miniaturiste français du groupe franco-flamand de la cour du duc Jean de Berry, auteur des *Très Belles Heures du duc de Berry*, des *Grandes Heures du duc de Berry* et (p.-ê) des *Petites Heures du duc de Berry*.
jacquerie n. f. HIST. *La Jacquerie*: la révolte de la misère qui opposa en 1358 les paysans à la noblesse de Picardie, de Champagne et d'Île-de-France. / Par ext. Révolte paysanne.
jacques n. m. Surnom ancien du paysan français. / Mod. *Faire le jacques*: faire l'idiot.
Jacques le Majeur ou **l'Ancien** (saint) ?-44 ? L'un des douze apôtres de Jésus, fils du pêcheur Zébédée et frère de saint Jean l'Évangéliste. Il prêcha à Jérusalem, où (selon les Actes des Apôtres) il fut décapité sur l'ordre d'Hérode Agrippa. La tradition en fait l'apôtre de l'Espagne, ses restes auraient miraculeusement été transportés à Saint-Jacques-de-Compostelle après sa mort à Jérusalem.
Jacques le Mineur ou **le Juste** (saint) ?-62 ? L'un des douze apôtres, peut-être l'un des chefs de la première communauté chrétienne de Jérusalem. Il aurait été lapidé.

Jacques Nom de nombreux souverains

Jacques Ier et **Jacques II d'Angleterre** Voir **Jacques VI** et **Jacques VII d'Écosse**.

ARAGON

Jacques Ier le Conquérant (1208 ?-1276) Roi d'Aragon en 1213, il conquit les Baléares (1235) et agrandit son royaume jusqu'à Valence (1238), Murcie (1265) et Ceuta (1273). **Jacques II le Juste** (1260 ?-1327) Roi d'Aragon en 1291 et de Sicile (1285-1295). Il perdit la Sicile.

ÉCOSSE

Jacques Ier 1394-1437 Roi en 1406, puis de 1424 à 1437. Prisonnier des Anglais durant 18 ans, libéré en 1424, il lutta contre les Grands qui le firent assassiner. **Jacques II** 1430-1460 Fils du précédent. Roi en 1437, il prit le parti des Lancastre lors de la guerre des Deux-Roses. **Jacques III** 1452-1488 Fils du précédent, roi en 1460. Son mariage avec la fille du roi de Danemark lui permit d'annexer les Orcades et les Shetland ; il fut tué en luttant contre les nobles. **Jacques IV** 1472-1513 Fils du précédent, roi en 1488. Il épousa Marguerite Tudor, fille d'Henri VII d'Angleterre (mariage qui est à l'origine des droits des Stuarts sur la couronne d'Angleterre), mais, entré en guerre contre son beau-frère Henri VIII, il fut vaincu et tué à Flodden. **Jacques V** 1512-1542 Fils du précédent, roi en 1513. Veuf de Madeleine de France, fille de François Ier, il épousa Marie de Lorraine, petite-fille du duc de Guise, et laissa à sa mort la couronne à sa fille, Marie Stuart. **Jacques VI** 1566-1625 Roi d'Écosse en 1567. Fils de Marie Stuart et de lord Darnley, il succéda en 1603 à Élisabeth d'Angleterre sous le nom de Jacques Ier (1603-1625), car, arrière-arrière-petit-fils de Jacques IV et de Marguerite Tudor, il descendait d'Henri VII. Les catholiques, qu'il persécutait, organisèrent contre lui la *conspiration des poudres* (1605). N'écoutant que ses favoris, tel le duc de Buckingham, il gouverna sans le Parlement et se rendit impopulaire auprès de l'opinion anglaise, hostile à cet Écossais. **Jacques VII** 1633-1701 Petit-fils de Jacques VI (Jacques Ier), il devint roi d'Écosse et roi d'Angleterre sous le nom de Jacques II en 1685-1688 à la mort de son frère Charles II. Converti au catholicisme pendant son exil en France, durant le protectorat de Cromwell, il suscita d'autant plus l'hostilité des protestants, qu'il gouvernait sans le concours du Parlement et s'était rapproché de Louis XIV. Les opposants firent appel à son gendre, Guillaume de Nassau, stathouder de Hollande, qui débarqua en Angleterre. Jacques II s'enfuit en France (1688). Deux ans plus tard, en essayant de reprendre son trône, il fut vaincu sur la Boyne. Il se retira alors au château de Saint-Germain.

Jacques Baradée Voir **Jacob Baradaï**
Jacques Édouard Stuart, dit le Chevalier de Saint-George 1688-1766 Prétendant au trône d'Angleterre. À la mort de son père Jacques II, Louis XIV le reconnut roi d'Angleterre, mais ses trois tentatives de restauration échouèrent.
Jacques de Vitry 1170 ?-1240 Prédicateur et historien français né à Vitry-sur-Seine. Il appela à la croisade contre les Albigeois (1210), puis participa à la 5e croisade (1217-1221), ce qui lui inspira une *Histoire de l'Orient ou de Jérusalem*, en latin.
Jacques de Voragine (Iacopo da Varazze, dit**)** 1228 ?-1298 ? Prélat italien, auteur d'une vie des saints, la *Légende dorée*, diffusée pendant tout le Moyen Âge ; il a été béatifié.
Jacques le Fataliste et son maître 1773 Roman de Diderot. Jacques est un valet qui raconte à son maître ses aventures galantes. Mais son récit est constamment interrompu par de brillantes digressions, comme dans *Tristram Shandy* de Sterne.
jacquet n. m. Jeu de hasard dérivé du trictrac.
jacquier ou **jaquier** n. m. BOT. Arbre des régions tropicales, voisin de l'arbre à pain et cultivé pour ses fruits (12 à 15 kg), riches en amidon.
jacquot Voir **jaco**
Jacquot (Georges) 1794-1874 Sculpteur français de style classique (statue du roi Stanislas à Nancy, bas-reliefs pour l'arc de triomphe de l'Étoile, à Paris).
Jacquou le Croquant 1899 Roman d'Eugène Le Roy. Jacquou, issu d'une lignée de serfs, venge son père, galérien, sa mère, morte d'épuisement, et sa fiancée, suicidée, en réduisant en cendres, à l'aide de la bande qu'il a rassemblée autour de lui, le château de ses maîtres ; ce récit, historiquement bien documenté, d'une vengeance d'inégalités séculaires est porté par un style vif et imagé qui en fit un gros succès.

Campement de **Jacques Ier le Conquérant**, lors de la conquête de Majorque (fresque du XIIIe siècle, palais Aguilar, Barcelone).

Statuette chinoise en **jade**.

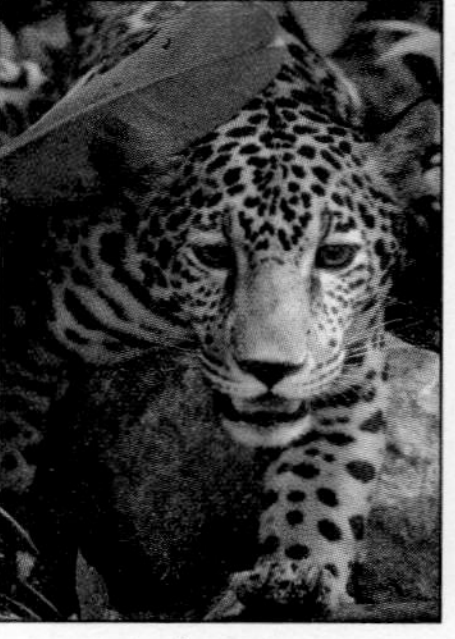
Jaguar.

jactance [1] n. f. Litt. Vantardise.
jactance [2] n. f. Pop. Bavardage.
jacter v. i. [1] Pop. Bavarder, parler.
jaculatoire adj. *Oraison jaculatoire*: courte prière fervente.
jacuzzi n. m. (nom déposé) Bassin, baignoire équipés d'un dispositif qui provoque des remous dans l'eau.
jade n. m. Pierre très dure, d'un vert plus ou moins sombre, formée de silicate naturel d'aluminium et de calcium. / Objet d'art en jade.
jadis adv. Il y a longtemps. *Ce quartier de banlieue était jadis terre agricole.* / adj. *Ballade des dames du temps jadis*: titre donné par Marot à une des ballades de François Villon. / n. m. inv. Époque révolue, temps d'autrefois. *Les guerriers de jadis.*
Jaffa ou **Yafo** Vieille ville arabe d'Israël, reliée administrativement en 1948 à Tel-Aviv, avec laquelle elle forme le premier centre économique du pays. La ville fut prise en 1799 par Bonaparte.
Jagellon Dynastie d'origine lituanienne dont plusieurs membres ont régné en Pologne, en Hongrie et en Bohême de 1386 à 1572.
jaguar n. m. ZONAL. Grand félin d'Amérique tropicale, à robe fauve ocellée, voisin de la panthère.
Jahan (Pierre) 1909-2003 Photographe français. Photographe de rue sensible à la poésie et au cocasse du quotidien, amoureux de Paris dont il est un connaisseur

JAMAÏQUE

Superficie : *10 990 km²* – **Nombre d'habitants :** *2 700 000 h.* – **Capitale :** *Kingston*
Villes principales : *Spanish Town, Montego Bay* – **Système politique :** *État indépendant au sein du Commonwealth* – **Langue(s) :** *anglais* – **Religion(s) :** *protestantisme* – **Monnaie(s) :** *dollar jamaïquain*

Voir l'Atlas

Légers radeaux de plaisance, en balsa.

Histoire

Découverte par Christophe Colomb en 1494, colonie anglaise au XVIIe siècle, la Jamaïque est depuis 1962 un État indépendant, associé au Commonwealth ; un gouverneur britannique représente la reine d'Angleterre. Le parti travailliste, qui prône le libéralisme économique, et le parti national populaire, de tendance social-démocrate, alternent au pouvoir.

Rose Hall, palais de Montego Bay, la troisième ville de la Jamaïque qui attire les touristes.

Géographie physique et humaine

Cette île montagneuse au climat tropical humide, couverte d'une luxuriante végétation, est peuplée en majorité de Noirs (75 %). Ses principales ressources sont agricoles (canne à sucre, bananes, agrumes, cacao), touristiques et minières (bauxite, 3e rang mondial) lesquelles sont exploitées par des compagnies nord-américaines. En outre, la sous-traitance internationale est florissante dans l'électronique et l'habillement. La dette extérieure est importante et les inégalités au sein de la population, très marquées.

Torrent dans la région côtière du nord de l'île.

averti, observateur amusé de ses contemporains, il est aussi photographe publicitaire. Il a réalisé, pour des revues d'art, d'innombrables photographies de sites, de monuments et d'œuvres d'art.

jaillir v. i. [2] Sortir avec impétuosité, pour un liquide et, par ext., pour un fluide, un son, une lumière. / Par anal. Apparaître soudainement, surgir. *Je le vis jaillir du buisson.* Au fig. *Faire jaillir la vérité.*

jaillissement n. m. Mouvement d'un liquide ou d'une lumière qui sort impétueusement. / Fig. *Jaillissement d'idées.*

jaïn, jaïna ou **djaïn, djaïna** adj. et n. Du jaïnisme. / Adepte du jaïnisme.

jaïnisme ou **djaïnisme** n. m. Une des religions de l'Inde, fondée au VIe siècle av. J.-C. par Mahavira, dans l'actuel Bengale, où elle se perpétue.

♦ Le jaïnisme affirme l'existence dans l'Univers d'une partie animée, *jiva*, et d'une partie inerte, *ajiva*. Le jiva est constitué par les âmes éternelles qui s'élèvent en se réincarnant, selon leurs mérites, dans les végétaux, les animaux, les hommes, les dieux (d'où l'interdiction de faire du mal à tout ce qui vit). Pour guider l'âme vers le *nirvana* (fin du cycle des réincarnations), le jaïnisme prescrit trois devises : bien croire, bien connaître, bien vivre ; et cinq commandements : ne pas voler, ne blesser aucune créature, renoncer aux richesses, dire la vérité, rester chaste.

Jaipur *1 458 183 h.* Ville de l'Inde, capitale du Rajasthan, nommée la *ville rose* à cause de la couleur de ses maisons ; elle se livre au commerce de pierres précieuses, à l'artisanat d'art et possède quelques industries. Son observatoire astronomique a été créé au XVIIIe siècle.

jais n. m. Lignite noir et brillant, de texture homogène, utilisé en bijouterie.

Jakarta Voir **Djakarta**.

Jakobson (Roman) 1896-1982 Linguiste américain d'origine russe. Il anime le Cercle linguistique de Moscou et participe aux travaux de l'*Opoiaz* (Société pour l'étude de la langue poétique, groupement de formalistes russes fondé en 1914 et actif jusque dans la deuxième moitié des années 20). En 1926, il fonde avec le prince Troubetskoy le Cercle de Prague, qui créa la phonologie structurale. Réfugié en Scandinavie en 1939, il émigre aux États-Unis en 1941. Ses *Essais de linguistique générale* (1963-1973) étudient notamment les rapports entre la langue et la communication, ainsi que l'expressivité (nombreux travaux sur la fonction poétique) et l'acquisition du langage (*Langage enfantin et aphasie*, 1969).

jalon n. m. Piquet de bois ou de métal, planté en terre et déterminant un point de repère ou un alignement. / Fig. Action préliminaire tendant vers un but précis. *Poser des jalons.*

jalonner v. t. [1] Délimiter (un lieu), déterminer (un tracé) au moyen de jalons. *Jalonner une piste.* / Fig. Être placé le long de (un parcours). *Les poteaux indicateurs qui jalonnent une route.*

jalouser v. t. [1] Ressentir de la jalousie envers (qqn), pour (qqch.).

jalousie n. f. Caractère jaloux de (qqn). *La jalousie des envieux. La jalousie d'un époux.* / Persienne à lamelles mobiles.

jalousement adv. Avec jalousie. / Avec méfiance, avec un soin maniaque. *Il fait jalousement respecter ses prérogatives.*

jaloux, ouse adj. et n. Très attaché à (qqch.). *Il est jaloux de son pouvoir.* / Qui dénote un tel attachement. *Attention jalouse.* / Inquiet d'avoir à partager son amour, de perdre la personne aimée. *Mari jaloux.* / Subst. Personne envieuse des avantages d'autrui. *C'est un jaloux.*

jamaïcain, e adj. et n. De la Jamaïque. *Musique jamaïcaine. Un(e) Jamaïcain(e).*

• **Jamaïque** État insulaire des Grandes Antilles.

jamais adv. Un jour, à un moment quelconque. *Si jamais vous le croisez…* / À aucun moment, en aucune circonstance. *L'avez-vous déjà rencontré ? Jamais. Moi, me servir d'une arme ? Jamais.* / *Ne… jamais, jamais… ne* : à aucun moment. *N'oubliez jamais ce que je vous ai dit. Jamais il n'a pensé que vous pourriez être blessé.* / *À jamais, à tout jamais, pour jamais* : pour toujours. *Fidèle à jamais.*

jambage n. m. Trait vertical de certaines lettres (*m*, *n*, *u*, et élément vertical descendant sous la ligne du *p* et du *q*). / ARCHIT. Assise de maçonnerie soutenant les grosses poutres d'un édifice. / Montant vertical qui supporte le linteau d'une porte ou d'une fenêtre, le manteau d'une cheminée.

jambe n. f. **I.** ANAT. Partie du membre inférieur de l'homme, et de certains mammifères, comprise entre le pied et le genou. / Ensemble du membre inférieur. / Partie du membre postérieur du cheval située entre le bas de la cuisse et le jarret. **II.** TECHN. Pièce de construction destinée à soutenir les poutres. Syn. contrefiche.

jambière n. f. Pièce d'armure recouvrant la jambe. / Guêtre protégeant la jambe, utilisée par les sportifs.

jambon n. m. Cuisse de porc (ou d'autres animaux, sanglier notam.), fumée ou salée. / Par ext. Épaule de porc (ou d'autres animaux) conservée de la même façon.

jambonneau n m. Jambon fait avec les pattes antérieures du porc. / ZONAL. *Jambonneau de mer* : pinne.

jamboree n. m. (mot anglais, de l'hindi) Réunion internationale de scouts.

James (William) 1842-1910 Philosophe et psychologue américain, créateur du pragmatisme, doctrine selon laquelle le critère de la vérité est l'efficacité. **Henry** 1843-1916 Frère du précédent. Romancier britannique d'origine américaine, il renouvela le roman psychologique, annonçant Proust : *Washington Square* (1881), *Un portrait de femme* (1881), *Ce que savait Maisie* (1897), *Les Ailes de la colombe* (1902), *La Coupe d'or* (1902), *Les Ambassadeurs* (1903). À partir de cette date, il se consacra à ses *Mémoires*. Il est le maître de la nouvelle : *La Tour d'écrou* (1898), *La Bête dans la jungle* (1903).

James Bond Personnage d'agent secret britannique créé par Ian Fleming en 1953, dont les aventures ont été portées à l'écran à grand renfort de gadgets et d'effets spéciaux.

Jammes (Francis) 1868-1938 Écrivain et poète français qui décrit la campagne basco-béarnaise avec lyrisme et simplicité : *De l'Angélus de l'aube à l'Angélus du soir* (1898), *Les Géorgiques chrétiennes* (1911-1912).

Jammu-et-Cachemire *222 236 km² 7 718 700 h.* État de l'Inde qui comprend la partie sud du Cachemire (dont le nord est pakistanais). Il a deux capitales : *Jammu* (*206 135 h.*) et *Srinagar* (*594 775 h.*).

jam-session n. f. (mot anglais) Groupe de musiciens de jazz qui improvisent pour leur propre plaisir. Pl. Des *jam-sessions*.

JAPON (SUITE)

Détail de la décoration du toit d'un temple ancien, vu de dessous, à Nikko.

Beaux-Arts

Les vestiges préhistoriques révèlent la sensibilité de ce peuple, mais l'art japonais ne prend son essor qu'au VIe siècle apr. J.-C., avec la pénétration du bouddhisme et de l'art chinois, qui l'influencent pendant des siècles. Le temple de Horyu-ji, à Nara, présente des similitudes avec l'art chinois, similitudes qu'on retrouve dans les plans des villes au VIIIe siècle : le plan de Nara s'apparente à celui de Tchang-ngan (Changan), aujourd'hui Xian.

Puis, les édifices sont construits sur des plans irréguliers s'adaptant au paysage, et l'architecture devient plus fonctionnelle. Les premières sculptures que l'on puisse dater avec une certaine précision sont du VIIe siècle ; elles sont l'œuvre d'artistes chinois et coréens installés au Japon et d'artistes japonais, sans que l'on puisse distinguer l'une ou l'autre origine. Les sujets favoris sont Amida (le Bouddha historique), Kwannon (Avalokiteçvara, le bodhisatva de la miséricorde) et Miroku (Maitreya, le Bouddha qui va venir). Les statues sont en bronze, proches de modèles chinois, et en bois, d'inspiration indienne. La sculpture évolue vers un art à la fois raffiné et réaliste, qui aboutit au XIIe siècle à l'individualisation des traits.

Au XIVe siècle, cet art arrive à son déclin. Les plus anciennes peintures conservées datent du VIIe siècle (fresques du Kondo [salle d'or] du Horyu-ji de Nara). À la fin de l'époque de Heian (794-1185), la peinture évolue ; l'aspect linéaire, élégant, les paysages, les coloris, les fonds d'or sont remarquables. À partir du XIIe siècle, le répertoire s'élargit ; une peinture nationale apparaît ; le portrait devient à la mode (*Minamoto no Yoritomo*, par Fujiwara Takanobu, v. 1200).

Un temple de Kyoto et son jardin.

Au XVIIe siècle naît un art populaire, l'*estampe*, qui traite des scènes de genre et qu'illustrent Harunobu, Utamaro, Hokusai. Outre la sculpture, la peinture et l'estampe, l'art japonais s'est exprimé avec vigueur dans la laque (à partir du VIIe siècle), les tissus (dès les VIe-VIIe siècles), le travail du métal (épées et armures, les plus anciennes épées datant du début du Xe siècle). Il faut accorder une place à part à l'art du jardin, une des expressions les plus originales de la sensibilité japonaise. Toujours clos, toujours petit, toujours lié à l'architecture, le jardin comprend des pierres et des arbres à feuilles persistantes, suggérant ainsi la pérennité des choses ; il évoluera avec la diffusion du bouddhisme zen pour devenir un lieu de méditation philosophique.

À la fin du XVIe et au début du XVIIe siècle apparaissent de grands jardins de prestige, exubérants, débordant de cascades, de rochers, d'essences variées, et d'austères « jardins de thé ». Après 1868, le Japon découvre l'Occident ; un retour aux traditions fait suite à cet engouement. Inspirée de la sobriété traditionnelle des constructions japonaises, l'architecture moderne utilise le béton armé afin de pallier les inconvénients des fréquents séismes (musée d'Art moderne de Kamakura par Sakakusa ; hôtel de ville de Tokyo par Tange Kenzo).

Le palais impérial de Tokyo.

Cinéma

Le cinéma japonais est le plus ancien d'Extrême-Orient. Dès le début du XXe siècle, la production cinématographique fut originaire, soit de Kyoto pour les films à sujets modernes, soit de Tokyo pour les sujets anciens tirés, pour la plupart, du théâtre kabuki. C'est avec Mizogushi Kenji (1898-1956), Kinugasa Teinosuké (1896-1982) et Uchida Tomu (1897-1970) que débute véritablement le cinéma japonais, caractérisé alors par la critique sociale et un certain expressionnisme (*Jujiro* de Kinugasa, *Symphonie d'une grande ville* de Mizogushi, *La Terre* d'Uchida). Gosho Heinosuke (1902-1981) prend pour thème la vie populaire (*Le Fardeau de la vie*, *Gens sans nom*), Kurosawa Akira (1910-1998) se consacre aux problèmes posés par l'après-guerre dans la société japonaise (*Je ne regrette pas ma jeunesse*, *Un merveilleux dimanche*), Imaï Tadashi (1912-1991) retrace avec violence les malheurs de son peuple (*L'Ennemi du peuple*, *Les Montagnes bleues*), Yamamoto Satsuo (1910-1983) réalise des drames et des comédies (avec le comique Enoken), Ozu Yasujiro (1903-1963) montre une virtuosité perfectionniste dans ses comédies douces-amères (*Le Chœur de Tokyo*, *Je suis né, mais*).

Après 1950, se développe un mouvement néoréaliste qui va envahir le cinéma nippon. Naruse Mikio (1905-1969) est le cinéaste le plus proche de l'école italienne (*Le Repas*, 1951 ; *Nuages flottants*, 1955), alors que le hiératisme d'Ozu triomphe dans *Voyage à Tokyo* (1953) et *Le Goût du saké* (1963). Kurosawa, qui remporte un succès en Europe avec *Rashomon* (1950), est au sommet de son art : *L'Idiot* (1951), *Vivre* (1952), *Les Sept Samouraïs* (1954), *Derzou Ouzala* (1974). Kinugasa se voit décerner le Grand prix de Cannes pour *La Porte de l'enfer* (1954) dont les recherches de couleurs sont plus remarquables que le scénario, assez classique. Mizogushi donne encore *Contes de la lune vague après la pluie* (1953), d'après Ueda Akinari, et *Les Amants crucifiés* (1954), d'après Chikamatsu, chefs-d'œuvre de finesse et de perfection.

Le talent silencieux mais puissant de Shindo Kaneto (1912) est révélé par *Les Enfants d'Hiroshima* (1953) et confirmé par *L'Île nue* (1961). Kobayashi Masaki (1916) dénonce avec violence l'aspect inhumain de la société dans une très longue fresque guerrière *La Condition de l'homme* (1959-1961), ou dans *Hara-kiri* (1963), Ichikawa Kon (1915) décrit également les horreurs de la guerre dans *La Harpe de Birmanie* (1956), *Feux dans la plaine* (1961), Oshima Nagisa (1932) donne l'un des plus beaux films érotiques : *L'Empire des sens* (1975). Imamura Shohei (1926) remporte en 1983 la palme d'or de Cannes avec *La Ballade de Narayama*.

À cette époque, la production, soumise à des impératifs commerciaux, a presque cessé. Kurosawa tourne son chef-d'œuvre : *Ran*, d'après *Le Roi Lear* de Shakespeare, grâce à des capitaux français (1985). Vers 1995, la production de qualité reprend. Kitano Takeshi (*Sonatine*, 1995 ; *Hana-Bi*, 1997) est le plus célèbre cinéaste japonais actuel.

Alfred Jarry.

Jason.

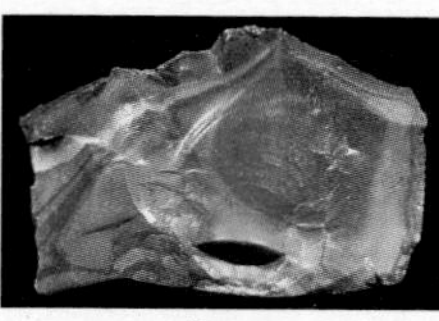

Jaspe.

jarnicoton interj. Ancien juron familier.
jarosse n. f. BOT. Gesse fourragère.
jarre n. f. Grand vase ovoïde de grès ou de terre cuite, servant à conserver l'eau, l'huile.
Jarre (Maurice) 1924 Compositeur français, auteur de musiques de films (*Lawrence d'Arabie, Le Docteur Jivago*) et de musiques de scène (pour Jean Vilar notamment). **Jean-Michel** 1948 Fils du précédent, il connaît une célébrité internationale, due essentiellement à ses productions à grand spectacle combinant musique, couleurs, lumières et images (*Oxygène*,...).
Jarres (plaine des) Plaine du Laos du Nord qui fut le théâtre d'opérations importantes pendant la guerre d'Indochine (1947-1954).
jarret n. m. Partie du membre inférieur, située derrière l'articulation du genou chez l'homme et les mammifères. / CONSTR. Bosse ou saillie rompant la continuité d'une courbe.
jarretelle n. f. Ruban élastique permettant de relier un bas à un porte-jarretelles, à une gaine.
jarretière n. f. Ruban élastique utilisé pour maintenir les bas.
Jarretière (Très noble ordre de la) Ordre de chevalerie anglais dont le premier grand maître fut Édouard III, son fondateur (1347).
Jarry (Alfred) 1873-1907 Écrivain français. Ses pièces de théâtre (en 1896, la création d'*Ubu roi* fit scandale), ses poèmes (*Les Minutes de sable mémorial*, 1894), ses romans (*Les Jours et les nuits*, 1897 ; *L'Amour absolu*, 1899 ; *Messaline*, 1901 ; *Le Surmâle*, 1902 ; *Gestes et opinions du docteur Faustroll, pataphysicien*, posthume, *La Dragonne*, posthume), et ses chroniques (*La Chandelle verte*, posthume), d'une grande diversité stylistique, sont remarquables par leur humour et l'invention langagière qui s'y exprime. Ils sont souvent marqués par l'influence du symbolisme. Jarry est l'inventeur de la pataphysique, science absurde et parodique « que nous [Ubu] avons inventée et dont le besoin se faisait généralement sentir ».
jars n. m. Oie domestique mâle. *Le jars jargonne.*
Jaruzelski (Wojciech) 1923 Général et homme politique polonais. Premier ministre et secrétaire général du parti ouvrier unifié polonais de décembre 1981 à décembre 1982, il a instauré l'« état de guerre » en réaction aux revendications et aux manifestations du syndicat Solidarnosc, avec lequel il fut finalement contraint de négocier (1988). En 1989, il a été élu président de la République, le pouvoir étant exercé par T. Mazowiecki, Premier ministre, membre de Solidarnosc. En 1990, il a écourté son mandat et L. Walesa a été élu président de la République.
jaser v. i. [1] Babiller, jacasser. *Des enfants qui jasent. Des oiseaux qui jasent.* / Médire de qqn, de qqch. *Son mariage a fait beaucoup jaser.*
jaseur adj. et n. m. Qui jase. / ZONAL. *Jaseur boréal* : oiseau passériforme d'Europe du nord, de la taille d'un étourneau.
jasmin n. m. Arbuste de la famille des oléacées, aux fleurs blanches ou jaunes, très odorantes, dont on extrait une essence utilisée en parfumerie. / Par ext. Fleur de cet arbuste. / Parfum extrait de cette fleur.
Jason MYTH. GR. Fils du roi d'Iolcos, Éson, il tente de reprendre le trône à son oncle Pélias qui l'envoie, à la tête des Argonautes conquérir en Colchide (la Géorgie actuelle) la Toison d'or, aidé de la magicienne Médée qu'il épouse puis délaisse, provoquant sa vengeance.
jaspe n. m. MINÉR. Silice impure, opaque, veinée ou tachetée, aux couleurs variées, utilisée en joaillerie.
jaspé, e adj. Bigarré comme du jaspe.
Jaspers (Karl) 1883-1969 Philosophe existentialiste allemand. Pour Jaspers, l'homme doit prendre conscience de son existence par rapport au monde et par rapport aux autres, engageant sa liberté par rapport au monde et tentant de communiquer avec les autres. Conscient de sa finitude, il découvrira l'exigence d'une transcendance (l'Être, l'Englobant). Ignorant tout dogme et toute autorité préétablie, la philosophie de Jaspers exige clarté et rationalité, fondant une morale nouvelle ; de là découlent ses positions morales et politiques : opposition au nazisme, analyse de *La Culpabilité allemande* immédiatement après la fin de la guerre, réflexions sur *La Bombe atomique et l'avenir de l'humanité*.
jaspiner v. i. [1] Bavarder, parler.
Jasset (Victorin Hippolyte) 1862-1913 Cinéaste français, pionnier du cinéma muet, dont l'œuvre est en grande partie perdue ; ce que l'on en connaît témoigne d'une grande invention, en particulier dans le domaine des films à épisodes (séries des *Nick Carter*, 1908-1909 ; des *Zigomar*, 1911-1913).
jatte n. f. Récipient rond sans rebord, ni anse.
Jaubert (Maurice) 1900-1940 Compositeur français. On lui doit des œuvres symphoniques (*Le Jour*, 1931 ; *Concert flamand*, 1938), des pièces de musique de chambre, des mélodies (sur des textes notamment d'Apollinaire, Supervielle, Giono), ainsi que des musiques de scène (*La Guerre de Troie n'aura pas lieu*, 1935) et de films (*L'Atalante*, 1934 ; *Drôle de drame*, 1937). Sensible aux problèmes de son temps, tant politiques que musicaux (prise de position en faveur des républicains espagnols, défense de Kurt Weill), il fut l'un des collaborateurs de la revue *Esprit*. Il est mort au combat.
Jaufré Rudel 1130?-1170? Troubadour français. Prince de Blaye, il prit part à la deuxième croisade et mourut peut-être non pas en 1170, mais en 1149 au siège de Damas. Son « amour de loin » pour la comtesse de Tripoli, vite devenu légendaire, a inspiré de nombreux poètes, de Pétrarque à Edmond Rostand.
jauge n. f. Instrument servant à mesurer une capacité. / MAR. Volume intérieur d'un navire, exprimée en tonneaux de jauge (10 pieds cubes anglais, soit 2,83 m^3). *Jauge brute* : capacité mesurée sans déduction aucune. *Jauge nette* : capacité de la partie du navire réservée aux marchandises et aux passagers. / AGRIC. Tranchée creusée pour y conserver provisoirement des plants à repiquer.
jaugeage n. m. Opération qui consiste à jauger. / Détermination de la jauge d'un navire.
jauger v. t. / v. i. [1] **A.** v. t. Mesurer la jauge de (un contenant). / MAR. Procéder au jaugeage de (un navire). / Fig. Apprécier rapidement la valeur, les capacités de (qqn). **B.** v. i. MAR. Avoir une capacité de. *Jauger cent tonnes.*
jaunasse adj. D'un vilain jaune peu franc.
jaunâtre adj. Qui tire sur le jaune.
jaune adj., n. et adv. **A.** adj. De la couleur de l'or, du citron, etc. placée dans le spectre solaire entre l'orange et le vert. *Des fleurs jaunes.* / MÉD. *Fièvre jaune* : voir *fièvre*. / BIOL. *Corps jaune* : masse cicatricielle qui se forme dans l'ovaire après l'ovulation, et qui sécrète la progestérone nécessaire à la nidification de l'ovule fécondé. **B.** n. m. Couleur jaune. *Le jaune va bien à votre teint.* / Partie centrale de l'œuf. *Faire des œufs au plat sans casser le jaune.* / Péjor. Ouvrier qui ne prend pas part à une grève. *Une grève qui échoue à cause des jaunes.* **C.** adv. *Rire jaune* : faire semblant de rire, rire en se forçant.
jaunir v. t. / v. i. [2] Rendre jaune. *Le tabac jaunit les doigts.* / v. i. Devenir jaune. *Les blés jaunissent au soleil.*
jaunisse n. f. MÉD. Syn. courant de *ictère*.
Jaurès (Jean) 1859-1914 Homme politique et écrivain français. Agrégé de philosophie, il enseigne au lycée d'Albi et à la faculté de Toulouse. Député modéré du Tarn (1885-1889), il évolue vers le socialisme et devient député de Carmaux (1893). Fondateur du parti socialiste (1901), du journal *L'Humanité* (1904), il réussit à fusionner les groupes socialistes et lors du congrès de Paris participe à la création de la *S.F.I.O.* (1905). Orateur brillant, il devient à la Chambre des députés l'avocat de la classe ouvrière et de la paix, ce qui lui vaut de fortes inimitiés. À la veille de la guerre de 1914, le 31 juillet, il est assassiné par un nationaliste, Raoul Villain. Le corps de Jaurès repose au Panthéon depuis 1924. Son œuvre est abondante : *Histoire de la Révolution française* (1898), *Histoire socialiste 1789-1900* (1901-1908).
java n. f. Danse de bal populaire à trois temps. / Musique qui l'accompagne. / Fam. Bruyantes réjouissances. *Faire la java.*
Java *130 397 km² 114 988 000 h.* Île d'Indonésie, au sud-est de Sumatra. Capitale *Djakarta*. La mer de Java, peu profonde, est comprise entre Java, Sumatra et, au nord, Bornéo. Cette île allongée, parcourue par une chaîne montagneuse surmontée de volcans (dont le plus haut a *3 676 m*), bordée au nord de plaines fertiles, n'est pas la plus vaste, mais la plus peuplée et la plus riche des îles d'Indonésie. Son sol, fertilisé par des débris volcaniques, est l'un des plus intensément cultivés du monde (riz, canne à sucre, tabac) mais ne peut nourrir une population très dense (881 h./km²). La principale richesse minérale est le pétrole. Ports à la population abondante, Djakarta, Surabaya et Bandung sont les centres industriels. **Histoire** La civilisation est ancienne. L'ensemble bouddhique de Barabudur date du IXe siècle. Au XIe siècle, un des royaumes javanais a conquis Bali (à l'est). À partir du XIIIe siècle, mais de façon intermittente, Java domine les autres îles. En 1619, les Hollandais créent Batavia (Djakarta) puis conquièrent l'Indonésie, indépendante depuis 1949.
javanais, e adj. et n. De Java. *Danses javanaises. Un(e) Javanais(e).* / n. m. Langue indonésienne parlée à Java et à Sumatra. / n. m. Argot codé, inventé en 1857, consistant à intercaler dans un mot la syllabe *va* devant une consonne et *av.* devant une voyelle (*gravosse* pour *grosse*, par ex.).
Javel (eau de) n. f. Solution d'hypochlorite de sodium ou de potassium, à action antiseptique et décolorante.
javeline n. f. Anc. Lance, javelot long et mince.
javelle n. f. AGRIC. Quantité de céréales coupées par le moissonneur en un seul coup de faux, et mise en tas sur le sillon, avant de lier les bottes. / Petit tas de sel tiré d'un marais salant.
javellisation n. f. Action de javelliser ; son résultat.
javelliser v. t. [1] Stériliser à l'eau de Javel.
javelot n. m. ANTIQ. Lance très courte, utilisée comme arme de trait. / SPORT Tige en bois ou en métal, d'un poids et d'une longueur déterminés (800 g et 260 cm pour les hommes, 600 g et 220 cm pour les femmes), lancée d'une seule main par l'athlète.

Sainte **Jeanne d'Arc**.

Jean-Christophe 1904-1912 Roman en dix volumes de Romain Rolland qui raconte la vie difficile et passionnée d'un grand musicien allemand.

Jean Chrysostome (saint) 349?-407 Docteur de l'Église et patriarche de Constantinople. Son zèle et son éloquence intransigeante lui valurent d'être persécuté par l'impératrice Eudoxie.

Jean de Brébeuf (saint) Voir **Martyrs de la Nouvelle-France**

Jean de Chelles XIIIe siècle Maître d'œuvre et sculpteur français. Il travailla à Notre-Dame de Paris (chapelles latérales de la nef, portails nord et sud, rosace nord).

Jean de Dieu (João Cidade, saint**)** 1495-1550 Religieux portugais qui consacra sa vie aux malades ; il a fondé l'ordre des Frères hospitaliers (dits « de saint Jean de Dieu ») qui prennent soin des plus déshérités (malades incurables et handicapés mentaux notamment).

Jean de la Croix (Juan de Yepes, saint**)** 1542-1591 Mystique espagnol. Fils d'un tisserand, il entra dans l'ordre des Carmes en 1563 et réforma la règle avec sainte Thérèse d'Avila. Il a laissé des poèmes et des écrits d'une grande intensité mystique et poétique : *La Nuit obscure*, *La Montée du mont Carmel*, *Le Cantique spirituel*.

Jean de Meung (Jean Chopinel, dit**)** 1240?-1305 Poète français. Il a continué le *Roman de la rose* que Guillaume de Lorris avait laissé inachevé. Mais son esprit est plus satirique.

Jean de Montfort 1293-1345 Duc de Bretagne. Troisième fils du duc Arthur II. Quand son frère, le duc Jean III, mourut, il ne reconnut pas les droits de sa nièce, Jeanne de Penthièvre, épouse de Charles de Blois, neveu de Philippe VI de France. Allié aux Anglais, il déclencha la longue guerre de succession de Bretagne.

jean-foutre n. m. inv. Pop., péjor. Personne méprisable.

jean-le-blanc n. m. inv. Nom commun de l'unique espèce de circaète vivant en Europe et en Asie, à grosse tête proéminente. *Les jean-le-blanc se nourrissent surtout de serpents.* / En appos. *Un circaète jean-le-blanc.*

Jeanmaire (Renée, dite **Zizi)** 1924 Danseuse et chanteuse française, danseuse étoile des Ballets de Paris de son mari Roland Petit, interprète de Carmen, de *La Rose des vents*, notamment. Elle poursuivit ensuite une carrière de chanteuse de music-hall.

Jean-Marie Vianney (saint) 1786-1859 Prêtre français ; curé d'Ars, dans l'Ain, il y restaura la pratique chrétienne et vécut en ascète, attirant les pénitents dans sa modeste paroisse par son aura de confesseur.

Jeanne (la Papesse) Femme qui, selon une légende du XIIIe siècle, aurait occupé le trône pontifical en dissimulant son sexe. Sous le nom de Jean l'Anglais, elle aurait succédé en 855 au pape Léon IV. Largement diffusée, cette histoire est dépourvue de tout fondement.

Jeanne III d'Albret 1528-1572 Reine de Navarre (1555-1572). Fille d'Henri II d'Albret et de Marguerite d'Angoulême, sœur de François Ier, elle partagea avec son mari Antoine de Bourbon (épousé en 1548, en secondes noces, après l'annulation de son union avec le duc de Clèves) le trône de Navarre. De ce mariage, était né en 1553 le futur Henri IV. Calviniste militante, après la mort de son mari catholique (1562), elle accepta de venir à Paris pour le mariage de son fils. Elle y mourut deux mois avant la Saint-Barthélemy.

Jeanne Ire d'Anjou 1326-1382 Reine de Naples, comtesse de Provence et de Forcalquier. À 17 ans, elle succède à son grand-père Robert d'Anjou, au détriment de ses cousins, les princes de Tarente et de Duras. Épouse d'André de Hongrie, elle est accusée de l'avoir fait assassiner l'avant-veille de son couronnement. Veuve, elle se remarie avec Louis de Tarente, mais, attaquée par son ex-beau-frère Louis de Hongrie, elle s'enfuit en Provence où le pape Clément VI l'innocente du meurtre de son premier mari et lui achète Avignon. De retour à Naples, elle est écartée du pouvoir par son époux. Veuve, elle épouse Jacques III de Majorque, puis, en quatrièmes noces, le condottiere Othon de Brunswick. Ce mariage lui aliène l'héritier qu'elle s'était choisi, Charles de Duras, qui conquiert Naples et fait étrangler la reine. **Jeanne II** 1371-1435 Reine de Naples en 1414. Épouse de Guillaume de Habsbourg, duc d'Autriche, elle mène une vie dissolue ; veuve, elle épouse Jacques de Bourbon, comte de La Marche, qui la fait prisonnière. Elle se choisit comme héritier d'abord Alphonse V d'Aragon, puis Louis III d'Anjou, puis le frère de ce dernier, René le Bon. Une guerre de succession mit aux prises René et Alphonse, qui se solda par la victoire d'Alphonse d'Aragon.

Jeanne d'Arc (sainte) 1412-1431 Héroïne française. Née à Domrémy, en Lorraine, de Jacques Darc et d'Isabelle Romée. Très pieuse, elle déclara vers 1425 entendre des voix qui lui ordonnaient de sauver le roi de France. Elle obtint en 1429 une escorte de Robert de Baudricourt, capitaine de Charles VII à Vaucouleurs. Elle atteignit Chinon et put voir le roi pour le convaincre de l'importance de sa mission. Après enquête de l'université de Poitiers, on lui confia une petite armée, avec laquelle elle obligea les Anglais à lever le siège d'Orléans. Après une victoire à Patay, elle entraîna le roi à Reims pour qu'il s'y fît sacrer. Mais en septembre, elle échoua et fut blessée devant Paris. Charles VII, qui cherchait à négocier, la laissa longtemps inactive. Forte de la confiance populaire, elle reprit l'offensive en 1430 et voulut délivrer Compiègne assiégé par les Bourguignons. Mais, faite prisonnière, elle fut vendue aux Anglais et emprisonnée à Rouen. L'évêque de Beauvais, Cauchon, tout dévoué aux Anglais, fut chargé de lui faire un procès d'hérésie. Victime des manœuvres des juges, elle fut condamnée comme sorcière et relapse et brûlée vive le 30 mai 1431. Réhabilitée par l'Église le 7 juillet 1456, elle fut canonisée en 1920.

Jeanne de Bretagne Voir **Jeanne de Penthièvre**

Jeanne de Chantal (Jeanne-Françoise Frémiot, baronne de **Rabutin-Chantal,** sainte**)** 1572-1641 Dame française. Veuve (1601), elle se plaça sous la direction spirituelle de saint François de Sales et fonda la Visitation Sainte-Marie (1610) devenue (1619) l'ordre de la Visitation.

Jeanne de Flandre ?-1374 Duchesse de Bretagne, épouse de Jean de Montfort qui disputait le duché à Charles de Blois, époux de Jeanne de Penthièvre. Le duché revint finalement à son fils, Jean IV.

Jeanne de France ou **de Valois** (sainte) 1464-1505 Reine de France (1498). Fille de Louis XI, elle épousa Louis d'Orléans (1476) qui, devenu Louis XII, la répudia (1498) pour épouser Anne de Bretagne. Elle se retira à Bourges où elle fonda l'ordre de l'Annonciade (1501).

Jeanne Ire de Navarre 1273-1305 Reine de Navarre et de France ; épouse de Philippe IV le Bel, elle est la mère de trois rois de France, Louis X, Philippe V, Charles IV. **Jeanne II** 1311-1349 Reine de Navarre en 1328. Fille de Louis X, elle ne fut pas reconnue comme reine de France. **Jeanne III** Voir **Jeanne d'Albret**.

Jeanne de Penthièvre 1319-1384 Duchesse de Bretagne, épouse de Charles de Blois. Elle lutta pour la possession de la Bretagne contre Jeanne de Flandre, épouse de son rival Jean de Montfort. À la fin de la guerre des deux Jeanne (1341-1365), elle dut céder la Bretagne au fils de Jean de Montfort.

Jeanne Grey 1537-1554 Dame anglaise, arrière-petite-fille d'Henri VII, choisie (malgré elle) comme héritière du trône d'Angleterre à la mort d'Édouard VI (1553) ; Marie Tudor fit reconnaître sa propre légitimité et la fit exécuter.

Jeanne la Folle 1479-1555 Reine de Castille (1504-1555). Fille de Ferdinand d'Aragon et d'Isabelle de Castille, épouse de Philippe le Beau, archiduc d'Autriche, elle devint folle quand son mari mourut (1506). Cisneros exerça la régence jusqu'à sa mort, en 1516. À cette même date, le fils de Jeanne, Charles Ier (l'empereur Charles Quint), âgé de 16 ans, partagea avec elle le trône d'Espagne.

Jeanne Seymour 1509-1537 Troisième femme d'Henry VIII d'Angleterre. Le roi l'épousa le lendemain de la décapitation d'Anne Boleyn (1536). Elle lui donna un fils, Édouard VI, et mourut peu après.

jeannette [1] n. f. BOT. Narcisse jaune (jonquille). / Mince chaîne d'or à laquelle on suspend une croix. / Planchette montée sur un pied, utilisée pour les repassages délicats (manches, plis, ourlets, cols, etc.).

jeannette [2] n. f. Fillette appartenant au scoutisme catholique.

Jean-Paul Voir **Richter (Johann Paul)**

Jean-Paul Ier (Albino Luciani) 1912-1978 Patriarche de Venise, élu pape en août 1978, il mourut subitement après n'avoir régné que 23 jours.

Jean-Paul II (Karol Wojtyla) 1920 Archevêque de Cracovie, élu pape à la mort de Jean-Paul Ier. C'est le premier pape polonais de l'histoire de l'Église, et le premier pape non italien depuis Adrien VI (1522-1523). Sa défense de l'humanisme chrétien, son activité diplomatique (qui a fortement contribué à l'effondrement du communisme), son inlassable plaidoyer en faveur de la vie (et son opposition à l'avortement), ses voyages pastoraux à travers le monde en ont fait un acteur majeur de la vie internationale et lui ont assuré, outre la vénération d'une partie du monde catholique, le respect de la plupart des nations.

jeans ou **jean** n. m. (mot anglo-américain) Blue-jean. / Pantalon de même tissu que le blue-jean, quelle que soit sa couleur. *Un jean beige.* / Pantalon de même coupe, mais d'un tissu différent. *Jean en velours.* / Coutil de coton, bleu indigo à l'origine, dont on fait ces pantalons, des blousons, etc.

Jeans (sir James Hopwood) 1877-1946 Astronome, mathématicien et physicien anglais, il s'intéressa aux applications de la théorie cinétique des gaz et fut l'un des pionniers de la vulgarisation des théories de la relativité et des quanta.

Jeanson (Henri) 1900-1970 Scénariste et écrivain français. Il écrivit de très nombreux scénarios et dialogues de films, brillants et pleins de bons mots, notam-

Jeanne la Folle (tableau de Lorenzo Vallés).

Le prophète **Jérémie**, détail de la fresque de Michel-Ange dans la chapelle Sixtine.

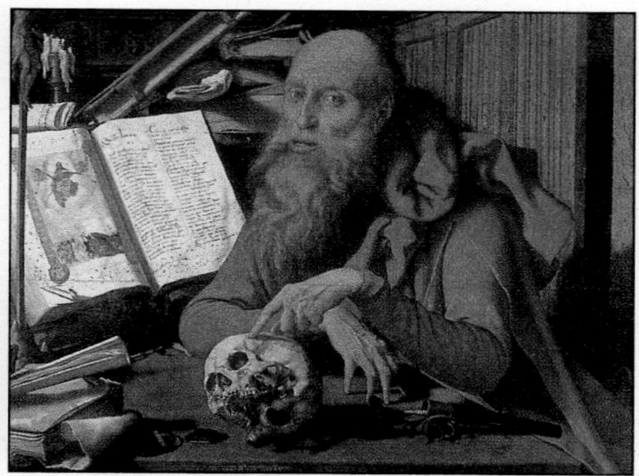

Saint **Jérôme**, docteur de l'Église.

ment *Pépé le Moko* (1937), *Hôtel du Nord* (1938), *Entrée des artistes* (1938), *Fanfan la Tulipe* (1951). Il a également été un journaliste à la verve parfois redoutée dans le monde des arts et de la politique (prises de position pacifistes, anticolonialistes, antistaliniennes) et l'auteur de plusieurs pièces de théâtre.

Jébuséens Peuple de la terre de Canaan, vaincu par David qui leur conquit Jérusalem.

Jéchonias ou **Joachin** 578 ?-après 560 av. J.-C. Roi de Juda en 598, détrôné par Nabuchodonosor et emmené en captivité à Babylone en 597 ; libéré au bout de trente-six ans de captivité, il ne revint pas à Jérusalem.

jeep n. f. (nom déposé ; mot américain, de *G. P.* [prononcé *djipi*], sigle de *general purpose*, « tous usages ») Véhicule automobile tout terrain, à quatre roues motrices. *La jeep, créée et adoptée par l'armée américaine en 1942, a de multiples emplois, aussi bien civils que militaires.*

Jefferson (Thomas) 1743-1826 Homme politique américain. Avocat, rédacteur de la Déclaration d'indépendance, ambassadeur en France, secrétaire d'État de Washington, il fut élu deux fois à la présidence (1800 et 1804). Il contribua à fonder le premier parti républicain, opposé au parti fédéraliste, et qui devint le parti démocrate. Sous son premier mandat, les États-Unis achetèrent à la France l'immense territoire nommé Louisiane (1803).

Jéhovah Lecture, avec interpolation des voyelles d'Adonaï (« mon seigneur »), du tétragramme consonantique sacré YHWH (Yahvé).

Jéhovah (Témoins de) Adeptes de la secte religieuse fondée aux États-Unis en 1874 par le pasteur Russell et dénommée ainsi en 1931. Ils affirment que la fin du monde est proche et que le salut est réservé aux seuls Témoins. Objecteurs de conscience déterminés, ils se sont souvent heurtés aux pouvoirs établis.

Jéhu 841?-814 av. J.-C. Roi d'Israël. Officier du roi Joram, il le tua ainsi que sa mère Jézabel et son fils Ochozias, roi de Juda, parce qu'ils adoraient le dieu Baal.

jéjunum n. m. ANAT. Partie de l'intestin grêle comprise entre le duodénum et l'iléon.

je-m'en-fichisme n. m. Fam., péjor. Irresponsabilité, insouciance blâmable.

je-m'en-fichiste adj. et n. Qui manifeste du je-m'en-fichisme.

je-m'en-foutisme n. m. Synonyme de je-m'en-fichisme.

je-m'en-foutiste adj. et n. Synonyme de je-m'en-fichiste.

Jemmapes ou **Jemappes** Ancienne commune de Belgique qui fait aujourd'hui partie de Mons. Le 6 novembre 1782, Dumouriez y remporta sur les Autrichiens une victoire qui lui ouvrit les Pays-Bas autrichiens (la Belgique actuelle).

Jenner (Edward) 1749-1823 Médecin anglais qui découvrit l'immunité contre la variole en inoculant à l'homme la vaccine de la vache.

Jensen (Wilhelm) 1837-1911 Écrivain allemand, auteur d'une curieuse nouvelle (*Gradiva*, 1903) qui fonctionne comme un rêve. Freud l'étudia (1907), mais Jensen ne voulut pas reconnaître le bien-fondé de l'interprétation freudienne.

Jensen (Johannes) 1873-1950 Écrivain danois, auteur de romans (*Einar Elkaer*, 1898 ; *Gudrun*, 1936) et d'ouvrages vantant les peuples germaniques, les progrès de l'humanité et le paganisme : *La Renaissance gothique* (1901), *Le Long Voyage* (1908-1921).

Jephté XIIe siècle av. J.-C. Juge d'Israël qui vainquit les Ammonites, mais dut immoler sa fille unique pour avoir juré à Dieu de lui sacrifier la première personne qui viendrait à sa rencontre après la bataille. Par la suite, il châtia la tribu d'Éphraïm qui s'était révoltée.

jérémiade n. f. Plainte incessante et importune.

Jérémie 650 ?-590 ? av. J.-C. Un des trois grands prophètes juifs. Il prédit le sort funeste de la Judée dans le *Livre de Jérémie*. On lui a attribué à tort le livre des *Lamentations sur la ruine de Jérusalem*.

jerez Voir **xérès**

Jerez de la Frontera (autrefois *Xeres*) *183 316 h.* Ville du sud de l'Espagne, en Andalousie, qui produit des vins de renommée mondiale (*xérès*, parfois *jerez*).

Jéricho (en arabe *Ariha*) *67 000 h.* Ville de Cisjordanie située sur le Jourdain, près de gisements de phosphates. **Histoire** Les traces d'installation relevées sur le site remontent pour certaines à 8000 avant notre ère. Ce fut la première ville prise par les Hébreux à leur arrivée en Terre promise, vers le XIIIe siècle av. J.-C. L'actuelle Jéricho fut bâtie à l'époque d'Hérode (Ier siècle av. J.-C.), à 3 km du site de la Jéricho biblique dont Josué, chef des Hébreux, aurait fait tomber les remparts au son de ses trompettes. En 1967, Israël a occupé Jéricho. En 1994, elle lui a accordé un statut d'autonomie.

jéroboam n. m. Bouteille de champagne qui contient quatre fois la quantité d'une bouteille ordinaire.

Jéroboam Ier ?-910 av. J.-C. Roi d'Israël. Dix tribus se séparèrent de Roboam, fils du roi Salomon, et élirent pour roi Jéroboam. Les deux tribus fidèles à Roboam, celles de Benjamin et de Juda, constituèrent le royaume de Juda. **Jéroboam II** ?-743 av. J.-C. Roi d'Israël v. 740. Fils de Joas, il étendit son royaume à toute la Palestine sauf Juda.

Jérôme (saint) 347 ?-420 Père et docteur de l'Église. Il visita la Gaule, Rome et se retira ensuite dans un monastère de Bethléem. Il donna de la Bible en grec une traduction latine, la *Vulgate*, et en fit des *Commentaires*. Il est également le traducteur (et l'auteur) de vies d'hommes illustres et de vies de saints.

jerrican, jerricane ou **jerrycan** n. m. (mot anglais) Bidon quadrangulaire à poignée, utilisé pour le transport des carburants et contenant environ 20 litres.

jersey n. m. Tissu à mailles, en laine, en soie ou en fil, ayant une certaine élasticité.

Jersey (île de) *116 km² 84 082 h.* La plus grande des îles anglo-normandes situées dans la Manche, au large du Cotentin, administrée par un gouverneur britannique. Langues officielles : français et anglais. Capitale *Saint-Hélier*. Ses principales ressources sont le tourisme (liaisons régulières avec l'Angleterre et la France) et les cultures maraîchères.

• **Jérusalem** *573 000 h.* Ville de Palestine. En 1948, elle a été divisée en deux zones : la partie ouest (Nouvelle Ville) sert de capitale à l'État d'Israël depuis 1950 ; la partie est (Vieille Ville), attribuée à la Jordanie, est depuis juin 1967 occupée par Israël.

Jérusalem (royaume latin de) Nom donné au royaume féodal fondé par Godefroi de Bouillon en 1099 après la première croisade et repris par les Mamelouks de 1263 à 1291.

JÉRUSALEM

Histoire

Au Xe siècle av. J.-C., David fit de Jérusalem sa capitale. Plusieurs fois détruite, occupée successivement par les Romains, les Arabes et les Turcs, capitale d'un royaume fondé par les croisés (1099-1291), Jérusalem est restée le centre spirituel et culturel du peuple juif.

La vieille ville est un important lieu de pèlerinage pour les chrétiens (Saint-Sépulcre), les juifs (mur des Lamentations) et les musulmans (mosquée al-Aqsa, dôme du Rocher). De nombreuses instances chrétiennes, musulmanes et laïques ont demandé l'internationalisation de Jérusalem, lieu saint des trois grandes religions monothéistes. En 1980, le Parlement israélien a fait de Jérusalem réunifiée la « capitale éternelle d'Israël », puis les Israéliens ont entrepris des travaux qui ont suscité de vives réactions dans le monde arabe. C'est de Jérusalem qu'est partie la sanglante révolte palestinienne d'octobre 2000, et le processus de paix n'a pas vraiment pu être relancé depuis.

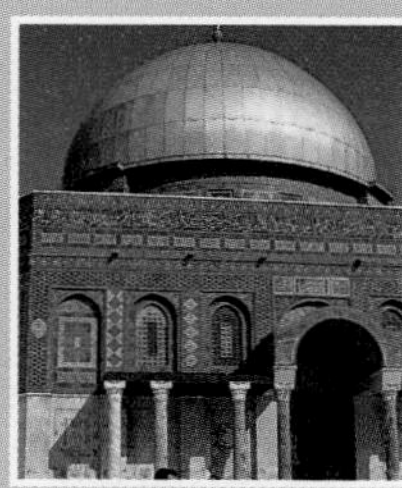

Le Dôme du Rocher.

Le Mur des Lamentations.

Jérusalem délivrée (La) 1581 Épopée du Tasse, en 20 chants, qui décrit la conquête de Jérusalem par les croisés (1099) et les amours de deux chevaliers. Tancrède aime l'Arabe Clorinde ; quand elle meurt, il la baptise. Une magicienne, Armide, aime Renaud et l'enlève. Herminie aime Renaud en secret. En 1593, le Tasse donna une nouvelle version de son œuvre, en 24 chants : *La Jérusalem conquise*.

jésuite n. m. et adj. **A.** n. m. Membre de la Compagnie de Jésus. / Péjor. Astucieusement hypocrite (pas allusion au fait que l'on reprochait aux jésuites de pratiquer trop savamment la casuistique). *C'est un vrai jésuite.* **B.** adj. BX-A. *Style jésuite* : style baroque de la Contre-Réforme catholique, diffusé par les jésuites. / Péjor. *Ce que tu peux être jésuite !*

jésuitique adj. Propre aux jésuites. / Péjor. Qui rappelle les procédés tortueux qu'on prête aux jésuites.

jésuitisme n. m. Système de conduite tenant de la fourberie qu'on prête aux jésuites. / Hypocrisie.

jésus n. m. et adj. inv. Représentation de l'enfant Jésus. / Gros saucisson court (Alsace, Jura, Suisse). / adj. *Papier jésus* ou *jésus* : ancien format de papier (560 mm x 760 mm) qui portait autrefois, en filigrane, les lettres I.H.S., monogramme de Jésus. *Petit jésus* : papier au format 550 mm x 720 mm.

• **Jésus** 4 ou 5 avant notre ère-30 ou 33 Fondateur du christianisme ; pour les chrétiens, il est le Christ, le Messie, le Fils de Dieu.

Jésus (compagnie de) Ordre religieux fondé à Paris par l'Espagnol Ignace de Loyola ; il s'agit d'abord d'une « libre association » qui prend le nom de « Compagnie de Jésus », puis se donne une règle, approuvée par le pape en 1540. Aux trois vœux religieux de pauvreté, chasteté, obéissance, les jésuites ajoutent le vœu d'obéissance à la papauté et se consacrent à la défense de la doctrine, à la prédication, aux missions et à l'éducation catholique. La compagnie de Jésus (en latin *Societas Jesu*) est gouvernée par un préposé général élu. Fer de lance de la Contre-réforme, la Compagnie a obtenu des succès incontestables dans sa lutte contre les hérésies et dans le domaine missionnaire (Inde, Chine, Japon). Les jésuites s'efforçaient de concilier traditions locales et christianisme, ce qui leur valut de féroces inimitiés de la part d'autres ordres religieux. Les « rites chinois » furent condamnés et, en Amérique comme en Europe, la Compagnie fut accusée d'intrigues politiques ; les jésuites furent expulsés de plusieurs pays, notamment de France. L'ordre lui-même fut supprimé par Clément XIV en 1773, mais rétabli en 1814 par Pie VII.

jet [1] n. m. Action d'envoyer qqch. loin de soi. / *Arme de jet* : javelot, arc, etc. / Action de verser dans un moule le métal en fusion. *D'un seul jet*, d'une seule coulée, sans interruption. / *Premier jet* : ébauche. / Distance parcourue par un objet lancé. / Mouvement d'un liquide ou d'un fluide qui s'échappe avec force. *Jet d'eau* : eau jaillissant d'un dispositif spécial. / Rebord au bas d'une porte ou d'une fenêtre destiné à rejeter l'eau de pluie au-dehors. / BOT. Nouvelle pousse d'un végétal.

JÉSUS

A-t-il existé ? Si le chrétien ne peut se poser la question, l'incroyant est fondé à le faire et doit se reporter non seulement aux évangiles, mais aussi aux sources non chrétiennes de la vie du Christ. Pour rares qu'elles soient, elles ne sont pas négligeables ; l'historien juif Flavius Josèphe, en 93, les Romains Pline le jeune, en 110, Tacite, vers 115, et Suétone, vers 120, mentionnent l'existence des chrétiens et celle d'un Chrestus, ou Christus, dont Tacite relate la mort. Aucun historien ne met aujourd'hui en doute l'existence de Jésus.

Quant à sa divinité, c'est affaire de foi, non de certitude scientifique. Les sources essentielles de la vie de Jésus sont les évangiles, dont le but n'est pas de proposer une biographie au sens moderne du mot ; mais les informations qu'ils contiennent sont suffisantes pour connaître le Christ et son message. Jésus, dont le nom signifie « Yahvé est le salut », est né entre l'an 6 et l'an 4 avant notre ère (et non pas, comme on l'a cru longtemps, en l'an 0), à l'extrême fin du règne d'Hérode le Grand ; il est mort en avril 30 ou en avril 33, seules années où, selon le calendrier juif, la Pâque tombait un jour de sabbat. Son père, le charpentier Joseph, descend du roi David, sa mère se nomme Marie ; l'ange Gabriel lui a annoncé qu'elle concevrait un fils par l'opération de l'Esprit saint. Alors qu'elle est enceinte, un édit romain impose un recensement à tout l'empire ; chacun doit se faire inscrire dans sa ville, Bethléem pour les membres de la maison de David. Marie et Joseph quittent Nazareth pour Bethléem où Marie accouche.

Ce récit est celui des évangiles de Mathieu et de Luc ; ce qu'ils disent de la conception virginale de l'enfant ne peut être ni confirmé ni infirmé par l'histoire : cela relève de la foi en son origine divine. Pour échapper au massacre des enfants mâles qu'a ordonné Hérode, épouvanté par une prophétie annonçant la venue prochaine d'un roi d'Israël né à Bethléem, Joseph et Marie fuient en Égypte avec l'enfant, puis reviennent à Nazareth.

Nous ne savons rien de la vie de Jésus avant son âge adulte, à l'exception de sa circoncision et de sa présentation au Temple où le vieillard Siméon reconnaît en lui l'envoyé de Dieu, et de sa rencontre à douze ans avec les docteurs de la Loi que sa science éblouit. Son éducation est celle de tous les enfants juifs de l'époque, fondée sur la Loi et la tradition.

Le Christ et les Apôtres, parement roman provenant du diocèse d'Urgel (fin du XIe siècle) ; bois peint sur du stuc. Musée d'Art de Catalogne, Barcelone.

Âgé d'environ trente ans, il est baptisé dans le Jourdain par Jean-Baptiste et se retire quarante jours au désert où il triomphe de la tentation du démon. Après la mort de Jean-Baptiste, il quitte la région du Jourdain et commence à prêcher. Son ministère dure à peu près deux ans, essentiellement en Galilée, avec des séjours à Jérusalem au moment des fêtes religieuses.

Il rassemble autour de lui douze hommes qui abandonnent pour le suivre maison, famille et métier. Sa prédication fait appel à la parabole, qui lui permet d'être compris par les gens simples. Enseignant dans les synagogues comme en plein air, chassant les démons, guérissant les malades, il remporte d'abord de grands succès. Mais il s'oppose à l'observation trop pointilleuse des rites, ce qui lui aliène les pharisiens, et fustige les autorités chargées du Temple, ce qui lui vaut la haine des sadducéens. L'avant-veille de la Pâque, qui coïncide avec le sabbat, il célèbre un dernier repas, la Cène, où il prononce sur le pain et le vin les paroles qui deviendront celles de la consécration eucharistique : « Ceci est mon corps ; ceci est mon sang ».

Trahi par Judas, arrêté, il est traduit devant le sanhédrin. Trois chefs d'accusation sont retenus : profanation du Temple ; refus de payer l'impôt romain ; usurpation du titre de Messie. Le grand-prêtre Caïphe, président du sanhédrin, le livre à Ponce Pilate, qui le renvoie à Hérode Antipas, qui le renvoie à Pilate. Pour les juifs, se prétendre Messie est un blasphème puni de mort et se dire fils de Dieu est sacrilège ; pour les Romains, Jésus, qui se déclare « roi des Juifs » tout en précisant que son royaume n'est pas de ce monde, représente un danger politique majeur.

Pilate le condamne donc à la mort sur la croix, qui est un supplice romain : les condamnés juifs étaient exécutés par lapidation. Et c'est une mort ignominieuse, la mort des esclaves. Crucifié entre deux condamnés de droit commun, Jésus meurt quelques heures avant le début de la célébration de la Pâque. Des disciples l'ensevelissent en hâte. Le premier jour de la semaine suivante, ressuscité, il se manifeste à des saintes femmes, puis à ses apôtres à qui il ordonne d'annoncer l'évangile à toute la Terre. Peu après, en leur présence, il monte au ciel pour siéger à la droite de Dieu : c'est l'Ascension dont le récit conclut les évangiles.

jet [2] n. m. (mot anglais) Avion à réaction.

jetée n. f. Chaussée s'avançant dans la mer pour protéger un port contre les vagues ou dévier un courant. / Couloir reliant une aérogare à un poste de stationnement d'avion.

jeter v. t. [1] Envoyer, lancer (qqch.) assez loin vers qqch. ou qqn, souvent avec violence. *Les enfants jettent des cailloux.* Au fig. *Il lui jeta un regard noir, des insultes.* / Envoyer vers le bas. *Jeter l'ancre. Jeter à bas* : faire tomber ; démolir. / Loc. *Jeter l'éponge* : renoncer, abandonner. / v. pron. Se précipiter, tomber. *Se jeter d'une falaise. Fleuve qui se jette à la mer,* qui y déverse ses eaux. / Mettre au rebut. *Jeter des aliments périmés.* / Pousser, diriger avec force ou violence. *Jeter qqn dehors, en prison. Jeter ses forces dans la bataille.* / v. pron. *Se jeter sur sa proie. Se jeter dans le travail,* s'y engager avec passion. / Mettre, déposer, le plus souvent hâtivement ou négligemment. *Jeter un châle sur ses épaules. Jeter des mots sur le papier. Jeter les bases de* : commencer la construction de (un édifice) et, au fig., amorcer, établir les grandes lignes de. *Jeter les bases d'un accord.* / Émettre, produire. *Jeter un cri d'horreur. Le projecteur jette de la lumière.*

jeteur, euse n. *Jeteur, jeteuse de sort* : celui, celle qui jette un sort, envoûte.

jeton n. m. Pièce ronde et plate, servant à marquer ou à payer au jeu. / Pièce qui fait fonctionner un appareil automatique. / *Jeton de présence* : rémunération de la présence effective d'un administrateur de société au conseil d'administration de ladite société, qui était autrefois versée en échange d'un jeton témoin de cette présence. / Pop. *Faux jeton* : hypocrite.

jet-set ou **jet set** n. f. ou n. m. Dans le langage des médias, ensemble des personnalités qui comptent dans la vie mondaine internationale et qui voyagent souvent en avion.

jet-setteur, euse n. Membre de la jet-set.

jettatura n. f. (mot italien) En Italie du sud, mauvais sort, malédiction émanant du jeteur de sort.

jeu n. m. **I.** Activité physique ou mentale dont le seul but est le divertissement. / Fig. *Jeu d'enfant* : chose facile. *Jeu de l'esprit* : raisonnement sans signification profonde. *Jeu de mots* : plaisanterie fondée sur la ressemblance phonétique de deux mots de sens différent. **II.** Cette activité, en tant qu'elle est soumise à des règles selon lesquelles on gagne ou on perd. / *Jeux Olympiques* : voir *Olympiques (jeux).* / ANTIQ. ROM. *Jeux du cirque* : spectacle de cirque. / SPORT Au tennis, chacune des parties dont est composé un set. **III.** Ce qui sert à jouer, et, *par ext.*, série complète d'objets de même espèce. *Jeu de clefs.* / MUS. *Jeu d'orgue* : rangée de tuyaux de même timbre. **IV.** Façon dont on joue. *Jeu de scène* : manière dont un acteur interprète un rôle ; entrées, sorties, attitudes réglées par le metteur en scène. *Jeu de physionomie* : expression du visage qui correspond à un changement d'idée ou de sentiment. **V.** Mouvement d'un mécanisme. *Jeu de lumières* : effet lumineux obtenu par la combinaison de diverses lumières. *Donner du jeu* : donner de l'aisance à un mouvement. / COMPTAB. *Jeu d'écriture* : opération comptable purement formelle. **VI.** LITTÉR. Pièce en vers, au Moyen Âge. *Le « Jeu de la feuillée ». Jeux floraux.*

Jeu d'Adam Drame semi-liturgique, anonyme, en dialecte normand (v. 1165).

Jetée.

Jeu de l'amour et du hasard 1730 Comédie en 3 actes, en prose, de Marivaux. Deux jeunes gens promis à se marier se présentent tous deux à l'autre sous les traits de leur domestique, pour mieux connaître le caractère de leur futur époux ou mari.

Jeu de paume (galerie nationale du) Lieu d'expositions temporaires situé dans un pavillon du jardin des Tuileries, à Paris. Ce pavillon, construit en 1862, fut une annexe du musée du Louvre.

Jeu de paume (serment du) 20 juin 1789 Serment prêté par les députés du tiers état aux états généraux. Louis XVI fit fermer la salle des Menus-Plaisirs du château de Versailles, où se réunissaient les députés, qui se réfugièrent dans la salle du Jeu de paume. Là, sous la présidence de Bailly, et sur la proposition de Mounier, ils jurèrent de ne pas se séparer avant d'avoir donné une Constitution au royaume. Seul Martin d'Auch refusa de prêter serment.

Jeu de Robin et de Marion 1284 ? Pastorale d'Adam de la Halle, qui conte les amours de la bergère Marion courtisée par un chevalier, qu'elle éconduit au profit de son amoureux Robin. L'ouvrage mêle texte et musique.

jeudi n. m. Quatrième jour de la semaine. / LITURG. *Jeudi saint* : jeudi de la semaine sainte.

jeun (à) loc. adv. Sans avoir rien mangé. *Prise de sang à faire à jeun.*

jeune adj. et n. **A.** adj. Qui vit depuis peu. *Un jeune enfant.* Ant. vieux. / (Par oppos. à *ancien, aîné*) *Pline le Jeune.* / De peu d'expérience. *Être jeune dans un métier.* / Juvénile. *Garder un esprit jeune.* / THÉÂTRE *Jeune premier* : voir *premier.* / Fig. Récent, nouveau. *Un vin jeune.* / Fam. *Être un peu jeune,* insuffisant. **B.** n. Personne jeune. *Les vieux et les jeunes.* / Animal qui n'a pas atteint l'âge adulte, petit.

jeûne n. m. Privation volontaire d'aliments, observée par esprit de pénitence ou dans un but thérapeutique.

jeûner v. i. [1] Pratiquer le jeûne ; s'abstenir de manger.

jeunesse n. f. Période de la vie située entre l'enfance et la maturité. / État d'une personne jeune. / Existence récente d'une chose. *La jeunesse d'une entreprise.* / Ensemble des personnes jeunes, enfants et adolescents. / Ensemble des qualités particulières à la jeunesse, qui peuvent se conserver au-delà de cet âge. *Jeunesse de cœur.*

Jeunesse ouvrière chrétienne ou **J.O.C.** Mouvement d'action catholique qui s'adresse aux milieux ouvriers. Il fut fondé en 1925 en Belgique par l'abbé Cardijn, s'implanta à Paris dès 1927 et devint international. La J.O.C. est le premier des mouvements d'action catholique.

Jeunesses musicales de France (J.M.F.) Mouvement créé en 1939 pour faire connaître la musique classique à des jeunes appartenant à des milieux populaires.

Jeunes-Turcs Membres de la société secrète *Jeune-Turquie* fondée en 1868 par Midhat Pacha pour moderniser l'Empire ottoman. Par la suite, on nomma *Jeunes-Turcs* les membres de la société Union et Progrès qui avait des objectifs analogues au début du XXe siècle.

jeunot n. m. Fam. Jeune homme.

Jeux floraux Concours de poésie fondé à Toulouse en 1323 par 7 troubadours pour maintenir en vie la langue d'oc ; la tradition en attribue la création à Clémence Isaure. Le gagnant recevait comme prix une violette d'or. Louis XIV érigea (1694) la compagnie des troubadours en académie des Jeux floraux. Elle existe toujours et couronne des œuvres en français et en occitan.

Jézabel IXe s. av. J.-C. Reine d'Israël. Tyrienne, épouse d'Achab, elle introduisit le culte de Baal en Israël. Jéhu la fit jeter par une fenêtre et dévorer par des chiens.

Jiang Jieshi Voir **Tchang Kaï-chek**

Jiang Jingguo Voir **Tchang King-kouo**

Jiang Qing ou **Kiang K'ing** 1913-1991 Femme politique chinoise. D'abord actrice, elle devint la quatrième épouse de Mao Zedong et ne joua aucun rôle politique jusqu'à la révolution culturelle. Incarnant avec ses alliés de la Bande des quatre la tendance la plus sectaire du parti communiste chinois, elle fut, après la mort de Mao, jugée et condamnée à mort (1981) ; mais elle ne fut pas exécutée.

Jiang Zemin 1926 homme politique chinois. Secrétaire du parti communiste (1989), chef de l'État (1993), il devint véritablement le principal dirigeant de la Chine populaire après la mort de Deng Xiaoping. Contrairement à celui-ci et à Mao, il voyagea souvent hors de Chine pour nouer des relations diplomatiques et commerciales avec des pays du monde entier.

Jiangsu *100 000 km² 70 210 000 h.* Province de l'est de la Chine ; chef-lieu *Nankin* ; ville principale *Shanghai*. Bénéficiant d'une irrigation naturelle (notamment par le Yangzijiang), cette province a une agriculture prospère et elle est devenue l'un des pôles les plus puissants de l'industrie chinoise.

Jiangxi *166 600 km² 40 150 000 h.* Province du sud-est de la Chine, chef-lieu *Nanchang*. Cette région de montagnes dont le nord est arrosé par le Yangzijiang, a une agriculture riche. Le sous-sol recèle de la houille et du tungstène.

jihad Voir **djihad**

Jilin ou **Kirin** *2 251 848 h.* Ville industrielle du nord-est de la Chine, dans la province du même nom ; l'agglomération compte plus de *4 millions d'habitants.*

Jilin ou **Kirin** *187 400 km² 25 740 000 h.* Province du nord-est de la Chine ; chef-lieu *Changchu*. La province possède des gisements de houille et de fer et la plus grande forêt du pays. L'agriculture est diversifiée (tabac, jute, céréales, soja, oléagineux) et l'élevage important (porc, mouton).

Jimenez (Juan Ramón) 1881-1957 Poète espagnol. D'abord marqué par le symbolisme, son lyrisme s'épanouit dans une recherche formelle dominée par la passion de l'exactitude. On lui doit aussi un récit en prose, *Platero et moi* (1914), mettant en scène l'âne Platero qui partage les ravissements esthétiques du poète.

Jin ou **Tsin** Nom de plusieurs dynasties chinoises : les Jin occidentaux (265-316), les Jin orientaux (317-420), les Jin postérieurs (936-946). On nomme aussi *Jin* la dynastie d'origine Jürchet renversée par les Mongols (Yuan).

jingle n. m. (mot anglais) Court motif sonore ou phrase musicale servant d'indicatif à une émission radio ou télévisée, ou accompagnant un message publicitaire.

Jinnah (Mohammed Ali) 1876-1948 Homme d'État pakistanais. Musulman chiite, animateur de la Ligue musulmane, il réclama à partir de 1937 la constitution d'un État musulman indépendant. Il fut le premier gouverneur du Pakistan, devenu indépendant le 15 août 1947, en même temps que l'Inde.

jiu-jitsu n. m. inv. (mot japonais) Art martial japonais dont est dérivé le judo, utilisant l'adresse et la souplesse pour triompher de la force, et pratiqué à mains nues.

Jivaros Peuplades guerrières de la haute Amazonie, en Amérique du Sud, qui faisaient des trophées des têtes de leurs ennemis, désossées et séchées.

JO ou **J. O.** n. m. pl. Sigle de *jeux Olympiques.*

Joachim (saint) D'après les évangiles apocryphes, époux de sainte Anne et père de la Vierge Marie.

Johannesburg.

Joachim de Flore 1130?-1202 Mystique italien. Il quitta l'ordre de Cîteaux pour former une nouvelle congrégation d'ermites (approuvée par le pape en 1196) qui avait pour maison mère Saint-Jean-de-la-Fleur (« de Flore »). Adepte d'une exégèse allégorique des Écritures, il insiste sur les propriétés, au sein de la Trinité, des trois personnes divines. Dans l'histoire humaine on distingue trois âges : l'âge du Père (de la Loi, de l'Ancien Testament), l'âge du Fils (de la Foi, de l'Église gardienne de la doctrine), de l'Esprit, un âge à venir où le monde, pratiquant la pauvreté évangélique, serait gouverné par une Église tout entière monacale.
Joachin Voir **Jéchonias**
Joad IXe s. av. J.-C. Grand prêtre juif qui sauva le jeune Joas de la fureur homicide d'Athalie, fit périr cette dernière et replaça son protégé sur le trône de Juda.
joaillerie n. f. Art du travail et du montage des pierres précieuses et fines en bijoux. / Commerce de ces bijoux ; magasin où ils se vendent.
joaillier, ère n. Personne qui travaille les joyaux, pratique la joaillerie, en fait commerce.
Joanne (Adolphe) 1813-1881 Géographe français. Cofondateur de *l'Illustration* (1843), il fonda en 1855 les *Guides Joanne* qui, en 1910, devinrent les *Guides bleus*.
job n. m. (mot anglais) Fam. Emploi rémunéré.
Job Personnage biblique, patriarche d'Idumée, riche et vertueux, qui supporta les pires malheurs sans cesser de bénir le Seigneur, dispensateur du bien et du mal. Dieu récompensa sa fidélité en lui rendant ses anciennes richesses. Le *Livre de Job* date du Ve siècle avant notre ère.
jobard, e adj. et n. Niais, crédule.
jobardise ou **jobarderie** n. f. Crédulité, naïveté propre au jobard.
J.O.C. Sigle de et acronyme pour *Jeunesse ouvrière chrétienne.*
Jocaste MYTH. GR. Femme de Laïos et mère d'Œdipe. Devenue veuve, elle épousa sans le reconnaître son fils Œdipe à qui elle donna plusieurs enfants. Jocaste se pendit quand elle apprit cet inceste.
jockey n. m. (mot anglais) Cavalier professionnel montant des chevaux de course.
Joconde (la) Portrait supposé de Mona (« madame ») Lisa, épouse de Francesco del Giocondo, peint vers 1503 par Léonard de Vinci et acheté par François Ier (il est aujourd'hui au Louvre). Son sourire énigmatique a donné lieu à de multiples interprétations.
jocrisse n. m. Litt. Personnage niais, benêt.
Jodelet (Julien Bedeau, dit) 1590-1660 Acteur comique français qui entra en 1659 dans la troupe de Molière.
Jodelle (Étienne) 1532-1573 Poète français, ami de Ronsard et membre du groupe de la Pléiade. Il a écrit deux tragédies en décasyllabes : *Cléopâtre captive* (1553) et *Didon se sacrifiant* (1555).
jodhpurs n. m. pl. ou **jodhpur** n. m. (mot hindi) Pantalon serré du genou à la cheville, porté pour monter à cheval.
jodler Voir **iodler**
Joffre (Joseph) 1852-1931 Maréchal de France. Ce fils de tonnelier de Rivesaltes, polytechnicien, commandait en chef les armées françaises du Nord en 1914. Son sang-froid permit, après le désastre de Charleroi, le redressement de la Marne. Mais sa tactique de la guerre d'usure lui avait valu des adversaires qui obtinrent son remplacement par Nivelle (décembre 1916). On rétablit pour lui la dignité de maréchal de France (1917).
joggeur, euse n. Celui, celle qui pratique le jogging.
jogging n. m. (mot anglais) Course à pied pratiquée individuellement pour se maintenir en forme, sans esprit de compétition.
Johannesburg *1 916 061 h.* Première ville de la République sud-africaine. Capitale de la province du Gauteng, qui concentre les activités industrielles du pays à cause de ses ressources minières (houille, uranium, etc.). Fondée en 1886 à la suite de la découverte de l'or dans le Transvaal, elle connut un développement rapide.
johannique adj. Didac. Relatif à l'apôtre Jean.
Johannot Famille de peintres français. **Tony** 1803-1852 Graveur, dessinateur et peintre d'histoire, il fut un des meilleurs illustrateurs romantiques. **Charles** 1798-1825 Frère du précédent, il a souvent travaillé avec lui. **Alfred** 1800-1837 Frère des deux précédents, il fut peintre de talent.
John Bull Personnage (« Jean Taureau ») créé par l'humoriste et pamphlétaire John Arbuthnot et qui incarne le peuple anglais.
Johnny Guitar 1954 Film de Nicholas Ray. La directrice d'un saloon (Joan Crawford, 1904-1977) est défendue contre des puritains hypocrites par son ancien amant (Sterling Hayden, 1916-1986).
Johns (Jasper) 1930 Peintre américain. L'un des pionniers du *pop'art*, également sculpteur.
Johnson (Samuel) 1709-1784 Écrivain anglais qui s'imposa dans la littérature de son temps avec son œuvre de critique et son monumental *Dictionnaire de la langue anglaise.*
Johnson (Andrew) 1808-1875 Homme politique américain. Vice-président républicain, il fut président (1865-1869) après l'assassinat de Lincoln.
Johnson (Lyndon Baines) 1908-1973 Homme politique américain. Vice-président démocrate des États-Unis, il succéda en 1963 au président Kennedy assassiné et fut réélu en 1964. Il intensifia l'action américaine au Vietnam.
Johor *18 986 km² 2 074 297 h.* État du sud de la Malaysia. Bauxite. Industries agroalimentaires (ananas). **Histoire** Sultanat au XVIe siècle, l'État fut partagé en 1824 entre deux zones d'influences (Riau et Johor) par les Hollandais et les Britanniques. Protectorat britannique en 1914, Johor a adhéré à la Fédération de Malaisie en 1947.
Johor Bahru *328 650 h.* Ville de Malaysia, capitale de l'État de Johor, sur le delta de Singapour.
joie n. f. Profonde satisfaction de l'âme. / Vx *Fille de joie* : prostituée.
joignable adj. Que l'on peut joindre.
joindre v. t. / v. i. / v. pron. [3] **A.** v. t. Rapprocher (des choses) de manière qu'elles se touchent ; maintenir solidement ensemble. *Joindre ses mains pour prier. Joindre des planches avec des clous.* **B.** v. i. *Ces planches joignent mal.* / Relier, faire communiquer. *Le couloir joint les différentes pièces.* / Ajouter à, associer. *Joindre une pièce au dossier. Joindre l'utile à l'agréable.* **C.** v. pron. S'associer, participer. *Se joindre à la troupe, au débat.* / Entrer en relation, en communication avec. *Je l'ai joint par téléphone.*
joint, e [1] adj. et n. m. **A.** adj. Qui est ajouté à (qqch.). *Pièces jointes à un dossier. Ci-joint* : ajouté ici. (Est invariable avant le nom : *ci-joint la facture.*) **B.** n. m. Endroit où se joignent deux pièces d'un assemblage. *Joint d'une planche.* / ANAT. Articulation de deux os. *Joint de l'épaule.* / MÉCAN. *Joint de cardan* : mécanisme transmettant un mouvement entre deux pièces solidaires, mais exécutant un mouvement différent. / Garniture qui assure l'étanchéité d'un assemblage. *Joint de robinet.* / Interstice subsistant entre deux éléments joints ; fente dans une roche.
joint [2] n. m. (mot de l'argot anglo-américain) Fam. Cigarette de tabac mélangé à du haschisch ou à de la marijuana.
joint-venture n. m. (mot anglo-américain) ÉCON. Association d'entreprises réalisée pour élaborer en commun un projet, avec partage des risques et des frais. Pl. Des *joint-ventures.*
jointif, ive adj. Dont les bords se touchent. *Planches jointives.*
jointoyer v. t. [1] CONSTR. Remplir avec du ciment, du plâtre, du mortier, les joints de. *Jointoyer un mur.*
jointure n. f. Articulation. *Avoir les jointures qui craquent.* / Endroit où se joignent deux éléments ; manière dont ils se joignent.
Joinville (Jean, sire de) 1224-1317 Chroniqueur français, ami du roi Saint Louis qu'il a accompagné dans sa croisade à Jérusalem et dont il a raconté la vie, dans ses *Mémoires* (on donne aussi les titres *Histoire* ou *Vie de Saint Louis*).
jojo n. m. et adj. **A.** n. m. Fam. *Affreux jojo* : gamin insupportable ; personnage peu recommandable. **B.** adj. inv. Joli. *Pas très jojo, ton dessin.*
jojoba n. m. (mot espagnol du Mexique) Arbuste du Mexique et de Californie. *On extrait des graines de jojoba une cire utilisée en parfumerie et en cosmétique.*
joker n. m. Carte à jouer, qui prend la valeur que son détenteur lui donne.
Jolas (Betsy) 1926 Compositeur français. Élève de Darius Milhaud et d'Olivier Messiaen, elle accorde une grande importance aux voix (*L'Œil égaré*, cantate, 1981) comme à l'écriture et aux formes instrumentales (*Le Cyclope*, opéra pour enfants, 1986 ; *Trio à cordes*, 1991).
joli, e adj. Plaisant. *Un joli compliment. Faire le joli cœur* : chercher à plaire. / Par ext. *Une jolie fortune.* / Agréable à regarder, à entendre. *Une jolie fille. Une jolie mélodie.* / (Par antiphrase) Peu reluisant, peu recommandable. *Du joli monde !* n. m. *C'est du joli !*
joliesse n. f. Caractère de ce qui est joli.
joliment adv. De jolie manière. *C'est joliment fait.* / Fam. Beaucoup, très. *Il faut être joliment bête pour croire ça.*
Joliot-Curie (Irène Curie, Mme Frédéric Joliot, connue sous le nom d'**Irène)** 1897-1956 Physicienne française. Fille aînée de Pierre et Marie Curie, elle poursuivit les travaux de sa mère et étudia avec son mari la radioactivité, contribuant ainsi à la naissance de la physique nucléaire. Elle fut sous-secrétaire d'État à la Recherche scientifique en 1936 et participa à la réalisation de la première pile atomique française. **Joliot-Curie (Frédéric Joliot**, connu sous le nom de **Frédéric)** 1900-1958 Physicien français. Il poursuivit avec sa femme des recherches sur la radioactivité ; les découvertes des époux sont intimement liées. Premier haut-commissaire au Commissariat à l'énergie atomique, il réalisa la première pile atomique française (Zoé), puis fut relevé de ses fonctions à cause de ses activités politiques (il était membre du parti communiste).
joliotium n. m. CHIM. Élément de numéro atomique 105 (symbole Jl).
Jolivet (André) 1905-1974 Compositeur français, auteur de nombreuses recherches dans le domaine du langage musical : *Mana* (1935), *Guignol et Pandore* (1943).
Jonas VIIIe s. av. J.-C. Petit prophète d'Israël qui prêcha la pénitence aux habitants de Ninive. Selon la Bible, son manque de confiance en Yahvé lui valut d'être avalé par un gros poisson et rejeté sur le rivage trois jours après. *Le Livre de Jonas* date du Ve siècle av. J.-C.
jonc [1] n. m. BOT. Plante herbacée monocotylédone à tige haute, droite et flexible, poussant dans les lieux humides et utilisée en vannerie. / Canne faite d'une tige de ro-

Joker.

Jonque.

Ben Jonson.

tin, nommée aussi *jonc d'Inde.* / Bague ou bracelet dont le cercle est de grosseur uniforme. *Un jonc d'or.*

jonc [2] n. m. Arg. Or (métal). *T'as vu cette bague, c'est du jonc.* / Argent, monnaie. *Passe-moi du jonc.*

jonchée n. f. Litt. Amas jonchant le sol. *Marcher sur une jonchée de fleurs.* / Fromage caillé présenté sur une claie de joncs.

joncher v. t. [1] Recouvrir (le sol) çà et là, comme avec des joncs. *Des branches qui jonchent la route. Des papiers qui jonchent un bureau.*

jonchet n. m. *Jeu de jonchets,* constitué d'un ensemble de bâtonnets que l'on jette pêle-mêle les uns sur les autres et qu'on doit extraire du tas, un à un, sans qu'aucun autre bâtonnet ne bouge.

jonction n. f. Action de réunir deux choses. / DR. *Jonction de causes* : réunion de deux causes en vue d'obtenir du tribunal un seul jugement. / Rencontre. *Point de jonction.* / ÉLECTR. Branchement d'un circuit électrique sur un autre. / ÉLECTRON. Zone d'un semi-conducteur dans laquelle les modes de production s'inversent.

Jones (Inigo) 1573-1652 Architecte anglais. Influencé par Palladio, il construisit des édifices de style italien, caractérisés par des plans originaux, la symétrie dans la disposition intérieure, la simplicité (maison de la Reine à Greenwich, salle des Banquets de Whitehall).

Jones (Everett LeRoi Jones, dit **LeRoi)** 1934 Écrivain américain, ardent défenseur de la cause des Noirs : *Le Métro fantôme* (1965).

Jongkind (Johann Barthold) 1819-1891 Peintre néerlandais, précurseur de l'impressionnisme. Il exécuta surtout des aquarelles d'une extraordinaire limpidité : *Couchant sur la Meuse*, 1891.

jongler v. i. [1] Faire des jongleries (avec). *Jongler avec des balles.* / Fig. Manier avec dextérité. *Jongler avec les chiffres, les mots.*

jongleur, euse n. Personne qui fait des tours d'adresse, qui lance en l'air des objets, les rattrape avec habileté et les renvoie aussitôt qu'elle les reçoit. Au Moyen Âge, le terme désignait aussi bien les ménestrels et les troubadours que les bateleurs de foire.

jonque n. f. Bateau à voiles tendues par des lattes et à fond plat, utilisé en Extrême-Orient, sur mer et sur les rivières, pour le transport et la pêche. La jonque sert parfois d'habitation et tient très bien la mer.

jonquille n. et adj. inv. **A.** n. f. BOT. Espèce de narcisse à fleurs jaunes, à collerette profonde. **B.** n. m. Jaune clair. / Adj. inv. *Des gants jonquille.*

Jonson (Benjamin, dit **Ben)** 1572?-1637 Écrivain anglais, contemporain de Shakespeare, auteur de multiples comédies qui apportèrent un style humoristique nouveau dans le théâtre anglais : *Volpone* (1605), *L'Alchimiste* (1610), *La Foire de la Saint-Barthélemy* (1614).

Joplin (Janis) 1943-1970 Chanteuse américaine, vedette féminine du rock, à la voix énergique et subtile ; elle mourut d'une overdose d'héroïne.

Joram Roi d'Israël de 851 à 843 av. J.-C. Fils d'Achab et de Jézabel, il fut tué par le général Jéhu à cause de son impiété.

Jorasses (Grandes-) Aiguilles du massif du Mont-Blanc, au-dessus de la mer de Glace, culminant à la pointe Walker (*4 206 m*).

Jordaens (Jacob) 1593-1678 Peintre flamand. Son œuvre, marquée par l'art de Rubens et de Caravage, devient de plus en plus baroque : il présente des personnages en gros plan avec un réalisme outré et de violents contrastes de couleurs : *Les Évangélistes, Le Roi boit.*

Jordan (Michael) 1963 Basketteur américain des Bulls (« taureaux ») de Chicago.

• **Jordanie** Royaume du Moyen-Orient.

jordanien, enne adj. et n. De Jordanie. *Bédouins jordaniens. Un Jordanien.*

Jorn (Asger Jorgensen, dit **Asger)** 1914-1973 Peintre expressionniste danois, membre du groupe Cobra. En outre, il participa aux activités des situationnistes.

Jos *191 400 h.* Ville située au centre du Nigeria, capitale de l'État du Plateau. Le *plateau de Jos* culmine à *1 690 m.*

Josaphat Vallée située entre Jérusalem et Gethsémani, arrosée par le Cédron. C'est là que, selon la tradition chrétienne, les morts seront rassemblés pour le Jugement dernier.

Joseph II.

Joseph Patriarche hébreu, fils préféré de Jacob. La Genèse rapporte qu'il fut vendu par ses frères et emmené en Égypte où il gagna, par sa sagesse, la confiance du pharaon. Oubliant ses griefs, il accueillit sa famille et l'installa en Égypte.

Joseph (saint) Charpentier, époux de la Vierge Marie, mère de Jésus-Christ.

Joseph (François Joseph Le Clerc du Tremblay, dit le Père) 1577-1638 Religieux français. Militaire, puis capucin, il devint le confident de Richelieu qui le chargea de nombreuses missions diplomatiques sans lui donner de titre officiel, ce qui lui valut le surnom d'*Éminence grise.* Il venait d'être nommé cardinal lorsqu'il mourut.

Joseph Nom de deux empereurs du Saint Empire romain germanique. **Joseph Ier** 1678-1711 Empereur en 1705, il soutint dans la guerre de Succession d'Espagne son frère Charles contre Philippe V, petit-fils de Louis XIV, battit les Français à Turin (1706) et à Malplaquet (1709) et occupa une partie de l'Italie. Il écrasa la révolte du Hongrois Rakoczy, mais reconnut les droits des États de Hongrie (1711). **Joseph II** 1741-1790 Roi des Romains en 1764, empereur en 1765, il partagea le pouvoir avec sa mère Marie-Thérèse jusqu'à la mort de celle-ci en 1780. Son éducation lui fit apprécier les philosophes français et, mettant en pratique leurs idées, il gouverna en despote éclairé ; il promulgua en 1781 un édit de tolérance établissant la liberté des cultes, limita les droits de l'Église catholique, réforma l'administration, abolit le servage et la torture et chercha à appliquer dans l'agriculture les doctrines physiocratiques. Mais ces mesures autoritaires heurtaient la tradition et les particularismes locaux ; elles furent mal appliquées et suscitèrent des révoltes en Bohême et en Hongrie et le soulèvement des Pays-Bas espagnols (la Belgique) en 1789. Le pays était dans une situation critique à la mort de l'empereur ; son frère Léopold lui succéda.

Joseph Ier 1714-1777 Roi du Portugal en 1750. Il laissa gouverner le marquis de Pombal qui expulsa les jésuites et reconstruisit Lisbonne après le tremblement de terre du 1er novembre 1755.

Joseph d'Arimathie (saint) Ier s. Notable juif, membre du sanhédrin, il fut secrètement le disciple de Jésus dont il fit ensevelir le corps après la crucifixion.

Joséphine (Marie-Josèphe Rose Tascher de la Pagerie) 1763-1814 Impératrice des Français (1804-1809). Née à la Martinique d'un père officier, mariée au vicomte de Beauharnais (1779) exécuté en 1794, mère de deux enfants, Eugène et Hortense, très liée à Barras, elle aida Bonaparte à obtenir le commandement de l'armée d'Italie et devint sa femme (1796). Couronnée impératrice en 1804, elle conserva, malgré des orages, un grand ascendant sur Napoléon et la Cour, mais dut accepter le divorce (1809), l'empereur voulant un héritier qu'elle ne pouvait lui donner. Elle se retira à la Malmaison où elle mourut.

joséphisme n. m. HIST. Ensemble des théories politiques de l'empereur Joseph II. / Ensemble des mesures prises par Joseph II pour subordonner l'Église à l'État.

Josephson (Brian David) 1940 Physicien britannique. Ses travaux ont essentiellement porté sur la supraconduction.

Jospin (Lionel) 1937 Homme politique français. Socialiste, ministre de l'Éducation nationale (1988-1992), candidat à l'élection présidentielle de 1995 contre Jacques Chirac, Premier ministre (1997-2002), la dissolution de l'Assemblée nationale (1997) ayant conduit à de nouvelles élections qui ont porté la gauche au pouvoir. Aux élections présidentielles de 2002, il est éliminé dès le premier tour et annonce qu'il se retire de la vie politique.

Josquin des Prés v. 1440-1521 Compositeur franco-flamand. D'abord de tradition médiévale, sa musique s'en affranchit. Son œuvre considérable (32 messes, 70 motets, 80 chansons) constitue un sommet de l'art sacré.

Josué Fin du XIIIe s. av. J.-C. Personnage biblique. Successeur de Moïse, il commanda le peuple hébreu pendant la conquête et la colonisation de la terre de Canaan. Les épisodes de cette guerre, avec le passage du Jourdain, la prise de Jéricho, les batailles de Gabaon et de Mérom, sont rapportés dans le *Livre de Josué*, le premier des livres historiques de la Bible.

jota n. f. Danse populaire espagnole, surtout propre à la province d'Aragon. / Consonne (*j*) de l'alphabet espagnol, prononcée de façon gutturale.

joual n. m. inv. [prononciation pop. de *cheval* au Québec] Parler populaire du Québec, fait de français mêlé d'anglicismes.

joubarbe n. f. BOT. Plante grasse à fleurs groupées en cymes, de couleur jaune ou rose. Syn. artichaut bâtard.

L'Histoire de **Josué**, *bas-relief de Ghiberti sur une porte du baptistère de Florence.*

JORDANIE

Superficie : *88 946 km²* – **Nombre d'habitants :** *5 000 000 h.* – **Capitale :** *Amman*
Villes principales : *Zarqa, Irbid* – **Système politique :** *monarchie constitutionnelle*
Langue(s) : *arabe* – **Religion(s) :** *islam, christianisme* – **Monnaie(s) :** *dinar jordanien*

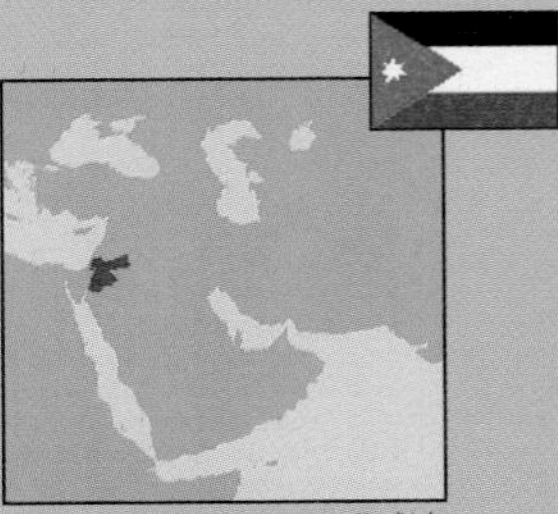

Voir l'Atlas

Géographie physique et humaine

À la partie occidentale du pays (Judée, Samarie) fertile et densément peuplée, occupée depuis 1967 par l'armée israélienne, s'oppose la partie orientale, immense plateau (4/5 du territoire) couvert de steppes arides ou désertiques. Le climat est subtropical, chaud et de plus en plus sec vers l'est. La population, en majorité arabe, gonflée par la présence des réfugiés arabes palestiniens (qui constituent la moitié de la population), se concentre sur les rives du Jourdain et dans les oasis. Les steppes sont le domaine des nomades éleveurs de moutons et de chèvres.

Économie

Malgré de médiocres conditions naturelles, la Jordanie est un pays agricole, dont les récoltes dépendent entièrement des pluies : céréales, légumes, agrumes. Dépourvu de pétrole, le pays a une activité industrielle quasi inexistante en dehors de l'extraction de phosphates (mer Morte) et de potasse. Les exportations ne couvrent pas la moitié des importations. L'Irak fournit du pétrole brut à la Jordanie, qui le raffine à Zarqa, la deuxième ville du pays, sorte de faubourg d'Amman. Le tourisme est une ressource non négligeable.

Histoire

L'histoire de la Jordanie est liée à celle du peuple hébreu, installé dans la région depuis le IIe millénaire avant notre ère. David fait de Jérusalem la capitale d'un État palestinien étendu. La région est conquise par les Assyriens puis les Babyloniens. D'origine arabe, des Nabatéens fondent un royaume autour de Pétra.
Puis viennent les Grecs, les Romains, les Perses, les Byzantins, les Arabes, les Croisés (la Jordanie fit partie du royaume latin de Jérusalem). Musulmane depuis la prise de Jérusalem par Saladin, la Jordanie est possession turque du XVIe au XXe siècle. Soutenus par le colonel Lawrence, menés par Hussein ibn Ali, chérif de La Mecque (et roi du Hedjaz depuis 1916) les Arabes se révoltent contre les Ottomans. En 1921, les Anglais confient la Transjordanie à un des fils de Hussein, l'émir Abdallah.
En 1946, cet État devient un royaume indépendant qui participe à la guerre des pays arabes contre Israël (1948-1949) et, en 1949, annexe la Cisjordanie, territoire palestinien situé à l'ouest du Jourdain. Elle prend alors le nom de royaume hachémite de Jordanie. En 1951, un Palestinien assassine le roi Abdallah, auquel succède son fils Talal, écarté du trône au bout de quelques mois pour maladie mentale au profit de son fils Hussein (1952).
Ce dernier tente de moderniser son pays et se rapproche de l'Occident, mais participe à la guerre des Six Jours (5-10 juin 1967) contre Israël, qui, vainqueur, occupe la Cisjordanie et la zone arabe de Jérusalem. 250 000 Palestiniens se réfugient en Jordanie (réduite à la Transjordanie) et tentent progressivement de s'assurer le contrôle du royaume. Hussein réagit ; en septembre 1971 (*Septembre noir*), son armée s'oppose aux Palestiniens avec une violence que condamnent vigoureusement les États arabes.
À partir de 1974 (reconnaissance par la Jordanie de l'OLP comme unique représentant du peuple palestinien), il entretient de bonnes relations avec Arafat. La situation économique continuant de se dégrader, il doit faire face à des émeutes ; en 1989, il organise des élections, les premières depuis l'instauration de la loi martiale en 1967.
En 1990, sous la pression de la population, il approuve l'occupation du Koweït par l'Irak. Il favorise le processus de paix entre les Palestiniens et Israël (1993-1994) et, en 1994, il signe la paix avec Israël. Quand, en septembre 1996, le nouveau Premier ministre israélien, B. Netanyahou, commence à implanter de nouvelles colonies juives dans les territoires concédés aux Palestiniens, il condamne ces actes, puis apporte, à la fin de 1998, son soutien à la reprise des pourparlers sous l'égide du président Clinton.
À sa mort, en 1999, son fils Abdallah lui succède. La tâche du jeune roi, qui doit affronter les conséquences de la crise économique due, notamment, à l'embargo longtemps imposé à l'Irak, est difficile. Les opérations militaires de la coalition américano-britannique en Irak ont suscité en Jordanie une opposition violente exprimée par d'importantes manifestations.
La chute du régime de Saddam Hussein fait peser sur le pays une lourde incertitude.

Le théâtre romain d'Amman.

Ruines de la ville romaine de Gerasa (Jérosh), au nord d'Amman.

Joubert (Joseph) 1754-1824 Moraliste français, lié à Chateaubriand, auteur de *Pensées, essais, maximes* (recueil posthume, 1838).

Joubert (Petrus Jacobus) 1831-1900 Général boer d'Afrique du Sud qui remporta sur les Britanniques la victoire de Majuba Hill (1881).

joue n. f. Partie latérale de la tête de l'homme ou de certains animaux, située entre le nez et les oreilles, au-dessous des tempes et des yeux jusqu'au menton. / Fig. Face latérale de divers objets. / MAR. *Joue d'un navire* : côté avant latéral de la coque. / TECHN. Partie latérale d'un objet. *Joue d'une poulie.*

jouer v. i. / v. t. / v. pron. [1] **A.** v. i. Se livrer au jeu, s'amuser. *Les enfants jouent dehors.* / Exercer son activité de comédien, de musicien ou de sportif. *Jouer à l'opéra. Jouer bien, mal. L'équipe joue dimanche.* / Agir, influer. *La chance a joué dans sa réussite.* / Se mouvoir librement, pour une pièce mécanique, une articulation. *La clé joue dans la serrure.* / Se déformer, avoir du jeu. *La fenêtre ne ferme plus, le bois a joué.* / v. t. ind. *Jouer à* : s'adonner à (un jeu, un sport) pour se divertir ou pour de l'argent. *Jouer à la poupée, aux cartes, au ping-pong. Jouer à la baisse, à la hausse* : spéculer à la baisse, à la hausse des valeurs boursières. / *Jouer avec* : s'amuser avec. *Jouer avec un ballon.* Au fig. Traiter avec une légèreté coupable. *Jouer avec sa santé, avec les sentiments.* / *Jouer de* : manier avec habileté (un instrument, qqch. que l'on utilise comme tel). *Jouer du canif. Jouer du piano. Jouer des coudes pour se frayer un passage.* Au fig. Mettre à profit, exploiter. *Jouer de son charme.* (Par antiphrase) *Jouer de malchance* : avoir beaucoup de malchance. **B.** v. t. Engager, disputer (une partie, une compétition). *Jouer une partie d'échecs. Jouer la finale.* / Poser, déplacer (un élément du jeu). *Jouer une carte, un pion.* / Miser au jeu ; parier sur. *Jouer mille francs. Jouer le favori.* / Fig. Exposer à un risque. *Jouer sa vie.* / Exécuter, faire entendre (un morceau musical). *Jouer une sonate.* / Donner en représentation ; tenir (tel rôle). *Jouer une tragédie. Jouer un policier.* / Fig. Feindre d'être ou d'éprouver. *Jouer les victimes. Jouer la surprise.* **C.** v. pron. Être donné en représentation. / Être en jeu. / Affronter ou traiter avec désinvolture. *Se jouer des difficultés. Se jouer des lois. Se jouer de qqn*, le tromper.

jouet n. m. Objet avec lequel un enfant joue. / Personne dont on se joue. / Personne, chose livrée à une force aveugle sans pouvoir y échapper. *Être le jouet des circonstances.*

joueur, euse n. et adj. Personne qui joue à un jeu, qui y joue fréquemment. *Un joueur de cartes. Un joueur de tennis.* / Personne qui aime jouer, spécialement à des jeux d'argent. *C'est un joueur invétéré.* / MUS. Instrumentiste. *Joueur d'hélicon.* / Loc. *Beau joueur, mauvais joueur*, qui sait perdre avec dignité, qui s'emporte quand il perd. / adj. Qui aime jouer. *Un enfant joueur.*

Joueurs de cartes (les) 1890-1895 Série de 5 tableaux de Cézanne, dont le plus beau se trouve au musée d'Orsay (Paris).

joufflu, e adj. Qui a de grosses joues. *Bébé joufflu.*

Jouffroy d'Abbans (Claude François, marquis **de)** 1751-1832 Ingénieur français qui inventa le pyroscaphe, premier bateau à vapeur actionné par une roue à aubes. Ruiné par son invention et méconnu, il mourut dans l'oubli.

joug n. m. Pièce de bois fixée sur la tête des bœufs pour les atteler. / Fig. Contrainte, domination. / ANTIQ. ROM. Pique posée horizontalement sur deux autres fichées dans le sol et sous laquelle devaient passer les ennemis vaincus.

Jouhandeau (Marcel) 1888-1979 Écrivain français qui raconte, dans ses nombreux romans, la vie de province à Guéret (Creuse), sa ville natale, (*Chaminadour*, 1934-1941) et ses rapports avec sa femme Élise (*Chroniques maritales*, 1938).

Jouhaux (Léon) 1879-1954 Syndicaliste français. Ouvrier allumettier, secrétaire de la C.G.T. en 1909, il le resta en 1921 après la scission de la C.G.T.U. communiste et après la réunification (1936). Déporté en 1943, il fonda, après la rupture avec la C.G.T. communiste, la C.G.T. Force Ouvrière (1947).

jouir v. t. ind. [2] *Jouir de*: avoir la jouissance de; profiter, bénéficier de. *Jouir de sa propriété. Jouir d'une bonne santé. La région jouit d'un bel ensoleillement.* / (Emploi absol.) Éprouver une jouissance, en particulier une jouissance sexuelle.

jouissance n. f. Vif plaisir des sens ou de l'esprit. / Usage d'une chose. / DR. *Jouissance légale*: droit d'usufruit des parents sur les revenus propres de leurs enfants mineurs. / Fait d'être titulaire d'un droit.

jouisseur, euse adj. et n. Qui cherche à jouir, qui jouit des plaisirs sensuels de la vie.

jouissif, ive adj. Fam. Qui procure de la jouissance, du plaisir.

joujou n. m. (Dans le langage enfantin) Jouet. *Il faut ranger les joujoux. Faire joujou*: jouer. / Par ext., plaisant Engin perfectionné. *C'est un beau joujou*. Pl. Des *joujoux*.

Joukov (Gheorghi Konstantinovitch) 1896-1974 Maréchal soviétique. Officier du tsar rallié aux Soviets, il était, en 1941, chef d'état-major de l'armée Rouge lorsque Staline le chargea de défendre Moscou, puis Stalingrad. Maréchal en 1943, il obtint la capitulation de Berlin le 8 mai 1945. Mis à l'écart par Staline en 1947, ministre de la Défense en 1955, il fut disgracié par Khrouchtchev en 1957.

Joukovski (Vassili Andreïevitch) 1783-1852 Poète russe. Remarqué pour ses odes, il est introduit à la cour et devient le précepteur du futur tsar Alexandre II qui respectera toujours les préceptes libéraux de son maître.

joule n. m. PHYS. Unité d'énergie, de travail et de chaleur du système international. *Un joule équivaut au travail produit par une force de 1 newton constante en grandeur, direction et sens, dont le point d'application se déplace de 1 m dans sa direction.*

Joule (James Prescott) 1818-1889 Physicien anglais qui établit la loi sur le dégagement de chaleur produit par le passage d'un courant électrique dans un conducteur et établit l'équivalence chaleur-travail.

Joumblatt (Kamal) 1917-1977 Homme politique libanais. Leader des Druzes, fondateur du parti socialiste progressiste (PSP) en 1949, il s'allia successivement à diverses factions chrétiennes ou

Automobile en laiton, munie de phares électriques (1936).

Poupée en porcelaine.

Scène de théâtre en carton.

Locomotive d'un train électrique (vers 1950).

JOUET

musulmanes. Hostile à la présence syrienne, il fut assassiné. **Walid** 1947 Fils du précédent, il lui a succédé à la tête du PSP. Les combats qu'il mena contre les phalangistes entre 1983 et 1985 dans la montagne du Chouf contraignirent à l'exil des milliers de chrétiens.

jour n. m. **I.** Lumière; lumière du Soleil. *À la nuit succède le jour.* / Manière dont éclaire la lumière. *Faux jour*: mauvais éclairage. / Vie. *Donner le jour à*: accoucher de. / loc. adv. *Au jour, au grand jour*: au vu et au su de tout le monde. **II.** Ce qui laisse passer la lumière; ouverture qui laisse passer le jour. / Ouverture décorative pratiquée dans une étoffe en en ôtant les fils de chaîne ou de trame, et en rapprochant par un point de broderie les fils restants. **III.** Durée pendant laquelle le Soleil éclaire la Terre; unité de mesure du temps correspondant à la rotation de la Terre sur elle-même et équivalant à 24 heures. / ASTRON. *Jour solaire* ou *jour vrai*: temps compris entre deux passages du Soleil au même méridien. *Jour solaire moyen*: durée du jour solaire calculée pour un Soleil fictif se déplaçant d'un mouvement uniforme. *Jour civil*: jour compté de minuit à minuit. *L'année compte 365 jours (366 dans les années bissextiles). Jour sidéral*: temps séparant deux passages consécutifs d'une même étoile au même méridien terrestre (23 h 56 min 4 s). / Époque, date déterminée ou non. *Jour de Noël*.

Jourdain (le) *360 km* Fleuve du Proche-Orient. Né dans l'Anti-Liban, il traverse du nord au sud l'État d'Israël. Au-delà du lac de Tibériade, il arrose une région riche (céréales, agrumes, légumes) et peuplée, la Cisjordanie, attribuée en 1949 à la Jordanie mais occupée par Israël depuis la guerre des Six Jours (1967). Il se jette enfin dans la mer Morte. N'ayant pu aboutir à un accord pour l'aménagement du Jourdain, Israël et les pays arabes utilisent chacun pour l'irrigation la partie du fleuve qu'ils possèdent.

Jourdain (Franz) 1847-1935 Architecte et critique français d'origine belge. Partisan de l'Art nouveau, qu'il défendit dans de nombreux textes, il réalisa les magasins de la Samaritaine (1905), à Paris, caractéristiques de cette esthétique: charpente métallique, verre, céramique, décoration à base de motifs floraux. **Francis** 1876-1958 Décorateur et peintre français, fils du précédent. Un temps partisan de l'Art nouveau, il adopta ensuite un style plus sobre et fonctionnel, influencé par l'esthétique du Bauhaus.

Jourdan (Jean-Baptiste, comte**)** 1762-1833 Maréchal de France, vainqueur à Fleurus (1794).

journal n. m. Écrit relatant les événements quotidiens. / MAR. *Journal de passerelle* ou *livre de bord*: registre tenu à bord d'un navire, dans lequel l'officier de quart consigne le cap, la vitesse et les éventuels incidents de parcours. / Publication périodique destinée à un public spécifique. *Journal pour enfants.* / Publication quotidienne relatant l'actualité dans tous les domaines. / Diffusion des informations à heures fixes par la radio ou la télévision. *Journal télévisé.* / COMPTAB. Livre sur lequel un commerçant inscrit quotidiennement les opérations effectuées.

Journal officiel de la République française Publication, de droit privé à sa création, en 1848, qui passa sous le contrôle de l'État en 1869. Ce journal comprend cinq éditions: celles des lois et décrets, des débats parlementaires, des documents de l'Assemblée nationale et du Sénat, du Conseil économique et social, et enfin des documents administratifs.

journalier, ère adj. et n. À chaque jour, de chaque jour. *Travaux journaliers*. Syn. quotidien. / n. Ouvrier, employé payé à la journée.

journalisme n. m. Profession de journaliste. / Mode d'expression propre à la presse. *Du mauvais journalisme.*

journaliste n. Celui, celle dont le métier est de collaborer à une publication périodique, à tout média diffusant de l'information (agence de presse, radio, télévision).

journalistique adj. Relatif au journalisme.

journée n. f. Temps qui s'écoule entre le lever et le coucher du Soleil. / Travail effectué pendant un jour. *Journée continue*, comportant une courte pause pour le déjeuner. / Salaire d'un jour de travail. *Gagner sa journée.*

journellement adv. Chaque jour.

joute n. f. HIST. Combat entre deux hommes à cheval, armés d'une lance et cherchant à désarçonner l'adversaire. *Joute nautique*: jeu opposant deux hommes, chacun debout sur une barque, et devant faire tomber son adversaire avec une perche. / Fig. Lutte. *Joute oratoire.*

jouteur, euse n. Personne qui participe à une joute.

Jouve (Pierre Jean) 1887-1976 Poète français visionnaire et mystique: *Sueur de sang* (1937), *Diadème* (1949), *Ténèbres* (1965). Il a écrit aussi des romans: *Paulina 1880* (1925), *Hécate* (1928), *Vagadu* (1931), et des essais: *Le Don Juan de Mozart* (1942), *Tombeau de Baudelaire* (1942).

jouvence n. f. Vx Jeunesse. / Mod. *Fontaine de jouvence*: fontaine mythique de l'éternelle jeunesse.

jouvenceau, elle n. Vx. ou fam. Adolescent.

Jouvenet (Jean-Baptiste) 1644-1717 Peintre français qui participa à la décoration de la chapelle du château de Versailles et de l'église des Invalides à Paris.

Jouvenel des Ursins Voir **Juvénal des Ursins**

Louis Jouvet.

James Joyce.

Jouvet (Louis) 1887-1951 Acteur et metteur en scène français. Directeur de l'Athénée en 1934 et professeur au Conservatoire, il marqua de sa personnalité sobre et de sa voix au rythme haché le théâtre : *Knock* (1923) de Jules Romains, *La Guerre de Troie n'aura pas lieu* (1935) de Jean Giraudoux, et le cinéma : *Hôtel du Nord* (1938), *Entrée des artistes* (1938), *Quai des Orfèvres* (1947).
jouxter v. t. [1] Se trouver près de. *Le jardin jouxte celui des voisins.*
Jouy-en-Josas 7 687 *h.* Commune de la banlieue parisienne, dans laquelle Oberkampf installa en 1759 les ateliers d'impression sur toile (*toile de Jouy*), fermés en 1843.
jovial, ale, als ou **aux** adj. D'une gaieté communicative. *Personne joviale.*
jovialement adv. De manière joviale.
jovialité n. f. Humeur joviale.
jovien, enne adj. Propre ou relatif à la planète Jupiter. *Atmosphère jovienne.*
Jovien (en latin **Flavius Claudius Jovianus)** 331-364 Empereur romain. Proclamé empereur en 363 par les légions d'Illyrie à la mort de Julien l'Apostat, il ne put conserver l'Arménie et les provinces de Mésopotamie arrachées aux Perses et rétablit la liberté des cultes.
joyau n. m. Parure, bijou fait de matière précieuse (or, argent, pierre précieuse). / Fig. Chose d'une beauté raffinée.
Joyce (James) 1882-1941 Romancier irlandais. Né à Dublin, il quitte son pays en 1904 et mène une vie d'exilé à Trieste, Zurich et Paris. Après des nouvelles (*Gens de Dublin*, 1914), il a raconté son adolescence dans *Dedalus, portrait de l'artiste jeune* (1914 et 1916). Son chef-d'œuvre, *Ulysse*, est la journée d'un Dublinois moyen, Leopold Bloom, qui prend une dimension épique : c'est le voyage d'Ulysse revenant de Troie que Bloom accomplit dans les quartiers de Dublin ; dans la nuit, il rencontrera son fils spirituel, Stephen Dedalus, qui a accompli un périple analogue. Ce livre, qui mêle de nombreux registres, utilisant souvent le monologue intérieur (celui de Molly Bloom, l'épouse de Leopold, est célèbre), fut écrit de 1914 à 1921 et publié d'abord à Paris par Sylvia Beach dans sa librairie-maison d'édition Shakespeare & Co. Il déchaîna des controverses. De 1922 à 1939, Joyce écrivit *Finnegan's wake*, qui à la base anglaise ajoute des mots provenant de quinze autres langues, de façon à réaliser la plus vaste des synthèses.
Joyeuse (Anne, duc **de)** 1561-1587 Favori d'Henri III qui le combla de titres, il fut vaincu et tué à la bataille de Coutras livrée contre les huguenots d'Henri de Navarre. **François de Joyeuse** 1562-1615 Frère du précédent, archevêque, puis cardinal, réconcilia Henri IV et le pape, qui le nomma légat en France. Il sacra Louis XIII à Reims et présida les états généraux de 1614. **Henri,** duc **de Joyeuse** 1567-1608 Frère des précédents, il se fit moine à la mort de sa femme (1587), puis devint un ardent ligueur. Réconcilié avec Henri IV, il fut fait maréchal (1596), puis retourna au couvent en 1599.
joyeusement adv. Gaiement, avec joie.
joyeuseté n. f. Fait, parole, action qui met en joie, qui amuse.
joyeux, euse adj. Animé par la joie. *Un homme joyeux. Un joyeux bonjour.* / (Formule de souhait) *Joyeux anniversaire !* Ant. triste.
Juan Carlos Ier 1938 Roi d'Espagne depuis 1975. Fils du comte de Barcelone, époux (1962) de Sophie de Grèce, il fut fait en 1969 par Franco « prince d'Espagne », donc héritier du trône. À la mort de Franco, avec le consentement de son père (héritier légitime car fils d'Alphonse XIII), il devint roi. Il est l'un des garants de la démocratie espagnole.
Juan d'Autriche (don) 1545-1578 Prince espagnol, fils naturel de Charles Quint, vainqueur des Turcs à Lépante (1571), gouverneur des Pays-Bas (1576).
Juan José d'Autriche (don) 1629-1679 Fils naturel de Philippe IV d'Espagne. Vice-roi des Pays-Bas (1656), puis de Catalogne, il intrigua contre la reine-mère Marie-Anne d'Autriche et la fit exiler. Populaire, il fut Premier ministre (1677).
Juárez Garcia (Benito) 1806-1872 Homme politique mexicain. Avocat d'origine amérindienne, il devint président de la république du Mexique en 1858. Héros de la résistance contre les Français et l'empereur Maximilien, il reprit le pouvoir en 1867, après l'exécution de Maximilien, et fut réélu en 1871.
Juba Ier ?-46 av. J.-C. Roi de Numidie. Partisan de Pompée, il fut battu par César à Thapsus (au sud-est de Sousse, en Tunisie) et se suicida. **Juba II** 52 ? av. J.-C.-23 ? apr. J.-C. Fils du précédent, élevé par César à Rome, il reçut d'Auguste, en 30, un royaume fait des deux Mauritanies et d'une partie de la Gétulie. Marié à Cléopâtre Séléné, fille de Cléopâtre et d'Antoine, souverain lettré (il écrivait en grec et en latin), il embellit sa capitale Julia Caesarea (Césarée, aujourd'hui Cherchell).
jubé n. m. Dans certaines églises gothiques, galerie transversale séparant la nef du chœur et formant tribune.
jubilaire adj. Propre ou relatif au jubilé. *Année jubilaire.* / En fonction depuis cinquante ans. *Docteur jubilaire.*
jubilation n. f. Joie exubérante.
jubilatoire adj. Fam. Qui rend très heureux.
jubilé n. m. Dans la Bible, année de fête consacrée tous les cinquante ans à Dieu, pendant laquelle on remettait les dettes et libérait les esclaves. / Pour les catholiques, indulgence plénière accordée par le pape et célébrée comme une grande fête. / Cinquantième anniversaire d'un mariage, d'une fonction. *Jubilé d'un règne.*
jubiler v. i. [1] Éprouver une grande joie.
jucher v. i. / v. t. [1] Se poser sur une branche ou sur une perche pour y dormir, en parlant de certains oiseaux. / v. t. Poser, placer (qqn, qqch.) en hauteur. / v. pron. *Se jucher sur un parapet.*
Juda Fils de Jacob et de Léa, père d'une tribu d'Israël et ancêtre de la famille de David.
Juda (royaume de) Royaume formé, après le schisme de Jéroboam, par les tribus de Juda et de Benjamin, avec pour capitale Jérusalem. Le royaume fut détruit en 587 av. J.-C. par Nabuchodonosor, roi de Babylone.
Juda ou **Judah Hanassi** (dit **Juda le Prince** ou **le Rabbi)** apr. 150-v. 220 Chef religieux et politique, prince (*nasi*) du sanhédrin de Galilée. Son prestige lui permit d'améliorer le sort des Juifs sous domination romaine ; il est à l'origine de la *Mishna*.
judaïque adj. Des Juifs, de la religion juive.
• **judaïsme** n. m. Ensemble des croyances et pratiques qui constituent la religion des Juifs.
judas n. m. Traître. / Petite ouverture, munie ou non d'une lentille (*judas optique*), pratiquée dans une porte pour voir sans être vu.

Benito Juárez Garcia,
tableau de Diego Rivera.

Judith *posant le pied sur la tête d'Holopherne.*

Judas Iscariote L'un des douze apôtres. Selon les évangiles, il trahit le Christ et le livra au grand prêtre pour trente pièces d'argent. Après l'arrestation de Jésus, il fut pris de remords, jeta les pièces dans le temple et se pendit.
Jude (saint) Un des douze apôtres, nommé parfois Thadée, frère de Jacques le Mineur ; la tradition en fait l'auteur de l'épître qui porte son nom.
Judée Partie de la Palestine qui s'étend entre la mer Morte et la Méditerranée, sur l'ancien royaume juif de Juda (Xe-VIe siècle av. J.-C.). Partagée entre la Jordanie et Israël en 1949, elle est occupée par Israël depuis 1967. Vaste, plate, comportant de larges dépressions fertiles au milieu du calcaire et drainée par le Jourdain, c'est la partie la plus riche (céréales, vignobles) et la plus peuplée de Palestine.
judéité n. f. Ensemble des traits de civilisation qui fondent l'identité du peuple juif.
judéo-allemand, e adj. et n. m. Yiddish.
judéo-chrétien, enne adj. Qui procède du judaïsme et du christianisme.
judéo-espagnol, e adj. et n. m. Propre ou relatif aux juifs d'Espagne. / n. m. Parler des juifs d'Espagne. Syn. ladino.
judiciaire adj. Propre ou relatif à la justice, à son administration. / Fait en justice, par autorité de justice. *Acte judiciaire.*
judiciarisation n. f. Action de judiciariser ; son résultat.
judiciariser v. t. [1] Faire intervenir le droit, l'administration de la justice pour résoudre un problème, régler un litige.
judicieusement adv. De manière pertinente.
judicieux, euse adj. Bien jugé, pertinent. *Choix judicieux.* / Dont le jugement est bon, perspicace. *Personne judicieuse.*
Judith Héroïne juive légendaire du *Livre de Judith*. Selon cette source, pendant le siège de la ville de Béthulie (nom imaginaire : la

JUDAÏSME

Historiquement, le judaïsme est la première religion monothéiste ; chrétiens et musulmans reconnaissent en Abraham leur père spirituel. Le fondement du judaïsme est la croyance en un Dieu unique, Yahvé, Créateur du monde et de toute créature ; nul ne peut le représenter (ce qui explique l'horreur de l'idolâtrie), mais il a inspiré les prophètes, dont le plus grand est Moïse, et ceux-ci ont annoncé la venue, à la fin des temps, du Messie qui fera régner la justice, la concorde et le bonheur ; l'homme doit aimer l'Éternel de tout son cœur et de façon à accomplir Sa volonté ; il sera récompensé ou puni car, doté de liberté, il est responsable de son action sur Terre comme dans l'au-delà.
La loi écrite est constituée par la Bible, dont la partie essentielle est la loi de Moïse, la Torah.
Le Talmud, sorte de code législatif, moral et religieux, qui explique, développe et précise les textes bibliques, est le ciment des juifs dispersés dans le monde (les juifs de la Diaspora). Il est né à la fin du IIe siècle, lorsque Juda Hanassi rassembla les lois enseignées dans les écoles de Palestine en un recueil, la *Mishna*. Les commentaires de la Mishna donnent la *Gemâra* ; Mishna et Gemâra forment le *Talmud*. Les *Dix Commandements* ou *Décalogue*, imposés aux Hébreux par Moïse au nom de l'Éternel, constituent le cœur de la Torah ; ils ont été intégralement repris par les chrétiens.
Le rituel comprend, outre des prescriptions concernant la pureté (d'où les règles sévères auxquelles est soumise l'alimentation), des prières quotidiennes et le respect du repos du sabbat (chabbat).
De grandes fêtes jalonnent l'année. La Pâque (*Pessah*) commémore la sortie d'Égypte ; les Semaines (*Chavouot*), la révélation de la Loi sur le Sinaï ; les Tentes ou Tabernacles (*Soukkot*), le séjour au désert. Le Nouvel An (*Roch ha-Chanah*) célèbre la création, le Grand Pardon (*Yom Kippour*) est le jour des Expiations, journée de jeûne et de pénitence.
À ces solennités s'ajoute *Pourim*, joyeuse « fête des Sorts » où l'on lit le *Livre d'Esther*, et *Hanoukkah*, fête de la Dédicace qui rappelle les victoires de Judas Maccabée et la nouvelle dédicace du temple réapproprié.

ville de Béthulie n'existe pas) par les Assyriens, Judith réussit à s'introduire dans la tente de leur général Holopherne, l'ensorcela de ses charmes et lui coupa la tête pendant qu'il dormait.
judo n. m. (mot japonais) Sport de combat, d'origine japonaise, dérivé du jiu-jitsu, où le joueur (le judoka, vêtu du traditionnel kimono), au moyen de prises (projections, immobilisations, clés ou strangulations), cherche à immobiliser et à déséquilibrer son adversaire à mains nues.
judoka n. Personne qui pratique le judo. *On reconnaît les grades des judokas à la couleur de leur ceinture qui est blanche pour les débutants, puis jaune, orangée, verte, bleue, marron et enfin noire.*
jugal, ale, aux adj. ANAT. *Os jugal* (ou *malaire*, *zygomatique*), qui forme la pommette de la joue.
juge n. m. Magistrat investi par l'autorité publique pour rendre la justice et faire respecter les lois. *Juge d'instruction*, chargé de l'enquête sur les crimes et les délits. *Juge consulaire*, d'un tribunal de commerce. *Juge de paix* : autrefois magistrat qui jugeait les menues affaires dans ce qu'on appelle aujourd'hui le tribunal d'instance. Syn. juge d'instance. *Juge aux affaires matrimoniales*, chargé des divorces et des séparations de corps et de la défense des intérêts des enfants mineurs. *Juge des enfants*, chargé des délinquants mineurs et des enfants en danger moral. *Juge de l'application des peines*, chargé de suivre l'exécution des décisions pénales et des modalités du traitement pénitentiaire. / *Le Juge suprême* : Dieu. / SPORT *Juge de touche* : personne chargée d'indiquer l'endroit où le ballon a franchi la ligne de touche, et les hors-jeu au football, au rugby. *Juge de ligne*, au tennis. / Fig. Personne qui tranche un débat, qui sert d'arbitre.
jugé ou **juger (au)** loc. adv. Approximativement. *Tirer au jugé*, sans viser.
jugement n. m. Faculté de l'esprit qui permet d'apprécier une situation, une personne. / Opinion. / DR. Action de rendre la justice. *Passer en jugement.* / Décision d'un juge ; sentence prononcée par un tribunal du premier degré (par oppos. aux *arrêts* des cours d'appel et de cassation). *Le jugement contradictoire*, rendu en présence des parties. *Jugement par défaut*, rendu en l'absence de l'une ou des deux parties. / *Jugement dernier* : selon l'Évangile, jugement par Dieu des morts et des ressuscités à la fin du monde. / *Jugement de Dieu* ou *ordalie*, série d'épreuves autrefois infligées à un accusé pour décider de son innocence ou de sa culpabilité. / LOG. Fait de poser une affirmation ou une négation. *Le jugement de réalité affirme un fait, le jugement de valeur énonce une appréciation.*
jugeote n. f. Fam. Bon jugement. *Avoir de la jugeote.*
juger v. t. [1] Soumettre à un jugement, porter un jugement sur ; arbitrer. *Juger un criminel. Juger un litige.* / Évaluer ; estimer, considérer. *Juger la situation. Je juge que c'est insuffisant. Je le juge instable. Juger de* : apprécier, évaluer. *Tu jugeras toi-même de son état.*
Juges (livre des) L'un des livres canoniques de la Bible. Il retrace les exploits des chefs ou Juges d'Israël, dont les principaux furent Othoniel, Barac, Déborah, Ehoud, Gédéon, Jephté et Samson, qui vécurent aux XIIe et XIe siècles av. J.-C.
jugulaire n. f. et adj. Courroie passant sous le menton pour maintenir certaines coiffures. *Casque, bombe à jugulaire.* / adj. *Veine jugulaire* ou, n. f., *jugulaire* : grosse veine latérale du cou.
juguler v. t. [1] Contenir, empêcher le développement de (un processus). *Juguler l'inflation.*
Jugurtha 160 ?-104 av. J.-C. Roi de Numidie (118-105). Son oncle Micipsa laissa son royaume indivis entre ses deux fils, Hiempsal et Adherbal, et Jugurtha qui, pour régner seul, assassina ses deux cousins. Attaqué par les Romains, il fut livré à Marius par le roi de Maurétanie, Bocchus, son beau-père (105). Il mourut en prison à Rome.

Le **Jugement** dernier, *de William Blake.*

juif, juive n. et adj. (Avec une majuscule) Descendant des anciens Hébreux. / (Avec une minuscule) Personne de religion judaïque. *Juif pratiquant.* / adj. Relatif à la communauté des Juifs d'autrefois ou d'aujourd'hui. *Le peuple juif. La religion juive.*
Juif errant (Le) 1844-1855 Roman-feuilleton d'Eugène Sue. Le Juif errant est un personnage légendaire que Jésus aurait condamné à errer dans le monde, pour le punir de son manque de charité. Un auteur anonyme du XVIIIe siècle reprit cette légende, nommant cet errant Ahasvérus, et la légende inspira plusieurs poètes allemands, notamment Chamisso et Goethe, et le feuilletoniste français Eugène Sue.
juillet n. m. Septième mois de l'année, comptant 31 jours. / *Le 14 Juillet* : fête nationale française commémorant le 14 juillet 1789, jour de la prise de la Bastille.
juillet 1789 (journée du 14) Journée où le peuple parisien prit la Bastille. Le renvoi de Necker, la concentration de troupes autour de Paris, la menace de disette et les discours d'orateurs populaires, tel Camille Desmoulins, amenèrent le peuple parisien à s'organiser en milice et à s'emparer de la prison de la Bastille, vieille forteresse de Charles V. Le gouverneur de Launay et la garnison qui l'avaient défendue furent massacrés. Cette victoire annonçait le rôle essentiel que le peuple de Paris allait jouer dans la Révolution.
juillet 1830 (journées des 27, 28 et 29 dites **les Trois Glorieuses)** Journées d'insurrection à l'issue desquelles Charles X fut renversé et la monarchie de Juillet, proclamée. La publication par Charles X, à l'instigation du ministre Polignac, d'ordonnances

Carl Gustav Jung.

suspendant la liberté de la presse et modifiant le régime électoral entraîna une révolution parisienne. Maître de la capitale, le peuple voulait proclamer la république. Mais les manœuvres des représentants de la bourgeoisie, de La Fayette et d'un jeune journaliste, Thiers, permirent à Louis-Philippe d'Orléans de succéder, le 3 août 1830, à son cousin Charles X, qui avait abdiqué le 2.

Juillet (colonne de) Monument élevé en 1833 (puis en 1840) place de la Bastille à Paris, pour commémorer la révolution de 1830. Le fût de bronze porte les noms des victimes ; il est surmonté du génie de la Liberté.

Juillet (monarchie de) 1830-1848 Règne de Louis-Philippe Ier, roi des Français. Succédant à Charles X grâce à la révolution de juillet 1830, Louis-Philippe accepta une modification libérale de la Charte de 1814. Il eut à faire face à la double opposition des royalistes légitimistes, fidèles au comte de Chambord, petit-fils de Charles X, et à celle des républicains, dont les tentatives de soulèvement furent durement réprimées. Il s'appuya surtout sur la bourgeoisie, favorisée par le développement de l'industrie et du commerce. À l'extérieur, son règne fut marqué par le début de la colonisation de l'Algérie. À partir de 1840, avec l'aide de Guizot, il pratiqua une politique de plus en plus impopulaire, et le refus de ces deux hommes d'envisager des réformes politiques, en particulier l'extension du droit de vote, amena la révolution de février 1848 et l'avènement de la seconde République.

juin n. m. Sixième mois de l'année, comptant 30 jours.

Juin (Alphonse) 1888-1967 Maréchal de France qui fut le collaborateur de Lyautey. Prisonnier en 1940, libéré et rallié à Giraud, il commanda (1941) l'armée d'Afrique, puis le corps expéditionnaire français en Italie (1944). Maréchal de France (1952), il prit ouvertement parti contre la politique algérienne du général de Gaulle, son ancien camarade à Saint-Cyr.

juin 1792 (journée du 20) Journée insurrectionnelle. Le renvoi des ministres girondins par Louis XVI et son veto contre des décrets de la Législative servirent de prétexte au peuple des faubourgs parisiens pour envahir les Tuileries et défiler pendant trois heures devant le roi.

juin 1848 (journées des 23, 24, 25 et 26) Insurrection des ouvriers parisiens. Elle eut pour origine la fermeture des ateliers nationaux. Il fallut trois jours à l'armée et aux gardes nationaux de province, commandés par le général Cavaignac, investi des pleins pouvoirs, pour venir à bout des barricades avec la plus grande violence.

juin 1940 (Appel du 18) Appel radiophonique lancé de Londres (où il se trouvait en mission) par le général de Gaulle, sous-secrétaire d'État à la Guerre. Il demandait aux Français de continuer la lutte, alors que le maréchal Pétain, nommé président du Conseil le 16 juin, avait, le 17, demandé aux Allemands l'armistice, accordé le 19.

juiverie n. f. Anc. Quartier juif ; ghetto. / Mod., péjor., raciste Ensemble des juifs.

jujube n. m. Fruit comestible du jujubier. / Pâte faite avec ce fruit, utilisée pour ses propriétés adoucissantes comme remède contre la toux.

jujubier n. m. BOT. Arbre épineux des régions méditerranéennes, cultivé pour ses fruits comestibles.

juke-box n. m. (mot anglo-américain) Appareil composé d'un tourne-disque et d'une réserve de disques, qui fait entendre le morceau choisi moyennant introduction d'une pièce de monnaie, mis à la disposition des consommateurs dans certains cafés. Pl. Des *juke-box* ou *juke-boxes*.

Jules Nom de trois papes. **Jules II (Giuliano Della Rovere)** 1443-1513 Pape en 1503, il s'employa à restaurer la puissance politique du Saint-Siège. Après avoir provoqué l'intervention de Louis XII contre les Vénitiens, il forma en 1511 une coalition générale, ou *Sainte Ligue*, pour chasser les Français d'Italie. Il patronna les artistes : Michel-Ange, Bramante, Raphaël, le Pérugin.

Jules César Drame de Shakespeare (1599), dans lequel sont dépeints avec force les personnages de Brutus et d'Antoine. Mankiewicz porta cette pièce à l'écran (1953), avec Marlon Brando dans le rôle de Marc Antoine.

Jules Romain (Giulio Pippi de' Januzzi, dit**)** 1492 ou 1499-1546 Peintre et architecte italien, disciple de Raphaël, il travailla au Vatican, puis, installé à Mantoue, il y occupa la charge de préfet des Eaux et des Édifices. On lui doit la physionomie actuelle de la ville et, surtout, le palais du Tè. Il est également l'auteur de cartons de tapisserie, de tableaux d'autel, de dessins d'architecture.

Julia ou **Iulia (gens)** Vieille famille patricienne de Rome à laquelle appartenait Caius Julius Caesar (Jules César). Elle prétendait descendre de l'ancêtre de Romulus, Iule ou Ascagne.

Julia Domna 158 ?-217 Impératrice romaine. Syrienne, elle épouse Septime Sévère, sur lequel elle a une grande influence (elle introduit à Rome les cultes orientaux) tout comme sur ses fils, Caracalla et Geta ; Geta est assassiné par Caracalla, qui la laisse en grande partie gouverner. Lorsqu'il est assassiné à son tour, elle se laisse mourir de faim. **Julia Maesa** ?-v. 226 Dame romaine, sœur de la précédente. Grand-mère d'Elagabal, elle le fait élire empereur par l'armée d'Orient en 218, gouverne sous son nom et lui fait adopter son cousin germain, Sévère Alexandre, qui succède à Elagabal, assassiné en 222.

Juliana Ire 1909 Reine des Pays-Bas (1948-1980). Elle a succédé à sa mère Wilhelmine, qui avait abdiqué, et abdiqua elle-même au profit de sa fille Beatrix en 1980.

Julie (en latin **Julia)** 39 av. J.-C.-14 apr. J.-C. Fille d'Auguste. Elle épouse son cousin germain Marcellus (mort en 26 av. J.-C.), puis le bras droit d'Auguste, Agrippa (mort en 12 av. J.-C.). Auguste contraint Tibère, son fils adoptif, à épouser Julie en 11 av. J.-C. Tibère la répudie en 2 av. J.-C. et Auguste la bannit de Rome.

Julie ou la Nouvelle Héloïse 1761 Roman de Jean-Jacques Rousseau, qui se présente sous forme de lettres et dont le titre rappelle la passion d'Héloïse pour Abélard. Par sa sincérité, ses descriptions lyriques de la nature, ce roman annonce les effusions romantiques.

julien, enne adj. *Calendrier julien* : voir *calendrier*. *Année julienne*, comportant 365 ou 366 (année bissextile) jours.

Julien dit **l'Apostat** (en latin **Flavius Claudius Julianus)** 331-363 Empereur romain en 360. Proclamé empereur par ses soldats à Lutèce, il devint maître de l'empire à la mort de l'empereur Constance (361). Il fut tué en combattant les Perses. Philosophe, chrétien dans sa jeunesse, mais hostile au christianisme qui était devenu la religion officielle, il rétablit le culte des anciens dieux sans persécuter les chrétiens.

julienne [1] n. f. Plante ornementale de la famille des crucifères, à fleurs pourpres ou jaunes. / Préparation faite de légumes taillés en menus morceaux, utilisés comme garniture ou pour des potages.

julienne [2] n. f. ZONAL. Lingue.

jumeau, elle adj. et n. Se dit de deux enfants nés d'un même accouchement. (On distingue les vrais jumeaux, ou *jumeaux monozygotes*, nés d'un même ovule fécondé et qui sont alors rigoureusement semblables, ayant le même patrimoine génétique, et les faux jumeaux, ou *jumeaux dizygotes*, nés de deux ovules et deux spermatozoïdes distincts, qui sont de simples frères ou sœurs et peuvent être de sexe différent : leur patrimoine génétique est différent). / Fig. Se dit de deux objets identiques. / ANAT. *Muscles jumeaux* : muscles pairs formant le mollet.

jumelage n. m. Action de grouper deux par deux. *Jumelage de deux villes* : union de deux villes qui veulent développer leurs liens culturels, économiques. / MILIT. Assemblage de deux armes sur un même affût, permettant un tir simultané.

jumeler v. t. [1] Associer (deux choses) par jumelage.

jumelle n. f. ou **jumelles** n. f. pl. Lorgnette ou lunette d'approche double, permettant la vision binoculaire et rendant le relief perceptible. / Ensemble de deux pièces identiques dans une machine.

jument n. f. Femelle du cheval. *Jument poulinière*, destinée à la reproduction.

jumping n. m. (mot anglais) Épreuve de sauts d'obstacles à cheval.

Juneau *26 751 h.* Capitale de l'Alaska, fondée en 1880 par des chercheurs d'or. Port de pêche.

Jung (Carl Gustav) 1875-1961 Psychiatre suisse, disciple de Freud dont il se sépara en 1911, car il lui reprochait de réduire les tendances de l'homme à la seule libido (*Métamorphoses et symboles de la libido*, 1912). Son expérience lui fait affirmer que les différentes cultures possèdent un inconscient collectif structuré par des archétypes ayant pour expression des images symboliques collectives (mythes, religions, contes, fêtes…).

Jünger (Ernst) 1895-1998 Écrivain allemand. Il vanta le guerrier allemand (*Orages d'acier*, 1920) et s'écarta du nazisme (*Sur les falaises de marbre*, 1939), qui jusque-là l'honorait. Officier d'occupation en France, il conta ses souvenirs parisiens dans plusieurs livres.

Jungfrau *4 166 m* Sommet des Alpes bernoises, en Suisse, gravi pour la première fois en 1811.

jungle n. f. (mot anglais, de l'hindoustani) Formation végétale très dense, continue, composée de lianes grimpantes et rampantes, de bambous, de grands arbres, etc., typique de l'Inde. / Fig. Tout milieu humain où règne la loi du plus fort. *Loi de la jungle. Dans la jungle des villes*, pièce de Bertolt Brecht.

Juni (Juan de) 1507-1577 Sculpteur espagnol d'origine française. Ses retables et ses statues en bois polychrome (à León, Valladolid, Salamanque) témoignent d'une recherche exaltée du pathétique, parfois exprimé de façon outrée : détails horribles, gestuelle torturée, mimiques proches de la caricature. À ce style d'une violente expressivité (*La Vierge tenant le corps du Christ mort*) succède une manière plus apaisée (*Mise au tombeau*, Ségovie).

junior adj. (inv. en genre) et n. (mot latin) Fils ou cadet. *Dupont junior.* / Débutant sur le plan professionnel. *Rédacteur junior* (par oppos. à *senior*). / SPORT Se dit d'un jeune sportif (16 à 20 ans) appartenant à la *catégorie junior* (ou *des juniors*), placée entre les cadets et les seniors. *Basketteuse junior.*

Junkers (Hugo) 1859-1935 Avionneur allemand, constructeur du premier appareil entièrement métallique et de nombreux avions militaires.

Junon MYTH. Déesse romaine assimilée à l'*Héra* des Grecs. Épouse de Jupiter, elle préside au mariage et à la naissance.

Junot (Andoche, duc d'Abrantès**)** 1771-1813 Général français. Conquérant du Portugal en 1807, il dut l'évacuer un an plus tard. Il ne fut pas plus heureux en Espagne et en Russie, mais Napoléon l'envoya gouverner les provinces illyriennes, bien qu'il fût déjà atteint de troubles mentaux. Ramené en France, il se suicida. **Junot (Laure Permon**, Mme **Junot**, duchesse d'Abrantès**)** 1784-1838 Épouse du précédent ; ses *Mémoires* ou *Souvenirs historiques sur Napoléon* sont une précieuse source de documentation.

junte n. f. Dans les pays de civilisation hispanique, assemblées ou équipes politiques et administratives, insurrectionnelles ou régulières. / Gouvernement militaire issu d'un coup d'État (en Amérique latine, notamment).

jupe n. f. Vêtement féminin composé d'une pièce de tissu, de coupe ample ou ajustée, qui part de la taille et couvre plus ou moins les jambes. *Jupe longue. Jupe courte. Jupe plissée.* / TECHN. *Jupe de piston* : surface des côtés qui maintient la direction du piston dans le cylindre. / Paroi souple du coussin d'air d'un aéroglisseur.

jupette n. f. Petite jupe courte.

Jupiter MYTH. ROM. Divinité suprême : dieu du ciel, de la Lumière, de la foudre et du tonnerre. Il détrôna son père Saturne, chassa les Titans et présida le conseil des dieux. Dans la cité romaine, les triomphateurs lui apportaient leur couronne et les empereurs lui faisaient élever des temples. On l'assimile au *Zeus* des Grecs.

• **Jupiter** Planète du système solaire qui occupe la cinquième orbite, à 5,2 UA (777 900 000 km) de son étoile.

JUPITER

Jupiter, photographié par Voyager I en mai 1979.

Son rayon est de 71 442 km (la Terre: 6 378 km), sa masse est égale à 318 fois celle de la Terre: c'est la plus massive des planètes du système solaire. Sa rotation journalière s'effectue en 9,50 heures terrestres, et sa révolution orbitale en 11,8 années terrestres. Son inclinaison sur l'écliptique est de 1,3 degré et l'excentricité de son orbite de 0,048 (la Terre 0,017). Galilée a découvert quatre de ses satellites dès 1610, et, à ce jour, nous en connaissons seize (dont douze découverts depuis la Terre de 1610 à 1951), qui forment avec leur planète un véritable système. Les satellites d'observation, les sondes spatiales et le télescope Hubble ont permis les observations « in situ », effectuées en dehors des contraintes imposées par les turbulences de notre atmosphère.

Depuis 1973 cinq sondes se sont succédé dans l'environnement de Jupiter: Pioneer 10 et 11 (1973-1974), Voyager I et II (1979), Galileo (composante orbiteur et atmosphérique, 1995-1997). Le dépouillement des données transmises par les sondes a confirmé l'existence d'un champ magnétique et la présence d'une magnétosphère (déjà étudiée en radioastronomie à Nançay), permis la découverte d'un anneau autour de la planète (Voyager I en mars 1979), précisé la nature de la grande tache rouge et des formations nuageuses, ainsi que la composition de l'atmosphère (Galileo composante atmosphérique, 1995). Les sondes ont aussi mis en évidence les interactions de Jupiter avec le vent solaire, le champ magnétique et le volcanisme actif de Io. Outre les photos issues de reconstitutions par ordinateur, elles ont permis de découvrir quatre autres satellites (1974 à 1979) et d'étudier la surface d'eau glacée d'Europe (Voyager, 1979).

Dès le lancement de la sonde Galileo, la recherche se focalisa sur la présence éventuelle d'eau liquide sur ce satellite, que les observations n'ont pas encore confirmée. Lors de son vol d'approche vers Jupiter, cette sonde a observé la collision d'une comète (Shoemaker-Levy) avec l'atmosphère d'une planète, événement rarissime.

La trajectoire orbitale de cette comète la faisait passer trop près de Jupiter et sous les effets de marée dus à la gravitation de la planète, la comète se brisa en une vingtaine de blocs qui percutèrent l'un après l'autre l'atmosphère de Jupiter.

jupitérien, enne adj. Relatif au dieu Jupiter. / Qui a un caractère impérieux; qui témoigne de ce caractère. *Un personnage jupitérien. Un regard jupitérien.*

jupon n. m. Jupe de dessous. / (Sens collectif) Les femmes. *Courir le jupon.*

juponner v. t. [1] Vieilli Habiller d'un jupon. / Cour. Soutenir (une jupe, une robe) avec un jupon ample. / Habiller (une table) d'une pièce de tissu large et longue qui va jusqu'au sol.

Juppé (Alain) 1945 Homme politique français, membre du RPR, ministre du Budget (1986-1988), ministre des Affaires étrangères (1993-1995), Premier ministre (1995-1997), maire de Bordeaux (1995), président de l'UMP (2002).

Jura (chaîne du) Chaîne de montagnes de l'est de la France et de l'ouest de la Suisse. Du Rhône au Rhin, sur *250 km*, le Jura dessine un croissant de plateaux massifs et de plis réguliers d'altitude modeste (point culminant: le crêt de la Neige, *1 723 m*). Il se prolonge en Allemagne sous la forme de plateaux (Jura souabe et Jura franconien). Le Jura est la plus jeune montagne de France: les couches calcaires qui le composent (sur un socle hercynien) se sont, au tertiaire, plissées régulièrement à l'est en formant la montagne et étalées au centre en constituant le plateau, qui se termine au-dessus de la plaine de la Saône par la côte et le Revermont. Très arrosé, le Jura vit de l'exploitation de la forêt, de l'élevage (fromages), de l'industrie (ancienne: travail du bois, horlogerie; et moderne: matières plastiques à Oyonnax) et enfin du tourisme. À l'ouest, la côte entaillée de courtes vallées, les reculées, porte des vignobles et des arbres fruitiers; les villes principales y sont fixées: Montbéliard, Besançon, Lons-le-Saunier. Au sud, la montagne domine, tranchée par des cluses. La proximité de Lyon et de Genève stimule le développement de l'industrie.

Chaîne du Jura.

Jura (canton du) *836 km² 65 836 h.* Canton du nord-ouest de la Suisse. Chef-lieu *Delémont*. Le Jura historique (aujourd'hui canton du Jura et Jura bernois) fut possession des évêques de Bâle jusqu'à la Réforme qui les chassa de leur évêché. Installés à Porrentruy, ils tentèrent de reconquérir le pays au catholicisme, mais n'y parvinrent que dans le nord de leurs terres. Allié à la Confédération helvétique, annexé par la France en 1798, le territoire revint à Berne en 1815. Catholiques dans un canton protestant, les Jurassiens revendiquèrent leur autonomie et obtinrent en 1978 la partition du canton de Berne dont la moitié septentrionale devint le nouveau canton du Jura.

Jura (département du) [39] *5 000 km² 248 759 h.* Chef-lieu *Lons-le-Saunier*. Département qui fait partie de la Région Franche-Comté. Le département s'étend sur la partie centrale du Jura: la montagne et le plateau à l'est sont le domaine de l'élevage bovin (fromages) et de l'exploitation forestière. La retombée abrupte sur la plaine de la Saône porte des vignobles et des vergers, tandis que les collines de Bresse, à l'ouest, sont réputées pour leur élevage de volailles. L'industrie est ancienne: alimentation, travail du bois (pipes de Saint-Claude, jouets, papeteries), horlogerie, lunetterie. Les Rousses est la principale station de sports d'hiver.

jurassien, enne adj. et n. Du Jura. *Climat jurassien. Un(e) Jurassien(ne).* / *Relief jurassien*: relief plissé dont la structure simple fait alterner les couches dures et les couches tendres conformément aux ondulations tectoniques.

jurassique adj. et n. m. Se dit d'un système de terrains de l'ère secondaire (entre le Trias et le Crétacé). / n. m. Ce système.

♦ Au Jurassique, qui va de -195 à -135 millions d'années, la mer s'étend sur presque toute la France et dans les géosynclinaux s'opère la sédimentation des argiles, des marnes et des calcaires (bassins anglo-parisien, d'Aquitaine et du Rhône). Sous le climat tropical apparaissent les premiers oiseaux et les premiers mammifères, alors que se développent les coraux et les ammonites.

Jürchets Peuple de Mandchourie dont le chef Wayan Akouta fonda (1115) la dynastie Jin dans la Chine septentrionale.

juré adj. et n. m. **A.** adj. Anc. Qui avait prêté serment pour accéder à la maîtrise, dans une corporation. / Mod. *Ennemi juré*, déclaré. **B.** n. m. Membre d'un jury. / Citoyen(ne) désigné(e) par tirage au sort pour faire partie d'un jury de cour d'assises.

jurer v. t. / v. i. [1] **A.** v. t. Promettre par un serment solennel. *Jurer fidélité. Jurez-vous de dire la vérité?* / Affirmer avec force;

J

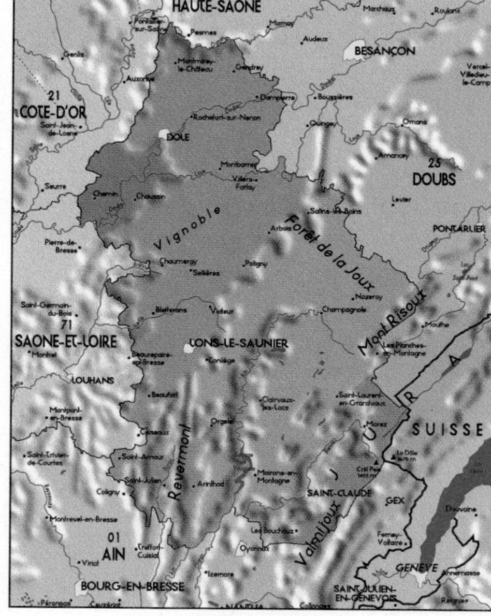

Département du ***Jura.***

promettre, s'engager à. *Je te jure que je le ferai. J'ai juré sa perte.* / v. pron. *Se jurer de*: prendre pour soi-même la résolution de. *Il s'est juré de ne pas recommencer.* **B.** v. i. Proférer des jurons. / Être mal assorti (avec), produire un effet discordant. *Le rouge de la jupe jure avec le rose du chapeau.*

juridiction n. f. Pouvoir de juger, compétence exclusive d'un tribunal. *Juridiction commerciale.* / Territoire dans lequel ce droit peut être exercé. / *Degré de juridiction*: chacun des tribunaux devant lesquels une même affaire peut être jugée. *Juridiction du premier degré*, en première instance. *Juridiction du second degré*, d'appel.

juridictionnel, elle adj. Qui procède d'une juridiction.

juridique adj. Qui procède du droit. *Texte juridique.*

juridiquement adv. De façon juridique.

juridisme n. m. Attitude d'une personne qui s'en tient strictement à la lettre de la loi.

jurisconsulte n. m. Personne qui a étudié le droit et dont le métier est de donner des conseils juridiques.

jurisprudence n. f. DR. Ensemble des décisions rendues par les tribunaux dans un pays ou dans un domaine donné, constituant une source du droit. *Faire jurisprudence*: faire autorité, servir de référence, créer un précédent juridique. / Manière dont un tribunal interprète la loi et les droits. *La jurisprudence de la cour de cassation, immuable en la matière.* / Vx Science du droit.

jurisprudentiel, elle adj. D'une jurisprudence.

juriste n. Spécialiste du droit.

juron n. m. Exclamation grossière.

jury n. m. (mot anglais) DR. Ensemble des citoyens susceptibles d'être jurés, inscrits sur listes départementales annuelles ou sur liste de cession. / Ensemble de neuf jurés désignés par tirage au sort pour participer au jugement d'une affaire criminelle en cour d'assises. / Commission chargée de statuer sur une question, de noter des copies d'examen, de choisir un lauréat. *Jury du CAPES.*

jus n. m. Liquide extrait d'une substance végétale par pression ou par décoction, ou d'une substance animale par cuisson ou macération. / Fam. Café. / Fam. Courant électrique.

jusant n. m. Marée descendante.

jusqu'au-boutisme n. m. Position extrémiste de ceux qui veulent à tout prix mener une action, quelle qu'elle soit, jusqu'au bout.

jusqu'au-boutiste n. Tenant du jusqu'auboutisme.

jusque, jusqu', jusques prép. et loc. conj. **A.** prép. (Suivi d'une préposition ou d'un adverbe, marque un terme dans l'espace ou le temps) *Allons jusqu'à la forêt. J'ai travaillé jusqu'à cinq heures.* / Vx Jusques à quand: jusqu'à quand. / Mod. Jusques et y compris...: cette chose, ces choses, cette personne, ces personnes inclus(es). / (Pour insister sur l'inclusion dans un tout d'un élément considéré comme ultime) *Il a bu sa tisane jusqu'à la dernière goutte.* **B.** loc. conj. (Pour marquer le terme d'une durée) *Jusqu'à ce que*: jusqu'au moment où. *Je m'occuperai de lui jusqu'à ce qu'il puisse se débrouiller seul.*

jusquiame n. f. BOT. Plante de la famille des solanacées, à feuilles découpées. *La jusquiame noire renferme divers alcaloïdes (atropine, scopolamine, etc.).* / Extrait de cette plante, aux propriétés hallucinatoires.

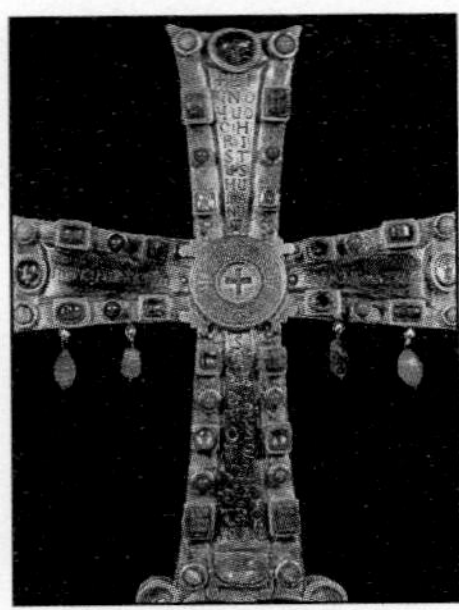

Croix de l'empereur **Justin II**. Vers 575, argent doré et pierres précieuses. Cité du Vatican, trésor de Saint-Pierre.

Jussieu Famille de médecins et de botanistes français. **Antoine** 1686-1758 Professeur au Jardin du roi (aujourd'hui Muséum national d'Histoire naturelle), il a laissé des *Mémoires* sur la zoologie, la botanique et un *Traité des vertus des plantes.* **Bernard** 1699-1777 Frère du précédent. Il rapporta d'Angleterre deux cèdres du Liban, dont l'un existe toujours. **Joseph** 1704-1779 Frère des précédents. Il voyagea en Amérique et introduisit en France de nombreuses plantes exotiques. **Antoine Laurent** 1748-1836 Neveu des précédents. Professeur au Jardin du roi, puis directeur du Muséum, il exposa une méthode de classification des plantes (*Genera plantarum secundum ordines naturales disposita*, 1788). **Adrien** 1797-1853 Fils d'Antoine Laurent, il laissa un travail sur les *Embryons monocotylédones.*

justaucorps n. m. Vêtement très ajusté à la taille, porté aux XVIIe et XVIIIe siècles.

juste adj., n. et adv. **I.** Qui se conforme à la justice, agit avec équité. *Un homme juste.* Ant. injuste. / Subst. *Un juste*: un homme juste. / Équitable. *Décision juste.* / (Avant le nom) Légitime. *Une juste revendication.* **II.** (Par oppos. à *faux*) Qui dénote de la justesse; exact, précis. *Calcul juste.* / MUS. *Une note juste*, d'un ton précis et accordé à la tonalité d'ensemble. / *Un peu juste*: à peine suffisant. *Un vêtement un peu juste*, un peu étroit. / Judicieux. *Un raisonnement juste.* (Emploi adverbial). *Midi juste. Penser juste. Juste suffisant.*

Juste Famille de sculpteurs italiens établis en France en 1504. **Antoine** 1479-1519 Il travailla au château de Gaillon et au tombeau de Louis XII et d'Anne de Bretagne. **Jean I**er 1485-1549 Frère du précédent; il est l'auteur des figures royales agenouillées et des gisants du mausolée de Louis XII. **Juste** 1505-1559 Fils d'Antoine, il travailla avec son père et son oncle et, sculpteur du roi François Ier, contribua à la décoration de Fontainebleau. **Jean II** 1510-1579 Fils de Jean Ier, il fut le collaborateur de son père.

justement adv. Légitimement. *Il s'est justement opposé à cet accord.* / Avec justesse. *Il a justement apprécié cette prestation.* / Précisément. *C'est justement pour cela que je me rallie à cette proposition.*

justesse n. f. Qualité de ce qui est exactement approprié à sa destination. / Précision dans l'exécution. *Justesse de tir.* / MUS. *Justesse d'une note.* / Rectitude de jugement. *Justesse d'esprit.*

justice n. f. Caractère de ce qui est conforme au droit naturel ou à la loi. / Vertu morale de celui qui reconnaît les mérites et respecte les droits de chacun. / Pouvoir de faire respecter le droit et exercice de ce pouvoir. *Justice divine. Rendre justice à qqn*: reconnaître ses mérites. *Se faire justice*: se tuer pour expier une faute. / Ensemble des tribunaux et des magistrats chargés de faire régner la justice (pouvoir judiciaire symbolisé par une balance et un glaive tenus par une femme aux yeux bandés). *Palais de justice*: immeuble où siègent les tribunaux. *Ministre de la Justice* ou *garde des Sceaux de l'État.* / Ensemble des juridictions d'une même espèce. *Justice civile*: juridiction qui traite les litiges entre les particuliers et la société. *Justice administrative*: tribunaux administratifs et conseil d'État.

justiciable adj. et n. Qui relève de (telle juridiction, telle condamnation). *Délit justiciable de la cour de sûreté de l'État, de la peine de mort.* / Subst. Personne en tant qu'individu susceptible de recourir à la justice, d'être assigné en justice.

justicier, ère n. et adj. Personne qui aime faire régner la justice, qui l'exerce et l'applique. (Emploi adj.) *Saint Louis, le roi justicier.* / Personne qui prétend exercer la justice et se conduit en redresseur de tort. *Se prendre pour un justicier.* / FÉOD. *Seigneur haut justicier*: seigneur qui avait, sur ses terres, le droit d'exercer pleinement la justice, tant au civil qu'au pénal.

justifiable adj. Que l'on peut justifier.

justificatif, ive adj. et n. m. Qui justifie, qui apporte la preuve. *Pièces justificatives dans un procès.* / n. m. Pièce justificative. / Spécial. *Exemplaire justificatif* ou, n. m., *justificatif*: exemplaire ou extrait d'une publication, attestant l'insertion d'un article, d'une photo, d'une annonce publicitaire, adressé à l'auteur ou à l'annonceur.

justification n. f. Démonstration de l'innocence de qqn. / Preuve apportée pour expliquer un comportement. *Justification d'une action.* / THÉOL. Acte par lequel le pécheur est rétabli en état de grâce. / IMPRIM. Longueur de la ligne imprimée définie par le nombre de caractères qu'elle contient.

justifier v. t. [1] Disculper, innocenter. / v. pron. *Se justifier d'un reproche.* / Établir; faire admettre la justesse, le bien-fondé de. *La fin justifie les moyens. Tes soupçons sont justifiés.* / *Justifier de*: apporter les preuves matérielles de. *Justifier de son identité, de ses revenus.* / IMPRIM. Régler la justification de (une ligne).

Justin Ier v. 450-527 Empereur byzantin en 518. Berger macédonien illettré, il fut proclamé empereur, à la mort d'Anastase, par les gardes du palais qu'il commandait. En 527, il associa au trône son neveu Justinien qui l'avait aidé à gouverner. **Justin II** ?-578 Empereur byzantin en 565. Neveu de Justinien Ier, il lui succéda. Époux de Sophie, nièce de Théodora, il subit l'influence de sa femme et ne put empêcher les Lombards d'envahir l'Italie, les Slaves de s'établir en Illyrie et les Perses de reprendre la guerre.

Justinien Ier et sa cour (détail; mosaïque de la basilique San Vitale de Ravenne).

Justinien Ier 482-565 Empereur byzantin en 527. Fils d'un paysan, associé au trône par son oncle Justin Ier, il lui succéda. Ses généraux, Bélisaire et Narsès, reprirent l'Italie aux Goths (534-540) et Carthage aux Vandales (534). Les Perses conclurent la paix (540-562). Secondé par son épouse Théodora, il réorganisa l'administration de l'empire et fit publier par des jurisconsultes le *Code Justinien*, les *Novelles*, le *Digeste* et les *Institutes*, monuments de la jurisprudence romaine. Il fit élever à Byzance l'église Sainte-Sophie (537). **Justinien II Rhinotmète** (« nez coupé ») 669-711 Empereur byzantin (685-695, puis 705-711). Chassé par le peuple qui lui coupa le nez (695), il reprit le pouvoir en 705, mais fut tué au cours d'une révolte.

jute n. m. Espèce de chanvre cultivée en Inde et au Bangladesh, dont on tire de l'écorce une fibre textile grossière. / Fibre textile tirée de cette plante. *Le jute, résistant et bon marché, sert à fabriquer des toiles à sac, des cordages, etc. De la toile de jute.*

juteux, euse adj. et n. m. **A.** adj. Qui exprime, ou qui renferme beaucoup de jus. *Fruit juteux.* / Fig. Lucratif. *Affaire juteuse.* **B.** n. m. MILIT. Argot. Adjudant.

Jutland ou **Jylland** Plaine au climat doux et humide, située au centre du Danemark. Elle est couverte de prairies et de céréales au sud et à l'est, de forêts et de landes sur les dunes du nord et de l'ouest. Au large de ses côtes se déroula en mai 1916 une importante bataille navale anglo-allemande.

Juvénal (Decimus Junius) 60 ?-130 apr. J.-C. Poète latin qui décrit avec verve la vie à Rome en son temps, dans ses *Satires* que Boileau a imitées.

Juvénal ou **Jouvenel des Ursins (Jean)** v. 1350-1431 Magistrat français, prévôt des marchands de Paris, il soutint Isabeau de Bavière et contribua à lui assurer la régence lorsque Charles VI fut devenu fou. **Jean** 1388-1473 Fils du précédent, archevêque de Reims, un des artisans de la révision du procès de Jeanne d'Arc. **Guillaume** 1401-1472 Frère du précédent, magistrat et homme de guerre, chancelier de France (1445). **Jacques** ?-1457 Frère du précédent, prélat, commanditaire du missel de Juvénal aux précieuses miniatures.

juvénat n. m. Dans certaines congrégations religieuses, en particulier dans la Compagnie de Jésus, stage préparant au professorat. *Faire son juvénat à Reims.*

juvénile adj. et n. **A.** adj. Propre ou relatif à la jeunesse. *Naïveté juvénile.* Ant. sénile. **B.** n. m. et adj. ZONAL. Jeune (d'une espèce animale). / adj. *Un rouge-gorge juvénile.*

juxtalinéaire adj. Traduction juxtalinéaire, donnant sur deux colonnes, et ligne par ligne, les mots du texte original et la traduction correspondante.

juxtaposer v. t. [1] Placer (des éléments) en juxtaposition.

juxtaposition n. f. Action d'assembler diverses choses les unes à côté des autres. / Situation des choses ainsi disposées.

K2 ou **Dapsang** ou **Godwin Austen** *8611 m* Un des plus hauts sommets du monde, dans le massif du Karakoram (Himalaya). Il fut conquis en 1954 par une expédition italienne.

ka Voir **kaon**

Ka'ba ou **Kaaba (la)** Sanctuaire de la mosquée de La Mecque qui, selon la tradition coranique, aurait été édifié par Abraham. Il renferme la Pierre noire qui marque l'orientation du point vers lequel se tournent les musulmans pour prier.

Kabbale (la) Courant ésotérique et mystique du judaïsme, dont l'origine remonte à l'Antiquité et dont le livre théorique principal est le Zohar (v. 1300).

Kabila (Laurent Désiré) 1941-2001 Homme politique de la République démocratique du Congo. Ancien partisan de Lumumba, il vécut semi-clandestinement dans le sud du pays de 1963 à 1996. Il prit alors la tête d'une armée qui s'empara de Kinshasa (sans résistance) en mai 1997. Il se proclama aussitôt président de la République démocratique du Congo (État nommé Zaïre par Mobutu en 1972). La Communauté internationale lui a reproché de graves atteintes aux droits de l'homme. Il a été assassiné en 2001 par un de ses gardes du corps et son fils Joseph (né en 1971) lui a succédé.

Kaboul *1424400 h. (?)* Capitale de l'Afghanistan, sur le Kaboul (affluent de l'Indus), chef-lieu de province. Cette ancienne citadelle, construite à *1800 m* d'altitude,

La Ka'ba.

Mu'ammar Al Kadhafi.

est un grand marché de fruits, de soieries et d'armes. Elle a été gravement endommagée depuis les combats qui ont débuté en 1992.

kabuki n. m. (mot japonais) Forme de théâtre japonais mettant en scène des thèmes populaires psalmodiés, chantés et mimés dans un décor souvent somptueux.

kabyle adj. et n. De Kabylie. / n. m. Langue berbère parlée en Kabylie.

Kabyles Population de montagnards d'origine berbère vivant en Algérie, dont le nombre est évalué à plus d'un million. Résistants à la colonisation française (jusqu'en 1857), de nouveau insurgés en 1871, ardents militants de la révolution algérienne dès les débuts de la guerre d'Algérie (1954-1962), ils tentent de maintenir, en dépit de la politique officielle d'arabisation, leur spécificité linguistique (chaire de berbère à l'université de Tizi-Ouzou) et leurs traditions.

Kabylie Partie orientale de l'Atlas tellien, en Algérie, densément peuplée par les Kabyles, berbères sédentaires vivant de l'agriculture (céréales, vergers, vignes) et dont une importante partie s'expatrie en France. Les monts de Kabylie, secs et difficilement pénétrables, culminent au pic de Lalla Khadidja (*2308 m*) dans le massif du Djurdjura, qui fait partie de la Grande Kabylie. Le djebel Babors et la partie orientale de la chaîne des Bibans forment la Petite Kabylie.

Kachin *89041 km² 600000 h.* État de Birmanie, au nord-ouest du pays, le long de la frontière chinoise. Capitale *Myitkyina*. C'est une région agricole (riz, canne à sucre) qui recèle quelques ressources minières (or, argent, cuivre, jade). Les Kachins, de source tibéto-birmane, sont, pour la plupart, animistes.

Kádár (János) 1912-1989 Homme politique hongrois. Communiste dès 1932, il est premier secrétaire du Parti (1955-1988). Après l'insurrection de Budapest (1956), il remplace, sur injonctions de l'URSS, Imre Nagy à la présidence du Conseil ; il y restera jusqu'en 1958 et y reviendra de 1961 à 1965. Après une période répressive, il libéralise le régime. Nommé président du Parti (poste strictement honorifique) en 1988, il est exclu du comité central en 1989 et meurt peu après.

Kadaré (Ismaïl) 1936 Romancier albanais, le premier écrivain albanais d'audience internationale : *Le Général de l'armée morte* (1963), *Le Crépuscule des dieux de la steppe* (1981), *Gjirokastër* (1996). Ses ouvrages sont liés à l'histoire de son pays, peinte sous les couleurs de la métaphore (*Le Palais des rêves*, 1981), non sans, parfois, d'explicites allusions à la dictature d'Enver Hodja. Installé en France, où il a obtenu l'asile politique en 1991, il continue son travail de mémoire (*Froides fleurs d'avril*, 2000).

kaddish ou **kadich** n. m. RELIG. Prière juive récitée à la fin des principales parties de l'office, et dont l'essentiel du texte est en araméen.

Kadesh Voir **Qadesh**

Kadhafi (Mu'ammar Al) 1942 Militaire et homme politique libyen. Après le coup d'État militaire (1969) qui renverse le roi Idris et instaure la République arabe libyenne, il devient président du Conseil de la révolution et ministre de la Défense. À l'intérieur, il applique les principes du *socialisme islamique*. À l'extérieur, il défend une politique panarabe, anti-occidentale et anti-israélienne. Bien que le « guide de la révolution » n'occupe plus de position officielle depuis 1979, il conserve tous les pouvoirs. On lui a imputé la responsabilité d'actions terroristes.

Kadjars Voir **Qadjars**

• **Kafka (Franz)** 1883-1924 Écrivain tchèque d'expression allemande.

kafkaïen, enne adj. De Kafka, relatif à Kafka. / Qui évoque l'atmosphère d'angoisse et d'absurde des œuvres de Kafka.

K

Né à Prague dans une famille de la bourgeoisie juive germanisée, il est employé à Vienne dans une compagnie d'assurances ; son œuvre est marquée par cette triple culture : juive, allemande (il a fait toutes ses études en allemand), slave. En 1909, il publie des textes brefs (notamment *Description d'un combat*). En 1914, il commence la rédaction du roman *Le Procès*, abandonnée en 1915 : un employé, Joseph K., est inculpé sans raison, pour un délit non précisé ; l'appareil policier et judiciaire le pousse tranquillement vers l'exécution capitale. En 1916, Kafka publie *La Métamorphose* (d'un homme en insecte). En 1917, la tuberculose (dont il mourra) le contraint à abandonner son emploi. En 1919, il publie une nouvelle, *La Colonie pénitentiaire*. En 1922, il entreprend un roman, *Le Château*, qu'il n'achève pas : l'arpenteur Joseph K. ne parvient pas à monter au château où on l'a convoqué, la hiérarchie politico-policière dressant sans cesse des obstacles. Contre la volonté de son ami, Max Brod publia en 1925 *Le Procès*, en 1926 *Le Château* et en 1927 *L'Amérique*, roman écrit avant les deux autres. Le *Journal* (1910-1924) fut publié ensuite.

***Frida Kahlo** vers 1938-1939*
(© Nickolas Murray).

Kagel (Mauricio) 1931 Compositeur et chef d'orchestre argentin. Depuis 1957, il travaille à Cologne, poursuivant ses recherches électroacoustiques et se consacrant au théâtre musical (*Idées fixes*, 1989).

Kahina (Al-) ?-704 ou 705 Reine berbère semi-légendaire qui régna sur une partie des Aurès à partir de 685. Si l'on en croit la tradition (partiellement mais non intégralement confirmée par des sources historiques), elle lutta contre les Byzantins, puis contre les envahisseurs arabes, réussissant à maintenir l'unité des tribus. Pratiquant, dit-on, la politique de la terre brûlée, elle parvint à contenir les armées arabes jusqu'à la bataille de Tabarka (aujourd'hui en Tunisie, près de la frontière algérienne) qu'elle perdit ; elle fut décapitée.

Kahlo (Frida) 1910-1954 Peintre mexicain dont les œuvres s'inspirent à la fois du surréalisme et des traditions populaires de son pays ; elle fut l'épouse de Diego Rivera.

Kahn (Gustave) 1859-1936 Poète français. Laforgue et lui furent les premiers qui utilisèrent le vers libre, qu'il théorisa en 1912 dans son essai *Le Vers libre*.

Kahn (Abraham dit **Albert)** 1860-1940 Banquier et philanthrope français. Passionné d'horticulture, il a créé un jardin exotique dans sa propriété de Boulogne-Billancourt et employé sa fortune à favoriser la paix dans le monde, en particulier par la connaissance des civilisations lointaines ; pendant des années, il a envoyé dans les cinq continents photographes et cinéastes dont les travaux, rassemblés, constituent *Les Archives de la planète* (musée Albert-Kahn, Boulogne-Billancourt).

Kahnweiler (Daniel Henri) 1884-1979 Marchand de tableaux français d'origine allemande. Il fit connaître les cubistes (sur lesquels il écrivit un ouvrage de critique, *La Montée du cubisme*) : Picasso, Braque, Juan Gris (auquel le liait une profonde amitié), Léger, et les fauves (Derain, Vlaminck notamment) qu'il exposa, qu'il défendit, à qui il commanda des illustrations de livres et dont il fit acheter les œuvres partout dans le monde.

Kaifeng *693 148 h.* Ville du centre de la Chine, dans le Henan, sur le Huanghe, grand centre de l'industrie chimique.

Kairouan *72 254 h.* Ville religieuse de Tunisie. La ville, centre réputé de fabrication de tapis, comprend une partie ancienne entourée de remparts et dominée par un minaret de 35 m. La Grande Mosquée (670) fut reconstruite au IXe siècle par les Aghlabides, à qui l'on doit de nombreux autres monuments dont la mosquée des Trois-Portes (866).

kaiser n. m. (mot allemand) *Le Kaiser* : l'empereur d'Allemagne (de 1871 à 1918).

kakatoès Voir **cacatoès**

kakemono n. m. (mot japonais) Peinture japonaise plus haute que large, exécutée sur papier ou sur soie, qui se suspend ou s'enroule sur un bâton de bois précieux.

kaki [1] n. m. Fruit du plaqueminier, arbre de la famille des ébénacées. *Le kaki est une baie à chair molle et douceâtre, ressemblant à une petite tomate.* Syn. plaquemine.

kaki [2] adj. inv. et n. m. D'une couleur située entre le brun, le vert et le jaune, adoptée pour les tenues militaires. *Pantalon kaki.* / n. m. inv. Cette couleur. *Je déteste le kaki.*

kala-azar n. m. MÉD. Maladie sévissant dans le bassin méditerranéen, l'Afrique, l'Extrême-Orient, due à un protozoaire, et caractérisée par de l'anémie et une augmentation du volume du foie et de la rate.

Kalach ou **Kalah** Nom biblique de Kalkhu.

Kalahari (désert de) *700 000 km² * Vaste plateau désertique de l'Afrique du Sud (à *1 300 m* d'altitude), traversé par le tropique du Capricorne, et habité par les Bochimans.

Kalatozov (Mikhaïl Konstantinovitch) 1903-1973 Cinéaste soviétique. Son film romantique *Quand passent les cigognes* (1959) a été perçu en Occident comme un témoignage du « dégel » soviétique.

kaléidoscope n. m. Tube cylindrique au fond duquel se trouvent de petits objets mobiles, et dont des miroirs brisés donnent des images à symétrie rayonnante, multiples et changeantes.

Kalevala (le) Épopée finlandaise reconstituée par Elias Lönnrot (1828-1834) à partir de fragments datant du Moyen Âge. De caractère populaire, cette œuvre glorifie les hommes du Nord, sages et vertueux, en lutte contre la nature et elle a inspiré de nombreux écrivains et artistes des XIXe et XXe siècles.

Kali En Inde, déesse de la mort et de la destruction, mais aussi de la création et de la force vitale, l'une des épouses de Çiva.

*Désert de **Kalahari**, Namibie.*

kaliémie n. f. BIOL. Taux de potassium dans le sang.

Kalimantan Nom indonésien de Bornéo.

Kalinine (Mikhaïl Ivanovitch) 1875-1946 Homme d'État soviétique. Il participa activement à la révolution d'Octobre ; en 1937, Staline lui confia la présidence du præsidium du Soviet suprême (poste largement honorifique et sans grande portée politique), qu'il exerça jusqu'à sa mort.

Kaliningrad *416 547 h.* Port de Russie, sur la mer Baltique, chef-lieu de la région du même nom. Pêche, constructions navales et mécaniques, industries alimentaires. **Histoire** : Voir *Königsberg*.

Kalkhu ou **Kalach** Ville de l'Assyrie ancienne, aujourd'hui Nimroud.

Kalmar *58 070 h.* Ville et port du sud de la Suède, chef-lieu du län du même nom. Travail du bois. Pêches et conserveries. Château (XIIIe-XIVe siècle). En 1397, le *traité de Kalmar* unit les trois pays scandinaves (la Suède, la Norvège et le Danemark) en un royaume danois. En 1521, le Suédois Gustave Vasa, à la tête d'insurgés, mit fin à l'*Union de Kalmar*.

Kalmoukie *75 900 km² 327 000 h.* République de la fédération de Russie. Capitale *Elista*. Pays de steppes semi-arides, on y pratique l'élevage des ovins, et, dans les terres irriguées, la culture de céréales. Pêcheries, conserveries de poisson. **Histoire** Nomades, les Kalmouks furent sous domination russe dès le XVIIe siècle et la plupart d'entre eux émigrèrent en Chine au XVIIIe siècle ; ceux qui restèrent sur place continuèrent à nomadiser jusqu'en 1940. Région autonome en 1920, république socialiste soviétique autonome en 1935, le pays perdit son autonomie administrative en 1943 (ses habitants, tenus pour collaborateurs, furent en grande partie déportés), redevint région autonome en 1957, puis république socialiste soviétique autonome en 1958 et, enfin, république socialiste soviétique en 1990, pour prendre le nom de Kalmoukie en 1992.

Kalmouks Pasteurs nomades d'origine mongole, de religion bouddhiste-lamaïste, vivant dans le sud de la Russie, en Mongolie et en Chine.

Kalvar (Richard) 1944 Photographe américain. Il s'intéresse aussi bien au reportage qu'à la publicité, utilise le noir et blanc plus que la couleur et privilégie l'émotion.

Kâma Dieu de l'amour en Inde. Il est représenté par un jeune homme chevauchant un perroquet. Armé d'un arc dont le bois est une canne à sucre et dont la corde est formée d'abeilles, il décoche cinq fleurs, symboles de nos cinq sens.

Kamakura *171 815 h.* Ville du Japon, dans le nord d'Honshu, au bord du Pacifique, célèbre pour une statue colossale du Bouddha, en bronze, datant du milieu du XIIIe siècle. Cette ville très ancienne, fondée au VIIIe siècle, fut de 1185 à 1333 la capitale du gouvernement militaire de Minamoto no Yoritomo (époque de Kamakura).

Kama-sutra Sutra (recueil d'aphorismes en sanskrit) écrit en Inde à une date indéterminée, en tout cas antérieure au VIIe siècle. Attribué à Vatsyayana (sage hindou du IVe siècle), il traite du désir (*Kama*), de l'amour physique, du mariage, des courtisanes, de la vie sociale.

Kamenev (Lev Borissovitch Rosenfeld, dit) 1883-1936 Homme politique soviétique. Bolchevique dès 1903, il forma avec Staline et Zinoviev une *troïka* en 1922. Avec Zinoviev et leur ancien adversaire, Trotski, il s'opposa à Staline en 1925, puis fit son autocritique en 1928, ce qui ne l'empêcha pas d'être arrêté et exécuté. Il a été réhabilité en 1988.

Kamerlingh Onnes (Heike) 1853-1926 Physicien néerlandais. Il réalisa la liquéfaction, puis la solidification de l'hydrogène, la liquéfaction de l'hélium et

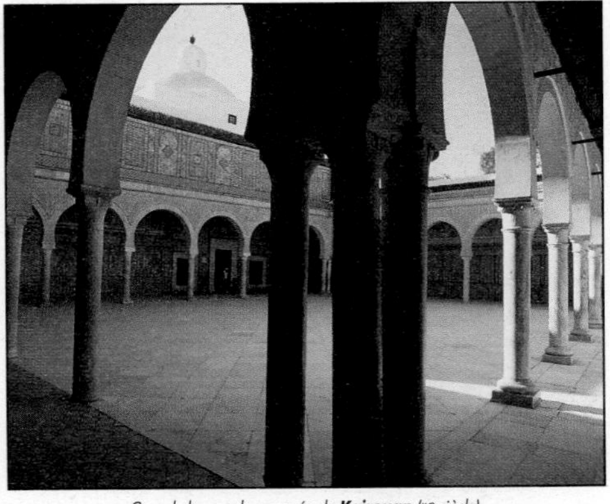
*Cour de la grande mosquée de **Kairouan** (IXe siècle).*

Pointes en forme d'arc de ***Kandinsky***.

découvrit la supraconductivité des métaux.

kami n. m. (mot japonais) Déité (ancêtre divinisé ou esprit de la nature) dans les anciens cultes japonais et le shintoïsme.

kamikaze n. m. et adj. (mot japonais) **A.** n. m. Avion japonais chargé de bombes qui, pendant la Seconde Guerre mondiale, piquait droit sur les bateaux américains et explosait avec son pilote. *Le mot « kamikaze » signifie « vent divin » et évoque deux tempêtes, tenues pour miraculeuses, qui, par deux fois, éloignèrent du Japon les envahisseurs mongols au XIIIe siècle.* / Pilote de cet avion suicide. / Par ext. Personne d'une très grande témérité. **B.** adj. Qui tient du suicide. *Opération kamikaze.*

Kampala *458 423 h.* Capitale de l'Ouganda, sur la rive septentrionale du lac Victoria, à *1 300 m* d'altitude. Capitale du royaume du Buganda, cette ville est devenue le centre politique et économique de l'Ouganda. Une voie ferrée la relie à Nairobi (Kenya).

Kamtchatka (le) Presqu'île volcanique de l'Extrême-Orient russe, entre les mers de Béring et d'Okhotsk. Pays de chasseurs (fourrures) et de pêcheurs (crabes, saumons), au climat rude, c'est une étape importante sur la route maritime du Grand Nord.

Kanaks Voir **Canaques**

Kanaris (Konstantinos) 1790-1877 Marin et homme politique grec ; combattant de la guerre d'Indépendance, il battit les Turcs à Chios et Ténédos. Il fut ensuite, une fois la Grèce libérée, Premier ministre du roi Othon (1848-1849) qu'il contribua à faire déposer. Régent (1862-1863), il redevint Premier ministre (1864-1865 et 1877).

Kandahar ou **Qandahar** *225 500 h.* Ville du sud de l'Afghanistan, chef-lieu de la province du même nom. Citadelle élevée sur un plateau, la ville est devenue un grand centre commercial : soieries, vins, chevaux, armes, tapis. Elle fut la capitale du pays de 1761 à 1775.

Kandinsky (Vassili) 1866-1944 Peintre, graveur et théoricien français d'origine russe, qui prit d'abord en 1928 la nationalité allemande. Juriste de formation, il abandonne le barreau en 1896 et s'établit à Munich où, en 1901, il fonde le groupe *Phalanx* (« la Phalange ») et fait la connaissance de Klee. Après des voyages en Europe et en Tunisie et un séjour à Paris (1906), il regagne Munich et travaille avec Jawlensky dans le groupe de la NKV (*Neue Kunstlervereinigung*, « Nouvelle Association des artistes ») ; c'est une période de bouillonnante création artistique et d'intense réflexion théorique (*Du spirituel dans l'art*). En 1911, avec Franz Marc, il crée le groupe du *Cavalier bleu*. Ses œuvres se placent aux confins du fauvisme et de l'expressionnisme et amorcent une libération de la référence au réel qui se concrétisera plus tard. Il rejoint la Russie en 1914 et joue, après la guerre, un rôle important dans la politique artistique de son pays (fondation en 1919 du musée de la Culture picturale, en 1921 de l'Académie des sciences artistiques) tout en enseignant à partir de 1920 à l'université de Moscou. Lassé par le conformisme et le dogmatisme ambiants, il repart pour l'Allemagne où il rejoint le Bauhaus (il y enseigne de 1922 à 1933) et publie *Point et ligne par rapport à la surface*. À cette époque, ses toiles ont un coloris intense et des formes ordonnées selon un rythme original, de plus en plus complexe et fantaisiste. À partir de 1933, installé à Neuilly, il exalte dans des toiles aux couleurs brillantes la puissance du signe dont les motifs évoquent parfois des hiéroglyphes.

Kanem Royaume créé au IXe siècle, dans le Tchad actuel, qui domina le Bornou au XIIIe siècle, disparut au XIVe siècle et fut reconstitué au XVIe siècle.

Kangchenjunga *8 585 m* Un des plus hauts sommets du monde, dans le massif de l'Himalaya, au Népal.

kangourou n. m. (mot d'une langue d'Australie) Grand mammifère marsupial herbivore, vivant en Australie. *Doté de membres postérieurs longs et puissants, le kangourou se déplace par bonds ; la femelle du grand kangourou abrite, dans une poche ventrale, ses petits pendant près de huit mois, après une gestation de moins de cinq semaines.*

kanji n. m. inv. (mot japonais) Signe de l'écriture japonaise utilisé pour représenter les mots d'origine chinoise, ainsi que tout ou partie de mots japonais.

Kano *625 500 h.* Ville du Nigeria, capitale de l'État du même nom, centre commercial et industriel. Elle fut la capitale d'un royaume haoussa, fondé vers l'an 1000, dont la puissance culmina vers l'an 1400 et auquel les Peuls musulmans d'Ousmane Dan Fodio mirent fin au début du XIXe siècle.

Kano Masanobu 1434-1530 Peintre japonais. Actif de 1454 à 1490, il est le premier peintre laïc à utiliser le lavis monochrome, technique jusque-là réservée aux moines zen. **Kano Eitoku** 1543-1590 Peintre japonais, considéré comme le meilleur de son temps, décorateur des châteaux d'Oda Nobunaga et Toyotomi Hideyoshi. **Kano Tanyu** 1602-1674 Petit-fils du précédent, à qui il succéda (comme lui avait succédé son propre père Kano Takanobu) au service des Tokugawa.

Kano (école) École picturale japonaise fondée à Kyoto par Kano Masanobu et poursuivie par ses descendants, qui contribua fortement à former le goût de la caste militaire au pouvoir.

Kanpur *2 111 000 h.* Ville de l'Inde, sur le Gange, dans l'Uttar-Pradesh. Elle possède une importante industrie du cuir (chaussures) et du coton.

Kansai Région du Japon, dans le centre sud de l'île Honshu, berceau de la civilisation japonaise (Nara, Kyoto). La conurbation actuelle d'Osaka-Kobe en fait partie.

Kansas *274 km* Rivière des États-Unis, affluent du Missouri.

Kansas *213 098 km² 2 594 840 h.* État du centre des États-Unis. Capitale *Topeka*. Au cœur de la Prairie, c'est un grand producteur de blé (1/5 du blé américain) et un centre d'industries aéronautiques, à Wichita, dans une région riche en pétrole et en gaz. Ce territoire, qui faisait partie de l'immense Louisiane française, fut vendu par la France en 1803. Il entra dans l'Union en 1861.

Kansas City Centre urbain des États-Unis fait de deux villes portant le même nom.

Kansas City, Missouri *443 878 h.* Port fluvial des États-Unis, sur la frontière entre le Kansas et le Missouri. La ville est un important marché de blé et de bétail et un grand centre culturel (université du Missouri, bibliothèque, musées).

Kansas City, Kansas *150 000 h.* Ville située sur l'autre rive du Missouri ; centre de communications.

Kant (Emmanuel) 1724-1804 Philosophe allemand qui passa toute sa vie à Königsberg, où il naquit, enseigna et mourut. De 1755 (*Sur le feu*) à 1770, il écrit des essais scientifiques tout en enseignant (à partir de 1758) à l'université. En 1770, il y est nommé professeur et commence d'élaborer son système. En 1781 paraît *La Critique de la raison pure*. Il ne tente pas de créer une science, une morale, une métaphysique nouvelles : il s'interroge sur la légitimité du savoir. Toute connaissance scientifique est l'union d'une forme et d'un contenu ; si l'esprit humain fournit la forme, le contenu ne peut venir que de l'expérience sensible. *La Critique de la raison pure* explicite cet *a priori*. Primo, l'esthétique transcendantale pose que l'espace et le temps sont des intuitions pures, des formes *a priori* de la sensibilité, et non pas des propriétés objectives des choses. Secundo, l'analytique transcendantale pose que les catégories de l'entendement sont des conditions *a priori* de la connaissance des objets. La connaissance scientifique ne peut être que relative, car elle dépend de la structure de l'esprit humain ; elle est aussi objective, car cette structure est commune à tous les hommes. Tertio, la dialectique transcendantale pose que, privée du contrôle de l'expérience, la raison métaphysique sombre dans des contradictions insolubles. *La Critique de la raison pratique* (1788), qu'avait précédée *Fondements de la métaphysique des mœurs* (1785), affirme qu'un acte n'a de valeur que s'il est fait par devoir. Le devoir s'adresse à la raison, au-dessus de tout intérêt et de toute passion. C'est l'impératif catégorique, comme celui-ci : « Agis toujours d'après une maxime telle que tu puisses vouloir en même temps qu'elle devienne une loi universelle ». Kant croit en la liberté de l'homme, à l'immortalité de l'âme et à l'existence de Dieu, mais n'impose pas ses thèses. Dans *La Critique du jugement* (1790) il montre comment la libre production de la beauté unit dans l'œuvre d'art (« finalité sans fin ») l'entendement, la volonté et la sensibilité. Enthousiasmé par la Révolution française, il écrira en 1795 *Projet de paix perpétuelle*. Son œuvre théorique compte d'autres importants ouvrages : *La Religion dans les limites de la simple raison* (1793), *Métaphysique des mœurs* (1797), *Anthropologie du point de vue pragmatique* (1798), *Logique* (1800).

Emmanuel Kant.

kantien, enne adj. et n. PHILO. Qui se rapporte à la philosophie de Kant. / Partisan de cette philosophie.

Kantor (Tadeusz) 1915-1990 Metteur en scène de théâtre polonais, fondateur (1944) d'un théâtre expérimental à Cracovie, puis (1955) d'un autre théâtre (le Cricot 2) ; son théâtre est un théâtre « de l'amour et de la mort », d'où la guerre n'est jamais absente, où l'ironie et l'absurde côtoient le réalisme.

kaolin n. m. Silicate d'alumine hydraté, argile blanche, friable et réfractaire, utilisée pour la fabrication de la porcelaine.

kaon ou **ka** n. m. PHYS. NUCL. Syn. de méson.

kaoter v. t. [1] En Afrique, assommer, mettre K.-O. / Fig. Charmer, séduire (un homme). *Cette fille est super, elle m'a kaoté.*

Kapilavastu Ancienne cité du nord de l'Inde (vestiges près du village de Rumindei) où naquit le Bouddha.

Kapitsa (Piotr Leonidovitch) 1894-1984 Physicien soviétique dont les travaux ont porté sur les très basses températures, la superfluidité et la fusion thermonucléaire contrôlée (chauffage du plasma par laser).

Kaplan (Viktor) 1876-1934 Ingénieur autrichien. Les *turbines Kaplan* équipent les centrales hydroélectriques dans le cas où la chute est peu haute et d'un grand débit.

kapo n. m. (mot allemand) HIST. Dans les camps de concentration nazis, détenu responsable d'un groupe de détenus.

kapok n. m. (mot malais) Bourre végétale légère et imputrescible contenue dans les fruits du kapokier et du fromager, utilisée pour le rembourrage. *Coussin en kapok.*

kapokier n. m. Grand arbre des zones tropicales, au tronc lisse ou épineux étayé par d'imposants contreforts.

Kaposi (Moritz Kohn) 1837-1902 Médecin hongrois. Il a donné son nom au *sarcome* (ou *syndrome*, ou *maladie*) *de Kaposi* ; la peau des malades présente des plaques et nodules d'un rouge violacé, qui envahissent les membres et peuvent aboutir à de véritables sarcomes attaquant la peau, les os, les ganglions, les viscères.

kappa n. m. Dixième lettre de l'alphabet grec (κ, K), notant un phonème correspondant au *k* français.

Karabakh (Haut-) *4 400 km² 193 000 h.* Chef-lieu *Stepanakert*. Province d'Azerbaïdjan peuplée d'Arméniens (à 80 %), qui depuis 1988 réclament leur rattachement à la République d'Arménie. En 1991, ces Arméniens *karabakhti* proclament la république et subissent la répression de l'Azerbaïdjan. En 1993, l'Arménie leur prête main

KIRIBATI

Superficie : *849 km²* – **Nombre d'habitants :** *75 000 h.* – **Capitale :** *Bairiki*
Ville principale : *Bairiki* – **Système politique :** *république* – **Langue(s) :** *anglais, gilbertien* – **Religion(s) :** *catholicisme, protestantisme* – **Monnaie(s) :** *dollar australien*

Voir l'Atlas

L'île de Kiribati.

Géographie physique
On distingue l'archipel Gilbert, peuplé de Micronésiens, et d'autres îles, peuplées de Polynésiens. Les ressources sont faibles : pêche, coprah. En 1892, la Grande-Bretagne avait imposé son protectorat aux îles *Gilbert et Ellice*. En 1975, les îles Ellice font sécession et deviennent indépendantes en 1978, sous le nom de *Tuvalu*. En 1979, l'archipel Gilbert forma la république indépendante de Kiribati avec d'autres îles, dont la principale est Kiribati (autrefois *Christmas*), le plus grand atoll du Pacifique *(388 km², 2 700 h.)*.

• **Kiribati** État de Micronésie, membre du Commonwealth. sur l'atoll de Tarawa.
kiribatien, enne adj. et n. De Kiribati ; des îles Gilbert. *Les atolls coralliens kiribatiens. Un(e) Kiribatien(ne).*
Kirin Voir **Jilin**
Kirov (Sergueï Mironovitch Kostrikov, dit) 1886-1934 Homme politique soviétique, membre du Politburo du parti communiste en 1930 ; il a été assassiné dans des circonstances qui demeurent obscures et cet assassinat a servi de prétexte à Staline pour déclencher la première des grandes épurations.
kirsch n. m. (mot allemand) Eau-de-vie de cerise aigre ou de merise ayant fermenté avec les noyaux.
kirundi n. m. Langue bantoue parlée au Burundi.
Kisangani (autrefois *Stanleyville*) *317 581 h.* Ville de la république démocratique du Congo, sur le Congo. Chef-lieu de province. Quelques industries. Université. Aéroport.
Kisling (Moïse) 1891-1953 Peintre français d'origine polonaise. Fixé à Paris en 1910, membre de l'école de Paris, il a peint des portraits au charme nostalgique : *Jeune femme au châle polonais*.
Kissinger (Henry Alfred) 1923 Diplomate américain d'origine allemande. Conseiller du président Nixon (1968-1973), puis chef du Département d'État (1973-1977), il négocie avec le Vietnam du Nord le désengagement américain et reçoit le prix Nobel de la paix (1973), décerné aussi à Lê Duc Tho (qui le refuse).
kiswahili Voir **swahili**
kit n. m. (mot anglais) Objet vendu en pièces détachées, à assembler par l'acheteur. *Meuble en kit.*
kitch Voir **kitsch**
Kitchener (Horatio Herbert, 1er comte de Khartoum et d'Aspell) 1850-1916 Militaire anglais. À la tête de l'armée égyptienne, il ne parvint pas à sauver Gordon assiégé à Khartoum par le Mahdi, mais occupa le Soudan et, en septembre 1898, l'armée britannique affronta la colonne du commandant français Marchand ; ce fut l'*affaire de Fachoda*, dont la Grande-Bretagne sortit victorieuse. De 1900 à 1902, en Afrique du Sud, il dirigea la lutte contre les Boers, devint ministre de la Guerre en 1914. Il périt accidentellement au cours d'une mission en Russie.
kitchenette n. f. Petite cuisine, souvent aménagée dans un coin de studio ou de salle de séjour. Syn. cuisinette.
kitsch ou **kitch** adj. inv. et n. m. inv. (mot allemand) Se dit d'objets ou d'objets d'art à bon marché et de mauvais goût. *Décor kitsch.* / n. m. Courant esthétique prônant le mauvais goût baroque.
kittien, enne adj. et n. De Saint-Kitts-et-Nevis. *Le gouvernement kittien. Un(e) Kittien(ne).*
Kiu Yuan Voir **Qu Yuan**
Kivi (Aleksis Stenvall, dit Aleksis) 1834-1872 Écrivain finlandais. *Les Sept Frères* (1870), réaliste et plein de fantaisie, est le premier grand roman de la littérature finnoise. Sa comédie (*Les Cordonniers de la lande*, 1864), et une tragédie (*Léa*, 1869), sont également devenues des classiques.

Henry Alfred Kissinger.

Kiwi.

Kivu (lac) *2 650 km²* Lac d'Afrique orientale, entre la république démocratique du Congo et le Rwanda, à *1 400 m* d'altitude. Il se déverse dans le lac Tanganyika.
kiwi [1] n. m. (mot anglais, du maori) Oiseau des forêts de Nouvelle-Zélande, de la taille d'une poule, caractérisé par ses ailes rognées, son long bec et son plumage grossier. Syn. aptéryx.
kiwi [2] n. m. (mot anglais) Fruit originaire d'Asie, à peau velue, à la chair verte très riche en vitamine C.
Klasen (Peter) 1935 Peintre allemand installé à Paris depuis 1959. Avec un vocabulaire puisé dans la réalité urbaine, il produit une œuvre hyperréaliste ; la mise en scène photographique de thèmes récurrents (l'espace clos, la signalétique) et une technique mécanisée (aérographe, pochoir) contribuent à déshumaniser ses sujets.
klaxon n. m. (nom déposé) Avertisseur sonore utilisé sur les automobiles.
klaxonner v. i. / v. t. [1] Actionner un klaxon, un avertisseur sonore. / v. t. Attirer l'attention de (qqn) à coup d'avertisseur. *Je l'ai klaxonné, mais il ne m'a pas entendu.*
Kléber (Jean-Baptiste) 1753-1800 Général français. Alsacien, engagé dans l'armée autrichienne, rentré en Alsace (1785), engagé en 1791, il est général en 1793. Après avoir combattu en Vendée et sur le Rhin, il suit Bonaparte en Égypte et le remplace après son départ. Vainqueur des Turcs à Héliopolis, il est poignardé au Caire par un jeune Syrien.
Klee (Paul) 1879-1940 Peintre, graveur et écrivain allemand né en Suisse. Ses voyages (Italie, Paris, Tunisie), son admiration pour Delaunay, son travail avec les peintres du *Cavalier bleu* le détournent de l'académisme et son désir d'interpréter la réalité l'oriente vers un art d'abord surréaliste puis purement abstrait. Dès sa démobilisation (il avait été incorporé dans la réserve territoriale), il revient à Munich où il avait fait ses études artistiques, s'installe en Allemagne et enseigne au Bauhaus (1920-1931). Il regagne la Suisse en 1933. Il a écrit un *Journal* (1898-1917, publié en 1957) et des *Carnets d'esquisses pédagogiques* (1925).
Klein (Félix) 1849-1925 Mathématicien allemand. Son programme d'*Erlangen* (1872) révolutionna l'étude de la géométrie en insistant sur les « groupes de transformations ».
Klein (Mélanie) 1882-1960 Psychanalyste britannique d'origine autrichienne dont les travaux portent essentiellement sur les enfants.
Klein (William) 1928 Photographe et cinéaste américain. Photographe des villes (New York, Rome, Moscou, Tokyo), photographe de mode, photographe publicitaire, Klein a réalisé plusieurs films (*Qui êtes-vous Polly Maggoo ?*, 1967 ; documentaire sur le festival panafricain d'Alger, 1969).
Klein (Yves) 1928-1962 Peintre français, figure du « nouveau réalisme ». Ses *Monochromes* bleus avaient pour but d'éveiller la sensibilité à l'immatérialité.
Kleist (Heinrich von) 1777-1811 Écrivain romantique allemand. Son œuvre dramatique (*Penthésilée*, 1808 ; *Le Prince de Hombourg*, 1810) accorde une grande importance à l'inconscient et à l'instinct sexuel. Il a donné aussi une comédie (*La Cruche cassée*, 1908), des nouvelles et un roman (*Histoire de Michel Kohlhaas*, 1810). Incompris, malade, sans ressources, il se suicide.
Kleist (Paul Ewald von) 1881-1954 Maréchal allemand. Hostile à Hitler, il quitta l'armée en 1938. Rappelé en 1939, il combattit en France, prit Belgrade (1941), participa au siège de Stalingrad. Maréchal en 1943, il fut relevé de son commandement après un échec en Ukraine. Fait prisonnier en 1945 par les Anglais, il fut livré aux Yougoslaves puis aux Soviétiques et mourut en U.R.S.S.
kleptomane Voir **cleptomane**
kleptomanie Voir **cleptomanie**
Klimt (Gustav) 1862-1918 Peintre autrichien, le plus célèbre représentant de l'Art nouveau à Vienne, où il fonda la *Wiener Sezession* (Sécession) en 1897. Ses œuvres monumentales (frise du hall de la Sécession), ses compositions allégoriques et ses portraits opposent, dans un espace sans perspective ni profondeur, des plans définis par des lignes sinueuses ; ses compositions sont influencées par les mises en page asymétriques des estampes japonaises et ses couleurs riches et profondes sont souvent rehaussées d'or.
Kline (Franz) 1910-1962 Peintre américain, représentant de l'expressionnisme

abstrait. Après avoir opposé dans de grandes compositions de puissantes lignes brisées en noir, il revient à la couleur et aux oppositions chromatiques.
Klinger (Friedrich Maximilian von) 1752-1831 Écrivain allemand. Son drame *Sturm und Drang* (« Tempête et Élan », 1776) a rétrospectivement donné son nom à un mouvement littéraire qui annonce le romantisme. Il s'engagea comme officier dans l'armée russe en 1778 et écrivit des drames historiques et des romans fougueux que la postérité n'a pas retenus.
Klondike (le) *180 km* Rivière du Canada, affluent du Yukon, où l'on trouva de l'or en 1896.
Klopstock (Friedrich Gottlieb) 1724-1803 Poète allemand. Son œuvre maîtresse (*La Messiade*, 1748-1773) est une épopée sacrée en 20 chants inspirée du *Paradis perdu* de Milton. On lui doit aussi des tragédies bibliques et des *Odes* (1771).
Klossowski de Rola (Pierre) 1905-2001 Écrivain français. Ses œuvres, souvent hermétiques, mêlent érotisme et mysticisme (*Les Lois de l'hospitalité*, trilogie).
klystron n. m. Tube électronique comportant des cavités résonnantes et permettant d'émettre, à des puissances considérables, des ondes électromagnétiques hertziennes décimétriques.
Knesset (la) Assemblée nationale israélienne, unique chambre du Parlement.
knickerbockers ou **knickers** n. m. pl. (mot anglais) Pantalon de sport bouffant, serré au-dessous du genou, surtout utilisé pour le golf, la marche en montagne, l'escalade, le ski, et dont l'usage se raréfie. *Tintin porte des knickerbockers.*
Knock ou le Triomphe de la médecine 1923 Pièce de théâtre de Jules Romains. Knock, dont le rôle a été créé par Louis Jouvet, est un médecin-charlatan qui abuse de ses clients en leur faisant croire qu'ils sont malades, car « tout être bien portant est un malade qui s'ignore ».
knock-down n. m. inv. et adj. inv. (mot anglais) SPORT Mise à terre d'un boxeur qui se relève avant d'être considéré hors de combat ; état de ce boxeur. *Un knock-down à la deuxième minute du match. Il est knock-down.*
knock-out ou **K.-O.** n. m. inv. et adj. inv. (mot anglais) SPORT Mise hors de combat d'un boxeur qui, après avoir été frappé par son adversaire, est resté au sol dix secondes

Koala.

Robert Koch.

ou plus ; état de ce boxeur. *Une victoire par knock-out. Un champion knock-out.* / adj. inv. Fig, fam. Assommé ; dans un état de grande fatigue. *Il s'est cogné contre le mur, il est knock-out. Après une journée pareille, je suis K.-O.*
Knoll International Société créatrice de mobilier fondée en 1938 par **Hans Knoll** (1914-1955), architecte, et sa femme **Florence** (1917). Ils firent notamment appel à Mies Van der Rohe et à Eero Saarinen, pour dessiner des meubles en harmonie avec l'architecture moderne.
knout n. m. (mot russe) Fouet à lanières de cuir, terminées par des bouts de métal, avec lequel on infligeait des châtiments dans l'ancienne Russie.
Knox (Fort) Camp militaire du Kentucky où sont détenues les réserves d'or des États-Unis.
Knox (John) 1505 ?-1572 Réformateur écossais, un des fondateurs du système presbytérien de gouvernement ecclésiastique. Il fut l'instigateur du soulèvement qui contraignit la reine Marie Stuart à s'enfuir d'Écosse en Angleterre.
Knud ou **Knut** ou **Canut Ier** Roi (légendaire ?) de Danemark vers 940. **Knud II le Grand** 995-1035 Roi d'Angleterre en 1017 (Canut Ier), de Danemark en 1018 et de Norvège en 1030. Il réussit à établir la paix entre Danois et Anglais et protégea l'Église ; il partagea son domaine entre ses fils, laissant l'Angleterre à Harald, la Norvège à Sven, le Danemark à Knud. **Knud Hardeknud** ou **Canut III** ?-1042 Fils du précédent. Roi de Danemark (1035), il succéda sur le trône d'Angleterre à son frère Harald (1040) mais ne put conserver son royaume ; la dynastie danoise s'éteignit en Angleterre avec sa mort. **Knud** ou **Canut IV le saint** ?-1086 Neveu de Knud le Grand, roi de Danemark en 1080. Protecteur de l'Église, il tenta de reconquérir l'Angleterre, ce qui le conduisit à lever de lourds impôts. Une révolte éclata, il fut assassiné. **Knud** ou **Canut V** ?-1157 Roi de Danemark en 1147 ; il fut assassiné. **Knud** ou **Canut VI** 1163-1202 Roi de Danemark en 1182. Il agrandit considérablement ses États.
K.-O. Voir **knock-out**
koala n. m. (mot d'une langue d'Australie) Petit mammifère marsupial d'Australie dont l'aspect évoque celui d'un ours en peluche, qui se nourrit presque exclusivement de feuilles d'eucalyptus.
Kobayashi Takiji 1903-1933 Écrivain japonais, marxiste et anti-impérialiste (*Le Bateau usine*, 1927) ; arrêté par la police, il est mort pendant son interrogatoire.

Helmut Kohl.

Kobayashi Masaki 1916-1996 Réalisateur japonais. Il tourna entre 1959 et 1963 *La Condition de l'homme*, vaste fresque des atrocités de la guerre sino-japonaise en Mandchourie (le film dure plus de 9 heures), puis *Hara-kiri* (1963), *Kwaidan* (1964), *La Jeunesse du Japon* (1968), *La Table vide* (1985).
Kobe *1 518 982 h.* Port du Japon associé à Osaka avec laquelle il constitue un puissant foyer industriel et une conurbation de *15 millions d'habitants*. En 1995, un séisme a fortement endommagé la ville.
kobold n. m. (mot allemand) Dans les légendes populaires allemandes, lutin ou génie familier qui garde la maison ou les métaux précieux dans la terre.
Koch (Robert) 1843-1910 Médecin allemand. Il découvrit en 1882 le bacille de la tuberculose qui porte son nom et réussit à en démontrer la spécificité. Il isola également le bacille virgule, agent microbien du choléra.
Kochno (Boris) 1904-1990 Homme de théâtre français d'origine russe. Il fut collaborateur des Ballets russes, puis des Ballets de Monte Carlo, enfin des Ballets de Balanchine, et cofondateur des Ballets des Champs-Élysées ; il a signé de nombreux arguments et livrets pour ces diverses compagnies.
Kodály (Zoltán) 1882-1967 Compositeur hongrois, ami de Bartók dont il subit l'influence. On lui doit d'abord des œuvres instrumentales, de la musique de chambre, des mélodies ; cette période s'achève par le *Psalmus hungaricus* (1923). Il compose ensuite des opéras, de la musique religieuse (*Missa brevis*, 1944) et des œuvres chorales d'inspiration folklorique (*Danses du Galánta*, 1933) qui témoignent d'une grande maîtrise.
kodiak n. m. ZOOL. Sous-espèce de l'ours brun d'Amérique, de très grande taille, vivant en Alaska.
Kodiak *10 000 km² 5 000 h.* Archipel de l'Alaska, dont les plus grandes îles sont Kodiak et Afognak.
Koechlin (Charles) 1867-1950 Musicien français, compositeur (*Le Livre de la jungle*, 1939), pédagogue (il enseigna aux États-Unis de 1918 à 1928), conseiller du groupe des Six.
Kœnig (Marie Pierre) 1898-1970 Militaire français. Engagé en 1917, capitaine en 1939, rallié au général de Gaulle, il s'illustra en défendant Bir Hakeim (1942). Commandant des Forces françaises de l'intérieur, gouverneur militaire de Paris, il fut ensuite commandant de la zone d'occupation française en Allemagne (1945-1949). Il fut fait maréchal à titre posthume (1984).

Koestler (Arthur) 1905-1983 Journaliste et romancier britannique d'origine hongroise. Communiste, il participe à la guerre d'Espagne, est emprisonné et condamné à mort (expérience qui lui inspirera *Un testament espagnol*), puis libéré. Interné en France au camp du Vernet, il s'engage dans la Légion étrangère au début de la guerre, puis gagne l'Angleterre où il s'engage dans l'armée britannique et publie en 1940 *Le Zéro et l'infini*, récit romancé des procès de Moscou, puis *Le Yogi et le Commissaire* (1945, recueil d'articles), *Le Lotus et le Robot* (1960), *La Quête d'absolu* (1981). Il s'est suicidé.
Koffka (Kurt) 1886-1941 Psychologue américain d'origine allemande qui fonda avec Köhler la théorie de la forme ou *Gestalttheorie*.
Kohl (Helmut) 1930 Homme politique allemand. Président du parti démocrate chrétien (C.D.U.) en 1973, chancelier de la R.F.A. (1981), il fut l'artisan de la réunification de l'Allemagne (3 octobre 1990). Il la gouverna comme chancelier jusqu'aux élections de 1998, que le C.D.U. perdit. En bonne entente avec F. Mitterrand, il fit progresser la construction européenne et sut persuader le peuple allemand, attaché au deutsche Mark, de lui substituer l'euro.
Köhler (Wolfgang) 1887-1967 Psychologue allemand. Il fonda la théorie de la forme ou *Gestalttheorie*, qu'il appuya sur de nombreuses observations expérimentales relatives à l'apprentissage animal.
Kohlrausch (Rudolph Hermann) 1800-1858 Physicien allemand. Il mesura, avec Weber, le rapport des unités électrostatiques et électromagnétiques ; la valeur obtenue est égale à la vitesse de la lumière.
kohol ou **khôl** n. m. (mot arabe, « noir ») Cosmétique de couleur noire utilisé pour le maquillage des yeux.
koinè ou **koinê** n. f. LING. Langue commune de la Grèce, aux époques hellénistique et romaine. / Langue commune, vernaculaire, d'un territoire où en coexistent plusieurs. *Le swahili est la koinè d'un grand nombre de pays de l'Afrique de l'Est.*
Kokand *176 000 h.* Ville d'Ouzbékistan, à l'ouest de la vallée du Fergana. **Histoire** Le khanat de Kokand a été fondé par les Ouzbeks au XVIIIe siècle dans la vallée du Fergana ; au XVIIIe siècle, il comprenait le Kirghizistan. Vassal de la Russie à partir de 1868, il a été rattaché au Turkestan en 1876.
Kokinshu ou **Kokin waka-shu** Premier recueil (*shu*) de poésie du Japon (905). Il classe 1 100 poèmes suivant 20 thèmes.
Kokoschka (Oskar) 1886-1980 Peintre et écrivain autrichien. Après une formation

Le Marabout de Temacine, tableau d'**Oskar Kokoschka**.

K

Lajos Kossuth.

à Vienne, il s'installe à Berlin où il peint, publie des poèmes qu'il illustre lui-même et écrit des pièces de théâtre. Après la guerre (où il a été grièvement blessé), il enseigne à Dresde et voyage. L'arrivée au pouvoir des nazis (qui le considèrent comme un représentant de l'*art dégénéré*) le force à s'exiler à Prague, qu'il quitte pour Londres (il prend en 1947 la nationalité britannique, puis redeviendra autrichien) avant de s'installer en Suisse. Ses toiles, violemment expressionnistes, offrent de très forts contrastes de couleur.

kola ou **cola** n. f. (mot d'une langue d'Afrique de l'ouest) Graine du kolatier, dite aussi « noix de kola », riche en théobromine et en caféine.

Kola (presqu'île de) Vaste péninsule de Russie, entre la mer Blanche et l'océan Arctique, couverte de toundra. Sa richesse minière (phosphates, nickel) et sa situation sur la route maritime du Grand Nord sont peu exploitées.

kolatier n. m. Arbre d'Afrique tropicale de la famille des sterculiacées, dont le fruit est la noix de kola.

kolkhoz ou **kolkhoze** n. m. (mot russe) HIST. Dans l'ex-U.R.S.S., coopérative agricole où étaient mis en commun le bétail et les moyens techniques de production, la terre étant propriété de l'État.

kolkhozien, enne adj. et n. Relatif à un kolkhoze, au système des kolkhozes. / n. Membre d'un kolkhoze.

Kollontaï (Alexandra Mihaïlovna) 1872-1952 Révolutionnaire russe, membre du parti bolchevique dès 1915, elle fut la première femme diplomate, ambassadeur en Norvège, au Mexique et en Suède.

Koltchak (Alexandre Vassilievitch) 1874-1920 Amiral russe. En octobre 1918, il forma à Omsk, dans le sud de la Russie, une armée contre-révolutionnaire grossie de prisonniers tchèques, et occupa l'est et le sud de la Russie. L'armée Rouge le repoussa jusqu'à Irkoutsk, à la frontière mongole, le captura et le fusilla.

Koltès (Bernard-Marie) 1948-1989 Auteur dramatique français qui travailla en étroite liaison avec Patrice Chéreau (*Combat de nègre et de chiens*, 1979; *Dans la solitude des champs de coton*, 1987). Sa dernière œuvre, *Roberto Zucco* (1990, posthume), perçue (à tort) comme le panégyrique d'un assassin, fit scandale.

Kolwezi *416 122 h.* Ville de la république démocratique du Congo, au Katanga. Industrie du cuivre.

Komintern IIIe Internationale (communiste) fondée par Lénine en 1919. Staline qui voulait renforcer l'alliance avec ses alliés occidentaux la supprima en 1943. Il la reconstitua en 1947 sous le nom de *Kominform*, aboli par Khrouchtchev en 1957.

Komis (république des) *415 900 km² 1 203 000 h.* République autonome au sein de la Fédération de Russie. Capitale *Syktyvkar* (*227 546 h.*). Cette région de toundra, au nord, et de forêts, au sud, est peuplée de Komis, finno-ougriens, nommés aussi *Zyrianes*, qui se vouent à la chasse, à l'élevage et à la pêche. Rattachée à l'empire russe dès le XIVe siècle, la région fut disputée par les Russes blancs et les bolcheviks (1919-1920). Région autonome de la République socialiste fédérative de Russie (1921), République socialiste soviétique autonome (1936), le pays se proclama République autonome en 1990.

Kompong Thom *9 500 h.* Ville du Cambodge, chef-lieu de la province du même nom, au nord de Phnom Penh.

Konchalovski Voir **Mikhalkov-Konchalovski**

Kongo Ancien royaume noir d'Afrique équatoriale, fondé au début du XIVe siècle, mais connu des Européens depuis la fin du XVe siècle seulement (voyage de Diogo Cam); il s'étendait sur tout le bas Congo, allant au sud jusqu'au nord de l'Angola actuel. Il était gouverné par un monarque élu, le mani Kongo (ou manicongo) qui entretenait avec les Portugais des relations si cordiales qu'une ambassade fut reçue à Lisbonne en 1489. En 1490, le roi Nzinga Kouvou adopta le christianisme et tenta d'imposer sa nouvelle religion à ses sujets qui manifestèrent un tel mécontentement qu'il apostasia quatre ans plus tard. Son successeur (1507-1543), fervent chrétien, prit le nom d'Alfonso Ier, donna à sa capitale le nom de Sao Salvador et envoya son fils Henri étudier au Portugal, d'où il revint évêque. La traite des esclaves pratiquée par des trafiquants portugais, des guerres de succession affaiblirent la jeune chrétienté et le royaume tout entier qui disparut en 1668, vaincu par une coalition groupant Angolais et Portugais.

Koniev (Ivan Stepanovitch) 1897-1973 Maréchal soviétique, qui se distingua en 1945 en occupant la Pologne, la haute Silésie et la Bohême.

Königsberg (aujourd'hui *Kaliningrad*) Ville de l'ancienne Prusse-Orientale, aujourd'hui en Russie. Née autour d'une forteresse de l'ordre Teutonique, la ville devint membre de la ligue hanséatique en 1340. L'ordre Teutonique en fit sa résidence (1457), et le duché de Prusse sa capitale (1525) avant qu'y fût fondée une université (1544). L'Électeur de Brandebourg, Frédéric III, y fut couronné roi de Prusse sous le nom de Frédéric Ier (1701). Les Soviétiques s'en emparèrent en 1945 et elle leur fut attribuée par les accords de Potsdam; elle fut baptisée Kaliningrad en 1946.

Königsmarck Famille suédoise d'origine brandebourgeoise. **Hans Christoffer** 1600-1663 Général au service de la Suède à partir de 1630, il s'empara de Prague en 1648. **Otto Wilhelm** 1639-1688 Fils du précédent; il servit la France sous Condé, puis Venise pour laquelle il battit les Turcs et prit Athènes (1687). **Aurora** 1662-1728 Petite-fille de Hans Christoffer; elle fut la favorite d'Auguste II, roi de Pologne et eut de lui un fils, Maurice de Saxe. Son amant lui conféra le bénéfice de l'abbaye de Quedlinburg. **Filip Christoph** 1665-1694 Frère de la précédente. Amant de Sophie Dorothée, épouse de l'Électeur de Hanovre (futur George Ier d'Angleterre) qu'il servait comme officier, il projeta de s'enfuir avec sa maîtresse et fut assassiné mystérieusement. Sa vie inspira à Pierre Benoît son roman *Königsmarck* (1917).

Konya *584 785 h.* ville du centre de la Turquie, au sud du lac Salé, chef-lieu de l'il du même nom, place forte, située à *1 500 m* d'altitude. Ancienne capitale (XIe-XIIIe siècle) du sultanat seldjoukide de Rum, la ville est riche de nombreux monuments (mosquées, médersas); c'est le berceau de la confrérie des derviches tourneurs fondée au XIIIe siècle par Mevlana Celaleddin Rumi (Djalal ad Din Roumi); le tekke (couvent) de la confrérie, aujourd'hui musée, renferme le mausolée et des cénotaphes du fondateur, de membres de sa famille et de certains de ses disciples.

konzern n. m. (mot allemand) ÉCON. Association, sur le plan financier, d'entreprises appartenant à une même branche ou à des secteurs différents de l'industrie. *L'industrie allemande d'après la Première Guerre mondiale a largement eu recours au konzern.*

Kopa (Raymond Kopaszewski, dit **Raymond)** 1931 Footballeur français. Sa technique du dribble et son art de faire des passes (dans l'équipe de Reims, de France et du Real Madrid) ont fait de lui le meilleur joueur français de l'après-guerre.

kopeck n. m. (mot russe) Monnaie de la Russie des tsars puis de l'ancienne Union soviétique, valant un centième de rouble.

Köprülü (Mehmet Fuad) 1890-1966 Historien et homme politique turc. Auteur de nombreux articles d'histoire et d'histoire littéraire pour l'*Encyclopédie de l'Islam*, on lui doit un ouvrage historique fondamental, *Les Origines de l'Empire ottoman* (1935). Il a été ministre des Affaires étrangères entre 1950 et 1957.

Koraïchites Voir **Quraychites**

Korda (sir **Alexander**) 1893-1956 Metteur en scène et producteur de cinéma britannique d'origine hongroise: *Marius* (film français d'après Pagnol, 1931), *La Vie privée d'Henri VIII* (1933, avec Charles Laughton). Il produisit notamment *Le Voleur de Bagdad* (1940) et *Le Troisième Homme* (1949).

Kordofan ou **Kurdufan** *380 547 km² 3 093 294 h.* Région située dans le centre du Soudan, frappée par la sécheresse (élevage nomade, culture du mil). Le royaume de Kordofan, fondé au XIVe siècle, s'unit au royaume de Darfour au XVIIe siècle et fut conquis par l'armée anglo-égyptienne en 1820.

korê ou **coré** n. f. (mot grec) BX-ARTS Statue grecque antique représentant une jeune fille. Pl. Des *korês*, *corés* ou *korai*.

Kornilov (Lavr Gueorguievitch) 1870-1918 Général russe. Généralissime nommé par Kerenski (août 1917), révoqué (septembre), rebelle, arrêté, évadé, il forma une armée contre-révolutionnaire et fut tué au combat.

korrigan, e n. Dans les légendes bretonnes, génie malfaisant.

Kosciuszko (Tadeusz) 1746-1817 Patriote polonais. Après avoir combattu en Amérique aux côtés de Washington et acquis le grade de général, il lutta vainement de 1783 à 1794 contre la domination de la Russie et de la Prusse en Pologne. Blessé, prisonnier des Russes (1794-1796), libéré, il revint à Paris. L'Assemblée législative lui avait donné la nationalité française en 1792.

kosovar, e adj. et n. Du Kosovo. *La rébellion kosovare. Les Kosovars.*

Kosovo (officiellement *Kosovo-Metohija*) *10 887 km² 1 989 000 h.* (avant la guerre civile de 1998-1999). Province autonome de Serbie. Capitale *Pristina*. C'est une plaine élevée, encadrée de massifs anciens, fertile, dont la population est composée à 85 % d'Albanais musulmans. Après la victoire ottomane de 1389, la région connut le sort de la Serbie. Elle a joui, sous le régime de Tito, d'un statut d'autonomie au sein de la Serbie (région autonome d'abord puis, en 1974, province autonome); ce statut a été aboli en 1989 et la Serbie met en œuvre des pratiques discriminatoires vis-à-vis des Albanais: l'assemblée provinciale est dissoute, les écoles albanaises sont fermées, la presse en albanais est muselée. Les manifestations de protestation se multiplient, les Serbes répondent par la répression. En septembre 1990, par un référendum organisé sans l'accord de la Serbie, les Kosovars se prononcent massivement pour l'indépendance et Ibrahim Rugova, leader indépendantiste modéré, forme un gouvernement (non reconnu par la communauté internationale) qui poursuit la lutte sous une forme non violente. En 1991, la Yougoslavie de Tito explose, Slovénie, Croatie, Bosnie-Herzégovine, Macédoine prennent leur indépendance et ne demeurent dans la fédération yougoslave que la Serbie et le Monténégro. En 1996, au Kosovo, éclate une insurrection armée: les attentats sont revendiqués par l'Armée de libération du Kosovo (UCK). Les Serbes (le Monténégro, bien que partie constitutive de la Yougoslavie, observe une quasi-neutralité) ripostent avec violence, pratiquant à l'encontre des Kosovars albanais une « épuration ethnique » qui conduit les grandes puissances à exiger que soit rétablie l'autonomie du Kosovo. Devant le refus de la Serbie, l'OTAN intervient; au terme de plus de deux mois de bombardements, la Serbie (qui, pendant ce temps, avait expulsé près d'un million de Kosovars vers l'Albanie et la Macédoine) capitule, l'ONU confie l'administration de la province à Bernard Kouchner, nommé haut représentant, qui s'efforce d'empêcher les vengeances aveugles, de ramener la paix et de rétablir l'ordre. En 2000, les élections municipales, premières élections démocratiques de l'histoire du Kosovo (boycottées par les Serbes), se déroulent dans le calme et donnent la victoire au parti de Rugova; Hashim Thaci, leader du PDK (parti démocratique du Kosovo), héritier de l'UCK dissoute, reconnaît sa défaite.

Kosovo Polje (« champ des merles ») Plaine du sud-ouest de la Serbie (Kosovo) où eut lieu en 1389 une bataille entre Turcs et Serbes qui sonna le glas de la Serbie indépendante.

Kossuth (Lajos) 1802-1894 Homme d'État hongrois. Avocat et journaliste démocrate, il a fait campagne contre la domination de l'Autriche. Chef de l'insurrection de 1848, il incita la Diète de Presbourg (aujourd'hui Bratislava, capitale de la Slovaquie) à voter l'indépendance de la Hongrie le 14 avril 1849. Mais l'intervention de l'armée austro-russe réduit tout espoir et il doit fuir. Il meurt en exil à Turin.

Kossyguine (Alekseï Nikolaïevitch) 1904-1980 Homme politique soviétique. Président du Conseil des ministres en 1964,

Koweït

Superficie : *17 818 km²* – **Nombre d'habitants :** *2 000 000 h.* – **Capitale :** *Koweït (Al-Kuwait)*
Villes principales : *Hawalli, Jahrat* – **Système politique :** *monarchie* – **Langue(s) :** *arabe*
Religion(s) : *islam sunnite et chiite* – **Monnaie(s) :** *dinar koweïtien*

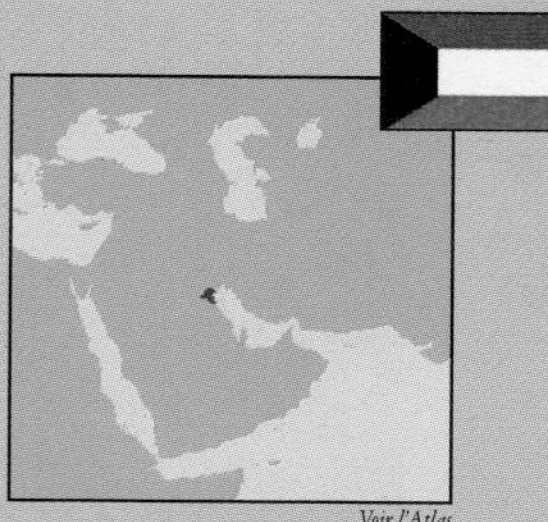

Voir l'Atlas

Géographie physique et humaine

Formé de terres sablonneuses et désertiques, le Koweït a un taux d'urbanisation de 97 %. La population active comprend 85 % d'étrangers, de sorte que les Koweïtiens représentent moins de 40 % de la population totale ; ce sont des chiites (comme les Iraniens et les habitants du Sud-Est irakien).

Économie

Le Koweit possède 10 % des réserves mondiales du pétrole, ce qui lui procure à peu près la moitié de ses revenus, le solde étant majoritairement assuré par les investissements extérieurs. Les dégâts de la guerre du Golfe ont été assez rapidement réparés et le déficit budgétaire, relativement important en 1999-2000, a fait place à un excédent pour l'exercice 2001-2002.

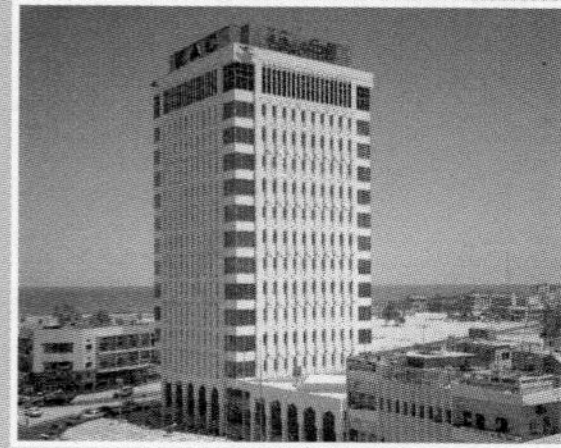

Le siège de la Koweït Airways.

Raffinerie de pétrole, dans le port de Koweït.

Histoire

Sans en référer à l'Empire ottoman dont il dépend en principe, l'émir du Koweït place en 1899 son pays sous la protection de la Grande-Bretagne, qui, en 1914, établit son protectorat et commence à exploiter le pétrole. Pays aux limites mal définies, le Koweit est harcelé par l'Arabie séoudite jusqu'en 1940, date à laquelle la frontière est tracée et garantie par le Royaume-Uni, et par l'Irak qui, se jugeant héritier de l'empire ottoman, ne reconnaît ni les nouvelles frontières ni l'indépendance, intervenue en 1961. Pendant la première guerre du Golfe (1980-1988), le Koweït soutient l'Irak contre l'Iran, mais en août 1990 l'Irak, que cette guerre a ruiné, l'envahit. En novembre, l'ONU autorise l'utilisation des armes contre l'Irak. 29 pays (dont de nombreux pays arabes) se rangent au côté des États-Unis et attaquent l'Irak le 26 janvier 1991, pour couper les forces de Saddam Hussein stationnées en Irak des forces d'occupation. Les travailleurs immigrés palestiniens au Koweït prennent parti pour les Irakiens. Les bombardements des alliés endommagent fortement les installations pétrolières du Koweït. Celui-ci est libéré le 28 février. Le cessez-le-feu est décrété le 3 mars. L'extinction des puits en flammes (qui dure plusieurs mois) est suivie par la reconstruction, extrêmement onéreuse, mais l'exploitation des puits indemnes redémarre en juillet. Le Koweït expulse tous les Palestiniens et envisage de réduire le nombre des travailleurs immigrés. Les élections de 1992 sont remportées (mais sans que cela entraîne de grandes conséquences politiques) par l'opposition. Celles de 1996 ont été favorables à l'entourage de l'émir, et celles de 1999 ont vu l'émergence d'un courant islamiste (20 élus sur 50 parlementaires).

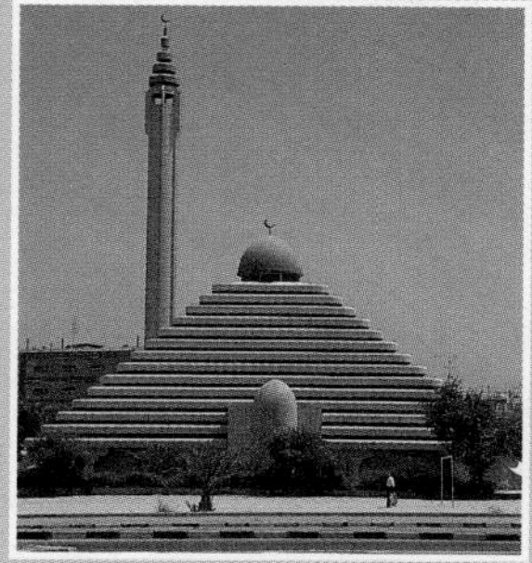

Mosquée de Koweït au style résolument moderne.

Un parc d'attractions au Koweït.

il mena une prudente politique de coexistence pacifique tout en s'efforçant de moderniser l'URSS. Il démissionna peu avant sa mort.

koto n. m. (mot japonais) Cithare japonaise composée d'une table de 1,80 m de long, posée au sol, et de 13 cordes.

koubba n. f. (mot arabe) Édifice cubique surmonté d'une coupole, élevé sur la tombe d'un saint personnage, en Afrique du Nord.

Koubilaï Khan Voir **Kubilay Khan**

Kouch Voir **Koush**

Kouchner (Bernard) 1939 Médecin (il fut l'un des fondateurs de Médecins du monde) et homme politique français. Après avoir occupé divers postes ministériels à partir de 1988, il est (1999-2001) haut représentant de l'ONU au Kosovo, puis (2001-2002) de nouveau ministre.

Koudelka (Josef) 1938 Photographe d'origine tchèque. Il s'intéresse particulièrement aux gitans et aux tsiganes, sur lesquels il a rassemblé une documentation inégalée (*Koudelka-Gitans, la fin du voyage*, 1977), et aux fêtes populaires, religieuses ou profanes.

Koufra *20 000 km²* Groupe d'oasis occupant une dépression dans le désert de Libye. En 1941, les troupes du général Leclerc prirent l'aérodrome que les Italiens y avaient installé.

kougloff ou **kugelhof** n. m. (mot alémanique d'Alsace et de Suisse) CUIS. Gâteau alsacien, sorte de grosse brioche aux raisins secs.

koulak n. m. (mot russe) Paysan riche, dans la Russie des tsars. *Un moment acceptés dans l'ancienne Union soviétique, les koulaks furent ensuite intégrés de force dans les coopératives ou déportés.*

Koulechov (Lev Vladimirovitch) 1899-1970 Cinéaste soviétique. Son école de recherches techniques et esthétiques du cinéma (nommé « Laboratoire expérimental ») influa fortement les réalisateurs soviétiques, notamment Eisenstein et Poudovkine. Son film *Dura Lex* ou *Selon la loi* (1926) peut être considéré comme un « western soviétique ».

Koumassi Voir **Kumasi**

Kouo-min-tang Voir **Guomintang**

Kouriles (archipel des) Îles volcaniques du Pacifique, guirlande de *1 200 km*, reliant la pointe du Kamtchatka à l'île d'Hokkaïdo (Japon). Pêche et conserveries sont les principales ressources de ces îles autrefois japonaises, aujourd'hui russes, dont le Japon revendique certaines. Dans cette zone, la fosse des Kouriles excède les 10000 m de profondeur.

kouros ou **couros** n. m. (mot grec) BX-ARTS Statue grecque antique représentant un jeune homme nu. Pl. Des *kouros*, *couros* ou *kouroi*.

Koush ou **Kouch (pays de)** Région du haut Nil, entre la deuxième et la quatrième cataracte, en Nubie actuelle. Le pays de Koush a été conquis par les pharaons du Nouvel Empire (à partir de 1580 av. J.-C.) qui fondèrent, tout le long du fleuve, de riches cités où furent édifiés plusieurs temples. Vers 1000, le pays tomba dans l'oubli, avant d'en être tiré, à partir de 715 av. J.-C., par la dynastie dite « éthiopienne » qui, elle aussi, fit construire des villes et des temples.

Koutouzov (Mikhaïl Ilarionovitch Golenichtchev, prince de Smolensk**)** 1745-1813 Maréchal russe. Après avoir pris part aux guerres de Catherine II, il était généralissime des armées russes lorsqu'il fut battu par Napoléon à Borodino (1812). Son armée harcela les Français pendant leur retraite et Koutouzov remporta sur eux la victoire de Smolensk.

Kouzbass Bassin houiller et foyer d'industrie lourde de Russie (Sibérie occidentale).

Kovalevskaïa (Sofia Vassilievna) 1850-1891 Mathématicienne russe qui s'intéressa surtout à l'analyse des équations aux dérivées partielles. Elle fut professeur à Stockholm et obtint un prix de l'Académie des sciences de Paris pour un mémoire si remarquable que le montant du prix fut doublé. Elle fut aussi écrivain (*Vera Vorontzoff*, roman, publié en 1895).

• **Koweït** Émirat d'Arabie, sur le golfe Persique, à la frontière sud-est de l'Irak.

La Bourse de New York, le jour du **krach** de Wall Street, le 29 octobre 1929.

Hans Adolf Krebs.

Bruno Kreisky.

K

koweïtien, enne ou **koweïti, e** adj. et n. Du Koweït. *Le pétrole koweïtien. Un(e) Koweïtien(ne).*

Kowloon Territoire de la Chine continentale faisant face à l'île de Hongkong.

Koyré (Alexandre) 1882-1964 Philosophe français d'origine russe. Il analysa la genèse de l'esprit scientifique (*Études galiléennes*, 1940, *Études newtoniennes* 1964), se montrant l'un des grands épistémologues contemporains.

Kozhikode (autrefois **Calicut**) *810000 h.* Port de l'Inde, dans l'État du Kerala sur la côte de Malabar. Ses fabriques de toile ont donné leur nom au *calicot*. En 1487, le voyageur portugais Covilhã atteignit la ville par la voie terrestre. Vasco de Gama le fit par la voie maritime en mai 1498.

krach n. m. (mot allemand) Effondrement brutal des cours de la Bourse. *Krach de Wall Street en 1929.* / Faillite financière retentissante.

Krafft (Adam) v. 1460-v. 1508 Sculpteur allemand dont le style a l'expressivité flamboyante du gothique tardif avant d'évoluer vers plus de calme (plaques funéraires dans les églises de Nuremberg, « la Belle Fontaine » dans cette même ville).

Krafft-Ebing (Richard von) 1840-1902 Médecin allemand, spécialiste des maladies mentales ; il a particulièrement étudié les troubles sexuels et les incidences médico-légales de ces perversions.

kraft n. m. (mot allemand) Papier fort, de teinte beige foncé, utilisé pour les emballages, obtenu en traitant à la soude une pâte à base de bois.

Krajina Territoire croate qui entoure le nord-ouest de la Bosnie-Herzégovine. La population serbe (implantée par l'Autriche aux XVIIe et XVIIIe siècles) proclama en 1992 l'indépendance de cette région. Celle-ci accepta en 1995 que la Krajina revienne à la Croatie.

krak ou **karak** n. m. (mot arabe) HIST. Château ou place forte édifiés par les croisés. *Le krak des chevaliers, en Syrie.*

Krakatoa ou **Krakatau** Île de l'Indonésie à l'ouest de Java et à l'est de Sumatra, dans le détroit de la Sonde. En 1883, l'éruption de son volcan fit 36000 morts. Les deux tiers de l'île disparurent dans la mer.

Krasinski (Zygmunt, comte**)** 1812-1859 Écrivain polonais. Installé à Rome, il publia son premier roman sous le pseudonyme de « Poète anonyme de la Pologne » (*Agaj-Han*, 1833) ; son drame romantique, *La Comédie non divine* (1835), évoque la révolte de canuts, et *Irydion* (1836), méditation sur la décadence de Rome, est sans doute la plus belle œuvre de la poésie romantique polonaise. Il écrivit aussi en français et laissa une importante correspondance en polonais et en français.

Krasnodar *640646 h.* Ville de Russie, dans le Caucase, fondée en 1792. Centre agricole et industriel.

Krassine (Leonid Borisovitch) 1870-1926 Homme politique soviétique. Compagnon de Lénine, commissaire du peuple au Commerce extérieur (1922-1924), il fut le premier ambassadeur d'Union soviétique en France (1924) et en Angleterre (1925-1926). Il est mort à Londres.

Kravchenko (Victor) 1905-1966 Fonctionnaire soviétique réfugié aux États-Unis (1944). Il publia en 1946 son autobiographie, *J'ai choisi la liberté*, violent réquisitoire contre la dictature stalinienne, dont l'authenticité fut contestée par l'Union soviétique et, ensuite, par la plupart des partis communistes. Cela donna lieu à de retentissants procès, en France en particulier, qui tournèrent à la confusion des contestataires. Mais, amer et se sentant déraciné, Kravchenko se suicida.

Krebs (sir **Hans Adolf**) 1900-1981 Biochimiste britannique d'origine allemande. On lui doit la définition du *cycle de Krebs* qui joue un rôle fondamental dans le catabolisme des glucides.

Kreisky (Bruno) 1911-1990 Homme politique autrichien. Leader du parti social-démocrate (1967), chancelier (1970-1983), il accomplit de nombreuses réformes sociales.

Kreisler (Fritz) 1875-1962 Compositeur et violoniste français d'origine autrichienne (*Caprices viennois*).

Kremlin Quartier central de Moscou entouré de murailles en brique rouge, construites au XIVe siècle pour protéger la ville des Tartares. Dominant la Moskova, cette vieille forteresse triangulaire renferme des églises (cathédrale de l'Assomption bâtie en 1326, reconstruite en 1479, église de l'Annonciation décorée par Roublev au XVe siècle) et des palais (Palais impérial construit en 1838) transformés en musées ou devenus le siège des organes suprêmes de l'URSS puis de l'État russe.

La cathédrale de l'Assomption (1479) dans le **Kremlin**.

Kreutzer (Rodolphe) 1766-1831 Violoniste et compositeur français. Illustre virtuose, il a écrit des études, des concertos, et des opéras. Beethoven lui a dédié sa sonate pour piano et violon opus 47 (1803), dite *Sonate à Kreutzer*, mais il ne la joua jamais.

Krishna ou **Krichna** Divinité de l'Inde brahmanique, huitième incarnation de Vishnu. Il est surtout représenté comme un enfant ou un berger. Son nom signifie « le Noir ».

Krishnamurti (Krishnamurti Jiddu, dit**)** 1895-1986 Philosophe indien adopté par Annie Besant, propagandiste de la théosophie, il prodigua, en Angleterre puis aux États-Unis, un enseignement essentiellement oral.

Krivoï-Rog Voir **Kryvyï Rih**

Krogh (August) 1874-1949 Physiologiste danois. Ses travaux ont porté sur les échanges respiratoires et sur le rôle des capillaires dans la circulation.

Kronecker (Leopold) 1823-1891 Mathématicien allemand. Avec Kummer, il fit progresser la théorie des nombres algébriques.

Kronos Voir **Cronos**

kronprinz n. m. (mot allemand) Titre du prince héritier, en Allemagne et en Autriche, avant 1918.

Kronstadt Voir **Cronstadt**

Kropotkine (Piotr Alexeïevitch, prince**)** 1842-1921 Officier, explorateur, savant et anarchiste russe. Démissionnaire de l'armée lors de l'insurrection polonaise de 1863, socialiste, il se réfugia en 1872 en Suisse où il se lia avec les anarchistes et adopta les thèses de Bakounine, revint en Russie en 1874, y fut arrêté, s'évada et regagna la Suisse (1876). Il mena pendant des années une vie d'exilé en Angleterre, en Suisse et en France (il y fut emprisonné entre 1882 et 1886), travaillant avec Élisée Reclus à la rédaction du *Révolté* (périodique devenu *La Révolte*) et gagnant sa vie en écrivant des livres scientifiques. Il publia de nombreux ouvrages, notamment *L'Anarchie, sa philosophie, son idéal* (1896) et ses mémoires (*Autour d'une vie*, publié en anglais en 1899). De retour en Russie en février 1917, il apporta son soutien à Kerenski puis, d'abord favorable aux Soviets, s'inquiéta de la dérive autoritaire du nouveau régime, avant de mourir subitement.

Kroumirie Région montagneuse de Tunisie, couverte de forêts, située à la frontière algéro-tunisienne. Elle est habitée par des tribus berbères : les *Kroumirs*. Leurs incursions en Algérie incitèrent la France à occuper la Tunisie en 1881.

Kroupskaïa (Nadejda Constantinovna) 1869-1939 Révolutionnaire russe, épouse (1898) de Lénine dont elle partagea la vie et les travaux, se consacrant plus particulièrement aux questions d'enseignement et d'éducation.

Krüdener (Barbara Juliane von Vietinghoff, baronne de) 1784-1824 Femme de lettres et mystique livonienne, qui exerça une grande influence religieuse (et donc politique) sur Alexandre Ier à qui elle inspira la Sainte-Alliance.

Kruger (Paul) 1825-1904 Homme d'État boer. Président de la république du Transvaal, qu'il avait contribué à fonder (1883-1902), il ne put empêcher la victoire des forces britanniques lors de la guerre des Boers (1899-1902) et se retira en Europe.

Krull (Germaine) 1897-1985 Photographe allemande, devenue néerlandaise par son mariage (1927) avec Joris Ivens. Dans les années 1920, elle travaille à Paris pour la presse (notamment pour Lucien Vogel) et la publicité et expose avec Man Ray, Kertész, Lotar, Berenice Abbott. Ralliée à la France libre, correspondante de guerre (1944-1946) en Italie, en France, en Allemagne et en Thaïlande, elle s'installe à Bangkok, puis en Inde dans un village de Tibétains réfugiés ; elle a abandonné la photographie vers 1960.

Krupp Dynastie d'industriels allemands. **Friedrich** 1787-1826 Il fonda une aciérie à Essen. **Alfred** 1812-1887 Fils du précédent ; il prit la direction de la fonderie paternelle à 14 ans et en fit une des plus grandes aciéries d'Europe, spécialisée à partir de 1856 dans l'industrie de l'armement ; le canon Krupp contribua à la victoire prussienne en 1871. **Friedrich Alfred** 1854-1902 Fils du précédent ; il donna à la firme une impulsion décisive en achetant des usines à Magdebourg et des chantiers navals. **Bertha** 1886-1957 Fille du précédent, elle épousa le diplomate Gustav von Bohlen und Halbach qui reçut de Guillaume II le droit de prendre le nom de sa femme. **Krupp von Bohlen und Halbach (Gustav)** 1870-1950 Il prit la direction de l'entreprise et la développa considérablement, bénéficiant en particulier de la course aux armements. Pendant la Première Guerre mondiale, Krupp eut le quasi-monopole de la fabrication de canons, notamment d'obusiers à longue portée qui reçurent le sobriquet de « grosses Berthas » (ce n'est pas un de ces obusiers qui bombarda Paris en 1918, mais un autre canon à bien plus longue portée encore, du type dit « Max le long »). L'entreprise joua un rôle décisif dans le réarmement du Reich après 1933 et, en 1945, les Alliés décidèrent de traduire Gustav Krupp von Bohlen devant les tribunaux ; malade, il ne fut pas jugé. **Krupp von Bolhen und Halbach (Alfred)** 1907-1967 Fils du précédent ; directeur de l'entreprise à partir de 1943, il est, après la guerre, après diverses péripéties judiciaires et le démantèlement de la société, libéré par les Américains dès 1951, il retrouva liberté et puissance au prix d'ententes économiques avec les Alliés. En 1967, le groupe Krupp échappe au contrôle de la famille.

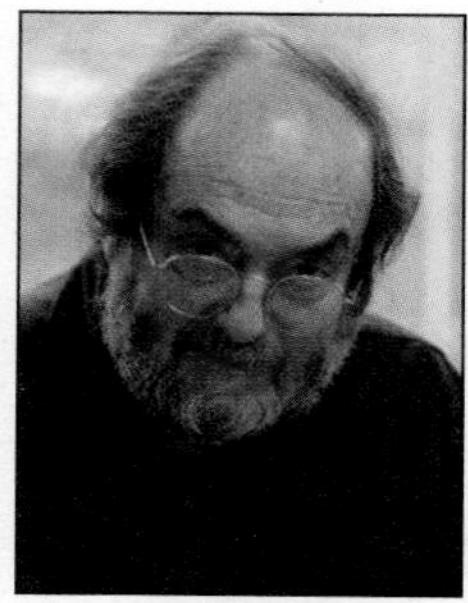

Stanley Kubrick.

Krylov (Ivan Andreïevitch) 1769-1844 Fabuliste russe. S'inspirant de La Fontaine, il écrivit des fables moralisatrices (7 vol., 1809-1841) qui demeurent extrêmement populaires en Russie.

krypton n. m. CHIM. Élément, de numéro atomique Z=36, et de masse atomique 83,8 (symbole Kr). (Le krypton est l'un des gaz rares de l'air. Il remplace l'argon dans les lampes à incandescence de grande puissance. Il est utilisé dans les tubes des enseignes lumineuses et donne une lumière bleu pâle).

Kryvyï Rih *737 300 h.* Ville d'Ukraine (anciennement *Krivoï Rog*), proche de Dniepropetrovsk. La présence d'un important gisement de fer a suscité la création d'une puissante industrie lourde qui utilise l'hydroélectricité du Dniepr, mais la production actuelle est la moitié de celle de 1990.

ksar n. m. (mot arabe) Village fortifié en Afrique du Nord, dans les régions sahariennes. Pl. Des *ksour*.

ksi Voir **xi**

Kuala Lumpur *1 145 075 h.* Capitale de la Malaisie, dans le territoire fédéral de Kuala Lumpur (*243 km²*). Aéroport international de Subang. Sa population est en majorité chinoise.

Kubilay ou **Koubilaï Khan** 1214-1294 Empereur mongol en 1260. Petit-fils de Gengis khan, maître de la Mongolie, il envahit la Chine (1267), s'empara du dernier empereur Song (1270), occupa l'Indochine, la Corée, et mourut alors qu'il s'était emparé de Java. Résidant à Khanbalik (Pékin), il organisa son empire et accueillit de nombreux étrangers (en particulier le Vénitien Marco Polo qui passa plusieurs années à son service) envers lesquels il se montra tolérant : on rencontrait à sa cour aussi bien des prêtres nestoriens que des lamas tibétains.

Kubitschek de Oliveira (Juscelino) 1902-1976 Homme politique brésilien. Médecin, député (1934), gouverneur de la province de Minas Gerais (1950), président de la République (1956-1961), il fit bâtir Brasilia, nouvelle capitale du Brésil.

Kubrick (Stanley) 1928-1999 Cinéaste américain. Il a réalisé de nombreux films appartenant à des genres très différents, tantôt pacifistes (*Les Sentiers de la gloire*, 1957 ; *Le Docteur Folamour*, 1964 ; *Full metal jacket*, 1987), tantôt mêlant science-fiction et satire sociale (*2001, l'Odyssée de l'espace*, 1968 ; *Orange mécanique*, 1971), tantôt à sujet historique (*Spartacus*, 1960 ; *Barry Lyndon*, 1975), tantôt adaptations d'œuvres littéraires (*Lolita*, 1962). Il est mort avant la sortie de son dernier film, *Eyes Wide shut* (2000).

kugelhof Voir **kougloff**

Kuiper (Gerard) 1905-1973. Astronome américain d'origine néerlandaise. Après des études à l'université de Leyde, il émigre aux États-Unis en 1933 et travaille à l'observatoire de Yerkes dont il assumera la direction de 1947 à 1957. Pionnier de l'étude des planètes et de la Lune, il se spécialise dans l'étude du système solaire et découvre la présence de méthane dans les anneaux de Saturne et dans l'atmosphère de Titan, son plus gros satellite. Il met en évidence la présence de gaz carbonique en tant que composant principal de l'atmosphère de Mars. Il mesure les diamètres des planètes Neptune et Pluton et, dès 1951, à partir de l'observation des comètes à courtes périodes de retour qui, en quittant les régions externes du système solaire, sont projetées vers l'intérieur de notre système ; elles sont alors soumises à l'attraction gravitationnelle des planètes géantes et Kuiper suggère la présence d'une ceinture d'objets gravitant sur une orbite située au-delà de celles de Neptune et de Pluton. *La ceinture de Kuiper* est une zone du système solaire située au-delà de l'orbite de Neptune. À plus de 40 UA (plus de 6 milliards de km) du Soleil, cette ceinture constituerait un réservoir de comètes, d'autres petites planètes et d'astéroïdes que l'on appelle aussi OTN (objets trans-neptuniens). On a dénombré jusqu'à présent 115 objets présentant des caractéristiques communes : tous gravitent en dehors de l'orbite de Neptune, tous ont une orbite faiblement inclinée par rapport au plan de l'écliptique (plan de circulation de l'orbite terrestre). Les diamètres de ces objets sont évalués entre 100 et 400 km, ce qui est largement inférieur aux diamètres de Pluton et de son satellite Charon (respectivement 2 324 et 1 200 km), dont on s'accorde à penser qu'ils pourraient appartenir à la ceinture de Kuiper et en constituer les objets les plus proches du Soleil. La forte inclinaison de leur orbite s'expliquerait par un effet de capture gravitationnelle de la part des deux planètes géantes Uranus et Neptune. La ceinture de Kuiper compterait 35 000 à 40 000 objets de diamètre supérieur à 100 km ; leur masse totale est évaluée à plusieurs centaines de fois la masse de la ceinture principale d'astéroïdes gravitant en orbite entre Mars et Jupiter. Ce n'est qu'à la fin des années 1980 et au début des années 1990 que trois astronomes canadiens (M. Ducan, T. Quin, S. Tremaine) découvrirent la présence d'un objet gravitant au-delà de l'orbite de Pluton, l'objet QB_1, puis, un an plus tard, l'objet QB_2 confirmant ainsi l'intuition de Kuiper. Ces objets, qui se sont donc formés probablement en même temps que le système solaire, constituent, pour autant qu'on le sache aujourd'hui, le bord de sa frontière interne.

Ku Klux Klan Société secrète qui lutta dès 1865 contre l'égalité raciale aux États-Unis. Interdite en 1877, elle ne disparut pas et reprit ses activités en 1915. Prohibé en 1928 par la Cour suprême en tant que société secrète, à la suite d'un procès qui révéla ses excès, le Ku Klux Klan continue sa propagande raciste et xénophobe.

Kulturkampf *(combat pour la civilisation)* Lutte de Bismarck contre les catholiques allemands. Le parti catholique du centre, recruté hors de Prusse et dirigé par le Bavarois Windthorst s'opposant à Bismarck, celui-ci, avec l'appui des protestants, prit de 1871 à 1878 des mesures de rigueur contre l'Église catholique. Mais les catholiques tinrent bon et les progrès du socialisme conduisirent Bismarck à accéder aux désirs de l'empereur en se rapprochant du Vatican, démarche facilitée par l'avènement de Léon XIII.

Kumasi ou **Koumassi** *488 991 h.* Ville du Ghana, chef-lieu de la région Ashanti (centre commercial bien desservi).

kummel n. m. Liqueur alcoolique aromatisée au cumin.

Kummer (Ernst Eduard) 1810-1893 Mathématicien allemand. Après avoir travaillé sur les intégrales définies et les équations différentielles, il a, avec Kronecker, fait progresser la théorie des nombres algébriques.

kumquat n. m. (mot cantonais) Petit fruit, semblable à une toute petite orange, qui se mange avec son écorce, et souvent confit.

Kun (Béla) 1886-1938 Révolutionnaire hongrois. Il s'empara du pouvoir à Budapest (mars 1919), mais sa dictature prolétarienne, fort sanglante, fut renversée en août par l'intervention de l'armée roumaine. Il se réfugia à Vienne, puis en Russie soviétique. Staline le fit arrêter et exécuter. Khrouchtchev l'a fait réhabiliter en 1958.

Kundera (Milan) 1929 Écrivain français d'origine tchèque et d'expression tchèque et française. Contestataire sarcastique (*La Plaisanterie*, 1967, en tchèque), il est un des acteurs du Printemps de Prague et sera réduit au silence après 1968. Pour trois de ses romans (*La Vie est ailleurs*, *La Valse aux adieux*, *Le Livre du rire et de l'oubli*) la traduction française paraît avant le texte tchèque. Installé en France, enseignant à l'université de Rennes, Kundera écrit actuellement en français, qu'il s'agisse d'essais (*L'Art du roman*, 1986 ; *Les Testaments trahis*, 1993) ou de romans (*La Lenteur*, 1995 ; *L'Identité*, 1996).

kung-fu n. m. (mot chinois) Art martial chinois, proche du karaté. *Films de kung-fu.*

Kunikida Doppo 1871-1908 Écrivain japonais qui explora les possibilités du japonais moderne dans d'autres domaines que le roman, en particulier dans l'art, proche de celui des peintres, du « croquis » et du « paysage » (*Musashino*, 1898).

Kupka (Frantisek, dit Franck) 1871-1957 Peintre tchèque. Fixé à Paris en 1894, il se lie à Delaunay et devient un des initiateurs de l'art abstrait. Il trouve souvent son inspiration dans la musique : *Fugue en deux couleurs.*

kurde adj. et n. Du Kurdistan. / n. m. Langue indo-européenne parlée par les Kurdes.

• **Kurdes** Peuple d'Asie occidentale, de langue indo-européenne (groupe des langues iraniennes) et de religion musulmane. Ce sont des pasteurs nomades ou semi-nomades et des agriculteurs. Dans le nord de l'Irak, on compte 2 millions de Kurdes ; dans l'ouest de l'Iran, 6 millions ; dans le sud-est de la Turquie, 7 millions, à quoi s'ajoutent les communautés kurdes de Syrie (environ 500 000 personnes) et d'Arménie (environ 300 000).

Kurdes

Histoire

Habitant un territoire sans frontières reconnues, toujours partagé entre divers États, les Kurdes se sont constamment opposés à ces États. La seule dynastie kurde fut celle des Ayyubides, fondée par Saladin (XIIe-XIIIe siècle). Installés au XVIIe siècle dans l'Elbourz, ils se déplacèrent vers l'est de l'Anatolie où ils se heurtèrent aux Arméniens ; cette hostilité fut exploitée par les Turcs qui les utilisèrent lors des massacres des Arméniens (1894-1896, 1915-1918).

En 1920, le traité de Sèvres, qui démantèle l'Empire ottoman, promet aux Kurdes un territoire indépendant ; le traité ne sera pas ratifié et le traité de Lausanne (1923) ne fera plus mention d'un Kurdistan indépendant. Les Kurdes se trouvent alors dispersés entre Iran, Irak, URSS, Turquie et Syrie. Ils se soulèvent en 1925, 1930 et 1937 en Turquie, en 1922, 1931 et 1945 en Irak, constituant même en 1946 en Iran une éphémère république, la république de Mehabad (janvier-décembre 1946).

Combattants kurdes, en lutte contre le gouvernement irakien (1991).

Le Kurde irakien Barzani, au service de la république de Mehabad, se réfugie en Union soviétique en 1947 et ne regagne son pays qu'en 1958, date à laquelle la monarchie irakienne a été renversée par un régime républicain qui promet de garantir les droits nationaux des Kurdes.

Mais le pouvoir irakien ne tient pas ses promesses, la lutte reprend et se poursuit jusqu'en 1970, entrecoupée de trêves ; l'accord signé en 1970 reconnaît le principe de l'autonomie kurde. En 1975, l'Iran et l'Irak s'entendent contre Barzani, qui avait repris l'action en 1974. Pendant la guerre irako-iranienne (1980-1988), les Kurdes tentent en vain de s'organiser contre leurs dominateurs.

En Iran, les autonomistes du Parti démocratique du Kurdistan iranien ont mené une vraie guerre contre la République islamique. En Turquie, ils sont en rébellion ouverte depuis 1984, même si l'État leur reconnaît en 1991 le droit de parler leur langue ; la guérilla du PKK (Parti de travailleurs du Kurdistan) se perpétue pendant des années, malgré une répression sanglante, répression à laquelle a fait écho celle pratiquée en Irak par Saddam Hussein en 1993 (exode massif vers la Turquie et l'Iran, intervention humanitaire internationale).

De nombreuses actions terroristes sont menées en Turquie par le PKK jusqu'à l'arrestation de son leader, A. Öcalan, qui est condamné à mort en 1999 (mais la sentence n'a pas été exécutée). Au cours de son procès, il appelle à la cessation de la violence et le PKK a renoncé au terrorisme, réclamant sa reconnaissance en tant que parti politique.

Les Kurdes d'Irak, persécutés sous le régime baasiste (des milliers d'entre eux ont été victimes de gaz mortels), ont réussi, avec l'appui de la communauté internationale, à établir, après les atrocités de 1993, une quasi-autonomie sur le territoire où ils sont majoritaires. Lors de l'entrée des troupes de la coalition anglo-américaine en Irak, en mars 2003, ils ont fortement manifesté leur soutien aux forces de la coalition et exprimé, une nouvelle fois, leurs revendications autonomistes.

Kurdistan Région d'Asie occidentale, montagneuse, rude mais bien arrosée, partagée entre la Turquie, l'Iran et l'Irak. Le Kurdistan iranien forme une province : *1 233 480 h., 27 858 km², chef-lieu Sanandadj (271 314 h.).*

Kurdufan Voir **Kordofan**

Kurosawa Akira 1910-1998 Cinéaste japonais. Il réalisa de nombreux films sociaux, caractérisés par leur âpreté et leur générosité : *L'Ange ivre* (1948), *Chien enragé* (1949), *Vivre* (1952), *Entre le ciel et l'enfer* (1963), *Barberousse* (1965). Ses films historiques donnent une face spectaculaire à son génie : *La Légende du grand judo* (1943), *Rashomon* (1950, qui le révèle au monde), *Les Sept Samouraïs* (1954), *Kagemusha* (1980), ainsi que ses adaptations littéraires : *L'Idiot* (1951), *Le Château de l'araignée* (d'après *Macbeth*, 1957), *Les Bas-Fonds* (1957), *Ran* (d'après *Le Roi Lear*, 1985). Il tourna en Sibérie *Derzou Ouzala* (1974).

Kutchuk-Kaïnardji Localité de Bulgarie (aujourd'hui *Kaindarza*), dans la Dobroudja, où fut signé en 1774 le traité, désastreux pour la Turquie, qui mit fin à la guerre russo-turque. La Russie obtenait le nord de la mer Noire, le droit de libre navigation dans les détroits, le protectorat sur les chrétiens orthodoxes de l'empire ottoman ; en outre la Crimée devenait indépendante.

kwa n. m. Groupe de langues de la famille nigéro-congolaise, comprenant environ 70 langues, parmi lesquelles l'ibo, le yoruba, l'akan, l'éwé, etc.

kwashiorkor n. m. (mot achanti) Forme grave de malnutrition atteignant les enfants en Afrique au moment du sevrage, lorsque le lait maternel est remplacé par une alimentation de type adulte dont les apports en protéines sont insuffisants.

Kyokutei Bakin 1767-1848 Romancier japonais. Son interminable *Histoire des huit chiens de Satomi* (1814-1841) accumule les anecdotes allégoriques.

Kyoto *1 448 377 h.* Ville du Japon, dans le sud de Honshu, chef-lieu du ken du même nom. Centre industriel faisant partie de la conurbation d'Osaka-Kobe (à l'est), Kyoto demeure la capitale spirituelle du Japon et un important centre de pèlerinages ; elle abrite plus de deux mille temples, le palais de l'empereur, celui du shogun, et bien d'autres monuments. **Histoire** Capitale impériale fondée en 794 sous le nom de Heian ou Heiankyo (qui allait donner Kyoto), la ville fut bâtie selon un plan carré d'inspiration chinoise. Résidence de la cour jusqu'en 1869, Kyoto perdit son rôle politique quand l'empereur dut céder le pouvoir réel au shogun en 1601. Depuis cette date, la capitale politique du Japon fut Edo, rebaptisé Tokyo quand l'empereur reprit le pouvoir en 1868 puis s'y installa.

kyrie ou **kyrie eleison** n. m. inv. (mot[s] grec[s]) LITURG. CATHOL. Dans la messe en latin, invocation placée entre l'*Introït* et le *Gloria in excelsis*. / Par méton. Musique sur laquelle on chante le kyrie.

kyrielle n. f. Litanie. / Fig. Longue suite de choses sans fin, répétition lassante.

kyste n. m. MÉD. Formation pathologique comprenant une paroi fermée entourant une cavité à contenu liquide ou gazeux.

kystique adj. MÉD. De la nature du kyste.

Kyushu *42 163 km² 13 368 000 h.* La plus méridionale des quatre grandes îles du Japon, montagneuse et découpée par la mer. Kyushu jouit d'un climat très doux qui favorise une agriculture de type tropical (riz, thé, mûrier) et l'implantation d'une population dense. Ses côtes découpées abritent de nombreux ports (notamment Nagasaki). De nombreuses régions de l'île sont indemnes de toute industrialisation.

*L'un des plus beaux temples de **Kyoto**, le Pavillon d'argent (XVe siècle).*

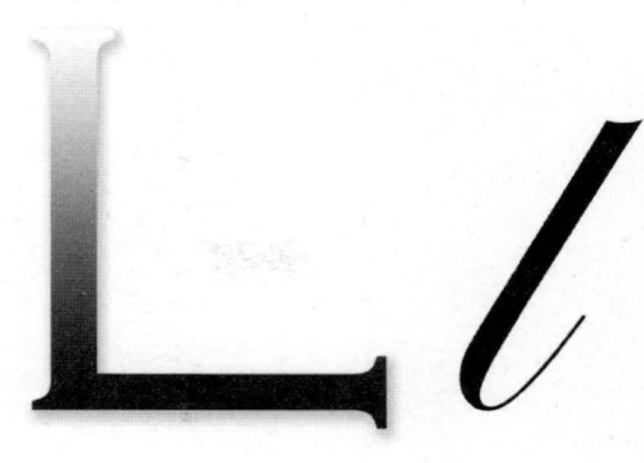

Louise Labé.

l' Voir **la, le**
la [1] Voir **le**
la [2] n. m. inv. Sixième note de la gamme d'ut. / *Donner le la* : donner le ton (à un musicien, à un orchestre, en faisant sonner le *la*). Fig. Donner le ton, en parlant de mode, d'usages.
là adv. À tel endroit. *Nous sommes là.* / Dans un endroit différent de celui où l'on est. *On voit ici une forêt, là, un champ cultivé.* / À tel moment. *C'est là que le président est intervenu.* / (Pour renforcer un adj. dém.) *Cet homme-là.*
Laâyoune (autrefois *El-Aiún*) *100 000 h.* Ville du Maroc, chef-lieu de la province du même nom qui se situe dans le nord du Sahara occidental. Ses ressources viennent des gisements de phosphates de Bou Craa.
La Barre (Jean-François Lefebvre, chevalier **de)** 1747-1766 Gentilhomme français. Accusé d'avoir dégradé un crucifix et omis de se découvrir lors du passage d'une procession, il fut condamné à être torturé puis brûlé vif par le tribunal d'Abbeville (Somme). Par clémence, il fut décapité avant d'être brûlé malgré les protestations de Voltaire en faveur d'un nouveau procès. Il devint un symbole des abus du clergé.
labarum n. m. HIST. Étendard impérial de Constantin le Grand, sur lequel auraient été tracés la croix, le monogramme du Christ, lors de la bataille de Milvius (312), ainsi que l'inscription *In hoc signo vinces* (« Par ce signe, tu vaincras »).
là-bas loc. adv. Au loin, à tel endroit, dans telle direction.
labbe n. m. Synonyme de stercoraire.
Labé (Louise) 1524-1566 Poétesse française de l'école de Lyon, surnommée *la Belle Cordière* parce que son époux faisait le commerce de cordes. Elle a composé vingt-quatre *Sonnets* (1555) sur l'amour, qui révèlent une sensibilité très vive et une grande maîtrise du vers. Elle a également écrit trois *Élégies* et une œuvre en prose intitulée : *Débat de Folie et d'Amour.*
label n. m. (mot anglais) Marque élaborée par un syndicat professionnel et apposée par ses adhérents sur un produit pour en attester l'origine et la qualité des conditions de fabrication. / Maison éditrice de disques ; marque de cette société.
labéliser ou **labelliser** v. t. [1] Accorder un label à.
labelle n. m. BOT. Grand pétale de la corolle des orchidées.
labellisation n. f. Garantie d'un produit au moyen d'un label.

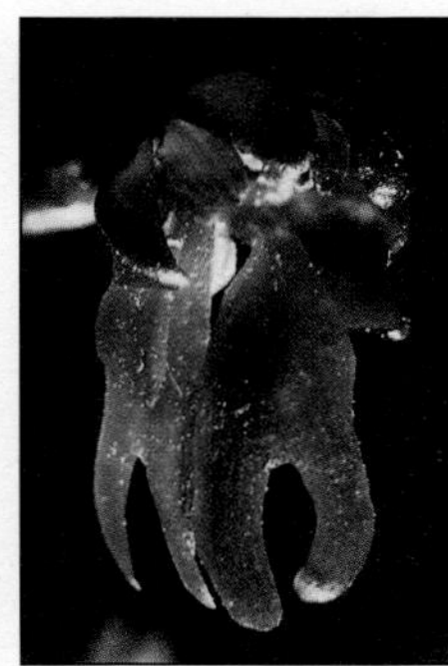
*Lusus : fleur à deux **labelles**.*

Eugène Labiche.

labeur n. m. Travail assidu et pénible. / IMPR. Ouvrage volumineux à imprimer.
labiacées Voir **labiées**
labial, ale, aux adj. et n. f. Des lèvres ; relatif aux lèvres. / PHONÉT. *Consonne labiale* ou (n. f.) *labiale*, articulée avec les lèvres (lettres b, m, p).
Labiche (Eugène) 1815-1888 Écrivain français. Sous le second Empire, il est l'auteur à succès de vaudevilles et de comédies légères, dans lesquels il décrit des bourgeois bornés et cupides : *Un chapeau de paille d'Italie* (1851), *Le Voyage de M. Perrichon* (1860), *La Cagnotte* (1864). Moraliste désabusé, caricaturiste ironique, il anime d'une puissante verve comique des œuvres à la construction d'une rigoureuse précision et au rythme endiablé.
labié, e adj. BOT. (En parlant d'une corolle gamopétale) À deux lobes en forme de lèvres.
labiées ou **labiacées** n. f. pl. BOT. Famille de plantes dicotylédones, généralement aromatiques, dont les fleurs gamopétales ont une corolle à deux lèvres inégales. *Les labiées, famille dont font partie le lamier, le thym, la lavande, le romarin, la menthe, la sauge, sont particulièrement abondantes dans la région méditerranéenne.*
labile adj. Peu stable.
labiodental, ale, aux adj. et n. f. PHONÉT. *Consonne labiodentale,* articulée avec la lèvre inférieure et les dents du haut. *Les consonnes f et v sont labiodentales.* / n. f. *Une labiodentale.*
labiopalatal, ale, aux adj. et n. f. PHONÉT. *Consonne labiopalatale*, articulée avec une projection des lèvres, la langue touchant le devant du palais. *Dans « nuire », la semi-consonne {u} est labiopalatale.* / n. f. *Une labiopalatale.*
Labisse (Félix) 1905-1982 Peintre et décorateur de théâtre français dont le style se rapproche du surréalisme. Il a composé des œuvres fantastiques, souvent érotiques, d'inspiration ésotérique ou mythologique.
labium n. m. ZOOL. Pièce inférieure, impaire, de l'appareil buccal des insectes, également appelée lèvre inférieure.
La Boétie (Étienne de) 1530-1563 Écrivain français. À 23 ans, il est conseiller à la cour de Bordeaux où il rencontre Montaigne, auquel il se liera d'une indéfectible amitié. Il traduit Xénophon et Plutarque et compose des sonnets mais l'œuvre qui le rendra célèbre est publiée après sa mort en 1576 : c'est le *Discours sur la servitude volontaire*, également connu sous le nom de *Contr'un*. Dans cet ouvrage controversé il analyse la nature du pouvoir du tyran et exhorte, parfois violemment, l'homme à défendre sa liberté.
laborantin, e n. Assistant de laboratoire.
laboratoire n. m. Lieu spécialement équipé pour réaliser des expériences scientifiques, des analyses biologiques ou des préparations complexes (chimie, photographie, biologie, physique). / *Laboratoire pharmaceutique* : firme qui fabrique et commercialise des médicaments. / Lieu, séparé du magasin, où un charcutier, un pâtissier,

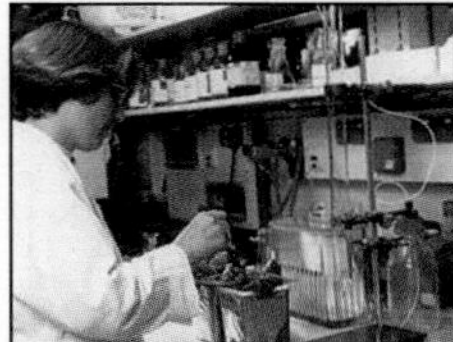
Laborantine.

Terre **labourée**.

Labradors.

élabore ses produits. / LING. *Laboratoire de langues* : local spécialisé, compartimenté en cabines insonorisées, où l'on apprend les langues par la pratique orale.

laborieusement adv. Péniblement, avec effort.

laborieux, euse adj. Qui travaille, travaille beaucoup. *Les classes laborieuses*. / (En parlant de choses) Qui demande beaucoup de travail. *Entreprise laborieuse*. / Péjor. *Style laborieux*, où l'on sent l'effort.

labour n. m. Travail qui consiste à retourner la terre avec une charrue, une bêche ou tout autre instrument aratoire avant de l'ensemencer.

labourage n. m. Action de labourer.

La Bourdonnais (Bertrand François Mahé, comte **de)** 1699-1753 Marin français nommé gouverneur des îles de France et de Bourbon (Maurice et la Réunion) en 1735. Il affréta une escadre de sa propre initiative et se rendit aux Indes où il fit le siège de Madras (1746). Conquise, la ville fut rendue aux Britanniques contre rançon, ce qui valut à La Bourdonnais d'être accusé d'avoir trahi la Compagnie française des Indes. Revenu en France en 1748, il fut emprisonné à la Bastille et, finalement, acquitté (1751).

labourer v. t. [1] Effectuer le labour, le labourage de (une terre). / Écorcher, égratigner profondément.

laboureur n. m. Celui qui laboure.

Labour Party Parti travailliste anglais. Il succède en 1906 au *Labour Representation Committee*, créé en 1900 pour défendre les intérêts des ouvriers indépendamment du Parti libéral et constitué d'une fédération de syndicats et de diverses petites associations d'inspiration socialiste. Après avoir participé à plusieurs gouvernements d'union nationale, notamment pendant les guerres, le Labour Party, sous C. Attlee, forme son premier gouvernement majoritaire aux Communes en 1945. De nouveau au pouvoir sous H. Wilson puis Callaghan (1964-1970 et 1974-1979), il faudra attendre 1997 et l'élection de Tony Blair pour voir le retour des travaillistes à la tête d'un gouvernement.

Labou Tansi (Marcel Sony, dit **Sony)** 1947-1995 Homme politique et écrivain de la république du Congo. Imprégné de la culture bantoue et passionné de théâtre, il dirige une troupe qui remporte un grand succès dans son pays ainsi qu'à l'étranger. Parallèlement, il écrit des pièces (*Conscience de tracteur* 1973 ; *La Parenthèse de sang* 1978) et des romans (*La Vie et demie* 1979 ; *L'État honteux* 1983 ; *Les Yeux du volcan* 1988) qui dénoncent la barbarie du pouvoir dans un langage pittoresque et non dénué d'humour.

labrador n. m. Race de chien de chasse et de compagnie, à poil ras et à robe sable, fauve ou noire.

Labrador Presqu'île du Canada, entre l'Atlantique et la baie d'Hudson, faisant partie administrativement de la province du Québec (sous le nom de *Nouveau-Québec*) et de celle de Terre-Neuve (nord-est de la péninsule). C'est un vaste plateau granitique au climat et à la végétation polaires, habité par des chasseurs de fourrures majoritairement inuits, des Indiens et des populations récemment venues travailler dans le secteur minier (env. *35 000 h.*). D'abondants gisements de fer (Schefferville) sont reliés à la région industrielle du Saint-Laurent par une ligne de chemin de fer. Les Churchill Falls alimentent la plus puissante centrale hydroélectrique du Canada. Le courant glacial du Labrador circule de l'océan Arctique jusqu'à Terre-Neuve, où il rencontre le Gulf Stream.

labre [1] n. m. ZOOL. Pièce supérieure, impaire, de l'appareil buccal des insectes, également appelée lèvre supérieure.

labre [2] n. m. ZOOL. Poisson téléostéen marin des côtes rocheuses, à lèvres épaisses, aux couleurs vives. Syn. vieille.

labret n. m. ETHNOL. Ornement, souvent en forme de disque, que certaines femmes africaines portent inséré dans leur lèvre inférieure, qui a été distendue pendant des années dans ce but.

La Brosse (Gui de) ?-1641 Botaniste français. Médecin de Louis XIII, il fonda à Paris en 1635 le *Jardin du Roi* (ancêtre de l'actuel Muséum national d'histoire naturelle) où étaient cultivées plus de 2 000 espèces végétales.

Labrouste (Henri) 1801-1875 Architecte français. Pionnier de l'architecture du fer, il laissa apparente la structure intérieure de la bibliothèque Sainte-Geneviève (1843-1861) et donna au bâtiment une façade classique. On lui doit aussi la grande salle de lecture de la Bibliothèque nationale (rue de Richelieu, 1862-1866).

Jean de La Bruyère.

La Bruyère (Jean de) 1645-1696 Écrivain français. Précepteur puis secrétaire du duc de Bourbon (à partir de 1684), il est admis à la Cour et publie les *Caractères de Théophraste traduits du grec* et *les Caractères ou les Mœurs de ce siècle* (1688). Cet ouvrage constitué d'observations, notées au jour le jour, a aussitôt un grand succès, car il brosse d'une manière brillante et spirituelle des portraits de personnages vivants où chacun peut se reconnaître : Giton le riche, Ménalque le distrait, etc. Cette satire mordante de la société sous Louis XIV est enrichie à plusieurs reprises jusqu'à la mort de La Bruyère.

labyrinthe n. m. Réseau de chemins tortueux, de galeries qui s'entrecroisent, où il est quasi impossible de retrouver l'unique sortie, et dont le modèle est le légendaire labyrinthe de Crète, construit par Dédale pour y enfermer le Minotaure. / Dallage d'une église à dessins enchevêtrés, nommé *chemin de Jérusalem*, et que les fidèles parcouraient à genoux, symbolisant ainsi un pèlerinage à Jérusalem. / ANAT. Ensemble des cavités de l'oreille interne. / Fig. Situation ou faits embrouillés. *Le labyrinthe de la paperasserie administrative*.

labyrinthique adj. D'un labyrinthe, disposé à la manière d'un labyrinthe.

lac n. m. Étendue plus ou moins vaste d'eau, généralement douce et alimentée par des cours d'eau, située à l'intérieur des terres. *Lacs tectoniques*, liés à des effondrements de l'écorce terrestre. *Lacs volcaniques*, occupant les cratères des volcans éteints. *Lacs de cirque*, remplissant les cuvettes glaciaires. *Lacs de barrage*, se formant derrière une moraine glaciaire, une coulée de lave ou un cordon de dunes.

Toronto, sur le **lac** Ontario.

La Caille (abbé **Nicolas Louis de)** 1713-1762 Astronome français. Il participa avec Jacques Cassini au calcul du méridien de Paris. Au cours d'une expédition de près de quatre ans (1750-1754), il révisa le catalogue des étoiles du ciel austral commencé par E. Halley en 1677, en repérant plus de dix mille, puis les regroupant en fonction de leur position céleste. Il introduisit ainsi dans les catalogues célestes quatorze nouvelles constellations. Installé près du cap de Bonne-Espérance, il contribua avec Lalande (qui travaillait à l'observatoire de Berlin) aux calculs de la valeur de la parallaxe lunaire.

La Calprenède (Gautier de Costes de) 1610-1663 Écrivain français. Il composa des tragédies et de vastes épopées galantes : *Cassandre* (1642-1645), et *Cléopâtre* (1647-1658) où figure le fier Artaban.

Jacques Lacan.

Lacan (Jacques) 1901-1981 Psychiatre et psychanalyste français. Médecin, il consacra sa thèse à *La Psychose paranoïaque dans ses rapports avec la personnalité* (1932) et orienta ses recherches sur les psychoses infantiles, ouvrant des voies nouvelles sur le rôle de l'image du corps dans la conscience. Il chercha à approfondir et à harmoniser toutes les notions fondamentales du freudisme, notamment celle d'inconscient (où il trouva des structures se rapprochant de celles du langage). Ses principaux travaux sont réunis dans ses *Écrits* (1966). Depuis 1975, on publie ses nombreux *Séminaires*. Ses travaux sont contestés par nombre de psychanalystes ; il a dissous l'École freudienne en 1980, mais de nombreux thérapeutes se réclament de lui.

Lacédémone Autre nom de Sparte.

Lacenaire (Pierre François) 1800-1836 Criminel et écrivain français. Voleur et assassin, il est arrêté en 1835. Lors de son procès, il fait preuve d'une ironie choquante et écrit ses *Mémoires et Révélations* avant d'être guillotiné. Prévert en a fait un personnage des *Enfants du paradis* (1943-1944).

Lacépède (Bernard de La Ville, comte **de)** 1756-1825 Naturaliste, écrivain et homme politique français. Il écrivit une *Histoire générale et particulière des quadrupèdes ovipares et des serpents* et plusieurs autres ouvrages, poursuivant ainsi l'*Histoire naturelle* de Buffon. Il fut président du Sénat en 1801.

lacer v. t. [1] Attacher avec un lacet. *Lacer ses chaussures.*

lacération n. f. Action de lacérer; résultat de cette action.

lacérer v. t. [1] Déchirer, mettre en lambeaux. *Lacérer sa proie, des vêtements.*

lacertiens ou **lacertiliens** n. m. pl. ZOOL. Ordre de reptiles, généralement munis de pattes, comprenant les lézards, les orvets, les geckos, les iguanes, les caméléons, etc.

lacet n. m. Cordon passé dans des œillets pour attacher un vêtement, des chaussures. / Succession de virages. *Route en lacet.* / Nœud coulant utilisé dans la capture du gibier.

lâchage n. m. Action de lâcher (qqch.). / Action d'abandonner (qqn).

La Chaise ou **La Chaize (François d'Aix de**, dit le Père**)** 1624-1709 Jésuite français, confesseur de Louis XIV à partir de 1675. Il aurait favorisé le mariage secret du roi avec madame de Maintenon. Il séjourna un certain temps, à Paris, dans une propriété de campagne des jésuites, devenue un cimetière qui porte son nom.

La Chalotais (Louis René de Caradeuc de) 1701-1785 Magistrat français. Procureur général du Parlement de Bretagne, adepte de la philosophie des Lumières, adversaire des jésuites et de l'enseignement du latin, il mena (1764) la lutte des parlementaires de Bretagne opposés au représentant du roi et attachés au maintien des droits particuliers de la province. Emprisonné, puis assigné à résidence à Saintes, il fut rétabli dans sa charge en 1775.

lâche adj. et n. **I.** Qui n'est pas tendu; desserré. *Lien trop lâche.* / Fig. Peu rigoureux, relâché. *Style lâche.* **II.** (En parlant de personnes) Couard, poltron. *Il est trop lâche pour combattre.* Subst. *C'est un lâche.* / Par ext. *Un lâche attentat*, qui dénote la lâcheté de ses auteurs.

lâchement adv. Avec lâcheté.

lâcher [1] v. t. / v. i. [1] **A.** v. t. Tenir moins tendu. *Lâcher les rênes.* / Cesser de retenir. *Lâcher les chiens, un oiseau.* / Fig. Exprimer, dire. *Lâcher un soupir de soulagement.* / Cesser de tenir, laisser aller. *Lâcher prise. Lâcher une bombe.* / Abandonner, quitter. *Lâcher son travail. Lâcher ses concurrents*, les distancer. Fam. *Ses amis l'ont lâché.* **B.** v. i. Casser, se rompre, céder.

lâcher [2] n. m. Action de lâcher, de laisser aller. *Un lâcher de ballons.*

lâcheté n. f. Caractère d'une personne, d'un acte lâche.

lâcheur, euse n. Fam. Celui, celle qui abandonne, néglige ses amis.

La Cierva y Codorníu (Juan de) 1896-1936 Inventeur espagnol de l'autogire (1923), ancêtre de l'hélicoptère.

lacis n. m. Entrelacement. *Un lacis de fils de laine.*

Laclos (Pierre Choderlos de) 1741-1803 Officier et écrivain français. Auteur des *Liaisons dangereuses* (1782), sulfureux roman épistolaire d'une grande pénétration psychologique, à la composition rigoureuse et au style retenu. Il a également écrit un essai didactique: *De l'éducation des femmes* (1783), des ouvrages de stratégie (il avait participé à la préparation de la bataille de Valmy) et des poèmes.

La Condamine (Charles Marie de) 1701-1774 Naturaliste et voyageur français. Il entreprit une importante expédition en Guyane d'où il rapporta les premiers échantillons de caoutchouc.

Henri Lacordaire
(© Province dominicaine de France).

laconique adj. Concis, bref. *Il s'est montré laconique. Un message laconique.*

laconiquement adv. De façon laconique.

laconisme n. m. Caractère laconique de l'expression orale ou écrite.

Lacordaire (Henri) 1802-1861 Prêtre français. Ami de Lamennais, il fonda avec lui le journal catholique libéral *L'Avenir* mais s'éloigna lorsque le journal fut condamné par le pape (1832). Il fut un grand orateur, prêchant notamment à Notre-Dame de Paris en 1835-1836. Devenu dominicain à Rome en 1839, il rétablit cet ordre en France (1843).

Lacoste (René) 1904-1996 Joueur de tennis français, l'un des quatre « Mousquetaires ». Surnommé *le Crocodile* en raison de son jeu défensif, il remporta la Coupe Davis de 1927 à 1929.

Lacq *650 h.* Commune des Pyrénées-Atlantiques où le plus grand gisement français de gaz naturel, découvert à 3 550 m de profondeur, est exploité depuis 1951. Il est aujourd'hui en voie d'épuisement.

Lacretelle (Jacques de) 1888-1985 Écrivain et essayiste français. Il est l'auteur de romans psychologiques souvent pessimistes: *Silbermann* (1922), le cycle des *Hauts Ponts* (1932-1935).

lacryma-christi n. m. inv. (mots latins) Vin muscat des vignes cultivées au pied du Vésuve.

lacrymal, ale, aux adj. Des larmes, relatif aux larmes.

lacrymogène adj. Qui fait pleurer. *Gaz lacrymogène*: produit qui irrite fortement les muqueuses et fait abondamment pleurer.

lacs n. m. inv. Lacet à nœud coulant.

lactaire adj. et n. m. **A.** adj. Relatif au lait, à la lactation, à l'allaitement. **B.** n. m. BIOL. Champignon basidiomycète, de la famille des agaricacées, qui laisse s'écouler, lorsqu'on le casse, un latex d'apparence laiteuse. *Le lactaire délicieux est comestible, certaines autres espèces, sont âcres et indigestes.*

lactarium n. m. Centre de collecte et de distribution de lait de femme.

lactation n. f. PHYSIOL. Ensemble des processus qui interviennent dans la sécrétion du lait, après l'accouchement. *La lactation est entretenue par voie réflexe par la succion et soumise à l'action de la prolactine.*

lacté, e adj. Du lait, relatif au lait. *Sécrétions lactées.* / Qui contient du lait. *Farine lactée.* / ASTRON. *Voie lactée*: bande claire faite d'innombrables étoiles, trace lumineuse sur la voûte céleste du plan de la Galaxie.

lactide n. m. CHIM., MÉD. Polymère de l'acide lactique, qui peut être implanté ou administré dans l'organisme, dans lequel il est très progressivement dégradé en monomères d'acide lactique (éliminés par les macrophages), utilisé dans les sutures chirurgicales, les implants intra-osseux, pour la libération retardée de médicaments, etc.

lactique adj. BIOCHIM. *Acide lactique*: acide organique possédant une fonction alcool, de formule CH_3–CHOH–COOH. / Relatif à la transformation des sucres en acide lactique. *Ferment lactique.*

lactose n. m. BIOCHIM. Sucre (holoside) constitué d'une molécule de glucose associée à une molécule de galactose. *Le lait contient du lactose.*

lactosérum n. m. Syn. de *petit-lait.*

lacunaire ou **lacuneux, euse** adj. Qui présente des lacunes.

lacune n. f. Espace, fente à l'intérieur d'un corps. / Texte manquant. *Combler les lacunes d'un document écrit.* / BOT. Cavité extracellulaire dans certains tissus végétaux, en particulier chez les plantes aquatiques. / Fig. Ce qui manque dans une chose pour qu'elle soit complète; déficience. *Il est cultivé, mais sa culture scientifique a des lacunes.*

lacustre adj. Propre ou relatif au lac. *Dépôt lacustre.* / *Cité lacustre*, au bord d'un lac et bâtie sur pilotis.

lad n. m. (mot anglais) Garçon d'écurie chargé de soigner les chevaux de course.

là-dedans Voir **dedans**

là-dessous Voir **dessous**

là-dessus Voir **dessus**

ladin n. m. LING. Ensemble des langues latines (rhéto-romanes) parlées dans le Tyrol, le Frioul, les Grisons.

ladino n. m. LING. Synonyme de judéo-espagnol.

Ladislas Nom de plusieurs rois de Hongrie, de Bohême, de Naples et de Pologne.

HONGRIE ET BOHÊME

Ladislas Ier Árpád (saint) 1040-1095 Roi en 1077, il poursuit la christianisation de son pays et entame la conquête de la Croatie. **Ladislas II** 1134 ?-1162 Roi en 1161, il meurt six mois plus tard. **Ladislas III** 1185 ?-1205 Roi en 1204, il est enlevé par les Vénitiens au siège de Zara (Zadar) et meurt six mois plus tard. **Ladislas IV** 1262-1290 Roi en 1272. Il lutte contre les Tatars et les Coumans, qui l'assassinent. **Ladislas V** ou **VI le Posthume** v. 1440-1457 Roi de Hongrie à partir de 1444 et de Bohême (sous le nom de Ladislas Ier) à partir de 1453. Fils posthume d'Albert II de Habsbourg, la noblesse de ses deux royaumes lui impose deux régents, un pour la Bohême, un pour la Hongrie. Il se heurte violemment à ce dernier, fait décapiter son fils et doit se réfugier à Prague. **Ladislas VI** ou **II Jagellon** 1456-1516 Roi de Hongrie en 1490 et de Bohême à partir de 1471. Son alliance avec l'empereur germanique Maximilien Ier assura à la dynastie des Habsbourg la couronne de Hongrie.

POLOGNE

Ladislas Ier Herman 1043-1102 Roi en 1081. Il lutte victorieusement contre la Prusse, la Poméranie et la Russie, et partage son territoire entre ses deux fils. **Ladislas II** 1104-1159 Roi en 1139. Les nobles se révoltent contre lui et il s'exile en Allemagne où il meurt. **Ladislas III** 1168-1231 Roi en 1203. Une révolte des grands seigneurs le contraint à fuir en Allemagne. **Ladislas IV Lokietek (le Nain)** 1260-1333 Roi en 1290. Après son élection, il ne parvient pas à s'imposer; déchu en 1296, il tente de trouver, à Rome, l'appui du pape. À la mort du nouveau roi, Wenceslas, roi de Bohême, élu roi de Pologne en 1300, Ladislas IV retrouve son trône (1309). **Ladislas V** ou **II Jagellon** 1350 ?-1434 Grand-duc de Lituanie de 1377 à 1392 et roi de Pologne à partir de 1386. Élu roi en raison de son mariage avec Hedwige, il se convertit au christianisme et vainc l'ordre Teutonique en 1410. **Ladislas VI** ou **III Jagellon** 1424-1444 Roi de Pologne à partir de 1434 et de Hongrie à partir de 1440. Il est tué à la bataille de Varna contre les Turcs. **Ladislas VII** 1595-1648 Roi en 1632. Il lutte victorieusement contre les Russes, les Tatars et les Suédois. Bon administrateur, il implante en Pologne un embryon de service postal.

Ladislas Ier Árpád.

Ladislas II.

Ladislas III.

Ladislas IV.

Ladislas V.

LADISLAS
QUELQUES ROIS DE HONGRIE ET DE BOHÊME

Le marquis de **La Fayette**.

NAPLES

Ladislas le Magnanime 1376-1414 Roi en 1386. Il tenta en vain de conquérir la Hongrie et l'Italie, tout en défendant son royaume des ambitions de Louis II d'Anjou.

Ladoga (lac) *18000 km²* Lac de Russie (le plus grand lac d'Europe) qui communique avec le golfe de Finlande par la Neva.

Ladoumègue (Jules) 1906-1973 Champion français de course à pied, détenteur de six records du monde, médaille d'argent du 1 500 m olympique en 1928, disqualifié pour professionnalisme en 1932.

ladre adj. et n. m. **I.** Vx Lépreux. **II.** adj. et n. m. VÉTÉR. Dont certains tissus sont envahis par la larve du ténia. *Porc ladre.* / n. m. *Avoir du ladre*: en parlant d'un cheval, avoir le tour des yeux et des naseaux dépigmenté et duveteux. **III.** Vx ou litt. Avare. / n. m. *Un vieux ladre.*

ladrerie n. f. **I.** Vx Léproserie. **II.** VÉTÉR. Maladie d'un animal ladre. *La ladrerie est transmissible à l'homme par ingestion de viande mal cuite.* **III.** Vx ou litt. Avarice.

lady n. f. (mot anglais). Titre donné en Angleterre aux femmes nobles et aux épouses de lords et de baronnets. *Lady Thatcher. Lady Eden.* Pl. Des *ladies*.

Laennec (René) 1781-1826 Médecin français. Ses recherches portèrent principalement sur les affections pulmonaires, cardiaques et hépatiques. Il inventa le stéthoscope et publia en 1819 *De l'auscultation médiate ou Traité du diagnostic des maladies des poumons et du cœur.* Il fonda la médecine anatomo-clinique, qui repose sur « l'observation des symptômes ou des altérations de fonction qui coïncident avec chaque espèce d'altérations d'organes ».

Lafargue (Paul) 1842-1911 Socialiste français. Disciple de Marx, il épousa sa fille Laura en 1868. En 1880, il fut l'un des fondateurs, avec Jules Guesde, du Parti ouvrier français. Il est l'auteur de deux pamphlets (*Le Droit à la paresse*, 1880; *La Religion du capital*, 1887).

La Fayette (Marie-Madeleine Pioche de La Vergne, comtesse **de)** 1634-1693 Écrivain français. Installée à Paris en 1659, habituée de l'hôtel de Rambouillet, elle tint salon, se lia avec de Mme de Sévigné et La Rochefoucauld. Elle est l'auteur de deux nouvelles, *La Princesse de Montpensier* et *La Comtesse de Tende*, puis d'un roman psychologique devenu modèle du roman classique, *La Princesse de Clèves* (1678). Ses *Mémoires de la cour de France pour les années 1688 et 1689* ont été publiés en 1731.

La Fayette (Marie Joseph, marquis **de)** 1757-1834 Général et homme politique français. Héros de l'Indépendance américaine (1777-1779), député de la noblesse d'Auvergne aux états généraux, commandant de la milice parisienne (qu'il baptisera garde nationale) le 15 juillet 1789, il perdit sa popularité en défendant le roi (il fit, en 1791, tirer contre les manifestants du Champ-de-Mars qui réclamaient la déchéance de Louis XVI) et, commandant de l'armée du Centre, puis de l'armée du Nord, cessa de lutter contre les Autrichiens (août 1792). Ceux-ci le firent prisonnier et il ne fut libéré qu'en 1797. Rallié plus tard aux Bourbons et élu député en 1815, il demanda l'abdication de Napoléon. Il est actif comme membre de l'opposition libérale sous la seconde Restauration avant de prendre part à la révolution de juillet 1830 en permettant l'accession au pouvoir de Louis-Philippe. Celui-ci le nomme commandant de la garde nationale, mais l'écartera rapidement.

Laffitte (Jacques) 1767-1844 Financier français. Fils de charpentier, commis, associé puis successeur du banquier Perrégaux (1804), il est nommé régent puis gouverneur de la Banque de France (1809 et 1814). Député libéral en 1830, il contribue à l'avènement de Louis-Philippe et devient président du Conseil. Mais il est contraint de se retirer en 1831 en raison de sa politique chaotique tant à l'intérieur qu'à l'extérieur. Cantonné dans l'opposition et ruiné, il liquidera sa banque.

Jean de La Fontaine.

La Fontaine (Jean de) 1621-1695 Écrivain français. Fils d'un maître des Eaux et Forêts dont la charge lui échoit plus tard (1658), il a une jeunesse oisive. Insouciant et gai, il fait des études de droit, se marie en 1647 et vivra grâce au soutien de protecteurs généreux (Fouquet, la duchesse d'Orléans, Mme de La Sablière et enfin Mme d'Hervart). Après des œuvres légères et spirituelles (*L'Élégie aux nymphes de Vaux*, *Les Amours de Psyché et de Cupidon*), et surtout des *Contes* en vers, licencieux et pleins d'humour, il publie tardivement ses fameuses *Fables* (12 livres de 1668 à 1694). Cette œuvre, qui imite de manière originale les fables d'Ésope et de Phèdre, le révèle un épicurien sensible, fin observateur et maître du vers.

La Force (Jacques Nompar de Caumont, duc **de)** 1558-1652 Maréchal de France et compagnon d'Henri IV, il se rebella contre Louis XIII avant de se soumettre et de se battre pour lui contre les Espagnols. **Henri Nompar de Caumont** 1582-1678 Fils du précédent, filleul d'Henri IV. Maréchal de camp (1638), il se révolta, comme son père, contre Louis XIII et, durant la Fronde des Princes, se trouva un temps parmi les partisans du Grand Condé. **Antonin Nompar de Caumont** voir **Lauzun**. **Henri Jacques Nompar de Caumont** 1675-1726 Académicien en 1715 et membre du Conseil des finances, il favorisa l'adoption du système de Law.

Selma Lagerlöf.

Laforgue (Jules) 1860-1887 Poète français. Il fut l'un des grands représentants du symbolisme, évoquant, avec finesse, ses angoisses métaphysiques: *Les Complaintes* (1885). Il maîtrisa à la fois le vers libre (*L'Imitation de Notre-Dame de la Lune*, 1886) et la prose (*Moralités légendaires*, posthume, 1887).

La Fresnaye (Roger de) 1885-1925 Peintre et sculpteur français. Élève de Sérusier et de Denis, il a associé cubisme et tradition réaliste avant de se rapprocher du surréalisme dans les œuvres qu'il a produites après avoir été gravement blessé durant la Première Guerre mondiale.

Lagash (aujourd'hui *Tell al-Hiba*, en Irak) Nom d'une cité et d'un ancien État de basse Mésopotamie dont les vestiges ont été fouillés à partir de 1877. Ce site a permis la découverte de la civilisation sumérienne du IIIe millénaire av. J.-C. dont on conserve certaines œuvres d'art (statuettes de Goudéa).

Lagerkvist (Pär) 1891-1974 Écrivain suédois. Il employa tous les genres (romans, nouvelles, pièces et poèmes), exprimant avec pessimisme et angoisse son horreur de la méchanceté humaine et sa quête du sacré, notamment dans *Le Nain* (1944), *Barabbas* (1950), *Mariamne* (1967).

Lagerlöf (Selma) 1858-1940 Romancière suédoise. Ses romans font revivre les contes suédois anciens: *La Saga de Gösta Berling* (1891), *Le Merveilleux Voyage de Nils Holgersson à travers la Suède* (1906-1907).

Lagides Dynastie d'origine macédonienne qui régna sur l'Égypte. Elle fut fondée en 306 av. J.-C. par Ptolémée, un général d'Alexandre le Grand dont le père se nommait Lagos, et s'éteignit en 30 av. J.-C., avec le suicide de Cléopâtre VII et la mise à mort de son fils Ptolémée XV sur l'ordre d'Octave.

lagomorphes n. m. pl. ZOOL. Ordre de mammifères euthériens, appartenant au super-ordre des glires, qui se distingue de celui des rongeurs pas la présence de quatre incisives supérieures (les rongeurs n'en possédant que deux). *Les lièvres et les lapins sont des lagomorphes.*

lagon n. m. Étendue d'eau entre la côte et un récif corallien. / Lagune au centre d'un atoll.

lagopède n. m. ZOOL. Oiseau de l'ordre des galliformes, aux tarses couverts de plumes, qui vit dans les zones montagneuses ainsi que dans le nord de l'Europe. *Le lagopède alpin, ou perdrix des neiges, a un plumage gris brun l'été et presque entièrement blanc l'hiver; le lagopède d'Écosse, ou grouse, est toute l'année brun roux.*

Lagos *5 685 780 h.* Principal centre économique du Nigeria relié au port d'Apapa sur le golfe de Bénin (exportations de cacao, huile de palme, étain et pétrole). Lagos comprend le plus grand centre industriel du pays et sa plus grande agglomération urbaine. Elle fut la capitale du Nigeria avant d'être remplacée par *Abuya*. L'État de *Lagos* (*3 345 km²*) a pour capitale la petite ville d'Ikeja (*9 073 h.*).

lagotriche ou **lagothrix** n. m. ZOOL. Grand singe platyrhinien de la famille des cébidés, vivant en Amérique du Sud, également appelé singe laineux. *Le lagotriche peut atteindre une douzaine de kilogrammes.*

Lagoya (Alexandre) 1929-1999 Guitariste français d'origine égyptienne, qui a interprété avec virtuosité, entre autres, des œuvres de Manuel de Falla, Joaquín Rodrigo, Heitor Villa-Lobos. Il a formé un célèbre duo avec sa femme, la guitariste Ida Presti, jusqu'à la mort de celle-ci en 1967.

Lagrange (Joseph Louis, comte **de)** 1736-1813 Mathématicien et astronome français. Il s'efforça de fonder l'analyse sur des bases générales algébriques, travailla sur les premières fonctions dérivées et reconnut l'intérêt des développements en série de Taylor. Il fit de la mécanique une discipline théorique (*La mécanique analytique*, 1788). Il analysa également le mouvement des planètes du système solaire et montra que les perturbations observées dans leur mouvement ne sont que des variations à longue période engendrées par le mouvement des autres planètes.

Lagrange (Léo) 1900-1940 Homme politique français. Socialiste, secrétaire d'État aux Sports et Loisirs entre 1936 et 1938, il fut le promoteur du sport et du tourisme populaire.

La Grange (Charles Varlet, sieur **de)** 1639-1692 Comédien français qui joua dans la troupe de Molière, au théâtre Guénégaud puis à l'hôtel de Bourgogne, interprétant surtout des rôles comiques. Son *Extrait des recettes et des affaires de la Comédie*… fourmille de renseignements sur Molière et sa troupe.

lagunaire adj. D'une lagune; de la nature de la lagune.

lagune n. f. Nappe d'eau marine peu profonde, retenue par un cordon littoral.

là-haut loc. adv. En tel endroit élevé.

La Hire (Étienne de Vignolles, dit**)** 1390-1443 Homme de guerre français, compagnon d'armes de Jeanne d'Arc (1429). Il combattit les Anglais et trouva la mort près de Montauban en Guyenne.

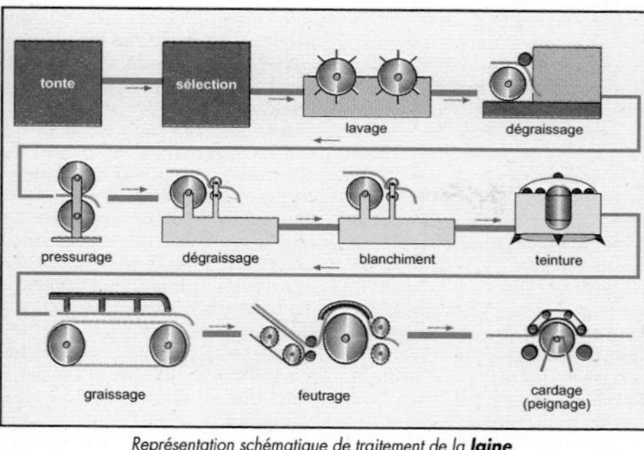

*Représentation schématique de traitement de la **laine**.*

Lahore *2 952 682 h.* Deuxième ville du Pakistan, fondée au XIe siècle. Riche en monuments de l'époque moghole (XVIe-XVIIIe siècles), elle constitue le centre culturel et religieux (plusieurs mosquées) du Pakistan et le chef-lieu de la province du Pendjab. Industrie textile, sidérurgie.

lai [1] n. m. LITTÉR. Forme poétique médiévale, à caractère narratif ou lyrique, qui était chantée au son d'instruments à cordes. *Les lais de Marie de France.*

lai, laie [2] adj. Vx Laïc. / *Frère lai* : synonyme de *frère convers.* / Vx *Sœur laie.*

laïc ou **laïque** n. et adj. **A.** n. Chrétien qui n'est ni clerc ni religieux. *Apostolat des laïcs.* **B.** adj. Relatif à la vie civile (par oppos. à *religieux, confessionnel*). / Indépendant de toute confession, de toute appartenance religieuse. *École laïque* : école publique dispensant à tous les élèves, quelles que soient leur religion ou leurs opinions dans le domaine religieux, un enseignement dépourvu de tout contenu confessionnel.

laïcat n. m. Ensemble des laïcs.

laîche ou **laiche** Syn. de *carex.*

laïcisation n. f. Action de laïciser ; son résultat.

laïciser v. t. [1] Rendre laïc ; ôter tout caractère confessionnel à. *Laïciser l'enseignement.*

laïcisme n. m. Doctrine qui tend à exclure toute référence à la religion dans la vie publique.

laïcité n. f. Caractère de ce qui est laïc, étranger à toute religion. / Principe de séparation de l'État et des Églises.

laid, e adj. et n. Qui n'est pas beau, qui est esthétiquement déplaisant. *Je n'ai jamais rien vu de si laid.* Subst. (En parlant de personnes) *Une jolie laide.* / n. m. *Une œuvre où rivalisent le beau et le laid.* / Suscitant la réprobation morale.

laideron n. m. Jeune fille ou jeune femme laide.

laideur n. f. Caractère d'une chose laide, d'une personne laide.

laie [1] n. f. Femelle du sanglier.

laie [2] n. f. Chemin forestier pour le transport des bois coupés.

laie [3] ou **laye** n. f. MUS. Boîte qui renferme les soupapes des tuyaux d'orgue.

lainage n. m. Tissu de laine ; vêtement fait en laine. / Fait de lainer (un tissu).

laine n. f. Poil doux, épais, dont sont couverts certains mammifères comme le mouton, la chèvre, le chameau, le lama, utilisé comme matière textile. / Tissu de laine ; fil de laine. *Laine à tricoter.* / Fam. Vêtement en laine. *Mettre une petite laine.* / TECHN. *Laine de verre* : fibres de verre très fines, servant d'isolant thermique et phonique. / *Laine minérale*, obtenue par action de la vapeur d'eau sur le laitier fondu et servant d'isolant thermique.

lainer v. t. [1] TECHN. Faire ressortir le poil de (un tissu). / Au pp. Tissu lainé.

laineux, euse adj. Plein de laine. *Tissu laineux.* / Qui a l'aspect de la laine. *Une plante couverte d'un duvet laineux.*

Laing (Ronald David) 1927-1989 Psychiatre britannique. Promoteur, avec Cooper, de l'antipsychiatrie, il met en lumière le rôle des interactions sociales et familiales dans la naissance de la schizophrénie (*Le Moi divisé*, 1959). Il considère que la folie peut être une expérience favorisant la disparition du moi social, donc aliéné, ce qui pourrait conduire à une renaissance (*La Politique de l'expérience*, 1964).

lainier, ère adj. et n. De la laine, relatif à la laine. *Production lainière.* / Subst. Personne qui travaille la laine ou la vend.

laïque Voir **laïc**

laird n. m. (mot écossais) Propriétaire terrien, en Écosse.

lais n. m. DR. Terrain alluvial gagné sur les eaux maritimes ou fluviales, ou découvert quand les eaux se retirent. / SYLVIC. Jeune baliveau, ensemble de jeunes baliveaux.

laisse n. f. Lien servant à tenir un chien près de soi, notam. au cours d'une sortie. / MAR. Limite atteinte, sur le rivage, par la marée haute. *Les laisses* : les débris, les coquillages qui marquent la limite des eaux à l'étale de haute mer.

laissé(e)-pour-compte ou **laissé(e) pour compte** adj. et n. (En parlant d'une marchandise) Refusé par le client à la livraison. / Fig. (En parlant d'une personne ou d'une chose) Qui n'intéresse personne. / Subst. Des *laissés-pour-compte.*

laissées n. f. pl. VÉNER. Fiente de sanglier.

laisser v. t. [1] Quitter volontairement ; se séparer de. *Laisser son appartement. Laisser telle route. Laisser sa femme.* / Ne pas prendre, ne pas toucher. *Laisser son vin dans son verre.* / Mettre en garde, confier. *Laisser son argent à la banque. Laisser un message.* / Céder ; accorder. *Laisser sa place, la parole. Laisser le choix, un délai.* / Quitter involontairement, oublier. *J'ai laissé mon sac dans le train.* / Perdre (un bien propre). *Laisser de l'argent dans une affaire.* Au fig. *Y laisser sa santé. Y laisser la vie* : y mourir. / Faire subsister après son passage, après sa mort. *Laisser un mot d'adieu. Laisser des descendants.* Au fig. *La maladie a laissé des séquelles.* / Faire rester (dans tel état). *La nouvelle le laissa pantois. Laisser la chambre en désordre. Laissez-moi seul.* / Ne pas empêcher de, permettre de. *Je les ai laissés faire. Laisser tomber* : céder, renoncer. Litt. *Ne pas laisser de* : ne pas manquer de. / v. pron. Ne vouloir ou ne pouvoir s'opposer à. *Se laisser tomber. Se laisser distancer. Se laisser dire que* : dire sans conviction que.

laisser-aller n. m. inv. Absence de contrainte, de soin ; désinvolture.

laisser-faire ou **laissez-faire** n. m. inv. Attitude de celui qui s'abstient d'intervenir.

laissez-passer n. m. inv. Autorisation écrite, délivrée par une autorité, pour laisser circuler une personne ou des marchandises.

lait n. m. Liquide blanc, opaque, sécrété par les glandes mammaires de la femme et des femelles des mammifères, pour la nourriture du nouveau-né ou des petits. / Ce liquide, produit par des animaux domestiques, et destiné à l'alimentation humaine. *Lait de brebis, de chèvre, de vache, de chamelle… Lait cru*, qui vient de sortir du pis de l'animal. *Lait concentré* : lait déshydraté en partie et stérilisé pour être conservé. *Petit-lait* : liquide qui se sépare du lait qui caille. *Lait écrémé* : lait obtenu après en avoir retiré la crème. / *Lait U.H.T.* : lait stérilisé à très haute température. / Par anal. Suc laiteux de certains végétaux. *Lait de coco.* / Préparation ressemblant au lait. *Lait d'amandes. Lait de chaux* : chaux éteinte délayée dans de l'eau. *Lait de poule* : boisson fortifiante faite de jaunes d'œufs battus dans du lait chaud sucré. / *Frères de lait* : enfants allaités par la même nourrice. / *Veau, cochon de lait*, qui tètent encore. / *Dents de lait* : premières dents des enfants. / Fig. *Boire du petit lait* : savourer des paroles flatteuses.

laitage n. m. Lait et tout aliment à base de lait (fromage, crème, beurre).

laitance ou **laite** n. f. Substance blanche et de consistance pâteuse, constituant le sperme des poissons.

laité, e adj. Se dit d'un poisson mâle qui sécrète de la laitance.

laiterie n. f. Lieu où l'on traite les produits laitiers. / Industrie et commerce de ces produits ; lieu où ils sont vendus.

laiteron n. m. BOT. Plante herbacée des champs et des marais, de la famille des composées, qui sécrète un suc laiteux.

laiteux, euse adj. Qui a l'aspect du lait. *Blanc laiteux.*

laitier, ère [1] adj. et n. (En parlant de la production animale) Du lait, relatif au lait. *Production laitière. Vache laitière*, élevée pour sa production de lait. / n. Personne qui vend des produits laitiers.

laitier [2] n. m. Dans un haut-fourneau, silicate de calcium et d'aluminium qui se forme par réaction entre la gangue, le fondant et le coke. *On utilise le laitier pour fabriquer le ciment.*

laiton n. m. Alliage de cuivre et de zinc, contenant de 10 à 45 % de zinc, facile à mouler, à travailler et à souder.

laitue n. f. Plante herbacée de la famille des composées, à larges feuilles vertes, les unes enveloppant les autres, dont on cultive de nombreuses variétés pour les consommer crues ou cuites. *Laitue braisée. Salade de laitue.*

laïus n. m. Fam. Discours, exposé ennuyeux. *Un laïus interminable.*

laize Voir **lé**

Lakanal (Joseph) 1762-1845 Homme politique français. Conventionnel, puis membre des Cinq-Cents (1795-1797), il fit réformer l'instruction publique et notamment l'enseignement de l'École normale. Il entra à l'Académie des sciences morales en 1834 après avoir été exilé pour régicide pendant la Restauration.

Lake Placid Station de sports d'hiver des États-Unis dans l'État de New York. Les jeux Olympiques d'hiver s'y sont déroulés en 1932 et en 1980.

lakiste n. et adj. LITTÉR. Qualifie chacun des poètes anglais de l'école romantique du début du XIXe siècle, dite « des Lacs » parce qu'ils ont fréquenté et décrit la région des Lacs, située dans le nord-ouest de l'Angleterre.

Joseph Lalande.

Lalande (Joseph Jérôme Lefrançois de) 1732-1807 Astronome français. À la demande de l'Académie royale des Sciences, il est envoyé à Berlin pour participer, en relation avec La Caille qui travaillait en Afrique du Sud, aux opérations de triangulation devant déterminer la distance moyenne de la Terre à la Lune. En 1761, puis en 1769, il met à profit le passage de la planète Vénus devant le Soleil pour estimer la distance qui nous en sépare. Il en déduira les dimensions du système solaire. Professeur au Collège de France, puis directeur de l'observatoire de Paris, il est, avec Bougainville, Borda, Delambre, Méchain, Lagrange et Laplace, membre du bureau des longitudes créé par la Convention (loi du 7 messidor an III, 25 juin 1795).

Lalique (René) 1860-1945 Sculpteur, décorateur et verrier d'art français, l'un des créateurs de l'Art nouveau.

lallation n. f. PHONÉT. Trouble de la prononciation de la consonne *l.* Syn. lambdacisme. / Sons, babillage émis par un enfant avant l'acquisition du langage.

Lally (Thomas, baron de **Tollendal**, comte **de)** 1702-1766 Administrateur et général français d'origine irlandaise. Officier, il devint gouverneur des Établissements français aux Indes en 1758. Les autochtones s'étant dressés contre lui, il fut vaincu à Madras par les Anglais et dut capituler à Pondichéry (1761). Rentré en France, il fut injustement condamné à mort pour trahison

Harpe astrale, *tableau de* **Wilfredo Lam**.

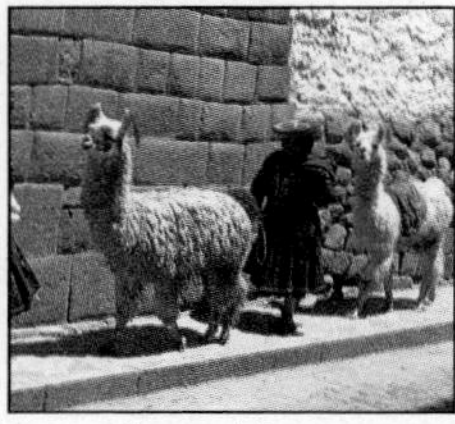

Troupeau de **lamas**.

et exécuté. Avec l'aide de Voltaire, son fils obtint de Louis XVI sa réhabilitation.

Lalo (Édouard) 1823-1892 Compositeur français. Après le conservatoire, il entre dans le quatuor Armingaud et Jacquard en tant qu'altiste en 1855. Son premier succès, la *Symphonie espagnole*, est créé en 1875. Malgré une instrumentation originale, il reste très attaché au romantisme. Il composa la *Rhapsodie norvégienne* (1878), le ballet *Namouna* (1882) et l'opéra *Le Roi d'Ys* (créé à l'Opéra-Comique en 1888).

Lam (Wifredo) 1902-1982 Peintre cubain, né d'un père chinois et d'une mère afro-cubaine. Il apporta au surréalisme une sensibilité très personnelle, où l'on trouve des réminiscences espagnoles (il avait été formé en partie en Espagne), antillaises et amérindiennes (il avait passé une partie de la Deuxième Guerre mondiale en Amérique centrale).

lama [1] n. m. (mot espagnol, du quechua) ZOOL. Mammifère ruminant, de la famille des camélidés, vivant dans la cordillère des Andes. *Domestiqué, le lama fournit du lait et de la laine et sert de bête de somme.*

lama [2] n. m. Moine bouddhiste au Tibet et en Mongolie.

lamaïque adj. RELIG. Du lamaïsme.

lamaïsme n. m. Forme tibétaine et mongole du bouddhisme.

lamaïste n. Bouddhiste adepte du lamaïsme.

lamantin n. m. ZOOL. Gros mammifère aquatique et herbivore, de l'ordre des siréniens, vivant dans les rivières et les lacs d'Afrique et d'Amérique tropicales.

Lamarck (Jean-Baptiste de Monet, chevalier **de)** 1744-1829 Naturaliste français qui fut le père du transformisme. Il publia en 1778 *La Flore française*. À partir de 1793, il enseigna la zoologie des « animaux sans vertèbres » au Muséum d'histoire naturelle, où il travailla jusqu'à sa mort. Sa théorie de l'évolution des êtres vivants, ou lamarckisme (exposée dans *Philosophie zoologique*, 1809, et *Histoire naturelle des animaux sans vertèbres*, 1815-1822), constitue le premier essai d'explication scientifique de la diversité des organismes vivants. Il soutint que des organismes de plus en plus complexes se sont développés progressivement à partir des infusoires, apparus par génération spontanée. Le mécanisme de cette transformation repose essentiellement sur la notion d'adaptation à de nouveaux milieux de vie, qui agit sur les êtres vivants en créant chez eux de nouveaux besoins. Ces besoins se traduisent par des habitudes nouvelles, qui entraînent des transformations de l'organisme (atrophie d'un organe non utilisé, développement d'un organe très utilisé). Ces caractères acquis sont transmis aux générations suivantes. Darwin, tout en reprenant l'idée de transformation graduelle des espèces, contesta l'hérédité des caractères acquis, aujourd'hui généralement abandonnée.

***Alphonse de Lamartine*.**

La Marck (Guillaume de) 1446-1485 Seigneur wallon surnommé *le Sanglier des Ardennes*. Le roi de France, Louis XI, le poussa à tuer le prince-évêque de Liège, Louis de Bourbon (1482). Il fut plus tard capturé puis livré à Maximilien d'Autriche et décapité sur son ordre.

lamarckisme n. m. Théorie de Lamarck et de ses disciples.

Lamarque (Jean Maximilien, comte**)** 1770-1832 Général et homme politique français. Après avoir combattu sous la Révolution et l'Empire, il fut exilé en 1815. Revenu en France en 1818, il se rallia à l'opposition républicaine en 1828. Ses obsèques donnèrent lieu à une insurrection républicaine à Paris (5 et 6 juin 1832).

Lamartine (Alphonse de) 1790-1869 Écrivain français. Il passe sa jeunesse en Bourgogne, à Milly, avec ses sœurs. À trente ans, il publie son premier recueil de vers, les *Méditations poétiques*, qui obtient un grand succès : on s'accorde à voir là la première œuvre poétique du romantisme. Diplomate, il représente (en tant que chargé d'affaires) la France en Toscane où il donne *Harmonies poétiques et religieuses* (1830), après avoir été reçu à l'Académie française (1829). Il quitte la carrière diplomatique (1830) et se rend (1832) au Proche-Orient, voyage qui lui inspire un récit, *Voyage en Orient* (1835), et au cours duquel il perd sa fille Julia, qui n'avait que dix ans et demi ; il ne se remettra jamais de cette mort. Élu député en 1833, il écrit un roman en vers (*Jocelyn*, 1836) et *La Chute d'un ange* (1838). Mais son intérêt pour la politique (il restera député jusqu'en 1851) et son désaccord avec Louis-Philippe le poussent à publier une *Histoire des Girondins* (1847), très bien accueillie par le public, et dans laquelle il se montre partisan de la république. Ministre des Affaires étrangères (24 février-24 juin 1848) du premier gouvernement de la IIe République, en réalité il est le chef du gouvernement provisoire. Mais il est battu aux élections présidentielles de 1848 et abandonne la politique. En 1849, il publie un roman d'amour, *Graziella* (qui faisait partie, à l'origine, de son récit autobiographique intitulé *Les Confidences*, publié en feuilleton la même année). Accablé de dettes, il accomplit des œuvres de commande (*Cours familier de littérature*, 1856-1869).

lamaserie n. f. Monastère bouddhique, au Tibet, en Mongolie.

Lamb (Charles) 1775-1834 Essayiste et conteur britannique. En collaboration avec sa sœur, aussi douée que déséquilibrée (au cours d'une crise de folie, elle avait tué leur mère et blessé leur père), il écrivit des livres pour enfants, dont certains adaptés de Shakespeare (*Contes tirés de Shakespeare*, 1807). Comptable à la compagnie des Indes-Orientales, il donna des anthologies poétiques (*Spécimens des poèmes dramatiques anglais du temps de Shakespeare*, 1808), des pièces de théâtre (*John Woodvil*, 1802) et des essais (*Essais d'Elia*, publiés à partir de 1823).

Lamb (Willis Eugene Jr.) 1913 Physicien américain. Pendant la Seconde Guerre mondiale, à l'université de Columbia, les recherches sur le radar réunirent Isidore Isaac Rabi, Polykarp Kusch et Willis Lamb. Après la guerre, Kusch et Lamb appliquèrent les méthodes inventées par Rabi à l'étude des spectres atomiques au moyen d'ondes radio. Grâce à cette technique, Lamb conçut un appareillage qui lui permit de mesurer avec précision une infime différence d'énergie entre les deux états de l'atome d'hydrogène. Cet « effet Lamb » montrait les insuffisances de la théorie de Dirac sur l'électron.

Lamballe (Marie-Thérèse de Savoie-Carignan, princesse **de)** 1749-1792 Dame française. Amie de la reine Marie-Antoinette et surintendante de sa maison, elle fut emprisonnée en 1792 à la prison de La Force et tuée lors des massacres de septembre.

Lambaréné *23 816 h.* Ville du Gabon, sur l'Ogooué, connue pour le centre hospitalier fondé par le docteur Schweitzer en 1913.

lambda n. m. et adj. inv. Onzième lettre (Λ, λ) de l'alphabet grec. / Fam. Quelconque.

lambdacisme n. m. PHONÉT. Synonyme de lallation.

lambeau n. m. Morceau déchiré d'un tissu, de toute matière souple et mince. *Lambeau d'étoffe. Réduire du papier en lambeaux. Lambeaux de peau.* / Fig. Fragment. *Des lambeaux de souvenirs.*

Lambert (Johann Heinrich) 1728-1777 Philosophe, mathématicien et astronome allemand. Fils d'un tailleur, il quitte l'école à douze ans et s'initie en autodidacte à la philosophie, aux mathématiques et à la physique. À l'Académie de Berlin et à l'observatoire, il effectue de nombreuses observations qui le conduiront à énoncer deux lois sur les propriétés du rayonnement lumineux. Il suggérera l'existence de galaxies situées au-delà de la Voie lactée et dont il imaginait qu'elles étaient organisées en un vaste ensemble, lui-même dépendant d'un autre ensemble encore plus vaste. En mathématiques, il démontrera l'irrationalité du nombre p, et après Euler, celle de e, connu depuis 1737.

lambin, e adj. et n. Fam. Qui agit avec lenteur, indolence.

lambiner v. i. [1] Fam. Agir en lambin.

lamblia n. m. MÉD. Protozoaire flagellé parasite de l'intestin.

lambliase n. f. MÉD. Infection intestinale provoquée par le lamblia, qui se caractérise notam. par des diarrhées.

lambourde n. f. CONSTR. Pièce fixée le long d'un mur et servant de support aux solives. / Pièce posée sur les solives et servant de support au plancher. / HORTIC. Rameau terminé par des bourgeons à fruits.

lambrequin n m. Bande d'étoffe décorant un ciel de lit, un dais.

lambris n. m. Revêtement des murs ou du plafond d'une pièce avec des panneaux de menuiserie, de plâtre, de stuc, ou de toute autre matière.

lambrisser v. t. [1] Revêtir de lambris. / (Au participe passé, cour.) *Pièce lambrissée*, dont les murs sont recouverts de panneaux de boiserie ou d'autres matières (P.V.C., etc.).

lambruche ou **lambrusque** n. f. Vigne sauvage.

lambswool n. m. (mot anglais, « laine d'agneau ») Laine légère ; lainage fabriqué avec cette laine.

lame n. f. Bande plate, étroite, mince et allongée, d'une matière dure. *Lame de parquet.* / Partie tranchante d'un outil ou d'une épée. *Lame de ciseau. Une fine lame* : une personne qui manie adroitement l'épée. / ANAT. Membrane osseuse. *Lame vertébrale*, située entre l'apophyse articulaire et l'apophyse épineuse. / BOT. Chacune des cloisons rayonnantes situées sous le chapeau de certains champignons. / TECHN. *Ressort à lames*, dans une suspension automobile, ensemble de lames d'acier superposées et de taille décroissante. / MAR. Vague qui s'amincit à son sommet, écume et déferle. *Lame de fond*, qui surgit brusquement du fond de la mer, et, au fig., manifestation d'opinion soudaine et violente.

lamé, e adj. et n. m. (En parlant d'une étoffe de laine ou de soie) Entremêlé de fils dorés, argentés ou brillants. / n. m. Ce tissu. *Robe de lamé.*

lamellaire adj. Dont la structure permet une division en lamelles. / Relatif à une cassure qui présente des facettes brillantes.

lamelle n. f. Petite lame. / Tranche très fine. / BOT. Lame des champignons basidiomycètes.

lamellé, e adj. et n. m. Constitué de lamelles. / n. m. TECHN. *Lamellé collé* ou *lamellé-collé* : matériau fait de lamelles de bois collées entre elles, utilisé notamment en charpente.

lamelleux, euse adj. MINÉR. Qui se présente en lames, en feuillets. *Roche lamelleuse.*

L'huître fait partie de la classe des **lamellibranches**.

lamellibranches n. m. pl. ZOOL. Classe de mollusques dont le corps, comprimé latéralement, est protégé par une coquille bivalve, comprenant les moules, les huîtres, les coquilles Saint-Jacques, etc. Syn. bivalves.

lamellicorne adj. et n. m. ZOOL. (Chez les insectes) Dont l'extrémité des antennes est aplatie en lamelles. / n. m. *Le hanneton est un lamellicorne.*

lamellirostres n. m. pl. ZOOL. Syn. vx d'*ansériformes.*

La Mennais ou **Lamennais (Félicité Robert de)** 1782-1854 Prêtre français. Entré dans les ordres en 1816, il écrit l'*Essai sur l'indifférence en matière de religion* (1817-1823) où il attaque les partisans du gallicanisme. L'ouvrage ayant été bien reçu, il fonde avec Lacordaire en 1830 un journal chrétien libéral, *L'Avenir*, qui prône notamment la séparation de l'Église et de l'État. Mais celui-ci est condamné par le pape en 1832, ce qui pousse Lamennais à rompre définitivement avec l'Église en expliquant sa position dans *Paroles d'un croyant* (1834). Mettant sa foi au service de la réforme sociale, il décrit sa vision démocratique dans *Le Livre du peuple* (1838). Élu en tant que représentant à l'Assemblée constituante en 1848, il sera le directeur du journal *Le peuple constituant.*

lamentable adj. Déplorable. *Une fin lamentable.*

lamentablement adv. De façon lamentable.

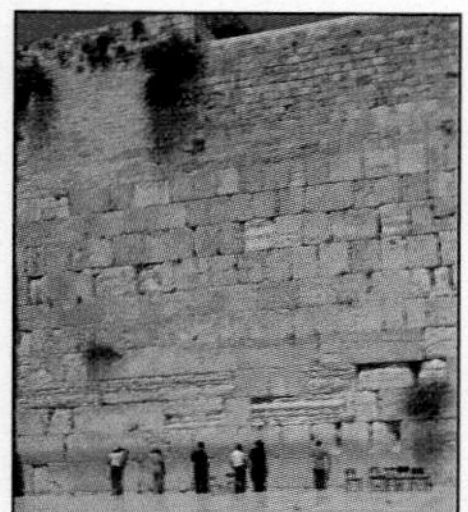

Le Mur des **lamentations** à Jérusalem.

lamentation n. f. Action de se lamenter; complainte, expression de la douleur par des cris, des gémissements pleins de regret. / *Mur des lamentations*: muraille datant d'Hérode et située à Jérusalem où elle servait de soubassement au temple de Salomon; les juifs viennent y pleurer les malheurs de leur peuple.

lamenter (se) v. pron. [1] Se plaindre longuement, bruyamment.

lamento n. m. MUS. Pièce de caractère très triste, plaintif.

La Mettrie (Julien Offroy de) 1709-1751 Médecin et philosophe français. Dans *Histoire naturelle de l'âme* (1745) et dans *L'Homme-machine* (1748), il soutint que l'âme était une expression de l'organisation corporelle. Cette thèse matérialiste fit scandale et il dut s'exiler auprès de Frédéric II de Prusse après avoir été chassé de France et des Pays-Bas.

Lami (Eugène) 1800-1890 Peintre et dessinateur français, chroniqueur de la vie parisienne, au trait vif et élégant.

lamie n. f. MYTH. Monstre à buste de femme et à corps de serpent. *La lamie était réputée dévorer les enfants.* / ZOOL. Requin de l'océan Atlantique, massif, long d'environ quatre mètres.

lamier n. m. BOT. Plante herbacée de la famille des labiacées, à tige quadrangulaire, dont les fleurs gamopétales sont composées de deux lèvres inégales, pourpres, jaunes ou blanches. *Le lamier blanc est parfois appelé ortie blanche.*

laminage n. m. Action de laminer; son résultat.

laminaire [1] adj. MINÉR. Composé de lames, de strates parallèles. / PHYS. *Écoulement laminaire*, dans lequel les couches fluides glissent les unes sur les autres sans se mélanger (par oppos. à « écoulement *turbulent* »).

laminaire [2] n. f. BOT. Algue brune marine dont le thalle est formé d'un stipe cylindrique fixé au substrat, et d'une partie foliacée formant de longs rubans, parfois découpés, pouvant atteindre plusieurs mètres de long.

laminer v. t. [1] Réduire en lame, en plaque (une pièce métallique). / Fig. Réduire à rien, écraser. *Laminer les prix. Laminer l'équipe adverse.*

laminoir n. m. TECHN. Machine servant à laminer.

Lamoignon (Guillaume Ier de) 1617-1677 Magistrat français. Président du parlement de Paris, il se refusa à prendre part au procès de Fouquet (1664). **Guillaume II** 1683-1772 Petit-fils de Guillaume Ier. Chancelier de France sous Louis XV (1750), il fut en butte aux critiques des philosophes. Il eut pour fils Malesherbes.

Lamoricière (Christophe Louis Léon Juchault de) 1806-1865 Général et homme politique français. Après une brillante carrière militaire en Algérie (1830-1847), il devint député de la Sarthe et ministre de la Guerre en 1848 mais, opposé au second Empire, dut s'exiler après le coup d'État de Louis Napoléon Bonaparte (1851). Banni de 1852 à 1857, il fut nommé à la tête des troupes pontificales en 1860 mais fut vaincu par les Piémontais à Castelfidardo.

La Motte (Jeanne de Valois, comtesse **de)** 1756-1791 Aventurière française, condamnée pour avoir intrigué dans l'affaire du Collier de la reine. Emprisonnée, elle s'évada et se réfugia à Londres.

La Motte-Picquet (Toussaint Guillaume, comte Picquet de La Motte, dit**)** 1720-1791Marin rennais qui se distingua pendant la guerre de l'Indépendance américaine en battant les Anglais dans les eaux de la Martinique (1779). Sur son navire, l'*Annibal*, il prit part au siège de Gibraltar et aux combats du cap Spartel. Il fut nommé lieutenant général des armées navales en 1781.

Lamoureux (Charles) 1834-1899 Violoniste et chef d'orchestre français. Admirateur de Wagner, il a fondé les *Nouveaux Concerts* (1881) qui lui ont survécu et sont devenus les *Concerts Lamoureux.*

lampadaire n. m. Appareil d'éclairage formé d'une ou de plusieurs lampes placées en haut d'un support généralement vertical.

lampant, e adj. *Pétrole lampant*: pétrole raffiné destiné aux lampes, à l'éclairage.

lamparo n. m. (mot provençal) Lampe fixée à l'avant des bateaux, utilisée en Méditerranée pour la pêche nocturne des poissons attirés par la vive lumière.

lampas [1] n. m. Tissu d'ameublement à dessins en relief.

lampas [2] n. m. VÉTÉR. Affection de la muqueuse du palais, chez le cheval.

lampe n. f. Appareil d'éclairage brûlant un liquide, un gaz. *Lampe à pétrole.* / Appareil d'éclairage utilisant l'électricité. *Lampe torche.* / Source lumineuse d'un appareil d'éclairage. *Lampe-tempête*, entourée d'un verre très épais et résistant aux intempéries.

Lampedusa (Giuseppe Tomasi di) 1896-1957 Écrivain italien. Duc de Palma et prince de Lampedusa, il écrivit à soixante ans un roman consacré à la vie en Sicile à l'époque du Risorgimento, *Le Guépard*, publié après sa mort (1958). On lui doit en outre quatre nouvelles réunies dans le recueil *Le Professeur et la sirène*, également posthume (1961).

lampée n. f. Grande gorgée.

lamper v. t. [1] Boire par lampées.

lampion n. m. Lanterne vénitienne en papier coloré, utilisée pour les illuminations. / *Air des lampions*: réclamation scandée par la foule parisienne, lors des émeutes de 1827, pour réclamer un meilleur éclairage. / *Réclamer qqch. sur l'air des lampions*, en scandant chaque syllabe (ex.: « Dé-mis-sion ! »).

lampiste n. m. Personne chargée de l'entretien des lampes et de l'éclairage dans une gare, une usine, un théâtre. / Fig., fam. Subalterne à qui l'on impute les fautes de ses supérieurs.

lampisterie n. f. Vx Industrie, commerce des lampes. / Remise où l'on range, où l'on entretient les lampes, les appareils d'éclairage.

lamproie n. f. ZOOL. Vertébré aquatique agnate (dépourvu de mâchoire), d'allure anguilliforme, à la peau dépourvue d'écailles. *Certaines espèces de lamproie sont marines, d'autres vivent en eau douce.*

Lampyre.

lampyre n. m. ZOOL. Insecte coléoptère, capable de luminescence, généralement appelé ver luisant. *Les femelles, aptères, émettent une lumière jaune vert qui attire les mâles.*

Giuseppe Tomasi di Lampedusa.

Burt Lancaster.

Lamy (François Joseph) 1858-1900 Officier français tué à la bataille de Kousseri, qu'il remporta contre le chef musulman Rabah. Foureau et lui ouvrirent ainsi la voie à la création d'un protectorat français dans la région du lac Tchad.

län n. m. (mot suédois). En Suède, division administrative.

Lancashire *1 424 000 h.* Comté de Grande-Bretagne, dans le nord-ouest de l'Angleterre. Chef-lieu *Preston.* Le Lancashire fut le premier centre textile du Royaume-Uni (Manchester, Liverpool) et l'une de ses plus grandes régions industrielles. Malgré une tentative de diversification (pétrochimie, sidérurgie, salines), la crise des années 1960-1970 et la fin de la production houillère ont laissé des traces.

Lancaster (Burton Stephen, dit **Burt)** 1913-1994 Acteur américain, interprète de nombreux rôles de complexité psychologique croissante: le héros du western *Vera Cruz* (1954), un sergent dans *Tant qu'il y aura des hommes* (1953), un charlatan dans *Elmer Gantry* (1960), rôle qui lui valut un oscar. Sa rencontre avec Visconti (qui lui donna le rôle du prince du *Guépard*, 1964) lui permit de donner la mesure de son talent (*Violence et passion*, 1975) que sut également utiliser Bertolucci (*1900*, 1976). Il réalisa lui-même *L'Homme du Kentucky* (1955).

Lancastre (maison de) Famille noble anglaise issue d'Édouard le Croisé, que son père Henry III fit comte en 1267 puis duc de Lancastre. Au cours de la guerre des Deux-Roses (1450-1485), elle mena une lutte acharnée contre les York, et fit triompher son emblème, la rose rouge, plaçant sur le trône d'Angleterre Henry VII, le dernier des Lancastre par sa mère.

lance n. f. Arme d'hast terminée par un fer pointu, monté sur une longue hampe. / Tuyau flexible en forme de lance. *Lance d'incendie.* / Fig. *Rompre des lances avec qqn*:

Lev Davidovitch Landau.

discuter âprement avec qqn, sans rien concéder.

lancée n. f. Élan, vigoureux mouvement en avant. *Coup de frein en pleine lancée.* / Fig. *Continuer sur sa lancée*: poursuivre, sans arrêt, ce qu'on fait.

lance-flammes n. m. inv. MILIT. Engin qui sert à projeter des liquides en combustion.

lance-grenades n. m. inv. MILIT. Dispositif lanceur de grenades qui peut également s'adapter au fusil.

Lancelot (dom **Claude**) 1615 ?-1695 Janséniste et grammairien français. Il rédigea avec Arnauld la *Grammaire générale et raisonnée* dite *de Port-Royal* (1660).

Lancelot du Lac Héros de la chevalerie dans différents romans du cycle breton (*Lancelot ou le Chevalier à la charrette* de Chrétien de Troyes, vers 1170). Élevé par la fée Viviane, son amour coupable pour Guenièvre, la femme du roi Arthur, lui fait subir les pires humiliations et accomplir maints exploits.

lancement n. m. Action de lancer. / Ensemble du processus qui permet à un engin spatial de quitter le sol. *Lancement d'une fusée.* / MAR. Mise à l'eau d'un bateau en le faisant glisser sur un plan incliné. / Fig. Action de faire connaître qqn ou qqch. au moyen de la publicité. *Lancement d'un nouveau produit sur le marché.*

lancéolé, e adj. BOT. En forme de lance. *Feuille lancéolée.* / ARCHIT. *Gothique lancéolé,* dont les arcs sont en lancettes.

lance-pierres n. m. inv. Petite fronde faite d'une fourche en bois dont les deux bras sont garnis d'un élastique solidaire d'une pochette en cuir portant les cailloux à lancer. / Fig., fam. *Manger avec un lance-pierres*, très vite. *Payer qqn avec un lance-pierres*, très peu.

lancer [1] v. t. [1] Envoyer loin de soi, vers qqn ou vers qqch. *Lancer une flèche, une torpille. Lancer sa jambe en l'air. Lancer un coup de poing.* / Émettre, dire ou adresser avec force. *Lancer un cri. Lancer un regard. Lancer un ultimatum.* / Mettre en mouvement, faire démarrer. *Lancer le moteur. Lancer une entreprise. Lancer un chanteur, un produit,* le faire connaître, le promouvoir. Fam. *Lancer qqn sur un sujet,* l'inciter à parler d'un sujet qui lui tient à cœur. / v. pron. S'engager (dans une action). *Se lancer dans le nettoyage.*

lancer [2] n. m. Action de lancer. / *Pêche au lancer*, consistant à lancer l'appât le plus loin possible avec la gaule et à le ramener ensuite avec le moulinet. / SPORT Épreuve d'athlétisme consistant à lancer le plus loin possible un poids, un disque, un javelot ou un marteau.

lance-roquettes n. m. inv. MILIT. Dispositif servant à propulser des roquettes.

lancette n. f. CHIR. Petite lame acérée. / ARCHIT. *Arc en lancette*: arc brisé très aigu du gothique flamboyant.

lanceur, euse n. Personne qui lance qqch. / SPORT Athlète spécialisé dans le lancer. *Un lanceur de poids.* / n. m. AÉRON. Fusée destinée à propulser une charge utile (satellites, sondes, vaisseaux spatiaux) dans l'espace.

lancier n. m. Anc. Soldat armé d'une lance. / *Quadrille des lanciers*: variante du quadrille, comportant plusieurs figures.

lancinant, e adj. Qui lancine. *Douleur lancinante. Remords lancinant.*

lanciner v. i. / v. t. [1] Faire souffrir par des élancements. / Fig. (Emploi transitif) Tourmenter (qqn). *Un remords me lancine.*

lançon n. m. ZOOL. Syn. d'*équille*.

Lancret (Nicolas) 1690-1743 Peintre français. Influencé par son ami Watteau, il peignit des scènes de théâtre et des fêtes galantes d'une vivacité remarquable (*Le Déjeuner de jambon,* 1735*; La Camargo, Mademoiselle Sallé*).

land n. m. (mot allemand) État fédéré d'Allemagne. Pl. Des *länder*.

landau n. m. Anc. Voiture hippomobile à quatre roues et double capote, ayant à l'intérieur deux banquettes se faisant face. / Voiture d'enfant haute et à capote qui se rabat. Pl. Des *landaus*.

Landau (Lev Davidovitch) 1908-1968 Physicien soviétique. Il fit progresser la mécanique quantique en élaborant sa théorie des champs et étudia l'état superfluide de l'hélium; en physique des solides, il introduisit la notion de phonon (quantum d'énergie de vibration du réseau cristallin). Il établit les lois qui régissent le transfert d'énergie entre onde électromagnétique et plasma. En 1932, il évoqua la possibilité pour une étoile massive de s'effondrer sur elle-même (ce phénomène, connu sous le nom de « trou noir » et prévu par la théorie de la relativité, n'a pas été formellement démontré). Il écrivit avec E. M. Lifchits un traité de physique théorique en sept volumes.

lande n. f. Sol pauvre, couvert d'ajoncs, de genêts, de bruyères, des massifs hercyniens (lande bretonne), des plaines glacières du Nord et des côtes océaniques de l'Europe.

Landes (région des) Plaine littorale formant un triangle entre la pointe de Grave, Bayonne et Nérac. La plaine sableuse des Landes est la plus vaste (*14000 km²*) et la plus plate des plaines de France. Elle est formée d'immenses étendues insalubres, tantôt marécageuses, tantôt désertiques. Sous le second Empire, le drainage et le reboisement des Landes en pins maritimes en ont fait la première région forestière de France, fournissant poteaux de mine et résine. La concurrence de la résine synthétique a ruiné cette monoculture. Les efforts de rénovation ont consisté à diversifier les cultures (maïs, élevage de volailles) et à développer le tourisme (notamment en aménageant les lacs et en multipliant les stations balnéaires), sans renoncer à la sylviculture et à l'ostréiculture.

Landes (département des) [40] *9 242 km² 311 461 h.* Chef-lieu *Mont-de-Marsan.* Département qui fait partie de la Région Aquitaine. Situé au sud-ouest de la France, dans la partie méridionale des Landes, il est essentiellement rural: consacré à la sylviculture, il cherche aujourd'hui à diversifier ses productions et à étendre la polyculture pratiquée au sud dans les collines de Chalosse (maïs, volailles, vignobles). Le pétrole de Parentis est en voie d'épuisement. Les villes principales sont de gros bourgs agricoles. Seules Dax (station thermale) et Mont-de-Marsan (aéronautique) sont industrialisées.

landgrave n. m. HIST. Titre de certains princes souverains, dans les pays de langue allemande. / Magistrat, dans l'Empire germanique.

landier n. m. Grand chenet muni de crochets destinés à soutenir des broches, et souvent pourvu, à son extrémité supérieure, d'un récipient utilisable comme brasero.

Landini ou **Landino (Francesco)** v. 1325-1397 Musicien italien. Aveugle, il fut organiste à Saint-Laurent de Florence; on lui doit des madrigaux, des ballades et des chansons.

Landon (Michael) 1936-1991 Auteur, acteur, réalisateur américain. Il a notamment réalisé la série télévisée *La Petite Maison dans la prairie.*

Landowska (Wanda) 1877-1959 Claveciniste polonaise. Professeur successivement à Paris, à Berlin, à Philadelphie, à Bâle, elle revient en France et s'y fixe entre 1925 et 1939, pour y donner des cours de musique ancienne. En 1940, elle émigre aux États-Unis, où elle passera la fin de sa vie.

Landowski (Paul) 1875-1961 Sculpteur français néo-classique. Admirateur de Rodin, il a laissé, à Paris, notamment la statue de *Montaigne assis* (1932) en face de la Sorbonne, et *Sainte Geneviève*, sur le pont de

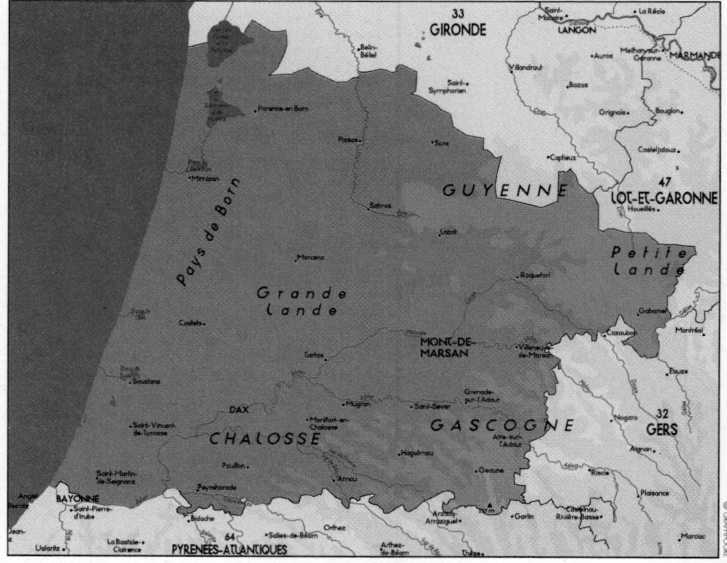

*Département des **Landes**.*

Henri-Désiré Landru.

Fritz Lang.

Jack Lang.

la Tournelle. **Marcel** 1915-1999 Compositeur français. Fils du précédent, il est l'auteur d'opéras, de concertos et de symphonies qui mêlent la tradition française et l'acquis des recherches expérimentales. Il a fondé l'Orchestre de Paris en 1967.

Landru (Henri-Désiré) 1869-1922 Criminel français. Condamné à la guillotine pour avoir brûlé dans la cuisinière de sa maison de Gambais (Yvelines) des femmes auxquelles il promettait le mariage, et un jeune garçon. Chaplin a fait de lui *Monsieur Verdoux* (1947).

Landsteiner (Karl) 1868-1943 Médecin américain d'origine autrichienne. Fondateur de l'immunologie sanguine, il découvrit les systèmes de groupes sanguins ABO (1901) et Rhésus (1940). On lui doit d'importants travaux sur les interactions antigène-anticorps. Il identifia également les agents responsables de la poliomyélite et de la syphilis.

laneret n. m. VÉNER. Mâle du lanier.

Lang (Fritz) 1890-1976 Réalisateur américain d'origine autrichienne. Sa production très féconde, dominée par le sentiment de culpabilité morale et sociale, a donné au cinéma de grands classiques. *Les Trois Lumières* (1921), *Le Docteur Mabuse* (1922), *Les Nibelungen* (1923-1924), *Metropolis* (1927), *M le Maudit* (1931) marquent sa période allemande, de tendance expressionniste. Aux États-Unis, il sut souvent se libérer des contraintes commerciales : *Furie* (1936), *La Femme au portrait* (1944), *L'Ange des Maudits* (1951), *Les Contrebandiers de Moonfleet* (1954), *La Cinquième Victime* (1956). Il revint tourner en Allemagne en 1959 : *Le Tigre du Bengale* (1959), *Le Diabolique Docteur Mabuse* (1960).

Lang (Jack) 1939 Homme politique français, ministre socialiste de la Culture de 1981 à 1986 et de 1988 à 1993. Ministre de l'Éducation nationale de 1992 à 1993 et de 2000 à 2002.

langage n. m. Faculté que possède l'être humain d'exprimer sa pensée et de communiquer avec autrui par certains signes conventionnels oraux ou écrits. / Système de signes conventionnels servant à la transmission de la pensée sans faire appel à la parole ou à l'écrit. *Langage gestuel des sourds-muets.* / Ensemble de moyens d'expression se référant à une convention sociale. *Le langage des fleurs.* / Ensemble de moyens d'expression faisant appel à une mimique comprise par tout un groupe social. *Le langage des yeux.* / Par anal. Moyen instinctif de communication entre les individus d'une même espèce animale. *Langage des abeilles, des fourmis.* / Manière de s'exprimer propre à une catégorie sociale ou professionnelle déterminée. *Le langage scientifique. Le langage populaire.* / Contenu de ce qui est exprimé oralement ou par écrit. *Surveiller son langage.* / INFORM. *Langage de programmation* : ensemble d'instructions, sous forme de signes alphabétiques, numériques et divers, constituant des codes de programmation. *Langage évolué*, convivial et présentant une interface utilisateur.

langagier, ère adj. Du langage ; relatif au langage.

Langdon (Harry) 1884-1944 Acteur comique américain, rêveur et distrait, qui s'illustra au temps du muet.

lange n. m. Pièce de tissu qui sert à envelopper un nouveau-né. *Les langes sont aujourd'hui tombés en désuétude.* / Fig. *Être dans les langes*, en enfance, à ses débuts.

Lange (Dorothea) 1895-1965 Photographe américaine. Son travail, en 1930, sur les chômeurs, les grévistes et les sans-abri lui vaut d'être engagée (1935) par la Farm Security Administration qui s'intéresse aux conditions de vie des paysans pauvres ; ses clichés inspirent à Steinbeck *Les Raisins de la colère*. Enregistrant également les paroles des travailleurs dont elle fixe l'image, elle les combinera avec ses photos dans son ouvrage *An American Exodus* (1939).

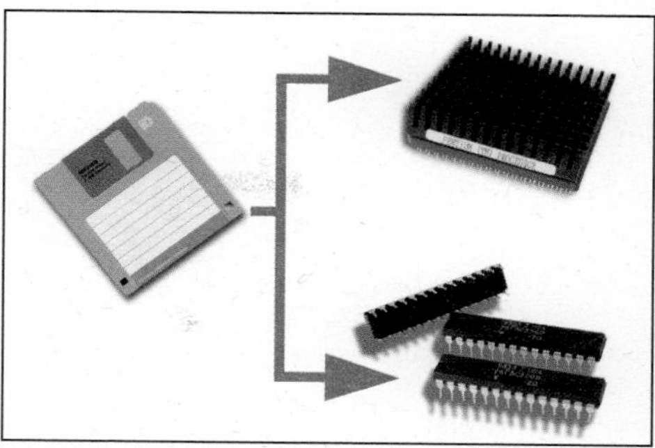
Disquette et microprocesseurs, composants du **langage** bas niveau en informatqiue.

langer v. t. [1] Envelopper de langes.

Langerhans (Paul) 1847-1888 Médecin allemand. Il décrivit les amas de cellules situées dans le tissu pancréatique (îlots de Langerhans) qui sécrètent l'insuline.

• **Langevin (Paul)** 1872-1946 Physicien français.

Langlois (Henri) 1914-1977 Cinéphile français. En 1936, il fonda avec Franju la Cinémathèque française, dont il fit l'une des cinémathèques les plus riches du monde.

Langmuir (Irving) 1881-1957 Physicien et chimiste américain, auteur de très nombreux travaux, fondamentaux et appliqués. Il proposa, avec G. N. Lewis, la théorie de la valence électronique. Il élabora la théorie de l'adsorption des gaz par les solides (1916) et étudia la formation des films moléculaires à la surface des liquides. On lui doit

LANGEVIN (PAUL)

Einstein et Langevin en 1911.

Étudiant à l'École de physique et de chimie industrielles de la Ville de Paris, il obtient une bourse et termine ses études à Cambridge, au laboratoire Cavendish où exercent E. Rutherford et J. J. Thomson. De retour à Paris, il soutient une thèse sur l'ionisation des gaz soumis à l'action des rayons X.

Il est le premier à interpréter les pertes de masse par fusion des noyaux atomiques légers (comme ceux de l'hydrogène) en noyaux (plus lourds) de l'hélium. Il établit la théorie du paramagnétisme en appliquant à la distribution des énergies magnétiques des atomes la loi statistique de Boltzman. Professeur au Collège de France en 1904, il y fonde un laboratoire dont les recherches vont de l'étude du mouvement brownien à la théorie du rayonnement et à la cinétique des gaz.

Il étudie les principes de la mécanique relativiste et en tire des conséquences qu'il exprime sous la forme d'un paradoxe (*paradoxe de Langevin*, ou *des jumeaux*) : un des jumeaux **(a)** demeure dans son village sur la Terre, tandis que l'autre **(b)** s'embarque à bord d'un vaisseau spatial qui parcourt l'espace à une vitesse proche de celle de la lumière. À la fin de son voyage, lorsque **(b)** retourne sur la Terre et retrouve son frère, il constate que son jumeau **(a)** a vieilli plus vite que lui, alors qu'ils n'ont été séparés l'un de l'autre que par une durée de temps égale pour chacun d'eux.

L'exemple décrit dans ce paradoxe illustre les conséquences de l'effet relativiste de la distorsion du temps. Langevin a été l'un des premiers à enseigner la relativité d'Einstein qu'il a qualifiée de conception révolutionnaire en regard de la notion traditionnelle de *temps absolu*, dépourvue de base expérimentale. En 1922, il fait inviter Einstein à Paris pour qu'il expose son concept relativiste à la communauté scientifique française. Tout en poursuivant ses travaux scientifiques, Langevin s'est attaché, avec le psychologue Henri Wallon, à la rénovation des méthodes d'enseignement (plan Langevin-Wallon).

Lorentz, Einstein et Langevin en 1927.

Langouste.

également la découverte de l'hydrogène atomique (invention du chalumeau à plasma), des travaux sur le tungstène (développement des lampes à incandescence), des recherches sur les températures voisines du zéro absolu.

langoureusement adv. Avec langueur.

langoureux, euse adj. Vx En état de langueur. / Iron. Exprimant une langueur amoureuse. *Regards langoureux.*

langouste n. f. ZOOL. Crustacé décapode marin de grande taille, dépourvu de pinces, possédant deux longues et fortes antennes. *La chair de la langouste est très estimée.*

langoustier n. m. Bateau équipé pour la pêche à la langouste.

langoustière n. f. ou **langoustier** n. m. Filet pour la pêche à la langouste.

langoustine n. f. ZOOL. Crustacé décapode marin de taille moyenne, à pinces fines et allongées.

Langres *9987 h.* Chef-lieu d'arrondissement de la Haute-Marne, sur le canal de la Marne à la Saône. Industries plastiques. Traditionnellement, ce fut un centre de la coutellerie. Vestiges gallo-romains. Cathédrale Saint-Mammès (XIIe-XIIIe siècle). Le *plateau de Langres*, qui culmine à *516 m*, donne leur source à la Seine et à la Marne.

Lang Son *8000 h.* Ville du Vietnam, au nord de Hanoï près de la frontière avec la Chine. L'échec de l'armée française contre une incursion chinoise en 1885 déclencha un tollé en France et entraîna la démission de Jules Ferry.

langue n. f. **I.** ANAT. Organe musculeux, mobile, de forme allongée, situé dans la cavité buccale, et qui sert à la déglutition, à la gustation et à l'articulation. Fig. *Avoir la langue bien pendue*: être bavard. *Tenir sa langue*: savoir garder un secret, une confidence pour soi. *Avoir un cheveu sur la langue*: zézayer. *Mauvaise langue*: personne médisante. / Par anal. Objet en forme de langue. *Langue de terre*: presqu'île étroite. *Langue de chat*: petit biscuit. **II.** Ensemble de signes gestuels, sonores et écrits obéissant à des conventions, particuliers à un peuple ou à un groupe de peuples, permettant l'expression et la communication de la pensée. *Langue des signes*, pratiquée et comprise par les sourds-muets. *Langue morte*, qui n'est plus pratiquée. *Langue vivante*, toujours en usage. / Manière de s'exprimer par le style, le vocabulaire. *La langue d'un poète.* / *Langue de bois*: discours politique stéréotypé, pratiqué à l'origine par nombre de dirigeants communistes; par ext., tout discours, notamment politique, construit autour de stéréotypes.

langue-de-chat n. m. PATIS. Petit gâteau sec mince et plat.

Languedoc Région du sud-ouest de la France, qui tire son nom de la *langue d'oc* parlée autrefois dans cette province. Elle forme, du Massif central à la Méditerranée, trois gradins successifs: les plateaux calcaires des garrigues recouverts d'une maigre végétation, la haute plaine où domine la monoculture de la vigne et le littoral sableux, plat et parsemé d'étangs, en voie d'aménagement. La douceur du climat et le caractère caillouteux des sols expliquent la présence du plus grand vignoble du monde (1/7e de la production mondiale de vin). Ce vin, de qualité courante, a fait la prospérité des villes de la plaine, Narbonne, Béziers, et du port de Sète. À l'est, Montpellier, surtout, et Nîmes ont une activité plus diversifiée: industries alimentaires, textiles. L'implantation de cultures maraîchères et fruitières (irrigation par le *canal du Languedoc*) a pour but de parer aux dangers de la monoculture. En dehors de Sète (raffineries de pétrole de Frontignan, cimenteries, pêche), le littoral est peu développé. Rattaché à la France au XIIIe siècle, le Languedoc garda jusqu'à la Révolution ses institutions propres et sa langue.

Languedoc-Roussillon *27376 km² 2243000 h.* Capitale *Montpellier*. Région française qui comprend cinq départements: Pyrénées-Orientales, Aude, Hérault, Gard et Lozère. Le développement de l'agriculture par l'irrigation (Compagnie nationale d'aménagement du Bas-Rhône-Languedoc créée en 1955), l'organisation de marchés et l'abandon de la monoculture de la vigne d'une part, le développement du tourisme par l'aménagement des côtes (drainage des marais et démoustication), la construction de villes nouvelles (La Grande-Motte), la multiplication des moyens de communication d'autre part, ont fait du Languedoc-Roussillon une région dynamique au niveau européen, au solde migratoire positif, mais le P.N.B. par habitant demeure parmi les plus faibles de France.

languette n. f. Objet en forme de petite langue. / TECHN. Tenon continu d'une planche qui, dans un assemblage, doit entrer dans une rainure. / MUS. Lame qui vibre au passage de l'air dans un instrument à vent. *Languette de hautbois, de clarinette.* Syn. anche.

langueur n. f. (Vieilli) Diminution progressive des forces physiques. *Maladie de langueur.* / Manque d'énergie; apathie. / Litt. Disposition d'esprit encline à la mélancolie. *Un ton plein de langueur.*

languide adj. Languissant.

languir v. i. / v. pron. [2] **A.** v. i. Demeurer dans un état de langueur. *Languir de chagrin.* / Être dans un état d'attente impatiente. *Elle me fait languir.* / Fam. *Languir après qqn, qqch.* / Dépérir, perdre de son entrain. / Fig. *Conversation qui languit.* **B.** v. pron. Rég. (Sud de la France) *Se languir de*: s'ennuyer de. *Je me languis de mes enfants.*

languissamment adv. Avec langueur.

languissant, e adj. Qui languit. *Fleurs languissantes.* / Fig. *Discours languissant*, ennuyeux.

langur n. m. Synonyme d'entelle.

Laniel (Joseph) 1889-1975 Homme politique français, président du Conseil en juin 1953. Il dut affronter une forte agitation sociale, l'opposition à la C.E.D. (Communauté européenne de défense), la crise marocaine et la guerre d'Indochine; son gouvernement fut renversé après la défaite de Dien Bien Phu (juin 1954).

lanier n. m. ZOOL. Faucon à dos brun, à calotte dorée, se nourrissant essentiellement d'oiseaux, autrefois dressé pour la chasse. / VÉNER. Femelle de cet oiseau; voir *laneret*. / Appos. *Un faucon lanier.*

lanière n. f. Bande longue et étroite d'une matière souple, notam. de cuir.

lanifère adj. Didac. Qui porte ou produit de la laine ou toute autre matière d'aspect laineux.

lanigère adj. ZOOL., BOT. Couvert d'une substance laineuse, ou d'aspect laineux. *Puceron lanigère.*

Lannemezan (plateau de) Plateau situé dans le sud de la France, au pied des Pyrénées centrales. Recouvert de moraines arrachées aux Pyrénées, c'est un immense cône de déjections d'où partent en éventail la Baïse, la Save, la Gimone et le Gers. Cette région pauvre est peu peuplée. Au pied de la chaîne, la petite ville de Lannemezan (*7000 h.*) possède quelques industries.

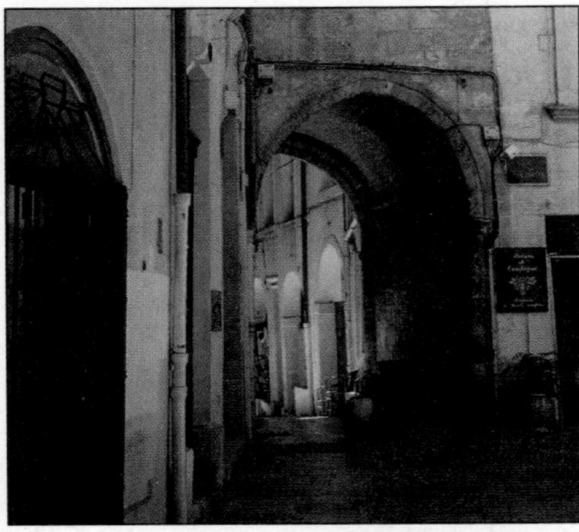

Une vieille rue à Montpellier, capitale de la région ***Languedoc-Roussillon***.

Lanterne.

Lannes (Jean, duc de **Montebello)** 1769-1809 Maréchal de France. Volontaire en 1792, général en 1796, il participa au coup d'État du 18 Brumaire. Devenu maréchal en 1804 et duc de Montebello en 1808, il combattit en Égypte, à Marengo, à Austerlitz, à Friedland et au siège de Saragosse. Il fut mortellement blessé par un boulet à Essling.

Lannion *16958 h.* Chef-lieu d'arrondissement des Côtes-d'Armor, qui abrite des laboratoires du Centre national d'études des télécommunications (C.N.E.T.).

lanoline n. f. Corps gras extrait du suint de mouton, utilisé comme excipient dans des pommades, en particulier pour les cosmétiques.

La Noue (François de) surnommé *Bras de Fer* 1531-1591 Homme de guerre et mémorialiste français. Protestant, il combattit les Espagnols aux côtés de Coligny puis d'Henri IV, puis vainquit la Ligue catholique à Ivry en 1590. Il fut mortellement blessé l'année suivante au siège de Lamballe. Il a écrit des *Discours politiques et militaires* (1587).

Lanskoy (André) 1902-1976 Peintre français d'origine russe. Ses toiles abstraites, aux couleurs vives et franches, sont d'un lyrisme joyeux et d'un grand dynamisme.

Lanson (Gustave) 1857-1934 Universitaire français. Ses œuvres de critique littéraire, notamment son *Histoire de la littérature française* (1894) et ses études sur Corneille, Bossuet et Voltaire sont fondées sur la méthode historique.

lansquenet n. m. HIST. Mercenaire allemand servant en France, aux XVe et XVIe siècles. / Anc. Jeu de cartes.

lanterne n. f. Boîte aux parois transparentes laissant filtrer une source lumineuse. *Lanterne chinoise*, ornée de dessins. *Lanterne vénitienne*, en papier de couleur plissé en accordéon. *Lanterne sourde*, dont le porteur peut occulter la lumière pour voir sans être vu. *Lanternes d'automobile*: phares donnant un faible éclairage. (Syn. feux de position). *Lanterne magique*: appareil composé d'une lanterne et d'un dispositif optique permettant la projection agrandie d'images peintes sur

LAOS

Superficie : *236 800 km²* – **Nombre d'habitants :** *5 400 000 h.* – **Capitale :** *Vientiane*
Villes principales : *Savannakhet, Luang Prabang* – **Système politique :** *république*
Langue(s) : *lao (officielle), français* – **Religion(s) :** *bouddhisme, animisme* – **Monnaie(s) :** *kip*

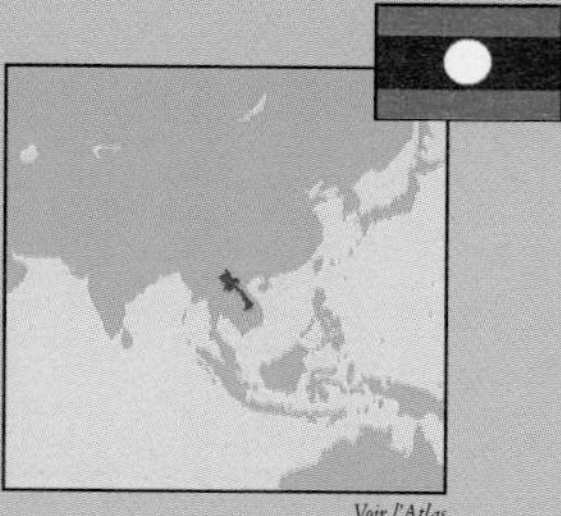

Voir l'Atlas

Géographie

Le nord du pays est constitué de montagnes forestières sillonnées par les affluents du Mékong. Le plateau méridional s'incline à l'ouest vers la vallée du Mékong qui concentre les trois quarts de la population. Pays chaud, ouvert aux moussons, le Laos connaît des hivers secs et des étés très humides. Les Laos, apparentés au Thaïs, représentent les deux tiers de la population (rurale à 78 %).

Économie

Les principales ressources du pays sont l'agriculture, pratiquée sur 4 % du territoire (riz), la forêt (bois de teck) et, surtout, la production d'hydroélectricité (30 % des exportations). Les exportations couvrent seulement la moitié des importations. L'industrie textile a été victime, comme l'exportation d'électricité, de la crise qui a frappé en 1997 le Sud-Est asiatique.

Marché aux fruits et légumes à Vientiane.

Histoire

Dépendant de l'Empire khmer, conquis par les Siamois au XIIIᵉ siècle, le Laos devient indépendant au XIVᵉ siècle. En 1353, est fondé le royaume du Lan Xang, qui se convertit au bouddhisme et prend pour capitale Xien Tong (qui est aujourd'hui *Luang Prabang*).

Aux XVIᵉ-XVIIᵉ siècles, les Birmans tentent de s'emparer du pays, qui adopte pour capitale Vientiane. Au XVIIIᵉ siècle, le royaume a éclaté en trois entités, les États de Luang Pragang, Vientiane et Champassak, qui se déchirent et que convoitent (et finissent par annexer) le Siam et le Vietnam.

En 1893, le Siam reconnaît le protectorat français sur les territoires qui lui appartiennent (rive gauche du Mékong). En 1904, Sisavang Vong monte sur le trône ; il régnera jusqu'en 1959. En avril 1945, le Japon, qui occupe le pays depuis 1942, l'incite à proclamer l'indépendance. Après une brève reconquête, la France accorde au pays l'autonomie interne (1946), puis une indépendance partielle (1949).

En 1950, le prince Souphanouvong crée le Pathet Lao, parti nationaliste comprenant de nombreux communistes. Son demi-frère, modéré, le prince Souvanna Phouma, est nommé en 1951 Premier ministre par le roi. Le Pathet Lao occupe le Nord (avec l'aide du Vietminh); de là, il prend le contrôle du Sud, rural. L'indépendance du Laos (1953) est entérinée par la conférence de Genève (1954) qui divise le Vietnam, devenu indépendant.

La guerre du Vietnam meurtrit le pays ; en effet, la piste Ho Chi Minh traverse le Laos et les bombardiers américains ne l'épargnent pas. En décembre 1975, après la victoire du Vietnam du Nord, le Pathet Lao renverse la monarchie et Souphanouvong devient le président de la République démocratique populaire du Laos.

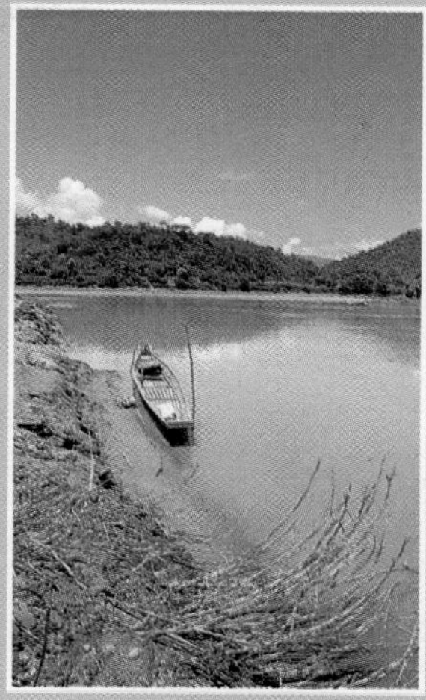

Le Mékong, près de Luang Prabang.

En 1986, il démissionne. Son successeur assouplit le collectivisme et signe en 1988 des accords avec la Thaïlande (en plein développement économique) mais la Constitution de 1991 réaffirme que le Pathet Lao est le parti unique.

Les élections de 1998 confirment cette donnée et le nouveau chef de l'État, le général Khamtay Siphandone, est le président du parti unique, le parti révolutionnaire du peuple du Laos (nom du Pathet Lao depuis 1975). Miné par la corruption, peu peuplé, sous-équipé, le pays ne parvient pas à sortir du sous-développement : les infrastructures sont médiocres, le niveau de vie de la population, analphabète à presque 50% et essentiellement agricole, dépend étroitement de la qualité des récoltes, l'inflation n'est pas maîtrisée.

verre. / Fig. et fam. *Être la lanterne rouge* : être celui dont les résultats sont les plus faibles. *Il est la lanterne rouge de sa classe.* / *Prendre des vessies pour des lanternes* : commettre une erreur grossière. / ARCHIT. Tourelle ajourée ou vitrée qui surmonte un édifice, souvent un dôme, pour en éclairer l'intérieur. / TECHN. Cylindre à petits barreaux verticaux où s'engrènent les dents d'une roue ou d'un pignon. / ZOOL. *Lanterne d'Aristote* : appareil masticateur de l'oursin.

Lanterne (la) 1868 Journal satirique d'Henri de Rochefort qui attaquait avec violence le régime de Napoléon III. Devenu porte-parole du radical-socialisme en 1897, il continua à paraître jusqu'en 1928.

lanterneau Voir **lanternon**

lanterner v. i. [1] Perdre son temps, lambiner. *Faire lanterner qqn*, le faire attendre.

lanternon ou **lanterneau** n. m. ARCHIT. Petite lanterne. / Partie surélevée et ajourée d'un comble.

lanthane n. m. CHIM. Élément de numéro atomique 57, de masse atomique 138,91 (symbole : La), métal de la famille des terres rares. / Métal gris, malléable, de densité 6,17, entrant en fusion à 920 °C, qui s'oxyde facilement à l'air.

lanthanides n. f. pl. CHIM. Nom générique des éléments de numéro atomique compris entre 57 (lanthane) et 71 (lutécium). *Les lanthanides appartiennent au groupe des terres rares.*

Lanza del Vasto (Giuseppe Lanza di Trabia-Branciforte, dit **Joseph Jean)** 1901-1981 Poète et mystique français d'origine italienne. Dans *Le Pèlerinage aux sources* (1944), il raconte son voyage en Inde auprès de son maître Gandhi. Catholique, il tente de rappeler au monde occidental certaines valeurs éthiques.

Lanzhou *1 194 640 h.* Ville du nord-ouest de la Chine, sur le Huanghe, capitale de la province du Gansu. Centre industriel (pétrole, textiles et chimie). Centrale nucléaire.

lao n. m. et adj. inv. LING. Langue du groupe thaï, pratiquée majoritairement au Laos. / adj. *Dialectes lao.* Syn. laotien.

Laocoon MYTH. GR. Prêtre d'Apollon à Troie, fils de Priam et d'Hécube. Il tenta de s'opposer à l'entrée dans Troie du cheval de bois mais, ayant péri avec ses deux fils étouffé par d'énormes serpents envoyés par Apollon, il ne put empêcher la ruse des Grecs. Une sculpture du Iᵉʳ siècle av. J.-C. raconte cet épisode (musée du Vatican).

laogai n. m. (mot chinois) Système concentrationnaire de la République populaire de Chine.

Laomédon MYTH. GR. Roi de Troie, fils d'Ilos et père de Priam. Ayant refusé de payer son dû à Apollon et à Neptune, ceux-ci se vengèrent sur les habitants de la ville. Le roi fut finalement tué par Héraclès qui avait sauvé sa fille du monstre marin la menaçant.

Laon *26 490 h.* Chef-lieu de l'Aisne, au centre d'une riche région agricole, le Laonnois, dont la ville fut autrefois la capitale. Elle conserve une magnifique cathédrale (Notre-Dame) des XIIᵉ-XIIIᵉ siècles, parmi les premières cathédrales gothiques de France.

• **Laos** État de l'Asie du Sud-Est, entre le Viêt-nam, à l'est, et la Thaïlande, à l'ouest.

Lao She (Shu Qingchun, dit) 1899-1966 Romancier chinois. *La Cité des chats* (1930) est une satire désespérée de la Chine avant la conquête nippone ; *Le Pousse-pousse* (1936) relate l'histoire d'un coolie de Pékin ; *Quatre générations sous un même toit* (3 vol., 1953) est consacré à la vie à Pékin et à l'évolution d'une famille chinoise traditionnelle. Il écrivit aussi pour le théâtre (*La Maison du thé*, 1957). Persécuté pendant la Révolution culturelle, il se suicida.

laotien, enne adj. et n. Du Laos. *Gouvernement laotien. Un(e) Laotien(ne).* / n. m. LING. Synonyme de lao.

Lao-tseu ou **Laozi** v. 570-v. 470 av. J.-C. Philosophe et mystique chinois. Selon la tradition, auteur du *Tao-tö king* (ou *Daodejing*), *Livre de la Voie et de sa Vertu*, il n'est connu qu'à travers des récits mythologiques. Il aurait découvert le *tao* (ou *dao*), le grand principe universel qui fonde la doctrine spirituelle du taoïsme. Laozi aurait également été le maître de Confucius.

La Palice (Jacques II de Chabannes, seigneur **de)** 1470 ?-1525 Maréchal de France. Brillant homme de guerre, il participa aux guerres d'Italie sous Charles VIII, Louis XII et François Ier. Tué à la bataille de Pavie, son souvenir fut inscrit dans un refrain populaire dans lequel il est écrit : « Un quart d'heure avant sa mort, il était encore en vie… » Ce chant est à l'origine du mot *lapalissade*.

L

lapalissade n. f. Truisme, vérité de La Palice.

laparoscopie n. f. CHIR. Exploration de ma cavité du péritoine à l'aide d'un dispositif optique introduit par l'intermédiaire d'un trocart.

laparotomie n. f. CHIR. Incision de la paroi abdominale et du péritoine.

laper v. t. [1] Boire par petits coups de langue. *Le chat lape le lait.*

lapereau n. m. Jeune lapin.

La Pérouse (Jean François de Galaup, comte **de)** 1741-1788 Officier de marine français. Il entreprit, en 1785, sur l'ordre de Louis XVI, un voyage d'exploration dans le Pacifique et communiqua par lettre de nombreuses observations qui furent publiées en 1808. Ses deux navires, la *Boussole* et l'*Astrolabe*, disparurent en 1788. Les épaves en furent retrouvées, en 1828, par Dumont d'Urville, près d'une île de Mélanésie où La Pérouse et ses compagnons avaient été très probablement massacrés par les indigènes.

Laperrine (François Henry) 1860-1920 Général français. Il commanda, avant la Première Guerre mondiale, le territoire militaire des Oasis, où il créa les premières compagnies sahariennes. Rappelé en Afrique du Nord par Lyautey, il commanda (1917-1919) les territoires sahariens et mourut dans un accident d'avion, lors du premier raid aérien entre Alger et l'Afrique subsaharienne.

lapiaz ou **lapié** n. m. GÉOL. Rainure de la surface d'un quartz provoquée par la dissolution du calcaire par des eaux de ruissellement.

Lapicque (Charles) 1898-1988 Peintre français. Ingénieur de formation, il pratiqua la peinture avec autant de gaieté que de liberté. Ses toiles foisonnantes, aux couleurs chaudes et vives, se détachent peu à peu de l'abstraction pour aboutir à une figuration d'une grande fraîcheur.

Lapilli.

lapidaire adj. et n. m. Relatif aux pierres. *Style lapidaire* : style des inscriptions sur pierre ; (fig.) style exagérément concis.

lapidation n. f. Action de lapider.

lapider v. t. [1] Attaquer, tuer (qqn) à coup de pierres.

lapié Voir **lapiaz**

lapilli n. m. pl. (mot latin) GÉOL. Fragments de matériaux volcaniques vitreux, rocheux, qui se présentent également sous la forme de cristaux simples. *Les dépôts de lapilli forment des tufs lorsque les mécanismes éruptifs génèrent un nuage ardent.*

lapin, ine n. Mammifère de l'ordre des lagomorphes, à grandes oreilles et queue courte, qui se déplace par bonds, vivant à l'état sauvage dans des terriers. *Lapin de garenne*, sauvage. *Lapin domestique.* / Viande de lapin. *Un civet de lapin.* / Fourrure de lapin. / *Courir, détaler, s'enfuir comme un lapin*, très vite. / *Une cage à lapins* : une habitation exiguë, où l'on vit dans la promiscuité (par allusion aux clapiers dans lesquels on élève les lapins domestiques). / Fig. *Coup du lapin* : coup sec asséné sur la nuque. / *Poser un lapin à qqn* : manquer à un engagement, à un rendez-vous. / *Un chaud lapin* : un homme porté sur les plaisirs sensuels. / Fam. et péjor. *Lapine, mère lapine* : femme qui a de très nombreux enfants. *Se reproduire comme des lapins*, par allusion à la fécondité des lapins.

lapis ou **lapis-lazuli** n. m. inv. MINÉR. Pierre fine d'un bleu profond, double silicate de sodium et d'aluminium, contenant du soufre. Syn. lazulite.

Lapithes MYTH. GR. Peuple légendaire de Thessalie, proche parent des Centaures qu'il vainquit suite à un combat sans merci.

Laplace (Pierre Simon, marquis **de)** 1749-1827 Astronome, mathématicien et physicien français. Son élection (à 24 ans) à l'Académie royale des Sciences donnera le départ à une carrière scientifique au cours de laquelle seront abordées toutes les questions relatives aux mathématiques dans la lignée des Newton, d'Alembert, Clairaut, Euler, Lagrange. Reprenant les travaux de ses devanciers, il apportera des solutions nouvelles dans le domaine lié au calcul intégral et différentiel et à la théorie des probabilités. Sa contribution essentielle se situe dans l'application des mathématiques aux lois de la physique. Dans son *Exposition du système du monde* (1796), il émet l'hypothèse que le système solaire serait issu d'une nébuleuse en rotation rapide : cette rotation, liée au refroidissement des couches extérieures, aurait engendré, dans le plan de son axe, une suite d'anneaux qui, selon le même processus, auraient généré les planètes et leurs satellites, le noyau central ayant donné naissance au Soleil. L'une des théories actuellement proposées pour expliquer l'origine du système solaire s'inspire des idées avancées par Laplace il y a deux cents ans.

Lapin.

Laplanche (Jean) 1924 Psychanalyste français. Auteur avec Pontalis du *Vocabulaire de la psychanalyse* (1967), il dirige depuis 1988 la nouvelle traduction de l'œuvre complète de Freud.

***Lapon** en vêtements traditionnels.*

lapon, one ou **onne** adj. et n. De Laponie. *Coutumes lapones. Un(e) Lapon(e).* / n. m. LING. Langue finno-ougrienne parlée en Laponie.

Laponie Région située à l'extrême-nord de l'Europe, au-delà du cercle polaire. Partagée entre la Norvège, la Suède, la Finlande et la Russie, elle doit son unité à son climat et à sa végétation, mais n'est pas précisément délimitée géographiquement. Les Lapons, que l'on préfère aujourd'hui appeler Sames, sont majoritairement sédentaires. Les autres sont éleveurs de rennes et chasseurs d'animaux à fourrure ; les éleveurs peuvent franchir librement les frontières entre la Norvège, la Suède et la Finlande.

laps n. m. *Laps de temps* : espace de temps.

lapsus n. m. (mot latin) *Lapsus* ou (litt.) *Lapsus linguae* : faute de langage, emploi d'un mot à la place d'un autre. *Lapsus calami* : erreur de même type commise en écrivant.

laquais n. m. Anc. Valet de pied. / Par ext., péjor. Homme servile.

laque n. **I.** n. f. Syn. de gomme-laque. / Vernis tiré de la sève de certains arbres d'Extrême-Orient ; peinture qui a l'aspect brillant de ce vernis. / Fixateur que l'on vaporise sur les cheveux. **II.** n. m. Objet d'art peint à la gomme-laque. *De beaux laques du XVIIIe siècle.*

laqué, e adj. Enduit de laque. *Paravent laqué.* / Par ext. Couvert d'une pellicule brillante évoquant la laque. *Canard laqué* : canard rôti après avoir subi une préparation spéciale (soufflage de la peau et attendrissement) et plusieurs fois badigeonné, en cours de cuisson, avec un mélange de miel et d'épices (cuisine chinoise).

Laquedives (îles) *32 km² 51 707 h.* Archipel de l'océan Indien, au large de la côte de Malabar, partie principale du territoire insulaire de l'Union indienne, nommé Laksha Dvipa. Capitale : *Kavaratti.* Une agriculture vivrière et la pêche sont les seules ressources de ces îles dont la population est majoritairement de religion musulmane.

laquelle Voir **lequel**

La Quintinie (Jean de) 1626-1688 Agronome français. Directeur des vergers et des potagers des demeures royales, il créa le verger de Versailles et celui d'autres grands châteaux (Chantilly, Vaux, Sceaux, Rambouillet).

Lara (maison de) Famille castillane très ancienne, surtout connue par la légende des sept *Infants de Lara* rapportée dans la chronique d'Alphonse X. Au Xe siècle, Gonzalez Gustios, seigneur de Lara, aurait été livré par son beau-frère au calife de Cordoue, et sept de ses fils auraient été massacrés. Un huitième fils, né des amours de Gonzalez Gustios avec la fille du calife, les aurait vengés. La légende a inspiré la tradition littéraire espagnole, depuis le romancero (XVe-XVIe siècle) jusqu'aux tragédies des XVIIIe et XIXe siècles.

Larbaud (Valery) 1881-1957 Écrivain français. Nanti d'une solide fortune, il passe de nombreuses années à voyager en Europe et au Maghreb. Ses premières œuvres sont attribuées par l'auteur à un jeune milliardaire américain, A. O. Barnabooth, qui lui ressemble par bien des traits (*A. O. Barnabooth. Ses œuvres complètes, c'est-à-dire un conte, ses poésies et son journal intime*, 1913). Il avait publié en 1911 un « roman d'adolescence », *Fermina Marquez*, et donnera plus tard *Enfantines* (nouvelles, 1918) et *Amants, heureux amants* (1920-1924). Il a collaboré à la N.R.F., traduit en français (seul ou en collaboration) plusieurs œuvres en anglais (dont des poèmes de Coleridge et *Ulysse* de Joyce), en espagnol (Gomez de La Serna) et en italien (Svevo).

larbin n m. Péjor. Domestique de sexe masculin. / Par ext. Homme servile.

larcin n. m. Vol peu important. / La chose dérobée.

lard n. m. Graisse provenant du tissu souscutané de certains mammifères à peau épaisse, en particulier du porc, qui est utilisée en charcuterie. *Lard maigre*, entremêlé de chair. *Lard gras*, uniquement constitué de graisse.

larder v. t. [1] Piquer (une viande) de petits morceaux de lard. *Larder un rôti.* / Par anal. *Larder qqn de coups de couteau, d'épée,* le blesser, le tuer en lui portant de nombreux coups. *Larder une poutre, une pièce de bois*, y planter de nombreux clous.

Larderello Localité d'Italie, dans la province de Pise où les vapeurs qu'émet le sol alimentent des centrales géothermiques.

lardoire n. f. CUIS. Brochette creuse dans laquelle on glisse un lardon, pour larder une pièce de viande.

lardon n. m. CUIS. Mince lamelle de lard, pour larder la viande. / Petit morceau de lard maigre, utilisé pour accommoder certains plats. / Fam Enfant ; en particulier, enfant en bas âge. *Viens donc avec tes lardons.*

lare adj. et n. m. ANTIQ. ROM. *Les dieux lares* ou *les lares* : les divinités protectrices du foyer. / Fig. et litt. La maison, le foyer.

La Renaudie (Godefroi de Barri, seigneur **de)** ?-1560 Gentilhomme français. Calviniste, il commanda les conjurés qui devaient enlever François II à Amboise sur l'ordre de Condé. Trahi, il échoua et fut tué à proximité de la ville.

François de La Rochefoucauld.

La Reynie (Gabriel Nicolas de) 1625-1709 Lieutenant général de police de Paris. Il fut le premier titulaire de cette charge créée par Louis XIV, pour veiller sur l'administration, l'hygiène et la sécurité de Paris (1667). Il présida la Chambre ardente chargée de juger l'Affaire des poisons (1675).

largage n. m. Action de larguer.

large adj., n. m. et adv. **A.** adj. Dont la dimension transversale est grande, étendue; qui n'est pas étroit. *Un fleuve large et majestueux. Large de*: dont la largeur est de. *Un passage à peine large d'un mètre.* / Ample, grand. *Un vêtement trop large.* / Fig. Magnanime, généreux. *De larges concessions.* / Fig. Compréhensif, tolérant. *Avoir les idées larges.* **B.** n. m. *De large*: de largeur. *Faire plusieurs mètres de large. En large*: en largeur. / *Le large*: la mer. / *Au large de*: en face de tel repère sur la côte. *Au large du cap Horn.* / *Prendre le large*: s'éloigner en mer; (fig.) s'éloigner. **C.** adv. *Chausser, habiller large,* avec ampleur, sans étroitesse. / Loc. adv. *Au large*: de manière spacieuse. *Être au large*: avoir de l'espace, d'importantes ressources. / Loc. adv. *De long en large, en long et en large*: dans tous les sens; (fig.) complètement. / Fig. *Voir, prévoir large*: voir, prévoir avec ampleur, sans lésiner. / Loc. fam. *Il n'en mène pas large*: il ne se fait pas remarquer, il a peur.

largement adv. Avec largesse. *Il a été largement rémunéré.* / De beaucoup. *Il a largement dépassé la cinquantaine.* / Au moins. *J'en ai largement pour mille francs.*

largesse n. f. Libéralité. / (Au pluriel) Bienfaits, dons. *Combler qqn de ses largesses.*

largeur n. f. Dimension d'une surface ou d'un volume dans le sens opposé à la longueur, et plus réduite que celle-ci. / Fig. Caractère de ce qui est large. *Largeur d'esprit*: compréhension, tolérance.

larghetto adv. et n. (mot italien) MUS. Lentement, mais un peu moins lentement que largo. / n. m. Morceau donné dans ce mouvement.

Largillière (Nicolas de) 1656-1746 Peintre français. Formé par le Flamand Goebow puis par l'Anglais Lely, il fut le grand maître des portraits de la bourgeoisie sous Louis XIV et Louis XV, laissant des œuvres au charme vivace: *La Belle Strasbourgeoise* (1703), *l'Ex-Voto à sainte Geneviève* (1696).

largo adv. et n. m. (mot italien) MUS. Dans un mouvement calme, lent et majestueux. / n. m. Morceau donné dans ce mouvement.

largue n. m. MAR. *Allures de largue*: allures d'un voilier qui navigue plus ou moins obliquement par rapport au vent. *Petit largue,* par vent de travers. *Grand largue,* par vent intermédiaire entre le vent de travers et le vent arrière.

larguer v. t. [1] MAR. Détacher (une amarre, une voile). / Jeter d'un avion. *Larguer des bombes.* / Fam. Lâcher, abandonner (qqn, qqch.). *Être largué*: être dépassé, ne rien comprendre.

larigot n. m. MUS. Petit flageolet. / Loc. fam., fig. *À tire-larigot*: sans retenue. *Crier à tire-larigot.*

Larionov (Mikhaïl Fedorovitch, dit **Michel)** 1881-1964 Peintre français d'origine russe. Avec sa femme, N. Gontcharova, il est à l'origine du *rayonnisme* à Moscou (1910) dont ils publièrent le manifeste (1913). Ils s'installèrent tous deux à Paris en 1914 et Larionov se consacra essentiellement aux décors des Ballets russes.

larme n. f. Liquide transparent et salé, sécrété par les glandes lacrymales; goutte de ce liquide qui s'écoule de l'œil sous l'effet d'une émotion ou d'une irritation de l'œil. *Être en larmes. Fondre en larmes.* / *Avoir la larme à l'œil*: être sensible aux émotions d'une manière exagérée, être pleurnichard. *Larmes de crocodile,* hypocrites. *Rire aux larmes*: beaucoup, sans pouvoir s'arrêter de rire. / Par ext. VÉNER. Liquide qui s'écoule du larmier des cervidés. / BOT. Écoulement de sève. *Larmes de la vigne.*

larmier n. m. ARCHIT. Saillie de corniche, creusée à sa partie inférieure, qui empêche les eaux de pluie de couler le long des murs. / ANAT. Angle interne de l'œil, situé près du nez. / ZOOL. Région temporale, chez le cheval. / Glande des cervidés, située sous l'angle interne de l'œil, qui sécrète un liquide noirâtre et odorant.

larmoiement n. m. Écoulement continuel de larmes. / Fig. Pleurnicherie.

larmoyant, e adj. Qui larmoie. / Par ext. Qui cherche à faire pleurer. *Un feuilleton larmoyant.*

larmoyer v. i. [1] Avoir les yeux humectés de larmes. *Larmoyer en épluchant des oignons.* / Pleurnicher.

La Rochefoucauld (François, duc **de)** 1613-1680 Écrivain français. Issu d'une très ancienne famille, il lutte d'abord contre Richelieu, puis contre Mazarin aux côtés du Grand Condé durant la Fronde. Gravement blessé aux yeux, il cesse d'être un homme d'action, se rallie au roi et brille dans les salons littéraires. Il écrit des *Maximes* (livre dont le titre complet est *Réflexions ou Sentences et Maximes morales* et dont la première édition, en 1664, fut remaniée quatre fois jusqu'à 1678), qui sont des aphorismes exprimant une vérité générale des passions de l'homme et une vision pessimiste de la nature humaine. Selon lui, en effet, toutes les actions des hommes sont guidées par l'égoïsme et l'intérêt. Ses *Mémoires* (entreprises en 1662) comportent de précieux renseignements historiques sur l'époque de la Fronde.

La Rochefoucauld-Liancourt (François, duc **de)** 1747-1827 Philanthrope et homme politique français. Il créa (1769) sur ses terres une ferme modèle pour y appliquer les méthodes rationnelles d'agronomie qu'il avait découvertes en Angleterre. À Chalons, il fonda l'École des enfants de la Patrie, qui allait devenir l'École des arts et métiers. Député de la noblesse aux états généraux de 1789, il s'intéressa au fonctionnement des hôpitaux publics et à la mendicité. Émigré après 1792 en Angleterre, puis aux États-Unis, il revint en France en 1799, fut député pendant les Cent-Jours, pair de France sous la Restauration. Membre du Conseil des hospices, ses opinions libérales lui valurent la déchéance de son mandat.

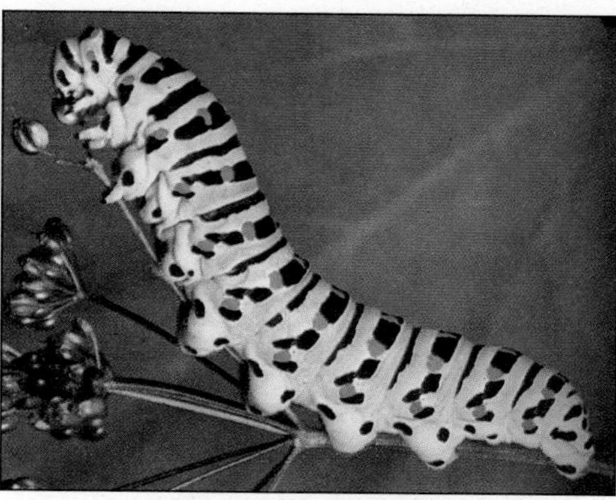

*La chenille est la **larve** du papillon.*

La Rochejaquelein (Henri du Vergier, comte **de)** 1772-1794 Général en chef des Vendéens. Durant l'insurrection, il fut battu à Cholet puis au Mans et tué au siège de Nouaillé.

La Rocque (François, comte **de)** 1885-1946 Homme politique français. Colonel, il présida les Croix-de-Feu (1931) jusqu'à la dissolution des ligues en 1936, année où il fonda le Parti social français (PSF). Après 1940, il se rallia à la Résistance et fut déporté en Allemagne (1943).

Larousse (Pierre) 1817-1875 Grammairien et encyclopédiste français. Maître d'école, il quitte en 1840 la Bourgogne pour Paris, où il s'instruit avec passion dans tous les domaines possibles, suivant des cours dans les grands instituts universitaires, sans toutefois présenter de diplôme. Il conçoit une série d'ouvrages pédagogiques puis s'associe avec un compatriote, Augustin Boyer, pour fonder une maison d'édition qui prendra vite un grand développement. En décembre 1863, paraît le premier fascicule du *Grand Dictionnaire universel du XIXe siècle* en 14 volumes dont la publication s'échelonnera jusqu'en 1866.

Larrey (Dominique Jean, baron**)** 1766-1842 Chirurgien français qui accompagna les campagnes de Napoléon Ier. Il est à l'origine de l'invention ou du perfectionnement de plusieurs procédés chirurgicaux.

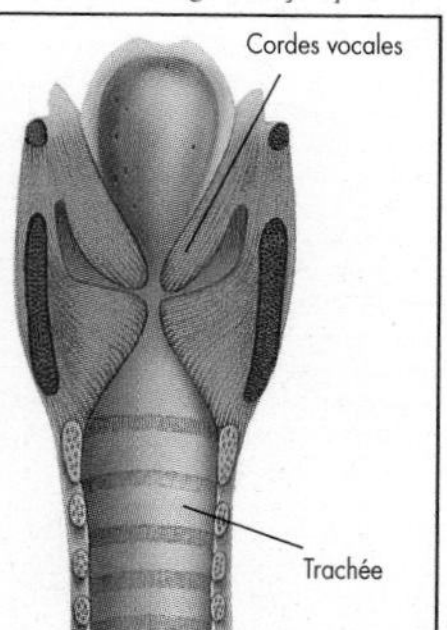

*Le **larynx** vu de face.*

larron n. m. Voleur. *Le bon et le mauvais larron*: les deux voleurs crucifiés avec le Christ. / Fig. *S'entendre comme larrons en foire*: s'accorder pour faire un mauvais coup. / TECHN. Trou par lequel passe l'eau d'un canal. *Larron d'eau*: canal pratiqué pour l'écoulement des eaux.

Larsen (Absolon) 1871-1952 Physicien danois. Il étudia le phénomène d'amorcage spontané des oscillations de fréquence acoustique (effet Larsen) des systèmes de diffusion.

Lartigue (Jacques-Henri) 1894-1986 Photographe français. Il a laissé d'abondants témoignages sur les instants heureux de sa vie et de celle de ses proches, chronique ironique et tendre de la grande bourgeoisie, à Nice, Cannes, Deauville et Paris.

larvaire adj. Propre ou relatif à une larve. *Forme larvaire.* / Fig. *Des projets à l'état larvaire,* à peine formalisés.

larve n. f. ANTIQ. ROM. Esprit d'une personne morte qui tourmente les vivants, fantôme. Syn. lémure. / ZOOL. Stade du développement des animaux à métamorphose, qui succède à l'éclosion de l'œuf et précède la transformation en adulte (morphologiquement très différent de la larve), au cours duquel l'animal est capable de se déplacer et de se nourrir. *Les larves sont généralement incapables de se reproduire. La chenille est la larve du papillon. Le têtard est la larve de la grenouille.*

larvé, ée adj. MÉD. *Une maladie larvée,* qui évolue sous une forme masquée, atypique. / Cour. Qui n'éclate pas. *Un conflit larvé.*

laryngé, e adj. MÉD. Du larynx.

laryngite n. f. MÉD. Inflammation du larynx.

laryngologie n. f. Partie de la médecine qui étudie le larynx et ses pathologies.

laryngoscope n. m. MÉD. Appareil qui permet d'examiner le larynx.

laryngoscopie n. f. MÉD. Examen au laryngoscope.

laryngotomie n. f. CHIR. Incision du larynx.

larynx n. m. ANAT. Organe, en forme de conduit, terminant la trachée-artère, et qui est l'organe essentiel de la phonation.

L

Peinure pariétale de la **grotte de Lascaux** (13000 ans av. J.-C.)

Las Vegas.

Larzac (causse du) Plateau calcaire du Massif central, dans l'Aveyron. Le projet d'extension d'un camp militaire sur ce site suscita des polémiques en 1971-1981.

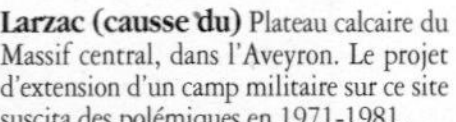

las, lasse [1] adj. Fatigué. *Être las en fin de journée.* / Qui dénote la fatigue. *Avoir l'air las.* / Fig. *Ils sont las de vivre ensemble.*

las! [2] interj. Vx Hélas!

La Sablière (Marguerite Hessein, Madame **de)** 1636-1693 Femme de lettres française qui réunit dans ses salons les personnalités de son époque. Elle fut la protectrice de La Fontaine de 1672 jusqu'à sa mort.

lasagnes n. f. pl. CUIS. Pâtes italiennes en forme de rubans larges et courts.

La Sale ou **La Salle (Antoine de)** 1388-1462 Conteur français, auteur d'une chronique romanesque: *Le petit Jehan de Saintré.*

lascar n. m. Fam., péjor. Homme considéré comme un peu trop malin. *Fais attention à ce lascar!*

Las Casas (Bartolomé de) 1474-1566 Prélat espagnol. Fils d'un compagnon de Colomb, il fut ordonné prêtre à Cuba (1512) et s'efforça, par ses écrits (*Très Brève Relation de la destruction des Indes*, 1542), de lutter contre les sévices auxquels les Espagnols soumettaient les Amérindiens. Des mesures légales furent prises par Charles Quint, mais elles restèrent à peu près sans effet. Évêque au Mexique (1543), Las Casas, découragé, rentra en Espagne en 1547.

Las Cases (Emmanuel, comte **de)** 1766-1842 Écrivain français. Chambellan puis comte d'Empire, cet intime de Napoléon l'accompagna à Sainte-Hélène. Il retraça les dernières années du personnage et ses conversations avec lui dans le *Mémorial de Sainte-Hélène* (publié en 8 volumes en 1823).

Lascaux (grotte de) Grotte de Dordogne (commune de Montignac) découverte en 1940 qui porte sur ses parois et sur ses voûtes des peintures préhistoriques de la période magdalénienne (Paléolithique supérieur, 13 000 ans environ avant notre ère): animaux aux corps énormes et aux pattes très courtes, taureaux, chevaux. On l'a fermée en 1963, afin de préserver ces peintures des dégâts causés par des visites trop nombreuses et l'on en a construit une réplique à proximité pour les touristes.

lascif, ive adj. Très enclin aux plaisirs sexuels. *Un tempérament lascif.* / Qui excite le désir sexuel. *Pose lascive.* Syn. libidineux.

lascivement adv. De façon lascive.

lascivité n. f. Caractère de ce qui est lascif.

laser n. m. (Acronyme pour l'anglais *light activation by stimulated emission of radiations*) PHYS. Dispositif ou système capable de générer et d'amplifier la lumière par l'émission stimulée de rayonnement.

♦ Le laser repose sur la propriété des atomes, ions, molécules, d'occuper certains états stationnaires caractérisés par les niveaux énergétiques distincts, qui peuvent interagir avec le rayonnement électromagnétique. Cette interaction consiste en l'absorption d'un photon qui fait passer le système à un état de plus grande énergie. On distingue les lasers à rubis, à l'hélium-néon et à gaz.

Laskine (Lily) 1893-1988 Harpiste française. Grâce à sa longue carrière, elle a permis à la harpe de retrouver sa place en tant qu'instrument soliste.

Lassalle (Ferdinand) 1825-1864 Socialiste allemand. Disciple de Proudhon et Marx, il publia *De l'étroite union qui existe entre l'histoire de l'époque contemporaine et l'idée de la classe ouvrière* en 1862 et fonda en 1863 l'Association générale allemande des travailleurs, le premier parti socialiste d'Europe.

lassant, e adj. Qui lasse. *Une histoire lassante.*

lasser v. t. [1] Rendre las, physiquement ou moralement. *Ce travail me lasse.* / v. pron. *Il s'est lassé d'elle.*

lassitude n. f. État de grande fatigue provoqué par un effort physique ou intellectuel. / Fig. Dégoût, ennui profonds.

lasso n. m. Lanière de cuir tressé, ou corde, terminée par un nœud coulant, servant à attraper à distance les animaux, en particulier les chevaux sauvages.

Lassus (Roland de) 1531-1594 Compositeur franco-flamand. Remarqué très tôt pour ses talents musicaux, il fit, durant sa jeunesse, de nombreux voyages, en Italie (Palerme, Milan, Naples et Rome, où il fut maître de chapelle à Saint-Jean-de-Latran). C'est en 1556 qu'il entra au service d'Albert V de Bavière, prenant la direction de la chapelle ducale en 1560. Déjà reconnu de son vivant à travers toute l'Europe, il fut anobli par l'empereur Maximilien II en 1570. Fixé en Bavière, il parcourut une partie de l'Europe et séjourna en Italie, où il fit la connaissance de Palestrina. La fin de sa vie fut surtout consacrée à la composition de musique religieuse. Il laisse une œuvre très importante: plus de 500 motets, 52 messes, des Magnificat, des litanies et des passions, sans compter, dans le registre profane, de nombreux madrigaux ainsi que des chansons françaises et des lieder allemands.

lastex n. m. (nom déposé) Fil de latex entouré de textile.

lasure n. f. Imprégnation superficielle d'un bois par un produit colorant qui laisse apparentes les veines de ce bois.

Las Vegas *327 878 h.* Ville de l'ouest des États-Unis (Nevada), bâtie dans un désert pour devenir la capitale des casinos et des jeux de hasard lorsque ceux-ci furent légalisés dans l'État en 1931.

latanier n. m. BOT. Palmier d'Amérique, d'Asie et des îles de l'océan Indien, dont on tire une fibre textile et dont certaines espèces sont cultivées comme plantes d'appartement.

Latécoère (Pierre) 1883-1943 Industriel français. Il fut le constructeur d'avions civils et militaires. Mermoz effectua la première liaison Dakar-Amérique du Sud dans l'un de ses appareils.

latence n. f. Caractère de ce qui est latent. *Latence d'une menace, d'une crise.* / PHYSIOL. Intervalle de temps entre l'excitation et la réponse qu'elle provoque chez le sujet. / PSYCHANAL. *Période de latence*, qui va du déclin de la sexualité enfantine (à la fin du complexe d'Œdipe, vers 5 ans) au début de la puberté, marquée par un temps d'arrêt dans l'évolution de la sexualité.

latent, e adj. Qui ne se manifeste pas, pas encore. *Maladie latente.* / PSYCHANAL. Que l'analyse s'efforce de rendre manifeste. *Sens latent d'un rêve.*

latéral, ale, aux adj. Situé sur le côté. *Voie latérale.*

latéralement adv. De côté.

latéralisé, e adj. PHYSIOL. Dont la latéralisation est achevée.

latéralisation n. f. PHYSIOL. Établissement progressif, dans l'enfance, de la prédominance d'un hémisphère cérébral sur l'autre.

latéralité n. f. MÉD. Inégalité fonctionnelle des parties gauche et droite du corps humain.

latérite n. f. GÉOL. Roche de couleur rouge brique, riche en hydroxydes de fer et d'aluminium, formant des sols incultes dans les régions tropicales.

latex n. m. inv. Liquide d'aspect laiteux, blanc ou coloré, sécrété par certains végétaux tels l'hévéa, le pissenlit, etc. / Par ext. *Latex artificiels*, polymères synthétiques, utilisés notam. dans la fabrication des caoutchoucs.

latifundiste n. Propriétaire d'un latifundium.

latifundium n. m. ANTIQ. ROM. Immense domaine privé, situé à la campagne. / Propriété très étendue, plus ou moins bien cultivée de manière extensive par des ouvriers agricoles employés par un propriétaire non résident. Pl. Des *latifundia* ou des *latifundiums*.

latin, e adj. et n. **A.** adj. Du Latium. / De la Rome ancienne et des peuples romanisés. *Histoire latine.* / Propre ou relatif à la langue des Latins. *Littérature latine.* / *Église latine*: Église catholique romaine de rite latin, dont la langue liturgique était le latin. / *Quartier latin*: voir *quartier*. / Où l'on parle une langue romane, dérivée du latin. *Les sœurs latines*: l'Italie et la France, pays où l'on parle des langues latines. *L'Amérique latine*: l'ensemble des États d'Amérique où l'on parle une langue latine (espagnol, portugais). / MAR. *Voile latine*: voile triangulaire enverguée sur une antenne. **B.** n. Habitant du Latium, de la Rome ancienne ou des anciens pays latins. / Personne appartenant à un peuple latin. / n. m. LING. Langue indo-européenne des Latins du Latium, qui s'est progressivement étendue, au fur et à mesure des conquêtes de Rome, à l'ensemble de l'Empire romain. *Le latin donna naissance aux langues romanes (italien, français, espagnol, portugais, catalan, roumain, etc.). Latin classique*: langue des auteurs classiques. *Latin impérial*, fait d'un mélange entre le latin classique et la langue populaire, à l'époque impériale. *Bas latin*, parlé et écrit après la chute de l'Empire romain (476) et jusqu'à la fin du Moyen Âge. *Latin ecclésiastique*: langue de l'Église catholique romaine d'Occident,

Autoportrait *(1751)*, de **Quentin de La Tour**. *Musée de Picardie, Amiens.*

jusqu'au concile de Vatican II. *Latin de cuisine*: latin corrompu des faux érudits ; charabia ayant emprunté ses désinences au latin.

latin de Constantinople (Empire) 1204-1261 Nom que les croisés donnèrent à l'empire d'Orient quand ils en devinrent les maîtres à partir de 1204. Se rendant, par terre, à Jérusalem, les participants à la 4e croisade prennent Constantinople et tuent l'empereur byzantin Alexis V. Ils placent à la tête du nouvel Empire latin Baudouin Ier, comte de Flandre qui, emprisonné par les Bulgares, a pour successeur son frère Henri (1206). Pierre de Courtenay, beau-frère d'Henri, fait prisonnier en Grèce, ne règne pas ; il est remplacé par ses deux fils : Robert, puis Baudouin II. Mais les descendants des empereurs byzantins, réfugiés à Nicée, reconquièrent progressivement leur territoire et, en 1261, Michel Paléologue chasse Baudouin II de Constantinople.

Latini (Brunetto) 1220 ?-1294 ? Écrivain florentin. Exilé en France (1260-1266), il y écrivit en langue d'oïl le *Li Livres dou Tresor* (1265), qui réunit les connaissances scientifiques de son époque. Dante, qui fut son disciple, lui rendit hommage.

latiniser v. t. [1] Donner une forme latine à.

latiniste n. Spécialiste du latin, de la littérature latine.

latinité n. f. Caractère de ce qui est latin.

latino-américain, e adj. D'Amérique latine.

• **latino-américaine (littérature)** Littérature d'Amérique du Sud, d'Amérique centrale et du Mexique qui utilise deux langues, plus ou moins enrichies par des éléments locaux : l'espagnol, pratiqué dans tous les pays d'Amérique latine sauf le Brésil, et, au Brésil, le portugais.

Latins Habitants du Latium au IIe millénaire avant notre ère, soumis aux Étrusques (VIe siècle av. J.-C.) puis à Rome. Leur langue, le latin, se répandit dans l'Empire romain, en Italie, dans la péninsule Ibérique et en Gaule, leurs peuples sont encore dits latins.

latins du Levant (États) Nom donné aux XIe et XIIe siècles aux États formés au Proche-Orient par les croisés : royaume de Jérusalem, comté de Tripoli, comté d'Édesse, royaume de Petite Arménie et royaume de Chypre.

latitude n. f. GÉOGR. Une des deux coordonnées géographiques, définie comme étant la hauteur du pôle céleste sur l'horizon d'un lieu. *La latitude se mesure en degrés et fractions de degré, de l'équateur (noté zéro) à 90° ; elle est comptée positivement de l'équateur vers le pôle nord, et négativement de l'équateur vers le pôle sud.* / Par ext. Région, considérée au point de vue de son climat ou de sa position géographique. *Aller vivre sous des latitudes plus clémentes.* / Fig. Possibilité d'agir. *Avoir toute latitude.*

Latium *17 203 km² 5 200 000 h.* Région d'Italie qui entoure Rome, au centre de l'Italie péninsulaire, sur la mer Tyrrhénienne. Elle comprend les provinces de Frosinone, Latina, Rieti, Rome et Viterbe. Capitale *Rome.* Des massifs volcaniques (monts Albains) dominent la plaine romaine, traversée par le Tibre, et les marais Pontins bonifiés sous le fascisme (1928-1932). L'agriculture se consacre aux productions réclamées par les citadins (légumes, fruits, élevage laitier). L'industrie produit essentiellement des biens de consommation. Le tourisme constitue une importante ressource. Peuplé dès le IIe millénaire av. J.-C., le Latium fut dominé par les Étrusques à partir du VIe siècle avant notre ère puis fut conquis par les Romains en 338 av. J.-C.

latomies n. f. pl. ANTIQ. Carrières transformées en prison. *Les latomies de Syracuse.*

lato sensu loc. adv. (mots latins) Au sens large.

Latouche (Hyacinthe Thabaud de, dit Henri de) 1785-1851 Poète et écrivain français d'inspiration romantique. On lui doit plusieurs comédies et romans, un recueil de poèmes (*Adieux*, 1843) et la première édition des œuvres d'André Chénier en 1819.

La Tour (Georges de) 1593-1652 Peintre français. On sait peu de chose de sa jeunesse et la plupart de ses œuvres sont impossibles à dater avec précision. En 1617, il épouse, à Lunéville, la fille de l'argentier du duc Henri de Lorraine et devient, en 1620, peintre de la ville. Il commence d'être connu, Louis XIII admire son *Saint Sébastien pleuré par Irène* et lui donne (1639) le titre de peintre ordinaire du roi. Ses scènes de genre et ses tableaux profanes sont en général en lumière diurne. Clairement influencé par l'œuvre du Caravage, il transfigure ses sujets religieux par les reflets d'une bougie tandis que l'ombre crée une atmosphère de mystère sacré autour d'eux (*La Madeleine à la veilleuse*, trois versions, v. 1640-1645). La sobriété de sa palette, limitée aux bruns, aux rouges et au blanc, la stabilité de sa composition, l'éloignent cependant du caravagisme et sa recherche luministe, la simplification des volumes et la finesse psychologique de ses tableaux lui confèrent une forte originalité (*Le Tricheur à l'as de carreau*, v. 1625 ; *Le Nouveau-Né*, 1640-1650).

La Tour (Maurice Quentin Delatour, dit Quentin de) 1704-1788 Pastelliste français. Observateur caustique, il nous rend familiers les caractères et les visages des personnages célèbres de son temps : Jean-Jacques Rousseau, la marquise de Pompadour…

La Tour d'Auvergne Famille française remontant au XIIIe siècle, originaire du Puy-de-Dôme (près d'Issoire), et dont les plus célèbres représentants sont les ducs de Bouillon et de Turenne.

La Tour du Pin (Patrice de) 1911-1975 Poète français dont l'œuvre est profondément marquée par sa spiritualité chrétienne.

Les **accords du Latran**.

La basilique Saint-Jean-de-Latran, attenante au **palais du Latran**.

Latran (accords du) Accords fixant le statut de Rome, remis en cause depuis 1870, signés le 11 février 1929, dans le palais pontifical de ce nom, par le cardinal Gaspari pour le pape et par Mussolini pour le gouvernement d'Italie. Ils reconnaissaient la souveraineté du pape sur l'État du Vatican, le dédommageaient pour la perte de revenus due à la prise de Rome en 1871 et accordaient à l'Église des privilèges dans les domaines scolaires et matrimoniaux, en particulier l'interdiction du divorce. Cette dernière disposition a été supprimée par le Parlement italien le 1er décembre 1970, malgré l'opposition du pape Paul VI. En outre la clause selon laquelle le catholicisme était religion d'État en Italie fut annulée en 1984.

Latran (conciles du) Nom des cinq conciles œcuméniques, convoqués par différents papes, qui se tinrent au palais du Latran à Rome, en 1123 (fin de la querelle des Investitures), 1139 (fin du schisme d'Anaclet), 1179 (anathème jeté sur les Cathares), 1215 (réglementation de la vie religieuse dans de nombreux domaines : communion pascale, obligation d'une confession annuelle, vêtement des clercs, bans de mariage) et de 1512 à 1517 (règlement de diverses questions de politique italienne, réforme de la vie des clercs).

Latran (palais du) Palais de Rome attenant à l'église *Saint-Jean-de-Latran* (construite sous Constantin en 324, puis souvent remaniée par Borromini de 1646 à 1650), résidence des papes avant Avignon. Des conciles œcuméniques s'y tinrent en 1123, en 1139, en 1179, en 1215. En 1308, le palais fut incendié. Un 5e concile du Latran eut lieu de 1512 à 1517. Le palais fut reconstruit en 1586. Quand Rome revint au royaume d'Italie (1870), il demeura la propriété du Vatican. En 1929, les *accords du Latran* y furent signés par le cardinal Gaspari, représentant le pape, et Mussolini.

La Trémoille (Louis II, vicomte de Thouars, prince de Talmont) 1460-1525 Gentilhomme français. Il participa aux guerres d'Italie et fut tué à Pavie.

latrie n. f. RELIG. *Culte de latrie*: culte d'adoration, qui ne s'adresse qu'à Dieu, par opposition au *culte de dulie*, qui s'adresse aux saints.

latrines n. f. pl. Lieux d'aisance.

latte n. f. Planche de bois longue, étroite et mince, utilisée dans la construction. / Sabre en usage dans la cavalerie au XIXe siècle.

LATINO-AMÉRICAINE (LITTÉRATURE)

Dans la plupart de ces États, elle est née à partir des luttes d'indépendance, entre 1810 et 1830. Les écrivains du début du XIXe siècle sont souvent des hommes politiques engagés dans cette lutte, appartenant à l'aristocratie créole et imprégnés de la culture classique méditerranéenne.

Manuel Gutiérrez Najera.

La poésie se compose de chants héroïques et patriotiques, ou célèbre le terroir; nombreux sont les écrivains qui excellent dans la poésie satirique, déjà mise en honneur au XVIIe siècle par le Péruvien Caviedes et le Brésilien Matos Guerra, et reprise par l'Argentin Rodriguez, le Mexicain Acuña, le Salvadorien Montufar, l'Uruguayen Figueroa et surtout le Péruvien Pardo y Aliaga, poète et dramaturge qui prend pour cible les mœurs quotidiennes et politiques; la poésie lyrique est essentiellement représentée par les Brésiliens Silva Avarenga et Gonzaga.

Quant au récit, il tient du roman picaresque et du reportage social: l'analyse des mœurs y a une grande part, notamment chez les Mexicains Lizardi et Pesado, le Vénézuélien Toro, le Chilien Vallejo et surtout chez Segura, originaire du Pérou, grand romancier et dramaturge satirique. Au milieu du XIXe siècle, le romantisme, importé d'Europe, permet à la poésie latino-américaine d'illustrer le thème important de l'indianisme, centré sur le personnage-clé de cette terre qu'est l'Indien: ce que font les Uruguayens Berro et Magariños et les Brésiliens Dias et Castro Alves; les poètes péruviens tels Althaus, Cisneros, Salaverri, disciplinent les élans romantiques; romantisme encore en Argentine avec Echeverria, Andrade, Spano et Gutiérrez.

C'est à ce moment que se constitue le genre romanesque. Il prend appui sur l'évocation indianiste de la pampa avant de suivre deux voies essentielles, la voie historique et la voie réaliste et sociale, celle-ci illustrée par le Chilien Blest Gana et le Brésilien Azevedo, celle-là par le Brésilien Alencar; mais les chefs-d'œuvre viennent de l'Argentin José Marmol avec *Amalia*, roman historique, et du Colombien Isaacs avec *Maria*, tout de tendresse; plus violents sont les Cubains Milanés et Villaverde; le plus grand romancier du Brésil, Machado de Assis, fait appel à la psychologie et au naturalisme dans *Mémoires d'outre-tombe de Brás Cubas* (1881).

Quelques penseurs se doublent de polémistes: c'est le cas de l'Argentin Sarmiento (*Facundo*, 1845), de l'Équatorien Montalvo et de Palma, inventeur péruvien de la « tradition », sorte de nouvelle imprégnée de romantisme social.

À la fin de cette génération, l'Argentine voit éclore une poésie épique et lyrique chantant le gaucho de la pampa: le monument en est *Martin Fierro* (1872-1879) de José Hernandez. Au début du XXe siècle, naît un important courant poétique et intellectuel, le modernisme, qui cultive la beauté, l'angoisse et la forme raffinée. Il est annoncé par des auteurs très différents, les uns puristes et musicaux, tels les Mexicains Diaz Mirón et Najera, le Colombien Silva, l'Argentin Diaz, les autres engagés politiquement et d'écriture sobre, comme le patriote cubain José Marti (*Vers simples*, 1891) et le Péruvien Prada. Le maître en est Rubén Dario, symboliste errant et original, auteur des *Chants de vie et d'espérance* (1905). Lui répond, dans le domaine de la prose, un autre maître de la pensée moderne, l'essayiste Rodó.

Le mouvement moderniste aura de nombreux adeptes; l'Uruguayen Reissig, le Colombien Valencia, le Mexicain Nervo, le Péruvien Chocano, l'Argentin Lugones, le Brésilien Mario de Andrade (*Macounaïma*, 1928). En prose, l'humour et le réalisme dominent; l'Uruguayen Quiroga pratique la nouvelle, les Argentins écrivent pour le théâtre, le Brésilien Euclides da Cunha se montre romancier épique. La poésie retrouve tout son lustre avec la Chilienne Gabriela Mistral (*Desolación*, 1922), qui reçoit le prix Nobel de littérature en 1945, le Cubain Nicolas Guillén (*J'ai*, 1964), qui puise dans le folklore afro-cubain, le lettré mexicain Octavio Paz, qui reçoit le prix Nobel de littérature en 1990, le Chilien Pablo Neruda, épique et révolutionnaire (*Le Chant général*, 1950), qui reçoit le prix Nobel de littérature en 1971.

Dans le domaine du roman se détachent les noms du Vénézuélien Gallegos, qui décrit la pampa, du Cubain Alejo Carpentier, du Guatémaltèque Asturias (*Monsieur le Président*, 1945), qui reçoit le prix Nobel de littérature en 1967. L'écrivain latino-américain le plus célèbre en France est l'Argentin Borges qui, contrairement à tous les autres, a renoncé aux données folkloriques et construit une œuvre énigmatique, savante et ironique; il excelle dans la nouvelle (*Fictions*, 1944; *L'Aleph*, 1950). Le Colombien Garcia Marquez remporte un succès mondial avec *Cent Ans de solitude* (1967) et reçoit le prix Nobel en 1982. Le Péruvien Vargas Llosa décrit sans complaisance la société de son pays (*L'Homme qui parle*, 1989).

José Luis Borges.

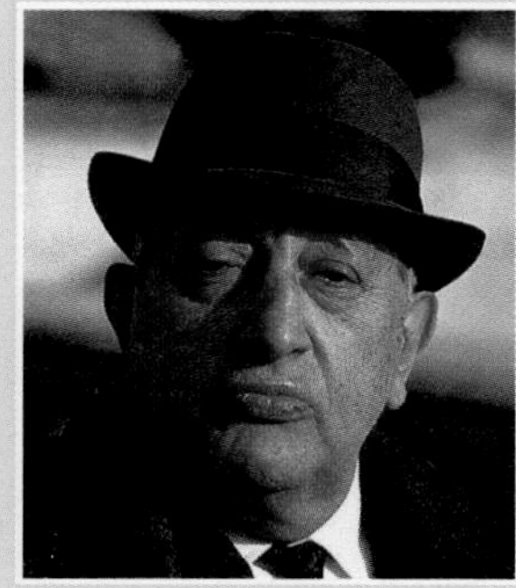

Miguel Ángel Asturias.

latté, e adj. et n. m. Garni de lattes. / n. m. Contreplaqué contrecollé sur des lattes.

lattis n. m. Garniture de lattes.

Lattre de Tassigny (Jean-Marie Gabriel de) 1889-1952 Maréchal de France. Général en 1939, arrêté en 1942 pour s'être opposé à l'occupation de la zone libre par les Allemands, il s'évada, gagna Alger en 1943 et débarqua en Provence à la tête de la Ire armée française (1944). Il reçut avec les autres chefs alliés la capitulation de l'Allemagne à Berlin, le 8 mai 1945. Commandant en chef et haut commissaire en Indochine en 1950, la maladie le contraignit à revenir à Paris. Le Parlement lui accorda la dignité de maréchal à titre posthume.

Lattuada (Alberto) 1914 Cinéaste italien. Néoréaliste (*Le Moulin du Pô*, 1949), il évolua vers le réalisme fantastique (*Le Manteau*, d'après Gogol, 1952) et l'épopée (*La Tempête*, 1958). Ses œuvres accordent souvent une place importante à l'érotisme (*La Novice*, 1960).

Latude (Jean-Henry Masers de) 1725-1805 Aventurier français qui passa 35 ans en prison. En 1749, ayant tenté d'escroquer la marquise de Pompadour, il est enfermé à Vincennes, à la Bastille, à Charenton et à Bicêtre. Ses évasions manquées le rendent célèbre. Il est libéré en 1784.

Laud (William) 1573-1645 Prélat anglais, ministre de Charles Ier qui le nomme archevêque de Cantorbéry en 1633. Il s'attire la haine des puritains et des presbytériens en voulant faire triompher l'orthodoxie anglicane. Arrêté par ordre du Parlement (1640), abandonné par le roi, il est condamné à mort et exécuté pour trahison.

laudanum n. m. PHARM. Anc. Préparation à base d'opium.

Charles Laughton.

laudateur, trice n. Litt. Personne laudative.

laudatif, ive adj. Qui loue, exprime des louanges. *Propos laudatifs.*

laudes n. f. pl. LITURG. CATHOL. Partie de l'office chantée à l'aube, après matines.

Laue (Max von) 1879-1960 Physicien allemand. Il découvrit la diffraction des rayons X par les cristaux en 1912.

Lauenburg Ancien duché allemand situé dans le Schleswig-Holstein. Il appartint à la Saxe, puis au Hanovre (1689). Conquis par les Français en 1803, sous l'autorité du Danemark en 1816, il devint possession de la Prusse après la guerre des Duchés et la convention austro-prussienne de Gastein (1865).

Lauer (Jean-Philippe) 1902-2001 Archéologue français. Architecte, il est appelé en Égypte en 1926 pour seconder un archéologue britannique qui, à Sakkarah, travaille sur le complexe funéraire de Séti Ier. Lauer entame ensuite le déblaiement du site funéraire de Djoser et met au jour un important ensemble de monuments sur le site qu'il ne quittera plus. Il a relaté ses recherches dans ses mémoires (*Je suis né en Égypte il y a 4 700 ans*, 2000).

Laughton (Charles) 1899-1962 Acteur américain d'origine britannique. Il interpréta avec truculence le personnage du roi dans *La Vie privée d'Henri VIII* (1933). Citons aussi *Le Signe de la Croix* (1932), *Les Révoltés du Bounty* (1935), *Témoin à charge* (1957). Il réalisa un seul film, étonnant : *La Nuit du chasseur* (1955), avec Robert Mitchum.

Launay (Bernard Jordan de) 1740-1789 Dernier gouverneur de la Bastille en 1776. Il défendit la forteresse, refusant de livrer des armes aux révolutionnaires. Il fut massacré sur la place de Grève le 14 juillet 1789 après sa reddition.

lauracées n. f. pl. BOT. Famille de plantes dicotylédones à feuillage persistant des régions tropicales et méditerranéennes, comprenant des arbres ou des arbustes souvent aromatiques tels que le camphrier, le cannelier, le laurier, l'avocatier.

Lauragais ou **Lauraguais** Région historique du sud de la France, formant une dépression (*seuil du Lauragais* qui se trouve entre l'Atlantique et la Méditerranée) entre le bas Languedoc et l'Aquitaine.

Laurana (Franjo Vranjanin, dit **Francesco)** 1430 ?-1502 ? Architecte et sculpteur italien d'origine dalmate. Il travailla à Naples, Urbino et Florence, et en Provence à la cour de René d'Anjou. Il est surtout connu pour ses bustes féminins en marbre représentant Éléonore et Béatrice d'Aragon et Battista Sforza.

Laurasie Supercontinent formé par l'Amérique du Nord, l'Europe et une partie du continent asiatique, alors unis (fin de l'ère secondaire), avant que cette masse continentale se divise sous l'action de la dérive des continents ; l'autre continent, situé plus au sud, est le Gondwana.

laure n. f. RELIG. Anc. Monastère orthodoxe unissant des formes de vie érémitique (cellules individuelles non groupées dans un seul bâtiment) et de vie cénobitique (offices célébrés en commun). / Mod. Monastère orthodoxe.

Laure 1308 ?-1348 ? Dame provençale, immortalisée par Pétrarque qui lui a consacré son *Canzoniere*. Le personnage est couramment identifié à la fille du seigneur de Noves, qui épousa Hugues de Sade.

lauréat, e n. et adj. ANTIQ. Poète qui a reçu une couronne de laurier en reconnaissance publique de son talent. / adj. *Poète lauréat.* / Personne qui remporte un prix dans un concours ou obtient une distinction. *Remise de médaille au lauréat.*

Laurel (Arthur Stanley Jefferson, dit **Stan)** 1890-1965 Acteur américain d'origine britannique, partenaire de Oliver Hardy avec lequel il forma un extraordinaire tandem du cinéma comique à partir de 1926. Ils tournèrent ensemble près de cent courts et longs métrages, dont *Fra Diavolo* (1933), *Têtes de pioche* (1938).

Laurencin (Marie, baronne **Otto von Wägen)** 1885-1956 Peintre français. Muse d'Apollinaire, elle a laissé des illustrations de livres et des portraits aux nuances délicates et irisées, ainsi que des maquettes de décors et des costumes de théâtre pour les Ballets russes et la Comédie-Française.

Laurens (Henri) 1885-1954 Sculpteur, peintre et graveur français. D'abord attiré par le cubisme et les compositions mêlant divers matériaux, il orienta ensuite son art vers des formes plus personnelles directement inspirées de son imagination poétique : séries des *Femmes couchées* (1932) et des *Sirènes* (1937).

Laurent (saint) 210 ?-258 Diacre qui, selon la tradition, préféra distribuer les biens de l'Église aux pauvres plutôt que de les remettre aux autorités romaines qui lui firent subir le supplice du gril.

Laurent (Jacques) 1919-2000 Romancier français. La série des *Caroline chérie* (publiée sous le nom de Cécil Saint-Laurent), romans gentiment coquins, lui apporte le succès public. Ses autres romans (*Les Bêtises*, 1971) sont dans la veine du roman psychologique de tradition française ; on lui doit aussi des essais (*Le Miroir aux livres*, 1990).

Laurentides (les) Région du Canada formée de plateaux qui s'étalent au nord de la vallée du Saint-Laurent. Une Région administrative du Québec porte ce nom ($21\,572\ km^2$, *400 000 h.*) ; industrialisée, elle attire les touristes (aéroport international de Mirabel) et abrite un parc national.

laurier n. m. **I.** Arbre des régions méditerranéennes, de la famille des lauracées, à feuilles lancéolées persistantes, luisantes, aromatiques, utilisées comme condiment (*laurier-sauce*). / Feuille de cet arbre. *Mettre du laurier dans la ratatouille. Couronne de laurier* : couronne que l'on offrait, dans l'Antiquité, au vainqueur (d'un combat, d'une compétition). / Par méton., au pl. Gloire. *Couvrir qqn de lauriers.* / Fig. *Se reposer sur ses lauriers* : ne plus progresser, ne rien faire pour continuer à gagner. **II.** Nom donné à divers arbres et arbustes ressemblant au laurier. *Laurier-rose* : arbuste ornemental des régions méditerranéennes, à fleurs roses ou blanches, à feuillage persistant. / *Laurier-cerise* : arbuste de la famille des rosacées, à fleurs blanches, à feuillage persistant. / *Laurier-tin* : arbrisseau à fleurs blanches, de la famille des caprifoliacées. Syn. viorne tin.

Feuilles de **laurier**.

Laurier (sir **Wilfrid)** 1841-1919 Homme politique canadien. Leader du parti libéral (1887), Premier ministre du Canada (1896-1911), il renforça l'économie du pays en développant l'agriculture et l'exploitation forestière, et en favorisant l'immigration.

Lauriston (Alexandre Jacques Bernard Law, marquis **de)** 1768-1828 Maréchal de France qui se distingua pendant les campagnes napoléoniennes (Wagram) puis sous la Restauration.

Lausanne *116 917 h.* Chef-lieu du canton de Vaud, en Suisse, sur le lac Léman. Elle est le siège du tribunal fédéral, d'une université et de nombreuses entreprises internationales. Dans la vieille ville se trouve une cathédrale du XIIe siècle. Le *traité de Lausanne* signé le 24 juillet 1923 entre les Alliés et la Turquie (après les victoires de Mustafa Kemal contre la Grèce) rendit à la Turquie certaines régions occupées par les Grecs (Ionie, Thrace), les Arméniens et les Kurdes et le droit d'interdire à ses ennemis, en cas de guerre, le passage dans les Détroits, démilitarisés.

lause Voir **lauze**

Lautaret (col du) *2058 m* Col des Alpes reliant la vallée de la Romanche (Oisans) au Briançonnais.

Lautréamont (Isidore Ducasse, dit le comte de**)** 1846-1870 Poète français. Dans *Les Chants de Maldoror* (qu'il publie en 1869 sous le pseudonyme de comte de Lautréamont), il fait une description du mal dont la violence inspirera notamment la révolte des surréalistes. Sous son vrai nom, il publie en 1870 des *Poésies*, sentences apparemment morales qui paradoxalement sont écrites en prose.

lauze ou **lause** n. f. Plaque de schiste qu'on utilise comme élément de couverture ou comme dalle dans le midi de la France.

Lauzun (Antonin Nompar de Caumont, comte puis duc **de)** 1633-1723 Gentilhomme français. Maréchal de camp et favori de Louis XIV, il fut disgracié à plusieurs reprises à cause de ses insolences et emprisonné de 1671 à 1680. Mlle de Montpensier, cousine germaine du roi, le fit libérer et l'épousa (1681). Brouillé avec elle, il se rendit en Angleterre à la cour de Jacques II. Lors de la révolution de 1688, il conduisit en France la reine et le prince de Galles. Il se réconcilia avec Louis XIV qui lui accorda le titre héréditaire de duc.

Lauzun (hôtel de) Demeure parisienne construite en 1656 dans l'île Saint-Louis par Le Vau, dont la somptueuse décoration intérieure a été réalisée par Le Brun et Le Sueur. Lauzun, qui l'occupa entre 1682 et 1684, lui a laissé son nom. Elle appartient à la Ville de Paris depuis 1928.

lavabo n. m. (mot latin) LITURG. CATHOL. Rite purificatoire de lavement des mains accompli par le prêtre pendant la messe, accompagné de la récitation d'une partie du psaume XXV qui commence en latin par les mots *Lavabo inter innocentes manus meas* (« je me laverai les mains au milieu des innocents »). / Dispositif de toilette fixe avec cuvette, robinets et vidange. / (Au plur.) Cabinet d'aisances.

lavage n. m. Action de laver. / MÉD. *Lavage d'un organe* : nettoyage d'un organe par irrigation pour le débarrasser de produits toxiques. / Fig. *Lavage de cerveau* : action exercée sur un individu visant à détruire les structures de sa personnalité et à modifier son comportement et ses opinions.

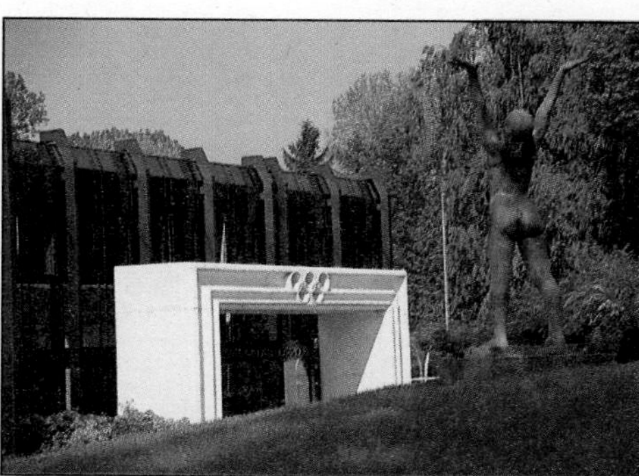
Le siège du Comité international olympique, à **Lausanne**.

Lavande.

Laval (Pierre) 1883-1945 Homme politique français. Avocat, député socialiste en 1914, il abandonne le parti en 1924. Il est ensuite plusieurs fois ministre, puis président du Conseil en 1931-1932 et 1935-1936. Durant cette période, il prône l'entente avec l'Italie, l'Allemagne et l'U.R.S.S. au nom de la paix. Artisan de la désignation du maréchal Pétain comme président du Conseil (nuit du 16 au 17 juin 1940), il devient, après le 10 juillet, vice-président du Conseil. Il organise la rencontre de Montoire (Loir-et-Cher) entre Hitler et Pétain. En décembre, ce dernier le renvoie pour le remplacer par Darlan. Il est rappelé en 1942 à la demande des Allemands; président du Conseil, il est aussi ministre des Affaires étrangères, ministre de l'Information et de l'Intérieur. Il organise alors la collaboration avec l'Allemagne. En septembre 1944, les occupants l'emmènent à Belfort, puis à Sigmaringen, où il se considère comme prisonnier, et qu'il quitte pour l'Espagne, d'où il est expulsé. Réfugié en Autriche, il est arrêté à Innsbruck par les Américains et remis aux autorités françaises (août 1945). Traduit en justice, il est condamné à mort à Paris. Il s'empoisonne dans sa cellule; découvert agonisant, il est soigné et porté jusqu'au peloton d'exécution.

Laval *50473 h.* Chef-lieu de la Mayenne, sur la Mayenne. Industries. Vieux Château (XIIe-XVIe siècle), et Château Neuf (XVIe siècle), qui abrite le palais de justice. Pont-Vieux (XIIe siècle). Église du XIIe-XVIe siècle.

La Valette (Jean Parisot de) 1494-1568 Grand maître de l'ordre de Malte en 1557. Il s'allia avec le vice-roi de Sicile pour reprendre Tripoli aux Turcs. Il sauva la ville de Malte assiégée par les troupes de Soliman le Magnifique (1665) et fit édifier à proximité la nouvelle cité La Valette (1566).

lavallière n. f. Cravate souple et large à gros nœud.

La Vallière (Louise de La Baume Le Blanc, duchesse **de)** 1644-1710 Dame française. Fille d'honneur de la duchesse d'Orléans, elle devint en 1661 la maîtresse de Louis XIV dont elle eut quatre enfants. Délaissée pour Mme de Montespan, elle se retira en 1674 chez les Carmélites.

lavande n. f., adj. inv. et n. m. Plante ligneuse aromatique à fleurs violacées, de la famille des labiées, cultivée dans les régions méditerranéennes. / Parfum tiré de cette plante. / adj. inv. *Bleu lavande*: bleu tirant sur le mauve, assez clair. / n. m. *Un lavande soutenu.*

lavandière n. f. Anc. Femme qui lave le linge à la main.

lavandin n. m. Variété de lavande, naturelle ou hybride, cultivée pour son essence.

La Varende (Jean Mallard, comte **de)** 1887-1959 Écrivain français, auteur de nombreux romans historiques monarchistes dont l'action se passe en Normandie: *Nez-de-cuir* (1937), *Le Centaure de Dieu* (1939).

lavasse n. f. Fam., péjor. Breuvage (café notam.) allongé d'eau, de trop d'eau. *Je ne veux pas de ta lavasse.*

La Vaulx (comte **Henry de)** 1870-1930 Aéronaute français. Il effectua le premier vol en ligne droite entre la France et l'Angleterre dans un ballon libre. Il fonda l'Aéro-Club de France (1898) puis la Fédération aéronautique internationale (1906).

lave n. f. Roche en fusion issue d'un volcan en éruption. / Cette matière, une fois refroidie. *La cathédrale de Clermont-Ferrand est en lave.*

lave-glace n. m. Dispositif avec lequel on peut projeter de l'eau, un liquide nettoyant, sur le pare-brise d'une automobile. Pl. Des *lave-glaces.*

lave-linge n. m. inv. Machine à laver le linge.

Lavelli (Jorge) 1931 Metteur en scène français d'origine argentine. Il a monté de nombreuses pièces d'avant-garde et, depuis les années 70, des opéras. Directeur du Théâtre national de la Colline entre 1987 et 1997, il y a imposé son style très personnel: *L'Échange* de Claudel, *Une visite inopportune* de Copi (1988).

lavement n. m. LITURG. *Lavement des pieds*: cérémonie du jeudi saint où l'évêque lave les pieds de douze personnes, commémorant ainsi le geste de Jésus-Christ lavant, le jour de la Cène, les pieds de ses apôtres. / MÉD. Injection par voie rectale d'une solution liquide dans le gros intestin à des fins thérapeutiques.

laver v. t. [1] Nettoyer avec un liquide, en particulier avec de l'eau. *Laver le linge.* / Fig. Disculper. *Laver qqn d'un soupçon.* / Litt. Venger. *Laver un affront.* / v. pron. Laver une partie de son corps. *Se laver les cheveux.* (Emploi absol.) Faire sa toilette. Loc. fig. *Se laver les mains de qqch.*, en décliner la responsabilité.

Lavéra Port pétrolier situé au débouché du canal de Caronte, sur le golfe de Fos (Bouches-du-Rhône), centre d'industries chimiques et pétrolières et point de départ de l'oléoduc Lavéra-Strasbourg-Karlsruhe.

Laveran (Alphonse) 1845-1922 Médecin militaire et bactériologiste français. En poste en Algérie (1878-1883), il identifia l'agent du paludisme.

laverie n. f. Établissement équipé de machines à laver individuelles en libre-service. / TECHN. Atelier où sont lavés les minerais au sortir de la mine.

lavette n. f. Instrument pour laver la vaisselle, constitué d'une brosse ou d'une éponge au bout d'un manche. / Fig., fam. Personne molle, sans énergie, sans personnalité. *Ce garçon, c'est une vraie lavette.*

laveur, euse n. Celui, celle qui lave. / n. m. TECHN. Appareil servant à laver diverses substances. / *Raton laveur*: voir *raton.*

lave-vaisselle n. m. inv. Machine à laver la vaisselle.

Lavigerie (Charles Allemand-) 1825-1892 Prélat français. Directeur de l'Œuvre des écoles d'Orient, il fait en Palestine (1860) un premier voyage qui influera sur toute son activité missionnaire. Archevêque d'Alger en 1867, il fonde la société des Pères blancs (1868) et celle des Sœurs blanches (1869). Cardinal (1882), primat d'Afrique en 1884, il mène campagne contre l'esclavage. En 1890, son *toast d'Alger*, inspiré par le pape, encouragea le ralliement à la République de l'Église de France.

lavis n. m. BX-ARTS Procédé qui consiste à teinter un dessin à l'encre de Chine ou à la sépia, délayées dans de l'eau. / Dessin ainsi fait.

Lavisse (Ernest) 1842-1922 Historien français. Outre ses travaux sur l'Allemagne, il dirigea la publication de grandes œuvres collectives telles que l'*Histoire générale du IVe siècle à nos jours* (avec Rambaud, 1893-1900) et l'*Histoire de France* (1900-1912).

lavoir n. m. Lieu, bassin aménagé pour laver le linge. / Anc. *Bateau-lavoir*: bateau fixe aménagé pour laver le linge. / TECHN. Appareil servant à laver certaines matières. *Lavoir à laine.*

Lavoisier (Antoine Laurent de) 1743-1794 Chimiste français. Il fut le créateur de la chimie en tant que science moderne: il énonça la loi de conservation de la masse et des éléments chimiques (*principe de Lavoisier*), fit l'analyse de l'air, identifia l'oxygène et l'azote. Ayant établi la présence d'oxygène dans la composition des acides et des bases, il participa à la création d'une nomenclature chimique rationnelle, fondée sur le concept d'élément chimique (1787). Enfin, il conçut plusieurs améliorations révolutionnaires dans des domaines variés: fabrication du salpêtre, du tabac, mécanisation des moulins à poudre. Fermier général (depuis 1779), il fut proscrit comme les autres fermiers généraux, condamné et guillotiné.

Law (John) 1671-1729 Financier écossais qui vécut en France. Le Régent l'autorisa en 1716 à créer à Paris une banque émettant des billets de banque reçus dans les caisses de l'État. Law garantit ces billets par les actions de la Compagnie des Indes, qu'il avait créée en 1717. En 1720, il devint contrôleur général des Finances, mais l'inflation des actions, qui ne rapportaient pas les bénéfices escomptés, suscita un changement d'opinion à l'égard des billets et l'effondrement de son système. Law, ruiné, dut s'enfuir à l'étranger en décembre 1720.

Antoine Laurent de Lavoisier.

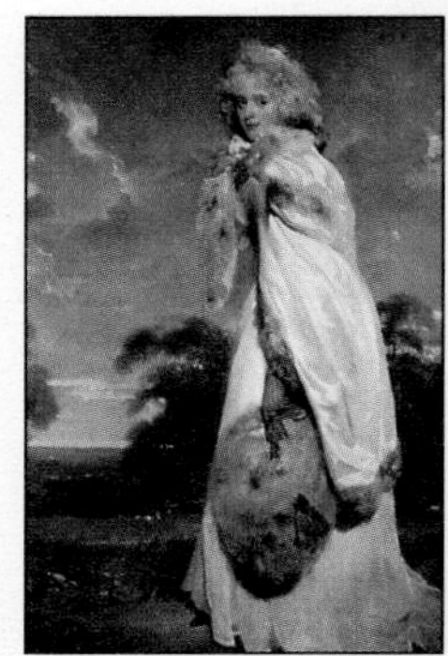

Portrait de la princesse de Lieven *(v. 1810)*, de sir ***Thomas Lawrence.***

Lawrence (sir **Thomas)** 1769-1830 Peintre britannique. Peintre du roi d'Angleterre, il a peint de nombreux portraits d'une grande élégance de l'aristocratie anglaise du début du XIXe siècle.

Lawrence (David Herbert) 1885-1930 Écrivain britannique. Fils de mineur, il est maître d'école avant de se consacrer à la littérature et de publier des romans dont la philosophie repose sur l'harmonie sexuelle: *Femmes amoureuses* (1921), *Kangourou* (1923), *Le Serpent à plumes* (1926). Publié en 1928, *L'Amant de lady Chatterley*, racontant, en termes crus, la liaison pleine de sensualité d'une aristocrate et de son garde-chasse, fait scandale, non pas tellement en raison du ton employé, mais parce que l'intrigue fait fi des normes sociales. Il répond à ses détracteurs dans *Pornographie et Obscénité* (1929).

Lawrence (Thomas Edward, dit **Lawrence d'Arabie)** 1888-1935 Écrivain et officier anglais. Son intérêt pour le Proche-Orient naît durant ses études à Oxford. De 1909 à 1914, il effectue plusieurs voyages en Syrie, en Palestine et au Sinaï et y apprend l'arabe. Durant la Première Guerre mondiale, il travaille au service de renseignement britannique en Égypte et devient, en 1916, l'officier de liaison de l'émir Fayçal, fils du chérif Hussein à la tête de la révolte arabe contre les Turcs. Lawrence entraîne les troupes de Fayçal à la guérilla et pousse les Turcs à se replier. En 1917, il saisit le port d'Aqaba puis entre dans Jérusalem et enfin Damas (1918). Devenu un héros, il est surnommé *Lawrence d'Arabie*. Rêvant d'un empire arabe libéré des Turcs et allié à l'Angleterre, il est déçu par les accords de partage du Proche-Orient à l'issue de la guerre et se retire dans l'anonymat. Engagé (1922) dans l'aviation sous un faux nom, comme simple soldat, il se tue dans un accident de motocyclette. Il est l'auteur

Ernest Orlando Lawrence.

des *Sept Piliers de la sagesse* (1926) qui retracent son combat auprès des Arabes, de *Lettres*, et de deux autres ouvrages, *Les Châteaux des croisés* et *La Matrice* (posthumes, tout comme les *Lettres*).

Lawrence (Ernest Orlando) 1901-1958 Physicien américain. Professeur associé à Berkeley, il devient directeur du *Radiation laboratory* (Laboratoire de la radiation) connu plus tard sous le nom de *Lawrence Laboratory*, en hommage à celui à qui il doit son rayonnement international. On lui doit l'invention du cyclotron, qu'il ne cessera de perfectionner en lui donnant de plus en plus de puissance (1, 3, 5, 8, et 16 MeV). Pendant la Seconde Guerre mondiale il participe au projet Manhattan. La guerre terminée, partisan de la poursuite de la recherche en matière d'armement nucléaire, il s'oppose à R. Oppenheimer qui en souhaitait l'abandon.

lawrencium n. m. CHIM. Élément transuranien de numéro atomique 103, radioactif (symbole : Lr).

laxatif, ive n. m. et adj. Médicament entraînant l'évacuation intestinale sans produire de coliques. / adj. *Médication laxative.*

laxisme n. m. Doctrine morale qui ne prône pas le respect des interdits. / Permissivité, tolérance excessive.

laxiste adj. et n. Qui agit avec laxisme. *Un surveillant laxiste.* / Qui dénote le laxisme. *Attitude laxiste.*

Laxness (Halldór Gudjónsson, dit **Halldór Kiljan)** 1902-1998 Écrivain islandais dont l'œuvre témoigne de sa recherche inquiète de la vérité. Converti au catholicisme (*Sous le pic sacré*, 1914), il s'en détache (*Le Grand Tisserand de Cachemire*, 1927) et se rapproche du socialisme, à la suite d'un voyage aux États-Unis où il se lie avec Upton Sinclair, puis du communisme, à la suite de voyages en URSS dont il tire deux récits exaltant la classe ouvrière (*Vers l'est*, 1933 ; *L'Aventure russe*, 1938) ; le XXe Congrès du parti communiste de l'U.R.S.S. (1956) l'en détachera définitivement. Ses romans sont, pour l'essentiel, consacrés à la vie rurale et ouvrière (*Salka Valka*, 1931-1932 ; *Lumière du monde*, tétralogie, 1937-1940), et situe parfois ses intrigues dans le passé (*La Cloche d'Islande*, trilogie, 1943-1946).

laye Voir **laie [3]**

Laye (Camara) 1928-1980 Écrivain guinéen. Son roman *L'Enfant noir* (1953) est autobiographique. En 1965, il s'exile à Dakar et attaque la dictature de Sékou Touré dans *Dramouss* (1966). Il a transcrit la tradition orale des griots qui conte les exploits de Soundiata, chef de guerre malien du XIIIe siècle, dans *Le Maître de la parole* (1978).

layette n. f. Lingerie du nouveau-né.

Lazare (saint) Frère de Marthe et de Marie de Béthanie. Selon le Nouveau Testament, il fut ressuscité par Jésus quatre jours après sa mort. Il serait devenu le premier évêque de Marseille.

lazaret n. m. Anc. Établissement où étaient isolés les voyageurs en quarantaine.

lazariste n. m. Missionnaire de la congrégation des Prêtres de la Mission fondée en 1625 par saint Vincent de Paul pour donner une instruction religieuse et venir en aide aux plus démunis, et qui tirent leur nom du prieuré Saint-Lazare, à Paris, où ils s'établirent en 1632.

lazulite n. f. Synonyme de lapis-lazuli.

lazzi ou **lazzis** n. m. pl. (mot italien, plur. de *lazzo*) Moqueries, railleries collectives adressées à qqn.

le, la, les [1] (*le* et *la* s'élident en *l'* devant une voyelle et un *h* muet) art. déf. (Servant, comme un pron. dém., à indiquer précisément qqch. par oppos. à *un, une, des*) *Le tabouret en bois. La jupe rouge. Les gants blancs.* / (Devant un nom, de personne ou de lieu, unique de son espèce) *La France. L'Italie.* / (Devant des noms de personne, avec une valeur emphatique, péjorative ou collective) *La Champmeslé. La Brinvilliers. Les Tharaud.*

le, la, les [2] (*le* et *la* s'élident en *l'* devant une voyelle et un *h* muet) pron. pers. de la troisième personne (En complément direct ou attribut d'un verbe qu'il précède, sauf s'il s'agit d'un verbe à l'impératif sans négation) *Je le suivrai au bout du monde. Je l'ai retrouvée. Posez-la sur la table.* / (En pronom neutre, qui ne représente aucun nom précis) *Se le tenir pour dit.*

lé n. m. ou **laize** n. f. TEXT. Largeur d'une étoffe mesurée entre les lisières. / Largeur d'une bande de papier peint, une fois celle-ci coupée.

Léa Voir **Lia**

Leach (Edmund Ronald) 1910-1989 Anthropologue britannique. Dans ses œuvres (*Le Sytème politique des hautes terres de Birmanie*, 1954 ; *Critique de l'anthropologie*, 1961), il défend la méthode empirique et conteste le structuralisme de Lévi-Strauss.

leader n. m. (mot anglais) Chef, dirigeant d'un parti politique, d'un mouvement social, d'un groupe quelconque.

leadership n. m. (mot anglais) Commandement, direction.

Leakey (Louis Seymour Bazett) 1903-1972 Paléontologiste britannique qui étudia les origines de l'homme en Afrique de l'est (Kenya, Tanzanie). Il mit au jour, en Tanzanie, le squelette du zinjanthrope en 1959 et d'un *Homo habilis* en 1960.

Lean (David) 1908-1991 Cinéaste britannique qui devint célèbre avec *Brève Rencontre* (1946), dont le scénario était dû à Noel Coward. Après deux excellentes adaptations de Dickens (*Les Grandes Espérances*, 1946, et *Oliver Twist*, 1948), il fut reconnu internationalement avec *Le Pont de la rivière Kwaï* (1957), *Lawrence d'Arabie* (1962), *Docteur Jivago* (1965), *La Route des Indes* (1984).

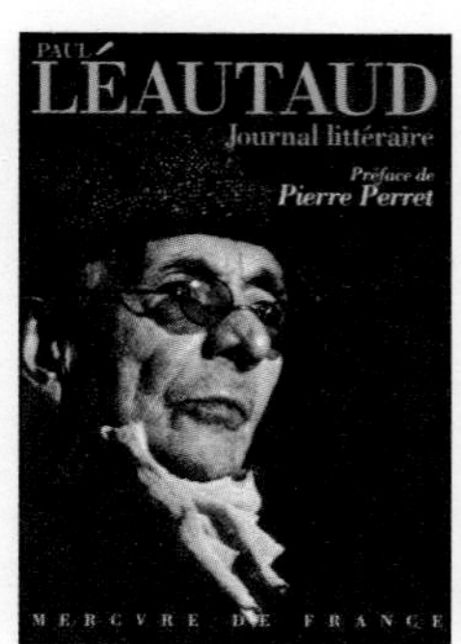

*Portrait de **Paul Léautaud** sur la couverture d'un volume de son Journal* (© Agnès Varda/Enguerand).

leasing n. m. (mot anglais) Forme de crédit qui permet à une entreprise d'obtenir un bien d'équipement moyennant un loyer. Syn. crédit-bail.

Léautaud (Paul) 1872-1956 Écrivain et critique français. Écrivain non-conformiste et souvent cynique, il est parfois cruel, et toujours d'une grande indépendance d'esprit. En 1902 et en 1929, il écrit deux romans autobiographiques : *Le Petit Ami* et *In memoriam*. Ses critiques théâtrales sont rassemblées dans *Le Théâtre de Maurice Boissard* (1926-1943) et son *Journal*, qu'il tenait depuis 1893 et dont les 18 volumes sont publiés de 1954 à 1964, est un témoignage pénétrant de la vie littéraire de son époque.

Leavitt (Henrietta) 1868-1921 Astronome américaine. Après ses études au collège Radcliff, elle intègre le groupe d'astronomie de Harvard. Elle découvre quatre nouvelles novæ et 2 400 étoiles variables dans le Petit Nuage de Magellan. L'étude de ces céphéides, étoiles variables types, lui apprend que leur luminosité est fonction de leur période. Elle en déduit qu'il est possible de calculer la distance qui sépare la Terre d'autres céphéides situées dans une partie différente de l'Univers. La mesure directe fournissant la luminosité, et la mesure de la période donnant une valeur absolue, le passage d'une valeur apparente à la valeur absolue relevant d'un calcul de géométrie, on peut estimer la distance de la Terre à ces étoiles. Cette méthode, utilisée par E. Hertzsprung et H. Shapley, a été déterminante pour vérifier les paramètres de l'hypothèse de l'expansion de l'Univers proposée par E. Hubble.

Le Bargy (Charles Gustave Auguste) 1858-1936 Acteur français. Sociétaire de la Comédie-Française, il triomphe dans *Cyrano de Bergerac*, et tente sans succès de se lancer dans la mise en scène cinématographique après 1905.

Lebesque (Henri) 1857-1941 Mathématicien français, fondateur de l'analyse moderne. Il a consacré l'essentiel de ses travaux à l'étude de la théorie des fonctions de variables réelles.

Leblanc (Nicolas) 1742-1806 Chimiste français. Il fut l'inventeur, en 1790, d'un procédé de préparation de la soude.

Leblanc (Maurice) 1864-1941 Journaliste et écrivain français. Avec *Arsène Lupin, gentleman cambrioleur*, en 1907, il entama une longue série de romans d'aventures consacrés à ce personnage.

Leblond (Jean Baptiste Alexandre) 1679-1719 Architecte français. Après avoir construit à Paris divers hôtels particuliers, il part pour la Russie où il se met au service de Pierre le Grand qui en fait son architecte.

Le Bon (Gustave) 1841-1931 Médecin et sociologue français. Il fut l'un des premiers à introduire en France la notion de psychologie collective : *La psychologie des foules* (1895).

Lebrun (Charles-François, duc de **Plaisance)** 1739-1824 Homme politique français. Député à la Constituante, il participa au coup d'État de Brumaire et devint troisième consul dans la Constitution de l'an VIII. Architrésorier de l'Empire en 1808, il fut nommé par Napoléon administrateur de la Hollande en 1810. Il se rallia par la suite aux Bourbons et devint à nouveau pair de France en 1819.

Lebrun (Albert) 1871-1950 Homme d'État français. Président du Sénat en 1931 et président de la République en 1932, il vit son mandat renouvelé en 1939 et se retira en juillet 1940, après la formation du gouvernement de Vichy. Il a été déporté par les Allemands en 1944.

Le Brun (Charles) 1619-1690 Peintre et décorateur français. Formé à Paris et en Italie où naquit son admiration pour Poussin, il fut chargé de la décoration du château de Vaux-le-Vicomte (1658-1661) par Fouquet. À la chute de ce dernier, il devint rapidement le premier peintre de la Couronne. Louis XIV le nomma à la tête de la manufacture royale des Gobelins et chancelier à vie de l'Académie royale de peinture et de sculpture en 1663. Proche de Colbert, il perdit de son influence après la mort de celui-ci en 1683. Le Brun imposa pendant près d'un demi-siècle ses conceptions classiques en France ainsi que dans le reste de l'Europe et son nom demeure attaché à la décoration de Versailles.

Le Chapelier (Isaac René Guy) 1754-1794 Homme politique français. Député du tiers état aux états généraux de 1789, il participa à la constitution du Club breton qui devint le club des Jacobins. Sa proposition de loi, votée le 14 juin 1791, limitait les droits d'association entre gens de même profession. Parti en Angleterre en 1792, il fut condamné et exécuté comme émigré, à son retour, en 1794.

Le Châtelier (Henry) 1850-1936 Chimiste et métallurgiste français. Il étudia la structure des métaux et des alliages. C'est lui qui élabora les méthodes de la métallurgie microscopique et de l'analyse thermique. Ses travaux portèrent également sur l'évolution des équilibres physico-chimiques. La *Loi de Le Châtelier* s'énonce ainsi : dans un système en équilibre, une modification des facteurs déterminants (température, pression, concentration des composants) entraîne un déplacement de la position d'équilibre du système, qui tend à ramener celui-ci dans les conditions initiales.

lèche n. f. Fam. *Faire de la lèche à qqn*, le flatter servilement, lui lécher les bottes.

léché, e adj. Fig. *Ours mal léché* : individu peu sociable. / Exécuté avec minutie. *Travail léché.*

LE CORBUSIER

Peintre, il publie, avec Ozenfant, le manifeste du purisme, *Après le cubisme* (1918). Il lutta, sa vie durant, pour imposer ses idées novatrices: simplification, rationalisation, dépouillement ornemental, aération et éclairement maximaux, indépendance des plans intérieurs, façade libre, aménagements fonctionnels. Il construisit aussi bien des maisons particulières (villa Stein à Garches, 1927; villa Savoye à Poissy, 1931), que des immeubles collectifs (pavillon suisse de la Cité universitaire à Paris, Bureau central des coopératives d'URSS à Moscou, ministère de la Culture à Rio de Janeiro), ou des édifices religieux (Notre-Dame-du-Haut à Ronchamp, couvent dominicain d'Éveux). Théoricien engagé, ardent polémiste, il exposa ses principes dans de très nombreux écrits (*Vers une architecture*, 1923; *La Ville radieuse*, 1935; *Quand les cathédrales étaient blanches*, 1937; *Manière de penser l'urbanisme*, 1946).

Chapelle Notre-Dame-du-Haut, à Ronchamp.

Il a largement contribué à l'élaboration de la Charte d'Athènes (1943) qui prônait la séparation, dans les villes, des zones résidentielles et des zones de travail, des espaces verts et des zones réservées à la circulation. Il établit entre 1942 et 1948 un système de proportions, le *Modulor*, qu'il tenta d'appliquer dans ses travaux d'urbanisme: unités d'habitation de Marseille (Cité radieuse), de Nantes-Rézé, de Briey-en-Forêt et dans le plan de la ville indienne de Chandigarh.

lèche-bottes n. inv. Fam. Personne au comportement servile.

lèchefrite n. f. Ustensile de cuisine qui permet de recueillir le jus de cuisson d'une viande grillée.

lécher v. t. [1] Passer plusieurs fois sa langue sur. *Le chien lèche sa gamelle. Se lécher les lèvres.* Loc. fig. et fam. *Lécher les bottes de qqn*, le flatter servilement. / Effleurer légèrement. *Les flammes léchaient les arbustes. L'eau lui léchait les pieds.* / Fig. Exécuter (un ouvrage) avec minutie, trop de minutie.

lèche-vitrines n. m. inv. Activité d'une personne qui flâne de vitrine en vitrine de magasin.

lécithine n. f. BIOCHIM. Phospholipide abondant notam. dans les tissus nerveux et dans le jaune d'œuf. *La lécithine est utilisée dans l'industrie agroalimentaire.*

Leclair (Jean-Marie) dit **l'Aîné** 1697-1764 Compositeur et violoniste français qui écrivit des opéras (*Scylla et Glaucus*, 1746) et de nombreuses sonates pour son instrument.

Leclanché (Georges) 1839-1882 Ingénieur français, spécialiste dans l'étude des sources électriques. Il est l'inventeur (1868) d'une pile électrique qui porte son nom, largement employée dans tous les domaines techniques requérant l'usage d'une source d'énergie. Cette pile utilise comme électrode un composé de carbone et de zinc, et comme électrolyte, du chlorure d'ammonium.

Leclerc (Philippe Marie de Hauteclocque, dit) 1902-1947 Maréchal de France. Officier de carrière, capitaine au début de la Seconde Guerre mondiale, il rejoint de Gaulle à Londres en 1940 après avoir été fait prisonnier et s'être évadé deux fois. Il gagne le Cameroun qu'il rallie à la France libre puis, en 1941, il conquiert le Fezzan. La 2ᵉ division blindée qu'il forme au Maroc et au Tchad ira jusqu'à Berchtesgaden, débarquant en Normandie et libérant Paris (24 août 1944) et Strasbourg. Commandant des forces terrestres en Indochine (1945), inspecteur des forces françaises d'Afrique du Nord (1946), il meurt au Sahara dans un accident d'avion. Il fut promu maréchal de France à titre posthume.

Le Clézio (Jean-Marie Gustave) 1940 Romancier français. Révélé par *Le Procès-Verbal* en 1963, son style très personnel le laisse en marge des tendances littéraires contemporaines. Ses nombreux romans montrent un intérêt marqué pour le voyage et en particulier le continent sud-américain: *Désert* (1980), *Le Poisson d'or* (1997).

Lecoin (Louis) 1881-1971 Militant politique. Anarcho-syndicaliste, il lutta pour la libération de Sacco et Vanzetti et défendit Makhno. Pacifiste, il lança (1916) un tract qui exigeait la paix immédiate, ce qui lui valut d'être emprisonné, réitéra l'opération en 1939, ce qui lui valut la même sanction, et obtint (1962), après une longue grève de la faim, le vote du statut des objecteurs de conscience.

leçon n. f. **I.** Cours professé par un enseignant, un maître, un professeur, devant une classe, un auditoire ou en particulier. / Ce qu'un enseignant, un maître donne à apprendre, en particulier à des élèves. *Leçon de géographie.* / Tout ce qui sert d'enseignement, de conseil. *Tirer la leçon d'une expérience.* / Réprimande, châtiment. *On lui donna une bonne leçon.* **II.** Variante d'un texte. **III.** LITURG. CATHOL. Texte sacré lu ou chanté à certains offices. *Leçons de ténèbres.*

Leconte de Lisle (Charles Marie Leconte, dit) 1818-1894 Poète français. Né à la Réunion, il y découvre le charme des pays tropicaux. Il fait des études de droit à Paris, participe à la révolution de 1848 mais est profondément déçu par son échec. Délaissant la politique, il traduit les poètes tragiques grecs et publie *Poèmes antiques* (1952), *Poèmes barbares* (1862), *Poèmes tragiques* (1884). Il a fondé en 1866 le Parnasse, école littéraire hostile au romantisme dont le fondement est la contemplation érudite du Beau.

Lecoq de Boisbaudran (Paul Émile, dit François) 1838-1912 Chimiste français qui découvrit le gallium en 1875, le samarium en 1878, le dysprosium en 1886 et l'europium en 1892.

• **Le Corbusier (Édouard Jeanneret-Gris, dit)** 1887-1965 Peintre et architecte français d'origine suisse.

lecteur, trice n. Personne qui lit, pour son plaisir ou pour s'instruire. / Personne qui fait une lecture à haute voix devant d'autres personnes. / Collaborateur qui sélectionne les manuscrits adressés à une maison d'édition. / Enseignant étranger qui converse avec les étudiants dans sa propre langue. / n. m. TECHN. Appareil destiné à reproduire des sons, des images, à retransmettre des codes enregistrés. *Lecteur de cassettes.* / RELIG. CATHOL. Chrétien appelé à exercer un des deux ministères institués par Paul VI (lecteur et servant à l'autel) qui remplacent les ordres mineurs.

lectorat n. m. Charge de lecteur; ensemble des lecteurs d'une publication.

lecture n. f. **I.** Action de lire. *Lecture des journaux.* / Ce qu'on lit. *Emporter de la lecture sur la plage.* / En droit constitutionnel, chacune des délibérations d'une assemblée législative. *Adopter un texte en deuxième lecture.* / Interprétation, compréhension d'une œuvre. *Renouveler la lecture des classiques.* **II.** TECHN. Restitution, décodage de signaux, de codes enregistrés sur un support. *Tête de lecture*: partie d'un lecteur en relation directe avec l'information enregistrée. *Instrument de mesure à lecture directe*, qui affiche directement (sans enregistrement) la valeur mesurée.

Leczinski Voir **Leszczynski**

Léda MYTH. GR. Fille de Thestios, épouse de Tyndare, dont elle eut Clytemnestre et Castor. Zeus se métamorphosa en cygne pour la séduire et elle enfanta Pollux et Hélène.

Le Dain ou **Le Daim (Olivier Necker, dit)** ?-1484 Barbier de Louis XI. Il devint son confident et fut chargé de missions secrètes puis pendu à la mort du roi.

Ledoux (Claude Nicolas) 1736-1806 Architecte français. Dès ses premières réalisations, il affirme les tendances néoclassiques qui prévaudront à la fin du règne de Louis XVI: pavillon de Louveciennes, hôtel Guimard. Auteur des pavillons d'octroi de l'enceinte des Fermiers-Généraux à Paris, il fut le premier à concevoir la notion d'architecture fonctionnelle (théâtre de Besançon, 1776-1784) qu'il tenta de concrétiser à la saline royale de Chaux, à Arc-et-Senans (Doubs): autour d'une cité industrielle idéale devaient se disposer diverses annexes sociales. Le projet ne fut pas réalisé en entier et le site fut abandonné à la fin du XIXᵉ siècle; il en reste plusieurs bâtiments en hémicycle voués à des activités culturelles. Ledoux expose ses théories et ses projets imaginaires dans *L'Architecture considérée sous le rapport de l'art, des mœurs et de la législation* (1804).

Ledoux (Fernand) 1897-1993 Acteur de théâtre et de cinéma français. Il apparut

Léda et le cygne, *tableau de Michel-Ange.*

Claude Nicolas Ledoux : La Maison des gardes agricoles *(1775), projet d'édifice pour la ville imaginaire de Chaux Meaupertuis.*

notamment dans *La Bête humaine* (1938) et *Goupi Mains Rouges* (1942).

Ledru-Rollin (Alexandre Auguste Ledru, dit**)** 1807-1874 Homme politique français. Ministre de l'Intérieur du gouvernement provisoire après la révolution de 1848, il devient, après les journées de juin, le chef des démocrates-socialistes qui se font appeler les Montagnards. Il organise les premières élections au suffrage universel mais est battu à la présidence par Louis-Napoléon Bonaparte. Soupçonné de vouloir renverser le gouvernement, il s'exile en Angleterre. Revenu en France en 1870, il ne siège à l'Assemblée qu'en 1874.

Lê Duan 1908-1986 Homme politique vietnamien. Il succède à Hô Chi Minh à la tête du parti communiste (1960-1986).

Leduc (Gabriel) 1642 ?-1704 Architecte français. Il n'a pas édifié de monuments, mais donné des plans déglises parisiennes (chapelle du Val-de-Grâce, église des Petits-Pères), conçu le portail de Saint-Louis-en-l'Île et réalisé la décoration du Val-de-Grâce.

Leduc (René) 1898-1968 Ingénieur français de l'aéronautique dont les recherches dans le domaine de la propulsion contribuèrent à la mise au point des avions supersoniques.

Lê Duc Tho 1911-1990 Homme politique vietnamien. En 1973, il signa avec les États-Unis les accords de Paris sur le Viêtnam mais refusa le prix Nobel de la paix qui lui fut décerné conjointement avec Kissinger.

Lee (Robert Edward) 1807-1870 Général américain, chef des armées du Sud pendant la guerre de Sécession. Originaire de Virginie, il se rangea du côté des Sudistes en 1860. Vainqueur à Richmond (1862), Fredericksburg et Chancellorsville, il fut battu à Gettysburg en 1863. Retranché dans Richmond, il fut vaincu par Grant. Il évacua la ville puis capitula à Appomattox le 9 avril 1865.

Leeds *724 448 h.* Ville du Yorkshire, le premier centre lainier de Grande-Bretagne. Industries textiles et métallurgiques.

Leeuwenhoek (Antonie van) 1632-1723 Naturaliste hollandais. Fils d'un artisan, d'abord apprenti chez un marchand de tissu, il invente le microscope en utilisant les verres grossissants dont il se sert pour examiner la qualité des tissus. Il réussit, vers 1670, à construire un instrument dont les lentilles ont un pouvoir grossissant 250 à 500 fois supérieur à celui des verres grossissants habituels, ce qui lui permet d'atteindre une résolution équivalente à 1 micron. Il observera, en les identifiant, divers micro-organismes et, en 1677, pour la première fois, les spermatozoïdes qu'il identifie comme éléments de la reproduction sexuée.

Lefebvre (François Joseph, duc de **Dantzig)** 1755-1820 Maréchal de France. Sergent des gardes-françaises (1789) puis général (1794), il contribua au succès du 18- Brumaire. Maréchal d'Empire en 1804, il prit part aux campagnes napoléoniennes et obtint notamment la capitulation de Dantzig en 1807. Louis XVIII le fit pair de France ; rallié à Napoléon durant les Cent-Jours, il fut réintégré à la Chambre des pairs en 1819. Son épouse, Catherine Hubscher, blanchisseuse de son régiment, a été popularisée par Victorien Sardou, dans une comédie, sous le nom de Madame Sans-Gêne.

Lefebvre (Marcel) 1905-1991 Évêque français qui refusa les orientations du concile de Vatican II et prit la tête des catholiques « intégristes ». Sa décision, en 1988, de sacrer quatre évêques malgré l'interdiction du pape lui vaudra d'être excommunié.

Lefèvre d'Étaples (Jacques) 1450 ?-1537 Théologien et humaniste français. Auteur de traductions et de commentaires des textes d'Aristote, il fonda le « cénacle de Meaux », favorable à une réforme de l'Église, et qui fut soupçonné de sympathies pour Luther. Il fut l'auteur d'une des premières traductions en français de la Bible (1534).

légal, ale, aux adj. Conforme à la loi. Ant. illégal.

légalement adv. Conformément à la loi.

légaliser v. t. [1] Rendre légal, faire entrer dans la légalité.

légalisme n. m. Attitude, conviction d'une personne légaliste.

légaliste adj. et n. Qui respecte la loi à la lettre.

légalité n. f. Caractère de ce qui est conforme à la loi. / Ensemble des prescriptions légales. *Rester dans la légalité.* Ant. illégalité.

légat n. m. DR. CANON. Représentant du Saint-Siège. / ANTIQ. ROM. Fonctionnaire qui était chargé par le sénat de contrôler l'administration des provinces. *Légat de légion* : officier sénatorial qui commandait une légion.

légataire n. m. DR. Bénéficiaire d'un legs. / *Légataire universel* : personne à qui le défunt a légué la totalité de ses biens.

légation n. f. DR. CANON. Fonction exercée par un légat. / DR. INTERNAT. Représentation diplomatique maintenue par un gouvernement dans un pays où il n'a pas d'ambassade ; bâtiment abritant cette représentation.

legato adv. (mot italien) MUS. En soutenant chaque note jusqu'à l'attaque de la suivante.

légendaire adj. De légende. *Récits légendaires. Personnage légendaire.*

légende n. f. Récit mythologique ou historique, dont le fond réel est déformé par l'imagination populaire. / Inscription d'une médaille, d'une monnaie. / Texte explicatif d'une carte (accompagné des signes conventionnels figurant sur cette carte). / Texte figurant à côté d'une illustration et l'explicitant.

Légende des siècles (la) 1859, 1877 et 1883 Recueil de poèmes épiques de Victor Hugo, qui relate l'histoire des hommes « depuis Ève, leur mère, jusqu'à la Révolution, mère des peuples » (préface, 1859). Il puise son inspiration successivement dans la Bible, l'Antiquité grecque et romaine, le Moyen Âge chrétien et musulman et la Renaissance. Son récit, qui s'achève avec le Jugement dernier, évoque avec magie et romantisme les valeurs humaines qui transcendent l'Histoire.

légender v. t. [1] Dans le langage de l'édition, de la presse, compléter (une illustration) par une légende.

Legendre (Adrien-Marie) 1752-1833 Mathématicien français. Il analysa quelques-uns des problèmes fondamentaux de son époque. Ses *Éléments de géométrie* (1794) donnent une formalisation rigoureuse de la géométrie. Sa loi de réciprocité quadratique est formulée dans *La Théorie des nombres* (1798). Il introduisit de nouveaux outils d'analyse, ou « fonctions de Legendre », explicitées dans ses *Exercices de calcul intégral*, qu'il publie de 1811 à 1819, et dans son *Traité des fonctions elliptiques*, publié entre 1825 et 1832.

Legendre (Louis) 1752-1797 Révolutionnaire français. Boucher parisien, il devint l'un des chefs de la Révolution. Il adhéra au club des Jacobins puis des Cordeliers et contribua à la chute de Robespierre, le 9 Thermidor.

léger, ère adj. **I.** Qui pèse peu (par oppos. à *lourd*). *Bagage léger.* / Peu dense, peu compact, peu épais. *Alliage léger. Sol léger. Robe légère*, en tissu léger. / SPORT *Poids léger* : voir *poids*. **II.** Fig. Élégant, élancé. *Formes légères.* / Agile, aisé. *Démarche légère.* / Délicat, mesuré. *Avoir la main légère. Peindre par touches légères.* / Sans importance, superficiel. *Blessure légère.* / Insouciant, enjoué. *Humeur légère. Musique légère*, destinée à distraire (par oppos. à musique *sérieuse*). / Inconséquent, futile. *Un esprit léger.* / Loc. *À la légère* : sans réfléchir. / Licencieux. *De mœurs légères* : voir *mœurs*. / Faible, de peu d'intensité, d'amplitude. *Brise légère. Hausse légère.* / Peu copieux ; facile à digérer. *Repas léger. Cuisine légère.* / Dilué. *Café léger.* / MILIT. *Armes légères*, faciles à transporter, à déplacer.

Léger (Fernand) 1881-1955 Peintre français. Adhérant au cubisme, il redécouvre avec ses contemporains l'œuvre de Cézanne,

Suivez la flèche, *tableau de* **Fernand Léger** *(1919).*

Légion américaine.

mais se distingue par le dynamisme de ses toiles (*La Noce*, 1910-1911, et la série des *Contrastes de formes*, 1913). Considéré comme l'apologiste de la modernité, il n'en demeure pas moins conscient de ses travers et de sa violence inhérente, qu'il exprime à sa manière par l'intensité des couleurs et des contrastes ainsi que par la rigidité des structures linéaires et des volumes qu'il emploie. Il s'est intéressé à tous les aspects du monde moderne, des hommes aux machines : *Le Grand Déjeuner* (1921), *La Danse* (1929), *Adieu à New York* (1946), *Les Constructeurs* (1950). On lui doit aussi un film (*Le Ballet mécanique*, 1924), des décors de théâtre, des cartons de tapisserie, des vitraux, des panneaux de céramique, des mosaïques et des lithographies. Son art robuste, aux traits puissants, ennemi de la subtilité, est d'un grand optimisme et témoigne d'une parfaite maîtrise graphique.

L

légèrement adv. Avec légèreté, avec agilité. *Elle a sauté légèrement la barrière.* / Avec mesure, frugalité. *Dîner légèrement.* / À peine. *Il a légèrement souri.* / De façon irréfléchie. *Il s'est conduit bien légèrement.*

légèreté n. f. Caractère d'une chose qui pèse peu. / Souplesse, agilité d'une personne. / Caractère d'une chose qui n'est pas grave. *La légèreté d'une faute.* / Fig. Insouciance, manque de sérieux. *Se comporter avec trop de légèreté.*

légiférer v. i. [1] Établir des lois. *Légiférer sur la peine de mort.* / Dicter des règles.

légion n. f. ANTIQ. ROM. Corps de l'armée romaine dont l'effectif atteignait, sous César, près de 6 000 hommes. / MILIT. Unité de gendarmerie commandée par un colonel. / *Légion d'honneur* : ordre honorifique français ; décoration de cet ordre ; grade ou dignité dans cet ordre. *Le siège de la Légion d'honneur. Arborer sa Légion d'honneur. Recevoir la Légion d'honneur.* / *Légion étrangère* : formation militaire française composée majoritairement d'étrangers. / Grand nombre. *Des légions de guêpes. Être légion* : être très nombreux.

Légion d'honneur Décoration française remise à titre civil ou militaire. L'ordre de la Légion d'honneur fut institué par Bonaparte le 19 mai 1802. Aujourd'hui, son règlement est fixé par un décret de 1927 qui place à sa tête le président de la République, avec la dignité de grand maître, un grand chancelier et un conseil de dix membres. Les légionnaires sont divisés en cinq classes : chevalier, officier, commandeur, grand officier, grand-croix.

légionellose n. f. MÉD. Maladie contagieuse, causée par la bactérie *Legionella pneumophila*, s'attaquant aux systèmes respiratoire et nerveux.

légionnaire n. m. ANTIQ. Soldat d'une légion romaine. / Mod. Soldat de la Légion étrangère. / Titulaire de la Légion d'honneur.

législateur, trice n. Personne qui crée une législation. / n. m. *Le législateur* : le pouvoir législatif. *Le législateur a voulu interdire cette pratique.*

législatif, ive adj. et n. f. **A.** adj. Qui fait les lois. *Pouvoir législatif.* / HIST. *Corps législatif* : une des assemblées mises en place par la Constitution de l'an VIII (1799), composée de 300 membres, et qui n'avait pas d'autre pouvoir que d'accepter ou refuser les lois sans les discuter ; une des assemblées mises en place par la Constitution du 14 janvier 1852, dont les membres avaient les mêmes pouvoirs que ceux du premier Corps législatif, mais avaient, en outre, le droit de voter le budget. *Le régime impérial se libéralisant peu à peu, Napoléon III accorda aux membres de ce deuxième Corps législatif le droit d'adresse, le droit d'interpellation, puis le droit d'initiative des lois.* / *Élections législatives*, servant à désigner les députés à une assemblée législative. / De la législation. *Dispositions législatives.* **B.** n. f. HIST. *La Législative* : l'assemblée qui succéda à l'Assemblée nationale constituante (la Constituante) en 1791.

législation n. f. Ensemble des lois d'un pays. / Ensemble des lois qui régissent un domaine particulier. *Législation du commerce des animaux.*

législature n. f. Période pendant laquelle siège une assemblée législative.

légiste n. m. et adj. Personne spécialisée dans l'étude des lois. / HIST. Conseiller juridique des rois capétiens. / adj. *Médecin légiste*, qui fait les expertises légales.

légitimation n. f. Action de légitimer.

légitime adj. Qui est conforme à la loi et au droit. *Un enfant légitime*, né dans le mariage. *Un gouvernement légitime*, constitué conformément aux lois constitutionnelles. / Qui est conforme à l'équité, à la raison. *Une répartition légitime des biens d'un défunt. Un souci légitime.* Ant. illégitime.

légitimement adv. De façon légitime, à bon droit. *Il s'en est légitimement inquiété.*

légitimer v. t. [1] Rendre légitime. *Légitimer un enfant naturel*, lui faire reconnaître la qualité d'enfant légitime. *Louis XIV a légitimé plusieurs de ses bâtards.* / Justifier. *Il est impossible de légitimer son attitude.*

Leibniz (Gottfried Willem)

Gottfried Wilhelm Leibniz.

Étudiant précoce, il est formé très jeune aux Anciens et à la scolastique et soutient une thèse de philosophie sur le principe d'individuation en 1663 à Leipzig, où il est né. Il étudie également les mathématiques et le droit et s'intéresse de près à la politique. Devenu conseiller à la cour suprême de l'électorat de Mayence, il se rend en mission diplomatique à Paris en 1672. Il y fréquente Antoine Arnauld, étudie Pascal et invente une machine à calculer. Il se rend aussi en Angleterre en 1673, où il fait la connaissance de Boyle. De retour en Allemagne, il devient bibliothécaire à Hanovre (1676) et ses écrits (articles, correspondances, traités) se multiplient dans les domaines les plus variés (de la théologie et de la philosophie aux mathématiques) tout en témoignant d'une grande cohérence intellectuelle. Il publie en 1684 une *Nouvelle Méthode pour la détermination des maxima et des minima* par laquelle il pose les bases fondamentales du calcul infinitésimal, intégral et différentiel (au sujet duquel Newton fait simultanément des découvertes similaires). La même année, ses *Méditations sur la connaissance, la vérité et les idées* (1684) visent à unifier les nouveaux axiomes de la dynamique et les principes traditionnels de contradiction et de raison suffisante soutenus par la métaphysique idéaliste. Aussi s'oppose-t-il à Hume (les *Nouveaux Essais sur l'entendement humain*, 1704). Sa *Monadologie* (1714) des substances simples, ou monades, douées de perception et de faculté de désirer (appétition), lui permet de parachever son système et d'en tirer des conclusions théologiques optimistes quant aux qualités éminemment bienfaisantes d'un Dieu qui fait régner partout, dans l'univers des choses et des êtres, une harmonie morale et une esthétique préétablies : *Essais de théodicée* (1710), *Principes de la nature et de la grâce* (1714).

légitimiste adj. et n. Partisan du souverain, de la dynastie jugé(e) légitime. / HIST. En France, au XIXᵉ siècle, partisan des descendants de Charles X, considérés comme seuls représentants de la dynastie légitime, par opposition aux orléanistes, partisans de Louis-Philippe et de ses descendants.

légitimité n. f. Qualité de ce qui est légitime. / Qualité d'une union matrimoniale légalement formée et des enfants qui en naissent. Ant. illégitimité.

Le Goff (Jacques) 1924 Historien français, spécialiste du Moyen Âge, il nie la discontinuité entre celui-ci et la Renaissance. Auteur de *La Civilisation médiévale* (1964), il est l'un des chefs de file de la nouvelle histoire.

legs n. m. DR. Acte par lequel une personne, le *testateur*, prévoit dans son testament de transmettre certains biens à une autre personne physique ou morale, le *légataire*. / Ce qui est légué. *Faire un legs important à une association.*

léguer v. t. [1] Laisser par testament. / Fig. Transmettre.

légume n. m. et f. Aliment constitué par une plante potagère ou une partie de cette plante : racines (carotte), tubercules (pomme de terre), bulbes (oignon), tiges (asperge), feuilles (épinard), fleurs (chou-fleur), fruits (tomate), gousses (haricot vert), graines (pois). / Cette plante elle-même. *Un jardin plein de légumes.* / BOT. Syn. de gousse. / n. f. Fig., fam. *Une grosse légume* : une personne influente.

légumier, ière adj. et n. m. Propre ou relatif aux légumes. *Culture légumière.* / n. m. Plat à légumes.

légumineuses n. f. pl. BOT. Famille de plantes dicotylédones, comprenant de nombreuses espèces de plantes herbacées et ligneuses, dont les fruits sont des gousses, à laquelle appartiennent notam. les haricots, les lentilles, les pois, etc. *La famille des légumineuses comporte trois sous-familles : les papilionacées, les césalpiniacées et les mimosacées.*

Lehár (Franz) 1870-1948 Compositeur autrichien d'origine hongroise. Il est connu pour ses opérettes (*La Veuve joyeuse*, 1905, *Le Pays du sourire*, 1929).

Lehn (Jean-Marie) 1939 Chimiste français. Il est l'inventeur de molécules artificielles, creuses, capables de fixer de manière spécifique un ion, une molécule, utilisées notam. en pharmacologie. Ses recherches le conduisirent à la définition d'un nouveau domaine scientifique, la chimie supramoléculaire, qui s'intéresse aux liaisons entre édifices moléculaires.

Lehtonen (Joel) 1881-1934 Écrivain finlandais d'expression finnoise. Proche du romantisme (*Mataleena*, 1905), il évolua vers le naturalisme, peignant avec humour et tendresse les habitants de sa terre natale (*Une fois en été*, 1917). Dans ses dernières œuvres (*Les Opprimés*, 1923; *La Lutte des puissances spirituelles*, 1933), il s'en prend avec violence à la corruption morale et aux idées antidémocratiques dont il décèle le surgissement dans son pays et dans le monde en général.

• **Leibniz (Gottfried Wilhelm)** 1646-1716 Philosophe et mathématicien allemand.

Leibowitz (René) 1913-1972 Compositeur et musicologue français d'origine polonaise. Il composa de la musique de chambre ainsi que des symphonies et fut l'ardent défenseur, après 1945, des révolutions accomplies par Schönberg dans le domaine du dodécaphonisme (*Introduction à la musique de douze sons*, 1949).

Leicester *293 387 h.* Ville et comté du centre de la Grande-Bretagne, chef-lieu du Leicestershire et siège d'une industrie textile traditionnelle.

Leigh (Vivien) 1913-1967 Actrice anglaise, interprète de Scarlett O'Hara dans *Autant en emporte le vent* (1939). Elle fut également, au côté de son mari Laurence Olivier, une excellente comédienne de théâtre.

Leipzig *481 121 h.* Ville d'Allemagne (Saxe) sur l'Elster Blanche et la Pleisse. Leipzig est depuis le XIVe siècle un des plus importants centres intellectuels (université, imprimeries) et commerçants (foires célèbres depuis le Moyen Âge) d'Allemagne, par lequel passe l'autoroute Munich-Berlin. Depuis la Réforme, elle constitue un siège important du protestantisme. En 1813, elle vit la victoire des armées russe, autrichienne et prussienne sur celle de Napoléon Ier (bataille des Nations).

Leiris (Michel) 1901-1990 Ethnologue et écrivain français, auteur de poésies surréalistes et de romans-confessions: *L'Âge d'homme* (1939), *La Règle du jeu* (4 vol.: *Biffures*, 1948; *Fourbis*, 1955; *Fibrilles*, 1966; *Frêle Bruit*, 1976), où il décrit son éducation et son expérience avec sincérité. En 1992, on a publié son *Journal* (1922-1989). Il a également écrit *L'Afrique fantôme* en 1934, inspirée par la mission scientifique Dakar-Djibouti.

leishmania ou **leishmanie** n. f. BIOL., MÉD. Protozoaire flagellé, proche du trypanosome, parasite des globules blancs de l'homme et de certains autres mammifères, transmis par la piqûre d'un diptère, le phlébotome.

leishmaniose n. f. MÉD. Maladie parasitaire dont l'agent est une leishmania. *Leishmaniose viscérale* (ou *kala-azar*). *Leishmaniose cutanée (ou bouton d'Orient, bouton de Bagdad, mal des dattes).*

Leitha (la) *180 km* Rivière d'Europe centrale née en Autriche, qui traverse la Hongrie et se jette dans le Danube. Durant l'empire d'Autriche-Hongrie (1867-1918), elle forma la frontière entre la Cisleithanie (l'Autriche) et la Transleithanie (la Hongrie).

leitmotiv n. m. (mot allemand) Motif musical qui se répète sous diverses formes, au cours d'une partition, et qui caractérise un personnage, un sentiment, une entité. / Fig. Idée qui intervient à plusieurs reprises dans un discours, un raisonnement, comme un refrain. Pl. Des *leitmotive*.

Lejeune (Jérôme) 1926-1994 Médecin et généticien français. Il découvrit que l'arriération mentale couramment nommée « mongolisme » avait pour origine une aberration chromosomique, la trisomie 21.

L'église de la Sorbonne, édifiée par ***Jacques Lemercier****.*

Le Jeune (Claude) 1525 ?-1600 Compositeur français de la Renaissance. Protestant, il fit partie de l'Académie de poésie et de musique fondée par Baïf (1570). Son œuvre très variée réunit de nombreux psaumes, motets, chansons profanes et madrigaux.

Lely (Pieter Van Der Faes, devenu sir **Peter)** 1618-1680 Peintre britannique d'origine néerlandaise. En Angleterre, où il s'était installé en 1642, ses portraits (*Charles Ier avec le duc d'York*, 1647) lui valurent une rapide faveur à la cour. Il évolua vers la sobriété (*Portrait de Cromwell*), puis, après le retour du roi, il devint le peintre de Charles II.

Lemaire de Belges (Jean) 1473-1520 ? Poète français. Ses recherches stylistiques l'apparentent aux grands rhétoriqueurs: *Le Temple d'honneur et de vertu* (1503), *La Plainte du Désiré* (1509). Au service d'Anne de Bretagne, il écrivit *Les Illustrations de Gaule et Singularités de Troie* (1509-1513).

Lemaistre (Isaac, dit **Lemaistre de Sacy)** 1613-1684 Prêtre français. Petit-fils d'Antoine Arnauld le père, il fut le directeur de conscience des religieuses de Port-Royal et de Pascal, et défendit le jansénisme. Il participa à la traduction du *Nouveau Testament de Mons* (paru en 1666) et traduisit la Vulgate, travail qui ne fut achevé (par d'autres) qu'après sa mort. Un *Entretien avec M. de Saci* a été publié dans les œuvres de Pascal.

Lemaître (Antoine Louis Prosper, dit **Frédérick)** 1800-1876 Acteur de théâtre français. En 1823, il joua le personnage de Robert Macaire dans *L'Auberge des Adrets* en y mêlant le grotesque et devint ainsi l'interprète attitré du mélodrame.

Lemaître (Jules) 1853-1914 Critique littéraire et auteur dramatique français. Il écrivit de nombreuses chroniques sur le théâtre (*Les Contemporains*, en 8 volumes, 1885-1889).

Lemaître (Georges) 1894-1966 Ecclésiastique et physicien belge. Il commence ses études d'ingénieur à Louvain puis à Cambridge et les termine aux États-Unis au MIT (Institut des Sciences du Massachusetts). Professeur à l'université de Louvain, il s'oriente vers la physique. Il est l'un des précurseurs de la théorie du big bang, selon laquelle l'Univers serait né d'une « explosion » primordiale dans laquelle les éléments hyperconcentrés se trouvaient portés à une température infinie. Cette théorie, aujourd'hui bien admise, trouva une première confirmation avec la démonstration que fit E. Hubble, en 1927, de l'expansion de l'Univers.

Léman *582 km²* Lac d'Europe occidentale, partagé entre la Suisse (rive nord) et la France (rive sud) et alimenté par le Rhône qui en sort à l'ouest à Genève. Ses rives sont densément peuplées: Évian, Montreux, Lausanne.

Lemercier (Jacques) 1585-1654 Architecte, sculpteur et graveur français, représentant du style classique. Premier architecte de Louis XIII en 1618, il édifia l'église de la Sorbonne, termina les travaux de Mansart sur l'église du Val-de-Grâce, et construisit le pavillon de l'Horloge du Louvre.

lemme n. m. MATH. Proposition préliminaire à un théorème, ne faisant pas partie de la démonstration.

lemming n. m. ZOOL. Petit rongeur d'Eurasie septentrionale, dont les populations connaissent des fluctuations cycliques de leurs effectifs et qui effectuent, tous les deux à quatre ans, des incursions massives vers le sud.

Lemmon (John Uhler Lemmon III, dit **Jack)** 1925-2001 Acteur de cinéma américain. Ses rôles dans *Certains l'aiment chaud* (1959) et *La Garçonnière* (1960) de Billy Wilder lui valent une renommée internationale. Il évoluera ensuite vers un registre plus grave (*Missing*, 1982, de Costa-Gavras).

lemnacées n. f. pl. BOT. Famille de plantes monocotylédones flottant à la surface de l'eau où elles forment un tapis végétal, telles les lentilles d'eau.

lemniscate n. f. MATH. Courbe en forme de huit étudiée par Jean Bernoulli, dont l'équation est: $(x^2 + y^2)^2 - 2a^2(x^2 - y^2) = 0$.

Lemnos ou **Limnos** *476 km² 15 000 h.* Île grecque de la mer Égée, au nord-ouest de Lesbos, à laquelle elle est rattachée administrativement.

Le Moyne d'Iberville (Pierre) 1661-1706 Officier de marine et explorateur français qui, allié aux Canadiens de Nouvelle-France, vainquit les Anglais dans la baie d'Hudson. Il fut le premier gouverneur de la Louisiane (1699).

Le Muet ou **Lemuet (Pierre)** 1591-1669 Architecte français. Chargé par Mazarin de restaurer ou d'établir des fortifications en Picardie, il construisit plusieurs châteaux en province et à Paris. À Paris, il acheva le Val-de-Grâce (coupole, voûtes, façade, fronton). Il a laissé un traité d'architecture, *Manière de bien bâtir pour toutes sortes de personnes* (1665).

lémure n. m. ANTIQ. ROM. Âme d'un mort, qui peut revenir tourmenter les vivants. Syn. larve.

lémuriens n. m. pl. ZOOL. Sous-ordre de primates nocturnes de Madagascar. *Le maki, l'aye-aye, l'indri, le microcèbe sont des lémuriens.*

Un ***lémurien****.*

L

LÉNINISME

Le mot « léninisme » n'a été utilisé du vivant de Lénine que (rarement) par ses adversaires, et sa pensée s'est trouvée très vite (1924) figée sous la forme d'une sorte de catéchisme par Staline. Le léninisme (que l'on appelle souvent « marxisme-léninisme ») se situe dans la droite ligne de la pensée de Karl Marx, avec toutes les nuances qui distinguent une philosophie (le marxisme) d'une doctrine politique.

La pensée politique de Lénine se structure autour de trois axes essentiels : l'importance de l'idéologie entendue comme ensemble d'idées fécondantes, et non comme système figé ; la dictature du prolétariat, condition nécessaire de la révolution, ce qui implique la formation d'un solide noyau de révolutionnaires « professionnels », peu nombreux et constamment actifs ; la prise de conscience révolutionnaire par les « masses ». Si l'importance numérique des masses ne croît pas, la révolution s'éteindra d'elle-même. Et ces masses n'acquerront pas spontanément cette conscience révolutionnaire, elle sera le fruit d'un gros travail de formation intellectuelle assuré par le parti.

Lénine.

Lentisque.

Léon X.

Lena (la) *4 270 km* Fleuve de Russie qui, né dans les monts Baïkal, traverse la Sibérie vers le nord-est en arrosant Iakoutsk et se jette dans l'océan Arctique par un large delta.

Le Nain Nom de trois frères, peintres français, qui signèrent tous uniquement de leur nom de famille, rendant difficile la tâche de distinguer entre les toiles : **Antoine** (entre 1600 et 1610-1648), **Louis** (entre 1600 et 1610-1648) et **Mathieu** (1607 ?-1677). On ne sait presque rien de leur vie avant leur venue à Paris où, installés dans un atelier commun en 1629, ils ont vite du succès. Ils adoptent le même style sobre et réaliste, rappelant le style flamand, pour peindre, outre des sujets mythologiques (*Vénus dans la forge de Vulcain*, 1641) et religieux (tableaux d'église, en particulier au couvent des Petits-Augustins, 1632), des scènes de mœurs (*La Tabagie*, 1643), des scènes de la vie familiale (*Femme avec cinq enfants*, 1642) et, surtout, l'intimité paysanne. Ils donnent une incomparable noblesse à leurs humbles modèles, aux visages graves, aux attitudes pleines de dignité : *La Forge* (1640), *Repas de paysans* (1642). L'attribution de telle ou telle œuvre à l'un ou l'autre des frères est d'autant plus difficile que Mathieu abandonna presque totalement la peinture après la mort de ses aînés.

Lenard (Philipp) 1862-1947 Physicien allemand dont les travaux sur les rayons cathodiques contribuèrent à la découverte des rayons X.

Lenau (Nikolaus Niembsch von Strehlenau, dit **Nikolaus)** 1802-1850 Poète autrichien. Il composa de nombreux poèmes dramatiques pleins de nostalgie : *Faust* (1836), *Don Juan* (inachevé, 1844) qui fait du séducteur un homme épris d'absolu.

Lenclos (Anne, dite **Ninon de)** 1616-1706 Femme de lettres française. Belle et intelligente, de mœurs libres, elle réunit dans son salon les grands écrivains de l'époque de Louis XIV, notamment les libertins. Ses *Lettres* furent publiées en 1886.

lendemain n. m. Le jour suivant immédiatement celui dont il est question. / Fig. Avenir. *Des lendemains heureux. Joie sans lendemain* : joie de courte durée. *Du jour au lendemain* : subitement.

L'Enfant (Pierre Charles) 1754-1825 Architecte français. Il participa, dans l'armée révolutionnaire américaine, à la guerre d'Indépendance et, après un séjour à Paris, fut prié, par Washington, de préparer les plans de la future capitale fédérale. Il se heurta à de puissants intérêts privés, fut renvoyé en 1792, mais ses plans ont été globalement respectés.

Lenglen (Suzanne) 1899-1938 Championne de tennis française, qui triompha à Wimbledon de 1919 à 1925 (excepté en 1924).

lénifiant, e adj. MÉD. Calmant. / Fig. *Un ton lénifiant.*

lénifier v. t. [1] MÉD. Calmer (une douleur). / Litt. Soulager, apaiser, adoucir (qqch.).

Lénine (Vladimir Ilitch Oulianov, dit**)** 1870-1924 Homme politique et théoricien marxiste russe. De famille aisée, Lénine, à la fin de ses études de droit, est arrêté (1895), emprisonné, puis assigné à résidence en Sibérie pour ses activités révolutionnaires (1897). Libéré, il s'exile (1900) et, hormis un séjour assez bref (1905-1907), ne revient en Russie qu'en 1917. Disciple de Marx, il travaille à la création d'un parti ouvrier axé sur la lutte des classes et à direction centralisée. En 1903, à Londres, au congrès du parti ouvrier social-démocrate russe (P.O.S.D.R.), ses partisans l'emportent sur les adeptes d'un socialisme démocratique plus modéré, ce qui leur vaudra le nom de *bolcheviks* (majoritaires), et à leurs adversaires celui de *mencheviks* (minoritaires). Mais le P.O.S.D.R. ne deviendra qu'en 1912 P.O.S.D.R.b (parti ouvrier social-démocrate de Russie [bolchevique]). Après la révolution de février 1917 (selon l'ancien calendrier), Lénine, rentré en Russie, lutte pour que celle-ci se transforme en révolution socialiste (*Thèses d'avril*), tandis que Kerenski, le nouveau premier ministre du gouvernement provisoire qui a renversé le tsar, tente de faire face à une tentative de coup d'État d'un des chefs de l'armée. Le 25 octobre 1917 (7 novembre du calendrier grégorien), Lénine parvient à mobiliser les forces révolutionnaires de Petrograd et renverse Kerenski. Une fois devenu président du Conseil des commissaires du peuple, il abolit la propriété foncière privée et crée la *Tcheka*, police politique qui traquera les opposants au nouveau régime. En mars 1918, il conclut avec l'Allemagne la paix de Brest-Litovsk. La contre-révolution est vaincue en 1921, mais la crise économique épuise le pays. Revenant alors sur les mesures prises au début de la révolution, Lénine inaugure la NEP (nouvelle politique économique), libérant le commerce et les petites et moyennes industries. Frappé d'hémiplégie en 1922, il doit réduire ses activités avant de se retirer totalement en 1923. Son testament anticipe les difficultés à venir entre Staline et Trotski, mais il ne sera pas respecté. Son œuvre polémique et philosophique s'étend de ses débuts de militant révolutionnaire à ses quelques années au pouvoir : *Que faire ?* (1902), *Matérialisme et Empiriocriticisme* (1909), *L'Impérialisme, stade suprême du capitalisme* (1917), *L'État et la Révolution* (1918), *Le Gauchisme, maladie infantile du communisme* (1920).

Lénine (pic) *7 134 m* Il fait partie des points culminants du massif du Transalaï dans le Pamir.

Leningrad Voir **Saint-Pétersbourg**

• **léninisme** n. m. Doctrine politique de Lénine.

léniniste adj. et n. De Lénine. / Partisan du léninisme.

Lenoir (Étienne) 1822-1900 Ingénieur français qui réalisa le premier moteur à explosion (1860).

Le Nôtre (André) 1613-1700 Architecte-paysagiste français. Nommé dessinateur des parcs et jardins du Roi (1645), il créa à Versailles le type du jardin à la française, avec sa perspective ouverte, son tracé géométrique de parterres, de bosquets et de bassins, ponctué de statues et animé par des jeux d'eau féeriques. Il aménagea également les parcs des châteaux de Vaux-le-Vicomte (1661), Chantilly, Saint-Cloud, Sceaux, Fontainebleau ainsi que la terrasse de celui de Saint-Germain-en-Laye.

lent, e adj. Peu rapide.

lente n. f. Œuf de pou.

lentement adv. Avec lenteur.

lenteur n. f. Caractéristique de ce qui est lent.

lenticelle n. f. BOT. Pore traversant le liège imperméable d'une écorce et permettant les échanges gazeux entre l'air et les tissus profonds de la plante.

lenticulaire ou **lenticulé, e** adj. En forme de lentille. *Os lenticulaire* : os de l'oreille interne.

lentigo n. m. Petite tache pigmentaire de la peau.

lentille n. f. BOT. Plante herbacée de la famille des légumineuses (papilionacée) dont les gousses plates contiennent deux graines. / La graine, comestible, de cette plante. / *Lentille d'eau* : plante aquatique de la famille des lemnacées, dont les petites feuilles flottent sur l'eau des mares, des étangs. / OPT. Corps homogène réfringent limité par deux surfaces sphériques. (Les lentilles, selon la façon dont elles sont taillées, présentent des caractéristiques différentes ; elles sont dites divergentes, et leur distance focale est négative, si les bords de leur surface sont plus fins que leur centre ; elles sont dites convergentes et leur distance focale est positive si les bords de leur surface sont plus épais que leur centre). / PHYS. *Lentille électromagnétique* : dispositif formé d'un ensemble d'électroaimants ayant la propriété de focaliser un faisceau de particules chargées (électrons) ; ce dispositif est à la base du principe de fonctionnement des accélérateurs de particules et des microscopes électroniques / MÉD. *Lentille cornéenne* : verre de contact, qui s'applique sur la cornée pour corriger les anomalies de la vision. *Porter des lentilles.*

lentisque n. m. BOT. Pistachier méditerranéen, qui fournit une résine appelée mastic.

lentivirus n. m. BIOL., MÉD. Genre de rétrovirus à génome complexe, auquel appartient le virus du sida.

lento adv. (mot italien) MUS. Lentement.

Lenz (Jakob Michael Reinhold) 1751-1792 Dramaturge allemand. Considéré comme le chef de file du mouvement *Sturm und Drang* (*Tempête et Élan*). Dans les trois pièces qu'il a achevées, il mélange habilement le tragique et le comique (*Le Précepteur* et *Le Nouveau Menoza*, 1774 ; *Les Soldats*, 1776). Il sera sujet à de graves crises de démence à partir de 1777.

Lenz (Heinrich Friedrich) 1804-1865 Physicien russe. Il découvrit la loi (*loi de Lenz*) déterminant le sens des courants induits (1834).
Léon (pays de) Riche région agricole de Bretagne dans le nord du Finistère (cultures maraîchères et fruitières). Ville principale : *Saint-Pol-de-Léon*. Ancien comté érigé en principauté au XVIe siècle en faveur de la famille de Rohan.
Léon Nom de treize papes **Léon Ier le Grand** (saint) ?-461 Pape en 440. Il organisa le concile de Chalcédoine (451), s'opposant fermement au monophysisme et au partage avec Constantinople du pouvoir de Rome sur l'Église universelle, et parvint à convaincre Attila d'abandonner l'Italie. On conserve un bon nombre de ses *Sermons*. Il fut fait docteur de l'Église. **Léon III** (saint) ?-816. Pape en 795. En l'an 800, dans la basilique Saint-Pierre à Rome, il couronna empereur Charlemagne, pérennisant ainsi l'alliance des deux grandes forces de l'Occident, la papauté et l'empire. **Léon IX (Bruno** ou **Brunon d'Egisheim** ou **Dabo**, saint) 1002-1054 Élu pape en 1049, il tenta de réformer l'Église et de combattre les abus du clergé et, à cette fin, voyagea dans toute l'Europe. Il voulut combattre les Normands du sud de l'Italie mais fut vaincu en 1053. Il tenta en vain de résoudre le différend entre le patriarche de Constantinople, Michel Cérulaire, et l'Église latine : peu après sa mort, fut scellé le schisme d'Orient. **Léon X (Jean de Médicis)** 1475-1521 Pape en 1513. Fils de Laurent le Magnifique, il fut nommé cardinal à treize ans et pape à trente-huit ans. Humaniste lettré, Léon X fut un mécène généreux (notam. envers Michel-Ange), et fit poursuivre l'édification de la basilique Saint-Pierre de Rome. Les indulgences qu'il institua pour réunir des fonds suscitèrent des critiques, notamment de la part de Luther. Il signa le concordat de Bologne avec François Ier (1516), mena à son terme le concile du Latran (1517) et condamna Luther en 1520, ouvrant ainsi la voie à la Réforme. **Léon XIII (Gioacchino Pecci)** 1810-1903 Pape en 1878. Il manifesta un souci aigu de l'actualité diplomatique et intellectuelle et redonna à l'Église une place sur la scène internationale. Il renoua les relations avec la Suisse et la Russie, se rapprocha des États-Unis, encouragea en France le ralliement au régime républicain, et modernisa les études théologiques. Il demeura cependant opposé, tout comme son prédécesseur, à la perte de souveraineté temporelle du pape à Rome et au socialisme (encyclique *Quod apostolici*, 1878) tout en montrant son intérêt pour la question ouvrière (*Rerum novarum*, 1891, prônant un catholicisme social).
Léon Nom de six empereurs d'Orient qui régnèrent entre 457 et 912. **Léon Ier** ?-474 Empereur d'Orient en 457. Il combattit, sans succès, contre les Vandales en Afrique. **Léon II** ?-474 Petit-fils du précédent, empereur quatre mois en 474. **Léon III l'Isaurien** 675 ?-740 ? Empereur d'Orient en 717. Partisan de l'iconoclasme, il est à l'origine de la querelle des Images en 726, qui s'intensifiera sous le règne de son fils, Constantin V. **Léon IV le Khazar** 749-780 Petit-fils du précédent, empereur d'Orient en 775. Il expulsa les Arabes d'Anatolie. **Léon V l'Arménien** ?-820 Porté au pouvoir par les iconoclastes, il persécuta les iconodules. Il a été assassiné. **Léon VI le Sage** 866-912 Empereur en 886. Érudit, poète et législateur, il laissa gouverner son entourage. Il ne put résister aux Arabes, qui conquirent (904) la Sicile et la Thessalonique, ni aux Bulgares.

*La ville de **León**, Espagne. Au fond, la cathédrale Santa Maria.*

León Province de l'ouest de l'Espagne, qui fait partie de la communauté autonome de Castille-León. La province couvre la partie nord de l'ancien royaume de León, ancien centre de résistance contre les musulmans sous les rois des Asturies (914-1230), avant d'être rattaché à la Castille. Pays montagneux, traversé par le Douro et bordé à l'ouest par la riche dépression du Bierzo (vergers, vignobles), le León est essentiellement rural.
León *143 496 h.* Ville d'Espagne, chef-lieu de la province du même nom. C'est un centre agricole et touristique (cathédrale gothique).
• **Léonard de Vinci** 1452-1519 Peintre, architecte, sculpteur et ingénieur italien.
Leoncavallo (Ruggero) 1858-1919 Compositeur italien, auteur d'opéras véristes : *Paillasse* (1892), *La Bohème* (1897).
Leone (Sergio) 1929-1989 Cinéaste italien. Il inventa, avec *Pour une poignée de dollars* (1964), le western italien (couramment appelé *western-spaghetti*), violent et cynique. Ses films eurent un succès international : *Le Bon, la Brute et le Truand* (1966), *Il était une fois dans l'Ouest* (1969), *Il était une fois la révolution* (1971), *Il était une fois en Amérique* (1984).
Léonidas Nom de deux rois de Sparte. **Léonidas Ier** ?-480 av. J.-C. Roi sans doute en 490. Il périt en défendant, avec seulement 300 hommes, le défilé des Thermopyles contre les Perses de Xerxès. **Léonidas II** v. 315-v. 236 av. J.-C. Il fut roi sans doute en 243.
léonin, e adj. Du lion ; qui rappelle le lion. *Crinière léonine.* / DR. *Contrat léonin*, qui accorde à l'une des parties des avantages excessifs.
Leonin ou **Magister Leoninus** ?-v. 1190 Musicien français de l'école de Notre-Dame de Paris, auteur d'organums à deux parties (répons pour la messe notamment).
Léon l'Africain (al-Hasan ibn Muhammad al-Fasi, dit) 1483 ?-1555 ? Géographe arabe. Né à Grenade, il émigra au Maroc et voyagea dans le monde musulman avant d'être fait prisonnier par des pirates qui l'amenèrent à Rome en 1519. Vendu comme esclave au pape Léon X, il prit le nom de celui-ci lors de sa conversion au christianisme. En 1526, il composa son ouvrage géographique et historique (*Description de l'Afrique*), qui fut publié en italien en 1550. Il mourut en Tunisie.
Leonov (Alekseï Arkhipovitch) 1934 Cosmonaute soviétique, le premier homme à effectuer une sortie dans l'espace (1965).

LÉONARD DE VINCI

Esprit universel, il est le symbole même de la Renaissance à son apogée. Né près de Florence, il entre dans l'atelier de Verrocchio vers 1468 et y restera jusqu'en 1479. Formé à la peinture, la sculpture et la décoration, il est inscrit maître peintre dès 1472. En 1482, après avoir achevé *L'Adoration des mages* (1481), il s'installe à Milan pour travailler sur la statue équestre du duc Francesco Sforza (*Il Cavallo*), qui ne sera jamais achevée, continue à peindre (*La Vierge aux rochers*, 1483) et met au service des princes qui l'emploient ses talents d'ingénieur, d'inventeur et d'organisateur de fêtes. Il s'intéresse aux sciences et aux techniques, élaborant des projets d'urbanisme et d'hydraulique. De 1495 à 1497, il peint à fresque *La Cène* à Sainte-Marie-des-Grâces, utilisant des matériaux nouveaux que le temps n'a pas épargnés (l'œuvre, malgré de nombreuses restaurations, est très dégradée).

Autoportrait de Léonard de Vinci.

En 1500, il est à Florence, où (exception faite d'un bref séjour au service de César Borgia), il réside jusqu'en 1506. À Florence, il peint (*Mona Lisa*, et plusieurs œuvres perdues ou inachevées) et fait des travaux de génie militaire. Son intérêt constant pour la science l'oriente vers l'ingénierie, l'anatomie, les mathématiques, l'architecture et l'optique. De 1506 à 1613, il est tantôt à Milan, conquis par les Français, tantôt à Florence où il règle des problèmes familiaux et honore d'anciennes commandes. Après un séjour à Rome (1513-1516), François Ier l'appelle auprès de lui et il s'installe à Amboise, au manoir de Cloux (aujourd'hui le Clos-Lucé) : il est nommé « premier peintre, ingénieur et architecte du roi ».
À sa mort, il laisse de précieux *Carnets* (publiés à partir de 1651) qui témoignent de son génie multiforme et exposent ses nombreuses inventions : machine volante, luth, char de guerre, parachute, etc., ainsi que ses observations théoriques (*Traité de la peinture*). En tant que peintre, il a bouleversé la peinture, notamment avec son utilisation des dégradés dont il tirera son inimitable technique du sfumato.

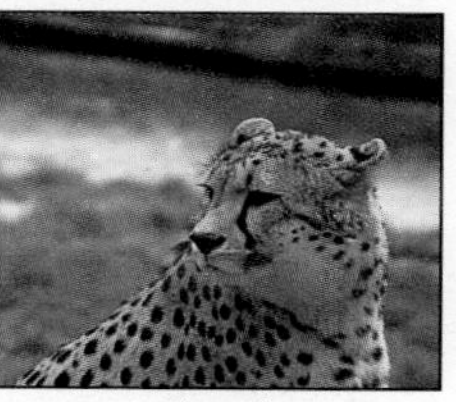
Léopard.

léopard n. m. Mammifère carnassier de la famille des félidés, à robe tachetée, également appelé panthère, vivant dans les forêts d'Afrique et d'Asie ; fourrure de ce carnassier. / MILIT. *Tenue léopard* : tenue de camouflage, tachetée de diverses couleurs. / HÉRALD. Lion passant, représenté par la tête de face. / ZOOL. *Léopard de mer* : grand phoque de l'Antarctique, carnivore et à pelage tacheté.
Leopardi (Giacomo, comte) 1798-1837 Écrivain italien. De santé fragile et habitué très tôt à la solitude, l'auteur des *Canzoni* (1824) et des *Canti* (1835) laisse une œuvre abondante marquée par le pessimisme, qu'il s'agisse de ses poèmes ou de ses ouvrages en prose (*Operette morali*, 1833). Théoricien (*Discours d'un Italien sur la poésie romantique*), il est aussi philologue (il avait appris tout seul le grec, l'hébreu, le français, l'espagnol et l'anglais) et philosophe : le *Zibaldone* est un journal intime intellectuel tenu de 1817 à 1832, où l'auteur s'exprime en toute liberté sur les sujets les plus divers : la philologie, la morale, la nature de l'homme, l'histoire ancienne et moderne, la psychologie, la poésie, la musique…

Fête en l'honneur de l'empereur **Léopold Ier**.

Léopold Nom de plusieurs souverains.

SAINT-EMPIRE ROMAIN GERMANIQUE

Léopold Ier 1640-1705 Roi de Hongrie en 1655, empereur en 1658. Durant tout son règne, il combat pour rendre son prestige à la maison d'Autriche. En 1660, il met fin à la guerre contre la Pologne, engagée par son père, mais perd la Transylvanie qui passera aux mains des Turcs deux ans plus tard. Il doit ensuite faire face à la révolte de la Hongrie et à la guerre de Hollande. Après 1683 (siège de Vienne par les Turcs), il parvient à vaincre la Sublime Porte et à récupérer la plaine de Hongrie et la Transylvanie (paix de Karlowitz, 1699). Il participe également aux guerres contre Louis XIV et revendique, à partir de 1700, le trône d'Espagne pour son fils Charles. **Léopold II** 1747-1792 Empereur en 1750. Frère de Marie-Antoinette, il succède à Joseph II. Par son libéralisme et son adresse politique, il rétablit l'autorité de la maison d'Autriche en Hongrie et aux Pays-Bas autrichiens (la Belgique actuelle), qui s'étaient révoltés en 1789, et signe la paix avec les Turcs (1791). Refusant d'intervenir contre les Français malgré la déclaration de Pillnitz (1791) qui assurait Louis XVI du soutien de l'Autriche et de la Prusse, il meurt à la veille du conflit avec la France révolutionnaire.

BELGIQUE

Léopold Ier de Saxe-Cobourg-Gotha 1790-1865 Roi des Belges en 1831. Prince de Saxe-Cobourg-Gotha, il est officier de l'armée russe pendant les guerres napoléoniennes. Naturalisé anglais, il épouse Charlotte, héritière du trône d'Angleterre, qui meurt en 1817. Après avoir refusé le trône de Grèce, il est élu roi des Belges par le Congrès national. Marié à la fille de Louis-Philippe, Louise d'Orléans, il joue un rôle d'arbitre en Europe et tente de préserver l'indépendance de la Belgique des ambitions prussiennes, hollandaises et françaises. **Léopold II** 1835-1909 Roi en 1865. Fils du précédent, il se montre soucieux de renforcer l'indépendance de la Belgique et d'en faire une grande puissance. Il protège son pays de Napoléon III, favorise la modernisation et l'essor économique. Il s'investit personnellement dans l'expansion coloniale de la Belgique en créant l'Association internationale du Congo. Celui-ci devient indépendant et Léopold, souverain du Congo depuis la conférence de Berlin (1887), le léguera à la Belgique en 1889, à la suite des scandales causés par les compagnies d'exploitation et des convoitises de l'Allemagne et de la France. Le testament ne sera accepté par le parlement belge qu'en 1908. **Léopold III** 1901-1983 Roi de 1934 à 1951. Il succède à son père Albert Ier et, un an plus tard, perd dans un tragique accident sa femme Astrid de Suède, très populaire en Belgique. Au début de la Seconde Guerre mondiale, il tente de résister à l'invasion allemande mais doit capituler (28 mai 1940), et est déchu par le Parlement belge réuni à Paris. Son attitude pendant la guerre et son remariage en 1941 le rendent impopulaire. Les Allemands l'emmènent en Allemagne avec sa femme (titrée princesse de Réthy) et ses fils, Baudouin et Albert. Il est libéré (1945) par les Alliés, mais, en butte à l'hostilité des socialistes et des libéraux, se retire en Suisse, son frère Charles, comte de Flandre, exerçant la régence. En 1950, un plébiscite lui permet de revenir à Bruxelles, où il se heurte à de nombreuses difficultés. Il nomme son fils Baudouin prince royal en août et abdique en sa faveur l'année suivante (juillet 1951).

Léopoldville Voir **Kinshasa**

L.E.P. ou **LEP** n. m. Sigle de (ou acronyme pour) *Lycée d'enseignement professionnel.*

Jean-Marie Le Pen.

Lépante (aujourd'hui *Naupacte*) Ancienne ville de la Grèce, au large de laquelle la flotte espagnole, commandée par don Juan d'Autriche, vainquit la flotte ottomane (1571). Cette victoire, cependant, ne réduisit pas la domination turque.

Lepautre (Jean) 1618-1682 Dessinateur et graveur français (planches d'architecture et de décoration) au trait fougueux et élégant. **Antoine** 1621 ?-1691 Architecte français. Frère du précédent, nommé architecte du roi en 1648, il dessina les plans pour le château du duc d'Orléans à Saint-Cloud et bâtit l'hôtel de Beauvais (1654) à Paris. **Pierre** 1660-1744 Sculpteur français. Neveu des précédents, il sculpta des œuvres de style baroque qui montrent l'influence de Bernin. Certaines furent placées dans les jardins des Tuileries : *Énée et Anchise* (1716), *Atalante*, *Faune à la biche*.

La Bataille de **Lépante**, *tableau de A. Vicentino (Palais des Doges, Venise).*

Le Pen (Jean-Marie) 1928 Homme politique français, fondateur du Front national (1972), parti d'extrême droite qui se scinda en 1999. Candidat en 2002 à l'élection présidentielle, il est battu au deuxième tour par J. Chirac.

Le Pichon (Xavier) 1937 Géophysicien français, l'un des principaux auteurs de la théorie de la tectonique des plaques.

Lépide (en latin **Marcus Aemilius Lepidus**) Ier s. av. J.-C. Homme politique romain. Membre du second triumvirat (43 av. J.-C.), il commanda l'Afrique, Octave commandant l'Occident et Antoine l'Orient. Il fut déposé en 36 av. J.-C. et mourut en exil dans le Latium en 13 av. J.-C, l'ensemble du pouvoir revenant à Octave, devenu Auguste.

lépidoptères n. m. pl. ZOOL. Ordre d'insectes dont les imagos possèdent quatre ailes membraneuses couvertes de minuscules écailles colorées et un appareil buccal, de type suceur, formant généralement une trompe qui s'enroule sur elle-même, connus couramment sous le nom de papillons. *Les lépidoptères sont des insectes à métamorphoses complètes, leur développement comporte un stade larvaire (chenille) et un stade nymphal (chrysalide).*

lépidosauriens n. m. pl. ZOOL. Groupe de reptiles comprenant les serpents, les lézards et les rhynchocéphales.

lépidotriche n. m. ZOOL. Chacun des rayons osseux, généralement fins et souples, qui soutiennent les nageoires, chez certains poissons ostéichtyens (notam. téléostéens).

Lépine (Louis) 1846-1933 Administrateur français. Gouverneur général de l'Algérie (1897-1899) et préfet de police (1893-1897 puis 1899-1912), il créa le concours qui porte son nom, qui récompense depuis 1902 les inventions des petits artisans et salariés.

Lépine (Pierre) 1901-1989 Médecin et virologiste français. Il mit au point un vaccin contre la poliomyélite et est également l'auteur de travaux sur les virus de la rage et de l'encéphalite

lépiote n. f. BIOL. Champignon basidiomycète à lamelles, à chapeau écailleux, à anneau, dépourvu de volve, dont une espèce, la lépiote élevée (ou coulemelle), est comestible.

lépisme n. m. ZOOL. Insecte thysanoure, aptère, de petite taille, de couleur gris argenté, à longues antennes, dont l'abdomen se termine par trois filaments. *Les lépismes sont fréquents dans les endroits humides des habitations.* Syn. poisson d'argent.

lèpre n. f. MÉD. Maladie infectieuse chronique, due au bacille de Hansen, dont il existe différentes formes, caractérisée en particulier par des atteintes cutanées et nerveuses. *Lèpre lépromateuse*: forme grave, contagieuse, de la lèpre, qui se manifeste par des atteintes cutanées, nerveuses et viscérales et s'accompagne de troubles de l'immunité. *Lèpre tuberculoïde*: forme relativement bénigne de la lèpre, non contagieuse. Syn. maladie de Hansen. / Fig. Mal qui ronge et se répand comme la lèpre. *La lèpre de l'intolérance.*

lépreux, euse adj. et n. Qui est atteint de la lèpre. / Fig. *Mur lépreux*, rongé, très endommagé.

Le Prieur (Yves) 1885-1963 Officier de marine et inventeur français qui conçut le premier scaphandre autonome (1926).

***Îles de Lérins** : Le fort de Sainte-Marguerite.*

Leprince-Ringuet (Louis) 1901-2000 Physicien français qui a étudié les rayons cosmiques.
lépromateux, euse adj. MÉD. *Lèpre lépromateuse* : voir lèpre.
léproserie n. f. Hôpital spécialisé dans l'accueil et le traitement des lépreux.
Leptis Magna (aujourd'hui *Lebda* en Libye) Ancienne ville d'Afrique du Nord. Fondée par les Phéniciens, elle fut colonisée par Carthage puis par Trajan.
leptocéphale adj. ZOOL. Forme larvaire d'un certain nombre de poissons (anguille, congre, notamment), qui ressemble à une feuille transparente et qui se transformera en civelle ;
leptoclase n. f. GÉOL. Fracture de roche de faible ampleur dont la longueur varie de quelques centimètres à plusieurs mètres. Les leptoclases sont divisées en deux classes selon l'origine de leur formation : piézoclases, dues à des actions mécaniques, et synclases, ou fissures, dues à un refroidissement de roches éruptives.
• **lepton** n. m. PHYS. NUCL. Particule élémentaire qui ne subit pas d'interaction nucléaire forte au sein des noyaux atomiques.
leptonique adj. PHYS. NUCL. Qui se rapporte au lepton. *Nombre leptonique.*
leptoquark n. m. PHYS. NUCL. Particule exotique prédite par la théorie, visant à étendre « le modèle standard » des particules élémentaires dans lequel 6 quarks et 6 leptons sont groupés par paires. *Les quarks interagissant par la force de « couleur » et toutes les particules interagissent par la force électrofaible, le leptoquark diffère de toutes les autres particules du fait qu'il porte à la fois la couleur et le nombre leptonique.*
leptospire n. m. BIOL. Bactérie de forme hélicoïdale, dont il existe de nombreuses espèces, responsable des leptospiroses.
leptospirose n. f. MÉD. Maladie infectieuse adoptant des formes variées, due aux leptospires, courante chez certains animaux et parfois transmise à l'homme. *Les leptospiroses sont des maladies cycliques, à rechutes presque constantes.*
lequel, lesquels, laquelle, lesquelles ; duquel, desquels, desquelles ; auquel, auxquels, auxquelles pron. rel. et inter. (Remplaçant *qui*, *que*, *dont*, en fonction de sujet, pour éviter répétition ou amphibologie) *La fille de Pierre, laquelle a succédé à son frère.* / (En fonction de complément indirect) *C'est la personne à laquelle je faisais allusion.* / adj. rel. *Auquel cas* : dans le cas où. / pron. inter. *Lequel est-ce ? Il se demande à laquelle s'adresser. Duquel s'agit-il ?*
Leriche (René) 1879-1955 Chirurgien français. Il développa la chirurgie du sympathique, étudia les maladies du sympathique ainsi que la physiologie des tissus osseux. Il est l'auteur d'importants ouvrages sur la douleur (*La Chirurgie de la douleur*, 1937).
Lérins (îles de) Archipel français de la Méditerranée (dans les Alpes-Maritimes), situé en face de Cannes. Il comprend principalement deux îles : Sainte-Marguerite (fort où a été détenu l'homme au Masque de fer) et Saint-Honorat (du nom de l'abbaye fondée au Ve siècle).
Lerma (Francisco Gómez de Sandoval y Rojas, duc de) 1552 ?-1625 Ministre et favori du roi d'Espagne Philippe III qui s'attira la haine du peuple et de la noblesse en bâtissant une énorme fortune, fruit de la générosité du roi et de ses propres prélèvements abusifs. Ruiné, il signa en 1609 la trêve de douze ans avec la Hollande, et expulsa les Morisques d'Espagne.
Lermontov (Mikhaïl Iourievitch) 1814-1841 Poète et romancier russe. Influencé par les auteurs romantiques français et anglais, il entama sa carrière de poète avec *L'Ange* (1831). Très touché par la mort de Pouchkine, il écrit *La Mort du poète* qui lui vaut d'être exclu de l'armée, dans laquelle il sert en tant qu'officier, et d'être exilé dans le Caucase. Il exprimera son désespoir romantique dans ses poèmes (*Le Démon*, 1841 ; *Le Novice*, 1839) et dans son grand roman *Un héros de notre temps* (1840). Il fut tué en duel.
Lerne MYTH. GR. Région marécageuse de l'Argolide où Hercule décapita l'hydre à neuf têtes.
Leroi-Gourhan (André) 1911-1986 Préhistorien français. Il chercha à reconstituer la structure, le fonctionnement et les croyances des sociétés préhistoriques : *La Civilisation du renne* (1936), *L'Homme et la Matière* (1943), *Les Religions de la préhistoire* (1964), *Faire l'histoire* (1974).
lérot n. m. ZOOL. Petit rongeur, à pelage blanc sur le ventre et brun sur le dos, dont la tête est ornée d'un bandeau noir.
Leroux (Pierre) 1797-1871 Philosophe et homme politique français. Saint-simonien, et ensuite membre de l'opposition républicaine en 1831, il fut élu à la Constituante en 1848. Il écrivit *De l'humanité, de son principe et de son avenir* (1840) et *De la ploutocratie* (1848).
Leroux (Gaston) 1868-1927 Écrivain et journaliste français. Au cycle des romans policiers dont le héros est le détective-reporter Rouletabille (*Le Mystère de la chambre jaune*, 1908 ; *Le Parfum de la dame en noir*, 1909) succède le cycle de Chéri-Bibi (*Fatalitas*, 1919 ; *Le Coup d'État de Chéri-Bibi*, 1926), aventures d'un évadé de Cayenne, hors-la-loi accablé par la dureté de la société.
Le Roy (Eugène) 1837-1907 Romancier français, attaché à la peinture de la vie quotidienne des petites gens de sa province natale, le Périgord (*Le Moulin du Frau*, 1895), et des luttes des paysans (*Jacquou le Croquant*, 1899).
Le Roy Ladurie (Emmanuel) 1929 Historien français, administrateur général de la Bibliothèque nationale entre 1987 et 1994. Il s'intéresse à l'histoire sur la durée et à une vision globale de celle-ci. À une parfaite maîtrise du sujet font écho un sens très personnel du récit et un style ferme et élégant qui lui ont acquis à la fois l'estime de ses pairs et la faveur du public. Auteur fécond, outre de nombreux ouvrages sur l'Ancien Régime (*L'Ancien Régime de Louis XIII à Louis XV, 1610-1770*, 1991), il a également écrit *Histoire du climat depuis l'an mil* (1967), *Montaillou, village occitan de 1294 à 1324* (1975), *Le Siècle des Platter* (2000), *Histoire de France des régions* (2001).
les Voir **le**
lès Voir **lez**
Lesage (Alain René) 1668-1747 Écrivain français. Il connut le succès avec *Crispin, rival de son maître* (1707), inspiré de la littérature picaresque espagnole. Son style vif et audacieux se retrouva dans le roman de mœurs (*Le Diable boiteux*, 1707 ; *Gil Blas de Santillane*, 1715-1735) et dans de nombreuses pièces, dont *Turcaret ou le Financier* (1709), satire des financiers qui fit scandale, mais rencontra un grand succès.
Lesage (Jean) 1912-1980 Homme politique québécois. Leader du parti libéral (non indépendantiste), il fut Premier ministre du Québec de 1960 à 1966 et organisa la *révolution tranquille*.
lesbianisme n. m. Homosexualité féminine.
lesbien, enne adj. et n. f. De Lesbos. / n. f. Femme homosexuelle. (Emploi adj.) *Amours lesbiennes.*
Lesbos ou **Mytilène** *1 630 km² 89 000 h.* Île grecque de la mer Égée, appartenant au nome du même nom *(2 154 km² 105 082 h.).* Celui-ci comprend également les îles de Lemnos, Hadios et Estratios. L'île de Lesbos est proche de la côte de Turquie, et riche en pâturages et en oliveraies. Elle appartint à la Turquie de 1462 à 1913. Mytilène est le port principal de l'île et le chef-lieu du nome.
Lescot (Pierre) 1515-1578 Architecte parisien. Il allie les qualités de mesure et de clarté propres au génie français aux acquis de la Renaissance italienne. Il a longtemps travaillé avec Jean Goujon comme décorateur : jubé de Saint-Germain-l'Auxerrois (1541-1544), salle des Caryatides et façades ouest de la cour Carrée du Louvre (1556).
lèse-majesté n. f. inv. Crime commis contre la personne ou l'autorité du souverain.
léser v. t. [1] Porter atteinte à, désavantager. *Léser des droits, des intérêts. Je ne veux pas vous léser.* / Provoquer une lésion à (un organe).
lésiner v. i. [1] Économiser petitement, se montrer avare.
lésion n. f. MÉD. Altération d'un organe, d'un tissu, due à une maladie ou à un traumatisme. / DR. Préjudice subi par une des parties dans un contrat à titre onéreux.
Leskov (Nikolaï Semenovitch) 1831-1895 Écrivain russe. Longtemps méconnu en raison de sa prétendue hostilité au socialisme et de son attachement à l'Église orthodoxe, il est l'auteur d'histoires et de contes qui évoquent, avec une grande originalité d'expression et beaucoup de pénétration, la vie et les traditions des campagnes russes : *Lady Macbeth au village* (1865), *Gens d'Église* (1872), *L'Ange scellé* et *Le Vagabond ensorcelé* (1873).
• **Lesotho** État de l'Afrique du Sud, membre du Commonwealth.
Lespinasse (Julie de) 1732-1776 Femme de lettres française. Protégée de Mme du Deffand, elle ouvrit elle-même un salon où se réunirent les grands écrivains de son temps. Ses *Lettres à Guibert* furent publiées en 1809.

La Vénus de **Lespugue**.

Lespugue *85 h.* Commune de Haute-Garonne où l'on découvrit en 1922, dans la grotte des Rideaux, une statuette en ivoire de mammouth qu'on nomma *Vénus de Lespugue* et qu'on data de 20 000 ans av. J.-C.
lesquels, lesquelles Voir **lequel**
Lesseps (Ferdinand Marie, vicomte de) 1805-1894 Diplomate français. En poste en Égypte en 1833, il se lia avec le prince héritier Saïd, futur vice-roi d'Égypte, puis poursuivit sa carrière en Espagne. Une brève disgrâce l'éloigna de la diplomatie en 1849 et on fit de nouveau appel à lui lorsque Saïd accéda au pouvoir (1854). Il obtint de ce dernier la concession de la construction du canal de Suez, inauguré en

LESOTHO

Superficie : *30 355 km²* – **Nombre d'habitants :** *2 131 000 h.* – **Capitale :** *Maseru*
Villes principales : *Teyateyaneng, Mafeteng* – **Système politique :** *monarchie parlementaire*
Langue(s) : *anglais, sotho* – **Religion(s) :** *christianisme, animisme* – **Monnaie(s) :** *loti*

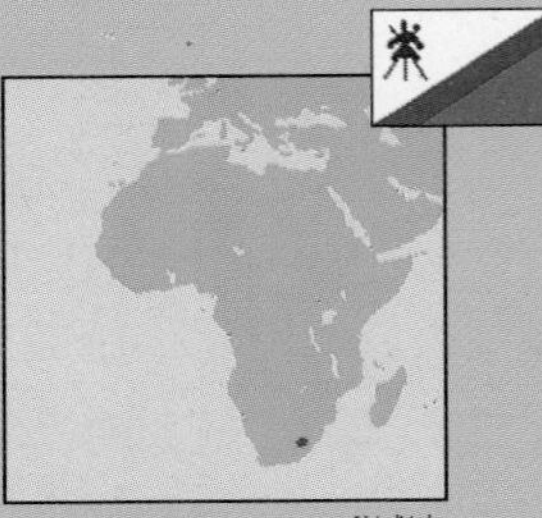

Voir l'Atlas

Village du Lesotho.

Géographie

Les faibles ressources de ce petit pays montagneux et volcanique sont agricoles : céréales, élevage. Elles ne suffisent pas à nourrir le pays. 30 % de la population active travaille dans les mines de la république d'Afrique du Sud. L'industrie textile est vouée à l'exportation. La centrale hydroélectrique du barrage construit (1997) sur le fleuve Orange (*Highland Water Project*) est conçue pour couvrir tous les besoins du Lesotho en énergie et procurer d'importants revenus au pays, en alimentant en électricité la région de Johannesburg.

Histoire

En 1868, les Britanniques, à la demande du roi, établirent un protectorat sur le pays des Sothos, devenu le Basutoland (pays des Sothos). En 1966, le Basutoland, qui avait conservé son autonomie malgré les pressions de l'Afrique du Sud, devint, avec à sa tête le roi Moshoeshoe II, un État indépendant membre du Commonwealth.
En 1986, un coup d'État militaire remplaça le Premier ministre par le général Lekhanya et l'armée déposa (1991) le roi, le remplaçant par son fils, Letsie III, qui a succédé légitimement à son père à la mort de ce dernier, en 1996, mais il n'a guère de pouvoir. En 1991, une junte militaire renversa Lekhanya et établit le multipartisme.
La victoire absolue du parti au pouvoir aux élections de mai 1998 a été contestée par l'opposition et l'armée sud-africaine est intervenue en septembre.
Les résultats des élections législatives de septembre 2002 ont été validés par les observateurs de l'Union européenne et le pays évolue dans la voie de la démocratie, tout en prenant des mesures pour lutter contre la corruption ; mais le tiers de la population est touché par le virus du sida et la famine menace plus de 400 000 personnes.

Plaine cultivée du Lesotho.

1869 par l'impératrice Eugénie. Mais la compagnie qu'il créa en 1880 pour le percement de l'isthme de Panama fit faillite (1889). Après le scandale, il fut condamné à 5 ans de prison, condamnation annulée par la Cour de cassation, et dont Lesseps n'eut pas connaissance : mentalement malade, il mourut avant le verdict.

Lessing (Gotthold) 1729-1781 Écrivain allemand, considéré comme le principal représentant en Allemagne de l'Europe des Lumières. Dramaturge, il fit évoluer le théâtre vers le réalisme (*Les Juifs*, 1749, peuvent être considérés comme annonçant le drame bourgeois) ; critique, il chercha à libérer le théâtre allemand des influences étrangères et surtout françaises, le théâtre français étant jugé trop aristocratique (*Lettres sur la littérature*, 1759-1765 ; *Dramaturgie de Hambourg*, recueil d'articles de 1767-1768). Il écrivit plusieurs pièces, dont *Miss Sarah Sampson* (1755), *Minna von Barnhelm* (1767) et *Nathan le Sage* (1779), pièce philosophique sur la tolérance. Historien des arts et des religions, il publia un important essai sur la théorie des arts : *Laocoon ou les limites entre peinture et poésie* (1766) et un ouvrage sur la philosophie des religions : *L'Éducation du genre humain* (1780).

Lessing (Doris) 1919 Romancière anglaise d'origine sud-africaine. Sa jeunesse en Rhodésie lui inspira *Les Enfants de la violence* (5 vol., 1952-1969). *Le Carnet d'or* (1962) évoque ses déceptions tant sur le plan politique que personnel.

lessivage n. m. GÉOL. Processus par lequel se produit la migration des substances organiques et des sels minéraux des couches supérieures vers les couches inférieures du sol.

lessive n. f. Produit (le plus souvent alcalin, et généralement présenté en poudre) utilisé pour le lavage du linge. / Action de laver le linge. / Linge à laver, ou déjà lavé.

lessiver v. t. [1] Nettoyer (qqch.) avec de la lessive. / CHIM. Dissoudre dans de l'eau (les parties solubles d'un corps). / Loc. fig., fam. *Être lessivé* : être fatigué ; (dans les jeux d'argent) avoir tout perdu.

lessiveuse n. f. Récipient à couvercle dans lequel on peut faire bouillir le linge à lessiver.

lessivier n. m. Fabricant de lessive.

lest n. m. Charge destinée à stabiliser un navire ou un aéronef, à augmenter l'adhérence d'un véhicule au sol. / Sac(s) de sable qu'on largue d'un aérostat pour le faire monter. / Fig. *Jeter du lest* : faire des concessions. / PHYSIOL. *Aliment de lest*, sans valeur énergétique (la cellulose des fruits et légumes, par exemple), qui donne au bol alimentaire le volume nécessaire à sa progression dans le tube digestif.

lestage n. m. Action de lester ; résultat de cette action. Ant. délestage.

leste adj. Agile. *Il est encore leste pour son âge.* / Loc. iron. *Avoir la main leste* : être prompt à donner des coups pour se faire obéir. / Fig. Grivois. *Histoires lestes.*

lestement adv. Avec agilité, prestesse. *Il s'en est lestement emparé.*

lester v. t. [1] Charger (qqch.) de lest. Ant. délester.

Le Sueur (Eustache) 1616-1655 Peintre français, représentant du classicisme. Entré en 1632 dans l'atelier parisien de Simon Vouet, il fut influencé par Raphaël et Poussin. Membre fondateur de l'Académie royale de peinture et de sculpture (1648), il créa, avec pureté et élégance, des toiles inspirées de la Bible et de l'histoire ancienne (*Vie de saint Bruno*, 22 tableaux, 1645-1648, Louvre).

Leszczyński Famille noble polonaise dont sont issus Stanislas Ier (1677-1766), roi de Pologne, et sa fille Marie Leszczyńska, épouse de Louis XV.

let n. m. (mot anglais) SPORT (Dans les jeux utilisant un filet) Coup nul, quand la balle de service, ayant touché le filet au passage, pourrait marquer le point. / (En appos.) *Balle let.*

létal, ale, aux adj. Qui entraîne la mort. *Dose létale*, mortelle.

letchi Voir **litchi**

Le Tellier (Michel) 1603-1685 Homme d'État français. Apprécié par Mazarin, il devient secrétaire d'État à la Guerre sous Louis XIV en 1643, il réorganise l'armée en étroite collaboration avec son fils, Louvois, qui lui succède à sa charge en 1677, tandis qu'il est nommé chancelier. Il signe en 1685 la révocation de l'édit de Nantes.

léthargie n. f. MÉD. État pathologique dans lequel le sujet est plongé dans un sommeil profond et prolongé, les fonctions vitales paraissant abolies. / Fig. Abattement, apathie. *Sortir de sa léthargie.*

léthargique adj. MÉD. Qui procède de la léthargie. / Apathique.

Léthé (le) MYTH. GR. Fleuve de l'Oubli, aux Enfers entre le Tartare et les champs Élysées ; son eau enlevait aux morts le souvenir de leur vie antérieure.

Léto ou **Latone** MYTH. GR. Enfant des Titans. Elle donna à Zeus deux jumeaux, Apollon et Artémis, dans d'atroces douleurs provoquées par la jalousie d'Héra. Appelée Latone par les Romains.

lette, lettique ou **letton** n. m. LING. Langue indo-européenne du groupe baltique parlée en Lettonie.

letton, onne ou **one** adj. et n. De Lettonie. *Ports lettons. Un(e) Letton(ne).* / n. m. LING. Synonyme de lette.

• **Lettonie** République balte, située au sud de l'Estonie.

lettre n. f. **I.** Caractère d'un alphabet, correspondant (seul ou avec d'autres) à un son (phonème) et représenté par un signe graphique distinct. / Chacun de ces caractères, tel qu'il est tracé. *En toutes lettres* : sans abréviation. / Spécial. *Un nombre écrit en toutes lettres*, avec des lettres et non des chiffres. / TYPO., IMPRIM. Chacun de ces caractères en plomb, en relief et en représentation inversée ; chacun de ces caractères, tel qu'il est imprimé par quelque procédé d'impression que ce soit. *Lettre capitale* : majuscule. *Lettre en bas de casse* : minuscule. / Son que représente chacune de ces lettres. *Les lettres de l'alphabet se répartissent entre consonnes et voyelles.* **II.** *La lettre* : le texte précis, respecté strictement. *La lettre et l'esprit.* / Loc. adv. *À la lettre* ou *au pied de la lettre* : au sens exact, littéral, strict d'un texte. *Respecter le règlement à la lettre.* / *Lettre morte* : texte juridique, règlement qui n'est plus en usage ; au fig. *Rester lettre morte* : rester sans effet, sans résultat. / BX-ARTS Légende d'une estampe. *Épreuve, tirage avant la lettre*, réalisé(e) avant l'adjonction de toute mention (légende ou signature) ; au fig. : avant l'état définitif d'une technique, d'une science. *Les astrologues de l'Antiquité étaient des astronomes avant la lettre.* **III.** Écrit envoyé à quelqu'un, notam. sous enveloppe et par voie postale. *Une longue lettre d'amour. Lettre ouverte* : écrit à caractère souvent polémique, adressé à une personnalité et simultanément rendu pu-

Un épisode de la conquête du Mexique, extrait des « **Lettres** à Charles Quint sur la découverte et la conquête du Mexique », par Hernán Cortés.

blic. / Fig. et fam. *Passer comme une lettre à la poste* : réussir, s'accomplir avec une grande facilité. / Document politique, administratif, financier. *Lettres patentes*, accordant un privilège royal. *Lettres de noblesse* : document royal accordant à un roturier la qualité de noble ; au fig. *Avoir, acquérir ses lettres de noblesse* : avoir une illustre origine, acquérir les qualités généralement attribuées à la noblesse. *Lettre de cachet* : sous l'Ancien Régime, ordre royal d'emprisonnement ou d'exil. *Lettre de créance* : acte officiel accréditant un ambassadeur auprès d'un gouvernement. *Lettre de change* : acte par lequel une personne invite une autre personne à payer à une troisième personne une somme déterminée. **IV.** *Les lettres* : la culture littéraire. *Homme, femme de lettres* : écrivain(e). *Lettres classiques, modernes* : voir *classique, moderne*.

lettré, e adj. et n. Qui a des lettres, de la culture littéraire.

Lettres de mon moulin (les) 1866 Recueil de contes d'Alphonse Daudet. L'auteur évoque avec bonhomie les habitants de la Provence où il a passé son enfance : *La Chèvre de M. Seguin, L'Arlésienne, L'Élixir du révérend père Gaucher.*

Lettres persanes 1721 Œuvre satirique de Montesquieu. Deux Persans, Rica et Usbek, venus à Paris, échangent des lettres avec leurs amis et serviteurs restés en Perse. Ils décrivent de manière faussement naïve la vie et la société parisiennes sous la Régence. L'œuvre critique hardiment l'Église, la guerre et la monarchie.

lettrine n. f. Lettre majuscule, généralement très agrandie, commençant un chapitre, un paragraphe.

lettrisme n. m. École littéraire créée en 1945, et principalement illustrée par Isidore Isou, selon laquelle seule importe en poésie la sonorité des lettres, leurs divers graphismes et non le sens des mots.

lettriste adj. et n. Adepte du lettrisme.

leu n. m. Forme ancienne de *loup*. / loc. adv. *À la queue leu leu* : à la file, en se suivant.

Leucate ou **Salses (étang de)** *80 km²* Étang salé du littoral méditerranéen (Aude et Pyrénées-Orientales) séparé de la mer par un cordon de dunes. Lieu touristique important.

leucémie n. f. MÉD. Affection caractérisée par l'augmentation considérable du nombre de leucocytes, ou de leurs précurseurs, dans le sang ou dans la moelle osseuse. *Il existe de nombreux types de leucémie, chroniques ou aigus.*

leucémique adj. et n. MÉD. De la leucémie. / Atteint de leucémie. / n. *Un(e) leucémique.*

leucine n. f. BIOCHIM. Acide aminé essentiel, à chaîne non polaire, de formule $(CH_3)_2$–CH–CH_2–CH(NH_2)–COOH.

Leucippe 460 ?-370 ? av. J.-C. Philosophe grec. Atomiste, il influença Démocrite et Épicure. On ne possède de son œuvre que certains fragments.

leucocytaire adj. BIOL. Des leucocytes.

leucocyte n. m. BIOL. Cellule nucléée du sang, couramment appelée globule blanc. *Les leucocytes jouent un rôle essentiel dans la défense immunitaire ; il en existe différents types : ce sont des polynucléaires, à noyau lobé, des lymphocytes ou des mononucléaires.*

leucoderme adj. et n. ANTHROPOL. Dont la peau est blanche.

leucorrhée n. f. MÉD. Écoulement par la vulve d'un liquide blanchâtre ou jaune, généralement d'origine infectieuse, parasitaire ou mycosique. Syn. pertes blanches.

Leuctres Ville de Béotie dans la Grèce antique, où les Thébains, commandés par Épaminondas, vainquirent les Spartiates en 371 av. J.-C. Ils dominèrent ensuite le centre de la Grèce.

leude n. m. HIST. Sous les Mérovingiens, homme libre lié à qqn, généralement au roi, par fidélité personnelle.

L

LETTONIE

Superficie : *65 200 km²* – **Nombre d'habitants :** *2 390 000 h.* – **Capitale :** *Riga*
Villes principales : *Daugavpils, Liepaja* – **Système politique :** *république* – **Langue(s) :** *letton (officielle), lituanien, russe* – **Religion(s) :** *christianisme* – **Monnaie(s) :** *lats*

Voir l'Atlas

Travaux des champs dans la pleine centrale de Lettonie.

Géographie

Cette vaste plaine côtière, soumise à un climat rude, est le domaine de la forêt, de cultures pauvres (seigle, pomme de terre, lin) et d'un important élevage bovin. C'est le plus industrialisé des États baltes : industries mécaniques, textiles et alimentaires. Son centre économique est le port de Riga.

Histoire

Colonisée par les Allemands (chevaliers Porte-Glaive) à partir du XIIᵉ siècle, puis successivement polonaise (1561), suédoise (1621), russe (1710), la Lettonie est indépendante de 1921 à 1940. Occupée par l'armée rouge en juin 1940, elle devient en août une république fédérée de l'U.R.S.S. que l'armée allemande occupe de 1941 à 1944. En 1991, l'U.R.S.S. reconnaît son indépendance. La Lettonie a été longtemps dirigée par une coalition centriste minoritaire. Les élections législatives d'octobre 2002 ont porté au pouvoir le parti Nouvelle Ère, de tendance libérale. Le pays entrera en 2004 dans l'Union européenne. Vaira Vike-Freiberga a été élue en 1999 à la présidence de la République.

La cathédrale orthodoxe de Riga.

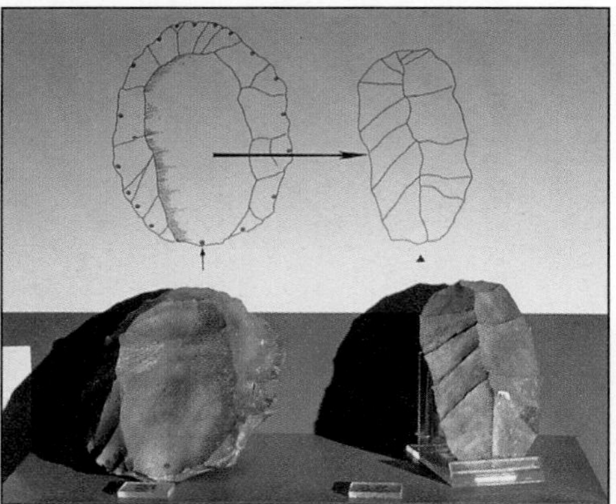

Haches de pierre du Paléolithique moyen, taillées selon la technique **Levallois**. (Musée archéologique national, Madrid).

Construction du château de Versailles sous la direction de **Louis Le Vau**.

leur [1] pron. pers. m. et f. inv. À eux, à elles (toujours avant le verbe, sauf lorsque le verbe est à l'impératif) *Nous leur avons transmis votre offre. Donnez-leur davantage d'informations.*

leur, leurs [2] adj. et pron. poss. m. et f. Qui est à eux, qui est à elles. *Leur livre. Leurs valises.* / pron. poss. *Le leur, la leur, les leurs*: celui, celle, ceux ou celles qui est (qui sont) à eux, à elles. *Vos meubles et les leurs. Notre fille et la leur. Nos enfants et les leurs.*

leurre n. m. Oiseau de cuir rouge sur lequel on attache un appât pour faire revenir le faucon sur le poing. / PÊCHE Appât factice muni d'un hameçon. / MILIT. Système électronique de défense, servant à tromper les moyens de détection ennemis (radars), et qui équipe les avions de combat, les sous-marins, etc. / Fig. Artifice servant à tromper, illusion. *Cette proposition n'est qu'un leurre.*

leurrer v. t. [1] Dresser (un rapace) à revenir au leurre. / Tromper (qqn) par un leurre. / (Emploi pron.) Se faire des illusions.

levade n. f. ÉQUIT. Saut du cheval appuyé sur ses jarrets et qui dresse l'avant-main.

levain n. m. Pâte à pain fermentée servant à faire lever le pain. / Fig. Ce qui peut faire grandir les sentiments, les passions. *Un levain de discorde.*

Levallois-Perret *47 548 h.* Commune industrielle des Hauts-de-Seine où des fouilles dégagèrent de nombreux outils de la période moustérienne (Paléolithique moyen), élaborés suivant des procédés désormais baptisés la *technique Levallois*.

levant adj. et n. m. Qui se lève (par oppos. à *couchant*). *Soleil levant.* / n. m. Est, orient. *Le soleil est au levant.* / Vieilli *Le Levant*: l'ensemble des pays de la Méditerranée orientale.

Levant (île du) *9,6 km²* La plus orientale des îles d'Hyères (Var), centre naturiste et base de missiles de la marine militaire française.

Levant Nom donné autrefois à l'ensemble des pays bordant la Méditerranée orientale, qui entretinrent avec l'Europe un commerce très actif.

levantin, e adj. et n. Des pays du Levant.

Levassor (Émile) 1843?-1897 Ingénieur français. En 1886, il fonda avec René Panhard une société qui commercialisa en 1891 la première voiture à essence.

Le Vau (Louis) 1612-1670 Architecte français. Il doit sa renommée aux élégants hôtels particuliers qu'il construit à Paris (hôtels Lambert, Lauzun) et à plusieurs châteaux de la région parisienne (Meudon, Sucy-en-Brie). Pour Fouquet, il conçoit le château de Vaux-le-Vicomte (1656-1661), dont la somptuosité excitera la jalousie du roi, et, en l'honneur de Mazarin, le collège des Quatre-Nations. Il travaille à Vincennes, aux Tuileries et au Louvre et, dès 1667, est chargé par Louis XIV de la direction du chantier de Versailles, auquel il se consacre jusqu'à sa mort, et que poursuivra son élève, François d'Orbay. Son style monumental et sobrement maîtrisé ne néglige pas les apports du baroque et annonce les réalisations les plus importantes du classicisme.

levé, ée [1] adj. Debout. *Pierre levée*: menhir. / Loc. *Au pied levé*: sans préparation, à l'improviste. / CUIS. *Pâte levée*, gonflée par la fermentation.

levé ou **lever [2]** n. m. En topographie, établissement d'un plan ou d'une carte, notam. à l'aide de clichés aériens.

levée n. f. Action d'enlever. *Levée des scellés. Levée du corps*: enlèvement d'un mort de la maison mortuaire; la cérémonie qui l'accompagne. *Levée d'un siège*: retrait des troupes qui assiègent une place. *Levée d'une séance*, sa fin. / Action de ramasser, de rassembler. *Levée du courrier. Levée en masse* ou *levée de troupe*: enrôlement dans l'armée d'un grand nombre de citoyens pouvant porter les armes. / *Levée de terre*: remblai surélevé longeant un cours d'eau susceptible de déborder de son lit.

lever [1] v. t. / v. i. [1] **A.** Porter de bas en haut, déplacer ou diriger vers le haut. *Lever son verre. Lever les bras. Lever les yeux, le regard.* / Mettre à la verticale. *Lever un malade.* / Mettre sur pied, mobiliser. *Lever une armée.* / Ôter, retirer. *Lever le couvercle. Lever les scellés.* Loc. *Lever le camp*: plier bagage et s'en aller. / Relever. *Lever le rideau.* Loc. fig. *Lever le voile sur*: révéler. / *Lever un plan, une carte*, en tracer le relevé. / Prélever. *Lever une aile de poulet.* / Collecter, percevoir. *Lever l'impôt.* / Mettre fin à, supprimer. *Lever la séance. Lever les difficultés. Lever une hypothèque.* / Faire sortir (un gibier) de son abri. *Lever un lièvre.* **B.** v. i. Sortir de terre, pousser. *Le blé lève.* / Gonfler en fermentant. *Le pain lève.* **C.** v. pron. Se mettre debout. / Sortir de son lit. / Fig. Se révolter. / En parlant d'un astre, du vent, de la mer ou du temps: commencer à apparaître, à souffler, à devenir forte, à s'éclaircir.

lever [2] n. m. Action de sortir du lit. *Lever du roi*: cérémonie où, à son réveil, le roi recevait les courtisans. / Apparition d'un astre à l'horizon. / THÉÂTRE *Lever de rideau*: moment où l'on remonte le rideau qui cache la scène.

lever [3] Voir **levé**

Le Verrier (Urbain) 1811-1877 Astronome français, directeur de l'observatoire de Paris (1854-1870). Pour expliquer les perturbations qu'il avait observées dans le mouvement de la planète Uranus, il émit l'hypothèse de l'existence d'une autre planète, inconnue. Le 23 septembre 1846, quelques jours après avoir pris connaissance des calculs de Le Verrier, l'astronome allemand J. Galle, de l'observatoire de Berlin, découvrit Neptune, huitième planète du système solaire.

Lévesque (René) 1922-1987 Homme politique québécois. Ministre dans le gouvernement de J. Lesage (1960-1966), il fonda en 1968 le Parti québécois, indépendantiste. Premier ministre du Québec (1976-1985), il proposa un référendum sur son projet de souveraineté du Québec et d'association économique avec le Canada (1980). Malgré son échec, il ne démissionna de la tête de son parti et du poste de Premier ministre qu'en 1985.

Primo Levi.

Lévi Selon l'Ancien Testament, le troisième fils de Jacob et de Lia. Ancêtre de la tribu d'Israël qui porte son nom, dont les membres étaient voués au service de Dieu au temple de Jérusalem. Moïse et Aaron appartenaient à la tribu de Lévi.

Levi (Carlo) 1902-1975 Écrivain et peintre italien. Antifasciste, il fut assigné à résidence en Basilicate; cette expérience lui inspira un récit, *Le Christ s'est arrêté à Eboli* (1945), où l'auteur manifeste à la fois sa générosité d'esprit et de cœur et une grande pénétration ethnologique.

Levi (Primo) 1919-1987 Écrivain italien. Il fut déporté et, peu après sa libération des camps, il publia non pas le récit de cette épreuve, mais une méditation désespérée sur l'impossibilité de la communication entre les hommes (*Si c'est un homme*, 1947). Il attendit plusieurs années pour parler de son retour (*La Trêve*, 1963) et revint ensuite sur les thèmes de la guerre et du monde juif (*Maintenant ou jamais*, 1982; *Les Naufragés et les Rescapés*, 1986); il s'est suicidé.

Léviathan En Phénicie, monstre marin mythologique, symbolisant les forces du Chaos. Il dévorait le soleil et la lune, provoquant ainsi les éclipses. Il est évoqué dans la Bible à plusieurs reprises (Job, Psaumes, Isaïe).

Léviathan (le) 1651 Ouvrage philosophique dans lequel l'Anglais Thomas Hobbes expose sa philosophie politique fondée sur l'absolutisme et sur une conception matérialiste et utilitariste de l'État permettant à l'homme de survivre au sein de la société à laquelle il doit abandonner ses droits naturels.

levier n. m. Tige rigide, calée sur un point d'appui ou sur un pivot, et servant à soulever des fardeaux. / TECHN. Dans un mécanisme, organe de commande. *Levier de changement de vitesse.* / Fig. Moyen d'action efficace. *Être aux leviers de commande*: posséder le pouvoir, les moyens de diriger.

Levinas (Emmanuel) 1905-1995 Philosophe français. Né en Lituanie, il fit ses études à Strasbourg avant d'enseigner à Paris. Il introduisit la pensée de Husserl et de

Heidegger en France (*En découvrant l'existence avec Husserl et Heidegger*, 1949), tout en poursuivant son étude poussée du judaïsme (*Quatre Leçons talmudiques*, 1968). Il prit peu à peu ses distances avec la phénoménologie pour arriver à sa propre théorie éthique de l'Autrui (*Totalité et Infini*, 1961).

lévirat n. m. ETHNOL. Coutume patriarcale des Hébreux, codifiée par Moïse, qui veut que l'épouse d'un homme décédé sans enfant devienne celle de son frère.

Lévi-Strauss (Claude) 1908 Ethnologue français. Après avoir abandonné ses études de philosophie, il se tourne vers l'ethnographie. Il est professeur de sociologie au Brésil en 1934, puis, aux États-Unis durant la Seconde Guerre mondiale, il s'intéresse aux modèles anthropologiques se fondant sur la communication et plus particulièrement la linguistique structurale. De retour en France en 1948, il devient professeur au Collège de France (1959). Son ouvrage *Structures élémentaires de la parenté* (1949) applique sa nouvelle méthodologie aux phénomènes sociaux tels que le mariage et les liens familiaux. Il a relaté ses observations ethnologiques d'Amazonie dans *Tristes Tropiques* (1955), et n'a cessé d'étendre son champ d'investigation : *Anthropologie structurale* (1958, 2e vol. 1973), *La Pensée sauvage* (1962), *Mythologiques* (5 vol., 1964-1985), *Histoire de lynx* (1991).

lévitation n. f. Élévation, en dehors de toute intervention matérielle ou physique, d'une personne au-dessus du sol.

lévite n. **I.** n. m. HIST. Membre de la tribu de Lévi consacrée au service du Temple. **II.** n. f. Longue redingote (analogue à celle que portaient traditionnellement les lévites au théâtre).

Lévitique (le) Troisième livre du Pentateuque, destiné à l'instruction des prêtres d'Israël. Il contient les prescriptions rituelles, les lois de sainteté et de pureté que doivent observer les israélites.

lévogyre adj. PHYS. Qui dévie à gauche le plan de polarisation de la lumière (par oppos. à *dextrogyre*).

levraut n. m. Jeune lièvre.

lèvre n. f. ANAT. Chacune des parties charnues, roses et glabres, qui bordent la bouche et qui recouvrent les dents. *Sourire, parler, manger du bout des lèvres*, en remuant à peine les lèvres, et avec réticence. / *Lèvres de la vulve* : replis de l'appareil génital féminin. *Grandes et petites lèvres.* / Par anal. Bord d'une ouverture. *Lèvres d'une plaie.* / ZOOL. (Chez les insectes) *Lèvre inférieure* : labium. *Lèvre supérieure* : labre. / BOT. Lobe proéminent de la corolle de certaines fleurs gamopétales (par ex. labiées, scrofulariacées).

levrette n. f. Femelle du lévrier.

lévrier n. m. Chien de haute taille, à tête et museau allongés, à la poitrine étroite, au ventre incurvé.

levron, onne n. Jeune lévrier ; lévrier de petite taille.

lévulose n. m. BIOCHIM. Syn. de fructose.

levure n. f. BIOL. Champignon unicellulaire ascomycète, qui se reproduit par bourgeonnement. *Les levures sont utilisées pour réaliser certaines fermentations alcooliques et pour faire lever la pâte à pain.* / *Levure chimique* : mélange chimique utilisé en pâtisserie pour faire lever la pâte. Syn. poudre à lever.

Lévy-Bruhl (Lucien) 1857-1939 Sociologue et philosophe français. Il est l'auteur de *La Morale et la Science des mœurs* (1903), où il remet en cause l'existence d'une morale théorique unique. Il utilisera ensuite cette observation relativiste pour développer le concept de mentalité primitive, prélogique, par opposition à la mentalité rationnelle : *Les Fonctions mentales dans les sociétés inférieures* (1910), *La Mentalité primitive* (1922), *La Mythologie primitive* (1935).

Carl Lewis.

Lewin (Kurt) 1890-1947 Psychologue et sociologue américain d'origine allemande. Il élabora, vers la fin de la Seconde Guerre mondiale, la notion de dynamique des groupes, au travers de laquelle il tenta d'obtenir un modèle expérimental des comportements de groupes de personnes basé sur des méthodes s'inspirant à la fois de la science physique et de la psychosociologie.

Lewis (Matthew Gregory) 1775-1818 Écrivain anglais. Son œuvre la plus célèbre, *Le Moine* (1796), un roman dans lequel le héros est un prêtre satanique, provoqua un tel scandale que son auteur fut contraint d'en publier une version expurgée. Il enthousiasma les surréalistes et fut traduit en français par Antonin Artaud (1934).

Lewis (Gilbert Newton) 1875-1946 Chimiste américain. Il créa la notion de covalence (1913). Il étudia également les équilibres chimiques, développant une théorie des équilibres acide-base.

Lewis (Sinclair) 1885-1951 Écrivain américain. Ses romans (*Main Street*, 1920 ; *Babbitt*, 1922 ; *Elmer Gantry*, 1927) décrivent la vie de l'Amérique moyenne des petites villes dans les années de l'entre-deux-guerres.

Lewis (Joseph Levitch, dit **Jerry)** 1926 Acteur et cinéaste américain. Partenaire comique de Dean Martin dans de nombreux films (*Un pitre au pensionnat*, 1955), il passe à la réalisation avec *Le Dingue du palace* (1960), *Docteur Jerry et Mister Love* (1963).

Lewis (Carlton McHinley, dit **Carl)** 1961 Athlète américain. Sprinter et sauteur en longueur, il remporta 4 médailles d'or aux jeux Olympiques de 1984, une à ceux de 1988 et deux à ceux de 1992.

lexème n. m. LING. Unité minimale de signification. *Dans « attendrissement », le lexème est « tendre ».*

lexical, ale, aux. LING. Du lexique ; relatif au lexique.

Lézard.

*Palais du Potala, **Lhassa**, Tibet* (© Sophie Rieubland/Philippe Chanez).

lexicalisation n. f. LING. Fait d'être lexicalisé.

lexicaliser v. t. [1] LING. Devenir une unité lexicale autonome. *« Petit-suisse » a été lexicalisé au début du XXe siècle.*

lexicographe n. LING. Auteur de dictionnaires de langue.

lexicographie n. f. LING. Art et technique de la rédaction de dictionnaires de langue.

lexicographique adj. De la lexicographie.

lexicologie n. f. LING. Partie de la linguistique consacrée à l'étude des unités de signification (lexèmes, monèmes), de leur combinaison (lexies, mots), de leur histoire (étymologie) et de la manière dont elles fonctionnent dans un système socioculturel donné.

lexicologique adj. De la lexicologie.

lexicologue n. LING. Spécialiste de lexicologie.

lexie n. f. LING. Unité lexicale, qu'il s'agisse d'un mot (table) ou d'un syntagme lexicalisé (petit déjeuner, pomme d'amour).

lexique n. m. Dictionnaire des termes propres à une science, un art, un auteur. / Dictionnaire bilingue abrégé. / Ensemble des mots d'une langue déterminée (par oppos. à *grammaire*). / Glossaire figurant à la fin d'un ouvrage.

Leyde *115 167 h.* Ville des Pays-Bas, sur le Vieux Rhin, dans la province de Hollande-Méridionale. Leyde connut au XVIe siècle, grâce à ses industries textiles, à ses imprimeries et à son université fondée en 1575, une très grande prospérité. Patrie de Rembrandt, elle est aujourd'hui une ville industrielle et touristique (église Saint-Pierre, gothique, datant du XIVe siècle).

Leyte *6 268 km² 1 302 648 h.* Île volcanique des Philippines (dans les Visayas) reprise par les Américains aux Japonais en 1944 au cours d'un combat aéronaval meurtrier.

lez ou **lès** prép. Vx Près de (le mot ne subsiste que dans des noms de lieux : Villeneuve-lès-Avignon…).

lézard n. m. ZOOL. Reptile saurien, au corps allongé, à quatre pattes, à longue queue, qu'il est capable de séparer du corps en cas de danger, pour échapper à ses prédateurs. *Lézard vert. Lézard des murailles.* / Peau de ces animaux, utilisée en maroquinerie. / Fig. *Faire le lézard* : se prélasser au soleil. / Fam. *Il n'y a pas de lézard* : il n'y a pas de problème.

Lézard Constellation boréale ; voir **constellation**.

lézarde n. f. Fente profonde et irrégulière dans une construction. / Fig. et litt. Rupture, souvent implicite, d'ordre affectif. *Les lézardes d'une amitié.*

lézarder v. i. / v. t. [1] **A.** v. i. Fam. Paresser en se chauffant au soleil. **B.** v. t. Fissurer (une construction). *Lézarder un mur.* / v. pron. *Le mur se lézarde.*

Lhassa *139 822 h.* Capitale de la région autonome du Tibet, en république populaire de Chine, située à *3 600 m* d'altitude. Lhassa est le centre religieux du Tibet (lamaseries) et fut la résidence du dalaï-lama jusqu'en 1959.

L'Herbier (Marcel) 1888-1979 Cinéaste français. Son style, qualifié d'impressionnisme visuel, est marqué par son esthétique, qui le pousse à utiliser des innovations formelles raffinées, et par son humanisme. Ses œuvres principales sont : *El Dorado* (1921), *L'Inhumaine* (1924), *Feu Mathias Pascal* (1925), *L'Argent* (1928), *La Nuit fantastique* (1942).

Lhomond (abbé **Charles François)** 1727-1794 Grammairien français. Ses ouvrages de grammaire et d'histoire latine (*De viris illustribus urbis Romae*, 1775 ?) furent utilisés en France pour l'enseignement du latin et de l'histoire romaine jusqu'au XXe siècle inclusivement.

L'Hospital (Michel de) 1504 ?-1573 Homme politique français. Après avoir occupé, à partir de 1540, des charges judiciaires et administratives (président de la Chambre des comptes), il fut nommé chancelier de France par Catherine de Médicis en 1560, pour réconcilier catholiques et protestants et essaya, en vain, de faire accorder à ces derniers la liberté du culte (ordonnance d'Orléans, 1561). Par les ordonnances de Roussillon (1564) et de Moulins (1566), il réussit toutefois à mettre en place des réformes administratives et judiciaires. Mais, impopulaire parmi les catholiques, il dut se retirer en 1568.

L'Hospital (Guillaume de) 1661-1704 Mathématicien français, auteur du premier traité de calcul infinitésimal.

Lhote (André) 1885-1962 Peintre et critique d'art français. Dès 1910, il rejoint le mouvement cubiste, exposant avec la Section d'Or et créant le cubisme synthétique. Il laisse des ouvrages théoriques sur le sujet : *Traité du paysage* (1938), *Traité de la figure* (1950).

GLENN CLOSE
JOHN MALKOVICH
MICHELLE PFEIFFER

Dangerous
LIAISONS

Les Liaisons dangereuses
de Stephen Frears,
tiré du roman de Choderlos de Laclos.

li n. m. (mot chinois) Mesure itinéraire chinoise, valant environ 576 m.

Lia ou **Léa** Personnage de la Bible, première épouse de Jacob.

liaison n. f. Action d'unir plusieurs corps ou choses; état qui en résulte. Enchaînement logique entre les éléments d'un ensemble. *Liaison entre services administratifs. Être, rester en liaison*, en rapport, en contact. / Relation durable d'affaires, d'amitié, en particulier, relation amoureuse. *Nouer une liaison.* / CONSTR. *Maçonnerie en liaison*, où les joints de chaque pierre portent sur le milieu des autres; mortier utilisé pour cette maçonnerie. / CUIS. Ingrédient, notam. de la farine, servant à épaissir une préparation; cette opération elle-même. / MUS. Exécution de deux ou plusieurs notes consécutives (identiques ou non) en une seule émission vocale ou instrumentale (en un seul coup d'archet, dans les instruments à cordes), sans les détacher; signe de notation, en forme d'arc, prescrivant cette exécution. / CHIM., PHYS. Force qui maintient en cohésion des atomes, des ions, des molécules. (On distingue les liaisons fortes [par ex. liaisons covalentes], entre deux atomes qui mettent deux électrons en commun, et les liaisons faibles, dans lesquelles l'énergie de liaison est moindre [par ex. liaisons hydrogène, entre un atome attracteur d'électrons et un atome d'hydrogène lié de manière covalente à un autre atome attracteur d'électrons]; la liaison hydrogène est d'une grande importance en biologie [notam. structure spatiale et fonction des protéines et des acides nucléiques]). / MÉCAN. Système ayant pour caractéristique de limiter le degré de liberté de mouvements appliqué à un autre système (par exemple les cannelures d'un arbre de transmission interdisant à la roue qui lui est jointe tout mouvement autre que celui de rotation autour de leur axe commun). / PHONÉT. Prononciation de la consonne finale d'un mot lorsque le mot suivant est une voyelle ou un *h* muet. *Le{z}enfants. Le{z}heures.* / Communication régulière entre deux points. *Liaison aérienne, postale, maritime.*

Liaisons dangereuses (les) 1782 Roman épistolaire de Choderlos de Laclos, d'une grande pénétration psychologique et d'un style raffiné. Deux anciens amants, pervers et libertins, la marquise de Merteuil et le vicomte de Valmont, bouleversent, par leurs intrigues, les vies sentimentales de leur entourage.

liane n. f. BOT. Plante à longue tige flexible, qui pousse soutenue par un support (arbre, par ex.). *Le lierre est une liane.*

Liang Kai ou **Leang K'ai** 1140?-1210? Peintre chinois de l'époque des Song (Song du Sud). Membre de l'académie impériale, il fonda l'école de peinture du bouddhisme Chan, caractérisé par son style linéaire abstrait et spontané. La plupart de ses œuvres se trouvent maintenant au Japon, où il est très prisé.

liant, e adj. et n. m. Fig. Sociable, qui se lie facilement avec autrui. / n. m. TECHN. Substance qui maintient la cohésion d'une peinture, d'un vernis, d'un revêtement. / Fam. *Mettre du liant dans (une conversation, une négociation)*, en faciliter le bon déroulement par des manières courtoises, des interventions aimables.

Liaoning *230 000 km² 40 670 000 h.* Province du nord-est de la Chine; chef-lieu *Shenyang*. C'est une région sidérurgique, grâce à des gisements de charbon et de fer.

liard n. m. Ancienne monnaie française valant le quart d'un sou.

lias n. m. GÉOL. Jurassique inférieur.

liasse n. f. Masse de papiers, de billets de banque liés ensemble.

Li Baï Voir **Li Po**

Liban (mont) Chaîne de montagnes qui traverse le Liban du nord au sud sur une faible largeur (10 à 40 km). Il culmine au Qurnat al-Sawda (*3 086 m*). Sports d'hiver.

• **Liban** État du Proche-Orient sur la Méditerranée, entouré par la Syrie et bordé au sud par Israël.

libanais, e adj. et n. Du Liban. *Commerce libanais. Un(e) Libanais(e).*

libanisation n. f. Morcellement progressif de l'autorité d'un État entre les diverses communautés résidant sur son sol et qui s'affrontent (par référence à la guerre du Liban, de 1975 à 1990).

libation n. f. ANTIQ. Fait de répandre rituellement un liquide, sur un autel ou sur le sol, pour honorer une divinité. / (Au plur.) Fig. *Faire des libations*: boire abondamment pour fêter un événement.

Libby (Willard Frank) 1908-1980 Chimiste américain qui, à partir de 1945, mit au point le procédé de datation radioactive au carbone 14 permettant de déterminer l'âge d'objets ayant entre 5 000 et 50 000 ans.

libellé n. m. DR. et cour. Texte d'un document; manière dont il est rédigé.

libelle n. m. Ouvrage court, satirique, souvent diffamatoire.

libeller v. t. [1] DR. et cour. Rédiger (un document) dans les formes requises par la loi. *Libeller un chèque.*

***Liane**: le lierre.*

***Libellule**.*

libellule n. f. ZOOL. Insecte appartenant à un genre d'odonates à abdomen épais et court. / Par ext. Tout insecte de l'ordre des odonates.

liber n. m. BOT. Tissu des végétaux vasculaires, constitué de tubes criblés, qui assure le transport de la sève élaborée depuis les feuilles jusqu'au reste de la plante. Syn. phloème.

libéral, ale, aux adj. et n. Vx Des hommes libres. *Arts libéraux*: activités manuelles nobles (peinture, sculpture notam.) pratiquées par les hommes libres, par oppos. aux arts *mécaniques*, pratiqués par des esclaves, des serfs. (Au Moyen âge, on appelait « arts libéraux » ceux qui faisaient la plus grande place à l'activité intellectuelle, la dialectique, la grammaire et la rhétorique, d'une part, qui constituaient le trivium, et d'autre part l'arithmétique, la géométrie, l'astronomie, la musique, qui constituaient le quadrivium; les sept arts libéraux étaient enseignés dans les facultés des arts). / DR. Mod. *Profession libérale*: profession non manuelle et non salariée, librement exercée, qui n'est soumise à d'autre contrôle que celui d'une organisation professionnelle. *Les professions de médecin, d'avocat, d'architecte, etc., sont des professions libérales.* / Qui procède du libéralisme économique; qui en est partisan. Subst. *Les libéraux ont gagné les élections.* / Litt. Magnanime, tolérant.

libéralement adv. Avec libéralité, générosité, munificence.

libéralisation n. f. Action de libéraliser; son résultat.

libéraliser v. t. [1] Rendre plus libéral, moins autoritaire. *Libéraliser un régime, l'économie.*

libéralisme n. m. ÉCON. Doctrine selon laquelle l'État ne doit pas intervenir dans les relations économiques, mais laisser le maximum de liberté aux personnes pour faciliter le libre jeu de la concurrence. / Doctrine politique selon laquelle l'État doit entraver le moins possible les libertés individuelles. / Largeur d'esprit, éclectisme.

libéralité n. f. Litt. Magnanimité, munificence. / DR. Acte dispensé à titre gratuit, sans contrepartie.

libérateur, trice adj. et n. Qui libère. *Insurrection libératrice. Les libérateurs.*

libération n. f. Mise en liberté d'une personne prisonnière ou incarcérée. *Libération conditionnelle*: mise en liberté avant l'expiration de la peine, moyennant certaines conditions. / Fait d'être libéré d'entraves matérielles, morales, psychologiques. *Partir en vacances est pour lui une libération.* / Fait, pour un peuple, de recouvrer la liberté et la pleine souveraineté sur son territoire. *La Libération*: la libération de la France en 1944-1945. / MILIT. Démobilisation individuelle ou collective. / DR. Paiement d'une dette qui libère le débiteur. *Libération d'une action*: paiement partiel ou total d'une action souscrite. / ÉCON. *Libération des prix*: levée des mesures réglementaires qui imposaient un contrôle des prix. / PHYS. *Vitesse de libération*: vitesse qu'un corps doit atteindre pour quitter le champ d'attraction terrestre.

Libération (la) 1943-1945 Période durant laquelle les Alliés, soutenus par les résistants des divers pays occupés d'Europe occidentale, firent reculer progressivement l'armée allemande. Commencée avec le débarquement en Corse (septembre 1943), que suivirent ceux de Normandie (6 juin 1944) et de Provence (15 août), la libération de la France fut marquée par l'entrée des Français à Paris le 25 août et se poursuivit jusqu'en février 1945 (arrivée des Alliés sur la rive gauche du Rhin).

libératoire adj. DR., FIN. Qui libère d'un engagement, d'une obligation.

libérer v. t. [1] Mettre en liberté (un prisonnier). / Délivrer (un pays, un peuple) d'une tutelle, d'une occupation étrangère. / Dégager (qqn) d'une entrave physique ou morale, d'une obligation, d'une dette. *Libérer qqn de ses liens.* (Emploi pron.) *Se libérer d'un crédit.* / Renvoyer dans ses foyers; rendre sa disponibilité à. *Libérer un soldat. La cloche libère les écoliers.* / Dégager (qqch.) de ce qui le retient. *Libérer un levier. Libérer ses cheveux.* Au fig. *Libérer les prix. Libérer ses passions.* / Produire, dégager. *Libérer un gaz, de l'énergie.* / Dégager de ce qui obstrue, occupe. *Libérer la voie. Libérer un poste.*

LIBAN

Superficie : *10 400 km²* – **Nombre d'habitants :** *4 400 000 h.* – **Capitale :** *Beyrouth*
Villes principales : *Tripoli, Zahlé, Nabatiyé* – **Système politique :** *république*
Langue(s) : *arabe* – **Religion(s) :** *islam, christianisme* – **Monnaie(s) :** *livre libanaise*

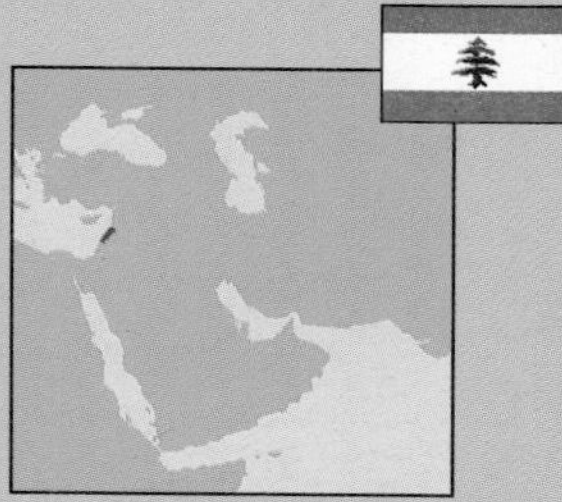

Voir l'Atlas

Géographie physique et humaine

Ce petit pays montagneux doit son nom à la montagne du Liban qui domine à l'ouest une plaine littorale étroite et rectiligne (l'ancienne Phénicie). À l'est, une dépression steppique sépare la chaîne du Liban de celle de l'Anti-Liban. Très arrosée, couverte en partie de forêts de cèdres, la montagne a servi de refuge aux populations les plus diverses. Ailleurs domine la végétation méditerranéenne. La plus dense du Moyen-Orient, la population libanaise comporte 85 % de Libanais, 12 % de Palestiniens, ainsi que des Arméniens et des Kurdes (généralement de nationalité libanaise). On compte 60 % de musulmans ; les chiites sont plus nombreux que les sunnites ; les Druzes sont 5 %. Parmi les 40 % de chrétiens, les maronites sont majoritaires. L'urbanisation excède les 85 %.

Économie

L'agriculture, pratiquée sur des sols en terrasses, occupait en 1970 50 % de la population active (fruits, olives), mais n'en occupe aujourd'hui que 7 %. Ruiné par la guerre, le pays connaît une nouvelle croissance depuis 1992. La balance agricole est légèrement déficitaire. L'industrie alimentaire et textile est peu importante. Les importations sont huit fois supérieures aux exportations. Le pays vit du tertiaire, comme par le passé : finance, commerce. La dette publique est préoccupante.

Histoire

Domaine de la Phénicie antique au IIIe millénaire av. J.-C., le Liban, constitué de plusieurs cités-royaumes, passa successivement sous la domination des Assyriens, des Babyloniens, des Perses, puis des Grecs, conservant parfois un degré d'autonomie et vivant du commerce avec les autres pays de la Méditerranée. Du Ier siècle av. J.-C. jusqu'au IVe siècle ap. J.-C., il fut province romaine. Passé au IVe siècle sous domination byzantine, le pays fut rapidement christianisé. Conquis par les Arabes (637) et successivement soumis aux Omeyades, aux Abbassides, aux Fatimides et aux Seldjoukides, le Liban fut occupé par les Francs entre 1099 et 1291. Le royaume chrétien laissa la place aux Mamelouks, puis, au XVe siècle, à l'Empire ottoman, qui favorisa le renforcement des communautés druze et maronite. De sanglants conflits entre ces derniers, en particulier le massacre de chrétiens par les druzes, provoquèrent l'intervention des troupes de Napoléon III (1861) ; à la suite de cette intervention, une partie du Liban, la province du Mont-Liban, obtint son autonomie et mit en place (protocole du Mont-Liban, 1864) un système de représentation politique reflétant le poids des diverses communautés religieuses et ethniques. La Turquie mit fin à cette autonomie en 1914, mais, vaincue, dut accepter les conditions des divers traités de paix signés à partir de 1919. Le Mont-Liban, accru de la plaine de la Bekaa du littoral, devint l'État du Grand-Liban (traité de Sèvres, 1920) et fut placé, comme la Syrie, sous mandat français. Le Liban devint en 1926 une république parlementaire dont la constitution entérinait la répartition du pouvoir entre les communautés (le président de la République devait être un chrétien maronite, le chef du gouvernement, un musulman sunnite, le président de la Chambre, un musulman chiite), et, en 1936, son indépendance fut reconnue par un traité franco-libanais qui ne fut pas ratifié. En 1939, la Constitution fut suspendue ; en 1941, l'indépendance libanaise fut officiellement proclamée par le général Catroux et devint effective en 1943. Un pacte national répartit les commandes du pouvoir entre les communautés maronite, sunnite et chiite. La prospérité s'accrut, mais la démographie fit apparaître des inégalités : les maronites conservaient le plus grand poids politique et économique bien que la majorité de la population fût musulmane.

En 1958, le président de la République Camille Chamoun demanda l'intervention américaine contre les menaces musulmanes, renforcées par les partisans de l'unité arabe. La crise politique et sociale fut écartée de justesse mais l'arrivée, en 1967, des réfugiés palestiniens, chassés de Cisjordanie par la guerre avec Israël, aggrava la situation. En 1970, l'Organisation de libération de la Palestine, expulsée de Jordanie, s'installa au Liban. En avril 1975, une guerre civile éclata, opposant le Mouvement national libanais (arabe, musulman et dit « de gauche ») au Front libanais (chrétien et dit « de droite »), dirigé par Pierre Gemayel ; elle contraignit le gouvernement à faire appel à l'aide syrienne (qui se traduisit par l'envoi au Liban d'une « Force arabe de paix », à majorité syrienne, et par un quasi-protectorat syrien sur le pays) et se poursuivit jusqu'en 1989. En 1976, la Syrie abandonna son soutien aux Palestiniens, actifs dans le camp dit « de gauche », et appuya même les milices chrétiennes. En 1978, Israël occupa le Sud-Liban et lança en 1982 une opération de grande envergure contre les Palestiniens, qui se prolongea jusqu'à Beyrouth, assiégé. Le maronite Amine Gemayel, fils de Pierre Gemayel, devint alors président de la République (1982-1988). En 1984, il forma un gouvernement d'union nationale, avec accord de la Syrie, qui maintint cependant son occupation du territoire libanais. En 1985, les forces israéliennes se retirèrent dans le Sud, où elles occupèrent une bande de *1 200 km²* à la frontière avec leur propre pays. En 1989, les trois principales communautés du Liban signèrent les accords de Taef, sous l'égide de la Syrie, donnant ainsi aux musulmans plus de poids politique. Le général chrétien Michel Aoun refusa ces accords, mais sa rébellion échoua en 1990, vaincue par les troupes syriennes. Le nouveau pacte national (signé en 1989) diminue le pouvoir du président de la République (maronite comme par le passé) et accroît celui du Premier ministre (sunnite), ainsi que celui du président de l'Assemblée (chiite). Tous désiraient qu'Israël évacue la partie méridionale du Liban et que cessent les affrontements entre le Hezbollah (organisation extrémiste chiite, dont les milices se sont regroupées en 1991 dans le Sud-Liban) et les forces israéliennes qui, en bombardant le pays, provoquaient des exodes massifs.

Élu président de la République après les accords de Taef, René Mouawad fut assassiné quelques jours plus tard. Lui succédèrent Elias Hraoui (1989-1998) et Émile Lahoud (élu en 1998). De 1992 à 1998, le Premier ministre, Rafiq Hariri, bon gestionnaire, obtint certains succès sur le plan économique et accéléra la reconstruction de Beyrouth. Selim Hoss lui a succédé en 1998. Le retrait des forces israéliennes du Sud-Liban (mai 2000) a renforcé le Hezbollah et remis en question la toute-puissance syrienne. Mais la Syrie refuse toujours de signer un traité de paix avec Israël, ce qui empêche tout apaisement global au Liban.

Le port de Djebail (nom actuel de l'antique Byblos).

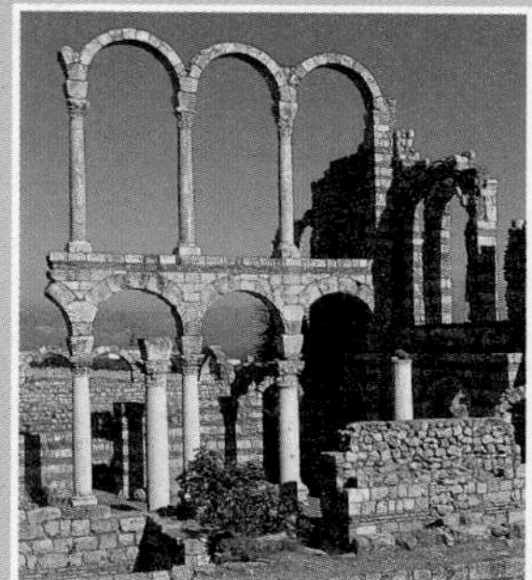

Ruines romaines d'Anjar.

• **Liberia** État d'Afrique occidentale, bordé par l'Atlantique, entre la Guinée et la Sierra Leone, au nord, et la Côte-d'Ivoire, à l'est.

libérien, enne adj. et n. Du Liberia. *Diamants libériens. Un(e) Libérien(ne).*

libero ou **libéro** n. m. (mot italien) SPORT En football, défenseur qui évolue librement devant le gardien de but et agit en couverture de la ligne de défense.

libertaire adj. et n. Adepte des théories favorables à une liberté individuelle totale, y compris dans le domaine politique et social. Syn. anarchiste.

liberté n. f. Droit primordial et naturel de l'homme agissant comme il l'entend. / Pouvoir d'agir sans entrave ni contrainte. / État d'une personne non captive. / Indépendance personnelle ou collective. *La liberté de refuser une proposition. / Liberté de conscience* : droit de choisir ses opinions religieuses et de les pratiquer librement. / *Liberté civile* : état d'un individu ou d'une collectivité qui jouit de ses droits civiques et civils et qui peut se livrer à l'activité de son choix si celle-ci n'est pas contraire à la loi. / *Liberté d'opinion*, de manifestation, de réunion, d'expression. / Indépendance manifestée dans le comportement. *Liberté de langage.* / Hardiesse. *Prendre des libertés. Prendre la liberté de (faire qqch.)* : se permettre de (faire qqch.).

Liberté éclairant le monde (La) ou **statue de la Liberté** 1884-1886 Statue de Bartholdi en lames de cuivre battu, érigée sur Bedloe's Island, à l'entrée du port de New York, en 1886. La France en fit don aux États-Unis. Le socle mesure *31,4 m* de haut, la statue, *46 m*. L'armature métallique est due à Eiffel. Une copie réduite se trouve à Paris, sur le pont de Grenelle.

libertin, e adj. et n. Vx Libre-penseur, incrédule en matière religieuse. / Adepte de la liberté en matière sexuelle. / Péjor. Débauché, licencieux.

libertinage n. m. Vx Au XVIIe siècle, esprit de libre examen ou incrédulité en matière religieuse. / Mod. Pratiques sexuelles des libertins; débauche.

liberty ship n. m. (mots anglais) HIST. Cargo fabriqué en série aux États-Unis pendant la Deuxième Guerre mondiale.

libidinal, ale, aux adj. PSYCHANAL. Qui procède de la libido.

libidineux, euse adj. Qui excite la libido, lascif.

libido n. f. PSYCHANAL. Pour Freud et ses disciples, énergie vitale émanant de la sexualité ; pour Jung et ses disciples, énergie psychique au sens le plus général. / Cour. Instinct sexuel.

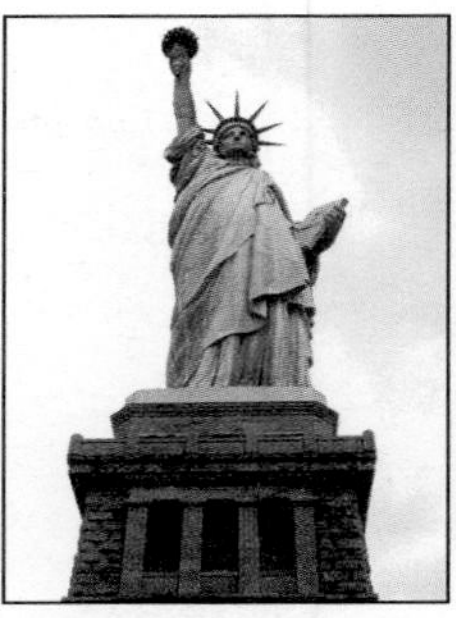

La Liberté éclairant le monde.

La Gimblette, *tableau* ***libertin*** *de Jean-Honoré Fragonard.*

Li Bo, Li Po, Li Baï ou **Li Taï-po** 701 ?-762 Poète chinois. Il mena, au temps de la dynastie Tang, une vie d'errance malgré un court passage à l'Académie impériale de l'empereur Xuanzong, dont il célébra le règne dans certains de ses poèmes. Buveur et dissipé, il chanta également les plaisirs de la boisson et des femmes. La tradition rapporte qu'il mourut noyé, une nuit d'ivresse, en voulant saisir le reflet de la lune dans un étang.

libraire n. Marchand de livres.

librairie n. f. Anc. Bibliothèque. / Magasin de libraire. / Profession de libraire. / Commerce des livres.

LIBERIA

Superficie : *111 369 km²* – **Nombre d'habitants :** *3 200 000 h.* – **Capitale :** *Monrovia*
Villes principales : *Buchanan, Harper, Greenville* – **Système politique :** *république* – **Langue(s) :** *anglais (officielle)* – **Religion(s) :** *christianisme, animisme* – **Monnaie(s) :** *dollar libérien*

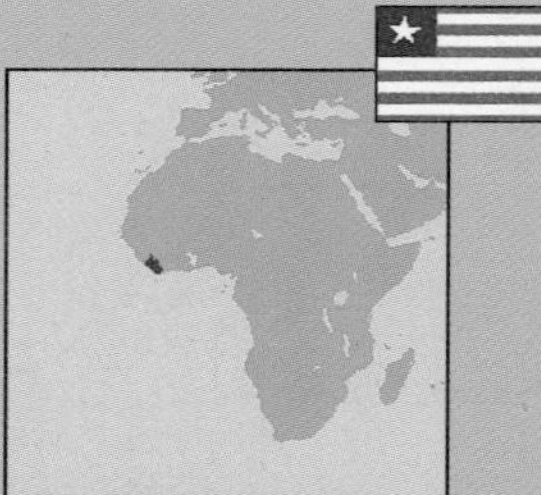

Voir l'Atlas

Géographie physique et humaine

Situé sur le golfe de Guinée, le Liberia est formé d'un plateau abaissé au sud sur une étroite plaine côtière et dominé au nord par des massifs montagneux. Couvert d'une riche forêt équatoriale, il est peuplé par une vingtaine d'ethnies qui pratiquent une agriculture de subsistance. Le pouvoir économique et politique est détenu par les descendants de Noirs américains. Les deux tiers de la population sont chrétiens. Les religions traditionnelles représentent 18 % de la population ; l'islam, 15 %. Les plantations de café, de cacao, d'hévéas et les mines de fer (Borni Hills) étaient gérées par des compagnies américaines. La flotte de complaisance complétait le tableau ; elle demeure aujourd'hui encore la 2e du monde (loin derrière Panama). La guerre civile (1990-1996) a ruiné le pays.

Usine de caoutchouc près de Monrovia.

Histoire

Parmi les premières populations dans la région, les Mandés seraient venus du nord et auraient été islamisés avant la découverte de « la Côte-du-Poivre » par les Portugais au XVe siècle. Ces derniers établirent des comptoirs pour le commerce d'épices, d'esclaves et d'or. En 1822, un établissement géré par la Société américaine de colonisation installa sur le site de l'actuelle Monrovia des esclaves noirs libérés. Devenu un État indépendant en 1847, le Liberia fut reconnu par les grandes puissances. Dès cette époque, les descendants des Noirs américains et les autochtones vécurent en opposition, ces derniers enviant la prospérité dont les anciens esclaves bénéficiaient (grâce à l'appui économique des États-Unis) et contestant leur mainmise sur le pouvoir politique.
Cependant, le calme régna jusqu'à la seconde moitié du XXe siècle. William Tubman, président de 1944 à sa mort (1971), assura le développement du pays, notamment grâce à la pratique du pavillon de complaisance. Mais William Tolbert, son successeur, fut confronté aux conflits entre autochtones et descendants des Noirs américains. En 1980, le sergent Samuel K. Doe renversa le président, l'assassina, et se fit élire président de la République en 1985. Cette dictature prit fin avec le déclenchement d'une guerre civile. Doe fut à son tour renversé et tué (1990), et les conflits sanglants opposant les diverses ethnies se poursuivirent jusqu'en 1996. Le Nigeria, à la tête d'une force africaine d'interposition (Ecomog), tenta à plusieurs reprises de faire cesser les violents combats qui débordèrent sur la Sierra Leone voisine. En 1996, un accord intervint entre les factions. En 1997, des élections régulières donnèrent une écrasante majorité à Charles Taylor, le principal responsable de la mise à feu et à sang du pays, dont les routes et la distribution d'électricité et d'essence ont été réduites à néant. Le pays, où s'affrontent rebelles et troupes gouvernementales, demeure la proie d'une forte insécurité.

Une des grandes artères de Monrovia, un jour de marché.

LIBYE

Superficie : *1 759 540 km²* – **Nombre d'habitants :** *5 784 000 h.* – **Capitale :** *Tripoli*
Villes principales : *Benghazi, Homs, Tobrouk* – **Système politique :** *république socialiste*
Langue(s) : *arabe* – **Religion(s) :** *islam* – **Monnaie(s) :** *dinar*

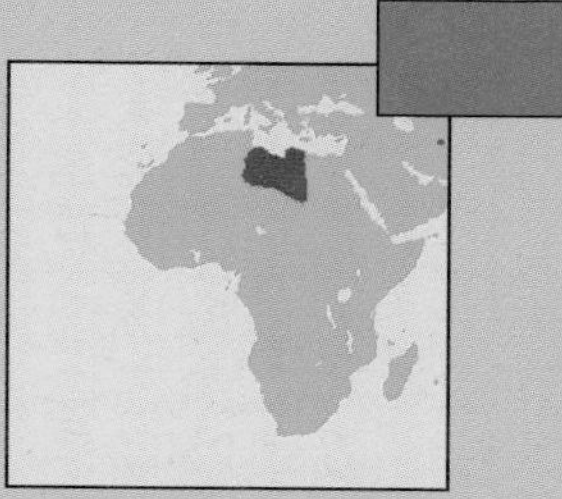

Voir l'Atlas

Géographie physique et humaine

Formée par la réunion de trois provinces, le Fezzan désertique et peuplé de Touareg au sud, la Tripolitaine à l'ouest et la Cyrénaïque à l'est, plus humides et cultivées (légumes, fruits, dattes, oléagineux), la Libye concentre sa population sur l'étroite bande qui longe la Méditerranée.

Économie

L'élevage nomade des ovins a connu une forte régression après la découverte du pétrole dans les années 1950. Urbanisation et industrialisation en ont découlé. En 1991, on a inauguré la Grande Rivière artificielle, alimentée par des eaux fossiles, qui devait fertiliser le nord du pays, mais les résultats sont décevants. À partir de 1992, l'embargo aérien s'est associé à la baisse des cours du pétrole pour créer des difficultés économiques. La balance commerciale demeure largement excédentaire, mais l'inflation est forte et la croissance, faible (1 % en 1998).

Histoire

Siège de comptoirs phéniciens et grecs, le pays fut successivement conquis par les Romains, les Byzantins, puis les Turcs (XVIe siècle). En 1912, l'Italie entreprend sa colonisation. La Libye est l'un des champs de bataille de la Seconde Guerre mondiale. Après l'Italie, la Grande-Bretagne y exerce sa tutelle jusqu'en 1951. À cette date, Idris al-Sanusi, émir de Cyrénaïque que les Italiens avaient chassé en 1923, règne sur la totalité de la Libye, royaume constitué par la fédération de la Cyrénaïque, le Fezzan et la Tripolitaine.
La découverte du pétrole (1955) et son exploitation par des compagnies occidentales dressent la population contre les structures féodales. Le 1er septembre 1969, à la tête d'un Conseil de la révolution formé par des officiers de l'armée libyenne, le colonel Mu'ammar Al Kadhafi renverse le roi et proclame la République. Il cherche à s'unir à divers pays arabes, mais toutes ses tentatives échouent. Kadhafi se tourne alors vers l'Union soviétique. En 1974, il abandonne les fonctions de chef de l'État, se contentant du titre de « guide de la révolution » et prône un socialisme islamique.
En 1977, il remplace la Constitution par la Charte du pouvoir populaire (exercé par des comités populaires) et institue une politique agressive vis-à-vis de l'étranger. Cette même année, il affronte militairement l'Égypte, qui vient de faire la paix avec Israël ; le conflit est bref. Il soutient la révolution en Iran et vient en aide à la résistance palestinienne. Il s'enlise au Tchad, où il soutient le rebelle Hissène Habré qui, au pouvoir en 1982, se retourne contre lui, avec l'appui de la France.
L'Occident accuse la Libye de promouvoir le terrorisme international et les États-Unis décrètent en 1981 le boycott économique de la Libye, qu'ils bombardent en 1987. Malgré une normalisation des relations en 1988, un attentat dans un avion volant au-dessus de l'Écosse (Lockerbie) fait 269 morts la même année.

Mosquée à Tripoli.

Il est imputé à la Libye, mise au ban de la communauté internationale. La justice internationale lui demande de livrer deux Libyens, soupçonnés d'être les responsables de l'attentat et dont il est établi qu'ils font partie de son entourage. Kadhafi refuse en 1992 et l'ONU décrète un embargo, sous la pression des États-Unis, de la Grande-Bretagne et de la France.
En 1994, la Cour internationale de justice de La Haye attribue définitivement au Tchad la « bande d'Aozou » et le conflit avec la Libye prend fin. La Libye tente désormais de se réhabiliter, particulièrement au travers de l'Organisation de l'unité africaine (O.U.A.), afin de mettre fin à l'embargo pétrolier : les deux ressortissants libyens accusés de l'attentat de Lockerbie ont été remis à la justice internationale et l'embargo a été levé en 1999.

*La **librairie** Shakespeare and Co à Paris, fondée par Sylvia Beach.*

libration n. f. Balancement apparent de la Lune qui permet d'observer, depuis la Terre, environ 60 % de sa surface (sa face visible, plus 10 % de sa face cachée).

libre adj. **I.** Sans contrainte, sans attache, sans retenue. *Cheveux libres. Chute libre,* sous le seul effet de son poids. / Qui n'est pas prisonnier. *Accusé libre.* / Qui n'est pas asservi. *Hommes libres.* / Qui ne dépend que de soi. *Libre choix. Libre entreprise. Pays libre. Entrée libre,* gratuite. *Libre de* (suivi d'un infinitif) : qui peut (faire telle ou telle chose). *Libre de s'en aller. Libre de* (suivi d'un substantif) : non soumis à. *Libre de tout engagement.* / Qui n'est pas soumis à des règles, des contraintes strictes. *Vers libre. Nos relations sont restées très libres. Enseignement libre,* assuré par des organismes privés. / SPORT *Lutte libre,* qui autorise des prises sur tout le corps (par opposition à *lutte gréco-romaine*). **II.** Disponible, non occupé. *La voie est libre. Temps libre. Je ne suis libre que demain.*

libre-échange n. m. Système économique qui préconise (et applique) la liberté des échanges commerciaux (par oppos. à *protectionnisme*).

librement adv. En étant libre. *Se promener librement dans le parc.* / Franchement. *S'exprimer librement.* / Sans respecter les contraintes habituelles. *Texte librement traduit.*

libre pensée n. f. Attitude du libre penseur.

libre penseur ou **libre-penseur, euse** n. et adj. Celui, celle qui, pour ce qui concerne la religion, se fie uniquement à la raison, refuse tout dogme. / adj. Par ext. *Discours libre-penseur,* hostile aux croyances religieuses. Pl. Des *libres-penseurs.*

libre-service n. m. Méthode de vente dans laquelle le client se sert lui-même ; magasin ou restaurant où l'on se sert soi-même. Pl. Des *libres-services.*

librettiste n. Auteur d'un livret d'opéra ou de ballet.

Libreville *419 596 h.* Capitale du Gabon, port actif sur le golfe de Guinée. Il exporte notamment des bois tropicaux. De nombreuses industries y sont implantées. Libreville fut fondée en 1849 pour y établir des esclaves noirs libérés.

• **Libye** État d'Afrique du Nord entre la Tunisie et l'Algérie, à l'ouest, et l'Égypte, à l'est.

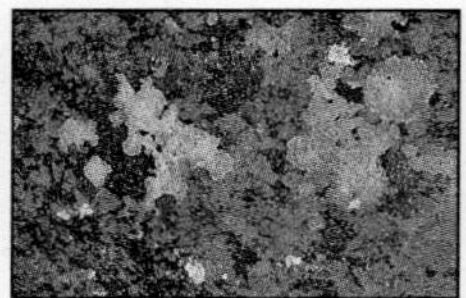

Lichen.

Peinture moderne avec l'éclair *(1966)*, tableau de **Roy Lichtenstein**.

libyen, enne adj. et n. De Libye. *Désert libyen. Un(e) Libyen(ne).*

lice [1] n. f. Barrière de bois qui entourait les châteaux forts ; champ clos par une palissade où se déroulaient des tournois. / Fig. *Entrer en lice* : prendre part à une discussion, à une compétition.

lice [2] Voir **lisse [2]**

licéité n. f. Caractère de ce qui est licite.

licence n. f. Liberté, permission. / DR. Autorisation d'exercer certaines professions, d'exploiter un brevet d'invention. / COMM. Autorisation d'exploiter une marque, accordée par celui qui en est propriétaire. *Contrat de licence.* / SPORT Autorisation, émanant d'une fédération sportive, permettant de participer à des compétitions. / Diplôme universitaire qui sanctionne la première année du deuxième cycle de l'enseignement supérieur. / Usage immodéré d'une liberté, débauche. / LITTÉR. Dérogation aux règles grammaticales, poétiques. *Auteur qui s'accorde des licences.*

licencié, e n. et adj. Titulaire du diplôme de la licence. *Licencié es lettres.* / SPORT Titulaire de la licence d'une fédération sportive. / COMM. Celui, celle qui exploite une marque avec un contrat de licence. / Celui, celle qui a été congédié(e). / adj. *Les ouvriers licenciés ont manifesté devant la mairie.*

licenciement n. m. Rupture du contrat d'un travailleur salarié, décidée par son employeur. *Licenciement individuel. Licenciement collectif.*

licencier v. t. [1] Procéder au licenciement de (un salarié).

licencieux, euse adj. Libertin, impudique.

lichen n. m. BOT. Organisme composite formé par l'association symbiotique d'un champignon (souvent ascomycète) et d'une chlorophycée (algue verte) ou d'une cyanophycée, formant généralement des thalles aplatis, foliacés ou ramifiés à la surface des rochers, sur l'écorce des arbres, etc. / MÉD. Nom donné à diverses dermatoses formant des papules. *Lichen plan* : dermatose caractérisée par la formation de papules roses ou violacées, prurigineuses, localisées sur les poignets, les organes génitaux, la muqueuse buccale et la région lombaire.

lichette n. f. Fam. Petite quantité de boisson ou de nourriture solide. *Une lichette de vin. Une lichette de pain.*

Lichtenberg (Georg Christoph) 1742-1799 Écrivain allemand. Esprit curieux, il enseigna la physique, les mathématiques et même la philosophie à l'université de Göttingen. Ses *Aphorismes*, publiés après sa mort (1800-1806), sont des chefs-d'œuvre d'humour noir.

Lichtenstein (Roy) 1923-1997 Peintre américain. Adepte du pop'art dès 1961, il s'inspire essentiellement des bandes dessinées et de la publicité, dont il détourne le graphisme en le simplifiant, ce qui en accentue le côté enfantin.

licier Voir **lissier**

Licinius (en latin **Publius Licinius Licinianus**) 250 ?-325 Empereur romain d'Orient en 308. D'abord allié de Constantin, son beau-frère qui régnait sur la partie occidentale de l'empire, il l'affronta ensuite, fut vaincu et exécuté. Constantin prit alors le contrôle de la totalité de l'empire.

licitation n. f. DR. Vente aux enchères d'un bien en indivision.

licite adj. Autorisé par la loi. Syn. légal. Ant. illicite.

licol ou **licou** n. m. Lien passé autour du cou d'un animal.

licorne n. f. Animal fabuleux ayant un corps de cheval et une corne unique, longue et torsadée, plantée au milieu du front. *La licorne, au Moyen Âge, était symbole de pureté.* / ZOOL. *Licorne de mer* : nom vulgaire du narval.

Licorne Constellation équatoriale ; voir **constellation**.

licou Voir **licol**

LICRA Acronyme pour *Ligue internationale contre le racisme et l'antisémitisme*, fondée en 1927.

licteur n. m. ANTIQ. ROM. Officier public attaché à un magistrat pour le protéger, exécuter les sentences.

Liddell Hart (sir Basil) 1895-1970 Écrivain militaire britannique. Dès 1917, il formula le concept de la guerre éclair, qui inspira la création des *panzerdivisionen* allemands de la Seconde Guerre mondiale. Il écrivit notamment une *Histoire de la guerre 1914-1918* (1948).

lido n. m. (mot italien) GÉOMORPH. Cordon littoral parallèle au rivage et délimitant des lagunes. *Le lido vénitien.*

Lido Ensemble rectiligne de sept îlots qui isole Venise de la mer. L'un des îlots est une station balnéaire où se déroule chaque année la *Mostra de Venise*, festival international de cinéma.

lie n. f. Dépôt non consommable qui se forme au fond d'un liquide fermenté. *Lie de vin.* / Fig. Rebut ; ce qu'il y a de plus vil au sein d'une communauté. *La lie de la société.*

Lie (Trygve) 1896-1968 Homme politique norvégien. Plusieurs fois ministre avant la guerre, ministre des Affaires étrangères (1940-1945) dans le gouvernement norvégien en exil, il fut (1946) le premier secrétaire général de l'O.N.U. ; l'hostilité de l'URSS le contraignit à démissionner en 1952.

Liebig (Justus, baron **von)** 1803-1873 Chimiste allemand. Auteur de nombreux travaux de chimie organique, dans lesquels il montra notamment l'importance des radicaux. Il découvrit la préparation du chloroforme (1831) et du chloral (1832) et étudia le cycle de l'azote, notion fondamentale dans le développement de la chimie agricole.

Liebknecht (Wilhelm) 1826-1900 Homme politique allemand. Réfugié à Londres après la révolution allemande de 1848, il se lie d'amitié avec Karl Marx. Rentré en Allemagne, il contribue, avec August Bebel, à la fusion des groupes socialistes en un parti social-démocrate (1869). Pendant 26 ans, chef de ce parti, il siège au Reichstag. **Karl** 1871-1919 Homme politique allemand, fils du précédent. Député social-démocrate opposé à la guerre, il fonda avec Rosa Luxemburg la *Ligue de Spartakus* (ou *Ligue spartakiste*, 1916) qui devint ensuite le Parti communiste allemand (1918-1919). Arrêté par des corps francs lors de la répression de l'insurrection de Berlin, il fut assassiné.

• **Liechtenstein** État d'Europe centrale, entre la Suisse, à l'ouest, et l'Autriche, à l'est.

LIECHTENSTEIN

Superficie : *160 km²* – **Nombre d'habitants :** *32 000 h.* – **Capitale :** *Vaduz*
Villes principales : *Schaan, Balzers, Triesen* – **Système politique :** *monarchie constitutionnelle*
Langue(s) : *allemand* – **Religion(s) :** *christianisme* – **Monnaie(s) :** *franc suisse*

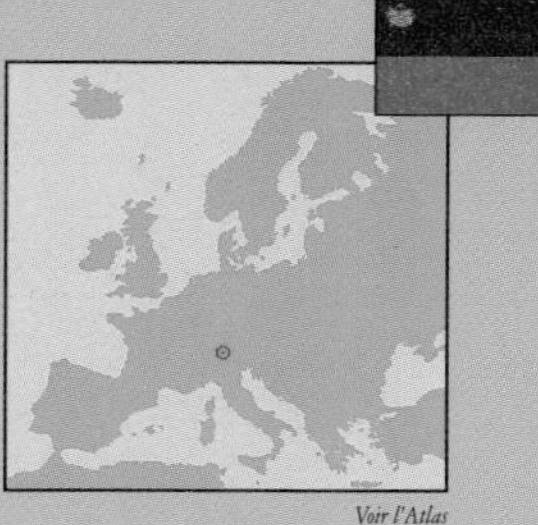

Voir l'Atlas

Économie

Les ressources de ce pays montagneux mais fertile, bordé à l'ouest par le Rhin, sont agricoles (blé, vigne, bovins), touristiques et industrielles (textiles). En outre le Liechtenstein est un paradis fiscal ; les nombreuses sociétés qui y ont leur siège assurent un très haut niveau de vie à la population.

Histoire

Formé, à l'intérieur du Saint Empire romain germanique, par la réunion des seigneuries de Vaduz et de Schellenberg, en 1719, le Liechtenstein fait ensuite partie de la Confédération du Rhin (1808-1815), puis de la Confédération germanique (1815-1866).

Devenu une principauté constitutionnelle, il s'est tourné vers la Suisse avec laquelle il a conclu une unité douanière, monétaire et postale en 1924. En 1938, François-Joseph II monte sur le trône. Dès cette date, le gouvernement est assuré par la coalition de l'Union patriotique (U.P.) et du parti bourgeois progressiste (P.B.P.).

En 1984, Hans-Adam II succède à son père, qui s'est retiré. En 1986, les femmes obtiennent le droit de vote. Le pays entre à l'ONU en 1990, dans l'A.E.L.É. en 1991 et dans l'Espace économique européen en 1992. Le P.B.P. constate en 1997 que sa représentativité a diminué et il laisse l'U.P. gouverner seule.

Paysage du Liechtenstein, dans la vallée du Rhin.

Le palais des princes évêques à **Liège** (© N. HALEY).

lied n. m. (mot allemand) Poème de langue allemande (romance, chanson populaire, ballade). / MUS. Petite composition vocale, sur les paroles d'un lied. Pl. Des *lieder*.

lie-de-vin adj. inv. D'un rouge tirant sur le violet.

liège n. m. BOT. (Chez les plantes dicotylédones) Tissu protecteur, imperméable, formé de cellules mortes à parois imprégnées de subérine. Syn. suber. / Cour. Matériau élastique, imperméable et léger, tiré de l'écorce du chêne-liège. *Un bouchon en liège.*

Liège (province de) *3 862 km² 1 015 007 h.* Province située à l'est de la Belgique. Chef-lieu *Liège*. Elle fait partie de la Communauté française de Belgique et de la Région wallonne. La Meuse sépare les fertiles plateaux de la Hesbaye (céréales et betteraves) à l'ouest des plateaux calcaires du Condroz et de la Vesdre et de l'extrémité schisteuse des Ardennes à l'est et au nord (forêt et élevage). L'exploitation houillère et la proximité du fer des Ardennes ont fait naître une importante industrie métallurgique à Liège et à Seraing. L'industrie lainière se situe à Verviers. **Histoire** Au XIᵉ siècle, Liège devient la capitale d'une principauté ecclésiastique autonome au sein du Saint Empire romain germanique, et un centre intellectuel important. Dès le XIVᵉ siècle, l'exploitation de la houille promut une industrie prospère. En 1492, l'empereur Maximilien d'Autriche (qui possède les Pays-Bas, c'est-à-dire les territoires des Pays-Bas et de la Belgique actuels) reconnaît l'indépendance de la principauté. Elle durera trois siècles : en 1792, la France occupe le pays, qui revient aux Pays-Bas (actuels) en 1815, puis s'intègre en 1830 à la Belgique.

Liège *195 201 h.* Chef lieu de la province de Liège, en Belgique, au confluent de l'Ourthe et de la Meuse. L'importance de son bassin houiller en a fait le plus grand centre industriel de Wallonie. La cathédrale Saint-Paul (XIIIᵉ-XVᵉ siècle, vestiges du Xᵉ siècle), le palais des princes-évêques (XVIᵉ siècle), et plusieurs musées attirent de nombreux touristes.

liégeois, e adj. De la ville de Liège, en Belgique. *Café, chocolat liégeois* : glace au café, au chocolat nappée de crème chantilly.

lien n. m. Fil, corde, chaîne, ou tout autre élément, servant à attacher. / Fig. Ce qui unit des personnes, ou des choses, à d'autres. *Liens de la tendresse. Lien de parenté. Liens de causalité.* / Litt. Ce qui soumet à des obligations, à une contrainte. *Les liens du secret professionnel.*

lier v. t. [1] **I.** Assembler, serrer avec un lien. *Lier du bois en fagot.* Ant. délier. **II.** Fig. Joindre par un liant ou par une liaison, rendre cohérent. *Lier des briques avec du ciment. Lier une sauce*, l'épaissir. *Lier des lettres. Lier des notes*, les enchaîner sans interruption. / Réunir par un rapport logique (des faits, des idées). / Unir, engager par un lien juridique, économique, moral ou affectif. *Lier deux parties par un contrat. Lier connaissance, conversation avec qqn* : engager une relation, une conversation avec qqn. (Emploi pron.) *Se lier d'amitié avec qqn.*

lierne n. f. CONSTR. Pièce de bois horizontale qui relie des éléments de charpente. / ARCHI. Nervure reliant la clef de voûte à l'extrémité des doubleaux ou des formerets, ou bien reliant de clef à clef une série de voûtes disposées longitudinalement.

lierre n. m. BOT. Plante grimpante à feuilles persistantes, qui pousse en s'accrochant aux arbres, aux murs, par des racines adventives à crampons.

liesse n. f. Joie collective et exubérante. *Une foule en liesse. La liesse populaire.*

lieu [1] n. m. ZOOL. Poisson de grande taille (pouvant atteindre 1,30 m), de la famille des gadidés, vivant dans la Manche et dans l'Atlantique. *Lieu jaune. Lieu noir* : colin. Pl. Des *lieus*.

lieu [2] n. m. **I.** Portion déterminée de l'espace ; endroit, localité, pays. *Lieu d'arrivée, de départ, du train, du car.* / GRAMM. *Complément de lieu* : complément circonstanciel indiquant l'endroit où se passe une action. / MATH. *Lieu géométrique* : ligne, surface dont les points ont une même propriété ; au fig., endroit où se rencontrent divers éléments qui se conjuguent ou se contredisent. *La famille est le lieu géométrique de bien des conflits.* **II.** Local ou édifice considérés du point de vue de leur fonction. *Lieu public, privé. Lieu de loisir. Lieu de travail. Lieu de prière.* / *Haut lieu* : lieu situé en hauteur, où, dans l'Antiquité, se célébrait un culte ; au fig., endroit célèbre à cause des événements dont il a été le théâtre. *Alésia est un haut lieu de l'histoire de la Gaule.* / *Saint lieu, lieu saint* : lieu de culte. **III.** (Au pluriel) Endroit où l'on travaille ; logement. *Visite des lieux. État des lieux* : acte indiquant l'état d'un local, de ses équipements. / *Les lieux (d'aisance)*, où l'on s'isole pour évacuer ses excréments. / RHÉT. *Lieux communs* : références habituelles d'un orateur, où il trouve ses arguments. / Cour. *Lieu commun* : banalité ; idée rebattue. **IV.** loc. *En premier, deuxième, troisième lieu…* : premièrement, deuxièmement, troisièmement… / *Au lieu de* : à la place de. / *Tenir lieu de* : remplacer. / *Avoir lieu* : se produire. / *Avoir lieu de* : avoir une raison de. Pl. Des *lieux*.

lieudit ou **lieu-dit** n. m. À la campagne, localité qui ne constitue pas une commune, mais porte un nom particulier. *Au lieu-dit le « Froid-Trou ».* Pl. Des *lieudits* ou des *lieux-dits*.

lieue n. f. Ancienne mesure de distance, de longueur variable suivant les régions. / *Lieue marine*, qui équivaut à 3 milles marins ou 5,556 km.

lieutenant n. m. Celui qui seconde le chef et qui le remplace. / MILIT. Officier de l'armée de terre et de l'air au grade immédiatement inférieur à celui de capitaine. / MAR. *Lieutenant de vaisseau* : officier de marine dont le grade équivaut à celui de capitaine dans l'armée de terre et l'armée de l'air. / HIST. *Lieutenant général du royaume* : titre attribué à un prince investi temporairement de l'autorité royale pour faire face à une crise. / *Lieutenant général de police* : sous l'Ancien Régime, magistrat chargé de la police de Paris à partir de 1667.

lieutenant-colonel n. m. Officier supérieur dont le grade se situe entre celui de commandant et celui de colonel.

Lieux saints Nom donné aux lieux qui, selon les Évangiles, sont liés au souvenir de Jésus-Christ. Ils ont été lieux de pèlerinage dès l'Antiquité et le sont restés après la conquête de la Palestine par les Perses (614), puis par les Arabes (638). La prise de Jérusalem par les Seldjoukides (1078) déclencha les croisades ; les pèlerinages reprirent après les conquêtes de Saladin (1187) et se maintinrent à l'époque des mamelouks et, à l'époque ottomane, les Lieux saints furent protégés par les capitulations, ce qui donna lieu à d'interminables querelles entre la France, l'Autriche et la Russie. La France s'imposa en 1740. Les rivalités entre Églises orthodoxes (soutenues par la Russie) et Églises latines (soutenues par les États occidentaux) s'exacerbèrent au XIXᵉ siècle : c'est une des causes de la guerre de Crimée. Après la Deuxième Guerre mondiale, les Lieux saints passèrent sous protectorat britannique, comme toute la Palestine. En 1950, l'ONU tenta d'imposer un mandat international, refusé à la fois par Israël et la Jordanie. Depuis la guerre des Six Jours, les Lieux Saints sont en totalité sous administration israélienne.

lièvre n. m. ZOOL. Mammifère de l'ordre des lagomorphes, aux membres postérieurs très développés et aux longues oreilles, à la course très rapide. *Contrairement au lapin, le lièvre ne creuse pas de terrier, mais gîte à même le sol. Le lièvre femelle est appelé hase. Le lièvre vagit.* / Fig. *Courir deux lièvres à la fois* : poursuivre deux activités en même temps. / Fig. *Lever un lièvre* : soulever une difficulté inattendue.

Lièvre.

Lièvre Constellation australe ; voir **constellation**.

Lifar (Serge) 1905-1986 Danseur et chorégraphe français d'origine russe. Il fit ses débuts dans les Ballets russes de Diaghilev en 1923. Entré comme danseur étoile, maître de ballet et chorégraphe à l'Opéra de Paris en 1929, il a renouvelé l'art chorégraphique tant par ses créations personnelles que par son œuvre théorique : *Manifeste du chorégraphe* (1935), *Traité de chorégraphie* (1952).

liftier, ère n. Personne chargée du fonctionnement d'un ascenseur.

lifting n. m. (faux anglicisme) Opération de chirurgie esthétique qui supprime les rides en retendant la peau du visage.

ligament n. m. ANAT. Faisceau de tissu fibreux, qui maintient en place un ou plusieurs organes ou pièces squelettiques. *Ligament articulaire*, qui maintient en place les deux parties d'une articulation. *Ligament suspenseur*, reliant un organe à la cavité qui l'entoure ou au squelette. *Ligament suspenseur du foie, de l'estomac, du cristallin.*

ligand n. m. BIOCHIM. Molécule qui se lie de manière spécifique à une autre molécule. *Une hormone qui se lie à son récepteur, un inhibiteur qui se lie à une enzyme donnée ou l'oxygène qui se fixe à l'hémoglobine sont des ligands.*

ligase n. f. BIOCHIM. Enzyme qui catalyse l'établissement d'une liaison covalente entre deux molécules en utilisant l'énergie fournie par l'A.T.P.

ligature n. f. Opération consistant à serrer avec un lien. / CHIR. Opération consistant à lier un conduit. *Ligature d'une veine. Ligature des trompes (de Fallope).* / Le lien employé.

ligaturer v. t. [1] Serrer avec une ligature.

lige adj. FÉOD. *Vassal lige*, lié au seigneur par une promesse de dévouement absolu. / Mod., fig. *Homme lige*, totalement dévoué.

Ligeti (György) 1923 Compositeur autrichien d'origine hongroise. Plein d'invention et de rigueur, il a donné un son unique et statique, entre la modernité et la tradition, à la musique sérielle et électronique. Il a notamment composé un opéra, *Le Grand Macabre* (1974-1977).

lignage n. m. Vieilli Filiation d'un même ancêtre.

ligne n. f. **I.** Trait continu. *Ligne droite, courbe.* / GÉOM. Figure qu'engendre le déplacement d'un point. *Ligne brisée* : succession de segments de lignes droites. *Lignes de la main* : plis de la paume de la main formant des traits. / Trait réel ou imaginaire qui sépare deux choses, qui délimite un contour. *Ligne d'horizon. Une jolie ligne* : une jolie silhouette. *Garder la ligne* : rester mince. / MAR. *La ligne* : l'équateur. / *Ligne de charge*, marquée sur la coque d'un navire, au-dessus de laquelle il ne doit pas s'enfoncer. / *Ligne de démarcation* : limite conventionnelle entre la zone libre et la zone occupée en France (1940-1942). / *Ligne géodésique* : ligne la plus courte qui joint deux points d'une surface donnée. **II.** Direction continue dans un certain sens. *Courir en ligne droite. Ligne de tir.* / Fig. *Ligne directrice* : ensemble des

L

Lilas en fleurs.

éléments moraux, intellectuels, sociaux qui dirigent une conduite. / Fig. *La ligne d'un parti, d'un mouvement*, les principes auxquels il obéit, les choix qu'il adopte. *Ligne de conduite*: attitude délibérément choisie. / Trajet fixe d'un service de transport régulier; ce service lui-même. *Ligne d'autobus, ligne aérienne.* **III.** Ensemble de personnes ou de choses disposées de façon continue et déterminée. *Une ligne de rosiers. Défiler en ligne. Ligne Maginot*: suite d'ouvrages fortifiés, édifiés avant la Seconde Guerre mondiale, pour défendre la frontière franco-allemande. *Monter en ligne*: aller au combat. *En première ligne*: le plus près de l'ennemi. / Rang. *Hors ligne*: d'une qualité exceptionnelle. *Un latiniste hors ligne.* / IMPR. Série de caractères disposés horizontalement dans une page. *Aller à la ligne.* / Fig. *Sur toute la ligne*: complètement. *Faire erreur sur toute la ligne.* / COMPTA. *Entrer en ligne de compte*: être compris dans un compte; fig., cour: avoir de l'importance. / Dans une généalogie, suite des descendants de la même famille. *Ligne directe, ligne collatérale.* **IV.** Fil (quelle qu'en soit la matière). *Pêche à la ligne*, avec un fil garni d'un ou de plusieurs hameçons. / Cordeau. *Ligne de charpentier.* / ÉLECTR. Ensemble de conducteurs servant au transport du courant, de l'énergie électrique. Ligne à haute tension. Enterrer les lignes. Ligne téléphonique. / Par ext. Circuit. *La ligne est coupée, la ligne est occupée.*

Ligne (Charles-Joseph, prince **de)** 1735-1814 Feld-maréchal autrichien d'origine wallonne, lié à Joseph II qui en fait son ambassadeur auprès de Catherine II, il participe à la guerre contre les Turcs, puis voyage à travers l'Europe, fréquentant à Paris, Vienne ou Saint-Pétersbourg, les cercles intellectuels et politiques. Il a laissé (en français) des écrits très spirituels: *Mélanges militaires, littéraires et sentimentaux* (34 vol., 1795-1811).

Ligne (îles de la) ou **Sporades équatoriales** Archipel de l'océan Pacifique, qui appartient à Kiribati. L'île Christmas, le plus grand atoll du Pacifique, lui est rattachée.

lignée n. f. Descendance. / Fig. Catégorie.

ligneux, euse adj. BOT. De la nature du bois; qui contient de la lignine. *On distingue les plantes ligneuses des plantes herbacées.* / MÉD. Qui a la dureté du bois. *Phlegmon ligneux*, qui se caractérise par la très grande dureté de la tuméfaction.

lignicole adj. ZOOL. Qui vit dans le bois.

lignine n. f. BIOCHIM., BOT. Polymère glucidique contenu dans les parois des cellules du xylème et du sclérenchyme et qui confère au bois ses propriétés de dureté, de rigidité, d'imperméabilité.

lignite n. m. Charbon brunâtre contenant des restes de végétaux incomplètement décomposés, moins riche en carbone que la houille et d'un pouvoir calorifique moindre.

ligoter v. t. [1] Lier étroitement. *On lui ligota les bras et les jambes.* / Fig. Empêcher d'agir, de s'exprimer librement.

ligue n. f. Alliance de plusieurs villes, de plusieurs partis ou factions, ou de plusieurs États. / *Ligue arabe*: voir *arabe (ligue)*. / Association constituée pour défendre un objectif déterminé. *Ligue des droits de l'homme.*

Ligue (Sainte) ou **Sainte Union** Ligue catholique française dirigée contre les protestants et contre Henri III, puis Henri IV, à partir de 1576. Henri III ayant accordé des avantages aux protestants, des catholiques formèrent la Sainte Ligue, commandée par Henri de Guise (1576). Le 12 mai 1588, journée des Barricades, Henri III, fuyant Paris, se réfugia à Chartres puis à Blois où il fit assassiner Henri de Guise. Mayenne, frère du duc de Guise, s'allia à Philippe II d'Espagne contre Henri IV qui, après la mort d'Henri III assassiné par un moine ligueur (1589), était devenu le prétendant au trône de France. Mais celui-ci battit la Ligue à Arques et à Ivry (1589-1590) et, par sa conversion, rallia à lui une majorité de catholiques, inquiets des excès de la Ligue et des ambitions de Philippe II qui convoitait le trône de France. Mayenne lui-même fit en 1595 la paix avec Henri IV, mettant ainsi fin aux guerres de Religion en France.

Palais archiépiscopal de **Lima** (XVIIIe siècle), la capitale péruvienne.

Ligue des droits de l'homme Ligue fondée en 1898, à l'occasion de l'affaire Dreyfus. Réunissant des personnalités de gauche, elle préconisa une révision de son procès. Depuis, elle poursuit son combat contre l'injustice et pour les droits de l'homme dans le monde entier.

ligueur, euse n. Membre d'une ligue. / HIST. Membre de la Sainte Ligue.

Ligures Peuple du sud-est de la Gaule dont le territoire comprenait la Ligurie actuelle. Rome ne les soumit complètement qu'à la fin du Ier siècle av. J.-C.

Ligurie *5416 km² 1760000 h.* Région du nord de l'Italie, sur le golfe de Gênes. Capitale *Gênes*. Elle comprend les provinces de Gênes, Imperia, La Spezia et Savone. La Ligurie vit essentiellement de la mer: stations balnéaires de la *Riviera* (San Remo), ports (Gênes, La Spezia).

Likoud Parti de droite israélien formé en 1973 par M. Begin, qui réunit plusieurs formations (*Likoud* signifie « coalition »), principalement le Hérout et le Parti libéral. Sa victoire aux élections de 1977 mit fin à trente ans d'hégémonie travailliste. Après avoir été dirigé par Y. Shamir et B. Nétanyahou, il est dirigé, depuis 1999, par Ariel Sharon; le Likoud a remporté, aux élections de janvier 2003, une éclatante victoire sur les travaillistes.

Lilar (Suzanne) 1901-1992 Écrivain belge d'expression française. Son œuvre, que ce soient ses romans (*La Confession anonyme*, 1960), ses pièces de théâtre (*Le Roi lépreux*, 1950) ou ses essais (*Le Malentendu du deuxième sexe*, 1969) est dominée par l'étude des rapports masculin/féminin, par la volonté d'aboutir à l'harmonisation des contraires.

lilas n. m. BOT. Arbuste de la famille des oléacées, aux grappes de fleurs très parfumées, dont la couleur varie du blanc au mauve foncé. / Fleurs de cet arbuste. *Du lilas. « Quand je vais chez la fleuriste, Je n'achète que des lilas »* (Georges Brassens).

liliacées n. f. pl. BOT. Famille de plantes monocotylédones à bulbe ou à rhizome, généralement vivaces et herbacées, telles que l'oignon, l'ail, le poireau, la tulipe, le lis et le muguet.

lilial, ale, aux adj. Litt. Qui évoque la blancheur, la pureté du lys.

Lilienthal (Otto) 1848-1896 Ingénieur allemand. Pionnier du vol à voile, il se tua au cours d'un essai.

Lille *172 142 h.* Chef-lieu du département du Nord et de la Région Nord-Pas-de-Calais. Ancienne place forte construite sur une île de la Deûle, Lille doit son développement à sa situation au cœur de l'Europe du nord-ouest, mais la crise frappe la ville depuis les années 1960. Ville commerçante (drap) depuis le XIIe siècle, Lille appartint successivement (comme toute la Flandre) aux maisons de Bourgogne, d'Autriche, d'Espagne avant d'être conquise par Louis XIV en 1667, puis définitivement intégrée à la France lorsque la Hollande la restitua aux termes du traité d'Utrecht en 1713. Au XIXe siècle, l'industrie lourde s'ajouta aux industries textiles. Aujourd'hui, la conurbation Lille-Roubaix-Tourcoing groupe plus d'un million d'habitants.

Lillehammer *24 407 h.* Petite ville de Norvège, au nord-ouest d'Oslo, où se déroulèrent les jeux Olympiques d'hiver de 1994.

Lilliput Pays imaginaire, peuplé d'hommes minuscules, où se déroule une partie des aventures de Gulliver, le héros de Jonathan Swift.

lilliputien, enne adj. et n. Très petit, minuscule.

Lima *6 414 500 h.* Capitale du Pérou, fondée en 1535 par Pizarro, sur un plateau, principal centre économique du pays (avec son avant-port sur le Pacifique: Callao *515 200 h.*). L'université San Marcos est la plus ancienne d'Amérique du Sud.

limace [1] n. f. ZOOL. Mollusque gastéropode pulmoné terrestre sans coquille externe. / Fig. Personne apathique, molle, lente. *Ce type est une vraie limace.*

limace [2] n. f. Argot. Chemise.

limaçon n. m. Escargot. Syn. colimaçon. / ANAT. Cochlée.

limagne n. f. GÉOMORPH. Fossé d'effondrement. Syn. graben.

Limagne Riche plaine que draine l'Allier dans le Massif central. Son centre est Clermont-Ferrand.

limaille n. f. Parcelles de métal qui se détachent de celui-ci quand on le lime.

limande n. f. ZOOL. Poisson téléostéen à corps aplati latéralement, pouvant atteindre plus de 40 cm de long. *La chair de la limande est très estimée.*

limbe n. m. ASTRON. Bord du disque d'un astre. / BOT. Partie mince, aplatie d'une feuille, siège de la plus grande part de

Lille.

l'activité photosynthétique. / (Au plur.) THÉOL. *Les limbes* : pour les catholiques, le séjour des âmes des justes avant la venue du Christ ; le séjour des enfants morts non baptisés. / Fig. Ce qui n'a pas encore pris forme. *Travaux encore dans les limbes.*

Limbourg Ancienne province flamande partagée en 1831 entre les Pays-Bas et la Belgique.

Limbourg *2 170 km² 1 130050 h.* Province du sud des Pays-Bas. Chef-lieu *Maastricht*. Le Limbourg est consacré, au nord, à l'élevage et à l'agriculture et, au sud, à une industrie puissante et diversifiée qu'a favorisé le bassin houiller.

Limbourg *2422 km² 771613 h.* Province de Belgique située dans la Campine et arrosée par la Meuse, qui fait partie de la Région flamande. Chef-lieu *Hasselt*. C'est un pays agricole au sud (céréales, betteraves), minier et industriel au nord (houille).

Limbourg (Pol, Jean et **Hermann de)** XVe siècle Enlumineurs français d'origine flamande. En 1402, on trouve Pol et Jean à la cour de Bourgogne. Les trois frères sont ensuite au service de Jean de Berry. Ils exécutent pour ce prince les *Belles Heures* (ou *Heures d'Ailly*, 1403-1413) et les *Très Riches Heures du duc de Berry* (1413-1416), somptueux manuscrit enluminé qui sera achevé à la fin du siècle par Jean Colombe. Les scènes profanes, traitées essentiellement dans les miniatures évoquant les douze mois du calendrier, témoignent d'une grande acuité dans la description d'un monde courtois, riche et cultivé, d'une exceptionnelle richesse de coloris et d'un goût du détail qui en fait un irremplaçable témoignage sur la société du temps.

lime [1] n. f. Outil en acier présentant des aspérités plus ou moins fines, destiné à user, polir et ajuster par frottement. *Lime à ongles*, en métal ou en papier émeri.

lime [2] n. f. ZOOL. Mollusque lamellibranche aux valves striées, ressemblant à une coquille Saint-Jacques.

lime [3] n. m. ou n. f. Citron vert à peau mince, fruit d'une variété de limettier.

limer v. t. [1] Dégrossir, façonner (qqch.) à la lime. / Par ext. User (qqch.).

Limerick *58000 h.* Ville de la république d'Irlande, chef-lieu du comté du même nom, sur la rivière Shannon. Centre commercial.

limette n. f. Fruit du limettier, à saveur plus douce que le lime.

limettier n. m. BOT. Arbre du genre *citrus*, produisant (selon les variétés) des limes ou des limettes.

limier n. m. VÉNER. Chien de chasse utilisé pour chercher et détourner le gibier. / Fig. Détective. *Un fin limier.*

liminaire adj. Placé en ouverture d'un écrit, d'une œuvre de l'esprit. *Propos liminaire.*

limitatif, ive adj. Qui limite.

limitation n. f. Action de limiter ; son résultat. *Limitation de vitesse.*

limite n. f. Ce qui marque la fin d'un territoire, d'un terrain, d'une zone et les sépare d'autres. / Fin d'une période de temps. *À la limite du Moyen Âge et de la Renaissance.* / Fig. Borne où s'arrête une activité, une influence. *Travailler jusqu'à la limite de ses forces. Limite d'âge* : âge de la retraite, ou âge après lequel un candidat ne peut plus se présenter à un concours. / Fig. Stade à ne pas outrepasser. *Vous dépassez les limites de la politesse.* / MATH. Grandeur fixe vers laquelle tend une expression algébrique. *Limite d'une fonction, d'une suite convergente.*

limité, e adj. Qui a des limites. *Espaces limités. Pouvoirs limités.*

limiter v. t. [1] Déterminer ou constituer les limites de (un espace). / Fig. Restreindre dans une limite. *Limiter la durée et le nombre des épreuves. Limiter les dégâts, les dépenses.*

limitrophe adj. Qui est à la limite. *Zone limitrophe.*

limnée n. f. Mollusque gastéropode pulmoné, à coquille conique, vivant en eau douce.

limnologie n. f. HYDROL. Science qui se consacre à l'étude biologique et physique des eaux stagnantes (lacs, étangs, mares, flaques d'eau).

limogeage n. m. Action de limoger.

limoger v. t. [1]. Relever de ses fonctions, destituer (un officier, un fonctionnaire).

Limoges *133464 h.* Chef-lieu de la Haute-Vienne, sur la Vienne, et de la Région Limousin. Limoges est une vieille ville touchée par le déclin de ses industries traditionnelles (émaux, porcelaine, chaussure), qui s'efforce d'attirer, grâce à sa position sur l'axe Paris-Toulouse, des activités nouvelles : constructions mécaniques et électriques, papier, meubles. Elle possède de beaux monuments : cathédrale (XIVe-XVe siècle), églises, maisons et ponts du Moyen Âge (pont Saint-Étienne, XIIIe siècle).

limon [1] n. m. Brancard d'une voiture d'attelage. / CONSTR. Pièce de bois ou de métal, ou pierres assemblées et maçonnées, supportant, côté rampe, les marches d'un escalier.

limon [2] n. m. GÉOL. Roche sédimentaire clastique et incohérente, composée de granules dont la dimension va de 63 à +/- 2 microns. *On trouve des dépôts de limon dans les bassins d'origine glaciaire.*

limon [3] n. m. Vx Citron.

limonade n. f. Boisson gazeuse, sucrée, parfumée au citron.

limonadier, ère n. Celui, celle qui fabrique de la limonade, des boissons gazeuses. / Vieilli ou péjor. Tenancier d'un débit de boisson.

limonaire n. m. Orgue de Barbarie.

limoneux, euse adj. Riche en limon. *Terre limoneuse.*

limonite n. f. Oxyde ferrique hydraté naturel, un des principaux minerais de fer.

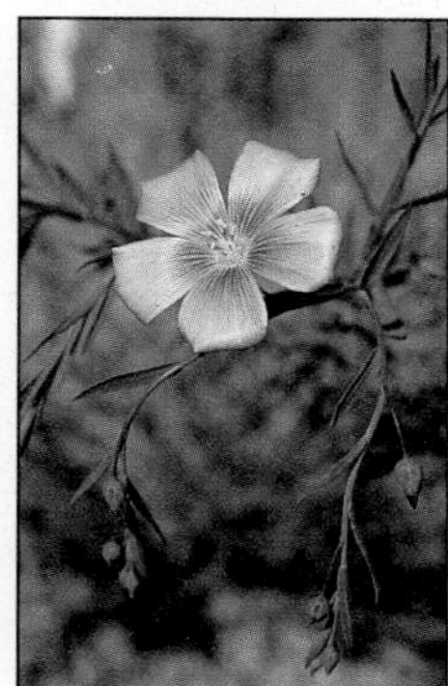

Fleur de **lin**.

limousin, e adj. et n. Du Limousin. *Bœufs limousins. Un(e) Limousin(e).* / n. m. LING. Dialecte d'oc parlé dans le Limousin. / Vx Maçon.

Limousin Ancienne province de France dont les limites recouvraient presque exactement celles de l'actuelle Région. Peuplé de Celtes, de Ligures et d'Ibères, conquis par Rome (51 av. J.-C.), le pays fut ravagé lors des invasions barbares. Divisé au Xe siècle en plusieurs seigneuries plus ou moins autonomes mais liées à l'Aquitaine, il suivit le sort de cette province lors du mariage d'Aliénor d'Aquitaine et d'Henri Plantagenêt (1152). Le Limousin ne fut rattaché au domaine royal qu'au XVIIe siècle, pour devenir une province et un important gouvernement avec Limoges pour capitale. D'excellents intendants, notamment Turgot, lui assurèrent une grande prospérité.

Limousin *16932 km² 718700 h.* Région française comprenant les départements de Haute-Vienne, Creuse et Corrèze. Chef-lieu *Limoges*. À l'ensemble massif et rude du haut Limousin au nord, dont la principale activité est l'élevage bovin, le bas Limousin au sud oppose la richesse des sols et la douceur du climat du bassin de Brive (vignoble, cultures fruitières). Le dépeuplement de la région s'explique par la prépondérance de l'agriculture (9 % des actifs) et le déclin des activités traditionnelles (travail du bois, du cuir, tapisserie, porcelaine). Situées dans les vallées, les villes sont peu actives : Limoges, Tulle, Guéret, Brive. Le chômage reste bas, mais le P.N.B. par habitant est l'un des plus faibles de France.

limousine n. f. Automobile spacieuse et luxueuse, à six places. / Anc. Manteau de grosse laine porté par les bergers et les charretiers.

limpide adj. Transparent. *Eaux limpides.* / Fig. Pur. *Regard limpide.* / Fig. Clair. *Style limpide.*

limpidité n. f. Caractère de ce qui est limpide.

Limpopo (le) *1 600 km* Fleuve du sud de l'Afrique. Né en Afrique du Sud, il traverse le sud du Mozambique et se jette dans l'océan Indien. Son bassin couvre *400000 km²*.

limule n. f. ZOOL. Grand arthropode marin de la classe des mérostomes, à carapace bombée, dont l'abdomen se termine par un stylet mobile, vivant sur les littoraux du Pacifique et des Antilles.

lin n. m. Plante herbacée à petites fleurs bleu vif, dont la tige fournit des fibres employées dans l'industrie des textiles et la graine, une huile utilisée pour la fabrication des peintures et vernis, du linoléum, etc. *On tire également de la graine de lin une farine utilisée pour confectionner des cataplasmes.* / Toile tissée avec des fils de lin. *Des draps de lin.*

Lin Biao Voir **Lin Piao**

linceul n. m. Drap de toile blanche servant à ensevelir un mort. Syn. suaire.

Lincoln (Abraham) 1809-1865 Homme d'État américain. Issu d'une modeste famille de pionniers, il s'intéresse dès 1834 à la politique dans l'État de l'Illinois. Devenu avocat en 1837, il est élu à la Chambre nationale des représentants en 1846, mais, opposé à la guerre du Mexique, se tient à l'écart de la politique jusqu'en 1854. À cette date, le Congrès adoptant une loi permettant à certains États du sud du pays, nouvellement entrés dans l'Union, de choisir le maintien de l'esclavage, il rejoint le nouveau parti républicain, résolument opposé à cette mesure. Chef du parti dans l'Illinois, il est désigné comme candidat à la présidence en 1860, et, bénéficiant d'une division du camp démocrate, remporte l'élection, à quoi fait immédiatement écho la Sécession du Sud. Après avoir vainement tenté d'éviter une guerre civile, Lincoln prend le commandement de l'armée de l'Union et prononce l'abolition de l'esclavage (1863), puis confie le commandement militaire au général Grant. Réélu en 1864, il est assassiné cinq jours après la victoire nordiste (avril 1865) par un acteur sudiste, Booth.

Abraham Lincoln.

Lincoln *203076 h.* Ville des États-Unis, capitale du Nebraska. Centre commercial et industriel. Université.

Lindbergh (Charles) 1902-1974 Aviateur américain. Seul à bord du *Spirit of Saint Louis*, il effectua la première traversée de l'Atlantique Nord sans escale en 33 h 30, le 20 mai 1927.

Linde (Carl Gottfried von) 1842-1934 Physicien, ingénieur et industriel allemand, auteur d'un procédé de liquéfaction de l'air (procédé Linde) qui permet d'extraire de cet air ainsi liquéfié l'oxygène, l'azote et des gaz rares.

Linder (Gabriel Leuvielle, dit **Max)** 1883-1925 Acteur et réalisateur français qui interpréta entre 1905 et 1915 une série de films comiques qui inspirèrent Chaplin : *La Première Sortie, Max et le quinquina.* Il poursuivit une brillante carrière internationale : *Soyez ma femme* (1921), *Sept Ans de malheur* (1921), *L'Étroit Mousquetaire* (1922), *Roi du cirque* (1925).

Lindsay (sir David) Voir **Lyndsay**

Lindsay (Vachel) 1879-1931 Poète américain. Promoteur de la poésie orale, il lisait en public ses œuvres dont le rythme rappelait celui du jazz (*The Congo*, 1914). On lui doit aussi le premier ouvrage de critique de cinéma (*The Art of the moving picture*, 1915).

linéaire adj. et n. m. **A.** adj. Qui concerne une ou des lignes ; qui prend l'aspect d'une ligne. *Tracé linéaire.* / Fig. Schématique, réduit à l'essentiel. *Compte rendu des plus linéaires.* / MATH. *Application linéaire* : application f, d'un espace vectoriel E dans un espace vectoriel F, qui satisfait aux conditions suivantes : pour tout couple de vecteurs a et b appartenant à E et pour tout couple de scalaires a et b (appartenant au corps des nombres réels ou complexes) on a : f(aa + bb) = af(a) + bf(b). **B.** n. m. Présentoir, dans un établissement commercial. / ANTIQ. GR. Écriture syllabique du grec archaïque. *Le linéaire A, utilisé en Crète, n'a pas été déchiffré ; le linéaire B, déchiffré depuis 1952, transcrit un dialecte grec*

L

sans doute proche de la langue parlée à Mycènes.

linéament n. m. Ensemble de lignes élémentaires caractéristiques d'une forme. *Les linéaments d'un visage.* / Fig. Ébauche.

linéarité n. f. Propriété, état de ce qui est linéaire.

liner n. m. (mot anglais) Bâche de matière plastique qui tapisse le fond d'une piscine.

linga ou **lingam** n. m. (mot sanscrit) RELIG. Symbole phallique du dieu Shiva.

linge n. m. Étoffe (originellement en lin), à usage domestique. *Envelopper un objet dans un linge.* / Ensemble de pièces en tissu servant au vêtement ou à l'usage domestique. *Linge de maison*: draps, nappes, serviettes, torchons. *Linge de corps*: ensemble des sous-vêtements. / Fig. *Être blanc comme un linge*, livide. / Loc. fig. *Laver son linge sale en famille*: limiter au cercle de ses proches le règlement des questions personnelles et difficiles.

lingère n. f. Femme chargée du linge.

lingerie n. f. Industrie et commerce du linge. / Endroit où est rangé le linge. / Ensemble des sous-vêtements, en particulier des sous-vêtements féminins.

lingette n. f. Pièce de linge jetable, en matériau cellulosique, imprégnée d'un produit nettoyant.

lingot n. m. Morceau de métal ou d'alliage coulé dans un moule dont il garde la forme. *Lingot d'or.* / IMPR. Pièce de fonte ou de plomb remplissant les blancs d'une forme.

Linotype.

lingual, ale, aux adj. ANAT. De la langue. / PHONÉT. *Consonne linguale*, articulée avec la langue (par ex. le *l*).

lingue n. f. ZOOL. Poisson de la famille des gadidés, vivant dans les eaux profondes de l'Atlantique nord. Syn. julienne.

linguiste n. Spécialiste de linguistique.

linguistique n. f. et adj. Étude scientifique et comparative des langues, en tant qu'ensemble de signes permettant la communication de la pensée. / adj. Propre ou relatif à une langue, à plusieurs langues, à la linguistique.

liniment n. m. Médicament onctueux pour enduire et frictionner la peau. Syn. onguent.

Linna (Välnö) 1920-1992 Romancier finlandais d'expression finnoise. Ouvrier à l'origine, autodidacte, il s'attache, dans son œuvre abondante, aussi bien à l'histoire récente (*Soldats inconnus*, 1954, sur la guerre finno-soviétique) qu'aux amples fresques consacrées au peuple de son pays (*Ici, sous l'étoile polaire*, 1959-1962, trilogie sur le prolétariat rural entre 1880 et 1950).

Linné (Carl von) 1707-1778 Naturaliste et médecin suédois. Ses travaux sur la classification des plantes et des animaux, réalisés dans un cadre de pensée fixiste, constituent une étape essentielle dans le développement de la taxonomie (notam. les diverses éditions de *Systema Naturae*). Il mit au point un système de nomenclature, encore utilisé aujourd'hui, dans lequel chaque espèce est désignée par un nom de genre et un nom d'espèce: *Parus major*, mésange charbonnière, *Passer domesticus*, moineau domestique, *Turdus merula*, merle noir.

lino [1] n. m. Abrév. de *linoléum*.

lino [2] n. f. Abrév. de *linotype*.

linogravure n. f. TECHN. Gravure en relief sur linoléum, caoutchouc ou toute autre matière plastique.

linoléum n. m. Revêtement de sol lisse et imperméable, fait d'un tissu de jute enduit de liège en poudre, mélangé d'huile de lin oxydée, et comprimé. Abrév.: *lino*.

linon n. m. Toile fine et transparente, de lin ou de coton.

linotte n. f. ZOOL. Oiseau passereau de la famille des fringillidés, au chant mélodieux, au plumage brunâtre, dont le mâle a la poitrine et le front roses. / Fig. *Tête de linotte*: personne très distraite, écervelée.

linotype n. f. IMPR. Anc. Machine commandée par un clavier, semblable à celui d'une machine à écrire, qui compose les lignes d'imprimerie et fond les caractères en un bloc par ligne. Abrév.: *lino*.

linotypie n. f. IMPRIM. Composition sur linotype.

linotypiste n. IMPRIM. Personne qui compose sur linotype.

Lin Piao ou **Lin Biao** 1907-1971 Maréchal et homme politique chinois. Il commanda les troupes chinoises de 1945 à 1950 en Mandchourie, devint chef de l'armée en 1959 et fut le grand organisateur de la Révolution culturelle. En 1969, Mao Zedong en fit son successeur. En 1971, il fut accusé de trahison et l'État chinois annonça plus tard que l'avion dans lequel il fuyait vers l'U.R.S.S. avait été abattu.

linteau n. m. CONSTR. Pièce de support, en bois, en fer, ou bloc de pierre, formant la partie supérieure de l'encadrement d'une porte, d'une cheminée ou d'une fenêtre.

Lions.

Linz *203 044 h.* Capitale de la Haute-Autriche, centre sidérurgique et chimique et port sur le Danube.

lion, lionne n. ZOOL. Grand mammifère carnivore, de la famille des félidés, au pelage fauve uni, dont le mâle porte une épaisse crinière, vivant aujourd'hui presque uniquement dans les savanes africaines. *Le lion rugit. Le lion des cavernes vivait en Europe lors du dernier âge glaciaire.* / *Lion de mer*: nom donné à diverses espèces d'otaries dont le mâle porte une crinière. / Fig. *La part du lion*: la part la plus importante. / *Avoir mangé du lion*: avoir une force, un courage inhabituels. / *Un lion*: un homme courageux, d'une force morale indomptable.

Lion Constellation zodiacale (voir **constellation**) et cinquième signe du zodiaque (22 juillet-22 août).

Lion (golfe du) Golfe de la Méditerranée, situé en France et bordé par la côte basse et sableuse de la Camargue, du Languedoc et du Roussillon.

lionceau n. m. Jeune lion.

Lions (Pierre-Louis) 1956 Mathématicien français. Il a travaillé sur la mécanique des fluides.

Liotard (Jean-Étienne) 1702-1789 Peintre suisse. Grand voyageur, il visita l'Italie, la Grèce et Constantinople, où il fit un assez long séjour. Bon observateur, il peignit avec sobriété et précision personnages et costumes (*Femme turque et son esclave*) et se vêtit comme un Oriental (sur son *Autoportrait* de 1744, il porte turban et signe « J. E. Liotard, surnommé le Peintre Turc »). Admirateur de Chardin, bon pastelliste (*La Chocolatière*), il travailla à Vienne, Paris et Londres et passa à Genève les trente dernières années de sa vie.

Liouville (Joseph) 1809-1882 Mathématicien français. Fondateur du *Journal de mathématiques pures et appliquées* (1836). Ses travaux d'analyse le conduisirent à s'intéresser aux irrationnels algébriques et à développer (1851) la notion de nombres transcendants (tels que p).

Lipari (île) La plus grande île de l'archipel volcanique italien du même nom (appelé aussi *îles Éoliennes*), situé au nord de la Sicile. Prison politique à l'époque du fascisme, elle était surnommée l'île du Feu.

Lipatti (Dinu) 1917-1950 Pianiste et compositeur roumain, qui, malgré une carrière écourtée par la leucémie, marqua par ses interprétations brillantes d'œuvres de compositeurs allant de Bach à Bartók.

Lipchitz (Chaim Jacop Lipschitz, dit **Jacques)** 1891-1973 Sculpteur français d'origine lituanienne. Son œuvre, d'abord teintée d'un réalisme un peu académique, devient cubiste puis, après 1930, se singularise par la liberté qu'elle adopte dans l'évocation de sujets mythologiques (*Prométhée et le vautour*, 1937) et bibliques.

Li Peng 1928 Homme politique chinois. Fils adoptif de Zhou Enlai, il a été Premier ministre de 1987 à 1998.

lipide n. m. BIOCHIM. Composé organique insoluble dans l'eau, soluble dans les solvants organiques tels que l'acétone, l'éther, le chloroforme. *Les huiles, les acides gras, les phospholipides, les stéroïdes, etc., sont des lipides. Les lipides sont, à divers titres, des molécules très importantes dans l'organisme (stockage d'énergie, constituant essentiel des membranes cellulaires, fonction hormonale, etc.).*

lipidique adj. Relatif aux lipides; de la nature des lipides.

lipizzan n. m. et adj. ÉQUIT. Petit cheval à robe grise obtenu au XVIIe siècle, élevé essentiellement pour les besoins de l'École d'équitation de Vienne, et issu du haras de Lipizza situé aux environs de Trieste (aujourd'hui Lipica, en Slovénie). / adj. *Un poulain lipizzan.*

Li Po Voir **Li Bo**

lipoïde adj. et n. m. / adj. Dont l'apparence est celle de la graisse. / n. m. Substance qui s'apparente aux lipides.

lipoïdique adj. Relatif aux lipoïdes.

lipome n. m. MÉD. Tumeur bénigne du tissu adipeux.

liposoluble adj. CHIM. Soluble dans les lipides.

liposome n. m. BIOL., MÉD. Vésicule synthétique formée d'une double couche li-

Lipide: l'huile.

Substances **liquides**.

La place du Rossio à **Lisbonne**.

Liseron.

pidique, qui peut emmagasiner des substances médicamenteuses, des enzymes, etc. *Les liposomes peuvent fusionner avec les membranes cellulaires, ce qui permet de transférer ces substances dans le milieu intracellulaire.*
lipothymie n. f. MÉD. Malaise caractérisé par une sensation d'évanouissement, mais sans perte de connaissance.
lippe n. f. Lèvre inférieure grosse et charnue. *Faire la lippe*: bouder.
Lippe (de) Famille allemande fondée par Bernard Ier (1113-1144) qui régna sur la principauté de Lippe (ancienne principauté allemande située aux alentours de Münster).
lippée n. f. Vx Bouchée. *Franche lippée*: bon repas qui ne coûte rien.
Lippi (Fra **Filippo**) 1406 ?-1469 Peintre italien. Moine, il peignit des scènes religieuses dans lesquelles s'épanouissent les acquisitions de la première Renaissance italienne: sens de l'espace, ampleur monumentale, lyrisme et réalisme, somptuosité de coloris. Bien qu'il ait occupé plusieurs charges ecclésiastiques, il mena une vie dissipée. La plus grande partie de sa carrière s'est déroulée à Florence, à Spolète et à Prato. Il prit essentiellement pour thème la vie de la Vierge (plusieurs Annonciations; plusieurs Madones; plusieurs Nativités). Il fut le maître de Botticelli. **Fillippino** 1457-1504 Peintre italien. Fils du précédent et d'une religieuse, il fut influencé par son père et par Botticelli et travailla essentiellement à Florence (fresques de la chapelle Brancacci, *L'Apparition de la Vierge à saint Bernard*). À Rome, sa manière devient de plus en plus compliquée, ses œuvres s'encombrent d'une profusion de détails et d'architectures fantastiques, annonçant ainsi le maniérisme.
Lippmann (Gabriel) 1845-1921 Physicien français, inventeur de l'électromètre capillaire.
lippu, e adj. Qui a de grosses lèvres.
liquéfaction n. f. Passage d'un corps de l'état gazeux à l'état liquide.
liquéfier v. t. [1] Faire passer (un corps) de l'état solide, gazeux, à l'état liquide. *Liquéfier de l'hydrogène.* / v. pron. *Glaçon qui se liquéfie.* / Au fig. Se décomposer, perdre ses moyens. *Se liquéfier devant un examinateur.*
liquette n. f. Pop. Chemise.
liqueur n. f. Vx Substance liquide. / Mod. Boisson alcoolisée, sucrée et aromatisée. / PHARM. Solution chimique; réactif. / *Liqueur de Fehling*, qui sert à la recherche et au dosage des sucres.
liquidambar n. m. BOT. (mot espagnol) Arbre proche de l'hamamélis, poussant en Amérique et en Asie, dont on tire des résines aromatiques.
liquidateur, trice n. DR. Personne qui procède à une liquidation. / (En appos.) *Mandataire liquidateur.*
liquidation n. f. **I.** Opération qui consiste à liquider un compte, une succession, etc. *Liquidation d'une dette.* / *Liquidation de l'impôt*: calcul de ce que le contribuable doit à l'État. / *Liquidation d'une dépense publique*: opération qui consiste à déterminer le montant d'une dépense de l'administration. / Vente de marchandises à bas prix. / DR. COMM. *Liquidation judiciaire*: procédure par laquelle le tribunal fait vendre les biens d'un commerçant, en cessation de paiement, pour payer ses dettes. **II.** Fig. Assassinat. / Action qui met un terme à une situation. *Liquidation d'un conflit.*
liquide [1] adj. et n. m. **A.** adj. Se dit d'une substance susceptible de couler grâce à la faible cohésion de ses molécules, qui n'est ni solide ni gazeuse, et qui reste d'un volume constant. *Matière à l'état liquide.* / Liquéfié. *Air liquide*: air conservé par le froid à l'état liquide. / Qui n'est pas suffisamment lié, épais. *Sauce béchamel trop liquide.* **B.** n. m. Substance liquide; corps à l'état liquide. *Un liquide prend la forme de son contenant.* / Aliment liquide. / ANAT. *Liquides organiques*: les diverses substances liquides qui circulent dans l'organisme (sang, lymphe, urine, etc.).
liquide [2] adj. et n. m. **A.** adj. FIN. De valeur, de montant exactement déterminé. *Créance liquide.* / Dont on dispose à volonté. *Bien liquide*, non grevé d'hypothèque. / Cour. *Argent liquide*, immédiatement disponible; en espèces. **B.** n. m. *Du liquide*: de l'argent immédiatement disponible. *Régler une facture en liquide*, en espèces.
liquider v. t. [1] **I.** Procéder au règlement comptable de. *Liquider une succession. Liquider une société commerciale.* **II.** Fig., fam. En finir avec (qqch.); solder (une marchandise). *Liquider un stock.* / *Liquider qqn*, le tuer.
liquidité [1] n. f. Caractère de ce qui coule.
liquidité [2] n. f. FIN. État d'un bien liquide. / (Au plur.) Valeurs liquides.
liquoreux, euse adj. Se dit d'un vin riche en alcool et sucré. *Le muscat est liquoreux.*
lire [1] v. t. [3] Reconnaître les signes alphabétiques et linguistiques de (une langue) et en comprendre le sens. *Lire le grec, l'anglais.* (Emploi absol.) *Apprendre à lire.* / Prendre connaissance par la lecture du contenu de (un texte écrit). *Lire son journal, un roman. Lire Balzac*: lire son œuvre. / Faire la lecture de (un texte) à voix haute. *Lire un poème à sa mère.* / Savoir déchiffrer et donner un sens à (une information non linguistique). *Lire une carte. Lire une partition.* / Interpréter. *Lire un témoignage à la lumière de faits nouveaux.* / Deviner, discerner à certains signes. *Lire l'avenir dans les astres. Je lis la terreur sur son visage.* / INFORM. Reconnaître, extraire et restituer (une donnée). *Lire un fichier.*
lire [2] n. f. Unité monétaire italienne jusqu'en 2002.
lis ou **lys** n. m. BOT. Plante ornementale à bulbe, monocotylédone, de la famille des liliacées. *Le lis blanc est cultivé pour ses grandes fleurs blanches parfumées. Le lis est symbole de pureté.* / HÉRALD. *Fleur de lis*: figure composée de trois fleurs de lis stylisées. *La fleur de lis*, emblème, en France, de la royauté. / ZOOL. *Lis de mer*: nom donné aux espèces d'échinodermes crinoïdes qui vivent fixés par un pédoncule.
Lisbonne (en portugais *Lisboa*) *663 394 h.* Port sur l'estuaire du Tage et capitale du Portugal. Fondée par les Phéniciens, occupée par les Maures du VIIIe siècle au XIIe siècle, capitale du Portugal en 1245, la ville connut une période de splendeur à l'époque du grand empire maritime (XVe-XVIe siècle). C'est aujourd'hui un port pétrolier qui concentre l'essentiel des activités économiques du pays. L'agglomération groupe *2 561 220 h.* Ses plus beaux monuments furent construits après le tremblement de terre de 1755, qui épargna le château São Jorge, le couvent des hiéronymites et la tour de Belém (voisins et tous deux du XVIe siècle).
liseré ou **liséré** n. m. Ruban étroit ou ganse servant à border un vêtement. / Raie de couleur bordant une surface d'une autre couleur.
liseron n. m. BOT. Plante herbacée rampante ou grimpante, de la famille des convolvulacées, aux fleurs gamopétales en forme de clochettes de diverses couleurs (blanches, mauves, etc.).
liseur, euse n. Personne qui lit. *C'est un grand liseur*: il lit beaucoup.
liseuse n. f. Coupe-papier pouvant servir de signet. / Couvre-livre. / Vêtement féminin couvrant les épaules utilisé pour lire au lit.
lisibilité n. f. Caractère de ce qui est lisible.
lisible adj. Qu'il est possible de lire; facile à lire. *Écriture lisible.* Ant. illisible. / D'un style simple et agréable. *C'est le livre le plus lisible de cet auteur.*
lisiblement adv. De manière lisible.
lisier n. m. AGRIC. Liquide constitué par le mélange des urines et des excréments solides des animaux de ferme (bovins, porcins, volaille) utilisé comme engrais.
lisière n. f. Bordure d'une étoffe dans le sens de la longueur. / Tissu rêche en forme de tresse. *Chaussons de lisière.* / Plur. Anc. Cordons que l'on fixait à la robe des petits enfants qui commençaient à marcher; loc. mod., fig. *Tenir qqn. en lisière*, le dominer, le tenir sous sa tutelle. / Bordure d'une région, notamment d'un ensemble boisé.
Lisieux *23 703 h.* Ville du Calvados, sur la Touques, centre commercial et industriel dans une riche région d'élevage (pays d'Auge). Les reliques de sainte Thérèse y attirent les pèlerins.
lisse [1] adj. Sans aspérité, sans rugosité, poli. *Une surface lisse comme un miroir.*
lisse [2] ou **lice** n. f. TECHN. Élément métallique, dans un métier à tisser, comportant un maillon dans lequel passe le fil de chaîne, soit à l'horizontale (*métier de basse lisse*), soit à la verticale (*métier de haute lisse*).
lissier, ère ou **licier, ère** n. Personne qui monte les lisses.
Lissitzky ou **Lissitzki (Eliezer Markovitch**, dit **El)** 1890-1941 Ingénieur, peintre, dessinateur et architecte russe. Influencé à la fois par le suprématisme et le constructivisme, il enseigna à Vitebsk (1921) et à Moscou, dans les ateliers d'État. Il multiplia les innovations dans le domaine de l'affiche, de la typographie, de l'architecture (*Pilier-nuage*, projet, 1922), de la sculpture. Ses affiches, ses tracts, ses couvertures de livres, rythmés par des diagonales et animés de couleurs primaires fortes et denses (essentiellement du rouge) font souvent appel au photomontage (dont il fut le pionnier) et sont d'une remarquable efficacité publicitaire. •
Lissouba (Pascal) 1931 Homme politique congolais, Premier ministre de la république du Congo de 1963 à 1966. Une grande instabilité politique règne dans le pays à partir de 1967 et Lissouba s'exile en France (1979-1990). En 1992, de retour au Congo, il est élu président de la République. Il est renversé en 1997 par Denis Sassou Nguesso qui se proclame chef de l'État.
listage n. m. Action de lister.
liste n. f. Suite de noms de personnes ou de choses le plus souvent énumérés en colonne et selon un certain ordre; document portant cette énumération. *Établir, allonger une liste. Liste électorale*: énumération des électeurs inscrits dans une commune. / *Liste noire*, généralement secrète, et visant des personnes à surveiller, à éviter ou à neutraliser. / TÉLÉCOMM. *Liste rouge*: liste d'abonnés au téléphone qui refusent que soit communiqué leur numéro. / *Liste civile*: somme attribuée au chef de l'État pour subvenir aux dépenses de sa fonction.

LITUANIE

Superficie : *65 200 km²* – **Nombre d'habitants :** *3 719 000 h.* – **Capitale :** *Vilnius*
Villes principales : *Kaunas, Klaïpedi, Siauliai* – **Système politique :** *république*
Langue(s) : *lituanien* – **Religion(s) :** *christianisme* – **Monnaie(s) :** *litas*

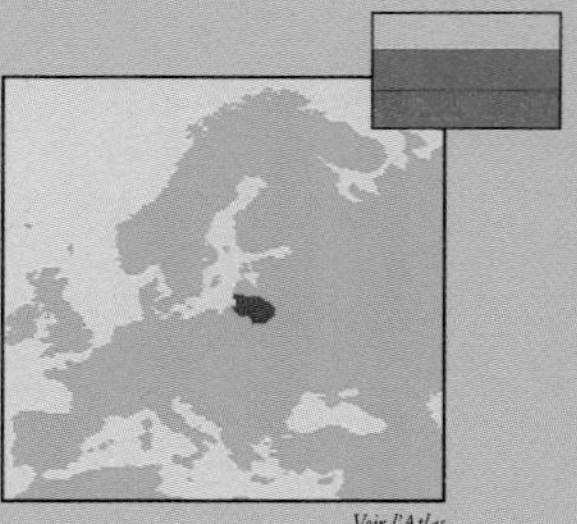

Voir l'Atlas

Paysage du sud-est de la Lituanie.

Le château de Trakai (XIVe siècle) situé à 25 km de Vilnius.

Économie

Les principales activités dans cette plaine glaciaire aux sols pauvres (podzols) parsemée de lacs et arrosée par le Niémen, sont agricoles : exploitation de la forêt, élevage, cultures pauvres (lin, seigle, pomme de terre).

Histoire

Principauté indépendante au XIIIe siècle, la Lituanie annexe plusieurs territoires russes et s'allie à la Pologne à partir de 1386 pour résister aux chevaliers teutoniques. Complètement unie à la Pologne à partir de 1569, elle est annexée par la Russie en 1795. Après l'occupation allemande pendant la Première Guerre mondiale, la Lituanie renverse le nouveau pouvoir soviétique (instauré en 1918) et devient une république indépendante en 1919. Occupée par l'armée rouge en 1940, puis par l'armée allemande en 1941, elle est, à partir de 1944, une république soviétique. En 1990, l'U.R.S.S. reconnaît son indépendance. Chef de l'État depuis mars 1990, le nationaliste Vytantas Landsbergis est battu aux élections législatives de 1992 par l'ex-communiste Algirdas Brazauskas (élu président en février 1993), mais remporte l'élection présidentielle de 1996.
En 1998, Valdas Adamkus est élu président ; en janvier 2003, il est remplacé par Rolandas Paskas (Parti libéral-démocrate). La Lituanie entrera dans l'Union européenne en 2004.

listel ou **listeau** n. m. ARCHI. Petite moulure de section carrée qui sépare deux moulures saillantes. / TECHN. Relief qui borde le tour d'une pièce de monnaie. / BLAS. Banderole portant une devise ou un cri de guerre, et placée hors de l'écu.

lister v. t. [1] Constituer (des éléments) en liste.

Lister (Joseph, baron**)** 1827-1912 Chirurgien britannique. Informé des travaux de Pasteur, il répandit l'usage de l'antisepsie à partir de 1867.

listeria n. f. BIOL. Bactérie gram positif, à l'origine de diverses infections animales et humaines.

listériose n. f. MÉD. Infection alimentaire provoquée par la bactérie listeria.

listing n. m. Anglicisme pour listage, liste.

Liszt (Franz) 1811-1886 Pianiste et compositeur hongrois profondément marqué par le romantisme et par le folklore de son pays. Sa sensibilité, son lyrisme, sa virtuosité lui valurent très tôt la célébrité comme pianiste. Dès l'âge de 15 ans, il parcourut l'Europe et connut de nombreux triomphes. À Paris, habitué des cercles romantiques, il fréquenta les écrivains, les peintres et les musiciens les plus célèbres de son temps, et rencontra Marie d'Agoult, qui fut sa compagne pendant dix ans et lui donna trois enfants. Installé à Weimar en 1848, avec sa nouvelle compagne, la princesse Carolyne de Sayn Wittgenstein, chef d'orchestre de la cour, il dirigea de très nombreuses œuvres lyriques (Beethoven, Schumann, Berlioz, Wagner, Mozart…), faisant des séjours à Budapest, à Vienne, à Leipzig, à Dresde. Liszt fut un compositeur fécond ; on lui doit des pièces pour piano, dont les 19 *Rhapsodies hongroises* (1846-1885), 12 poèmes symphoniques (*Mazeppa* ; les *Préludes*, 1850), des symphonies avec chœurs (*Faust*, 1854), de la musique religieuse, à partir de 1855 et lors de son séjour à Rome, après 1861 (*Messe hongroise du Couronnement*, 1867).

lit n. m. Meuble utilisé pour dormir. *Se mettre au lit. Faire son lit*, ajuster sa literie de façon à pouvoir y dormir. *Faire lit à part* : ne pas coucher dans le même lit (généralement en parlant d'époux, de concubins). *Lit clos*, fermé par des battants de bois. *Lit de camp*, démontable. *Ciel de lit* : voir *ciel*. / Symbole de l'union conjugale. *Enfant d'un premier lit.* / HIST. *Lit de justice* : sous l'Ancien Régime, large siège d'apparat, sur lequel le roi siégeait lors d'une séance solennelle du parlement ; cette séance elle-même. / Place préparée pour qu'on puisse s'y étendre. *Un lit de paille.* / Couche d'une matière qui tapisse. *Lit de gazon, de mousse. Lit d'argile.* / Espace occupé par les eaux d'un cours d'eau. *Le lit apparent ou ordinaire s'oppose au lit majeur occupé par les eaux en période de crue.*

litage n. m. Alternance, dans une roche détritique, de strates minces et parallèles de composition différente.

Li Taï-po Voir **Li Po**

litanies n. f. LITURG. (Au pl.) Prière où alternent les invocations psalmodiées de l'officiant et les répons chantés ou récités des fidèles. *Les litanies des saints.* / Répétition, énumération lassante.

litchi, **letchi** ou **lychee** n. m. BOT. Arbre d'Asie tropicale, appartenant à la famille des sapindacées, dont le fruit charnu est comestible. *Le bois du litchi est utilisé en ébénisterie.* / Fruit de cet arbre. *Des litchis au sirop.*

literie n. f. Garniture d'un lit (matelas, oreillers, couvertures, draps).

litham ou **litsam** n. m. (mot arabe) Voile qui couvre le bas du visage de certaines femmes musulmanes et des Touareg.

lithiase n. f. MÉD. Présence de calculs dans les canaux excréteurs d'une glande, d'un organe. *Lithiase rénale, lithiase biliaire.*

lithique adj. De la pierre, relatif à la pierre. *Industrie lithique.*

lithium n. m. CHIM. Élément de numéro atomique 3, de masse atomique 6,94, appartenant à la famille des métaux alcalins (symbole : Li) ; métal blanc, dont la densité (0,55) est la plus faible de tous les métaux (point de fusion : 180,5 °C, point d'ébullition : 1 330 °C).

lithographe n. Personne qui imprime par lithographie. / Artiste qui utilise la lithographie.

lithographie n. f. Procédé de gravure qui permet de reproduire sur du papier des motifs tracés sur une pierre calcaire à l'aide d'un crayon ou d'un corps gras. / Épreuve obtenue par ce procédé.

lithographique adj. De la lithographie, relatif à la lithographie. *Pierre lithographique* : pierre calcaire au grain très fin utilisée par les artistes lithographes.

lithosphère n. f. GÉOL. Ensemble des masses globalement solides du globe terrestre, comprenant l'écorce et le manteau supérieur.

lithotriteur ou **lithotripteur** n. m. MÉD. Appareil destiné à la lithotritie.

lithotritie ou **lithotripsie** n. f. MÉD. Opération qui consiste à broyer ou à pulvériser des calculs.

litière n. f. Autrefois, lit généralement couvert, muni de brancards, transportable par des hommes ou des animaux. / Lit de paille ou de feuilles sèches préparé pour les animaux dans les étables et les écuries afin d'absorber leurs excréments et d'obtenir du fumier. *Litière végétale* : dans les zones boisées, débris végétaux en décomposition.

litige n. m. DR. Contestation en justice. / Toute contestation ; controverse.

litigieux, euse adj. DR. Qui est ou peut être objet d'un litige. *Question litigieuse.*

litorne n. f. ZOOL. Espèce de grive à tête et croupion gris. / Appos. *Une grive litorne.*

litote n. f. Figure de rhétorique qui consiste à affaiblir l'expression de sa pensée afin de suggérer une idée plus forte (ex : *je ne suis pas mécontent* pour *je suis ravi*).

litre n. m. Unité de capacité équivalant au volume d'1 kg d'eau distillée à 4 °C sous une pression normale (76 cm de mercure), soit l'équivalent d'1 dm³ (symbole : l).

litron n. m. Pop. Litre de vin.

litsam Voir **litham**

littéraire adj. et n. Propre ou relatif à la littérature, aux lettres. *Revue littéraire. Critique littéraire.* / Qui est à l'aise dans l'étude de la littérature, l'expression écrite. *Esprit littéraire.* Subst. *Un(e) littéraire.*

littéral, ale, aux adj. Strictement conforme à la lettre, à ce qui est écrit. *Respect littéral de la loi.* / *Arabe littéral* : langue arabe écrite (par oppos. à l'arabe *dialectal*).

littéralement adv. À la lettre. *J'ai rapporté littéralement ses paroles.* / Absolument. *Je suis littéralement consterné.*

littérateur n. m. Homme de lettres (parfois péjor.)

littérature n. f. Ensemble des œuvres écrites d'un pays, d'une époque, répondant à des critères artistiques et esthétiques. *La littérature française, russe, contemporaine, romantique.* / Ensemble des ouvrages traitant d'une question particulière. *La littérature médicale.* / Art, métier de l'écrivain.

Little Rock *178 136 h.* Ville des États-Unis, capitale de l'Arkansas. Centre commercial et industriel (aluminium). Le gouvernement fédéral dut y intervenir en 1957 pour permettre l'entrée des Noirs à l'école, devenue mixte.

littoral, ale, aux adj. et n. m. Propre au

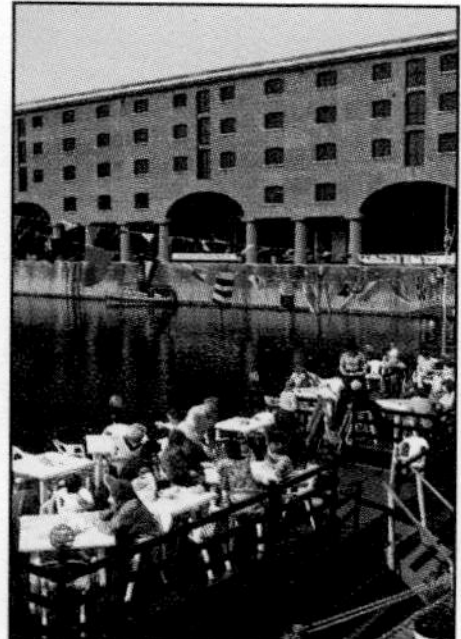
Le vieux port de **Liverpool**.

Billets de cinq **livres**.

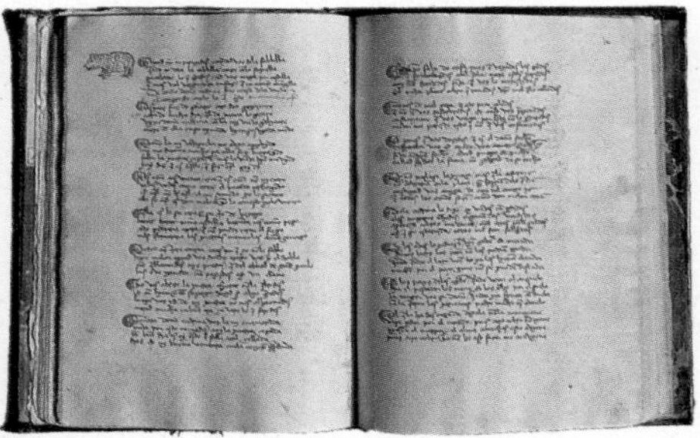
Le **Livre** *du bon amour, œuvre maîtresse de la poésie espagnole de* XIV*e siècle, de Juan Ruiz, surnommé l'Archiprêtre de Hita.*

rivage maritime, à la côte. *Dunes littorales.* / n. m. Frange côtière d'un pays.
littorine n. f. ZOOL. Mollusque gastéropode marin, communément appelé bigorneau.
Littré (Émile) 1801-1881 Médecin, lexicographe et philosophe français. Positiviste, il fut le disciple d'Auguste Comte dont il fit connaître la pensée en fondant la *Revue de philosophie positive* (1867). En 1841, son camarade de classe Louis Hachette lui commanda un dictionnaire étymologique, projet qui se transforma, en 1846, en la commande d'un *Dictionnaire étymologique, historique et grammatical*, en deux volumes. La parution était prévue pour 1848 ; la première livraison parut en 1863 et la dernière en 1873.
• **Lituanie** République balte, au sud de la Lettonie.
lituanien, enne adj. et n. De Lituanie. *Plaine lituanienne. Un(e) Lituanien(ne).* / n. m. LING. Langue du groupe balte (indo-européen) parlée en Lituanie.
liturgie n. f. RELIG. Dans les cultes chrétiens, forme canonique du déroulement des cérémonies et des services religieux. / ANTIQ. GR. Service public imposé aux personnes les plus riches des cités qui devaient assurer l'armement d'un navire, l'organisation des jeux ou des spectacles publics.
liturgique adj. De la liturgie. *Réforme liturgique.*
Litvinov (Maxime Maximovitch Valach, dit**)** 1876-1951 Homme politique soviétique. Commissaire du peuple aux Affaires étrangères de 1930 à 1939, il fut remplacé par Molotov après le pacte germano-soviétique. Ambassadeur aux États-Unis de 1941 à 1943, il fut vice-ministre des Affaires étrangères en 1946.
Liu Shaoqi ou **Lieou Chao-k'i** 1898-1969 Homme politique chinois. Il participa aux côtés de Mao Zedong à tous les combats qui aboutirent à la victoire communiste en Chine. Élu au comité central du Parti communiste dès 1934, il devint président de la République en 1959 et en 1964. Écarté du pouvoir par la Révolution culturelle et destitué par le Comité central en 1968, il mourut en prison. Sa mort ne fut annoncée qu'en 1979 et il fut réhabilité en 1980.
Liverpool *474 001 h.* Deuxième port de Grande-Bretagne (chef-lieu de Merseyside), sur l'estuaire de la Mersey, au débouché du foyer industriel du Lancashire (canal Liverpool-Manchester). La ville a cessé d'être un port colonial de premier plan durant l'ère victorienne, pour devenir un port industriel (coton) et pétrolier. Durement touchée par la crise à partir des années 1960, la ville tente toujours de réduire un taux de chômage parmi les plus importants d'Angleterre.
livide adj. D'une pâleur plombée ; blafard. *Visage livide.*
lividité n. f. Caractère de ce qui est livide.
Livie (en latin **Livia Drusilla)** 55 av. J.-C. ?-29 apr. J.-C. Dame romaine. Épouse de Tiberius Claudius Nero, puis d'Auguste (en 38 av. J.-C.), elle fit adopter par l'empereur son fils, Tibère, assurant ainsi à ce dernier la succession au trône.
living-room ou **living** n. m. (mot anglais) Salle de séjour, dans une maison. Pl. Des *living-rooms*, ou des *livings*.
Livingstone (David) 1813-1873 Missionnaire britannique. De 1849 à 1873, il explora les régions sur le cours du Zambèze, découvrant ainsi les chutes Victoria (1855) et le lac Nyassa (1859). Lors d'une expédition difficile à la recherche des sources du Nil, il atteignit le lac Tanganyika (1867). Stanley, envoyé à sa recherche, le retrouva en 1871. Refusant d'abandonner son exploration du fleuve Lualaba, il mourut de dysenterie. Il rassembla également des informations sur le trafic des esclaves, contre lequel il tenta de lutter au cours de ses voyages.
Livonie Ancienne province balte, conquise au XIIIe siècle par les chevaliers teutoniques, devenue polonaise au XVIe siècle et intégrée à la Russie au XVIIIe. Elle fut partagée en 1918 entre la Lettonie et l'Estonie.
Livourne *164 371 h.* Ville et port d'Italie, sur la mer Tyrrhénienne, chef-lieu d'une province de la Toscane. Deuxième port de l'Italie après Gênes au XVIe siècle, Livourne est aujourd'hui une ville industrielle (raffineries de pétrole et chantiers navals).
livraison n. f. Remise à l'acquéreur d'une marchandise commandée auprès d'une maison commerciale. *Livraison à domicile.* / Cette marchandise. *Livraison intacte.* / Chaque partie d'un ouvrage publié par volumes ou fascicules séparés.
livre [1] n. f. Ancienne unité de poids, variable selon les époques et les pays. / Mod. Unité de masse, non officielle, valant la moitié d'un kilogramme. / Unité de masse anglo-saxonne (en anglais, *pound*) valant 453,59 g. / *Livre sterling* : unité monétaire de la Grande-Bretagne. / Unité monétaire de divers États.
livre [2] n. m. Ensemble de feuilles imprimées, brochées ou reliées, et formant un volume. / Ce que contient un livre. *Livre de poésie.* / Subdivision d'un ouvrage littéraire, qu'elle constitue ou non un volume séparé. *Le livre V des « Mémoires d'outre-tombe » de Chateaubriand.* / Registre. *Livre de commerce* : cahier sur lequel sont inscrites les dépenses et les recettes. *Livre de bord* : cahier où sont inscrits les noms des passagers et l'inventaire des marchandises d'un navire. *Livre d'or* : registre d'honneur que des personnalités, visitant une institution, un lieu prestigieux, sont invitées à signer.
Livre de la jungle (le) 1894-1895 Recueil de récits de R. Kipling. Un enfant perdu, Mowgli, est recueilli par les animaux de la forêt indienne : Baloo l'ours, Bagheera la panthère, Kaa le python, Shere Khan le tigre.
Livre des morts (le) Rouleaux de papyrus, parfois ornés de dessins, retrouvés dans des tombes de l'Égypte ancienne, qui décrivent notamment l'existence des défunts après leur mort.
livrée n. f. Habit porté autrefois par les domestiques des grandes maisons, et aujourd'hui par le personnel de certains hôtels et restaurants de luxe. / ZOOL. Pelage de certains animaux, tels les cervidés, qui change à certaines périodes de l'année.
livrer v. t. [1] **A.** v. t. Remettre au pouvoir de. *Livrer des informations à la justice. Livrer son complice,* le dénoncer. (Emploi pron.) *Se livrer à la police.* / Abandonner à une action. *Livrer une ville au pillage.* / Confier, dévoiler à qqn. *Livrer ses intentions, ses sentiments.* / Engager et poursuivre (une bataille, un combat, une guerre). / Remettre à qqn (ce qu'il a commandé). *Livrer des achats à domicile.* **B.** v. pron. *Se livrer à* : s'abandonner à (un sentiment). *Se livrer au désespoir.* / S'adonner à (une activité), effectuer (un travail). *Se livrer à une étude, à un trafic.*
livresque adj. Appris dans les livres. *Connaissances livresques.*
livret n. m. Petit cahier ou carnet sur lequel sont portés certains renseignements officiels. *Livret de caisse d'épargne. Livret de famille* : carnet remis le jour du mariage aux époux et destiné à recevoir tous les actes d'état civil de leur famille. *Livret militaire* : livret remis au citoyen et contenant tous les renseignements sur sa vie militaire. *Livret scolaire* : carnet de notes d'un élève complété des appréciations des professeurs. / MUS. Texte en prose ou en vers contenant les paroles d'une œuvre lyrique ou l'argument d'une œuvre chorégraphique.
livreur, euse n. Personne qui livre les marchandises.
lixiviation n. f. CHIM. Extraction par action d'un solvant de certains composants d'un corps.
Ljubljana *280 146 h.* Capitale de la république de Slovénie, sur la Save (dite *Ljubljanica*), au contact des Alpes slovènes et de la plaine du Danube. C'est un centre commercial et industriel (textiles, métallurgie). Dominée par un château du XIIe siècle, la vieille ville a un aspect baroque (monuments des XVIIe-XVIIIe siècles).
llanos n. m. pl. (mot espagnol) GÉOGR. Steppe herbeuse d'Amérique latine.

Les grandes et inestimables Cronicqs: du grant & enorme geant Gargantua: Contenant sa genealogie / La grādeur & force de son corps. Aussi les merueilleux faictz darmes quil fist pour le Roy Artus/cōme verrez cy apres. Imprime nouuellemēt. 1532

Les aventures de Gargantua, éditées sous la forme d'un **livret** *vendu dans les foires (1532).*

Vue générale de **Ljubljana**.

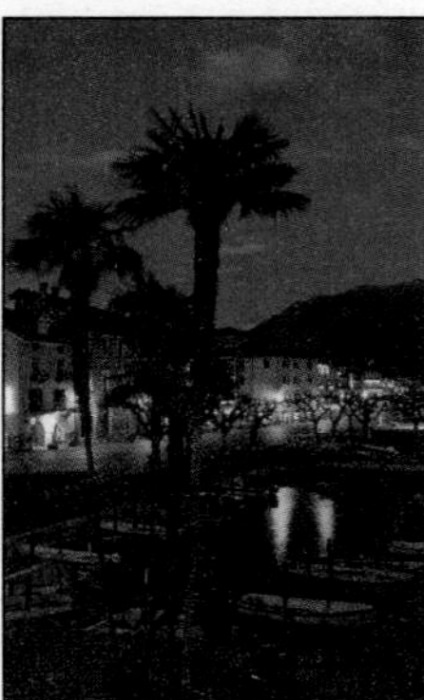

Locarno.

Llewelyn Ier ap Iorwerth ?-1240 Roi d'une partie du pays de Galles en 1194, il soumit l'ensemble du pays. **Llewelyn II ap Gruffyd** ?-1282 Petit-fils du précédent, il fut reconnu prince de Galles par le roi d'Angleterre Henri III (1267); attaqué par Édouard Ier, il se révolta et fut tué au combat; sa défaite mit fin à l'indépendance galloise.

Llewellyn (Richard Dafydd Llewellyn Lloyd, dit **Richard)** 1907-1983 Romancier britannique. Son œuvre est tout entière vouée à la peinture du monde ouvrier et, notamment, à celui de la mine (*Qu'elle était verte ma vallée*, 1939).

Lloyd George (David, 1er comte **Lloyd George of Dwyfor)** 1863-1945 Homme d'État anglais. Brillant avocat, puis député à la Chambre des communes (à partir de 1890), il devint leader du parti libéral. Favorable aux réformes agraires, à la séparation entre l'Église et l'État, il fut à l'origine de la réforme du parlement en 1911. Chancelier de l'Échiquier (1908), puis ministre de la Guerre en 1915, un désaccord avec Asquith lui permit de devenir Premier ministre (1916-1922), mais entraîna également la division du parti libéral. Il contribua énergiquement à l'effort de guerre anglais et joua un rôle essentiel dans les négociations de paix. Mis en minorité, en 1921, par ses alliés conservateurs opposés au partage de l'Irlande, il démissionna, mais continua à combattre dans l'opposition, malgré le déclin du parti libéral.

Llyod (Harold) 1893-1971 Acteur américain. Il créa le personnage comique du jeune homme timide à lunettes qui conserve obstinément le sourire, et connut un grand succès à l'époque du cinéma muet: *Monte là-dessus* (1923). *Vive le sport* (1925) et *Silence, on tourne* (1932).

Lloyd's Institution anglaise de gestion de risques dont l'origine remonte, à la fin du XVIIe siècle, à la taverne d'Edward Lloyd à Londres, où se réunissaient négociants, affréteurs et navigateurs pour échanger des informations sur le commerce maritime. Elle regroupe aujourd'hui diverses entreprises ainsi que des particuliers voulant investir leur argent dans les assurances. Elle gère ainsi une grande partie de l'activité dans ce domaine en Angleterre et dans le monde. Les crises que l'institution a connues depuis la fin des années 1980 ont entraîné des réformes structurelles.

Loach (Kenneth, dit **Ken)** 1936 Cinéaste britannique, à la vision fortement critique de la société britannique contemporaine (*Family Life*, 1971; *Land and Freedom*, 1995).

lob n. m. (mot anglais) SPORT Lancer de balle (au tennis par ex.), tir qui passe par-dessus l'adversaire, hors de sa portée.

Lobatchevski (Nikolaï Ivanovitch) 1792-1856 Mathématicien russe. Enseignant à l'université de Kazan, il élabora une géométrie non euclidienne (*Pangéométrie*, 1855) qui ne fut reconnue qu'après sa mort.

lobby n. m. (mot anglais) Association de personnes, physiques ou morales, qui exercent une pression sur l'opinion publique, le gouvernement ou un parti politique afin de défendre leurs propres intérêts. Syn. groupe de pression. Pl. Des *lobbies* ou des *lobbys*.

lobbying ou **lobbyisme** n. m. Ensemble des actions menées par un lobby.

lobbyiste n. Celui, celle qui pratique le lobbying.

lobe n. m. Division renflée et arrondie d'un organe. *Lobe pulmonaire. Lobe de l'oreille*: partie inférieure charnue du pavillon auriculaire. / BOT. Partie arrondie des feuilles ou des pétales de fleurs. / ARCHIT. Découpure en arc de cercle divisant une arcade ou une rosace ogivale.

lobectomie n. f. CHIR. Opération chirurgicale consistant en l'ablation d'un des lobes d'un organe.

lobotomie n. f. CHIR. Opération chirurgicale consistant à sectionner les faisceaux nerveux unissant un lobe du cerveau au reste du cerveau, pour traiter certaines douleurs ou certains troubles psychiatriques.

local, ale, aux adj. et n. m. **I.** adj. Propre à un lieu déterminé. *Coutume locale.* / Circonscrit. *Anesthésie locale*, qui n'insensibilise qu'une partie du corps. / *Couleur locale*: ce qui témoigne d'usages particuliers, les représente. **II.** n. m. Partie d'un bâtiment destinée à un usage précis. *Local commercial.*

localement adv. Relativement à un lieu. *Tempête localement forte.*

localisation n. f. Action de localiser; résultat de cette action. *La localisation d'une cache d'armes.* / Action de maintenir localement qqch. *Localisation d'un conflit.*

localisé, e adj. Limité à un lieu, un point précis. *Douleur localisée.*

localiser v. t. [1] Déterminer la position, spatiale ou temporelle, de. *Localiser un appel.* / Limiter l'extension de. *Localiser un incendie.*

localité n. f. Petite agglomération, village, bourg.

Locarno *13 796 h.* Ville touristique de Suisse (Tessin), sur le lac Majeur. En 1925, la France, l'Allemagne, la Belgique, l'Angleterre et l'Italie, représentées par Briand, Stresemann, Vandervelde, Chamberlain et Mussolini, y signèrent des accords pour le respect des frontières décidées par le traité de Versailles, en vue du maintien de la paix. Ils furent violés par Hitler qui occupa et remilitarisa la Rhénanie en 1936.

locataire n. Personne qui prend un bien en location.

Locatelli (Pietro Antonio) 1695-1764 Compositeur et violoniste italien. Installé aux Pays-Bas à partir de 1729, il écrivit de nombreuses pièces pour son instrument, notamment des concertos grossos sur le modèle de ceux de son maître, Corelli.

Locomotive à vapeur espagnole du type Sant Fe, construite en 1941.

Locomotive électrique de l'ancienne compagnie américaine Pennsylvania Rail Road.

Locomotive diesel de la compagnie américaine Atchison, Topeka & Santa Fe.

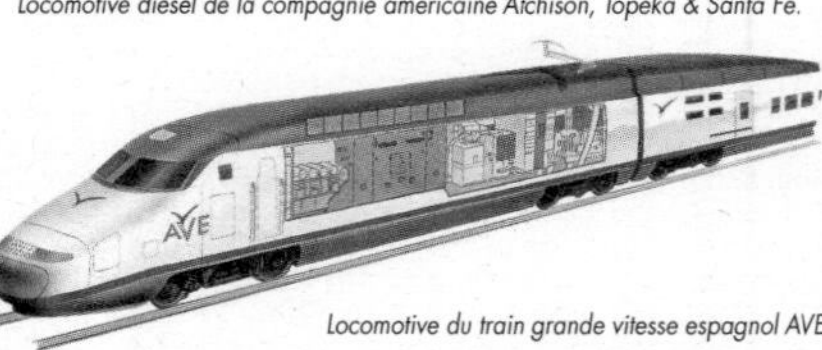

Locomotive du train grande vitesse espagnol AVE.

Locomotives.

locatif, ive [1] adj. DR. Relatif à la location, au locataire. *Bien locatif. Réparations locatives*, à la charge du locataire.

locatif, ive [2] adj. et n. m. GRAMM. Qui exprime le lieu. *Subordonnée locative.* / n. m. (Dans certaines langues à déclinaisons) Cas du complément de lieu.

location n. f. Action de donner qqch. à louer, ou de prendre qqch. en loyer. / Action de retenir des places au théâtre, dans un train, un avion, etc.

loch [1] n. m. (mot écossais) Lac occupant une ancienne vallée creusée par des glaciers, en Écosse. / Échancrure littorale dessinée par une vallée envahie par la mer.

loch [2] n. m. MAR. Dispositif servant à mesurer la vitesse d'un bateau, formé d'un flotteur tenu par une ligne portant des nœuds équidistants qu'on laisse filer.

loche n. f. ZOOL. Poisson téléostéen d'eau douce, au corps allongé, à la bouche pourvue de barbillons. *Loche de rivière, loche d'étang.* / *Loche de mer*: poisson téléostéen marin de l'Atlantique nord, proche de la morue. / Limace grise.

Locke (John) 1632-1704 Philosophe anglais. Ami de Shaftesbury, il participe aux luttes entre conservateurs et libéraux, émigre en Hollande et revient en Angleterre avec Guillaume d'Orange (1688). Il est l'un des théoriciens du régime parlementaire, libéral et tolérant: *Second Traité du gouvernement civil* (1690). Dans *Essai sur l'entendement humain* (1690), il défend l'empirisme et s'oppose ainsi à l'innéisme de Descartes.

lock-out n. m. inv. (mot anglais) Fermeture d'une entreprise par la direction dans certains cas, notam. en réaction à une grève.

Lockyer (sir **Joseph Norman)** 1836-1920 Physicien et astronome britannique, fondateur (1869) de la revue *Nature*. Il associe un spectroscope à un télescope avec lequel il observe les protubérances solaires lors des éclipses. En France, J. Janssen, avec un dispositif similaire, capte un spectre du Soleil dans lequel il remarque la présence de raies inconnues. En comparant leurs spectres respectifs, Lockyer et Janssen aboutissent à la même conclusion: ils ont découvert un élément nouveau, qu'ils nomment hélium. Cet élément sera mis en évidence, en laboratoire, par Ramsay en 1895.

locomoteur, trice adj. et n. f. Propre ou relatif à la locomotion. *Organe locomoteur.* / n. f. Véhicule de traction.

locomotion n. f. Mouvement par lequel l'homme et l'animal se déplacent volontairement d'un endroit à un autre. / Transport; mode de transport. *Locomotion d'armes par voie aérienne.*

locomotive n. f. Puissant véhicule à moteur circulant sur rail et servant à remorquer des wagons. / Fig. et fam. Personne, chose qui joue un rôle essentiel, moteur, et qui donne l'impulsion à d'autres.

locuste ou **locusta** n. f. ZOOL. Criquet migrateur.

locuteur, trice n. LING. Sujet parlant. / Personne qui parle (par oppos. à *auditeur*). / Personne qui parle telle ou telle langue. *L'anglais est la langue qui compte le plus grand nombre de locuteurs.*

locution n. f. Expression typique, propre à une langue. *Locution intraduisible. Locution familière.* / GRAMM. Groupe de mots for-

Lodz.

mant une unité quant au sens, à la fonction grammaticale. *« Avoir faim » est une locution verbale; « sans doute » est une locution adverbiale; « au-dessous de » est une locution prépositive, « sans que » est une locution conjonctive, « pomme de terre » est une locution nominale.*

Lod ou **Lydda** *49 000 h.* Ville d'Israël, au sud-est de Tel Aviv. Industries diverses. Aéroport international de Tel Aviv.

loden n. m. (mot allemand) Lainage imperméable. / Par ext. Manteau de ce lainage.

Lodi *42 091 h.* Ville d'Italie sur l'Adda en Lombardie, où Bonaparte remporta sur les Autrichiens une victoire qui lui permit de conquérir la région et d'entrer à Milan (1796).

Lods (Marcel) 1891-1978 Architecte français. Il fut l'un des premiers qui utilisèrent le préfabriqué, dans les années 1930. Il bâtit notamment la cité de la Muette à Drancy et ses immeubles-tours (1935).

Lodz *835 807 h.* Ville de Pologne, chef-lieu de la voïévodie du même nom, grand centre d'industries mécaniques et textiles (coton, fibres chimiques). Principal centre cinématographique de la Pologne. Université. Rattachée à l'Allemagne durant la Seconde Guerre Mondiale, on y trouvait un des premiers ghettos polonais.

lœss n. m. GÉOL. Limon d'origine éolienne, friable et de couleur ocre, formé par de fines particules de sable, de calcaire et d'argile pulvérisés, qui s'est déposé en couches très fertiles sur les plateaux d'Europe, d'Argentine et de Chine au cours des glaciations du quaternaire.

Loewy (Raymond) 1893-1986 Designer américain d'origine française. Dessinateur de mode, il se tourna ensuite vers l'esthétique industrielle, qu'il introduisit aux États-Unis. Auteur de plusieurs essais, notamment *La laideur se vend mal* (1952).

lof n. m. MAR. Côté du bateau qui reçoit le vent. *Virer lof pour lof*: virer de bord avec vent arrière.

Lofoten (îles) *5 100 km² 28 000 h.* Archipel montagneux du nord de la Norvège au-delà du cercle polaire. Entre les îles Mosken et Moskensöya se produit le tourbillon créé par le courant de Maelström. Les principales ressources sont la pêche (hareng, morue) et l'élevage ovin.

loft n. m. (mot anglais) Logement, atelier d'artiste aménagé dans un local professionnel ou industriel (entrepôt, usine, etc.) *Ils vivent à New York, dans un grand loft.*

Logan (mont) *6 050 m* Sommet le plus élevé du Canada (dans la chaîne Saint-Élie), situé dans le Yukon à la frontière de l'Alaska. Sur ses flancs s'étale le grand glacier Malaspina.

logarithme n. m. MATH. *Logarithme de base a, positive, d'un nombre réel positif*: puissance à laquelle il faut élever *a* pour obtenir ce nombre (abrév.: $\log_a$). *Logarithme décimal* (abrév.: log): logarithme de base 10. *Logarithme naturel* ou *népérien* (abrév.: ln ou Log): logarithme de base e (e = 2,71828…). *Le logarithme d'un produit est égal à la somme des logarithmes*: $\log_a(xy) = \log_a(x) + \log_a(y)$.

logarithmique adj. Qui procède des logarithmes. *Échelle logarithmique*, proportionnelle aux logarithmes des nombres.

loge n. f. Logement de concierge ou de gardien. / Pièce (au théâtre, à l'opéra) où un acteur, un artiste se prépare au spectacle. / Petite pièce dans laquelle est isolé un candidat qui prépare les épreuves d'un concours, dans les écoles des Beaux-Arts. / THÉÂTRE Dans une salle de spectacle, petit espace cloisonné sur les côtés et pouvant recevoir plusieurs spectateurs. / Fig. *Être aux premières loges*: être à la meilleure place pour assister à quelque chose. / *Loge maçonnique*: lieu de réunion des francs-maçons; cellule de base de la franc-maçonnerie. *La Grande Loge de France*: groupement des loges maçonniques de France. / ARCHIT. Galerie extérieure à arcades et à colonnes, fréquente dans les constructions de la Renaissance italienne. *Les « Loges » du Vatican, décorées par Raphaël.* / ANAT. Cavité dans laquelle se trouve un organe. / ZOOL. Chacun des compartiments où vit un animal au sein d'une colonie, par ex. chez les coraux. / BOT. Chacune des cavités d'une anthère, d'un ovaire, du péricarpe d'un fruit, contenant les grains de pollen, les ovules, les graines.

logeable adj. Habitable; spacieux.

logement n. m. Fait d'habiter un domicile ou d'héberger qqn. / Local à usage d'habitation. *Allocation logement*: allocation payant en partie les frais d'habitation. / TECHN. Emplacement d'une pièce dans un mécanisme.

loger v. i. / v. t. [1] **A.** v. i. Avoir son logement, habiter. *Loger à l'hôtel, en banlieue.* / Trouver place. **B.** v. t. Héberger, abriter (qqn). *Loger des amis. Cette maison peut loger cinq personnes.* / Placer, faire pénétrer. (Emploi pron.) *La balle s'est logée dans l'omoplate.*

logeur, euse n. Celui, celle qui loue un logement garni.

loggia n. f. (mot italien) ARCHIT. Petite galerie extérieure. / Portique au flanc d'un édifice. / Mezzanine.

logiciel n. m. INFORM. Tout programme, comportant ses propres données et procédés, prévu pour être installé et exploité dans un ordinateur. *Logiciel de traitement de texte. Logiciels de jeux.*

logicien, enne n. Spécialiste de logique philosophique ou mathématique.

logique adj. et n. f. **A.** adj. Rationnel. *Décision logique.* Ant. illogique. / Conséquent. *Être logique avec soi-même.* / GRAMM. *Analyse logique*: voir *analyse.* **B.** n. f. PHILO. Science qui s'attache à l'étude des normes de la vérité, d'un point de vue essentiellement formel. / Par anal., cour. Fait de raisonner correctement, judicieusement, dans la vie quotidienne. *Élève qui manque de logique. Votre logique est claire.* / Ensemble cohérent de causes et d'effets. *La logique des événements. La logique des sentiments.*

logiquement adv. De façon logique.

logis n. m. Litt. Habitation. / *Corps de logis*: partie principale d'un bâtiment.

logisticien, enne n. Spécialiste de logistique.

logistique n. f. MILIT. Ensemble de dispositions réglant les problèmes d'intendance propres au transport, à l'approvisionnement, au logement des troupes, en temps de guerre et en temps de paix. / *Par anal.* Ensemble de moyens nécessaires au bon fonctionnement d'un service, d'une affaire.

logithèque n. f. Bibliothèque de logiciels.

logo n. m. Graphisme, sigle d'une marque, d'un organisme.

logomachie n. f. Litt. Querelle de mots, dispute sur leur sens et leur usage. / Mod., cour. Suite de mots creux.

logorrhée n. f. PSYCHIATR. Fait de parler sans fin, souvent de manière stéréotypée, typique de certains états maniaques. / Par anal. Flot de paroles, discours interminable et confus.

logos n. m. (mot grec) Dans la philosophie antique, puissance divine qui est la raison commune de toutes les parties de l'Univers, ou la source des idées (Platon). / THÉOL. Chez saint Jean, le Verbe de Dieu, la Personne du Fils.

Lohengrin Héros de légende évoqué dans un poème de l'Allemand Wolfram von Eschenbach (XIIIe siècle) et qui fut reprit plusieurs fois dans la poésie courtoise. Lohengrin épouse une princesse qui ne doit jamais lui demander d'où il vient; elle finit par poser la question interdite et il la quitte. Wagner en a tiré un drame lyrique (1850).

loi n. f. Règle ou ensemble de règles établies par une autorité souveraine, et qui s'appliquent aux personnes soumises à sa juridiction. *Respecter la loi. Nul n'est censé ignorer la loi. Loi organique* ou *fondamentale*: la Constitution. *Loi civile*: disposition législative réglant les rapports privés des citoyens. *Loi pénale*: disposition législative définissant les crimes et les délits. *Loi-cadre*: loi précisant certains principes généraux dont les modalités d'application seront fixées par d'autres lois. *Loi martiale*: loi autorisant l'emploi de la force armée dans certains cas. / Prescription morale que l'homme reconnaît souveraine et comme émanant d'une puissance supérieure à sa condition. *La loi de Dieu. Les tables de la Loi*: le Décalogue. *Loi naturelle*: ensemble des règles morales, inscrites dans le cœur de l'homme, et que sa conscience lui fait reconnaître comme universelles. / *Faire la loi, dicter sa loi*: imposer ses désirs, sa volonté comme s'ils avaient force de loi. / Convention qui découle des rapports sociaux. *Les lois de l'hospitalité. Lois de la politesse.* / Expression des rapports constants qui régissent les phénomènes naturels ou certaines activités humaines. *Loi de la pesanteur. Loi du marché. Les lois de l'économie.*

loin adv., loc. prép. et loc. conj. **A.** adv. À grande distance. *Qui veut voyager loin ménage sa monture. Au loin*: dans le lointain. *On voit au loin se profiler les Pyrénées.* / Dans un temps lointain, dans le passé ou dans l'avenir. *Les querelles du passé sont loin. Le prochain millénaire nous paraît bien loin.* / *De loin*: de beaucoup. *De près ou de loin*: d'une façon ou d'une autre. *Je ne le connais ni de près ni de loin.* **B.** loc. prép. *Loin de*: à grande distance de (dans l'espace ou le temps). *Paris est loin de Marseille. Nous sommes loin de l'été.* **C.** loc. conj. *Du plus loin que, d'aussi loin que*: de la distance la plus lointaine que, du temps le plus éloigné que. *Du plus loin qu'il se détachât du peloton. D'aussi loin que remontent mes souvenirs.*

Loing (le) *166 km* Petite rivière du Bassin parisien, affluent de la rive gauche de la Seine. Il arrose Montargis et Nemours.

lointain, e adj. et n. m. Qui est loin, dans l'espace ou le temps. *Un pays lointain. Une époque lointaine.* / n. m. Plan éloigné, à une distance plus ou moins grande.

loir n. m. ZOOL. Petit mammifère de l'ordre des rongeurs, à pelage gris, à longue queue touffue, nocturne. *Le loir hiberne dans un trou où il a auparavant accumulé des provisions (fruits, graines).* / Fam. *Dormir comme un loir*, d'un long et profond sommeil.

Loir (le) *311 km* Rivière du sud du Bassin parisien, qui prend sa source dans les collines du Perche et traverse Châteaudun et Vendôme avant de se jeter dans la Sarthe.

Loir-et-Cher (département de) [41] *6 343 km² 305 937 h.* Chef-lieu *Blois.* Département qui fait partie de la Région Centre. Situé au sud du Bassin parisien, de part et d'autre du Val de Loire, il s'étend au sud-est sur la Sologne marécageuse et pauvre, exploitée par les sociétés de chasse, et au nord-ouest sur les sols plus riches du Blésois ou Petite Beauce (céréales) et du Perche vendômois (polyculture et élevage). Les villes se concentrent dans les vallées du Loir (Vendôme), de la Loire (Blois) et du

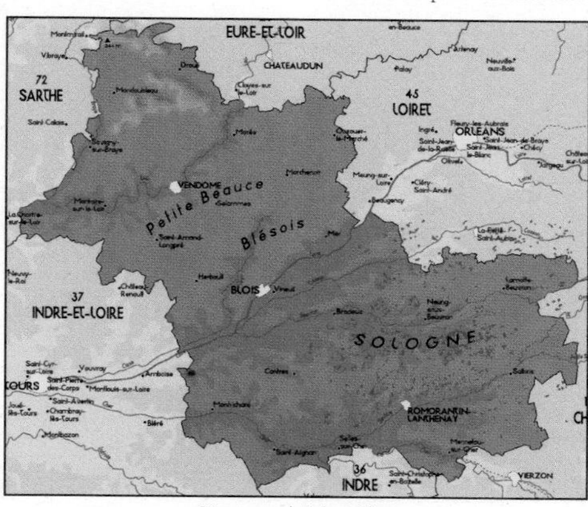

Département de **Loir-et-Cher**.

Châteaux de la Loire : *le château de Chambord, construit sous François Ier.*

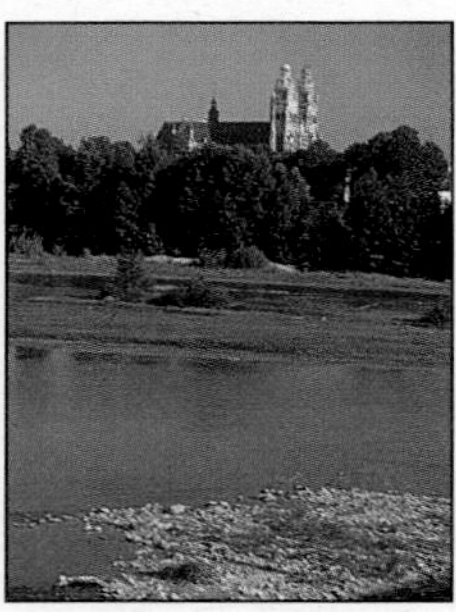

*La **Loire** à son passage à Tours.*

Cher, riches régions agricoles (vignobles, arbres fruitiers) et touristiques (châteaux de Blois, Chambord, Cheverny). L'industrie variée (mécanique, textile, électrique, alimentaire) reste secondaire. Centrale nucléaire à Saint-Laurent-des-Eaux.

Loire (la) *1 020 km* Le plus long fleuve de France, qui prend sa source dans le Massif central au mont Gerbier-de-Jonc, à *1 400 m*. Comme l'Allier, qu'elle reçoit au bec d'Allier, la Loire est un torrent de montagne tantôt resserré dans des gorges, tantôt étalé dans les bassins du Velay, du Forez et de Roanne. Elle pénètre ensuite dans le Bassin parisien où elle décrit une vaste courbe : elle traverse une large vallée alluviale (le Val de Loire) encaissée dans les calcaires où s'infiltrent les eaux qui réapparaissent par des résurgences (Loiret). Elle arrose Orléans, Blois, Tours, Saumur, reçoit sur sa rive gauche des affluents descendant du Massif central (Cher, Indre, Vienne). Au-delà du confluent du Maine qui regroupe les principaux affluents de la rive droite, la Loire franchit des terrains perméables avant d'atteindre l'Atlantique par un vaste estuaire encombré d'alluvions, à Nantes. La Loire a un régime complexe et irrégulier : en été, le fleuve découvre les larges bancs de sable de son lit ; le débit peut tomber à 25 m^3/s ; en hiver, il peut atteindre 8 000 m^3/s. Les crues sont violentes et subites. La navigation sur la Loire, pratiquée au XIXe siècle jusqu'au Forez, est aujourd'hui limitée à l'estuaire jusqu'à Nantes. Celui-ci fait l'objet d'un intense trafic, mais on l'a doté d'un parc naturel. Le cours supérieur du fleuve fournit de l'électricité.

Loire (châteaux de la) Châteaux édifiés aux XVe et XVIe siècles, dans la région de la Loire. Les plus anciens gardent un aspect massif et défensif : Chinon, Loches, Angers, Saumur. Au XVIe siècle, le Val de Loire devient le séjour de prédilection des grands personnages et des rois qui apprécient la douceur de ce « jardin de la France » : Blois, Amboise, Chenonceaux, Azay-le-Rideau, Chambord édifié par François Ier, témoignent de l'influence prépondérante de la Renaissance italienne.

Loire (Pays-de-la-) *32 082 km^2 3 154 000 h.* Région française comprenant les départements de la Vendée, la Sarthe, la Mayenne, le Maine-et-Loire et la Loire-Atlantique. Chef-lieu *Nantes*. Aux activités agricoles du Maine, de l'Anjou et de la Vendée (élevage bovin, porcin et chevalin, vergers, vigne) s'oppose l'industrialisation de la Loire-Atlantique (industries chimique, alimentaire, pétrolière et métallurgique de Nantes et Saint-Nazaire, à quoi s'ajoutent la haute technologie et l'informatique). Le tourisme anime les côtes de Loire-Atlantique et de Vendée. Le P.N.B. par habitant est supérieur à la moyenne nationale.

Loire (département de la) [42] *4 781 km^2 746 288 h.* Chef-lieu *Saint-Étienne*. Département qui fait partie de la Région Rhône-Alpes. Encadrée à l'ouest par le massif du Forez couvert de maigres pâturages, à l'est par les sommets arrondis des monts du Lyonnais et du Beaujolais, domaine de la polyculture céréalière, la Loire, au centre du département, arrose les plaines du Forez et de Roanne, orientées vers l'élevage, la culture de céréales et l'industrie textile (Roanne). Au sud, Saint-Étienne était un important centre métallurgique et textile, entouré d'un chapelet de villes industrielles : Saint-Chamond, Firminy. Cette région a souffert de la crise économique des années 1960.

Loire (département de la Haute-) [43] *4 977 km^2 206 568 h.* Chef-lieu *Le Puy*. Département qui fait partie de la Région

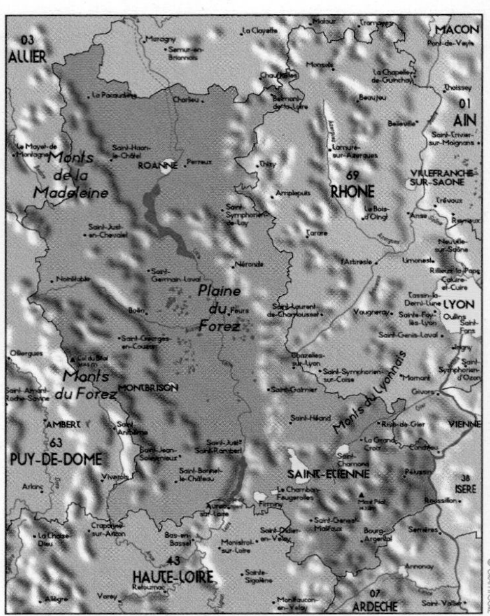

*Département de la **Loire**.*

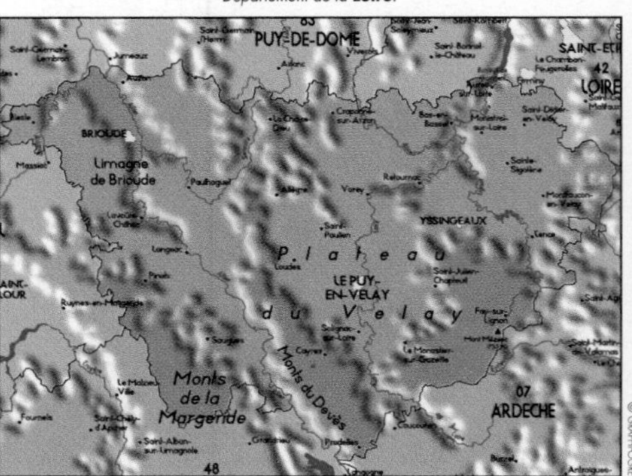

*Département de la **Loire (Haute-)**.*

Auvergne. Situé dans le Massif central, le département oppose des hauteurs rudes, consacrées à l'élevage, cristallines au sud-ouest (Margeride), volcaniques au centre et au sud-est (Velay), à des bassins fertiles drainés par l'Allier (Limagne de Brioude), et par la Loire (bassin du Puy), et consacrés à la culture du blé, des fruits. Ces axes de circulation ont fixé les villes : Le Puy, vieille capitale de la dentelle, Brioude. Ancienne, l'industrie textile est la principale industrie de ce département pauvre qui se dépeuple lentement.

Loire-Atlantique (département de la) [44] *6 815 km^2 1 052 183 h.* Chef-lieu *Nantes*. Département qui fait partie de la Région Pays-de-la-Loire. Formée de la partie méridionale du Massif armoricain traversée par la Loire, largement ouverte sur l'Océan, la Loire-Atlantique associe, sous un climat doux et océanique, cultures céréalières et fourragères au nord, vignoble (muscadet) et cultures fruitières au sud. La Loire-Atlantique est le département le plus industrialisé et le plus dynamique de l'ouest de la France : Nantes, grand port développé au XVIIIe siècle, et sa rivale Saint-Nazaire créée au XIXe siècle, sont associées aujourd'hui pour former une métropole d'équilibre autour de laquelle s'étend l'activité industrielle : raffineries (Donges), chimie (phosphates), métallurgie, alimentation,

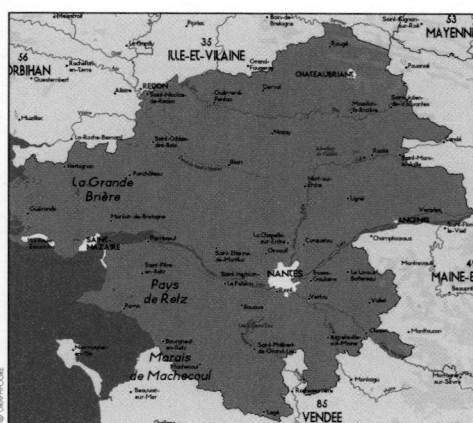

Département de la **Loire-Atlantique**.

Département du **Loiret**.

technologie de pointe, informatique. Nantes bénéficie de la décentralisation parisienne grâce à sa situation et à sa main-d'œuvre. Le littoral connaît une intense activité touristique (La Baule).

Loiret (le) *12 km* Rivière du Bassin parisien, affluent de la Loire et qui en est aussi une résurgence.

Loiret (département du) [45] *6 775 km² 580 612 h.* Chef-lieu *Orléans*. Département qui fait partie de la Région Centre. Situé au sud du Bassin parisien, il s'étend au nord sur la riche plaine de la Beauce, domaine de la culture du blé et de la betterave, mécanisée et à haut rendement; à l'est, le Gâtinais et la Puisaye sont tournés vers l'élevage, au sud les vastes étendues marécageuses et boisées de la Sologne sont réservées à la chasse. Le cœur du département est le Val de Loire: sa richesse agricole (cultures maraîchères et fruitières), la douceur de son climat, son importance comme axe de circulation ont attiré les villes et les industries: alimentaires, pharmaceutiques, mécaniques. L'agglomération d'Orléans concentre 40 % de la population du département, relié à Paris par le T.G.V. Gien est célèbre pour ses faïences.

loisible adj. *Loisible de* (suivi d'un infinitif): possible, permis de. *Il lui est loisible de flâner.*

loisir n. m. Temps libre consacré à la distraction, au délassement. / (Au plur.) Distractions. *Loisirs culturels.* / Temps suffisant pour faire quelque chose. *Avoir le loisir d'écrire.* / loc. adv. *À loisir*: à volonté et quand on veut.

lokoum Voir **loukoum**

Lola Montès Film franco-allemand de Max Ophüls (1955), inspiré de la vie de la courtisane Lola Montes, œuvre baroque regorgeant de décors somptueux et d'idées subtiles, avec Martine Carol et Peter Ustinov. Le film ne fut pas compris par le public, les producteurs le mutilèrent et le remontèrent contre la volonté d'Ophüls et il fallut attendre de nombreuses années pour que, présenté dans sa version authentique, il remportât un triomphe.

Lolita 1955 Roman de V. Nabokov, qui fit

Église de style **lombard**: Saint-Michel-de-Cuxa.

scandale à sa publication. Un homme d'âge mûr, Humbert Humbert, évoque son amour pour une nymphette américaine avec laquelle il traversera les États-Unis, mais qui l'abandonnera pour un autre. Stanley Kubrick en a tiré (1962) un film dont Nabokov écrivit le scénario.

Lolland-Falster Région du Danemark constituée de deux îles (Lolland: *1 200 km² 70 000 h.*; Falster: *500 km² 40 000 h.*) de la mer Baltique, reliées par un pont. Chef-lieu *Nikobing Falster*.

lollards n. m. pl. HIST. Chrétiens anglais (XIVe et XVe siècles) qui répandirent les doctrines de Wycliff. / Membres des confréries qui, à partir du XIVe siècle, en Allemagne et aux Pays-Bas, s'attachèrent au soin des malades. / Sing. *Un lollard.*

Lollobrigida (Gina) 1927 Actrice de cinéma italienne. *Fanfan la Tulipe* (1952) puis *Pain, amour et fantaisie* (1954) lancèrent sa carrière internationale. Citons encore: *Trapèze* (de C. Reed, 1956), *Salomon et la Reine de Saba* (de K. Vidor, 1959), *Ce Merveilleux Automne* (de Bolognini, 1969).

lombaire adj. ANAT. Propre ou relatif aux lombes. *Vertèbres lombaires.*

lombalgie n. f. MÉD. Douleur siégeant au niveau des lombes.

lombard, e adj. et n. De Lombardie. *La région lombarde. Un(e) Lombard(e)* / Des Lombards. *Style lombard.*

lombarde (Ligue) 1167-1183 Ligue formée par le pape Alexandre III et plusieurs villes d'Italie pour contrecarrer l'influence de l'empereur Frédéric Barberousse (1152-1190). L'alliance se forma d'abord autour des cités de Lombardie et vainquit définitivement l'empereur à Legnano en 1176. Une trêve de 6 ans s'ensuivit et l'indépendance des villes italiennes fut reconnue à la paix de Constance (1183). Une deuxième ligue se constitua en 1226 contre l'empereur Frédéric II, mais elle fut vaincue en 1237.

Lombardie *23 861 km² 8 939 562 h.* Région du nord de l'Italie, couvrant une partie des Alpes productrices d'électricité et la vaste plaine du Pô. Elle comprend les provinces de Bergame, Brescia, Côme, Crémone, Mantoue, Milan, Pavie, Sondrio et Varèse. Capitale *Milan*. C'est la Région la plus peuplée, la plus active et la plus industrialisée d'Italie. Associées à l'élevage, les riches cultures de la plaine du Pô (blé, cultures maraîchères et fruitières) alimentent la dense région industrielle et financière formée par Milan et ses satellites: Bergame, Brescia.

Lombards Peuple d'origine germanique qui, après avoir été chassé de Pannonie (Hongrie) par les Avars, pénétra en Italie par le Frioul au VIe siècle. Malgré la conquête du Pô, entamée dès 568, les Lombards ne se stabilisèrent dans le nord de l'Italie (Lombardie actuelle) qu'à partir du règne d'Agiluf (590-616) qui forma, au milieu de nombreux petits duchés lombards, un royaume (dont la capitale était Pavie). Les Lombards se convertirent au christianisme au VIIe siècle, et poursuivirent leurs conquêtes jusqu'à Rome, s'opposant ainsi aux Byzantins qui perdirent l'exarchat de Ravenne en 751. Se sentant menacé, le pape Étienne II appela à son secours Pépin le Bref. Celui-ci vainquit les Lombards en 754, puis à nouveau deux ans plus tard. Définitivement renversée par Charlemagne qui se proclama roi des Lombards en 774, la dynastie lombarde continua de régner à Bénévent jusqu'en 1047.

lombard-vénitien (Royaume) Royaume qui comprenait, de 1815 à 1859, toute la partie italienne de la monarchie autrichienne: Lombardie et Vénétie, et possédait deux gouvernements ayant pour chefs-lieux Milan et Venise. Après le traité de Zurich (1859), les possessions autrichiennes en Italie furent réduites à la Vénétie qui, elle-même, fut réunie au royaume d'Italie après la guerre de 1866.

lombes n. f. pl. ANAT. Région postérieure du dos, située entre les dernières côtes et les crêtes iliaques.

lombric n. m. ZOOL. Annélide oligochète communément appelé ver de terre. *Le lombric creuse un réseau de galeries dans la terre humide qu'il avale, y puisant sa nourriture.*

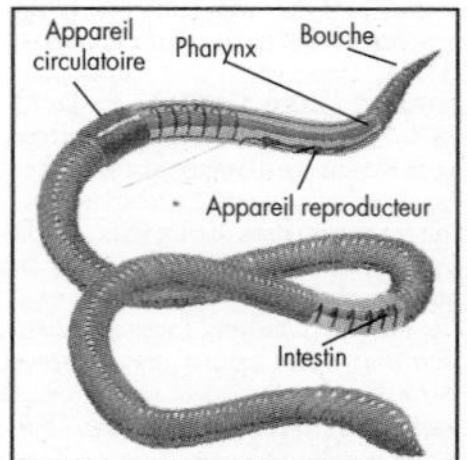

Anatomie du **lombric**.

Département **Lot-et-Garonne**.

Loth et ses filles, peinture d'Albrecht Dürer.

Situé aux confins du bassin d'Aquitaine et du Massif central, le Lot est constitué de plateaux (plateaux du Quercy) creusés par les vallées profondes de la Dordogne et du Lot. Les hauts plateaux dépeuplés sont le domaine de l'élevage associé à une polyculture pauvre dans le bas Quercy. Le département est le premier producteur français de truffes. Les vallées portent des cultures riches : maïs, tabac, vergers. La faiblesse de l'industrie et de l'urbanisation explique la persistance d'une forte émigration. Le Lot trouve dans le tourisme une ressource complémentaire, grâce à l'abondance des sites naturels pittoresques (Padirac, Rocamadour).

Lot-et-Garonne (département de) [47] *5 361 km² 305 989 h.* Chef-lieu *Agen.* Département qui fait partie de la Région Aquitaine. Il reste fidèle à une polyculture traditionnelle (chasselas, prunes, tomates, primeurs, tabac, élevage laitier) ; l'Armagnac, au sud, est célèbre pour ses eaux-de-vie. Les villes sont des marchés agricoles : Villeneuve-sur-Lot, Marmande. Agen, centre d'expédition des fruits et légumes, n'a que des industries liées à l'agriculture.

lote Voir **lotte**

loterie n. f. Jeu de hasard qui consiste à vendre des billets numérotés auxquels sont attribués des lots ou des prix par tirage au sort. / Fig. Ce qui dépend du hasard, de la chance individuelle.

Loth ou **Lot** Personnage biblique, neveu d'Abraham. Installé à Sodome et instruit par Dieu de la destruction de la ville, il s'enfuit avec sa famille. Mais sa femme, s'étant retournée malgré l'interdiction des anges, fut transformée en statue de sel. Loth fut le père incestueux de Moab et d'Ammon, ancêtres des tribus ennemies d'Israël.

Lothaire 941-986 Roi de France en 954. Il succéda à son père Louis IV d'Outre-Mer. Il lutta contre l'empereur germanique Otton II. En 978, il associa au trône son fils, le futur Louis V le Fainéant.

Lothaire Ier 795-855 Empereur d'Occident en 840. Petit-fils de Charlemagne, il régna à partir de 817 avec son père Louis Ier le Pieux qu'il tenta d'évincer en 830 et 833, et qui mourut en 840. Seul empereur, il combattit ses frères Louis le Germanique et Charles le Chauve. Mais, battu en 841 près d'Auxerre, il négocia le traité de Verdun (août 843), qui partageait l'empire. Il lui resta le titre d'empereur et un territoire allant d'Aix-la-Chapelle à Rome. Avant de mourir, il décida de l'héritage de ses trois fils : Louis II obtint l'Italie, Lothaire II la Lorraine et Charles la Provence.

Lothaire II 825 ?-869 Roi de Lotharingie (855-869). Fils de Lothaire Ier, ses territoires, situés au nord de la France (il donna son nom à la Lotharingie), furent convoités par ses deux oncles, Charles le Chauve et Louis le Germanique. Il mourut sans héritier légitime.

Lothaire III de Supplinburg ou **de Saxe** 1075-1137 Empereur germanique en 1125. Fait duc de Saxe en 1106 par Henri V, il fut élu empereur à la mort de celui-ci. Il fut à l'origine de la puissance du parti guelfe (sa fille ayant épousé un membre de la famille des Welf). Il protégea l'Église durant tout son règne et défendit le pape Innocent II contre les Normands.

Lotharingie Nom de la Lorraine, quand cette partie (*Francia media*) de l'empire de Charlemagne fut donnée à Lothaire II par son père Lothaire Ier (855). Le nom *Lorraine* en dérive.

Loti (Julien Viaud, dit **Pierre)** 1850-1923 Officier de marine et écrivain français. Ses romans, souvent autobiographiques, évoquent avec nostalgie la mer (*Pêcheur d'Islande*, 1886), ses voyages en Turquie (*Aziyadé*, 1879), à Tahiti (*Le Mariage de Loti*, 1882), au Japon (*Madame Chrysanthème*, 1887) et le Pays basque (*Ramuntcho*, 1897).

lotion n. f. Vx Action de répandre un liquide sur le corps, pour le laver, le rafraîchir, calmer une douleur, une irritation. *Faire une lotion adoucissante.* / Ce liquide. *Lotion tonique pour le visage.*

lotir v. t. [2] Partager (un terrain) en lots. / Pourvoir (qqn) d'un lot. / Loc. fig. *Être bien, mal loti* : être favorisé, défavorisé par le sort.

lotissement n. m. Répartition d'un terrain en lots sur lesquels doivent être construites des habitations. / Les parcelles construites.

loto n. m. (mot italien) Jeu de hasard qui se joue avec des cartons et des jetons numérotés qui sont tirés au sort et appliqués sur le numéro du carton correspondant, le gagnant étant celui dont le carton est le premier complété. / *Loto national* : jeu de hasard créé par l'État en 1976. / *Loto sportif* : jeu de hasard créé en 1985, et qui est fondé sur des paris concernant des compétitions sportives.

Lotophages MYTH GR. Peuple fabuleux qui, dans *L'Odyssée*, accueille Ulysse en lui offrant des fruits du lotus, si succulents que celui qui en mange oublie sa patrie. Le pays des Lotophages se serait situé en Afrique du nord, sur la côte méditerranéenne.

lotte ou **lote** n. f. ZOOL. Poisson d'eau douce et saumâtre de la famille des gadidés, au corps allongé, à très longues nageoires. / *Lotte de mer* : baudroie.

Lotto (Lorenzo) 1480 ?-1556 Peintre italien. Vénitien, il s'installa à Bergame et composa de grands tableaux d'autels (*Le Mariage de sainte Catherine*, 1523) à la composition compliquée, où figurent une foule de personnages. Ils témoignent de ses préoccupations religieuses (*Aumônes de saint Antoine*, 1542) et annoncent son entrée, comme oblat, au couvant de la Santa Casa, à Lorette, où il passa les dernières années de sa vie. Il est aussi l'auteur de portraits mélancoliques et pénétrants, d'une grande finesse psychologique (*Andrea Odoni*, 1527).

lotus n. m. BOT., MYTH. Nom donné à diverses espèces de nénuphars. / *Position du lotus* : position des ascètes d'Extrême-Orient, assis, le dos droit, les jambes croisées. *La position du lotus est considérée comme favorisant la méditation.*

◆ La fleur de lotus joue un grand rôle dans les mythologies hindoue, grecque et égyptienne, peut-être parce que les Anciens donnaient ce nom à diverses plantes qui n'étaient pas toutes des nénuphars. Nombre de divinités indiennes naissent du lotus ou sont personnifiées par lui. Sa fleur, qui s'élève droite en dehors des marais, est symbole de pureté. Elle est souvent représentée sur les peintures égyptiennes et de nombreux chapiteaux égyptiens sont en forme de fleur de lotus.

louable [1] adj. Qu'il est possible de louer. *Une chambre louable à l'année.*

louable [2] adj. Digne de louanges. *Un effort louable.*

louage n. m. DR. Location. *Contrat de louage.*

louange n. f. (Souvent au plur.) Fait d'exprimer son admiration ou sa vénération pour les qualités, les mérites ou la grandeur de qqn. *Combler qqn de louanges.* / Paroles écrites ou orales exprimant cette admiration ou cette vénération. *Chanter les louanges de Dieu.*

louangeur, euse adj. Élogieux. *Propos louangeurs.*

loubar ou **loubard** n. m. Fam. Voyou.

Loubet (Émile) 1838-1929 Homme d'État français. Républicain modéré, il fut président de la République (1899-1906). Son action diplomatique renforça l'alliance franco-russe, l'Entente cordiale avec la Grande-Bretagne (1904) et permit un rapprochement avec l'Italie. Il gracia Dreyfus immédiatement après sa seconde condamnation.

louche [1] adj. Vx Atteint de strabisme. / Mod., fig. *Regarder d'un œil louche* : lorgner. / Par ext. Qui manque de netteté, de franchise ; qui éveille la méfiance. *Un air louche. Une affaire louche.*

louche [2] n. f. Grande cuillère à long manche pour servir le potage.

loucher v. i. [1] Être atteint de strabisme. /

L'empereur **Lothaire III de Supplinburg**.

Fig. et fam. *Loucher sur* : convoiter. *Loucher sur l'assiette de son voisin.*
loucherbem ou **louchébem** n. m. Jargon (d'abord des bouchers parisiens) qui remplace l'initiale du mot par un *l* et rejette cette initiale à la fin de ce mot en la faisant suivre des lettres *em. « Boucher » donne « loucher » puis « loucher + b + em » prononcé « louchébem ».*
Loucheur (Louis) 1872-1931 Homme politique français. Ministre du Travail et de la Prévoyance sociale (1926-1930), il fait voter la *loi Loucheur* (1928) qui engendra la construction des premières habitations bon marché en réponse à une crise du logement.
louchon n. m. Vx Personne qui louche.
louer [1] v. t. [1] Donner ou prendre en location. *Louer une voiture. Maison à louer.* / *Louer les services de qqn*, y avoir recours. (Emploi pron.) *Se louer pour les récoltes.* / Réserver (une place). *Louer une loge à l'opéra.*
louer [2] v. t. [1] Chanter les louanges de (qqn). / Féliciter, complimenter. / v. pron. *Se louer de* : se féliciter de. *Je n'ai eu qu'à me louer de ce choix.*
loufa, loofa, lufa ou **luffa** n. m. BOT. Plante herbacée des régions chaudes qui fournit l'éponge végétale.
loufiat n. m. Pop. Garçon de café.
loufoque adj. D'une absurdité comique, burlesque. *Une pitrerie loufoque.* / Extravagant. *Un type plutôt loufoque.*
loufoquerie n. f. Caractère loufoque de qqch., qqn.
lougre n. m. MAR. Anc. Voilier de pêcheurs, à deux ou trois mâts.
Louhansk *503 800 h.* Ville d'Ukraine. Chef-lieu de la province du même nom. Centre industriel (sidérurgie, textile) dans le Donbass.
louis n. m. Pièce d'or, qui valait 24 livres à la veille de la Révolution française, frappée à l'effigie des rois de France à partir de Louis XIII. / Pièce d'or de 20 francs restée en usage jusqu'en 1914.
Louis (saint) Voir **Louis IX**, roi de France

Louis Nom de plusieurs souverains.

EMPIRE D'OCCIDENT

Louis Ier le Pieux ou **le Débonnaire** 778-840 Roi d'Aquitaine en 781, empereur d'Occident en 814 à la mort de son père Charlemagne. Intelligent mais indécis, il dut combattre ses fils Lothaire (qu'il avait associé à l'empire en 817), Pépin et Louis le Germanique, lorsqu'il voulut favoriser Charles (futur Charles le Chauve), né d'un second mariage. Après sa défaite en 833, il se réconcilia brièvement avec ses fils et tenta à nouveau d'assurer l'héritage de son fils cadet.
Louis II v. 822-875 Roi d'Italie en 844, empereur d'Occident en 855. Fils de Lothaire Ier, il lutta contre les Sarrasins.
Louis III l'Aveugle v. 880-928 Fils du roi de Provence à qui il succéda (890), il fut empereur d'Occident de 901 à 905 ; il fut aveuglé par Béranger Ier qui lui contestait le trône impérial.

SAINT-EMPIRE ROMAIN GERMANIQUE

Louis IV de Bavière 1286 ?-1347 Roi des Romains (1314-1346), empereur en 1328. Fils de Louis II de Bavière, il fut élu contre Frédéric de Habsbourg, qu'il vainquit et fit prisonnier en 1322, et qu'il obligea à renoncer à l'Empire. Excommunié par le pape Jean XXII, il suscita un anti-pape et reçut le soutien de plusieurs théologiens, mais le Saint-Siège reconnut finalement Charles IV de Luxembourg comme empereur.

BAVIÈRE

Louis Ier de Kelheim ou **de Wittelsbach** 1174-1231 Duc de Bavière en 1183.
Louis II le Sévère ou **Louis II de Wittelsbach** 1229-1294 Duc de Bavière en 1253. Il partagea l'héritage de son père Othon II avec son frère Henri.
Louis Ier de Wittelsbach 1786-1868 Roi de 1825 à 1848. Fils de Maximilien Ier, cultivé et romantique, sa politique intérieure oscilla entre autoritarisme et libéralisme. Mécène, il fit de Munich une capitale culturelle de renommée européenne, couvrant la ville de monuments néo-classiques. Ces dépenses somptuaires et l'intransigeance de son catholicisme le rendirent impopulaire, impopularité aggravée par sa liaison avec l'aventurière Lola Montes. Il abdiqua en faveur de son fils Maximilien II et s'exila.
Louis II de Wittelsbach 1845-1886 Roi à partir de 1864. Se désintéressant des affaires du royaume, il se consacra à sa passion pour les arts, fit édifier plusieurs châteaux baroques (Neuschwanstein, Linderhof, Herrenchiemsee, Hohenschwangau) à l'architecture d'une fantaisie débridée inspirée des légendes allemandes, dans lesquels il s'isolait, cultivant sa mélancolie. Admirateur inconditionnel de Wagner, il le patronna généreusement (construction de l'opéra de Bayreuth, 1886) avant de sombrer dans la démence. Interné au château de Berg à la demande de ses ministres, il se noya, le lendemain de son arrivée, dans le lac de Starnberg, avec son médecin, dans des circonstances jamais clairement élucidées. Son successeur, son frère Othon, étant également interné, son oncle Léopold assura la régence.
Louis III de Wittelsbach 1845-1921 Régent à la suite de son père Léopold (1912) puis roi de Bavière (1913-1918) après la déposition d'Othon ; il abdiqua lors de la révolution de 1918.

ESPAGNE

Louis Ier 1707-1724 Issu du premier mariage de Philippe V, il fut roi d'Espagne à l'abdication de son père en janvier 1724 ; il mourut en août de la même année et son père remonta sur le trône.

FRANCE

Louis Ier Voir **Louis Ier le Pieux**, empereur d'Occident.
Louis II le Bègue 846-879 Roi en 877. À la mort de son père Charles le Chauve, qui avait repris le titre d'empereur d'Occident, il se contenta de se faire élire roi par les grands seigneurs de Francie occidentale et laissa gouverner son cousin Hugues l'Abbé.
Louis III 863-882 Roi en 879. Fils de Louis II, il partagea le trône en 879 avec son frère Carloman en se réservant la Neustrie et la France. Il arrêta en 881 une invasion normande à Saucourt près d'Abbeville et céda une partie de la Lotharingie à Louis III le Jeune, roi de Germanie.
Louis IV d'Outre-Mer 921 ?-954 Roi en 936. Fils de Charles III le Simple, il avait été évincé du trône de France par le duc de Bourgogne Raoul. Élevé en Angleterre, il retrouva la couronne à la mort de celui-ci (936), grâce à Hugues le Grand qu'il fit duc de France. Ce dernier s'accapara le pouvoir malgré les efforts du roi pour le combattre.
Louis V le Fainéant 967 ?-987 Roi en 986. Associé au trône par son père Lothaire dès 978, il s'appuya sur Hugues Capet, fils de Hugues le Grand, le plus puissant seigneur du royaume. Mais un an après son avènement, il mourut d'une chute de cheval sans laisser d'héritier. Ce fut le dernier roi carolingien.
Louis VI le Gros ou **le Batailleur** 1081-1137 Roi en 1108. D'abord associé à son père Philippe Ier (1098), il soumit à son autorité les seigneurs pillards de l'Île-de-France et contribua à l'enrichissement du domaine royal. Son prestige lui permit de faire appel à tous ses grands vassaux pour arrêter l'invasion du royaume projetée par le roi Henri Ier d'Angleterre et son gendre l'empereur Henri V (1124). Il fut soutenu par le clergé dans son gouvernement auquel il associa, à partir de 1127, l'abbé de Saint-Denis, Suger. Il maria (1137) son fils (le futur Louis VII) à Aliénor d'Aquitaine, qui lui apportait en dot une des plus riches provinces du royaume.
Louis VII le Jeune 1120 ?-1180 Roi en 1137. Fils et successeur de Louis VI, il garda Suger comme principal ministre et poursuivit le développement du domaine royal. Il participa à la seconde croisade (1147-1149), laissant le royaume aux mains de Suger. En 1152, il obtint l'annulation de son mariage avec la reine Aliénor. Deux ans plus tard, celle-ci épousa Henry Plantagenêt, comte d'Anjou et de Normandie et futur roi d'Angleterre, qui entra alors en possession de tout l'ouest de la France. Ce fut le départ du long conflit entre Capétiens et Plantagenêts. Louis VII épousa ensuite (1154) Constance de Castille, puis, veuf, Adèle de Champagne (1160) qui lui donna un fils, Philippe Auguste.
Louis VIII le Lion 1187-1226 Roi en 1223. Avant de succéder à son père Philippe Auguste, il combattit Jean sans Terre à la Roche-aux-Moines (1214) et tenta en vain de conquérir l'Angleterre (1216-1217). Devenu roi, il chassa les Anglais du Poitou, du Limousin et du Périgord. La croisade qu'il conduisit contre les cathares du Midi et le comte Raimond VII de Toulouse lui permit de s'emparer d'Avignon et du Languedoc (1226).
Louis IX ou **Saint Louis** 1214-1270 Roi en 1226, fils et successeur de Louis VIII. Durant son enfance, sa mère, Blanche de Castille, assure énergiquement la régence, parvenant à contenir l'agitation des grands vassaux soutenus par Henry III d'Angleterre. À sa majorité, Louis IX poursuit cette politique. Il bat les Anglais à Taillebourg et à Saintes (1242) et, à la suite d'une grave maladie, décide d'organiser une croisade (la septième) en Terre sainte. Parti d'Aigues-Mortes (1248), il bat en retraite après une défaite à Mansourah en Égypte et est capturé (1250). Libéré contre rançon, il rentre en France après un long séjour en Syrie. Il conclut la paix avec le roi d'Aragon, par abandon mutuel des revendications territoriales (1258). En 1259, le traité de Paris rend le Limousin et le Périgord au roi d'Angleterre qui se déclare vassal de Louis IX dans ses domaines français et abandonne ses ambitions concernant l'héritage des Plantagenêts. Il contrôle attentivement l'administration et la justice, renforce l'autorité royale, interdit les guerres privées, les tournois et le duel judiciaire. Chrétien fervent, il fait construire à Paris, dans son palais, la Sainte-Chapelle pour y abriter les reliques de la Passion du Christ. Soucieux du bien-être de son peuple, il favorise les fondations charitables (hospice des Quinze-Vingts, 1254). Attentif aux mouvements intellectuels et artistiques de son temps, il accorde son appui aux universités (notamment à la Sorbonne), faisant de la France un foyer culturel où affluent philosophes et savants (Thomas d'Aquin, Roger Bacon, et bien d'autres). À l'extérieur de son royaume, il joue un rôle d'arbitre dans les conflits européens, intervenant notamment dans le désaccord entre Frédéric II et le pape Innocent IV et celui qui oppose, en Angleterre, Henry III à ses barons, et envoie Guillaume de Rubrouck en ambassade en Mongolie. En 1270, il organise la huitième croisade mais, à peine débarqué à Carthage, il meurt de maladie (dysenterie ou typhus). Il a été canonisé en 1297.

Louis IX par le Gréco.

Louis X le Hutin 1289-1316 Roi en 1314. Fils et successeur de Philippe le Bel, il réussit à limiter la rébellion féodale qui se manifesta après le règne autoritaire de son père. Veuf de Marguerite de Bourgogne, qu'il fit étrangler (ou étouffer) pour adultère, il eut d'un second mariage un fils posthume, Jean Ier, qui ne vécut pas et auquel succéda le régent Philippe, frère de Louis X (Philippe V).
Louis XI 1423-1483 Roi en 1461. Il succède à son père Charles VII, avec lequel il était en conflit depuis 1440. En 1465, il doit faire face à la révolte d'un groupe de nobles, la *ligue du Bien public* – auquel appartient son frère Charles de Berry – qu'il ne parvient pas à vaincre complètement. Intelligent, mais impulsif et sans scrupule, il s'emploie ensuite à ruiner la puissance et l'ambition du duc de Bourgogne, Charles le Téméraire, qui le fait prisonnier à Péronne (1468) et le contraint à des concessions

Lurçat (Jean) 1892-1966 Peintre et cartonnier français. D'abord peintre, proche du surréalisme et du cubisme, il a réalisé de nombreux décors de théâtre avant de se

royaume.
Lusitania (le) Paquebot anglais qui, revenant de New York, fut coulé avec ses 1 200 passagers, dont 124 Américains, par

lutéine n. f. BIOL. Vx Syn. de progestérone. / CHIM. Pigment jaune, qui colore notam. le jaune d'œuf et le pollen.
lutéinique Voir **lutéal**

à la recherche théologique et à l'organisation des communautés qui se réclament de lui.
• **luthéranisme** n. m. Doctrine des luthériens.

La place Guillaume II (qui fut roi des Pays-Bas et grand-duc de Luxembourg).

Jouissant d'une autonomie de fait, le pays développe sa sidérurgie. La dynastie qui règne actuelle-

verné par le parti social-chrétien (à l'exception de la période 1974-1979, quand le Premier ministre fut choisi au sein du parti démocrate).

se payer le luxe de (faire qqch.) : se le permettre, se l'autoriser.
Luxembourg (maison de) Nom de plusieurs familles européennes provenant de celui du château fort de Luxembourg construit par Sigefroi en Lotharingie au Moyen Âge. Des empereurs germaniques (Henri VII, Charles IV, Venceslas IV et Sigismond), des rois de Bohême et de Hongrie sont issus de diverses branches de cette maison.
Luxembourg (François Henri de Montmorency-Bouteville, duc **de)** 1628-1695 Maréchal de France. Proche de Condé, il le suivit pendant la Fronde et remporta plus tard de nombreuses victoires contre les troupes de Guillaume d'Orange ; il fut également victorieux à Fleurus (1690), Steinkerque (1692), Neerwinden (1693).
Luxembourg *4 440 km² 240 281 h.* Province du sud-est de la Belgique, qui fait partie de la Région wallonne. Chef-lieu *Arlon*. Elle est constituée par le massif de l'Ardenne, vaste plateau schisteux entaillé par de profondes vallées (la Semois). Le climat rude et humide, l'infertilité des sols, le plus souvent couverts de forêts et de landes, expliquent la pauvreté de cette province peu peuplée dont les principales ressources sont l'élevage et l'exploitation de la forêt.
Luxembourg *75 400 h.* (agglomération : *120 000 h.*) Capitale du Luxembourg, sur l'Alzette. La vieille ville fortifiée (remparts) est bâtie sur un éperon ; elle a gardé de nombreux monuments de son passé (palais grand-ducal, cathédrale Notre-Dame). La ville moderne est reliée à l'ancienne par deux grands viaducs. Elle est le siège d'une partie des organismes de l'Union européenne : Cour de justice, Parlement européen. L'aéroport de Luxembourg a un trafic annuel de plus d'un million de personnes. La ville vit du commerce (facilité par la présence des organisations européennes), de ses activités bancaires et financières, du tourisme et des activités industrielles de sa banlieue.
• **Luxembourg (grand-duché de)** *25 900 km² 3 000 000 h.* État de l'Europe du Nord-Ouest.
Luxembourg (palais du) Demeure construite à Paris de 1615 à 1620 par Salomon de Brosse pour Marie de Médicis. Les décorations exécutées par Rubens sont aujourd'hui au Louvre. Prison sous la Révolution, il est le siège de la deuxième chambre du parlement (ou chambre haute) depuis 1800, quel que soit le nom (Sénat, chambre des Pairs, Conseil de la République) de cette chambre. Le jardin qui entoure le palais fut dessiné en 1612 par Boyceau. On y trouve aujourd'hui des courts de tennis, un verger, une école d'apiculture, des aires de jeux et un théâtre de marionnettes.
luxembourgeois, e adj. et n. Du Luxembourg. *Banques luxembourgeoises. Un(e) Luxembourgeois(e).* / LING. n. m. Parler germanique du Luxembourg.

LUNE

LUTHÉRANISME

Le luthéranisme est essentiellement exprimé dans quatre ouvrages de Luther, publiés en 1520 : *De la papauté qui est à Rome ; À la noblesse chrétienne de la nation allemande ; La Captivité babylonienne de l'Église* et *De la liberté du chrétien*.
Ces œuvres, écrites en allemand et non pas en latin, traitent du salut de l'homme, de la structure et de la pratique de la religion, et considèrent

Luxemburg (Rosa) 1870-1919 Militante socialiste allemande d'origine polonaise. Marxiste, elle fut obligée de fuir la Pologne en raison de ses activités révolutionnaires. Installée en Allemagne, elle œuvra en faveur de la social-démocratie et fonda avec Liebknecht le groupe clandestin Spartakus (1914), premier noyau du parti communiste allemand (créé en 1918). Arrêtée avec Liebknecht, après l'insurrection spartakiste de janvier 1919, elle fut tuée en prison.
luxer v. t. [1] Provoquer la luxation de (une articulation). / v. pron. *Se luxer l'épaule.*
Luxeuil-les-Bains *8 790 h.* Ville de Haute-Saône, célèbre station thermale. Basilique de Saint-Pierre (XIIIe-XIVe siècles).
luxmètre n. m. PHYS. Appareil de mesure de l'éclairement.
luxueusement adv. Avec luxe.
luxueux, euse adj. Somptueux. *Un luxueux appartement.*
Lu Xun ou **Lou Siun (Zhou Shuren**, dit**)** 1881-1936 Écrivain chinois. Auteur de poésies en prose, de traductions, d'essais et de nouvelles réalistes : *La Véridique Histoire de Ah Q* (1921), *Le Cri* (1923), *Hésitations* (1926), *Contes anciens à notre manière* (1935).
luxure n. f. Litt. Pratique immodérée des plaisirs sexuels.
luxuriance n. f. Caractère de ce qui est luxuriant. *Luxuriance de la forêt vierge.*
luxuriant, e adj. (En parlant de la végétation) Qui croît en abondance. / Fig. Exubérant. *Imagination luxuriante.*
luxurieux, euse adj. Enclin à la luxure. / Qui dénote la luxure. *Attitude luxurieuse.*
Luynes (maison d'Albert de) Famille noble française, d'origine florentine, fixée au XIVe siècle près d'Avignon. **Charles** 1578-1621 Ami et confident du jeune Louis XIII, Il fut l'artisan de l'élimination de Concini. Il tenta sans succès de réprimer l'insurrection des protestants à la suite du rattachement du Béarn à la Couronne, et mourut près de Montauban.
luzerne n. f. Plante fourragère de la famille des papilionacées, à feuilles à trois folioles, à fleurs violettes.
L.V.F. Sigle pour *Légion des volontaires français contre le bolchevisme* qui, créée en juillet 1941 par le gouvernement de Vichy, combattit en U.R.S.S. au sein de l'armée allemande.
Lvov (en ukrainien **Lviv**) *810 000 h.* Ville de l'ouest de l'Ukraine, chef-lieu de la province du même nom, proche de la frontière avec la Pologne. Carrefour commercial et centre d'industries textiles et métallurgiques. Université. Polonaise (XIVe siècle), autrichienne (1772), à nouveau polonaise (1918), elle fait partie de l'Ukraine depuis son annexion par l'URSS en 1944.
Lwoff (André) 1902-1994 Biologiste et médecin français. Il reçut le prix Nobel de médecine 1965 pour ses travaux effectués avec J. Monod et F. Jacob sur la génétique des bactéries, qui constituent une avancée fondamentale pour le développement de la génétique moléculaire.
Lyautey (Louis Hubert Gonzalve) 1854-1934 Maréchal de France (1921). Général en 1903, après avoir secondé Gallieni au Tonkin (1894) et à Madagascar (1897), il pacifia le Sud algérien. Résident général au Maroc en 1912, hormis un intermède comme ministre de la Guerre en France

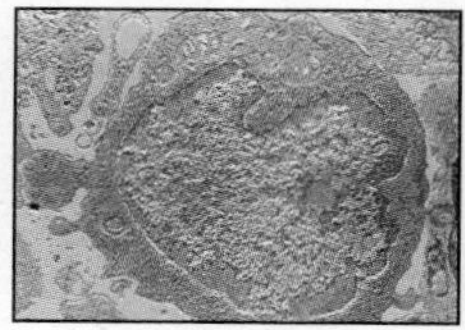

Lymphocyte.

(1916-1917), il y demeura jusqu'en 1925. Il tenta de promouvoir un mode de développement proprement marocain qui s'éloignerait de la politique d'assimilation et respecterait les valeurs sociales, culturelles et religieuses du royaume. Il a laissé plusieurs essais (*Du rôle social de l'officier dans le service militaire universel*, 1891 ; *Du rôle colonial de l'armée*, 1900).
Lycabette (le) Colline (*277 m*) de l'Attique qui domine la ville ancienne d'Athènes.
lycanthrope n. m. PSYCHIAT. Personne souffrant de lycanthropie.
lycanthropie n. f. PSYCHIAT. Trouble de la personnalité dans lequel le malade se croit changé en loup.
lycaon n. m. ZOOL. Mammifère carnivore d'Afrique de la famille des canidés, au pelage noir mêlé de fauve, aux pattes fines et longues.
lycée n. m. ANTIQ. *Le Lycée* : gymnase d'Athènes où Aristote enseignait sa doctrine ; l'école philosophique qu'il fonda vers 335 av. J.-C. / Établissement public d'enseignement secondaire (comprenant aujourd'hui les classes de seconde, de première et de terminale). *Les premiers lycées furent créés en France en 1802.*
lycéen, enne n. Élève d'un lycée.
lychee Voir **litchi**
Lycie Ancien royaume d'Asie Mineure. Péninsule (aujourd'hui en Turquie) conquise successivement par les Perses, Alexandre le Grand et les Romains.
lycopode n. m. BOT. Plante de l'embranchement des ptéridophytes, dont les spores donnent une poudre très inflammable, utilisée en pyrotechnie.
lycra n. m. (nom déposé) Fibre textile artificielle (élastomère synthétique), résistante et élastique.
Lycurgue X^e^-IXe s. av. J.-C. Législateur légendaire de Sparte. On lui attribuait l'organisation de Sparte en une royauté égalitaire et guerrière. La tradition voulait qu'il fût parti, la Constitution de la ville achevée, sans laisser de traces.
Lycurgue 390 ?-324 ? av. J.-C. Orateur et homme politique athénien. Allié de Démosthène contre les Macédoniens, il nous a laissé le discours *Contre Léocrate*.
Lydda Voir **Lod**
Lydie Ancien royaume d'Asie Mineure sur la mer Égée. Capitale *Sardes*. Connu d'abord sous le nom de Méonie, le royaume fut gouverné par Gygès, assassin du dernier roi des Héraclides, Candaule. Après avoir essuyé plusieurs attaques des Cimmériens, au cours du VIIe siècle av. J.-C., la Lydie connut une période faste sous son dernier roi, Crésus, qui étendit son influence sur l'Asie Mineure et les cités Ioniennes. Le royaume fut conquis par les Perses de Cyrus Ier en 546 av. J.-C.
Lyly (John) 1554-1606 Écrivain anglais

***David Lynch** (au centre), lors de la première de Lost Highway.*

qui publia en 1579 *Euphues ou l'Anatomie de l'esprit*, roman satirique écrit dans un style maniéré auquel on allait plus tard donner le nom d'*euphuisme*, et dans lequel est visée la société londonienne italianisée. Ce premier ouvrage, modéré par *Euphues et son Angleterre* (1580), fut suivi par des comédies mythologiques (*Endymion*, 1591).
Lyman (Theodore) 1874-1954 Physicien américain qui fit toute sa carrière à Harvard. Ses recherches ont pris pour point de départ sa thèse sur la réalisation de réseau dans le domaine de la spectroscopie ultraviolette. Le dispositif qu'il mit au point après élimination des raies parasites lui permit d'étudier le spectre d'émission de l'hydrogène dans l'ultraviolet et d'en obtenir un spectre complet. Il obtiendra de la même manière les spectres de l'hélium, de l'aluminium, du magnésium, du néon. On nomme *raies de Lyman* les raies du spectre de l'atome d'hydrogène situées dans l'ultraviolet.
lymphangite n. f. MÉD. Inflammation des vaisseaux lymphatiques, chronique ou aiguë. *Lymphangite cancéreuse* : migration des cellules cancéreuses dans les vaisseaux lymphatiques.
lymphatique adj. ANAT. Relatif à la lymphe. *Système lymphatique*, comprenant les ganglions, dans lesquels sont produits des lymphocytes, les vaisseaux lymphatiques et les vaisseaux chylifères. / Fig. Se dit d'une personne de tempérament mou, apathique.
lymphe n. f. BIOL. Liquide transparent, blanchâtre, riche en protéines, et en leucocytes, qui circule dans les vaisseaux lymphatiques (*lymphe circulante*) et baigne les cellules des tissus (*lymphe interstitielle*). *La lymphe joue un rôle immunitaire important.*
lymphocytaire adj. BIOL. Relatif aux lymphocytes.
lymphocyte n. m. BIOL. Leucocyte mononucléaire se formant principalement dans les ganglions lymphatiques, présent dans la lymphe, le sang, la moelle osseuse. *Les lymphocytes sont des cellules fondamentales dans le système immunitaire : les lymphocytes B sécrètent les immunoglobulines, les lymphocytes T sont impliqués dans l'immunité cellulaire.*
lymphogranulomatose n. f. MÉD. Lymphome caractérisé par la présence de grandes cellules d'aspect réticulaire, au noyau segmenté, à nucléoles volumineuses, appelées cellules réticulaires monstrueuses. Syn. maladie de Hodgkin.
lymphoïde adj. BIOL. *Cellules, tissus* (moelle osseuse, certaines parties de la peau, des muqueuses), *organes lymphocytaires* (ganglions lymphatiques, thymus, amygdales, etc.), où se développent les lymphocytes.
lymphome n. m. MÉD. Prolifération maligne de certaines cellules des tissus lymphocytaires.

Lynch (John, dit **Jack)** 1917 Homme politique irlandais. Leader du Fianna Fáil, il fut Premier ministre de 1966 à 1973 et de 1977 à 1979.
Lynch (David) 1946 Cinéaste américain. Non-conformiste, il eut son premier succès avec un film de tendance expressionniste : *Elephant man* (1980). Depuis, il a notamment tourné *Blue Velvet* (1986), *Sailor et Lula* (1990), *Twin Peaks* (série télévisée délirante et lancinante, 1990) et *Une histoire vraie* (1999), *Mulholland Drive* (2001).
lynchage n. m. Action de lyncher.
lyncher v. t. [1] Exécuter sans jugement, ou après un jugement sommaire ne respectant pas les formes juridiques. / Faire subir à (qqn) des brutalités pouvant entraîner la mort. *Les insurgés l'ont lynché.*
Lyndsay ou **Lindsay** (sir **David)** v. 1490-1555 Poète écossais. Il publia en 1528 des poèmes dans le goût des moralités médiévales et des satires attaquant la cour et le clergé (*Satire des trois états*, les états étant la noblesse, le clergé et la classe des marchands).
lynx n. m. ZOOL. Mammifère carnassier, de la famille des félidés, au pelage fauve tacheté de noir, à la queue courte et aux oreilles terminées par des touffes de poils en pointe. / Fig. *Avoir des yeux de lynx* : avoir une vue perçante, discerner des détails infimes qui échappent au regard d'autrui.
Lynx Constellation boréale ; voir **constellation**.
• **Lyon** *415 479 h.* Chef-lieu du département du Rhône et de la Région Rhône-Alpes.
lyophilisation n. f. TECHN. Opération faite sous vide, à basse température, par laquelle une substance est séparée de l'eau qu'elle contient, sans perdre ses propriétés (dessiccation par sublimation) et à laquelle on soumet les aliments pour les conserver et leur garder ainsi toute leur saveur.
lyophiliser v. t. [1] Soumettre (une substance) à la lyophilisation.
Lyot (Bernard) 1897-1952 Astronome français. Chercheur à l'observatoire de Meudon, il étudie la polarisation de la lumière diffusée par la Lune, puis celle des autres planètes, études pour lesquelles il conçoit et réalise un polarimètre à haute sensibilité. En partant d'une idée préexistante, il invente, puis perfectionne, le coronographe dont il corrige la diffusion des images parasites par l'adjonction d'un filtre mono-

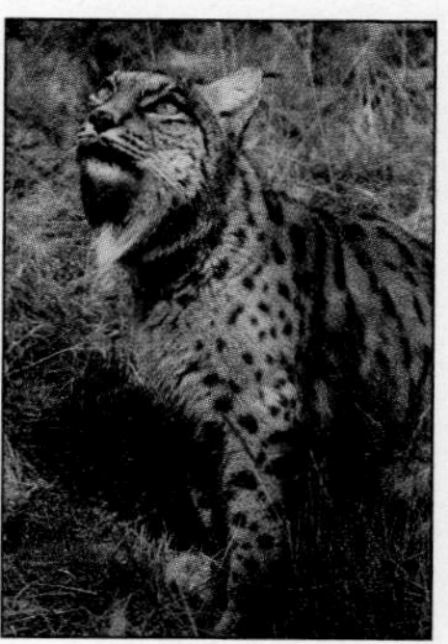

Lynx.

Lyon

La situation de la ville au confluent de la Saône et du Rhône, à un carrefour de routes européennes, est à l'origine de sa prospérité. L'industrie de la soie, origine de la puissance de la bourgeoisie lyonnaise, se développa au XVe siècle. Aujourd'hui, de nombreuses industries utilisent les ressources en énergie régionales (électricité des Alpes) et européennes (oléoducs, gazoducs): les industries chimiques et mécaniques, d'abord liées au textile (machines à tisser, colorants), puis aux hydrocarbures (matières plastiques, produits pharmaceutiques, photographiques, constructions mécaniques, électriques). Très bien desservie, Lyon est également une ville de foires, de banques, le centre de concentration et de distribution d'une région économique qui s'étend largement sur le Massif central, les Préalpes, le Jura et le sillon Rhône-Saône. Lyon est enfin une métropole culturelle. Depuis 1978, Lyon a un métro.

La place Bellecour.

L'Hôtel de ville.

Histoire

Fondée en 43 av. J.-C., capitale religieuse de la Gaule, Lyon est le siège de deux conciles (1245 et 1274). Elle est rattachée au royaume de France en 1312. Au XVIe siècle, l'école de Lyon compte deux des plus grands poètes français: Maurice Scève (*Délie*, 1544) et Louise Labé (*Sonnets*, 1554). Sous la Terreur, en 1793, Collot d'Herbois et Fouché se livrent à des exécutions massives. En 1831 et 1834, les canuts lyonnais brandissent le drapeau noir contre leurs exploiteurs. De son passé, Lyon conserve de nombreux monuments: basilique romane (XIIe siècle), église Saint-Bonaventure (XIVe-XVe siècle), église gothique Saint-Nizier, cathédrale Saint-Jean (XIIe-XVe siècle), église Saint-Paul (XIIe-XVe siècle), hôtel de ville (XVIIe siècle), place Bellecour (1714), basilique Notre-Dame sur la colline de Fourvière (XIXe siècle).

Notre-Dame de Fourvière.

Oiseau-**lyre**.

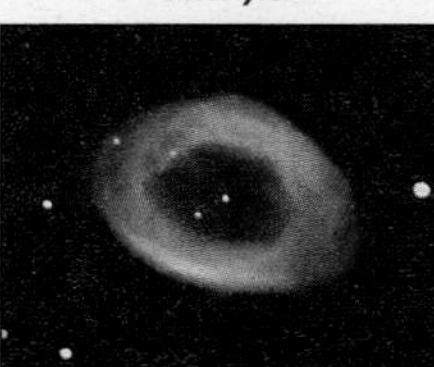

Nébuleuse annulaire de la **Lyre** (M57), résultant d'une explosion d'étoiles (© NASA).

chromatique, ce qui permet l'analyse des phénomènes solaires. Ce *filtre de Lyot* est fait de lames minces à faces parallèles et de polarisateurs.

lyre n. f. Instrument de musique à cordes pincées en usage chez les Anciens, formé d'une caisse de résonance et de deux montants recourbés. / ZOOL. *Oiseau-lyre*: ménure.

Lyre Constellation boréale; voir **constellation**.

lyrique adj. et n. m. **I.** Chanté avec un accompagnement instrumental (une lyre initialement). *Poème lyrique.* / *Genre lyrique,* inspiré par la poésie lyrique antique. / Chanté et mis en scène. *Théâtre lyrique. Drame lyrique. Artiste lyrique*: chanteur, chanteuse d'opéra, d'opéra-comique. *Art lyrique*: le chant, le chant d'opéra. / n. m. *Le lyrique,* le genre lyrique, l'art lyrique. **II.** Fig. Qui magnifie l'expression des sentiments personnels. *Une envolée lyrique.* / BX-ARTS *Abstraction lyrique*: mouvement pictural d'après-guerre, opposé à l'abstraction géométrique et caractérisé par la liberté et la spontanéité de l'expression.

lyriquement adv. De façon lyrique.

lyrisme n. m. Expression passionnée et poétique des sentiments; inspiration exaltée, souvent de caractère intimiste. *Le lyrisme de Lamartine.*

lys Voir **lis**

Lys (la) *214 km* Rivière canalisée de France et de Belgique. Née dans le Boulonnais, elle s'écoule en Flandre et se jette dans l'Escaut, à Gand. Sa vallée, aux riches alluvions, est une grande région de blé associé à la culture de la pomme de terre. Plusieurs batailles se sont déroulées dans cette région pendant la Première Guerre mondiale.

Lys dans la vallée (le) 1835 Roman d'Honoré de Balzac. Dans une lettre à sa future épouse, Félix de Vandenesse décrit l'amitié amoureuse qui l'unissait à la vertueuse Mme de Mortsauf. La liaison de Félix avec Lady Dudley quand il rentre à Paris fait mourir Mme de Mortsauf de chagrin. La fiancée de Félix répond par une lettre ironique lui rendant sa liberté.

lysase n. f. BIOCHIM. Enzyme qui catalyse une lyse.

lyse n. f. BIOL. Destruction d'une structure organique (molécule, cellule, tissu, virus, etc.), par dissociation de ses éléments constitutifs.

lysergique adj. BIOCHIM. *Acide lysergique*: substance synthétique, active à très faible dose, qui entraîne une sensation de dépersonnalisation et de déréalisation, parfois même un délire hallucinatoire.

Lysias 440 ?-380 av. J.-C. ? Orateur athénien. Son style se démarque par sa clarté et sa simplicité. Son *Contre Ératosthène* (403 av. J.-C.) pourfend les Trente, responsables de la mort de son frère et de la terreur qui règne à Athènes.

Lysimaque 360 ?-281 av. J.-C. Roi de Thrace (306-281 av. J.-C.). À la mort d'Alexandre le Grand dont il était l'un des généraux, il obtint la Thrace (323 av. J.-C.). Il se proclama roi en 306 et conquit ensuite la Macédoine. Il fut tué dans une bataille contre le roi Séleucos Ier de Babylone, son ancien compagnon d'armes, et son empire fut démembré.

lysine n. f. BIOCHIM. Acide aminé basique, de formule: NH_2–$(CH_2)_4$–$CH(NH_2)$–COOH.

Lysippe 390-310 av. J.-C. Sculpteur grec qui fit évoluer la statuaire classique: buste court, jambes élancées, prédilection pour les représentations d'athlètes, expressivité du portrait personnalisé: *Buste d'Alexandre, Apoxyomène.*

Lyssenko (Trofim Denissovitch) 1898-1976 Biologiste et agronome soviétique. Ses travaux d'agronomie (vernalisation du blé) le conduisirent à s'opposer violemment aux tenants des connaissances génétiques classiques. Ses théories, aujourd'hui abandonnées, sur l'hérédité des caractères acquis firent longtemps autorité en U.R.S.S.

lytique adj. BIOL. Relatif à la lyse; qui provoque la lyse.

Lytton (Edward George Bulwer-Lytton, baron**)** 1803-1873 Homme politique et écrivain britannique. Il fut l'auteur de pièces de théâtre, de drames (*Richelieu*, 1839) et du roman historique *Les Derniers Jours de Pompéi* (1834).

L

Mm

m' Voir **me, moi**
ma Voir **mon**
Maastricht ou **Maëstricht** *118 278 h.* Ville des Pays-Bas, sur la Meuse, chef-lieu de la province du Limbourg. Puissante place forte, la ville fut le théâtre de nombreuses batailles. En 1673, Vauban en fit le siège et s'en empara. C'est aujourd'hui un important centre industriel (métallurgie, textile, chimie). Cathédrale Saint-Servais (XIe-XIIe siècle). Le *traité de Maastricht*, signé le 7 février 1992 par les douze États alors membres de la Communauté économique européenne, institue l'Union européenne et fixe les objectifs de cette union économique, monétaire et politique : création d'une monnaie unique et d'une Banque centrale européenne, coopération au niveau international dans le cadre d'une « politique étrangère et de sécurité commune », renforcement du vote majoritaire et du pouvoir du Parlement de Strasbourg. En prévision de l'élargissement de l'Union, il a été complété par le traité d'Amsterdam en 1997.
Maat Déesse égyptienne, fille de Rê, incarnation de la Vérité et de la Justice, à la fois ordre universel et éthique qui pousse à agir en accord avec la conscience qu'on a de cet ordre.
Maazel (Lorin) 1930 Chef d'orchestre américain. Il fut le premier Américain à diriger (1960) à Bayreuth (et le plus jeune chef d'orchestre de l'histoire du festival de Bayreuth).
Mabillon (Jean) 1632-1707 Bénédictin français. Auteur de nombreux ouvrages d'érudition (en latin), il a fondé la diplomatique avec *De re diplomatica* (1681), l'étude de l'histoire de la liturgie avec *De liturgia gallicana* (1685) et édité les œuvres de saint Bernard.
Mably (Gabriel Bonnot de) 1709-1785 Philosophe et historien français. Frère de Condillac, son œuvre, dont la pensée est comparable à celle de Rousseau, s'oppose à la physiocratie et condamne la propriété privée comme étant responsable de la corruption de la société. Parmi ses ouvrages : *Parallèle des Romains et des Français* (1740), *Doutes proposés aux philosophes économistes sur l'ordre naturel et essentiel des sociétés politiques* (1768).
maboul, e adj. et n. Fam. (vieilli) Fou.
mac. n. m. (abrév. de *maquereau*) Arg. Souteneur.
macabre adj. Relatif à la mort. *Histoire macabre.* / BX-ARTS *Danse macabre* : ronde entraînant, à la suite de la Mort, des personnages appartenant à toutes les classes de la société. *La danse macabre est un thème fréquemment traité, sur les murs des cimetières, dans les églises et dans les cloîtres, par les artistes des XIVe et XVe siècles.*
macadam n. m. Revêtement de chaussée, fait de pierres concassées, agglomérées avec du sable, tassées et étalées au rouleau compresseur. / Chaussée recouverte de ce revêtement.
macadamiser v. t. [1] Recouvrir de macadam.
Macao *17,3 km² 418 000 h.* Ancien « territoire spécial de la République portugaise », comprenant la péninsule de Macao (*6,5 km²*), à l'embouchure du Xijiang, l'île de Taipa (*3,8 km²*) et l'île de Coloane (*7 km²*). La ville de Macao, qui regroupe la quasi-totalité des habitants (pour la plupart chinois), se situe sur la péninsule. Cet ancien comptoir portugais, créé en 1557, restitué à la Chine en décembre 1999, est devenu une « région sous administration spéciale ». Pêche, manufacture de tabac, tourisme, jeux (ses casinos sont célèbres depuis le XIXe siècle) demeurent les ressources traditionnelles, malgré le développement de Hong-Kong.
macaque n. m. ZOOL. Singe catarhinien d'Asie et d'Eurasie, à la silhouette trapue, à queue courte ou absente. *Le magot, qui vit en Afrique du Nord et sur le rocher de Gibraltar, est un macaque. Des travaux menés sur le macaque rhésus ont conduit à la découverte d'un agglutinogène, appelé facteur rhésus.*
macareux n. m. ZOOL. Oiseau marin, proche du pingouin (famille des alcidés), à plumage blanc et noir, à bec volumineux, de couleurs vives. *Le macareux moine, au bec bleu, jaune et rouge, vit en Europe.*
macaron n. m. Petit gâteau sec de forme ronde à base de pâte d'amandes, de blanc d'œuf et de sucre. / Coiffure féminine consistant en une natte roulée sur l'oreille. / Insigne de forme arrondie.
macaroni n. m. (mot italien) Pâte alimentaire de farine de blé dur en forme de long tube creux.

Douglas MacArthur.

macaronique adj. Fam. Flou, embrouillé. *Une explication macaronique.*
MacArthur (Douglas) 1880-1964 Général américain. Commandant en chef des forces américaines (1941), puis des forces alliées du Pacifique sud (1942), il obtient (1945) la reddition du Japon qu'il occupe et administre en tant que proconsul des États-Unis durant cinq ans (1945-1950). À la tête des troupes des Nations unies au commencement de la guerre de Corée, il est partisan d'attaquer la Chine, mais le président le désavoue et il est rappelé.
Macassar ou **Makassar** *1 091 800 h.* Ancien nom d'Ujungpandang, port d'Indonésie, dans la province de Sulawesi Selantan (Célèbes). Le *détroit de Macassar* sépare Bornéo des Célèbes.
Macaulay (Thomas Babington, baron**)** 1800-1859 Homme politique et historien anglais. Député whig au Parlement, anobli en 1857, il est l'auteur d'essais d'histoire (*Essais critiques et historiques*, 1843) et d'une monumentale *Histoire d'Angleterre depuis l'avènement de Jacques II*, dont le premier volume a été publié en 1849 et le dernier (posthume) en 1861.
Macbeth ?-1057 Roi d'Écosse en 1040, il assassina Duncan Ier, le tenant pour un usurpateur, et fut à son tour assassiné par le fils de ce dernier.
Macbeth 1606 Drame de Shakespeare inspiré de la vie du roi Macbeth. La pièce met en relief la puissance des sentiments d'ambition et de remords, particulièrement chez lady Macbeth qui, rongée par l'horreur de ses actes, va se suicider.
MacBride (Sean) 1904-1988 Homme politique irlandais. Ministre des Affaires étrangères (1948-1951), il se consacra ensuite à la lutte contre la torture et à la défense des droits de l'homme.
Maccabée Nom donné à une famille de prêtres juifs. **Mattathias** ?-166 av. J.-C. Il souleva les Juifs contre le roi de Syrie, Antiochos IV Épiphane, qui voulait interdire le judaïsme. Trois de ses fils poursuivirent leur combat contre l'hellénisation de leur peuple. **Judas** 200 ?-161 av. J.-C. Troisième fils de Mattathias, il parvint à s'emparer d'une partie de Jérusalem et obtint la liberté religieuse. **Jonathan** ?-143 av. J.-C. Successeur de son frère, Judas, il fut assassiné. **Simon** ?-134 av. J.-C. Successeur de son frère, Simon. Grâce à l'appui de Rome, il obtint du roi de Syrie, Démétrios, l'indépendance de la Judée (142 av. J.-C.) et fonda ainsi la dynastie des Asmonéens.
Maccabées (Livres des). Nom de quatre livres dont seuls les deux premiers sont canoniques (deutérocanoniques). *I Maccabées* est le récit de la révolte de Mattathias Maccabée et de ses fils contre Antiochos IV Épiphane. Il aurait été écrit au début du Ier siècle av. J.-C. *II Maccabées* (datant du

Affiche pour une représentation de **Macbeth** *de Shakespeare.*

Cette sacrée vérité de ***Leo MacCarey***.
(© 1998 Michael Mills)

IIe siècle av. J.-C.) s'attache à la période de Judas et au martyre des frères Maccabées. *III* et *IV Maccabées* sont apocryphes. L'un évoque la révolte des Juifs contre le roi d'Égypte Ptolémée IV au IIIe siècle av. J.-C. et le dernier est un traité sur l'importance de la loi judaïque.

MacCarey (Leo) 1898-1969 Cinéaste américain. Il entame sa carrière (1928) en dirigeant Laurel et Hardy dans des courts métrages muets au comique ravageur, continue au temps du parlant avec les Marx Brothers (*Soupe au canard*, 1933) et W. C. Fields. Maître de la comédie américaine (*Cette sacrée vérité*, 1937), il ne néglige pas le mélodrame (*Place aux jeunes*, 1937) et donne, plus tard, des œuvres empreintes à la fois d'humour et de spiritualité (*Les Cloches de Sainte-Marie*, 1945).

macchabée n. m. Pop. Cadavre. **maccarthisme** ou **maccarthysme** n. m. HIST. Politique de discrimination envers les communistes, s'appuyant sur la délation et tendant à persécuter, à traquer les communistes et leurs sympathisants, réels ou supposés, qui fut menée, aux États-Unis, dans les années 1950, à l'instigation du sénateur Joseph McCarthy.

macchiaioli n. m. pl. (mot italien, « faiseurs de taches, tachistes ») BX-ARTS Membres d'une école picturale florentine de la deuxième moitié du XIXe siècle.
♦ Les macchiaioli utilisaient les contrastes brutaux de taches sombres et claires, d'ombre et de lumière, produisant des toiles vibrantes d'énergie, souvent consacrées à la vie à la campagne, au paysage. Ils évoquent parfois les recherches des impressionnistes et ont influencé les nabis.

Macdonald (Jacques Alexandre) 1765-1840 Maréchal de France. Général en 1793, il s'illustra dans la bataille de Wagram (1809), à l'issue de laquelle il fut nommé maréchal et duc de Tarente. Au moment de l'abdication de Napoléon Ier (1814), il se rallia à Louis XVIII.

MacDonald (James Ramsay) 1866-1937 Homme politique britannique. Membre de la société fabienne (1886) puis de l'Independent Labour Party (1894), il contribue à la création du parti travailliste qui prend le nom de Labour Party en 1906 et dont il devint le président en 1911. Très modéré et opposé au communisme, il devient Premier ministre en 1924 puis en 1929. Lors de la crise économique et financière de 1931, il accepte de diriger un gouvernement d'Union nationale au sein duquel le Parti conservateur deviendra prépondérant. Il abandonne sa charge en 1935 et ne sera pas réélu aux élections générales de la même année.

macédoine n. f. Mets composé de plusieurs sortes de légumes ou de fruits, coupés en dés.
• **Macédoine** Région historique de la péninsule balkanique. Elle couvre aujourd'hui environ *65 000 km²* et est partagée entre trois États : la Grèce, la République de Macédoine et la Bulgarie.
• **Macédoine** État des Balkans, ancienne république yougoslave située au nord de la Grèce, entre l'Albanie, à l'ouest, la république fédérale de Yougoslavie au nord et la Bulgarie, à l'est.

Macédoine orientale et Thrace *14 157 km² 571 000 h.* Région administrative du nord de la Grèce. Capitale *Komoténi*. C'est une région de plaines qui se consacre à l'agriculture.

Macédoine centrale *18 811 km² 1 800 000 h.* Région administrative du nord de la Grèce. Capitale *Thessalonique*. Formée de basses plaines alluviales prolongées par la péninsule de Chalcidique, c'est une des régions les plus riches de la Grèce (cultures dans les plaines, tourisme en constante expansion, industries diverses) et Thessalonique est, par son importance économique et culturelle, la deuxième ville du pays.

Macédoine occidentale *9 451 km² 295 000 h.* Région administrative du nord de la Grèce. Capitale *Kozani*. C'est une région de plaines allongées entre des chaînes de montagne (Pinde, Vernon-Askion et Vermion) dont les ressources sont essentiellement agricoles. Les montagnes sont peu peuplées.

macédonien, enne adj. et n. De Macédoine. / Subst. *Un(e) Macédonien(ne).* / LING. *Le macédonien* : la langue slave parlée en Macédoine.

macération n. f. Procédé consistant à laisser séjourner un corps, notam. une substance alimentaire, dans un liquide (huile, eau, alcool) pour l'imprégner, l'aromatiser, la conserver. / (Le plus souvent au plur.) Mortifications qu'une personne s'impose par esprit de pénitence.

macérer v. t. [1] Faire tremper longuement (un aliment) dans un liquide qui parfume ou conserve. *Macérer une viande dans du vin.* / (Emploi intransitif) *Les prunes macèrent dans l'eau-de-vie.*

Mach (Ernst) 1838-1916 Physicien et philosophe autrichien. Il étudie la physiologie des sensations et s'intéresse au mouvement des projectiles. Il publie en 1868 ses premiers travaux sur la définition du concept de masse, reformulant le principe d'inertie auquel Einstein donnera le nom de « principe de Mach ». En 1872, il établit le principe de conservation de l'énergie. En 1905, il publie *La Connaissance et l'Erreur* ; les néopositivistes du Cercle de Vienne le considèrent comme leur père spirituel. *Nombre de Mach.* Nombre pur, sans dimension, qui exprime le rapport entre la vitesse (V) d'un solide en mouvement dans un fluide et la vitesse du son (V_s) dans ce même fluide. En aéronautique et en aérodynamique, le nombre de Mach (noté Mach ou M) exprime la vitesse d'un avion en prenant comme unité de mesure la vitesse du son dans des conditions atmosphériques identiques ($M = V / V_s$). Mach 1 vaut, à la surface de l'eau, 1 220 km/h, soit 338,88 m/s, alors qu'à 1 150 m d'altitude, il ne vaut plus que 1 050 km/h, soit 291,66 m/s.

Machado (Antonio) 1875-1939 Poète espagnol. Son œuvre au style simple et à l'inspiration populaire chante l'Andalousie et la Castille : *Solitudes* (1902), *Champs de Castille* (1912). Après 1920, ses écrits témoignent de son intérêt pour la philosophie (*Chants nouveaux*, 1924). Proche des républicains, il s'exila et mourut en France.

Machado de Assis (Joaquim Maria) 1839-1908 Écrivain brésilien. Autodidacte, il s'est adonné à de nombreux genres tels que la poésie et le conte (*Le Miroir*, 1882 ; *L'Église du Diable*, 1883) ; mais il a surtout fondé le roman réaliste en langue portugaise (*Mémoires d'outre-tombe de Brás Cubas*, publié à partir de 1880).

machaon n. m. ZOOL. Papillon diurne des régions tempérées de l'hémisphère Nord, aux ailes jaunes tachetées de noir, de rouge et de bleu. *Le machaon peut mesurer près de 10 cm d'envergure.*

Machault d'Arnouville (Jean-Baptiste de) 1701-1794 Homme politique français. Contrôleur général des Finances sous Louis XV à partir de 1745, ministre d'État en 1749 et garde des Sceaux en 1750, il voulut améliorer le système fiscal, notamment en le rendant plus égalitaire. Son impôt (universel) du vingtième (1749), fut mal accueilli par le clergé et ses partisans. Il dut abandonner ses fonctions en 1754.

Machaut (Guillaume de) Voir **Guillaume de Machaut**

mâche n. f. Espèce de valérianelle, dont les petites feuilles se préparent en salade.

mâchefer n. m. Résidu spongieux provenant de la combustion de la houille, dont on fait des briques ou dont on recouvre les pistes.

Machel (Samora Moises) 1933-1986 Homme politique mozambicain. Devenu

MACÉDOINE (RÉGION)

Histoire

Avant le XIe siècle av. J.-C., la Macédoine est habitée par des tribus que les Grecs considèrent comme des Barbares (Illyriens, Thraces et Épirotes). Le royaume de Macédoine est unifié au VIe siècle sous la dynastie des Argéades, chefs originaires d'Argos ; il s'hellénise au Ve siècle, en raison de son alliance avec les Grecs contre la Perse.

Philippe II.

Au IVe siècle, le roi Philippe II conquiert la Grèce malgré la tardive opposition d'Athènes entraînée par Démosthène. Il se prépare à conduire les Grecs à l'assaut de l'Empire perse quand il est assassiné (336). Ses projets sont repris par son fils Alexandre III le Grand qui réalise de prodigieuses conquêtes en Orient, étendant l'influence hellénique jusqu'aux frontières de l'Inde.

Après sa mort prématurée (323), son empire, disputé entre ses généraux, se morcelle ; la Macédoine connaît une période de troubles avant de s'allier à Hannibal lors de la deuxième guerre punique. Elle est alors attaquée à plusieurs reprises par Rome et perd son indépendance en 168 av. J.-C. ; elle devient une province romaine en 148 et fait partie de l'Empire romain d'Orient en 395 ap. J.-C. Possession de Byzance, elle est ravagée par les Goths puis envahie par des Slaves, bulgares et serbes. Elle fera partie du royaume latin de Salonique (1204-1224), de l'empire bulgare (1230-1246) et de l'empire serbe des Némanides au XIVe siècle. En 1371, elle tombe sous la domination des Turcs ; elle restera ottomane jusqu'au XIXe siècle.

En 1878, elle est attribuée à la Bulgarie nouvellement constituée par le traité de San Stefano, mais, la même année, le congrès de Berlin restaure la suzeraineté turque. Le pays, revendiqué à la fois par les Bulgares, les Serbes et les Grecs, connaît alors une période très agitée : l'Organisation révolutionnaire macédonienne, créée en 1894, est soutenue par les Bulgares et se signale par une série d'attentats terroristes. La dureté de la répression turque provoque les guerres balkaniques (1912-1913).

La Macédoine est partagée entre la Grèce, la Yougoslavie et la Bulgarie, mais celle-ci se considère lésée. Elle s'alliera avec l'Allemagne au cours de la Première Guerre mondiale et, vaincue, devra céder à la Yougoslavie une partie du territoire macédonien.

De 1941 à 1947, la Bulgarie, de nouveau alliée de l'Allemagne, annexe la Macédoine grecque et yougoslave, que le traité de Paris (1947) la contraint à restituer. En 1993, quand la Macédoine ex-yougoslave est admise à l'ONU, la Grèce lui conteste son nom et son drapeau. Un compromis intervient en 1995.

Macédoine

Superficie: *25 713 km²* – **Nombre d'habitants:** *2 119 000 h.* – **Capitale:** *Skopje* – **Villes principales:** *Bitola, Prilep, Kumanovo* – **Système politique:** *république* – **Langue(s):** *macédonien, albanais* – **Religion(s):** *christianisme orthodoxe, islam* – **Monnaie(s):** *denar*

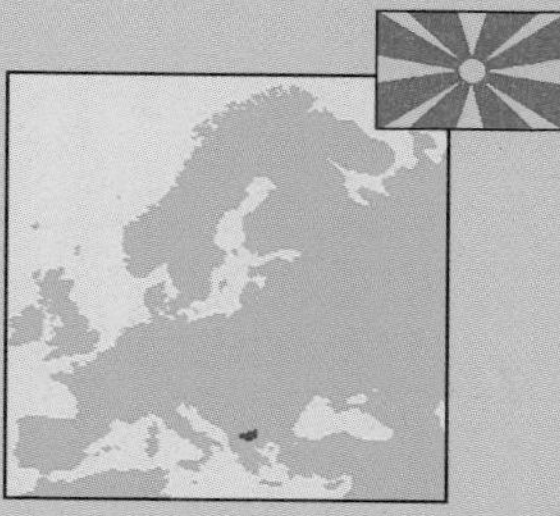

Voir l'Atlas

Géographie physique et humaine

Les deux tiers de la population sont composés de Macédoniens; la principale minorité est albanaise (sans doute entre le quart et le tiers de la population, mais son importance numérique est contestée); on compte aussi d'autres minorités (Turcs, Serbes, notamment).

Les vallées vivent de l'agriculture. Les montagnes ont des ressources hydroélectriques. L'élevage (ovins, volailles) est important.

L'industrie utilise les ressources locales: lignite, plomb, zinc, tabac, papier, sucre. Malgré les privatisations, les investisseurs étrangers sont rares. Le niveau de vie est bas.

Histoire

Les Macédoniens étant considérés comme des Slaves, le pays fut rattaché en 1918 au royaume des Serbes, Croates et Slovènes, nommé en 1929 Yougoslavie. En 1945, il devint une république fédérée de la Yougoslavie. Quand la Yougoslavie éclate, le parti communiste local, qui devient le parti social-démocrate, proclame l'indépendance de la Macédoine (15 septembre 1991).

L'ONU (dont les troupes assurent la sécurité de ses frontières avec la Yougoslavie depuis la fin de 1992) la reconnaît en 1993 sous le nom de *Former Yougoslavian republic of Macedonia (Fyrom)*: en effet, la Grèce lui refuse d'utiliser le nom de Macédoine, considéré comme hellénique, et tout symbole hellénique sur son drapeau. En 1994, elle lui inflige un blocus économique, levé en 1995. En 1996, le nouveau Premier ministre grec, C. Simitis, met fin à la campagne antimacédonienne.

En 1997, il organise à Héraklion (Crète) une conférence réunissant tous les chefs d'État balkaniques. Cette même année, la Macédoine obtient le statut d'observateur au sein de la Francophonie. En 1998, l'opposition, comprenant notamment le parti albanais, remporte une victoire électorale éclatante et forme un gouvernement qui succède à la coalition dominée depuis l'indépendance par le parti social-démocrate.

Quartier commerçant de Skopje.

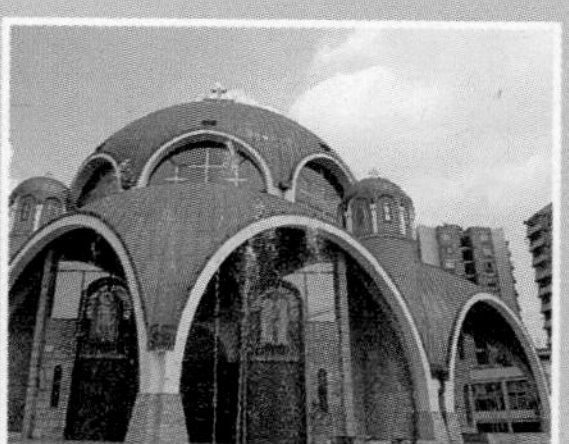

Église orthodoxe Saint-Clément d'Orhid, à Skopje.

La guerre du Kosovo (1998-1999) déstabilise le pays, qui accueille des milliers de réfugiés. Les troupes de l'UCK, soutenues par de nombreux Albanais se jugeant traités en citoyens de seconde zone, maintiennent l'insécurité à la frontière yougoslave. En 1999, Boris Trajkovski, du Parti démocrate pour l'unité nationale macédonienne, succède au social-démocrate Kiro Gligorov.

En 2001, un cessez-le-feu est signé avec l'UCK sous l'égide de l'ONU avec l'appui de l'Union européenne; la même année, les accords d'Ohrid accordent davantage de droits à la communauté albanaise et des élections anticipées se déroulent dans le calme.

l'un des chefs de la guérilla du Front national de libération du Mozambique (Frelimo) dans les années 60, il fut le premier président de la nouvelle République du Mozambique (1975). Il conserva son poste jusqu'à sa mort dans un accident d'avion.

mâcher v. t. [1] Broyer, écraser avec les dents avant d'avaler. *Mâcher sa viande.* / Loc. fig. *Ne pas mâcher ses mots*: parler sans ménagement. *Mâcher le travail à qqn*, le lui préparer minutieusement. / Mordre légèrement, à plusieurs reprises. *Mâcher un bâton de réglisse.*

machette n. f. Sabre d'abattage.

Machhad Voir **Meched**

machiavel n. m. Péjor. Personne qui ne se soucie guère de moralité en cherchant à atteindre son but.

Machiavel (Niccolo Machiavelli, dit en français**)** 1469-1527 Écrivain et homme politique italien. Secrétaire de chancellerie de la république de Florence en 1498 et chargé de mission notamment en France, dans l'empire germanique et auprès de César Borgia, il consigna ses expériences politiques dans les relations diplomatiques. Impliqué dans une conjuration contre les Médicis, il fut banni de Florence en 1512. C'est en exil qu'il rédigea ses *Discours sur la première décade de Tite-Live* (1513-1519) et *Le Prince* (1513, publié après sa mort en 1531 et dédié à Laurent de Médicis). Ce dernier livre, texte majeur de théorie politique, développe une philosophie pragmatique du pouvoir, entièrement fondée sur la raison d'État. Il écrivit également les sept livres de *L'Art de la guerre* (1516-1520), *La Mandragore*, comédie en cinq actes (1520), et une *Histoire de Florence* (1521-1525).

machiavélique adj. Péjor. Digne de Machiavel, qui pratique le machiavélisme. *Politicien machiavélique.* / Par ext. Calculé et perfide. *Ruse machiavélique.*

Machiavel.

machiavélisme n. m. Théorie politique de Machiavel; art de gouverner sans se montrer moralement trop regardant sur le choix des moyens. / Péjor. Attitude d'une personne rusée, de mauvaise foi.

mâchicoulis n. m. Au Moyen Âge, sorte de balcon, de galerie, construits en saillie au sommet d'un ouvrage fortifié, munis d'ouvertures en sa partie inférieure pour faire le guet ou laisser tomber des projectiles sur l'ennemi.

machin, e n. Fam. (surtout au masculin) Mot employé pour désigner qqch. ou qqn dont on ignore, dont on ne se rappelle pas le nom. *Qu'est-ce que c'est que ce machin? Regarde, c'est Machine, la charmante fille qui fait son droit.*

machinal, ale, aux adj. Mécanique, automatique, fait sans intention consciente.

machinalement adv. De façon machinale.

machination n. f. Intrigue, manœuvres secrètes, menées dans le dessein de nuire.

machine n. f. Ensemble de pièces assemblées qui transforment une énergie reçue de l'extérieur pour effectuer un travail déterminé. *Machine à vapeur*: machine qui transforme la chaleur en travail et fonctionne grâce à l'action de la vapeur d'eau. / (Vieilli) *Machine infernale*: engin explosif utilisé pour commettre un attentat. / Appareil utilisé dans la vie courante pour faciliter certaines tâches. *Machine à coudre, à écrire.* / Tout véhicule comportant un moteur. / Être vivant dont les actions semblent n'obéir qu'aux lois de la mécanique. / Ensemble constituant un tout qui semble fonctionner avec l'automatisme d'une machine. *La machine de l'État.*

Machine pneumatique (la) Constellation australe; voir **constellation**

machine-outil n. f. Machine conçue pour la fabrication et le façonnage mécanique de pièces, d'outils. Pl. Des *machines-outils.*

machiner v. t. [1] Fam., péjor. Organiser en sous-main; tramer.

machinerie n. f. Ensemble de machines. / Local réservé aux machines.

machine-transfert n. f. Ensemble de machines-outils où les pièces à usiner sont transportées automatiquement sur les postes de travail successifs. Pl. Des *machines-transferts.*

machinisme n. m. Généralisation de l'utilisation de machines dans l'industrie, pour remplacer la main-d'œuvre humaine.

machiniste n. Personne qui conduit, manœuvre une machine, des machines, une machinerie. *Machiniste de cinéma.*

machisme n. m. Attitude, comportement, état d'esprit prônant la supériorité

Ruines de **Machupicchu**.

de l'homme sur la femme, et affirmant la prééminence des valeurs viriles et la domination de l'homme sur la femme.

machiste adj. et n. Relatif au machisme; qui témoigne de machisme; tenant du machisme. *Comportement machiste. C'est un machiste.*

macho n. m. et adj. (mot espagnol) Fam., péjor. Homme qui fait preuve de machisme. / adj. Qui fait preuve de machisme; qui dénote le machisme. *C'est l'homme le plus macho que je connaisse. Un comportement macho.*

mâchoire n. f. Chacun des arcs osseux de la bouche où sont implantées les dents, chez les vertébrés gnathostomes. *Mâchoire inférieure, mobile, mâchoire supérieure, immobile.* / Cour. Mâchoire inférieure, chez l'homme. *Bâiller à se décrocher la mâchoire.* / ZOOL. (Chez les arthropodes antennates) Maxille. / TECHNOL. Chacune des pièces jumelées d'une machine, d'un outil, qui, en se rapprochant et en s'écartant, servent à saisir, à serrer un objet. *Mâchoires d'un étau.*

mâchonner v. t. [1] Mâcher (qqch.) avec négligence, machinalement, ou avec difficulté. *Mâchonner une chique.* / Par ext. Mordiller (qqch.). *Mâchonner son crayon.* / Fig. *Mâchonner ses mots*: marmonner.

mâchouiller v. t. [1] Fam. Mâchonner.

Machrek (mot arabe signifiant « le Levant ») Nord-est de l'Afrique.

Machupicchu Site archéologique du Pérou situé près de Cuzco, à 2 400 m d'altitude. Ces vestiges d'une grande cité inca datant de la fin du XVe siècle furent découverts en 1911.

mâchure n. f. TECHN. *Mâchure du velours*: partie où le poil du velours a été écrasé. / Meurtrissure.

mâchurer v. t. [1] TECHN. Faire des mâchures sur (un textile, un tissu vivant).

Macias Nguema (Francisco) 1924-1979 Homme politique de la Guinée équatoriale. Premier président de la République (1968), sujet à des troubles psychologiques graves, il instaura rapidement une dictature sanglante. Renversé par un coup d'État dirigé par l'un de ses neveux, il fut décapité.

Macina ou **Massina** Vaste plaine du Mali arrosée (et parfois inondée) par le Niger entre Ségou et Tombouctou. La culture du riz et du coton est favorisée par l'irrigation. Il y eut deux royaumes du Macina: l'un fut annexé en 1496 par l'empire songhay et l'autre fut conquis en 1862 par l'empire toucouleur.

macis n. m. Tégument de la noix muscade employé comme condiment.

Macke (August) 1887-1914 Peintre allemand, membre du groupe du Cavalier bleu. Un voyage en Tunisie avec Klee fit évoluer sa palette, jusque-là proche de celle des fauves, vers des tons plus lumineux; il fut tué au combat dès le début de la Première Guerre mondiale.

Mackendrick (Alexander) 1912 Cinéaste britannique. Auteur de films humoristiques: *Whisky à gogo* (1949), *L'Homme au complet blanc* (1951), *Tueur de dames* (1955).

Mackenzie (le) *4 600 km* Fleuve du Canada. Né dans les montagnes Rocheuses, il se jette dans l'océan Arctique par un vaste delta. Il fut découvert en 1789 par l'explorateur écossais sir Alexander Mackenzie (1764-1820).

Mackenzie King (William Lyon) 1874-1950 Homme politique canadien. Leader du parti libéral, Premier ministre de 1921 à 1930 et de 1935 à 1948, il permit l'augmentation graduelle de l'autonomie du Canada vis-à-vis de la Grande-Bretagne.

Mackintosh (Charles Rennie) 1868-1928 Architecte et décorateur écossais. Il développa l'Art nouveau en Grande-Bretagne.

macle [1] n. f. MINÉR. Association, selon des orientations différentes, de plusieurs cristaux d'une même espèce minérale.

macle [2] Voir **macre**

Macleod (John James) 1876-1935 Physiologiste écossais. La découverte de l'insuline lui valut, ainsi qu'à F. G. Banting, le prix Nobel de médecine en 1923.

Macmillan (Harold) 1894-1986 Homme d'État britannique. Député conservateur réformiste (1924), il est ministre des Affaires étrangères et chancelier de l'Échiquier dans les années 1950. Premier ministre (1957-1963), il accélère la décolonisation et parvient à maintenir le Commonwealth. En 1961, il pose la première candidature de son pays au Marché commun, qui est refusé par la France (1963) en raison des accords de la Grande-Bretagne avec les États-Unis en matière de défense. Il se retire la même année, à la suite d'une affaire d'espionnage qui touche son ministre de la Guerre.

Mac-Mahon (Edme Patrice Maurice, comte de, duc de Magenta) 1808-1893 Maréchal de France et homme politique français. Reconnu très tôt pour son courage sur les champs de bataille, il s'illustre surtout en Crimée (1855) et entre au Sénat en 1856. À nouveau victorieux en 1859 à Magenta, il est fait duc et nommé maréchal de France. Gouverneur général de l'Algérie de 1864 à 1870 mais fait prisonnier à Sedan (1870), il est libéré puis chargé par Thiers de combattre la Commune (1871). Après la démission de celui-ci, il devient président de la République (1873). L'opposition des républicains, hostiles à sa politique conservatrice et à son appui apparent au rétablissement de la monarchie, le pousse à dissoudre l'Assemblée (1877) puis à démissionner en 1879.

Harold Macmillan.

Le Mariage à la campagne, *illustration pour le roman* **Madame Bovary** *de Flaubert.*

Mâcon *37 275 h.* Chef-lieu de la Saône-et-Loire. Port fluvial sur la Saône et carrefour ferroviaire, Mâcon est le centre commercial des vins du Mâconnais (pouilly-fuissé, saint-amour) et possède des industries variées (mécaniques et textiles).

maçon, onne n. et adj. **I.** n. m. Ouvrier ou artisan qui pratique la maçonnerie. / Abrév. de franc-maçon. **II.** adj. ZOOL. Bâtisseur. *Guêpe maçonne.*

maçonner v. t. [1] Construire (qqch.) en maçonnerie. *Maçonner un mur.* / Obturer, couvrir (qqch.) avec de la maçonnerie. *Maçonner une ouverture.*

maçonnerie n. f. Ensemble des travaux de construction d'ouvrages à l'aide de matériaux tels que pierres, briques, mortier, béton, plâtre. / Ouvrage ainsi réalisé. / Franc-maçonnerie.

maçonnique adj. Qui relève de la franc-maçonnerie. *Loge maçonnique.*

Mac Orlan (Pierre Dumarchey, dit Pierre) 1882-1970 Romancier français. Après avoir travaillé dans différents ports, il se rendit à Paris où il fut peintre puis journaliste. Il s'inspira de ses expériences de jeunesse, alliant goût de l'exotisme et poésie, pour écrire plusieurs romans, dont *Le Quai des brumes* (1927) et *La Bandera* (1931).

Macpherson (James) 1736-1796 Écrivain écossais. Attiré par la poésie gaélique, il publia en 1760 des poèmes qu'il attribua à un ancien barde écossais, Ossian, qu'il aurait découvert et traduit au cours d'une expédition dans les Highlands. En prétendant toujours n'être que le traducteur d'Ossian, il publia un poème épique, *Fingal* (1762). Bien qu'elle n'ait été que le fruit de l'imagination et l'inspiration de Macpherson, l'« œuvre d'Ossian » exerça une influence considérable sur le préromantisme français.

macramé n. m. Passementerie d'ameublement faite de fils noués et entrelacés.

macre ou **macle** n. f. BOT. Plante des eaux douces stagnantes, dont les feuilles sont flottantes ou immergées, à fleurs blanches, au fruit comestible (châtaigne d'eau) comestible.

macreuse n. f. ZOOL. Canard au plumage sombre, qui niche dans les régions nordiques, dont certaines espèces hivernent le long des côtes de l'Europe de l'Ouest. / BOUCH. Morceau de viande maigre, sur l'os de l'épaule du bœuf.

macrobiotique adj. et n. f. Qualifie un mode d'alimentation inspiré des philosophies d'Extrême-Orient, qui tente de reproduire dans la nourriture l'équilibre du yin et du yang, principes fondamentaux de l'Univers. *Le régime macrobiotique est à base de céréales, de légumes et de fruits, ignore la viande, mais autorise œufs, laitages et poissons.* / n. f. *La macrobiotique*: ce mode d'alimentation.

macrocéphale adj. et n. ANAT., ZOOL. Atteint de macrocéphalie.

macrocéphalie n. f. ANAT., ZOOL. Développement anormal et exagéré du crâne et de l'encéphale.

macrocosme n. m. PHILO. L'Univers considéré dans l'ensemble de ses éléments, par opposition au *microcosme*, l'être humain.

macro-économie n. f. Partie de l'économie qui ne s'intéresse qu'aux grandes composantes de la vie économique, sans s'attacher à l'étude des comportements individuels, des comportements particuliers à certains groupes sociaux. Ant. micro-économie.

macro-instruction n. f. INFORM. Ordre donné à l'ordinateur en langage symbolique et destiné à induire une séquence d'instruction en langage machine. Abrév. macro.

macrolides n. m. pl. PHARM. Groupe d'antibiotiques au spectre d'action antibactérienne proche de celui de la pénicilline.

macromolécule n. f. CHIM. Molécule organique de très grande dimension, généralement produite par polymérisation ou condensation de molécules plus simples.

macrophage n. m. BIOL. Cellule capable de phagocyter des cellules de grande dimension, et jouant un rôle important dans la défense de l'organisme contre les infections. *Les macrophages proviennent de la moelle*

Salvador de Madariaga y Rojo.

osseuse, de la rate, des cellules endothéliales des vaisseaux.

macrophotographie n. f. Photographie donnant de petits objets une image plus grande que nature.

macropodidés n. m. pl. ZOOL. Famille de mammifères marsupiaux, à laquelle appartiennent les kangourous.

macrospore n. f. BIOL. Type de spore ou de gamète de grande taille, chez divers organismes se reproduisant par anisogamie (végétaux, protistes). / Spécial. Spore donnant naissance à des gamétophytes femelles, chez les végétaux cryptogames à deux types de spores. Voir *microspore.*

macrostructure n. f. Structure principale (d'un ensemble); structure qui englobe d'autres structures de plus faible importance. / Spécial. Dans un dictionnaire, liste des entrées (articles) et leur organisation. Ant. microstructure.

macroures n. m. pl. ZOOL. Sous-ordre de crustacés décapodes nageurs, caractérisés par le développement de l'abdomen. *Les homards, les langoustes, les crevettes sont des macroures.* Voir *brachyoures.*

macula n. f. ANAT. Légère dépression de la rétine, appelée aussi *tache jaune* et située sur la partie postérieure du globe oculaire. *La macula est le point de la rétine le plus sensible à la lumière.*

maculage n. m. Action de maculer; taches résultant de cette action.

macule n. f. Litt. Tache, souillure. / IMPRIM. Tache d'encre. / Par ext. Feuille intercalaire destinée à protéger des maculages.

maculer v. t. [1] Tacher, tacher d'encre (qqch.). *Maculer ses vêtements. Maculer du papier.*

• **Madagascar** République insulaire séparée de l'Afrique par le canal du Mozambique.

madame n. f. Anc. Titre des femmes nobles, mariées ou célibataire. / HIST. (Avec une majuscule, et absol.) *Madame*: en France, la fille aînée du roi et du dauphin, l'épouse de Monsieur, frère du roi. / Titre donné à une femme mariée, et aujourd'hui souvent utilisé pour toutes les femmes, mariées ou non. / Terme de respect précédant la fonction exercée par une femme. *Madame la directrice.* Pl. *Mesdames.* / Fam. Dame. *Faire la madame.*

Madame Bovary 1857 Roman de Flaubert. Inspiré de diverses histoires réelles, il relate la vie d'Emma, épouse d'un médecin de campagne médiocre, Charles Bovary. Insatisfaite et rongée par l'ennui, Emma se grise de petits romans et devient la maîtresse d'un gentilhomme sans scrupule, Rodolphe, puis d'un jeune clerc de notaire, Léon. Déçue dans toutes ses relations et endettée par ses achats de vêtements luxueux, elle se donne la mort en s'empoisonnant. L'œuvre, remarquable par sa vérité psychologique et sa satire de la bourgeoisie de province, valut à Flaubert un procès pour immoralité à la suite duquel il fut acquitté.

Madame Butterfly 1904 Drame lyrique en 3 actes de Puccini. Il relate l'histoire d'une Japonaise, surnommée Butterfly (papillon), que l'infidélité de son mari, un officier de marine américain appelé Pinkerton, pousse à la mort.

Madariaga y Rojo (Salvador de) 1886-1978 Écrivain et diplomate espagnol. Trilingue (espagnol, anglais, français), il écrivit des poèmes (*Roses de cendre et de fange*), des romans (*La Girafe sacrée*, 1924; *La Camarade Anne*, 1954), des études sur la conquête de l'Amérique (*Histoire de l'empire espagnol d'Amérique*, 1955), des biographies (de Bolivar, de Cortès...), des pièces de théâtre (*Mon Cid*), des essais (*Anglais, Français, Espagnols*, 1930).

made in loc. adj. (mots anglais, « fait à ») Mention portée sur une étiquette, un emballage, qui indique le lieu de fabrication d'un produit. *Made in Italy, in France, in Spain*: fait en Italie, en France, en Espagne.

madeleine loc. et n. f. **A.** loc. *Pleurer comme une Madeleine*, abondamment (allusion à Marie Madeleine, « Marie de Magdala », pécheresse de l'Évangile se repentant de ses fautes). **B.** n. f. PÂTIS. Petit gâteau individuel à la pâte légère et classique (farine, œufs, sucre), de forme ovale et cannelée, créé par Madeleine Paumier, en 1845, et d'abord commercialisé à Commercy (Meuse).

Madeleine (église de la) Édifice parisien commencé en 1764. Transformé par Vignon, en 1806, en un monument néoclassique dédié à la gloire de la Grande Armée selon le vœu de Napoléon Ier, il fut achevé en 1840 et redevint une église deux ans plus tard.

Madeleine (grotte de la) Site préhistorique de la Dordogne (Turzac), dans la vallée de la Vézère. Les découvertes effectuées dans ce site ont donné son nom à une partie du Paléolithique supérieur (Magdalénien).

Madère : Bahia de Zarco.

Le sud de la sierra Madre.

Madelon (la) 1914 Chanson composée par Camille Robert sur des paroles de Louis Bousquet. Elle vante une jeune serveuse aimable et vertueuse. Les soldats français chantaient cette chanson « à boire » pendant la Première Guerre mondiale.

madelonnette n. f. HIST. Religieuse appartenant à un ordre attaché à la réhabilitation des filles de joie. / *Les Madelonnettes*: la prison installée à Paris, dans l'ancien couvent des madelonnettes (1830-1866).

mademoiselle n. f. / Vx Titre que l'on donnait autrefois aux femmes mariées non nobles. / Titre donné à une jeune fille ou à une femme célibataire. / HIST. (Avec une majuscule) En France, titre que portait la fille aînée des frères et des oncles du roi. *La Grande Mademoiselle*: la duchesse de Montpensier, fille de Gaston d'Orléans et nièce de Louis XIII. Pl. *Mesdemoiselles.*

madère n. m. Vin liquoreux produit dans l'île de Madère.

Madère *780 km² 254 000 h.* Île montagneuse culminant à *1 860 m* d'altitude. Cette île portugaise de l'Atlantique, située à l'ouest du Maroc, est, grâce à la douceur de son climat, un centre touristique et vinicole réputé. La Région autonome de Madère comprend Madère, Porto Santo (*42 km²*), les îles Sauvages et les îles Désertes. Chef-lieu: *Funchal (50 000 h.)*, port de Madère.

madérisation n. f. Fait de se madériser.

madériser v. t. / v. pron. [1] Donner à (un vin) le goût du madère. / v. pron. Prendre le goût et la couleur du madère. *Ce vin est trop vieux, il s'est madérisé.*

Maderna (Bruno) 1920-1973 Compositeur et chef d'orchestre italien. Remarqué dès son plus jeune âge pour ses talents musicaux, il fut l'un des grands représentants de la musique sérielle et de la musique expérimentale, alliant sons électroniques et instruments traditionnels. Outre ses œuvres instrumentales, il composa un opéra: *Hypérion* (1964).

Maderno (Carlo) 1556-1629 Architecte italien. Installé à Rome à partir de 1588, il travaille sur la façade de Sainte-Suzanne (1597-1603), le palais Mattei (1606-1616). En 1602, il est nommé par le pape architecte de Saint-Pierre. Pour cet édifice, il adopte le plan en croix latine à la place de la croix grecque, créant la façade et la nef de la basilique.

Madhya Pradesh *443 446 km² 66 181 170 h.* État du centre de l'Inde. Capitale *Bhopal.* Région dont les frontières furent fixées en 1947 puis en 1956, elle est recouverte d'une terre granitique soumise à un climat pluvieux, qui ne favorise pas l'agriculture et explique la faible densité de cet État, pourtant le plus étendu de l'Inde. Outre le coton, le millet et le blé, il vit grâce aux industries de la sidérurgie et du textile.

Madian Personnage biblique, fils d'Abraham, ancêtre éponyme des Madianites.

Madianites Peuple nomade de l'Arabie du nord, vaincu par les Hébreux au temps des Juges (XIe-XIIe siècle).

Madison *194 586 h.* Ville des États-Unis, capitale du Wisconsin, centre agricole, industriel et culturel (université).

Madison (James) 1751-1836 Homme politique américain. Avocat, il participe à l'élaboration de la Constitution de l'État de Virginie et devient membre du Congrès fédéral américain en 1780. Fondateur en 1800, avec Jefferson, du parti républicain (l'ancêtre de l'actuel parti démocrate), il est élu président en 1809 et 1813. Il entre en guerre contre l'Angleterre en 1812.

madone n. f. *La Madone*: la Vierge Marie. / Représentation de la Vierge Marie.

madras n. m. Étoffe de soie et coton, de couleurs vives, autrefois tissée à Madras en Inde. / Coiffure traditionnelle antillaise, confectionnée dans cette étoffe.

Madras *3 841 396 h.* Principal port de la côte orientale de l'Inde, capitale de l'État de Tamil Nadu. Important centre industriel et universitaire. Madras demeure, malgré l'activité de Bombay, un centre important du cinéma indien. Elle fut l'un des premiers comptoirs anglais en Inde (1639).

madrasa Voir **medersa**

Madre (sierra) Ensemble de massifs qui entourent le plateau mexicain sur la côte Pacifique et sur le golfe du Mexique.

madré, e adj. TECHN. *Bois madré*: bois veiné utilisé en ébénisterie. / Fig. Rusé. *Un homme madré.*

Église de la Madeleine.

MADAGASCAR

Superficie : *587 041 km²* – **Nombre d'habitants :** *15 845 000 h.* – **Capitale :** *Antananarivo*
Villes principales : *Toamasina, Antsirabé, Mahajanga* – **Système politique :** *république*
Langue(s) : *malgache, français* – **Religion(s) :** *animisme, catholicisme, protestantisme*
Monnaie(s) : *franc malgache*

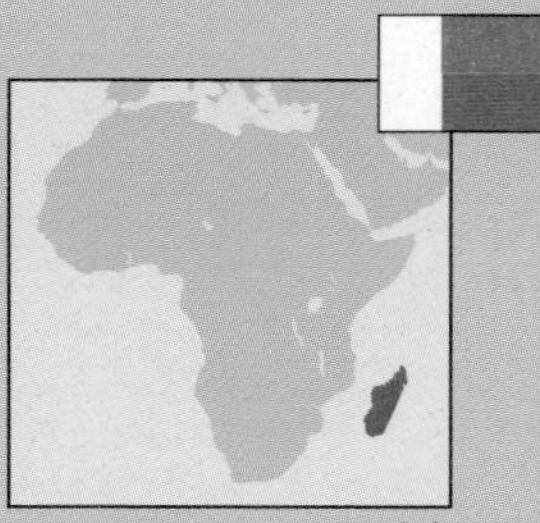

Voir l'Atlas

Géographie physique et humaine

Dans l'océan Indien, Madagascar est, par sa taille, la troisième île du monde. Son relief massif est ordonné autour d'une dorsale nord-sud de hauts plateaux (*1 200 à 1 500 m*) accidentés de volcans (Tsaratanana, *2 876 m*) et de bassins d'effondrement (autour d'Antananarivo). Sauf au nord-ouest, les côtes rectilignes, à lagunes, sont inhospitalières. Les fleuves sont courts et rapides. Traversée dans sa partie méridionale par le tropique du Capricorne, l'île a un climat chaud et humide tempéré par l'altitude. Les pluies sont violentes pendant l'été. Le sud a un climat tropical aride.

La population, concentrée sur les plateaux centraux, a un des taux d'accroissement les plus élevés du monde. Les Malgaches forment la quasi-totalité de la population. Suivant la répartition géographique, on distingue les Mérinas (plus du quart de la population), les Betsimisarakas (15 %), les Betsiléos (plus de 19 %), etc. Venus de Malaisie, ils se sont métissés, il y a de nombreux siècles avec des Bantous. L'urbanisation est faible (22 %). Seule la capitale, Antananarivo, a plus de 300 000 h.

Rizière sur un haut plateau.

Économie

Essentiellement agricole, l'économie repose sur les cultures vivrières (manioc et riz) et les cultures industrielles (vanille, dont Madagascar est le premier producteur mondial, girofle, tabac, canne à sucre, ilang-ilang). L'agriculture et l'élevage bovin (surtout pratiqué sur les hauteurs) souffrent de l'ancienne politique de collectivisation, intransigeante de 1975 à 1987, ainsi que de la sécheresse ; en outre, l'île a été ravagée en 1994 par un cyclone, en 1997 et 1998 par des criquets. Les gisements de mica, de bauxite, de charbon et de pierres précieuses sont peu exploités. Les exportations couvrent un peu plus de la moitié des importations. De 1990 à 1996, la croissance du P.N.B. par habitant était inférieure à la croissance démographique. En 1998, il a été positif, grâce, notamment, au tourisme et à la pêche (crevettes).

Histoire

Le peuplement de Madagascar remonte sans doute au Ier millénaire, avec l'arrivée, par vagues successives, d'Africains venus du continent, et d'Indonésiens. C'est à ces derniers que l'île doit, outre la technique de la culture du riz, ses structures sociales et sa langue. À partir du XIIe siècle, les Arabes implantèrent des comptoirs sur la côte.

Les premiers royaumes malgaches se constituent sur la côte au XVIe siècle. Au XVIIe siècle, des Néerlandais hésitent à s'implanter et, finalement, préfèrent Le Cap. De même, Français et Anglais renoncent à s'installer. En revanche, deux royaumes des Sakalaves (qui représentent aujourd'hui 6 % de la population) se développent.

Au début du XIXe siècle, un royaume mérina s'étend à leurs dépens. Radama Ier (1810-1828) achève l'unification de l'île et signe un traité d'amitié avec la Grande-Bretagne. Sa veuve, Ranavalona, expulse les missionnaires britanniques, mais son fils est éduqué par les Européens. Quand il monte sur le trône, en 1861, sous le nom de Radama II, il ouvre le pays aux Européens ; il est assassiné en 1863. Époux de trois reines successives (Rasoherina, Ranavalona II, Ranavalona III), Rainilaiarivony gouverne comme Premier ministre.

En 1869, il se convertit au protestantisme avec Ranavalona II et, en 1885, signe un traité d'amitié avec la France, ce qui instaure un protectorat de fait reconnu par l'Angleterre en 1890, bien que le mot « protectorat » ne soit jamais prononcé. Le Premier ministre s'oppose (1894) aux exigences françaises, de plus en plus difficiles à satisfaire et de plus en plus impopulaires.

En 1895, une expédition militaire française débarque dans l'île, ce qui déclenche la révolte des patriotes nommés « Toges rouges ». En 1896, la France déclare Madagascar colonie française et Gallieni entreprend la « pacification ». La reine Ranavalona III est déportée. De 1900 à 1902, Lyautey « pacifie » le sud. La résistance populaire ne cessera jamais.

En 1942, la Grande-Bretagne occupe l'île, dont l'administration est soumise à Vichy. Elle la rend en 1945 à la France, qui en 1947 réprime durement un soulèvement. Madagascar sera autonome en 1958 et l'accession à l'indépendance se fera pacifiquement. Celle-ci sera proclamée le 26 juin 1960.

Une rue d'Antananarivo.

Philibert Tsiranana, qui présidait le gouvernement autonome, devient président de la République. Sans cesse contesté (notamment par les étudiants), il démissionne en 1975. Après quelques mois de troubles, le chef du directoire militaire, Didier Ratsiraka, cumule tous les pouvoirs. Il proclame la république démocratique de Madagascar et se lie à l'U.R.S.S. La collectivisation forcée ruine l'île. Malgré un début de libéralisation (1987), la période 1990-1993 est troublée.

En 1992, un référendum approuve la Constitution de la IIIe République, multipartite. En 1993, le docteur Albert Zafy vainc Ratsiraka lors de l'élection présidentielle. Il cherche à cumuler les pouvoirs et l'Assemblée le destitue en 1996. Ratsiraka remporte alors l'élection présidentielle et entreprend des réformes économiques. L'élection de 2001 l'oppose à Marc Ravalomanana : le résultat est contesté, les deux hommes se proclament élus, menant le pays près de la guerre civile. À la suite d'un accord intervenu en 2002, Ravalomanana est proclamé chef de l'État, et Ratsiraka finit par s'exiler. Le 15 décembre 2002, les élections législatives anticipées donnent au président une majorité parlementaire.

Littérature

La littérature orale traditionnelle comprend de nombreux genres. Le plus célèbre est le *hainteny*, poème à base de jeux de mots. Jean Paulhan en publia un recueil en 1913, qu'il réédita en 1939. De son côté, l'instituteur Charles Renel traduit en français des *Contes* (1910 et 1930). En 1927, paraît le premier livre (*La Coupe de cendres*) de J. J. Rabearivelo, écrivain de langue française qui dominera la poésie avec J. Rabemananjara et F. Ranaivo. Ensuite viendra Esther Nirina (*Simple Voyelle*, 1980).

Le roman, plus tardif, est notamment représenté par Rabearison (*Les Voleurs de bœufs*, 1965), Michèle Rakotoson (*Le Bain des reliques*, 1988) et J. L. Raharimanana (*Lépreux*, 1992).

Église de la Cybèle à **Madrid**.

madréporaires n. m. pl. ZOOL. Ordre de cnidaires hexacoralliaires, généralement coloniaux, abondants dans les mers chaudes. *L'accumulation des polypiers calcaires des madréporaires coloniaux est un élément déterminant dans la formation des récifs coralliens.* / Sing. *Un madréporaire.*

madrépores n. m. pl. ZOOL. Nom usuel des madréporaires. / Sing. *Un madrépore.*

Madrid *2976064 h.* Capitale de l'Espagne située dans le centre du pays sur le haut plateau de la Guadarrama (*670 m*). L'agglomération madrilène forme une communauté autonome de *8028 km²* et compte une population de *4947555 h.* Philippe II en fit la capitale politique de l'Espagne en 1561, la préférant à des villes historiques plus puissantes à l'époque, telles que Tolède, Séville et Barcelone. La ville demeura longtemps de moyenne importance, malgré ses fonctions administratives et quelques embellissements comme la Plaza Mayor (la grand-place, XVIIe siècle) et la cathédrale San Isidro (XVIIe siècle). C'est à partir du XVIIIe siècle que de grands projets d'urbanisme la transformeront en véritable capitale européenne. Le Palais royal (XVIIIe siècle) fut reconstruit et de nombreux grands monuments (musée du Prado, pont de Tolède) virent le jour. Malgré les périodes de la guerre d'indépendance contre les Français (1808-1814) et surtout de la guerre civile (1936-1939), la ville s'est considérablement développée et étendue. Aujourd'hui, Madrid, siège des sociétés et des banques, centre culturel, commercial et touristique, rivalise avec Barcelone pour la place de première ville industrielle de l'Espagne.

Madrid (traité de) 1526 Traité signé entre Charles Quint et François Ier (précédemment capturé lors de la bataille de Pavie, en 1525). Le roi de France abandonnait ses conquêtes en Italie, la Flandre, l'Artois et la Bourgogne. Dès sa libération, il revint sur ses engagements.

madrier n. m. Pièce de bois de forte épaisseur, de forme rectangulaire, servant notam. dans la construction des charpentes.

madrigal, aux n. m. MUS. Pièce vocale chantée à plusieurs voix, avec accompagnement ou *a cappella*, d'origine italienne, très à la mode au XVIe siècle. / Petite pièce en vers, galante ou tendre, en vogue aux XVIIe et XVIIIe siècles.

Madura *5290 km² 3000000 h.* Île volcanique d'Indonésie, située au nord-ouest de Java dont elle est séparée par un petit détroit. La population (majoritairement malaise) émigre en grand nombre à Java en raison de la pauvreté des ressources de l'île. On y vit surtout de la culture du maïs et du riz, de la pêche et de l'industrie du sel de mer.

Madurai (autrefois *Madura*) *940989 h.* Ville de l'Inde, dans l'État de Tamil Nadu. Le temple brahmanique de Minakshi est un lieu de pèlerinage depuis de XVIIe siècle.

Maeght (Aimé) 1906-1981 Mécène français. Marchand de tableaux, il crée en 1959 un « musée vivant de l'art contemporain » à Saint-Paul-de-Vence (devenu la Fondation Maeght), et le fait construire par l'architecte catalan Josep Lluis Sert. **Adrien** 1930 Fils du précédent, il continue l'œuvre de son père.

maelström ou **malstrom** (mot néerlandais) n. m. Tourbillon marin. / Par ext. Tourbillon.

Maelström ou **Malstrom** Important courant le long de la côte septentrionale de la Norvège vers les îles Lofoten. Associé à la marée et au vent d'ouest, il forme un impressionnant tourbillon (*maelström*).

maestria n. f. (mot italien) Maîtrise, habileté, virtuosité.

Maëstricht voir **Maastricht**

maestro n. m. (mot italien) Titre décerné à un compositeur de musique ou à un chef d'orchestre renommé.

Maeterlinck (Maurice) 1862-1949 Écrivain belge d'expression française. Auteur symboliste, curieux et philosophe, il composa des essais (*La Vie des abeilles*, 1901 ; *La Vie des fourmis*, 1930), des poèmes et des drames (*Pelléas et Mélisande*, 1892, qui servira de livret à Debussy en 1902 ; *L'Oiseau bleu*, 1908) où ses personnages évoluent dans un univers féerique et mystérieux.

maffioso Voir **mafioso**

mafflu, e adj. Litt. Aux grosses joues.

• **mafia** ou **maffia** n. f. (mot sicilien) *La Mafia* : organisation secrète unissant des clans familiaux se livrant à des activités illégales. / Péjor. Groupe, clan de personnes défendant certains intérêts communs en utilisant des moyens plus ou moins licites.

mafieux, euse ou **maffieux, euse** adj. De la Mafia, d'une mafia. *Politicien mafieux.*

mafioso ou **maffioso** n. m. (mot italien) Mafieux. Pl. Des *maf(f)iosi.*

Magadha Ancien royaume indien (aujourd'hui État du Bihar) dont la capitale, Pataliputra (aujourd'hui Patna) fut celle du roi Asoka (ou Ashoka). C'est le foyer du bouddhisme.

magasin n. m. Entrepôt où l'on garde des marchandises, des récoltes. / Local commercial ; lieu où l'on vend des marchandises. / *Magasins généraux* : locaux qu'une entreprise privée met à la disposition des négociants désirant prêter ou vendre leurs marchandises sur gages. / Cavité aménagée pour le passage des cartouches dans une arme à répétition.

magasinage [1] n. m. Dépôt de marchandises dans un magasin.

magasinage [2] Au Québec, action de magasiner.

magasiner v. i. [1] Au Québec, faire des emplettes, faire le tour des magasins pour se renseigner sur les prix et les produits en vue d'un achat. / v. t. *Magasiner un tailleur.*

magasinier, ère n. Personne chargée des stocks entreposés.

magazine n. m. Publication périodique, en général illustrée. / Émission périodique de radio ou de télévision sur un sujet donné.

magdalénien, enne adj. et n. m. ANTHROP. Relatif à une époque de la fin du Paléolithique supérieur. / n. m. Cette époque. *Les peintures de Lascaux et d'Altamira datent du Magdalénien.*

MAFIA

Al Capone et son avocat en 1941.

La Mafia sicilienne serait née sous Charles d'Anjou, en 1282, pour s'opposer à sa tyrannie.

Jusqu'au XIXe siècle, elle s'attacha à la défense des traditions locales, mais, après l'unification de l'Italie, elle se tourna contre l'Administration centrale et se consacra à la défense des intérêts économiques des féodaux et de la riche bourgeoisie, notamment en soumettant chacun à un « impôt » qu'il était dangereux de ne pas payer, tout refus étant sévèrement puni. Étendant peu à peu son emprise, elle se concilie des appuis économiques et politiques suffisants pour développer rapidement ses réseaux et accroître la rentabilité de ses opérations.

Elle est devenue puissante aux États-Unis avec l'émigration des Siciliens qui prirent en main la vente illégale de l'alcool après la prohibition (1919-1933) ; ses rangs se renforcèrent après sa condamnation par Mussolini (1929) qui donna lieu à une nouvelle vague d'émigration. Aujourd'hui, tant aux États-Unis (où elle se nomme *Cosa nostra*, « chose nôtre ») qu'en Italie, elle est toujours puissante et continue de jouer un rôle occulte, bénéficiant souvent d'appuis influents dans les milieux politiques.

Fernand de Magellan.

Magdeburg *265379 h.* Ville d'Allemagne, capitale du Land de Saxe-Anhalt. Ancienne forteresse sur l'Elbe, ville hanséatique à partir du XIIIe siècle, acquise à la Réforme au XVIe, elle est aujourd'hui un grand centre commercial et industriel (industries mécaniques et chimiques). Elle possède un hôtel de ville Renaissance et une cathédrale gothique (XIIIe siècle).

mage [1] n. m. ANTIQ. Membre de la caste sacerdotale, à la fois prêtre de Zarathoustra et astrologue, chez les Mèdes et les Perses. / *Les trois Mages* ou *les Rois mages* : selon la Bible, personnages qui vinrent d'Orient, guidés par une étoile, pour adorer l'enfant Jésus à Bethléem, dont une tradition du Moyen Âge a fait des rois portant les noms de Gaspard, Melchior et Balthazar. / Personne qui pratique les sciences occultes.

mage [2] Voir **maje**

Magellan (Fernao de Magalhães, en français **Fernand de)** v. 1480-1521 Navigateur portugais qui réussit la première circumnavigation d'ouest en est. Issu d'une famille de petite noblesse, élevé à la cour du Portugal, il entre au service du roi Manuel Ier. En 1504, il est en Inde et en Indonésie aux côtés des marchands portugais qui fondent les comptoirs de la future route des épices. Tombé en disgrâce en 1512, il passe au service de l'Espagne et, grâce à son mariage avec la fille d'un ministre de Charles Quint, rencontre l'empereur auquel il soumet son projet de tracer une nouvelle route vers les Indes afin de supplanter le commerce portugais. Le 10 août 1519, une expédition de 235 hommes répartis sur cinq navires (*Trinidad*, *San-Antonio*, *Concepción*, *Victoria* et *Santiago*) quitte Séville. Après avoir atteint les îles du Cap Vert, puis le Brésil, contourné l'Amérique par le passage du sud (aujourd'hui le *détroit de Magellan*), ils traversent l'océan Pacifique en 90 jours et atteignent les Mariannes le 6 mars 1521, puis les Philippines. Là, Magellan et ses compagnons se trouvent engagés dans des rixes avec les autochtones et, au cours de l'une d'entre elles, Magellan trouve la mort (27 avril 1521). Un seul navire, la *Victoria*, rejoindra Lisbonne le 6 septembre 1522, sous le commandement de Sebastián El Cano, l'un des 18 survivants de l'expédition. Cet exploit

André Maginot.

dépasse en signification celui de Colomb, car il apporte la preuve définitive de la rotondité de la Terre, mise en évidence par les calculs d'Eratosthène à Alexandrie vers 200 av. J.-C., faisant de l'Amérique un continent à part entière, bien distinct de l'Asie.

Magellan (détroit de) Détroit qui sépare l'extrémité sud de l'Amérique et la Terre de Feu.

Magendie (François) 1783-1855 Physiologiste français. Il montra les différents rôles (sensitifs et moteurs) des racines de la moelle épinière et s'intéressa aux médicaments (anciens et nouveaux) et aux maladies contagieuses.

magenta n. m. et adj. inv. Rouge violacé, complémentaire du vert.

Magenta *25 000 h.* Ville d'Italie, en Lombardie, où Mac-Mahon vainquit les Autrichiens le 4 juin 1859.

maghémite n. f. GÉOL. Oxyde de fer appartenant au groupe des spinelles.

Maghreb (mot arabe signifiant « le Couchant ») Ensemble de pays d'Afrique du Nord formé par la Tunisie, l'Algérie et le Maroc. Le grand Maghreb, qui comprend en outre la Libye et la Mauritanie, couvre 6 *millions de km²*. La langue officielle des cinq États est l'arabe. En 1989, les cinq États du Maghreb ont conclu un accord économique pour former l'*Union du Maghreb arabe*, mais cet accord n'a pas connu d'application.

maghrébin, e adj. et n. Du Maghreb. *Agriculture maghrébine.* / Subst. *Un(e) Maghrébin(e).*

maghzen ou **makhzen** n. m. (mot arabe) Sous le protectorat français, gouvernement du roi du Maroc.

magicien, enne n. Personne qui pratique la magie. / Illusionniste. / Fig. Personne qui fait des choses extraordinaires.

magie n. f. Ensemble des pratiques occultes, rites et incantations tendant à agir sur les forces naturelles, visibles ou invisibles, afin de s'en servir à des fins bénéfiques ou maléfiques. *La magie blanche serait destinée à produire des effets bénéfiques. La magie noire, qui opérerait avec le concours maléfique des démons, s'apparente à la sorcellerie.* / Fig. Enchantement ; effet puissant de séduction. *La magie de la musique.*

Maginot (André) 1877-1932 Homme politique français. En poste en Algérie en 1907, il est député de Bar-le-Duc en 1910 et sous-secrétaire d'État au ministère de la Guerre de décembre 1913 à juin 1914. Engagé volontaire à la déclaration de guerre, grièvement blessé au front, il symbolise le député-combattant et soutient Pétain contre Joffre. Après avoir appartenu à divers cabinets ministériels jusqu'en 1924, il est ministre de la Guerre en 1929 et met en œuvre les projets de fortification élaborés par Painlevé dès 1925. Cet ensemble, qui protège la frontière nord-est (et dont la Belgique avait refusé le prolongement sur son territoire), porte le nom de *ligne Maginot*. La ligne Maginot sera contournée par les armées allemandes en 1940 à partir des Ardennes belges.

magique adj. Qui procède de la magie. *Rites magiques.* / Fig. Qui charme, enchante. *Une nuit magique.* / *Lanterne magique* : voir *lanterne*.

magiquement adv. De façon magique ; par magie.

magistère n. m. Autorité morale, intellectuelle, doctrinale, s'exerçant de manière absolue. *Le magistère du pape, de l'Église.* / Dignité de grand maître dans un ordre militaire (en particulier l'ordre de Malte). / Diplôme universitaire de haut niveau, créé en 1985, sanctionnant au moins trois années de formation pluridisciplinaire à but professionnel. / En alchimie, préparation à laquelle on attribuait de puissants et merveilleux pouvoirs.

magistral, ale, aux adj. Propre ou relatif au maître. *Chaire magistrale. Cours magistral.* / Par ext. Solennel, imposant. *Ton magistral.* / Fig. Digne d'un maître. *Œuvre magistrale.*

magistralement adv. De façon magistrale.

magistrat, e n. Fonctionnaire investi d'une responsabilité publique, administrative, politique ou juridictionnelle. *Le préfet est le premier magistrat du département.* / DR. Membre de l'ordre judiciaire.

magistrature n. f. Charge de magistrat. / Durée pendant laquelle un magistrat exerce ses fonctions. / Ensemble des magistrats de l'ordre judiciaire. *La magistrature assise regroupe les magistrats du siège, qui sont inamovibles ; la magistrature debout rassemble les magistrats du parquet, qui sont amovibles.*

magma n. m. GÉOL. Roche fondue composée pour la plus grande partie d'une base liquide formée de silicate contenant des gaz dissous et des cristaux en suspension. *Le magma peut être cristallisé en profondeur, donnant naissance à des roches intrusives, ou bien, après transformation, par des dégazages qui forment des laves produisant des roches effusives.* / Fig. Mélange incohérent. *Ce devoir est un magma de notions mal comprises.*

magmatique adj. GÉOL. Qui provient du magma. *Roches magmatiques* : roches éruptives.

magnan n. m. (mot provençal) Ver à soie.

Magnan (Bernard Pierre) 1791-1865 Maréchal de France. Commandant de l'armée de Paris, il aida Louis Napoléon Bonaparte à effectuer le coup d'État du 2 décembre 1851, après le succès duquel il fut nommé maréchal.

magnanarelle n. f. En Provence, femme qui élève des vers à soie.

magnanerie n. f. En Provence, élevage de vers à soie. Syn. sériciculture. / Lieu où cet élevage se pratique.

Magnani (Anna) 1908-1973 Actrice italienne. Ayant débuté au théâtre, elle affirme au cinéma son talent de tragédienne dans *Rome, ville ouverte* (1945), de Rossellini, puis dans de nombreux autres films, dont *Le Carrosse d'or* (1953), de Renoir, *Mamma Roma* (1962), de Pasolini.

magnanier, ère n. En Provence, sériciculteur.

magnanime adj. Clément, généreux.

magnanimement adv. Avec magnanimité.

magnanimité n. f. Caractère de ce qui est magnanime, d'une personne magnanime.

Magnasco (Alessandro, dit il Lissandrino) 1667-1749 Peintre italien. Il donne à ses scènes de genre, souvent peuplées de personnages minuscules disparaissant dans d'amples paysages ou des architectures imposantes, un caractère sombre, fantastique et funèbre.

magnat n. m. Personnage puissant et riche qui exerce une grande influence dans divers domaines, politique, financier, économique. / HIST. Titre que portaient les hauts dignitaires des royaumes de Hongrie et de Pologne.

Magnelli (Alberto) 1888-1971 Peintre italien. Proche du mouvement futuriste sans y appartenir, il rencontre à Paris, dans les années 1910, Apollinaire, Léger, Max Jacob et Matisse, et pratique une peinture encore figurative, traitant la figure humaine par larges aplats de couleurs fortes. Définitivement installé à Paris en 1931, il se consacre entièrement à l'abstraction géométrique, devenant ainsi l'un des premiers représentants italiens de l'art abstrait (série des *Pierres*, 1933 ; *Équilibre*, 1958).

magner (se) ou **manier (se)** v. pron. [1] Fam. Se dépêcher, se grouiller.

magnésie n. f. CHIM. Oxyde de magnésium (MgO), poudre blanche, fondant vers 2 500 °C (magnésie anhydre). *Magnésie hydratée* : hydroxyde de magnésium ($Mg(OH)_2$), obtenue par action de l'eau sur la magnésie anhydre.

magnésite n. f. MINER. Carbonate naturel de magnésium. / Silicate naturel de magnésium.

magnésium n. m. CHIM. Élément de numéro atomique Z = 12, de masse atomique 24,30 (symbole Mg). / Métal gris blanc, ductile, malléable, de densité 1,7. *Le magnésium brûle dans l'air avec une flamme très vive (lampes au magnésium, autrefois largement utilisées en photographie) ; il est utilisé en métallurgie pour les alliages légers.*

magnétique adj. Relatif à l'aimant, qui en a les propriétés ; qui procède du magnétisme. *Champ magnétique. Orage, pôle magnétique* : voir *orage*, *pôle*. / (En parlant d'un support) Recouvert d'une couche d'oxyde magnétique susceptible d'enregistrer des informations et permettant de les reproduire ; qui utilise ce support. *Bande magnétique. Enregistrement magnétique.*

magnétiser v. t. [1] Communiquer à (une substance) les propriétés de l'aimant. / Soumettre (qqn, qqch.) à l'action du fluide magnétique. / Fig. Exercer une influence puissante, comparable à celle d'un fluide magnétique, sur. *Son apparition a magnétisé la salle.*

magnétiseur, euse n. Celui, celle qui utilise (ou prétend utiliser) le magnétisme animal.

magnétisme n. m. PHYS. Tout phénomène induit par la circulation de courants électriques dans des conducteurs ou circuits. / *Magnétisme animal* : propriété, que posséderait un corps animal, de capter et de transmettre un fluide émanant d'un autre corps vivant. / Influence réelle ou prétendue que certains sujets exercent sur d'autres par des passes magnétiques. / Fig. Attraction puissante qu'exerce une personne sur ceux qui l'entourent.

magnétite n. f. Oxyde naturel de fer (Fe_3O_4) fortement magnétique.

magnéto n. f. Génératrice qui fournit, par induction magnétique, un courant électrique continu pour l'allumage de certains moteurs à explosion.

magnétohydrodynamique n. f. et adj. Étude de l'écoulement, en présence d'un champ électromagnétique, des fluides chargés électriquement. / adj. Qui concerne la magnétohydrodynamique.

magnétomètre n. m. TECH. Instrument de mesure utilisé pour relever l'existence d'un champ magnétique et en mesurer l'intensité.

magnétométrie n. f. PHYS. Technique utilisée pour mesurer l'intensité et la variation d'un champ magnétique, qui trouve son application en recherche géologique, en géophysique et en prospection minière (gisements métalliques et pétrolifères).

magnéton n. m. PHYS. Facteur de proportionnalité entre le moment magnétique et le spin d'une particule.

magnétopause n. f. GÉOPHYS. Limite externe de la magnétosphère.

magnétophone n. m. Appareil conçu pour l'enregistrement et la restitution des sons et qui fonctionne par aimantation rémanente d'une bande magnétique.

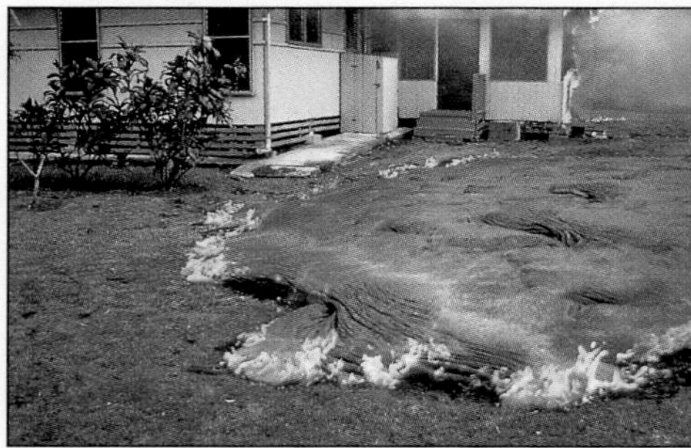

Magma d'un volcan, dans l'île de Maui (Hawaii).

Fleur de **magnolia**.

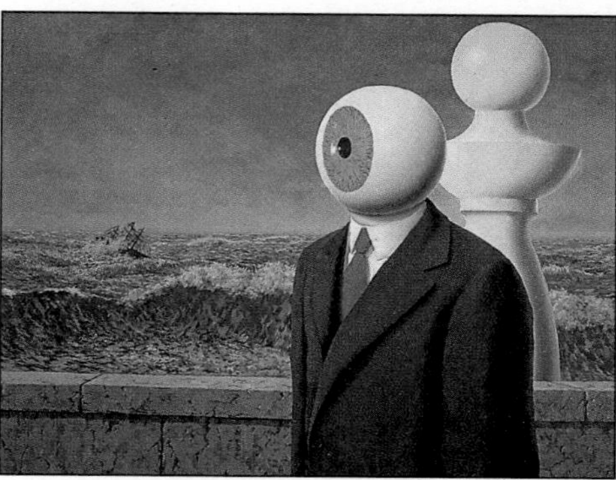

La Traversée difficile, *de* **René Magritte**, *1963.*

magnétoscope n. m. Appareil conçu pour l'enregistrement et la restitution de représentations visuelles et / ou audiovisuelles par l'intermédiaire d'une bande magnétique.

magnétosphère n. f. PHYS., ASTRON. Région de l'atmosphère de la Terre définie comme le milieu ionisé et soumis à l'action du champ magnétique terrestre. (La magnétosphère est située à + /- 1 000 km de la surface de la Terre. L'exploration spatiale a permis de mettre en évidence la présence d'un champ magnétique plus ou moins puissant autour de plusieurs planètes [Mercure, Jupiter, Saturne, Uranus, Neptune], ce qui implique l'existence d'une magnétosphère).

magnétron n. m. PHYS. Tube électronique produisant des oscillations à très hautes fréquences (de 1 000 à 2 500 Hz) et d'une très grande puissance (plusieurs MW), surtout utilisé dans les installations de radars.

magnificat n. m. inv. LITURG. CATHOL. Cantique de la Vierge Marie à l'Annonciation. / Musique sur le texte de ce cantique.

magnificence n. f. Caractère de ce qui est magnifique. / Litt. Prodigalité.

magnifier v. t. [1] Exalter la grandeur de. *La musique magnifie la beauté du lieu.* / Par ext. Rendre grand, exaltant. *Magnifier le souvenir de qqn.*

magnifique adj. Splendide, superbe, somptueux. *Palais magnifique.* / Remarquable, extraordinaire. *Une initiative magnifique.*

magnifiquement adv. De façon magnifique; superbement.

Magnitogorsk *425 503 h.* Grand centre sidérurgique de Russie, dans l'Oural du sud (gisements de fer de la montagne Magnitnaïa, la « Montagne Magnétique »).

magnitude n. f. PHYS. Grandeur, exprimée en joules, qui mesure l'énergie dégagée par une onde sismique, le zéro de l'échelle de Richter correspondant à l'énergie dégagée par une onde sismique égale à 10^5 joules. / ASTRON. Échelle de valeurs (abréviation : *m*) qui définit l'éclat apparent ou la luminosité absolue d'un astre.

♦ Au IIe siècle av. J.-C., Hipparque a classé les étoiles selon six grandeurs par ordre décroissant; puis la puissance des instruments d'optique a permis de découvrir des astres dont l'éclat est trop faible pour qu'ils soient visibles à l'œil nu. Il a donc fallu préciser une échelle de grandeur, qui est devenue celle des magnitudes. À l'œil nu, on distingue des étoiles de magnitude +6, avec des jumelles, des étoiles de magnitude +9, le télescope du mont Palomar observe des astres de magnitude +20,6 à +23, les télescopes plus récents (Chili, Hawaii), des astres de magnitude +27 à +28, le télescope spatial, des astres de magnitude +30. Le zéro de l'échelle est l'étoile Véga, Jupiter est de magnitude -2, la Lune, de magnitude -12, le Soleil, de magnitude -26 et l'étoile polaire, de magnitude +2.

magnolia n. m. BOT. Arbre originaire de Chine, du Japon et d'Amérique, dont de nombreuses espèces sont cultivées pour leur feuillage vernissé et leurs grandes fleurs odorantes.

magnoliacées n. f. pl. BOT. Famille de plantes dicotylédones ligneuses à nombreux carpelles libres, d'origine tropicale.

magnum n. m. Bouteille dont la contenance est égale à deux fois celle d'une bouteille standard.

Magnus Nom de sept rois de Norvège.

Magnus Ier Olavsson le Bon 1024-1047 Roi de Norvège (1035) et de Danemark (1042). À la suite d'une révolte de ses sujets, il fut contraint de partager le pouvoir avec son oncle Harald III. **Magnus II** ?-1069 Roi en 1066. Successeur de son père Harald III, il lutta contre les Danois. **Magnus III Barfot** (« aux jambes nues ») v. 1073-1103 Roi en 1093. Après avoir pillé les Hébrides, l'île de Man et Anglesey, il tenta d'envahir l'Irlande où il mourut. **Magnus IV Blinde** (« l'Aveugle »)?-1139 Roi en 1130. Son règne fut une suite de combats contre divers prétendants à la couronne; il mourut les armes à la main. **Magnus V** ?-1143 Roi en 1143, fils de Harald IV, il mourut presque immédiatement après avoir été proclamé roi par une faction. **Magnus VI Lagaböte** (« le Législateur ») 1238-1280 Roi en 1263. Il céda les Hébrides et Man à l'Écosse, signa un concordat avec l'Église et rendit la couronne héréditaire. **Magnus VII Eriksson** 1316-1374 Roi de Norvège (1319-1343) et de Suède (1319-1363). Monté sur le trône tout enfant, il exerça le pouvoir à partir de 1332 et abdiqua en Norvège en faveur de son fils Haakon. Déposé en Suède au profit de son fils Eric (1356), il reprit le pouvoir en 1359 et le partagea avec Haakon. Tous deux alliés contre la Hanse avec le roi de Danemark (dont Haakon épousa la fille Marguerite), ils furent finalement déposés à cause de cette alliance.

Magnus (Olaf Mansson, en latin **Olaus)** 1490-1557 Religieux et géographe suédois. Prêtre catholique, il prêcha contre la Réforme en Finlande et au nord de la Suède, tout en étudiant la géographie de ces régions. Il s'installa à Rome après que la Suède fut passée au luthéranisme; sa *Carte marine* est un des premiers documents à donner des indications fiables sur la géographie de l'Europe du Nord.

Magog Dans la Bible (*Livre d'Ézéchiel*), région où règne Gog, ennemi du peuple d'Israël et de Dieu.

magot [1] n. m. Fam. Économies mises en réserve ou cachées; trésor.

magot [2] n. m. ZOOL. Macaque dépourvu de queue vivant en Afrique du Nord et à Gibraltar. / Statuette représentant un personnage obèse, d'aspect grotesque, en porcelaine, en jade ou en pierre, provenant d'Extrême-Orient.

magouille n. f. Fam. Intrigue, manœuvre plus ou moins honnête.

magouiller v. i. [1] Fam. Faire des magouilles. / v. t. *Il a magouillé son élection.*

magouilleur, euse n. Fam. Personne qui magouille.

magret n. f. BOUCH. *Magret de canard*: aile de canard désossée. Syn. filet.

Magritte (René) 1898-1967 Peintre belge. La découverte notamment des travaux de De Chirico et Max Ernst le conduiront en 1926 à embrasser le surréalisme, participant activement à la vie du mouvement durant un séjour à Paris entre 1927 et 1930. Il allie un style traditionnel à une fantaisie étrange et subversive qui reprend des objets familiers pour remettre en question leur identité et celle du spectateur. Parmi ses œuvres: *Golconde*, *La Condition humaine*. Ses *Écrits* ont été publiés en 1979.

magyar, e adj. et n. Des Magyars. / Par ext. De Hongrie. / n. m. LING. *Le magyar*: le hongrois.

Magyars Nom du peuple de langue finno-ougrienne qui s'établit dans les plaines du Danube au IXe siècle, et qui constitue l'ethnie principale de la Hongrie.

Mahabharata (le) VIe s. av. J.-C.-IVe s. apr. J.-C. Épopée sanskrite attribuée à un auteur unique. Cependant, sa composition se déroula durant un millénaire et elle comprend plus de 200000 vers. Texte majeur de la tradition hindouiste, le récit principal raconte la lutte sanglante pour le contrôle du royaume laissé par Bharata. Deux clans issus de la descendance de ce roi mythique, les Kaurava et les Pandava, s'affrontent jusqu'à ce que la justice l'emporte enfin et que l'ordre soit rétabli. Outre la trame centrale, de nombreux autres thèmes sont abordés dans le poème: il existe notamment un chapitre célèbre, appelé *Bhagavad-Gita*, consacré à Krishna et Arjuna.

maharadjah ou **maharajah** n. m. (mot sanskrit) En Inde, titre autrefois donné aux princes.

maharani ou **maharané** n. f. (mot sanskrit) Épouse d'un maharadjah.

Maharashtra *307 713 km² 78 937 187 h.* État de l'Inde situé dans l'ouest de la péninsule du Deccan, sur la mer d'Oman. Capitale *Bombay*. L'économie du Maharashtra repose sur le dynamisme économique et financier de Bombay, premier port du pays, ainsi que sur la culture du coton et du sucre.

mahatma n. m. (mot sanskrit) Nom donné en Inde aux sages, aux ascètes, aux personnalités spirituelles. *Le mahatma Gandhi.*

Mahâyâna (en français « Grand Véhicule ») Une des deux grandes écoles du bouddhisme, répandue au nord de l'Asie (Chine, Tibet, Mongolie, Corée, Japon, Viêtnam). Pour le Mahayana, il existe trois vertus majeures: la bienveillance étendue même aux ennemis; le désir de donner, car la bienveillance engendre le don qui aide autrui à la fois matériellement et spirituellement en lui facilitant le chemin de la délivrance; la compassion issue de l'intuition fondamentale du bouddhisme, celle de la douleur universelle: si tout est douleur, tout doit être pitié. Le désir de donner, la volonté d'aider autrui sur la voie de la délivrance conduit le saint homme du Mahâyâna à faire un vœu: il renonce à connaître la sérénité du nirvânâ tant que tous les autres n'auront pas atteint cette libération suprême. Devenu *bodhisattva*, « être d'éveil », il suspend volontairement son entrée dans le nirvânâ par compassion pour l'humanité auprès de laquelle il joue un rôle protecteur ou consolateur, et il choisit de se réincarner pour conduire les hommes à la délivrance. Ce concept est inconnu du bouddhisme primitif, tout comme cet autre concept qui fait en quelque sorte du Bouddha un dieu: on lui attribue trois corps: humain, divin, cosmique. Religion populaire, le Mahâyâna a ses temples, ses pèlerinages et ses fêtes, et les plus grands bodhisattvas y sont vénérés.

mahdi n. m. (mot arabe) RELIG. Pour les musulmans, envoyé de Dieu qui doit venir à la fin des temps pour compléter, parachever la mission du Prophète. *Divers personnages, au cours de l'histoire, se proclamèrent mahdis.*

Mahdi (Muhammad Ahmad 'Abd Allah, dit **le)** 1844-1885 Chef révolutionnaire arabe. S'étant proclamé mahdi en 1881, il mena une révolte contre les occupants britanniques du Soudan et leurs alliés égyptiens. Il mourut peu après la prise de Khartoum en 1885 et ne gouverna que très

M

Naguib Mahfouz.

Gustave Mahler, *portrait de Paunzers.*

brièvement le nouvel État islamique, qui fut reconquis par les Anglais en 1898.

mahdiste n. HIST. Partisan du Mahdi.

Mahé *153 km² 59 500 h.* La plus importante des îles Seychelles, comprenant la capitale de cet État : *Victoria*. Un massif granitique la parcourt du nord au sud.

Mahfouz ou **Mahfuz (Naguib)** 1912 Écrivain égyptien. L'un des plus grands romanciers réalistes de langue arabe, il a notamment consacré une trilogie à l'histoire d'une famille du Caire de 1917 à 1945 (*Impasse des deux palais, Le Palais du désir, La Sucrerie*, 1956-1957).

mah-jong n. m. (mot chinois) Jeu d'origine chinoise qui se pratique à l'aide de 144 pièces réparties en séries, dont il faut réaliser les combinaisons suivant des règles qui s'apparentent à celles de certains jeux de cartes. Pl. Des *mah-jongs*.

Mahler (Gustav) 1860-1911 Compositeur et chef d'orchestre autrichien. Chef d'orchestre acclamé à Budapest, Hambourg, Vienne et New York, il a consacré sa carrière de compositeur à la symphonie (10 symphonies dont la dernière est inachevée) et au lied, deux genres qu'il a unis étroitement, en particulier dans l'une de ses dernières œuvres, *Le Chant de la Terre* (1908), où deux voix chantent des poèmes chinois traduits en allemand. Sans rompre avec le romantisme, alternant les thèmes fantastiques et la vie ordinaire, son originalité annonce le modernisme de Schönberg et de ses disciples.

Mahmud de Ghazni 971-1030 Sultan ghaznévide (998). Il conquit un immense territoire allant de l'Inde du nord au Khorassan. Ses incursions en Inde lui rapportèrent un énorme butin qui lui servit, notamment, à embellir Ghazni, sa capitale. Protecteur des arts et des lettres, il mit sur pied un système centralisé d'administration et organisa une puissante armée professionnelle.

• **Mahomet** 571 ?-632 Fondateur de l'islam.

mahométan, e adj. et n. Vx Musulman.

mahonia n. m. BOT. Arbrisseau ornemental originaire d'Amérique du Nord, à feuilles persistantes, à fleurs jaunes et à baies bleues.

mahorais, e adj. et n. De Mayotte. *Le climat mahorais. Un(e) Mahorais(e).*

mahous ou **maous, ousse** adj. Fam. D'une taille, d'un volume considérable.

mahratte ou **marathe** adj. et n. Du Maharashtra. *Gouvernement mahratte. Un(e) Mahratte.* / n. m. LING. Langue indo-aryenne parlée dans l'État du Maharashtra.

Mahrattes ou **Marathes** Habitants du Maharashtra. Au XVIIe siècle, après s'être révoltés contre les Moghols, ils fondèrent un empire qui allait jusqu'au Bengale. Ils livrèrent trois guerres (1779-1781 ; 1802-1804 ; 1817) à la Grande-Bretagne, mais furent finalement vaincus ; leur empire fut annexé à l'empire des Indes.

mai n. m. Cinquième mois de l'année qui compte trente et un jours. *Le 1er mai* : fête légale du Travail.

mai 1958 (crise du 13) Journée au cours de laquelle les partisans de l'Algérie française s'insurgèrent, à Alger, avec l'appui de l'armée. La crise politique qui s'ensuivit provoqua le retour du général de Gaulle sur le devant de la scène politique française. Le 1er juin, le président R. Coty lui demanda de former un gouvernement. Le 28 septembre, de Gaulle fit approuver par référendum la Constitution de la Ve République.

mai 1968 (événements de) Mois au cours duquel les étudiants parisiens, suivis par ceux des autres universités françaises, développèrent un vaste mouvement de contestation de la société. Bientôt le mouvement s'étendit et la France compta 10 millions de grévistes. Face à ce mécontentement social généralisé, le général de Gaulle se résolut à dissoudre l'Assemblée et, en juin, les élections donnèrent la majorité absolue à ses partisans (regroupés dans l'Union de défense de la République, U.D.R.). Un mouvement analogue de contestation politique et sociale se produisit dans d'autres pays d'Europe et du monde, notamment au Mexique où l'armée tira sur les étudiants.

Mai 1968 : *Manifestation au stade Charlety avec Pierre Mendès France, Michel Rocard et Georges Kiejman, le 27 mai 1968.*

MAHOMET

Mahomet en prière devant la Kaaba.

Il perd ses parents peu après sa naissance à La Mecque et est recueilli tout d'abord par son grand-père, puis par son oncle. Orphelin pauvre, il se voit obligé de travailler. Il devient l'homme de confiance d'une riche veuve, Khadidja, qui fait du commerce et organise des caravanes. Il l'épouse par la suite et devient ainsi un notable aisé. C'est sans doute en accompagnant ces caravanes qu'il entre en contact avec des chrétiens et des juifs. Auprès d'eux, il acquiert une certaine connaissance des deux grandes religions monothéistes. Vers 610, alors qu'il multiplie les retraites dans une caverne d'une montagne proche de La Mecque, il a, selon la tradition, sa première révélation au cours de laquelle l'archange Gabriel lui dicte les paroles de Dieu. Lui sont ainsi révélés les versets qui seront plus tard regroupés pour composer le Coran, littéralement « la récitation ».

En 619, il perd son oncle, son principal soutien à La Mecque où ses prophéties annonçant l'imminence du Jugement divin sont très mal ressenties par les clans dominants. En 622, il doit se réfugier à Médine, accompagné des premiers fidèles de la nouvelle religion. C'est l'année de l'hégire, c'est-à-dire « l'émigration ». À Médine, il devient rapidement le chef d'un État. Les juifs, nombreux à son arrivée, sont expulsés de la ville. C'est alors que la révélation commence à se démarquer des deux autres monothéismes en ce qu'elle se pose en une reviviscence du monothéisme d'Abraham et en l'ultime message divin adressé aux hommes. En 630, La Mecque finit par faire alliance avec l'État musulman et son chef. Mahomet, ou Muhammad (« le Loué »), meurt en juin 632 sans laisser de fils, malgré plusieurs mariages. La communauté est sauvée de la désagrégation par ses proches. Abu Bakr est le premier calife. Les différents versets du Coran ne sont regroupés que sous le règne du quatrième calife, Uthman.

maïa n. f. ZOOL. Araignée de mer.

Maia MYTH. GR. Fille d'Atlas et nymphe du mont Cyllène, en Arcadie. De son union avec Zeus naquit Hermès.

Maïakovski (Vladimir Vladimirovitch) 1894-1930 Poète soviétique. Militant bolchevik dès la fin de son adolescence, il entreprend des études d'art plastique avant de se tourner vers la littérature. Il devient rapidement le chef de file du mouvement futuriste russe puis met son art au service de la révolution d'Octobre. Jusqu'à la fin des années 1920, son modernisme, bien qu'il heurte parfois les dirigeants soviétiques, ne lui cause pas trop de difficultés avec la critique officielle. Mais la venue de Staline le rend plus vulnérable et il dénonce, en 1929, le bureaucratisme soviétique dans sa pièce *Les Bains*. La tendance à l'uniformisation artistique de cette période contribue à la dépression qui le mènera au suicide. Outre ses œuvres poétiques (*Le Nuage en pantalon*, 1915 ; *150 000 000*, 1920 ; *Vladimir Ilitch Lénine*, 1924), il a laissé plusieurs textes théoriques, dont le plus important s'intitule *Comment faire des vers* (1926).

maie n. f. Anc. Pétrin. / Huche à pain.

maïeur ou **mayeur** n. m. En Belgique, maire, bourgmestre.

maïeutique n. f. PHILO. Méthode pratiquée par Socrate, selon laquelle il amenait ses interlocuteurs à découvrir les vérités universelles qu'ils portaient en eux.

maigre adj. et n. **A.** adj. Dénué de graisse. *Des jambes maigres.* / Pauvre en matières grasses. *Viande maigre.* / Fig. Peu abondant, insuffisant. *De maigres revenus.* / TYPO. *Caractères maigres* : lettres dont les jambages sont peu épais. **B.** n. Personne dont le corps est dénué de graisse. *Les maigres et les gros.* / n. m. Viande maigre. *Le maigre de jambon.* / Loc. *Faire maigre* : ne pas manger de viande (notamment le vendredi, pour les catholiques, avant le concile Vatican II). / n. m. pl. Époque de basses eaux. *Les maigres de la Seine.*

maigrelet, ette ou **maigrichon, onne** ou **maigriot, otte** adj. Fam. Un peu maigre.

maigrement adv. Médiocrement, petitement, parcimonieusement. *Travail maigrement rémunéré.*

Maigret Commissaire de police parisien créé par Simenon dans *Pietr le Letton* (1930). Héros d'une centaine de romans et nouvelles, dont certains furent portés à l'écran (cinéma et télévision).

maigreur n. f. Caractère de ce qui est maigre, d'une personne maigre.

maigrichon Voir **maigrelet**

maigriot Voir **maigrelet**

maigrir v. i. [2] Perdre du poids. / (Emploi transitif) Faire paraître plus maigre. *Son costume le maigrit.*

mail [1] n. m. Petit marteau à deux têtes utilisé pour guider une balle en bois dans un

Aristide Maillol : L'Air, 1939. Musée Kroller-Muller, Otterlo, Pays-Bas (© J. Howe).

jeu d'adresse ; ce jeu lui-même. / Promenade où l'on pratiquait ce jeu ; (mod.) promenade bordée d'arbres, dans certaines villes. / TECHNOL. Gros marteau en métal utilisé dans les carrières pour détacher les blocs de pierre.

mail [2] n. m. (mot anglais) Anglicisme pour *courrier électronique*. Syn. (recommandé par l'administration) *mél* (abréviation de « message électronique »).

Mailer (Norman) 1923 Écrivain américain. Ses combats dans le Pacifique en 1944 lui inspirent son roman *Les Nus et les Morts* (1948). Les œuvres suivantes continuent d'exprimer son désir de révolte et sa vision critique de la société américaine : *Le Nègre blanc*, 1958 ; *Un rêve américain*, 1964 ; *Pourquoi sommes-nous au Vietnam*, 1967 ; *Portrait of Picasso as a Young Man*, 1995.

mailing n. m. (mot anglais) Publipostage.

maillage n. m. PÊCHE Dimension des mailles d'un filet. / Structuration en réseau.

Maillart (Robert) 1872-1940 Architecte suisse qui exploita toutes les propriétés du béton armé, en particulier son élasticité (plusieurs ponts en Suisse, notamment dans les Grisons et près de Genève).

maille [1] n. f. Chacune des boucles dont l'entrelacement constitue un tissu plus ou moins lâche, un filet, un treillage métallique. / Anc. *Cotte de mailles* : vêtement constitué d'anneaux métalliques entrelacés, servant de protection. / Anneau de métal relié à d'autres anneaux et formant une chaîne. / CHASSE Tache sur le plumage de certains jeunes oiseaux avant l'apparition du plumage adulte.

maille [2] n. f. Anc. Monnaie de très peu de valeur, sous les Capétiens. / loc. *N'avoir ni sou ni maille* : être très pauvre. / *Avoir maille (de l'argent) à partir (à partager) avec qqn* : avoir un différend avec lui.

maillechort n. m. Alliage de cuivre, de nickel et de zinc, dur et inaltérable, utilisé notam. pour la fabrication de résistances électriques et en orfèvrerie.

maillet n. m. Marteau en bois, à deux têtes. / Anc. *Maillet d'armes* : masse de métal cylindrique, montée sur un manche, servant d'arme au Moyen Âge.

Miguel Indurain, vêtu du **maillot** jaune, pendant le Tour de France.

Maillet (Antonine) 1929 Écrivain canadien d'expression française. Rendue célèbre par un long monologue tragi-comique (*La Sagouine*, 1971), elle est l'une des grandes figures de la littérature acadienne : *Pélagie la Charrette* (prix Goncourt 1979), *L'Oursiade* (1990).

mailloche n. f. Gros maillet de bois ; baguette garnie de cuir, pour frapper la grosse caisse.

Maillol (Aristide) 1861-1944 Sculpteur français. D'abord peintre, il s'adonna ensuite à la sculpture, travaillant divers matériaux. Il prit pour thème unique le nu féminin (à l'exception des deux figures d'homme du monument à Banyuls) en refusant de se cantonner au simple naturalisme. Mélange de réalisme et d'imaginaire, ses œuvres représentent des femmes aux formes pleines, aux attitudes gracieuses et sensuelles (*Vénus au collier*, *Pomone*), dont la monumentalité s'accommode particulièrement bien d'une exposition en plein air ; quelques-unes ont été placées dans le jardin des Tuileries à Paris.

maillon n. m. Élément d'une chaîne, généralement en forme d'anneau.

maillot n. m. Lange souple avec lequel on enveloppait les bébés. *Un enfant au maillot* : un nourrisson, un tout petit bébé. / *Maillot de corps* : sous-vêtement en tricot qui couvre le buste. / *Maillot de bain* : costume de bain. / Vêtement moulant, généralement en tricot. *Maillot de danseur.*

Maillotins Nom donné en 1382 à des Parisiens insurgés contre un impôt sur les ventes. Armés de 12 000 maillets de plomb, pillés à l'Hôtel de Ville, ils massacrèrent les collecteurs et ouvrirent les prisons. Désarmés par les bourgeois inquiets, les Maillotins furent durement châtiés par les régents de Charles VI.

Maïmonide (Moïse) 1135-1204 Médecin et philosophe juif. Médecin en Égypte à la cour de Saladin après avoir fui la répression des juifs par les Almohades en Espagne, il est surtout connu pour deux ouvrages : un résumé du Talmud* (*Mishneh Torah*) et un *Guide des égarés* qui unit la connaissance scientifique (aristotélicienne, notamment) et celle que fournit l'étude des textes sacrés du judaïsme. Il a beaucoup influencé la pensée philosophique juive et chrétienne.

main n. f. **I.** Partie du corps humain terminant le bras qui sert à la préhension et au toucher. *La main comprend le poignet, la paume et cinq doigts dont le pouce qui est opposable aux autres.* / La main considérée comme symbole de possession, d'autorité. *Prendre en main (qqn, qqch.)* : prendre en charge. / La main considérée comme instrument de travail, d'exécution. *Tour de main* : habileté. *Mettre la main à la pâte* : travailler. *Petite main* : apprentie couturière. / La main considérée comme instrument de puissance, de violence. *La main de la Justice. Coup de main* : attaque à main armée. *Homme de main* : homme qui exécute de basses besognes pour un autre. / *Demander la main d'une jeune fille*, la demander en mariage. **II.** ZOOL. Partie du corps de certains vertébrés, homologue de la main humaine. *La main d'un chimpanzé.* **III.** *Main courante* : partie de la rampe d'escalier sur laquelle on pose la main. / Équipe

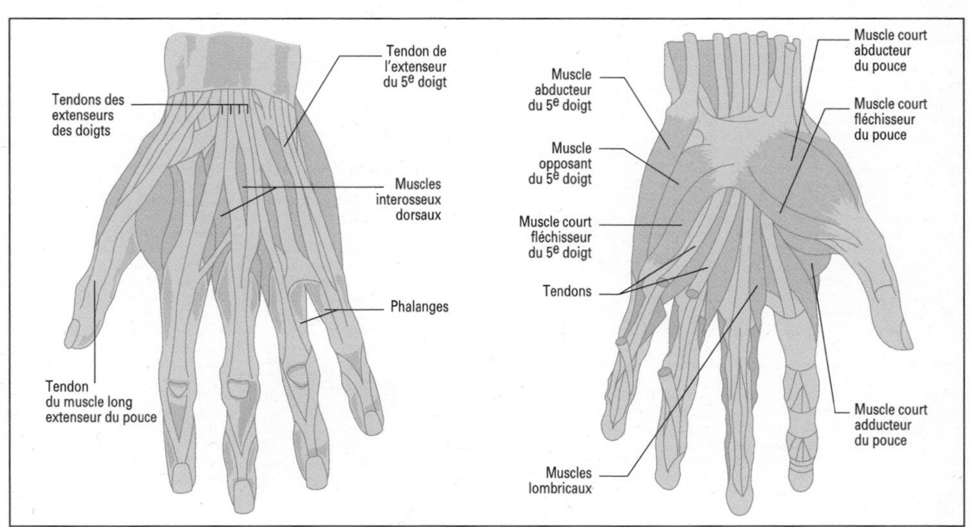

Les muscles et les tendons de la ***main****, vus du dessus et du dessous.*

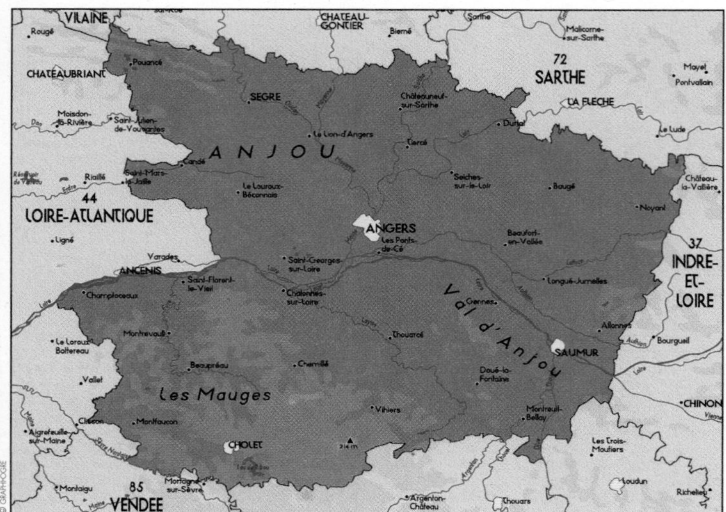

Département de ***Maine-et-Loire****.*

Épi de ***maïs****.*

de dockers qui décharge un navire. / IMPR. Assemblage de vingt-cinq feuilles de papier. / *Main de justice*: emblème du pouvoir royal, sceptre en forme de main.

Main (le) *524 km* Rivière navigable d'Allemagne qui arrose Bayreuth et Francfort et se jette dans le Rhin à Mayence.

mainate n. m. ZOOL. Oiseau de l'ordre des passériformes, originaire d'Asie du Sud-Est, au plumage noir, au bec orangé. *Le mainate est un excellent imitateur de la voix humaine.*

main-d'œuvre n. f. Travail de l'ouvrier. *Pièces et main-d'œuvre.* / Ensemble des travailleurs. *Recruter de la main-d'œuvre qualifiée.* Pl. Des *mains-d'œuvre.*

Maine (la) *10 km* Rivière formée par la réunion des eaux de la Mayenne, de la Sarthe et du Loir. Elle arrose Angers et se jette dans la Loire.

Maine (le) Ancienne province de France. Le Maine est un pays de bocage prolongeant la Normandie vers le sud; l'élevage (bovins, volailles) prédomine dans le bas Maine, à l'ouest, et la culture des céréales et du chanvre dans le haut Maine, à l'est. Le Maine était autrefois le premier fournisseur de toile de lin et de chanvre en France. Aujourd'hui, il bénéficie de la décentralisation industrielle autour du Mans. Rattaché à l'Anjou en 1126, il fut dominé par l'Angleterre, reconquis par Philippe Auguste avant d'être définitivement intégré à la couronne de France en 1480.

Maine *86 156 km² 1 242 051 h.* Capitale *Augusta.* État du nord-est des États-Unis, faisant partie de la Nouvelle-Angleterre. Il forme frontière avec le Canada. Pays de collines boisées, de lacs, ses ressources sont le tourisme, l'exploitation de la forêt et la pêche à la langouste. Il fit son entrée dans l'Union américaine en 1820.

Maine de Biran (François Pierre Gontier de Biran, dit) 1766-1824 Philosophe français. Haut fonctionnaire sous l'Empire et la Restauration, il tint tout au long de sa vie un *Journal intime,* sorte de journal philosophique où se dévoile son observation introspective tendant, vers la fin, au spiritualisme. Il publia également plusieurs traités philosophiques, dont *L'Aperception immédiate* (1807).

Maine-et-Loire (département de) [49] *7 166 km² 705 882 h.* Département qui fait partie de la Région Pays-de-la-Loire. Chef-lieu *Angers.* Dans les terrains anciens des Mauges armoricaines dominent les cultures céréalières et l'élevage (bovins et porcs), tandis que les vallées de la Loire et des trois rivières réunies pour former la Maine portent de riches cultures maraîchères, des vergers, des pépinières et, sur les versants crayeux du Saumurois, des vignobles réputés. Les industries sont anciennes: textiles (Cholet), mines de fer (Segré), ardoisières (Trélazé). Les industries alimentaires et mécaniques sont concentrées à Angers, centre administratif et commercial, et à Saumur. Les autres villes sont de prospères bourgs agricoles.

main-forte n. f. inv. Loc. *Donner, prêter main-forte à qqn,* l'aider.

mainlevée n. f. DR. Acte qui met fin aux mesures prises contre qqn, en matière d'hypothèque, de saisie, d'opposition, de séquestre.

mainmise n. f. Emprise. *Avoir la mainmise sur un secteur de l'économie.*

mainmorte n. f. HIST. Droit féodal selon lequel un seigneur pouvait disposer des biens de ses serfs quand ils mouraient sans héritier. *Biens de mainmorte*: biens des personnes morales (congrégations, églises, hôpitaux), qui sont inaliénables, qui ne sont pas soumis aux règles de succession.

Mains sales (les) 1948 Drame en 7 tableaux de Sartre. Dans une démocratie populaire, un jeune communiste inexpérimenté d'origine bourgeoise et un chef stalinien autoritaire et cynique s'affrontent.

maint, e adj. Nombreux. *À maintes occasions.*

maintenance n. f. TECHN. Ensemble des opérations destinées à assurer le bon fonctionnement d'un matériel, à empêcher sa dégradation. / MILIT. Ensemble des moyens mis en œuvre pour assurer les effectifs et le matériel nécessaires au fonctionnement d'une unité militaire au combat.

maintenant adv. En ce moment-ci. / Désormais. *Nous aurons maintenant de quoi vivre.* / Cela dit. *Je pense que c'est une sottise, maintenant, à vous de juger.* / loc. adv. *Dès maintenant*: dès à présent.

maintenir v. t. [3] Conserver dans le même état. *Le thermostat maintient la température. Maintenir la paix.* (Emploi pron.) *Se maintenir en forme.* / Tenir dans une position donnée. *Maintenir un arbre droit avec un tuteur.* (Emploi pron.) *Se maintenir en équilibre.* / Continuer d'affirmer, soutenir. *Maintenir ses dires, son point de vue.*

Maintenon (Françoise d'Aubigné, marquise **de)** 1635-1719 Petite-fille d'Agrippa d'Aubigné, orpheline très jeune, calviniste, elle se convertit au catholicisme en 1649. Veuve (1660) du poète Scarron que la pauvreté l'avait contrainte à épouser, elle fut chargée de l'éducation des enfants de Louis XIV et de Mme de Montespan. Ses qualités charmèrent le roi qui, devenu veuf, l'épousa secrètement (1684). Elle joua alors, en particulier dans les affaires religieuses, un rôle politique important. À la mort du roi (1715), elle se retira dans la maison de Saint-Cyr qu'elle avait fondée pour l'éducation des jeunes filles de la noblesse pauvre.

La halle au pain, dite ***Maison*** *du Roi, sur la Grand-Place de Bruxelles.*

maintien n. m. Façon de se tenir; attitude. / Action de conserver dans tel état, dans tel endroit. *Maintien de l'ordre. Maintien dans les lieux*: autorisation accordée à un locataire de continuer à résider dans un logement en dépit de la volonté du propriétaire.

maïolique Voir **majolique**

maïoral, ale, aux ou **mayoral, ale, aux** adj. En Belgique, du maïeur.

maïorat ou **mayorat** n. m. En Belgique, mandat du maïeur.

maire n. m. Premier magistrat d'une commune ou d'un arrondissement (à Paris, Lyon et Marseille). / HIST. *Maire du palais*: intendant chargé de la direction des affaires du palais royal sous les rois mérovingiens. *Au déclin de cette dynastie, les maires du palais détenaient la réalité du pouvoir politique.*

mairie n f. Fonction de maire; temps que dure cette fonction. *Être candidat à la mairie.* / Administration du maire; bureaux de cette administration; bâtiment(s) où ces bureaux sont situés. *Façade de la mairie.*

mais adv., conj. et n. m. **A.** adv. Vx Plus. Mod., uniquement dans la locution *n'en pouvoir mais*: rien. *Je n'en peux mais*: je n'y peux rien. **B.** conj. (Pour marquer une restriction, introduire une idée contraire, exprimer une objection à ce qui vient d'être dit) *Il fait beau, mais frais. Ne me considérez pas comme un concurrent, mais comme un partenaire. Je veux bien vous suivre, mais je maintiens certaines de mes objections.* / **C.** n. m. Objection. *Avec des si et des mais…*: avec des suppositions et des objections…

maïs n. m. Céréale de la famille des graminées, à longue tige et grandes feuilles, originaire d'Amérique, cultivée dans nombre de pays pour l'alimentation des hommes et des animaux. *Épis de maïs grillés. Huile de maïs. Donner du maïs aux poulets.*

maison n. f. **I.** Bâtiment d'habitation. / Ensemble des lieux où l'on vit; ensemble des personnes qui y vivent. *Une maison bien, mal tenue. Réveiller toute la maison.* / Entretien d'une maison; gestion des affaires domestiques. *Le partage du temps entre le travail et la maison.* **II.** Bâtiment destiné à un usage particulier. *Maison de retraite.* / Entreprise; établissement commercial ou financier. *Maison de gros, de détail.* **III.** Ensemble des per-

La Maison-Blanche, à Washington.

John Major.

sonnels civils et militaires attachés au service d'un prince, d'un souverain, d'un chef d'État. *La maison du roi. Maison militaire.* / Ensemble de familles appartenant à la même lignée. *La maison d'Armagnac.* / Communauté religieuse. *Maison mère*: établissement d'un ordre religieux dont dépendent d'autres communautés; par ext. maison de commerce dont dépendent d'autres établissements. / ASTROL. *Les douze maisons du ciel*: les divisions en forme de fuseau qui correspondent chacune à un signe et qu'on doit déterminer pour interpréter un signe de naissance.

Maison-Blanche (la) Résidence du président des États-Unis à Washington depuis 1800. Édifiée à partir de 1792 par James Hoban, sur un site choisi par George Washington, elle fut agrandie de 1949 à 1952.

Maison de poupée 1879 Drame en 3 actes d'Ibsen. L'héroïne, Nora Helmer, en quittant un mari médiocre pour refaire sa vie, montre la voie de l'émancipation féminine et le droit de tout être à la liberté.

maisonnée n. f. Ensemble des habitants d'une maison.

maisonnette n. f. Petite maison.

Maisons-Lafitte *22 173 h.* Commune des Yvelines, célèbre pour son château construit par Mansart (1642-1651) et pour son hippodrome.

maistrance n. f. MAR. Ensemble des officiers mariniers de la marine de guerre française. / Ensemble des officiers de carrière.

Maistre (Joseph de) 1753-1821 Homme politique, philosophe et écrivain français. Adversaire de la Révolution (*Considérations sur la France*, 1796), il fut un fervent partisan de la monarchie absolue et de l'autorité spirituelle du pape: *Du pape* (1819), *De l'église gallicane* (1821), *Les Soirées de Saint-Pétersbourg* (posthume, 1821). **Xavier** 1763-1852 Frère du précédent, il est l'auteur de *Voyage autour de ma chambre* (1795).

maître, maîtresse n. et adj. **A.** n. Personne qui possède un pouvoir, une autorité. / Propriétaire ou occupant d'un lieu. *Se rendre maître d'un lieu*, s'en emparer. *Maître, maîtresse de maison*: hôte, hôtesse. / Enseignant ou personne possédant un savoir qu'elle transmet. (Vieilli) *Maître, maîtresse d'école*: instituteur, institutrice. / Personne responsable de la direction, de l'organisation d'une tâche particulière. *Maître d'hôtel. Maître des cérémonies.* / *Maître d'œuvre*: personne responsable de l'exécution d'un ouvrage, de la réalisation d'un bâtiment. / Anc. Artisan qui, d'abord apprenti, puis compagnon, accédait au rang qui l'autorisait à enseigner. *Coup de maître*: acte dont la réussite témoigne de l'habileté de celui qui en est l'auteur. / Personne qui fait preuve d'une grande maîtrise, d'un grand savoir. *Les maîtres de la fresque.* / Titre donné à un avocat, un officier ministériel. *Maître Dupont, notaire.* / Titre de courtoisie donné à un écrivain, un artiste éminent, en s'adressant à lui. / *Maître chanteur*: voir *chanteur*. **B.** adj. *Maîtresse femme*: femme énergique et autoritaire. / CONSTR. *Poutre maîtresse*, qui supporte l'essentiel des efforts, dans un bâtiment, un édifice quelconque. / Qui domine, qui est supérieur. *Atout maître.*

maître-à-danser n. m. TECHN. Compas destiné à mesurer les diamètres intérieurs. Pl. Des *maîtres-à-danser*.

maître-autel n. m. LITURG. Autel principal. Pl. Des *maîtres-autels*.

maîtres chanteurs (calque de l'allemand *Meistersinger*) n. m. pl. Membres de confréries religieuses allemandes (*Meistersingerschule*) qui chantaient pendant les offices. *Ces confréries de maîtres chanteurs devinrent peu à peu, à partir du* XIV*e siècle, des corporations pratiquant la poésie selon des règles précisément fixées.*

maîtresse n. f. Vx Femme que l'on aime. / Mod. Femme qui a des relations sexuelles avec un homme qui n'est pas son mari.

maîtrise n. f. Autorité, pouvoir incontestés. *Maîtrise de l'air, des mers. Maîtrise de soi*: contrôle de soi-même. / Perfection dans la connaissance, l'exécution, la technique dans un domaine. *Maîtrise du style.* / Grade de maître dans une corporation, dans un corps de métier. / Grade universitaire obtenu à la fin du second cycle de l'enseignement supérieur. / *Agent de maîtrise*: technicien d'une entreprise. / MUS. Charge de maître de chapelle. / Par ext. École de musique pour des chanteurs qui forment une chorale; ensemble de ces chanteurs.

maîtriser v. t. [1] Se rendre maître de; avoir la maîtrise de, contrôler, dominer. *Maîtriser un forcené. Maîtriser une langue. Maîtriser les dépenses, la situation.* / v. pron. Rester maître de soi.

maïzena n. f. CUIS. Fécule de maïs utilisée en cuisine.

maje ou **mage** adj. m. HIST. *Juge maje*: lieutenant du sénéchal, dans certaines provinces.

majesté n. f. Grandeur, caractère de ce qui impose le respect. / Allure de noblesse qui suscite l'admiration. *La majesté d'une statue.* / BX-ARTS *En majesté*: représenté assis sur un trône. *Christ en majesté.* / Titre donné aux souverains. *Sa Majesté le roi. Crime de lèse-majesté*: voir *lèse-majesté*. / GRAMM. *Pluriel de majesté, de modestie*: le « nous » employé pour le « je ».

majestueusement adv. Avec majesté.

majestueux, euse adj. Empreint de majesté.

majeur, e adj. et n. **A.** adj. Qui a atteint l'âge de la majorité légale. Ant. mineur. / Plus grand. *La majeure partie du trajet.* / Considérable, supérieur. *D'une importance majeure.* / JEU *Tierce, quarte majeure*: suite de cartes commençant par l'as. / MUS. *Tierce majeure*, composée de deux tons. **B.** n. m. Troisième doigt, le plus long, de la main. Syn. médius.

Majeur (lac) *212 km²* Lac alpin partagé entre la Suisse (Tessin) et l'Italie. La douceur de son climat en fait un lieu touristique: Locarno, Stresa, îles Borromées.

majolique ou **maïolique** n. f. Faïence dont la technique de fabrication fut introduite en Italie par des artisans venus des îles Baléares.

major [1] n. m. et adj. inv. **A.** n. m. Anc. Officier supérieur administrant un corps de troupes et appelé, depuis 1975, chef des services administratifs. / Anc. Médecin militaire. *Monsieur le major.* / Grade de l'armée française, réservé aux sous-officiers du grade d'adjudant-chef, et ayant réussi à un concours, ce qui leur donne rang d'officier. / *Major (de promotion)*: celui, celle qui a été reçu(e) premier (ère) au concours d'une grande école. **B.** adj. inv. Anc. Supérieur par le rang (ne s'emploie qu'en composition) *Infirmière major*.

major [2] n. f. ou m. (anglicisme) Très importante firme cinématographique.

Major (John) 1943 Homme politique britannique. Conservateur, il succéda en 1990 à Margaret Thatcher, dont la popularité s'épuisait. Il poursuivit la même politique, en l'assouplissant quelque peu, et fut vaincu aux législatives de 1997 par le travailliste Tony Blair.

majorant adj. et n. m. **A.** adj. Qui majore. *Facteur majorant.* **B.** n. m. MATH. Dans un ensemble muni d'une relation d'ordre, élément d'un sous-ensemble tel que tous les autres éléments de ce sous-ensemble lui sont inférieurs. Ant. minorant.

majorat n. m. FÉOD. Bien inaliénable attaché à un titre de noblesse, transmissible par ordre de primogéniture masculine.

majoration n. f. Augmentation du prix d'un objet, de la valeur d'une chose.

majordome n. m. Chef des domestiques à la cour d'un souverain. / Maître d'hôtel dans une grande maison.

Majorelle (Louis) 1859-1926 Ébéniste français. Membre de l'école de Nancy, il créa des meubles aux formes souples, ornés de motifs végétaux en bronze doré et d'abord peints puis marquetés.

majorer v. t. [1] Augmenter la valeur, le montant de. *Majorer un impôt de 2 %.*

majorette n. f. Jeune fille vêtue d'un uniforme et qui défile à l'occasion de fêtes, de parades.

majoritaire adj. Propre ou relatif au plus grand nombre, à la majorité des cas. *Les enfants sont majoritaires dans cette assemblée.* / DR. *Actionnaire majoritaire*, qui possède la majorité des parts d'une société commerciale. / POLIT. *Scrutin, représentation majoritaire*, au plus grand nombre de voix, sans que les minoritaires aient droit à une représentation quelconque (par oppos. à *proportionnel*).

majoritairement adv. En majorité.

majorité n. f. DR. Âge légal à partir duquel la loi considère qu'une personne est responsable et capable de jouir de ses droits civils et politiques. *En France, la majorité civile et la majorité pénale sont fixées à dix-huit ans.* / Groupement de voix dont le nombre permet de l'emporter dans un vote. *Majorité absolue*: la moitié des suffrages exprimés plus une voix. *Majorité relative ou simple*: total des suffrages recueillis par un candidat, inférieur à la majorité absolue, mais supérieur à chacun des totaux de voix réunis par les autres adversaires. *Majorité renforcée*: majorité supérieure à la majorité absolue. / Parti ou coalition qui, dans une assemblée, réunit le plus grand nombre de voix. / Le plus grand nombre; la plupart. *La majorité des élèves a été reçue à cet examen.*

Majorque *3 640 km² 530 000 h.* La plus grande des îles Baléares (Espagne), dans la Méditerranée. Chef-lieu *Palma de Majorque*. La fertilité de son sol et la douceur de son climat en font une grande productrice de vins, de fruits et un centre touristique important. En 1276, un éphémère « royaume de Majorque » groupa les Baléares, le Roussillon, la Cerdagne et Montpellier, avec Perpignan pour capitale et fut rattaché au royaume d'Aragon en 1344.

Paysage de **Majorque**.

M

Représentation du **Malade imaginaire** à Versailles.

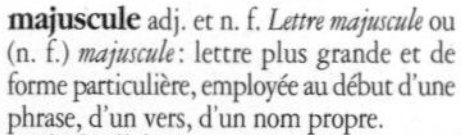

Le port de **Málaga**.

majuscule adj. et n. f. *Lettre majuscule* ou (n. f.) *majuscule* : lettre plus grande et de forme particulière, employée au début d'une phrase, d'un vers, d'un nom propre.

Makalu (le) *8 515 m* Massif du centre de l'Himalaya, au sud-est de l'Everest, conquis en 1955 par le Français Jean Franco.

Makarenko (Anton Semenovitch) 1888-1939 Pédagogue soviétique qui œuvra à la réhabilitation des jeunes délinquants par le travail en commun. Son *Poème pédagogique* (1933-1935) est consacré à l'histoire d'une colonie d'adolescents criminels.

Makários III (Mikhail Kristódhoulos Mouskos, en religion**)** 1913-1977 Prélat et homme politique chypriote. Défenseur depuis 1948 de l'indépendance de Chypre (obtenue en 1959), l'archevêque Makarios, qui avait été déporté par les Anglais (1956-1957), fut élu président de la République en 1959. En 1965, il dut accepter l'intervention de l'ONU dans le conflit entre Grecs et Turcs. En 1974, un coup d'État, inspiré par les colonels au pouvoir en Grèce, le renversa, mais il fut rétabli peu après. La mort interrompit son mandat.

Makassar Voir **Macassar**

Makhno (Nestor) 1889-1935 Homme politique ukrainien. Militant anarchiste, il mit au service de la révolution d'octobre 1917 les masses paysannes d'Ukraine qu'il avait organisées pour lutter contre les armées d'occupation allemandes et autrichiennes, d'une part, et les armées blanches d'autre part. L'Armée rouge le soutint, puis le combattit ; il dut abandonner la lutte et se réfugia en Roumanie, puis à Paris où il mourut.

makhzen Voir **maghzen**

maki n. m. ZOOL. Petit mammifère lémurien arboricole à museau allongé, à queue longue et épaisse, vivant dans les forêts de Madagascar.

makimono n. m. (mot japonais) Peinture japonaise exécutée sur une bande de papier ou de soie qui se déroule horizontalement.

Makonnen 1854-1906 Chef éthiopien. « Ras » (gouverneur) du Harar en 1887, il remporte sur les Italiens une écrasante victoire à Adoua (1896). Il est le père d'Haïlé Sélassié.

mal, e [1] adj. Vx Funeste. *La male fortune* : le sort funeste. *Mourir de male mort*, de mort violente. / Mauvais. *Bon gré mal gré* : de bon ou de mauvais gré. *Bon an mal an* : bonnes et mauvaises années confondues. / Contraire à la morale, aux usages. *C'est mal.*

mal [2] adv. De façon désagréable ; fâcheusement. *Une affaire qui tourne mal.* / En éprouvant douleur, malaise ou désagrément. *Aller mal. Se sentir mal. Se trouver mal* : perdre connaissance. / De façon moralement condamnable ou socialement inadaptée. *Il s'est mal conduit. Elle est mal élevée.* / De façon défavorable, en termes malveillants. *Mal parler de ses voisins*, les calomnier ou en médire. *Mal prendre une remarque*, s'en montrer froissé, vexé, blessé. / De façon imparfaite, défectueuse. *Travail mal fait.* / De façon contraire au goût, à la norme communément admise. *Être mal habillé. Il est mal bâti* : les proportions de son corps sont inhabituelles et peu harmonieuses. / loc. adv. *Pas mal* : assez bien. *C'est pas mal vu.* / loc. adj. *Ces chaussures sont pas mal.*

mal [3] n. m. Ce qui est contraire aux règles de la morale. / Ce qui nuit ou blesse physiquement ou moralement. *Faire du mal à qqn. Dire du mal de qqn.* / Douleur physique ; maladie. *Avoir mal au ventre, au cœur, aux dents. Mal de mer. Être atteint d'un mal incurable.* / Douleur morale. *Avoir le mal du pays* : avoir la nostalgie de son pays, du lieu où l'on est né. *Mal du siècle* : profonde mélancolie de la jeunesse romantique du XIXe siècle. / Peine, effort. *Se donner du mal.* / PHILO. *Le mal* : principe opposé au bien et qui est en contradiction avec ce qui est bénéfique, du point de vue de la morale naturelle, pour l'être humain. *Cet homme est une incarnation du mal.* Pl. Des *maux*.

malabar [1] n. m. Pop. Homme grand et robuste.

malabar [2] Voir **malabre**

Malabar (côte de) Nom donné à la partie méridionale de la côte occidentale du Deccan (Inde), région fertile, chaude et humide.

Malabo *30 710 h.* Capitale de la Guinée équatoriale. Situé dans l'île de Bioko, ce port exporte café et cacao. Aéroport international.

malabre ou **malabar** adj. et n. RELIG. Se dit d'une Église chrétienne de l'Inde du Sud, issue de l'ancienne Église nestorienne de Perse et qui, autrefois gouvernée par des prélats venus de Chaldée (Babylonie), a conservé comme langue liturgique le syriaque de l'ancien rite chaldéen, aujourd'hui souvent remplacé par la langue locale, le malayalam. / n. *Les malabres.*

Malacca (presqu'île de) Longue et étroite péninsule montagneuse en Asie du Sud-Est. Peuplée de Malais, elle est unie au continent par l'isthme de Kra et séparée de Sumatra par le détroit de Malacca (qui relie l'océan Indien et la mer de Chine). Cette région tropicale très humide (mousson), dotée de grandes richesses agricoles (riz, coton, épices, hévéas) et minières (étain, or) est partagée entre la Birmanie et la Thaïlande, au nord, et la Malaisie, au sud.

Malachie Personnage hypothétique, dernier des douze petits prophètes dans la tradition juive. Le *Livre de Malachie* est un ouvrage anonyme du Ve siècle av. J.-C. qui ne comporte que trois chapitres ; le premier verset du chapitre III annonce « Voici que j'envoie mon messager » ; en hébreu, « messager » se dit *mal'aki* et, de ce mot, on a fait le nom propre de l'auteur du texte.

malachite n. f. Carbonate naturel hydraté de cuivre, d'un vert vif, qui peut être taillé, poli et utilisé en bijouterie et pour la décoration.

malacologie n. f. Branche de la zoologie consacrée à l'étude des mollusques.

malacoptérygiens n. m. pl. ZOOL. Groupe de poissons téléostéens dont les nageoires sont soutenues par des rayons mous. *La carpe, la truite, la morue sont des malacoptérygiens.*

malacostracés n. m. pl. ZOOL. Sous-classe de crustacés, généralement marins, tels que les décapodes, les isopodes, les amphipodes.

malade adj. et n. **A.** adj. Qui n'est pas en bonne santé. *Un animal malade.* Loc. *Tomber malade*, le devenir. / Dont le fonctionnement est altéré. *Avoir le foie malade.* / Fig. En mauvais état. *Une économie malade.* **B.** n. Personne atteinte d'une maladie. *Visite aux malades. Une malade mentale.*

Malade imaginaire (le) 1673 Comédie en prose en 3 actes de Molière. Cette satire irrésistible des médecins met en scène, Argan qui, se croyant constamment malade, se laisse berner par ses médecins ainsi que par sa seconde femme Béline. C'est au cours de la quatrième représentation de cette pièce que Molière fut pris d'un malaise à la suite duquel il mourut. Il interprétait Argan.

Maladeta ou **Maladetta (massif de la)** Massif espagnol des Pyrénées (province de Huesca) culminant au pic d'Aneto (*3 404 m*) et dans lequel la Garonne prend sa source.

maladie n. f. Altération de l'état physique ou psychique d'un être vivant, dont les causes et les formes peuvent être multiples. *Maladie héréditaire. Maladie virale. Maladies contagieuses. Maladie fonctionnelle.* / Fig. Ce qui perturbe le comportement ; manie. *Avoir la maladie du nettoyage.*

maladif, ive adj. Facilement sujet à la maladie ; de santé précaire. *Un enfant maladif.* / Qui fait craindre, manifeste une maladie ou une santé précaire. *Un aspect maladif.* / Par ext. *Susceptibilité, jalousie maladive*, digne d'un malade mental.

maladivement adv. De façon maladive.

maladresse n. f. Manque d'adresse. / Manque de subtilité, de tact. *Accumuler les maladresses dans une négociation.*

maladroit, e adj. et n. Qui n'est pas adroit, qui manque de dextérité. *Il est trop maladroit pour faire ce travail.* / Subst. *Un(e) maladroit(e).* / Qui témoigne de maladresse. *Gestes maladroits.* / Fig. Qui manque de psychologie, de délicatesse. *Un ami maladroit.* Syn. malhabile.

maladroitement adv. De façon maladroite.

malaga n. m. Vin sucré et capiteux produit à Málaga.

Málaga *523 450 h.* Port méditerranéen du sud de l'Espagne (Andalousie). Célèbre pour ses raisins et ses vins, c'est aussi un centre industriel et touristique (forts mauresques, céramiques des XIIIe et XIVe siècles).

malaire adj. Relatif à la joue.

malais, e adj. et n. De Malaisie. *Île malaise. Un(e) Malais(e).* / n. m. LING. Langue de la famille des langues malayo-polynésiennes (ou austronésiennes), parlée dans diverses régions d'Asie du Sud-Est (péninsule malaise, côtes des îles indonésiennes, etc.) et qui est langue officielle en Malaisie.

Malais Peuple habitant la partie péninsulaire de la Malaisie et de nombreuses îles d'Indonésie. Il est probable qu'aux alentours de l'ère chrétienne, voire avant, des Proto-malais colonisèrent les îles du Pacifique, de la Nouvelle-Zélande aux îles Hawaii. D'autres naviguèrent jusqu'aux côtes orientales de l'Afrique où ils se métissèrent avec des Bantous pour ensuite s'implanter à Madagascar, le malgache étant une langue austronésienne.

malaise n. m. Sensation d'un déséquilibre physiologique. / Fig. Gêne, état de tension.

malaisé, e adj. Qui n'est pas aisé.

malaisément adv. De façon malaisée.

Malaisie Voir **Malaysia**

Malamud (Bernard) 1914-1986 Écrivain américain. Dans la plupart de ses romans, il évoque, avec pessimisme mais aussi

Malawi

Superficie : *118 484 km²* – **Nombre d'habitants :** *10 640 000 h.* – **Capitale :** *Lilongwe* – **Villes principales :** *Blantyre, Mzuzu, Zomba* – **Système politique :** *république* – **Langue(s) :** *chichewa, anglais* – **Religion(s) :** *protestantisme, catholicisme, islam, animisme* – **Monnaie(s) :** *kwacha*

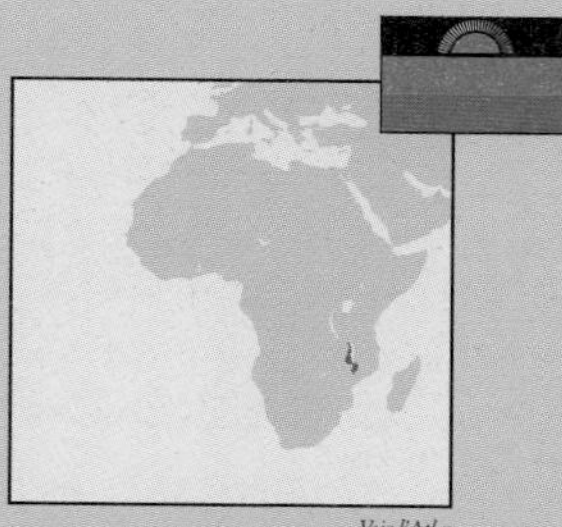

Voir l'Atlas

Géographie physique et humaine
À l'ouest, de hauts plateaux dominent le lac Malawi. Au sud, la vallée du Shiré concentre la population, rurale à 90 %. Celle-ci, exclusivement bantoue, s'accroît de 3,3 % par an. L'ethnie principale, les Malawis (ou *Maravis*), est également présente au Mozambique et en Tanzanie. Le christianisme est largement majoritaire (65 %); les religions traditionnelles conservent leur importance ; on compte également 16 % de musulmans.

Économie
L'agriculture (maïs surtout) présente une balance alimentaire très excédentaire. Les cultures d'exportation (tabac, thé, canne à sucre) constituent une importante ressource, moins importante toutefois que la pêche et l'exploitation forestière. L'hydroélectricité est exploitée, contrairement aux ressources minières. L'industrialisation est très faible. La croissance est forte (presque 5 % par an).

Histoire
Le pays est peuplé de paysans de langue bantoue au Ier siècle de notre ère, parcouru par les commerçants souahélis un millénaire plus tard, organisé en royaumes à partir du XIe siècle. Les Portugais avaient reconnu le sud du pays au XVIIe siècle et se livraient au commerce des esclaves avec les Arabes, ce que découvrit Livingstone en 1859 à son arrivée sur les rives du lac Nyassa. Les chasseurs d'esclaves furent

Le lac Malawi.

peu à peu évincés par les commerçants britanniques qui avaient suivi les premiers missionnaires établis en 1875. Le pays, passé sous influence britannique, devint un protectorat en 1891. Il entra en 1953 dans une fédération de Rhodésie-Nyassaland, dont il sortit en 1964 pour accéder à l'indépendance sous la houlette du docteur H. K. Banda. Celui-ci se montra autoritaire et conservateur. Président à vie en 1971, il concède le multipartisme en 1993. En 1994, Bakili Muluzi, un musulman convaincu, fut élu président. Il a été réélu en 1999.

Maldives (Îles)

Superficie : *298 km²* – **Nombre d'habitants :** *300 000 h.*
Capitale : *Malé* – **Système politique :** *république*
Langue(s) : *maldivien (divehi)* – **Religion(s) :** *islam*
Monnaie(s) : *rufiyaa*

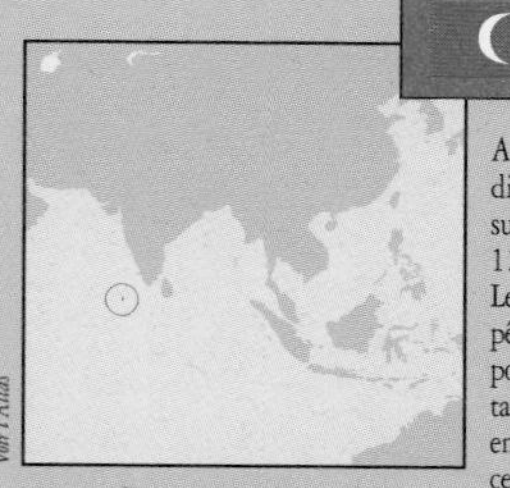

Voir l'Atlas

Archipel corallien de l'océan Indien, traversé par l'équateur, au sud-ouest de Sri Lanka, il compte 1 200 îles, dont 200 sont habitées. Les principales ressources sont la pêche (plus de 100 000 tonnes de poisson par an, 80 % des exportations), le cocotier et le tourisme, en plein essor (un quart des recettes). Naguère très pauvre, l'archipel a le meilleur revenu de cette zone. La Grande-Bretagne établit son protectorat en 1877 et accorde l'indépendance à ce sultanat en 1965. La république est proclamée en 1968, avec Mammoun Abdul Gayoom, élu président en 1978 et réélu en 1983, 1988, 1993 et 1998.

Le port de Malé, capitale des Maldives.

avec compassion et humour, la communauté juive des États-Unis : *Le Naturel* (1952), *Le Commis* (1957), *L'Homme de Kiev* (1966), *Les Locataires* (1971).

malandrin n. m. Litt. Vagabond ; brigand.

Malaparte (Kurt Suckert, dit Curzio) 1898-1957 Écrivain italien. Provocateur et excentrique, il est l'auteur d'ouvrages cyniques et violents, qui abordent le problème de la guerre et de la paix et les bouleversements politiques, en particulier en Italie. Ses principaux romans sont *Kaputt* (1944), *La Peau* (1949) et *Les Maudits Toscans* (1956). Il a également écrit une pièce de théâtre *Du côté de chez Proust* (1948) et réalisé pour le grand écran *Le Christ interdit* (1951).

malappris, e adj. et n. (Vieilli) Mal élevé, insolent.

malard ou **malart** n. m. Canard mâle.

malaria n. f. Paludisme.

Malatesta Famille de condottieri italiens. Son nom (*mauvaise tête*) vient d'un ancêtre condottiere, qui, vers 1275, enleva Rimini à Bologne. Ses descendants régnèrent sur une partie de la Romagne, mais ils furent peu à peu dépouillés par les papes et perdirent définitivement Rimini en 1528. Les Malatesta, notamment **Sigismondo Pandolfo** (1417-1468), s'entourèrent d'artistes et d'écrivains.

malavisé, e adj. Qui parle ou agit mal à propos, sans réfléchir, de façon inconséquente. *Il a été bien malavisé de refuser cette proposition.*

Malawi (lac) (autrefois *lac Nyassa*) *26 500 km²* Lac partagé entre la Tanzanie, le Mozambique et le Malawi. Formant un bassin étroit sur 580 km, il se situe à plus de 400 m d'altitude.

• **Malawi** (autrefois *Nyassaland*) République d'Afrique orientale sur la rive est du lac Malawi et qui s'enfonce, au sud du lac, dans le Mozambique.

malaxage n. m. Action de malaxer.

malaxer v. t. [1] Pétrir (une substance) pour la rendre plus molle, plus homogène.

malayalam n. m. et adj. inv. LING. Langue dravidienne parlée dans l'État du Kerala (Inde). / adj. *Littérature malayalam.*

malayo-polynésien, enne adj. LING. Synonyme ancien de *austronésien*. *Le groupement des langues austronésiennes sous le vocable de langues « malayo-polynésiennes » est aujourd'hui récusé par les linguistes car il ne correspond qu'à une partie de ce groupe de langues.*

• **Malaysia** (anc. *Malaisie*) État fédéral du Sud-Est asiatique, occupant la partie méridionale de la péninsule de Malacca (onze États) et deux territoires situés dans l'île de Bornéo (les États de Sarawak et de Sabah).

malbouffe n. f. Fam. Nourriture médiocre, mauvaise pour la santé.

malchance n. f. Manque de chance, mauvaise fortune. *Être poursuivi par la malchance.* Ant. chance. / Événement défavorable par lequel se manifeste ce manque de chance.

malchanceux, euse adj. Qui n'a pas de chance. Ant. chanceux.

Malcolm Nom de quatre rois d'Écosse. **Malcolm Ier** ?-958 Roi en 943. Allié du roi d'Angleterre contre les Danois, il ne put venir à bout des luttes de clans qui déchiraient l'Écosse et fut assassiné. **Malcolm II** ?-1034 Roi en 1004. Vainqueur des Danois, il divisa le royaume en baronnies ; il fut assassiné. **Malcolm III** ?-1093 Roi en 1057, il fit périr l'usurpateur Macbeth, assassin de son père Duncan en 1040. Il mourut dans la lutte contre Guillaume le Roux, fils de Guillaume le Conquérant. **Malcolm IV** ?-1165 Roi en 1153. Pieux mais faible, il se laissa dépouiller du Northumberland par le roi d'Angleterre Henri II, puis s'allia à son vainqueur contre la France.

Malcolm X (Malcolm Little, dit) 1925-1965 Homme politique américain. Membre des Black Muslims de 1952 à 1963, il créa le Muslim Mosque puis l'Organisation de l'unité afro-américaine en 1964. Il fut assassiné l'année suivante.

malcommode adj. Qui n'est pas commode. Ant. commode.

• **Maldives (îles)** République insulaire indépendante.

maldivien, enne adj. et n. Des îles Maldives. / Subst. *Un(e) Maldivien(ne).*

MALAYSIA

Superficie : *329 758 km²* – **Nombre d'habitants :** *23 900 000 h.* – **Capitale :** *Kuala Lumpur*
Villes principales : *Ipoh, Johore Baharu, Malacca* – **Système politique :** *fédération de monarchies constitutionnelles* – **Langue(s) :** *malais* – **Religion(s) :** *islam, bouddhisme, hindhouisme*
Monnaie(s) : *ringgit*

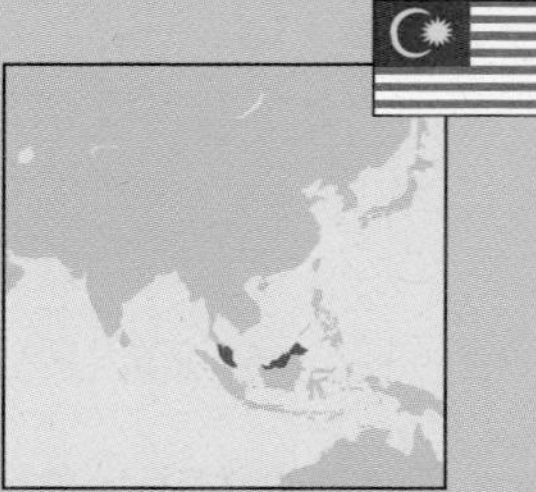

Voir l'Atlas

La mosquée Nejara, que dominent des tours modernes, à Kuala Lumpur.

Géographie physique et humaine

La péninsule *(18 000 000 h., 131 598 km²)* comporte une série de chaînes de montagnes orientées nord-sud qui culminent au mont Talban *(2 190 m)*. Les plaines côtières, aux riches gisements, sont marquées par de nombreux marécages. Le climat équatorial est chaud et humide. La forêt dense occupe encore plus de la moitié du pays. Les deux sultanats de Bornéo, Sabah *(73 711 km², 2 300 000 h.)*, au nord de l'île, et Sarawak (*124 449 km², 1 700 000 h.*), au nord-ouest, ont des traits similaires, mais la côte est plus marécageuse et des gisements de pétrole marins la longent. Les Malais constituent seulement la moitié de la population ; la minorité chinoise, plus du tiers ; les Indiens, plus de 10 %. L'accroissement démographique avoisine 2,4 % par an. Les Malais et une partie des Indiens sont en majorité musulmans (l'islam est la religion de 53 % de la population). L'immigration (clandestine, notamment) est importante dans la péninsule : elle correspond au sixième de sa population.

Port de Sarawak.

Économie

La Malaysia a rejoint les « nouveaux dragons » du Sud-Est asiatique dans les années 1980. Les Chinois contrôlent 80 % de l'économie. Un gros effort d'irrigation a été entrepris dans les années 1970, mais la production de riz demeure insuffisante. La production de riz et de caoutchouc des années 1996-1998 est inférieure à celle de 1990-1992, contrairement à la production d'huile de palme. L'élevage porcin et la pêche ont progressé. Quelques données expriment la croissance industrielle : la production d'électricité a plus que doublé entre 1990 et 1997 ; la construction automobile a plus que triplé ; la production de fils de coton a presque triplé, de même que la flotte. La dette s'est accrue fortement. La tempête financière qui a balayé le Sud-Est asiatique en 1997 a suscité des réactions efficaces, malgré l'effondrement de la monnaie, et les investisseurs étrangers ont noté avec satisfaction la solidité des structures financières, la puissance de la Bourse de Kuala Lumpur (n° 3 en Asie), l'absence de corruption, un niveau de vie nettement plus élevé qu'en Thaïlande et en Indonésie (où il est cinq fois inférieur, ce qui explique l'émigration).

Histoire

Dans les débuts de l'ère chrétienne, la civilisation vient de l'Inde, puis des royaumes hindous dominent la péninsule malaise. En 1402, le premier royaume malais est fondé. Des navigateurs malais établissent des liaisons avec l'Afrique ; on sait, par exemple, qu'un mélange de populations malaises et bantoues vinrent peupler Madagascar depuis la Tanzanie et le Mozambique.

Ensuite, des Arabes supplantent les Malais dans le commerce Asie-Afrique et l'islam s'implante en Malaisie. De 1402 à 1511, le premier royaume malais se développe, mais en 1511 le Portugais Albuquerque s'empare de sa capitale, Malacca. En 1641, les Néerlandais, déjà implantés en Indonésie, se livrent à une colonisation importante, mais les Britanniques leur succèdent en 1824.

Après l'occupation japonaise (1941-1945), la Grande-Bretagne favorise la création en 1957 d'une Fédération de Malaisie, dite de Grande Malaisie en 1963, quand Singapour et les deux États de Bornéo s'unissent à elle. Mais Singapour en sort en 1965. Son fabuleux développement économique (par des Chinois) suscitera celui de la Malaysia. Cette fédération est une monarchie constitutionnelle, membre du Commonwealth, dont le roi, élu pour cinq ans, est choisi parmi les onze sultans de la péninsule. Le pouvoir est exercé par le Premier ministre. Le « danger chinois » mobilise l'opinion malaise. Il est double : une guérilla maoïste s'est manifestée dans les années 1960-1970 et elle a été réduite par l'armée britannique ; des commerçants chinois ont été massacrés en 1969. À cela s'ajoutent les affrontements entre hindous et musulmans. La cohésion politique du pays pose donc un problème (tentative de sécession de Sabah en 1975).

Quoi qu'il en soit un Malais musulman, le docteur Mohammed Mahathir, a su former en 1981 une coalition d'une dizaine de partis, le Front national (F.N.), et il exerce encore le pouvoir. Les élections de 1995 ont donné 162 des 192 sièges au F.N. L'incendie qui a ravagé Bornéo en 1997 a surtout frappé l'État de Sabah, mais la pollution atmosphérique a nui à la péninsule malaise.

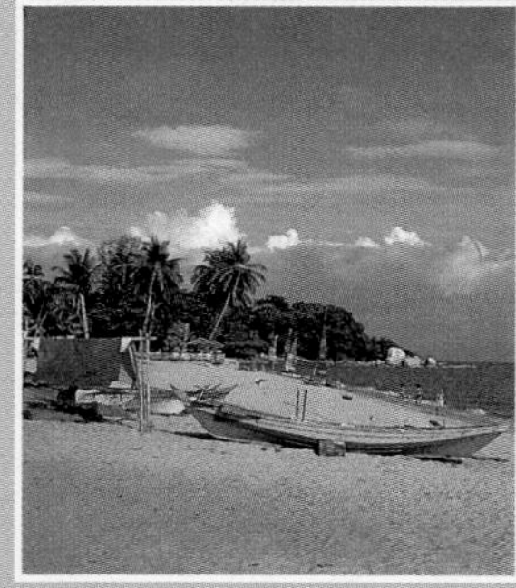

Plage de Batu Ferringhi.

Nicolas de Malebranche.

maldonne n. f. JEU Erreur dans la distribution des cartes. / Fig., fam. *Il y a maldonne*: il y a erreur.

mâle n. m. et adj. **A.** n. m. Être vivant, homme ou animal, qui appartient au sexe capable de féconder. **B.** adj. Qui appartient au sexe masculin. / *Les organes mâles d'une fleur*: les étamines. / TECHNOL. Qualifie une pièce conçue pour entrer dans une autre. *Prise mâle.*

Malebranche (Nicolas de) 1638-1715 Philosophe et théologien français, prêtre de l'Oratoire. Son œuvre reprend les thèses de Descartes pour les concilier avec la doctrine chrétienne. Cette union entre la raison et la foi s'opère par la théorie des causes occasionnelles et par la vision en Dieu des idées claires tant mathématiques que morales: *Recherche de la vérité* (1674), *Traité de la nature et de la grâce* (1680), *Traité de morale* (1683), *Entretiens sur la métaphysique* (1688) et *Traité de l'amour de Dieu* (1697). Ses ouvrages reconnaissent un Dieu essentiellement bon, cause réelle et unique des phénomènes naturels et des actes de la volonté.

Malec (Ivo) 1925 Compositeur français d'origine croate. Lié à Pierre Schaeffer et au Groupe de recherches musicales de l'ORTF (1960), il s'intéresse aussi bien à la musique électro-acoustique (*Reflets*, 1961) qu'aux possibilités de la voix humaine (*Dodécaméron* pour douze voix solistes, 1971) et associe souvent la bande magnétique aux instruments (*Attaca*, 1986).

malédiction n. f. Action de maudire; paroles employées pour maudire. / Colère divine, fatalité.

maléfice n. m. Pratique magique par laquelle on cherche à nuire.

maléfique adj. Attribué à un maléfice. *Influence maléfique.*

malékisme ou **malikisme** n. m. RELIG. Ensemble de la doctrine et des pratiques de l'école malikite.

malékite ou **malikite** adj. RELIG. *École malékite*: école juridique de l'islam sunnite qui, dans ses jugements, fait une large place à l'opinion personnelle et au raisonnement par analogie.

malencontreusement adv. De façon malencontreuse.

malencontreux, euse adj. Qui survient mal à propos, de manière inopportune.

Malenkov (Gheorghi Maximilianovitch) 1902-1988 Homme politique soviétique Membre du parti communiste dès 1920, il devient en 1932 le chef du secrétariat personnel de Staline, dont il sera, en 1953, le successeur, comme secrétaire général du parti communiste et président du Conseil. Cette même année 1953, Khrouchtchev le remplace au premier poste, confiant le second poste à Boulganine en 1955. Il est exclu du comité central en 1957 et doit abandonner tout rôle politique.

mal-en-point ou **mal en point** loc. adj. inv. En mauvais état.

malentendant, e adj. et n. Qui souffre d'une déficience auditive.

malentendu n. m. Interprétation erronée d'une parole ou d'une action; désaccord qui en résulte. *Toute cette affaire repose sur un simple malentendu.*

Malesherbes (Chrétien Guillaume de Lamoignon de) 1721-1794 Homme politique français. Libéral et réformateur, il fut secrétaire de la maison du roi en 1775-1776 et prit parti pour les philosophes. Il fut l'un des avocats de Louis XVI, le défendit devant la Convention (*Mémoire pour Louis XVI*, publié après le procès), mais ne plaida pas. Il fut guillotiné sous la Terreur.

Malet (Claude François de) 1754-1812 Général français. Il conspira contre Napoléon, répandant le bruit de sa mort, lorsque celui-ci était en Russie. Arrêté, il fut fusillé.

Malet (Léo) 1909-1996 Écrivain français, auteur de romans policiers qui ont Paris pour théâtre (*Nouveaux Mystères de Paris*, 1954-1959) et pour héros le détective privé Nestor Burma; ce cycle romanesque a fait l'objet d'adaptations au cinéma et à la télévision, et de bandes dessinées (Tardi).

Malevitch (Kazimir Severinovitch) 1878-1935 Peintre russe. Artiste autodidacte, il s'intéresse au cubisme, puis traverse une période « zaoum » ou « a-logique » (le mot *zaoum*, forgé par Khlebnikov, s'applique à une forme poétique qui abolit les oppositions fondamentales sur lesquelles se fonde la rationalité occidentale, oppositions finalement réductibles à celle opposant la matière et l'esprit) avant d'élaborer, dans une direction proche de Mondrian, le suprématisme, forme épurée du cubisme. C'est à une exposition à Saint-Pétersbourg en 1915 que se dévoile cette nouvelle tendance avec son fameux *Carré noir sur fond blanc*, tendance que préfigurait déjà son décor pour l'opéra *Victoire sur le soleil* (1913). Entre 1915 et 1918, il multiplie les variations sur le même thème avant de créer son célèbre tableau achrome (sans couleur), *Carré blanc sur fond blanc* (1918). À la fin des années 1920, malmené par la politique culturelle de Staline, il reviendra à la figuration sans toutefois se plier au réalisme socialiste et donnera un prolongement à son œuvre dans la rédaction d'ouvrages sur la révolution picturale du XXe siècle.

malfaçon n. f. Défaut dans l'exécution d'un ouvrage.

malfaisance n. f. Litt. Propension à faire le mal.

malfaisant, e adj. Nocif.

malfaiteur, trice n. Personne qui se rend coupable d'actes délictueux ou criminels.

malfamé, e ou **mal famé, e** adj. Mal fréquenté.

malformation n. f. Anomalie congénitale de conformation. *Malformation de la hanche.*

malfrat n. m. Fam. Voyou, truand.

malgache adj. et n. De Madagascar. *Plateaux malgaches. Un(e) Malgache.* / n. m. LING. Langue officielle de Madagascar, appartenant au groupe austronésien.

malgré prép. Contre la volonté de (qqn); en dépit de (qqch.) *L'opération s'est faite malgré lui. Il a pris la mer malgré le mauvais temps.* / loc. conj. *Malgré que*: bien que (ne peut s'utiliser, en emploi figé, que dans la locution verbale *en avoir*). *Malgré que j'en aie, qu'il en ait*...: en dépit de moi, de lui...

malgré-nous n. m. inv. HIST. Nom collectif donné aux conscrits alsaciens enrôlés de force dans l'armée allemande, pendant la Seconde Guerre mondiale.

malhabile adj. Qui n'est pas habile. Syn maladroit.

Malherbe (François de) 1555-1628 Poète français. Devenu le poète d'Henri IV, il entreprend de purifier la poésie française: il proscrit les rythmes irréguliers, les licences, les néologismes et, dans ses œuvres (odes, stances, sonnets), il s'interdit d'exprimer des sentiments personnels. Ce précurseur du classicisme fut salué par Boileau comme un utile réformateur. Son ode la plus célèbre est la *Consolation à M. Du Périer* (1599) d'où est tiré: « Et rose, elle a vécu ce que vivent les roses, l'espace d'un matin ».

malheur n. m. Situation malheureuse, affligeante. / Événement qui frappe douloureusement, qui fait souffrir. *Être victime d'un terrible malheur.* / Mauvais sort. *Porter malheur.*

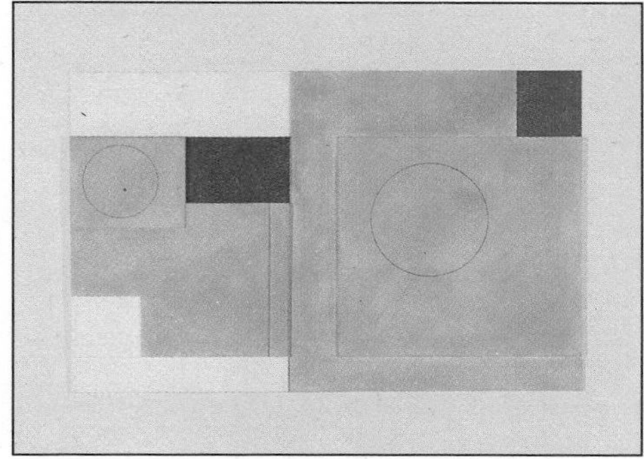

Composition de ***Kazimir Malevitch***.

malheureusement adv. Rare ou litt. Malencontreusement. *Il s'est exprimé bien malheureusement à cette réunion.* / Par malheur. *Malheureusement, elle n'y connaît rien.*

malheureux, euse adj. et n. **I.** Qui n'est pas heureux. / Subst. *Un malheureux, une malheureuse.* / Qui dénote le malheur. *Un air malheureux.* **II.** n. Victime d'une catastrophe, d'un accident. *Les malheureux ont été emportés par l'avalanche.* / adj. Qui a de pénibles, de fâcheuses conséquences. *Une initiative malheureuse.* / **III.** (Placé avant le nom) Insignifiant. *Dix malheureuses minutes de retard ne valent pas cette volée de bois vert.* / Minable, ridicule. *Se fâcher pour une malheureuse histoire d'argent.*

malhonnête adj. Qui n'est pas honnête. / Vieilli Grossier, indécent. *Langage malhonnête.* / Vieilli ou par plaisant. *Propositions malhonnêtes*: avances galantes.

malhonnêtement adv. De façon malhonnête.

malhonnêteté n. f. Caractère de ce qui est malhonnête. / Action contraire à l'honnêteté. *Il a commis de nombreuses malhonnêtetés.*

Mali (royaume puis **empire du)** Royaume fondé dans la région de Bamako par des Mandingues. Entre 1235 et 1240, Soundiata Keita conquit l'empire du Ghana, fondant ainsi l'empire du Mali. Il mourut assassiné vers 1255, mais son nom demeura légendaire. Une cinquantaine d'années plus tard, l'empereur Kankan Moussa étendit encore l'empire (il allait du Niger à l'Atlantique) et accrut ses richesses. Les chroniqueurs arabes racontent que, lors de son pèlerinage à La Mecque (1324-1325), il emporta tant d'or (plusieurs tonnes, dit-on) que le cours du métal s'effondra et demeura très bas pendant plusieurs années; en quittant La Mecque, l'empereur emmena avec lui érudits, commerçants et artistes qui tissèrent des liens importants entre l'Égypte et le Mali et contribuèrent au rayonnement culturel de Tombouctou. Ensuite, ce fut le déclin. À partir du XVe siècle, l'Empire songhay, son vassal, s'agrandit à ses dépens. L'empire du Mali disparut au XVIe siècle.

• **Mali** République enclavée d'Afrique occidentale, au sud-ouest de l'Algérie.

Malibran (Maria de la Felicidad Garcia, dame) 1808-1836 Cantatrice française d'origine espagnole. Sa virtuosité lui assura un énorme succès partout en Europe. Morte à la suite d'un accident de cheval, elle inspira les *Stances à la Malibran* à Musset (1836).

malice n. f. Vx Inclination à faire du mal, à nuire. *N'y pas voir malice.* / Mod. Disposition à s'amuser aux dépens d'autrui par des paroles ou des actes sans méchanceté.

malicieusement adv. Avec malice.

malicieux, euse adj. Qui est plein de malice.

malien, enne adj. et n. Du Mali. *Nomade malien. Un(e) Malien(ne).*

malignement adv. Avec malignité.

malignité n. f. Caractère nuisible, grave, souvent insidieux, d'une chose (par oppos. à *bénignité*). *Malignité d'une maladie.*

Malik Ibn Anas 715-795 Juriste musulman dont l'œuvre composée à Médine, *Al-Muwatta* (« Le Chemin aplani »), constitue le plus ancien manuel de droit musulman, fondé sur la coutume de Médine. L'école de jurisprudence dite *malikite* (ou *malékite*) se réfère à sa doctrine.

MALI

Superficie : *1 240 192 km²* – **Nombre d'habitants :** *11 480 000 h.* – **Capitale :** *Bamako*
Villes principales : *Ségou, Mopti, Sikasso* – **Système politique :** *république* – **Langue(s) :** *français (officielle)* – **Religion(s) :** *islam* – **Monnaie(s) :** *franc C.F.A.*

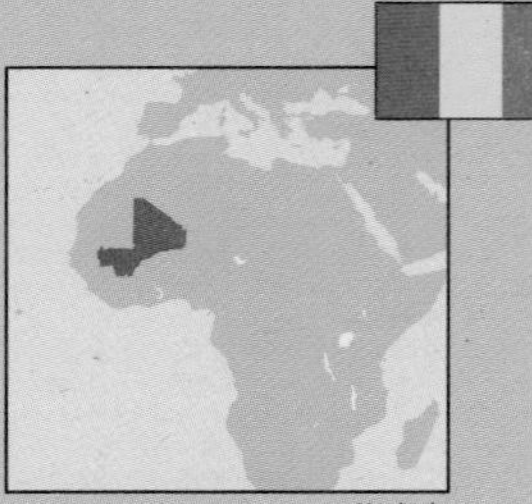

Voir l'Atlas

Géographie physique et humaine

Le Mali est un pays de plateaux et de massifs peu élevés. Le sud est partiellement mis en valeur par l'aménagement du haut Niger et du Sénégal. Au nord, le désert du Sahara est le domaine de l'élevage nomade.

Entre ces deux zones, le Sahel bénéficie de pluies variables (en hiver), qui conditionnent la survie des populations. Il est traversé par le Niger, dont le bassin intérieur, le Macina, devient, lors des crues, un immense lac (300 km sur 100 km). La population est faite de nombreuses ethnies ; on parle au Mali toutes les langues africaines : nigéro-congolaises (groupes mandé, gur et ouest-atlantique), nilosahariennes et afro-asiatiques (berbère, arabe hassaniya). L'ethnie principale est celle des Bambaras (plus du tiers de la population) ; le bambara (du groupe mandé) est une langue véhiculaire très répandue. Viennent ensuite les Peuls (14 %). Le taux de croissance démographique excède les 3 % annuels. 60 % des Maliens ont moins de 20 ans. La population, musulmane à 90 %, est rurale à 75 %. Bien que soumis à la sécheresse, le pays ne connaît pas la famine. Les deux grandes cultures sont le millet et, pour l'exportation, le coton (2ᵉ production d'Afrique, après l'Égypte). La culture du riz progresse ; le tiers de la production peut être exporté. Autres ressources : arachide, pêche dans les eaux intérieures (65 000 tonnes), élevage (bovins, ovins, caprins, volailles). Les ressources minières (or, sel, diamants, bauxite, manganèse, fer, voire pétrole) sont quasiment inexploitées, alors que l'hydroélectricité abondante pourrait promouvoir l'industrie (inexistante). Les importations sont plus de deux fois supérieures aux exportations. L'aide internationale correspond au quart du P.N.B. L'émigration, vers la France et la Côte-d'Ivoire, était importante, mais s'est ralentie.

Danse rituelle à Bandiagara, en pays dogon.

Histoire

L'ouest du Mali actuel fit partie de l'empire du Ghana. À la chute de l'empire du Mali, vaincu par le royaume vassal de Gao qui allait donner naissance à l'empire songhay ; ce dernier atteignit son apogée aux XVᵉ et XVIᵉ siècles, mais fut vaincu par le Maroc en 1591. Les deux siècles qui suivent sont marqués par l'influence du commerce européen : l'intérieur décline au profit des côtes. À la fin du XVIIIᵉ siècle, les Peuls du Macina fondent un empire musulman, qui est conquis par l'empire toucouleur en 1862.

La France lance dans la région une offensive, dirigée par Gallieni, à partir de 1885. En 1893, elle remporte une victoire décisive sur l'empereur toucouleur. La conquête s'achève en 1898 ; le Mali et d'autres territoires (qui font aujourd'hui partie de la Mauritanie, du Burkina-Faso et du Niger) sont réunis sous le nom de Haut-Sénégal-Niger et intégrés à l'Afrique-Occidentale française : en 1920, la colonie du Haut-Sénégal-Niger devient le Soudan français. En 1946, c'est à Bamako qu'est fondé le Rassemblement démocratique africain (R.D.A.), présidé par l'Ivoirien Félix Houphouët-Boigny. La section locale du R.D.A., nommée Union soudanaise (U.S.-R.D.A.), a pour dirigeant Modibo Keita. En 1958, les 97 % de « oui » au référendum sur l'Union française débouchent sur une large autonomie (comme dans toute l'Afrique francophone, Guinée exceptée). En 1959, la Fédération du Mali groupe le Soudan (Mali actuel) et le Sénégal.

Village dogon.

Elle accède à l'indépendance le 20 juin 1960, mais les deux pays se séparent en août et la république du Mali est proclamée le 22 septembre. Modibo Keita la préside. S'appuyant sur l'U.S.-R.D.A., il veut instaurer le socialisme. En 1962, le franc malien remplace le franc C.F.A. et la révolte des Touaregs du Nord débute. Les relations se tendent entre le Mali et la France. Keita est renversé en novembre 1968 et emprisonné par de jeunes officiers qui instaurent la dictature de Moussa Traoré.

La contestation populaire prend jour progressivement. Elle culmine en mars 1991 ; l'armée tire sur la foule. Le lieutenant-colonel Amadou Toumani Touré renverse Traoré et organise des élections, que remporte Alpha Oumar Konaré. Ce dernier lance une grande offensive (juin 1994-janvier 1995) contre les Touaregs dont il conquiert la base. Il est réélu en 1997, l'opposition boycottant le scrutin. Les élections de 2002 ont porté au pouvoir Amadou Toumani Touré.

malikisme, malikite Voir **malékisme, malékite**

malin, maligne adj. et n. **A.** adj. Occupé à faire le mal. *Esprit malin* ou (n. m.) *le Malin* : le diable. / De la nature du mal (par oppos. à *bénin*.). *Plaisir malin, joie maligne.* / Mauvais, pernicieux, nocif. *Influence maligne.* / MÉD. Qualifie une maladie susceptible d'évoluer vers une issue fatale, une tumeur susceptible de se généraliser et d'entraîner la mort. *Tumeur maligne.* / Qui est roué, rusé. *Il est malin comme un singe.* / Qui dénote la ruse. *Ce n'est pas malin* : c'est stupide. **B.** n. *C'est un(e) malin(e). Faire le malin* : affecter des airs supérieurs, fanfaronner, plastronner.

Malines *75 718 h.* Ville de Belgique, sur la Dyle, centre important de l'industrie textile (lin) et ville touristique : cathédrale gothique (XIIIᵉ siècle), halle aux draps (XIVᵉ siècle, Malines étant la capitale de la draperie flamande). Gravitant autour d'Anvers, la ville s'est fortement industrialisée. Malines est le siège de l'archevêché métropolitain de Belgique (avec Bruxelles depuis 1962).

malingre adj. De faible constitution, d'apparence maladive. Syn chétif.

malinké adj. et n. inv. Des Malinké. *La civilisation malinké. Un(e) Malinké.* / n. m. LING. Langue du groupe mandé, parlée au Mali, en Guinée, au Sénégal.

Malinké(s) Ethnie mandingue de l'empire du Mali, qui vit majoritairement aujourd'hui en Guinée.

Malinovski (Rodion Iakovlevitch) 1898-1967 Maréchal soviétique. Volontaire dans le corps russe du front français en 1917, puis engagé dans la Légion étrangère, il rentra en 1919 en Russie. Général en 1939, il se distingua à Stalingrad et en Autriche. De 1957 à sa mort, il fut ministre de la Défense.

Malinowski (Bronislaw) 1884-1942 Anthropologue et ethnologue britannique d'origine polonaise. Se fondant sur la psychanalyse et l'analyse fonctionnelle, il a étudié la sexualité et la structure familiale d'une population de Mélanésiens (*Les Argonautes du Pacifique occidental*, 1922) avant de généraliser ses observations (*La Sexualité et sa répression dans les sociétés primitives*, 1927).

malintentionné, e adj. Dont les intentions sont malignes.

Malipiero (Gian Francesco) 1882-1973 Compositeur italien. Influencé par les compositeurs français de son époque et par les compositeurs de la Renaissance italienne, il parvint à unir dans ses nombreuses œuvres ces tendances diverses et créa des sonorités nouvelles dans un style sobre.

malique adj. CHIM. *Acide malique* : acide de formule HOOC–CH_2–CHOH–COOH, présent dans de nombreux végétaux (pommes notam.).

Mallarmé (Stéphane) 1842-1898 Poète français. Précocement orphelin, enfant mélancolique, bureaucrate effacé, il devint en 1863 professeur d'anglais et enseigna d'abord en province, puis à Paris, au lycée Condorcet, à partir de 1871. Dépourvue d'événements marquants, apparemment monotone, sa vie a tout entière été consacrée à son art. Sa poésie n'exprime pas des émotions, mais plutôt une aspiration purement intellectuelle à la beauté. Pour lui, il existe une réalité idéale dont le monde extérieur n'est que l'apparence. Le poète doit retrouver cet idéal, même s'il parle un langage différent de celui des autres hommes. Cette vision explique l'hermétisme de certaines

Portrait de **Stéphane Mallarmé** par Manet.

de ses œuvres : *L'Après-midi d'un faune* (1876), *Prose pour Des Esseintes* (1885), plusieurs *Tombeaux* (sonnets célébrant Edgar Poe, Baudelaire), *Un coup de dés jamais n'abolira le hasard* (1897). Ses principaux textes en prose furent réunis en 1897 dans le recueil *Divagations*. Son influence a été considérable sur ses contemporains et il continue d'exercer une grande fascination.

malle n. f. Coffre destiné à enfermer les affaires que l'on emporte pour un voyage. / Coffre d'une automobile. / *Malle-poste* ou *malle* : ancienne voiture postale. / HIST. *Malle des Indes* : service postal rapide, entre les Indes et l'Angleterre, mis en place en 1839.

Malle (Louis) 1932-1995 Cinéaste français. Ses œuvres de styles très divers révèlent ses talents d'observateur et de critique des relations sociales : *Le Monde du silence* (avec Cousteau, 1955), *Ascenseur pour l'échafaud* (1957), *Les Amants* (1958), *Zazie dans le métro* (1960), *Viva Maria* (1965), *Le Souffle au cœur* (1971), *Lacombe Lucien* (1974), *Au revoir les enfants* (autobiographique, 1987).

malléabilité n. f. Propriété d'un corps malléable.

malléable adj. Que l'on peut facilement façonner de manière irréversible. *Le métal le plus malléable est l'or que l'on peut réduire en feuilles de 1/10 000ᵉ de mm d'épaisseur.* / Fig. Qui se laisse aisément influencer. *Un esprit malléable.*

malléole n. f. ANAT. Chacune des deux saillies osseuses situées à l'extrémité inférieure de la jambe. *Malléole externe* : extrémité inférieure du péroné, qui forme la partie externe du squelette de la cheville. *Malléole interne* : extrémité inférieure du tibia.

Mallet-Stevens (Robert) 1886-1945 Architecte et décorateur français, dont le style dépouillé (emploi du béton armé, volumes cubiques, murs nus animés par des baies vitrées et de savants décrochements) s'exprima surtout dans des maisons individuelles (série des maisons de la rue Mallet-Stevens, à Paris, villa Noailles à Hyères).

mallette n. f. Petite valise.

Malmaison Commune des Hauts-de-Seine où se trouve le domaine acheté en 1799 par Joséphine de Beauharnais.

malmener v. t. [1] Traiter (qqch., qqn) sans ménagement, avec rudesse. *Malmener sa voiture.* / SPORT *Malmener un adversaire*, le mettre en mauvaise posture.

Malmö *242 706 h.* Ville et port du sud de la Suède, chef-lieu de län et centre industriel.

malnutrition n. f. Alimentation insuffisante ou mal adaptée aux besoins d'une personne, provoquant une altération de l'organisme.

malodorant, e adj. Qui dégage une odeur désagréable.

Malory (sir Thomas) 1408-1471 Écrivain anglais. Il fut l'un des derniers à reprendre les thèmes du roman breton : *Morte d'Arthur* (vers 1470).

Malot (Hector) 1830-1907 Écrivain français. Auteur de romans réalistes, il s'est particulièrement intéressé à l'enfance : *Sans famille* (1878), *En famille* (1893).

malotru, ue n. Personne aux manières grossières.

Malouines (îles) Nom français des *îles Falkland*.

Malpighi (Marcello) 1628-1694 Médecin et anatomiste italien. Il fut l'un des premiers à se servir du microscope pour l'étude des tissus. Il découvrit, dans le rein, les glomérules nommés *corpuscules de Malpighi*. On nomma *pyramide de Malpighi* un faisceau de tubes urinifères.

Malplaquet Localité du département du Nord. En 1709, Marlborough et le Prince Eugène y vainquirent Villars, mais celui-ci parvint cependant à les affaiblir suffisamment pour que la France fût sauvée de l'invasion.

malpoli, e adj. et n. Mal élevé ; impoli.

malpropre adj. et n. Qui n'est pas propre, sale. / Fig. Indécent ou malhonnête. *Histoires malpropres. Affaires malpropres.* / Subst. *Il s'est fait renvoyer comme un malpropre.*

malproprement adv. De façon malpropre.

malpropreté n. f. Caractère de ce qui est malpropre, saleté. / Acte contraire à l'honnêteté, à la décence.

• **Malraux (André)** 1901-1976 Écrivain et homme politique français.

malsain, e adj. Qui n'est pas sain, nuisible pour la santé. *Une plaie malsaine. Climat malsain.* / Qui témoigne d'un mauvais état de santé. *Une pâleur malsaine.* / Fig. *Curiosité malsaine*, perverse, née de désirs inavouables, inavoués.

malséant, e adj. Litt. Contraire à la bienséance. Ant. bienséant.

malsonnant, e adj. Litt. Grossier, en parlant de paroles. *Des propos malsonnants.*

malström, malstrom Voir **maelstrom**

malt n. m. (mot anglais) Céréale (l'orge généralement) dont on fait germer, sécher puis dégermer les grains pour les utiliser en brasserie et en distillerie.

maltais, e adj. et n. De Malte. *Port maltais. Un(e) Maltais(e).*

• **Malte (île de)** République insulaire de la Méditerranée, entre la Sicile et l'Afrique, État membre du Commonwealth.

Malte (ordre souverain hospitalier et militaire de) Ordre religieux qui siège à Rome. À la fin du XIᵉ siècle, la congrégation des Hospitaliers de Saint-Jean remplaça les bénédictins qui occupaient l'hôpital de Jérusalem (d'où leur nom d'Hospitaliers de Saint-Jean-de-Jérusalem),

MALRAUX (ANDRÉ)

Lié à Max Jacob (dont on relève l'influence dans son premier livre, *Lunes de Papier*, paru en 1920), bibliophile vivant de l'achat et de la vente de livres rares, conseiller de revues d'art, il fait, en Indochine, un premier séjour en 1924, au cours duquel il s'approprie des bas-reliefs à Angkor (ce qui lui vaudra des ennuis judiciaires), puis un deuxième en 1925, au cours duquel il anime un journal, *L'Indochine* (devenu *L'Indochine française*), dans lequel il manifeste son anticolonialisme. À son retour, il rejoint la *Nouvelle Revue française* et joue un rôle important dans la vie littéraire française. Il fait partie du Comité des écrivains antifascistes aux côtés (notamment) de Gide et mène une intense activité militante. En 1936, il prend part à la guerre civile en Espagne aux côtés des républicains. En 1940, après l'armistice, il s'installe dans le midi de la France et se consacre à l'écriture. Engagé dans la Résistance en mars 1944, il fédère, peu après, les maquis de Corrèze sous le nom de « colonel Berger », puis organise et commande la brigade Alsace-Lorraine. Il est ministre de l'Information dans le cabinet du général de Gaulle à la fin de la Seconde Guerre mondiale. Lorsque ce dernier revient au pouvoir, en 1958, il est ministre délégué et porte-parole du gouvernement, avant de devenir ministre des Affaires culturelles en 1959, fonction dans laquelle il s'impose et qu'il occupera jusqu'en 1969. Ses romans associent aux réalités de l'histoire vécue les visions poétiques et philosophiques inspirées par l'idéal de révolution : *Les Conquérants* (1928), *La Condition humaine* (1933), qui ont pour théâtre la Chine, et particulièrement la révolution chinoise (où Malraux, contrairement à ce que tout le monde a longtemps cru, n'a joué aucun rôle) ; *L'Espoir* (1937), sur la guerre d'Espagne, dont il rapporta un film du même nom. Cette création romanesque, suivie de profondes méditations sur l'art (*Les Voix du silence*, 1951 ; *La Métamorphose des dieux*, 1957-1976) et de la parution des *Antimémoires* (1967), constitue une œuvre remarquable, aux accents solennels et pathétiques.

André Malraux.

MALTE (ÎLE DE)

Superficie : *316 km²* – **Nombre d'habitants :** *371 000 h.* – **Capitale :** *La Valette*
Villes principales : *Birkirkara, Zabbar* – **Système politique :** *république*
Langue(s) : *maltais, anglais* – **Religion(s) :** *catholicisme* – **Monnaie(s) :** *livre maltaise*

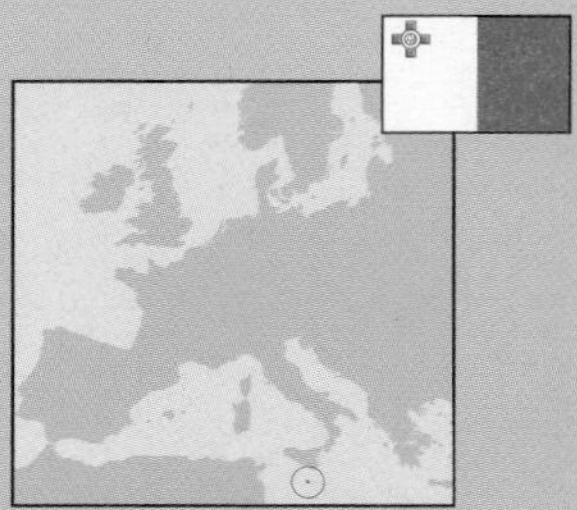

Voir l'Atlas

Le port de La Valette.

Géographie physique et humaine

Malte est l'île principale d'un archipel (Malte, Gozo, Comino ; Filfola) aux côtes élevées et découpées et au climat méditerranéen. D'origine complexe, la population est si dense (près de 1 200 h./km²) que l'agriculture, malgré sa richesse (fruits, légumes, céréales), peut satisfaire seulement le quart des besoins, mais l'émigration, traditionnelle, a cessé. L'eau est fournie par le dessalement de l'eau de mer. L'économie de Malte est fondée sur le tourisme et sur le commerce.

Histoire

Peuplé depuis l'âge de pierre, l'archipel fut phénicien, grec, carthaginois, puis romain après les guerres puniques (218 av. J.-C.). Tôt christianisé, il tomba aux mains des Vandales et des Ostrogoths avant d'être conquis par Byzance (533), puis par les Arabes (869). Roger Ier de Sicile s'en empara en 1091. En 1530, Charles Quint établit à Malte les Hospitaliers de Saint-Jean de Jérusalem, ordre religieux et militaire qui deviendra l'ordre de Malte.

En 1798, Bonaparte conquiert Malte. La France en est chassée en 1800 par les Anglais qui imposent leur protectorat (1802), puis annexent l'île (1814). Malte est indépendante en 1964. En 1972, le Premier ministre travailliste négocie avec la Grande-Bretagne la fermeture des bases militaires, que celle-ci évacue en 1979. Les nationalistes l'emportent sur les travaillistes en 1987 et demandent l'intégration de Malte dans la Communauté économique (puis Union) européenne.

En 1996-1998, les travaillistes reviennent au pouvoir. En septembre 1998, les nationalistes remportent les élections anticipées. Leur leader, Eddie Fenech Adami, demande l'admission de Malte dans l'Union européenne. Cette adhésion, dont le principe a été ratifié par référendum le 9 mars 2003, sera effective en 2004.

***Malvacées** : guimauve.*

édifié à l'origine pour abriter les pèlerins, et se transforma en ordre militaire au XIIIe siècle, sans abandonner ses tâches hospitalières. Installés à Chypre (1291), à Rhodes en 1308, puis établis à Malte en 1530 sur ordre de Charles Quint, les chevaliers durent se réfugier en Italie après 1800 lorsque les Anglais occupèrent l'île. L'ordre est considéré comme un État souverain. Dirigé par un grand maître, il compte 7 400 membres, clercs et laïcs, répartis en trois groupes : les chevaliers profès (chevaliers de justice) qui prononcent des vœux religieux (pauvreté, chasteté, obéissance) ; les chevaliers d'honneur et de dévotion et les chevaliers de grâce, qui ne prononcent pas de vœux. Ordre aristocratique, l'ordre de Malte exige de ses membres la preuve de leur noblesse ; son action est essentiellement caritative.

malté, e adj. (En parlant de céréales). Converti en malt. *Orge malté.* / Qui contient du malt. *Biscuit malté.* / Qui rappelle le malt. *Saveur maltée.*

Malte-Brun (Malte Konrad Bruun, dit **Konrad)** 1775-1826 Géographe danois. Partisan de la Révolution française, il se réfugie en Suède puis s'installe à Paris où il contribue à la fondation de la Société de Géographie et publie sa *Géographie mathématique, physique et politique de toutes les parties du monde* (1803-1807).

Malthus (Thomas Robert) 1766-1834 Économiste anglais. Il exprima ses craintes devant les conséquences fâcheuses du surpeuplement dans son *Essai sur le principe de population* (1798). D'après sa théorie, les individus se multiplient selon une progression géométrique alors que les ressources alimentaires s'accroissent selon une progression arithmétique. Il en résulte une lutte pour l'existence, la victoire restant à ceux qui sont déjà nantis de quelques avantages sur les autres. Ces maux seraient enrayés de deux façons, par des moyens destructifs (épidémies et guerres, fruits du déséquilibre financier) et restrictifs (réduction volontaire de la natalité).

malthusianisme n. m. Doctrine de Malthus préconisant la continence pour éviter la surpopulation. / Par ext. Doctrine préconisant les mesures anticonceptionnelles.

malthusien, enne adj. Propre ou relatif à Malthus, au malthusianisme.

maltose n. m. BIOCHIM. Diholoside formé par hydrolyse de l'amidon. Son hydrolyse donne deux molécules de glucose.

maltraitance n. f. Action, fait de maltraiter une personne en position d'infériorité (enfants, personnes âgées, handicapés, etc.).

maltraiter v. t. [1] Faire subir de mauvais traitements à, brutaliser (qqn, un animal). / Traiter sans ménagements.

malus n. m. Pénalité qui majore la prime d'assurance d'un conducteur dans le cas d'accidents où sa responsabilité est engagée. Ant. bonus.

Malus (Étienne Louis) 1775-1812 Physicien français. En utilisant les travaux de C. Huygens sur les propriétés de la lumière, il démontra que la lumière pouvait être polarisée par réflexion, alors que l'on considérait que seule la réfraction le permettait.

malvacées n. f. pl. BOT. Famille de plantes dicotylédones dialypétales des régions tempérées et tropicales, groupant des arbres, des arbrisseaux et des plantes herbacées. *Les mauves, le cotonnier, l'hibiscus, la guimauve font partie des malvacées.*

malveillance n. f. Disposition d'esprit hostile à l'égard de qqn ; tendance à vouloir du mal à qqn. / Intention de nuire. *Détériorations dues à la malveillance.*

malveillant, e adj. Qui veut du mal à qqn, lui est hostile. / Subst. *Un(e) malveillant(e).* / Qui dénote de la malveillance. *Propos malveillants.*

malvenu, e adj. Litt. Sans légitimité. *Il serait bien malvenu d'intervenir.* / Inopportun. *Propos malvenus.*

malversation n. f. Détournement d'argent, d'objets, commis dans l'exercice d'une charge.

malvoyant, e adj. et n. Souffrant d'une déficience, d'une diminution de l'acuité visuelle. / Subst. *Un(e) malvoyant(e).*

maman n. f. Terme affectueux donné à la mère.

mambo n. m. (mot hispano-américain) Danse de couple d'origine cubaine, au rythme binaire.

mamelle n. f. Glande qui sécrète du lait chez les femelles des mammifères. (Chez la femme, les deux mamelles thoraciques se développent à l'âge de la puberté. Lors de la grossesse, il y a hypertrophie mammaire, avec apparition de sécrétion lactée dès l'accouchement. Le nombre, la forme et la localisation des mamelles varient selon les espèces animales).

mamelon n. m. ANAT. Bout du sein chez la femme. / GÉOGR. Sommet de forme arrondie.

mamelouk n. m. et adj. HIST. Soldat recruté parmi les esclaves, notam. turcs et circassiens, pour faire partie d'une milice d'élite, très puissante en Égypte dès le XIIIe siècle, et qui furent à l'origine de plusieurs dynasties. / adj. Des mamelouks. *L'armée mamelouke.*

♦ Au XVIIIe siècle, les chefs mamelouks, dont le sultan avait annexé au XVIe siècle les États qu'ils avaient peu à peu constitués mais qui avaient conservé leur puissance, se révoltèrent contre le pacha nommé par la Sublime Porte et s'affirmèrent comme les vrais maîtres de l'Égypte. Ils avaient formé le projet de renverser le nouveau vice-roi, Mohammed Ali ; ce dernier, averti du complot, en fit massacrer trois cents (1811), ce qui mit fin à leur pouvoir. Au cours de la campagne d'Égypte, une partie des mamelouks s'étaient ralliés à Bonaparte, constituant une unité que ce dernier ramena en France en 1798, et qui fut dispersée à la chute de l'Empire.

mamie, mamy ou **mammy** n f. Grand-mère, dans le langage enfantin. *Bonjour, mamie. La fête des mamies.* / Fam. Vieille dame. *Change de coiffure, on dirait une mamie.* Pl. Des *mam(m)ies*, des *mam(m)ys.*

mammaire adj. ANAT. Propre ou relatif aux mamelles.

mammalien, enne adj. ZOOL. PALÉONT. *Reptiles mammaliens* : reptiles fossiles, pourvus de mamelles, qui existèrent dès le Permien et dont les mammifères sont issus. *Lignée mammalienne* : lignée de reptiles mammaliens.

mammectomie n. f. CHIR. Ablation mammaire.

Mammeri (Mouloud) 1917-1989 Écrivain algérien d'expression française. Sa trilogie romanesque (*La Colline oubliée*, 1952 ; *Le Sommeil du juste*, 1955 ; *L'Opium et le Bâton*, 1965) témoigne de la violence et de la complexité de la société algérienne moderne.

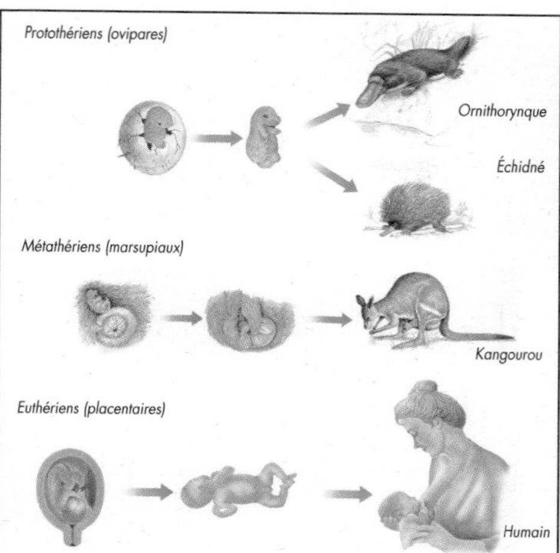

Les trois principaux groupes de **mammifères** et leur mode de reproduction.

Managua.

mammifères n. m. pl. ZOOL. Classe de vertébrés tétrapodes, homéothermes, à mamelles, au corps généralement couvert de poils.

♦ Le cœur des mammifères est divisé en quatre cavités. Ils possèdent un encéphale et des organes des sens bien développés. À l'exception des monotrèmes (ornithorynques, échidnés), les mammifères sont vivipares. Les femelles allaitent leurs petits. De nombreux mammifères sont terrestres (kangourou, tigre, hérisson, rhinocéros, éléphant), d'autres sont arboricoles (martre, écureuil), fouisseurs (campagnol, taupe), amphibies (loutre), marins (cétacés) ou adaptés au vol (chauve-souris).

mammographie n. f. MÉD. Examen radiographique de la glande mammaire.

mammouth n. m. Éléphant fossile, haut de 3,50 m, à toison laineuse et aux énormes défenses recourbées vers l'arrière, qui vivait à l'ère quaternaire. *On a retrouvé des spécimens de mammouths intacts conservés dans les glaces de Sibérie durant des millénaires.*

mammy Voir **mamie**

mamours n. m. pl. Fam. Caresses tendres.

Mamun ou **Mamoun (Abd Allah al-)** 786-833 Calife abbasside. Fils d'Haroun al-Rachid, il fit traduire en arabe les philosophes grecs.

mamy Voir **mamie**

man n. m. Larve du hanneton. Syn. ver blanc.

Man (île de) *588 km^2 73 000 h.* Île britannique de la mer d'Irlande. Ville principale *Douglas*. Élevage (chevaux), pêche et tourisme.

manade n. f. Troupeau de taureaux, de chevaux sous la conduite d'un gardian, en Camargue.

manadier n. m. Propriétaire d'une manade.

management n. m. (anglicisme) Ensemble des techniques d'organisation et de gestion des entreprises.

manager [1] (anglicisme) ou **manageur** n. m. Personne qui dirige une entreprise. / Personne qui s'occupe de la carrière d'un sportif, d'un artiste, et gère ses intérêts.

manager [2] v. t. [1] (anglicisme) SPORT Diriger l'entraînement de (un sportif, une équipe). / Diriger (une entreprise).

Managua *973 760 h.* Capitale du Nicaragua, fondée en 1858 près du lac Managua (*1 234 km^2*), reconstruite après le tremblement de terre de 1972. Industries de transformation, raffineries de pétrole.

Manama (al-) *200 000 h.* Capitale de l'émirat de Bahreïn et port de cabotage. À proximité, raffineries de pétrole.

manant n. m. HIST. Au Moyen Âge, habitant d'un bourg, d'un village ; roturier soumis à la justice du seigneur.

Manassé Personnage biblique, fils de Joseph, frère d'Éphraïm, ancêtre éponyme d'une des tribus d'Israël.

Manaus *1 078 277 h.* Capitale de l'État d'Amazonas au nord du Brésil. Port situé en pleine forêt vierge sur le rio Negro, elle doit son extraordinaire croissance, à la fin du XIXe siècle, à l'industrie du caoutchouc. La ville conserve de cette période (1900-1911) d'importants édifices, notamment un théâtre de 1 200 places. Elle est devenue un grand centre industriel.

mancenille n. f. Fruit du mancenillier.

mancenillier n. m. Arbre originaire des Antilles et d'Amérique centrale, de la famille des euphorbiacées. *Le latex du mancenillier est vénéneux.*

Vue aérienne de **Manaus**.

manche [1] n. f. Partie du vêtement qui recouvre, totalement ou partiellement, le bras. / Chacune des parties liées dans certains jeux, dans certains sports. *Partie qui se joue en trois manches : la première manche, la revanche et la belle.* / Tuyau de conduite de gaz, de liquide. / MAR. *Manche à air* : large tube coudé sur le pont d'un navire, destiné à l'aération des parties intérieures.

manche [2] n. m. Partie d'un instrument par laquelle on le tient. *Manche de pioche, de casserole.* / AVIAT. *Manche à balai* : levier de commande du gouvernail. / MUS. Partie d'un instrument à cordes où sont fixées les cordes. / CUIS. Partie à découvert d'un os de gigot, de côtelette.

L'Eurotunnel relie la France à l'Angleterre, sous la **Manche**.

Manche (la) (en anglais *The Channel*) Mer peu profonde reliant l'Atlantique et la mer du Nord et séparant la France de l'Angleterre entre le cap Gris-Nez et le cap de La Hague. Zone de fortes marées, elle constitue une voie maritime très fréquentée. Depuis 1994, le tunnel sous la Manche relie la France et la Grande-Bretagne.

Manche (département de la) [50] *5 938 km^2 479 636 h.* Chef-lieu *Saint-Lô*. Département qui fait partie de la Région Basse-Normandie. Il s'étend sur la péninsule du Cotentin et sur l'extrémité occidentale du Bocage normand. Sur les roches anciennes

Département de **La Manche**.

Mandarin (© Tan Loc Nguyen).

Nelson Mandela.

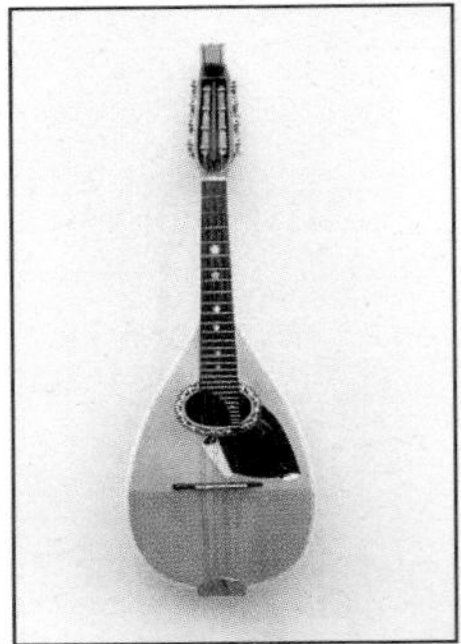
Mandoline.

du Massif armoricain, il est le domaine du bocage et de l'élevage laitier. La Manche est le premier département laitier de France. À cause de son éloignement, la Manche n'a pas bénéficié de la décentralisation parisienne. L'industrie est concentrée à Cherbourg, port de guerre et de voyageurs à la pointe est du Cotentin ; la pointe ouest abrite le centre de retraitement des déchets nucléaires de La Hague, au sud duquel on a implanté la centrale nucléaire de Flamanville. Les principales activités du littoral sont la culture maraîchère, la pêche et le tourisme. Comme tout le département, les villes intérieures (Avranches, Coutances) souffrent du déclin des industries rurales (textiles et petite métallurgie) ce qui entraîne une intense émigration. Le tourisme est en plein essor (Mont-Saint-Michel, Granville, etc.).

Manche (la) Région âpre et désolée du centre de l'Espagne, constituant le sud de la communauté autonome Castille-la Manche. Elle fut immortalisée par Cervantès dans *Don Quichotte*.

Manchester *431 061 h.* Ville de Grande-Bretagne dans le nord de l'Angleterre, chef-lieu du comté du *Greater Manchester* (*2 578 000 h.*). Manchester, touchée par le déclin de l'industrie cotonnière dont elle fut le plus grand centre mondial, développe ses industries chimiques, pétrolières et métallurgiques. Elle est, avec le port de Liverpool (auquel un canal la relie), le pôle économique du Lancashire.

manchette n. f. Garniture en tissu ou dentelle fixée au bas d'une manche au niveau du poignet. / Partie du gant au-dessus du poignet. / Titre en gros caractères de la première page d'un journal. / Coup donné avec l'avant-bras.

manchon n. m. Cylindre de fourrure ou de tissu chaud dans lequel on glisse les mains pour les protéger du froid. / TECHNOL. Pièce cylindrique servant d'enveloppe, de raccord. *Manchon à incandescence* : gaine incombustible servant à l'éclairage, qui émet une vive lumière lorsqu'elle est portée à forte température.

manchot [1] n. m. ZOOL. Oiseau marin de l'ordre des sphéniciformes, à plumage noir sur le dos, blanc sur le ventre, qui vit dans les régions antarctiques, dont les membres antérieurs, inaptes au vol, sont transformés en nageoires.

manchot, e [2] adj. et n. Qui est amputé d'une main ou d'un bras.

mancie n. f. Procédé de divination ou science divinatoire.

Mancini Famille italienne à laquelle appartenaient cinq des nièces du cardinal Mazarin. **Laure** 1636-1657 Elle épousa Louis de Vendôme, duc de Mercœur, petit-fils d'Henri IV et de Gabrielle d'Estrées. **Olympe** 1639-1708 Aimée de Louis XIV, elle épousa Maurice de Savoie-Carignan et fut la mère du Prince Eugène. **Marie** 1640-1715 Amoureux d'elle, Louis XIV voulut l'épouser. Mazarin s'y opposa, l'exila à Brouage et la maria au prince Colonna dont elle se sépara vite. Réfugiée en France, Louis XIV la fit enfermer dans un couvent d'où elle s'échappa. Elle mena ensuite une vie aventureuse et mourut en Italie. **Hortense** 1646-1699 Épouse du duc de La Meilleraye (qui prit le nom de duc de Mazarin), elle le quitta, s'installa à Londres, y fut la maîtresse de Charles II et y tint un salon littéraire fréquenté par les libertins. **Marie-Anne** 1649-1714 Épouse de Maurice de La Tour d'Auvergne, duc de Bouillon, elle fut liée à La Fontaine.

mandala n. m. (mot sanskrit) RELIG. Dans le tantrisme et le bouddhisme, ensemble de figures géométriques exprimant la relation mystique entre mondes physique et divin.

mandant, e n. DR. Personne qui donne mandat à qqn.

mandarin n. m. HIST. Nom donné aux hauts fonctionnaires, civils et militaires, de l'empire chinois, recrutés parmi les lettrés. / Fig. Universitaire influent. / LING. Langue sino-tibétaine, parlée dans la Chine ancienne. / Langue officielle de la Chine, appelée aussi *chinois de Pékin*.

mandarinal, ale, aux adj. Propre ou relatif aux mandarins.

mandarinat n. m. Charge, dignité de mandarin ; ensemble des mandarins. / Fig., péjor. Groupe social formé par les mandarins universitaires ; prérogatives attachées à ce statut.

mandarine n. f. Agrume voisin de l'orange, plus petit et plus parfumé.

mandarinier n. m. BOT. Arbre fruitier qui produit la mandarine.

mandat n. m. Acte par lequel une personne (le mandant) charge une autre personne (le mandataire) d'accomplir un acte en son nom et pour son compte. / Pouvoir conféré à un représentant élu. *Mandat présidentiel.* Durée de ce mandat. / FIN. Ordre de transférer une somme d'argent, donné par le propriétaire au dépositaire de ses fonds. / Titre postal par l'intermédiaire duquel une personne peut faire parvenir le paiement d'une somme d'argent à son correspondant. / DR. Ordre délivré par un juge ou par le procureur de la République. *Mandat d'amener* : ordre de faire comparaître un suspect, même par contrainte. *Mandat d'arrêt* : ordre de procéder à l'arrestation de qqn. *Mandat de dépôt* : ordre d'incarcérer qqn.

mandat-carte n. m. Mandat postal payable en espèces. Pl. Des *mandats-cartes*.

mandat-lettre n. m. Mandat encaissable dans un bureau de poste. Pl. Des *mandats-lettres*.

mandataire n. Personne à laquelle est confié un mandat.

mandater v. t. [1] Charger (qqn) d'un mandat. *Mandater un huissier.* / Payer (une somme) avec un mandat.

mandature n. f. Durée d'un mandat électif.

mandchou, e adj. et n. Relatif aux Mandchous, à la Mandchourie. / n. m. Langue appartenant à la famille des langues turco-mongoles (ou altaïques), parlée en Mandchourie.

Mandchourie Ancien nom de la Chine du Nord-Est, aujourd'hui divisée en trois provinces : Liaoning, Jilin et Heilongjiang. Cette région steppique, tardivement mise en valeur par les Russes, les Japonais (qui l'occupèrent, faisant d'elle l'État du Mandchoukouo, de 1931 à 1945), puis par la Chine populaire après 1949, a acquis une grande importance économique.

mandé Voir **mandingue**

mandéen, enne adj. et n. Du mandéisme ; adepte du mandéisme. *La littérature mandéenne est écrite en araméen. Un mandéen.*

mandéisme n. m. RELIG. Religion monothéiste pratiquée par quelques milliers de personnes dans la région de Bassora.

♦ La date à laquelle le mandéisme s'est constitué (IIIe ou IVe siècle ap. J.-C. ?) et son lieu d'origine (Palestine ? Babylonie ?) demeurent incertains. C'est une religion dualiste qui oppose le monde d'en bas (ou lieu des ténèbres) au monde d'en haut (ou lieu de la lumière), mais, loin de se désintéresser du monde visible comme l'affirment d'autres religions dualistes, Dieu intervient dans le monde d'en bas, il est l'auteur de la création. Cette création se continue de manière permanente, notamment par la révélation que Dieu transmet aux hommes par l'intermédiaire de son envoyé Manda d'Hayyé (« connaissance de vie »). Religion baptiste, le mandéisme fait de constantes références à saint Jean Baptiste et renouvelle le baptême tout au long de la vie, toujours dans une eau courante, en référence au Jourdain. La morale des mandéens se structure autour de l'idée de pureté qui favorise l'ascension de l'âme ; ils rejettent le célibat, la circoncision et le sabbat. Outre le baptême, leur culte comporte des repas sacrés et un rituel particulier au moment de la mort.

Mandel (Jeroboam Rothschild, dit Georges) 1885-1944 Homme politique français. Député modéré de la Gironde en 1919, ministre de l'Intérieur en 1940, il fut arrêté par le gouvernement de Vichy, remis aux Allemands en 1942 et assassiné par des miliciens.

Mandela (Nelson) 1918 Homme d'État sud-africain. Président de l'African National Congress (A.N.C.), organisation politique opposée au régime de l'apartheid, il est emprisonné en 1962 et condamné à perpétuité en 1964. Libéré en 1991, il contribue à la rédaction d'une nouvelle Constitution, dont le projet est approuvé par référendum en 1992. L'A.N.C. remporte les premières élections multiraciales de l'histoire du pays en avril 1994. En mai, il devient président de la République. Il ne s'est pas représenté en 1999 et, seul candidat, Thabo Mbeki lui a succédé.

Mandelbrot (Benoît) 1924 Mathématicien français d'origine polonaise. Il est à l'origine de l'étude des fractales.

Mandelstam (Ossip Emilievitch) 1891-1938 Poète russe. Arrêté et déporté par le régime stalinien à plusieurs reprises, ses poèmes, au style dépouillé, exercèrent une grande influence sur la poésie contemporaine : *La Pierre* (1913), *Tristia* (1922), *Le Sceau égyptien* (1928). Il écrivit également un recueil de nouvelles (*Le Bruit du temps*, 1925). Il mourut alors qu'on le dirigeait vers un camp.

mandement n. m. Vx Ordre écrit émanant d'une personne exerçant une autorité. / DR. CANON Écrit par lequel un évêque donne des instructions pastorales aux fidèles de son diocèse.

mander v. t. [1] Litt Demander à (qqn) de venir. *« Seigneur, César vous mande »* (Corneille).

mandibule n. f. ANAT. Maxillaire inférieur. / ZOOL. Chacune des deux parties cornées du bec des oiseaux. / ZOOL. Chacune des deux pièces buccales des arthropodes antennates (insectes, crustacés), situées au-dessous de la lèvre supérieure et généralement très dures, en forme de pinces, permettant de saisir et de broyer les aliments.

mandingue ou **mandé** adj. et n. Des Mandingues. / n. m. LING. Groupe de langues parlées dans de nombreux pays d'Afrique de l'Ouest (Mali, Guinée, Nigeria, Burkina Faso, etc.)

Mandingues Ensemble ethnique dont sont issues des populations d'Afrique occidentale. De langues nigéro-congolaises appartenant au groupe mandé, cette ethnie

*Lola de Valence, tableau d'**Édouard Manet**.*

rassemble notamment les Malinkés, les Bambaras et les Diolas. Au XIIIe siècle, sous la conduite de Soundiata, des guerriers mandingues fondèrent l'Empire musulman du Mali.

mandoline n. f. Instrument de musique à caisse de résonance bombée, à quatre cordes doubles pincées.

mandorle n. f. BX-ARTS Gloire en forme d'amande à l'intérieur de laquelle figure un Christ en majesté.

mandragore n. f. Plante herbacée de la famille des solanacées. Sa racine bifurquée, qui possède notam. certaines propriétés narcotiques, évoque la forme d'un corps humain et a été, dans l'Antiquité et au Moyen Âge, l'objet d'innombrables superstitions et pratiques magiques.

mandrill n. m. ZOOL. Grand singe cynocéphale d'Afrique, au long museau bleu et rouge, dont les mâles peuvent parfois dépasser 1 m de hauteur.

mandrin n. m. TECHNOL. Partie d'un tour sur laquelle on bloque la pièce à usiner. / Outil de forme cylindrique pour agrandir les trous, pour dilater un tube, etc.

Mandrin (Louis) 1724-1755 Brigand français. Soldat déserteur, il devint le chef d'une troupe de contrebandiers en 1750. Très populaire, emprisonné et évadé à plusieurs reprises, il fut finalement roué vif à Valence.

manécanterie n. f. École de chant destinée à enseigner le chant aux enfants de chœur. / École destinée à former de jeunes garçons au chant choral sacré et profane.

manège n. m. Exercice que l'on fait faire à un cheval pour le dresser. / Endroit où l'on dresse les chevaux, et où l'on enseigne l'équitation. / Appareil formé d'un bras horizontal rattaché à un axe vertical que fait tourner un animal, de façon à mouvoir une machine. / Attraction pour enfants où des chevaux de bois, des voitures, des avions tournent sur une plate-forme entraînée par un moteur. / Fig. Comportement habile, rusé ou hypocrite pour parvenir à ses fins. *Je me suis laissé prendre à son petit manège.*

mânes n. m. pl. ANTIQ. ROM. Âmes des morts, célébrées comme des divinités domestiques.

Manès ou **Mani** (parfois en latin **Manichaeus)** 215-273 Fondateur du manichéisme. Influencé par le mazdéisme et le christianisme, il voulut répandre une nouvelle religion admettant pour la Création deux racines ou principes distincts : la lumière et les ténèbres, le bien et le mal. À partir de 240, ayant été chargé du message divin de l'Esprit saint qu'il était supposé incarner, il entreprit de longs voyages missionnaires en Asie, dans tout l'Empire perse et jusqu'en Inde. Mais, en butte à l'hostilité des mages mazdéens qui avaient la faveur du nouveau souverain Bahrâm Ier, Manès fut incarcéré et mourut crucifié.

Manessier (Alfred) 1911-1993 Peintre français. Converti au catholicisme en 1943 après un séjour à la Trappe, il tente d'exprimer sa foi dans une œuvre devenue de plus en plus marquée par l'abstraction (*Portement de la Croix*, *La Couronne d'épines*). Il est également l'auteur de vitraux et de lithographies.

Manet (Édouard) 1832-1883 Peintre français. Après avoir tenté une carrière d'officier de marine qu'un échec à l'École navale l'empêche d'embrasser, il s'engage comme pilotin et fait un voyage au Brésil. De retour à Paris, il devient en 1850 l'élève de Couture. Très vite, ses œuvres, qui sont systématiquement refusées au salon, suscitent le scandale (*Le Déjeuner sur l'herbe*, 1862 ; *Olympia*, 1863), car il traite des thèmes nouveaux avec naturel, liberté et spontanéité. De jeunes peintres, Monet (avec lequel il ira travailler à Argenteuil à partir de 1874), Pissarro, Renoir, se joignent à lui : on groupera leurs œuvres sous le vocable général d'impressionnisme, mais Manet ne s'y limitera pas, utilisant une certaine forme de réalisme dans ses toiles et faisant preuve d'un modernisme éloigné de toute convention picturale. On lui doit aussi bien des paysages avec personnages (*Sur les berges de la Seine*, 1874) que des portraits, individuels ou de groupe (*Le Fifre*, 1866 ; *Mallarmé*, 1876 ; *Le Balcon*, 1872) ou des scènes de bar (*La Serveuse de bocks*, 1878 ; *Bar aux Folies-Bergères*, 1882).

Manéthon IIIe siècle av. J.-C. Historien égyptien. Prêtre d'Héliopolis, il écrivit en grec une chronique des souverains d'Égypte, des origines à Alexandre le Grand, dont nous ne connaissons que des fragments, et qui donne pour la succession des souverains un classement en trente dynasties que l'histoire a conservé.

manette n. f. Petite poignée fonctionnant, manuellement, en levier pour commander un mécanisme.

Manfred 1232 ?-1266 Roi de Sicile en 1258. Fils légitimé de l'empereur Frédéric II, il s'empara de l'Italie du Sud et de la Sicile, mais fut vaincu et tué à Bénévent par Charles Ier d'Anjou, investi de ce royaume par le pape.

manga n. m. (mot japonais) Bande dessinée japonaise dont les héros, doués de pouvoirs surnaturels, évoluent dans un univers de violence et s'affrontent au nom d'une conception sommaire du Bien et du Mal.

manganate n. m. CHIM. Sel de l'acide manganique. / Spécial. Sel de l'acide manganique dans lequel le manganèse est à un degré d'oxydation 4, 5, 6, ou 7. *Les permanganates sont des manganates de degré d'oxydation 7.*

manganèse n. m. CHIM. Élément métallique de numéro atomique Z = 25, de masse atomique 54,9 (symbole Mn). / Métal grisâtre, dur et cassant, fondant à 1 260 °C, de densité 7,4. *Le manganèse entre dans la composition de certains aciers spéciaux.*

manganique adj. CHIM. Qualifie les composés du manganèse à l'état trivalent.

mangeable adj. Qu'il est possible de manger, comestible. Ant. immangeable. / Dont le goût n'est pas désagréable.

mangeaille n. f. Fam. Nourriture ; nourriture médiocre.

mangeoire n. f. Auge destinée à recevoir les aliments des animaux domestiques.

manger [1] v. t. [1] Mâcher et avaler (un aliment). *Manger du pain.* / (Emploi absol.) Se nourrir, prendre un repas. *Manger avec appétit, au restaurant.* / Loc. fig. *Manger ses mots,* les prononcer mal, à moitié. / Altérer en rongeant. *Les mites mangent les lainages. Fer mangé par la rouille.* / Recouvrir, cacher à moitié. *Sa barbe lui mange le visage.* / Dépenser, dilapider. *Manger sa fortune.*

manger [2] n. m. Action, fait de manger. *Le boire et le manger.* / Fam. Repas. *Apporter son manger.*

mange-tout n. m. inv. **I.** Variété de haricots verts sans fils. / adj. inv. *Haricots mange-tout.* **II.** Variété de pois dont on consomme à la fois les graines et la cosse. Syn. *pois gourmand.*

mangeur, euse n. Personne qui mange. *Un mangeur de pain.* / Fig. Qui consomme beaucoup de (qqch.). *Un mangeur de temps.*

Mangin (Charles) 1866-1925 Général français. Après une carrière remarquée dans les colonies, il est nommé général en 1914. Après l'échec de l'offensive d'avril 1917, il est tenu à l'écart pendant un certain temps. Rappelé à la tête de la Xe armée par Foch, il amorça en 1918 la contre-offensive qui préluda à la victoire des Alliés.

mangle n. f. Fruit comestible du manglier.

manglier n. m. BOT. Palétuvier abondant dans les mangroves, qui donne la mangle.

mangonneau n. m. Sorte de catapulte utilisée au Moyen Âge. Pl. Des *mangonneaux.*

mangoustan, mangoustanier ou **mangoustier** n. m. BOT. Arbre des régions tropicales, originaire de Malaisie, à fruit comestible.

mangouste [1] n. f. ou **mangoustan** n. m. Fruit comestible du mangoustan, à la pulpe parfumée.

mangouste [2] n. f. ZOOL. Mammifère de l'ordre des carnivores, d'Afrique et d'Asie, qui se nourrit de reptiles, de rongeurs, de petits oiseaux, d'invertébrés. *Les mangoustes sont des prédateurs de serpents ; certaines espèces sont partiellement immunisées contre leur venin.*

mangrove n. f. (mot anglais d'origine malaise) ÉCOL. Formation végétale composée principalement de palétuviers, typique des côtes et des embouchures des fleuves, dans les régions tropicales.

mangue n. f. Fruit comestible du manguier, à chair jaune très parfumée et sucrée.

manguier n. m. BOT. Arbre des tropiques cultivé pour ses fruits, les mangues.

Manguin (Henri) 1874-1949 Peintre français. Membre du groupe des fauves, il a pratiqué une peinture aux traits fermes et aux couleurs éclatantes (paysages, natures mortes, nus).

Manhattan Île de l'Hudson, où s'étend le district le plus ancien et le plus animé de New York. Au quartier noir de Harlem au nord, s'oppose, au sud, le centre des affaires, Wall Street, traversé par Broadway Avenue et le siège des grands immeubles new-yorkais, dont l'Empire State Building, le siège de l'ONU. Le sud de l'île a été en partie ravagé par l'attaque terroriste du 11 septembre 2001 qui a détruit les tours jumelles du World Trade Center.

Manhattan (projet) Projet américain d'étude et de réalisation d'un armement nucléaire, décidé par le président Roosevelt à la suite des deux lettres écrites le 2 août 1939 et le 7 mars 1940 par A. Einstein et L. Szilard, l'avertissant que l'Allemagne nazie s'était engagée activement dans cette voie. Ce projet, dont la décision de mise en œuvre fut prise le 6 décembre 1941, a été réalisé dans le plus grand secret avec le concours des meilleurs physiciens du temps (E. Fermi, E. Teller, L. Szilard, R. Oppenheimer, E. Lawrence, R. Feynman, W. Colidge. A. Compton, G. Seaborg, E. Wigner, L. Alvarez, N. Bohr).

Mani Voir **Manès**

maniabilité n. f. Qualité de ce qui est maniable.

maniable adj. Facile à manier.

maniaco-dépressif, ive adj. et n. PSYCHOPATHOL. Qui manifeste une alternance pathologique d'exaltation et de dépression. *Psychose maniaco-dépressive.* / Subst. *Une maniaco-dépressive.*

maniaque adj. et n. Vx Dément. / PSYCHOPATHOL. Propre ou relatif à la manie. *Délire maniaque.* / Cour. Qui a des manies, des idées fixes. *Tout jeune, il était déjà maniaque.* / Subst. *Un(e) maniaque.*

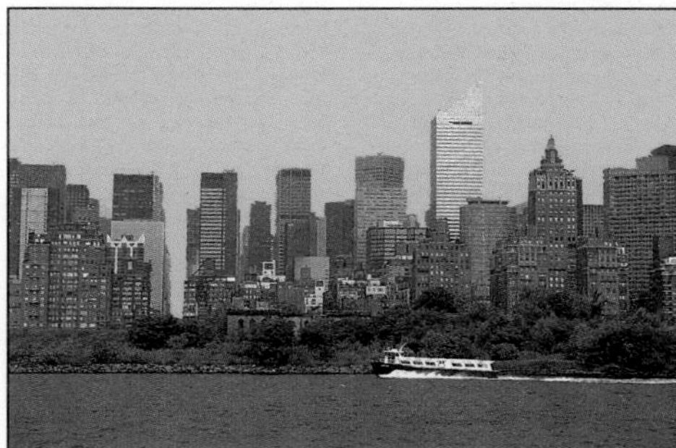
*Panorama de **Manhattan**.*

M

maniaquerie n. f. Attitude d'une personne qui a des manies, des idées fixes.
manichéen, enne adj. et n. Qui procède du manichéisme. / Par ext. Dont le jugement est déterminé par l'opposition dualiste entre le bien et le mal ; simpliste, sans nuance. / Subst. Adepte du manichéisme.
• **manichéisme** n. m. Doctrine de Manès et de ses disciples. / Par ext. Toute doctrine, toute morale, toute conception philosophique, toute attitude qui repose sur l'opposition radicale du bien et du mal.
manicle ou **manique** n. f. TECHN. Gantelet qui peut aussi protéger l'avant-bras. / Manche d'un outil.
manie n. f. Habitude poussée à l'excès, souvent ridicule ou exaspérante. / Obsession ; idée fixe. *Avoir la manie de la propreté.* / PSYCHOPATHOL. État pathologique caractérisé par une agitation intense, une exaltation euphorique, que l'on observe dans les psychoses maniaco-dépressives, associant un débordement d'idées et de paroles à des comportements excessifs.
maniement n. m. Action d'utiliser un instrument. Manière de s'en servir. *Maniement d'armes* : exercices exécutés par les soldats avec leurs armes. / Fig. Administration, gestion.
manier v. t. [1] Tenir entre ses mains ; remuer, déplacer avec les mains. *Manier des produits toxiques avec des gants. Manier le bistouri. Manier un véhicule*, le manœuvrer. / *Beurre manié*, ramolli et pétri avec de la farine. / Fig. Employer habilement. *Manier les chiffres. Manier des idées, des mots.*
manier (se) Voir **magner (se)**
manière n. f. Façon d'être ou d'agir. *Regarder qqn d'une manière bizarre.* / Style propre à un artiste, à un écrivain. *Son dernier roman n'est pas dans sa manière.* / (Au plur.) Comportement en société. *Avoir de mauvaises manières. Faire des manières* : se comporter de façon affectée ; manquer de simplicité.
maniéré, e adj. Qui fait des manières, manque de simplicité, de naturel.
• **maniérisme** n. m. Manque de naturel dans l'expression artistique ou littéraire. / BX-ARTS Style artistique d'origine italienne, de la fin de la Renaissance, caractérisé par une certaine déformation consciente des formes naturelles, qui préfigure le baroque.
maniériste adj. et n. Qui procède du maniérisme. / BX-ARTS Artiste adepte du maniérisme.
manifestant, e n. Personne qui manifeste publiquement son opinion.
manifestation n. f. Action de manifester ; fait de se manifester. *Manifestations de colère, d'allégresse. Les premières manifestations d'une maladie.* / Rassemblement, généralement sur la voie publique, d'un groupe de personnes qui veulent exprimer une opinion, des revendications, des protestations. / Rassemblement, réunion organisés autour d'un événement, d'un thème culturel, artistique, commercial.
manifeste adj. et n. m. **A.** adj. Évident. *Un désir manifeste.* **B.** n. m. Écrit émanant d'un homme politique, d'un parti, d'un mouvement artistique, exposant au public des opinions, une doctrine, des principes essentiels. / MAR. Liste où sont énumérées les diverses marchandises du fret d'un navire.
Manifeste du parti communiste 1847 Ouvrage rédigé par Karl Marx et Friedrich Engels à la demande du IIe congrès de la Ligue des communistes. Publié à Londres en 1848, il n'eut que peu d'échos jusqu'à la création de l'Association internationale des travailleurs en 1864. Pièce capitale de la littérature socialiste, le *Manifeste* contient les principes fondamentaux du marxisme et du matérialisme historique. Il lance un appel à la révolution et à la solidarité internationale du prolétariat, comme en atteste l'apostrophe : « Prolétaires de tous les pays, unissez-vous ! ».
manifestement adv. Évidemment.
manifester v. t. / v. i. [1] **A.** v. t. Rendre manifeste ; faire connaître ouvertement ou laisser paraître, exprimer. *Manifester bruyamment son désaccord. Tout en elle manifestait la délicatesse.* **B.** v. i. Participer à une manifestation publique. **C.** v. pron. Donner des signes de son existence. *Elle ne s'est pas manifestée depuis trois jours.* / Apparaître, surgir. *L'infection se manifeste par de la fièvre.*
Manifestes Dada 1916-1920 Ensemble de sept textes de Tristan Tzara. Brefs et provocants, ils prônent la subversion dans l'art et le refus de toute objectivité. *Manifeste de Monsieur Antipyrine* (1916), *Manifeste dada 1918* (1918), *Proclamation sans prétention* (1919), *Manifeste de M. Aa l'Antiphilosophe, Manifeste Tristan Tzara, M. Aa nous envoie ce Manifeste* (tous 3 publiés en 1920) *Manifeste sur l'amour faible et l'amour amer.*
Manifestes du surréalisme 1924-1953 Ensemble de textes d'André Breton. En 1924, le premier *Manifeste du surréalisme* constitue un exposé complet de cette doctrine révolutionnaire qui préconise une liberté absolue dans l'expression, associant le rêve et l'imagination et excluant la raison, pour aboutir à la compréhension de la pensée humaine. La *Lettre aux voyantes* (1925) ajoute quelques précisions, tandis que le *Second Manifeste du surréalisme* (1930), constat d'échec (relatif) du mouvement à la suite du départ de certains de ses membres, soutient l'adhésion au communisme. Viendront ensuite : *Position politique du surréalisme* (1935), qui condamne le stalinisme en termes modérés ; les *Prolégomènes à un troisième manifeste du surréalisme ou non* (1942), écrit lors de l'exil de Breton à New York ; et enfin *Du surréalisme en ses œuvres vives* (1953). Une édition complète de ces textes fut publiée en 1962.
manifold n. m. (mot anglais) Registre à feuilles détachables, utilisant divers systèmes de décalque pour produire des copies de documents.
manigance n. f. (Le plus souvent au plur.) Manœuvre, intrigue tramée en secret.
manigancer v. t. [1] Tramer, ourdir (une manigance).
manille [1] n. f. Anc. Anneau auquel on attachait la chaîne d'un forçat. / TECHN. Étrier fermant avec une tige filetée ou une clavette et destiné à relier entre elles les extrémités d'une chaîne, de chaînes ou de câbles.
manille [2] n. f. Jeu de cartes dans lequel la *manille* (le dix) et le *manillon* (l'as) sont les cartes maîtresses et qui se joue généralement à quatre partenaires.
manille [3] n. m. Cigare de Manille. / *Chanvre de Manille* ou *manille* : sorte de rotin tiré de l'abaca.
Manille *1 728 441 h.* Capitale et port des Philippines. La ville fut fondée par les Espagnols en 1571 dans l'île de Luçon. Elle possède aujourd'hui de nombreuses universités, la plus ancienne datant de 1611. L'agglomération, qui comprend notamment Quezon City (capitale de 1948 à 1979), avoisine les 10 millions d'habitants. Malgré le développement industriel (constructions mécaniques, caoutchouc, textile et tabac) qui fait de la ville le premier centre économique du pays, la misère y est très importante.
manillon [1] n. m. JEU À la manille, as, dont la valeur est immédiatement inférieure au dix, la *manille.*
manillon [2] n. m. TECHN. Tige centrale permettant de fermer une manille.
Manin (Daniele) 1804-1857 Patriote et homme politique italien. Avocat à Venise, républicain partisan du Risorgimento, il est emprisonné par les Autrichiens en 1848 et presque aussitôt libéré au cours d'un soulèvement populaire. La même année, une seconde insurrection le porte à la présidence de la république de Venise. Assiégé dans la ville par les Autrichiens durant un an, il doit capituler en août 1849. Il se réfugie à Paris, d'où il continue de soutenir l'unité italienne jusqu'à sa mort.
manioc n. m. BOT. Arbrisseau originaire d'Amérique tropicale de la famille des euphorbiacées, cultivé sous les tropiques, dont les racines comestibles se consomment telles quelles ou sous forme de tapioca.
Manipur *23 356 km² 2 200 000 h.* État de l'Union indienne. Capitale *Imphal.* Cet État montagneux proche de la Birmanie (ce qui en fait une zone d'importance stratégique) est issu du démantèlement de l'Assam. C'est une région boisée et très arrosée (riziculture, sylviculture).
manipulateur, trice n. et adj. Personne qui manipule. / (Emploi adj.) *Fonction manipulatrice.* / Personne chargée de manipulations. *Manipulateur de laboratoire.* / n. m. TÉLÉCOMM. En télégraphie, dispositif destiné à former un signal ou à moduler une onde porteuse.

Plantation de **manioc** au Brésil.

MANICHÉISME

Le manichéisme est une religion dualiste née en Babylonie alors soumise à la Perse sassanide. Son fondateur, Manès, s'affirme comme le continuateur d'une lignée de prophètes qui va d'Adam à Jésus et enseigne que le monde et l'homme sont nés d'un mélange contre nature, intervenu à l'origine des temps, du divin avec la matière ; il importe à chacun de libérer par l'ascèse la part divine qui est en lui. La lutte du bien et du mal se poursuit au cœur des hommes et au cœur de l'Histoire, jusqu'à la fin du monde qui verra les Élus accéder à la terre de Lumière où ils régneront en compagnie du Père de la Grandeur. Cette fin intervient de façon apocalyptique, après que Jésus aura séparé les bons des méchants et enfermé les puissances du mal dans une abominable Boule, « l'horrible globe des ténèbres » évoqué par saint Augustin. Le temps qui sépare le monde de sa fin est le temps de l'Église, la « Sainte Église » manichéenne.

La Conversion de saint Augustin, de Fra Angelico (musée de Cherbourg). D'abord attiré par le manichéisme, saint Augustin le combattit vigoureusement (De Natura boni contra Manichaeos, 405).

L'idéal est représenté par les Élus, religieux errants qui n'exercent aucun métier, se consacrent à la prédication, vivent dans le dénuement, s'abstiennent de vin et de viande et pratiquent la chasteté absolue. La survie de ces religieux voués à l'évangélisation du monde est assurée par les « auditeurs », ou catéchumènes, qui mènent une existence vertueuse mais compatible avec une vie sociale et familiale normale. La pratique de la vertu permet aux auditeurs de revivre dans le corps d'un élu et donc d'accéder au salut.

MANIÉRISME

Le Baptême du Christ, *tableau de Pedro Berruguete.*

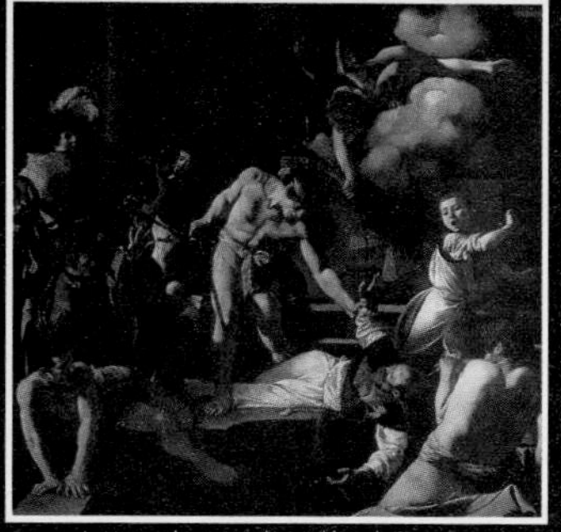
Le Martyre de saint Matthieu, *tableau du Caravage.*

Le Baptême du Christ, *tableau du Greco.*

Thomas Mann.

manipulation n. f. Action de manier qqch. *La manipulation de cet appareil est très délicate.* / Action de manier des produits, des appareils, pour réaliser des expériences. / MÉD. Opération consistant à rétablir manuellement la mobilité du fonctionnement des os au niveau des articulations. / Art de la prestidigitation fondé sur la seule habileté des mains sans l'aide d'aucun accessoire. / Fig. Manœuvre malhonnête ; influence que l'on exerce sur une personne, sur un groupe, afin de le faire agir selon ses souhaits. *La manipulation de l'opinion.*
manipule [1] n. m. ANTIQ. ROM. Étendard d'une compagnie militaire. / Par ext. Unité tactique de l'armée romaine composée de deux centuries.
manipule [2] n. m. LITURG. CATHOL. Ornement sacerdotal que l'officiant porte sur le bras gauche, pendant la messe.
manipuler v. t. [1] Manier avec soin (une substance, un instrument, un appareil). *Manipuler des éprouvettes. Manipuler une radio.* / Fig. Altérer ou fausser (une donnée, une information) pour la contrôler à sa guise. / Amener (qqn) à agir comme on le souhaite par des moyens détournés ou occultes ; manœuvrer (qqch.). *Manipuler l'opinion.*
manique Voir **manicle**
Manitoba (lac) *4 800 km²* Lac du Canada situé à l'ouest du lac Winnipeg, dont il reçoit les eaux par la rivière Dauphin.
Manitoba *649 950 km² 1 138 000 h.* Province canadienne sur la baie d'Hudson. Capitale *Winnipeg*. S'étendant en grande partie sur le Bouclier canadien, elle est couverte de forêts, de lacs et de rivières au nord et de prairies, où se concentre l'agriculture, dans le sud. Toujours peu peuplée, cette province est devenue membre de l'Union canadienne en 1870. Les ressources minérales (cuivre, zinc, nickel, or, pétrole, etc.) et hydroélectriques ont favorisé l'industrialisation de la région de Winnipeg.
manitou n. m. Chez les Indiens d'Amérique du Nord, esprit qui incarne le bien ou le mal. / Par anal., fam. Personnage puissant et influent.
manivelle n. f. Levier composé d'une tige métallique coudée deux fois, en sens inverse, transmettant ainsi un mouvement de rotation à un arbre ou un essieu, avec un effort relativement réduit. *La manivelle, associée à une bielle, permet de transformer un mouvement de rotation en un mouvement alternatif de translation et vice versa.* / *Premier tour de manivelle*: début du tournage d'un film.
Mankiewicz (Joseph) 1909-1993 Cinéaste américain. Après des débuts en tant que scénariste, il s'illustra dans de nombreux genres cinématographiques, de la comédie de mœurs à l'adaptation dramatique, en passant par le grand spectacle et le film à suspense : *Chaînes conjugales* (1949), *Ève* (1950), *La Comtesse aux pieds nus* (1954), *Soudain l'été dernier* (1959), *Jules César* (d'après Shakespeare, 1953), *Cléopâtre* (1963) et *Le Limier* (1972).
Manlius (en latin **Marcus Manlius Capitolinus**) ?-384 av. J.-C. Consul romain en 392 av. J.-C. Alerté par les cris des oies du Capitole, il put sauver Rome assaillie par les Gaulois en 390 av. J.-C.
Mann (Heinrich) 1871-1950 Écrivain allemand. Vouant une grande admiration au roman français du XIXe siècle, il dénonce, dans ses essais et ses romans, le despotisme sous toutes ses formes (*Professeur Unrat*, 1904, dont Sternberg a tiré le film *L'Ange bleu* en 1930), et particulièrement l'autoritarisme de Guillaume II : *Le Sujet de l'empereur* (1914) est interdit durant la Première Guerre mondiale. Fervent partisan de la démocratie, il est très actif sur la scène politique allemande durant la république de Weimar, mais, ayant perdu sa citoyenneté, tout comme son frère, à l'avènement d'Hitler, il se réfugie en France (1933) où il continue d'écrire contre le nazisme, puis aux États-Unis en 1940, ayant entre-temps obtenu la nationalité tchèque. Il est notamment l'auteur de *La Tête* (1925), *Le Souffle* (1949) et du grand roman historique *Henri IV* (1935-1938).
Mann (Thomas) 1875-1955 Écrivain allemand, frère de Heinrich Mann. Considéré aujourd'hui comme l'un des plus grands représentants de la tradition littéraire allemande au XXe siècle, il connaît le succès avec la grande saga familiale *Les Buddenbrook* (1901). Contrairement à son frère, il affiche à ses débuts un conservatisme discret qui le pousse à soutenir l'Allemagne durant la Première Guerre mondiale (*Considérations d'un apolitique*, 1918). Devenu démocrate avec la république de Weimar, il marque son hostilité au nazisme dès la naissance de ce mouvement. Il sera en exil jusqu'à sa mort, séjournant d'abord en France, puis en Suisse, avant de s'installer aux États-Unis. Son œuvre abondante, où sont souvent abordés les thèmes de la maladie, de l'opposition entre la vie et l'esprit et des liens entre l'art et la mort, associe aux nouvelles (*Tonio Kröger*, 1903 ; *Tristan*, 1903 ; *La Mort à Venise*, 1913, portée à l'écran par Visconti en 1971), des sommes romanesques : *La Montagne magique* (1924), *Joseph et ses frères* (4 vol., 1933-1943), *Le Docteur Faustus* (1947), *Les Confessions du chevalier d'industrie Felix Krull* (inachevé, 1955), et des essais (*Goethe et Tolstoï*, 1921). **Klaus** 1906-1949 Écrivain allemand. Fils du précédent, il a donné une œuvre désespérée (*Méphisto*, 1936 ; *Le Volcan*, 1939) et une autobiographie (*Le Tournant*, posthume, 1952); il s'est suicidé.
Mann (Anthony) 1906-1967 Cinéaste américain. L'un des maîtres du western : *La Porte du diable* (1950), *Les Furies* (1950), *L'Appât* (1953) avec James Stewart, *L'Homme de l'Ouest* (1958) avec Gary Cooper. Il s'est ensuite tourné vers les superproductions : *Le Cid* (1961), *La Chute de l'Empire romain* (1964).
manne n. f. Selon la Bible, nourriture qui tomba providentiellement du ciel pour nourrir les Hébreux durant la traversée du désert. / Fig. Nourriture abondante et facile à obtenir ; bienfait inespéré. / BOT. Exsudation, riche en mannitol, de certains végétaux. *Manne de l'eucalyptus.* / *Manne des poissons* : myriade d'insectes éphémères dont se nourrissent les poissons.

Le **Manneken-Pis**.

Manneken-Pis Fontaine de Bruxelles représentant un garçonnet nu en train d'uriner, sculpté par Duquesnoy (1619).
mannequin n. m. Statue articulée qui sert de modèle aux peintres et aux artistes. / Modèle de forme humaine utilisé pour la confection, l'essayage et la présentation de vêtements. / Personne dont le métier consiste à présenter des vêtements, des tenues nouvelles, créés par un couturier.
Mannheim *316223 h.* Ville d'Allemagne, dans le Bade-Wurtemberg. Fondée en 1606, ancienne résidence des princes électeurs du Palatinat, la ville est aujourd'hui un centre industriel (constructions mécaniques, industrie chimique, raffinage du pétrole). Situé au confluent du Neckar et du Rhin, Mannheim est le troisième port rhénan.
Manning (Henry) 1808-1892 Prélat anglais. Prêtre anglican converti au catholicisme (1851), il fut nommé archevêque de Westminster en 1865 et cardinal en 1875. Ultramontain convaincu, il s'intéressa au sort des ouvriers en Grande-Bretagne, soutenant notamment une grève de dockers en 1889.
mannite n. f. ou **mannitol** n. m. CHIM. Substance organique portant six groupements hydroxyle, de formule $CH_2OH–(CHOH)_4–CH_2OH$, de saveur sucrée, que l'on extrait notam. de la manne du frêne.
Mannoni (Maud van der Spoel, Mme Octave Mannoni, connue sous le nom de **Maud)** 1923-1998 Psychanalyste française d'origine néerlandaise. Elle étudia les psychoses dont peuvent souffrir les enfants (*L'Enfant, sa maladie et les autres*, 1967) et fonda en 1969 l'école expérimentale de Bonneuil-sur-Marne (Val-de-Marne).
mannose n. m. CHIM. Glucide naturel du groupe des hexoses, dérivant de la mannite.
manœuvre [1] n. f. Opération qui consiste à mettre en mouvement, à faire fonctionner une machine, un instrument, soit à la main soit avec un dispositif électrique ou mécanique. / MILIT. (Le plus souvent au plur.) Ensemble des exercices d'entraînement que doivent effectuer des troupes en temps de paix. / Mouvements des troupes en temps de guerre. / Fig. Ensemble de moyens plus ou moins licites mis en œuvre pour parvenir à un but.
manœuvre [2] n. m. Ouvrier non qualifié.
manœuvrer v. t. / v. i. [1] **A.** v. t. Faire exécuter une manœuvre à (un bateau, un véhicule); mettre en action (un appareil, un dispositif). *Manœuvrer le levier de changement de vitesse.* / Fig. Manipuler (qqn). **B.** v. i. Exécuter une manœuvre, à bord d'un navire, d'un aéronef, d'un véhicule. / MILIT. En parlant d'une troupe, exécuter un mouvement stratégique ou tactique.
manœuvrier, ère adj. et n. Qui manœuvre, qui sait manœuvrer. *Armée manœuvrière.* / Subst. *Un fin manœuvrier.*
manoir n. m. HIST. Résidence noble non fortifiée. / Habitation cossue entourée de terres.
Manolete (Manuel Rodriguez Sanchez dit**)** 1917-1947 Matador espagnol. Connu pour la pureté de son style, il fut tué dans l'arène alors qu'il toréait pour obtenir sa 508e victoire.
manomètre n. m. Instrument utilisé pour mesurer la pression des fluides, liquides ou gazeux.
Manon Lescaut (Histoire du chevalier des Grieux et de) 1731 Roman de l'abbé Prévost qui fait partie de ses *Mémoires et aventures d'un homme de qualité*. Il retrace l'histoire de la déchéance d'un homme, le chevalier des Grieux, ensorcelé par l'amour d'une jeune fille amorale mais sincère, Manon. Massenet en tira un opéra-comique (*Manon*, 1884) et Puccini, un opéra (*Manon Lescaut*, 1893). Clouzot modernisa l'histoire: *Manon*, film de 1948.
Manosque *19107 h.* Ville des Alpes-de-Haute-Provence aux nombreux monuments médiévaux: deux églises des XIIe-XIIIe siècles, enceinte du XIVe siècle dont deux portes (Saunerie et Soubeyran) demeurent.
manouche n. Qualifie l'un des groupes appartenant au peuple nomade des Rom (ou Tsiganes).
Manouchian (Missak) 1910-1944 Ouvrier et journaliste arménien, résistant français. Membre du groupe M.O.I., il fut arrêté et fusillé par les Allemands.
manouvrier, ère n. Vx Syn. anc. de manœuvre (sens 2).
manquant, e adj. et n. Qui manque. *Pièces manquantes.* / n. *Les manquants*: les absents.
manque n. m. Absence, défaut de qqch. de nécessaire, d'indispensable. *Manque de nourriture.* / JEU À la roulette, série de premiers numéros (de 1 à 18) par oppos. à la *passe* (série de numéros de 19 à 36).
manqué, e [1] adj. Raté. *Un coup manqué. Un rendez-vous manqué.* / PSYCHANAL. *Acte manqué*, dont le résultat n'est pas celui que son auteur visait consciemment, mais qui réalise au contraire un désir inconscient. / Qui a manqué, qui n'a pas su, pas pu choisir une activité qui lui convenait. *Un comédien manqué. Garçon manqué*: fille dont les goûts, les activités, les comportements sont ceux d'un garçon.
manqué [2] n. m. PÂTIS. Gâteau fait d'une pâte souple et légère (farine, œufs, sucre) et recouvert d'un fondant aux fruits ou d'un pralin. *Moule à manqué*: moule à fond plan, à bords assez hauts.
manquement n. m. Fait de manquer à un engagement, une promesse, une obligation.
manquer v. i. / v. t. [1] **A.** v. i. Faire défaut; être absent. *L'eau vint à manquer. Un élève qui manque trois jours de suite.* (Emploi impers.) *Il manque trois élèves.* / Échouer. *L'offensive a manqué.* / v. t. ind. *Manquer de*: ne pas avoir assez de; être dépourvu de. *La soupe manque de sel. Manquer d'humour.* / *Ne pas manquer de (faire qqch.)*, le faire sûrement. *Je ne manquerai pas de le lui dire.* / *Manquer à*: faire défaut; se soustraire à (une obligation, un devoir). *Les forces lui manquèrent. Il a manqué à sa parole.* / (Semi-auxiliaire). Être tout près de. *Il manqua (de) le renverser.* **B.** v. t. Ne pas réussir. *Manquer une sauce.* / Ne pas atteindre. *Manquer sa cible.* / Ne pas joindre, arriver après le départ de. *Tu as manqué ton frère de peu. Manquer son train.* / Laisser échapper. *Manquer l'occasion.* / Ne pas assister à. *Manquer un cours.*
Mans (Le) *145502 h.* Chef-lieu de la Sarthe, sur la Sarthe. Le Mans doit son essor à sa situation de carrefour entre la Normandie, les Pays de la Loire et le Bassin parisien. Gros marché agricole, il a bénéficié de la décentralisation des industries parisiennes, aéronautiques, automobiles (Renault), électroniques (Schneider). Son circuit automobile (créé en 1923 et nommé *les Vingt-Quatre-Heures du Mans*) et ses monuments (abbaye romane, cathédrale Saint-Julien des XIe-XVe siècles au cœur d'une vieille ville ceinturée de remparts) attirent de nombreux touristes.

Manolete peu avant sa mort.

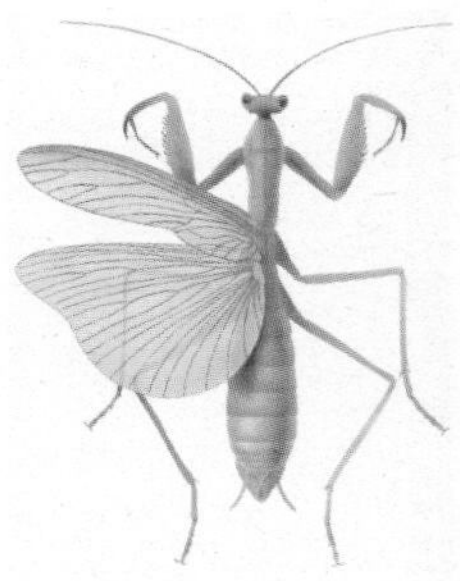

Mante religieuse.

mansarde n. f. ARCHIT. Comble brisé. / Pièce à plafond bas et mur en pente, aménagée dans ce comble.
mansardé, e adj. Disposé en mansarde. *Pièce mansardée.*
Mansart (François) 1598-1666 Architecte français. Sous le règne de Louis XIII, privilégiant un style classique et pur qui contribua à définir le classicisme en France, il édifia d'abord des hôtels particuliers (hôtel de la Vrillère, aujourd'hui occupé par la Banque de France, 1635) et des monuments religieux (église de la Visitation-Saint-Antoine, Paris, 1632). Appelé par Gaston d'Orléans à Blois, pour en rénover le château, il y atteignit une maîtrise qu'il allait ensuite déployer à Maisons (château de Maisons, aujourd'hui Maisons-Laffitte), à Paris (plans de l'abbaye du Val-de-Grâce, qu'il ne construisit pas; restauration de l'hôtel Carnavalet; hôtel d'Aumont), en faisant montre d'un art subtil des proportions. Il n'est pas l'inventeur des fenêtres en combles (mansardes), mais en a généralisé l'emploi.
Mansfield (Kathleen Mansfield Beauchamp, dite **Katherine)** 1888-1923 Femme de lettres anglaise, née en Nouvelle-Zélande. D'une sensibilité pleine de charme, auteur de recueils de nouvelles, elle composa *Félicité* (1920) et *La Garden Party* (1922). On a publié son *Journal* en 1927.
Mansour Voir **Mansur**
Manstein (Erich von Lewinsky, dit **Erich von)** 1887-1973 Maréchal allemand. Après avoir fait adopter par Hitler le plan de contournement de la ligne Maginot qui permit à l'armée allemande d'envahir la Belgique et la France en 1940, il participa à la campagne de France, puis commanda en Russie. Il tenta sans succès de dégager Stalingrad et voulut persuader Hitler de la nécessité d'une retraite, ce qui lui valut d'être relevé de son commandement en mars 1944. Il fut condamné pour crimes de guerre par un tribunal britannique, puis libéré dès 1953.
mansuétude n. f. Litt. Disposition de caractère qui porte une personne à faire preuve d'indulgence, de générosité.
Mansur ou **Mansour (Abu Dja far Al-)** 714-775 Deuxième calife abbasside (754-

775). Il fonda la nouvelle capitale de l'empire, Bagdad, en 762 et lutta contre les chiites et les kharidjites.

Mansur (Muhammad ibn Abi Amir, dit **Al-)** ?-1002 Général arabe qui gouverna l'émirat de Cordoue de 978 à sa mort. Il accomplit de nombreuses expéditions victorieuses dans les États chrétiens voisins.

mante [1] n. f. ZOOL. Insecte carnassier à pattes antérieures ravisseuses, au corps allongé. *La mante religieuse chasse à l'affût, les pattes antérieures jointes dans une posture évoquant la prière.*

mante [2] n. f. Anc. Ample manteau de femme, sans manche.

manteau n. m. Vêtement qui se porte par-dessus les autres habits, généralement destiné à se protéger du froid. / Fig. Ce qui couvre. *Un manteau de glace. Sous le manteau* : secrètement. / *Manteau d'Arlequin* : encadrement d'une scène de théâtre simulant des rideaux relevés. / *Manteau de cheminée* : partie saillante au-dessus du foyer. / ZOOL. Dos d'un animal quand sa couleur diffère de celle du reste du corps. / Membrane qui enveloppe le corps des mollusques, dont la face externe sécrète la coquille. / GÉOL. Espace ou partie interne située entre la croûte et le cœur d'une planète tellurique ou d'un satellite naturel à structure chimique.

♦ Dans la structure interne de la Terre, le manteau est la zone située sous la croûte terrestre ; il est séparé de cette dernière par la discontinuité de Mohorovicic, et du noyau par la discontinuité de Gutenberg. Sa limite supérieure débute à une profondeur d'environ 40 km et son épaisseur moyenne est de 2 900 km. Le manteau se subdivise en trois parties : la partie supérieure (400 km d'épaisseur), la zone de transition (600 km), la partie inférieure (1 900 km). Sa température moyenne est comprise entre 1 500 °C et 3 000 °C.

Manteau (le) 1843 Récit réaliste et fantastique de Gogol. Il raconte l'histoire d'un médiocre employé de bureau de Saint-Pétersbourg qui s'achète un luxueux manteau qu'on lui vole immédiatement, entraînant ainsi sa maladie et sa mort. Son fantôme revient sur terre pour rendre justice.

Mantegna (Andrea) 1431-1506 Peintre et graveur italien. Son génie est reconnu très tôt et il exécute sa première commande pour la chapelle Ovetari dès l'âge de 17 ans.

La Dormition de la Vierge, tableau d'**Andrea Mantegna**.

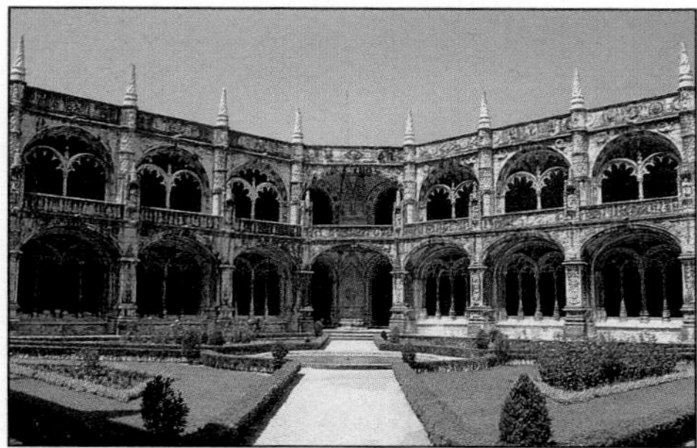

Le cloître du monastère hiéronymite de Belém (quartier occidental de Lisbonne), édifié dans le style **manuélin**.

Originaire de Padoue, il s'installera à Mantoue en 1460 pour travailler à la cour des Gonzague dont il deviendra le peintre officiel (décor de la chambre des époux du palais ducal). Des paysages rocheux ordonnés par des décors à l'antique servent de cadre à ses tableaux religieux ou profanes (retable de San Zeno, à Vérone, peint entre 1456 et 1459 : *Agonie au Jardin, Crucifixion, Résurrection*). Les contours sont souvent durs, les couleurs froides et l'art de la perspective étonnamment novateur (*Le Christ mort*, 1506 ?, pinacothèque Brera de Milan). Rompant avec le gothique, son style exercera une grande influence sur les peintres italiens (en particulier l'école de Venise) et allemands.

mantelé, e adj. ZOOL. Dont le dos est d'une autre couleur que le reste du corps. *Corneille mantelée.*

mantille n. f. Grande écharpe de soie ou de dentelle que les femmes espagnoles portent sur la tête.

Mantinée Ancienne ville d'Arcadie où Épaminondas vainquit les Spartiates, bataille durant laquelle il fut tué (362 av. J.-C.).

Mantoue *49 800 h.* Ville d'Italie, dans l'est de la Lombardie. Cette ancienne forteresse sur le Mincio, est aujourd'hui un centre industriel et touristique de la plaine du Pô ; château médiéval des Gonzague, palais du Te.

mantra n. m. (mot sanscrit) RELIG. Formule sacrée, prière brahmanique.

Manuce (Aldo Manuzio, dit **Alde)** 1450-1515 Humaniste italien. Auteur de grammaires et de traductions, fondateur, à Venise, d'une imprimerie qui édita aussi bien des classiques que des auteurs modernes, il est le créateur du caractère dit « italique ». **Paul** 1512-1574 Fils du précédent, érudit et imprimeur italien, directeur, à Rome, de l'Imprimerie du peuple italien où il avait été appelé par le pape Pie IV. **Aldo,** dit **le Jeune** 1547-1597 Fils du précédent. Il se consacra essentiellement à l'enseignement et à des travaux littéraires.

manucure n. Personne qui soigne les mains et les ongles dans un institut de beauté. / n. f. Ces soins.

manucurer v. t. [1] Faire une manucure à (qqn).

manuel, elle [1] adj. et n. **A.** adj. Propre ou relatif à la main. / Qui se fait à la main, avec les mains. *Travail manuel.* / Qui travaille de ses mains. *Travailleur manuel.* **B.** n. Qui aime travailler de ses mains. *C'est un manuel.*

manuel [2] n. m. Livre qui présente sous une forme pratique les notions essentielles d'une science, d'un art, d'une matière scolaire. *Manuel de jardinage. Manuel de chimie.*

Manuel Nom de deux empereurs byzantins. **Manuel Ier Comnène** 1122 ?-1180 Empereur en 1143. Soldat et diplomate habile, il rétablit le pouvoir de l'empire à Antioche et s'empara de la Bosnie, la Croatie et la Dalmatie. Il ne parvint toutefois pas à vaincre le roi de Sicile et fut vaincu par les Turcs en 1176. Sa politique hardie lui valut de nombreux ennemis en Occident et contribua, à terme, à affaiblir son empire. **Manuel II Paléologue** 1348-1425 Empereur en 1391. Associé au trône dès 1373, il participa à la reconquête de Constantinople. Il conclut un accord avec les Turcs qui assura la paix à l'empire entre 1403 et 1421.

Manuel Nom de deux rois de Portugal. **Manuel Ier** 1469-1521 Roi en 1495, il encouragea les entreprises maritimes de Vasco de Gama et d'Albuquerque. Intolérant, il expulsa les juifs et les Maures. **Manuel II** 1889-1932 Il monta sur le trône en 1908, après l'assassinat de son père Charles Ier et de son frère aîné. Mais il dut se réfugier en Angleterre à la suite d'un coup d'État militaire (1910).

Manuel Deutsch (Niklaus) 1484-1530 Peintre et homme d'État suisse. Exerçant des fonctions militaires puis diplomatiques à Berne, il se tourna vers la peinture (en particulier religieuse) de 1515 (?) à 1522, et adhéra à la Réforme. Sa brève carrière marqua l'histoire de l'art de la Suisse.

manuélin, e adj. BX-ARTS De l'époque de Manuel Ier de Portugal.

manuellement adv. À la main.

manufacture n. f. Grand établissement de fabrication industrielle ; en particulier, établissement où l'on fabrique des produits qui nécessitent une main-d'œuvre très qualifiée. *Manufacture nationale de Sèvres.*

manufacturer v. t. [1] Transformer (une matière première) en produit fini. Produits manufacturés, par opposition à *produit brut.*

manufacturier, ère adj. et n. Relatif aux manufactures, à la production des manufactures ; où l'on rencontre des manufactures. / n. m. Vx Patron d'une manufacture.

manu militari loc. adv. (mots latins) En employant la force armée. / Par ext. En utilisant la force.

manuscrit, e adj. et n. m. **A.** adj. Écrit à la main. *Lettre manuscrite.* **B.** n. m. Ouvrage écrit ou copié à la main. / Original rédigé de la main de l'auteur. / Par ext. Exemplaire dactylographié d'un texte destiné à l'impression.

manutention n. f. Manipulation des marchandises en vue de leur expédition. Lieu dans lequel s'effectue ce travail.

manutentionnaire n. Ouvrier qui exécute des travaux de manutention.

manuterge n. m. LITURG. CATHOL. Linge avec lequel le prêtre s'essuie les doigts après le rite de purification (*Lavabo*), pendant la messe.

Manzoni (Alessandro) 1785-1873 Écrivain italien. Catholique acquis aux idées libérales et chef de file du mouvement romantique en Italie, il fut l'auteur de poèmes (*Hymnes sacrés*, 1822), et travailla une grande partie de sa vie à un roman historique, *Les Fiancés*, publié dans une première version en 1825-1827 et dans une seconde version en 1840-1842. Par la suite, ses essais portèrent notamment sur la langue italienne, fondement de l'unité politique du pays.

Mao Dun ou **Mao Touen (Shen Yanbing,** dit**)** 1896-1981 Écrivain chinois. Particulièrement fécond (près de deux cents ouvrages), il publia des romans (*Minuit*, 1932), des textes de critique littéraire et des essais ; ministre de la culture (1949-1964), il contribua à la mise au pas des écrivains et des artistes.

maoïsme n. m. Doctrine politique élaborée par Mao Zedong à partir du marxisme-léninisme qu'il adapta aux réalités spécifiques chinoises, prenant notam. en compte les révoltes des paysans qu'il considéra comme un moteur essentiel du processus révolutionnaire.

maoïste adj. et n. Propre ou relatif au maoïsme. *Mode de pensée maoïste.* / Subst. Partisan du maoïsme.

Maoris Population autochtone de la Nouvelle-Zélande, appartenant au groupe polynésien, qui résista au XIXe siècle à la colonisation britannique. Leur art traditionnel est très renommé.

maous Voir **mahous**

• **Mao Zedong, Mao Tsé-toung** ou **Mao Tsö-tong** 1893-1976 Homme d'État chinois.

mappemonde n. f. Représentation conventionnelle des deux hémisphères terrestres sur une carte plane. / Cour. Sphère représentant la Terre.

Mapuches Peuple amérindien du Chili central que les Espagnols nommaient Araucans. Présents avant la conquête espagnole, ils ne furent soumis qu'après l'indépendance du Chili au XIXe siècle et vivent dans des réserves accordées par le gouvernement chilien.

Maputo (autrefois *Lourenço Marques*) *882 601 h.* Capitale du Mozambique, port sur l'océan Indien au sud du pays. Débouché du Zimbabwe et de la zone industrielle de l'Afrique du Sud (autour de Johannesburg) le port est promis à un grand avenir et à l'industrialisation. Aéroport international. Université.

maquer v. t. [1] Arg. Exploiter (un[e] prostitué[e]) en tant que souteneur. *Il maque plusieurs filles mineures.* / Pop. (sens atténué) *Être maqué avec qqn* : vivre avec qqn. *Se maquer avec qqn* : se mettre en ménage avec qqn.

maquereau [1] n. m. Poisson téléostéen, marin, au dos bleu vert à rayures noires.

maquereau, elle [2] n. Pop. Proxénète.

Mao Zedong

Formé pour devenir instituteur dans sa région natale du Hunan, il est favorable à la chute de la dynastie mandchoue (1912) qui cède la place à une république dominée par le Guomindang. Se tournant ensuite vers le communisme, il participe à la création du Parti communiste chinois (1921), tout en maintenant des liens proches avec le Guomindang, qui forme avec le Parti communiste un Front uni de 1923 à 1927. Lorsque cette union s'achève, il lutte contre le Guomindang dans sa province et développe, à partir de 1931, une thèse qui s'écarte du dogme marxiste : la révolution doit s'appuyer, non pas sur la classe ouvrière (peu nombreuse en Chine), mais sur la paysannerie. Au cours de la Longue Marche (1934-1935) qui deviendra plus tard légendaire, il devient le secrétaire général du Parti et impose sa vision d'un communisme rural. De 1937 à 1945, il s'allie de nouveau au Guomindang et à Tchang Kaï-chek contre l'occupation japonaise.

Mao Zedong.

En 1945, il reprend le combat contre Tchang Kaï-chek qui, malgré l'appui des États-Unis, doit d'enfuir en 1949 à Taiwan. Mao Zedong proclame la république populaire de Chine, dont il assume la direction comme président du Conseil jusqu'à son élection à la présidence de la République en septembre 1954. Il abandonne ce poste en 1959, tout en demeurant président du parti communiste chinois. À la fois poète, penseur et militant, surnommé le « Grand Timonier », objet d'un omniprésent « culte de la personnalité », il ne cesse d'exercer un rôle capital, par ses écrits, ses discours ou ses actes, dans l'évolution de son pays. Ainsi, il décide en 1957 la campagne des « Cent Fleurs », qui favorise une relative (et brève) libéralisation, et, en 1958, le « Grand Bond en avant », tentative utopique d'industrialisation des campagnes chinoises qui, menée de manière autoritaire par des cadres du parti dépourvus de véritable compétence, et sans apport suffisant de capitaux, se traduit par un échec ruineux. En 1960 il rompt avec l'U.R.S.S., jugée « révisionniste », et déclenche contre l'« embourgeoisement » des cadres du Parti, et donc du pays, la *Révolution culturelle* (1966-1970), qui fait des millions de morts. Enfin, il noue des relations avec les États-Unis (voyage de Nixon en 1972), sans ouvrir la Chine sur le monde comme le fera Deng Xiaoping.

Atteint par la maladie de Parkinson, il s'écarte des affaires en 1974, laissant de plus en plus d'initiatives à Zhou En-lai. Ce dernier se heurte violemment à une coterie radicale menée par l'épouse du Grand Timonier, Jiang Qing, qui se pose comme la gardienne intransigeante de la stricte orthodoxie maoïste. Le culte de Mao ne sera jamais remis en question et le « petit livre rouge » de ses citations (1964) sera (et demeure) très largement diffusé en Chine.

Jean Marais.

*Une rue du quartier du **Marais** à Paris.*

*Cosmétiques utilisés pour le **maquillage**.*

maquette n. f. Modèle à échelle réduite d'un édifice, d'un décor de théâtre, d'un livre, d'un engin. / Ébauche, plus ou moins élaborée, qui sert de base à la mise en pages et à l'impression d'un imprimé. *Maquette d'une affiche publicitaire.*

maquettiste n. Personne qui réalise des maquettes.

maquignon n. m. Marchand de chevaux. / Fig. Personne qui négocie, qui traite des affaires en usant de procédés malhonnêtes.

maquignonnage n. m. Métier de maquignon. / Ensemble de manœuvres illicites.

maquignonner v. t. [1] Vx *Maquignonner une bête* : en dissimuler les défauts pour mieux la vendre. / *Maquignonner une affaire* : la mener à bien en utilisant des moyens détournés, des procédés illicites.

maquillage n. m. Action de maquiller, de se maquiller ; son résultat. Ant. démaquillage. / Ensemble des produits que l'on utilise pour se maquiller. / Fig. Modification de l'apparence d'un objet pour le rendre méconnaissable dans le but de tromper.

maquiller v. t. [1] **I.** Modifier, à l'aide de fards, de produits divers, l'apparence de (son visage, le visage d'autrui). *Maquiller ses yeux. Maquiller un clown.* Ant. démaquiller. / v. pron. *Se maquiller devant la glace.* **II.** Fig. Modifier l'apparence de (qqch.) ; dénaturer (qqch.) pour tromper. *Maquiller un passeport. Maquiller un meurtre.*

maquilleur, euse n. Personne qui maquille, dont le métier est de maquiller.

maquis n. m. Formation végétale caractéristique de la région méditerranéenne, végétation dense de buissons épineux et odorants, de chênes, de cyprès, de figuiers, adaptée à la sécheresse de l'été. / *Prendre le maquis*, s'y réfugier (comme le faisaient autrefois les bandits corses) et (au fig.), disparaître, se cacher. / HIST. Durant la Seconde Guerre mondiale, pendant l'occupation allemande, lieu isolé, d'accès difficile, où se regroupaient les résistants. *Le maquis du plateau des Glières.*

maquisard n. m. HIST. Pendant la Seconde Guerre mondiale, résistant qui luttait, dans le maquis, contre l'occupant allemand.

marabout n. m. Mystique musulman qui vit en ermite et se consacre à l'étude du Coran. / Tombeau d'un marabout, généralement surmonté d'un petit édifice au dôme arrondi, qui est un lieu sacré et de pèlerinage. / ZOOL. Oiseau de la famille des ciconiidés, au bec puissant, à la tête et au cou déplumés, d'Afrique et d'Asie. *Le marabout est à la fois chasseur et charognard.*

maraboutage n. m. En Afrique, pratique du marabout destinée à jeter un sort, à ensorceler.

marabouter v. t. [1] En Afrique, encorceler (qqn) en utilisant les pratiques magiques des marabouts.

Maracaibo *1 207 513 h.* Port moderne sur la mer des Antilles, deuxième ville du Venezuela, au débouché du lac de Maracaibo, le principal centre pétrolier d'Amérique du Sud, capitale de l'État de Zulia.

maraîchage n. m. Culture maraîchère.

maraîcher, ère n. et adj. Personne pratiquant d'une manière intensive la culture des légumes et des primeurs. / adj. Propre ou relatif à cette culture. *Produits maraîchers.*

maraîchin, e adj. et n. Du marais breton, poitevin ou vendéen.

marais n. m. Paysage naturel caractérisé par une nappe d'eau stagnante peu profonde où prolifèrent des roseaux, des plantes aquatiques et où vit une faune spécifique à ces lieux humides. / *Marais salant* : bassin peu profond aménagé près des côtes, où l'on récolte le sel déposé après évaporation de l'eau de mer.

Marais (Jean Villain-Marais, dit **Jean)** 1913-1998 Acteur de cinéma et de théâtre français. Après une brillante carrière de jeune premier, en particulier dans des films de Cocteau (*L'Éternel Retour*, 1943 ; *La Belle et la Bête*, 1946 ; *Orphée*, 1949), il se tourna vers les films d'action (*Le Bossu*, 1959 ; *Fantomas*, 1964), et revint au théâtre.

Marais (le) Quartier ancien de Paris (3e et 4e arrondissements) où l'on pratiquait le maraîchage au Moyen Âge. Quand le château des Tournelles, résidence royale, fut détruit et que la place Royale (aujourd'hui des Vosges) le remplaça (1614), le quartier s'embellit de nombreux hôtels (XVIIe-XVIIIe siècles). L'un abrite aujourd'hui le musée Carnavalet ; un autre, le musée Picasso. Centre Georges-Pompidou.

Marais breton et poitevin Anciens golfes de Loire-Atlantique, comblés au quaternaire par des alluvions. Ce sont des polders d'une remarquable fertilité (élevage lai-

Gravure représentant l'assassinat de **Jean-Paul Marat**.

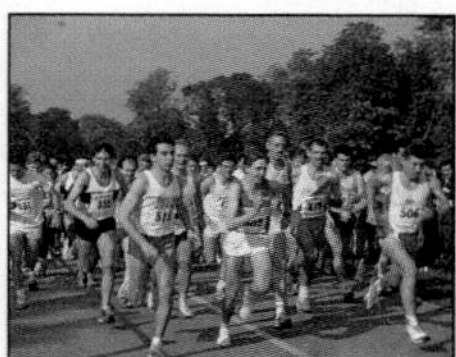

Le **marathon** de Londres dans Hyde Park.

Carrière de **marbre** à Carrare, en Italie.

tier, cultures maraîchères). Le Marais breton s'étend au nord-ouest, face à l'île de Noirmoutier; le Marais poitevin, plus vaste, au sud, face à l'île de Ré.

Marajó (île) *40 000 km²* Île située entre l'embouchure de l'Amazone et celle du rio Tocantins, au Brésil (État de Pará).

Maranhão *329 556 km² 5 231 000 h.* État du nord-est du Brésil. Capitale *São Luís*. Les seules ressources de cet État pauvre et peu peuplé sont la culture des palmiers et l'élevage.

Marañón (le) *1 800 km* Ce fleuve de l'Amérique du Sud, né au Pérou dans la cordillère des Andes, est une des deux branches mères de l'Amazone.

marasme n. m. MÉD. Amaigrissement extrême; apathie. / Fig. Stagnation, situation de crise qui s'installe dans le domaine économique, commercial.

marasque n. f. Petite cerise acide des régions méditerranéennes.

marasquin n. m. Liqueur de marasque.

Marat (Jean-Paul) 1743-1793 Homme politique français. Médecin né en Suisse dans une famille sarde, il fonde en 1789 le journal *L'Ami du peuple*. Farouche républicain, par ses polémiques violentes il contribue aux massacres de septembre 1792, mais il acquiert une grande popularité. Député de Paris, il s'attaque aux girondins, qui le font emprisonner en 1793. Mais il est triomphalement acquitté par le Tribunal révolutionnaire en avril et prend une part décisive aux journées qui amènent, le 2 juin, la chute des girondins. Une jeune républicaine favorable à ces derniers, Charlotte Corday, le poignarde le 13 juillet, dans son bain.

marathe Voir **mahratte**

Marathes Voir **Mahrattes**

marathon n. m. Course à pied de grand fond sur une distance de 42,195 km. / Par ext. Compétition, négociation longue et fatigante. *Cette discussion est un vrai marathon.*

Marathon Ancienne ville de Grèce, dans l'Attique, à 40 km d'Athènes. Lieu d'une victoire grecque sur les Perses au cours des guerres médiques, en 490 av. J.-C.; selon la légende, le soldat grec envoyé à Athènes pour annoncer la bonne nouvelle serait mort d'épuisement en arrivant au pied de l'Acropole.

marathonien, enne n. Coureur, coureuse de marathon.

marâtre n. f. Vx ou péjor. Belle-mère, pour les enfants d'une première union. / Mauvaise mère.

maraud, e n. Vx ou par plaisant. Fripon, coquin.

maraudage n. m. ou **maraude** n. f. Chapardage; ensemble de menus larcins (fruits, légumes, volailles...). / *Taxi en maraude*, qui roule lentement, dans l'espoir d'être hélé par un client.

marauder v. i. [1] Faire du maraudage. / (En parlant d'un taxi) Être en maraude.

maraudeur, euse n. et adj. Personne qui maraude. / adj. *Taxi maraudeur.*

maravédis n. m. Anc. Monnaie de billon espagnole.

Marbella *76 823 h.* Ville d'Espagne, en Andalousie, au nord-ouest de Málaga, station balnéaire.

marbre n. m. Roche calcaire, dure, cristallisée, à grain très fin, souvent veinée de couleurs variables dues à la présence d'oxydes métalliques ou d'autres minéraux. *Susceptible d'un très beau poli, le marbre est utilisé dès l'Antiquité, en architecture et en sculpture.* / Statue, objet de marbre. / TECHNOL. Surface de pierre ou de métal (à l'origine en marbre) utilisée pour diverses opérations. / TYPO. Table en fonte (autrefois en marbre) destinée à recevoir les formes pour la mise en pages et la correction.

marbré, e adj. Ayant l'apparence veinée ou tachetée du marbre.

marbrerie n. f. Art, métier, industrie du marbrier; lieu où s'exerce cet art, ce métier, cette industrie.

marbrier, ère n. m. et adj. **A.** n. m. Spécialiste du travail du marbre, des pierres dures. / Spécialiste de la construction et de la vente de monuments funéraires. **B.** adj. Relatif au marbre. *Industrie marbrière.*

marbrure n. f. Ornement imitant les veinures du marbre.

Marburg (en français *Marbourg*) *73 200 h.* Ville d'Allemagne (Hesse), ancienne résidence des landgraves de Hesse. Église gothique Sainte-Élisabeth; château des margraves; université (fondée en 1529).

Marburg (colloque de) Colloque qui réunit à l'université de cette ville, en 1529, les disciples de Luther et ceux de Zwingli, pour tenter de définir une position théologique commune, mais Luther et Zwingli ne s'accordèrent pas et l'alliance politique qui aurait dû naître de ces discussions ne se fit pas.

Marburg (école de) École de philosophie néo-kantienne à laquelle appartenait notamment Cassirer.

marc n. m. Résidu des fruits pressés dont le jus a été extrait. / Eau-de-vie obtenue par distillation du marc de divers fruits. Absol. Marc de raisin. / Résidu d'une substance végétale qui a bouilli ou infusé. *Marc de café.*

Marc (saint) Ier s. Auteur d'un Évangile synoptique longtemps considéré comme postérieur à celui de Matthieu. Il accompagna Barnabé et Paul dans leur premier voyage missionnaire et semble avoir vécu ensuite dans l'entourage de saint Pierre. Il fut martyrisé à Alexandrie vers 68. Devenu le patron de Venise, son emblème est le lion ailé.

Marc (Franz) 1880-1916 Peintre allemand. Il participa au mouvement du *Blaue Reiter* puis se tourna vers la figuration et le naturalisme, abandonnant les figures humaines pour le monde animal (*Les Chevaux jaunes*, 1912; *Chevreuils dans le bois*, 1913). Il est mort au combat.

marcassin n. m. Petit du sanglier, âgé de moins de six mois, au pelage fauve rayé longitudinalement de noir.

marcassite n. f. MINER. Variété de pyrite (FeS_2), de couleur jaune, utilisée notam. dans la fabrication de bijoux fantaisie.

Marc Aurèle (en latin **Marcus Annius Verus**, puis **Marcus Aurelius Antoninus**) 121-180 Empereur romain. Fils adoptif d'Antonin, il lui succède en 161. Gouverneur modéré et équitable, en accord avec la philosophie stoïcienne qu'il expose dans son recueil de *Pensées*, il laisse cependant persécuter les chrétiens et a la faiblesse d'associer au trône son fils Commode, débauché et cruel. Il remporta plusieurs victoires contre les Parthes et les Germains.

Marceau (François Séverin) 1769-1796 Général français. Engagé à 15 ans, général en chef de l'armée de l'Ouest à 24 ans, vainqueur au Mans des Vendéens (1793), il participe à la victoire de Fleurus (1794). Protégeant la retraite de l'armée en 1796 après la victoire contre les Autrichiens, il est mortellement blessé à Altenkirchen.

Marceau (Marcel Mangel, dit **Marcel)** 1923 Acteur et mime français. Il créa le personnage de Bip et fonda une école de mimes à Paris (1958).

marcel n. m. Tricot de peau sans manches, largement échancré à l'encolure et aux emmanchures.

Marcel Nom de deux papes. **Marcel Ier** (saint) ?-309 Élu pape en 308, il régna très peu de temps, réorganisa l'Église de Rome et se heurta à l'empereur Maxence qui, dit-on, l'aurait réduit au rang de palefrenier. **Marcel II (Marcello Cervini)** 1501-1555 Élu pape en avril 1555, il mourut en mai de la même année.

Marcel (Étienne) 1316?-1358 Prévôt des marchands de Paris. Drapier, représentant des bourgeois aux états généraux à partir de 1355, il leur fit voter en mars 1357 la Grande Ordonnance prônant d'importantes réformes administratives en faveur des bourgeois. Mais il se heurta à l'opposition du dauphin Charles, régent du royaume, et se rendit impopulaire à Paris en faisant appel au roi de Navarre, allié des Anglais, pour venir au secours de la capitale. Les partisans du Dauphin en profitèrent pour le faire assassiner.

Marcel (Gabriel) 1889-1973 Philosophe français, existentialiste et chrétien. Outre des ouvrages philosophiques *Journal métaphysique* (1923); *Être et Avoir* (1933), il a écrit des pièces de théâtre: *Chapelle ardente* (1931).

Marcello (Benedetto) 1686-1739 Compositeur italien, théoricien de la musique et du théâtre (*Il Teatro alla moda*, 1720). Il mit en musique les psaumes (*Estro poetico armonico*, 1724-1727) et écrivit environ deux cents airs, dans un style qui préfigure le baroque.

Marcellus (en latin **Marcus Claudius Marcellus)** 268?-208 av. J.-C. Consul romain à cinq reprises. Au cours de la deuxième guerre punique, il s'empara, après un siège de trois ans, de Syracuse (212 av. J.-C.) dont Archimède avait organisé la défense.

Marchais (Georges) 1920-1997 Homme politique français. Mécanicien ayant travaillé en Allemagne durant la Seconde Guerre mondiale, il devient secrétaire du syndicat des métaux d'Issy-les-Moulineaux en 1946 et entre au Parti communiste

Marc Aurèle.

M

Marché.

l'année suivante. Secrétaire général adjoint en 1970, il succède à Waldeck Rochet, en 1972, et demeure à ce poste jusqu'en 1994. Contesté au sein de son parti dont l'influence ne cesse de décliner, il est remplacé par Robert Hue.

marchand, e n. et adj. **A.** n. Personne dont la profession est d'acheter et de revendre un objet, une marchandise, en réalisant un bénéfice. / *Marchand de biens*, qui achète, vend des biens immobiliers ou sert d'intermédiaire dans ce type de transactions. / Péjor. *Marchand de canons*: fabricant d'armes. **B.** adj. Propre ou relatif au marché, au commerce. *Valeur marchande.* / *Marine marchande*: ensemble des navires de commerce. / Où les marchands sont nombreux. *Rue marchande.* / *Qualité marchande*: qualité ordinaire d'un produit marchand. / *Prix marchand*, pratiqué pour les échanges entre marchands.

Marchand (Jean-Baptiste) 1863-1934 Général français. Engagé en 1883, commandant d'infanterie de marine en 1897, il fut chargé de rejoindre le Nil en partant du Congo. Arrivé à Fachoda, et se heurtant à Kitchener qui revendiquait la place pour l'Angleterre, il dut se retirer sur l'ordre du gouvernement français (novembre 1898).

marchandage n. m. Action de marchander; son résultat. / Péjor. Tractation menée avec âpreté, sans s'embarrasser de scrupules. *Marchandage électoral.* / DR. Forme illégale de louage d'ouvrage dans laquelle un sous-entrepreneur fournit à forfait à un entrepreneur principal de la main-d'œuvre qu'il dirige et rémunère lui-même à bas prix.

marchander v. t. [1] Discuter le prix de (une marchandise) pour obtenir un rabais. / Fig. Accorder avec réticence ou en attendant un avantage en retour. *Marchander son amitié.* / v. i. DR. Conclure un contrat de marchandage.

Marchand de Venise (le) 1596 Comédie en 5 actes de William Shakespeare. L'un des protagonistes, Antonio, ne pouvant rembourser l'argent qu'il doit à l'usurier juif Shylock, est sauvé par la riche héritière, Portia.

marchandisage n. m. Ensemble des techniques de vente destinées à inciter les consommateurs éventuels à acheter des produits en les présentant sous la forme et dans les conditions les plus adaptées à leur démarche.

marchandise n. f. Toute chose pouvant faire l'objet d'un commerce.

marche [1] n. f. **I.** Action de marcher; mode de locomotion propre à l'être humain. / Distance que l'on parcourt en marchant. *Une longue marche. La gare est à dix minutes de marche.* / Mouvement d'un groupe de personnes qui se déplacent dans un ordre déterminé. *Ouvrir la marche.* / HIST *Marche sur Rome*: manifestation organisée le 28 octobre 1922 par Mussolini. (Ce dernier fit venir des fascistes de l'Italie entière pour montrer au roi, Victor-Emmanuel III, l'importance de son parti; 40 000 militants pénétrèrent dans la ville, au lieu des centaines de milliers espérés, mais le roi, poussé par les milieux d'affaires que le danger communiste inquiétait, appela Mussolini à former un gouvernement). / MUS. Air, au rythme appuyé, qui règle le pas d'un groupe. *Marche militaire.* / Mouvement réglé selon des lois physiques, naturelles ou mécaniques. *Marche d'un astre.* / Mouvement qui anime un mécanisme, un appareil. *Mettre en marche une pendule.* / Fig. Développement. *La marche d'une maladie.* / Fonctionnement. *La bonne marche d'une usine.* **II.** Degré d'un escalier.

marche [2] n. f. HIST. Province située à la périphérie d'un État et défendue par des places fortes contre un ennemi voisin. / Province située près d'une frontière.

Marche Ancienne province de France s'étendant sur les départements de la Creuse et de la Haute-Vienne. Elle appartint aux Bourbons à partir de 1327 et fut rattachée à la couronne de France en 1531 par François Ier. Le déclin de sa capitale, Guéret, illustre la décadence de cette région rurale et dépeuplée.

marché n. m. Accord réglant un achat et une vente. *Les termes du marché.* / Lieu où se rassemblent, certains jours, des vendeurs de marchandises, et particulièrement de denrées alimentaires. *Faire son marché*: acheter des produits alimentaires (notam. des produits frais) au marché. / Ensemble des transactions portant sur tel ou tel secteur de l'économie; ensemble des personnes qui s'y livrent. *Le marché du vin.* / Débouché économique. *Étude de marché*: analyse des besoins, des désirs des consommateurs, dans un secteur donné. / *Économie de marché*, qui obéit à la loi de l'offre et de la demande (par oppos. à *économie planifiée*). / *Marché noir*: vente et achat clandestins de produits interdits ou rares.

Marché commun Nom donné couramment à la *Communauté économique européenne*.

marchepied n. m. Série de marches qui servent à monter dans un véhicule ou à en descendre. / Escabeau.

marcher v. i. [1] Se déplacer, avancer en faisant des pas. *Marcher d'un pas alerte. Marcher dans les bois.* / *Marcher dans, sur*: poser le pied dans, sur. *Marcher sur une peau de banane, dans une flaque.* / Loc. fig. *Marcher sur les pas de qqn*, suivre son exemple. / En parlant d'un moyen de transport, avancer. *Cette voiture marche à 100 km/h.* / Fonctionner. *Sa montre ne marche plus.* / Fig. Progresser, évoluer. *Ce commerce marche bien. Ça marche?*: tout va bien? / Fam. Accepter une proposition. *Je marche dans l'affaire.* / Se montrer ingénu, crédule. *Il marche à tous les coups. Faire marcher qqn*, exploiter sa crédulité pour l'abuser ou le railler.

Marches (les) *9 700 km² 1 444 609 h.* Région d'Italie, au centre-est, sur l'Adriatique, comprenant les provinces d'Ancône, d'Ascoli, de Macerata et de Pesaro-et-Urbino. Chef-lieu *Ancone*. L'agriculture et l'élevage y sont actifs. Ancône, est un port qui concentre la vie industrielle de la région. La pêche et le tourisme constituent des ressources appréciables.

marcheur, euse n. Personne qui marche, marche beaucoup, aime marcher.

Marciano (Rocco Francis Marchegiano, dit Rocky) 1923-1969 Boxeur américain. Champion du monde des poids lourds (1952-1956), qui n'essuya aucune défaite.

Marcinelle Commune de Belgique, aujourd'hui rattachée à Charleroi, où une catastrophe minière fit 263 victimes en 1956. Depuis, les houillères ont fermé.

Marcion 85?-160? Hérésiarque venu de Sinop (au bord de la mer Noire) à Rome en 140. Réfutant la continuité entre l'Ancien et le Nouveau Testament, il ne jugeait inspirés que l'Évangile de saint Luc et dix épîtres de Paul. Il fut excommunié en 144 et fonda une église qui garda des fidèles jusqu'au Ve siècle.

marcionisme n. m. Ensemble des théories religieuses de Marcion.

Marconi (Guglielmo) 1874-1937 Physicien italien. En 1901, il réussit la liaison, par ondes hertziennes, de deux stations situées de part et d'autre de l'Atlantique (Cornouailles-Terre-Neuve).

Marcos (Ferdinand) 1917-1989 Homme d'État philippin. Président de la République (1965-1986), il gouverna de façon autoritaire, proclamant la loi martiale (1972-1981) et s'enrichissant considérablement. Anticommuniste, il avait le soutien des États-Unis. En 1986, Corazon Aquino (dont le mari, opposé à Marcos, avait été assassiné en 1983) le vainquit à l'élection présidentielle. Il s'exila aux États-Unis.

marcottage n. m. Mode de multiplication, naturel ou provoqué, de certains végétaux, par lequel une tige, jusque-là aérienne, prend racine et, après s'être séparée de la plante mère, devient une plante autonome. *Le fraisier se multiplie par marcottage naturel.*

marcotter v. t. [1] Pratiquer le marcottage sur (un végétal). *Marcotter l'olivier.*

Marcoule Lieu-dit du Gard dans la vallée du Rhône où a été créé en 1956 un centre nucléaire produisant du plutonium.

Marcoussis (Ludwig Markus, dit Louis) 1883-1941 Peintre cubiste français d'origine polonaise. Installé en France à partir de 1903, il s'intéresse à l'impressionnisme avant de se tourner vers le cubisme (*Nature morte au damier*, 1912), s'illustrant dans la gravure (portrait d'Apollinaire, 1912) et dans les eaux-fortes (illustrations d'ouvrages).

Marcuse (Herbert) 1898-1979 Philosophe américain, d'origine allemande. Installé aux États-Unis en 1934, il y professa des théories philosophiques qui s'inspiraient de Husserl, mais aussi de Heidegger, Marx et Freud. Dans les années 1960-1970, il obtint l'audience de la jeunesse américaine et européenne en dénonçant la civilisation technocratique: *Éros et civilisation* (1955), *L'Homme unidimensionnel* (1964).

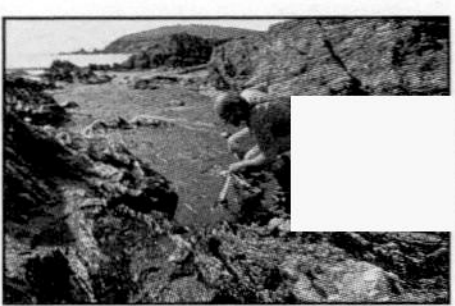

Marée noire sur la côte de l'Angleterre.

Extinction d'un incendie en haute mer

Incendie d'un pétrolier.

Cormoran mazouté.

MARÉE NOIRE

mardi n. m. Deuxième jour de la semaine, qui suit le lundi. / *Mardi gras*: veille du mercredi des Cendres (premier jour du carême dans la religion catholique) et qui correspond au dernier jour du carnaval.

Mardouk ou **Marduk** Dieu babylonien. Son culte surpassa celui des autres dieux sous le règne de Nabuchodonosor au XIIe siècle av. J.-C.

mare n. f. Petite nappe d'eau stagnante. / Liquide répandu formant une grande flaque.

Maré (Rolf de) 1888-1964 Mécène suédois, fondateur de la compagnie des Ballets suédois.

marécage n. m. Étendue de terre inculte, couverte par des marais.

marécageux, euse adj. De la nature du marécage. *Sol marécageux.* / Que l'on trouve dans les marécages. *Flore marécageuse.*

maréchal, aux [1] n. m. Syn. de maréchal-ferrant.

MARÉE

Sur la Terre, l'action, conjuguée ou opposée, de la force de gravitation de la Lune et, dans une moindre mesure, du Soleil, sur les particules liquides, se manifeste sous la forme d'un mouvement de flux et de reflux alternant, en moyenne, par tranches de 6 heures et 12 minutes. Lorsque, par rapport à la Terre, la Lune et le Soleil se trouvent dans un alignement à 180° (pleine ou nouvelle Lune), leur attraction conjuguée donne à la marée son amplitude maximale (marée de vive-eau). À l'inverse, lorsque le Soleil et la Lune sont dans un alignement à 90° (premier et dernier quartiers de la Lune), leur attraction conjuguée lui donne son amplitude minimale (marée de morte-eau). *Marée dans le système solaire.* Toute étude des mouvements des objets du système solaire est fondée sur la loi de la gravitation définie par Newton. Chacun des corps de ce système subit des perturbations engendrées par son voisin, proche et / ou éloigné. Ce phénomène a notamment pour conséquence une lente mais irréversible évolution qui se caractérise par une altération de la vitesse de rotation de certaines planètes (Terre et Lune en particulier) et qui, selon les lois de Kepler, modifie considérablement la trajectoire de leurs orbites.

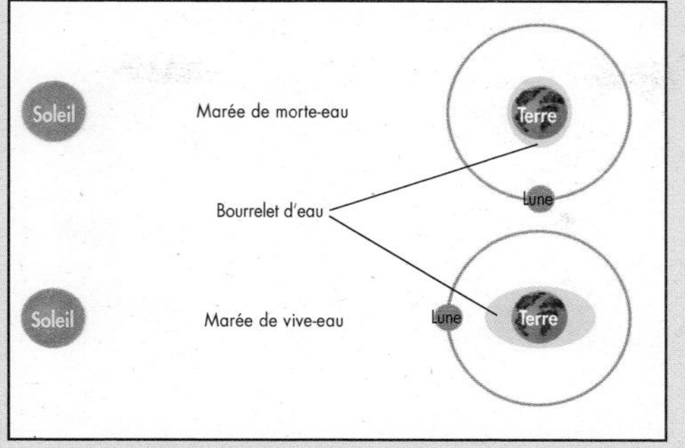

Les diverses formes de marée selon les attractions conjuguées du soleil et de la lune.

maréchal, aux [2] n. m. *Maréchal de France*: officier général auquel on a conféré la plus haute dignité militaire. / HIST. *Maréchal de camp*: sous l'Ancien Régime, officier général. / *Maréchal des logis*: dans la cavalerie, l'artillerie, le train des équipages, la gendarmerie, sous-officier dont le grade correspond à celui de sergent.

maréchal-ferrant ou **maréchal** n. m. Artisan dont la profession est de mettre des fers aux sabots des chevaux. Pl. Des *maréchaux-ferrants*.

maréchalerie n. f. TECHN. Métier de maréchal-ferrant; lieu où il exerce ce métier.

maréchaussée n. f. HIST. Sous l'Ancien Régime, juridiction des maréchaux de France. / Anc. Corps de cavalerie chargé du maintien de l'ordre dans le pays et de la sécurité des habitants. / Mod., plaisant *La maréchaussée*: la gendarmerie.

• **marée** n. f. Mouvement oscillatoire périodique du niveau de la mer. *Marée montante*: flot, flux. *Marée descendante*: jusant, reflux. *Marée haute*: fin du flux. *Marée basse*: fin du reflux. / *Marée noire*: couche d'hydrocarbures à la surface de la mer, répandue accidentellement (naufrage de pétrolier, éruption de puits sous-marin...) ou non (déballastage), et qui vient souiller les rivages. / MÉTÉO. *Marée atmosphérique*: variation périodique de la pression barométrique que l'on relève en saison chaude, nettement plus marquée dans les régions équatoriales. / ASTRON. *Marée dans le système solaire*: ensemble de phénomènes de déformations mutuelles de deux corps en orbite l'un autour de l'autre, dus à l'attraction réciproque qu'ils exercent l'un sur l'autre. / Fig. *Marée humaine*: grande foule en déplacement. / PÊCHE, COMM. Ensemble des produits de la mer (poissons, coquillages, etc.) qui viennent d'être pêchés.

marelle n. f. Jeu d'enfant dans lequel on pousse un palet à cloche-pied dans des carrés tracés à la craie sur le sol.

marémoteur, trice adj. Propre au mouvement des marées, à l'énergie que produit ce mouvement. *Centrale marémotrice*, qui utilise cette énergie pour produire de l'électricité.

marengo [1] n. et adj. inv. CUIS. *À la marengo* ou (ellipt.) *marengo*: qualifie une préparation du veau (morceaux de tendron, d'épaule et de collet), et du poulet, cuits avec des lardons et du concentré de tomate.

marengo [2] n. m. Drap brun piqueté de points blancs.

Marengo Village d'Italie (Piémont) près duquel Bonaparte battit les Autrichiens le 14 juin 1800. Desaix trouva la mort dans la bataille.

Marennes *4634 h.* Commune de Charente-Maritime, en face de l'île d'Oléron, célèbre pour son ostréiculture.

Marenzio (Luca) 1553-1599 Musicien italien, auteur de madrigaux à quatre, cinq et six voix sur des textes du Tasse et de Pétrarque, au style expressif et à la mélodie élégante. On lui doit aussi des villanelles, des motets et un livre de *Sacrae Cantiones* à plusieurs voix (cinq à sept voix).

Marey (Étienne Jules) 1830-1904 Médecin et physiologiste français. En étudiant le vol des oiseaux, il inventa un chronophotographe (1882), ancêtre du cinématographe.

mareyeur, euse n. Personne qui fait le commerce en gros des produits de la mer.

margaille n. f. En Belgique, bagarre, dispute bruyante, désordre. *Tout le monde s'est mis à hurler, ça a fait une belle margaille.*

margarine n. f. Corps gras composé d'un mélange de graisses et d'huiles végétales, utilisé en cuisine.

marge n. f. Bordure; espace blanc laissé sur les côtés d'une page imprimée ou manuscrite. *Écrire des corrections dans la marge d'un devoir.* / Fig. Espace de temps, latitude relative dont qqn dispose. *Marge de sécurité. Marge d'erreur.* / *Marge bénéficiaire*: différence entre le prix d'achat ou le prix de revient et le prix de vente, exprimée en pourcentage du prix de vente. / *En marge de*: en dehors, à l'extérieur de qqch. *Vivre en marge de la société.*

margelle n. f. Assise de pierre généralement circulaire formant le rebord d'un puits, d'une fontaine.

margeur n. m. TECHN. Dispositif permettant de régler les marges du papier en imprimerie, en photographie.

Marggraf (Andreas Sigismund) 1709-1782 Chimiste allemand. En 1747, il inventa un procédé qui permet d'extraire de la betterave du sucre solide. Il isola l'acide formique et l'acide phosphorique.

marginal, ale, aux adj. Qui est en marge. *Note marginale.* / Annexe. *Travail marginal.* / Qui vit en marge de la société. / Subst. *Un(e) marginal(e).*

marginalement adv. De façon marginale.

marginaliser v. t. [1] Rendre marginal. *Marginaliser une communauté.*

marginalité n. f. État de celui, de ce qui est en marge des normes.

margoulette n. f. Pop. Mâchoire, bouche. / Tête. *Se casser la margoulette.*

margoulin n. m. Fam. Personne peu scrupuleuse en affaires.

margrave n. m. HIST. Titre porté par les princes allemands qui gouvernaient les marches, les régions frontalières, dans le Saint Empire romain germanique.

margraviat n. m. Dignité de margrave; territoire gouverné par un margrave.

margravine ou **margrave** n. f. HIST. Femme d'un margrave.

marguerite n. f. Plante ornementale de la famille des composées, dont les inflorescences forment de volumineux capitules de fleurs jaunes (hermaphrodites) au centre et blanches (femelles) à la périphérie. *On appelle couramment ces capitules « fleurs » de marguerite, l'ensemble des fleurs jaunes en constituant le « cœur » et les fleurs blanches périphériques, les « pétales ». Grande marguerite* (par oppos. à la *petite marguerite*, appelée cour. *pâquerette*). / Loc. fam. *Effeuiller la marguerite*, pour savoir si l'on est aimé, en arrachant les « pétales » un à un tout en récitant: « Il (elle) m'aime un peu, beaucoup, passionnément, à la folie, pas du tout, un peu, etc. » / TECHN. Anc. Disque d'impression pour certaines machines à écrire ou imprimantes d'ordinateur.

Marguerite ou **Margrethe II** 1940 Reine de Danemark (1972).

Marguerite d'Angoulême ou **de Valois** ou **de Navarre** 1492-1549 Reine de Navarre, fille de Charles de Valois et sœur de François Ier. Veuve du duc d'Alençon, elle épousa en 1527 Henri d'Albret, roi de Navarre; leur fille, Jeanne d'Albret, fut la mère d'Henri IV. Intelligente, cultivée, Marguerite d'Angoulême groupa à Pau, puis à Nérac, humanistes et poètes et chercha à réconcilier catholiques et protestants. Ses qualités d'esprit et de cœur se retrouvent dans ses œuvres littéraires: *Les Marguerites de la Marguerite des princesses* (1547), *L'Heptaméron* (posthume, 1559).

Marguerite d'Autriche 1480-1530 Duchesse de Savoie, fille de Maximilien Ier d'Autriche et de Marie de Bourgogne. Son neveu Charles Quint, après maints revirements, lui confia le gouvernement des Pays-Bas et les négociations de la paix des Dames avec Louise de Savoie, mère de François Ier (1529).

Marguerite de Bourgogne 1290-1315 Reine de Navarre et de France. Épouse en 1305 de Louis de Navarre, devenu Louis X le Hutin en 1314, convaincue d'adultère en même temps que sa belle-sœur Blanche de la Marche, elle fut enfermée au Château-Gaillard et étranglée.

Marguerite de Provence 1221-1295 Reine de France. Fille de Raimond Bérenger V, comte de Provence, elle épouse

Marguerites.

M

Représentation d'un ***mariage*** *royal (XIIe siècle).*

Louis IX en 1234. Ellle donnera à son mari onze enfants dont sept survivront à leur père. En 1248, lorsque Louis se croise (septième croisade), elle l'accompagne et passera plusieurs années (1249-1254) avec lui en Égypte et en Terre sainte, y donnant le jour à trois enfants. Mais ce n'est pas à elle qu'il confiera la régence lors de son départ (1270) pour la huitième croisade, au cours de laquelle il trouvera la mort. Elle lui survivra vingt-cinq ans.

Marguerite de Valois, dite **la reine Margot** 1553-1615 Reine de Navarre. Fille d'Henri II et de Catherine de Médicis, elle épousa Henri de Navarre (1572), futur Henri IV. Ce mariage, immédiatement suivi par les massacres de la Saint-Barthélemy et malheureux dès l'origine, ne contribua en rien à réconcilier catholiques et protestants. Intriguant contre son frère Henri III avec son autre frère François d'Alençon, elle fut exilée à Nérac où, séparée de son mari, elle tint une cour brillante, puis à Usson, en Auvergne (où elle rédigera ses *Mémoires*). Avec son consentement, son mariage fut annulé pour défaut de consentement (elle affirma que sa mère l'avait obligée à cette union) par le pape Clément VIII en 1599. Elle revint à Paris en 1605.

Marguerite Valdemarsdotter 1353-1412 Reine de Danemark, de Norvège et de Suède. Fille du roi de Danemark, épouse du roi de Norvège, elle fut régente du Danemark pour le compte de son fils Olav, puis régente de Norvège. À la suite de sa victoire contre le roi de Suède, elle se proclama reine de Suède. Après la mort de son fils, elle choisit comme héritier son neveu, Éric de Poméranie.

Margueritte (Jean Auguste) 1823-1870 Général français qui participa à la conquête de l'Algérie et à la guerre de 1870; il fut mortellement blessé à Sedan. **Paul** 1860-1918 Écrivain français, fils du précédent, auteur, avec son frère Victor, d'une fresque sur la guerre de 1870 (*Une époque*, 4 volumes, 1898-1904), et, seul, de quelques autres ouvrages (*L'Embusqué*, 1916; *Jour*, 1918). **Victor** 1866-1942 Écrivain français, frère du précédent. Il abandonna la carrière militaire et collabora ensuite avec son frère, puis écrivit, seul, des œuvres réalistes témoignant de son attention portée à l'émancipation de la femme (*Femme en chemin*, 1921; *La Garçonne*, 1922, qui fit scandale; *Ton corps est à toi*, 1927).

MARIE

L'essentiel de ce que nous savons d'elle tient dans les premiers chapitres de l'évangile de Luc. Marie est fiancée (fiançailles, alors, aussi indissolubles que le mariage) au charpentier Joseph, de la lignée du roi David. Ils habitent tous deux Nazareth. Avant le mariage, Marie reçoit la visite de l'ange Gabriel qui lui annonce qu'elle concevra un fils, Jésus, le Messie promis par les prophètes. La jeune femme objecte qu'elle ne connaît pas d'homme et l'ange répond: « l'Esprit Saint surviendra sur toi, la puissance du Très-Haut te couvrira ». Il ajoute que sa cousine Élisabeth, stérile et âgée, est enceinte, car « rien n'est impossible à Dieu. » Marie se soumet alors à la volonté divine et Gabriel la quitte. La Vierge est donc enceinte. Un ange apparaît à Joseph, troublé, et le rassure: « Ne crains pas de prendre Marie ta femme, car ce qu'elle a conçu est de l'Esprit Saint. » Le mariage est alors conclu sans être consommé. Marie va rendre visite à Élisabeth qui reconnaît en elle la mère du Seigneur, et la Vierge répond par un chant de louange, le *Magnificat* des liturgies en latin. Elle passe trois mois chez sa cousine, puis revient à Nazareth.

Marie, détail de la Pietà de Michel-Ange.

Peu après, un édit romain ordonne le recensement de tout l'empire; chacun doit se faire inscrire dans sa ville d'origine. Joseph se rend donc à Bethléem, patrie de David. C'est là que Marie accouche dans une étable, car il n'y avait pas de place à l'auberge. Hérode, tétrarque de Judée, ayant appris que le « roi des Juifs » venait de naître à Bethléem, donne l'ordre de tuer, dans la ville et dans les environs, tous les enfants de moins de deux ans. Averti par un songe, Joseph fuit en Égypte avec Jésus et Marie; ils reviendront en terre d'Israël à la mort d'Hérode. L'évangile de Luc évoque la Vierge en deux autres circonstances, le jour de la purification rituelle, quarante jours après la naissance, et au moment de la visite de Jésus à Jérusalem, l'année de ses douze ans, pour la Pâque. Au cours de la vie publique de Jésus, Marie n'apparaît qu'une fois. On ne la retrouve qu'au moment de la Passion. Les Actes des Apôtres attestent de sa présence à Jérusalem après l'Ascension; selon une très ancienne tradition, elle aurait passé la fin de sa vie avec saint Jean à Éphèse, d'où elle aurait été enlevée au ciel: c'est l'Assomption.

Dès les premiers siècles, Marie est l'objet d'une grande vénération et, peu à peu, se mettent en place les éléments d'un culte particulier. Les chrétiens *adorent* Dieu, c'est le culte de *latrie*, ils *honorent* les saints, c'est le culte de *dulie*; à la mère du Christ les catholiques rendent le culte d'*hyperdulie*, qu'on pourrait traduire par « extrême vénération ». Plus que les autres saints, Marie est médiatrice de toutes grâces, le plus puissant intermédiaire entre Dieu et les hommes. Cette dévotion a donné lieu à des excès que la Réforme a condamnés avant d'en venir à en contester le fondement.

L'évolution de la réflexion théologique dans l'Église catholique aboutira à la formulation tardive de deux dogmes: celui de l'Immaculée Conception en 1854 et celui de l'Assomption en 1950. En 1854, le pape Pie IX proclame que la Vierge a été conçue sans péché, c'est-à-dire qu'elle a échappé dès sa conception à la malédiction commune de l'humanité, le péché originel. En 1950, Pie XII proclame que Marie a été élevée au ciel, corps et âme, une fois achevé le cours de sa vie terrestre. Aucun de ces deux dogmes n'a sa source dans l'Écriture sainte; ils sont le fruit d'une lente maturation à l'intérieur de l'Église.

marguillier n. m. Vx. Personne qui était chargée d'administrer les biens paroissiaux.

mari n. m. Homme uni à une femme par les liens du mariage.

Mari Ancienne ville mésopotamienne (Syrie), découverte en 1933, centre d'un puissant royaume (3000-1700 av. J.-C.).

mariage n. m. Union d'un homme et d'une femme effectuée selon des lois, des règles, civiles, religieuses ou coutumières, propres à un pays, à une civilisation. / RELIG. CATHOL. Sacrement qui unit un homme et une femme par un lien indissoluble. / Situation légitime entraînée par l'acte de mariage, et qui ne peut être rendue caduque que par le divorce ou par le décès d'un des époux. / Célébration d'un mariage; fête donnée à cette occasion. *Être invité à un mariage.* / *Contrat de mariage*: acte rédigé par un notaire, où sont précisés les rapports pécuniaires des époux. / *Mariage putatif*: voir *putatif*. / *Mariage morganatique*: voir *morganatique*. / *Mariage blanc,* non consommé. / Association de deux ou plusieurs choses. *Mariage de couleurs.*

Mariage de Figaro (le) ou ***La Folle Journée*** 1784 Comédie de Beaumarchais dont l'action suit celle du *Barbier de Séville* (1775). Almaviva, époux de Rosine, tente de séduire Suzanne, femme de chambre de son épouse. Fiancé de Suzanne, Figaro parvient à déjouer l'entreprise de son maître et à épouser la jeune fille. Mozart en tira un opéra (*Les Noces de Figaro*, 1786), qui fut son premier grand succès; il donna plus d'importance que Beaumarchais au personnage secondaire de Chérubin.

marial, ale, aux adj. Relatif à la Vierge Marie.

Marianne Surnom donné à la République française.

Mariannes (fosse des) Fosse très profonde (11 034 m) de l'océan Pacifique, située à l'est des Mariannes.

Mariannes (îles) *477 km² 43 345 h.* Archipel volcanique du Pacifique, à l'est des Philippines (Micronésie). Il comprend quinze îles. La plus vaste, Guam (*541 km², 149 000 h.*), est un territoire américain depuis 1898, date de la victoire des États-Unis pendant la guerre hispano-américaine. Les quatorze autres forment depuis 1975 le Commonwealth des Mariannes du Nord, État associé aux États-Unis (capitale *Saipan*). L'archipel tire ses ressources de l'agriculture (coton, canne à sucre, riz) et de l'existence de bases aéronavales américaines.

Mariánské Lázne (en allemand *Marienbad*) *15 400 h.* Ville de la République tchèque, en Bohême occidentale, station thermale.

Marica ou **Maritza (la)** *490 km* Fleuve qui prend sa source en Bulgarie (où le *bassin de la Marica* est une riche région agricole) qui se jette, en Grèce, dans la mer Égée. Les Grecs le nomment *Evros* (nom francisé en *Hèbre*).

• **Marie** (sainte) ?-ap. 60 Mère de Jésus de Nazareth.

Marie Ire de Bragance 1734-1816 Reine de Portugal en 1777. Fille de Joseph Ier, épouse de son oncle Pierre III qui règne avec elle, elle perd la raison; son fils Jean VI exerce la régence, puis l'emmène au Brésil après l'occupation du Portugal par les Français (1807). **Marie II** 1819-1853 Reine de

Marie Ire Tudor.

Marie-Antoinette.

Portugal en 1826. Son père Pierre Ier, empereur du Brésil, lui cède la couronne de Portugal et la fiance à son oncle Michel ; ce dernier usurpe la couronne (Michel Ier), mais Marie est rétablie par son père en 1834. D'abord mariée (1835) à Auguste de Leuchtenberg, fils d'Eugène de Beauharnais, veuve presque aussitôt, elle épouse (1836) Ferdinand de Saxe-Cobourg-Gotha ; le couple aura onze enfants.

Marie de l'Incarnation (Barbe Jeanne Avrillot, dame **Acarie**, bienheureuse**)** 1566-1618 Religieuse française. Après avoir installé en France, avec Bérulle, les carmélites réformées par sainte Thérèse d'Avila, elle entre elle-même au carmel d'Amiens après son veuvage.

Marie de Médicis 1573-1642 Reine de France. Fille du grand-duc François de Toscane, elle épousa Henri IV en 1600. Elle ne s'entendit guère avec lui et, après sa mort, devenue régente, renvoya ses ministres pour les remplacer par Concini, abandonna la politique patiemment élaborée par Henri IV pour résister à la puissance de la maison d'Autriche et se heurta à une agitation nobiliaire dont elle ne vint à bout qu'en confirmant les privilèges des grands seigneurs. Le jeune Louis XIII fit assassiner Concini en 1617 et éloigna sa mère à Blois. Marie mena contre son fils une lutte sans espoir, se réconcilia brièvement avec lui, puis fut définitivement écartée du pouvoir par Richelieu (journée des Dupes, 1630). Elle dut s'exiler à l'étranger et mourut à Cologne. Aimant les arts, elle protégea Rubens et Philippe de Champaigne et fit édifier le palais du Luxembourg.

Marie Ire Tudor 1516-1558 Reine d'Angleterre. Catholique, fille d'Henri VIII et de Catherine d'Aragon, elle avait été écartée de la succession à la naissance de sa demi-sœur Élisabeth et contrainte de reconnaître l'illégitimité de sa propre naissance et la légitimité de celle de sa sœur. Après le bref règne de son demi-frère Édouard VI, elle lui succéda pourtant (1553) malgré les prétentions au trône de Jeanne Grey. Elle rétablit le catholicisme et persécuta les protestants (faisant notamment exécuter Jeanne Grey et son mari et emprisonner Élisabeth). Surnommée *Marie la Sanglante* (*Bloody Mary*), son mariage en 1554 avec le roi d'Espagne Philippe II, qui vécut loin d'elle, et la reconquête de Calais par les Français la rendirent encore plus impopulaire.

Marie Ire Stuart 1542-1587 Reine d'Écosse et de France. Fille de Jacques V d'Écosse et de Marie de Lorraine, sœur de François de Guise, intelligente, cultivée et belle, elle épouse (1558) le dauphin François qui devient le roi François II en 1559. Veuve en 1560, elle regagne l'Écosse où elle épouse (1565) un prince catholique, son cousin Darnley qui est assassiné en 1567. Trois mois plus tard, elle épouse l'un des meurtriers de Darnley, le comte de Bothwell. Face à la colère des Écossais, elle doit abandonner le trône d'Écosse à son fils, le futur Jacques Ier, et se réfugie auprès de sa cousine Élisabeth d'Angleterre. Celle-ci, se sentant menacée, la fait emprisonner, accuser de complot, condamner à mort et exécuter.

Marie II Stuart 1662-1694 Reine d'Angleterre. Fille de Jacques II, elle le remplace sur le trône lorsqu'il est déchu par le Parlement et règne conjointement avec son époux, Guillaume de Nassau (1688), qui est le véritable souverain.

Marie Leszczynska 1703-1768 Reine de France. Fille de Stanislas Leszczynski, roi de Pologne, elle épousa le jeune Louis XV (1725) auquel elle donna dix enfants. Pieuse et austère, elle fut de bonne heure délaissée par le roi.

Marie-Antoinette 1755-1793 Reine de France. Fille de l'empereur François Ier et de Marie-Thérèse, elle épousa le futur Louis XVI (1770). Gracieuse et belle, elle devint vite impopulaire en raison de sa conduite taxée (très probablement à tort) de légèreté, de ses goûts dispendieux et de son opposition aux réformes qui influença l'attitude du roi. Emprisonnée au Temple après le 10 août 1792, séparée de son fils, elle comparut le 12 octobre 1793 devant le Tribunal révolutionnaire. Elle fut condamnée à mort et exécutée le 16 octobre.

Marie-Christine de Bourbon-Sicile 1806-1878 Reine d'Espagne. Veuve de Ferdinand VII (1832), régente au nom de sa fille Isabelle, elle eut à lutter contre son beau-frère Carlos. Les carlistes furent vaincus par Espartero à qui Marie-Christine dut céder la régence en 1841. Mais elle reprit le pouvoir en 1843. Déconsidérée par son mariage avec son amant Muñoz, elle dut s'exiler définitivement en 1854.

marie-couche-toi-là n. f. inv. Pop., vieilli et péjor. Femme facile, prostituée.

Marie de France 1154-1189 Poétesse française, première femme à écrire des poèmes en français (*Fables*, *Lais* en octosyllabes). Elle vécut sans doute à la cour d'Henri II Plantagenêt, mais on sait peu de chose de sa vie.

marie-jeanne n. f. Arg. Marijuana.

Marie-Louise de Habsbourg-Lorraine 1791-1847 Impératrice des Français. Fille de François II d'Autriche, nièce de Marie-Antoinette, elle épousa Napoléon Ier en 1810 et donna le jour au roi de Rome (1811). En 1815, elle reçut le duché de Parme, Plaisance et Guastalla. En 1821, elle épousa secrètement son amant Neipperg, dont elle eut trois enfants, puis le comte de Bombelles (1834) après la mort de Neipperg.

Marie-Louise (les) n. m. pl. HIST. Nom donné aux jeunes recrues incorporées dans l'armée impériale, par décret de l'impératrice Marie-Louise, à l'extrême fin du Premier empire, pour renforcer les troupes qui tentaient de faire barrage aux armées ennemies coalisées.

marie-salope n. f. MAR. Chaland dans lequel sont transportées les vases draguées dans les rivières et dans les ports. Pl. Des *maries-salopes*.

Marie-Thérèse 1717-1780 Reine de Hongrie et de Bohême (1740) et impératrice d'Autriche (1745). La pragmatique sanction fit d'elle l'héritière de son père, l'empereur Charles VI, mort sans héritier mâle (1740). Énergique, intelligente, s'appuyant essentiellement sur les Hongrois et l'Angleterre, Marie-Thérèse disputa son héritage aux souverains européens. Le traité d'Aix-la-Chapelle (1748) ne lui enleva que la Silésie au profit de Frédéric II de Prusse et la guerre de Sept Ans (1756-1763) ne lui rendit pas cette province. En 1772, elle participa au premier partage de la Pologne. Mariée à François de Lorraine, élu empereur en 1745, elle introduisit, sous l'influence des philosophes, quelques réformes libérales et supprima la Compagnie de Jésus et l'Inquisition. Elle donna naissance à seize enfants, dont Joseph II, Léopold II et Marie-Antoinette, reine de France. À la mort de son mari (1765), elle fit couronner empereur son fils Joseph II, mais ne lui permit pas de partager son pouvoir, sauf en politique étrangère.

Marie-Thérèse d'Autriche 1638-1683 Reine de France. Fille de Philippe IV d'Espagne, elle épousa Louis XIV en 1660. Ce mariage, préparé par Mazarin en vue de la succession d'Espagne, fut à l'origine de la guerre de Dévolution. Marie-Thérèse eut six enfants, dont seul survécut un fils, le Grand Dauphin.

marier v. t. [1] Unir par le mariage. (Emploi pron.) *Ils se sont mariés à l'église.* / Donner en mariage. *Marier sa fille.* / Associer, mêler harmonieusement. *Marier des couleurs, des formes.*

Mariette (Auguste) 1821-1881 Égyptologue français. Il découvrit en 1851 la nécropole des taureaux Apis à Memphis. Il mit au jour de nombreux sanctuaires antiques d'Égypte et de Nubie, et rassembla statues et papyrus dans le musée de Boulaq, au Caire.

marieur, euse n. Celui, celle qui intervient, s'entremet pour arranger des mariages.

Marignan *19000 h.* Ville d'Italie (Lombardie) près de laquelle François Ier vainquit les Suisses (au service du duc de Milan) et se fit armer chevalier par Bayard en 1515.

Marigny (Enguerrand de) 1260?-1315 Homme politique français. Philippe le Bel fit de lui le gardien du Trésor, position qui lui permit de s'enrichir. Peu après son avènement (1314), Louis X le fit pendre.

marigot n. m. Dans les régions tropicales, bras mort d'un fleuve ou endroit inondé durant la saison des pluies.

marijuana ou **marihuana** n. f. Préparation faite à partir de feuilles et d'inflorescences femelles séchées du chanvre indien, utilisée comme drogue, et que l'on fume, mélangée ou non avec du tabac.

Marillac (Michel de) 1563-1632 Homme politique français. Garde des Sceaux en 1629, il s'opposa à Richelieu et dut s'exiler à Châteaudun (Eure-et-Loir), en 1630. **Louis** 1573-1632 Maréchal de France, frère du précédent, il prit le parti de Marie de Médicis, en lutte contre son fils et Richelieu, et fut décapité sur l'ordre du cardinal.

marin, e [1] adj. De la mer ; qui vient de la mer. *Animaux marins. Sel marin.* / Destiné la navigation. *Carte marine. Avoir le pied marin* : ne pas perdre son équilibre sur un bateau, malgré le roulis et le tangage.

marin [2] n. m. Personne dont le métier est de naviguer en mer. / Homme d'équipage sur un navire de la Marine nationale.

Marin Ier ?-884 Pape en 882, autrefois nommé, par confusion, **Martin II**. Diplomate, il tenta de régler le conflit entre Rome et Byzance, sans succès. **Marin II** ?-946 Pape en 942. On ne sait à peu près rien de son pontificat, entièrement soumis aux seigneurs laïcs régnant sur Rome.

Marin (John) 1870-1953 Peintre américain, aquarelliste au style vif, au trait nerveux, à la couleur délicate (*Lower Manhattan*, 1921).

marina n. f. Complexe touristique construit en bord de mer et comportant des

Marina de Golfe-Juan (Alpes-Maritimes).

Marionnettes.

logements et des installations portuaires pour navires de plaisance.

marinade n. f. Mélange de vin et de vinaigre, salé, épicé, aromatisé, où macèrent la viande ou le poisson, soit pour être conservés, soit pour être attendris ou parfumés avant la cuisson. / Aliments ainsi préparés.

marine [1] n. f. et adj. **A.** n. f. Ce qui concerne l'art, les techniques de la navigation sur mer. Ensemble des personnes, du matériel, des activités qui s'y rapportent. / Puissance navale militaire d'une nation. *Marine nationale*: marine de guerre. / *Marine marchande*: ensemble des bateaux de commerce immatriculés à l'inscription maritime. / Ensemble des bateaux utilisés à une fin particulière. *Marine de pêche, de plaisance.* / BX-ARTS Tableau dont le sujet concerne la mer. **B.** adj. inv. *Bleu marine* ou (absol.) *marine*: bleu foncé analogue à celui des uniformes de la Marine nationale française. *Une écharpe marine.*

marine [2] n. m. (mot anglais) Fusilier marin appartenant aux troupes de la marine de guerre anglaise ou américaine. Pl. Des *marines.*

mariner v. i. [1] Macérer dans une marinade. / Fig., fam. Rester longtemps en attente, dans une situation désagréable. *Il m'a laissé mariner un mois avant de répondre.*

Marinetti (Filippo Tommaso) 1876-1944 Poète italien. Élevé chez les jésuites, il passe un baccalauréat français, puis, partageant sa vie entre la France et l'Italie, participe activement au mouvement symboliste, avant de vouer à la modernité (et à la violence qui l'accompagne) un véritable culte, qu'il exprime en publiant en 1909 (en français), dans *Le Figaro*, *Manifeste technique de la littérature futuriste. Démocratie futuriste* (1919) et *Futurisme et Fascisme* (1924) montrent sa sympathie pour le fascisme. En 1919, il réunit les divers *Manifestes du futurisme* et en 1933 les *Poèmes simultanés.*

maringouin n. m. Nom courant de divers moustiques, au Québec et dans certains pays tropicaux.

Marinides Voir **Mérinides**

marinier, ère adj. et n. Qui appartient à la marine. *Officier marinier*: sous-officier de la Marine nationale. / Subst. Personne naviguant à bord d'une péniche ou d'un chaland sur les cours d'eau, les canaux.

marinière n. f. Manière de nager sur le côté. / CUIS. *Moules (à la) marinière*, cuites dans leur jus, avec (éventuellement) du vin blanc, des échalotes et du persil. / Ample blouse que l'on enfile par la tête et qui se porte par-dessus le pantalon ou la jupe.

Marino (Giambattista, dit le **Cavalier Marin)** 1569-1625 Poète italien, très en vogue en France à la cour de Marie de Médicis, où son style affecté (dit *marinisme*) ouvrit la voie à la préciosité.

mariol ou **mariolle** adj. et n. m. Pop. (vieilli) Malin, rusé. *Il est mariol celui-là.* / Subst. *Faire le mariol*: faire le malin.

marionnette n. f. Figurine de bois ou de carton représentant un personnage, un animal, manipulée par une personne qui reste cachée. (Les *marionnettes à fils* ont un corps articulé, que l'on manœuvre à l'aide de fils tenus par le haut. Les *marionnettes à gaine* ont le corps formé d'un sac dans lequel on introduit la main pour les faire bouger). / Fig. Personne influençable, que l'on peut manœuvrer facilement.

marionnettiste n. Montreur de marionnettes.

Mariotte (abbé **Edme)** 1620?-1684 Physicien français, pionnier de la physique expérimentale en France. Il s'intéressa à la physiologie de l'œil. En 1676, il énonça, en même temps que Boyle en Angleterre, la loi sur la compressibilité des gaz : à température constante, un gaz soumis à diverses pressions prend des volumes inversement proportionnels à ces pressions (*loi de Mariotte-Boyle*).

mariste n. Membre de l'une des deux congrégations religieuses vouées à la Vierge. (La Société de Marie, congrégation missionnaire, réunit les pères maristes, à laquelle s'adjoignit la congrégation féminine des sœurs maristes. L'institut des frères maristes [Petits Frères de Marie] est une congrégation de religieux non prêtres, vouée à l'enseignement).

Maritain (Jacques) 1882-1973 Philosophe français. Élevé dans le protestantisme, ami de Léon Bloy, il se convertit au catholicisme en 1906. Ambassadeur de France près le Saint-Siège de 1945 à 1948, il a cherché à adapter la pensée de saint Thomas d'Aquin à une philosophie religieuse moderne (*Humanisme intégral,* 1947) et s'est opposé au bergsonisme.

marital, ale, aux adj. Du mari. *Droits maritaux.*

maritalement adv. Comme mari et femme, sans être marié. *Vivre maritalement.*

maritime adj. Qui est au bord de la mer, sous l'influence de la mer. *Port maritime. Climat maritime.* / Sur mer, par mer. *Transport maritime.* / Relatif à la navigation sur mer. *La France est une puissance maritime.*

maritorne n. f. Vieilli ou litt. Femme laide et sale.

Marius (en latin **Caius Marius)** 157-86 av. J.-C. Général et homme politique romain. D'origine obscure, il se distingue dans l'armée, est élu tribun de la plèbe (119), préteur (116), et participe à la guerre contre Jugurtha, puis est élu au consulat (107). Mais c'est Sylla qui met un terme à cette guerre, suscitant ainsi la haine de Marius. En 102, à la tête d'une armée de mercenaires recrutés parmi les prolétaires romains, il arrête à Aix, puis à Verceil (101), l'invasion des Cimbres et des Teutons. Très populaire, il est élu consul pour la sixième fois. Le Sénat ayant donné à Sylla le commandement de la guerre contre Mithridate, Marius se le fait attribuer par le peuple. Sylla, alors, entre à Rome avec son armée et Marius doit fuir en Afrique (88). Profitant de l'absence de Sylla, il rentre en 87 et s'allie à Cinna pour se venger de ceux qui l'avaient chassé. Il se fait nommer consul pour la septième fois, mais meurt quelques jours plus tard.

Marius 1929 Pièce en 4 actes de Marcel Pagnol qui forme, avec la pièce *Fanny* (1931) et le scénario du film *César* (1936), la trilogie décrivant la vie et les aventures de petites gens de Marseille. *Marius* fut porté à l'écran par Alexander Korda (1931), *Fanny* par Marc Allégret (1932) et *César* par Pagnol lui-même (1936), avec Raimu, Pierre Fresnay, Charpin et Orane Demazis.

marivaudage n. m. LITTÉR. Préciosité de style. / Échange de propos d'une galanterie délicate, spirituelle, légère.

marivauder v. i. [1] Pratiquer le marivaudage.

Marivaux (Pierre Carlet de Chamblain de) 1688-1763 Écrivain français. Après avoir mené une vie mondaine, il est ruiné par la banqueroute de Law et il doit écrire des comédies pour gagner sa vie : *Arlequin poli par l'amour* (1720), *La Double Inconstance* (1723), *Le Jeu de l'amour et du hasard* (1730), *Les Fausses Confidences* (1737), *L'Épreuve* (1740). Marivaux a renouvelé la comédie après Molière. Son théâtre, léger et enjoué, vaut surtout par l'analyse de l'amour qui est, chez lui, un sentiment naturel, nullement tragique, mais très capricieux. Marivaux sait admirablement en montrer la naissance dans le cœur des femmes, aristocrates ou soubrettes. En effet, Marivaux donna une importance égale aux valets et aux maîtres. Il laissa deux romans réalistes inachevés (*La Vie de Marianne*, 1731-1741 et *Le Paysan parvenu*, 1734-1735), remarquables par la finesse de l'analyse et la justesse du ton.

marjolaine n. f. Plante aromatique de la famille des labiées, utilisée comme condiment. Syn. origan.

mark n. m. inv. (Elliptiquement, pour *deutsche Mark*) Ancienne unité monétaire allemande, remplacée par l'euro en 2002..

Marker (Christian Bouche-Villeneuve, dit **Chris)** 1921 Cinéaste français, auteur de documentaires d'une sobriété remarquable : *Dimanche à Pékin* (1956), *Cuba si* (1961), *Le Joli Mai* (1963), *Level 5* (1996). Il a réalisé une seule œuvre de fiction, *La Jetée* (1963), qui dénonce le péril atomique.

marketing n. m. (mot anglais) Ensemble des études de marché effectuées dans le but d'établir une stratégie commerciale visant à développer, à stimuler les ventes d'un produit, d'un service.

Markevitch (Igor) 1912-1983 Musicien italien d'origine russe. Compositeur (*Concerto pour piano*, 1929 ; musiques de ballets, musique de chambre, notamment), il se consacra uniquement, après 1945, à son métier de chef d'orchestre.

Markov (Andreï Andreïevitch) 1856-1922 Mathématicien russe. Professeur à Saint-Pétersbourg, ses travaux donnèrent naissance à plusieurs lois dans le domaine du calcul des probabilités (*processus de Markov*). Il travailla également sur la théorie des nombres et l'analyse mathématique.

markovien, enne adj. De Markov ; relatif à Markov, à ses travaux.

Marlborough (John Churchill, 1er **duc de)** 1650-1722 Général anglais, successivement au service de Jacques II, de Guillaume III et de la reine Anne. C'est durant la guerre de Succession d'Espagne qu'il s'illustre particulièrement (Oudenaarde, 1708 ; Malplaquet, 1709). La déformation de son nom donna une chanson populaire française : « Malbrough s'en va-t-en guerre ».

marli n. m. TECHN. Bord intérieur d'un plat, d'une assiette.

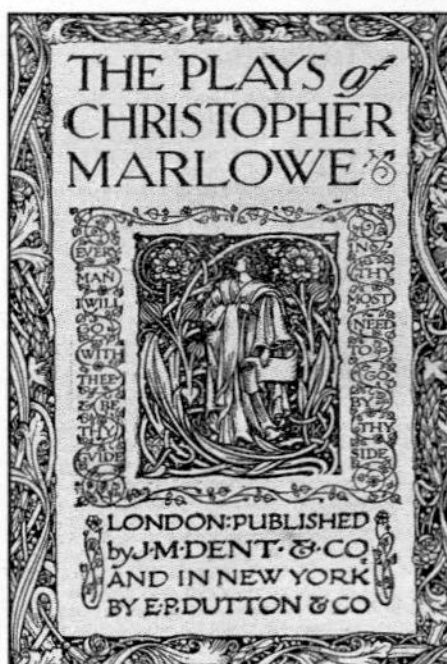

Édition moderne des œuvres théâtrales de ***Christopher Marlowe.***

Marlowe (Christopher) 1564-1593 Dramaturge et poète anglais. Aventurier et bagarreur, il écrit sa première pièce dès sa sortie de l'université de Cambridge : *Tamerlan le Grand* (1587). Son œuvre, souvent comparée à celle de Shakespeare, explore l'ambition et la soif de pouvoir des hommes : *Le Juif de Malte* (1589), *Édouard II* (1592 ?). *La Tragique Histoire du docteur Faust* (1588), drame publié après sa mort, en 1601, est inspiré d'une œuvre anonyme, parue à Francfort-sur-le-Main (1587). Il est également l'auteur d'un poème, *Héro et Léandre* (posthume, 1598). Habitué des tavernes, il fut tué au cours d'une bagarre dans un bouge.

Marly-le-Roy *16 741 h.* Ville des Yvelines, à l'orée de la forêt de Marly (*20 km²*) où Louis XIV chassait. Pour lui, Hardouin-Mansart construisit un château, détruit sous la Révolution. Les *Chevaux de Marly*, sculp-

Marmotte.

tés par Coustou (1645) pour décorer un abreuvoir, vinrent orner les Champs-Élysées, au niveau de la place de la Concorde ; ils en ont été retirés pour éviter leur dégradation et remplacés par des copies.

Marly-la-Machine Écart de la commune de Bougival (Yvelines). Construite sous Louis XIV, la *machine de Marly* puisait l'eau de la Seine pour alimenter le château de Versailles. Détruite à la Révolution, elle a été remplacée par diverses machines hydrauliques dont la dernière a fonctionné jusqu'en 1967.

marmaille n. f. Fam. Ensemble de petits enfants.

Marmara (mer de) Mer intérieure située entre la Turquie d'Europe et la Turquie d'Asie, communiquant avec la mer Noire par le Bosphore et avec la Méditerranée par les Dardanelles.

marmelade n. f. Mélange de fruits cuits dans du sucre et réduits en purée.

marmite n. f. Récipient à couvercle dans lequel on fait cuire des aliments ; contenu de ce récipient. *Marmite norvégienne*, aux parois isolantes et dans laquelle la cuisson se poursuit hors du feu. / TECHNOL. *Marmite de Papin* : vase clos comportant une soupape de sécurité, dans lequel on peut porter l'eau à beaucoup plus forte température qu'à l'air libre, pour utiliser la force d'expansion de la vapeur. / GÉOL. *Marmite de géants* : cuvette creusée dans la roche d'un cours d'eau par l'érosion des eaux et des pierres charriées par des mouvements tourbillonnaires.

marmiton n. m. Jeune apprenti cuisinier.

marmonner v. t. [1] Dire (qqch.) sans ouvrir la bouche, indistinctement.

Marmont (Auguste Frédéric Louis Viesse de Marmont, duc de **Raguse)** 1774-1852 Maréchal français. Il participa à toutes les campagnes de Napoléon Ier et administra, de 1806 à 1811, les Provinces Illyriennes (Dalmatie actuelle). Chargé de la défense de Paris en 1814, il se rallia à Louis XVIII et devint ministre d'État (1817). N'ayant pu écraser la révolution parisienne de 1830, il partit en exil en même temps que le roi Charles X.

Marmontel (Jean-François) 1723-1799 Écrivain français. Ami de Voltaire, il fut l'auteur de *Contes moraux* (1761-1765) et de romans « à thèse » : *Bélisaire* (1767) prône la tolérance, *Les Incas* (1777) s'attaque à l'esclavage. Il écrivit également des articles pour l'*Encyclopédie*.

marmoréen, enne adj. De la nature du marbre. / Fig., litt. Qui évoque le marbre, comme taillé dans le marbre. *Corps marmoréen.*

marmot n. m. Fam. Petit enfant. / Figurine servant de heurtoir. / Loc. fig., vx *Croquer le marmot* : attendre en vain.

marmotte n. f. ZOOL. Mammifère de l'ordre des rongeurs, long d'une cinquantaine de centimètres, au pelage épais, vivant dans les montagnes (notam. dans les Alpes). *La plupart des espèces de marmottes vivent en colonies ; elles hibernent dans de profonds terriers.* / *Dormir comme une marmotte*, d'un sommeil très profond.

marmotter v. t. [1] Marmonner.

marmouset n. m. BX-ARTS Figurine d'aspect grotesque. / Par ext. Chenet orné d'un marmouset. / HIST. *Les marmousets* : les conseillers de Charles V rappelés par Charles VI et ainsi surnommés par dérision par les oncles du roi, les ducs de Bourgogne et de Berry, chassés du pouvoir. *La folie définitive de Charles VI mit fin à la sage politique des marmousets.* / Vx Petit garçon, homme petit.

marnage [1] n. m. AGRIC. Apport de marne dans un sol.

marnage [2] n. m. Variation du niveau de la mer, entre marée haute et marée basse.

marne n. f. Roche sédimentaire, composée de calcaire, d'argile et de sable, dont on se sert en agriculture pour amender les sols.

Marne (la) *525 km* Rivière du Bassin parisien, reliée au Rhin et à la Savoie par un vaste réseau de canaux et de rivières. Prenant sa source sur le plateau de Langres, la Marne arrose Chaumont, Vitry-le-François, Châlons-en-Champagne (Châlons-sur-Marne), Épernay, Château-Thierry, Meaux et se jette dans la Seine à Charenton-le-Pont.

Marne (bataille de la) Ensemble des opérations militaires menées par le général Joffre, qui permirent d'enrayer, entre le 24 août et le 13 septembre 1914, le long de la Marne, l'avancée des Allemands vers Paris et durant lesquelles les troupes de la capitale, sur l'initiative de Gallieni, jouèrent un rôle important : le 5 septembre, il les fit transporter sur le front par des taxis (les taxis de la Marne). La contre-offensive alliée de juillet 1918 est souvent appelée *seconde bataille de la Marne.*

Marne (département de la) [51] *8 162 km² 558 217 h.* Chef-lieu *Châlons-en-Champagne* (autrefois *Châlons-sur-Marne*). Département qui fait partie de la Région Champagne-Ardenne. À l'ouest, la côte de l'Île-de-France où s'épanouit, autour de Reims et d'Épernay, le célèbre vignoble champenois, fait partie du Bassin parisien ; à l'est, le relief forestier de l'Argonne annonce l'Ardenne. Le sud et le centre du département s'étendent sur la plaine crayeuse de la Champagne pouilleuse : aujourd'hui amendée, elle est le domaine de la grande culture du blé, de la betterave à sucre et de l'élevage. La prospérité de la région comme lieu de passage (foires) aux XIIe et XIIIe siècles a favorisé l'essor de deux grandes industries régionales : celle du champagne et celle du textile. Associées à des industries nouvelles, elles se concentrent autour de Reims, surtout, Épernay et Châlons-en-Champagne. Département dynamique, la Marne bénéficie de la décentralisation parisienne.

Marne (département de la Haute-) [52] *6 211 km² 204 067 h.* Chef-lieu *Chaumont.* Département qui fait partie de la Région Champagne-Ardenne. Il associe des paysages variés appartenant à la Lorraine à l'est, à la Bourgogne au sud, à la Champagne humide à l'ouest. L'humidité du climat explique la prépondérance de la forêt et des pâturages (élevage laitier). La Haute-Marne est un département pauvre, dépeuplé, touché par le déclin de ses industries rurales (fromages, bois). L'ancienne sidérurgie a survécu en se spécialisant. Ses principaux centres sont Saint-Dizier (tracteurs), Wassy (quincaillerie) et Nogent-en-Bassigny (coutellerie). Les villes, modestes, se concentrent dans la vallée de la Marne.

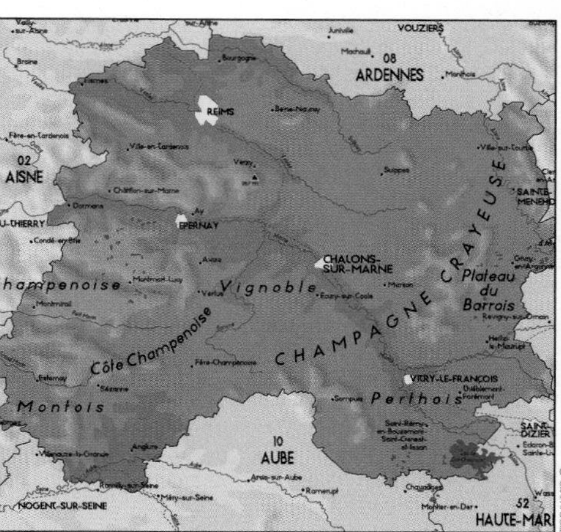

*Département de la **Marne**.*

*Département de la **Haute-Marne**.*

marner [1] v. t. [1] Amender (un sol) avec de la marne.

marner [2] v. i. [1] Pop. Travailler dur.

marner [3] v. i. [1] Monter, en parlant de la marée.

marneux, euse adj. De la nature de la marne ; qui contient de la marne.

• **Maroc** Royaume d'Afrique du Nord occidentale.

marocain, e adj. et n. Du Maroc. *Djebel marocain. Un(e) Marocain(e).*

maroilles n. m. Fromage de vache à pâte molle qui tire son nom de Maroilles, commune du nord de la France.

MAROC

Superficie : *446 550 km²* – **Nombre d'habitants :** *27 900 000 h.* – **Capitale :** *Rabat*
Villes principales : *Casablanca, Fez, Marrakech* – **Système politique :** *monarchie constitutionnelle*
Langue(s) : *arabe* – **Religion(s) :** *islam* – **Monnaie(s) :** *dirham*

Voir l'Atlas

Géographie physique et humaine

Quatre chaînes de montagnes, le Rif, le Moyen Atlas, le Haut Atlas (*4 165 m* au Toubkal) et l'Anti-Atlas, encadrent une série de plateaux steppiques s'abaissant à l'ouest vers les plaines de la côte atlantique. Courts et nombreux, les fleuves (oueds) orientés est-ouest, ont un régime irrégulier. Largement ouvert sur l'Atlantique, le Maroc est le pays le plus arrosé du Maghreb.

La population est constituée de Berbères, d'une majorité d'Arabes (70 %) arrivés entre le VIIe et le XVIe siècle, et de Noirs (nommés Haratines, descendants d'anciens esclaves), nombreux dans le sud. Son taux d'accroissement est beaucoup trop rapide pour ses ressources actuelles. L'islam (99 %) est surtout sunnite. 90 % des Marocains se concentrent au nord de l'Atlas où l'urbanisation atteint 50 %.

Économie

L'économie du Maroc reste rurale : 49 % de la population vit de l'élevage (ovins, surtout, et bovins), de l'agriculture (blé, orge, fruits, vigne, olivier) et de la pêche (sardines). Tardive, la colonisation a été moins rurale qu'industrielle (extraction de phosphates, [2e rang mondial], et de minerais : fer, plomb, cobalt, antimoine, zinc) et urbaine (création de Casablanca, principal centre économique du pays). Les industries de transformation ont fortement progressé dans les années 1990, alimentées par les produits de l'agriculture et de la pêche (conserveries) et ceux de l'industrie extractive (engrais). L'activité artisanale demeure importante, ainsi que le tourisme dont le développement s'accélère. L'investissement extérieur (européen, notamment) contribue de plus en plus à la modernisation du Maroc, très irrégulière.

Histoire

Peuplé de Berbères, parsemé de comptoirs par les Phéniciens à partir du XIe siècle av. J.-C., le pays devient une province romaine (Ier-IVe siècle ap. J.-C.), la Maurétanie Tingitane, qui a pour capitale Tingis (Tanger).

Puis il est envahi successivement par les Vandales, les Byzantins, les Wisigoths et les Arabes ; ceux-ci entraînent les Marocains, convertis à l'islam, à la conquête de l'Espagne. L'arabisation est diverse suivant les régions : très marquée dans les plaines et les villes, elle est beaucoup moins forte dans la montagne.

Les tribus berbères, après les dynasties arabes des Idrissides et des Fatimides (VIIe-Xe siècle), se révoltent et parviennent à imposer leurs propres dynasties : les Almoravides, les Almohades (XIe-XIIe siècle), puis les Mérinides (XIIIe-XVe siècle) ; c'est sous les Almohades que le Maroc berbère atteint son apogée : il domine presque toute l'Afrique du Nord et l'Espagne, développe un artisanat dont les produits attirent les marchands européens et une civilisation raffinée enrichie par les contacts avec l'Espagne andalouse. Au XVe siècle, les musulmans sont expulsés d'Espagne et les Portugais s'emparent de ports marocains.

Femmes du Rif.

Chassant les Mérinides, les chérifs saadiens arabes mobilisent le pays dans une guerre sainte (prise de Fès, 1666). Le déclin de l'empire excite la convoitise des puissances européennes et, avant tout, celle de la France, installée en Algérie, qui se heurte à l'hostilité des Marocains, alliés au chef algérien Abd el-Kader : la facile victoire de l'Isly (1844), révèle la faiblesse de l'armée marocaine.

Village de l'Atlas.

En 1912, après avoir écarté les prétentions britanniques puis allemandes, la France établit son protectorat sur le Maroc ; elle doit reconnaître les intérêts espagnols dans le Rif et dans la région d'Ifni, et accepter un statut international pour Tanger. Lyautey, résident général de 1912 à 1925, respecte les traditions musulmanes et s'allie plusieurs grands caïds de l'Atlas.

La révolte du Rif contre la domination espagnole prend fin en 1926 par la capitulation d'Abd el-Krim devant les opérations combinées des armées française et espagnole. Après la Seconde Guerre mondiale, le parti de l'Istiqlal, fondé en 1937, réclame l'indépendance ; il s'appuie sur le sultan Mohammed V, dont les revendications sont soutenues par Roosevelt. Le Maroc traverse une période de troubles sanglants et d'agitation ; pour se maintenir, la France compte sur l'appui du Glaoui, chef des Berbères de l'Atlas ; elle exile le sultan à Madagascar (1953), et installe un nouveau sultan, Ben Arafa, qui n'est pas reconnu par ses sujets. Finalement, la France cède : Mohammed V retrouve son trône et l'indépendance du royaume du Maroc est proclamée en 1956 ; Tanger est annexé.

Cependant, le parti de l'Istiqlal se coupe en deux, son aile gauche formant l'Union nationale des forces populaires (U.N.F.P.) qui, dirigée par Ben Barka, réclame des réformes démocratiques. Le roi Mohammed V conserve toutefois son prestige intact jusqu'à sa mort en 1961, mais il ne vient pas à bout de toutes les difficultés. Son fils et successeur, Hassan II, fait approuver par référendum une Constitution démocratique (décembre 1962) mais gouverne de façon autoritaire. En juillet 1963, il fait arrêter des dirigeants de l'U.N.F.P. ; Ben Barka s'exile. Il sera assassiné à Paris en 1965 et l'« affaire Ben Barka » perturbera fortement les relations franco-marocaines.

En 1971-1972, l'opposition contre le roi et une partie de l'armée atteint son comble. En 1972, le général Oufkir, naguère bras droit du roi, est retrouvé mort. Le roi reconquiert sa popularité en confisquant les terres des étrangers (1973) et en entamant l'annexion du Sahara occidental, naguère espagnol : en novembre 1975, la *marche verte* de 350 000 Marocains permet l'occupation du Sahara occidental, ce qui provoque la guérilla du Front Polisario.

La dégradation de l'économie provoque, en 1981 et en 1984, des émeutes durement réprimées. En 1991, un accord entre le Maroc et le Front Polisario prévoit un référendum (sans cesse repoussé). En 1992, puis en 1996, la Constitution est démocratisée. En 1997, voulant moderniser le pays, Hassan II désigne un Premier ministre socialiste, bien que la droite ait remporté les élections. En juillet 1999, à la mort du roi, son fils aîné lui succède sous le nom de Mohammed VI. Les élections législatives de septembre 2002, dont la transparence ne fait aucun doute, ont été marquées par une forte abstention, la montée des islamistes et l'émiettement des partis, ce qui a conduit le roi à constituer un gouvernement de coalition avec pour Premier ministre l'ancien ministre de l'Intérieur, Driss Jetou, technocrate sans appartenance politique. En mai 2003, à Casablanca, un attentat attribué à al-Qaida a fait de nombreuses victimes.

MAROC (SUITE)

Pavillon de plaisance, dans un jardin de Marrakech.

Beaux-arts

Si des vestiges de la colonisation romaine subsistent au Maroc (principalement à Volubilis : arc de Caracalla, thermes, forum), l'art marocain proprement dit est surtout représenté dans les quatre cités royales : Fès, Marrakech, Rabat et Meknès, respectivement fondées ou embellies par les dynasties des Idrissides, des Almohades, des Mérinides et des Alaouites, qui en firent les sièges successifs de leurs gouvernements.

L'architecture a laissé d'importants monuments, notamment des portes : Bab-el-Rouah (XIIe siècle) à Rabat, Bab-Khemis (XVIIe siècle) et Bab-al-Mansour (XVIIIe siècle) à Meknès, Bab Agnau (XIIe siècle) à Marrakech ; des mosquées : Qarawiyyin (Xe siècle) à Fès, la plus grande d'Afrique du Nord, la Kutubiyyah (XIIe siècle) à Marrakech, la tour Hassan (XIIe siècle) à Rabat ; des médersas à Meknès, Bu-Inaniyyah (1350), et surtout à Fès, Bu-Inaniyyah (1350 également), Attarine (1323) ; des palais : la Bahia (XIXe siècle) à Marrakech ; des tombeaux : tombeaux saadiens (XVIe siècle) à Marrakech. L'art marocain s'exprime aussi dans l'artisanat : tapis à Rabat, céramique à Fès et Marrakech, travail du cuir, du cuivre, à la décoration minutieuse et riche.

Littérature

Jusqu'au XXe siècle, on ne parle pas de littérature spécifiquement marocaine au sein de la littérature arabe. Plus tard, la diffusion du français permet l'émergence d'une littérature en français. Driss Chraïbi publie en 1954 l'un des tout premiers romans marocains francophones, *Passé simple*, suivi par Mohammed Khaïr-Eddine (*Agadir*, 1967) et Tahar Ben Jelloun dont *La Nuit sacrée* obtient le prix Goncourt en 1987.

Cinéma

Le cinéma marocain n'occupe qu'une place très modeste dans la production internationale et ne s'est manifesté que très récemment par des ouvrages qui n'ont pas connu de succès public.

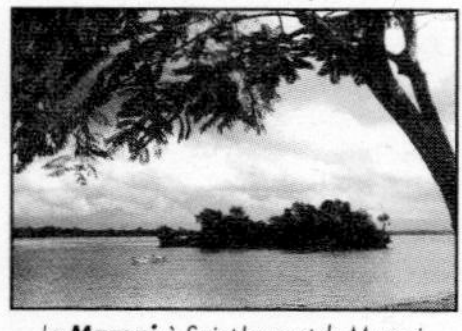
Le **Maroni** à Saint-Laurent-du-Maroni.

Maron (saint) v. 350-433 Ermite de la montagne du Liban qui passe pour fondateur de l'Église chrétienne libanaise qui lui doit son nom (maronite).

Maroni (le) *680 km* Fleuve qui sépare la Guyane française (à l'est) et le Surinam. C'est une des rares voies de pénétration (depuis Saint-Laurent-du-Maroni, sur la côte) vers l'intérieur.

maronite adj. et n. De l'Église catholique de rite syriaque qui affirme faire remonter son origine à l'ermite saint Maron. *Une église maronite. Un(e) maronite.*

♦ L'Église maronite, dont le foyer se trouve au Liban, a participé aux controverses christologiques des premiers siècles ; elle est, depuis le début du XIIe siècle, en communion ininterrompue avec Rome dont rien ne la sépare sur le plan dogmatique. Elle a conservé sa discipline (ordination d'hommes mariés exerçant souvent une activité professionnelle, obligation de célibat réservée aux évêques et aux moines, hiérarchie non pas nommée par le pape, mais seulement confirmée par lui) et sa liturgie (rite d'Antioche, en araméen).

maronner v. i. [1] Fam. Maugréer. *Faire maronner qqn*, le taquiner, le faire enrager.

maroquin n. m. Cuir de chèvre tanné et teint du côté du poil. / Fig., fam. Poste, portefeuille ministériel. *Il a obtenu un maroquin dans le nouveau gouvernement.*

maroquinerie n. f. Art de travailler le cuir de bouc ou de chèvre ; fabrication, commerce d'objets en cuir souple. / Magasin où se vendent ces objets. / Ces objets eux-mêmes.

maroquinier, ère n. Personne qui travaille dans la maroquinerie.

Marot (Jean des Mares ou **des Marets,** dit **Jean)** 1463?-1526? Poète français, père de Clément Marot. Grand rhétoriqueur, il fut appelé à la cour d'Anne de Bretagne puis à celle de François Ier.

Marot (Clément) 1496-1544 Poète français. Protégé de la reine Marguerite de Navarre, il se rend à la cour de François Ier où il écrit des poèmes légers et badins (rondeaux, ballades, épigrammes). Il remporte un grand succès avec l'*Adolescence clémentine* (1532). Mais, soupçonné d'hérésie et de sympathie pour la Réforme (il est notamment emprisonné en 1526 pour n'avoir pas respecté le carême), il doit fréquemment se réfugier à l'étranger (d'abord en Italie après l'affaire des Placards de 1534, puis à Genève et à Turin). Il a donné une belle traduction des *Psaumes* en français (1541). Il est l'auteur d'épîtres, pleines d'esprit, d'élégies, d'églogues.

marotte n. f. Sceptre surmonté d'une petite tête affublée d'un capuchon garni de grelots, attribut symbolique de la folie, que portaient les bouffons de la cour. / Tête de femme en carton ou en bois, utilisée par les modistes ou les coiffeurs pour exposer chapeaux, perruques, etc. / Fig. Manie.

marouflage n. m. Action de maroufler.

maroufle n. f. TECHN. Colle forte.

maroufler v. t. [1] Fixer avec de la maroufle (une toile peinte) sur un mur, sur un panneau rigide, sur une toile de renfort. / Par ext. Renforcer (un assemblage) avec de la toile enduite de colle.

marquage n. m. Action de marquer, de distinguer par une marque. Ant. démarquage. / SPORT Action de marquer un adversaire ; résultat de cette action.

marquant, e adj. Qui marque la mémoire. *Un souvenir marquant.*

marque [1] n. f. Anc. Signe infamant ineffaçable imprimé au fer rouge sur l'épaule d'un condamné. / Signe mis sur un objet pour le reconnaître. *Marque de fabrique* : signe apposé sur une marchandise propre à un fabricant, un produit, une entreprise. *Produit de marque*, d'une marque réputée. / Entreprise industrielle ou commerciale ; les produits de cette entreprise. *Une marque de parfum.* / Trace laissée sur une chose. *Marques de pas sur le sol.* Syn. empreinte. *Marques de coups sur le visage.* / Objet ou signe utilisés pour reconnaître ou rappeler qqch. / SPORT Repère sur le sol utilisé par un athlète ou un coureur à pied. / Fig. Signe révélateur ; témoignage. *Une marque d'intelligence. Marque de respect.* / JEU Jeton utilisé pour compter les points ; comptabilité des points marqués. *Mener à la marque.*

marque [2] n. f. Anc. *Lettre de marque* : commission autrefois donnée au capitaine d'un navire armé en course pour pourchasser les navires marchands d'un pays ennemi.

marquer v. t. / v. i. [1] **A.** v. t. Mettre une marque qui identifie, distingue, sur. *Marquer le bétail.* / Signaler par une marque, un repère. *Les bornes marquent les limites du terrain.* Au fig. *Le dégel marque la fin de l'hiver.* / Noter, inscrire. *Marquer une adresse sur un calepin.* / SPORT *Marquer les points,* les enregistrer. *Marquer un but, un essai,* les réussir. *Marquer l'adversaire,* le suivre de près pour le gêner dans sa progression. / Indiquer, en parlant d'un instrument de mesure. *Le thermomètre marque 38 °C.* / Souligner, accentuer. *La ceinture marque la taille. Marquer un temps d'arrêt.* / Manifester, exprimer (une pensée, un sentiment) ; révéler, traduire. *Marquer sa colère en tapant du poing.* / Faire une marque visible sur ou laisser une trace, une empreinte sur. *Les coups ont marqué son visage.* Au fig. *Cet homme a marqué son époque. Cet accident l'a marqué.* **B.** v. i. Laisser une marque visible. / Laisser une impression, un souvenir durables. / Fam. *Marquer bien, mal* : faire bonne, mauvaise impression.

Marquet (Albert) 1875-1947 Peintre français. Influencé par Manet et ami de Matisse, il fut un des fondateurs du fauvisme et participa au Salon d'automne de 1905. Il peignit des portraits (*A. de Rouveyre*, 1904), des scènes populaires (*La Fête foraine du Havre*, 1906) et des paysages, marines (*La Plage de Fécamp*, 1906) ou vues de villes, un grand nombre de ces dernières ayant été réalisées depuis son atelier parisien qui, au coin de la rue Dauphine et des quais, dominait la Seine (*Le Quai de Conti en hiver*, 1947). Ses toiles adoptent souvent des couleurs sourdes, des accords subtils de gris, de noirs, de bruns, de bleus. Amoureux des ports et des lumières de la Méditerranée, il se rendit dans la plupart des ports européens et voyagea au Maroc et en Algérie. On lui doit aussi des aquarelles et des illustrations de livres.

marqueter v. t. [1] Couvrir, décorer (un meuble) de marqueterie.

MARS

En partant du Soleil, Mars occupe la quatrième orbite située à 1,52 U. A soit 227 386 152 km de son étoile ; son rayon est de 3 390 km (le rayon de la Terre est de 6 378 km), sa masse est de 0,11 fois celle de la Terre. La rotation journalière de la planète est de 24 h 37 min et sa période de révolution orbitale s'effectue en 687 jours (la Terre l'effectue en 365 jours). L'inclinaison sur l'écliptique est de 1°85 et l'excentricité de l'orbite est de 0,093 (celle de la Terre est de 0,017). Mars possède deux satellites, Phobos (la terreur) et Deimos (la panique). Comme la Terre, Mars est entouré par une atmosphère dont l'épaisseur, inférieure à la nôtre, est constituée pour l'essentiel de dioxyde de carbone et de vapeur d'eau. En raison de la forte excentricité de son orbite, on observe une variation importante des températures et du rythme des saisons dû à l'inclinaison de son axe de rotation sur le plan de l'écliptique.

La surface rocheuse de Mars.

Cette configuration entraîne la formation d'un type de circulation atmosphérique assez semblable à celui de la Terre, mais avec, compte tenu de l'absence d'océan, un fort contraste de température produisant de violentes tempêtes qui peuvent se généraliser sur l'ensemble de sa surface. Depuis que les sondes spatiales nous ont renseignés sur la nature du sol martien, nous savons qu'il est fortement diversifié et qu'une dissymétrie morphologique existe entre les deux hémisphères. La planète a connu une activité volcanique et tectonique qui semble aujourd'hui avoir cessé.

Le volcanisme de Mars est caractérisé par de grands épanchements qui recouvrent la surface d'une partie de l'hémisphère nord. Lors du survol de Mars, le 26 août 1976, la sonde Viking Orbiter I photographiait une formation géologique nommée depuis Valles Marineris, en réalité un canyon de plus de 1 000 km de long. Cette formation est due à l'activité tectonique issue de la formation des volcans de la chaîne des Tharsis Montes qui s'étendent sur une base de 350 à 400 km et dont l'altitude moyenne est de 25 km. Cette activité concentrée dans les régions de Tharsis et d'Elysium Planitia aurait commencé il y a environ 3 milliards d'années et se serait terminée il y a seulement 800 millions d'années.

Quand les deux sondes Viking Lander I et II se posèrent sur le sol, elles nous firent découvrir une région désertique constituée de sable brun rouge et de roches de toutes formes et dimensions. Elles sont composées de magnésium, de fer et de calcium en relative abondance, de potassium, de silicium et d'aluminium en moindre quantité. L'observation de ces terrains a mis en évidence la présence de réseaux, ou chenaux, qui s'étendent sur plusieurs centaines de kilomètres et présentent quelques analogies avec le système fluvial terrestre. Lorsqu'on s'interroge sur leur origine, on pose la question de la présence d'eau à l'état liquide. Leur existence implique, à un moment donné de l'évolution climatique de Mars, l'écoulement d'eau liquide.

L'origine de cette eau, dont la preuve matérielle de la présence passée n'a toujours pas été apportée, et la raison de son éventuelle disparition constituent des problèmes non résolus. La mission Pathfinder, suite logique de celles des sondes Viking Lander I et II (1976-1982), a confirmé que le climat de Mars avait été chaud et humide et qu'il pouvait avoir été propice à abriter une forme de vie. Quand on examine les informations recueillies depuis plus de trente ans, nous voyons s'esquisser le profil d'une planète qui, dans le début de son histoire, présentait de fortes ressemblances avec la Terre. Ces informations sont classées selon trois critères *(voir tableau ci-dessous)* :

1 - les caractéristiques du sol martien (géologie) ;
2 - les supputations quant à leur origine ;
3 - les implications issues de ces supputations.

La planète Mars a beaucoup évolué par rapport à la période où elle était plus chaude et plus humide et où les crues façonnèrent son paysage, il y a 1,8 à 3,5 milliards d'années. Les informations que nous transmettent les sondes spatiales montrent aujourd'hui une planète bien différente de ce qu'est notre Terre.

CARACTÉRISTIQUES DU SOL	SUPPUTATIONS	IMPLICATIONS
Présence de réseaux et de vallées fluviales	Écoulement d'eau fluviale ou d'eau de pluie	Atmosphère plus dense, température du sol élevée, fonte du sous-sol
Chenal central dans des vallées fluviales, larges	Écoulement de liquide le long du centre des vallées	Formation des vallées par écoulement d'eau
Fonds de lacs avec des réseaux d'écoulement	Écoulement de liquide le long des vallées	Présence d'eau liquide au cours d'une longue durée
Zones semblables à des grèves et des plages	Possibilité de formation de lignes côtières	Présence d'un océan dans l'hémisphère Nord ?
Cratères sans bords et terrains fortement érodés	Érosion rapide	Surface de terrains altérée par l'eau (pluie comprise)
Galets ronds et possibles conglomérats rocheux	Formation de roches dans de l'eau courante	Atmosphère, épaisse, dense et chaude, eau à l'état liquide et stable
Abondance de sable	Action prolongée de l'eau sur les roches	Eau en quantité abondante
Taches de maghémite (oxyde de fer) sur des grains de silicates	Poussières fortement magnétiques	Lessivage des matériaux de la croûte par un cycle hydrologique actif

Marqueterie *réalisée par Gaspar Homar en 1904.*

Îles Marquises *: la baie de Taiohae.*

marqueterie n. f. Art d'assembler des pièces de bois (ou de toute autre matière) de couleurs différentes, utilisé en ébénisterie à des fins décoratives. / Ouvrage ainsi décoré. / Fig. Ensemble d'éléments disparates.

marqueur n. m. Crayon à grosse pointe de feutre qui trace des traits épais.

marquis n. m. HIST. À l'époque carolingienne, seigneur qui défendait une marche (province frontière). / Titre de noblesse que la hiérarchie conventionnelle place entre celui de comte et celui de duc.

marquisat n. m. HIST. Fief, titre de marquis.

marquise n. f. **I.** Épouse d'un marquis. / Dame possédant en propre un marquisat. **II.** Bague dont le chaton oblong enserre une pierre précieuse. / Au XVIIIe siècle, sorte de petit canapé pour deux personnes. / Auvent, généralement vitré, placé au-dessus d'une porte d'entrée.

Marquises (îles) *1 280 km² 7 350 h.* Archipel du Pacifique, dans le nord-est de la Polynésie française, à *1 400 km* de Tahiti. Une dizaine d'îles se répartissent sur une ligne de 400 km. Les ressources sont très faibles, mais le tourisme est en pleine expansion. Découvertes par les Espagnols (1595), elles devinrent une possession française en 1842. Gauguin y vécut de 1901 à sa mort (1903).

marraine n. f. Femme qui tient l'enfant sur les fonts baptismaux et formule pour lui les promesses du baptême. / Femme qui préside à une inauguration solennelle (baptême d'un navire, par ex.). / *Marraine de guerre*: femme qui correspond avec un soldat parti au front, lui apporte un réconfort moral, lui fait parvenir des colis.

Marrakech *600 000 h.* Ville du Maroc, fondée en 1062 par les Almoravides au pied du Haut Atlas sur le Tensift. C'est un important centre commercial (tapis, peaux, armes) et une ville touristique. Ceinte de murailles anciennes, Marrakech, qui fut la capitale des Almohades (1147-1269), conserve de magnifiques palais et mosquées (la Kutubiyyah ou Koutoubia, XIIe siècle).

marrane n. HIST. Juif d'Espagne et du Portugal qui, contraint de se convertir au catholicisme (1492), restait secrètement fidèle au judaïsme. *Nombre de marranes s'exilèrent (Amsterdam, Londres, Bordeaux, etc.), notam. au XVIe siècle, sous le règne de Philippe II d'Espagne.*

marrant, e adj. Fam. Qui fait se marrer, amusant.

marre adv. Fam. Assez. *C'est marre. En avoir marre*: en avoir assez, être excédé.

marrer (se) v. pron. [1] Fam. S'amuser ou rire beaucoup.

marri, e adj. Litt. Affligé.

marron [1] n. m. et adj. **A.** n. m. Fruit comestible d'une variété de châtaignier. *Marron glacé*, confit dans un sirop. / *Marron (d'Inde)*: graine volumineuse, non comestible, du marronnier d'Inde. / Fam. Coup de poing. **B.** adj. inv. et n. m. De la couleur brun roux du marron. *Des yeux marron clair.* / n. m. *Le marron va bien avec cette robe.*

marron, onne [2] adj. HIST. *Esclave marron*: esclave fugitif. / Par ext. Clandestin, illégal ; malhonnête. *Avocat marron.*

marronnier n. m. Variété de châtaignier qui produit des marrons. / *Marronnier d'Inde* ou (cour.) *marronnier*: arbre ornemental à fleurs blanches, roses ou rouges disposées en grappes, produisant une graine non comestible, le marron d'Inde.

mars n. m. Troisième mois de l'année, comportant trente et un jours.

Mars MYTH. ROM. Fils de Jupiter et de Junon, il est le dieu de la Guerre, de l'Agriculture et du Printemps et est assimilé au dieu grec Arès. Les mythologues anciens lui attribuaient la paternité de Romulus et Remus, qu'il aurait eus de son union avec Rhea Silvia.

• **Mars** Planète du système solaire.

Mars (Anne Boutet, dite Mlle**)** 1779-1847 Actrice française, grande interprète des romantiques. Elle eut surtout des rôles d'ingénue.

Marsala *80 475 h.* Port de Sicile, à l'extrémité occidentale de l'île, réputé pour son vin doux. Garibaldi y débarqua le 11 mai 1860, lorsque, à la tête des Mille, il entreprit la libération de la Sicile et de l'Italie du Sud.

Marseillaise (la) Hymne national français dont la musique et les paroles furent écrites par Rouget de Lisle en 1792. Le titre fut donné par la population parisienne à ce chant qui avait été adopté par le bataillon des Marseillais : ils le chantaient quand ils entrèrent dans Paris pour participer aux fêtes de la Fédération, en août 1792. La Convention le décréta chant national le 14 juillet 1795.

• **Marseille** *800 550 h.* Ville de France, chef-lieu des Bouches-du-Rhône et de la Région Provence-Alpes-Côte d'Azur.

Marshall (George Catlett) 1880-1959 Général et homme politique américain. Nommé chef d'état-major de l'armée par Roosevelt (1939-1945), il fut envoyé en Chine comme médiateur entre Tchang Kaï-chek et les communistes à la fin de la guerre. Il fut nommé comme secrétaire d'État par le président Truman en 1947 et organisa le plan d'aide économique à l'Europe, plus connu sous le nom de *plan Marshall* (1948-1952). Il fut secrétaire à la Défense pendant la guerre de Corée (1950-1951) et reçut le prix Nobel de la paix en 1953.

Marsupiaux *: le kangourou.*

• **Marshall (îles)** Archipel volcanique du Pacifique Nord (Micronésie), État associé aux États-Unis.

marshallien, enne adj. et n. Des îles Marshall. *Un(e) Marshallien(ne).*

marsouin n. m. ZOOL. Mammifère cétacé, au museau arrondi, de petite taille, voisin du dauphin. *Les marsouins ont coutume de nager dans le sillage des navires.* / MILIT. Fam. *Soldat de l'infanterie de marine.*

Marston (John) 1575-1634 Poète anglais. La crudité de ses poèmes satiriques (*Le Châtiment de la perfidie*, 1598) leur valut d'être brûlés et Marston se tourna vers le théâtre (*La Merveille des femmes ou la Tragédie de Sophonisbe*, 1604, qui annonce le théâtre classique). La pièce *Eastward Ho !* (1605, en collaboration avec Jonson et Chapman) conduisit ses auteurs en prison pour lèse-majesté. Peu après, Marston renonça au théâtre pour embrasser l'état ecclésiastique.

marsupial, ale, aux n. m. et adj. ZOOL. **A.** n. m. pl. Ordre de mammifères métathériens chez lesquels les petits naissent incomplètement formés, après une gestation très courte, et achèvent leur développement embryonnaire dans le marsupium de la mère. *Les représentants actuels de cet ordre (kangourous,*

M

MARSEILLE

Marseille est le premier port français et le premier port de la Méditerranée, un grand centre administratif, commercial et universitaire (trois universités à Aix-Marseille, grandes écoles, laboratoires de recherche). Les industries sont liées aux fonctions portuaires : industries alimentaires (huileries, sucreries), pétrochimie (concentrée autour de l'étang de Berre à Lavéra, La Mède), plus qu'aux ressources locales (sel de Camargue, lignite de Gardanne, bauxite de Brignoles). Marseille est entourée de villes-satellites : Marignane (3e aéroport français), Port-de-Bouc, Martigues, La Ciotat, Lavéra. Fondée par les Phocéens au VIe siècle av. J.-C., romaine au IIe siècle av. J.-C., rattachée au comté de Provence jusqu'au XIIe siècle, possession de la maison d'Anjou, Marseille suivit le destin de cette dernière et devint française en 1481. L'ouverture du canal de Suez (1869) a été capitale dans son renouveau. Marseille conserve un hôtel de ville du XVIIe siècle, le fort Saint-Jean (XVIIIe siècle), à l'entrée du Vieux-Port, l'hospice de la Vieille-Charité (XVIIe-XVIIIe siècle), le sanctuaire de Notre-Dame-de-la-Garde (consacré en 1864) et des vestiges de l'antique Massalia, mis au jour dans les années 1970-1980. Elle a un métro depuis 1978 et le T.G.V. la relie directement à Paris depuis 2001.

Le vieux port de Marseille.

MARSHALL (ÎLES)

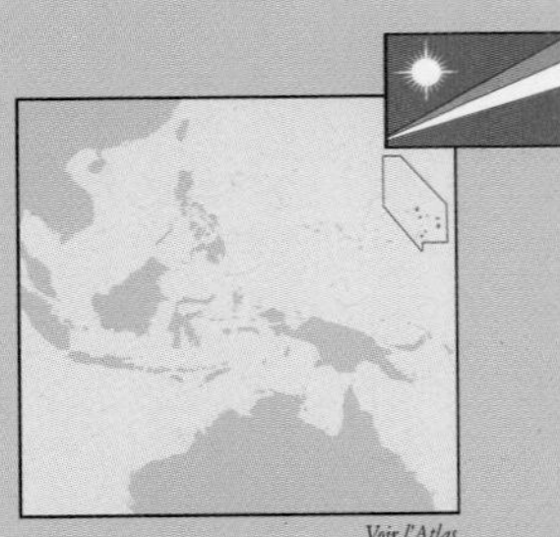

Voir l'Atlas

Superficie : *181 km²*
Nombre d'habitants : *62 000 h.*
Capitale : *Majuro*
Système politique : *république*
Langue(s) : *anglais, marshallais*
Religion(s) : *protestantisme*
Monnaie(s): *dollar des États-Unis*

Géographie physique et humaine
Les îles Ratak comprennent 16 atolls ; les îles Ralik, 18. La population compte 90 % de protestants et 8,5 % de catholiques.

Économie
Les ressources sont la pêche et la culture du coprah et du cacao.

Histoire
Les îles appartinrent à l'Allemagne de 1885 à 1914, au Japon de 1920 à 1944, puis l'ONU confia en 1947 leur administration aux États-Unis, qui de 1946 à 1956, se livrèrent à des expériences nucléaires, notamment sur l'atoll de Bikini. En 1983, l'État accéda à l'indépendance. En 1986, il conclut un accord de libre association avec les États-Unis. Il fut admis à l'ONU en 1991.

Marteau de tailleur de pierre — Masse de force — Masse à tête fine
Marteau de charpentier — Marteau de menuisier — Marteau de tapissier

Divers types de **marteaux**.

koalas, opossums, phalangers, wombats, etc.) vivent surtout en Australie, en Nouvelle-Guinée et en Tasmanie; on en trouve aussi en Amérique tropicale. **B.** adj. Des marsupiaux; qui appartient aux marsupiaux. *Poche marsupiale*: marsupium. *Loup marsupial*: thylacine. *Chat marsupial*: dasyure. *Taupe marsupiale*, fouisseuse. *Fourmilier marsupial*, qui se nourrit de fourmis et de termites.

marsupium n. m. ZOOL. Poche ventrale dans laquelle se trouvent les mamelles et où, après la naissance, les petits marsupiaux achèvent leur développement embryonnaire. Syn. poche marsupiale.

Marsyas MYTH. GR. Satyre de Phrygie qui, avec sa flûte, défia Apollon qui jouait de la lyre. Vaincu, il fut écorché vif.

martagon n. m. Lis de basse montagne à fleurs roses maculées de brun pourpre.

marte Voir **martre**

marteau n. m. et adj. **A.** n. m. Outil composé d'une masse de métal solidaire d'un manche et servant à taper, aplanir, enfoncer (des clous) et dont la forme varie suivant l'usage auquel il est destiné. *Marteau de maçon, de menuisier, de vitrier, etc.* / ANAT. Osselet le plus externe de l'oreille moyenne, solidaire du tympan, dont il transmet les vibrations à l'enclume. / MUS. Pièce en bois d'un piano qui frappe la corde lorsqu'on tape sur la touche correspondante. / ZOOL. *Marteau* ou *requin-marteau*: requin dont la tête, qui évoque par sa forme un marteau, porte deux grandes expansions latérales, à l'extrémité desquelles se situent les yeux. / SPORT Engin de lancer, composé d'une sphère d'acier reliée à une poignée par une chaîne, pesant 7,257 kg; épreuve d'athlétisme consistant à lancer ce marteau le plus loin possible. **B.** adj. inv. Fam. Un peu fou, bizarre. *Elle est complètement marteau, cette fille.*

marteau-pilon n. m. Machine constituée d'une lourde masse d'acier actionnée verticalement par un système à vapeur ou à air comprimé et servant à forger. Pl. Des *marteaux-pilons*.

marteau-piqueur n. m. Outil utilisant la force créée par de l'air comprimé (*marteau pneumatique*) ou l'électricité pour animer un fer pointu d'un mouvement de va-et-vient, et servant à défoncer les matériaux durs (notam. les chaussées). Pl. Des *marteaux-piqueurs*.

Martel (Édouard) 1859-1938 Spéléologue français (gouffre de Padirac).

Martel de Janville (Thierry de) 1876-1940 Chirurgien français, fils de Gyp. Ses travaux le font considérer comme un des fondateurs de l'école française de neurochirurgie; à l'entrée des Allemands à Paris, en 1940, il se suicida.

martelage n. m. Action de marteler un métal ; résultat de cette action. *Martelage du cuivre.* / En sylviculture, marquage des arbres.

martèlement n. m. Action de marteler ; bruit qui en résulte. *Le martèlement du canon.*

marteler v. t. [1] Battre, façonner (un métal) à coups de marteau. *Marteler du bronze.* / Fig. Frapper (qqch.) à coups répétés. *Marteler une porte avec ses poings.*

Martenot (Maurice) 1898-1980 Musicien et ingénieur français. Il inventa en 1928 un instrument électronique mû par un clavier et nommé *ondes Martenot*, pour lequel certains compositeurs contemporains (Messiaen, notamment) ont écrit.

Martens (Wilfried) 1936 Homme politique belge. Leader du parti social-chrétien flamand, il fut Premier ministre de 1979 à 1992, à la tête de coalitions successives, et fut remplacé par Jean-Luc Dehaene.

Marthe (sainte) Sœur de Lazare de Béthanie et de Marie-Madeleine (Évangiles de Luc et de Jean). D'après une légende, elle serait venue habiter en Provence avec son frère et sa sœur.

Marti (José) 1853-1895 Révolutionnaire et poète cubain. Étudiant brillant, il est condamné au début de la révolution cubaine contre les Espagnols (1868) aux travaux forcés puis à la déportation en Espagne, où il poursuit des études de droit et de philosophie. De retour en Amérique latine, il fonde le Parti révolutionnaire cubain et rejoint l'Armée de libération. Auteur de *Vers simples* (1891), il commande les insurgés cubains lors de la bataille de Dos Rios, où il est tué.

martial, ale, aux [1] adj. ANTIQ. ROM. Propre ou relatif au dieu Mars. / Guerrier. *Un discours martial.* / Militaire. *Cour martiale.* / *Loi martiale*, qui impose à la société civile une autorité militaire. / *Arts martiaux*: disciplines et techniques individuelles de combat, d'origine extrême-orientale.

martial, ale, aux [2] adj. Vx Ferrugineux. / Mod. MÉD. Relatif au fer de l'organisme. *Carence martiale*: carence en fer.

Martial (saint) IIIe s. Missionnaire chrétien qui aurait évangélisé le Limousin et une partie du sud-ouest de la Gaule. Il fut évêque de Limoges.

martien, enne adj. et n. Propre ou relatif à la planète Mars. / Subst. Habitant fictif de la planète Mars. / ASTROL. *Influence martienne*: influence attribuée à la planète Mars.

Martignac (Jean-Baptiste Gay, comte **de)** 1778-1832 Homme politique français. Député du centre droit, il remplaça Villèle au ministère de l'Intérieur (1828-1829) et tenta des réformes libérales. Il fut remplacé par Polignac.

Martin (saint) 316?-397 Évêque de Tours. Selon la tradition, soldat dans l'armée romaine à Amiens, il partagea une nuit son manteau avec un mendiant et eut une vision céleste. S'étant fait baptiser, il fut appelé en 371 à l'évêché de Tours. Il évangélisa les campagnes, lutta contre le paganisme et créa de nombreux monastères (notamment ceux de Ligugé, le premier monastère de Gaule, et de Marmoutier).

Martin Nom de trois papes (et non pas cinq), les papes nommés, à la suite d'une confusion ancienne, Martin II et Martin III, étant en réalité Marin Ier et Marin II. **Martin Ier** (saint) 590?-655 Pape en 649, il fut exilé en Crimée par l'empereur Constant II et y mourut à la suite des mauvais traitements qu'il y subit. **Martin IV (Simon de Brion)** v. 1210-1285 Pape en 1281. Ses excommunications ne purent arrêter la révolte des Vêpres siciliennes. **Martin V (Odone Colonna)** 1368-1431 Pape en 1417. Son élection au concile de Constance mit un terme au schisme d'Occident. Il condamna les adeptes de Jean Hus.

Martin (Pierre) 1824-1915 Ingénieur et industriel français. Il est l'inventeur d'un four qui porte son nom et qui est toujours utilisé dans l'affinage de l'acier.

Martin (Franck) 1890-1974 Compositeur suisse. Influencé par Bach et Schönberg, il a composé *Le Vin herbé* (1940), *Concerto de Golgotha* (oratorio, 1946), *Violoncelle* (1966) et un *Requiem* (1971-1972).

martin-chasseur n. m. ZOOL. Oiseau coraciiforme, proche du martin-pêcheur, qui se nourrit d'insectes, de crustacés et de petits reptiles. Pl. Des *martins-chasseurs*.

Martin du Gard (Roger) 1881-1958 Romancier français. Après des études de chartiste, il publie *Jean Barois* (1913), roman d'un homme qui adhère à la raison laïque tout en éprouvant le besoin du mysticisme lié à une peur panique de la mort, et évocation de l'affaire Dreyfus. Son roman en 9 volumes, *Les Thibault* (1922-1940), est l'histoire d'une famille bourgeoise de 1900 à 1914. Ami de Gide, il entretint avec lui une correspondance abondante.

MARTINIQUE

Géographie physique et humaine

Volcanique (montagne Pelée, *1 397 m*, dans le nord de l'île, dont l'éruption détruisit la ville de Saint-Pierre en 1902), dotée d'un climat tropical humide et d'une abondante végétation, l'île a une population urbanisée, fortement métissée (créoles, Noirs, métis) et en rapide accroissement. Les catholiques sont très largement majoritaires. Son économie repose sur la culture pour l'exportation de la canne à sucre (rhum) et des fruits tropicaux (ananas, bananes). La surcharge démographique et la fragilité de l'économie de plantation rendent endémique le chômage (27 %). L'émigration vers la métropole est importante. Le tourisme est en plein essor. Les exportations couvrent le cinquième des importations.

Histoire

Découverte par Christophe Colomb en 1502, l'île devint une colonie française en 1635, et sa population d'origine, constituée d'Arawaks, fut exterminée. Occupée par les Anglais pendant la guerre de Sept Ans (1756-1763), de 1794 à 1802 et de 1809 à 1816, elle fut le théâtre de soulèvements jusqu'à l'abolition de l'esclavage (1848). Elle est depuis 1946 un département français d'outre-mer qui jouit depuis 1982 du statut de Région.

Littérature

La Martinique a donné le jour à de nombreux écrivains : le poète Gilbert Gratiant, dont le *Credo des sang-mêlé* (1948) définit l'antillanité (négro-africaine et française), Aimé Césaire, poète et dramaturge à la longue carrière parlementaire (1945-1993), l'essayiste Franz Fanon (*Les Damnés de la terre*, 1961), les romanciers Édouard Glissant (*La Lézarde*, 1958) et Patrick Chamoiseau (*Texaco*, 1992).

La Pointe du Bout.

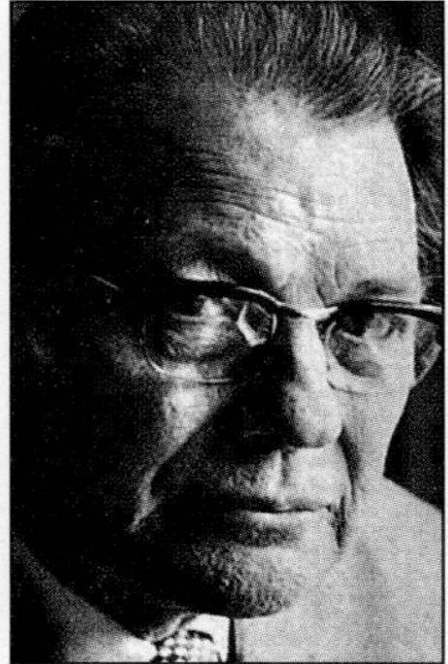

Harry Martinson.

martinet [1] n. m. Fouet à plusieurs cordes ou lanières de cuir fixées à un manche. / TECHNOL. Gros marteau mû par la force hydraulique. *Martinet de forge.*

martinet [2] n. m. ZOOL. Oiseau migrateur de l'ordre des apodiformes aux ailes longues et étroites, aux pattes courtes. *Le martinet se nourrit d'insectes capturés en vol.*

Martinet (André) 1908-1999 Linguiste français. Il a mis au jour la notion de double articulation de la langue (en monèmes et phonèmes) : *Éléments de linguistique générale* (1960).

martingale n. f. Demi-ceinture fixée au dos d'un vêtement à la hauteur de la taille et qui resserre l'ampleur du tissu. / Courroie qui relie la sangle à la bride placée autour du nez du cheval, pour l'empêcher de donner de la tête. / JEU Système consistant à doubler la mise perdue le coup précédent. / Par ext. Méthode appliquée systématiquement par un joueur, fondée sur des probabilités censées le faire gagner dans un jeu de hasard.

Martini (Simone di Martino, dit Simone) 1284 ?-1344 Peintre siennois. Son style gothique, issu de celui de Duccio (*Maesta*, 1315), est linéaire et élégant, le coloris est raffiné : *L'Annonciation* (1333). Après un séjour à Naples, puis à Orvieto, il décora le palais des papes à Avignon.

Martini (Giovanni Battista) 1706-1784 Moine franciscain (connu sous le nom de *Padre Martini*), compositeur et théoricien italien de la musique. Il est l'auteur de nombreuses sonates (pour orgue, pour clavecin et pour ces deux instruments) et d'une importante *Histoire de la musique* (3 volumes, 1757-1781), inachevée. Il fut l'ami et le conseiller de très nombreux musiciens et exerça une grande influence sur le jeune Mozart.

martiniquais, e adj. et n. De la Martinique. *Plantations martiniquaises. Un(e) Martiniquais(e).*

• **Martinique** *1 128 km² 359 572 h.* Île des Petites Antilles, dans l'Atlantique, département français d'outre-mer et Région. Chef-lieu *Fort-de-France.*

martinisme n. m. Doctrine mystique de Claude de Saint-Martin.

martin-pêcheur n. m. ZOOL. Petit oiseau de l'ordre des coraciiformes, au plumage vivement coloré, qui vit au bord des cours d'eau et se nourrit de poissons qu'il attrape en plongeant. Pl. Des *martins-pêcheurs.*

Le **martyre** de sainte Marguerite, *fresque du XIIe siècle.*

Martinson (Harry) 1904-1978 Écrivain suédois. Son enfance misérable est le thème de son cycle autobiographique *Les Orties fleurissent* (1935) et *Vägen ut*, (« Départ », 1936). Ses romans et ses poèmes témoignent de son amour de la nature, de son admiration pour les efforts humains et de son goût de la technique qui offre une prise sur le monde.

Martinu (Bohuslav) 1890-1959 Compositeur tchèque. Enfant prodige, violoniste, il subit l'influence du folklore tchèque qui continua de l'inspirer sa vie durant. Après un long séjour à Paris, où il se lia avec le groupe des Six, il émigra aux États-Unis en 1940 et n'en revint qu'en 1945. On lui doit des opéras et des opéras-comiques (*Mirandolina*, *Ariane*), des concertos, des symphonies, de la musique religieuse (*Musique au champ d'honneur*, pour la division tchécoslovaque engagée dans la campagne de France de 1939-1940), de la musique de chambre et de la musique de ballet.

Martov (Iouli Ossopovitch Zederbaoum, dit) 1873-1923 Homme politique russe. Social-démocrate, il fut rédacteur à l'*Iskra* et dirigea le parti menchevik ; opposé à la dictature du prolétariat, il dut s'exiler en 1920.

martre ou **marte** n. f. ZOOL. Petit mammifère carnivore de la famille des mustélidés, arboricole, à la fourrure brune et à la queue touffue. / Fourrure de martre.

Marty (André) 1886-1956 Homme politique français. Officier mécanicien, il organisa en 1919 la mutinerie des marins français envoyés en mer Noire pour combattre le bolchevisme. Condamné puis amnistié, il fut élu député communiste (1924-1939) et devint secrétaire de l'Internationale communiste en 1935. Inspecteur des Brigades internationales pendant la guerre d'Espagne (1936-1939), il organisa l'élimination des anarchistes et des trotskistes. Il fut exclu du parti communiste en 1953.

martyr, e n. Personne qui a choisi d'endurer des tortures, des souffrances jusqu'à en mourir plutôt que de renier la foi chrétienne. / Par ext. Personne qui a souffert ou qui est morte au nom d'un idéal spirituel, moral ou politique. / Personne qui endure de grandes souffrances. / (Emploi adj.) *Enfant martyr. Être martyr de son dévouement.*

martyre n. m. Mort ou supplice que l'on endure pour défendre des convictions

MARXISME

Pour Marx, la réalité est antérieure à la pensée qui traite de cette réalité. L'homme, qui vit et agit, est un être social. La nature humaine n'est pas donnée une fois pour toutes. D'une part, en transformant la nature, l'homme se transforme lui-même.
D'autre part, les individus tissent entre eux des relations qui donnent naissance à des institutions et les modifient. L'histoire, transformation continue de la nature humaine, naît de l'effort qu'exigent la production et son développement. Le mode de production de la vie matérielle conditionne le progrès de la vie sociale, politique et spirituelle dont il constitue la base.
L'idéologie est une « superstructure », elle traduit, reflète ou déguise les rapports fondamentaux qui la gouvernent. Art, savoir, morale sont des expressions idéologiques, « l'émanation du comportement matériel des hommes ». L'homme s'aliène dans l'idéologie dont le type est la religion : « La religion est le soupir de la créature accablée, l'âme d'un monde sans cœur, comme elle est l'esprit d'un temps sans esprit ; elle est l'opium du peuple ». Cette phrase a une double signification : l'homme s'illusionne s'il méconnaît les véritables forces motrices de l'histoire et attribue leur action à des idées ou des entités qu'il croit transcendantes ; cette illusion est entretenue par ceux qui ont intérêt à couvrir du manteau de la métaphysique l'exploitation de l'homme par l'homme.
Historiquement, la force brutale a toujours triomphé, les rapports de production ont été des rapports de domination. Au cours de leur développement, les techniques se perfectionnent et, à un certain moment, les forces de production entrent en contradiction avec les rapports de production existants. Dans un mouvement dynamique, les sociétés se transforment. Depuis la révolution de 1789, la bourgeoisie est la classe dominante. La classe dominée est le prolétariat, privé de la propriété de ses propres moyens de travail, astreint pour vivre à vendre sa force de travail aux propriétaires des moyens de travail. Le capitalisme achète cette force de travail et l'exploite ; elle produit une valeur plus grande que celle qui est nécessaire pour qu'elle se reproduise, cette reproduction étant faite de la consommation des travailleurs, de leur nombre, de leur qualité.
La plus-value est la différence entre la quantité de valeur que le capitaliste incorpore à la marchandise, et la valeur de cette force de travail en tant que

Karl Marx.

marchandise. Cette plus-value appartient au propriétaire de la marchandise à laquelle elle est incorporée, en même temps que la valeur de la force de travail (le salaire), et que la valeur de la matière première et de l'outillage utilisé. L'appât d'un plus grand profit incite (et le jeu de la concurrence contraint) les capitalistes à convertir une partie de ce profit en nouveaux moyens de production. Le capital n'a pas pour fin la production, c'est la production qui a pour fin le capital et son accroissement.
Le régime est porteur de contradictions : caractère social du travail et appropriation privée des moyens de production ; élargissement de la production sans élargissement correspondant de la consommation ; volonté de profit et baisse tendancielle du taux de ce profit (en raison de l'accroissement du machinisme et de la partie du capital non productrice de plus-value). Le régime capitaliste engendre la révolte des prolétaires qui n'ont de moyens d'existence que s'ils travaillent, et qui ne trouvent du travail que dans la mesure où ce travail accroît le capital. Ils n'ont ni propriété ni patrie, rien à sauvegarder qui soit leur bien propre. En s'unissant, en luttant, ils prennent conscience que l'existence de la bourgeoisie n'est plus compatible avec la vie sociale.

Une société fondée sur la lutte des classes aboutit à un combat frontal, la lutte économique, à la lutte politique, pour que soient transformés les rapports sociaux. Cette transformation ne sera ni subite (on ne peut supprimer d'un coup de baguette magique l'enchaînement des processus naturels de développement), ni facile, mais la révolution peut accélérer ces processus et les rendre moins douloureux.
Après une période transitoire de dictature du prolétariat, l'État sera détruit, et deviendra pièce de musée. Le triomphe du prolétariat annonce l'avènement d'une société communiste, sans classes, et proprement humaine. Le marxisme, à la fois méthode d'analyse des faits sociaux et arme de combat pour la transformation révolutionnaire de la société, veut unir intimement théorie et pratique. Le marxisme-léninisme, né des théories de Lénine et de sa pratique révolutionnaire, affirme que le socialisme ne consiste pas à améliorer progressivement, dans le cadre du capitalisme existant, le sort des travailleurs (réformisme), mais à transformer radicalement les structures de la société par l'appropriation sociale des moyens de production, compte tenu de l'expérience historique des pays socialistes, à commencer par l'URSS.
Le marxisme, théorie et pratique de la contradiction, rencontre alors ses propres contradictions : il s'est transformé (sous Staline, par exemple) de méthode de recherche en dogmatisme, et même en idéologie dans la mesure où, altéré et affadi, il servait à justifier les intérêts nationaux d'une grande puissance ou, à l'intérieur de l'État soviétique, ceux des membres d'un certain « appareil » politique.
Son histoire récente est jalonnée de drames et de bouleversements : schisme yougoslave (1952), dénonciation par Khrouchtchev du « culte de la personnalité » (1956), révolte hongroise (1956), rupture idéologique entre l'URSS et la Chine (1958-1960), occupation soviétique de la Tchécoslovaquie (1968), tentative avortée de libéralisation du régime soviétique par Gorbatchev (1985-1991), chute du mur de Berlin (1989) aboutissant à la disparition de la République démocratique allemande et à la réunification de l'Allemagne, éclatement de l'Union soviétique (1991), effondrement des régimes de démocratie populaire en Europe, libéralisation de l'économie chinoise sans libéralisation politique, etc.

religieuses, une cause, une idée. / Souffrance extrême. *Séparé de sa famille, cet enfant a vécu un martyre.*

martyriser v. t. [1] Livrer au martyre. / Torturer, persécuter.

martyrium n. m. (mot latin) Crypte renfermant le tombeau, les reliques d'un martyr. / Église dédiée à un martyr.

martyrologe n. m. Catalogue des martyrs.

martyrs de la Nouvelle-France ou **du Canada (les)** Jésuites français, au nombre de huit (Antoine Daniel, Charles Garnier, Gabriel Lalemant, Isaac Jogues, Jean de Brébeuf, Jean de Lalande, Noël Chabanel, René Goupil), tués par des Amérindiens entre 1642 et 1649, et canonisés en 1930.

Marx (Karl) 1818-1883 Philosophe et économiste allemand. Fils d'un avocat juif converti au protestantisme, il se voue à l'étude du droit et de la philosophie. En 1841, il soutient sa thèse de doctorat de philosophie sur la *Différence de la philosophie de la nature chez Démocrite et Épicure*. Il collabore en 1842 à la *Gazette rhénane* de Cologne qui, sous sa direction, deviendra une tribune libérale à tendances révolutionnaires, bientôt interdite avant de reparaître, en 1848, sous le nom de *Nouvelle Gazette rhénane*. En 1843, il épouse une amie d'enfance, Jenny von Westphalen, qui consacrera sa vie et sa fortune à l'œuvre de son mari, et quitte l'Allemagne pour Paris. C'est là qu'il écrit *Sur la question juive*, condamnation de l'idéalisme des jeunes philosophes allemands qui les contraint à l'impuissance politique, se documente sur les questions économiques, historiques et politiques et, en 1844, rencontre Friedrich Engels. Amis que seule la mort de Marx (1883) séparera, ils établissent ensemble les bases du matérialisme historique avec *La Sainte Famille* (1845), *L'Idéologie allemande* (1845-1846) et *Misère de la philosophie, réponse à la philosophie de la misère de M. Proudhon* (1847). Ils jouent un rôle important dans la fondation, en 1847, de la première organisation ouvrière internationale, la Ligue des communistes. C'est dans le cadre de la préparation du deuxième congrès de la Ligue que Marx et Engels rédigent le fameux *Manifeste du parti communiste* publié en 1848. Ils définissent, à cette occasion, le rôle historique du prolétariat moderne et énoncent les grands principes fondateurs de la doctrine communiste. Son activisme politique oblige Marx à quitter Paris pour Bruxelles, d'où il est expulsé ; il se rend à Cologne, puis de nouveau à Paris où il est jugé indésirable : en 1849, il est assigné à résidence dans le Morbihan. Pour éviter cet exil en province, la famille Marx, qui compte désormais trois enfants, s'établit à Londres ; sans ressources, elle ne subsiste que grâce à l'aide d'Engels qui dirige la succursale anglaise de l'entreprise familiale. Malgré cet appui, la maisonnée vit dans une pauvreté proche de la misère jusqu'à ce que, en 1864, Marx entre en possession de l'héritage de sa mère. Il n'en poursuit pas moins sa réflexion théorique sur l'économie capitaliste et son activité militante, notamment l'animation de l'Association internationale des travailleurs (Ire Internationale). Il rédige son œuvre majeure, *Le Capital*, dont le premier tome paraîtra à Hambourg en 1867. Outre cet ouvrage, qui l'occupera quatre ans, il publie *Salaires, prix et profits* (1865) et, en 1871, *La Guerre civile en France*, analyse du rôle de la Commune de Paris dans l'expérience historique du prolétariat. Il abandonne toute activité politique après la dissolution de l'Internationale, en 1876, et s'éteint à Londres en 1883.

Marx Nom de quatre frères, acteurs comiques américains d'origine allemande : **Léonard**, dit Chico (1891-1961), **Adolph**, dit Harpo (1893-1964), **Julius**, dit Groucho (1895-1977) et **Herbert**, dit Zeppo (1901-1979). Leur style burlesque et loufoque s'exprima au music-hall puis au cinéma : *Monnaie de singe* (1932), *Soupe au canard* (1933), *Une nuit à l'opéra* (1935), *Une nuit à Casablanca* (1946). Zeppo abandonna le groupe en 1932.

• **marxisme** n. m. Doctrine philosophique, politique et économique, élaborée par Marx et Engels.

marxisme-léninisme n. m. Doctrine philosophique et politique qui englobe les développements apportés par Lénine aux théories marxistes.

marxiste adj. et n. Qui procède du marxisme. / Subst. Partisan du marxisme. *Un(e) marxiste.*

marxiste-léniniste adj. et n. Qui procède du marxisme-léninisme. / Subst. Partisan du marxisme-léninisme. *Un(e) marxiste-léniniste.*

Maryland *30 000 km² 5 094 289 h.* État de la côte atlantique des États-Unis. Capitale *Annapolis*. Le Maryland s'étend sur la vaste agglomération urbaine de Baltimore et sur les rivages découpés de la baie de Chesapeake. Culture du tabac, élevage d'huîtres et activités portuaires et industrielles de Baltimore créent la prospérité de l'État. Cette possession personnelle de lord Baltimore (1632) devint une colonie anglaise en 1692, qui proclama son indépendance dès 1776 et entra dans l'Union dès 1788. Pendant la guerre de Sécession, elle se tint à l'écart du conflit.

mas n. m. Ferme ou maison de campagne provençale.

Masaccio (Tommaso di Ser Giovanni Cassai, dit) 1401-1428 Peintre italien. Élève de Ghiberti, ami et protégé de Donatello, il marqua la rupture avec l'élégance gothique en insistant sur les volumes, le modelé, la lumière, le réalisme des figures. Ce naturalisme nouveau, annonçant la Renaissance, est visible dans *Adam et Ève chassés du Paradis*, *Le Paiement du tribut*, et d'autres scènes de l'Écriture sainte et de la vie des saints, qui complètent les *Scènes de la vie de saint Pierre* (1426-1428), fresques de l'église Santa Maria del Carmine, à Florence. Ce peintre a exercé une grande influence, notamment sur Michel-Ange.

Masaryk (Tomás Garrigue) 1850-1937 Homme d'État tchèque. Après des études de philosophie, il devient enseignant et est élu au Reichsrat autrichien en 1891. Partisan de l'indépendance des Tchèques, il fonde le Parti réaliste (1900) qui deviendra le Parti progressiste tchèque en 1905, et est élu député de Moravie. À Londres, où il s'est réfugié pendant la Première Guerre mondiale, il crée un Conseil national tchécoslovaque et soutient la Légion tchèque qui combat avec les Alliés. Chef du gouvernement provisoire tchèque à Paris, il est élu président de la République tchécoslovaque en 1918 et réélu en 1927 et 1934. Il se retire en 1935 et son collaborateur Bénès lui succède. **Jan** 1886-1948 Homme politique tchécoslovaque, fils du précédent. Membre du cabinet tchécoslovaque en exil à Londres (1940), représentant de son pays à la conférence de San Francisco (1945), il devint membre du cabinet Gottwald et se tua en se jetant par la fenêtre au moment du coup d'État communiste de 1948.

Mascagni (Pietro) 1863-1945 Compositeur italien. Il est l'auteur de l'opéra vériste en un acte, *Cavalleria rusticana* (1890), tiré d'une nouvelle de Verga, *Vie aux champs* (1880).

mascarade n. f. Fête, défilé de personnes déguisées. / Accoutrement ridicule. / Fig. Attitude, action hypocrite ; mise en scène fallacieuse.

Mascareignes (îles) Archipel de l'océan Indien comprenant la Réunion et, à l'est, l'île Maurice et ses dépendances.

mascaret n. m. Large vague déferlante qui remonte dans un estuaire quand la marée rejoint les eaux fluviales.

mascaron n. m. Ornement sculpté représentant une tête d'homme ou d'animal, placé à l'orifice d'une fontaine, à une clé de voûte, sur une porte.

Mascate *100 000 h.* Capitale du sultanat d'Oman, port sur la mer d'Oman. Centre commercial et administratif. Aéroport international à Seeb.

mascon n. m. ASTRON. Excès de masse constaté dans cinq bassins lunaires (Mare Imbrium, Mare Serenitatis, Mare Crisium, Mare Nectaris, Mare Humorum), dû à la présence, sur une dizaine de kilomètres d'épaisseur, de basalte à la surface d'une croûte de densité plus faible, traduisant des anomalies de gravité.

mascotte n. f. Objet, animal ou personne qui sont censés porter bonheur.

masculin, e adj. et n. m. **A.** adj. Propre au mâle, à l'homme (par oppos. à *féminin*). *Sexe masculin.* **B.** n. m. LING. Genre grammatical qui désigne les êtres mâles et s'applique aussi aux noms de certaines choses, de certains objets. / adj. *Rime masculine* : voir *rime.*

masculiniser v. t. [1] Donner un caractère masculin à. Syn. viriliser.

masculinité n. f. Caractère masculin. Syn. virilité.

maser (acronyme pour *Microwave Amplification by Stimulated Emission of Radiation*, amplification de micro-ondes par émission induite de rayonnement) n. m. PHYS. Appareil conçu à partir des propriétés quantiques d'interaction de la matière et du rayonnement. *Les masers peuvent fonctionner soit en oscillateurs hyperfréquences ayant une très grande pureté spectrale, soit en amplificateurs hyperfréquences dont la sensibilité extrême n'a de limite que les phénomènes fondamentaux de fluctuation quantique.*

Masque *en papier mâché.*

Masina (Giulietta) 1921-1994 Actrice italienne. Interprète de nombreux films réalisés par son mari, Federico Fellini : *La Strada* (1954), *Les Nuits de Cabiria* (1956), *Juliette des esprits* (1965), *Ginger et Fred* (1985).

Masinissa ou **Massinissa** 238 ?-148 av. J.-C. Roi de Numidie. Allié aux Carthaginois pendant la seconde guerre punique puis aux Romains, il parvint à élargir son royaume en prenant les terres du roi des Numides occidentaux (Syphax).

maso n. et adj. inv. Abréviation fam. de masochiste.

masochisme n. m. PSYCHOL. Perversion sexuelle dans laquelle le sujet ne peut atteindre la jouissance qu'en subissant une souffrance physique. / Comportement d'une personne qui semble se complaire à provoquer ou à subir une situation difficile, douloureuse, humiliante pour elle.

masochiste n. et adj. Personne qui s'adonne au masochisme. / Empreint de masochisme. *Plaisir masochiste.*

Maspéro (Gaston) 1846-1916 Archéologue français, spécialiste de l'Égypte, où il dirigea de nombreuses fouilles à partir de 1880 (sphinx de Gizeh, temple de Louksor). **Henri** 1883-1945 Sinologue français, fils du précédent, spécialiste des langues et des religions de l'Asie du Sud-Est (*La Chine antique*, 1927).

masque n. m. Représentation d'une face humaine, d'une tête d'animal, réalisée par modelage, découpage, etc. dans diverses matières et que l'on porte pour se dissimuler, pour se déguiser. / Morceau d'étoffe de velours ou de satin noir qui cache le haut du visage. Syn. loup. / (Vieilli) Personne masquée. / Fig. Apparence trompeuse. *Cacher sa sensibilité sous un masque d'indifférence.* / MÉD. Faciès traduisant un état pathologique ou physiologique particulier. *Masque de la grossesse.* / Objet, dispositif, appareil, accessoire que l'on applique sur le visage pour le protéger. *Masque de plongée. Masque à gaz.* / *Masque de beauté* : produit destiné aux soins de la peau, que l'on étale sur le visage.

Enfants ***Massaï*** *en tenue d'apparat.*

Masque de fer (le) ?-1703 Personnage mystérieux portant un masque noir, prisonnier à Pignerol en 1679 puis à l'île Sainte-Marguerite en 1687, enfin à la Bastille à partir de 1698. Les historiens n'ont jamais pu découvrir l'identité réelle de cet homme enterré sous le nom de Marchioli.

masquer v. t. [1] Couvrir d'un masque. Ant. démasquer. / Par ext. Cacher à la vue. *Les arbres masquent le paysage.* / *Masquer un goût, une odeur*, les couvrir par un goût, une odeur dominants. / Fig. Dissimuler sous des apparences trompeuses. *Masquer ses intentions.* / MAR. *Masquer une voile*, lui faire prendre le vent de face.

Massachusetts *21 456 km² 6 117 520 h.* État des États-Unis, dans la Nouvelle-Angleterre. Capitale *Boston*. Arrosé par le Connecticut, c'est une région dont les montagnes peu élevées font partie des Appalaches. Elle a une intense activité culturelle (université Harvard, à Cambridge, Massachusetts Institute of Technology) et industrielle. En 1620, le Mayflower y accosta et le territoire devint la première colonie anglaise d'Amérique. En 1775, elle fut la première à s'élever contre la domination anglaise et elle participa à la création de l'Union (1788).

massacrante adj. f. (uniquement en loc.) *Humeur massacrante*, exécrable.

massacre n. m. Action de massacrer ; son résultat. / Fig. Mauvaise interprétation d'une œuvre par un musicien, un acteur, etc. ; travail bâclé. / *Jeu de massacre* : jeu consistant à renverser des figurines avec une balle. / VÉNER. Trophée de chasse composé des bois d'un cerf et de l'os frontal qui les supporte.

massacrer v. t. [1] Tuer en masse, avec sauvagerie (des êtres sans défense). / Mettre à mal (qqn), endommager gravement (qqch.). *Massacrer son adversaire. La grêle a massacré les récoltes.* / Gâter involontairement, par un traitement maladroit ou brutal. *Massacrer une langue, une chanson.*

massage n. m. Action de masser. / *Massage cardiaque* : acte médical qui consiste à faire pression sur le sternum pour rétablir la circulation sanguine en cas d'arrêt du cœur.

Massaï(s) ou **Masai(s)** Peuple africain que l'on retrouve au Kenya et en Tanzanie, de langue nilotique. Ils sont venus du Soudan au XVIIe siècle et vivent de l'élevage nomade.

Massamba-Debat (Alphonse) 1921-1977 Homme politique congolais, président de la république du Congo en 1963. Il fut renversé en 1968 et exécuté.

Massaoua *40 000 h.* Ville et port d'Érythrée, sur la mer Rouge. Enjeu stratégique durant la guerre entre l'Érythrée et l'Éthiopie dont c'était le seul débouché maritime. Le détroit de Massaoua sépare la côte et l'archipel des Dahlac.

M

Massif central

Massif du Sancy.

Il juxtapose des régions dissemblables : les plateaux de l'ouest (Limousin) et du sud (Causses), tranchés par des vallées encaissées ; les volcans de l'Auvergne, les fossés d'effondrement (Limagne) et les serres des Cévennes et du Vivarais. Partout, les précipitations sont abondantes, sans que la forêt prenne aujourd'hui une grande extension, après l'intensité des défrichements des siècles derniers. L'âpreté et la rudesse du milieu, l'isolement et la médiocrité générale des ressources expliquent l'importance du dépeuplement. Les conditions naturelles ne favorisent guère une agriculture moderne : l'autoconsommation demeure importante et l'insertion dans une économie de marché reste difficile. Certes, les labours tiennent moins de place qu'auparavant, mais la montagne est toujours une terre à seigle et à pomme de terre. Heureusement se développe l'élevage qui fournit l'essentiel des revenus : pays éleveur et d'embouche, le Massif central produit de plus en plus de viande mais pas assez de lait et de fromages, comme les Alpes du Nord ou le Jura. La vie industrielle, intense jusqu'au milieu du XIXe siècle, périclite aujourd'hui. La houille avait fixé les premiers hauts fourneaux français au Creusot, à Montluçon, à Saint-Étienne, mais cette filière a fortement régressé. L'équipement systématique des cours d'eau (Dordogne, Truyère, Loire) fournit le quart de l'hydroélectricité de la France, dont l'essentiel est expédié dans d'autres régions. L'industrie se maintient dans des centres dispersés et à la périphérie du Massif. Une seule et grande exception, l'industrie des pneumatiques à Clermont-Ferrand (Michelin) et à Montluçon (Dunlop), aujourd'hui en crise. Manquant d'homogénéité, le Massif regarde vers l'extérieur et les bas pays limitrophes. L'agglomération de Saint-Étienne s'est tournée vers Lyon et la vallée du Rhône. Seul Clermont-Ferrand peut jouer le rôle d'un pôle régional ; bien reliée à Paris, la ville souffre cependant d'un isolement certain à l'égard des autres régions du Massif, qui toutes attirent un tourisme grandissant.

Montluçon.

masse [1] n. f. Quantité de matière solide ou pâteuse, de forme imprécise. *Une masse de boue, d'eau, de chair.* / Ensemble compact, perçu dans son entier, sans tenir compte de ses éléments constitutifs. *La masse d'un édifice.* / Amas d'objets de même nature. *Une masse de vieux papiers.* / Rassemblement d'un grand nombre de personnes, d'animaux. *Être accueilli par une masse d'admirateurs.* / PHYS. Grandeur utilisée pour mesurer l'inertie d'un corps, qui s'exprime selon la loi de Newton par F = ma, la masse étant considérée comme grandeur invariante du corps ne dépendant pas de la situation physique dans laquelle ce corps est plongé (vitesse, champ de force etc.). *Masse atomique* : masse d'un atome mesurée en unité de masse atomique (µ). *La mesure de la masse atomique s'effectue dans l'échelle unifiée pour laquelle 1µ équivaut à 1/12e de la masse de l'isotope 12 de l'atome de carbone. Masse critique* : quantité de matériau fissile au-delà de laquelle s'amorce spontanément une réaction nucléaire en chaîne. *Masse volumique* : rapport entre la masse d'un corps et son volume, qui s'exprime par p = m /V, et que, dans le système S.I., on mesure en kilogrammes par mètre cube (kg/m^{3}). / ÉLECTR. Ensemble des pièces métalliques non isolées du sol.

masse [2] n. f. Gros marteau à tête de bois ou d'acier, destiné à divers usages. *Masse d'un forgeron, d'un sculpteur.* / *Masse d'armes* : arme formée d'un manche terminé par une boule de fer garnie de pointes, utilisée au Moyen Âge.

Massé (Félix Marie, dit Victor) 1822-1884 Compositeur français. Son œuvre la plus célèbre est l'opéra-comique *Les Noces de Jeannette* (1853).

masselotte n. f. TECHN. Cavité ménagée au sommet d'un moule dans laquelle le métal est coulé de façon à compenser les effets du retrait ; portion de métal ainsi moulée qui adhère à la masse fondue ou forgée. / Dans un mécanisme, petite pièce qui agit par inertie.

Masséna (André, duc de Rivoli, prince d'Essling**)** 1758-1817 Maréchal de France. Engagé comme volontaire en 1791, il s'illustre dans les batailles de Rivoli (1797) et de Zurich (1799). Son action à Gênes (1800) permet à Napoléon de remporter la bataille de Marengo. Nommé maréchal en 1804, il soumet le royaume de Naples (1806) et est fait duc de Rivoli (1808) puis prince d'Essling (1810). Il sera cependant tenu en défaite par Wellington au Portugal (1811) et se ralliera aux Bourbons en 1814.

Massenet (Jules) 1842-1912 Compositeur français. Sa musique se caractérise par sa douceur et sa grande facilité mélodique. Mis à part des oratorios de jeunesse et des œuvres chorales et instrumentales, il composa surtout des opéras dont les plus connus sont *Manon* (1884), *Werther* (1892), *Thaïs* (1894) et *Le Jongleur de Notre-Dame* (1902).

massepain n. m. Petit gâteau à base d'amandes pilées et de sucre.

masser [1] v. t. [1] Rassembler, réunir en masse. *Masser ses troupes.* / v. pron. *Le cortège s'est massé sur le parvis.*

masser [2] v. t. [1] Faire un massage à (une partie du corps).

masséter n. m. ANAT. Muscle élévateur de la mâchoire inférieure.

massette n. f. TECHN. Petite masse, petit marteau.

masseur, euse n. Personne qui masse, fait des massages. *Masseur kinésithérapeute.* / n. m. Appareil utilisé pour masser, faire des massages.

massicot n. m. Machine composée d'une grande lame actionnée par un levier, servant à couper ou à rogner le papier.

massicotage n. m. Action de massicoter ; son résultat.

massicoter v. t. [1] Couper (du papier) avec un massicot.

massif, ive adj. et n. m. **A.** adj. Qui forme une masse d'apparence compacte, lourde, épaisse. *Formes massives.* / Taillé, travaillé dans la masse. *Bois massif. Or massif.* / Qui survient en masse, en grande quantité. *Attaque massive.* **B.** n. m. Ensemble montagneux. / Groupe d'arbres, d'arbustes ou de fleurs. / ARCHIT. Ouvrage de maçonnerie plein servant de soubassement à une construction.

• **Massif central** Vaste massif cristallin primaire qui occupe le centre de la France, le plus élevé (puy de Sancy, *1 886 m*), le plus complexe et le plus étendu des massifs anciens français ; il couvre le sixième du territoire national.

Massignon (Louis) 1883-1962 Orientaliste français. Spécialiste de l'islam, il effectue de nombreux voyages dans le monde musulman, en Algérie (dès 1901), au Maroc (1906), en Égypte, en Palestine et en Syrie. Professeur au Collège de France, il fonde en 1926 la Revue des études islamiques et est nommé directeur à l'École pratique des hautes études en 1933. Il a laissé plusieurs ouvrages sur la mystique islamique : *La Passion d'Al-Halladj, martyr mystique de l'islam* (1922), *Les Sept Dormants d'Éphèse* (1955). Il a été ordonné, à la fin de sa vie, prêtre de l'Église catholique de rite melkite.

Massillon (Jean-Baptiste) 1663-1742 Prélat et prédicateur français. La pureté de son style fut remarquée dès sa première oraison funèbre (1691) pour l'archevêque de Vienne. Devenu prédicateur de la cour, il est surtout connu pour l'oraison funèbre de Louis XIV (1715), et ses sermons du *Petit Carême* (1718) censés enseigner au jeune Louis XV ses devoirs en tant que roi. Le Régent le fit évêque de Clermont en 1717.

Massin (Jean) 1917-1986 Écrivain français, d'abord poète (*Le Rire et la Croix*), puis historien (*Robespierre*, *Marat*), il se consacra à l'histoire de la musique (*Ludwig van Beethoven*, *Wolfgang Amadeus Mozart*, *Histoire de la musique occidentale*, en collaboration avec Brigitte Massin) et à l'histoire littéraire (édition complète des œuvres de Victor Hugo).

Brigitte (Brigitte Toulemonde, Mme Jean Massin, connue sous le nom de **Brigitte)** 1927-2002 Écrivain français. Épouse du précédent, historienne de la musique, elle écrivit plusieurs ouvrages avec son mari, puis publia seule (*Franz Schubert* ; *Olivier Messiaen, une poétique du merveilleux* ; *Mozart, le bonheur de l'Europe* ; *Les Joachim, une famille de musiciens*).

Massine (Léonide) 1896-1979 Danseur et chorégraphe américain d'origine russe. Il collabora avec Diaghilev et ses Ballets russes de 1913 à 1920 et de 1924 à 1929, travaillant ensuite comme directeur artistique des Ballets de Monte-Carlo. Il composa de nombreuses chorégraphies sur des musiques symphoniques (Berlioz, Beethoven, Wagner) et pour le cinéma (*Les Chaussons rouges*, 1948).

Massinissa Voir **Masinissa**

massique adj. PHYS. Relatif à la masse, à l'unité de masse. / (En parlant d'une grandeur) Rapporté à l'unité de masse. *Chaleur massique. Volume massique.*

massivement adv. De façon massive.

massmedia n. m. pl. (mot américain) Ensemble des moyens de diffusion de l'information à l'intention du grand public.

Masson (André) 1896-1987 Peintre français. D'abord surréaliste (il pratiqua en pionnier le dessin automatique), il s'en éloigna pour se livrer à des recherches de caractères très divers, dans le domaine des formes abstraites, notamment, et parfois

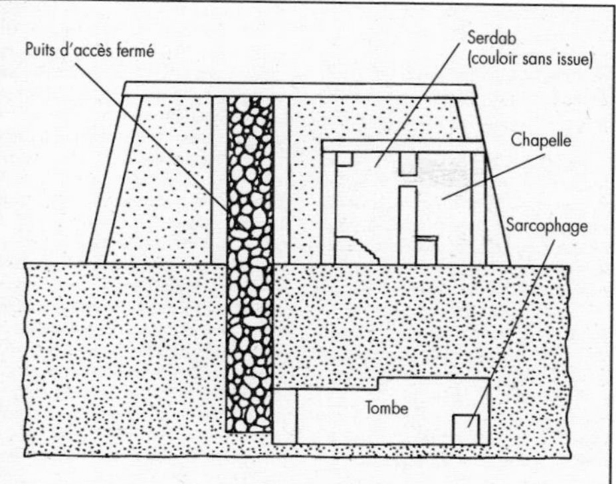

Coupe d'un **mastaba**.

dans un esprit expressionniste. Maître de la couleur et du rythme, il exerce, à New York, pendant la Seconde Guerre mondiale, une grande influence sur nombre de peintres, notamment les adeptes de l'action painting. Sur la demande de Malraux, il a décoré le plafond de l'Odéon (1965); on lui doit aussi de nombreuses illustrations de livres.

Masson (Loys) 1915-1969 Écrivain mauricien d'expression française. Poète catholique (recueils: *Délivrez-nous du mal,* 1942; *Les Vignes de septembre,* 1955), il publia plusieurs romans pleins de lyrisme (*Le Notaire des Noirs,* 1961; *Les Anges noirs du trône,* 1967).

massorah ou **massore** n. f. (mot hébreu) Exégèse du texte hébreu de la Bible, par des docteurs juifs.

massorète n. m. Docteur juif qui a collaboré à la rédaction de la massore (VIe-XIIe siècle ap. J.-C.)

massorétique adj. Des massorètes. *Points massorétiques*: signes introduits par les massorètes et qui, dans le texte hébreu de la Bible, indiquent les voyelles.

Mas-Soubeyan (Le) Localité des Cévennes où une assemblée protestante se tient annuellement dans la maison de Pierre Laporte qui, au début du XVIIIe siècle, résista aux persécutions infligées aux protestants auxquels on interdisait depuis 1685 de pratiquer leur culte.

Massoud (Ahmed Chah) 1953-2001 Chef de guerre afghan. Tadjik, il a rassemblé sous son autorité une bonne partie des forces opposées aux talibans, issues de minorités ethniques (Tadjiks, Ouzbeks, Hazaras) et groupées dans l'Alliance du Nord. Maître, après son éviction de Kaboul en 1996, du nord du pays, il a été assassiné par un terroriste se faisant passer pour un journaliste.

Massu (Jacques) 1908-2002 Général français. Rallié au général de Gaulle en 1940, compagnon de Leclerc, il participa à l'expédition de Suez (1956) et à la bataille d'Alger (1957). Après avoir participé à la fondation du Comité de Salut public (1958), il fut rappelé en métrople (1962) et termina sa carrière comme commandant des forces françaises en Allemagne.

massue n. f. Bâton noueux, renflé à un bout, servant d'arme.

mastaba n. m. (mot arabe) Édifice funéraire de l'Égypte antique, en forme de pyramide tronquée.

mastard n. m. Pop. Personnage grand et fort.

mastère n. m. Diplôme sanctionnant une année au moins de formation spécialisée dans certaines grandes écoles.

Masters (William Howell) 1913-2001 Sexologue américain, auteur, avec V. Johnson, d'une étude comportementale sur la sexualité (*Les Réactions sexuelles*, 1966).

mastic n. m. et adj. Résine du lentisque. / Composition pâteuse qui durcit à l'air, utilisée pour le rebouchage et le scellement. / adj. inv. De la couleur beige clair de cette composition. *Une pèlerine mastic.* / TYPO. Erreur de composition qui consiste en l'inversion de lignes, de parties de ligne.

mastication n. f. Action de mastiquer, de mâcher; son résultat.

mastiquer [1] v. t. [1] Fixer, joindre, boucher avec du mastic.

mastiquer [2] v. t. [1] Mâcher longuement.

Mästlin (Michel) 1550-1631 Astronome allemand, maître de Kepler, il défendit les théories de Copernic.

mastoc adj. inv. Fam. Massif et sans élégance.

mastodonte n. m. PALÉONT. Mammifère proboscidien fossile, du Tertiaire et du Quaternaire, dont certaines espèces possédaient quatre défenses. / Fam. Personne, animal, objet, machine gigantesque.

mastoïde adj. et n. f. ANAT. *Apophyse mastoïde* ou (n. f.) la *mastoïde*: éminence de l'os temporal placée en arrière de l'oreille externe.

mastoïdien, ienne adj. ANAT. De la mastoïde. *Cavités mastoïdiennes*: cavités osseuses aux parois tapissées de muqueuse, situées dans la mastoïde.

mastoïdite n. f. MÉD. Inflammation de la muqueuse des cavités mastoïdiennes et des structures osseuses associées.

mastopathie n. f. MÉD. Terme générique désignant toute atteinte pathologique des seins.

Mastroianni (Marcello) 1924-1996 Acteur de cinéma italien. Il commence sa carrière au théâtre (1948), sous la direction de Visconti, qui lui confie le rôle principal de son film *Nuits blanches* (1957). Révélé par *La Dolce Vita* (1960) de Fellini, il fut son acteur préféré et tourna avec les meilleurs metteurs en scène européens (dont L. Malle, R. Polanski, J. Demy, T. Angelopoulos et N. Mikhalkov) jusqu'à sa mort.

mastroquet n. m. Vx Patron d'un estaminet. / Vieilli Bistro.

masturbation n. f. Pratique qui consiste à provoquer le plaisir sexuel (d'un partenaire ou de soi-même) par attouchements des parties génitales.

masturber (se) v. pron. [1] Pratiquer sur soi-même la masturbation.

m'as-tu-vu n. inv. et adj. inv. Péjor. Individu prétentieux, fat. / adj. *Avoir un air m'as-tu-vu.*

masure n. f. Maison misérable ou en mauvais état.

mât n. m. Longue perche verticale portant les voiles sur un bateau. / *Mât de charge*: portique servant au chargement des cargos. / Longue perche en bois pour hisser un drapeau, un signal. / *Mât de cocagne*: perche au sommet de laquelle sont suspendus des lots et le long de laquelle on doit grimper pour les décrocher.

mat [1] n. m. inv. et adj. inv. JEU Aux échecs, position du roi qui est mis en échec et pris par l'adversaire, mettant fin à la partie. / adj. *Être mat en trois coups.*

mat, mate [2] adj. Qui ne brille pas, terne. / *Teint mat*, plutôt foncé (par oppos. à *clair*). / *Son mat*, manquant de résonance, sourd.

Mata Hari (Margaretha Geertruida Zelle, dite) 1876-1917 Danseuse et aventurière néerlandaise fusillée par les Français pour espionnage en faveur de l'Allemagne. Des historiens ont demandé la révision de son procès.

Matabeleland *139 927 km² 1 853 640 h.* Région du nord-ouest du Zimbabwe, formée de hauts plateaux (*1 700 m*) et recélant du charbon, de l'or, de l'argent. C'est le pays des Matabélés (dits aussi Ndébélés, Tébélés, Tébés), de langue bantoue.

matador n. m. (mot espagnol) Celui qui met à mort les taureaux lors d'une corrida.

matage n. m. TECHN. Action de mater du métal.

matamore n. m. Personne qui se vante, qui n'est brave qu'en paroles.

match n. m. (mot anglais) Rencontre sportive qui oppose deux adversaires, deux équipes. Pl. Des *matchs* ou *matches*.

maté n. m. BOT. Arbuste d'Amérique du Sud, voisin du houx, dont les feuilles riches en caféine fournissent, après dessiccation et torréfaction, une boisson stimulante. / La boisson ainsi préparée.

matelas n. m. Pièce de literie, grand coussin rembourré, généralement placé sur le sommier. *Matelas pneumatique*: long coussin gonflable étanche. / Couche épaisse qui amortit, absorbe les chocs. *Matelas d'air*: couche d'air ménagée entre deux parois dans une construction.

matelassé, e adj. Rembourré. *Tissu matelassé,* garni d'une doublure ouatinée.

matelassier, ère n. Personne qui fabrique, répare les matelas.

matelot n. m. MAR. Homme d'équipage. / Dans la marine de guerre, homme qui occupe le même rang que le simple soldat, dans l'armée de terre. / Navire de guerre désigné en fonction de la position qu'il occupe dans une ligne de bâtiments. *Matelot d'avant, matelot d'arrière.*

matelote n. f. Plat de poisson accommodé au vin rouge et aux oignons. *Matelote d'anguille.*

mâter v. t. [1] Munir (un navire) d'un mât. Ant. démâter.

mater [1] v. t. [1] JEU (Aux échecs) *Mater le roi,* le mettre mat. / Fig. Soumettre (qqn, qqch.). *Mater une rébellion.*

mater [2] Voir **matir**

mater [3] v. t. [1] Argot. Regarder, regarder sans être vu.

matérialisation n. f. Action de matérialiser. *Matérialisation d'un rêve, d'un espoir.* / PHYS. NUCL. Transformation d'énergie rayonnante en particules de masse non nulle, régie pas la relation d'Einstein ($\Delta E = \Delta mc^2$).

matérialiser v. t. [1] Litt. Considérer comme matériel (qqch. d'immatériel). *Matérialiser un sentiment.* Ant. dématérialiser. / Représenter sous une forme matérielle (qqch. d'abstrait); concrétiser, réaliser. *Matérialiser un projet.*

matérialisme n. m. Doctrine philosophique selon laquelle seul le recours exclusif à la notion de matière explique l'ensemble du monde physique et moral, du monde de la matière et du monde de l'esprit. / Péjor. Morale de la jouissance et de la recherche des biens matériels.

♦ Le matérialisme mécaniste, ou mécanisme atomistique de l'Antiquité grecque, réduit tous les phénomènes de la matière et de la vie à des combinaisons, à des mouvements d'atomes. Cette doctrine, enseignée par Démocrite et Épicure, reprise par Lucrèce, inspire les représentations mécanistes du monde au XVIIe siècle, en particulier celle de Gassendi. Au XVIIIe siècle, Diderot, Helvétius, d'Holbach et La Mettrie, auteur de *L'Homme-machine*, feront du matérialisme mécaniste ce que les cartésiens se refusaient à en faire: une objection contre la nature intellectuelle de Dieu et contre l'existence de l'âme. Le matérialisme sensualiste (Bacon, Hobbes, Locke, Condillac) définit la pensée comme un produit de la sensation et la matière comme une réalité vivante. Le matérialisme dialectique (Marx, Engels, Lénine) dépasse l'opposition matérialisme-spiritualisme pour affirmer le développement parallèle de l'homme et de la nature dans le passage dialectique de la

M

Mât de bateau de plaisance.

Maternité *de Raphael Zabaleta.*

Mathias Ier Corvin.

matière à la vie et de la vie à la pensée. Il se présente ainsi comme un réalisme matérialiste. Le matérialisme historique postule que, pour une époque donnée de l'histoire, les superstructures sociales, politiques et idéologiques (croyances, religions) sont déterminées par les infrastructures économiques, elles-mêmes constituées par les forces productives (hommes et machines) et les rapports de production.

matérialiste adj. et n. PHILO. Qui procède du matérialisme. / Subst. Adepte du matérialisme. *Un(e) matérialiste.*

matérialité n. f. Caractère matériel de qqch. *La matérialité d'une preuve.* Ant. immatérialité.

matériau n. m. TECHNOL. Toute matière utilisée pour la construction d'un bâtiment, d'une machine.

matériaux n. m. pl. Ensemble des matières, des éléments nécessaires à la construction d'un bâtiment, d'un ouvrage. / Fig. Ensemble des éléments servant à la composition d'un ouvrage de l'esprit, d'un travail. *Réunir des matériaux pour la rédaction d'un roman historique.*

matériel, elle adj. et n. **A.** adj. Fait de matière. Ant. spirituel. / PHILO. Qui concerne la matière. Ant. Formel. / Qui appartient au domaine de la réalité concrète. *Impossibilité matérielle.* / Relatif aux nécessités de l'existence quotidienne. *Questions matérielles.* / Relatif aux choses, non aux personnes. *Dégâts matériels.* **B.** n. m. Équipement ou outillage servant à une activité, au fonctionnement d'un établissement, etc. / Ensemble des objets de toute nature (véhicules, engins, meubles, machines, etc.) nécessaires au fonctionnement d'un service public, d'une armée. *Le matériel et le personnel.* / n. f. Fam. *La matérielle*: ce qui permet à qqn de subsister.

matériellement adv. Relativement à la vie matérielle. *Il est matériellement tiré d'affaire.* / En réalité, effectivement. *C'est matériellement difficile.* / DR. *Matériellement responsable d'une chose*: responsable des dommages matériels qui pourraient lui être causés.

maternage n. m. Action de materner.

maternel, elle adj. et n. f. De la mère. *Lait maternel.* / Relatif à la mère. *Tante maternelle.* / Qui materne. *Une épouse maternelle.* / *Langue maternelle*, celle dans laquelle un enfant apprend à parler. / *École maternelle* ou (n. f.) *la maternelle*: école dans laquelle on reçoit les enfants en bas âge (de 2 à 6 ans).

maternellement adv. À la façon d'une mère.

materner v. t. [1] Prodiguer à (un enfant) les soins d'une mère. *Materner un nourrisson.* / Par ext. Avoir une attitude maternelle avec (qqn). *Fille qui materne son père.* / PSYCHOL. (En parlant d'un thérapeute) Établir avec (un patient) une relation analogue à celle que ce dernier entretenait avec sa mère.

maternisé, e adj. *Lait maternisé*: lait de vache industriellement traité pour lui donner une composition proche de celle du lait de femme.

maternité n. f. État de mère. / Fait de porter et de mettre au monde des enfants. / Hôpital, clinique où les femmes viennent accoucher. / DR. Lien de droit unissant l'enfant à sa mère.

math ou **maths** n. f. pl. Fam. Mathématiques. *Cours de math.*

mathématicien, enne n. Spécialiste des mathématiques.

mathématique adj. et n. f. **A.** adj. Relatif à la science des nombres, de leurs combinaisons et de leur application à la mesure des grandeurs. *Opérations mathématiques.* / Fig. Qui exclut toute imprécision. *Rigueur mathématique.* **B.** n. f. pl. *Les mathématiques*: l'ensemble des opérations logiques appliquées aux concepts de nombre, de forme et d'ensemble.

♦ À la fin du XIXe siècle, les mathématiques étaient définies comme la science qui étudiait les nombres, les figures et les mouvements, et se présentaient comme la juxtaposition de disciplines différentes, tout à fait indépendantes et possédant des méthodes propres de raisonnement: la géométrie, l'arithmétique, l'algèbre, l'analyse, le calcul différentiel et intégral, la trigonométrie, la mécanique. Les liens existant entre ces disciplines ne semblaient pas évidents à tous les mathématiciens. Au XXe siècle, prenant la suite de quelques mathématiciens d'avant-garde (Galois, Hilbert), des mathématiciens ou des groupes de chercheurs (Nicolas Bourbaki) entreprennent, en appliquant une méthode purement axiomatique, de dégager les idées communes cachées sous les méthodes propres à chaque branche mathématique et de faire de cette discipline plurielle un singulier: la mathématique. Dans cette construction de la mathématique, les notions d'ensemble, de structures, d'espace vectoriel, d'invariance topologique ont joué un rôle déterminant.

mathématiquement adv. Conformément aux règles mathématiques. / Très exactement; rigoureusement.

matheux, euse n. Fam. Personne qui est à l'aise dans l'exercice mathématique, qui aime les maths.

Mathias Ier Corvin 1440-1490 Roi de Hongrie en 1458. Élu à la mort de Ladislas V, il soumit les hussites, s'attirant l'appui de la hiérarchie catholique. Attaché à l'indépendance de la Hongrie, il lutta victorieusement contre l'Autriche, la Turquie et l'empereur Frédéric III. Il conquit la Bosnie, la Moldavie et la Valachie. À l'issue d'une longue lutte contre la Bohême (1468-1479), dont il s'était en 1469 proclamé roi, il annexa la Silésie, la Lusace et la Moravie (paix d'Olomuc, 1478). Bon administrateur, il accrut l'autorité royale et réforma la justice. Mécène, sensible à l'influence italienne depuis son mariage avec Béatrice d'Aragon, fille de Ferdinand Ier, roi de Naples, il protégea les lettres et les arts, fonda la première université hongroise à Buda (1467), une bibliothèque (dite « la Corvina ») et la première imprimerie de Hongrie. **Mathias II** 1557-1619 Empereur germanique et roi de Bohême et de Hongrie (1612). Fils de Maximilien II, il succéda à son frère Rodolphe II qui avait dû déjà lui céder la Bohême et la Hongrie. Il eut à faire face, sans pouvoir l'apaiser, à la révolte des Tchèques (défenestration de Prague, 1618) qui déclencha la guerre de Trente Ans.

Mathiez (Albert) 1874-1932 Historien français. Spécialiste de la Révolution française, il contribua à lever l'anathème qui pesait sur Robespierre (*Études robespierristes*, 1917-1918) et introduisit le matérialisme historique dans son analyse de la période révolutionnaire (*La Vie chère et le mouvement économique sous la Terreur*, 1927).

Mathilde de Flandre (dite **la reine Mathilde**) ?-1083 Duchesse de Normandie, puis reine d'Angleterre. Elle épousa en 1053 le duc de Normandie, Guillaume le Bâtard, roi d'Angleterre en 1066. On lui a longtemps attribué la tapisserie de Bayeux dite *de la reine Mathilde*.

Mathilde de Toscane (dite **la comtesse Mathilde**) v. 1046-1115 Comtesse de Toscane, alliée du pape Grégoire VII au moment de la querelle des Investitures, elle mit à la disposition du souverain pontife son château de Canossa où eut lieu la réconciliation entre le pape et l'empereur germanique Henri IV. Elle légua ses États au Saint-Siège mais les empereurs germaniques contestèrent cette donation.

maths Voir **math**

Mathura *226691 h.* Centre religieux de l'Inde (Uttar Pradesh), sur un affluent du Gange, ville natale du dieu Krishna, foyer d'une école d'art (Ier au VIIe siècle).

mathusalem n. m. Bouteille de vin contenant le volume de huit bouteilles ordinaires.

Mathusalem ou **Mathusala** Patriarche de la Bible. Célèbre pour sa longévité, il aurait vécu 969 ans selon la Genèse.

matière n. f. Substance dont se composent les corps, qui peut être perçue par les sens, qui possède une masse mécanique et peut se présenter à l'état solide, liquide et gazeux. / PHILO. Substance constitutive de ce qui est visible, tangible, par oppos. à l'âme, l'esprit. / Matériau dont est faite une chose. *Matière première*: matière brute destinée à la fabrication de produits manufacturés. / *Matières grasses*: corps gras (beurre, lard, huile) contenus dans certains aliments. / ASTRON. *Matière noire* ou *sombre*: matière dont on suppose l'existence dans l'Univers sans pour autant que sa présence matérielle ait été détectée. (La nature de cette matière demeure encore du domaine de l'hypothèse; on envisage une constitution baryonique [protons, neutrons, électrons], ou non baryonique, constituée de matière subatomique et ne pouvant interagir que faiblement avec la matière, dont l'énergie engendrerait des effets gravitationnels semblables à ceux de la masse, prévus par la théorie de la relativité). / *Table des matières*: liste des sujets traités dans un livre. *Entrée en matière*: introduction.

matif n. m. (Acronyme pour *Marché à terme international de France*). FIN. Marché créé en 1986, sous le nom de *Marché à terme d'instruments financiers*, permettant de protéger les investisseurs qui détiennent des actifs financiers, en cas de fluctuations des cours les concernant.

Matignon (hôtel) Hôtel parisien commencé en 1721, siège actuel du Premier ministre.

Matignon (accords) Nom désignant les accords conclus, sur l'initiative du gouvernement de Léon Blum, le 7 juin 1936, entre les représentants de la Confédération générale du patronat français et ceux de la Confédération générale du travail pour fixer les droits des travailleurs. Ils furent complétés par des lois sociales (congés payés, semaine de 40 heures, conventions collectives).

matin n. m. Espace de temps qui s'écoule entre minuit et midi. / Partie du jour comprise entre le lever du soleil et midi.

***Mâtin** de Naples.*

mâtin [1] n. m. Chien de garde robuste.

mâtin, e [2] adj. et interj. Fam. (vieilli) Personne délurée. / interj. Vx (exprimant l'étonnement) *Mâtin!*

matinal, ale, aux adj. Du matin. *Soleil matinal.* / Tôt le matin. *Un réveil matinal.*

mâtiné, e adj. De race mélangée. *Un dogue mâtiné de chien de berger.* / Fig. Mélangé. *Un style recherché mâtiné de grossièretés.*

matinée n. f. Espace de temps compris entre le lever du soleil et midi.

matines n. f. pl. LITURG. CATHOL. Première partie de l'office, chanté la nuit ou à l'aube.

matir [2] ou **mater** [1] v. t. Rendre mat (qqch.). *Matir de l'or.* / TECHN. Refouler (du métal). *Mater un joint.*

Matisse (Henri) 1869-1954 Peintre français. D'abord clerc de notaire, il se mit à peindre au cours d'une longue immobilisation due à la maladie et décida de se consacrer à la peinture. Condisciple de Rouault et de Marquet dans l'atelier de Gustave Moreau, il se lia ensuite avec Dufy et Friesz et, lors d'un séjour en Bretagne, s'intéressa à l'impressionnisme et à Gauguin. Il subit de nombreuses autres influences, notamment celle de Gauguin, et fut séduit par le divisionnisme (*Luxe, Calme et Volupté*, 1905). En

*Odalisque, tableau d'***Henri Matisse**.

1905, il exposa au Salon d'automne avec Derain, Marquet et Vlaminck, ce qui le fit considérer comme le chef de file du fauvisme. Sa rencontre avec le cubisme et ses séjours dans les pays méditerranéens le poussèrent à traduire formes et espaces par des aplats de couleurs vives cernées d'un trait épais (*Les Baigneuses à la tortue*, 1908). Ce style s'affirme dans les grandes compositions monumentales réalisées, entre 1909 et 1910, pour le collectionneur russe Chtchoukine (*La Danse*; *La Musique*). Il voyagea au Maroc (1911-1912) et se livra à de multiples expériences (*Les Marocains*, 1916) qui témoignent de son goût pour la lumière, la légèreté chromatique et les formes anguleuses (*Grand Intérieur rouge*, *Le Peintre et son modèle*) dans des tableaux riches d'effets décoratifs (tentures, rideaux, tapis). Il utilisa ensuite la technique du papier découpé (*Jazz*; *Zulma*, 1950), qu'il put continuer à maîtriser avec l'aide d'un assistant, lorsque l'arthrite paralysa ses doigts, et décora la chapelle de Vence (1951).

matité n. f. Caractère de ce qui est mat.

Mato Grosso *901 421 km² 2 314 000 h.* État de l'intérieur du Brésil, formé de plateaux déserts. Capitale *Cuiaba*. C'est une région agricole (élevage extensif, culture du café); on y extrait du manganèse.

Mato Grosso do Sul *357 471 km² 1 913 000 h.* État de l'intérieur du Brésil, autrefois partie méridionale du Mato Grosso, constitué en État en 1977. Capitale *Campo Grande*. Élevage extensif.

matois, e adj. Rusé.

maton, onne n. Argot. Gardien de prison.

matos n. m. inv. Pop. Tout matériel utilisé dans une quelconque activité. *Vérifie ton matos avant les prises de vues.*

matou n. m. Fam. Chat mâle non castré.

matraquage n. m. Action de matraquer.

matraque n. f. Arme en bois ou en caoutchouc durci, de forme allongée, dont une extrémité est légèrement renflée.

matraquer v. t. [1] Frapper (qqn) à coups de matraque. / Fig. *Matraquer le client, les prix*: pratiquer des tarifs excessifs. *Matraquer un message*, le diffuser de façon répétée par voie audiovisuelle, publicitaire.

matriarcal, ale, aux adj. Qui procède du matriarcat.

matriarcat n. m. Système juridique ou social dans lequel la filiation maternelle représente la filiation légale. / Organisation de la société dans laquelle le rôle public ou familial de la femme est prépondérant.

La Vocation de saint **Matthieu**, *tableau du Caravage.*

matrice n. f. Vieilli Utérus. / TECHN. Moule gravé en creux ou en relief servant à reproduire une forme sur la matière qui y est introduite. / MATH. Tableau de nombres dans lequel chaque case est désignée par deux indices, l'un relatif à la ligne, l'autre à la colonne. *Diverses opérations peuvent être définies sur les matrices (somme, produit, inversion de matrices), elles sont à la base du calcul matriciel.* / ADMIN. *Matrice du rôle des contributions*: registre utilisé pour l'établissement des rôles des contributions.

matricide [1] n. et adj. Se dit de qqn qui a tué sa mère.

matricide [2] n. m. Crime de celui, de celle qui tue sa mère.

matriciel, elle adj. ADMIN. D'une matrice; relatif aux matrices. / MATH. *Calcul matriciel*: calcul faisant intervenir des matrices. *Le calcul matriciel connaît de nombreuses applications en biologie, en économie, etc.*

matricule n. f. et m. Registre d'inscription des entrées et des sorties, tenu dans certaines collectivités, certains établissements (hôpitaux, prisons, etc.). / *Numéro de matricule* ou (n. m.) *matricule*: numéro d'inscription attribué à une personne inscrite sur une matricule. *Le matricule d'un prisonnier.*

matrilinéaire adj. ETHNOL. Par ascendance maternelle. *Organisation sociale matrilinéaire.*

matrilocal, ale, aux adj. ETHNOL. Dans le lieu où habite la famille de l'épouse. *La résidence matrilocale est imposée aux couples dans certaines sociétés.*

matrimonial, ale, aux adj. Relatif au mariage. *Régime matrimonial*: régime qui détermine, par les effets juridiques qu'il comporte, les rapports personnels et pécuniaires des époux, entre eux et avec les tiers.

matrone n. f. Dans la Rome antique, femme mariée à un citoyen. / Femme d'un certain âge, d'allure imposante et respectable. / Péjor. Femme corpulente, au comportement vulgaire.

matronyme n. m. Nom de famille transmis par la mère.

Matsuo Basho Voir **Basho**

Matsys ou **Metsys** ou **Massys (Quentin)** 1466 ou 1465-1530 Peintre flamand, chef de file de l'école d'Anvers. D'abord fidèle à la tradition gothique, il assimila ensuite les apports italiens de la Renaissance. La beauté des visages féminins, la délicatesse du coloris, les fonds d'architecture et les paysages bleutés sont les traits essentiels de son art. Ses portraits (*Érasme*) et ses tableaux profanes (*Le Changeur et sa femme*) annoncent la peinture de genre.

Matta (Sebastian Echaurren, dit Roberto) 1911-2002 Peintre français d'origine chilienne. Architecte de formation, il travaille avec Le Corbusier avant la Seconde Guerre mondiale, séjourne en Amérique (États-Unis et Mexique) entre 1939 et 1945, puis s'installe en France. Ses toiles immenses aux couleurs intenses et aux plans fortement délimités offrent des paysages fantastiques où évoluent d'étranges créatures aux allures d'insectes ou de mécanismes. Militant, il met sa peinture au service de ses convictions: *Les roses sont belles* (1953) dénonce le procès Rosenberg; *Les Puissances du désordre ou l'Heure de la vérité* (1964-1965) s'élève contre la répression franquiste; *Burn Baby Burn* (1965-1966) marque son opposition à la guerre du Vietnam.

Mattei (Enrico) 1906-1962 Homme d'affaires et homme politique italien. Député démocrate-chrétien (1948-1953) et fondateur de la compagnie d'État ENI (Ente Nazionale Idrocarburi) en 1953, il lutta contre le monopole de production exercé par les grandes sociétés pétrolières. Il périt dans un accident d'avion. En 1972, F. Rosi lui consacra un film, *L'Affaire Mattei*.

Matteotti (Giacomo) 1885-1924 Homme politique italien. Député (1919), puis secrétaire général du Parti socialiste en 1924, il est assassiné par un groupe fasciste peu après avoir ouvertement critiqué le fascisme.

Matthew (sir Robert) 1906-1975 Architecte britannique. Il a construit des complexes résidentiels à Londres et des bâtiments publics (Royal Festival Hall et Institut du Commonwealth, à Londres; universités de York et de Bath).

Matthias ou **Mathias** (saint) Disciple de Jésus qui, d'après les Actes des Apôtres, fut choisi pour remplacer Judas.

Matthieu ou **Mathieu** (saint) Ier siècle Apôtre et auteur d'un Évangile dont on ne sait s'il est postérieur ou antérieur à l'Évangile de Marc. Il était collecteur d'impôts (publicain) sous le règne d'Hérode Antipas quand il fut appelé par Jésus.

Mathieu (Georges) 1921 Peintre français. Admirateur de la peinture gestuelle américaine (« action painting »), il se fit le promoteur de l'« abstraction lyrique ». Tenant d'une « esthétique de la vitesse », il peignit d'immenses toiles abstraites pleines de couleur et de force, en se fondant sur l'impulsivité et la rapidité du geste (*La Bataille de Bouvines*, 1954), ce qui fit dire à Malraux « Enfin un calligraphe occidental ! » Son style a souvent été jugé stéréotypé, mais, après une éclipse de plus de vingt ans, une exposition lui a rendu justice en 2002.

maturation n. f. Ensemble des phénomènes aboutissant à la maturité. *Maturation d'un fruit*, son mûrissement. *Maturation des cellules germinales*, conduisant, après méiose, à la formation des gamètes. *Maturation d'un abcès.* / Fig. Processus qui conduit au développement de qqch. *La maturation d'un raisonnement.*

mature adj. BIOL. Se dit d'une cellule, d'une molécule parvenue à son complet développement, et donc fonctionnelle. *Cellule sexuelle mature. Protéine, A.R.N. messager mature.* / Se dit des poissons femelles prêts à frayer. / Qui fait preuve de maturité d'esprit. Ant. immature.

mâture n. f. Ensemble des mâts d'un navire.

Maturin (Charles Robert) 1782-1824 Écrivain irlandais. Auteur d'un des plus célèbres romans noirs: *Melmoth ou l'Homme errant* (1820). Il donna au théâtre *Bertram* (1816) et *Fredolfo* (1819).

maturité n. f. État de ce qui est mûr. / Période de la vie, entre la jeunesse et la vieillesse, où l'homme atteint la plénitude de ses capacités physiques et intellectuelles. / État de qqn, de qqch. qui est parvenu à son complet développement. *Maturité d'esprit.* Ant. immaturité.

matutinal, e, aux adj. Litt. Du matin. *L'étoile matutinale.*

Maubeuge *34 989 h.* Ville du département du Nord, ancienne place forte fortifiée par Vauban, port fluvial sur la Sambre, centre d'industries mécanique et sidérurgique.

maudire v. t. [2] RELIG. Condamner à la damnation. *Race que notre Dieu de sa bouche a maudite* (Racine). / Appeler la malédiction de Dieu sur (qqn). / Dire sa haine, son exaspération envers (qqn, qqch.).

maudit, e adj. RELIG. Damné. *Et Iahvé dit à Caïn: « Tu es maudit de la terre qui a ouvert sa bouche pour recevoir de ta main le sang de ton frère »* (Genèse, IV, 11). *Le Maudit*: le diable. *Les maudits*: les damnés. / (Placé avant le nom, avec la fonction d'un juron) Détestable. *Maudite bagnole !* / Fig. *Artiste, poète maudit,* ignoré de son vivant.

Mauer Localité d'Allemagne, dans le Bade-Wurtemberg, où on découvrit la mâchoire de l'*homme de Mauer* (dit aussi *de Heidelberg*), qui serait un *Homo erectus*.

Guy de Maupassant.

Mauges Région de l'ouest de la France, aux confins de l'Anjou et de la Vendée. Polyculture, élevage, viticulture.

Maugham (William Somerset) 1874-1965 Écrivain anglais. Fin observateur, il s'inspira souvent de sa propre expérience (notamment comme médecin pour son premier roman *Liza de Lambeth*, 1897, ou dans *Servitude humaine*, 1915). Parmi ses nombreuses œuvres figurent des romans (*Le Fil du rasoir*, 1944), des pièces de théâtre (*Le Cercle*, 1921) et des nouvelles. Voyageur infatigable, il apprécia particulièrement la France (francophone et francophile, il était un fervent admirateur de Voltaire, de Maupassant et de Jules Renard), l'Espagne et l'Italie ; au cours de la Première Guerre mondiale, il fut agent secret.

maugréer v. i. [1] Pester entre ses dents.

Mauna Kea *4 208 m* Volcan éteint de l'île d'Hawaii, le plus haut sommet de l'île. Non loin, le Mauna Loa (*4 168 m*) est en activité.

Mau-Mau Société secrète des Kikuyus au Kenya, dont la violente révolte contre la présence britannique, à partir de 1952, fut définitivement anéantie à la fin des années 50.

Maunder (Edward) 1851-1928 Astronome anglais, fondateur du service d'observation quotidienne du Soleil, à l'observatoire de Greenwich. Il mit en évidence, entre 1645 et 1715, le « minimum de Maunder », période pendant laquelle le Soleil a été totalement dépourvu de taches.

Maupassant (Guy de) 1850-1893 Écrivain français, ami de Flaubert et de Zola. Conteur pessimiste, très habile à décrire les paysans normands et les petits bourgeois parisiens, c'est un grand romancier naturaliste : *Une vie* (1883), *Bel-Ami* (1885), *Pierre et Jean* (1888), mais il est surtout célèbre pour ses 300 contes et nouvelles, dont le premier recueil, *La Maison Tellier*, parut en 1881. Ses dernières années furent assombries par la syphilis qui le détruisit physiquement avant d'entraîner des troubles mentaux qui causèrent son internement en maison de santé en 1892.

Maupeou (René Nicolas Charles Augustin de) 1714-1792 Chancelier de France (1768-1774). Après avoir été président du parlement de Paris (1763), Maupeou, devenu Chancelier de France, gouverna la France avec Aiguillon et Terray. Il tenta une réforme de la justice mais se heurta rapidement à l'opposition des parlementaires et exila (1771) les plus indociles, ce qui lui permit de supprimer la vénalité des charges et de mettre sur pied des conseils dont les juges, révocables, étaient nommés et appointés par le roi. La réforme ne put être étendue aux parlements de province et Maupeou fut disgracié à la mort de Louis XV.

Maupertuis (Pierre Louis Moreau de) 1698-1759 Mathématicien français. Lors de ses voyages en Angleterre puis à Bâle (où il se lie d'amitié avec les frères Bernoulli) il se rallie aux théories de la mécanique et de la gravitation de Newton. Il publie nombre de communications sur le problème des courbes algébriques et, en 1732, un mémoire sur les lois de l'attraction. Nommé responsable par Louis XV de l'expédition qui doit effectuer, sur le cercle polaire, une mesure de l'arc du méridien, il se heurte avec Jacques Cassini II à propos de l'aplatissement de la Terre aux pôles, conséquence des principes de la mécanique newtonienne, principes auxquels J. Cassini s'opposait. Élu à l'Académie de Berlin (1740) et à celle de Paris (1743), il présente son mémoire sur le principe de moindre action défini comme le produit de la masse par l'espace parcouru et la vitesse (1744). Cette publication soulève une controverse avec les partisans de la dynamique de Leibniz. En 1745, il devient président de l'Académie de Berlin, en 1746 il publie sa théorie sur les lois qui régissent le mouvement. L'essentiel de son œuvre repose sur l'étude des courbes et de leur projection sur différents espaces, et en particulier celle des courbes loxodromiques appliquée à la navigation.

maure ou **more** adj. et n. Des Maures. *Tribus maures. Bain maure.* / n. *Othello, ou le Maure (ou More) de Venise.*

Maurepas (Jean-Frédéric Phélypeaux, comte de) 1701-1781 Homme politique français. Secrétaire d'État à la maison du roi (1718) et à la Marine (1723), il est disgracié en 1749 à cause d'une épigramme contre Mme de Pompadour. Il est rappelé comme ministre d'État à l'avènement de Louis XVI (1774).

Maures (les) Massif côtier cristallin de Provence (Var) : forêts, culture de lavande et tourisme ; ses calanques sont devenues des plages célèbres (Sainte-Maxime, Saint-Tropez). Il culmine au *signal de la Sauvette* (780 m).

Maures Nom donné aux Berbères d'Afrique du Nord (Maurétanie) au temps de la conquête romaine. Au Moyen Âge, après la conquête arabe, il en vint à désigner en Occident tous les peuples musulmans, berbères ou arabes, en particulier les musulmans arabo-berbères qui envahirent l'Espagne et en occupèrent la plus grande partie, du VIIIe au XVe siècle. Aujourd'hui, il désigne des populations de l'ouest du Sahara (en Mauritanie, au Sahara-Occidental, au Mali et au Sénégal).

mauresque ou **moresque** n. f. et adj. **I.** Vieilli Femme maure. / adj. *Une enfant mauresque.* / Propre aux Maures, notamment aux Maures d'Espagne. *Art mauresque.* **II.** n. f. Breuvage fait d'une boisson anisée additionnée de sirop d'orgeat.

Maurétanie ou **Mauritanie** Dans l'Antiquité, royaume berbère qui comprenait l'ouest de l'Algérie (Numidie) et le Maroc actuels. Devenue une province de Rome, cette région fut divisée en deux au Ier siècle. La Maurétanie Césarienne, à l'est, avait pour capitale Césarée (Cherchell), et la Maurétanie Tingitane, à l'ouest, Tingis (Tanger). Au IIIe siècle, la Maurétanie Sitifienne dont la capitale était Sitifis (Sétif) fut détachée de la partie Césarienne. Envahie par les Vandales au Ve siècle puis dominée par Byzance (VIe siècle), la Maurétanie devint arabe à partir du VIIe siècle.

Mauriac (François) 1885-1970 Écrivain français. Installé à Paris en 1906, il débute sa carrière littéraire avec des poèmes et quelques romans sans succès. C'est avec *Le Baiser au lépreux* (1922), *Genitrix* (1924) et enfin *Thérèse Desqueyroux* (1927) qu'il acquiert la célébrité. D'une famille catholique de Bordeaux, il dépeint dans la plupart de ses romans des êtres tourmentés, victimes des contradictions tragiques entre la vie charnelle et la piété, dans un cadre provincial oppressant. Ses œuvres sont dominées par le problème de la grâce divine et du péché. Utilisant souvent le procédé de la rétrospection, il compose de nombreux romans (*Le Nœud de vipères*, 1932 ; *Le Mystère Frontenac*, 1933) ainsi que des pièces dramatiques (*Asmodée*, 1938). Après 1945, il se consacre plus particulièrement à ses essais critiques et au journalisme politique (*Journal*, 1934-1951 ; *Bloc-Notes*, 1958 et 1961), manifestant tout à la fois un humanisme teinté de « catholicisme de gauche » (il avait, en 1936, pris parti pour les républicains espagnols contre Franco), un gaullisme fervent et un profond anticolonialisme.

Maurice (saint) IIIe siècle Selon la légende, chef chrétien d'une légion romaine envoyée par l'empereur Maximien pour combattre les paysans révoltés. Lui et ses hommes auraient été massacrés dans le Valais par leurs ennemis vers 287. Il est le saint patron de l'Autriche et de la Suisse.

• **Maurice (île)** État insulaire de l'océan Indien situé à *900 km* à l'est de Madagascar.

Maurice de Nassau, prince d'Orange 1567-1625 Stathouder des Provinces-Unies (1584-1625). Successeur de Guillaume Ier le Taciturne, il prend le commandement des armées des provinces de Hollande et de Zélande contre les Espagnols et parvient en 1592 à unir sept provinces, qui deviennent l'État indépendant des Provinces-Unies en 1609. Contesté dans celles-ci en raison de son autoritarisme, il fait condamner à mort Oldenbarnevelt (1547-1619), favorable à un gouvernement plus démocratique. Il reprend la lutte contre l'Espagne après la trêve de Douze Ans (1609-1621) mais ne parviendra pas à chasser l'ennemi définitivement.

Maurice, comte de Saxe, dit **le Maréchal de Saxe** Voir **Saxe**

mauricien, enne adj. et n. De l'île Maurice. *Forêt mauricienne. Un(e) Mauricien(ne).*

Maurienne (la) Vallée de l'Arc, en Savoie, riche en centrales hydroélectriques et en usines électrochimiques et électrométallurgiques (Saint-Jean-de-Maurienne). Tourisme.

• **Mauritanie** République d'Afrique occidentale, souvent rattachée au Maghreb. Elle est limitée au nord par le Maroc et l'Algérie, à l'est et au sud-est par le Mali, au sud par le Sénégal.

mauritanien, enne adj. et n. De Mauritanie. *Pêcheries mauritaniennes. Un(e) Mauritanien(ne).*

Maurois (Émile Herzog, dit André) 1885-1967 Écrivain français. Il entama sa carrière d'écrivain avec deux romans pleins d'humour : *Les Silences du colonel Bramble* (1918) et *Les Discours du docteur O'Grady* (1922), inspirés de son expérience d'interprète auprès des Anglais pendant la Première Guerre mondiale. Puis il publia des essais, des romans psychologiques (*Climats*, 1928) et plusieurs biographies littéraires (dont *Ariel ou la Vie de Shelley*, 1923 ; *Byron*, 1931 ; *Olympio ou la Vie de Victor Hugo*, 1955).

Mauroy (Pierre) 1928 Homme politique français. Maire socialiste de Lille de 1973 à 2001, il fut Premier ministre de 1981 à 1984 et premier secrétaire du Parti socialiste de 1988 à 1992.

Maurras (Charles) 1868-1952 Écrivain et homme politique français. Partisan d'une monarchie héréditaire (*L'Enquête sur la monarchie*, 1901), il dirige avec Léon Daudet le journal *L'Action française* où il attaque avec violence la IIIe République. En 1945, il est condamné à la détention perpétuelle pour avoir soutenu le régime de Vichy. Dans son œuvre littéraire, il est un défenseur ardent du classicisme : *Anthinéa* (1901).

Maurya Dynastie indienne du Magadha fondée au IVe siècle av. J.-C. par Chandragupta Maury, et qui domina la plus grande partie de l'Inde et de l'Afghanistan. On nomme « art maurya » les témoins les plus anciens de l'art indien.

***Mausolées** du IIe siècle à Rome.*

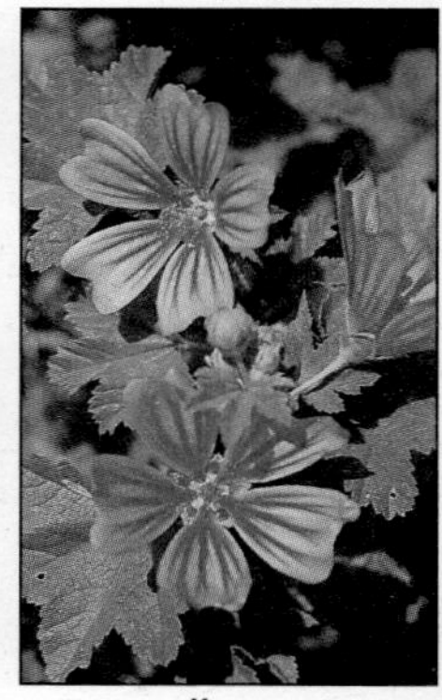

***Mauve**.*

MAURICE (ÎLE)

Superficie : *1 865 km²* – **Nombre d'habitants :** *1 200 000 h.* – **Capitale :** *Port-Louis*
Villes principales : *: Beau-Bassin, Rose-Hill, Vacoas* – **Système politique :** *république*
Langue(s) : *anglais (officiel), français, créole français, hindi* – **Religion(s) :** *hindouisme, christianisme, islam* – **Monnaie(s) :** *roupie mauricienne*

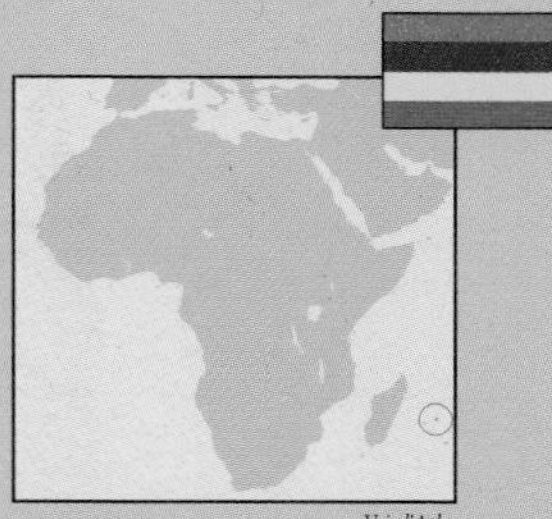

Voir l'Atlas

Géographie physique et humaine

Cette île volcanique, entourée d'une ceinture corallienne, fait partie de l'archipel des Mascareignes (comme la Réunion, à moins de 200 km) et possède quelques dépendances : les îles Rodrigues (haut lieu du tourisme), Agaléga et Saint-Brandon. Le centre est constitué d'un bloc volcanique effondré, entouré par une plaine littorale. Le climat tropical est humide, surtout dans le centre et le sud. Des cyclones redoutables se produisent parfois à la fin de l'été (de février à avril). Les hindouistes y sont en majorité (53 % de la population), viennent ensuite les catholiques (25 %), les musulmans (13 %), les protestants (moins de 5 %). L'anglais est la langue officielle, mais le mauricien est très employé ; c'est un créole né du français (lequel est également parlé). Les langues de l'Inde et du Pakistan (notamment l'hindi) ont de nombreux locuteurs en raison de la forte population indo-pakistanaise. La canne à sucre occupe près des trois quarts des terres cultivées. Elle représente la culture traditionnelle avec celle du thé. L'industrie récente, manufacturière et diversifiée, conjuguée avec la création d'une zone franche de transformation (1970) qui a attiré beaucoup d'investisseurs étrangers, a permis une forte croissance depuis l'indépendance de l'île (1968) et la création de nombreux emplois. Cependant, la concurrence des produits du Sud-Est asiatique est redoutable. Le tourisme (un demi-million de visiteurs annuels) a également fortement contribué à l'essor économique du pays.

Histoire

Découverte par les Portugais, l'île attire les convoitises en raison de sa situation qui en fait une escale importante sur la route des Indes. Elle est occupée par les Néerlandais entre 1598 et 1710, puis par les Français qui la rebaptisent île de France (1715). Contrôlée par la Compagnie des Indes puis rendue à la Couronne, elle joue un rôle important dans les rivalités de la France et de l'Angleterre en Inde. Les Britanniques, qui la possèdent à partir de 1814, lui redonnent son ancien nom de Maurice et en font une colonie. Ils développent la canne à sucre en faisant appel à des travailleurs venus du sous-continent indien lorsque l'esclavagisme est aboli en 1835. L'acheminement vers l'indépendance (12 mars 1968) se fait sans heurts. La majorité hindoue pousse le processus tandis que les Anglais préparent leur départ avec attention afin d'éviter que surviennent plus tard des conflits ethniques. Bien qu'indépendante, l'île garde officiellement à sa tête le monarque britannique. Le travailliste, S. Ramgoolam dirige le gouvernement jusqu'en 1982. À cette date, le Mouvement militant mauricien (M.M.M.) remporte les élections et A. Jugnauth devient Premier ministre. En 1983, il rompt avec le M.M.M. mais demeure Premier ministre. Le 12 mars 1992, il fait proclamer la république. En 1993, Maurice est le siège du cinquième sommet de la Francophonie. En 1995, le travailliste N. Ramgoolam devient Premier ministre grâce à l'appui du M.M.M. Il sera remplacé, après les élections de 2000, par A. Jugnauth.

Plantation de canne à sucre.

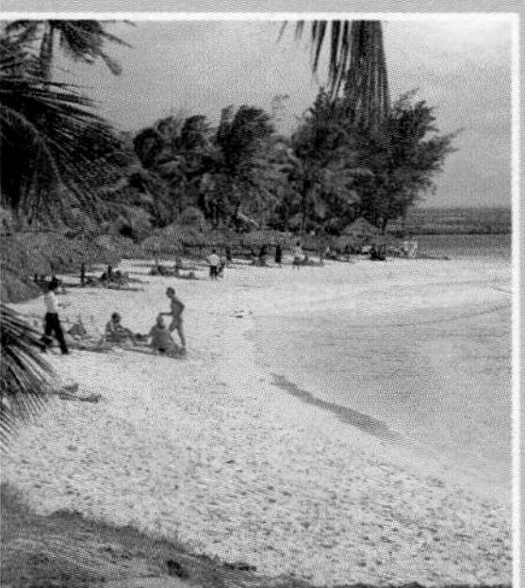

Plage de la côte nord-ouest de l'île Maurice.

mauser n. m. MILIT. Fusil de l'armée allemande (1871-1945). / Pistolet automatique.

Mauser (Wilhelm) 1834-1882 Armurier allemand, inventeur, avec son frère **Paul** (1838-1914), du fusil qui porte leur nom.

mausolée n. m. Monument funéraire imposant.

Mauss (Marcel) 1872-1950 Ethnologue et sociologue français. Neveu de Durkheim, il suit des études de philosophie et s'intéresse à l'histoire des religions. Après avoir publié son ouvrage le plus connu sur les mécanismes de la vie sociale à travers le potlach (*Essai sur le don, forme archaïque de l'échange*, 1925), il fonde en 1928, avec Paul Rivet, l'Institut d'ethnologie de l'université de Paris et devient professeur de sociologie au Collège de France en 1931.

maussade adj. Qui manifeste de l'insatisfaction. *Avoir l'air maussade.* / Ennuyeux, triste. *Journée maussade.*

maussaderie n. f. Litt. Humeur maussade.

Mauthausen Village d'Autriche, près de Linz, où les nazis installèrent un camp d'extermination (1938-1945). Voir *génocide*.

mauvais, e adj., n. et adv. **A.** adj. Qui n'est pas bon. *Mauvais goût.* / (Par euphémisme) *Ce n'est pas mauvais* : c'est bon. / Défectueux, insuffisant. *Un mauvais fonctionnement. Une mauvaise vue.* / Inapproprié, inadapté. *De mauvaises raisons.* / Contraire à la morale. *Femme de mauvaise vie.* / Pervers, pernicieux. *Les hommes sont mauvais.* / Défavorable, dangereux. *La situation est mauvaise. La mer est mauvaise.* / Désagréable. *Mauvaise humeur.* Loc. fig., fam. *L'avoir mauvaise* : être mécontent. **B.** n. m. Ce qui n'est pas bon. *J'ai gardé le mauvais pour la fin.* / n. (En parlant de personnes) *C'est un mauvais. Le Mauvais* : le démon. **C.** adv. *Sentir mauvais* : dégager une odeur désagréable. / Fig. *Ça sent mauvais* : ça tourne mal. *Il fait mauvais* : le temps est mauvais.

mauve n. et adj. **A.** n. f. BOT. Plante herbacée de la famille des malvacées, aux fleurs roses ou violet pâle. *Certaines espèces de mauves sont médicinales.* **B.** adj. De couleur violet pâle. *Des fleurs mauves.* / Subst. Couleur violet pâle. *Je voudrais un mauve plus tendre.*

mauviette n. f. Vx Alouette grasse, bonne à manger. *Pâté de mauviettes.* / Fig. Personne faible, peu solide. *C'est une mauviette.*

Mavrocordatos ou **Maurocordato (Alexandros)** 1791-1875 Homme politique grec. Appartenant à une grande famille phanariote, il participa aux luttes qui conduisirent à l'indépendance de la Grèce à partir de 1822 et se lia avec lord Byron. Il se tint ensuite longtemps à l'écart de la vie politique, puis revint aux affaires en 1854.

Maxence (en latin **Marcus Aurelius Valerius Maxentius**) 280 ?-312 Empereur romain (306-312). Dans la période trouble qui suit l'abdication, en 305, des empereurs Dioclétien et Maximien (son père), il se fait proclamer auguste et appelle son père à son secours contre Constantin, également prétendant à l'Empire. Il est finalement vaincu par celui-ci et tué au pont de Milvius (sur le Tibre, à 3 km de Rome).

maxillaire n. m. ANAT. Chacun des os des mâchoires. *Maxillaire inférieur*, constitué d'un seul os. *Maxillaire supérieur*, constitué de deux os soudés.

maxille n. f. ZOOL. Pièce de l'appareil buccal des arthropodes antennates (insectes, crustacés), qui permet de tenir et de triturer les aliments, généralement sclérifiée seulement en partie.

maxillofacial, ale, aux adj. Relatif au maxillaire et au reste du visage.

maximal, ale, aux adj. Qui atteint le maximum.

maximaliser ou **maximiser** v. t. [1] Donner sa plus haute valeur à ; porter à son maximum.

maximalisme n. m. Opinion, comportement du maximaliste.

maximaliste n. et adj. Partisan des solutions extrêmes, en politique notamment. / adj. *Des propos maximalistes.*

maxime n. f. Précepte de morale. / Courte sentence énonçant un principe, une règle de conduite.

Maxime (en latin **Magnus Clemens Maximus**) ?-388 Général romain. Proclamé empereur d'Occident par les légions de Bretagne, il vainquit les deux successeurs de Valentinien Ier, tuant Gratien en

MAURITANIE

Superficie : *1 025 520 km²* – **Nombre d'habitants :** *2 800 000 h.* – **Capitale :** *Nouakchott*
Villes principales : *Nouadhibou, Kaédi, Kiffa* – **Système politique :** *république*
Langue(s) : *arabe, français* – **Religion(s) :** *islam* – **Monnaie(s) :** *ouguiya*

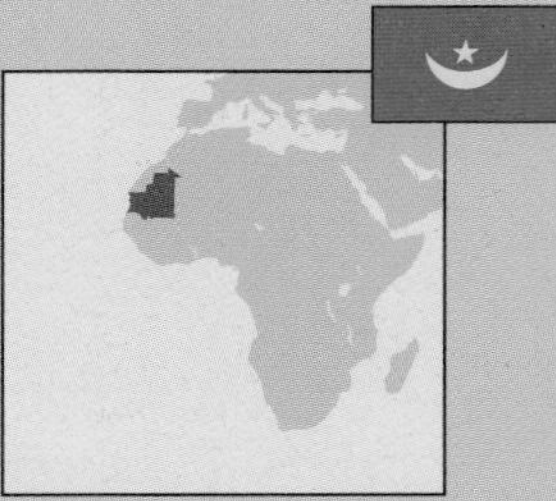

Voir l'Atlas

Géographie physique et humaine

Formée, à l'exception du littoral atlantique à l'ouest, par une grande partie du Sahara, la Mauritanie est un pays désertique, domaine de l'élevage nomade de moutons et de chameaux. Sa population se composait primitivement de deux ethnies : les Noirs vivant dans le sud (Toucouleurs, Peuls) et les Maures (82 %), venus du nord, qui ont établi leur domination sur le pays.

Les Maures parlent un dialecte arabe nommé hassaniya ; ils sont de culture arabo-berbère. Les Noirs appartiennent à de nombreuses ethnies dont les principales sont les Wolofs et les Toucouleurs. Les nomades (80 % en 1960) se sont sédentarisés. (ils sont aujourd'hui 30 %). L'agriculture (sur 2 millièmes du territoire) souffre de la sécheresse. La pêche (600 000 tonnes) a longtemps assuré l'autosuffisance alimentaire et permet des exportations. Le fer (à haute teneur) est exporté, ainsi que le gypse. Aussi la balance commerciale est-elle excédentaire ; l'inflation est maîtrisée, la croissance régulière, mais la dette est considérable. En 1998, la Mauritanie a bénéficié d'une forte réduction de celle-ci, mais elle devra privatiser l'eau, les télécommunications, l'aviation, l'électricité. Des sécheresses à répétition ont causé des ravages à la fin des années 1990 et la famine menace une partie de la population.

Histoire

À l'époque pré-islamique, la Mauritanie n'est pas encore une zone désertique et une civilisation mêlant déjà les Berbères (Sanhadja) et les négroïdes peuple donc les régions aujourd'hui inhabitables.

Vers 200 ap. J.-C., l'introduction du chameau favorise le nomadisme et la domination des Berbères qui contrôlent les routes commerciales entre le nord et le sud de l'Afrique occidentale. Située dans le sud, Awdaghost constitue une halte capitale dans le commerce transsaharien qui se développe encore plus intensément quand le Maghreb devient arabe (VIIe siècle). L'empire du Ghana s'empare de ce centre commercial vers l'an 1000.

Vers 1050, des nomades berbères musulmans (qu'on appellera les Almoravides) fondent un monastère dans une île atlantique proche de la ville actuelle de Nouadhibou. De là, ils partent en guerre vers le nord (Maroc, Espagne) et vers le sud : ils forment un empire immense, prenant Awdaghost en 1054, mais installant leur capitale à Marrakech (fondée en 1062). Bien que l'empire n'ait eu qu'une courte durée, les tribus de Mauritanie héritent d'un Islam rigoureux, d'où découlera la tradition des marabouts.

Entre le XIIIe et le XVIIIe siècle, la Mauritanie voit l'arrivée, par vagues successives, des Arabes qui s'installent dans le Sahara occidental. Malgré quelques résistances, les tribus d'origine arabe finissent par dominer, tandis que les Berbères perdent de leur importance. La côte, cependant, sera contrôlée par les Européens qui, à partir du XVIe siècle, se livrent au commerce de la gomme arabique. Mais la colonisation ne débute qu'en 1904, même si la France ne fait en réalité qu'occuper le territoire pour des raisons stratégiques, ne cherchant aucunement à le mettre en valeur. La Mauritanie devient donc un territoire

Le désert du Sahara, aux environ d'Atar, dans le nord-ouest de la Mauritanie.

Cahutes de pasteurs dans une oasis.

français qui dépend de Saint-Louis (Sénégal).

En 1920, c'est une colonie à part entière, déclarée territoire français d'outre-mer en 1946. Une évolution sans heurts mène à l'indépendance, proclamée le 28 novembre 1960. Moktar Ould Daddah est le président de la République. Les rivalités ethniques, les convoitises du Maroc, la pauvreté du pays lui posent des problèmes insolubles. En 1973, il se brouille avec la France et nationalise les gisements de fer en 1974. En 1975, il juge prudent de s'allier au Maroc pour le partage du Sahara occidental. L'effort de guerre contre le Front Polisario du Sahara occidental ruine le pays. Ould Daddah est renversé par l'armée en 1978.

Jusqu'en 1984, les coups d'État se succéderont, mais la Mauritanie pourra se dégager du bourbier sahraoui (c'est-à-dire du Sahara occidental). En 1984, le colonel Maaouya Ould Sid'Ahmed Taya renverse le colonel Ould Haidalla (qui gouvernait tant bien que mal depuis 1980) et assoit son pouvoir, malgré les affrontements entre Maures et Noirs, au point que les relations avec le Sénégal sont rompues en 1989. En 1991, il adopte le multipartisme et il est réélu président en 1992. Il renoue avec le Sénégal. En 1996, son parti remporte les législatives. Il nomme Premier ministre un économiste de grande valeur, Mohamed Khouma, qui le remplace en 1997 puis lui rend son poste en 1998.

383 et dépossédant Valentinien II de l'Italie en 387. Théodose Ier, empereur d'Orient, vainquit ses troupes et le fit exécuter.

Maxime Pétrone (en latin **Petronius Anicius Maximus**) ?-455 Empereur romain d'Occident en 455. Après avoir assassiné Valentinien III, il contraignit sa veuve, Eudoxie, à l'épouser ; mais l'impératrice fit appel au roi des Vandales et lui livra Rome dont le peuple lapida l'empereur.

Maximes 1664 Titre courant donné au livre que La Rochefoucauld publia (*Réflexions ou Sentences et Maximes morales*) et qui regroupe, en formules concises et frappantes, les réflexions pessimistes de l'auteur sur les passions humaines.

Maximien (en latin **Marcus Aurelius Valerius Maximianus**) v. 250-310 Empereur romain (286-305 et 306-310). Dioclétien l'éleva à l'empire et lui donna le titre d'auguste (286). Il gouverna l'Occident et prit comme césar Constance Chlore. Il abdiqua en même temps que Dioclétien (305), mais fut rappelé l'année suivante par son fils Maxence. Ayant conspiré contre Constantin, ce dernier le força à se suicider.

Maximilien Nom de deux empereurs germaniques. **Maximilien Ier** 1459-1519 Empereur germanique en 1493. Fils de Frédéric III, il fonda, notamment par sa politique matrimoniale, la puissance des Habsbourg en Europe. Par son premier mariage avec Marie de Bourgogne (1477), il hérita des Pays-Bas bourguignons (Pays-Bas et Belgique actuels) où il s'opposa à Louis XI (traité d'Arras, 1482). Après son remariage avec Blanche Sforza (1494), il dut affronter François Ier en Italie et perdit le Milanais (1515). Enfin, il maria son fils Philippe le Beau à Jeanne la Folle, fille des Rois Catholiques et future mère de Charles Quint. Homme de guerre accompli (il chassa les Turcs des provinces autrichiennes en 1490) et homme de lettres, il tenta de moderniser l'administration impériale. Il laissa à son petit-fils, Charles Quint, un empire qui couvrait la moitié du monde. **Maximilien II** 1527-1576 Empereur germanique en 1564. Partisan de la tolérance religieuse, il impose en 1555 la paix d'Augsbourg qui reconnaît le protestantisme en Allemagne. Élu empereur, il dut lutter contre Soliman

Maximilien Ier (à gauche) avec sa famille.

le Magnifique et conclut un traité de paix avec le fils de celui-ci en 1568 (Andrinople).
Maximilien Nom de trois Électeurs de Bavière. **Maximilien Ier** 1573-1651 Duc puis Électeur de Bavière (1597). Fondateur de la Sainte Ligue (1609), il combattit avec Ferdinand II de Habsbourg pendant la guerre de Trente Ans. **Maximilien II Emmanuel** 1662-1726 Électeur en 1679, petit-fils du précédent. Vainqueur des Turcs à Belgrade (1688), gouverneur des Pays-Bas espagnols (1691-1699), il prit le parti de Louis XIV dans la guerre de Succession d'Espagne et ne put empêcher les Autrichiens d'occuper ses États. **Maximilien III**

Maximilien Ier Joseph.

Joseph 1727-1777 Électeur en 1745. Opposé à Marie-Thérèse pendant la guerre de Succession d'Autriche, il dut reconnaître les droits de l'impératrice en 1745.
Maximilien (Ferdinand Joseph de Habsbourg) 1832-1867 Empereur du Mexique (1864). Archiduc d'Autriche, proclamé empereur du Mexique en raison de l'appui initial de Napoléon III, il ne put imposer son pouvoir et, vaincu à Querétaro par l'ex-président et chef des résistants, Juárez, il fut exécuté.
Maximilien Joseph Nom de deux rois de Bavière. **Maximilien Ier Joseph** 1756-1825 Roi en 1806. Électeur de Bavière (1799), il s'assura la couronne de Bavière en étant l'allié de la France. **Maximilien II Joseph** 1811-1864 Roi en 1848. Monarque libéral, il tenta d'unir certains petits États allemands contre l'Autriche et la Prusse.
Maximin Ier le Thrace (en latin **Caius Julius Verus Maximus Thrax**) ?-238 Empereur romain en 235. Ancien berger devenu officier, proclamé empereur après l'assassinat de Sévère Alexandre, il se montra excellent chef de guerre, mais fut assassiné par ses soldats. **Maximin II Daia** (en latin **Galerius Valerius Maximus**) ?-313 Ancien berger thrace, neveu de Galère, césar en 305, auguste en 307, maître de l'Orient, il persécuta les chrétiens. Après avoir été vaincu par Licinius, il s'empoisonna.
maximum n. m. et adj. (mot latin) La plus haute valeur que peut atteindre une quantité variable. Pl. Des *maximums* ou des *maxima*. / adj. Maximal. *Une valeur maxima* (rare) ou *maximum*.
Maxwell (James Clerk) 1831-1879 Physicien britannique. Fondateur de la théorie électromagnétique de la lumière inspirée par les idées de Faraday, il participa avec Boltzmann à l'élaboration de la théorie cinétique des gaz. On lui doit deux traités, l'un sur la théorie de la chaleur, l'autre sur l'électricité et le magnétisme. Il obtint la première photo en couleur en 1861 après avoir confirmé la combinaison de récepteurs différents pour trois couleurs fondamentales, idée déja proposée par T. Young. Il est le créateur du laboratoire Cavendish de l'université de Cambridge. *Équations de Maxwell*: ensemble des quatre équations différentielles qui permettent de calculer le champ électrique et le champ magnétique en partant des distributions de charges et des courants électriques. *Démon de Maxwell*: per-

James Clerk Maxwell.

sonnage imaginaire qui aurait la capacité de trier les molécules en fonction de leur vitesse de telle sorte qu'il serait possible de créer spontanément une différence de température à partir d'un gaz de température uniforme sans aucune intervention, ce qui contredit le second principe de la thermodynamique. *Distribution de Maxwell*: distribution des molécules de gaz obéissant aux lois de la mécanique classique. *Relation de Maxwell*: équations qui relient les dérivées partielles de l'entropie à l'équation d'état selon les lois de la thermodynamique.
maya adj. et n. Des Mayas.
• **Mayas** Peuple de l'Amérique centrale.

MAYAS

Les Mayas qui occupaient depuis environ 3000 av. J.-C. une grande partie de l'Amérique centrale et le sud du Mexique, connaissaient l'usage du feu et avaient un outillage de pierre polie; le cuivre et l'or, importés, ne servaient qu'à l'ornementation. La culture du maïs était leur principale ressource et ne réclamait qu'une quarantaine de jours de travail par famille et par an. Les Mayas furent de grands constructeurs: leurs villes, dont certaines dépassaient 100 000 habitants, s'enrichissaient de palais, de pyramides et de temples. Elles étaient indépendantes, sous les ordres d'un roi qui régnait sur les nobles, les prêtres et les travailleurs. La religion, consacrée aux forces de la nature, se pratiquait par des prières, des offrandes, des danses, des sacrifices humains. Leur écriture hiéroglyphique, dont peu de manuscrits nous sont parvenus, les Espagnols les ayant détruits comme écrits païens, n'est pas encore entièrement déchiffrée. La numération existait bien avant l'ère chrétienne, et l'usage du zéro était connu. L'apogée de la civilisation maya se situe entre 600 et 800 apr. J.-C. durant l'ère de l'Ancien Empire (317-937), suivie du Nouvel Empire (987-1697), marqué par des guerres et des épidémies. Le peuple maya était en complète décadence lorsque survinrent les Espagnols. Difficile à évaluer (peut-être deux millions à l'époque classique) mais relativement faible, la population maya a réussi, avec des moyens techniques et écologiques limités et dans un laps de temps très court, à réaliser avec ses seules forces des ensembles architecturaux et des conquêtes intellectuelles remarquables. L'art est caractérisé, dans une première période, par des vases et des statuettes modelés. La période classique, dont l'apogée se situe entre le VIIe et le VIIIe siècle, se retrouve sur les stèles, les jeux de pelote, les autels et les palais de Copán ou Palenque: les temples montrent une structure pyramidale et l'emploi de « fausses voûtes » et d'inscriptions calendaires. Les fresques retrouvées à Bonampak offrent des scènes religieuses ou profanes d'un style réaliste. À partir du IXe siècle commence la décadence. On emploie un style plus symbolique et géométrique comme on peut le voir dans des villes fondées à cette époque (Chichén Itzá, Uxmal). De cette époque également datent des vases et des statuettes en céramique polychrome, des objets de jade, et des mosaïques de turquoise.

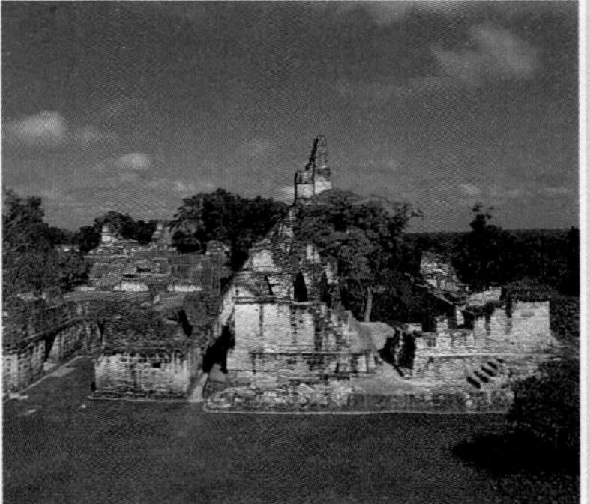
Ruines de Tikal, au Guatemala (Petén).

Temple d'Uxmal, dans le Yucatan.

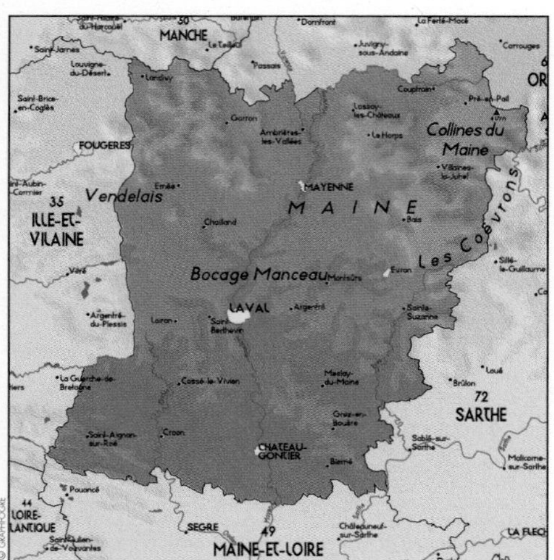

Département de la ***Mayenne***.

Mayence *184 627 h.* Ville d'Allemagne, ancienne place forte romaine, capitale du Land de Rhénanie-Palatinat, sur le Rhin, grand centre commercial, industriel (vins) et intellectuel (éditions, université). Cathédrale (XIe-XIIIe siècle). Musée Gutenberg.

Mayenne (la) *200 km* Rivière de l'ouest du Bassin parisien. Elle arrose Mayenne, Laval, Château-Gontier, puis se joint à la Sarthe pour former la Maine.

Mayenne (département de la) [53] *5 175 km^2 278 037 h.* Chef-lieu *Laval*. Département du sud-ouest du Bassin parisien qui fait partie de la Région Pays-de-la-Loire. Il s'étend sur les terrains anciens du Massif armoricain. Pays de bocage au climat doux, c'est le domaine de l'élevage (chevaux, bovins, porcs) où la culture des céréales n'a qu'un rôle secondaire. Des activités nouvelles réaniment aujourd'hui les petites villes touchées par le déclin des industries textiles et extractives traditionnelles, surtout à Laval.

Mayenne (Charles de Lorraine, duc **de)** 1554-1611 Prince français. Fils de François de Guise et frère d'Henri de Guise, il devient chef militaire de la Ligue à la mort de ce dernier (1588). Vaincu à Arques (1589) et à Ivry (1590) par Henri IV, il se soumet au roi en 1595 et obtient ainsi de devenir gouverneur de l'Île-de-France.

mayeur, mayoral, mayorat Voir **maïeur, maïoral, maïorat**

Mayflower (le) Navire qui, en 1620, transporta 102 puritains anglais vers l'Amérique. Ils débarquèrent près du cap Cod et fondèrent la première ville de Nouvelle-Angleterre (New Plymouth); cet établissement est à l'origine de la première colonie anglaise d'Amérique du Nord. Plus tard, on appela les passagers du Mayflower les Pères pèlerins (*Pilgrim Fathers*).

Mayne Reid (Thomas Mayne Reid, dit le capitaine**)** 1818-1883 Écrivain britannique. Ses nombreux romans d'aventure (*Les Chasseurs de chevelure*, 1851 ; *Le Chef blanc*, 1859) ont presque tous pour théâtre les terres indiennes d'Amérique du Nord.

mayonnaise adj. et n. f. CUIS. *Sauce mayonnaise* ou (n. f.) *mayonnaise* : sauce froide épaisse obtenue par émulsion d'huile dans un jaune d'œuf, et diversement relevée (vinaigre, moutarde…). / Toute préparation ayant la même consistance. *Mayonnaise au chocolat.*

Mayotte *374 km^2 68 000 h.* Île de l'océan Indien, à l'extrême sud-est des îles Comores. Collectivité territoriale française. Chef-lieu *Mamoudzou*. Cultures tropicales. Après l'accession des Comores à l'indépendance (1975), Mayotte décida, par référendum, en 1976, de maintenir sa place au sein de la République française.

mazagran n. m. Récipient en faïence, en forme de verre à pied. / Litt. Café servi dans un mazagran.

• **Mazarin (Giulio Mazarini**, dit **Jules)** 1602-1661 Homme d'État et prélat français d'origine italienne.

mazarinade n. f. HIST. Libelle, poème satirique, chanson, généralement injurieux, dirigé contre Mazarin.

Mazarine (bibliothèque) Bibliothèque publique (depuis 1643) située dans le palais de l'Institut de France, dont les premières collections furent celles de Mazarin. Elle possède un fonds très riche (ouvrages encyclopédiques, manuscrits, cartes, etc.).

mazdéen, enne adj. et n. Du mazdéisme; fidèle de cette religion.

• **mazdéisme** n. m. Religion née en Perse entre le XIe et le VIe siècle av. J.-C., fondée sur le dualisme du bien et du mal.

Mazeppa ou **Mazepa (Ivan Stepanovitch)** 1644-1709 Chef des Cosaques d'Ukraine. D'abord allié à Pierre le Grand il soutint ensuite Charles XII de Suède afin de défendre l'autonomie de l'Ukraine. Vaincu à Poltava (1709), il s'enfuit en Turquie. Sa vie inspira de nombreux artistes à l'époque romantique.

mazette n. f. et interj. Vx Personne faible, que l'on domine facilement. / interj. Vieilli (Marquant l'étonnement, l'admiration) *Mazette ! Voilà un beau morceau.*

mazout n. m. Liquide huileux obtenu par raffinage du pétrole, utilisé comme combustible. *Chauffage au mazout.*

mazouté, e adj. Plein de mazout. *Oiseau mazouté sur une plage*, englué dans le mazout qui pollue la mer.

Mazovie ou **Masovie** Région historique du centre de la Pologne, principauté du XIIe siècle rattachée à la couronne de Pologne en 1526.

Mazowiecki (Tadeusz) 1927 Homme politique polonais. Membre de Solidarité, il fut le premier Premier ministre non communiste de la Pologne d'après-guerre (août 1989-novembre 1990). Candidat aux élections présidentielles de 1990, il fut éliminé au premier tour en faveur de Lech Walesa qui nomma Bielecki Premier ministre à sa place.

Mazurie Région du nord de la Pologne, sur la Baltique. Peuplée de Slaves germanisés, elle fut une possession des chevaliers Teutoniques au XIIIe siècle avant d'échoir aux Hohenzollern du Brandebourg. La Mazurie devint allemande en 1867 mais fut rendue à la Pologne en 1945.

mazurka n. f. Danse d'origine polonaise, introduite en Europe au XVIIIe siècle. / Air à trois temps sur lequel elle se danse. / Composition musicale utilisant le rythme de cette danse.

Mazzini (Giuseppe) 1805-1872 Révolutionnaire et patriote italien. Partisan d'une république italienne unitaire, il fait partie des carbonari (1827) avant d'être exilé à Marseilles en 1831 où il fonde le mouvement *Jeune-Italie* (1831). Réfugié en Suisse où il poursuit ses activités militantes, il crée la *Jeune-Europe* (1834) pour élargir son mouvement à l'Europe tout entière. Installé à Londres à partir de 1837, il fonde la Ligue internationale des peuples en 1847 et, deux ans plus tard, se rend à Rome récemment devenue une république. Il est élu, avec Saffi et Armellini, triumvir de la République romaine, mais son gouvernement ne survit pas à la restauration du pape par Napoléon III. Il repartira pour Londres en passant à nouveau par la Suisse et tentera en vain d'imposer ses idéaux républicains face au socialisme ascendant. Romantique, rêvant de l'union des peuples d'Europe, Mazzini a laissé plusieurs ouvrages, dont *Foi et Avenir* (1835), *Les Devoirs de l'homme* (1837).

M'Ba (Léon) 1902-1967 Homme politique gabonais. Premier président de la République du Gabon (1961-1967).

Mbeki (Thabo) 1942 Homme d'État sud-africain. Vice-président (1994), puis

MAZARIN

Mazarin.

Capitaine dans l'armée du pape devenu diplomate, il est remarqué par Richelieu tandis qu'il remplit une mission en France (1630). Devenu nonce à Paris (1635), il gagne la confiance de Richelieu qui le fait nommer cardinal en 1641, bien qu'il ne soit pas prêtre, et en fait son principal collaborateur. Il devient ministre de Louis XIII à la mort de son protecteur. La reine Anne d'Autriche, mère de Louis XIV, devenue régente en 1643, lui abandonne le pouvoir.

Cependant, son origine étrangère, son avidité, les faveurs accordées à sa famille, et sa vaine tentative de restauration des finances le rendent très impopulaire auprès des Grands. Ainsi, durant la Fronde (1648-1653), il doit faire face à une coalition de la haute noblesse et des parlementaires. Obligé par deux fois de quitter la France, il triomphe néanmoins grâce à son habileté diplomatique et surtout à l'ascendant qu'il a acquis sur Anne d'Autriche. Aussi parvient-il à faire participer honorablement la France aux traités de Westphalie (1648) et des Pyrénées (1659) et à mettre un terme à la guerre avec l'Espagne par le mariage de Louis XIV avec l'infante Marie-Thérèse.

Le jeune roi, dont il prend à cœur l'éducation politique et qui lui accorde toute sa confiance, le laisse gouverner jusqu'à sa mort. Mazarin, qui a amassé une fortune considérable, est un grand mécène ; il a fait édifier le Collège des Quatre-Nations et a constitué une importante collection d'œuvres écrites aujourd'hui conservées à la *bibliothèque Mazarine*.

Il a largement contribué à la montée en puissance de la France en Europe, poursuivant ainsi l'œuvre de Richelieu, permis l'agrandissement du territoire français, notamment aux dépens de la maison d'Autriche (Pignerol, Alsace, Cerdagne et Roussillon) et su imposer la monarchie absolue.

MAZDÉISME

Nous connaissons le mazdéisme par un livre sacré, l'*Avesta*, dont la composition des parties les plus anciennes remonte peut-être au Ier millénaire avant notre ère, et qui est considéré soit comme l'enseignement du dieu Ahura Mazda, le « Seigneur Grand Sage » (ou, selon une autre traduction, le « Maître qui a toute chose à l'esprit »), soit comme l'œuvre de Zarathoustra. Ahura Mazda est le dieu dominant ; c'est lui qui, au commencement du monde, a mis en ordre le chaos initial. Ahura Mazda engendre une entité divine, principe d'organisation de l'Univers, à qui s'oppose un principe au nom féminin, Druj, « tromperie ». À Ahura Mazda la lumière du jour, la beauté éclatante, à Druj l'agencement menaçant de la nuit. À Ahura Mazda sont soumises des entités divines, les « immortels bienfaisants ». Il existe aussi de mauvaises divinités, manifestations de l'esprit du mal. Le mazdéisme se répand rapidement en Iran et dans les pays voisins.

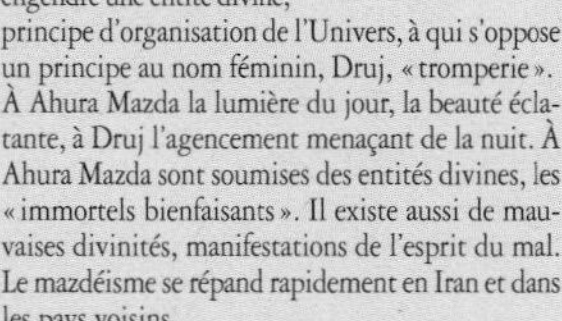
Relief du palais de Persépolis, représentant Ahura Mazda.

Au IIIe siècle ap. J.-C., les Sassanides en font la religion d'État ; juifs, chrétiens, bouddhistes et manichéens sont persécutés. La conquête musulmane, achevée en 651, fait de l'islam la religion dominante, puis unique. La plupart des adeptes fuient par la mer et, entre le VIIIe et le IXe siècle, s'installent au nord-ouest de l'actuelle ville de Bombay : ce sont les Parsis.

À Ahura Mazda sont venus s'ajouter des dieux « secondaires » qui lui sont soumis, dont les principaux sont Mithra, dieu du Soleil et de la justice, et Anâhitâ, déesse de la fécondité. Le rite joue un rôle fondamental ; il permet de gagner le paradis qui n'est jamais la récompense d'une conduite vertueuse, mais d'une activité rituelle correcte. Au centre, on trouve le feu, qui témoigne de la présence d'Ahura Mazda dont il est appelé le « fils » ; il ne doit jamais s'éteindre. Les temples sont « les maisons du feu » et le culte est rendu en présence du feu.

Le sacrifice est une offrande de boisson sacrée, décoction de plantes fermentée et filtrée ; l'offrande est accompagnée de la récitation de textes de l'*Avesta*. Le sacrifice a lieu au temple. Les fidèles sont en retrait et deux prêtres préparent la boisson sacrée et offrent en libation de l'eau et du lait. C'est encore en présence d'un feu (feu de bois, lampe allumée, lumière du soleil, lueur des étoiles) que le croyant récite, cinq fois par jour, de courtes prières. Au cours de son enfance, il a été initié : on lui a remis une chemise et une ceinture, marques de son appartenance. Les filles sont initiées tout comme les garçons, ce qui est une exception en Orient.

Les mazdéens forment une société fermée. Le mariage – obligatoire, car il permet de perpétuer la communauté – se pratique uniquement à l'intérieur du groupe ; les mariages mixtes, autrefois interdits, sont toujours objets de scandale. Pour ne pas souiller les éléments sacrés que sont le feu, la terre et l'eau, les mazdéens n'enterrent ni ne brûlent les cadavres. Lavé à l'urine de bœuf, le corps du défunt est revêtu d'un vêtement blanc et neuf et ceint de la ceinture rituelle. Ses parents s'en approchent une dernière fois, on amène un chien dont le regard a le pouvoir d'éloigner le démon de la putréfaction. On apporte du feu dans la pièce, les croque-morts emportent le cadavre à la tour du silence où, nu, il sera exposé jusqu'à ce que les vautours – en Iran, les chiens – le dépouillent de toute chair. Plus tard, les ossements seront jetés dans un puits. Pour les fidèles d'Ahura Mazda, l'homme a cinq âmes. Les facultés de percevoir et de se mouvoir disparaissent avec la vie. Reste le *ruvan*, l'âme qui vit à l'intérieur du corps et produit le sentiment du « moi » : la mort la libère. L'âme céleste, la *fravarti*, qui demeure auprès des dieux et ne peut jamais intervenir sur terre, se fond dans la troupe des ancêtres. Entre *ruvan* et *fravarti*, la *daênâ*, l'âme du chemin. Pendant trois jours, le *ruvan*, libre, mais incapable d'initiative, demeure près de la tête du défunt. Le troisième jour apparaît la *daêna*, belle ou laide, jeune ou vieille selon les mérites religieux du mort qu'elle guide vers l'au-delà. Il sera l'hôte de Mazda ou l'hôte de la tromperie, la Druj ; ou bien il jouira, dans la lumière et la joie, de l'immortalité et de la bonne nourriture ; ou bien, dans les ténèbres, il aura en partage la colère, la peur et une mauvaise nourriture.

Pendant ces trois jours d'attente, la famille, qui ignore deuil et lamentations, entretient le feu dans la chambre mortuaire et fait faire un sacrifice au temple. Pour les mazdéens, le corps et la matière ne sont pas le siège des puissances du mal ; ils rejettent le jeûne, le monachisme et le célibat : la création, due au Seigneur Grand Sage, doit être entretenue par la procréation, la nourriture des dieux et des hommes, l'accroissement des richesses.

Joseph McCarthy.

président (1997) de l'ANC, il a succédé à Nelson Mandela à la tête de l'État en 1999.

Mbini (le) Principal cours d'eau de la Guinée équatoriale. Il se jette dans le Rio Muni.

McCarthy (Joseph) 1908-1957 Homme politique américain. Sénateur républicain en 1947, il créa le comité sénatorial chargé de lutter contre toute activité considérée comme étant anti-américaine. La « chasse aux sorcières » qui suivit, menée contre les personnes soupçonnées de sympathies communistes, fut finalement condamnée par le sénat en 1954.

McClure (sir Robert John Le Mesurier) 1807-1873 Navigateur britannique. Explorant l'Arctique canadien (1850-1854), il découvrit le passage du Nord-Ouest entre les océans Arctique et Atlantique.

McCullers (Carson Smith) 1917-1967 Romancière américaine. Sa vie douloureuse et solitaire (alcoolique, elle passa les dix dernières années de sa vie paralysée) lui a inspiré des œuvres troublantes (*Le Cœur est un chasseur solitaire*, 1940 ; *Reflets dans un œil d'or*, 1941).

McKinley (mont) *6 194 m* Sommet le plus élevé de l'Amérique du Nord, situé en Alaska (États-Unis).

McKinley (William) 1843-1901 Homme politique américain. Député républicain (1877) puis gouverneur de l'Ohio en 1892, il fut élu président en 1896 et pratiqua une politique protectionniste. La guerre contre l'Espagne permit l'extension du territoire des États-Unis à Porto Rico et aux Philippines (1898) et Hawaii fut annexé la même année. Réélu en 1900, McKinley fut assassiné par un anarchiste. Le vice-président Théodore Roosevelt lui succéda.

McLaren (Norman) 1914-1987 Dessinateur et cinéaste canadien d'origine britannique. Travaillant à l'Office national du film canadien à partir de 1941, il réalisa 54 films d'animation (dont *Blinkity Blank*, 1955). Il insuffla un grand dynamisme à ce genre cinématographique, notamment en utilisant des techniques nouvelles telles que celle qui consiste à graver le dessin directement sur la pellicule (*Rythmetic*, 1956).

McLuhan (Marshall) 1911-1980 Sociologue canadien, spécialiste de la théorie de l'information. Étudiant les conséquences de l'évolution des systèmes d'information sur les sociétés humaines, il affirma que la civilisation du livre était archaïque (*La Galaxie Gutenberg*, 1962). On lui doit la formule lapidaire : « le *medium* (le moyen de transmission) est le message ».

McMath (télescope) Grand télescope solaire entré en service en 1962 à l'observatoire de Kitt Peak, en Arizona.

McMillan (Edwin Mattison) 1907-1991 Physicien américain, l'un des inventeurs du *synchrocyclotron* (accélérateur de particules), en 1946, et prix Nobel de chimie en 1951, grâce à ses travaux sur le plutonium.

McNamara (Robert Strange) 1916 Homme politique américain. Président de la Ford Motor Company (1960), secrétaire à la Défense sous les gouvernements Kennedy (1961), puis Johnson, il préconisa la substitution des « représailles graduées » à la stratégie des « représailles massives » dans le contexte de la défense nucléaire et de la guerre froide. Il démissionna en 1967.

Edwin Mattison McMillan.

MÉCANIQUE

On peut légitimement attribuer la paternité de la science mécanique à Galilée qui énonce les principes fondamentaux de la cinématique dans les *Discorsi* et le *De motu gravium*.
La position du principe d'inertie (selon lequel un corps qui n'est soumis à l'action d'aucune force est dans un état de mouvement rectiligne ou de repos) et du principe de la relativité du mouvement permet de concevoir ce dernier comme une translation purement géométrique. D'autre part, la loi de la chute des corps, ou détermination du mouvement uniformément accéléré, établit la relation de proportionnalité entre le temps et la vitesse, précisant ainsi le contenu mathématique de la notion d'accélération.
L'évolution des mathématiques rend prépondérante la mécanique qui commande à peu près tous les développements de la physique jusqu'à la fin du XIXe siècle. Ainsi les principes de la physique newtonienne étendent le domaine de la mécanique aux phénomènes célestes par la loi de la gravitation universelle. La nouvelle mécanique des forces centrales discrédite les représentations de la physique cartésienne. Elle généralise le concept de force, introduit celui de masse et énonce le principe fondamental d'action et de réaction.
Après le théorème de la force vive de Leibniz, le principe des travaux virtuels de Lagrange, les concepts d'énergie et de travail ruinent la représentation classique du mouvement et permettent l'élaboration de sciences nouvelles (thermodynamique, électricité, magnétisme) qui ne sont plus strictement solidaires d'une vision mécanique de l'univers.
La *mécanique ondulatoire*, fondée par Louis de Broglie, en 1924, résulte de la synthèse générale des principes de Fermat et de Maupertuis et des découvertes de Niels Bohr sur l'orbite des électrons.
Max Born, qui élabora la *mécanique quantique* à la suite de Planck, prit le contre-pied des hypothèses de Schrödinger en considérant les corpuscules, et non plus les ondes, comme phénomène physique réel.
À partir de ces thèses adverses, Heisenberg et Dirac ont échafaudé leur mécanique quantique, celle où les relations d'incertitude entre les méthodes d'observation et les objets physiques à observer conduisent aux résultats et aux lois statistiques de la physique moderne.

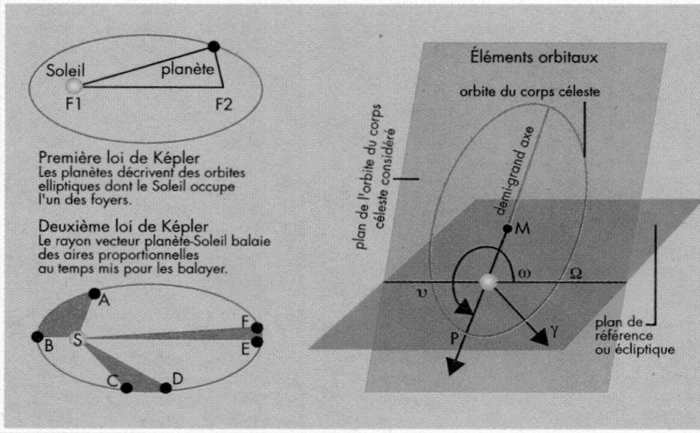

Mécanique céleste : lois de Kepler et éléments orbitaux.

me (*me* s'élide en *m'* devant une voyelle ou un *h* muet) pron. pers. de la première personne du sing. (En fonction de complément direct) Moi. *Il m'ennuie* : il ennuie moi. / (Dans un verbe réfléchi) *Je m'ennuie.* / (En fonction de complément indirect) À moi. *Elle m'a dit* : elle a dit à moi. / (Dans les verbes essentiellement pronominaux) *Je me suis évanouie.* / (Pour remplacer *mon, ma, mes*) *La tête me tourne* : ma tête tourne.

mea-culpa n. m. inv. (mots latins) Repentir manifesté pour une faute commise. *Faire son mea-culpa.*

Mead (Margaret) 1901-1978 Anthropologue américaine. Elle a appliqué ses observations sur la formation de l'individu et de sa culture dans des tribus des Samoa, puis de Nouvelle-Guinée et de Bali, à l'étude de la société américaine contemporaine.

méandre n. m. Sinuosité d'un cours d'eau, d'une route. / Fig. Détour compliqué, tortueux. *Se perdre dans les méandres d'un raisonnement.* / Ornement architectural de lignes entrecroisées.

méat n. m. ANAT. Orifice d'un canal. *Méat urinaire* : orifice externe de l'urètre. / BIOL. Interstice entre les cellules d'un tissu (notam. végétal).

Meaux *48 305 h.* Ville de Seine-et-Marne, sur la Marne, marché d'une riche région agricole (fromage de Brie), aujourd'hui favorisée par la proximité de Paris. Cathédrale Saint-Étienne, datant du XIIIe siècle, et abritant les restes de Bossuet, l'*Aigle de Meaux*.

mec n. m. Argot. Homme courageux. *C'est un mec celui-là.* / Pop. Homme. *Salut les mecs !*

mécanicien, enne n. et adj. **A.** n. Spécialiste de mécanique ou personne spécialisée dans la mécanique. / (En appos.) *Ouvrier mécanicien.* / Conducteur d'une machine. *Le mécanicien d'une locomotive.* / *Mécanicien-dentiste* : personne qui fabrique des appareils de prothèse dentaire. **B.** adj. Litt. Propre ou relatif à la mécanique. *Civilisation mécanicienne.*

• **mécanique** adj et n. f. **A.** adj. Relatif au mouvement des corps, à ses lois, aux forces qui le produisent. / Vx *Arts mécaniques*, nécessitant une action directe, manuelle ou instrumentale et pratiqués par les ouvriers, les artisans (par oppos. à *arts libéraux*). / Dû à un mécanisme, à une machine, mû par un mécanisme. *Production mécanique. Jouet mécanique.* / Fig. Qui semble produit par un mécanisme, une machine. *Geste mécanique.* **B.** n. f. Partie de la physique qui étudie le mouvement, l'action et les effets physiques des forces sur les corps matériels. *Mécanique céleste* : partie de l'astronomie qui étudie les mouvements des astres. *Mécanique des fluides* : partie de la mécanique qui étudie les corps liquides et gazeux. *Mécanique rationnelle*, qui groupe les lois, déduites de l'expérience de la statique, de la cinématique et de la dynamique, traite des données mathématiques des mouvements, abstraction faite des causes qui les produisent ou les modifient. *Mécanique ondulatoire* : théorie qui définit que tout comportement des constituants de la matière peut être décrit par une onde de fréquence (ν) et une longueur d'onde (λ). (La théorie de la mécanique ondulatoire a été élaborée par Louis de Broglie en 1924, mais ce fut Schrödinger qui formula la loi de propagation « d'onde de matière », ou équation d'onde, en raisonnant par analogie avec la mécanique classique). *Mécanique appliquée*, qui met en œuvre les lois de la mécanique rationnelle en les adaptant à des fins pratiques.

mécaniquement adv. De façon mécanique. / Du point de vue de la mécanique.

mécaniser v. t. [1] Introduire des moyens mécaniques dans (un travail, une activité).

mécanisme n. m. Combinaison de plusieurs organes ou de plusieurs pièces en vue d'un fonctionnement déterminé. *Démonter le mécanisme d'un appareil.* / Mode de fonctionnement d'un ensemble d'éléments complexes. *Mécanisme du langage.* / PHILO. Conception philosophique selon laquelle tous les phénomènes, et la vie elle-même, peuvent se ramener à des déterminations mécaniques. *Le mécanisme de Démocrite, de Descartes.*

mécano n. m. Fam. Ouvrier mécanicien.

meccano n. m. (marque déposée) Jeu de construction, d'abord mécanique, ensuite réalisé avec d'autres matériaux.

mécénat n. m. Action du mécène. *Mécénat d'entreprise.*

mécène n. m. Personne physique ou morale qui apporte protection, aide financière à des activités artistiques, littéraires, humanitaires, etc.

Mécène (en latin **Caius Cilnius Maecenas)** 69 ?-8 av. J.-C. Chevalier romain d'illustre naissance, ministre et ami de l'empereur Auguste. Retiré de la vie publique, il aida et protégea les poètes Virgile, Horace et Properce.

Méchain (Pierre François André) 1744-1804 Astronome français. Il mesura avec Delambre la longueur de l'arc méridien Dunkerque-Barcelone (1792-1798), pour déterminer la longueur exacte qu'il faudrait donner au mètre.

méchamment adv. Avec méchanceté. / Fam. Avec brio ; extrêmement. *Il a méchamment franchi l'obstacle. Il est méchamment calé.*

méchanceté n. f. Tendance à faire ou à dire du mal. / Acte, parole destinés à blesser, à faire mal.

méchant, e adj. et n. Malveillant, dépourvu de gentillesse, de bonté. *Être plus bête que méchant.* / Subst. *Les bons et les méchants.* / (Devant le nom) Mauvais, médiocre. *Un méchant musicien.* / Mod. Qui peut causer des ennuis. *Une méchante affaire.* / (Par antiphrase) *Un méchant bénéfice* : un énorme bénéfice.

mèche [1] n. f. Touffe de cheveux. / Cordon de coton, de chanvre qui, imprégné d'une matière combustible, sert à produire une flamme. / Fig. *Vendre la mèche*: révéler ce qui devait rester secret. / Tige d'acier qui s'adapte à un outil (vilebrequin, etc.) et qui sert à percer. / MÉD. Bande de gaze que l'on introduit dans une plaie pour assurer l'écoulement du pus, pour arrêter une hémorragie.

mèche [2] n. f. inv. Fam. *Être de mèche avec qqn*, de connivence avec lui. *(Il n')y a pas mèche*, pas moyen.

Meched ou **Machhad** *1 463 500 h.* Ville d'Iran, chef-lieu de la province du Khorassan. Ville industrielle (industrie agroalimentaire, cuir, textile) et universitaire, centre administratif et culturel (musées, bibliothèque), Meched est une ville de pèlerinage qui conserve de beaux monuments (mosquée de Gowhar Chad, XVe siècle).

méchoui n. m. (mot arabe) Agneau ou mouton rôti à la broche, sur un feu de bois. / Repas au cours duquel ce mets est consommé.

mechta n. f. (mot arabe d'Afrique du Nord) En Tunisie, en Algérie, petit village.

Meciar (Vladimir) 1942 Homme politique slovaque. Premier ministre de la République slovaque en 1992, suite à la partition de la fédération tchécoslovaque. En 1998, son parti, le Mouvement pour une Slovaquie démocratique (H.Z.D.S.) a perdu les élections législatives et Meciar a été remplacé par M. Dzurinda.

Mecklembourg Nom d'un État d'Allemagne du Nord peuplé de Germains puis de Slaves (VIe siècle) et divisé à plusieurs reprises au cours de son histoire. Région fertile, le Mecklembourg fut partagé une première fois en deux duchés (Mecklembourg-Schwerin et Mecklembourg-Güstrow) au début du XVIIe siècle. À la fin du siècle, et avec quelques ajustements territoriaux, Mecklembourg-Güstrow devint Mecklembourg-Strelitz. Les deux parties devinrent des grands-duchés membres de la Confédération du Rhin en 1808, puis de la Confédération de l'Allemagne du Nord, dominée par la Prusse. Après la Seconde Guerre mondiale, le Mecklembourg passa sous le contrôle de la RDA qui en fit trois districts distincts (Schwerin, Rostock et Neubrandenburg). Réuni à nouveau, depuis 1990, il constitue aujourd'hui le Land de *Mecklembourg-Poméranie-Antérieure.*

Mecklembourg-Poméranie-Antérieure *23 170 km² 1 823 084 h.* État (Land) de la République fédérale d'Allemagne, au nord-est du pays. Capitale *Schwerin*. Pays aux reliefs modestes de la grande plaine germano-polonaise, riche en lacs, c'est une région agricole (très importants domaines hérités des *junkers*, les grands propriétaires terriens de l'ancienne Prusse) qui produit des céréales, de la betterave à sucre et pratique l'élevage. L'industrie en est quasiment absente (exception faite d'une petite industrie agroalimentaire). La seule ville importante est Rostock. C'est un Land peu peuplé et pauvre, qui tente de développer le tourisme, grâce aux plages de la mer du Nord et aux parcs naturels, nombreux et bien préservés.

mécompte n. m. Déception.

méconium n. m. PHYSIOL. Matière fécale contenue dans l'intestin du fœtus, expulsée après la naissance.

méconnaissable adj. Que l'on ne peut pas reconnaître, que l'on a peine à reconnaître.

méconnaissance n. f. Fait de méconnaître. *Méconnaissance des mérites d'un travail.*

méconnaître v. t. [3] Ignorer la valeur, l'intérêt de.

méconnu, e adj. Dont la valeur, l'intérêt est ignoré. *Artiste méconnu.*

mécontent, e adj. et n. Insatisfait.

mécontentement n. m. État d'une personne mécontente, insatisfaction.

mécontenter v. t. [1] Rendre mécontent.

mécoptères n. m. pl. ZOOL. Ordre d'insectes holométaboles carnivores, à deux paires d'ailes égales, à tête allongée vers le bas, formant une sorte de « bec » et dont l'extrémité de l'abdomen est tournée vers le haut. Syn. mouches scorpions, panorpes.

Mecque (La) (en arabe *Makka*) *630 000 h.* Ville sainte d'Arabie Saoudite dans le Hedjaz, premier centre religieux du monde musulman. Cité commerçante polythéiste avant l'avènement de l'islam, Mahomet y naquit vers 570. Cependant, la ville ne fut jamais la grande capitale politique de l'islam, les Omeyyades préférant s'installer à Damas et les Abbassides à Bagdad. Elle profita néanmoins des richesses de la civilisation musulmane et, du Xe au XXe siècle, fut gouvernée par les chérifs de La Mecque. Le dernier d'entre eux, Hussein, aida les Anglais à vaincre les Turcs dans la région et devint brièvement roi du Hedjaz (1916-1924) avant d'être renversé par Ibn Séoud, futur roi d'Arabie Saoudite. Dans le sanctuaire de la Kaaba est enchâssée la Pierre noire d'Abraham vers laquelle les musulmans se tournent pour prier et auprès de laquelle ils doivent faire un pèlerinage (le *hadj*) au moins une fois dans leur vie. L'entrée de la ville est interdite aux non-musulmans.

mécréant, e adj. et n. Qui n'a pas foi en la religion tenue pour vraie. / Qui ne croit en aucune religion.

médaille n. f. Pièce de métal frappée en l'honneur d'une personne, d'un événement. / Pièce de métal qui représente une image sainte, un symbole religieux. / Pièce de métal attribuée à titre de récompense. *Recevoir une médaille d'or aux jeux Olympiques.* / Plaque d'identification.

médaillé, e adj. Auquel une médaille a été décernée. *Taureau médaillé.*

médailleur n. m. Artiste qui crée, fabrique des médailles.

médaillier n. m. Meuble aménagé pour accueillir et exposer une collection de médailles. / Collection de médailles.

médaillon n. m. Bijou rond ou ovale contenant un portrait, qqch. de précieux que l'on veut conserver. / Médaille de grande taille. / Bas-relief, peinture, de forme circulaire. / CUIS. Tranche ronde et mince. *Un médaillon de foie gras.*

Medan *1 909 700 h.* Ville et port actif de l'Indonésie, dans le nord de Sumatra, chef-lieu de province.

Médan *1 387 h.* Commune des Yvelines où Zola possédait une maison de campagne. *Les Soirées de Médan* (1880) rassemble des nouvelles de Zola, de Huysmans, de Paul Alexis (1847-1901), d'Henri Céard (1851-1924), de Léon Hennique (1851-1935) et le chef-d'œuvre de Maupassant, *Boule-de-Suif*. Le sujet imposé était la guerre franco-allemande (1870-1871).

mède adj. et n. ANTIQ. De Médie. Syn. médique. / Subst. *Un(e) Mède.* / n. m. LING. *Le mède*: la langue indo-européenne parlée par les anciens Mèdes.

médecin n. m. Personne qui a obtenu le diplôme de docteur en médecine; personne qui exerce la médecine. *Médecin traitant*, qui soigne un patient pour une maladie déterminée. *Médecin légiste*: voir *légiste.*

médecine n. f. Vx Remède. *Prendre médecine.* / Étude des maladies et art de les soigner. / Système médical, type de traitement particulier. *Médecine allopathique, médecine homéopathique.* / *Médecine préventive*, destinée à déceler et à prévenir les maladies. *Médecine du travail*, destinée à déceler et à traiter les maladies et les accidents liés aux activités professionnelles. *Médecine légale*, qui fournit des éléments d'information à la justice. / Études supérieures suivies pour exercer la profession de médecin. *Étudiant en médecine.* / Profession exercée par le médecin. *Pratiquer illégalement la médecine.*

Médecins sans frontières (MSF) Organisation non gouvernementale (O.N.G.) internationale fondée en 1971 par B. Kouchner et X. Emmanuelli. Créée pour porter une assistance médicale d'urgence à des populations victimes de la guerre ou de catastrophes naturelles, elle a reçu le prix Nobel de la paix en 1999.

Médée MYTH. GR. Magicienne, fille du roi de Colchide. Éprise de Jason, chef des Argonautes, elle aida ceux-ci à conquérir la Toison d'or et s'enfuit avec eux. Elle se vengea ensuite de l'infidélité de Jason en faisant périr sa rivale Créüse et en égorgeant ses propres enfants. Elle a inspiré de nombreuses œuvres, notamment à des dramaturges (Euripide, Eschyle, Sophocle, Corneille), des compositeurs (Charpentier), des peintres (Delacroix) et des cinéastes (Pasolini).

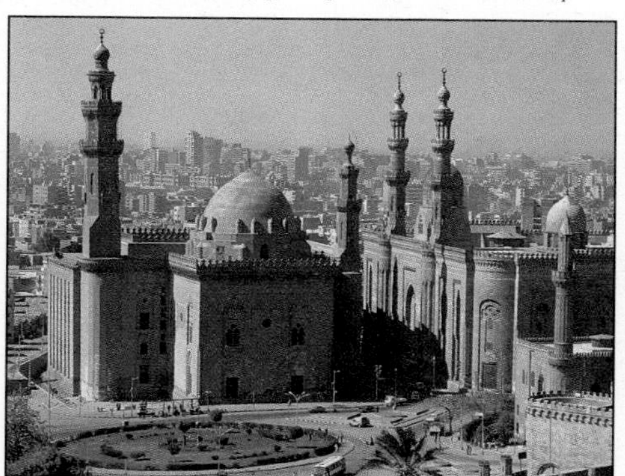

Medersa *du sultan Hassan au Caire (Égypte), construite de 1356 à 1363.*

Medellín.

MEDEF Voir **Mouvement des entreprises de France**

Medellín *1 594 967 h.* Ville de Colombie, au nord-ouest de Bogotá, chef-lieu de province, centre textile. La région fut le siège du *Cartel de Medellín*, puissante organisation qui se livrait à la production et au commerce de la cocaïne; il fut démantelé en 1991.

medersa ou **madrasa** n. f. (mot arabe) École coranique.

Mèdes Peuple indo-européen. Venus sans doute de la Russie méridionale actuelle, les Mèdes, pasteurs nomades, s'installèrent au Xe siècle av. J.-C. en Asie, sur le plateau d'Iran. Devenus agriculteurs et répartis dans de nombreuses tribus, ils furent soumis par l'Assyrie à partir du règne de Sargon II (722-705 av. J.-C.) et la Médie fut divisée en plusieurs provinces. Sous le roi Phaorte, le peuple mède s'unit et se révolta mais fut vaincu par les Scythes, alliés des Assyriens. En 612 av. J.-C., le fils de Phaorte, le roi Cyaxare, s'allia aux Babyloniens, parvint à conquérir l'Empire assyrien ainsi qu'une grande partie du reste de l'Asie occidentale et centrale, constituant ainsi un vaste empire. En 550, Cyrus, chef de la tribu perse des Achéménides, vassale des Mèdes, se révolta contre le roi Astyage, prit la capitale Ecbatane et devint roi des Mèdes et des Perses.

média n. m. Synonyme courant de mass-media.

médian, e adj. et n. f. **A.** adj. Situé au milieu. / ANAT. *Nerf médian*: nerf qui innerve les muscles de la partie antérieure de l'avant-bras et de la main. **B.** n. f. GÉOM. Dans un triangle, chaque droite reliant un sommet au milieu du côté opposé. / STATIS. Dans une série statistique établie par ordre de grandeur, nombre qui sépare cette série en deux groupes de même valeur.

médiastin n. m. ANAT. Région médiane du thorax située entre le diaphragme, le sternum et le rachis, encadrée latéralement par les deux poumons. *Le médiastin contient*

Le fort du Belvédère, à Florence, construit par les **Médicis**.

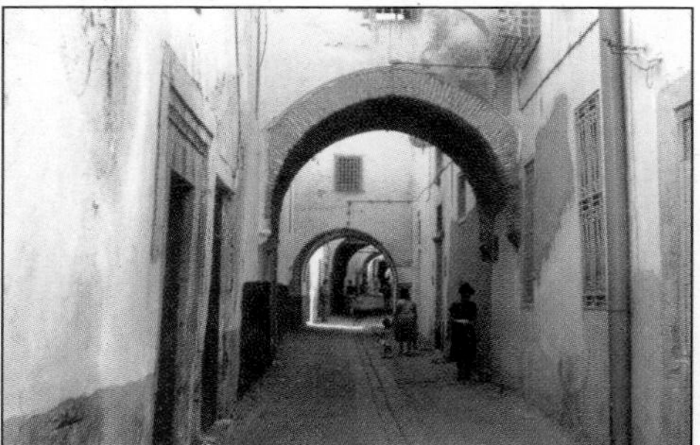

Une rue de la **Médina** de Tunis.

notamment le cœur et les gros vaisseaux pulmonaires, la trachée, les grosses bronches, l'œsophage.

médiat, e adj. Didac. Qui se pratique, qui agit de façon indirecte, par un intermédiaire. *Auscultation médiate*, au moyen d'un stéthoscope. / HIST. *Prince médiat* : prince qui, dans le Saint Empire romain germanique, tenait son fief d'un autre que de l'empereur.

médiateur, trice n. et adj. **A.** n. Personne qui sert d'intermédiaire entre des personnes en conflit afin de trouver un accord, une solution de conciliation. / *Le médiateur de la République* : personne qui a pour fonction de servir d'intermédiaire entre l'État et les particuliers dans les différends qui opposent ces derniers à l'Administration, à un service public. **B.** n. f. Voir *médiatrice*. **C.** adj. Qui fait médiation. *Action médiatrice.*

médiathèque n. f. Organisme qui gère la conservation et la mise à la disposition du public des collections de documents présentés sous diverses formes (papier, bande magnétique, disquette, film, CD, etc.).

médiation n. f. Intervention destinée à régler un différend, à faciliter un accord entre deux ou plusieurs parties, qu'il s'agisse de personnes particulières, de groupes, de pays. / MUS. Pause au milieu d'un verset de plain-chant.

médiatique adj. Propre ou relatif aux médias.

médiatisation n. f. Action de diffuser, de faire connaître qqch. par l'intermédiaire des médias.

médiatiser [1] v. t. [1] HIST. Sous le Saint Empire romain germanique, placer sous la suzeraineté d'un vassal de l'empereur. *Les princes médiatisés.* / Rendre dépendant d'un intermédiaire.

médiatiser [2] v. t. [1] Faire connaître par les médias.

médiator n. m. (mot latin) MUS. Lamelle tenue entre les doigts avec laquelle on fait vibrer les cordes de certains instruments.

médiatrice n. f. GÉOM. Droite perpendiculaire à un segment de droite qu'elle coupe en son milieu.

médical, ale, aux adj. Propre ou relatif à la médecine, au médecin.

médicalement adv. Du point de vue médical.

médicaliser v. t. [1] Donner un caractère médical à. / Pourvoir d'équipements médicaux.

médicament n. m. Substance administrée dans un but thérapeutique (curatif ou préventif).

médication n. f. Administration de produits thérapeutiques adaptés à une pathologie donnée.

médicinal, ale, aux adj. Qui a des propriétés thérapeutiques.

Médicis Famille de banquiers et marchands florentins qui joua un grand rôle dans l'histoire de Florence, de l'Italie et de l'Europe du XVe au XVIIIe siècle. Bien qu'appartenant à la grande bourgeoisie, les Médicis prennent la tête du parti du peuple, ce qui leur vaut d'être exilés à plusieurs reprises quand l'oligarchie est au pouvoir. **Cosme, dit l'Ancien** 1389-1464 Fondateur de la branche aînée des Médicis. Il gère avec habileté l'entreprise familiale qui comprend à la fois une banque, une maison de commerce et des ateliers. Il a parmi ses clients le pape (avec qui son fils Pierre s'associera pour exploiter le monopole de l'alun), les rois de France et d'Angleterre, le duc de Bourgogne. Les affaires des Médicis ont une structure très souple : elles se répartissent entre des filiales juridiquement indépendantes de la maison de Florence, les Médicis se contentant de posséder la majorité des actions. Cosme réalise des placements fructueux dans le *Monte delle doti*, chargé des emprunts de la ville de Florence, et dans des constructions en ville ou à la campagne ; il joue un rôle de mécène, fonde l'Académie platonicienne et contribue à faire de Florence la capitale de l'humanisme. **Pierre, dit le Goutteux** 1414-1469 Fils et successeur du précédent. **Laurent, dit le Magnifique** 1449-1492. Fils du précédent, il incarne l'idéal de la Renaissance italienne par ses talents personnels de poète, philosophe et diplomate, et par la protection munificente qu'il accorde aux artistes et aux humanistes de son temps. Il mène une politique d'équilibre entre les États italiens et, contrariant les projets d'expansion du pape Sixte IV, provoque sa haine : des conjurateurs tentent d'assassiner les frères Médicis, mais seul son frère sera tué. Désormais la puissance financière de Laurent déclinera, et les filiales de Londres, de Bruges et de Lyon disparaîtront. **Julien** 1453-1478 Frère du précédent, il est tué lors de la conjuration des Pazzi. **Catherine** 1519-1589 Arrière-petite-fille de Laurent le Magnifique, reine de France ; voir *Catherine de Médicis*. La fin du XVe et le XVIe siècle voient les interventions étrangères dans les affaires italiennes ; les Médicis sont exilés à plusieurs reprises de Florence, mais donnent à Rome deux papes : Léon X et Clément VII. **Cosme Ier** 1519-1574 Membre de la branche cadette des Médicis. S'appuyant étroitement sur la puissance espagnole, il est nommé grand-duc de Toscane en 1569. **Ferdinand Ier** 1549-1609 Fils du précédent, il est le créateur du port de Livourne et mène une politique plus indépendante, fondée sur l'entente avec la France. **Marie** 1573-1642 Nièce du précédent, épouse d'Henri IV ; voir *Marie de Médicis*. Au XVIIIe siècle commence la décadence des Médicis dont la dynastie s'éteindra avec **Jean Gaston** (1671-1737) mort sans descendance ; la succession de la Toscane est

MÉDIQUES (GUERRES)

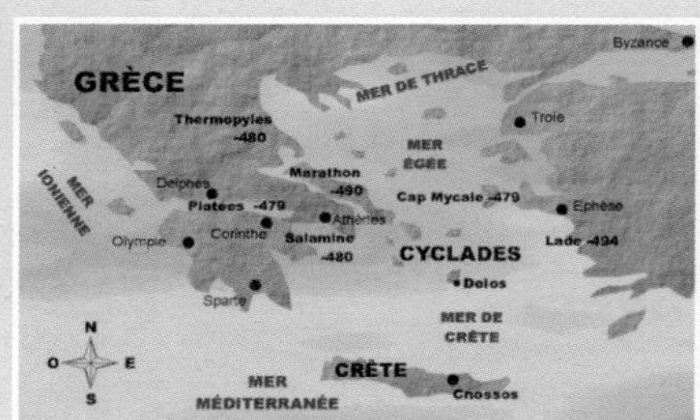

Les batailles des guerres médiques (Ve siècle av. J.-C.).

La première fut la conséquence de l'aide apportée par Athènes aux villes grecques d'Asie Mineure révoltées contre le roi de Perse, Darius. Celui-ci attaqua la Grèce par la mer, mais la flotte perse fut détruite par une tempête (492). Une seconde flotte débarqua une armée perse dans la plaine de Marathon, à *40 km* d'Athènes (490). Elle fut battue par les Athéniens commandés par Miltiade et le restant des troupes fut rapatrié. La deuxième guerre fut entreprise, en 480, par Xerxès, fils de Darius. Une armée perse pénétra en Grèce par le défilé des Thermopyles, malgré l'héroïque défense du roi de Sparte, Léonidas, et incendia Athènes. Mais la victoire de Thémistocle à Salamine sur la flotte perse et, en 479, celle du Spartiate Pausanias sur l'armée perse, enfin la destruction à Mycale de la flotte phénicienne au service de Xerxès, obligèrent les Perses à se replier en Asie en abandonnant les îles de la mer Égée. La troisième guerre débuta par la victoire que l'Athénien Cimon, fils de Miltiade, remporta sur la flotte perse à l'embouchure de l'Eurymédon (468) ; elle libéra les villes grecques de la côte d'Asie. Dans ce but, Athènes avait groupé sous sa direction, dans la ligue de Délos, toutes les cités déjà libérées des Perses ; elles fournissaient des navires. Une dernière victoire de Cimon, avant sa mort en 450, sur la côte de Chypre, permit à son beau-frère Callias de conclure avec Xerxès, en 448, un traité de paix qui libérait toutes les villes grecques d'Asie Mineure.

alors attribuée au duc de Lorraine, François, époux de Marie-Thérèse d'Autriche.

Médicis (villa) Palais romain construit au XVIe siècle et occupé depuis 1803 par l'Académie de France après avoir été acheté par Bonaparte en 1801. Jusqu'en 1968, elle hébergea les lauréats du prix de Rome obtenu par des artistes français à l'issue d'un concours. Ce concours ayant été aboli, les artistes accueillis sont maintenant choisis sur dossier.

Médicis (prix) Prix littéraire décerné chaque année à un livre français depuis 1958. Des livres étrangers sont également couronnés depuis 1970.

médicolégal, ale, aux adj. Propre ou relatif à la médecine légale. *Institut médicolégal,* où sont déposés les cadavres à identifier et où sont effectuées les autopsies et expertises médicolégales.

Médie Ancienne région situé au nord-ouest de l'Iran. Elle fut peuplée par les Mèdes.

médiéval, ale, aux adj. Du Moyen Âge. Syn. moyenâgeux.

médiéviste n. Spécialiste du Moyen Âge.

médina n. f. Dans les pays d'Afrique du Nord, partie ancienne d'une ville, par oppos. à la partie moderne, généralement de population européenne.

Médine (en arabe **al-Madīna**) *400 000 h.* Seconde ville religieuse d'Arabie Saoudite après La Mecque, dans le Hedjaz. Autrefois appelée Yatrib, cette oasis peuplée de tribus arabes et juives accueillit Mahomet après son départ de La Mecque en 622. Le Prophète revint y vivre après avoir conquis La Mecque et Médine demeura la capitale de l'Islam durant les règnes des trois premiers califes. Ville sainte, elle abrite les tombeaux du prophète et des premiers califes.

médiocre adj. et n. (Péjor.) Moyen, sans qualité remarquable. *Un vin médiocre. Un élève médiocre.* / n. m. *Détester le médiocre,* la médiocrité. / Par ext. Qui est au-dessous de la moyenne, insuffisant. *Un médiocre résultat.*

médiocrement adv. De façon médiocre. / Pas énormément. *Il a médiocrement apprécié cette sortie.*

médiocrité n. f. Caractère de ce qui est médiocre, de qqn de médiocre. *La médiocrité d'un salaire, d'un travail. Élève d'une médiocrité affligeante.*

médique adj. ANTIQ. Propre ou relatif aux Mèdes et, par extension, aux Perses qui s'unirent aux Mèdes sous Cyrus.

• **médiques (guerres)** Nom de plusieurs guerres entreprises au Ve siècle av. J.-C. par les Perses contre les Grecs.

médire v. t. ind. [3] Dire du mal de (qqn) sans altérer la vérité.

médisance n. f. Action de médire. / Propos médisants. *Cessez vos médisances.*

médisant, e adj. et n. Inspiré par la médisance. / n. Qui médit.

méditatif, ive adj. Qui dénote la méditation. *Un air méditatif.* / Enclin à la méditation. *Esprit méditatif.*

méditation n. f. Profonde réflexion sur un sujet particulier. / Prière mentale ; exercice spirituel, concentration de l'esprit sur un sujet religieux. / Titre désignant certains ouvrages réunissant des pensées sur un sujet religieux ou philosophique.

Méditations métaphysiques Œuvre de Descartes écrite en latin (*Meditationes de prima philosophia*) en 1628-1629, publiée en 1641 et traduite en français par le duc de Luynes en 1647. Examinant les données que lui communiquent ses sens, et imaginant l'existence d'un être trompeur qui fausserait toutes ces observations, Descartes arrive à la conclusion qu'il existe néanmoins toujours une certitude : « je doute » (*dubito*). Il en déduit : « je pense » (*cogito*), « donc je suis » (*ergo sum*). Puis il oppose la « chose étendue » (*res extensa*), c'est-à-dire le monde matériel, à la « chose pensante » (*res cogitans*) qui constitue l'essence de l'homme et de Dieu. Il utilise alors la méthode scientifique pour prouver l'existence de Dieu. Cinq philosophes et théologiens (Mersennes, Hobbes et Gassendi, notamment) adressèrent des *Objections* à Descartes qui leur fit des *Réponses*.

MÉDITERRANÉE

Bordée par le sud de l'Europe, l'ouest de l'Asie, et le nord de l'Afrique, elle communique à l'ouest avec l'océan Atlantique par le détroit de Gibraltar. Le seuil peu profond qui unit l'Italie, la Sicile et la Tunisie, sépare le bassin occidental du bassin oriental et de ses annexes : la mer de Marmara (détroit des Dardanelles) et la mer Noire (détroit du Bosphore). Constituée au tertiaire, quand la plaque eurasiatique et la plaque africaine se furent écartées, c'est une mer peu stabilisée (volcanisme, fosses profondes). Chaude et très salée, elle connaît de faibles marées et de violentes tempêtes. Sur ses bords sont nées, dans l'Antiquité, les civilisations phénicienne, mycénienne, grecque, romaine. Après une période de déclin due aux grandes découvertes (XVe-XVIe siècle), elle est redevenue, grâce à l'ouverture du canal de Suez (1869), une importante route de navigation. Sa pollution actuelle suscite les plus vives inquiétudes.

La Costa Brava, l'un des plus importants sites touristiques de la mer Méditerranée.

méditer v. t. / v. i. [1] Soumettre à une longue et attentive réflexion. *Méditez mes propos.* / Préparer (qqch.) en y réfléchissant mûrement. *Méditer une vengeance. Méditer de se venger.* / v. t. ind. *Méditer sur* : réfléchir longuement, profondément à. *Méditer sur son avenir.* / (Emploi intransitif) S'absorber dans la méditation.

• **Méditerranée** La plus vaste mer intérieure du monde (*2 969 000 km²* avec la mer Noire).

méditerranéen, enne adj. et n. De la Méditerranée. *Climat méditerranéen. Un(e) Méditerranéen(ne).*

médium [1] n. m. (mot latin) Personne qui, selon les spirites, serait capable de communiquer avec les esprits et de servir d'intermédiaire entre les hommes et le monde de l'au-delà.

médium [2] n. m. (mot latin) MUS. Étendue de la voix ou d'un instrument située entre l'aigu et le grave. *Le chant articulé se situe essentiellement dans le médium.* (En appos.) *Registre médium.*

médiumnique adj. Propre ou relatif aux médiums (sens 1).

médius n. m. Doigt du milieu de la main, le plus long. Syn majeur.

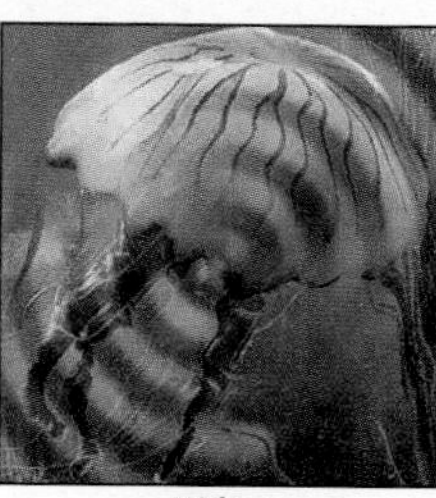
Méduse.

Médoc Région française du Bordelais entre la Gironde et l'océan Atlantique, réputée pour ses vins rouges : château-latour, château-margaux, mouton-rothschild. Le Médoc s'est éveillé à la vie industrielle (raffineries à Pauillac, avant-port pétrolier de Bordeaux au Verdon) et aménagé pour le tourisme les plages de l'Océan et des lacs.

médulla n. f. (mot latin) ANAT. Partie centrale de certains organes (par oppos. à *cortex*).

médullaire adj. BIOL. Propre ou relatif à la moelle osseuse, à la moelle épinière. / Propre ou relatif à la médulla.

médullosurrénale n. f. ANAT. Partie médullaire de la glande surrénale, qui sécrète notam. de l'adrénaline.

méduse n. f. ZOOL. Animal marin, à filaments urticants, dont le corps, constitué d'une substance gélatineuse et transparente, bordé de tentacules, ressemble à une ombrelle. *« Méduses, malheureuses têtes / Aux chevelures violettes / Vous vous plaisez dans les tempêtes, / Et je m'y plais comme vous faites »* (Apollinaire). (Les *méduses* constituent la forme libre et sexuée des cnidaires, par opposition aux *polypes*, asexués, qui vivent fixés. Les formes *méduse* et *polype* alternent généralement, au cours du cycle de vie des cnidaires, bien que l'on observe chez certains groupes une réduction ou même la disparition de l'une ou l'autre de ces phases.)

Méduse MYTH. GR. L'une des trois Gorgones. Seule de ses sœurs à être mortelle, elle possédait le pouvoir de pétrifier ceux qui la regardaient. En évitant de croiser directement son regard en utilisant son bouclier comme un miroir, Persée lui trancha la tête ; du sang qui s'écoula naquit le cheval Pégase. Athéna plaça ensuite la tête du monstre sur son égide.

méduser v. t. [1]. Frapper de stupeur. *Son agressivité m'a médusé.*

meeting n. m. (mot anglais) Rassemblement public où sont discutées des questions d'ordre politique ou social. / Grande réunion sportive.

méfait n. m. Mauvaise action. / Effet néfaste. *Les méfaits de la drogue.*

méfiance n. f. Disposition soupçonneuse à l'égard de qqn, de qqch.

méfiant, e adj. Soupçonneux, qui est sur ses gardes.

méfier (se) v. pron. [1] Être méfiant, se tenir sur ses gardes. *Je me méfie beaucoup de lui.*

méforme n. f. Mauvaise forme physique.

mégahertz n. m. Unité de fréquence valant 1 million de hertz (symbole MHz).

mégajoule n. m. Unité mécanique valant 1 million de joules (symbole MJ).

mégalithe n. m. Monument préhistorique constitué par un ou plusieurs blocs de pierre brute (menhirs, dolmens, etc.).

mégalithique adj. Des mégalithes ; relatif aux mégalithes. *Statue mégalithique.*

mégalo n. et adj. Fam. Abréviation de mégalomane, mégalomanie. *Des délires mégalos. Être en pleine mégalo.*

mégalomane n. et adj. Enclin à la mégalomanie. / adj. Qui dénote la mégalomanie. *Projets mégalomanes.*

mégalomanie n. f. PSYCHIAT. Syndrome qui se manifeste chez un sujet par une autosatisfaction sans retenue, une surévaluation de ses propres capacités, l'illusion de pouvoir réaliser des projets grandioses. Syn. (dans le langage courant) folie des grandeurs. / Désir effréné de réalisations grandioses ; surestimation de ses capacités.

mégalopole n. f. Grande agglomération urbaine ; ensemble formé par plusieurs villes voisines qui s'étendent peu à peu et finissent par se rejoindre.

mégaloptères n. m. pl. ZOOL. Ordre d'insectes holométaboles à quatre ailes membraneuses, dont les larves sont aquatiques. / Sing. *Le sialis est un mégaloptère.*

mégaoctet n. m. INFORM. Unité valant 2^{20} octets (symbole Mo). Pl. Des *méga-octets.*

mégaphone n. m. Appareil portatif qui amplifie électriquement les sons, utilisé comme porte-voix.

mégapode n. m. ZOOL. Oiseau galliforme d'Océanie aux pattes puissantes, aux ailes courtes, de couleurs ternes. *Pour l'incubation de leurs œufs, les mégapodes n'utilisent pas leur chaleur propre, mais ont recours à celle produite par la fermentation des végétaux ou à celle du soleil ou du sol (régions volcaniques).*

mégaptère n. m. ZOOL. Cétacé à fanons d'une quinzaine de mètres, aux longues nageoires, au corps couvert de nodosités. *Les mégaptères sont appelés couramment « baleines à bosse ».*

M

Mehmet II.

Golda Meir avec les enfants d'un kibboutz, en juillet 1950.

mégarde (par) loc. adv. Par inadvertance.
Mégare *20 816 h.* Ville de Grèce, sur l'isthme de Corinthe. Soumise aux Crétois puis aux Doriens, elle devint indépendante et puissante grâce à son commerce actif vers le VIIe siècle av. J.-C. À son tour maîtresse de nombreuses colonies (dont Byzance et Chalcédoine), elle s'insurgea contre l'influence grandissante d'Athènes, ce qui l'entraîna dans la guerre du Péloponnèse. Son école de philosophie fut fondée vers 400 av. J.-C. par Euclide.
mégatonne n. f. PHYS. NUCL. Unité de masse servant à mesurer la puissance d'un engin explosif nucléaire. *Une mégatonne correspond à l'énergie libérée par l'explosion d'un million de tonnes de trinitrotoluène (TNT).*
mégère n. f. Femme acariâtre.
Mégère MYTH. L'une des Érinyes ou Furies, déesses du monde infernal, dans les croyances populaires grecques et romaines.
Megève *4 750 h.* Importante station française de sports d'hiver, en Haute-Savoie *(1 113 m).*
Meggido ou **Megiddo** Site archéologique en Israël dans l'ancien pays de Canaan où des fouilles menées à partir de 1903 ont révélé la superposition de vingt niveaux de développement allant de 4000 à 1200 av. J.-C.
Meghalaya *22 489 km² 1 800 000 h.* État de l'Union indienne, au sud de la vallée du Brahmapoutre. Capitale *Shillong*. Cet État est né du démantèlement de l'Assam, pour répondre aux revendications autonomistes tribales. Riziculture, exploitation forestière, exploitation minière (houille).
mégisserie n. f. Préparation et traitement des peaux légères pour la ganterie. / Lieu où s'effectuent ces opérations. / Commerce des peaux ainsi traitées.
mégissier n. m. Ouvrier qui tanne les peaux à l'alun. / Personne qui travaille dans la mégisserie, en fait commerce.
mégot n. m. Bout de cigarette ou de cigare qui reste lorsque l'on a fini de fumer.
mégoter v. i. [1] Pop. Lésiner.
méharée n. f. Randonnée à dos de méhari.
méhari n. m. (mot arabe d'Algérie) Dromadaire de selle, rapide et robuste. Pl. Des *méharis* ou des *méhara*.
méhariste n. m. Celui qui monte un méhari. / HIST. Militaire des compagnies montées, au Sahara. / (En appos.) *Compagnie méhariste.*
Méhémet-Ali ou **Muhammad Ali** 1769-1849 Vice-roi d'Égypte. Général ottoman chargé de la brigade des Albanais en Égypte, il profita des querelles qui opposaient dans ce pays l'empire ottoman et les puissances européennes pour s'imposer au sultan comme pacha d'Égypte (1804). Jusqu'à 1811, il s'employa à réduire les oppositions internes des mamelouks et des oulémas, puis, de 1811 à 1818, il remporta plusieurs victoires contre les wahhabites d'Arabie pour le compte du sultan, occupant notamment La Mecque et Médine. De 1820 à 1823, il étendit ses propres territoires en faisant la conquête du Soudan (fondation de Khartoum, 1822). La campagne de Grèce (1823-1827) aux côtés des Ottomans se solda par un échec mais elle lui fournit le prétexte d'envahir la Syrie (1831). Istanbul étant menacé, l'empire ottoman fut contraint de signer un accord de paix (1833) permettant à Méhémet Ali de conserver la Syrie et la Palestine. En 1839, encouragé par les puissances européennes il menaça l'empire à nouveau. Prenant le parti du sultan, l'Angleterre, la Russie, l'Autriche et la Prusse lui imposèrent de rendre les territoires conquis. Cependant, grâce à la France, le traité de Londres de 1840 lui assura, sous la suzeraineté du sultan, le gouvernement héréditaire de l'Égypte. Les réformes administratives et économiques entreprises durant son règne avaient lancé l'Égypte sur la voie de l'industrialisation.
Mehmet Nom de six sultans ottomans. **Mehmet Ier** ?- 1421 Sultan en 1413. Fils de Bayazid Ier, il dut combattre ses frères pendant 10 ans avant de devenir sultan. **Mehmet II** 1432-1481 Sultan de 1444 à 1446 et de 1451 à 1481. Surnommé « le conquérant », il s'empara de Constantinople le 29 mai 1453, puis occupa la Serbie, la Morée, la Crimée, les îles Ioniennes et pénétra en Autriche et en Hongrie. **Mehmet III** 1566-1603 Sultan en 1595. Il lutta à la fois contre l'Autriche, contre des soulèvements en Asie et contre des révoltes militaires à Istanbul. **Mehmet IV** 1642-1692 Sultan de 1648 à 1687. Sa jeunesse fut troublée par les intrigues de sa mère et de sa grand-mère, et par des révoltes sporadiques. Le grand vizir Köprülü rétablit l'ordre (1656), mais le sultan fut déposé par les militaires après la défaite de Mohacs (1687). **Mehmet V** 1844-1918 Sultan en 1909. Il laissa les Jeunes-Turcs établir un régime constitutionnel et ne put éviter le démembrement de la Turquie après les guerres balkaniques. **Mehmet VI** 1861-1926 Sultan de 1918 à 1922. Successeur de son oncle Mehmet V, il signa avec les Alliés le traité de Sèvres (1920) et fut renversé par Mustafa Kemal qui proclama la république de Turquie.
Méhul (Étienne) 1763-1817 Compositeur français. Auteur du *Chant du départ*, composé sous la Révolution (1794), il fut l'un des grands compositeurs du Directoire, du Consulat et de l'Empire et influença notamment Weber. On lui doit de nombreux opéras dont *Le Jeune Henri* (1797), *Les Deux Aveugles de Tolède* (1806) et *Joseph* (1807).
Meiji tenno (nom posthume) ou **Mutsu-Hito** 1852-1912 Empereur du Japon en 1867. Le début de son règne et le Serment en Cinq Articles (1868), prônant le retour à l'ancien système monarchique, mirent fin au régime féodal des shogouns. Il choisit dès cette date d'installer la nouvelle capitale à Edo, rebaptisée Tokyo. Puis, aidé de ses conseillers, il mit en œuvre les réformes qui donnèrent naissance au Japon moderne : création du yen (1871) et de la banque du Japon (1882), adoption d'une Constitution plus libérale (1889) et industrialisation. En outre, le Japon put prendre rang parmi les grandes puissances internationales par ses victoires sur la Chine (1894-1895) et la Russie (1904-1905), et par l'annexion de la Corée (1910). Son nom posthume signifie « gouvernement éclairé ».
Meiji (ère) Époque de l'histoire du Japon couvrant le règne de Meiji tenno.
Meilhac (Henri) 1831-1897 Écrivain français. Il fut l'auteur avec Halévy de comédies légères et d'opéras bouffes, mis en musique par Offenbach : *La Belle Hélène* (1864), *La Vie parisienne* (1866).
meilleur, e adj., adv. et n. **A.** adj. (Comparatif de *bon*) *Être meilleur*, plus satisfaisant. / (Emploi adverbial) *Il fait meilleur* : le temps est plus satisfaisant, il fait plus beau. / (Superlatif de *bon*) *Le meilleur, la meilleure* : qui ne peut pas être plus satisfaisant. *Le meilleur vin. La meilleure solution.* **B.** n. Ce qui est le plus satisfaisant, ce qui a le plus de valeur. *Donner le meilleur de soi-même.* / Celui qui surpasse les autres. *Que le meilleur gagne !*
Mein Kampf (« Mon combat ») 1925 Ouvrage de Hitler. En 1924, Hitler, emprisonné, dicta à Rudolf Hess des « pensées » qui reçurent ultérieurement leur forme définitive. Cet ouvrage antisémite et pangermaniste devint le livre de référence du national-socialisme.
méiose n. f. BIOL. (Chez les organismes eucaryotes) Type de division cellulaire qui entraîne une division de moitié du nombre de chromosomes dans les cellules.
♦ La méiose conduit, à partir d'une cellule mère diploïde (à 2n chromosomes [chez l'homme, 2n = 46]), à la formation de quatre cellules filles haploïdes (à n chromosomes [chez l'homme, n = 23]). La méiose consiste en deux divisions successives : lors de la première division méiotique (mitose réductionnelle), les chromosomes de chaque paire de chromosomes homologues sont séparés dans le noyau de chacune des deux cellules filles (réduction chromatique : réduction du nombre de chromosomes dans chaque cellule) ; la seconde division méiotique au cours de laquelle a lieu la séparation de chromatides de chacun des chromosomes, est similaire à une mitose. La méiose constitue un processus essentiel dans la formation des gamètes.
méiotique adj. BIOL. De la méiose, relatif à la méiose.
Meir (Golda Mabovitz, Mme **Meyerson,** dite **Golda)** 1898-1978 Femme politique israélienne. Née en Ukraine puis émigrée aux États-Unis avec ses parents, elle va habiter en Palestine en 1921. Militante sioniste et socialiste, membre du Mapaï (qui deviendra le Parti travailliste), elle lutte pour un État israélien aux côtés de D. Ben Gourion pendant la Seconde Guerre mondiale. Nommée ambassadeur à Moscou après la création du nouvel État, elle est ensuite ministre du Travail (1949-1956), puis ministre des Affaires Étrangères (1956-1966), ce qui lui permet de consolider la relation entre son pays et les États-Unis. Premier ministre en 1969, les violentes critiques des partis nationalistes concernant sa gestion de la guerre du Kippour (1973) l'obligent à démissionner en 1974.
Meissonier (Ernest) 1815-1891 Peintre français. Très apprécié lors de son vivant, il se caractérise par son attachement aux détails dans ses tableaux retraçant l'épopée napoléonienne.
Meitner (Lise) 1878-1968 Physicienne allemande émigrée en Suède dès 1938 pour fuir l'Allemagne nazie. C'est à Vienne, puis à Berlin, qu'elle poursuit ses études. À partir de 1907, à Berlin, avec O. Hahn, elle découvre les électrons des désintégrations bêta des noyaux radioactifs et en mesure les énergies. En 1912, elle devient l'assistante de Max Planck avec lequel elle mesure les longueurs d'onde des gammas nucléaires. En 1917, elle est professeur à Berlin et découvre, avec O. Hahn, le protactinium. Elle met en évidence « l'effet Auger », établissant plusieurs caractéristiques des désintégrations radioactives, puis, en 1939, publie avec O. Frisch, dans la revue *Nature*, un article qui explique le phénomène de la fission nucléaire (fission de l'uranium) en prenant comme exemple le modèle nucléaire d'une goutte de liquide dans laquelle les particules se déplacent collectivement dans les

Meknès.

Vue générale de ***Melbourne***.

noyaux lourds. Selon la violence de ce déplacement, la goutte de liquide peut se scinder spontanément en deux autres gouttes en dégageant une très grande quantité d'énergie.

méjuger v. t. / v. t. ind. [1] Juger mal (qqn, qqch.). / v. t. ind. Litt. *Méjuger de*: méconnaître.

Mekhit(h)ar ou **Mechithar (Manouk Petrossian**, en religion**)** 1676-1749 Moine et théologien arménien rallié au catholicisme, fondateur de l'ordre des mékhitaristes. Attaché à promouvoir la langue et la littérature arméniennes, il publia une grammaire et un dictionnaire arméniens et traduisit la Bible en arménien.

mékhit(h)ariste n. m. RELIG. Membre d'une congrégation religieuse catholique de rite arménien fondée par Mekhithar en 1702 et qui obéit aux préceptes de saint Antoine d'Égypte et à la règle de saint Benoît.

Meknès *401 000 h.* Ville du Maroc, important carrefour commercial du pays. Une des quatre cités royales du Maroc, fondée au Xe siècle, Meknès connut une période de prospérité sous le règne du sultan Ismaïl (1672-1727). Celui-ci, qui entretenait des relations avec Louis XIV, dota la ville, à l'instar de Versailles, d'importants monuments (Bab al-Mansour et Bab-Khemis).

Mékong *4 180 km* Fleuve de l'Asie du Sud-Est. Quittant le territoire chinois où il prend sa source (Tibet), il pénètre, par des gorges étroites et sauvages, au Laos qu'il sépare de la Birmanie et de la Thaïlande. Puis il traverse le Cambodge, le sud du Vietnam et débouche dans la mer de Chine par un important delta. Son débit est irrégulier (1 500 m^3/s dans la saison sèche, jusqu'à 60 000 m^3/s à la fin des pluies) et son cours est accidenté en raison de nombreuses chutes.

mél n. m. Message électronique (synonyme, recommandé par l'administration, de l'anglicisme *mail*).

mélamine n. f. CHIM. Composé organique de formule $C_3H_6N_6$, utilisé dans la fabrication des matières plastiques.

Melanchthon (Philipp Schwarzerd, dit**)** 1497-1560 Théologien allemand. Ami et disciple de Luther, il rédigea la *Confession d'Augsbourg* (1530), préparée par Luther, et il lui succéda à la tête du mouvement réformiste. Il tenta, par ses nombreux écrits (*Apologie de la Confession d'Augsbourg*, 1530-1531; *Intérim de Leipzig*, 1548) de concilier les diverses tendances du luthéranisme et également de favoriser l'entente des réformés avec les catholiques.

mélancolie n. f. État de tristesse vague, d'abattement. / Caractère de ce qui engendre la tristesse. *La mélancolie d'un paysage d'hiver.* / PSYCHIAT. État dépressif aigu, d'ordre psychotique, qui se caractérise par une douleur morale profonde, une inhibition psychomotrice, des sentiments de conviction pessimiste, souvent accompagnés d'idées délirantes, et des tendances suicidaires.

mélancolique adj. Qui procède de la mélancolie. *Un air mélancolique. Une musique mélancolique.* / adj. et n. PSYCHIAT. Relatif à la mélancolie; atteint de mélancolie. *Un(e) mélancolique.*

mélancoliquement adv. Avec mélancolie.

Mélanésie *965 000 km²* Nom donné aux îles d'Océanie situées au nord de l'Australie et à l'est de la Malaisie et qui signifie « îles noires ». Elle comprend la Nouvelle-Guinée, la Nouvelle-Calédonie, Vanuatu, les îles Bismarck, Salomon, Fidji. Les populations mélanésiennes, dont les origines sont anciennes, parlent des langues austronésiennes très diverses et ont développé des sociétés aux coutumes originales.

mélanésien, enne adj. et n. De Mélanésie. *Paysage mélanésien. Un(e) Mélanésien(ne).* / n. m. *Le mélanésien*: l'ensemble des langues parlées en Mélanésie.

mélange n. m. Action de mélanger; résultat de cette action. *Pour obtenir du violet, on fait un mélange de rouge et de bleu. Un mélange de fruits frais.* / Fig. Union de personnes, de choses différentes formant un ensemble plus ou moins homogène. *Un mélange de gentillesse et d'indifférence.* / CHIM. Substance obtenue par l'union de plusieurs corps dont les molécules ne se combinent pas. *Les constituants d'un mélange peuvent être séparés par analyse chimique.*

mélanger v. t. [1] Réunir (plusieurs choses) de manière à former un tout. *Mélanger des ingrédients.* / Mettre en désordre. *Mélanger des fiches.* / Confondre. *Mélanger les dates.*

mélangeur n. m. Appareil réalisant un mélange. / (En appos.) *Robinet mélangeur*: robinet qui mélange eau froide et eau chaude.

mélanine n. f. BIOCHIM. Pigment foncé qui détermine la couleur plus ou moins sombre de la peau, des cheveux, des yeux.

mélanocyte n. m. BIOL. Cellule spécialisée dans la synthèse de la mélanine, présente dans certaines parties de l'organisme (épiderme, rétine, méninges, etc.).

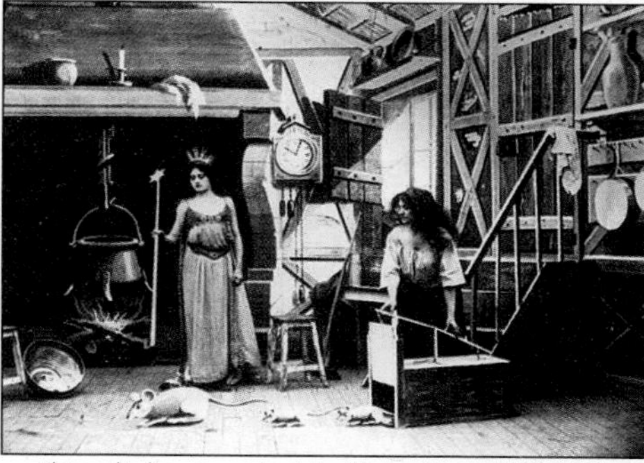

Photographie d'une mise en scène de Cendrillon *par* ***Georges Méliès*** *(1899). (Paris, BIFI, Bibliothèque du Film © ADAGP Paris 2001).*

mélanoderme n. et adj. Dont la peau est très foncée, noire.

mélano-indien, enne adj. et n. *Populations mélano-indiennes,* habitant le sud de l'Inde et le Sri Lanka, à la peau très foncée.

mélanome n. m. MÉD. Tumeur bénigne ou maligne, qui se développe aux dépens des cellules du système pigmentaire. *Certains mélanomes renferment de la mélanine, tandis que d'autres ne sont pas pigmentés.*

mélasse n. f. Liquide sirupeux, résidu de la cristallisation du sucre. / Fam. Épais brouillard. / Fig., fam. Confusion; grande détresse.

mélatonine n. f. BIOL. Hormone sécrétée par l'épiphyse, qui intervient notam. dans la régulation des rythmes circadiens. *La sécrétion de la mélatonine est inhibée par la lumière et stimulée par l'obscurité.*

Melbourne *3 189 200 h.* Capitale de l'État de Victoria, au sud-est de l'Australie. Deuxième ville du pays, fondée en 1835, elle fut ainsi baptisée en l'honneur de lord Melbourne (1779-1848), Premier ministre quand fut fondé cet État. Ce port très actif (laine), qui servit de capitale fédérale de 1901 à 1927, est aussi un très important centre commercial, industriel et culturel. Les jeux Olympiques s'y déroulèrent en 1956.

Melchisédech Personnage biblique qui bénit Abraham; c'est, dans les traditions juive et chrétienne, un personnage messianique.

Melchior Selon la tradition chrétienne, un des Rois mages venus adorer l'enfant Jésus à Bethléem.

melchite Voir **melkite**

mêlée n. f. Bataille confuse au corps à corps. / Bousculade violente et désordonnée. / SPORT Au rugby, phase du jeu où les avants des deux équipes, s'arc-boutant les uns aux autres, luttent pour s'approprier le ballon.

Melencolia (Mélancolie) 1514 Gravure sur cuivre de Dürer, qui exprime de façon énigmatique l'oscillation de l'esprit entre le doute essentiel et la certitude scientifique.

mêler v. t. [1] Mélanger intimement. *Mêler des sons, des couleurs.* / Emmêler, brouiller. *Mêler les cartes.* / Impliquer (qqn). *Mêler qqn aux discussions, dans une affaire.* / v. pron. *Se mêler à, avec*: s'unir, se joindre à (qqch., qqn) pour former un tout. *Se mêler à la foule.* / (Souvent péjor.) *Se mêler de*: s'occuper de. *Mêlez-vous de vos affaires. S'en mêler*: intervenir. *Si le mauvais temps s'en mêle!*

mélèze n. m. BOT. Conifère à feuilles caduques, croissant en haute montagne, pouvant atteindre plusieurs dizaines de mètres de hauteur, dont on utilise le bois (bois de charpente) et la résine (térébenthine de Venise).

Méliès (Georges) 1861-1938 Cinéaste français. Créateur de la mise en scène et du procédé d'exploitation cinématographique, il fut le premier à se servir d'une caméra à

Mélisse.

des fins purement artistiques, transformant l'outil scientifique des frères Lumière en un moyen de générer du spectacle poétique (*Une partie de cartes*, 1896). Quelques centaines de films réalisés dans ses studios de Montreuil lui firent rapidement connaître la fortune, mais la concurrence de l'industrie du film, puis la guerre, le ruinèrent complètement à partir de 1912. Il mourut dans un oubli presque total. Il est notamment l'auteur du *Voyage dans la Lune* (1902) et de *Cendrillon* (1912).

méli-mélo n. m. Fam. Mélange confus. Pl. Des *melis-mélos*.

mélinite n. f. Explosif à base d'acide picrique fondu.

mélioratif, ive adj. et n. m. Didac. Se dit d'un mot, d'une expression qui présente ce dont on parle, la personne dont il est question, sous un jour favorable, de manière avantageuse. Ant. péjoratif. / n. m. *Un mélioratif.*

mélisse n. f. Plante herbacée et odorante de la famille des labiées, utilisée dans la fabrication de l'*eau de mélisse* (ou *eau des carmes*), tonique et antispasmodique. Syn. citronnelle.

melkite ou **melchite** adj. et n. RELIG. De l'une des Églises chrétiennes de rite byzantin établies au Proche-Orient (Syrie, Liban, Jordanie, Israël, Égypte). *Clergé melkite. Un(e) melkite.*

♦ Les chrétiens qui, après le concile de Chalcédoine (451), avaient rejeté le monophysisme ont été qualifiés du sobriquet péjoratif de melkites, « valets de l'empereur », parce qu'ils avaient adopté les positions théologiques impériales. Lors du schisme de 1054, ils suivirent Michel Cérulaire, patriarche de Constantinople, qui avait rompu les liens avec Rome. En 1724, le patriarche d'Antioche se rallia à Rome et entraîna à sa suite plusieurs évêques. Les fidèles opposés à ce ralliement élirent leur propre patriarche. Depuis cette date, il existe deux communautés melkites, l'une catholique (uniate), l'autre orthodoxe.

mellah n. m. (mot arabe) Quartir juif, au Maroc.

mellifère adj. Qui produit du miel. / *Plantes mellifères*, dont le nectar est apprécié des abeilles.

melliflue adj. Litt., péjor. Doucereux.

mélo n. m. Fam. Abréviation de mélodrame. *Jouer dans un mélo.*

mélodie n. f. MUS. Phrase vocale ou instrumentale composée d'une succession de notes de différentes hauteurs, autour de laquelle s'organise une pièce, un mouvement, un passage. *Une mélodie agréable et facile à chanter.* / Suite de sons, de mots qui sont agréables à l'oreille. *Mélodie d'un chant d'oiseau, d'une poésie.*

mélodieusement adv. De façon mélodieuse.

mélodieux, euse adj. MUS. Qui forme une mélodie. *Une musique mélodieuse.* / Par ext. *Voix mélodieuse*, agréable, chantante.

mélodique adj. MUS. De la mélodie. *Partie mélodique d'une pièce* (par oppos. à partie *rythmique, harmonique*).

mélodramatique adj. Propre ou relatif au mélodrame. *Le genre mélodramatique.* / Qui rappelle le mélodrame. *Attitude mélodramatique,* outrancière.

mélodrame n. m. Vx Œuvre théâtrale accompagnée de musique. / Drame populaire à rebondissements rocambolesques, où les personnages sont confrontés à des situations pathétiques.

mélomane n. Amateur éclairé de musique.

melon n. m. Plante potagère de la famille des cucurbitacées, au fruit sphérique ou ovoïde, volumineux, à chair orange, jaune ou verte, juteuse et sucrée. / Fruit de cette plante. / Chapeau d'homme rond et bombé en feutre rigide. / Injurieux et raciste. Nord-africain.

mélopée n. f. ANTIQ. Chant rythmé qui soutenait la déclamation. / Mélodie monotone.

Melpomène MYTH. GR. Fille de Zeus et muse de la Tragédie. Son nom provient du verbe grec *melpô*, « je chante ».

melting-pot n. m. (mot anglais) Lieu, creuset où se mêlent des peuples d'origines diverses. *Le melting-pot américain.* Pl. Des *melting-pots.*

Melun *35 319 h.* Chef-lieu de Seine-et-Marne. Ancien oppidum celtique transformé en forteresse romaine (tour de César), Melun a été le marché d'une riche région agricole (Hurepoix) avant de devenir, grâce à la proximité de Paris, une ville industrielle (métallurgie) et résidentielle. Au nord-est de la ville, s'est développée *Melun-Sénart*, dans laquelle ont fusionné de nombreuses communes.

Mélusine Personnage de légendes médiévales. Fille de fée, elle voit le bas de son corps se transformer chaque samedi en queue de serpent. Elle épouse le comte de Lusignan avec la promesse qu'il ne la verra pas le samedi ; mais il viole sa promesse et elle disparaît à jamais. Son nom serait une altération de « Mère Lusigne ».

Melville (Herman) 1819-1891 Écrivain américain. Son œuvre, méconnue de son vivant, retrace en grande partie des aventures romanesques inspirées de sa jeunesse passée dans les mers du Sud et évoque sa propre évolution spirituelle. Après *Omoo* (1847) et *Mardi* (1849), il publie *Moby Dick* (1851), qui conte l'affrontement homérique entre le capitaine Achab et une baleine blanche. C'est un échec, comme *Israël Potter* (1855), *Les Contes de la véranda* (1856, dont *Bartleby*), *Le Grand Escroc* (1857). Il abandonne alors le roman pour la poésie et compose *Clarel* (1870) : une épopée de 20 000 vers. Il revient au roman, mais *Billy Bud* ne sera publié qu'en 1924.

Melville (Jean-Pierre Grumbach, dit **Jean-Pierre)** 1917-1973 Cinéaste français. Après *Le Silence de la mer* (1947), adapté d'une œuvre de Vercors, des films rigoureux et sensibles sont salués par la « nouvelle vague » : *Bob le Flambeur* (1956), *Léon Morin, prêtre* (1961), puis il excelle dans le film noir à l'américaine : *Le Doulos* (1963), *L'Aîné des Ferchaux* (1962), *Le Samouraï* (1967), *L'Armée des ombres* (1969), *Le Cercle rouge* (1970).

membrane n. f. Tissu organique animal ou végétal, mince et souple, qui enveloppe un organe ou tapisse une cavité. / Plaque, lamelle fine et souple. *Membrane vibrante d'un haut-parleur.*

membraneux, euse adj. Propre ou relatif à une membrane.

membre n. m. Chacune des parties du corps de l'homme (membres supérieurs et inférieurs) ou de l'animal (membres antérieurs et postérieurs) articulées au tronc par paires, servant à la locomotion et à la préhension. / *Membre viril* : verge. / Fig. Chacun des individus, des groupes, des pays appartenant à une organisation plus vaste. *Les membres d'une famille, d'une association, d'un parti.* / MATH. Chacune des deux parties d'une équation ou d'une inégalité. / GRAMM. Partie d'une phrase dont les mots forment un groupe logique. / ARCHIT. Partie constitutive d'une construction.

membrure n. f. Ensemble des membres d'un corps. / TECH. Ensemble des pièces constituant un châssis, une charpente, une poutraison.

même adj., pron. et adv. **A.** adj. indéf. (Devant un nom, exprime l'identité ou une grande similitude) *Ouvrages du même auteur. J'ai la même jupe, en vert.* / (Avec valeur emphatique, après un nom ou un pronom) *Ce sont les désirs mêmes du président. C'est lui-même qui me l'a dit. Cette jeune femme est le charme même*, incarne le charme au plus haut degré. **B.** pron. indéf. (toujours précédé d'un article défini) *Le, la, les même(s)* : identique(s) à ce qu'il, elle, ils, elles était (étaient) ; identique(s) à ce dont on vient de parler. *Elle a fait fortune, mais est restée la même. Je viens d'acheter ce disque, je crois que vous avez le même.* / *Le même* : la même chose. *Cela revient au même* : c'est pareil. **C.** adv. Aussi ; en outre ; jusqu'à. *Même les imbéciles peuvent le comprendre. J'ai même épluché les tomates. Il rassemble toute sa famille, même ses arrière-neveux.* / loc. adv. *À même* : directement en contact avec. *Un matelas posé à même le carrelage. De même* : de façon identique. *Tout de même* : pourtant. / loc. adj. *À même de* : capable de. / loc. conj. *Quand bien même* : même si. *De même que* : comme.

Herman Melville.

mémé ou **mémère** n. f. Pop. Grand-mère, dans le langage enfantin. / Péjor. Femme âgée et peu séduisante. / adj. inv. *Un côté mémère.*

mémento n. m. (mot latin) LITURG. Prière du canon de la messe. / Image d'un défunt, souvent accompagnée d'un rappel de ses mérites et, chez les chrétiens, de textes religieux (prière, psaume, méditation). / Carnet, agenda destiné à prendre des notes. / Résumé des notions essentielles d'une science, d'un art ; aide-mémoire. *Mémento du peintre en bâtiment.*

Memling ou **Memlinc (Hans)** 1433 ?-1494 Peintre flamand d'origine allemande. Après avoir été formé par plusieurs maîtres, notamment Van der Weyden dont l'influence apparaît dans certaines de ses œuvres, il devint un des plus grands peintres associés à la ville de Bruges où il séjourna souvent. Marquant les débuts de la Renaissance par son art particulièrement harmonieux, il peignit des compositions religieuses équilibrées aux personnages gracieux et rêveurs, aux coloris chatoyants : *Le Mariage mystique de sainte Catherine* (1479), *La Châsse de sainte Ursule* (1489). Certains de ses tableaux sont accompagnés du portrait du donateur : *Martin Van Nieuwenhoven.*

Memnon MYTH. GR. Fils de Tithonos et d'Éos (l'Aurore chez les Romains), qui régnait sur les Éthiopiens. Lors du siège de Troie, il vint au secours de son oncle Priam et se mesura avec Ajax puis avec Nestor avant d'être tué par Achille. Éos, inconsolable, versa des larmes qui donnèrent naissance à la rosée matinale.

mémoire [1] n. f. Fonction par laquelle l'esprit enregistre et se rappelle une connaissance antérieurement acquise, un fait ou un état de conscience passés ; siège de cette fonction. *De mémoire* : par cœur. *Un trou de mémoire* : une absence de souvenir (d'un événement, d'un fait). / Faculté de se souvenir. *Avoir de la mémoire. Votre nom est gravé dans ma mémoire.* / Litt. Fait de se souvenir. *Je n'ai pas mémoire de cet incident.* / Souvenir qui reste d'une personne, d'une chose. *Cette journée d'heureuse mémoire. Mon père d'illustre mémoire.* / INFORM. Organe d'un ordinateur qui sert à réunir des données et à les restituer. *Mémoire morte (ROM)*, dont le contenu peut être lu mais non modifié. *Mémoire vive (RAM)*, dont le contenu est susceptible d'être modifié par celui qui l'utilise. / Réputation (après la mort). *Réhabiliter la mémoire de qqn.*

mémoire [2] n. m. Bref écrit exposant une affaire, une requête. / Relevé définitif et précis des sommes dues pour l'exécution d'un travail, la fourniture de matériaux, etc. *Ce mémoire se monte à la somme de…* / Thèse sur un sujet de lettres ou de sciences destinée à être présentée à un examen, devant un jury, etc. / (Au plur.) Relation écrite des événements auxquels une personne a pris part au cours de sa vie. *Rédiger ses mémoires.*

Mémoires d'outre-tombe Œuvre de Chateaubriand, publiée à sa demande après sa mort, en 1850. Dans cette œuvre, vraisemblablement commencée en 1809 et ter-

Johann Mendel.

Felix Mendelssohn-Bartholdy.

minée en 1843, l'auteur raconte avec lyrisme, au long de 4 volumes, son enfance, ses succès littéraires, sa carrière politique et ses voyages en Asie et en Amérique.

mémorable adj. Digne de mémoire.

mémorandum n. m. Note destinée à remettre en mémoire ; mémento. / POLIT. Écrit récapitulatif rédigé par un diplomate. / COMM. Ordre d'achat d'un commerçant à ses fournisseurs.

mémorial n. m. Écrit où sont retracés des souvenirs, des faits mémorables. / Monument commémoratif. Pl. Des *mémoriaux*.

Mémorial de Sainte-Hélène 1823 Ouvrage (en 8 vol.) de Las Cases. Celui-ci rapporte, en les enrichissant, les conversations qu'il eut jusqu'en 1816 avec Napoléon Ier en exil à Sainte-Hélène.

mémorialiste n. Écrivain auteur de mémoires.

mémoriel, elle adj. Propre ou relatif à la mémoire.

mémorisation n. f. Action de mémoriser ; son résultat.

mémoriser v. t. [1] Enregistrer (un souvenir) dans sa mémoire. *Mémoriser un paysage.* / INFORM. Mettre (une information) en mémoire.

Memphis Capitale pharaonique et centre religieux de l'empire d'Égypte dans l'Antiquité. Située sur la rive gauche du Nil au sud du Caire, elle commença à décliner avec la fondation d'Alexandrie (IVe siècle av. J.-C.) et fut détruite sous la domination arabe. Memphis possède encore plusieurs temples et nécropoles. Ramsès II y dressa un colosse monolithe.

menaçant, e adj. Qui menace.

menace n. f. Action de menacer. / Parole, geste ou acte exprimant une intention hostile. / Signe annonçant qqch. de dangereux, de fâcheux. *Menace de conflit, de mauvais temps.*

menacer v. t. [1] Chercher à effrayer, à intimider (qqn). *Menacer qqn du poing. Il le menaça de mort.* / Représenter un danger pour (qqn, qqch.). *La pollution menace l'écosystème.*

ménade n. f. ANTIQ. GR. Bacchante.

ménadione n. f. BIOCHIM. Vitamine intervenant dans la coagulation sanguine, précurseur des vitamines K_1 et K_2. Syn. vitamine K_3.

ménage n. m. Ce qui concerne la vie et la conduite du foyer. *Gérer les dépenses du ménage.* / Ensemble des objets nécessaires à la vie domestique. *Monter son ménage.* / Entretien d'une maison, d'un intérieur. *Faire le ménage. Femme de ménage* : employée qui s'occupe du nettoyage, de l'entretien, chez un particulier ou dans une entreprise. / Couple de gens mariés. *Un ménage très uni. Faire bon, mauvais ménage* : vivre en bonne, en mauvaise entente avec des personnes de son entourage.

Ménage (Gilles) 1613-1692 Érudit et écrivain français. Abbé galant, très apprécié dans les salons savants du XVIIe siècle, il fit partie de la maison du cardinal de Retz (1643-1652), puis se rapprocha de Fouquet. Il écrivit notamment les *Origines de la langue française* (1650) qui furent rééditées après sa mort sous le titre de *Dictionnaire étymologique* (1694).

ménagement n. m. Égards, précaution à l'égard de qqn. *Traiter une personne malade avec ménagement.*

ménager [1] v. t. [1] Employer avec mesure ; économiser, préserver. *Ménager ses freins. Ménager ses efforts. Ménager son foie.* (Emploi. pron.) (Absol.) *Se ménager* : préserver sa santé ou ses forces. / Traiter avec ménagements par sollicitude, par respect ou par intérêt. *Ménager un convalescent. Ménager son adversaire. Ménager l'opinion.* / Préparer avec soin ; réserver. *Ménager une rencontre. Ménager une surprise.* / Régler l'aménagement de. *Ménager une ouverture dans un mur.*

ménager, ère [2] adj. et n. f. **A.** adj. Vx Économe. *Il est ménager de ses deniers.* / Relatif au ménage, à la vie domestique. *Arts ménagers.* **B.** n. f. Femme qui s'occupe du foyer.

ménagère n. f. Ensemble, présenté dans un écrin, des couverts destinés au service de la table.

ménagerie n. f. Lieu où sont rassemblés des animaux d'espèces les plus diverses dans un but scientifique ou pour les présenter au public. *La ménagerie du Jardin des plantes. La ménagerie d'un cirque.*

Menam, Me Nam ou **Mae Nam Chao Phraya** *1 200 km* Fleuve de Thaïlande formé de quatre rivières qui coulent dans la direction nord-sud. Son cours principal se divise en plusieurs bras, passe à Bangkok et atteint le golfe du Siam. Il est sujet à de fortes crues estivales.

Ménandre 342 ?-292 ? av. J.-C. Poète grec. Auteur comique athénien renommé, ses pièces au style alerte offrent des tableaux pittoresques de la vie en Grèce. Nous ne possédons que quelques fragments de la plupart de ses œuvres et une comédie complète : *Dyscolos*.

ménaquinone n. f. BIOCHIM. Vitamine dérivée de la ménadione qui intervient dans la coagulation sanguine. Syn. vitamine K_2.

menchevik n. m. (mot russe) HIST. Membre de la fraction du parti ouvrier social-démocrate russe mise en minorité lors du congrès du Parti ouvrier social-démocrate de Russie qui se tint à Londres en août 1903.
♦ Les mencheviks ont été mis en (faible) minorité sur la question des instances dirigeantes du parti ; sur la question plus fondamentale de la définition de « membre du parti » qui devait être fixée par les statuts, ils furent majoritaires. En réalité, mencheviks et bolcheviks (« majoritaires ») différaient sur le rôle de la social-démocratie russe qui devait, selon les mencheviks, accélérer la chute du tsarisme en dirigeant la révolution démocratique bourgeoise. À l'issue de cette révolution, le mouvement socialiste pourrait s'implanter et se doter d'une structure analogue à celle des mouvements socialistes occidentaux : syndicats, organisations régionales, réseau d'associations d'éducation ouvrière, etc. Ces thèses s'opposaient à celles de Lénine et les mencheviks furent écartés du pouvoir après la révolution de 1917.

menchevisme n. m. Doctrine des mencheviks.

Menchikov (Aleksandr Danilovitch, prince**)** 1672-1729 Maréchal russe. Intime de Pierre le Grand et favori de Catherine Ire qu'il aida à monter sur le trône à la mort du tzar (1725), il exerça le pouvoir avec elle avant d'être déporté en Sibérie à la mort de celle-ci et l'avènement de Pierre II (1727).

Mencius (Mengzi, dit en latin**)** 372 ?-289 av. J.-C. Philosophe chinois de l'école confucéenne. Son traité de morale exerça une grande influence sur la doctrine confucéenne et en développa certains aspects liés à l'économie politique.

Mendel (Johann, en religion **Gregor)** 1822-1884 Botaniste autrichien, fondateur de la génétique. Ordonné prêtre en 1848, il suivit des cours de physique et de botanique à l'université de Vienne (1851-1853). À partir de 1856, tout en enseignant dans un collège de Brünn (aujourd'hui *Brno*, en République tchèque), il découvrit des lois liées à l'hybridation végétale en cultivant des pois et en croisant entre elles de nombreuses variétés. En 1866, il énonça ses lois, qui devaient fonder la science de la génétique. Cependant, elles ne furent connues qu'en 1900.

Mendélé Mokher Seforim (Chalom Jacob Abramovitch, dit**)** 1835 ou 1837-1917 Écrivain russe de langues yiddish et hébraïque. Il mit son talent au service d'une langue méprisée par les intellectuels juifs (qui ne juraient que par l'hébreu, le russe ou l'allemand), le yiddish, auquel il donna ses lettres de noblesse en publiant de très nombreux ouvrages (romans, pièces de théâtre, récits), dont *Fichké le boiteux* (1865), *La Haridelle* (1873), et des traductions (de l'hébreu, du français – il traduisit *Cinq semaines en ballon*, de Jules Verne –, de l'allemand, du russe).

Mendeleïev (Dimitri Ivanovitch) 1834-1907 Chimiste russe. Après des études à Tobolsk, à Saint-Pétersbourg et à Paris, il fait quelques séjours en Allemagne et aux États-Unis et revient en Russie où il s'intéresse à l'origine des sources énergétiques (pétrole) tout en enseignant la chimie à Simféropol, Odessa, Saint-Pétersbourg. Il découvre la possibilité de liquéfier un gaz par simple compression en abaissant sa température. Il entreprend une classification des éléments chimiques qu'il termine en 1869, publie les *Principes de chimie* en 1870 et contribue à l'introduction du système métrique en Russie. *Classification (ou tableau) de Mendeleïev* : tableau qui classe les éléments chimiques selon leurs propriétés. Ce tableau sera complété par la découverte du gallium en 1875, du scandium en 1879, du germanium en 1866. La mise en évidence de la structure électronique des atomes confirme l'intuition de Mendeleïev.

mendélévium n. m. CHIM. Élément artificiel (symbole Md), de numéro atomique Z = 101, de masse atomique 258.

Mendelssohn (Moses) 1729-1786 Philosophe allemand. Fidèle au judaïsme, il tenta de le concilier avec le rationalisme de l'Aufklärung : *Entretiens philosophiques* (1755), *De l'évidence en métaphysique* (1763), *Phédon ou l'immortalité de l'âme* (trois dialogues, 1767).

Mendelssohn-Bartholdy (Felix) 1809-1847 Compositeur et chef d'orchestre allemand. Petit-fils du philosophe Moses Mendelssohn, il est un musicien précoce. Il commence à voyager très tôt en tant que pianiste virtuose ainsi qu'en tant que chef d'orchestre. Il devient plus tard directeur général de la musique de Prusse et maître de la chapelle royale. Par ses représentations, il contribue notamment à faire sortir de l'oubli Palestrina, Lassus, et surtout J. S. Bach. Son œuvre propre, abondante et variée, demeure largement classique bien qu'étant contemporaine du courant romantique. Il composa deux oratorios (*Elias* et *Paulus*), cinq grandes symphonies, des concertos pour piano, de la musique d'église et la musique de scène du *Songe d'une nuit d'été* (1843) dont fait partie la *Marche nuptiale*, très souvent jouée.

Mendès (Catulle) 1841-1909 Écrivain français. Gendre de Théophile Gautier, poète parnassien (*Philoméla*, 1863), il défendit Wagner et écrivit des livrets d'opéra (*Gwendoline*, mis en musique par Chabrier, *Isoline*, mis en musique par Messager), des pièces de théâtre, des romans et des nouvelles.

Pierre Mendès France (au centre).

Mendès France (Pierre) 1907-1982 Homme politique français. Avocat, député radical-socialiste (1932-1940), il participe au gouvernement du front populaire en 1938 en tant que sous-secrétaire d'État au Trésor. Pendant la Seconde Guerre mondiale, il est condamné par le gouvernement Vichy et il rejoint donc le général de Gaulle à Londres en 1942. Ministre de l'Économie nationale (1943-1945) puis président du

M

Ménélik II.

Carlos Menem.

***Menhirs** de Monteneuf (Bretagne).*

Conseil et ministre des Affaires Étrangères (1954-1955), il mit fin à la guerre d'Indochine et prépara l'indépendance de la Tunisie en lui accordant l'autonomie interne. Peu après, il participe à la création du Front républicain mais démissionne du poste de ministre d'État en raison de la politique algérienne du gouvernement. Profondément opposé au régime constitutionnel instauré par de Gaulle en 1958, il entre au Parti socialiste unifié en 1959 (il y restera jusqu'en 1968) et demeurera très actif au sein de l'opposition.

M

mendiant, e n. et adj. **I.** Personne qui vit de la charité publique, qui demande l'aumône. **II.** (Au pluriel) adj. *Ordres mendiants*: ordres religieux (carmes, franciscains, dominicains, augustins) qui font vœu de pauvreté et vivent de la charité publique. / Fig. *Les quatre mendiants*: les quatre fruits secs (amande, figue sèche, noisette, raisin sec) dont la couleur rappelle celle de l'habit des ordres mendiants.

mendicité n. f. Action de mendier; état de celui qui mendie. *Être réduit à la mendicité.*

mendier v. i. / v. t. [1] Demander l'aumône. / v. t. Demander (qqch.) à titre d'aumône. *Mendier de la nourriture.* / Fig. *Mendier des compliments.*

mendigot, e n. Pop. Mendiant.

meneau n. m. ARCHIT. Chacun des montants et des traverses de pierre divisant une fenêtre en plusieurs ouvertures, spécialement au Moyen Âge et à la Renaissance.

menées n. f. pl. Intrigues.

ménées n. f. pl. RELIG. Biographie des saints de l'Église orthodoxe.

Ménélas MYTH. GR. Frère d'Agamemnon. Il devint roi de Sparte, à la mort de Tyndare dont il avait épousé la fille, Hélène. L'enlèvement de celle-ci par Pâris entraîna la guerre de Troie racontée dans l'*Iliade*.

Ménélik Xe s. av. J.-C. Personnage légendaire. Fils de Salomon et de la reine de Saba (Yémen), il aurait été le premier roi d'Axoum et aurait enlevé à Jérusalem, lors d'une visite à Salomon, les Tables de la Loi qui sont actuellement dans la cathédrale d'Axoum. La fondation du royaume d'Axoum est beaucoup plus tardive, mais la présence ancienne de Yéménites dans la région est attestée.

Ménélik II 1844-1913 Empereur d'Éthiopie en 1889. Roi du Choa en 1865, il y fonde en 1886 Addis-Abeba. En 1889, quand le ras du Tigré (qui s'était proclamé négus sous le nom de Yohannes IV) meurt au combat contre les mahdistes, il lui succède sur le trône de négus comme descendant du légendaire Ménélik. Il remporte contre l'envahisseur italien la victoire d'Adoua (1896), la première victoire d'un État africain contre un colonisateur européen. Il laisse l'Érythrée à l'Italie moyennant une forte somme d'argent. Il agrandit et modernise son empire et concède à la France la construction de la voie ferrée Djibouti-Addis-Abeba. À partir de 1909, il est diminué par la maladie; son entourage se dispute sa succession qui, après le bref (1913-1916) intermède de son petit-fils Yassou, reviendra finalement à sa fille Zaoditou, et, après elle, à Haïlé Sélassié.

Menem (Carlos) 1935 Homme politique argentin. Péroniste, il remporte l'élection présidentielle (1989). Il mène une politique d'apaisement, tant à l'intérieur (amnistie des militaires) qu'à l'extérieur (avec la Grande-Bretagne et le Chili), et de rigueur économique. Il est réélu en 1995, mais l'accroissement des injustices sociales et la corruption font perdre les législatives de 1997 à son parti. Il quitte ses fonctions en 1999.

Menenius Agrippa VIe-Ve siècle av. J.-C. Consul romain en 502. En 494, lors de la révolte de la plèbe qui s'était massée sur le mont Sacré et refusait d'obéir aux consuls, il réussit, par son apologue *Les Membres et l'Estomac*, à calmer sa colère; de cette manifestation est née l'institution des tribuns de la plèbe, chargés de défendre les intérêts du peuple.

mener v. t. [1] Accompagner ou conduire en un lieu, vers une destination. *Mener une amie au théâtre. Mener les bêtes aux champs. Train, autoroute qui mène dans le Midi.* / Fig. Entraîner. *Mener loin*: avoir des conséquences fâcheuses (pour qqn). / GÉOM. Tracer. *Mener la perpendiculaire à un point.* / Être en tête de; être à la tête de, diriger, commander. *Mener la course. Mener le cortège. Mener l'orchestre.* / (Emploi absol.) SPORT Être en tête; avoir un avantage à la marque. / Assurer l'exécution, le déroulement de. *Mener les débats. Mener l'enquête. Mener un projet à bien.*

ménestrel n. m. Au Moyen Âge, musicien et poète itinérant.

ménétrier n. m. MUS. Anc. Violoniste qui faisait danser dans les fêtes villageoises.

meneur, euse n. Celui, celle qui dirige. *Meneur d'hommes. Meneuse de jeu.* / Absol. *C'est un meneur*, une forte personnalité qui sait s'imposer, se faire obéir.

Mengistu (Hailé Mariam) 1937 Militaire et homme politique éthiopien. Membre de la junte qui dépose l'empereur Hailé Sélassié en 1974, il devient en 1977 le président du Comité de direction des forces armées (dey) qui gouverne le pays, puis président de la République (1987). Il est renversé en 1991 par les rebelles tigréens.

menhir n. m. Monument mégalithique constitué d'une pierre allongée et dressée verticalement. *Les menhirs sont isolés, groupés en lignes (alignements) ou disposés en cercles (cromlechs).*

menin, ine n. HIST. En Espagne, jeune homme, jeune fille de la noblesse, attachés à une maison princière. / En France, à partir du mariage de Louis XIV, compagnon du dauphin.

méninge n. f. ANAT. Chacune des trois membranes enveloppant l'encéphale et la moelle épinière: la dure-mère (ou méninge dure), fibreuse, au contact de l'enveloppe osseuse, l'arachnoïde, située sous la dure-mère, et la pie-mère, en contact étroit avec les tissus nerveux. *Méninge dure*: dure-mère. *Méninge molle*: ensemble formé par l'arachnoïde et la pie-mère, entre lesquelles circule le liquide céphalo-rachidien. / Fam. *Les méninges*: le cerveau. *Se creuser les méninges*: réfléchir.

méningé, e adj. ANAT., MÉD. Relatif aux méninges. / *Syndrome méningé*: ensemble des troubles liés à une atteinte des méninges de nature diffuse.

méningite n. f. MÉD. Inflammation des méninges, généralement d'origine infectieuse, entraînant une modification de la composition du liquide céphalo-rachidien.

méningocoque n. m. MICROBIOL. Agent de la méningite cérébrospinale épidémique.

méningo-encéphalite n. f. MÉD. Inflammation touchant à la fois l'encéphale et les méninges. Pl. *Des méningo-encéphalites.*

Ménippe IVe-IIIe s. av. J.-C. Philosophe et poète grec. Originaire du Moyen-Orient, il appartint à l'école cynique. On lui attribue de nombreux ouvrages, souvent satiriques (dits *ménippées*).

ménisque n. m. ANAT. Cartilage présent au niveau de certaines articulations (notam. genou), qui assure un contact étroit entre les deux surfaces articulaires. / PHYS. Lentille concave sur une face, convexe sur l'autre. / PHYS. Surface concave ou convexe d'une colonne de liquide, dans un tube de faible section.

mennonite adj. et n. RELIG. Relatif à une secte anabaptiste fondée au XVIe siècle; membre de ce groupe. *Communauté mennonite. Les mennonites.*

♦ Les assemblées mennonites ont pour origine le mouvement d'anabaptisme pacifique né en Suisse et propagé aux Pays-Bas par Menno Simons. Les mennonites tentent de reproduire le modèle de la primitive Église; dans leurs communautés ne sont admises que les personnes qui décident de se conformer en tous points au message évangélique. Fondées sur l'indépendance absolue vis-à-vis de l'État à qui est refusé tout droit d'intervention, elles se tiennent loin du monde: c'est la « non mondanité » (refus de prêter serment à toute autorité profane, de faire la guerre, de participer à la vie politique, simplicité de vie et pureté de mœurs). Persécutés en Europe, les mennonites ont émigré en Russie et, surtout, en Amérique du Nord. Les communautés mennonites ont préservé leurs coutumes, notamment vestimentaires, et leur langue, un parler allemand.

ménologe n. m. RELIG. Martyrologe de l'Église grecque.

ménopause n. f. PHYSIOL. Phase physiologique de la vie de la femme au cours de laquelle se produit l'arrêt de l'activité ovarienne.

menora n. f. (mot hébreu) Chandelier à sept branches, objet du culte hébraïque.

ménorragie n. f. MÉD. Menstrues anormalement abondantes et prolongées.

ménorrhée n. f. PHYSIOL. Écoulement menstruel.

menotte n. f. Petite main; main d'un enfant. / (Au plur.) Bracelets métalliques que l'on fixe aux poignets d'un prisonnier.

menotter v. t. [1] Entraver avec des menottes.

Menotti (Gian Carlo) 1911 Compositeur américain d'origine italienne. Installé aux États-Unis depuis 1928, deux de ses opéras (*Le Médium*, 1946; *Le Consul*, 1950) ont été des succès internationaux.

mensonge n. m. Affirmation d'une chose fausse, faite volontairement, dans l'intention de tromper. / Illusion, mirage, tromperie.

mensonger, ère adj. De la nature du mensonge. *Propos mensonger.*

mensongèrement adv. De façon mensongère.

menstruation n. f. PHYSIOL. Phénomène physiologique, propre à la femme, qui se traduit par l'écoulement périodique (généralement mensuel) de sang, par les voies génitales, dû à l'expulsion de la paroi utérine, quand il n'y a pas eu fécondation. *La menstruation est interrompue pendant les périodes de grossesse et de lactation.*

menstruel, elle adj. Des menstrues.

menstrues n. f. pl. PHYSIOL. Écoulement sanguin périodique, chez la femme, de la puberté à la ménopause, correspondant aux menstruations. Syn. cour. règles.

mensualiser v. t. [1]. Rendre mensuel (un paiement); payer (qqn) au mois.

mensualité n. f. Somme versée ou reçue chaque mois.

mensuel, elle adj. et n. m. Qui se fait

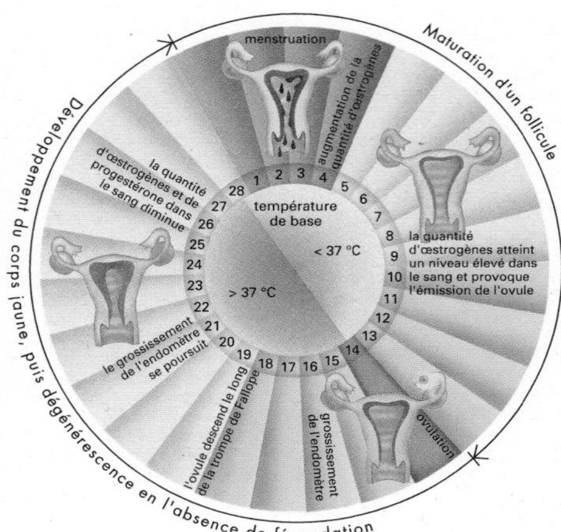

*Le cycle **menstruel** et sa relation avec la température du corps. Le premier jour est celui du début de la **menstruation**.*

Menthe.

tous les mois. *Salaire mensuel.* / Qui paraît tous les mois. *Publication mensuelle* ou (n. m.) un *mensuel*.

mensuellement adv. Tous les mois.

mensuration n. f. Mesure des dimensions caractéristiques du corps humain. / (Au plur.) Ensemble des dimensions ainsi mesurées.

mental, ale, aux adj. et n. m. **A.** adj. Qui s'effectue dans l'esprit, dans l'intellect. *Calcul mental.* / Relatif au fonctionnement intellectuel, psychologique. *Maladie mentale. Âge mental*: estimation, à partir de tests, de la maturité intellectuelle d'un individu (en particulier d'un enfant). **B.** n. m. *Le mental*: le psychisme. *Avoir un mental solide.*

mentalement adv. Uniquement par la pensée. / Sur le plan mental.

mentalité n. f. État d'esprit, manière de penser particuliers à un individu. / Ensemble des modes de pensée, des croyances, des attitudes propres à un groupe, à une collectivité.

menterie n. f. Vieilli Mensonge.

menteur, euse adj. et n. Qui ment, qui ment souvent.

menthe n. f. BOT. Plante herbacée vivace de la famille des labiées, vivant dans les lieux humides, aux feuilles aromatiques riches en menthol.

menthol n. m. Alcool terpénique très abondant dans les feuilles de menthe. *Le menthol est utilisé pour ses propriétés antiseptiques et anesthésiantes.*

mentholé, e adj. Au menthol.

mention n. f. Rapport, citation. *Faire mention d'une découverte.* / Note apportant une précision. *Mention en bas de page.* / Distinction attribuée par un jury à un candidat reçu à un examen.

mentionner v. t. [1] Faire mention de. *Mentionner un auteur.*

mentir v. i. [3] Donner pour vrai (ce que l'on sait être faux), nier ou taire (une vérité, une réalité). *Il m'a menti sur son âge.* / Avoir des dehors trompeurs. / *Mentir à*: manquer à, renier. *Mentir à sa promesse.*

menton n. m. Partie saillante du visage dont le relief est constitué par la partie médiane du maxillaire inférieur.

Menton *29 141 h.* Station balnéaire et centre de culture de fleurs de la Côte d'Azur (Alpes-Maritimes). Elle appartenait aux Grimaldi de Monaco et est revenue à la France en 1860.

mentonnière n. f. HIST. Partie du casque d'une armure qui couvrait le menton. / Bande de toile passée sous le menton et servant à retenir une coiffure. Syn. jugulaire. / MÉD. Appareil orthopédique servant à la réduction des fractures du maxillaire inférieur. / MUS. Petite plaque protectrice située entre la caisse d'un violon et le menton du violoniste.

mentor n. m. Litt. Conseiller.

Mentor MYTH. GR. Dans l'Odyssée, fidèle ami d'Ulysse. En partant pour Troie, Ulysse lui avait confié sa maison et l'éducation de son fils Télémaque. Tous deux furent protégés par la déesse Athéna qui prit en maintes occasions les traits de Mentor.

menu [1] n. m. Liste des plats composant un repas.

menu, e [2] adj., adv. et n. m. **A.** adj. Petit, de peu de volume. *De menus morceaux.* / (En parlant d'une personne) De faible corpulence. *Une enfant menue.* / Fig. De peu d'importance, de peu de valeur. *Menue monnaie.* **B.** adv. *Hacher menu*: en petits morceaux. / n. m. *Par le menu*: en détail, sans rien oublier.

menu-vair n. m. Vx Écureuil petit-gris. / Fourrure du petit-gris. Pl. Des *menus-vairs*.

menuet n. m. MUS. Anc. Danse à trois temps (XVIIe siècle); air sur lequel on la dansait. / Forme instrumentale, à trois temps, dans les suites, les sonates et les symphonies.

Menuhin (sir Yehudi) 1916-1999 Violoniste de nationalité britannique et américaine. L'un des grands virtuoses du XXe siècle, il a également été un protecteur des musiciens menacés par des régimes autoritaires.

menuiser v. t. [1] Travailler en menuiserie. *Menuiser une table.*

menuiserie n. f. Art, métier d'une personne qui fabrique des objets en bois. *Les ouvrages de menuiserie englobent tous les travaux du bois exécutés dans une maison, à l'exception de la charpente.* / Atelier où l'on travaille le bois.

menuisier n. m. Personne spécialisée dans les travaux de menuiserie.

ménure n. m. ZOOL. Oiseau de l'ordre des passériformes, de la taille d'un faisan, vivant en Australie, appelé également oiseau-lyre en raison des longues plumes caudales recourbées des mâles.

Menzel (Adolf von) 1815-1905 Peintre allemand. Il a laissé de nombreuses gravures et peintures évoquant la vie berlinoise.

Méphistophélès Nom donné au personnage qui, dans la légende de Faust, est le messager du diable. Il apparaît dans de nombreuses œuvres littéraires et lyriques, notamment chez Marlowe dans *La Tragique histoire du docteur Faust*, 1588, et dans le *Faust* (1808) de Goethe.

méphistophélique adj. Qui rappelle Méphistophélès; diabolique.

méphitique adj. Fétide ou toxique.

méplat n. m. ARCHIT. Partie plane intermédiaire entre deux surfaces; chacun des plans d'une surface. / ANAT. Partie plane du corps. *Méplat de la joue.*

méprendre (se) v. pron. [3] Se tromper. *Ne vous méprenez pas sur mes intentions.*

mépris n. m. Sentiment que l'on éprouve à l'égard de qqn que l'on considère comme indigne d'estime, d'attention. / Indifférence affichée face à ce qui est considéré comme important par les autres. *Le mépris de l'argent, de la réussite.*

méprisable adj. Qui mérite le mépris.

méprisant, e adj. Qui méprise ses semblables. *Personnage méprisant.* / Qui dénote le mépris. *Un regard méprisant.*

méprise n. f. Erreur commise par qqn qui se méprend.

mépriser v. t. [1] Avoir du mépris pour. / Dédaigner. *Mépriser l'argent.* Ne pas tenir compte de. *Mépriser le danger.*

mer n. f. Vaste étendue d'eau salée couvrant environ 71 % de la surface du globe. *Eau de mer.* / Partie délimitée de cette étendue d'eau. *La mer Baltique.* / Fig. Très vaste étendue.

méralgie n. f. MÉD. Trouble sensitif de la face externe de la cuisse, généralement unilatéral.

Mercader (Ramon) 1914-1978 Militant communiste espagnol. Connu sous divers pseudonymes (Jacques Mornard, Frank Jacson), il reçoit en 1939 l'ordre de tuer

M

MER

La côte saoudienne de la mer Rouge.

La côte danoise de la mer du Nord.

La mer Morte, une mer fermée située ente Israël et la Jordanie.

Vénus, Cupidon et **Mercure**.

Trotski, avec qui il entre en relation sous le nom de Mornard. En août 1940, il l'assassine d'un coup de piolet. Emprisonnné, « le Belge Mornard » s'en tiendra à son identité d'emprunt et ne donnera aucun renseignement sur sa mission. En 1960, libéré, il part pour Moscou où il est traité en héros (il entrera à Prague en 1968 en tant que colonel du KGB). Dernier masque : à Moscou, sa tombe porte le nom de « Lopez Ramon Ivanovitch, héros de l'Union soviétique ».

mercanti n. m. HIST. Marchand, dans les ports d'Orient ; commerçant qui suivait une armée, en Afrique du Nord, en Orient. / Péjor. Commerçant âpre au gain, dépourvu de scrupules.

mercantile adj. Vx Relatif au commerce. / Mod., péjor. D'un mercanti ; qui rappelle ou évoque la mentalité d'un mercanti. *Calcul mercantile.*

mercantilisme n. m. ÉCON. Doctrine économique apparue au XVIe siècle en Europe. / Péjor. État d'esprit d'un mercanti. u Si le mercantilisme n'a jamais constitué une doctrine cohérente, les idées mercantilistes ont irrigué la pensée et la pratique économiques du XVIe au début du XVIIIe siècle. Cette théorie repose sur deux bases fondamentales. Primo, l'État doit être matériellement riche, c'est-à-dire riche en métaux précieux ; secundo, c'est la nation qui constitue le cadre de l'activité économique. Le commerce extérieur attire les métaux précieux dans le pays lorsque les exportations dépassent les importations, ce qui n'est possible que si les activités économiques nationales sont stimulées et protégées par l'État.

mercantiliste adj. Du mercantilisme ; relatif au mercantilisme. *Doctrine mercantiliste.*

mercatique n. f. Synonyme officiellement recommandé pour *marketing*.

Mercator (Gerhard Kremer, dit**)** 1512-1594 Mathématicien et géographe flamand. En 1552, à Duisburg, il dressa une grande carte de l'Europe et créa la projection à laquelle son nom est resté attaché. En 1569, il publia la première grande carte du monde à l'usage des navigateurs. En 1541, pour le compte de Charles Quint, il avait construit un globe terrestre et un globe céleste.

mercenaire adj. et n. m. Vx ou litt. Qui n'est fait que pour en tirer une rémunération ; qui ne travaille que contre paiement. *Tâche mercenaire. Troupe mercenaire.* / n. m. Soldat de métier à la solde d'un pays étranger.

Mercenaires (guerre des) 241-237 av. J.-C. Révolte contre l'État carthaginois des mercenaires enrôlés pendant la première guerre punique (264-241 av. J.-C.). Licenciés à la fin de la guerre, ils se révoltèrent et tinrent tête à Carthage avant d'être finalement massacrés par Hamilcar Barca.

mercerie n. f. Commerce des menus articles de couture (boutons, fil, aiguilles, rubans). / Ensemble de ces articles. / Boutique où se vendent ces articles.

mercerisé, e adj. *Coton mercerisé*, traité en sorte que le tissu soit brillant comme de la soie.

merchandising Voir **marchandisage**

merci n. f. et m. Vx Pitié. *Crier merci* : crier grâce. / *Être à la merci de qqn* : être livré à son pouvoir, être sans défense face à lui. / n. m. Formule de remerciement. *Merci de votre aide.*

Mercie (royaume de) Royaume anglo-saxon du centre de l'Angleterre (Midlands) fondé au VIIe siècle. S'étendant, à son apogée (VIIIe siècle), jusqu'à la mer d'Irlande, il fut soumis par Egbert le Grand, roi du Wessex, en 829.

mercier, ère n. Personne qui vend de la mercerie.

Mercier (Louis Sébastien) 1740-1814 Écrivain français. Violemment opposé au genre littéraire classique, il plaida tout au long de sa vie en faveur d'un style à la mesure de la modernité. Longtemps méconnu, il a contribué à de nombreuses revues, écrit des drames historiques (*La Brouette du vinaigrier*, 1775) et décrit le Paris populaire dans le *Tableau de Paris* (12 vol., 1781-1790), puis *Le Nouveau Paris* (1798).

Mercier (Désiré Joseph) 1851-1926 Prélat et théologien belge. Il contribua au renouveau d'intérêt pour la philosophie de saint Thomas d'Aquin avec le soutien du pape qui le fit cardinal en 1907. De plus, il organisa les *Conversations de Malines* (1921-1926) avec les anglicans en vue de favoriser l'œcuménisme.

Merckx (Eddy) 1945 Cycliste belge. Avec plus de 500 victoires, il a dominé le cyclisme des années 70. Il a notamment remporté le Tour de France en 1968, 1970 et de 1972 à 1974.

Mercosur Acronyme espagnol utilisé pour désigner le Marché commun d'Amérique du Sud dont le siège se trouve à Buenos Aires et dont le rôle est de favoriser l'intégration économique régionale. Sa zone de libre-échange, en vigueur depuis le 1er janvier 1995, regroupe l'Argentine, le Brésil, le Paraguay et l'Uruguay.

Mercouri (Maria Amalia, dite **Melina)** 1925-1994 Actrice et femme politique grecque. Après des débuts au théâtre, elle entame au cinéma une carrière internationale avec Jules Dassin, son futur époux (*Jamais le dimanche*, 1960). Après le coup d'État militaire en Grèce (1967), elle se lance dans la politique, militant contre le *régime des colonels* depuis Paris où elle est réfugiée. Accueillie triomphalement à son retour à Athènes, elle poursuivra sa carrière politique au sein du Mouvement socialiste panhellénique et sera ministre de la Culture (1981-1989 et 1993-1994).

mercredi n. m. Troisième jour de la semaine, entre le mardi et le jeudi. / RELIG. CATHOL. *Mercredi des Cendres* : premier jour du Carême.

mercure n. m. Élément chimique (symbole Hg), de numéro atomique Z = 80, de masse atomique 200,59. / Métal blanc argenté très lourd (densité 13,6), liquide à température ordinaire qui se solidifie à – 39 °C et bout à 357 °C. *Le mercure est utilisé, à cause de sa densité, dans de nombreux appareils de physique (baromètre à colonne de mercure).*

Mercure MYTH. ROM. Dieu romain du commerce, des voyageurs et des voleurs. Fils de Jupiter, il est le messager des dieux. Son attribut est le caducée. Des ailes ornent ses pieds et sa coiffure. On l'assimile à l'Hermès des Grecs.

• **Mercure** Planète du système solaire.

Mercure de France (le) Journal français fondé en 1672 sous le titre *Mercure galant* et qui prit le nom de *Mercure de France* en 1724. Il tenait chaque semaine le public au courant des événements mondains. Il parut jusqu'en 1825, puis son titre fut repris en 1889 par une revue littéraire (créée par Alfred Vallette) qui disparut en 1965. La maison d'édition du même nom, également fondée par Vallette, existe toujours.

mercuriale [1] n. f. HIST. Sous l'Ancien Régime, assemblée générale du Parlement qui, à l'origine, se tenait le mercredi, et qui était ouverte par un discours dans lequel un magistrat faisait un compte rendu des décisions de justice prises dans l'État ; ce discours. / Discours prononcé par le ministère public lors de la rentrée des tribunaux. / Litt. Semonce, reproche.

mercuriale [2] n. f. BOT. Plante herbacée de la famille des euphorbiacées, utilisée autrefois comme laxatif.

mercuriale [3] n. f. Registre où sont inscrits, au jour le jour, les cours des denrées sur un marché.

mercuriel, elle adj. CHIM. Qui contient du mercure.

mercurochrome n. m. (nom déposé) PHARM. Antiseptique de couleur rouge, solution alcoolique d'un composé organique mercuriel, qui s'utilise en application externe. *Mettre du mercurochrome sur une écorchure.*

Mercury Programme spatial américain (1961-1963), conçu dans le but de tester les matériaux et les matériels dans des conditions d'utilisation propres aux milieux encore inconnus de l'homme, puis d'évaluer la résistance et les réactions des organismes humains aux contraintes des vols spatiaux.

merde n. m. et interj. Vulg. Matière fécale. Fig. Individu méprisable, chose méprisable, sans valeur. *Ce type, c'est une merde. C'est de la merde.* / Très fam. Gros désordre ; situation d'une inextricable complexité. *Il est dans la merde.* / interj. (Pour exprimer colère, agacement, dégoût, ou, à l'inverse, admiration) Très fam. *Et merde, certainement pas ! Merde alors, tu ne te mouches pas du pied !*

merder v. i. [1] Vulg. Rater, en rester à des échecs dans ce qu'on entreprend.

merdeux, euse adj. et n. Vulg. Souillé de merde. / Subst. Personne minable. *Petit merdeux.*

merdier n. m. Vulg. Désordre.

merdique adj. Vulg. Raté, sans intérêt. *Un film merdique.* / Qui ne peut que merder. *Une affaire merdique.*

merdoyer v. i. [1] Très fam. Cafouiller.

mère [1] n. f. **I.** Femme qui a mis au monde un ou plusieurs enfants. / Femelle d'un animal. *Les chatons tètent leur mère.* / Nom donné à certaines religieuses professes. *Mère Marie de l'Incarnation. Mère supérieure*, qui dirige un couvent de femmes. / Fam. Femme du peuple, d'un certain âge. *La mère Denis.* **II.** Origine d'une chose ; lieu d'origine. / (en appos.) Source. *Maison mère.* / *Mère du vinaigre* : mince couche d'acétobacters qui se forme à la surface du vinaigre en fermentation.

mère [2] adj. f. Vx Pur. / *Mère goutte* : jus premier des pommes, des raisins, des olives au pressoir.

Mère (la) 1907 Roman de Gorki. Il raconte comment une femme d'un certain âge, accablée par la misère, rejoint son fils dans le combat révolutionnaire. Poudovkine porta cette œuvre à l'écran (1926) et Brecht à la scène (1932).

Mère Courage et ses enfants 1938 Pièce de Bertolt Brecht tirée du roman picaresque antimilitariste de Grimmelshausen, *La Vie de l'aventurier Simplicius Simplicissimus* (1669). Pendant la guerre de Trente ans, la cantinière Anna Fierling s'acharne à vouloir faire de bonnes affaires. Elle n'y parvient pas et, victime de son entêtement, perd ses trois enfants sans jamais se raviser.

Méré (Antoine Gombaud, chevalier **de)** 1607-1685 Écrivain français. Habitué des salons parisiens où il était apprécié, ami de Pascal, il définit, à travers ses entretiens, l'honnête homme du XVIIe siècle. Il laissa ses *Lettres*, publiées en 1682.

Meredith (George) 1828-1909 Écrivain anglais. Il fut poète (recueil : *L'Amour moderne*, 1862) et romancier (*L'Épreuve de Richard Feverel*, 1859 ; *L'Égoïste*, 1879 ; *Les Comédiens tragiques*, 1880), formulant dans les deux genres une critique acerbe de la vanité et des faux sentiments.

mère-grand n. f. Litt. Grand-mère. Pl. Des *mères-grand*.

Mergenthaler (Ottmar) 1854-1899 Inventeur américain d'origine allemande. Horloger d'origine, il conçut la première linotype fonctionnant avec un clavier analogue à celui d'une machine à écrire.

merguez n. f. (mot du Maghreb) CUIS. Mince saucisse fraîche, autrefois de viande d'âne, aujourd'hui de viande de bœuf ou de mouton, largement épicée et pimentée.

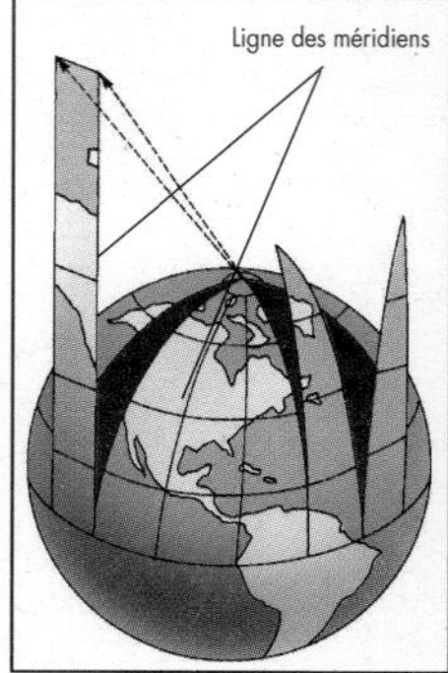

*Projection des **méridiens** terrestres, utilisée en cartographie.*

Mercure

Dans l'ordre des planètes gravitant autour du Soleil, Mercure occupe la première orbite située à 0,38 UA (56 846 000 km) de son étoile. Son rayon est de 2 440 km (celui de la Terre est de 6 378 km), sa masse, de 0,055 (celle de la Terre est de 1), sa rotation journalière, de 59 jours terrestres, sa période de révolution orbitale, de 89 jours (celle de la Terre est de 365 jours), son inclinaison sur l'écliptique, de 7°, l'excentricité de son orbite, de 0,206.

C'est un monde de l'extrême. De toutes les planètes du système solaire, elle est celle qui se forma à la température la plus élevée, en raison de sa proximité avec le Soleil. À sa surface, lorsqu'elle est à son périhélie la température diurne dépasse 400 °C et la température nocturne descend à -170 °C. L'origine de Mercure est encore une énigme, tout comme l'origine de son champ magnétique, son éventuel noyau liquide, son atmosphère, sa densité, particulièrement élevée.

Du fait de sa proximité avec le Soleil, Mercure est difficilement observable depuis la Terre avec des instruments classiques: seul l'envoi d'une sonde spatiale peut fournir les informations recherchées. Lancée en 1973, la sonde Mariner 10 fut placée sur une orbite solaire dont la trajectoire la fit passer à trois reprises près de Mercure, ce qui permit de recueillir plus de 5 000 clichés à haute résolution. La surface de la planète est caractérisée par des cratères et des bassins assez semblables à ceux de la Lune. Pourtant, Mercure diffère d'avec notre satellite par la dimension et la répartition de ses cratères d'impact.

La surface de Mercure, photographiée par Mariner 10 en 1974.

Autre facteur de différenciation, la force de gravitation s'exerçant à sa surface est deux fois plus forte que celle qui s'exerce sur la Lune, ce qui a pour conséquence qu'à chaque impact de puissance identique, les matériaux éjectés (éjectats) recouvrent sur Mercure une surface égale au sixième de celle qui est recouverte sur la Lune. Tout événement ancien survenu à la surface de Mercure est mieux préservé que celui survenu à la surface de la Lune, où l'éjectat d'un impact récent a recouvert la trace d'un événement plus ancien.

Autre différence, la surface de Mercure présente des escarpements en forme de lobes qui résulteraient d'un rétrécissement à grande échelle de sa croûte. Enfin, le magnétomètre embarqué à bord de la sonde a détecté un faible champ magnétique lors du premier survol de Mercure à une altitude de 700 km.

Le troisième survol, à 320 km, a confirmé l'intensité et l'orientation de ce champ magnétique dipolaire, aligné avec son axe de rotation et assez semblable à celui de la Terre, bien que plus faible. La sonde a également détecté une fine couche d'hélium gazeux; on s'accorde à penser que le champ magnétique capte des noyaux d'hélium issus du vent solaire, ou des émanations venant de la surface.

méridien, enne adj. et n. **A.** adj. Litt. De midi, du milieu du jour. *Orientation méridienne.* / ASTRON. *Plan méridien d'un lieu,* contenant l'axe terrestre et la verticale du lieu. **B.** n. m. GÉOGR. Grand cercle tracé virtuellement à la surface de la Terre et passant par les pôles nord et sud en formant une ligne dont tous les lieux placés sur elle ont la même longitude. *Afin de standardiser un système de coordonnées, la communauté scientifique s'est accordée à reconnaître le méridien passant par les deux pôles et la ville de Greenwich comme l'origine des longitudes terrestres.* **C.** n. f. ASTRON. *Méridienne d'un lieu*: intersection du plan méridien et du plan horizontal de ce lieu. / Lit de repos à deux chevets inégaux reliés par un dossier. / Sieste de milieu de journée.

méridional, ale, aux adj. et n. **I.** Qui se trouve au midi, au sud. *Versant méridional d'une montagne.* **II.** Relatif aux habitants du Midi (en particulier du Midi de la France). *Cuisine méridionale.* / n. *C'est une méridionale.*

Mérimée (Prosper) 1803-1870 Écrivain français. Il fait ses débuts dans la vie littéraire française avec le *Théâtre de Clara Gazul* (1825), qu'il prétend être l'œuvre traduite d'une actrice espagnole inconnue. Après plusieurs autres pièces peu reconnues de son vivant (dont *Le Carrosse du Saint-Sacrement*, 1828), il publie son seul roman, historique, *Chronique du règne de Charles IX* (1829). Puis il publie des nouvelles; son premier recueil s'intitule *Mosaïque* (1833). En outre, Mérimée, qui s'intéresse beaucoup à l'art gothique, est nommé inspecteur général des monuments historiques (1834), ce qui lui permet de voyager en France et en Europe, notamment en Espagne. Viennent alors ses œuvres les plus fameuses: *Colomba* (1840), *Carmen* (1845) et, plus tard, dans le domaine du fantastique, *Lokis* (1869). Son style est froid et concis, mais l'action est violente et les personnages passionnés, comme chez son ami Stendhal. Il publie également des travaux d'archéologie et s'attache à préserver le patrimoine national. Devenu homme de cour sous Napoléon III (il était cousin de l'impératrice Eugénie), il passe la fin de sa vie à traduire des romanciers russes tels que Pouchkine et Tourgueniev, qu'il contribuera ainsi à faire connaître en France.

Mérinas Population de Madagascar qui partage avec les Betsileos le centre du plateau. Agriculteurs, éleveurs et commerçants, ils sont divisés en castes.

meringue n. f. PÂTIS. Pâtisserie légère faite de blancs d'œufs battus en neige avec du sucre, cuite à four très doux.

meringuer v. t. [1] Couvrir d'une couche de meringue. *Tarte au citron meringuée.*

Mérinides ou **Marinides** Dynastie berbère qui prit la succession des Almohades et s'établit à Fès (Maroc) de 1269 à 1420. Ses principaux souverains furent Abou Youssef Yacoub qui fonda Fès-Djedid, Abou Yacoub qui étendit ses conquêtes vers l'est et Abou al-Hassan qui alla jusqu'en Espagne.

mérinos n. m. Mouton dont la toison fournit une laine appréciée pour sa finesse. / Étoffe tissée avec cette laine.

merise n. f. Fruit du merisier.

merisier n. m. Cerisier sauvage, dont le bois est utilisé en ébénisterie.

méristème n. m. BOT. Tissu végétal fait de cellules indifférenciées, capables de subir des mitoses, qui permet la croissance de la plante.

méritant, e adj. Qui a du mérite.

mérite n. m. Ce qui valorise une personne, la rend digne d'éloges. *Elle a du mérite à élever seule ses enfants.* / Ensemble des talents intellectuels, des qualités morales. *Sa réussite est uniquement due à son mérite.* / Avantage, valeur. *Les mérites de la liberté.* / Distinction accordée pour récompenser des qualités particulières montrées dans l'exercice de certaines fonctions publiques ou privées; décoration qui témoigne de cette distinction. *Mérite agricole.*

Mérite (ordre national du) Ordre de chevalerie créé en 1963 pour récompenser ceux et celles qui se sont distingués dans la fonction publique et les activités économiques privées; règlement et grades sont ceux de la Légion d'honneur.

mérité, e adj. À la mesure du mérite. *Récompense méritée.* Ant. immérité.

mériter v. t. [1] Être digne de. *Mériter des éloges, la confiance.* / Être passible de. *Mériter la prison.* / Donner lieu à, motiver. *Ce texte mérite notre attention, que l'on s'y intéresse.* / v. t. ind. *Mériter de la patrie, de l'État*: avoir droit à leur reconnaissance.

méritoire adj. Qui mérite réussite. *Un effort méritoire.*

merlan n. m. ZOOL. Poisson osseux de la famille des gadidés, à chair estimée, qui vit en bancs le long des côtes européennes. / Par anal. (vx) Coiffeur, perruquier (couvert de poudre comme le merlan de farine avant d'être cuit). / Loc. fam. *Des yeux de merlan frit,* dont on ne voit que le blanc.

merle n. m. Oiseau passereau de la famille des turdidés, au plumage noir chez le mâle et brun chez la femelle. / Fig. *Merle blanc*: personne, chose extrêmement rare, impossible à trouver.

Merleau-Ponty (Maurice) 1908-1961 Philosophe et universitaire français. Professeur à la Sorbonne en 1949, puis au Collège de France en 1952, il a introduit en France la phénoménologie de Husserl (*Phénoménologie de la perception*, 1945) avec quelques modifications. Il reprocha à Sartre, avec lequel il avait dirigé la revue *Les Temps modernes* de 1945 à 1953, son rapprochement avec les communistes: *Les Aventures de la dialectique* (1955).

merlette n. f. Femelle du merle.

merlin n. m. Anc. Masse utilisée pour abattre les bovins destinés à la boucherie. / Hache pour fendre le bois.

Merlin l'Enchanteur Personnage du cycle breton qui est le personnage principal,

Merlin l'Enchanteur.

M

MÉROVINGIENS

Le baptême de Clovis.

À la mort de Clovis (511), ses quatre fils se partagent le royaume : Austrasie au nord-est, Neustrie au nord-ouest, Aquitaine au sud-ouest, et Burgondie au sud-est. Peu à peu, l'autorité royale s'affaiblit au profit des maires du palais auxquels des rois jeunes et inexpérimentés abandonnent le pouvoir. Un de ces maires, Pépin d'Héristal (ou de Herstal), qui gouverne l'Austrasie de 680 à 714, parvient à étendre sa puissance sur trois royaumes, aidé de son fils Charles Martel. En 751, ayant évincé Childéric III, son petit-fils Pépin le Bref se fait élire roi des Francs, avec l'accord du pape : c'est le début de la dynastie carolingienne. Sous les Mérovingiens, la civilisation latine, presque ruinée par les invasions germaniques, est en voie de disparition. Cependant, Dagobert Ier entreprend la construction de l'abbaye de Saint-Denis. Mais la plupart des Mérovingiens appliquent les coutumes franques et germaniques dont certaines ont été fixées par la loi salique (fixation d'amendes ou wergelds en réparation de dommages causés à autrui ; règles de procédure ; législation concernant le droit privé) ou les jugements de Dieu et les ordalies. Si les villes gallo-romaines perdent leur importance et leur activité (faute d'entretien des routes), les campagnes profitent de la paix relative. La vie religieuse (représentée par de fortes personnalités : saint Éloi, Grégoire de Tours) est le seul soutien de la culture, de l'enseignement et de l'art, et les monastères se multiplient.

dès 1135, des *Prophéties de Merlin*, de Geoffroi de Monmouth. Sa biographie s'étoffera par la suite (notamment grâce à l'œuvre de Robert de Boron). Doué de pouvoirs prophétiques dès sa naissance, Merlin conseille notamment au roi Arthur de créer la Table Ronde.

merlon n. m. ARCHI. Partie pleine d'un parapet, entre deux créneaux.

merlu ou **merlus** n. m. Poisson téléostéen à dos gris, à ventre blanc, atteignant un mètre de long, auquel on donne souvent le nom de colin.

merluche n. f. Morue, merlu séchés mais non salés.

merlus Voir **merlu**

Mermoz (Jean) 1901-1936 Aviateur français. Il réalisa la première liaison aérienne entre la France et l'Amérique du Sud. Il disparut le 6 décembre 1936, à bord de l'hydravion *Croix-du-Sud*, dans l'Atlantique.

Mérode (Cléopatre Diane, dite **Cléo de)** 1875-1966 Danseuse française. Demimondaine célèbre par sa beauté et son esprit, elle eut de nombreux amants ; sa liaison avec le roi des Belges, Léopold II, défraya la chronique.

Méroé ou **Merowe** Ville ancienne du nord du Soudan, sur le Nil. Au Ve siècle av. J.-C., elle succéda à Napata comme capitale du royaume de Koush (dit aussi *royaume de Méroé*), pour échapper à la menace égyptienne. Au IVe siècle apr. J.-C., le royaume d'Axoum (dans l'Éthiopie actuelle) l'emporta. Des vestiges importants attestent l'influence de l'Égypte (pharaonique ou hellénistique) et celle de l'art africain.

mérostomes n. m. pl. ZOOL., PALÉONT. Classe d'arthropodes chélicérates marins, dont la limule est l'unique représentant actuel, et à laquelle appartiennent de nombreuses espèces fossiles.

mérou n. m. Grand poisson téléostéen des mers chaudes, à la chair très appréciée. *Certains mérous peuvent atteindre deux mètres de long.*

Mérovée Ve siècle ap. J.-C. Roi (v. 447-v. 458 ?) des Francs Saliens à l'existence semi-légendaire, il est l'ancêtre éponyme des Mérovingiens.

mérovingien, enne adj. et n. HIST. De Mérovée et de sa dynastie. / Subst. *Les Mérovingiens* : les rois francs descendant de Mérovée.

• **Mérovingiens** Dynastie qui régna sur la Gaule depuis Clovis (481), jusqu'à l'éviction de la dynastie par les Carolingiens en 751.

Mers el-Kébir *20 000 h.* Base navale d'Algérie, créée en 1935, où la flotte britannique détruisit la flotte française qui refusait de se laisser désarmer (3 juillet 1940). Il y eut 1 300 morts parmi les marins français. La France évacua cette base en 1968.

Mersenne (abbé Marin) 1588-1648 Philosophe et savant français. Religieux entré dans l'ordre des Minimes (1611), ami de Descartes (il publie la première édition de ses *Méditations*), il fut au centre de la vie philosophique et scientifique de son temps, organisant de fréquentes réunions de savants et correspondant notamment avec Galilée, Fermat, Huygens et Hobbes. Il fit aussi progresser l'acoustique, étudiant notamment les sons harmoniques. Il publia *De l'harmonie universelle* en 1636.

merveille n. f. Prodige suscitant une grande admiration. / *Les Sept Merveilles du monde* : les sept chefs-d'œuvre considérés comme les plus remarquables dans l'Antiquité (les pyramides d'Égypte, les jardins suspendus de Babylone, le phare d'Alexandrie, le temple d'Artémis à Éphèse, le mausolée d'Halicarnasse, le colosse de Rhodes et la statue en or et en ivoire de Zeus Olympien).

merveilleusement adv. De façon merveilleuse ; à merveille.

merveilleux, euse adj. et n. **A.** adj. De la nature de la merveille, magique, surnaturel. / n. m. *Le merveilleux* : le monde surnaturel des prodiges. / Fig. Charmant, enchanteur. *Un rêve merveilleux.* **B.** n. f. HIST. Sous le Directoire, femme qui portait des toilettes élégantes et excentriques, imitées de celles de l'Antiquité.

Merz (Mario) 1925 Artiste italien. Dans les années 60, il pratique l'art informel, créant des installations d'objets divers et s'inscrivant déjà dans l'optique de la critique de la société industrialisée et de la société de consommation qui va donner naissance à l'Art pauvre. Plus tard, il adopte un système formel qui utilise l'igloo (dans des matières diverses) et la progression arithmétique (*Igloo de Giap*, 1968). Ses peintures d'inspiration mythique et préhistorique sont aussi mises en scène dans des cadres variés où figurent les igloos.

mes Voir **mon**

mésalliance n. f. Fait de se mésallier.

mésallier (se) v. pron. [1] Épouser qqn d'un rang considéré comme inférieur.

mésange n. f. ZOOL. Petit oiseau passereau insectivore, à bec court et pointu, au plumage de couleurs vives.

mésaventure n. f. Événement désagréable.

mescaline n. f. Alcaloïde hallucinogène extrait du peyotl. *« Au plus fort de son action la Mescaline apporte des images aveuglantes ou cernées par la foudre, des tranchées de feu, ainsi que des hommes lointains ou lilliputiennement petits, animés d'un mouvement rapide, plus proche de celui des pistons d'un moteur que d'aucun geste d'homme »* (Henri Michaux).

mesclun n. m. Mélange de jeunes pousses de diverses salades, douces et amères.

mesdames Voir **madame**

mesdemoiselles Voir **mademoiselle**

mésencéphale n. m. ANAT. Partie de l'encéphale dérivée de la partie moyenne de l'encéphale de l'embryon, comprenant les tubercules quadrijumeaux et les pédoncules cérébraux. Syn. cerveau moyen.

mésentente n. f. Désaccord.

mésentère n. m. ANAT. Repli du péritoine enveloppant l'intestin grêle et le maintenant en position dans la cavité abdominale.

mésentérique adj. ANAT. Propre ou relatif au mésentère.

mésestime n. f. Litt. Manque d'estime.

mésestimer v. t. [1] Avoir mauvaise opinion de ; sous-estimer.

Meseta (la) Vaste plateau du centre de l'Espagne, interrompu par des hauteurs montagneuses et par les vallées du Douro, du Tage et du Guadiana.

Mésie Dans l'Antiquité, région qui couvrait la Bulgarie actuelle et le nord de la Grèce. Les Romains la conquirent au Ier siècle av. J.-C.

mésintelligence n. f. Défaut de compréhension mutuelle.

Mesmer (Franz Anton) 1734-1815 Médecin allemand. Il prétendit avoir découvert dans les propriétés de l'aimant un remède à toutes les maladies. Il soignait ses malades en leur faisant toucher des tiges de fer émergeant d'un baquet magnétisé. Mais la médecine n'a rien retenu de ses hypothèses sur le magnétisme animal (qui intéressa cependant Balzac).

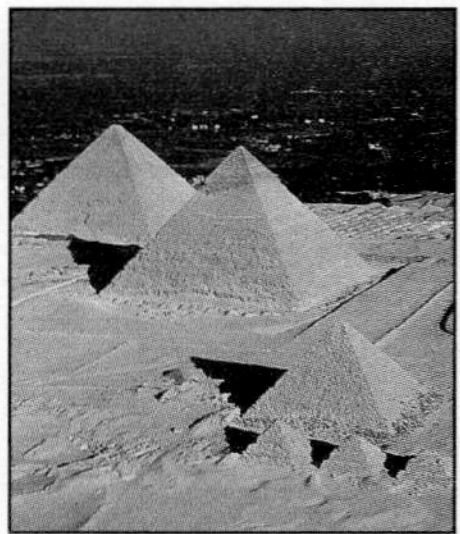

Les pyramides d'Égypte, une des Sept ***Merveilles*** *du monde.*

méso-américain, e adj. Didac. De Méso-Amérique.

Méso-Amérique Expression employée par les spécialistes des sociétés précolombiennes pour désigner le Mexique, le Guatemala et quelques pays voisins. Les peuples de cette zone (tels que les Mayas, les Aztèques et les Olmèques) avaient bâti des civilisations comportant des caractéristiques communes.

mésoblaste Voir **mésoderme**

mésocarpe n. m. BOT. Partie intermédiaire de l'enveloppe du fruit (le péricarpe), située entre l'endocarpe et l'épicarpe. *Dans les drupes et les baies, le mésocarpe constitue la partie charnue du fruit.*

mésoderme ou **mésoblaste** n. m. ZOOL., ANAT. Feuillet embryonnaire intermédiaire, situé entre l'ectoderme et l'endoderme, qui donnera naissance aux tissus de soutien, au squelette, aux muscles, aux organes génito-urinaires et au sang. *Le mésoderme est propre aux animaux triploblastiques.*

mésolithique adj. et n. m. De la période préhistorique (9000 à 5000 av. J.-C. environ) située entre l'Épipaléolithique et le Néolithique, caractérisée par un adoucissement du climat qui favorise une végétation plus riche (prairies, forêts). / n. m. *La sédentarisation et les débuts de l'agriculture s'annoncent au Mésolithique.*

méson n. m. PHYS. NUCL. Particule instable, dont la masse est comprise entre celle de l'électron et celle du proton.

♦ Les mésons sont des particules instables qui se désintègrent spontanément en particules stables, comme les électrons, les neutrinos les photons. L'hypothèse de l'existence de cette particule a été formulée par H. Yukawa en 1932. C.D. Anderson découvrit dans le rayonnement cosmique une particule présentant les propriétés annoncées par Yukawa. En 1946, venaient s'ajouter aux mésons μ ou muons, les mésons π ou pions, dont les caractéristiques sont quasi identiques à celles prévues par Yukawa.

mésopause n. f. GÉOPHYS. Région de l'atmosphère terrestre qui constitue la limite entre la mésosphère et la thermosphère.

• **Mésopotamie** Région de l'Asie comprise entre le Tigre et l'Euphrate.

MÉSOPOTAMIE

Mésopotamie : détail d'une fresque du palais royal de Mari.

D'abord occupée par les Sumériens (3500-2000 av. J.-C.), qui connaissent déjà l'écriture, elle tombe sous la domination des Akkadiens, peuple sémite. Deux villes importantes sont créées, Assur et Babylone, qui obtiendront tour à tour la suprématie sur la région. La première dynastie akkadienne est fondée par Hammourabi vers 1730 av. J.-C. : il centralise le gouvernement et fait rédiger le code qui porte son nom.

Ce code, le plus ancien de l'histoire de l'humanité, n'est pas tant un ensemble de lois que de sentences juridiques circonstancielles rendues par le roi dont c'était la fonction de rendre la justice. L'ensemble ainsi formé devait exalter sa sagesse et son équité. Vers le milieu du XVIe siècle av. J.-C., une invasion kassite met fin au premier royaume de Babylone. Les Kassites, peuple guerrier, n'ont pas laissé les vestiges d'une civilisation comparable à celle de leurs prédécesseurs ; pendant quatre siècles, ils vont dominer la Mésopotamie du Sud, livrée à l'anarchie, tandis que le nord est rattaché au royaume hourrite. Ils sont chassés vers 1150 par les Assyriens et les Élamites. Les Élamites sont rapidement repoussés par Nabuchodonosor, roi de Babylone de 1129 à 1106 av. J.-C. Les rois assyriens, qui s'imposent peu à peu, doivent toutefois faire face à d'incessantes révoltes et sont chassés en 612. Avec Nabuchodonosor II, l'empire de Babylone retrouve tout son éclat, mais succombe en 539 aux assauts des Perses, dirigés par Cyrus. La domination de ces derniers prend fin en 331, lorsque l'Empire perse est conquis par Alexandre le Grand. L'hellénisation de la Mésopotamie entreprise par la dynastie séleucide, héritière d'Alexandre, est un échec : les Grecs ne sont pas assez nombreux pour imposer leur civilisation aux populations locales.

En 129 av. J.-C., les Parthes occupent Babylone. Les Romains reconnaissent d'abord les frontières de l'Empire parthe mais multiplient peu à peu les incursions et, au IIe siècle apr. J.-C., la Mésopotamie devient province romaine sous Trajan ; elle le demeure jusqu'au VIIe siècle. Envahie par les Arabes entre 637 et 641, elle tombe ensuite sous la domination des Abbassides qui fixent leur capitale à Bagdad et règnent jusqu'en 945.

À partir de cette date, l'histoire de la Mésopotamie se confond plus ou moins avec celle de la province d'Irak. La civilisation mésopotamienne est marquée à la fois par l'importance de la religion, et par le premier développement des connaissances scientifiques : astronomie, mathématiques, médecine. Le droit, rassemblé en codes de jurisprudences, puis de lois, est très élaboré. Mais la méthode de pensée des Mésopotamiens, à la fois empirique et étrangère aux modes grecs de pensée logique, et la place accordée aux rêves et aux symboles n'ont pas permis à cette culture de faire face ou seulement de résister aux civilisations structurées selon des modes de pensée différents.

Dès le Néolithique, on trouve des foyers artistiques actifs. L'art sumérien témoigne de l'éclat de cette civilisation ; les temples à étages (ziggourat), les palais de Mari, sont des constructions massives, en brique crue ; la lourdeur caractérise aussi les statues de Goudéa, les reliefs aux compositions en registres. Sous les Sémites, avec Hammourabi puis, plus tard, Nabuchodonosor, l'architecture connaît un grand essor (Babylone, Mari).

Les édifices sont ornés de reliefs en terre cuite émaillée, décorés de frises de taureaux et de lions. Les palais des Assyriens témoignent d'une renaissance artistique (Nimroud) ; les reliefs et la peinture montrent alors un certain réalisme : lionne blessée du palais d'Assurbanipal à Ninive. Les invasions successives mettent fin à l'art mésopotamien.

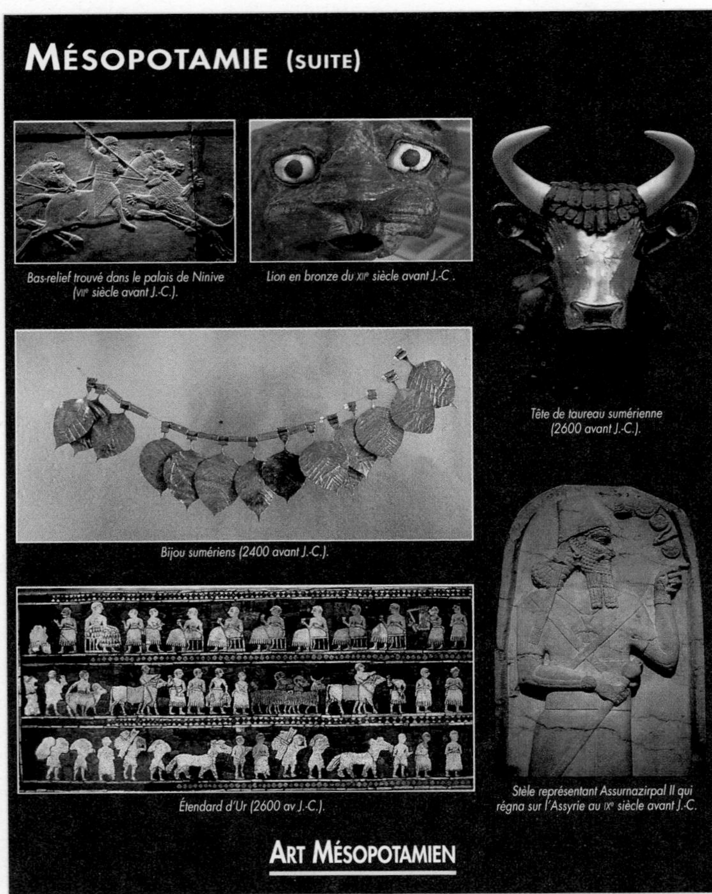

Bas-relief trouvé dans le palais de Ninive (VIIe siècle avant J.-C.).

Lion en bronze du XIIe siècle avant J.-C.

Tête de taureau sumérienne (2600 avant J.-C.).

Bijou sumériens (2400 avant J.-C.).

Étendard d'Ur (2600 av J.-C.).

Stèle représentant Assurnazirpal II qui régna sur l'Assyrie au IXe siècle avant J.-C.

mésosphère n. f. GÉOPHYS. Région de l'atmosphère terrestre qui s'étend au-delà de la stratopause, vers une altitude de 50 km, jusqu'à 130 km et forme la limite inférieure de la mésopause. *La mésosphère comprend trois régions : la première, sans dénomination, comprise entre 50 et 60 km d'altitude, délimite la stratosphère de la mésosphère : la région D (entre 60 et 85 km) et la région E (entre 85 et 130 km) constituent les deux premières régions de l'ionosphère.*

mésothérapie n. f. MÉD. Méthode thérapeutique utilisant des injections intradermiques locales de substances médicamenteuses.

mésothorax n. m. ZOOL. Segment intermédiaire du thorax des insectes, situé entre le prothorax et le métathorax. *Le mésothorax porte la paire de pattes intermédiaire et, chez les insectes ptérygotes, la paire d'ailes postérieure.*

mésozoïque adj. et n. m. GÉOL. De l'ère secondaire. / n. m. Ère secondaire.

mesquin, e adj. En parlant de choses, dépourvu de grandeur. *Une attitude mesquine.* / En parlant de personnes, médiocre, attaché à des petitesses. *Il s'est montré mesquin avec moi.* / Qui témoigne d'une grande parcimonie. *Salaire mesquin.*

mesquinerie n. f. Caractère de ce qui est mesquin, d'une personne mesquine.

mess n. m. inv. (mot anglais) Local dans lequel les officiers et sous-officiers d'une même unité prennent leur repas.

message n. m. Communication que l'on fait parvenir à qqn. *Envoyer, transmettre un message. Message codé. Message écrit, téléphoné.* / Contenu d'une œuvre au sens profond ou que l'on considère comme porteuse d'une révélation ; contenu d'une philosophie, d'une religion. *Le message de l'Évangile. Le message du bouddhisme.* / DR. Communication officielle émanant du chef de l'État et adressée au pouvoir législatif.

messager, ère n. Personne chargée d'un message. / Fig. *Les hirondelles sont les messagères du printemps.* / (En appos.) GÉNÉT. *A. R. N. messager (A. R. N. $_{m}$)* : forme de l'acide ribonucléique, complémentaire d'une portion d'un brin codant d'acide désoxyribonucléique (A. D. N.), utilisée dans la synthèse de la protéine codée par ce gène. (Dans les cellules eucaryotes, la copie de l'A. D. N. en A. R. N. messager [appelée *transcription*] a lieu dans le noyau cellulaire, tandis que la synthèse protéique a lieu, au niveau de ribosomes, dans le cytoplasme. Cette synthèse [appelée *traduction*] utilise comme « matrice » la molécule d'A. R. N. messager, qui assure donc le transfert de l'information génétique du lieu de son stockage [sous forme d'A. D. N. dans le noyau] à celui de son utilisation).

Messager (André) 1853-1929 Compositeur et chef d'orchestre français. Chef d'orchestre aux Folies-Bergère en 1877 et à l'Opéra-Comique, entre 1898 et 1903, il a contribué à faire apprécier les compositeurs allemands (surtout Wagner) et à faire connaître certaines œuvres de ses contemporains français. Ses propres compositions lyriques sont équilibrées et élégantes sur le plan mélodique (*Véronique*, 1898 ; *Béatrice*, 1914).

messagerie n. f. Service assurant le transport de marchandises. / *Messageries de presse* : entreprise qui assure le routage des journaux. / *Messagerie électronique* : service permettant d'envoyer ou de recevoir des messages pour les utilisateurs connectés à un réseau télématique.

Messali Hadj (Ahmed) 1898-1974 Nationaliste algérien. En 1924, il fonda l'Étoile nord-africaine à l'origine du Mouvement pour le triomphe des libertés démocratiques (M.T.L.D.) créé en 1946. Revendiquant l'indépendance de l'Algérie, il créa en 1936 le Parti du peuple algérien et fut arrêté et condamné à plusieurs reprises. Hésitant à employer la violence pour obtenir l'indépendance, il fut dépassé par le Front de libération nationale (F.L.N.), fondé en 1954, dont les cadres étaient issus du M.T.L.D. et qui regroupaient tous les autres mouvements algériens. Au début de la guerre d'Algérie, ses partisans étaient regroupés dans le Mouvement nationaliste algérien (M.N.A.), opposé au F.L.N. mais rongé par des conflits internes. Il ne put assister aux négociations en vue d'un cessez-le-feu en 1962.

Messaline (en latin **Valeria Messalina**) ?-48 Impératrice romaine, épouse de Claude Ier, mère d'Octavie et de Britannicus, elle domina totalement son mari, qu'elle bafoua au point d'épouser son amant. Averti, Claude la fit exécuter.

messe n. f. LITURG. CATHOL. Cérémonie au cours de laquelle le prêtre renouvelle le sacrifice du corps et du sang de Jésus-Christ, sous les espèces du pain et du vin. / Musique composée pour une messe. *Messe de Haydn.* / *Messe basse*, dont aucune partie n'est chantée. Au fig. *Faire des messes basses* : parler à voix basse, en aparté. / *Grand-messe* : messe solennelle. / *Messe noire* : célébration sacrilège du culte des démons parodiant la messe.

messeigneurs Voir **monseigneur**

messeoir v. défectif [3] Litt. (Ne s'emploie qu'à la troisième personne de l'indicatif et au participe présent) N'être pas séant. *Cela messied à votre rang. Un habit messéant.*

Messerschmitt (Willy) 1898-1978 Ingénieur et industriel allemand. Il équipa en avions de chasse l'armée du IIIe Reich, produisant en série des avions à réaction à partir de 1944.

Messiaen (Olivier) 1908-1992 Compositeur français. Organiste titulaire à l'église de la Trinité, où il se fait connaître pour ses improvisations, et professeur au Conservatoire, il a écrit des compositions pour orchestre (*Turangalîla-Symphonie*), pour piano, pour orgue (*La Nativité du Seigneur*). Il tire son inspiration de la nature (le chant des oiseaux) et de sa foi chrétienne : *Quatuor pour la fin des temps* (1941), *Saint François d'Assise* (opéra, 1983). Sa classe d'esthétique (1947) a formé de nombreux compositeurs de l'après-guerre tels que Boulez, Xenakis et Stockhausen.

messianique adj. Relatif au Messie, au messianisme.

messianisme n. m. RELIG. Foi en l'avènement du royaume de Dieu sur Terre, dû

Métallurgie *: élaboration d'acier dans un convertisseur Thomas.*

à la venue du Messie. / Par ext. Croyance en la venue d'un sauveur qui ramènera la paix et la justice sur terre.

messidor n. m. Dixième mois du calendrier républicain, allant du 19 ou 20 juin au 18 ou 19 juillet.

messie n. m. RELIG. *Le Messie*: dans l'Ancien Testament, le sauveur que Dieu a promis d'envoyer au peuple juif pour le libérer de la souffrance et de l'injustice. / Dans la religion chrétienne, le Christ. / Fig. Toute personne dont on attend qu'elle apporte le salut, la délivrance. (L'attente du Messie, du rédempteur des péchés, que Dieu enverrait sur la Terre pour y établir son royaume, est une donnée récurrente du judaïsme. Au cours des siècles, plusieurs messies apparurent et se dirent l'Élu de Dieu. Pour les chrétiens, le Messie est déjà venu sur la Terre: c'est Jésus de Nazareth. Les juifs continuent de l'attendre).

Messier (Charles) 1730-1817 Astronome français qui découvrit une centaine d'objets célestes, situés dans notre Galaxie et en dehors d'elle, puis répertoriés dans un catalogue et désignés par la lettre M suivie d'un numéro d'ordre: par exemple, M31 désigne la galaxie d'Andromède située à 2 800 000 années lumière de la Terre.

messieurs Voir **monsieur**

Messine *262 524 h.* Port sicilien, sur le *détroit de Messine* (long de 42 km, et dont la largeur varie entre 3 et 18 km) qui sépare l'Italie et la Sicile. Détruite en 1908 par un tremblement de terre, la ville a été reconstruite en tenant compte des dangers sismiques (bâtiments peu élevés, rues très larges).

messire n. m. Ancien titre d'honneur donné au Moyen Âge à toute personne noble, à tout personnage important, puis, plus tard, au seul chancelier de France.

Messmer (Pierre) 1916 Homme politique français. Gaulliste, il fut ministre des Armées de 1960 à 1969 et Premier ministre de 1972 à la mort du président Pompidou (1974).

mesure n. f. **I.** Évaluation d'une grandeur par comparaison avec une grandeur de même espèce servant d'étalon ou prise comme unité. (Dans la théorie de la mesure, on définit un nombre utilisé pour exprimer la valeur d'une grandeur par rapport à la valeur d'une autre grandeur de même espèce, prise comme étalon [unité de distance, de vitesse, de temps, de poids]. On demande à la mesure de vérifier des propriétés formelles conformément à la notion intuitive selon laquelle la mesure du tout doit être égale à la somme des mesures des parties). / Dimension. *Calculer les mesures d'une pièce, d'un meuble. Un vêtement sur mesure*, confectionné aux mesures du corps d'une personne. / Grandeur servant d'unité; étalon. *Le litre, mesure de capacité.* / Récipient de capacité déterminée servant à mesurer les grains, les liquides; quantité contenue dans tel récipient. *Une mesure d'avoine.* / Loc. *À la mesure de*: en proportion de. **II.** Division de la durée. / Spécial. MUS. Division de la durée musicale en groupements de plusieurs unités de temps égales, délimités par les barres de mesure (barres verticales figurant sur la partition). *Battre la mesure*: indiquer par signes, par gestes les différents temps de la mesure. / En versification, nombre de syllabes déterminé selon chaque type de vers. **III.** Limite de ce qui est considéré comme normal, souhaitable, décent. *Un enthousiasme sans mesure.* / Modération. *Agir avec mesure.* **IV.** Moyen utilisé en vue d'obtenir, de réaliser qqch. *Prendre des mesures draconiennes.*

mesuré, e adj. Dosé, tempéré. *Des pas mesurés. Un discours mesuré.*

mesurer v. t. / v. i. [1] **A.** v. t. Déterminer la mesure de. *Mesurer un angle, une surface. Mesurer du tissu.* / Évaluer, apprécier. *Mesurer l'ampleur du sinistre.* / Employer avec mesure, modération; doser. *Mesurer ses paroles, ses efforts.* / Accorder avec parcimonie. *Mesurer son soutien.* **B.** v. i. Avoir pour mesure; avoir pour taille. *Mesurer deux mètres.* / v. pron. *Se mesurer à, avec*: affronter; se comparer à, avec. *Se mesurer à l'ennemi.*

mésuser v. t. ind. [1] Litt. *Mésuser de*: faire un mauvais usage de.

métabolique adj. Du métabolisme.

métaboliser v. t. [1] PHYSIOL. Transformer (une substance) au cours du processus de métabolisme. / Fig. Transformer (qqch.) en l'assimilant ou en le dégradant.

métabolisme n. m. BIOL. Ensemble des réactions biochimiques qui se produisent au sein des organismes vivants, et qui consistent en des réactions de synthèse de la matière vivante (anabolisme) ou en des réactions de dégradation produisant une libération d'énergie (catabolisme). / *Métabolisme de base* (ou *basal)*: quantité de chaleur que dégage en une heure, sur un mètre carré de surface, le corps d'un homme à jeun, au repos, mais non endormi (cette valeur était utilisée pour évaluer la dépense énergétique minimale d'un individu).

métacarpe n. m. ANAT. Ensemble osseux, situé entre les phalanges et les os du carpe, qui constitue le squelette de la paume de la main.

métacarpien, enne adj. et n. m. ANAT. Du métacarpe. / n. m. *Les cinq métacarpiens constituent le métacarpe.*

métacentre n. m. TECH. Résultante des forces de poussée au point d'intersection formé par l'axe vertical de la section maître et l'axe longitudinal d'un corps solide plongé dans un liquide en position de repos. *Il y a équilibre lorsque le métacentre se situe en dessous du centre de gravité du corps considéré, et déséquilibre lorsque ces deux points sont inversés.*

métagalaxie n. f. ASTRON. Ensemble de l'Univers observable.

métairie n. f. Propriété agricole placée sous le régime du métayage. / Ensemble des bâtiments d'une métairie.

métal, aux n. m. CHIM., PHYS. Corps simple, solide à la température ordinaire (à l'exception du mercure et du gallium, liquides à cette température), conducteur de la chaleur et de l'électricité, à l'aspect brillant (éclat métallique). *Les métaux sont caractérisés par une tendance à perdre des électrons (propriété qui les oppose aux non-métaux). Métaux vrais*: éléments situés dans la première colonne de la classification périodique des éléments, à l'exception de l'hydrogène (*métaux alcalins*: lithium, sodium, potassium, etc.) et dans la deuxième colonne (*métaux alcalino-terreux*: béryllium, magnésium, calcium, etc.). *Métaux de transition*: éléments situés dans les colonnes intermédiaires de la classification, dont les couches électroniques internes ne sont pas saturées (scandium, titane, vanadium, chrome, manganèse, fer, cobalt, nickel, cuivre, zinc, molybdène, argent, platine, or, mercure, lanthane, uranium, etc.). *Semi-métaux ou métalloïdes*: éléments qui font, dans la classification périodique, la transition entre métaux et non-métaux (aluminium, arsenic, plomb, etc.). / Par ext. Matériau constitué par un corps métallique pur ou par un alliage. / *Métal blanc*: alliage de divers métaux ayant l'apparence de l'argent. / *Métaux précieux*: or, argent, platine.

métalangage n. m. LING. Langage servant à décrire une langue naturelle.

métalinguistique adj. LING. Relatif du métalangage; du domaine du métalangage.

métallifère adj. Qui contient du métal.

Métallifères (monts) Chaîne montagneuse qui sépare l'Allemagne de la République tchèque (elle culmine à *1 244 m*). La houille, le zinc, l'uranium ont donné naissance à de nombreuses industries.

métallique adj. De métal. *Objet métallique.* / Qui a l'apparence du métal. *Un gris métallique.* / Qui a la sonorité du métal. *Bruit, voix métalliques.*

métalliser v. t. [1] Donner un aspect métallique à. / TECHN. Recouvrir (un corps) d'une mince couche de métal.

métallo n. m. Fam. Abréviation d'[ouvrier] métallurgiste. *Un métallo, des métallos.*

métallographie n. f. Étude de la structure des métaux et de leurs alliages à l'aide de l'analyse optique et électronique à l'échelle macroscopique et microscopique.

métalloïde n. m. CHIM. Vx Non-métal. / Élément intermédiaire, par ses propriétés, entre les métaux et les non-métaux (aluminium, arsenic, plomb, etc.). Syn. semi-métal.

métallurgie n. f. Industrie de la production et de la transformation des métaux.

métallurgique adj. De la métallurgie.

métallurgiste adj. et n. Spécialiste de la métallurgie; employé dans la métallurgie.

métamère n. m. ZOOL. Chacun des segments, des unités morphologiques, d'organisation analogue, qui se succèdent selon l'axe antéro-postérieur, issus de la segmentation du mésoderme au cours du développement embryonnaire. *On observe des métamères en particulier chez les annélides, les arthropodes et les vertébrés; chez ces derniers, les métamères sont observables chez l'embryon ainsi que dans certaines structures du corps des adultes (squelette, muscles).* Syn. somite.

métamérie n. f. ZOOL. Caractéristique des animaux dont le corps est organisé en métamères.

métamorphique adj. GÉOL. Produit par métamorphisme. *Roche métamorphique.*

métamorphisme n. m. GÉOL. Ensemble de transformations qui touche une roche sous l'action de conditions de température et de pression différentes de celles en cours lors de sa formation. *Le métamorphisme du granit.*

métamorphose n. f. Transformation d'une chose en une autre, par un changement de forme, de structure. / ZOOL. Ensemble des modifications successives de

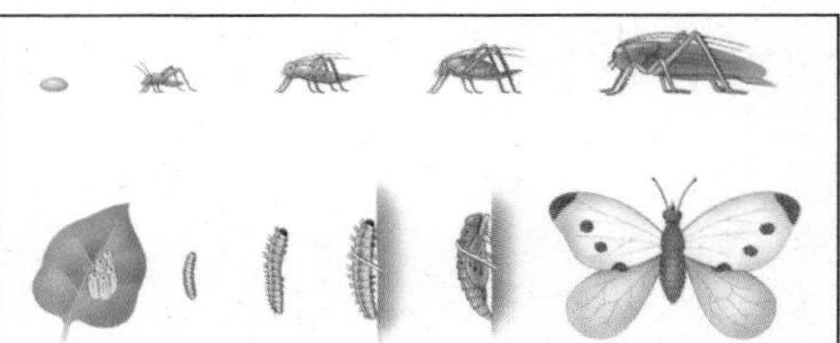

*Les étapes de la **métamorphose** des insectes :*
– métamorphose incomplète (hémimétaboles, par ex.orthoptères, en haut)
– métamorphose complète (holométaboles, par ex. lépidoptères, en bas).

Cratère produit par la chute d'une **météorite**.

l'organisme de certains animaux, qui interviennent entre le stade larvaire et l'état adulte (insectes hémimétaboles, insectes holométaboles, amphibiens, etc.). / Fig. Transformation totale intervenant dans l'aspect d'une chose, dans l'apparence, le comportement d'une personne.

métamorphoser v. t. [1] Soumettre à une métamorphose. / Par ext. Changer radicalement l'aspect, le caractère, la nature de. / v. pron. Subir une métamorphose. *La chenille se métamorphose en papillon.*

métamphétamine n. f. Drogue du groupe des amphétamines, stimulante, dont l'usage provoque un état d'exaltation et d'agitation fébrile.

métaphase n. f. BIOL. Phase de la mitose (et de la méiose), dans laquelle les chromosomes sont disposés dans le plan équatorial de la cellule (plaque équatoriale). Voir *mitose*.

métaphore n. f. Figure de style donnant à un mot un sens nouveau par une comparaison sous-entendue ou une analogie (par ex. « le printemps de la vie » pour « la jeunesse »).

métaphorique adj. Qui procède de la métaphore. *Sens métaphorique.* / Qui recourt à la métaphore. *Style métaphorique.*

métaphoriquement adv. Par métaphore.

métaphysique n. f. et adj. **A.** n. f. Recherche de la connaissance de l'être, des causes premières des choses et de leurs principes. / Réflexion générale sur le monde, la nature des choses et les formes de la connaissance, souvent exposée sous forme de système. **B.** adj. Relatif à la métaphysique. *Preuve métaphysique de l'existence de Dieu.* (À l'origine, le mot métaphysique s'appliquait aux livres d'Aristote consacrés à la « philosophie première », livres qui, dans son œuvre, venaient après les livres de physique. Le sens s'est modifié pour en venir à désigner l'ensemble des spéculations, quel qu'en soit le sujet : Dieu, la Vérité, la nature humaine…).

Métaphysique Œuvre d'Aristote en 14 livres qui, dans le classement effectué par la postérité, se trouve « après » (en grec *meta*) la *Physique*. Il étudie « l'Être en tant qu'Être et ses attributs », le principe de causalité et cherche à déterminer le moteur de toutes choses.

métastase n. f. MÉD. Foyer secondaire d'une affection (de nature infectieuse, parasitaire ou cancéreuse), qui se localise dans une ou plusieurs parties du corps après avoir migré du foyer préexistant par voie sanguine ou lymphatique.

Métastase (Pietro Trapassi, dit **Metastasio** ; en français **Pierre)** 1698-1782 Poète italien. Attaché à la cour de Vienne de 1730 à sa mort, ses mélodrames (tragédies bénéficiant d'un accompagnement musical), ses oratorios, ses cantates furent célèbres dans toute l'Europe (*Les Jardins des Hespérides*, cantate, 1721 ; *L'Olympiade*, mélodrame, 1733). *La Clémence de Titus* (1734), œuvre mise en musique par Gluck en 1752, le fut à nouveau par Mozart en 1791, sur un livret modifié.

métastaser v. i. [1] MÉD. Produire des métastases.

métatarse n. m. ANAT. Partie osseuse du pied située entre les phalanges des orteils et les os du tarse.

métatarsien, enne adj. et n. m. Du métatarse. / n. m. Chacun des os du métatarse.

métathériens n. m. ZOOL. Sous-classe de mammifères caractérisés par l'absence de placenta. *Tous les métathériens sont fossiles à l'exception des marsupiaux.*

métathorax n. m. ZOOL. Troisième et dernier segment du thorax des insectes, postérieur au prothorax et au mésothorax. *Le métathorax porte la paire de pattes postérieure.*

Métaure (le) *110 km* Fleuve du centre de l'Italie. Il prend sa source dans les Apennins et se jette dans l'Adriatique.

Metaxás (Joánnis) 1871-1941 Général et homme politique grec. Président du Conseil (1936-1941), il exerça une dictature à vie à partir de 1938 et se rapprocha de l'Allemagne nazie, puis de l'Angleterre quand l'Italie menaça la Grèce.

métayage n. m. Mode d'exploitation d'un domaine agricole selon lequel le propriétaire reçoit de l'exploitant une redevance en nature.

métayer, ère n. Exploitant agricole lié au propriétaire foncier par un contrat de métayage.

métazoaire n. m. ZOOL. Animal pluricellulaire (par opposition à protozoaire). / Animal pluricellulaire dont les cellules sont organisées en tissus et possédant un système nerveux. / n. m. pl. *Le taxon des métazoaires constitue l'un des grands groupes du règne animal.*

Metchnikov (Illia Ilitch, dit **Élie)** 1845-1916 Biologiste russe. Ayant découvert en 1884 la phagocytose, il s'installa à Paris en 1887 et collabora avec Pasteur. En 1901, il publia *L'Immunité dans les maladies infectieuses*.

méteil n. m. AGRIC. Mélange de seigle et de blé semé et récolté dans un même champ.

métempsycose n. f. PHILO., RELIG. Transmigration, après la mort, de l'âme d'un corps dans un autre corps. *La foi en la métempsycose est au cœur du brahmanisme.*

métencéphale n. m. ANAT. Partie postérieure du rhombencéphale, qui comprend le cervelet et la protubérance annulaire.

météo n. f. et adj. inv. Abréviation de météorologie, de météorologique. *Que dit la météo ? Bulletin météo.*

Meteorcrater Cratère d'origine météoritique situé en Arizona et découvert par Daniel Moreau Barringer en 1891. Son diamètre est de 1 200 m, sa profondeur de 175 m et son âge est estimé à environ 50 000 ans ; il aurait été provoqué par la chute d'un astéroïde pesant plus de 2 millions de tonnes.

météore n. m. ASTRON. Phénomène lumineux engendré par des corps solides issus de l'espace dont l'enveloppe externe s'enflamme au contact des couches denses de notre atmosphère lors de sa pénétration.

météorique adj. Relatif à un (des) météore(s).

météorite n. f. ASTRON. Tout fragment solide, pierreux ou métallique, trouvé à la surface du sol et dont la provenance n'est pas d'origine terrestre.

◆ Connues dès l'Antiquité et identifiées comme telles, les météorites ne furent observées physiquement que le 16 novembre 1492, en Alsace, à Ensisheim, lors d'une chute de pierres dont certaines sont aujourd'hui conservées. Leur origine extraterrestre ne sera effectivement reconnue par la communauté scientifique que lorsque l'Académie des sciences confiera à Jean-Baptiste Biot la direction de la commission d'enquête chargée de la confirmer, lors de « l'averse » de pierres météoritiques tombée en 1803 près du village de L'Aigle, dans l'Orne.

météoritique adj. Relatif à une (des) météorite(s).

météorologie n. f. Science qui a pour objet l'étude des phénomènes atmosphériques et des lois auxquelles ils sont soumis.

météorologique adj. Propre ou relatif à la météorologie.

météorologiste ou **météorologue** n. Spécialiste de météorologie.

métèque n. m. ANTIQ. GR. Étranger qui, s'installant définitivement dans une ville grecque, possédait le statut d'homme libre mais non de citoyen. / Péjor., raciste Étranger vivant en France dont l'apparence, le comportement inspirent la méfiance.

méthadone n. f. Succédané synthétique de la morphine, utilisé dans le traitement de l'héroïnomanie.

méthane n. m. CHIM. Hydrocarbure de formule CH_4, premier terme de la série des alcanes. (À température ordinaire, le méthane est un gaz incolore et inodore, de densité 0,6. Sa combustion est extrêmement calorifique et peut, dans certaines conditions, être explosive (coups de grisou). C'est le constituant essentiel du gaz naturel).

méthanier n. m. Navire destiné au transport du méthane liquéfié.

méthanol n. m. CHIM. Alcool de formule CH_3OH. Syn. alcool méthylique.

méthionine n. f. BIOCHIM. Acide aminé non polaire, de formule $CH_3 - S - (CH_2)_2 - CH(NH_2) - COOH$.

méthode n. f. Ensemble de moyens raisonnés, ordonnés que l'on utilise pour découvrir ou démontrer une vérité, pour étudier, pour enseigner. / Ensemble des principes qui sont à la base d'un art, d'une technique. / Recueil regroupant ces principes. *Méthode de piano.* / Clarté, sens de l'organisation. *Agir avec méthode.*

Méthode (saint) 825 ?-885 Missionnaire chrétien né en Thessalonique. Son frère Cyrille et lui furent chargés par le patriarche byzantin de se rendre en Moravie pour éduquer les Slaves, auxquels ils donnèrent leur premier alphabet et leurs premiers textes religieux. Quand son frère mourut (869), il fut nommé évêque de Pannonie (Hongrie) et continua d'exercer son influence sur tous les pays slaves.

méthodique adj. Propre ou relatif à une méthode. / Propre à qqn qui travaille avec méthode.

méthodiquement adv. Avec méthode.

• **méthodisme** n. m. RELIG. Mouvement protestant fondé au XVIIIe siècle par John Wesley.

méthodiste adj. et n. RELIG. Propre ou relatif au méthodisme. / Subst. Adepte du méthodisme.

MÉTHODISME

Le méthodisme, qui insiste sur l'expérience de la conversion, attache beaucoup d'importance à la sanctification, entendue comme la manifestation, dans les actes de la vie quotidienne, de l'état de grâce du chrétien. Les premiers fidèles se conduisant de façon méthodique, tant dans leurs exercices de piété que dans leur comportement habituel, on leur donna le sobriquet de « méthodistes ». Les méthodistes se heurtèrent à l'Église anglicane, dont ils avaient pourtant conservé l'organisation hiérarchique impliquant la subordination aux évêques tout en mettant en avant la communauté chrétienne de base ; ils s'en séparèrent en 1784, date à laquelle fut fondée la première communauté méthodiste d'Amérique, la Methodist Episcopal Church (Église épiscopale méthodiste).

John Wesley par Frank O. Salisbury.

M

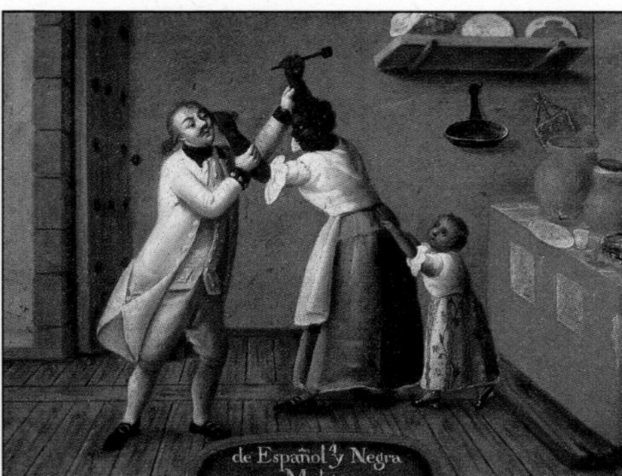

Métissage : gravure espagnole du XVIIIe siècle dénonçant les conséquences supposées néfastes de l'union d'un Blanc et d'une Noire.

Station de **métro** à Berlin.

méthodologie n. f. PHILO. Partie de la logique qui a pour but l'étude des méthodes de recherche spécifiques aux différentes sciences. / Ensemble des méthodes appliquées dans un domaine particulier.
méthylation n. f. CHIM., BIOCHIM. Réaction qui a pour résultat d'introduire un radical méthyle dans une molécule.
méthyle n. m. CHIM. Radical monovalent – CH_3. / *Chlorure de méthyle*, de formule CH_3Cl, utilisé comme réfrigérant et comme anesthésique.
méthylène n. m. CHIM. Radical bivalent = CH_2. / *Chlorure de méthylène*, de formule CH_2Cl_2, employé comme solvant. / MÉD. *Bleu de méthylène* : liquide de couleur bleue utilisé comme antiseptique.
méthylique adj. CHIM. Qui contient le radical méthyle. *Alcool méthylique* (ou méthanol), de formule CH_3OH, utilisé comme solvant, comme combustible et intervenant dans de nombreuses synthèses.
méticuleusement adv. De façon méticuleuse.
méticuleux, euse adj. Minutieux.
méticulosité n. f. Caractère de ce qui est méticuleux, d'une personne méticuleuse.
métier n. m. **I.** Activité régulière, travail qui procure des revenus. *Exercer le métier de mécanicien.* / *Corps de métier* : ensemble organisé d'ouvriers, d'artisans, ayant la même spécialité. / Profession considérée en fonction du travail qu'elle exige. *C'est un avocat qui connaît son métier.* / Habileté technique. *Avoir du métier.* **II.** TECHN. Machine à tisser. / Châssis sur lequel on tend certains ouvrages d'aiguille. *Métier à broder.*
métis, isse adj. et n. Qui est né de parents dont la couleur de peau est différente. / Subst. *Les mulâtres sont des métis de Noirs et de Blancs.* / ZOOL., BOT. Qui est issu du croisement, au sein d'une espèce, d'individus de races ou de variétés différentes. / *Toile métisse* ou (n. m.) *métis* : toile dont la chaîne est de coton et la trame de lin.
métissage n. m. Union entre hommes et femmes dont la couleur de peau est différente. / *Métissage culturel* : interpénétration culturelle produisant des œuvres artistiques, musicales, littéraires, marquées par les différentes civilisations qui les ont inspirées. / ZOOL., BOT. Croisement entre animaux ou entre végétaux appartenant à une même espèce, mais de variétés ou de races différentes.
métissé, ée adj. Produit par métissage.
métonymie n. f. Figure de rhétorique qui permet de prendre un mot pour un autre, en raison du lien nécessaire et implicite qui les unit. *« Une bonne raquette », au lieu de « un bon joueur de tennis », est une métonymie.*
métope n. f. ARCHI. Dans une frise dorique, intervalle entre deux triglyphes, souvent orné d'un panneau sculpté.
métonymique adj. Propre à la métonymie.
métrage n. m. Action de métrer. *Faire le métrage d'une pièce.* / Longueur exprimée en mètres. *Métrage d'un tissu.* / Longueur d'un film en mètres de pellicule. Par ext. Durée de sa projection. *Long(-)métrage, moyen(-)métrage, court(-)métrage.*
Métraux (Alfred) 1902-1963 Ethnologue français d'origine suisse. Il étudia diverses populations d'Amérique du Sud et des Antilles : *La Religion des Tupi-Guarani* (1928), *Le Vaudou haïtien* (1958).
métré n. m. CONSTR. Relevé détaillé des quantités mesurant un ouvrage. / Devis détaillé des travaux relatifs à un ouvrage.
mètre [1] n. m. Dans la versification grecque et latine, groupe déterminé de syllabes longues ou brèves comprenant deux temps scandés (un temps fort et un temps faible). / Dans la versification française, nombre de syllabes caractéristique de chaque genre de vers.
mètre [2] n. m. Unité de mesure (symbole m), équivalant à la longueur d'un trajet parcouru par la lumière dans le vide en 1 / 299 792 458e de seconde. / Objet souple ou rigide, gradué et long d'un mètre, servant à mesurer.
♦ Unité de base du système métrique, le mètre fut initialement défini comme l'équivalent de la dix-millionième partie du quart de la longueur du méridien terrestre. À partir de 1960, une nouvelle définition le donna comme l'équivalent de 1 650 763,73 fois la longueur d'ondes, dans le vide, de la radiation du krypton 86. C'est en 1983 que fut établie sa définition actuelle, établie à partir de la vitesse de la lumière. Il est l'unité de base du système international d'unités (SI).
métrer v. t. [1] Mesurer (qqch.) avec un mètre. / Établir le métré de (un ouvrage).
métreur, euse n. CONSTR. Celui, celle qui est chargé d'établir les métrés.
métrique [1] adj. Relatif au mètre, qui prend le mètre pour base. *Système métrique.*
métrique [2] n. f. et adj. Étude des vers et des mètres poétiques. / adj. Propre ou relatif au mètre poétique. *Vers métrique* : vers qui repose sur des mètres (par oppos. au vers *syllabique*).
métrite n. f. MÉD. Inflammation de l'utérus.
métro n. m. Réseau, partiellement ou entièrement souterrain, de lignes de chemin de fer assurant le transport collectif des voyageurs dans une agglomération urbaine.
métrologie n. f. Didac. Science des mesures.
métronome n. m. MUS. Appareil composé d'un mouvement d'horlogerie et d'un balancier qui bat avec une période donnée, pour indiquer le rythme lorsqu'on étudie un morceau de musique.
métropole n. f. État, territoire considéré par rapport aux colonies qu'il a fondées. / Ville qui anime la vie économique, culturelle ou politique d'une région ou d'un pays. / RELIG. CATHOL. Ville où se trouve le siège d'un archevêché.
Metropolis 1927 Film muet expressionniste de Fritz Lang. Des ouvriers enfermés dans une ville souterraine se révoltent contre leurs maîtres.
métropolitain, e [1] adj. et n. m. **A.** adj. De la métropole. *Territoire métropolitain.* / RELIG. CATHOL. Relatif à une métropole. *Archevêque métropolitain* **B.** n. *Les métropolitains* : les habitants de la métropole. / n. m. RELIG. CATHOL. *Un métropolitain* : un archevêque métropolitain.
métropolitain [2] adj. et n. Vx *Chemin de fer métropolitain* ou (n. m.) *le métropolitain* : le métro.
métropolite n. m. RELIG. Prélat de haut rang, dans certaines Églises chrétiennes d'Orient.
métrorrhagie ou **métrorragie** n. f. MÉD. Hémorragie d'origine utérine.
mets n. m. Aliment préparé et servi à un repas.
Metsu (Gabriel) 1629-1667 Peintre hollandais. Membre fondateur de la guilde des peintres de Leyde en 1648 puis installé à Amsterdam à partir de 1657, il compose d'abord des tableaux d'histoire avant de se tourner vers les scènes de genre (*Marché aux Herbes d'Amsterdam*, *Le Déjeuner de harengs*). Après 1660, ses compositions auront des teintes plus froides et des lignes plus précises (*Femme lisant*).
Metsys (Quentin) Voir **Matsys**
mettable adj. Que l'on peut mettre, porter sur soi. *Chercher des vêtements mettables.* Ant. immettable.
Metternich-Winneburg (Klemens Wenzel Lothar, prince de) 1773-1859 Homme d'État autrichien. Diplomate, chancelier d'Autriche, il encouragea le mariage de Marie-Louise et de Napoléon, pour des raisons tactiques, mais fut toujours un adversaire acharné de l'Empereur. Pendant près de quarante ans, il présida aux destinées de son pays, réunit de multiples congrès, dont celui de Vienne en 1814-1815, chercha à consolider la puissance autrichienne combattue par la France et l'Angleterre, et s'opposa aux idées révolutionnaires ou libérales qui agitaient les peuples de l'empire des Habsbourg. La révolution de 1848 l'obligea à abandonner le pouvoir.
metteur n. m. *Metteur en pages* : technicien qui procède à la mise en pages d'un texte composé. / *Metteur en scène* : personne qui coordonne la préparation et l'exécution d'une pièce ou d'un film (direction des acteurs, agencement des décors, accompagnement musical, etc.). / *Metteur au point* : spécialiste du réglage des machines, des moteurs.
mettre v. t. [3] **A.** v. t. Placer (qqn ou qqch.) en un endroit déterminé. *Mettre un plat au four. Mettre un criminel en prison.* / Disposer ou appliquer sur soi (un vêtement, un produit). *Mettre un costume, un casque. Mettre du fard.* / Investir (du temps ou de l'argent). *Mettre des années pour écrire un livre. Mettre ses*

Metropolis de Fritz Lang.

M

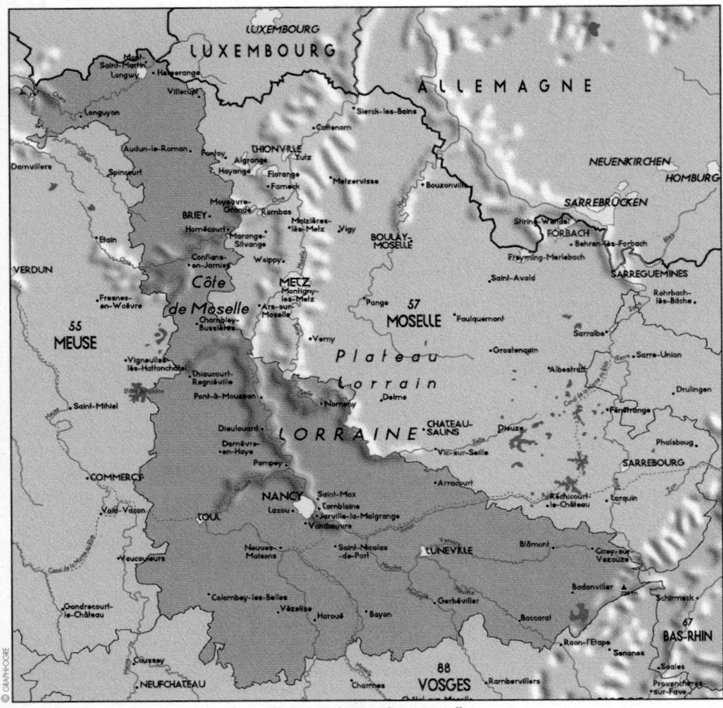

Département de ***Meurthe-et-Moselle***.

économies dans une société. / Investir (une qualité, une disposition). *Mettre du cœur à l'ouvrage. Y mettre du sien. Mettre ses espoirs en qqn.* / Ajouter pour compléter, parfaire. *Mettre de l'essence dans le réservoir. Mettre la dernière touche.* / Inscrire, noter. *Mettre un mot en italique. Mettre un nom sur une liste.* / Instaurer, provoquer. *Mettre la pagaille. Mettre les larmes aux yeux.* / Fam. Donner, administrer. *Mettre une gifle.* / Faire passer dans telle position, dans telle situation ou dans tel état. *Mettre les mains en l'air. Mettre qqn en danger. Mettre qqn à la tête d'un groupe. Mettre à jour*: actualiser. *Mettre au jour*: découvrir. *Mettre en valeur, en marche. Mettre en colère. Mettre un verbe à l'impératif.* / Placer en position de marche. *Mettre le contact. Mettre la télévision.* **B.** v. pron. Se placer, s'installer quelque part. *Se mettre à la fenêtre. Se mettre à table.* / Mettre sur soi. *Se mettre une jupe. N'avoir rien à se mettre.* Au fig. *Se mettre une idée en tête.* / Changer sa position, son état, sa situation. *Se mettre à genoux. Se mettre au régime. Se mettre dans son tort.* / Commencer à faire. *Se mettre au travail. Se mettre à boire. Il se mit à pleuvoir.*

Metz *119 594 h.* Chef-lieu du département de la Moselle, sur la Moselle, et de la Région Lorraine, métropole d'équilibre de celle-ci avec Nancy et Thionville. Faisant partie des Trois-Évêchés jusqu'à la Révolution, annexée par l'Allemagne en 1870, elle a vu son développement freiné pour des raisons militaires, mais aujourd'hui, grâce à la canalisation de la Moselle, elle peut participer à l'essor des pays rhénans. La ville possède de nombreuses constructions gothiques, des hôtels anciens et surtout la cathédrale (XIIIe-XVIe siècle), l'une des plus belles de France.

meuble adj. et n. m. **A.** adj. DR. Qui peut être déplacé. *Biens meubles*: biens pouvant être transportés (objets, créances, actions) par opposition aux *biens immeubles* (terrains, constructions). / *Terrain, sol, terre meuble*, facile à retourner, à travailler. **B.** n. m. Tout objet mobile, en matériau rigide, qui garnit l'intérieur d'une maison, d'un local. *Meubles modernes*. / HÉRALD. Objet qui figure dans les pièces d'un écu.

meublé, e adj. et n. m. Loué avec du mobilier. *Appartement meublé.* / n. m. *Un meublé*: un logement meublé.

meubler v. t. [1] Garnir (un logement) de mobilier. / Fig. Remplir (qqch.). *Meubler le silence par des soupirs.*

Meudon *45 339 h.* Banlieue résidentielle et industrielle de la région parisienne (Hauts-de-Seine), en bordure de la *forêt de Meudon*. L'*observatoire de Meudon* (1706), installé dans l'ancien château bâti par Hardouin-Mansart, observe principalement le Soleil.

meuf n. f. (« femme » en verlan) Arg. Femme, fille; maîtresse, petite amie. *Vise-moi cette meuf. Où elle est, ta meuf?*

meuglement n. m. Cri fort et sourd, en parlant des bovins.

meugler v. i. [1] Pousser un meuglement.

meule [1] n. f. Cylindre plat et lourd en pierre, servant à broyer. / Cylindre plat de matière abrasive servant à aiguiser, à polir.

meule [2] n. f. Tas de paille, de foin, de formes variables, dressé sur un champ de façon à éviter le pourrissement jusqu'au moment de l'utilisation.

meuler v. t. [1] Passer (qqch.) à la meule.

meulier, ère adj. f. et n. f. *Pierre meulière* ou, n. f., *meulière*: roche de calcaire siliceux, de forme irrégulière, utilisée en construction.

meunerie n. f. Industrie, commerce de la farine. / Ensemble des meuniers.

meunier, ère n. et adj. Personne qui fabrique de la farine, exploite un moulin à farine. / *Échelle de meunier*: escalier sans contremarche. / CUIS. *À la meunière* ou (ellip.). *meunière*, enduit de farine avant la cuisson. *Soles à la meunière, soles meunière.* / adj. *Industrie meunière.*

Meurthe (la) *170 km* Rivière de Lorraine, née dans les Vosges, qui arrose Saint-Dié, Baccarat, Lunéville, Dombasle, Nancy et se jette dans la Moselle.

Meurthe-et-Moselle (département de) [54] *5 241 km² 711 822 h.* Chef-lieu *Nancy*. Département qui fait partie de la Région Lorraine. Créé en 1871 par la réunion des anciens départements de la Meurthe et de la Moselle, il est composé au sud du plateau lorrain où dominent l'élevage et les cultures céréalières, et le nord correspond aux grands gisements de fer de la côte de Moselle. Les bassins de Briey et de Longwy ont alimenté, du XIXe siècle aux années 1970, une puissante industrie sidérurgique implantée sur les gisements ferrifères (de Wendel-Sidélor, à Hayange). L'industrie chimique (Dombasle, Varangéville) est fondée sur de riches gisements de sel. Les industries secondaires, liées au sol (brasseries de Nancy) et au sous-sol (cristalleries de Baccarat, faïenceries de Lunéville) sont actives. Très bien desservie par un réseau de canaux et voies ferrées, la Meurthe-et-Moselle a dû résoudre les délicats problèmes de reconversion de la main-d'œuvre.

meurtre n. m. Homicide volontaire.

meurtri, e adj. Marqué d'une, de meurtrissure(s). / Fig. *Un cœur meurtri.*

meurtrier, ère n. et adj. Personne qui a commis un meurtre. / adj. De meurtre; relatif au meurtre. *Une envie meurtrière. Folie meurtrière.* / Qui a tué, a tué beaucoup. *Accident meurtrier. Combat meurtrier.*

meurtrière n. f. Fente étroite percée dans les murs d'un château fort pour lancer des projectiles sur l'assaillant tout en restant protégé.

meurtrir v. t. [2] Faire une meurtrissure à. / Endommager (un végétal) par un contact ou par un choc. / Fig. Blesser moralement.

meurtrissure n. f. Contusion qui laisse une marque colorée sur la peau. / Tache sur un fruit due à un choc.

Meuse (la) *950 km* Fleuve de l'Europe du Nord-Ouest. Prenant sa source en France sur le plateau de Langres, la Meuse s'écoule lentement vers le nord, arrose Verdun, Sedan et entre en Belgique en empruntant des gorges étroites creusées dans les Ardennes. À Namur, elle reçoit la Sambre et pénètre dans le bassin houiller de Liège où elle est grossie de l'Ourthe. Aux Pays-Bas, elle traverse une région plate et sableuse qu'elle fertilise par ses alluvions et se jette dans la mer du Nord par un vaste delta où ses eaux se mêlent à celles du Rhin. Fleuve calme, la Meuse est une voie d'eau remarquable, reliée à Anvers par le canal Albert.

Meuse (département de la) [55] *6 250 km² 196 344 h.* Chef-lieu *Bar-le-Duc*. Département qui fait partie de la Région Lorraine. Dominées par les Côtes de Meuse et le massif forestier de l'Argonne, la plaine de la Meuse et la dépression argileuse de la Woëvre sont le domaine de l'élevage et des cultures céréalières. La Meuse est un département rural où la faiblesse de l'industrialisation et de l'urbanisation explique la persistance de l'émigration. Les villes comptent moins de *20 000 h.* et sont concentrées dans la vallée de la Meuse. Bar-le-Duc et Verdun sont dotées de petites industries alimentaires (confitures, fromageries) et métallurgiques.

meute n. f. Troupe de chiens courants, dressés pour la chasse. / Fig. Groupe de personnes qui poursuit, traque, s'acharne sur une personne. *Une meute de détracteurs, de journalistes.*

Mev abréviation de million d'électron-volt.

mévente n. f. Mauvaise vente; vente inférieure aux prévisions. *Mévente entraînant la faillite d'une entreprise.*

mexicain, e adj. et n. Du Mexique. *Sierras mexicaines. Un(e) Mexicain(e).*

Département de ***la Meuse****.*

Mexico *8 235 744 h.* Capitale du Mexique. Bâtie au XVIe siècle, à *2 260 m* d'altitude, sur le site de l'ancienne capitale (Tenochtitlán) du royaume aztèque détruite par Cortés, la ville est un curieux mélange de vieux quartiers espagnols conservant de nombreux monuments baroques, de quartiers modernes et de bidonvilles. L'agglomération a plus de 15 millions d'habitants, sans doute au moins 20 millions. Mexico est le centre économique et culturel du pays. Le musée d'Anthropologie recèle de nombreux témoignages des civilisations précolombiennes.

• **Mexique** République fédérale d'Amérique du Nord et d'Amérique centrale, bordée par les océans Atlantique et Pacifique, entre les États-Unis, au nord, et le Guatemala, au sud.

Meyerbeer (Jakob Liebmann Beer, dit **Giacomo)** 1791-1864 Compositeur allemand. Après son premier grand succès (*Les Croisés en Égypte*, 1824), il s'installe à Paris où il adopte l'opéra romantique français et produit des effets d'orchestre ingénieux, en particulier dans *Robert le Diable* (1831), *Les Huguenots* (1836). Nommé directeur de la musique de la cour de Berlin en 1842, il maintient ses liens avec la France. Son dernier opéra, *L'Africaine*, sera donné après sa mort, en 1865.

Meyerhold (Vsevolod Emilievitch) 1874-1940 Homme de théâtre soviétique. Acteur, puis metteur en scène des théâtres impériaux à partir de 1908, il élabora des formes théâtrales nouvelles, tant dans la direction d'acteurs que dans la mise en scène, notamment après 1917 (plateaux tournants dans l'esprit du constructivisme). Novateur (*Le Cocu magnifique*, 1922 ; *Le Revizor*, 1926), il déplut au pouvoir par son originalité et son refus du « réalisme socialiste » ; sa troupe fut dissoute (1938), il fut arrêté et exécuté.

Meyrink (Gustav) 1868-1932 Écrivain autrichien, attiré par le fantastique et l'occultisme. Son roman le plus célèbre, *Le Golem* (1915), s'inspire de récits cabalistiques.

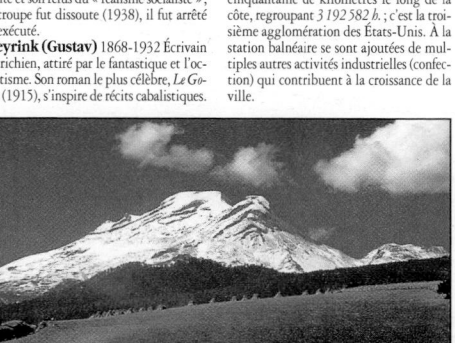

Le volcan Iztaccihualt, l'un des plus hauts sommets du Mexique (5230 m), proche de ***Mexico****.*

Plage de ***Miami****.*

mézigue ou **mézig** pron. pers. Arg. Moi.

mezzanine n. f. Au théâtre, étage situé entre le parterre et le balcon. / Dans un appartement, un bâtiment, surface habitable aménagée entre le sol et le plafond.

mezza voce loc. adv. (mots italiens) À mi-voix.

mezzo forte loc. adv. (mots italiens) MUS. Entre piano et forte.

Mezzogiorno (*Midi* en italien) *131 000 km² 26 000 000 h.* Nom donné à l'ensemble de la partie méridionale de la péninsule italienne (comprenant les Abruzzes, la Molise, la Campanie, les Pouilles, la Basilicate et la Calabre) et les îles de Sicile et de Sardaigne. Historiquement riche, la région souffre depuis longtemps de graves difficultés économiques en raison de la pauvreté de ses sols (souvent montagneux), de son climat (sécheresses en été) et d'une croissance démographique qui renforce les problèmes de chômage. La *Cassa per il Mezzogiorno*, créée en 1950 pour promouvoir le développement de la région, a toutefois permis d'enrayer son sous-développement, même si l'écart économique avec le nord de la péninsule demeure important et crée des tensions sociales et politiques dans toute l'Italie.

mezzo-soprano n. m. et f. (mots italiens) MUS. Voix de femme entre le soprano et le contralto. / n. f. Chanteuse qui a une telle voix. Pl. Des *mezzo-sopranos*.

mi n. m. inv. Troisième note de la gamme d'*ut*.

Miami *373 024 h.* Ville des États-Unis (Floride), sur le détroit de Floride. L'ensemble urbain de Miami s'étend sur une cinquantaine de kilomètres le long de la côte, regroupant *3 192 582 h.* ; c'est la troisième agglomération des États-Unis. À la station balnéaire se sont ajoutées de multiples autres activités industrielles (confection) qui contribuent à la croissance de la ville.

miasme n. m. (Le plus souvent au plur.) Émanation malsaine provenant de matières organiques en décomposition.

miaulement n. m. Cri du chat. / Par anal. Bruit comparable à ce cri. *Le miaulement grinçant des violons du bal.*

miauler v. i. [1] Pousser un miaulement.

mica n. m. MINÉR. Minéral à éclat métallique, formé essentiellement de silicates d'aluminium et de potassium, que sa structure feuilletée rend facilement clivable. *Mica blanc*, transparent, utilisé pour le vitrage de certains appareils de chauffage en raison de sa résistance à la chaleur. *Mica noir*.

mi-carême n. f. Jeudi de la troisième semaine du carême. Pl. Des *mi-carêmes*.

micaschiste n. m. GÉOL. Roche métamorphique à structure feuilletée, riche en quartz et en mica.

micelle n. f. CHIM. Agrégat de molécules ou d'ions dont la cohésion est assurée par des forces latérales intermoléculaires.

Michaux (Henri) 1899-1984 Poète et peintre français, d'origine belge. Après plusieurs grands voyages d'où il a rapporté des journaux de bord (*Ecuador*, 1929 ; *Un barbare en Asie*, 1932), il s'installe en France. Écrivain original et angoissé qui rejette l'extérieur et s'intéresse aux mondes intérieur et imaginaire, il a exprimé son tourment avec un humour qui culmine dans *Plume* (1938, publié en 1930 sous le titre d'*Un certain Plume*), pauvre homme victime des autres mais qui ne se plaint jamais. Il a également produit sa propre anthologie, *L'Espace du dedans* (1950), qui réunit les plus beaux textes de *Qui je fus* (1927), *Mes propriétés* (1929), *La nuit remue* (1931), *Voyage en Grande Garabagne* (1936). Il a également peint, notamment alors qu'il était sous l'emprise de drogues hallucinogènes, dont la mescaline.

miche n. f. Gros pain rond.

Michée VIIIe siècle av. J.-C. Prophète d'Israël, contemporain d'Isaïe. Le *Livre de Michée*, qui annonce la naissance d'un Messie à Bethléem, est, pour plus de la moitié, postérieur à la déportation à Babylone (587 av. J.-C.).

Michel (saint) L'archange de la Bible (Daniel, X, 13) est, dans la tradition chrétienne, saint Michel archange.

Michel Nom de neuf empereurs byzantins, dont les règnes, souvent courts en raison des nombreux troubles, s'étendent entre 811 et 1320. **Michel Ier Rangabé** ?-843 Empereur de 811 à 813. Vaincu par les Bulgares, il fut déposé. **Michel II le Bègue** ?-829 Empereur en 820. Militaire de modeste extraction, il fit assassiner Léon V et lui succéda. Sous son règne, les Slaves conquirent la Dalmatie, et les Arabes la Crète et la Sicile. **Michel III l'Ivrogne** 839-867 Empereur en 842. Sa mère Théodora assura la régence et rétablit le culte des images. Il nomma le patriarche Photius et contribua ainsi au désaccord entre Rome et Byzance. **Michel IV le Paphlagonien** ?-1041 Empereur en 1034. Amant de l'impératrice Zoé Porphyrogénète, il l'épousa et monta sur le trône. Épileptique, il ne gouverna pas et finit sa vie dans un monastère. **Michel V le Calfat** ?-? Empereur de 1041 à 1042. Neveu et successeur du précédent. Adopté par l'impératrice Zoé, il tenta de se débarrasser d'elle, fut renversé, aveuglé et enfermé dans un monastère. **Michel VI Stratiotikos** ?-1059 Empereur de 1056 à 1057, il fut renversé par Isaac Ier

M

MEXIQUE

Superficie : *1 958 201 km²* – **Nombre d'habitants :** *97 350 000 h.* – **Capitale :** *Mexico*
Villes principales : *Guadalajara, León* – **Système politique :** *république* – **Langue(s) :** *espagnol*
Religion(s) : *catholicisme* – **Monnaie(s) :** *peso*

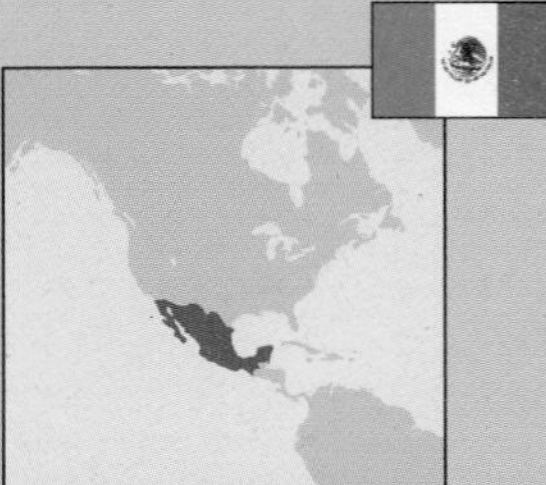

Voir l'Atlas

Géographie

L'intérieur du Mexique est formé de hauts plateaux enserrés par des reliefs montagneux : sierra Madre orientale, sierra Madre occidentale, sierra Madre del Sur. Basses et sableuses sur le golfe du Mexique à l'est, les côtes du Pacifique sont plus rocheuses et plus découpées à l'ouest.

Les hauts plateaux intérieurs du nord, arides, balayés par les vents, sont aujourd'hui progressivement transformés par des travaux d'irrigation en grands champs de coton. La Meseta centrale est dominée par des volcans (Orizaba, *5 700 m* ; Popocatepetl, *5 400 m*). Au sud, de part et d'autre de l'isthme de Tehuantepec, s'élèvent les hautes terres d'Oaxaca et du Chiapas.

Vue partielle du centre boursier de Mexico.

Le Yucatán est une péninsule massive qui s'avance entre la mer des Caraïbes et le golfe du Mexique. Le climat tropical du Mexique est tempéré par l'altitude. Le nord du pays est aride. La pluviosité augmente vers le sud. Les pluies d'été favorisent dans le centre et dans le sud une végétation abondante (forêts des terres chaudes).

Constituée de métis (60 %), d'Amérindiens (30 %), et de Blancs (10 %), la population, surtout rurale, s'accroît très rapidement : elle a doublé depuis 1968, bien que l'accroissement se soit ralenti. Elle est concentrée dans la région centro-méridionale et notamment dans les bidonvilles de Mexico, ville de 20 millions d'habitants, où en 1998, le taux d'ozone a dépassé de plus de deux fois la norme maximale.

Le ravin dit « Barranco del Cobre », Ravin du Cuivre, dans la Sierra Madre occidentale, au Mexique.

Économie

Par les grandes réformes amorcées pendant la révolution (1913-1917), le Mexique s'est donné une structure économique moderne : réforme agraire, industrialisation, nationalisation des secteurs de base, développement des transports et de l'instruction, mais ces progrès ont toujours connu une cadence inférieure à l'essor démographique. L'agriculture occupe encore près du quart de la population active ; l'étagement des climats et l'irrigation dans les régions sèches permettent les cultures commerciales (coton, café, canne à sucre) et vivrières (maïs surtout, blé, haricots, pomme de terre).

L'élevage bovin extensif est important dans le nord ; l'élevage porcin l'est également. Favorisée par la richesse du sous-sol, l'industrie extractive occupe encore la première place : argent (1er rang mondial), pétrole (4e rang mondial), or, soufre (2e rang mondial), plomb, zinc exploités dans la région de Chihuahua. Les industries de transformation sont en plein essor : métallurgie, textiles (coton), conserveries. Les principaux foyers industriels se trouvent dans le nord, Monterrey et dans le centre, Mexico, Puebla, Guadalajara. Veracruz, sur le golfe du Mexique, est le plus grand port du pays et Acapulco sur le Pacifique une station balnéaire de renommée mondiale.

La ville de Puebla, sous le volcan Popocatépetl (5452 m), à 60 km de Mexico.

Statue de Lazaro Cardenas, œuvre de Julian Martinez.

L'entrée dans le « Marché commun de l'Amérique du Nord » (ALÉNA), en janvier 1994, a d'abord été catastrophique (multiples faillites, chômage) puis les États-Unis ont accordé une aide suffisante pour le redressement de l'économie. L'envoi d'argent des Mexicains émigrés (souvent clandestinement) aux États-Unis a un poids important dans la vie du pays, ainsi que le tourisme (5 millions de visiteurs annuels).

Le nord de la ville de Mexico. Au premier plan, le musée des Beaux-Arts.

Histoire

Avant l'arrivée des Européens (ère précolombienne), le Mexique est le siège de civilisations brillantes, notamment celle des Mayas dans le Yucatán. Les Toltèques établis au IVe siècle dans l'Anáhuac (villes de Téotihuacán, de Tula) sont décimés par les tribus chichimèques au XIIe siècle. Au XIVe siècle une tribu chichimèque, les Aztèques, crée la ville de Ténochtitlán (Mexico) et impose sa domination à ses voisins. L'Empire aztèque sera finalement conquis, après une résistance acharnée, par l'Espagnol Cortés (1519-1521). Devenu gouverneur d'une vice-royauté espagnole dont la capitale est Mexico et dont le territoire s'étend jusqu'en Californie, Cortés entreprend la conversion du pays au catholicisme.

Le Mexique devient rapidement une des places maîtresses de l'Empire espagnol : fournisseur d'argent, il accueille de nombreux colons espagnols et constitue un relais sur la route du Pérou et des Philippines. Trois siècles durant, les Amérindiens sont affaiblis par les épidémies et le travail forcé (repartimientos). Des franciscains les convertissent

MEXIQUE (SUITE)

au catholicisme et des mariages mixtes se produisent. On commence à distinguer les créoles, descendants d'Espagnols non métissés, les métis et les Amérindiens. Les soulèvements des paysans, dirigés par Hidalgo (1810), Morelos (1813), Mina (1817), échouent tous. Mais, en 1820, le général Iturbide, chargé de réprimer la rébellion, passe du côté des insurgés. Il obtient la reconnaissance de l'indépendance du Mexique en 1821 et se fait proclamer empereur du Mexique. Il est renversé en 1824 et la république du Mexique est créée par le général Santa Anna avec une Constitution calquée sur celle des États-Unis. Le nouvel État est dominé par l'armée, au sein de laquelle des factions rivales s'affrontent. Élu président en 1833, Santa Anna perd le Texas, qui proclame son indépendance en 1836. Banni en 1845, il est rappelé en 1846, quand les États-Unis eurent annexé le Texas. La guerre dure deux ans. Les États-Unis la remportent en 1848 et le Mexique perd, en outre, la Californie, l'Arizona et le Nouveau-Mexique. De 1858 à 1861 se produit une guerre civile, à l'issue de laquelle Benito Juárez, libéral et anticlérical, est élu président.

La défaite des Espagnols devant les Aztèques, épisode connu sous le nom de « La Noche triste », la nuit triste.

Devant la nationalisation par Juárez des propriétés de l'Église et la suspension du paiement de la dette extérieure, Napoléon III intervient militairement en 1861, afin de constituer, en contrepoids aux États-Unis anglo-saxons et protestants, un empire du Mexique latin et catholique, et la couronne impériale est attribuée à Maximilien d'Autriche ; mais reconnu des seuls cléricaux, et maintenu uniquement par la présence des troupes françaises, celui-ci est pris par les forces de Juárez et exécuté (1867). Juárez meurt en 1872. En 1876, le général métis Porfirio Diaz, qui avait combattu contre Maximilien, est élu président. Il abolit les lois anticléricales, soumet les régions révoltées. En 1880, il cède la présidence, mais il l'exerce à nouveau de 1884 à 1911.

La Pierre du Soleil, sur laquelle est gravé le calendrier aztèque.

La bourgeoisie a tous les pouvoirs ; le pays se développe en bonne entente avec les États-Unis qui y font d'importants investissements. La révolution de 1911, déclenchée par Pancho Villa, au nord, et l'Indien Zapata, au sud, rouvre une période troublée. Trois présidents successifs sont assassinés, en 1913, en 1920 et 1924.

Le président Calles (1924-1928) va assurer au Mexique une stabilité durable, même si son anticléricalisme commence par provoquer un soulèvement : il fonde le parti qui se nommera ultérieurement parti révolutionnaire institutionnel (P.R.I.) et qui a donné tous ses présidents au Mexique jusqu'à aujourd'hui. Sans titre, Calles garde le pouvoir, mais le général Cárdenas devient président (1934-1940). Il exile Calles et fonde véritablement le Mexique moderne : distribution des terres, fin de la querelle religieuse, nationalisation du pétrole (1938). La vie démocratique se déroule sans heurts jusqu'en 1968, mais l'essor démographique et l'endettement posent des problèmes insolubles. En 1968, la contestation des étudiants est réprimée dans le sang. Les gouvernements de J. Lopez Portillo (1976-1982) et de M. La Madrid (1982-1988) tentent d'enrayer la crise économique mais sont victimes de la désaffection qu'elle entraîne. Élu en 1988, le président Carlos Salinas de Gortari adopte des mesures libérales et fait entrer le Mexique dans l'ALÉNA (1992).

En 1989, le Mexique est le premier pays du tiers monde qui profite de la réduction de sa dette. Élu en 1994, Ernest Zedillo affronte la crise née de l'entrée dans l'ALÉNA. Les États-Unis (avec lesquels le pays réalise 75 % de ses échanges) viennent à son secours et sauvent le Mexique.

Zedillo affronte aussi, dès 1994, la révolte des Amérindiens du Chiapas (État du sud-est) qui se proclament *zapatistes*. Celle-ci perdure dans des montagnes inexpugnables. En 1997, pour la première fois depuis 70 ans, le P.R.I. a perdu la majorité absolue au Parlement, la gauche ayant progressé. Celle-ci dénonce, parfois avec l'appui du clergé, le libéralisme de Zedillo, facteur de pauvreté, les massacres d'Amérindiens du Chiapas, la corruption au sein du P.R.I. Les élections de 2000 portent Vincente Fox à la présidence de la République.

Façade baroque surchargée d'éléments décoratifs locaux ; église Saint-François, Acatepec.

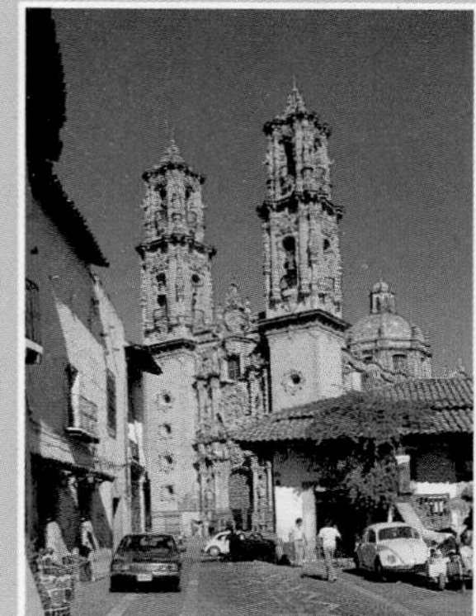
Le centre de Taxco, petite ville au sud-ouest du Mexique, au style colonial.

Art

Dès le IIe millénaire av. J.-C., les brillantes civilisations précolombiennes ont fleuri, laissant de nombreux vestiges dont les plus notables sont mayas ou aztèques : temples imposants construits au sommet de pyramides (Palenque), bas-reliefs et statues d'un style linéaire et décoratif, peintures ornant l'intérieur des temples mayas, manuscrits aztèques vivement colorés. À l'époque coloniale, le Mexique est le principal foyer artistique latino-américain ; le mélange de deux cultures très différentes crée un style original : l'exubérance de l'architecture baroque s'enrichit du génie des artistes indigènes (cathédrale de Mexico, chapelle du Rosaire de San Domingo à Oaxaca). Au XXe siècle, les architectes ont adopté très tôt le style international. En peinture, Siqueiros, Rivera, conscients de la richesse du passé artistique, exécutent de nombreuses peintures murales.

Littérature Voir l'article *littérature latino-américaine*.

Cinéma Deux noms se détachent de la production cinématographique mexicaine : Emilio Fernandez et Luis Buñuel. Le premier débuta en 1941 et s'imposa avec *Maria Candelaria* (1944), peinture poétique de la misère des paysans indiens, suivi de *Enamorada* (1947), *Rio escondido* (1948), dans lesquels s'affirmaient les talents de Pedro Armendariz, Dolores del Rio, Maria Felix. Buñuel, Espagnol émigré au Mexique en 1946, y débute avec une comédie (*Gran Casino*), puis donne *Los Olvidados* (1950), peinture bouleversante de l'enfance abandonnée ; *Nazarin* (1958), *L'Ange exterminateur* (1962).

À partir de 1970, la domination des États-Unis contrarie le développement d'un cinéma authentiquement mexicain.

M

Fresque du plafond de la chapelle Sixtine, réalisée par ***Michel-Ange****.*

Comnène. **Michel VII Doukas Parapinakès** ?-? Empereur de 1071 à 1078. Plus intéressé par la théologie que par la politique, il gouverna peu, abdiqua, entra dans un monastère et fut nommé évêque d'Éphèse.
Michel VIII Paléologue 1224-1282 Fondateur de la dernière dynastie byzantine, qui se proclama empereur en 1258 à Nicée et en 1261 à Constantinople qu'il avait reprise aux Latins. Il tenta de consolider l'Empire face à la menace de l'Occident, participant ainsi aux Vêpres siciliennes, mais ne put protéger Byzance contre ses ennemis turcs à l'est.
Michel IX Paléologue 1277-1320 Empereur à partir de 1295.
Michel Ier 1802-1866 Roi de Portugal (1828-1834). Il usurpa le trône à Marie II de Bragance et persécuta les libéraux. Pierre Ier, empereur du Brésil, vint rétablir Marie et Michel, vaincu après une longue guerre civile, abdiqua et s'exila.
Michel Ier 1921 Roi de Roumanie. Son père, Charles II, ayant par deux fois renoncé au trône, il régna sous la tutelle d'un conseil de régence de 1927 à 1930 (date à laquelle son père reprit provisoirement le pouvoir) et de 1940 à 1947. S'il fut incapable de s'opposer à la dictature d'Antonescu, il le fit arrêter en 1944 et déclara la guerre à l'Allemagne, jusqu'alors alliée de la Roumanie. Mais, à l'instauration du régime communiste, il dut abdiquer.
Michel Fédorovitch 1596-1645 Tsar de Russie en 1613. Élu empereur à seize ans, il est le fondateur de la dynastie des Romanov. Il gouverna avec l'aide de l'aristocratie foncière, pacifia le pays, profondément divisé après la période de troubles postérieure à la mort d'Ivan le Terrible, et signa la paix avec la Suède.
Michel Obrénovitch 1823-1868 Prince de Serbie (1839-1842 et à partir de 1860). Fils cadet de Miloch Obrénovitch, il succéda à son frère Milan. Impopulaire, il abdiqua et Alexandre Karageorgévitch devint prince de Serbie, mais Miloch fut rappelé (1858). À la mort de ce dernier, Michel reprit le pouvoir et fit évacuer Belgrade par les Turcs. Il a été assassiné à l'instigation des Karageorgévitch.
Michel le Brave ?-1601 Prince de Valachie en 1593. Il conduisit une insurrection contre les Turcs (dont il fit massacrer un grand nombre), obtint des Ottomans la reconnaissance de l'indépendance de la Valachie et, aidé par l'empereur Rodolphe, conquit la Transylvanie et la Moldavie. Mais il fut assassiné sur ordre de l'empereur, qui lui reprochait de mener une politique de bascule entre l'empire et la Turquie. Son œuvre ne lui survécut pas.
Michel (Louise) 1830-1905 Révolutionnaire française. Institutrice puis combattante de la Commune, elle fut déportée (1871) en Nouvelle-Calédonie puis amnistiée (1880). Reprenant son activité révolutionnaire et anarchiste en faisant des conférences dans plusieurs pays d'Europe, elle a laissé des poèmes, des romans et un ouvrage de mémoires (*La Commune, histoire et souvenirs*, 1898).
Michel-Ange (Michelangelo Buonarroti, dit**)** 1475-1564 Peintre, sculpteur, architecte et poète italien. Il commence son apprentissage chez les frères Ghirlandaio en 1488. De 1489 à 1492, il est l'hôte de Laurent le Magnifique (*Combat des Lapithes et des Centaures*, v. 1490 ; *Vierge à l'escalier*, v. 1491), rencontre de nombreux humanistes, dont Pic de la Mirandole, et s'intéresse à l'art antique. Laurent meurt en 1492, Florence devient une république, il quitte la ville (1494) et se rend à Venise, puis à Bologne, avant de regagner Florence pour un séjour assez bref, au cours duquel il écoute les prêches enflammés de Savonarole. En 1496, il est à Rome (*Pietà* en marbre, 1498-1499). Revenu à Florence, il sculpte le colossal *David* (1501-1502) et exécute plusieurs commandes pour de riches marchands. En 1505, le pape Jules II l'appelle à Rome pour ériger son tombeau, projet qui sera abandonné en 1506 pour être repris plus tard (*Moïse*, les *Esclaves*, qui seront finalement écartés en 1542 de l'œuvre définitive), et pour décorer la voûte de la chapelle Sixtine ; cette fresque de taille gigantesque (40 m sur 13 m) sera achevée en quatre ans (1508-1512). À Florence à nouveau (1516-1534), il exécute les tombeaux de Julien et Laurent de Médicis et construit la bibliothèque Laurentienne, qu'il ne peut achever. En 1536, à Rome, il termine le décor de la chapelle Sixtine (le *Jugement dernier*). Il se consacre ensuite à l'architecture, aménage la place du Capitole et continue les travaux du palais Farnèse et de la coupole de Saint-Pierre. Ses statues se caractérisent par la monumentalité et le tumulte du mouvement, traits qui sont aussi ceux de son architecture et de sa peinture aux harmonies de tons rares, qui dépassent le classicisme et annoncent le baroque. Peintre, architecte, sculpteur, Michel-Ange, en vrai humaniste de la Renaissance, fut aussi poète (*Rimes*).
Michelet (Jules) 1798-1874 Écrivain français. D'origine humble, il devient précepteur puis professeur d'histoire et de philosophie. Chef d'une section des Archives nationales, il entreprend d'écrire l'histoire dans l'optique romantique qui lui est propre. Il débute avec une *Histoire romaine* (1830) puis rédige son *Introduction à l'histoire universelle* (1831) qui marque clairement ses positions en matière de philosophie de l'histoire et en faveur de la République. La rédaction d'une *Histoire de France*, à laquelle il consacrera une grande partie de sa vie, débute avec 6 vol. (1833-1846). 12 volumes sont ensuite publiés de 1855 à 1867. Son œuvre, qui allie l'imagination, la sensibilité et l'érudition, repose sur une résurrection du passé et a renouvelé la conception de l'histoire. Il a également écrit *Histoire de la Révolution française* (7 vol., 1847-1853), *La Sorcière* (1862), *La Bible de l'humanité* (1864). Son *Journal* a été publié de 1959 à 1976.
Michelin Famille d'industriels français. **André** (1853-1931) et son frère **Édouard** (1859-1940) sont à l'origine de l'invention du pneumatique démontable pour l'automobile. Leur nom est également associé à la création de cartes et de guides pour la France et l'étranger.
micheline n. f. Véhicule automoteur circulant sur rails, monté sur pneus. / (Emploi abusif) Autorail.
Michelozzo (Michelozzo di Bartolomeo Michelozzi, dit**)** 1396-1472 Ornemaniste, sculpteur et architecte italien qui travailla à Florence (reconstruction du couvent de San Marco, Palazzo Vecchio).
Michelson (Albert Abraham) 1852-1931 Physicien américain. Avec Edward Williams Morley (1838-1923), il effectua en 1887 à Cleveland une expérience célèbre qui était destinée à déterminer si un « vent d'éther » assure la propagation de la lumière. L'interprétation des résultats contradictoires de cette expérience par Lorentz amena Einstein à concevoir la théorie de la relativité (formulée en 1905).
mi-chemin (à) loc. adv. Au milieu du chemin. *À mi-chemin de* : au milieu du parcours vers. *À mi-chemin de la gare.*
Michigan *151 586 km² 9 773 892 h.* État du nord-est des États-Unis, sur le lac Michigan (*57 994 km²*, relié au lac Huron par le détroit de Mackinac). Capitale *Lansing*. Industrie automobile à Detroit. La région, explorée par des Français, devint anglaise au traité de Paris (1763). Elle entra dans l'Union en 1837. La richesse du sous-sol a permis son industrialisation.
Mickey Mouse Héros de dessins animés créé par Walt Disney en 1928. Ce personnage, représenté par une souris mâle, incarne la bonté et la faiblesse qui désarment la méchanceté. Il est apparu dans de nombreux films d'animation (*Fantasia*, 1940) et d'innombrables bandes dessinées.
Mickiewicz (Adam) 1798-1855 Poète polonais. Patriote opposé à la Russie dès ses années universitaires, il est déporté en Russie de 1824 à 1828. Il voyage ensuite en Allemagne et en Italie avant de venir à Paris en 1832. De 1840 à 1844, il enseigne au Collège de France mais est écarté en raison de ses opinions révolutionnaires. Il tentera ensuite de lutter contre l'Autriche en Italie et contre la Russie pendant la guerre de Crimée. Son premier recueil poétique (*Ballades et Romances*, 1822), de même que son *Konrad Wallenrod* (1828) et *Pan Tadeusz* (1834), en ont fait l'une des plus grandes figures de la littérature polonaise et le chef de file du romantisme dans son pays.
mi-clos, e adj. À moitié clos.
micmac n. m. Fam. Embrouillamini, embrouille. *Qu'est-ce que c'est que ce micmac ?*
micocoulier n. m. BOT. Arbre d'Europe méridionale, au bois résistant et souple, utilisé pour fabriquer des manches d'outils.
mi-corps (à) loc. adv. Jusqu'au milieu du corps.
mi-côte (à) loc. adv. Au milieu de la côte.
micro n. m. Abréviation de *microphone*.

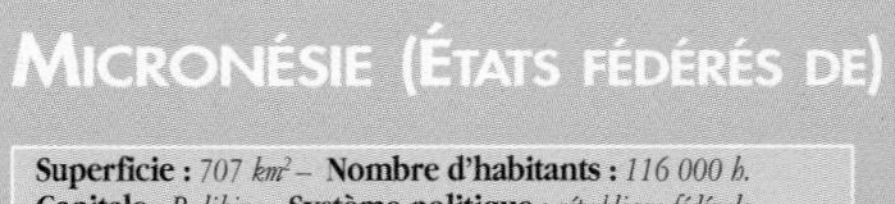

Superficie : *707 km²* – **Nombre d'habitants :** *116 000 h.*
Capitale : *Palikir* – **Système politique :** *république fédérale*
Langue(s) : *anglais* – **Religion(s) :** *catholicisme, protestantisme*
Monnaie(s) : *dollar des États-Unis*

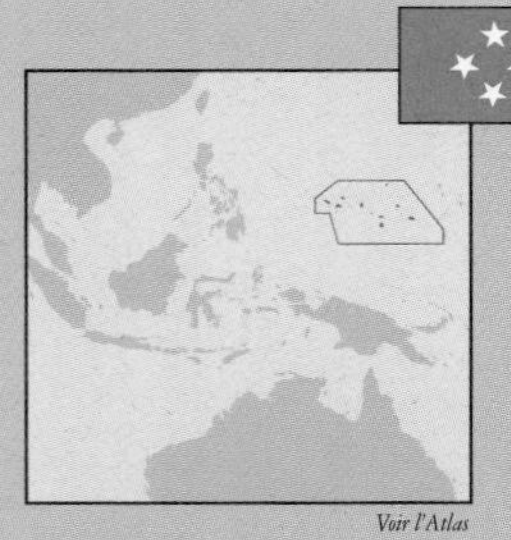

Voir l'Atlas

Fédération de petits États dans les Carolines (Kosrae, Pohnpei, Truk) et les îles Yap. Montagneuses, couvertes de forêts tropicales, les îles ne sont cultivées qu'au bord des atolls (cocotier, arbre à pain, cultures vivrières). Créée en 1979, la fédération devint autonome en 1986, en libre association avec les États-Unis.

Micro-ordinateur.

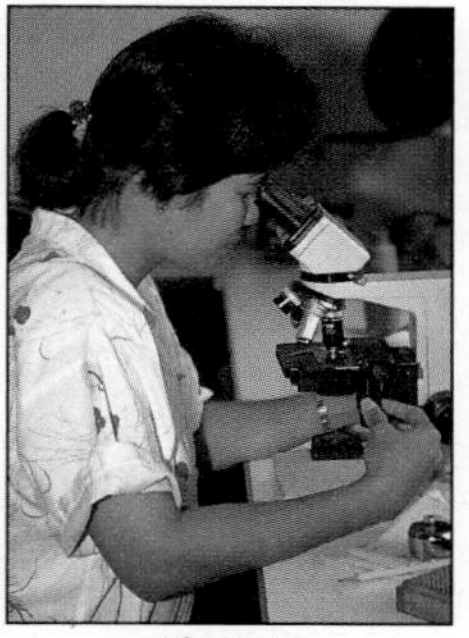
Microscope.

microbe n. m. Vx Organisme vivant invisible à l'œil nu. / Mod. Micro-organisme pathogène (bactérie, champignon microscopique, protozoaire, virus). / Plaisant Personnage chétif; petit enfant.
microbien, enne adj. Propre ou relatif au microbe.
microbiologie n. f. BIOL. Science qui étudie les micro-organismes.
microbiologiste n. BIOL. Spécialiste de la microbiologie.
microcèbe n. m. ZOOL. Lémurien arboricole nocturne, de très petite taille (pesant moins de 100 g).
microcéphale adj. et n. ANAT. Atteint de microcéphalie.
microcéphalie n. f. Dimension anormalement petite du crâne.
microchirurgie n. f. CHIR. Chirurgie réalisée à l'aide d'un microscope en utilisant de très petits instruments.
microclimat n. m. Ensemble des conditions climatiques qui règnent dans une zone, un territoire restreints et qui diffèrent du climat général de la région.
microcosme n. m. PHILO. L'homme considéré comme l'image en réduction, partie pour partie, de l'Univers (ou *macrocosme*). / Monde en réduction. / Milieu restreint, fermé.
microéconomie n. f. Partie de l'économie relative aux comportements individuels; étude de cette partie de l'économie. Ant. macroéconomie.
microéconomique adj. ÉCON. Relatif à la microéconomie.
microfibre n. f. TEXT. Fibre synthétique formée de filaments extrêmement fins permettant la fabrication de tissus doux au toucher.
microfiche n. f. Photographie en réduction d'un document destiné à être archivé.
microfilm n. m. Film composé de photographies de petit format reproduisant des documents.
micro-informatique n. f. INFORM. Domaine de l'informatique concernant la fabrication et l'utilisation de micro-ordinateurs. Pl. Des *micro-informatiques*.
micrométéorite n. f. ASTRON. Météorite d'un diamètre inférieur à 1 mm.
micromètre n. m. Millionième partie du mètre (symbole µm).
micron n. m. Anc. Micromètre.
Micronésie Ensemble des îles du Pacifique situées entre les Philippines, la Mélanésie et la Polynésie. On distingue divers archipels, indépendants ou partiellement indépendants (Mariannes, Marshall, Carolines, Palau, Kiribati). Les Micronésiens, répartis sur un peu plus de 2 000 îlots, vivent de la pêche et de cultures tropicales (coprah). Cadre de la guerre du Pacifique entre les États-Unis et le Japon, les îles de Micronésie ont été placées sous la tutelle des États-Unis en 1947 et se sont, après 1980, divisées en plusieurs États.
• **Micronésie (États fédérés de)** État fédéral de l'océan Pacifique qui comprend la partie orientale de l'archipel des Carolines. Capitale *Palikir*, dans l'île de Pohnpei.
micronésien, enne adj. et n. De Micronésie. *Archipel micronésien. Un(e) Micronésien(ne).*
micro-onde n. f. et m. PHYS. Onde électromagnétique dont la longueur est inférieure à un mètre et la fréquence supérieure à 300 MHz. / n. m. *Micro-ondes* ou *four à micro-ondes* : four à cuisson rapide qui fonctionne en produisant des micro-ondes dont l'énergie, transformée en chaleur, est absorbée par les aliments. Pl. Des *micro-ondes*.
micro-ordinateur n. m. INFORM. Ordinateur dont l'unité centrale est constituée d'un ou de plusieurs microprocesseurs. Pl. Des *micro-ordinateurs*.
micro-organisme ou **microorganisme** n. m. BIOL. Organisme qui n'est visible qu'au microscope (champignons et algues microscopiques, protistes, eubactéries, archéobactéries, virus). Pl. Des *micro-organismes*, des *microorganismes*.
microphone n. m. Appareil conçu pour transformer les vibrations sonores en courant électrique. Syn. micro.
microprocesseur n. m. INFORM. Unité de calcul et de traitement, de faible volume, qui équipe la plupart des appareils électroniques (ordinateur, téléphone portable, calculatrice, etc.).
microscope n. m. Instrument d'optique servant à observer les objets très petits, invisibles à l'œil nu.
♦ Un *microscope optique* est constitué de deux systèmes convergents coaxiaux (l'objectif et l'oculaire) placés à une distance fixe aux extrémités d'un tube cylindrique. Lorsqu'on place devant l'objectif, dont la distance focale est de l'ordre du millimètre, un très petit objet, il en donne une image renversée très agrandie que l'on observe à travers l'oculaire, dont la distance focale est de l'ordre du centimètre et qui fonctionne comme une loupe. La mise au point se fait en déplaçant l'ensemble de l'instrument par rapport à l'objet à examiner. Le grossissement de ces instruments atteint rarement 2 000. Le *microscope électronique*, fondé sur la focalisation des électrons dans les champs électriques ou magnétiques de révolution, permet d'obtenir un grossissement infiniment plus élevé qu'un microscope optique.

Le **canal du Midi**.

L'**Aiguille du Midi**.

Le **pic du Midi** de Bigorre.

Microscope Constellation australe; voir **constellation**.
microscopique adj. PHYS. Réalisé au moyen d'un microscope. / Qui n'est visible qu'au microscope. / Par ext. Très petit, minuscule.
microsillon n. m. Sillon peu profond et très fin (moins de 0,1 mm), gravé sur un disque d'électrophone, ce qui permet une audition de longue durée. / Disque gravé selon ce procédé. *Un microsillon de 33 tours, de 45 tours.*
microspore n. f. BIOL. Type de spore ou de gamète de petite taille, chez divers organismes se reproduisant par anisogamie (végétaux, protistes). / Spécial. Spore donnant naissance à des gamétophytes mâles, chez les végétaux cryptogames à deux types de spores. Voir **macrospore**.
microsporidies n. f. pl. BIOL. Groupe de protozoaires parasites, au génome de petite taille, dépourvus de mitochondries.
microstructure n. f. Structure de dimension inférieure, secondaire. Ant. macrostructure.
miction n. f. PHYSIOL. Action d'uriner.
mi-cuit, e adj. À moitié cuit. *Du foie gras mi-cuit.*
Midas VIIIe s. av. J.-C. Roi de Phrygie. Fils de Gordias, il se suicida à la suite des invasions des Cimmériens. D'après une légende, il reçut de Dionysos le pouvoir de changer en or tout ce qu'il touchait, y compris les aliments dont il voulait se nourrir. Immensément riche, mais sur le point de mourir de faim, il implora le dieu de lui retirer son pouvoir. D'après une autre légende, il attribua la victoire d'un concours de musique à son ami Pan plutôt qu'à Apollon qui se vengea en le dotant d'oreilles d'âne.
Middleton (Thomas) 1570?-1627 Auteur dramatique anglais. Il donna de nombreuses pièces, en particulier des comédies à travers lesquelles il brosse un portrait vivant et réaliste de la société londonienne de son temps : *Un monde fou, mes maîtres* [ou *Un monde fou, mes amis*] (1608). Il composa également quelques grandes tragédies : *L'Enfant changé* (1622) et *Les Femmes se défient des femmes* (1627).
Middle West ou **Midwest** Région centrale des États-Unis, entre les Appalaches (à l'est) et les montagnes Rocheuses (à l'ouest). Elle correspond au bassin du Mississippi, qui, jusqu'en 1803, appartenait à la France sous le nom de Louisiane. La partie occidentale du Middle West constitue la Prairie.
Midhat Pacha 1822-1884 Homme politique ottoman. Libéral, il est nommé grand vizir en 1872. Dans le cadre d'une libéralisation du régime du sultan, il promulgue la première Constitution en 1876 mais est renversé l'année suivante.
midi n. m. Milieu du jour; douzième heure du jour. / Le sud. *Versant d'une montagne exposé au midi.* / Le sud d'un pays, d'une région. *Le Midi* : le sud de la France.
Midi (aiguille du) *3 843 m* Sommet des Alpes françaises, dans le massif du Mont-Blanc, en Haute-Savoie.
Midi (canal du) *241 km* Canal construit entre 1666 et 1681 par Pierre Paul de Riquet pour ouvrir une voie navigable de la Méditerranée à l'Atlantique par l'intermédiaire de la Garonne. Partant de Toulouse et débouchant dans l'étang de Thau, il est aujourd'hui peu navigué.
Midi (pic du) Nom de deux sommets des Pyrénées : le pic du Midi de Bigorre *(2 872 m)*, dans les Hautes-Pyrénées, site

d'un observatoire astronomique, et le pic du Midi d'Ossau *(2 884 m)*, dans les Pyrénées-Atlantiques.
midinette n. f. Vx Jeune fille employée dans la couture, la mode. / Mod. Jeune fille naïve et sentimentale.
Midi-Pyrénées *45 348 km² 2 506 000 h.* Région qui s'étend à la fois sur l'Aquitaine, les Pyrénées et le Massif central. Les huit départements qui la constituent, la Haute-Garonne, le Tarn, le Tarn-et-Garonne, le Gers, le Lot, l'Aveyron, l'Ariège et les Hautes-Pyrénées, formaient un ensemble menacé de dépeuplement par le déclin des activités traditionnelles (élevage, sidérurgie à Decazeville, travail de la laine à Mazamet), et l'absence de villes importantes à l'exception de Toulouse, métropole d'équilibre. Le développement de la technologie de pointe, de l'industrie (aérospatiale autour de Toulouse, électronique, informatique, télécommunications à Toulouse, à Albi et dans les Pyrénées) et des fonctions tertiaires ont assuré son renouveau économique.
Midlands Région du centre de l'Angleterre constituée d'une plaine argileuse. Les gisements de houille et de fer ont fait de ce « Pays noir » une puissante région industrielle qui demeure active notamment dans le domaine de la métallurgie, du textile et de la chimie. Les villes les plus importantes sont Birmingham, Nottingham et Leicester.
Midway (îles) *5 km² env. 500 h.* Atoll situé au nord-ouest des îles Hawaii dans le Pacifique, appartenant aux États-Unis. Lieu d'une victoire aéronavale américaine contre les Japonais en 1942.
Midwest Voir **Middle West**
mie [1] n. f. Partie molle qui constitue l'intérieur du pain.
mie [2] n. f. Vx ou litt. Femme aimée.
miel n. m. Substance sucrée, sirupeuse, jaune ambré, produite par les abeilles à partir du nectar des fleurs qu'elles butinent et transportent à la ruche pour servir de nourriture. / Fig. Ce qui est très doux, évoque la douceur. *Lune de miel*: période heureuse du début du mariage.
miellat n. m. Excrétion sucrée de divers insectes. *Le miellat est récolté par les abeilles qui le transforment en miel.*
mielleusement adv. De façon mielleuse.
mielleux, euse adj. Qui rappelle la saveur du miel. / Fig. Doucereux.
mien, mienne adj., pron. poss. de la première personne du sing. et n. Qui m'appartient. *Tu es mienne à jamais. Votre idée me convient, je la fais mienne.* / pron. poss. *Le(s) mien(s), la, les mienne(s).* Ce qui m'appartient. *Ce classeur est le mien. Ces chaussures sont les miennes.* / n. m. *Le mien*: ce que je possède. *Le tien et le mien*: ce qui t'appartient et ce qui m'appartient. / n. m. pl. *Les miens*: ma famille. *J'ai rassemblé tous les miens pour les fiançailles de Marie.* / n. f. pl. Fam. *J'ai encore fait des miennes*, des sottises comme j'en fais d'habitude.
Mies van der Rohe (Ludwig) 1886-1969 Architecte américain d'origine allemande. Dessinateur de talent, auteur de projets novateurs, lié au groupe *De Stijl*, il organise en 1927, à Stuttgart, une grande exposition où il s'entoure d'architectes d'avant-garde et construit lui-même un immeuble qui constitue une des premières manifestations du style dit « international ».

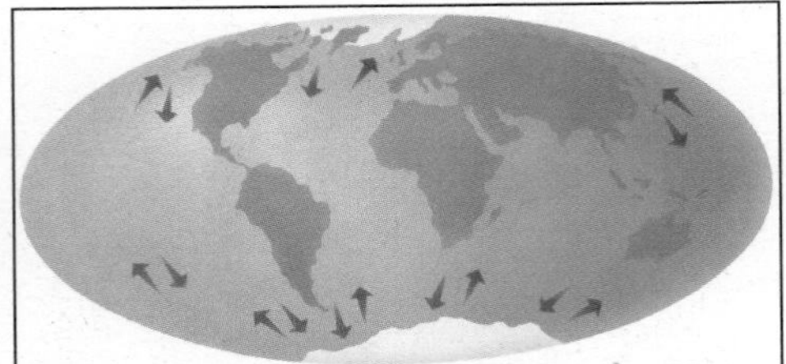
Voies de **migration** des baleines à bosse.

En 1929, il conçoit le pavillon allemand de l'exposition de Barcelone, au style dépouillé et aux proportions d'une grande rigueur. De cette époque datent ses meubles à piétement d'acier, toujours en usage, et la villa Tugenhat à Brno. Il dirige, de 1930 à 1933, le Bauhaus à Dessau. Après la fermeture du Bauhaus par les nazis, il s'exile aux États-Unis (1937) où il dirige l'Institut de technologie de Chicago (1938) et édifie de nombreux bâtiments: Crown Hall (1950-1956) à Chicago, Seagram Building (1958) à New York, La Fayette Park à Detroit. Son architecture est fondée sur l'emploi d'une ossature en acier apparent et des espaces intérieurs continus.
Mieszko Ier v. 960-992 Prince de Pologne. Chrétien en 966, il fonda le premier évêché polonais (Poznan, 968) et annexa la Silésie et la Petite Pologne. **Mieszko II l'Indolent** 990-1034 Roi de Pologne en 1025, il ne sut pas garder les conquêtes de son prédécesseur. **Mieszko III le Vieux** 1126-1202 Duc de Pologne (1173-117), son despotisme le fit déposer.
miette n. f. Petit morceau qui se détache d'un pain, d'un gâteau, quand on le coupe. / Fig. Parcelle. *Il ne reste que des miettes de son héritage.* / Fragment, débris. *Cette vitre a été réduite en miettes.*
mieux adv., n. et adj. **A.** adv. De meilleure façon, plus agréablement. *Il travaille mieux. Il danse mieux. Aller mieux*: être en meilleur état. *Il était malade, mais il va mieux. Les affaires vont mieux. Aimer mieux*: préférer. *Valoir mieux*: être préférable. *Mieux vaut tard que jamais.* / loc. adv. *Le mieux*: de la meilleure manière. *Le livre le mieux écrit. Le mieux du monde*: parfaitement. *Au mieux*: dans les meilleures conditions. *Être au mieux avec qqn*: entretenir avec qqn d'excellentes relations. *De mieux en mieux*: en ne cessant de progresser. *Elle chante de mieux en mieux.* **B.** n. m. Quelque chose de meilleur. *J'en attendais mieux.* / *Le mieux*: ce qui est le meilleur. *Le mieux est l'ennemi du bien. Faire de son mieux*: agir de la meilleure façon possible. *Un mieux*: une amélioration. *Il est encore hospitalisé, mais on constate un léger mieux.* **C.** adj. Meilleur. *Quand il fait froid, il n'y a rien de mieux qu'une soupe brûlante.* / Plus beau, plus distingué, plus séduisant. *Il est infiniment mieux qu'elle.* / *Être mieux*: être en meilleur état, en meilleure santé.
mieux-être n. m. Amélioration de l'état d'une personne, de nature matérielle ou psychique.
mièvre adj. Maniéré; fade.
mièvrerie n. f. Caractère de ce qui est mièvre.
mignard, e adj. Litt. Très mièvre, très affecté.
Mignard (Nicolas) 1606-1668 Peintre français. Son art est marqué par la tradition provinciale. Il travailla pour des couvents à Avignon (*Nativité*), et à Paris, aux Tuileries. **Pierre** 1612-1695 Peintre français. Frère du précédent, il effectua un long séjour en Italie, peignant des portraits de nobles italiens et de petites compositions (madones, notamment) imitées de Raphaël (appelées *mignardes*). De retour en France en 1657, il décora la coupole du Val-de-Grâce (1663). Il fut aussi le portraitiste de la Cour (*Madame de Montespan*, *La Marquise de Seignelay et ses enfants*, 1691), et, flattant souvent ses modèles, mit à la mode un type de visage féminin élégant et gracieux. À la mort de Le Brun (1690), il devint premier peintre du roi.
mignardise n. f. Litt. Caractère de ce qui est mignard. / BOT. (En appos.) *Œillet mignardise* ou *mignardise*: petit œillet très parfumé.
Migne (abbé **Jacques Paul**) 1800-1875 Ecclésiastique et éditeur français (*Bibliothèque universelle du clergé*, qui comprenait des collections des Écritures, des théologiens et des orateurs sacrés). Ses *Patrologies*, en latin et en grec, rassemblent, en plus de 1 000 volumes, des textes des Pères de l'Église.
mignon, onne adj. et n. **A.** adj. Joli, charmant, gracieux. *Comme il est mignon!* / Fig. Agréable, serviable. *Sois mignon, n'oublie pas de faire la vaisselle.* **B.** n. (Terme d'affection) *Mon mignon, ma mignonne.* / n. m. HIST. *Les mignons*: les favoris du roi Henri III.
mignonnette n. f. BOT. Œillet mignardise. / Petite bouteille d'alcool. / Poivre concassé.
migraine n. f. Douleur intense affectant un seul côté de la tête, notam. les régions temporale et orbitaire, souvent accompagnée de malaises (nausées, vomissements, troubles oculaires, etc.). / Cour. et abus. Mal de tête.
migraineux, euse adj. et n. Propre ou relatif à la migraine. / Subst. Personne sujette à la migraine.
migrant, e adj. et n. Qui migre. / Subst. Personne qui migre, qui a migré depuis peu. *Accueil des migrants.*
migrateur, trice adj. et n. Qui migre de manière saisonnière. *Oiseau migrateur.* / Subst. *Les migrateurs.*
migration n. f. Mouvement d'une population qui part d'un pays pour s'installer dans un autre. / Déplacement saisonnier de certains animaux. / MÉD. Déplacement d'une cellule, d'un élément étranger, à l'intérieur de l'organisme. *Migration d'un caillot, d'un virus.*
migratoire adj. Relatif aux migrations.

Mil.

Milan noir.

migrer v. i. [1] Effectuer une migration.
Mihaïlovitch (Draja) 1893-1946 Général yougoslave. Après l'invasion de la Yougoslavie, en 1941, il constitua des groupes armés (les *tchetniks*) en lutte à la fois contre les Allemands, les Oustachis croates et les partisans de Tito. Le gouvernement yougoslave de Londres le nomma ministre de la Guerre, mais les Alliés changèrent d'avis et accordèrent leur appui à Tito. Mihaïlovitch fut condamné à mort pour trahison et fusillé.
mihrab n. m. Niche creusée dans le mur intérieur d'une mosquée, orientée vers La Mecque.
mi-jambe (à) loc. adv. Au milieu de la jambe.
mijaurée n. f. Péjor. Fille ou femme aux manières affectées.
mijoter v. i. [1] (En parlant d'un mets) Cuire à petit feu. *Le ragoût mijote.* / (Emploi transitif) Cuisiner (un mets) avec soin. *Mijoter un petit plat.* / Fig. *Mijoter un projet.*
mikado n. m. (mot japonais) Nom autrefois donné, en Occident, à l'empereur du Japon. / Jeu de jonchets japonais.
Mikhalkov (Nikita Sergueievitch) 1945 Cinéaste et acteur russe. Ses films reflètent son amour de la littérature et particulièrement de Tchekhov (*Cinq Soirées*, 1978; *Quelques jours de la vie d'Oblomov*, 1979; *Les Yeux noirs*, 1987). Il a évoqué la répression stalinienne dans *Soleil trompeur* (1994), dont il est l'interprète principal. *Le Barbier de Sibérie* (1999) a confirmé sa renommée internationale.

MILAN

Histoire

Fondée par les Étrusques puis occupée par les Celtes, Milan céda graduellement à la domination romaine à partir du IVe siècle av. J.-C. Capitale de l'Empire romain d'Occident (IIIe-IVe siècle ap. J.-C.), la ville passa ensuite sous le contrôle des Carolingiens puis du pape. La Commune créée à la fin du XIe siècle et la Ligue lombarde au XIIe siècle donnèrent naissance à un État dont la capitale était Milan et qui fut gouverné par les ducs Visconti puis Sforza. À partir du XVIe siècle, la ville fut successivement dominée par la France, l'Espagne (1540) et enfin l'Autriche de 1713 à 1859, date à laquelle elle fut définitivement rattachée au royaume d'Italie. Patrie de saint Ambroise, sa cathédrale gothique, le Dôme, commencée en 1386, ne fut achevée qu'en 1813.

L'intérieur de la galerie commerciale Vittorio Emanuele II à Milan, dessinée par Giuseppe Mengoni.

Mikhalkov-Konchalovski (Andreï Sergueïevitch, dit **Andreï Konchalovski)** 1937 Cinéaste russe, frère aîné de Nikita Mikhalkov. *Le Premier Maître* (1965) lui vaut le succès ; mais *Le Bonheur d'Assia* (1969) donne de la vie dans un kolkhoze une vision qui ne plaît pas à la censure. Installé aux États-Unis à partir de 1980, il y réalise des films d'action, des drames et des séries B, avant de revenir dans son pays pour y tourner des films en coproduction internationale (*Riaba ma poule*, 1994 ; *La Maison de fous*, 2002).

mil n. m. Céréale à petit grain cultivée en zone tropicale sèche. *Gros mil* : synonyme cour. de sorgho.

milan n. m. ZOOL. Oiseau de l'ordre des falconiformes, aux ailes fines et à longue queue fourchue, prédateur et charognard. *Milan royal*, au plumage brun roux. *Milan noir*, au plumage très sombre.

• **Milan** *1 371 008 h.* Principale ville du nord de l'Italie, capitale de la Lombardie, Milan est une grande ville d'affaires et la métropole économique de l'Italie. Centre ancien du commerce et de la banque, la ville, carrefour de communications au pied des Alpes, est entourée de banlieues industrielles (industries textiles, mécaniques, chimiques et alimentaires). La plupart des grandes sociétés italiennes ont leur siège social à Milan, dans des immeubles d'une architecture ultramoderne.

Milanais Duché du nord de l'Italie créé au XIIe siècle et qui avait pour capitale Milan. Siège d'un important archevêché, la création de plusieurs communes, qui formèrent la Ligue lombarde en 1167, précéda la véritable constitution du duché en État. Dirigé de 1257 à 1535 par des tyrans (Della Torre, Visconti, Sforza) qui soumirent les villes lombardes (Lodi, Côme, Plaisance), il fut occupé en 1500 par Louis XII qui s'était proclamé l'héritier des Visconti. Rendu aux Sforza par François Ier après Pavie (1525), puis transmis aux Habsbourg, Charles Quint l'offrit à Philippe II d'Espagne qui en fit une province espagnole. La guerre de Succession d'Espagne donna le Milanais à l'Autriche qui le garda jusqu'à l'arrivée de Bonaparte. Éphémère république (1797), puis royaume en 1805, le Milanais revint aux Habsbourg en 1815 (royaume lombard-vénitien) et intégra le royaume d'Italie en 1859.

Milankovitch (Milutin) 1879-1958 Physicien yougoslave, auteur de la théorie du contrôle climatique par les paramètres de la mécanique céleste agissant sur la fluctuation à long terme des variations climatiques. Ces variations sont liées aux perturbations cycliques de l'inclinaison de l'axe de rotation de la Terre par rapport à la perpendicularité du plan de son orbite, de l'excentricité de cette orbite, de la précession des équinoxes. Ces paramètres varient dans le temps. Cette théorie avait été pressentie dès le XIXe siècle par Joseph Adhémar et James Croll.

Milan Obrénovitch 1854-1901 Prince (1868-1882) puis roi (1882-1889) de Serbie. Successeur de son cousin Michel Obrénovitch, il obtint au congrès de Berlin (1878) la reconnaissance de l'indépendance de la Serbie. Après avoir abdiqué en faveur de son fils Alexandre, il revint au pouvoir et mit en place un régime policier, mais dut s'exiler une nouvelle fois.

Milarepa XIe siècle ? Ascète tibétain semi-légendaire, fondateur d'une école mystique à l'origine du lamaïsme. On lui attribue un récit autobiographique et des chants mystiques.

mildiou n. m. Maladie de la vigne et de diverses plantes (pommes de terre, céréales, etc.), dont l'agent est un champignon, et qui se manifeste par le dessèchement des feuilles, leur chute, le brunissement et le pourrissement des grains de raisin.

Militaires.

mile (mot anglais) n. m. Mesure de distance anglo-saxonne valant 1 609 m.

Milet Ville ancienne d'Asie Mineure. Port grec très prospère du VIIIe au VIe siècle av. J.-C., Milet étendit sa puissance commerciale dans tout le Pont-Euxin. Par ailleurs, Milet fut un centre intellectuel important où dominèrent les noms des philosophes Thalès, Anaximène, Anaximandre.

Milhaud (Darius) 1892-1974 Compositeur français. D'origine provençale, il fait ses études au Conservatoire de Paris. Ami de Claudel (lorsque ce dernier est nommé ministre plénipotentiaire à Rio de Janeiro, Milhaud le suit comme attaché d'ambassade), il devient membre du *groupe des Six* (1918), avec Germaine Tailleferre, Arthur Honegger, Georges Auric, Louis Durey et Francis Poulenc, et compose jusqu'à sa mort un grand nombre d'œuvres où éclatent la vitalité et l'originalité de son style. Réfugié aux États-Unis en 1940 (il est d'origine judéo-provençale), il enseigne la composition au Mills College d'Oakland, en Californie, tâche de pédagogue qu'il n'abandonnera jamais : après son retour en France (1947), il se partagera entre Oakland et le Conservatoire national. Il a notamment composé des opéras (*Les Malheurs d'Orphée*, 1924), des ballets (*Le Bœuf sur le toit*, 1919 ; *La Création du Monde*, 1923, tous deux inspirés de son séjour en Amérique du Sud), de la musique de scène (*L'Annonce faite à Marie*, 1932), de la musique de film (*L'Espoir*, de Malraux, 1938), des pièces pour orchestre (symphonies, concertos, sérénades, concertinos, quatuors), de la musique de chambre, des pièces pour piano, des cantates, des chœurs a cappella, des mélodies (notamment sur des poèmes de Ronsard, Cocteau, Jammes, Claudel, Tagore…), de la musique religieuse.

miliaire adj. et n. f. MÉD. D'aspect granuleux évoquant les grains de mil. / n. f. Éruption de petites vésicules cutanées.

milice n. f. HIST. Au Moyen Âge, troupe levée dans les communes pour les défendre. / Corps de police supplétif. (Spécial.) *La Milice* : l'organisation créée par le gouvernement de Vichy, en 1943, utilisée notam. pour combattre la Résistance sous l'occupation allemande. / Groupe paramilitaire constitué de manière illégale pour défendre les intérêts d'un parti politique, d'une entreprise privée, etc.

milicien, enne n. Membre d'une milice.

milieu n. m. Point qui est situé à égale distance des extrémités d'un lieu, d'une ligne, d'une chose. / Période qui se situe à égale distance du commencement et de la fin. *Le milieu de l'année.* / Fig. État intermédiaire également éloigné de deux excès. *Le juste milieu entre la faiblesse et le despotisme.* / Lieu où vit un être vivant. *Milieu aquatique.* / Ensemble des facteurs géographiques, physiques, chimiques et biologiques qui influent sur le développement d'un être vivant. / Entourage social d'un individu. *Vivre dans un milieu défavorisé.* / *Le milieu* : le monde de la pègre.

militaire adj. et n. Relatif à l'armée, à la guerre. / Qui dépend de l'armée, qui s'appuie sur l'armée. *Régime militaire.* / n. Membre de l'armée.

militairement adv. Sur le plan militaire. *Être militairement bien préparé au combat.* / Par les militaires. *La ville a été occupée militairement.*

militant, e adj. et n. Qui agit activement pour la défense d'une cause, d'une doctrine. *Un écologiste militant.* / n. Membre actif d'une association, d'un parti, d'un syndicat. *Une militante socialiste.*

militantisme n. m. Activité de militant.

militarisation n. f. Action de militariser ; résultat de cette action. *Militarisation d'un pays.* Ant. démilitarisation.

militariser v. t. [1] Soumettre (ce qui ne l'était pas) à l'action, à la présence militaire. *Militariser les institutions.* Ant. démilitariser.

militarisme n. m. Politique fondée sur la puissance militaire. / Opinion, doctrine exaltant les valeurs militaires et le rôle politique de l'armée.

militariste adj. et n. Propre ou relatif au militarisme. *Propagande militariste.* / Subst. Partisan du militarisme.

militer v. i. [1] Agir activement pour faire prévaloir une idée, une doctrine ; spéc., être militant dans un parti, un syndicat. *Militer en faveur de la paix.* / Constituer un argument, plaider (pour, en faveur de ou contre qqn, qqch.).

milk-shake n. m. (mot anglais) Boisson à base de lait aromatisé, servie glacée. Pl. Des *milk-shakes.*

Dragonnier **millénaire** (Ténérife).

Mill (John Stuart) 1806-1873 Philosophe et économiste anglais. S'inspirant de l'école empiriste anglaise et de l'utilitarisme de Bentham, Mill aborda tous les problèmes philosophiques, économiques et politiques de son temps. Son traité *Logique inductive et déductive* (1843) décrivit les différents aspects de la méthode inductive et son rôle dans les sciences expérimentales. Partisan de l'individualisme et du libéralisme, il tenta de trouver un système où la liberté individuelle n'a pas à souffrir de l'emprise de l'État (*La Liberté*, 1859). Enfin dans *De l'utilitarisme* (1863), il substitua à une vision individualiste de l'utilité, une conception où la morale découle du bonheur général, la fin suprême de tout acte.

Millais (sir **John Everett)** 1829-1896 Dessinateur, graveur et peintre britannique. Cofondateur de la confrérie des préraphaélites (*Lorenzo et Isabella*, 1848), il a donné une œuvre sentimentale de goût très littéraire, mais souvent poétique (*Ophélie*, 1852).
millas n. f. Rég. CUIS. Mets du sud-ouest de la France, à base de farine de maïs, d'œufs et de lait (ou de saindoux), que l'on coupe en petits morceaux après l'avoir fait refroidir, et que l'on consomme le plus souvent frit et saupoudré de sucre. *Traditionnellement, on utilise la graisse de porc fondue restée au fond du chaudron après la préparation de la charcuterie familiale pour faire du millas.*
millassou n. m. CUIS. Petit gâteau individuel à base de farine (froment ou, parfois, maïs), de beurre, d'œuf et de lait, cuit dans un moule cannelé. Syn. (à Bordeaux) cannelé.
mille [1] adj. num. inv. et n. m. inv. **A.** adj. Dix fois cent. *Mille têtes de bétail.* / Beaucoup de. *Je l'ai répété mille fois.* / Millième. *Page mille.* **B.** n. m. Le nombre mille. / Les chiffres (1 et trois 0) qui représentent le nombre mille. / Millier. *Faites le devis pour dix mille exemplaires, et indiquez le prix du mille en plus.* / Centre d'une cible, qui fait gagner mille points au tireur qui l'atteint. *En plein dans le mille.* / Ensemble de mille exemplaires d'un ouvrage. *Le centième mille.*
mille [2] n. m. Mesure de distance utilisée par les Romains, valant mille doubles pas (environ 1 480 m). / Unité internationale de mesure des distances maritimes et aériennes, valant 1 852 m et correspondant à la longueur d'un arc de méridien terrestre d'une minute.
Mille (les) Patriotes italiens, dits aussi les *Chemises rouges*, qui en mai 1860, sous la direction de Garibaldi, embarquèrent à Gênes pour atteindre Marsala et vainquirent les Napolitains, se rendant ainsi maîtres de la Sicile. Le 7 septembre, ils prirent Naples. Le roi et Cavour craignant que Garibaldi ne veuille faire de l'Italie une république, parvinrent à obtenir sa soumission le 7 novembre.
Mille et Une Nuits (les) Recueil de contes arabes écrits entre le Xᵉ et le XIIᵉ siècle. Les origines de ce texte qui rassemble aussi bien des histoires d'amour que des récits de guerres ou de voyages sont diverses, s'inspirant notamment de fables des civilisations indienne, perse et grecque. Il fut découvert en Occident grâce à la traduction française d'Antoine Galland (1646-1715) et contient les célèbres contes *Aladin ou la lampe merveilleuse*, *Ali Baba et les quarante voleurs* et *Sindbad le marin*. La trame principale met en scène un roi de Perse qui a décidé de prendre chaque jour une nouvelle épouse et de la faire tuer le lendemain, pour se venger des femmes. Schéhérazade, fille de vizir, décide alors d'éviter le même sort en narrant chaque nuit une histoire et en suscitant ainsi le désir du roi d'en entendre une autre le lendemain.
millefeuille n. m. PÂTIS. Gâteau fait de couches de pâte feuilletée très mince et de crème au beurre, recouvert de sucre glace.
millénaire n. m. et adj. **A.** n. m. Période de mille ans. / Millième anniversaire. **B.** adj. Âgé de mille ans, d'environ mille ans. *Un chêne millénaire.*
millénarisme n. m. RELIG. Croyance selon laquelle le Christ reviendra régner sur Terre pendant mille ans, jusqu'au Jugement dernier.
millénariste adj. et n. RELIG. Du millénarisme; celui, celle qui croit au millénarisme. *Secte millénariste. Un millénariste.*
millénium n. m. RELIG. Règne du Christ pendant mille ans, selon les millénaristes.
mille-pattes n. m. inv. Nom usuel des myriapodes.
millepertuis ou **mille-pertuis** n. m. BOT. Plante herbacée dicotylédone à fleurs jaunes, dont les feuilles, ponctuées de minuscules glandes translucides, paraissent criblées de petits orifices.
millépore n. m. ZOOL. Animal cnidaire marin de la classe des hydrozoaires, formant des colonies de polypes imprégnés de calcaire. *Les récifs de coraux sont en partie constitués de millépores.*
Miller (Henry) 1891-1980 Écrivain américain. Longtemps réprouvé pour la férocité de sa critique à l'encontre de la société occidentale et particulièrement américaine, son œuvre romanesque, très libre, vante l'amour physique et dénonce les servitudes du monde moderne : *Tropique du Cancer* (1934), *Tropique du Capricorne* (1939), la trilogie *Plexus*, *Sexus*, *Nexus*, dite *Crucifixion en rose* (1949-1960).
Miller (Arthur) 1915 Auteur dramatique américain. Ses pièces, sobres et puissantes, attaquent la société contemporaine, en particulier l'Amérique, et traitent des conflits moraux qui s'y produisent (*Mort d'un commis voyageur*, 1949 ; *Les Sorcières de Salem*, 1953, qui dénonce le maccarthysme de façon allégorique). Son roman, *Les Misfits* (1960), a été porté à l'écran par John Huston, avec Marilyn Monroe, qui fut son épouse.
mille-raies n. m. inv. TEXT. Tissu à très fines rayures, à très fines côtes. / Appos. *Velours mille-raies.*

Arthur Miller.

Millerand (Alexandre) 1859-1943 Homme politique français. Avocat parisien, il entame sa carrière politique comme député socialiste en 1885. Pour avoir participé au gouvernement bourgeois de Waldeck-Rousseau (1899-1902), en tant que ministre du Commerce, de l'Industrie et du Travail, il est fortement attaqué par le mouvement ouvrier français. Ministre des Travaux publics (1909-1910), et de la Guerre (1912-1913), il prend la tête du Bloc national en 1919. Président du Conseil, puis président de la République en 1920, il démissionna après le succès du Cartel des gauches en 1924.
millésime n. m. Chiffre indiquant le nombre mille dans l'énoncé d'une date. / Chiffre donnant l'année de fabrication d'une monnaie, d'une médaille, de la récolte d'un vin, etc.
millésimé, e adj. Qui porte un millésime.
millésimer v. t. [1] Donner un millésime à.
millet n. m. Nom désignant diverses graminées céréalières, cultivées dans les régions tropicales d'Asie et d'Afrique, tel le sorgho.
Millet (Jean-François) 1814-1875 Peintre français. Il abandonne le style fleuri et les sujets légers de ses premières œuvres vers 1848, pour adopter plus de réalisme et choisir des thèmes plus austères évoquant le monde paysan. De 1849 à sa mort, il vit à Barbizon où il peint notamment *Le Semeur* (1850), *Les Glaneuses* (1857), *L'Angélus* (1859).
Millevaches (plateau de) Plateau ancien du Limousin, dans le Massif central, qui culmine à *978 m* ; couvert de landes et consacré à l'élevage ovin, il donne naissance à la Vienne, à la Creuse et à la Corrèze.
milliaire adj. ANTIQ. ROM. Qui indique la distance d'un mille romain. *Borne milliaire.*
milliard n. m. Nombre de mille millions.
milliardaire adj. et n. Dont la richesse s'évalue en milliards. *Elle est milliardaire. Milliardaire en euros, en dollars.*
milliardième adj. num. et n. **A.** adj. Qui occupe le rang désigné par le nombre d'un milliard. *Le milliardième Chinois.* **B.** n. *Le, la milliardième.* / n. m. Chacune des parties d'un ensemble divisé en un milliard d'éléments égaux. *Un milliardième de la population indienne.*

Czeslaw Milosz.

millibar n. m. MÉTÉO. Unité de pression atmosphérique équivalant à un millième de bar, qui a été remplacée par l'hectopascal.
millième adj. num. et n. **A.** adj. Qui occupe le rang désigné par le nombre mille. *Le millième gagnant.* / n. *Le, la millième.* **B.** n. m. Chacune des parties d'un ensemble divisé en mille éléments égaux. *Posséder trois cents millièmes dans une copropriété.*
millier n. m. Nombre de mille unités ou d'environ mille unités.
milligramme n. m. Unité de mesure de masse équivalant à un millième de gramme (symbole mg).
Millikan (Robert Andrews) 1868-1953 Physicien américain. Professeur à l'université de Chicago, il détermina la charge électrique et la masse de l'électron (1911) et parvint à calculer la valeur précise de la constante de Planck (1916).
millilitre n. m. Unité de mesure de capacité équivalant à un millième de litre (symbole ml).
millimètre n. m. Unité de mesure de longueur équivalant à un millième de mètre (symbole mm).
million n. m. Nombre de mille fois mille.
millionième adj. num. et n. **A.** adj. Qui occupe le rang désigné par le nombre d'un million. *Le millionième visiteur.* **B.** n. *Le, la millionième.* / n. m. Chacune des parties d'un ensemble divisé en un million d'éléments égaux. *Un millionième du budget de l'État.*
millionnaire adj. et n. Dont la richesse s'évalue en millions. *Il est millionnaire. Le jeu du millionnaire.*
milliseconde n. f. Millième de seconde (symbole ms).
Milly-la-Forêt *4 307 h.* Commune de l'Essonne au nord de la forêt de Fontainebleau. Chapelle décorée par Cocteau, qui est enterré dans cette commune.
Milo *161 km² 4 600 h.* Île grecque de l'archipel des Cyclades. On y découvrit en 1820 la statue en marbre dite *Vénus de Milo*.
Miloch Obrénovitch 1780-1860 Prince de Serbie (1817-1839 et 1858-1860). Héros de la lutte contre les Turcs, il remplaça Karageorges lorsque ce dernier dut s'exiler (1813) et le fit assassiner à son retour (1817). Renversé en 1839, il fut rappelé au pouvoir en 1858.
Milon (en latin **Titus Annius Papianus Milo)** 95 ?-48 av. J.-C. Homme po-

Gravure allégorique du XVIIe siècle, représentant **John Milton** entre les langues grecque et latine.

litique romain. Accusé d'avoir tué Clodius en 42 av. J.-C., il fut défendu par Cicéron qui prononça une de ses plus célèbres plaidoiries (*Pro Milone*).

Milon de Crotone VIe s. av. J.-C. Athlète grec légendaire originaire de Crotone (Calabre). Selon la légende, vieillissant, il voulut fendre un chêne avec ses mains. Le chêne se referma sur elles et les loups le dévorèrent.

Milosevic (Slobodan) 1941 Homme politique serbe. Président de la Ligue communiste de Serbie (1986-1988), il est élu président de la république de Serbie en 1989 et tente de s'opposer à l'éclatement de la Yougoslavie. Comme il n'y parvient pas, il entreprend une politique de purification ethnique, visant à chasser les non-Serbes des territoires occupés par les Serbes, notamment en Bosnie-Herzégovine. Il est réélu en 1993. Comme la Constitution lui interdit un troisième mandat, il se fait élire président de la Yougoslavie (Serbie et Monténégro) en 1997. Sa politique intransigeante au Kosovo, province serbe peuplée d'Albanais, provoque la guerre du Kosovo et l'intervention militaire de l'Otan. Il est battu lors des élections du 24 septembre 2000, par le modéré Vojislav Kostunica. Inculpé, par le TPI (tribunal pénal international) pour crimes de guerre, il est arrêté en 2001.

Milosz (Oscar Vladislas de Lubicz-Milosz, dit **O. V. de L.)** 1877-1939 Écrivain français d'origine lituanienne. Installé en France dès 1889, il sera naturalisé en 1931. Poète marqué par la religion (il s'est converti au catholicisme en 1927) et l'ésotérisme (*Les Sept Solitudes*, 1906; *Psaumes de l'Étoile du matin*, 1937), il a écrit aussi des drames métaphysiques (*Miguel Mañara*, 1912; *Méphiboseth*, 1914), un roman (*L'Amoureuse Initiation*, 1910) et des essais, qui témoignent tous de son besoin incessant de situer l'homme par rapport à Dieu.

Milosz (Czeslaw) 1911 Écrivain américain d'origine polonaise. Résistant durant la Seconde Guerre mondiale, il choisit, après avoir occupé des postes diplomatiques à Washington et à Paris, de s'exiler à Paris (où il était conseiller culturel) en 1951, puis aux États-Unis, en 1961, devenant enseignant à l'université de Berkeley. *La Pensée captive* (1953) et d'autres écrits dénoncent l'absence de libertés des intellectuels dans les pays communistes. *Visions de la baie de San Francisco* (1969) s'interroge sur la société occidentale. Milosz traduit des auteurs français et anglais, mais c'est aussi en tant que poète (catastrophiste à ses débuts) qu'il se fait connaître (*Trois hivers*, 1936).

Miltiade 540-489? av. J.-C. Général athénien. Il permit aux Grecs de vaincre les Perses à la bataille de Marathon (490), qui mit fin à la première guerre médique.

Milton (John) 1608-1674 Poète anglais. Désireux de devenir poète dès sa sortie de l'université, il écrit tout d'abord des vers d'inspiration pastorale, et une pièce intitulée *Comus* (1634). Après un long voyage en France et en Italie, où il rencontre Galilée, il s'établit (1639) à Londres et se manifeste comme adversaire du roi et partisan du régicide, jugé indispensable dans le cas de Charles Ier. Après le retour des Stuarts (1660), Milton perd le poste qu'il occupait aux Affaires étrangères et, aveugle depuis 1652, se retire de la vie politique pour achever son chef-d'œuvre (*Le Paradis perdu*), vaste épopée chrétienne qui ne cessera d'influencer tant les classiques que les romantiques. Il le publie en 1667, puis en donne la suite: *Le Paradis reconquis* (1671).

Milwaukee *617044 h.* Port des États-Unis (Wisconsin) sur le lac Michigan, à l'embouchure du Milwaukee. D'importantes industries alimentaires et métallurgiques (tracteurs) se sont développées au contact du Middle West agricole et du Centre-Est industriel.

mime n. m. Expression théâtrale fondée sur les gestes, les attitudes du corps sans recours à la parole. / Acteur qui pratique cet art.

mimer v. t. [1] Imiter, représenter par des gestes, des attitudes, des mimiques. *Mimer un meurtre, un danseur, le désespoir.*

mimétique adj. Propre ou relatif au mimétisme.

mimétisme n. m. Aptitude que possèdent certains animaux à prendre l'aspect (forme, couleur) d'un élément du milieu dans lequel ils vivent pour se protéger ou pour guetter une proie. / Par ext. Fait d'imiter qqn, le plus souvent de manière inconsciente, dans ses gestes ou ses paroles.

mimique n. f. Ensemble de jeux de physionomie, de gestes servant à remplacer le langage ou à imiter les manières d'une autre personne.

mimolette n. f. Fromage de Hollande dont la pâte, tantôt assez molle, tantôt dure (mimolette affinée, vieillie), est rouge orangé.

mimosa n. m. BOT. Espèce arbustive d'acacia, cultivé notam. dans le midi de la France, qui produit des petites fleurs jaunes, très odorantes, ayant l'aspect de petites boules duveteuses. / Plante légumineuse de la sous-famille des mimosacées, aux feuilles contractiles, appelée couramment sensitive.

mimosacées ou **mimosées** n. f. pl. BOT. Sous-famille de légumineuses, dont de nombreuses espèces poussent dans les régions tropicales. *Les acacias, les mimosas sont des mimosacées.*

Mimoun (Alain) 1921 Athlète français. Il remporta la médaille d'argent du 10000 m aux jeux Olympiques de 1948 et de 1952, et la médaille d'or pour le marathon en 1956 à Melbourne.

Mimouni (Rachid) 1945-1995 Écrivain algérien d'expression française, contempteur des tares de l'Algérie contemporaine (*L'Honneur de la tribu*, 1989) et adversaire déterminé de l'intégrisme religieux (*La Malédiction*, 1993).

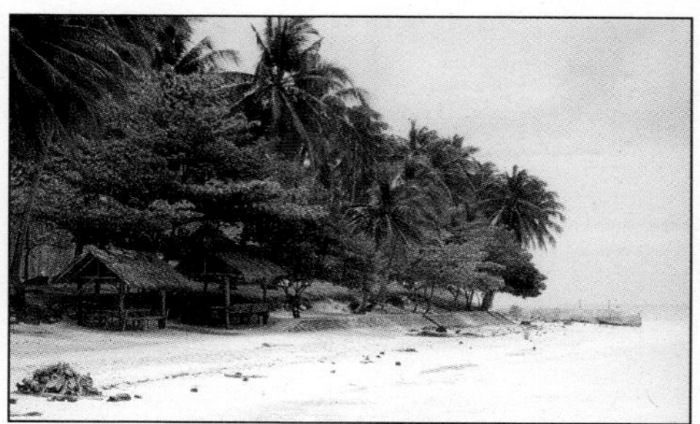
Plage de l'île de **Mindanao**.

minable adj. Méprisable, pitoyable.

minage n. m. Action de miner, de placer des mines dans (un lieu); résultat de cette action. Ant. déminage.

Minamoto Clan japonais d'origine impériale. **Minamoto no Yoritomo** 1147-1199 Homme de guerre japonais, premier shogoun du Japon (1192). Instaurateur d'un gouvernement militaire dont le pouvoir fut détenu par sa famille jusqu'en 1333, il réduisit l'empereur à un rôle honorifique. Il fit de Kamakura sa capitale. **Minamoto no Yoshitsune** 1159-1199 Frère du précédent. Le shogoun s'appuya sur lui pour prendre le pouvoir puis le persécuta. Vaincu, il se suicida avec sa famille et ses partisans.

minaret n. m. Tour d'une mosquée du haut de laquelle le muezzin appelle les fidèles à la prière.

Minas Gerais *586624 km² 16505000 h.* Capitale *Belo Horizonte.* État de l'intérieur du Brésil autrefois célèbre pour ses mines d'or et de diamants, aujourd'hui de fer, de manganèse, de bauxite, etc.; il est également riche en industries sidérurgiques et métallurgiques (Belo Horizonte), et se livre à l'élevage bovin.

minauder v. i. [1] Se comporter avec affectation, se faire valoir en faisant des manières, des mines.

minauderie n. f. Action, fait de minauder.

minaudier, ère adj. Qui minaude, qui minaude habituellement.

minbar n. m. (mot arabe) Chaire réservée au prêche, dans une mosquée.

mince adj. et interj. **A.** adj. Peu épais. *Des tranches de plus en plus minces.* / Petit. *Un bénéfice bien mince.* / Svelte. *Elle est très mince.* **B.** interj. (Marquant le dépit, la surprise, l'admiration) *Mince! Elle a encore gagné!*

minceur n. f. Caractère de ce qui est mince, d'une personne mince. *La minceur d'une feuille de papier. Sa minceur confine à la maigreur.*

mincir v. i. [2] Devenir mince, plus mince. / (Emploi transitif) Faire paraître plus mince. *Cette robe vous mincit.*

Mindanao *99311 km² 10350004 h.* Île volcanique (mont Apo *2955 m*), la plus méridionale des îles des Philippines dans l'océan Pacifique. Coprah et tabac. La fosse de Mindanao, au nord-est de l'île, atteint une profondeur de 10500 m.

Mine de cuivre à Chuquicamata (Chili).

Mindel (le) *84 km* Rivière de Bavière, affluent du Danube, qui a donné son nom à l'une des glaciations quaternaires.

Mindszenty (József Pehm, dit **József)** 1892-1975 Prélat hongrois. Archevêque d'Esztergom et primat de Hongrie (1945), créé cardinal en 1946, il est arrêté en 1948 pour son opposition aux autorités communistes et condamné aux travaux forcés à perpétuité. Libéré en 1956, il reprend brièvement ses fonctions mais, lors de l'intervention soviétique (octobre 1956) à la suite de la révolution, il se réfugie à l'ambassade américaine. En 1971, il peut enfin gagner Vienne, où il meurt, quatre ans plus tard.

mine [1] n. f. Vieilli Apparence, aspect d'une chose, d'une personne. *Un poulet de fort bonne mine. Un gentilhomme de belle mine.* / Aspect du visage, en tant qu'indice d'un état de santé, d'une humeur, de sentiments. *Avoir bonne, mauvaise mine. Avoir une mine soucieuse.* / Loc. *Faire des mines*: faire des manières, se comporter de manière affectée. / *Faire mine de*, semblant de. *Elle a fait mine de ne pas me voir.*

mine [2] n. f. **I.** Gisement, généralement souterrain, de minerai métallique ou de matière minérale exploitables pour l'industrie. / Cavité creusée pour exploiter de tels gisements. *Travailler dans une mine.* / Fig. Réserve, source, ressource dont on peut largement se servir. *Cet ouvrage est une mine de documents.* **II.** Excavation dans laquelle on place une charge explosive; cette charge. / MILIT. Engin placé sous terre, sous l'eau, destiné à exploser lorsque passera à proximité un homme, un véhicule, un navire. *Mine antipersonnel. Mine antichar.* **III.** Baguette de graphite ou de matière colorée servant à écrire, à tracer des marques. *Tailler la mine d'un crayon.*

M

Calcite à forte teneur en cobalt.

Cristaux de smithsonite.

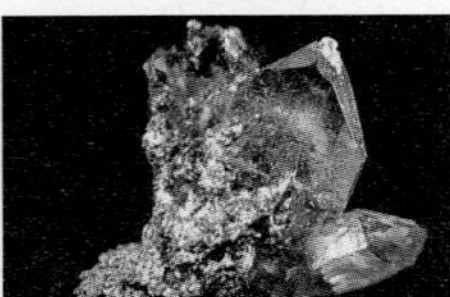
Cristal d'anglésite.

Cristaux de marquésite.

Quartz à forte teneur en cinabre.

MINÉRAUX

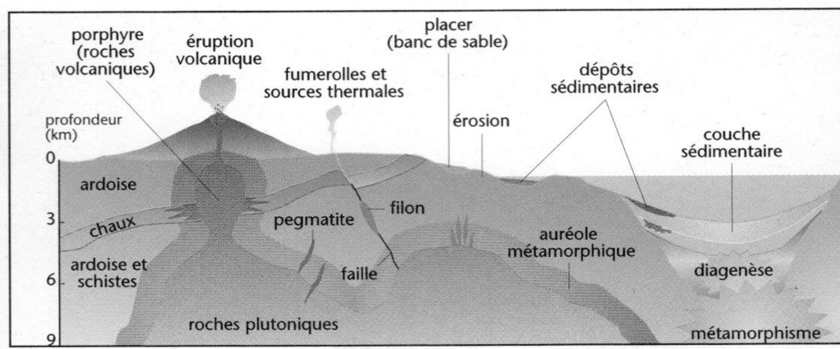

Répartition des **minéraux** et des roches dans l'écorce terrestre et principaux phénomènes géologiques.

miner v. t. [1] **I.** Creuser (qqch.) à la base. *Le ressac mine la falaise.* / Fig. Détruire peu à peu. *Miner les institutions d'un pays.* **II.** Placer des explosifs dans, sur (qqch.). *Miner un pont.* Ant. déminer.

minerai n. m. Corps que l'on trouve dans le sol, et qui contient un ou plusieurs métaux en quantité suffisante pour permettre son exploitation. *Minerai de fer.*

minéral, ale, aux n. m. et adj. **A.** n. m. Substance inorganique (dont la structure ne fait pas intervenir une chaîne d'atomes de carbone liés de manière covalente); partic. substance inorganique constitutive de l'écorce terrestre et des roches qui la composent. *Par le processus de la photosynthèse, les plantes synthétisent de la matière organique à partir des minéraux.* / Solide inorganique homogène, de composition chimique déterminée. *Minéraux cristallisés*, dont les atomes, les molécules sont arrangés selon une structure cristalline (quartz, diamant, mica), par opposition aux *minéraux amorphes* (opale, obsidienne). **B.** adj. Des minéraux; inorganique. *Règne minéral*, par opposition à règne *végétal*, règne *animal* (expression vieillie). *Chimie minérale*: chimie des minéraux (par opposition à chimie *organique*). *Les sels minéraux. Eau minérale*: eau qui contient des substances minérales.

minéralier n. m. Cargo destiné au transport des minerais et du vrac.

minéralisation n. f. Action de minéraliser. Ant. déminéralisation. / État d'une eau contenant des substances minérales. / ÉCOL. Stade final de la décomposition, dans lequel la matière organique est transformée en éléments minéraux, principalement sous l'action de micro-organismes.

minéraliser v. t. [1] Ajouter des substances minérales à. *Minéraliser une eau.* Ant. déminéraliser. / Transformer en minerai (un métal).

minéralogie n. f. Partie de la géologie qui a pour objet l'étude des corps inorganiques ou minéraux.

minerve [1] n. f. Appareil orthopédique, entourant le cou et s'appuyant sur les épaules, qui maintient la tête droite et les vertèbres cervicales en extension.

minerve [2] n. f. IMPRIM. Petite machine à imprimer, à pédale ou à moteur.

Minerve MYTH. ROM. Identifiée à l'Athéna grecque, elle était la déesse de la Sagesse et de la Connaissance, et la protectrice de Rome.

minestrone n. m. (mot italien) CUIS. Soupe italienne épaisse riche en légumes divers coupés en dés, additionnée de riz ou de pâtes et parfumée d'herbes aromatiques.

minet, ette n. Fam. Chat, chatte; petit chat, petite chatte. / (Terme d'affection) *Mon minet, ma minette.* / Jeune homme, jeune fille qui s'habille à la dernière mode.

minette n. f. Minerai de fer de Lorraine.

mineur [1] n. m. Ouvrier travaillant dans une mine. / Soldat du génie chargé des travaux de sape, de mine.

mineur, e [2] adj. et n. **A.** adj. (En parlant d'une personne) Qui n'a pas atteint l'âge de la majorité légale. / Petit, secondaire. *D'une importance mineure.* / MUS. *Tierce mineure*, composée d'un ton et demi. Ant. majeur. / RELIG. CATHOL. *Frères mineurs*: voir *franciscain. Ordres mineurs*: voir *ordre.* **B.** n. Personne qui n'a pas atteint l'âge de la majorité légale. *Un mineur ne possède ni la pleine capacité juridique, ni le droit de vote, ni celui de signer un contrat; il peut dans certains cas être émancipé par son père ou son tuteur légal.*

Ming 1368-1644 Dynastie chinoise de seize empereurs qui succéda à la dynastie mongole des Yuan. Elle fut fondée par un chef chinois appelé Zhu Yuangzhan qui conquit l'empire à partir de 1356. Il prit le nom de Hongwu lorsqu'il se fit proclamer empereur. Son successeur raffermit le pouvoir à la suite d'une guerre civile et installa définitivement la capitale à Pékin en 1421. Les Ming firent construire la Grande Muraille afin de tenir les Mongols à l'extérieur et ouvrirent le commerce avec le reste de l'Asie au XVIe siècle. Au XVIIe siècle, des troubles politiques et sociaux graves fragilisèrent la dynastie, qui fut détrônée par les Mandchous au terme d'une guerre commencée en 1618.

Mingus (Charlie) 1922-1979 Compositeur, contrebassiste et chef d'orchestre de jazz américain, spécialiste du blues. À la fois classique et novatrice, sa musique a annoncé le free jazz.

Minho *275 km* Fleuve qui prend sa source en Espagne (Miño), dans la province de Galice, sépare l'Espagne et le Portugal (dans sa

Miniature médiévale.

Le fleuve **Minho**, peu avant son embouchure.

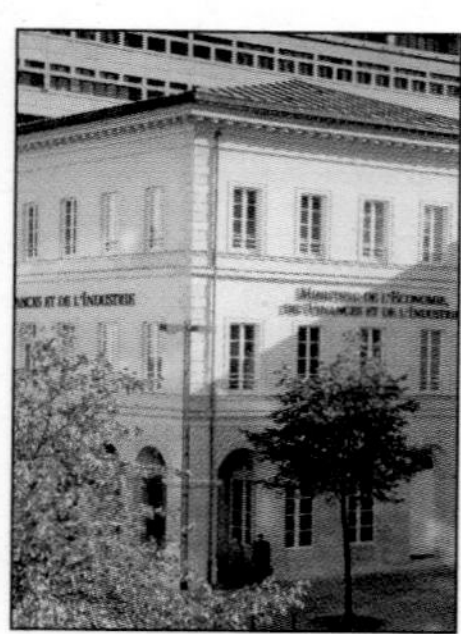
Bâtiments modernes et anciens d'un des ***Ministères*** *parisiens* (© Gilles Couedic).

partie nord-ouest), et se jette dans l'Atlantique.
Minho Région du nord-ouest du Portugal. C'est une riche région agicole (maïs, vigne [« vinho verde », le vin vert] où l'élevage est important. Historiquement, c'est le berceau de la nation portugaise.
miniature n. f. Au Moyen Âge, lettre ornée au début d'un chapitre de manuscrit. / Petite scène ou portrait peints sur ivoire ou porcelaine. / *En miniature*: en très petites dimensions. *Maquette représentant une ville en miniature.*
miniaturiser v. t. [1] TECHN. Réduire à l'extrême la taille, l'encombrement de (un dispositif, une machine, etc.).
minibus n. m. Véhicule automobile de transport collectif comportant peu de places.
minicassette n. f. (nom déposé) Cassette magnétique d'enregistrement de sons, de petite dimension.
minichaîne n. f. Chaîne haute-fidélité composée d'éléments de petites dimensions.
minier, ère adj. Propre ou relatif aux mines. *Gisement minier.* / Où il y a des mines. *Région minière.*
minijupe n. f. Jupe très courte.
minimal, ale, aux adj. et n. Constituant un minimum. *Intérêt minimal.* / BX-ARTS *Art minimal*, qui réduit à l'extrême ses moyens d'expression.
minimalisme n. m. BX-ARTS Art minimal. / Attitude de qqn qui demande (ou concède) le minimum de choses.
minime adj. et n. Très petit. *Importance minime.* / n. Jeune sportif entre 13 à 15 ans. / RELIG. CATHOL. Religieux, religieuse d'un ordre monastique fondé par saint François de Paule en 1452.
minimiser v. t. [1] Donner à (qqch.) une valeur moindre, minorer. *Minimiser l'importance d'un fait.*
minimum n. m. et adj. (mot latin) Valeur la plus basse d'une quantité variable. Pl. Des *minimums* ou des *minima*. / adj. Minimal. *Une valeur minima* (rare) ou *minimum*.
ministère n. m. Charge de ministre. / Ensemble des ministres formant le gouvernement en place. *Un ministère de gauche.* / Durée pendant laquelle s'exerce un ministère. / Ensemble des services et des bureaux placés sous l'autorité d'un ministre; le bâtiment qui les abrite. *Ministère de l'Agriculture.* / DR. *Ministère public*: corps de magistrats chargés de veiller à la bonne application des lois, de défendre les intérêts de la société auprès des tribunaux. / RELIG. CATHOL. *Le saint ministère*: le sacerdoce. *Les ministères*: depuis le concile Vatican II, les fonctions ayant remplacé les ordres mineurs (lecteur, servant à l'autel). / Entremise; intervention. *Je l'ai fait convoquer par ministère d'huissier. Elle a proposé son ministère pour régler cette affaire.*
ministériel, elle adj. Propre ou relatif à un ministère. *Prérogatives ministérielles.* / *Office ministériel*: voir *office*.
ministre n. **I.** Personne qui exerce une fonction, remplit une charge. / Personne qui exerce une fonction dans le domaine religieux. *Ministre du culte. Ministre de Jésus-Christ.* / Pasteur protestant. **II.** Membre d'un gouvernement dirigeant un ensemble de services d'un domaine particulier. *Ministre des Affaires étrangères.* / *Premier ministre*: chef du gouvernement. / Ministre plénipotentiaire: voir *plénipotentiaire*. / (En appos.) *Bureau ministre*: grand bureau à tiroirs latéraux. *Papier ministre*, du format, plus grand que le format habituel, autrefois réservé aux lettres officielles.
minitel ou **Minitel** n. m. (nom déposé) TÉLÉCOM. Terminal relié à l'unité centrale d'un ordinateur permettant aux usagers de consulter des informations, d'effectuer certaines opérations (achats, réservations, etc.).
minium n. m. Pigment rouge vif obtenu à partir d'oxyde de plomb et que l'on utilise comme produit antirouille.
Minneapolis *354 590 h.* Ville des États-Unis, dans le Minnesota, sur la rive gauche du Mississippi. C'est un marché agricole et un centre industriel important; l'agglomération excède les *2 300 000 h.* Université.
Minnelli (Vincente) 1913-1986 Cinéaste américain. Après un spectacle à Broadway en 1942, il est engagé sous contrat à la M.G.M. Un des maîtres de la comédie musicale des années 1950, il tourne avec Fred Astaire (*Yolanda et le voleur*, 1945) et Gene Kelly (*Un Américain à Paris*, 1951). Un peu plus tard, il passera à la création de films comiques ou dramatiques (*Comme un torrent*, 1959). **Liza** 1946 Fille du précédent. Chanteuse et actrice américaine. Elle connut de grands succès notam. dans des films musicaux (*Cabaret*, de Bob Fosse, 1972, *New York, New York*, de M. Scorsese, 1977). •
Minnesang Terme allemand (signifiant « chant d'amour ») conservé en français pour désigner la poésie courtoise allemande des XIIe et XIIIe siècles. Cette forme poétique, dont les origines se trouvent dans la tradition française des troubadours, s'est surtout développée dans les cours aristocratiques du sud et du centre de l'Allemagne.
Minnesänger n. m. (mot allemand) Trouvère dans la tradition du Minnesang.
Minnesota *218 600 km² 4 685 549 h.* État du centre des États-Unis, à la frontière canadienne, sur le lac Supérieur. Capitale *Saint Paul*. Cette région forestière où le Mississippi prend sa source s'est développée après la découverte d'un très riche gisement de fer qui alimente la sidérurgie de Minneapolis et de Duluth, et qu'on exporte par les Grands Lacs vers le nord-est des États-Unis. L'élevage et la céréaliculture, importants, ont suscité la création d'usines agroalimentaires.
• **minoen, enne** adj. et n. m. Relatif à la plus ancienne période de l'histoire de la Crète. / n. m. *Le minoen ancien.*

MINOEN (ART)

L'art minoen s'est épanoui entre 2400 et 1400 av. J.-C. Si les fondements de leur art et de leur civilisation sont empruntés à l'Asie et à l'Égypte, les Crétois ont trouvé un mode d'expression original. Industrieux, plus intéressés par les rivalités commerciales que par les combats militaires, à la fois sociables et individualistes, amateurs de jeux et de sports, de danse et de musique, ayant le culte de la santé et de la beauté du corps, ils sont préoccupés d'hygiène comme en témoignent les palais de Cnossos et de Phaïstos, et les maisons de Gournia, équipés de salles de bains, et soucieux de leur apparence à en juger par les élégantes coiffures de femmes. L'architecture, même la plus modeste, témoigne également de ce tempérament esthétique.
Dans les palais de Cnossos et de Phaïstos, ces labyrinthes de corridors, d'appartements privés, de cours, de magasins, de terrasses, de belvédères, d'entrées monumentales, orientés vers un fond de magnifiques paysages, révèlent une très libre imagination, incapable de se soumettre aux impératifs d'un plan rigoureux. En dehors des chapelles des palais, il n'existe pas d'architecture religieuse, à proprement parler.
Le type de tombe minoenne le plus caractéristique est la *tholos*. Les Crétois semblent avoir une prédilection pour les objets petits, maniables, raffinés et précieux, aussi la grande statuaire n'existe-t-elle pas en Crète. On trouve des statuettes, des vases, des rhytons à tête de taureau. La peinture murale est essentiellement naturaliste et décorative: fleurs, arbres, animaux vrais ou imaginaires. Dans les scènes de cour, les personnages ont quelque chose de raffiné et de frivole. La métallurgie et l'orfèvrerie connurent en Crète un essor extraordinaire (fabrication d'armes et de vaisselle d'or repoussé). La céramique est la production la plus largement représentée: vases rituels, amphores, qui témoignent du désir de mettre ce quelque chose d'impondérable qu'est la beauté, dans l'objet le plus modeste.

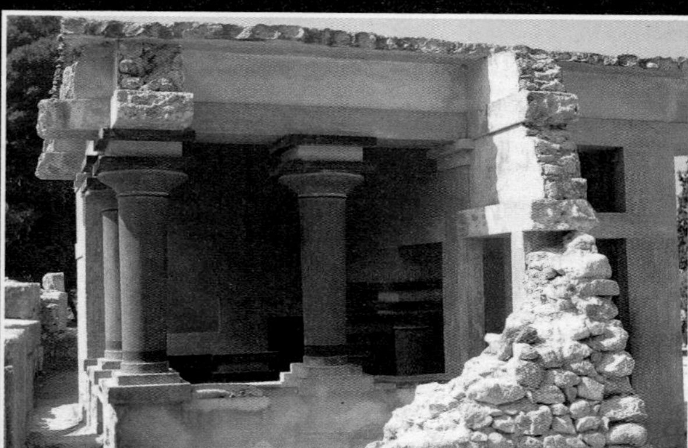
Le palais de Cnossos.

Mönchengladbach *266 073 h.* Ville d'Allemagne en Rhénanie-du-Nord-Westphalie, grand centre industriel (métallurgique et mécanique).
Monck Voir **Monk**
mondain, e adj. et n. RELIG. Relatif à la vie séculière, au monde. / Relatif à la société des hommes et femmes du monde, du grand monde. *Carnet mondain.* / Subst. Personne qui fréquente cette société, en fait partie. / Anc. *Brigade, police mondaine,* spécialisée dans les affaires de mœurs, de stupéfiants.
mondanité n. f. Goût pour les fréquentations et les plaisirs mondains. / (Au plur.) Événements de la vie mondaine.
monde n. m. Ensemble qui embrasse tout ce qui existe; l'Univers. / L'ensemble de la Terre et des astres visibles. / Tout autre système comparable, susceptible d'exister. / Le globe terrestre. *Le Nouveau Monde*: le continent américain. / La vie terrestre. *Venir au monde*: naître. / Ensemble des habitants de la Terre. / Ensemble des individus formant une société particulière à une époque déterminée, ou en un lieu précis. *Le monde communiste.* / Vie en société. *Se retirer loin du monde.* / RELIG. Vie séculière (par oppos. à la vie *monastique*). / Milieu social déterminé. *Le monde de la finance.* / *Homme, femme du monde, du grand monde,* de l'aristocratie, du milieu social des gens fortunés. / Iron. *Le beau monde*: le grand monde. / Ensemble de concepts d'un même ordre. *Le monde des idées.*
monder v. t. [1] Débarrasser (un aliment) des parties inconsommables. *Monder des noix.*
mondial, ale, aux adj. Du monde, relatif au monde entier. *Organisation mondiale.*
mondialement adv. Dans le monde entier. *Il est mondialement respecté.*
mondialisation n. f. Action de mondialiser, de se mondialiser. *Mondialisation de problèmes économiques. La mondialisation d'une guerre.*
mondialiser v. t. [1] Répandre (qqch.) dans le monde entier. *Mondialiser le libre-échange.*
mondialisme n. m. POLIT. Perspective mondiale.
mondialiste adj. et n. POLIT. Du mondialisme; tenant du mondialiste.
Mondor (Henri) 1885-1962 Chirurgien et écrivain français, auteur de traités de chirurgie et de nombreux autres ouvrages (biographies de savants français; ouvrages de critique littéraire, en particulier sur Mallarmé: *Vie de Mallarmé,* 1941-1942).
mondovision n. f. Retransmission simultanée dans tous les pays du monde d'émissions télévisées par l'intermédiaire de satellites artificiels de télécommunications.
Mondrian (Pieter Cornelis Mondriaan, dit **Piet)** 1872-1944 Peintre néerlandais. Fauve puis cubiste, il créa le groupe *De Stijl.* Il lança également le néo-plasticisme en 1917, avec le peintre Theo Van Doesburg, dont il se sépara en 1925. Sa peinture se fonde sur la géométrisation des éléments et l'emploi de couleurs pures (*Compositions avec plan de couleur,* 1917). Peu avant sa mort, installé à New York, il s'employa à animer un peu ces espaces austères avec un rythme inspiré de sa découverte du jazz (*Broadway Boogie-Woogie,* 1942).
monégasque adj. et n. De Monaco. *Le gouvernement monégasque. Un(e) Monégasque.*
monème n. m. LING. Unité minimale de première articulation obtenue par commutation. *On distingue les monèmes lexicaux, ou lexèmes (elle « court » / il « court ») des monèmes grammaticaux ou morphèmes (nous « cour-ons », vous « cour-ez »).*

Le Déjeuner, tableau de **Claude Monet.**

Monet (Claude) 1840-1926 Peintre impressionniste français. Très jeune, il rencontre Boudin qui lui révèle la peinture d'extérieur, sur le motif. Son style est d'abord traditionnel, inspiré de l'école de Barbizon (*Femmes au jardin,* 1867), puis change d'approche après un voyage à Londres où il découvre des atmosphères brumeuses, ainsi que l'art de Constable et de Turner. Monet veut évoquer toutes les variations de la lumière, ce qui l'amène à diviser les tons, morceler les touches. En 1872, il peint *Impression, soleil levant,* qui, exposé en 1874, donnera son nom, d'abord méprisant, à l'impressionnisme. Désireux de saisir tous les instants de la lumière et des couleurs changeantes qui s'offrent à l'œil, il produira des séries: *La Gare Saint-Lazare* (1876-1878), *La Cathédrale de Rouen* (1892-1894) et, de 1890 à sa mort, *Les Nymphéas* de son jardin de Giverny (Eure).
monétaire adj. De la monnaie, relatif à la monnaie, aux monnaies. *Système monétaire.*
monétarisme n. m. ÉCON. Théorie qui fait de la monnaie la cause principale des fluctuations économiques. / Politique économique qui donne une place privilégiée aux variables monétaires.
monétariste adj. et n. ÉCON. Du monétarisme; tenant du monétarisme.
monétique n. f. Ensemble des techniques informatiques et électroniques appliquées aux activités monétaires, financières.
Monfreid (Daniel de) 1856-1929 Peintre français, ami de Gauguin avec qui il entretint une importante correspondance. **Henri** 1879-1974 Écrivain français, fils du précédent. Il mena autour de la mer Rouge une vie aventureuse qu'il décrit au fil de son œuvre: *La Croisière du hachisch* (1937), *Pilleurs d'épaves* (1955), *Le Trésor des flibustiers* (1961).
Monge (Gaspard, comte **de Péluse)** 1746-1818 Mathématicien français. Il fut l'un des fondateurs et des organisateurs de l'École polytechnique. Il créa la géométrie descriptive (titre de son principal ouvrage publié en 1799) et établit, en appliquant l'analyse et l'algèbre à la géométrie, des théorèmes de la géométrie analytique à trois dimensions. En 1989, ses cendres ont été transférées au Panthéon.
mongol, e adj. et n. De Mongolie. *La steppe mongole. Un(e) Mongol(e).* / n. m. LING. Ensemble de variations dialectales des langues ouralo-altaïques parlées en Mongolie.
mongol (Empire) Empire bâti par Gengis Khan (XIIIe siècle). À sa mort (1227), son empire s'étend de la mer Caspienne à l'océan Pacifique. Les Mongols s'avancent jusqu'au Danube en 1242. En 1258, ils occupent l'Irak et la Perse. Les fils et petits-fils de Gengis Khan se partagent le territoire conquis et fondent des principautés autonomes, les khanats. L'un d'eux, le grand khan Koubilaï, renversant la dynastie chinoise des Song, transfère sa capitale de Karakorom à Khanbalik (Pékin) en 1264 et fonde la dynastie mongole des Yuan. En 1279, il achève la conquête de la Chine du Sud et du Tonkin. Son vaste empire, décrit par le Vénitien Marco Polo, bénéficie d'une administration qui sait respecter les coutumes locales. Mais, en 1368, la dynastie chinoise des Ming oblige l'empereur mongol à se réfugier en Mongolie. L'empire s'effrite peu à peu. Il est en partie reconstitué, au XIVe siècle, par le Tatar Timur Lang (Tamerlan) qui règne à Samarkand à partir de 1370. Mais l'empire qu'il constitue ne lui survit pas. En Russie, la Horde d'Or, fondée au XIIIe siècle, fut divisée en cinq khanats occupés par les tsars entre 1481 et 1783. En Inde, conquise en 1526 par un descendant de Timur Lang, Baber, la dynastie des grands Moghols régna officiellement jusqu'en 1858.
• **Mongolie (république populaire de)** État d'Asie centrale, entre la Russie et la Chine.
Mongolie-Intérieure *1 200 000 km² 22 600 000 h.* Région autonome du nord-est de la Chine. Capitale *Hohhot.* Région de déserts (Gobi), de steppes et de prairies, domaine de l'élevage où s'installe une agriculture encore timide (3 % du territoire) à base de maïs, soja, orge, la Mongolie-Intérieure a accueilli de nombreux colons chinois envoyés par Pékin pour siniser le territoire, et donner un essor à l'industrie qui est favorisée par des gisements de fer et de charbon. Aujourd'hui, les Chinois sont plus nombreux que les Mongols.
mongolien, enne adj. et n. Atteint de mongolisme.
mongolisme n. m. Synonyme (non utilisé par la médecine) de trisomie 21.
mongoloïde adj. Qui évoque les Mongols. *Des traits mongoloïdes.*
moniale n. f. Religieuse vivant dans un monastère.
Monicelli (Mario) 1915 Cinéaste italien, auteur de comédies d'un style brillant (*Gendarmes et Voleurs,* 1951; *Le Pigeon,* 1958; *Rossini, Rossini,* 1991).
monisme n. m. PHILO. Doctrine qui, contrairement au dualisme, ramène la réalité à un seul principe.
moniteur, trice n. **A.** n. Personne chargée d'enseigner un sport, une discipline ou d'organiser certaines activités. *Moniteur de ski. Moniteur de centre aéré.* **B.** n. m. AUDIOV. Écran de surveillance. / INFORM. Écran indépendant de l'unité centrale d'un ordinateur et servant à visualiser les données. / MÉD. Appareil électronique servant à l'enregistrement permanent du rythme cardiaque, des contractions utérines, des mouvements respiratoires et autres phénomènes biologiques rythmiques, permettant une surveillance continue et la détection automatisée de troubles du rythme (pauses, accélérations, etc.). *Le moniteur est un outil de diagnostic, utilisé dans certaines grossesses à risque, certaines arythmies cardiaques, les apnées du sommeil, en anesthésie, en réanimation, etc.*
monitorage n. m. Système de surveillance électronique. *Le monitorage est couramment utilisé en médecine.*
monitorat n. m. Formation, fonction de moniteur.
monitoring n. m. Anglicisme pour *monitorage.*
Monk ou **Monck (George)** 1608-1670 Général anglais. Après avoir servi dans l'armée royale, il se rallie à Cromwell et dirige pour lui l'armée d'Écosse. Après la mort de celui-ci (1658), et l'abdication de Richard Cromwell, il se rend à Londres avec son armée pour rétablir l'ordre. Nommé commandant en chef de l'armée par le Parlement soumis à son influence, il permet le retour en Angleterre de Charles II et obtient de lui le titre de duc d'Albermarle.
Monk (Thelonious) 1917-1982 Pianiste et compositeur de jazz américain. Un des chefs de file du style *be-bop* avec Charlie Parker et Dizzy Gillespie, il évolua ensuite vers le jazz moderne.
mon-khmer adj. inv. et n. m. inv. LING. Qui appartient au groupe des langues parlées dans les plaines basses de l'Indochine. *Langues mon-khmer. Le mon-khmer.*
Monluc ou **Montluc (Blaise de Lasseran Massencome,** seigneur **de)** 1502-1577 Maréchal de France et chroniqueur. Ses *Commentaires* (publiés en 1592) décrivent ses campagnes en Italie et contre les protestants dans le sud-ouest de la France (1561-1570), où la répression qu'il organisa fut particulièrement sévère.
monnaie n. f. Ensemble des valeurs qui servent de moyen d'échange. *Monnaie métallique. Monnaie fiduciaire*: moyen conventionnel de paiement qui ne correspond à aucun gage métallique et dont la valeur est fondée sur le crédit de l'État (billet de banque). *Battre monnaie*: fabriquer de la monnaie. / Pièces ou billets de faible vo-

MONGOLIE

Superficie : *1 566 500 km²* – **Nombre d'habitants :** *2 500 000 h.* – **Capitale :** *Oulan-Bator*
Villes principales : *Tchoïbalsan, Darhan, Erdenet* – **Système politique :** *république*
Langue(s) : *mongol* – **Religion(s) :** *bouddhisme lamaïste* – **Monnaie(s) :** *tughrik*

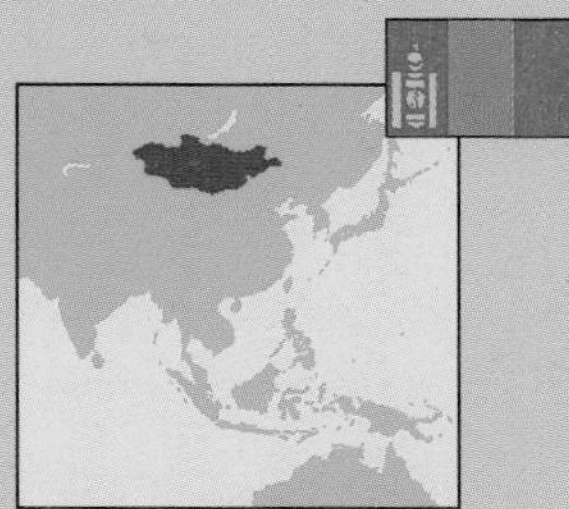

Voir l'Atlas

Géographie

La Mongolie est un pays de plateaux steppiques, au climat continental très marqué (hivers très froids, étés très chauds, vent constant) et au relief accidenté (monts Altaï, Tannou, Khanghaï et dépressions lacustres). Au sud-est, s'étend le désert de Gobi.

Chevaux en liberté dans la steppe mongole.

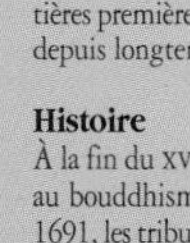

Économie

Elle repose essentiellement sur l'élevage ovin autrefois nomade, aujourd'hui sédentarisé par le développement des cultures fourragères. L'industrie se limite à la transformation des produits de l'élevage et à l'extraction minière (charbon, cuivre, molybdène). La crise de l'économie russe (principal partenaire) et la baisse du cours des matières premières affectent un pays qui est très pauvre depuis longtemps.

Le palais-monastère du septième Bouddha Vivant (Bogdo-Gegen), aujourd'hui transformé en musée, à Oulan-Bator.

Histoire

À la fin du XVIe siècle, les Mongols se convertirent au bouddhisme lamaïste tibétain. Entre 1635 et 1691, les tribus de l'est du pays firent allégeance aux chefs mandchous et, ensuite, le pays ne cessa pas d'être le théâtre de rivalités entre la Russie et la Chine. À l'écroulement de la dynastie mandchoue (1911), la Mongolie dite "Extérieure" proclama son indépendance (la Mongolie-Intérieure restant chinoise). En 1912, la Russie impose son protectorat. Après la chute du tsarisme, le pays est disputé entre tsaristes, Chinois et armée rouge. Celle-ci l'occupe en 1921 et en fait (1924) une République populaire alliée de l'U.R.S.S. En 1960, la Mongolie ne suit pas la Chine quand Pékin rompt avec Moscou. En 1989, elle décide d'ouvrir son économie. En 1990, elle se donne un gouvernement de communistes réformateurs et elle décrète le multipartisme. En 1993, le social-démocrate (ex-communiste) P. Orshirbat est réélu président de la République. En 1996, l'Union démocratique, qui a remporté les législatives, veut appliquer un libéralisme résolu et libéralise la société (liberté de la presse, reconnaissance des partis politiques, réforme de la police). En 1997, le social-démocrate N. Bagabandi remporte l'élection présidentielle ; il sera réélu en 2001. L'Union démocratique, minée par la corruption et devenue impopulaire, perd les élections législatives de 2000 au profit du Parti révolutionnaire du peuple mongol.

M

lume. / Ensemble de pièces, de billets, représentant la différence entre le prix que l'on doit payer et la somme que l'on donne en paiement. *Rendre la monnaie.* / Unité monétaire en circulation dans un pays. *Aux États-Unis, la monnaie utilisée est le dollar.*

monnaie-du-pape n. f. Synonyme usuel de *lunaire*, plante crucifère dont les graines évoquent des pièces de monnaie. Pl. Des *monnaies-du-pape*.

monnayable adj. Qu'il est possible de monnayer. / Dont il est possible de tirer profit.

monnayer v. t. [1] Convertir (un métal) en monnaie. / Tirer un profit pécuniaire de. *Monnayer son talent.*

monnayeur n. m. Appareil qui permet de faire automatiquement de la monnaie (au sens de pièces de monnaie, de coupures de faible valeur).

Monnet (Jean) 1888-1979 Homme politique français. Homme d'affaires et économiste, il eut, entre 1919 et 1944, une grande activité financière et diplomatique. Convaincu dès la Première Guerre mondiale de la nécessité pour les peuples européens d'unir leurs forces économiques afin de survivre, il travailla pendant quelques années à la Société des Nations. Il mit sur pied en 1946 le plan de reconstruction et de modernisation de la France qui porte son nom. Ayant participé à l'élaboration du plan Schumann de 1950, il fut de 1952 à 1955 le premier président de la Communauté européenne du charbon et de l'acier (C.E.C.A.) et œuvra jusqu'à sa mort pour une unité renforcée entre les pays de l'Europe. Ses cendres ont été transférées au Panthéon en 1988.

Monnier (Henri) 1799-1877 Écrivain, acteur et caricaturiste français. Doué d'un humour caustique, auteur de pièces à succès, tels que *La Famille Improvisée* (1831), il est surtout le créateur de *Joseph Prudhomme* (1853), type du bourgeois sentencieux et médiocre.

monobactam n. m. PHARM. Antibiotique utilisé contre les bactéries aérobies à gram négatif.

monobloc adj. inv. et n. m. D'un seul bloc. *Châssis monobloc.*

monocaméral, ale, aux adj. DR., POLIT. Qui ne possède qu'une seule assemblée de représentants élus. *Parlement monocaméral.*

monocamérisme n. m. DR., POLIT. Système parlementaire ne comportant qu'une seule assemblée représentative du pouvoir législatif.

monochrome adj. et n. m. D'une seule couleur. *Peinture monochrome.* / n. m. BX-ARTS Tableau monochrome. *Les monochromes de Malévitch (*Carré blanc sur fond blanc*, 1917), d'Yves Klein.*

monochromie n. f. Caractère de ce qui est d'une seule couleur. Ant. polychromie.

monocle n. m. Verre optique correcteur unique qui s'emboîte sous l'arcade sourcilière.

monocoque adj. et n. m. Qualifie un véhicule dont les éléments de la carrosserie sont montés en un seul bloc rigide, sans châssis. / Bateau qui a une seule coque (par oppos. à *multicoque*).

monocorde n. m. et adj. **I.** n. m. MUS. Instrument d'étude acoustique à une seule corde montée sur caisse de résonance. / adj. *Violon monocorde.* **II.** adj. Fig. Aux inflexions peu variées ; monotone. *Discours débité d'une voix monocorde.*

• **monocotylédone** adj. et n. f. BOT. adj. Dont l'embryon ne possède qu'un cotylédon. / n. f. pl. Classe de plantes angiospermes dont les embryons possèdent un unique cotylédon. *Les monocotylédones se caractérisent par des fleurs de type 3 (à trois sépales, trois pétales, trois étamines, trois carpelles) ; leurs feuilles sont généralement à nervures parallèles. Des plantes aussi diverses que le lis, le dattier, le blé, le bananier ou la lentille d'eau sont des monocotylédones.*

monoculture n. f. Culture d'une seule espèce, pratiquée dans une région, une exploitation agricole. *Monoculture de la vigne, du colza.*

Théodore Monod.

monocycle n. m. Vélocipède d'acrobate, à roue unique.

monocyte n. m. BIOL. Leucocyte à noyau volumineux, précurseur des macrophages.

Monod (Théodore) 1902-2000 Naturaliste et explorateur français, spécialiste du Sahara dont il étudia, parcourant le désert à dos de chameau et à pied, la géologie et

Quelques Monocotylédones

1. *Hélobiées :* plantes aquatiques ; plantain d'eau.

2. *Liliiflores :* elles comportent des rhizomes, des bulbes ou des tubercules ; ail, oignon, tulipe, iris, asperge, narcisse, crocus, jonc, ananas.

3. *Cypérales :* plantes similaires aux graminales ; roseau à balais, papyrus.

4. *Graminales :* plantes généralement herbacées, à la grande importance économique ; blé, orge, avoine, bambou, maïs, riz, canne à sucre.

5. *Scitaminales :* plantes herbacées, sous-arbustives ou arborées ; bananier, gingembre.

6. *Orchidales :* elles ont des fleurs irrégulières voyantes, et leurs graines, pour germer, ont besoin d'un champignon ; orchidées, vanillier.

7. *Spadiciflores :* plantes herbacées ou arbres ; palmier, cocotier, arum, lentille d'eau.

8. *Pandanales :* plantes appartenant aux spadiciflores ; massette, sparganier.

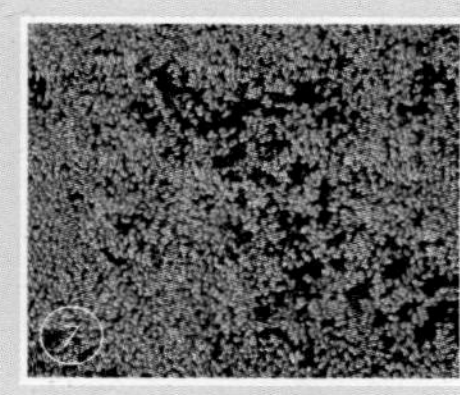

Jacques Monod.

la préhistoire (*Méharées, explorations au vrai Sahara*, 1937 ; *L'Émeraude des Garamantes*, 1984). Directeur, après la Seconde Guerre mondiale, de l'IFAN (Institut français d'Afrique noire, devenu Institut fondamental d'Afrique noire) à Dakar, il ne sépare jamais son travail scientifique de sa recherche spirituelle (*Le Chercheur d'absolu*, 1997).

Monod (Jacques) 1910-1976 Médecin et biologiste français. Il élucida avec François Jacob les mécanismes de la régulation génétique au niveau cellulaire puis, toujours avec François Jacob, il conçut et démontra le rôle de l'A.R.N. messager. Ces travaux leur valurent, ainsi qu'à Lwoff, le prix Nobel de médecine en 1965. Il publia en 1970 un essai, *Le Hasard et la Nécessité*, qui, mêlant vulgarisation scientifique et philosophie, examine les conséquences des découvertes de la biologie moderne.

monodie n. f. ANTIQ. GR. Monologue lyrique dans une tragédie. / MUS. Chant à une seule voix, sans accompagnement.

monodique adj. MUS. De la monodie ; relatif à la monodie.

monogame adj. et n. Qui n'a qu'une épouse, qu'un époux. / ZOOL. Se dit des animaux dont le système de reproduction implique la formation de couples stables, durables (durée de vie de l'animal, généralement). Ant. polygame.

monogamie n. f. Système selon lequel une personne ne peut être légalement mariée qu'avec une seule personne à la fois. / ZOOL. Système de reproduction des animaux monogames. Ant. polygamie (qui recouvre la polyandrie et la polygynie).

monogénisme n. m. Théorie anthropologique d'après laquelle toutes les races humaines proviendraient d'un type primitif commun.

monogramme n. m. Chiffre formé par les initiales ou les principales lettres d'un nom entrelacées. / Signature abrégée. *Artiste qui appose son monogramme sur une œuvre.*

monographie n. f. Ouvrage détaillé sur un sujet précis.

monoïque adj. Syn. de monogame.

monokini n. m. Maillot de bain féminin sans soutien-gorge.

monolingue adj. et n. Qui ne parle qu'une langue. *Elle est monolingue. Un(e) monolingue.* / Qui n'emploie qu'une langue. *Dictionnaire monolingue.* Syn. unilingue.

monolithe adj. et n. m. Qui est constitué d'une seule pierre. / n. m. Monument taillé dans un seul bloc de pierre tel que les obélisques, les menhirs, etc.

monolithique adj. D'un monolithe. / Fig. *Parti politique monolithique*, où les divergences ne peuvent s'exprimer.

monologue n. m. Discours dit par un acteur, seul sur scène, qui se parle à lui-même. / Propos d'une personne qui se parle à elle-même, à voix haute, ou qui ne laisse pas la parole aux autres lors d'une conversation.

monologuer v. i. [1] Parler tout seul, en monologue.

monomaniaque adj. et n. Relatif à la monomanie ; atteint de monomanie.

monomanie n. f. Vx PSYCHOPATHOL. Déséquilibre psychique obsessionnel. / Cour. Idée fixe.

monôme n. m. MATH Expression algébrique ne comprenant aucune addition ni soustraction. / Défilé d'étudiants qui avancent en se tenant par les épaules.

Monomotapa IXe-XVIIe siècle Royaume bantou, également nommé *Mutapa*, que les Shona fondèrent dans le nord du Zimbabwe actuel. Il avait pour capitale l'extraordinaire ville du Grand Zimbabwe dont les impressionnants vestiges ont été mis au jour à partir de 1905. Les Portugais qui prirent ses mines (or, étain, cuivre, fer, plomb) au XVIIe siècle et qui lui donnèrent son nom, provenant de l'expression *mwene Mutapa*, « roi du Mutapa », affaiblirent progressivement le pouvoir du souverain de cet empire. Une autre tribu shona chassa finalement les Portugais et balaya ce qui restait de l'empire en 1693.

mononucléaire adj. et n. m. BIOL. Se dit des leucocytes mononucléés (lymphocytes ou monocytes), par opposition aux globules blancs polynucléaires. / n. m. *Un mononucléaire.*

mononucléé, e adj. BIOL. Se dit des cellules (notam. certains leucocytes) ne possédant qu'un seul noyau, non divisé en lobes.

mononucléose n. f. MÉD. Augmentation du nombre des globules blancs mononucléaires dans le sang. / *Mononucléose infectieuse* : maladie due au virus d'Epstein-Barr, caractérisée par une mononucléose sanguine, des adénopathies multiples, une augmentation du volume de la rate et entraînant une asthénie durable.

monoparental, ale, aux adj. Qualifie une famille dans laquelle l'enfant (ou les enfants) vit avec un seul de ses parents.

Statue ***monolithe*** *représentant une divinité (Tiahuanaco, Bolivie).*

monoparentalité n. f. État de celui, de celle qui élève seul(e) ses enfants dont il est l'unique parent.

monophasé, e adj. ÉLECTR. (En parlant d'un courant alternatif) À une seule phase. / *Réseau monophasé*, à deux conducteurs (par oppos. à *triphasé*).

monophylétique adj. BIOL. Se dit des taxons qui regroupent l'ensemble des espèces issues d'un ancêtre commun et qui ont donc une même origine évolutive. *Groupe monophylétique* : clade. *Les oiseaux forment un groupe monophylétique. Les poissons ne constituent pas un groupe monophylétique.* Voir *paraphylétique, polyphylétique.*

monophysisme n. m. RELIG. Doctrine qui affirme que la nature humaine du Christ s'est fondue dans sa nature divine, sa nature humaine n'étant plus alors qu'une simple apparence.

♦ Le monophysisme fut enseigné au début du Ve siècle par Eutychès puis condamné en 451 par le concile de Chalcédoine. Plusieurs Églises d'Orient (qu'on nomme aussi « non chalcédoniennes ») s'en réclament aujourd'hui : l'Église copte d'Égypte, l'Église éthiopienne, l'Église syrienne occidentale, l'Église syro-malankare et l'Église arménienne. Leurs rites diffèrent, tout comme diffèrent leurs langues liturgiques (copte, arabe, guèze, syriaque, malayalam, arménien).

monophysite adj. et n. RELIG. Qui procède du monophysisme ; adepte du monophysisme. *Les Églises monophysites. Un monophysite.*

monoplace adj. et n. (En parlant d'un véhicule) Qui n'a qu'une seule place.

monoplan n. m. AÉRON. Avion qui n'a qu'un seul plan de sustentation.

monopole n. m. ÉCON. Situation de droit ou de fait dans lequel un individu, une société commerciale ou un gouvernement est le détenteur unique de l'offre ou de la demande sur un marché particulier (fabrication, vente, exploitation de services). / Fig. Privilège exclusif. *Il croit posséder le monopole de l'intelligence.*

monopoliser v. t. [1] Exercer le monopole de. *Monopoliser le marché du tourisme.* / Accaparer pour son profit exclusif. *Monopoliser la parole.*

monopoliste adj. et n. Se dit d'une personne ou d'un groupe détenteur d'un monopole, qui impose son monopole. *Conglomérat industriel monopoliste.* / n. *Un monopoliste.*

monopolistique adj. Caractérisé par l'existence de monopoles.

monorail adj. et n. m. Qui circule sur un rail unique. *Train monorail.* / n. m. *Un monorail.*

Monory (Jacques) 1934 Peintre français influencé par le pop'art et représentant de la tendance dite « de la figuration narrative ». Évoquant la technique du cinéma, ses tableaux ressemblent parfois à des arrêts sur image.

monosémique adj. LING. Se dit d'un mot qui n'a qu'un seul sens. Ant. *plurisémique.*

monoski n. m. SPORT Ski unique conçu pour pouvoir y placer les deux pieds. / Sport pratiqué avec un tel ski.

monosyllabe adj. et n. m. D'une seule syllabe. *Vers monosyllabe.* / n. m. Mot, phonème d'une seule syllabe. *Répondre par monosyllabes.*

monosyllabique adj. D'une seule syllabe. *Mot monosyllabique.* / Qui ne contient que des monosyllabes. *Le chinois est une langue monosyllabique.*

Marylin Monroe.

monothéisme n. m. RELIG. Croyance en l'existence d'un dieu unique.

monothéiste n. et adj. RELIG. Adepte du monothéisme.

monothélisme n. m. RELIG. Doctrine qui n'attribue au Christ qu'une seule volonté, la volonté divine, et fut condamnée par le concile de Constantinople (680-681) qui, affirmant la pleine humanité du Christ, lui reconnaissait une volonté divine et une volonté humaine.

monothélite adj. et n. Du monothélisme ; adepte du monothélisme. *Théologien monothélite. Un(e) monothélite.*

monotone adj. Dont le ton ne varie pas, varie peu. *Musique monotone. Discours monotone.* / Fig. Qui ennuie par manque de variété. *Vie monotone.*

monotonie n. f. Régularité lassante dans le ton ou la voix. / Caractère de ce qui manque de diversité, de ce qui lasse, ennuie par son uniformité.

monotrèmes n. m. pl. ZOOL. Ordre de mammifères d'Australie et de Nouvelle-Guinée, au bec corné dépourvu de dents. *Les monotrèmes sont ovipares, mais les femelles allaitent leurs petits. L'ornithorynque et l'échidné sont des monotrèmes.*

monotype [1] adj. et n. m. **A.** adj. Qui ne contient qu'un seul type. *Genre monotype.* / Conforme au type initial. *Série monotype.* **B.** n. m. MAR. Yacht à voile d'un type homologué par la fédération de yachting. / Procédé d'estampe pour épreuve unique.

monotype [2] n. f. (nom déposé) IMPR. Machine destinée à la composition de textes, qui fond chaque caractère isolément.

monovalent, e adj. CHIM. D'une valence égale à 1.

monoxyde n. m. CHIM. Oxyde ne comptant qu'un seul atome d'oxygène.

Monroe (James) 1758-1831 Homme d'État américain. Cinquième président des États-Unis (1817-1825), son nom demeure attaché à la doctrine qu'il exposa lors de la révolte des colonies espagnoles de l'Amérique du Sud et du Mexique et qui récuse toute intervention européenne dans les affaires du continent américain : « L'Amérique aux Américains ! ».

Monroe (Norma Jean Mortenson puis **Baker,** dite **Marilyn)** 1926-1962 Star de cinéma américaine. Malgré son

M

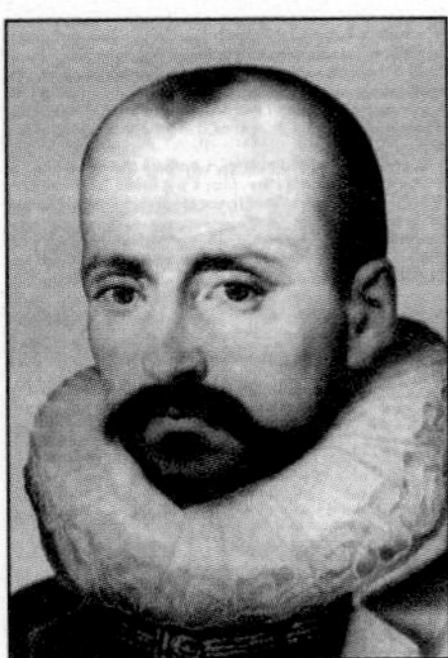

Montaigne.

Yves Montand.

immense popularité due à sa beauté sensuelle et à ses talents de comédienne (*Les Hommes préfèrent les blondes*, 1953 ; *La Rivière sans retour*, 1954 ; *Sept Ans de réflexion*, 1955 ; *Certains l'aiment chaud*, 1959 ; *Les Misfits*, 1961), sa vie privée fut un échec qui la poussa au suicide.

Monrovia *421 053 h.* Capitale du Liberia, fondée en 1821 (elle doit son nom à James Monroe), port franc sur l'Atlantique, à l'embouchure de la rivière Saint-Paul. C'est le plus grand centre économique (industriel, notamment) du pays.

Mons *92 666 h.* Chef-lieu du Hainaut, en Belgique. Mons est le centre du bassin houiller du Borinage (industries lourdes). Cathédrale gothique (XVe siècle) et hôtel de ville célèbre pour son beffroi en « théière chinoise » construit en 1662.

monseigneur n. m. Titre honorifique donné aux grands dignitaires de l'Église, aux princes d'une famille souveraine. / (Avec une majuscule) Titre donné aux Dauphins de France, à partir du règne de Louis XIV. Pl. *Messeigneurs, nosseigneurs.*

monsieur n. m. Titre donné à tout homme auquel on s'adresse. / Terme de politesse précédant la fonction d'un homme. *Monsieur le proviseur.* / HIST. (Avec une majuscule) Titre donné, depuis le XVIe siècle, au frère puîné du roi de France. Pl. *messieurs.*

monstrance n. f. BX-ARTS, LITURG. CATHOL. Pièce d'orfèvrerie renfermant l'hostie consacrée ainsi présentée à l'adoration des fidèles.

monstre n. m. et adj. **A.** n. m. Personne, animal ou plante présentant une difformité grave. / Créature fantastique appartenant aux légendes, aux contes, aux mythes. / Être prodigieux par sa taille, son apparence. / Personne repoussante physiquement. / Fig. Personne dont la cruauté, la perversité font horreur. / *Monstre sacré* : acteur, actrice vénérés par le public. **B.** adj. Fam. Extraordinaire, énorme. *Une affluence monstre.*

monstrueusement adv. De façon monstrueuse.

monstrueux, euse adj. D'un monstre. *Un aspect monstrueux.* / Fig. D'une cruauté, d'une perversité digne d'un monstre. *Crime monstrueux.* / D'une taille démesurée. *Un édifice monstrueux.* / Prodigieux, invraisemblable. *Une bêtise monstrueuse.*

Monsu Desiderio Nom désignant deux peintres lorrains actifs à Naples avant 1650, et qui ont ou bien travaillé ensemble à diverses œuvres, ou bien ouvert un atelier commun. Didier Barrat (ou Barat ou Barra), né en 1590, serait allé à Rome en 1608, puis à Naples en 1617. François de Nomé (ou Nome), né la même année, est à Rome en 1602 et à Naples en 1610. On doit à Monsu Desiderio des toiles à sujets bibliques ou mythologiques placés dans des architectures fantastiques ruiniformes (*Destruction de Jérusalem* ; *Incendie de Sodome*). Mais certains des tableaux qui lui (leur ?) ont été attribués sont peut-être des imitations.

mont n. m. Élévation naturelle du relief. / GÉOL. Chaînon correspondant à un anticlinal resté en saillie. / Fig. *Promettre monts et merveilles* : promettre des avantages, des richesses extraordinaires.

montage n. m. **I.** Action d'élever une chose, un objet. *Le montage d'une charge.* **II.** Action d'assembler les différentes pièces d'une machine, d'un mécanisme. *Montage d'un vélo.* Ant. démontage. / FIN. *Montage financier* : combinaison de divers financements. / CIN., AUDIOV. Assemblage des séquences d'un film, d'une bande vidéo, d'une bande sonore.

montagnard, e adj. et n. Relatif à la montagne, à ceux qui habitent la montagne. / HIST. *Les Montagnards* : groupe des députés conventionnels, révolutionnaires et Jacobins, adversaires des Girondins. (Les Montagnards siégeaient sur les bancs les plus élevés de la partie gauche de l'Assemblée [la Montagne]. Leurs principaux chefs, Danton, Marat, Robespierre, dont les conceptions démocratiques étaient assez divergentes, s'accordaient sur le caractère centralisateur à donner au pouvoir exécutif et législatif. Majoritaires à la Convention en juin 1793, ils créèrent un comité de salut public et gouvernèrent jusqu'à leur chute en juillet 1794 [9 thermidor an II]). / Sous la IIe République, députés de la Constituante qui siégeaient à l'extrême gauche, dont les plus célèbres furent Barbès et Ledru-Rollin.

montagne n. f. Importante élévation naturelle du terrain résultant soit de plissements ou de cassures de l'écorce terrestre, soit d'une accumulation d'origine volcanique, soit de l'érosion d'un ancien plateau dont les parties tendres ont disparu. / Région située en altitude. *Vivre à la montagne.* / Fig. Amas impressionnant d'objets. *Une montagne de papiers.* / *Montagnes russes* : jeu forain constitué d'un véhicule qui roule à grande vitesse sur un parcours en montées et en descentes abruptes.

Montauban.

montagneux, euse adj. Où il y a des montagnes.

Montagnier (Luc) 1932 Médecin et virologue français. Il a dirigé, à l'Institut Pasteur, l'équipe qui a découvert, en 1983, le virus (V.I.H.) responsable du sida, et qui a pu identifier ses nucléotides.

Montaigne (Michel Eyquem, seigneur **de)** 1533-1592 Écrivain français. Après une éducation très complète, il succéda à son père comme conseiller au parlement de Bordeaux puis se retira, à 38 ans, dans son château pour étudier. Il n'en sortira que pour faire deux voyages en Bavière et en Italie (1580-1581) à propos desquels il rédigea un *Journal de voyage* (publié en 1774). Élu maire de Bordeaux en 1581 pendant les guerres de Religion, il réussit à maintenir la ville hors des troubles. En 1585, il retourna dans ses terres pour écrire l'œuvre qui occupa sa vie, les *Essais*. Par ce titre, Montaigne indique qu'il a tenté de se décrire, sans être certain de son succès. L'œuvre, divisée en trois livres, se caractérise par de nombreuses digressions et un laisser-aller élégant. Les *Essais* montrent la grande érudition de l'auteur et sa connaissance de la nature humaine. La leçon qu'il en tire est qu'il faut vivre selon la nature sans craindre la mort. Il donna une première édition des livres I et II en 1580. Leur seconde édition, en 1588, fut grossie du livre III. L'édition définitive fut réalisée par Mlle de Gournay, sa filleule (« fille d'alliance »), en 1595. Montaigne a eu une grande influence sur Pascal qui attaque son scepticisme dans ses *Pensées*, sur Montesquieu, et sur de multiples écrivains, français ou étrangers.

Montale (Eugenio) 1896-1981 Poète italien. Son œuvre poétique se rattache à celle de l'école hermétiste italienne qui résiste à sa manière à la montée du fascisme pendant l'entre-deux-guerres. Intimiste, Montale fait preuve de stoïcisme malgré son grand pessimisme et il manie l'humour avec subtilité. Il laisse plusieurs recueils : *Os de seiche* (1925), *Les Occasions* (1939), *La Tempête et autres poèmes* (1956) et *Satura* (1971), inspiré par la mort de sa femme. D'une grande culture artistique, il fut également traducteur, chroniqueur et journaliste. L'essentiel de son œuvre critique figure dans *Auto da fé* (1966).

Montalembert (Charles Forbes, comte **de)** 1810-1870 Homme politique français. Partisan d'un rapprochement entre les positions catholiques et celles du libéralisme politique, il s'implique, avec Lacordaire et Lamennais, dans le journal *L'Avenir* (1830). Il se détache de Lamennais lorsque le pape le condamne (1832) et, membre de la chambre des Pairs, devient le chef de file des catholiques libéraux. Il s'engage en faveur de la liberté de l'enseignement sans, pour autant, exiger que l'Église exerce, sur l'instruction publique, quelque contrôle que ce soit. Après 1848, effrayé par la diffusion des idées socialistes et attaché à l'ordre public, il soutient, à contre-cœur, l'arrivée au pouvoir de Louis Napoléon Bonaparte et se retrouve rapidement au sein de l'opposition. Battu aux élections de 1857, blessé par les critiques du Vatican au sujet de ses prises de position, il se retire de la vie publique pour se consacrer à ses travaux historiques.

Montan ou **Montanus** IIe siècle ap. J.-C. Néophyte chrétien de Phrygie qui prônait un ascétisme farouche nécessaire pour que les fidèles se préparent à la venue sur la Terre de la nouvelle Jérusalem et au règne millénaire du Seigneur, et qui, en outre, refusait le pardon de l'Église aux péchés graves. Sa doctrine, qu'il prêchait accompagné de deux prophétesses, se répandit en Asie Mineure, puis en Afrique, où elle séduisit Tertullien. Condamné par le pape, persécuté par les empereurs Constantin (331) et Honorius (407), le montanisme, toutefois, se maintint en Italie jusque vers le VIIe siècle.

Montana *380 848 km² 878 810 h.* État du nord-ouest des États-Unis. Capitale *Helena.* Traversé par les Rocheuses à l'ouest, le Montana occupe le haut bassin du Yellowstone et du Missouri, lequel a été aménagé. L'élevage et les ressources minières sont les seules richesses de cet État très peu peuplé. Le territoire faisait partie de la Louisiane française, vendue par la France aux États-Unis en 1803. Il entra dans l'Union en 1889.

Montand (Ivo Livi, dit **Yves)** 1921-1991 Chanteur et acteur français. Arrivé d'Italie à l'âge de deux ans, il fait ses débuts à Marseille dans le music-hall et se fait connaître dans le sud de la France. Il est le héros des *Portes de la nuit* (1946) de Carné et Prévert, mais le film est un échec. Désormais un chanteur à succès, il faut attendre 1953 et *Le Salaire de la peur* de Clouzot pour qu'il s'impose également comme acteur. En 1960, il tourne avec M. Monroe *Le Milliardaire* de Cukor. Jusqu'à sa mort, il est le

Le massif du **Mont-Blanc** aux confins du val d'Aoste.

Le casino de **Monte-Carlo**.

héros de nombreux films et, avec son épouse Simone Signoret, un ardent défenseur de la gauche sans, toutefois, s'inféoder à un parti, bien qu'ils aient été, tous les deux, proches du parti communiste.

Montañés (Juan Martinez) 1568-1649 Sculpteur espagnol installé à Séville, auteur d'œuvres religieuses (*Le Christ de la clémence*, 1609-1620).

montanisme n. m. RELIG. Doctrine de Montanus, de ses disciples.

montaniste adj. et n. RELIG. Du montanisme ; tenant du montanisme. *Secte montaniste. Un(e) montaniste.*

montant n. m. Pièce verticale d'un ouvrage, d'une charpente, d'un élément de construction. *Les montants d'une porte, d'un lit.* / Total d'un compte. / Litt. Goût relevé d'un mets ; bouquet d'un vin.

Montanus Voir **Montan**

Montauban *51 224 h.* Chef-lieu du Tarn-et-Garonne, sur le Tarn. Grand marché au contact de l'Agenais, expéditeur de fruits et de légumes, Montauban possède des industries agroalimentaires et électroniques. La ville conserve de nombreux monuments du Moyen Âge (pont sur le Tarn, église Saint-Jacques) et un musée Ingres. Ce fut un centre protestant aux XVIe et XVIIe siècles.

Montausier (Charles de Sainte-Maure, marquis, puis duc **de)** 1610-1690 Gentilhomme français. En 1634, il offrit à Julie d'Angennes (1607-1671), fille de la marquise de Rambouillet, un recueil de poèmes en son honneur, comprenant des madrigaux composés par lui et par des familiers de l'hôtel de Rambouillet. Le recueil calligraphié s'intitule *La Guirlande de Julie*. Montausier épousa Julie en 1645.

Montbéliard *29 005 h.* Ville du Doubs, sur le canal du Rhône au Rhin. Bâtie autour d'un château fort reconstruit au XVIIIe siècle, elle jouit d'une ancienne tradition industrielle : horlogerie, métallurgie. Elle participe aujourd'hui à une conurbation unissant Montbéliard, Sochaux et Belfort, qui constitue un centre important d'industries mécaniques. La *principauté de Montbéliard* fut annexée par la France en 1793.

Mont-Blanc (massif du) Massif des Alpes françaises qui culmine au mont Blanc à *4 807 m.*

Montcalm de Saint-Véran (Louis Joseph, marquis **de)** 1712-1759 Général français. Commandant les troupes françaises de Nouvelle-France (Canada) en 1756, il remporta quelques succès contre les Anglais. Mais, ne recevant aucun renfort, il ne put faire lever le siège de Québec et fut tué lors d'une sortie dans les plaines d'Abraham avant la capitulation de la ville. Cette défaite sonna le glas de la Nouvelle-France.

Montceau-les-Mines *22 999 h.* Ville de Saône-et-Loire, sur la Bourbince et le canal du Centre. La présence du bassin houiller de Blanzy a suscité le développement de l'industrie lourde, qui a fait place à d'autres activités industrielles.

Mont-de-Marsan *28 328 h.* Chef-lieu du département des Landes. Ancienne étape sur la route de Saint-Jacques-de-Compostelle, c'est aujourd'hui un centre commercial (foie gras, notamment) et administratif et une base militaire aérienne.

mont-de-piété n. m. Établissement communal accordant des prêts sur gages, qui porte aujourd'hui le nom de *crédit municipal*. Pl. Des *monts-de-piété*.

Mont-Dore (le) *1 975 h.* Commune du Puy-de-Dôme, station de sports d'hiver et centre thermal (traitement des affections respiratoires).

monte n. f. Action, manière de monter un cheval de selle. / Accouplement des chevaux, des bovidés. / Période où se fait cet accouplement.

Monte (Philippus de) 1521-1603 Compositeur flamand. Renommé dans toute l'Europe, il composa un grand nombre de madrigaux (un recueil de certaines œuvres fut publié à Rome en 1554).

Monte-Carlo Quartier de la principauté de Monaco réputé pour son casino et ses grands hôtels.

Montecatini-Terme *21 500 h.* Station thermale d'Italie, dans le nord de la Toscane.

monte-charge n. m. Appareil servant à transporter les fardeaux d'un étage à l'autre. Pl. Des *monte-charge* ou des *monte-charges*.

Montecristo *10 km²* Île italienne de la mer Tyrrhénienne (pêche). Dans le roman d'Alexandre Dumas, *Le Comte de Monte-Cristo*, le héros découvre un trésor dans l'île.

montée n. f. Déplacement vers un lieu plus élevé. / Pente plus ou moins raide ; côte. / ARCHIT. *Montée d'une voûte*, sa hauteur. / Afflux. *Montée du lait, de la sève.* / Fait de s'élever, d'augmenter. *Montée de la mer. Brusque montée des prix.*

monte-en-l'air n. m. inv. Argot. Cambrioleur.

Montélimar *29 982 h.* Ville de la Drôme, réputée pour son nougat. Château fort (XIIe et XVe siècles).

Le Mont-Dore.

monténégrin, e adj. et n. Du Monténégro. *Un port monténégrin. Un(e) Monténégrin(e).*

• **Monténégro** *13 812 km² 620 000 h.* République fédérée de Yougoslavie. Capitale *Podgorica*. Retombant sur l'Adriatique par une côte abrupte, le Monténégro (*Crna Gora* en serbo-croate, « Montagne noire » en français) doit son nom à ses montagnes de quartz noir. Il possède des ressources minérales. L'élevage ovin est important. Peuplé d'une majorité de Monténégrins, il abrite également des minorités croate, serbe, musulmane, macédonienne et slovène.

monter v. i. / v. t. [1] **A.** v. i. Aller dans un lieu plus élevé. *Monter au grenier, sur le toit. Monter à l'arbre, sur une estrade.* / S'installer (sur un animal, dans un véhicule). *Monter à cheval, en avion, dans le train.* / Fam. Aller du sud au nord. *Monter à Paris.* / Fig. Accéder à un niveau supérieur. *Monter en grade.* / S'élever dans l'air ou en suivant une trajectoire ascendante. *L'avion monte régulièrement. Le sang monte au cerveau. Il guettait les odeurs et les bruits qui montaient de la rue.* / S'élever en suivant une pente. *La rue monte rapidement.* / Croître en hauteur ; atteindre (telle hauteur). *Blé qui monte. Ses bas montent à mi-mollet. Le gratte-ciel monte à 200 mètres.* / Atteindre un niveau plus élevé. *Les eaux montent. Son qui monte*, qui passe du grave à l'aigu. / Loc. *Le ton monte* : la discussion tourne à la dispute. / Fig. Augmenter. *Température, prix qui montent.* **B.** v. t. Gravir, escalader. *Monter la côte à pied. Monter les marches.* / Utiliser comme monture. *Monter un poney.* / Porter dans un lieu plus élevé. *Monter le courrier à l'étage.* / Accroître la valeur, l'intensité de. *Monter ses prix. Monter une mayonnaise*, la fouetter pour augmenter sa consistance. / Loc. fig. *Monter la tête à qqn*, l'exciter (contre un autre). / Effectuer le montage, l'assemblage de. *Monter une armoire. Monter un film. Monter une pierre*, l'enchâsser. Ant. démonter. / Fig. Créer, organiser, combiner. *Monter une entreprise. Monter une pièce de théâtre. Monter un coup.* / Équiper. *Monter son ménage.* **C.** v. pron. Atteindre (tel montant). *La facture se monte à mille euros.* / S'équiper. *Se monter en linge.* / Loc. fig., fam. *Se monter la tête* : entretenir des illusions ou s'irriter, s'emporter.

Monterrey *1 084 696 h.* Ville du nord du Mexique, important centre industriel (industries lourdes).

Montes (Maria Dolores Eliza Gilbert, dite **Lola)** 1818-1861 Aventurière irlandaise. Se faisant passer pour une danseuse espagnole, elle inspira une violente passion à Louis Ier de Bavière et exerça sur lui une influence anti-libérale qui aboutit à une insurrection puis à l'abdication du roi. Elle vécut ensuite assez misérablement en Australie et aux États-Unis.

Montespan (Françoise Athénaïs de Rochechouart de Mortemart, marquise **de)** 1641-1707 Dame française, favorite de Louis XIV. Arrivée à la cour en 1660 pour devenir dame d'honneur de la reine Marie-Thérèse, elle supplanta Mlle de La Vallière auprès de Louis XIV en 1667. Au cours de leur liaison qui dura jusqu'en 1679, elle lui donna huit enfants dont six furent légitimés. Elle quitta la cour en 1691.

passée dans les anses d'une cloche pour la suspendre. / Petite vague bordée d'écume ; petit nuage ; petite boule de poussière. / Argot En prison, compagnon de cellule d'un détenu, utilisé par la police pour percer ses secrets.

moutonnement n. m. Fait de moutonner ; aspect de ce qui moutonne.

moutonner v. i. [1] Prendre l'aspect floconneux de la toison du mouton. *Un ciel qui moutonne.*

moutonnier, ère adj. Docile, grégaire comme un mouton.

mouture n. f. Action de moudre des grains (céréales, café) ; poudre ainsi obtenue. / Nouvelle version d'un sujet déjà traité.

mouvance n. f. HIST. Durant la période féodale, état de dépendance dans lequel se trouvait un domaine par rapport au fief dont il relevait. / Domaine dans lequel un groupe, un parti, une personne, exerce son influence.

mouvant, e adj. Instable. *Reflets mouvants. Sol mouvant,* qui bouge sous les pieds. *Sables mouvants,* dans lesquels on risque de s'enliser. / Fig. *S'aventurer en terrain mouvant* : prendre des risques.

mouvement n. m. Déplacement d'un corps par rapport à d'autres corps, à une position donnée dans l'espace. *Le mouvement des vagues, d'un astre.* / Changement de position d'une partie du corps ; action, manière de se mouvoir. *Nageur qui coordonne les mouvements des bras et des jambes. Faire un mouvement brusque.* / Déplacement d'un groupe de personnes. *Mouvement de foule.* / Série de mutations dans un corps de fonctionnaires. *Mouvement préfectoral.* / Circulation (en parlant de biens, de monnaie). *Mouvements de fonds.* / Ce qui évoque le mouvement ; ce qui semble produit par un mouvement. *Le mouvement des plis d'une robe. Mouvement de terrain* : accident de terrain. / MUS. Vitesse, plus ou moins grande, à laquelle doit être exécutée une pièce de musique (lento, andante, allegro, etc.). / MUS. Partie d'une œuvre musicale qu'il faut jouer dans un mouvement donné. *Premier mouvement d'une symphonie.* / Impulsion traduisant un état affectif passager, un sentiment. *Mouvement d'impatience. Avoir un bon mouvement.* / Évolution (en parlant d'une société). *Mouvement des idées.* / Action ou organisation dont le but est de générer un changement, une transformation dans certains domaines, politique, social, notam. *Mouvement révolutionnaire, syndical, artistique.* / Mécanisme qui engendre un déplacement régulier. *Mouvement d'une montre. Mouvement perpétuel* : déplacement d'un mobile qui conserverait indéfiniment l'impulsion donnée par la force motrice.

Mouvement (parti du) Groupe politique qui, à l'avènement de la monarchie de Juillet (1830), souhaita un régime libéral, sous l'impulsion de La Fayette, O. Barrot, et Laffitte. Ce dernier fut Premier ministre, mais le roi le congédia en mars 1831, au profit du parti de la Résistance.

Mouvement des entreprises de France (MEDEF) Nom pris en 1998 par le CNPF (Conseil national du patronat français).

mouvementé, e adj. Où il y a du mouvement, de l'agitation. *Journée mouvementée.*

Mouvement républicain populaire (M.R.P.) Parti politique français de tendance démocrate chrétienne. Créé en 1944, il devient après la Libération un très grand parti centriste, mais son glissement vers la droite lui fait perdre progressivement son importance, au profit du R.P.F. gaulliste, constitué en 1947.

mouvoir v. t. [3] Mettre en mouvement, bouger. *Parler sans mouvoir les lèvres.* / Fig. Animer, pousser. *Être mû par l'intérêt.* / v. pron. Être en mouvement, se déplacer. *Le troupeau se meut lentement.*

Mouwatalli ou **Muwatalli** XIIIe siècle av. J.-C. Roi des Hittites (1315-1290 environ) qui combattit les Égyptiens lors de la bataille de Qadesh et parvint à conserver intactes ses possessions.

mox n. m. Combustible mixte uranium/plutonium utlisé dans la filière des réacteurs à eau légère et dans celle des surgénérateurs.

moxa n. m. (mot japonais) MÉD. Cautérisation par l'intermédiaire d'un corps qui brûle lentement à la surface. *Le moxa est une pratique thérapeutique des médecines d'Extrême-Orient.*

moyen, enne [1] adj. et n. **A.** adj. Situé au milieu. *Oreille moyenne* : voir *oreille*. *Moyen français* : voir *français*. *Cours moyen* : classes de l'enseignement du premier degré, entre le cours élémentaire et le collège (classe de sixième). / Établi en faisant la moyenne de plusieurs facteurs, de plusieurs valeurs. *Temps moyen d'un parcours.* ; *Vitesse moyenne d'une voiture.* / *Classes moyennes*, intermédiaires entre le prolétariat et la haute bourgeoisie. / Ordinaire. *Un Français moyen.* / Par ext. Médiocre. *J'ai trouvé le spectacle moyen.* **B.** n. *Les moyens* : les enfants d'âge intermédiaire entre les plus âgés et les plus jeunes.

moyen [2] n. m. Procédé employé pour arriver à un but précis. *Chercher le moyen de résoudre un problème. Moyen de transport* : tout véhicule qui sert à se déplacer. / (Au plur.) Ressources financières. *Avoir de gros moyens.* / Facultés intellectuelles, physiques, morales. *Perdre tous ses moyens par timidité.*

Moyen Âge n. m. Période comprise entre l'Antiquité et les Temps modernes. On fait traditionnellement débuter le Moyen Âge

M

MOZAMBIQUE

Superficie : *801 590 km²* – **Nombre d'habitants :** *18 265 000 h.* – **Capitale :** *Maputo*
Villes principales : *Beira, Quelimane, Nampula* – **Système politique :** *république*
Langue(s) : *portugais* – **Religion(s) :** *animisme, christianisme, islam* – **Monnaie(s) :** *metical*

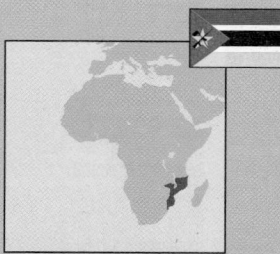

Voir l'Atlas

Géographie physique et humaine

Les plateaux de l'ouest ont une altitude moyenne comprise entre *600* et *1 000 m*, et culminent à *2 400 m*. La plaine littorale, née des alluvions des fleuves descendus du Zimbabwe, de Zambie, du Malawi et des hauts plateaux du nord, concentre la population. Les diverses ethnies sont toutes de langue bantoue. Elles pratiquent des religions traditionnelles (50 %), le christianisme (40 %), l'islam (10 %).

Économie

Les quatre cinquièmes de la population s'adonnent à la culture (maïs, manioc, sorgho, et, pour l'exportation, thé, coton, canne à sucre), mais l'autosuffisance alimentaire n'est pas assurée, malgré l'importance de la pêche ; les crevettes sont destinées à l'exportation. Les ressources hydroélectriques (dues notamment au puissant barrage de Cabora Bassa sur le Zambèze) et minérales sont très insuffisamment exploitées. La collectivisation, la guerre civile, la sécheresse, les inondations ont ruiné le pays, devenu l'un des plus pauvres du monde, et dont le vigoureux redressement ne date que des années 1997-1998. Importantes en 1997, les privatisations ont incité le F.M.I. à alléger la dette de 80 %. La coopération avec l'Afrique du Sud bat son plein. Les investisseurs affluent. Après la catastrophe des inondations de 2000, la croissance a repris ; mais la population demeure une des plus pauvres du monde et le sida touche 12% des adultes.

Histoire

L'implantation des Arabes remonte au XIIe siècle, de sorte que les Portugais n'entreprirent de coloniser le pays qu'à la fin du XIXe siècle. Pourtant, Vasco de Gama y avait accosté en 1498 et il avait fondé des comptoirs en 1502. Déclaré partie intégrante du Portugal en 1935, province d'outre-mer en 1951, le Mozambique est soumis au travail forcé jusqu'en 1961. Le Front de libération du Mozambique (Frelimo), fondé en 1962, déclenche l'insurrection en 1964. Il se déclare marxiste en 1970.

Le pays accède à l'indépendance le 25 juin 1975 (grâce à la révolution portugaise d'avril 1974) et devient une république populaire, dirigée par Samora Machel qui, en 1977, fait du Frelimo le parti unique. En 1981, la Résistance nationale du Mozambique (Renamo), que l'Afrique du Sud aide massivement, passe à l'attaque, commettant des exactions qui émeuvent une partie de l'opinion mondiale. En 1986, Joaquim Chissano succède à Machel (mort dans un accident d'avion) et entreprend d'assouplir le régime. Il négocie avec la Renamo et instaure le multipartisme (1990). L'ONU contrôle son accord de paix avec la Renamo (1992) et la validité des élections (1994) qui voient la victoire de Chissano (qui sera réélu en 1999).

Une plage de la côte du Mozambique.

Dans le même temps, l'Afrique du Sud se libère du pouvoir blanc. Malgré l'obstination de la Renamo, la guerre civile prend fin. Les élections municipales de 1998 confirment aux yeux de l'opinion mondiale la représentativité du Frelimo (70 % des voix). L'heure est au développement économique, dans un cadre libéral.

MOZART

Enfant prodige, il compose des menuets dès l'âge de six ans et effectue avec son père, sa mère et sa sœur Maria Anna (Nannerl) une tournée en Allemagne, Autriche, France, Angleterre et Hollande. Reçu par les souverains (Marie-Thérèse d'Autriche, qui lui donne un habit de cour ayant appartenu à l'un de ses fils, Louis XV et Marie Lesczsynska, George III), fêté dans les salons, Wolfgang rencontre à Londres Jean-Chrétien Bach qui lui fait apprécier la musique italienne. Deux séjours en Italie (1769-1771 et 1772-1773) lui permettent de découvrir l'opéra italien et d'être en possession de toutes les techniques musicales à dix-sept ans.

De retour à Salzbourg, il est attaché à la cour du nouveau prince-évêque, puis entreprend (1777) une nouvelle tournée de concerts, avec sa mère, cette fois. Décevant voyage, au cours duquel sa mère meurt à Paris. Ces années de jeunesse sont marquées par de nombreuses œuvres appartenant à des genres très différents: symphonies; sonates; opera buffa (*La Finta Simplice*, 1768); opérette (*Bastien et Bastienne*, 1768); musique religieuse; cantates; opera seria (*Mithridate, roi du Pont*, 1770; *Lucio Silla*, 1772), notamment.

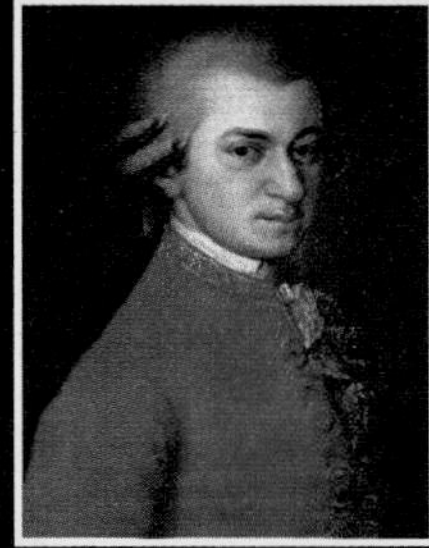

Wolfgang Amadeus Mozart.

En 1779, il rompt avec le prince-évêque et s'installe à Vienne, où il épouse Constance Weber en 1782, donne, la même année, *L'Enlèvement au sérail*, découvre la franc-maçonnerie qui correspond à son idéal philosophique, se lie avec Haydn, Da Ponte et Schikaneder et, après quelques succès, rencontre de graves difficultés financières.

Le triomphe fait aux *Noces de Figaro* en 1786 lui vaut d'être nommé compositeur de la chambre impériale, mais ses difficultés financières demeurent et l'angoisse, à peine apaisée par l'amitié de Haydn et le chaleureux accueil qu'il reçoit à Prague, ne le quitte pas. De cette époque datent, outre les opéras, plusieurs symphonies, six quatuors dédiés à J. Haydn, les grands concertos, des morceaux de musique religieuse. Son opéra, composé pour le nouvel empereur Léopold II, *La Clémence de Titus* (1790), est un demi-succès. En 1791, *La Flûte enchantée* remporte un triomphe, mais Mozart est épuisé. En novembre, se déclare une maladie décrite par la médecine du temps d'une manière qui ne permet guère d'en donner le diagnostic, probablement une affection rénale; le musicien meurt le 5 décembre.

Celui que Wagner a appelé « le plus prodigieux génie de tous les temps » a assimilé toutes les acquisitions musicales de son époque pour les fondre dans une œuvre originale et très abondante. On lui doit des opéras (*L'Enlèvement au sérail*, 1782; *Les Noces de Figaro*; *Don Giovanni*, c'est-à-dire *Don Juan*, 1787; *Cosi fan tutte*, 1790; *La Flûte enchantée*, 1791), des symphonies, de la musique religieuse (messes; *Requiem*, 1791), des concertos pour piano, violon, de la musique de chambre, des sonates, des menuets.

au Ve siècle (fin de l'Empire romain) pour le faire s'achever en 1453 (prise de Constantinople par les Turcs), mais il ne s'agit que de coupures arbitraires dont les historiens récusent la pertinence, jugeant qu'elles ne correspondent pas vraiment aux faits de civilisation.

moyenâgeux, euse adj. Vieilli Du Moyen Âge. Syn médiéval. / Fig. Archaïque. *Esprit moyenâgeux.*

moyen-courrier n. m. Avion dont le rayon d'action ne dépasse pas 5 000 km. Pl. Des *moyen-courriers.*

moyennant prép. Au moyen de. *Moyennant dix euros*: en payant dix euros.

moyenne n. f. Quantité ou état qui tient le milieu entre plusieurs autres. *Avoir des résultats au-dessus de la moyenne. Moyenne arithmétique (de plusieurs valeurs)*: quotient de la somme de ces valeurs par leur nombre. / *Moyenne de liste*: dans une élection au scrutin de liste, nombre correspondant au rapport du total des suffrages par le nombre de sièges obtenus et servant à la répartition des sièges restants. / Note égale à la moitié de la note maximale. *Ce devoir mérite plus que la moyenne.*

moyennement adv. Modérément, médiocrement. *Un travail moyennement satisfaisant.*

Moyen-Orient Expression qui recouvre à la fois le Proche-Orient (pays riverains de la Méditerranée orientale: Égypte, Israël, Jordanie, Liban, Syrie et Turquie) et l'Asie occidentale (pays compris entre la Méditerranée et l'océan Indien). Le Moyen-Orient est le premier producteur mondial de pétrole. L'affrontement entre Israël et le monde arabe en fait une des zones les plus troublées du monde contemporain.

moyeu n. m. Partie centrale d'une roue, traversée par l'essieu autour duquel elle tourne.

mozabite Voir **mzabite**

mozambicain, e adj. et n. Du Mozambique. *Savane mozambicaine. Un(e) Mozambicain(e).*

Mozambique (canal du) Large bras de mer *(1 500 km)* qui sépare l'Afrique orientale et Madagascar. Les Comores en occupent le nord.

Avion **moyen-courrier** employé pour le transport de fret.

• **Mozambique** République de l'Afrique sud-orientale, sur l'océan Indien.

mozarabe n. et adj. HIST. Chrétien d'Espagne dont les communautés furent autorisées à pratiquer leur religion sous la domination des Maures; qui concerne ces chrétiens et leur civilisation. *Les mozarabes. Chant mozarabe. Art mozarabe.*

♦ L'art mozarabe, né en Andalousie, notamment à Tolède où les chrétiens, nombreux, ont joui d'une grande autonomie jusqu'en 932, s'est paradoxalement surtout épanoui dans les petits royaumes du nord, León et Asturies (terre d'accueil pour les réfugiés venus du sud qui avaient voulu échapper à la conversion forcée à l'islam), en Castille, en Aragon, en Catalogne. Il doit beaucoup à la tradition wisigothique et à l'art andalou, notamment dans l'emploi de l'arc outrepassé.

• **Mozart (Wolfgang Amadeus)** 1756-1791 Compositeur autrichien.

M.S.T. Sigle de *maladie sexuellement transmissible.*

mu [1] Voir **muon**

mu [2] n. m. Douzième lettre (μ, M) de l'alphabet grec.

mû, mue Participe passé du verbe *mouvoir.*

Mu'awiya ou **Mouawiya Ier** v. 603-660 Fondateur de la dynastie des Omeyades de Damas. D'abord gouverneur de Syrie, il se fit élire comme calife; il poursuivit les conquêtes musulmanes vers l'ouest (Afrique) et l'est (Iran).

Mucha (Alfons) 1860-1939 Peintre, affichiste et décorateur tchèque. Son œuvre abondante et très diverse (affiches, illustrations de livres, panneaux décoratifs, modèles de bijoux et de robes) témoigne par excellence, avec ses lignes sinueuses et ses fleurs omniprésentes, du style 1900.

mucilage n. m. Substance végétale produite par certaines plantes, qui gonfle et devient visqueuse au contact de l'eau. / Liquide gluant obtenu par dissolution d'une gomme dans l'eau, employé en pharmacie (laxatifs, notam.).

Mucius Scaevola (en latin **Caius Mucius Cordus Scaevola)** VIe s. av. J.-C. Héros romain. Voulant tuer le roi étrusque Porsenna qui assiégeait Rome, il se rendit dans le camp ennemi et poignarda par erreur son secrétaire. Il se punit alors en se brûlant la main droite, d'où son surnom de Scaevola, « le gaucher ». Informant Porsenna que d'autres Romains étaient prêts à imiter son geste, il convainquit ce dernier de lui laisser la vie sauve et de lever le siège de Rome. Mucius fut récompensé par le Sénat.

mucolytique adj. et n. m. BIOL., PHARM. Qui provoque la destruction, la liquéfaction du mucus. / n. m. *Un mucolytique.*

mucosité n. f. Amas de mucus, sur certaines muqueuses.

mucoviscidose n. f. MÉD. Maladie génétique, caractérisée par une viscosité anormale des sécrétions muqueuses, en particulier bronchiques et digestives, entraînant une insuffisance respiratoire et une atteinte pancréatique et hépatique.

mucus n. m. Sécrétion des glandes muqueuses, assurant un rôle protecteur des tissus épithéliaux. / Substance visqueuse sécrétée par certains animaux.

mudéjar ou **mudéjare** n. et adj. Musulman resté en Espagne après la fuite de Boabdil, dernier roi maure de Grenade, suivie de la reconquête chrétienne (XIe-XVe siècle). *Les mudéjares. Art mudéjare.*

mue n. f. Changement de peau, de poils, de cornes, ou de plumes que subissent certains animaux au cours de leur croissance ou à certaines périodes de l'année. / Époque

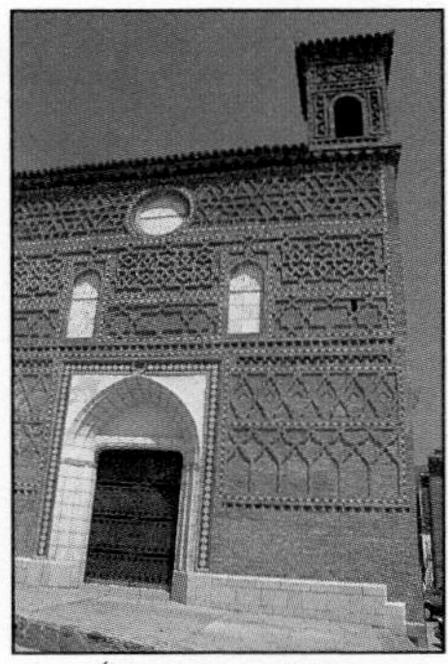

Église de style ***mudéjare****, dans la province de Saragone.*

Mulhouse.

à laquelle se produit ce phénomène. / Dépouille de l'animal qui a mué. *Mue de serpent.* / Changement du timbre de la voix d'un garçon au moment de la puberté (avec diminution d'une à deux octaves de la hauteur de la voix). / Cage ronde sans fond pour enfermer une poule et ses poussins, une volaille à l'engrais.

muer v. t. / v. i. [1] **A.** v. t. Litt. Changer, transformer (une chose en une autre). / v. pron. *Ses rires se muèrent en larmes.* **B.** v. i. Effectuer la mue, en parlant d'un animal. / Changer de timbre, en parlant de la voix d'un adolescent ou de celui-ci. *Sa voix mue. Il a mué.*

müesli ou **musli** n. m. (mot suisse-allemand) Mélange de fruits (frais ou secs) et de céréales sur lequel on verse du lait.

muet, ette adj. et n. **I.** Privé de l'usage de la parole. *Être sourd et muet.* (Subst.) *Un(e) muet(te).* **II.** Qui se tait. *Rester muet. Rôle muet*, dans lequel le comédien n'a pas de réplique à donner. *Muet de*: ému par, au point d'en rester muet. *Muet d'admiration.* / *Cinéma muet*, dans lequel le son, les dialogues ne sont pas enregistrés. (Subst.) *Le muet*: le cinéma muet. *Une vedette du muet.* **III.** Qui est tu, mais exprimé autrement. *Des reproches muets.* / Sans information sur (tel propos). *Le livre est muet sur le rôle des services secrets.* / Qui n'est pas prononcé. *Lettre muette.*

muezzin n. m. (mot turc) Crieur qui, du minaret de la mosquée, appelle les fidèles à la prière cinq fois par jour. *Aujourd'hui, l'appel du muezzin est très souvent enregistré.*

mufle n. m. et adj. Extrémité, dénuée de poils, du museau de certains mammifères. *Le mufle d'une vache.* / Fig. Individu grossier. (Adjectivement). *Il est plutôt mufle.*

muflier n. m. BOT. Plante ornementale de la famille des scrofulariacées, dont les fleurs ont la forme d'un mufle. Syn. gueule-de-loup.

mufti ou **muphti** n. m. (mot arabe) Docteur de la loi musulmane.

Mugabe (Robert Gabriel) 1924 Homme politique du Zimbabwe. Secrétaire général, depuis 1963, de la Zimbabwe African National Union (ZANU), il obtint l'indépendance de son pays et devint président de la République en 1980. Depuis, il a remporté toutes les élections présidentielles.

muge n. m. ZOOL. Poisson téléostéen marin, comestible, également appelé *mulet*.

mugir v. i. [2] Pousser un cri, en parlant d'un bovin. / Fig. *Les sirènes d'alarme mugirent.*

mugissement n. m. Cri d'un bovin ; son grave et prolongé qui rappelle ce cri. *Le mugissemnt des vagues.*

muguet n. m. BOT. Plante à rhizome, de la famille des liliacées, à petites fleurs blanches en forme de clochettes, disposées en grappes très odorantes. / Fleurs de cette plante. *Offrir du muguet le premier mai.* / MÉD. Candidose buccale se traduisant par la formation de plaques blanchâtres sur la muqueuse des joues, du palais, de la langue.

Muhammad ibn Abd al-Wahhab 1703-1792 Prédicateur et réformateur arabe. Professant un islam rigoriste, il s'allia en 1741 avec l'émir Muhammad ibn Séoudpour conquérir le Nadjd. Les successeurs de ce dernier imposeront sa doctrine, le wahhabisme, à toute l'Arabie Séoudite.

Muhammad ibn Ali al-Sanusi 1792?-1859 Réformateur musulman né en Algérie, puis établi à La Mecque, qui fonda la première confrérie senoussie en 1843, en Cyrénaïque.

Muhammad Riza (ou **Reza**) **Chah** 1919-1980 Chah d'Iran. En 1941, il succède à son père à la tête d'un pays partiellement occupé à la fois par les Soviétiques et les Britanniques, qui se retireront en 1946. Élevé à l'occidentale, le chah tente de moderniser son pays, se heurte à Mossadegh et impose des réformes sociales et économiques qui suscitent de fortes réactions, tant chez les communistes que dans le « clergé » musulman, et dont les manifestations sont sévèrement réprimées par une police omniprésente, la Savak. Il est finalement renversé en 1978 et s'exile.

muid n. m. Anc. Mesure de capacité de valeur variable selon les régions (268 litres à Paris pour le muid de vin); tonneau de cette capacité.

mulassier, ère adj. Relatif au mulet. *Production mulassière. Jument mulassière*, élevée pour produire des mulets.

mulâtre, mulâtresse adj. et n. Métis(se) dont l'un des parents est Noir et l'autre Blanc.

mule [1] n. f. Hybride femelle de l'âne et de la jument. / Fam. *Être chargé comme une mule*: porter une charge importante. *Être têtu comme une mule*, extrêmement entêté. *Une tête de mule*: une personne très entêtée.

mule [2] n. f. Chaussure sans quartier. / *Mule du pape*: pantoufle blanche brodée d'une croix, portée par le pape.

mulet [1] n. m. Hybride mâle de l'âne et de la jument (voir *bardot*). / Fam. *Être chargé comme un mulet, têtu comme un mulet*: voir *mule*.

mulet [2] n. m. ZOOL. Poisson téléostéen, comestible, à tête massive, au corps fuselé qui vit en banc près des côtes et dans les estuaires. Syn. muge.

muleta n. f. Morceau d'étoffe rouge vif, utilisé par le matador pour fatiguer le taureau et diriger ses charges avant de porter l'estocade.

muletier, ère n. et adj. Personne qui conduit les mulets. / adj. *Chemin muletier*, emprunté par les mulets.

Mulhacén (mont) *3 480 m* Sommet le plus élevé d'Espagne dans la sierra Nevada.

Mulhouse *108 357 h.* Chef-lieu d'arrondissement du Haut-Rhin, port fluvial sur le canal d'Alsace. Mulhouse est la capitale industrielle de la haute Alsace : les industries textiles (coton) sont de plus en plus relayées par les industries mécaniques et chimiques (engrais, teintures, plastiques). La ville dispose de deux aéroports internationaux : Mulhouse-Bâle et Euro-Airport. République indépendante de 1586 à 1798, la ville fut alors annexée par la France et son destin fut celui de l'Alsace.

mulla ou **mullah** Voir **mollah**

Müller (Karl Alexander) 1927 Physicien suisse qui mit en évidence les propriétés supraconductrices de certaines céramiques, ouvrant la voie à la découverte de nouveaux matérieux supraconducteurs plus facilement utilisables.

Mulligan (Gérald Joseph, dit **Gerry)** 1927 Saxophoniste de jazz américain. Compositeur précoce, il se fit connaître rapidement pour son originalité et ses dons de contrapuntiste. Il collabora notamment avec Miles Davis, Chet Baker et Duke Ellington et donna au saxophone un rôle soliste unique.

Mulliken (Robert Sanderson) 1896-1986 Chimiste et physicien américain. Entre 1926 et 1935, il créa les notions d'orbitales atomiques et moléculaires et proposa une méthode approximative pour calculer ces dernières. Pendant la Seconde Guerre mondiale, il participa au projet Manhattan visant à fabriquer la bombe atomique.

mulot n. m. ZOOL. Petit rongeur de la famille des muridés, au pelage gris fauve, à longue queue, vivant dans les bois et les champs.

Robert Sanderson Mulliken.

multicarte adj. Se dit d'un voyageur de commerce qui représente plusieurs entreprises.

multicellulaire adj. BIOL. Formé de plusieurs cellules.

multicolore adj. De couleurs variées.

multiconfessionnel, elle adj. Où l'on rencontre, où se groupent des personnes appartenant à des confessions différentes. *Société multiconfessionnelle.* Syn. *pluriconfessionnel.*

multicoque adj. et n. m. Qualifie un bateau à plusieurs coques (par oppos. à *monocoque*). *Les catamarans, les trimarans sont des voiliers multicoques.* / n. m. *Un multicoque.*

multicouche adj. TECHN. À plusieurs couches.

multiforme adj. Qui peut prendre plusieurs formes.

multimédia n. m. et adj. (inv. en genre) INFORM. Ensemble des procédés permettant l'utilisation interactive, sur un même support, d'éléments fournissant des informations sous des formes diverses (sons, textes, images, données, etc.). / Industrie qui concerne les produits, les techniques, l'utilisation des médias. / adj. Qui utilise plusieurs médias. *Publicité multimédia.*

multinational, ale, aux adj. et n. f. Qui regroupe plusieurs nations. *État multinational. Firme multinationale*, qui exerce ses activités dans plusieurs États. / n. f. *Une multinationale*: une firme multinationale.

multipare adj. et n. f. ZOOL. (En parlant d'une femelle) Qui donne naissance à plusieurs petits dans la même portée. / MÉD. (En parlant d'une femme) Qui a mis au monde plusieurs enfants.

multipartisme n. m. Système politique caractérisé par l'existence de plusieurs partis.

multiple adj. et n. m. **A.** adj. Comptant plusieurs éléments. / Par ext. Nombreux. *De multiples incidents.* **B.** n. m. Nombre entier égal au produit d'un nombre entier par un autre nombre entier. *Douze est un multiple de trois.* / *Plus petit commun multiple (PPCM) de plusieurs nombres*: le plus petit des multiples communs à ces nombres.

multiplex adj. et n. m. TÉLÉCOM. Qualifie un système de transmission de messages provenant de sources différentes ou parvenant à différentes destinations par l'intermédiaire d'une voie unique commune.

multiplexage n. m. TÉLÉCOM. Division d'une voie de transmission en système multiplex. / Utilisation d'un système multiplex.

multipliable adj. Qui peut être multiplié.

multiplicande n. m. MATH. Nombre que multiplie un autre nombre, le *multiplicateur. Lorsque l'on multiplie cinq par deux, c'est-à-dire dans la multiplication deux fois cinq (qui correspond à 5 + 5), cinq est le multiplicande et deux est le multiplicateur.*

multiplicateur, trice adj. et n. m. Qui multiplie. / n. m. MATH. Nombre par lequel on multiplie un autre nombre, le *multiplicande.*

multiplicatif, ive adj. Relatif à la multiplication. / Qui multiplie.

multiplication n. f. Augmentation du nombre (des éléments d'un ensemble). Syn. accroissement. / MATH. Opération qui consiste à additionner un nombre (le multiplicande) à lui-même un nombre de fois égal à un autre nombre (le multiplicateur);

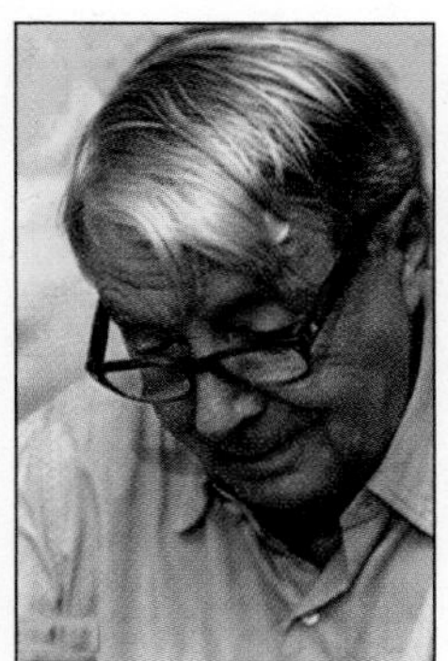

Charles Munch.

le résultat de cette opération est appelé produit. *La multiplication des nombres réels est commutative et associative.* / *Table de multiplication*: tableau donnant les produits de chacun des premiers entiers naturels (de 1 à 10, généralement) l'un par l'autre. / MÉCAN. Dans un engrenage, rapport entre les vitesses de rotation de l'arbre entraîné et de l'arbre moteur, lorsque ce dernier est le plus lent des deux. Ant. démultiplication.

multiplicité n. f. Caractère de ce qui est multiple. / Par ext. Grande quantité.

multiplier v. t. [1] **A.** v. t. Augmenter le nombre, la quantité de. *Multiplier les exemples dans un texte. Multiplier les erreurs*, les répéter. / MATH. Faire la multiplication de. **B.** v. pron. Augmenter toujours plus. *Les cas de contagion se multiplient.* / Se reproduire, procréer. / Fig. Manifester une activité telle que l'on semble être partout à la fois.

multiprocesseur n. m. INFORM. Processeur à plusieurs unités de traitement.

multiracial, ale, aux adj. Qualifie un milieu, une société où coexistent plusieurs groupes humains de races différentes.

multirécidiviste adj. et n. Se dit d'un malfaiteur qui a plusieurs fois récidivé. / n. *Un multirécidiviste.*

multirisque adj. inv. FIN. *Assurance multirisque*, garantissant des risques de nature différente.

multitude n. f. Grand nombre. *Une multitude de photographes. Une multitude d'insectes. Une multitude de solutions.* / Péjor. *La multitude*: la foule, la masse. *Plaire à la multitude.*

mulud Voir **mouloud**

Mun (Albert, comte **de)** 1841-1914 Homme politique et dirigeant catholique français. Après une carrière d'officier dans l'armée, il fonde en 1871 les *Cercles catholiques d'ouvriers* avec La Tour du Pin. Légitimiste intransigeant, élu plusieurs fois député, il accepte difficilement l'appel du pape à participer à la République (1892) et en 1905, il combat ardemment la loi sur la séparation des Églises et de l'État.

Munch (Edvard) 1863-1944 Peintre et graveur norvégien. La perte de sa mère et d'une de ses sœurs pendant son enfance influença son œuvre où le tragique est constamment présent. Ayant découvert l'impressionnisme lors de ses séjours à Paris, il s'en détache pour adopter une méthode personnelle qui influencera plus tard les expressionnistes. Auteur de toiles violemment expressionnistes (*Le Cri*, 1893), il regroupera la plus grande partie de son œuvre dans *La Frise de la Vie*.

Munch (Charles) 1891-1968 Violoniste et chef d'orchestre français. Il dirigea l'orchestre symphonique de Boston de 1948 à 1962 et fut directeur musical de l'Orchestre de Paris à sa création en 1967.

Münchhausen (Karl Hieronymus, baron **von)** 1720-1797 Officier allemand qui combattit dans l'armée russe contre les Ottomans en 1740-1741. L'auteur allemand Rudolf Erich Raspe (1737-1794) fit de son personnage un incroyable vantard dans un recueil d'anecdotes (publié en anglais, en 1785), dont le poète allemand Gottfried August Bürger (1747-1794) tira les *Aventures du baron de Münchhausen* (1786). Collin d'Harleville donna une version française du baron dans *Monsieur de Crac dans son petit castel* (1791).

Munich *1 244 676 h.* Ville d'Allemagne, capitale de la Bavière, sur l'Isar, centre industriel (brasseries réputées, porcelaine, constructions mécaniques, industries chimiques). Depuis le XVIIe siècle, Munich est un centre artistique et culturel. Fondée en 1158, la ville fut la résidence (1255) des ducs de Wittelsbach, devenus en 1805 rois de Bavière : château du XVIIIe siècle. En novembre 1923, Hitler tenta un putsch qui échoua, mais la ville se montra favorable au nazisme. Les jeux Olympiques de 1972 s'y sont déroulés ; le commando palestinien « Septembre noir » assassina 11 athlètes israéliens.

Munich (accords de) 29 septembre 1938 Accords signés à l'issue d'une conférence à laquelle participaient Daladier, président du Conseil français, Chamberlain, Premier ministre anglais, Mussolini et Hitler. Ils décidèrent le démembrement de la Tchécoslovaquie, la région des Sudètes, partiellement habitée par une population de langue allemande, revenant à l'Allemagne. Grâce à ces accords, Daladier et Chamberlain espéraient éviter une guerre avec l'Allemagne hitlérienne.

municipal, ale, aux adj. Propre ou relatif à une municipalité.

municipaliser v. t. [1] Soumettre au contrôle d'une municipalité.

municipalité n. f. Corps formé par l'ensemble des administrateurs élus d'une commune. / DR. Ensemble composé du maire, de ses adjoints et des conseillers municipaux. / Circonscription municipale ; territoire municipal.

municipe n. m. ANTIQ. Ville qui dépendait de Rome et dont les habitants bénéficiaient d'une large autonomie administrative.

munificence n. f. Litt. Caractère de ce qui est munificent.

munificent, e adj. Litt. D'une grande libéralité.

munir v. t. [2] Pourvoir du nécessaire, équiper. *Munir une fenêtre de barreaux.* / v. pron. Se doter, prendre avec soi. *Munissez-vous de votre passeport.* Au fig. S'armer. *Se munir de patience.*

munition n. f. Vx Action de munir ; ensemble des moyens dont dispose une armée. Anc. *Pain de munition*: pain du soldat. / n. f. pl. Ce qui sert à charger des armes à feu (cartouches, amorces, plombs, fusées, etc.).

Munk (Andrzej) 1921-1961 Cinéaste polonais. Dépassant le cadre du réalisme socialiste, il associe une recherche austère à une profondeur expressive dans *Un homme sur la voie* (1956), *Eroïca* (1957) et *La Passagère* (dont le tournage fut interrompu par sa mort accidentelle et qui fut monté par Lesiewicz en 1963).

munster n. m. Fromage de vache, affiné, fabriqué dans les Vosges.

Munster *1 009 533 h.* Province du sud de la république d'Irlande. Capitale *Cork*.

Münster *264 887 h.* Ville de Rhénanie-Westphalie, en Allemagne fédérale, très prospère au Moyen Âge, aujourd'hui centre industriel, agricole et culturel.

Munthe (Gerhard) 1849-1929 Peintre norvégien. D'abord paysagiste, il adopte, après 1890, tant pour la peinture que pour les cartons de tapisserie, les illustrations de livres, les projets de meubles et de tissus, un style décoratif dont les motifs et les couleurs s'inspirent des légendes norvégiennes.

Münzer ou **Müntzer (Thomas)** 1489 ?-1525 Réformiste allemand. Prêtre catholique itinérant avant d'adhérer aux idées de Luther, il devint curé en Thuringe en 1523. Là, ses idées révolutionnaires trouvèrent un écho dans une population de paysans démunis. Son mouvement militant, qui est considéré comme le premier mouvement anabaptiste, prit une ampleur considérable, Münzer n'hésitant pas à prendre Luther violemment à partie et menant une révolte paysanne contre les princes de l'Allemagne méridionale. Battu par ceux-ci en 1525, il fut exécuté.

Place dans le centre de ***Munich****.*

muon n. m. PHYS. NUCL. Lepton de charge positive (muon μ^+) ou négative (muon μ^-), égale en valeur absolue à celle de l'électron, de masse 207 fois plus grande que celui-ci, et dont la durée de vie est extrêmement courte.

muphti Voir **mufti**

Muqi, **Mu Qi** ou **Mou-K'i (Fachang** ou **Fa-Tchang**, dit**)** début du XIIIe siècle-v. 1280 Peintre chinois de fleurs, d'oiseaux et de personnages traités dans une gamme monochrome, particulièrement apprécié au Japon.

muqueux, euse adj. et n. f. **A.** adj. Propre ou relatif au mucus, aux mucosités. / Qui sécrète du mucus. **B.** n. f. ANAT. Membrane épithéliale qui tapisse la plupart des cavités de l'organisme et des organes creux. *Muqueuses de la bouche, de l'œsophage, des fosses nasales, du vagin, de l'utérus, etc.*

mur n. m. Ouvrage de maçonnerie vertical servant à fermer, à délimiter un espace, ou à soutenir un plancher ou une charpente. *Mur aveugle*, sans ouverture. *Mur de soutènement*, épaulant un remblai, une terrasse. *Mur de refend*: gros mur de soutien à l'intérieur d'un édifice. *Mur en décharge*, dont le poids est soulagé par des arcs de décharge. / loc. fam. *Faire le mur*: sortir sans autorisation, parfois en escaladant le mur d'enceinte. Fig. *Mettre quelqu'un au pied du mur*, l'obliger à prendre une décision. / AVIAT. *Mur du son*: onde de compression que doit franchir un mobile dont la vitesse vient d'égaler celle du son. *Mur de la chaleur*: limite au-delà de laquelle l'échauffement des parois d'un avion, d'une fusée, risque de détériorer ses structures. / HIST. *Mur des Lamentations*: voir *lamentation*.

mûr, mûre adj. (En parlant d'un fruit) Propre à propager l'espèce, propre à être consommé. *« Les épis mûrs et les blés moissonnés »* (Péguy). *Pêche mûre.* / Fig. Qui se trouve dans des conditions qui rendent possible une réalisation. *L'affaire est mûre.* / Par métaph. *L'abcès est mûr*, prêt à percer. / (En parlant de personnes) Dont les capacités sont complètement développées. *Homme mûr.* / Relatif à ce développement. *Âge mûr. Esprit mûr*, sage et réfléchi. / Loc. *Après mûre réflexion*: après une longue réflexion, délibérément, en toute conscience. / Pop. *Être mûr*, ivre.

Murad, **Murat** ou **Mourad** Nom de cinq sultans ottomans. **Murad Ier** 1320 ?-1389 Sultan en 1359. Étendant l'influence ottomane en Europe orientale, il prit Andrinople (1363), qui devint la capitale de son État, et conquit la Macédoine, la Bulgarie et la Thrace orientale. Il vainquit les Serbes à Kosovo mais fut tué pendant la bataille. **Murad II** 1401 ?-1451 Sultan en 1421. Fils de Mehmet Ier, sa tolérance lui valut le respect des populations orthodoxes qu'il gouvernait. Cependant, l'expansion de l'empire ottoman en Europe déclencha une croisade qui échoua en 1444. **Murad III** 1546-1595 Sultan en 1574. Il parvint à vaincre les Perses (1590). **Murad IV** 1609-1640 Sultan en 1623. Il conquit Bagdad (1638). **Murad V** 1840-1905 Il fut déposé quelques mois après son avènement (1876).

muraille n. f. Suite de murs épais d'une certaine hauteur. / MAR. Partie de la coque d'un navire au-dessus de la ligne de flottaison. / Pourtour extérieur du sabot du cheval.

M

Joachim Murat.

Façade de la cathédrale gothique de ***Murcie*** *(XIVe-XVe siècle).*

Muraille de Chine ou **Grande Muraille** Enceinte haute de 6 à 18 m, épaisse de 8 à 10 m, longue de plus de *5 000 km*, érigée, au nord de la Chine, de la mer de Chine au désert de Gobi, pour empêcher les invasions mongoles. Le premier travail date du IIIe siècle av. J.-C., sous les Qin. L'enceinte fut refaite en brique du XVe au XVIIe siècle, sous les Ming.

mural, ale, aux adj. Qui se fixe à un mur, s'applique sur un mur. *Miroir mural.* / BX-ARTS *Peinture murale*, exécutée directement sur un mur.

muralisme n. m. Art du muraliste.

muraliste adj. et n. BX-ARTS Se dit d'un artiste qui se consacre essentiellement à la peinture murale, souvent monumentale. *Peintre muraliste.* / n. *Diego Rivera et David Alfaro Siqueiros furent les plus célèbres muralistes d'Amérique latine.*

Murasaki Shikibu 978 ?-1020 Écrivain japonais. Dame d'honneur de l'impératrice Shoshi (à la cour de Kyoto), elle écrivit l'un des plus grands chefs-d'œuvre de la littérature japonaise, le *Genji monogatari* (appelé en français *le Dit du Genji*), fresque romanesque de la société courtoise.

Murat Voir **Murad**

Murat (Joachim) 1767-1815 Roi de Naples (1808-1815). Aide de camp de Bonaparte dont il épousa la sœur Caroline, il s'illustra notamment aux batailles d'Iéna (1806) et d'Eylau (1807) avant de recevoir le trône de Naples en 1808. Après la débâcle de la campagne de Russie, dont l'empereur le tenait pour largement responsable, il regagna rapidement son royaume. Afin de conserver celui-ci, il négocia secrètement avec les Alliés et leur apporta son concours après la bataille de Leipzig (1813). Trompé par les Alliés qui voulaient rendre Naples aux Bourbons, il se réconcilia avec Napoléon et se rallia à lui durant les Cent-Jours, l'ancien roi Ferdinand IV le remplaçant à Naples. Il fut arrêté et fusillé alors qu'il tentait de reconquérir son trône.

Murcie *11 314 km² 1 100 000 h.* Communauté autonome d'Espagne située dans le sud du pays. Capitale *Murcie.* C'est une riche région agricole (*huertas*) qui exporte des fruits (agrumes) et des légumes.

Murcie *345 800 h.* Ville du sud de l'Espagne, capitale de la communauté autonome du même nom. Université. Cathédrale à façade baroque. Industries textiles et agroalimentaires.

mûre n. f. Fruit du mûrier. / Fruit de la ronce.

mûrement adv. Après profonde réflexion. *Décision mûrement pesée.*

murène n. f. ZOOL. Poisson téléostéen proche de l'anguille, d'un à deux mètres de longueur, qui vit dans les eaux marines chaudes. *La morsure de la murène est dangereuse. « Moi qui sais des lais pour les reines / Les complaintes de mes années / Des hymnes d'esclaves aux murènes / La romance du mal-aimé »* (Apollinaire).

murer v. t. [1] Clore (un accès) en dressant un mur. *Murer une porte.* / Enfermer (qqn, qqch.) derrière un mur aux issues maçonnées. *Murer des prisonniers, un trésor.* / v. pron. S'enfermer. *L'animal s'est muré dans son terrier. Se murer chez soi.* (Au fig.) *Se murer dans son mutisme.*

muret n. m. ou **murette** n. f. Mur de faible hauteur.

murex n. m. ZOOL. Mollusque gastéropode marin à coquille garnie d'épines. *On extrayait autrefois la pourpre d'une des espèces de murex.*

Murènes.

Murger (Henri) 1822-1861 Écrivain français. D'origine très pauvre, il remporta un bref succès avec ses *Scènes de la vie de bohème* (1847-1849), chronique romanesque en partie autobiographique qui inspira à Puccini l'opéra *La Bohème* (1896).

muridés n. m. pl. ZOOL. Famille de petits rongeurs à poil ras, à museau pointu à longue queue, tels les rats, les souris, les mulots.

mûrier n. m. BOT. Arbre originaire des régions tempérées d'Asie et d'Amérique, cultivé pour ses fruits (*mûrier noir*) ou ses feuilles (*mûrier blanc*), dont se nourrissent les chenilles du bombyx du mûrier (vers à soie).

Murillo (Bartolomé Esteban) 1618-1682 Peintre espagnol. Il exécuta, à Séville, sa ville natale, de nombreux tableaux pour les couvents et les églises de la ville. Ses toiles religieuses évoluèrent progressivement des tons sombres et du clair-obscur vers des tableaux intimistes aux couleurs plus riches. Le reste de son œuvre est d'un style réaliste et montre son goût pour les scènes et les personnages populaires : *Les Mangeurs de pastèques et de raisins, Le Jeune Homme au pied bot.*

murin, e adj. Qui concerne le rat. / Qui est dû au rat, propagé par le rat. *Typhus murin.*

mûrir v. i. / v. t. [2] **A.** v. i. Devenir mûr. *Le blé mûrit au soleil.* / Acquérir de la maturité, de la sagesse, du jugement. *Il a beaucoup mûri ces derniers mois.* / Prendre forme, se développer. *Leur projet mûrit.* **B.** v. t. Rendre mûr. / Rendre (qqn) sage, plus sage. *Cette expérience l'a mûri.* / Élaborer. *Mûrir une idée, un plan.*

mûrissement n. m. Venue à maturation (d'un fruit).

mûrisserie n. f. Local dans lequel on fait mûrir certains fruits.

Ronce portant des ***mûres****.*

murmure n. m. Bruit de voix faible et confus. / Commentaires, paroles dites à mi-voix par plusieurs personnes. *Murmure de protestation.* / Bruissement doux et harmonieux. *Le murmure de l'eau. Le murmure du vent dans les branches.*

murmurer v. i. [1] Faire entendre un murmure. / Se plaindre, protester sourdement. / (Emploi transitif) Dire à voix basse. *Murmurer des prières, des excuses.*

Murnau (Friedrich Wilhelm Plumpe, dit) 1888-1931 Cinéaste allemand. Maître de l'expressionnisme au cinéma, nombre de ses films ont été perdus. Parmi les œuvres qui demeurent et qui montrent l'intérêt du cinéaste pour les personnages condamnés à vivre en marge de la société : *Nosferatu le vampire* (1922), *Le Dernier des hommes* (1924), *Faust* (1926). Aux États-Unis, il réalisa *L'Aurore* (1927), *Les Quatre Diables* (1929), *City girl* (1930) et *Tabou* (1931) (avec Flaherty), histoire d'un amour impossible dans une peuplade polynésienne.

Murray (le) *2 750 km* Fleuve du sud-est de l'Australie qui sépare l'État de Nouvelles-Galles du Sud et l'État de Victoria, et se jette dans l'océan Indien au sud d'Adélaïde.

Murray ou **Moray (James Stuart,** 1er comte **de)** 1531 ?-1570 Homme politique écossais. Fils naturel de Jacques V, demi-frère de Marie Stuart, il eut envers sa sœur une attitude changeante, passant du soutien à l'opposition. Régent pour son neveu mineur après l'abdication de Marie dont il écrasa l'armée en 1568, il fut assassiné.

Mururoa *3 000 h.* Atoll de la Polynésie française dans l'archipel des Tuamotu, où se déroulèrent des essais nucléaires.

musacées n. f. pl. BOT. Famille de plantes monocotylédones tropicales, à laquelle appartient le bananier.

musagète adj. m. MYTH. GR. *Apollon musagète*, conducteur des muses.

musaraigne n. f. ZOOL. Petit mammifère de l'ordre des insectivores, au museau fin et allongé, qui se nourrit d'insectes, de vers, de gastéropodes, etc.

musarder v. i. [1] Perdre son temps, flâner.

Rébecca et Éliezer, tableau de ***Bartolomé Esteban Murillo****.*

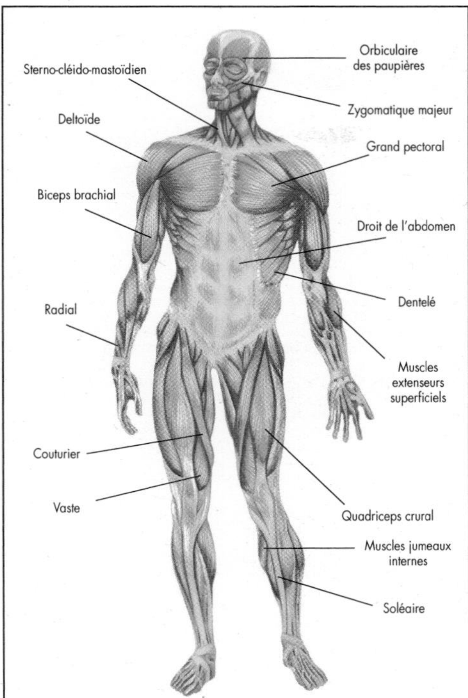

Les principaux ***muscles*** *du corps humain.*

musc n. m. Substance très odorante contenue dans les glandes abdominales du chevrotain porte-musc. *On utilise le musc en parfumerie.* / Parfum préparé à partir de cette substance.

muscade n. f. Fruit du muscadier. *Noix (de) muscade*: graine de ce fruit, utilisée comme condiment.

muscadet n. m. Cépage blanc des vignobles de l'embouchure de la Loire. / Vin blanc sec tiré de ce cépage.

muscadier n. m. BOT. Arbrisseau tropical, dont le fruit est la muscade.

muscadin n. m. HIST. Après 1794, jeune royaliste excentrique qui se parfumait au musc, portait perruque poudrée et lorgnon.

muscardin n. m. ZOOL. Petit mammifère de l'ordre des rongeurs, au pelage roux doré.

muscat n. m. Raisin à la saveur musquée. / Vin doux tiré de ce raisin.

muscle n. m. ANAT. Organe contractile, qui permet les mouvements et est impliqué dans de nombreuses structures internes de l'organisme.

♦ Les muscles sont formés de faisceaux de fibres contractiles. On distingue les muscles lisses des organes viscéraux, à contraction non volontaire, et les muscles squelettiques, qui sont des muscles striés en relation avec les os, dont les contractions sont volontaires. Le muscle cardiaque, ou myocarde, est lui aussi de structure striée, mais ses contractions sont involontaires.

musclé, e adj. Dont les muscles sont volumineux, apparents. / Fig. Vigoureux, énergique. *Discours musclé.*

muscler v. t. [1] Développer les muscles de (qqn).

musculaire adj. Des muscles, relatif aux muscles.

musculation n. f. Ensemble d'exercices physiques spécialement conçus pour développer certains muscles.

musculature n. f. Ensemble des muscles d'un corps.

musculeux, euse adj. ANAT. Composé de muscles, de fibre musculaire.

muse n. f. MYTH. GR. Déesse présidant à l'un des arts libéraux. *Les Muses sont neuf, filles de Zeus et de Mnémosyne: Clio (l'histoire), Euterpe (la musique), Thalie (la comédie), Melpomène (la tragédie), Terpsichore (la danse), Érato (l'élégie), Polymnie (la poésie lyrique), Uranie (l'astronomie), Calliope (l'éloquence).* / Litt. *Les Muses, la Muse,* incarnant l'inspiration poétique. Loc. *Taquiner la muse*: s'essayer à la poésie. / Vieilli *La muse d'un artiste, d'un écrivain*, son inspiratrice.

museau n. m. Partie antérieure saillante de la face de certains mammifères, de certains poissons.

musée n. m. ANTIQ. GR. (Avec une majuscule) À Alexandrie, centre d'études scientifiques fondé par Ptolémée Ier où étaient rassemblés les plus éminents savants et philosophes de l'époque (IIIe siècle av. J.-C.). / Établissement public où sont rassemblées des collections d'objets ayant un intérêt artistique, scientifique, historique.

muséifier v. t. [1] Transformer en musée.

museler v. t. [1] Mettre une muselière à (un animal). / Fig. Empêcher de s'exprimer. *Museler la presse. Museler ses sentiments.*

muselière n. f. Dispositif que l'on adapte sur le museau ou la bouche d'un animal pour l'empêcher de mordre ou de manger.

muséographie n. f. Étude et description des musées, des collections qu'ils présentent.

muséologie n. f. Ensemble des connaissances scientifiques et des techniques nécessaires à la gestion (conservation, classement, présentation) des collections dans les musées.

muser v. i. [1] Litt. Perdre son temps.

muserolle n. f. ÉQUIT. Élément du harnais qui, entourant la partie inférieure de la tête du cheval, l'empêche d'ouvrir la bouche.

musette n. f. Ancien instrument de musique rappelant la cornemuse. / Air de danse pastorale, au mouvement modéré (XVIIIe siècle). / *Bal musette*: bal populaire. / Sacoche de toile portée en bandoulière.

muséum n. m. Musée consacré aux collections d'histoire naturelle.

Muséum national d'histoire naturelle Établissement scientifique créé à Paris par Gui de La Brosse en 1635 sous le nom de *Jardin du roi*. Son nom actuel date de la Convention (1793). Le Jardin des plantes attenant, le zoo de Vincennes et le musée de l'Homme (dans le palais du Trocadéro) dépendent du Muséum.

musical, ale, aux adj. Propre ou relatif à la musique. *Écriture musicale.* / Mélodieux, chantant. *Voix musicale.* / Loc. *Avoir l'oreille musicale*: savoir entendre les subtilités musicales.

musicalement adv. De façon musicale, harmonieuse. / Conformément aux règles de la musique. / En ce qui concerne la musique.

musicalité n. f. Caractère de ce qui est musical, mélodieux. *La musicalité d'une langue.*

music-hall n. m. Spectacle de variétés comprenant des tours de chant et des attractions diverses (exercices d'acrobatie, numéros comiques). / Établissement où se déroulent de tels spectacles. Pl. Des *music-halls*.

musicien, enne adj. et n. Qui joue de la musique. *Dans cette famille, ils sont tous un peu musiciens.* / n. Personne dont la profession est de créer ou d'exécuter des morceaux de musique. *Musicien qui joue dans un orchestre de jazz.*

musicographe n. Celui, celle qui écrit sur la musique.

musicographie n. f. Fait d'écrire sur la musique; art du musicographe.

musicographique adj. Relatif à la musicographie.

musicologie n. f. Science qui a pour objet l'étude de l'histoire, de la théorie, de l'esthétique dans l'art de la musique.

musicologique adj. Relatif à la musicologie.

musicologue n. Spécialiste de musicologie.

musicothérapie n. f. Utilisation thérapeutique de la musique, de la production sonore.

Musil (Robert von) 1880-1942 Écrivain autrichien. Ayant entamé une carrière d'ingénieur, il se rend à Berlin pour suivre des cours de philosophie et de psychologie (1903). Révélé par *Les Désarrois de l'élève Törless* (1906), il décide de se consacrer à la littérature et donne un drame (*Les Exaltés*, 1921) et un recueil de nouvelles (*Trois Femmes*, 1924). Il passe ensuite le reste de sa vie à travailler sur un immense roman, qu'il dut laisser inachevé, *L'Homme sans qualités*, et dont le premier volet est publié en 1930. Mais le deuxième volume, paru en 1933, est interdit par le régime nazi. Musil s'installe à Vienne qu'il doit aussi quitter en 1938 pour s'exiler en Suisse. Un troisième volume sera publié par sa femme après sa mort. Malgré les difficultés qu'il éprouva à la rédiger, cette œuvre, dans laquelle il analyse avec subtilité la fin de l'Empire austro-hongrois tandis que ses personnages cherchent, à l'instar de l'auteur, une vérité, aussi éphémère fut-elle, demeure l'un des monuments de la littérature du XXe siècle.

musique n. f. Art d'harmoniser les sons suivant certaines règles. *Musique vocale,*

Séance de **musique**, *de Vicente Palmaroli.*

Alfred de Musset.

Benito Mussolini.

instrumentale. / Genre de composition musicale. *Musique de chambre*, composée pour des ensembles comportant un petit nombre d'interprètes (duo, trio, etc.). / Ensemble de signes au moyen desquels on transcrit la musique sur le papier. / Fig. Suite de son harmonieux. *La musique du vent dans les branches.*
musli Voir **müesli**
musqué, e adj. Qui sent le musc ; dont l'odeur rappelle le musc. / ZOOL. *Bœuf musqué* : ovibos. / *Rat musqué* : ondatra.
Musset (Alfred de) 1810-1857 Écrivain français. D'abord brillant habitué du Cénacle (*Contes d'Espagne et d'Italie*, 1830), il prend vite ses distances avec les romantiques, qu'il juge excessifs et peu sincères. Il rencontre George Sand dont il tombe passionnément amoureux. Cet épisode malheureux lui inspirera *La Confession d'un enfant du siècle* (roman, 1836) et les *Nuits* (1835-1837), poèmes sur la souffrance. Les vingt dernières années de sa vie seront marquées par l'alcoolisme et le désenchantement. C'est surtout par son théâtre que Musset passera à la postérité. Ses comédies, qui charment encore par leur humour léger et la finesse de l'analyse psychologique, n'étaient pas destinées à la scène : *À quoi rêvent les jeunes filles ?* (1833), *Les Caprices de Marianne* (1833), *On ne badine pas avec l'amour* (1834), *Il ne faut jurer de rien* (1836), *Il faut qu'une porte soit ouverte ou fermée*. En 1853, il les réunit sous le titre *Comédies et Proverbes*, après avoir réuni en 1852 ses *Premières Poésies* (1829-1835) et ses *Nouvelles Poésies* (1835-1852). Écrit en 1834, *Lorenzaccio*, drame historique, ne sera apprécié qu'au XXe siècle. Parmi ses nouvelles se détache *Mimi Pinson* (1845).
Mussolini (Benito) 1883-1945 Homme politique italien. Socialiste révolutionnaire avant 1914, il milita en faveur de l'intervention italienne aux côtés des Alliés en 1915. Il groupa en 1919, dans les « Faisceaux italiens de combat », les adversaires de la gauche et les mécontents. Député puis chef (*Duce*) de l'organisation paramilitaire des fascistes, ou *Chemises noires*, il organisa en 1923 une marche sur Rome. Malgré l'échec de celle-ci, le roi, poussé par les milieux d'affaires, lui confia la présidence du Conseil et Mussolini s'empara de tous les pouvoirs par la violence (1925). On doit à son régime certaines réalisations de prestige (embellissement des villes, autostrades) et l'assèchement des marais pontins, zone ravagée par la malaria devenue plaine fertile, mais l'industrialisation accélérée n'a pas amélioré de façon sensible le niveau de vie de la population ; en outre, une suite d'erreurs sur le plan de la politique extérieure (invasion de l'Éthiopie en 1936 et de l'Albanie en 1939) a mené l'Italie au bord de la ruine. Allié d'Hitler en 1936, Mussolini prit part à la lutte contre les Alliés à partir de 1940 mais n'obtint guère de succès. Rejeté par ses partisans en 1943, emprisonné sur ordre du roi, libéré par les Allemands, il se maintint sous leur protection dans le nord de l'Italie, où il fonda la république de Salo, dans la province de Brescia (septembre 1943-avril 1945). Cherchant à fuir en Suisse en 1945, il fut repéré par un groupe de partisans communistes et exécuté sans jugement.
must n. m. inv. (anglicisme) Ce qu'il y a de mieux, de meilleur. *C'est un must* : on ne peut faire mieux, exiger davantage.
Mustafa Nom de quatre sultans ottomans.
Mustafa Ier 1591-1639 Sultan ottoman (1617-1618 et 1622-1623). Quatre mois après son avènement, il est renversé par les janissaires ; son successeur est assassiné, Mustafa est rappelé, puis de nouveau déposé.
Mustafa II 1664-1703 Sultan ottoman en 1695. Vaincu par le prince Eugène en 1697, il fut contraint d'abandonner la Hongrie aux Habsbourg, puis la ville d'Azov aux Russes. Les janissaires le renversèrent et l'empoisonnèrent. **Mustafa III** 1717-1774 Sultan ottoman en 1757. Il lutta sans succès contre la Russie. **Mustafa IV** 1779-1808 Sultan en 1807. Il refusa de poursuivre la politique réformatrice de son cousin Sélim III et fut renversé.
Mustafa Kemal Pacha (dit **Kemal Atatürk)** 1881-1938 Militaire et homme d'État turc. Officier dans l'armée ottomane, il combattit contre les Italiens en Tripolitaine en 1911-1912 et fut nommé attaché militaire en Bulgarie en 1913. Promu colonel en 1915, il se distingua dans la lutte contre les Alliés à Gallipoli avant de se rendre sur le front du Caucase et en Palestine. Après que le traité de Sèvres eut démantelé l'Empire ottoman (1920), il décida de défendre à tout prix l'indépendance de la Turquie et, ayant démissionné de l'armée, forma un groupe nationaliste. Ayant convoqué la première grande Assemblée nationale turque, il forma un gouvernement nationaliste et, à la suite de la guerre contre la Grèce, fit déposer le sultan (1922) pour proclamer la République dont il devint président (il le restera jusqu'à sa mort). En 1923, le traité de Lausanne reconnut à la Turquie la possession des territoires que revendiquaient les minorités grecque et arménienne. Gouvernant de façon dictatoriale, Atatürk (« le père des Turcs ») força la Turquie à se moderniser en lui faisant abandonner nombre de ses traditions, en remplaçant l'alphabet arabe par l'alphabet latin, en imposant la laïcité et en créant un État omniprésent dans la vie sociale et économique.

Mouffette, mammifère de la famille des **mustélidés**.

mustang n. m. Cheval d'origine européenne, redevenu sauvage, aux États-Unis.
mustélidés n. m. pl. ZOOL. Famille de petits mammifères appartenant à l'ordre des carnivores, à pattes courtes, comprenant les belettes, les putois, les fouines, les visons, les loutres, les blaireaux.
musulman, e adj. et n. **A.** adj. Relatif à l'islam. *L'art musulman.* **B.** n. Fidèle de l'islam. *Un(e) musulman(e).*
mutagène adj. et n. m. Qui est capable de provoquer une mutation ; qui augmente le taux de mutation. *Une substance mutagène. Un rayonnement mutagène.* / n. m. *Un mutagène.*
mutagenèse n. f. BIOL. Production d'une mutation par un agent mutagène.
mutant, e adj. et n. BIOL. Qui a subi une mutation. / n. Dans les récits de science-fiction, personnage dont certaines caractéristiques, certaines capacités ont été modifiées à la suite d'une mutation.
mutation n. f. Changement. / Changement d'affectation d'un fonctionnaire. *Demander une mutation.* / DR. Transmission par la vente, la donation ou la succession, d'un droit de propriété. *Droits de mutation* : taxes à acquitter par le bénéficiaire d'un transfert de propriété. / BIOL. Modification héréditaire du génome d'un individu. *Mutation somatique* : modification du génome d'un individu survenant dans une cellule somatique (et non germinale), transmissible aux cellules issues de celle-ci par mitose, mais pas aux descendants de cet individu. / MUS. *Jeu de mutation* : jeu d'orgue qui ajoute des harmoniques aux sons et, ainsi, en modifie le timbre.
mutatis mutandis loc. adv. (mots latins) En faisant les modifications nécessaires.
mutazilisme n. m. RELIG. École théologique et philosophique de l'islam médiéval. (Le mutazilisme défend une conception éthique de la justice divine. Nécessairement juste, Dieu ne peut que montrer aux hommes la bonne voie ; il leur communique le pouvoir de bien ou mal faire et, en conséquence, salut et perdition dépendent d'eux, et d'eux seuls. Dieu est unique, sans substance corporelle ni accident ; l'éternité est la meilleure description de son essence).

Une **mutinerie** célèbre : *Les Révoltés du Bounty (1936)*, un film de Frank James avec Charles Laughton et Clark Gable.

mutazilite adj. et n. RELIG. Du mutazilisme ; tenant du mutazilisme.
muter v. t. / v. i. [1] **A.** v. t. Changer (qqn) d'affectation, de poste. **B.** v. i. BIOL Subir une mutation.
mutilation n. f. Amputation d'un membre, d'une partie du corps. / Dégradation, altération. *Mutilation d'un tableau, d'un monument.* / Suppression préjudiciable d'un ou de plusieurs passages dans un texte.
mutiler v. t. [1] Faire subir une mutilation à. *Mutiler un prisonnier.* / Dégrader, altérer. *Mutiler une statue. Mutiler un texte.*
mutin, e n. et adj. **A.** n. m. Personne qui fait acte de mutinerie. **B.** adj. Espiègle, taquin. *Enfant mutin. Avoir un air mutin.*
mutiner (se) v. pron. [1] Faire acte de mutinerie.
mutinerie n. f. Refus d'obéissance ; révolte contre une autorité. *Mutinerie de prisonniers.*
mutique adj. Atteint de mutisme.
mutisme n. m. MÉD. État pathologique d'une personne qui refuse de parler, dû à des troubles psychologiques. / Attitude d'une personne qui refuse de s'exprimer, qui garde volontairement le silence.
mutité n. f. MÉD. Impossibilité physiologique de parler. *La mutité peut avoir pour cause une lésion des centres cérébraux du langage parlé, des organes phonateurs, ou être liée à la surdité.*
Mutsuhito Voir **Meiji Tenno**
mutualiser v. t. [1] Répartir (un risque, des coûts) à égalité entre membres d'un groupe.
mutualisme n. m. DR. Doctrine qui préconise la mutualité.
mutualiste adj. et n. DR. Propre ou relatif au mutualisme, fondé sur le mutualisme. *Société mutualiste* : organisme sans but lucratif organisant le mutualisme social. / Subst. Membre d'une société mutualiste.
mutualité n. f. Système de prévoyance volontaire fondé sur une entraide mutuelle. / Ensemble des sociétés mutualistes organisées dans un but de solidarité sociale et financées par leurs adhérents. *Mutualité sociale agricole.*
mutuel, elle adj. et Partagé. *Torts mutuels.* / Réciproque. *Entraide mutuelle.*
mutuelle n. f. Organisme fondé sur le principe de la mutualité. *Cotiser à une mutuelle. Remboursements complémentaires versés par une mutuelle.*
mutuellement adv. Réciproquement.
Muwatalli Voir **Mouwatalli**
Muybridge (Edward James Muggeridge, dit **Eadweard)** 1830-1904 Photographe américain d'origine britannique. Inventeur d'appareils capables de photographier le mouvement, le zoopraxiscope (1880) et le fusil photographique (1882), il est le pionnier de la photographie en instantané.

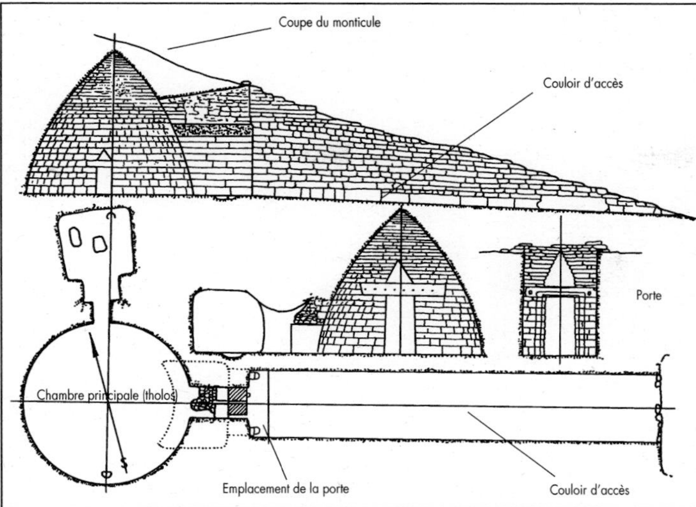

Plan du Trésor d'Atrée, vaste salle funéraire datant du XIVe siècle av. J.-C., mise au jour, en 1876, sur le site de ***Mycènes*** *par l'archéologue allemand Heinrich Schliemann.*

MW abréviation de million de watts.

myasthénie n. f. MÉD. Maladie musculaire due à un blocage de la transmission de l'influx nerveux du nerf au muscle, vraisemblablement d'origine auto-immune, caractérisée par un épuisement de la force musculaire.

mycélium n. m. Appareil végétatif des champignons formé d'un ensemble de filaments appelés hyphes.

Mycènes Ancienne ville grecque, entre Corinthe, au nord, et Argos, au sud, capitale du royaume d'Atrée, centre de la civilisation mycénienne : palais monumentaux, murailles, tombeaux à coupole du XIVe siècle av. J.-C. L'invasion dorienne l'anéantit. Les fouilles ont débuté en 1876, sous la conduite de Heinrich Schliemann. C'est aujourd'hui un des centres touristiques les plus fréquentés de la Grèce. Le légendaire Agamemnon était roi de Mycènes.

mycénien, enne adj. et n. ANTIQ. Relatif à Mycènes, à sa civilisation. / n. m. LING. Langue grecque parlée à Mycènes.
♦ La civilisation mycénienne (1600-1100 av. J.-C.), d'abord influencée par la civilisation minoenne, a acquis son originalité vers le XIVe siècle. Les ruines de la cité, fouillée au XIXe siècle, ont livré des armes et des objets d'orfèvrerie (épées, masques d'or, coupes en or). Ces ruines elles-mêmes, d'une austérité et d'un gigantisme impressionnants, témoignent de la puissance de cette civilisation : tombes à fosses, vestiges de l'acropole (dont l'entrée monumentale, la porte des Lions [ou des Lionnes] est conservée), enceinte cyclopéenne d'une épaisseur moyenne de 5 m, sépultures (dont le Trésor d'Atrée, dit tombe d'Agamemnon).

mycétome n. m. MÉD. Tumeur inflammatoire sous-cutanée provoquée par le développement d'un champignon ou d'une bactérie filamenteuse.

mycoderme n. m. Levure qui se développe en formant une pellicule à la surface des liquides sucrés ou fermentées. Le *mycoderme acétique*, ou *mère du vinaigre*, est l'agent de la transformation du vin en vinaigre.

mycologie n. f. BIOL. Science consacrée à l'étude des champignons.

mycologique adj. Relatif à la mycologie, aux champignons.

mycologue n. Spécialiste de la mycologie.

mycoplasme n. m. BIOL. Bactérie dépourvue de paroi, très polymorphe, qui peut être l'agent d'infections chez l'homme, chez les animaux, ainsi que chez les plantes.

mycorhize n. f. BIOL. Association symbiotique entre un champignon et les racines d'un végétal. *Mycorhizes internes*, dans lesquelles le mycélium du champignon pénètre à l'intérieur des cellules de la plante. *Mycorhizes externes*, dans lesquelles le mycélium entoure les cellules sans y pénétrer.

mycose n. f. MÉD. Nom générique donné aux affections parasitaires provoquées par la présence de champignons dans l'organisme.

mycosique adj. MÉD. Relatif aux mycoses.

mye n. f. ZOOL. Mollusque lamellibranche marin, comestible, qui vit enfoui dans le sable.

myélencéphale n. m. ANAT. Partie de l'encéphale qui dérive de la partie postérieure de la vésicule postérieure de l'encéphale de l'embryon, correspondant au bulbe rachidien.

myéline n. f. BIOL. Substance essentiellement lipidique, formant une gaine autour de l'axone de certains neurones du système nerveux central et périphérique. *La myéline joue un rôle important dans la transmission de l'influx nerveux.*

myélite n. f. MÉD. Terme générique désignant les inflammations de la moelle épinière. *Les myélites peuvent notam. être d'origine virale (poliomyélite) ou infectieuse.*

myélofibrose n. f. MÉD. Envahissement de la moelle osseuse par du tissu fibreux, observé dans diverses affections, et qui empêche la formation normale des éléments sanguins.

myélome n. m. MÉD. Hémopathie caractérisée par la prolifération maligne de plasmocytes anormaux dans la moelle osseuse. *Le myélome se manifeste cliniquement par des douleurs osseuses, une anémie et des dérèglements immunitaires.*

mygale n. f. ZOOL. Grande araignée des régions chaudes, au corps velu, vivant en terrier. *Sa morsure, mortelle pour les proies dont elle se nourrit (insectes, petits vertébrés) est très douloureuse et parfois dangereuse pour l'homme.*

Mykolaïv (autrefois *Nikolaïev*) *508 000 h.* Ville d'Ukraine, chef-lieu de région, port maritime et fluvial. Industries diverses. Fondée par Potemkine, la ville fut un important port militaire sur la mer Noire, aujourd'hui supplanté par Odessa.

Mykonos *85 km² 5 500 h.* Île grecque de la mer Égée ; chef-lieu *Mykonos*. Centre touristique.

myocarde n. m. ANAT. Tunique musculaire du cœur, formé d'un réseau de fibres de structure striée, à contraction involontaire.

myocastor n. m. ZOOL. Ragondin.

myofibrille n. f. BIOL. Filament contractile, de nature protéique (filaments d'actine et de myosine, capables de glisser les uns sur les autres), présent dans le cytoplasme des fibres musculaires. *L'ensemble des myofibrilles est responsable de la contraction de la fibre musculaire.*

myoglobine n. f. BIOCHIM. Protéine proche, par sa structure, de l'hémoglobine, présente dans les muscles, capable de stocker l'oxygène de façon réversible. *L'affinité de la myoglobine pour l'oxygène est supérieure à celle de l'hémoglobine.*

myome n. m. MÉD. Tumeur bénigne constituée de fibres musculaires.

myonécrose n. f. MÉD. Nécrose des tissus musculaires.

myopathie n. f. MÉD. Dystrophie musculaire. *Myopathie de Duchenne* : dystrophie musculaire progressive, généralisée, héréditaire, dont seuls les garçons sont atteints. / Nom générique donné à l'ensemble des maladies musculaires.

myope adj. et n. Atteint de myopie ; personne atteinte de myopie. / Fig. Étroit d'esprit, borné.

myopie n. f. MÉD. Anomalie de la vision dans laquelle les images des objets lointains se forment en avant de la rétine. *La myopie fait de l'œil un système optique trop convergent ; elle peut être corrigée par le port de verres divergents.* / Fig. *Myopie intellectuelle* : manque de perspicacité, étroitesse d'esprit.

myopotame n. m. ZOOL. Ragondin.

myorelaxant, e adj. et n. m. PHARM. Qui favorise la diminution du tonus des muscles striés squelettiques. / n. m. Médicament utilisé pour diminuer le tonus des muscles striés squelettiques. Voir *antispasmodique*.

myosine n. f. BIOCHIM. Protéine associée à l'actine dans les myofibrilles des fibres musculaires. *La myosine est capable de catalyser la transformation de l'adénosine triphosphate en adénosine diphosphate ; l'énergie que libère cette réaction permet aux fibres de myosine et d'actine de glisser l'une sur l'autre, ce qui constitue le mécanisme fondamental de la contraction musculaire.*

myosotis n. m. BOT. Plante de la famille des borraginacées, à feuilles velues, à délicates petites fleurs gamopétales bleues, blanches ou roses.

myriade n. f. Quantité innombrable.

myriapodes n. m. pl. ZOOL. Classe d'arthropodes antennates terrestres, dont le corps est formé d'un grand nombre de segments successifs, qui portent chacun une ou deux paires de pattes, comprenant notam. les scolopendres, les iules. *Les myriapodes sont couramment désignés sous le nom de mille-pattes.*

Myrmidons MYTH. GR. Ancien peuple de Thessalie dont Achille fut le roi. Leur nom signifie « fourmis » (car Zeus aurait transformé en humains les fourmis de l'île d'Égine où l'on ne rencontrait aucun homme).

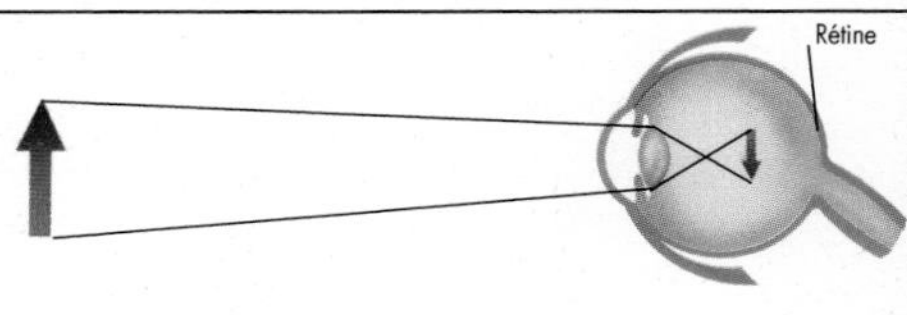

Myopie *: l'image se forme en avant de la rétine.*

myrobolan n. m. Fruit séché de divers arbres des régions tropicales, utilisé en tannerie et autrefois employé en pharmacie.

Myron Vᵉ siècle av. J.-C. Sculpteur grec. Très peu de ses œuvres, réalisées surtout à Athènes, nous sont parvenues. On sait qu'il était bronzier et qu'il a sculpté, en abondance, dieux, athlètes et animaux. On connaît de lui une copie romaine de son *Discobole* et des éléments de son groupe *Athéna* et *Marsyas*.

myrrhe n. f. BOT. Résine odorante produite par un arbre des régions tropicales, utilisée en parfumerie, en pharmacie.

myrtacées n. f. pl. BOT. Famille de plantes dicotylédones tropicales, tels l'eucalyptus, le myrte.

myrte n. m. BOT. Arbuste de la famille des myrtacées, à fleurs blanches, à baies bleuâtres, qui pousse dans les régions méditerranéennes. / ANTIQ. et litt. Feuille de cet arbuste, symbole de l'amour, de la gloire.

myrtille n. f. Arbrisseau de la famille des éricacées, poussant en montagne, dont les baies, d'une couleur noir bleuté, sont comestibles. / Fruit de cet arbrisseau.

Mysore ou **Maisur** *480692 h.* Ville du sud de l'Inde, autrefois capitale de l'ancien État de Mysore, nommé aujourd'hui *Karnataka*. Mysore est un centre religieux (temples des XIIᵉ-XIVᵉ siècles), artisanal (soie, ivoire) et industriel.

mystagogue n. m. ANTIQ. GR. Prêtre initiateur.

mystère [1] n. m. ANTIQ. Culte ésotérique auquel seuls étaient admis ceux qui avaient subi des rites initiatiques. *Les mystères de Cybèle.* / RELIG. Dans le christianisme, vérité révélée inaccessible à la raison. *Le mystère de l'Incarnation.* / Ce qui est caché, inaccessible à la connaissance humaine. *Les mystères de l'âme, de la nature.* / Ce qui est inexplicable ou incompréhensible; ce qui reste ignoré. *La police n'a pas résolu le mystère qui entoure cette affaire.* / Précautions que l'on prend pour garder une chose secrète. *Faire des mystères. Laisser planer le mystère.*

mystère [2] n. m. Au Moyen Âge, drame religieux traitant des miracles de la Passion du Christ, de la vie des saints, qui se jouait sur le parvis des églises.

Les Trois Grâces, statue de B. Thorwaldsen (1818).

Divinités du brahmanisme dans un temple de Khajuraho (Inde centrale).

MYTHOLOGIE

Mystères de Paris (Les) 1842-1843 Roman-feuilleton d'Eugène Sue contant les malheurs d'une enfant trouvée, Fleur-de-Marie, qui sera contrainte de mendier puis de se prostituer; elle retrouvera son père et finira dans un couvent.

mystérieusement adv. De façon mystérieuse.

mystérieux, euse adj. Qui procède du mystère. *Les révélations mystérieuses d'Éleusis.* / Cour. Qui s'entoure de mystères, sur qui subsistent des mystères. *Homme mystérieux.*

mysticisme n. m. Attitude religieuse tendant à l'union intime de l'homme avec la divinité, fondée sur une connaissance immédiate, intuitive, à travers la contemplation, l'extase. / Attitude qui tend à faire prévaloir l'intuition ou le sentiment religieux sur la raison.

mystificateur, trice n. et adj. Personne qui mystifie, qui pratique couramment la mystification. / adj. Qui tend à mystifier. *Des visées mystificatrices.*

mystification n. f. Acte ou propos destiné à abuser de la crédulité d'autrui. Ant. démystification.

mystifier v. t. [1] Tromper (qqn) pour s'amuser à ses dépens. / Tromper en déformant la réalité. Ant. démystifier.

mystique adj. et n. **A.** adj. Qui a trait au mystère d'une religion. *Le corps mystique du Christ.* / Qui procède du mysticisme. *Ferveur mystique.* / Par ext. Épris d'absolu. *Esprit mystique.* (Subst.) *Un(e) mystique*: une personne mystique. **B.** n. f. Ensemble de pratiques, de connaissances liées au mysticisme. *Mystique juive.* / Attachement passionné (à une pensée, à un sentiment, à un homme) dont le caractère absolu rappelle le mysticisme religieux. *La mystique du pouvoir.*

mythe n. m. Récit fabuleux qui, sous une forme allégorique, transpose une réalité historique, philosophique. *Le mythe d'Osiris.* / Représentation de personnes ou de faits, réels ou imaginaires, dont la tradition populaire exagère ou déforme l'importance au point de les rendre légendaires dans l'imaginaire collectif. *Le mythe napoléonien.* / Représentation, image symboliques d'un fait, d'une idée, fondées sur une conception illusoire de la réalité. *Le mythe de l'égalité entre les hommes.*

mythification n. f. Action de mythifier; son résultat. Ant. démythification.

mythifier v. t. [1] Porter, ériger (qqn, qqch.) en mythe. Ant. démythifier.

mythique adj. Propre ou relatif au mythe. *Récit mythique.* / Par ext. Irréel. *Partir à la recherche d'un trésor mythique.*

mythologie n. f. Ensemble des mythes appartenant à un peuple, à une civilisation, à une religion. *La mythologie celte, scandinave.* Absol. *La mythologie*: l'ensemble des mythes propres à l'Antiquité gréco-romaine. *Les héros de la mythologie.* / Science qui étudie l'origine, la signification et le développement des mythes.

mythomane adj. et n. Atteint de mythomanie.

mythomanie n. f. PSYCHO. Tendance pathologique à la fabulation et au mensonge.

mytiliculture n. f. Élevage des moules.

myxine n. f. ZOOL. Vertébré marin, agnathe, au corps anguilliforme dépourvu d'écailles, visqueux.

myxœdème n. m. MÉD. Infiltration cutanée de la face et des membres.

myxomatose n. f. VÉTÉR. Maladie virale très contagieuse frappant le lapin, transmise par les puces, et qui se manifeste par une inflammation des paupières, des œdèmes de la face et une complète prostration. *La myxomatose a été introduite en France en 1952, où elle a été la cause, en quelques années, de la mort de près de la moitié des lapins sauvages et du tiers des lapins domestiques.*

myxomycètes n. m. pl. BIOL. Champignons d'aspect gélatineux, dont l'appareil végétatif est un plasmode. *Les myxomycètes sont capables de déplacements, par émission de pseudopodes.*

Mzab Région du Sahara algérien dont la ville principale est Ghardaïa. Les Mzabites (ou Mozabites), musulmans d'origine berbère et de rite kharidjite, vivent de l'agriculture (palmiers) et de l'artisanat.

mzabite ou **mozabite** adj. et n. Du Mzab. *Oasis mzabite. Les Mzabites.* / n. m. Langue berbère parlée au Mzab.

Ruines de Pétra, la capitale des **Nabatéens**.

n' Voir **ne**

na! interj. Exclamation enfantine qui renforce une affirmation ou une négation. *J'en veux pas, na !*

nabab n. m. (mot hindoustani) HIST. Titre que portaient les gouverneurs des provinces, les princes ou les officiers dans l'Inde musulmane. / Mod. Homme très riche qui vit dans l'opulence.

Nabatéens Ancien peuple d'Arabie septentrionale. Nomades peu à peu sédentarisés, ils conquirent, vers le Ve siècle av. J.-C., Pétra dont ils firent leur capitale. Ils contrôlèrent le trafic caravanier entre l'Arabie et le bassin méditerranéen. Leur puissant royaume, soumis par Trajan en 106, fut annexé par l'Empire romain.

nabis n. m. pl. (mot hébreu) BX-A. Groupe de peintres (M. Denis, E. Bernard, E. Vuillard, E. Vollard, K. X. Roussel, etc.) rassemblés autour de P. Sérusier en 1888.
♦ Les nabis, dont Sérusier fut la cheville ouvrière, s'inspiraient à la fois de Gauguin et du symbolisme. Exaltant la couleur pure et simplifiant la forme pour la rendre plus expressive, ils bouleversèrent l'art décoratif par leurs innovations dans les domaines du vitrail, de la détrempe, de la lithographie, de l'illustration de livres. Ils s'intéressèrent aussi au décor de théâtre, à l'affiche, au dessin de tissus et de papiers peints. Leur esthétique fut exprimée notamment par Maurice Denis, pour qui un tableau était une « surface plane recouverte de couleurs en un certain ordre assemblées », et qui fut longtemps leur porte-parole. Leur dernière exposition collective eut lieu en 1899.

Nabokov (Vladimir) 1899-1977 Écrivain américain d'origine russe. Il a écrit en russe ses premiers livres : *La Défense Loujine* (1929), *La Chambre obscure* (1932) qu'il réécrira en anglais en 1938 (*Rire dans la nuit*), *Le Don* (1937), *La Méprise* (1939). Il partit ensuite s'installer aux États-Unis où il enseigna dans diverses universités et n'écrivit plus qu'en anglais : *Lolita* (1955), qui eut un succès mondial, *Pnine* (1957) *Feu pâle* (1962), *Ada ou l'Ardeur* (1969), *La Transparence des choses* (1972). Spécialiste des papillons, excellent joueur d'échecs, Nabokov passa la fin de sa vie à Montreux, en Suisse ; outre des romans, on lui doit des traductions (*Eugène Onéguine*, notamment), des poèmes, des pièces de théâtre, des ouvrages autobiographiques (*Autres rivages*, 1951).

Nabonide Dernier roi de Babylone (556-539 av. J.-C.), mort en captivité après la prise de Babylone par Cyrus.

Nabopolassar (VIIe siècle av. J.-C.) Roi du Pays de la mer, il fonda l'empire néo-babylonien en 625, après s'être proclamé roi de Babylone, et conquit le pays sur les Assyriens avec l'aide des Mèdes.

nabot, ote n. Péjor. Personne de petite taille.

nabuchodonosor n. m. Grosse bouteille dont la contenance équivaut à celle de 16 bouteilles ordinaires.

Nabuchodonosor Ier Roi de Babylone de 1146 à 1123 environ av. J.-C. **Nabuchodonosor II** Roi de Babylone de 605 à 562 av. J.-C. Il arrête les progrès des Égyptiens en Syrie en les battant à Karkemish (605). En 597, il s'empare de Jérusalem. Les habitants se révoltent ; il détruit la ville et le temple en 587 et emmène les Juifs en captivité à Babylone. En 573, après un siège de 13 ans, il prend Tyr. Monarque absolu, il fait de Babylone une magnifique capitale.

nacelle n. f. Panier suspendu à un ballon dans lequel se placent les aéronautes. / Litt. Petit bateau sans mât ni voile. / Partie fixe d'un landau ou d'une poussette. / Plate-forme suspendue pour élaguer les arbres, laver les vitres d'un immeuble, etc.

Nachtigal (Gustav) 1834-1885 Explorateur allemand. Il explora les régions voisines du lac Tchad dans les années 1869-1875 et publia ensuite le récit de son voyage.

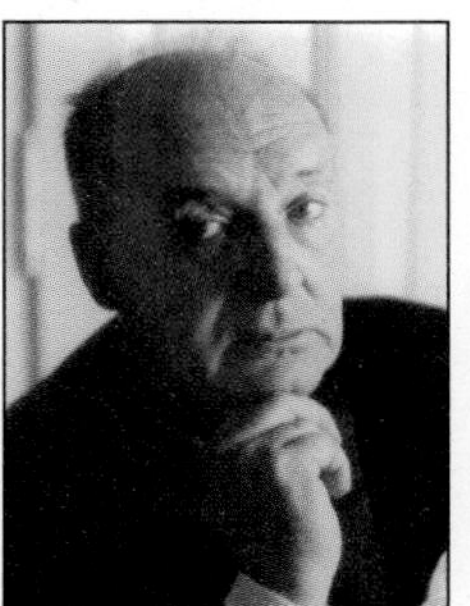

Vladimir Nabokov (© JERRY BAUER).

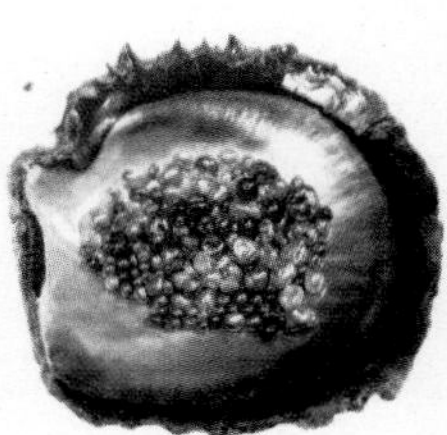

Perles de **nacre**.

N

nacre n. f. Substance dure, brillante, à reflets irisés, sécrétée par le manteau de divers mollusques et tapissant l'intérieur de leur coquille. *La nacre est utilisée en bijouterie, en marqueterie.* / Litt. Couleur de la nacre.

nacré, e adj. Qui a l'aspect irisé de la nacre.

nacrer v. t. [1] Donner l'aspect de la nacre à (de fausses perles). / Donner l'irisation de la nacre à.

N.A.D. n. f. BIOCHIM. Sigle de nicotinamide-adénine-dinucléotide.

Nadar (Félix Tournachon, dit**)** 1820-1910 Photographe, aéronaute, dessinateur et écrivain français. Il publia des nouvelles et des critiques de spectacles puis, en 1849, devint caricaturiste et lança des journaux satiriques. Il ouvrit un atelier de photographie et commença dès 1854 à publier un périodique, le *Panthéon Nadar*, comportant des portraits des célébrités contemporaines : Théophile Gautier, Alexandre Dumas, George Sand, Sarah Bernhardt, Charles Baudelaire, Victor Hugo... Il réalisa en ballon, en 1858, les premières photographies aériennes. Il effectua plusieurs ascensions à bord de l'aérostat le *Géant*, qu'il avait fait construire, et commanda en 1870 le corps d'aérostiers de Montmartre. C'est dans son atelier que les impressionnistes organisèrent leurs deux premières expositions, en 1874 et 1887.

Nader (Ralph) 1934 Avocat américain, pionnier de la défense des consommateurs. Il dénonça notamment, en 1965, les vices de construction des automobiles et fit imposer de nouvelles normes de sécurité à l'industrie automobile américaine.

Nader Chah (Nader Kuli Beg, dit) 1688-1747 Chah de Perse en 1736. Chef de bande au service des Séfévides, il reprit aux Afghans, aux Ottomans et aux Russes une partie des territoires dont ils s'étaient emparés, déposa l'avant-dernier chah, exerça la régence au nom de son successeur et se proclama chah à la mort de ce dernier (1736). Il poursuivit ses conquêtes et tenta d'unifier son empire déchiré entre chiites et sunnites. Sa cruauté provoqua un soulèvement et il fut assassiné.

nadir n. m. ASTRON. Point diamétralement opposé au zénith de la sphère céleste, dirigé verticalement dans la direction du centre de la Terre.

Nadir Chah 1883-1933 Roi d'Afghanistan en 1929, sa politique répressive et conservatrice suscita de violentes oppositions et il fut assassiné.

Nadjd, Najd ou **Nedjd (le)** *1 390 300 km² 3 500 000 h.* Région d'Arabie Saoudite. Ville principale *Riyad*. Situé sur de hauts plateaux (*1 800 m*), c'est un pays d'élevage, de cultures (dattes, céréales) et d'artisanat. Le pétrole du Hasa est la principale ressource. **Histoire** Le Nadjd a été, au XVIIIᵉ siècle, le centre du mouvement wahhabite. En 1924, l'émir du Nadjd, Abd al-Aziz ibn Saoud, chassa les chérifs de La Mecque et de Médine et conquit le Hedjaz. En 1926, il se proclama roi du Hedjaz et du Nadjd, les deux pays formant en 1932 l'Arabie Saoudite.

N. A. D. P. n. f. BIOCHIM. Sigle de nicotinamide-adénine-dinucléotide-phosphate.

nævus n. m. MÉD. Tache ou verrue cutanée d'origine congénitale, plus ou moins étendue mais toujours circulaire. Pl. Des *nævi*.

Nagai Kafu 1879-1959 Écrivain japonais dont les romans évoquent la vie du petit peuple de Tokyo (*Deux épouses*, 1932).

Nagaland *16 127 km² 1 215 000 h.* État du nord-est de l'Inde. Capitale *Kohima*. Cet État s'est formé en 1964 à la suite de l'agitation indépendantiste des Nagas, ensemble de tribus de langues et de cultures diverses, qui ont en commun leur hostilité à l'égard de l'influence hindoue.

nâgari Voir **devanâgari**

Nagasaki *439 470 h.* Ville et port industriel du Japon, dans l'île de Kyushu. Centre important de constructions navales. La ville fut frappée, le 9 août 1945, trois jours après Hiroshima, par la seconde bombe atomique lancée par les Américains, qui fit 80 000 victimes et entraîna la capitulation du Japon. Comptoir hollandais du XVIᵉ au XVIIIᵉ siècle, Nagasaki est le plus ancien port japonais ouvert aux commerçants étrangers. Les Hollandais y ont laissé des monuments.

nage n. f. Action de nager ; manière de nager. / SPORT *Nage libre* : épreuve de natation où le choix de la nage est laissé au nageur. / CUIS. *Écrevisse, homard à la nage*, présentés dans le court-bouillon de cuisson. / MAR. Action de ramer. *Chef de nage* : celui qui dirige les rameurs.

nageoire n. f. Organe en forme de palette dont sont dotés les poissons, leur permettant la nage. *Les poissons possèdent des nageoires impaires (dorsale, caudale, anale) et paires (pectorales et ventrales).* / Organe natatoire en forme de palette dont sont dotés les mammifères marins (cétacés, phoques).

nager v. i. [1] Se déplacer dans l'eau ou sur l'eau en faisant des gestes appropriés. *Nager sur le dos.* / (Emploi transitif) Pratiquer (telle nage) ; parcourir (telle distance) à la nage. *Nager la brasse. Nager le cent mètres.* / Baigner dans un liquide. *Les légumes nagent dans un bouillon clair.* / Fig. Être plongé (dans tel état, telle situation). *Nager dans le bonheur.* / Fam. *Nager dans ses vêtements*, y être trop au large. / Fam. Être dépassé. / MAR. Ramer.

Le **Nain**, *tableau de Vélasquez.*

nageur, euse n. Personne qui nage.

Nag Hamadi *8 000 h.* Ville de Haute-Égypte près de laquelle, au cours de l'hiver 1945-1946, des paysans ont découvert une jarre contenant des papyrus en copte, traduits d'après un original grec et copiés au IVᵉ siècle ; on y trouve des ouvrages gnostiques, des recueils de maximes morales, des apocryphes néotestamentaires, des textes hermétiques, et même un passage de *La République* de Platon.

Nagoya *2 153 290 h.* Ville et port du Japon (Honshu), chef-lieu de ken. Située à mi-distance de Tokyo et d'Osaka, la ville est aujourd'hui le cœur d'une importante agglomération (*3 200 000 h.*) tournée vers les industries de transformation : automobiles, textiles, mécanique, aéronautique, pétrochimie. Université. Temples. Château du XVIIᵉ siècle.

naguère adv. Il y a peu de temps.

Nagy (Imre) 1896-1958 Homme politique hongrois. Il adhère au parti communiste en 1917, participe au gouvernement de Bela Kun, puis, à la chute de ce gouvernement, s'exile en Union soviétique d'où il ne revient qu'en 1944. De 1953 à 1955, il est président du Conseil, mais son libéralisme le fait exclure du parti en avril 1956. Lors de l'insurrection d'octobre 1956, il reprend le pouvoir et se montre favorable aux positions des insurgés, tentant de soustraire la Hongrie à la domination soviétique. Quand les chars soviétiques pénètrent dans Budapest (4 novembre), il est remplacé par Kadar, puis jugé au cours d'un procès secret, condamné à mort et exécuté.

Nahua Amérindiens vivant au Mexique, particulièrement dans la vallée de Mexico, mais aussi dans différents autres États. Agriculteurs, ils constituent le groupe autochtone le plus important du pays (plus d'un million de personnes). Ils parlent une langue aztèque, le *nahuatl*.

nahuatl n. m. Langue amérindienne parlée par les Aztèques, encore en usage chez les Indiens du Mexique.

naïade n. f. MYTH. Nymphe des rivières et des fontaines. / Litt. ou par plaisant. Nageuse, baigneuse.

naïf, naïve [1] adj. et n. Candide, ingénu. / Subst. *Un naïf, une naïve.* / BX-ARTS *Art naïf*, pratiqué par des autodidactes dont les œuvres, au caractère souvent ingénu, ne respectent pas les lois de la perspective qui se sont imposées en Occident dès la fin du Moyen Âge.

naïf ou **NAIF [2]** adj. inv. Acronyme pour « Né Après l'Interdiction des Farines ». Qualifie un bovin né après que l'usage des farines de viande et d'os a été interdit dans l'alimentation du bétail. *Un animal naïf. Des bœufs naïf.*

nain, naine n. et adj. **A.** n. Personne atteinte de nanisme. / *Nain jaune* : jeu de cartes accompagné d'un plateau figurant cinq cartes (dont le sept de carreau ou *nain jaune*) sur lequel on place des mises. **B.** adj. De petite taille. *Plante naine. Caniche nain.* / Atteint de nanisme. / ASTRON. *Étoile naine*, faible en diamètre et en luminosité relativement aux étoiles *géantes* et *supergéantes*.

Naipaul (Vidiarhar Surajprasad) 1932 Écrivain trinidadien d'origine indienne et de langue anglaise, auteur de récits de voyages (*L'Inde brisée*, 1977) et de romans (*À la courbe du fleuve*, 1979) inspirés par un pessimisme foncier.

Nairobi *1 162 190 h.* Capitale du Kenya, à *1 660 m* d'altitude. C'est le principal centre commercial, industriel et culturel du pays, ainsi qu'une importante escale aérienne d'Afrique orientale. La ville est desservie par la ligne de chemin de fer Mombasa-Kampala, qui fut à l'origine de sa fondation.

naissain n. m. Ensemble des larves d'huîtres ou de moules, avant leur fixation.

naissance n. f. Début de la vie indépendante d'un être vivant. *Acte de naissance* : acte d'état civil qui apporte la preuve de la naissance d'un enfant. / Litt. Origine. *De naissance illustre.* / loc. adv. *De naissance* : congénitalement. *Aveugle de naissance.* / Commencement. *Naissance de l'islam.* / Endroit où commence qqch. *Naissance du cou.*

Naissance d'une nation 1915 Film américain de D. W. Griffith. L'action se déroule pendant la guerre de Sécession. Cette première superproduction historique américaine s'est vue reprocher son caractère partisan, voire raciste ; l'auteur, lui, jugeait qu'il n'avait fait que respecter la vérité historique dans son portrait des passions sudistes. Les qualités techniques et esthétiques et l'habileté du montage de ce film, qui abonde en innovations formelles, en font un chef-d'œuvre.

naître v. i. [3] Venir au monde. *Il naquit en 1900. Être né pour* : être destiné à. / Litt. *Naître à* : s'éveiller, s'ouvrir à. *Naître à l'art.* / Fig. Apparaître, commencer à se manifester, à exister. *Le jour naissait à peine. Faire naître* : provoquer, susciter. *Naître de* : prendre son origine dans. *La guerre est née d'un conflit frontalier.*

naïvement adv. De façon naïve.

naïveté n. f. Caractère de ce qui est naïf, d'une personne naïve.

naja n. m. ZOOL. Serpent venimeux capable de dilater son cou, dont il existe diverses espèces dans les régions chaudes d'Afrique et d'Asie, parmi lesquelles le serpent à lunettes en Inde. Syn. cobra.

Najd Voir **Nadjd**

Namib (désert du) Région aride occupant le littoral de la Namibie (qui lui doit son nom).

• **Namibie** État de l'Afrique australe, situé au nord-ouest de l'Afrique du Sud, à l'ouest du Botswana et au sud de l'Angola.

namibien, enne adj. et n. De Namibie. *Dollar namibien. Un(e) Namibien(ne).*

Namur (province de) *3 666 km² 434 440 h.* Province de Belgique, située au sud de la Belgique, et appartenant à la Région wallonne. Chef-lieu *Namur*. C'est une riche région agricole (élevage, céréales, betterave à sucre) et industrielle (métallurgie dans le sillon de la Sambre et de la Meuse). L'avant-pays ardennais est voué à l'exploitation forestière.

Namur *103 935 h.* Ville et port fluvial de Belgique au confluent de la Meuse et de la Sambre, chef-lieu de province et capitale de la Région wallonne, centre commercial actif. La forteresse de Namur joua un rôle défensif aux XVIIᵉ et XVIIIᵉ siècles.

NAMIBIE

Superficie : *824 292 km²* – **Nombre d'habitants :** *1 800 000 h.* – **Capitale :** *Windhoek*
Villes principales : *Swakopmund, Rundu, Rehoboth* – **Système politique :** *république*
Langue(s) : *anglais, afrikaans et allemand* – **Religion(s) :** *protestantisme, catholicisme, animisme*
Monnaie(s) : *dollar namibien*

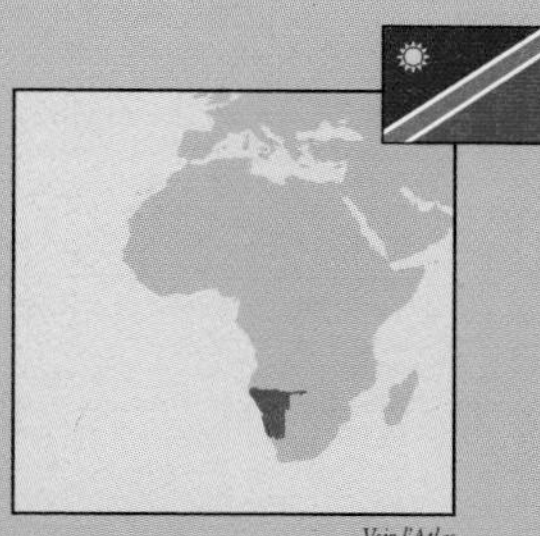

Voir l'Atlas

Géographie physique et humaine
À l'ouest, le désert du Namib s'étend le long de l'Atlantique. Au centre, un plateau qui culmine à *2 600 m* concentre la population. À l'est, se trouve la bordure occidentale du désert du Kalahari. La bande de Caprivi avance à l'est et jouxte la Zambie. Les Ovambos (Bantous présents aussi en Angola et en Zambie) constituent la moitié de la population. On compte d'autres ethnies bantoues (Hereros) et quelques petits groupes d'Hottentots et de Boschimans. Le christianisme (80 %) l'emporte sur les religions traditionnelles (20 %). Les Blancs (Afrikaners, germanophones, anglophones) représentent environ 7 % de la population.

Économie
Le sous-sol est très riche : diamants, uranium, nombreux métaux non ferreux. L'élevage et la pêche assurent l'autosuffisance alimentaire. Le mil, le sorgho et le maïs constituent les principales cultures vivrières. Les inégalités sont importantes dans ce pays multiculturel et pluriethnique.

Histoire
Venus du nord (Xᵉ siècle ?), les Bantous chassèrent vers le désert les Hottentots et les Boschimans et instaurèrent leur suprématie. Des Européens (Portugais puis Hollandais) explorèrent la côte dès le XVᵉ siècle, mais la colonisation ne fut entreprise qu'en 1883 par les Allemands. En 1890, le chancelier allemand Caprivi fit attribuer à son pays, au cours des tractations qui allaient fixer les frontières entre colonies européennes en Afrique, une bande de terre donnant accès au Zambèze (bande de Caprivi).
En 1892, les Allemands créèrent la colonie nommée *Sud-Ouest africain*. Les Hereros leur résistèrent héroïquement de 1904 à 1907 ; face à leur révolte, les Allemands organisèrent une campagne d'extermination qui faillit entraîner la disparition de ce peuple, lui coûtant 80 000 hommes. En 1915, l'Afrique du Sud (alors appelée Union sud-africaine) conquit cette colonie allemande, qu'elle reçut en mandat de la Société des Nations en 1920, et y étendit le système de l'apartheid. L'ONU ne révoqua son mandat qu'en 1966 et, en 1968, baptisa *Namibie* le Sud-Ouest africain.

Villa de Swakopmund, sur la côte atlantique, datant de la colonisation allemande.

Un parti indépendandiste, la South-West African People's Organisation (S.W.A.P.O.) déclencha une guérilla contre l'armée sud-africaine.
La lutte pour l'indépendance, avec le soutien actif de l'Angola dès son indépendance en 1975, se poursuivit jusqu'en 1988. Un accord entre les parties (Namibie, Angola, Afrique du Sud et Cuba) entraîna alors un progressif cessez-le-feu et ouvrit la voie à l'indépendance du territoire. La Namibie accéda à l'indépendance le 21 mars 1990 et Samuel Nujoma (ancien leader de la S.W.A.P.O.) devint président de la République. Il fut réélu en 1994 et en 1999 bien que la S.W.A.P.O. n'ait cessé de perdre de son audience, l'abstention croissant.

N

La place de l'Hôtel-de-Ville à **Nancy**.

nana n. f. Fam. Jeune fille, jeune femme. *Qu'est-ce que c'est que cette nana ?*
Nana 1880 Roman de Zola, 9ᵉ volume du cycle des *Rougon-Macquart*. Fille de Gervaise (l'héroïne de *l'Assommoir*), Nana devient une courtisane et connaît une fin misérable après avoir ruiné des notables.
Nanak 1469-1539 Poète et mystique indien, fondateur et premier gourou du sikhisme, auteur du livre sacré des sikhs, l'*Adi-Granth*.
nanan n. m. Fam. *C'est, ce n'est pas du nanan* : c'est, ce n'est pas qqch. d'agréable, de facile.
nanard ou **nanar** n. m. Fam. Film exécrable ; navet.
Nançay *735 h.* Commune du Cher où est situé un important observatoire de radioastronomie.
Nancy *103 605 h.* Chef-lieu de la Meurthe-et-Moselle, sur la Meurthe et sur le canal de la Marne au Rhin. Avec Metz et Thionville, elle constitue la métropole d'équilibre de la Lorraine. Son agglomération concentre *331 363 h.* Capitale du duché de Lorraine jusqu'à son acquisition par la France en 1766, Nancy garde de nombreuses traces des travaux voulus par le roi Stanislas au XVIIIᵉ siècle pour embellir la ville : cathédrale, place Stanislas, place de la Carrière, porte Desilles, cours Léopold, parc de la Pépinière, jardin botanique, place d'Alliance. L'annexion de Metz par l'Allemagne (1871-1918) a favorisé Nancy. Grâce à l'exploitation des gisements de fer, de houille et de sel, ses industries se sont développées : métallurgie, aciéries, fonderies, constructions métalliques. Malgré la concurrence de Metz, devenue capitale administrative de la région, Nancy reste le centre universitaire et financier de la Région Lorraine.
Nancy (école de) Groupe qui s'est formé à Nancy vers 1890 autour du verrier et céramiste Émile Gallé, réunissant des artistes (ébénistes, verriers, céramistes, sculpteurs) tels Prouvé, Majorelle, Daum, qui désiraient rompre avec la tradition et créer des formes nouvelles inspirées de la nature. Ils ont contribué à l'élaboration de l'Art nouveau.
nandou n. m. ZOOL. Grand oiseau ratite, coureur, aux ailes atrophiées, de l'Amérique du Sud.
nandrolone n. f. MÉD. Médicament anabolisant qui stimule l'activité physique ou mentale.
Nanga Parbat (« mont nu », **le)** *8 126 m* Sommet de l'ouest de l'Himalaya, au Cachemire (dans la partie contrôlée par le Pakistan), vaincu en 1953 par Hermann Buhl, membre d'une expédition austro-allemande.
nanisme n. m. MÉD. Anomalie caractérisée par une taille très inférieure à la moyenne, qui peut consister en une réduction globale de la stature ou en la réduction de certains segments, ce qui entraîne une disproportion des parties du corps.
Nankin *2 610 590 h.* Ville du centre de la Chine, sur le Yang-tseu-kiang, capitale de la province du Jiangsu. Port fluvial, centre culturel, commercial et industriel. Elle fut à plusieurs reprises la capitale de la Chine, notamment sous la dynastie des Ming (tombeau de l'empereur Ming Hongwu) de 1368 à 1421 et sous le gouvernement de Sun Yat-sen, de 1927 à 1939 (mausolée de Sun Yat-sen). En 1842, le *traité de Nankin* mit fin à la guerre de l'opium que la Grande-Bretagne avait remportée contre la Chine ; celle-ci dut ouvrir des ports au commerce étranger et céder Hongkong aux Britanniques.
Nanouk l'Esquimau 1922 Film américain de Robert Flaherty, documentaire sur la vie des Esquimaux en bordure de la baie d'Hudson (Canada).

Nandou.

Nansen (Fridtjof) 1861-1930 Explorateur, océanographe et homme politique norvégien. Il traversa le Groenland (1888) puis explora l'océan Glacial Arctique à bord du *Fram* (1893-1896). Après la Première Guerre mondiale, il participa à plusieurs missions humanitaires de la Société des Nations, notamment au profit des réfugiés. En 1922, il fit établir le *passeport Nansen* qui permit aux réfugiés de retrouver un statut juridique.
nansouk ou **nanzouk** n. m. Tissu léger de coton, utilisé en lingerie.
Nanterre *84 281 h.* Chef-lieu des Hauts-de-Seine, sur la Seine, à l'ouest de Paris. L'aménagement du quartier de la Défense, qui se trouve en partie sur son territoire, a favorisé le développement de ce centre tertiaire, industriel (constructions mécaniques) et universitaire (Paris X, qui fut l'un des centres de l'agitation étudiante en mai 1968). École de danse de l'Opéra de Paris. Théâtre des Amandiers.
Nantes *270 251 h.* Chef-lieu de la Loire-Atlantique et de la Région Pays-de-la-Loire. Ce port situé à *56 km* de la mer, au fond de l'estuaire de la Loire, forme avec Saint-Nazaire et Donges l'un des plus grands complexes portuaires et industriels de France. Nantes possède de beaux monuments : château ducal du XVᵉ siècle, cathédrale gothique, hôtel de ville du XVIIᵉ siècle, hôtels particuliers. Nantes fut la capitale du duché de Bretagne de 1213 à 1524. Elle se développa à partir du XIVᵉ siècle et fonda sa prospérité (XVIIᵉ-XVIIIᵉ siècle) sur le commerce maritime triangulaire avec l'Afrique et l'Amérique (traite des Noirs). Sous la Révolution,

Le golfe de ***Naples****.*

la ville embrassa la cause républicaine ; elle résista aux Vendéens (1793), de nombreuses luttes y opposèrent « bleus » et « blanc » et la présence de « suspects » conduisit la Convention à y envoyer Jean-Baptiste Carrier qui soumit la ville à un régime de terreur (« noyades de Nantes »). En 1943, de nombreux quartiers furent endommagés par les bombardements alliés sur la ville occupée.

Nantes (édit de) 13 avril 1598 Édit proclamé par Henri IV pour fixer le statut légal de l'Église réformée en France et qui mit fin aux guerres de Religion. Cet édit accordait aux protestants la liberté de conscience, la liberté de pratiquer leur culte partout où il existait de fait ainsi que dans deux localités par bailliage (mais cela restait interdit à Paris et dans les résidences royales), la restitution de tous leurs droits civiques, et des garanties politiques (accès à tous les emplois et charges politiques), juridiques (institution de « chambres mi-parties », tribunaux où officiaient catholiques et protestants en nombre égal) et militaires (les protestants obtinrent pour huit ans une centaine de places de sûreté). Ces mesures constituant un État dans l'État entraînèrent de vives oppositions. Richelieu abolit les privilèges militaires des protestants en 1629, après la prise de l'une de leurs plus puissantes places de sûreté, La Rochelle (paix d'Alès).

Nantes (révocation de l'édit de) 18 octobre 1685 Édit signé à Fontainebleau par Louis XIV. Le roi, hostile aux huguenots, restreignit progressivement les droits accordés par l'édit de Nantes, menant à partir de 1660 une « politique de persuasion » pour pousser les protestants à la conversion, et usa de la violence à partir de 1681 (dragonnades). En 1685, estimant que la majorité des protestants s'était convertie, il révoqua l'édit de Nantes : interdiction du culte protestant, démolition des temples, exil des pasteurs. Les protestants qui s'expatriaient risquaient les galères ou la prison à perpétuité, mais plus de 200 000 d'entre eux quittèrent la France, formant des foyers hostiles à la monarchie française en Allemagne, en Hollande et en Suisse. Les persécutions contre ceux qui restèrent entraînèrent des révoltes, comme celle des camisards dans les Cévennes (1704).

Nanteuil (Robert) 1623-1678 Graveur et pastelliste français, graveur de Louis XIV en 1657, auteur de nombreux portraits de membres de la cour et de dignitaires.

Nanteuil (Célestin Le Bœuf-Nanteuil, dit Célestin) 1813-1873 Peintre, dessinateur et graveur français, illustrateur des poètes romantiques (Nerval et Hugo, notamment), initiateur du « style troubadour ».

nanti, e adj. et n. Riche, prospère. *Un bourgeois nanti.* / (Subst.) Péjor. *Les nantis* : les gens riches (en tant que profiteurs égoïstes).

nantir v. t. [2] DR. Pourvoir (un créancier) de gages en garantie d'une dette. / Mettre en possession de.

nantissement n. m. DR. Contrat par lequel une personne qui a une dette envers une autre lui remet un de ses biens meubles ou immeubles en garantie.

nanzouk Voir **nansouk**

naos n. m. (mot grec) ANTIQ. GR. Partie d'un temple, où se trouve la statue du dieu. / Partie d'une église chrétienne d'Orient où se tiennent les fidèles.

napalm n. m. Essence gélifiée par du palmitate de sodium ou d'aluminium, servant à la fabrication de bombes incendiaires qui, en explosant au contact du sol, carbonisent tout sur un très vaste rayon.

naphtalène n. m. CHIM. Hydrocarbure aromatique de formule $C_{10}H_8$, constitué par deux noyaux benzéniques accolés. *Le naphtalène est extrait des goudrons de houille par distillation. Ses dérivés servent de matières premières dans l'industrie des colorants, des produits pharmaceutiques, des explosifs.*

naphtaline n. f. Naphtalène impur, utilisé pour protéger des mites les tissus de laine, les fourrures.

naphte n. m. Vx Pétrole brut. / Mod. Huile légère obtenue par distillation du pétrole, utilisée notam. comme dissolvant.

Napier Voir **Neper**

Les conquêtes de ***Napoléon Ier****, ses victoires, ses défaites.*

Napoléon Ier

Deuxième fils de Charles et Lætizia Bonaparte, Napoléon est envoyé au collège d'Autun (1779), puis dans les écoles militaires de Brienne et de Paris ; il en sort sous-lieutenant d'artillerie (1785) et passe en garnison (Valence, Lyon, Dijon, Auxonne) les six années suivantes. Il fait plusieurs séjours en Corse, y tente une carrière politique, mais se heurte à Paoli et doit revenir en France où il s'installe avec sa famille. Au siège de Toulon (1793), que les royalistes avaient livré aux Anglais, il commande l'artillerie, remporte la victoire et y gagne son grade de général (1794). Proche des Jacobins, il est emprisonné quelques jours après le 9 thermidor. Contraint de subvenir aux besoins des siens (son père était mort en 1785), sans emploi pendant plus d'un an, il se lie avec Carnot, Tallien et Barras ; ce dernier le charge de réprimer l'insurrection royaliste du 13 vendémiaire (5 octobre 1795). Nouveau succès : il est fait général de division et obtient (1796) du Directoire le commandement en chef de l'armée d'Italie, quelques jours avant son mariage civil avec Joséphine de Beauharnais.

En Italie, une campagne foudroyante, jalonnée par les victoires de Castiglione, Arcole et Rivoli, oblige l'Autriche à signer le traité de Campoformio (18 octobre 1797). Le Directoire, inquiet de l'indépendance et de l'ambition de ce général dont le retour à Paris a été triomphal, est heureux de le voir partir combattre les Anglais en Égypte (1798). Malgré les victoires des Pyramides et du mont Thabor, l'expédition est compromise dès son début par le désastre naval d'Aboukir (août 1798). Bonaparte, désireux d'exploiter le discrédit qui accable le

Napoléon Ier par Louis David.

Directoire au profit de ses propres ambitions politiques, abandonne son armée bloquée en Égypte et débarque à Fréjus. Avec Sieyès, il prépare le coup d'État qui lui permet, les 18 et 19 brumaire (9 et 10 novembre 1799), de chasser directeurs et conseillers des Cinq-Cents et de devenir Premier consul (Constitution de l'an VIII).

Après la victoire de Marengo sur l'Autriche (juin 1800), il répond aux vœux de la nation en signant la *paix d'Amiens* avec l'Angleterre (1802). En 1802, il est consul à vie. Le complot de Cadoudal et sa conséquence, l'exécution du duc d'Enghien (mars 1804), qui creuse entre le Consulat et les royalistes un infranchissable fossé, favorisent la décision du Sénat de proclamer Bonaparte empereur des Français le 18 mai 1804. Le 2 décembre, Napoléon Ier (qui, la veille, avait fait régulariser par l'Église son mariage civil) est couronné à Notre-Dame par Pie VII, avant de couronner lui-même son épouse, devenue l'impératrice Joséphine.

Désormais, son histoire personnelle se confond avec celle de l'Empire. Pour assurer la continuité de sa dynastie, il parvient à faire annuler son mariage et épouse (avril 1810) Marie-Louise, fille de l'empereur d'Autriche. En 1811 naît le roi de Rome. Napoléon semble alors le maître absolu d'une France de 130 départements et d'une Europe où il a distribué des trônes à sa famille. Mais la dislocation de l'alliance russe puis la désastreuse campagne de Russie (1812) regroupent l'Europe contre lui. Battu à Leipzig, il ne peut arrêter la marche des Alliés vers Paris. La capitale prise, l'Empereur abdique (6 avril 1814) et gagne l'île d'Elbe que lui abandonnent les Alliés. Dix mois plus tard, profitant des maladresses de la première Restauration, il débarque à Golfe-Juan et rentre à Paris, soutenu par tous ceux qui voyaient en lui l'héritier de la Révolution. Mais il ne bénéficie plus de l'appui des notables et les souverains réunis à Vienne reforment une coalition contre lui : le 18 juin 1815, il est vaincu à Waterloo. Il abdique le 22.

Les Anglais auxquels il a demandé asile le déportent à Sainte-Hélène. Ses conversations avec ses fidèles constituent la matière de plusieurs ouvrages, en particulier du *Mémorial de Sainte-Hélène* ; rongé par un cancer, il meurt le 5 mai 1821. Depuis 1840, ses cendres reposent sous le dôme des Invalides, à Paris.

N

Naples *1 054 600 h.* Ville du sud de l'Italie, chef-lieu de la province de Naples et de la Région Campanie. Port de voyageurs et de commerce, Naples est le principal foyer industriel (industries lourdes) de l'Italie péninsulaire et, située au pied du Vésuve, un centre touristique (châteaux, palais, églises, musées). L'agglomération de Naples, troisième ville d'Italie, est le principal centre économique du Mezzogiorno. Fondée v. 600 av. J.-C. par les Grecs dans une magnifique rade, Naples, conquise par Rome (326 av. J.-C.), devint byzantine au VIe siècle puis normande au XIIe siècle. Elle devint la capitale du royaume de Naples.

Naples (royaume de) Ancien royaume italien. Le duc normand Roger II, duc des Pouilles et de Calabre, premier roi de Sicile (1130), s'empara de Naples en 1137. Le royaume de Naples et de Sicile échut à l'empereur allemand Henri VI (1194) qui avait épousé la fille de Roger II, Constance de Sicile, et demeura sous l'emprise germanique jusqu'en 1266, quand le pape l'attribua à Charles d'Anjou, frère de Saint Louis. À partir de 1442, le royaume, conquis par Alphonse V d'Aragon qui le réunit à la Sicile et le baptisa *royaume des Deux-Siciles*, appartint à l'Aragon. Il fut dévolu à l'Autriche en 1714 par la paix d'Utrecht, puis en 1734 aux Bourbons d'Espagne. En 1799, les Français y créaient l'éphémère République parthénopéenne. Le pays, repris par Napoléon, fut attribué en 1806 à son frère Joseph Bonaparte, puis à Murat (1808). En 1815, les Bourbons retrouvèrent leur trône, dont ils furent chassés en 1861 par Garibaldi qui fit proclamer roi Victor-Emmanuel II. Le royaume de Naples rejoignit alors le royaume d'Italie.

Naplouse *50 000 h.* Ville de Cisjordanie en Samarie, fondée par les Romains en 72 apr. J.-C. (*Flavia Neapolis*). Occupée par Israël à la suite de la guerre des Six Jours (1967), Naplouse a obtenu le statut de territoire autonome palestinien en 1995.

napoléon n. m. Pièce d'or de 20 francs, à l'effigie de Napoléon Ier puis de Napoléon III.

• **Napoléon Ier (Napoléon Bonaparte)** 1769-1821 Empereur des Français (1804-1814, puis en 1815).

Napoléon II 1811-1832 Fils de Napoléon Ier et de Marie-Louise. À sa naissance, il reçoit le titre de *roi de Rome*. Son père abdique en sa faveur en 1814 et 1815, sans que cette abdication ait le moindre effet. Élevé à la cour de Vienne, créé *duc de Reichstadt* par son grand-père François II, empereur d'Autriche, il meurt de tuberculose. Son destin a inspiré la pièce *L'Aiglon* à Edmond Rostand.

Napoléon III 1808-1873 Empereur des Français (1852-1870). Neveu de Napoléon Ier, troisième fils de Louis, roi de Hollande, et d'Hortense de Beauharnais, il participe à l'agitation révolutionnaire en Italie. Après la mort du duc de Reichstadt (Napoléon II) qui fait de lui le prétendant bonapartiste, il tente en vain de soulever contre Louis-Philippe la garnison de Strasbourg et doit s'exiler aux États-Unis. Une seconde tentative, à Boulogne, en 1840, lui vaut d'être emprisonné au fort de Ham (Somme), d'où il s'évade en 1846. Réfugié en Angleterre, il rentre en France après la révolution de 1848 et il est élu député par plusieurs départements. Le 10 décembre, la légende napoléonienne bien exploitée lui permet d'être élu président de la République. La Constitution n'autorisant pas sa réélection en 1852, il réussit un coup d'État (2 décembre 1851). L'Assemblée est dissoute, 200 députés arrêtés ; la répression frappe les républicains. Le plébiscite du 21 décembre approuve ce coup d'État par une majorité de plus de 7 millions de « oui » et accorde au président le pouvoir de rédiger la Constitution du 14 janvier 1852 qui, en maintenant en principe la république, renforce les pouvoirs du président élu pour dix ans. Ce n'est qu'une transition. Une tournée triomphale en France et un nouveau plébiscite (2 décembre

Napoléon III.

1852) rétablissent l'empire : le prince-président devient l'empereur Napoléon III. Son histoire personnelle se confond dès lors avec celle du Second Empire. En 1853, il avait épousé une jeune Espagnole, Eugénie de Montijo, qui lui avait donné en 1856 un fils, Louis-Napoléon, le prince impérial. Mal informé, mal conseillé, affaibli par la maladie, il déclare la guerre à la Prusse le

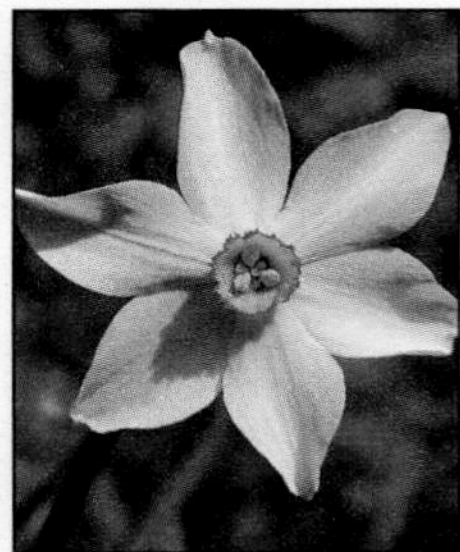

Fleur de **narcisse**.

19 juillet 1870. Six semaines plus tard, c'est le désastre de Sedan : le 2 septembre, Napoléon III capitule. Fait prisonnier, il est emmené en Allemagne, tandis que, le 4 septembre, la république est proclamée à Paris, en même temps que la déchéance de l'empereur. Réfugié en Angleterre avec sa femme et son fils, Napoléon III meurt à Chislehurst le 9 janvier 1873.

napoléonien, enne adj. Propre ou relatif à Napoléon Ier. *Les conquêtes napoléoniennes.*

nappage n. m. CUIS. Action de napper ; son résultat.

nappe n. f. Linge placé sur la table du repas. / Masse liquide ou fluide qui s'étend horizontalement. *Nappe d'eau, de pétrole, de gaz.* / GÉOL. *Nappe de charriage* : couche de terrain qui, en glissant, a pu recouvrir des terrains parfois plus récents. / *Nappe phréatique* : nappe d'eau souterraine, permanente ou temporaire, résultant d'infiltrations. / GÉOM. Portion fermée d'une surface.

napper v. t. [1] Couvrir (un meuble) d'une nappe. *Napper une table.* / Fig. *La nuit nappait d'ombre la vallée.* / CUIS. Recouvrir (un mets) de la préparation qui l'accompagne. *Napper un poisson de crème fraîche.*

napperon n. m. Petite nappe.

Naqch-é Rustam Nécropole impériale située en Iran, près de Persépolis, où sont réunis d'imposants tombeaux achéménides et sassanides.

Nara *357 720 h.* Ville du Japon, capitale du pays de 710 à 794, dans l'île de Honshu, au sud de Kyoto (qui lui succéda comme capitale). La période dite « de Nara » (VIIe-VIIIe siècle) fut un âge d'or de la civilisation japonaise. La ville abrite d'importants témoignages de cette époque (temples shintoïstes et bouddhiques, sanctuaires).

Narbonnaise (la) Nom donné sous Auguste à l'ancienne province de Gaule transalpine conquise par les Romains entre 125 et 100 av. J.-C. Elle s'étendait de la région de Toulouse au lac Léman, englobant la Savoie, le Dauphiné, la Provence et le Languedoc.

Narbonne *46 510 h.* Chef-lieu d'arrondissement de l'Aude, sur le canal de la Robine. Station balnéaire à *Narbonne-Plage*. Ce fut à l'époque romaine et au Moyen Âge un port actif sur la Méditerranée, qui déclina au XIVe siècle à cause de la modification de cours de l'Aude et du comblement du golfe, aujourd'hui relié à Port-La-Nouvelle par un canal. Narbonne garde, témoins de son passé, des monuments romains (amphithéâtre) et médiévaux (cathédrale Saint-Just, laissée inachevée à la fin du XIIIe siècle). La ville a dû sa renaissance, au XIXe siècle, au commerce des vins.

narcisse [1] n. m. BOT. Plante à bulbe de la famille des amaryllidacées, à fleurs printanières blanches ou jaunes (jonquille).

narcisse [2] n. m. Litt. Homme épris de sa propre image.

Narcisse MYTH. GR. Jeune homme béotien célèbre pour sa beauté, fils du fleuve divinisé Céphise et de la nymphe Liriopé. Selon la légende, il resta insensible à l'amour de la nymphe Écho et de nombreuses autres jeunes filles. Némésis, invoquée par l'une d'elles, le punit : il s'éprit de sa propre image reflétée dans l'eau d'une fontaine et se laissa mourir devant l'idole inaccessible. À l'endroit où il mourut poussa la fleur qui porte son nom.

narcissique adj. Qui procède du narcissisme.

narcissisme n. m. Amour excessif de sa seule personne.

narco-analyse n. f. PSYCHIATR. Technique d'investigation de l'inconscient utilisée dans un but diagnostique, consistant à provoquer une baisse du niveau de vigilance du patient par injection intraveineuse de barbituriques. Pl. Des *narco-analyses.*

narcodollar n. m. Profit tiré du commerce de la drogue, généralement en dollars.

narcolepsie n. f. MÉD. Besoin irrépressible et pathologique de dormir.

narcose n. f. Relâchement musculaire et sommeil artificiels provoqués par une substance chimique.

narcotique adj. et n. m. De la narcose ; qui entraîne la narcose. *Propriétés narcotiques des barbituriques.* / n. m. PHARM. Substance qui produit la narcose, un engourdissement de la sensibilité, puis le sommeil.

narcotrafiquant, e n. Personne qui fait du trafic de drogue.

narguer v. t. [1] Braver ou railler avec insolence et dédain. *Narguer ses adversaires. Narguer le destin.*

narguilé ou **narghilé** n. m. (mot persan) Pipe orientale dont le tuyau long et flexible aboutit à un flacon d'eau parfumée que traverse la fumée avant d'arriver à la bouche.

narine n. f. Chacun des deux orifices du nez, chez l'homme et de nombreux animaux.

narquois, e adj. Moqueur.

narrateur, trice n. Personne qui narre.

narratif, ive adj. Qui procède de la narration. *Style narratif.*

narration n. f. Relation détaillée d'un fait, d'un événement. / Rédaction faite par un élève à partir d'un sujet donné.

narrer v. t. [1] Litt. Faire connaître, relater.

narthex n. m. (mot grec) ARCHI. Dans les basiliques romaines ou byzantines, vestibule ou porche couvert, situé en avant de la nef, fermé vers l'extérieur, où se tenaient les catéchumènes.

Naruse Mikio 1905-1969 Cinéaste japonais dont les œuvres s'attachent à la peinture de la condition féminine (*Vie de femme*, 1963).

Narva *82 000 h.* Ville fortifiée et port fluvial du nord-est de l'Estonie, sur la Narva, à la frontière russe. En 1700, Charles XII de Suède y vainquit l'armée russe du tsar Pierre le Grand, qui reprit la ville en 1704.

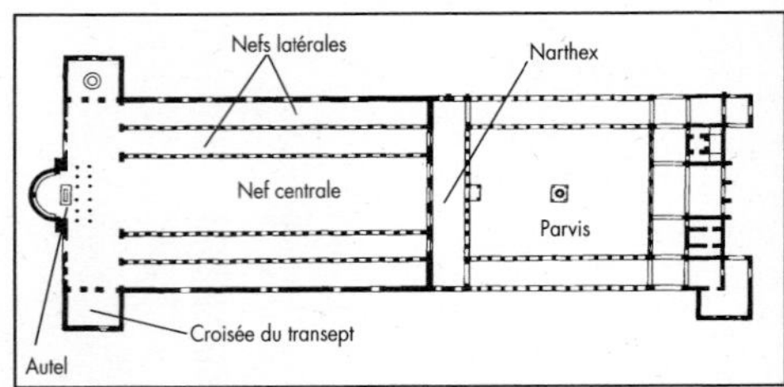

Plan d'une basilique paléochrétienne avec **narthex**.

narval n. m. ZOOL. Grand mammifère cétacé, vivant dans les eaux de l'océan Arctique, long de 4 à 5 m, dont le mâle porte devant lui, à l'horizontale, une longue dent torsadée pouvant dépasser 2 m, défense qui lui vaut le nom de *licorne de mer*. Pl. Des *narvals.*

Narvik *18 740 h.* Ville et port du nord de la Norvège. Base d'exportation du fer suédois, elle fut en 1940 l'enjeu de violents combats entre les Allemands, qui occupaient la ville, et les Alliés.

NASA Voir **National Aeronautics and Space Administration**

nasal, ale, aux adj. Du nez ; relatif au nez. *Fosses nasales* : chacune des deux cavités qui font communiquer les narines et le pharynx.

nasard n. m. MUS. Un des jeux de mutation de l'orgue.

Nasdaq n. m. (acronyme pour *National Association of Securities Dealers Automated Quotation*) Marché boursier des États-Unis, créé en 1971, et réservé aux sociétés nouvelles à fort potentiel de croissance, notamment dans les technologies de pointe. / (En appos.) *Indice Nasdaq* ou (ellip.) *le Nasdaq* : l'indice de ce marché.

nase ou **naze** adj. Pop. Détérioré.

naseau n. m. Narine du cheval, du bœuf et de divers mammifères herbivores.

Nash (John) 1752-1825 Architecte britannique au style et aux techniques éclectiques : il promut l'emploi du fer dans les ouvrages d'art, imita le gothique dans plusieurs châteaux, réalisa des villas palladiennes, fut sensible à l'architecture des cottages de la campagne anglaise et, favori du prince de Galles, construisit le pavillon royal de Brighton (1815-1821) qui évoque l'Inde et la Chine, sans, toutefois, s'éloigner fondamentalement du classicisme (plans de Regent's Park et de Regent Street, à Londres).

Nassau, capitale des Bahamas.

Narval.

Nashville-Davidson *488 370 h.* Ville des États-Unis, capitale du Tennessee. Spécialisée dans l'imprimerie, la presse et la musique, elle est le berceau de la musique country. En 1864, les Nordistes y vainquirent les Sudistes.

nasillard, e adj. *Voix nasillarde*, qui vient du nez. / Par ext. *Un son nasillard*, qui ressemble à la voix d'une personne parlant du nez.

nasillement n. m. Fait de nasiller. / Cri du canard.

nasiller v. i. [1] Parler du nez. (Emploi transitif) *Nasiller une rengaine.* / Émettre des sons nasillards. / Pousser son cri, en parlant du canard.

nasique n. m. ZOOL. Grand singe cercopithèque des forêts de Bornéo, au long nez saillant. / Couleuvre arboricole d'Asie, à tête allongée.

Nassau (maison de) Famille noble allemande du Palatinat rhénan. À la mort d'Henri le Riche (1251), ses fils Walram II et Otton se partagèrent les domaines. Ceux de la branche walramienne furent annexés par la Prusse en 1866. La branche ottonienne acquit des territoires en Hollande ; la branche d'Orange-Nassau, qui en est issue, s'illustra dans les Provinces-Unies. En 1544, Guillaume Ier le Taciturne hérita de la principauté d'Orange et fonda la dynastie d'Orange-Nassau.

Nassau *172 190 h.* Capitale des Bahamas (dans l'île New Providence), centre touristique.

nasse n. f. Panier à ouverture conique à une ou plusieurs entrées, destiné à attraper poissons et crustacés. / Filet pour capturer des oiseaux. / Mollusque gastéropode marin des côtes européennes.

Nasser (Gamal Abdel) 1918-1970 Officier de carrière puis homme politique égyptien. Nationaliste hostile à la domina-

Gamal Abdel Nasser.

tion britannique sur son pays, il organise le groupement clandestin des Officiers libres qui réussit, en 1952, le coup d'État qui chasse le roi Farouk et donne le pouvoir au général Néguib. En 1954, il remplace Néguib à la tête de la république, proclamée en 1953. Après la nationalisation du canal de Suez (1956), qui provoque une intervention israélienne et franco-britannique, il poursuit l'étatisation de l'économie. En politique extérieure, il défend le non-alignement dès la conférence de Bandung (1955) et maintient l'Égypte dans une position neutre entre les blocs socialiste et occidental opposés pendant la guerre froide; champion du panarabisme et des mouvements de libération nationale, il forme en 1958 avec la Syrie l'éphémère République arabe unie et devient le leader du monde arabe. En 1970, il tente d'effectuer un arbitrage entre les Palestiniens et le roi Hussein de Jordanie.

Nasser (lac) *5 860 km²* Lac du sud de l'Égypte formé sur le Nil par le barrage d'Assouan. Il déborde en amont sur le nord du Soudan. Il alimente une puissante centrale hydroélectrique.

Nat (Yves) 1890-1956 Pianiste et compositeur français, interprète de Beethoven et de Schumann.

natal, ale, als adj. Où l'on est né.

Natal Région d'Afrique du Sud, sur la côte sud-est, ouvrant sur l'océan Indien. Ville principale *Durban*. Cultures de canne à sucre, importants dépôts de charbon. Suite à l'immigration britannique, les colons boers quittèrent en masse la région du Cap et s'installèrent à partir de 1837 dans le Natal où ils soumirent (difficilement) le peuple zoulou. Ils fondèrent une éphémère république du Natal que les Britanniques refusèrent de reconnaître, et repartirent alors vers le nord. Le Natal devint une colonie séparée du Cap en 1856 et une province fédérée de l'Union sud-africaine en 1910. Il constitue aujourd'hui la province du *Kwazulu-Natal* (créée en 1994).

nataliste adj. Favorable à l'accroissement des naissances.

natalité n. f. Dans une région donnée, rapport, calculé sur une année, entre le nombre des naissances et le chiffre global de la population. / *Taux de natalité*: nombre des naissances annuelles pour un groupe de 1 000 personnes dans un pays donné.

natation n. f. Activité physique, sport qui consiste à nager. *Épreuve de natation.*

natatoire adj. Rare Propre à la natation, qui permet de nager. *Appendice natatoire.* / *Vessie natatoire*: voir *vessie*.

Nathan Prophète biblique qui vécut au Xᵉ siècle av. J.-C., conseiller du roi David auquel il reprocha d'avoir tué Urie pour pouvoir épouser sa femme Bethsabée. Il assura la succession du roi à Salomon au détriment d'Adonias.

natice n. f. ZOOL. Mollusque gastéropode marin dont la coquille évoque celle de l'escargot.

natif, ive adj. et n. *Natif de*: né à. *Être natif de Marseille.* / Inné. *Qualités natives.* / MINER. Que l'on trouve originellement à l'état pur. *Or natif.*

nation n. f. Groupe humain habitant sur le même territoire, appartenant généralement au même groupe linguistique, lié par des traditions historiques et des intérêts communs. / Entité juridique dotée de la souveraineté, formée par l'ensemble des citoyens d'un pays juridiquement et politiquement constitué; l'ensemble des individus qui la composent. *L'Organisation des Nations unies (ONU). Consulter la nation par référendum.*

national, ale, aux adj. et n. m. Propre ou relatif à une nation. *Drapeau national.* / Subst. *Les nationaux des pays européens.*

National Aeronautics and Space Administration (NASA) Organisme officiel du gouvernement américain, fondé en 1958 et chargé de diriger et de coordonner les recherches aéronautiques et spatiales civiles. Ses activités comprennent les missions spatiales habitées et les missions d'exploration des planètes du système solaire, mais aussi les recherches en télécommunications, météorologie, trafic aérien, ainsi que la recherche fondamentale en physique, astronomie etc.

National Gallery Musée national anglais installé en 1838 à Londres, face à Trafalgar Square. Il abrite l'une des plus riches collections de peinture du monde et possède des tableaux de nombreuses écoles européennes du XIIIᵉ au XXᵉ siècle (Léonard de Vinci, Uccello, Raphaël, Piero della Francesca, Michel-Ange, Rembrandt, Vermeer, Rubens, Vélasquez, Caravage, Turner, Canaletto, Goya, Renoir, Monet, Van Gogh, Cézanne...).

nationalisation n. f. Transfert du domaine privé au domaine public de la propriété d'un bien, d'un certain type de biens, de moyens de production. Ant. dénationalisation.

nationaliser v. t. [1] Procéder à la nationalisation de. *Nationaliser une banque.* Ant. dénationaliser.

nationalisme n. m. Prise de conscience politique par un groupe humain de ses raisons de constituer (ou reconstituer) une nation, et de son droit à le faire. *Le nationalisme bulgare au XIXᵉ siècle.* / Attachement exclusif aux traditions nationales; doctrine politique fondée sur ce sentiment et revendiquant la suprématie de la nation à l'extérieur, et la prédominance de l'intérêt national dans les problèmes intérieurs du pays.

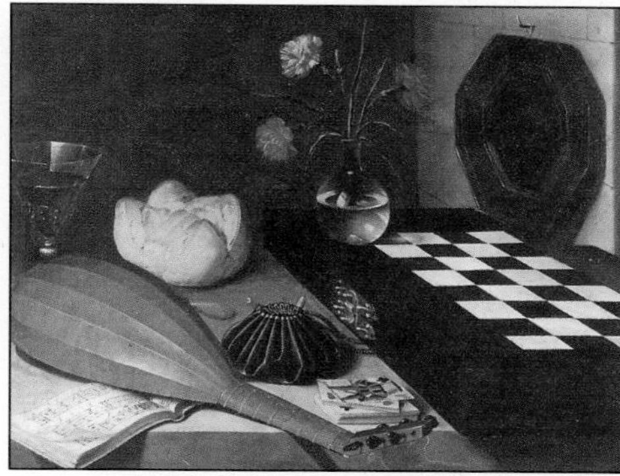

Les Cinq Sens, ***nature morte*** *du peintre français Baugin.*

nationaliste n. et adj. Partisan du nationalisme. / adj. Qui procède du nationalisme. *Propagande nationaliste.*

nationalité n. f. Ensemble des caractères politiques, idéologiques, linguistiques, culturels, etc. propres à une nation. / Le fait d'appartenir à une nation déterminée avec les droits et les devoirs juridiques qu'implique cette appartenance. / *Principe des nationalités*: principe selon lequel un groupe d'hommes ayant conscience de former une unité doit être considéré comme une personne morale autonome, et a le droit de s'organiser comme il l'entend.

national-socialisme n. m. Doctrine politique du parti ouvrier allemand national-socialiste (N.D.D.A.P.) fondé en 1920, exacerbant les tendances nationalistes et racistes, érigée par Hitler en système, et qui a été l'idéologie politique de l'Allemagne hitlérienne (1933-1945). Syn. nazisme.

national-socialiste adj. et n. Du national-socialisme; tenant du national-socialisme;

nativité n. f. RELIG. Naissance (en parlant de Jésus-Christ, de la Vierge Marie ou de saint Jean-Baptiste); fête célébrant cette naissance. / *La Nativité*: la naissance de Jésus; la fête de Noël. / BX-ARTS Œuvre d'art représentant la naissance du Christ.

Natoire (Charles Joseph) 1700-1777 Peintre et décorateur, auteur de portraits mythologiques et d'élégantes décorations rococo (hôtel de Rohan-Soubise à Paris, château de Versailles).

natron ou **natrum** n. m. CHIM. Carbonate naturel de sodium hydraté.

Natsume Soseki 1867-1916 Écrivain japonais. Auteur de haïkaï, il a enseigné la littérature anglaise à l'université de Tokyo avant de se consacrer au roman: *Je suis un chat* (1905), *Botchan* (1906), *Le Pauvre Cœur des hommes* (1914), *Le Jour et l'Ombre* (1916, inachevé).

natte n. f. Tresse de cheveux. / Tapis fait de brins végétaux entrelacés (jonc, raphia).

natter v. t. [1] Tresser. *Natter des cheveux.*

Nattier (Jean-Marc) 1685-1766 Peintre français. Spécialisé dans le portrait d'inspiration mythologique, il devint en 1742 le portraitiste attitré de la famille royale.

naturalisation n. f. Action de naturaliser; fait d'être naturalisé. / BIOL. Acclimatation. / Opération par laquelle on donne à une plante coupée, un animal mort, l'apparence de la nature vivante.

naturaliser v. t. [1] Conférer à (un étranger) la nationalité d'un pays. *Se faire naturaliser français.* / Acclimater (une espèce animale ou végétale). / Fig. Introduire et intégrer. *Naturaliser un usage, un mot.* / Préparer (un cadavre ou une plante coupée) de façon qu'ils conservent leur aspect naturel.

naturalisme n. m. PHILO. Doctrine qui considère la nature matérielle et organique comme le substrat (ou fondement) de la vie psychique. / BX-ARTS, LITTÉR. Théorie qui fait de la reproduction de la nature (et non de son interprétation par l'artiste, l'écrivain) le but unique de la littérature et de l'art.

naturaliste n. et adj. **A.** n. Spécialiste des sciences naturelles. / Personne qui procède à la naturalisation d'animaux. Syn. taxidermiste. **B.** adj. et n. Qui relève du naturalisme. *Zola est un romancier naturaliste. Une peinture naturaliste.* / n. *Les naturalistes*: les artistes, les écrivains naturalistes.

nature n. f. et adj. inv. **A.** n. f. **I.** Ensemble des caractères qui déterminent l'essence d'un être ou d'une chose; genre, catégorie. *La*

Intérieur de la ***National Gallery****.*

N

nature d'un produit. De toute nature. / *La nature humaine* ou (absol.) *la nature* : l'ensemble des caractères innés (physiques ou moraux) fondamentalement propres à l'être humain (par oppos. à l'ensemble des caractères acquis). *État de nature* : comportement inné de l'homme avant l'apport de la civilisation, avant toute organisation sociale. / Ensemble des pulsions instinctives (en particulier des pulsions sexuelles). *Laisser parler la nature.* / Conscience morale ; raison comme principe de la loi, de l'éthique, en dehors de toute religion, de toute idéologie. *Comportement, vice, crime contre nature*, qui, dans le domaine sexuel, offensent la morale. / Tempérament. *Une nature optimiste.* **II.** Ensemble des êtres et des choses constituant l'univers, soumis à un ordre et à des lois ; ces lois. / Le monde des plantes et des animaux, le monde physique. / Ce qui sert de modèle à un artiste. *Peindre d'après nature. Nature morte* : tableau qui représente des objets inanimés. / *Paiement en nature*, en objets réels, en prestations (par oppos. à *paiement en espèces*, par l'intermédiaire de la monnaie). **B.** adj. inv. Fam. Naturel. *Elle est très nature*, très spontanée. / CUIS. Présenté, consommé tel quel, sans préparation spéciale, sans sauce. *Légumes nature.*

naturel, elle adj. et n. **A.** adj. Propre, relatif à la nature d'une chose. *Caractéristiques naturelles.* / Relatif au monde physique ; de la nature du monde physique. *L'érosion est un phénomène naturel.* / Produit par la nature. *Gaz naturel.* / Resté en son état originel. *Aliment naturel.* / Fondé sur la nature et non sur les institutions humaines. *Droit naturel* (par oppos. au droit *positif*). *Enfant naturel*, conçu hors mariage. / Conforme à la nature, allant de soi. *C'est tout naturel.* / De la nature humaine, dans quelque ordre (physique, physiologique, psychologique) que ce soit. *Fonctions naturelles. Sentiment naturel.* / Inné (en parlant de qqn en particulier). *Sa vivacité naturelle.* / Sans affectation. *Attitude naturelle.* **B.** n. Tempérament d'un être. *Être d'un naturel gai.* / Attitude spontanée, exempte de toute affectation. / CUIS. *Au naturel* : sans préparation particulière. *Thon au naturel.* / Vx (et souvent péjor.) Personne vivant dans son lieu d'origine ; indigène. *Les naturels de Papouasie.*

naturellement adv. Par nature. *Il est naturellement aimable.* / Logiquement. *C'est bien naturellement le parti que nous avons pris.* / Évidemment. *Naturellement, il a accepté.* / Sans affectation, avec simplicité. *Il s'est exprimé très naturellement.*

naturisme n. m. PHILO. Doctrine qui voit dans l'adoration des forces naturelles la source de toute religion. / Théorie qui préconise un mode de vie sain, aussi proche que possible de l'état naturel. / Nudisme.

naturiste n. Adepte du naturisme.

naturopathe n. Personne qui exerce la naturopathie.

naturopathie n. f. Méthode de soins qui préconise, prescrit des remèdes naturels plutôt que le recours aux produits pharmaceutiques.

naufrage n. m. Perte totale ou partielle d'un bateau en mer. / Fig. Désastre, effondrement. *Le naufrage de toute une vie.*

naufragé, e n. et adj. Qui a fait naufrage. *Porter secours aux naufragés. Navire naufragé.*

naufrageur, euse n. Personne qui provoquait volontairement le naufrage d'un navire pour dérober sa cargaison.

naumachie n. f. ANTIQ. ROM. Jeu du cirque qui consistait à simuler un combat naval dans un bassin aménagé à cet effet.

Nauman (Bruce) 1941 Artiste américain. Il utilise, dans sa recherche plastique, des matériaux divers (le néon, les matériaux bruts, la vidéo), réalisant des performances et des installations.

Naundorff ou **Naundorf (Karl Wilhelm)** 1787-1845 Horloger prussien originaire de Potsdam qui se fit passer pour Louis XVII. Il se rendit en France en 1833, et fut expulsé pour imposture.

Nauplie *10 611 h.* Ville et port de Grèce, dans le nord-est du Péloponnèse, qui fut de 1829 à 1834 la capitale du nouvel État grec : les insurgés grecs l'avaient prise aux Turcs en 1822.

nauplius n. m. ZOOL. Première forme larvaire des crustacés.

NAURU

Superficie : *21,2 km² –* **Nombre d'habitants :** *11 000 h.*
Capitale : *Yaren –* **Système politique :** *république*
Langue(s) : *nauruan, anglais –* **Religion(s) :** *protestantisme, catholicisme*
Monnaie(s) : *dollar australien*

Un quart de la population est constitué d'étrangers (Européens et Asiatiques) venus travailler dans les exploitations minières. Producteur important de phosphates, Nauru voit ses gisements s'épuiser. Les navigateurs britanniques découvrirent en 1798 cette île, allemande de 1888 à 1914, puis placée sous divers mandats anglo-saxons. Elle accède à l'indépendance en 1968. C'est une république au sein du Commonwealth.

Le canal de Beagle, qui sépare la Terre de Feu et l'île méridionale de ***Navarin*** *(au fond).*

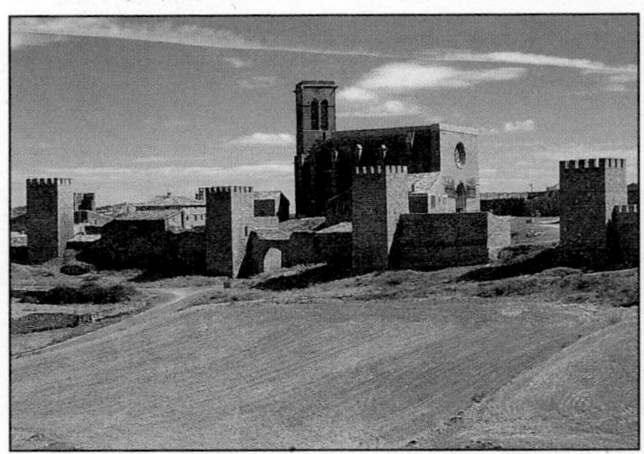
L'église et les murailles de la cité médiévale d'Artajona, en ***Navarre****.*

• **Nauru** État d'Océanie. C'est un atoll du Pacifique, en Micronésie, au sud des îles Marshall et proche de l'équateur.

nauruan, e adj. et n. De Nauru. *Le gouvernement nauruan. Un(e) Nauruan(e).*

nauséabond, e adj. Qui donne la nausée.

nausée n. f. Envie de vomir. / Fig. Sentiment de profond dégoût.

Nausée (la) 1938 Roman de Jean-Paul Sartre qui, narrant à la première personne la vie solitaire et le malaise face à l'existence du jeune intellectuel Antoine Roquentin, y expose de manière concrète les thèmes de l'existentialisme.

nauséeux, euse adj. Propre ou relatif à la nausée. *Spasme nauséeux.* / Qui a des nausées. *Je me sens un peu nauséeuse.*

Nausicaa MYTH. GR. Fille du roi des Phéaciens et héroïne d'un épisode de *L'Odyssée*. Elle accueillit Ulysse naufragé et s'éprit de lui mais celui-ci regagna Ithaque.

nautile n. m. ZOOL. Mollusque céphalopode des mers chaudes à coquille en spirale, divisée en plusieurs loges, dont l'animal occupe la dernière.

nautique adj. et n. **A.** adj. Propre ou relatif à la navigation, à son art et à ses techniques. / Propre ou relatif à la navigation de plaisance. **B.** n. m. Mille marin. *Bouée à trois nautiques du port.*

nautisme n. m. Ensemble des sports nautiques.

nautonier, ère n. Litt. Personne qui conduit une embarcation.

navaja n. f. (mot espagnol) Poignard d'origine espagnole, à la lame courbe et effilée.

Navajos Indiens d'Amérique du Nord, autrefois nomades, qui vivent aujourd'hui pour la plupart dans une vaste réserve de l'Arizona. Ils constituent aujourd'hui le peuple indien le plus important des États-Unis (environ 100 000 personnes) ; ils ont conservé leur langue et résisté à l'assimilation.

naval, ale, als adj. et n. f. Propre ou relatif aux navires. *Chantier naval. École navale* : école qui forme les officiers de la marine nationale.

navarin n. m. CUIS. Ragoût de mouton cuit avec divers légumes (pommes de terre, navets, oignons…).

Navarin Ville et port de Grèce, près de l'ancienne Pylos, sur la côte ouest du Péloponnèse, où la flotte turco-égyptienne fut anéantie par les flottes anglaise, française et russe en 1827. Cette victoire de la Triple-Alliance contribua à la ratification de l'indépendance de la Grèce. La ville se nomme aujourd'hui *Pylos*. / Île appartenant au Chili, située au sud de la Terre de Feu.

Navarre *10 391 km² 519 277 h.* Communauté autonome d'Espagne située dans le nord du pays. Chef-lieu *Pampelune*. Cette région montagneuse est essentiellement agricole (élevage, cultures céréalières) et conserve les traditions de son folklore. Fondé au IXe siècle, le *royaume de Navarre* échoit par mariage à la famille d'Albret en 1484. Ferdinand le Catholique s'empare de la *Haute-Navarre* en 1512, laissant la *Basse-Navarre* (ou *Navarre française*, autour de Saint-Jean-Pied-de-Port) aux Albret ; Henri IV, qui descendait de la maison d'Albret, la rattache à la Couronne une fois devenu roi de France, en 1589 ; il devient roi de France et de Navarre. La Navarre française est aujourd'hui incluse dans le département des Pyrénées-Atlantiques. La Navarre espagnole fournit des milices au prétendant don Carlos au XIXe siècle et au général Franco lors de la guerre civile (1936-1939).

navet n. m. Plante potagère de la famille des crucifères, dont la racine renflée est comestible. / Cette racine. / Fig., fam. Œuvre d'art de très médiocre valeur ; en particulier, très mauvais film. *Ce roman est un navet. Il a tourné d'innombrables navets.*

• **navette** n. f. Pièce de bois d'un métier à tisser contenant la bobine de trame, qui passe d'un mouvement alternatif entre les fils de chaîne. / Élément d'une machine à coudre qui contient la canette et dirige le fil de dessous. / Fig. Véhicule effectuant des allers et retours fréquents entre deux lieux. / ASTRON. *Navette spatiale* : véhicule spatial récupérable effectuant des voyages entre la Terre et un objectif en orbite terrestre.

navigabilité n. f. État d'une voie d'eau navigable. *Navigabilité d'une rivière.* / État d'un navire apte à naviguer, d'un aéronef apte à voler. *Certificat de navigabilité.*

navigable adj. Où l'on peut naviguer.

navigant, e adj. et n. Qui navigue. *Personnel navigant.*

navigateur, trice n. Personne qui navigue. / Marin qui fait des voyages au long cours. *Navigateur solitaire.* / Personne qui est chargé de l'itinéraire d'un navire, d'un avion, d'un véhicule. / INFORM. Personne qui emprunte un réseau télématique. *Navigateur sur Internet.*

navigation n. f. Action de naviguer. / Technique du déplacement des navires, des avions, des véhicules spatiaux (détermination de la position, calcul de la route ou de la trajectoire). / Trafic maritime ou fluvial. *Compagnie de navigation.* / INFORM. Action d'emprunter un réseau télématique. *Navigation sur Internet.*

naviguer v. i. [1] Voyager sur l'eau, en parlant d'un navire ou de ses passagers. *Nous naviguions d'île en île.* / Diriger un navire ou voyager régulièrement sur un navire. *Il navigue depuis quinze ans.* / Pratiquer la navigation. *Naviguer à 3 000 mètres d'altitude.* / Fig. Éviter les difficultés, manœuvrer habilement. / Fam. Aller et venir ; voyager fréquemment.

naviplane n. m. Aéroglisseur réalisé selon la technique du coussin d'air à jupe souple.

navire n. m. Bâtiment ponté, d'un tonnage relativement important, destiné à naviguer en haute mer. *Navire-usine*, équipé pour traiter sur place le poisson. *Navire-citerne*, destiné au transport du pétrole ou des gaz liquéfiés.

navrant, e adj. Affligeant, désolant. *Une misère navrante.* / Déplorable. *Un discours d'une banalité navrante.*

navrer v. t. [1] Affliger, désoler (qqn). *Votre démission me navre.*

Naxos *428 km² 14 000 h.* Île grecque de la mer Égée, la plus étendue des Cyclades dans l'est de l'archipel. Chef-lieu *Naxos*. Montagneuse, elle est riche en vignobles. Dans la légende, Thésée y abandonna Ariane après avoir tué le Minotaure. Elle fut un duché vénitien de 1207 à 1566.

Naxos.

nazaréen, enne adj. et n. De Nazareth. *Le Nazaréen* : Jésus-Christ. / Nom donné aux premiers chrétiens. / Membre d'une secte judéo-chrétienne du début du christianisme. *Les nazaréens, qui vivaient à Jérusalem, conciliaient*

NAVETTE

Lorsque prit fin, en 1972, le programme spatial américain avec la mission *Apollo 17*, les États-Unis se trouvèrent confrontés à un double problème financier : le coût de la conquête de la Lune, d'une part, et leur volonté de perpétuer leur présence dans l'espace, d'autre part. La réduction du budget consacré aux vols spatiaux a conduit la NASA à proposer un nouveau programme de lanceur, nommé S.T.S. (*Space Transportation System*, « Système de Transport Spatial »), entièrement réutilisable. Ce système, ou navette, est constitué du lanceur propulsé par trois moteurs cryotechniques, auxquels sont adjoints deux propulseurs à poudre qui sont largués après deux minutes de fonctionnement et sont partiellement récupérables.

Le réservoir extérieur (*external tank*), d'une contenance de 2 000 m³, rempli d'hydrogène et d'oxygène liquides, sur lequel est fixé le lanceur, alimente les trois moteurs principaux de la navette. Ce réservoir est largué vers 114 km d'altitude, il n'est pas récupérable. En fait, la navette est le seul élément entièrement réutilisable puisque, à son retour sur Terre, elle se pose à la manière d'un gros planeur dont le vol peut être entièrement contrôlé par ses deux pilotes. La navette spatiale a été construite en six exemplaires, dont cinq ont effectué des vols orbitaux. *Enterprise* n'a été utilisée que pour des tests en vols non orbitaux. *Columbia*, le 12 avril 1981, inaugura le premier vol spatial sous le commandement de John W. Young qui, du 16 au 27 janvier 1972, avait commandé la mission *Apollo 16* sur la Lune. La navette *Columbia*, après avoir été placée sur orbite à 310 km de la Terre et après avoir parcouru 36 fois cette orbite, a atterri sur la base d'Edwards, en Californie, le 14 avril, deux jours, six heures et vingt minutes après son envol de Cap Canaveral. Suivront quatre autres vols de qualification (O.F.T. : *Orbital Flight Test*, « test en vol orbital »). La navette *Challenger*, lancée le 4 avril 1983, assura, avec *Columbia* et *Discovery*, lancée le 30 août 1984, puis avec *Atlantis*, lancée le 3 octobre 1985, l'essentiel des missions spatiales jusqu'à son accident au décollage survenu le 28 janvier 1986.

Cette catastrophe, qui détruisit le lanceur et causa la mort de son équipage, stoppa pour deux ans le programme spatial américain. Les vols reprendront sur un rythme moins soutenu, une dizaine par an, à l'aide des navettes *Discovery*, *Atlantis*, *Endeavour* (lancée en 1992) et *Columbia*. La perte de *Columbia*, survenue le 1er février 2003 lors de sa rentrée dans l'atmosphère, ne semble pas compromettre les programmes spatiaux américains et internationaux, mais oblige la NASA à replacer au premier rang de ses priorités la sécurité des vols habités. Les navettes, toutes construites sur un modèle identique, mesurent 37 m de long pour 24 m d'envergure et un diamètre 8,40 m. L'habitacle, d'un volume total de 71 m³, est constitué de trois ponts dont deux sont réservés à l'équipage.

La masse à vide est de 100 tonnes et atteint 2 000 tonnes au décollage. Selon la nature de la mission, la navette peut transporter une charge utile de 30 tonnes, elle embarque un équipage de huit astronautes (pilotes, spécialistes de la mission et spécialistes de la charge utile). L'ex-U.R.S.S. avait mis au point un programme de navette appelé *Bourane* qui, pour son lancement, était indissociable du lanceur *Energya*. La navette *Bourane* n'a effectué qu'un seul vol avant que le programme ait été abandonné. Le programme européen, baptisé *Hermès*, est resté à l'état de projet.

Figure gigantesque formée avec des pierres, à l'époque précolombienne, dans la vallée du rio **Nazca**, dans le sud-ouest du Pérou.

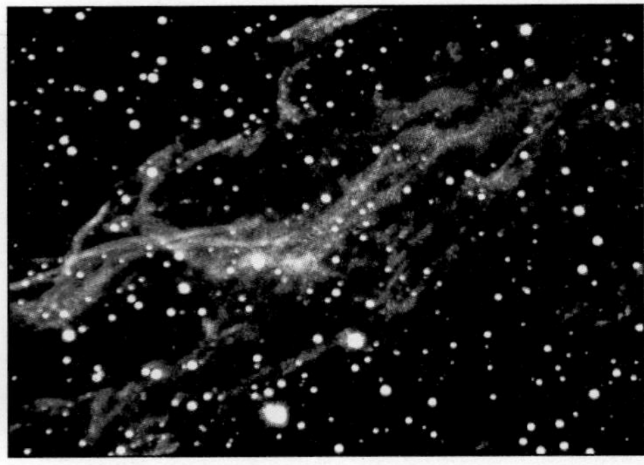

Nébuleuse de la Dentelle, résultant de l'explosion d'une supernova.

la loi juive et les pratiques chrétiennes. / *Les nazaréens* : les peintres allemands (début du XIXe siècle) qui, influencés par l'esthétique chrétienne des primitifs italiens, s'en inspiraient, en particulier dans leurs travaux d'illustration et dans les fresques qu'ils réalisèrent collectivement.

Nazareth *49 800 h.* Ville d'Israël, en Galilée, au sud-ouest du lac de Tibériade, qui compte aujourd'hui une majorité de musulmans. Lieu de tourisme et de pèlerinage : c'est dans cette ville que la tradition chrétienne place la résidence de la Sainte Famille depuis son retour d'Égypte jusqu'au baptême de Jésus.

Nazca Site précolombien du sud du Pérou, sur la côte du Pacifique. La culture nazca apparut au IIe siècle av. J.-C. et disparut vers 600 apr. J.-C. On a mis au jour de nombreuses nécropoles comportant notamment des tissus et poteries polychromes, et découvert d'énigmatiques dessins tracés dans le sol et s'étendant parfois sur des kilomètres.

naze Voir **nase**

nazi, ie adj. et n. Propre ou relatif au nazisme. *Crimes nazis.* / Subst. Partisan du nazisme.

Naziance ou **Nazianze** Ancienne ville de Turquie (Cappadoce), près du village de Nenezi, patrie de saint Grégoire, défenseur de l'orthodoxie contre l'arianisme.

nazillon, onne n. Fam., péjor. Jeune néonazi.

nazisme n. m. (abréviation de l'allemand *Nationalsozialismus*). National-socialisme.

N'Djamena (*Fort-Lamy* jusqu'en 1973) *530 965 h.* Capitale du Tchad, au sud-est du lac Tchad, située à la frontière du Cameroun. Centre commercial, agricole et industriel (agroalimentaire), port fluvial sur le Chari.

Ndzouani, Ndzwani ou **Nzuani** Voir **Anjouan**

ne adv. (s'élide en *n'* devant une voyelle ou un *h* muet) **A.** adv. de négation (Employé seul) *N'en avoir cure. Que ne t'es-tu montré à ce moment-là.* / (Employé avec un mot exprimant négation ou restriction) *Je ne sais pas. Je n'ai rien mangé depuis ce matin. Elle ne veut jamais se déplacer. Nous ne viendrons que si le temps le permet.* / (En double négation, qui vaut affirmation) *Vous n'êtes pas sans savoir* : vous savez parfaitement. **B.** adv. à valeur explétive (dont l'emploi, pas toujours utile, est critiqué par certains puristes) *Nous craignons qu'il ne retombe malade.* / (Après des loc. conj. comme *avant que, sans que*...) *J'aimerais te voir avant que tu ne partes.* / (Après des propositions comparatives d'inégalité) *Ce n'est pas pire qu'hier.*

né, née adj. Venu au monde. *Premier-né, dernier-né* : premier, dernier (des enfants d'une famille) *Mon fils premier-né.* / (Joint par trait d'union à certains noms) De naissance. *Un artiste-né.* / *Né de* : issu de. *Né de père algérien et de mère française.* / *Bien né,* qui a des dispositions au bien, est né d'une famille honorable. / *Né pour* : avec des dispositions, des dons pour. *Né pour le commandement.*

Neandertal ou (anciennement) **Neanderthal** Vallée du bassin de la Düssel, près de Düsseldorf, en Allemagne (Rhénanie du Nord-Westphalie), où fut mis au jour en 1856 un crâne humain fossile datant du Paléolithique moyen. Par la suite, on a découvert d'autres ossements du même type, un peu partout dans le monde. Appelé *Homme de Neandertal* ou *Neandertalien*, cet hominidé (*Homo sapiens neandertalensis*) fut remplacé vers 35000 av. J.-C par l'*Homo sapiens sapiens*.

néandertalien ou **néanderthalien, enne** adj. et n. De l'homme de Néandert(h)al. *Faciès néandertalien.* / Subst. *Les néandertaliens* : les hommes de Néandert(h)al.

néanmoins adv. Toutefois.

néant n. m. Ce qui n'existe pas encore ou n'existe plus. *Réduire à néant* : détruire. / PHILO. Le non-être, chez Sartre et Heidegger (par oppos. à *être*). *L'Être et le néant* : essai de J. P. Sartre (1943).

néanthropien, enne adj. et n. Se dit de diverses formes d'*Homo sapiens* considérées comme relativement modernes par certains paléontologues, d'un point de vue chronologique et morphologique. / n. *Un néanthropien.* (Dans l'optique d'une évolution de l'homme comme une succession de stades morphologiques de plus en plus évolués, les néanthropiens dériveraient des paléoanthropiens, qu'ils auraient remplacés ; cette vision est aujourd'hui abandonnée, diverses populations humaines de morphologies très diverses ayant été contemporaines.)

Néarque (en grec *Nearkhos*) IVe siècle av. J.-C. Navigateur grec d'origine crétoise et lieutenant d'Alexandre le Grand, qu'il accompagna dans son expédition en Inde. Il explora ensuite, avec sa flotte, la côte asiatique de l'Indus jusqu'à l'embouchure de l'Euphrate.

Nébo (mont) Montagne citée dans la Bible, située à l'est de la mer Morte, en face de Jéricho, et d'où Moïse put apercevoir la Terre promise avant de mourir.

Nebraska *200 350 km² 1 656 870 h.* État agricole (céréales, élevage bovin) du centre des États-Unis, limité à l'ouest par le fleuve Missouri. Capitale *Lincoln*. Cet État doit son nom au *Nebraska*, ou *Platte River* (527 km), affluent du Missouri formé par la réunion de la North Platte (990 km) et de la South Platte (685 km). Le sol recèle du pétrole et du gaz naturel. Exploré par les Espagnols puis les Français au XVIIIe siècle, le Nebraska, peuplé à l'origine d'Indiens sioux, cheyennes et pawnees, fut vendu aux États-Unis par Napoléon en 1803 avec le reste de la Louisiane française, dont il faisait alors partie. Territoire en 1854, le Nebraska, qui appartint au camp nordiste durant la guerre de Sécession, rejoignit l'Union en 1867.

nébuleuse n. f. ASTRON. Formation cosmique ressemblant à des nuages lumineux et non résolubles en étoiles.

♦ *Les nébuleuses planétaires* sont en réalité de vraies étoiles dont l'atmosphère provient de l'émission de matériaux gazeux par une photosphère très chaude. Certaines nébuleuses très irrégulières contiennent de l'hydrogène, de l'hélium et de l'oxygène dans un état d'ionisation dû au vide très poussé de ces nébuleuses. Leurs gaz raréfiés sont rendus fluorescents par les photons ultraviolets émis par des étoiles à très hautes températures. Des nébuleuses d'un autre type, constituées par des nuages de poussières fines, diffusent la lumière des étoiles voisines. Les *nébuleuses*

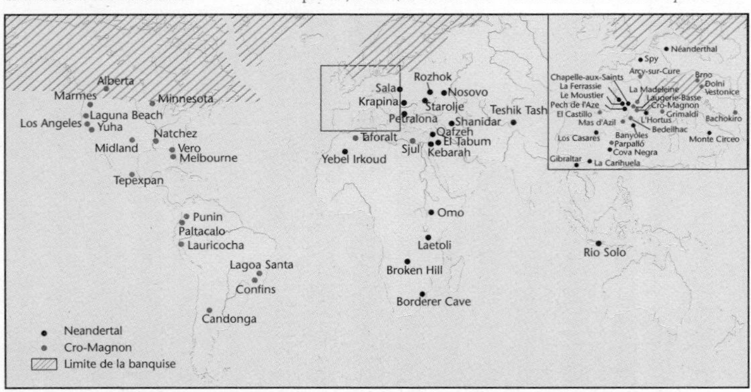

Principaux sites archéologiques où ont été trouvées des traces de l'homme de **Neandertal** et de Cro-Magnon.

La **nécropole** étrusque de Cerveteri, qui renferme la « tombe des Tarquins ».

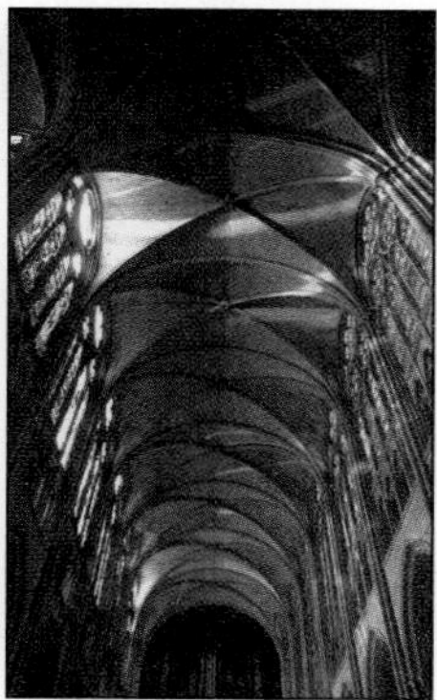

Nef couverte de voûtes d'ogives.

extragalactiques, galaxies de forme spiralée, sont résolubles en étoiles et situées à des distances infinies mesurées en millions d'années-lumière.

nébuleux, euse adj. Obscurci par les nuages. *Ciel nébuleux.* / Fig. Vague, flou. *Propos nébuleux.*

nébulisation n. f. Projection, vaporisation d'un liquide en fines gouttelettes à l'aide d'un nébuliseur.

nébuliseur n. m. Appareil qui projette un liquide en fines gouttelettes.

nébulosité n. f. MÉTÉO. Obscurcissement du ciel, dû à de légers nuages. / Fig. Caractère de ce qui est nébuleux.

nécessaire adj. et n. m. **A.** adj. Indispensable. *Manger est nécessaire à la vie.* / PHILO. Qui ne peut pas ne pas exister (par oppos. à *contingent*). *Relations nécessaires.* / Inévitable. *Enchaînement nécessaire.* **B.** n. m. Ensemble d'actes ou de mesures indispensables. *Faire le nécessaire.* / Ce dont on ne peut se passer pour vivre. *Manquer du nécessaire.* / Trousse contenant des objets requis pour un usage déterminé. *Nécessaire de toilette.*

nécessairement adv. Absolument, impérativement. *Il faut nécessairement se sortir de ce guêpier.* / Inévitablement. *Ce conflit aboutira nécessairement à une tragédie internationale.*

nécessité n. f. Caractère obligatoire, indispensable d'une chose. *La nécessité de gagner sa vie.* / DR. *État de nécessité*: état dans lequel se trouve qqn qui commet un acte répréhensible parce qu'il ne peut faire autrement, ce qui le met à l'abri d'une condamnation. / Chose, événement inévitable. *La nécessité de la mort.* / LOG. Enchaînement logique de causes et d'effets. / Besoin, exigence. *Objets de première nécessité*, essentiels à la survie.

nécessiter v. t. [1] Rendre nécessaire, indispensable; requérir. *Ce travail nécessite de la patience. Cet état de choses nécessite que nous nous unissions.*

nécessiteux, euse adj. et n. Qui manque du nécessaire.

Neckar (le) *370 km* Rivière navigable d'Allemagne. Née dans le Jura souabe, elle arrose Tübingen, Stuttgart, Heidelberg et se jette dans le Rhin à Mannheim.

Necker (Jacques) 1732-1804 Financier et homme d'État genevois. Il s'installa en 1747 à Paris et s'y établit comme banquier; sa femme y tint un salon. Il succéda à Turgot comme directeur du Trésor royal (1776) puis des Finances (1777) et essaya d'appliquer une politique d'économie et d'emprunt. Après la publication de son *Compte rendu au Roi* dénonçant les gaspillages de la cour de Louis XVI, il dut démissionner (1781). Rappelé sous la pression de l'opinion en août 1788, il fit convoquer les états généraux et fut renvoyé le 11 juillet 1789: ce départ contribua à développer le mouvement révolutionnaire qui conduisit à la prise de la Bastille (14 juillet). Rappelé deux jours après, Necker tenta en vain de redresser la situation politique et financière. Il se retira des affaires publiques en 1790 et s'installa à Coppet, en Suisse, avec sa fille, Mme de Staël. Il a publié de nombreux ouvrages: *Éloge de Colbert* (1772), *De l'administration des finances de la France* (1784), *De la Révolution française* (1796).

nec plus ultra n. m. inv. (mots latins) Ce qu'il y a de mieux. *Le nec plus ultra de la technique moderne.*

nécrologie n. f. Liste des personnes décédées dans un certain laps de temps. / Notice biographique consacrée à qqn qui vient de mourir.

nécrologique adj. Relatif à la nécrologie. *Rubrique nécrologique.*

nécromancie n. f. Divination par l'évocation des morts.

nécromancien, enne n. ou nécromant n. m. Personne qui s'occupe de nécromancie.

nécrophage n. et adj. Qui se nourrit de cadavres. *Insecte nécrophage.*

nécrophile n. et adj. PSYCHOPATHOL. Qui éprouve une attirance sexuelle pour les cadavres.

nécrophilie n. f. PSYCHOPATHOL. État d'une personne nécrophile.

nécropole n. f. HIST. Important ensemble de sépultures. *La nécropole bogomile de Radimlje, en Bosnie.* / Vaste cimetière urbain. / Édifice renfermant les tombeaux d'une famille princière, d'une famille royale. *La basilique de Saint-Denis, nécropole des rois de France.*

nécrosant, e adj. Qui cause la nécrose. *Action nécrosante.*

nécrose n. f. MÉD. Mortification des tissus pouvant entraîner la gangrène.

nécrosé, e adj. Atteint de nécrose. *Organe nécrosé.*

nectar n. m. MYTH. Boisson des dieux, source d'immortalité. / Boisson délicieuse. / BOT. Liquide sécrété par les fleurs et transformé en miel par les abeilles.

nectarine n. f. Variété hybride de pêche à peau lisse.

necton n. m. BIOL. Ensemble des organismes marins qui se déplacent de manière active dans l'eau, en nageant. Voir *benthos, plancton.*

Nedjd Voir **Nadjd**

Néel (Louis) 1904-2000 Physicien français, spécialiste du magnétisme. Il est l'auteur d'une théorie de l'antiferromagnétisme et de divers travaux qui ont concouru au perfectionnement des techniques des ferrites et, en général, des isolants faits de matériaux magnétiques.

néerlandais, e adj. et n. Des Pays-Bas. *Économie néerlandaise. Un(e) Néerlandais(e).* / n. m. Langue germanique parlée aux Pays-Bas et en Belgique.

néerlandophone adj. et n. Qui parle néerlandais.

nef n. f. Vx ou litt. Navire. / Partie d'une église allant de la croisée du transept au portail, et comprise entre les murs latéraux (édifice à nef unique), entre un mur latéral et une rangée de piliers, entre deux rangées de piliers (édifice à trois ou cinq nefs).

néfaste adj. ANTIQ. ROM. *Jours néfastes*: dans le calendrier, jours fériés où la religion interdisait de s'occuper des affaires publiques, de rendre la justice. Ant. faste. / Marqué par le malheur. *Ce fut une année néfaste.* / Nuisible. *Une influence néfaste.*

Nef des fous (la) Œuvre satirique en vers de Sebastian Brandt (1494). L'auteur y raille les différents types de fous (qui sont avant tout pour lui des pécheurs), rassemblés à bord d'une nef se dirigeant vers l'île de Narragonie. Ce texte a inspiré ses contemporains le peintre Jérôme Bosch (*La Nef des fous*, musée du Louvre) et Érasme (*Éloge de la folie*, 1511).

Néfertari XIIIe siècle av. J.-C. Reine d'Égypte, première femme de Ramsès II. Sa sépulture, dans la vallée des Reines, a fait l'objet d'une restauration.

Néfertiti XIVe siècle av. J.-C. Reine d'Égypte, épouse du pharaon Aménophis IV Akhénaton. Elle favorisa le nouveau culte d'Aton et y resta fidèle après la mort de son époux, qui l'avait institué.

nèfle n. f. Fruit du néflier, que l'on mange blet. / loc. pop. *Des nèfles!*: rien du tout!

néflier n. m. BOT. Arbuste de la famille des rosacées, donnant des fruits comestibles.

négatif, ive adj. et n. m. BIOL. Qui ne donne pas de résultat, qui ne met pas en évidence le phénomène recherché. *Réaction négative à tel antigène. Cutiréaction négative.* / MATH. *Nombre négatif*, inférieur ou égal à zéro. / ÉLECTR. *Électricité négative*, constituée d'électrons. / *Pôle négatif*, par lequel arrive le courant, dans un générateur de courant continu. / PHOTO. *Épreuve négative* ou (n. m.) *négatif*: épreuve dans laquelle les motifs foncés du modèle sont en clair et inversement.

négation n. f. Action de nier; son expression. / Fig. Attitude, comportement qui va à l'inverse de qqch. *Cet acte est la négation de tout sentiment d'humanité.* / GRAMM. Mot ou groupe de mots servant à nier. *« Ne », « non », « ni », « aucun », « nul », « rien » sont des négations.*

négationnisme n. m. Doctrine qui nie la réalité du génocide des Juifs par les nazis et, en particulier, l'existence des chambres à gaz.

négationniste n. et adj. Adepte du négationnisme. / adj. Qui exprime le négationnisme. *Thèse négationniste.*

négativement adv. De façon négative.

négativisme n. m. Attitude d'opposition systématique. / PSYCHIATR. Conduite pathologique de refus et d'opposition à tout contact avec autrui.

négatoscope n. m. TECHN. Écran lumineux qui permet l'observation des clichés radiographiques.

négligé adj. et n. **A.** adj. Dont on n'a pas pris soin. *Une tenue négligée.* / Qui ne prend pas soin de sa personne. **B.** n. m. État d'une personne qui néglige sa tenue. *Il aime le négligé.* / Vx Déshabillé, tenue d'intérieur.

négligeable adj. Qui peut être négligé, est sans importance.

négligemment adv. Avec négligence; avec insouciance.

négligence n. f. Manque de soin, d'attention d'une personne qui néglige ce qu'elle fait; faute qui en résulte. *Négligence professionnelle. Des négligences qui coûtent cher.*

négligent, e adj. Qui fait preuve de négligence.

Buste de **Néfertiti**.

N

NÉGRIER
Poursuivi, jetant sa cargaison à la mer!!!

Navire ***négrier*** *et schéma de la disposition des esclaves* (© F. GHESQUIER, LYCÉE A. MALRAUX BÉTHUNE).

Chanteurs de ***negro spirituals*** *(Caroline-du-Nord, 1939).*

négliger v. t. [1] Ne pas traiter (qqn ou qqch.) avec le soin, l'intérêt ou l'attention souhaitables ou nécessaires. *Négliger sa tenue. Négliger son travail. Négliger ses amis.* (Emploi pron.) Ne pas avoir soin de son hygiène, de sa mise. *Un vieillard qui se néglige.* / Ne pas prendre en compte, en considération ; omettre, s'abstenir (de faire qqch.). *Négliger les consignes. Il ne négligea aucune piste. Il a négligé de m'avertir de son départ.*

négoce n. m. Commerce ; commerce de gros.

négociable adj. Que l'on peut négocier.

négociant, e n. Personne qui fait du négoce, commerçant ; commerçant en gros.

négociateur, trice n. Celui, celle qui négocie une affaire, qui mène des négociations politiques.

négociation n. f. Discussion entre deux parties adverses, ou coopérantes, en vue de parvenir à un accord politique, commercial, économique, militaire. / Cession, transmission des effets de commerce contre leur valeur.

négocier v. i. / v. t. [1] **A.** v. i. Engager des pourparlers afin de conclure une affaire, de parvenir à un accord, de mettre fin à un conflit. *Le patronat est prêt à négocier.* **B.** v. t. Traiter, discuter (les termes d'un accord). *Négocier la paix.* / COMM. Réaliser ou céder à un tiers (une valeur, un effet). / *Négocier un virage,* manœuvrer pour le prendre au mieux. *Négocier un virage en seconde.*

négondo ou **négundo** n. m. BOT. Érable originaire d'Amérique du Nord, aux feuilles panachées de blanc. *Le bois du négondo est utilisé en marqueterie.*

nègre, négresse n. et adj. **A.** n. et adj. (Vieilli) Homme, femme de race noire. *Nègres d'Afrique.* / HIST. *Traite des nègres* : commerce des Noirs réduits en esclavage. / adj. (Vieilli) Propre ou relatif aux Noirs, aux Noirs d'Afrique. *Masque nègre. Art nègre* : art de l'Afrique noire, découvert en Europe au début du XXe siècle. **B.** n. m. Fam. Personne qui prépare le travail d'un écrivain, ou qui rédige les textes d'une personne célèbre que celle-ci signera. / CUIS. *Nègre en chemise* : boule de crème glacée au chocolat, recouverte de crème fouettée. / Péjor. *Petit nègre* : sabir à base de français autrefois utilisé par les autochtones en Afrique noire ; (par ext.) charabia.

négrier, ère adj. et n. **A.** adj. Qui concerne la traite des Noirs. *Commerce négrier. Navire négrier.* **B.** n. m. Personne qui faisait la traite des Noirs ; navire utilisé pour cette traite. / Par anal. Chef d'entreprise dur et âpre au gain, tel un maître, un marchand d'esclaves. *C'est un vrai négrier.*

Négrilles Nom que certains anthropologues donnent aux Pygmées.

négrillon, onne n. (Vieilli) Petit enfant de race noire. / Plaisant. Enfant à la peau très brune.

Négritos Nom donné à plusieurs groupes autochtones des Philippines, de la Malaysia et des îles Andaman, en raison de leur peau noire et de leur petite taille.

négritude n. f. Ensemble des valeurs revendiquées par les partisans d'une identité culturelle propre aux Noirs (formulée dans les années 1930 par Léopold Sédar Senghor, Aimé Césaire et Cheikh Anta Diop).

Negro (río) *2 200 km* Rivière d'Amérique du Sud, affluent de l'Amazone qu'elle rejoint à Manaus (Brésil). Née en Colombie, elle arrose le nord du Brésil.

Negro (río) *450 km* Rivière d'Amérique du Sud, affluent du río Uruguay. Née au sud du Brésil (Rio Grande do Sul), elle traverse l'Uruguay.

Negro (río) *550 km* Fleuve d'Argentine qui arrose le nord de la Patagonie et qui se jette dans l'océan Atlantique.

négroïde adj. Qui présente certains traits évoquant les Noirs.

negro spiritual n. m. (mot anglo-américain) Chant religieux des Noirs chrétiens d'Amérique du Nord, dont l'origine remonte à l'époque de l'esclavage, inspiré par les cantiques protestants. Pl. Des *negro spirituals.*

Río Negro *(Brésil).*

Piton des Neiges.

Néguev (le) Vaste région autrefois entièrement désertique, occupant le sud de l'État d'Israël et débouchant sur le golfe d'Aqaba. L'irrigation a permis l'implantation d'exploitations agricoles. Les ressources minérales (cuivre, fer, phosphates, chrome) ont favorisé le développement de l'industrie.

Néguib (Mohammed) 1901-1984 Général et homme politique égyptien. Il renversa le roi Farouk (1952) et proclama la république (1953). Président de la République, il fut dès 1954 écarté du pouvoir et remplacé par le colonel Nasser.

négundo Voir **négondo**

négus n. m. (mot amharique) Titre porté par les souverains éthiopiens.

Néhémie Ve siècle av. J.-C. Personnage biblique. Gouverneur de la Judée sous domination perse, il obtint d'Artaxerxès Ier la permission de reconstruire les murs de Jérusalem et de reformer avec Esdras la communauté juive.

Nehru (Çri Jawaharlal) 1889-1964 Homme d'État indien. Adoptant le nationalisme de Gandhi sans toutefois partager toutes ses positions, il prend la tête du parti du Congrès national indien (1929), et œuvre pour l'indépendance de l'Inde, ce qui lui vaut d'être emprisonné à plusieurs reprises, notamment en 1942. Premier ministre du nouvel État en 1947, il le demeure jusqu'à sa mort, en 1964. En politique extérieure, il cherche à maintenir la neutralité de l'Inde entre les deux blocs (socialiste et occidental) opposés durant la guerre froide et devient l'un des champions du non-alignement, prônant la solidarité des pays du tiers-monde et l'anticolonialisme (notamment lors de la conférence de Bandung, en 1955, où il joue un rôle de premier plan). Il est le père d'Indira Gandhi.

neige n. f. Eau congelée tombant en légers flocons blancs. / CHIM. *Neige carbonique* : anhydride carbonique solide (CO_2) utilisé comme extincteur ou comme réfrigérant. / CUIS. *Œufs en neige* : blancs d'œufs fouettés jusqu'à ce qu'ils prennent une consistance mousseuse qui ressemble à celle de la neige. / *Classe de neige* : court séjour en montagne organisé pour des écoliers ou des collégiens, pendant lequel ils pratiquent des sports d'hiver tout en poursuivant leur scolarité.

Neige (crêt de la) *1 718 m* Sommet le plus élevé du Jura français (Ain).

neiger v. impers. [1] Tomber, en parlant de la neige. *Il neige dru ce matin.*

Neiges (piton des) *3 069 m* Ancien volcan de la Réunion et point culminant de l'île.

neigeux, euse adj. De neige. *Coulée neigeuse.* / Couvert de neige. *Pente neigeuse.* / Qui rappelle la neige par son aspect. *Une chevelure neigeuse.*

Neill (Alexander Sutherland) 1883-1973 Pédagogue britannique, adepte d'une pédagogie fondée sur la liberté et la responsabilité. Il a rendu compte de cette expérience, née de la fondation d'une école pour jeunes délinquants et enfants caractériels, dans *Libres enfants de Summerhill* (1960) et *La Liberté, pas l'anarchie* (1966).

Neipperg (Adam Albrecht, comte **von)** 1775-1829 Général autrichien qui participa aux campagnes contre la France à partir de 1793. Amant de l'impératrice Marie-Louise, alors duchesse de Parme, il l'épousa après la mort de Napoléon Ier (1821).

Neisse de Lusace (la) *256 km* Rivière d'Europe centrale, née en république Tchèque et arrosant la Lusace (région d'Allemagne orientale), qui marque la frontière entre l'Allemagne et la Pologne. Elle se jette dans l'Oder avec lequel elle forme la ligne Oder-Neisse.

Nekrassov (Nikolaï Alekseïevitch) 1821-1877 Journaliste et poète russe. Témoin de la misère du peuple, il réclama l'abolition du servage. Il est notamment l'auteur de *Vlas* (1854), *Les Colporteurs* (1861), *Le Gel au nez rouge* (1863) et *Qui vit heureux en Russie ?* (poème inachevé, 1863-1877).

Nekrassov (Viktor Platonovitch) 1911-1987 Écrivain russe. Les thèmes de la guerre (*Dans les tranchées de Stalingrad*, 1946) et de la déportation (*Kira Gueorguievna*, 1961) sont au cœur de son œuvre. Vilipendé par la critique officielle, il émigre en France en 1974, où il publie ses souvenirs (*Carnets d'un badaud*, 1976).

Nelligan (Émile) 1879-1941 Poète canadien d'expression française. Il perdit la raison à l'âge de 20 ans. Son œuvre poétique, influencée par Baudelaire et Rimbaud, composée avant 1799 et publiée en 1903, exprime avec une grande maîtrise les états de conscience d'un homme qui se sentit sombrer dans la folie.

Nelson (Horatio, vicomte**)** 1758-1805 Amiral anglais. Entré dans la marine à 12 ans, il est lieutenant en 1777, capitaine de vaisseau en 1779, contre-amiral en 1797. Le 1er août 1798, il détruit la flotte française à Aboukir ; en 1801, celle du Danemark et de la Russie (qui projetaient de s'allier) devant Copenhague ; le 21 octobre 1805, il est tué à Trafalgar après avoir assuré une grande victoire britannique contre les flottes française (menée par Villeneuve) et espagnole.

nem n. m. (mot vietnamien) CUIS. Petite crêpe de riz diversement farcie, roulée et frite.

Némanides Dynastie serbe issue d'Étienne Nemanja qui connut son âge d'or avec Étienne IX Uros Dusan et s'effondra, après une période d'anarchie due aux dissensions des grands féodaux, sous les coups des armées ottomanes.

némathelminthes n. m. pl. ZOOL. Embranchement de vers ronds, triploblastiques, non segmentés, dépourvus d'un véritable cœlome, à peau chitineuse. *Certains némathelminthes sont parasites de l'homme, des animaux ou des végétaux, d'autres ont un mode de vie libre dans le sol ou dans les milieux aquatiques.*

nématocères n. m. pl. ZOOL. Sous-ordre d'insectes diptères à longues antennes filiformes, auquel appartiennent les moustiques.

Fleur de **nénuphar**.

Édifice **néoclassique** : la Bourse de Paris.

nématodes n. m. pl. ZOOL. Classe de vers de l'embranchement des némathelminthes, à tube digestif complet, parasites de l'homme, des animaux et des végétaux (ascaris, oxyures, filaires, etc.) ou à mode de vie libre (très nombreux nématodes du sol, qui participent au processus de décomposition de la matière organique).

Némée MYTH. GR. Localité de Grèce (Péloponnèse). Selon la légende, un lion monstrueux et invulnérable dévastait la région. Héraclès l'étouffa dans ses bras et revêtit sa peau.

Némésis MYTH. GR. Déesse grecque qui personnifie la vengeance divine. Elle châtie les crimes et punit aussi les amants cruels. Aimée de Zeus, elle se métamorphosa en oie pour échapper à ses ardeurs, mais Zeus se changea en cygne et s'unit à elle. Némésis pondit alors un œuf d'où sortit Hélène.

Nemeyri ou **Nimayri (Gaafar el-)** 1930 Général et homme politique soudanais. En 1969, il prit le pouvoir lors d'un coup d'État. En 1971, il renvoya ses ministres communistes ; ses anciens alliés tentèrent alors un coup d'État contre lui, qu'il réprima par des exécutions massives. La même année, un référendum le plébiscita comme président de la République avec plus de 95 % des voix. En 1972, il mit fin à la guerre civile qui opposait depuis 1956 le Nord musulman et le Sud chrétien et animiste, en octroyant au Sud un régime d'autonomie. Mais, en 1983, cherchant l'appui des Frères musulmans, il instaura la loi islamique, ce qui favorisa la reprise de la guerre civile. Il fut renversé en 1985.

Nemirovsky (Irène, Mme Epstein, connue sous le nom d'**Irène)** 1903-1942 Écrivain français d'origine russe, fille d'un banquier installé à Paris avec sa famille après la révolution d'octobre 1917. Dans ses œuvres d'un ton très personnel et d'une grande acuité psychologique, elle met d'abord en scène ses parents : son père (*David Golder*, 1929, son premier roman, qui lui vaut une renommée immédiate), puis sa mère (*Le Bal*, 1930 ; plus tard, *Jézabel*). Réfugiée en province, arrêtée par la police allemande parce que juive, déportée avec son mari, elle mourra à Auschwitz.

Nemours (Louis Charles Philippe d'Orléans, duc **de)** 1814-1896 Prince français, deuxième fils de Louis-Philippe. Il fut élu roi des Belges en 1831, mais son père refusa pour lui cette couronne pour ne pas indisposer l'Angleterre. En 1832, il se distingua au siège d'Anvers et, en 1837, il participa à la prise de Constantine. Il vécut en exil après la révolution de février 1848, revint en France en 1871 et fut réintégré dans l'armée, mais rayé des cadres en 1886.

Nemrod Personnage biblique, « vaillant chasseur devant l'Éternel », il aurait fondé l'Empire babylonien.

néné n. m. Fam. Sein.

nénette n. f. Fam. Jeune femme, jeune fille.

nénies n. f. pl. ANTIQ. ROM. et GR. Chants funèbres.

nenni adv. Vx Non.

Nenni (Pietro) 1891-1980 Homme politique italien. Socialiste, opposant de Mussolini, il se réfugia en France en 1926. Il participa à la guerre d'Espagne (1936-1939) puis, de retour en France, fut arrêté par la Gestapo en 1943. Livré à la police italienne, il fut interné jusqu'à la chute du fascisme (1945). Vice-président du Conseil (1945 puis 1963), ministre des Affaires étrangères (1946 et 1968-1970), il maintint l'unité avec les communistes jusqu'à l'écrasement de la révolte hongroise par l'URSS (1956), puis se rapprocha du parti démocrate-chrétien. Il fut nommé président du Parti socialiste italien unifié en 1966 et réélu à ce poste en 1973.

nénuphar n. m. BOT. Plante aquatique des eaux calmes, à feuilles flottantes, à grandes fleurs souvent blanches ou jaunes.

néo-calédonien, enne adj. et n. De Nouvelle-Calédonie. *Nickel néo-calédonien. Un(e) Néo-Calédonien(ne).*

néoclassicisme n. m. BX-A. Mouvement artistique européen (fin du XVIIIe-début du XIXe siècle) qui s'inspirait des formes de l'Antiquité, en réaction contre le baroque. *La découverte des ruines de Pompéi contribua au développement du néoclassicisme, mouvement illustré notam. par le peintre David, les sculpteurs Bouchardon et Canova, les architectes Chalgrin et Brongniart en France, Smirke en Angleterre.* / LITTÉR. Mouvement littéraire (en particulier poétique) français de la seconde moitié du XVIIIe siècle, fondé sur un retour aux sources antiques et aux modèles classiques, sous une forme renouvelée.

néoclassique adj. Du néoclassicisme ; relatif au néoclassicisme. *À Paris, la Bourse, l'Arc de triomphe de l'Étoile sont des édifices néoclassiques.*

néocolonialisme n. m. Forme nouvelle prise par le colonialisme au XXe siècle, visant à assurer aux grandes puissances une domination économique et une influence politique sur les pays du tiers monde par l'implantation d'infrastructures techniques et industrielles.

néocolonialiste adj. et n. De la nature du néocolonialisme ; tenant du néocolonialisme.

néocommunisme n. m. Régime politique qui a succédé à un régime communiste disparu tout en en conservant les traits essentiels et en en appliquant les méthodes.

néodarwinisme n. m. Théorie de l'évolution rejetant la thèse de l'hérédité des caractères acquis, considérant les mutations génétiques et la sélection naturelle comme seuls facteurs de variation héréditaire.

néodyme n. m. CHIM. Métal du groupe des lanthanides, de numéro atomique 60, de masse atomique 144,24 (symbole : Nd).

néofascisme n. m. Tendance politique italienne s'inspirant de la doctrine fasciste.

néofasciste adj. et n. Du néofascisme ; tenant du néofascisme.

néogène adj. et n. m. GÉOL. De la dernière partie de l'ère tertiaire, comprenant le Miocène et le Pliocène ; cette partie. *Système néogène. Le Néogène.*

néogothique adj. et n. m. Se dit d'un style d'architecture et de décoration en vogue au XIXe siècle, s'inspirant du gothique ; ce style. *Église néo-gothique. Le néogothique.*

♦ À l'époque romantique, le Moyen Âge, dédaigné depuis le XVIe siècle, fut mis à l'honneur en Occident. En France, ce renouveau fut favorisé par les travaux de restauration des églises gothiques entrepris par Viollet-le-Duc (cathédrale Notre-Dame, à Paris), en Angleterre, par les écrits de Ruskin. L'église Sainte-Clotilde de Paris (Gau, 1846), le Parlement de Londres (Pugin, 1836), sont des exemples de ce style.

néo-impressionnisme n. m. Tendance picturale qui dérive de l'impressionnisme et résulte de l'étude scientifique de la couleur, de la division du ton, le peintre juxtaposant sur la toile des tons purs par petits points, ce qui crée une sorte de vibration lumineuse. Syn. pointillisme.

néo-impressionniste adj. et n. Du néo-impressionnisme ; tenant du néo-impressionnisme. *Une toile néo-impressionniste. Les néo-impressionistes les plus connus sont Seurat, Signac, Cross et Luce.*

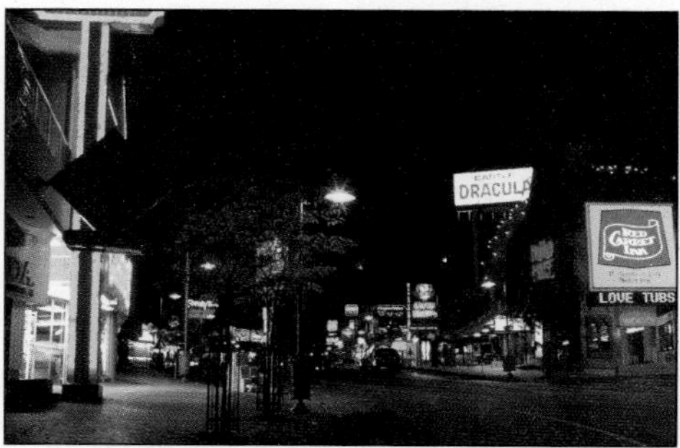

Les enseignes au **néon** illuminent la ville.

Néolithique : lames de poignards en silex.

néolibéralisme n. m. Doctrine économique constituée à partir des travaux des écoles autrichienne et française, dès 1938. Elle vise à réformer le libéralisme par une intervention active de l'État qui protégerait d'une manière adéquate le jeu de la concurrence économique menacée par le monopole des grandes concentrations verticales et horizontales (trusts, cartels).

néolithique adj. et n. m. Se dit de la période de l'ère quaternaire qui fait suite au Mésolithique. *Site néolithique.* / n. m. Cette période.

♦ Le Néolithique débute au IXe millénaire av. J.-C. au Proche-Orient, et au VIe millénaire en Europe occidentale, pour s'achever vers 2500. Cette période est caractérisée par la sédentarisation, l'apparition et le développement de l'élevage et de l'agriculture, l'invention de la céramique, le travail de la pierre (pierre polie), les premiers éléments d'organisation sociale (campements, villages) qui préfigurent les premières cités comme Jéricho (la plus ancienne : IXe ou VIIIe millénaire) et Çatal Höyük (VIe millénaire).

néologie n. f. LING. Formation de mots nouveaux dans une langue.

néologisme n. m. LING. Mot nouveau. *Aérotrain, brain-trust sont des néologismes.* / Emploi d'un mot nouveau. / Emploi d'un mot dans un sens nouveau. Dans *« négocier un virage », ce sens de « négocier » est un néologisme.*

néoménie n. f. ANTIQ. Fête célébrée à chaque nouvelle lune.

néon n. m. CHIM. Élément de numéro atomique Z = 10, de masse atomique 20,17 (symbole : Ne), appartenant au groupe des gaz rares (ou inertes). / Gaz qui est aisément traversé par une décharge électrique, utilisé pour l'éclairage des tubes luminescents (luminescence rouge orangé). / Par ext. Tube luminescent au néon ; tout tube luminescent.

néonatal, ale, als adj. MÉD. Du nouveau-né ; relatif au nouveau-né. *Période néonatale.*

néonatalogie n. f. MÉD. Étude du nouveau-né et du traitement de ses maladies.

néonazisme n. m. Mouvement politique d'extrême droite s'inspirant de l'idéologie nationale-socialiste.

néophyte n. Païen récemment converti, dans l'Église primitive. / Adepte nouveau d'une doctrine.

néoplasie n. f. MÉD. Formation de tissus nouveaux. *La néoplasie peut aboutir à la réparation de pertes de substance, ou bien à la production de tumeurs, bénignes ou malignes.*

néoplasme n. m. MÉD. Prolifération pathologique de cellules, de tissus.

néoplasticisme n. m. BX-A. Mouvement artistique né aux Pays-Bas vers 1910, lié à la revue *De Stijl* et théorisé par Mondrian (*Le Néo-plasticisme*, 1920). Le néoplasticisme

NÉPAL

Superficie : *147 181 km²* – **Nombre d'habitants :** *23 600 000 h.* – **Capitale :** *Katmandou*
Villes principales : *Patan, Bhadgaun* – **Système politique :** *monarchie constitutionnelle*
Langue(s) : *népalais* – **Religion(s) :** *hindouisme, bouddhisme* – **Monnaie(s) :** *roupie népalaise*

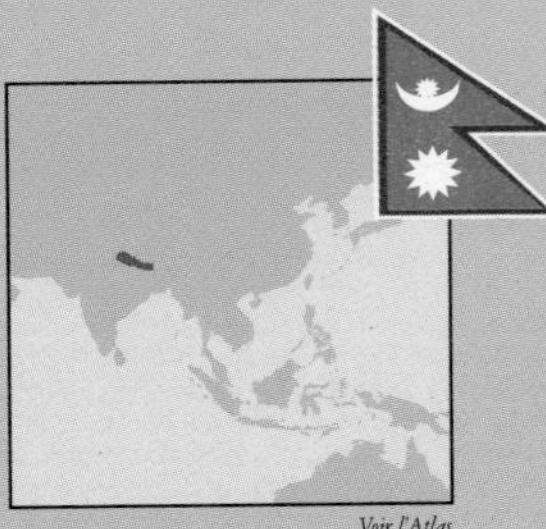

Voir l'Atlas

L'un des édifices de l'ensemble monumental de Bhatgaon.

Une vue de Katmandou.

Le palais royal de Bhatgaon, au sud de Katmandou.

Géographie physique et humaine

Le Népal s'étend sur le versant méridional de l'Himalaya, au pied du massif de l'Everest. Sa population concentrée dans les vallées vit de l'agriculture (blé, fruits, riz), de l'exploitation de la forêt, de l'élevage et du tourisme. Le potentiel hydroélectrique commence à être exploité. L'enclavement a longtemps entravé le développement du pays, qui reste largement tributaire de l'Inde ; des routes et des aéroports ont été construits récemment mais l'économie est encore archaïque. La population, qui se concentre dans les régions basses, est en majorité hindouiste (Gurkhas), mais le pays compte une grande variété d'ethnies (Newar, Sherpas). Le bouddhisme y est encore vivant.

Histoire

Au XVIIIe siècle, des guerriers hindous, les Gurkhas, conquièrent le pays composé de nombreuses principautés et l'unifient. Au cours du XIXe siècle, les Britanniques étendent leur influence économique puis administrative sur le Népal ; ils reconnaîtront officiellement l'indépendance du royaume en 1923. De 1846 à 1951, la famille Rana, qui conserve de façon héréditaire le poste de Premier ministre, détient le pouvoir effectif. Tribhuvana Bir Bikram rétablit en 1951 l'autorité royale. Le Népal est gouverné par le roi Mahendra Bir Bikram à partir de 1955. Il accorde une Constitution mais gouverne de façon autoritaire, comme son successeur (1972), Birendra Bir Bikram.
En 1990, celui-ci autorise, à la suite d'émeutes, la formation de partis politiques et les premières élections multipartites ont lieu en 1991. C'est la fin de la monarchie absolue. Deux partis dominent la vie politique : le parti du Congrès népalais et le parti communiste marxiste-léniniste.
En juin 2000, le prince héritier Dipendra a massacré le roi Birendra, sa femme et leurs trois enfants, avant de tenter de se suicider ; il mourra presque immédiatement après et le prince Gyanendra montera sur le trône. Il n'a pas réussi à rétablir le calme, toujours troublé par la guérilla maoïste, et les élections législatives, prévues pour novembre 2002, ont été reportées à une date indéterminée.

refuse le dynamisme, le mouvement et la profondeur, marques de subjectivité, prône la division du tableau en plans abstraits et géométriques et se borne aux couleurs pures fondamentales (jaune, bleu, rouge) en liaison avec le noir, le blanc et le gris, toujours appliquées en aplats.

néoplatonicien, enne adj. et n. Du néoplatonisme ; adepte du néoplatonisme. *L'école néoplatonicienne. Un néoplatonicien.*

néoplatonisme n. m. Doctrine philosophique née à Alexandrie vers le IIIe siècle et professée par Ammonios Saccas puis Plotin, Porphyre, Jamblique. *Le néoplatonisme affirme le principe de l'unité absolue : l'Un crée le Verbe qui lui-même conçoit l'Âme. L'Âme tend alors vers l'Un et la perfection.*

néopositivisme n. m. PHILO. Mouvement philosophique du XXe siècle, issu du Cercle de Vienne.

néopositiviste adj. et n. Du néopositivisme ; tenant de cette doctrine.

néoprène n. m. (nom déposé) TECHN. Élastomère synthétique thermoplastique.

néoréalisme n. m. Mouvement artistique et littéraire né en Italie après la Seconde Guerre mondiale, marquant un retour au réalisme, en oppos. notam. à la littérature d'évasion en vigueur sous le fascisme. / Mouvement cinématographique italien contemporain du précédent, attaché à la représentation réaliste des situations, en particulier sociales (Visconti, Rossellini, De Santis).

néoréaliste adj. et n. Du néoréalisme ; membre, partisan de ce mouvement.

néoténie n. f. BIOL. Acquisition précoce de la maturité sexuelle par un organisme qui a encore la morphologie d'une larve, processus qui correspond à un ralentissement du taux de développement somatique, le taux de développement germinal restant inchangé. *La néoténie est un processus évolutif important.*

néoténique adj. BIOL. Relatif à la néoténie ; qui est caractérisé par la néoténie, en résulte. *L'axolotl est un organisme néoténique.*

néotestamentaire adj. Didac. Relatif au Nouveau Testament.

néozélandais, e adj. et n. De Nouvelle-Zélande. *Élevage néo-zélandais. Un(e) Néo-Zélandais(e).*

néozoïque adj. et n. m. GÉOL. Synonyme de tertiaire.

NEP (sigle des mots russes signifiant « Nouvelle Politique Économique ») Politique mise en œuvre par Lénine en Russie soviétique. Appliquée de 1921 à 1928 pour redresser l'économie minée par la guerre civile (1918-1921), elle préconisait un retour à l'entreprise privée, surtout dans le domaine agricole, instituant, dans une certaine mesure, un retour au capitalisme (dénationalisation, spéculation). Elle fut dénoncée par Staline.

• **Népal** Royaume d'Asie, entre l'Inde, au sud, et la Chine (Tibet), au nord.

népalais, e adj. et n. Du Népal. *Montagnes népalaises. Un(e) Népalais(e).* / n. m. LING. Langue indo-aryenne parlée au Népal.

nèpe n. f. ZOOL. Punaise aquatique à pattes ravisseuses, respirant grâce à un siphon caudal, parfois appelée *scorpion d'eau.*

Neper ou **Napier (John,** baron de Merchiston**)** 1550-1617 Mathématicien écossais qui publia la première table de logarithmes. Il chercha à rendre les calculs numériques trigonométriques des astronomes plus simples et plus rapides. Il conçut d'abord des baguettes chiffrées (dites *bâtons de Neper*) pour effectuer rapidement des multiplications et des divisions. C'est en 1614 que la comparaison des progressions arithmétique et géométrique lui permit de découvrir les logarithmes et d'établir des tables.

népérien, enne adj. MATH. *Logarithme népérien* (symbole : ln ou Log), dont la base est le nombre *e*. *La fonction logarithme népérien est la primitive de la fonction qui à un nombre réel x associe 1/x qui s'annule pour x = 1.* Voir *logarithme.*

néphrétique adj. Relatif au rein. Syn. rénal. / *Colique néphrétique*, due à un calcul.

néphridie n. f. ZOOL. Organe excréteur de nombreux invertébrés.

néphrite n. f. MÉD. Inflammation aiguë ou chronique du rein.

néphrologie n. f. Spécialité médicale consacrée à l'étude et à la physiologie des maladies du rein.

néphron n. m. ANAT. Unité morphologique et fonctionnelle fondamentale du rein. *Chez l'homme, le rein comporte environ un million tubes urinaires, chacun constitué d'un néphron associé à un tube collecteur.*

néphrose n. f. Fam. Syndrome néphrotique. / MÉD. Vx Affection dégénérative du rein, par opposition aux affections inflammatoires du rein (néphrites). / *Néphrose lipoïdique* : syndrome néphrotique avec altérations glomérulaires minimes. / *Néphrose osmotique* : lésion du rein provoquée par l'administration par voie veineuse de certaines

Fontaine de **Neptune**, à Madrid.

substances (glucose, sorbitol, notam.) à forte dose.

néphrotique adj. MÉD. De la néphrose.

Nephtali Dans la Bible, l'un des douze fils de Jacob. Il donna son nom à l'une des tribus d'Israël.

Neptolème Voir **Pyrrhos**

népotisme n. m. Favoritisme pratiqué par certains papes qui, aux XVe et XVIe siècles, accordaient aux membres de leur famille (et spécialement à leurs neveux) des dignités ecclésiastiques (et les revenus y afférents) non justifiées. / Par ext. Pratique de notables se servant de leur pouvoir pour faire bénéficier leurs proches de privilèges.

Neptune MYTH. ROM. Dieu romain identifié au Poséidon grec, dieu de la mer. • **Neptune** Planète du système solaire.

neptunium n. m. CHIM. Élément transuranien, de numéro atomique Z = 93 (symbole Np).

Nérac *7 015 h.* Commune de Lot-et-Garonne, marché d'une riche région agricole. Vignobles, distilleries (armagnac). Siège de la cour des Albret, Nérac fut au XVIe siècle un des centres du protestantisme français. Le Pont-Vieux, un château, des maisons datent des XIVe-XVIe siècles.

Néréides MYTH. GR. Divinités marines, filles du dieu marin Nérée et d'une Océanide, Doris. Elles sont cinquante parmi lesquelles Amphitrite, Galatée et Thétis.

néréis n. m. ou **néréide** n. f. ZOOL. Ver annélide polychète, marin et carnassier. *Le néréis vit dans la vase ou sur les rochers des côtes d'Europe occidentale.*

nerf n. m. ANAT. Chacun des filaments blanchâtres qui, reliant toutes les parties du corps au système nerveux central, transmettent, sous forme d'influx nerveux, les informations sensitives et motrices. Voir *influx. Nerfs moteurs* ou *nerfs centrifuges*, qui transmettent aux muscles l'excitation motrice. *Nerfs sensitifs* ou *centripètes*, qui transmettent les informations sensorielles des organes des sens aux centres nerveux. / Fig. Le système nerveux, en tant que support des excitations et des tensions. *Avoir les nerfs fragiles. Crise de nerfs* : spasmes, pleurs./ *Nerf de bœuf* : verge de taureau étirée et desséchée, utilisée comme matraque. / Fig. Vigueur, énergie. *Manquer de nerf.* / TECHN. Cordelette avec laquelle on coud chaque cahier d'un livre relié.

Nernst (Walther) 1864-1941 Physicien et chimiste allemand. Il inventa une lampe à incandescence toujours utilisée dans les laboratoires. Ses recherches sur la thermodynamique de l'équilibre chimique, sur les propriétés des vapeurs à haute température et sur celles des solides à basse température ont eu d'importantes applications industrielles et scientifiques. Il a reçu en 1920 le prix Nobel de chimie pour sa formulation de la troisième loi de la thermodynamique, ou *principe de Nernst,* selon lequel, au zéro absolu, l'entropie de tout système peut être considérée comme nulle.

néroli n. m. *Essence de néroli* : huile essentielle tirée des fleurs de bigaradier et d'oranger, utilisée en parfumerie.

Néron 37-68 Empereur romain (54-68). Sa mère Agrippine, petite-fille d'Auguste, épousa l'empereur Claude et lui fit adopter Néron, le fils qu'elle avait eu de son précédent mariage avec Domitius Ahenobarbus. Néron succéda à son père adoptif, au détriment du fils de Claude, Britannicus, qu'il fit tuer en 55, après un début de règne paisible. Il sombra ensuite dans un despotisme sanguinaire et extravagant. Pour se libérer de l'emprise de sa mère, il la fit assassiner (59), et contraignit au suicide son épouse Octavie, fille de Claude (62), qu'il avait répudiée pour épouser Poppée. Amoureux de la beauté dont il avait fait la valeur suprême, il se produisait comme poète et acteur. Rendant les chrétiens responsables de l'incendie qui ravagea Rome et qu'on lui attribua, il les persécuta (64). Sénèque, son ancien maître, accusé de complot, dut se donner la mort sur son ordre, ainsi que Lucain et Pétrone (65). Néron flattait le peuple par des jeux et des distributions de blé, mais le mécontentement s'accrut. En 68, l'armée se souleva, avec Galba en Espagne et Vindex en Gaule. Le Sénat ayant déclaré Néron ennemi public, celui-ci s'enfuit et se fit donner la mort par un affranchi.

Néron représenté sur une pièce de monnaie.

nerprun n. m. BOT. Arbuste dont les fruits, généralement noirs, fournissent des teintures de diverses couleurs.

Neruda (Ricardo Neftali Reyes Basoalto, dit **Pablo)** 1904-1973 Poète et homme politique chilien. Sa carrière diplomatique l'a conduit dans le monde entier. De retour au Chili en 1943, son adhésion au parti communiste (1945) le contraint à l'exil. Il est notamment l'auteur du *Chant général* (1950), qui chante la lutte des peuples latino-américains contre leurs oppresseurs, de *Tout l'amour* (1953), du *Mémorial de l'île Noire* (1964), d'une pièce de théâtre (*Splendeur et mort de Joaquin Murieta*, 1967) et d'une autobiographie posthume (1974), *J'avoue que j'ai vécu.* Il a été ambassadeur en France sous le gouvernement Allende.

Pablo Neruda.

NEPTUNE

Dans l'ordre des planètes gravitant autour du Soleil, Neptune occupe la huitième orbite, à 30,1 U.A. (4 502 844 205 km) de son étoile. Son rayon est de 25 269 km (celui de la Terre est de 6 378 km), sa masse équivaut à 17 fois celle de la Terre. Sa rotation journalière est de 16 heures et 3 minutes, sa période de révolution orbitale, de 164,8 ans (celle de la Terre est de 365 jours). L'inclinaison sur l'écliptique est de 1°8 et l'excentricité de l'orbite, de 0,01. La planète Neptune a été observée pour la première fois à l'observatoire de Berlin, le 23 septembre 1846, par l'astronome allemand Galle sur les indications de Le Verrier qui, intrigué par les perturbations subies par l'orbite d'Uranus, avait pressenti la présence d'un corps céleste invisible à l'œil nu. Neptune est classée parmi les planètes géantes du système solaire. Le survol de la sonde Voyager 2 (1989) la montre enveloppée par une atmosphère essentiellement composée de méthane, d'hydrogène et d'hélium à l'état liquide, en raison de sa température (environ -220 °C). La planète est entourée par un système de cinq anneaux. Le survol de Voyager 2 a permis de confirmer la présence d'un champ magnétique dont l'axe est incliné à 50° par rapport à son axe de rotation et décalé de son centre d'environ 8 000 km. Neptune possède huit satellites.

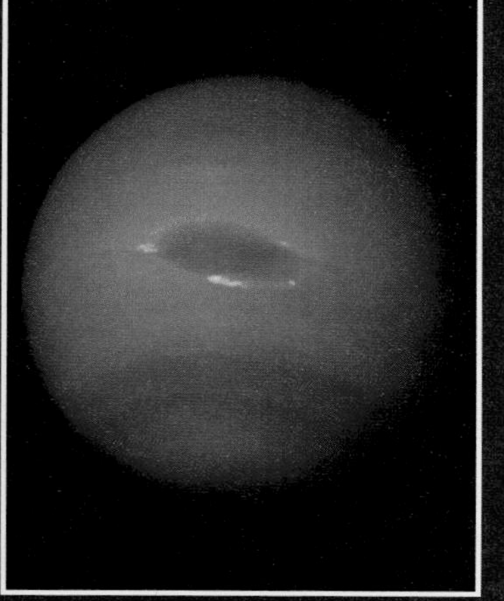

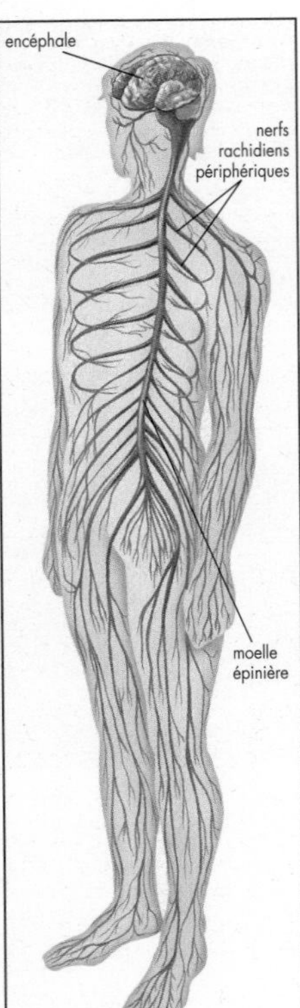

Le système **nerveux** central est composé de l'encéphale et de la moelle épinière ; l'ensemble des nerfs consitue le système **nerveux** périphérique.

Nerva (Marcus Cocceius) 26-98 Empereur romain (96-98). Il fut proclamé empereur par le Sénat après l'assassinat de Domitien. Il gouverna avec modération et, avant de mourir, adopta Trajan qu'il désigna comme successeur.

Nerval (Gérard Labrunie, dit **Gérard de)** 1808-1855 Écrivain français. Attiré par la littérature allemande, il traduit le *Faust* de Goethe en 1829. Après une passion de jeunesse pour une jeune femme nommée Adrienne qui mourut au couvent, son amour malheureux pour une actrice, Jenny Colon (dont il fera Aurélia), qui lui inspire l'exaltation romantique et mystique qui sera au centre de ses œuvres maîtresses, aggrave sa tendance morbide à la rêverie et il est bientôt victime de poussées délirantes. En 1841, il est interné quelque temps, pour troubles mentaux, dans la clinique du Dr Blanche. Son goût du rêve et du fantastique l'entraîne à découvrir l'Orient (1843), qu'il décrit dans *Voyage en Orient* (1851); il se consacre à ses recherches sur l'ésotérisme et donne une étude sur *Les Illuminés* (1852). Ses œuvres maîtresses reflètent son aventure spirituelle: *Les Chimères* (recueil de 12 sonnets hermétiques, 1854), *Les Filles du feu* (recueil de nouvelles comprenant notamment *Sylvie*, 1854), *Aurélia ou le Rêve et la Vie* (texte en prose inachevé, posthume, 1855). Victime de crises de folie, il séjourne à plusieurs reprises dans la clinique du Dr Blanche, qu'il quitte en octobre 1854; en janvier 1855, il est retrouvé pendu rue de la Vieille-Lanterne (voie aujourd'hui disparue située à l'emplacement de la place du Châtelet); le suicide ne fait guère de doute.

nerveusement adv. Avec nervosité.

nerveux, euse adj. Propre ou relatif aux nerfs. *Système nerveux.* / Riche en nerfs, en tendons, en muscles. *Un corps nerveux. Viande nerveuse.* / Relatif aux nerfs considérés comme le siège de la sensibilité affective. *Dépression nerveuse.* / (En parlant de personnes) Agité, excité, anxieux. *Des candidats nerveux.* / Fig. Qui a du nerf, réagit avec vigueur. *Des répliques nerveuses. Un moteur nerveux.*

nervi n. m. Péjor. Homme de main.

Nervi (Pier Luigi) 1891-1979 Architecte et ingénieur italien. Il a collaboré à de nombreuses constructions (gratte-ciel Pirelli à Milan, palais de l'Unesco à Paris), alliant la maîtrise technique à la beauté plastique. Il s'est imposé comme l'un des maîtres de l'architecture en béton armé.

nervosité n. f. État d'excitation ou d'irritation.

nervure n. f. Longue saillie très fine, à la surface de qqch. / BOT. Faisceau libéro-ligneux, par où coule la sève, saillant généralement à la face inférieure du limbe des feuilles. / ZOOL. Filet renforçant l'aile membraneuse des insectes. / ARCHIT. Moulure saillante d'une voûte, d'un pilier. / TECHN. Élément saillant d'une pièce mécanique qui en renforce la résistance. *Nervure d'une bielle.*

nervurer v. t. [1] Orner de nervures.

Nesle (hôtels et tour de) Anciens monuments parisiens. Le premier hôtel s'élevait à l'emplacement de l'actuel hôtel de la Monnaie. La *tour de Nesle*, située à proximité, sur la rive gauche de la Seine, face à la tour du Louvre, faisait partie de l'enceinte de Paris construite par Philippe Auguste. Elle fut démolie au XVIIe siècle pour permettre la construction du collège des Quatre-Nations, aujourd'hui palais de l'Institut. Le second hôtel de Nesle se trouvait à l'emplacement de la Bourse de commerce.

Ness (loch) Lac du nord de l'Écosse, dans la dépression nommée Glen More. Selon la légende, le lac est habité par une bête fabuleuse, le *monstre du loch Ness*.

Nessos ou **Nessus** MYTH. GR. Centaure qui causa la perte d'Héraclès. Le héros lui décocha une flèche empoisonnée quand il tenta de violer sa femme Déjanire après l'avoir portée sur l'autre rive du fleuve Évenos en crue. En expirant, Nessos se vengea en remettant à celle-ci sa tunique ensanglantée et en lui assurant qu'elle lui ramènerait son époux s'il lui était infidèle. Quelques années plus tard, Déjanire envoya la tunique à son mari. À peine Héraclès l'eut-il revêtue qu'il éprouva des douleurs terribles; il alluma un bûcher et s'y jeta pour mettre fin à sa souffrance.

nestorianisme n. m. RELIG. Doctrine de Nestorius, patriarche de Constantinople. ♦ Le nestorianisme affirme que deux personnes coexistent dans le Christ: la personne divine, le *Logos* (le Verbe divin), habite la personne humaine, et la Vierge Marie, vénérée comme *Théotokos* (« Mère de Dieu »), ne peut l'être que comme *Christotokos* (« Mère du Christ »). La doctrine de Nestorius a été rejetée au premier concile d'Éphèse (431), sans que la controverse entre l'école théologique de Constantinople (Nestorius) et celle d'Alexandrie (Cyrille) s'apaise pour autant. Le nestorianisme a été définitivement condamné au concile de Chalcédoine (451). Plusieurs Églises d'Orient ont continué de s'en réclamer; il gagna la Perse où l'Église d'Orient fut nommée « Église nestorienne », bien qu'elle n'ait eu aucun rapport direct avec Nestorius. Cette Église rayonna jusqu'en Inde et en Chine, où des missionnaires parvinrent dès 635. Elle atteignit son apogée au XIIIe siècle, avec plus de deux cents diocèses de Chypre à la Mandchourie, du Turkestan à Java. Elle déclina ensuite et ne compte plus aujourd'hui que quelques dizaines de milliers de fidèles, essentiellement en Irak et en Inde du Sud.

nestorien, enne adj. et n. RELIG. Du nestorianisme; tenant du nestorianisme. *Église nestorienne. Un nestorien.*

Nestorius v. 380-451 ? Théologien chrétien, patriarche de Constantinople (428-431). Il enseignait qu'il existe deux personnes distinctes en Jésus-Christ, la personne divine et la personne humaine qui, seule, est née de la Vierge Marie. Il mourut en exil.

net, nette [1] adj., adv. et n. m. **A.** adj. Sans souillure, propre. *Du linge net.* / Dont chaque détail est bien visible. *Image nette.* / Dont chaque intonation est perceptible. *Voix nette.* / Fig. Clair, sans confusion possible. *En avoir le cœur net.* / ÉCON Tous frais et charges déduits. *Salaire net. Prix net.* / COMM. *Poids net*: poids du contenu uniquement, par opposition à *poids brut*, poids du contenu et du contenant. **B.** adv. D'un seul coup. *Casser net.* / Sans ambiguïté, sans confusion possible. *Je vous le dis tout net.* **C.** n. m. *Mettre qqch. au net*, sous une forme claire, précise, finalisée.

Ruines du château d'Urquhart, au bord du **loch Ness**.

Benyamin Netanyahou.

net [2] Voir **let**

net [3] n. m. (mot anglais) Abrév. d'*Internet*.

Netanyahou (Benyamin) 1949 Homme politique israélien. Il fut chef du Likoud (1993-1999) et Premier ministre (1996-1999). Sa politique, favorisant notamment l'installation de colons juifs sur les territoires palestiniens, entraîna l'enlisement des négociations de paix avec les Palestiniens. Il fut battu par le travailliste Ehoud Barak aux élections anticipées de mai 1999.

Netchaïev (Serguei Guennadievitch) 1847-1882 Révolutionnaire russe. Fondateur d'un groupe nihiliste et terroriste, il fait assassiner un membre de ce groupe, se réfugie en Suisse où il rencontre Bakounine. Extradé en 1872, il est incarcéré en Russie et meurt en prison.

netéconomie n. f. Branche de l'économie née du développement des start-up sur Internet.

Neto (Agostinho) 1922-1979 Homme politique et poète angolais. Connu d'abord comme poète dès 1944, cofondateur du Mouvement populaire de libération de l'Angola (M.P.L.A.) en 1956, il fut le premier président de l'Angola indépendant (1975-1979). Il avait publié en 1974 son autobiographie, *L'Espérance sacrée*, en portugais.

netské ou **netsuké** n. m. (mot japonais) BX-A. Petite figurine japonaise sculptée utilisée comme bouton d'arrêt sur une cordelière qui retient une boîte à médicament, un sceau, une bourse, une blague à tabac. *Les premiers netskés sculptés, souvent en ivoire, sont apparus au Japon au XVIIe siècle.*

nettement adv. Avec netteté. *Le clocher se découpe nettement sur le ciel.* / Clairement. *Exprimer nettement son point de vue.* / Fam. Tout à fait. *Il est nettement plus jeune qu'elle.*

netteté n. f. Caractère de ce qui est net. *Netteté d'une écriture.*

nettoiement n. m. Ensemble des opérations de nettoyage (s'emploie en général en parlant d'un lieu public). *Services du nettoiement de la ville de Paris.*

nettoyage n. m. Action de nettoyer; son résultat.

nettoyer v. t. [1] Rendre propre, net, en ôtant ce qui salit ou encombre. *Nettoyer le sol avec une serpillière. Nettoyer le garage. Nettoyer une plaie.* / Fam. Dépouiller (un lieu) de son

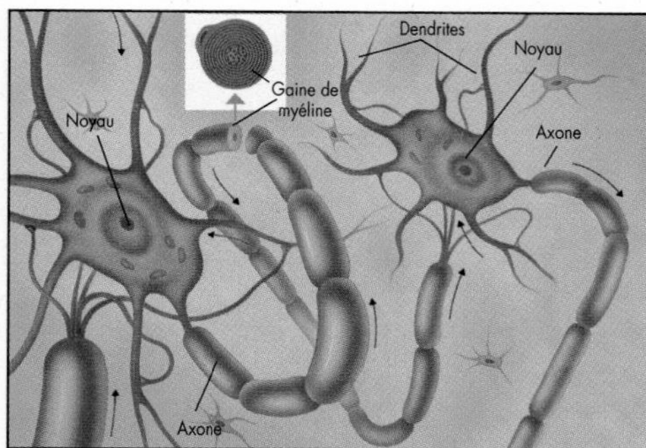

Structure des ***neurones*** *(les flèches représentent le trajet de l'influx nerveux).*

Le ***lac de Neuchâtel****.*

contenu. *Les cambrioleurs ont nettoyé l'appartement.* / Pop. Dépouiller de son argent. *Se faire nettoyer à la roulette.* / Fig. Débarrasser (un lieu) de ceux qui s'y trouvent et qu'on juge indésirables, en les expulsant ou en les éliminant. / Pop. Épuiser (qqn). *Cette ascension m'a nettoyée.* / Pop. Assassiner.

nettoyeur, euse n. Personne qui nettoie. / n. m. Appareil de nettoyage.

Neuchâtel (canton de) *803 km² 165 260 h.* Canton de l'ouest de la Suisse, en majorité francophone. Chef-lieu *Neuchâtel.* Le canton appartint aux Orléans-Longueville de 1504 à 1707, puis au roi de Prusse. Après l'occupation française (1806-1814), il entra dans la Confédération helvétique (1815). Il couvre une partie du Jura. Élevage (fabrication de gruyère), industries mécanique et alimentaire, tourisme. La langue française et le protestantisme dominent.

Neuchâtel (lac de) *216 km²* Le plus grand lac suisse, dominé par le Jura, relié par deux rivières aux lacs de Bienne et de Morat.

Neuchâtel *31 700 h.* Ville de Suisse située au pied du Jura, sur la rive nord-ouest du lac de Neuchâtel, chef-lieu de canton. Centre de l'industrie horlogère et chocolatière, cette ville possède des monuments médiévaux : église des XIIe-XIVe siècles, château des XIIe-XVIe siècles. Université. Station touristique (sports d'hiver).

neuf [1] adj. num. et n. m. inv. Huit plus un. *Neuf clichés.* / Neuvième. *Louis IX. La page 9.* (Ellip.) *Le 9 janvier* : le neuvième jour du mois de janvier. / n. m. Nombre qui suit le huit. *Nombre entier naturel, le neuf n'est pas divisible.* / Chiffre (9) qui représente le nombre neuf. / Carte qui porte neuf marques. *Le neuf de carreau.*

neuf, neuve [2] adj. et n. m. **A.** adj. Qui n'a pas encore servi. *Voiture neuve.* / Récent. *Maison neuve.* / Loc. (En parlant d'un reptile) *Faire peau neuve* : muer ; (fig.) se renouveler complètement. / Nouveau, original. *Idée neuve.* / Frais, renouvelé. *Regard neuf.* **B.** n. m. Ce qui n'a pas encore servi. *Le neuf et l'occasion.* / Loc. *À neuf* : comme neuf. *Remettre à neuf. De neuf* : avec des choses neuves. *S'habiller de neuf.*

Neuilly-sur-Seine *61 768 h.* Commune résidentielle à l'ouest de Paris (Hauts-de-Seine), près du bois de Boulogne.

Neumann (Johann Balthasar) 1687-1753 Ingénieur, architecte et urbaniste allemand. Baroque dans ses premières réalisations, son style évolue vers le rococo. Il construisit en Bavière la résidence des princes-évêques de Würzburg (1720-1750), ainsi que de nombreux châteaux, et participa à la construction de l'église de Vierzehnheiligen (1743-1772). Ses exubérantes décorations intérieures, en stuc, sont d'une polychromie à la fois somptueuse et subtile.

Neumann (John von) 1903-1957 Mathématicien américain d'origine hongroise, inventeur de l'algèbre qui porte son nom, auteur de la théorie des jeux. Enseignant à l'université de Berlin de 1927 à 1929, il fuit le régime nazi, s'expatrie aux États-Unis et obtient (1933) un poste à l'institut des études avancées de Princeton. Dès 1943, il participe au projet « Manhattan » et prend conscience de l'intérêt du calcul numérique et de l'aide que peuvent apporter les ordinateurs à la solution des problèmes scientifiques. Neumann ne s'est pas intéressé qu'à l'algèbre, il a abordé la neurologie et la psychiatrie, afin de perfectionner le fonctionnement logique des ordinateurs, la météorologie et la physique nucléaire auxquelles il tenta d'appliquer ses théories.

neume n. m. MUS. Signe de notation du plain-chant.

neuneu adj. et n. Fam. Un peu niais.

neurasthénie n. f. MÉD., vx État dépressif caractérisé par un état de fatigue physique et mentale et une grande mélancolie. / État d'abattement et de tristesse.

neurasthénique adj. et n. De la neurasthénie. / Atteint de neurasthénie. /Subst. *Un(e) neurasthénique.*

neurobiologie n. f. Partie de la biologie qui étudie le fonctionnement du système nerveux.

neurochirurgie n. f. Chirurgie du système nerveux.

neurochirurgien, enne n. Spécialiste de neurochirurgie.

neuroleptique adj. et n. PHARM. Qui exerce une action sédative sur le système nerveux central et favorise la réduction des troubles psychotiques. / n m. *Un neuroleptique* : un médicament neuroleptique. *On utilise les neuroleptiques dans le traitement des psychoses et des états délirants et hallucinatoires.*

neurologie n. f. Branche de la médecine qui s'attache à l'étude du système nerveux et de ses maladies.

neurologue n. Spécialiste de neurologie.

neuromédiateur n. m. PHYSIOL. Synonyme de neurotransmetteur.

neurone n. m. BIOL. Cellule nerveuse, capable de conduire l'influx nerveux, élément de base du système nerveux. *Un neurone se compose d'un corps cellulaire muni d'un prolongement appelé axone, et de prolongements appelés dendrites.*

neurophysiologie n. f. Étude de la physiologie du système nerveux.

neurophysiologique adj. De la neurophysiologie.

neuropsychiatre n. Spécialiste de neuropsychiatrie.

neuropsychiatrie n. f. MÉD. Spécialité médicale étudiant les maladies mentales en ce qu'elles relèvent de troubles du système nerveux.

neuropsychologie n. f. Discipline qui traite des fonctions mentales supérieures dans leurs rapports avec les structures cérébrales.

neuropsychologique adj. Relatif à la neuropsychologie.

neuropsychologue n. Spécialiste de neuropsychologie.

neurosciences n. f. pl. Ensemble des disciplines biologiques et cliniques étudiant le système nerveux et sa pathologie.

neurotoxine n. f. Toxine agissant sur le système nerveux.

neurotransmetteur n. m. PHYSIOL. Substance libérée par les terminaisons nerveuses des neurones, au niveau des synapses, et permettant la transmission de l'influx nerveux (à d'autres neurones, à des cellules musculaires). *L'acétylcholine est un neurotransmetteur.* Syn. neuromédiateur.

neurovégétatif, ive adj. PHYSIOL. *Système neurovégétatif* (ou *système nerveux autonome*) : ensemble des structures nerveuses qui contrôlent les fonctions végétatives (fonctions de respiration, de circulation, de digestion, etc.)

neurula n. f. ZOOL. (Chez les vertébrés et les autres chordés) Stade embryonnaire précoce, caractérisé par la formation du tube nerveux. *La neurula succède à la gastrula.*

Neustrie (la) Royaume franc constitué en 561 lors du partage du royaume de Clotaire Ier, la Neustrie était délimitée par la Loire, la Bretagne, la Manche et la Meuse. Tous ses rois, dont le premier fut Chilpéric Ier, luttèrent contre la rivale, l'Austrasie ou royaume de l'Est. Les deux royaumes furent réunis de 613 à la mort de Dagobert Ier (639) ; les Neustriens furent finalement vaincus en 687 par Pépin de Herstal (le père de Charles Martel), qui reconstitua l'unité du royaume franc.

Neutra (Richard) 1892-1970 Architecte américain d'origine autrichienne. Influencé par Loos, il fit, aux États-Unis, la rencontre de F. L. Wright et s'installa à Los Angeles en 1926. Il consacra l'essentiel de son activité à la construction de maisons individuelles, en particulier quelques luxueuses résidences (dont celle de Josef von Sternberg) au style austère et rigoureux qui s'intègrent à la nature.

neutralisation n. f. Action de neutraliser ; résultat de cette action. / CHIM. Diminution de l'acidité d'un corps, d'une solution, par une base ; diminution de l'alcalinité d'un corps, d'une solution, par un acide.

neutraliser v. t. [1] Rendre neutre. / Donner le statut de neutre à (un État, un territoire). / Affaiblir ou annihiler l'action, la force ou l'effet de (qqn ou qqch.) par une action, une force ou des effets contraires. *Neutraliser un forcené,* le maîtriser. *Neutraliser la circulation,* l'arrêter momentanément en fermant un tronçon de route. (Emploi pron.) *Les deux équipes se sont neutralisées.* / CHIM. Rendre neutre, ni acide ni basique. *Neutraliser une solution.*

neutralisme n. m. Attitude et doctrine politique rejetant toute adhésion à un système d'alliance militaire.

neutraliste adj. et n. Relatif au neutralisme ; tenant de cette doctrine.

neutralité n. f. Attitude d'une personne qui ne prend pas parti (dans une discussion, dans un conflit). / Politique d'un État qui, dans une guerre, reste neutre. / CHIM. Caractère d'un corps, d'une solution, d'un milieu neutre (de pH 7). / PHYS, CHIM. Caractère d'un corps, d'un système dont la charge électrique globale est nulle.

neutre adj. et n. **I.** Sans caractère marqué. *Voix neutre. Ton neutre.* / Qui ne prend pas parti dans un conflit, une guerre. *Rester neutre.* / CHIM. Ni acide, ni basique ; de pH 7. *Une solution neutre.* / PHYS., CHIM. Qui ne porte pas de charge électrique globale (qui ne porte aucune charge électrique ou qui porte un même nombre de charges positives et négatives, qui se compensent). / PHYS. NUCL. *Particules neutres* : voir *neutrino* et *neutron.* / MATH. Élément neutre d'un ensemble muni d'une

L'Alhambra de Grenade et le palais de Charles Quint. Au fond, la ***sierra Nevada****.*

loi de composition interne (notée *) : élément *e* de cet ensemble tel que pour tout élément *x* de cet ensemble *x* * *e* = *e* * *x* = *x*. *Dans l'ensemble des nombres réels, 0 est l'élément neutre de l'addition, 1 est celui de la multiplication.* **II.** GRAMM. Ni masculin, ni féminin. *Genre neutre.* / n. m. *Le neutre s'oppose au masculin et au féminin dans les langues à trois genres.*

neutrino n. m. PHYS. NUCL. Particule élémentaire de la famille des leptons, électriquement neutre et de masse nulle (symbole : n). *Les neutrinos sont émis au cours des désintégrations radioactives de type bêta, en même temps que les électrons.*

neutron n. m. PHYS. NUCL. Particule élémentaire constitutive du noyau atomique, électriquement neutre, de masse très voisine de celle du proton. / ASTRON. *Étoile à neutrons* : étoile extrêmement dense qui serait formée principalement de neutrons ; elle constituerait le stade d'évolution d'une étoile succédant à l'explosion d'une supernova et précédant le trou noir. / *Bombe à neutrons* : bombe thermonucléaire que ses effets de souffle et de chaleur réduits rendent peu destructrice pour les installations matérielles, mais dont l'explosion entraîne un puissant rayonnement de neutrons qui anéantit les êtres vivants.

neutrophile adj. et n. m. BIOL. Qui a une affinité à la fois pour les colorants basiques et pour les colorants acides. / n. m. *Un neutrophile* : un polynucléaire neutrophile.

neuvaine n. f. RELIG. CATHOL. Groupe de neuf jours consécutifs consacrés à la dévotion.

neuvième adj. num. et n. Qui occupe le rang désigné par le nombre neuf. *La neuvième place.* / n. *Je suis la neuvième dans la file d'attente.* / n. m. Chacune des parties d'un ensemble divisé en neuf éléments égaux. *Les six-neuvièmes d'un terrain.* / n. f. MUS. Intervalle de neuf degrés diatoniques.

neuvièmement adv. En neuvième lieu ;

Neva (la) *74 km* Fleuve russe issu du lac Ladoga ; il traverse Saint-Pétersbourg et se jette dans la Baltique (golfe de Finlande). En 1240, le prince Alexandre y remporta une victoire décisive sur les Suédois, ce qui lui valut le surnom de *Nevski*.

Nevada (le) *286 350 km² 1 202 000 h.* État de l'ouest des États-Unis. Capitale *Carson City*. Un des centres de la ruée vers l'or au XIXe siècle, le Nevada, pays aride, vit principalement du tourisme (casinos de Las Vegas). Cédé aux États-Unis par le Mexique (1848) à l'issue d'une guerre, le Nevada entra dans l'Union en 1864.

Nevada (sierra) Chaîne de hautes montagnes du sud de l'Espagne (*3 478 m* au Mulhacén).

Nevada (sierra) Chaîne des États-Unis (Californie) qui culmine à *4 418 m* au mont Whitney.

ne varietur (mots latins) loc. adv. et adj. DR. Pour qu'il ne soit plus changé (indique qu'une pièce de procédure est définitivement ratifiée). / loc. adj. inv. Définitif. *Édition ne varietur.*

névé n. m. Masse compacte de neige entassée dans une dépression, un cirque, et dont la base se transforme en glacier.

Nevelson (Louise) 1900-1988 Sculpteur américain d'origine russe. Auteur de reliefs muraux monochromes, influencés par l'art mexicain et faits d'un assemblage de matériaux qui semblent recueillis au hasard (débris de meubles, en particulier), elle utilise pour ses sculptures, à la fin de sa vie, le métal et le plexiglas.

Nevers *40 932 h.* Chef-lieu de la Nièvre, au confluent de la Nièvre et de la Loire. Aux activités traditionnelles (faïencerie) s'ajoutent de nombreuses industries modernes (industries mécanique, automobile, chimique). Ancienne capitale du Nivernais, Nevers conserve un palais ducal (XVe-XVIe siècle), une cathédrale des XIe-XVIe siècles et une remarquable église romane, Saint-Étienne.

neveu n. m. Fils du frère, de la sœur.

névicien, enne adj. et n. De Saint-Kitts-et-Nevis.

Neville (Richard, comte **de Warwick**, dit **le Faiseur de rois)** 1428-1471 Homme de guerre anglais, parent et allié de la famille d'York. Il réussit à faire couronner Édouard IV d'York à la place d'Henri VI, durant la guerre des Deux-Roses (1461). Bientôt brouillé avec Édouard, il passa dans le camp des Lancastre et parvint à rétablir Henri VI sur le trône d'Angleterre (1470). L'année suivante, Édouard vainquit et tua Warwick à Barnet.

névralgie n. f. MÉD. Douleur, souvent paroxystique, située sur le trajet d'un nerf sensitif.

névralgique adj. Relatif à la névralgie. / Fig. *Point névralgique* : point sensible (d'une affaire quelconque, d'une situation, d'un raisonnement, etc.). *Centre névralgique* : centre d'une extrême importance. *La tour de la radio est le centre névralgique des communications du pays.*

névraxe n. m. ANAT. Système nerveux central.

névrite n. f. MÉD. Lésion inflammatoire d'un nerf. *Névrite optique* : inflammation du nerf optique, d'origine infectieuse, toxique ou allergique.

névroglie n. f. ANAT. Tissu interstitiel du système nerveux, au rôle nourricier. Syn. glie, tissu glial.

névropathe adj. et n. Atteint de névropathie.

névropathie n. f. Vieilli Ensemble de troubles névrotiques.

névroptères n. m. pl. ZOOL. Ancien ordre qui comprenait divers insectes à ailes transparentes nervurées, aujourd'hui regroupés soit parmi les planipennes soit parmi les mégaloptères.

névrose n. f. PSYCHIATR., PSYCHANAL. Trouble psychique, sans substrat lésionnel, qui perturbe l'affectivité et l'émotivité sans affecter les facultés intellectuelles. ♦ Les troubles anxieux, phobiques, obsessionnels, compulsifs et hystériques appartiennent au registre des névroses. Le sujet qui souffre d'une névrose en a conscience (contrairement à la psychose, dans laquelle la conscience de la réalité est profondément perturbée). Dans la théorie psychanalytique, la névrose est le résultat conscient d'un conflit psychique inconscient, dont l'origine remonte à l'enfance du sujet.

névrosé, e adj. et n. PSYCHOPATHOL. Atteint de névrose.

névrotique adj. PSYCHIATR. Qui procède de la névrose. *Symptômes névrotiques.*

Nevski Voir **Alexandre Nevski**

New Deal (*« nouvelle donne »*) Ensemble des mesures prises à partir de 1933 par le président Roosevelt pour lutter contre la crise économique qui ravageait les États-Unis depuis 1929. L'État fédéral intervint dans la vie économique et sociale (dévaluation du dollar, financement de grands travaux, subventions et prêts pour soutenir l'agriculture et l'industrie, création d'une assurance chômage et retraite, droit pour les ouvriers de se syndiquer). La Cour suprême jugea inconstitutionnelles plusieurs de ces nouvelles lois.

Paul Newman.

New Hampshire *24 032 km² 1 172 709 h.* État du nord-est des États-Unis (Nouvelle-Angleterre). Capitale *Concord*. Cet État montagneux et forestier est drainé par le Connecticut. Élevage (bovins, volailles), industries variées. Province royale en 1692, le New Hampshire proclama son indépendance en 1776 et fut parmi les treize premiers États à entrer dans l'Union en 1788.

Ne Win (Maung Shu Maung, dit **Bo)** 1911-2002 Général et homme d'État birman. En 1962, il renversa U Nu à la suite d'un coup d'État, et exerça une dictature comme Premier ministre, puis comme chef de l'État (1974-1981). Il conserva le pouvoir effectif, avec la direction du parti unique (le Parti du programme socialiste birman), jusqu'en 1988.

New Jersey *20 169 km² 7 730 000 h.* État du nord-est des États-Unis, baigné par l'Atlantique. Capitale *Trenton*. Importantes cultures maraîchères. Tourisme sur la côte. L'État est fortement urbanisé (383 h./km²) et les activités industrielles (pétrochimie, sidérurgie, construction automobile, navale et aéronautique) et commerciales sont importantes. Université de Princeton. Annexé par les Anglais en 1664, le New Jersey proclama son indépendance en 1776 et fut parmi les treize premiers États à entrer dans l'Union en 1787.

new-look (mots anglais) n. m. inv. et adj. inv. Mode vestimentaire créée, au sortir de la Deuxième Guerre mondiale, par le couturier Christian Dior. *Le new-look. La mode new-look.*

Newcastle upon Tyne ou **Newcastle** *283 560 h.* Ville et port de Grande-Bretagne (Angleterre), sur la Tyne, à *16 km* de la mer du Nord. Chef-lieu des comtés de Tyne and Wear et du Northumberland, c'est un grand centre industriel.

Newcomen (Thomas) 1663-1729 Mécanicien anglais. Il construisit la première machine à vapeur utilisable (1712), qui fut améliorée ensuite par Watt.

Newman (Baruch, dit **Barnett)** 1905-1970 Peintre abstrait américain.

Newman (John Henry) 1801-1890 Prélat et écrivain britannique. Anglican, pasteur à Oxford (1828), il est à l'origine d'un mouvement qui conteste le principe d'une Église « établie », cette Église anglicane soumise aux institutions étatiques. Son itinéraire spirituel le conduit à se convertir au catholicisme (1845), conversion qui soulève des tempêtes. Ordonné prêtre (1847), il est, en 1851, recteur de l'université de Dublin. Poursuivant son œuvre théologique et philosophique, continuant d'entretenir une importante correspondance avec ses amis restés anglicans, il est en butte à des attaques venues aussi bien de l'Église anglicane que de l'Église catholique, attaques auxquelles il répond dans son autobiographie spirituelle, *Apologia pro vita sua* (1864). Il a été fait cardinal en 1879.

Newman (Paul) 1925 Acteur et cinéaste américain, formé par l'Actor's Studio. Il a joué notamment dans *Le Gaucher* d'Arthur Penn (1958), *La Chatte sur un toit brûlant* de Richard Brooks (1958), *L'Arnaqueur* de Robert Rossen (1961), *Le Rideau déchiré* d'Alfred Hitchcock (1966), *La Couleur de l'argent* de Martin Scorsese (1986). Il réalisa lui-même plusieurs films dont *Rachel, Rachel* (1968) et *L'Affrontement* (1984).

Isaac Newton.

newton n. m. PHYS. Unité de force, qui correspond à la force qui communique à un corps de masse de 1 kg une accélération de 1 m/s^2 (symbole : N).

Newton (Isaac) 1642-1727 Mathématicien, physicien et astronome anglais. Au sortir de l'université de Cambridge, il commença à réfléchir sur les lois de la pesanteur et de la gravitation qu'il aurait découvertes par hasard ; on connaît l'anecdote de la chute de la pomme, rapportée par Voltaire et sans doute véridique. À partir de cette observation banale, Newton pose comme hypothèse que la force qui attire la pomme vers la Terre est identique à celle qui retient la Lune sur son orbite. Puis, supposant les orbites circulaires, il montre que cette force doit varier en raison inverse du carré de la distance. En juillet 1687, il publie les *Principes mathématiques de la philosophie naturelle* où se trouvent rassemblés et mis sous leur forme définitive les principes de la dynamique newtonienne et de la dynamique céleste ; l'astronomie passait alors du stade de l'observation pure à celui de la rigueur mathématique. L'œuvre embrasse également les mathématiques et l'optique ; la théorie des fluxions qui lui permit d'étudier la courbure et la tangente d'une courbe conduisit au calcul différentiel et intégral ; son *Arithmétique universelle* (publiée en 1707) contient de nombreux résultats sur les propriétés des racines des équations, l'expression des coefficients du binôme ; citons enfin sa théorie des cubiques et des coniques, et ses études sur l'affinité chimique. Il étudia aussi la lumière (*Traité d'optique*, publié en 1704), montrant que la lumière blanche se décompose en diverses couleurs et que les *anneaux de Newton* sont produits par l'interférence des rayons lumineux.

Newton (Helmut) 1920 Photographe australien d'origine allemande. Ses nus, ses photographies de mode, ses clichés publicitaires témoignent d'un grand sens de la composition ; il utilise la couleur d'une manière aussi personnelle que percutante, dans des œuvres dont, souvent, l'érotisme n'est pas absent.

newtonien, enne adj. et n. Relatif au système d'Isaac Newton ; partisan de ce système.

• **New York** *7 333 250 h.* Ville des États-Unis (État de New York) dont elle est la capitale économique, au centre de l'une des plus grandes agglomérations du monde (*19 796 430 h.*).

New York (État de) *127 190 km² 18 137 230 h.* État du nord-est des États-Unis, bordé par les lacs Érié et Ontario à l'ouest, et l'océan Atlantique à l'est. Capitale *Albany*. Villes principales : New York, Buffalo. L'île de Long Island fait partie de cet État, dont la forte densité est due à la ville de New York. Région de montagnes (Adirondacks, Appalaches) et de plateaux, l'État est traversé par les vallées du Mohawk et de l'Hudson, qui relient la plaine côtière et la plaine des Grands Lacs. L'État est le premier du pays pour l'industrie, le commerce et les activités financières ; il a conservé un rôle politique important. Ce territoire fut d'abord une colonie hollandaise, fondée au début du XVIIe siècle. Les Anglais la prirent en 1664 et en firent une colonie royale en 1691, qui proclama son indépendance en 1776 et entra dans l'Union en 1788.

Ney (Michel, duc d'Elchingen, prince de la Moskova**)** 1769-1815 Maréchal de France. Fils d'un tonnelier, général en 1796, maréchal en 1804, il s'illustre à Friedland et lors de la retraite de Russie. En 1815, Louis XVIII, qui l'avait fait pair de France, le charge d'arrêter Napoléon, mais Ney se rallie à l'Empereur. Il participe à la bataille de Waterloo. Traduit devant la Cour des pairs pour avoir trahi les Bourbons, Ney est condamné à mort et fusillé.

nez n. m. Partie saillante située sur le visage entre le front et la lèvre supérieure, organe de l'odorat. *Le nez est percé de deux ouvertures, les narines.* / Fam. *Ça se voit comme le nez au milieu de la figure* : c'est évident. / Fig. Flair, intuition. / Par ext. Le visage ou la personne tout entière. *Mettre le nez dehors.* / Partie avancée d'un appareil. *Nez d'un avion.*

Ngazidja *1 148 km² 233 530 h.* Île la plus vaste et la plus peuplée de l'archipel des Comores ; sa ville principale, *Moroni*, est la capitale de l'archipel.

Ngô Dinh Diêm 1901-1963 Homme politique vietnamien. Catholique, il dirige le premier gouvernement de l'État sud-vietnamien (1954). Après avoir déposé l'empereur Bao Daï (1955), il proclame la république, en devient le président et gouverne de façon autoritaire jusqu'à son assassinat, lors d'un coup d'État militaire, en 1963.

Ngouabi (Marien) 1938-1977 Homme politique congolais. Militaire de carrière formé en France, il prend le pouvoir à Brazzaville en août 1968 et devient chef de l'État le 31 décembre ; son pouvoir personnel est légitimé par la Constitution de 1973. Il est assassiné le 18 mars 1977 dans des conditions qui demeurent obscures.

Nguyen Dynastie vietnamienne issue d'une famille qui obtint le gouvernement héréditaire du sud du Vietnam actuel et de Hué et se rendit indépendante de la Chine au XVIe siècle. Le pays, unifié, devint en 1804 le Vietnam ; la dynastie s'éteignit avec Bao Dai.

ni conj. (Pour réunir des propositions négatives ou différents termes d'une proposition négative) *Je ne le veux ni même le souhaite. Ce n'est ni beau ni laid, c'est quelconque.* / Litt. (Dans une phrase ayant implicitement un sens négatif) Et. *Patience et longueur de temps font plus que force ni que rage* (La Fontaine).

niable adj. Que l'on peut nier.

Niagara (le) *54 km* Petit fleuve d'Amérique du Nord, reliant les lacs Érié et Ontario et formant une frontière entre les États-Unis et le Canada. Ses eaux franchissent une très forte dénivellation, formant les chutes qui alimentent de puissantes centrales hydroélectriques. Un canal de dérivation permet la navigation continue sur les Grands Lacs.

niais, e adj. et n. D'une grande naïveté ; d'une inexpérience extrême confinant à la sottise. *Rester niais.* / Subst. *Un(e) niais(e).* / Par ext. Empreint de sottise. *Rire niais.*

niaisement adv. De façon niaise.

niaiserie n. f. Caractère de ce qui est niais.

Niamey *398 270 h.* Capitale du Niger, dans le sud-ouest du pays, sur la rive gauche du Niger. Centre commercial. Industrie alimentaire. Musée.

niaouli n. m. BOT. Arbre de la famille des myrtacées, originaire d'Océanie. *L'essence de niaouli, tirée des feuilles de cet arbre par distillation, est utilisée en parfumerie et en pharmacie, elle a une action antiseptique sur les voies respiratoires.*

nib adv. Vieilli, fam. Rien.

New York

Fondée en 1626 par des colons hollandais qui la baptisèrent *Nouvelle Amsterdam*, la ville, devenue anglaise en 1664, prit le nom de *New York*. Elle fut le siège du gouvernement américain de 1785 à 1789 et resta la capitale de l'État de New York jusqu'en 1797. En 1811, elle adopta le plan en damier pour son urbanisme. Grand point d'immigration, la ville, qui comptait *60 000 h.* en 1800, dépassa les *600 000 h.* en 1850 et atteignit *1 500 000 h.* en 1890. À la fin du XIXe siècle, elle s'étendit au-delà de l'île de Manhattan et se développa rapidement (premier gratte-ciel, *Flat Iron Building*, en 1902 ; métro à partir de 1904).

La ville est formée de cinq districts (*boroughs*) : Manhattan, le Bronx au nord, Richmond sur l'île de Staten Island, Brooklyn et le Queens occupant la partie occidentale de Long Island. Le port de New York, dominé par la fameuse statue de la Liberté, est le deuxième du monde après Rotterdam. La ville est un carrefour routier, ferroviaire, aérien, et le premier centre financier du monde. Le quartier de Manhattan, où se trouvent le quartier des affaires et la Bourse (Wall Street), concentre les activités commerciales et financières. La zone urbaine est l'un des principaux foyers industriels du pays.

New York, vue de l'Empire State Building.

A l'arrière-plan, les tours du World Trade Center détruites le 11 septembre 2001.

Le sud de Manhattan a été ravagé en septembre 2001 par un attentat dû à deux avions des lignes intérieures américaines, détournés par des terroristes et lancés contre les tours jumelles du World Trade Center qui ont pris feu et se sont effondrées, causant des milliers de victimes. Cité cosmopolite, New York est la capitale culturelle des États-Unis : théâtres, journaux, chaînes de radio et de télévision, salles de concerts et opéra, musées (Metropolitan, Guggenheim, Museum of Modern Art), universités (Columbia). L'ONU siège à New York depuis 1946.

Chanson des **Nibelungen** : *Siegfried meurt par trahison au cours d'une partie de chasse. Gravure du XIXe siècle.*

Nice.

Nibelungen (les) Héros d'une légende germanique qui s'est développée sous une forme orale, en Allemagne et dans les pays scandinaves (y compris l'Islande). Elle a inspiré la *Chanson des Nibelungen*, épopée allemande (anonyme, XIIIe siècle) en deux parties : *La Mort de Siegfried* et *La Vengeance de Kriemhilde*, et la *Tétralogie* de Wagner (composée entre 1848 et 1874). Les Nibelungen, fils du brouillard, sont des nains qui habitent sous la terre, sujets du roi Nibelung. Ils possèdent un trésor fabuleux (l'or du Rhin) que le chevalier Siegfried s'approprie en tuant le nain Alberich. Siegfried acquiert, avec le trésor, des pouvoirs magiques. Il aime Kriemhild, sœur de Gunther, roi des Burgondes ; pour obtenir sa main, il aide Gunther à conquérir Brunhild, reine d'Islande. Mais Siegfried est tué par Hagen, vassal de Brunhild. Kriemhild, pour le venger, attire les Burgondes au pays des Huns où ils sont anéantis, et tue elle-même Hagen avant d'être tuée. En 1924, Fritz Lang sortit le film *Les Nibelungen*.

• **Nicaragua** État d'Amérique centrale, entre le Honduras, au nord, et le Costa Rica, au sud.

nicaraguayen, enne adj. et n. Du Nicaragua. *Lacs nicaraguayens. Un(e) Nicaraguayen(ne).*

Nice *342 738 h.* Chef-lieu des Alpes-Maritimes, sur la Côte d'Azur, au pied des Préalpes. Nice doit à son site, à la douceur de son climat et à son dynamisme culturel d'être l'une des capitales du tourisme européen. Nombreux musées (Matisse, Chagall, Archéologie, Beaux-Arts). Quartier pittoresque du *Vieux Nice. Promenade des Anglais* en bord de mer. Université. Dotée d'un aéroport international et d'un port de voyageurs vers la Corse, Nice est un centre commercial et industriel (parfums, alimentation, électronique). Ancien comptoir grec fondé au Ve siècle av. J.-C., conquis par les Romains au Ier siècle ap. J.-C., le comté de Nice devient possession de la maison de Savoie en 1388. Française de 1793 à 1814, Nice est définitivement cédée à la France par le Piémont en 1860 (traité de Turin négocié par Napoléon III, puis plébiscite).

Nicée Ancienne ville d'Asie Mineure (aujourd'hui *Iznik*, en Turquie) qui fut le siège de deux conciles. Celui de 325, convoqué par Constantin Ier le Grand, condamna l'arianisme (Arius fut excommunié) et définit la nature du Christ, consubstantiel au Père. Celui de 787, réuni par Constantin IV et l'impératrice Irène, condamna les iconoclastes et définit la doctrine orthodoxe sur le culte des images. Nicée fut la capitale des empereurs byzantins dépossédés de Constantinople par les croisés : l'*Empire de Nicée*, fondé par Théodore Lascaris en 1204, eut comme dernier titulaire Michel VIII Paléologue, qui reconquit Constantinople en 1261. En 1333, Nicée fut prise par les Turcs.

Nicéphore Nom de trois empereurs byzantins. **Nicéphore Ier le Logothète** ?-811 Empereur en 802 après avoir chassé l'impératrice Irène. Il fut battu par Haroun al-Rachid (807) et tué par les Bulgares. **Nicéphore II Phokas** v. 913-969 Empereur en 963, successeur de l'empereur Romain II dont il épousa la veuve. Il lutta avec succès contre les Arabes, conquit la Cilicie, Chypre, une partie de la Syrie et Antioche ; il fut assassiné par Jean Ier Tzimiskès, qui lui succéda. **Nicéphore III Botanéiatès** ?- après 1081. Empereur en 1078, après l'abdication de Michel VII Doukas ; il fut détrôné par Alexis Comnène en 1081 et enfermé dans un couvent.

niche [1] n. f. Enfoncement pratiqué dans l'épaisseur d'une paroi pour recevoir un objet décoratif, une statue. / Abri pour chien.

niche [2] n. f. Blague. *Faire des niches à qqn.*

nichée n. f. Ensemble des oisillons, encore au nid, d'une même couvée.

nicher v. i. [1] Faire son nid ; être dans son nid. *Nicher dans un arbre.* / Fig., fam.

Jack Nicholson.

Habiter. *Je ne sais pas où il peut bien nicher.* / v. pron. S'établir dans un endroit inaccessible, caché. *Se nicher dans un arbre.*

nichoir n. m. Nid aménagé.

Nicholson (Ben) 1894-1982 Peintre et sculpteur britannique. D'abord cubiste, il se tourna vers l'abstraction et peignit des toiles géométriques, proches de l'art de Mondrian et de Arp (*Painting*, 1937) et des bas-reliefs souvent monochromes.

Nicholson (Jack) 1937 Acteur et cinéaste américain. Révélé par *Easy Rider* de Dennis Hopper (1969), il a joué dans *Chinatown* de Roman Polanski (1974), *Vol au-dessus d'un nid de coucou* de Milos Forman (1975), *Shining* de Stanley Kubrick (1979), *Batman* de Tim Burton (1989), *Mars attacks* de Tim Burton (1996).

Nicholson (William) 1753-1815 Chimiste et physicien anglais qui réalisa l'électrolyse de l'eau (1800). Il inventa un aéromètre.

nichon n. m. Fam. Sein de femme.

nickel n. m. CHIM. Élément de numéro atomique Z = 28, de masse atomique 58,7 (symbole : Ni) ; métal blanc ductile, malléable, très dur, de densité 8,9, qui fond à 1 455 °C et bout à 2 900 °C, utilisé dans de nombreux alliages. / adj. inv. Fig., fam. *C'est nickel* : c'est parfaitement propre, c'est impeccable ; (par ext.) tout est parfait, tout se passe bien.

nickelé, e adj. Recouvert d'une couche de nickel. / Pop. *Avoir les pieds nickelés* : ne rien faire, être paresseux.

Nicola Pisano v. 1220-v. 1285 Sculpteur italien. Il s'inspira des formes de l'Antiquité puis du gothique français : chaire du baptistère de Pise (1260) et de la cathédrale de Sienne (1266-1268). Son style fut continué par son fils et collaborateur, Giovanni Pisano.

nicolaïte n. et adj. Membre d'une communauté chrétienne hétérodoxe du Ier siècle, proche des gnostiques. / Adversaire du célibat ecclésiastique, aux Xe et XIe siècles. / adj. *Une communauté nicolaïte.*

Nicolas (saint) IVe s. Évêque de Myre, en Lycie. La légende veut qu'il ait ressuscité des enfants assassinés. Il est le « Père Noël » (*Santa Claus*) dans divers pays d'Europe du Nord.

Nicolas de Cuse ou **Cues** ou **Kues** ou **Cusa (Nikolaus Krebs** ou **Chrypffs**, dit) 1401-1464 Théologien allemand, né à Kues (en latin *Cusa*), près de Trèves. Avocat, prêtre, cardinal (1448), il effectue, pour le Saint Siège, plusieurs missions diplomatiques et religieuses. Il travaille à l'union des Églises d'Orient et d'Occident (1437) et tente, en Bohême, de concilier les positions des hussites et la stricte orthodoxie catholique. Son ouvrage *La Paix de la foi* (1453) est un dialogue imaginaire entre les religions proposant un christianisme « philosophique » qui unirait toutes les croyances et assurerait ainsi la paix des peuples. Attentif aux autres religions, il étudie le Coran, ce qui le conduit à considérer l'islam avec bienveillance. Médecin, mathématicien, philosophe, il s'intéresse à l'astronomie et, dans *La Docte Ignorance* (1440), imagine le monde comme une sphère infinie dont le centre est partout, la circonférence nulle part, et déclare qu'un observateur, à quelque endroit qu'il se trouve, se croirait immobile au centre de l'Univers, vision prophétique qui annonce la notion d'Univers infini.

Nicolas de Flue (saint) 1417-1487 Mystique et diplomate suisse. Il partit vivre en ermite en 1467, mais, à partir de 1478, intervint pour rétablir la paix au sein de la jeune Confédération déchirée par des dissensions internes : son arbitrage, en 1481, mit fin aux conflits qui opposaient les cantons suisses et scella l'unité de la Confédération. C'est à ce titre qu'il fut déclaré patron de la Suisse.

Nicolas Nom de cinq papes. **Nicolas V (Tommaso Parentuccelli)** 1397-1455 Pape en 1447. Il obtint la soumission de Félix V (Amédée de Savoie, élu pape par une partie des participants au concile de Bâle), mais ne put organiser de croisade pour reprendre Constantinople aux Turcs. Mécène, il fit venir à sa cour nombre de lettrés et fonda la Bibliothèque vaticane.

Nicolas Ier Petrovitch Njegosh 1841-1921 Prince (1860-1910) puis roi (1910-

Le couronnement du tsar ***Nicolas II*** *(1894), gravure d'époque.*

NICARAGUA

Superficie : *130 000 km²* – **Nombre d'habitants :** *5 200 000 h.* – **Capitale :** *Managua*
Villes principales : *León, Chinandega, Masaya* – **Système politique :** *république*
Langue(s) : *espagnol* – **Religion(s) :** *catholicisme* – **Monnaie(s) :** *córdoba*

Voir l'Atlas

La cathédrale de Granada, une des plus grandes villes du pays, près du lac Nicaragua.

Le lac Nicaragua, dans le sud-ouest du pays.

Marché aux fruits et aux légumes à Managua.

Un gardien de troupeaux du sud du pays.

Géographie physique

Une vaste dépression intérieure, occupée par les lacs Managua et Nicaragua (8 400 km²), sépare la côte étroite du Pacifique, à l'ouest, dominée par une chaîne de volcans (culminant à *1 780 m*), et la région montagneuse du centre. À l'est, une vaste plaine faiblement peuplée, la côte des Mosquitos, borde l'Atlantique.

Économie

La population, concentrée à l'ouest dans la région des volcans, plus fertile et moins humide, vit de l'agriculture (10 % de la surface du pays : café, coton, canne à sucre, blé, maïs, bananes, cacao), de l'élevage (surtout bovin) et de l'exploitation de la forêt. L'industrie se limite à l'extraction minière (or) et à la transformation des produits agricoles, alimentaires et textiles. Les États-Unis ont acquis en 1914 une option prioritaire sur tout projet de canal transocéanique qui, par le lac Nicaragua, doublerait Panamá. Ruiné par douze ans de gestion sandiniste et par les guerres civiles, le pays a d'abord retrouvé une petite croissance (5 %), croissance qui s'est fortement ralentie en 2002 (1 % seulement) et maîtrise relativement l'inflation (10 %), mais la dette publique demeure très importante.

Histoire

Colonie espagnole dépendant du Guatemala au XVIe siècle, le pays accède à l'indépendance en 1821. Membre de la Confédération d'Amérique centrale de 1826 à 1838, il devient une république individualisée que gouvernent les conservateurs. À partir de 1893, le libéral José Santos Zelaya exerce une dictature. Il est renversé en 1909 par un coup d'État conservateur soutenu par les États-Unis.

L'armée américaine occupe le pays de 1912 à 1933 et lutte contre la résistance nationaliste menée par César Sandino. Celui-ci est assassiné en 1934. La famille Somoza, soutenue par les Américains, s'installe au pouvoir en 1936 avec Anastasio Somoza ; ses fils lui succèdent : Luis de 1956 à 1963, puis Anastasio II de 1967 à 1979 (après un intermède où la présidence est assurée par un protégé du clan, René Schick, de 1963 à 1967).

Les inégalités sociales s'accroissent. En 1979, le Front sandiniste de libération nationale renverse Anastasio II Somoza. Les sandinistes instaurent un nouveau régime et entreprennent la socialisation de l'économie (nationalisations, confiscation des terres du clan Somoza). En 1984, ils organisent des élections que le sandiniste Daniel Ortega remporte. L'action des États-Unis, qui soutiennent les contre-révolutionnaires de la *Contra* basés au Honduras et se livrent à un blocus économique du pays, renforce la crise au Nicaragua.

En 1987, le gouvernement sandiniste accepte le *plan Arias* (dû à Oscar Arias Sanchez, président du Costa Rica de 1986 à 1990, prix Nobel de la paix en 1987), signe des accords de paix avec les pays voisins (Costa Rica, Guatemala, Honduras, Salvador) et ouvre le dialogue avec l'opposition armée. Les sandinistes promulguent une nouvelle Constitution, démocratisent le régime et organisent en 1990 des élections libres, que remporte Violetta Chamorro, candidate de l'opposition. En 1996, le conservateur Arnoldo Aleman lui succède. Il est remplacé, en 2001, par Enrique Bolaños, qui appartient au même parti (le parti libéral constitutionnaliste), mais Aleman est accusé d'avoir amassé une gigantesque fortune personnelle, cause de scandale dans un pays très pauvre.

Rencontre entre le gouvernement sandiniste, des représentants de la « Contra » et de l'église catholique en 1988.

1918) de Monténégro. Neveu et succeseur de Danilo Ier, il lutta contre les Turcs (1876-1878 et 1912-1913), doubla l'étendue de son territoire et s'en proclama roi. Rangé aux côtés des Alliés en 1914, mais soupçonné d'entretenir des rapports d'amitié avec les puissances centrales, il fut déchu en 1918, le Monténégro fut rattaché à la Serbie et Nicolas Ier mourut en exil en France.

Nicolas Ier 1796-1855 Tsar de Russie (1825-1855). Troisième fils du tsar Paul Ier, il succéda à son frère Alexandre Ier. Il gouverna la Russie en autocrate, s'appuyant sur une puissante police politique. Une lourde censure pesa sur la presse et l'Université. À l'extérieur, il se fit le « gendarme de l'Europe » : il réprima la révolte en Pologne (1830-1831), pays dont il fit une province russe, et écrasa la révolution hongroise (1848-1849) pour aider l'Autriche. Il intervint également en Turquie, souhaitant en finir avec l'Empire ottoman. La France et la Grande-Bretagne se montrèrent hostiles à cette politique d'ingérence et attaquèrent la Russie. Nicolas Ier mourut alors que la Russie subissait les revers de la guerre de Crimée. Il laissa le trône à son fils Alexandre II.

Nicolas II (1868-1918) Dernier tsar de Russie (1894-1917). Il succéda à son père Alexandre III. Après les désastres de la guerre russo-japonaise (1904-1905), l'agitation révolutionnaire l'amena à promettre un régime constitutionnel (1905). Mais, influencé par la tsarine Alexandra Feodorovna et par l'aventurier Raspoutine, il ne poursuivit pas sérieusement cette politique et réprima les révoltes dans le sang, ce qui lui valut le surnom de « Nicolas le Sanglant ». Il suscita des oppositions multiples, que les premières défaites russes, durant la Première Guerre mondiale, renforcèrent encore. Nicolas II abdiqua après la révolution de février 1917, le 15 mars de la même année, et fut assassiné par les bolcheviks avec la tsarine et leurs enfants, le 17 juillet 1918, à Ekaterinbourg (Sibérie). Il a été canonisé avec sa famille par l'Église orthodoxe.

Une ruelle du centre historique de ***Nicosie****.*

*Le parlement brésilien, à Brasilia, œuvre d'****Oscar Niemeyer****.*

Friedrich Nietzsche*.*

Nicole (Pierre) 1625-1695 Écrivain et moraliste français. Janséniste, professeur aux « Petites Écoles » de Port-Royal, il écrivit avec Arnauld la *Logique de Port-Royal* (1662). Auteur des *Essais de morale* (1671-1678), il a influencé Pascal et Racine.

Nicomède 1651 Tragédie de Corneille. Nicomède, jeune prince courageux et fier, triomphe de ses ennemis et réussit à éviter que son pays, la Bithynie, ne tombe sous la domination de Rome.

Nicosie *env. 200 000 h.* Capitale de la république de Chypre, scindée en une partie grecque et une partie turque depuis 1974. Centre commercial (vin, fruits), Nicosie conserve une enceinte vénitienne du XVIe siècle.

nicotinamide n. f. BIOCHIM. Amide de l'acide nicotinique qui entre dans la composition de coenzymes transporteurs d'hydrogène, la *nicotinamide-adénine-dinucléotide* (N. A. D.) et la *nicotinamide-adénine-dinucléotide-phosphate* (N. A. D. P.). *La nicotinamide est une vitamine du groupe B (vitamine PP).*

nicotine n. f. Alcaloïde principal du tabac, qui a une action sur les récepteurs nicotiniques de l'organisme. *La nicotine est, à haute dose, très nocive.*

nicotineux, euse adj. Qui contient de la nicotine.

nicotinique adj. De la nicotine. / PHYSIOL. *Récepteur nicotinique* : récepteur à l'acétylcholine du système nerveux neurovégétatif, dont l'activité est stimulée par la nicotine à faible dose et inhibée par la nicotine à forte dose. / BIOCHIM. *Acide nicotinique* : acide organique cyclique de formule brute $C_6H_5NO_2$. *Amide nicotinique* : nicotinamide. *L'acide et l'amide nicotiniques sont appelés vitamine PP.*

nictation ou **nictitation** n. f. Clignement convulsif des paupières.

nid n. m. Abri construit par les oiseaux pour y pondre leurs œufs, les couver et élever leurs petits. / *Nid d'hirondelle* : voir *salangane*. / Abri de certains animaux. *Nid d'écureuil.* / *Nid d'abeilles* : tissu dont la texture rappelle les alvéoles d'une ruche. / *Nid de poule* : petite cavité dans une chaussée défoncée. / MAR. *Nid-de-pie* : poste d'observation situé en haut du mât, où se tient l'homme de vigie. Pl. Des *nids-de-pie*.

nidation n. f. BIOL. Fixation de l'ovule fécondé sur la muqueuse utérine, suivie dans certains cas (notam. dans l'espèce humaine) de l'implantation de l'œuf dans cette muqueuse.

nidicole adj. Qui demeure longtemps au nid, en parlant d'oisillons. Ant. nidifuge.

nidification n. f. Action, manière de nidifier.

nidifier v. i. [1] Construire son nid.

nidifuge adj. ZOOL. Qui quitte rapidement le nid. Ant. nidicole.

nièce n. f. Fille du frère, de la sœur.

nielle [1] n. f. BOT. Plante herbacée de la famille des caryophyllacées, aux fleurs violacées. *La nielle, dont les graines sont toxiques, se mêle parfois aux céréales.*

nielle [2] n. f. BOT. Maladie des céréales causée par à un nématode microscopique (anguillule des céréales), caractérisée par la présence d'une fine poussière noire au niveau des épis.

nielle [3] n. m. TECHN. Incrustation d'un émail noir dans une surface métallique claire, en orfèvrerie.

nieller [1] v. t. [1] Attaquer par la nielle. / (Au part. passé) *Blé niellé.*

nieller [2] v. t. [1] Orner de nielle.

Nielsen (Carl) 1865-1931 Compositeur et chef d'orchestre danois. Son œuvre comprend des opéras (*Mascarade*, 1906), des symphonies, des concertos et des pièces chorales d'inspiration populaire.

Niémen (le) *880 km* Fleuve d'Europe orientale, né en Biélorussie, qui se jette dans la mer Baltique. Il est gelé quatre mois par an. C'est sur le Niémen qu'eut lieu l'entrevue de Tilsit entre Napoléon Ier et Alexandre Ier (1807).

Niemeyer (Oscar) 1907 Architecte brésilien. Il participa avec Le Corbusier à la réalisation du ministère de l'Éducation à Rio de Janeiro (1936-1943) et à la construction du quartier de Pampulha près de Belo Horizonte (1942-1944). Il est l'auteur des bâtiments officiels de la nouvelle capitale Brasilia. Il construisit en France le siège du parti communiste (Paris, 19e arr^t), en 1971, et la maison de la culture du Havre, en 1982.

Niépce (Nicéphore) 1765-1833 Physicien français, inventeur d'un moteur à explosion destiné à la propulsion d'un bateau. Il s'intéressa à la lithographie et parvint à réaliser des négatifs (grâce au chlorure d'argent) dès 1816, puis des positifs (en utilisant du bitume de Judée). Il est considéré comme le véritable inventeur de la photographie. Daguerre, qui utilisait aussi la chambre noire, s'associa à lui en 1829 et tira seul profit de l'invention de Niépce.

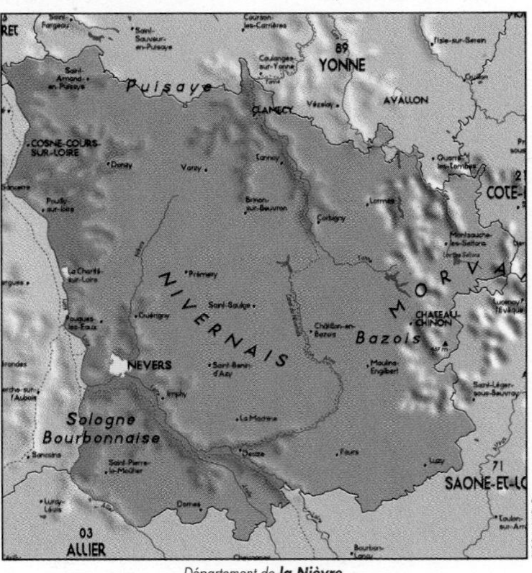

Département de ***la Nièvre****.*

Niépce de Saint-Victor (Abel) 1805-1870 Militaire et inventeur français, neveu du précédent ; il mit au point des procédés de photographie sur verre et d'héliogravure sur métaux.

nier v. t. [1] Refuser d'admettre l'existence de, la réalité ou la vérité de ; refuser de reconnaître, d'avouer. *Nier Dieu. L'accusé nie avoir participé au meurtre.*

Nietzsche (Friedrich) 1844-1900 Philosophe allemand. Il étudia la philosophie classique avant de l'enseigner à Bâle (1869-1878). Il fut influencé par Schopenhauer et par certaines idées esthétiques de son ami Wagner, avec lequel il rompit en 1878. Malade, il quitta l'enseignement et, après une liaison malheureuse avec Lou Andreas-Salomé, voyagea en Suisse, en Italie et dans le midi de la France, avant de sombrer dans la démence (1889). La profondeur de sa réflexion et l'inachèvement de son œuvre, centrée sur le thème de la « volonté de puissance », ont permis des interprétations réductrices et une récupération par l'idéologie nazie. Nietzsche recourt à l'aphorisme, à la verve critique et polémique comme à des formes poétiques d'expression, pour dénoncer les préjugés moraux et le culte factice de la vérité, lui préférant la quête du sens. Pour lui, il faut s'affranchir des valeurs établies, notamment celles du christianisme, morale d'esclaves, et de la métaphysique platonicienne, pour accéder au « gai savoir ». Il a écrit notamment : *La Naissance de la tragédie* (1872), *Considérations inactuelles* (1873-1876), *Humain, trop humain* (1878), *Le Gai Savoir* (1881-1887), *Ainsi parlait Zarathoustra* (1883-1885, recueil d'aphorismes réunis de manière arbitraire par sa sœur), *Par-delà le bien et le mal* (1886), *La Généalogie de la morale* (1887), *Ecce Homo* (1888).

nietzschéen, enne adj. et n. Propre ou relatif à Nietzsche, à sa philosophie. / Subst. Adepte de la philosophie de Nietzsche.

Nièvre (la) *53 km* Rivière du centre de la France qui se jette dans la Loire, à Nevers.

Nièvre (département de la) [58] *6 817 km² 225 198 h.* Département du centre de la France qui fait partie de la Région Bourgogne. Chef-lieu *Nevers*. Formée

NIGER (LE)

Superficie : *1 267 000 km²* – **Nombre d'habitants :** *11 200 000 h.* – **Capitale :** *Niamey*
Villes principales : *Zinder, Maradi, Tahoua* – **Système politique :** *république*
Langue(s) : *français* – **Religion(s) :** *islam* – **Monnaie(s) :** *franc C.F.A.*

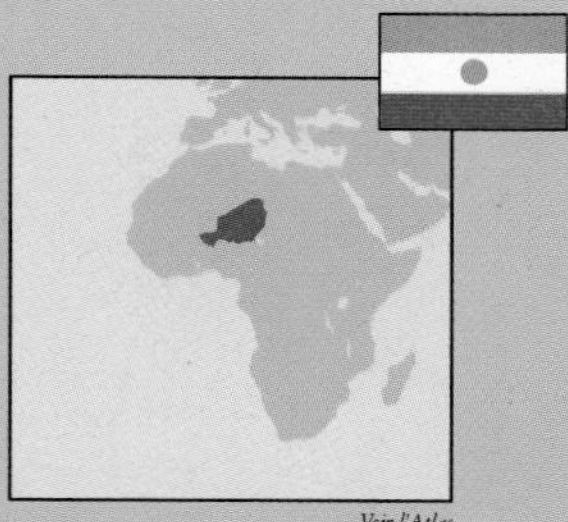

Voir l'Atlas

Géographie physique et humaine

Un vaste plateau désertique et steppique occupe la majeure partie du pays (Ténéré). Il se relève au nord : le massif de l'Aïr atteint les *2 000 m* ; le climat est saharien. Au sud, le climat est sahélien. La vallée du Niger, au sud-ouest du pays, bénéficie d'un climat de type soudanais.
Les Haoussas constituent la majorité de la population. Les Zermas et les Songhaïs sont établis à l'ouest ; les Kanouris vivent dans le sud-est, jusqu'au lac Tchad. Les Peuls, sédentaires ou nomades, sont disséminés dans tout le pays. Les Touaregs d'origine berbère sont des nomades. La population s'accroît rapidement et près de 50 % des habitants ont moins de 15 ans. Le pays est fortement islamisé.

Économie

L'économie est essentiellement agricole. L'élevage occupe une place importante, malgré les pertes causées par les années de sécheresse : dans les années 1970-1980, le cheptel (caprins, bovins, ovins) a beaucoup diminué. Les cultures d'exportation (arachide, coton) sont encore faibles. Les cultures vivrières (millet, sorgho), qui s'étendent largement au sud du pays et dans la vallée du Niger, dépendent des précipitations. Les rendements baissent, la zone agricole se désertifie.
La population tend à émigrer vers les pays côtiers et à grossir les villes de la vallée du Niger. Le Niger reste un important producteur mondial d'uranium (exploité depuis 1974 dans la région d'Arlit, au pied de l'Aïr), mais l'extraction et le transport sont onéreux, et les programmes énergétiques nucléaires, en Europe et aux États-Unis, connaissent un certain ralentissement. Le pétrole, dans la région du lac Tchad, est trop éloigné de l'Atlantique pour être exploité. Le Niger est classé parmi les quinze pays les plus pauvres du monde. L'aide internationale demeure importante.

Histoire

À partir des VIIᵉ et VIIIᵉ siècles, l'islam se répand massivement dans le Sahel, zone active du commerce transsaharien, qui enrichit le royaume des Songhaïs. Ce royaume, qui s'est constitué au VIIᵉ siècle sur la boucle du Niger et prend Gao (dans le sud-est du Mali actuel) pour capitale au XIᵉ siècle, se développe au XVᵉ siècle avec l'effacement de son suzerain, l'empire du Mali. Il s'étend vers l'est jusqu'à l'Aïr (et vers l'ouest jusqu'au Sénégal), occupant la partie occidentale du Niger, tandis que l'est est soumis au puissant empire du Bornou.
Dans le sud du pays, des cités-États haoussas s'établissent et connaissent leur apogée aux XIIIᵉ et XIVᵉ siècles. L'empire de Gao disparaît sous les coups de l'armée marocaine en 1591. Mais les Marocains ne parviennent pas à s'imposer : Touaregs et Peuls dominent au XVIIᵉ siècle. Au début du XIXᵉ siècle, le Peul musulman Ousmane dan Fodio annexe les royaumes haoussas établis dans le sud du Niger (et le nord du Nigeria) et impose l'islam ; il fonde le royaume de Sokoto (ville du nord du Nigeria). S'ouvre alors, à partir de 1830, l'ère des explorations européennes. Les Français font du Niger un territoire militaire (1901) puis, après la soumission des Touaregs, une colonie (1922) rattachée à l'A.-O.F. Ils négocient les frontières méridionales avec les Britanniques. Le pays obtient en juin 1956 son autonomie interne ; il s'érige en république du Niger le 18 décembre 1958 et devient indépendant le 3 août 1960. Hamani Diori est président, s'appuyant sur un parti unique.
Il est réélu en 1965, puis en 1971. En 1974, l'armée renverse H. Diori et le lieutenant-colonel Seyni Kountché devient le chef de l'État. Il exerce la dictature jusqu'à sa mort (1987). Le colonel Ali Seibou lui succède. En 1990, le soulèvement des Touaregs et l'effondrement du prix de l'uranium pèsent sur la vie économique et politique. Une conférence nationale décide la démocratisation du régime. En 1993, le social-démocrate Mahamane Ousmane est élu président.
La défaite de son parti aux élections législatives de 1995 entraîne une crise politique. Le colonel Ibrahim Barré Maïnassara le renverse en 1996 et se fait élire président, mais il est tué lors d'un coup d'État en 1999. Mamadou Tandja est élu président, les militaires laissent la place aux civils, mais l'armée n'a pas renoncé à jouer un rôle politique, comme en témoignent les mutineries de juillet 2002.

Paysage sahélien caractéristique du nord du pays.

L'assemblée nationale du Niger, à Niamey.

N

de plateaux et de collines où dominent l'exploitation de la forêt, l'élevage bovin et les cultures maraîchères, la Nièvre connaît une industrie active dans le Val de Loire où un gisement houiller a favorisé le développement de la métallurgie (matériel ferroviaire et machines agricoles à Nevers) qui vient s'ajouter à l'industrie traditionnelle de la porcelaine. La partie occidentale du massif du Morvan chevauche le département. Vignobles à Pouilly-sur-Loire.

nifé n. m. Vieilli Noyau terrestre, constitué de nickel et de fer.

nigaud, e adj. et n. Niais, crédule.

nigelle n. f. BOT. Plante herbacée de la famille des renonculacées, dont les fleurs aux pétales réduits possèdent des sépales pétaloïdes de couleur bleue, également appelée *cheveu de Vénus*.

Niger (le) *4 200 km* Le plus grand fleuve d'Afrique occidentale. Né en Guinée, dans le Fouta-Djalon, le Niger décrit une large boucle vers le nord, traverse le Mali (Bamako, Tombouctou), le Niger (Niamey), le Nigeria et se jette dans le golfe de Guinée par un vaste delta, après avoir reçu la Bénoué. Le Niger est utilisé pour l'irrigation (Macina au Mali) et pour la navigation, grâce à la construction de biefs. Son bassin (plus de 2 millions de km²) s'étend sur huit États.

• **Niger (le)** État enclavé d'Afrique subsaharienne, situé entre le Mali, à l'ouest, le Tchad, à l'est, l'Algérie au nord et le Nigeria au sud.

• **Nigeria (le)** État fédéral d'Afrique occidentale, sur le golfe du Bénin, à l'est du Bénin et au sud du Niger.

nigérian, e adj. et n. Du Nigeria. *Pétrole nigérian. Un(e) Nigérian(e).*

nigérien, enne adj. et n. Du fleuve Niger. *Rives nigériennes.* / De l'État du Niger. *Nomades nigériens. Un(e) Nigérien(ne).*

Nigg (Serge) 1924 Musicien français. Influencé par Messiaen, dont il fut l'élève, et par Stravinsky, il s'orienta vers le dodécaphonisme (*Mélodies* sur des poèmes d'Éluard, 1948) pour s'en détacher et revenir à une écriture plus traditionnelle (*Concerto* pour piano et orchestre, 1957), avant d'adopter des accents romantiques (*Fulgur*, triptyque symphonique d'après *Héliogabale* d'Antonin Artaud, 1969 ; *Poème* pour orchestre, 1990).

night-club n. m. Anglicisme pour *boîte de nuit*. Pl. Des *night-clubs*.

nihilisme n. m. Tendance philosophique à considérer l'anéantissement de tout comme le but final. / HIST. Tendance révolutionnaire née en Russie au XIXᵉ siècle qui prétendait détruire entièrement les structures existantes, sans vouloir leur substituer une nouvelle organisation sociale.

nihiliste n. et adj. Adepte du nihilisme. *Les nihilistes russes ont lutté contre le tsarisme, à la fin du XIXᵉ siècle, avec une violence n'excluant pas l'assassinat (celui d'Alexandre II, en particulier).* / adj. Qui procède du nihilisme. *Roman nihiliste.*

NIGERIA (LE)

Superficie : *923 768 km²* – **Nombre d'habitants :** *130 000 000 h.* – **Capitale :** *Abuja*
Villes principales : *Lagos, Ibadan, Ogbomosho* – **Système politique :** *république*
Langue(s) : *anglais* – **Religion(s) :** *islam, christianisme, animisme* – **Monnaie(s) :** *naira*

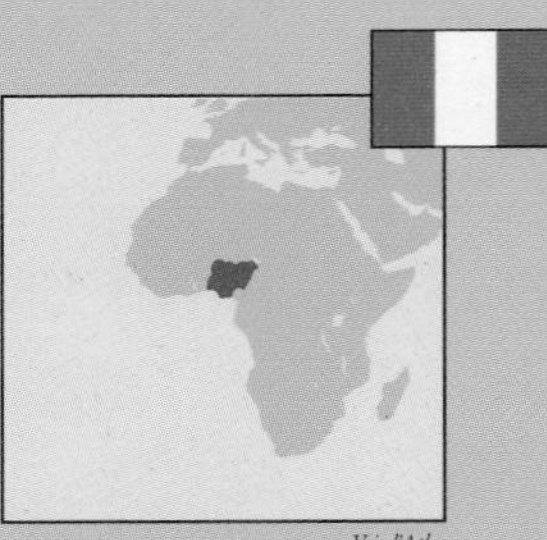

Voir l'Atlas

Géographie physique et humaine

Basse et sableuse, couverte d'une dense végétation (palmiers à huile) grâce au delta du Niger, la plaine côtière s'élève vers l'intérieur pour former un vaste plateau, creusé par le Niger et son affluent la Bénoué, où alternent la forêt et de grandes plantations de cacao. Plus au nord, le plateau central, domaine de la savane et de l'élevage, retombe sur la plaine aride du Tchad.
Le climat du pays est équatorial, chaud et humide sur la côte, puis tropical, de plus en plus sec vers l'intérieur. La population, la plus dense d'Afrique, est formée de plus de 200 ethnies, dont les principales sont : les Haoussas, les Yoroubas, les Ibos et les Peuls. Le nord est très fortement islamisé, tandis que le sud compte une majorité d'animistes et de chrétiens.

Économie

Les ruraux ont afflué vers les villes, dont trois ont plus d'un million d'habitants : Lagos (dont la zone urbaine dépasse les 10 millions d'habitants), Ibadan et Kano. Toutefois, l'agriculture occupe encore 40 % des actifs. Les cultures vivrières sont variées : maïs, patate douce, banane, manioc, millet, riz, sorgho ; le Nigeria exporte du cacao, du caoutchouc, de l'arachide, du coton. L'exploitation de la forêt équatoriale humide constitue une ressource supplémentaire (ébène, bois pour contreplaqué). L'élevage est pratiqué dans le nord. Le sous-sol est riche : fer, étain, zinc, charbon et surtout pétrole, qui constitue 95 % des exportations et la richesse essentielle du pays. La réserve de gaz est importante.

Histoire

Du Vᵉ siècle av. J.-C. au IIᵉ siècle apr. J.-C., le plateau de Jos (au nord de la Bénoué) voit rayonner la prestigieuse civilisation de Nok. Ife, la cité sainte des Yoroubas, dans le sud-ouest, domine politiquement la région du XIIᵉ au XVᵉ siècle. Aux XIIIᵉ-XIVᵉ siècles, les cités-États haoussas (dans le nord du pays, ainsi que dans le sud du Niger actuel) atteignent leur apogée. Au début du XIXᵉ siècle, le Peul musulman Ousmane dan Fodio vainc les Haoussas et fonde un royaume théocratique autour de Sokoto. Les Anglais, présents sur la côte où ils pratiquent la traite des Noirs depuis le XVIᵉ siècle, soumettent Lagos en 1861, vainquent les Yoroubas et pénètrent dans le nord en 1900. En 1914, ils réunissent le nord et le sud et font de la totalité du territoire une colonie. L'administration indirecte (*Indirect Rule*) des Britanniques permet d'asseoir l'autorité coloniale en se servant des autorités traditionnelles. Des oppositions se manifestent à partir des années 1920. Le pays accède à l'indépendance au sein du Commonwealth en 1960.
En 1963, la république est proclamée. De 1967 à 1970, la sécession du Biafra (sud-est du Nigeria), région pétrolière peuplée d'Ibos, donne lieu à une guerre meurtrière. Les coups d'État militaires se succèdent. Le général Gowon demeure chef de l'État de 1966 à 1975 ; son successeur, le général Mohamed, est renversé en 1976 ; ensuite, le général Obasanjo rend le pouvoir aux civils en 1979. Shehu Shagari, président de la République de 1979 à 1983, est renversé par l'armée. Le général Babangida arrive au pouvoir en 1985 ; il promet la démocratisation du régime en 1989, mais suspend le processus et démissionne en 1993. Le général Abacha exerce alors une dictature. Il exécute plusieurs opposants, ce qui entraîne une sanction internationale ; en 1995, le Nigeria est exclu du Commonwealth. En 1998, Abacha meurt, laissant le pays à ses difficultés, face auxquelles son successeur, Abdulsalam Abubakar, est impuissant.
En 1999, des élections libres ont lieu en présence d'observateurs internationaux. Olusegun Obasanjo (qui avait été chef de l'État de 1976 à 1979) les remporte. Il s'engage à démocratiser le pays. Le Nigeria retrouve sa place au sein de la communauté internationale, mais ne parvient pas à maintenir son unité. La plupart des États du nord, musulmans, appliquent la charia et l'annonce de la tenue du concours de Miss Monde, en 2002, a provoqué des émeutes communautaires. En avril 2003, Olusegun Obasanjo a été réélu au premier tour, au terme d'un processus électoral entaché de nombreuses irrégularités.

Marché à Garkida dans le nord du pays.

Nijinsky (Vaslav Fomitch) 1890-1950 Danseur et chorégraphe russe d'origine polonaise. Il fut la vedette des Ballets russes (1909-1913), pour lesquels il créa notamment *L'Après-midi d'un faune* (1912) et *Le Sacre du printemps* (1913). Il perdit la raison après 1917.

Nijni-Novgorod (de 1932 à 1990, *Gorki*) *1 380 000 h.* Ville de Russie, chef-lieu de région et port fluvial au confluent de la Volga et de l'Oka. Centre culturel (université) et industriel (automobile, pétrole, verre, bois, industrie alimentaire) ; nœud ferroviaire. Cette ville très ancienne, fondée au début du XIIIᵉ siècle et intégrée à l'État moscovite en 1392, conserve de nombreux témoignages de son passé : Kremlin (XVIᵉ siècle), cathédrale de l'Archange (XVIIᵉ siècle), cathédrale de la Nativité (1697-1718), cathédrale de la Transfiguration (1786-1858), ancien monastère de l'Annonciation (fin du XIVᵉ siècle).

Nika ou **Nikê** 532 Nom donné à la révolte du peuple de Constantinople (qui criait *Nika !* c'est-à-dire « Victoire ! » en grec) contre l'empereur Justinien Iᵉʳ, qui la réprima avec violence.

Nikon (Nikita Minine, dit**)** 1605-1681 Prélat russe. Patriarche de Moscou (1652), partisan du retour à l'orthodoxie grecque, il réforma la liturgie russe, suscitant le mouvement schismatique des « vieux croyants » (*raskol*). Il fut déposé en 1667.

Nil (le) *6 700 km* Fleuve d'Afrique du nord-est, le deuxième plus long du monde après l'Amazone. Il traverse successivement des régions équatoriales, tropicales et désertiques, sous des noms différents : il alimente le lac Victoria (sous le nom de *Kagera*), traverse deux lacs en Ouganda puis entre au Soudan (*Bahr el-Djebel*, soit « fleuve de la montagne ») et, grossi par le Bahr el-Ghazal, prend le nom de *Nil Blanc* au sortir de la cuvette marécageuse du Soudan méridional. Après avoir reçu les eaux du *Nil Bleu* à Khartoum, puis celles de l'Atbara, le fleuve traverse les déserts de Nubie et d'Égypte avant de se jeter dans la Méditerranée par un vaste delta qui débute au Caire. Le Nil a un régime complexe. En partie navigable, il fertilise l'Égypte par ses crues qui recouvrent les sols d'un limon très fertile. Les barrages d'Assouan, Esna, Assiout, Zifta, ont permis l'irrigation et l'extension des terres cultivées. Le lac artificiel du haut barrage d'Assouan (lac Nasser) alimente une puissante centrale électrique.

nilomètre n. m. Colonne marquée d'une échelle graduée autrefois utilisée pour mesurer la variation du niveau du Nil (crue et baisse des eaux).

nilotique adj. GÉOGR. Propre ou relatif au Nil. / LING. *Langues nilotiques* : langues de l'Afrique de l'Est, parlées le long de la haute vallée du Nil et plus au sud.

nilpotent, e adj. MATH. *Élément nilpotent* : élément *a* d'un anneau pour lequel il existe un entier naturel non nul, *n*, tel que *a* élevé à la puissance *n* est nul.

Nimayri Voir **Nemeyri**

Nimba (mont) *1 752 m* Sommet de la Dorsale guinéenne, en Afrique occidentale, dans un massif situé aux frontières guinéenne, ivoirienne et libérienne. Important gisement de fer.

nimbe n. m. BX-A. Disque lumineux, auréole entourant la tête du Christ et des saints dans l'art chrétien. / Par métaph. *Un nimbe de cheveux clairs.*

nimber v. t. [1] Entourer d'un nimbe. / Par métaph. *Le soleil nimbe sa chevelure de reflets dorés.*

nimbo-stratus ou **nimbostratus** n. m. inv. MÉTÉO. Couche épaisse de nuages bas et gris, caractéristique du mauvais temps.

nimbus n. m. inv. Vx Nom autrefois donné aux fragments de nimbostratus.

Nimègue *147 288 h.* Ville des Pays-Bas (Gueldre), centre commercial et industriel (constructions mécaniques et électriques) sur le Waal, bras sud du Rhin, près de la frontière allemande. Camp militaire à l'époque romaine, ville du Saint Empire et membre de la Hanse au Moyen Âge, Nimègue fut cédée en 1248 aux comtes de Gueldre. Elle entra en 1579 dans l'Union d'Utrecht qui fondait la république des Provinces-Unies. Les *traités de Nimègue*, qui marquent l'apogée du règne de Louis XIV, consacrent la victoire de la France dans la

Nîmes : *la Maison carrée.*

guerre de Hollande. Le premier (août 1678), signé avec les Provinces-Unies, donne à la France le Cambrésis et plusieurs villes du Hainaut, de l'Artois et de Flandre ; le second (septembre 1678), signé avec l'Espagne, lui cède la Franche-Comté.

Nîmes *133 424 h.* Chef-lieu du Gard. Marché agricole (vins, primeurs). Nîmes est un petit centre industriel (agroalimentaire, confection). De magnifiques monuments romains en font un haut lieu de tourisme : arènes, Maison carrée, tour Magne. Musée d'Archéologie. Nîmes fut l'une des cités les plus brillantes de la Gaule romaine. Elle fut rattachée au comté de Toulouse en 1185, puis à la France en 1229. Centre important du calvinisme où des chrétiens furent massacrés au XVIe siècle, elle souffrit de la révocation de l'édit de Nantes (1685).

Nimitz (Chester William) 1885-1966 Amiral américain, commandant en chef de la flotte du Pacifique après Pearl Harbor (1941), il vainquit la flotte japonaise et signa avec MacArthur l'acte de capitulation du Japon en 1945.

Nimroud ou **Nimrud** Site archéologique de l'Irak, proche de Mossoul, ancienne capitale assyrienne fondée en 879 av. J.-C. et détruite par les Mèdes en 612.

Nin (Anaïs) 1903-1977 Écrivain américain. Née à Neuilly-sur-Seine d'un père espagnol et d'une mère danoise, elle vécut dans un milieu cosmopolite, en Europe et aux États-Unis. Elle se lia à de nombreux écrivains, dont D.H. Lawrence et Henry Miller (qui vécut à Paris dans les années 1930). Elle a publié des romans en partie autobiographiques : *Un hiver d'artifice* (1939), *Les Miroirs dans le jardin* (1946), *Les Enfants de l'albatros* (1947), *Une espionne dans la maison de l'amour* (1954), *Le Roman du futur* (1969). Elle est surtout connue pour son volumineux *Journal*, qui tient à la fois de l'auto-analyse et de la recherche d'une écriture spécifiquement féminine, dont des extraits sont publiés à partir de 1966. Elle a publié également des nouvelles et des essais qui explicitent son féminisme.

Ninive Ville fondée au IIIe millénaire av. J.-C. sur le Tigre, en face de la ville actuelle de Mossoul (Irak), et qui devint la capitale du puissant empire d'Assyrie au XVIIIe siècle av. J.-C. Elle fut portée à son apogée sous le règne de l'empereur assyrien Sennachérib (705-681 av. J.-C.). La bibliothèque d'Assurbanipal (VIIe siècle av. J.-C.) comptait plus de 22 000 tablettes en cunéiformes. La ville fut détruite par les Mèdes et les Néo-Babyloniens en 612 av. J.-C. Les fouilles entreprises par l'Anglais Layard en 1847 ont mis au jour de magnifiques vestiges : bas-reliefs, tablettes en cunéiformes.

ninja n. m. HIST. Dans le Japon féodal, mercenaire à la solde des seigneurs de la guerre, casqué et revêtu d'une armure. / Mod. (En appos.) *Tortues ninja(s)* : personnages de dessins animés japonais, vêtus et casqués comme les ninjas de l'histoire du Japon. / Supplétif de la police algérienne qui agit masqué et vêtu de noir. / Manifestant palestinien masqué, qui se livre à des combats de rue en Israël.

Niobé MYTH. GR. Fille de Tantale et épouse d'Amphion, roi de Thèbes, dont elle eut sept fils et sept filles. Elle se vanta d'être supérieure à Léto qui n'avait que deux enfants, Apollon et Artémis. Ceux-ci vengèrent leur mère offensée en tuant les enfants de Niobé. Les dieux prirent en pitié la mère éplorée et la changèrent en rocher d'où jaillissait une source semblable à ses pleurs.

niobium n. m. CHIM Élément de numéro atomique Z = 41, de masse atomique 92,9 (symbole Nb) ; métal gris, associé au tantale dans ses minerais.

niôle Voir **gnôle**

Niort *56 663 h.* Chef-lieu des Deux-Sèvres, sur la Sèvre Niortaise. Carrefour routier aux confins du Poitou, du Marais breton et de la Vendée ; marché. Les activités traditionnelles (ganterie et travail du cuir) sont relayées par les industries lourdes du bois, électromécanique, électronique, chimique. Donjon des XIIe-XIIIe siècles. Disputée pendant la guerre de Cent Ans, Niort fut reprise aux Anglais par Du Guesclin en 1372. Elle fut un foyer du calvinisme aux XVIe et XVIIe siècles.

nipper v. t. [1] Vx Fournir en nippes, en vêtements. / v. pron. Fam. Se vêtir, s'habiller.

nippes n. f. pl. Vx. Vêtements. / Mod., fam. Vêtements usés. *De vieilles nippes.*

nippon, one ou **onne** adj. et n. Japonais.

nique n. f. Loc., vieilli *Faire la nique à qqn,* lui adresser un geste de moquerie ; (fig.) le duper.

niquer v. t. [1] Fam. Duper. / Vulg. Posséder sexuellement.

nirvana n. m. (mot sanscrit signifiant « extinction de la douleur ») Dans le bouddhisme, état de béatitude parfaite obtenu par la communion totale avec l'âme universelle et coïncidant avec l'arrêt des réincarnations. *But suprême de la démarche ascétique, le nirvana est l'absence totale de douleur et la possession complète de la vérité.*

nit n. m. PHYS. Unité de luminance, valant 1 candela par mètre carré (symbole : nt).

nitouche Voir **sainte nitouche**

nitratation n. f. CHIM. Transformation, dans le sol, des nitrites en nitrates par les bactéries nitriques.

nitrate n. m. CHIM. Sel, ester de l'acide nitrique. *Les nitrates sont facilement assimilables par les végétaux chlorophylliens ; certains sont employés en agriculture comme engrais (nitrates de sodium, de potassium, d'ammonium, notam.).*

nitration n. f. Action de nitrer.

nitré adj. CHIM. Obtenu par nitration.

nitre n. m. Vx. Salpêtre.

nitrer v. t. [1] CHIM. Introduire, en remplacement d'un atome d'hydrogène, le radical nitryle (-NO2) dans une molécule.

nitreux, euse adj. CHIM. Vx Qui contient du nitre (nitrate de potassium). / Mod. Se dit des dérivés oxygénés de l'azote, dont le degré d'oxydation est de +1 ou +3. *Acide nitreux*, de formule HNO_2.

nitrification n. f. BIOCHIM., ÉCOL. Transformation de l'azote organique en nitrates, qui intervient dans le sol. Voir *dénitrification.*

nitrifier v. t. [1] Transformer en nitrates.

nitrique adj. CHIM. Se dit des dérivés oxygénés de l'azote, dont le degré d'oxydation est de +2 ou +5. *Acide nitrique*, de formule HNO_3.

nitrobenzène n. m. CHIM. Dérivé nitré du benzène. *Le nitrobenzène est utilisé dans l'industrie des colorants et des explosifs.*

nitrocellulose n. f. CHIM. Ester nitrique de la cellulose.

nitroglycérine n. f. CHIM. et cour. Ester nitrique de la glycérine, explosif très violent, sensible aux chocs et aux élévations de température, qui entre dans la composition de la dynamite.

nitruration n. f. CHIM. Procédé de cémentation des aciers, qui leur donne de la dureté, par formation de nitrures.

nitrure n. m. CHIM. Combinaison de l'azote et d'un corps simple (partic. un métal).

nival, ale, aux adj. GÉOGR. Relatif à la neige. *Régime nival* ; régime d'un cours d'eau dépendant de la fonte des neiges.

niveau n. m. **I.** Appareil utilisé pour vérifier l'horizontalité d'une ligne, d'un plan et déterminer les différences de hauteur entre deux plans ou deux points. *Niveau de maçon*, formé d'un triangle de bois auquel est suspendu un fil à plomb. *Niveau à bulle d'air*, dans lequel la bulle vient se placer entre deux repères lorsque l'instrument est à l'horizontale. **II.** Hauteur d'une ligne ou d'un plan par rapport à un autre plan horizontal. / *Courbes de niveau* : lignes courbes sur une carte, joignant tous les points de même altitude. / *Passage à niveau* : croisement d'une route et d'une voie de chemin de fer, où les rails, enterrés, sont au niveau de la chaussée. / Fig. Échelon. *Niveau social. Niveau de vie* : ensemble des conditions de vie matérielles d'une personne, d'un groupe social, d'un pays, par comparaison à d'autres. / LING. *Niveau de langue* : registre (familier, populaire, littéraire, etc.) d'une langue, dont l'utilisation varie en fonction des situations de communication et du niveau socioculturel de celui qui la parle.

niveler v. t. [1] Mettre à niveau, aplanir, égaliser (une surface). Au fig. *La mort nivelle les puissants et les humbles.* / TECHN. Mesurer avec un niveau.

niveleuse n. f. TECHN. Engin de terrassement équipé d'une lame orientable, qui sert à niveler, à profiler les sols.

Nivelle (Robert Georges) 1856-1924 Général français. Commandant de la IIe armée à Verdun (1916), il remplaça Joffre à la tête des armées du Nord et du Nord-Est en décembre 1916 et dirigea en avril 1917 l'offensive du Chemin des Dames, dans l'Aisne, dont l'échec entraîna son remplacement par Pétain.

nivellement n. m. Action de niveler ; son résultat. / GÉOL. Aplanissement du relief, dû à l'érosion.

Nivernais Région et ancienne province de France située entre le massif du Morvan et la vallée de la Loire, qui a formé la majeure partie du département de la Nièvre. Le *comté de Nevers*, créé au IXe siècle, échut aux maisons de Flandre puis de Bourgogne. Érigé en duché-pairie par François Ier en 1538, il fut transmis par mariage à la famille de Gonzague, qui le vendit à Mazarin en 1659. Le duché passa à son neveu Philippe-Julien Mancini et resta dans la famille jusqu'à la Révolution, qui fit du Nivernais une province.

nivôse n. m. Quatrième mois du calendrier républicain, allant du 21, 22 ou 23 décembre au 19, 20 ou 21 janvier.

nix adv. Fam., vx ou iron. Non. *Tu es d'accord ? – Nix.*

nixe n. f. LITTÉR. Dans la mythologie germanique, nymphe des eaux.

Nixon (Richard Milhous) 1913-1994 Homme d'État américain. Vice-président (républicain) d'Eisenhower (1953-1960), il perd de justesse l'élection présidentielle contre Kennedy (1960). Élu président en 1968, il aplanit les différends avec l'U.R.S.S. et la Chine populaire, favorise le cessez-le-feu au Vietnam (1973). Réélu en 1972, il est impliqué dans le scandale dit « du Watergate » et doit démissionner en août 1974.

Nizan (Paul) 1905-1940 Écrivain français. Il entre en 1924 à l'École normale supérieure où il se lie avec Jean-Paul Sartre. En révolte, il décide en 1926 de quitter la France et s'embarque pour Aden (Yémen). Il en rapporte *Aden Arabie* (publié en 1931), le récit de son voyage et de ses réflexions, qui

Richard Milhous Nixon.

N

Le siège de la fondation **Nobel,** à Stockholm.

Charles Nodier.

sera préfacé par Sartre et redécouvert par le public en 1960. Entré au parti communiste en 1928, Nizan le quitte en 1939 à la suite de la signature du pacte germano-soviétique. Il a publié un pamphlet sur les philosophes universitaires, *Les Chiens de garde* (1932), une étude sur *Les Matérialistes de l'Antiquité* (1936), un essai sur les accords de Munich, *Chroniques de septembre* (1939), et plusieurs romans: *Antoine Bloyé* (1933), *Le Cheval de Troie* (1934), *La Conspiration* (1938). Mobilisé au début de la guerre, il meurt au front peu après.

Njegosh Voir **Petrovitch Njegosh**

Nkrumah (Kwame) 1909-1972 Homme d'État ghanéen. Socialiste militant, Premier ministre de la Côte-de-l'Or en 1952, il garda ce poste lorsque le pays devint le Ghana indépendant (1957). Président de la République (1960), il gouverna de façon dictatoriale. Partisan du panafricanisme, il soutint les mouvements indépendantistes et joua un rôle important dans la création de l'Organisation de l'Unité Africaine (OUA), notamment lors de la conférence d'Accra en 1958. Il fut renversé par l'armée en 1966.

nô n. m. (mot japonais) Drame lyrique japonais de caractère religieux, dont les règles datent du XIVe siècle, et qui comprend de la musique, de la danse et de la poésie; genre théâtral auquel appartient ce type de drame.

Noailles (Anna, princesse **Brancovan,** comtesse **Mathieu de)** 1876-1933 Femme de lettres française, auteur de recueils lyriques: *Le Cœur innombrable* (1901), *Les Vivants et les Morts* (1913), *L'Honneur de souffrir* (1927). Elle a publié des romans: *La Nouvelle Espérance* (1903), *Le Visage émerveillé* (1904), ainsi que des mémoires: *Le Livre de ma vie* (1932).

• **Nobel (Alfred)** 1833-1896 Chimiste suédois. Ses recherches sur la nitroglycérine le conduisirent à l'invention de la dynamite et du plastic. Il instaura par testament, avec sa fortune considérable, la fondation de cinq prix annuels: physique, chimie, médecine, littérature et paix, décernés depuis 1901. Un prix Nobel des sciences économiques a été créé en 1969.

nobelium n. m. CHIM. Élément radioactif artificiel transuranien, de numéro atomique Z = 102, appartenant au groupe des actinides (symbole No).

Nobile (Umberto) 1885-1978 Général et aviateur italien. Il participa à la première expédition de survol du pôle Nord, en 1926, à bord du dirigeable *Norge*. Il repartit en 1928 à bord du dirigeable *Italia* qui s'abîma au large du Spitzberg; Amundsen tenta de lui porter secours (il mourut au cours de cette tentative) et il fut recueilli avec les survivants par un brise-glace soviétique. En butte à de violentes attaques en Italie (on l'accusa d'être responsable du désastre et d'avoir abandonné une partie de ses hommes), il s'installa en URSS comme conseiller du gouvernement en matière aéronautique, puis se rendit aux États-Unis et revint en Italie après la fin de la Deuxième Guerre mondiale et y fut élu député.

nobiliaire adj. Relatif à la noblesse. *Caste nobiliaire.*

noblaillon, onne n. Péjor. Personne de petite noblesse; personne se prétendant noble.

noble adj. et n. **I.** Généreux, désintéressé. **II.** Qui fait partie de la noblesse. (Subst.) *Un(e) noble.* / Propre à la noblesse. *Un nom noble.* **III.** D'essence supérieure. *Métaux nobles,* difficilement oxydables.

noblement adv. Avec noblesse.

noblesse n. f. **I.** Qualité de ce qui est noble. **II.** HIST. Dans certaines sociétés, à certaines époques, classe sociale jouissant légalement de certains privilèges et astreinte à certains devoirs. / Par ext. Groupe social constitué des descendants des membres de cette classe sociale. / État de celui, celle qui est noble. *Noblesse de robe*, acquise par l'exercice de certaines charges administratives ou judiciaires. *Noblesse d'épée*, acquise au fil de l'épée, au service du roi, d'un seigneur.

nobliau n. m. Syn. de noblaillon.

noce n. f. (Au pluriel) Mariage. *Justes noces*: légitime mariage. *Noces d'argent, d'or, de diamant*: vingt-cinquième, cinquantième, soixantième anniversaire de mariage. / (Au sing.) Fête accompagnant un mariage; ensemble des personnes qui y assistent. *La noce s'est rassemblée dans le jardin.* / Loc. fam. *Faire la noce*: faire joyeusement ripaille. *Ne pas être à la noce*: ne pas être à l'aise; être dans une situation difficile, dangereuse.

noceur, euse n. Fam. Personne qui fait la noce.

nocher n. m. Litt. Conducteur d'une embarcation. / MYTH. GR. *Le nocher des Enfers*: Charon.

nociception n. f. PHYSIOL. Sensibilité à la douleur.

nocif, ive adj. Qui nuit; nuisible. *Influence nocive.*

nocivité n. f. Caractère de ce qui est nocif.

noctambule n. et adj. Personne qui passe ses nuits dehors, à faire la fête. / adj. *La faune noctambule.*

noctambulisme n. m. Habitude de se divertir ou de travailler la nuit.

noctuelle n. f. ZOOL. Papillon nocturne, de couleur sombre, au thorax velu.

nocturne adj. et n. **A.** adj. De nuit (par oppos. à *diurne*). *Tapage nocturne.* / Qui vit et agit la nuit. *Rapace nocturne.* (Emploi subst.) *Le hibou, la chouette sont des nocturnes.* **B.** n. m. MUS Au XVIIIe siècle, sérénade instrumentale; au XIXe siècle, mélodie chantée à deux voix. *Sous l'influence romantique, le nocturne devient une pièce mélancolique réservée au piano. Nocturne de Chopin.* **C.** n. f. ou n. m. Manifestation sportive, artistique, commerciale qui a lieu le soir.

nodal, ale, aux adj. Propre au nœud. / ANAT., PHYSIOL. *Tissu nodal*: tissu cardiaque renfermant les nœuds cardiaques, responsable de la contraction automatique du myocarde. / PHYS. Relatif à un nœud de vibration.

Nodier (Charles) 1780-1844 Écrivain français, auteur de contes fantastiques (*Smarra, ou les Démons de la nuit*, 1821, *La Fée aux miettes*, 1832), d'essais historiques, de poèmes, de romans, de mémoires. Il organisa dans son salon, à la bibliothèque de l'Arsenal dont il était l'administrateur, une réunion littéraire qui regroupa les premiers romantiques: le Cénacle (1924-1930).

nodosité n. f. MÉD. Formation dure, circonscrite. / BOT. Caractère d'une plante qui présente des nœuds. / Nœud du bois. / Renflement de la racine de certaines plantes (en partic. légumineuses) lié à la présence de bactéries symbiotiques, qui fixent l'azote de l'air pour le transformer en azote organique, assimilable par la plante.

nodule n. m. Petit nœud, petite nodosité. / GÉOL. *Nodules polymétalliques*: concrétions minérales qui tapissent le fond de certaines régions océaniques.

Noé Patriarche biblique, père de Sem, Cham et Japhet. Selon la Bible, choisi par Dieu pour survivre au Déluge qui devait anéantir l'humanité pécheresse, il construisit une arche dans laquelle il emmena sa famille et un couple de chaque espèce animale. Il aborda sur un mont, qu'on assimile parfois au mont Ararat (en Turquie, près de la frontière arménienne). Noé y scella une alliance avec Dieu et ses descendants repeuplèrent la terre. Ayant planté de la vigne, il s'enivra et se montra nu. Son fils Cham, irrévérencieux, se moqua de lui, ce qui lui valut d'être maudit.

Noël n. m. Fête chrétienne de la naissance de Jésus-Christ, fixée le 25 décembre. / *Arbre de Noël*: épicéa ou sapin que l'on décore à Noël avec des guirlandes, des boules, des friandises. / *Bûche de Noël*: grosse bûche que l'on mettait autrefois dans le feu la nuit de Noël; gâteau de Noël en forme de bûche. / *Père Noël*: personnage qui, selon la légende, descend la nuit de Noël dans les cheminées pour distribuer des jouets aux enfants. / (Avec une minuscule.) Cantique pour le temps de Noël.

nœud n. m. **I.** Enlacement obtenu par l'entrecroisement d'un ou plusieurs éléments flexibles. *Nœud de cravate. Nœud coulant*: voir *coulant*. / *Nœud gordien*: voir *gordien*. / Fig. Lien d'affection étroit. / Point essentiel d'un problème. *Le nœud du débat. Nœud de l'intrigue*: événement sous-tendant l'action d'un roman ou d'une pièce de théâtre. / ASTRON. Chacun des deux points d'intersection de l'orbite d'un corps céleste qui gravite autour d'un autre corps avec un plan de référence (plan de l'écliptique pour les planètes et la Lune, plan équatorial pour un satellite artificiel, plan tangent à la sphère céleste pour une étoile). / ANAT. *Nœud vital*: point du bulbe rachidien contenant les centres nerveux vitaux (respiratoires en particulier). **II.** BOT. Point d'attache d'une feuille sur une tige, d'une branche sur un arbre; noyau plus dur dans le bois, correspondant au point d'insertion d'une ramification dans l'arbre. **III.** MAR. Unité de vitesse d'un navire, valant un mille marin (1 852 m) à l'heure.

Nogaret (Guillaume de) v. 1260-1313 Homme politique français. Ministre (légiste) de Philippe le Bel de 1296 à sa mort, il le soutint dans sa lutte contre le pape Boniface VIII (1303) et contre les Templiers (1307).

Noguès (Charles Paul) 1876-1971 Militaire français. Résident général au Maroc (1936), d'abord partisan en 1940 de la poursuite de la guerre dans l'empire, il se rallia très vite à Pétain. En 1942, il essaya d'empêcher le débarquement allié en Afrique, se rallia à Darlan, puis à Giraud et quitta son poste à l'arrivée du général de Gaulle à Alger pour se réfugier au Portugal. Jugé par contumace en 1947, il revint se constituer prisonnier en France en 1954, fut mis en liberté provisoire et regagna le Portugal, d'où il revint, à la demande d'Edgar Faure, en 1955, pour contribuer au règlement de la question marocaine.

noir, e adj. et n. **A.** adj. et n. Qui est de la couleur la plus sombre, propre aux corps absorbant totalement le rayonnement lumineux. / PHYS. *Corps noir*: système qui absorbe totalement tout le rayonnement qu'il reçoit. / LITTÉR. *Roman noir*: genre littéraire ayant le crime pour thème central. / Illégal et clandestin. *Marché noir. Travail au noir*, non déclaré. *Caisse noire*, dont les fonds ne sont pas comptabilisés et dont l'usage ne peut être contrôlé. / Se dit d'une personne appartenant à la grand-race humaine dont la peau est très foncée. *Saxophoniste noir*

Marché de **Noël** à Strasbourg.

PRIX NOBEL

PHYSIQUE

2002 Raymond Davis Jr (É.-U.), Masatoshi Koshiba (Jap.), Ricardo Giacconi (É.-U.)
2001 Eric A. Cornell (É.-U.), Wolfgang Ketterle (All.), Carl E. Wieman (É.-U.)
2000 Jaurès L. Alferov (Russie), Herbert Kroemer (É.-U.), Jack S. Kilby (É.-U.)
1999 Gerardus 't Hooft (P.-B), Martinus J.G. Veltman (P.-B)
1998 Robert B. Laughlin (É.-U.), Horst L. Störmer (All.), Daniel C. Tsui (É.-U.)
1997 Steven Chu (É.-U.), Claude Cohen-Tannoudji (Fr.), William D. Phillips (É.-U.)
1996 David M. Lee (É.-U.), Douglas D. Osheroff (É.-U.), Robert C. Richardson (É.-U.)
1995 Martin L. Perl (É.-U.), Frederick Reines (É.-U.)
1994 Bertram N. Brockhouse (Can.), Clifford G. Shull (É.-U.)
1993 Russell A. Hulse (É.-U.), Joseph H. Taylor Jr. (É.-U.)
1992 Georges Charpak (Fr.)
1991 Pierre-Gilles de Gennes (Fr.)
1990 Jerome I. Friedman (É.-U.), Henry W. Kendall (É.-U.), Richard E. Taylor (Can.)
1989 Norman F. Ramsey (É.-U.), Hans G. Dehmelt (É.-U.), Wolfgang Paul (RFA)
1988 Leon M. Lederman (É.-U.), Melvin Schwartz (É.-U.), Jack Steinberger (É.-U.)
1987 J. Georg Bednorz (RFA), K. Alexander Müller (Suisse)
1986 Ernst Ruska (RFA), Gerd Binnig (RFA), Heinrich Rohrer (Suisse)
1985 Klaus von Klitzing (RFA)
1984 Carlo Rubbia (Ital.), Simon van der Meer (P.-B.)
1983 Subramanyan Chandrasekhar (É.-U.), William Alfred Fowler (É.-U.)
1982 Kenneth G. Wilson (É.-U.)
1981 Nicolaas Bloembergen (É.-U.), Arthur Leonard Schawlow (É.-U.), Kai M. Siegbahn (Suède)
1980 James Watson Cronin (É.-U.), Val Logsdon Fitch (É.-U.)
1979 Sheldon Lee Glashow (É.-U.), Abdus Salam (Pakistan), Steven Weinberg (É.-U.)
1978 Piotr Leonidovitch Kapitsa (URSS), Arno Allan Penzias (É.-U.), Robert Woodrow Wilson (É.-U.)
1977 Philip Warren Anderson (É.-U.), Sir Nevill Francis Mott (G.-B.), John Hasbrouck van Vleck (É.-U.)
1976 Burton Richter (É.-U.), Samuel Chao Chung Ting (É.-U.)
1975 Aage Niels Bohr (Dan.), Ben Roy Mottelson (Dan.), Leo James Rainwater (É.-U.)
1974 Sir Martin Ryle (G.-B.), Antony Hewish (G.-B.)
1973 Leo Esaki (É.-U.), Ivar Giaever (É.-U.), Brian David Josephson (G.-B.)
1972 John Bardeen (É.-U.), Leon Neil Cooper (É.-U.), John Robert Schrieffer (É.-U.)
1971 Dennis Gabor (G.-B.)
1970 Hannes Olof Gösta Alfvén (Suède), Louis Eugène Félix Néel (Fr.)
1969 Murray Gell-Mann (É.-U.)
1968 Luis Walter Alvarez (É.-U.)
1967 Hans Albrecht Bethe (É.-U.)
1966 Alfred Kastler (Fr.)
1965 Tomonaga Shinichiro (Jap.), Julian Schwinger (É.-U.), Richard P. Feynman (É.-U.)
1964 Charles Hard Townes (É.-U.), Nicolaï Guennadievitch Bassov (URSS), Aleksandr Mikhaïlovitch Prokhorov (URSS)
1963 Eugene Paul Wigner (É.-U.), Maria Goeppert-Mayer (É.-U.), J. Hans D. Jensen (RFA)
1962 Lev Davidovitch Landau (URSS)
1961 Robert Hofstadter (É.-U.), Rudolf Ludwig Mössbauer (RFA)
1960 Donald Arthur Glaser (É.-U.)
1959 Emilio Gino Segrè (É.-U.), Owen Chamberlain (É.-U.)
1958 Pavel Alekseïevitch Tcherenkov (URSS), Mikhaïlovitch Frank (URSS), Igor Ievguenievitch Tamm (URSS)
1957 Yang Chen Ning (Chine), Lee Tsung-Dao (Chine)
1956 William Bradford Shockley (É.-U.), John Bardeen (É.-U.), Walter Houser Brattain (É.-U.)
1955 Willis Eugene Lamb (É.-U.), Polykarp Kusch (É.-U.)
1954 Max Born (G.-B.), Walther Bothe (RFA)
1953 Frits (Frederik) Zernike (P.-B.)
1952 Felix Bloch (É.-U.), Edward Mills Purcell (É.-U.)
1951 Sir John Douglas Cockcroft (G.-B.), Ernest Thomas Sinton Walton (Irl.)
1950 Cecil Frank Powell (G.-B.)
1949 Yukawa Hideki (Jap.)
1948 Patrick Maynard Stuart Blackett (G.-B.)
1947 Sir Edward Victor Appleton (G.-B.)
1946 Percy Williams Bridgman (É.-U.)
1945 Wolfgang Pauli (Suisse/É.-U.)
1944 Isidor Isaac Rabi (É.-U.)
1943 Otto Stern (É.-U.)
1942 Non décerné
1941 Non décerné
1940 Non décerné
1939 Ernest Orlando Lawrence (É.-U.)
1938 Enrico Fermi (Ital.)
1937 Clinton Joseph Davisson (É.-U.), George Paget Thomson (G.-B.)
1936 Victor Franz Hess (Autr.), Carl David Anderson (É.-U.)
1935 James Chadwick (G.-B.)
1934 Non décerné
1933 Erwin Schrödinger (Autr.), Paul Adrien Maurice Dirac (G.-B.)
1932 Werner Karl Heisenberg (All.)
1931 Non décerné
1930 Sir Chandrasekhara Venkata Raman (Inde)
1929 Louis-Victor Pierre Raymond, prince de Broglie (Fr.)
1928 Owen Willans Richardson (G.-B.)
1927 Arthur Holly Compton (É.-U.), Charles Thomson Rees Wilson (G.-B.)
1926 Jean Baptiste Perrin (Fr.)
1925 James Franck (All.), Gustav Ludwig Hertz (All.)
1924 Karl Manne Georg Siegbahn (Suède)
1923 Robert Andrews Millikan (É.-U.)
1922 Niels Henrik David Bohr (Dan.)
1921 Albert Einstein (All.)/(Suisse)
1920 Charles-Edouard Guillaume (Suisse)
1919 Johannes Stark (All.)
1918 Max Karl Ernst Ludwig Planck (All.)
1917 Charles Glover Barkla (G.-B.)
1916 Non décerné
1915 Sir William Henry Bragg (G.-B.), Sir William Lawrence Bragg (G.-B.)
1914 Max von Laue (All.)
1913 Heike Kamerlingh Onnes (P.-B.)
1912 Nils Gustaf Dalén (Suède)
1911 Wilhelm Wien (All.)
1910 Johannes Diderik van der Waals (P.-B.)
1909 Guglielmo Marconi (Ital.), Carl Ferdinand Braun (All.)
1908 Gabriel Lippmann (Fr.)
1907 Albert Abraham Michelson (É.-U.)
1906 Sir Joseph John Thomson (G.-B.)
1905 Philipp Eduard Anton Lenard (All.)
1904 John William Strutt, lord Rayleigh (G.-B.)
1903 Antoine Henri Becquerel (Fr.), Pierre Curie (Fr.), Marie Curie (Fr.)
1902 Hendrik Antoon Lorentz (P.-B.), Pieter Zeeman (P.-B.)
1901 Wilhelm Conrad Röntgen (All.)

CHIMIE

2002 John B. Fenn (É.-U.), Koichi Tanaka (Jap.), Kurt Wüthrich (Suisse)
2001 William S. Knowles (É.-U.), Ryoji Noyori (Jap.), K. Barry Sharpless (É.-U.)
2000 Alan J. Heeger (É.-U.), Alan G. MacDiarmid (É.-U.), Shirakawa Hideki (Jap.)
1999 Ahmed H. Zewail (Égypte), (É.-U.)
1998 Walter Kohn (É.-U.), John A. Pople (G.-B.)
1997 Paul D. Boyer (É.-U.), John E. Walker (G.-B.), Jens C. Skou (Dan.)
1996 Robert F. Curl Jr.(É.-U.), Sir Harold W. Kroto (G.-B.), Richard E. Smalley (É.-U.)
1995 Paul J. Crutzen (P.-B.), Mario J. Molina (É.-U.), F. Sherwood Rowland (É.-U.)
1994 George A. Olah (É.-U.)
1993 Kary B. Mullis (É.-U.), Michael Smith (Can.)
1992 Rudolph A. Marcus (É.-U.)
1991 Richard R. Ernst (Suisse)
1990 Elias James Corey (É.-U.)
1989 Sidney Altman (É.-U.), Thomas R. Cech (É.-U.)
1988 Johann Deisenhofer (RFA), Robert Huber (RFA), Hartmut Michel (RFA)

Prix Nobel

1987 Donald J. Cram (É.-U.), Jean-Marie Lehn (Fr.), Charles J. Pedersen (É.-U.)
1986 Dudley R. Herschbach (É.-U.), Yuan T. Lee (É.-U.), John C. Polanyi (Can.)
1985 Herbert A. Hauptman (É.-U.), Jerome Karle (É.-U.)
1984 Robert Bruce Merrifield (É.-U.)
1983 Henry Taube (É.-U.)
1982 Aaron Klug (G.-B.)
1981 Fukui Kenichi (Jap.), Roald Hoffmann (É.-U.)
1980 Paul Berg (É.-U.), Walter Gilbert (É.-U.), Frederick Sanger (G.-B.)
1979 Herbert C. Brown (É.-U.), Georg Wittig (RFA)
1978 Peter D. Mitchell (G.-B.)
1977 Ilya Prigogine (Bel.)
1976 William N. Lipscomb (É.-U.)
1975 John Warcup Cornforth (Austr.), Vladimir Prelog (Suisse)
1974 Paul J. Flory (É.-U.)
1973 Ernst Otto Fischer (RFA), Geoffrey Wilkinson (G.-B.)
1972 Christian B. Anfinsen (É.-U.), Stanford Moore (É.-U.), William H. Stein (É.-U.)
1971 Gerhard Herzberg (Can.)
1970 Luis F. Leloir (Arg.)
1969 Derek H. R. Barton (G.-B.), Odd Hassel (Norv.)
1968 Lars Onsager (É.-U.)
1967 Manfred Eigen (RFA), Ronald George Wreyford Norrish (G.-B.), George Porter (G.-B.)
1966 Robert S. Mulliken (É.-U.)
1965 Robert Burns Woodward (É.-U.)
1964 Dorothy Crowfoot Hodgkin (G.-B.)
1963 Karl Ziegler (RFA), Giulio Natta (Ital.)
1962 Max Ferdinand Perutz (G.-B.) John Cowdery Kendrew (G.-B.)
1961 Melvin Calvin (É.-U.)
1960 Willard Frank Libby (É.-U.)
1959 Jaroslav Heyrovsky (Tchécos.)
1958 Frederick Sanger (G.-B.)
1957 Alexander Robertus, baron Todd (G.-B.)
1956 Sir Cyril Norman Hinshelwood (G.-B.), Nikolay Nikolaïevitch Semenov (URSS)
1955 Vincent Du Vigneaud (É.-U.)
1954 Linus Carl Pauling (É.-U.)
1953 Hermann Staudinger (RFA)
1952 Archer John Porter Martin (G.-B.), Richard Laurence Millington Synge (G.-B.)
1951 Edwin Mattison McMillan (É.-U.), Glenn Theodore Seaborg (É.-U.)
1950 Otto Paul Hermann Diels (RFA), Kurt Alder (RFA)
1949 William Francis Giauque (É.-U.)
1948 Arne Wilhelm Kaurin Tiselius (Suède)
1947 Sir Robert Robinson (G.-B.)
1946 James Batcheller Sumner (É.-U.), John Howard Northrop (É.-U.), Wendell Meredith Stanley (É.-U.)
1945 Artturi Ilmari Virtanen (Finl.)
1944 Otto Hahn (All.)
1943 Georg Hevesy de Heves (Suède/Hongr.)
1942 Non décerné
1941 Non décerné
1940 Non décerné
1939 Adolf Friedrich Johann Butenandt (All.), Leopold Ruzicka (Suisse)
1938 Richard Kuhn (Autr.) *Prix refusé*
1937 Walter Norman Haworth (G.-B.), Paul Karrer (Suisse)
1936 Petrus (Peter) Josephus Wilhelmus Debye (P.-B.)
1935 Frédéric Joliot (Fr.), Irène Joliot-Curie (Fr.)
1934 Harold Clayton Urey (É.-U.)
1933 Non décerné
1932 Irving Langmuir (É.-U.)
1931 Carl Bosch (All.), Friedrich Bergius (All.)
1930 Hans Fischer (All.)
1929 Arthur Harden (G.-B.), Hans Karl August Simon von Euler-Chelpin (Suède)
1928 Adolf Otto Reinhold Windaus (All.)
1927 Heinrich Otto Wieland (All.)
1926 The (Theodor) Svedberg (Suède)
1925 Richard Adolf Zsigmondy (Autr.)
1924 Non décerné
1923 Fritz Pregl (Autr.)
1922 Francis William Aston (G.-B.)
1921 Frederick Soddy (G.-B.)
1920 Walther Hermann Nernst (All.)
1919 Non décerné
1918 Fritz Haber (All.)
1917 Non décerné
1916 Non décerné
1915 Richard Martin Willstätter (All.)
1914 Theodore William Richards (É.-U.)
1913 Alfred Werner (Suisse)
1912 Victor Grignard (Fr.), Paul Sabatier (Fr.)
1911 Marie Curie (Fr.)
1910 Otto Wallach (All.)
1909 Wilhelm Ostwald (All.)
1908 Ernest, lord Rutherford of Nelson (G.-B.)
1907 Eduard Buchner (All.)
1906 Henri Moissan (Fr.)
1905 Johann Friedrich Wilhelm Adolf von Baeyer (All.)
1904 Sir William Ramsay (G.-B.)
1903 Svante August Arrhenius (Suède)
1902 Hermann Emil Fischer (All.)
1901 Jacobus Henricus van 't Hoff (P.-B.)

Physiologie ou Médecine

2002 Sydney Brenner (G.-B.), John Suston (G.-B.), Robert Horvitz (É.-U.)
2001 Leland H. Hartwell (É.-U.), R. Timothy (Tim) Hunt (G.-B.), Sir Paul M. Nurse (G.-B.)
2000 Arvid Carlsson (Suède), Paul Greengard (É.-U.), Eric R. Kandel (É.-U.)
1999 Günter Blobel (É.-U.)
1998 Robert F. Furchgott (É.-U.), Louis J. Ignarro (É.-U.), Ferid Murad (É.-U.)
1997 Stanley B. Prusiner (É.-U.)
1996 Peter C. Doherty (Austr.), Rolf M. Zinkernagel (Suisse)
1995 Edward B. Lewis (É.-U.), Christiane Nüsslein-Volhard (All.), Eric F. Wieschaus (É.-U.)
1994 Alfred G. Gilman (É.-U.), Martin Rodbell (É.-U.)
1993 Richard J. Roberts (G.-B.), Phillip A. Sharp (É.-U.)
1992 Edmond H. Fischer (É.-U.), Edwin G. Krebs (É.-U.)
1991 Erwin Neher (All.), Bert Sakmann (All.)
1990 Joseph E. Murray (É.-U.), E. Donnall Thomas (É.-U.)
1989 J. Michael Bishop (É.-U.), Harold E. Varmus (É.-U.)
1988 Sir James W. Black (G.-B.), Gertrude B. Elion (É.-U.), George H. Hitchings (É.-U.)
1987 Tonegawa Susumu (Jap.)
1986 Stanley Cohen (É.-U.), Rita Levi-Montalcini (Ital.)
1985 Michael S. Brown (É.-U.), Joseph L. Goldstein (É.-U.)
1984 Niels K. Jerne (Dan.), Georges J.F. Köhler (RFA), César Milstein (G.-B.)
1983 Barbara McClintock (É.-U.)
1982 Sune K. Bergström (Suède), Bengt I. Samuelsson (Suède), John R. Vane (G.-B.)
1981 Roger W. Sperry (É.-U.), David H. Hubel (É.-U.), Torsten N. Wiesel (Suède)
1980 Baruj Benacerraf (É.-U.), Jean Dausset (Fr.), George D. Snell (É.-U.)
1979 Allan M. Cormack (É.-U.), Godfrey N. Hounsfield (G.-B.)
1978 Werner Arber (Suisse), Daniel Nathans (É.-U.), Hamilton O. Smith (É.-U.)
1977 Roger Guillemin (É.-U.), Andrew V. Schally (É.-U.), Rosalyn Yalow (É.-U.)
1976 Baruch S. Blumberg (É.-U.), D. Carleton Gajdusek (É.-U.)
1975 David Baltimore (É.-U.), Renato Dulbecco (É.-U.), Howard Martin Temin (É.-U.)
1974 Albert Claude (Bel.) , Christian de Duve (Bel.), George E. Palade (É.-U.)
1973 Karl von Frisch (Autr.), Konrad Lorenz (Autr.), Nikolaas Tinbergen (P.-B.)
1972 Gerald M. Edelman (É.-U.), Rodney R. Porter (G.-B.)
1971 Earl W. Sutherland Jr. (É.-U.)
1970 Sir Bernard Katz (G.-B.), Ulf von Euler (Suède), Julius Axelrod (É.-U.)
1969 Max Delbrück (É.-U.), Alfred D. Hershey (É.-U.), Salvador E. Luria (É.-U.)
1968 Robert W. Holley (É.-U.), Har Gobind Khorana (É.-U.), Marshall W. Nirenberg (É.-U.)
1967 Ragnar Granit (Suède), Haldan Keffer Hartline (É.-U.), George Wald (É.-U.)
1966 Peyton Rous (É.-U.), Charles Brenton Huggins (É.-U.)
1965 François Jacob (Fr.), André Lwoff (Fr.), Jacques Monod (Fr.)
1964 Konrad Bloch (É.-U.), Feodor Lynen (RFA)
1963 Sir John Carew Eccles (Austr.), Alan Lloyd Hodgkin (G.-B.), Andrew Fielding Huxley (G.-B.)
1962 Francis Harry Compton Crick (G.-B.), James Dewey Watson (É.-U.), Maurice Hugh Frederick Wilkins (G.-B.)
1961 Georg von Békésy (É.-U.)
1960 Sir Frank Macfarlane Burnet (Austr.), Peter Brian Medawar (G.-B.)
1959 Severo Ochoa (É.-U.), Arthur Kornberg (É.-U.)

PRIX NOBEL

1958 George Wells Beadle (É.-U.), Edward Lawrie Tatum (É.-U.), Joshua Lederberg (É.-U.)
1957 Daniel Bovet (Ital.)
1956 André Frédéric Cournand (É.-U.), Werner Forssmann (RFA), Dickinson W. Richards (É.-U.)
1955 Axel Hugo Theodor Theorell (Suède)
1954 John Franklin Enders (É.-U.), Thomas Huckle Weller (É.-U.), Frederick Chapman Robbins (É.-U.)
1953 Hans Adolf Krebs (G.-B.), Fritz Albert Lipmann (É.-U.)
1952 Selman Abraham Waksman (É.-U.)
1951 Max Theiler (Afr. du Sud)
1950 Edward Calvin Kendall (É.-U.), Tadeus Reichstein (Suisse), Philip Showalter Hench (É.-U.)
1949 Walter Rudolf Hess (Suisse), Antonio Caetano de Abreu Freire Egas Moniz (Port.)
1948 Paul Hermann Müller (Suisse)
1947 Carl Ferdinand Cori (É.-U.), Gerty Theresa Cori (É.-U.), née Radnitz, Bernardo Alberto Houssay (Arg.)
1946 Hermann Joseph Muller (É.-U.)
1945 Sir Alexander Fleming (G.-B.), Ernst Boris Chain (G.-B.), Sir Howard Walter Florey (G.-B.)
1944 Joseph Erlanger (É.-U.), Herbert Spencer Gasser (É.-U.)
1943 Henrik Carl Peter Dam (Dan.), Edward Adelbert Doisy (É.-U.)
1942 Non décerné
1941 Non décerné
1940 Non décerné
1939 Gerhard Domagk (All.) *Prix refusé*
1938 Corneille Jean François Heymans (Bel.)
1937 Albert von Szent-Györgyi Nagyrapott (Hongr.)
1936 Sir Henry Hallett Dale (G.-B.), Otto Loewi (All.)
1935 Hans Spemann (All.)
1934 George Hoyt Whipple (É.-U.), George Richards Minot (É.-U.), William Parry Murphy (É.-U.)
1933 Thomas Hunt Morgan (É.-U.)
1932 Sir Charles Scott Sherrington (G.-B.), Edgar Douglas Adrian (G.-B.)
1931 Otto Heinrich Warburg (All.)
1930 Karl Landsteiner (Autr.)
1929 Christiaan Eijkman (P.-B.), Sir Frederick Gowland Hopkins (G.-B.)
1928 Charles Jules Henri Nicolle (Fr.)
1927 Julius Wagner-Jauregg (Autr.)
1926 Johannes Andreas Grib Fibiger (Dan.)
1925 Non décerné
1924 Willem Einthoven (P.-B.)
1923 Frederick Grant Banting (Can.), John James Richard Macleod (Can.)
1922 Archibald Vivian Hill (G.-B.), Otto Fritz Meyerhof (All.)
1921 Non décerné
1920 Schack August Steenberg Krogh (Dan.)
1919 Jules Bordet (Bel.)
1918 Non décerné
1917 Non décerné
1916 Non décerné
1915 Non décerné
1914 Robert Bárány (Autr.)
1913 Charles Robert Richet (Fr.)
1912 Alexis Carrel (Fr.)
1911 Allvar Gullstrand (Suède)
1910 Albrecht Kossel (All.)
1909 Emil Theodor Kocher (Suisse)
1908 Ilia Ilitch (Élie) Metchnikov (Russie), Paul Ehrlich (All.)
1907 Charles Louis Alphonse Laveran (Fr.)
1906 Camillo Golgi (Ital.), Santiago Ramón y Cajal (Esp.)
1905 Robert Koch (All.)
1904 Ivan Petrovitch Pavlov (Russie)
1903 Niels Ryberg Finsen (Dan.)
1902 Ronald Ross (G.-B.)
1901 Emil Adolf von Behring (All.)

LITTÉRATURE

2002 Imre Kertész (Hong.)
2001 Sir V.S. Naipaul (G.-B./Inde)
2000 Gao Xingjian (Fr.)
1999 Günter Grass (All.)
1998 José Saramago (Port.)
1997 Dario Fo (Ital.)
1996 Wislawa Szymborska (Pol.)
1995 Seamus Heaney (Irl.)
1994 Oe Kenzaburo (Jap.)
1993 Toni Morrison (É.-U.)
1992 Derek Walcott (Trinité-et-Tobago)
1991 Nadine Gordimer (Afr. du S.)
1990 Octavio Paz (Mex.)
1989 Camilo José Cela (Esp.)
1988 Naguib Mahfouz (Égypte)
1987 Joseph Brodsky (É.-U.)
1986 Wole Soyinka (Nigeria)
1985 Claude Simon (Fr.)
1984 Jaroslav Seifert (Tchécos.)
1983 William Golding (G.-B.)
1982 Gabriel García Márquez (Colombie)
1981 Elias Canetti (G.-B.)
1980 Czeslaw Milosz (Pol./É.-U.)
1979 Odysseus Elytis (Gr.)
1978 Isaac Bashevis Singer (É.-U.)
1977 Vicente Aleixandre (Esp.)
1976 Saul Bellow (É.-U.)
1975 Eugenio Montale (Ital.)
1974 Eyvind Johnson (Suède) Harry Martinson (Suède)
1973 Patrick White (Austr.)
1972 Heinrich Böll (RFA)
1971 Pablo Neruda (Chili)
1970 Aleksandr Issaïevitch Soljenitsyne (URSS)
1969 Samuel Beckett (Irl.)
1968 Kawabata Yasunari (Jap.)
1967 Miguel Angel Asturias (Guat.)
1966 Shmuel Yosef Agnon (Isr.), Nelly Sachs (Suède)
1965 Mikhaïl Aleksandrovitch Cholokov (URSS)
1964 Jean-Paul Sartre (Fr.) *Prix refusé*
1963 Giorgos Seferis (Gr.)
1962 John Steinbeck (É.-U.)
1961 Ivo Andric (Yougos.)
1960 Saint-John Perse (Fr.)
1959 Salvatore Quasimodo (Ital.)
1958 Boris Leonidovitch Pasternak (URSS) *Prix refusé*
1957 Albert Camus (Fr.)
1956 Juan Ramón Jiménez (Esp.)
1955 Halldór Kiljan Laxness (Isl.)
1954 Ernest Miller Hemingway (É.-U.)
1953 Sir Winston Leonard Spencer Churchill (G.-B.)
1952 François Mauriac (Fr.)
1951 Pär Fabian Lagerkvist (Suède)
1950 Bertrand Arthur William, comte Russell (G.-B.)
1949 William Faulkner (É.-U.)
1948 Thomas Stearns Eliot (G.-B.)
1947 André Paul Guillaume Gide (Fr.)
1946 Hermann Hesse (Suisse)
1945 Gabriela Mistral (Chili)
1944 Johannes Vilhelm Jensen (Dan.)
1943 Non décerné
1942 Non décerné
1941 Non décerné
1940 Non décerné
1939 Frans Eemil Sillanpää (Finl.)
1938 Pearl Buck (É.-U.)
1937 Roger Martin du Gard (Fr.)
1936 Eugene Gladstone O'Neill (É.-U.)
1935 Non décerné
1934 Luigi Pirandello (Ital.)
1933 Ivan Alekseïevitch Bounine (URSS)
1932 John Galsworthy (G.-B.)
1931 Erik Axel Karlfeldt (Suède)
1930 Sinclair Lewis (É.-U.)
1929 Thomas Mann (All.)
1928 Sigrid Undset (Norv.)
1927 Henri Bergson (Fr.)
1926 Grazia Deledda (Ital.)
1925 George Bernard Shaw (Irl.)
1924 Wladyslaw Stanislaw Reymont (Pol.)
1923 William Butler Yeats (Irl.)
1922 Jacinto Benavente (Esp.)
1921 Anatole France (Fr.)
1920 Knut Pedersen Hamsun (Norv.)
1919 Carl Friedrich Georg Spitteler (Suisse)
1918 Non décerné
1917 Karl Adolph Gjellerup (Dan.), Henrik Pontoppidan (Dan.)
1916 Carl Gustaf Verner von Heidenstam (Suède)
1915 Romain Rolland (Fr.)
1914 Non décerné
1913 Rabindranath Tagore (Inde)
1912 Gerhart Johann Robert Hauptmann (All.)
1911 Maurice (Mooris) Polidore Marie Bernhard, comte Maeterlinck (Bel.)
1910 Paul Johann Ludwig von Heyse (All.)
1909 Selma Ottilia Lovisa Lagerlöf (Suède)
1908 Rudolf Christoph Eucken (All.)
1907 Rudyard Kipling (G.-B.)
1906 Giosuè Carducci (Ital.)
1905 Henryk Sienkiewicz (Pol.)
1904 Frédéric Mistral (Fr.), José Echegaray y Eizaguirre (Esp.)
1903 Bjørnstjerne Martinus Bjørnson (Norv.)
1902 Christian Matthias Theodor Mommsen (All.)
1901 René Sully Prudhomme (Fr.)

Prix Nobel

Paix

2002 James Earl, dit Jimmy, Carter (É.-U.)
2001 Nations Unies, Kofi Annan (Ghana)
2000 Kim Dae-jung (Corée du Sud)
1999 Médecins sans frontières
1998 John Hume (Irl. du Nord), David Trimble (Irl. du Nord)
1997 Campagne internationale pour l'interdiction des mines antipersonnelles, Jody Williams (É.-U.)
1996 Carlos Filipe Ximenes Belo (Timor or.), José Ramos-Horta (Timor or.)
1995 Joseph Rotblat (G.-B.), Mouvement Pugwash (Pugwash Conferences on Science and World Affairs)
1994 Yasser Arafat (Palest.), Shimon Peres (Isr.),Yitzhak Rabin (Isr.)
1993 Nelson Mandela (Afr. du S.), Frederik Willem de Klerk (Afr. du S.)
1992 Rigoberta Menchú Tum (Guat.)
1991 Aung San Suu Kyi (Birm.)
1990 Mikhaïl Sergeïevitch Gorbatchev (URSS)
1989 Tenzin Gyatso, 14e Dalaï Lama (Chine, Tibet)
1988 Forces de l'ONU pour le maintien de la paix
1987 Oscar Arias Sanchez (Costa Rica)
1986 Elie Wiesel (É.-U.)
1985 Internationale des Médecins pour la prévention de la guerre nucléaire
1984 Desmond Mpilo Tutu (Afr. du S.)
1983 Lech Walesa (Pol.)
1982 Alva Myrdal (Suède), Alfonso García Robles (Mex.)
1981 Haut-Commissariat des Nations unies pour les Réfugiés (UNHCR) (Suisse)
1980 Adolfo Pérez Esquivel (Arg.)
1979 Mère Teresa (Inde)
1978 Mohamed Anouar al-Sadate (Égypte), Menahem Begin (Isr.)
1977 Amnesty International
1976 Betty Williams (Irl. du N.), Mairead Corrigan (Irl. du N.)
1975 Andreï Dmitrievitch Sakharov (URSS)
1974 Seán MacBride (Irl.), Sato Eisaku (Jap.)
1973 Henry A. Kissinger (É.-U.), Le Duc Tho (Viêt-nam) *Prix refusé*
1972 Non décerné
1971 Willy Brandt (RFA)
1970 Norman E. Borlaug (É.-U.)
1969 Organisation internationale du travail (O.I.T) (Suisse)
1968 René Cassin (Fr.)
1967 Non décerné
1966 Non décerné
1965 FISE-UNICEF
1964 Martin Luther King Jr. (É.-U.)
1963 Comité international de la Croix Rouge, Ligue des sociétés de la Croix-Rouge
1962 Linus Carl Pauling (É.-U.)
1961 Dag Hjalmar Agne Carl Hammarskjöld (Suède)
1960 Albert John Lutuli (Afr. du S.)
1959 Philip J. Noel-Baker (G.-B.)
1958 Georges Pire (Bel.)
1957 Lester Bowles Pearson (Can.)
1956 Non décerné
1955 Non décerné
1954 Haut-Commissariat des Nations unies pour les Réfugiés (UNHCR)
1953 George Catlett Marshall (É.-U.)
1952 Albert Schweitzer (Fr.)
1951 Léon Jouhaux (Fr.)
1950 Ralph Bunche (É.-U.)
1949 John Boyd Orr, lord Boyd Orr of Brechin (G.-B.)
1948 Non décerné
1947 The Friends Service Council (The Quakers) (G.-B.), American Friends Service Committee (The Quakers) (É.-U.)
1946 Emily Greene Balch (É.-U.), John Raleigh Mott (É.-U.)
1945 Cordell Hull (É.-U.)
1944 Comité international de la Croix Rouge (Suisse)
1943 Non décerné
1942 Non décerné
1941 Non décerné
1940 Non décerné
1939 Non décerné
1938 Office international Nansen pour les Réfugiés (Suisse)
1937 Edgar Algernon Robert Gascoyne Cecil, lord Cecil of Chelwood (G.-B.)
1936 Carlos Saavedra Lamas (Arg.)
1935 Carl von Ossietzky (All.)
1934 Arthur Henderson (G.-B.)
1933 Sir Norman Angell
1932 Non décerné
1931 Jane Addams (É.-U.), Nicholas Murray Butler (É.-U.)
1930 Lars Olof Nathan (Jonathan) Söderblom (Suède)
1929 Frank Billings Kellogg (É.-U.)
1928 Non décerné
1927 Ferdinand Buisson (Fr.), Ludwig Quidde (All.)
1926 Aristide Briand (Fr.), Gustav Stresemann (All.)
1925 Sir Austen Chamberlain (G.-B.), Charles Gates Dawes (É.-U.)
1924 Non décerné
1923 Non décerné
1922 Fridtjof Nansen (Norv.)
1921 Karl Hjalmar Branting (Suède), Christian Lous Lange (Norv.)
1920 Léon Victor Auguste Bourgeois (Fr.)
1919 Thomas Woodrow Wilson (É.-U.)
1918 Non décerné
1917 Comité international de la Croix Rouge, à Genève
1916 Non décerné
1915 Non décerné
1914 Non décerné
1913 Henri La Fontaine (Bel.)
1912 Elihu Root (É.-U.)
1911 Tobias Michael Carel Asser (P.-B.), Alfred Hermann Fried (Autr.)
1910 Bureau international permanent de la Paix (Suisse)
1909 Auguste Marie François Beernaert (Bel.), Paul Henri Benjamin Balluet, baron d'Estournelles de Constant de Rebecque (Fr.)
1908 Klas Pontus Arnoldson (Suède), Fredrik Bajer (Dan.)
1907 Ernesto Teodoro Moneta (Ital.), Louis Renault (Fr.)
1906 Theodore Roosevelt (É.-U.)
1905 Bertha Sophie Felicita, baroonne von Suttner, née Cocomtesse Kinsky von Chinic und Tettau (Autr.)
1904 Institut de droit international de Gand (Bel.)
1903 William Randal Cremer (G.-B.)
1902 Élie Ducommun (Suisse), Charles Albert Gobat (Suisse)
1901 Jean Henri Dunant (Suisse), Frédéric Passy (Fr.)

Économie

2002 Daniel Kahneman (É.-U./Israël), Vernon Smith (É.-U.)
2001 George A. Akerlof (É.-U.), A. Michael Spence (É.-U.), Joseph E. Stiglitz (É.-U.)
2000 James J. Heckman (É.-U.), Daniel L. McFadden (É.-U.)
1999 Robert A. Mundell (Can.)
1998 Amartya Sen (Inde)
1997 Robert C. Merton (É.-U.), Myron S. Scholes (É.-U.)
1996 James A. Mirrlees (G.-B.), William Vickrey (Can.)
1995 Robert E. Lucas Jr. (É.-U.)
1994 John C. Harsanyi (É.-U.), John F. Nash Jr. (É.-U.), Reinhard Selten (All.)
1993 Robert W. Fogel (É.-U.), Douglass C. North (É.-U.)
1992 Gary S. Becker (É.-U.)
1991 Ronald H. Coase (G.-B.)
1990 Harry M. Markowitz (É.-U.), Merton H. Miller (É.-U.), William F. Sharpe (É.-U.)
1989 Trygve Haavelmo (Norv.)
1988 Maurice Allais (Fr.)
1987 Robert M. Solow (É.-U.)
1986 James M. Buchanan Jr. (É.-U.)
1985 Franco Modigliani (É.-U.)
1984 Sir Richard Stone (G.-B.)
1983 Gerard Debreu (É.-U.)
1982 George J. Stigler (É.-U.)
1981 James Tobin (É.-U.)
1980 Lawrence R. Klein (É.-U.)
1979 Theodore W. Schultz (É.-U.), Sir Arthur Lewis (G.-B.)
1978 Herbert A. Simon (É.-U.)
1977 Bertil Ohlin (Suède), James E. Meade (G.-B.)
1976 Milton Friedman (É.-U.)
1975 Leonid Vitalievitch Kantorovitch (URSS), Tjalling C. Koopmans (É.-U.)
1974 Gunnar Myrdal (Suède), Friedrich August von Hayek (G.-B.)
1973 Wassily Leontief (É.-U.)
1972 John R. Hicks (G.-B.), Kenneth J. Arrow (É.-U.)
1971 Simon Kuznets (É.-U.)
1970 Paul A. Samuelson (É.-U.)
1969 Ragnar Frisch (Norv.), Jan Tinbergen (P.-B.)

Le port de plaisance de ***Noirmoutier***.

Feuilles et fruits du ***noisetier***.

Noix *sur une branche de noyer.*

américain. (Subst., avec une majuscule.) Personne de race noire. *La condition des Noirs aux États-Unis.* / Fam. Ivre. *Il est complètement noir.* **B.** n. m. Couleur noire. *Photographie en noir et blanc.* / Substance de couleur noire. *Noir animal*: produit provenant de la calcination d'os et qui possède un pouvoir décolorant. / *Noir de fumée*: carbone obtenu par la combustion incomplète de corps riches en carbone, servant à fabriquer des peintures, encres et cirages. **C.** n. f. MUS. Voir *noire.*

noirâtre adj. D'une couleur qui tire vers le noir.

noiraud, e adj. et n. Dont la peau et les cheveux sont très bruns.

noirceur n. f. Caractère de ce qui est noir. / Fig. Perfidie ou méchanceté extrême.

noircir v. t. / v. i. [2] **A.** v. t. Colorer en noir, enduire de noir. *La fumée a noirci les murs. Noircir du papier*: écrire beaucoup. / Fig. Présenter (qqch.) sous un jour sombre, inquiétant. *Noircir la situation.* / Litt. Diffamer, dénigrer. *Noircir qqn, une réputation.* **B.** v. i. Devenir noir.

noire n. f. Note de musique valant deux croches, ou la moitié d'une blanche.

Noire (mer) (autrefois *Pont-Euxin*) *435 000 km² env.* Mer intérieure, tributaire de la Méditerranée avec laquelle elle communique par le détroit du Bosphore, la mer de Marmara et le détroit des Dardanelles. Au nord, elle communique avec la mer d'Azov. Elle baigne de nombreux pays: l'Ukraine au nord, la Russie au nord-est, la Géorgie à l'est, la Roumanie et la Bulgarie à l'ouest, et la Turquie au sud. Elle abrite de nombreux ports de commerce et des stations balnéaires. Point stratégique, elle fut disputée au moment de la question d'Orient et durant la guerre de Crimée.

Noirmoutier (île de) *48 km² 9 170 h.* Île de l'Atlantique (Vendée), au sud de l'estuaire de la Loire, reliée au continent par une route submersible (chaussée de Gois) et, depuis 1971, par un pont. Chef-lieu *Noirmoutier-en-l'Île (5 000 h.).* La douceur de son climat en fait un centre de cultures maraîchères et de tourisme. Pêche, ostréiculture, marais salants.

noise n. f. En loc. *Chercher noise (des noises) à qqn,* lui chercher querelle.

noisetier n. m. Arbuste des haies et des bois de la famille des bétulacées, dont le fruit est la noisette.

noisette n. f. et adj. **A.** n. f. Fruit du noisetier, fait d'une coque résistante, brune à maturité, qui renferme une amande oléagineuse au goût subtil. / Petit morceau de la taille d'une noisette. *Une noisette de beurre.* **B.** adj. inv. De la couleur de la noisette. *Un manteau noisette.*

noix n. f. Fruit du noyer (drupe), dont la coque ligneuse, entourée d'une enveloppe verte et charnue (brou), renferme une graine oléagineuse à surface plissée. / Par ext. Fruit de diverses plantes, à enveloppe ligneuse. *Noix de coco. Noix muscade. Noix de cajou.* / Petit morceau de la taille d'une noix. *Noix de beurre.* / BOUCH. *Noix de veau*: partie du cuisseau. / TECHN. Partie renflée de certains axes. / Fam. Individu stupide. *Ne l'écoute pas, c'est une noix.* / Loc. adj. Fam. *À la noix (de coco)*: sans valeur; mal fait; au fonctionnement défectueux. *Encore une de tes idées à la noix!*

Nok Localité du centre du Nigeria (sur le plateau de Jos) qui a livré de nombreux vestiges de la *civilisation de Nok*: statues en terre cuite (animaux, têtes humaines), objets en fer, dont les plus anciens remontent au Ve siècle av. J.-C. Cette civilisation, qui fut la première à réaliser la fonte du fer au sud du Sahara, disparut au IIe siècle apr. J.-C.

Nolde (Emil Hansen, dit Emil) 1867-1956 Peintre et graveur allemand. Installé à Berlin en 1902, lié au groupe Die Brücke, proche des peintres du Cavalier bleu, il poursuivit ses recherches personnelles marquées par l'esthétique expressionniste dont la violence tient parfois de la caricature (*Villageois à l'auberge*, 1912). Son voyage en Nouvelle-Guinée (1913-1915) lui inspira des œuvres sensuelles et brutales (types indigènes, masques). Les nazis confisquèrent un grand nombre de ses toiles.

*Slovènes, tableau d'***Emil Nolde***.*

noli-me-tangere n. m. inv. (mots latins) Synonyme de balsamine.

noliser v. t. [1] MAR., COMM. Affréter (un navire). / Par anal. *Noliser un avion.*

Nollet (abbé Jean Antoine) 1700-1770 Physicien français. Professeur, il fut le premier à enseigner la physique expérimentale, qu'il décrit dans ses *Leçons de physique expérimentale* (1743) et dans *L'Art des expériences* (1770). Il s'interrogea sur la nature de l'électricité, entrant en controverse avec Benjamin Franklin. Il prouva que le son est conduit par l'eau (1743) et inventa l'électroscope (1747).

nom n. m. Mot qui désigne un être, une chose, une idée. *Nom commun*, qui désigne tous les êtres, toutes les choses de même catégorie. *Les mots « homme », « bêche », « religion » sont des noms communs.* Syn. substantif. *Nom propre*, qui désigne une chose ou une personne particulière et s'écrit avec une majuscule. *Les noms de personne (Pierre, Dupont...) et de lieu (Paris, Vienne, Bourgogne...) sont des noms propres.* / Appellation donnée à une personne, un animal, un lieu, etc. pour le distinguer d'un autre. *Nom de famille*: nom commun aux membres d'une même famille. *Dans « Paul Dupont », « Dupont » est un nom de famille, « Pierre », un prénom, qui ne s'applique qu'à un individu donné. Nom commercial*: dénomination sous laquelle un individu exerce un commerce. *Se faire un nom*: faire connaître son nom, devenir célèbre.

nomade adj. et n. Dont l'habitat n'est pas fixe. *Peuple de chasseurs nomades.* / Subst. *Un(e) nomade.*

nomadiser v. i. [1] Vivre en nomade, pratiquer le nomadisme.

nomadisme n. m. Mode de vie des peuples, des individus dont l'habitat n'est pas fixe, qui se déplacent pour se nourrir, travailler.

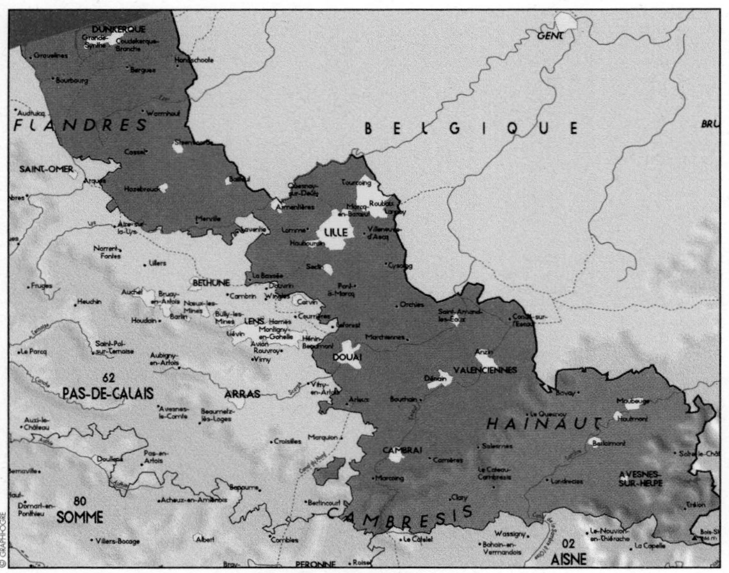

Département du **Nord**.

N

no man's land n. m. (mots anglais) Zone de terrain inoccupée qui sépare les positions de deux forces belligérantes. / Terrain neutre. Pl. Des *no man's lands*.

nombre n. m. MATH. Rapport entre une quantité et une autre quantité, prise comme point de comparaison, appelée unité. *Un nombre est ainsi l'unité ou une collection d'unités (ou de parties de l'unité). Nombre entier*, sans décimale. *Nombre entier naturel*: nombre positif qui contient exactement une ou plusieurs unités, appartenant à l'ensemble des entiers naturels N = {0 ; 1 ; 2 ; 3…}. *Nombre entier rationnel*: nombre entier positif ou négatif, appartenant à l'ensemble Z = {… ; –; -2; -1; 0; +1; +2; +3…}. *Nombre décimal*, composé d'une partie entière et d'une partie décimale, séparées par une virgule. *Nombre rationnel*, qui peut s'écrire comme le rapport de deux entiers rationnels (l'ensemble des nombres rationnels est noté Q). *Nombre irrationnel*, qui ne peut être écrit comme le rapport de deux entiers rationnels. *Les nombres √2, p, e (voir logarithme) sont des irrationnels. Nombre réel*, appartenant à la réunion, notée R, de l'ensemble des nombres rationnels et de celui des nombres irrationnels. *Nombre complexe*, formé d'une partie réelle et d'une partie imaginaire (voir imaginaire), appartenant à l'ensemble noté C. *Nombre premier*: entier naturel qui ne peut être divisé que par lui-même et par l'unité (1; 2; 3; 7; 11; 13; 17 sont des nombres premiers). / CHIM., PHYS. *Nombre atomique*: nombre de protons contenus dans un noyau atomique (noté Z). Syn. numéro atomique. *Nombre de masse*: nombre de nucléons contenus dans un noyau atomique (noté A). / PHYS. *Nombre d'Avogadro*, voir *Avogadro* / BX-A. *Nombre d'or*: nombre exprimant un rapport de grandeurs considéré comme un canon de proportions; le nombre d'or est donné par la formule (a + b) / a = a / b; lorsque b = 1, a = (1 + √5) / 2 = 1,618… / Cour. Quantité importante. *Succomber sous le nombre. Faire nombre.* / GRAMM. Forme d'un mot, qui exprime le fait que celui-ci désigne une unité ou une pluralité. *La langue française comporte deux nombres, le singulier et le pluriel.* / LITTÉR. Qualité d'un texte en prose ou en vers du point de vue de l'harmonie et du rythme, dus au choix et l'ordre de ses différents éléments (mots, membres de la phrase, sonorités).

nombrer v. t. [1] Litt. Dénombrer.

Nombres (livre des) Quatrième livre du Pentateuque (36 chapitres), ainsi nommé parce qu'il s'ouvre sur le recensement du peuple hébreu au Sinaï. Il relate les pérégrinations des Hébreux à travers le désert avant d'atteindre la Terre promise.

nombreux, euse adj. En grand nombre. *Les parieurs sont nombreux.* / Qui comporte beaucoup d'éléments. *Famille nombreuse.*

nombril n. m. Cicatrice due à la résection du cordon ombilical. Syn. ombilic.

nombrilisme n. m. Attitude de qqn obsédé par ses problèmes personnels.

nombriliste adj. et n. Du nombrilisme; personne qui adopte cette attitude.

nome n. m. En Égypte ancienne, province. / Division administrative de la Grèce moderne.

nomenclature n. f. Ensemble des termes spéciaux à une science, une technique, un art, classés méthodiquement. / Ensemble des entrées d'un dictionnaire. / Catalogue, répertoire.

nomenklatura n. f. (mot russe) HIST. En Union soviétique, dans les démocraties populaires et (par extension) dans les régimes bureaucratiques, groupe social jouissant de privilèges exceptionnels.

nominal, ale, aux adj. Du nom. *Forme nominale.* / *Emploi nominal*: emploi en tant que nom. *Emploi nominal d'un verbe.* / Qui mentionne des noms. *Liste nominale.* / Qui n'existe que de nom, théorique, sans réalité concrète. *Gérant nominal.* / ÉCON. *Valeur nominale*: valeur théorique d'une monnaie scripturale.

nominalement adv. Uniquement de nom. *Il est nominalement président de l'association.* / Par son nom. *Les présents seront appelés nominalement.* / LING. Comme un nom; substantivement. *Adjectif utilisé nominalement.*

nominalisme n. m. PHILO. Théorie selon laquelle les idées générales ne sont que des noms, des mots, et n'ont par elles-mêmes aucune réalité formelle ou objective.

nominaliste adj. et n. Relatif au nominalisme; partisan du nominalisme.

nominatif, ive adj. et n. m. **A.** adj. Qui contient des noms. *Liste nominative.* / *Titre nominatif*, dont le possesseur est nommément désigné (par oppos. à *titre au porteur*). **B.** n. m. GRAMM. Dans les langues à déclinaison, cas du sujet de la proposition ou de son attribut.

nomination n. f. Désignation d'une personne à laquelle on attribue une fonction, un emploi, un titre honorifique. / Fait d'être sélectionné parmi d'autres candidats pour recevoir un prix, une récompense. *Nomination d'un film aux Césars.*

nominativement adv. En mentionnant le nom de chacun. *Les consignes vous seront données nominativement.*

nominer v. t. [1] (Emploi critiqué) Sélectionner (des personnes, des œuvres) pour un prix, une distinction.

nommément adv. Par son nom; sous son nom. *Il a été mis en cause nommément.*

nommer v. t. [1] **A.** v. t. Donner un nom, tel nom à (qqn, qqch.). *Nommer une planète.* / Désigner par son nom. *Nommez-moi les présidents de la IVe République.* / Qualifier d'un nom. *Ce que l'on nomme justice.* / Désigner, choisir (qqn) pour occuper une charge, une fonction. *Il a été nommé Premier ministre. Avocat nommé d'office.* **B.** v. pron. Avoir pour nom. *Il se nomme Joseph.* / Indiquer son nom. *Il se nomma à l'assemblée.*

nomographie n. f. Méthode de calcul où le résultat est lu sur des graphiques, ou à l'intersection de différentes courbes représentatives des données du problème.

non adv. et n. m. inv. (Marque le refus, la négation) *Serez-vous des nôtres ce soir ? – Non. Il fait beau chez vous ? – Non.* / (En double négation, ce qui vaut affirmation, et accompagnant un autre adverbe) *Il est parti non sans protester*, en protestant. / loc. adv. *Non plus; non seulement… mais encore… mais aussi. Il n'en veut pas, et moi non plus. Non seulement il a des difficultés professionnelles, mais encore ses fils lui donnent des inquiétudes.* / n. m. inv. *Que votre oui soit oui, que votre non soit non* (évangile selon saint Mathieu, V, 37).

nonagénaire n. Personne dont l'âge se situe entre quatre-vingt-dix et quatre-vingt-dix-neuf ans.

non-agression n. f. POLIT. Fait de ne pas agresser un État. *Pacte de non-agression.*

non-aligné, e adj. et n. m. HIST. Qui pratiquait le non-alignement. *Pays non-aligné. Les non-alignés.*

non-alignement n. m. HIST. Politique de neutralité vis-à-vis des blocs antagonistes, occidental et soviétique, adoptée pendant la guerre froide par plusieurs pays, essentiellement des pays du tiers-monde.

nonante adj. num. (En Suisse, en Belgique) Quatre-vingt-dix.

non-assistance n. f. DR. Délit consistant à s'abstenir volontairement de porter secours. *Non-assistance à personne en danger.*

nonce n. m. Ambassadeur du Saint-Siège auprès d'un pays étranger.

nonchalamment adv. Avec nonchalance.

nonchalance n. f. Disposition à ne pas agir; indolence. / Manque de hâte, de vivacité.

nonchalant, e adj. Qui manifeste de la nonchalance.

nonciature n. f. Charge d'un nonce; exercice de cette charge; résidence du nonce.

non-comparution n. f. DR. Fait de s'abstenir de se présenter devant un tribunal.

non-conciliation n. f. DR. Défaut de conciliation.

non-conformisme n. m. RELIG. Doctrine des non-conformistes. / Par ext. Attitude d'une personne non conformiste.

non-conformiste n. et adj. **A.** n. RELIG. En Angleterre, protestant qui n'appartient pas à l'Église anglicane. / Par ext. Celui, celle qui ne se conforme pas aux règles établies. *C'est un non-conformiste.* **B.** adj. *Assemblée non-conformiste. Artiste non-conformiste.*

non-croyant, e adj. et n. Qui ne croit pas en Dieu.

none n. f. ANTIQ. ROM. Quatrième partie de la journée, qui commence à la fin de la neuvième heure, soit approximativement vers 15 heures d'aujourd'hui. / LITURG. CATHOL. Heure canoniale qui se récitait vers la neuvième heure du jour, après sexte.

non-engagé, e adj. et n. m. POLIT. Synonyme de non-aligné.

Luigi Nono.

nones n. f. pl. ANTIQ. ROM. Date fixe du mois qui tombe le neuvième jour avant les ides, soit le 7 en mars, mai, juillet, octobre, et le 5 les autres mois.

non-être n. m. PHILO. Ce qui n'est pas (par oppos. à *être*).

non-figuratif, ive adj. et n. Qui ne cherche pas à représenter la réalité. *Tableau, artiste non-figuratif.*

non-fumeur, euse n. Personne qui ne fume pas. (En appos.) *Wagon non-fumeurs.*

non-ingérence n. f. Attitude qui consiste à ne pas intervenir dans les affaires intérieures d'un État, ou dans les affaires d'autrui.

non-intervention n. f. Attitude d'un État qui n'intervient pas dans les affaires d'un autre État quand il n'est pas concerné, en particulier en matière de conflits.

Nonius (Pedro Nunes, dit en latin **Petrus)** 1492 ou 1502-1578 Astronome et mathématicien portugais. Sa recherche du chemin le plus court entre deux points de la surface terrestre donna naissance à la loxodromie : il montra que lorsqu'un navire suit le même cap, il décrit une courbe qui rencontre tous les méridiens sous un angle constant, et calcula les positions du navire, en longitude et latitude, dans des tables de navigation. Il résolut, par ailleurs, le problème du crépuscule le plus court et inventa le « nonius », appareil destiné à mesurer les angles, qui fut remplacé par le vernier au XVIIe siècle.

non-lieu n. m. DR. Décision par laquelle le juge d'instruction ou la chambre des mises en accusation déclare qu'il n'y a pas lieu de poursuivre en justice celui ou celle contre qui une procédure d'instruction avait été entamée. *Bénéficier d'un non-lieu.* Pl. Des *non-lieux.*

non-métal n. m. CHIM. Vx Synonyme de métalloïde. / Mod. Élément non métallique. *Le bore, le carbone, l'azote, l'oxygène, le fluor, le silicium, le phosphore, le soufre, le chlore sont des non-métaux.*

nonne n. f. Vx ou fam. Religieuse.

nonnette n. f. Vx ou fam. Jeune nonne. / (Par analogie avec le costume religieux) Mésange à tête noire.

Nono (Luigi) 1924-1990 Compositeur italien, adepte de la musique sérielle. Communiste, il assigna à la musique une fonction militante et libératrice. Il a composé notamment le ballet *Le Manteau rouge* (1954), d'après Garcia Lorca, l'opéra *Intolleranza* (1961), ainsi que de nombreuses pièces instrumentales.

nonobstant prép. et adv. Vx ou DR. En dépit de ; sans tenir compte de. *Nonobstant ses déclarations précédentes, il s'est rallié à notre point de vue. Nonobstant les voies de recours.* / adv. Néanmoins.

nonpareil, eille adj. et n. f. Litt. Sans pareil, inégalable. / n. f. Petite dragée.

non-prolifération n. f. Politique visant à limiter le développement des armes nucléaires dans le monde (production et stockage). Syn. non-dissémination.

non-recevoir n. m. inv. DR. En loc. *Fin de non-recevoir* : voir *fin.*

non-retour n. m. *Point de non-retour* : point à partir duquel il est impossible de revenir à son point de départ, de revenir sur le processus engagé, d'annuler une décision.

non-sens n. m. inv. Raisonnement ou phrase dépourvus de sens. / Acte absurde.

nonsense n. m. (mot anglais) Forme d'humour fondé sur l'absurde.

non-stop adj. inv. et n. m. inv. Américanisme pour *sans escale.* / Fig. Sans interruption, intégral. *Transmission non-stop d'une épreuve sportive par la télévision.*

non-tissé n. m. Matériau textile fait de fibres agglomérées.

non-violence n. f. Doctrine, attitude de ceux qui, sur le plan politique et sur le plan philosophique, refusent de riposter par la violence à la violence, et prônent, pour faire triompher leurs idées et s'opposer à la force brutale, l'emploi de moyens pacifiques.

non-violent, e adj. et n. Relatif à la non-violence ; partisan de la non-violence. *Manifestation non-violente. Un non-violent.* Pl. Des *non-violents.*

non-voyant, e adj. et n. Aveugle ou presque aveugle. Pl. Des *non-voyants.*

nopal n. m. BOT. Plante grasse de la famille des cactacées, dont les rameaux épineux sont aplatis en forme de raquette, au fruit charnu comestible (figue de Barbarie). Syn. figuier de barbarie, opuntia, oponce.

noradrénaline n. f. BIOCHIM. Substance proche par sa structure et ses effets de l'adrénaline, qui a dans l'organisme un rôle de neurotransmetteur. *La noradrénaline est un précurseur de l'adrénaline.*

nord n. m. et adj. inv. **A.** n. m. Un des quatre points cardinaux que l'étoile polaire permet de repérer. / Direction du pôle magnétique prise par l'aiguille aimantée d'une boussole. / (Avec une majuscule) Pays, région situés près du pôle Nord, ou dans la partie la plus septentrionale d'une contrée, d'un État. *Les peuples du Nord*, de la Scandinavie. *Les départements du Nord*, du nord de la France. **B.** adj. inv. Situé au nord. *Pôle Nord, côté nord, face nord.*

Nord (département du) [59] *5 742 km² 2 555 020 h.* Département du nord de la France, dans la Région Nord-Pas-de-Calais. Chef-lieu *Lille.* Situé le long de la frontière belge, le département s'étend sur des régions variées : d'est en ouest, l'extrémité forestière de l'Ardenne, les plateaux limoneux du Hainaut et du Cambrésis tournés vers la grande culture de betterave et de fourrage (élevage bovin), enfin la plaine de Flandre ; la Flandre intérieure est le domaine de la polyculture (céréales, pomme de terre, houblon, lin, élevage à l'étable) tandis que la Flandre maritime, conquise sur la mer, porte des cultures maraîchères. L'agriculture a été modernisée de bonne heure. Les industries sont nées de la situation de carrefour et de la présence de la houille. Les plus anciennes sont les industries textiles concentrées dans la conurbation de Lille-Roubaix-Tourcoing. La houille du *Pays noir* (de Douai à Valenciennes) n'est plus exploitée depuis 1990, mais elle a suscité la création d'industries sidérurgiques et métallurgiques, de centrales thermiques, la carbochimie, la verrerie. Dunkerque, troisième port français de marchandises, est un port industriel (constructions navales, raffineries de pétrole, sidérurgie). Les problèmes de création d'emplois qui affectent le Nord sont ceux de toute la Région Nord-Pas-de-Calais.

Nord (guerre du) 1700-1721 Guerre de conquête menée par Charles XII de Suède, qui cherchait à contrôler la totalité des rives méridionales de la Baltique, contre le Danemark, la Saxe, la Pologne et la Russie. Malgré ses premières victoires, notamment contre l'armée russe de Pierre le Grand à Narva (1700), la Suède sortit de ce conflit très affaiblie. Vaincue par Pierre le Grand à Poltava en 1709, elle essuya ensuite une série de défaites. Charles XII mourut en 1718 alors qu'il assiégeait la ville de Fredrikshald. Son successeur, Frédéric Ier, mit fin à la guerre en restituant les territoires conquis par la Suède.

Nord (mer du) *580 000 km²* Mer tributaire de l'océan Atlantique, située entre la Grande-Bretagne, la France et les pays de l'Europe du Nord-Ouest : Belgique, Pays-Bas, Allemagne et Scandinavie. Peu profonde, elle dépasse rarement 100 m de fond, sauf au large des côtes écossaises (dépression du Devil's Hole, 240 m) et le long de la côte sud de la Norvège (600 à 700 m). Les côtes scandinaves sont découpées par de profonds fjords. La mer du Nord est, dans sa partie méridionale, une voie maritime très fréquentée : Rotterdam, Londres, Anvers, Hambourg sont parmi les plus grands ports d'Europe. Très poissonneuse, elle a un rôle économique considérable. En outre, son sous-sol contient d'immenses réserves d'hydrocarbures (gaz naturel et pétrole), dont les premiers gisements ont été découverts dans les années 1960, exploités par la Grande-Bretagne et, surtout, la Norvège.

Nord (Territoire-du-) *1 346 200 km² 175 253 h.* Territoire d'Australie occupant la partie centrale du nord du pays, baigné par les mers de Timor et d'Arafura et comprenant l'île Melville. Capitale *Darwin.* La majeure partie de ce territoire très faiblement peuplé (0,13 h/km²) est désertique. Élevage extensif (bovins) et cultures (luzerne, riz, fruits et légumes) sur la côte. Nombreuses réserves d'aborigènes. Le tourisme est en expansion.

nord-africain, e adj. et n. D'Afrique du Nord. *Population nord-africaine. Un(e) Nord-Africain(e).*

nord-américain, e adj. et n. D'Amérique du Nord. *Population nord-américaine. Un(e) Nord-Américain(e).*

nord-coréen, enne adj. et n. De Corée du Nord. *Monnaie nord-coréenne. Un(e) Nord-Coréen(ne).*

nord-est n. m. et adj. inv. Point de l'horizon situé entre le nord et l'est. / Partie d'un pays située au nord-est, plutôt au nord-est. *Le nord-est de la France.* / adj. *La partie nord-est du pays.*

Nord-Est (passage du) Route maritime de l'océan Glacial Arctique, reliant l'Atlantique au Pacifique par le détroit de Béring, libre de glaces en été. Recherchée dès le XVe siècle, cette voie fut découverte par le Suédois A. E. Nordenskjöld en 1878-1879.

nord-ouest n. m. et adj. inv. Point de l'horizon situé entre le nord et l'ouest. / Partie d'un pays située au nord-ouest, plutôt au nord-ouest. *Le nord-ouest de la France.* / adj. *La partie nord-ouest du pays.*

Nord-Ouest (passage du) Route maritime reliant l'Atlantique et le Pacifique à travers l'archipel Arctique canadien. Le Norvégien R. Amundsen fut le premier à la franchir entièrement (1903-1906).

Nord-Ouest (Territoires du) *1 480 000 km² 35 000 h.* Territoire canadien situé entre le Yukon et le Nunavut. Capitale *Yellowknife.* Cette terre arctique et subarctique recèle de l'or, de l'uranium, du radium, du nickel, du pétrole. La Compagnie de la baie d'Hudson, société britannique qui en détenait le monopole commercial (négoce de fourrures), la céda en 1870 au Canada. Il en fit un Territoire administré par le gouvernement fédéral. En 1999, les revendications territoriales des Inuits aboutirent à la division des Territoires du Nord-Ouest (alors *3 400 000 km²*) et à la création d'un nouveau territoire, le Nunavut (« notre terre »), doté d'un gouvernement distinct.

Nordenskjöld (Adolf Erik, baron**)** 1832-1901 Naturaliste et explorateur suédois. Il mena plusieurs expéditions dans les régions arctiques et découvrit, à bord de la *Véga* en 1878-1879, le passage du Nord-Est. **Otto** 1869-1928 Explorateur suédois. Neveu du précédent, il explora l'Antarctique, la Patagonie, le Groenland, l'Alaska.

nordet n. m. MAR. Nord-est. / Vent de nord-est.

N

nordique adj. et n. Relatif aux peuples et au pays du nord de l'Europe. *Langues nordiques. Un(e) Nordique.* / LING. *Le nordique* : la langue ancienne, aujourd'hui disparue, dont dérivent les langues scandinaves, et qui ne peut être reconstituée qu'en comparant entre elles les langues germaniques actuellement en usage en Scandinavie, et les textes littéraires anciens qui nous sont parvenus.

nordiste adj. et n. HIST. En Amérique du Nord, se dit d'un partisan de l'Union et du gouvernement de Washington pendant la guerre de Sécession, qui opposa entre 1861 et 1865 les États du Nord aux États du Sud.

Nord-Pas-de-Calais *12 414 km² 3 996 588 h.* Région administrative française qui comprend les départements du Nord et du Pas-de-Calais. Chef-lieu *Lille.* Puissant et ancien

La Chambre de Commerce à Lille, chef-lieu de la région ***Nord-Pas-de-Calais.***

Manuel Antonio Noriega (au centre).

complexe industriel et urbain, la Région connaît aujourd'hui de graves problèmes de reconversion industrielle dus à la crise de ses activités traditionnelles : l'extraction houillère, la sidérurgie et le textile. Grâce à l'abondance de sa population, à sa situation remarquable au cœur de l'Europe de l'Ouest, à la densité de son réseau de communications (routes, T.G.V., tunnel sous la Manche), aux efforts de décentralisation, le Nord réussit à moderniser et diversifier ses industries : carbochimie, pétrochimie, pneumatiques, mécanique (automobiles), alimentation. Le chômage (16 %) demeure supérieur à la moyenne nationale. L'agriculture ne représente que 1,6 % du PIB régional ; elle fournit à l'industrie agroalimentaire betterave (sucre), houblon (bière), blé (farine) et poisson (conserveries) ; Boulogne est le premier port de pêche français.

nord-vietnamien, enne adj. et n. Anc. Du Nord-Vietnam (au temps où les deux parties du Vietnam constituaient deux États distincts).

Norge (Georges Mogin, dit Géo) 1898-1990 Poète belge d'expression française. Il a publié : *L'Imagier* (1942), *La Langue verte* (1954), *Le Vin profond* (1969), *Les Oignons sont en fleurs* (1980), *Feuilles de chou* (1989).

noria n. f. Machine servant à remonter l'eau d'un puits, formée d'une chaîne sans fin, portée par une roue, et constituée de godets qui descendent vides et remontent pleins. / Fig. Suite ininterrompue de personnes ou de véhicules effectuant un va-et-vient incessant.

Noriega (Manuel Antonio) 1940 Général et homme politique panaméen. Chef de la force de défense et homme fort du régime à partir de 1983, il fut d'abord l'allié des États-Unis, mais devint gênant pour Washington quand il commença à incarner le nationalisme panaméen dans l'affaire du canal. Il fut renversé par une intervention militaire des États-Unis (décembre 1989-janvier 1990) et, accusé de narco-trafic, déféré devant la justice américaine. Jugé à Miami, il a été condamné à quarante ans de prison pour trafic de drogue.

normal, ale, aux adj. et n. f. **I.** Conforme à la norme. *Conditions normales.* / Habituel ; non pathologique. *Être dans son état normal.* / n. f. *La normale* : la norme. Voir aussi *normale.* **II.** Anc. *École normale*, où étaient formés les futurs instituteurs. / *École normale supérieure*, où sont formés les futurs enseignants du secondaire. / Qui sert de norme. **III.** CHIM. *Solution normale*, utilisée en dosimétrie et contenant une mole d'éléments actifs par litre.

normale n. f. GÉOM. Droite qui est perpendiculaire. *Normale à une courbe* : droite perpendiculaire à la tangente en un point de la courbe. *Normale à une surface* : droite perpendiculaire au plan tangent, passant par le point de contact du plan et de la surface.

normalement adv. De façon normale. / Si tout se passe comme prévu. *Normalement, je serai là dans une heure.*

normalien, enne n. Élève ou ancien élève d'une École normale.

normalisation n. f. Action de normaliser. / Soumission d'une production industrielle à des normes identiques, afin de réduire le nombre de types du même article, d'améliorer le rendement et de diminuer le prix de revient.

normaliser v. t. [1] Appliquer une norme, un standard à ; unifier, systématiser. *Normaliser des méthodes de production.* / Ramener à un état normal, habituel ; régulariser. / v. pron. *Leurs relations se sont normalisées.*

normalité n. f. Caractère de ce qui est normal.

normand, e adj. et n. De Normandie. *Beurre normand. Un(e) Normand(e). Réponse de Normand*, indécise, ambiguë. / AGRIC. *Race normande* : race bovine dont la robe tachetée combine toujours le roux, le blanc et le noir.

• **Normandie (la)** Ancienne province du nord-ouest de la France, divisée aujourd'hui en deux Régions : la Basse-Normandie et la Haute-Normandie.

Normandie (Basse-) *17 589 km^2 1 422 193 h.* Région de l'ouest de la France, située à l'ouest de la Haute-Normandie, qui comprend les départements de la Manche, du Calvados et de l'Orne. Chef-lieu *Caen*. La Basse-Normandie, rattachée à l'ouest au Massif armoricain (Cotentin, Bocage normand, collines de Normandie), à l'est au Bassin parisien (pays d'Auge, Bessin, campagne de Caen), est le domaine du bocage et de l'élevage laitier (fromages réputés : livarot, pont-l'évêque, camembert) associé à des cultures céréalières et fruitières (pommes pour le cidre et le calvados). L'industrie traditionnelle (agroalimentaire, sidérurgie) est relayée par l'industrie électrique et électronique (surtout dans la région de Caen). La filière nucléaire a créé de nombreux emplois dans le Cotentin : au nord, se trouvent la centrale de Flamanville et l'usine de retraitement de la Hague. Le tourisme, qui se développe (Deauville, Cabourg, Mont-Saint-Michel), bénéficie notamment de la proximité de la Grande-Bretagne.

Normandie (Basse-) : *le centre de Deauville.*

Histoire

Le débarquement de Normandie (6 juin 1944).

Les Francs menés par Clovis conquirent la région au ve siècle. Partie occidentale du royaume de Neustrie (561-687), elle vit l'essor des monastères bénédictins (Jumièges, Fécamp, Mont-Saint-Michel) aux vi^{e} et viie siècles. Au début du ixe siècle, les Normands (ou Vikings) l'envahirent. En 911, Charles III le Simple leur céda la haute Normandie et, en 945, Louis IV, la basse Normandie. En 1066, le duc de Normandie, Guillaume le Bâtard (Guillaume le Conquérant), conquit l'Angleterre. Au xiie siècle, après des années de lutte, la Normandie passa en même temps que l'Angleterre à la dynastie des Plantagenêts. Philippe Auguste la conquit en 1204, puis Anglais et Français se la disputèrent pendant la guerre de Cent Ans (1337-1453). Anglaise de 1420 à 1450, elle fut reprise par Charles VII, puis rattachée à la France en 1468 par Louis XI. À la fin de la Seconde Guerre mondiale, la *bataille de Normandie* (6 juin-21 août 1944), qui suivit le débarquement allié, éprouva durement la région (bombardements stratégiques, violents combats) : à partir du 6 juin 1944, les Alliés, sous le commandement du général Eisenhower, débarquèrent sur les côtes normandes (plages du Calvados et du Cotentin). Ayant repris Caen, Avranches, Falaise, les Alliés, tandis qu'une partie des troupes partait à l'assaut de Paris et de la Provence, parvinrent à rompre le front allemand de l'Ouest.

Normandie (Haute-) *12 317 km^2 1 780 192 h.* Région de l'ouest de la France, située à l'est de la Basse-Normandie, qui comprend les départements de l'Eure, au sud, et de la Seine-Maritime, au nord, de part et d'autre de la Seine. Chef-lieu *Rouen*. La Région occupe les plateaux de l'ouest du Bassin parisien. On y distingue, au nord de la Seine, le pays de Bray, le pays de Caux et le Vexin normand ; au sud de la Seine, le Roumois, le Lieuvin, les campagnes du Neubourg et de Saint-André, le pays d'Ouche. L'agriculture est équilibrée entre cultures (betterave sucrière, céréales) et élevage (bovins). Importante voie fluviale entre Paris et la mer, la Seine a suscité l'industrialisation de la Région, en particulier autour du port fluvial de Rouen et du port maritime du Havre : raffinage de pétrole, chimie, pétrochimie, construction automobile. Des chantiers navals subsistent au Havre. Plusieurs industries traditionnelles se maintiennent : travail du bois, usines de pâte à papier, verreries. Le secteur secondaire emploie 23 % des actifs. Le tourisme est important sur la côte (Étretat, Le Tréport). Musée et jardin de Monet, à Giverny (Eure).

• **Normands (** « hommes du Nord » **)** ou **Vikings** Nom donné aux navigateurs pillards qui, partis de Scandinavie, ravagèrent l'Europe occidentale à partir du viiie siècle.

normatif, ive adj. Qui établit des normes.

norme n. f. Principe servant de modèle ou de règle. / État habituel, conforme à la majorité des cas. / TECHN. Ensemble de formules précises réglementant la fabrication d'un type de produit.

normographe n. m. TECHN. Plaque dans laquelle ont été pratiqués des évidements en forme de caractères, lettres, chiffres, ou symboles, qui guident la main du dessinateur et lui permettent de réaliser des inscriptions normalisées.

Norodom Nom de trois rois du Cambodge. **Norodom Ier** (prince Ang Vodey) 1835-1904 Roi en 1859, il accepta le protectorat de la France (1863) pour récupérer son trône, que son frère lui avait ravi en 1861. **Norodom Suramarit** 1896-1960 Petit-neveu du précédent, il fut roi en titre de 1955 à sa mort, son fils Norodom Sihanouk ayant abdiqué en sa faveur pour pouvoir exercer plus efficacement le pouvoir en occupant des postes directement politiques. **Norodom Sihanouk** 1922 Fils du précédent. Roi de 1941 à 1955 et depuis 1993, chef de l'État de 1960 à 1970. En février 1955, peu après avoir obtenu l'indépendance totale de son pays (décembre 1954), il abandonna le trône à son père. Il continua à gouverner comme Premier ministre puis, à la mort de son père (1960), comme chef

Normands

Leurs navires perfectionnés leur permettaient de naviguer sur l'Océan et de remonter le cours des fleuves. Partout où elles se fixèrent, ces troupes se fondirent dans les populations locales. Au Xᵉ siècle, avec Erik le Rouge, ils découvrirent et colonisèrent l'Islande, le Groenland et peut-être la côte de l'Amérique du Nord. Des Norvégiens et des Danois envahirent et pillèrent, au IXᵉ siècle, les îles britanniques, et s'y établirent. Si leur domination sur l'Irlande prit fin en 1014, ils demeurèrent en Angleterre. Le Danois Knud (ou Canut) le Grand régna sur tout le pays de 1016 à 1035.
En 1042, la dynastie saxonne fut rétablie par le roi Édouard le Confesseur. L'Empire carolingien, après la mort de Charlemagne (814), ne fut pas en mesure de résister aux incursions vikings. Dès 820, ils ravagèrent la région de Rouen, incendiant la ville en 841, et remontèrent la Seine. En 885-886, ils assiégèrent Paris. Charles II le Chauve tenta de rétablir la situation en établissant des ponts fortifiés sur la Seine et en monnayant le départ des envahisseurs, mais le royaume fut bientôt débordé. Pour mettre fin à ces incursions, le roi Charles III le Simple conclut avec le chef norvégien Rollon le traité de Saint-Clair-sur-Epte (911). Il lui abandonnait une partie du territoire qui prendrait ensuite le nom de *Normandie*, à la condition qu'il rendît hommage au roi et qu'il se fît baptiser. Rollon devint donc le premier duc de Normandie. En 945, Louis IV céda à son successeur le reste de la Normandie (l'actuelle Basse-Normandie).
En 1066, Guillaume Iᵉʳ, duc de Normandie, se rendit maître de l'Angleterre par la victoire de Hastings et rétablit sur l'île le pouvoir des Normands, comme au temps de Knud le Grand. Les Normands fondèrent également des principautés en Espagne et en Italie du Sud, où ils jetèrent au XIᵉ siècle les bases du royaume de Sicile grâce aux conquêtes de Robert Guiscard et de Roger de Hauteville, gentilshommes normands. Dans l'est de l'Europe, leur apport fut capital. Connus sous le nom de Varègues, des navigateurs scandinaves firent le commerce de fourrures et d'esclaves de la Baltique jusqu'à la mer Noire, qu'ils atteignirent au IXᵉ siècle. Ils s'y mêlèrent aux Slaves. On leur attribue la fondation des principautés de Novgorod et de Kiev, ville autour de laquelle se développa un État qui devait donner naissance à la Russie.

Miniature du Xᵉ siècle représentant une expédition de Vikings (Musée historique d'Oslo).

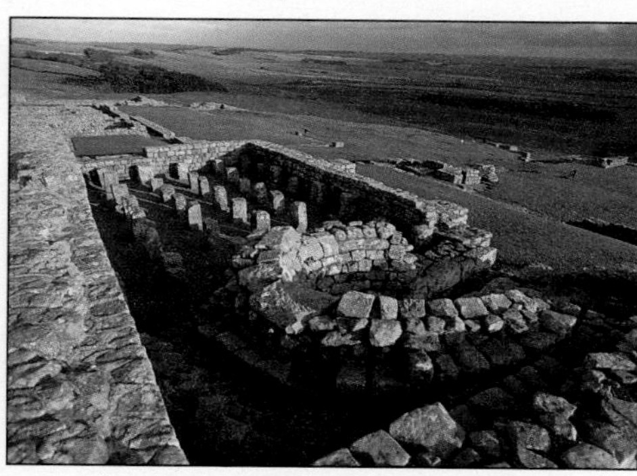

Ruines du mur d'Hadrien, dans le ***Northumberland****, au nord de l'Angleterre.*

de l'État, sans reprendre son titre de roi. En 1963, il rompit avec les États-Unis, dont il condamnait l'engagement au Vietnam Voir Atlas, et se fit l'apôtre du non-alignement. En 1970, il fut renversé par son Premier ministre, le général Lon Nol. Le prince Sihanouk se réfugia à Pékin, où il s'allia aux Khmers rouges. Après leur victoire en 1975, il revint à Phnom Penh mais démissionna dès 1976. Le Vietnam occupa le Cambodge (1978-1989). Hostile au gouvernement provietnamien mis en place en 1979, Norodom Sihanouk créa un gouvernement de coalition en exil (1982-1988). Favorisant la réconciliation nationale, il devint en 1991 président du Conseil national suprême chargé de gouverner provisoirement le Cambodge. En 1993, des élections législatives rétablirent la monarchie et il redevint roi.

Norodom Ranariddh 1944 Homme politique cambodgien, fils du roi Norodom Sihanouk. Il fut élu Premier ministre en 1993, conjointement avec le leader communiste Hun Sen, qui le démit en 1997.

norois, oise ou **norrois, oise** n. m et adj. LING. Langue germanique autrefois parlée en Scandinavie, qui est la langue des Eddas. / adj. *Inscriptions noroises en caractères runiques.*

noroît ou **norois** n. m. Vent marin du nord-ouest, humide et froid.

Norris (Franck) 1870-1902 Journaliste et romancier naturaliste américain. Il a publié *La Pieuvre* (1901) et *La Fosse* (posthume, 1903). De son roman *McTeague* (1899), fresque sociale d'un implacable réalisme, Erich von Stroheim tira un chef-d'œuvre cinématographique : *Les Rapaces* (1923).

norrois Voir **norois**

Northumberland *5 032 km² 307 700 h.* Comté du nord de la Grande-Bretagne (Angleterre), à la frontière de l'Écosse, sur la mer du Nord. Chef-lieu *Newcastle-upon-Tyne.* La présence d'un bassin houiller et l'estuaire de la Tyne, importante voie de navigation, en ont fait un grand foyer métallurgique. Le Northumberland reste un comté rural, peu peuplé, où l'agriculture tient une place importante (élevage ovin).

Northumbrie Royaume fondé au Vᵉ siècle par les Angles, qui fut prospère au VIIᵉ siècle. Le roi du Wessex l'annexa en 827.

• **Norvège** État bordant l'est de la péninsule scandinave, baigné par l'Atlantique et la mer du Nord.

norvégien, enne adj. et n. De Norvège. *Fjord norvégien. Un(e) Norvégien(ne).* / n. m. LING. Langue scandinave parlée en Norvège.

nos Voir **notre**

nosocomial, ale, aux adj. MÉD. Qui se rapporte à l'hôpital. *Infection nosocomiale*, contractée lors d'un séjour en milieu hospitalier.

nosologie n. f. MÉD. Étude des caractères distinctifs des maladies et de leur classification.

nostalgie n. f. Mélancolie causée par l'éloignement du pays natal. / Regret mélancolique du passé.

nostalgique adj. et n. Qui procède de la nostalgie. / Subst. Personne portée à la nostalgie.

Nostradamus (Michel de Nostre-Dame, dit**)** 1503-1566 Astrologue et médecin français que Catherine de Médicis appela à la Cour, où il fut le médecin de Charles IX. Il est célèbre pour ses prédictions. Ses *Centuries astrologiques* (1555), constituées de quatrains extrêmement ambigus, ont suscité des interprétations passionnées jusqu'à nos jours.

nota ou **nota bene** n. m. inv. (locution latine) Mention annonçant une note (abrév. N. B.) ; cette note elle-même.

notabilité n. f. Litt. Caractère de ce qui est notable. / Notable (personne). *Toutes les notabilités de la ville étaient présentes.*

notable adj et n. m. **A.** adj. Qui mérite d'être pris en considération, noté. *Un événement notable.* **B.** n. m. Personnage important par le rang qu'il occupe ou par la fonction qu'il exerce dans la cité, dans l'État. / HIST. *Assemblée des notables* : assemblée consultative dont les membres étaient choisis par le roi pour représenter la noblesse, le clergé et le tiers état.

notablement adv. De façon notable.

notaire n. m. Officier public et ministériel qui rédige, reçoit les contrats et autres actes auxquels des particuliers veulent donner un caractère d'authenticité, en délivre des copies et en assure la conservation. / HIST. *Notaire apostolique* : notaire auquel le Saint-Siège avait concédé le pouvoir juridictionnel d'agir en tant qu'officier public et, donc, d'établir la qualité des actes authentiques. *La fonction de notaire apostolique s'est maintenue jusqu'à la fin du XXᵉ siècle.*

notamment adv. En particulier, spécialement.

notarial, ale, aux adj. Propre ou relatif au notaire, au notariat.

notariat n. m. Charge, profession de notaire ; ensemble des notaires.

notarié, e adj. Authentifié par un notaire. *Acte notarié.*

notation n. f. Représentation d'une chose par un symbole. *Notation algébrique. Notation musicale.* / Action de donner une note, une appréciation.

NORVÈGE

Superficie : *323 877 km²* – **Nombre d'habitants :** *4 500 000 h.* – **Capitale :** *Oslo*
Villes principales : *Bergen, Trondheim, Stavanger* – **Système politique :** *monarchie constitutionnelle*
Langue(s) : *norvégien* – **Religion(s) :** *protestantisme* – **Monnaie(s) :** *couronne norvégienne*

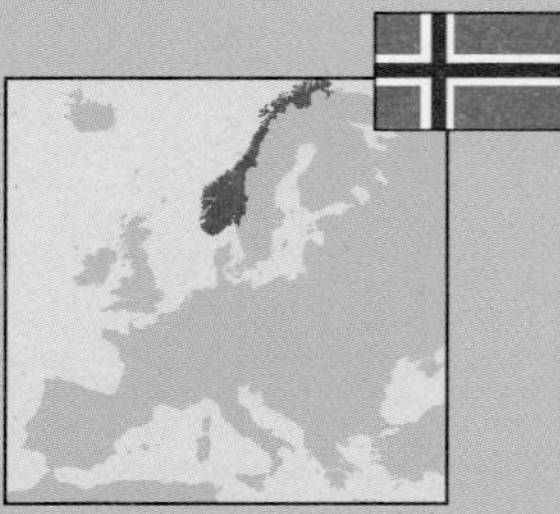

Voir l'Atlas

Géographie physique et humaine

La Norvège s'étire sur plus de 1 500 km. À l'exception de sa partie septentrionale (Finnmark), où dominent les plateaux, c'est une région montagneuse (*2 468 m* au Galdhøpiggen) et forestière, entaillée par de profondes vallées, surtout au sud. Les côtes, rocheuses et découpées d'échancrures profondes, les fjords, s'étendent sur *20 000 km* (même si le tracé extérieur ne mesure que *3 000 km*). Alimentés par les glaciers et les précipitations, les multiples fleuves sont généralement courts ; leur très fort débit est régularisé par les nombreux lacs. Grâce à l'influence océanique, le climat est relativement doux et très humide. Cependant, la latitude s'exprime à l'extrême nord du pays : l'été, le soleil ne se couche pas pendant 80 jours consécutifs (soleil de minuit) ; l'hiver, il n'apparaît pas au-dessus de l'horizon durant 6 à 7 semaines d'obscurité. À l'exception des Lapons qui vivent, dans le nord du pays, de l'élevage de rennes et de la pêche, la population norvégienne se concentre le long de la côte méridionale. Peu peuplée (13 h./km²), la Norvège a un niveau de vie très élevé.

Économie

Limitées par les conditions naturelles, les cultures (sur 3 % du territoire : céréales, pommes de terre, carottes, pommes) sont insuffisantes ; la Norvège doit recourir à l'importation pour assurer la consommation intérieure. L'élevage (bovins, ovins, volailles, rennes, renards, visons) domine. La pêche (morue, lieu, crevette) et la pisciculture (saumon), ainsi que l'exploitation de la forêt, très développée, alimentent une partie de l'exportation. Les ressources minérales sont faibles (fer, cuivre, zinc, plomb, titane, nickel). L'industrie s'est développée grâce aux immenses ressources hydroélectriques (électrométallurgie, électrochimie), forestières (papier, allumettes), maritimes (conserveries), et surtout grâce au pétrole et au gaz de la mer du Nord. Tournée vers la mer, la Norvège possède l'une des premières flottes marchandes du monde.

En régression dans la hiérarchie mondiale depuis les années 1980, la marine marchande continue à jouer un rôle de premier plan dans l'économie norvégienne. Les constructions navales se sont maintenues et sont relayées par la construction de plateformes et d'équipements pour l'extraction pétrolière en mer. Même si les hydrocarbures constituent un atout majeur mais inconstant, dépendant du cours du pétrole, la croissance de la Norvège reste plus forte que celle de la plupart des pays occidentaux et son taux de chômage plus faible.

Histoire

L'histoire de la Norvège est connue à partir du VIIIᵉ siècle, quand les Vikings entreprennent leurs expéditions dans toute l'Europe. Unifiée par Harald Iᵉʳ à la Belle Chevelure v. 872, christianisée par Olav Tryggvesson (995-1000), et par Olav II le Saint (1016-1030), la Norvège, que déchirent des luttes intestines entre le clergé, la noblesse et la royauté, échoue dans sa tentative pour conquérir l'Angleterre mais, sous Haakon IV, elle acquiert le Groenland et l'Islande (1261-1266) et devient un vaste empire rayonnant. Au XIVᵉ siècle, tandis que son commerce est accaparé par la Hanse teutonique, la Norvège passe à la Suède avec Magnus VII qui unit momentanément les deux pays, puis au Danemark avec la reine Marguerite, fille du roi de Danemark, épouse du roi de Norvège Haakon VI et régente après sa mort. Marguerite scelle le groupement des trois pays scandinaves avec l'Union de Kalmar (1397), rompue par la Suède en 1523. La Norvège devient alors vassale du Danemark, qui lui impose le luthéranisme.

Au XVIIᵉ siècle, la Norvège, entraînée dans les conflits européens, perd plusieurs provinces et souffre du blocus continental que Napoléon Iᵉʳ impose à l'Europe. Malgré le développement du sentiment national au XIXᵉ siècle, la Norvège est cédée à la Suède en 1814 par le traité de Kiel. Cette domination est modérée par l'adoption, en Norvège, d'une constitution libérale (constitution d'Eidsvoll, 1814), qui confère le pouvoir législatif à une Assemblée, le *Storting*. Le chef de la résistance nationale, Johan Sverdrup, obtient en 1884 l'introduction du système parlementaire. En 1898, le suffrage universel (masculin, élargi aux femmes en 1913) est institué. La Norvège connaît un grand essor économique, fondé sur les progrès de sa flotte, devenue la troisième du monde, et sur l'utilisation, au début du XXᵉ siècle, de la houille blanche qui permet le développement de l'industrie. En même temps l'instruction se répand dans les campagnes, le pays jouit à l'étranger d'un grand rayonnement intellectuel (Ibsen, Grieg, Nansen). Cet essor stimule le mouvement d'indépendance et, cédant à la pression nationaliste, la Suède accepte, par le traité de Karlstad (1905), de reconnaître l'indépendance de la Norvège, qui se donne pour roi Charles de Danemark ; sous le nom de Haakon VII, il régnera plus d'un demi-siècle (1905-1957).

L'île de Mager, dans l'extrême nord de la Norvège.

Un fjord du sud-ouest de la Norvège.

Rapidement, le pays devient une démocratie. Si la Norvège a pu conserver sa neutralité pendant la Première Guerre mondiale, elle est au contraire entraînée dans le deuxième conflit mondial : en 1940, elle est occupée par les Allemands, attirés par l'importance stratégique de ses côtes, et en particulier du port de Narvik, base d'exportation du fer suédois. Le roi s'exile à Londres ; un gouvernement de collaboration avec l'Allemagne est constitué par Quisling, mais la Résistance reste très active dans l'ensemble de la population norvégienne. Libérée en 1945, la Norvège adhère à l'OTAN en 1949. En 1957, Olav V, fils de Haakon VII, lui succède ; il aura pour successeur, en 1991, son fils Harald V.

La Norvège est une monarchie constitutionnelle régie par la Constitution de 1814. Elle a été un des premiers pays à accorder le droit de vote aux femmes (1913). Sa vie politique est marquée par l'existence d'un fort parti travailliste, au pouvoir de 1935 à 1940 et de 1945 à 1965, gouvernant aujourd'hui en alternance avec des coalitions de conservateurs, centristes, chrétiens populaires et libéraux.

Deux référendums, en 1972 et 1994, ont porté sur une éventuelle adhésion du pays à la Communauté économique (puis Union) européenne ; les Norvégiens ont repoussé cette option. Mᵐᵉ Gro Harlem Brundtland, Premier ministre travailliste depuis 1990, démissionne en 1996. Elle est remplacée par Thornbjörn Jagland, qui démissionne à son tour en 1997, estimant que son parti n'a pas obtenu un score suffisant aux élections législatives. Kjell Magne Bondevik, chrétien populaire à la tête d'une coalition minoritaire, devient Premier ministre.

Littérature

La littérature norvégienne est intimement liée au déroulement de l'histoire du pays. Entre le XIIᵉ et le XIVᵉ siècle environ, la tradition orale suscite, dans toute la Scandinavie, les sagas, chroniques consacrées aux héros et, en Norvège, aux rois comme saint Olav. À partir du XIVᵉ siècle, exception faite

NORVÈGE (SUITE)

de l'art populaire qui se perpétue (contes et poèmes) et sera redécouvert des siècles plus tard, la domination danoise ouvre une longue période de silence qui dure jusqu'au XIXe siècle : peu d'écrivains norvégiens se distinguent, et ils écrivent tous en danois. Ce n'est qu'au XIXe siècle, avec la marche du pays vers l'indépendance, que la littérature nationale se fait de nouveau entendre. Lutte politique et littérature vont souvent de pair, comme chez Henrik Wergeland, poète, dramaturge, historien et essayiste engagé, qui devient le chef du romantisme norvégien. Johan Sebastian Welhaven, qui est d'abord son ami, devient son adversaire, car, même s'il est sensible à la cause norvégienne, il ne peut renoncer à la culture danoise.

La culture populaire de la Norvège est remise à l'honneur et l'on recueille les *Contes et légendes populaires de Norvège* (1841-1871) tandis que sont composés une grammaire et un dictionnaire de la « vraie » langue norvégienne. Forgée à partir des textes en ancien norvégien et des dialectes, cette nouvelle langue (aujourd'hui appelée *nynorsk* ou « néo-norvégien » et parlée par plus de 15 % de la population), qui s'oppose au dano-norvégien forgé

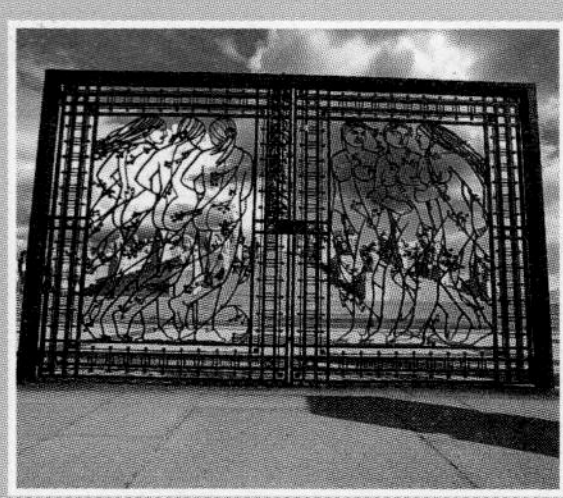

La porte d'accès au parc Frogner, à Oslo, réalisée par le sculpteur Vigeland.

après des siècles de danisation, dote la littérature d'une langue propre. Les lettres norvégiennes vont connaître un nouvel âge d'or, notamment avec Henrik Ibsen, le plus grand dramaturge du pays, qui exercera une profonde influence sur le théâtre européen. La prose romanesque se développe au tournant du XXe siècle, en particulier avec Knut Hamsun et Sigrid Unset. La littérature du XXe siècle témoigne des mêmes préoccupations sociales, morales et politiques ; elle est restée marquée, ces dernières décennies, par des préoccupations militantes. D'autres voix, qui cèdent le pas au récit légendaire, poétique ou psychologique, révèlent les multiples facettes de la littérature norvégienne.

Art

Les premières manifestations de l'art norvégien sont les sculptures de bois à la proue des navires vikings. Sous la domination danoise, l'art traditionnel est oublié, de même que la langue norvégienne. Le romantisme pénètre en Norvège au XIXe siècle. C'est avec sa libération politique que la Norvège trouve son expression artistique la plus originale. Le compositeur Edvard Grieg, qui collabore avec Ibsen (auteur de *Peer Gynt* dont Grieg compose la partition), interprète ses œuvres dans toute l'Europe. Le sculpteur Vigeland donne des œuvres puissantes. La peinture est représentée par des paysagistes, des portraitistes et, surtout, par l'auteur du *Cri,* Edvard Munch. La Résistance a inspiré plusieurs films de qualité, mais la production cinématographique reste peu abondante.

note n. f. **I.** Bref commentaire à un texte, explication supplémentaire destinée à une meilleure compréhension. *Notes en bas de page.* / Communication écrite et brève destinée à être diffusée. *Note diplomatique.* / Indication sommaire rapidement établie à titre d'aide-mémoire. *Prendre des notes pendant un cours.* / DR. *Notes d'audience* : relevé par un greffier du nom des témoins, des prévenus et de leurs déclarations. / Facture ; feuille de papier sur laquelle est établie cette facture. *Payer la note du teinturier. Donnez-moi la note, s'il vous plaît.* / Appréciation d'un supérieur sur un subordonné, d'un enseignant sur un élève, représentée généralement par un chiffre ; ce chiffre. **II.** MUS. Signe conventionnel figurant un son, dont la forme indique la durée relative. (Il y a sept figures de notes : ronde, blanche, noire, croche, double croche, triple croche, quadruple croche ; la ronde vaut deux blanches, quatre noires, huit croches, etc. La place de la note sur la portée indique la hauteur du son). / Ce son. / *Fausse note* : note discordante, émise de façon défectueuse, ou dans une intonation trop haute ou trop basse ; au fig., détail qui rompt une harmonie. / Loc. *Être dans la note, dans la note de*, conforme à la norme, à la mode ; en harmonie avec. *Ce chapeau est bien dans la note. C'est tout à fait dans la note de cette respectable mère de famille.* / Touche. *Une note de bleu.*

noter v. t. [1] Inscrire (une note). *Noter un rendez-vous dans son agenda.* / Marquer d'un signe (qqch.). *Noter un passage au crayon sur un livre.* / Remarquer (un fait notable). *Noter un changement de température de l'air ambiant.* / Estimer (une qualité) par une valeur chiffrée. *Noter une copie, un candidat.* / MUS. Écrire (un fragment musical). *Noter une mélodie.*

notice n. f. Bref exposé donnant des indications sur un sujet particulier.

La cathédrale **Notre-Dame de Paris**.

notification n. f. Action de notifier ; acte par lequel on notifie. *Notification d'un jugement.*

notifier v. t. [1] Faire savoir expressément. *Il m'a notifié sa décision.* / Faire connaître dans les formes légales. *Notifier une assignation.*

notion n. f. Ensemble des éléments rudimentaires d'une science, d'un art. / Concept, connaissance abstraite d'une chose. *La notion de patrie.*

notionnel, elle adj. Qui procède d'une notion. / FIN. *Emprunt notionnel* : emprunt fictif qui sert de base à certains contrats du Matif.

notoire adj. Connu de beaucoup de gens. *Fait notoire.*

notoirement adv. De façon notoire ; publiquement.

notonecte n. m. ou f. ZOOL. Petite punaise aquatique qui nage sous l'eau, face ventrale vers le haut, grâce à une paire de pattes formant des palettes natatoires.

notoriété n. f. Caractère de ce qui est très connu ; célébrité. / DR. *Acte de notoriété* : acte dressé par un officier public constatant certains faits connus et indéniables.

notre, nos adj. poss. de la première personne du pl. Qui est à nous. *Notre famille. Nos amis. Notre appartement.* / Litt. Dont nous parlons. *Notre renard, pressé par une faim canine* (La Fontaine).

nôtre, s adj., pron. poss. de la première personne du pl. et n. Qui nous appartient. *Cette philosophie est nôtre. Ces valeurs sont nôtres.* / pron. poss. *Le, la, les nôtre(s)* : ce qui nous appartient ; ce qui nous tient à cœur. *Cette maison est la nôtre.* / n. m. pl. *Les nôtres* : nos proches. *Nous avons réuni les nôtres pour son anniversaire.* / n. f. pl. Fam. *Nous avons fait des nôtres*, des sottises comme nous en faisons d'habitude.

Notre-Dame de Paris (cathédrale) Église parisienne, dans l'île de la Cité. En 1163, l'évêque Maurice de Sully en commence la construction qui continue jusqu'au milieu du XIIIe siècle. Malgré des adjonctions, le plan et l'élévation sont typiques des premières cathédrales gothiques. Les trois portails de la façade ouest correspondent à l'apogée de la sculpture médiévale. Sacagée pendant la Révolution, elle a été restaurée de 1845 à 1864 par Viollet-le-Duc, qui lui a adjoint une flèche.

Notre-Dame de Paris 1831 Roman de Victor Hugo qui ressuscite Paris au Moyen Âge. La cathédrale y occupe une place centrale. L'auteur associe le sublime et le grotesque dans le récit des aventures de la bohémienne Esmeralda, amoureuse du capitaine Phœbus, et que la bonté du hideux Quasimodo ne sauve pas de la jalousie passionnée de l'archidiacre Claude Frollo.

notule n. f. Petite annotation.

Nouadhibou (autrefois *Port-Étienne) 59 160 h.* Ville et port de Mauritanie, sur le cap Blanc, à la frontière marocaine. Relié par voie ferrée à F'Derick (au nord-est, près de Zouérate), le port exporte du fer. Pêche, conserveries. Aéroport international.

nouaison n. f. BOT. Transformation de l'ovaire de la fleur en fruit. Syn. nouure.

Nouakchott *480 400 h.* Capitale de la Mauritanie, ville et port de l'Atlantique. Elle fut fondée en 1957 aux portes du désert, à l'emplacement d'un centre caravanier, en prélude à l'indépendance de la Mauritanie, pour en devenir la nouvelle capitale. Centre administratif et commercial. Aéroport international. La route transmauritanienne, qui part de ce site actif, traverse le sud du pays.

nouba n. f. (mot arabe d'Algérie) HIST. Musique militaire des régiments de tirailleurs

Rudolf Noureïev.

d'Afrique du Nord. / Fig., fam. Ripaille, fête. *Faire la nouba.*

noue n. f. CONSTR. Angle rentrant formé à la jonction de deux combles. / Lame de zinc, ou de plomb, ou tuile creuse placée dans cet angle pour l'écoulement des eaux de pluie.

nouer v. t. [1] Faire un nœud à. *Nouer sa cravate, ses lacets.* / Fig. Contracter, serrer. *Avoir la gorge, l'estomac noués.* / Attacher, fixer avec un lien auquel on a fait un nœud. *Nouer ses cheveux, une gerbe de fleurs.* / Fig. Établir (un lien) avec qqn. *Nouer une amitié, une conversation.* / Litt. Organiser, tramer. *Nouer un complot, une intrigue.*

nouet n. m. CUIS. Pièce de linge nouée dans laquelle on a placé une substance pour la faire infuser ou la faire cuire dans un liquide bouillant.

noueux, euse adj. Qui présente des nodosités, des nœuds. *Le tronc noueux d'un arbre.* / Fig. *Des membres noueux.*

nougat n. m. PÂTIS. Confiserie faite d'amandes, de sucre et de miel.

nougatine n. f. PÂTIS. Confiserie constituée de sucre caramélisé mêlé de petits morceaux d'amandes ou de noix, souvent utilisée en pâtisserie.

nouille n. f. Pâte alimentaire plate, découpée en longues lamelles. / (En appos., péjor.) *Style nouille*: synonyme de *modern style.* / Fig., fam. Personne molle, sans vivacité, sans personnalité. *Quelle nouille, ce type!*; (adj.) *Tu es vraiment nouille!*

Nouméa *76000 h.* Chef-lieu du territoire français d'outre-mer de la Nouvelle-Calédonie, port exportateur du nickel traité à Doniambo. Industries alimentaires.

noumène n. m. PHILO. Chez Kant, chose en soi, réalité intelligible, existant indépendamment de toute relation aux modes de la connaissance et de l'expérience, par oppos. à *phénomène.*

nounou n. f. Dans le langage enfantin, nourrice.

nounours n. m. Dans le langage enfantin, ours en peluche.

Nour al-Din Mahmoud al-Malik al-Adil ibn Zanki 1118-1174 Guerrier et administrateur syrien. Prince d'Alep, il vint au secours de Damas menacé par les croisés, s'empara du comté d'Édesse et conquit aux Francs plusieurs forteresses. En Égypte, son neveu Saladin se proclama sultan, prenant ainsi la place de la dynastie fatimide et rétablissant l'islam sunnite. Nour al-Din fut en outre un mécène et un administrateur avisé (fondation de bibliothèques, d'écoles, d'hôpitaux).

Noureïev (Rudolf) 1938-1993 Danseur et chorégraphe d'origine russe, naturalisé britannique puis autrichien. Doté d'une technique exemplaire, il a dansé avec les ballets du marquis de Cuevas avant de devenir membre du Royal Ballet (Angleterre) puis directeur de la danse à l'Opéra de Paris (1983-1989).

nourrain n. m. Fretin que l'on utilise pour repeupler un étang. / Cochon de lait à l'engraissement.

nourri, e adj. Alimenté. *Des gens mal nourris.* / Fig. Abondant, dense, fourni. *Feu, tir nourri.*

nourrice n. f. Femme qui allaite un enfant, le sien ou celui d'une autre femme. / Femme qui, par profession, garde de jeunes enfants. / MÉCAN. Réservoir auxiliaire de carburant. / TECHN. Réservoir fait d'une tuyauterie de gros diamètre, placée à l'intersection de tuyaux de moindre section, qui permet de faire des mélanges de fluides ou d'équilibrer des pressions.

nourricier, ère adj. Qui nourrit, nutritif. *Suc nourricier.* / Qui produit la nourriture. *Terre nourricière.* / *Père nourricier*, qui élève un enfant qui n'est pas le sien.

nourrir v. t. [2] Fournir la nourriture nécessaire à; donner à manger à. *Nourrir son enfant au sein. Nourrir un malade. Nourrir les bêtes. Travailler pour nourrir sa famille,* pour subvenir à ses besoins. / Être riche en éléments nutritifs. *Le lait nourrit.* / Fig. Entretenir. *Nourrir le feu. Nourrir la haine de qqn. Nourrir l'espoir que...* / Enrichir, former. *La lecture nourrit l'esprit.* / Accentuer, étoffer. *Nourrir son trait. Nourrir son style.* / v. pron. Absorber des aliments; prendre pour aliment. *Se nourrir bien. Se nourrir de pâtes.* Au fig. *Se nourrir d'illusions.*

nourrissage n. m. AGRIC. Action de nourrir le bétail; manière d'élever et de nourrir des bestiaux.

nourrissant, e adj. Qui nourrit; substantiel. *Un repas nourrissant*, riche en calories.

nourrisseur n. m. AGRIC. Éleveur de bétail qui ne cultive pas lui-même le fourrage.

nourrisson n. m. Enfant dont l'âge est compris entre 21 jours et 2 ans.

nourriture n. f. Ensemble des substances assimilables par l'organisme et qui entretiennent la vie.

Nourritures terrestres (les) 1897 Œuvre d'André Gide, à la fois didactique et poétique, où l'auteur s'adresse à un lecteur imaginaire nommé Nathanaël. Ce « manuel d'évasion, de délivrance », dont le titre indique qu'il faut rechercher le bonheur ici-bas, prône une morale libérée de l'emprise de la religion et axée sur la recherche du plaisir sensuel et l'affirmation de l'indépendance de l'individu. Il a exercé une influence considérable.

nous pron. pers. m. et f. de la première personne du pl. (En fonction de sujet) *Nous sommes arrivées ce matin. Pouvons-nous nous asseoir près de vous?* (En fonction de complément) *Il nous a vus hier. Elle nous a fait remettre un pli.* / (Dans des verbes essentiellement pronominaux) *Nous nous sommes débinés.* / (Pour remplacer *notre, nos*) *Nous nous en léchons les babines*: nous léchons nos babines. / (Employé pour *je* ou *moi*, avec un adj. ou un attribut au sing., comme « pluriel de majesté » ou par modestie) *Nous, Louis, roi de France et de Navarre... Nous soussigné ordonnons... Pour nous, magistrat de cette commune...*

Nouveau (Art)

Bijou émaillé.

La Société des auteurs, à Madrid, caractéristique de l'art nouveau espagnol.

Salomé, panneau ornemental de Gustave Klimt.

Nout Déesse égyptienne qui personnifie la voûte céleste. Mère du Soleil, elle est supposée avaler le disque solaire, Rê, tous les jours à son coucher.

nouure n. f. Syn. de nouaison.

nouveau ou **nouvel** (devant un nom commençant par une voyelle ou un *h* muet), **elle** adj. et n. **A.** adj. Qui vient d'advenir, qui n'existe que depuis peu de temps; qui s'ajoute, succède à ce qui existait déjà. *Un fait nouveau. Un nouvel adhérent. Un nouveau millénaire.* / Loc. *Le Nouvel An*: le premier jour de l'année. *Le Nouveau Monde*: l'Amérique. *Le Nouveau Testament*: ensemble des livres saints consacré à la vie du Christ, à son message, aux prédications des Apôtres (Évangiles, Actes des apôtres, Épîtres, Apocalypse). / BX-A. *Art nouveau*: tendance artistique qui a dominé l'arichitecture et les arts appliqués à la fin du XIXe et au début du XXe siècle. / Qui donne l'impression d'incarner un personnage, une figure du passé. *Un nouveau César.* / Qui provient de la dernière récolte. *Vin nouveau.* / Autre, différent, inconnu jusqu'alors. *Une nouvelle vie.* **B.** n. Personne qui vient s'ajouter à un groupe. *Les nouveaux sont arrivés.* / n. m. Ce qui est nouveau. *Il y a du nouveau.* **C.** Loc. adv. *De nouveau*: encore une fois. *Il a de nouveau oublié son rendez-vous.* / *À nouveau*: une fois de plus, de manière différente. *Reprendre son texte à nouveau.*

♦ On nomme « Art nouveau » l'ensemble des productions artistiques des années 1895-1905, que l'on classe également sous d'autres vocables (Jugenstil, Modern Style, Sezessionstil, Arte Joven, style Liberty, Nieuwe Kunst). L'Art nouveau se structure autour de quatre principes fondateurs: rejet des traditions académiques (en particulier des modèles issus de l'Antiquité classique); attention portée à l'observation et à l'imitation de la nature, ce qui se traduit par l'emploi de lignes sinueuses; désir de transformation du cadre de vie, en abolissant les frontières entre arts majeurs et arts mineurs; participation aux mouvements sociaux (les artistes de cette époque évoquent volontiers l'art pour tous, l'art pour le peuple). Le mouvement est parti de Grande-Bretagne et s'est étendu à toute l'Europe et aux États-Unis. Il a touché l'architecture (Horta, Guimard, Wagner, Gaudi), la décoration intérieure (Van de Velde), le mobilier (Majorelle), la verrerie (Gallé, Tiffany), la bijouterie (Lalique), la peinture et l'affiche (Mucha).

Nouveau (Germain) 1851-1920 Poète français. Il fréquenta la bohème littéraire, notamment Verlaine et Rimbaud. Tour à tour mystique et sensuel, il écrivit en 1879-1881 *La Doctrine de l'Amour*, publiée en 1904, et, en 1885-1887, *Valentines* (posthume, 1922).

Île Sainte-Marie en **Nouvelle-Calédonie**.

Nouveau-Brunswick *73 437 km² 723 900 h.* Province du Canada sur le golfe du Saint-Laurent, entre la Gaspésie (Québec), au nord, le Maine (États-Unis, à l'ouest, et la Nouvelle-Écosse, au sud-est). Capitale *Fredericton*. Les hauts plateaux des Appalaches (qui culminent à *810 m*) s'affaissent jusqu'à l'étroit littoral de l'est. La population se concentre dans le sud-est, notamment dans la vallée du fleuve Saint-Jean. Région forestière et agricole, tournée vers l'élevage laitier, le Nouveau-Brunswick doit aussi son développement à ses côtes poissonneuses (homard, coquillages, morue, hareng), au tourisme et à la richesse de son sous-sol (plomb, zinc, argent et surtout cuivre et houille). Outre les industries agroalimentaires et d'exploitation du bois, la province abrite également des constructions navales et des industries textiles. Au XVIIe siècle, le Nouveau-Brunswick formait, avec la Nouvelle-Écosse, l'Acadie, territoire français qui fut longuement disputé puis cédé aux Anglais en 1713. Il devint une province distincte en 1784 et rejoignit la confédération du Canada dès sa création en 1867, malgré de vives oppositions. La province compte 60 % d'anglophones et 40 % de francophones. Moncton, centre culturel français de la province, est la deuxième ville du Nouveau-Brunswick après Saint-Jean et avant la capitale de la province, faiblement peuplée et moins prospère que ses deux rivales.

Nouveau-Mexique *314 925 km² 1 729 751 h.* État du sud-ouest des États-Unis, à la frontière du Mexique, situé entre le Texas, à l'est, et l'Arizona, à l'ouest. Capitale *Santa Fe*. En grande partie occupé par les montagnes Rocheuses (qui dépassent parfois *4 000 m*) au centre, il est formé, à l'est, par de hauts plateaux, tout aussi arides. Le sous-sol est riche (pétrole, gaz naturel, potasse, cuivre, uranium), mais l'industrie peu développée. Dans ce pays au climat désertique, l'agriculture est faible : élevage extensif, cultures irriguées (coton, fourrage, sorgho, blé, maïs, fruits). Un centre atomique a été implanté à Los Alamos. Le tourisme est très actif (canyons, vestiges et villages indiens). Pris au Mexique en 1848, après la guerre de 1846-1848, l'État est entré dans l'Union en 1912. Les guerres avec les Apaches furent sanglantes.

nouveau-né, nouveau-née adj. et n. Qui vient de naître. / MÉD. Bébé de moins de 21 jours. Pl. Des *nouveau-nés*.

Nouveau-Québec Nom donné, depuis son rattachement au Québec (1912), à la péninsule d'Ungava, située entre la baie d'Hudson et la baie d'Ungava, et plus généralement à la région du nord de la province qui recouvre la partie québécoise du Labrador. Faiblement peuplée (18 000 Inuits et Amérindiens), couverte par la toundra, au nord, et la taïga, au sud, la région comporte des gisements de fer et de titane.

nouveauté n. f. Caractère de ce qui est nouveau. / Innovation, idée nouvelle. / (Au plur.) (Vieilli) Articles de mode.

Nouvel (Jean) 1945 Architecte français. Il a construit à Paris l'Institut du monde arabe (1987) et le siège de la Fondation Cartier (1994), le Stade de France à Saint-Denis (1998), ainsi que le palais des Congrès de Tours (1991).

nouvelle n. f. Premier avis d'un événement récent ; cet événement lui-même. / LITTÉR. Récit caractérisé par sa brièveté et la simplicité de son intrigue, appartenant au genre romanesque. / (Au plur.) Renseignements sur la santé, la situation de qqn. *Donnez-moi de vos nouvelles*. / *Les nouvelles* : dans le langage des médias, les informations diffusées par la radio ou la télévision.

Nouvelle-Amsterdam Ville fondée par les Hollandais (*Nieuwe Amsterdam*) en 1626 sur l'île de Manhattan, achetée aux Amérindiens, et qui, conquise par les Anglais en 1664, allait devenir New York.

Nouvelle-Angleterre Région du nord-est des États-Unis formée par les six États américains (Maine, New Hampshire, Vermont, Massachusetts, Rhode Island, Connecticut) qui correspondent aux colonies fondées par les premiers colons anglais au XVIIe siècle. C'est la région la plus anciennement et la plus densément peuplée, et l'une des plus industrialisées des États-Unis.

Nouvelle-Bretagne *37 000 km² 311 955 h.* Île principale de l'archipel Bismarck, en Papouasie-Nouvelle-Guinée. Chef-lieu *Rabaul*. Protectorat allemand de 1884 à 1914 sous le nom de *Nouvelle-Poméranie*, confiée sous mandat à l'Australie par l'ONU en 1921, elle fut rattachée à la Papouasie-Nouvelle-Guinée en 1975. Les principales ressources sont le coprah et la noix de coco, ainsi que le cacao.

Nouvelle-Calédonie *env. 19 100 km²* (dont *16 750 km²* pour l'île principale ou Grande Terre) *197 000 h.* Territoire français d'outre-mer, dans l'océan Pacifique (Mélanésie), qui comprend également les îles Loyauté, les îles Huon, l'île des Pins, les îles Surprise et Chesterfield. Chef-lieu *Nouméa*. La principale richesse de cette île montagneuse (*1 650 m* au mont Panié), entourée d'une barrière de récifs coralliens, est le nickel (3e producteur mondial en 1990), dont le cours connaît des fluctuations dramatiques. Les ressources minières sont importantes : chrome, cobalt, fer, cuivre, or, manganèse, plomb, argent. Le climat est tropical ; des cyclones peuvent survenir en été. Les Canaques ou Kanaks sont aujourd'hui largement majoritaires (45 %) ; la population compte également 35 % d'Européens, ainsi que des Indonésiens, des Polynésiens et des Asiatiques. La culture du café, de cocotiers (coprah), l'élevage bovin, l'exploitation de la forêt restent insuffisants. L'aide de la métropole est indispensable. **Histoire** Découverte par James Cook en 1774, annexée par la France en 1853, l'île sert, de 1864 à 1896, de lieu de déportation pour les condamnés aux travaux forcés, et notamment les condamnés politiques. La découverte des richesses minières (or, cuivre, et surtout nickel), au début des années 1870, entraîne d'importants changements : développement des activités industrielles, arrivée massive d'Européens, d'Asiatiques et d'Indonésiens. En 1878, l'abus des concessions de terres aux colons entraîne une insurrection des Kanaks, sévèrement réprimée. La colonie devient un Territoire d'outre-mer en 1946. En 1985, des incidents meurtriers opposent le Front de libération nationale kanak et socialiste (F.L.N.K.S.) et le Rassemblement pour la Calédonie dans la République (R.P.C.R.), composé en majorité d'Européens et d'autres communautés immigrées, opposés à l'indépendance. En 1987, un référendum (boycotté massivement par les Kanaks) confirme le maintien de l'île au sein de la République française. En 1988, des accords sont conclus entre le gouvernement français de M. Rocard, le R.P.C.R. et le F.L.N.K.S., fixant un statut intérimaire pour dix ans. En 1989, le chef du F.L.N.K.S., Jean-Marie Tjibaou, est assassiné par des extrémistes kanaks. Les accords de 1998 prévoient l'émancipation progressive de la Nouvelle-Calédonie et un référendum devant décider, entre 2013 et 2018, de son éventuelle accession à l'indépendance.

Paysage de **Nouvelle-Guinée**.

Nouvelle-Écosse (en anglais, *Nova Scotia*) *55 490 km² 899 942 h.* Province du Canada, formée d'une presqu'île et d'une île (Cap-Breton) sur le golfe du Saint-Laurent et l'Atlantique, au sud-est du Nouveau-Brunswick. Capitale *Halifax*. Les principales richesses de cette province sont la pêche (homard, coquillages, morue, hareng), l'exploitation de la forêt, l'élevage laitier et l'extraction de la houille et autres richesses minières. **Histoire** En 1713, l'Acadie française devint la Nouvelle-Écosse anglaise. Les Acadiens français furent expulsés en 1755 et la région se peupla d'Anglais loyalistes ayant quitté les États-Unis. En 1784, le Nouveau-Brunswick en fut détaché. La Nouvelle-Écosse rejoignit la confédération du Canada dès sa création en 1867.

Nouvelle-France Nom donné aux possessions françaises du Canada, jusqu'à leur cession à l'Angleterre. En 1713, par le traité d'Utrecht, la France perdit l'Acadie (la Nouvelle-Écosse et le Nouveau-Brunswick actuels). En 1763, elle céda aux Anglais les autres territoires situés dans le Canada actuel.

Nouvelle-Galles-du-Sud (en anglais, *New South Wales*) *801 600 km² 6 098 000 h.* État fédéré du sud-est de l'Australie. Capitale *Sydney*. L'élevage des moutons est l'activité agricole dominante. La Nouvelle-Galles-du-Sud est le principal producteur de bois australien (eucalyptus). On y trouve d'importants gisements de minerais variés (argent, plomb, zinc, cuivre, étain, or, opale) ; les ressources énergétiques sont considérables (houille, hydroélectricité). Les deux tiers des industries sont localisées à Sydney.

Nouvelle-Guinée *785 000 km² 5 300 000 h.* La plus grande île du monde après l'Australie et le Groenland, située dans le Pacifique et séparée de l'Australie, au sud, par le détroit de Torres. Socle massif dans sa partie centrale, découpée et bordée d'îles aux extrémités, la Nouvelle-Guinée est traversée dans le sens de la longueur par une chaîne de montagnes (mont Carstensz *5 050 m*). Très humide, elle est couverte d'une dense forêt équatoriale, difficilement pénétrable. Elle est peuplée de Papous. L'île, découverte par les Portugais au XVIe siècle, était partagée, à la fin du XIXe siècle, entre les Pays-Bas (ouest), l'Allemagne (nord-est) et la Grande-Bretagne (sud-est), qui céda son territoire à l'Australie en 1906. La zone allemande fut également confiée par mandat de la SDN à l'Australie en 1921. La Nouvelle-Guinée est aujourd'hui séparée administrativement en deux parties : l'*Irian Jaya*, à l'ouest, est une province indonésienne depuis 1963 ; l'est constitue, avec quelques îles voisines (dont l'archipel Bismarck), l'État de *Papouasie-Nouvelle-Guinée*, indépendant depuis 1975.

Nouvelle-Irlande *9600 km² 87 194 h.* Île de l'archipel Bismarck (Papouasie-Nouvelle-Guinée), située au nord de la Nouvelle-Bretagne, dans l'océan Pacifique. Ville principale *Kavieng*. Cette île très humide, couverte d'une riche forêt équatoriale, allemande de 1884 à 1921 (*Nouveau-Mecklembourg*), passa sous tutelle australienne jusqu'en 1975. Depuis, elle appartient à la Papouasie-Nouvelle-Guinée.

nouvellement adv. Depuis peu ; récemment.

Nouvelle-Orléans (La) (en anglais, *New Orleans*) *497 000 h.* (dont 60 % de Noirs) Ville du sud des États-Unis, en Louisiane, sur le Mississippi. La Nouvelle-Orléans, grand centre commercial (marché du coton), touristique et industriel (raffineries de pétrole), est un port fluvial très actif. Fondée en 1718 par les Français, elle fut espagnole de 1762 à 1800, puis restituée à la France qui la vendit (avec la Louisiane) aux États-Unis en 1803. Ville pittoresque qui garde de nombreux témoignages de son passé colonial (quartier ancien du Vieux Carré), elle a vu naître en 1900 le style musical *New Orleans*, considéré comme l'ancêtre du jazz.

Nouvelle-Poméranie Voir **Nouvelle-Bretagne**

Nouvelles-Hébrides Ancien nom de la République de *Vanuatu*.

• **Nouvelle-Zélande** (en anglais, *New Zealand*, en maori, *Aotearoa* « terre du long nuage ») État insulaire du Pacifique (Océanie).

NOUVELLE-ZÉLANDE

Superficie : *270 534 km²* – **Nombre d'habitants :** *3 800 000 h.* – **Capitale :** *Wellington*
Villes principales : *Auckland, Christchurch, Manukau* – **Système politique :** *monarchie parlementaire*
Langue(s) : *anglais, maori* – **Religion(s) :** *protestantisme* – **Monnaie(s) :** *dollar néo-zélandais*

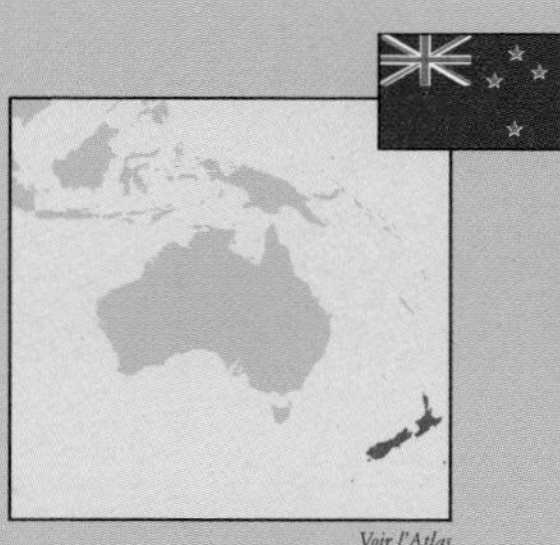

Voir l'Atlas

Le parc national du mont Cook.

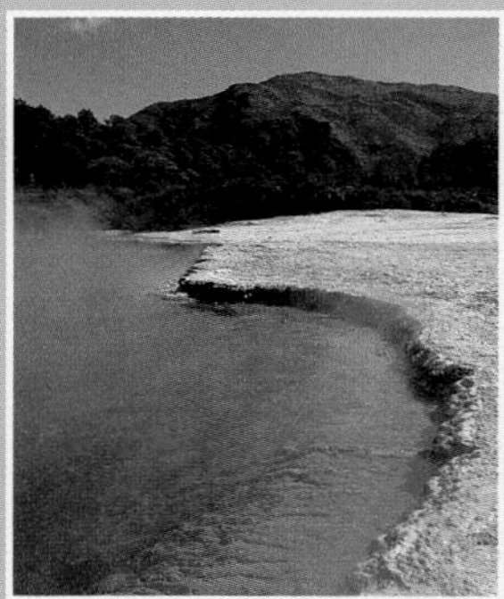

Fumerolles, près du lac Taupo.

Paysage volcanique du parc national de Waiotapu.

Géographie physique et humaine

La Nouvelle-Zélande est un arc montagneux comprenant deux îles principales, séparées par le détroit de Cook, qui s'étendent sur *1 500 km* (avec moins de *200 km* de largeur) : l'île du Nord, où le volcanisme est encore actif (mont Ruapehu, *2 797 km*), et l'île du Sud, occupée par les Alpes néo-zélandaises (mont Cook, *3 764 m*). De climat tempéré, le pays reçoit des pluies subtropicales dans l'île du Nord et froides dans l'île du Sud. L'abondance des précipitations explique la richesse de la forêt et des pâturages. La population est en grande majorité d'origine européenne (surtout anglaise). La population autochtone, presque éteinte au XIXe siècle, s'est accrue rapidement : les Maoris représentent plus de 10 % de la population néo-zélandaise. Les trois quarts de la population se concentrent dans les plaines littorales de l'île du Nord, où Auckland dépasse les 800 000 habitants.

Économie

L'économie du pays repose sur l'élevage bovin et surtout ovin, pratiqué dans des fermes modernes, et qui est la base des industries et des exportations (90 %) ; le pays est l'un des premiers exportateurs mondiaux de viande, de laine et de produits laitiers. Après l'entrée de son partenaire principal, la Grande-Bretagne, dans la CEE (1973), la Nouvelle-Zélande entame la diversification de son économie et se rapproche de l'Australie, du Japon et des États-Unis. L'industrie, qui bénéficie d'une hydroélectricité abondante et se consacre principalement au traitement des produits de l'agriculture, de l'élevage et de l'exploitation forestière (papeterie), reste modeste.

Histoire

Découverte en 1642 par le Hollandais Tasman, explorée par Cook en 1769, la Nouvelle-Zélande passe en 1840 sous la souveraineté de la Grande-Bretagne, avant de devenir officiellement une colonie britannique en 1851. Avec l'arrivée massive de colons, qui développent l'élevage ovin, les Maoris sont dépossédés de leurs terres, ce qui entraîne des rébellions. Après les sanglantes guerres maories, de 1843 à 1847, puis de 1860 à 1870 et à la suite de plusieurs épidémies, la population maorie diminue de manière dramatique. Le pays, doté d'un gouvernement autonome depuis 1852, devient un dominion britannique en 1907. Il accède à l'indépendance (au sein du Commonwealth) en 1931. De tradition égalitaire, la Nouvelle-Zélande, premier pays du monde à avoir accordé le droit de vote aux femmes (1893), se dote en 1935, avec l'arrivée des travaillistes au pouvoir, d'une législation sociale avancée (semaine de travail réduite à 40 heures, prestations sociales protégeant le citoyen « du berceau au tombeau »). La vie politique est polarisée autour de deux grands partis : le Parti national (conservateur) et le Parti travailliste. Face aux difficultés économiques du pays, le Parti travailliste, au pouvoir de 1984 à 1990, entreprend une politique économique libérale : privatisations, suppression des subventions, etc. Revenu au pouvoir en 1990, le parti conservateur accentue très fortement cette tendance ; la croissance revient, mais reste éphémère, et la dette publique est toujours considérable. En 1997, le Premier ministre, Jim Bolger, devenu impopulaire, cède sa place à une femme de son parti, Jenny Shipley. En 1999, les élections mènent au pouvoir une coalition de gauche menée par Helen Clark, qui entreprend des mesures sociales.

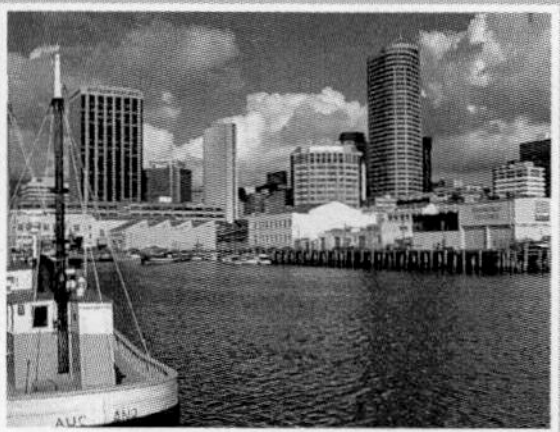

Le port d'Auckland, dans le nord de la Nouvelle-Zélande.

Le fleuve Volkhov, à son passage à ***Novgorod****, en Russie.*

Nu, *d'Auguste Renoir.*

nie), membre du Commonwealth, au sud-est de l'Australie.

Nouvelle-Zemble (en russe, *Novaïa Zemlia*, « nouvelle terre ») *82 600 km²* Archipel russe de l'océan Glacial arctique, entre la mer de Barents et la mer de Kara. Cet archipel montagneux, composé de deux îles, prolonge la chaîne de l'Oural. Couvert de glaces au nord et de toundra au sud, il est inhabité. Stations météorologiques. Zone d'essais nucléaires.

nouvelliste n. LITTÉR. Auteur de nouvelles.

nova n. f. Étoile dont l'éclat varie brutalement. Pl. Des *novæ*.

♦ La brillance d'une nova augmente de 10 000 à 100 000 fois au cours d'un laps de temps très court (quelques heures), puis reprend progressivement son éclat initial. Ce brutal changement d'éclat est dû à l'explosion de ses couches superficielles, résultat de réactions thermonucléaires à la surface d'une naine blanche. Ces variations sont si soudaines et si importantes que l'on a l'impression de se trouver en présence d'une nouvelle étoile, ce qui a valu leur nom aux novæ (en latin, *nova* signifie « nouvelle »).

Nova Gorica *7 500 h.* Ville de Slovénie, à la frontière italienne, fondée en 1947, lorsque le traité de Paris attribua la ville de Gorizia à l'Italie, ce qui privait son arrière-pays de centre urbain. Le monastère franciscain de Nova Gorica abrite les restes de Charles X (mort à Goritz, alors autrichienne), de son fils le duc d'Angoulême et du comte de Chambord.

Novalis (Friedrich, baron **von Hardenberg**, dit) 1772-1801 Écrivain romantique allemand, auteur de poèmes mystiques qui ont considérablement influencé la littérature allemande : *Hymnes à la nuit* (1800), *Cantiques spirituels* (posthumes). Il a également rédigé un essai poético-philosophique, les *Disciples à Saïs* et un roman inachevé, *Heinrich von Ofterdingen* (posthume, 1802).

Novare *102 473 h.* Ville d'Italie, dans le Piémont, chef-lieu de la province du même nom, sur un affluent du Pô. Centre agricole (commerce du gorgonzola) et industriel (industries textile, chimique). En 1513, les troupes suisses de Maximilien Sforza vainquirent les troupes françaises de Louis XII. En 1849, Charles Albert de Sardaigne y fut battu par le maréchal autrichien Radetzky.

novateur, trice adj. et n. Qui innove, rompt avec la tradition dans un domaine déterminé.

Novatien IIIe siècle Prêtre romain et antipape (251). Il reprocha au pape Corneille de ne pas excommunier les *lapsi* (qui avaient abjuré leur foi par crainte des persécutions, de l'empereur romain Decius notamment). Sa doctrine sévère, le *novatianisme*, donna naissance à une Église schismatique qui se maintint jusqu'au VIIe siècle.

novation n. f. DR. Substitution d'une convention, d'une obligation à une autre.

novélisation n. f. (anglicisme) Retranscription d'un scénario de film en roman.

novembre n. m. Onzième mois de l'année, qui compte trente jours. *Le 11 novembre* : le jour où l'on commémore l'armistice qui mit fin à la Première Guerre mondiale, en 1918.

Noves (Laure de) Voir **Laure**

Novgorod *235 000 h.* Ville de Russie, au sud de Saint-Pétersbourg. Fondée par les Varègues, elle devint capitale d'une principauté, embryon de l'État russe, sous Riourik (862), et fut délaissée pour Kiev après l'union réalisée par Oleg le Sage avec le royaume de Kiev (882). La ville acquit une grande autonomie au XIIe siècle et devint au XIIIe siècle une riche cité hanséatique, ruinée après sa conquête par le prince de Moscou, Ivan III (1475-1478). Centre d'une école de peinture florissante du XIIe au XVe siècle (icônes du musée d'Art et d'Histoire), elle garde de beaux édifices religieux du Moyen Âge : cathédrale Sainte-Sophie (XIe siècle).

novice n. et adj. **A.** n. Personne qui vient de prendre l'habit religieux et n'a pas encore prononcé ses vœux. / Personne inexpérimentée. **B.** adj. Qui n'a pas d'expérience. *Être novice en la matière.*

noviciat n. m. État de novice ; temps que dure cet état. / Bâtiment où logent les novices, dans un couvent. / Fig. Apprentissage.

novlangue n. f. (mot créé par G. Orwell) Langage faisant appel à des tournures (faussement) savantes, à un vocabulaire convenu, de nature à rendre le propos difficilement compréhensible au grand public. *« Comment se sortir de la nasse ? D'abord en parlant à nos lecteurs en français, et non pas en novlangue ».* (D. Schneidermann, « Le Monde Radio-télévision », 3 mars 2003).

novocaïne n. f. MÉD. Nom commercial de la procaïne.

Novossibirsk *1 445 000 h.* Ville de Russie, sur l'Ob, chef-lieu de la province du même nom (dans l'ouest de la Sibérie). Centre culturel (université) à proximité d'Akademgorod et centre industriel (industries métallurgique, mécanique, chimique, alimentaire).

Novotny (Antonin) 1904-1975 Homme d'État tchécoslovaque. Membre du Parti communiste tchécoslovaque dont il devint secrétaire général en 1953, il fut président de la République de 1957 jusqu'au « printemps de Prague » (1968).

noyade n. f. Action de noyer (un être vivant) ; son résultat ; fait de se noyer. / MÉD. Asphyxie due à l'invasion des voies respiratoires par un liquide, ou à un arrêt de la respiration et du cœur réflexe, au contact de l'eau (dans ce cas, on parle d'hydrocution).

noyau n. m. BOT. Élément central, dur (endocarpe ligneux) de certains fruits, qui contient la graine. / Fig. Centre solide d'un objet. / ASTRON. Partie centrale, solide, de la tête d'une comète. / GÉOL. Partie centrale du globe terrestre. *Le noyau est riche en nickel et en fer.* / BIOL. Organite de la cellule eucaryote, de forme généralement sphérique, contenant les chromosomes ainsi qu'un ou plusieurs nucléoles. / PHYS. NUCL. Élément central de l'atome, composé de neutrons et de protons, et autour duquel gravitent les électrons. / ARCHIT. *Noyau de voûte* : colonne centrale sur laquelle s'appuie le sommet d'une voûte. / Groupe restreint de personnes à l'origine d'un groupement plus vaste, ou liées par une action commune. *Noyau d'opposants.* / *Noyau dur* : petit groupe d'actionnaires détenteur du pouvoir de décision, dans une entreprise.

noyautage n. m. Pénétration au cœur d'une organisation d'individus chargés de la détourner de son objectif, de la subvertir.

noyauter v. t. [1] S'implanter dans (une organisation) par noyautage. *Noyauter un mouvement politique.*

noyé, e adj. et n. **A.** adj. Mort par asphyxie dans un liquide. / Fig. *Être noyé*, incapable de dominer la situation, submergé. / (En parlant de choses) *Noyé de* : baignant dans. *Un mets noyé de sauce.* / Fig. Caché, devenu indistinct. *Noyé dans la masse.* **B.** n. Personne asphyxiée par immersion (morte ou simplement sans connaissance). *Secours aux noyés.*

noyer [1] n. m. Grand arbre des régions tempérées, dont le fruit, la noix, est comestible. *Le noyer fournit un beau bois de menuiserie.* / Bois de cet arbre. *Un buffet en noyer.*

noyer [2] v. t. [1] **A.** v. t. Faire périr par asphyxie dans un liquide. *Noyer un chiot. Noyer le poisson*, le fatiguer au bout de la ligne, en parlant d'un pêcheur ; au fig., rendre les choses confuses pour éluder ou pour tromper. / Faire disparaître sous une grande quantité de liquide. *Les pluies incessantes ont noyé les cultures. Noyer le moteur* : envoyer dans le carburateur une quantité d'essence trop importante, ce qui empêche le moteur de fonctionner. *Noyer son vin*, y ajouter trop d'eau. / Par métaph. *Noyer son chagrin dans l'alcool*, boire pour l'oublier. *Noyer une révolte dans le sang*, la réprimer cruellement. / Faire disparaître, fondre, envelopper dans une masse. *Le brouillard noyait le marais. Noyer les couleurs, les contours.* / Fig. Rendre confus. *Noyer son message dans des banalités.* **B.** v. pron. Périr par noyade. / Fig. Disparaître, se fondre ; se perdre. *Se noyer dans la foule. Se noyer dans les détails.*

Noyon *14 471 h.* Ville de l'Oise, port sur le canal du Nord, marché agricole, dotée de quelques industries (construction mécanique, textiles, matériel de bureau). Elle conserve une belle cathédrale gothique (XIIe-XIIIe siècle). Calvin naquit dans cette ville. Un traité d'alliance y fut signé en 1516 entre Charles Quint et François Ier.

nu [1] n. m. inv. Treizième lettre (ν, Ν) de l'alphabet grec.

nu, e [2] adj. et n. m. **A.** adj. Dévêtu. *Être tout nu.* / Fig. *C'est la vérité toute nue.* / Dégarni. *Un mur nu.* / Loc adv. *À nu* : à découvert. / Dépourvu d'instrument, réduit à ses seules facultés. *À mains nues* : sans armes. *À l'œil nu* : sans l'aide d'instrument d'optique. **B.** n. m. BX-A. Représentation du corps humain dévêtu ou d'une partie du corps dénudée. *Le nu dans l'art.* / Dessin, peinture, sculpture représentant un personnage dans sa nudité.

Nu (U) 1907-1995 Homme politique birman. Premier ministre de la Birmanie indépendante en 1948, il occupa cette fonction jusqu'en 1958 et de 1960 à 1962, date à laquelle il fut renversé par le général Ne Win. Il fut l'un des fondateurs du Mouvement des non-alignés et l'un des initiateurs de la conférence de Bandung en 1955.

nuage n. m. Amas de fines particules d'eau, ou de petites particules de glace, en suspension dans l'atmosphère. / Petite quantité d'une matière légère, diffuse, qui évoque le nuage. *Nuage de fumée. Nuage de poudre. Nuage de lait* : très faible quantité de lait qui, avant de se mélanger à du thé ou du café, évoque la forme d'un nuage. / Fig. Ce qui porte atteinte à la sérénité, à la paix. *Un bonheur sans nuage.*

nuageux, euse adj. Propre ou relatif aux nuages. *Ciel nuageux*, couvert, entièrement ou partiellement, de nuages.

nuance n. f. Chacun des degrés d'une couleur, du plus clair au plus foncé. / MUS. Degré d'intensité d'un son. / Différence peu sensible entre des choses de même nature. *Avoir le sens des nuances* : avoir de la finesse, être subtil. / Petite touche. *Nuance de mépris.*

nuancer v. t. [1] Modifier légèrement la teinte, la nuance de (une couleur). / Fig. Apporter des nuances à ; modérer, tempérer. *Nuancer sa pensée. Nuancer ses paroles.*

nuancier n. m. Petit catalogue présentant les différentes gammes de couleurs d'une peinture, les coloris d'un produit, etc.

Nubie Vaste contrée désertique d'Afrique nord-orientale, qui s'étend du sud de l'Égypte au nord du Soudan. Le Nil la traverse, séparant le désert de Libye, à l'ouest, et le

N

Explosion **nucléaire** dans l'atmosphère.

Nuits-Saint-Georges.

désert de Nubie, à l'est. Celui-ci, qui prolonge vers le sud le désert Arabique, comprend des chaînes de montagnes (dont certains sommets dépassent *2 000 m*) qui dominent la mer Rouge. La Nubie, appelée par les Égyptiens « pays de Koush » fut progressivement conquise par les pharaons et devint une colonie égyptienne vers 1550 av. J.-C. Elle recouvra son indépendance au Xe siècle av. J.-C. et reconstitua un royaume. Le *royaume de Koush* domina à son tour l'Égypte aux VIIIe et VIIe siècles av. J.-C., avant d'être repoussé vers le sud par les Assyriens ; il eut pour capitale Napata, puis, à partir du VIe siècle av. J.-C., Méroé. Il disparut vers 350 apr. J.-C. sous la poussée du royaume d'Aksoum. La Nubie vit alors s'épanouir des royaumes chrétiens, qui ont laissé nombre de basiliques et de monastères. Au XIVe siècle, l'Égypte réussit à assujettir la région qui, dès lors, s'arabisa et s'islamisa. Les principaux monuments, vestiges des civilisations pharaonique, koushite et chrétienne, dont l'emplacement a été submergé lors de la construction du barrage d'Assouan (1970), ont été démontés et reconstitués hors de la portée des eaux (notamment le site d'Abu Simbel).

N

nubile adj. DR. En âge de se marier. / En âge de procréer.
nubilité n. f. DR. État d'une personne nubile ; âge nubile.
nucelle n. m. BOT. Tissu de réserve au dépend duquel se développe l'albumen lors de la formation de la graine.
nucléaire adj. et n. m. **A.** adj. Du noyau ; relatif au noyau. / BIOL. Qui appartient au noyau de la cellule ; relatif au noyau de la cellule. *La membrane nucléaire. Une protéine nucléaire. Le génome nucléaire*, par opposition à celui d'autres organites (chloroplastes, mitochondries). / PHYS. Qui appartient au noyau de l'atome ; relatif au noyau de l'atome. *La physique nucléaire. Réaction nucléaire* : transformation du noyau atomique (fission, fusion). *L'énergie nucléaire*, produite par ces réactions. *Centrale nucléaire*, dans laquelle cette énergie est utilisée pour produire de l'électricité. *L'arme nucléaire.* / **B.** n. m. Cour. *Le nucléaire* : l'énergie nucléaire ; l'ensemble de ses utilisations industrielles (civiles ou militaires).
nucléé, ée adj. BIOL. Pourvu d'un noyau ; de plusieurs noyaux. *Une cellule nucléée.*
nucléide Voir **nuclide**
nucléique adj. BIOL. *Acides nucléiques* : macromolécules porteuses de l'information génétique, formées par la combinaison de nucléotides (acide désoxyribonucléique [A. D. N.], acide ribonucléique [A. R. N.]).
nucléole n. m. BIOL. Corpuscule du noyau cellulaire qui est le lieu de la synthèse des A. R. N. ribosomiques.
nucléon n. m. PHYS. NUCL. Particule entrant de manière permanente dans la constitution du noyau atomique (neutron ou proton). *Le nombre de masse d'un noyau est égal au nombre de nucléons.*
nucléoside n. m. BIOCHIM. Molécule formée par l'association d'une purine ou d'une pyrimidine avec un sucre (ribose ou désoxyribose). *L'adénosine est un nucléoside.*
nucléosynthèse n. f. PHYS. NUCL. Ensemble des réactions nucléaires qui expliquent la formation de tous les éléments chimiques.
nucléotide n. f. BIOCHIM. Molécule formée par l'association d'un nucléoside avec un acide phosphorique. *Les nucléotides sont les constituants principaux des acides nucléiques ; ils interviennent également dans les phénomènes de transport de l'énergie au sein de la cellule (A.T.P.).*
nucléotidique adj. BIOCHIM. Relatif aux nucléotides.
nucléus ou **nucleus** n. m. PRÉHIST. Bloc de pierre à partir duquel étaient fabriqués les outils.
nuclide ou **nucléide** n. m. PHYS. NUCL. Noyau atomique défini par son nombre atomique (nombre de protons) et par son nombre de masse (nombre de nucléons). *Pour un élément donné, caractérisé par son numéro atomique, il existe plusieurs isotopes, qui se distinguent par leur nombre de masse ; le noyau de ces différents atomes est appelé nuclide.*
nudisme n. m. Doctrine de ceux qui prônent le retour à l'état de nature, la nudité et la vie en plein air. / Cette pratique. Syn. naturisme.
nudiste n. et adj. Personne qui pratique le nudisme. / adj. Relatif au nudisme. *Camp nudiste.*
nudité n. f. État d'un corps humain nu. / Fig. Absence d'ornement. *La nudité d'une église romane.*
nue n. f. Litt., vieilli Nuage. / Mod. *Porter quelqu'un aux nues*, lui vouer une grande admiration. / *Tomber des nues* : être très surpris.
nue-propriété n. f. DR. Droit de propriété sur un bien dont une autre personne a la jouissance. Pl. Des *nues-propriétés*.
nuée n. f. Litt. Nuage épais. / Fig. Grand nombre. *Nuée d'enfants.*
nuement ou **nûment** adv. Litt. Simplement, franchement. *Parler nuement.*
nuer v. t. [1] Litt. Disposer (des couleurs) en fonction de leurs nuances ; nuancer ;
nuire v. t. ind. [3] *Nuire à* : être dangereux, nocif, nuisible pour ; faire du mal, causer du tort à. *L'abus de tabac nuit gravement à la santé. Nuire à la réputation de qqn.* (Emploi absol.) *Mettre qqn hors d'état de nuire.*
nuisance n. f. (souvent au plur.) Ensemble des facteurs (pollution, bruit, etc.) portant atteinte à la qualité de la vie. *Nuisances sonores.*
nuisible adj. Susceptible de nuire ; nocif.
nuit n. f. Espace de temps compris entre le coucher et le lever du Soleil, durant lequel celui-ci, à cause de la rotation de la Terre, est au-dessous de l'horizon ; obscurité qui en résulte. *Nuit blanche*, passée sans dormir. / Fig. *La nuit des temps* : époque très lointaine, dont on ignore tout.
Nuit et Brouillard (en allemand « Nacht und Nebel »**)** Expression par laquelle les nazis, pendant la Deuxième Guerre mondiale, désignaient les prisonniers devant disparaître sans laisser de traces. Jean Cayrol a repris cette expression dans ses *Poèmes de la nuit et du brouillard* (1945) sur son expérience concentrationnaire, et a écrit le texte pour le film documentaire de moyen métrage d'Alain Resnais sur les camps d'extermination, *Nuit et Brouillard* (1955).
nuitamment adv. De nuit.
nuitée n. f. Durée du séjour autorisé dans un hôtel, un camping pour le prix d'une nuit.
Nuits-Saint-Georges *5 573 h.* Commune de la Côte-d'Or, célèbre pour son vignoble (vins rouges de Bourgogne).
nu-jambes adj. inv. Sans vêtement sur les jambes. *Sortir nu-jambes.*
Nujoma (Samuel Daniel Nujoma, dit **Sam)** 1929 Homme politique namibien. Président à partir de 1960 du parti indépendantiste, la S.W.A.P.O. (Organisation

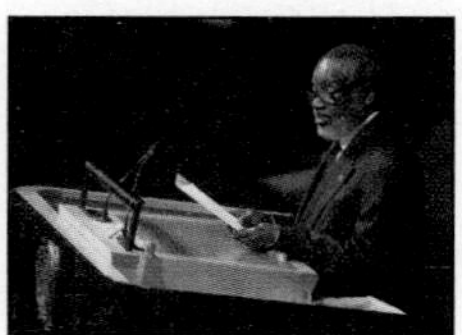
Sam Nujoma.

du Peuple du Sud-Ouest Africain), il obtint l'indépendance de la Namibie proclamée en 1990 et devint président de la République, réélu en 1994 et en 1999.
nul, nulle adj., n. et pron. indéf. m. **A.** adj. Pas un ; aucun. *Nul médecin ne s'est présenté. Il n'en a nulle envie.* / Qui ne vaut rien ; qui est dépourvu de validité. *Ce devoir est nul. Cette clause est nulle et non avenue.* **B.** n. et adj. Fam. En parlant de personnes, sans valeur. *Il est nul. C'est un nul.* **C.** pron. indéf. m. Personne. *Nul n'est censé ignorer la loi.*
nullard, e adj. et n. Fam., péjor. (En parlant d'une personne) Nul.
nullement adv. Pas du tout ; aucunement.
nullipare n. f. et adj. Femme qui n'a jamais accouché. / Femelle de mammifère qui n'a pas encore eu de gestation.
nullité n. f. DR. Invalidité d'un acte juridique due à un vice de forme ou de fond. / Absence totale de valeur, de compétence. / Par ext. Personne dépourvue de valeur, de compétence. *Ne travaille pas avec lui, c'est une nullité.*
Numance Ville de l'ancienne Espagne qui résista héroïquement à la conquête romaine. Elle fut prise et détruite par Scipion Émilien après un long siège (134-133 av. J.-C.).
nûment Voir **nuement**
numéraire adj. et n. m. **A.** adj. Vx Servant à compter. *Pierres numéraires*, utilisées autrefois pour mesurer les distances sur les routes. *Espèces numéraires*, monnayées. **B.** n. m. Monnaie métallique ; toute monnaie ayant cours légal (par opposition à monnaie *scripturale*).
numéral, ale, aux adj. Qui désigne un nombre. *Adjectif numéral.* / GRAMM. *Adjectif numéral cardinal*, qui exprime le nombre. *Adjectif numéral ordinal*, qui exprime l'ordre.
numérateur n. m. MATH. Terme d'une fraction qui dénombre les parties dont on divise l'unité, et qui est placé au-dessus de la barre de fraction et du dénominateur qui, lui, indique en combien de parties égales est divisée l'unité.
numération n. f. MATH. Manière de nommer et d'écrire les divers nombres dans un système cohérent. *Numération concrète* des peuples primitifs à l'aide d'objets matériels. *Numération décimale*, ayant pour base 10. / Opération consistant à compter. / MÉD. *Numération globulaire* : appréciation quantitative des globules rouges, des différentes espèces de globules blancs et des plaquettes dans le sang.
numérique adj. MATH. Qui se rapporte aux nombres. *Calcul numérique* (par oppos. à *calcul algébrique*, qui utilise des lettres.) / Qui est évalué en nombre. *Supériorité numérique d'une armée.* / INFORM. Se dit d'un système ou d'un procédé de représentation de données d'information ou de grandeurs physiques utilisant des chiffres (0 et 1, notam.) ou des valeurs discrètes, par oppos. à *analogique*. Syn. digital. *Affichage numérique. Enregistrement numérique du son sur support magnétique* ou *D.A.T (Digital Audio Tape)*.
numériquement adv. Relativement au nombre ; en nombre. *Deux troupes numériquement égales.*
numérisation n. f. INFORM. Action de numériser ; résultat de cette action. *Numérisation d'une image.*
numériser v. t. [1] INFORM. Représenter (un signal analogique) sous une forme numérique.

Clavier d'ordinateur et son clavier ***numérique*** *(à droite).*

Göring, Hess et Ribbentrop, lors du procès de ***Nuremberg****.*

Charles Nungesser*.*

numéro n. m. Chiffre attribué à un objet pour le distinguer des autres et le classer dans une série. *Numéro minéralogique d'une voiture.* / Chacune des livraisons d'un journal ou d'une revue. / Partie d'un spectacle de cirque ou de music-hall. *Numéro de prestidigitation.* / PHYS., CHIM. *Numéro atomique*: nombre de protons contenus dans un noyau atomique (noté Z). Syn. *nombre atomique.*
numérologie n. f. Art divinatoire fondé sur l'analyse de données numériques (date de naissance, heure de naissance, etc.).
numérologue n. Personne adonnée à la numérologie.
numérotation n. f. Action de numéroter; résultat de cette action.
numéroter v. t. [1] Marquer d'un numéro d'ordre. *Numéroter les pages d'un livre.*
numerus clausus n. m. inv. (mots latins) Nombre (qui ne peut être dépassé) de candidats admissibles à un concours, une fonction.
Numidie Pays de l'ancienne Afrique du Nord qui, dans l'Antiquité, correspondait à une grande partie de l'Algérie actuelle. Les Numides, peuple semi-nomade, étaient les ancêtres des Berbères. Le roi Masinissa, allié des Romains, unifia la Numidie et en fit un royaume puissant (203-148 av. J.-C.), rival de Carthage. Après avoir anéanti Carthage (146 av. J.-C.), Rome se tourna contre la Numidie qu'elle soumit progressivement (victoire de Marius sur Jugurtha, après plusieurs années de guerre, en 105 av. J.-C., et de César sur Juba en 46 av. J.-C.). La Numidie devint une province romaine. Elle fut ruinée par l'invasion vandale (429) et passa sous la domination arabe au VIIIe siècle.
numismatique n. f. Science qui a pour objet l'étude et la description des monnaies et des médailles.
nummulite n. f. PALÉONT. Foraminifère abondant au début du tertiaire, dont le test calcaire spiralé peut atteindre une dizaine de centimètres de diamètre.
nummulitique adj. PALÉONT., GÉOL. Riche en nummulites. *Terrain nummulitique.* / n. m. Première partie du tertiaire. Syn. paléogène.
Nunavut *1 994 000 km² 27 000 h.* Territoire du Canada situé au nord du pays et comprenant la majorité des îles de l'Arctique canadien, peuplé à 85 % d'Inuits. Capitale *Iqaluit.* Créé en avril 1999 pour répondre aux revendications des Inuits, ce territoire autonome possède ses propres institutions (assemblée législative élue au suffrage universel, gouvernement dirigé par un Premier ministre).
nunchaku n. m. (mot japonais) Fléau d'armes formé de deux bâtons reliés entre eux par une chaîne ou une corde.
Nunes (Pedro) Voir **Nonius**
Nungesser (Charles) 1892-1927 Aviateur français. Il fut l'un des as de la chasse aérienne durant la Première Guerre mondiale. Il tenta avec François Coli, le 8 mai 1927, la traversée de l'Atlantique (Paris-New York) sans escale, mais leur avion, *L'Oiseau-Blanc*, disparut en vol.
nunuche adj. et n. f. Fam. Plutôt niais et mièvre. *Un air nunuche. C'est une nunuche.*
nuoc-mâm n. m. (mot vietnamien) CUIS. Sauce à base de poisson fermenté.
nu-pieds adj. inv. et n. m. pl. Sans souliers. *Marcher nu-pieds.* / n. m. pl. Sandales laissant le pied largement découvert.
nu-propriétaire, nue-propriétaire n. Personne qui a la nue-propriété d'un bien. Pl. Des *nus-propriétaires*, des *nues-propriétaires.*
nuptial, ale, aux adj. Propre ou relatif aux noces, au mariage. *Bénédiction nuptiale.* / Propre ou relatif à l'accouplement. *Parade nuptiale des oiseaux.*
nuptialité n. f. *Taux de nuptialité*: rapport du nombre annuel des mariages à la population globale dans un pays donné.
nuque n. f. Partie postérieure du cou.
nuraghe n. m. (mot sarde) ARCHÉOL. En Sardaigne, monument fortifié, sorte de tour en cône tronqué, élevé à l'âge du bronze. Pl. Des *nuraghi* ou *nuraghes.*
Nur al-Din Voir **Nour al-Din**
Nuremberg *495 845 h.* Ville d'Allemagne, en Bavière, sur la Regnitz. Centre industriel (constructions mécaniques, électrotechnique, chimie, produits alimentaires, manufacture de jouets réputée), universitaire et culturel. Ce fut au Moyen Âge une riche cité marchande et un centre d'art réputé (imprimerie dès 1470, verrerie, orfèvrerie), ville natale du peintre Albrecht Dürer. Le quartier médiéval, très endommagé au cours de la Seconde Guerre mondiale, a été restauré. Nuremberg fut l'un des principaux foyers du national-socialisme (congrès et parades). Du 20 novembre 1945 au 1er octobre 1946, la ville fut le siège du *procès de Nuremberg* au cours duquel les chefs nazis furent jugés par un tribunal militaire international. Sur les vingt-quatre accusés, trois ne comparurent pas, douze furent condamnés à mort (dont Bormann par contumace), sept à la prison, trois furent acquittés. Quatre organisations furent également condamnées à titre collectif: la Gestapo, le Parti national-socialiste, les SS et le SD (service de sûreté). Pour la première fois dans l'histoire, les notions de *crime de guerre*, de *crime contre l'humanité*, de *responsabilité collective*, de *génocide* furent précisées.

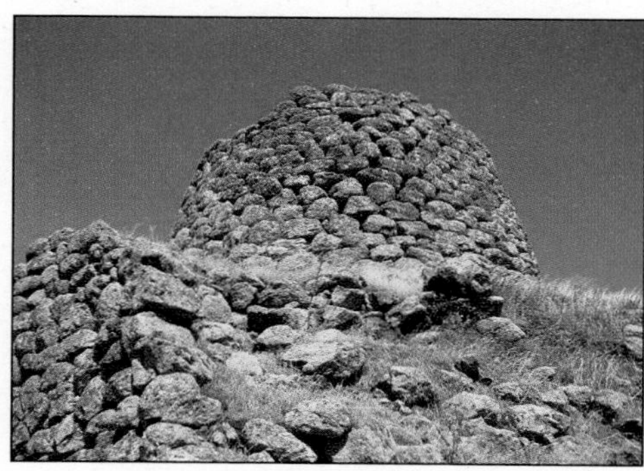

Nuraghe*.*

Nurmi (Paavo) 1897-1973 Athlète finlandais qui domina la course de fond entre 1920 et 1930. Il battit dix-sept records du monde, remporta neuf médailles d'or et trois médailles d'argent aux jeux Olympiques de 1920 (Anvers), 1924 (Paris) et 1928 (Amsterdam).
nurse n. f. (mot anglais) Vieilli Personne employée pour prendre soin des enfants en bas âge.
nursery n. f. (mot anglais) Lieu réservé aux jeunes enfants. Pl. Des *nurseries* ou des *nurserys.*
nutation n. f. ASTRON. Oscillation périodique que subit l'axe de rotation de la Terre autour de sa position moyenne. / BOT. Mouvement hélicoïdal qu'exécute l'extrémité d'une tige ou d'une feuille durant sa croissance.
nu-tête adj. inv. Sans coiffure, sans chapeau. *Sortir nu-tête.*
nutriment n. m. Toute substance nutritive assimilable directement par l'organisme.
nutritif, ive adj. Qui nourrit. *Élément nutritif.* / Relatif à la nutrition.
nutrition n. f. BIOL. Ensemble de phénomènes par lesquels un organisme tire de son environnement l'énergie et les substances chimiques nécessaires à ses fonctions vitales et à sa croissance.
nutritionnel, elle adj. Relatif à la nutrition.
nutritionniste n. MÉD. Spécialiste des problèmes d'alimentation, de diététique.
Nuuk (ancien *Godthab*) *13 286 h.* Port et capitale du Groenland, sur la côte sud-ouest. Les Inuits lui ont donné son nom actuel en 1979.
Nyassaland Ancien nom du *Malawi.*
nyctalope adj. et n. Qui a la faculté de voir dans l'obscurité. *Animaux nyctalopes.*
nycthéméral, ale, aux adj. BIOL. Propre ou relatif au nycthémère.
nycthémère n. m. BIOL. Durée d'un cycle biologique de vingt-quatre heures fondé sur l'alternance du jour et de la nuit.
Nyerere (Julius Kambarage) 1922-1999 Homme politique tanzanien. Il gouverna le Tanganyika depuis son indépendance: Premier ministre (1961), président de la République (1962-1964), puis président de la République de Tanzanie (1964-1985), il mena une politique socialiste en s'appuyant sur un parti unique. Après avoir

été réélu (en 1965, 1970 et 1980), il décida de ne pas se représenter aux élections de 1985. Son successeur fut Ali Hassan Mwinyi.

nylon n. m. (nom déposé) Polyamide synthétique utilisé principalement comme fibre textile, obtenu par polycondensation de diamines avec des acides dicarboxyliques.

nymphal, ale, als ou **aux** adj. ZOOL. Relatif à la nymphe (des insectes). *Le stade nymphal.*

nymphe n. f. MYTH. GR. et ROM. Divinité secondaire des bois (hamadryades), des rivières (naïades), des montagnes (oréades). / BX-A. Représentation d'une nymphe sous la forme d'une jeune femme nue ou à demi nue. / Fig. Jeune femme au corps très gracieux. / ZOOL. (Chez les insectes hétérométaboles et holométaboles) Stade du développement intermédiaire entre la larve et l'imago. *La nymphe des papillons est appelée chrysalide, celle des diptères, pupe.*

Nymphéa.

nymphéa n. m. Nom scientifique du nénuphar.

Nymphéas (les) env. 1895-1926 Série de tableaux peints par Claude Monet. Tous furent conçus dans le jardin de sa maison de Giverny (Eure), où il vécut de 1883 à sa mort. Une riche collection se trouve au musée de l'Orangerie à Paris.

nymphée n. f. ANTIQ. Sanctuaire dédié à une nymphe. / ARCHI. Construction édifiée autour (ou au-dessus) d'une source, d'un bassin.

nymphomane n. f. Femme atteinte de nymphomanie.

nymphomanie n. f. Exagération pathologique du désir sexuel chez la femme.

nymphose n. f. ZOOL. Transformation en nymphe d'une larve d'insecte.

Nysse Ancienne ville de Cappadoce (Turquie actuelle), importante métropole ecclésiastique aux IVe-Ve siècles.

nystagmus n. m. MÉD. Suite de secousses rythmiques des globes oculaires, spontanées ou provoquées.

Nzuani Voir **Ndzouani**

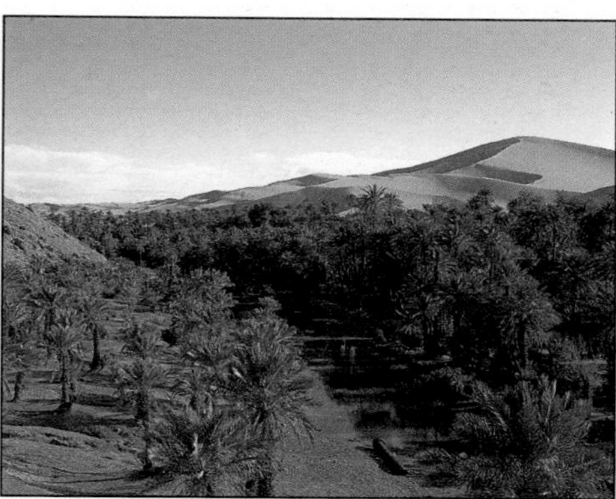

Oasis.

ô ! interj. (introduit une apostrophe) *Ô Seigneur !* / (marque un sentiment) *Ô bonheur !*
Oahu *1 549 km² 836 231 h.* Troisième île (pour la superficie) de l'archipel et État américain des Hawaii, où se trouvent Honolulu et Pearl Harbor.
OAS (sigle de **Organisation armée secrète**) Groupement clandestin créé en avril 1961 après l'échec du putsch militaire d'Alger et constitué de civils et de militaires partisans de l'Algérie française. En vue d'empêcher les accords d'Évian entre la France et le Front de libération nationale (F.L.N.) algérien, l'O.A.S. accomplit des actions terroristes en Algérie, jusqu'à son indépendance (juillet 1962), et en France jusqu'en 1963.
oasis n. f. Dans un désert, îlot de végétation révélant l'existence d'un point d'eau, autour duquel s'organise éventuellement une vie agricole sédentaire. / Fig. Lieu ou moment agréable et paisible dans un milieu hostile.
Oates (Titus) 1649-1705 Aventurier anglais. Il prétendit découvrir un complot des jésuites et réussit à soulever l'opinion contre les catholiques ; confondu, il fut emprisonné.
Oates (Joyce Carol) 1938 Romancière américaine. Ses romans, comme ses nouvelles et ses poèmes (*Le Pays des merveilles*, 1971 ; *La Séduction et autres nouvelles*, 1975), donnent de la condition féminine dans l'Amérique contemporaine une image lucide et ironique.
Oaxaca *95 364 km² 3 019 560 h.* État du Mexique s'étendant de la côte du Pacifique à la région montagneuse de la Mixteca, qui recèle d'abondantes richesses minières.
Oaxaca ou **Oaxaca de Juárez** *294 961 h.* Ville du sud du Mexique et capitale de l'État du même nom. Située à *1 500 m* d'altitude, la ville possède des monuments des XVIe et XVIIe siècles. À proximité se trouve la ville précolombienne de Monte Albán.
Ob ou **Obi** *5 400 km* Fleuve de Russie qui prend sa source dans l'Altaï, reçoit l'Irtych, draine la Sibérie occidentale et se jette dans l'océan Arctique (golfe de l'Ob).
Obaldia (René de) 1918 Dramaturge et romancier français, dont l'invention verbale (*Innocentines*, poèmes, 1969) s'exprime aussi bien dans le roman (*Tamerlan des cœurs*, 1964) que dans le théâtre (*Du vent dans les branches de sassafras*, 1965).
Obasanjo (Olusejun) 1937 Général et homme d'État nigérian. Chef d'état-major général, il renversa le président Mohammed à la suite d'un coup d'État en 1976. Sa courte présidence est marquée par des progrès économiques dus à la hausse des cours du pétrole. En 1979, il remit spontanément le pouvoir aux civils puis, sous la dictature du général Abacha, fut emprisonné durant trois ans. En 1999, il est élu démocratiquement président de la République fédérale du Nigeria.
obédience n. f. Soumission d'un ecclésiastique à un supérieur hiérarchique. / Lien qui unit une puissance, une autorité politique, spirituelle, à ceux qui lui sont subordonnés ou fidèles. *Pays d'obédience socialiste.*
Obeid (El-) ou **Ubayyid (Al-)** *228 096 h.* Ville du centre du Soudan, chef-lieu de la province de Kordofan. Centre commercial (gomme arabique).
obéir v. t. ind. [2] *Obéir à* : se soumettre à la volonté ou aux ordres de (qqn) ; se plier à (une règle, une contrainte). *Obéir à son professeur. Obéir aux lois.* Ant. désobéir. / Céder à (un sentiment). *Obéir à la colère.* / Répondre de façon adaptée à (une commande, une impulsion), en parlant d'une machine, d'un instrument. *Les commandes de l'avion n'obéissent plus.* / Être soumis à (une loi naturelle, une nécessité). *La réalité obéit à la volonté de l'homme.*
obéissance n. f. Soumission à la volonté d'autrui, accomplissement des ordres reçus, observation d'une règle. Ant. désobéissance.
obéissant, e adj. Qui obéit. *Enfant obéissant.* Ant. désobéissant.
obel ou **obèle** n. m. Trait noir, en forme de broche, qui signale les passages interpolés dans les manuscrits anciens.
obélisque n. m. ANTIQ. Colonne de pierre monolithe en forme d'aiguille quadrangulaire, terminée par un pyramidion. *L'obélisque de la place de la Concorde à Paris provient du temple de Louqsor.*
obérer v. t. [1] Litt. Endetter lourdement. / Compromettre. *Obérer l'avenir.*
Oberkampf (Christophe Philippe) 1738-1815 Industriel français d'origine bavaroise qui fonda la première manufacture d'impression sur étoffe à Jouy-en-Josas, en 1759, ainsi que la première filature de coton à Essones.

Olusejun Obasanjo.

Oberland bernois Massif montagneux de Suisse dans le canton de Berne, appartenant à la chaîne des Alpes, dont les multiples sommets (la Jungfrau, *4 158 m*), les glaciers (Furka) et les lacs (Brienz et Thoune) font un grand site touristique.

L'**obélisque** de Caracalla, à Rome.

*L'***observatoire** *astronomique de Teide, dans l'île de Tenerife aux Canaries.*

Obéron ou **Aubéron** Roi des elfes qui figure dans de nombreuses œuvres, depuis la chanson de geste française du XIIIe siècle, *Huon de Bordeaux*, jusqu'au poème épique de Ch. M. Wieland (1780) et à l'opéra de Weber (1826).

Oberth (Hermann Julius) 1894-1989 Ingénieur et physicien allemand d'origine roumaine. Il est considéré, avec l'Américain Goddard et le Soviétique Tsiolkovski, comme l'un des fondateurs de l'astronautique moderne.

obèse adj. et n. MÉD. Atteint d'obésité. / Cour. D'un embonpoint marqué ; très gros.

obésité n. f. MÉD. État d'une personne présentant un excès généralisé de tissu adipeux.

obi n. f. (mot japonais) Large ceinture en soie du costume traditionnel japonais.

Obi Voir **Ob**

obier n. m. BOT. Espèce de viorne, aux inflorescences sphériques d'un blanc éclatant, parfois appelée *boule-de-neige*. / (En appos.) *Viorne obier.*

obit n. m. LITURG. CATHOL. Service religieux célébré pour le repos de l'âme d'un défunt, généralement au jour anniversaire de son décès.

obituaire adj. et n. m. RELIG. CATHOL. *Registre obituaire*, qui répertorie les orbits à célébrer dans une église. / n. m. *Un obituaire.*

objecter v. t. [1] Opposer (un argument) à (une affirmation, un ordre, une demande). *Je lui ai objecté son obligation de réserve. On a objecté qu'il fallait tenir compte des circonstances.*

objecteur n. m. *Objecteur de conscience* : celui qui refuse d'accomplir ses obligations militaires en raison de convictions morales ou religieuses.

objectif, ive adj. et n. m. **A.** adj. Qui ne prend pas parti. *Description objective.* Ant. subjectif. / PHILO. Propre à l'objet. *Réalité objective.* **B.** n. m. But à atteindre. / MILIT. Point contre lequel est dirigée une opération militaire. / OPT. Système composé d'une lentille ou d'un ensemble de lentilles ou de miroirs, capable de former une image réelle d'un objet.

♦ L'image formée par l'objectif peut être observée à l'aide d'un oculaire (lunettes astronomiques, télescopes, microscopes), ou enregistrée (appareils photographiques, cinématographiques, systèmes numériques), ou enfin projetée sur un écran (appareils de projections, agrandisseurs photographiques, écrans de télévision ou d'ordinateur). Le système est dit *dioptrique* s'il est composé uniquement de lentilles, et *catoptrique* s'il est formé de lentilles et de miroirs.

objection n. f. Argument que l'on oppose à une assertion, à une proposition pour la rejeter.

objectivement adv. De façon objective.

objectivité n. f. Qualité d'une personne objective. Ant. subjectivité. / Qualité de ce qui est conforme à la réalité des faits. / PHILO. Existence d'un objet en soi, indépendamment de l'esprit qui le conçoit.

objet n. m. Tout ce qui se présente aux sens, et notam. à la vue. / Chose matérielle façonnée par l'homme à une fin précise. *Un objet d'art.* / PHILO. Tout ce qui est saisi par l'esprit comme extérieur à lui-même. / Fig. Ce sur quoi porte une réflexion, une activité, une discussion, un sentiment. *L'objet d'un livre, d'un voyage.* / GRAMM. *Complément d'objet* : mot ou groupe de mots désignant la personne, la chose ou l'idée sur laquelle porte l'action du verbe. *Complément d'objet direct*, lié directement au verbe. *Complément d'objet indirect*, lié au verbe par une préposition.

objurgation n. f. Mise en garde, prière pressante visant à détourner qqn de ses intentions.

oblat, e n. RELIG. CATHOL. Anc. Enfant confié à un monastère par ses parents et destiné, dès lors, à la vie religieuse. / Laïc qui se joint à une communauté religieuse sans prononcer les vœux de pauvreté, chasteté et obéissance. / Religieux de certains ordres. *Les oblats de Marie Immaculée, congrégation missionnaire.* / n. m. pl. LITURG. CATHOL. Offrandes faites au cours de la messe.

oblation n. f. Litt. Action d'offrir à Dieu. / LITURG. CATHOL. Partie de la messe où le prêtre offre à Dieu le pain et le vin avant de les consacrer.

obligataire n. et adj. FIN. Porteur d'obligations. / adj. En obligations. *Emprunt obligataire.*

obligation n. f. Devoir, impératif imposé par la morale, les circonstances. / Nécessité. *Il est dans l'obligation de faire un emprunt.* / DR. Lien juridique entre deux personnes dont l'une (débiteur) est contrainte de s'acquitter envers l'autre (créancier) d'une prestation. / FIN. Titre négociable remis par une société ou une collectivité publique à ceux qui lui confient des capitaux.

obligatoire adj. Qui constitue une obligation ; qui est imposé. *Examen obligatoire. Passage obligatoire.* / Fam. Inévitable. *Cette affaire va mal finir, c'est obligatoire.*

obligatoirement adv. De façon obligatoire.

obligé, e adj. et n. **A.** adj. À quoi l'on est contraint. *Passage obligé.* / Fam. Obligatoire. *C'est obligé* : c'est inévitable. **B.** n. Personne reconnaissante envers qqn pour un service rendu. *Il est votre obligé.*

obligeance n. f. Disposition à rendre service, à faire plaisir ; serviabilité.

obligeant, e adj. Qui rend service, serviable.

obliger v. t. [1] *Obliger à* : contraindre à, mettre dans l'obligation de. *Il m'a obligé à mentir.* / Lier (qqn) par une contrainte juridique ou morale. *La loi oblige chaque citoyen. Noblesse oblige.* / Rendre service à (qqn), lui être agréable. *Vous m'obligeriez infiniment en acceptant de me recevoir.*

oblique adj. et n. **A.** adj. GÉOM. De biais, qui s'écarte de la direction initiale. *Ligne oblique.* / Fig. *Regard oblique*, en coin. **B.** n. f. GÉOM. *Une oblique* : une droite inclinée non perpendiculaire (à une autre droite, à un plan). **C.** n. m. ANAT. Muscle dont les fibres sont obliques quand le sujet se tient debout. *Le grand oblique de l'abdomen.*

obliquement adv. De façon oblique.

obliquer v. i. [1] Aller en oblique.

obliquité n. f. Caractéristique, position de ce qui est oblique. / GÉOM. Inclinaison d'une ligne ou d'une surface sur une autre. / ASTRON. *Obliquité de l'écliptique* : angle que fait le plan de l'écliptique avec le plan de l'équateur céleste.

oblitération n. f. Action d'oblitérer ; son résultat. / MÉD. État d'une cavité, d'un conduit obstrué.

oblitérer v. t. [1] Apposer sur (un timbre, un ticket) une marque qui le rend impropre à une nouvelle utilisation. / Litt. Effacer progressivement. *Oblitérer une inscription.* Au fig. *Oblitérer un souvenir.* / MÉD. Obstruer (une cavité, un conduit).

oblong, oblongue adj. Plus long que large. *Format oblong.*

obnubilation n. f. État d'une personne obnubilée. / PSYCHIAT. Affaiblissement du niveau de vigilance, accompagnée de torpeur intellectuelle.

obnubiler v. t. [1] Priver de lucidité en envahissant l'esprit. *La peur de l'avenir obnubile son jugement.* / Obséder. *La passion de la réussite l'obnubile.*

obole n. f. Petite somme d'argent versée par charité. / ANTIQ. GR. Monnaie et unité de poids.

Obrénovitch Dynastie serbe, fondée en 1817 par Milos Ier. Les Obrénovitch, au pouvoir de 1817 à 1842 et de 1858 à 1903, furent définitivement renversés en 1903 par leurs grands rivaux, les Karageorgévitch.

obscène adj. Offensant pour la pudeur

obscénité n. f. Caractère de ce qui est obscène. / Parole, acte obscène.

obscur, e adj. Privé de lumière, sombre. / Fig. Difficile à comprendre, confus. *Théorie obscure.* / Ignoré. *Un obscur poète.* / Modeste, sans éclat. *Une existence obscure.*

obscurantisme n. m. Hostilité à la diffusion de l'instruction, de la culture.

obscurantiste adj. et n. De l'obscurantisme ; tenant de l'obscurantisme.

obscurcir v. t. [2] Rendre obscur, sombre. *Les cendres du volcan obscurcirent le ciel.* (Emploi pron.) *L'horizon s'est obscurci.* / Fig. Rendre peu compréhensible. *L'emphase finit par obscurcir le discours.* / Priver de discernement, embrouiller (l'esprit).

Vase aztèque en **obsidienne**.

obscurcissement n. m. Action d'obscurcir ; fait de s'obscurcir.

obscurément adv. De manière obscure, imprécise.

obscurité n. f. Caractère de ce qui est obscur. / Fig. Défaut d'intelligibilité. / Absence de renom. *Il connut la gloire après avoir vécu dans l'obscurité.*

obsédé, e n. Personne dont l'esprit est occupé par une obsession. / adj. *Un écrivain obsédé par la mort.*

obséder v. t. [1] Occuper sans relâche l'esprit de (qqn). *Sa culpabilité l'obsède.*

obsèques n. f. pl. Cérémonies accompagnant un enterrement.

obséquieusement adv. Avec obséquiosité.

obséquieux, euse adj. Excessivement poli, servilement prévenant.

obséquiosité n. f. Caractère, comportement obséquieux.

observable adj. Qu'il est possible d'observer.

observance n. f. Bonne exécution d'une prescription. *Observance des règles.* / Pratique de la règle d'un ordre religieux ; cette règle elle-même.

observateur, trice n. et adj. **A.** n. Personne qui observe. / Personne qui ne fait qu'observer (un événement) sans y participer. *Être venu en observateur.* / Personne chargée d'observer (un événement) et d'en faire un compte rendu. *Envoyer des observateurs à une réunion internationale.* **B.** adj. Qui sait observer, aime observer. *Un enfant observateur.*

observation n. f. Étude attentive d'un phénomène. *Avoir l'esprit d'observation* : savoir remarquer les détails. *Mettre un malade en observation* : surveiller attentivement les symptômes de sa maladie afin d'établir un diagnostic. *Avion d'observation* : avion chargé de surveiller l'ennemi. / Remarque exprimant le résultat d'une observation. / Léger reproche. / Respect d'une règle, d'une loi.

observatoire n. m. Établissement destiné aux observations astronomiques, météorologiques ou magnétiques. / Point d'observation. / Organisme dont la fonction consiste à recueillir et à étudier des données d'ordre économique, social, etc.

Observatoire de Paris Fondé en 1667 par Louis XIV, ce bâtiment, destiné à l'étude de l'astronomie et de la météorologie, fut construit dans l'axe du méridien de Paris par Claude Perrault entre 1667 et 1672. L'*observatoire de Meudon*, créé en 1877 est rattaché à celui de Paris depuis 1927.

observer v. t. [1] **I.** Se conformer à (une prescription). *Observer la coutume, le règlement.* **II.** Considérer, étudier avec application (qqn, qqch.). *Observer une fourmilière, les étoiles.* / Surveiller, épier. *La police les observait depuis des mois.* / Remarquer, constater (le résultat de l'observation). *Nous observons une augmentation des ventes.*

obsession n. f. Idée fixe. / PSYCHIATR. Trouble mental caractérisé par un état d'anxiété dû à la persistance de façon incoercible d'une idée fixe.

obsessionnel, elle adj. Propre ou relatif à l'obsession. *Névrose obsessionnelle.*

obsidienne n. f. MINÉR. Roche siliceuse d'origine volcanique, de couleur sombre.

obsidional, ale, aux adj. Relatif au siège d'une ville. / PSYCHOPATHOL. *Délire obsidional* : délire de persécution.

Canon ancien lançant des **obus**, utilisé pour la défense côtière.

obsolescence n. f. Litt. Caractère de ce qui est obsolète; fait de se périmer.
obsolète adj. Périmé.
obstacle n. m. Objet gênant le passage. *Course d'obstacles*: course de chevaux sur un parcours semé de haies, de rivières, de murs à franchir. / Fig. Difficulté qui empêche ou retarde la réalisation d'une entreprise.
obstétrical, ale, aux adj. Relatif à l'obstétrique.
obstétricien, enne n. Médecin spécialiste en obstétrique.
obstétrique n. f. Branche de la médecine consacrée à la grossesse et à l'accouchement.
obstination n. f. Caractère, comportement d'une personne obstinée.
obstiné, e adj. et n. Qui s'obstine. *Un travailleur obstiné.* / Qui dénote de l'obstination. *Recherche obstinée.* / Subst. *Un(e) obstiné(e).*
obstinément adv. Avec obstination.
obstiner (s') v. pron. [1]. Persister avec opiniâtreté. *Il s'obstine dans son refus. Il s'obstine à faire la tête.*
obstructif, ive adj. Qui cause ou implique une obstruction.
obstruction n. f. MÉD. Engorgement d'un vaisseau, d'un canal dans l'organisme. / Fig. Ensemble de manœuvres, tactique visant à entraver le cours d'une action, à ralentir le déroulement d'un débat. / SPORT Action de s'opposer de façon déloyale à un adversaire.
obstruer v. t. [1] Encombrer, boucher (un passage).
obtempérer v. t. ind. [1] *Obtempérer à*: obéir sans discuter (à un ordre, à une règle).
obtenir v. t. [3] Réussir à se faire accorder. *Obtenir des aveux, une autorisation, une prime. J'ai obtenu qu'il s'en aille.* / Réussir à atteindre (un résultat), à produire (qqch.). *En mélangeant du bleu et du jaune, on obtient du vert.*
obtention n. f. Fait d'obtenir.
obturateur n. m. Pièce destinée à obturer. *Obturateur d'une arme à feu*: pièce fermant la culasse et empêchant l'échappement des gaz. *Obturateur d'un appareil photographique*: dispositif qui permet à la lumière de pénétrer pendant la durée d'exposition choisie.
obturation n. f. Action d'obturer; résultat de cette action.
obturer v. t. [1] Boucher (une ouverture, un passage).
obtus, e adj. GÉOM. *Angle obtus*: angle plus grand que l'angle droit. Ant. aigu. / Fig. Manquant de pénétration, de finesse. *Esprit obtus.*
obus n. m. Projectile de forme cylindroconique, lancé par une bouche à feu.
obusier n. m. Pièce d'artillerie courte, de fort calibre, à tir courbe.
obvie adj. Évident.
obvier v. t. ind. [1] Litt. *Obvier à*: prévenir (un événement fâcheux) en prenant les précautions adaptées. *Obvier à un danger.*

oc adv. Particule affirmative qui signifie « oui » dans les anciens parlers français du sud de la Loire. / *Langue d'oc*: ensemble des parlers du sud de la Loire (exception faite du basque et du catalan), appartenant à la famille des langues romanes, dans lesquels « oui » se disait « oc », par opposition à la langue *d'oïl*, du nord de la Loire, dans laquelle « oui » se disait « oïl ».
Öcalan (Abdullah) 1948 Chef historique du groupe terroriste du Parti des travailleurs kurdes (P.K.K.). Il a mené la lutte séparatiste en faveur du peuple kurde contre Ankara de 1983 jusqu'à sa capture à Nairobi par les forces spéciales de l'armée turque en février 1999. Ramené en Turquie et condamné à mort, il attend la décision de la cour internationale des Droits de l'Homme sur son procès.
Ocampo (Victoria) 1890-1979 Écrivain argentin. Essayiste, épistolière et mémorialiste, elle a joué un rôle important dans la vie littéraire de l'Amérique du sud, par l'intermédiaire de la revue *Sur*, qu'elle avait fondée en 1931, des éditions du même nom, et par la correspondance qu'elle entretenait avec tous les écrivains de son temps. **Silvina** 1903-1993 Écrivain argentin. Sœur de la précédente, épouse d'Adolfo Bioy Casares, elle publia, à partir de 1940, de nombreux poèmes; son dernier recueil a été traduit en français sous le titre *Mémoires secrètes d'une poupée* (1993).
ocarina n. m. Petit instrument de musique à vent, en terre cuite ou en métal.
O'Casey (Sean) 1880-1964 Auteur dramatique irlandais dont les pièces évoquent les quartiers pauvres de Dublin et le combat nationaliste irlandais. Parmi ses œuvres les plus célèbres: *Junon et le Paon* (1924), *La Charrue et les étoiles* (1926), *Roses rouges pour moi* (1943).
occase n. f. Fam. Occasion. *Profite de l'occase.*
occasion n. f. Circonstance qui vient à propos. / Motif ou prétexte, circonstance à l'origine d'une action, d'un événement. *À l'occasion d'un voyage.* / COMM. Objet offert à la vente dans des conditions avantageuses pour l'acheteur. *Il y a bonnes occasions cette semaine au supermarché.* / loc. adj. *D'occasion*: qualifie qqch. qui a déjà servi. *Une voiture d'occasion.* / Ellipt. *Une occasion*: une marchandise d'occasion. *Le marché de l'occasion.*

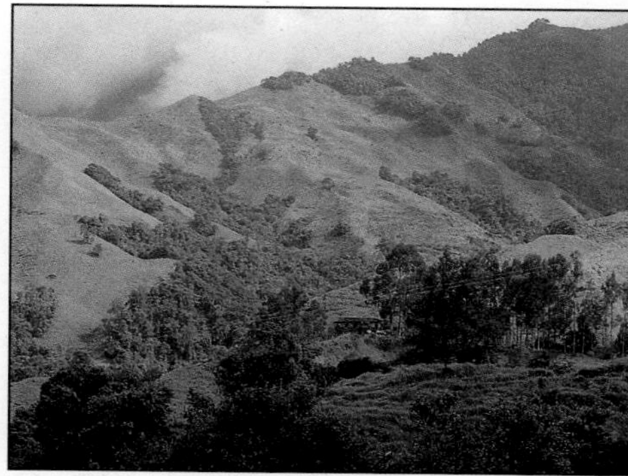
La cordillère **occidentale** des Andes en Colombie.

occasionnel, elle adj. Fortuit.
occasionnellement adv. Fortuitement, à l'occasion.
occasionner v. t. [1] Être l'occasion de, causer, provoquer (le plus souvent qqch. de malheureux ou de désagréable). *L'accident a occasionné des embouteillages.*
occident n. m. Partie de l'horizon où l'on voit le soleil se coucher. Syn. ouest. Ant. orient. / POLIT. (Avec une majuscule) Entité constituée des peuples qui habitent la partie ouest du continent eurasiatique, ou en sont originaires, et en ont étendu, à l'échelle mondiale, les valeurs culturelles et politiques.
Occident (empire d') Issu du partage de l'Empire romain (395 apr. J.-C.) en un empire d'Orient (capitale *Constantinople*) et un empire d'Occident (capitale *Rome*). Il s'effondre en 476 lorsque l'empereur est chassé de Rome par le Barbare Odoacre. Charlemagne se fait couronner empereur d'Occident en l'an 800. Voir *Saint Empire romain germanique*.
occidental, ale, aux adj. et n. De l'occident. *Afrique occidentale.* / De l'Occident, en tant qu'entité culturelle ou politique. *Les gouvernements occidentaux.* / Subst. *Un(e) Occidental(e).*
occidentalisation n. f. Action d'occidentaliser; fait d'être occidentalisé.
occidentaliser v. t. [1] Transformer, en prenant comme référence, comme modèle, les valeurs intellectuelles, économiques, culturelles de l'Occident.
occipital, ale, aux adj. et n. m. ANAT. Relatif à l'occiput. / *Os occipital* ou, n. m., *occipital*: os qui forme la partie postérieure et inférieure du crâne. / *Trou occipital*: trou de l'occipital par lequel passe le canal rachidien.
occiput n. m. Partie arrière basse de la tête, au-dessus de la nuque.
occire v. t. défectif [3] Vx ou plaisant. (N'est employé qu'à l'infinitif, au participe passé et dans les temps composés) Tuer.
occitan, e adj. et n. m. De l'Occitanie. *Littérature occitane. Les Occitans.* / n. m. Syn de langue d'oc. *Les parlers occitans diffèrent beaucoup les uns des autres; on les regroupe arbitrairement sous les noms d'« occitan » ou de « langue d'oc » et certains d'entre eux, le provençal en particulier, connurent une renaissance au XIXe siècle et leur usage est aujourd'hui revendiqué comme marque d'appartenance culturelle.*
Occitanie Un des noms désignant les pays de langue d'oc au Moyen Âge.
occlure v. t. [3] MÉD. Boucher, fermer (un conduit, un orifice naturel). / CHIR. Pratiquer (une occlusion).
occlusif, ive adj. et n. f. Qui cause ou implique une occlusion. / PHONÉT. *Consonne occlusive* ou (n. f.) *une occlusive*, dont l'émission fait intervenir une occlusion du canal buccal, à laquelle succède une brusque ouverture.
occlusion n. f. Rapprochement des bords d'une ouverture naturelle (par ex. lèvres, paupières). / MÉD. *Occlusion intestinale*: arrêt du transit intestinal, causé notamment par un obstacle mécanique.

Disque en argent représentant Théodose Ier, à la mort duquel l'empire d'Orient se sépara de l'empire d'**Occident**.

Melbourne, capitale de l'État australien de Victoria.

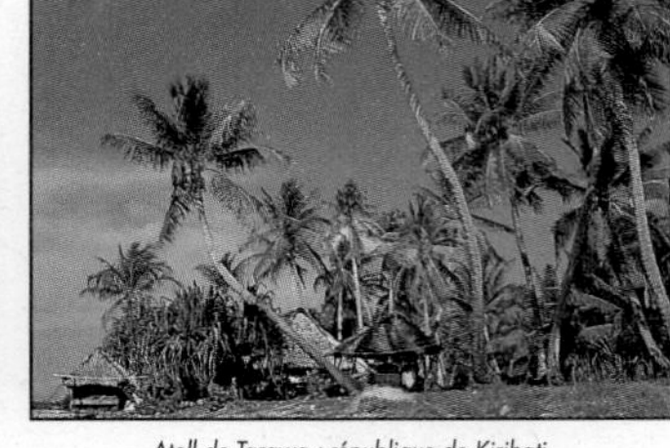

Atoll de Tarawa ; république de Kiribati.

Le mont Olga, dans le parc national d'Uluru, dans le centre de l'Australie.

Le parc national de Fiordland, dans l'île du sud, en Nouvelle-Zélande.

OCÉANIE

occultation n. f. Action de cacher. / ASTRON. Passage d'un astre derrière un autre astre de diamètre supérieur, ce qui le rend momentanément invisible de la Terre.

occulte adj. Caché, invisible. / Secret. *Pratiques occultes. Sciences occultes* : occultisme.

occulter v. t. [1] ASTRON. Cacher (un astre, sa lumière) en passant devant lui. *Un passage de nuages qui occulte la lune.* / Fig. Cacher, dissimuler (qqch.), faire oublier. *Les grandes dates historiques peuvent occulter d'autres événements d'importance.*

occultisme n. m. Ensemble de pratiques et de doctrines ésotériques (alchimie, astrologie, etc.) reposant sur la conviction qu'il existe des forces que la raison n'est pas capable d'expliquer, mais qu'on peut néanmoins tenter de maîtriser.

occultiste n. et adj. Adepte des sciences occultes. / adj. Relatif aux sciences occultes.

occupant, e n. et adj. **I.** n. Personne qui occupe un local, un emplacement. *Occupant sans titre d'un appartement.* **II.** adj. et n. Qui occupe militairement un pays. *Puissance occupante.* / n. *Lutter contre les occupants.*

occupation n. f. Ce à quoi on emploie son temps. / Fait d'occuper (un lieu). *Occupation légale d'un logement.* / Fait d'occuper militairement (un pays). *L'Occupation* : période (juin 1940 à juin 1944) au cours de laquelle les Allemands occupaient la France.

occupé, e adj. Qui a une occupation, qui a beaucoup d'occupations. *Je suis occupée à la cuisine. Un homme très occupé*, très actif, qui dispose de peu de temps libre. / Placé sous l'autorité de troupes d'occupation. *Zone libre et zone occupée, en France, entre 1940 et 1942.* / Où quelqu'un est déjà installé. *Toutes les places sont occupées.*

occuper v. t. [1] **A.** v. t. Remplir (un espace, une surface). *Le marché occupe tout le trottoir.* / Avoir l'usage de (un lieu) ; habiter. *Occuper un studio.* / Remplir, exercer (un emploi, une charge). *Occuper la présidence.* / Prendre possession de (un lieu) par la force, sans autorisation. *Armée qui occupe un pays. Grévistes qui occupent une usine.* / Remplir, employer (son temps, sa pensée...) ; absorber le temps, l'esprit de (qqn). *Occuper ses loisirs à pêcher. Ses études l'occupent entièrement.* / Faire travailler ; employer (qqn). *C'est une usine qui occupe plusieurs centaines d'ouvriers.* **B.** v. pron. Passer le temps, avoir une activité. / *S'occuper de* : consacrer son temps, ses soins à ; se préoccuper de. *S'occuper de ses enfants. S'occuper d'une usine, de politique. Occupe-toi de tes affaires !*

occurrence n. f. Circonstance, conjoncture.

O.C.D.É. Sigle pour *Organisation de coopération et de développement économiques*.

océan n. m. Masse d'eau salée, d'une grande superficie, d'une grande profondeur moyenne, qui baigne plusieurs continents. *Océan Pacifique. Océan Atlantique. L'ensemble des océans, qu'on nomme « océan mondial », occupe 73,8 % de la surface de la Terre.* / Fig., litt. *Un océan de larmes.*

Océanides MYTH. GR. Nymphes de la mer et des cours d'eau, nées de l'union d'Océanos et de Téthys.

Océanie *8 942 252 km² 31 456 000 h.* Une des cinq parties du monde. L'Océanie, qui s'étend dans l'océan Pacifique en grande partie dans l'hémisphère Sud, comprend l'Australie, la Tasmanie, la Nouvelle-Guinée et la Nouvelle-Zélande, qui appartiennent à un socle ancien, et un grand nombre d'îles qu'on classe en trois groupes : Mélanésie, Micronésie et Polynésie. Bien que l'Australie représente les deux tiers de la superficie de l'Océanie, l'insularité est sa principale caractéristique. Les petites îles coralliennes ou volcaniques sont d'origine récente. Comprises entre l'équateur et les tropiques, elles ont un climat tantôt équatorial, tantôt tempéré, assaini par la présence de la mer. Les pluies de mousson sont abondantes. La végétation de l'ensemble de l'Océanie est luxuriante (forêt dense, haute savane) ; seul l'intérieur de l'Australie est désertique. La faune d'Australie et de Tasmanie est très particulière : marsupiaux (kangourou, opossum, koala), ornithorynques. L'Océanie est la partie du monde la moins peuplée. Les colons européens dominent en Australie, Nouvelle-Zélande et Tasmanie, tandis que les Polynésiens (d'origine malaise) et les Mélanésiens restent majoritaires dans les petites îles où les Asiatiques (Vietnamiens, Indiens et, surtout, Chinois) sont nombreux. Colonisées tardivement, l'Australie et la Nouvelle-Zélande ont un niveau de vie élevé, une économie moderne fondée sur l'élevage et l'extraction minière. Les autres îles vivent de la culture du cocotier et de la pêche. Le tourisme se développe (Hawaii). Au point de vue politique, l'Australie (dont la Tasmanie constitue l'un des dix États) et la Nouvelle-Zélande sont des États indépendants membres du Commonwealth. La Nouvelle-Guinée est partagée entre la Papouasie-Nouvelle-Guinée, indépendante, à l'est, et la province indonésienne d'Irian Jaya, à l'ouest. La Nouvelle-Calédonie et une partie de la Polynésie sont françaises. L'archipel d'Hawaii constitue le 50ᵉ État américain. Vanuatu (condominium franco-britannique des Nouvelles-Hébrides jusqu'en 1980) est indépendant. Le statut des petites îles est complexe. La plupart d'entre elles avaient été placées par la Société des Nations et par l'ONU sous mandat britannique, américain, australien ou néo-zélandais. Certains archipels ont accédé à l'indépendance mais, souvent, une partie de leurs îles est indépendante, formant un État minuscule, alors que d'autres dépendent encore des États-Unis, de l'Australie et du Chili (île de Pâques).

Océanie (Établissements français de l') Nom porté de 1885 à 1957 par un ensemble d'îles placé sous protectorat français. À partir de 1946, cet ensemble devient un territoire d'outre-mer (T.O.M.), appelé *Polynésie française* depuis 1958.

océanique adj. Propre ou relatif à l'océan. *Climat océanique*, qui règne sur les îles et les régions proches des océans. *Le climat océanique est doux et humide.*

océanographe n. Spécialiste d'océanographie.

océanographie n. f. Science qui étudie tout ce qui se rapporte aux mers et aux océans.

océanographique adj. Relatif à l'océanographie.

océanologie n. f. Science qui étudie les océans à travers la physique, la biologie, la chimie, et qui définit les techniques de prospection, d'exploitation et de protection du domaine océanique.

océanologue n. Spécialiste d'océanologie.

ocelle n. m. Tache arrondie, dont le centre et la périphérie sont de deux couleurs différentes. *Les ocelles de la queue du paon, des ailes de divers papillons, du pelage de certains félins.* / ZOOL. Œil simple de divers invertébrés.

ocellé, e Litt. ou ZOOL. Qui porte des ocelles. *Le lézard ocellé.*

ocelot n. m. ZOOL. Félin d'Amérique tropicale, à fourrure tachetée ; la fourrure de cet animal.

Ockeghem (Johannes) 1420 ?-1497 ? Compositeur franco-flamand, musicien à la cour des rois de France, sous Charles VII, Louis XI et Charles VIII. Il influença les musiciens de la pré-Renaissance en dévoilant les possibilités du style polyphonique, et fut parmi les premiers à établir une distinction musicale entre les compositions sacrée et profane.

O'Connell (Daniel) 1775-1847 Homme politique irlandais. Avocat, il commença après 1800 à lutter pour l'émancipation de l'Irlande (appartenant alors au Royaume-Uni) en unissant à cette cause celle des catholiques irlandais soumis à la minorité protestante. Il fonda la puissante *Catholic Association* en 1823. Catholique et par conséquent inéligible, son immense popularité lui permit néanmoins d'être élu à la Chambre des communes en 1828, ce qui força le gouvernement britannique de Wellington, en 1829, à accorder le *Bill* d'émancipation permettant aux catholiques de siéger au parlement. Son opposition à toute violence et son respect de la légalité dans la lutte pour l'indépendance de l'Irlande incitèrent finalement les éléments extrémistes catholiques à se détourner de lui et à créer le mouvement Jeune-Irlande en 1845.

O'Connor (Flannery) 1925-1964 Romancière américaine. Catholique fervente, elle dénonça la violence et la souffrance dans des œuvres mêlant un style très particulier et un humour noir : *La Sagesse dans le sang* (1952), *Les Violents réussissent* (1960).

Théâtre de l'Odéon.

ocre n. et adj. inv. **A.** n. f. Argile colorée en rouge, en jaune ou en brun, selon la nature des oxydes qu'elle contient. / Colorant extrait de cette terre et utilisé en peinture. **B.** adj. inv. et n. m. D'une couleur brun orangé. *Des murs ocre.* / n. m. Cette couleur. *Les nuances d'un bel ocre.*

ocrer v. t. [1] Donner une teinte ocre à.

octaèdre n. m. Polyèdre à huit faces.

octane n. m. CHIM. Alcane de formule C_8H_{18}. / *Indice d'octane* : indice qui quantifie le pouvoir antidétonant d'un carburant.

octant n. m. GÉOM. Huitième partie d'un cercle ; arc de 45 °.

Octant Constellation circumpolaire sud. Voir *constellation.*

octante adj. num. (En Suisse, en Belgique) Quatre-vingt.

octave n. f. MUS. Intervalle de huit degrés de l'échelle diatonique, composé de cinq tons et deux demi-tons. / Huitième degré de l'échelle diatonique, du même nom que le premier, puisque la gamme comporte sept notes. / RELIG. CATHOL. Espace de huit jours durant lequel l'Église catholique continue à célébrer une fête ; le huitième jour après cette fête.

Octave ou **Octavien** Voir **Auguste**

Octavie (42 ?-62) Impératrice romaine. Fille de l'empereur Claude et de Messaline, sœur de Britannicus, elle épousa le futur empereur Néron en 53. Répudiée en 62, elle fut contrainte par Néron à se donner la mort.

Octavie (70 ?-11 av. J.-C.), sœur d'Auguste. Elle eut de son premier mariage avec Caïus Marcellus un fils, Marcus Claudius Marcellus, qu'Auguste choisit comme héritier. Elle épousa ensuite Marc Antoine.

octavon, onne n. et adj. (Vieilli) Mulâtre né d'un père quarteron et d'une mère blanche, ou d'une mère quarteronne et d'un père blanc.

octet n. m. INFORM. Unité d'information, correspondant à un groupe de huit éléments binaires (bits).

octobre n. m. Dixième mois de l'année, comportant trente et un jours.

octobre 1789 (journées des 5 et 6) Insurrection populaire parisienne consécutive à la menace de famine et à un rassemblement d'officiers royalistes à Versailles. Des hommes armés et un grand nombre de femmes se rendirent au château de Versailles et forcèrent la famille royale à revenir à Paris pour s'installer aux Tuileries.

Octobre 1917 (révolution d') Voir **révolution russe de 1917**

Octobre (groupe) Petite troupe de théâtre, liée à la Fédération du théâtre ouvrier de France, qui fit appel (1932) à Jacques Prévert, participa à Moscou (1933) à une Olympiade internationale du théâtre ouvrier et donna de nombreuses représentations dans les lieux les plus divers (rues, cafés, stades, usines…) et lors de diverses manifestations ouvrières, avant de se disloquer en 1936.

octocoralliaires n. m. pl. ZOOL. Sous-classe de cnidaires anthozoaires marins, caractérisés par une symétrie d'ordre huit, parfois altérée. *Les octocoralliaires, chez lesquels le stade méduse est absent, forment des colonies de polypes. Le corail rouge est un octocoralliaire.*

octogénaire adj. et n. Âgé (e) de quatre-vingts ans à quatre-vingt-neuf ans. *Il est octogénaire. Une octogénaire.*

octogonal, ale, aux adj. GÉOM. En forme d'octogone. / Dont la base est un octogone.

octogone n. m. GÉOM. Polygone à huit côtés.

octopode adj. et n. m. ZOOL. Qui a huit pieds, huit tentacules. / n. m. pl. Ordre de mollusques céphalopodes à huit tentacules, dépourvus de coquille externe. *La pieuvre est un octopode.*

octosyllabe adj. et n. m. Qui a huit syllabes. / n. m. Vers à huit syllabes.

octroi n. m. Attribution, concession. *L'octroi d'une faveur.* / HIST. Droit accordé à une ville de lever à son profit certaines taxes sur les marchandises (supprimé en 1948). / Bureau qui percevait cet impôt à l'entrée de la ville.

octroyer v. t. [1] Accorder à titre de faveur. *Octroyer une pension, un délai.* / v. pron. S'accorder, prendre (qqch.) d'autorité.

octuor n. m. MUS. Morceau composé pour huit instruments, huit voix. / Groupe de huit musiciens, huit chanteurs.

octuple adj. et n. **A.** adj. Formé de huit éléments. / Huit fois plus grand. **B.** n. m. *Seize est l'octuple de deux.*

oculaire adj. et n. m. **A.** adj. De l'œil. *Globe oculaire.* / *Témoin oculaire*, qui a vu de ses yeux. **B.** n. m. OPT. Système de lentilles qui, dans un instrument d'optique, permet d'observer l'image transmise par l'objectif. *Les oculaires fournissent des images virtuelles de celles, réelles, transmises par l'objectif.*

oculiste n. Synonyme d'ophtalmologiste.

oculus n. m. (mot latin) Synonyme d'œil-de-bœuf. Pl. Des *oculus* ou des *oculi.*

ocytocine n. f. BIOCHIM. Peptide, parfois appelé hormone post-hypophysaire, qui a, notamment, pour rôle de stimuler les contractions de l'utérus lors de l'accouchement.

Oda Nobunaga 1534-1582 Seigneur de guerre japonais qui devint le chef militaire du Japon en 1573. Il tenta, avec l'appui de Hideyoshi et Tokugawa Ieyasu, d'imposer son autorité aux différents seigneurs et d'unifier le Japon. Au faîte de sa puissance, il fut tué par traîtrise ; Hideyoshi poursuivit son action.

odalisque n. f. Esclave chargée de servir les femmes du harem, dans l'Empire ottoman. / (Abus.) Femme vivant dans un harem.

ode n. f. ANTIQ. GR. Poème lyrique chanté ou récité avec accompagnement musical. / Poème lyrique le plus souvent divisé en strophes symétriques.

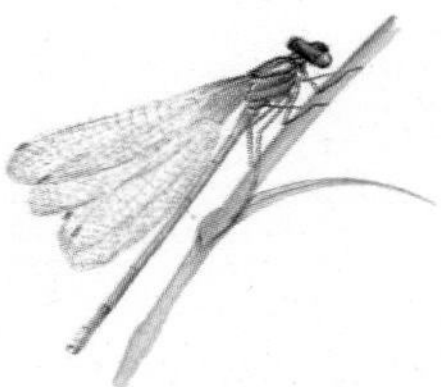

Odonates *: la libellule.*

Odense *168 500 h.* Ville du Danemark, capitale de la Fionie. Port. Centre industriel. Ville universitaire, Odense conserve d'importants témoignages de son passé (cathédrale Saint-Knud, XIIIe siècle ; église Notre-Dame, XIIIe siècle ; château, 1720).

odéon n. m. ANTIQ. Édifice affecté aux auditions musicales.

Odéon (théâtre de l') Théâtre parisien bâti entre 1779 et 1782 pour accueillir la Comédie-Française. Incendié et reconstruit deux fois (1808 et 1818), le théâtre fut successivement appelé *Second Théâtre-Français*, puis *Théâtre National*, en 1946 *Salle Luxembourg*, en 1959 *Théâtre de France*, et en 1971 *Théâtre national de l'Odéon.* C'est, depuis 1990, le *Théâtre de l'Europe.*

Oder (en polonais *Odra) 848 km* Fleuve d'Europe centrale qui prend sa source en République tchèque, traverse la Pologne (Silésie) et arrose Wroclaw avant de se jeter dans la Baltique. Il forme la frontière naturelle entre la Pologne et l'Allemagne.

Oder-Neisse (ligne) Frontière entre l'Allemagne et la Pologne fixée à la suite de la défaite de l'Allemagne et approuvée en 1945 par les accords de Potsdam entre Truman, Staline et Churchill. Elle fut reconnue par la RDA en 1950 puis en 1990 par l'Allemagne réunifiée et la Pologne (traité de Varsovie).

Odessa *1 086 700 h.* Port d'Ukraine sur la mer Noire. Industries mécaniques et chimiques. Située sur le site d'une ancienne colonie grecque, la ville fut fondée par Catherine II en 1795. Son développement rapide en fit le premier port de Russie au XIXe siècle. Il fut le théâtre en 1905 de la mutinerie du cuirassé *Potemkine.*

odeur n. f. Émanation volatile de certains corps provoquant une sensation perçue par l'odorat. *Mourir en odeur de sainteté*, saintement, après une vie pieuse (selon une ancienne croyance qui attribuait une odeur exquise aux corps des saints particulièrement vénérables). / Fam. *Être, ne pas être en odeur de sainteté auprès de qqn* : jouir, ne pas jouir de son estime.

odieusement adv. De façon odieuse.

odieux, euse adj. Qui suscite l'aversion. *Crime odieux.* / Insupportable, détestable. *Cet enfant est odieux.*

Odin ou **Odinn** Principal dieu du panthéon scandinave, souverain du ciel et de la terre, il préside à la Connaissance et à la Poésie. Dieu de la Guerre, il accueille les braves tués au combat dans le Walhalla. Les Germains l'appellent *Wotan.*

Odoacre 433 ?-493 Roi des Hérules (peuple germanique originaire de Scandinavie) qui prit Rome en 476 et mit fin à l'Empire romain d'Occident. Plus tard, Zénon, empereur d'Orient, chargea Théodoric, roi des Ostrogoths, de reconquérir l'Italie. De 490 à 493, Odoacre résista dans Ravenne mais fut assassiné par Théodoric à l'issue du siège.

odonates n. m. pl. ZOOL. Ordre d'insectes chasseurs, dont la grosse tête est munie de pièces buccales broyeuses, au corps allongé, généralement de couleurs vives, portant deux paires d'ailes finement nervurées ; leurs larves sont aquatiques. *Les libellules et les demoiselles sont des odonates.*

odontocètes n. m. pl. ZOOL. Sous-ordre de cétacés pourvus de dents.

odontologie n. f. MÉD. Médecine dentaire.

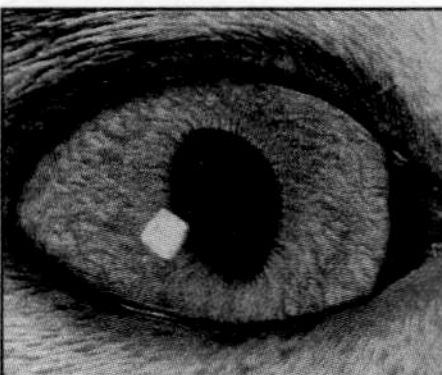

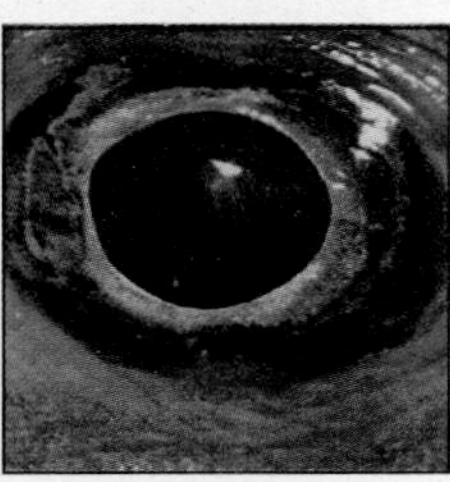

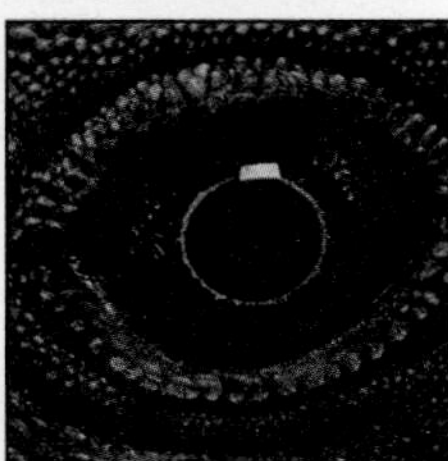

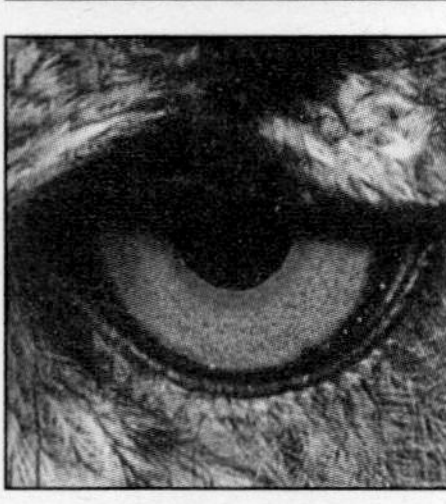

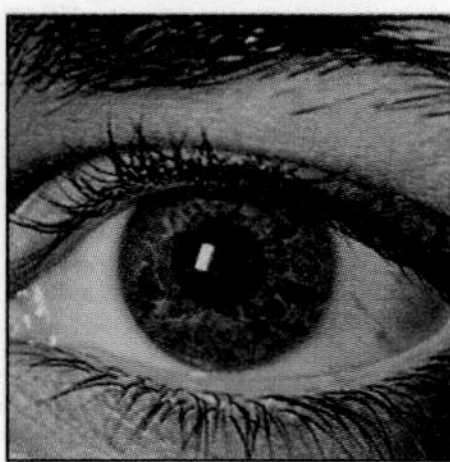

Différents types d'œil : chat, perche, iguane, grand-duc, homme.

ŒIL

odontologiste n. Spécialiste d'odontologie.

odorant, e adj. Qui répand une odeur (par oppos. à *inodore*). *Fleurs odorantes*.

odorat n. m. Sens grâce auquel l'être humain et les animaux perçoivent les odeurs.

odoriférant, e adj. Qui répand une odeur agréable.

odyssée n. f. Voyage riche en péripéties imprévues ou aventureuses.

Odyssée (l') IXe siècle ? av. J.-C. Poème épique en 24 chants, attribué, comme l'Iliade, à Homère. Il raconte le retour d'Ulysse dans son royaume, Ithaque, après la guerre de Troie. Le récit se divise en trois parties. Dans la première, appelée « Télémachie » (chants I-IV), le fils d'Ulysse, Télémaque, part à la recherche de son père tandis qu'à Ithaque les prétendants se disputent la femme du roi absent. Dans les chants V-XII, Ulysse, relâché par Calypso, fait naufrage sur l'île des Phéaciens où il est accueilli par son roi, Alcinoos, auquel il fait le récit de ses aventures depuis son départ de Troie. Enfin, dans la dernière partie (chants XIII-XXIV), Ulysse retrouve sa famille à Ithaque, tue les courtisans de Pénélope et rétablit la paix. À travers l'épopée d'Ulysse, qui incarne l'audace, la ruse et la patience, *L'Odyssée* donne un tableau vivant de la société grecque archaïque et une description précise des sites traversés.

Ôe Kenzaburo 1935 Écrivain japonais. Il évoque souvent dans ses œuvres l'angoisse devant l'incertitude de l'existence, ainsi que les contradictions de la société japonaise contemporaine. Principaux romans : *Élevage* (1958), *Homo sexualis* (1963), *Parents de la vie* (1989).

O.É.A. Sigle pour *Organisation des États américains.*

Œben (Jean-François) 1720 ?-1763 Ébéniste français d'origine allemande. Intégré à l'atelier de Boulle, expert en marqueterie, il est, en 1754, ébéniste du roi. Excellent mécanicien, il met au point des mécaniques compliquées qui, avec ses marqueteries de fleurs, feront sa réputation.

œcuménique adj. RELIG. Universel. *Concile œcuménique*, réunissant les évêques catholiques sous la présidence du pape ou d'un légat. *Conseil œcuménique des Églises* : association groupant la quasi-totalité des Églises chrétiennes non catholiques, fondée en 1948 à Amsterdam.

œcuménisme n. m. Mouvement cherchant à réaliser l'union de toutes les Églises chrétiennes. / Par anal. Recherche de l'universalité (dans les domaines politique, idéologique, notamment).

œdème n. m. MÉD. Infiltration de liquide séreux dans un tissu, en particulier dans le tissu sous-cutané. *Œdème pulmonaire* : accumulation anormale de liquide séreux dans les espaces interstitiels des poumons, dans les alvéoles pulmonaires ou dans les bronches. *Œdème de Quincke* : réaction allergique de type anaphylactique, qui se traduit par l'apparition brusque d'un œdème du visage.

œdicnème n. m. ZOOL. Oiseau charadriiforme au plumage terne, au bec court, aux gros yeux jaunes caractéristiques, vivant à terre sur les terrains pierreux découverts, les champs, etc.

Œdipe MYTH. GR. Œdipe, fils de Laïos, roi de Thèbes, et de la reine Jocaste, est abandonné à sa naissance, pour éviter l'accomplissement d'un oracle funeste selon lequel il deviendrait l'assassin de son père et l'époux de sa mère. Recueilli et élevé par le roi de Corinthe, Polybos, il fuit sa nouvelle patrie en apprenant la prédiction. Au cours de son voyage, il se querelle avec Laïos qu'il tue sans connaître son identité. Aux portes de Thèbes, le Sphinx, qui terrorise la ville en soumettant des énigmes aux voyageurs et en dévorant ceux qui ne peuvent lui répondre, interroge Œdipe. Lorsque celui-ci trouve la réponse, le monstre se précipite dans l'abîme. Sa mort libère les Thébains de la terreur qu'il faisait régner et ces derniers font d'Œdipe leur roi. Celui-ci épouse la veuve de Laïos, Jocaste, qui n'est autre que sa mère. Découvrant la vérité, Jocaste se pend ; Œdipe se crève les yeux et s'enfuit, guidé par sa fille Antigone. Ce mythe a inspiré de nombreuses œuvres littéraires, comme les tragédies de Sophocle et d'Eschyle. *Complexe d'Œdipe*. Par référence à la légende grecque, Freud a ainsi nommé le phénomène psychique qui se traduit par une agressivité inconsciente de l'enfant due à sa jalousie envers le parent du même sexe et par un excès d'affection envers le parent du sexe opposé.

œdipien, enne adj. PSYCHAN. Relatif au complexe d'Œdipe. *Conflit œdipien*.

Œhlenschläger (Adam Gottlob) 1779-1850 Écrivain danois qui introduisit le romantisme dans son pays. Ses œuvres regroupent des poèmes : *Les Cornes d'or* (1801), *Les Dieux nordiques* (1818) ; et des tragédies : *La Saga de Hour* (1817).

• **œil** n. m. **A.** (pl. des *yeux*) Organe de la vue. / Vision. *Avoir de bons yeux*. / Regard. *Suivre des yeux*. / Loc. fig. *Ouvrir l'œil* : être attentif. *Avoir qqn à l'œil*, le surveiller, s'en défier. / BOT. Naissance d'un bourgeon. *Les yeux d'un arbre fruitier*. **B.** (pl. des *œils*) TYPO. Partie du caractère qui porte le relief de la lettre. *Gros, petit œil*. / MAR. Trou aménagé dans une voile pour le passage d'un cordage. / TECH. Trou pratiqué dans un outil pour le fixer à son support, à son manche. *Œil d'un marteau*.

♦ L'œil humain est un organe sphérique, logé dans une cavité osseuse (orbite) tapissée d'une couche de tissu adipeux. La paroi du globe oculaire est formée de trois membranes : la sclérotique, la plus externe, la choroïde, et la rétine, qui est la plus interne. La sclérotique, épaisse et rigide (le « blanc de l'œil »), est transparente dans la partie antérieure de l'œil (cornée). La choroïde, mince et parcourue par un réseau de fins vaisseaux sanguins, est prolongée vers l'avant par un disque coloré, l'iris (qui limite la pupille, d'ouverture variable). Le cristallin, élastique, qui joue le rôle d'une lentille biconvexe, est situé derrière la pupille. La rétine contient les cellules visuelles (cellules à cônes et à bâtonnets), sensibles à la lumière, qui transmettent l'information visuelle au nerf optique. L'œil contient différents milieux liquides transparents : l'humeur aqueuse, entre la cornée et le cristallin, et l'humeur vitrée, à l'intérieur de l'œil.

œil-de-bœuf n. m. Lucarne ronde ou ovale percée dans un mur, un comble, un pignon. Syn. oculus. Pl. Des *œils-de-bœuf*.

œil-de-perdrix n. m. MÉD. Cor situé entre deux orteils. Pl. Des *œils-de-perdrix*.

œillade n. f. Clin d'œil furtif, signe de connivence ou de coquetterie.

*Ancien laboratoire d'**œnologie**.*

œillère n. f. Petit récipient pour baigner l'œil. / Chacune des deux pièces de cuir fixées au montant de la bride d'un cheval pour l'empêcher de regarder sur les côtés. / Fig. *Avoir des œillères* : avoir des préventions qui s'opposent à un jugement objectif.

œillet [1] n. m. BOT. Plante herbacée de la famille des caryophyllacées, aux fleurs très parfumées. / *Œillet d'Inde* : plante de la famille des composées (tagète), à capitules jaunes, orange ou bruns.

œillet [2] n. m. Petit trou circulaire pour passer un cordon ou un lacet. / Anneau renforçant ce trou. / Toute pièce destinée à renforcer les bords d'une perforation. / Bassin d'un marais salant.

œilleton [1] n. m. BOT. Bourgeon, rejet se développant à l'aisselle des feuilles ou à la base de certaines plantes, comme l'artichaut, et que l'on utilise pour les multiplier.

œilleton [2] n. m. Pièce qui s'adapte à l'oculaire d'un instrument d'optique, d'un appareil photo, d'une caméra, etc., sur laquelle se positionne l'œil de l'observateur pour avoir une bonne vision du sujet. / Petit viseur circulaire, sur certaines armes, qui remplace le cran de mire.

œillette n. f. Pavot cultivé pour ses graines oléagineuses. *Huile d'œillette*.

œkoumène Voir **écoumène**

œnologie n. f. Science et technique de la fabrication, de la conservation et de la dégustation des vins.

œnologue n. Spécialiste d'œnologie.

Œnone MYTH. GR. Nymphe, aimée de Pâris, qui l'épousa et l'abandonna pour Hélène.

œnothéracées n. f. pl. BOT. Famille de plantes dicotylédones dialysépales à laquelle appartient notamment l'épilobe.

œrsted n. m. MÉTROL. Unité (non légale) d'intensité du champ magnétique (symbole Oe) qui équivaut à 7,957747 x 10 ampères par mètre.

Œrsted ou **Ørsted (Hans Christian)** 1777-1851 Physicien et chimiste danois. Il est particulièrement connu pour avoir découvert l'électromagnétisme (1820). Observant l'action du courant électrique sur les aimants, il mit en évidence le rôle du sens du courant et attribua ces actions à une propriété de l'espace autour du courant, c'est-à-dire à l'existence d'un champ magnétique.

œsophage n. m. ANAT. Partie du tube digestif située entre le pharynx et l'estomac.

œsophagien, enne adj. ANAT., MÉD. Relatif à l'œsophage ; de l'œsophage.

Jacques Offenbach.

œsophagite n. f. MÉD. Inflammation de l'œsophage.
œstradiol n. m. BIOL. Principale hormone œstrogène.
œstral, ale, aux adj. BIOL. Relatif à l'œstrus. *Cycle œstral* : ensemble des modifications successives de l'appareil génital des mammifères femelles qui interviennent durant de la période où celles-ci sont aptes à la reproduction.
œstre n. m. ZOOL. Mouche dont la larve parasite certains mammifères en se logeant habituellement sous la peau ou dans les fosses nasales. *Œstre du mouton.*
œstrogène ou **estrogène** adj. et n. m. BIOL. *Hormones œstrogènes* : hormones qui provoquent l'œstrus. / n. m. *L'œstradiol, la folliculine sont des œstrogènes.*
œstrus n. m. BIOL. Période du cycle œstral, contemporaine de l'ovulation, où la fécondation est possible chez la femelle des mammifères. / Ensemble des phénomènes hormonaux intervenant lors de cette période chez la femelle des mammifères.
œuf n. m. Produit de la ponte externe des oiseaux, contenant, à l'intérieur d'une coquille de forme ovoïde, des membranes et des réserves. *Œuf d'autruche. Certains œufs sont consommés par l'homme.* / Œuf de poule, en tant qu'aliment. *Œufs à la coque, œufs durs, œufs sur le plat.* / Produit de la ponte de divers animaux (reptiles, poissons, échinodermes, insectes, etc.). *Certains œufs de poisson sont comestibles. Œufs de cabillaud. Œufs d'esturgeon* (caviar). / BIOL. Cellule résultant de la fusion des gamètes mâle et femelle (fécondation). Syn. zygote. / *Œuf de Christophe Colomb* : solution très simple à laquelle il suffisait de penser (par allusion à une anecdote, sans doute inventée, selon laquelle Christophe Colomb, mis au défi de faire tenir un œuf debout, y serait parvenu en en écrasant très légèrement une extrémité).
œuvre n. **A.** n. f. Travail, activité. *Être à l'œuvre. Faire œuvre pie* : voir *pie. Bonnes œuvres* : actions charitables. / Résultat de ce travail ; production. *Ce journal est l'œuvre des enfants. Œuvre d'art. Les œuvres complètes de Balzac* / Organisation de bienfaisance. *Donner à une œuvre.* / MAR. (Au pl.) *Œuvres mortes et œuvres vives* : parties d'un navire situées respectivement au-dessus et en dessous de la ligne de flottaison. **B.** n. m. Litt. Ensemble des œuvres d'un artiste. *L'œuvre sculpté de Maillol.* / ARCHIT. *Gros œuvre* : fondations et murs principaux d'un édifice. *À pied d'œuvre* : tout près d'une construction ; au fig. sur le point d'entreprendre une tâche. / *Le grand œuvre* : en alchimie, l'élaboration de la pierre philosophale, la transmutation des métaux en or.
œuvrer v. i. [1] Litt. Agir (pour une cause), travailler (à une réalisation). *Œuvrer pour la paix.*
œuvrette n. f. (souvent péjor.) Petite œuvre d'art, petite œuvre littéraire sans portée, sans importance.
off adj. inv. (mot anglais) Hors champ. / Se dit d'un spectacle ne figurant pas dans une sélection officielle, et donné en marge de celle-ci.
Offenbach (Jacques) 1819-1880 Compositeur français d'origine allemande. Violoncelliste puis chef d'orchestre à Paris, il ouvre en 1855 un théâtre, les Bouffes-Parisiens et poursuit ensuite une brillante carrière de compositeur comique. Reconnu comme le maître de l'opérette, il en a composé une centaine, pleines d'humour, peintures de la société du second Empire : *La Belle Hélène* (1864), *La Vie parisienne* (1866). Son opéra le plus célèbre, *Les Contes d'Hoffmann*, ne fut représenté qu'après sa mort en 1881.
offense n. f. Affront. / THÉOL. Péché (le péché étant un outrage à Dieu).
offenser v. t. [1] Blesser (qqn), porter atteinte à sa dignité, à son honneur. *Offenser un ami.* (Emploi pron.) Être blessé dans son amour propre, être froissé. *S'offenser d'un rien.* / THÉOL. *Offenser Dieu* : pécher. / Porter atteinte à, léser (ce qui mérite le respect) ; enfreindre (une règle). *Offenser la mémoire, la pudeur de qqn.* / Litt. Affecter désagréablement (un sens).
offenseur n. m. Celui qui offense.
offensif, ive adj. et n. f. **A.** adj. Qui attaque ; qui est destiné à attaquer. *Opération militaire offensive. Arme offensive.* Ant. défensif. **B.** n. f. Attaque militaire menée en prenant l'initiative des opérations. / Action visant à faire reculer un adversaire. *Offensive médiatique.* / Fig. Manifestation brusque et violente. *L'offensive du froid.*
offertoire n. m. LITURG. Moment de l'oblation du pain et du vin, pendant la messe.
office n. m. Fonction. *Faire office de* : tenir lieu de. / *Office ministériel* : charge publique conférée à vie, par l'État, à un titulaire présenté par son prédécesseur auquel il a acheté la charge. *Office d'huissier.* / Service public doté d'autonomie financière et d'une personnalité morale. *Office des changes.* / Par ext. Bureau, agence. *Office de tourisme.* / Service, assistance. *Proposer ses bons offices à qqn.* / RELIG. Cérémonie du culte. / n. m. (ou, rare ou rég. [sud de la France], n. f.) Pièce proche de la cuisine où se prépare le service de la table.
Offices (palais ou **galerie des)** Palais abritant à l'origine les services administratifs (*Uffizi*) de la cité-État de Florence (palais de la Seigneurie). Construit entre 1560 et 1580 par Vasari pour Cosme Ier, cet édifice composé de deux ailes offre une grande unité d'ensemble. Aujourd'hui devenu un musée, il abrite une importante collection de tableaux allant du XIIIe au XVIe siècle.
official n. m. DR. CANON. Juge chargé par l'évêque de la juridiction contentieuse.
officialisation n. f. Action d'officialiser ; son résultat.
officialiser v. t. [1] Rendre officiel. *Officialiser une union.*
officiant n. m. LITURG. Prêtre qui célèbre un office religieux.
officiel, elle adj. et n. m. Qui émane d'une autorité légale, de l'État. *Décision officielle.* / *Version officielle*, qui est présentée comme vraie. / Qui est organisé par les autorités. *Visite officielle.* / *Personnage officiel*, qui représente une autorité. / n. m. *L'arrivée des officiels*, des personnages officiels.
officiellement adv. De façon officielle.
officier [1] n. m. Militaire qui exerce un commandement, dont le grade est équivalent ou supérieur à celui de sous-lieutenant dans l'armée de terre, ou d'enseigne de vaisseau dans la marine. / Titulaire d'un grade dans un ordre honorifique. *Officier de la Légion d'honneur.* / Fonctionnaire investi d'une charge publique et des pouvoirs requis pour l'assumer. *Officier de l'état civil.* (n. b. La règle de féminisation des noms de métier, de grade, de fonction, etc., voudrait que le féminin *officière* fût partout employé ; cet usage n'est pas encore entré dans les mœurs). / HIST. *Grand officier de la Couronne* : haut dignitaire de l'Ancien Régime, responsable du service du roi ou de l'administration de l'État (grand chambellan, connétable, chancelier).
officier [2] v. i. [1] Accomplir son office. / RELIG. Célébrer un office religieux.
officière n. f. Vx Religieuse titulaire d'un office, d'une fonction. / Femme officier dans l'Armée du Salut.
officieux, euse adj. Qui n'a pas de caractère officiel, tout en émanant d'une source autorisée.
officinal, ale, aux adj. Préparé dans l'officine du pharmacien. / Inscrit dans une pharmacopée. *Plantes officinales.*
officine n. f. Laboratoire du pharmacien ; pharmacie. *Pharmacien d'officine.* / Fig., péjor. Endroit où se trame qqch.
offrande n. f. Don. / Don à une divinité ou à ses représentants. / LITURG. Partie de la grand-messe où sont reçus les dons des fidèles.
offre n. f. Proposition. *Offre généreuse. Offre d'emploi.* / *Loi de l'offre et de la demande* : loi économique selon laquelle le juste prix d'une marchandise s'établit en fonction des quantités offertes et des quantités demandées.
offrir v. t. [3] **A.** v. t. Donner (qqch.) en cadeau. *Je lui offrirai un bijou pour sa fête.* / Présenter, proposer (qqch.) à qqn. *Offrir du café. Offrir ses services. Il a offert de me raccompagner.* / Procurer ; présenter à la vue, à l'esprit. *Cette option offre diverses possibilités. Offrir une ressemblance avec qqch.* **B.** v. pron. *S'offrir à, pour* (+ inf.) : se proposer pour (faire qqch.). *S'offrir à raccompagner qqn. Il s'est offert pour nettoyer le bois.* / Se présenter ; s'exposer. *Deux possibilités s'offrent à vous. S'offrir aux regards.* / Se payer, s'accorder. *Il s'est offert ce plaisir.*
offset adj. et n. m. inv. (mot anglais) Procédé industriel d'impression en une ou plusieurs couleurs, sur cylindres. *Pour chaque couleur, l'impression en offset se fait par double décalque de la plaque métallique encrée sur le blanchet (cylindre en caoutchouc), et de celui-ci sur le papier.*
offshore adj. inv. et n. m. inv. (mot anglais) Qui concerne la prospection et l'exploitation des gisements de pétrole sous-marins. / n. m. Sport nautique qui se pratique sur des bateaux à moteur très puissant ; le bateau utilisé pour ce sport.
offusquer v. t. [1] Choquer, heurter la sensibilité ou l'amour-propre de (qqn). / v. pron. Se formaliser, se froisser. *Il s'est offusqué de votre remarque.*
oflag n. m. (abréviation de l'allemand *Offizierlager*) HIST. Pendant la Seconde Guerre mondiale, camp de prisonniers des armées alliées réservé aux officiers.
Ogaden Région constituée de hauts plateaux au sud-est de l'Éthiopie et qui s'étend jusqu'à la République de Somalie. Lors de la guerre entre l'Éthiopie et la Somalie qui éclata en 1977, les nomades somalis qui peuplent cette région se soulevèrent contre Addis-Abeba. Bénéficiant de l'appui de l'U.R.S.S., l'Éthiopie vainquit la Somalie en 1978 et la paix ne fut conclue qu'en 1988.

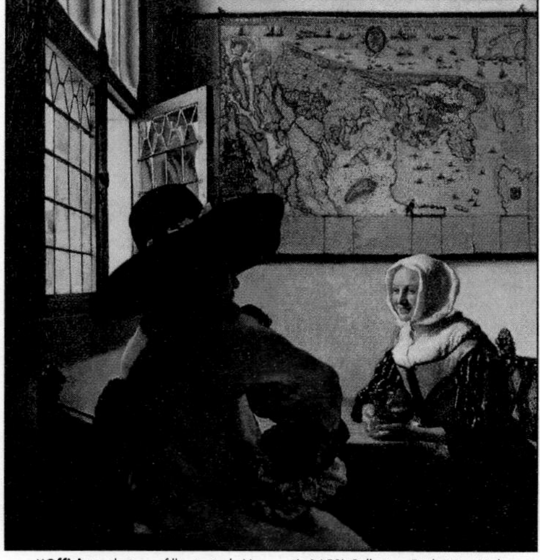

L'**Officier** et la jeune fille riant, *de Vermeer (v. 1658). Collection Frick, New York.*

O

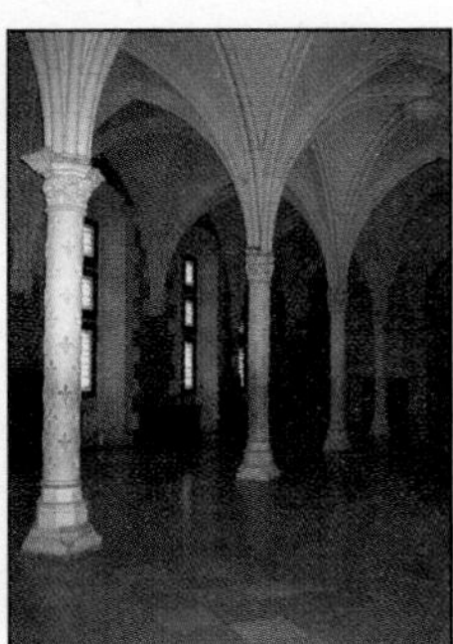

Croisée d'***ogives***.

ogham n. m. Syn. d'alphabet oghamique.
oghamique ou **ogamique** adj. *Écriture, alphabet oghamique* : écriture celtique d'Irlande et du pays de Galles (Ve-VIIe siècle).
Ogier le Danois Personnage des chansons de geste françaises (*La Chanson de Roland* et *La Chevalerie Ogier* composée vers 1220 par Raimbert de Paris). Selon la légende, Ogier, dont le fils a été tué par Charlot, le fils de Charlemagne, décide de se venger et se révolte contre l'empereur avant de se repentir et de devenir moine.
Ogino Kyusaku 1882-1975 Gynécologue japonais. En 1923, il mit au point, avec l'Autrichien Hermann Knaus (1892-1970), une méthode contraceptive reposant sur l'évaluation de la période d'ovulation.
ogival, ale, aux adj. En forme d'ogive.
ogive n. f. ARCHIT. Arc bandé en diagonale renforçant la voûte dont il marque l'arête. *Croisée d'ogives* : armature formée par deux arcs se croisant à la clé de voûte. *Le système de la croisée d'ogives fait retomber une grande partie de la poussée de la voûte sur les piliers, ce qui libère les murs, permettant de cette façon de percer de plus grandes ouvertures et de construire des monuments plus vastes et plus élevés.* / TECHNOL. Partie supérieure d'un projectile. *Ogive nucléaire.*
O.G.M. n. m. Sigle pour *organisme génétiquement modifié.*
Ogoday ou **Ogodei** 1185 ?-1241 Empereur mongol en 1229. Troisième fils de Gengis Khan, il reçut en 1227, à la mort de son père, l'une des quatre parties de l'Empire mongol, les trois autres allant à ses frères, avant que lui-même ne devienne en 1229 le souverain de l'ensemble des territoires conquis par son père. À la fin de son règne, sa veuve assura la régence pour leur fils Güyük.
Ogooué *970 km* Fleuve du Gabon, qui naît en république du Congo. Il forme un arc de cercle depuis le sud-est du Gabon jusqu'à l'Atlantique dans lequel il se jette par un vaste delta au niveau de Port-Gentil. En aval de Lambaréné, il forme un delta intérieur. Son cours inférieur (*250 km*) est navigable.
ogre, ogresse n. Géant des contes de fées qui se nourrit de chair humaine, et surtout de petits enfants. / Fig. Personne au gros appétit.
oh! interj. (Pour marquer la surprise) *Oh ! Déjà !*
Ohana (Maurice) 1914-1992 Compositeur français d'origine espagnole. S'inspirant de la Méditerranée et de l'Espagne médiévale, son œuvre est empreinte de lyrisme et se place dans la continuité de Manuel de Falla et Claude Debussy. Principaux opéras : *Autodafé* (1972), *La Célestine* (1988).
ohé! interj. (Pour interpeller) *Ohé du bateau !*
O. Henry (William Sydney Porter, dit) 1862-1910 Écrivain américain. Après avoir mené une vie aventureuse qui lui fit connaître la prison, il publia plus de six cents nouvelles, plus tard groupées en recueils (*Les Quatre Millions*, 1906 ; *Le Gentil Escroc*, 1908), qui font de lui un maître de l'humour.
Ohio *1 580 km* Rivière des États-Unis et affluent de la rive gauche du Mississippi. Prenant sa source en Pennsylvanie, elle arrose Pittsburgh, Cincinnati, Louisville, et sépare l'État d'Ohio de la Virginie-Occidentale puis du Kentucky. Avant de se jeter dans le Mississippi à Cairo, l'Ohio forme également la frontière entre l'Indiana et le Kentucky et entre cet État et l'Illinois.
Ohio *107 044 km² 11 186 331 h.* État du nord-est des États-Unis. Capitale *Colombus.* Cet État de la Prairie doit son industrialisation rapide et diversifiée à sa façade sur les Grands Lacs (lac Érié) et à la richesse de son sous-sol (charbon, pétrole et gaz naturel). Construction d'automobiles à Cleveland. Perdu en 1763 par la France au profit de l'Angleterre, ce territoire revint en 1783 aux États-Unis. Il entra dans l'Union en 1803.
ohm n. m. Unité de résistance électrique du système international (symbole : W). *L'ohm est la résistance d'un conducteur aux bornes duquel existe une différence de potentiel de 1 volt quand il est parcouru par un courant constant de 1 ampère, ce conducteur n'étant le siège d'aucune force électromotrice.*
Ohm (Georg Simon) 1789-1854 Physicien allemand, auteur d'importants travaux sur la conductivité électrique des corps et sur la notion de force électromotrice. Il définit la résistance d'un conducteur et formula en 1826 la loi qui porte son nom et selon laquelle la différence de potentiel entre les deux extrémités d'une résistance est égale au produit de cette résistance par l'intensité du courant qui la traverse.
ohmmètre n. m. ÉLECTR. Instrument destiné à mesurer les ohms.
Ohnet (Georges) 1848-1918 Romancier français qui décrit, dans une œuvre abondante aux personnages souvent stéréotypés, l'opposition entre la bourgeoisie d'affaires montant en puissance et l'ancienne aristocratie (*Le Maître de forges*, 1882) ; ses romans et les adaptations qu'il en fit pour la scène connurent un succès considérable.
Ohrid *13 000 h.* Ville de Macédoine, sur le lac du même nom. De fondation très ancienne, son art rayonna sur l'ensemble de la région au Moyen Âge (forteresse du Xe siècle, églises byzantines).
oïdium n. m. BOT. Maladie provoquant l'apparition de taches blanchâtres duveteuses sur la plante atteinte, et due à un champignon du groupe des ascomycètes.
oie n. f. Oiseau de la famille des anatidés, aux formes lourdes, au cou relativement long, au plumage généralement blanc ou gris. *Le mâle de l'oie est le jars, le petit l'oison. L'oie domestique est élevée pour sa chair, son foie (foie gras, obtenu par gavage de l'animal), et son duvet. La plume d'oie était utilisée autrefois pour écrire.* / Fig., fam. Personne sotte. *Oie blanche* : jeune fille naïve et un peu niaise. / *Jeu de l'oie* : jeu constitué d'un tableau de soixante-trois cases numérotées ; toutes les neuf cases est figurée une oie ; le joueur avance du nombre de cases obtenu en lançant deux dés. / ANTIQ. ROM. *Oies du Capitole* : oies consacrées à Junon et enfermées dans le Capitole ; par leurs cris, elles sauvèrent les Romains en les avertissant de l'attaque nocturne des Gaulois. / *Patte-d'oie* : groupe de rides en éventail à partir du coin des yeux. / *Pas de l'oie* : pas de parade militaire.
oignon n. m. Plante potagère de la famille des liliacées, à bulbe comestible d'odeur et de saveur fortes. / Bulbe de cette plante. *Oignon blanc. Oignon d'Espagne.* / Bulbe de certaines autres plantes (notam. liliacées). *Oignon de tulipe, de jacinthe.* / Fig. Grosse montre ancienne, bombée. / MÉD. Callosité douloureuse du pied, qui se développe près des orteils.
oïl adv. Particule affirmative qui signifie « oui » dans les anciens parlers français du nord de la Loire. / *Langue d'oïl* : ensemble des parlers du nord de la Loire, dans lesquels « oui » se disait « oïl », par opposition à la langue *d'oc*, du sud de la Loire, dans laquelle « oui » se disait « oc ».

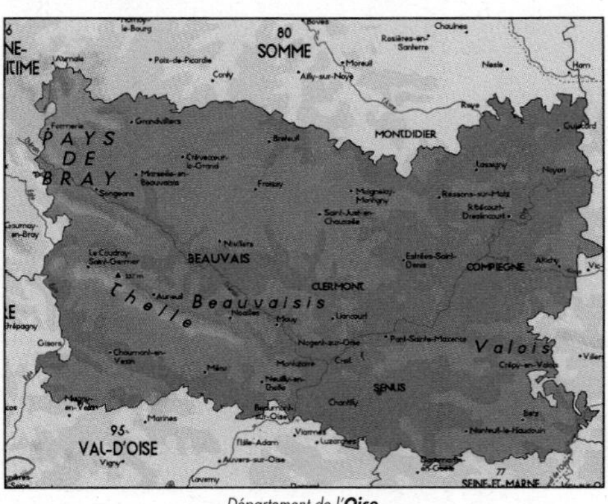

Département de l'***Oise***.

Oie.

oindre v. t. [3] Vx ou litt. Enduire d'huile ou d'une substance grasse (qqn, une partie du corps). *Elle oignit ses cheveux d'huile parfumée.* / LITURG. Donner l'onction à.
oint, e adj. et n. m. **A.** adj. Vx ou litt. Enduit d'huile ou d'une substance grasse. / RELIG. Consacré par l'onction. **B.** n. m. *L'Oint du Seigneur* : Jésus-Christ.
Oisans Région des Alpes françaises du Dauphiné, dans le département de l'Isère, formée par la vallée de la Romanche et les massifs qui l'entourent (Belledonne, Grandes Rousses, Pelvoux). Producteur d'hydroélectricité, Oisans vit également de l'élevage et du tourisme (L'Alpe d'Huez, les Deux-Alpes).
Oise *302 km* Rivière du nord de la France, qui prend sa source en Belgique, arrose Compiègne, Creil et Pontoise avant de se jeter dans la Seine. Cette grande voie de navigation relie les régions du Nord et la région parisienne.
Oise (département de l') [60] *5 861 km² 725 603 h.* Département de la Région Picardie. Chef-lieu *Beauvais.* L'Oise est le domaine de la grande culture industrialisée du blé et de la betterave à sucre. La vallée porte de riches cultures maraîchères et fruitières, associées à l'élevage laitier. L'industrie, ancienne et économiquement prépondérante, est concentrée autour de Compiègne et de Creil-Montataire. Elle doit son essor à la présence de matières premières (bois et sable pour la verrerie et la céramique) mais aussi à l'abondance de la main-d'œuvre et à l'importance des voies de communication : industries chimiques (pneumatiques), métallurgiques (laminage de Beauvais et Montataire) et mécaniques. Liées aux activités agricoles régionales, les industries alimentaires sont importantes : sucreries, distilleries. La proximité de Paris et le dynamisme de certains secteurs expliquent l'accroissement de la population.
oiseau n. m. Animal vertébré ovipare, à sang chaud, à respiration pulmonaire, au corps recouvert de plumes, dont les membres antérieurs sont transformés en ailes qui lui permettent généralement de voler et dont les mâchoires forment un bec corné.
♦ Bien que certaines espèces soient incapables de voler, la plupart des oiseaux sont adaptés à ce mode de locomotion : peau couverte de plumes, os pneumatiques, légers et résistants, muscles moteurs des ailes très puissants s'insérant sur le bréchet, soudures de la colonne vertébrale permettant de résister au choc de l'atterrissage, etc. Les modifications du système respiratoire sont remarquables : présence de sacs aériens, d'un

organe du chant, la syrinx. Nombre d'espèces effectuent des migrations saisonnières, parfois très importantes.
Oiseau de feu (l') Ballet de Michel Fokine sur une musique d'Igor Stravinski représenté pour la première fois à l'Opéra de Paris par la compagnie de Diaghilev en 1910. Bien que remanié à plusieurs reprises, il n'en demeure pas moins l'un des ballets majeurs du répertoire russe.
Oiseau de paradis Constellation circumpolaire sud. Voir *constellation*.
oiseau-lyre n. m. Ménure. Pl. Des *oiseaux-lyres*.
oiseau-mouche n. m. Colibri. Pl. Des *oiseaux-mouches*.
oiseleur n. m. Personne qui capture les oiseaux.
oiselier, ère n. Personne qui élève, vend des oiseaux.
oiselle n. f. Vx Oiseau femelle. / Mod. Jeune fille exagérément naïve.
oisellerie n. f. Métier, commerce de l'oiselier. / Endroit où l'on élève, vend des oiseaux.
oiseux, euse adj. Sans effet, vain. *Des explications oiseuses.*
oisif, ive adj. et n. Désœuvré, sans occupation. / Subst. Personne qui n'exerce aucune activité, qui ne travaille pas, qui dispose de son temps à sa guise.
oisillon n. m. Jeune oiseau.
oisiveté n. f. État d'une personne oisive.
oison n. m. Jeune oie. / Fig., péjor. et vieilli Niais.

Okapi.

Oïstrakh (David Fedorovitch) 1908-1974 Violoniste virtuose soviétique qui mena une brillante carrière de concertiste international.
O.I.T. Sigle pour *Organisation internationale du travail*.
okapi n. m. ZOOL. Mammifère artiodactyle ruminant des forêts d'Afrique, proche de la girafe mais au cou plus court, au pelage brun et à l'arrière-train rayé.
O'Keeffe (Georgia) 1887-1986 Peintre américain dont les œuvres non figuratives sont souvent chargées de sens symbolique.
Okhotsk (mer d') Mer intérieure d'Asie du nord-ouest, entre la Sibérie et les îles Kouriles.
Okinawa *2 265 km² 1 259 000 h.* Principale île de l'archipel japonais des Ryukyu, au sud du Japon. Elle fut, en 1945, le théâtre de combats acharnés entre les Japonais et les Américains qui l'administrèrent jusqu'en 1972 et y conservent encore des bases militaires.
Oklahoma *181 186 km² 3 317 091 h.* État du centre des États-Unis Capitale *Oklahoma City*. Cet État agricole (blé, maïs, coton, élevage) recèle des hydrocarbures. Cédé par la France en 1803, avec le reste de la Louisiane française, ce territoire servit de réserve aux Amérindiens des Cinq Nations (1834-1889). Il entra dans l'Union en 1907.
okoumé n. m. BOT. Arbre de l'Afrique équatoriale, dont on utilise le bois rose, au grain très fin, en ébénisterie et pour fabriquer des panneaux de contre-plaqué.
Olaf ou **Olav** Nom de plusieurs rois du Danemark. **Olaf Ier Hunger** 1052-1095 Roi à partir de 1086. **Olaf II Haakonsson** 1370-1387 Roi à partir de 1376. Également roi de Norvège à partir de 1380.
Öland *1 344 km² 24 900 h.* Île suédoise de la mer Baltique qui s'étend du nord au sud face à Kalmar. Ville principale *Borgholm*. Un pont la relie à la côte.
Olaus Petri (Olof Petersson, dit**)** 1493-1552 Réformateur et homme politique suédois. Converti au luthéranisme, il est chancelier en 1531. Actif propagateur de la Réforme, il traduit le Nouveau Testament en suédois et élabore le premier manuel liturgique suédois. Le roi lui retire sa confiance, il est arrêté et condamné à mort pour haute trahison, puis gracié. On lui doit une précieuse *Chronique suédoise*.
Olav ou **Olaf** Nom de plusieurs rois de Norvège. **Olav Ier Trygvesson** 969 ?-1000 Roi en 995, il s'attacha à introduire le christianisme dans son pays. **Olav II Haraldsson** dit **le Saint** ou **le Gros** 995-1030 Roi de 1016 à 1028, tenta d'imposer le christianisme par la force mais fut tué après sa défaite dans la guerre contre Knud le Grand. Il est le saint patron de la Norvège.
Olav III Haraldsson dit **Kyrre (le Tranquille)** ?-1093 Roi en 1066, il partagea le trône avec son frère Magnus II. Il favorisa le commerce et fonda Bergen.
Olav IV Magnusson 1100-1115 Roi en 1103, il régna avec ses frères. **Olav V Haakonsson** Voir **Olaf II**, roi de Danemark.
Olav V 1903-1991 Régent en 1955 et roi en 1957.
Olbers (Heinrich Wilhelm) 1758-1840 Astronome allemand. Il découvrit les petites planètes Pallas (1802), puis Vesta (1807) et, grâce aux calculs de Gauss, retrouva la planète Cérès découverte par Piazzi en 1801. Olbers émit l'hypothèse que les astéroïdes constitueraient les fragments d'une planète disparue ; il s'intéressa aux orbites des comètes et tenta d'expliquer la formation de leur queue. Le *paradoxe d'Olbers* a été formulé en 1806 ; il oppose un fait d'observation (la noirceur du ciel nocturne) à la conception d'un Univers euclidien infini et uniformément peuplé d'étoiles dans lequel le calcul montre que le ciel nocturne devrait apparaître uniformément brillant.
Oldenbarnevelt (Jan Van) 1547-1619 Homme politique hollandais. Grand pensionnaire (gouverneur) de Hollande, il contribua fortement à la fondation des Provinces-Unies. Maurice de Nassau le fit exécuter.
Oldenbourg (en allemand : *Oldenburg*) *149 691 h.* Ville d'Allemagne en Basse-Saxe. Centre commercial en raison de son importante production agricole et de son industrie mécanique. Elle fut la capitale du comté d'Oldenbourg au XIe siècle. Celui-ci passa à la famille royale de Danemark au XVe siècle, qui l'échangea avec les Holstein-Gottorp, contre le Holstein, en 1773. Érigé en duché puis en principauté, l'Oldenbourg fut, en 1815, rattaché à la Confédération germanique.

Oléron.

Oldenburg (Claes) 1929 Artiste américain d'origine suédoise. Proche du pop art (*The Store*, 1962), il évolue vers un art dépouillé et onirique, souvent à fortes connotations sexuelles, qui s'exprime dans une importante série de « sculptures molles » (*Soft Saxophone*).
Oldoway ou **Olduvai** Site préhistorique de la Rift Valley, dans le nord de la Tanzanie. Les Anglais Louis et Mary Leakey découvrirent, en 1959, dans ses gorges de nombreux restes d'hominidés : australopithèques (zinjanthrope), *Homo habilis*, *Homo erectus*. Les plus anciens auraient 1 850 000 ans.
olé ! ou **ollé !** interj. espagnole qui constitue un encouragement dans les corridas. / loc. adj. inv. Fam. *Olé olé* : un peu osé. *C'est plutôt olé olé, ce film, non ?*
oléacées n. f. pl. BOT. Famille de dicotylédones gamopétales, comprenant des arbres et des arbustes tels que l'olivier, le frêne, le lilas.
oléagineux, euse adj. et n. m. **A.** adj. De la nature de l'huile. *Une substance oléagineuse.* / Qui contient, dont on peut extraire de l'huile. *Une graine oléagineuse, une plante oléagineuse.* **B.** n. m. Substance oléagineuse. / Plante qui fournit des substances oléagineuses, utilisées dans l'alimentation ou dans l'industrie (arachide, colza, tournesol, olivier, etc.). *Les oléagineux.*
oléfine n. f. CHIM. Hydrocarbure insaturé contenant une ou plusieurs doubles liaisons. Syn. alcène.
Oleg le sage ?-912 Grand-prince de Kiev en 882. Chef varègue, il conquit Kiev et en fit la capitale de l'État russe sous son contrôle, dans le bassin du Dniepr. Il partit en campagne contre les Byzantins en 907 et obtint ainsi un traité de commerce facilitant les débouchés économiques de sa région.
oléine n. f. CHIM. Ester triglycérique de l'acide oléique, présent dans les huiles végétales.
oléique adj. CHIM. *Acide oléique* : acide gras insaturé naturel, que l'on trouve couramment dans les graisses animales et végétales.
oléoduc n. m. Canalisation servant au transport sur de longues distances, sous pression, de pétrole ou de produits pétroliers. Syn. pipe-line.
Oléron *175 km² 18 539 h.* Île de l'océan Atlantique faisant partie de la Charente-Maritime. Elle se trouve à l'embouchure de la

QUELQUES OISEAUX

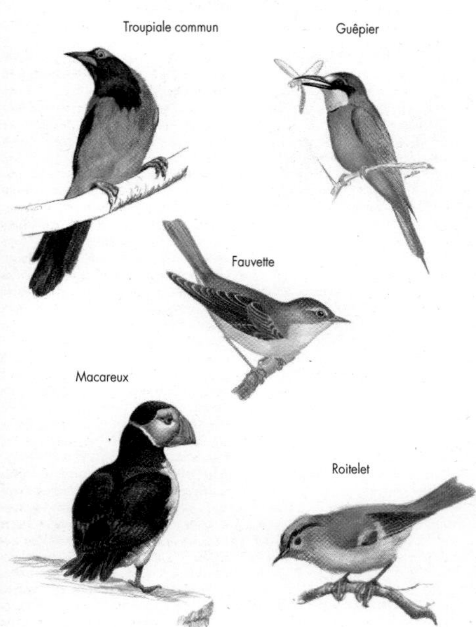

Pâturage dans une **olivaie**.

Olivier.

Charente, reliée au continent par un pont enjambant le pertuis de Maumusson depuis 1966 et séparée de l'île de Ré par le pertuis d'Antioche. Centre de pêche, d'ostréiculture et de tourisme. Ville principale : Saint-Pierre-d'Oléron (*5 365 habitants)*.

olfactif, ive adj. Propre ou relatif à l'odorat.

olfaction n. f. Fonction sensorielle permettant de percevoir les odeurs, odorat.

olibrius n. m. Fam. Personnage incongru et importun.

Olier (Jean-Jacques) 1608-1657 Prêtre français. Curé de Saint-Sulpice en 1642, il créa (1645) sur le territoire de sa paroisse un séminaire pour lequel il fonda la compagnie des prêtres de Saint-Sulpice (sulpiciens). Il exerça une forte influence sur la formation du clergé français.

olifant n. m. Cor d'ivoire utilisé au Moyen Âge, à la guerre ou à la chasse.

oligarchie n. f. Régime politique où le pouvoir est réparti entre un petit nombre de personnes. / Par anal. (souvent péjor.) Groupe d'individus ou d'organismes exerçant un pouvoir, en particulier financier.

oligarchique adj. Relatif à l'oligarchie ; de l'oligarchie.

oligarque n. Qui appartient à une oligarchie.

oligocène adj. et n. m. GÉOL. Se dit de la période de l'ère tertiaire qui suit l'Éocène et précède le Miocène ; cette période.

oligocètes n. m. pl. ZOOL. Classe d'annélides dépourvus d'appendices et portant des soies généralement peu développées. *Le lombric est un oligocète.*

oligo-élément n. m. BIOL. Élément chimique présent en très petite quantité dans les organismes vivants, mais nécessaire à leur développement (cobalt, manganèse, fluor, etc.). Pl. Des *oligo-éléments*.

oligophrénie n. f. MÉD. Arriération mentale.

oligopole n. m. ÉCON. Marché sur lequel le nombre des vendeurs est infime par rapport à celui des acheteurs.

oligosaccharide n. m. BIOCHIM. Glucide formé par condensation d'un petit nombre de molécules d'oses. Voir *polysaccharide*.

olivaie ou **oliveraie** n. f. Lieu planté d'oliviers.

Olivares (Gaspar de Guzmán, comte et duc **d')** 1587-1645 Homme politique espagnol. Ministre et favori de Philippe IV, il exerça la réalité du pouvoir de 1621 à 1643. Il tenta d'assainir les finances du pays mais l'engagement de l'Espagne dans la guerre de Trente Ans et les troubles intérieurs suscités par sa politique fiscale provoquèrent son bannissement.

olivâtre adj. Qui tire sur le vert olive.

olive n. f. et adj. **A.** n. f. Fruit à noyau (drupe) de l'olivier, de forme oblongue et de couleur verte, puis noire quand il est mûr, et dont on extrait une huile alimentaire. *Pour être comestible, l'olive doit subir une préparation qui lui fait perdre son amertume.* / Objet ou ornement en forme d'olive. / ZOOL. Mollusque gastéropode à coquille brillante, de forme allongée. / Petit mollusque bivalve, abondant en France sur les côtes sableuses. **B.** adj. inv. *Des rideaux (vert) olive*, de la couleur de l'olive verte (un vert clair tirant sur le jaune).

Oliveira (Manoel Pinto de) 1908 Cinéaste portugais. D'abord documentariste, il tourna ensuite, au cours d'une longue carrière, des longs-métrages peu nombreux, mais rigoureusement construits et plastiquement très travaillés (*Aniki Bobó*, 1942 ; *Le Passé et le Présent*, 1971 ; *Parole et Utopie*, 2000).

oliveraie Voir **olivaie**

olivette n. f. Variété de raisin à grains oblongs. / Variété de tomate petite et de forme allongée.

olivier n. m. Arbre de la famille des oléacées, au tronc tourmenté, à feuilles simples persistantes, cultivé sur le pourtour méditerranéen, et dont le fruit est l'olive. *L'olivier était, dans l'Antiquité, le symbole de la sagesse, de la paix.* / Bois de cet arbre.

Olivier (sir **Laurence Kerr**, dit **Laurence)** 1907-1989 Acteur, metteur en scène et réalisateur britannique. Grand interprète shakespearien, il mena également une carrière de cinéma en tant qu'acteur à Hollywood : *Les Hauts de Hurlevent* (1939), *Rebecca* (1940), et en tant que cinéaste, portant à l'écran trois œuvres de Shakespeare : *Henry V* (1945), *Hamlet* (1947), *Richard III* (1956).

Olivier Twist 1838 Roman de Dickens (*The Adventures of Oliver Twist*). Le roman marqua par sa description des bas-fonds de Londres où Olivier, l'orphelin, résiste à la corruption avant d'apprendre le secret de sa naissance. David Lean a porté l'œuvre à l'écran en 1948.

Oliviers (mont des) Colline à l'est de Jérusalem où Jésus vint se recueillir la veille de sa mort et où il fut arrêté.

ollé ! Voir **olé !**

Ollier (Claude) 1922 Écrivain français. Son premier récit, *La Mise en scène* (1958), le fait connaître comme écrivain du « nouveau roman » ; de nombreux ouvrages, dans lesquels il se joue des codes traditionnels du XIXe siècle, suivront ce récit (*Été indien*, 1963 ; *La Vie sur Epsilon*, 1972 ; *Outback ou l'Arrière-monde*, 1995, notamment).

Tête gigantesque d'origine **olmèque**, parc de la Tenta, à Villahermosa (Mexique).

Ollivier (Émile) 1825-1913 Homme politique français. Député républicain, il devint un proche de Napoléon III. Après avoir pris la tête du Tiers Parti, il fut appelé à constituer le ministère en janvier 1870 mais, tenu pour responsable des échecs de la France dans la guerre menée contre la Prusse, fut remplacé en août.

Olmedo (José Joaquin) 1780-1847 Homme d'État et poète équatorien. Ami de Bolivar, il participa à la révolte contre les Espagnols. L'Équateur, rattaché à la Fédération de Grande Colombie en 1822, devint une république indépendante en 1830. Olmedo en rédigea la Constitution.

Olmèques Ancien peuple d'Amérique centrale installé dès le XXe siècle av. J.-C. autour du golfe du Mexique. Cette civilisation précolombienne a laissé des bas-reliefs, des statues, et surtout des objets de jade. L'art olmèque a beaucoup influencé celui des Mayas.

Olmi (Ermanno) 1931 Cinéaste italien. Il entama sa carrière par des courts-métrages répondant à des commandes industrielles avant de se lancer dans des films de fiction. Traitant de thèmes simples, il eut à cœur d'illustrer le devenir spirituel de l'homme. Son plus grand succès auprès du public, qui lui valut la palme d'or au festival de Cannes, est *L'Arbre aux sabots* (1978).

olographe adj. *Testament olographe*, entièrement de la main du testateur.

Oloron (gave d') *120 km* Rivière des Pyrénées-Atlantiques. Formée par la réunion, à Oloron-Sainte-Marie, des gaves d'Aspe et d'Ossau, elle se jette dans le gave de Pau.

O.L.P. Sigle de l'*Organisation de la Libération de la Palestine*.

Olt *600 km* Rivière de Roumanie. Formée dans les Carpates méridionales en Transylvanie, elle se dirige vers le sud et se jette dans le Danube. Centrales hydroélectriques.

Olténie Région de Roumanie située à l'ouest de l'Olt ; gisements miniers (pétrole, gaz, lignite, sel) ; région agricole.

Olybrius ou **Olibrius** (en latin Anicius Olybrius) ?-472 Empereur romain d'Occident qui succéda à Anthemius en 472 lorsque celui-ci fut assassiné par Ricimer.

Olympe Massif montagneux de Thessalie, au nord de la Grèce, qui culmine à 2 910 m (Panthéon). Dans la Grèce antique, l'Olympe était le séjour des dieux, le palais de Zeus se trouvant sur la plus haute cime. Pour cette raison, Olympe devint ensuite synonyme de *ciel*.

Olympia 1863 Peinture de Manet. Inspiré de la *Vénus d'Urbino* de Titien et présenté au Salon de 1865, ce nu féminin fit scandale non seulement en raison de son sujet, mais aussi à cause du réalisme et de la force du personnage (violents contrastes d'ombres et de lumières de la toile).

olympiade n. f. Espace de quatre ans séparant les jeux Olympiques. / (Souvent au pluriel) Jeux Olympiques

Olympias 375 ?-316 av. J.-C. Reine de Macédoine. Fille de Néoptolème, roi d'Épire, elle fut l'épouse de Philippe II de Macédoine et la mère d'Alexandre le Grand. Répudiée en 337 av. J.-C., elle se réfugia auprès de son père mais revint en Macédoine après l'assassinat de Philippe II. Durant les campagnes d'Alexandre son opposition à Antipatros, le régent de Macédoine, la contraignit à nouveau à s'exiler. Rappelée par Polyperchon, le fils d'Antipatros, elle fut assassinée par Cassandros, un autre fils de celui-ci.

Olympie Sanctuaire du Péloponnèse (Élide) qui fut jusqu'au IVe siècle apr. J.-C. un important centre religieux dédié à Zeus olympien. Il fut également le site où se déroulaient les *jeux Olympiques*. Grand centre sportif et religieux du monde hellène, son déclin correspond à celui de la Grèce antique. Le sanctuaire fut rasé sur ordre de Théodose II, complètement détruit après un tremblement de terre au Ve siècle après J.-C. et graduellement recouvert par les sédiments d'Alphée, la rivière qui baignait le site. Après un abandon de plusieurs siècles, les ruines furent découvertes au XIXe siècle et l'on y mit au jour le temple de Zeus (édifié au milieu du Ve siècle av. J.-C.). C'est à Olympie que se trouvait l'une des Sept Merveilles du monde : une statue de Zeus haute de 10 m, construite par Phidias et faite d'ivoire et d'or.

olympien, enne adj. ANTIQ. GR. De l'Olympe. / Litt. Majestueux et serein. *Être d'un calme olympien.*

Olympio Personnage créé par Victor Hugo pour incarner son double dans *Les Voix intérieures* (1837) et dans 5 poèmes du recueil *Les Rayons et les Ombres* (1840) dont *Tristesse d'Olympio.*

olympique adj. ANTIQ. GR. D'Olympie. *Jeux Olympiques.*

• **Olympiques (jeux)** Événement sportif dont les origines remontent aux *jeux Olympiques* de la Grèce antique.

olympisme n. m. Institution, organisation des jeux Olympiques.

Oman (mer d') ou mer d'**Arabie** Partie de l'océan Indien qui baigne la péninsule d'Arabie, à l'ouest, l'Iran et le Pakistan, au nord, l'Inde à l'est. Elle communique avec le golfe Persique par le golfe d'Oman et le détroit d'Ormuz.

• **Oman** Sultanat d'Arabie, en bordure du golfe Persique et de la mer d'Oman, à l'est de l'Arabie Saoudite (au nord) et du Yémen (au sud).

omanais, e adj. et n. D'Oman. *Pétrole omanais.* / Subst. *Un(e) Omanais(e).*

Omar ou **Umar (Abû Hafsa ibn al-Khattab)** 581 ?-644 Deuxième successeur de Mahomet de 634 à 644. Bien qu'initialement opposé au Prophète, il se convertit et fut nommé par Abu Bakr son successeur au califat, à la tête de la communauté musulmane. Il permit à l'Empire arabe et à l'islam de s'étendre en Mésopotamie, en Syrie, en Palestine et en Égypte. Il fut également à l'origine du choix de l'Hégire (16 juillet 622) pour le début du calendrier islamique.

OLYMPIQUES (JEUX)

L'affiche officielle des jeux Olympiques d'Athènes en 1896, les premiers jeux de l'ère moderne.

Un roi d'Élide créa les jeux après avoir consulté l'oracle de Delphes pour favoriser la paix. Officiellement nés en 776 av. J.-C., ils rassemblaient à Olympie, tous les quatre ans et durant un mois sacré, des athlètes venus de toute la Grèce. Les vainqueurs des différentes disciplines étaient couronnés de branches tressées d'olivier. Avec l'occupation romaine (à partir de 146 av. J.-C.) les jeux furent autorisés aux athlètes venant de l'extérieur de la Grèce puis abolis par l'empereur chrétien Théodose en 392. À la fin du XIXe siècle, un Français, Pierre de Coubertin, entreprend de rétablir ces jeux pour redonner la primauté à l'effort sportif désintéressé, par-delà les frontières sociales, internationales, raciales ou religieuses. En 1894, il réunit un Comité olympique et les premiers jeux Olympiques modernes ont lieu en 1896 à Athènes où 13 nations sont représentées par des athlètes amateurs. En 1900, à Paris, les Jeux comportent quelques épreuves féminines. En 1924, des Jeux d'hiver sont organisés pour la première fois, à Chamonix. En 1925, Coubertin se retire du Comité international olympique, jugeant que l'esprit olympique s'est dégradé. À partir de 1994, les Jeux d'hiver se déroulent non plus la même année, mais deux ans avant les Jeux d'été.

Le comité olympique international en 1990.

Cérémonie de clôture des jeux Olympiques d'hiver d'Albertville (1992).

Il fut assassiné dans la mosquée de Médine avant d'avoir désigné son successeur.

Omar (Saïdou Tall, dit el-Hadj) 1797-1864 Chef toucouleur. Musulman, il propagea l'islam en Afrique noire et se heurta aux Français du haut Sénégal (1857). Il détruisit le royaume peul du Macina (1862). Les Peuls se soulevèrent et l'acculèrent dans une grotte qu'ils firent sauter. L'œuvre d'el-Hadj Omar fut poursuivie par son fils, qui résista à la conquête française jusqu'en 1893.

Omar (Mohammad, dit le mollah) 1964 ? Chef religieux afghan, adepte d'un islam sunnité rigoriste. Proclamé par mille de ses partisans « commandeur des croyants », il joue un rôle aussi important que mystérieux chez les talibans, ses décisions ayant force de loi.

ombelle n. f. BOT. Type d'inflorescence constituée d'axes secondaires rayonnant tous d'un même point de l'axe principal.

ombellifères n. f. pl. BOT. Famille de plantes dicotylédones généralement herbacées, caractérisées par leurs fleurs dialypétales disposées en ombelles. *Certaines espèces d'ombellifères, comme la carotte, le persil, le fenouil, le céleri, sont comestibles, d'autres, la ciguë notamment, sont vénéneuses.*

ombilic n. m. ANAT. Chez le fœtus, orifice de l'abdomen, laissant passer le cordon ombilical. / Cour. Cicatrice à laquelle cet orifice laisse place après la naissance ; nombril. / Fig., litt. Point central. / BIOL. Dépression ou renflement à la base ou au sommet de certains fruits ou champignons. / BOT. Plante vivace de la famille des crassulacées, à feuilles charnues et rondes, à

OMAN

Superficie : *309 500 km²* – **Nombre d'habitants :** *2 460 000 h.* – **Capitale :** *Mascate*
Villes principales : *Salalah, Suhar, Nizwa* – **Système politique :** *monarchie*
Langue(s) : *arabe* – **Religion(s) :** *islam* – **Monnaie(s) :** *rial d'Oman*

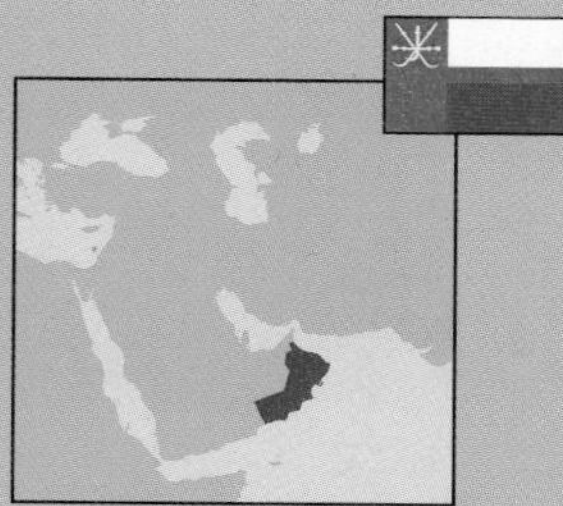

Voir l'Atlas

Géographie physique et humaine

La côte est découpée. La population, composée d'Arabes, est musulmane, partagée entre les sunnites (25 %) et les ibadites (75 % ; l'islam ibadite est voisin du kharidjisme).

Économie

Les hydrocarbures font la richesse de cet État qui sait harmoniser son budget avec le cours fluctuant du pétrole : en 1998, on a estimé plus importantes que prévu les réserves de pétrole et de gaz. Les ressources traditionnelles n'ont pas disparu : dattes, agrumes, élevage (chèvres, surtout, moutons, bovins, chameaux), pêche. On compte deux aéroports internationaux et trois ports importants.

Histoire

Les côtes escarpées constituent un refuge pour les pirates dès les temps les plus reculés. Islamisé au VIIe siècle, le pays est rattaché au califat de Bagdad et se rallie à la dissidence kharidjite, sans qu'Haroun al-Rachid puisse s'y opposer. Les Portugais s'implantent dans les ports au XVIe siècle, pour un peu plus de cent ans. Le commerce maritime conduit les Omanais jusqu'à Zanzibar aux XVIIe et XVIIIe siècles. En 1793, le sultanat de Mascate-et-Oman est fondé par un parent de l'actuelle famille régnante et, en 1798, un traité d'amitié est conclu avec la Grande-Bretagne, traité qui sera renouvelé en 1891. Au début du XIXe siècle, le sultan étend son pouvoir en Afrique et crée la première plantation de girofle à Zanzibar. Mais, à sa mort (1856), l'empire éclate en deux entités indépendantes, Mascate et Zanzibar, Zanzibar devenant protectorat britannique en 1890. Privé depuis 1897 des ressources apportées par le trafic d'esclaves à Zanzibar, Oman décline et deux États se forment : Mascate et Oman. Entre 1915 et 1920, une guerre civile éclate, à laquelle mettra fin une intervention britannique. Le Royaume-Uni demeure très présent dans la région, apportant notamment son aide au sultan en 1957-1958, puis en 1963, contre une rébellion armée menée, au Dhofar, par le Front populaire de libération du Golfe arabe, rébellion qui sera écrasée en 1975. Le sultan Qabus, qui a remplacé son père en 1970 et ouvert en partie sur l'extérieur un pays jusqu'alors interdit aux étrangers, modernise son État, dans tous les domaines : industriel, routier, sanitaire, culturel.

Marché aux poissons de Matrah, port proche de Mascate.

La mosquée des **Omeyyades** (706-715), à Damas.

fleurs jaunes, qui pousse sur les rochers et les vieux murs. / GÉOGR. Dépression circulaire dans une vallée glaciaire. / TECHNOL. Point saillant situé au centre d'un objet. *Ombilic d'un bouclier.*

ombilical, ale, aux adj. De l'ombilic. *Cordon ombilical*: organe mettant en relation l'organisme du fœtus et l'organisme maternel.

omble n. m. ZOOL. Poisson téléostéen d'eau douce, proche du saumon, apprécié pour sa chair délicate. *L'omble de fontaine (ou saumon de fontaine), importé d'Amérique, vit en eau courante et fait l'objet d'élevage; l'omble chevalier vit dans les lacs d'Europe.*

ombrage n. m. Ombre produite par le feuillage des arbres; ce feuillage. / Fig. *Porter ombrage à*: offenser. *Prendre ombrage de*: s'offenser de.

ombragé, e adj. Protégé du soleil par l'ombrage.

ombrageux, euse adj. (En parlant d'un animal) Craintif au point d'avoir peur de son ombre. / Fig. Qui prend aisément ombrage. *Personne ombrageuse.*

ombre [1] n. f. **I.** Zone obscure due à l'interception des rayons lumineux par un corps opaque. *L'ombre s'épaissit annonçant l'orage.* / Silhouette plus ou moins déformée, projetée par un corps interceptant la lumière. *Ombres chinoises*: projection sur un écran de silhouettes découpées ou obtenues par différentes positions des mains. / BX-ARTS Partie d'une œuvre d'art couverte de teintes sombres, de hachures (ou autres motifs graphiques), de manière à représenter les ombres, suggérer le relief. / Loc. fig. *Il y a une ombre au tableau*: il existe qqch. qui rend la situation peu (ou moins) satisfaisante. / Apparence, trace. *Il n'y a pas l'ombre d'un doute.* / Fantôme. *Le royaume des ombres.* **II.** loc. adv. *À l'ombre*: dans un lieu abrité du soleil. / loc. prép. *À l'ombre de*: dans le voisinage de, sous la protection de.

ombre [2] n. m. ZOOL. Poisson téléostéen proche du saumon, de couleur brunâtre, vivant dans les rivières d'Europe.

ombrelle n. f. Petit parasol portatif féminin. / ZOOL. Partie du corps de la méduse formant une sorte de cloche gélatineuse, bordée de tentacules urticants.

ombrer v. t. [1] Figurer une ombre, des ombres sur (un dessin, une peinture).

ombreux, euse adj. Litt. Qui donne de l'ombre. / Plein d'ombre.

Ombrie *8 456 km² 827 944 h.* Région du centre de l'Italie, traversée par le Tibre et formée par les provinces de Pérouse et Terni. Chef-lieu *Pérouse.* Ses paysages (collines et vallées, lac Trasimène), son histoire, ses villes anciennes (Pérouse, Assise, Spolète) en font une importante région touristique. Une école de peinture y est née au XVe siècle (le Pérugin et Pinturicchio). Favorisée par l'abondance de l'hydroélectricité, l'industrie métallurgique et chimique est active, surtout à Terni.

ombudsman n. m. Dans les pays scandinaves, médiateur chargé d'arbitrer les différends entre les citoyens et l'administration publique.

O.M.C Sigle de *Organisation mondiale du commerce*, créée en 1994, alors que les accords du GATT libéralisaient le commerce mondial. Les États signataires de ces accords sont groupés dans l'O.M.C. depuis le 1er janvier 1995.

oméga n. m. Dernière lettre (ω, Ω) de l'alphabet grec.

omelette n. f. Plat composé d'œufs battus auxquels on peut ajouter divers ingrédients, et cuits dans une poêle. *Omelette aux fines herbes. Omelette norvégienne*: dessert constitué d'une glace placée sur un morceau de biscuit et nappée d'omelette soufflée.

omerta n. f. (mot italien) Loi du silence qui règne dans les milieux mafieux, observée sous peine de représailles.

omettre v. t. [3] Oublier, négliger. *Il a omis de nous avertir. Vous omettez un détail.* / Laisser de côté, ne pas inclure dans un ensemble, une énumération.

Omeyyades Dynastie califale qui régna à Damas de 661 à 750. Mu'awiyah de la tribu de Mahomet, et gouverneur de Syrie avant de devenir calife, introduisit le principe dynastique et installa la capitale du monde musulman à Damas. Le règne des Omeyyades vit l'accroissement des territoires de l'empire en Afrique du nord et jusqu'aux confins de l'Asie centrale ainsi que son développement culturel et administratif. En 750, les Abbassides s'emparèrent du pouvoir avec l'appui des chiites et massacrèrent le calife Hicham et toute sa famille, à l'exception de son petit-fils Abd al-Rahman, qui se réfugia au Maghreb puis en Espagne. En 756, il fonda à Cordoue un émirat devenu ensuite califat qui domina la plus grande partie de l'Espagne jusqu'en 1009, date à laquelle il se divisa en de nombreux petits royaumes.

omicron n. m. Quinzième lettre (ο, Ο) de l'alphabet grec.

omission n. f. Négligence, oubli. / Fait de ne pas dire, de ne pas faire qqch. *Mensonge par omission.*

ommatidie n. f. ZOOL. Chacun des yeux élémentaires dont l'ensemble forme l'œil composé des arthropodes.

omnibus n. m. et adj. Voiture fermée, d'abord traînée par des chevaux, puis automobile, utilisée autrefois pour les transports en commun. / adj. *Train omnibus*: train desservant toutes les stations d'une ligne.

Omnibus.

Onagre.

omnidirectionnel, elle adj. TECHN. Qui a les mêmes propriétés dans toutes les directions. *Microphone omnidirectionnel.*

omnipotence n. f. Caractère de ce qui est omnipotent.

omnipotent, e adj. Qui a tous les pouvoirs; tout-puissant.

omnipraticien, enne n. Médecin généraliste.

omniprésence n. f. RELIG. Faculté d'être omniprésent. *L'omniprésence de Dieu.* / Fig. *L'omniprésence d'un footballeur.*

omniprésent, e adj. Présent partout.

omniscience n. f. Science universelle, infinie. *Omniscience divine.*

omniscient, e adj. Qui sait tout.

omnisports adj. Qui concerne tous les sports. *Une salle omnisports.*

omnium n. m. SPORT Compétition cycliste combinant plusieurs courses. / HIPP. Course ouverte aux chevaux de tous âges. / ÉCON. Société financière ou commerciale intervenant dans toutes les activités d'un secteur économique.

omnivore adj. et n. Dont la nourriture est constituée d'aliments divers, d'origine aussi bien végétale qu'animale. / n. m. *Le porc est un omnivore.*

Omo *650 km* Fleuve du Sud-Ouest de l'Éthiopie qui se jette dans le lac Turkana. Sa vallée, riche de sédiments datant du quaternaire, a livré de nombreux restes d'hominidés.

omoplate n. f. ANAT. Os plat, triangulaire, de l'épaule, relié au sternum par la clavicule et qui s'articule avec l'humérus.

Omphale MYTH. GR. Reine de Lydie. Elle épousa Héraclès qu'elle avait acheté comme esclave à Hermès. Héraclès est ainsi souvent représenté, filant le lin aux pieds de la reine, revêtue de la peau de lion du héros.

OMS Sigle de *Organisation mondiale de la santé.*

Omsk *1 161 991 h.* Ville de Russie, à la limite de la Sibérie occidentale, au confluent de l'Om (*1 091 km*) et de l'Irtych, chef-lieu de la région du même nom, centre industriel (mécanique chimique et raffinerie de pétrole).

on pron. pers. indéf., de la troisième personne, invariable et toujours employé en fonction de sujet. **I.** Désigne une ou plusieurs personne(s) non déterminée(s). *On dira que c'est ma faute. On pensait autrefois que…* / Désigne un personnage quelconque, non identifié par le locuteur. *On vous demande à l'accueil.* **II.** Désigne une ou plusieurs personne(s) déterminée(s). Fam. Représentant « je », « moi », « nous ». *Ça va, ça va, on arrive*: ça va, j'arrive. *Nous, on n'est pas d'accord.* / Représentant « tu », « toi », « vous ». *On se dépêche*: dépêche-toi, dépêchez-vous. / Représentant « il(s) », « elle(s) ». *On m'adore, on me fait des cadeaux*: il m'adore, il me fait des cadeaux.

onagre [1] n. m. ZOOL. Âne sauvage d'Asie centrale et méridionale. / ANTIQ. Machine de guerre utilisée lors des sièges pour projeter des pierres.

onagre [2] n. f. BOT. Plante herbacée à grandes fleurs jaunes ou rougeâtres, parfois appelée *herbe aux ânes.*

Onan Personnage de la Bible. Contraint d'épouser la veuve de son frère, Onan, pour éviter de donner une descendance à ce dernier, « fraude par terre » (Genèse, XXXVIII, 9). C'est à cet épisode biblique que la masturbation doit son nom d'*onanisme.*

onanisme n. m. Masturbation.

onc, oncques ou **onques** adv. Vx Jamais.

once [1] n. f. ANTIQ. À Rome, unité de poids valant un douzième de la livre, soit 27,29 g. / Sous l'Ancien Régime, seizième partie de la livre de Paris valant 30,59 g. / Fig. Très petite quantité. *S'il avait une once de bon sens…*

once [2] n. f. ZOOL. Grand félin, vivant dans les montagnes d'Asie centrale, au pelage clair, tacheté, encore appelé panthère des neiges.

onchocercose n. f. MÉD. Filariose caractérisée par la formation de nodules, des atteintes cutanées prurigineuses et des lésions oculaires pouvant entraîner la cécité. *L'onchocercose sévit notamment en Afrique et en Amérique centrale.*

oncial, ale, aux adj. et n. f. *Écriture onciale* ou (n. f.) *onciale*: écriture en grandes majuscules romaines arrondies.

oncle n. m. Frère du père ou de la mère, ou encore mari de la tante. / *Oncle d'Amérique*: parent riche qui apporte un héritage inattendu. / *L'oncle Sam*: personnification des États-Unis (United States of America).

oncogène adj. et n. m. MÉD. Qui provoque l'apparition d'une tumeur, ou qui la favorise. / n. m. Gène qui peut, dans certaines conditions, participer à la formation de cellules malignes.

oncques Voir **onc**

onction n. f. LITURG. Rite consistant à oindre une personne avec les saintes huiles (huiles consacrées), pour la bénir ou la consacrer à Dieu. *Onction du baptême. Extrême-onction*: voir *sacrement des malades.* / Fig. Douceur, bénignité du discours ou des manières évoquant la piété. *Un sermon plein d'onction.*

onctueux, euse adj. Qui a la fluidité et la douceur de l'huile, d'un corps gras. *Produit démaquillant onctueux. Sauce onctueuse.* / Fig. Doucereux. *Manières onctueuses.*

onctuosité n. f. Caractère de ce qui est onctueux.

ondatra n. m. (mot huron) ZOOL. Mammifère rongeur originaire d'Amérique du Nord, courant en Europe, au mode de vie proche de celui du castor. Syn. rat musqué.

• **onde** n. f. Plissement à la surface de l'eau ou d'un liquide qui se soulève et s'abaisse régulièrement. / Litt. Eau d'un lac, d'une rivière, de la mer, etc. *« Sur l'onde calme et noire où dorment les étoiles / La blanche Ophélia flotte comme un grand lys »* (Rimbaud). / Par anal. Ligne sinueuse. / Par métaph. Sensation qui se propage comme une vague. *Une onde de douleur.* / PHYS. Concept fondamental recouvrant tous les phénomènes qui ont pour caractéristique commune de se propager dans un milieu donné. / TÉLÉCOMM. *Onde porteuse*: onde électromagnétique de haute fréquence dont la modulation permet de transmettre des signaux. / Fig., fam. *Être*

sur la même longueur d'onde : parler le même langage, se comprendre. / *Les ondes* : la radio.
ondée n. f. Forte pluie, soudaine et passagère. Syn. averse.
ondin, e n. Divinité des eaux, dans les mythologies germanique et scandinave. / n. f. Plaisant ou litt. Jeune et gracieuse nageuse.
on-dit n. m. inv. Ragot. *N'écoutez pas les on-dit.*
ondoiement n. m. Fait d'ondoyer. / RELIG. CATHOL. Baptême provisoire, réduit à l'essentiel (effusion d'eau accompagnée des paroles sacramentelles « je te baptise au nom du Père, du Fils et du Saint Esprit »), que toute personne, qu'elle soit ou non baptisée, peut administrer dans les cas d'urgence.
ondoyant, e adj. Qui ondoie. / Fig. Versatile, inconstant. *Un caractère ondoyant.*
ondoyer v. i. / v. t. [1] Être animé de mouvements évoquant l'onde. *Les blés ondoient sous le vent.* / v. t. RELIG. CATHOL. Baptiser (qqn) par ondoiement.
ondulation n. f. Mouvement d'un fluide qui s'élève et s'abaisse successivement, en donnant l'impression d'un déplacement longitudinal. / Par anal. *Les ondulations d'un champ de blé.* / *Ondulation du sol* : suite de dépressions et d'élévations. / (Au plur.) Plis imprimés aux cheveux, qui les font friser légèrement.
ondulatoire adj. Qui s'élève et s'abaisse selon un rythme continu, comme une onde. / PHYS. *Mécanique ondulatoire* : voir *mécanique.*
ondulé, e adj. Qui ondule. *Cheveux ondulés.*
onduler v. i. / v. t. [1] Présenter un mouvement d'ondulation, des ondulations. *L'herbe ondule sous la brise. Ses cheveux ondulent naturellement.* / v. t. Rendre ondulé (qqch.). *Onduler ses cheveux.*
onduleur n. m. TECHN. Dispositif qui transfère à une charge, sous forme alternative, une énergie électrique continue.

ONDE

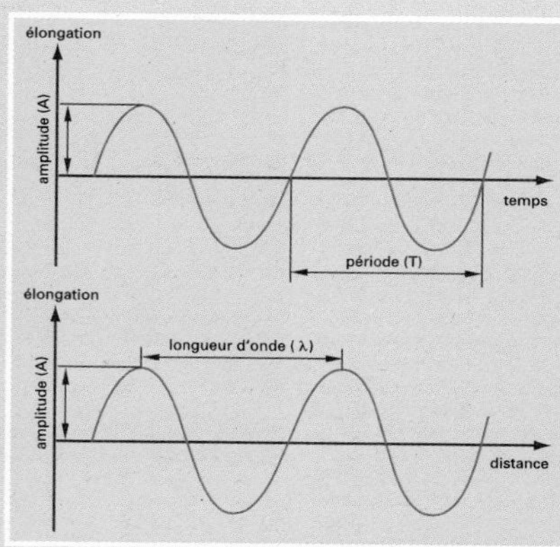

Caractéristiques d'une onde : amplitude, longueur d'onde et période.

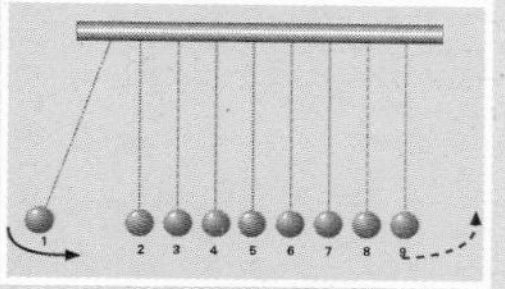

Propagation d'une onde de proche en proche.

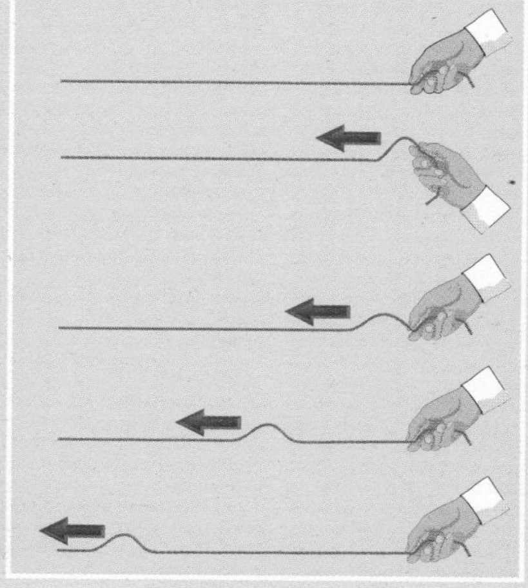
Exemple d'onde transversale.

Pour une perturbation qui se propage dans un milieu, il existe une dépendance réciproque entre la position d'un point dans ce milieu et le temps. On parle alors de *propagation ondulatoire.* On peut considérer la propagation d'une onde comme le déplacement d'une surface appelée *front d'onde*, définie comme une surface dont tous les points ont la même amplitude. On parle dans ce cas de vibrations élastiques, de transmission du son ou de propagation de rayonnements électromagnétiques. La classification des types d'onde se réfère à leur mode de propagation dans l'espace ; on appelle *onde longitudinale* l'onde dont la propagation est parallèle à la direction d'oscillation des particules (perpendiculaire au front d'onde, par ex. les ondes acoustiques) ; *onde transversale*, celle dont la direction de propagation est perpendiculaire à la direction d'oscillation des particules ; *onde sphérique*, celle dont la propagation dans l'espace se comporte comme une sphère qui se dilate ; *onde de surface*, toute onde qui se propage sur une surface ; *onde de choc*, ou onde de pression, celle qui se produit dans un fluide (l'air, par ex.) lorsqu'un solide y est violemment introduit par phénomène de compression (explosif ou électrique). La naissance de l'onde de choc dépend de la vitesse avec laquelle les molécules d'une masse d'air se déplacent pour laisser le passage au solide qui le traverse, ou pour transmettre une variation de pression. Si la variation de pression ou la vitesse du solide qui se déplace dans le fluide sont supérieures à la vitesse du son, cela entraîne des effets proportionnels à la puissance productrice, effets qui se réduisent selon le carré de la distance qui sépare le lieu de production de l'effet et le lieu où il est constaté.

Eugene O'Neill.

one man show n. m. (mots anglais) Spectacle de variété que donne un artiste seul en scène. Pl. Des *one man shows.*
Onega (lac) *9 900 km²* Lac de Carélie, en Russie, s'écoulant dans le lac Ladoga par la Svir et dans la mer Blanche par le canal Baltique-mer Blanche.
O'Neill (Eugene) 1888-1953 Auteur dramatique américain. Son pessimisme et sa haine du monde moderne matérialiste s'expriment dans des pièces d'inspiration naturaliste, symboliste (*Le Singe velu*, 1922), expressionniste (*Le Deuil sied à Électre*, 1931) et enfin autobiographique : *L'Empereur Jones* (1921), *Le Long Voyage vers la nuit* (1939-1941).
onéreux, euse adj. Coûteux. *Un voyage onéreux.* / Loc. *À titre onéreux* : en payant.
Onetti (Juan Carlos) 1909-1994 Romancier uruguayen. Dans ses œuvres qui associent réalisme, allégorie, pessimisme et angoisse, les personnages qui évoluent dans un univers étrange semblent condamnés à l'apathie : *Le Puits* (1939), *La Vie brève* (1950), *Le Chantier* (1961).
ongle n. m. Lame dure et cornée recouvrant le dessus de la dernière phalange des doigts et des orteils. / Fig. *Jusqu'au bout des ongles* : totalement. *Sur le bout des ongles* : parfaitement. *Savoir sa leçon sur le bout des ongles.*
onglée n. f. Rougeur et engourdissement douloureux des extrémités des doigts, dus au froid.
onglet n. m. TECH. Assemblage que constitue la juxtaposition de deux biseaux ménagés aux extrémités de deux pièces de bois (moulure, baguette, etc.) selon la bissectrice de l'angle que forment ces extrémités ; chacun de ces biseaux. *Boîte à onglets* : instrument de menuisier formé de deux barres parallèles comportant des entailles pour guider la scie, et entre lesquelles on place l'objet à scier. / Échancrure ou repère permettant d'ouvrir un livre à la page voulue. / Petite entaille sur un objet, pour faciliter la manipulation. / BOT. Partie inférieure rétrécie d'un pétale ou d'un sépale, qui s'insère sur le réceptacle floral. / BOUCH. Muscle pilier du diaphragme du bœuf ; morceau taillé dans ce muscle. / GÉOM. Section d'un solide de révolution comprise entre deux plans passant par l'axe.
onglon n. m. ZOOL. Sabot entourant chacun des deux doigts d'un ruminant ou d'un porcin.

onguent n. m. Médicament de consistance pâteuse que l'on applique sur la peau, avec ou sans friction. / Autrefois, baume parfumé.
onguiculé, e adj. et n. m. ZOOL. Se dit des mammifères dont les doigts sont pourvus de griffes ou d'ongles. *Le chat, la belette, le gorille sont onguiculés.* / n. *Un onguiculé.*
ongulé n. m. ZOOL. Mammifère herbivore dont les doigts sont pourvus de sabots. *Le cheval est un ongulé; l'éléphant est un ongulé.* / n. m. pl. *Les ongulés comprennent les périssodactyles, les artiodactyles, les proboscidiens et les hyracoïdes.*
onguligrade adj. et n. Didac. Se dit des animaux qui marchent sur des sabots.
onirique adj. Propre ou relatif au rêve. / Qui rappelle les rêves par son étrangeté. *Une œuvre onirique.*
onirisme n. m. Phénomène du rêve. / PSYCHIATR. Syndrome survenant chez un sujet atteint de confusion mentale et se traduisant par un délire aigu et des hallucinations. / Caractère de ce qui évoque ou suscite le rêve. *L'onirisme des toiles surréalistes.*
oniromancie n. f. Divination par les rêves.
oniromancien, enne n. Personne qui pratique l'oniromancie.
onomastique adj. et n. f. Relatif aux noms propres. / n. f. Étude des noms propres.
onomatopée n. f. Mot formé par harmonie imitative, suggérant le son qu'il exprime. *Tic-tac, boum sont des onomatopées.*
onques Voir **onc**
Ontario (lac) *18 800 km²* Un des cinq Grands Lacs américains, le plus oriental et le moins élevé des Grands Lacs, situé au nord-est des États-Unis. Il reçoit les eaux du lac Érié par les chutes du Niagara et se déverse dans l'océan Atlantique par le Saint-Laurent. Il sépare l'Ontario de l'État de New York.
• **Ontario** *1 068 580 km² 11 100 000 h.* Province du Canada. Capitale *Toronto.*

ontogenèse ou **ontogénie** n. f. BIOL. Développement de l'individu, du stade de l'œuf fécondé jusqu'à l'état adulte. / Science qui étudie ce développement (biologie du développement).
ontogénétique ou **ontogénique** adj. BIOL. Relatif à l'ontogenèse.
ontologie n. f. PHILO. Partie de la métaphysique qui réfléchit sur l'être en tant qu'être, indépendamment de ses manifestations ou de ses attributs.
ontologique adj. PHILO. Qui procède de l'ontologie. *Preuve ontologique*: argumentation subtile développée par certains philosophes (saint Anselme, Descartes) pour démontrer logiquement l'existence de Dieu à partir de l'idée de perfection: j'ai en moi l'idée de parfait; cette idée ne peut venir que d'un être parfait. Or l'homme étant imparfait, cet être parfait ne peut être que Dieu.
O.N.U. ou **ONU** n. f. Sigle pour *Organisation des Nations unies.*
onusien, enne adj. et n. De l'ONU, relatif à l'ONU, dans le langage des médias. / Fonctionnaire de l'ONU.
onychophagie n. f. Didac. Habitude de se ronger les ongles.
onyx n. m. MINÉR. Variété d'agate à couches concentriques de plusieurs couleurs, utilisée en joaillerie. / Par métaph. *« Ses purs ongles très haut dédiant leur onyx (…) »* (Mallarmé).
onze adj. num et n. m. inv. Dix plus un. *Onze joueurs.* / Onzième. *Louis XI.* Ellip. *Le 11 février*: le onzième jour du mois de février. / n. m. Nombre qui suit le dix. *Nombre premier, le onze n'est pas divisible.* / Les deux chiffres (1 et 1) qui représentent le nombre onze. / Équipe de football (qui se compose de onze joueurs). *Le onze de Marseille.*
onzième adj. num. et n. Qui occupe le rang désigné par le nombre onze. *Il est onzième.* / n. *Le, la onzième de la série.* / n. m. Chacune des parties d'un ensemble divisé en onze éléments égaux. *Il n'en possède qu'un onzième.*

ONTARIO

L'Ontario s'étend des Grands Lacs à la baie d'Hudson, sur près de deux fois la superficie de la France. La population, qui regroupe le tiers des Canadiens, se concentre sur les basses terres, le long des rives nord des Grands Lacs. C'est la région agricole la plus productive du Canada. Première région industrielle grâce à ses richesses minières et hydroélectriques. Autour de Toronto, gravitent plusieurs villes industrielles (Niagara Falls, Hamilton), ainsi que la capitale fédérale, Ottawa.

Vue du City Hall de Toronto, la capitale de l'Ontario.

Histoire

Française et presque inhabitée, elle revint, en 1763, avec le reste de la Nouvelle-France, à l'Angleterre qui en fit le Haut Canada en 1791 (le Québec constituant le Bas Canada). C'est l'une des quatre provinces de la Confédération canadienne créée en 1867.

onzièmement adv. En onzième lieu.
oocyte n. m. BIOL. Syn. de ovocyte.
oosphère n. f. BOT. Chez les végétaux, gamète femelle.
oolithe n. f. GÉOL. Concrétion calcaire sphérique autour d'un grain détritique, de la taille d'une tête d'épingle. *Les oolithes se constituent en dépôt.*
Oort (Jan Hendrik) 1900-1992 Astronome néerlandais. Spécialisé dans l'étude de la Galaxie, il fut le premier à calculer la distance exacte de son centre par rapport au soleil et découvrit la rotation différentielle de la Galaxie ainsi que sa masse (1927) et sa structure en spirale. Son nom reste également associé à la vaste concentration de comètes (*nuage de Oort*) observable à la limite du système solaire. *Nuage de Oort.* Région de l'espace, située entre 40 000 et 100 000 unités astronomiques du Soleil et considérée comme la frontière extrême du Système solaire. Elle porte le nom de l'astronome, qui le premier, énonça la théorie selon laquelle cette région constituerait un réservoir renfermant plusieurs centaines de milliards de comètes. C'est dans les années 1950 que Oort s'intéressa aux comètes ayant une période de plus d'un million d'années. Tout comme son homologue, l'astronome néerlandais A. van Woerkom, il avait remarqué que la distribution uniforme de leurs orbites pouvait être aléatoirement répartie en orbites de longues ou petites périodes, et que ce phénomène s'expliquait par les perturbations qu'induit la masse des planètes géantes. Mais cette explication suscitait une question: pourquoi y avait-il proportionnellement plus de comètes à longue période (plus d'un million d'années) que d'autres à période plus courte? Oort démontra que les comètes à longue période sont issues d'un nuage dont l'étendue le situe dans une zone où la force de gravitation du Soleil et de son système planétaire ne s'exerce plus de façon prépondérante, alors que les étoiles gravitant dans un environnement proche du nuage (une année-lumière) peuvent, lors de leur déplacement, modifier l'orbite de ces comètes. Oort, qui avait déjà mis en évidence la rotation de la Galaxie, s'appuyait sur le fait que les étoiles n'occupent pas une place fixe au sein de notre galaxie mais se déplacent, tout comme le fait le Soleil qui, avec son cortège de planètes, effectue son tour galactique en un peu plus de 200 millions d'années. Une étoile passe tous les 36 millions d'années, et à moins de 3 000 unités astronomiques tous les 400 millions d'années, à proximité de ces comètes. Certaines comètes proches de la trajectoire de ces étoiles sont éjectées dans l'espace interstellaire, d'autres, demeurées dans le nuage, ont leurs orbites si perturbées qu'elles pourraient entraîner des conséquences dévastatrices dans le cas où leurs trajectoires viendraient à croiser celle de la Terre. La fréquence avec laquelle un essaim cométaire pourrait interférer avec notre planète a été estimée à trois cents fois la fréquence moyenne. Il y a 36 millions d'années, à la fin de l'Éocène, s'est produite une extinction biologique à laquelle correspondraient plusieurs cratères d'impacts identifiés comme appartenant à des comètes.
O.P.A. Sigle d'*offre publique d'achat*, opération boursière par laquelle une société annonce publiquement son intention de racheter, à un cours supérieur à celui de la Bourse, les actions d'une autre société.

Op'art.

Conférence de l'**OPEP** en 1975.

opacification n. f. Action d'opacifier; fait de s'opacifier.
opacifier v. t. / v. pron. [1] Rendre opaque. / v. pron. Devenir opaque.
opacité n. f. Caractère de ce qui est opaque. / Ombre épaisse.
opale n. f. et adj. inv. Pierre fine constituée de silice hydratée, à reflets irisés. / adj. De la couleur laiteuse de l'opale.
opalescence n. f. État d'un corps opalescent.
opalescent, e adj. Litt. Dont l'aspect évoque celui de l'opale.
opalin, e adj. et n. f. **A.** adj. Qui a l'aspect de l'opale. **B.** n. f. Matière vitreuse, de teinte laiteuse bleuâtre rappelant celle de l'opale. *Des œufs en opaline.* / Objet fait de cette matière. *Des opalines de foire.*
opaque adj. Qui ne laisse pas, ou peu, passer la lumière. *Verre opaque. Brouillard opaque.* / PHYS. Par ext. Qui ne laisse pas passer les rayonnements.
op'art n. m. (mot anglais) BX-ARTS Forme d'art, apparue en 1965 aux États-Unis, qui tend à traduire géométriquement les phénomènes optiques. *On applique le terme d'op'art à l'ensemble des recherches visuelles qui s'attachent aux effets optiques et chromatiques de compositions élaborées à partir d'éléments de la géométrie et de la physique; Vasarely et Soto se rattachent à ce mouvement.*
O.P.E. Sigle d'*offre publique d'échange*, opération boursière par laquelle une société an-

nonce publiquement son intention d'échanger avec ses actions les actions d'une autre société.

open adj. inv. et n. m. inv. (mot anglais, « ouvert ») **I.** SPORT Se dit d'une compétition ouverte aux professionnels et aux amateurs. *Tournoi open.* / n. m. inv. *Un open de tennis.* **II.** *Billet open* : billet d'avion non daté à l'achat, utilisable à n'importe quelle date.

OPEP Acronyme pour *Organisation des pays exportateurs de pétrole.*

opéra n. m. Œuvre théâtrale mise en musique, où les parties orchestrales alternent avec des récitatifs, des airs, des chœurs. *Opera seria* ou *grand opéra* ou *opéra sérieux*, à sujet tragique. *Opera buffa* ou *opéra bouffe* : voir *bouffe {2}*. / Genre lyrique que constituent ces œuvres. *L'opéra romantique.* / Théâtre où sont jouées les œuvres de l'opéra.

Opéra (théâtre de l') Théâtre parisien construit par C. Garnier de 1862 à 1874 et connu sous le nom de *palais Garnier*. Son style néo-baroque est très représentatif de l'architecture du Second Empire (statues de *La Danse* de Carpeaux). Le plafond a été peint par Chagall en 1964. Depuis l'ouverture en 1989 de l'Opéra de Paris Bastille, avec lequel il forme l'administration de l'Opéra de Paris, il est, en principe, consacré à la danse.

opéra-ballet n. m. Spectacle de danses et de chants, qui se développa au XVIIIe siècle en France, et dont les actes, nommés entrées, développent des actions différentes, reliées par une idée générale. *L'opéra-ballet est illustré en France par Lully et Rameau.* Pl. Des *opéras-ballets*.

opéra-comique n. m. Drame lyrique caractérisé par l'alternance des parties chantées et des parties dialoguées. Pl. Des *opéras-comiques*.

Opéra de Paris Bastille Théâtre lyrique national situé sur la place de la Bastille et construit par l'architecte canadien Carlos Ott. Il a été inauguré le 13 juillet 1989.

Opéra de quat'sous (l') 1928 Opéra de Bertolt Brecht mis en musique par Kurt Weill. Brecht transpose à l'époque moderne *The Beggar's Opera* de J. Gay (1728), où Mackie lutte contre le « roi des mendiants » afin d'épouser sa fille, Polly. Cette critique sociale pleine d'humour fut transposée à l'écran par G.W. Pabst en 1931. Toutefois ses deux versions, allemande et française, furent reniées par Brecht.

opérande n. f. MATH. Élément sur lequel porte une opération.

*Le théâtre de l'**Opéra**, ou « palais Garnier ».*

Opéra de Paris Bastille.

opérant, e adj. Qui opère, produit un effet. *Remède opérant.*

opérateur, trice n. Personne chargée de faire fonctionner un appareil. / n. m. ÉCON. Personne physique ou morale qui exécute des opérations financières. / n. m. MATH. Symbole indiquant une opération d'un ordre donné (logique ou mathématique).

opération n. f. Action d'un pouvoir, d'une faculté, d'un organe, qui produit un effet spécifique. *L'opération de la digestion.* / THÉOL. Action qu'exerce Dieu sur la volonté humaine. *Opération du Saint-Esprit* : mystérieuse intervention de l'Esprit Saint dans l'Incarnation. / loc. adv. Fam., plaisant. *Par l'opération du Saint-Esprit* : comme par miracle. *Ce chandail n'a tout de même pas été taché par l'opération du Saint-Esprit !* / Combinaison d'actions ou de moyens en vue d'obtenir un certain résultat. *Opération de sauvetage.* / MÉD. Intervention chirurgicale. / MILIT. Ensemble de mouvements stratégiques, de combinaisons tactiques pour attaquer ou défendre un objectif déterminé. / MATH. Calcul effectué en vue de définir un nouvel élément. *Les quatre opérations fondamentales sont l'addition, la soustraction, la multiplication et la division.* / ÉCON. *Opération de Bourse* : achat et vente de valeurs.

opérationnel, elle adj. Prêt à être mis en service. *Votre appareil sera opérationnel dès qu'il sera connecté au réseau électrique.* / Relatif à des opérations militaires. / ÉCON. *Recherche opérationnelle* : méthode d'analyse destinée à améliorer l'organisation d'un travail ou d'une entreprise, de manière à obtenir de meilleurs résultats.

opératoire adj. Relatif à une opération chirurgicale. *Bloc, champ opératoire* : voir *bloc, champ*. / Relatif à des opérations abstraites, logiques. *Théorie opératoire.*

opercule n. m. Pièce formant couvercle. / ZOOL. Pièce cornée obturant la coquille de certains mollusques gastéropodes. / ZOOL. Plaque osseuse paire protégeant la région branchiale des poissons ostéichtyens. / BOT. Couvercle de la capsule des mousses. / Dans une ruche, mince couvercle de cire fermant l'alvéole.

La Vie parisienne, ***opérette*** *de Jacques Offenbach, représentée en 2000, en Allemagne.*

opérer v. t. / v. i. [1] **A.** v. t. Accomplir (une action), réaliser (qqch.) par une suite ordonnée d'actes. *Opérer des réformes, la jonction des troupes. Opérer un calcul, un partage.* / Soumettre (qqn, un organe) à une intervention chirurgicale. *Il a été opéré du cœur. Opérer un kyste.* **B.** v. i. Agir, mener une action. *Il opère dans le plus grand secret.* / Produire son effet ; influer (sur qqch.). *Le sérum a opéré.* **C.** v. pron. Se produire, avoir lieu. *Un changement s'est opéré dans les mentalités.*

opérette n. f. Genre théâtral léger miparlé, mi-chanté, proche de l'opéra-comique. *Offenbach fut le maître de l'opérette.* / loc. adj. *D'opérette*, que l'on ne peut prendre au sérieux. *Des militaires d'opérette.*

opéron n. m. GÉNÉT. Unité génétique fonctionnelle comprenant les gènes adjacents de plusieurs enzymes d'une même voie métabolique, sous le contrôle d'une unique région de contrôle.

ophidien, enne adj. et n. m. pl. Propre ou relatif au serpent. / ZOOL. n. m. pl. Sous-ordre de reptiles dépourvus de pattes, possédant de nombreuses paires de côtes, qui se déplacent par reptation (serpents).

ophite n. m. MINER. Marbre vert sombre à filets jaunes.

Ophiucus Constellation équatoriale. Voir *constellation*.

ophiure n. f. ZOOL. Échinoderme constitué d'un disque central d'où rayonnent cinq bras longs et souples, plus fins que ceux des astéries.

ophtalmie n. f. Maladie inflammatoire de l'œil.

ophtalmique adj. Propre ou relatif aux yeux. *Migraine ophtalmique.*

ophtalmologie n. f. MÉD. Branche de la médecine qui s'attache aux maladies des yeux.

ophtalmologique adj. MÉD. Relatif à l'ophtalmologie.

ophtalmologiste ou **ophtalmologue** n. Médecin spécialiste d'ophtalmologie. Syn. oculiste.

ophtalmoscope n. m. MÉD. Appareil qui permet l'examen du fond de l'œil.

Ophuls (Max Oppenheimer, dit Max) 1902-1957 Cinéaste français d'origine allemande. Il réalisa ses premiers films en Allemagne (*Liebelei*, 1932), puis fut contraint de s'exiler en Europe (*Tendre Ennemie*, 1936, en Hollande ; *De Mayerling à Sarajevo*, 1940, en France) et aux États-Unis (*Lettre d'une inconnue*, 1948). Il revint en France où il tourna *La Ronde* (1950), *Le Plaisir* (1952), *Madame de…* (1953), *Lola Montès* (1955). Son œuvre, marquée par le baroque et l'expressionnisme, traduit une recherche acharnée du bonheur. **Marcel** 1927 Cinéaste français d'origine allemande. Fils du précédent, il a réalisé des documentaires historiques à base de montage d'archives. *Le Chagrin et la Pitié* (1971) est une méditation lucide et désenchantée sur l'occupation allemande à Clermont-Ferrand.

Ophidien.

opiacé, e adj. et n. m. Qui contient de l'opium. / n. m. Médicament dont la composition est à base d'opium.
opiat n. m. PHARM. Vx Électuaire.
opimes adj. f. pl. HIST. *Dépouilles opimes*, qu'un général romain prenait sur un général ennemi qu'il avait tué de sa main. / Fig. litt. Riche butin.
opiner v. i. [1] Exprimer son opinion. *Opiner sur, pour, contre qqch.* / *Opiner à* : être d'avis de ; acquiescer à. / *Opiner du bonnet, du chef* : acquiescer d'un simple signe de tête.
opiniâtre adj. D'une volonté tenace, d'une persévérance obstinée.
opiniâtrement adv. De façon opiniâtre.
opiniâtreté n. f. Caractère de ce qui est opiniâtre, d'une personne opiniâtre.
opinion n. f. Jugement, avis émis sur un point précis. *C'est un projet hasardeux, voici mon opinion.* / Manière de juger, façon de penser communes à un grand nombre d'individus, à une société. *L'opinion publique.* / Ensemble d'idées, de convictions dans un domaine déterminé. *La liberté d'opinion.*
opiomane n. Toxicomane qui mâche ou fume de l'opium.
opiomanie n. f. Toxicomanie due à l'usage habituel de l'opium.
opisthobranches n. m. pl. ZOOL. Sous-classe de mollusques gastéropodes marins hermaphrodites.
opisthoglyphe adj. et n. m. ZOOL. Se dit des serpents dont le maxillaire supérieur porte dans sa partie postérieure une ou plusieurs dents bien développées et creusées d'un sillon permettant d'inoculer le venin aux proies déjà saisies. Voir *aglyphe, protéroglyphe, solénoglyphe.* / n. m. *La couleuvre de Montpellier est un opisthoglyphe. Les opisthoglyphes sont rarement dangereux pour l'homme.*
opium n. m. Suc narcotique extrait de plusieurs espèces de pavots, utilisé comme stupéfiant et comme excitant. *Fumer de l'opium, mâcher de l'opium. L'opium contient divers alcaloïdes, en particulier de la morphine.* / Fig. Ce qui assoupit les facultés intellectuelles. *Selon Marx, la religion est l'opium du peuple.*

Fumeurs d'**opium** (Chine).

Opium (guerres de l') 1839-1842 et 1858-1860 Guerres menées par la Grande-Bretagne (avec l'aide de la France durant le second conflit) contre la Chine pour que celle-ci accepte le commerce (d'opium et de nombreux autres produits) avec les Occidentaux. La Chine concéda une certaine ouverture avec le traité de Nankin mettant un terme à la première guerre ; celui-ci, en outre, octroyait Hong-Kong à la Grande-Bretagne. La deuxième guerre, qui entraîna la défaite de la Chine et une ouverture accrue au commerce avec les Occidentaux, prit fin avec les traités de Tianjin et Pékin.
oponce Voir **opuntia**
opoponax n. m. (mot latin) BOT. Plante vivace à grosse tige et grandes fleurs, commune dans les roches et les sables des régions méditerranéennes, et qui fournit une gomme-résine aromatique utilisée en parfumerie ; cette gomme-résine.
opossum n. m. ZOOL. Petit mammifère de l'ordre des marsupiaux, vivant en Amérique, à la fourrure, grise, très prisée en pelleterie. Syn. sarigue. / Fourrure de cet animal.
Oppenheimer (Julius Robert) 1904-1967 Physicien américain. Après des travaux sur la physique quantique, il fut nommé directeur du projet Manhattan en 1943. À la tête d'une équipe de physiciens, il conçut la première bombe atomique (bombe A). Après la guerre, il mena une importante campagne d'information pour attirer l'attention du public sur les dangers de l'arme atomique. Il avait déjà été soupçonné (à tort) en 1943 de collaborer avec les Soviétiques, et, en pleine guerre, cette campagne fit resurgir ces anciennes accusations et il fut démis, en 1954, de ses fonctions de président de la commission consultative sur l'énergie atomique.
oppidum n. m. ANTIQ. ROM. Citadelle, fortification édifiée sur une hauteur. Pl. Des *oppida* ou (cour.) des *oppidums*.
opportun, e adj. Qui convient. *Moment opportun.* Ant. inopportun.
opportunément adv. De manière opportune.

Banc **optique** de diffusion collective dans le visible construit au laboratoire LPTP, permettant d'étudier les fluctuations de densité dans un fluide et de mesurer sa vitesse d'écoulement. (© École Polytechnique, photo Philippe Laviatte.)

opportunisme n. m. Conduite qui consiste à tirer le meilleur parti des circonstances, même si cela implique de transiger avec les principes, la morale.
opportuniste adj. et n. Qui se conduit avec opportunisme. *Un homme politique opportuniste.* / Par ext. *Une attitude opportuniste.* / MÉD. *Infection opportuniste* : infection qui ne se développe que chez les individus souffrant d'un déficit immunitaire, causée par un germe qui n'est pas virulent chez les sujets sains d'un point de vue immunitaire. Subst. *Un(e) opportuniste.*
opportunité n. f. Caractère de ce qui est opportun. *Discuter de l'opportunité d'un déplacement professionnel.* / (calque de l'anglais *opportunity* ; emploi critiqué). Occasion favorable. *Une opportunité à saisir.*
opposabilité n. f. DR. Caractère de ce qui est opposable. Ant. inopposabilité.
opposable adj. Qui peut être opposé. *Pouce opposable aux autres doigts.* / DR. *Argument opposable à une requête.* Ant. inopposable.
opposant, e adj. et n. Qui s'oppose ; qui appartient à l'opposition politique. *Les opposants ont organisé une manifestation.* / ANAT. *Muscle opposant. L'opposant du pouce.*
opposer v. t. [1] **A.** v. t. Mettre en vis-à-vis pour comparer, pour faire valoir les différences ; mettre en contraste. *Opposer deux couleurs, deux cultures. Opposer le vice à la vertu. Tout oppose ces deux êtres.* / Placer, dresser face à qqn, à qqch. (qqch. qui lui fait obstacle). *Opposer une résistance à l'ennemi.* / Présenter comme objection. *Je n'ai rien à opposer à cet argument.* / Faire s'affronter. *Combat, conflit qui oppose des ennemis.* **B.** v. pron. Contraster. *Des teintes qui s'opposent.* / Diverger totalement. *Mes conclusions s'opposent aux vôtres* / *S'opposer à* : faire obstacle à, empêcher. *Rien ne s'oppose à votre départ, à ce que vous partiez.*
opposite (à l') loc. adv. Du côté opposé à. / loc. prép. À *l'opposite de* : en face de.
opposition n. f. Contraste produit par des éléments juxtaposés. *Opposition de couleurs.* / Fig. Divergence d'opinion entre personnes. / POLIT. Ensemble des individus hostiles à un groupe, un parti, une société, un gouvernement. *La majorité et l'opposition.* / Action de se dresser contre qqch. ou qqn, de marquer sa désapprobation. / Empêchement, obstacle légal mis par une personne à l'exécution d'un acte. *Opposition à un mariage, à un paiement.* / ASTRON. Position de deux corps célestes dont les longitudes, vues de la Terre, diffèrent de 180°. *La Lune se trouve en opposition avec le Soleil au moment de la pleine lune.*
oppositionnel, elle adj. et n. De l'opposition, qui appartient à l'opposition politique.
oppressant, e adj. Qui oppresse. *Chaleur oppressante.* / Fig. Qui accable. *Un chagrin oppressant.*
oppresser v. t. [1] Exercer une pression sur la poitrine, gêner la respiration de (qqn). *L'humidité et la chaleur l'oppressent.* / Fig. Causer un malaise moral, de l'angoisse à (qqn). *Des souvenirs terribles l'oppressent.*
oppresseur n. m. et adj. Personne qui exerce un pouvoir tyrannique, qui domine par la violence. / adj. m. *Pouvoir oppresseur.*
oppression n. f. Action de dominer, d'asservir. *Un peuple qui lutte contre l'oppression.* / État de gêne respiratoire, sensation d'étouffement.
opprimé, e adj. et n. Qui subit une autorité abusive, qui est soumis à un pouvoir s'exerçant par la violence. / n. *La défense des opprimés.*
opprimer v. t. [1] Faire pression sur (qqn), accabler (qqn) par des violences, par une autorité excessive. *Tyran qui opprime le peuple.*
opprobre n. m. Litt. Honte extrême. / Déshonneur public. *Vivre dans l'opprobre*, dans un état de déchéance, d'avilissement.
optatif, ive adj. et n. m. GRAMM. Qui exprime le souhait. *Mode optatif.* / n. m. *En français, l'optatif ou le mode optatif, s'exprime par le subjonctif.*
opter v. i. [1] Choisir, adopter. *Opter pour un compromis.*
opticien, enne n. Personne qui fabrique ou (et) vend des instruments d'optique, en particulier des lunettes de vue et des verres de contact.
optimal, ale, aux adj. Le meilleur possible, correspondant à l'optimum. *Les conditions optimales sont réunies.*
optimisation n. f. Action d'optimiser ; son résultat.
optimiser v. t. [1] Rendre optimal (un fonctionnement, un rendement).
optimisme n. m. Tendance à ne voir que le bon côté des choses et des êtres. / Confiance dans l'heureuse issue d'une action. / Doctrine philosophique selon laquelle ce monde est le meilleur des mondes possibles, le bien l'emportant sur le mal.

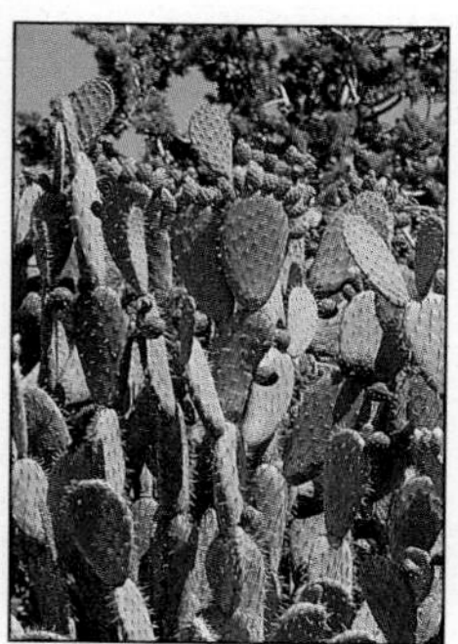
Opuntia, ou figuier de Barbarie.

Or natif en lamelles, agrandi une fois.

optimiste adj. et n. Qui fait preuve d'optimisme. / Subst. *Un(e) optimiste.*
optimum n. m. État réunissant les conditions les meilleures ou les plus avantageuses possible. *Optimum de production.* Pl. Des *optimums* ou *optima*.
option n. f. Faculté d'opter; action d'opter. / Ce qui est offert au choix. *Deux options se présentent.* / *Matière à option*, qui n'est pas obligatoire. / *Droit d'option*: possibilité de choisir entre différentes situations juridiques, régimes matrimoniaux, nationalités. / *Prendre une option*: pour un acheteur, signer une promesse d'achat.
optique adj. et n. f. **A.** adj. Relatif à l'œil ou à la vision. *Nerf optique.* **B.** n. f. Partie de la physique qui étudie les phénomènes lumineux. / *Optique électronique*: partie de la physique qui étudie les utilisations de champs électriques et magnétiques pour la déflexion des faisceaux électroniques, de manière à obtenir les mêmes effets de réflexion, réfraction et focalisation que les systèmes optiques sur les faisceaux de photons. / Fabrication, commerce d'instruments qui améliorent ou précisent la vision. *Magasin d'optique.* / Partie d'un instrument d'optique constituée par un jeu de miroirs, de lentilles. *Cet appareil a une bonne optique.* / Fig. Manière de voir, de juger.
♦ On distingue l'optique géométrique, l'optique ondulatoire, l'optique électromagnétique. L'optique *électronique* est régie par les lois de la réflexion et de la réfraction, déduites en admettant que la lumière se propage de façon rectiligne dans un milieu homogène. Les rayons lumineux étant indépendants les uns des autres, ils peuvent se croiser sans se modifier réciproquement. L'optique *ondulatoire* étudie les phénomènes d'interférence, de diffraction et de polarisation. Étant admis que la lumière se propage sous la forme d'ondes transversales, on définit les rayons lumineux comme les trajectoires orthogonales aux surfaces d'ondes. L'optique *électromagnétique* admet que toute onde lumineuse est de nature électromagnétique et qu'elle ne constitue qu'une portion du spectre électromagnétique limité aux deux extrêmes par l'infrarouge et l'ultraviolet.
optoélectronique n. f. Discipline qui s'attache à l'étude et à la réalisation de dispositifs électroniques capables d'élaborer des signaux lumineux et de les convertir en signaux électriques.
optomètre n. m. MÉD. Appareil qui mesure l'acuité visuelle, en détecte les défauts et établit les causes de ces défauts.
optométrie n. f. Science qui traite des fonctions visuelles et de leur mesure.
opulence n. f. Grande abondance de biens matériels. / Fig. Plénitude charnelle. *Opulence d'un corps épanoui.*
opulent, e adj. Qui vit dans l'opulence. *Famille opulente.* / Qui manifeste de l'opulence. *Train de vie opulent.* / Plantureux. *Poitrine opulente.*
opuntia ou **oponce** n. m. BOT. Plante grasse de la famille des cactacées, dont les rameaux sont aplatis en raquettes. Syn. nopal, figuier de Barbarie.
opus n. m. (mot latin) MUS. Terme désignant, dans l'œuvre complète d'un compositeur, un morceau suivi d'un numéro.
opuscule n. m. Petit ouvrage littéraire ou scientifique; brochure.
Opus Dei (Société sacerdotale de la Sainte-Croix et de l') Association religieuse fondée à Madrid en 1928 par le prêtre espagnol José María Escrivá de Balaguer dans le but de répandre dans le monde la sanctification dans le domaine professionnel. En 1947, le pape Pie XII approuva cette institution qui devint ensuite prélature personnelle en 1982, passant ainsi sous la direction du Pape. L'association regroupe à présent des prêtres et membres laïques du monde entier.
opus incertum n. m. inv. (mots latins) ARCHIT. Assemblage de moellons irréguliers.
or [1] n. m. Élément métallique de numéro atomique Z = 79, de masse atomique 196,97 (symbole: Au). / Métal jaune, malléable, très ductile, très dense (masse volumique: 19,3 g/cm^3), dont la température de fusion est de 1 064 °C. *Très stable, l'or ne s'oxyde ni à l'air ni à l'eau. Or anglais*: alliage d'or, d'argent et de cuivre. *Or rouge*, allié de cuivre. / Fig. Symbole de richesse. *Rouler sur l'or*: être très riche. / *Acheter à prix d'or*, très cher. / *Valoir son pesant d'or*: avoir une très grande valeur. / Fig. Ce qui est précieux, de grande qualité. / *Avoir un cœur d'or*: être généreux et bon. / *Livre d'or*: registre dans lequel sont recueillis les signatures et les commentaires des visiteurs d'un lieu, d'une exposition, etc. / *Noces d'or*: célébration de cinquante ans de mariage. / *Nombre d'or*: dans l'Antiquité, rapport de proportions, idéal d'ordre et d'équilibre, découlant de l'harmonie universelle, dont les artistes se sont inspirés au fil des âges. / *Âge d'or*: voir *âge*. / *Parler d'or*: s'exprimer avec pertinence. / L'un des deux métaux héraldiques (l'autre étant l'argent), représenté par des pointillés. / Couleur jaune doré, lumineuse. *L'or du couchant.* / *Or noir*: pétrole.
or, ore, ores [2] conj. et adv. **A.** conj. (Uniquement dans l'orthographe *or*, pour lier les deux termes d'un raisonnement, notamment dans un syllogisme, pour introduire une explication, une restriction) *La liberté est une perfection, or Dieu est parfait, donc il est libre. Il dit qu'il rêve d'une grande maison à la campagne, or il déteste la campagne.* **B.** adv. Vx (avec également les orthographes *ore*, *ores*) Maintenant. *« Or, sage à mes dépens, j'esquive la bataille »* (M. Régnier). / Tantôt. *« Faisant ore un tendon, ore un repli »* (La Fontaine). Mod.: voir *ores* et *déjà (d')*.
oracle n. m. ANTIQ. Réponse que les divinités donnaient à la question qui leur était posée. / Sanctuaire où elle était consultée. *L'oracle de Zeus à Dodone.* / Dans les religions juive et chrétienne, la volonté de Dieu, telle qu'elle est exprimée par la voix des prophètes, des apôtres. / Avis énoncé par une personne particulièrement compétente ou qui fait autorité; cette personne elle-même.
Oradour-sur-Glane *1 998 h.* Village de la Haute-Vienne (arrt. de Rochechouart). Le 10 juin 1944, les SS de la division *Das Reich* en massacrèrent les habitants (642 personnes, hommes, femmes et enfants, rassemblées dans l'église à laquelle ils mirent le feu) en représailles des attentats perpétrés par le maquis du Limousin.
orage n. m. Violente perturbation atmosphérique provoquant des phénomènes électriques: l'éclair, le tonnerre et la foudre, accompagnés souvent de vent, de pluie ou de grêle. *L'orage est dû à des courants ascendants puissants, en particulier en présence d'un front froid, entraînant la formation de cumulo-nimbus. Orage magnétique*: intense perturbation du champ magnétique de la Terre. / Fig. Trouble brusque et violent. *Les orages de la passion.* / Fig. Perturbation dans les relations entre des personnes. / Fam. *Il y a de l'orage dans l'air*, une nervosité qui risque de se manifester avec violence.
orageux, euse adj. Propre ou relatif à l'orage. *Pluies orageuses.* / Soumis aux orages; sous la menace d'un orage. *Temps orageux.*
oraison n. f. Prière. *Faire oraison.* / Vx Discours, ouvrage d'éloquence. / Mod. *Oraison funèbre*: discours solennel et public, faisant l'éloge d'un défunt.
oral, ale, aux adj. et n. m. Exprimé par la bouche, verbal (par oppos. à *écrit*). *Tradition orale. Épreuves orales* ou (n. m.) l'*oral*: épreuves d'un examen qui se déroulent sous la forme d'interrogations et de réponses orales. / Relatif à la bouche. *Voie orale.* / PSYCHAN. *Stade oral*, selon Freud, première phase de l'organisation libidinale infantile centrée sur la voie orale.
oralement adv. De vive voix.
Oran (aujourd'hui *Wahran*) *598 525 h.* Ville de l'ouest de l'Algérie sur la Méditerranée, chef-lieu de la wilaya du même nom. Son port exporte du gaz naturel, ainsi que des produits agricoles; il a donné naissance à un centre industriel important. La ville, fondée au Xe siècle par des musulmans andalous, fut occupée par les Espagnols du début du XVIe siècle à 1790 et par la France en 1831.
orange n. f. et adj. inv. Fruit comestible (agrume) de l'oranger, à la pulpe juteuse, sphérique, et d'une couleur intermédiaire entre le jaune et rouge. *Éplucher, manger une orange. Du jus d'orange.* / adj. inv. De la couleur de l'orange. *Des tentes orange.*
Orange *26 964 h.* Ville du Vaucluse, marché agricole animé, au cœur d'une des plus grandes régions maraîchères françaises. C'est également un grand centre touristique, riche en monuments romains (théâtre et arc de triomphe du Ier siècle apr. J.-C.). Prospère colonie romaine, ravagée par les Barbares, Orange fut, de 1544 à 1673, possession de la maison de Nassau, et fut définitivement rattachée à la France en 1713.

L'arc de triomphe d'**Orange**.

O

Fleur d'**oranger**.

Orange *1 860 km* Fleuve du sud de l'Afrique. Prenant sa source dans le Lesotho, il traverse d'est en ouest la république d'Afrique du Sud et se jette dans l'Atlantique. Son bassin excède un million de km².

Orange (province de l'État libre d') *129 480 km² 2 782 470 h.* Chef-lieu *Bloemfontein*. Province d'Afrique du Sud. Son climat tempéré (un haut plateau dont l'altitude dépasse *1 000 m*) en fait le domaine des céréales et de l'élevage. Fondée par les Boers chassés du Cap et du Natal en 1836 et en 1842, la province d'Orange, reconnue par les Anglais en 1854, doit céder ses mines de diamants à la Grande-Bretagne. Alliée du Transvaal dans la guerre des Boers contre les Britanniques, elle est en 1902 rattachée à l'Empire britannique et entre dans l'Union sud-africaine en 1910.

orangé, e adj. Tirant sur l'orange. *Un jaune orangé.*

orangeade n. f. Boisson à base de jus d'orange, d'eau et de sucre.

Orange-Nassau Nom adopté par la famille Nassau, quand elle hérita de la principauté d'Orange (France, Vaucluse), en 1544. Elle fut prise par Louis XIV (1673) et définitivement perdue par les Nassau en 1713, mais ils conservèrent ce nom. Créé en 1892, l'ordre d'Orange-Nassau est la principale distinction néerlandaise.

oranger n. m. Arbre fruitier de la famille des rutacées que l'on cultive dans les régions chaudes pour ses fruits, les oranges. *Eau de fleur d'oranger*, utilisée pour aromatiser certaines pâtisseries ou confiseries. / *Oranger amer* : bigaradier.

orangeraie n. f. Verger d'orangers.

orangerie n. f. Serre où hivernent les orangers.

Orangerie Musée national aménagé à Paris dans l'ancienne orangerie du palais des Tuileries et consacré à l'art contemporain. Il renferme également des toiles impressionnistes de Renoir, Soutine et Monet (*Les Nymphéas*).

orangiste n. et adj. HIST. Partisan de la dynastie d'Orange-Nassau. / Protestant d'Irlande du Nord partisan de l'union de l'Ulster et de l'Angleterre qu'avait réalisée le roi d'Angleterre Guillaume III d'Orange-Nassau, en 1690. / Par ext. Protestant d'Irlande du Nord.

orang-outan ou **orang-outang** n. m. ZOOL. Grand singe anthropoïde, au pelage brun roux, aux membres antérieurs très longs, vivant dans les forêts de Bornéo et de Sumatra. Pl. Des *orangs-outan(g)s.*

Oranienbourg *36 370 h.* Ville d'Allemagne, dans le Brandebourg, où fut implanté un camp pour les opposants au nazisme dès 1933.

orant, e n. BX-ARTS Personnage représenté, en peinture ou en sculpture, dans l'attitude de la prière. / n. f. RELIG. CATHOL. Membre de certaines congrégations religieuses contemplatives. *Orante de l'Assomption.*

orateur, trice n. Personne qui prononce un discours devant une assemblée. / Personne qui sait parler en public, qui a de l'éloquence.

oratoire [1] adj. Relatif à l'éloquence. *L'art oratoire* : l'art de l'éloquence.

oratoire [2] n. m. Petite chapelle privée.

Oratoire (l') Congrégation religieuse fondée à Rome en 1575 par saint Philippe Néri, et groupant des maisons autonomes. L'Oratoire de France (ou de Jésus et Marie Immaculée) a été fondé en 1611 par le cardinal de Bérulle sur le modèle de l'Oratoire italien.

oratorien n. m. RELIG. CATHOL. Membre d'une des congrégations de l'Oratoire.

oratorio n. m. MUS. Drame lyrique, le plus souvent sur un sujet religieux, sans représentation scénique, qui comporte principalement récitatifs, chœurs et instruments. *L'oratorio est né en Italie au XVIe siècle.*

Orbay (François d') 1634-1697 Architecte, graveur et dessinateur français. Collaborateur de Le Vau, puis de Hardouin-Mansart, on lui doit notamment la cathédrale de Montauban.

orbe [1] n. m. Litt. Corps ou mouvement circulaire.

orbe [2] adj. CONSTR. *Mur orbe*, mur aveugle, sans ouverture.

orbital, ale, aux adj. et n. ASTRON. Relatif à l'orbite d'une planète, d'un satellite. / n. f. PHYS. NUCL. Région de l'espace située autour du noyau de l'atome, où la probabilité de présence d'un électron est maximale.

orbite n. f. ANAT. Cavité osseuse qui contient le globe de l'œil. / ASTRON. Trajectoire d'un corps céleste en mouvement, mu par la seule action de la force de gravitation, et circulant autour d'un astre. / *Mettre sur* ou *en orbite* : placer (un satellite artificiel) dans le champ gravitationnel d'un astre. / Fig. Milieu dans lequel s'exerce l'activité, l'influence de qqn. *Attirer qqn dans son orbite.* ♦ Les trajectoires des corps célestes décrivent soit des ellipses, soit des paraboles, soit des hyperboles. Ces orbites sont définies par cinq paramètres, ou éléments orbitaux : le demi-grand axe, l'excentricité, l'inclinaison, la longitude du nœud ascendant, la longitude du périastre. Les deux premiers permettent de calculer la valeur du périastre et de l'apoastre. Lorsque l'inclinaison de la trajectoire de l'orbite est non nulle, elle recoupe le plan de l'écliptique suivant une ligne dite « des nœuds » dont les deux points d'intersection sont le nœud ascendant et le nœud descendant.

orbiter v. i. [1] ASTRON. Se déplacer sur une orbite.

Orcades (îles) (en anglais *Orkney Islands*) *976 km² 19 800 h.* Archipel britannique au sud-est de l'Écosse, formé de 90 îles, au climat doux et humide, dont les trois quarts sont inhabitées. Chef-lieu *Kirkwall* (dans l'île de Mainland). La pêche et l'élevage constituent les principales ressources ; l'archipel est également le lieu de réexpédition du pétrole off shore pour des raffineries européennes.

Orcagna (Andrea di Cione Arcangelo, dit**)** connu entre 1344 et 1368. Peintre, sculpteur et architecte florentin, son œuvre la plus célèbre est le tabernacle en marbre polychrome de l'église d'Orsanmichele (1352-1359).

orchestral, ale, aux adj. Propre ou relatif à l'orchestre.

orchestration n. f. Art d'orchestrer ; adaptation d'une pièce de musique en vue de son exécution par un orchestre. / Fig. *L'orchestration d'une campagne publicitaire.*

orchestre n. m. Ensemble de tous les musiciens qui concourent, sous la direction d'un chef, à l'exécution d'une œuvre musicale écrite pour des instruments divers. *Né de l'ensemble instrumental de la Renaissance, l'orchestre a vu sa taille, son rôle et sa composition varier avec les époques. Orchestre symphonique*, qui regroupe les cordes, les bois, les cuivres et les percussions. *Orchestre de chambre* : formation classique réduite. *Orchestre d'harmonie*, qui ne comporte que les bois, les cuivres, les percussions. / Lieu réservé aux musiciens, situé en contrebas de la scène. / ANTIQ. Partie du théâtre réservée aux mouvements du chœur, de plan circulaire, située entre la scène et le public. / Aujourd'hui, ensemble des places situées au rez-de-chaussée d'un théâtre.

orchestrer v. t. [1] Écrire (une œuvre musicale) en combinant les diverses parties instrumentales / Fig. Diriger (une action, une manœuvre). *Orchestrer la mise sur le marché d'un produit.*

orchidacées n. f. pl. BOT. Famille de plantes monocotylédones à fleurs souvent très décoratives, à trois pétales et trois sépales pétaloïdes, comprenant de nombreuses espèces dont la plupart croissent sous les climats tropicaux. *Les orchidacées sont souvent épiphytes ou saprophytes.*

orchidée n. f. Plante de la famille des orchidacées ; fleur de cette plante. *La vanille, le cattleya sont des orchidées.*

orchite n. f. MÉD. Inflammation du testicule, souvent associée à une épididymite.

ordalie n. f. Forme de jugement, en usage au Moyen Âge, qui consistait à soumettre l'accusé à des épreuves physiques à l'issue desquelles la sentence était rendue ; la résistance du sujet, attribuée à la protection divine, prouvait son innocence.

Ordener (Michel, comte**)** 1755-1811 Général français. Colonel de la garde consulaire en 1800, général en 1803, il fut chargé d'arrêter le duc d'Enghien à Ettenheim (grand-duché de Bade) en 1804.

ordinaire adj. et n. m. **A.** adj. Commun, habituel. ; de qualité moyenne. *Son désordre ordinaire. Des enveloppes ordinaires.* **B.** n. m. Ce qui est commun, habituel. *Une idée qui sort de l'ordinaire.* / Menu habituel. *Améliorer l'ordinaire.* / MILIT. *Caporal d'ordinaire*, chargé de l'alimentation des soldats. / LITURG. *Ordinaire de la messe*, ce qui en constitue les parties fixes. / DR. CANON Évêque, par rapport aux paroisses et au clergé de son diocèse. *Les curés et les ordinaires des lieux dont ils dépendent.* **C.** loc. adv. *D'ordinaire* : habituellement. *Comme à l'ordinaire* : comme de coutume.

ordinairement adv. D'ordinaire.

ordinal, ale, aux adj. Qui exprime l'ordre, le rang. *Nombre ordinal.*

ordinand n. m. LITURG. CATHOL. Celui qui s'apprête à recevoir les ordres sacrés.

Le *Cypripedium calceulus*, de la famille des **orchidacées**.

Fleur d'**orchidée**.

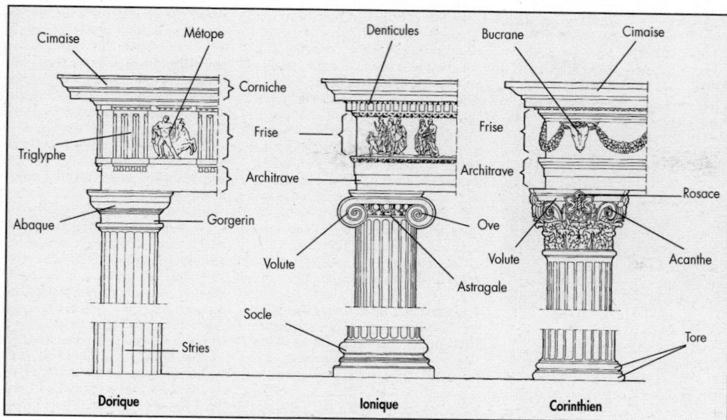

*Les **ordres** dorique, ionique et corinthien de l'architecture grecque.*

ordinant n. m. LITURG. CATHOL. Évêque qui confère les ordres sacrés.

ordinateur n. m. Machine électronique capable de réaliser trois types d'opérations : entrée de données structurées, traitement de ces dernières, et production de résultats en sortie. *Un ordinateur est constitué d'éléments physiques, le matériel (« hardware » en anglais), et fonctionne grâce à un ensemble de programmes, le ou les logiciels (« software » en anglais).*

ordination n. f. LITURG. Dans les Églises chrétiennes, action de conférer, fait de recevoir les ordres sacrés.

ordinogramme n. m. INFORM. Organigramme que l'on utilise pour résoudre un problème à l'aide d'un ordinateur.

Ordjonikidze (Grigori Konstantinovitch) 1886-1937 Homme politique géorgien. Bolchevik de la première heure, proche de Staline, brutal artisan de la russification de la Géorgie, il entre au bureau politique du parti communiste en 1926 et devient en 1930 commissaire à l'Industrie lourde. En conflit avec Staline, il se serait suicidé.

ordo n. m. inv. (mot latin) LITURG. Calendrier liturgique de l'Église universelle, d'une Église particulière, d'un ordre particulier.

ordonnance n. f. Disposition selon un ordre déterminé, organisation. *Ordonnance d'un jardin, d'une fête.* / Prescription émanant d'une autorité supérieure. / DR. Acte législatif émanant d'un gouvernement. / Décision d'un président de juridiction ou d'un juge d'instruction. *Ordonnance de référé.* / MÉD. Ensemble des instructions du médecin, notées sur une feuille. / MILIT. Anc. Soldat servant de domestique à un officier. *Officier d'ordonnance* : aide de camp.

ordonnancement n. m. Action de régler selon un ordre précis ; son résultat. *L'ordonnancement d'un repas.* / FIN. et DR. Action d'ordonnancer un paiement.

ordonnancer v. t. [1] Régler (qqch.) selon un ordre précis. / FIN. Ordonner (une dépense publique) après contrôle du montant et de la légitimité du créancier.

ordonnancier n. m. Registre sur lequel le pharmacien doit, dans certains cas, relever les noms des médicaments prescrits, du médecin et du malade. / Bloc de papier utilisé par le médecin pour rédiger ses ordonnances.

ordonnateur, trice n. Personne qui ordonne une cérémonie. *Ordonnateur des pompes funèbres*, qui est chargé d'ordonner les convois funèbres. / FIN. Administrateur qualifié pour ordonnancer.

ordonné, e adj. Qui a de l'ordre, aime l'ordre. *Un élève ordonné.* Ant. désordonné. / Qui est en ordre, bien rangé. *Un bureau ordonné.* / adj. m. RELIG. Qui a reçu les ordres sacrés, qui a un rapport avec les ordres sacrés. *Ministères ordonnés*, qui font l'objet d'une ordination.

ordonnée n. f. MATH. Une des deux coordonnées servant à déterminer la position d'un point dans un repère cartésien plan.

ordonner v. t. [1] Mettre en ordre, ranger, classer méthodiquement. *Ordonner ses papiers. Ordonner ses pensées. Ordonner une cérémonie*, organiser ses différentes phases. / MATH. Doter (un ensemble) d'une relation d'ordre. / Donner l'ordre de ; prescrire. *On lui a ordonné de sortir. Le médecin lui a ordonné du repos.* / RELIG. Conférer les ordres sacrés à. *On l'a ordonné prêtre.*

ordovicien, enne adj. et n. m. GÉOL. De la première partie du Silurien. / n. m. *L'Ordovicien* : cette période.

ordre n. m. **I.** Disposition de choses établissant entre elles un rapport intelligible, logique ou esthétique. *Ordre chronologique. Mettre de l'ordre. L'ordre de l'Univers. L'ordre établi.* Ant. désordre. / MATH. *Relation d'ordre dans un ensemble* : relation binaire réflexive, transitive et antisymétrique entre éléments de cet ensemble. / *Ordre du jour* : liste des questions à aborder successivement. / *Ordre public* : ensemble des mesures permettant à une société de conserver son organisation. *Service d'ordre* : fonction du personnel chargé de maintenir l'ordre public lors de certaines manifestations collectives ; ce personnel lui-même. *Se heurter au service d'ordre.* / Catégorie de personnes ayant le même degré dans une hiérarchie. *Les trois ordres de l'Ancien Régime* : le clergé, la noblesse et le tiers-état. / THÉOL. Rang, degré occupé dans la hiérarchie ecclésiastique. (Dans l'Église catholique romaine, on distingue les ordres *majeurs* ou *sacrés* – appelés *majeurs* à cause de la grandeur des fonctions qui y sont attachées, et *sacrés*, en raison du pouvoir qu'ils donnent de toucher les choses sacrées –, et les *ministères*, autrefois nommés *ordres mineurs*. Les *ordres majeurs* sont au nombre de trois, *sous-diaconat*, *diaconat* et *sacerdoce* [prêtrise et épiscopat]. Les anciens *ordres mineurs* étaient quatre, *acolyte*, *exorciste*, *lecteur* et *portier* ; ils ont été remplacés par les ministères, au nombre de deux, *lecteur* et *servant à l'autel*.) / Catégorie de personnes ayant les mêmes règles professionnelles. *L'ordre des avocats.* / BIOL. Taxon de rang inférieur à la classe et supérieur à la famille. *Les ordres sont parfois divisés en sous-ordres, et regroupés en super-ordres. L'ordre des insectivores, des passériformes, des diptères.* / ARCHIT. Style possédant des caractéristiques particulières. *Ordre dorique, toscan.* **II.** Commandement. *Donner un ordre. Mot d'ordre* : consigne. *Ordre de Bourse* : mandat d'achat ou de vente d'une valeur.

Ordre moral (l') Mouvement politique formé par les monarchistes au début de la IIIe République. Prônant l'*ordre moral*, il vota la destitution de Thiers (mai 1873) et permit à Mac-Mahon de devenir président.

Ordre (parti de l') Parti majoritaire de la IIe République formé après juin 1848. Il regroupa des députés légitimistes, orléanistes, des républicains modérés et des bonapartistes élus en mai 1849. Thiers figura parmi ses dirigeants, et Falloux, ministre de l'Instruction publique, fut le promoteur de la *loi Falloux* en faveur de la liberté de l'enseignement, votée en 1850. C'est pour ne pas subir le contrôle de ce parti que Louis Napoléon Bonaparte organisa le coup d'État du 2 décembre 1851.

ordure n. f. (Au plur.) Déchets ménagers. / Excréments des animaux. / Fig. Obscénité. / Parole, écrit ou action vils et méprisables. *Ce journal est une ordure.* / Personne abjecte.

ordurier, ère adj. Qui énonce des ordures, des obscénités. *Taisez-vous, vous devenez ordurier !* / Qui contient des ordures, des obscénités. *Langage ordurier.*

oréade n. f. MYTH. GR. Divinité, nymphe des montagnes et des bois.

orée n. f. Lisière (d'une forêt, d'un bois).

Oregon *251 419 km² 3 243 487 h.* Capitale *Salem*. Un des États de l'Ouest des États-Unis s'étendant, de part et d'autre de la chaîne des Cascades et de la Coast Range, sur la plaine côtière du Pacifique et les hauts plateaux de la Columbia. L'Oregon est animé par l'exploitation forestière et minière, et bénéficie d'une abondante hydroélectricité. Ce territoire (qui comprenait l'État de Washington jusqu'en 1853) est entré dans l'Union en 1859.

oreillard, e adj. et n. m. (Rare) En parlant d'un animal, aux oreilles très longues et pendantes. / n. m. Petite chauve-souris, aux oreilles extrêmement développées.

oreille n. f. Organe pair de l'ouïe. / Partie externe de cet organe, placée symétriquement de chaque côté de la tête. / Aptitude à percevoir les sons et à en distinguer les nuances. *Avoir de l'oreille, l'oreille musicale. Faire la sourde oreille* : feindre de ne pas entendre. *Prêter l'oreille à, tendre l'oreille* : écouter attentivement. *Rebattre les oreilles de qqn* : voir *rebattre*. / Partie saillante d'une chose, anse d'un récipient dont la forme rappelle celle d'une oreille. *Les oreilles d'une marmite.* / Nom de divers animaux et plantes. *L'ormeau est appelé aussi oreille-de-mer, le myosotis, l'oreille-de-souris.*

♦ L'oreille de l'homme et des autres mammifères est constituée de trois parties : l'*oreille externe*, formée du pavillon et du conduit auditif fermé par la membrane du tympan ; l'*oreille moyenne*, constituée par la caisse du

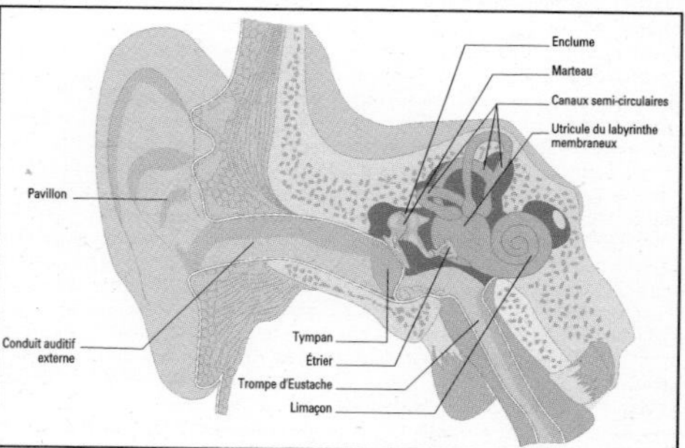

*Schéma des **oreilles** externe, moyenne et interne.*

Vue aérienne du fleuve **Orénoque** (Venezuela).

tympan, qui renferme la chaîne des osselets (marteau, enclume, étrier, qui transmettent les vibrations du tympan à l'oreille interne) et communique avec le pharynx par la trompe d'Eustache; et l'*oreille interne*, composée du labyrinthe (vestibule et canaux semi-circulaires) et du limaçon (ou cochlée), qui contient les cellules sensorielles de l'audition. L'oreille est également un organe d'équilibre.

oreiller n. m. Coussin sur lequel on pose la tête quand on est couché.

oreillette n. f. ANAT. Chacune des deux cavités du cœur qui reçoivent le sang veineux, communiquant chacune avec un ventricule. *L'oreillette droite reçoit les veines caves (circulation générale), l'oreillette gauche reçoit les veines pulmonaires (circulation pulmonaire).* / Chacune des deux parties d'un bonnet ou d'une coiffe qui couvre les oreilles. / CUIS. Beignet sucré en forme d'oreille.

O

oreillons n. m. pl. MÉD. Maladie virale infectieuse, contagieuse, qui se caractérise principalement par une inflammation des glandes parotides, susceptible de toucher d'autres glandes, en particulier les glandes génitales.

Orénoque (en espagnol **Orinoco**) *2 160 km* Fleuve du Venezuela. Il prend sa source à la frontière brésilienne, sépare le Venezuela de la Colombie dans son cours moyen et se jette par un large delta dans l'océan Atlantique. Malgré ses rapides, il constitue une importante voie de navigation dans son cours inférieur.

ores et déjà (d') loc. adv. Dès maintenant, dès à présent.

Oreste MYTH. GR. Fils d'Agamemnon et de Clytemnestre. Issu de la famille des Atrides, il tua sa mère et son complice Égisthe pour venger le meurtre de son père dont sa sœur, Électre, l'avait informé. Poursuivi par les Érinyes (les déesses de la vengeance) pour ces meurtres puis acquitté grâce à Athéna, il épousa Hermione et devint roi d'Argos et de Mycènes. Son histoire a inspiré de nombreux dramaturges, d'Eschyle (trilogie de l'*Orestie*) à Giraudoux (*Électre*, 1937), en passant par Racine (*Andromaque*, 1667).

Orestie (l') 458 av. J.-C. Nom donné à la trilogie d'Eschyle comprenant *Agamemnon*, *Les Choéphores* et *Les Euménides*.

Orfeo 1607 Drame en 5 actes dont la musique est de Monteverdi. Considéré comme le premier opéra en raison de sa cohérence dramatique et lyrique, il met en musique le drame d'Angelo Poliziano (1454-1494), *Fabula di Orfeo* (1480).

orfèvre n. Personne qui fabrique, vend de l'orfèvrerie. / Loc. fig. *Être orfèvre en la matière*: être expert.

orfèvrerie n. f. Art de fabriquer des objets en métaux précieux. / Ouvrages résultant de cet art.

Orff (Carl) 1895-1982 Musicien allemand. Influencé par la tragédie grecque et les musiques orientales, il réduit souvent le chant à une psalmodie ou à une récitation (*Carmina Burana*, cantate, 1937).

Orfila (Mathieu) 1787-1853 Médecin et chimiste français d'origine espagnole. Il laissa d'importants travaux de toxicologie (*Traité des poisons*, 1813-1815).

orfraie n. f. Synonyme de pygargue. / *Pousser des cris d'orfraie*: crier très fort, de manière stridente (par confusion avec l'*effraie*).

orfroi n. m. Parement tissé d'or ou d'argent sur un vêtement sacerdotal.

organdi n. m. Mousseline de coton fine et légère, raidie par un apprêt.

organe n. m. **I.** Partie d'un corps organisé remplissant une fonction précise. *Les organes des sens. Le foie est un organe vital.* / Pièce essentielle d'une machine. *Les organes de commande.* / Organisation assurant le fonctionnement d'activités déterminées. *Les organes gouvernementaux.* **II.** (Absol.) Voix humaine. *Avoir un organe bien timbré.* / Par ext. Personne, chose qui sert d'intermédiaire pour faire connaître une opinion. *Se faire l'organe d'un mouvement politique.* / Par ext. Média qui est considéré comme le porte-parole d'un parti, d'une tendance. *Ce journal est l'organe de la mouvance d'extrême-droite.*

organigramme n. m. Schéma d'une organisation administrative complexe qui dresse le tableau hiérarchique des différents éléments et les relations qui les réunissent. / INFORM. Représentation graphique de la suite des opérations nécessaires à la résolution d'un problème.

organique adj. Propre ou relatif aux organes, aux organismes vivants. *Vie organique.* / MÉD *Maladie organique*, impliquant qu'un organe ou un tissu est lésé (par oppos. avec maladie *fonctionnelle*). / Qui a pour source des organismes, des tissus vivants. *Chimie organique*, liée à l'étude des composés du carbone (par oppos. avec chimie *minérale*). / Qui concerne les institutions, les organes essentiels d'un État, l'essence même d'un traité. *Loi organique.*

organiquement adv. D'un point de vue organique.

organisateur, trice adj. et n. Qui organise. *Fonction organisatrice.* / Personne qui organise, organise efficacement.

organisation n. f. Manière dont sont agencées, structurées, les diverses parties d'un tout. Ant. désorganisation. / Action de préparer un événement, de répartir des tâches. *Organisation d'un voyage. Une bonne organisation.* / Manière dont est structurée une entreprise, une administration. / Groupement organisé pour réaliser des actions communes. *Organisation sportive.* / Nom donné à certaines associations. *Organisation internationale du travail.*

Organisation armée secrète Voir **OAS**

Organisation de coopération et de développement économiques (O.C.D.É.) Organisation créée en 1961 et dont le siège est à Paris. Elle remplace l'Organisation européenne de coopération économique (O.E.C.É.), créée en 1948, et s'attache à la coordination des politiques économiques des États membres, au développement du commerce mondial et à l'aide aux pays en voie de développement. Outre les États européens, les États-Unis et le Canada font partie de l'O.C.D.É., ainsi que le Japon (depuis 1964), l'Australie (1971), la Nouvelle-Zélande (1975). Depuis les années 1990, l'O.C.D.É. accueille également des pays émergents, comme le Mexique (1994) et d'anciens États d'Europe centrale et orientale (Hongrie et Pologne en 1996).

Organisation de l'unité africaine (OUA) Organisation panafricaine pour l'entraide des pays membres et la coordination de leur politique, créée en 1963 par la charte d'Addis-Abeba, qui regroupe tous les États d'Afrique (sauf le Maroc). Elle siège à Addis-Abeba.

Organisation de libération de la Palestine (O.L.P.) Organisation palestinienne fondée en 1964 à Jérusalem pour libérer la Palestine de l'occupation israélienne et créer un État palestinien. Composée de plusieurs organisations de résistance palestinienne mais contrôlée par les pays arabes jusqu'à leur défaite face à Israël en 1967, elle est dirigée depuis 1969 par Yasser Arafat. Basée en Jordanie puis au Liban, elle fut reconnue par l'ONU en 1974 et fit son entrée dans la Ligue arabe en 1976. Abandonnant progressivement la lutte armée contre Israël, l'OLP signa avec lui un accord de reconnaissance mutuelle en septembre 1993 et obtint l'autonomie partielle de plusieurs villes de Cisjordanie (Gaza et Jéricho), depuis placées sous la responsabilité d'une entité nommée « Autorité palestinienne » dirigée par l'OLP. La nouvelle Intifida qui ensanglante Israël et la Palestine depuis septembre 2000 a mis à mal le processus de paix et rend précaire la situation de l'Autorité palestinienne.

Organisation des Nations unies (ONU) Organisation internationale créée en 1945 afin de maintenir la paix et la sécurité dans le monde et de promouvoir la coopération internationale dans les domaines économiques, sociaux et culturels. Elle succède à la Société des nations avec la ratification par 51 nations de la charte des Nations unies, à la conférence de San Francisco, le 26 juin 1945, et groupe tous les États indépendants du monde, exception faite du Vatican, de la Suisse et de la république de Chine (Taiwan) qui en a été écartée en 1971 au profit de la Chine populaire. Son siège est à New York et ses deux principaux organes sont l'Assemblée générale, composée de tous les membres, et le Conseil de sécurité, l'organe exécutif, composé de onze membres dont cinq permanents (Chine, États-Unis, France, Royaume-Uni, Russie). L'ONU comprend en outre un Conseil économique et social, un Conseil de tutelle, chargé des territoires sous tutelle, une Cour internationale de justice qui siège à La Haye, et un secrétariat général. Le secrétaire général, nommé pour cinq ans par l'Assemblée sur recommandation du Conseil de sécurité, représente politiquement l'Organisation dans les relations internationales. Malgré une structure complexe et un rôle changeant selon l'évolution de la situation mondiale, l'ONU demeure, d'après la résolution du 3 novembre 1950, en mesure de créer une force armée d'urgence, nommée couramment « les casques bleus », pour lui permettre d'appliquer son mandat. De plus, l'ONU intervient par le biais des nombreuses institutions et organisations spécialisées qui dépendent d'elle: l'Organisation internationale du travail (O.I.T.); l'Organisation mondiale de la santé (O.M.S.); l'Organisation des Nations unies pour l'éducation, la science et la culture (Unesco); l'Organisation pour l'alimentation et l'agriculture (sigle anglo-saxon: F.A.O); l'Unicef (Fonds des nations unies pour l'enfance). L'ONU et son secrétaire gé-

Soldats de l'**Organisation des Nations unies** (ONU).

*Rencontre entre des représentants de l'**OTAN** et du Pacte de Varsovie en 1990.*

néral, Kofi Annan, ont reçu le prix Nobel de la paix en 2001.

Organisation des pays exportateurs de pétrole (OPEP) Créée en 1960 par l'Arabie Saoudite, l'Irak, l'Iran, le Koweït et le Venezuela. Les ont rejoints le Qatar, l'Indonésie, la Libye, les Émirats arabes unis, l'Algérie, le Nigeria et le Gabon. Son siège est à Vienne

Organisation du traité de l'Atlantique Nord (OTAN) Organisation politique et militaire fondée en 1949 après la signature à Washington d'un traité de défense par dix États européens (la Belgique, le Danemark, la Grande-Bretagne, l'Islande, l'Italie, le Luxembourg, la Norvège, les Pays-Bas et le Portugal), les États-Unis et le Canada. Son siège est à Bruxelles. Créée afin de défendre la région de l'Atlantique Nord contre tout agresseur, l'Otan est composée d'un Conseil de l'Atlantique Nord, d'un comité permanent, d'un secrétariat général et d'un comité militaire. Les deux commandements suprêmes à la tête des commandements régionaux sont le Saceur (Supreme Allied Commander Europe) qui regroupe toutes les armes, et le Saclant (Supreme Allied Commander Atlantic) pour les forces navales. La Grèce, la Turquie, l'Allemagne de l'Ouest et l'Espagne rejoignirent l'Otan après 1950 alors que la France en retira ses forces armées en 1966 tout en restant membre de l'Alliance. Depuis l'effondrement de l'URSS, l'Otan a tenté de redéfinir son rôle, en favorisant une coopération plus large avec les anciens pays du bloc de l'Est et en renforçant son rôle politique. En 1997, l'Otan a signé un Acte fondateur avec la Russie pour la mise en place d'un Conseil conjoint permanent en vue de se consulter sur les problèmes de sécurité communs. Elle a également proposé un Partenariat pour la paix à certains pays d'Europe de l'Est et a intégré en 1999 la Pologne, la Hongrie et la République tchèque.

Organisation internationale du travail (O.I.T.) Organisme de l'ONU créé en 1946 et dont le secrétariat général, nommé *Bureau international du travail* (B.I.T.), siège à Genève. Son but est d'améliorer les conditions de travail dans le monde entier.

Orge.

Organisation mondiale de la santé (OMS) Organisation internationale dépendant de l'ONU, créée en 1948, qui siège à Genève. L'OMS a pur but d'aider les gouvernements à améliorer leur système de santé, de lutter contre les épidémies, de favoriser la recherche et de fixer des normes internationales pour les aliments et pour les produits pharmaceutiques.

Organisation pour la sécurité et la paix en Europe (OSCE) Elle réunit les États européens, le Canada et les États-Unis en vue de favoriser la paix en Europe, particulièrement entre les pays de l'Ouest et de l'Est. La première conférence s'est tenue à Helsinki en 1975. La deuxième conférence a abouti en 1990, à Paris, à une *Charte pour une nouvelle Europe*. En 1991 et 1992, les pays naguère liés à l'URSS ont rejoint l'organisation, qui s'est donné son nom actuel en 1994.

organisationnel, elle adj. Relatif à l'organisation, notam. à l'organisation politique.

organiser v. t. [1] **A.** v. t. Agencer, combiner méthodiquement, efficacement (les éléments d'un ensemble). *Organiser une société. Organiser son travail.* Ant. désorganiser. / Mettre sur pied, préparer selon un plan précis, dans un but déterminé. *Organiser une expédition, une rencontre.* **B.** v. pron. Régler sa vie, ses activités avec méthode et efficacité. *Savoir s'organiser.* / Prendre forme, se structurer. *Les secours s'organisent.*

organisme n. m. Ensemble des organes formant un être vivant ; cet être vivant lui-même. *Organisme génétiquement modifié (O.G.M.)*, dont le génome a été artificiellement modifié (par ex. en lui incorporant un ou plusieurs gènes issus du génome d'autres êtres vivants). / Corps humain. *Protéines nécessaires à l'organisme.* / Fig. Ensemble de services assumant une fonction déterminée.

organiste n. Musicien qui joue de l'orgue.

Organon IVe s. av. J.-C. Nom donné aux traités de logique d'Aristote. Il rassemble *Catégories, De l'interprétation, Analytiques* (*I* et *II*), *Topiques* et *Réfutations sophistiques*.

organum n. m. Dans la musique médiévale, chant liturgique à deux, puis à plusieurs voix.

orgasme n. m. Paroxysme du plaisir sexuel.

orge n. f. et n. m. **A.** n. f. Céréale annuelle à épi simple à longues barbes, cultivée pour l'alimentation des animaux et pour la fabrication de la bière ; grain de cette céréale. / *Sucre d'orge* : petit bâton de sucre aromatisé (qui était cuit autrefois avec une décoction d'orge). **B.** n. m. *Orge mondé* : grain d'orge débarrassé de son enveloppe. / *Orge perlé* : semoule d'orge.

orgeat n. m. Sirop obtenu autrefois par décoction d'orge et préparé aujourd'hui avec une émulsion d'amandes.

orgelet n. m. MÉD. Furoncle de la paupière ayant la forme et la taille d'un grain d'orge, et siégeant dans l'une des glandes sébacées annexées à un cil.

orgiaque adj. ANTIQ. Relatif aux orgies rituelles. / Qui procède de l'orgie, de la débauche.

orgie n. f. ANTIQ. (Au plur.) Fêtes consacrées à Dionysos chez les Grecs, à Bacchus chez les Romains. / Mod. Partie de débauche ; excès de table accompagnés de débordements sexuels. / Fig. Profusion. *Une orgie de couleurs.* / Par exagération *Faire une orgie de* : consommer en grande abondance. *Faire une orgie de fruits.*

***Orgue** de la cathédrale de Cordoue.*

orgue n. m. (n. f. au pluriel) MUS. Instrument à vent, composé d'un ensemble de tuyaux (organe sonore), d'une soufflerie (organe pneumatique) et de claviers et de pédales (organes mécaniques) grâce auxquels on actionne l'orgue. (C'est le plus complet des instruments acoustiques quant aux timbres. Déjà connu avant notre ère, il passa, au Moyen Âge, de l'usage profane à un usage spécifiquement religieux. Extérieurement, l'orgue se prête à de belles réalisations architecturales). *Les belles orgues d'une cathédrale.* / *Orgue électronique* : instrument à clavier qui produit des sons imitant ceux de l'orgue. / *Point d'orgue* : temps d'arrêt sur une note ou sur un silence, qui peut être prolongé à volonté. Au fig., apothéose. / *Orgue de Barbarie* : instrument portatif, actionné par une manivelle déroulant une bande de carton perforé et actionnant un soufflet grâce auquel l'air entre dans les tuyaux. / n. m. pl. MILIT. *Orgues de Staline* : ensemble de pièces d'artillerie accolées les unes aux autres, comme des tuyaux d'orgue, utilisé par les Soviétiques durant la Seconde Guerre mondiale. / n. f. pl. GÉOL. Coulées de basalte en forme de colonnes prismatiques accolées.

orgueil n. m. Idée exagérée de sa propre valeur. / Fierté légitime. / Sujet de fierté. *Ce jardin est son orgueil.*

orgueilleusement adv. Avec orgueil.

orgueilleux, euse adj. et n. Qui a de l'orgueil. *Une famille orgueilleuse. « Les Orgueilleux », film d'Yves Allégret.* / Qui dénote l'orgueil. *Regard orgueilleux.*

oriel n. m. ARCHIT. Fenêtre en encorbellement. Syn. bow-window.

orient n. m. **I.** Est, levant. Ant. occident. / (Avec une majuscule) Partie du globe située à l'est et au sud-est de l'Europe occidentale. *Un tapis d'Orient.* **II.** Siège d'une ou plusieurs loges, dans la franc-maçonnerie. *L'Orient de Paris. Grand Orient* : fédération de loges maçonniques de même obédience. / *L'Orient éternel* : la vie éternelle, pour certains francs-maçons. *Retour à l'Orient éternel* : mort, décès. **III.** Reflet nacré d'une perle.

Orient (Empire romain d') Voir **byzantin (Empire)**

Orient (question d') Nom donné à l'ensemble des problèmes posés à partir du XVIIIe siècle par la décadence de l'Empire turc et les convoitises européennes. On fait en général remonter le début de la question d'Orient à la paix de Kutchuk-Kaïnardji (1774) grâce à laquelle Catherine II permit à la Russie d'avoir accès à la mer Noire. La France fut, elle aussi, entraînée dans l'affaire d'Orient par Bonaparte, lors de l'expédition d'Égypte (1798), puis au moment des projets de partage de l'Empire ottoman avec le tsar Alexandre. L'Angleterre, soucieuse avant tout de garder libre la route des Indes, intervint notamment contre l'occupation de l'Égypte par les Français. Le début du XIXe siècle vit l'autonomie de la Serbie et l'indépendance de la Grèce (traité d'Andrinople, 1829). Mais, si elles soutenaient la libération des populations chrétiennes des Balkans, les Puissances ne souhaitaient pas la disparition de l'Empire ottoman. En 1833 et en 1840, s'opposant à l'une d'entre elles, la France, elles apportèrent leur soutien à la Sublime Porte contre Méhémet Ali, le pacha d'Égypte. En 1854, la France, l'Angleterre puis, en 1877, l'Autriche-Hongrie, s'employèrent à limiter les succès militaires de la Russie par les traités de Paris (1856) et de Berlin (1878). Mais l'Empire ottoman n'en fut pas moins dépecé : création de la Roumanie (1867), occupation de la Bosnie par l'Autriche et de Chypre par l'Angleterre (1878), naissance de

*Tapis **d'Orient**.*

O

***Origan** en fleur.*

la Bulgarie (1885). Au XXe siècle, les guerres balkaniques ne laissaient à la Turquie que la zone des détroits (1913). Entraînée dans la guerre en 1914 par l'Allemagne, vaincue, le traité de Lausanne (1923) ne lui permit de conserver en Europe que la région d'Istanbul après la fin de la Première Guerre mondiale ; ce traité entérina en même temps l'expulsion violente (environ 100 000 morts) de la presque totalité des Grecs d'Asie mineure. La question d'Orient se déplaça par la suite vers le Moyen-Orient, avec la naissance des États arabes.

Orient (schisme d') Séparation entre l'Église de Rome et l'Église d'Orient dont les origines remontent aux querelles dogmatiques et politiques entre l'Empire romain d'Occident et l'Empire romain d'Orient. L'incompréhension s'aggrava lorsque le pape s'allia aux Carolingiens au VIIIe siècle et lorsqu'un patriarche, Photius, nommé par l'empereur d'Orient, fut excommunié par Rome au Xe siècle. Cependant, la rupture définitive n'eut lieu qu'un siècle plus tard. Les chrétiens d'Orient refusaient d'admettre la conception romaine de la suprématie de l'évêque de Rome par rapport aux autres sièges patriarcaux. En 1054, Léon IX excommunia Cérulaire, patriarche de Constantinople, et ce dernier lança l'anathème à l'encontre des partisans de Rome. Depuis lors, les deux Églises ne sont plus jamais rentrées en communion, malgré la double levée des anathèmes après le concile de Vatican II.

oriental, ale, aux adj. et n. De l'orient. *Asie orientale.* / De l'Orient, en tant qu'entité culturelle ou politique. *Langues orientales. Les Orientaux.*

orientalisme n. m. Intérêt porté à tout ce qui vient de l'Orient. / Au XIXe siècle, en littérature et en peinture, tendance à s'inspirer de l'Orient méditerranéen. *L'orientalisme de Delacroix.*

orientaliste n. et adj. Personne versée dans l'orientalisme ou qui s'en réclame. / adj. *Peintre orientaliste.*

orientation n. f. Détermination de la position d'un lieu par rapport aux points cardinaux ou à un autre repère ; cette position. *Avoir le sens de l'orientation. Orientation sud-sud-ouest d'un bâtiment.* / Fig. Tendance. *L'orientation politique d'un journal.* / Action de guider, de diriger dans une voie. *Orientation professionnelle.*

orienter v. t. [1] **A.** v. t. Situer, disposer (qqch.) par rapport aux points cardinaux, à un point ou une direction déterminés. *Orienter ses fenêtres au sud.* / Indiquer à (qqn) la direction à prendre, le guider. *Orienter un touriste dans le métro. Orienter un patient vers un hôpital.* / Fig. Engager (qqn ou qqch.) dans telle voie. *Orienter un élève vers les sciences. Orienter la discussion sur un autre sujet.* **B.** v. pron. Repérer sa position par rapport aux points cardinaux. / Se tourner dans telle direction, prendre telle direction. / Fig. S'engager dans telle voie.

orifice n. m. Ouverture servant d'entrée à une cavité ou faisant communiquer deux cavités. / Ouverture d'un conduit, d'un récipient, d'une cavité.

oriflamme n. f. Bannière en forme de flamme, terminée en pointe. / Étendard des rois de France, du XIIe au XVe siècle, qui fut d'abord l'enseigne de l'abbaye de Saint-Denis.

origami n. m. (mot japonais) Art du papier plié, traditionnel au Japon.

origan n. m. Marjolaine.

Origène 185 ?-254 ? Théologien grec. Son père mourut martyr alors qu'Origène n'avait que 17 ans. Il donna des cours de grammaire à Alexandrie, tout en s'intéressant activement à la philosophie platonicienne, qu'il enseigna à partir de 211. Il acquit ainsi une grande renommée au-delà de sa ville natale. Il s'installa définitivement à Césarée de Palestine à partir de 232, et y fonda une école de théologie. Emprisonné et torturé durant la persécution de l'empereur romain, Dèce, il mourut après 251. La doctrine qui porte son nom (*origénisme*) et qui est plutôt l'œuvre de ses épigones, rapproche tradition chrétienne et philosophie grecque.

originaire adj. Dont l'origine est en (tel lieu). *Envahisseurs originaires du Nord.* / Originel. *État originaire.*

original, ale, aux adj. et n. Qui émane directement d'un artiste, d'un écrivain, qui constitue la source première. *Œuvre originale. Manuscrit original.* / Qui innove. *Une idée originale.* / Qui est édité pour la première fois. *Édition originale.* / n. m. Document authentique, non reproduit. *Voici l'original de sa lettre.* / Minute, acte notarié primitif. / n. Personne excentrique. *C'est un original.*

originalité n. f. Caractère de ce qui est original, d'une personne originale. / Chose originale. *Relever les originalités de son comportement.*

origine n. f. Naissance d'une chose. *Origine du monde, d'un mot, d'une langue.* / Point de départ d'une lignée ; groupe, catégorie socale, lieu d'où est issue une personne. *Il est d'origine limousine. D'origine modeste. Renier ses origines.* / *À l'origine* : au commencement. / Provenance. *Origine d'un produit.* / Cause. *L'origine d'un malentendu. L'origine d'une panne.* / MATH. Point à partir duquel on mesure les coordonnées. / ASTRON. *Méridien origine* : méridien à partir duquel on mesure la longitude d'un lieu.

origine des espèces par voie de sélection naturelle (De l') 1859 Ouvrage de Darwin, dont l'essentiel de la thèse constitue encore le fondement de la théorie de l'évolution : des modifications génétiques créent de nouvelles espèces lorsqu'elles permettent une meilleure adaptation des individus à leur milieu. Cet ouvrage déclencha des passions : on reprocha à Darwin de faire descendre l'homme du singe. Son livre est encore interdit dans plusieurs États des États-Unis.

***Philippe** de France, duc **d'Orléans**, (1640-1701), par Pierre Mignard.*

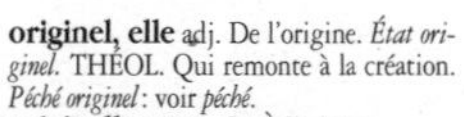

***Louis-Philippe-Joseph d'Orléans** (1747-1793), par Antoine-François Callet.*

***Philippe d'Orléans** (1674-1723), par Jean-Baptiste Santerre.*

***Ferdinand-Philippe**, duc **d'Orléans** (1810-42), par Ingres.*

originel, elle adj. De l'origine. *État originel.* THÉOL. Qui remonte à la création. *Péché originel* : voir *péché.*

originellement adv. À l'origine.

origines du christianisme (Histoire des) 1863-1881 Œuvre d'Ernest Renan en 7 volumes. Il y montre le développement du christianisme aux premiers siècles de notre ère, en interprétant de manière rationnelle les textes sacrés. Le premier tome, consacré à la *Vie de Jésus*, quoique particulièrement controversé, eut une énorme influence. L'ouvrage est complété par l'*Histoire du peuple d'Israël*.

orignal ou **orignac** n. m. ZOOL. Élan d'Amérique du Nord. Pl. Des *orignaux*, des *orignacs*.

orillon n. m. Vx Saillie en forme d'oreille. *Orillons d'une écuelle.* / Moitié d'abricot séché. / Épaulement d'un bastion.

oriole n. m. ZOOL. Syn. de troupiale.

Orion MYTH. GR. Chasseur géant renommé pour sa beauté, fils de Poséidon. Il tenta de séduire Artémis qui le fit tuer par un scorpion. Selon Horace, elle le transforma en constellation.

Orion Constellation équatoriale ; voir *constellation*.

oripeau n. m. Tissu de faux or ou de faux argent. / (Au plur.) Vieux vêtements bariolés ou chatoyants et usés.

Orissa *155 707 km² 31 659 736 h.* État de l'est de l'Inde, sur le golfe du Bengale. Capitale *Bhubaneshwar*. Peuplé en partie par des tribus vivant dans des jungles, l'État pratique une agriculture vivrière (riz, millet) et possède d'importantes ressources minières (charbon, manganèse, fer).

Orizaba (pic d') Volcan du centre du Mexique, à l'ouest de Veracruz, le plus haut sommet (5 700 m) du pays. Au pied du volcan, la ville d'Orizaba (*140 000 h.*) est un centre industriel.

O.R.L. Voir **oto-rhino-laryngologie, oto-rhino-laryngologiste**

Orlando *176 948 h.* Ville des États-Unis, en Floride. Centre industriel (électronique) et administratif. L'agglomération compte près d'un million d'habitants. À proximité, le parc d'attractions de Disneyworld en a fait un grand site touristique.

Orléanais Ancienne province du centre de la France dont la capitale était Orléans. Cette riche région agricole (céréales, vignobles, légumes, fleurs) fut partie du domaine royal sous les Capétiens, puis forma l'apanage des cadets de la maison de France (duché d'Orléans). Réuni définitivement avec le domaine royal en 1626, il constitue aujourd'hui, avec l'ancienne province du Berry, l'essentiel de la région économique du Centre.

orléaniste n. Partisan qui, après 1830, soutenait les prétentions au trône de France des princes de la famille d'Orléans.

Orléans *105 111 h.* Chef-lieu du Loiret et de la région Centre. Orléans fut un important carrefour commercial jusqu'au milieu du XIXe siècle, grâce à la navigation sur la Loire. Aujourd'hui, Orléans gravite autour de la capitale dont elle accueille les industries décentralisées et très diversifiées. Assiégée par les Anglais en 1428, la ville fut délivrée en 1429 par Jeanne d'Arc. Malgré les destructions de la dernière guerre, les monuments sont nombreux : cathédrale Sainte-Croix (XIIIe-XVIIIe siècle), hôtel de ville (XVIe siècle).

Orléans (maison d') Nom de quatre familles princières françaises. La première de ces maisons eut pour unique représentant Philippe (1336-1375), fils de Philippe VI, mort sans postérité. La deuxième est issue de Louis, duc d'Orléans en 1492, fils de Charles V et grand-père de Louis XII. La troisième est représentée par Gaston, fils d'Henri IV, mort sans postérité mâle. La quatrième est issue de Philippe, frère de Louis XIV, ancêtre de Louis-Philippe, roi des Français.

Orléans (Charles d') Voir **Charles d'Orléans**

Orléans (Gaston, comte **d'Eu,** duc **d')** 1608-1660 Frère de Louis XIII, intelligent, cultivé, mais intrigant et sans caractère, il complota toute sa vie, ne rencontrant que l'échec et laissant condamner ses complices à sa place. Mêlé à la Fronde, Mazarin le fit exiler à Blois en 1652.

Orléans (Philippe, duc **d')** 1640-1701 Frère de Louis XIV. Marié en premières noces à Henriette Anne d'Angleterre, en secondes noces à Charlotte Élisabeth de Bavière, homosexuel notoire et brillant chef militaire, il est le père du futur Régent.

Orléans (Philippe, duc **d')** 1674-1723 Régent de France de 1715 à 1723, durant la minorité de Louis XV. Fils de Philippe d'Orléans, il se fit désigner comme régent par le Parlement. Indifférent à la religion, libertin, intelligent, cultivé, féru de nouveautés dans tous les domaines, il mena une politique opposée à celle de son oncle : il associa la noblesse au gouvernement en remplaçant les ministres par sept conseils et fit cesser les persécutions contre jansénistes et protestants. Malgré l'opposition de la haute aristocratie et l'échec de la tentative de Law, que Philippe patronna pour assainir les finances du royaume, il demeura Régent jusqu'au sacre de Louis XV et mourut la même année.

Orléans (Louis Philippe Joseph, duc **d'),** dit **Philippe Égalité** 1747-1793. Arrière-petit-fils du Régent, il fut exilé par Louis XV, dont il critiquait la politique, mais rappelé par Louis XVI. Député de la noblesse aux états généraux (1789), il se rapprocha du tiers état. Membre du club des Jacobins, député de Paris à la Convention en 1792, il vota la mort de Louis XVI, son cousin, et prit le nom de Philippe Égalité. Il n'en fut pas moins arrêté par les Montagnards en avril 1793. En novembre, il était condamné à mort par le tribunal révolutionnaire pour avoir voulu rétablir la monarchie. Son fils devint roi des Français (1830-1848) sous le nom de Louis-Philippe.

Orléans (Ferdinand Philippe, duc **d')** 1810-1842 Fils de Louis-Philippe, duc d'Orléans à l'avènement de son père (1830), il participa en 1835 à la conquête de l'Algérie. C'est de lui que descendent les actuels prétendants à la couronne de France.

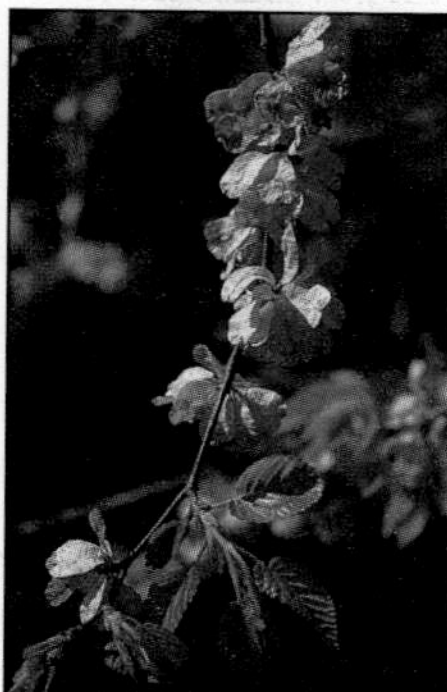

Rameau d'**orme**.

Orlov (Grigori Grigorievitch, comte**)** 1734-1783. Favori de Catherine II de Russie, il prépara avec elle l'arrestation et la mort de Pierre III.

Orly *21 646 h.* Ville du Val-de-Marne, centre industriel. Son aéroport international inauguré en 1961 forme avec l'aéroport Charles-de-Gaulle, à Roissy, et avec l'aéroport du Bourget les *Aéroports de Paris*.

ormaie, ormeraie ou **ormoie** n. f. Lieu planté d'ormes.

orme n. m. BOT. Grand arbre des régions tempérées à feuilles dentelées, dont le fruit est une samare ; bois de cet arbre. *L'orme, autrefois commun en France, est actuellement menacé par une maladie cryptogamique, la graphiose.*

ormeau [1] n. m. Jeune orme. / Syn. d'orme.

ormeau [2] n. m. Mollusque gastéropode ; l'intérieur de la coquille est garni de nacre très brillante. Syn. oreille-de-mer, haliotide.

ormeraie Voir **ormaie**

Ormeraie (les éditions **Michel de l')** Maison d'édition française qui entreprit, en 1973, la première réédition complète, en fac-similé, des œuvres de Jules Verne d'abord parues dans la collection Hetzel. Elle a également réédité de nombreuses autres œuvres classiques illustrées (Cervantès, Molière, Racine, Rabelais...) et publié des ouvrages de bibliophilie.

ormoie Voir **ormaie**

Ormuz (détroit d') Détroit où se trouve l'île iranienne d'*Ormuz* qui relie la mer d'Oman et le golfe Persique.

Ornano Famille noble d'origine corse. **Sampiero d'Ornano,** dit **Sampiero Corso** 1501-1567 Chef de guerre corse qui se mit au service de François Ier et d'Henri II et tenta d'arracher l'île à Gênes. Son épouse ayant négocié avec les Génois, il l'étrangla et fut lui-même assassiné. **Alphonse d'Ornano** v. 1548-1610 Maréchal de France. Fils du précédent, il se rangea aux côtés d'Henri III contre la Ligue et fut un compagnon d'Henri IV. **Jean-Baptiste d'Ornano,** comte de **Monlaur** 1581-1626 Maréchal de France. Fils du précédent, membre de la maison de Gaston d'Orléans, il complota avec ce dernier et mourut en prison.

Orne *152 km* Fleuve côtier de Normandie, qui arrose Caen et se jette dans la Manche à Ouistreham.

Orne (département de l') [61] *6 103 km² 293 204 h.* Chef-lieu *Alençon*. Département qui occupe le sud-est de la Région Basse-Normandie. Zone de contact entre le Massif armoricain et le Bassin parisien, l'Orne s'étend sur des régions variées : à l'est les collines du Perche, spécialisées dans l'élevage des chevaux ; l'extrémité méridionale des pays d'Auge et d'Ouche dominée par l'élevage bovin (viande et lait), de même que le Bocage normand, à l'ouest ; au centre, les campagnes d'Argentan et d'Alençon tournées vers la grande culture. La douceur du climat océanique, la prépondérance de l'agriculture, la dispersion de l'habitat sont les facteurs d'unité de ces régions variées, mais l'insuffisance des activités industrielles a entraîné un exode rural, qui persiste encore. Centres administratifs et commerciaux, Argentan et Alençon ajoutent aux artisanats traditionnels (dentelle, quincaillerie) des industries nouvelles (freins, électroménager).

Panneau **ornemental** en résine acrylique.

ornemaniste n. BX-ARTS Personne spécialisée dans la conception et la réalisation d'ornements.

ornement n. m. Vx Action d'orner ; son résultat. / loc. adj. *D'ornement* : servant à orner. *Plantes d'ornement.* / Tout ce qui permet l'enjolivement, le décor, la parure ; motif décoratif ajouté à un élément architectural. *Les ornements baroques d'une façade.* / MUS. Suite de notes brèves destinées à agrémenter un mouvement musical (trille, gruppetto, par exemple). / LITURG. (Souvent au plur.) Habits sacerdotaux. *Les ornements sont dans la sacristie.*

ornemental, ale, aux adj. Qui procède de l'ornement.

ornementation n. f. Action d'ornementer ; son résultat. / MUS. Manière dont un interprète improvise des ornements sur un morceau.

ornementer v. t. [1] Embellir avec des ornements.

orner v. t. [1] Rendre beau, plus beau en ajoutant un ou des éléments décoratifs. *Orner une rue de drapeaux, un arbre de guirlandes.* / Fig. Rendre plus riche, plus éclatant. *Orner son style, son discours.* / Servir d'ornement à. *Des pierres précieuses ornent sa couronne.*

ornière n. f. Trace profonde laissée par les roues d'un véhicule dans la terre d'un chemin. / Fig. Routine. *Sortir de l'ornière.*

ornithogale n. m. BOT. Plante bulbeuse herbacée d'Europe et d'Asie, de la famille des liliacées, à fleurs blanches ou verdâtres.

ornithologie n. f. Branche de la zoologie consacrée à l'étude des oiseaux.

Département de l'**Orne**.

Ornithorynque.

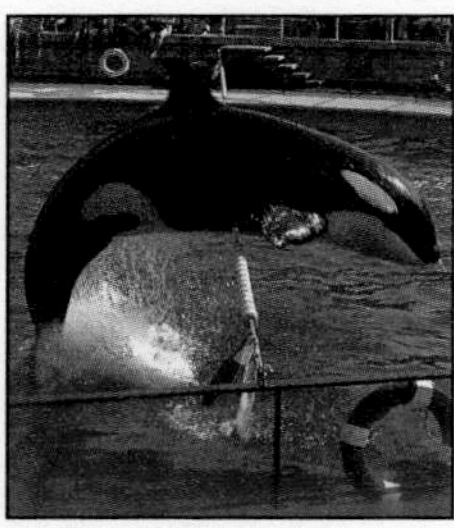

Orque.

ornithologique adj. Relatif à l'ornithologie.
ornithologue ou **ornithologiste** n. Spécialiste d'ornithologie.
ornithorynque n. m. ZOOL. Mammifère monotrème semi-aquatique, à pieds palmés, possédant un bec corné rappelant celui du canard, qui vit en Australie et en Tasmanie. *L'ornithorynque est ovipare, la femelle pond des œufs dans sa poche ventrale, où ils incubent, puis allaite ses petits.*
ornithose n. f. MÉD. Infection pulmonaire aiguë, d'origine bactérienne, transmise par certains oiseaux.
orogenèse n. f. Ensemble des phénomènes géologiques à l'origine de la formation des montagnes.
orogénie n. f. GÉOL. Étude la formation des montagnes.
orographie n. f. Étude descriptive des reliefs terrestres. / Par ext. Système montagneux. *Orographie de la France.*
oronge n. f. BIOL. Amanite comestible à chapeau orange, lames et pied jaunes, encore appelée *oronge vraie* ou amanite des Césars. *La fausse oronge ou amanite tue-mouches, au chapeau rouge tacheté de blanc, est toxique.*
Oronte (en arabe *Nahr al-'Asi*) *570 km* Fleuve du Proche-Orient. Né au Liban, il traverse la Syrie, arrose Antioche en Turquie, et se jette dans la Méditerranée.
Orozco (José Clemente) 1883-1949 Peintre mexicain. Il a exécuté de nombreuses compositions murales pour des bâtiments officiels, d'un réalisme et d'un expressionnisme violents, au coloris vif, où se reflètent ses engagements socio-politiques.
orpailleur n. m. Personne qui lave les alluvions aurifères pour en recueillir l'or.
Orphée MYTH. GR. Poète et musicien, fils de la muse Calliope. Ses chants si beaux charmaient tout autant les bêtes sauvages, les arbres, que les hommes ou les dieux. Son pouvoir permit aux Argonautes d'échapper aux Sirènes et à Orphée de descendre aux Enfers pour tenter d'en ramener sa femme décédée, Eurydice. Mais s'étant tourné vers elle avant sa sortie du royaume des morts, contrairement à la promesse qu'il avait faite à Hadès, il la perdit définitivement et demeura inconsolable. Selon certaines versions de la légende, il mourut mis en pièces par les Ménades (ou foudroyé par Zeus). Cette légende inspira de nombreux artistes dont : Virgile (*Géorgiques*), Monteverdi (l'opéra *Orfeo*, 1607), Gluck (*Orphée et Eurydice*, opéra en italien, 1762 ; en français, 1774). Cocteau réalisa pour le cinéma *Orphée* (1949) et *Le Testament d'Orphée* (1959), dont l'action (onirique) se situe dans le monde moderne.
orphelin, e n. et adj. Enfant qui n'a plus son père ni sa mère, ou qui a seulement l'un des deux. / adj. *Un enfant orphelin de père.*
orphelinat n. m. Établissement où l'on accueille et élève les orphelins.
orphéon n. m. Vx École de chant, chorale. / Mod. Fanfare.
orphique adj. D'Orphée, attribué à Orphée. *Poésie orphique.* / Propre ou relatif à l'orphisme.
orphisme n. m. ANTIQ. GR. Doctrine mystique, religieuse et philosophique qui aurait été enseignée aux hommes par Orphée. (L'orphisme antique, né au VIe siècle av. J.-C., est avant tout refus de l'ordre établi et de la religion officielle. Doctrine secrète, il avait ses mystères et ses initiés ; doctrine ascétique, il imposait diverses interdictions vestimentaires ou alimentaires, dont la principale était le refus de consommer « ce qui est animé », autrement dit toute nourriture carnée : cet interdit est la manifestation du rejet de tout sacrifice sanglant, ce sacrifice qui, dans la cité grecque, est au cœur de la communication entre le monde des hommes et le monde des dieux.) / BX-A. Tendance artistique du début du XXe siècle (Delaunay, Kupka) qui réagit à la fois contre le cubisme et l'art figuratif traditionnel en privilégiant l'arrangement des couleurs selon la loi du contraste simultané.
orpiment n. m. Sulfure naturel d'arsenic, de couleur jaune orangé, utilisé en peinture et dans l'industrie.
orque n. f. ou n. m. ZOOL. Mammifère marin noir et blanc, long de 6 à 9 m, proche du dauphin. *L'orque chasse en groupe les grands poissons, les phoques, les otaries, les dauphins, etc.* Syn. épaulard.
Ors y Rovira (Eugenio d') 1882-1954 Essayiste, critique d'art et romancier espagnol. Il s'est attaché à faire connaître en Espagne les grands courants philosophiques, littéraires et artistiques européens, en se consacrant particulièrement à la critique d'art (*Trois heures au musée du Prado*, 1924 ; *Du baroque*, 1936), dans un esprit d'ouverture qui se reflète aussi dans ses romans (*La Bien Plantada*, 1912).
Orsay (musée d') Musée national des beaux-arts consacré au XIXe siècle, installé dans l'ancienne gare d'Orsay (Paris, 7e arrt.) au bord de la Seine, inauguré en 1986.
orseille n. f. Lichen qui fournit un colorant pourpre. / Pâte tirée de ce lichen et utilisée comme colorant.
Orsini (Felice) 1819-1858 Révolutionnaire italien. Agent de Mazzini et compagnon de lutte de Garibaldi, il participa à plusieurs soulèvements et fut emprisonné à deux reprises avant de se réfugier à Londres en 1856. Le 14 janvier 1858, il lança une bombe contre Napoléon III qu'il considérait comme traître à la cause italienne. Arrêté après son attentat manqué, il fut condamné à mort et exécuté.
Orsini Famille guelfe de Rome. Plusieurs Orsini furent papes (Célestin III, Nicolas III, Benoît XIII) entre 1191 et 1730.
Ortega y Gasset (José) 1883-1955 Philosophe et écrivain espagnol. Partisan d'un renouveau de la société de son pays, attaché à son ouverture sur le monde, il fut professeur de philosophie à l'université de Madrid et député aux Cortes (1931-1933) au service de la république. En exil à partir de 1936, il résida successivement en France, aux Pays-Bas, en Argentine et au Portugal, et ne revint en Espagne qu'en 1945. Son œuvre abondante et largement traduite (*L'Espagne invertébrée*, 1922 ; *La Révolte des masses*, 1930 ; *Idées et croyances*, 1945 ; *Le Spectateur tenté*, posthume, 1957) n'a jamais cessé, malgré l'exil, d'exercer une influence profonde sur des générations d'intellectuels dans l'Europe entière.
orteil n. m. Chacun des cinq doigts du pied.
orthèse n. f. Appareil orthopédique palliant momentanément une déficience corporelle de nature fonctionnelle. *Les attelles, les plâtres, les corsets, etc. sont des orhèses.*
orthicon n. m. Iconoscope dans lequel le faisceau d'électrons du balayage frappe perpendiculairement l'écran de télévision.
orthodontie n. f. Discipline médicale visant à prévenir ou à réparer les malformations des arcades dentaires et les mauvaises positions des dents.

*Détail d'une peinture murale de **José Clemente Orozco**.*

*Église **orthodoxe** russe de Genève.*

orthodontiste n. Dentiste spécialiste d'orthodontie.
orthodoxe adj. et n. Qui est conforme à un dogme, à une doctrine religieuse. Ant. Hétérodoxe. / *Églises orthodoxes* : Églises chrétiennes d'Orient n'admettant pas l'autorité de Rome, dont l'Église grecque s'est séparée en 1054. / Conforme à une tradition, à une règle établie. *Interprétation orthodoxe.* / (En construction négative) *Peu orthodoxe* : original. / n. Fidèle d'une Église orthodoxe. *Les orthodoxes russes.*
orthodoxie n. f. RELIG. Doctrine officielle d'une Église. *Des théories conformes à l'orthodoxie.* / Ensemble des Églises orthodoxes. *Des courants théologiques divers traversent l'orthodoxie.* / Caractère de ce qui est orthodoxe.
orthodromie n. f. Trajet le plus court entre deux points de la surface terrestre. / Arc de grand cercle entre deux points d'une sphère.
orthogonal, ale, aux adj. GÉOM. À angle droit. *Plans orthogonaux*, se coupant à angle droit.
orthographe n. f. Manière exacte d'écrire un mot. / Ensemble des règles qui définissent la manière correcte d'écrire les mots d'une langue. *Réforme de l'orthographe.*
orthographier v. t. [1] Écrire (un mot) en suivant les règles de l'orthographe.
orthographique adj. Propre ou relatif à l'orthographe.
orthonormé, e ou **orthonormal, ale, aux** adj. MATH. *Base orthonormée, base orthonormale* : dans un espace vectoriel, base dont les vecteurs, de norme égale à l'unité (vecteurs unitaires), sont orthogonaux deux à deux (base orthogonale),
orthopédie n. f. Branche de la médecine et de la chirurgie qui traite les lésions osseuses, articulaires, tendineuses, etc.
orthopédique adj. Relatif à l'orthopédie.
orthopédiste n. Médecin spécialiste d'orthopédie. / Personne qui fabrique, qui vend des appareils orthopédiques.
orthophonie n. f. Discipline paramédicale visant à corriger les troubles de l'élocution.
orthophoniste n. Spécialiste du traitement des troubles de l'élocution.
orthoptères n. m. pl. ZOOL. Ordre d'insectes broyeurs généralement adaptés au saut, et dont la paire d'ailes postérieures,

Oryx.

membraneuses, est au repos repliée sous la paire antérieure, coriace. *Le criquet, le grillon, la sauterelle sont des orthoptères.*

orthoptie n. f. Ensemble des méthodes de rééducation de l'œil, employées pour corriger les défauts de la vision binoculaire.

orthoptiste n. Spécialiste de l'orthoptie.

orthostate n. m. ARCHÉOL. Bloc de pierre dressé qui supporte d'autres blocs; bloc ou dalle, parfois orné, qui constitue l'assise inférieure d'un mur.

ortie n. f. BOT. Plante de la famille des urticacées, dont les feuilles dentées et la tige sont couvertes de poils urticants. / *Ortie blanche, ortie rouge*: noms donnés à diverses espèces de lamiers. / ZOOL. *Ortie de mer*: actinie.

ortolan n. m. ZOOL. Bruant du sud de l'Europe, à tête vert olive et à gorge jaune, autrefois recherché pour sa chair délicate, et dont la chasse (et donc la dégustation) est désormais interdite. / (En appos.) *Bruant ortolan.*

orvet n. m. ZOOL. Reptile sauriens dépourvu de pattes, de couleur brun ou gris, d'aspect brillant.

orviétan n. m. Vx Genre d'électuaire. / Vieilli *Marchand d'orviétan*: charlatan.

Orvieto *21 500 h.* Ville d'Italie, en Ombrie. Fondée à l'origine par les Étrusques, elle a conservé intact son aspect médiéval et ses monuments de styles roman et gothique: palais des papes (XIIIe siècle), cathédrale (des XIIIe et XIVe siècles) décorée de fresques de Signorelli et Fra Angelico.

Orwell (Eric Arthur Blair, dit George) 1903-1950 Écrivain britannique. Issu d'un milieu modeste, il vécut à Paris et à Londres dans des conditions misérables qu'il décrit dans son premier roman signé du pseudonyme George Orwell en 1933 (*La Vache enragée*). Engagé dans la guerre d'Espagne du côté des milices socialistes révolutionnaires, il est indigné par le comportement des communistes et sa haine de toute forme de totalitarisme le poussera à écrire ses romans les plus célèbres: *La Ferme des animaux* (1945), *1984* (1949) qui dénoncent respectivement le stalinisme et les excès d'un monde totalitaire.

oryctérope n. m. ZOOL. Mammifère nocturne des savanes africaines, appartenant à l'ordre des tubulidentés, parfois appelé *cochon de terre. L'oryctérope, muni d'un museau en forme de groin et de griffes puissantes, vit dans des terriers; il se nourrit de termites et de fourmis.*

oryx n. m. ZOOL. Antilope d'Afrique et d'Arabie, aux cornes longues et effilées, au pelage clair. *L'une des espèces d'oryx est l'algazelle (ou oryx algazelle).*

os n. m. ANAT. Chacun des éléments, calcifiés, durs, articulés entre eux, constituant le squelette des vertébrés. / Matière osseuse, employée pour fabriquer certains objets. *Peigne en os.* / Plur. Ossements, restes du corps après la mort. / ZOOL. *Os de seiche*: coquille interne, calcaire, de la seiche.

Osaka *2 575 042 h.* Deuxième ville du Japon après Tokyô, située dans le sud de l'île de Honshû. Située sur la mer Intérieure non loin de Kyôto, la ville s'étire en longueur, rejoignant vers l'ouest Kôbé qui l'approvisionne en matières premières. La conurbation Osaka-Kôbé constitue un puissant pôle industriel et commercial, doté d'un aéroport international construit sur une île artificielle. Ville principale du Japon au IVe siècle, Osaka s'est développée comme grand port et centre industriel et commercial surtout au XVIe siècle.

Osborne (John) 1929-1994 Dramaturge britannique. Il devint le chef de file des « jeunes hommes en colère » (*Angry Young Men*) des années 1950-1960 avec sa pièce *La Paix du dimanche* (1956). Après l'énorme succès de celle-ci, il poursuivit avec d'autres œuvres, comme *Le Bonimenteur* (*The Entertainer*, 1957) et *Un bon patriote* (*A Patriot for Me*, 1965), sa critique acerbe du conformisme, tout en niant à l'homme le pouvoir d'y échapper.

Oscar.

oscar n. m. Statuette attribuée chaque année à Hollywood par l'Académie des arts et des sciences du cinéma pour récompenser le meilleur acteur, le meilleur réalisateur, etc. / Prix décerné par un jury. *L'oscar du jouet.*

Oscar Nom de deux rois de Suède et de Norvège. **Oscar Ier** 1799-1859 Roi en 1844. Il succéda à son père Charles XIV (Bernadotte). Il pratiqua une politique libérale mais fut atteint de démence en 1857 et remplacé par son fils Charles (le futur Charles V). **Oscar II** 1829-1907 Roi en 1872. Son règne fut marqué par la séparation de la Suède et de la Norvège en 1905.

Oseille.

O.S.C.E. Sigle pour *Organisation* (à l'origine *Conférence*) *pour la sécurité et la coopération en Europe*.

oscillation n. f. Mouvement d'un corps qui oscille. *Les oscillations d'un pendule.* / *Oscillations électriques*: dans un circuit électrique, succession de courants alternatifs. / Fluctuation, mouvement irrégulier dont on ne peut déterminer la tendance. *Les oscillations du cours d'une monnaie.*

osciller v. i. [1] Se mouvoir alternativement de part et d'autre d'un point fixe. / Fig. Passer alternativement d'un état à l'autre. *Osciller entre la colère et la tristesse.*

oscillographe n. m. Appareil de mesure à très faible inertie permettant d'enregistrer les variations, en fonction du temps, des caractéristiques d'un courant électrique.

ose n. m. BIOCHIM. Nom donné aux glucides les plus simples, non hydrolysables, possédant plusieurs fonctions alcool et une fonction aldéhyde ou cétone. *Le ribose, le glucose, le fructose, le galactose, le mannose sont des oses. Les polysaccharides sont formés par la condensation d'un grand nombre de molécules d'oses.*

osé, e adj. Hardi. *Entreprise osée.* / Grivois, scabreux. *Une plaisanterie osée.*

Osée VIIIe s. av. J.-C. L'un des douze petits prophètes de l'Ancien Testament (*Livre d'Osée*).

oseille n. f. Plante potagère de la famille des polygonacées, à la saveur acide. *On consomme les feuilles d'oseille comme légume, en potage.* / *Sel d'oseille*: oxalate de potassium. / Arg. Argent.

oser v. t. [1] Avoir l'audace, le courage de (faire qqch.); avoir le front de (faire qqch.). *Il n'a pas osé refuser. Comment osez-vous me parler ainsi!* / Litt. Tenter (qqch.) avec audace. *Oser une réponse.*

Oshima Nagisa 1932 Cinéaste japonais. Représentant du cinéma indépendant japonais du début des années 60, il s'est consacré à des films subversifs et violents (*Contes cruels de la jeunesse*, 1960; *La Cérémonie*, 1971 *L'Empire des sens* 1975).

oside n. m. BIOCHIM. Nom donné aux glucides complexes, qui donnent par hydrolyse un ou plusieurs oses. *Le saccharose, l'amidon, la cellulose sont des osides.*

osier n. m. Nom donné à diverses espèces de saules, notam. le saule blanc. / Rameau du saule, long et flexible, utilisé en vannerie, pour faire des liens, etc. *Un panier en osier.*

Osiris Une des principales divinités de l'Égypte ancienne. À la fois, dieu de la végétation et du royaume des morts, il fut assassiné par son frère Seth puis ressuscité grâce à sa femme Isis, qui donna ensuite naissance à son fils, Horus. Il symbolise la vie éternelle et son culte très populaire s'étendit à l'Empire romain.

Oslo *696 095 h.* Capitale de la Norvège située sur le golfe de Skagerrak. Le port d'Oslo, libre de glaces toute l'année, est le premier du pays (Narvik étant spécialisé dans l'exportation du fer suédois). Oslo est également le principal centre économique (industries textiles et mécaniques, chantiers navals). Fondée au XIe siècle, détruite par un incendie en 1624, la ville fut rebâtie par Christian IV qui la rebaptisa *Christiania*. La Norvège ayant été sous domination danoise du XIVe au XIXe siècle et unie à la Suède à partir de 1814, la ville ne devint la capitale d'un État indépendant qu'en 1905. Elle reprit son ancien nom, Oslo, en 1924. En 1993, les Israéliens et les Palestiniens y conclurent des accords de paix (*accords d'Oslo*).

Osman ou **Othman** Nom de trois sultans ottomans. **Osman Ier Gazi** 1259-1326 Fondateur de la dynastie ottomane, fils d'Ertogrul, il prit le titre de sultan en 1281. **Osman II** 1603-1622 Sultan ottoman à partir de 1618, il fut renversé. **Osman III** 1699-1757 Sultan ottoman à partir de 1754, il succéda à son frère Mahmut Ier.

Osmanlis Membres d'une tribu turkmène qui, avec leur chef Ertogrul, se fixèrent en Asie Mineure au XIIIe siècle, à l'arrivée de Seldjoukides. Leur territoire est devenu le noyau du futur empire ottoman.

osmium n. m. CHIM. Élément métallique de numéro atomique $Z = 76$, de masse atomique 190,2 (symbole: Os). / Métal dur, cassant, de couleur gris bleuté, fondant vers 3 040 °C, que l'on trouve dans la nature associé au platine et qui est utilisé pour la fabrication d'alliages.

osmose n. f. PHYS. Phénomène de diffusion d'un solvant à travers une membrane semi-perméable séparant deux solutions de concentration différente, qui résulte de la différence de pression (pression osmotique) entre les deux solutions. / Fig. Influence réciproque, fusion.

osmotique adj. Propre ou relatif à l'osmose.

Osiris.

Ostréiculture *en Indonésie.*

Osques Ancien peuple du Latium dont la langue sabellique contribua à la formation du latin.
ossature n. f. Ensemble des os formant la charpente d'un corps vivant. / Fig. Armature d'une construction, d'une organisation, d'une œuvre.
osselet n. m. ANAT. Petit os. *Les osselets de l'oreille.* / n. m. pl. Jeu d'adresse, où l'on se sert de petits os du pied du mouton ou de pièces de forme identique.
ossements n. m. pl. Os décharnés provenant de squelettes d'hommes ou d'animaux.
ossète adj. et n. D'un peuple du centre du Caucase, descendant des Scythes. *Civilisation ossète. Un(e) Ossète.* (En majorité chrétiens orthodoxes, les Ossètes parlent une langue de la famille iranienne et peuplent aujourd'hui deux entités politiques, l'Ossétie-du-Nord et l'Ossétie-du-Sud). / LING. n. m. Langue du groupe iranien, en usage en Ossétie.
Ossétie Région du Caucase, aujourd'hui partagée entre l'Ossétie-du-Nord et l'Ossétie-du-Sud. Arrachée en 1774 à la Turquie par la Russie qui l'annexa, soviétique en 1918, la région fut déchirée par le conflit entre les armées « blanches » et l'armée bolchevique, incorporée à l'éphémère République socialiste soviétique autonome des Montagnes (1921-1924), dont fut détachée l'Ossétie-du-Sud (1922), réunie à la Géorgie, suivie par l'Ossétie-du-Nord, rattachée à la Russie. Un conflit nationaliste éclata en 1992 et le calme n'est pas rétabli dans la région.
Ossétie-du-Nord *8 000 km² 664 000 h.* Capitale *Vladikavkaz.* République de la Fédération de Russie. La population est en majorité musulmane. La minorité ingouche demande que son territoire soit intégré à l'Ingouchie.
Ossétie-du-Sud *3 900 km² 99 000 h.* Chef-lieu *Tskhinvali.* Ancienne région autonome de Géorgie, peuplée de chrétiens orthodoxes. Depuis l'éclatement de l'URSS, l'Ossétie du Sud, dont l'autonomie a été supprimée par la Géorgie en 1990, est en révolte contre le pouvoir central.
osseux, euse adj. De l'os, des os. *Système osseux.* / Qui a des os. *Poisson osseux.* / Aux os gros, saillants. *Homme osseux. Main osseuse.*
Ossian (poèmes d') Chants épiques d'abord attribués à Oisin (dit Ossian), fils du légendaire guerrier et barde du IIIᵉ siècle, Fingal. Ils furent en fait écrits par l'Écossais Macpherson en 1760, et présentés comme des traductions en anglais des poèmes gaéliques d'Ossian. Ils eurent néanmoins un succès considérable dans toute l'Europe, inspirant entre autres *Les Errances d'Oisin* au poète irlandais Yeats.
ossification n. f. BIOL. Formation du tissu osseux. *L'ossification comprend une phase d'élaboration de la substance fondamentale de l'os et une phase de minéralisation; certains types d'ossification comportent un stade intermédiaire cartilagineux.*
ossifié, e adj. Changé en os. *Cartilage ossifié.*
osso bucco n. m. inv. (mots italiens) CUIS. Jarret de veau, avec son os, cuit à l'étouffée avec des tomates et des aromates.
ossuaire n. m. Endroit où sont conservés des ossements humains extraits de cimetières désaffectés ou recueillis sur un champ de bataille.
ost n. m. HIST. Armée féodale; service militaire dû par les vassaux à leur suzerain.
ostéichthyens ou **ostéichtyens** n. m. pl. ZOOL. Classe de vertébrés gnathostomes à squelette ossifié, adaptés à la vie aquatique, également appelés poissons osseux. Voir *chondrichtyens.*
ostéite n. f. MÉD. Inflammation du tissu osseux.
Ostende *68 858 h.* Ville et port de Belgique, en Flandre-Occidentale. Ce port de pêche situé sur la mer du Nord et sur le canal Bruges-Ostende, est également une station balnéaire et une gare maritime.
ostensible adj. Qu'on manifeste à dessin. *Désir ostensible.*
ostension n. f. RELIG. Exposition (de reliques) à l'intention des fidèles qui leur rendent hommage.
ostensoir n. m. Pièce d'orfèvrerie dans laquelle, dans la liturgie catholique romaine, on expose l'hostie consacrée.
ostentation n. f. Étalage peu discret d'un avantage que l'on possède.
ostentatoire adj. Qui dénote l'ostentation. *Un luxe ostentatoire.*
ostéoblaste n. m. BIOL. Cellule osseuse jeune présente dans les tissus en voie d'ossification, et participant à cette ossification.
ostéogenèse ou **ostéogénie** n. f. MÉD. Formation du tissu osseux.
ostéomyélite n. f. MÉD. Inflammation aiguë ou chronique de l'os, due au staphylocoque, qui frappe surtout l'adolescent.
ostéopathe n. Spécialiste d'ostéopathie.
ostéopathie n. f. MÉD. Terme générique désignant diverses affections osseuses. / Technique thérapeutique qui repose essentiellement sur la manipulation du crâne, de la colonne vertébrale, des membres.
ostéophyte n. m. MÉD. Production osseuse anormale, qui se développe notam. aux dépens au voisinage d'une articulation malade.
ostéoporose n. f. MÉD. Maladie qui se traduit par une grande fragilité des os, due à une diminution de la densité osseuse. *L'ostéoporose touche principalement les femmes après la ménopause.*
ostéosarcome n. m. MÉD. Tumeur maligne primitive de l'os, survenant souvent pendant la période de croissance.
ostéosynthèse n. f. CHIR. Réunion de deux segments d'os fracturés à l'aide d'un matériel étranger (clou, vis, plaque, etc.).
Ostie Ancien port maritime de Rome dans l'Antiquité, aujourd'hui ensablé. Une station balnéaire s'est développée près des nombreuses ruines découvertes depuis le début du XIXᵉ siècle : thermes, théâtre et maisons antiques.
ostinato adv. (mot italien) MUS. Avec obstination.
ostracisme n. m. ANTIQ. GR. Bannissement de dix ans qui était prononcé par l'assemblée du peuple contre un citoyen dont l'ambition politique apparaissait comme une menace. / Fig. Attitude de réprobation qui tend en fait, sinon en droit, à exclure un membre d'un parti ou d'une organisation, d'un groupe.
ostracon n. m. (mot grec) ARCHÉOL. Coquille, tesson de poterie utilisé comme support d'écriture, de dessin. *Dans certaines cités de la Grèce antique, les sentences de bannissement étaient notées sur des ostraca.* Pl. Des *ostracons* ou des *ostraca.*
ostréicole adj. Relatif à l'ostréiculture.
ostréiculteur, trice n. Personne qui pratique l'ostréiculture.
ostréiculture n. f. Élevage des huîtres.
ostrogoth ou **ostrogot** n. m. Fam. péjor. Personne bizarre, peu estimable. *Un drôle d'ostrogoth.*
Ostrogoths Peuple germanique issu des Goths (Ostrogoth signifierait *Goth de l'Est*) qui occupa l'Italie au début du VIᵉ siècle. Initialement installés en Pannonie (Hongrie), les Ostrogoths furent dominés par les Huns jusqu'à la mort d'Attila (453). Ils furent ensuite chargés par l'Empire romain d'Orient de chasser d'Italie Odoacre, le Barbare responsable de la chute de l'Empire romain d'Occident (476). Leur roi, Théodoric Iᵉʳ, triompha d'Odoacre en 493 à Ravenne où il installa sa capitale. À la mort de Théodoric, en 526, l'empereur d'Orient, Justinien Iᵉʳ, désireux de réunifier l'Empire, lança ses troupes contre les Ostrogoths qui, malgré leur résistance, furent définitivement vaincus en 552.
Ostrovski (Alexandre Nikolaïevitch) 1823-1886 Auteur dramatique russe. Il introduisit le théâtre de mœurs en Russie avec des pièces profondément réalistes telles que : *L'Orage* (1860), et *La Forêt* (1871).
Ostrovski (Nikolaï Alekseïevitch) 1904-1936 Écrivain soviétique. Son unique œuvre achevée, une biographie romancée intitulée *Et l'acier fut trempé* (1934), met en scène un jeune aveugle qui lutte héroïquement pour le triomphe de la révolution et du socialisme.

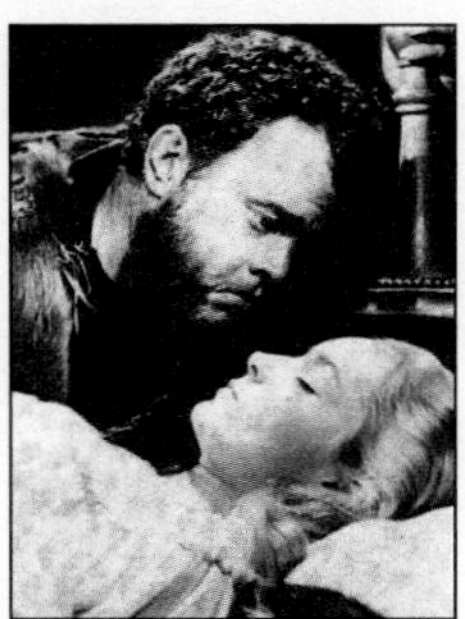
Orson Welles dans
Othello ou le Mauve de Venise.

Otarie.

Ostwald (Wilhelm) 1853-1932 Chimiste allemand. Outre ses travaux sur la catalyse qui lui valurent le prix Nobel de chimie en 1909, il participa à la découverte du procédé de synthèse de l'acide nitrique à partir de l'ammoniac en 1900.
otage n. m. Personne livrée ou reçue comme garantie de l'exécution d'un accord, d'une convention politique ou militaire. / Personne détenue illégalement et utilisée comme moyen de pression pour obtenir qu'une autre personne ou un État cède à des exigences.
OTAN (en anglais *NATO*) Sigle de et acronyme pour *Organisation du traité de l'Atlantique Nord.*
otarie n. f. ZOOL. Mammifère marin de l'ordre des carnivores, vivant dans l'océan Pacifique et les mers australes. *L'otarie se distingue des phoques par ses oreilles externes et par son déplacement plus aisé sur la terre ferme.*
OTASE Acronyme pour *Organisation du traité de l'Asie du Sud-Est*, créée en 1954, sur l'initiative des États-Unis, et dissoute en 1977. Son siège de trouvait à Bangkok.
ôter v. t. / v. pron. [1] **A.** v. t. Enlever (une chose) de l'endroit où elle se trouve. *Ôtez cette malle du passage.* / (Spécial.) Enlever, quitter (un vêtement). *Ôtez donc votre manteau.* / Faire disparaître (qqch. qui salit, qui gêne). *Ôter une tache.* / Fig. Enlever (qqch.) à qqn, l'en priver ou l'en débarrasser. *Ôter l'appétit, le sommeil. Je ne parviens pas à lui ôter cette idée de la tête.* / Retrancher d'un ensemble ; soustraire. *On lui a ôté une côte. Ôter un paragraphe. Huit ôté de dix égale deux.* **B.** v. pron. S'écarter, s'éloigner de l'endroit où l'on se trouve. *Ôtez-vous de mon chemin.*
Othello ou le Maure de Venise 1604 Drame en 5 actes de Shakespeare. Othello est un général maure au service de Venise. Il épouse Desdémone, qu'il aime passionnément ; mais influencé par le diabolique Iago, il tue sa jeune femme par jalousie. L'œuvre a inspiré à Verdi un opéra (*Otello*, 1887) et a été porté à l'écran par O. Welles en 1952.
Othman Voir **Osman**
Othon (en latin **Marcus Salvius Otho**) 32-69 Proclamé empereur romain après Galba en 69, il fut vaincu par son rival, Vitellius, et se donna la mort.
Othon Voir **Otton**
otite n. f. MÉD. Inflammation de la caisse du tympan, fréquente chez le jeune enfant. / *Otite externe* : affection cutanée du conduit auditif externe.
oto-rhino-laryngologie (O.R.L.) n. f. Partie de la médecine qui étudie les maladies des oreilles, du nez et du larynx.

Ottoman (Empire)

Il tire son nom d'Osman Ier, chef d'une tribu turque convertie à l'islam, qui se libéra à la fin du XIIIe siècle de la tutelle des Turcs seldjoukides. Peuple guerrier, les Ottomans, dont la puissance militaire est fondée essentiellement sur l'infanterie des janissaires, se lancent dès lors à la conquête des pays voisins. Celle-ci est facilitée par la faiblesse et la division des peuples des Balkans, les haines religieuses qui opposent orthodoxes et catholiques, et la rivalité entre les deux dynasties byzantines des Cantacuzène et des Paléologue.
Murat Ier installe sa résidence à Andrinople, en Thrace, région qu'il a prise à Byzance. Il impose un lourd tribut aux Byzantins et défait la coalition des Bulgares et des Serbes (fin de l'État serbe après une terrible défaite), au Kosovo, en 1389.
Un coup d'arrêt momentané est infligé à la puissance ottomane par l'éphémère victoire de Tamerlan à Ancyre (aujourd'hui *Ankara*) en 1402. La progression reprend bientôt : Constantinople tombe en 1453 entre les mains des Ottomans (Mehmet II) dont elle deviendra la capitale ; la conquête se développe dans toutes les directions ; l'Empire ottoman atteint son apogée au XVIe siècle avec les sultans Selim Ier, qui prend le titre de calife, et Soliman dit *le Magnifique* ; il s'étend en Europe jusqu'à la Hongrie, aux portes de Vienne, en Asie jusqu'à la mer Caspienne et le golfe Persique ; en Afrique, il conquiert l'Égypte et impose sa suzeraineté aux barbaresques.
C'est à cette époque qu'il devient également une puissance maritime : sa flotte menace les communications des Habsbourg, ses razzias sèment la terreur parmi les populations chrétiennes du bassin méditerranéen. Le déclin s'amorce cependant dès la fin du XVIe siècle (désastre de Lépante en 1571) ; un moment enrayé par l'œuvre bienfaisante d'une dynastie de vizirs albanais, les Köprülü, il se précipite après l'échec de 1683 devant Vienne.
L'Empire ottoman, dès lors, se démantèlera peu à peu ; il pose aux diplomaties européennes les graves problèmes de la question d'Orient et devient l'objet des rivalités des grandes puissances, notamment l'Autriche et la Russie, avides de se partager ses dépouilles. Le réveil des nationalités qui se produit au XIXe siècle conduit à l'émancipation des divers peuples chrétiens, notamment ceux des Balkans. Toutefois, il n'en alla pas de même pour les Arméniens dont l'insurrection, à Van, le 7 avril 1915, fut pour les Ottomans le prétexte de leur extermination systématique (env. 1 million de morts).
Au début de la Première Guerre mondiale, l'empire ne conserve plus en Europe que la Thrace orientale, avec les Détroits et Constantinople. Cette guerre, à laquelle les Turcs participent aux côtés des Allemands, entraîne finalement le morcellement de l'empire dont se détachent les pays arabes. Le dernier sultan, Mehmet VI, est renversé par Mustafa Kemal, fondateur de la Turquie moderne, république laïque désormais réduite à ses territoires nationaux (1922).

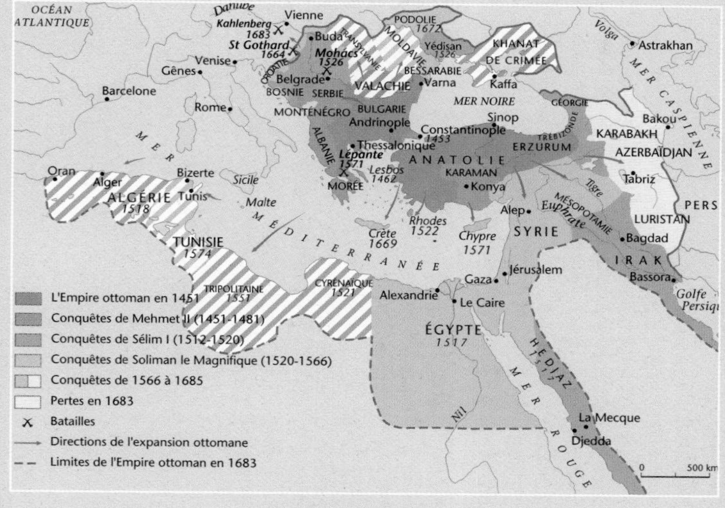

L'Empire Ottoman du XVe au XVIIe siècle.

oto-rhino-laryngologiste (O.R.L.) n. Médecin spécialiste d'oto-rhino-laryngologie.
Otrante (canal d') Détroit séparant la péninsule italienne de l'Albanie et qui fait communiquer l'Adriatique et la mer Ionienne.
Ottawa *313 987 h.* Capitale de la fédération du Canada (Ontario) depuis 1867, à la limite des États de l'Ontario et du Québec. Centre politique du pays (siège du Parlement et résidence du gouverneur général). Activités industrielles : papeteries, industries chimiques, haute technologie. Cette ville résidentielle possède de nombreux espaces verts et un port fluvial sur la rivière des Outaouais. L'agglomération compte plus de *900 000 h.* La *conférence d'Ottawa* (1932) réunissant la Grande-Bretagne, ses dominions et l'Inde aboutit au resserrement de leurs relations commerciales.
Otto (Nikolaus) 1832-1891 Ingénieur allemand qui mit au point le moteur à quatre temps (1876).
ottoman [2] n. m. Étoffe de soie à grosses côtes.
ottoman, e [1] adj. et n. HIST. Propre ou relatif à la dynastie turque fondée en 1281 par Osman (ou Othman) Ier qui étendit son empire sur le nord de l'Afrique, le sud de l'Europe et une partie de l'Asie mineure. *Empire ottoman.* / Subst. Habitant de la Turquie ottomane. *Un(e) Ottoman(e).*
• **ottoman (Empire)** Empire qui s'étendit du XIVe au XXe siècle sur de vastes territoires à partir de l'Anatolie.
ottomane n. f. Canapé à dossier enveloppant.
Otton ou **Othon** Nom de quatre empereurs germaniques. **Otton Ier** le Grand 912-973 Fils d'Henri Ier l'Oiseleur ; roi de Germanie en 936. Après avoir établi son autorité sur la Souabe, la Franconie, la Bavière et la Lorraine, il pénétra en Italie. Couronné roi des Lombards en 951, il fut sacré empereur en 962 par le pape Jean XII, rétablissant ainsi l'empire de Charlemagne. **Otton II** 955-983 Fils du précédent. Roi de Germanie (961-973), empereur en 973, il tenta de consolider sa position en Italie mais fut battu par les Sarrasins au cap Colonne en 982. **Otton III** 980-1002 Fils du précédent. Empereur en 983 sous la tutelle de sa grand-mère, puis de sa mère, il se fit sacrer en 996, installa la capitale de l'Empire à Rome dont il fut chassé par une révolte. Il avait fait élire pape en 999 son ancien précepteur, Gerbert d'Aurillac (Sylvestre II). **Otton IV de Brunswick** 1174?-1218 Fils du duc de Bavière, élu roi des Romains en 1198 avec l'appui des guelfes, fut couronné empereur en 1209 par Innocent III contre l'avis duquel il partit à la conquête du royaume de Sicile, ce qui lui valut d'être excommunié en 1210. Allié de Jean sans Terre, roi d'Angleterre, il fut battu à Bouvines (1214) par Philippe Auguste. Le pape couronna ensuite empereur Frédéric II de Hohenstaufen à sa place.
Otton Ier 1815-1867 Roi de Grèce de 1832 à 1862. Fils de Louis Ier de Bavière, nommé roi par la conférence de Londres sur l'indépendance de la Grèce, il ne put faire face aux troubles intérieurs et aux aspirations nationales des Grecs, et fut déposé.
Otway (Thomas) 1652-1685 Auteur dramatique anglais. Il adapta en anglais de nombreuses pièces françaises (Racine, Corneille, Molière), mais il est surtout connu pour ses deux tragédies : *L'Orpheline* (1680) et *Venise sauvée* (1682).

***Oued** dans le sud tunisien.*

*L'**île d'Ouessant**.*

ou conj. (Pour exprimer l'alternative) *Fromage ou dessert.* / (Pour donner une évaluation) *J'en ai pour deux ou trois heures.* / En d'autres termes, autrement dit. *Le talitre ou puce de mer.*

où pron., adv. rel. et inter. **A.** pron. et adv. rel. Dans lequel, vers lequel, duquel (indiquant un lieu). *L'appartement où je me trouve. La ville où je vais m'installer. Le garage d'où il sort.* / Auquel, pendant lequel. *À l'heure où nous nous réunissons.* **B.** adv. rel. À l'endroit auquel, dans lequel, vers lequel. *Je vais où l'on me dit d'aller.* / loc. adv. *Où que*: dans quelque endroit que. *Je te retrouverai où que tu sois.* / *D'où*: de cela, de là. *D'où j'en déduis…* / adv. inter. À quel endroit? Vers quel endroit? *Où est mon sac? Où vas-tu?*

O.U.A. Sigle pour *Organisation de l'unité africaine.*

Ouaddaï ou **Ouadaï** Région de l'est du Tchad constituée de plateaux, qui culmine à *1 360 m.* Le royaume du Ouaddaï, fondé au XIVe siècle, subsista jusqu'à la conquête française (1912). La ville principale est *Abéché.*

ouadi Voir **oued**

Ouagadougou *634 479 h.* Capitale du Burkina Faso, située au terminus d'une voie ferrée qui part d'Abidjan. Centre commercial, artisanal et industriel (agroalimentaire). Siège du Festival panafricain de cinéma (Fespaco).

ouaille n. f. Vx Brebis. / (Souvent au plur.) Fig., vieilli ou par plaisant. Chrétien, du point de vue du pasteur. *Le curé et ses ouailles.*

ouate n. f. Filament de coton, de laine, de soie, etc., cardé et utilisé comme rembourrage en tapisserie ou comme doublure de vêtements. *Ouate hydrophile*: ouate de coton purifiée par lavage en eau alcaline, servant à des soins d'hygiène ou pour faire des pansements. (On dit *de l'ouate* ou *de la ouate.*)

ouaté, e adj. D'ouate; garni d'ouate. *Doublure ouatée.* / Fig. *Une atmosphère ouatée,* douce, douillette.

ouatine n. f. Étoffe ouatée utilisée pour les doublures de vêtement.

ouatiné, e adj. Doublé de ouatine.

Oubangui *1 160 km* Rivière d'Afrique équatoriale, affluent du Congo. Elle forme la frontière entre la République centrafricaine et la République démocratique du Congo, passe par Bangui puis sépare la République démocratique du Congo et le Congo. Importante voie de communication.

Oubangui-Chari Nom d'une colonie faisant partie de l'Afrique-Équatoriale française (1905) qui accéda à l'indépendance (1958) sous le nom de République centrafricaine.

oubli n. m. Perte du souvenir. / Étourderie. / Indifférence, détachement.

oublie n. f. Anc. Petite gaufre cylindrique ou en forme de cornet. *Marchand d'oublies.*

oublier v. t. [1] **A.** v. t. Être incapable de se remémorer. *J'ai oublié son visage. Oublier un poème.* / Ne plus se souvenir (de, que), négliger par manque d'attention. *J'ai oublié que tu devais venir, de fermer la porte. J'ai oublié l'heure et je suis retard.* / Laisser par inadvertance (qqch.) en un lieu. *J'ai oublié mes clés chez toi.* / Ne plus se préoccuper de, écarter de sa pensée. *Oublier ses soucis, sa fatigue.* / Ne pas respecter, négliger (un devoir); délaisser (qqn). *Oublier ses promesses. Je ne vous oublie pas.* / Pardonner. *Oublier une querelle. Tout cela est oublié à présent.* **B.** v. pron. S'effacer de la mémoire. *Tout finit par s'oublier.* / Faire preuve d'abnégation, privilégier l'intérêt d'autrui. *S'oublier pour sa famille.* / Perdre le contrôle de soi; manquer aux convenances. / Par euph. Faire ses besoins naturels là où il ne faut pas. *Le chien s'est oublié dans la cuisine.*

oubliette n. f. (Souvent au plur.) Cachot souterrain. / Loc. *Jeter (qqn, qqch.) aux oubliettes*: abandonner (qqn, qqch.).

oublieux, euse adj. Qui oublie aisément. *Être oublieux de ses devoirs.*

oud n. m. inv. (mot arabe) MUS. Luth utilisé en Afrique du Nord, au Proche Orient, dans la péninsule arabique. *L'oud, à caisse piriforme, est muni d'un manche court et de cordes doubles.*

Oudenaarde (en français *Audenarde*) *28 000 h.* Ville de Belgique, en Flandre-Orientale, près de laquelle le duc de Marlborough et le prince Eugène de Savoie vainquirent le duc de Vendôme en 1708, pendant la guerre de Succession d'Espagne.

Oudinot (Nicolas Charles, duc de Reggio**)** 1767-1847 Maréchal de France. Il se distingua à Austerlitz (1805) et Friedland (1807). Nommé maréchal par Napoléon après Wagram (1809), il prit part à la campagne de Russie (1812) et se rallia plus tard à Louis XVIII.

Oudry (Jean-Baptiste) 1686-1755 Peintre, décorateur et graveur français. D'abord portraitiste et peintre de sujets religieux, il s'orienta vers la peinture d'animaux, la nature morte et le paysage. Peintre des chasses royales, il fut directeur de la manufacture de tapisseries de Beauvais, puis surinspecteur des Gobelins, ce qui le conduisit à concevoir des cartons de tapisserie (*Les Chasses de Louis XV*, 1734-1745). Graveur, il illustra les *Fables* de La Fontaine.

oued n. m. (mot arabe) Cours d'eau intermittent des régions arides, en particulier d'Afrique du Nord, souvent asséché, mais qui peut avoir des crues soudaines. Pl. Des *oueds* ou des *ouadi.*

Ouelle voir **Uélé**

Ouessant (île d') *15 km² 1 255 h.* Île de Bretagne, formant un canton du Finistère, dans le prolongement du plateau du Léon. Elle est séparée du continent par le chenal du Four. Pêche et élevage de moutons de pré-salé.

ouest n. m. Un des quatre points cardinaux, dans la direction duquel le soleil se couche. / Partie d'un ensemble géographique située à l'ouest. *L'ouest d'un pays. La conquête de l'Ouest,* de la partie ouest de l'Amérique du Nord. / (Avec une majuscule) *L'Ouest*: l'Europe occidentale et les États-Unis. Syn. occident.

ouest-allemand, e adj. et n. De l'Allemagne de l'Ouest (République fédérale d'Allemagne), avant la réunification allemande.

ouf! interj. (Pour exprimer le soulagement) *Ouf! J'ai fini!*

Oufkir (Muhammad) 1920-1972 Militaire et homme politique marocain. Ministre de l'Intérieur en 1965, impliqué dans l'enlèvement de Mehdi Ben Barka, il est condamné en France à la réclusion perpétuelle par contumace, en 1967. En 1972, ministre de la Défense, il est accusé d'avoir participé à un complot contre Hassan II et meurt au palais royal, dans des circonstances obscures, le lendemain de l'échec du complot; le roi maintiendra, sans jugement, sa famille à l'isolement total des années durant.

• **Ouganda** (en anglais *Uganda*) État enclavé d'Afrique orientale, entre le nord-est de la République démocratique du Congo, à l'ouest, et le nord-ouest du Kenya, à l'est.

ougandais, e adj. et n. D'Ouganda. *Café ougandais. Un(e) Ougandais(e).*

Ougarit ou **Ugarit** Ancienne cité de la Méditerranée dont les vestiges, mis au jour à Ras Shamra (Nord de Lattaquié, Syrie) à partir de 1929, remontent au Néolithique. Ce port, où s'installèrent les Phéniciens, fut en relation avec la Mésopotamie, l'Égypte et la Grèce. Après son apogée au IIe millénaire av. J.-C., la ville fut détruite par les Peuples de la Mer vers 1200 av. J.-C.

Ouistiti.

ougaritique adj. et n. m. D'Ougarit; relatif à Ougarit, à son histoire. *La civilisation ougaritique. Alphabet ougaritique.* / n. m. LING. Langue sémitique notée à partir d'un alphabet cunéiforme consonantique conçu par les scribes d'Ougarit, et utilisé pour la transcription de diverses autres langues. *L'alphabet qui note l'ougaritique est peut-être le plus ancien de tous les alphabets.*

oui adv. et n. m. inv. (Marque l'affirmation, l'insistance) *Serez-vous des nôtres ce soir? – Oui. Oui, je l'affirme et je le maintiens.* / n. m. inv. *Pour un oui pour un non.*

ouï-dire n. m. inv. Ce que l'on ne connaît que pour l'avoir entendu dire.

ouïe n. f. Celui des cinq sens par lequel on perçoit les sons. / ZOOL. Orifice latéral pair faisant communiquer les branchies des poissons osseux avec l'extérieur, et situé sous le bord postérieur des opercules. / Chacune des deux ouvertures en forme d'S dans la table supérieure d'un violon, d'un violoncelle.

ouïgour ou **ouïghour** n. m. Langue turque d'Asie centrale.

Ouïgours Population d'origine turque qui s'installa entre la Sibérie et la Chine au VIIIe siècle avant d'être chassée par les Kirghiz. Les Ouïgours bâtirent au Turkestan un autre empire qui fut détruit par les Mongols au XIIIe siècle. Ils peuplent aujourd'hui le Kazakhstan et la province chinoise du Xinjiang.

ouille! interj. Onomatopée exprimant la douleur physique. *Ouille! J'ai vraiment mal au dos!*

ouïr v. t. [3] (n'est usité qu'à l'infinitif, au participe passé et aux temps composés) Entendre. *Ouïr des témoins. J'ai ouï dire que vous étiez de retour.*

ouistiti n. m. ZOOL. Petit singe platyrrhinien arboricole, à longue queue touffue, vivant en Amérique tropicale.

OUGANDA

Superficie : *241 038 km²* – **Nombre d'habitants :** *22 800 000 h.* – **Capitale :** *Kampala*
Villes principales : *Jinja, Mbale, Masaka* – **Système politique :** *république* – **Langue(s) :** *swahili, anglais* – **Religion(s) :** *catholicisme, protestantisme, islam* – **Monnaie(s) :** *shilling ougandais*

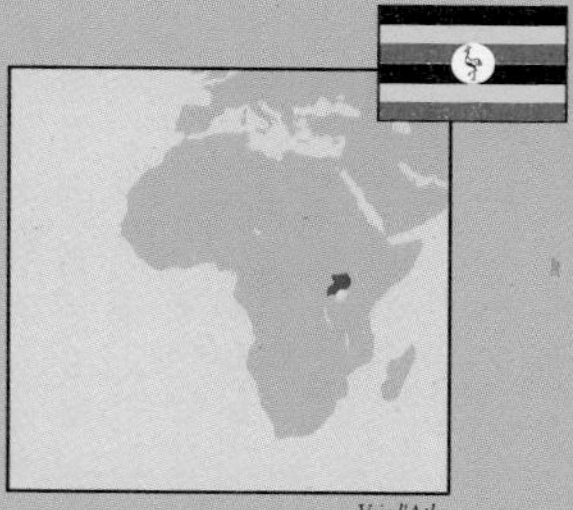

Voir l'Atlas

Géographie physique et humaine

Un haut plateau central, couvert de savane, est entouré à l'ouest de montagnes. Le massif du Ruwenzori culmine à *5 119 m*. Les lacs s 'étendent en tout sur près de *40 000 km²* ; le lac Victoria, partagé entre Kenya, Tanzanie et Rwanda, donne naissance au Nil qui traverse le centre du pays du sud au nord-ouest. Les ethnies du sud sont bantoues ; celles du nord, nilotiques. La principale langue véhiculaire est le swahili. Les catholiques représentent 50 % de la population, les protestants 29 % et les musulmans 7 %.

Économie

La population est rurale à 80 % : cultures vivrières, élevage ; le café est la principale source de devises. Les richesses minières (métaux non-ferreux, phosphates) et hydroélectriques sont importantes, mais l'industrie est rudimentaire. Après vingt ans de troubles (1966-1986), la croissance est revenue en 1992, mais la pauvreté est grande.

Histoire

Au XVIIe siècle, le royaume bantou du Bunyoro, fondé au XIIe siècle (ou avant), domine l'Ouganda. Son vassal du sud, le royaume bantou du Buganda, se libère et devient une grande puissance au XIXe siècle. En 1868, son roi (*kabaka*) se convertit à l'islam. En 1885-1887, il met à mort des missionnaires catholiques, les vingt-deux *martyrs de l'Ouganda* (canonisés en 1964).
En 1892, la Grande-Bretagne établit son protectorat sur l'ensemble de la région et développe les plantations de café et de coton, ce qui désorganise l'économie dans les années 1920, mais les principaux troubles se produisent en 1945 et en 1952-1954 (conflit entre le kabaka Mutesa II et le gouverneur britannique). Le 9 octobre 1962, l'indépendance est proclamée : le pays devient une république fédérale composée de cinq royaumes (dont le Bouganda et le Bunyoro). En 1963, Mutesa II devient président de la République. En 1966, le Premier ministre, Milton Obote, s'octroie tous les pouvoirs. Il proclame en 1967 une république unitaire, ce qui déclenche la guerre civile (celle-ci fera 800 000 morts en 20 ans). Idi Amin Dada, général en chef depuis 1966, évince Obote en 1971 et instaure une dictature sanglante. L'armée tanzanienne le renverse en 1979. Obote est élu président de la République en 1980. Impopulaire, il est chassé par le général Basilio Ikello en 1985. En 1986, le chef de l'Armée nationale de résistance (dans le sud et l'ouest), Yoweri Museveni, conquiert le pouvoir. La guerre civile prend fin. En 1992, Museveni instaure le multipartisme (multipartisme qu'un référendum boudé par la population [51 % de participation] rejette, en 2000, au bénéfice d'un «Mouvement» qui tolère les partis à condition qu'ils n'aient pas d'activité). Il remporte les législatives de 1994 et les présidentielles de 1996 et 2001. En 1997, il intervient au Zaïre pour soutenir Kabila, mais s'oppose à lui à partir de 1998. Dans le nord, un mouvement millénariste chrétien, la Lord's Resistance Army, fait régner l'insécurité.

Vue du lac Bunyonyi depuis les montagnes de Kigezi, un des plus beaux paysages ougandais.

Chutes de Kabalega qui alimentent le Nil, dans le parc national de Kabalega.

oukase ou **ukase** n. m. (mot russe) HIST. Édit du tsar de Russie. / Par ext. Ordre arbitraire.
Oulan-Bator (avant 1924 *Ourga*) *515 100 h.* Capitale de la république de Mongolie, dans la vallée de la Tola. Bâtie au XVIIe siècle au pied du monastère bouddhiste de Gandan, dans un site montagneux à *1 150 m*, c'est aujourd'hui un centre industriel.
Oulanova (Galina Sergueïevna) 1910-1998 Danseuse russe. Étoile du Bolchoï de Moscou (1944), elle y acquiert une réputation tant nationale qu'internationale ; à partir de 1962, elle se consacre à la formation des jeunes danseuses.
ouléma ou **uléma** n. m. (mot arabe) Théologien et docteur de la loi musulmane.
OuLiPo Acronyme pour *Ouvroir de Littérature Potentielle*, groupe d'expérimentation linguistique fondé en 1960 par le mathématicien François Le Lionnais (1901-1984) et R. Queneau. Associant des écrivains et des mathématiciens, il impose des contraintes formelles à la création littéraire ; ainsi, dans *La Disparition* (1969), Georges Perec se contraignit à ne jamais employer la lettre *e*.
Oum Kalsoum Voir **Umm Kulthum**
ouolof, Ouolofs Voir **wolof, Wolofs**
ouragan n. m. Perturbation atmosphérique brutale et violente, dans laquelle les vents atteignent ou dépassent la vitesse de 120 km/h. / Fig. Impétuosité, déchaînement de passions.
Oural (l') (*1 894 m* au mont Narodnaïa) Massif montagneux de Russie, s'étendant sur *2 000 km* du nord au sud entre l'océan arctique et la mer Caspienne, souvent considéré comme la frontière entre l'Europe et l'Asie. C'est à la fois une très riche région forestière et minière, et un grand centre d'industries lourdes. L'exploitation de sa forêt et de ses mines remonte au XVIIe siècle. L'Oural reste la première région minière de Russie : fer de Magnitogorsk, minerais variés, pétrole (Second-Bakou). Les grands foyers industriels sont : Iekaterinbourg, Tcheliabinsk, Magnitogorsk, Orsk et Perm.

*L'**ouragan** Elena* (©NASA).

ouralien, enne adj. De l'Oural, des monts Oural. / LING. *Langues ouraliennes* : ensemble des langues finno-ougriennes et samoyèdes.
ouralo-altaïque adj. LING. *Langues ouralo-altaïques* : ensemble des langues ouraliennes et altaïques.
Ouranos MYTH. GR. Dieu du Ciel. Époux de Gaia, la Terre (parfois considérée comme sa mère), il est le père des Cyclopes et des Titans.
Ourartou ou **Urartu** Ancien royaume d'Asie occidentale, aux confins de l'Assyrie, autour du lac de Van (aujourd'hui en Arménie). Il atteignit son apogée vers le VIIIe siècle av. J.-C.
ourdir v. t. [2] TECHN. Disposer en nappe (les fils de la chaîne) et les tendre avant de les monter sur le métier à tisser. / Fig. Préparer secrètement, manigancer (une action). *Ourdir un complot.*
ourdissage n. m. TECHN. Action d'ourdir ; préparation de la chaîne, avant le tissage.
ourdissoir n. m. TECHN. Appareil servant à l'ourdissage.
ourdou ou **urdu** n. m. et adj. inv. Langue indo-aryenne du subcontinent indien, parlée au nord de l'Inde et langue officielle du Pakistan, avec l'anglais. *L'ourdou, proche de l'hindi, s'écrit avec l'alphabet arabe.* / adj. *La littérature ourdou.*
ourlet n. m. Bord d'une étoffe replié et cousu pour empêcher que le tissu s'effiloche. *Faux ourlet*, fait avec une pièce de tissu rapporté. / Bord replié d'un objet métallique.
ourlien, enne adj. MÉD. Relatif aux oreillons ; dû aux oreillons. *Orchite ourlienne.*
Ourouk ou **Uruk** Cité-État de la basse Mésopotamie sur la rive gauche de l'Euphrate (dans l'actuelle Irak). Important foyer de la civilisation sumérienne au IIIe millénaire av. J.-C., le mythique Gilgamesh aurait été son roi.
ours, ourse n. ZOOL. Grand mammifère plantigrade, très massif, au pelage épais, appartenant à l'ordre des carnivores. *L'ours blanc vit dans les régions arctiques et se nourrit*

***Ours** blanc.*

de poissons. L'ours brun d'Eurasie vit dans les forêts des montagnes d'Europe et d'Asie. L'ours brun d'Amérique comprend deux sous-espèces : le grizzli et l'ours géant d'Alaska. / *Vendre la peau de l'ours (avant de l'avoir tué)* : disposer d'une chose avant de la posséder réellement. / Fig. Personne bourrue et peu sociable. / (Argot de la presse) Dans un journal, encadré donnant le nom du directeur de la publication (mention obligatoire) et, souvent, la liste des collaborateurs ; par ext., dans un ouvrage de librairie, mention du directeur de collection et/ou des personnes qui ont contribué à la réalisation de l'ouvrage (graphiste, documentaliste, iconographe, etc.).

Ours (Grand Lac de l') *29 000 km²* Lac du Canada, dans les Territoires du Nord-Ouest, que la rivière de l'Ours relie au fleuve Mackenzie.

Ourse Nom de deux constellations boréales, la Grande Ourse et la Petite Ourse, parfois appelées *Grand Chariot* et *Petit Chariot*, en raison de leur forme. (Voir *constellation* et **Grande Ourse**, **Petite Ourse**).

oursin n. m. ZOOL. Animal marin de l'embranchement des échinodermes, au test calcaire hérissé de piquants mobiles. *On distingue deux groupes d'oursins, les oursins réguliers, de forme sphérique, et les oursins irréguliers, en forme de disque ou de cœur. Les gonades de certaines espèces d'oursins sont comestibles.*

ourson n. m. Petit de l'ours.

Ousman dan Fodio 1754-1817 Fondateur de l'empire peul de Sokoto. Né dans un royaume haoussa (aujourd'hui le Nigeria), il fit ses études coraniques puis prêcha l'islam avant de se révolter contre le roi. Il conquit, entre 1804 et 1809, la plus grande part des royaumes haoussas (dans le sud du Niger et le nord du Nigeria) tout en convertissant les populations à l'islam. Il établit la capitale de son empire à Sokoto. En 1812, il partagea son royaume entre son frère et son fils pour se consacrer à sa religion.

Oussouri *907 km* Rivière du nord-est de la Chine, affluent de l'Amour. Une grande partie de son cours constitue une frontière entre la Chine et la Russie.

oust! ou **ouste!** interj. (Pour hâter le mouvement, pour chasser qqn) *Oust ! On est pressé ! Oust ! Dégage !*

oustachis n. m. pl. (mot serbo-croate, « insurgés ») Membres d'un mouvement nationaliste croate fondés par Ante Pavelitch en 1929. ◆ Les oustachis, opposés à la centralisation voulue par le pouvoir yougoslave qui accentuait la domination des Serbes, organisèrent l'attentat du roi Alexandre de Yougoslavie à Marseille en 1934 ; pendant la Deuxième Guerre mondiale, ils s'allièrent aux Allemands, qui concédèrent à Pavelitch un État fantoche, le royaume « indépendant » de Croatie, placé sous l'autorité d'un prince de la maison de Savoie, le duc de Spolète, qui ne se rendra jamais à Zagreb. Ils se livrèrent à un véritable génocide à l'encontre de la population serbe, combattirent Tito et furent finalement vaincus en 1945.

out adv. et adj. inv. (mot anglais) SPORT Au tennis, en dehors des limites du court. / adj. inv. *Balle out.* / Fam. Démodé, obsolète. *Cette pauvre fille, avec sa jupe bariolée de baba cool, elle est complètement out.*

Outaouais (rivière des) *1 100 km* Rivière du Canada, principal affluent du Saint-Laurent. Elle prend sa source dans le lac Victoria et alimente de nombreuses centrales hydroélectriques. Elle sépare le Québec et l'Ontario, arrose Ottawa et se jette dans le lac des Deux-Montagnes.

outarde n. f. ZOOL. Oiseau échassier, au corps massif, qui vit surtout dans les terrains découverts des régions tempérées et chaudes, appartenant à l'ordre des gruiformes.

outil n. m. Objet fabriqué servant à faire un travail manuel ou, monté sur une machine, à effectuer une opération précise. / Fig. Moyen d'action, instrument. *Le fax est un outil précieux.*

outillage n. m. Ensemble des outils d'un artisan, d'une entreprise, d'une industrie.

outillé, e adj. Muni d'outils.

outiller v. t. [1] Munir d'outils. / (Emploi pron.) *Il s'est bien outillé* : il s'est procuré les outils, l'outillage nécessaires.

outrage n. m. Injure extrêmement blessante. / Par euph. *Faire subir les derniers outrages à une femme*, la violer. / Délit consistant à porter atteinte, oralement ou par écrit, à la dignité d'un magistrat ou d'un agent de la force publique. / Acte grave contraire à un principe, à une loi. *Outrage aux bonnes mœurs* : délit constitué par l'affichage, la publication, la distribution, etc. d'écrits, de photos, etc., obscènes, contraires à la moralité publique. *Outrage public à la pudeur* : acte, propos qui est de nature à blesser la pudeur d'éventuels témoins.

outrageant, e adj. Qui outrage. *Propos outrageants.*

outrager v. t. [1] Offenser (qqn) gravement. *Outrager un magistrat.* / Porter atteinte à (qqch. qui est normalement respecté). *Outrager les mœurs, le bon sens.*

outrageusement adv. (Rare) De façon outrageante. / Cour. De façon excessive. *Outrageusement fardée.*

outrance n. f. Exagération. *Outrances de langage.* / Propos ou action qui est au-delà de ce qui est convenable. / loc. adv. *À outrance* : exagérément. / loc. adj. *À outrance* : sans merci. *Une lutte à outrance.*

outrancier, ère adj. Qui manifeste de l'outrance. *Propos outranciers.*

outre [1] n. f. Récipient confectionné avec une peau de bouc et destiné à contenir des liquides.

outre [2] adv. et prép. **A.** adv. Vieilli Plus avant ; au-delà. *Aller, ne pas aller outre.* / Fig. *Passer outre à* : ne pas tenir compte de. / loc. adv. *En outre* : de plus. *Outre mesure* : plus qu'il ne faut. / loc. conj. *Outre que* : non seulement... mais encore, mais aussi. *Outre qu'il est bon mathématicien, c'est un excellent musicien.* **B.** prép. En plus de. *Outre son traitement, il touche des indemnités de déplacement.*

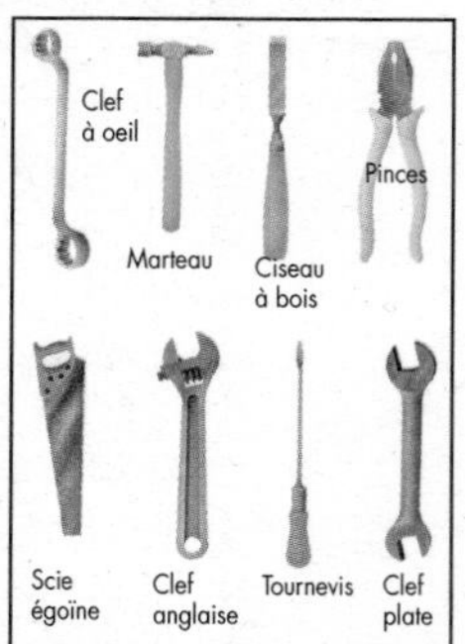

Quelques **outils**.

Le Quatrième État, *de Giuseppe Pelliza, exalte les valeurs du mouvement* **ouvrier**.

outré, e adj. Litt. Excessif, outrancier. *Compliments outrés.* / Indigné. *Il est outré de votre attitude.*

outrecuidance n. f. Caractère d'une personne outrecuidante.

outrecuidant, e adj. Arrogant et fat. *Personnage outrecuidant.*

outremer n. m. et adj. inv. Couleur d'un très beau bleu intense. *L'outremer naturel s'obtient par calcination de lazurite.* / adj. inv. *Bleu outremer. Des rideaux outremer.*

outre-mer (France d') Les quatre départements français d'outre-mer (DOM) sont : la Guadeloupe, la Guyane, la Martinique, la Réunion. Les quatre territoires français d'outre-mer sont : la Nouvelle-Calédonie, la Polynésie française, Wallis-et-Futuna et les Terres australes et antarctiques françaises. À ces huit DOM-TOM s'ajoutent deux collectivités territoriales : Mayotte, Saint-Pierre-et-Miquelon.

outrepassé, e adj. ARCHI. *Arc outrepassé*, qui forme un arc de cercle plus grand que la demi-circonférence (plein cintre).

outrepasser v. t. [1] Passer outre, franchir les limites de (ce qui est permis, légal). *Outrepasser ses droits.*

outsider n. m. (mot anglais) Cheval de course qui, sans être favori, a cependant quelques chances de l'emporter. / Sportif, candidat qui a peu de chances d'arriver premier dans une épreuve, une compétition, un examen.

ouvert, e adj. Qui n'est pas clos. *Porte ouverte.* (Par ext.) Dont l'accès est libre. *Magasin ouvert.* / Fendu, entamé. *Plaie ouverte.* / Fig. *Visage ouvert*, engageant. *Avoir l'esprit ouvert*, accessible, curieux. *La séance est ouverte*, commencée. *Être en guerre ouverte*, publique, déclarée.

ouvertement adv. Franchement ; sans détours. *Il s'est expliqué ouvertement*, à cœur ouvert, sans rien dissimuler.

ouverture n. f. Action d'ouvrir. *L'ouverture d'une lettre, d'une route, d'un magasin.* / Orifice permettant la pénétration ou le passage d'un liquide, d'un gaz, de la lumière. / Inauguration, commencement. *Ouverture de la chasse, d'une session.* / Jeu qu'il faut avoir pour participer aux enchères d'une partie de poker. / MUS. Morceau instrumental qui introduit un ballet ou un opéra. *L'ouverture de « Tannhäuser ».* / Écartement entre les branches d'un instrument de mesure. *L'ouverture d'un compas.* / OPT. Rapport entre le diamètre d'un objectif ou d'une lentille et sa distance focale. *Plus l'ouverture est grande, plus l'image est lumineuse ; si l'objectif comporte un diaphragme, l'ouverture est le rapport entre le diamètre du diaphragme et la distance focale de l'objectif, celle-ci demeurant inchangée.* / *Ouverture d'esprit* : intelligence. / Fait de communiquer avec l'extérieur. *Ouverture sur le monde.* / DR. *Ouverture d'une succession* : moment où le bien du défunt peut être recueilli par héritage.

ouvrable adj. Où l'on travaille. *Heures ouvrables.*

ouvrage n. m. Travail. *Se mettre à l'ouvrage.* / Objet produit par le travail d'un artisan, d'un ouvrier. *Ouvrage d'orfèvrerie.* / Œuvre littéraire, technique, scientifique. *Ouvrage d'anatomie.* / ARCHIT. *Gros ouvrage* : gros œuvre. / *Ouvrage d'art* : construction concourant à l'établissement d'un réseau de communication (tunnel, pont, viaduc, etc.). / TECHNOL. Partie cylindrique inférieure d'un haut fourneau.

ouvragé, e adj. Travaillé. *Meuble ouvragé.*

ouvrant, e adj. et n. m. Qui s'ouvre. *Toit ouvrant.* / n. m. CONSTR. Partie mobile d'un huis (par oppos. à *dormant*).

ouvre-boîte(s) n. m. Instrument servant à ouvrir les boîtes de conserve. Pl. Des *ouvre-boîtes.*

ouvre-bouteille(s) n. m. Instrument servant à ouvrir les bouteilles. Pl. Des *ouvre-bouteilles.*

ouvreur, euse n. Personne qui ouvre qqch. / JEU Joueur qui commence la partie, le tour de table. / SPORT Skieur qui ouvre une piste. / n. f. Employée dont la fonction est de placer le public dans une salle de spectacle. *Donner un pourboire à l'ouvreuse.*

ouvrier, ère n. et adj. **A.** n. et adj. Personne qui exerce un métier manuel contre rémunération. / Litt. *Être l'ouvrier de (sa déchéance, de son succès)*, en être l'auteur. / adj. *Mouvement ouvrier. Cité ouvrière*, destinée aux ouvriers. **B.** n. f. ZOOL. Dans les colonies d'insectes sociaux (abeilles, fourmis), individu stérile qui joue un rôle précis de nutrition, de défense ou de construction.

ouvriérisme n. m. POLIT. Théorie qui affirme que les ouvriers sont seuls qualifiés pour diriger le mouvement socialiste et révolutionnaire et pour gérer l'économie.

ouvriériste adj. et n. De l'ouvriérisme ; tenant de l'ouvriérisme. *Position ouvriériste. Un ouvriériste.*

ouvrir v. t. / v. i. [3] **A.** v. t. Faire communiquer (un espace clos) avec l'extérieur en ôtant, en déplaçant ce qui ferme. *Ouvrir une bouteille. Ouvrir ses valises. Ouvrir les volets, un couvercle, un tiroir. Ouvrir un robinet.* (Emploi absol.) Ouvrir la porte. *Je vais ouvrir !* / Faire fonctionner en actionnant le dispositif de mise en marche. *Ouvrir la radio. Ouvrir le gaz, l'élec-*

tricité. / Loc. fig. *Ouvrir l'appétit*: donner faim. / Écarter, déployer. *Ouvrir ses ailes. Ouvrir un livre.* Loc. *Ouvrir la bouche* ou, fam., *l'ouvrir*: parler. *Ouvrir l'œil*: faire attention. / Percer (une ouverture). *Ouvrir une brèche.* / Fendre, couper. *Ouvrir un abcès. Ouvrir une pomme.* / Permettre l'accès à (un lieu). *Ouvrir sa maison aux invités.* Au fig. *Ouvrir son cœur, son âme*: se confier. / Dégager l'accès à (une voie). *Ouvrir une autoroute. Ouvrir la piste, la route*, s'y engager le premier pour vérifier son état. Au fig. *Ouvrir des perspectives.* / Commencer, mettre en train; inaugurer. *Ouvrir les débats. Ouvrir une enquête. Ouvrir le bal. Ouvrir le feu. Ouvrir la marque, le score*: marquer le premier point. *Ouvrir un compte bancaire*, le faire établir à son nom et y verser des fonds. / Créer, fonder. *Ouvrir une école, une épicerie.* **B.** v. i. Être ouvert. *Le magasin ouvre tous les jours.* / *Ouvrir sur*: donner accès à, donner vue sur. *La porte ouvre sur la rue. La fenêtre ouvre sur le patio.* **C.** v. pron. Devenir ouvert. *La porte s'ouvre.* / Se diviser; s'écarter; se déployer. *La plaie s'est ouverte. La foule s'ouvrait devant lui. Fleur qui s'ouvre.* / Commencer. *La séance s'est ouverte à neuf heures.* / *S'ouvrir à*: devenir accessible à. *S'ouvrir aux négociations. S'ouvrir à un ami*, se confier à lui.

ouvroir n. m. Endroit où se réunissent des personnes qui font bénévolement des travaux d'aiguille dans un but charitable.

ouzbek, èke adj. et n. De l'Ouzbékistan. *Le gouvernement ouzbek. Un Ouzbek, une Ouzbèke.* / n. m. Langue du groupe turc parlée en Ouzbékistan.

• **Ouzbékistan** État d'Asie centrale, entre la mer d'Aral, le Kazakhstan, le Kirghizistan, le Tadjikistan et le Turkménistan.

Ouzbeks Ethnie d'Asie Centrale qui constitue 70 % de la population de l'Ouzbékistan mais est également présente en Afghanistan, au Kirghizistan, au Tadjikistan, au Turkménistan et au Kazakhstan.

ouzo n. m. (mot grec) Liqueur grecque parfumée à l'anis.

ovaire n. m. ANAT. Glande génitale femelle, qui produit les ovules et sécrète les principales hormones sexuelles (œstrogènes, progestérone). *Chez la femme, les ovaires, pairs, sont situés de manière symétrique; dans la cavité pelvienne.* / BOT. Partie du pistil renfermant les ovules et formant le fruit après la fécondation.

ovale adj. et n. m. Qui la forme d'une courbe, fermée et allongée, évoquant celle d'un œuf. *Un visage ovale.* / n. m. *Un ovale régulier.*

ovaliser v. t. [1] Rendre ovale.

ovariectomie n. f. CHIR. Ablation chirurgicale d'un ovaire, ou des deux.

ovarien, enne adj. De l'ovaire; relatif à l'ovaire. *Cycle ovarien.*

ovation n. f. ANTIQ. ROM. Petit triomphe d'un général victorieux, accompagné du sacrifice d'une seule brebis. / Mod. Acclamation. *Le vainqueur a été accueilli par une ovation.*

ovationner v. t. [1] Saluer par une ovation.

ove n. m. Ornement en forme d'œuf.

overdose n. f. (mot anglais) Dose excessive de drogue, pouvant entraîner la mort. / Fig. et fam. *Prendre une overdose de poussière en débarrassant un grenier.*

***Ovide**, par Luca Signorelli.*

Overijssel *3 811 km² 1 032 418 h.* Province des Pays-Bas à la frontière allemande. Chef-lieu *Zwolle.* La province fut intégrée aux possessions hollandaises des Habsbourg en 1528; ses villes principales sont Deventer, Enschede et Zwolle. Centre industriel (chimique et mécanique) et élevage.

Overland (Arnulf) 1889-1968 Poète norvégien. Marxiste, il exprime sa vision du monde et sa compassion pour les plus pauvres dans *La Montagne bleue* (1927), *Front rouge* (1937). Ses textes qu'il a publiés après la guerre, après avoir passé quatre ans dans un camp de concentration, témoignent de cette expérience (*Retour à la vie*, 1946).

ovibos n. m. ZOOL. Mammifère bovidé des régions arctiques de l'Amérique, d'aspect massif, à la toison laineuse, également nommé bœuf musqué.

Ovide (en latin *Publius Ovidius Naso*) 43 av. J.-C.-17 apr. J.-C. Poète latin. Brillant avocat, il partage les plaisirs de la jeunesse dorée de Rome et compose avec talent et élégance des poèmes érotiques: *Les Amours*, *L'Art d'aimer*. Entre 2 et 8 apr. J.-C., il écrit un grand poème mythologique, *Les Métamorphoses*. En 8, il est exilé à Tomes (aujourd'hui Constanta, en Roumanie) par l'empereur Auguste, et il y exalte sa nostalgie dans des poèmes élégiaques: *Les Tristes* et *Les Pontiques*.

oviducte n. m. ZOOL. Conduit par lequel, chez les animaux, l'ovule quitte l'ovaire. *Dans l'espèce humaine, c'est la trompe de Fallope qui correspond à l'oviducte.*

Oviedo *195 651 h.* Ville d'Espagne, capitale de la communauté autonome des Asturies. Capitale de l'ancien royaume des Asturies à partir du VIIIe siècle, elle conserve une imposante cathédrale (XIVe-XVIIe siècle) et

*La cathédrale d'**Oviedo**.*

OUZBÉKISTAN

Superficie : *447 400 km²* – **Nombre d'habitants :** *25 100 000 h.* – **Capitale :** *Tachkent*
Villes principales : *Samarcande, Namangan, Andijan* – **Système politique :** *république*
Langue(s) : *ouzbek, russe* – **Religion(s) :** *islam sunnite* – **Monnaie(s) :** *soum*

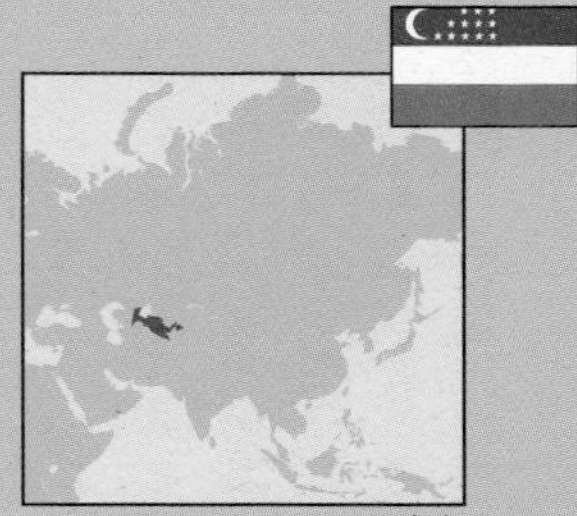

Voir l'Atlas

Géographie physique et humaine

Une plaine désertique est coupée de bassins où se développèrent d'importants foyers de civilisation (Samarcande {Samarkand}, Boukhara, etc.). Dans les montagnes du sud (Pamir, Tianshan) naissent le Syr-Daria et l'Amou-Daria. Les Ouzbeks représentent 70 % de la population; les Russes, 8 % ; on compte de nombreuses minorités: Tadjiks, Tatars, Kazakhs. La religion dominante est l'islam sunnite.

Économie

38 % de la population active se consacre à l'agriculture, prospère grâce à l'irrigation: fruits, primeurs, riz, vigne; le coton constitue une ressource importante, ainsi que la soie et l'astrakan. Le charbon, les hydrocarbures, l'uranium, le cuivre ont permis une industrialisation récente.

Une des portes principales du palais royal de Samarcande.

Histoire

Dans l'Antiquité, ce pays se nommait la Sogdiane ou la Transoxiane, c'est-à-dire le pays situé au-delà de l'Oxus (nom de l'Amou-Daria). Samarcande, qui devint par la suite la ville principale, fut prise en 329 av. J.-C. par Alexandre le Grand et, en 712, par les Arabes. Elle connut une grande prospérité sous les Samanides, maîtres de la Perse, qui installèrent leur capitale à Boukhara. Gengis Khan ravagea le pays en 1220. Roi de Transoxiane en 1370, Tamerlan devint le maître d'un empire dont la capitale était Samarkand. Après une nouvelle période de prospérité au XVe siècle, elle connut le déclin. De 1853 à 1885, la Russie conquit le pays et d'autres régions d'Asie centrale (Kazakhstan, Kirghizistan, etc.). Ils nommèrent « Turkestan » le pays correspondant à l'Ouzbékistan et au Tadjikistan actuels.

Le Turkestan devint en 1918 une république autonome au sein de la Fédération de Russie, puis la république soviétique d'Ouzbékistan en 1924. Le Tadjikistan lui est enlevé en 1929, et la Karakalpakie lui est rattachée en 1936. En 1944, Staline y déporte des Turcs de Géorgie, les Meskhets. En août 1991, est proclamée l'indépendance de l'Ouzbékistan, qui adhère à la Communauté des États indépendants en décembre. Ce même mois, l'ancien secrétaire du parti communiste local, Islam Karimov, est élu président.

En 1995, son mandat a été prolongé par référendum jusqu'en 2000 (99,6 % de *oui*). Il a été réélu en 2000 et, toujours par référendum (91 % de oui), son mandat a été prolongé jusqu'en 2007. Depuis l'intervention américaine en Afghanistan, l'Ouzbékistan est le principal allié des États-Unis dans la région.

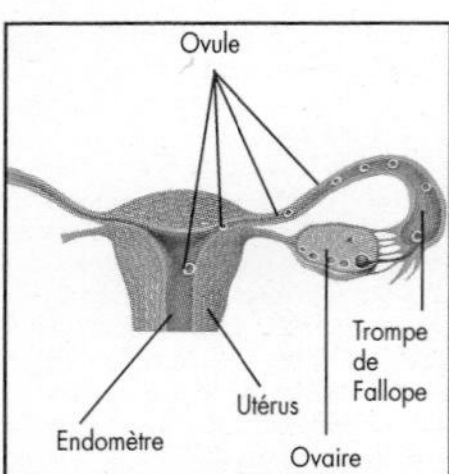

*Parcours de l'**ovule**, depuis l'ovaire jusqu'à l'utérus.*

les ruines de l'ancien palais royal (IXe siècle). Centre industriel, Oviedo bénéficie du développement économique des Asturies (sidérurgie, industries mécaniques).

ovin, e adj. et n. m. Qui concerne les brebis, les moutons. *L'espèce ovine.* / n. m. *Un cheptel d'ovins et de caprins.*

ovinés n. m. pl. ZOOL. Sous-famille de bovidés qui comprend notam. les moutons, les mouflons, les chèvres, les bouquetins. Syn. caprinés.

ovipare adj. et n. ZOOL. Qui pond des œufs.

oviparité n. f. ZOOL. Mode de reproduction des animaux ovipares.

ovipositeur n. m. ZOOL. Organe, généralement allongé, grâce auquel certains insectes déposent leurs œufs. Syn. oviscapte.

oviraptor n. m. PALÉONT. Dinosaure bipède de taille relativement petite (1 m de haut). *On a pensé, lors de la découverte du premier fossile d'oviraptor, que celui-ci se nourrissait des œufs d'un autre dinosaure; on sait maintenant que l'oviraptor couvait ses propres œufs.*

oviscapte n. m. ZOOL. Ovipositeur.

ovni n. m. (acronyme pour *objet volant non identifié.*) Objet circulant dans l'atmosphère, qui a été observé à partir de la Terre, mais qui n'a pu être identifié. Pl. Des *ovnis.*

ovocyte n. m. BIOL. Gamète femelle qui n'ayant pas subi les deux divisions de la méiose, n'est pas arrivé à maturité. Syn. oocyte.

ovogenèse n. f. BIOL. Formation des ovules.

ovoïde adj. En forme d'œuf.

ovovivipare adj. et n. ZOOL. Se dit des animaux ovipares chez lesquels l'incubation des œufs s'effectue dans les voies génitales de la femelle.

ovoviviparité n. f. ZOOL. Mode de reproduction des animaux ovovivipares. *L'ovoviviparité de la vipère.*

ovulaire adj. BIOL. De l'ovule. *Ponte ovulaire*: ovulation.

ovulation n. f. BIOL. Émission d'un ovule par rupture du follicule ovarien mature. *Chez la femme, pour un cycle de vingt-huit jours, l'ovulation se produit environ au quatorzième jour.*

ovule n. m. BIOL. Gamète femelle mature. *Après l'ovulation, l'ovule peut être fécondé, formant alors un zygote (ou œuf).* / BOT. Chez les phanérogames, organe arrondi, contenu dans le pistil, et dans lequel se trouvent les cellules reproductrices femelles. *L'ovule se transforme en graine après la fécondation.*

ovuler v. i. [1] BIOL. Avoir une ovulation.

Owen (Robert) 1771-1858 Réformateur britannique. Directeur d'une entreprise textile, il tente des réformes sociales en faveur des femmes et des enfants. Une expérience communautaire aux États-Unis (1828), puis, en Angleterre, la fondation d'une Union nationale du travail (1834), qui veut rassembler les travailleurs dans des coopératives de production, préparant ainsi la disparition du patronat et du salariat, se soldent par des échecs. Bien que souvent utopiques, les idées d'Owen (exprimées dans *Le Livre du nouveau monde moral*, 1828-1844) influencèrent les penseurs de la réforme sociale.

Owens (James Cleveland, dit **Jesse)** 1914-1980 Athlète américain, quadruple champion olympique à Berlin (1936): 100 m, 200 m, relais 4 x 100 m, saut en longueur. Jusqu'alors, les États-Unis n'avaient pas fait participer de Noirs aux jeux Olympiques: la performance d'Owens suscita la colère d'Hitler qui quitta le stade.

oxalate n. m. CHIM. Sel ou ester de l'acide oxalique.

oxalique adj. CHIM. *Acide oxalique*: acide organique de formule HOOC–COOH, présent notam. dans l'oseille et l'oxalis.

oxalis n. m. ou **oxalide** n. f. BOT. Plante herbacée, dont les feuilles, à lobes en forme de cœur, sont riches en acide oxalique.

Oxenstierna (Axel, comte**)** 1583-1654 Homme politique suédois. Gustave II Adolphe le nomme chancelier et, après la mort du roi, il devient le tuteur de sa fille, la reine Christine, qui n'a que six ans. Sa politique renforce la puissance suédoise, mais il se heurte à la reine et perd une partie de son influence, sans pour autant abandonner le poste de chancelier, qu'il conservera jusqu'à sa mort.

oxford n. m. Toile de coton à grain marqué.

Oxford *132 758 h.* Ville du sud-est de l'Angleterre sur la Tamise, en amont de Londres. Fondée au VIIIe siècle, elle est surtout célèbre pour son université qui aurait été fondée au XIIe siècle et que le pape Innocent III reconnaît officiellement en 1214. Elle abrite maintenant environ 9 000 étudiants dans 24 collèges datant du XIIIe siècle à nos jours. La proximité de Londres a, en outre, fait d'Oxford un important centre industriel (automobile). L'Université et ses nombreux monuments historiques en font également un grand centre touristique.

Oxford (mouvement d') Mouvement en faveur d'une réforme de l'Église anglicane, également appelé *tractarien* en raison des tracts (*Tracts for the Times*) écrits par ses dirigeants, notamment par John Henry Newman. Né en 1833, il se proposait de renouer avec certaines pratiques du catholicisme que l'Église anglicane, Église officielle très liée au pouvoir temporel, contestait. Malgré la répression par les autorités et la conversion de Newman au catholicisme, le mouvement suscita un renouveau de la spiritualité en Angleterre. Les autres dirigeants du mouvement ne se convertirent pas et l'Église anglicane adopta quelques-unes des pratiques contre lesquelles elle s'était d'abord élevée; en outre, sa dépendance vis-à-vis du pouvoir temporel s'effaça.

*L'entrée du collège universitaire Saint Edmond, à **Oxford**.*

oxhydrique adj. CHIM. Contenant de l'oxygène et de l'hydrogène. / TECHN. *Chalumeau oxhydrique*, dont la flamme est produite par la combustion d'un mélange d'oxygène et d'hydrogène dans des proportions stœchiométriques.

Oxus Voir **Amou-Daria**

oxyacétylénique adj. TECHN. *Chalumeau oxyacétylénique*, qui fonctionne avec de l'oxygène et de l'acétylène.

oxycarboné, e adj. CHIM., BIOCHIM. Combiné à de l'oxyde de carbone. *Hémoglobine oxycarbonée.* / MÉD. *Intoxication oxycarbonée*: intoxication par l'oxyde de carbone.

oxycoupage n. m. TECHN. Découpage de pièces métalliques par oxydation à haute température.

oxydant, e adj. et n. Qui oxyde.

oxydation n. f. CHIM., cour. Réaction au cours de laquelle un corps fixe de l'oxygène. / CHIM. Réaction au cours de laquelle un corps perd des électrons. *Nombre d'oxydation, degré d'oxydation*: nombre qui caractérise l'état d'oxydation d'un corps.

oxyde n. m. CHIM., cour. Composé résultant de la fixation de l'oxygène sur un autre élément.

oxyder v. t. [1] Provoquer l'oxydation de. / v. pron. Subir un processus d'oxydation; se couvrir d'une couche d'oxyde. *Le fer s'oxyde à l'air.*

oxydoréductase n. f. BIOCHIM. Enzyme catalysant une réaction d'oxydoréduction.

oxydoréduction n. f. CHIM. Réaction au cours de laquelle il y a oxydation d'un corps et réaction d'un autre corps, c'est-à-dire échange d'électrons entre ces deux corps.

oxygénation n. f. CHIM. Oxydation par l'oxygène. / Action d'oxygéner; son résultat.

oxygène n. m. CHIM. Élément de numéro atomique Z = 8, de masse atomique 16 (symbole: O). / Gaz incolore, inodore, insipide, formé par la combinaison de deux atomes d'oxygène (O_2). *L'oxygène est l'élément chimique le plus abondant à la surface de la Terre. Il est indispensable à la respiration des êtres vivants aérobies. Dans les conditions ordinaires, l'oxygène se liquéfie à -183 °C.* / Cour. Air pur. *Faire une cure d'oxygène.*

oxygéné, e adj. Qui contient de l'oxygène. *Eau oxygénée*: solution aqueuse de peroxyde d'hydrogène.

oxygéner v. t. [1] Enrichir (une substance) en oxygène. / Éclaircir (les cheveux) avec de l'eau oxygénée. / v. pron. Fam. Respirer de l'air pur. *Aller s'oxygéner à la campagne.*

oxygénothérapie n. f. MÉD. Administration thérapeutique d'oxygène, destinée à augmenter le pourcentage d'oxygène dans l'air inspiré. *Oxygénothérapie hyperbare*, effectuée dans des compartiments spéciaux contenant de l'oxygène pur sous pression.

oxyhémoglobine n. f. BIOCHIM. Combinaison réversible d'hémoglobine et d'oxygène, qui assure le transport de l'oxygène du poumon aux organes.

Ôyama Iwao.

oxymoron n. m. RHÉTOR. Figure de rhétorique qui associe deux mots de sens contraire pour donner de la force à l'expression (par exemple, *un étourdissant silence*).

oxyton n. m. PHONÉT. Mot à accent tonique sur la dernière syllabe.

oxyure n. m. ZOOL., MÉD. Petit ver nématode, long de quelques millimètres, vivant en parasite dans l'intestin des mammifères, notam. de l'homme.

oxyurose n. f. MÉD. Parasitose due aux oxyures.

Ôyama Iwao 1842-1916 Maréchal japonais. Il vainquit les Chinois à Port Arthur (1894) et commanda l'armée japonaise contre la Russie (1904-1905).

oyat n. m. Plante graminée dont les longues racines fixent le sable des dunes.

Oyo *275 000 h.* Ville du Nigeria, ancienne capitale du royaume yorouba.

Oyonnax *23 869 h.* Chef-lieu de canton dans l'Ain, grand centre de l'industrie des matières plastiques.

ozalid n. m. (nom déposé) IMPR. Épreuve positive tirée sur un papier sensibilisé avec des composés diazoïques, à partir d'un film positif.

Ozanam (Frédéric) 1813-1853 Écrivain français. Historien (*La Civilisation du Ve siècle*, 1856), catholique fervent, il contribua à la fondation de la Société de Saint-Vincent-de-Paul, consacrée aux œuvres de bienfaisance, et se lia avec Lacordaire, collaborant à *L'Ère nouvelle*, le journal des catholiques ralliés à la république. Il a été béatifié.

ozène n. m. MÉD. Affection des muqueuses nasales, qui se caractérise par une atrophie de ces muqueuses et la formation de croûtes fétides.

ozone n. m. CHIM. Gaz de couleur bleu pâle formée par la combinaison de trois atomes d'oxygène (O_3), se liquéfiant à –112 °C.

♦ L'ozone est un oxydant extrêmement puissant. Il se forme dans l'air, sous l'action de décharges électriques ou des rayons ultraviolets. L'atmosphère comporte une couche riche en ozone, située entre 25 et 30 km d'altitude, qui absorbe presque complètement les rayons ultraviolets et protège ainsi la surface de la Terre de leur action. On observe dans certaines zones de l'atmosphère terrestre, en particulier dans les régions antarctiques, une décroissance de la concentration en ozone (couramment appelée *trou d'ozone*).

Ozu Yasujirô 1903-1963 Cinéaste japonais, à la fois austère et sensible, moderne et traditionnel: *Gosses de Tokyô* (1932), *Printemps tardif* (1949), *Été précoce* (1951), *Voyage à Tokyô* (1953), *Fleurs d'équinoxe* (1958), *Le Goût du saké* (1962).

Paasikivi (Juho Kusti) 1870-1956 Homme d'État finlandais, président de la République de 1946 à sa mort.
Pabst (Georg Wilhelm) 1885-1967 Cinéaste allemand d'origine autrichienne. Son style caractérisé tantôt par un réalisme grave (*La Rue sans joie*, 1925) tantôt par un romantisme sans artifice, n'exclut jamais le souci de vérité : *Loulou* (1928), *Quatre de l'infanterie* (1930), *L'Opéra de quat'sous*, d'après Brecht (1931), *La Tragédie de la mine* (1931), *Don Quichotte* (1933).
pacage n. m. Pré où l'on fait paître le bétail.
pacager v. t. / v. i. [1] Faire paître (des bestiaux). / v. i. Paître.
pacemaker n. m. (mot anglais) Stimulateur cardiaque.
pacha n. m. (mot turc) Titre honorifique porté dans l'Empire ottoman par les gouverneurs de provinces et les hauts dignitaires de l'armée.
Pacheco (Francisco) 1564-1654 Peintre espagnol, fondateur, à Séville, d'une académie de peinture où se forma Vélasquez. D'abord maniériste, il utilisa plus tard des contrastes vigoureux de clair-obscur.
Pachelbel (Johann) v. 1653-1706 Compositeur allemand. Il est l'auteur d'œuvres pour clavier et pour la voix, mais ses pièces les plus novatrices sont ses pièces pour orgue. Il a influencé J.-S. Bach.
pachtou ou **pachto** Voir **pashto**
Pachtoun(s) Voir **Pashtoun(s)**
pachyderme adj. et n. m. **A.** adj. Vx À peau épaisse. **B.** n. m. pl. Ancien ordre de mammifères à peau épaisse dans lequel étaient regroupés l'éléphant, le rhinocéros, l'hippopotame, etc. / n. m. sing. Éléphant. / Fig., fam. Personne très corpulente.
pachyure n. f. ou m. ZOOL. Musaraigne d'Europe méridionale, d'Asie mineure et d'Afrique dont une espèce, la pachyure étrusque, est le plus petit mammifère connu (moins de 5 cm, sans la queue).
pacificateur, trice adj. et n. Qui pacifie.
pacification n. f. Intervention ou négociation qui permet de rétablir la paix entre des pays ou des régions en guerre. / Apaisement. *Agir dans un esprit de pacification.* / *Édits de pacification* : édits promulgués par le roi au XVIe siècle dans le but d'apaiser les

Atoll dans l'océan **Pacifique**.

querelles religieuses entre protestants et catholiques.
pacifier v. t. [1] Rétablir la paix civile, le calme dans une zone, dans un pays en état de guerre. / (Par euphémisme) Faire régner l'ordre dans une région en y écrasant militairement la rébellion. / Fig. Calmer, rasséréner. *Pacifier les cœurs et les esprits.*
pacifique adj. Où règne la paix, qui n'est pas en proie à la guerre. *Région pacifique.* / Qui se fait dans la paix, sans violence. *Manifestation pacifique.* / Qui aime la paix, veut la paix, la favorise. *Peuple pacifique. Intention pacifique. Océan Pacifique* : voir *Pacifique.*
Pacifique (océan) *180 000 000 km² environ.* Le plus grand océan du globe. Baignant à l'ouest l'Asie et l'Australie, à l'est l'Amérique, le Pacifique communique au nord avec l'océan Arctique par le détroit de Béring ; au sud, il s'ouvre sur l'océan Antarctique. Plus profond que l'Atlantique, le Pacifique comporte des dorsales dont les sommets sont des îles volcaniques (Hawaii, île de Pâques). La guirlande insulaire et volcanique qui le borde au nord et à l'ouest (îles Aléoutiennes, Mariannes, Philippines), longée par des fosses très profondes (*11 000 m* dans la fosse de Mindanao) et appelée « ceinture de feu du Pacifique », est une zone très instable où séismes et raz de marée sont fréquents. Découvert par Balboa en 1513, traversé en 1520 par Magellan qui lui donna son nom actuel, exploré par Cook, La Pérouse, le Pacifique fut, au cours de la Deuxième Guerre mondiale, le théâtre de combats entre les États-Unis et le Japon. C'est aujourd'hui une zone d'intenses échanges commerciaux entre l'Amérique du Nord et l'Asie.
Pacifique (guerre du) Ensemble des combats qui opposèrent, dans diverses îles du Pacifique (notamment aux Philippines), les États-Unis et le Japon de décembre 1941 à août 1945. Ces combats s'achevèrent par le largage d'une bombe atomique sur Hiroshima (6 août) et d'une seconde sur Nagasaki (9 août).
pacifiquement adv. De façon pacifique.
pacifisme n. m. Doctrine des partisans de la paix entre les États, qui exclut tout recours à la force armée pour résoudre un conflit et prône le désarmement, la non-violence et la recherche de solutions diplomatiques.
pack n. m. (mot anglais) SPORT Au rugby, ensemble des huit avants, ceux qui jouent en mêlée. / Petit emballage conditionné. *Pack de bière.*
packager ou **packageur** n. m. Sous-traitant qui fait du packaging. / Dans l'édition, professionnel qui conçoit et réalise des ouvrages que les éditeurs publient sous leur nom, en en assurant la fabrication (parfois) et la commercialisation.
packaging n. m. (mot anglais) Technique du conditionnement et de l'emballage d'un produit, sous l'angle de son impact commercial. / Dans l'édition, métier du packager.

Ignacy Paderewski.

Pacôme (saint) 286-346 Moine égyptien. Fondateur du cénobitisme, il énonça une *Règle* qui influença toute l'histoire du monachisme.
pacotille n. f. Anc. Lot de marchandises pouvant être embarquées sans taxe par l'équipage d'un bateau. / Ensemble d'objets sans grande valeur.
PACS ou **pacs** n. m. (sigle de [ou acronyme pour] *pacte civil de solidarité*) Contrat conclu entre deux adultes de même sexe ou de sexes différents, qui ne sont pas proches parents, de manière à régir leur vie commune. *Le pacs, déclaré au tribunal d'instance, a des conséquences juridiques diverses, immédiates ou différées.*
pacser (se) v. pron. [1] Conclure un pacs avec qqn.
pacte n. m. Accord solennel conclu entre plusieurs personnes, partis ou États. / HIST. *Pacte de famille* : pacte conclu au XVIIIe siècle entre les Bourbons de France et les Bourbons d'Espagne. / *Pacte fédéral* : Constitution de la Suisse.
pactiser v. i. [1] Faire un pacte (avec qqn).
pactole n. m. Source de grandes richesses, trésor. *Vous avez trouvé un pactole.*
Pactole (le) Rivière de l'ancienne Lydie, affluent de l'Hermos, qui, selon la légende grecque, roulait des paillettes d'or après que Midas s'y fut baigné, et aurait été ainsi à l'origine des richesses fabuleuses de Crésus.
paddock n. m. (mot anglais) Dans un élevage de chevaux, enclos réservé aux juments et à leurs poulains. / Enceinte réservée d'un champ de course, où les chevaux sont promenés en main, avant le départ. / Argot. Lit.
paddy n. m. (mot anglais, du malais) Riz non décortiqué.
Paderewski (Ignacy) 1860-1941 Pianiste, compositeur et homme politique polonais. En 1917, sa notoriété lui permet d'obtenir de Wilson la promesse de l'indépendance de la Pologne. Président du Conseil de la République polonaise et ministre des Affaires étrangères en 1919, il fut un des signataires du traité de Versailles. Il ne revient à la politique qu'en 1940, présidant le gouvernement polonais en exil, en France puis aux États-Unis, où il meurt l'année suivante. Il a composé un opéra, une symphonie et de nombreuses pièces pour piano.

Le gouffre de **Padirac**.

padichah ou **padischah** n. m. (mot persan) Titre du sultan ottoman.

Padirac *170 h.* Commune du Lot, sur le causse de Gramat (Lot). Le *gouffre de Padirac*, puits de *75 m* menant à une rivière souterraine de *6 km* qui se jette dans la Dordogne, est aménagé pour les touristes.

Padoue *213 070 h.* Ville d'Italie, en Vénétie, chef-lieu de la province du même nom. Elle conserve de nombreux monuments historiques: cathédrale du XVIe siècle; basilique Saint-Antoine (XIIIe siècle), dit « il Santo », qui renferme le tombeau du saint; chapelle de l'Arena, dite aussi « des Scrovegni », décorée de fresques de Giotto. Elle est le siège d'une université célèbre où enseigna Galilée et qui reste l'une des plus importantes d'Italie.

paella n. f. CUIS. Mets espagnol à base de riz cuit à la poêle et de poisson, crustacés, viande et légumes.

Paesiello Voir **Paisiello**

Paestum Ancienne ville d'Italie, au sud de Naples. Colonie grecque (VIIe siècle av. J.-C.) qui devint romaine en 273 av. J.-C., elle a conservé de beaux exemples d'architecture grecque classique, notamment du style dorique: temples, forum, amphithéâtre, nécropole dont les tombes sont revêtues de fresques, témoignages rares de la peinture grecque antique.

Páez (José Antonio) 1790-1873 Général et homme politique vénézuélien. Il participa à la guerre d'indépendance. Dictateur du Venezuela en 1826, il proclama l'indépendance de son pays en 1830 et fut trois fois président de 1831 à 1863.

paf! [1] interj. Onomatopée imitant le bruit d'un coup, d'une chute. *Et paf! Voilà tout le plateau par terre!*

paf [2] adj. inv. Pop. Ivre. *Elle est complètement paf.*

pagaie n. f. Rame légère et courte, dénuée de point d'appui.

pagaille n. f. Fam. Désordre. *Mettre la pagaille.* / Loc. adv. *En pagaille*: en désordre. *En avoir en pagaille*, en grande quantité.

Pagan Site de Birmanie, groupant plusieurs villages et sur lequel sont rassemblés 2 000 monuments bouddhiques. Pagan fut la capitale de l'empire birman après l'an 1000, puis fut ruinée au XIIIe siècle; c'est aujourd'hui une ville musée.

Paganini (Niccolò) 1782-1840 Violoniste et compositeur italien. Enfant prodige, il débuta très tôt et fit des tournées en Italie, puis dans toute l'Europe, qui lui valurent une grande renommée. Virtuose exceptionnel, il a élargi les possibilités expressives du violon et composé pour son instrument diverses pièces, notamment les 24 *Caprices*, ainsi que des concertos et des sonates.

La **paella**, plat traditionnel espagnol.

paganisme n. m. Nom donné, après le triomphe du christianisme, à toutes les formes de polythéisme.

pagayer v. i. [1] Ramer avec une pagaie.

pagayeur, euse n. Celui, celle qui pagaye.

page [1] n. f. Chacun des côtés d'une feuille de papier. / Feuillet. / Texte écrit, imprimé sur un feuillet. *J'ai reçu d'elle une lettre de 6 pages. Une brochure de 32 pages.* / Contenu de ce texte. *Les plus belles pages de la littérature française.* / IMPR. *Mise en page*: opération qui consiste à organiser la présentation des pages d'un ouvrage imprimé en intercalant textes, titres, blancs, illustrations. *Belle page*: page de droite d'un livre. / Fig. Période historique; époque d'une vie. *La page la plus agitée de l'histoire du Moyen Âge.*

page [2] n. m. Anc. Jeune garçon de sept à quatorze ans, issu d'une famille noble, et confié à un chevalier qui lui inculquait le métier des armes.

pagel n. m. ou **pagelle** n. f. ou **pageot** n. m. ZOOL. Poisson téléostéen qui vit dans les mers chaudes et tempérées. *Une espèce de pagel est commercialisée sous le nom de « daurade rose ».*

pageot ou **pajot** n. m. Pop. Lit. *Se mettre au pageot.*

pagination n. f. Action de paginer; la série des numéros des pages d'un livre. *Erreur dans la pagination d'un livre.*

paginer v. t. [1] Numéroter les pages de. *Paginer un cahier.*

pagne n. m. Morceau d'étoffe ou de matière végétale tressée, noué à la taille et couvrant presque toute la jambe.

Pagnol (Marcel) 1895-1974 Écrivain et cinéaste français, auteur de comédies: *Topaze* (1928), ainsi que *Marius* (1929) et *Fanny* (1931), les deux premiers volets (qui furent adaptés au cinéma) d'une trilogie qu'il complète en réalisant lui-même le film *César* (1936), et où il ressuscite le Vieux-Port de Marseille. Il a réalisé de nombreux films, s'inspirant notamment de certaines œuvres de Giono: *Angèle* (1934), *Regain* (1937), *La Femme du boulanger* (1938). Son œuvre décrit avec pittoresque la vie des Provençaux. Il a raconté ses souvenirs d'enfance et de jeunesse dans une trilogie romanesque: *La Gloire de mon père* (1957), *Le Château de ma mère* (1958), *Le Temps des secrets* (1960).

pagode n. f. et adj. inv. **A.** Temple des pays d'Extrême-Orient. *Pagode bouddhiste. Pagode brahmanique.* (N. B. On n'emploie plus guère ce mot, on préfère le mot « temple ».) *Toit en pagode*, à la courbure évasée et retroussée, étagé ou non. / Anc. Monnaie d'or de Madras ou de Pondichéry (XVIIe au XIXe siècle). **B.** adj. inv. *Manche pagode*, serrée de l'épaule au coude, puis évasée du coude au poignet.

pagre n. m. ZOOL. Poisson téléostéen marin dont une espèce est connue sous le nom de *daurade royale*.

pagure n. m. ZOOL. Crustacé décapode marin, à corps mou, qui vit dans une coquille de gastéropode abandonnée. Syn. bernard-l'ermite.

Pahlavi ou **Pahlevi** Dynastie iranienne (1925-1979) qui succéda à celle des Qadjars. Voir **Muhammad Reza chah** et **Reza chah**.

Pahouins Voir **Fang**

paie ou **paye** n. f. Somme d'argent versée périodiquement en contrepartie d'un travail. / Le règlement de cette somme. / *Bulletin de paie*: pièce justificative sur laquelle figurent le montant du salaire brut, les retenues diverses, les primes éventuelles. / *Livre de paie*: livre contrôlé par l'administration fiscale, sur lequel l'employeur est tenu de reproduire le détail de chaque paie délivrée.

paiement ou **payement** n. m. Action de payer; somme payée.

païen, enne adj. et n. D'une religion autre que les grandes religions monothéistes (s'emploie surtout par opposition à *chrétien*). *Cérémonie païenne. Les païens.* / Par ext. Incroyant.

paierie n. f. Centre administratif chargé des paiements. *Paierie générale.*

paillard, e adj. et n. Grivois. *Chanson paillarde.* / Subst. *Un(e) paillard(e).*

paillardise n. f. Caractère de ce qui est paillard. / Action, parole paillarde.

paillasse n. f. Grand sac confectionné dans de la toile, rembourré avec de la paille, des feuilles de maïs, etc., et utilisé comme matelas. / Dallage situé à hauteur d'appui sur lequel s'effectuent les manipulations dans un laboratoire; carrelage posé à côté d'un évier.

Marcel **Pagnol**.

paillasson n. m. Tapis de paille ou de toute autre matière tressée, placé devant une porte pour s'essuyer les pieds. / Fig., péjor. Individu servile. / HORTIC. Claie de paille protégeant les plantes du froid ou du soleil.

paille n. f. **I.** Tige desséchée des céréales dépouillées de leur épi. / Cette matière employée en vannerie. *Chapeau de paille. Vin de paille*: vin blanc provenant de raisins mûris sur de la paille. *Homme de paille*: prête-nom. / Brin de paille. *Tirer à la courte paille.* / Petit

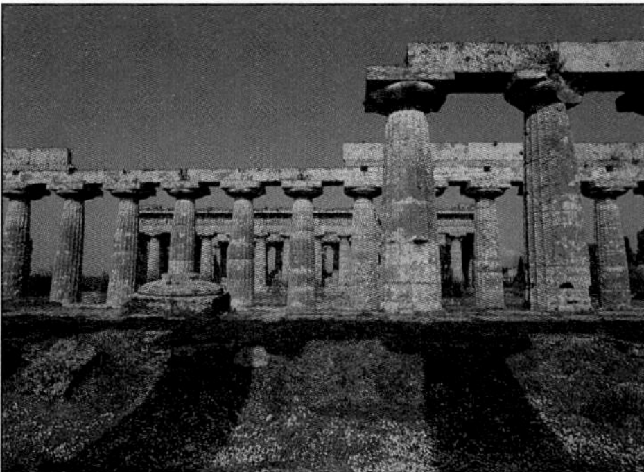

La « Basilique », le plus ancien des temples de **Paestum** au sud de de l'Italie.

Ruines de **Pagan** en Birmanie.

Paimpol.

tuyau, généralement en matière plastique, dont on se sert pour aspirer un liquide. / *Paille de fer*: ensemble de longs copeaux de métal réunis en boule qu'on utilise pour gratter, récurer. **II.** TECH. Défaut dû à une fusion imparfaite, dans une pièce de métal ou de verre. / Défaut dans une pierre précieuse. Syn. crapaud.

paille-en-queue n. m. ZOOL. Phaéton. Pl. Des *pailles-en-queue*.

pailler v. t. [1] Couvrir de paille. *Pailler des arbustes pour les protéger du froid.* / Garnir de paille tressée. *Pailler des chaises.*

pailleté, e adj. Semé de paillettes. *Manteau pailleté.*

paillette n. f. Lamelle scintillante cousue sur une étoffe pour l'orner. / Poussière d'or mêlée au sable des rivières aurifères.

paillis n. m. AGRIC. Paille en cours de décomposition dont on couvre les semis.

paillon n. m. Manchon de paille destiné à emballer les bouteilles. / En joaillerie, feuille de métal placée sous une pierre pour renforcer son éclat.

paillote n. f. Hutte de paille.

Paimpol *7 932 h.* Ville et port de Bretagne (Côtes-d'Armor). Touchée par le déclin de la pêche lointaine, Paimpol tire aujourd'hui ses ressources de l'ostréiculture, de l'exploitation des primeurs et du tourisme. L'école nationale de la marine marchande y est installée.

pain n. m. **I.** Aliment à base de farine pétrie avec de l'eau, salée, fermentée et cuite au four. *Pain complet*, fait de farine brute, non séparée du petit son. *Pain noir*, fait de farine de seigle ou de sarrasin. *Pain de mie*, très levé, à base de farine très blanche. *Pain azyme*, sans levain. / Masse de cet aliment à laquelle on a donné une certaine forme. *Pain rond.* / Loc. fig. *Bon comme le bon pain*: d'une très grande bonté. *Avoir du pain sur la planche*, beaucoup de travail à accomplir. *Manger son pain blanc le premier*: avoir des débuts faciles. / Cet aliment en tant que symbole de la nourriture, de l'ensemble des moyens de subsistance. *Gagner son pain.* / Fig. *Le pain de vie*: le pain de la communion et, par ext., l'Eucharistie. **II.** PÂTIS. *Pain d'épice*: gâteau à base de farine et d'œufs, sucré au miel et aromatisé à diverses épices (cannelle notamment). *Pain de Gênes*: brioche très légère. / CUIS. Préparation moulée en forme de pain. *Pain de poisson.* / Matière moulée formant une masse. *Pain de savon, de plastic.* / GÉOMORPH. *Pain de sucre*: colline rocheuse modelée dans des roches cristallines, au sommet arrondi et aux parois curvilignes (par analogie de forme avec la présentation, autrefois usuelle, du sucre de canne sous la forme d'une masse conique). **III.** Argot. Coup. *J'ai reçu un de ces pains !*

Pain de Sucre (le) *395 m* Relief granitique en forme de cône allongé qui domine la baie de Rio de Janeiro, au Brésil, à l'entrée de la baie de Guanabara. Ce type de relief est caractéristique des régions de climat tropical humide ; on en trouve aussi au Vietnam, par exemple.

Paine ou **Payne (Thomas)** 1737-1809 Journaliste et homme politique américain d'origine anglaise. Émigré en Amérique en 1774, il lutta pour l'indépendance des États-Unis. De retour en Angleterre, ayant pris fait et cause pour la Révolution française, il fut accusé de haute trahison et se réfugia en France, où il fut élu à la Convention en 1792. Il retourna aux États-Unis en 1802. Auteur de nombreux pamphlets écrits de 1776 à 1783 et réunis sous le titre *La Crise américaine*, il publia également *Le Sens commun* (1776), *Les Droits de l'homme* (1791-1792) et *L'Âge de raison* (1794-1796).

Painlevé (Paul) 1863-1933 Mathématicien puis homme politique français. Il fonda la théorie analytique des équations différentielles et étudia les variables complexes et la mécanique des fluides. Esprit curieux, il s'intéressa aux débuts de l'aviation auxquels il prit une part importante (il obtint du Parlement, en 1910, le vote des premiers crédits pour l'aviation). Il fut ministre de l'Instruction publique en 1915-1916, ministre de la Guerre en 1917, puis président du Conseil en 1917 et, de nouveau, en 1925. **Jean** 1902-1989 Fils du précédent, médecin et cinéaste. Il réalisa d'importants films documentaires, notamment sur des animaux aquatiques : *La Pieuvre*, *Les Oursins*, *L'Astérie*.

pair, e [1] adj. et n. m. **A.** adj. *Nombre pair*, qui produit un nombre entier, une fois divisé par deux. / MATH. *Fonction paire*, qui a la même valeur pour les deux valeurs opposées de la variable. / ANAT. *Organes pairs*, qui sont au nombre de deux. Ant. impair. **B.** n. m. Personne avec laquelle on est sur un pied d'égalité. / *Hors pair*, sans égal. / *Jeune fille au pair*, qui s'occupe des enfants et du ménage dans une famille qui, en contrepartie, la loge et la nourrit. *Pair de l'or d'une monnaie*: égalité entre la valeur d'une monnaie fixée par le gouvernement et sa valeur réelle, qui correspond au poids d'or qu'elle renferme.

pair [2] n. m. HIST. Titre porté par chacun des grands vassaux occupant le même rang par rapport au roi. / Membre de la Chambre des pairs en France, de 1814 à 1848. / Membre de la Chambre des lords, en Angleterre.

paire n. f. Groupe de deux objets semblables. *Paire de chaussettes.* / Objet formé de deux éléments identiques. *Paire de lunettes.* / Couple d'animaux. *Paire de faisans.* / MATH. Ensemble constitué de deux éléments.

pairesse n. f. HIST. Épouse d'un pair de France. / En Grande-Bretagne, femme titulaire d'une pairie ; épouse d'un membre de la Chambre des Lords.

pairie n. f. Titre, dignité de pair. / HIST. Domaine auquel le titre de pair était attaché.

paisible adj. Dont la paix, la tranquillité n'est pas perturbée. *Sommeil paisible. Région paisible.* / Tranquille, pacifique. *Un citoyen paisible.*

paisiblement adv. De façon paisible.

Paisiello ou **Paesiello (Giovanni)** 1740-1816 Compositeur italien, auteur de nombreuses œuvres pour le théâtre (*La Serva padrona*, 1781 ; *Il Barbiere di Siviglia*, 1782), de musique d'église et de musique de chambre.

paître v. i. / v. défectif [3] (n'est pas utilisé au passé simple ni aux temps composés) Brouter l'herbe. *Les moutons paissent.* / Fig., fam. *Envoyer qqn paître*, le rabrouer. / (Emploi transitif) *Les vaches paissent l'herbe du pré.*

paix n. f. Situation d'un pays qui n'est pas en état de guerre. / Par ext. Traité qui met fin à une guerre. *Signer la paix. L'arbre de paix*: l'olivier. / Bonne entente, absence de conflit. *Rétablir la paix au sein de la famille.* / Anc. *Juge de paix*: conciliateur entre particuliers, aujourd'hui nommé *juge d'instance.* / Fig. Calme parfait. *La paix des bois.* / Tranquillité d'esprit. *L'âme en paix.*

pajot Voir **pageot**

Pajou (Augustin) 1730-1809 Sculpteur français, pensionné par Mme du Barry. Il décora l'opéra de Versailles et fit plusieurs statues pour Louis XVI (*Descartes*, *Pascal*, *Bossuet*) et de nombreux portraits (*Mme Vigée-Lebrun*).

Pa Kin Voir **Ba Jin**

• **Pakistan** État d'Asie situé entre l'Iran et l'Afghanistan, à l'ouest, et l'Inde, au sud-est.

pakistanais, e adj. et n. Du Pakistan. *Population pakistanaise. Un(e) Pakistanais(e).*

pal n. m. Pieu au bout pointu. / *Supplice du pal*: supplice oriental qui consistait à transpercer d'un pieu, introduit par le fondement, le corps d'un condamné. / HÉRALD. Bande verticale qui traverse l'écu du haut du chef jusqu'à la pointe. / AGRIC. Plantoir de vigneron. Pl. Des *pals.*

palabre n. f. ou m. (généralement au plur.) Conversation longue et vaine. *Ces palabres ne servent à rien.* / (Sans nuance péjorative) En Afrique, assemblée coutumière, présidée par le chef du village, où se traitent les problèmes de la communauté.

palabrer v. i. [1] Faire des discours oiseux, bavarder interminablement. / En Afrique, délibérer, tenir une palabre.

palace n. m. (mot anglais) Grand hôtel luxueux.

paladin n. m. Dans les chansons de geste, chevalier compagnon de Charlemagne. / Chevalier errant.

palafitte n. m. ARCHÉOL. Village lacustre sur pilotis.

palais [1] n. m. ANAT. Partie supérieure de la cavité buccale, qui la sépare des fosses nasales. *Palais osseux* (voûte palatine), antérieur. *Palais musculeux* (voile du palais), postérieur.

palais [2] n. m. Résidence somptueuse d'un grand personnage. / Édifice abritant

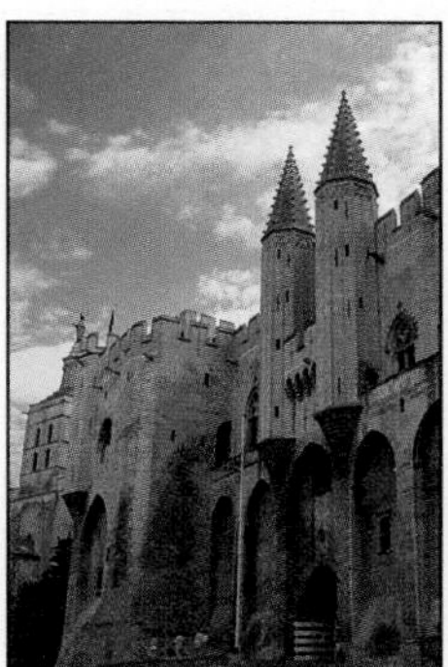

***Palais** des Papes en Avignon.*

les tribunaux ou d'autres instances administratives. *Palais de justice.* / Vaste édifice public ayant une fonction administrative ou culturelle. *Le palais de Chaillot à Paris.*

Palais-Royal Édifice parisien renfermant des jardins, rue Saint-Honoré, en face du Louvre. En 1633, Lemercier fut chargé de le construire pour Richelieu. Le *Palais-Cardinal*, offert par le ministre à Louis XIII en 1643, fut appelé *Palais-Royal*. Résidence d'Anne d'Autriche et du jeune Louis XIV, il appartint ensuite à la famille d'Orléans. Contant d'Ivry le réaménagea vers 1763-1767 ; Victor Louis se vit confier l'aménagement du jardin autour duquel furent construits des bâtiments à arcades, abritant des boutiques (1786-1790). C'est à la même époque que fut construite une annexe aux bâtiments, l'actuel théâtre de la Comédie-Française. Au XIXe siècle, Fontaine restaura le palais et éleva la galerie d'Orléans à portiques doriques. Incendiés sous la Commune, les bâtiments furent restaurés de 1872 à 1876. Le Palais-Royal abrite aujourd'hui le Conseil d'État, le Conseil constitutionnel et le ministère de la Culture. La cour d'honneur a été décorée par les colonnes de Buren (1986-1987), ce qui a suscité une vive polémique.

palan n. m. Appareil de levage démultipliant les efforts, composé de deux ensembles de poulies reliées par une corde ou une chaîne pour soulever les fardeaux.

P

*Les colonnes de Buren dans la cour d'honneur du **Palais Royal**.*

PAKISTAN

Superficie : *796 095 km²* – **Nombre d'habitants :** *140 000 000 h.* – **Capitale :** *Islamabad*
Villes principales : *Karachi, Lahore, Faisalabad* – **Système politique :** *république*
Langue(s) : *ourdou, anglais* – **Religion(s) :** *islam* – **Monnaie(s) :** *roupie pakistanaise*

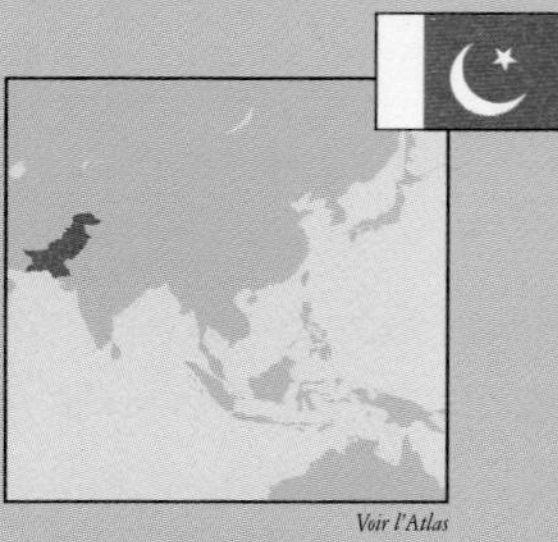

Voir l'Atlas

Géographie physique et humaine

Le Pakistan est bordé, au nord et à l'ouest, de montagnes peu peuplées. Les montagnes du Nord appartiennent à l'Himalaya ; les chaînes de l'Hindou Kouch et du Karakoram culminent à *7 680 m* et *8 620 m* (mont K2, le plus haut sommet du monde après l'Everest). La partie du Cachemire contrôlée par le Pakistan, au nord-est du pays, est dotée d'un statut autonome. À l'ouest, le Béloutchistan est peu élevé : les populations s'y livrent à l'élevage nomade. La partie la plus active du pays est la plaine de l'Indus, qui comprend au nord-est le Pendjab, grand producteur de coton, et, plus au sud, le Sind, domaine du riz. Cette plaine est fertilisée et irriguée par l'Indus, par ses affluents et par des canaux qui déversent les eaux himalayennes ; le climat aride, en particulier dans le Sind, bénéficie peu de la mousson. Plus à l'est, s'étend le désert de Thar.

L'Indus se jette au sud dans la mer d'Oman, par un immense delta. Lieu de passage (grâce à de rares passes : ainsi, la passe de Khaiber fait communiquer le Pakistan et l'Afghanistan) où plusieurs tribus, installées dans les montagnes, défendent leurs particularismes, le Pakistan mêle de nombreuses ethnies depuis la plus haute Antiquité. Depuis le départ des Hindous après la partition des Indes anglaises en 1947, l'islam est très largement majoritaire (env. 97 %).

Économie

L'irrigation a multiplié par quatre les terres cultivables et l'agriculture modernisée produit d'abondantes récoltes de blé, de millet, de maïs et de canne à sucre. Mais l'indépendance a créé un conflit avec l'Inde, ruineux pour le pays qui consacre aux dépenses militaires une part importante de son budget (essais nucléaires de 1998). Le blé (produit surtout au Pendjab) est la grande culture vivrière ; les rizières (Sind, delta de l'Indus, Cachemire) n'apportent qu'une céréale d'appoint. Les grandes cultures industrielles, la canne à sucre et le coton, jouent un rôle important dans ce pays essentiellement rural. Dans le nord et l'ouest, l'élevage des bovins surtout des buffles) et des ovins rassemble un cheptel de 70 millions de têtes. Ces mêmes régions produisent opium et cannabis. L'industrie, peu développée, traite surtout les produits agricoles ; l'industrie lourde, qui bénéficie de la présence de gisements de gaz naturel, de chromite et de gypse, est quasi inexistante. Le centre industriel principal est Karachi (raffineries, sidérurgie, cotonnades, industrie mécanique et chimique). La croissance est limitée par un taux d'investissement trop faible et des rentrées fiscales insuffisantes.

Paysage de la vallée de Hunza, au pied du Karakoram.

Histoire

Vers 1500 av. J.-C., les populations dravidiennes furent chassées vers le sud de l'Inde par l'invasion indo-européenne. Elles avaient développé jusque-là une brillante civilisation urbaine, appelée *civilisation de l'Indus*. En 712, les Arabes conquirent le Sind. Entre le Xᵉ et le XIIᵉ siècle, la dynastie des Ghaznévides, Turcs musulmans, islamise la vallée de l'Indus. L'Empire moghol domine le Pakistan et l'Inde actuels du XVIᵉ au XIXᵉ siècle. Après la chute de l'Empire moghol, la Grande-Bretagne s'assure le contrôle de ces deux pays, qui forment l'Empire des Indes ; la reine Victoria est proclamée impératrice des Indes en 1876.

Fondée en 1906, la Ligue musulmane lutte contre le colonisateur, comme le parti du Congrès (à majorité hindoue), mais l'idée d'un État musulman séparé fait son chemin, soutenue, à partir de 1940 par le leader de la Ligue musulmane, Ali Jinnah. Dans les années 1940, le poète Muhammad Iqbal forge le nom de *Pakistan* (« pays des purs »). L'indépendance des Indes, en 1947, amène la partition de l'empire. Deux États sont créés : l'Inde et le Pakistan, divisé en Pakistan-Occidental (le Pakistan actuel) et Pakistan-Oriental (le Bangladesh actuel). Le Cachemire, dans le nord-est du Pakistan et le nord-ouest de l'Inde, partagé entre ces deux pays, suscite des affrontements militaires dès 1947. La question n'est toujours pas réglée. Des troubles persistent également dans le Pendjab, région située au sud du Cachemire et divisée, elle aussi, entre l'Inde et le Pakistan. Ali Jinnah, promoteur et premier chef de l'État pakistanais, meurt en 1948. Dès lors, des dictatures militaires alternent avec de brefs gouvernements civils.

Un train pakistanais.

L'instabilité gouvernementale retarde l'établissement de la Constitution, adoptée en 1956, et favorise l'arrivée au pouvoir, en 1958, du maréchal Ayyub Khan, qui rétablit l'ordre politique et économique. En 1969, sa dictature est vivement contestée ; il cède sa place au général Yahya Khan. En 1971, le Pakistan-Oriental fait sécession, avec l'aide militaire de l'Inde, et devient indépendant, sous le nom de Bangladesh. Après cette défaite, le général Yahya Khan démissionne et Ali Bhutto devient président de la République du Pakistan.

Fondateur du Parti populaire du Pakistan (1967), il met en œuvre le « socialisme islamique », ce qui entraîne une agitation conservatrice et religieuse. Il est renversé en 1977 par le général Zia ul-Haq et exécuté en 1979. Zia ul-Haq instaure la loi islamique. De 1979 à 1989, le Pakistan soutient activement la révolte afghane contre le régime d'inspiration communiste et l'intervention militaire de l'URSS en Afghanistan. Les réfugiés afghans affluent au Pakistan. En 1988, Zia ul-Haq meurt dans un accident d'avion. Son successeur, Ghulam Ishaq-Khan, nomme Premier ministre Benazir Bhutto, la fille de l'ancien président. Elle est la première femme à gouverner un État musulman. En 1990, le président la renvoie, l'accusant de corruption. En 1993, son parti gagne les élections et elle reprend la tête du gouvernement. Destituée de nouveau en 1996, elle perd les élections de 1997 face à Nawaz Sharif, représentant de la droite islamique, qui retrouve le poste de Premier ministre qu'il a occupé de 1990 à 1993.

En 1998, le Pakistan, à la suite de l'Inde, procède à une série d'essais nucléaires, ce qui entraîne un regain de tension entre les deux pays. En 1999, un coup d'État dirigé par le général Moucharraf renverse Nawaz Sharif. En 2001, il dissout l'Assemblée nationale, et collaborant avec les États-Unis dans la lutte antiterroriste, interdit les mouvements islamistes en janvier 2002. En avril de la même année, un référendum le maintient à la présidence (99,7% des voix). En novembre, le pays retrouve un parlement et un régime civil, mais Moucharaf garde l'essentiel du pouvoir. Il donne, en 2003, son appui à G. Bush dans son action militaire contre l'Irak, mais le Pakistan ne connaît pas la paix civile : bien que dissous, les groupes islamistes sont nombreux et influents et les actions terroristes (notamment contre les chrétiens et les Occidentaux) ne cessent pas.

*Ruines de la cité de **Palenque**, qui fut capitale de l'empire maya.*

palanche n. f. Tige de bois aux extrémités relevées, utilisée pour porter sur l'épaule deux charges à la fois.
palancre ou **palangre** n. f. PÊCHE Ligne soutenue par des flotteurs à laquelle sont attachées des lignes munies d'hameçons.
palangrotte n. f. PÊCHE Petite palangre.
palanque n. f. ARCHÉOL. Mur défensif fait de gros pieux jointifs posés verticalement.
palanquin n. m. Litière ou chaise à porteurs utilisée en Orient. / Siège surmonté d'une tente, sur le dos d'un chameau ou d'un éléphant.
palatal, ale, aux adj. et n. f. PHONÉT. Dont le point d'articulation est situé dans la voûte palatine. *Voyelles palatales.* / n. f. *Une palatale.*
palatial, ale, aux adj. HIST., BX-ARTS D'un palais, d'un ensemble de palais. *Bâtiments palatiaux.*
palatin, e [1] adj. ANAT. Du palais. *Os palatin.*
palatin, e [2] adj. et n. **A.** adj. Propre à un palais, situé dans un palais. *Chambre palatine.* / HIST. Titulaire d'une charge dans un palais princier. *Comte palatin.* **B.** HIST. n. m. Gouverneur d'une province dans l'ancienne Pologne. / Juge suprême représentant le roi, dans l'ancienne Hongrie.
Palatin (mont) Une des sept collines de Rome, la plus anciennement habitée (VIIIe siècle av. J.-C.), autour de laquelle Romulus traça l'enceinte de la ville. Les empereurs y firent élever leurs résidences : palais d'Auguste, Tibère, Caligula. Nombreux vestiges.
Palatinat Région historique d'Allemagne située sur le Rhin, au nord de l'Alsace. Ce terme, qui désignait à l'origine les domaines des comtes palatins (représentants du Saint Empire dans chaque région), fut réservé aux domaines du comte palatin du Rhin au XIIe siècle. Ce domaine s'est peu à peu étendu (XVe-XVIe siècles) et devint un grand centre de résistance culturelle et religieuse à l'hégémonie impériale ; mais, après les ravages de la guerre de Trente Ans, le Haut-Palatinat fut absorbé par la Bavière. Depuis 1946, cette région fait partie du Land de Rhénanie-Palatinat, en Allemagne. La beauté de ses paysages en fait une région touristique.
• **Palau** ou **Belau** État d'Océanie, dans l'ouest de l'archipel des Carolines.

PALAU

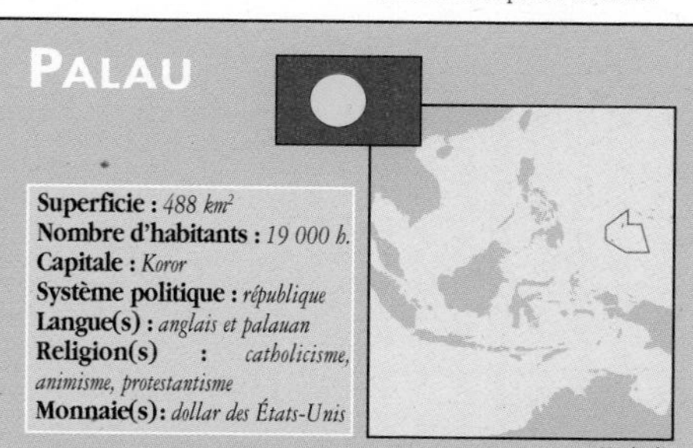

Superficie : *488 km²*
Nombre d'habitants : *19 000 h.*
Capitale : *Koror*
Système politique : *république*
Langue(s) : *anglais et palauan*
Religion(s) : *catholicisme, animisme, protestantisme*
Monnaie(s) : *dollar des États-Unis*

Voir l'Atlas

Cet archipel compte 26 îles et 300 îlots. Les ressources sont les patates douces, les noix de coco, la pêche et le tourisme.

Placé sous tutelle américaine par l'ONU en 1947, l'archipel devient indépendant et membre de l'ONU en 1994.

Une des îles de l'archipel des Palau.

palauan, e adj. et n. Des îles Palau.
pale n. f. Partie plate et large d'un aviron qui pénètre dans l'eau. / Planchette d'une roue à aubes. / Partie plate ou hélicoïdale d'une hélice. / Petite vanne servant à fermer un bassin ou un réservoir.
pâle adj. En parlant du teint d'une personne, d'une blancheur sans éclat. *Un visage pâle.* / En parlant d'une personne, qui a le teint pâle. *Je vous trouve bien pâle.* / Argot. *Se faire porter pâle* : pour un militaire, se déclarer malade. / Sans éclat. *Une lumière pâle.* / Mélangé à beaucoup de blanc. *Un rose pâle.* / Fig. Terne, médiocre. *Un pâle imitateur.*
palefrenier n. m. Personne chargée de soigner les chevaux.
palefroi n. m. Anc. Au Moyen Âge, pour un chevalier, cheval de parade ou de déplacement (par oppos. à *destrier*, cheval de bataille).
Palenque Site archéologique situé au Mexique (nord de l'État du Chiapas), dans la forêt tropicale. Palenque a été une importante cité maya (IVe-Xe siècles). Ce vaste ensemble monumental compte des bâtiments civils (palais surmonté d'une tour de guet à trois étages) et religieux : temple du Soleil, temple de la Croix. À l'intérieur de la haute pyramide qui supporte le temple des Inscriptions, un escalier descend jusqu'à une crypte voûtée, ornée de bas-reliefs et abritant un sarcophage en pierre fermé par une dalle sculptée, qui contenait le squelette d'un prince ou d'un grand prêtre portant des bijoux et un masque de jade.
paléoasiatique adj. Didac. Relatif aux peuples anciens de l'Asie, en particulier de l'Asie de l'extrême nord, et à leurs civilisations.
paléocène adj. et n. m. GÉOL. Qui correspond au Paléogène.
paléochrétien, enne adj. Des premiers chrétiens. *Art paléochrétien.*
paléoclimat n. m. Climat des périodes géologiques anciennes.
paléoclimatologie n. f. Science qui étudie les paléoclimats.
paléoethnologie Voir **palethnologie**
paléogène adj. et n. m. PALÉONT. Première partie du Tertiaire. Syn. nummulitique.
paléogéographie n. f. Partie de la géographie relative aux périodes géologiques anciennes.
paléographe n. m. Spécialiste de paléographie.
paléographie n. f. Science des écritures anciennes.
paléolithique adj. et n. m. Relatif à la première période de la préhistoire, dite *âge de la pierre taillée.* / n. m. *Le Paléolithique.* Le Paléolithique débute il y a environ 2 millions d'années et s'étend jusqu'au début du Xe millénaire. Au *Paléolithique inférieur* (jusque vers 250000) apparaissent des outils d'abord rudimentaires puis des bifaces ; le *Paléolithique moyen* (jusque vers 80000) connaît les lames coupantes, les poinçons, les harpons, et l'homme découvre le feu ; au *Paléolithique supérieur* (de 80000 à 9000 environ), on utilise des outils d'os et de silex et l'art pariétal se développe.
Paléologue Nom francisé d'une famille de l'aristocratie byzantine qui régna sur l'Empire Byzantin de 1261 (quand Michel VIII Paléologue, d'abord proclamé empereur de Nicée en 1258, reprit Constantinople aux croisés) à 1453 (quand les Turcs prirent Constantinople).

*La cathédrale de **Palerme**.*

paléontologie n. f. Science des êtres vivants aujourd'hui disparus, fondée sur l'étude des fossiles.
paléontologique adj. Relatif à la paléontologie.
paléontologiste ou **paléontologue** n. Spécialiste de paléontologie.
paléosibérien, enne adj. et n. ANTHROP. *Peuples paléosibériens* : peuples aux caractères mongoloïdes peu marqués qui habitent encore l'Oural et l'est de la Sibérie. / LING. *Langues paléosibériennes* : langues diverses, mal connues, parlées dans la partie extrême-orientale de la Sibérie. / n. *Les Paléosibériens ont sans doute été les ancêtres des Aïnous du Japon.*
paléozoïque adj. et n. m. Syn. de primaire (ère).
Palerme *689 349 h.* Ville et port de Sicile (Italie), fondée par les Carthaginois, chef-lieu de la province du même nom et de la Région Sicile. Débouché d'une plaine côtière extrêmement fertile, la Conque d'Or, Palerme exporte du vin et des agrumes. Centre industriel, administratif et touristique, Palerme conserve de remarquables monuments byzantino-arabes et baroques. La cathédrale date des XIIe, XVe et XVIIIe siècles. Musées. Fondée par les Phéniciens, la ville devint romaine en 254 av. J.-C. Conquise par les Arabes sur les Byzantins en 831, la ville fut prise par les Normands en 1072. Elle passa ensuite, avec le reste de la Sicile, aux Angevins, aux Aragonais, puis aux Bourbons de Naples. Garibaldi et les Mille la prirent en 1860 ; elle rejoignit le nouveau royaume d'Italie en 1861.
paleron n. m. Pièce de boucherie, autour de l'omoplate du bœuf ou du porc.
• **Palestine** Région du Proche-Orient, comprise entre la vallée du Jourdain et la Méditerranée.
palestinien, enne adj. et n. De Palestine. *La révolte palestinienne. Les Palestiniens.*
palestre n. f. ANTIQ. ROM. Terrain de sport où les Anciens pratiquaient la gymnastique et la lutte.
Palestrina (Giovanni Pierluigi da) v. 1525-1594 Compositeur italien. Appelé à Rome par le pape Jules II, il y dirigea la maîtrise de la chapelle Giulia, poste que Paul IV lui retira, mais ne quitta pas Rome où il finit sa vie comme directeur de la musique à Saint-Pierre. Apprécié dans toute l'Europe, il a laissé une œuvre abondante : messes (une centaine), motets (plusieurs centaines), hymnes, psaumes, cantiques, lamentations, madrigaux spirituels ou profanes.
palet n. m. Pierre plate, plaque ou disque

PALESTINE

Une mère palestinienne parlementant avec des soldats israéliens, peu après l'arrestation de son fils (© Ilkay Mehmet).

C'est un pays de plaines et de plateaux cultivés par irrigation (fruits, légumes). Ses limites ont varié au cours de l'Histoire. Vers 1220 av. J.-C., les Hébreux fuyant l'Égypte et conduits par Moïse (après la révélation du Dieu unique Yahvé, au mont Sinaï), puis par Josué, gagnèrent cette « Terre promise », qu'ils appelaient alors *pays de Canaan*. Des tribus sémitiques s'y étaient déjà établies depuis plusieurs siècles (notamment celle d'Abraham) et mêlées aux populations cananéennes, mais le pays ne fut réellement conquis que vers 1200 av. J.-C.
Les Hébreux durent lutter contre les invasions des Philistins (qui donnèrent leur nom à la *Palestine*), des Ammonites, des Amalécites. Le roi David (vers 1000 av. J.-C.) puis son fils Salomon firent de Jérusalem la capitale d'un puissant royaume, appelé *Israël*. Après la mort de Salomon (932 av. J.-C.), le royaume fut divisé : les tribus du nord formèrent le royaume d'*Israël*, celles du sud le royaume de *Juda*. Israël fut conquis en 721 av. J.-C. par les Assyriens et Juda en 587 av. J.-C. par le Babylonien Nabuchodonosor qui, après la prise de Jérusalem (597 av. J.-C.), détruisit la ville et le temple (587 av. J.-C.) et emmena les Hébreux en captivité à Babylone. Libérés progressivement à partir de 539 av. J.-C., ils revinrent à Jérusalem et rétablirent une communauté religieuse sous administration perse, séleucide, puis romaine : après la prise de Jérusalem par Pompée en 63 av. J.-C., Rome soumit la région. Sous la domination romaine, qui vit la naissance du christianisme, les Hébreux se soulevèrent en vain, en 66-70 et en 132-135.
L'empereur romain Hadrien écrasa la seconde révolte et fit du pays une province romaine rattachée à la Syrie, la Syro-Palestine. Nombre de Juifs furent contraints au départ, une nouvelle révolte des Juifs contre l'occupation romaine fut écrasée et la plupart s'exilèrent, accentuant la Diaspora (mot grec signifiant « dispersion »). Byzance succéda à Rome. En 636, les Arabes arrachèrent aux Byzantins la Palestine, que les chrétiens leur ravirent lors de la 1re croisade, en 1099. En 1187, le sultan d'Égypte Saladin vainquit les chrétiens près du lac de Tibériade, prit Jérusalem et intégra la Palestine dans son royaume d'Égypte et de Syrie. La Palestine passa sous la tutelle des Mamelouks d'Égypte qui dominèrent le pays jusqu'à la conquête ottomane ; occupée par les Turcs en 1516, elle fut rattachée à l'Empire ottoman jusqu'à la Première Guerre mondiale.
Dès la fin du XIXe siècle, commença l'immigration juive, provoquée par les pogroms en Russie tsariste et organisée par le mouvement sioniste, avec le soutien des grandes puissances européennes. En 1917, le ministre britannique des Affaires étrangères, A. J. Balfour, prononça la « déclaration Balfour », qui promettait aux Juifs un foyer national en Palestine. En 1922, celle-ci fut placée sous mandat britannique et l'immigration juive s'accentua. Des conflits sanglants éclatèrent entre immigrants juifs et Palestiniens arabes dès 1928.
En 1939, la Grande-Bretagne impose des restrictions à l'immigration juive et provoque l'opposition du mouvement sioniste. En 1947, l'ONU décide le partage de la Palestine en deux États, arabe et juif, décision rejetée par les États arabes. En 1948, l'État d'Israël est proclamé par David Ben Gourion, ce qui entraîne la première guerre israélo-arabe (1948-1949). Après la défaite arabe, la Palestine est divisée entre Israël et la Jordanie, et les Palestiniens se réfugient en masse dans les États limitrophes.
Fondée en 1964, à Jérusalem, l'Organisation de la libération de la Palestine (O.L.P.) s'installe en Jordanie. En 1967, au terme de la guerre des Six Jours, Israël occupe la totalité de la Palestine historique, dont la Palestine jordanienne, la Cisjordanie. En 1969, Yasser Arafat devient le président de l'O.L.P, qui est reconnue par l'ONU en 1974. L'O.L.P. s'engage alors dans la voie diplomatique, ce qui entraîne la scission des fractions les plus radicales.
À partir de 1987-1988, les Palestiniens des territoires occupés déclenchent l'Intifada (« soulèvement ») contre les troupes israéliennes, tandis que l'O.L.P. proclame la création d'un État indépendant en « Palestine ». En 1991, Israël, les Palestiniens et les pays arabes participent à la conférence de paix sur le Proche-Orient, ouverte à Madrid. En 1993, Israël et l'O.L.P. signent un accord de reconnaissance mutuelle puis négocient à Oslo avant de signer à Washington un nouvel accord statuant sur l'autonomie des territoires occupés. En 1994, conformément à cet accord, Jéricho et la bande de Gaza obtiennent une autonomie partielle. Arafat s'installe à Gaza, où il dirige l'Autorité palestinienne. En 1995, Naplouse et six autres villes cisjordaniennes obtiennent l'autonomie. En janvier 1996, le parti d'Arafat remporte les premières élections du Conseil de l'autonomie palestinienne, alors que des groupes extrémistes, puissants au sein de la population palestinienne, contestent les accords de paix.
En mai 1996, le Parti travailliste, au pouvoir en Israël depuis 1992, est battu aux élections législatives par le Likoud dont le leader, Benyamin Nétanyahou, élu Premier ministre, favorise l'implantation de colonies juives dans les territoires autonomes, ce qui relance l'Intifada et entraîne l'enlisement des pourparlers israélo-palestiniens. Le travailliste Ehoud Barak, vainqueur des élections de 1999, les relance, mais il démissionne en décembre 2000. En février 2001, Ariel Sharon, nouveau chef du Likoud, est élu Premier ministre. Des attentats palestiniens en Israël, en avril-mai, entraînent une riposte militaire israélienne qui s'étend, au fil des mois, à la quasi-totalité des territoires autonomes palestiniens. C'est l'escalade de la violence : aux opérations militaires font écho, de la part de la frange la plus irréductible des Palestiniens, des attentats suicides terroristes qui frappent aveuglément la population israélienne, suscitant, à leur tour, des ripostes israéliennes de plus en plus violentes. Les opérations militaires en Irak (mars-avril 2003) n'ont fait qu'exacerber la tension, malgré les efforts de la communauté internationle pour mettre fin à la spirale de violence. Sous la pression internationale, Arafat a nommé, en mars 2003, un Premier ministre, Mahmoud Abbas (Abou Mazen), qui, investi en avril, tente de s'imposer au sein d'un monde politique palestinien profondément divisé.
Le 30 avril, a été rendue publique la "feuille de route" mise au point par le Quartet (États-Unis, Union européenne, Russie, ONU), qui propose un règlement du conflit israélo-palestinien par la création, d'ici 2005, de deux États se partageant la région, Israël et la Palestine. Elle implique, en premier lieu, du côté palestinien, la cessation des violences, la réforme des institutions et l'organisation d'élections, et, du côté israélien, le démantèlement des colonies implantées depuis mars 2001. Ensuite, un État palestinien devrait se constituer dans des frontières provisoires ; ces frontières seraient plus tard définitivement fixées par des négociations portant également sur le sort des réfugiés palestiniens, le statut de Jérusalem et l'ensemble des colonies israéliennes.

qu'on lance ou propulse dans certains jeux ou sports.
palethnologie ou **paléoethnologie** n. f. Branche de l'ethnologie spécialisée dans l'étude des modes de vie et des comportements des hommes préhistoriques.
paletot n. m. Vêtement de dessus.
palette n. f. Plaque percée d'un trou pour le pouce sur laquelle le peintre mélange ses couleurs. / Fig. Ensemble des couleurs qui caractérisent l'œuvre d'un peintre. / Gamme, choix. *Palette d'articles*. / INFORM. *Palette graphique* : logiciel de création d'images offrant un large choix de couleurs et de graphismes. / BOUCH. Morceau de mouton ou de porc comprenant l'omoplate et la chair qui l'enrobe.
palettisation n. f. Action de palettiser ; son résultat. / Emploi de palettes lors de manutentions.
palettiser v. t. [1] Charger (des marchandises) sur une palette. / Équiper de palettes ; réorganiser en généralisant l'emploi de palettes.
palétuvier n. m. BOT. Arbre des mangroves, caractérisé par des racines en grande partie aériennes.
pâleur n. f. Caractère de ce qui manque de couleur, d'éclat.

pâli n. m. LING. Ancienne langue de l'Inde, proche du sanscrit, qui n'est plus parlée que par des prêtres, au Sri Lanka.
pâlichon, onne adj. Fam. Pâlot.
palier n. m. Plate-forme ménagée à chaque étage d'un escalier. / Fig. Degré, échelon. / MÉCAN. Pièce soutenant l'arbre de transmission d'une machine. / Partie horizontale d'une route ou d'une voie ferrée. / AÉRON. *Voler en palier*: voler à altitude constante.
palilalie n. f. PSYCHOPATHOL. Trouble de la parole caractérisé par la répétition involontaire d'un mot, d'un groupe de mots, d'une phrase.
palimpseste n. m. Parchemin dont un premier texte manuscrit a été gratté avant qu'un nouveau texte y soit écrit.
palindrome n. m. Mot, ou phrase, que l'on peut lire de gauche à droite et de droite à gauche (ex. : été ; élu par cette crapule ; tu l'as trop écrasé, César, ce port-salut).
palinodie n. f. ANTIQ. Poème dans lequel l'auteur reniait une opinion précédemment exprimée. / Fig. Rétractation, désaveu d'une opinion précédemment exprimée.
pâlir v. i. [2] Devenir pâle, en parlant d'une personne. / Devenir moins lumineux, perdre de son éclat, en parlant d'une chose. Au fig. *Leur étoile pâlit,* leur prestige, leur pouvoir sont en déclin. / (Emploi transitif) Rendre pâle. *L'anémie l'a pâli.*
palis n. m. Pieu pointu que l'on relie à d'autres pour constituer une clôture ; la clôture ainsi constituée.
palissade n. f. Clôture faite de palis. / Mode de taille (à la verticale) des arbres et des arbustes.
palissader v. t. [1] Entourer d'une palissade.
palissandre n. m. Bois dur, sombre (brun à reflets violacés), très recherché en ébénisterie, en marqueterie.
palisser v. t. [1]ARBORIC. Étendre et fixer à un support les branches de (un arbre, généralement un arbre fruitier) pour constituer un espalier. *Palisser des poiriers.*
Palissy (Bernard) v. 1510-1590 Potier, émailleur et savant français. Il fut d'abord verrier, puis trouva après de longues recherches, sacrifiant jusqu'à ses meubles et au plancher de sa maison pour entretenir son four, le secret de fabrication des émaux. Cela lui valut, bien qu'il fût huguenot, la protection du connétable de Montmorency et de Catherine de Médicis. Pour avoir refusé d'abjurer, il fut emprisonné à plusieurs reprises, et finalement condamné à être pendu. La peine fut commuée, il fut incarcéré à la Bastille (1589) et y mourut. Il exécuta plusieurs grottes émaillées aujourd'hui disparues et des poteries décorées d'animaux et de plantes, en particulier de grands plats au décor animal et végétal en relief qui firent sa renommée. Il s'intéressa également à la chimie et à la géologie, et ses observations sur les fossiles en font un précurseur de la paléontologie. Il est l'auteur de plusieurs traités : *Discours admirable de l'art de terre, de son utilité, des émaux et du feu* (1580).

Mangrove à ***palétuviers****.*

Palladio *et une de œuvres, la villa Barbaro.*

palladien, enne adj. Relatif à Palladio, à son style. *Villas palladiennes.*
Palladio (Andrea di Pietro dit**)** 1508-1580 Architecte italien, le plus grand représentant de l'architecture classique de la Renaissance italienne. Il sut adapter le modèle antique, qu'il découvrit et étudia à Rome, aux goûts et aux besoins de la vie contemporaine. Son art s'est appliqué à quatre types de bâtiments : en ville, le palais, le théâtre et l'église, à la campagne, la villa, en tenant toujours compte de l'environnement dans l'organisation des formes. Il travailla à Vicence (théâtre Olympique, palais Valmarana et Chiericati, palais de la Ragione, dit « basilique ») et dans ses environs (villa Rotonda), puis reçut de nombreuses commandes des riches familles de propriétaires terriens de l'Italie du Nord. Il bâtit pour eux des palais (une dizaine) et des villas (une vingtaine : villa Pojana à Pojana Maggiore, villa Barbaro à Maser, villa Badoer à Fratta Polesine, villa Foscari à Malcontenta, près de Venise, dite « la Malcontenta », etc.). Ces villas obéissent aux impératifs socio-économiques d'exploitations groupant, autour de la maison de maître, tout ce qui est nécessaire à une vie en quasi-autarcie : habitations des employés et serviteurs, étables, écuries, entrepôts, ateliers... Les églises qu'il construisit à Venise (églises du Rédempteur, San Giorgio Maggiore) obéissent quant à elles à l'esthétique maniériste. On lui doit aussi, à l'extrême fin de sa vie, le dessin du théâtre Olympique de Vicence, expression ultime de ses conceptions sur la perspective et la diffusion de la lumière. Il exerça une forte influence sur l'architecture européenne, et notamment anglaise, des XVIIe et XVIIIe siècles. Ses écrits, inspirés de Vitruve (*Quatre Livres d'architecture*, 1570), contribuèrent à la diffusion de ses idées et à l'épanouissement du néoclassicisme en Europe.
palladium [1] n. m. ANTIQ. Statue sacrée de Pallas, considérée par les Troyens comme un gage du destin éternel de leur cité. / Litt. Sauvegarde, garantie.
palladium [2] n. m. CHIM. Élément métallique de numéro atomique Z =46, de masse atomique 106,4 (symbole Pd). / Métal blanc, dur, ductile, de densité 11,9, fondant à 1552 °C. *Le palladium est employé comme catalyseur des réactions d'hydrogénation et de déshydrogénation.*
Pallas Surnom de la déesse Athéna.
palléal, ale, aux adj. ZOOL. Relatif au manteau des mollusques et des brachiopodes.
palliatif, ive adj. et n. m. Qui pallie, qui n'a qu'une efficacité apparente. MÉD. *Soins palliatifs*, qui allègent les souffrances dues à une maladie incurable, qui procurent du confort aux malades en fin de vie et inaccessibles à tout traitement curatif. / n. m. Mesure insuffisante, dont l'effet n'est que passager ; expédient.
pallier v. t. [1] Masquer, déguiser sous une apparence trompeuse. *Pallier les insuffisances professionnelles d'un collègue.* / Résoudre de manière provisoire ou partielle. *Pallier une difficulté technique.*
pallium n. m. ANTIQ. Manteau composé d'une grande pièce rectangulaire de tissu drapé, porté sur la tunique par les anciens Romains, mode empruntée à la Grèce. / LITURG. Ornement liturgique porté autour du cou par le pape, les primats et les archevêques, formé d'une bande de laine blanche brodée de croix noires.

Olof Palme*.*

Palma de Majorque *298 971 h.* Ville et port de l'île espagnole de Majorque, capitale de la communauté autonome des îles Baléares, grand centre commercial (vins, fruits) et touristique (station balnéaire, cathédrale des XIIIe-XIVe siècles renfermant la sépulture des rois de Majorque, palais et églises des XVIe-XVIIIe siècles).
Palma le Vieux (Iacopo Nigretti dit**)** v. 1480-1528 Peintre italien. Installé à Venise, il a peint des scènes religieuses (*Polyptyque de sainte Barbe*, Santa Maria Formosa, à Venise), des portraits et des nus. Son œuvre est marquée par l'influence de Giorgione. **Palma le Jeune (Iacopo Nigretti** dit**)** 1544-1628 Petit-neveu du précédent, peintre italien, représentant du maniérisme vénitien. Il a travaillé avec Titien et peint, dans la manière du Tintoret, de grandes compositions pour les églises de Venise. Il a également décoré l'oratoire des Crociferi.
palmaire adj. ANAT. De la paume des mains.
palmarès n. m. Liste des lauréats d'une année scolaire, d'un concours ou d'une compétition. / Liste des succès, des victoires remportés par qqn. / Classement attribué à des chansons de variété. Syn. hit-parade.
palme n. f. **I.** Branche de palmier. / Fig. Insigne d'une distinction honorifique ; petit insigne agrafé sur le ruban de la croix de guerre, sur la croix de la valeur militaire, symbolisant une citation. *Palmes académiques. Croix de guerre avec palme(s).* / Symbole du succès. *Palme d'or du festival de Cannes.* / Palmier (dans quelques locutions) *Vin de palme* : liqueur provenant de la sève fermentée de certains palmiers. *Huile de palme*, issue du fruit du palmier à huile. **II.** SPORT Nageoire en caoutchouc fixée aux pieds du nageur pour accroître sa vitesse.
Palme (Olof) 1927-1986 Homme politique suédois. Social-démocrate, il fut Premier ministre de 1969 à 1976, puis de 1982 à sa mort. Il fut assassiné pour des raisons qui demeurent obscures et l'énigme de son assassinat n'a pas été élucidée.
palmé, e adj. ZOOL. Dont les doigts sont réunis par une palmure. / BOT. Qui a la forme d'une main ouverte, d'une palme.

P

Palmier.

palmer n. m. Instrument de précision fait d'une partie mobile et d'une partie fixe, qui sert à mesurer des épaisseurs ou des diamètres.

palmeraie n. f. Plantation de palmiers.

Palmerston (Henry Temple, 3e vicomte) 1784-1865 Homme politique anglais. Député tory en 1807, acquis aux idées libérales, il se rallia bientôt aux whigs. Il fut ministre des Affaires étrangères (1830-1841 et 1846-1851) puis Premier ministre (1855-1858 et 1859-1865) et dirigea avec fermeté les affaires britanniques jusqu'à sa mort, en se montrant l'adversaire acharné de la France et de la Russie dans la défense des intérêts britanniques.

palmette n. f. ARCHIT. Ornement en forme de palme.

palmier n. m. BOT. Arbre monocotylédone tropical dont le tronc non ramifié (stipe), est couronné par un bouquet de feuilles. *Les palmiers, dont il existe de nombreux genres, ont une grande importance économique, fournissant des fruits (dattes, noix de coco), de l'huile, des fibres (raphia, rotin), etc.*

palmipèdes adj. n. m. pl. ZOOL. Dont les pieds sont palmés. / n. m. pl. Ancien ordre d'oiseaux dans lequel on regroupait diverses espèces de mœurs aquatiques, aux pieds palmés : canard, mouette, cygne, pélican, pingouin, etc.

palmiste n. m. Nom donné à diverses espèces de palmiers dont les bourgeons, appelés choux-palmistes ou cœurs de palmier, sont comestibles. / Palmier à huile.

palmite n. f. Moelle du palmier.

palmitine n. f. CHIM. Constituant de l'huile de palme, ester du glycérol et de l'acide palmitique.

palmitique adj. *Acide palmitique* : acide gras saturé à 16 atomes de carbone, très souvent présent dans les graisses animales et végétales.

palmure n. f. ZOOL. Membrane qui réunit les doigts de divers animaux aquatiques.

Palmyre Ville ancienne située au centre de la Syrie actuelle, au nord-est de Damas. Cette cité caravanière, oasis du désert de Syrie, fut fondée sous le nom de Tadmor, « la ville des palmiers », vers 2000 av. J.-C.. Elle connut son apogée sous le règne de la reine Zénobie (266-272). Palmyre dominait alors le Moyen-Orient de l'Égypte à l'Asie Mineure. En 273, Aurélien vainquit Zénobie et ruina la ville, dont il reste de beaux vestiges hellénistiques et romains.

Palmyrène Région historique de la Syrie, au carrefour des routes qui relient l'Euphrate à la Méditerranée, et où se trouvent les seules oasis du désert syrien. C'est à cette situation et la prospérité des oasis que Palmyre dut sa puissance au IIIe siècle.

Palomar (mont) *1 871 m* Montagne de Californie (États-Unis). On a installé sur son sommet un observatoire astronomique doté d'un télescope de *5 m* d'ouverture.

palombe n. f. Rég. Pigeon ramier, dans le sud-ouest de la France.

palonnier n. m. Dans les voitures hippomobiles, pièce du train à laquelle sont attachés les traits des chevaux. / AVIAT. Barre, tout dispositif de transmission, qui se manœuvre au pied et qui commande la gouverne de direction. / AUTO. Dispositif qui équilibre l'action des freins sur les deux tambours.

palot n. m. TECHN. Sorte de pelle.

pâlot, otte adj. Un peu pâle.

palourde n. f. Mollusque lamellibranche comestible. *La palourde vit enfouie dans le sable.* Syn. clovisse.

palpable adj. Perceptible par le toucher. / Fig. Évident. *Une tension palpable.*

palpation n. f. MÉD. Examen clinique pratiqué par le médecin sur certaines parties du corps, consistant à les tâter avec les doigts ou la main, pour juger de leur sensibilité, leur forme ou leur température.

palpe n. m. ZOOL. (Chez les arthropodes) Appendice des pièces buccales, généralement porteur d'organes sensoriels (goût, odorat, toucher).

palpébral, ale, aux adj. ANAT. De la paupière, relatif à la paupière.

palper v. t. [1] Examiner (qqch.) en tâtant, en touchant. *Palper le poignet de qqn à la recherche du pouls.* / Fam. *Palper de l'argent* (ou absol.) *palper* : recevoir de l'argent.

palpeur n. m. TECH. Pièce de certains appareils servant à déterminer certaines caractéristiques des objets mis à son contact. *Plaque électrique à palpeur.*

palpitant, e adj. et n. m. Qui palpite. / Fig. Passionnant (au point de faire palpiter le cœur). *Une intrigue palpitante.* / n. m. Argot. *Le palpitant* : le cœur.

palpitation n. f. Mouvement de ce qui palpite. / MÉD. (généralement au plur.) Battement du cœur à un rythme accéléré par rapport à la fréquence normale, et parfois irrégulier. *Il a des palpitations.*

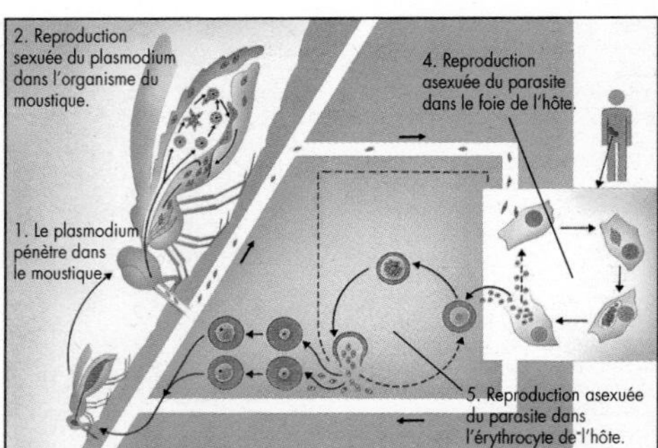

2. Reproduction sexuée du plasmodium dans l'organisme du moustique.
4. Reproduction asexuée du parasite dans le foie de l'hôte.
1. Le plasmodium pénètre dans le moustique.
5. Reproduction asexuée du parasite dans l'érythrocyte de l'hôte.

Cycle de reproduction du plasmodium, parasite responsable du ***paludisme****.*

palpiter v. i. [1] Avoir des mouvements convulsifs, des soubresauts, des frémissements. *Proie qui palpite sous les griffes du tigre.* / Être ému au point d'un avoir des palpitations cardiaques. *J'en palpite de frayeur.* / Litt. Se manifester encore, quoique faiblement. *Un reste d'espoir palpitait encore.*

palplanche n. f. TECHN. Planche de bois grossièrement équarrie utilisée pour le boisage des galeries de mines. / Poutrelle constitutive d'une cloison étanche utilisée en terrain gorgé d'eau ou inondé.

palsambleu! interj. Euphémisme pour « par le sang (de) Dieu ! », ancien juron usité au XVIIe siècle.

paltoquet n. m. Vx Homme grossier. / Mod. Homme insignifiant et vaniteux.

paluche n. f. Fam. Main.

palud ou **palus** ou **palude** n. m. Vx, litt. Marais. *Paludes*, ouvrage de Gide (1895). / Rég. (Bordelais) Terrain formé par dépôt d'alluvions ou sur l'emplacement de marais asséchés, planté de vignes.

paludéen, enne adj. et n. Propre aux marais. *Plantes paludéennes.* / MÉD. Relatif au paludisme ; atteint de paludisme. *Fièvre paludéenne. Soigner les paludéens.*

paludier, ère n. Personne qui travaille dans les marais salants.

paludisme n. m. MÉD. Maladie parasitaire dont l'agent est le plasmodium, inoculée dans le sang par la piqûre de moustiques anophèles, et qui se manifeste notamment par des accès cycliques de fièvre. *Le paludisme est fréquent dans les zones marécageuses ; son traitement repose sur la quinine et ses dérivés.* Syn. malaria, fièvre des marais.

palustre adj. Synonyme rare de paludéen. *Coquillages palustres.*

palynologie n. f. Étude du pollen et des spores.

pâmer (se) v. pron. [1] Vx Perdre connaissance, s'évanouir. / Litt. Être sur le point de défaillir sous l'effet d'une sensation, d'une émotion. *Se pâmer de plaisir.* / Par ext. *Se pâmer de rire.*

Pamir Massif montagneux très élevé d'Asie centrale. Il s'étend en grande partie sur le Tadjikistan (pic Ismail Samani, *7 495 m*) et la Chine, où se trouve son point culminant (Kongur tagh, *7 719 m*), se prolongeant sur le Kirghizistan et l'est de l'Afghanistan.

pâmoison n. f. Vx Évanouissement. *Tomber en pâmoison.*

pampa n. f. (mot espagnol) Vaste plaine d'Amérique du Sud, dont la végétation est constituée essentiellement de graminées.

Pampa (la) Vaste plaine fertile de l'Argentine centrale, entre les Andes et le Rio de La Plata. C'est une région de cultures (blé, maïs, soja) et d'élevage bovin qui joue un rôle fondamental dans l'économie argentine. Elle est très fortement urbanisée. On y trouve de grandes villes qui servent de relais pour la transformation et l'exportation des produits agricoles (Buenos-Aires, Cordoba, Santa Fe). La province argentine de *la Pampa* s'étend sur une partie de cette plaine.

Pampelune *181 349 h.* Ville d'Espagne, capitale de la communauté autonome de Na-

Palourdes.

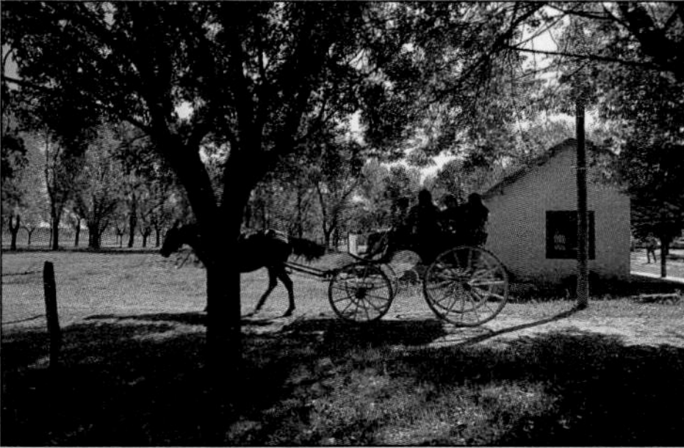

Aspect d'une ferme traditionnelle de la ***Pampa****.*

La place du Château, à **Pampelune**.

varre. C'est un important centre commercial (foires et fêtes de la San Fermín) où se développent des industries de transformation. En 905, Pampelune devint la capitale du royaume de Navarre que les Espagnols prirent en 1512 à la famille d'Albret. La cathédrale date des XIVe et XVe siècles.

pampero n. m. (mot espagnol) En Argentine, vent violent d'est ou du sud, qui amène les pluies d'hiver.

pamphlet n. m. Écrit polémique violent attaquant les institutions, un parti, un personnage.

pamphlétaire n. et adj. Auteur de pamphlet. / Adj. *Verve pamphlétaire.*

pampille n. f. Petite pendeloque qui, avec d'autres, forme une forme ornementale dans un ouvrage de bijouterie ou de passementerie.

pamplemousse n. m. Gros fruit jaune à jus acide du pamplemoussier. *Le pamplemousse est un agrume.*

pamplemoussier n. m. BOT. Arbre cultivé dans les régions chaudes pour son fruit, le pamplemousse.

pampre n. m. Rameau de vigne portant ses feuilles et ses fruits. / ARCHIT. Ornement représentant ce rameau.

pan [1] n. m. Partie tombante d'un vêtement. / Chaque face d'un objet à plusieurs côtés. / *Pan coupé*: surface plane située à l'angle de deux murs. / Portion d'un panneau vertical. *Un pan de mur.*

pan! [2] interj. Onomatopée imitant le son produit par un coup violent, un éclatement.

Pan MYTH. GR. Dieu des bergers et des troupeaux, représenté avec des cornes, un visage barbu et des pieds de bouc. Divinité de la fécondité, d'un grand appétit sexuel, il poursuit les nymphes et dirige leurs danses en s'accompagnant de la flûte (syrinx), qu'il a inventée. Son nom signifiant « tout » en grec, il devint, pour les philosophes, l'incarnation de la Nature, du Grand Tout.

panacée n. f. Médication réputée efficace contre tous les maux. / Fig. Ce que l'on croit efficace en toutes circonstances. *Le rire n'est pas une panacée.*

panachage n. m. Mélange d'éléments variés. / (Spécial.) Dans une élection, fait de panacher (une liste).

panache n. m. Bouquet de plumes décorant un casque, une coiffure, un dais. / Fig. Éclat, brio. / ARCHIT. Surface triangulaire entre les arcs qui soutiennent une coupole.

panaché, e adj. et n. m. Composé de différentes couleurs. *Tulipe panachée.* / Par ext. *Glace panachée.* / *Un demi panaché* (ou n. m.) *un panaché*: un demi de bière mélangé de limonade.

panacher v. t. [1] Orner d'un panache. / Composer à partir d'éléments divers. *Panacher une liste électorale*: pour un électeur, composer sa propre liste en choisissant ses candidats dans des listes politiques diverses.

panade n. f. Vieilli Soupe au pain. / Pop. *Être dans la panade*, dans l'embarras, dans la misère.

panafricain, e adj. POLIT. Relatif au panafricanisme, à l'ensemble des pays et des peuples d'Afrique.

panafricanisme n. m. POLIT. Mouvement politique tendant à instituer ou à resserrer la solidarité entre les peuples africains.

panais n. m. BOT. Plante herbacée bisannuelle, de la famille des ombellifères, dont la racine tubéreuse était utilisée autrefois comme légume et comme aliment pour bétail.

panama n. m. Léger chapeau d'homme, fabriqué avec le feuillage tressé d'un arbuste d'Amérique tropicale; tout chapeau de paille de forme ronde.

• **Panamá** État d'Amérique centrale, entre le Costa Rica, à l'est, et la Colombie, à l'ouest, et entre l'Atlantique, au nord, et le Pacifique, au sud.

Panamá (en espagnol, *Ciudad de Panamá*) *1 260 000 h.* Capitale de la république de Panamá, sur le golfe de Panamá, dans l'océan Pacifique. Fondée en 1519, la ville est aujourd'hui le principal centre commercial du pays, doté de quelques industries. Plaque tournante du commerce mondial, elle est le siège de nombreuses sociétés financières.

Panamá (isthme de) Bande de terre (*250 km*) qui unit les deux grandes masses du continent américain, entre le Pacifique et la mer des Antilles. Sa largeur moyenne est de *70 km*.

Panamá (canal de) *79,6 km* Canal d'Amérique centrale, reliant les océans Atlantique et Pacifique à travers l'isthme de Panamá. Les travaux, commencés en 1881 sur l'initiative du Français Ferdinand de Lesseps qui avait obtenu du gouvernement colombien une concession territoriale, furent interrompus en 1889 quand son entreprise fit faillite. L'*affaire de Panamá* entraîna en France un scandale financier et politique. Les travaux furent repris en 1904; le canal fut achevé en 1914 et joua un rôle central, pendant les décennies suivantes, dans les relations entre les États-Unis et le Panamá. Le traité fut renégocié à multiples reprises. Les États-Unis ont conservé le

L'écluse de Miraflores, sur le **canal de Panamá**.

contrôle de la zone du canal jusqu'en 1999, ainsi que des bases militaires.

Panamá (affaire de) 1891-1893 Scandale politique et financier causé par la faillite (1889) de la Compagnie universelle du canal interocéanique, chargée de la construction du canal de Panamá. Son fondateur, Ferdinand de Lesseps, avait fait appel aux petits épargnants, leur cachant les difficultés de l'entreprise, et la banqueroute atteignit 85 000 souscripteurs. En 1891, on découvrit qu'il avait acheté plusieurs parlementaires et ministres pour qu'ils votent les crédits et les lois nécessaires au financement de l'entreprise, et une enquête fut ouverte, mettant en cause non seulement Ferdinand de Lesseps et son fils, mais aussi de nombreuses personnalités politiques. Plusieurs sentences furent annulées pour vice de forme et, à l'issue du procès, seul un ministre fut condamné. Le scandale eut un profond retentissement en France: méfiance à l'égard du régime parlementaire, discrédit jeté sur les placements industriels, vague d'antisémitisme.

panaméen, enne adj. et n. Du Panama. *Indépendance panaméenne.* / *Un(e) Panaméen(ne).*

panaméricain, e adj. Qui concerne l'Amérique dans son ensemble. *Route panaméricaine*, qui traverse tout le continent.

panaméricanisme n. m. POLIT. Mouvement tendant à regrouper les États du continent américain, à les placer sous l'influence des États-Unis, et à empêcher toute ingérence étrangère dans les affaires du continent.

panarabe adj. Du panarabisme.

panarabisme n. m. POLIT. Mouvement politique et culturel qui a pour but l'union de tous les pays de langue, de civilisation arabe.

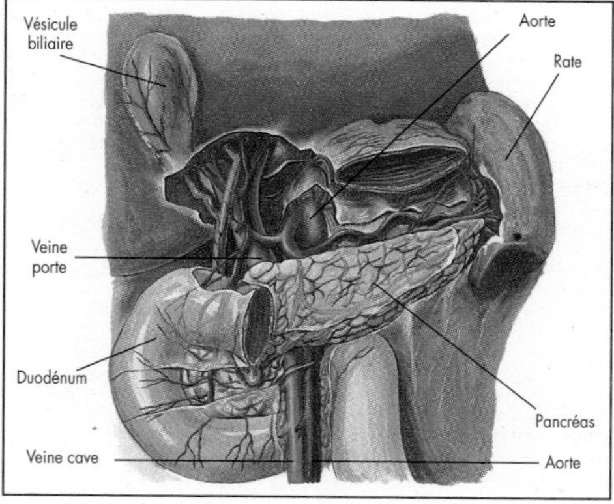

Position du **pancréas** par rapport aux autres organes abdominaux.

Panda.

panard n. m. Fam. Pied.

panaris n. m. MÉD. Inflammation aiguë du doigt, de l'orteil.

panathénées n. f. pl. ANTIQ. GR. Fêtes données en l'honneur d'Athéna, à Athènes.

Panay *12 520 km² 1 900 000 h.* Île des Philippines, dans l'archipel des Visayas. Ville principale: Iloilo.

pan-bagnat n. m. (mot provençal) Petit pain rond arrosé d'huile d'olive et diversement garni (tomates, olives, etc.).

pancarte n. f. Panneau de carton ou de bois, indiquant le prix d'une marchandise ou destinée à informer.

panchen-lama n. m. (mot tibétain) Titre (« Précieux érudit ») du supérieur du monastère tibétain de Tashilumpo. *Le panchen-lama est le deuxième personnage du bouddhisme tibétain après le dalaï-lama; les Chinois, depuis l'invasion du Tibet, ont toujours tenté de lui faire jouer un rôle politique en l'opposant au dalaï-lama; le dernier panchen-lama s'est récemment évadé du Tibet.* Pl. Des *panchen-lamas.*

pancrace n. f. ANTIQ. GR. Exercice gymnique combinant lutte et pugilat.

pancréas n. m. BIOL. Glande digestive de l'abdomen, à la fois exocrine (sécrétion du suc pancréatique, contenant diverses enzymes digestives, excrété dans le duodénum par l'intermédiaire du canal pancréatique) et endocrine (sécrétion d'insuline et de glucagon, qui interviennent dans le métabolisme des glucides).

pancréatique adj. Du pancréas; relatif au pancréas.

pancréatite n. f. MÉD. Inflammation du pancréas.

panda n. m. ZOOL. Mammifère appartenant à l'ordre des carnivores, au régime alimentaire essentiellement végétarien, vivant en Asie. *Petit panda*, roux, noir et blanc, à longue queue annelée. *Panda géant*, noir et blanc, dont l'allure évoque celle de l'ours.

pandectes n. f. pl. Dr ROM. Recueil des décisions des anciens jurisconsultes.

pandémie n. f. Épidémie frappant de nombreux individus sur un vaste territoire (pays, continent). *La grippe espagnole de 1919 est un exemple de pandémie.*

pandémonium n. m. (Avec une majuscule) Capitale de l'enfer (imaginée par le poète anglais J. Milton). / Par ext. Lieu de déchéance et de désordre.

Pandion Nom de deux rois légendaires d'Athènes. Le premier était le père d'Érechthée, le deuxième, l'arrière-petit-fils du précédent. Ce dernier, détrôné, se réfugia à Mégare dont il devint roi.

pandit n. m. (mot sanskrit) En Inde, titre donné aux savants et aux érudits. *Le pandit Nehru.*

PANAMÁ

Superficie : *75 517 km²* – **Nombre d'habitants :** *2 812 000 h.* – **Capitale :** *Panamá*
Villes principales : *Colón, David* – **Système politique :** *république*
Langue(s) : *espagnol* – **Religion(s) :** *catholicisme* – **Monnaie(s) :** *balboa*

Voir l'Atlas

Géographie physique et humaine

Le Panamá est un pays étroit et allongé, montagneux, creusé par des vallées profondes et dominé par des volcans (Chiriqui, *3 475 m*). Près des deux tiers de la population sont des métis ; viennent ensuite les Blancs, les Noirs et les Amérindiens. Le catholicisme est dominant (80 %). La population vit surtout sur la plaine du Pacifique et dans la capitale.

Économie

Les cultures vivrières sont le riz, le maïs, le manioc. On exporte des bananes, du café, du cacao, du tabac, du bois. L'élevage (bovin, notamment), la pêche, les perles complètent cet ensemble. La zone du canal est la région vitale du pays : raffinerie de pétrole et activités de services à Colón (zone franche), sur l'Atlantique ; les ressources principales viennent du canal, de l'oléoduc, du pavillon de complaisance (2ᵉ flotte mondiale) et des institutions bancaires, ainsi que du blanchiment d'argent lié à la drogue. Les capitaux étrangers contrôlent une grande partie de l'économie nationale.

Histoire

Au XVIᵉ siècle, les Espagnols colonisèrent l'isthme, par où transitèrent vers l'Atlantique l'or et l'argent du Pérou, auquel ils l'avaient administrativement rattaché. En 1819, le pays fit partie de la Grande-Colombie indépendante. En 1903, les États-Unis le poussèrent à se libérer de la Colombie en suscitant une révolte, et la république fut proclamée. Ayant obtenu la concession « à perpétuité » de la zone stratégique du canal, les Nord-Américains achevèrent, entre 1904 et 1914, les travaux auxquels Lesseps avait renoncé (affaire du canal de Panamá, 1889-1893).
Malgré la manne financière que représentait l'indemnité versée par les États-Unis, la domination américaine entraîna une poussée du nationalisme. Dans les années 1960, des émeutes secouèrent le pays.
De son coup d'État, en 1968, à sa mort, en 1981, le général Torrijos domina la vie politique du Panamá. En 1977, avec la signature du traité Torrijos-Carter, il obtint de nouvelles clauses concernant le canal et sa zone : l'octroi à Panamá d'une part accrue des droits sur le trafic, le retrait graduel des troupes américaines des bases militaires, et, enfin, le passage du canal sous souveraineté panaméenne au 31 décembre 1999. Sa mort accidentelle, en 1981, fut suivie d'une période d'agitation politique. En 1983, le général Noriega devint l'homme fort du régime.
En 1986, les États-Unis, qui l'avaient d'abord soutenu, l'accusèrent de se livrer au trafic de drogue ; ils supprimèrent leur aide économique et militaire en 1987 et, l'année suivante, deux tribunaux fédéraux américains inculpèrent Noriega.
En décembre 1989-janvier 1990, les États-Unis intervinrent militairement au Panamá ; Noriega se livra et fut emmené en captivité aux États-Unis. Le président Guillermo Endara (élu en 1989) put alors gouverner ; en 1994, à la suite d'élections libres, Ernesto Pérez Balladeres lui succéda ; en 1999, Mireya Moscoso fut élue à la présidence de la République.
En décembre 1999, conformément aux accords, le canal revient sous pleine souveraineté panaméenne.

La cathédrale de Panamá (XVIIᵉ-XVIIIᵉ siècles).

Le quartier des affaires de Panamá.

pandore n. m. Fam., vieilli Gendarme.
Pandore MYTH. GR. Première femme de l'humanité, façonnée par Héphaïstos. Zeus l'envoya aux hommes pour les punir de leur orgueil ; Épiméthée, contre les conseils de son frère Prométhée, l'épousa. Pandore est responsable de la venue du mal sur la Terre : Zeus lui avait confié une jarre contenant tous les maux (la *boîte de Pandore*) ; curieuse, Pandore l'ouvrit : les biens qu'elle contenait s'envolèrent vers le séjour des dieux, tandis que les maux retombaient sur la terre. L'espérance demeura au fond de la jarre.
pané, e adj. Enrobé de panure. *Côtelette panée.*
panégyrique n. m. Discours prononcé à la louange d'un homme, d'un peuple, d'une ville. / Par ext. Éloge exagéré.
panégyriste n. Auteur de panégyrique(s).
panel n. m. (mot anglais) Échantillon de personnes interrogées à intervalles réguliers, dans le cadre d'une enquête ou d'une étude de marché. *Panel de consommateurs.* / Table ronde de spécialistes, réunis pour débattre d'une question donnée.
panetière n. f. Récipient pour le pain.
paneton n. m. Petite corbeille de boulanger.
Pangée (la) Unique continent terrestre (selon la tectonique des plaques) qui se serait scindé en deux parties : le Gondwana et la Laurasie, pendant l'ère secondaire.
Pangée (le) *1956 m* Massif montagneux de Grèce (Macédoine) qui fut célèbre, pendant l'Antiquité, pour ses mines d'or et d'argent.
pangermanisme n. m. Mouvement idéologique qui prétendait regrouper en un seul État tous les peuples considérés comme germaniques.
pangermaniste adj. et n. Du pangermanisme ; tenant du pangermanisme.
pangolin n. m. ZOOL. Mammifère euthérien d'Afrique et d'Asie, à longue langue gluante, se nourrissant de fourmis et de termites, dont le corps est recouvert d'écailles.
Panhard Famille de constructeurs français d'automobiles. **René** (1841-1908) s'associa en 1886 avec Émile Levassor pour créer une firme qui commercialisa la première automobile à essence (1891).
panhellénique adj. Du panhellénisme.
panhellénisme n. m. ANTIQ. ou POLIT. Doctrine qui vise à regrouper tous les Grecs en une seule nation.
panicule n. f. BOT. Inflorescence en grappe d'épillets.
panier n. m. Ustensile muni d'une anse, en osier, jonc, métal ou toute autre matière, servant à transporter des marchandises ; son contenu. *Un panier en plastique. Un panier d'œufs.* / Anc. Jupon garni de tiges d'osier, de baleines, etc., destiné autrefois à donner, à partir de la taille, de l'ampleur aux jupes, en usage au XVIIIᵉ siècle. / SPORT Haut filet percé dans lequel on envoie la balle au basket-ball. *Marquer un panier*, un point.
panière n. f. Grand panier ; son contenu. *Une panière de linge.*
panifiable adj. Dont on peut faire du pain. *Céréale panifiable.*
panification n. f. Action de panifier ; son résultat.
panifier v. t. [1] Transformer (de la farine) en pain.
Panini IVᵉ siècle av. J.-C. ? Grammairien de l'Inde du nord dont les travaux contribuèrent à la fixation du sanskrit classique ; il est le premier, dans l'Histoire, à s'être attaché à la description complète et précise d'une langue.
panique n. f. Frayeur subite et violente, de nature irraisonnée, souvent collective.
paniquer v. t. / v. i. [1] Faire perdre son sang-froid (à qqn). *La nouvelle paniqua l'assistance.* / v. i. S'affoler. *Ne paniquons pas.*
panislamique adj. Du panislamisme.
panislamisme n. m. POLIT. Doctrine politique et culturelle, mouvement fondé sur cette doctrine, qui a pour but l'union des peuples musulmans.
Panjab Voir **Pendjab**
panka n. m. (mot hindi) Écran suspendu au plafond, manœuvré par des cordes, utilisé comme ventilateur dans les pays chauds.
Pankow Quartier du nord de Berlin où le gouvernement de la République démocratique allemande (dite alors « la république de Pankow ») siégea de 1949 à 1968.
panne [1] n. f. Arrêt brusque et accidentel d'un moteur, d'une machine. / *Panne sèche* : panne provenant d'un manque de carburant.
panne [2] n. f. Pièce horizontale d'une charpente destinée à supporter les chevrons.
panne [3] n. f. Tissu de soie ou de coton, imitant le velours.
panneau n. m. **I.** Surface plane d'une construction, d'une carrosserie, d'un ouvrage de menuiserie, se détachant de l'ensemble. / Plaque portant certaines indications. *Panneau d'affichage.* / BX-ARTS

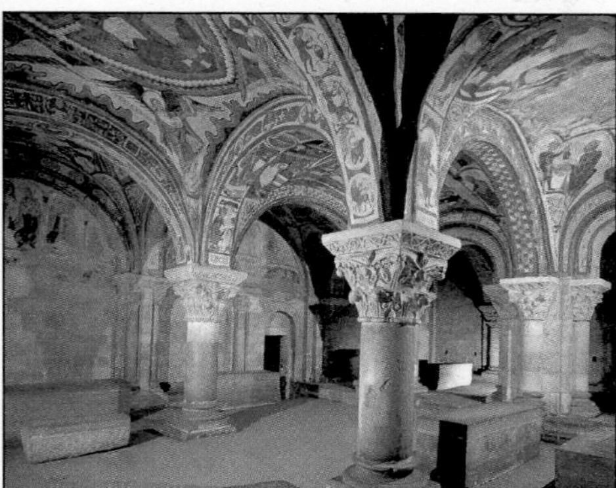
Les fresques du **panthéon** royal de l'abbaye Saint-Isidore de León en Espagne (XIIe siècle).

Support en bois d'une peinture. *Panneaux d'un triptyque.* / COUT. Élément d'un vêtement assemblé. *Jupe à panneaux.* / Pièce de tissu rembourrée couvrant les flancs d'un cheval de chaque côté de la selle. **II.** CHASSE Filet destiné à prendre des animaux au piège. / loc. fig. *Tomber dans le panneau* : se laisser prendre à un piège.

panneresse n. f. CONSTR. Pierre ou brique dont la plus grande face est en parement (par oppos. à *boutisse*).

panneton n. m. TECH. Partie de la clé servant à déclencher le mécanisme d'une serrure.

Pannonie (la) Vaste région d'Europe centrale, drainée par le Danube, nommée ainsi dans l'Antiquité et au haut Moyen Âge. Les Romains la conquirent à la fin du Ier siècle av. J.-C. Elle correspond aujourd'hui à une partie de la Hongrie, au nord de la Croatie, au nord de la Serbie et à l'ouest de la Roumanie.

panonceau n. m. FÉOD. Écusson orné d'armoiries, signalant la juridiction d'un seigneur. / Écusson placé à la porte des notaires et des huissiers. / Enseigne, panneau. *Panonceau à l'entrée d'un hôtel.*

panoplie n. f. Au Moyen Âge, ensemble des différentes pièces qui composaient l'armure du chevalier. / Ensemble d'armes accrochées symétriquement sur un panneau décoratif. / Jouet servant de déguisement et comportant un habit et un équipement présentés sur un carton.

Porte à **panneaux**.

panorama n. m. BX-ARTS Vaste tableau circulaire représentant un paysage, peint en trompe-l'œil sur le mur d'une rotonde, particulièrement en vogue au XIXe siècle. / Vaste paysage vu d'une hauteur. / Étude exhaustive réalisée sur un important sujet. *Dresser le panorama de la question de la délinquance juvénile.*

panoramique adj. et n. m. Propre à un panorama. *Vue panoramique.* / CIN. *Écran panoramique,* concave et très large. / n. m. Mouvement rotatif de la caméra sur un plan horizontal.

panorpe n. f. Synonyme de mécoptère.

panse n. f. Première des quatre poches formant l'estomac des ruminants. / Fam. Ventre. *S'en mettre plein la panse.* / Partie renflée d'un vase, d'une cloche. / Ancien navire de commerce à coque ventrue.

pansement n. m. Action de panser (une plaie). / Ensemble des éléments (gaze, bande, etc.) appliqués sur une plaie afin de la protéger de l'infection et en activer la cicatrisation.

panser v. t. [1] Soigner au moyen d'un pansement. *Désinfecter et panser une plaie.* Au fig. Soulager, calmer (une souffrance morale). *Panser une âme meurtrie.* / Faire la toilette de (un animal domestique, notamment un cheval).

panslave adj. Du panslavisme.

panslavisme n. m. HIST. Doctrine, système tendant à unifier tous les peuples slaves sous la suzeraineté de la Russie.

panspermie n. f. ASTRON. Théorie selon laquelle la Terre aurait été ensemencée par des germes issus de l'espace et introduits sur la planète dans les premiers millions d'années de son existence, lors de la chute de météorites ou de comètes.

pansu, e adj. Qui a une grosse panse, un gros ventre. / Par ext. Renflé. *Bouteille pansue.*

Pantagruel (Les Horribles et Épouvantables Faits et Prouesses du très renommé) 1532 Roman de Rabelais qui fait suite à *Gargantua*, mais qui fut écrit et publié avant. Le géant Pantagruel, fils de Gargantua, reçoit une éducation soignée, fréquente les universités et rencontre Panurge, personnage truculent qui l'accompagne dans la guerre contre les Dipsodes, qui ont envahi le pays de son père. Dans ce livre, Rabelais critique les méthodes d'éducation de son temps et les rois « qui ne sont que veaux ». Rabelais poursuit la narration des aventures de Pantagruel, Gargantua et Panurge dans *Le Tiers Livre, Le Quart Livre* et *Le Cinquième Livre*.

pantagruélique adj. Digne de Pantagruel, de son appétit. *Un repas pantagruélique.*

pantalon n. m. Culotte longue. / Au pl., anc. Pièce de lingerie féminine, culotte assez large couvrant les cuisses.

Pantalon Dans la comédie italienne, vieillard ridicule et avare, souvent trompé par Arlequin et Scapin.

pantalonnade n. f. Péjor. Comédie, farce médiocre. / Subterfuge grotesque.

pantelant, e adj. Litt. Haletant. *Un animal pantelant.* / *Chair pantelante* : chair encore palpitante d'une proie. / Violemment ému.

pantenne n. f. MAR. *Gréement en pantenne,* en désordre. / *Vergues en pantenne,* hissées obliquement en signe de deuil.

panthéisme n. m. PHILO. Croyance qui identifie Dieu et le monde. *Le panthéisme de Spinoza.* / Cour. Divinisation de la nature, des éléments naturels.

panthéiste adj. et n. PHILO. Propre ou relatif au panthéisme ; adepte du panthéisme.

panthéon n. m. ANTIQ. Temple, grec ou romain, dédié à toutes les divinités personnifiées sous le nom de Panthée. / Ensemble des divinités d'une religion polythéiste. / Ensemble de personnages illustres. *Le panthéon de la littérature française.* / Monument qui abrite les tombeaux de personnages célèbres.

Panthéon (le) (du grec *pan* « tout » et *théos* « dieu ») Grand temple de Rome construit par Agrippa, gendre d'Auguste, en l'an 27 avant J.-C. Brûlé en 80, il fut reconstruit sous les règnes d'Hadrien, Antonin le Pieux et Septime Sévère. D'abord dédié à Jupiter Vengeur, il fut ensuite consacré à tous les dieux. Au VIIe siècle, il fut voué au culte catholique : le pape Boniface IV le transforma en une église, Sainte-Marie-aux-Martyrs (609).

Panthéon (le) Monument parisien situé sur la montagne Sainte-Geneviève (5e arrondissement), construit par Soufflot (1764-1780) puis Rondelet (1780-1789), et terminé en 1812. Il était d'abord destiné à être une église vouée à sainte Geneviève, patronne de Paris ; en 1791, l'Assemblée constituante transforma cette église en un panthéon où seraient enterrés les grands hommes. Rendu au culte catholique sous la Restauration et le Second Empire, il est redevenu lieu de sépulture des grands hommes de la nation depuis les funérailles de Victor Hugo en 1885. De nombreuses personnalités y reposent, notamment Voltaire, Rousseau, Jaurès, Langevin, Jean Moulin, Pierre et Marie Curie. Le plan du Panthéon est en croix grecque, la croisée est surmontée d'une coupole dont le tambour est ceinturé de colonnes. Le fronton du péristyle corinthien a été sculpté par David d'Angers. À l'intérieur, on trouve des peintures de Gros, Cabanel, Puvis de Chavannes.

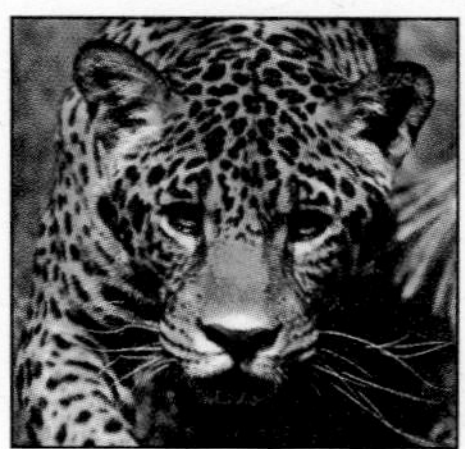
Panthère.

panthère n. f. ZOOL. Mammifère carnivore de la famille des félidés, au corps mince et allongé, au pelage jaune tacheté de noir, vivant en Asie et en Afrique tropicale. Syn. léopard. *Panthère noire* : sous-espèce de panthère, au pelage noir, vivant notam. en Inde. / *Panthère des neiges* : once.

pantin n. m. Petit personnage en bois ou en carton, animé par un jeu de ficelles. / Fig. Personne sans volonté, versatile et influençable.

P

pantocrator adj. et n. m. (mot grec) *Christ pantocrator* : Christ tout-puissant tel qu'il est représenté dans l'art byzantin.

pantographe n. m. Anc. Appareil formé de tiges articulées, permettant de reproduire de manière homothétique un dessin à une échelle différente. / CH. DE FER Dispositif articulé, fixé sur une locomotive électrique, pour maintenir le contact avec le fil distributeur (caténaire) et fournir le courant au moteur électrique.

pantois, e adj. Stupéfait. *Rester pantois, tout pantois.*

Pantoja de la Cruz (Juan) v. 1553-1608 Peintre castillan, portraitiste de la

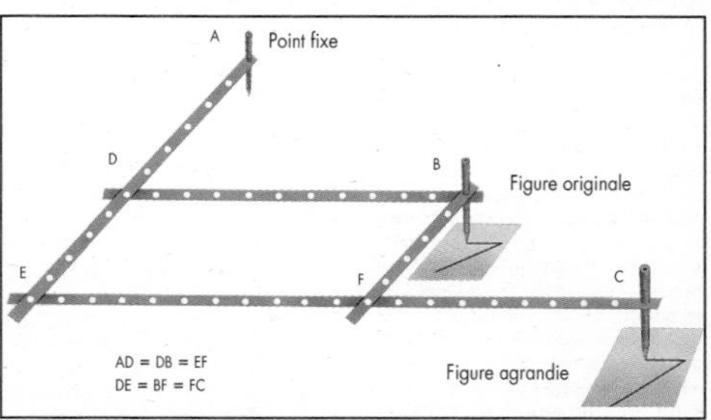

Schéma de fonctionnement d'un **pantographe**.

pape

PAPE

En italiques : papes illégitimes ou antipapes

Paul V.

1059-1061	Nicolas II
1061-1072	*Honorius II*
1061-1073	Alexandre II
1073-1085	Saint Grégoire VII
1080	*Clément III*
1084-1100	*Clément III*
1086-1087	Victor III
1088-1099	Urbain II
1099-1118	Pascal II
1100-1102	*Théodoric*
1102	*Albert*
1105-1111	*Sylvestre IV*
1118-1121	*Grégoire VIII*
1118-1119	Gélase II
1119-1124	Calixte II
1124	*Célestin II*
1124-1130	Honorius II
1130-1138	*Anaclet II*
1130-1143	Innocent II
1138	*Victor IV*
1143-1144	Célestin II
1144-1145	Lucius II
1145-1153	Eugène III
1153-1154	Anastase IV
1154-1159	Adrien IV
1159-1164	*Victor IV (V)*
1159-1181	Alexandre III
1164-1168	*Pascal III*
1168-1178	*Calixte III*
1179-1180	*Innocent III*
1181-1185	Lucius III
1185-1187	Urbain III
1187	Grégoire VIII
1187-1191	Clément III
1191-1198	Célestin III
1198-1216	Innocent III
1216-1227	Honorius III
1227-1241	Grégoire IX
1241	Célestin IV
Vacance du Saint-Siège	
1243-1254	Innocent IV
1254-1261	Alexandre IV
1261-1264	Urbain IV
1265-1268	Clément IV
Vacance du Saint-Siège	
1271-1276	Grégoire X
1276	Innocent V
1276	Adrien V
1276-1277	Jean XXI
1277-1280	Nicolas III
1281-1285	Martin IV
1285-1287	Honorius IV
1288-1292	Nicolas IV
1294	Saint Célestin V
1294-1303	Boniface VIII
1303-1304	Benoît XI
1305-1314	Clément V
Vacance du Saint-Siège	
1316-1334	Jean XXII
1328-1330	*Nicolas V*
1334-1342	Benoît XII
1342-1352	Clément VI
1352-1362	Innocent VI
1362-1370	Urbain V
1370-1378	Grégoire XI
1378-1394	*Clément VII*
1378-1389	Urbain VI
1389-1404	Boniface IX
1394-1423	*Benoît XIII*
1404-1406	Innocent VII
1406-1415	Grégoire XII
1409-1410	*Alexandre V*
1410-1415	*Jean XXIII*
1417-1431	Martin V
1423-1429	*Clément VIII*
1425-1430	*Benoît XIV*
1431-1447	Eugène IV
1439-1449	Félix V
1447-1455	Nicolas V
1455-1458	Calixte III
1458-1464	Pie II
1464-1471	Paul II
1471-1484	Sixte IV
1484-1492	Innocent VIII
1492-1503	Alexandre VI
1503	Pie III
1503-1513	Jules II
1513-1521	Léon X
1522-1523	Adrien VI
1523-1534	Clément VII
1534-1549	Paul III
1550-1555	Jules III
1555	Marcel II
1555-1559	Paul IV
1559-1565	Pie IV
1566-1572	Saint Pie V
1572-1585	Grégoire XIII
1585-1590	Sixte Quint
1590	Urbain VII
1590-1591	Grégoire XIV
1591	Innocent IX
1592-1605	Clément VIII
1605	Léon XI
1605-1621	Paul V
1621-1623	Grégoire XV
1623-1644	Urbain VIII
1644-1655	Innocent X
1655-1667	Alexandre VII
1667-1669	Clément IX
1670-1676	Clément X
1676-1689	Innocent XI
1689-1691	Alexandre VIII
1691-1700	Innocent XII
1700-1721	Clément XI
1721-1724	Innocent XIII

Léon XIII.

Saint Pie X.

Pie XII.

1724-1730	Benoît XIII
1730-1740	Clément XII
1740-1758	Benoît XIV
1758-1769	Clément XIII
1769-1774	Clément XIV
1775-1799	Pie VI
1800-1823	Pie VII
1823-1829	Léon XII
1829-1830	Pie VIII
1831-1846	Grégoire XVI
1846-1878	Pie IX
1878-1903	Léon XIII
1903-1914	Saint Pie X
1914-1922	Benoît XV
1922-1939	Pie XI
1939-1958	Pie XII
1958-1963	Jean XXIII
1963-1978	Paul VI
1978	Jean-Paul Ier
1978	Jean-Paul II

Jean XXIII.

Paul VI.

Jean-Paul Ier.

Jean-Paul II.

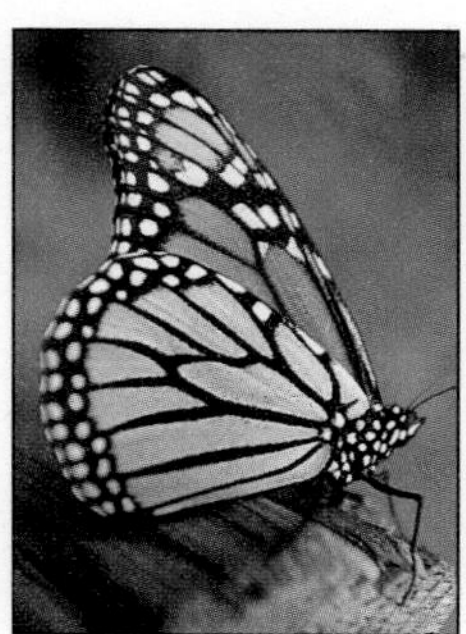

Papillon *(danaïde).*

papilionacées n. f. pl. BOT. Importante sous-famille de plantes légumineuses, comprenant le haricot, le trèfle, le genêt, le robinier, etc.
papille n. f. ANAT. Petite protubérance de la peau, des muqueuses, de certains organes, souvent à fonction sensorielle. *Papilles* gustatives, au niveau de la langue. *Papille optique*: terminaison du nerf optique, au niveau de la rétine.
papillomavirus n. m. MÉD. Virus responsable de diverses lésions cutanées, verrues notamment.
papillome n. m. MÉD. Tumeur bénigne d'un tissu épithélial, qui se manifeste par l'hypertrophie des papilles de la peau ou des muqueuses. *Les verrues sont des papillomes.*
papillon n. m. **I.** ZOOL. Syn. de lépidoptère. / Insecte adulte (imago) de l'ordre des lépidoptères, à quatre ailes diversement colorées. *Le développement des lépidoptères comporte un stade larvaire (chenille), un stade nymphal (chrysalide) et un stade imaginal (papillon).* **II.** *Nœud papillon*: cravate courte nouée en ailes de papillon. / SPORT *Nage papillon*: brasse dans laquelle les deux bras sont lancés simultanément hors de l'eau et décrivent une courbe, les pieds effectuant un battement ondulatoire. / TECH. Valve réglant l'admission des gaz dans un moteur à carburateur, ou le tirage d'une cheminée. / *Écrou papillon* ou (absol.) *papillon*: écrou muni d'ailettes. *Papillons d'une roue de bicyclette.* / Petite feuille imprimée. *Papillon publicitaire.* Fam. Avis de contravention. *Trouver un papillon sous un essuie-glace.*
papillonner v. i. [1] Battre comme les ailes d'un papillon. *Des yeux qui papillonnent.* / Fig. Aller d'un point à un autre sans se fixer. *Badauds qui papillonnent autour des étals.* / Par anal. Passer d'une chose à une autre, d'un sujet à un autre, sans s'y arrêter. / Spécial. Se montrer volage.
papillote n. f. Petit rouleau de papier ou de métal autour duquel on enroule une mèche de cheveux pour la faire boucler. / Enveloppe de bonbon en papier. / CUIS. Papier sulfurisé ou d'aluminium dans lequel on enveloppe un aliment (viande, poisson, notam.) pour la cuisson au four ou à la vapeur. / Papier dentelé ornant le manche des gigots.
papillotement n. m. Fluctuation de brillance d'un objet, scintillement qui trouble la vue.
papilloter [1] v. t. [1] Enrouler (qqch.) dans une papillote.
papilloter [2] v. i. [1] Produire un papillotement. / (En parlant des yeux) Battre involontairement.
Papin (Denis) 1647-1714 Physicien et ingénieur français. Il fait ses études de médecine à l'université d'Angers, puis devient l'élève de C. Huygens. Calviniste, il quitte la France en 1685, après la révocation de l'édit de Nantes, et se rend en Angleterre puis en Allemagne où il obtient la chaire de mathématiques à l'université de Marbourg. Il construisit un appareil, connu sous le nom de *marmite de Papin*, destiné à la cuisson et au ramollissement de diverses matières et qui lui fournit l'occasion de faire une découverte essentielle: la soupape de sûreté. Dans ce type de chaudière, le corps est clos par une soupape permettant à la vapeur d'eau de s'échapper lorsque sa pression est trop élevée. Il imagina et décrivit de nombreux appareils dont les principes furent exploités plus tard dans les machines à vapeur, comme le double effet et la surchauffe.
Papineau (Louis Joseph) 1786-1871 Homme politique canadien. Président de l'Assemblée législative du Bas-Canada (le Québec, à forte majorité francophone) de 1815 à 1823 et de 1825 à 1837, il contribua à la rébellion de cette colonie anglaise en 1837 et s'exila aux États-Unis, puis en France. À son retour dans son pays, il ne retrouva guère d'influence.
Papini (Giovanni) 1881-1956 Écrivain italien. Il a joué un grand rôle dans le renouveau intellectuel et religieux en Italie et laissé des œuvres de critique littéraire (*Éreintements,* 1916), de philosophie (*Le Crépuscule des philosophes*, 1906), de poésie (*Cent pages de poésie,* 1915), des contes fantastiques, des romans et un récit autobiographique: *Un homme fini* (1912). Athée converti au catholicisme vers 1920, il a souvent manifesté une attitude polémique: *L'Histoire du Christ* (1921), *Le Diable* (1953).
papisme n. m. Péjor. Totale soumission au pape, contestée par les Églises chrétiennes issues de la Réforme.
papiste n. et adj. Péjor. Catholique romain, pour les réformés.
papoter v. i. [1] Bavarder sur des sujets frivoles.
papou, e adj. et n. Propre ou relatif aux Papous; membre d'une des ethnies peuplant la Papouasie. *Tribu papoue. Un(e) Papou(e).*
papouan-néo-guinéen, enne adj. et n. De Papouasie-Nouvelle-Guinée.
• **Papouasie-Nouvelle-Guinée** État d'Océanie comprenant la partie orientale de l'île de la Nouvelle-Guinée et des dépendances insulaires, notamment l'archipel Bismarck.
Papous Groupe de populations de Mélanésie (en particulier de Nouvelle-Guinée et des îles voisines), de langues diverses et

PAPOUASIE-NOUVELLE-GUINÉE

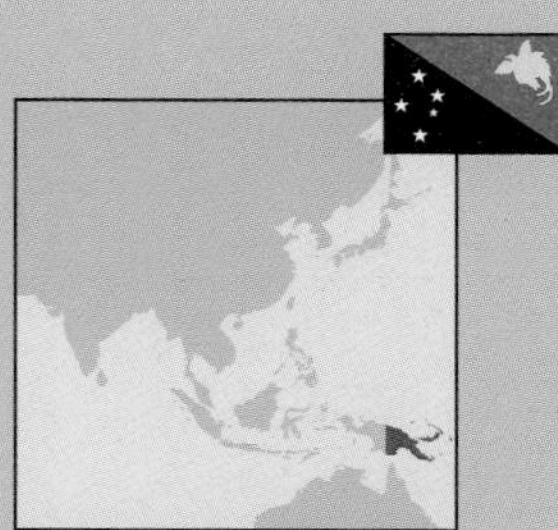

Voir l'Atlas

Superficie : *462 840 km²* – **Nombre d'habitants :** *5 300 000 h.* – **Capitale :** *Port Moresby*
Villes principales : *Lae, Madang, Wewak* – **Système politique :** *monarchie parlementaire*
Langue(s) : *anglais, pidgin-english (bichelamar), parlers papous* – **Religion(s) :** *protestantisme, catholicisme* – **Monnaie(s) :** *kina*

Géographie physique et humaine

Dans l'île de la Nouvelle-Guinée, une chaîne centrale, volcanique, qui culmine à *4694 m*, domine des plaines marécageuses situées au sud. La forêt dense occupe la quasi-totalité du territoire. Le climat équatorial est très humide. Les surfaces cultivables (1 % du pays), disséminées, fixent la population, qui se nourrit principalement de patates douces, de taros, d'ignames, de bananes, de maïs et de riz. Les cultures de café, cacao, hévéa et coprah sont vouées à l'exportation. L'année 1998, marquée par une sécheresse inconnue jusqu'alors, a semé la désolation. Les gisements nombreux et importants (cuivre, or, argent), qui sont encore peu exploités, représentent un grand espoir.

Histoire

Des chasseurs-cueilleurs se sont peut-être établis en Nouvelle-Guinée il y a 30 000 ans et on a trouvé des témoignages d'une agriculture rudimentaire remontant à 8 000 ans. Des populations austronésiennes ont abordé l'île, en provenance du Sud-Est asiatique, vers 2500 avant notre ère et, mille ans plus tard, la poterie était connue et diffusée à partir de l'archipel Bismarck.

La Nouvelle-Guinée fut découverte par les Portugais en 1526, reçut son nom actuel en 1546, ses côtes furent reconnues au XVIIIᵉ siècle et l'intérieur ne fut pénétré, et en partie seulement, qu'à la fin du XIXᵉ siècle; il fallut attendre 1950 pour que les montagnes de l'intérieur fussent intégralement explorées. Au XIXᵉ siècle, la Nouvelle-Guinée fut revendiquée, entièrement ou partiellement, par les Néerlandais, les Australiens, les Allemands et les Britanniques. En 1906, l'Australie obtint l'administration d'une partie du pays, et reçut en mandat de la SDN, en 1921, le nord-est de l'île de Nouvelle-Guinée et l'archipel Bismarck, jusque-là possessions allemandes (depuis 1885).

Le pays, autonome en 1973, accéda à l'indépendance en 1975 sous le nom de *Papouasie-Nouvelle-Guinée*, tout en restant membre du Commonwealth.

Édifice moderne d'une société financière à Port Moresby.

Le pays revendique l'Irian Jaya, partie occidentale de la Nouvelle-Guinée que l'Indonésie a érigée en province en 1963; les relations entre les deux pays sont tendues. Depuis l'indépendance, l'île de Bougainville (dans l'archipel Salomon) est en sécession ouverte.

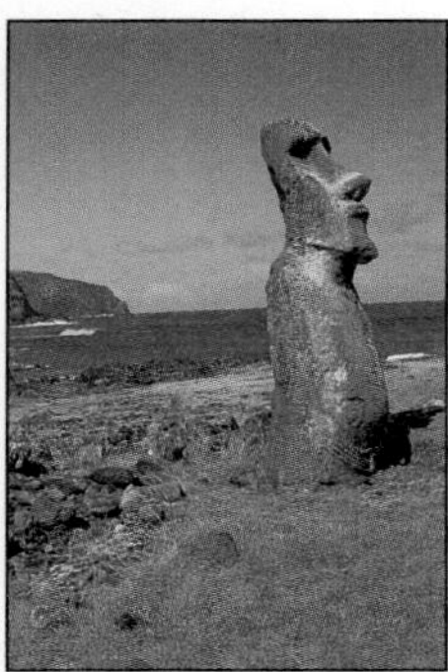
*Statue de l'**île de Pâques**.*

distinctes du groupe mélanésien. Chasseurs-cueilleurs nomades qui pratiquent une culture d'appoint sur brûlis forestiers, ils se sont relativement sédentarisés.

paprika n. m. (mot hongrois) Piment doux originaire de Hongrie, de couleur rouge, utilisé broyé comme condiment.

papule n. f. Lésion de la peau faite d'une petite surélévation solide, de forme conique ou plane, généralement rosée ou rouge, ne laissant pas de trace.

papy ou **papi** n. m. Grand-père, dans le langage enfantin. Pl. Des *papys*, des *papies*, des *papis*.

papyrus n. m. inv. Plante des bords des fleuves d'Afrique, notamment du Nil, appartenant à la famille des cypéracées. / Tige de cette plante que les anciens Égyptiens découpaient en bandes étroites, aplaties puis assemblées par collage de manière à obtenir un support d'écriture. / Feuille ainsi obtenue. / Manuscrit ayant cette feuille pour support.

pâque, pâques n. f. *La Pâque* (en hébreu *Pessah*) : fête de la religion juive célébrée tous les ans (en souvenir de l'exode des Hébreux d'Égypte) *Manger la Pâque* : manger un agneau pascal, rituellement tué, pour célébrer cette fête. *Manger la Pâque* : manger un agneau pascal, rituellement tué, pour célébrer cette fête. / n. f. pl. *Pâques*. Pour les chrétiens, fête annuelle qui commémore la résurrection de Jésus-Christ, et qui a lieu entre le 22 mars et le 25 avril. *Faire ses pâques* : communier à Pâques, comme l'exige l'Église catholique.

paquebot n. m. Navire de ligne destiné au transport des passagers. *Paquebot mixte*, transportant hommes et marchandises.

pâquerette n. f. Petite marguerite blanche des prés.

Pâques (île de) *162,5 km² 2770 h.* Île volcanique de l'océan Pacifique, à 3700 km du Chili, auquel elle appartient. Elle porte de gigantesques statues, les *moai*, vestiges de sa première civilisation : celle d'immigrants d'origine polynésienne, qui restèrent isolés jusqu'à l'arrivée des Européens. Découverte en 1722, le jour de Pâques, par le Néerlandais Roggeveen, l'île appartient au Chili depuis 1888.

paquet n. m. Réunion d'objets liés ensemble. / Objet emballé pour une expédition ou la vente. / *Paquet de mer* : énorme vague. / INFORM. Ensemble de données, constitué d'un message et d'éléments de service et acheminé en bloc sur un réseau.

paquetage n. m. Ensemble des effets d'un soldat, arrangés réglementairement.

par [1] prép. À travers ; pendant. *Quand on me met à la porte, je passe par la fenêtre. Le méridien de Paris passe par le jardin de l'Observatoire. Par les temps qui courent.* / À la suite de l'action de ; à cause de ; au moyen de ; de telle manière. *Il a été écrasé par un train. Remarquable par son intelligence. Agir par altruisme.* / Pour chaque personne ; pour chaque chose. *Deux côtelettes par personne. Deux illustrations par page.* / loc. prép. *De par* : au nom de. *De par la loi...* / loc. adv. *Par trop* : beaucoup trop.

par [2] n. m. (mot anglais) SPORT Au golf, nombre de coups servant de repère pour déterminer le niveau des joueurs.

Pará *1246833 km² 5780000 h.* État du nord du Brésil. Capitale *Belém*. La forêt couvre la majeure partie du Pará où l'on cultive le caoutchouc, la noix du Brésil, le poivre. Élevage bovin. Les importants gisements de fer et le barrage hydroélectrique sur le Tocantins, ainsi que l'élaboration d'un réseau routier et ferroviaire, favorisent le développement de cet État peu peuplé.

parabellum n. m. Pistolet automatique utilisé autrefois dans l'armée allemande.

parabole [1] n. f. Allégorie qui renferme un enseignement moral, religieux ou une

***Parade** militaire.*

règle de conduite ; en particulier, récit allégorique des Évangiles. *La parabole de l'enfant prodigue.* / *Parler par paraboles* : s'exprimer indirectement, en termes voilés.

parabole [2] n. f. GÉOM. Courbe plane dont chacun des points est le lieu d'un point fixe, le foyer, et d'une droite, la directrice. *La parabole est une conique ; elle est formée de l'intersection d'un cône de révolution et d'un plan parallèle à une des génératrices de ce cône.* / TÉLÉCOMM. Antenne parabolique.

parabolique [1] adj. Propre ou relatif à une parabole, à une allégorie.

parabolique [2] adj. GÉOM. En forme de parabole. *Trajectoire parabolique.*

paraboloïde n. m. GÉOM. Surface du second degré dont les sections planes sont, dans le cas d'un paraboloïde elliptique, des paraboles ou des ellipses, et dans le cas d'un paraboloïde hyperbolique, des hyperboles ou des ellipses. *Paraboloïde de révolution*, engendré par une parabole tournant autour de son axe.

Paracel (îles) Petites îles du sud de la mer de Chine revendiquées par la Chine et le Vietnam à cause de leurs gisements de phosphates.

Paracelse (Theophrast Bombast von Hohenheim, dit**)** v. 1493-1541 Médecin et alchimiste suisse. Rejetant la médecine de Galien et d'Avicenne, il élabora une théorie médicale basée sur des analogies entre les différentes parties du corps humain (microcosme) et celles du monde extérieur (macrocosme). Il introduisit en thérapeutique l'emploi des métaux et peut être considéré comme le créateur de la chimie médicale.

paracentèse n. f. MÉD. Incision pratiquée en un point quelconque de l'organisme afin d'évacuer un liquide qui s'y est anormalement accumulé.

paracétamol n. m. PHARM. Médicament à action antalgique et antipyrétique.

parachever v. t. [1] Mener à terme de manière parfaite.

parachutage n. m. Fait de parachuter ; ce qui est parachuté.

parachute n. m. Appareil comprenant une large toile de soie ou de nylon, en forme de parasol, et un système d'attaches, destiné à ralentir la chute d'hommes ou de matériel, lâchés à partir d'un avion. / Dispositif de sécurité d'un ascenseur, empêchant la chute de la cabine en cas de rupture du câble.

parachuter v. t. [1] Larguer d'un avion (qqn, qqch.) avec un parachute. *Parachuter des troupes.* / Fig., fam. Désigner autoritairement (qqn) à une fonction à laquelle d'autres aspiraient ou auraient pu aspirer. *Parachuter un candidat dans une circonscription électorale.*

parachutisme n. m. Pratique du saut en parachute.

parachutiste n. et adj. Personne qui pratique le parachutisme ; militaire spécialement entraîné au parachutisme. / adj. *Équipement parachutiste.*

Paraclet Nom du Saint-Esprit, dans l'évangile de Jean.

parade [1] n. f. Manière de parer un coup à l'escrime. / Fig. Défense, riposte. / ÉQUIT. Arrêt d'un cheval qu'on manie.

parade [2] n. f. Revue militaire des troupes en grande tenue. / Petite scène comique jouée par des artistes forains à l'entrée d'un cirque pour attirer le public. / ZOOL. *Parade nuptiale* : ensemble des comportements ritualisés précédant l'accouplement, chez de nombreuses espèces animales. / *Faire parade de ses succès*, en faire étalage pour se faire valoir.

parader v. i. [1] Se pavaner, prendre des airs avantageux. / Défiler, prendre part à une parade militaire.

paradigmatique adj. Qui procède du paradigme. *La relation paradigmatique s'oppose à la succession syntagmatique.*

paradigme n. m. GRAMM. Modèle d'une structure grammaticale. *Le paradigme d'une conjugaison, d'une déclinaison.* / LING.

***Paquebot**.*

***Parachute**.*

Le fleuve **Paraguay**, dans les environs d'Asunción.

Ensemble des termes qui peuvent se substituer les uns aux autres dans un contexte linguistique donné.

paradis n. m. *Paradis terrestre* ou *paradis*: dans la Genèse, jardin de délices où Adam et Ève furent placés par Dieu et d'où ils furent chassés après le péché originel. / Pour de nombreuses religions, séjour où les âmes des justes jouissent, après la mort, d'un bonheur éternel. / Fig. Pays, lieu délicieux. *Paradis fiscal*: voir *fiscal*. / Dans un théâtre, dernière galerie supérieure. / *Oiseau de paradis*: voir *paradisier*.

Paradis (Grand) Massif des Alpes occidentales, en Italie, qui culmine à *4061 m*. Le parc national (*56000 ha*), créé en 1922, prolonge le parc de la Vanoise (France, Savoie, *53000 ha*).

Paradis perdu (le) 1667-1674 Poème biblique de John Milton. Publié en dix chants en 1667, puis sous une nouvelle version en 1674 (douze chants), il retrace d'une manière épique et tragique la chute d'Adam et Ève et la lutte entre Satan et Dieu. Dans le *Paradis reconquis* (1671), Satan tente en vain le Christ et montre la supériorité de la religion chrétienne. Non rimés, ces vers libres qui tiennent par leur seule cadence furent très admirés par les romantiques.

paradisiaque adj. Propre au paradis. / Digne du paradis. *Des vacances paradisiaques.*

paradisier n m. Synonyme de ménure.

Paradjanov (Sarkis Iossifovitch Paradjanian, dit **Sergueï)** 1924-1990 Cinéaste géorgien d'origine arménienne. Les autorités soviétiques le persécutèrent (censure, emprisonnement sous prétexte d'homosexualité et de trafic d'icônes). Il put toutefois tourner *Les Chevaux de feu* (1965), *Sayat Nova*, diffusé dans une version raccourcie sous le titre: *La Couleur de la grenade* (1971) et *La Légende de la forteresse de Souram* (1984).

paradoxal, ale, aux adj. Qui procède du paradoxe. *Une proposition paradoxale.* / Qui cultive le paradoxe. *Un esprit paradoxal.* / Sommeil paradoxal: voir *sommeil*.

paradoxalement adv. De façon paradoxale.

paradoxe n. m. Opinion contraire aux idées admises. / Être ou chose qui est contraire au bon sens, à la vraisemblance. / LOG. Antinomie.

parafe Voir **paraphe**

parafer Voir **parapher**

paraffine n. f. CHIM. Vieilli Hydrocarbure saturé. Syn. alcane. / CHIM., cour. Substance blanche, solide à température ordinaire, formée d'un mélange d'hydrocarbures saturés. *La paraffine sert à la fabrication des bougies, de la vaseline; on en enduit également les plastiques, les tissus, les cartons pour les imperméabiliser.*

paraffiner v. t. [1] Enduire de paraffine.

parafiscal, ale, aux adj. Relatif à la parafiscalité.

parafiscalité n. f. Ensemble des taxes, cotisations, redevances perçues sous l'autorité de l'État et affectées à des organismes particuliers.

parafoudre n. m. TECH. Appareil de protection des installations électriques contre la foudre.

parage [1] n. m. BOUCH. Action de parer la viande; son résultat.

parage [2] n. m. FÉOD. Loc. adj. *De haut parage*: de haut rang.

parages n. m. pl. Environs, voisinage. / MAR. Endroit déterminé de la mer, proche d'un lieu, d'une côte, etc. *Naviguer dans les parages du cap Horn.*

paragraphe n. m. Section déterminée d'un texte ayant une certaine unité de composition, comprise entre deux alinéas. / Signe typographique (§) symbolisant ce mot. *Voir §5.*

paragrêle adj. AGRIC. *Canon paragrêle*, qui transforme la grêle en pluie pour protéger les cultures.

Paraguay (le) *2206 km* Fleuve d'Amérique du Sud, né dans le Mato Grosso au Brésil, qui traverse le Paraguay et se jette dans le Paraná à la frontière argentine. Il est navigable.

• **Paraguay** État d'Amérique du Sud, à l'ouest du Brésil et au nord de l'Argentine.

paraguayen, enne adj. et n. Du Paraguay. *Frontière paraguayenne. Un(e) Paraguayen(ne).*

Paraíba *53958 km² 3340000 h.* État du nord-est du Brésil. Capitale *João Pessoa*. Sur la plaine atlantique, on pratique la culture du coton et l'élevage bovin. Les autres ressources sont le tungstène et l'étain.

paraître v. i. / v. imp. [3] **A.** v. i. Se rendre visible, apparaître. *Lune qui paraît et disparaît au milieu des nuages.* / Se manifester avec évidence. *Sa gêne paraissait dans ses regards.* / Être mis en vente, publié. *Son dernier roman paraîtra en automne.* / Manifester sa présence devant autrui. *Le Pape parut et bénit la foule.* / Sembler, avoir l'apparence de (suivi d'un attribut). *Il paraît content de son sort.* / Se faire remarquer, briller. *Actrice qui cherche trop à paraître.* **B.** v. imp. *Il paraît que, il paraîtrait que*: on dit que, on prétend que, le bruit court que.

paralittérature n. f. LITTÉR. Ensemble d'écrits que le public cultivé ne considère pas comme de la littérature. *La paralittérature, dans laquelle on ne range pas les textes à vocation utilitaire (d'enseignement, d'apprentissage de techniques, etc.), groupe des productions très diverses: presse populaire, romans « de gare », bandes dessinées, scénarios, paroles de chansons, etc.*

parallaxe n. f. ASTRON. Angle formé par deux demi-droites issues du centre d'un astre et joignant les extrémités d'un rayon terrestre. / PHYS. *Erreur de parallaxe*: erreur qu'entraîne, dans la mesure d'une déviation sur une graduation, une mauvaise direction de visée.

Parapente.

parallèle adj. et n. **A.** adj. Se dit d'une ligne ou d'une surface à égale distance, en tout point, d'une autre ligne, d'une autre surface. / GÉOM. Se dit de deux droites issues de l'infini et se dirigeant vers l'infini sans jamais pouvoir se rejoindre. / Fig. Dont le cours est semblable. *Stratégies parallèles.* / Qui existe en marge d'une activité officielle. *Police parallèle.* **B.** n. f. GÉOM. Chacune des deux droites situées dans un même plan qui n'ont aucun point commun. *Par un point pris hors d'une droite, on ne peut mener qu'une parallèle à cette droite passant par ce point (postulat d'Euclide).* / ÉLECTR. Liaison de différents éléments, générateur ou récepteur, qui, dans un circuit, sont toujours soumis à la même tension, les bornes de chacun des éléments étant reliées à une paire commune de bornes. **C.** n. m. GÉOGR., ASTRON. Cercle obtenu par l'intersection d'une surface de révolution et d'un plan perpendiculaire à l'axe de révolution. (Sur la sphère terrestre ou céleste, un plan équatorial coupant cette sphère et passant par son centre détermine un cercle; tous les plans qui lui sont parallèles et qui coupent la sphère déterminent des cercles appelés *parallèles*.) / Comparaison entre deux ou plusieurs sujets. *Établir un parallèle. Mettre deux thèses en parallèle.*

parallèlement adv. En parallèle.

parallélépipède n. m. GÉOM. Solide limité par six faces planes, parallèles deux à deux, chacune étant un parallélogramme. *Parallélépipède droit*, dont les arêtes sont perpendiculaires à sa base; *parallélépipède rectangle*: parallélépipède droit dont la base est un rectangle.

parallalélépipédique adj. En forme de parallélépipède.

parallélisme n. m. Caractère de ce qui est parallèle. *Parallélisme des roues d'une automobile.*

parallélogramme n. m. GÉOM. Quadrilatère plan, dont les côtés sont parallèles deux à deux.

paralympique adj. *Jeux paralympiques*: compétitions sportives réservées aux handicapés, qui se déroulent après les jeux Olympiques.

paralyser v. t. [1] Frapper de paralysie; par ext., rendre inerte, engourdir. *La peur les paralysait.* / Fig. Inhiber, rendre moins actif. *Complexe d'infériorité qui paralyse.* / Empêcher de fonctionner, de produire. *Grève qui paralyse les services postaux.*

paralysie n. f. MÉD. Perte de la motricité volontaire, par atteinte de la commande nerveuse. / Fig. Incapacité d'agir, de fonctionner. *La paralysie du gouvernement. La paralysie d'une chaîne de montage.*

paralytique adj. et n. Atteint de paralysie.

paramécie n. f. ZOOL. Protozoaire cilié, de grande taille (atteignant une longueur de 0,2 mm), commun dans les eaux douces stagnantes.

paramédical, ale, aux adj. Qui appartient au domaine de la santé, sans relever des attributions du corps médical. *Professions paramédicales*: kinésithérapeutes, diététiciens, orthophonistes, etc.

paramètre n. m. MATH. Dans une équation, grandeur donnée, pouvant prendre différentes valeurs (désignée par une lettre), qui se distingue des inconnues de l'équation et des constantes. / ASTRON. *Paramètres orbitaux*: syn. de *éléments orbitaux*, *éléments d'orbite*. / Élément caractéristique des conditions dans lesquelles se pose un problème, dont la prise en compte est nécessaire pour le comprendre ou y apporter une solution.

paramétrer v. t. [1] Définir les paramètres de (qqch.).

paramilitaire adj. Dont la structure et l'organisation sont calquées sur le modèle de l'armée, en parlant d'une organisation civile. *Groupes paramilitaires.*

Paraná (le) *3300 km* Fleuve d'Amérique du Sud. Né dans le sud du Brésil, de la confluence du Paranaiba (*960 km*) et du Rio Grande, il coule le long du Paraguay, qu'il sépare du Brésil puis de l'Argentine. Construit sur le fleuve par le Brésil et le Paraguay, le barrage d'Itaipú alimente l'une des plus grandes centrales hydroélectriques du monde. En aval, l'Argentine et le Paraguay prévoient le barrage de Yacireta. Le Paraná rejoint l'Atlantique, où ses eaux se confondent avec celles de l'Uruguay pour former le Rio de la Plata.

Paraná *199324 km² 8713000 h.* État du sud du Brésil. Capitale *Curitiba*. Région chaude et humide, le Paraná a une agriculture riche (blé, orge, fruits, coton, café, bois tropicaux, volailles) et une industrie en plein développement.

parangon n. m. Litt. Modèle parfait. / Diamant ou perle sans défaut.

parangonnage n. m. TYPO. Action de parangonner; son résultat. / Par ext., fam. Assemblage disparate. *Qu'est-ce que c'est que ce parangonnage?*

parangonner v. t. [1] TYPO. Aligner correctement (des caractères de corps [et, par extension, de police et de graisse] différents).

paranoïa n. f. PSYCHIATR. Psychose caractérisée notamment par une fausseté de jugement (qui amène à réinterpréter la réalité selon un système d'apparence logique mais fondé sur des bases passionnelles), une méfiance pathologique (sentiment de persécution), une rigidité mentale et un orgueil démesuré.

P

paranoïaque adj. et n. PSYCHIATR. Qui présente le caractère de la paranoïa. *Délire paranoïaque.* / Atteint de paranoïa. / Subst. *Un(e) paranoïaque.*

paranoïde adj. PSYCHIATR. Qui ressemble à la paranoïa.

parapente n. m. Sport consistant à décoller du sol à partir d'un terrain en pente, avec un parachute rectangulaire muni d'un harnais. / Ce parachute.

parapet n. m. Muret à hauteur d'homme, préservant des chutes sur un pont, une route escarpée. / Mur de fortification pour couvrir les défenseurs et les tireurs.

parapharmacie n. f. Ensemble des produits non thérapeutiques vendus en pharmacie (cosmétique, produits d'hygiène, etc.).

paraphe ou **parafe** n. m. Traits de plume ajoutés au nom dans une signature. / Signature abrégée, réduite le plus souvent aux initiales du nom.

parapher ou **parafer** v. t. [1] Mettre, apposer un paraphe sur. *Parapher toutes les pages d'un acte notarié.*

parapheur n. m. Classeur contenant le courrier à parapher.

paraphrase n. f. Interprétation, explication d'un texte. / Commentaire verbeux, superflu, d'un texte. / Phrase qui exprime, dans une formulation nouvelle, le même sens qu'une autre.

PARAGUAY

Superficie : *406 752 km²* – **Nombre d'habitants :** *5 600 000 h.* – **Capitale :** *Asunción*
Villes principales : *Ciudad del Este, San Lorenzo, Lambaré* – **Système politique :** *république*
Langue(s) : *espagnol, guarani* – **Religion(s) :** *catholicisme* – **Monnaie(s) :** *guarani*

Voir l'Atlas

Une charrette tirée par des bœufs, dans le département de Cordillera, le plus riche et le plus peuplé du Paraguay.

Géographie physique et humaine

Situé au centre de l'Amérique du Sud, sans débouché sur la mer, le pays est divisé en deux par le rio Paraguay : l'est vallonné s'oppose à la vaste plaine du Chaco à l'ouest, couverte de steppes. Le climat est tropical et la pluviosité diminue vers l'ouest. Métissée à 95% (Espagnols et Amérindiens guaranis), elle comporte deux minorités : les descendants d'Européens (3 %), les Guaranis (2 %). Concentrée dans la plaine à l'est du fleuve, avant le plateau oriental, la population s'accroît très rapidement (2,7 %).
L'économie est fondée sur l'agriculture (tabac, coton, canne à sucre, maïs, manioc), l'élevage (bovins) et l'exploitation de la forêt (cèdre, acajou, quebracho). L'exportation des produits agricoles, importante, se fait par la voie fluviale : Paraguay et Paraná, vers le Rio de La Plata.
Un puissant barrage sur le Paraná, à Itaipú, construit avec le Brésil, permet au pays d'exporter de l'électricité. L'exploitation des ressources hydroélectriques donne lieu à de grands projets (notamment avec l'Argentine). Le pays, faiblement industrialisé, ne possède aucune ressource naturelle importante et doit importer tout son pétrole, du fer et de l'acier. Il demeure un des pays les plus pauvres d'Amérique latine (le chômage atteint 17% de la population active et le sous-emploi est aussi important) et n'a pas encore bénéficié de son entrée dans le Mercosur, entré en vigueur en 1995.

Vue partielle d'Asunción.

Histoire

Au début du XVIᵉ siècle, la région, peuplée par les Indiens Guaranis, fut explorée par les Espagnols. Les Jésuites la colonisèrent dès 1585, introduisirent la culture du coton et du maté et instaurèrent des « réductions », communautés indigènes sous leur direction, mais ils furent chassés en 1768 par les Espagnols qui se livrèrent à un génocide sur les Guaranis. En 1811, le Paraguay proclama son indépendance vis-à-vis de Buenos-Aires et de Madrid, indépendance ratifiée en 1813, mais fut soumis par des dictateurs (Gaspar de Francia de 1814 à 1840, Carlos Antonio Lopez de 1840 à 1862 et son fils Francisco Solano de 1862 à 1870). La guerre avec ses voisins, le Brésil, l'Argentine, et l'Uruguay (1865-1870), causa la mort de plus de la moitié de la population, ruina le pays et lui fit perdre une partie de son territoire.
En revanche, la guerre contre la Bolivie, vaincue en 1932-1935, lui donna le Chaco, convoité pour ses possibles réserves pétrolières. La plus longue dictature fut celle du général Stroessner, qui bénéficiait du soutien des États-Unis (1954-1989). Le général Andrès Rodriguez, qui le renversa, fut élu président de la République en mai 1989 et entraîna le pays sur la voie de la démocratie.
En 1992, une nouvelle Constitution fut adoptée. Juan Carlos Wasmosy, élu en mai 1993, fit entrer le pays dans le Mercosur. En 1996, le général Oviedo tenta de le renverser, en vain ; en mai 1998, Raoul Cubas lui a succédé démocratiquement, mais il a dû démissionner en 1999, au terme d'une longue crise politique. Luis Gonzalez Macchi a été désigné comme son successeur par les Chambres. En avril 2003, Nicanor Duarte a accédé à la présidence.

Gravure représentant la rencontre, en 1866, des présidents du Brésil, de l'Argentine et de l'Uruguay, qui signèrent une alliance contre le Paraguay.

paraphraser v. t. [1] Commenter au moyen d'une paraphrase. / Péjor. Répéter de manière verbeuse ce qui a déjà été dit avec clarté. *Paraphraser un grand auteur.*
paraphylétique adj. BIOL. Se dit des taxons comprenant seulement certaines des espèces issues d'un ancêtre commun unique, et qui se caractérisent par le partage de caractères primitifs. Voir *monophylétique, polyphylétique. Les reptiles, tels qu'ils sont habituellement considérés (à l'exclusion des oiseaux), constituent un groupe paraphylétique.*
paraplégie n. f. MÉD. Paralysie des deux membres inférieurs ou supérieurs.
paraplégique adj. et n. MÉD. Qui présente le caractère de la paraplégie. / Atteint de paraplégie. / *Subst. Un(e) paraplégique.*
parapluie n. m. Objet portatif permettant de s'abriter de la pluie, constitué d'un morceau de tissu imperméable tendu sur des baleines par un système pliable relié à un manche.
parapsychologie n. f. Étude des phénomènes psychiques inexpliqués (télépathie, prémonition, etc.).
parapublic, ique adj. et n. Qui s'apparente au secteur public. / n. m. *Le parapublic* : le secteur parapublic.
parascève n. f. RELIG. Dans la religion juive, veille du sabbat. / Le Vendredi saint pour les orthodoxes. / Anc. Le Vendredi saint pour les catholiques.
parasitaire adj. Propre ou relatif aux parasites, au parasitisme.
parasite n. m. et adj. BIOL. Être vivant qui tire les substances nutritives d'un être vivant d'une autre espèce (appelé *hôte*), sur lequel cette association a généralement un effet négatif. Voir *commensal, symbiote.* / Personne qui vit aux dépens d'une autre ou de la société. / (Généralement au plur.) Perturbation dans la réception de signaux radioélectriques.
parasitisme n. m. BIOL. Mode de vie d'un animal parasite. / État du parasite, de la personne qui vit aux dépens d'autrui.
parasitologie n. f. MÉD. Étude des parasites et des maladies parasitaires.
parasitose n. f. MÉD. Maladie due à un parasite.
parasol n. m. Objet semblable à un grand parapluie, destiné à s'abriter du soleil. *Pin parasol*, dont la ramure, étalée horizontalement, évoque la forme d'un parasol.
parasympathique adj. et n. m. ANAT. *Système nerveux parasympathique* : un des deux systèmes nerveux de la vie végétative, antagoniste du système nerveux sympathique, innervant en particulier le cœur, l'appareil digestif, les poumons, les organes génitaux, sur lesquels il agit par l'intermédiaire de l'acétylcholine. / n. m. *Le parasympathique. Parasympathique crânien*, qui entre dans la constitution de certains nerfs crâniens. *Parasympathique sacré* (ou *pelvien*), qui entre dans la constitution de certains nerfs sacrés.
parataxe n. f. LING. Juxtaposition de propositions sans mot de liaison indiquant la nature du rapport entre elles (ex. : Je ne pars pas en vacances, j'ai trop de travail).
parathormone n. f. BIOL. Hormone dont l'action entraîne une augmentation de la calcémie en agissant sur les tissus osseux et favorise l'absorption intestinale du calcium.
parathyroïde n. f. ANAT. Chacune des quatre petites glandes endocrines situées à la face postérieure de la glande thyroïde, qui interviennent en particulier dans la régulation du métabolisme du calcium. *Les glandes parathyroïdes sécrètent la parathormone.*

parathyroïdien, enne adj. Relatif à la parathyroïde.
paratonnerre n. m. Pointe métallique reliée au sol par un conducteur d'électricité, fixée sur le toit d'un bâtiment et destinée à le protéger de la foudre.
parâtre n. m. Vx Beau-père (mari de la mère). / Plaisant ou vx. Mauvais père.
paratyphoïde n. f. et adj. MÉD. Maladie fébrile, comparable à la typhoïde, causée par une salmonelle. / adj. *Fièvre paratyphoïde.*
paravent n. m. Série de panneaux verticaux mobiles, qui se replient ou se développent en ligne brisée pour isoler une partie d'une pièce.
parbleu! interj. Bien sûr! *Vous me reconnaissez? — Parbleu!*
parc n. m. **I.** Vaste jardin d'agrément dépendant d'une habitation importante; grand terrain, boisé et clos, destiné à la promenade. *Le parc du château. Le parc Montsouris, à Paris.* / Grande étendue où le gibier est gardé pour la chasse. *Parc national*: territoire à l'intérieur duquel la faune et la flore sont intégralement protégées. *Parc naturel régional*, où la flore et la faune sont protégées et certaines activités humaines maintenues dans le cadre d'un plan de développement et d'aménagement concertés. **II.** Clôture légère dans laquelle on tient les moutons la nuit. / Structure légère, close et mobile, où les enfants en bas âge peuvent se déplacer en toute sécurité. / Terrain de pâture clôturé où est enfermé le bétail / Assemblage de filets qui, en mer, retiennent le poisson. / Bassin où sont engraissés certains coquillages. *Parc à huîtres, à moules.* / MILIT. Entrepôt de stockage de munitions et de matériel. *Parc d'artillerie.* / *Parc de stationnement* ou *parc*: emplacement réservé au stationnement des véhicules. / Ensemble des véhicules d'un pays, d'une entreprise. *Le parc automobile français.* / Par ext. Ensemble de biens d'équipement de même catégorie dont dispose un pays à un moment donné. *Le parc français des ordinateurs de bureau.*
parc des Princes Stade parisien, situé à la porte de Saint-Cloud, et qui, depuis sa reconstruction (1972), est consacré au football et au rugby.
parcellaire adj. Fait de parcelles; divisé en parcelles. / À l'état de parcelle, fragmentaire.
parcelle n. f. Très petit fragment d'un tout. / Portion de terrain formant une unité cadastrale.
parcellisation n. f. Action de parcelliser; son résultat.
parcelliser v. t. [1] Diviser en parcelles, en petits éléments.
parce que loc. conj. (Pour énoncer une cause) *Il viendra parce qu'il tient toujours parole.* / Ellip. (pour refuser une explication) *Pourquoi vous opposez-vous à ce projet? — Parce que.*
parchemin n. m. Peau de mouton ou de chèvre, tannée et poncée, qui servait autrefois de feuille pour écrire, utilisée aujourd'hui en reliure, notamment. / Par méton. Texte écrit sur parchemin. / Fam. Diplôme universitaire.
parcheminer v. t. [1] Donner l'aspect, la consistance du parchemin à. / (au part. passé, fig.) *Un visage parcheminé.*
parcimonie n. f. Épargne mesquine.
parcimonieusement adv. Avec parcimonie.

Lionne dans le parc de Virunga (nord-est de la République démocratique du Congo).

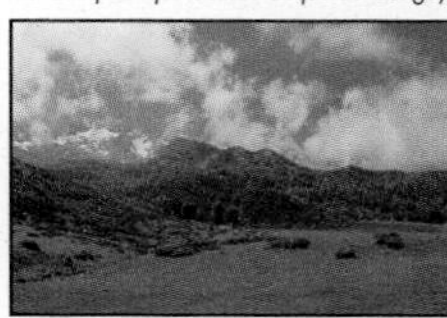
Le parc de Covadonga en Espagne, dans les Asturies.

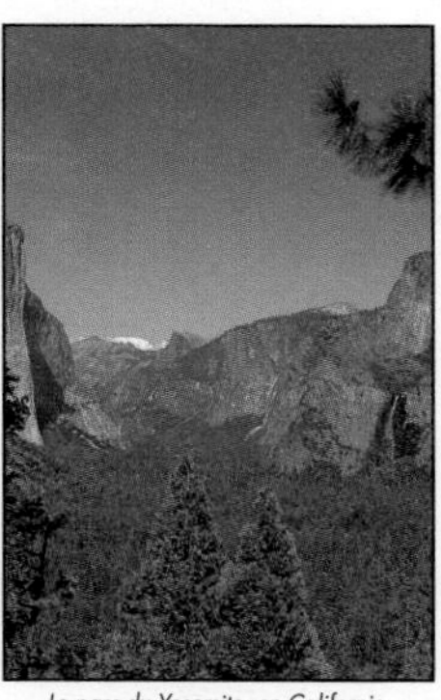
Le parc du Yosemite, en Californie, créé en 1890.

PARCS NATIONAUX

parcimonieux, euse adj. Qui fait preuve de parcimonie.
par-ci par-là Voir **ci [1].**
parcmètre n. m. Appareil permettant de contrôler la durée le stationnement payant d'un véhicule automobile.
parcourir v. t. [3] Visiter, traverser (un endroit) dans toutes les directions. *Parcourir un site archéologique.* / Couvrir, effectuer (un trajet déterminé). *Itinéraire à parcourir.* / Lire en diagonale, rapidement. *Parcourir un livre, un rapport.*
parcours n. m. Trajet, itinéraire. *Le parcours d'un train.* / SPORT Circuit déterminé sur lequel se déroule une épreuve, en particulier de concours hippique. / MILIT. *Parcours du combattant*, comportant de nombreux obstacles et destiné à l'entraînement des soldats. / Dr *Droit de parcours*: droit de faire paître ses bêtes sur les terres non closes d'une autre commune que la sienne.
Par-delà le bien et le mal** ou **Au-delà du bien et du mal 1886 Ouvrage philosophique de Nietzsche. Dans un style faisant appel à l'aphorisme et à la métaphore, et non sans humour, l'auteur critique la modernité dans toutes ses expressions (arts, sciences, philosophie et politique, religion). Il expose et dénonce les préjugés intellectuels et moraux, notamment tous les dualismes (vrai / faux, bien / mal, etc.), pour énoncer des règles propres à une recherche éthique et scientifique valable. *Par-delà le bien et le mal* est une œuvre centrale dans la pensée de Nietzsche.

Ambroise Paré.

par-derrière Voir **derrière**
par-dessous Voir **dessous**
par-dessus Voir **dessus**
par-devant Voir **devant**
par-devers Voir **devers**
pardessus n. m. Manteau.
pardi! ou **pardieu!** interj. (Pour affirmer une évidence ou en renforcer l'expression) *Il est en retard — Pardi, il a rencontré la pire commère du village! Pardieu oui!*
pardon n. m. Action de pardonner. Indulgence pour une faute d'autrui. / Formule d'excuse. / Fête religieuse bretonne. / RELIG. *Grand Pardon* ou *jour du Pardon*: fête juive consacrée à la prière et à la pénitence (en hébreu, Yom Kippour).
pardonnable adj. Que l'on peut pardonner. Ant. impardonnable.
pardonner v. t. [1] Accorder la rémission de (un péché, une faute, une offense), renoncer à (en) obtenir réparation. / Tolérer (qqch.) sans se montrer sévère. *Pardonnez sa curiosité, je vous en prie.* / (En tournure négative) Épargner. *Le cyanure est un poison qui ne pardonne pas*, qui est toujours mortel. / v. t. ind. *Pardonner à (qqn)*, ne plus lui en vouloir, ne plus lui tenir rigueur de qqch.
Paré (Ambroise) v. 1509-1590 Chirurgien français, successivement attaché aux rois Henri II, François II, Charles IX et Henri III. C'est en soignant les blessés sur les champs de bataille qu'il imagina la méthode qui fit de lui un novateur: il ligatura les artères sectionnées lors d'amputations au lieu de cautériser la plaie au fer rouge. L'un des premiers à pratiquer des autopsies, il jeta les bases de l'anatomie et rédigea de nombreux traités. Ses travaux et ses écrits (*Méthode de traiter les plaies faites par les arquebuses; Dix livres de chirurgie*) en font le père de la chirurgie moderne.
pare-balles n. m. inv. et adj. inv. Dispositif destiné à protéger des projectiles. / adj. *Un gilet pare-balles.*
pare-brise n. m. inv. Vitre placée à l'avant d'un véhicule, protégeant ses occupants du vent, de la poussière et de la pluie.
pare-chocs n. m. inv. Armature métallique située à l'avant et à l'arrière des véhicules automobiles pour les protéger des chocs.
parèdre n. f. RELIG. Dans l'hindouisme, épouse et émanation d'un dieu. *La parèdre peut être bienveillante, comme Lakshmi, parèdre de Vichnou, ou revêtir divers aspects: la parèdre de Çiva est aimable et gracieuse (Parvati), terrible (Durga) ou sanguinaire (Kali).*
pare-feu n. m. inv. Dispositif destiné à empêcher le feu de se propager. / (En appos.) *Portes pare-feu.*
parégorique adj. Vx Qui calme les douleurs. / MÉD. *Élixir parégorique*: préparation opiacée utilisée autrefois dans le traitement des diarrhées.
pareil, eille adj. et n. **A.** adj. Identique. *Deux choses pareilles.* / (Emploi adv.) Fam. De la même manière. *Ils sont habillés pareil.* / Tel. *Un pareil cas.* **B.** n. Vieilli Pair, égal, semblable. *Voilà de vos pareils le discours ordinaire* (Molière). / *Ne pas avoir son pareil*: être sans égal. / (En parlant de choses) Vieilli *Je cherche son pareil.* / *Sans pareil*: sans égal. *Un artisan d'une habileté sans pareil.* / n. f. *Rendre la pareille à qqn*, lui appliquer un traitement identique à celui qu'on en a reçu.
pareillement adv. De la même manière; également.
parélie Voir **parhélie**

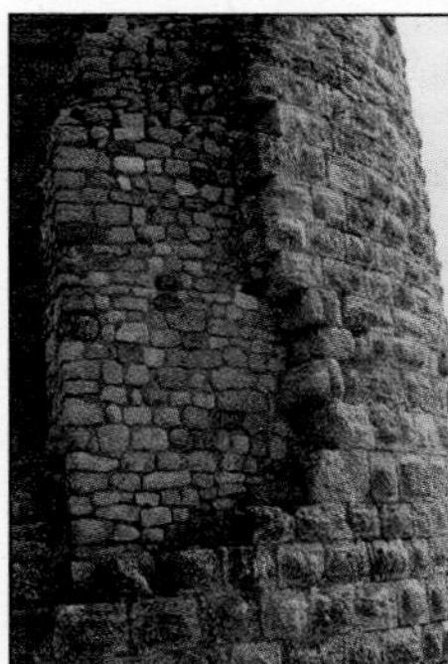
Pierres de ***parement***.

parement n. m. Revers du col ou des manches d'un vêtement. / RELIG. *Parement d'autel*: étoffe ornant le devant de l'autel et dont la couleur change selon la liturgie du jour. / CONSTR. Revêtement d'un ouvrage en pierre de taille, en plaques de marbre. / Surface apparente d'une pierre dans un mur. / Grosses pierres bordant un chemin pavé.
parementure n. f. Revers ou doublure du revers d'un vêtement.
parenchymateux, euse adj. ANAT. Du parenchyme.
parenchyme n. m. ANAT. Ensemble des tissus fonctionnels d'un organe, particulièrement des organes glandulaires (s'oppose à tissu conjonctif). / BOT. Tissu aux cellules assez peu différenciées, à parois minces, siège de processus métaboliques variés.
parent, e n. et adj. **A.** n. *Les parents*: le père et la mère. *Autorisation des parents.* / Personne dont on descend ou à laquelle on

Tahitienne vêtue d'un **paréo**.

est lié génétiquement. *Nos lointains parents. C'est un parent proche.* / *Traiter qqn en parent pauvre*, le traiter avec un certain mépris, le tenir à l'écart. **B.** adj. (au fig.) *Des conceptions parentes*, comparables, voisines

parental, ale, aux adj. Propre ou relatif aux parents.

parentalité n. f. Fonction de parent.

parenté n. f. Rapport entre personnes qui descendent les unes des autres ou qui ont un ascendant commun. *Parenté civile*, qui résulte du mariage. *Parenté légale*, qui résulte de l'adoption. RELIG. *Parenté spirituelle*: liens établis par le baptême entre l'enfant, son parrain et sa marraine. / Ensemble des parents, de la famille prise comme un tout. Syn. litt. parentèle. / ANTHROPOL. Relations entre les membres d'un groupe familial, d'un clan, définies et organisées en système, qui régissent des modes de filiation et de résidence, les comportements, la circulation des épouses, l'attribution des biens, etc. / Fig. Ressemblance. *Parenté entre deux langues.*

parentèle n. f. Litt. ou ETHNOL. Ensemble des parents.

parentéral, ale, aux adj. MÉD. *Voie parentérale*: voie d'introduction d'une substance dans le corps autre que la voie digestive.

parenthèse n. f. Mot, groupe de mots, phrase intercalés à l'intérieur d'une période pour la compléter ou expliquer un point de détail ; chacun des signes () enfermant ce mot, ce groupe de mots. / MATH. Ces mêmes signes, isolant une expression algébrique, destinés à indiquer que l'opération notée avant la parenthèse ouvrante s'applique à l'expression tout entière. / Fig. Digression, remarque qui s'écarte du sujet.

paréo n. m. Pièce de tissu que les femmes de Tahiti portent enroulée autour du corps ; vêtement de plage imitant cette tenue.

parer [1] v. t. [1] **A.** v. t. Décorer (qqch.) avec des objets qui embellissent. *Parer une salle de fête pour un banquet.* Revêtir sa parure, ses vêtements de cérémonie. *La mariée est parée de ses plus beaux atours.* / Fig. Reconnaître des qualités à (qqn ou qqch.). *Un saint paré de*

Les halles de **Paris** *en 1835, aquarelle de Max Berthelin.*

Flacons de **parfum** *(Égypte).*

toutes les vertus. / BOUCH., CUIS. Apprêter. *Parer de la viande*, la débarrasser de ses os, de ses nerfs, de la graisse en excédent, pour la rendre propre à la vente, à la consommation. *Parer la dinde de Noël.* / MAR. Mettre (qqch.) en état de servir, de fonctionner. *Parez les vergues et hissez les voiles !* **B.** v. pron. S'habiller avec élégance. *Se parer pour le bal.* / Fig. S'attribuer (souvent illégitimement). *Charlatan qui se pare du titre de docteur.*

parer [2] v. t. [1] Se protéger de (qqch.). *Parer un coup.* / v. t. ind. *Parer à*: se protéger de, se garantir contre. *Parer à un fâcheux inconvénient. Parer au plus pressé*: régler les questions les plus urgentes.

paresse n. f. Disposition au moindre effort. / MÉD. Lenteur anormale dans le fonctionnement d'un organe.

paresser v. i. [1] Céder à la paresse, à la fainéantise.

paresseusement adv. De façon paresseuse.

paresseux, euse [1] adj. et n. Qui évite l'effort. / *Subst. Un paresseux, une paresseuse.* / Qui dénote de la paresse. *Des gestes paresseux.* / MÉD. Dont l'activité est anormalement faible. *Digestion paresseuse.*

paresseux [2] n. m. ZOOL. Mammifère xénarthre arboricole, doté de puissantes griffes, vivant dans les forêts d'Amérique du Sud, qui a des mouvements d'une grande lenteur.

Pareto (Vilfredo Frederigo Samaso) 1848-1923 Économiste et sociologue italien. L'un des premiers, il utilisa l'outil mathématique pour faire de l'économie une science objective. Professeur de sociologie et d'économie politique, après Walras, à l'université de Lausanne, il a approfondi la notion d'« optimum économique » (relatif dans un système de libre concurrence) et la théorie de la « circulation des élites ». Il a publié notamment un *Manuel d'économie politique* (1906) et un *Traité de sociologie générale* (1916).

parfaire v. t. [3] Achever (une chose) en la complétant. *Parfaire un ouvrage.*

parfait, e adj. et n. m. **A.** adj. Qui possède toutes les qualités de son état ; sans défaut. *Un bonheur parfait.* Ant. imparfait. / Iron. Complet, total. *Un parfait idiot.* / Irréprochable. *Vous avez été parfait.* / MATH. *Nombre parfait*: nombre égal à la somme de tous ses diviseurs. / PHYS. *Gaz parfait*: voir *gaz*. / MUS. *Accord parfait*: accord formé de la tonique, de la tierce et de la quinte. **B.** n. m. Crème glacée à un seul parfum. *Parfait au chocolat.* / GRAMM. Forme verbale exprimant le complet achèvement d'une action qui, en français, correspond au passé simple ou au passé composé. / HIST. Chez les Cathares, initié jugé digne de recevoir le *consolamentum*, baptême de l'Esprit conféré par l'imposition des mains et de l'évangile, et qui correspond aussi au sacrement de l'ordre. *Les parfaits doivent pratiquer la chasteté absolue, prendre soin des croyants et conférer à leur tour le consolamentum aux simples fidèles à l'article de la mort.*

parfaitement adv. De façon parfaite. / De manière complète, absolue. / (Employé comme particule affirmative) Oui, assurément. *Vous maintenez votre position ? Parfaitement.*

parfois adv. Quelquefois.

parfum n. m. Odeur agréable qui s'exhale d'un objet ou d'un être. / Substance odorante, d'origine naturelle (fleurs, plantes) ou synthétique, fabriquée dans l'industrie. / Argot *Mettre, être au parfum*, au courant.

parfumer v. t. [1] Diffuser une agréable odeur dans. *Les violettes parfument le salon.* / Répandre du parfum sur. *Parfumer son mouchoir.* / Aromatiser. *Parfumer une crème à la fleur d'oranger.* / v. pron. Mettre du parfum sur soi, sur ses vêtements.

parfumerie n. f. Industrie de la fabrication des parfums et des cosmétiques. / Magasin où l'on vend ces produits.

parfumeur, euse n. Personne qui crée, fabrique ou vend des parfums. / Commerçant en parfumerie.

parhélie ou **parélie** n. m. Phénomène par lequel les rayons du soleil se reflètent dans les cristaux de glace en suspension dans l'atmosphère, à haute altitude.

pari n. m. Engagement, pris par deux personnes soutenant des opinions contraires, de verser une certaine somme d'argent à celle qui aura raison. / Chose pariée. / *Pari mutuel*: pari sur les courses de chevaux, autorisé par la loi. / *Pari mutuel urbain* ou *PMU*: organisme institué en 1930 pour réglementer les paris pris sur les courses hippiques dans des agences où les joueurs peuvent miser sur les chevaux. / PHILO. *Le pari de Pascal*: argument des *Pensées* destiné aux incroyants, par lequel Pascal démontre qu'en pariant sur l'existence de Dieu ils ont tout à gagner et rien à perdre.

paria n. m. ETHNOL. En Inde, nom qui désigne certains individus de la classe dite des « intouchables », c'est-à-dire ceux qui n'appartiennent à aucune caste (voir *intouchable*). / Fig., cour. Personne exclue du groupe social, vivant en marge.

pariade n. f. ZOOL. Saison de l'accouplement chez les oiseaux ; cet accouplement.

parier v. t. [1] Faire un pari. *Je parie que vous réussirez.* / Engager (telle chose, en partic. une somme d'argent) dans un pari. *Parions deux euros qu'elle sera encore en retard !*

pariétaire n. f. Plante herbacée des zones tempérées et tropicales, de la famille des urticacées, qui croît en terrain rocheux et le long des murs.

pariétal, ale, aux adj. et n. m. ANAT. Relatif à la paroi d'une cavité. *Os pariétal* ou (n. m.) *pariétal*: chacun des deux os qui forment les côtés de la voûte crânienne. / PRÉHIST. *Peintures pariétales*, exécutées sur les parois des grottes.

parieur, euse n. Personne qui parie.

parigot, ote adj. et n. Fam. Parisien. *L'accent parigot. Une vraie Parigote.*

Parini (Giuseppe) 1729-1799 Poète italien. Prêtre, il est précepteur dans une grande famille milanaise et publie ses premières *Odes* en préparant un poème satirique *Le Jour*, dont les deux premières parties (*La Matinée*, *L'Après-midi*) seront publiées en 1763 et 1765, et dont les deux dernières (*Le Soir*, *La Nuit*) ne paraîtront qu'après sa mort. À partir de 1768, il assure un enseignement universitaire puis occupe (1791) le poste de surintendant de l'enseignement public.

• **Paris** *2 125 246 h.* Capitale de la France, sur la Seine, et chef-lieu de la Région Île-de-France, dont elle constitue l'un des départements (*105 km²*).

Paris (école de) Nom donné vers 1925 aux artistes venus de différents pays pour travailler à Paris après 1918 (Soutine, Modigliani, Chagall, Foujita, Brancusi…).

Paris (traités de) Nom de plusieurs traités signés à Paris. 1229 : Blanche de Castille, régente de Louis IX, et Raimond VII de Toulouse terminent la guerre des Albigeois. 1259 : Louis IX et Henri III d'Angleterre concluent la paix. 1763 : fin de la guerre de Sept Ans entre la France, l'Espagne et l'Angleterre. 1814 : traité entre Louis XVIII et les Alliés (Grande-Bretagne, Autriche, Prusse, Russie), mettant fin aux guerres napoléoniennes, suivi du traité de 1815 par lequel la France perdait de nombreuses positions stratégiques. 1856 : fin de la guerre de Crimée. 1898 : fin de la guerre hispano-américaine, avec la France comme médiateur. 1947 : traités signés entre les nations victorieuses et l'Italie, la Roumanie, la Hongrie, la Bulgarie, la Finlande.

Pâris MYTH. GR. Fils de Priam, roi de Troie. Il arbitra, sur l'ordre de Zeus, une querelle entre Héra, Athéna et Aphrodite. Il donna raison à Aphrodite qui, en retour, lui promit l'amour d'Hélène, la plus belle des mortelles, épouse du roi spartiate Ménélas. Pâris séduisit Hélène et l'enleva pendant une absence de Ménélas, provoquant ainsi la guerre de Troie. Dans *L'Iliade*, l'épopée d'Homère, Pâris tue Achille d'une flèche au talon, et tombe sous les coups de Philoctète.

Le Jugement de **Pâris**, *tableau de Rubens.*

PARIS

La ville est divisée en vingt arrondissements. L'agglomération parisienne, qui s'étend sur les départements voisins, avec *2 575 km²*, compte *9 480 707 h.* Elle couvre donc une petite partie seulement de la Région Île-de-France (*12 012 km²*) mais rassemble la majeure partie de sa population (*10 952 011 h.*) La population parisienne décroît depuis les années 1970 (*2 293 639 h.* en 1975) au profit des autres communes de l'agglomération.

Géographie et économie

La ville s'est développée dans une plaine, formée par la Seine que sépare en plusieurs bras un groupe d'îles (île Saint-Louis, île de la Cité), et rehaussée de buttes (Chaillot, Montmartre, Buttes-Chaumont, Belleville, Ménilmontant, montagne Sainte-Geneviève, Butte-aux-Cailles). Centre politique et administratif d'un État centralisé où le quart des fonctionnaires du pays est employé, Paris est aussi un grand centre intellectuel et artistique qui regroupe de nombreuses universités et grandes écoles, et dont le rayonnement s'exerce, non sans excès, au détriment de la province.

Le rôle économique de la ville est considérable : si les industries se localisent surtout en banlieue, Paris reste le premier centre financier, commercial et industriel de la France, grâce à une main-d'œuvre abondante et qualifiée et à l'importance du marché de consommation. Toutes les grandes banques et les deux tiers des sociétés françaises y ont leur siège social. Vers la capitale, qui est dotée du premier port fluvial et de six grandes gares de passagers (gares de Lyon, du Nord, de l'Est, d'Austerlitz, Montparnasse et Saint-Lazare), convergent les routes et les voies ferrées.

Urbanisme et transports

Paris conserve un héritage monumental considérable, témoin de sa longue histoire : arènes de Lutèce, Notre-Dame, Louvre, place des Vosges, de la Concorde, Palais-Bourbon, Arc de Triomphe, tour Eiffel. Pourtant le Paris médiéval a presque entièrement disparu avec les grands travaux d'urbanisme du baron Haussmann, préfet de la Seine de 1853 à 1870, qui a ouvert au XIXᵉ siècle de larges artères bordées d'immeubles.

Le zonage n'est pas aussi prononcé à Paris que dans certaines métropoles étrangères, mais on observe dans l'ensemble de l'agglomération des différences socio-économiques par secteurs : l'ouest et le

Métro parisien.

Place du Tertre.

sud-ouest, plus riches, résidentiels et bourgeois, s'opposent au nord et au nord-est, plus modestes, traditionnel domaine de l'artisanat et de la petite industrie ; les industries ont presque toutes déménagé en province et en banlieue et les différences sociologiques entre quartiers tendent à s'estomper. Le réseau de transports en commun, l'un des plus denses au monde, est très développé. En 1855, la Compagnie générale des omnibus fut créée, renforcée, ensuite, par un réseau de tramways.

En 1900 fut inaugurée la première ligne de Métropolitain, dont l'invention était due à l'ingénieur Fulgence Bienvenüe. En 1948 est créée la Régie autonome des transports parisiens (R.A.T.P.). Le réseau métropolitain et le Réseau express régional (R.E.R.) ne cessent de s'étendre, de même que le réseau d'autobus. Le trafic automobile pose un problème majeur (encombrement des voies, difficultés de stationnement, pollution).

Histoire

Dans la Gaule primitive, le site de l'île de la Cité était occupé par des bateliers celtes appartenant à la tribu des *Parisii*. *Lutèce* fut conquise par les Romains en 52 av. J.-C. Au Iᵉʳ siècle apr. J.-C., la ville se développa sur la rive gauche de la Seine (pentes de l'actuelle montagne Sainte-Geneviève). Elle prit le nom de *Paris* au IIIᵉ siècle. L'épanouissement de cette ville, carrefour stratégique et commercial, s'affirma avec la volonté des rois capétiens d'en faire, au Xᵉ siècle, la capitale du royaume en formation. La ville, fortifiée au XIᵉ siècle, connut un grand essor, surtout à partir de Philippe Auguste, qui la dota d'une nouvelle enceinte au XIIᵉ siècle. Elle s'entoura d'enceintes successives et concentriques à mesure de son développement : celle de Charles V au XVᵉ siècle, les murailles de Louis XIII en 1631, le mur d'octroi dit « des fermiers généraux » au XVIIIᵉ siècle ; enfin, sous Louis-Philippe, l'enceinte dite de Thiers, construite de 1841 à 1845.

Paris, sans charte communale, demeurait sous le contrôle du pouvoir royal et de la bourgeoisie, représentée par le prévôt des marchands. La révolte communale menée par Étienne Marcel au XIVᵉ siècle engendra la traditionnelle méfiance des rois à l'égard de Paris. Au XVᵉ siècle, Paris pactisa un moment avec les Bourguignons. En 1588, favorable aux ligueurs, elle contraignit Henri III à s'enfuir. Le 2 août 1648, la journée des Barricades y inaugura la Fronde. La ville fut abandonnée par Louis XIV

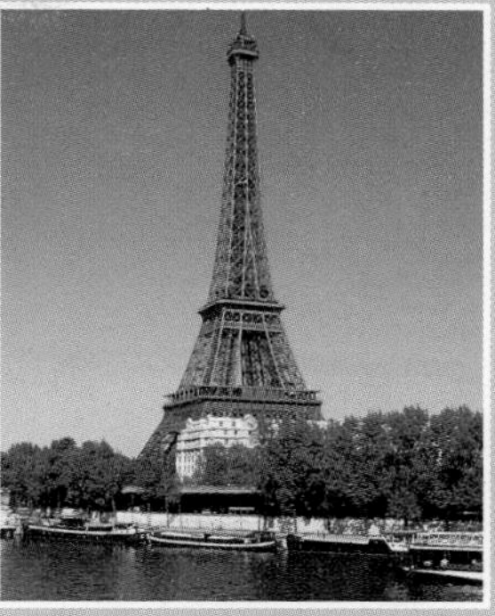

La tour Eiffel.

(1682), puis par ses successeurs, comme résidence principale au profit de Versailles. Paris, qui joua un rôle considérable lors de la Révolution française (prise de la Bastille en 1789), fut également à l'origine des révolutions de 1830 et de 1848 et du mouvement insurrectionnel qui devait instaurer la Commune en 1871.

Les grands travaux d'embellissement et d'aménagement menés par Napoléon Iᵉʳ, qui ambitionnait de faire de Paris la capitale de l'Europe, furent poursuivis sous la Restauration, puis sous la monarchie de Juillet. Enfin, de 1853 à 1870, le préfet Haussmann donna à la ville ses grandes perspectives. En 1859, il rattacha à Paris de nombreuses communes limitrophes (Montmartre, Belleville, Vaugirard, etc) et, en 1860, les arrondissements passèrent de 11 à 20. La ville, qui comptait 600 000 habitants au début du XVIIIᵉ siècle, atteignit 1 800 000 habitants en 1871 (et devait dépasser en 1900 les 2 700 000 habitants).

De 1871 (à la suite de l'insurrection de la Commune) à 1975 (loi du 31 décembre), Paris eut un statut municipal spécial : la ville n'avait pas de maire ; les vingt arrondissements avaient chacun à leur tête un maire nommé par le gouvernement. Paris est devenu une ville département en 1964 et, depuis 1977, un maire de Paris est élu au suffrage universel indirect (J. Chirac de 1977 à 1995, J. Tibéri de 1995 à 2001, B. Delanoë depuis mars 2001).

Palais du Luxembourg.

Pâris-Duverney (Joseph Pâris, dit**)** 1684-1770 Financier français, opposé au système de Law. Exilé en Dauphiné, il revint à Paris après la banqueroute de Law et contribua à réorganiser les finances du royaume.

parisianisme n. m. Manière d'être, de vivre, habitudes propres aux Parisiens. / Péjor. Tendance à privilégier tout ce qui est parisien, tout ce qui se passe à Paris, en considérant tout le reste de haut.

parisien, enne adj. et n. De Paris. *Voirie parisienne. Un(e) Parisien(ne).* / Qui répond aux caractéristiques prêtées aux Parisiens, ou que s'attribuent les Parisiens. *Avoir l'esprit très parisien.* / Qui répond aux caractéristiques de la vie mondaine à Paris. *Une soirée très parisienne.*

parisien (Bassin) Bassin sédimentaire occupant la partie centrale du nord de la France, couvrant le quart du pays. Région naturelle caractérisée par l'alternance de couches sédimentaires résistantes (calcaires) et tendres (argiles), le Bassin parisien offre des paysages variés : larges vallées humides, plateaux secs aux « champs ouverts » (les campagnes), buttes boisées et côtes à corniche (les cuestas). Il constitue la première région agricole française (céréales, betterave à sucre, production laitière). À l'est, la Champagne et les plateaux de Bourgogne, pays de vignobles, sont prolongés par la Lorraine. Au sud, s'étendent les riches vallées de la Loire et de ses affluents, densément peuplées. À l'ouest, le Bassin parisien s'ouvre sur la Manche par une zone de cultures et d'élevage (la Normandie et la Picardie) et entre en contact avec le Massif armoricain par les pays du Perche et du Maine. Au centre, l'Île-de-France voit converger les grandes vallées (Seine, Marne, Oise) autour de Paris, tandis que la Beauce et la Brie sont le domaine de la grande culture céréalière (blé associé à la betterave). Les vallées de l'Oise (Compiègne, Creil), de la Marne, du Hurepoix, de la Seine (Melun, Mantes, Corbeil) sont la zone d'élection de la décentralisation parisienne.

parisis adj. inv. HIST. (En parlant de monnaie) Frappé à Paris. *Livre parisis.*

paritaire adj. Formé d'un nombre égal de représentants de chacune des parties représentées.

parité n. f. Égalité entre personnes ou choses de même nature. / FIN. Égalité de la valeur d'échange des monnaies de deux pays dans chacun d'eux. / Taux de change d'une monnaie par rapport à une autre. / MATH. Caractère pair d'un nombre, d'une fonction.

parjure n. et adj. **A.** n. m. Faux serment. **B.** n. et adj. Personne qui viole un serment. / adj. Un officier parjure.

parjurer (se) v. pron. [1] Commettre un parjure.

Park (Mungo) 1771-1806 Explorateur britannique. Médecin, il fit en Afrique une première expédition qui le mena en Gambie, puis jusqu'au cours supérieur du Niger (1795-1797). Désireux d'atteindre Tombouctou, il entreprit en 1805 un deuxième voyage au cours duquel il mourut. Son récit, *Travels in the Interior of Africa*, fut publié en 1815-1816.

Park Chung-hee 1917-1979 Général et homme politique sud-coréen. Il accéda à la présidence de la République en 1961, à la suite d'un coup d'État, et fut élu constitutionnellement en 1963. Constamment réélu par la suite, il resta président jusqu'à son assassinat en 1979.

Charlie Parker.

parka n. f. (mot américain, de l'inuit) Manteau à capuchon en tissu imperméable doublé.

Parker (Charles Christopher, dit **Charlie)** 1920-1955 Saxophoniste alto et compositeur de jazz américain. Surnommé *Bird* ou *Yardbird*, improvisateur d'une grande virtuosité, il fut l'un des créateurs du style be-bop avec Dizzy Gillespie. Il a très fortement influencé la musique jazz.

parking n. m. Parc de stationnement pour automobiles.

Parkinson (James) 1755-1824 Médecin anglais. Son nom est attaché à la paralysie agitante (dite *maladie de Parkinson*), affection neurologique due à une dégénérescence des noyaux gris centraux du système nerveux extrapyramidal qui sécrètent la dopamine. La maladie de Parkinson se caractérise par le tremblement, l'hypertonie musculaire et des troubles de la motricité (difficulté du mouvement spontané et involontaire, lenteur du mouvement volontaire).

parkinsonien, enne adj. et n. MÉD. Qui présente les caractères de la maladie de Parkinson. / Atteint de la maladie de Parkinson. / Subst. *Un(e) parkinsonien(ne).*

parlant, e adj. Qui parle. *L'homme est un animal parlant.* / Par ext. *Des gestes parlants*, expressifs. / Fig. Très ressemblant (en parlant d'un portrait). / *Preuves parlantes*, manifestes. / Accompagné de paroles. *Horloge parlante*, que l'on pouvait consulter par téléphone et où une voix numérisée donnait l'heure. *Cinéma parlant*, où la voix des comédiens et la musique sont enregistrées et accompagnent les images (par oppos. à cinéma *muet*).

parlement n. m. HIST. Sous l'Ancien Régime, en France, cour souveraine de justice. / *Le Parlement* : l'ensemble des assemblées législatives d'un pays.

Parlement européen ou **Assemblée européenne** Organe de l'Union européenne comprenant des députés de chacun des États membres (626, répartis selon l'importance de la population de chaque pays), élus au suffrage universel direct depuis 1979. Les députés siègent cinq ans. Ils ont la possibilité de se présenter aux élections du pays dans lequel ils résident. Le siège du Parlement européen est à Strasbourg, mais les sessions extraordinaires et les commissions ont lieu à Bruxelles. Associé au processus de décision communautaire, il vote le budget annuel et contrôle son exécution.

parlementaire adj. et n. **A.** adj. Propre ou relatif à un parlement. *Débat parlementaire.* / *Monarchie parlementaire* : voir *monarchie.* / Attaché aux fonctions de membre d'un parlement. *Immunité parlementaire. Indemnité parlementaire.* **B.** n. Membre d'un parlement. / Délégué ayant mission de parlementer avec l'ennemi.

parlementarisme n. m. Régime parlementaire, dans lequel les pouvoirs séparés sont répartis entre différentes assemblées ou chambres (en général deux) devant lesquelles le gouvernement est responsable.

parlementer v. i. [1] Négocier les conditions d'un accord.

parler [1] v. i. / v. t. [1] **A.** v. i. Articuler les sons formant les mots d'une langue. *Enfant qui commence à parler.* / S'exprimer par la parole. *Parler en italien. Parler en aparté. Parler en l'air,* de manière irréfléchie. *Parler d'or*, avec grande sagesse. *C'est façon de parler* : on ne prend pas pour vrai tout ce qui a été dit. *Parler pour qqn,* intercéder en sa faveur. / Par anal. S'exprimer par un code autre que celui d'une langue articulée. *Parler par signes.* / Faire des aveux. *Parler sous la torture. Faire parler qqn*, lui faire dire ce qu'il ne disait pas, ne voulait pas dire. / Fig. *Les faits parlent d'eux-mêmes*, ils sont si éloquents qu'il n'est pas besoin de preuves supplémentaires. **B.** v. t. ind. Dire qqch. à (qqn), communiquer avec (qqn). *Parler avec un collègue.* / Échanger des informations au sujet de (qqn ou qqch.). *Parlons de cette affaire. Parler de la pluie et du beau temps*, de choses et d'autres, des banalités de la vie quotidienne. / Fig. *Parler au cœur* : susciter la compassion, émouvoir. *Parler à un mur* : vainement, sans réussir à convaincre. / Fam. (Emploi absol., pour marquer une approbation évidente, l'ironie ou le doute, et seulement à la 2e pers. de l'indicatif présent) *Lui, sportif? Non mais, tu parles!* / *Trouver à qui parler* : se trouver confronté à un adversaire aussi fort ou plus fort que soi. **C.** v. t. dir. *Parler une langue*, savoir s'exprimer dans cette langue. *Il parle couramment le français et le chinois.* / Fig. *Ne pas parler la même langue* : ne pas parvenir à trouver un terrain d'entente. / *Parler religion, musique, politique, affaires*, s'en entretenir. **D.** v. pron. S'adresser mutuellement la parole. *Ils se parlent à nouveau* : ils se sont réconciliés.

parler [2] n. m. Manière de parler. *Un parler populaire.* / LING. Moyen de communication linguistique. *Langue, dialecte et patois sont des parlers.*

parloir n. m. Local où sont reçus les visiteurs dans une prison, une communauté religieuse, un établissement scolaire.

parlote ou **parlotte** n. f. Fam. Bavardage.

parme adj. et n. m. inv. D'un mauve qui rappelle celui de la violette de Parme ; ce mauve.

Parme *168 905 h.* Ville du nord de l'Italie, en Émilie-Romagne, chef-lieu de la province du même nom, située entre les Apennins et le Pô. Fondée par les Étrusques, romaine en 183 av. J.-C., capitale du duché de Parme et Plaisance (1545-1860), ce fut un grand centre culturel et artistique : cathédrale du XIIe siècle à campanile gothique et coupole décorée par le Corrège, baptistère romano-gothique des XIIe-XIIIe siècles, palais de la Pilotta (XVIe-XVIIe) qui abrite la Galerie nationale et le théâtre Farnèse. En 1748, le duché de Parme fut attribué à l'un des fils de Philippe V d'Espagne et d'Élisabeth Farnèse, don Philippe, qui fonda la branche des Bourbons-Parme. En 1802, Napoléon annexa le duché, qui passa à titre viager à l'ex-impératrice Marie-Louise en 1815 ; à sa mort (1847), un descendant des Bourbons-Parme lui succéda. Le duché fut réuni au Piémont en 1860. Le philosophe Condillac y enseigna. Stendhal y situe l'action de son roman *La Chartreuse de Parme* (1839).

Parménide v. 540-v. 450 av. J.-C. Philosophe grec de l'école d'Élée. Il combattit la philosophie matérialiste des Ioniens, et affirma la continuité et l'immobilité de l'Être dans son poème *De la nature.* Il peut être considéré comme le père de l'ontologie. Il eut Zénon d'Élée pour disciple.

Parmentier (Antoine Augustin) 1737-1813 Pharmacien et agronome français, promoteur de la culture de la pomme de terre en France. Apothicaire des armées, il étudia les végétaux de remplacement dans l'alimentation humaine et découvrit en Allemagne le tubercule, qu'il introduisit en France en 1785. Il publia de nombreux ouvrages sur la conservation des aliments, sur la fabrication des sirops de raisin pour remplacer le sucre et sur la composition de divers végétaux. Inspecteur général du service de santé sous Napoléon Ier, acquis à l'importance de la prévention médicale, il s'attacha à promouvoir la vaccination antivariolique à partir de 1805.

parmesan, e adj. et n. m. De Parme. / n. m. Fromage cuit, à pâte très dure et au goût prononcé.

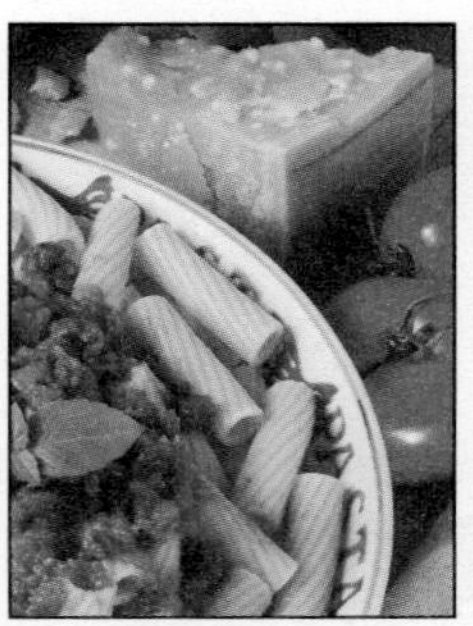

*Le **parmesan** est un fromage très apprécié dans la cuisine italienne.*

Parménide.

Parmesan (Francesco Mazzola, dit en français **le)** 1503-1540 Peintre italien. Bien qu'influencé par Raphaël et Michel-Ange, et surtout par le Corrège, il élabora un style personnel, caractérisé par la souplesse de la ligne et l'élégance des formes (*La Madone à la rose*, 1527 ; *La Vierge au long cou*, 1534-1540). Il fut l'un des maîtres du maniérisme européen.

parmi prép. Au milieu de. *Il s'est glissé parmi les manifestants.* / Au nombre de. *Il figure parmi mes relations.*

Parnasse *2 457 m* Montagne de Grèce, en Phocide, au nord-est de Delphes. Dans l'Antiquité, elle était consacrée à Apollon et aux Muses. À ses pieds s'élevait le temple de la Pythie.

Parnasse (le) Mouvement poétique de la fin du XIXe siècle, créé en réaction contre les épanchements romantiques. *Le Parnasse contemporain*, recueil collectif de « vers nouveaux » édité en 3 volumes successifs (1866, 1871 et 1876), constitue le manifeste et l'illustration de cette école poétique. Les poètes du *Parnasse*, de tendance et de valeur diverses, partagent un goût commun pour la beauté formelle et le culte de « l'art pour l'art » préconisé par Gautier : Leconte de Lisle, Heredia, Coppée, Catulle Mendès, Sully Prudhomme, Banville, Baudelaire, Mallarmé, Verlaine.

parnassien, enne n. et adj. Poète du groupe du Parnasse. / adj. *Un poème parnassien.*

Parnell (Charles Stewart) 1846-1891 Homme politique irlandais. Protestant et grand propriétaire foncier d'origine anglaise, il se fit cependant le défenseur de la cause des nationalistes irlandais, dont il dirigea le parti à partir de 1877. Il donna une nouvelle vigueur au parti en pratiquant avec efficacité l'obstruction parlementaire. Soutenu par Gladstone, revenu au pouvoir en 1886, il faillit imposer le *Home Rule* mais ne put obtenir le régime d'autonomie souhaité alors par le pays : accusé d'adultère en 1890, il perdit son influence et dut renoncer à sa carrière politique.

Parny (Évariste Désiré de Forges, vicomte **de)** 1753-1814 Poète français originaire de l'île Bourbon (aujourd'hui nommée la Réunion). Il est l'auteur de *Poésies érotiques* (1778-1781). Certaines de ses *Chansons madécasses* (1787) ont été mises en musique par Ravel.

parodie n. f. Imitation burlesque d'une œuvre littéraire ou musicale. / Caricature d'une chose sérieuse. *Ce procès est une parodie de justice*

Le Parmesan *: La Circoncision, tableau peint vers 1523.*

parodier v. t. [1] Faire la parodie de. *Parodier un texte. Parodier son professeur.*

parodique adj. Relatif à la parodie ; du domaine de la parodie.

parodonte n. m. ANAT. Ensemble des tissus de soutien des dents (gencive, cément, périodonte, os alvéolaire).

parodontite n. f. MÉD. Inflammation du parodonte.

parodontologie n. f. MÉD. Spécialité de l'odontologie qui a trait aux maladies du parodonte.

parodontose n. f. MÉD. Processus dégénératif touchant le parodonte.

paroi n. f. Cloison ; surface apparente d'un mur. / Surface interne d'un vase, d'un conduit, d'une excavation. / Versant d'une montagne. / ANAT. Partie qui limite une cavité organique. *La paroi abdominale.* / BIOL. *Paroi végétale, paroi bactérienne* : enveloppe rigide, de nature glucidique entourant la membrane cellulaire des plantes (paroi de cellulose), des champignons (paroi chitineuse), de la plupart des cellules procaryotes (paroi de peptidoglycanes).

paroisse n. f. District ecclésiastique dépendant d'un curé ou d'un pasteur.

paroissial, ale, aux adj. De la paroisse. *Église paroissiale.*

paroissien, enne n. Fidèle d'une paroisse. / Loc. fam. *Un drôle de paroissien* : une personne douteuse, bizarre.

parole n. f. Faculté d'exprimer sa pensée par un langage articulé. / Mot prononcé. / Exercice de cette faculté. *Prendre, couper, adresser la parole.* / Mot, phrase ou discours. *La parole de Dieu* : l'Écriture sainte. *Prêcher la bonne parole* : prêcher l'Évangile et, par ext. ce qui est sensé. / Éloquence. *Avoir le don de la parole.* / Promesse verbale. *Croire sur parole*, sans vérifier la véracité des dires. *Donner sa parole* : s'engager. *Être de parole*, fidèle à ses engagements. / (Au plur.) Texte d'une chanson, d'une œuvre chantée.

Paroles 1946 Recueil de poèmes en prose de Jacques Prévert. L'auteur s'y montre tantôt polémique et révolté, dénonçant avec vigueur les militaires et la guerre, le clergé, la petite bourgeoisie, tantôt tendre ou nostalgique, usant en virtuose des ressources comiques et poétiques de la langue française. Nombre de ces poèmes ont été mis en musique, notamment *Les Feuilles mortes* et *Barbara* par Vladimir Kosma.

parolier, ère n. Personne qui écrit des textes destinés à être chantés.

paronyme n. m. Mot qui ressemble à un autre mot. *Conjecture et conjoncture sont des paronymes.*

Paros *196 km² 8000 h.* Île grecque de la mer Égée (Cyclades) à l'ouest de Naxos. Chef-lieu *Paros* (*3 700 h.*). Ses carrières ont fourni aux artistes de la Grèce antique un marbre blanc alors réputé. Ses ateliers de sculpture ont rayonné au VIe siècle av. J.-C. Église byzantine (VIe-Xe siècle), musée. Tourisme.

parotide n. f. ANAT. Glande salivaire bilatérale située sous l'oreille, à proximité de la branche montante du maxillaire inférieur. *La parotide est la plus volumineuse des glandes salivaires.*

parotidien, ienne adj. De la parotide ; relatif à la parotide.

parousie n. f. Second avènement du Christ, son retour sur Terre à la fin des temps, accomplissement de la doctrine eschatologique.

paroxysme n. m. MÉD. Phase d'une maladie où les symptômes (douleurs, fièvre, etc.) sont les plus aigus. / Fig. Le degré le plus intense d'un sentiment, d'une émotion. *Au paroxysme de la joie.*

paroxystique adj. Qui atteint au paroxysme.

paroxyton n. m. LING. Mot dont l'accent tonique porte sur l'avant-dernière syllabe.

parpaillot, ote n. Vx ou par plaisant. Protestant, pour les catholiques.

parpaing n. m. Pierre faisant parement sur les deux faces d'un mur. / Bloc de béton préfabriqué, destiné à élever des murs ou faire des remplissages d'ossatures.

parquer v. t. [1] Mettre (qqch., qqn) dans un parc. *Parquer des moutons. Les prisonniers ont été parqués comme des bêtes.*

Parques MYTH. Les trois divinités romaines du Destin, identifiées aux Moires grecques. Clotho préside à la naissance, Lachésis, au déroulement de l'existence et Atropos, à la mort. Elles étaient représentées filant, dévidant et coupant le fil de la vie de chaque humain.

parquet n. m. **I.** Revêtement de sol constitué par un ensemble de lames de bois disposées régulièrement. / MAR. *Parquet de chauffe* : plate-forme de tôle dans la salle des machines d'un navire. **II.** Dr Anc. Place occupée par les juges dans une salle de justice. / Mod. Local réservé aux magistrats du ministère public. / Ensemble de ces magistrats auprès d'une cour, d'un tribunal. / Enceinte où se tiennent les agents de change à la Bourse.

parqueter v. t. [1] Revêtir (un sol) d'un parquet.

parquetier n. m. Magistrat du parquet.

parrain n. m. Celui qui tient l'enfant sur les fonts baptismaux, prenant ainsi, avec la marraine, la responsabilité de son éducation spirituelle. / Personne qui donne son nom à un navire, une cloche, lors d'une inauguration. / Personne qui permet à une autre d'être intégrée dans un groupe ou dans un milieu privé.

parrainage n. m. Fonction, qualité de parrain ou de marraine. / Caution morale donnée à quelqu'un pour faciliter son intégration dans une société, un ordre, etc. / Soutien financier d'une marque à une manifestation culturelle ou sportive, au lancement d'un produit, etc., à des fins publicitaires.

parrainer v. t. [1] Donner un soutien moral, financier, publicitaire à (qqn, une entreprise, etc.).

parricide [1] n. m. Crime de celui qui tue son père ou sa mère.

parricide [2] n. et adj. Personne qui a commis un parricide. / adj. *Une fille parricide.*

Parrot (André) 1901-1980 Archéologue français. Entre 1931 et 1974, il dirigea les fouilles de plusieurs sites de Mésopotamie, notamment Mari (en Syrie actuelle). Conservateur en chef du département des antiquités orientales du Louvre en 1946, il a consacré à ses découvertes de nombreux ouvrages et articles dans des revues spécialisées.

Parry (sir **William Edward)** 1790-1855 Navigateur britannique, explorateur du pôle Nord qui fit quatre expéditions dans l'Arctique.

parsec n. m. ASTRON. Unité de distance utilisée en astronomie qui correspond à la distance d'un axe dont la parallaxe annuelle, mesurée depuis la Terre, équivaut à 1. *Un parsec (symbole pc) vaut 3,26 années de lumière, soit 206 265 unités astronomiques, soit ± 30 940 milliards de kilomètres.*

parsemer v. t. ind. [1] Répandre çà et là. *On parsema de roses le chemin que devait emprunter le cortège.* / Émailler, être répandu. *Des coquelicots parsèment le champ de blé.* Au fig. *Texte parsemé de citations.*

Une ruelle de ***Paros****.*

Parpaing*.*

P

Le Parthénon.

parsi, e n. et adj. Descendant des anciens Perses resté fidèle à la religion de Zoroastre. *Les parsis sont aujourd'hui implantés en Inde dans la région de Bombay. Cérémonie parsie.*

part n. f. **I.** Portion d'un tout. / Loc. fig. *La part du lion*: la meilleure part. *Prendre part à*: participer activement à. *Faire part de qqch. à qqn*, l'en informer. **II.** loc. adv. *Quelque part*: dans un endroit indéterminé. *Nulle part*: dans aucun lieu. *De part en part*: en passant à travers. / loc. prép. *De la part de (qqn)*: indique de qui provient qqch. / loc. adv. *À part*: séparément. *Comptez les abricots à part.* / loc. adj. *À part*: très particulier. *C'est un élève à part.* / loc. prép. *À part*: excepté. *À part toi et moi.*

partage n. m. **I.** Division d'un tout en plusieurs parties. / loc. adv. *Sans partage*: en entier. / *Partage des voix*: division en nombre égal des voix pour et contre, dans une assemblée. / GÉOGR. *Ligne de partage des eaux*: élévation de terrain constituant la limite entre deux bassins fluviaux, de telle sorte que, de sa crête, les eaux ruissellent en sens opposés. **II.** Part que reçoit qqn. *Recevoir un appartement en partage.*

partagé, e adj. Divisé. *Une succession partagée entre les trois enfants. Je suis partagé entre le rire et la colère*: j'hésite entre ces deux sentiments. / Réciproque. *Une amitié partagée.*

partager v. t. [1] Diviser en un certain nombre de parts. *Cagnotte à partager.* Fractionner, morceler un ensemble indivis. *Partager un pays.* / Mettre une part de (ce qu'on possède) à la disposition de qqn. *Saint Martin partagea son manteau avec un mendiant.* / Disposer (de qqch.) au même titre que qqn d'autre. *Deux étudiants partagent ce studio.* Au fig. *Je partage entièrement votre opinion*: je suis tout à fait de votre avis. / Séparer (qqch.) en zones distinctes. *Cette haie partage les deux propriétés.* / Fig. Opposer entre eux des groupes divers. *Cette audacieuse théorie partage les spécialistes.*

partageur, euse n. adj. Qui partage volontiers.

partageux, euse n. et adj. Vx Qui préconise le partage des biens.

partance n. f. Loc. *En partance*: sur le point de partir. *Navire en partance.*

partant, e [1] n. et adj. **A.** n. Celui, celle qui part. / SPORT Cheval au départ d'une course. **B.** adj. Fam. *Être partant pour*, d'accord pour, disposé à. *Je suis partant pour une promenade.*

partant [2] conj. Par conséquent. *Les élections ont été truquées, partant, le résultat n'a pas été validé par l'O.N.U.*

partenaire n. Personne avec qui l'on est associé dans un jeu, un sport, une activité quelconque. / Spécial. Personne avec laquelle on a des relations sexuelles.

partenariat n. m. Association de partenaires.

parterre n. m. Portion compartimentée d'un jardin, plantée de gazon ou de fleurs. / Partie d'une salle de spectacle située derrière les fauteuils d'orchestre; le public qui s'y trouve. / Assemblée. *Un parterre de notables.*

parthénogenèse n. f. BIOL. Mode de reproduction dans lequel les gamètes femelles se développent sans fécondation, produisant une descendance normale.

Parthénon (le) Temple d'Athéna Parthénos, construit à l'initiative de Périclès sur l'Acropole d'Athènes (447-432 avant J.-C.) par Phidias, Ictinos et Callicratès. Transformé en église au VIe siècle, il abritait une poudrière quand il fut très endommagé, en 1687, lors de la guerre turco-vénitienne, par un bombardement. Il fut ensuite transformé en mosquée (1688-1749). Le Parthénon est un édifice dorique périptère. La *cella* (salle), entourée d'une colonnade sur trois côtés, abritait la statue d'or et d'ivoire d'Athéna, œuvre de Phidias. Les bas-reliefs des frontons, des métopes et la frise intérieure des Panathénées illustrent la légende de la déesse. D'importants fragments se trouvent au British Museum. On en trouve aussi aux musées du Louvre et de l'Acropole.

parthénopéenne (République) Éphémère République créée par les Français le 23 janvier 1799 sur le territoire du royaume de Naples; la République fut reprise dès le 13 juin et les partisans des Français furent victimes d'une lourde répression.

Parthes Peuple nomade d'origine iranienne, installé au sud-est de la mer Caspienne (Parthie) au IIIe siècle avant J.-C. Soumis aux Perses, à Alexandre puis aux Séleucides, ils fondèrent une dynastie indépendante, vers 250 av. J.-C., avec Arsace. Les Arsacides, qui comptèrent 38 souverains (250 avant J.-C.-224 après J.-C.), conquirent un vaste empire qui s'étendit sur la Perse et une partie de la Mésopotamie jusqu'à l'Euphrate. Les archers à cheval parthes, protégés par une cotte de mailles, battirent les légions romaines de Crassus (53 avant J.-C.) et d'Antoine (36 avant J.-C.). Mais Trajan s'empara de la Mésopotamie entre 114 et 117 et Septime Sévère saccagea la capitale parthe, Ctésiphon, en 197-198. Profitant de l'affaiblissement des Parthes, un Perse, Ardachêr, vainquit et tua le dernier Arsacide, Artaban V, et fonda la dynastie des Sassanides (224).

parti, e [1] adj. Fam. Ivre. *Être complètement parti.*

parti [2] n. m. Réunion de personnes liées par une idéologie, des intérêts semblables. *Un parti politique. Esprit de parti*: disposition à ne juger qu'en fonction des opinions de son parti. / Décision. *Prendre parti. Parti pris*: opinion préconçue sur laquelle on ne revient pas. / Avantage. *Tirer parti de qqch.*, en tirer profit. / Vieilli Personne à marier considérée sur le plan de sa fortune ou de son rang. *Un bon parti.*

partial, ale, aux adj. Qui a des préjugés, qui juge sans équité. Ant. impartial.

partialité n. f. Attitude d'une personne partiale. Ant. impartialité.

participation n. f. Action de prendre part à qqch.; son résultat. *Taux de participation à un vote. Participation aux frais.* / Fait d'être associé à un profit ou à une gestion. *Participation des salariés aux bénéfices de l'entreprise.* / FIN. Fait de détenir une fraction (inférieure à 50 %) du capital d'une société. *Prise de participation.*

participe n. m. GRAMM. Forme modale du verbe qui tient à la fois de l'adjectif (il peut s'accorder en genre et en nombre et avoir une fonction d'épithète ou d'attribut) et du verbe (il peut régir un complément). *Participe passé (une pièce inondée de soleil), participe présent (il est entré en saluant les enfants)* ou *adjectif verbal (une voix rassurante).*

participer v. t. ind. [1] **I.** *Participer à*: se joindre, prendre part à. *Participer à une grève.* (Emploi absol.) *Cette élève participe très bien en classe,* prend une part active à ce qui se passe en classe. / Contribuer, verser sa cotisation à. *Tous ses collègues ont participé à l'achat de son cadeau.* / Avoir, recevoir, toucher sa part. *Participer aux bénéfices d'une entreprise.* **II.** *Participer de (qqch.)*: relever, procéder de (qqch.). *La question du chômage participe de la situation économique du pays.*

participial, ale, aux adj. Relatif au participe. *Proposition participiale*, dont le verbe est au participe présent.

particularisation n. f. Action de particulariser, son résultat. / Fait de se particulariser.

particulariser v. t. [1] Rendre particulier. / (emploi pron.) *Se particulariser*: se singulariser.

particularisme n. m. Attitude d'affirmation et de revendication des particularités linguistiques, culturelles, etc. d'une communauté, d'une population; ces particularités elles-mêmes. / RELIG. Doctrine selon laquelle le Christ n'est mort que pour les élus et non pour tous les hommes.

particularité n. f. Caractère de ce qui est particulier. / Trait particulier.

particule n. f. Infime partie d'un corps matériel. *Particule de poussière.* PHYS. *Particule élémentaire*: corpuscule représentant un constituant élémentaire de la matière, à partir duquel s'élaborent ses différentes formes. / GRAMM. Mot invariable d'une syllabe: conjonction, préposition, préfixe ou suffixe. / Préposition *de*, le plus souvent placée devant le nom de famille, abusivement considérée comme marquant l'appartenance à la noblesse.

♦ Les quarks représentent l'ensemble de la famille des particules élémentaires, qui sont classées en fonction de la statistique dont elles relèvent. Toutes les particules de spin demi-entier sont des *fermions* et obéissent à la statistique de Fermi-Dirac. Les particules de spin entier sont des *bosons* et obéissent à la statistique de Bose-Einstein. Aux *fermions* s'applique le principe d'exclusion de Pauli. Une seconde classification s'opère en fonction de la masse des particules et des interactions auxquelles elles sont liées. Les particules les plus légères, sensibles à l'interaction faible, sont les *leptons* (électron, muon, tau, neutrino électronique, neutrino muonique, neutrino tauique). Les particules plus lourdes, sensibles à l'interaction forte, sont les *hadrons*, divisés en deux groupes: les *baryons*, dont font parties les protons et les neutrons, les *mésons* dont la masse est intermédiaire entre celle de l'électron et celle du proton. En outre, certaines particules sont classées séparément: le *photon*, quantum du champ électromagnétique, le *graviton*, quantum du champ gravitationnel, et les *bosons*, messagers de la force faible.

particulier, ère adj. et n. **A.** adj. Propre à une personne, à une chose unique. *Cela vous est particulier. Plante particulière à une région.* / Réservé à une personne unique. *Audience particulière.* / Qui n'est pas commun, habituel. *Cas particulier.* / Par euph. *Mœurs particulières*: homosexualité. **B.** n. m. Ce qui est propre à une chose, à une personne, par opposition à *général.* / n. Personne privée, par opposition à *collectivité. J'agis en simple particulière.* **C.** loc. adv. *En particulier*: séparément. *Recevoir qqn en particulier.* / Notamment. *Il aime les fruits, en particulier les fraises.*

particulièrement adv. En particulier; tout spécialement; de manière intime.
partie n. f. **I.** Portion d'un tout. / *Comptabilité en partie double*, dans laquelle recettes et dépenses sont inscrites sur deux colonnes. / (Au plur.) Vieilli *Les parties honteuses* ou (mod.) *les parties*: les organes génitaux masculins. / MUS. Morceau de musique interprété par chaque voix ou chaque instrument d'un ensemble orchestral. / Branche d'activité, profession. *La plomberie, ce n'est pas ma partie.* **II.** Temps pendant lequel diverses personnes sont opposées dans un jeu, un sport. *Partie de cartes, de dames.* / Compétition. *La partie est faussée.* / Divertissement rassemblant plusieurs personnes. *Partie de chasse.* **III.** Dr Chacune des personnes engagées dans un procès; chacune des personnes signataires d'un contrat, ou engagées dans une négociation commune. *Partie civile*: plaignant qui demande réparation. *Partie prenante*: voir *prenant.* / Fig. *Prendre qqn à partie*, s'en prendre à lui. *Avoir affaire à forte partie*, à un adversaire redoutable. **IV.** loc. adv. *En partie*: partiellement.
partiel, elle adj. et n. **A.** adj. Qui ne constitue qu'une partie d'un tout. *Travailler à temps partiel* (par oppos. à temps *plein*). / POLIT. *Élections partielles*, ayant lieu en dehors des élections générales et ne concernant que quelques circonscriptions. / n. f. *Une partielle*: une élection partielle. **B.** n. m. Épreuve qui porte sur une partie du programme et dont la note compte pour partie dans la note finale d'un examen. *Un partiel de maths.*
partiellement adv. De façon partielle.
partir [1] v. i. [3] S'en aller, se mettre en route. *Descendons les valises, nous partons. Demain, je pars pour la Russie. Partir en douce*: partir en cachette, s'esquiver. / Fig. Mourir. *Il est parti sans souffrir.* / *Partir de*: avoir son point de départ, son origine à, dans. *Cette canalisation part de la chaudière.* Au fig. *Sa remarque ne partait pas d'une intention hostile.* / S'effacer, devenir invisible. *Tache huileuse qui ne part pas.* / Être lancé, déclenché. *La fusée est bien partie. On ne sait comment le coup de feu est parti.* / Fig. *C'est bien (ou mal) parti*: cela a bien (ou mal) débuté. *C'est parti*: l'action est bien lancée. / loc. prép. *À partir de*: depuis, à dater de.
partir [2] v. t. [2] Vx Partager. *Avoir maille à partir avec qqn*: voir maille.
partisan, ane n. et adj. (rare au féminin) **A.** n. Personne qui prend parti pour qqn, pour une idée, pour une cause. / Franc-tireur, combattant n'appartenant pas à une armée régulière. *Francs-tireurs et Partisans (F.T.P.)*: organisation de résistants pendant la Deuxième Guerre mondiale. **B.** adj. *Être partisan de*: défendre. *Il est partisan de l'abolition de la peine de mort.* / Qui manifeste du parti pris. *Un journal partisan.*
partita n. f. (mot italien) MUS. Variation, suite instrumentale, divertissement ou forme libre (selon les époques et les compositeurs).
partitif, ive adj. GRAMM. Qui désigne une partie d'un tout que l'on ne peut compter. *« Du », « de la », « des » sont des articles partitifs. Manger du pain. Prendre de la sauce. Manger des épinards.*
partition [1] n. f. Division, partage (d'un territoire). / HÉRALD. Division d'un écu ou blason. / MATH. *Partition d'un ensemble E*: ensemble de parties non vides de E, disjointes deux à deux, et tel que l'union de toutes ces parties constitue l'ensemble E.

Blaise Pascal.

partition [2] n. f. MUS. Notation d'une composition musicale permettant une lecture d'ensemble; partie jouée par un instrument.
partout adv. En tout lieu. / SPORT Pour chaque adversaire, pour chaque camp. *Cinq partout*: chaque adversaire, chaque camp totalise cinq points.
parturiente n. f. MÉD. Femme qui accouche.
paru, e adj. Publié.
parure n. f. Ce qui orne. / Ensemble assorti de bijoux. *Parure d'émeraudes.* / Ensemble de lingerie féminine. *Parure en dentelle.*
parution n. f. Publication d'un ouvrage, d'une revue, d'un article.
parvenir v. t. ind. [3] *Parvenir à*: arriver (à un certain point ou à un terme) dans un déplacement, une progression. *Parvenir à la gare.* / Arriver à destination (en parlant de qqch.). *Le colis nous est bien parvenu.* / Fig. *Parvenir à faire qqch.*, y réussir, y arriver. *Parvenir à joindre son correspondant.*
parvenu, e n. Péjor. Personne qui a accédé rapidement à une situation sociale élevée, sans en avoir acquis la culture, les manières, etc.
parvis n. m. Place située devant l'entrée principale d'une église ou d'un édifice public important.
pas [1] n. m. Mouvement consistant à mettre un pied devant l'autre pour marcher. / Espace parcouru par une enjambée. *À grands pas.* / Allure; manière de se déplacer; allure d'une troupe militaire. *Marcher au pas*, sans se presser. *Aller au pas* (en parlant d'un cheval): se déplacer à la plus lente de ses allures. *Pas de route. Pas de charge.* / CHORÉG. Série de mouvements de pieds d'un danseur; ensemble des figures exécutées par un ou plusieurs danseurs. *Pas de polka. Pas de deux*: ballet exécuté par deux danseurs. / Trace de pied. / Distance franchie d'un pas. *À deux pas de*: tout près de. / *Le pas de la porte*, son seuil. Fig. Étape, progrès. *Faire les premiers pas*: faire les premières avances lors d'une démarche. / TECH. Ensemble des tours d'une rainure en spirale. *Pas de vis.* / GÉOGR. Passage étroit. *Le pas de Calais.*
pas [2] adv. de négation (Employé en corrélation avec *ne*) *Je ne dis pas que je suis ravie. Ne pas toucher.* / (Employé seul, soit de façon elliptique au début d'une réponse, soit devant un adjectif) *Aimez-vous le théâtre? Pas autant que mes enfants. Une jeune femme mince, blonde, pas vilaine.* / Fam. *J'aime pas ça.*
Pasargades Ancienne ville d'Iran, capitale de Cyrus le Grand.
Pascal (Blaise) 1623-1662 Savant, philosophe et écrivain français. Très jeune, il fréquenta les savants avec lesquels était lié son père, magistrat venu se fixer à Paris, et s'adonna à des travaux scientifiques. À seize ans, il écrivit un *Essai sur les coniques* et, trois ans plus tard, inventa une machine à calculer (1642). Il entreprit ensuite d'importantes recherches sur la pesanteur de l'air, l'existence du vide, jeta les bases du calcul des probabilités, étudia le calcul infinitésimal et l'analyse combinatoire. De 1651 à 1654, il fréquenta les salons parisiens, notamment la société des « honnêtes gens », et se lia avec des libertins; c'est alors qu'il comprit combien était important l'art de séduire (« l'art d'agréer ») pour faire admettre ses idées. Il poursuivit ses recherches en mathématiques et sa correspondance avec Fermat. En 1654, sous l'influence de sa sœur Jacqueline, et après une nuit d'extase mystique (le 23 novembre) qu'il évoque dans son *Mémorial*, il renonça aux plaisirs de la société et se retira à l'abbaye de Port-Royal, où vivaient ses amis jansénistes, qu'il fréquentait depuis 1646. Pour défendre le grand Arnauld contre les attaques des jésuites, il écrivit un pamphlet brillant sous forme de lettres, les *Provinciales* (1656-1657). La conception mystique qu'il avait d'un Dieu caché inspire les *Lettres à Mademoiselle de Roannez* et les notes qu'il accumulait depuis 1657, dans le dessein d'écrire une *Apologie de la religion chrétienne*, qu'il destinait aux indifférents et aux incrédules. La maladie qui le minait depuis longtemps l'emporta sans qu'il eût achevé son œuvre; après sa mort, on en a réuni les fragments sous le titre de *Pensées*. **Jacqueline**, en religion **sœur Sainte-Euphémie** 1625-1661 Religieuse française, sœur du précédent. Fervente janséniste, elle se montra fermement opposée à tout compromis avec le pouvoir.
pascal [1] n. m. PHYS. Unité de pression équivalent à la pression d'une force d'un newton par mètre carré. (Symbole: Pa). Pl. Des *pascals.*
pascal, ale, als ou **aux [2]** adj. Relatif à la Pâque juive, aux Pâques chrétiennes.
pascalien, enne adj. Relatif à Blaise Pascal, à sa pensée, à ses thèses.
Paschen (Friedrich) 1865-1947 Physicien allemand qui, avec E. Back, découvrit le dédoublement des raies spectrales sous l'action d'un champ magnétique puissant.
Pascin (Julius Pinkas, dit Jules) 1885-1930 Peintre et dessinateur américain d'origine bulgare. Il a laissé une œuvre à la palette nuancée, traversée de plusieurs influences: dessins humoristiques et satiriques, tableaux érotiques. Réfugié aux États-Unis pendant la guerre, il a vécu à Paris à partir de 1905; il fut l'un des représentants de « l'école de Paris ».
Pascoli (Giovanni) 1855-1912 Poète italien d'inspiration élégiaque et pastorale (*Myricae*, 1891; *Les Chants de Castelvecchio*, 1903).
Pas-de-Calais (département du) [62] *6 671 km² 1 441 568 h.* Département du nord de la France qui fait partie de la Région Nord-Pas-de-Calais. Chef-lieu *Arras*. Tirant son nom du détroit sur lequel il est situé, il s'étend sur des régions variées: Boulonnais, Marquenterre, Artois, Flandre méridionale, Cambrésis occidental. Relevé dans le Boulonnais (caps Gris-Nez, Blanc-Nez), le littoral, bas et sablonneux au sud, vit de l'élevage, de la pêche (Boulogne-sur-Mer), du tourisme (Le Touquet) et du transit des voyageurs vers l'Angleterre; près de Calais, à Fréthon, s'ouvre le tunnel sous la Manche depuis 1994. Les plateaux limoneux de l'intérieur sont le domaine de la grande culture de céréales et de betteraves. Fondée sur des traditions anciennes, l'industrie était active: industries textiles et alimentaires, extraction de la houille (Pays noir; Lens, Béthune), industries métallurgiques et

Département du ***Pas-de-Calais.***

chimiques. La crise des industries textiles et houillères a posé de graves problèmes d'emploi et de reconversion de la main-d'œuvre, mais dans les années 1990 la Région Nord-Pas-de-Calais a bénéficié d'importants investissements venus de l'étranger.

Pasdeloup (Jules Étienne) 1819-1887 Chef d'orchestre français. Il inaugura au cirque d'Hiver en 1861 les Concerts populaires de musique classique qu'on nomma *Concerts Pasdeloup* en 1920.

pas-de-porte n. m. inv. Somme que doit verser un locataire pour entrer en possession d'un local commercial.

pashto, pachtou ou **pachto** n. m. et adj. inv. Langue du groupe iranien, parlée en Afghanistan. *Le pashto. La littérature pashto.*

Pashtoun(s) ou **Pachtoun(s)** Peuple de langue pashto vivant entre le Pakistan et l'Afghanistan, dont ils constituent l'ethnie la plus nombreuse (environ 40 % de la population). Musulmans sunnites dans leur immense majorité, divisés en tribus et en clans, ils ont longtemps monopolisé le pouvoir en Afghanistan (l'ex-roi Zaher chah est pashtoun, tout comme les talibans) et se sont fréquemment heurtés aux autres groupes ethniques.

pasionaria ou **passionaria** n. f. (mot espagnol) Militante qui défend avec passion, avec violence une thèse, un parti. / HIST. *La Passionaria*: Dolores Ibarruri.

Pasiphaé MYTH. GR. Fille d'Hélios (le Soleil), femme de Minos, le roi de Crète, et mère de Phèdre, d'Ariane et d'Androgée. Pour se venger de Minos qui avait profité de lui pour obtenir son trône, Poséidon inspira à Pasiphaé un amour contre nature pour un taureau blanc. Pour attirer l'animal, elle fit fabriquer par Dédale une génisse en bois creux et se glissa à l'intérieur. De son union avec le taureau de Crète naquit le Minotaure.

paso doble n. m. inv. (mots espagnols) Danse rapide, sur une musique à deux ou quatre temps, d'origine espagnole.

P

Pasolini (Pier Paolo) 1922-1975 Écrivain et cinéaste italien. Dans ses romans, *Jeune Racaille* (1955); *Une vie violente* (1959) et dans ses films: *Accatone* (1961), *Mamma Roma* (1962) *L'Évangile selon saint Matthieu* (1964), *Œdipe roi* (1967), *Théorème* (1968), *Salo ou les Cent Vingt Journées de Sodome* (1975), *Médée* (1970), il essaie de concilier son esthétisme, son engagement marxiste et sa foi chrétienne. Il fut assassiné.

Pier Paolo Pasolini.

passable adj. Acceptable, d'une qualité suffisante.

passablement adv. De façon passable. / Assez. / Plaisant Considérablement. *Il est passablement en retard.*

passacaille n. f. Danse de cour lente, en vogue au XVIIe siècle. / MUS. Pièce d'une suite instrumentale apparentée à la chaconne.

passade n. f. Brève liaison amoureuse; engouement passager.

passage n. m. Action, fait de passer. *Le passage du pont. Le passage d'un train, d'un car*: le moment où passe le train, le car. / loc. adj. *De passage*: qui reste peu de temps. *Un oiseau de passage.* / Traversée; montant acquitté pour cette traversée. *Le prix du passage de Nice à la Corse. Payer son passage.* / Changement d'état. *Passage de la maturité à la vieillesse.* / ANTHROP. *Rites de passage*, qui marquent l'entrée d'un adolescent dans la société adulte. / Fig. *Examen de passage*: épreuve décidant de l'entrée dans la classe supérieure. / loc. fig. *Avoir un passage à vide*, une incapacité provisoire à poursuivre ses activités. / Endroit par où l'on passe. *Passage souterrain, passage couvert. Passage à niveau*: intersection d'une voie ferrée et d'une route. *Passage pour piétons*: portion de chaussée balisée où les piétons ont la priorité et peuvent traverser en sécurité. / Fig. Extrait d'une œuvre littéraire ou musicale.

passager, ère adj. et n. **A.** adj. Qui est de passage. *Hôte passager.* / De peu de durée. *Liaison passagère.* **B.** n. Voyageur qui emprunte un moyen de transport.

passagèrement adv. Pour peu de temps.

passant, e adj. et n. **A.** adj. Où passe beaucoup de monde. *Rue passante.* **B.** n. Piéton qui passe dans une rue. / n. m. Anneau permettant de passer une courroie, une sangle.

passation n. f. Action de passer (un acte, une écriture comptable). *Passation d'un contrat.* / Transmission. *Passation des pouvoirs.*

passavant n. m. DR. COMM. Autorisation des contributions indirectes de laisser circuler certains produits (alcools, etc.) soit en franchise, soit après acquittement de droits spécifiques.

passe n. f. **I.** Passage, chenal. *Embouquer une passe.* / Fig. *Être en bonne, en mauvaise passe*, en bonne mauvaise position pour. *Être dans une bonne, une mauvaise passe*, dans une bonne, une mauvaise situation; dans une période faste, une période critique ou dangereuse. *Être en passe de*, sur le point de. / CHASSE Endroit où passent les animaux. **II.** Action de passer. *Mot de passe*: formule conventionnelle permettant d'entrer quelque part. *Hôtel de passe*: hôtel de prostitution. / SPORT *Passe d'armes*: série d'attaques ou de parades, en escrime. / SPORT Transmission du ballon à un coéquipier, au football, au rugby, etc. / En tauromachie, mouvement par lequel le toréador évite le taureau qui fonce sur la cape ou la muleta. / *Passes magnétiques*: mouvements de mains d'un magnétiseur, ayant un effet hypnotique. **III.** JEUX À la roulette, série de numéros de 19 à 36 faisant suite à la série de 1 à 18 (*manque*). / COMPTA. *Passe de caisse*: somme prévue pour couvrir les erreurs de caisse. / IMPRIM. Papier fourni en sus de la quantité nécessaire au tirage, et utilisé pour la mise en train, le remplacement des feuilles mal tirées. *Exemplaire de passe*, fourni en sus du chiffre officiel de tirage.

passé, e [1] adj. et n. m. **A.** adj. Révolu.

Passage **couvert.**

Le temps passé. / (En parlant de couleurs) Terni, défraîchi. *Un vert passé.* / n. m. Ce qui est arrivé, ce qui a été dit ou fait autrefois; temps révolu. *Du passé faisons table rase (passage de « l'Internationale »). Le passé de qqn*, sa vie antérieure. **B.** n. m. GRAMM. Temps du verbe situant l'action dans une période écoulée. *La langue française dispose de cinq temps pour indiquer les nuances du passé, et situer une action par rapport à une autre: l'imparfait, le passé simple, le passé composé, le plus-que-parfait et le passé antérieur.* / adj. m. *Participe passé*: voir *participe*.

passé [2] prép. Au-delà de. *Passé la date du 10 juin, les candidatures ne seront plus examinées.*

passe-crassane n. f. inv. Variété de poire d'hiver.

passe-droit n. m. Faveur accordée contre le règlement, l'usage en vigueur. Pl. Des *passe-droits*.

passée n. f. CHASSE Moment où se déplacent en bande certains oiseaux. *La passée des canards, des bécasses, des palombes.*

passéisme n. m. Attachement immodéré au passé.

passéiste n. et adj. Personne immodérément attachée au passé. / adj. Qui témoigne de passéisme. *Attitude passéiste.*

passe-lacet n. m. Aiguille à pointe arrondie permettant de passer un lacet dans un œillet, un ourlet. Pl. Des *passe-lacets*. / loc. adj., fam. *Raide comme un passe-lacet*: sans un sou.

passementerie n. f. Ensemble des rubans, franges, galons, destinés à l'ornement des vêtements ou des tissus d'ameublement. / Confection et commerce de ces ouvrages.

passementier, ère n. Celui, celle qui fabrique, vend de la passementerie.

passe-montagne n. m. Bonnet de tricot couvrant toute la tête à l'exception des yeux, du nez et de la bouche. Pl. Des *passe-montagnes*.

passe-partout n. m. inv. et adj. inv. **A.** n. m. inv. Clé ou crochet pouvant ouvrir plusieurs serrures. (abrév.: *passe*.) / TECH. Longue scie à deux poignées manœuvrée par deux personnes, pour scier les pierres ou les gros troncs d'arbre. / Cadre à fond amovible pour recevoir des dessins, des gravures. **B.** adj. inv. Fig. Qui convient à tout, répond à tout. *Formule passe-partout.*

passe-passe n. m. inv. Loc. *Faire des tours de passe-passe*, des tours d'adresse, des tours d'illusionnistes.

passe-plat ou **passe-plats** n. m. Ouverture dans une cloison permettant de passer les plats de la cuisine à la salle à manger. Pl. Des *passe-plats*.

passepoil n. m. Liséré bordant la couture de certains vêtements (uniformes militaires) ou pris entre les deux pièces d'une couture.

passeport n. m. Pièce d'identité permettant à son titulaire de passer légalement les frontières. / *Demander ses passeports, recevoir ses passeports*: pour un ambassadeur, solliciter son départ ou recevoir l'ordre de quitter le pays auprès duquel il est accrédité.

passer v. i. / v. t. [1] **A.** v. i. Séjourner brièvement (dans tel endroit); se trouver auprès de. *Il est passé à Paris dimanche. Passez lui dire bonjour. En passant*: sans s'attarder. *Cela dit en passant*, incidemment. / Fig. *Passer avant, après qqn, qqch.*: être plus, moins important que qqn, qqch. / *Passer à, passer par*: traverser; emprunter (tel chemin). *La Seine passe à Paris. Il est passé par Lyon. Passer par le sentier.* / Avoir recours aux services de. *Il faut passer par un expert.* / Fig. *Passer par une épreuve*, la subir. *Passer par une phase critique. Cette idée m'est passée par la tête*, m'a traversé l'esprit. / (Sans complément) Continuer son chemin malgré d'éventuels obstacles. *Halte! On ne passe pas! Le dîner ne passe pas*, n'est pas digéré. / Être admis, accepté. *La loi est passée*, a été adoptée. *Cela ne peut plus passer*, ne peut plus être toléré. *Passe, passe encore*: admettons, à condition que cela ne se renouvelle pas. / Aller en un mouvement continu, d'un lieu à un autre; se déplacer, avancer. *Train qui passe au loin. Passez devant moi*: dépassez-moi. *Passons dans mon bureau.* / Aborder. *Passons au chapitre suivant. Passer aux aveux*: avouer. / Se joindre à. *Passer dans le camp ennemi*, le rallier. / (indique un changement d'état) *Passer de vie à trépas*, ou (absol.) *passer*: mourir. *Passer en terminale*: être admis en classe de terminale. *Passer capitaine*: être promu capitaine. / *Passer pour*: être considéré comme. *Il passe pour un habile avocat.* / Être diffusé. *Le film passe à 20 h 55.* / S'écouler. *Le temps passe.* / Disparaître. *Les jours de tristesse sont passés.* / Perdre ses qualités. *Le rouge a passé au soleil*, s'est affadi au soleil. **B.** v. t. Traverser, franchir. *Passer une rivière à gué.* / *Passer un examen*, s'y soumettre. / Dépasser (un lieu, un repère) en allant au-delà. *Recule, nous avons passé le restaurant.* / Outrepasser. *Passer les bornes, les limites*: exagérer. / Transporter, faire traverser. *Passez cette échelle par la fenêtre. Passer des marchandises en fraude.* / Filtrer. *Passer une sauce au tamis.* (Au fig.) *Passer au crible*: examiner en détail. / Employer (le temps, un laps de temps). *Passer ses vacances aux sports d'hiver. Passer un mauvais quart d'heure*, un moment pénible. / Laisser libre cours à. *Passer sa colère, sa mauvaise humeur sur qqn*: se défouler en s'en prenant à qqn. / Omettre, ignorer. *Passer une phrase dans un texte. Passer qqch. sous silence*, le taire. / Tolérer. *On gâte cet enfant en lui passant tout. Passer qqch. à qqn*, l'en excuser, ne pas lui en tenir rigueur. / Transmettre, donner, remettre. *Je vous passe ce dossier. Passer un coup de fil*: donner un coup de téléphone. *Passer qqn à qqn d'autre au téléphone*, les mettre en communication. / Étendre, appliquer (sur une surface). *Passer de la peinture sur un mur.* / Glisser, faire aller. *Passer sa main dans ses cheveux.* / Soumettre à l'action de. *Passer des volets au chalumeau pour en décaper la peinture. Passer qqn à tabac*, le rouer de coups. *Passer par les armes*:

Passiflore.

fusiller. / Diffuser, projeter, retransmettre. *Passer un film à la télévision. Passer une vidéo sur son magnétoscope. Une radio qui passe des CD des années 80.* / Mettre, enfiler (un vêtement). *Passer son imperméable.* / DR. COMM. Inscrire. *Passer une écriture.* / Dresser (un acte). *Passer une commande. Passer un accord*, le conclure. **C.** v. pron. S'écouler (en parlant d'une durée). *Un an s'est passé depuis cet événement.* / Avoir cours, advenir, se dérouler. *La soirée s'est fort bien passée. Mais que se passe-t-il donc ? / Se passer de (qqn, qqch.)* : s'accommoder, ne pas être gêné de son manque, de son absence. *Vous vous passerez fort bien de moi.* Ne pas avoir besoin de. *Les faits sont éloquents, ils se passent de tout commentaire.*

passereau n. m. Oiseau de l'ordre des passériformes. Pl. Des *passereaux.*

passerelle n. f. Pont léger et étroit à l'usage des piétons. / Passage amovible établi entre un bateau ou un avion et le sol. / MAR. Plate-forme couverte d'un navire, réservée au commandant, à l'homme de barre et à l'officier de quart.

passériformes n. m. pl. ZOOL. Ordre d'oiseaux, généralement chanteurs, de taille petite ou moyenne, de mœurs souvent arboricoles, comprenant de nombreuses espèces. *Les moineaux, les alouettes, les pinsons, les fauvettes, les hirondelles, les grives, les corbeaux, etc. sont des passériformes.* / Sing. *La mésange est un passériforme.*

passe-rose ou **passerose** n. f. Synonyme régional (sud-ouest de la France) de rose trémière.

passe-temps n. m. inv. Occupation agréable, divertissement.

passeur, euse n. Conducteur de bateau, de bac pour franchir une rivière. / Personne qui fait passer clandestinement une frontière.

passible adj. *Passible de* : qui risque (une peine). *L'accusé est passible d'emprisonnement.* / Par ext. *Délit passible de plusieurs années de prison.*

passif, ive adj. et n. m. **A.** adj. Qui n'agit pas. *Résistance passive*, sans violence, par la force de l'inertie. / GRAMM. *Forme passive* ou (n. m.) *passif* : forme dans laquelle le sujet de la phrase subit l'action (ex. *l'élève lit le livre* donne au passif : *le livre est lu par l'élève*). **B.** n. m. COMPTA. Ensemble des dettes et des charges, par opposition à l'actif.

passiflore n. f. BOT. Liane tropicale à grandes fleurs dont les fruits, comestibles, sont appelés *fruits de la Passion.*

passim adv. (mot latin) Çà et là, à de nombreuses pages, à de nombreuses reprises (dans un livre).

passion n. f. Sentiment impétueux et violent dominant la raison. *La passion de Roméo et Juliette. La passion du jeu.* / Penchant très vif (pour). *La passion du théâtre.* / RELIG. *La Passion du Christ* : les souffrances de Jésus-Christ sur le chemin de la Croix, son supplice ; la partie de l'Évangile qui en fait le récit. / MUS. Oratorio ayant la Passion pour sujet. *La Passion selon saint Matthieu de J. S. Bach.*

Passion de Jeanne d'Arc (la) 1928 Film muet français du cinéaste danois Carl Dreyer, d'après le livre de Joseph Delteil (1925). L'action se déroule sur une seule journée. Elle est narrée par gros plans d'une force plastique saisissante.

passionnant, e adj. Qui passionne. *Un roman passionnant.*

passionné, e adj. et n. Rempli de passion. *Un amant passionné. Une passionnée.* / Qui exprime la passion. *Un regard passionné.*

passionnel, elle adj. Qui procède de la passion, des passions, notam. amoureuses. *Crime passionnel.*

passionnément adv. Avec passion.

passionner v. t. [1] Inspirer (à qqn) de la passion. *Les mathématiques le passionnent.* (Emploi pron.) *Se passionner pour* : éprouver de la passion pour. / *Passionner un débat, un conflit*, y mettre plus de passion.

passivement adv. De façon passive.

passivité n. f. Caractère, état de celui qui est passif.

passoire n. f. Ustensile de cuisine concave au fond percé de trous pour égoutter des aliments, filtrer grossièrement des liquides.

pastel [1] n. m. BOT. Plante de la famille des crucifères, à fleurs jaunes, dont on tirait autrefois un colorant bleu. *Le pastel est cultivé comme plante fourragère.*

pastel [2] n. m. Bâtonnet fait d'une pâte colorée à base d'argile blanche et de gomme (arabique ou adragante), ensuite solidifiée. / Œuvre réalisé au pastel. / Appos. (inv.) *Tons pastel*, dont la douceur évoque le pastel.

pastenague n. f. Nom provençal d'un genre de raie dont la queue porte un aiguillon venimeux.

pastèque n. f. BOT. Plante de la famille des cucurbitacées, cultivée dans les pays méditerranéens pour son fruit comestible. / Cour. Fruit de cette plante, volumineux, ovoïde, à peau verte et lisse et à pulpe rouge, aqueuse et sucrée. Syn. melon d'eau.

Pasternak (Boris Leonidovitch) 1890-1960 Écrivain russe, auteur de nombreux recueils de poèmes (*Ma sœur la vie*, 1922 ; *La Seconde Naissance*, 1931). Après 1922, mal vu des autorités, il se consacra pour l'essentiel à la traduction (chants géorgiens, Shakespeare, Goethe, Verlaine, Rilke…) et publia quelques recueils de poèmes après la Seconde Guerre mondiale (*Poèmes tirés du roman*, 1954). La parution en Italie, sans l'accord des autorités soviétiques, de son roman *Le Docteur Jivago* (1957) suscita de violentes polémiques et lui attira des tracasseries policières. En 1958, il ne put se rendre à Stockholm pour y recevoir le prix Nobel qui lui avait été décerné. Il fut totalement réhabilité en 1987. Son roman fut interdit en Union soviétique jusqu'en 1988.

pasteur n. m. Gardien de troupeau. / Fig. Dans le christianisme, celui qui exerce une autorité spirituelle. *Le Bon Pasteur* : le Christ. / Ministre du culte protestant.

Pasteur (Louis) 1822-1895 Chimiste et biologiste français, créateur de la microbiologie. C'est en examinant des cristaux d'acide tartrique qu'il fut amené à poser le principe qui porte son nom, sur l'origine de l'activité de certaines substances sur la lumière polarisée, l'attribuant à la dissymétrie de la structure cristalline ou moléculaire. Dans le domaine de la microbiologie, ses travaux et ses découvertes sur les fermentations, à partir de 1857, montrèrent l'existence de micro-organismes et conduisirent à la notion d'anaérobiose, à la rationalisation de la fabrication du vinaigre et à une méthode de conservation des bières, la *pasteurisation.* De ses expériences pour invalider la thèse de la « génération spontanée » naquirent les techniques de stérilisation. Ces techniques se répandirent en Europe et les méthodes d'asepsie, de plus en plus systématiquement appliquées dans les hôpitaux, modifièrent totalement le pronostic des opérations chirurgicales. En étudiant et en traitant les maladies du ver à soie, le choléra des poules, le charbon des moutons, Pasteur passa progressivement dans le domaine médical, bien que, non médecin, il n'ait jamais exercé la médecine. Ses recherches sur les maladies infectieuses l'amenèrent à découvrir le staphylocoque, le streptocoque, et le principe du vaccin préventif. Cette œuvre fut couronnée par la fabrication du vaccin contre la rage en 1885. Il connut une gloire internationale, ce qui lui permit de fonder l'institut de recherche, doublé d'un hôpital, qui porte toujours son nom.

Pasteur (Institut) Fondation scientifique créée à Paris en 1888 et dont Pasteur fut le premier directeur. Cet établissement privé reconnu d'utilité publique est financé par l'État et par des dons privés. On y poursuit l'œuvre de Pasteur dans les domaines biologique et médical : recherche en bactériologie, virologie, immunologie, biologie moléculaire, et l'on y fabrique des vaccins et des sérums. C'est aussi un centre d'enseignement post-universitaire. Pendant longtemps, Pasteur travailla dans des conditions précaires, sous les sarcasmes du milieu médical de l'époque ; au moment de la mise au point du vaccin antirabique (contre la rage), le grand public prit conscience de l'importance et de la portée de ses travaux et assura le succès d'une souscription destinée à financer la construction de l'Institut Pasteur.

pasteurien, enne ou **pastorien, enne** adj. et n. MÉD. Relatif à Pasteur, à ses découvertes. / n. Chercheur travaillant à l'Institut Pasteur.

pasteurisation n. f. Traitement thermique de certains liquides fermentescibles (vin, bière, lait, jus de fruits), ayant pour but leur conservation, grâce à la dévitalisation des micro-organismes qu'ils contiennent.

pasteuriser v. t. [1] Rendre stérile par pasteurisation.

Pasteur Vallery-Radot (Louis) 1886-1970 Médecin et écrivain français. Petit-fils de Louis Pasteur, il a étudié en particulier les maladies du rein et les affections allergiques. Il est l'auteur de *Pasteur, cet inconnu* (1954).

pastiche n. m. Imitation du style ou de la manière d'un écrivain ou d'un artiste. *Le pastiche peut être un plagiat, un exercice de style ou une création parodique.*

pasticher v. t. [1] Faire un pastiche de.

pastille n. f. Petit bonbon rond et plat ; petite pilule médicamenteuse ; tout petit objet de même forme.

pastis n. m. Boisson alcoolisée à base d'anis, servie avec de l'eau.

pastoral, ale, aux adj. et n. f. **A.** adj. Propre ou relatif aux pasteurs, aux bergers. *La vie pastorale.* / Qui évoque la vie rustique des pasteurs, des bergers. *Roman pastoral.* / RELIG. Fig. Dans le christianisme, propre ou relatif aux pasteurs des âmes. *Ministère pastoral. Lettre pastorale*, d'un évêque aux fidèles de son diocèse. **B.** n. f. Œuvre littéraire, musicale ou picturale évoquant la vie champêtre.

pastorat n. m. RELIG. Dans le christianisme, fonction, dignité de pasteur spirituel. / Spécial. Fonction, dignité de pasteur protestant.

pastorien, enne Voir **pasteurien**

pastoureau, elle n. Litt. Jeune berger, jeune bergère. / HIST. Membre d'un mouvement populaire du XIIIe siècle, d'allure sectaire.

♦ Les pastoureaux étaient des paysans menés par un prédicateur, Maître Jacques de Hongrie, qui, en Picardie, prétendait avoir reçu mission de libérer la Terre sainte et Saint Louis emprisonné à Tunis. Se disant habilité à absoudre les péchés, il s'attaqua violemment au clergé et sa troupe fut dispersée par les milices bourgeoises. En 1320, le mouvement des pastoureaux ressurgit. Ils se proposaient, eux aussi, de délivrer Jérusalem et s'en prirent aux juifs pour les forcer à se convertir ; ceux qui refusaient étaient massacrés. Leurs exactions effrayèrent le pape Jean XXII qui, les voyant s'approcher d'Avignon, parvint à les contenir et le sénéchal de Carcassonne les dispersa.

pastourelle n. f. Chanson de bergère. / Une des figures du quadrille ; air sur lequel elle se dansait. / LITTÉR. Chanson constituée d'un dialogue entre un chevalier et une bergère.

pat n. m. inv. et adj. inv. Aux échecs, position dans laquelle le roi ne peut plus bouger sans être pris. / adj. *Quand le roi est pat, la partie est nulle.*

patache n. f. Anc. Diligence inconfortable et bon marché. MAR. Petit bateau de fonction, dans les ports.

Louis Pasteur.

P

patachon n. m. Anc. Conducteur de patache. / Loc. mod., fam. *Une vie de patachon*, désordonnée.

Patagonie *786 983 km² 1 691 000 h.* Région du sud de l'Argentine, composée de grandes vallées et de lacs au nord, de massifs et de plateaux arides et vides dans le centre et dans le sud. On désigne par ce nom toute la partie méridionale du continent américain (Argentine et Chili). Le désert steppique de la Patagonie argentine, au climat sec et froid, est voué essentiellement à l'élevage ovin extensif (2/5ᵉ du troupeau national); il recèle des richesses minières exportées vers Buenos-Aires: pétrole (Comodoro Rivadavia), gaz naturel, charbon et minerai de fer (Sierra Grande). Puerto Madryn est le siège d'une très grande usine d'aluminium. Le sud de la Patagonie apparaît encore comme une terre lointaine et hostile, mal connue des Argentins, bien que le gouvernement y ait favorisé l'implantation d'industries (électronique à Ushuaïa).

Paysage de la **Patagonie**.

pataphysique n. f. (et adj.) LITTÉR. Science parodique, essentiellement burlesque, « science des solutions imaginaires » selon le créateur du mot, Alfred Jarry, dans les ouvrages duquel elle intervient souvent: « La pataphysique est une science que nous avons inventée et dont le besoin se faisait généralement sentir » (*Ubu cocu*). / Cour. Se dit d'un énoncé, d'une théorie absurde, bizarre. *Ce discours, c'est de la pataphysique!* adj. *Une situation proprement pataphysique.*

patapouf interj. et n. m. Exprime le bruit de la chute d'un corps pesant et flasque. / n. m. Fam. *Un gros patapouf*: quelqu'un de gros et lourd.

pataquès n. m. Faute de langage qui consiste à faire de mauvaises liaisons. / Faute grossière de langage. / Situation embrouillée. / Erreur maladroite et grossière.

patarin n. m. RELIG. Dans le Milanais, au XIᵉ siècle, membre d'un mouvement religieux partisan de la réforme du clergé. *Les patarins étaient opposés, en particulier, à la richesse du haut clergé.* / Aux XIIᵉ et XIIIᵉ siècles, hérétique lombard proche des Vaudois et des Cathares. *Les patarins accueillirent, au XIIIᵉ siècle, les Albigeois en fuite.*

patate n. f. *Patate douce* ou *patate*: plante de la famille des convolvulacées dont les racines forment des tubercules comestibles, riches en fécule et légèrement sucrés; ces tubercules. / Fam. Pomme de terre. / Fam. Idiot. *Va donc, patate!* / Loc. fam. *En avoir gros sur la patate*, sur le cœur.

patatras! interj. Onomatopée imitant le bruit d'une dégringolade. *Et patatras! Toute la pile est tombée.*

pataud, e n. et adj. **A.** n. m. Jeune chien à grosses pattes. / n. Fig. Personne maladroite. **B.** adj. Maladroit. *Manières pataudes.*

patauger v. i. [1] Marcher sur un sol gorgé d'eau. / Fig., fam. S'empêtrer. *Patauger dans les problèmes.*

patch n. m. (mot anglais) MÉD. Timbre qui, collé sur la peau, diffuse d'une manière continue une substance, par voie transdermique. *Patchs à la nicotine*, prescrits dans le cadre d'un sevrage tabagique.

patchouli n. m. Plante de la famille des labiées, originaire d'Asie, qui fournit une essence parfumée. / Parfum tiré de cette plante.

patchwork n. m. (mot anglais) Ouvrage fait de pièces de tissu ou de carrés de tricot de couleurs diverses, assemblés dans un certain ordre et parfois dessinant un motif, de manière à produire un effet décoratif.

pâte n. f. Préparation dont la consistance variable, se situant entre le liquide et le solide, à base de farine détrempée (au lait, à l'eau...), additionnée ou non de divers produits (beurre, sucre, œuf, levain, levure, aromates...), puis pétrie, et dont on fait le pain et les gâteaux. *Pâte brisée, feuilletée, levée, sablée*: voir *brisé, feuilleté, levé, sablé*. *Pâtes alimentaires*: petits morceaux de pâte de formes variées (nouille, vermicelle, spaghetti, macaroni, lasagne, tagliatelle, etc.), à base de semoule de blé dur. / Tout produit de même consistance, comestible ou non. *Pâte de fruits, d'amandes. Fromages à pâte molle, à pâte cuite. Pâte à modeler. Pâte de porcelaine. Pâte à papier. Pâte dentifrice.* / Ensemble des couleurs que le peintre mêle sur sa palette, et modèle sur la toile.

pâté n. m. Préparation de viande ou de poisson hachés, en terrine ou enrobée dans une croûte de pâte, qui se consomme en général froide. *Pâté de canard.* / Fam. Tache d'encre. / Petit tas de sable humide que les enfants moulent à l'aide d'un seau. / *Pâté de maisons*: groupe de maisons comprises entre plusieurs rues.

pâtée n. f. Mélange d'aliments divers, à consistance pâteuse, dont on nourrit les animaux domestiques. / Argot Volée de coups. *Il a pris une de ces pâtées!*

patelin, e [1] adj. Litt. D'une bonhomie doucereuse. *Un ton patelin.*

patelin [2] n. m. Fam. Village (et ses alentours). *Un petit patelin.*

patelle n. f. ZOOL. Mollusque gastéropode marin à coquille conique, qui vit fixé aux rochers. Syn. bernique, chapeau chinois. / ANTIQ. Coupe sacrée, en forme de plat, utilisée pour les libations.

Patchwork.

Sculpture en **pâte** de verre.

patène n. f. LITURG. CATHOL. Vase sacré en forme de petite assiette, avec lequel on recouvre le calice et qui reçoit l'hostie.

Patenier Voir **Patinir**

patenôtre n. f. Vx Oraison dominicale. / Vieilli Prière ou paroles confuses. *Marmonner des patenôtres.*

patent, e adj. Évident. / HIST. *Lettres patentes*: lettres adressées non cachetées au Parlement par le roi.

patente n. f. Anc. Impôt direct qui était prélevé sur les revenus des personnes exerçant une profession libérale, commerciale ou industrielle; elle est, depuis 1975, remplacée par la taxe professionnelle. / HIST. Écrit émanant du roi, d'une autorité quelconque, établissant un privilège.

patenté, e adj. Anc. Assujetti à la patente. / Fig. (par plaisant.) Attitré, reconnu comme tel. *Un idiot patenté.*

Pater (Walter Horatio) 1839-1894 Critique, essayiste et romancier anglais. Il étudia et enseigna à Oxford. Représentant de l'esthétisme, lié à Ruskin, il écrivit des essais critiques (sur la poésie, la philosophie de Platon, la peinture de la Renaissance), des romans (*Marius l'épicurien*, 1885), des nouvelles (*L'Enfant dans la maison*, 1894), des *Portraits imaginaires* (1887).

pater familias n. m. ANTIQ. ROM. Chef de famille, qui avait droit de vie et de mort sur les siens. / Mod., plaisant Père de famille autoritaire.

patère n. f. Crochet de bois ou de métal fixé au mur, destiné à suspendre un vêtement ou à accrocher une embrasse de rideau. / ANTIQ. Coupe réservée aux sacrifices. / ARCHIT. Ornement en rosace rappelant une patère antique.

paternalisme n. m. Péjor. Conception patriarcale du rôle d'un chef d'entreprise, empreinte d'une bienveillance condescendante.

paternaliste adj. Relatif au paternalisme.

paterne adj. Litt. Bonhomme, patelin. *Un ton paterne.*

paternel, elle adj. et n. m. **A.** adj. Propre au père. *Autorité paternelle.* / Qui pourrait venir d'un père. *Un ton paternel.* / Du côté du père (par oppos. à *maternel*). *Grand-mère paternelle.* **B.** n. m., fam. Père. *Mon paternel est furieux.*

paternellement adv. À la façon d'un père.

paternité n. f. Qualité de père; sentiment paternel. / DR. Lien juridique unissant le père à son enfant. *Action en recherche de paternité. Désaveu de paternité.* / Fig. Fait d'être l'auteur d'une œuvre, d'une idée.

pâteux, euse adj. De la pâte. *Consistance pâteuse.* / De la consistance de la pâte. *Une sauce pâteuse.* / Loc. *Avoir la bouche, la langue pâteuse*, encombrée d'une salive un peu épaissie.

Pathé (les frères) Émile 1860-1937 et **Charles** 1863-1957 Ingénieurs français qui fondèrent l'industrie phonographique française, en mettant au point et en améliorant la technique du phonographe et du disque. Charles construisit la première usine où furent fabriqués la pellicule cinématographique vierge et le premier laboratoire de tirage de films à Joinville en 1905; il créa le premier journal d'actualités cinématographique, Pathé-Journal, en 1909.

Pathelin (la Farce de maître Pierre) 1465? Farce française dont l'auteur reste inconnu. L'avocat Pathelin achète une étoffe au drapier Maître Guillaume et parvient à l'escroquer en se faisant passer pour fou. Les deux hommes se retrouvent devant le tribunal, car Pathelin défend un berger accusé d'avoir volé des moutons au drapier. Sur ses conseils, le berger, à l'audience, ne répond que par des bêlements. Quant au drapier, surpris de revoir Pathelin en bonne santé, il emmêle les deux affaires, si bien que le magistrat ne cesse de lui répéter: « Mais, Maître Guillaume, revenez donc à vos moutons », expression devenue proverbiale (« Revenez au vrai sujet de votre discours »). Enfin, lorsque Pathelin réclame ses honoraires au berger, celui-ci continue de répondre par des bêlements, trompant à son tour le dupeur.

pathétique adj. et n. m. Qui émeut, qui suscite la compassion. *Souffrance pathétique.* / Subst. *Un spectacle qui joue trop du pathétique.* / ANAT. *Muscle pathétique*: muscle grand oblique de l'œil qui, par sa contraction, oriente l'œil vers le haut. / *Nerf pathétique* (ou n. m.) *le pathétique*: nerf crânien qui contrôle le muscle pathétique.

pathétiquement adv. De façon pathétique.

Pathet Lao Front de libération laotien, dominé par les communistes, qui lutta d'abord contre la France puis contre le gouvernement du Laos (dont il se rapprocha par intermittence). Il fut fondé en 1945 par le prince Pethsarath qui proclama l'indépendance de l'« État du Laos » (*Pathet Lao*), ratifiée partiellement en 1949, totalement en 1954. Il fut présidé à partir de 1950 par le prince Souphanouvong, qui parvint progressivement à s'imposer et devint le premier président de la République du Laos en 1975. Son parti (qui s'appelait depuis 1956 le *Neo Lao Haksat*) laissa alors la place au Parti populaire révolutionnaire du Laos, dominé par Kaysone Phomvihan.
pathogène adj. MÉD. Qui est susceptible d'engendrer une maladie.
pathogenèse ou **pathogénie** n. f. Étude du processus par lequel une cause pathogène engendre une maladie. / Ce processus.
pathologie n. f. Étude scientifique des maladies.
pathologique adj. Qui procède de la pathologie.
pathologiquement adv. De façon pathologique.
pathologiste n. Didac. Spécialiste de pathologie.
pathos n. m. (mot grec) Péjor. Grandiloquence, effets pathétiques dans la voix, l'expression, etc. *Un film plein de pathos.*
patibulaire adj. Vx Du gibet. *Fourches patibulaires.* / Sinistre. *Visage patibulaire.*
patiemment adv. Avec patience.
patience n. f. Caractère d'une personne patiente. Ant. impatience. / Persévérance dans l'effort. / JEUX Syn. de réussite. Faire une patience.
patient, e adj. et n. **A.** adj. Qui supporte ce qui chagrine, irrite, fait souffrir. *Soyez patient.* Ant. impatient. / Persévérant dans l'effort. *Un tempérament patient.* / Par ext. Qui dénote, exige de la patience. *De patients travaux.* **B.** n. Personne qui consulte un médecin.
patienter v. i. [1] Attendre patiemment ; faire preuve de patience.
patin n. m. Semelle munie d'une lame pour aller sur la glace. *Patin à glace.* Semelle munie de roulettes. *Patin à roulettes.* / Morceau de feutre sur lequel on pose le pied pour ne pas salir ou rayer les parquets. / CH. DE F. Base d'un rail qui touche la traverse. / MÉCAN. *Patin de frein* : pièce qui frotte contre la jante d'une roue et permet de freiner. / Support de bois ou de métal.
Patin (Gui) 1601-1672 Médecin et écrivain français dont les *Lettres* (publiées après sa mort), chronique de son époque, décrivent la Fronde avec réalisme et esprit.
patinage n. m. Sport utilisant le patin à glace ou le patin à roulettes.
patine n. f. Couche superficielle dont se couvrent en vieillissant, par oxydation naturelle, le cuivre, le bronze. / Poli ou coloration qu'acquiert un objet en vieillissant.
patiner [1] v. i. [1] Glisser, évoluer sur le sol ou sur la glace en chaussant des patins (à roulettes ou à glace). / TECH. Glisser par défaut d'adhérence. *Les roues patinent.*
patiner [2] v. t. [1] Donner une patine, naturelle ou artificielle, à. / v. pron. *Vieux meubles qui se patinent avec le temps.*
patinette n. f. Véhicule constitué d'un socle équipé de deux petites roues et relié à un guidon. *Les enfants font de la patinette.* Syn. trottinette.

patineur, euse n. Personne qui patine.
Patinir ou **Patenier (Joachim)** 1480 ?-1524 Peintre flamand. Il composa des scènes religieuses dans lesquelles le paysage a une importance inconnue jusqu'alors.
patinoire n. f. Piste de patinage sur glace.
patio n. m. (mot espagnol) Cour intérieure d'une maison, généralement découverte.
pâtir v. i. [2] *Pâtir de* : subir des dommages, ou les retombées négatives, de (qqch.). *Chômeurs qui pâtissent de la crise économique.*
pâtisserie n. f. Gâteau. / Fabrication, commerce de gâteaux.
pâtissier, ère n. et adj. f. Personne qui fabrique, vend de la pâtisserie. / adj. *Crème pâtissière,* servant à garnir divers gâteaux et constituée de lait, de farine, d'œufs et de sucre.
pâtisson n. m. Courge appelée aussi bonnet-de-prêtre, artichaut d'Espagne, artichaut de Jérusalem.
Pátmos *34 km² 2 500 h.* Petite île du Dodécanèse (Grèce) où saint Jean aurait écrit l'Apocalypse.
Patna *1 098 000 h.* Ville de l'Inde, capitale de l'État du Bihar. La ville actuelle occupe le site de l'ancienne Pataliputra, capitale des Maurya.
patois n. m. et adj. Parler local, propre à une collectivité rurale réduite. / adj. Propre à un patois. *Expressions patoises.*
patoiser v. i. [1] Parler patois ou employer des expressions patoises.
pâton n. m. Morceau de pâte.
Patou (Jean) 1887-1936 Couturier français qui fonda une maison à son nom en 1919. Alors principal concurrent de Chanel, il imposa une ligne fluide, exaltant le style « garçonne ».
patraque adj. Fam. Un peu malade. *Vous avez l'air patraque.*
Patras *153 344 h.* Ville de Grèce sur le *golfe de Patras* (au nord-ouest du Péloponnèse), premier port du Péloponnèse, exportateur de raisins, de vin, d'huile d'olive. Port de voyageurs vers les îles Ioniennes et l'Italie, c'est aussi un centre textile important. La ville fut la capitale de la principauté de Morée (ou d'Achaïe).
pâtre n. m. Vx ou litt. Pasteur, berger.
patriarcal, ale, aux adj. Propre ou relatif au patriarche, au patriarcat.
patriarcat n. m. Type d'organisation sociale dans laquelle le père de famille jouit d'une autorité absolue. / RELIG. Dignité, juridiction et ministère de patriarche.
patriarche n. m. Dans l'Ancien Testament, l'un des chefs de famille auxquels la Bible attribue une exceptionnelle longévité et une nombreuse descendance. *Le patriarche Jacob.* / Fig. Vieillard vénéré pour son expérience et sa sagesse, vivant au sein d'une nombreuse famille. / RELIG. Titre porté, dans l'Église catholique romaine, par les évêques dans certains très anciens sièges épiscopaux. *Jean XXIII fut patriarche de Venise.* / Chef d'une Église orthodoxe ; chef d'une Église catholique orientale de rite non latin. *Patriarche œcuménique* : patriarche de Constantinople.

***Patras** : l'église Saint-André.*

***Patineuse** (patinage artistique).*

patrice n. m. HIST. À partir du règne de Constantin le Grand, haut dignitaire de l'empire romain.
patriciat n. m. HIST. Dignité de patrice, de patricien.
patricien, enne n. et adj. **A.** n. ANTIQ. ROM. Citoyen appartenant à la classe aristocratique et jouissant de certains privilèges. *Les patriciens et les plébéiens.* / Litt. Aristocrate. *Des patriciens orgueilleux.* **B.** adj. *Famille patricienne.*
Patrick (saint) 390 ?-461 ? Évangélisateur et patron de l'Irlande. Sa fête (17 mars) y est une fête nationale.
patrie n. f. Pays ou région où l'on a vu le jour, où l'on vit. / Nation. / Fig. Terre d'élection. *Patrie des arts.* / *Mère patrie* : patrie d'origine des fondateurs d'une colonie.
patrilinéaire adj. ETHNOL. Par ascendance paternelle. *Organisation sociale patrilinéaire.*
patrilocal, ale, aux adj. ETHNOL. Dans le lieu où habite la famille du mari. *La résidence patrilocale est imposée aux couples dans certaines sociétés.*
patrimoine n. m. Biens hérités de son père, de sa mère, de ses ascendants en général. / Totalité des biens, des créances, des dettes d'une personne physique ou morale. / Bien commun. *Le patrimoine littéraire d'une nation.* / BIOL. *Patrimoine génétique* (ou *héréditaire*) : ensemble des gènes d'un individu. Syn. génome.
patrimonial, ale, aux adj. Du patrimoine. *Biens patrimoniaux.*
patriote adj. et n. Qui aime sa patrie, est prêt à la servir, se dévoue pour la servir. *Il est très patriote. Un(e) patriote.* / HIST. Nom que se donnaient les partisans de la Révolution française. *Les patriotes, adversaires de la monarchie absolue.*
patriotique adj. Propre au patriotisme. *Chants patriotiques.*
patriotiquement adv. De façon patriotique.
patriotisme n. m. Amour de la patrie ; dévouement à la patrie.
patristique n. f. et adj. Connaissance de la vie, des écrits, des doctrines des Pères de l'Église. / adj. Relatif aux Pères de l'Église. *Tradition patristique.*
Patrocle MYTH. GR. Fidèle ami d'Achille avec qui il grandit à la cour du roi Pélée, et héros de la guerre de Troie. Dans l'*Iliade*, Patrocle accomplit devant Troie de nombreux exploits avant d'être tué par Hector. Il fut vengé par Achille.
patrologie n. f. Collection des ouvrages des Pères de l'Église. *Patrologie de Migne.* / Syn. de patristique.
patron, onne [1] n. **I.** Dirigeant d'une entreprise ; entrepreneur ; employeur (par rapport à ses employés). / Celui, celle qui dirige (un service hospitalier, un travail de recherche). *Un grand patron* : un célèbre professeur de médecine. *Patron de thèse.* / Commandant d'un bateau de pêche. **II.** ANTIQ. ROM. Citoyen qui accordait sa protection à d'autres citoyens, appelés clients. / Saint dont on a reçu le nom au baptême ; saint protecteur (d'une ville, d'une corporation...) ; saint sous le vocable duquel on a placé une église.
patron [2] n. m. Modèle d'après lequel un objet est fabriqué. / COUT. Modèle de papier ou de toile d'après lequel on taille un vêtement.
patronage n. m. Protection ou caution morale accordée par un personnage influent. *Sous le haut patronage d'un ministre.* / Organisation privée ou publique, laïque ou confessionnelle, qui propose des activités aux enfants en dehors de l'école ; ses locaux.
patronal, ale, aux adj. Propre ou relatif au patron. *Fête patronale. Syndicat patronal.*
patronat n. m. Ensemble des employeurs et des chefs d'entreprise du secteur commercial et industriel. *Conseil national du patronat français ou CNPF* : syndicat fondé en 1946 pour veiller sur les droits et les intérêts des patrons français, devenu depuis 1998 le MEDEF.
patronner v. t. [1] Parrainer (qqn, qqch.), l'appuyer de son crédit. *Patronner une candidature.*
patronnesse adj. (Souvent iron.) *Dame patronnesse*, qui se consacre aux œuvres de bienfaisance.
patronyme n. m. Nom de famille.
patronymique adj. ANTIQ. *Nom patronymique*, commun à tous les descendants d'un ancêtre illustre. / Mod. *Nom patronymique* : nom de famille.
patrouille n. f. MILIT. Petit groupe de soldats, de navires ou d'avions chargés d'une mission de reconnaissance ou envoyés en escorte. / La mission elle-même. / *Patrouille de France* : formation de chasse de l'aviation, spécialisée dans l'acrobatie aérienne.
patrouiller v. i. [1] Aller en patrouille ; faire une, des patrouille(s).
patrouilleur n. m. Militaire qui effectue une patrouille. / Avion qui effectue une patrouille. / MAR. Petit bâtiment de guerre utilisé pour la surveillance du littoral, l'escorte des convois et la chasse anti-sous-marins.
patte n. f. **I.** ZOOL. Organe locomoteur pair des animaux, permettant la marche, la course, le saut, parfois la nage, etc. *Les pattes d'une souris, d'un oiseau, d'une grenouille, d'un papillon, d'un crabe.* / loc. (en parlant des humains) *À quatre pattes* : en prenant appui sur les pieds (ou les genoux) et les mains. *Montrer patte blanche* : se faire connaître à l'entrée d'un endroit d'accès contrôlé. / Fam. Jambe, en parlant des humains. *Je suis épuisée,*

P

je ne tiens plus sur mes pattes. / Fam. Main. *Ôte tes pattes sales de là.* **II.** Pièce longue et plate destinée à fermer, fixer, retenir, suspendre. *Patte de fermeture d'un manteau. Patte de scellement.* / MAR. *Patte d'ancre*: chacune des parties triangulaires d'une ancre qui crochent le sable.

patte-d'oie n. f. Carrefour de plusieurs routes. / Petites rides divergentes partant de l'angle externe de l'œil. / Pl. Des *pattes-d'oie.*

pattemouille n. f. Linge humide que l'on interpose entre l'objet à repasser et le fer.

pattern n. m. Anglicisme utilisé dans les sciences sociales et en informatique pour *patron, modèle.*

Patton (George Smith) 1885-1945 Général américain. Il s'illustra en 1944 dans la bataille de Normandie, libéra l'ouest de la France puis la Lorraine, et arrêta en décembre l'offensive allemande dans les Ardennes. Stoppé dans sa marche sur Prague en 1945 pour laisser le champ libre aux Soviétiques, il mourut peu après dans un accident de voiture.

pattu, e adj. Qui a de grosses pattes. / *Oiseau pattu*, dont le haut des pattes est emplumé. *Pigeon pattu. Buse pattue.*

pâturage n. m. Prairie où paît le bétail. / Action de faire paître le bétail.

pâture n. f. Vx Nourriture des animaux. / Herbages où l'on fait paître le bétail. / DR. *Droit de vaine pâture*: coutume rurale permettant de faire paître le bétail sur les prés non clôturés d'autrui, une fois les récoltes faites.

paturon ou **pâturon** n. m. Partie de la jambe du cheval, entre boulet et couronne.

Pau *78 732 h.* (près de *150 000 h.* dans l'agglomération) Chef-lieu des Pyrénées-Atlantiques, sur le gave de Pau. Vieille ville universitaire et touristique (station climatique, château des XIIIe-XIVe siècles, musées) dont l'essor industriel (produits chimiques, métallurgie) a été favorisé par l'exploitation du gaz de Lacq. Pau fut au XVe siècle la capitale du Béarn, puis celle du royaume de Navarre de 1512 à 1620. Henri IV y naquit en 1553. La ville fut réunie à la Couronne en 1620.

Pau (gave de) *120 km* Rivière du sud-ouest de la France. Formée de plusieurs gaves, elle naît dans le cirque de Gavarnie (Pyrénées françaises), arrose Lourdes, Pau et se jette dans l'Adour, à 20 km de l'océan Atlantique. Elle alimente une quinzaine de centrales hydroélectriques.

Paul (saint) entre 5 et 15-67? Apôtre du christianisme. Il étudie les Écritures et devient un docteur éminent parmi les pharisiens. Juif rigoriste, il approuve la persécution des chrétiens et le martyre de saint Étienne, leur premier diacre. Les chrétiens doivent quitter Jérusalem pour Damas et Paul décide de s'y rendre, pour les confondre. Sur le chemin, il a une vision du Christ, et sa vie en est transformée; il devient l'un des plus ardents propagateurs de l'Évangile, affirmant, contre la plupart des chrétiens de Jérusalem, que la «Bonne Nouvelle» concerne tous les hommes et que l'Évangile doit être annoncé à tous, sans qu'il soit nécessaire d'observer les prescriptions du judaïsme. Il fait plusieurs grands voyages missionnaires (Asie Mineure, Macédoine, Grèce), fonde plusieurs Églises et, par la suite, écrit des lettres aux communautés chrétiennes qu'il a fondées: les *Épîtres de saint Paul.* Arrêté à l'instigation des autorités juives à Jérusalem (58), il est envoyé à Césarée où il reste incarcéré deux ans, puis à Rome, où il est d'abord assigné à résidence et continue de prêcher. Si l'on suit les *Actes des Apôtres*, il subit ensuite un procès suivi par une condamnation à mort qui n'aurait pas été immédiatement exécutée; mais aucune source contemporaine ne confirme ce récit; d'après la tradition catholique, il aurait été décapité aux environs de Rome, sans doute en 67. Son apostolat auprès des non-juifs lui valut d'être surnommé «l'apôtre des gentils».

George Smith Patton.

Paul Nom de six papes. **Paul Ier** (saint) ?-767 Pape en 757, allié de Pépin le Bref. **Paul II (Pietro Barbo)** 1417-1471 Pape en 1464. Il ne peut organiser une croisade contre les Turcs. **Paul III (Alessandro Farnèse)** 1468-1549 Pape en 1534. Sa tentative de réconciliation avec les protestants échoua à Ratisbonne en 1541. Il inaugura la Réforme catholique (ou Contre-Réforme) en convoquant le concile de Trente (1545). Il commanda à Michel-Ange la fresque du *Jugement dernier* pour la chapelle Sixtine (1536-1541) et lui confia les travaux de la basilique Saint-Pierre (1546). **Paul IV (Gian Pietro Carafa)** 1476-1559 Pape en 1555. Austère, pieux, il fit publier un catalogue de livres prohibés (le premier «Index»), imposa une réforme des mœurs ecclésiastiques et renforça les pouvoirs de l'Inquisition. **Paul V (Camillo Borghèse)** 1552-1621 Pape en 1605. Il fit appliquer les décrets du concile de Trente, condamna les thèses de Galilée et de Copernic et confia à Maderno l'achèvement de Saint-Pierre de Rome. **Paul VI (Giovanni Battista Montini)** 1897-1978 Pape en 1963. Archevêque de Milan (1954), cardinal en 1958, il succède à Jean XXIII dont il poursuit l'œuvre œcuménique et réformatrice. Il donne une nouvelle impulsion au concile Vatican II, qu'il clôture en 1965. Ses encycliques (*Populorum progressio*, 1967) et ses voyages dans le monde (qui constituent une nouveauté radicale) manifestent son désir de rapprocher les peuples et les confessions; il se montre néanmoins très attaché à la tradition catholique (encyclique *Sacerdotalis celibatus*, 1967, réaffirmant la nécessité du célibat des prêtres de l'Église latine).

Saint Paul.

Paul Ier 1901-1964 Roi de Grèce en 1947, successeur de son frère Georges II. Il est le père de Constantin II.

Paul Ier Petrovitch 1754-1801 Empereur de Russie en 1796. Fils de Pierre III et de Catherine II, il succéda à sa mère. Il édicta diverses mesures en faveur des paysans, des serfs et du clergé. Ennemi de la Révolution française, il envoya Souvorov combattre aux côtés des Autrichiens en Italie et en Suisse (1799) puis, après une défaite, s'allia à Bonaparte contre les Anglais (1800). Il est mort assassiné lors d'un complot fomenté à la cour. Son fils Alexandre Ier lui succéda.

Paul Émile (en latin **Lucius Æmilius Paulus**) ?-216 av. J.-C. Général romain. Consul en 219 av. J.-C. puis en 216, il fut vaincu et tué à la bataille de Cannes, remportée par Hannibal. Son fils, **Paul Émile le Macédonique** (en latin **Lucius Æmilius Paulus Macedonicus**) v. 230-160 av. J.-C., consul en 182 et en 168 av. J.-C., vainquit le dernier roi de Macédoine, Persée, à Pydna en (168).

Paul et Virginie 1788 Roman de Bernardin de Saint-Pierre, racontant l'idylle de deux jeunes gens dans l'enchanteresse île de France (aujourd'hui Maurice) et qui se conclut tragiquement par leur mort. Ce roman connut un succès considérable.

paulette n. f. HIST. Droit que devaient payer les officiers de justice et de finance qui voulaient devenir propriétaires de leur charge et en assurer ainsi la transmission héréditaire, sous l'Ancien Régime.

Paulhan (Jean) 1884-1968 Écrivain français. Directeur de la *Nouvelle Revue française* (de 1925 à 1940 et de 1953 à 1968), il a occupé une place importante comme théoricien de la langue et de la littérature: *Entretiens sur des faits divers* (1930), *Les Fleurs de Tarbes* (1941), *Clefs de la poésie* (1944), et comme critique d'art: *Braque le patron* (1946), *L'Art informel* (1962).

Pauli (Wolfgang) 1909-1958 Physicien suisse d'origine autrichienne. Il élabora, avec P. Dirac et W. Heisenberg, la théorie quantique des champs. On lui doit également l'énoncé d'un principe qui porte son nom et qui marque sa contribution la plus marquante dans le domaine de la physique fondamentale. En 1930, au congrès scientifique Solvay, il propose l'existence du neutrino pour rendre compte de l'énergie émise par l'électron dans le spectre continu du rayonnement bêta. L'existence matérielle du neutrino ne sera mise en évidence qu'en 1956 dans le réacteur nucléaire de Savannah aux États-Unis. *Principe d'exclusion de Pauli*: principe selon lequel deux électrons d'un même atome ne peuvent avoir tous leurs nombres quantiques identiques. Ainsi, selon ce principe, les électrons des atomes se répartissent sur des couches électroniques successives ayant des nombres quantiques différents. Si deux électrons d'un même atome ont des nombres quantiques d'espace identiques, leurs spins sont antiparallèles.

Pauling (Linus Carl) 1901-1994 Chimiste américain. Il a appliqué la mécanique quantique à la chimie. Ses travaux ont principalement porté sur la liaison chimique et la structure des molécules. Il a milité pour le désarmement nucléaire. Il est, avec Marie Curie, le seul lauréat du prix Nobel à avoir été couronné deux fois: prix Nobel de chimie en 1954, prix Nobel de la paix en 1962.

paulownia n. m. BOT. Arbre ornemental de la famille des scrofulariacées, à fleurs mauves et odorantes et à grandes feuilles.

Paulus (Friedrich) 1890-1957 Maréchal allemand. Il prépara l'invasion de l'U.R.S.S. mais dut capituler à Stalingrad le 31 janvier 1943. Il fut emprisonné en U.R.S.S. jusqu'en 1953, puis transféré en Allemagne de l'Est.

paume n. f. Face interne de la main. / *Jeu de paume*: jeu consistant à envoyer une balle de part et d'autre d'un filet soit avec la paume de la main, soit avec une sorte de raquette. *Le jeu de paume est l'ancêtre du tennis.* / TECH. Assemblage de deux pièces de bois perpendiculaires.

paumé, e adj. et n. Fam. Perdu, égaré. *Un village paumé au milieu de nulle part. Nous sommes paumés.* / Fig. Se dit de qqn qui a perdu tout repère. *Un adolescent complètement paumé. Tous les paumés du quartier se sont assemblés sur la place.*

paumelle n. f. Ferrure double qui permet le pivotement d'une porte, d'une fenêtre, d'un volet. / Gant, manicle permettant de pousser de grosses aiguilles dans certaines professions.

paumer v. t. [1] Fam. Perdre. *Paumer du fric.* / v. pron. *Se paumer dans un bled perdu.*

paupérisation n. f. Appauvrissement continu d'un groupe humain.

paupériser v. t. [1] ÉCON. Causer la paupérisation de.

paupérisme n. m. État permanent d'indigence d'un groupe humain.

paupière n. f. ANAT. Chacun des voiles membraneux et musculaires protégeant le globe oculaire. *Paupière supérieure, paupière inférieure.*

paupiette n. f. Mince tranche de viande roulée autour d'une farce.

Pausanias ? -v. 470 av. J.-C. Général spartiate. Vainqueur des Perses à Platées (479 av. J.-C.), il leur enleva ensuite une grande

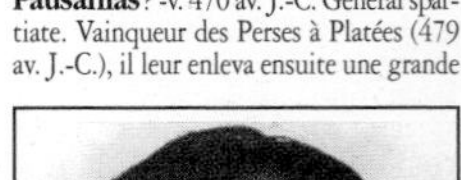

Wolfgang Pauli.

Luciano Pavarotti.

partie de Chypre, puis Byzance, où il mena une vie fastueuse. De retour à Sparte, accusé de complicité avec les Perses, il fut emmuré dans le temple d'Athéna où il s'était réfugié, et y périt.

Pausanias IIe siècle apr. J.-C. Historien et géographe grec, auteur d'une monumentale *Description de la Grèce* (10 volumes), source précieuse pour la connaissance de la Grèce à l'époque romaine.

pause n. f. Moment de détente ; interruption dans l'exécution d'un travail, d'une action. / MUS. Silence correspondant à la durée d'une mesure.

pauvre adj. et n. **A.** adj. Mal pourvu, ne fournissant pas de ressources suffisantes. *Un sol pauvre. Un vocabulaire pauvre. Un pays pauvre en eau.* Ant. riche. / Fam. *Pauvre d'esprit* : idiot. / Qui dénote le dénuement. *Un quartier pauvre.* / (En parlant de personnes) Qui manque de ressources suffisantes, du nécessaire. *Être pauvre. Les classes pauvres.* / (Placé avant le nom) Qui inspire la compassion, misérable. *Un pauvre homme. Mon pauvre enfant* **B.** n. Personne qui manque de ressources suffisantes, du nécessaire. *Les pauvres se sentent d'autant plus pauvres que les riches leur semblent plus riches.* / Fam. (pour exprimer la compassion) *Mon pauvre, que vous est-il arrivé ? Le pauvre, comme je le plains !*

pauvrement adv. Dans la pauvreté. *Il a vécu pauvrement.* / D'une façon qui dénote la pauvreté. *Un homme pauvrement vêtu.* / De façon insuffisante. *Contribuer pauvrement à la dépense.*

pauvret, ette adj. et n. Fam. Pitoyable, suscitant la compassion. *Que fais-tu là, tout pauvret ?* / Subst. *La pauvrette était vêtue de haillons.*

pauvreté n. f. Manque des ressources nécessaires pour assurer un minimum de bien-être. / Fig. Manque de fécondité, stérilité. *La pauvreté d'une terre.* / Insuffisance, médiocrité. *La pauvreté d'un style.*

pavage n. m. Action de paver. / Revêtement pavé. *Changer de pavage.*

pavane n. f. MUS. Ancienne danse lente et grave des XVIe et XVIIe siècles.

pavaner (se) v. pron. [1] Prendre des airs avantageux, à la manière d'un paon faisant la roue.

Pavarotti (Luciano) 1935 Ténor italien. Il mène une brillante carrière internationale, se consacrant principalement au répertoire lyrique italien.

pavé n. m. Bloc de pierre (ou de bois) utilisé pour le revêtement des chaussées. / Ensemble de ces pavés, chaussée ainsi revêtue. / CUIS. Bifteck très épais. / Gros livre. Un pavé de mille pages. / IMPR. *Pavé de texte* : ensemble de texte pris comme un tout. *Composition en pavé*, où toutes les lignes sont d'égale longueur. / INFORM. *Pavé numérique* : partie d'un clavier d'ordinateur comprenant les chiffres.

Pavelic ou **Pavelitch (Ante)** 1889-1959 Homme politique croate. En 1929, il créa la société secrète des *oustachis*. Chef de l'État croate créé en 1941 et contrôlé par les Allemands et les Italiens, il dirigea le massacre des Serbes et des Juifs de Croatie, et s'enfuit en 1945. Il mourut en Espagne.

pavement n. m. Pavage. *Pavement en marbre.*

paver v. t. [1] Couvrir (un sol) de pavés. *Paver une rue.*

paveur n. m. Ouvrier qui effectue les travaux de pavage.

Pavese (Cesare) 1908-1950 Écrivain italien. Ses romans (*La Prison,* 1939 ; *La Plage,* 1942 ; *Le Camarade*, 1947 ; *La Maison sur les collines*, 1948), ses nouvelles (*Le Bel Été*, 1950) et son œuvre poétique (*Travailler fatigue,* 1936 ; *La mort viendra et elle aura tes yeux*, posthume, 1951) expriment, dans une observation réaliste du monde et de soi, la difficulté d'être. Il a commencé à rédiger son journal (*Le Métier de vivre,* posthume, 1952) lors d'un séjour forcé en Calabre (1935-1936) en raison de ses opinions antifascistes. Directeur littéraire des éditions Einaudi à Turin avant-guerre, il a poursuivi en parallèle, après la Libération, son travail d'éditeur et son œuvre littéraire. Il s'est suicidé. Cesare Pavese est aussi l'auteur d'un livre sur les mythes, *Dialogues avec Leucò* (1947).

Pavie *74 815 h.* Ville d'Italie, en Lombardie, chef-lieu de la province du même nom. Centre agricole et industriel. Université fondée au XIVe siècle. Capitale du royaume des Lombards (VIe-VIIIe siècle), annexée par les Visconti de Milan au XIVe siècle, la ville conserve de nombreux monuments : églises Saint-Pierre et Saint-Michel (XIIe siècle), *chartreuse de Pavie* bâtie par les Visconti aux environs (XIVe-XVIe siècles), château des Visconti (XIVe siècle), cathédrale (XVe siècle). Après la *bataille de Pavie* (24 février 1525), lors des guerres d'Italie, François Ier fut vaincu et fait prisonnier par les troupes de Charles Quint.

pavillon n. m. Corps de bâtiment se distinguant du reste de l'édifice par sa hauteur ou son architecture. / Petite construction isolée dans un parc, une forêt. *Pavillon de chasse.* / Petite maison. *Pavillon de banlieue.* / ANAT. Partie externe de l'oreille. / Fig. Partie évasée de certains instruments à vent. *Pavillon d'un cor.* / MAR. Drapeau hissé au mât d'un navire et indiquant sa nationalité ou sa compagnie de navigation. *Baisser pavillon*, en signe de reddition. *Pavillon de quarantaine* : pavillon jaune annonçant une maladie contagieuse à bord. / LITURG. CATHOL. Linge qui recouvre le tabernacle, le ciboire.

pavillonnaire adj. Occupés par des pavillons d'habitation. *Zone pavillonnaire.* / Qui évoque les pavillons de banlieue. *Architecture pavillonnaire.*

Pavillons noirs Soldats irréguliers chinois qui luttèrent aux côtés de l'armée chinoise contre les Français, au Tonkin (1883-1885), lors de la conquête de l'Indochine.

La capture de François Ier pendant la bataille de **Pavie**, tableau du XIXe siècle.

Pavin (lac) *44 ha* Lac volcanique du Massif central, dans les monts Dore (Puy-de-Dôme), situé dans un cratère à *1 197 m* d'altitude.

Pavlov (Ivan Petrovitch) 1849-1936 Physiologiste et médecin russe. Ses études sur la digestion et le réflexe salivaire l'amenèrent, en 1903, à la découverte des réflexes conditionnés et à leur interprétation physiologique. Ses travaux sur l'activité nerveuse supérieure ont considérablement influencé les études de physiologie nerveuse, ainsi que celles de psychologie normale et pathologique.

Pavlova (Anna) 1882-1931 Danseuse russe. Formée à Saint-Pétersbourg, elle fut première danseuse en 1906. Elle dansa au Théâtre Marie et dans les Ballets russes de Diaghilev, où elle fut la partenaire de Nijinski. Elle se fixa ensuite à Londres où elle fonda sa propre compagnie. Elle fit des tournées à travers le monde entier.

pavois n. m. MAR. Partie du bordage située au-dessus du pont. *Grand pavois* : ensemble des pavillons hissés en signe de fête. / HIST. Grand bouclier long du Moyen Âge. *Élever qqn sur le pavois*, chez les Francs, le proclamer roi en le portant sur un bouclier ; aujourd'hui, le glorifier, le mettre à l'honneur.

pavoiser v. i. [1] MAR. Hisser le pavois en signe de fête. / (Emploi transitif) *Pavoiser une rue, une ville* : orner de drapeaux les maisons, les édifices publics. / Par ext. *On annonça la victoire, et tout le pays pavoisa.* / Fig , fam. Manifester collectivement de la joie à l'occasion d'un succès, d'une victoire. *Notre équipe a gagné, toute la ville pavoise.*

pavot n. m. BOT. Plante herbacée voisine du coquelicot, dont le fruit (capsule) de l'une des espèces fournit l'opium.

Paxton (sir Joseph) 1803-1865 Paysagiste, ingénieur et architecte britannique. Il imagina, pour la construction de serres, de monter sur une structure métallique des éléments préfabriqués en verre. Il réutilisa ce type d'éléments pour l'immense pavillon du Crystal Palace de Hyde Park (Londres), édifié pour l'exposition universelle 1851 ; le Crystal Palace, démonté, puis remonté ailleurs, a brûlé en 1936.

payable adj. Qui doit être payé. *Facture payable par chèque.*

paye Voir **paie**

payement Voir **paiement**

payer v. t. [1] **A.** v. t. Verser, acquitter (ce qui est dû en fonction d'un achat, d'un impôt, d'une dette, etc.). / Fig. *Payer rubis sur l'ongle,* sans délai et en totalité. *Payer de sa poche*, en utilisant ses ressources personnelles. / Mettre (qqn) en possession de la somme qui lui est due. *Payer le médecin.* / Offrir. *Je paie un verre à tous.* / Dédommager, récompenser. *Il faut le payer de tant d'efforts et de sacrifices. Payer qqn de retour,* lui témoigner une affection ou lui rendre des services similaires à l'affection qu'il témoigne, aux services qu'il rend. / Expier, racheter, obtenir en subissant une peine. *Il payera sa trahison. Payer qqch. très cher,* l'expérimenter à ses dépens ou en jouir au prix de grands sacrifices. / Au fig. *Vous me le payerez cher* : je me vengerai de vous. **B.** v. i. (sujet nom de chose) Fam. Être profitable. *Le crime ne paye pas,* ne profite jamais, en définitive, à celui qui le commet. *Commerce qui paie bien,* qui rapporte beaucoup d'argent. / (sujet nom de personne) *Payer de* : user de. Au fig. *Payer de sa personne* : s'investir, prendre personnellement des risques. *Payer d'audace* : faire preuve d'audace, faute d'avoir d'autres moyens pour obtenir ce qu'on veut. **C.** v. pron. Se verser soi-même son dû. *Ouvrez cette enveloppe, et payez-vous.* Au fig. *Se payer de mots* : se contenter de paroles vides, de fausses promesses, etc. / Fam. S'offrir, s'accorder. *Se payer une semaine de vacances.* Au fig. *Se payer le luxe de* : se permettre de. Fam. *Se payer la tête de qqn,* le mystifier, se moquer de lui.

Fleur de **pavot**.

P

Octavio Paz.

payeur, euse n. Personne qui paye. *Un mauvais payeur.*
Payne (Thomas) Voir **Paine**
pays [1] n. m. Territoire d'un État, d'une nation, formant une unité géographique ou politique. / Patrie, région d'origine. *Le pays natal.* / Population d'un pays. *Le pays est en fête.* / Localité, village.
pays, payse [2] n. Vx ou rég. Compatriote.
paysage n. m. Partie d'un pays qui offre à l'œil une vue d'ensemble. / Peinture, dessin, photographie, etc., représentant la nature. / Fig. Situation, aspect général. *Le paysage social actuel.* MEDIA. *Paysage audiovisuel français* (P.A.F.), ensemble du domaine audiovisuel français.
paysager, ère adj. Arrangé de manière à donner l'illusion d'un paysage naturel. *Jardin paysager.*
paysagiste n. Peintre de paysages. / Créateur de jardins, de parcs.
paysan, anne n. et adj. (parfois péjor.) Personne qui cultive la terre et vit à la campagne. Syn. agriculteur. / Péjor. Balourd. / adj. Qui concerne la vie des paysans.
paysannerie n. f. Ensemble des paysans.
Paysans (guerre des) 1524-1525 Révolte des paysans allemands, due à leur extrême misère. Alors que Luther, réfugié chez l'Électeur de Saxe en 1521, diffusait sa doctrine, les paysans se persuadèrent que l'heure de la libération avait sonné et organisèrent la révolte contre leurs seigneurs. Ils furent soutenus par des prédicateurs tenants de la Réforme (Münzer, notamment). Luther, après avoir encouragé le mouvement, incita les seigneurs à une répression impitoyable. 100 000 paysans trouvèrent la mort.
• **Pays-Bas (royaume des)** État d'Europe du Nord-Ouest.
Pays-de-la-Loire Voir **Loire (Pays-de-la-)**
Paz (Octavio) 1914-1998 Poète et essayiste mexicain. Influencé par le surréalisme et par la culture primitive mexicaine, il a publié des recueils poétiques d'inspirations diverses: *Pierre de soleil* (1957); *La Saison violente* (1958); *Liberté sur parole* (1960), qui rassemble des poèmes écrits entre 1935 et 1957; *Versant est* (1969), où se lit l'influence des spiritualités orientales; *Salamandre* (1962); *Mise au net* (1975), une superbe célébration du langage; *L'arbre parle* (1987). Il a écrit de nombreux essais, dont *Le Labyrinthe de la solitude* (1950), analyse de l'âme mexicaine.
Paz (La) *784 976 h.* Capitale gouvernementale de la Bolivie (la capitale officielle du pays est *Sucre*) et du département de La Paz. Située dans les Andes à *3 658 m* d'altitude, à l'est du lac Titicaca, La Paz manque de place pour s'étendre. Carrefour routier et commercial, la ville est le centre industriel de la Bolivie andine. Fondée en 1548 par les Espagnols, La Paz est le siège du gouvernement de Bolivie depuis 1900. C'est la plus haute métropole du monde.
Paz Estenssoro (Victor) 1907-2001 Homme politique bolivien. Il fut l'homme fort de la révolution de 1952. Président de la République (1952-1956), il nationalisa les mines et entreprit une réforme agraire. Réélu en 1960, il fut renversé par l'armée en 1964. Il exerça un nouveau mandat de 1985 à 1989, menant une politique néolibérale.
Pazzi Famille guelfe de Florence, rivale des Médicis. **Francesco** (1444-1478) fomenta, en 1478, un complot (la *conspiration des Pazzi*) contre les Médicis; Julien de Médicis fut tué, mais Laurent, qui échappa aux conjurés, les fit exécuter et bannit de Florence le reste de la famille Pazzi.
P.C. n. m. Sigle de poste de commandement.
P.C.F. Sigle de *Parti communiste français.*
P.C.M. n. m. Sigle de *pulse code modulation*, expression qui désigne en électronique un système de modulation numérique dans lequel le signal à transmettre est échantillonné toutes les T secondes, l'ensemble des échantillons ainsi prélevés à des intervalles préétablis permettant de reconstituer l'ensemble du signal reçu.
P.C.R. ou **PCR** n. f. BIOCHIM. (Sigle de *polymerase chain reaction*) Réaction de polymérase en chaîne, technique utilisée pour obtenir, à partir d'une petite quantité d'ADN., un grand nombre de copies de cette molécule ou d'une portion de cette molécule, à des fins d'analyse.
P.-D.G. n. m. Sigle de président-directeur général.
P.D.M. n. m. Sigle de *pulse duration modulation*, expression qui désigne en électronique un système de modulation à impulsions, dans lequel la durée de l'impulsion est modifiée selon la valeur du signal transmis.
péage n. m. Droit de passage acquitté par les automobilistes usagers des autoroutes, ou de certains ponts, tunnels, etc. / Lieu de perception de ce droit. *S'arrêter au péage.*

Le bombardement de la base de ***Pearl Harbor*** *par les Japonais, le 7 décembre 1941.*

péan n m. ANTIQ. GR. Hymne composé en l'honneur d'Apollon. / Par ext. Hymne de victoire.
Peano (Giuseppe) 1858-1932 Mathématicien et logicien italien. Il mit au point un système de symboles et de notations permettant d'exprimer les propositions logiques, dont une partie est encore utilisée dans le langage formalisé actuel. Il entreprit, dans *Formulaire de mathématiques* (1895-1908), d'exposer dans un langage formalisé l'arithmétique, la géométrie projective, la théorie des ensembles, le calcul infinitésimal et le calcul vectoriel.
Pearl Harbor Rade de l'archipel des Hawaii (île Oahu), dans le Pacifique, où est située une base navale américaine. L'attaque surprise de cette base par les Japonais, le 7 décembre 1941, infligea de lourdes pertes à la flotte américaine du Pacifique et provoqua l'entrée en guerre des États-Unis.
Peary (Robert Edwin) 1856-1920 Navigateur et explorateur américain. Après plusieurs voyages au nord du Groenland, dont il reconnut l'insularité, une première tentative le conduisit, en 1908, à *322 km* du pôle Nord. Reparti de la terre de Grant le 22 février 1909, il atteignit le pôle le 6 avril 1909.
peau n. f. Ensemble de tissus souples et résistants qui recouvre le corps des vertébrés et porte les phanères. / Épiderme de l'homme. *N'avoir que la peau et les os*: être très maigre. *Être bien, mal dans sa peau*, à l'aise, mal à l'aise. Fam. *Se faire trouer la peau*: se faire tuer. / Fig, fam. Vie. *Avoir la peau de qqn*, le tuer. / Fam. *Peau de balle*: rien. / Peau d'un animal séparée du reste du corps et traitée pour son cuir ou sa fourrure. / Fig. Enveloppe d'un fruit. / Pellicule qui se forme à la surface du lait.
♦ La peau des mammifères est constituée de trois tissus superposés, l'épiderme (externe), le derme (situé sous l'épiderme) et l'hypoderme (le plus interne). L'épiderme est un épithélium constitué de plusieurs couches de cellules kératinisées; la couche cornée, la plus externe, desquame. Le derme est un tissu conjonctif, il est irrigué par des vaisseaux sanguins et lymphatiques et contient les terminaisons nerveuses, les glandes sudoripares et sébacées, les racines des poils. L'hypoderme est un tissu conjonctif; il renferme des cellules graisseuses groupées en îlots adipeux. Un pigment, la mélanine, présent en plus ou moins grande quantité, donne à la peau sa coloration. La peau a un rôle de protection contre les agents extérieurs, de sensibilité, d'élimination des déchets métaboliques, etc.
peaucier n. m. et adj. m. ANAT. Muscle ayant au moins une de ses insertions à la peau et plissant celle-ci lors de ses contractions. *Les peauciers de la face jouent un rôle dans les expressions du visage.* / adj. *Les muscles peauciers.*
peaufinage n. m. Action de peaufiner; résultat de cette action.
peaufiner v. t. [1] Passer (qqch.) à la peau de chamois. *Peaufiner un vernis.* / Fig. Fignoler.
peausserie n. f. Préparation, traitement et commerce des peaux.
peaussier, ère n. Personne qui prépare les peaux, les vend.
Peaux-Rouges Appellation qui désignait autrefois les Indiens d'Amérique du Nord, parmi lesquels on distingue de nombreux peuples.
pébroc ou **pébroque** n. m. Fam. Parapluie.
Pec *environ 50 000 h.* Ville de Serbie (Kosovo-Metohija), siège du patriarcat serbe.
pécan n. m. Fruit d'un hickory d'Amérique, dont l'amande est comestible. *Une noix de pécan* ou (appos.) *une noix pécan.*

La Paz: *la place Murillo.*

PAYS-BAS

Superficie : *33 939 km²* – **Nombre d'habitants :** 16 000 000 *h.* – **Capitale :** *Amsterdam*
Villes principales : *Rotterdam, La Haye, Utrecht* – **Système politique :** *monarchie parlementaire*
Langue(s) : *néerlandais* – **Religion(s) :** *catholicisme, protestantisme* – **Monnaie(s) :** *euro*

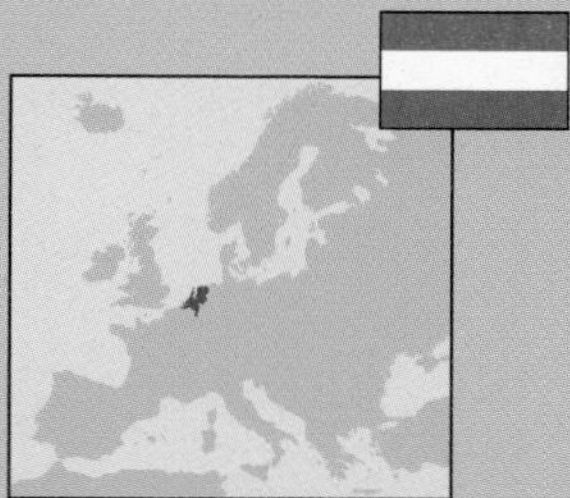

Voir l'Atlas

Géographie physique et humaine

Sauf dans le Limbourg, au sud-est (plateaux crayeux et limoneux qui culminent à *321 m*), le pays est entièrement plat : à l'est s'étendent la Drenthe et l'Overijssel, couverts de landes et de tourbières ; le centre est le pays des rivières (vallées du Rhin et de la Meuse) et des canaux ; à l'ouest, sur le littoral, l'homme a entrepris depuis des siècles de conquérir de nouvelles terres sur la mer : ce sont les polders, zones d'assèchement (créées naguère au moyen de moulins à vent) irriguées par des canaux et couvertes de riches cultures. Plus d'un quart de la surface du pays se situe ainsi au-dessous du niveau de la mer. La construction (en 1932) de la digue de barrage qui sépare le Zuiderzee de la mer a permis l'aménagement du lac d'IJssel. Le plan Delta a assuré la protection des îles de Zélande par une digue. Soumis à l'influence de la mer du Nord, le climat est frais et humide. La population des Pays-Bas est l'une des plus denses du monde. Le taux d'urbanisation atteint 89 %. Un tiers des Néerlandais vivent dans le Randstad Holland, la conurbation formée par La Haye (siège du gouvernement), Rotterdam (premier port du monde), Utrecht (grand centre commercial et universitaire) et Amsterdam (capitale officielle, grand centre économique, financier, culturel et 2ᵉ port du pays).

Les Pays-Bas ont une économie dynamique. Très intensive et hautement productive, l'agriculture n'occupe que 3 % de la population active. Les polders portent de riches cultures de fleurs (tulipes) et de primeurs ; les provinces orientales cultivent des céréales, des pommes de terre et du lin. L'élevage (volailles, porcs et surtout bovin) est l'un des premiers du monde.

L'industrie (27 % de la population active) est fondée sur la haute qualification de la main-d'œuvre, l'abondance des capitaux, et l'art du commerce. Alimentée par les gisements de charbon (Limbourg), de pétrole (Drenthe) et de gaz naturel (Groningue), elle est dominée par des trusts (Royal Dutch, Unilever, Philips) : industrie lourde (sidérurgie, chimie) mais surtout électromécanique et électronique. Nées du commerce maritime, les industries traditionnelles (textiles, constructions navales, agroalimentaire) sont prospères. Très intense, le commerce est fondé sur une solide tradition (le vaste empire colonial, perdu en 1945,y avait joué un rôle fondamental), sur le réseau de communications le plus dense du monde (voies ferrées, routes, canaux mais surtout la Meuse et le Rhin), sur la puissance de la flotte marchande et des ports (Rotterdam et Amsterdam), sur l'importance des sociétés financières.

Le secteur tertiaire est principalement représenté par les transports, les finances et les services aux entreprises. Amsterdam est un centre financier de rayonnement international.

Histoire

Au cours de l'histoire, on a donné le nom de *Pays-Bas* à des territoires d'étendue variable situés au nord-ouest de l'Europe, entre l'Ems, la mer du Nord, l'Artois et les Ardennes, et correspondant au cours inférieur de trois fleuves : le Rhin, l'Escaut et la Meuse. Aux Xᵉ-XIIᵉ siècles, les Pays-Bas se décomposent en de multiples principautés féodales (comtés de Hollande, de Gueldre, de Frise, évêchés d'Utrecht, de Liège). Aux XIIᵉ-XIIIᵉ siècles, profitant des dissensions entre seigneurs, les villes acquièrent peu à peu leur indépendance et connaissent un essor remarquable, notamment grâce au commerce du drap (Gand, Bruges). La maison de Bourgogne, par mariages, achats et héritages, unifie (XIVᵉ-XVᵉ siècles) ces territoires qui reviennent aux Habsbourg par le mariage de Marie de Bourgogne et de Maximilien d'Autriche en 1477.

En 1515, leur petit-fils, Charles Quint, hérite des Pays-Bas. Au cours de son règne, il porte à dix-sept le nombre des provinces qui les constituent et les regroupe (1548) à l'intérieur du cercle de Bourgogne (une division administrative de l'Empire). Tandis que le protestantisme se développe, Charles Quint et, surtout, son fils et successeur Philippe II (roi d'Espagne qui gouvernait les Pays-Bas par l'intermédiaire de Marguerite de Parme) déclenchent une persécution de plus en plus violente. Les maladresses et la brutalité de Philippe II qui, par sa politique catholique et absolutiste, dresse contre lui le peuple et la noblesse des Pays-Bas, provoquent en 1566 le soulèvement de la Flandre, du Hainaut puis des provinces du Nord, alliées contre l'Espagne. Le duc d'Albe, qui succède en 1567 à Marguerite de Parme comme gouverneur, mène une répression impitoyable.

En conséquence, la Zélande et la Hollande font sécession (1572) avec Guillaume d'Orange, et gagnent à leur cause le Brabant, le Hainaut, la Flandre et l'Artois. En 1579, les provinces du sud, en majorité

Le centre d'Amsterdam.

Le port de Marken dans l'île du même nom, proche d'Amsterdam.

catholiques, se soumettent à l'Espagne (Union d'Arras), tandis que celles du nord, protestantes, proclament l'Union d'Utrecht, acte de naissance des Provinces-Unies.

Après avoir répudié solennellement l'autorité de Philippe II (1581), les Provinces-Unies poursuivent la lutte contre l'Espagne, sauf durant la trêve de Douze Ans (1609-1621). La république des Provinces-Unies ne sera officiellement reconnue par l'Espagne qu'en 1648 (traité de Münster) ; les Pays-Bas méridionaux restent espagnols. Le XVIIᵉ siècle est l'âge d'or des Provinces-Unies et surtout de la Hollande ; le pays devient la première puissance commerciale du monde (Amsterdam a remplacé Anvers, qu'a ruiné sa mise à sac par les troupes espagnoles en 1585), son empire colonial s'étend en Amérique, en Afrique et surtout en Asie (Indonésie) ; ses peintres (Rembrandt, Ruysdael, Vermeer), ses grands savants (Huygens, Grotius, le philosophe Spinoza) le font rayonner en Europe. Cette suprématie est à l'origine de guerres difficiles contre la France et l'Angleterre.

Les Pays-Bas méridionaux souffrent aussi des guerres menées par Louis XIV. Sous la domination espagnole, ils sont l'un des enjeux des nombreux conflits entre la France et l'Espagne ; ils sont progressivement amputés, au profit de la France, de l'Artois et d'une partie de la Flandre, et connaissent une profonde dépression économique. À la suite de la guerre de Succession d'Espagne, ils passent, en 1713, sous la domination autrichienne et restent un des principaux champs de bataille européens ; les Autrichiens, tout en favorisant un réel développement économique, s'efforcent de réduire les particularismes locaux ; les maladresses de la politique anticléricale de Joseph II provoquent, en 1789, l'insurrection de ses sujets belges qui proclament l'indépendance des *États belgiques unis* (1790), mais la révolte est réduite par l'armée autrichienne dès 1790. En 1689, le stathouder de Hollande, Guillaume III, était devenu roi d'Angleterre et sacrifiait de plus en plus les intérêts propres des Provinces-Unies ; celles-ci, affaiblies par les guerres contre Louis XIV et par les dissensions internes, surpassées sur le plan économique par l'Angleterre, connaissent une décadence qui s'accentue au XVIIIᵉ siècle.

PAYS-BAS (SUITE)

En 1795, elles sont envahies par la France, qui parvient à occuper l'ensemble du pays. Les Pays-Bas autrichiens (la Belgique actuelle) sont annexés à la France et divisés en départements ; les Provinces-Unies, quant à elles, deviennent la *République batave*, sœur et alliée de la République française, proclamée en 1795, puis transformée en royaume au profit de Louis Bonaparte en 1806. En 1815, le congrès de Vienne réunit les provinces méridionales et celles du Nord en créant le royaume des Pays-Bas, confié à Guillaume Ier (fils de Guillaume V de Nassau), qui sera roi des Pays-Bas et grand-duc de Luxembourg. En 1830, les provinces méridionales se révoltent et font sécession pour former l'État belge.
Désormais, le nom de *Pays-Bas* ne s'applique plus qu'aux provinces du Nord, les anciennes Provinces-Unies ; elles reçoivent une Constitution parlementaire (1848) loyalement respectée par les souverains Guillaume III (1849-1890) puis Wilhelmine (1890-1948), sa fille. Le suffrage universel est instauré en 1917, le vote des femmes en 1919. Après avoir réussi à garder leur neutralité pendant la Première Guerre mondiale, les Pays-Bas sont envahis par les armées nazies en mai 1940 : la reine et le gouvernement se réfugient à Londres, d'où ils poursuivent la guerre ; les territoires coloniaux d'Asie sont occupés par le Japon. Après la guerre, les Pays-Bas doivent se résoudre à abandonner leurs colonies asiatiques qui deviennent la république d'Indonésie (1949) ; ils ne conservent que quelques territoires : les Antilles néerlandaises et le Surinam (indépendant en 1975). En 1948, Wilhelmine abdique en faveur de sa fille Juliana qui, en 1980, abdiquera en faveur de sa fille Béatrix. L'union douanière, créée dès 1944 entre les Pays-Bas, la Belgique et le Luxembourg, devient en 1948 une union économique, le *Benelux*, intégré en 1958 dans un ensemble plus vaste, la *Communauté économique* (aujourd'hui *Union*) *européenne*. Le parti chrétien-démocrate détient le poste de Premier ministre de 1977 à 1994, et dirige un gouvernement de centre droit puis (à partir de 1989) de centre gauche. De 1994 à 1998, le travailliste Wim Kok dirige un gouvernement de coalition formé de socialistes et de libéraux, reconduit au lendemain des élections législatives de 1998. À la surprise générale, les élections de 2002 ont fait d'un parti populiste jusqu'alors à peu près inconnu, la LPF (Ligue Pim Fortuyn, du nom de son fondateur), le deuxième parti du pays : il avait bénéficié de l'énorme émotion suscitée par l'assassinat de Fortuyn quelques jours avant le scrutin. La LPF est entrée au sein d'un gouvernement de coalition, qui a éclaté au bout de quelques mois ; des élections anticipées ont consacré son déclin.

La Ronde de nuit, tableau de Rembrandt, nommé aussi La Compagnie du capitaine Frans Banning Cocq.

Littérature

Les plus anciens textes conservés datent du XIIe siècle. Le néerlandais ancien se développe à partir de dialectes allemands. On distingue, bien qu'ils soient apparentés, le limbourgeois, le flamand de l'est et le flamand de l'ouest, le brabançon, le hollandais ; c'est d'eux que sortira, au XVIIe siècle, sous l'égide de la Hollande du Nord, une langue normalisée et unifiée.
La littérature médiévale se partage entre trois genres principaux : épique, lyrique et hagiographique. Le XVe siècle est l'époque de la rhétorique ; influencé par l'humanisme et la Réforme, il sert de transition vers la Renaissance néerlandaise. Le développement de l'imprimerie et l'importance croissante des villes permettent à la littérature de s'introduire dans la société bourgeoise.
Le XVIIe siècle est le « siècle d'or » de la littérature néerlandaise, coïncidant avec l'indépendance et la prospérité des Provinces-Unies. Cette époque est dominée par le rayonnement spirituel du philosophe Spinoza.
À la fin du XVIIe siècle, les lettres hollandaises évoluent vers un académisme formaliste voué à des imitations ternes, et il faut attendre la fin du XVIIIe siècle pour que s'annonce le renouveau, sous l'influence française, anglaise et allemande. En 1885, le *mouvement de Quatre-Vingts* (inauguré par la création de la revue *De Nieuwe Gids*) rompt avec l'esprit étriqué du romantisme patriotique pour se tourner vers les réalités sociales, l'exaltation du Moi, la recherche de la beauté du style, et s'oriente vers les courants modernes : naturalisme, esthétisme, symbolisme.
Entre les deux guerres mondiales leur succède une génération marquée par le tragique. Après la Seconde Guerre mondiale, l'expérimentation, comme dans le roman français ou allemand, conquiert la prose romanesque.

Beaux-Arts

Parallèlement à l'art flamand qui intéresse les Pays-Bas méridionaux (la Belgique actuelle), on distingue, dès la fin du Moyen Âge, un art hollandais propre aux provinces du nord, et surtout à la Hollande, avec Jérôme Bosch, Lucas de Leyde, les portraits d'Antonio Moro. Le XVIIe siècle est l'âge d'or de la peinture hollandaise.
Les sujets religieux sont progressivement abandonnés au profit des portraits (Frans Hals), les paysages (Salomon et Jacob Van Ruysdael), les scènes de genre (Jan Steen, Pieter de Hooch, Vermeer [qui, très célèbre de son vivant, connaîtra une éclipse provisoire avant d'atteindre une renommée internationale au XIXe siècle]). Le peintre qui domine cette période éclatante (même s'il finit sa vie dans la misère) est sans conteste Rembrandt, qui dirige un atelier de production et de négoce d'œuvre d'art, un temps prospère et de grande renommée.
En architecture, on note au XVIIIe siècle la persistance de l'emploi des briques et de la pierre pour les maisons à hauts pignons. À cette époque, la peinture, qui ne se renouvelle pas, entre en décadence.
Au XIXe siècle, la Hollande est gagnée, elle aussi par le courant romantique qui baigne l'Europe. L'architecte Cuypers édifie le Rijksmuseum (musée national) à Amsterdam. Johan Barthold Jongkind, considéré comme l'un des précurseurs de l'impressionnisme, vient s'établir en France, comme Van Gogh.
Au XXe siècle, la peinture explore les courants modernes : l'expressionnisme, le fauvisme (Van Dongen), l'abstraction (Bram Van Velde), le cubisme et le post-cubisme (Geer Van Velde), le néoplasticisme préconisé par le mouvement *De Stijl*, dont Van Doesburg et Mondrian sont les principaux protagonistes, la spontanéité créatrice que recherche le groupe *Cobra*, en rupture avec l'académisme plastique comme avec le surréalisme (Karel Appel).

pécari n. m. ZOOL. Petit suidé sauvage d'Amérique, vivant en hardes. / Peau de cet animal, utilisée en pelleterie, en ganterie.
peccadille n. f. Petite faute sans gravité.
pechblende n. f. MINER. Minerai renfermant une quantité importante d'oxyde d'uranium (UO_2), parfois associé à du radium.
péché n. m. Transgression consciente de la loi divine. *Péché mortel*: voir *mortel*. *Péché véniel*: voir *véniel*. *Péché originel*: faute commise par Adam et Ève, qui a privé tous les hommes de la grâce divine. *Péchés capitaux* (ainsi nommés parce que les autres en dérivent): orgueil, avarice, luxure, envie, gourmandise, colère et paresse.
pêche [1] n. f. Fruit du pêcher, à chair sucrée, blanche, rose ou jaune, à peau duveteuse, à noyau. / Fig. Argot. Tête. *Se fendre la pêche*: rire. / Loc. fam. *Avoir la pêche*: être en forme, être plein d'énergie. / Fam. Coup (généralement porté à la tête). *Se prendre une pêche.*
pêche [2] n. f. Fait et art de prendre le poisson. / Droit de pêcher. / Poisson que l'on a pêché. / Portion de rivière ou d'étang incluse dans un domaine privé ou réservé, et destinée à la pêche.
pécher v. i. [1] Commettre un péché, des péchés. / *Pécher contre*: manquer à (un devoir). *Pécher contre la morale.* / Par ext. *Pécher contre la raison, la justice.* / Être défectueux. *Votre hypothèse pèche par manque d'imagination.*
pêcher [1] n. m. BOT. Arbre fruitier originaire d'Asie, de la famille des rosacées, cultivé pour ses fruits, les pêches.
pêcher [2] v. t. [1] Prendre, ou essayer de prendre dans l'eau (du poisson, des animaux aquatiques). *Pêcher la carpe, le homard.* / Fig. *Pêcher en eau trouble*: profiter d'une situation trouble pour favoriser ses propres intérêts. / Fig., fam. Découvrir, proposer, dénicher (qqch. de bizarre, d'étonnant). *Cette idée saugrenue, où l'as-tu pêchée ?*
pêcherie n. f. Lieu de pêche. / Port de pêche ; quartier des pêcheurs. / Entreprise où la pêche est conditionnée et commercialisée.
pécheur, pécheresse n. et adj. Personne qui commet un péché, des péchés. / adj. *Une âme pécheresse.*
pêcheur, pêcheuse n. Personne qui pêche. / (En appos.) *Un bateau pêcheur*
Peckinpah (Sam) 1926-1984 Cinéaste américain, auteur de westerns où les héros sont désacralisés, et la violence et la mort

La cathédrale romane de ***Pécs***.

Pêches.

La ***pêche*** *au thon au Japon.*

montrées de manière plus réaliste : *Coups de feu dans la sierra* (1962), *La Horde sauvage* (1969), *Pat Garrett et Billy le Kid* (1973), *Apportez-moi la tête d'Alfredo Garcia* (1974).
pecnot Voir **péquenot**
pécore n. f. Fam. Femme stupide et prétentieuse.
pecquenot, pecquenaud Voir **péquenot**
Pecqueur (Constantin) 1801-1887 Économiste français. D'abord adepte du saint-simonisme, il devint un partisan des idées de Fourier et collabora au phalanstère.
Pécs *167 772 h.* Ville du sud-ouest de la Hongrie. Outre son importante fonction administrative et universitaire qu'elle détient depuis le XIVe siècle, la ville bénéficie des gisements proches de charbon et de bauxite qui alimentent une industrie métallurgique et chimique. Cathédrale (XIe siècle).
pecten n. m. ZOOL. Genre de mollusques lamellibranches, dont une espèce est la coquille Saint-Jacques. Syn. peigne.
pectine n. f. BIOCHIM. Substance glucidique mucilagineuse, présente notam. dans les fruits mûrs. *La pectine est un gélifiant utilisé comme épaississant et comme émulsifiant (agroalimentaire, industrie pharmaceutique).*
pectoral, ale, aux n. m. et adj. **A.** n. m. ANTIQ. Plaque ornementale, plaque de protection portée sur la poitrine. **B.** adj. Qui concerne la poitrine, qui appartient à la poitrine. *Les muscles pectoraux* ou (n. m.) *les pectoraux.* / ZOOL. *Nageoires pectorales*: chez les poissons, nageoires antérieures. / Que l'on utilise pour soigner les affections de l'appareil respiratoire. *Sirop pectoral.* / Que l'on porte sur la poitrine. *Croix pectorale.*
pécule n. m. ANTIQ. ROM. Somme économisée par un esclave pour acheter sa liberté. / Somme versée à un détenu au moment de sa libération, pour rémunérer son travail en captivité. / Somme versée à un militaire quand il quitte l'armée sans avoir droit à une retraite. / Somme d'argent économisée petit à petit.
pécuniaire adj. Qui consiste en argent, relatif à l'argent, aux finances. *Difficultés pécuniaires.*
pédagogie n. f. Science de l'éducation. / Méthode d'enseignement. / Qualité d'une personne qui sait enseigner.
pédagogique adj. Qui procède de la pédagogie.
pédagogue n. et adj. **A.** n. Personne chargée d'enseigner à des enfants, des adolescents. / Spécialiste de pédagogie. **B.** n. et adj. Qui possède le don d'enseigner. *Un excellent pédagogue. Il est très pédagogue.*
pédale n. f. Pièce qui, avec le pied, actionne un mouvement circulaire. *Pédale de bicyclette.* / Pièce qui, par pression du pied, déclenche un mécanisme. *Pédale de frein.* / MUS. Tout levier actionné par le pied de l'instrumentiste / Levier commandé par le pied qui, dans l'orgue et le piano, augmente ou diminue la résonance. *Pédale forte, douce.* / Par ext. Note tenue et prolongée indépendamment des autres parties. / (Fam., injurieux) Pédéraste.
pédaler v. i. [1] Appuyer avec les pieds sur des pédales (notamment de bicyclette) pour les actionner. / Fig. et fam. *Pédaler*: s'activer pour combler un retard. *Il va falloir pédaler, les gars ! Pédaler dans la choucroute, dans la semoule*: faire des efforts inutiles, qui ne font rien progresser.
pédalier n. m. Mécanisme qui transmet le mouvement des roues d'une bicyclette, comprenant les pédales et leurs manivelles, la zone dentée sur laquelle passe la chaîne, l'axe et les roulements à billes. / MUS. Ensemble des pédales d'un orgue faisant clavier.
pédalo n. m. (nom déposé) Petite embarcation mue par des pédales actionnant une roue à aubes ou une hélice.
pédant, e n. et adj. Vx Maître d'école. / Mod. Personne qui fait étalage de ses connaissances. / adj. *Un ouvrage pédant.*
pédanterie n. f. ou **pédantisme** n. m. Étalage vaniteux d'érudition.
pédéraste n. m. Homme sexuellement attiré par les jeunes garçons.
pédérastie n. f. État de pédéraste. / Pratique sexuelle du pédéraste.
pédestre adj. Qui se fait à pied. *Circuit pédestre.*
pédestrement adv. À pied.
pédiatre n. MÉD. Spécialiste de pédiatrie.
pédiatrie n. f. Branche de la médecine traitant des maladies infantiles.
pédiatrique adj. Relatif à la pédiatrie.
pedibus (cum jambis) loc. adv. (mots latins) (Plaisant) À pied, en marchant.
pédicelle n. m. BOT. Ramification terminale du pédoncule, portant la fleur. / ZOOL. Pédicule.
pédiculaire adj. Relatif aux poux, aux lésions cutanées dues aux poux.
pédicule n. m. BOT. Support long et mince d'un organe. / ZOOL. Partie rétrécie rattachant un organe au reste de l'organisme. / ANAT. Ensemble d'éléments vasculaires, nerveux, etc., qui relient un même organe, une même région de l'organisme au reste du corps. / ARCHIT. Support. *Pédicule des fonts baptismaux.*
pédiculose n. f. MÉD. Dermatose parfois provoquée par les poux.
pédicure n. Personne qui a pour profession de soigner les pieds.
pedigree n. m. (mot anglais) Filiation établissant la pureté de la race d'un animal domestique (chien, cheval). / Document qui authentifie cette filiation.
pédiluve n. m. Bassin peu profond en maçonnerie, en céramique, pour se laver les pieds. *Les pédiluves de la piscine.*
pédogenèse n. f. GÉOL. Ensemble des processus de formation et d'évolution des sols.
pédologie n. f. Étude scientifique des sols, comportant l'observation directe des terrains et l'étude en laboratoire des éléments organiques et minéraux prélevés.
pédoncule n. m. BOT. Ramification de la tige portant une fleur. / ANAT. Élément rétréci qui relie deux organes, deux régions de l'organisme.
pédonculé, e adj. Muni d'un pédoncule.
pédophile adj. et n. Qui est attiré sexuellement par les enfants.
pédophilie n. f. État de pédophile. / Pratique sexuelle du pédophile.
pédopsychiatre n. Spécialiste de pédopsychiatrie.
pédopsychiatrie n. f. Psychiatrie de l'enfant et de l'adolescent.
Peel (sir Robert) 1788-1850 Homme politique anglais. Député tory en 1809, il fut ministre de l'Intérieur (1822-1827 et 1828-1830) et dota Londres d'une police (c'est de lui que les « bobbies » tirent leur surnom). Premier ministre en 1834-1835, puis de 1841 à 1846, il transforma le parti tory en parti conservateur ouvert aux aspirations de la bourgeoisie. Associant protectionnisme et misère d'une part, libre-échange et progrès d'autre part, il pratiqua une politique libérale et fit adopter d'importantes réformes : émancipation des catholiques (1829) pour éviter la poursuite des troubles en Irlande, taxe sur les hauts revenus (1842). Pour parer au risque de famine en Irlande, il fit abolir en 1846 les droits de douane sur les blés étrangers (« Corn Laws ») contre son propre parti, dont il provoqua la scission, et dut démissionner. Mais il conserva influence et popularité.
Peele (George) v. 1558-1597 Dramaturge anglais, précurseur de Shakespeare (*Le Jugement de Pâris*, 1584).
peeling n. m. (mot anglais) En dermatologie, desquamation superficielle de la peau

Sir ***Robert Peel***.

CHARLES PÉGUY

Issu d'une famille pauvre, il est admis en 1894 à l'École normale supérieure ; il prend parti pour Dreyfus lors de la fameuse affaire et se rapproche pour un temps des socialistes, auxquels il reprochera peu après leur antimilitarisme et leur anticléricalisme. Pour défendre ses idées, il fonde en 1900 *Les Cahiers de la Quinzaine,* où il publie des articles sur les problèmes politiques de son temps ; cependant, il évolue vers le nationalisme et sa foi chrétienne se ravive, lui inspirant des poèmes religieux au ton prophétique : *Le Mystère de la charité de Jeanne d'Arc* (1910), *Le Porche du mystère de la deuxième vertu* (1911), *Ève* (1913). Il est également l'auteur de nombreux essais polémiques ou méditatifs : *Notre Patrie* (1905), *Victor-Marie, comte Hugo* (1910), *Notre jeunesse* (1910), *L'Argent* (1913), *Clio* (commencé en 1909 ; posthume 1917). Il a été tué sur le front au début de la Première Guerre mondiale.

P

pratiquée de manière à provoquer la repousse d'une nouvelle couche de l'épiderme.

Peer Gynt 1867 Drame lyrique d'Ibsen, pour lequel Grieg composa la musique de scène. C'est une satire, à travers le personnage de Peer Gynt qui ne pourra être racheté que par l'amour pur de Solveig, de l'égoïsme et de la veulerie. On retrouve dans cette pièce la vie populaire et le folklore norvégiens.

Pégase MYTH. GR. Cheval ailé qui symbolise l'inspiration poétique. Né du sang de la Gorgone Méduse, décapitée par Persée, il fut dompté par Bellérophon et l'aida à tuer la Chimère. D'un coup de sabot Pégase fit jaillir la source Hippocrène sur le mont Hélikon.

Pégase Constellation boréale ; voir *constellation*.

pègre n. f. Milieu des malfaiteurs.

• **Péguy (Charles)** 1873-1914 Écrivain français.

pehlevi, e n. m. et adj. LING. Langue indo-européenne, dérivée du vieux perse, parlée dans l'ancienne Perse. Syn. moyen perse. / adj. *La littérature pehlevie.*

Pei (Ieoh Ming) 1917 Architecte américain d'origine chinoise, auteur d'importants ensembles à Montréal, New York, Singapour, et de la pyramide de verre du Louvre (1986-1988).

peigne n. m. Instrument, formé de nombreuses dents, qui sert à coiffer ou à retenir les cheveux. / TEXT. Instrument à longues dents destiné à nettoyer et à apprêter les fibres textiles. / TECH. Appareil muni de fentes horizontales où passent les fils de chaîne d'un métier à tisser. / ZOOL. Pecten.

peigné, e adj. et n. **A.** adj. TEXT. Dont les longues fibres parallèles ont un aspect lisse. *Laine peignée.* **B.** n. m. Tissu de laine peignée. / n. f. Pop. Volée de coups, sévère correction. *Je lui ai filé une de ces peignées !*

peigne-cul n. m. Très fam. Individu ennuyeux, grossier ou inculte.

peigner v. t. [1] Démêler, arranger à l'aide d'un peigne. *Sécher et peigner ses cheveux.* / Par ext. *Peigner un enfant.* / TEXT. Démêler, trier au peigne (les fibres textiles).

peignoir n. m. Vêtement ample, souvent en tissu éponge, porté à la sortie du bain. / Robe de chambre légère.

peinard, e ou **pénard, e** adj. Pop. Qui jouit paisiblement de la vie. *Un type peinard. Une vie peinarde*, exempte de soucis.

peinardement adv. De façon peinarde.

peindre v. t. [3] Étaler, appliquer de la peinture sur (qqch.). *Peindre une façade.* / BX-ARTS Représenter, avec des formes et des couleurs, par l'art de la peinture. *Peindre un portrait, un paysage.* (Emploi absol.) Pratiquer la peinture. *Il peint tous les dimanches.* / Fig. Décrire à l'aide de mots. *Peindre le déroulement d'une bataille.* / *Se peindre* : être visible, apparaître de façon manifeste. *L'épuisement se peint sur son visage.*

peine n. f. **I.** Châtiment, sanction. *Peine capitale* : voir *capital*. *Peine afflictive et infamante*, infligée par le pouvoir civil à un condamné pour crime. *Peine de police*, qui sanctionne une contravention. *Peine correctionnelle*, qui sanctionne un délit. *Peine criminelle*, qui sanctionne un crime. *Peine de mort.* / loc. prép. *Sous peine de* : au risque de, sous menace de. / THÉOL. (Au plur.) *Peines éternelles, peines de l'enfer* : damnation. **II.** Souffrance morale. *Peine de cœur.* **III.** Activité qui coûte un effort, de la fatigue. *Homme de peine*, qui exécute des travaux pénibles. / Difficulté. *Il a de la peine à marcher.*

La Bank of China, à Hong Kong, une œuvre de **Ieoh Ming Pei**.

Un palais de la cité interdite de **Pékin**.

peine (à) loc. adv. Presque pas. *Une fleur à peine éclose.* / Depuis peu de temps. *Le débarquement est à peine terminé.*

peiner v. i. / v. t. [1] S'épuiser, se fatiguer (en faisant qqch.). *Peiner à la tâche. Peiner pour monter une côte.* / v. t. Faire de la peine à (qqn), chagriner. *Sa situation personnelle m'a beaucoup peiné.*

peintre n. Personne qui peint. / *Peintre en bâtiment* : spécialiste de la peinture des murs, des plafonds, des façades. / (En appos.) *Artiste peintre.* / Auteur qui dépeint les hommes et leurs mœurs. *Un peintre de la déchéance humaine.*

Peintre Constellation australe ; voir **constellation**.

peinture n. f. Ouvrage d'un peintre ; son interprétation, à l'aide de couleurs, du monde réel ou d'un monde imaginaire. / Ensemble des œuvres picturales (d'un pays, d'un artiste, d'une époque). *La peinture italienne. La peinture de Rembrandt. La peinture de la Renaissance.* / Application de couleurs sur une surface ; la matière colorante elle-même. / Fig. Description. *La peinture du milieu des artistes entre les deux guerres.*

peinturlurer v. t. [1] Fam. Barbouiller (qqch.) de peinture. / v. pron. *Se peinturlurer le visage* : se farder exagérément.

Peïpous (lac) ou **lac Tchoudsk** *3 500 km²* Lac de Russie et d'Estonie, formé de deux lacs (Tchoudsk et Pskov) reliés par un bras, qui s'écoule par la Narva dans le golfe de Finlande.

Peirce (Charles Sanders) 1839-1914 Philosophe et logicien américain, fondateur de la sémiotique et du pragmatisme logique. Ses écrits ont été réunis sous le titre *Collected Papers* (1931-1935, 1957-1958).

Peiresc (Nicolas Claude Fabri de) 1580-1637 Astronome français. Élève de Galilée à Padoue, il le défendit contre l'Inquisition. L'un des premiers utilisateurs, en France, de la lunette astronomique, il observa, avec cet instrument, la Lune, Le Soleil et Mercure ; il fut le découvreur de la nébuleuse d'Orion.

péjoratif, ive adj. et n. m. Se dit d'un mot, d'une expression, d'une intonation, etc. qui comportent une nuance dépréciative, qui impliquent un jugement défavorable sur la personne ou la chose qu'ils désignent. *Les suffixes -aille, -âtre, -asse sont péjoratifs.*

péjorativement adv. De façon péjorative.

pékin ou **péquin** n. m. Argot. milit. *S'habiller en pékin*, en civil. / Par ext., fam. Quidam. *Il n'y avait pas un pékin.*

Pékin ou **Beijing** *12 460 000 h.* Capitale de la République populaire de Chine. Elle constitue une municipalité autonome d'environ *17 000 km²*. Citadelle fondée au IVe siècle av. J.-C. pour surveiller la frontière toujours menacée du nord-ouest, plusieurs fois conquise et détruite, elle devient capitale de l'Empire au XIIIe siècle sous la dynastie mongole des Yuan, et le resta de manière presque continue. La ville historique se compose de deux parties distinctes : au nord, la ville tartare dite « intérieure » renferme les palais impériaux (la Cité interdite, reconvertie en musée) et de nombreux édifices de la période Ming (qui prit Pékin, plutôt que Nankin, comme capitale à partir du XVe siècle) ; au sud s'étend la ville chinoise, ou « extérieure », avec ses quartiers commerçants ou populaires. Pékin est aujourd'hui un grand centre commercial et industriel : aux industries traditionnelles (ébénisterie, tapisserie, orfèvrerie, travail du jade) se sont ajoutées des industries modernes variées (sidérurgie, métallurgie, textiles, électronique). Grand foyer culturel, Pékin possède de nombreuses universités, des instituts scientifiques, des musées. C'est également le siège du gouvernement qui occupe la partie sud de l'immense place Tian an men ou « Porte de la Paix céleste » (44 ha), percée dans les remparts de la Cité impériale, et qui fut le cadre des révoltes étudiantes de 1989. La ville éclate hors de son enceinte et de nouvelles constructions enserrent les vieux remparts, souvent rasés pour faciliter les communications : constructions résidentielles et universités au nord-ouest, industrielles au sud-est et à l'est, tandis qu'une partie du centre est rénovée.

pékiné, e adj. et n. m. *Tissu pékiné*, rayé en alternance de clair et de foncé, de brillant et de mat. / Subst. *Du pékiné.*

pékinois, e [1] adj. et n. De Pékin. *Rue pékinoise. Un(e) Pékinois(e).* / n. m. LING. Chinois parlé à Pékin et dans le nord de la Chine, devenu langue commune du pays. Syn. mandarin.

pékinois [2] n. m. Chien de compagnie de petite taille, à longs poils soyeux, à la face aplatie et aux oreilles pendantes.

Pekkanen (Toivo Rikhard) 1902-1957 Écrivain finlandais d'expression finnoise. Son premier roman, *À l'ombre de l'usine* (1932), est né de son expérience d'ouvrier, et son œuvre tout entière témoigne de l'attention qu'il porte à la société de son temps : critique des mœurs bourgeoises (*Les Enfants des marchands*, 1934), réflexion sur les conflits sociaux (*Aux rives de ma Finlande*, 1937), peinture de sa ville natale de Kotka, port du

Statue de **Pélage**, fondateur du royaume des Asturies.

Pélargonium.

golfe de Finlande (*L'Aurore*, 1948 ; *Les Camarades*, 1948 ; *Les Vainqueurs et les vaincus*, 1952).
pelade n. f. MÉD. Alopécie touchant surtout le cuir chevelu, découvrant des zones de peau lisse et glabre.
pelage n. m. Ensemble des poils qui couvrent le corps d'un mammifère.
Pélage Nom de deux papes du VIᵉ siècle.
Pélage v. 360 ?-v. 422 Moine hérésiarque né en Irlande, établi à Rome, puis, plus tard, en Afrique, dont la doctrine met l'accent sur le libre arbitre au détriment de la grâce. Il fut vivement combattu par saint Augustin et proscrit par l'empereur Honorius.
Pélage ou **Pelayo** ?-737 Roi des Asturies (v. 718) dont la victoire de Covadonga sur les Arabes marque le début de la Reconquista.
pélagianisme n. m. RELIG. Doctrine du moine Pélage, qui proclamait l'excellence de la création, niait l'existence du péché originel et affirmait que l'homme, exerçant son libre arbitre, pouvait faire son salut par ses seuls mérites, sans le concours de la grâce divine. (Le pélagianisme fut condamné une première fois en 418, et une deuxième fois au concile d'Éphèse, en 431 ; une version modérée et ascétique du pélagianisme [dite *semi-pélagianisme*] fut, à son tour, condamnée en 529).
pélagien, enne n. et adj. RELIG. Adepte du pélagianisme. / adj. Propre au pélagianisme. *Hérésie pélagienne.*
pélagique adj. Propre ou relatif à la haute mer. *Flore et faune pélagiques.*
pélargonium n. m. BOT. Plante herbacée ornementale originaire d'Afrique du Sud, généralement appelée géranium.
Pélasges Nom donné par les Grecs de l'Antiquité aux peuples qui occupaient avant eux l'Asie Mineure et la Grèce.
Pelé (Edson Arantes do Nascimento, dit**)** 1940 Footballeur brésilien considéré comme le meilleur joueur de tous les temps. Le « roi » Pelé a remporté avec l'équipe du Brésil trois Coupes du monde en 1958, en 1962 et 1970.
pélécaniformes n. m. pl. ZOOL. Ordre de grands oiseaux aquatiques, piscivores, dont les quatre doigts sont réunis par une palmure. *Les pélicans, les cormorans, les fous, les frégates sont des pélécaniformes.*
Pelée (montagne) *1 397 m* Sommet volcanique du nord de la Martinique. Son éruption du 8 mai 1902, accompagnée de cendres incandescentes, détruisit la ville de Saint-Pierre, située à 10 km.
péléen, enne adj. GÉOL. *Éruption péléenne* : éruption du même type que les éruptions volcaniques de la montagne Pelée, caractérisé par des explosions très violentes, des nuées ardentes et l'émission d'une lave très visqueuse formant des dômes et des aiguilles.
pêle-mêle adv. et n. m. inv. **A.** adv. De manière confuse, désordonnée. *Des jouets entassés pêle-mêle.* **B.** n. m. inv. Fouillis. *Un pêle-mêle de meubles de rebut et de vaisselle ébréchée.* / Cadre dans lequel on groupe plusieurs photographies.
peler v. t. / v. i. [1] Ôter la peau de (un légume, un fruit). *Peler une orange, une gousse d'ail.* / v. i. Perdre sa couche d'épiderme par petites plaques. *Son visage pèle.*
pèlerin, e n. (le féminin est rare) Personne qui se rend à un lieu de dévotion. / ZOOL. (En appos.) *Faucon pèlerin* : faucon de taille moyenne, au vol très rapide, dont la tête et le dos ont une couleur noir à gris ardoise. *Requin pèlerin* : très grand requin (jusqu'à 12 mètres de long), qui se nourrit de plancton. *Criquet pèlerin* : espèce de criquet dont les individus peuvent passer d'une forme solitaire et sédentaire à une forme grégaire et migratrice, très active, capable de dévaster les cultures.
pèlerinage n. m. Voyage entrepris vers un lieu consacré avec une intention pieuse ; ce lieu. *Le pèlerinage vers Saint-Jacques-de-Compostelle. Le pèlerinage de La Mecque.*
pèlerine n. f. Vêtement sans manches couvrant les épaules.
Peletier du Mans (Jacques) 1517-1582 Humaniste français, traducteur d'Horace, qui tenta de concilier les poètes de l'Antiquité et les poètes de la Pléiade.

Pelé lors de la Coupe du monde de 1970.

Pélerins à Lhassa, Tibet
(© S. Reubland/Ph. Chanez).

péliade n. f. ZOOL. Vipère à museau arrondi, portant une bande noire sur le dos, adaptée aux climats relativement froids. / Appos. *La vipère péliade.*
pélican n. m. ZOOL. Oiseau piscivore de très grande taille, à la silhouette trapue, dont la mandibule inférieure du bec est dotée d'une membrane extensible, qui appartient à l'ordre des pélécaniformes. *Pélican blanc. Pélican brun.*
pelisse n. f. Vêtement doublé de fourrure.
pellagre n. f. MÉD. Ensemble des troubles dus à une carence en vitamine PP. (La pellagre touche les populations dont l'alimentation, peu carnée, consiste essentiellement en maïs, en millet, en seigle ; elle se manifeste en particulier par des atteintes cutanées (plaques rouges prurigineuses, eczéma), par des lésions des muqueuses, des troubles digestifs et neurologiques.)
pelle n. f. Instrument formé d'une plaque métallique rectangulaire, solidaire d'un manche, servant à prendre et à manier la terre, le sable, le charbon, etc. / *Pelle mécanique* : engin de terrassement, utilisé en bâtiment et en travaux publics, composé d'un godet preneur de terre, relié à un véhicule par un bras articulé. / MAR. Extrémité large et plate d'un aviron. / Ustensile ménager. *Pelle à tarte.*
Pelléas et Mélisande Drame de Maeterlinck (1892) mis en musique par Debussy pour la création à Paris en 1902 : Mélisande aime Pelléas, que son époux tue dans un accès de jalousie ; la jeune femme, désespérée, se donne la mort. Cette œuvre, dont la première représentation fit scandale, est caractérisée par son dépouillement volontaire en réaction contre l'influence wagnérienne (suppression des ensembles vocaux, faible importance de l'élément symphonique) ; elle marque un tournant dans l'histoire de l'opéra. La pièce de Maeterlinck a également inspiré un poème symphonique à Schoenberg (1903) et une musique de scène à Fauré (1898) et à Sibelius (1905).
Pelletan (Camille) 1846-1915 Homme politique français, promoteur de la séparation de l'Église et de l'État.
pelletée n. f. Contenu d'une pelle. / Fig., fam. Grande quantité. *Une pelletée d'injures.*
pelleter v. t. [1] Remuer (un sol) à la pelle. / Déplacer (un matériau) à la pelle. *Pelleter du sable.*
pelleterie n. f. Art consistant à traiter les peaux pour en faire des fourrures. / Ces peaux elles-mêmes. / Commerce des peaux et établissement où elles sont vendues.
pelleteuse n. f. Pelle mécanique.
pelletier, ère n. Personne qui fait commerce des peaux ; personne qui prépare les peaux pour les transformer en fourrure.
Pelletier (Pierre Joseph) 1788-1842 Pharmacien français, qui parvint à tirer de l'ipéca un principe vomitif et, avec Caventou, découvrit un grand nombre d'alcaloïdes, dont la quinine.
Pellico (Silvio) 1789-1854 Écrivain italien. Il publia une tragédie en 1815 : *Francesca da Rimini*, où il exprime ses sentiments patriotiques. Hostile à la domination autrichienne, il fut incarcéré, comme carbonaro, dans la forteresse du Spielberg, à Brünn (aujourd'hui Brno, en République tchèque), pendant neuf ans. Ses mémoires, *Mes prisons* (1832), contribuèrent à gagner l'opinion internationale à la cause des patriotes italiens.
pelliculage n. m. TECHN. Action de pelliculer ; son résultat. / PHOTO. Séparation de la couche de gélatine de son support.
pellicule n. f. Membrane très mince. / ŒNOL. Enveloppe du grain de raisin. / Lamelle d'épiderme qui se détache du cuir chevelu. / Couche très fine qui se forme à la surface d'un liquide. / PHOT. et CIN. Feuille de matière plastique enduite d'une émulsion sensible à la lumière. Syn. film.
pelliculer v. t. [1] TECHN. Appliquer une pellicule transparente, en matière plastique sur (un support) pour le rendre plus brillant ou le protéger.
Péloponnèse (en grec, « île de Pélops », le fils de Tantale) *21 439 km² 1 100 000 h.* Vaste péninsule du sud de la Grèce, que relie au continent l'étroit isthme de Corinthe coupé par le canal de Corinthe. Il constitue l'une des 9 régions administratives de la Grèce. Le plateau d'Arcadie entouré de montagnes (Érymanthe *2 224 m.*, Taygète *2 404 m*) en constitue le centre. Les plaines étroites (Argolide à l'est, Élide et Messénie à l'ouest) portent des oliviers et des vignes. Ses côtes sont découpées par trois grands golfes : ceux d'Argolide (ou golfe de Nauplie), de Laconie et de Messénie. Doté d'un climat méditerranéen, couvert de maquis, le Péloponnèse produit des céréales, des fruits et du vin. Patras en est la plus importante agglomération. Le littoral, animé par le tourisme (sites antiques d'Olympie et de Mycènes), concentre la vie urbaine ; il est

Pélican.

plus dynamique que l'intérieur. À partir de 1600 av. J.-C., les Achéens s'établirent dans le Péloponnèse; ils adoptèrent la brillante civilisation crétoise puis développèrent la première civilisation hellénique, dite *civilisation mycénienne* (d'après le nom d'un de ses centres de rayonnement, Mycènes), qui fut ruinée au XIIIe siècle av. J.-C. par l'invasion des Doriens. De 750 à 550 av. J.-C., Sparte imposa sa domination à presque toute la péninsule; la guerre du Péloponnèse (431-404 av. J.-C.), en amenant la capitulation d'Athènes, renforça son autorité. La victoire de Thèbes à Leuctres en 371 av. J.-C. entraîna la décadence de Sparte, qui ne put s'opposer à l'occupation du Péloponnèse (sauf Sparte) par Philippe de Macédoine après sa victoire sur Athènes et Thèbes à Chéronée (338 av. J.-C.). Les Romains à leur tour occupèrent le pays à partir du IIe siècle av. J.-C. Le Péloponnèse fut intégré à la province romaine d'Achaïe, puis à l'Empire byzantin. Lors de la 4e croisade, les croisés formèrent la principauté latine de Morée (en latin *Morea*, « mûre », à cause de l'importance de la culture du mûrier), qui se maintint face à Byzance de 1205 à 1430, puis les Turcs s'emparèrent de l'ensemble de la Grèce (1460).

Péloponnèse (guerre du) 431-404 av. J.-C. Guerre qui opposa Athènes et Sparte pour l'hégémonie du monde grec. La cause profonde du conflit fut la rivalité entre ces deux puissances, accentuée par le rayonnement d'Athènes au Ve siècle av. J.-C. (le « siècle de Périclès ») et par l'opposition de leurs systèmes politiques: démocratie et oligarchie. La cause immédiate fut l'aide apportée par Athènes à l'île de Corcyre (Corfou) révoltée contre Corinthe, alliée de Sparte. De 431 à 421, la guerre fut indécise, Sparte ravageant l'Attique, tandis que la flotte athénienne attaquait le Péloponnèse. En 421, l'Athénien Nicias conclut avec Sparte une trêve de 50 ans. Mais, en 415, l'Athénien Alcibiade attaqua Syracuse, alliée de Sparte, et subit en 413 une terrible défaite: Sparte détruisit la flotte athénienne devant l'Aigos Potamos avec l'aide du roi de Perse (405). Athènes, assiégée, capitula en 404 et Sparte lui imposa le système oligarchique avec les Trente Tyrans.

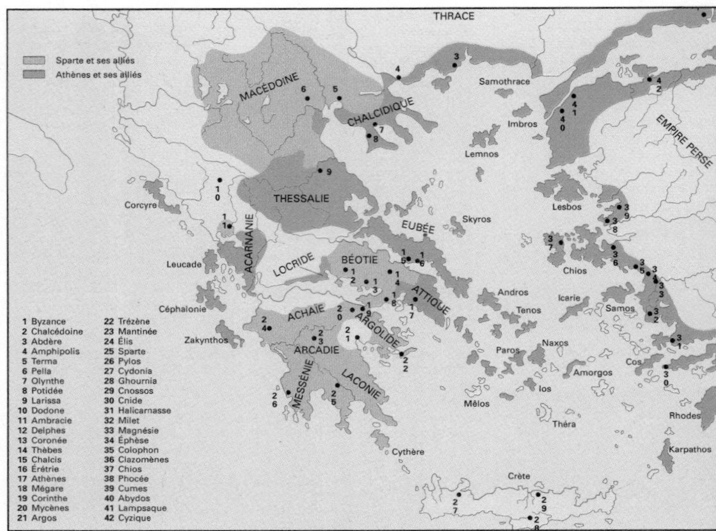

*La **guerre du Péloponnèse** (431-404 avant J.-C.).*

pelotari n. m. (mot basque) Joueur de pelote basque.

pelote n. f. Boule formée de fil, de laine, de ficelle enroulés sur eux-mêmes. / loc. fam., vieilli. *Faire sa pelote*: se constituer peu à peu un pécule. *Avoir les nefs en pelote*: être très énervé. *Être une pelote de nerfs*: être très nerveux. / Coussinet pour planter des épingles, des aiguilles. / ZOOL. Renflement de la pulpe digitale chez certains vertébrés. / *Pelote basque*: jeu où deux équipes lancent alternativement une balle contre un mur, ou fronton, à main nue, avec une raquette en bois (*pala*) ou avec un étroit panier recourbé (*chistera*). / Marque blanche et ronde sur le front d'un cheval.

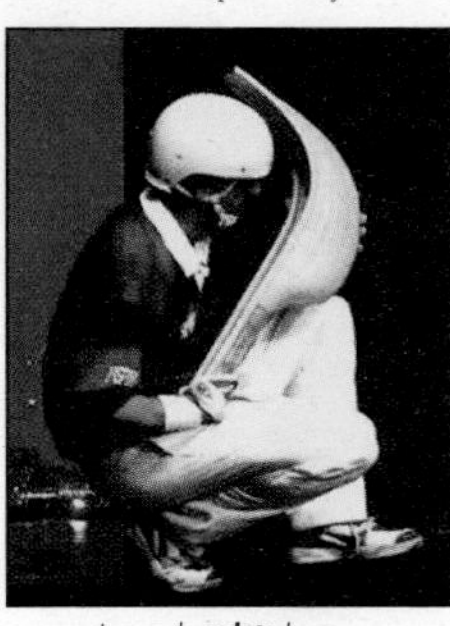

*Joueur de **pelote** basque.*

peloter v. t. [1] Mettre (du fil) en pelote. / Fig., fam. Caresser le corps de (qqn). *Peloter sa petite amie.* / v. pron. Fam. *Se peloter*: se caresser mutuellement.

peloton n. m. Petite pelote de laine, de fil. / MILIT. Subdivision d'un escadron dans la cavalerie, ou d'une compagnie dans la gendarmerie, commandée par un lieutenant. *Peloton d'exécution*: soldats chargés de fusiller un condamné. *Peloton d'instruction*: groupe de formation militaire. / SPORT Ensemble compact de concurrents dans une course.

pelotonné, e adj. Roulé en boule, blotti. *Le corps pelotonné sous les draps.*

pelouse n. f. Terrain où croît une herbe courte et drue. / Partie gazonnée d'un champ de courses, à laquelle le public a accès.

Peltier (Jean Charles Athanase) 1785-1845 Physicien français. *L'effet Peltier*, qu'il découvrit en 1834, désigne le dégagement ou l'absorption de chaleur à la jonction de deux métaux différents que parcourt un courant électrique.

Pelton (Lester Allen) 1829-1908 Ingénieur américain. La *turbine Pelton* équipe les centrales hydroélectriques qui exploitent les hautes chutes d'eau à faible débit.

peluche n. f. Genre de velours de laine, de soie ou de coton, à poils très longs, utilisé principalement pour les jouets. *Ours en peluche.* / Par méton. *Une peluche*: un jouet en peluche représentant un animal.

pelucher ou **plucher** v. i. [1] Devenir pelucheux sous l'effet de l'usure.

pelucheux, euse adj. De peluche; qui, en s'usant, prend l'aspect de la peluche.

pelure n. f. Peau d'un fruit, d'un légume. / *Pelure d'oignon*: vin rosé. / *Papier pelure*: papier très fin.

pelvien, enne adj. ANAT. Du pelvis, du bassin.

pelvis n. m. ANAT. Bassin.

Pelvoux (mont) Massif cristallin des Alpes françaises (Dauphiné), près de Briançon, culminant à *4 103 m* à la barre des Écrins. Il fait partie du parc national des Écrins.

Pemba *984 km² 265 000 h.* Île corallienne de l'océan Indien (Tanzanie), située au nord de Zanzibar. Chef-lieu *Chake-Chake*. Ressources: clou de girofle (principal producteur mondial), riz, coprah.

pemmican n. m. Préparation de viande séchée, pilée et réduite en poudre. *Le pemmican, préparation traditionnelle des Amérindiens, fut adopté et adapté par les trappeurs.*

pemphigus n. m. MÉD. Dermatose caractérisée par la formation, dans l'épiderme, de bulles remplies de sérosité.

pénal, ale, aux adj. et n. m. Qui concerne les peines et les infractions passibles de peines (par oppos. à civil). *Code pénal*: ensemble des textes qui définissent les infractions (crimes, délits, contraventions) et les sanctions qui leur sont applicables. / n. m. *Le pénal*: la juridiction pénale.

pénalement adv. Sur le plan pénal; en fonction du droit pénal. *Pénalement responsable.*

pénalisation n. f. Action de pénaliser; son résultat. Ant. dépénalisation. / SPORT Pénalité.

pénaliser v. t. [1] / Sanctionner (une faute) par une peine. *Pénaliser une infraction.* Ant. Dépénaliser. / Frapper (qqn) d'une pénalité. *Pénaliser un joueur.*

pénaliste n. et adj. Spécialiste du droit pénal. / adj. *Avocat pénaliste.*

pénalité n. f. Codification des peines se-

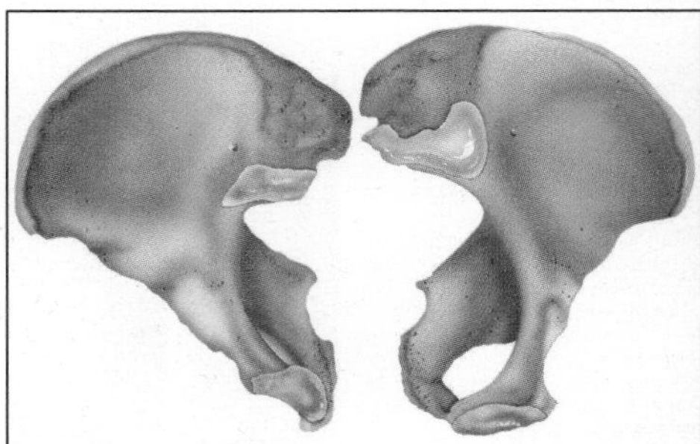

***Pelvis** de l'homme (à gauche) et de la femme (à droite).*

lon la loi. / Sanction d'un délit fiscal, de la non-exécution d'une (plusieurs) clause(s) d'un contrat. / SPORT Sanction infligée à un concurrent, à un joueur ayant contrevenu au règlement, consistant à donner un avantage à l'adversaire.
penalty n. m. (mot anglais) Dans un match de football, sanction prise à l'encontre d'un joueur ayant commis une faute grave et donnant droit à un équipier du camp adverse de tenter un shoot direct à 11 m du but, défendu par le seul gardien. / Pl. Des *penalties.*
Penang ou **Georgetown** *220 000 h.* Ville et port de Malaysia, capitale de l'État de Pulau Pinang, sur l'île du même nom. Le nom de Penang s'applique aussi à l'État et à l'île.
pénard Voir **peinard**
pénates n. m. pl. ANTIQ. Dans la religion romaine, dieux protecteurs des biens domestiques, figurés par de petites statuettes et célébrés dans l'atrium d'une maison. / Fig., plaisant Habitation, foyer.
penaud, e adj. Déconfit, honteux. *Se sentir penaud. Avoir l'air penaud.*
penchant n. m. Tendance naturelle. / Inclination amoureuse.
pencher v. i. / v. t. / v. pron. [1] **A.** v. i. Ne pas être parfaitement vertical ou horizontal, être incliné vers un côté. *Poteau, mur, plateau qui penche.* / Fig. *Pencher vers, pour*: avoir une préférence, un penchant pour, une tendance à. *Je pencherai plutôt pour une explication de vive voix.* **B.** v. t. Incliner vers un côté ou vers le bas, renverser. *Pencher la tête et somnoler.* **C.** v. pron. S'incliner, se baisser, se courber de côté ou vers le bas. *Elle s'est penchée pour cueillir une fleur. Il se penche pour parler à son voisin.* / Fig. *Se pencher sur*: s'occuper attentivement de (qqch.). *Nous nous pencherons sur ce problème demain.*
pendable adj. Vx Passible de la pendaison. / Loc., mod. *Jouer un tour pendable* à *qqn*, lui jouer un très mauvais tour.
pendaison n. f. Action de pendre (qqn), ou de se pendre. / Action de pendre qqch. *Pendaison de crémaillère*: repas donné pour l'inauguration d'une habitation.
pendant, e [1] adj. et n. m. **A.** adj. Qui pend. *Un chien aux oreilles pendantes.* / DR. En instance. *Cause pendante.* **B.** n. m. Pièce du ceinturon qui pend au côté et soutient une épée. / *Pendants d'oreilles*: boucles d'oreilles pendantes. / Objet symétrique à un autre, formant la paire. *Pendants de cheminée.*
pendant [2] prép. Durant. *Pendant le concert.* / loc. conj. *Pendant que*: tandis que.
pendeloque n. f. Ornement de cristal ou de verroterie suspendu à un lustre, un chandelier. / Pierre ovale suspendue à des boucles d'oreilles.
pendentif n. m. Bijou suspendu à une chaîne que l'on porte autour du cou. / ARCHIT. Portion triangulaire de voûte située entre les grands arcs qui supportent une coupole.
Penderecki (Krzysztof) 1933 Compositeur polonais: *Thrênos*, à la mémoire des victimes d'Hiroshima (1961); *Passion selon saint Luc* (1963-1965); *Les Diables de Loudun* (opéra, 1969); *Te Deum* (1979).
penderie n. f. Armoire, placard aménagés pour pendre des vêtements.
Pendjab, **Penjab**, **Panjab** ou **Punjab** Région située au nord-ouest de la péninsule indienne, au pied de l'Himalaya, et

Pendule.

Pénélope assise, *sculpture en terre cuite.*

sillonnée par *cinq rivières* (ce qui lui valut son nom: *panch*, « cinq », et *ab*, « rivière »), affluents de l'Indus: Jhelam (ou Jhelum), Chenab, Ravi, Sutlej, Bias. Le Pendjab, grâce à la canalisation de ces eaux, produit en abondance, malgré la continentalité et la sécheresse du climat, blé, coton, riz et oléagineux. En 1947, le Pendjab a été partagé entre le Pakistan, dont il constitue le plus riche terroir (province du Pendjab, capitale Lahore), et l'Inde (États du Pendjab et de l'Haryana, dont la capitale commune, Chandigarh, a été conçue par Le Corbusier.). L'Inde n'a conservé que la plus petite partie du Pendjab, mais cet État est l'un des plus florissants de l'Inde. Le gouvernement indien doit faire face à deux périls: l'indépendantisme des sikhs qui a entraîné en 1966 la division de l'État du Pendjab avec la formation de l'Haryana, et le désir du Pakistan de réunifier le Pendjab.
Pendjab *50 300 km² 20 100 000 h.* État de l'Union indienne dont une partie a formé, en 1966, l'État d'Haryana. Capitale *Chandigarh.* Les sikhs sont largement majoritaires et l'État est riche de son agriculture florissante (blé), de ses industries diversifiées et de son fort taux d'alphabétisation. Mais les problèmes politiques ne sont pas résolus: les revendications indépendantistes des sikhs se manifestent par des actes de terrorisme.
pendouiller v. i. [1] Pendre mollement, sans grâce. *Sa jupe pendouille.*
pendre v. i. / v. t. [3] **A.** v. i. Être suspendu (par une de ses extrémités, l'autre restant libre). *Lampe qui pend au plafond.* / Fig., fa. *Ça lui pend au nez*: telle chose risque fort de lui arriver. / Descendre plus bas qu'il ne faudrait. *Sa robe pend un peu par-devant.* **B.** v. t. Suspendre, fixer, attacher (qqch.) par une de ses extrémités, l'autre tombant librement. *Pendre un quartier de bœuf à un crochet de boucherie.* / Mettre à mort en suspendant par le cou. *On pendit le condamné haut et court,* à une potence haute et avec une courte corde. / Fig., fam. *Aller se faire pendre ailleurs*, se dit à qqn (ou à propos de qqn) dont on a souffert et avec qui on ne veut plus avoir affaire. *Dire pis que pendre de qqn*: dire de qqn le plus grand mal. C. v. pron. Se suspendre, s'attacher, s'agripper. / Se suicider en se suspendant par le cou. (Au fig.) *Se pendre aux lèvres de qqn*: écouter avec fascination ce qu'il est en train de dire.
pendu, e adj. et n. Accroché par le haut. *Un tableau pendu au mur.* Loc. *Avoir la langue bien pendue*: être bavard. / n. Personne qui subit, a subi le supplice de la pendaison. *La corde du pendu.*
pendulaire adj. Du pendule. *Mouvement pendulaire.*
pendule [1] n. m. PHYS. Tout solide oscillant dans un plan vertical autour d'un axe horizontal et dont la période d'oscillation est indépendante de la masse du solide considéré. *L'angle balayé par le pendule est indépendant de la période d'oscillation et les oscillations sont dites « isochrones »; le temps d'une oscillation complète est indépendant de l'amplitude de l'oscillation.*
pendule [2] n. f. Horloge dans laquelle le mouvement de rotation des aiguilles est produit par les oscillations d'un pendule (le balancier), ou d'un pendule de torsion, entretenues soit électriquement, soit par la tension d'un ressort, soit encore par des poids.
pendulette n. f. Petite pendule.
pêne n. m. Pièce d'une serrure, actionnée par une clé, qui s'engage dans la gâche pour fermer une porte, une fenêtre.
Pénélope MYTH. GR. Femme d'Ulysse et mère de Télémaque, dont *L'Odyssée* a fait un symbole de la fidélité conjugale: pendant la longue absence d'Ulysse, elle est harcelée par des prétendants de plus en plus pressants et, pour les repousser, elle a recours à la ruse; elle choisira l'un d'eux lorsque la tapisserie qu'elle tisse sera terminée; mais elle défait chaque nuit son travail du jour.
pénéplaine n. f. GÉOGR. Plaine dépourvue de reliefs saillants, avec de faibles différences d'altitude et des pentes très peu marquées. *La pénéplaine finlandaise.*
pénéplané, e adj. GÉOGR. Qui a, a pris la forme d'une pénéplaine.
pénétrant, e adj. Qui pénètre. *Froid pénétrant.* / Perspicace. *Un esprit pénétrant.*
pénétration n. f. Mouvement par lequel un corps entre dans un autre. / Fig. Vivacité d'esprit, perspicacité qui permet de saisir des problèmes difficiles.
pénétré, e adj. Profondément imprégné (d'un sentiment, d'une conviction). / (souvent ironique) *Un air pénétré*, convaincu.

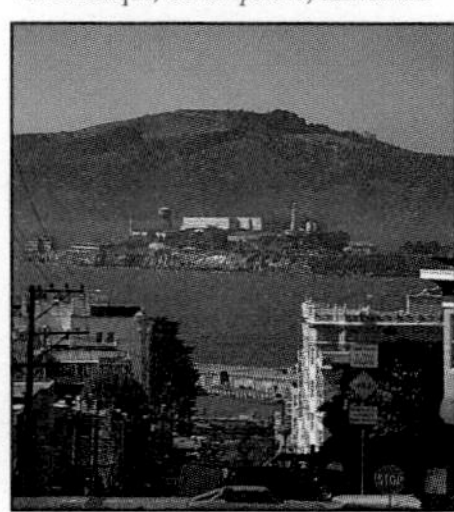

Le **pénitencier** *d'Alcatraz, à San Francisco.*

pénétrer v. i. / v. t. [1] **A.** v. i. S'enfoncer, entrer en profondeur, s'infiltrer (dans qqch.). *Le vent froid pénètre partout.* / S'introduire, entrer. *Pénétrer dans une vaste forêt.* **B.** v. t. S'enfoncer dans (en traversant de part en part ou non). *Ce clou est trop court pour pénétrer cette planche.* / Posséder sexuellement, par intromission du pénis. / Envahir. *L'armée ennemie pénétra massivement ce territoire.* / Fig. Transpercer. *Une bise glaciale qui vous pénètre jusqu'aux os.* / Fig. Imprégner, marquer profondément. *Certitude qui pénètre l'esprit.* / Fig. Comprendre, saisir le sens caché, la nature profonde de. *Pénétrer un redoutable secret. Pénétrer les visées de qqn.* **C.** v. pron. *Se pénétrer de*: se convaincre, s'imprégner (d'une idée, d'un sentiment). *Pénétrez-vous bien de ces règles fondamentales.*
pénibilité n. f. Litt. Caractère de ce qui est pénible.
pénible adj. Que l'on fait, que l'on subit avec peine. *Travail, situation pénible.* / Douloureux, affligeant. *De pénibles souvenirs.* / Fam. (En parlant de personnes) Irritant, agaçant. *Comme vous êtes pénible !*
péniblement adv. Avec peine.
péniche n. f. Grand bateau à fond plat, utilisé pour le transport fluvial. *Un train de péniches.* / *Péniche de débarquement*: bâtiment militaire à fond plat, pour le débarquement de troupes sur une plage.
pénicille Voir **pénicillium**
pénicillines n. f. pl. PHARM. Groupe d'antibiotiques dont la plus ancienne, la pénicilline naturelle, a été isolée à partir du pénicillium (A. Fleming, 1928) et constitue le premier antibiotique découvert. *Il existe plusieurs pénicillines semi-synthétiques, obtenues par modification chimique de la pénicilline naturelle.*
pénicilliose n. f. MÉD. Mycose due au pénicillium.
pénicillium ou **pénicille** n. m. BIOL. Champignon du groupe des ascomycètes, se développant sur certains aliments sous forme de moisissures, dont une espèce fournit la pénicilline naturelle.
pénien, enne adj. ANAT. Propre ou relatif au pénis. *Étui pénien.*
péninsule n. f. Grande étendue de terre qui s'avance dans la mer et se rattache au continent par une partie plus étroite. *La péninsule Ibérique.*
pénis n. m. ANAT. Organe mâle de l'accouplement. Syn. verge.
pénitence n. f. RELIG. Regret qu'éprouve le pécheur d'avoir offensé Dieu, qui le porte à réparer la faute commise et sincèrement avouée, et qui est accompagné de la ferme résolution de ne plus recommencer. / Un des sept sacrements de l'Église catholique, administré par le prêtre lors de la confession, auj. appelé *sacrement de réconciliation.* / Peine imposée par le prêtre au pénitent pour la rémission de ses péchés. / Mortification que l'on s'impose pour expier ses péchés. *Faire pénitence.* / Fig. Punition. *Mettre un enfant en pénitence.*
pénitencerie n. f. DR. CANON. *Pénitencerie apostolique* ou (absol.) *Pénitencerie*: tribunal apostolique qui siège à Rome.
pénitencier n. m. Prison dans laquelle on purge une peine d'emprisonnement, de relégation ou de travaux forcés. / RELIG. CATHOL. Prêtre chargé par l'évêque de son diocèse d'absoudre certains cas réservés. *Grand pénitencier*: cardinal qui préside la Pénitencerie.

pénitent adj. et n. **A.** adj. Repentant. *Pécheur pénitent.* Ant. impénitent. **B.** n. Personne qui confesse ses péchés. *Les pénitents se groupent autour du confessionnal.* / n. m. Membre d'une confrérie religieuse ou laïque s'imposant certaines mortifications, ou pénitences, et pratiquant des œuvres de charité. *Lors des cérémonies publiques, les pénitents portent une longue robe et une cagoule. Les pénitents blancs, les pénitents noirs.*
pénitentiaire adj. Relatif aux prisons, aux prisonniers. *Régime pénitentiaire.*
pénitentiel, elle adj. et n. m. RELIG. CATHOL. Propre ou relatif à la pénitence. / n. m. Ancien recueil des pénitences encourues en fonction du type de péché.
Penn (William) 1644-1718 Quaker anglais. Fils d'un amiral, il s'affilia à la secte religieuse des quakers en 1666. Ayant obtenu la concession d'un territoire en Amérique du Nord, il y fonda pour ses coreligionnaires, fuyant les persécutions et l'intolérance, l'actuelle Pennsylvanie (1681), et la ville de Philadelphie. Il jeta les bases de la Constitution de l'État, qui inspira en partie la législation des États-Unis.
Penn (Irving) 1917 Photographe américain. Il réalisa des photos de mode (une centaine de couvertures pour le magazine *Vogue*), des natures mortes, une série sur les métiers, des portraits de célébrités.
Penn (Arthur) 1922 Cinéaste américain. Rompant avec les schémas hollywoodiens, il donna aux genres du western et du film policier un réalisme nouveau, y introduisant la violence et le déchirement : *Le Gaucher* (1958), *La Poursuite impitoyable* (1966), *Little Big Man* (1970), westerns ; *Bonnie and Clyde* (1966), *Georgia* (1981).
penne n. f. ZOOL. Grande plume rigide de l'aile et de la queue des oiseaux. *Les pennes de l'aile sont les rémiges et celles de la queue les rectrices.* / Chacun des ailerons de plume qui forment l'empennage d'une flèche.
penné, e adj. BOT. Dont les nervures sont disposées comme les barbes d'une plume. *Une feuille composée pennée.*
Pennines (les) Massif de moyennes montagnes (culminant à *893 m* au Cross Fell), aux roches d'âge primaire, du centre de la Grande-Bretagne. Étiré sur *250 km* du nord au sud, il domine les bassins houillers du Lancashire à l'ouest, du Yorkshire et du Durham à l'est, et les Midlands au sud.
pennon Voir **penon**
Pennsylvanie *117348 km² 12019661 h.* État du nord-est des États-Unis. Capitale *Harrisburg*. La Pennsylvanie, dont le territoire avait été cédé à William Penn par Charles II d'Angleterre en 1681, joua un

William Penn.

Saint Jérôme **pénitent**, *tableau de Francisco Salzillo, sculpteur baroque espagnol (1707-1783).*

rôle important dans la révolution américaine et sa préparation ; c'est à Philadelphie que la Déclaration d'indépendance fut signée (1776) et la Constitution des États-Unis élaborée (1787). C'est un État agricole (élevage laitier, poulets, céréales, exploitation forestière), mais surtout industriel : exploitation du charbon, du pétrole et du gaz naturel, aujourd'hui en déclin. Des industries diversifiées (secteur fort : la sidérurgie) se sont développées autour des métropoles : Pittsburgh et Philadelphie.
penny n. m. (mot anglais) Monnaie anglaise en bronze, valant le centième de la livre. / Pièce de cette valeur. Pl. Des *pennies.*
pénombre n. f. PHYS. Partie d'un objet qui reçoit quelques-uns des rayons lumineux émis par une source non ponctuelle. / Demi-jour, lumière tamisée.
penon ou **pennon** n. m. FÉOD. Flamme, étendard d'un chevalier. / MAR. Girouette, banderole attachée à une vergue et indiquant la direction du vent.
pensable adj. Qui peut être conçu, imaginé. *Ce n'est pas pensable* : ce n'est pas imaginable.
pensant, e adj. et n. Qui pense, qui est capable de penser. *Sujet pensant.* / n. *Bien (mal) pensant* : personne dont les convictions sont (ou non) conformes aux principes établis (en matière religieuse notamment). *« La Grande Peur des bien-pensants », ouvrage de Georges Bernanos.*
pense-bête n. m. Fam. Moyen mnémotechnique de ne pas oublier qqch. *Un bureau couvert de post-it qui servent de pense-bêtes.* Pl. Des *pense-bêtes.*
pensée [1] n. f. Faculté de réfléchir, activité de l'esprit. / Produit de cette faculté. *Exprimer sa pensée.* / Conception philosophique, position intellectuelle. *La pensée de Sartre, la pensée marxiste.* / Dessein, intention. / Brève maxime. *Les Pensées de Pascal.*
pensée [2] n. f. BOT. Plante de la famille des violacées, à fleurs veloutées blanches, jaunes ou violettes, parfois cultivée comme plante ornementale.
Pensées Titre sous lequel furent publiés en 1670 les fragments d'une œuvre inachevée de Blaise Pascal : *Apologie de la religion chrétienne.* Pascal s'attache, par le raisonnement, à entraîner l'adhésion des incrédules à la foi. L'ouvrage devait sans doute comporter deux parties : l'une montrant la « misère de l'homme sans Dieu », la bassesse de la nature humaine et l'incapacité de la raison à expliquer les questions ontologiques ; l'autre engageant le lecteur à parier sur l'existence de Dieu (*pari de Pascal*) et à découvrir la « félicité de l'homme avec Dieu ». Les notes laissées par Pascal, désordonnées, ont donné lieu à plusieurs éditions : selon leur ordre de rédaction (Brunschvicg puis Lafuma), selon l'ordre reconstitué du plan (Chevalier).
penser [1] v. i. / v. t. [1] **A.** v. i. Concevoir, élaborer des idées, des concepts, des jugements, dans son esprit, grâce à ses facultés de discernement. *« Je pense, donc je suis »* (Descartes). *Façon de penser* : raisonnement, jugement. *Je ne suis pas d'accord avec cette façon de penser.* **B.** v. t. dir. Avoir dans l'esprit. *Il pense réellement tout ce qu'il dit.* / Concevoir, considérer (qqch.) d'un point de vue déterminé. *Il faut penser ce problème d'une autre manière.* / Croire, estimer. *Nous pensons que vous avez bien agi.* / *Penser* (+ inf.) : avoir pour projet de. *Je pense m'absenter deux semaines.* **C.** v. t. ind. *Penser à* : réfléchir à, porter son attention, son esprit sur. *Je penserai à votre proposition.* / *Faire penser à* : rappeler, évoquer par ressemblance. *Son regard me fait penser à celui de son père.* / Se souvenir de (qqn, qqch.). *Je pense toujours à lui.* / Garder à l'esprit (qqch. à faire). *Pensez à bien fermer les volets avant de partir.* / *Sans penser à mal* : sans intentions malveillantes. / *« Honni soit qui mal y pense » (devise de l'ordre britannique de la Jarretière)* : honte à celui qui trouverait quelque mal à cela.
penser [2] n. m. Vx Faculté de penser. / Litt. *« Sur des pensers nouveaux, faisons des vers antiques »* (A. Chénier).
penseur n. m. Personne qui pense. / Personne dont la pensée embrasse les plus vastes connaissances au cours d'une période, dans un domaine. *Les penseurs de l'antiquité grecque. Les penseurs chrétiens.*
Penseur (le) Bronze de Rodin qui, à l'origine, devait figurer Dante dans *La Porte du paradis* ; lorsque le projet fut abandonné, Rodin présenta cette œuvre isolément en 1888, la modifia et lui donna sa forme définitive en 1904.
pensif, ive adj. Plongé dans ses pensées. *Rester pensif.* / Qui dénote un esprit occupé à penser. *Un air pensif.*
pension n. f. Somme que l'on verse pour être hébergé et nourri ; le fait d'être hébergé et nourri contre rétribution. *La pension est de tant par mois. Pension complète.* / Lieu d'hébergement. *Pension de famille.* / Pensionnat. *Mettre son fils en pension. Pension de jeunes filles.* / Somme versée périodiquement par un organisme social. *Pension de retraite. Pension d'invalidité. Toucher sa pension.*
pensionnaire n. Personne qui est logée

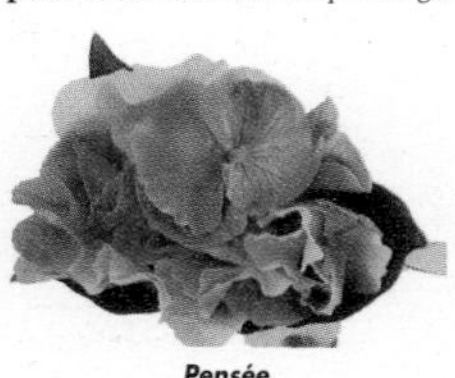

Pensée.

et nourrie moyennant le versement d'une pension. / Élève interne d'un établissement scolaire. / Étudiant, artiste de l'Académie de France à Rome. *Pensionnaire de la Villa Médicis.* / *Pensionnaire de la Comédie-Française* : comédien, comédienne qui reçoit un salaire fixe (par opposition aux sociétaires, qui participent aux bénéfices). / HIST. *Grand pensionnaire* : titre que portait le premier magistrat dans les villes des Provinces-Unies.
pensionnat n. m. Établissement scolaire où les élèves sont pensionnaires ; ensemble de ces élèves.
pensionné, e adj. et n. Qui bénéficie d'une pension. *Il est pensionné. Un pensionné de la guerre d'Algérie.*
pensivement adv. De façon pensive ; avec un air pensif.
pensum n. m. (mot latin) Vieilli Punition infligée à un élève sous forme de travail supplémentaire. / Fig. Travail pénible et ennuyeux. Pl. Des *pensums.*
pentacle n. m. Figure en étoile à cinq branches.
pentaèdre n. m. GÉOM. Solide à cinq faces.
pentagonal, ale, aux adj. En forme de pentagone.
pentagone n. m. GÉOM. Polygone à cinq angles et cinq côtés. *Un pentagone est dit régulier s'il a cinq côtés et, donc, cinq angles égaux ; il peut alors être circonscrit à un cercle ou inscrit dans un cercle.*
Pentagone (le) Nom donné au secrétariat à la Défense et à l'état-major de l'armée aux États-Unis. Ces services sont logés dans un bâtiment, à Washington, dont la forme évoque un pentagone.
pentaprisme n. m. PHOTO. Prisme en verre utilisé dans le viseur des appareils photographiques et des caméras pour transmettre à l'oculaire la vision correcte de l'image renvoyée par le miroir réfléchissant (appareil à visée réflexe). *Le pentaprisme permet l'observation d'une image redressée, donc non inversée, identique à ce que voit l'œil, ce qui simplifie la prise de vue des sujets en mouvement.*
Pentateuque (le) Ensemble des cinq premiers livres de l'Ancien Testament, appelés *Torah* (« la Loi ») par les juifs. Cet ensemble comprend la Genèse, l'Exode, le Lévitique, les Nombres et le Deutéronome.
pentathlon n. m. Compétition sportive d'athlétisme comportant cinq épreuves : saut en longueur, lancer du javelot, lancer du disque, course de 200 mètres, course de 1 500 mètres. *Pentathlon moderne* : épreuve olympique comportant tir au revolver ou au pistolet, natation, escrime à l'épée, équitation, cross. / ANTIQ. GR. Ensemble de cinq exercices : saut, course, disque, javelot, lutte.
pente n. f. Inclinaison (d'un terrain, d'une surface) par rapport au plan horizontal. *La pente d'un toit. Terrain en pente.* / Ce terrain, cette surface. *Monter une pente douce, abrupte.* / GÉOGR. *Rupture de pente* : changement brusque d'inclinaison. / MATH. *Pente d'une droite* : angle formé par une droite et sa projection orthogonale sur le plan horizontal. / TECH. Inclinaison d'un axe, d'une route, exprimée en centimètres par mètre de longueur. *Une pente à 8 pour cent est une pente d'inclinaison de 8 cm pour 100 m.* / Penchant ; ce qui entraîne (généralement vers le bas). *Être sur la mauvaise pente.*
pentecôtisme n. m. RELIG. Mouvement religieux chrétien qui prône un retour aux

pratiques de l'Église primitive. *Le pentecôtisme est né aux États-Unis, au début du XXe siècle, au sein des congrégations baptistes.*

pentecôtiste n. et adj. Adepte du pentecôtisme. / adj. Du pentecôtisme. *Congrégation pentecôtiste.*

Penthésilée MYTH. GR. Amazone, fille d'Arès. Elle vint à Troie au secours de Priam et fut tuée par Achille.

Penthièvre (le) Comté puis duché breton, qui s'étendait entre Guingamp, Lamballe et Loudéac.

penthotal n. m. PHARM. Barbiturique à action immédiate et brève, utilisé en narcoanalyse sous le nom de sérum de vérité.

pentose n. m. BIOCHIM. Ose à cinq atomes de carbone. *Le ribose, l'arabinose, le ribulose sont des pentoses.*

pentu, e adj. En pente.

pénultième adj. et n. f. Avant-dernier. / n. f. LING. Avant-dernière syllabe d'un mot.

pénurie n. f. Manque. *Pénurie de sucre.* / Absol. Misère.

Penzias (Arno) 1933 Physicien américain, qui, avec R. Wilson, découvrit le rayonnement fossile à 3 °K de l'Univers. Cette découverte apportait une confirmation de la théorie de l'expansion de l'Univers issue du big bang.

péon n. m. (mot espagnol) En Amérique du Sud, berger, ouvrier agricole / En tauromachie, l'un des aides du matador.

pep n. m. (mot anglais) Dynamisme, entrain.

pépé n. m. Pop. Dans le langage enfantin, grand-père. / Par ext. Homme âgé. *Un pépé traversait la rue.*

pépée n. f. Fam. Jeune fille, jeune femme.

pépère n. m. et adj. **A.** n. m. Pop. Grand-père, dans le langage enfantin. / Homme, enfant, assez gros et d'allure tranquille. **B.** adj. Calme, tranquille. *Une existence pépère.*

Pépi II v. 2270-v. 2180 av. J.-C. Pharaon de la VIe dynastie; selon les chroniques, il régna environ 90 ans, ce qui constitue le plus long règne de l'Histoire;

pépie n. f. VÉTÉR. Pellicule qui recouvre la langue des oiseaux atteints de stomatite. / Fig., fam. *Avoir la pépie*: avoir très soif.

pépiement n. m. Action de pépier; cri des jeunes oiseaux.

pépier v. i. [1] (En parlant des jeunes oiseaux) Crier.

pépin [1] n. m. Graine de certains fruits. *Fruits à pépins.* / Fam. Ennui. *Nous avons eu un pépin avec la voiture.*

pépin [2] n. m. Fam. Parapluie. *Prends ton pépin, il pleut.*

Pépin Nom de deux maires du palais. **Pépin de Landen** ou **l'Ancien** (saint) ?-640 Originaire de la région Meuse-Escaut, il fut maire du palais d'Austrasie sous les règnes de Clotaire II et de Dagobert Ier. **Pépin de Herstal** ou **le Moyen** v. 635 ?-714 Petit-fils du précédent (par sa mère), maire du palais d'Austrasie (680). En 687, il battit les Neustriens et réunit la Neustrie, la Bourgogne et l'Austrasie, reconstituant l'unité du royaume franc. Il eut pour fils Charles Martel.

Pépin le Bref v. 715-768 Maire du palais (741-751) puis roi des Francs (751-768), le premier des Carolingiens. Fils de Charles Martel, il hérita de la Neustrie, de la Bourgogne et de la Provence, tandis que son frère Carloman recevait l'Austrasie mais se retirait en 747. Pépin, ayant reconstitué l'unité du royaume, déposa

Arno Penzias.

Samuel Pepys.

avec l'accord du pape Zacharie le roi mérovingien Childéric III. Il se fit élire roi à Soissons, fondant la dynastie carolingienne (751). Sacré par le pape Étienne II en 754, il lui donna des territoires italiens enlevés aux Lombards (756), créant ainsi les États pontificaux. Il soumit l'Aquitaine. Son royaume fut partagé entre ses fils Carloman et Charles (Charlemagne).

Pépin 777-810 Roi d'Italie (781-810). Second fils de Charlemagne (Carloman), il prit le nom de Pépin en 781. Il reçut en 806 la Bavière et l'Alémanie.

Pépin Ier 803-838 Roi d'Aquitaine (817-838). Il se révolta à plusieurs reprises, avec ses frères Louis et Lothaire, contre son père Louis le Débonnaire. **Pépin II** v. 823-865 ? Roi d'Aquitaine (838-852). Allié de Lothaire qui s'opposait à Charles le Chauve, il fut (852) dépouillé de son royaume par ce dernier, qui l'emprisonna. Évadé, menant une vie d'aventurier, il fut repris en 864 et mourut en prison.

pépinière n. f. Terrain où l'on sème les graines destinées à donner des plants d'arbres qui seront repiqués. / L'ensemble de ces jeunes plants. / Fig. Établissement, lieu, pays d'où sont issues un grand nombre de personnes excellant dans un domaine particulier. *L'Italie fut une pépinière d'artistes.*

pépiniériste n. Personne qui cultive des pépinières.

pépite n. f. Petite masse de métal natif, notamment d'or.

péplum n. m. (mot latin) ANTIQ. Vêtement de femme long et léger, sans manches et fermé sur l'épaule par des agrafes, porté par les Grecques et les Romaines. / Fig., fam. Film à grand spectacle portant sur un épisode de l'Antiquité.

pepsine n. f. BIOCHIM. Enzyme protéolytique du suc gastrique.

peptide n. m. BIOCHIM. Molécule formée par l'union d'acides aminés liés par des liaisons peptidiques.

peptidique adj. BIOCHIM. Relatif aux peptides. *Liaison peptidique*: liaison –CO–NH– entre la fonction carboxyle d'un acide aminé et la fonction amine d'un autre acide aminé. / De la nature des peptides. *Une hormone peptidique.*

peptidoglycanes n. m. pl. BIOCHIM. Groupe de macromolécules constituées de polysaccharides linéaires reliés entre eux par de courts peptides. *Les peptidoglycanes sont les composants essentiels de la paroi bactérienne.*

Pepys (Samuel) 1633-1703 Écrivain anglais, haut fonctionnaire de l'Amirauté, il écrivit un *Journal* en langage codé, déchiffré et publié seulement en 1825; il s'y montre d'une étonnante sincérité, contant ses frasques et dressant un portrait pittoresque de la vie à Londres entre 1660 et 1669 (couronnement de Charles II, ravages de la peste, incendie de la capitale).

péquenot, otte ou **péquenaud, aude** ou **pecquenot, otte** ou **pecquenaud, aude** ou **pecnot, otte** n. Pop., péjor. Paysan.

péquin Voir **pékin**

Perak *21 005 km² 1 900 000 h.* État de Malaysia, dans la péninsule malaise. Capitale *Ipoh*. L'État vit de la sylviculture, de l'agriculture et de ses mines d'étain (le plus riche gisement du monde). Ce sultanat, indépendant en 1528, passé sous suzeraineté siamoise au XVIIIe siècle, de nouveau indépendant en 1826, accepta le protectorat britannique en 1875 et rejoignit (1896) l'Union des États fédérés malais, puis (1947) la fédération de Malaisie.

péramèle n. m. ZOOL. Marsupial insectivore, de petite taille (environ 30 cm), au museau allongé.

percale n. f. Étoffe de coton, fine et très serrée.

perçant, e adj. Qui perce. / Fig. *Froid perçant*: froid vif. / (En matière sonore) Aigu et puissant. *Cris perçants.* / (En matière visuelle) D'une grande acuité. *Œil perçant.* / (En matière intellectuelle). Perspicace. *Esprit perçant.*

perce n. f. Outil pointu en acier pour faire des trous. / Ouverture pratiquée dans un tonneau pour en tirer le contenu. *Mettre un tonneau en perce.* / MUS. Canal des instruments de musique à vent. *La perce conique du hautbois.*

percée n. f. Accès ménagé dans un ensemble dense. *Faire une percée dans une forêt, dans la foule.* / ARCHIT. Ouverture dans un bâtiment. / METALL. Ouverture pratiquée dans le haut fourneau pour permettre au métal en fusion de s'écouler.

percement n. m. Action de percer. *Le percement d'une porte.*

perce-neige n. f. ou m. inv. BOT. Plante de la famille des amaryllidacées, dont les fleurs blanches éclosent à la fin de l'hiver.

perce-oreille n. m. ZOOL. Forficule. Pl. Des *perce-oreilles.*

percepteur, trice adj. et n. m. Qui perçoit. *Organes percepteurs des sensations.* / FIN. n. Agent du Trésor public chargé du recouvrement de l'impôt.

perceptible adj. Que l'on peut percevoir par les sens. Ant. imperceptible. / Fig. Que l'on peut appréhender par l'esprit. *Une finesse de raisonnement peu perceptible.* / FIN. Qui peut être perçu, en tant qu'impôt.

perception n. f. Activité par laquelle l'esprit se forme, par l'intermédiaire des sens, des représentations du monde extérieur et de ses qualités. / Contenu de ces représentations. / FIN. Recouvrement de l'impôt; fonction du percepteur; local où sont perçues les taxes d'imposition.

percer v. t. / v. i. [1] **A.** v. t. Faire un trou de part en part dans (qqch.), trouer, perforer. *Percer une feuille de papier. Percer une muraille.* / Ménager un passage (dans). *Percer un tunnel.* / Vieilli Blesser avec une arme pointue. *On le perça de plusieurs coups.* Au fig. *Cela me perce le cœur*: cela m'afflige, me peine vivement. / Par métaph. *Musique, bruit qui percent les oreilles, le tympan*: musique, bruit trop violents, insupportables à entendre. / Traverser, se manifester à travers. *Fanal d'un phare qui perce la nuit. Percer les lignes ennemies*: pénétrer dans la zone sous contrôle ennemi. / Fig. Comprendre le sens, la portée de (ce qui est caché). *S'évertuer à percer un secret. Percer qqn à jour,* le démasquer. **B.** v. i. S'ouvrir un passage, pousser (en traversant qqch.). *Petites pousses qui percent à peine. Rayons de soleil qui percent dans un ciel de plomb. Les dents de cet enfant commencent à percer. Abcès qui perce,* qui crève. / Fig. Transparaître, se manifester. *L'hypocrisie perçait dans ses propos.* / Connaître le succès, la célébrité. *Acteur qui perce du jour au lendemain.*

perceuse n. f. Machine-outil servant à percer des trous.

Perceval Héros de l'œuvre inachevée de Chrétien de Troyes, *Perceval ou le Conte du Graal* (v. 1180): Perceval, chevalier de la Table ronde, part à la recherche du Graal, ce vase sacré dont Jésus se serait servi lors de la Cène et qui assure à son détenteur une jeunesse éternelle. L'œuvre a inspiré les légendes germaniques et l'opéra de Wagner, *Parsifal* (1882).

percevoir v. t. [3] Sentir, connaître par les sens ou par l'esprit. *Percevoir un bruit étrange. Percevoir une erreur de raisonnement.* / Recevoir, encaisser (une somme d'argent). *Il perçoit un gros salaire. Les taxes et les impôts que l'État perçoit.*

perche [1] n. f. Pièce de bois ou de métal, longue et mince et de section circulaire. / AUDIOV. Longue tige supportant un micro. / VÉNER. Bois principal d'un cervidé où sont fixés les andouillers. / SPORT *Saut à la perche*: saut en hauteur en prenant appui sur une perche.

perche [2] n. f. ZOOL. Poisson téléostéen de l'ordre des perciformes, qui possède deux nageoires dorsales épineuses. *La perche vit en rivière et dans les lacs.*

Perche (le) Région de l'ouest du Bassin parisien, entre la Normandie, le Maine et la Beauce, formée de collines humides et boisées. Le Perche, ancien comté français rattaché au domaine royal en 1525, réputé pour ses chevaux de trait (percherons), s'oriente aujourd'hui vers l'élevage bovin (viande et lait).

Perche.

P

percher v. i. / v. t. / v. pron. [1] **A.** v. i. (En parlant d'un oiseau). Se poser en un endroit élevé, sur une branche. / Fig., fam. (En parlant de personnes) Habiter en un endroit élevé. *Elle perche dans une chambre sous les toits.* / Par ext., fam. Habiter. *Je perche dans le Marais.* **B.** v. t. Placer (qqch.) en hauteur. *Pourquoi as-tu perché ce vase en haut de l'armoire ?* **C.** v. pron. (En parlant d'un oiseau). Percher. *Un moineau s'est perché sur le bord du toit.* / Fam. Se tenir, se mettre dans un endroit élevé. *Je me suis perché sur le mur du jardin*

percheron, onne adj. et n. Du Perche. / Cheval de trait, lourd et puissant.

perchiste n. SPORT. Sauteur à la perche. / AUDIOV. Technicien qui manipule la perche supportant un micro.

perchlorate n. m. CHIM. Sel de l'acide perchlorique, utilisé notam. dans la fabrication d'explosifs.

perchlorique adj. CHIM. *Acide perchlorique* : acide de formule $HClO_4$, très oxydant.

perchman n. m. AUDIOV. Anglicisme pour perchiste.

perchoir n. m. Endroit où perchent les oiseaux, les volailles de basse-cour. / Fig., fam Lieu d'habitation élevé. / Fam. Tribune du président de l'Assemblée nationale ; présidence de l'Assemblée nationale.

Percier (Charles) 1764-1838 Architecte et décorateur français. Il est l'un des grands maîtres du style Empire, avec Fontaine, qui collabora à la plupart de ses œuvres (arc de triomphe du Carrousel, travaux au Louvre et aux Tuileries, décoration d'hôtels particuliers).

perciformes n. m. pl. ZOOL. Vaste ordre de poissons téléostéens à nageoires épineuses, auquel appartiennent la perche, le maquereau, la daurade, le mulet, la vive, le gobie, etc.

perclus, use adj. *Perclus de rhumatismes* : paralysé par les rhumatismes.

percnoptère n. m. ZOOL. Petit vautour au plumage noir et blanc. *Le percnoptère vit autour du bassin méditerranéen, en Afrique, en Asie.*

percolateur n. m. Appareil permettant de faire du café en grande quantité, à l'aide d'eau sous pression.

percussion n. f. Action de frapper. / Choc entre deux corps. / MILIT. *Arme à percussion* : arme dans laquelle le feu est communiqué à la charge par le choc d'une pièce métallique contre une capsule détonante. / *Instruments à percussion* : instruments de musique dont on joue en les frappant avec la main ou avec une baguette, une mailloche, un maillet (caisse, cymbales, gong, tambour, tambourin, timbale, triangle, vibraphone, xylophone, etc.). / MÉD. Méthode d'exploration clinique consistant à frapper avec les doigts ou un instrument une région du corps pour reconnaître, au son, l'état de l'organe.

Instrument à **percussion** : la conga.

percussionniste n. Musicien qui joue d'un instrument à percussion.

percutané, e adj. MÉD. Qui se fait à travers la peau. *Médicament administré par voie percutanée.*

percuter v. t. / v. i. [1] **A.** v. t. Rencontrer violemment (un obstacle). *Percuter un mur.* / Frapper (qqch.) avec un percuteur. *Percuter l'amorce.* / Examiner (un organe) en utilisant la méthode de la percussion. *Percuter l'abdomen.* **B.** v. i. Éclater en heurtant. *Après avoir frappé la cible, l'obus est tombé sans avoir percuté.* / *Percuter contre* : heurter violemment. *Sa tête a percuté contre un mur.* / Absol. Fam. Comprendre. *Désolée, j'avais pas percuté.*

percuteur n. m. Dans une arme à feu, pointe métallique, déclenchée par la gâchette, qui frappe l'amorce pour mettre la charge à feu.

perdant, e adj. et n. Qui perd. *Numéros perdants.* / Subst. *Le camp des perdants.*

Perdiguier (Agricol) 1805-1875 Homme politique français. Compagnon menuisier (sous le nom d'Avignonnais la Vertu), il relata son tour de France dans *Mémoires d'un compagnon* (1854), document irremplaçable sur la vie ouvrière en France avant le développement de l'industrialisation. Député en 1848, il a été proscrit lors du coup d'État du 2 décembre 1851. Auteur du *Livre du Compagnonnage*, il fonda, à son retour à Paris, une école d'éducation populaire.

perdition n. f. THÉOL. État de celui, de celle qui s'éloigne de Dieu, vit dans le péché. Vx ou plaisant *Lieu de perdition* : lieu de débauche. / MAR. *Navire en perdition* : navire en danger de faire naufrage.

perdre v. t. / v. i. [3] **A.** v. t. Être privé de la jouissance de (un bien matériel, un avantage, une qualité). *Perdre une grosse somme au jeu. Perdre son honneur. Perdre la face* : être discrédité. / Ne plus avoir avec soi, sur soi ; égarer. *Perdre son portefeuille.* / Être privé d'un élément constitutif de soi, d'une faculté physique ou psychique dont on jouissait. *Perdre ses deux jambes dans un accident. Perdre la vue, l'ouïe* : devenir aveugle, sourd. *Perdre son sang* : saigner abondamment. / *Perdre la tête, la raison, l'esprit* : devenir dément et, au fig., déraisonner, s'affoler. / Cesser d'avoir (tel comportement, tel sentiment). *Perdre une mauvaise habitude. Perdre espoir.* / Cesser de superviser, d'être en contact (avec qqch., qqn). *Perdre le contrôle d'une situation. La meute perdit la trace du gibier. Perdre de vue* : ne plus apercevoir (qqch., qqn) et, au fig., ne plus avoir des nouvelles de (qqn). / Être privé de la présence de (qqn qui quitte, prend ses distances). *Son comportement lui fera perdre ses amis.* / Être privé de la présence de (qqn) par la mort. *Jeune encore, il perdit père et mère.* / Faire mauvais usage de. *Perdre un temps précieux.* / Ne pas mettre à profit, laisser échapper. *Perdre une bonne occasion.* / Être vaincu (à l'issue d'une épreuve de force), ne pas avoir le dessus. *Perdre une guerre, une partie d'échecs. Perdre un procès*, y être condamné ou débouté. / Fam. *Il ne perd rien pour attendre* : il subira tôt ou tard la punition, le châtiment qu'il mérite. / Causer un grave préjudice matériel ou moral à. *Son indiscrétion le perdra. Jurer de perdre qqn* : jurer de causer sa ruine morale, matérielle, ou de provoquer sa mort. **B.** v. i. Connaître la défaite, l'insuccès ; ne pas avoir le dessus. *Chaque fois qu'il joue, il perd.* Subir une perte de bénéfices. *Perdre gros dans une spéculation immobilière.* **C.** v. pron. S'égarer, ne plus savoir quel chemin prendre. *Se perdre dans une forêt à la tombée de la nuit.* / Ne plus être visible, disparaître. *Il s'échappa et se perdit dans la foule.* / Ne plus être observé, pratiqué. *Règles, traditions qui se perdent.* / Fig. *S'y perdre* : n'y rien comprendre. *Cet article est trop scientifique, je m'y perds. Se perdre dans les détails* : faire trop de digressions, s'attarder sur chaque détail. *Se perdre en conjectures* : ne savoir que penser de qqch., hésiter entre diverses suppositions.

perdreau n. m. Jeune perdrix née dans l'année.

perdrix n. f. ZOOL. Oiseau gallinacé de la famille des phasianidés, de taille moyenne, aux formes lourdes, qui niche au sol. *Perdrix grise, perdrix rouge, perdrix bartavelle. Chasser la perdrix.*

perdu, e adj. et n. **A.** adj. Qu'on ne possède plus. « *L'Honneur perdu de Katharina Blum* », *roman d'Heinrich Böll.* / Qu'on ne retrouve pas. *Objets perdus.* / Gaspillé ; employé sans profit. *À temps perdu* : aux moments de loisir. *À ses heures perdues, il jardine.* / Difficile à trouver. *Un village perdu dans la montagne.* / Que l'on n'a pas gagné. *Procès perdu.* / Dont le cas est désespéré. *Malade perdu.* / Corrompu. Vieilli *Fille perdue* : prostituée. / Qui a disparu, qui n'est plus visible. *Des arbres perdus dans la brume.* / Totalement absorbé. *Un enfant perdu dans ses rêves.* **B.** n. Fam. *Comme un, une perdu(e)* : de toutes ses forces. *Hurler comme un perdu.*

Perdu (mont) *3355 m* Sommet des Pyrénées espagnoles.

perdurer v. i. [1] Litt. Durer indéfiniment, longtemps. *Il ne faut pas que cette situation perdure.*

père n. m. Homme qui a engendré un ou plusieurs enfants. *Père naturel* : père dont les enfants sont nés hors du mariage ; *père biologique*, dont le sperme a servi à une fécondation in vivo ou in vitro suivie d'une naissance. / Ancêtre d'une suite de descendants. *Adam, le père de l'humanité.* / *Dieu le Père, Le Père Éternel* : Dieu, créateur de l'homme. / Fig. Homme à l'origine d'une œuvre, d'un mouvement. *Picasso, le père du cubisme.* Celui qui, tel un père, a montré son attachement à une cause. *Clemenceau, le père de la patrie.* / *Révérend père*, ou absol., *père* : titre donné à la plupart des prêtres catholiques membres du clergé régulier. *Le Père Teilhard de Chardin. Mon révérend père.* / Titre donné à la plupart des ecclésiastiques (prêtres ou évêques) depuis le concile Vatican II. *Le père Durant, curé de la paroisse, reçoit tous les lundis après-midi. Bonjour, père.* / *Père spirituel* : directeur de conscience. / *Les Pères de l'Église* : les docteurs de l'Église (IIe au VIIe s.), considérés comme les interprètes autorisés de la tradition chrétienne. *Ne sont considérés, dans l'Église catholique, comme « Pères de l'Église » que les théologiens répondant aux trois conditions d'antiquité, de sainteté et d'orthodoxie.* / *Le Saint-Père* : le pape. / Titre donné familièrement à un homme d'un certain âge. / Animal mâle qui a engendré un petit.

Perdrix bartavelle.

Père Goriot (le) 1834-1835 Roman de Balzac qui fait partie des *Scènes de la vie privée*, décrivant l'amour aveugle d'un père pour ses deux filles. Ingrates et frivoles, elles le dépouillent de tous ses biens et l'abandonnent : le père Goriot mène une vie misérable à la pension Vauquer et meurt seul, désespéré. Dans ce roman apparaissent d'autres personnages clés de *La Comédie humaine* : l'inquiétant Vautrin et le jeune ambitieux Eugène de Rastignac.

Père-Lachaise Cimetière parisien (20e arrondissement), le plus vaste de la capitale, aménagé en 1804 au nord-est de la ville sur l'emplacement d'un domaine où avait résidé le père La Chaise, confesseur de Louis XIV. De nombreux personnages célèbres y ont leur sépulture : Delacroix, La Fontaine, Molière, Musset, Chopin, Balzac,

Cimetière du **Père-Lachaise**.

Auguste Comte, etc. On y trouve aussi *le mur des Fédérés*, hommage aux derniers défenseurs de la Commune fusillés là en 1871.

Perec (Georges) 1936-1982 Écrivain français. Il s'est fait connaître avec son roman *Les Choses* (1965), sous-titré *Une histoire des années soixante*. Membre de l'Oulipo, il a multiplié les défis formels: *La Disparition* (1969), roman qui ne comporte pas une fois la lettre *e*, *Les Revenentes* (1972), où seule la voyelle *e* apparaît. Son œuvre romanesque exprime, à travers les recherches formelles et les jeux de références, la difficulté d'être et la remise en cause du monde contemporain: *Un homme qui dort* (1967), *W ou le souvenir d'enfance* (1975), *La Vie mode d'emploi* (1978).

pérégrination n. f. Vx ou litt. Voyage lointain. / (Au plur.) Déplacements incessants en des endroits variés.

Pereire (Jacob Émile) 1800-1875 Homme d'affaires français. Saint-simonien, il fit construire et administra les premières lignes de chemin de fer françaises et fonda le Crédit mobilier (1852), banque de prêt aux industriels qui favorisa l'essor économique sous le Second Empire, jusqu'à sa faillite en 1867. Soutenu par Napoléon III, il fut député de 1863 à 1869. **Isaac** 1806-1880 Homme d'affaires français, frère du précédent, qu'il seconda dans ses entreprises et qui fut, comme lui, député (1863-1869).

péremption n. f. DR. Annulation d'une procédure non poursuivie, après un certain temps déterminé par la loi. / *Date de péremption*, au-delà de laquelle un médicament, un produit ne doit plus être consommé ou utilisé.

péremptoire adj. DR. Propre à la péremption. / Décisif, irréfutable. *Argument péremptoire*. / Par ext. *Ton péremptoire*, autoritaire, sans réplique.

péremptoirement adv. De façon péremptoire.

pérenne adj. Vieilli Qui dure longtemps ou toujours. / GÉOGR. *Rivière pérenne*, qui n'est jamais à sec.

pérenniser v. t. [1] Rendre pérenne.

pérennité n. f. Caractère de ce qui est pérenne.

péréquation n. f. Répartition équitable des charges publiques entre tous les contribuables. / Réajustement des pensions et des traitements versés aux fonctionnaires. / Politique économique qui consiste à aligner le prix de vente des marchandises dont les prix de revient diffèrent ou à financer une aide à l'importation ou à l'exportation.

Peres (Shimon) 1923 Homme politique israélien. Premier ministre travailliste en en 1984-1986. Ministre des Affaires étrangères en 1986-1988 et en 1992-1995, dans le gouvernement dirigé par Y. Rabin, il fut l'un des principaux artisans de l'accord de paix israélo-palestinien signé à Washington en 1993. À ce titre, il reçut en 1994, avec Y. Rabin et Y. Arafat, le prix Nobel de la paix. Après l'assassinat de Rabin, il fut Premier ministre (1995-1996) mais perdit les élections de 1996 face au candidat du Likoud, B. Nétanyahou. Il abandonna en 1997 la conduite du parti travailliste, qu'il avait présidé de 1977 à 1992 et à partir de 1995. En 1999, sous le gouvernement d'E. Barak, il a été nommé ministre de la Coopération nationale. À la chute de Barak, il devient ministre des Affaires étrangères dans le gouvernement de coalition d'Ariel Sharon. Il en a démissionné à la fin de 2002.

perestroïka n. f. (mot russe) HIST. Réorganisation socio-économique mise en œuvre en U.R.S.S. par Mikhaïl Gorbatchev à partir de 1985 visant à plus d'efficacité et à une meilleure circulation de l'information (*glasnost*).

Péret (Benjamin) 1899-1959 Poète français. Rallié dès ses débuts au mouvement surréaliste, il a laissé une œuvre teintée de fantastique et d'humour: *Le Passager du transatlantique* (1921), *Le Grand Jeu* (1928), *Mort aux vaches et au champ d'honneur* (1953).

Peretz (Itzhac Leibouch) 1852-1915 Écrivain polonais de langues yiddish et hébraïque, pionnier de la littérature yiddish, auteur de nouvelles (*Histoires populaires*), de poèmes, d'essais et de pièces de théâtre (*La Nuit sur le Vieux Marché*).

Perey (Marguerite) 1909-1975 Physicienne française; elle découvrit en 1939 le francium, élément radioactif naturel.

Perez de Hita (Ginés) 1544?-1619? Écrivain espagnol. *Les Guerres civiles de Grenade* (1595 et 1604?), ouvrage qui mêle récit historique et éléments romanesques, relate d'une part les querelles intestines des Maures de Grenade, de la conquête à la Reconquista, d'autre part la révolte des morisques sous Philippe II.

perfectible adj. Que l'on peut perfectionner.

perfection n. f. Caractère de ce qui, en son genre, réunit toutes les qualités possibles. *La perfection d'un style*. Ant. imperfection. / État de ce qui est totalement achevé. / Fam. Chose ou personne exceptionnelle. / PHILO. Ensemble de toutes les qualités à leur plus haut degré. *La perfection de Dieu*.

perfectionnement n. m. Action de perfectionner; son résultat.

perfectionner v. t. [1] Améliorer. / v. pron. S'améliorer.

perfectionnisme n. m. Recherche exagérée de la perfection. *Le perfectionnisme d'un artiste*.

perfectionniste adj. et n. Qui cherche la perfection de façon exagérée. *Je ne vous savais pas si perfectionniste*. / Qui dénote une recherche de la perfection. *Manie perfectionniste*. / n. *C'est une perfectionniste*.

perfide adj. et n. Fourbe, sournois.

perfidement adv. Avec perfidie.

perfidie n. f. Action perfide. / Caractère de ce qui est perfide, d'une personne perfide.

perforateur, trice adj. et n. Qui sert à perforer. / n. f. Machine à perforer.

Shimon Peres.

Périanthe : calice et corolle d'une fleur.

perforation n. f. Action de perforer; son résultat. / MÉD. Ouverture accidentelle ou pathologique dans un organe. *Perforation intestinale*.

perforer v. t. [1] Faire un trou dans (qqch.). *Perforer un mur*.

performance n. f. Résultat obtenu par un concurrent dans une épreuve sportive, par un cheval dans une course, etc. *Indice de performance*: classement des voitures automobiles dans une course selon le rapport existant entre la vitesse et la cylindrée. / Résultat optimal obtenu par un matériel. *Performances d'un ordinateur*. / Exploit.

performant, e adj. TECHN. Capable de hautes performances. *Un appareil performant*. / Cour. *Une entreprise performante*.

perfuser v. t. [1] Pratiquer une perfusion sur (un patient), dans (un organe).

perfusion n. f. MÉD. Injection intraveineuse, à débit constant et prolongé, de sang, de plasma ou de solutés renfermant des substances médicamenteuses.

Pergame Ancienne ville du nord-ouest de l'Asie Mineure, capitale d'un puissant royaume hellénistique, dit *royaume de Pergame* (IIIe-IIe siècle av. J.-C.). Elle fut célèbre pour sa bibliothèque de 200 000 volumes, fondée par Attale (ou Attalos) Ier Sôter, roi de Pergame de 241 à 197 av. J.-C., qui s'allia à Rome contre Philippe V de Macédoine. Attale III, qui régna de 138 à 133 av. J.-C., légua son royaume à Rome. Des fouilles sur le site de Pergame ont mis au jour d'importants vestiges, notamment l'autel de Zeus conservé au Pergamonmuseum à Berlin.

Pergaud (Louis) 1882-1915 Écrivain français: *De Goupil à Margot*, roman animalier (1910); *La Guerre des boutons*, récit d'une guerre entre les enfants de deux villages qui s'emparent des boutons de l'adversaire comme trophées (1912), a été adaptée au cinéma en 1962 par Y. Robert.

pergélisol n. m. GÉOL. Syn. de *permafrost*.

pergola n. f. Galerie couverte à claire-voie, sur laquelle grimpent plantes et fleurs.

Pergolèse (Giovan Battista Pergolesi, en français **Jean-Baptiste)** 1710-1736 Compositeur italien de l'école napolitaine, auteur de musique instrumentale, religieuse (*Stabat mater*, 1736), et d'opéras-comiques, genre où il excella: *La Servante maîtresse* (1733).

Peri (Jacopo) 1561-1633 Compositeur italien de la cour des Médicis, auteur de pastorales (*Dafne*) et de la première œuvre à pouvoir, dans l'histoire de la musique, porter le nom d'opéra (*Euridice*, pour les noces de Marie de Médicis et d'Henri IV).

Péri (Gabriel) 1902-1941 Homme politique et journaliste français. Membre du Comité central du Parti communiste français (1929), il fut journaliste à *l'Humanité* et député (1932). Résistant, il fut fusillé par les Allemands.

périanthe n. m. BOT. Ensemble des pièces florales du calice et de la corolle.

périartérite n. f. MÉD. Lésion vasculaire nécrosante qui atteint diverses parties de l'organisme (reins, muscles, système nerveux) en altérant de manière grave l'état général du malade.

périarthrite n. f. MÉD. Inflammation douloureuse des tissus entourant une articulation (notam. épaule), limitant parfois les mouvements.

périastre n. m. ASTRON. Point de l'orbite d'un corps céleste le plus proche de l'astre autour duquel il gravite.

péricarde n. m. ANAT. Sac membraneux qui entoure le cœur et qui comprend un feuillet séreux, interne, et un feuillet fibreux, externe.

péricardite n. f. MÉD. Inflammation aiguë ou chronique du péricarde.

péricarpe n. m. BOT. Paroi d'un fruit, qui entoure la ou les graines. *Le péricarpe se compose de l'épicarpe (externe), du mésocarpe (intermédiaire) et de l'endocarpe (interne)*.

Périclès 495?-429 av. J.-C. Homme d'État athénien, membre de la famille des Alcméonides. Grâce à sa remarquable éloquence, il brilla de bonne heure à l'assemblée et devint dès 461 av. J.-C. le chef du parti démocratique. Il domina pendant trente ans la scène politique à Athènes, avec la seule fonction de stratège (réélu chaque année). Ayant réussi à éliminer tous ses rivaux en faveur de l'oligarchie, il demeura à la tête de l'État pendant quinze ans, de 443 à 429. Il engagea de grandes réformes démocratiques: il ouvrit à tous l'accès aux hautes magistratures et fit attribuer une rémunération à tous ceux qui exerçaient une fonction, permettant ainsi à tous les citoyens d'y accéder. Pour développer la puissance d'Athènes, il multiplia, hors de Grèce, les colonies ou *clérouquies* de citoyens d'Athènes. Il fit transporter à Athènes le trésor de la

Périclès.

ligue de Délos et força les alliés à contribuer financièrement à la grandeur d'Athènes: il entreprit de grands travaux, dont il confia la réalisation à Phidias, au port du Pirée et sur la colline de l'Acropole où fut édifié le Parthénon. Sa politique lui attira de violentes inimitiés: son ami Phidias, son maître Anaxagore, sa compagne Aspasie furent poursuivis en justice. Les Athéniens le suivirent néanmoins pour s'opposer à Sparte en 431. Ses ennemis le rendirent responsable des premiers échecs de la guerre du Péloponnèse (quand les Spartiates ravagèrent l'Attique en 430) et l'écartèrent du pouvoir. Il fut réélu stratège en 429 mais mourut peu après de la peste. Périclès, qui avait réuni à Athènes les plus brillants artistes et intellectuels de son temps (Sophocle, Socrate, Hérodote, Phidias, Anaxagore, Protagoras), avait si bien incarné la grandeur d'Athènes que cette brillante époque de la civilisation grecque prit le nom de « siècle de Périclès ».

péricliter v. i. [1] Aller progressivement à la ruine, à la faillite. *Société mal gérée et qui périclite.*

péridot n. m. MINÉR. Silicate naturel de magnésium et de fer

péridurale, ale, aux adj. MÉD. *Anesthésie péridurale* ou, n. f. *une péridurale*: anesthésie locale insensibilisant la région pelvienne, très utilisée en obstétrique. *La péridurale permet aux patientes de vivre un accouchement sans douleur; elle se pratique en injectant un anesthésique entre la septième vertèbre cervicale et la cinquième lombaire.*

Perier Famille d'hommes d'affaires français, originaire de Grenoble. **Claude** 1742-1801 Industriel et banquier français qui fit fortune sous la Révolution. Il participa au financement du coup d'État du 18 Brumaire et à la création de la Banque de France (1801). **Casimir** 1777-1832 Banquier et homme politique français, fils du précédent. Il fut député et représentant de l'opposition libérale sous la Restauration, et se rallia à Louis-Philippe lors de la révolution de juillet 1830. Président du Conseil et ministre de l'Intérieur en 1831, il mena une politique de répression (notamment lors de la révolte des canuts de Lyon), espérant favoriser l'essor économique. Il mourut du choléra l'année suivante. Ses descendants prirent le nom de Casimir-Perier.

périgée n. m. ASTRON. Point de l'orbite d'un corps céleste le plus proche de la Terre. Ant. apogée.

Pérignon (dom Pierre) 1638-1715 Bénédictin français. Moine dans une abbaye bénédictine voisine d'Épernay, il perfectionna la technique de champagnisation des vins.

Périgord Région française qui fait la transition entre le bassin d'Aquitaine et le Massif central, incluse en majeure partie dans le département de la Dordogne. Des plateaux calcaires, boisés et pauvres (châtaignes, truffes, noix), sont entaillés par les vallées de la Dronne, de l'Isle, de la Vézère et de la Dordogne qui abritent une riche polyculture (fruits, maïs, tabac: premier producteur français, vignes à Monbazillac, oies). Grands marchés agricoles, centres touristiques (sites préhistoriques de Lascaux, Les Eyzies), les villes (Périgueux, Bergerac) sont peu industrialisées. Formé sous les Mérovingiens, le comté fut réuni en 1607 à la couronne de France par Henri IV.

***Périgord**: le village d'Excideuil.*

Périgueux *30 193 h.* Chef-lieu du département de la Dordogne, sur l'Isle. Ancienne cité romaine riche en vestiges gallo-romains (fragments de remparts, amphithéâtre, tour de Vésone) et en monuments médiévaux (cathédrale Saint-Front romano-byzantine, église Saint-Étienne), Périgueux est un marché agricole et un centre administratif. Quelques industries alimentaires (conserveries de truffes et de foie gras). L'agglomération compte 63 539 habitants. Périgueux devint la capitale du comté de Périgord au Xe siècle.

périhélie n. m. ASTRON. Point de l'orbite d'un corps céleste le plus proche du Soleil. Ant aphélie.

péril n. m. Danger, risque. / loc. adv. *À mes (tes, ses...) risques et périls*: en assumant toute la responsabilité d'une situation, d'une entreprise.

périlleux, euse adj. Qui présente un danger, un risque. *Situation périlleuse. / Saut périlleux*: voir *saut.*

périmé, e adj. Qui a dépassé la date limite de validité. *Ticket périmé.* / Fig. *Conceptions périmées.*

périmer (se) v. pron. [1] DR. S'annuler, en parlant d'une instance, faute d'avoir été conduite à terme dans les délais légaux prescrits. / Cour. (Souvent avec ellipse du pronom) Ne plus avoir de valeur, de validité, passé un certain délai. *Laisser (se) périmer une conserve.*

périmètre n. m. Contour d'une figure tracée sur une surface, ou ligne bordant une aire, un espace. / Longueur de ce contour. *Dans un polygone, le périmètre est égal à la somme des longueurs de ses côtés.* / Étendue, surface. *Périmètre de sécurité.*

périnatal, ale, als adj. MÉD. Relatif aux périodes immédiatement antérieure et postérieure à la naissance.

périnatalité n. f. Période périnatale.

périnatalogie n. f. MÉD. Partie de la médecine qui traite de la périnatalité.

périnée n. m. ANAT. Région formant le plancher du pelvis, comprise entre l'anus et les parties génitales.

période n. f. **I.** Espace de temps, déterminé ou non. / Époque caractérisée par des événements semblables. *La période révolutionnaire.* / MÉD. Chacune des phases d'une maladie. *Période d'invasion, d'état, de déclin.* / GÉOL. Division des ères géologiques correspondant à un système de terrain. *Période du crétacé à l'ère secondaire.* / ASTRON. *Période sidérale*: temps nécessaire à une planète pour parcourir la totalité de son orbite. / MILIT. *Période d'instruction*: temps pendant lequel un réserviste se recycle. / DR. *Période suspecte*: avant une faillite, durée pendant laquelle les actes du failli sont nuls ou annulables. / PHYS. NUCL. Temps nécessaire à la désintégration de la moitié de la masse d'un corps radioactif. / Intervalle de temps séparant deux phénomènes. / PHYS. Durée entre deux passages par le même point ou le même état dans un phénomène oscillatoire ou vibratoire. *Période d'un pendule.* **II.** Ensemble d'éléments ou de phénomènes formant un tout ou pouvant se reproduire. / MATH. Nombre se reproduisant régulièrement dans un calcul. *Période d'une fraction périodique.* **III.** RHÉT. Longue phrase formée de plusieurs propositions harmonieusement agencées. *Les périodes de Bossuet.*

périodicité n. f. Caractère de ce qui est périodique.

périodique adj. et n. m. Qui se répète avec des écarts de temps réguliers. / n. m. Journal, revue qui paraît à intervalles réguliers.

périodiquement adv. À intervalles réguliers.

périodonte n. m. ANAT. Ensemble des ligaments et des tissus conjonctifs par lesquels la dent est maintenue dans son alvéole osseux.

périoste n. m. ANAT. Membrane fibreuse recouvrant les os, intervenant notam. dans leur croissance.

périostique adj. ANAT. Du périoste; relatif au périoste.

périostite n. f. MÉD. Inflammation du périoste, aiguë ou chronique.

péripatéticien, enne adj. et n. **A.** adj. et n. PHILO. Relatif à la doctrine d'Aristote, qui enseignait en se promenant (en grec, *peripatetein* signifie « se promener »). / Subst. Adepte de la doctrine d'Aristote. **B.** n. f. Litt. ou plaisant. Prostituée qui racole ne marchant dans la rue (par allusion aux promenades des philosophes péripatéticiens).

péripatétisme n. m. Vx Aristotélisme.

péripétie n. f. Événement imprévu. / Rebondissement de l'action dans un roman, une œuvre dramatique.

périphérie n. f. Contour d'une figure curviligne, d'une surface; surface externe d'un corps. / Ensemble des quartiers limitrophes d'une ville.

périphérique adj. et n. m. Qui est situé à la périphérie. *Boulevard périphérique* ou (n. m.) *le périphérique.* / AUDIOV. *Radio, station périphérique*, qui émet en dehors du territoire national, dans des pays limitrophes. / ANAT. *Système nerveux périphérique*: partie du système nerveux comprenant l'ensemble des nerfs de l'organisme (par opposition au système nerveux central). / n. m. INFORM. Organe connecté à l'unité centrale d'un ordinateur pour lui permettre de communiquer avec l'extérieur (mémoire auxiliaire, imprimante, modem, etc).

périphrase n. f. Figure de style qui consiste à évoquer un objet ou une idée par plusieurs mots au lieu d'un seul (par ex. *le conseiller des grâces* pour *le miroir*).

périple n. m. Circumnavigation. / Cour. Long voyage.

périptère adj. et n. m. ARCHIT. Édifice entouré d'un rang de colonnes isolées du mur. *Temple périptère.* / n. m. *La Bourse à Paris est un périptère.*

périr v. i. [2] Litt. Mourir. *Périr au cours d'un séisme.* / Par anal. S'anéantir, disparaître. *Tous les empires naissent, croissent et périssent.*

périscolaire adj. Qualifie les activités complémentaires de l'enseignement scolaire.

périscope n. m. Appareil optique, permettant de voir des objets situés en dehors du champ visuel de l'observateur, utilisé notamment dans les sous-marins, combinaison de lentilles et de miroirs (ou de prismes).

périsperme n. m. BOT. Chez certaines graines (par ex. celles du poivrier, du nénuphar), tissu de réserve issu d'une partie du nucelle laissée intacte par l'albumen lors du développement de la graine.

périssable adj. Destiné à périr ou à disparaître. Ant. impérissable. / *Denrées périssables*, qui s'abîment rapidement.

périssodactyles n. m. pl. ZOOL. Ordre de mammifères ongulés ayant un nombre impair de doigts (le doigt médian est particulièrement développé). *Le tapir, le rhinocéros, le cheval sont des périssodactyles.*

périssoire n. f. Petite embarcation qu'on manœuvre au moyen d'une pagaie double.

péristaltique adj. PHYSIOL. Relatif au péristaltisme.

péristaltisme n. m. PHYSIOL. Succession de contractions qui se propagent le long de certains organes creux (œsophage, intestin, etc.), permettant le cheminement de leur contenu.

péristyle n. m. Galerie à colonnes isolées entourant soit un édifice, soit une cour. / Colonnade décorant la façade d'un monument.

péritoine n. m. ANAT. Membrane formée de deux feuillets dont l'un tapisse la paroi interne de l'abdomen (feuillet pariétal) et l'autre enveloppe les organes abdominaux (feuillet viscéral).

péritonéal, ale, aux adj. ANAT. Du péritoine. *Cavité péritonéale*: espace compris entre les deux feuillets du péritoine.

péritonite n. f. MÉD. Inflammation du péritoine, aiguë ou chronique.

perle n. f. Corps dur, généralement rond, de couleur variable, mais souvent d'un blanc translucide, formé de couches concentriques de nacre sécrétées par l'épithélium du manteau de certains mollusques lamellibranches. / Boule de verre, de plastique, de gemme, percée, que l'on enfile pour faire des bijoux (notamment des colliers) et d'autres objets. *Les perles d'un chapelet.* / Fig. Ce qui ressemble à une perle; goutte d'un liquide. *Perle de rosée.* / ARCHIT. Petite

P

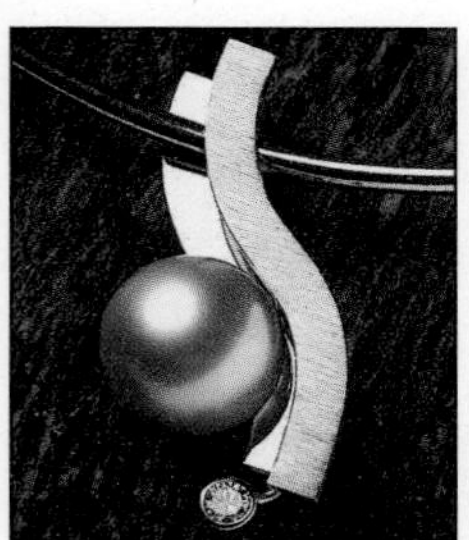
Perle de Tahiti.

boule ornant une moulure. / ZOOL. Insecte de l'ordre des plécoptères, vivant près de l'eau, dont l'allure rappelle celle de l'éphémère. *La larve de la perle, carnivore, est aquatique.* / Fig. Personne, chose parfaite. *La perle des collaborateurs.* / Par antiphrase, fam. Énorme faute, bourde, absurdité de sens souvent burlesque. *Ce texte abonde en perles de la plus belle eau.*

♦ Les perles les plus appréciées pour leur lustre et leur orient proviennent des huîtres perlières, ou méléagrines, des mers chaudes. La *perle fine* se forme autour d'un parasite ou d'un corps étranger et ne grossit que très lentement. La *perle de culture* est obtenue par l'introduction, dans la coquille d'une huître d'élevage, d'un grain de nacre qui joue le rôle de parasite, et que l'huître recouvre lentement de couches concentriques de matière perlière.

perlé, e adj. Orné de perles. / En forme de perle. *Orge perlé* : voir R. / *Grève perlée* : succession organisée d'arrêts ou de ralentissements de la production d'une entreprise. / *Rire perlé*, clair et harmonieux.

perlèche ou **pourlèche** n. f. MÉD. Ulcération de la commissure des lèvres.

perler v. i. [1] (En parlant d'un liquide) Former des gouttes. *La sueur perlait sur son front.* (Emploi transitif, vieilli) Finir, peaufiner (qqch.). *Perler son travail.*

perliculture n. f. Élevage d'huîtres perlières.

perlier, ère adj. Relatif aux perles. / *Huître perlière*, susceptible de sécréter des perles.

perlimpinpin n. m. Fam., plaisant. *Poudre de perlimpinpin* : remède présenté comme une panacée, mais n'ayant, en réalité, aucune vertu.

perluète n. m. IMPR. Signe (&) signifiant « et ».

Perm (de 1940 à 1957 *Molotov*) *1 098 000 h.* Ville de Russie, dans l'Oural, chef-lieu de province, centre industriel (mécanique, pétrochimie).

permafrost n. m. (mot anglais) Sous-sol gelé en permanence dans les régions où la température moyenne annuelle reste inférieure à 0 °C. Syn. pergélisol.

permanence n. f. Caractère de ce qui est permanent. / Service assuré sans interruption pendant une période déterminée. / Dans un établissement scolaire, salle d'études où travaillent, sous surveillance, les élèves entre deux cours.

permanencier, ère n. Personne qui assure une permanence.

permanent, e adj. et n. **A.** adj. Continu. *Un souci permanent.* / *Cinéma permanent*, dont les séances se succèdent sans interruption du matin au soir. / *Ondulation permanente* (ou n. f.) *permanente* : technique qui permet aux coiffeurs de donner aux cheveux une ondulation durable. / Dont l'existence est instituée et continuelle. *Armée permanente.* **B.** n. Personne qui s'occupe en permanence, le plus souvent à titre professionnel, d'une organisation associative.

permanganate n. m. CHIM. Sel de l'acide permanganique. *Permanganate de potassium*, de formule $KMnO_4$: oxydant puissant, utilisé notam. comme antiseptique. / Appos. *Ion permanganate* : ion oxydé du manganèse, de formule MnO_4^-.

permanganique adj. CHIM. *Acide permanganique*, de formule $HMnO_4$. *Anhydride permanganique*, de formule Mn_2O_7.

perméabilité n. f. Propriété d'un corps perméable. *Perméabilité d'un terrain. Perméabilité magnétique* : caractère d'une substance qui se laisse traverser par un flux magnétique. Ant. imperméabilité.

perméable adj. Qui peut être traversé par les liquides, les gaz. Ant. imperméable. / Par ext. *Perméable à la lumière.* / Fig. *Être perméable au doute.*

Permeke (Constant) 1886-1952 Peintre et sculpteur belge, important représentant de l'expressionnisme flamand (*Les Rameurs*).

permettre v. t. [3] **A.** v. t. Autoriser, ne pas interdire (qqch.) *Ses parents lui permettent toutes ses fantaisies.* / *Permettre de* (suivi d'un infinitif) : autoriser à. *Je lui ai permis de s'absenter deux jours.* / Rendre (qqch.) possible, réalisable. *Si mon emploi du temps le permet, j'irai à cette réunion.* **B.** v. pron. S'autoriser, s'accorder. *Il s'est permis cette entorse à son régime.* / *Se permettre de* : prendre la liberté de. *Comment vous permettez-vous de me parler sur ce ton ?*

permien, enne adj. et n. m. GÉOL. De la dernière période de l'ère primaire, qui fait suite au Carbonifère. / n. m. Cette période. *Le Permien.*

permis n. m. Autorisation légale délivrée par une autorité compétente. *Permis de chasser, de construire, de conduire.*

permissif, ive adj. Tolérant.

permission n. f. Action de permettre ; son résultat. / Congé accordé aux militaires.

permissionnaire n. Militaire en permission.

Permoser (Balthasar) 1651-1732 Sculpteur allemand. Formé à Vienne puis en Italie, il devient sculpteur de la cour de Saxe, à Dresde, en 1689. Il est l'un des maîtres du baroque.

permutable adj. Qui peut être permuté.

permutation n. f. Action de permuter ; son résultat. / MATH. Bijection d'un ensemble sur lui-même. *Le nombre de permutations sur un ensemble fini de cardinal n est égal à n ! = 1 x 2 x 3 x... x n (factorielle n).* / LING. Transposition de deux ou plusieurs lettres d'un mot.

permuter v. t. / v. i. [1] Intervertir, échanger les places de (deux éléments, chacun prenant la place initiale de l'autre). *Permuter deux mots au sein d'une phrase.* / v. i. Procéder à un échange d'emploi, de poste, de durée de service (avec qqn). *Permutez tous les deux, puis avisez-moi.*

Pernambouc (Pernambuco en portugais**)** *101 023 km² 7 445 000 h.* État du nord-est du Brésil. Capitale *Recife.* Le littoral, sur l'Atlantique, jouit d'un climat humide et chaud (canne à sucre et café), alors

Juan Domingo Perón.

qu'à l'intérieur s'étend une région de plateaux arides voués à l'élevage extensif et à la culture du coton. L'industrialisation se développe.

pernicieusement adv. De façon pernicieuse.

pernicieux, euse adj. Malfaisant, nuisible. *Influence pernicieuse.* / MÉD. Vieilli Se dit des maladies dont la gravité est liée à leur nature même, et non au terrain sur lequel elles surviennent. *Anémie pernicieuse.*

Perón (Juan Domingo) 1895-1974 Homme politique argentin. Colonel, il participa au coup d'État militaire de 1943. S'appuyant sur les *descamisados* (les « sans-chemise », c'est-à-dire les déshérités) et les syndicats, il est élu président en 1946 et réélu en 1951. Il applique sa doctrine du « justicialisme », qui allie dirigisme économique et réformes sociales fondées sur le principe de la redistribution. Il accorde le droit de vote aux femmes, nationalise plusieurs grandes industries. Mais il est bientôt confronté à des difficultés économiques et à l'opposition de l'Église (légalisation du divorce et de la prostitution), ce qui permet à l'armée de le renverser en 1955. Réfugié en Espagne, il garde en Argentine de nombreux partisans. En mars 1973, l'un d'eux, Cámpora, est élu à la présidence. De retour dans son pays, Perón est élu président en septembre 1973. **Eva (Eva Duarte, Mme Perón)** 1919-1952 Épouse du précédent, familièrement nommé *Evita*, adulée des masses populaires (on la surnommait « madone des descamisados »), elle contribua beaucoup à la popularité de son mari, qui déclina après sa mort. **Isabel (Maria Estela**, dite Isabel, **Martinez, Mme Perón)** 1931 Femme politique argentine. Seconde épouse du précédent, vice-présidente (1973), elle succède à son mari en 1974. L'armée la renverse en 1976.

péroné n. m. ANAT. Os long formant le squelette externe de la jambe.

péronisme n. m. HIST. Système politique instauré en Argentine par le président Perón.

Péronne *8 380 h.* Commune de la Somme, chef-lieu d'arrondissement, sur la Somme. Château (XIIIe siècle). Fortifications (XVIe-XVIIe siècles). Église Saint-Jean (XVIe siècle). En 1468, Charles le Téméraire y retint prisonnier son hôte Louis XI ; celui-ci fut contraint de signer un traité humiliant qu'il rompit en 1470.

péronnelle n. f. Fam., vieilli Femme bavarde et impertinente.

péroraison n. f. Conclusion d'un discours. / MUS. Par ext. Dernière partie de certaines pièces vocales.

pérorer v. i. [1] Péjor. Parler avec emphase, avec prétention.

Pérotin fin XIIe-début XIIIe siècle Compositeur français. Maître de l'école polyphonique de Notre-Dame de Paris, il contribua à développer plusieurs genres, notamment l'organum (il fut le premier à y utiliser plus de 2 voix) et le motet.

• **Pérou** État d'Amérique du Sud, sur le Pacifique.

Pérouse *143 698 h.* Ville d'Italie, chef-lieu de l'Ombrie. Industries mécanique, alimentaire et textile, céramique. D'origine étrusque, la ville compte de nombreux vestiges étrusques et romains ; elle a connu un rayonnement particulier au Moyen Âge et à la Renaissance : fontaine Majeure sculptée par Nicola et Giovanni Pisano (XIIIe siècle), université fondée au XIVe siècle, palais des Prieurs (XIIIe-XVe siècles), cathédrale gothique du XVe siècle. La Galerie nationale d'Ombrie abrite des peintures de l'école ombrienne (XVe siècle).

peroxyde n. m. CHIM. Composé contenant un « pont » constitué de deux atomes d'oxygène liés entre eux par une liaison covalente simple (groupement –O–O–). *Peroxyde d'hydrogène* ou *eau oxygénée*, de formule H–O–O–H.

perpendiculaire adj. et n. f. **I.** Qui forme un angle droit. *Perpendiculaire à* : qui forme un angle droit avec (une ligne, une surface). / n. f. *Une perpendiculaire* : une droite perpendiculaire. (Une droite est perpendiculaire à un plan si elle est perpendiculaire à deux droites concourantes de ce plan. Deux plans sont perpendiculaires s'ils se coupent en formant des angles dièdres droits. D'un point du plan on peut mener une perpendiculaire, et une seule, à une droite de ce plan). **II.** ARCHI. *Gothique perpendiculaire* : gothique anglais (XIVe-XVIe siècle) caractérisé par la substitution de lignes droites aux courbes et aux volutes du flamboyant.

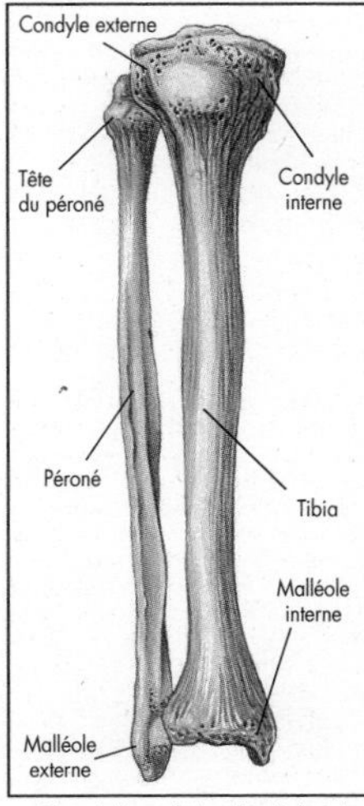

Péroné (à gauche) et tibia (à droite).

PÉROU

Superficie : *1 285 216 km²* – **Nombre d'habitants :** *26 100 000 h.* – **Capitale :** *Lima*
Villes principales : *Arequipa, Trujillo, Chiclayo* – **Système politique :** *république*
Langue(s) : *espagnol, quechua* – **Religion(s) :** *catholicisme, protestantisme* – **Monnaie(s) :** *nouveau sol*

Voir l'Atlas

Le Lac Titicaca.

La vallée de l'Urubamba, au pied du Machu Picchu.

Géographie physique et humaine

Quatre paysages se succèdent d'ouest en est : la côte, la cordillère des Andes, le piémont et la plaine d'Amazonie. L'étroite plaine aride qui borde le Pacifique (la *costa*) produit, malgré la sécheresse de son climat, du coton et de la canne à sucre, grâce à l'irrigation (utilisation des torrents descendant des Andes) ; on récolte le guano (engrais d'origine animale) sur les îles du littoral. Les hautes terres andines (la *sierra*), ensemble puissant de chaînes élevées comprenant plusieurs cordillères (Huascarán, 6 768 *m*, dans la cordillère Blanche), de vastes plateaux (l'Altiplano au sud, qui se prolonge en Bolivie) et de profondes vallées, constituent le cœur du pays.

À l'est, la région de la *montaña* (le piémont andin) appartient à la plaine d'Amazonie : très humide, couverte d'une riche forêt équatoriale, elle n'est habitée que par une petite population amérindienne. Formée de 46 % d'Amérindiens (Quichuas et Aymaras descendant des Incas), de 38 % de métis et de 16 % de Blancs, la population se concentre sur les hautes terres et dans les régions côtières irriguées.

Économie

L'économie du Pérou est fondée sur l'agriculture, la pêche et l'exploitation minière. Les cultures varient avec le climat : cultures tropicales sur le littoral, céréales dans la sierra, café, cacao dans la montaña. D'importants compléments alimentaires sont fournis par l'élevage ovin, dans les Andes, et par la pêche : organisée industriellement, elle est la ressource essentielle du littoral et alimente une active industrie (surgélation, conserveries, très importante production de farine de poisson). La production (illicite) de coca serait la première du monde. Les ressources du sous-sol sont importantes : cuivre, argent, or, fer, zinc, pétrole, gaz naturel, ainsi que la production d'hydroélectricité, mais l'industrialisation est encore faible (agroalimentaire et textile sur la côte). Les produits miniers constituent, avec ceux de la pêche, l'essentiel des exportations.

La situation précaire de l'économie péruvienne, due à une guérilla qui n'en finit pas (attentats terroristes, assassinats), à des troubles sociaux, des grèves et des mesures financières qui ont frappé les secteurs productifs (sans compter les méfaits du courant chaud El Niño) n'a pas découragé le F.M.I. dont les conseils libéraux (privatisations, réduction de l'inflation) ont été suivis. La croissance n'est pas négligeable et l'infationest maîtrisée, mais les inégalités sociales continuent de s'accroître.

La place San Martin, à Lima.

Histoire

À partir du XIIe siècle, les Incas dominèrent les peuples des plateaux andins et du littoral, où s'épanouit une brillante civilisation. Cet empire fut détruit à partir de 1531 par les conquistadores espagnols Pizarro et Almagro. Née en 1543, la vice-royauté du Pérou regroupa d'abord toute l'Amérique espagnole, mais, successivement, les vice-royautés de la Nouvelle-Grenade (1739) et du Rio de la Plata (1776), et la capitainerie générale du Chili (1742) l'amputèrent d'une partie considérable de son territoire. Le pays, terriblement exploité par les Espagnols, devient une riche colonie qui décline rapidement : après 1630, les mines s'épuisent. Un siècle plus tard, conduits par Tupac Amaru, les Indiens se révoltent (1780-1782).

Le pays retrouva son indépendance au début du XIXe siècle : elle fut proclamée par San Martín en 1821, puis confirmée par la victoire de Sucre sur les Espagnols, à Ayacucho, en 1824

S'ouvrit alors une période de dictature et de coup d'États militaires, suivie de la guerre du Pacifique (1879-1883) qui ruina le pays : le Chili, vainqueur, enleva au Pérou ses provinces méridionales. En 1924 fut fondée l'Alliance populaire révolutionnaire américaine (APRA), mouvement progressiste qui tenta de lutter contre l'oligarchie conservatrice. Au début des années 1960, la lutte contre les guérillas paysannes renforça le pouvoir de l'armée. En 1968, de jeunes officiers, dits « progressistes », renversent le président Fernando Belaúnde Terry, qui avait été élu en 1963, et tentent une expérience socialiste.

Les États-Unis lui retirent toute aide. Isolé, agité de troubles sociaux (grèves générales et affrontement sociaux dans les années 1970), le pays voit s'accentuer la crise économique. Les officiers rendent le pouvoir aux civils après douze ans de régime militaire : en 1980, Belaúnde Terry est réélu. Il doit faire face au Sentier lumineux, mouvement terroriste maoïste qui déclenche la guérilla et sera responsable de nombreux attentats et assassinats. La présidence d'Alan García (1985-1990), chef de l'APRA, qui nationalise les banques et réduit le remboursement de la dette à 10 % du montant annuel des exportations, et qui est confronté à une recrudescence des mouvements révolutionnaires (Sentier lumineux et Mouvement Tupac Amaru), accroît le marasme.

Élu en 1990, réélu en 1995, Alberto Fujimori mène une politique ultralibérale énergique. En 1992, il capture le chef du Sentier lumineux, A. Guzman, mais le mouvement poursuit ses activités terroristes. En 1998, un accord de paix met fin au conflit frontalier qui opposait depuis les années 1940 le Pérou et l'Équateur. Réélu en 2000 dans des conditions contestables, Fujimori, affaibli par des scandales politiques et lâché par l'armée, s'enfuit au Japon en novembre de la même année. Il est destitué par le Parlement et, en 2001, les élections portent Alejandro Toledo, Indien d'origine quechua, à la présidence de la République.

La ville de Pisac, dans le département de Cuzco.

P

perpendiculairement adv. De façon perpendiculaire. / Verticalement.
perpète ou **perpette (à)** loc. adv. Fam. À perpétuité. / Ellipt., pop. *Prendre perpète, en avoir pour perpète*: être condamné à la prison à perpétuité. / Fam. Très loin. *Habiter à perpète.*
perpétrer v. t. [1] Commettre (un acte criminel). *Perpétrer un meurtre ignoble.*
perpette (à) Voir **perpète**
perpétuel, elle adj. Qui ne finit pas, qui ne doit jamais finir / *Mouvement perpétuel*: mouvement qui, une fois lancé, produirait autant d'énergie qu'il en demanderait. / Qui dure toute la vie. / Qui a une fonction,une charge à vie. *Secrétaire perpétuel.* / Continuel. *Le grondement perpétuel de l'autoroute.* / (au plur.) Répétés, réitérés. *Des reproches perpétuels.*
perpétuellement adv. Sans cesse; habituellement.
perpétuer v. t. [1] Donner un caractère durable, perpétuel à. *Une cérémonie annuelle qui perpétue le souvenir d'une victoire.* / v. pron. Durer, se répéter. *Une coutume qui se perpétue.*
perpétuité n. f. Durée sans fin, indéfinie. *À perpétuité*: pour la vie entière. *Détention à perpétuité.*
Perpignan *105 115 h.* Chef-lieu du département des Pyrénées-Orientales, dans la plaine du Roussillon, sur la Têt, Perpignan est un grand marché de fruits, de légumes et de vins (importante gare frigorifique expédiant vers les régions du Nord). Ses principales industries sont alimentaires (conserveries, distilleries). Capitale de l'éphémère royaume de Majorque de 1276 à 1344, propriété des rois d'Aragon jusqu'à son rattachement à la France en 1659, la ville conserve de nombreux monuments: palais des rois de Majorque, cathédrale Saint-Jean (XIVe siècle).
perplexe adj. Irrésolu, indécis, ne sachant que penser.
perplexité n. f. État d'une personne perplexe; embarras.
perquisition n. f. Fouille minutieuse d'un domicile exécutée pour saisir tout ce qui pourrait servir de preuve lors d'une instruction judiciaire. / Cour. (improprement) *Mandat de perquisition*: commission rogatoire, acte émanant d'un juge d'instruction qui confie à la police le soin de procéder à une perquisition.
perquisitionner v. i. / v. t. [1] Faire une perquisition. / (emploi transitif, critiqué) *On a perquisitionné le domicile de X*, on y a effectué une perquisition.
Perrault (Charles) 1628-1703 Écrivain français. Il acquit une renommée universelle en publiant en 1697 (sous le nom de son fils) *Histoires ou Contes du temps passé*, dits aussi *Contes de ma mère l'Oye*, (*Le Petit Poucet, Le Petit Chaperon rouge, Le Chat botté, Cendrillon, Peau d'âne*, etc). Il avait pris, dans la querelle des Anciens et des Modernes, le parti des Modernes, réprouvant l'imitation servile des auteurs grecs et latins: il expose ses arguments dans *Le Siècle de Louis le Grand* (1687) et dans *Parallèle des Anciens et des Modernes* (1688-1698). **Claude** 1613-1688 Médecin, physicien et architecte français, frère du précédent. Nourri des principes de l'Antiquité gréco-romaine, son style s'épanouit dans l'Observatoire qu'il édifia à Paris et dans la colonnade du Louvre dont on lui attribue le projet.
Perret Nom de trois frères, architectes français. **Auguste** (1874-1954) collabora avec ses frères **Gustave** (1876-1952) et **Claude** (1880-1960). Premiers utilisateurs du béton armé, ils exploitent les possibilités techniques qu'offre ce nouveau matériau, qu'ils mettent au service du style néoclassique: Théâtre des Champs-Élysées (1911-1913), église du Raincy (1922), etc. Après 1945, Auguste Perret contribua à la reconstruction du Havre et du Vieux-Port de Marseille.

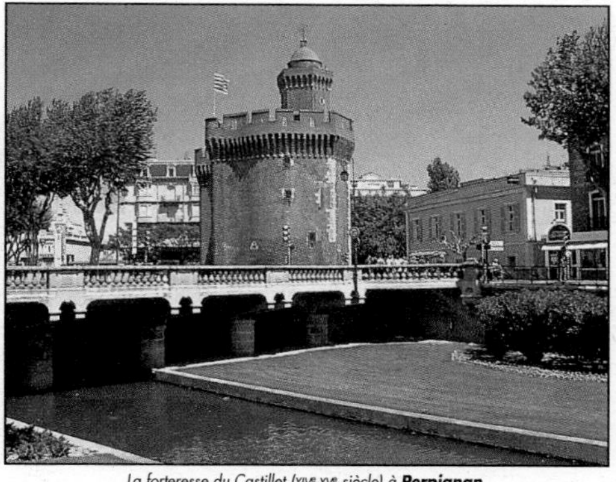

*La forteresse du Castillet (XIVe-XVe siècle) à **Perpignan**.*

Perrin (Jean) 1870-1942 Physicien français. Il étudia les rayons cathodiques, les rayons X, le mouvement brownien. Il créa le palais de la Découverte en 1937 et participa à la fondation du CNRS. Académie des Sciences en 1923, prix Nobel de physique en 1926. **Francis** 1901-1992 Physicien français, fils du précédent. Il s'orienta vers la physique nucléaire et travailla avec F. Joliot-Curie. Il a été haut-commissaire à l'énergie atomique de 1951 à 1970.
perron n. m. Escalier extérieur aboutissant à une petite plate-forme donnant accès à l'entrée d'une maison.
Perronet (Jean Rodolphe) 1708-1794 Ingénieur français. Il dressa les plans de nombreux ponts, remarqués par leur technique innovatrice: ponts de la Concorde à Paris, de Neuilly, de Nemours; il construisit le canal de Bourgogne, le grand égout de Paris, et créa avec Trudaine l'École des ponts et chaussées. Académie des Sciences (1765).
perroquet n. m. ZOOL. Oiseau au plumage souvent vivement coloré, au bec crochu, habile grimpeur, appartenant à l'ordre des psittaciformes. *Certains perroquets sont de bons imitateurs des sons qu'ils entendent.* / Fig., fam. Personne qui répète ce qu'elle entend à tort et à travers. *C'est un vrai perroquet! Faire le perroquet.* / MAR., anc. Voile carrée située au-dessus du hunier. *Perroquet de fougue*: hunier du mât d'artimon.

Perroquet.

perruche n. f. ZOOL. Nom donné à diverses espèces de psittaciformes de petite taille. / Fig., péjor. Femme bavarde et sotte. / Vx Femelle du perroquet. / MAR., anc. Voile du mât d'artimon qui surmonte le perroquet de fougue.
perruque n. f. Coiffure postiche, confectionnée avec des cheveux naturels ou avec des fibres artificielles.
perruquier n. m. Fabriquant de perruques.
pers, perse adj. Litt. Entre bleu et vert. *Avoir les yeux pers.*
persan, e adj. et n. **A.** adj. De Perse (de la conquête arabe, au VIIe siècle, jusqu'à la naissance de l'Iran en 1935). *Tapis persan.* / Subst. *Un(e) Persan(e).* **B.** n. m. Langue du groupe iranien parlée en Iran. *Le persan s'écrit au moyen de l'alphabet arabe.*
perse [1] adj. et n. De l'ancienne Perse (avant la conquête arabe) *La civilisation perse. Un(e) Perse.* / n. m. LING. *Le perse*: l'ancienne langue indo-européenne parlée dans l'empire perse, qui comprend le vieux perse, écrit en caractères cunéiformes, et le moyen perse, ou pehlevi, qui utilise deux écritures dérivées des écritures araméennes de chancellerie.
perse [2] n. f. Toile imprimée fabriquée en Inde, mais que l'on croyait persane.
• **Perse** Région d'Asie située entre le golfe Persique et la mer Caspienne, dont les frontières ont varié au cours de l'histoire et qui s'appelle aujourd'hui l'*Iran*.
Perse (en latin **Aulus Persius Flaccus**) 34-62 Poète latin. Les six *Satires* que nous possédons de lui se rattachent à la pensée stoïcienne.
persécuter v. t. [1] Infliger sans cesse des tourments cruels, physiques et moraux, à (une personne ou un groupe). *Un régime qui persécute et tue les opposants. Les chrétiens furent persécutés sous l'Empire romain.* / Harceler (qqn), s'en prendre continuellement à (qqn). *Persécuter ses subordonnés.*
persécuteur, trice n. Personne qui persécute.
persécution n. f. Action de persécuter. / Mauvais traitements infligés avec persévérance. / Fig. Vexations continuelles. / PSYCHIATR. *Manie* ou *délire de la persécution*: état psychotique où le malade se croit en proie aux brimades, au ressentiment d'autrui.
Persée MYTH. GR. Héros, fils de Zeus et de Danaé. Avec l'aide d'Athéna, du casque d'Hadès qui le rendait invisible et de sandales ailées, il trancha la tête de Méduse, puis délivra Andromède du monstre marin qui voulait la dévorer et l'épousa. Montrant la tête de Méduse au tyran Polydectès, qui voulait faire violence à Danaé, il le changea en statue de pierre. Il régna sur Tirynthe et fonda Mycènes. **Persée** v. 212- v. 165 av. J.-C. Dernier roi de Macédoine (179-168 av. J.-C.). Fils illégitime et successeur de Philippe V, il chercha à rétablir en Grèce l'hégémonie macédonienne. Rome engagea la guerre contre lui (171 av. J.-C.). Paul Émile le vainquit à Pydna en 168 av. J.-C. Il fut emmené en Italie où il mourut en captivité.
Persée Constellation boréale; voir **constellation**.
perséides n. f. pl. Météorites associées à la comète Swift-Tuttle; elles donnent lieu à des averses lorsque l'orbite de la Terre intercepte celle de la comète.
Perséphone ou **Coré** MYTH. GR. Fille de Zeus et de Déméter. Enlevée par Hadès, elle devint la reine des Enfers, mais obtint le droit de passer six mois par an sur terre (du début du printemps à l'automne). On l'identifie à Proserpine, la déesse des Enfers chez les Romains.
Persépolis Ancienne capitale de l'Empire perse, construite par le roi Darios Ier à la fin du VIe siècle av. J.-C., agrandie par ses successeurs et incendiée par Alexandre le Grand en 331 av. J.-C. Les vestiges du palais royal (frises sculptées, salles hypostyles, colonnes cannelées), l'un des plus imposants monuments achéménides, ont été conservés.
Perses (les) 472 av. J.-C. Tragédie d'Eschyle dont le sujet est la défaite de Xerxès contre les Grecs à Salamine.
persévérance n. f. Qualité d'une personne persévérante; constance dans le travail, l'effort. / THÉOL. Constance dans la foi.
persévérant, e adj. Qui persévère. *Un élève persévérant.*
persévérer v. i. [1] Poursuivre une action en maintenant l'effort et la volonté qui la font aboutir. *Persévérez, et terminez cet ouvrage.*
Pershing (John Joseph) 1860-1948 Général américain. Commandant en chef des forces américaines en France en 1917, il dirigea, en accord avec le général Foch, les offensives alliées de 1918 à Saint-Mihiel, dans l'Argonne.
persienne n. f. Panneau à claire-voie destiné à protéger une fenêtre ou une porte-fenêtre, tout en laissant passer une lumière tamisée.
persiflage n. m. Action de persifler; son résultat.
persifler v. t. [1] Railler (qqn). *Passer son temps à persifler les gens.*
persil n. m. Plante ombellifère cultivée pour ses feuilles aromatiques, employées comme condiment.
persillade n. f. CUIS. Assaisonnement à base de persil haché.
persillé, e adj. Assaisonné de persil haché. *Pommes (de terre) persillées.* / *Fromage persillé*, à la pâte ensemencée d'une moisissure verdâtre. *Viande persillée*, parsemée de filaments graisseux.

PERSE

Histoire

La Perse a été, depuis l'Antiquité, le cœur d'empires successifs. Au Xe siècle av. J.-C., une grande vague de migrations indo-européennes entraîne des Aryens venus d'Asie dans les vallées du Zagros. Leurs descendants, les Mèdes et les Perses, s'affrontent au VIIe siècle avant J.-C.: les Mèdes, premiers maîtres du pays, soumettent les Perses. Dès le VIe siècle, Cyrus II le Grand, un Perse de la famille des Achéménides, renverse l'empereur mède Astyage (550 av. J.-C.) et fonde l'Empire perse.

L'Empire perse s'étend rapidement jusqu'à l'Inde, couvrant l'Asie Mineure et la Mésopotamie et, momentanément, l'Égypte. Organisateur de ce vaste royaume qu'il divise en satrapies, Darios Ier se heurte aux Grecs: le conflit, connu sous le nom (abusif) de « guerres médiques », est marqué par les défaites des Achéménides: Darios est battu à Marathon en 490, et son successeur, Xerxès Ier, à Salamine en 480 et à Platées en 479 av. J.-C.; Artaxerxès Ier est contraint de signer la *paix de Callias* (449 av. J.-C.) qui met fin aux guerres médiques, et doit reconnaître l'indépendance des cités grecques d'Asie. L'empire, affaibli, ne peut résister aux assauts des Macédoniens.

Alexandre le Grand conquiert l'Empire perse qui s'écroule en 330. Les ruines de Suse et de Persépolis, leurs panneaux décoratifs en terre émaillée, témoignent de la grandeur de la civilisation achéménide. La religion officielle était le mazdéisme, religion dualiste qui dominera en Perse jusqu'à la conquête arabe. Une monnaie d'or, la *monnaie darique* (ou *de Darios*), symbolisait la puissance économique de l'Empire perse. Malgré leur brièveté, la domination macédonienne, puis celle des Séleucides, marquent profondément la Perse de l'empreinte de la civilisation hellénistique. Vers 250 av. J.-C., les Parthes établissent leur domination sur la Perse et fondent la dynastie des Arsacides, renversée en 224 apr. J.-C. par celle des Sassanides. Les quatre siècles de leur règne sont une période d'épanouissement pour la civilisation perse (palais royaux, bas-reliefs et orfèvrerie, apparition des premiers textes iraniens connus).

L'empire s'étend des confins de l'Inde à ceux de l'Arabie, retrouvant momentanément la grandeur de l'empire achéménide. Les Sassanides résistent aux conquérants étrangers: les Romains sous le règne de Châhpuhr II (310-379), les Byzantins sous Khosrô Ier (531-579) et Khosrô II (590-628); ils succombent aux assauts des Arabes (à partir de 633), qui se rendent maîtres du pays en 642 et islamisent ses habitants. Le pays est intégré à l'empire musulman des Omeyyades, puis à celui des Abbassides. Au IXe siècle, l'autorité centrale s'affaiblit, favorisant l'émergence de dynasties locales à l'est du pays, notamment celle des Samanides (874-999). Puis, en 1055, les Turcs seldjoukides s'imposent. Au XIIIe siècle, les Mongols envahissent le pays, ravagé par Gengis Khan, puis par Tamerlan au XIVe siècle. La Perse est réunifiée au XVIe siècle grâce à une dynastie locale, les Séfévides. Les Turcs ottomans continuent à représenter une menace, que le plus grand des Séfévides, Abbas Ier (1587-1629), écarte. Les Séfévides adoptent le chiisme comme religion officielle, ce qui engendre des dissensions internes et renforce le particularisme iranien face au reste du monde musulman. Leur brillante civilisation influence l'Inde, l'Empire ottoman et même l'Europe (comme en témoignent les *Lettres persanes* de Montesquieu). À la fin du XVIIIe siècle, le chef d'une tribu turkmène, Agha Mohammed chah, fonde, à Téhéran, nouvelle capitale de l'Empire perse, la dynastie des Qadjars, qui règne jusqu'en 1925, de plus en plus impuissante devant la montée du *babisme*, les abus des seigneurs féodaux, et les convoitises européennes. La poussée russe vers les frontières de l'Inde inquiète les Anglais, attirés en outre dans cette région par la découverte de pétrole; après avoir failli en venir aux armes, Anglais et Russes s'accordent en 1907 sur le maintien d'une Perse indépendante et sur le tracé de leurs zones d'influence respectives. En 1921, le général Riza khan s'empare du pouvoir et, prenant le titre de chah, monte sur le trône en 1925 sous le nom de Riza chah Pahlavi, fondant la dynastie Pahlavi. Il entreprend de moderniser le pays (nommé *Iran* depuis 1935).

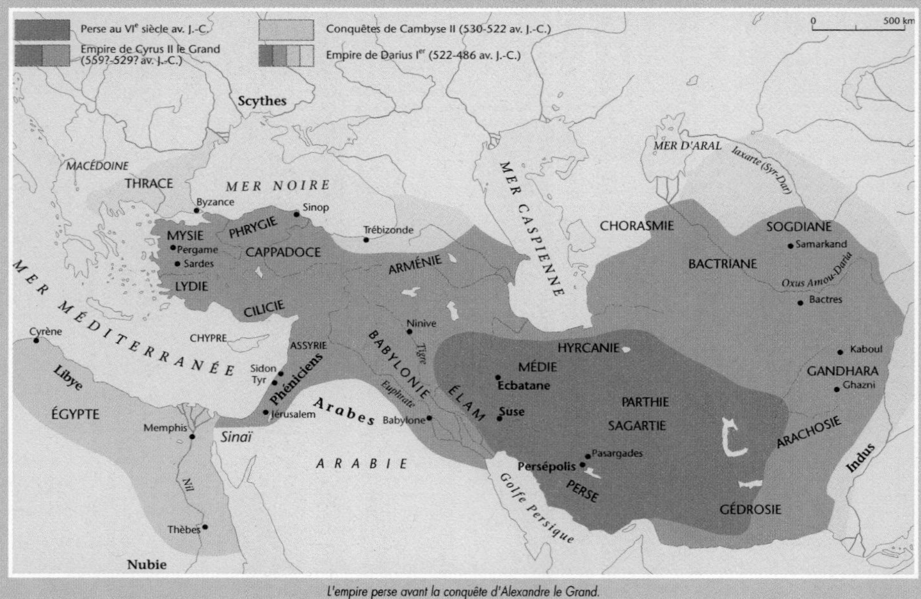

L'empire perse avant la conquête d'Alexandre le Grand.

PERSE (SUITE)

Les colonnes de Persépolis.

Le palais Ali Kapu, à Ispahan.

Beaux-arts

De l'époque pré-achéménide, des fouilles faites dans le Luristan ont mis au jour des armes, des pièces de harnachement, des objets de toilette, qui révèlent un art d'une grande maîtrise. Cyrus le Grand fut le créateur des premiers grands complexes monumentaux que la Perse nous a laissés. Ses architectes retinrent les traditions iraniennes : édification sur terre-plein et multiplication des colonnes. Les ruines de Pasargades, première capitale des Achéménides avant Persépolis, permettent d'imaginer les entrées des palais, gardées par des taureaux et des génies ailés, les allées de colonnes aux chapiteaux ornés de chevaux, taureaux et lions.

Deux ensembles plus grandioses encore se dressent à Suse (vers 521 av. J.-C.) et à Persépolis. On peut distinguer trois éléments architecturaux importants (mis à part la terrasse aux murs puissants, véritable forteresse entourée d'un fossé inondé) : une ville, un palais et la salle du trône hypostyle, plongée dans un clair-obscur qui ménageait la majesté royale. L'énormité de la construction étonne (les colonnes ont vingt mètres de hauteur).

Si Suse est vaste, Persépolis donne dans la démesure. Pour aller vite, les Perses utilisèrent la brique (que les intempéries ont fait disparaître) et réservèrent la pierre pour les entablements et les encadrements. Xerxès fit rajouter des propylées aux énormes taureaux ailés. Les arts mineurs se caractérisent par leur raffinement et leur richesse. Les bas-reliefs nous documentent sur les étoffes, les parures et les armes portées par les officiers royaux et les courtisans ; les bronziers ont multiplié les animaux dont la forme devint même fonctionnelle pour s'intégrer parfaitement à la ligne générale du cratère ou du rhyton.

À partir de l'invasion arabe, l'art perse prend le nom d'art *persan* et, en architecture, il se caractérise par de nombreuses mosquées aux coupoles bleues (Ispahan, Tabriz), et rayonne tout particulièrement dans la miniature. Celle-ci atteint, sous la dynastie des Timourides, et plus précisément au XVe siècle, sa plus parfaite expression. Œuvres d'art associant expression poétique et techniques plastiques, les miniatures demeurent strictement au service du texte.

Yazd.

Persique ou **Arabo-Persique (golfe)** Partie de l'océan Indien resserrée entre l'Arabie et l'Iran, et entourée de riches pays pétroliers (Irak, Koweït, Qatar, Oman, Émirats arabes unis). Ce terme pouvant laisser entendre que la région appartient à l'Iran (naguère la Perse), on tend à lui préférer l'expression *le Golfe*. C'est ainsi qu'on parle de la première guerre du Golfe (1980-1982), entre l'Irak et l'Iran, et de la seconde guerre du Golfe (1991) qui suivit l'invasion du Koweït par l'Irak en 1990.

persistance n. f. Action de persister ; fait de persister. *Sa persistance à refuser toute aide est incompréhensible. La persistance de la pluie.* / Caractère de ce qui est durable. *La persistance de ses efforts.*

persistant, e adj. Qui persiste. *Un froid persistant.* / BOT. *Feuillage persistant*, qui reste vert, même en hiver. Ant. caduc.

persister v. i. [1] Se maintenir résolument, sans fléchir (dans une attitude, une opinion, un choix) ; s'obstiner. *Il persiste dans son refus de tout compromis.* / Durer, se prolonger. *Maux de tête qui persistent.* / DR. *Persiste et signe* : formule qui conclut un procès-verbal, notamment lorsqu'on maintient son opinion, sa version des faits.

persona grata n. f. inv. (mots latins) DIPLOM. Représentant d'un État agréé par un autre État. / Cour. Celui, celle qui a ses entrées dans un milieu fermé.

persona non grata n. f. inv. (mots latins) DIPLOM. Représentant d'un État non agréé par un autre État. / Cour. Celui, celle qui n'a pas ses entrées dans un milieu fermé.

personnage n. m. Homme ou femme qui occupe une place de premier plan dans la société. / Personne quelconque considérée du point de vue de son comportement. *Un curieux personnage.* / Héros d'une pièce de théâtre, d'un roman, d'un film. / Être humain représenté dans une œuvre d'art. / Fig. Rôle, attitude que l'on se donne.

personnalisation n. f. Action de personnaliser ; son résultat.

personnaliser v. t. [1] Donner un caractère personnel à (qqch. de standard). *Personnaliser un appartement.*

personnalisme n. m. PHILO. Tout système de pensée qui place la notion de personne humaine, libre et consciente, au centre de la réflexion morale et métaphysique.

personnalité n. f. Caractère personnel. *Personnalité de l'impôt.* Ant. impersonnalité. / DR. *Personnalité juridique* : aptitude à être sujet de droit. / Caractère propre à un individu. *Avoir une forte personnalité.* / Personnage important. *Les personnalités présentes à une inauguration.* / (Spécial.) *Culte de la personnalité* : admiration exagérée pour un dirigeant. / PHILO., PSYCHOL. Fonction par laquelle un individu se saisit comme un moi, un sujet unique et identique à travers le temps. *Troubles de la personnalité.*

personne [1] n. f. Être humain, individu. *Plusieurs personnes sont entrées.* / Individu considéré en lui-même. *Dignité de la personne humaine.* Loc. *En personne* : soi-même. / DR. Individu, collectivité, institution doté(e) d'existence juridique. *Personne physique. Personne morale* : collectivité d'individus ou établissement qui exerce une partie des droits civils d'une personne physique. / Aspect extérieur d'un être humain. *Être bien de sa personne.* / GRAMM. Forme d'un verbe qui permet de reconnaître : celui qui parle, *première personne* ; de qui l'on parle, *troisième personne* ; à qui l'on parle, *deuxième personne.*

personne [2] pron. indéf. m. sing. Quiconque. *Elle fait la confiture d'abricots mieux que personne.* / Pas un ; nul. *Personne n'en voudra.*

personnel, elle adj. et n. m. **A.** adj. Propre ou relatif à une personne en particulier, à la personne en général. *Vie personnelle. Droit personnel.* Ant. impersonnel. / Relatif à une seule personne. *Lettre personnelle.* / Singulier. *Un style personnel.* / (En parlant d'un équipier) *Être personnel, jouer de manière personnelle*, individualiste. / GRAMM. Qui reçoit les inflexions relatives aux personnes. *Pronoms personnels*, représentant l'une des trois personnes. *Modes personnels*, dont les désinences marquent les changements de personne (indicatif, conditionnel, impératif et subjonctif). **B.** n. m. Ensemble des personnes employées dans un même service, un même établissement. / Ensemble des personnes ayant la même profession. *Le personnel administratif d'un hôpital.*

personnellement adv. En personne. *Je vérifierai personnellement.* / En ce qui me (te, etc.) concerne. *Personnellement, je n'aurais pas accepté.* / À titre personnel. *Ce pli m'a été envoyé personnellement.*

personnification n. f. Représentation d'une chose, d'une idée, d'un animal sous les traits d'une personne. / Personne incarnant parfaitement une idée. *Tartuffe, personnification de l'hypocrisie.*

P

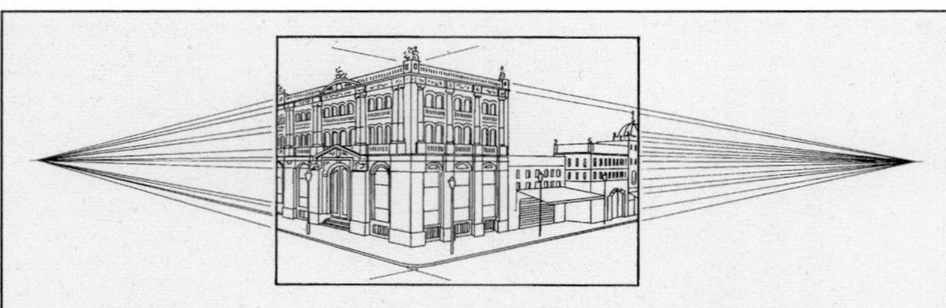

Tracé établi en fonction de la ***perspective***.

personnifié, e adj. Figuré par une personne. / En personne, incarné. *C'est l'honnêteté personnifiée.*
personnifier v. t. [1] Figurer (une chose) sous les traits, les apparences, les attributs d'une personne. *Le corps de Vénus personnifie la beauté.* / Constituer en tant que personne le modèle, l'exemple de. *Socrate personnifie la sagesse.*
perspective n. f. Art de représenter des objets en trois dimensions sur un plan, en essayant de restituer la perception réelle qu'en a l'observateur, placé à une certaine distance. / Aspect d'un monument, d'un paysage, vu de loin. *Une belle perspective.* / Fig. Préfiguration d'un événement à venir. *Des perspectives de réussite.* / Point de vue. *Adapter une perspective historique.*
perspicace adj. Qui témoigne de perspicacité. *Il est perspicace. Jugement perspicace.*
perspicacité n. f. Capacité de percevoir, de juger avec sagacité.
perspiration n. f. PHYSIOL. Ensemble des échanges respiratoires qui se font à travers la peau.
persuader v. t. [1] **A.** v. t. Convaincre, amener (qqn) à accepter, à vouloir faire, à croire (qqch.). *Persuadez-le de patienter encore un jour. Être persuadé de*: être convaincu, assuré de. *Soyez persuadé de sa bonne volonté.* **B.** v. pron. S'imaginer, croire à tort. *Elle s'est persuadé(e) qu'on la boudait.* / *Se persuader de*: se convaincre de. *Je ne peux me persuader de sa version des faits.*
persuasif, ive adj. Qui sait persuader.
persuasion n. f. Action de persuader; don de persuader. *Obtenir par la persuasion, non par la contrainte. Elle a beaucoup de persuasion.* / Conviction.
perte n. f. Fait d'être privé de qqch. qu'on possédait. *La perte du droit de vote.* / Dommage pécuniaire. *Perte de ses revenus. Vendre à perte*, à un prix inférieur au prix de revient. *Perte de jeu*: somme d'argent laissée à l'adversaire. *Perte sèche*: perte d'argent sans récupération possible. / Le fait d'avoir perdu (qqch.). *La perte d'un porte-monnaie.* / Fait d'être privé, par la mort, de qqn qu'on aimait. *La perte de ses parents.* / (Au plur.) Personnes tuées au cours d'une opération militaire, d'un accident. *Les pertes ont été lourdes.* / Ce qui s'échappe, se dissipe inutilement. *Perte de temps, de chaleur.* / *Perte de connaissance*: évanouissement. / AÉRON. *Perte de vitesse*: diminution accidentelle de la vitesse d'un avion, telle que sa sustentation n'est plus assurée. / GÉOGR. Dans un sol calcaire, infiltration d'un cours d'eau qui peut disparaître sur un certain parcours et réapparaître plus loin. / Insuccès. *La perte d'un procès.*
Perth *1 221 200 h.* Ville et port d'Australie, sur la rivière Swan, à 20 km de l'océan Indien, capitale de l'État d'Australie-Occidentale. Centre de commerce et d'affaires. Industries portuaires à Freemantle, son avant-port. Perth a dû son essor à la découverte d'or à proximité.
Perthus (col du) *290 m* Col des Pyrénées-Orientales à la frontière franco-espagnole, proche de la commune du Perthus (*620 h.*). C'est par ce passage qu'Hannibal entra en Gaule en 218 av. J.-C.
Pertinax (en latin **Publius Helvius Pertinax)** 128-193 Empereur romain de janvier à mars 193. Il était préfet de Rome lorsque les prétoriens et le sénat le proclamèrent empereur malgré lui (192) après la mort de Commode. Ces mêmes prétoriens le massacrèrent après 87 jours de règne.
pertinemment adv. De façon judicieuse. *Savoir qqch. pertinemment*, de façon certaine.
pertinence n. f. Qualité de ce qui est pertinent. *La pertinence d'une remarque.*
pertinent, e adj. DR. Qui se rapporte exactement à la question, à la cause. / Approprié. *Remarque pertinente.* / Se dit de tout trait envisagé du point de vue que l'on a choisi pour étudier, décrire (en particulier une langue). *Trait pertinent*, distinctif.
pertuis n. m. GÉOGR. Dans le relief jurassien, col permettant le passage d'un versant à l'autre. / Détroit entre une île et la terre ferme.
pertuisane n. f. ARCHÉOL. Hallebarde à long fer, aux deux oreillons symétriques.
perturbateur, trice adj. et n. Qui perturbe. *Influence perturbatrice.* / Subst. *Faire taire les perturbateurs.*
perturbation n. f. Trouble dans le déroulement d'un phénomène ou dans l'état normal d'une chose. / ASTRON. Effet sur le mouvement d'un corps céleste dû à l'action mutuelle des forces d'attraction qui s'exercent sur chacun des corps gravitant l'un autour de l'autre. / *Perturbation atmosphérique*: mouvement violent dans l'atmosphère.
perturber v. t. [1] Empêcher le fonctionnement, le cours normal de (qqch.). *Ils voulaient perturber la séance.* / Troubler, gêner (qqn). *Cette nouvelle l'a beaucoup perturbé. Ne la perturbez pas dans son travail.*
Pérugin (Pietro di Cristoforo Vannucci, dit en français **le)** v. 1445-1523 Peintre italien. Formé par Verrocchio, il fut aussi marqué par Piero Della Francesca. Il travailla à Florence, Rome, Pérouse, et fut l'un des maîtres de Raphaël. Ses compositions d'inspiration religieuse (*Le Mariage de la Vierge,* 1504) ou allégorique, dans le goût de la Renaissance (le *Studiolo d'Isabelle d'Este* à Mantoue), sont simples et équilibrées.
péruvien, enne adj. et n. Du Pérou. *Armée péruvienne. Un(e) Péruvien(ne).*
Peruzzi (Baldassare) 1481-1536 Peintre et architecte italien. Il assista, à Sienne, le Pinturicchio, puis se fixa à Rome, où il construisit et décora la villa Farnésine (1508-1511).
pervenche n. f., n. m. et adj. inv. BOT. Plante herbacée de la famille des apocynacées, à fleurs bleues ou mauves, croissant dans les sous-bois et les lieux ombragés. / n. m. Couleur bleu-mauve. *Le pervenche ne lui va pas.* / adj. inv. De cette couleur. *Une robe pervenche, un foulard bleu pervenche.*
pervers, e adj. et n. Litt. Enclin au mal, méchant. *Un être pervers.* / PSYCHOPATHOL. Atteint de perversion. / Subst. *Un(e) pervers(e).* / Qui dénote la perversité, la perversion. *Un regard pervers.*
perversion n. f. Action de pervertir; résultat de cette action. *Perversion des mœurs.* / PSYCHOPATHOL. Déviation maladive des désirs instinctifs. *Perversion sexuelle*: recherche de la satisfaction sexuelle par des pratiques qui diffèrent de ce qui est considéré comme la norme (pédophilie, zoophilie, exhibitionnisme, sado-masochisme, etc.).

Pervenche.

Portrait de jeune homme, *tableau du* **Pérugin**.

perversité n. f. Goût pour le mal, tendance à nuire.
pervertir v. t. [2] Corrompre, dévoyer. *Pervertir les mœurs.* / Dépraver, débaucher. *Permissivité qui pervertit la jeunesse.* / Dénaturer. *La partialité pervertit le jugement.*
pesage n. m. Détermination d'un poids. / *Pesage des jockeys*: action de peser les jockeys avant une course. / Par ext. Dans un champ de course, lieu où les jockeys sont pesés.
pesamment adv. Lourdement.
pesant, e adj. et n. m. **A.** adj. Qui pèse lourd. *Charge pesante.* / Lent parce que lourd. *Aller à pas pesants.* / Fig. Pénible. *Une atmosphère pesante.* **B.** n. m. *Valoir son pesant d'or*: avoir beaucoup de valeur.
pesanteur n. f. Caractère de ce qui est lourd. / MÉD. Sensation de lourdeur d'une partie du corps. *Pesanteur d'estomac.* / PHYS. Action de la force à laquelle sont soumis tous les corps présents dans le champ d'attraction de cette force.
♦ La pesanteur est une force particulière de la gravitation universelle, modifiée par la force centrifuge due à la rotation de la Terre sur son axe. La force de la pesanteur, ou poids d'un corps, est composée de la force d'attraction terrestre, qui augmente avec la latitude et diminue suivant l'altitude, et de la force centrifuge, qui a pour effet de réduire le poids du corps considéré. Elle s'exprime par la relation $g = GM/R^2$, G étant la constante de gravitation, M, la masse du corps, R, le rayon de ce corps.
pèse-bébé n. m. Balance pour bébé. Pl. Des *pèse-bébés.*
pesée n. f. Détermination du poids d'un corps. / Masse pesée en une seule fois. / Pression exercée sur un objet.
pèse-lettre n. m. Balance, peson pour lettre. Pl. Des *pèse-lettres.*
pèse-personne n. m. Petite bascule plate munie d'un cadran à lecture directe, sur laquelle on monte pour se peser. Pl. Des *pèse-personnes.*
peser v. t. / v. i. [1] **A.** Déterminer le poids de. *Peser des légumes.* / Soupeser. *Peser un objet dans sa main.* / Fig. Examiner, considérer, évaluer avec attention (qqch.). *Peser les risques d'une opération. Peser le pour et le contre*: bien considérer les avantages et les inconvénients (de qqch.). *Peser ses mots*: s'exprimer en sachant bien la portée de ce qu'on dit. *Tout bien pesé*: après mûre réflexion. **B.** v. i. Avoir un certain poids, tel poids. *Le plomb pèse lourd. Cette pierre pèse plus de cent kilos.* / (Emploi absol.) Être lourd, pesant. Au fig. *Ne pas peser lourd* (ou *grand-chose*) : avoir peu de valeur, peu d'importance. / Fig, fam. Avoir telle fortune. *Il pèse bien dix millions d'euros.* / *Peser sur*: presser, exercer une pression physique sur. *Pesez à fond sur cette manette.* Au fig. *Peser sur qqn pour qu'il accepte qqch.*, le soumettre à des pressions, l'influencer. *Vos arguments ont pesé sur ma décision*, ils l'ont influencée. *Soupçons, danger, menaces qui pèsent sur qqn.* / *Aliment, repas qui pèse sur l'estomac*, qui est difficilement digéré. / *Peser à*: être difficile, pénible à endurer pour (qqn). *Son long silence me pèse.*
pèse-sirop n. m. Densimètre utilisé pour évaluer le teneur en sucre d'un sirop. Pl. Des *pèse-sirops.*
peseta n. f. (mot espagnol) Unité moné-

taire espagnole, en usage jusqu'en 2002. Pl. Des *pesetas*.

Peshawar ou **Pechawar** *566 248 h.* Ville du Pakistan, à l'entrée de la passe de Khaibar qui mène en Afghanistan. Chef-lieu de province, c'est une place forte (capitale du Gandhara, Ier-IVe siècle) et un centre d'artisanat et de commerce actif avec l'Afghanistan.

peso n. m. (mot espagnol) Unité monétaire de divers pays d'Amérique du Sud.

peson n. m. Petite balance à ressort ou à contrepoids.

Pessah Voir **Pâque**

pessaire n. m. MÉD. Anneau que l'on introduit dans le vagin en cas de prolapsus génital ou de rétroversion de l'utérus. *L'usage du pessaire est devenu rare, on a maintenant recours le plus souvent à une intervention chirurgicale.* / Préservatif féminin ; diaphragme.

pessimisme n. m. Disposition d'esprit qui consiste à croire que tout va mal et que l'issue de toute chose ne peut être que néfaste.

pessimiste adj. et n. Enclin au pessimisme ; qui dénote le pessimisme. *Il est pessimiste. Un(e) pessimiste. Des prévisions pessimistes.*

Pessõa (Fernando) 1888-1935 Poète portugais. Il se complut à publier son œuvre sous divers noms fictifs (hétéronymes) : *Alvaro de Campos*, *Alberto Caeiro*, *Ricardo Reis*, etc. Son recueil le plus célèbre est le *Livre de l'intranquillité*, journal intime attribué à l'hétéronyme Bernardo Soares. Il est le maître de la *saudade*, notion portugaise qu'on peut assimiler à la nostalgie et au doute métaphysique. Il exerça, après sa mort, une grande influence sur le lyrisme portugais.

Pessõa Câmara (don Hélder) 1909-1999 Prélat brésilien. Archevêque de Recife de 1964 à 1985, il se fit connaître par sa simplicité, son mode de vie ennemi de toute pompe, sa générosité et son action en faveur des pauvres et des opprimés du tiers-monde.

Pestalozzi (Johann Heinrich) 1746-1827 Pédagogue suisse. Fondateur de nombreuses écoles pour les enfants pauvres de la campagne, il établit les bases d'un enseignement proche de la vie quotidienne. Son roman *Lienhard und Gertrud* (1781-1787) expose ses théories pédagogiques et ses principes humanistes.

Johann Heinrich Pestalozzi.

Philippe Pétain.

peste n. f. Vx Toute grande épidémie. / MÉD. Maladie infectieuse due au bacille de Yersin, transmise des rongeurs à l'homme par l'intermédiaire des puces. / loc. fig. *Fuir (qqn, qqch.) comme la peste*, s'en éloigner, s'en garder par tous les moyens. *Peste!* interj. marquant la surprise, l'admiration. *Peste, quel dynamisme!* / MÉD. VÉTÉR. *Peste aviaire, bovine, porcine* : maladie virale affectant les animaux de basse-cour, les bovins, les porcs. / Fig. Chose nuisible, personne pernicieuse. *Le manque de civisme est la peste de ce pays. Une peste, une petite peste* : une femme, une enfant sournoise, méchante.
♦ Responsable dans le passé d'épidémies dramatiques (la peste noire, au XIVe siècle, a ravagé l'Asie et fait 25 millions de victimes en Europe), la peste n'a pas disparu et sévit encore, en particulier en Asie, par petits foyers. On distingue la *peste bubonique*, la plus fréquente, qui touche les ganglions lymphatiques (importantes suppurations ganglionnaires), la *peste pulmonaire*, extrêmement contagieuse, et la *peste septicémique*, d'une grande gravité.

pester v. i. [1] Manifester verbalement de la mauvaise humeur.

pesticide n. m. Produit chimique utilisé pour détruire les animaux et les végétaux nuisibles aux cultures.

pestiféré, e adj. et n. Atteint de la peste.

pestilence n. f. Puanteur.

pestilentiel, elle adj. Puant.

pet n. m. Fam. Dégagement bruyant de gaz intestinal par l'anus.

Pétain (Philippe) 1856-1951 Maréchal (1918) et homme politique français. Sorti de Saint-Cyr en 1878, général en 1914, il défend victorieusement Verdun en 1916 et, nommé commandant en chef des armées françaises en 1917, participe à la victoire de 1918. Il combat au Maroc (1925), est ministre de la Guerre (1934), ambassadeur à Madrid (1939). Paul Reynaud le rappelle et fait de lui son vice-président du Conseil lors de la débâcle (18 mai 1940), puis lui cède la présidence du Conseil (16 juin). Pétain demande aux Allemands l'armistice, signé le 22 juin. Le 10 juillet, l'Assemblée, réunie à Vichy, lui remet les pleins pouvoirs ; le lendemain, il devient à 84 ans le chef de l'État français, qui succède à la IIIe République et qui adopte pour devise : « Travail, Famille, Patrie ». Sa politique de collaboration avec Hitler, inaugurée à l'entrevue de Montoire (24 octobre), est appliquée et amplifiée par Pierre Laval, vice-président puis chef du gouvernement imposé par les Allemands (avril 1942) : Pétain instaure en France les lois raciales, la Milice, et favorise les déportations de Juifs. Quand la zone libre est envahie (novembre 1942), il décide de rester à son poste, bien que les Allemands ne lui laissent que l'ombre de son pouvoir. Enlevé par les Allemands lors de leur retraite en août 1944, il revient en France en avril 1945. La Haute Cour de justice le condamne à mort. Cette peine est commuée par de Gaulle en réclusion perpétuelle à l'île d'Yeu.

pétainiste adj. et n. Partisan du régime mis en place par le maréchal Pétain, en France, en 1940. *Un journal pétainiste. Les pétainistes.*

pétale n. m. BOT. Chacune des pièces florales stériles qui entourent les étamines et le pistil, formées d'un limbe souvent de couleur vive et d'un onglet qui les relie au réceptacle floral. *L'ensemble des pétales forme la corolle (corolle dialypétale lorsque les pétales sont libres, corolle gamopétale lorsqu'ils sont soudés). Les pétales sont entourés par les sépales.*

pétanque n. f. Jeu de boules d'origine provençale, pratiqué surtout dans le midi de la France.

pétarade n. f. Succession de bruits secs. *Pétarades d'un moteur.*

pétard n. m. Cylindre rempli d'une charge explosive servant à détruire ou à signaler

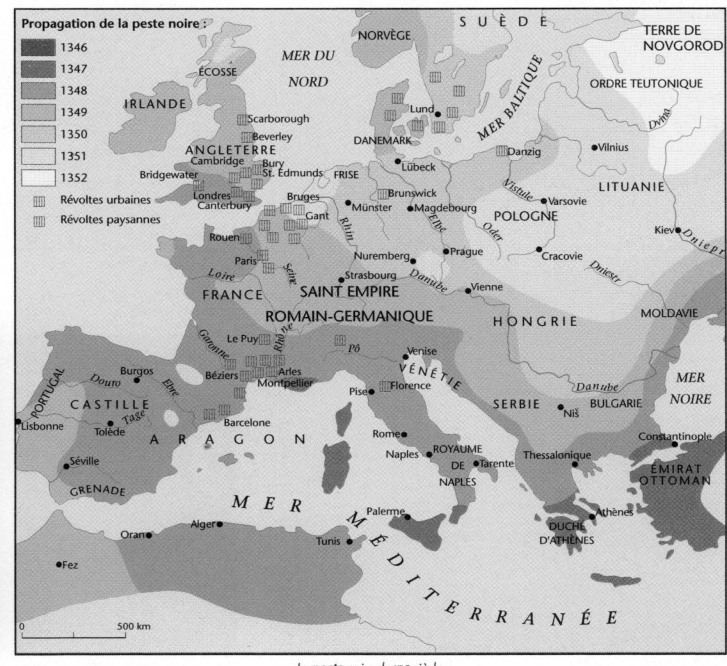

*La **peste** noire du XIVe siècle.*

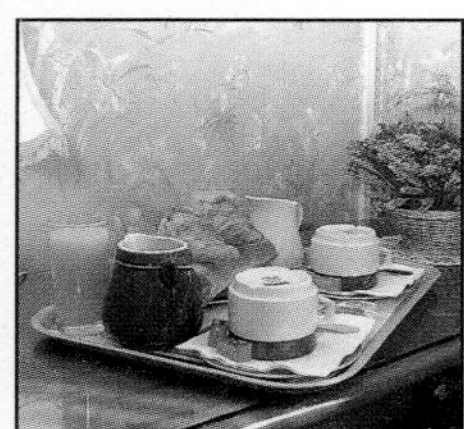

Petit déjeuner.

des obstacles. / Petite charge de poudre enveloppée d'un papier fort, qui explose bruyamment. / Fam. Cigarette de tabac mélangé à du haschich ou de la marijuana.

pétaudière n. f. Fam. Lieu où règnent le tumulte, le désordre.

pétauriste n. m. Écureuil volant d'Australie.

Petchenègues Population d'ethnie turque, installée d'abord entre la Volga et l'Oural, puis entre le Don et le Dniepr, sur des terres dont ils avaient chassé les Hongrois. En 896, ils fondèrent un empire et, au début du Xe siècle, envahirent la Thrace. Ils menacèrent ensuite Kiev, battirent les Byzantins et s'avancèrent jusqu'à Constantinople. Avec l'aide des Coumans, l'empereur Alexis Ier Comnène anéantit leur armée; mais ils demeurèrent une menace pour l'empire jusqu'à leur extermination en 1122.

pet-de-nonne n. m. Beignet soufflé. Pl. Des *pets-de-nonne*.

Petén Province du nord du Guatemala qui prolonge la péninsule du Yucatan. Ce fut le berceau de la civilisation maya classique.

péter v. i. / v. t. [1] **A.** v. i. Fam. Laisser échapper un pet. / Fig. *Péter plus haut que son cul*: avoir de trop grandes prétentions par rapport à ses capacités, ses ressources. / Exploser, casser en produisant un bruit sec. *Ce ballon trop gonflé va péter.* **B.** v. t. Briser, casser net (qqch.). *Péter un élastique.* / Fig., fam. *Péter le feu*: être plein de vivacité, d'entrain, d'énergie. / Fig., fam. *Péter les plombs*: déraisonner, perdre le contrôle de ses actes. / Fig., fam. *être pété*: être soûl.

Peterhof Voir **Petrodvorets**

Peter Pan Personnage créé par l'écrivain britannique James Matthew Barrie, héros d'un roman: *Le Petit Oiseau blanc* (1902), d'une comédie: *Peter Pan ou Le Petit Garçon qui ne voulait pas grandir* (1904), d'un conte: *Peter et Wendy* (1911). Peter Pan échappe à son avenir d'adulte en se réfugiant dans une île enchantée, où il affronte les fauves, les Indiens et le cruel capitaine Crochet. Walt Disney fit de cette histoire un dessin animé (1953).

pète-sec adj. inv. et n. inv. Autoritaire, cassant. *Un ton pète-sec.* / n. *La nouvelle surveillante est une pète-sec.*

péteux, euse n. et adj. Fam. Poltron. / Par ext. Personne prétentieuse. *Écoutez-moi ce péteux !* / adj. Honteux, gêné. *Il s'est senti un peu péteux.*

pétillant, e adj. Qui pétille. *Eau pétillante.*

pétillement n. m. État de ce qui pétille.

pétiller v. i. [1] Craquer en produisant des étincelles. *Bois qui pétille en brûlant.* / Exploser en petites bulles gazeuses. *Champagne qui pétille.* / Fig. *Pétiller de*: manifester la vivacité de. *Des yeux qui pétillent de malice.*

pétiole n. m. BOT. Partie rétrécie de la feuille, qui relie le limbe à la tige.

Pétion (Anne Alexandre Sabès, dit**)** 1770-1818 Officier et homme politique haïtien. Il combattit aux côtés de Toussaint Louverture dès 1791, puis l'abandonna (1801) pour séjourner en France. Il revint (1802) avec les troupes du général Leclerc venues pour restaurer l'autorité de la France, puis déserta pour rejoindre Dessalines (1803). Après la mort de ce dernier (1806), il présida la république du Sud de 1807 à sa mort, Christophe régnant sur le Nord. Métis, il défendit l'oligarchie des métis contre les Noirs.

Pétion de Villeneuve (Jérôme) 1756-1794 Homme politique français. Maire de la commune de Paris (1791-1792), président de la Convention (1792-1793), il fut proscrit avec les autres Girondins en juin 1793. Il tenta vainement de soulever la Normandie. S'étant réfugié dans le Bordelais, il fut dénoncé et se suicida.

petiot, ote adj. et n. Fam. (diminutif à valeur affectueuse). Petit, tout petit. / Subst. *Mon petiot, ma petiote.*

Petipa Famille de danseurs et chorégraphes français dont **Marius** (1822-1910) qui, appelé à Saint-Pétersbourg pour y devenir maître de ballet, a créé en collaboration avec Tchaïkovski *La Belle au bois dormant*, *Casse-Noisette*, *Le Lac des cygnes*, ainsi que la plupart des pièces maîtresses du répertoire classique.

petit, e adj. et n. **A.** adj. De dimensions inférieures à la moyenne de celle des êtres, des objets de même espèce. *Un petit animal. Un petit paquet.* / Qui n'est pas très important (en quantité, en intensité, en durée). *Une petite portion. Un petit moment. À petit feu*: à feu doux. *Au petit jour, au petit matin*: très tôt, à un moment où la lumière est faible. *De petits cris. Une petite pluie.* / (Pour indiquer l'appartenance à une catégorie, à un genre particuliers) *Petit doigt*: auriculaire. *Petit déjeuner*: premier repas, relativement peu copieux, de la journée. *Petits pois*: pois consommés verts. / De taille plus faible que la moyenne. *Cet enfant est petit pour son âge.* / Jeune, plus jeune; qui n'est pas encore adulte. *Il est encore petit. Petit frère*: frère plus jeune. / Délicat, charmant, agréable. *De petites attentions. Un bon petit dîner.* / (Exprimant la tendresse, l'affection) *Mon petit gars. Une petite amie.* / Péjor. *Un petit monsieur. Une petite garce.* / Fig. De moindre, de peu d'importance. *De petites misères.* / De modeste condition; d'importance mineure. *De petites gens. Un petit fonctionnaire.* / Péjor. Mesquin; étriqué. *Un petit chef*: un supérieur aux comportements mesquins et autoritaires. *Un petit esprit*: un esprit dépourvu de grandeur. **B.** n. Enfant, progéniture. *C'est mon petit. La biche et ses petits.* (En loc.) *Faire des petits*: mettre bas. / Jeune enfant. *La classe des petits.* **C.** (Emploi adv.) *En petit, en plus petit*: en réduction. *Une Tour Eiffel en petit.* / *Petit à petit*: peu à peu. *Faire une chose petit à petit.*

Petit (Roland) 1924 Danseur et chorégraphe français. Il fut danseur de l'Opéra de Paris et dirigea ensuite les Ballets des Champs-Élysées, puis les Ballets de Paris, enfin le Ballet national de Marseille: *Cyrano de Bergerac*, *Le Loup*, *Le Jeune Homme et la Mort*. Il a réglé plusieurs chorégraphies pour l'Opéra de Paris. Il a également dirigé, avec son épouse Zizi Jeanmaire, le Casino de Paris.

petit-beurre n. m. Gâteau sec, au beurre. Pl. Des *petits-beurre(s)*.

***Le Petit Chaperon rouge*.**

***Le Petit Poucet*.**

petit-bourgeois, petite-bourgeoise n. et adj. Personne qui appartient à la couche la moins aisée de la bourgeoisie. / adj. Péjor. Conformiste, qui prône le maintien des traditions morales et sociales de la petite bourgeoisie. Pl. Des *petits-bourgeois*.

Petit Chaperon rouge (le) 1697 Conte de Perrault. Une petite fille se rend chez sa grand-mère; le loup, qui a dévoré la « mère-grand » et pris son apparence, la mange à son tour.

Petit Chariot Voir **Ourse**

Petit Cheval Constellation équatoriale; voir *constellation*.

Petit Chien Constellation équatoriale; voir *constellation*.

Petite Ourse Voir **Ourse**

petitement adv. À l'étroit. *Petitement logé.* / Chichement. *Vivre petitement.* / Avec mesquinerie, bassesse. *Se venger petitement.*

petitesse n. f. Faible dimension. / Fig. Mesquinerie.

petit-fils, petite-fille n. Enfant du fils ou de la fille de qqn. Pl. Des *petits-fils*, des *petites-filles*.

petit-gris n. m. ZOOL. Écureuil à la fourrure gris argenté, vivant en Europe septentrionale, en Sibérie; fourrure de cet animal. / Petit escargot comestible à coquille blanchâtre rayée de brun. Pl. Des *petits-gris*.

pétition n. f. Écrit signé par un groupe de personnes et adressé à une autorité compétente pour faire connaître et valoir son opinion sur un sujet précis. / DR. Réclamation faite en justice. / *Pétition de principe*: raisonnement erroné qui consiste à poser d'emblée comme vraie une proposition que l'on doit démontrer.

***Roland Petit*.**

pétitionnaire n. Personne qui pétitionne.

pétitionner v. i. [1] Écrire, signer, diffuser des pétitions.

petit-lait n. m. Liquide qui se sépare du lait caillé. Pl. Des *petits-laits*.

Petit Lion Constellation boréale; voir *constellation*.

petit-neveu, petite-nièce n. Enfant du neveu ou de la nièce de qqn. Pl. Des *petits-neveux*, des *petites-nièces*

Petit Poucet (le) 1697 Conte de Perrault. Enfant de bûcherons qui l'abandonnent dans la forêt avec ses frères, le héros retrouve le chemin grâce aux cailloux qu'il a semés en route, et se défait de l'ogre aux bottes de sept lieues.

Petit Prince (le) 1943 Conte de Saint-Exupéry. Le petit prince, solitaire et curieux, erre de planète en planète à la recherche d'amis. Tombé de l'astéroïde B612, il rencontre le narrateur, un aviateur en panne dans le désert. Ses aventures, poétiques et symboliques, illustrées par l'auteur, sont traduites dans le monde entier.

Petit Renard Constellation équatoriale; voir *constellation*.

petits-enfants n. m. pl. Enfants du fils ou de la fille de qqn.

petit-suisse n. m. Fromage frais roulé en cylindre et conditionné. Pl. Des *petits-suisses*.

Petlioura (Simon Vassilievitch) 1879-1926 Homme politique ukrainien. Président d'une république d'Ukraine éphémère (1918-1919), il organisa des pogroms. En 1920, il s'allia aux Polonais contre les bolcheviks, qui le vainquirent. En 1921, il se réfugia à Paris, où il fut assassiné par un Juif ukrainien venu pour venger les pogroms.

pétoche n. f. Pop. Peur, trouille. *Avoir la pétoche.*

Petöfi (Sándor) 1823-1849 Poète romantique hongrois dont l'œuvre à la gloire de son pays (*Jean le Preux*, 1845; *Debout, Magyar!* 1848) et la mort lors de la guerre de Libération ont fait un héros national.

pétoire n. f. Péjor. Mauvais fusil. *Qu'est-ce que c'est que cette pétoire ?*

peton n. m. Fam. Petit pied.

pétoncle n. m. ZOOL. Mollusque bivalve comestible, parfois appelé amande de mer, commun en Europe.

Pétra Ancienne ville d'Arabie (aujourd'hui en Jordanie), capitale des Nabatéens du Ve siècle av. J.-C. au IIe siècle apr. J.-C., annexée par les Romains sous Trajan, et dont

P

Miniature représentant ***Pétrarque*** *; première page d'un manuscrit : «Ici commencent les sonnets et chansons de l'élégantissime poète messire Francisco Petrarcha.»*

il reste des ruines et des tombeaux sculptés dans le roc.

Pétrarque (Francesco di ser Petracco, dit **Petrarca**, en français**)** 1304-1374 Poète italien. Par ses études à Montpellier et Bologne, et ses très nombreux voyages à travers l'Europe, il acquiert une grande érudition humaniste. Il a laissé de nombreuses œuvres en latin mais il est surtout célèbre pour ses poèmes en toscan où il exprime son pur amour pour Laure de Noves ; ces *Canzoniere* (pour la plupart, des sonnets), écrites tout au long de sa vie, ne furent publiées qu'un siècle après sa mort, en 1470. Après de très nombreuses années passées en Provence (les papes siégeaient alors en Avignon), il se rendit à Milan où il se mit au service des Visconti ; pour fuir la peste, il se rendit à Padoue, puis à Venise, et se retira enfin dans un bourg proche de Padoue où il mourut. Il a fixé la langue classique italienne et suscité de nombreux imitateurs tant en Italie (Pietro Bembo) qu'en France (Maurice Scève), en Espagne ou en Angleterre.

pétrarquisme n. m. LITTÉR. Imitation de Pétrarque, de son style.

pétrel n. m. ZOOL. Oiseau marin de l'ordre des procellariiformes, aux ailes allongées, au bec crochu et aux pieds palmés. *Le pétrel vit au large et ne vient à terre que pour nicher.*

pétreux, euse adj. ANAT. Relatif au rocher de l'os temporal.

Petri (Olaf Petersson, dit **Olaus)** 1493-1552 Théologien suédois. Après des études de théologie à Wittenberg, Olaus, de retour en Suède, prêcha la Réforme à Stockholm, traduisit le *Nouveau Testament* et composa des hymnes (1526). Le luthéranisme fut adopté en Suède (1531) et Olaus devint chancelier du royaume. On lui doit, outre des ouvrages religieux, une chronique qui conte l'histoire de la Suède jusqu'au règne de Gustave Vasa. **Laurent**, dit **Laurentius** 1499-1573 Prélat suédois. Frère du précédent, il fut le premier archevêque luthérien d'Upsal et l'un des initiateurs de la traduction de la Bible en suédois.

pétrification n. f. Transformation de la structure organique d'un corps par imprégnation de substance calcaire ou siliceuse ; formation d'une couche pierreuse sur un corps demeurant dans l'eau calcaire. / Objet pétrifié.

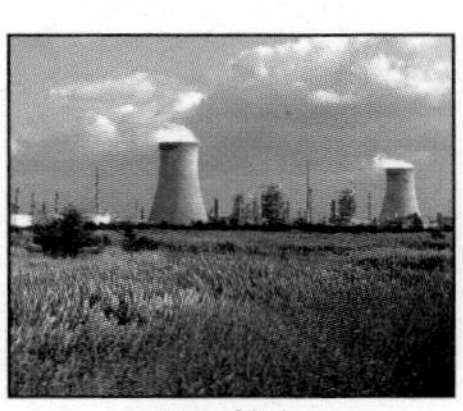

Pétrochimie.

pétrifier v. t. [1] Changer (qqch., qqn) en pierre. / Fig. Immobiliser (qqn) sous l'effet d'une émotion. *Son regard m'a pétrifié.*

pétrin n. m. Anc. Coffre dans lequel on pétrissait le pain à la main. / Appareil destiné à pétrir mécaniquement une pâte (à pain, à céramique). / Fig. et fam. Situation embarrassante.

pétrir v. t. [2] Malaxer (une pâte). / Fig. Manier, presser, malaxer (qqch.). *D'inquiétude, elle pétrissait son mouchoir.* / Litt. Façonner. *Être pétri de*, formé de. *Être pétri d'orgueil, de complexes* : être extrêmement orgueilleux, complexé.

pétrissage n. m. Action de pétrir. / Technique de massage consistant à presser fortement les tissus entre les doigts.

pétrochimie n. f. Industrie du traitement du pétrole et de ses dérivés (engrais, plastiques, résines, explosifs, peintures, fibres synthétiques, etc.).

pétrochimique adj. Relatif à la pétrochimie.

pétrodollar n. m. FIN. Dollar provenant des ventes de pétrole et réinjecté dans le système bancaire mondial.

Petrodvorets (*Peterhof* jusqu'en 1944**)** *84 000 h.* Ville de Russie, sur le golfe de Finlande, près de Saint-Pétersbourg. Fondée par Pierre le Grand, la ville a été la résidence favorite de la famille impériale. Le palais et les jardins, qui rappellent ceux de Versailles, en grande partie ruinés pendant la Seconde Guerre mondiale, ont été restaurés après 1945.

pétrogenèse n. f. Ensemble des processus dynamiques qui provoquent la formation des roches.

pétroglyphe n. m. ARCHÉOL. Motif gravé dans la pierre.

Petrograd Nom donné de 1914 à 1924 à l'ancienne capitale de la Russie, Saint-Pétersbourg, afin de russifier ce nom (« ville de Pierre [le Grand] »). La ville devint Leningrad en 1924 et redevint Saint-Pétersbourg en 1991.

pétrographie n. f. GÉOL. Science qui étudie les caractéristiques microscopiques et macroscopiques des roches, leur composition chimique et minéralogique, puis en détermine la classification.

pétrole n. m. Huile minérale d'origine organique, formée d'un mélange de divers hydrocarbures. *Les pétroles sont des roches liquides complexes, qui sont contenues dans des roches poreuses, généralement associées à des hydrocarbures gazeux. Ils constituent une source d'énergie de première importance.*

pétroleuse n. f. HIST. Nom donné à des femmes ayant participé à la Commune de Paris de 1871 et accusées d'avoir allumé des incendies. / Par ext. *C'est une pétroleuse*, une femme qui milite, de façon violente et exaltée, pour ses convictions politiques.

Chargement d'un camion-citerne en ***pétrole*** *brut.*

Pétunias.

pétrolier, ère adj. et n. m. Propre ou relatif au pétrole. *Extraction pétrolière.* / n. m. Navire équipé pour le transport du pétrole. / Industriel, technicien du pétrole.

pétrolifère adj. Qui contient du pétrole.

Pétrone (en latin **Caius Petronius Arbiter)** ?-65 ? apr. J.-C. Écrivain latin, auteur présumé du *Satiricon*, roman comique, réaliste et licencieux dénonçant les mœurs ridicules et corrompues de l'époque. Accusé d'avoir conspiré contre Néron avec Pison, il fut contraint de se suicider.

pétulance n. f. Qualité d'une personne pétulante.

pétulant, e adj. Impétueux, exubérant. *Un pétulant jeune homme.*

pétunia n. m. BOT. Plante herbacée ornementale de la famille des solanacées, à fleurs blanches, roses ou violettes.

peu adv. et n. m. inv. **A.** adv. En petite quantité ; faiblement ; pas très. *Boire peu. Être peu sociable. Aller peu souvent à Paris.* / loc. adv. *Un peu* : pas beaucoup, médiocrement. *Peu à peu* : progressivement. *Quelque peu* : plutôt, assez. *Peu ou prou* : plus ou moins. **B.** n. m. inv. Faible quantité, quantité insuffisante. *Un peu de* : une petite quantité de. / *Pour un peu* : il aurait suffi de pas grand-chose pour que. *Pour un peu, il aurait accepté.*

Peugeot (Armand) 1849-1915 Industriel et ingénieur français. Après avoir repris, avec son frère **Eugène** (1844-1907), l'usine familiale d'outillage agricole, il fonde seul la *Société des automobiles Peugeot* (1897). Promoteur des cycles en France, il avait dès 1885 construit des vélocipèdes. Dans ses voitures, il avait remplacé le moteur Daimler par un moteur de sa conception.

peuh ! interj. (Pour exprimer le dédain) *Peuh ! Je m'en moque.*

Peul(s) ou **Foulbés** Ensemble de peuples d'Afrique occidentale installés notamment sur les rives du Sénégal et du Niger, depuis le Sénégal (Peuls Toucouleurs) et la Guinée jusqu'au Tchad. Ils sont 3 millions en Guinée et plus de 10 millions au Nigeria ; en tout, entre 17 et 20 millions. Suivant les régions, leur nom (Peul, Foulbé, Fulbé, etc.) et celui de leur langue, langue nigéro-congolaise du groupe ouest-atlantique (peul, foulbé, poular, fulfuldé, fulami, etc.) changent. On pense que, dans la préhistoire, ils se livraient à l'élevage nomade dans le Sahara, puis qu'ils se dirigèrent vers le sud. Leur présence est attestée dans la vallée du Sénégal au Xᵉ siècle. Convertis à l'islam au XVIIIᵉ siècle, ils fondèrent des royaumes musulmans.

peu ou prou loc. adv. Plus ou moins.

peuplade n. f. Petit groupement humain, en général dans une société primitive.

peuple n. m. et adj. inv. **A.** n. m. Ensemble des êtres humains vivant sur un même territoire ou ayant des institutions, une langue, une religion, des coutumes communes, et, souvent, leur propre système de gouvernement. *Le droit des peuples à disposer d'eux-mêmes. Le peuple juif. Le peuple palestinien.* / Ensemble des citoyens d'une nation. *Le peuple français.* / Vx Population. *Le peuple de Londres.* / *Le peuple*: l'ensemble des personnes de condition modeste, par opposition aux classes possédantes. *Le petit peuple, le bas peuple*: la frange la plus pauvre de la population. **B.** adj. inv. Péjor. Commun. *Elle est très peuple.*

peuplé, e adj. Où il y a des habitants. *Une région très peuplée.*

peuplement n. m. Action de peupler. *Peuplement d'un étang.* Ant. dépeuplement. / État d'un territoire peuplé. / ÉCOL. Ensemble des espèces végétales et animales constituant un biotope. *Peuplement d'une forêt.*

peupler v. t. [1] Établir (en un lieu déterminé) une population humaine ou une espèce animale, végétale, pour qu'elle y prospère. *Peupler un lac de truites saumonées.* Ant. dépeupler. / Constituer la population de (un lieu déterminé). *Les Inuit peuplent l'extrême Nord canadien.* / v. pron. Avoir de plus en plus d'habitants. *Banlieue qui se peuple et s'étend.*

peupleraie n. f. Lieu planté de peupliers.

Peuples de la Mer Nom donné par les Égyptiens à des peuples indo-européens qui, venus du Nord, envahirent, aux XIIIe-XIIe siècles av. J.-C., l'Asie Mineure (où ils anéantirent l'empire hittite) et les régions voisines. L'un de ces peuples s'établit en Palestine (les Philistins) où il ruina Ougarit. Les Égyptiens repoussèrent leur assaut contre l'Égypte.

peuplier n. m. Grand arbre de la famille des salicacées, dont le tronc droit peut atteindre une grande hauteur (35 m), aux fleurs disposées en chatons et aux graines cotonneuses. *Peuplier noir, peuplier blanc, peuplier tremble.* / Bois de cet arbre. *Le peuplier est utilisé en menuiserie, en papeterie et pour la fabrication des allumettes.*

peur n. f. Émotion violente due à la prise de conscience d'un danger, réel ou imaginaire. *La peur peut s'accompagner de divers troubles: tremblement, accélération du pouls, syncope. Peur bleue*: voir *bleu.* / HIST. *La Grande Peur*: la succession des révoltes paysannes de l'été 1789, avant et après la nuit du 4 août.

peureux, euse n. et adj. Sujet à la peur, craintif. / Qui dénote la peur. *Un geste peureux.*

peut-être adv. et n. m. inv. **A.** adv. (Pour exprimer le doute, l'éventualité) *Prendrez-vous le prochain train? Peut-être. Peut-être faut-il pousser les études plus loin.* / loc. conj. *Peut-être que*: il se pourrait que. *Peut-être que ce métier lui conviendra.* / **B.** n. m. inv. Quelque chose d'incertain. *Il ne fait pas tenir compte des peut-être.*

Pevsner (Anton, dit en français **Antoine)** 1886-1962 Sculpteur et peintre français d'origine russe. Peintre abstrait, il évolue sous l'influence de son frère, le sculpteur Naum Pevsner, dit Naum Gabo, avec lequel il publie *Le Manifeste réaliste* (1920), qui expose les principes du constructivisme. Le premier à utiliser des éléments cinétiques et dynamiques en sculpture, il a réalisé des constructions en tiges de bronze ou de cuivre.

peyotl n. m. (mot nahuatl) Plante mexicaine de la famille des cactacées, dont la tige renferme un alcaloïde hallucinogène, la mescaline.

Peyronnet ou **Peyronet (Charles Ignace**, comte de) 1778-1854 Homme politique français. Garde des Sceaux (1821-1828), il fut un ultra impopulaire, inspirant les lois les plus réactionnaires de la Restauration: limitation de la liberté de la presse (1822), loi sur le sacrilège (1825). Ministre de l'Intérieur en mai 1830, il appliqua les ordonnances de juillet qui déclenchèrent la révolution de 1830. Il fut emprisonné de 1830 à 1836.

pezize ou **pézize** n. f. BIOL. Champignon discomycète, comestible, formant une coupe orangée ou brune.

pfennig n. m. Ancienne unité monétaire représentant la centième partie du mark allemand.

pH n. m. (sigle de *potentiel hydrogène*) CHIM. Indice mesurant le caractère acide ou basique d'une solution, c'est-à-dire sa plus ou moins grande concentration en ions hydrogène H^+ ($pH = -\log_{10}[H^+]$). *Un pH supérieur à 7 indique une solution basique, un pH de 7 une solution neutre, un pH inférieur à 7 une solution acide.*

phacochère n. m. ZOOL. Mammifère ongulé proche du sanglier, aux défenses courbes, vivant dans la savane africaine.

phaéton n. m. Anc. Petite voiture à cheval à quatre roues, découverte. / Un des premiers modèles de voiture automobile, découverte. / ZOOL. Oiseau pélécaniforme des mers tropicales, à la longue queue prolongée par deux longs filets, appelé couramment paille-en-queue.

Phaéton MYTH. GR. Fils d'Hélios, le Soleil, et d'une Océanide. Il obtint de son père la permission de conduire son char une journée mais, incapable de maîtriser les chevaux, quitta le tracé céleste et faillit embraser la Terre. Zeus le foudroya pour éviter la destruction de l'Univers et le précipita dans le fleuve Éridan (le Pô actuel).

phage n. m. BIOL. Virus bactériophage.

phagocytaire adj. BIOL. Relatif à la phagocytose, capable de phagocytose.

phagocyte n. m. BIOL. Cellule capable de phagocytose. *Les macrophages sont des phagocytes.*

phagocyter v. t. [1] BIOL. Détruire par phagocytose. / Fig. Absorber (qqch.). *Un trust qui phagocyte les petites et moyennes entreprises de son secteur économique.*

phagocytose n. f. BIOL. Capture et ingestion par une cellule (partic. globule blanc) de particules solides du milieu ambiant. *La phagocytose participe à la défense de l'organisme, notam. contre les bactéries, ainsi qu'à l'élimination des déchets.*

Phaïstos Ville antique du sud-ouest de la Crète qui fut, avec Cnossos, l'un des centres les plus brillants de la civilisation de Minos. Il y reste d'importants vestiges.

phalange n. f. ANAT. Chacun des segments articulés des doigts et des orteils. / Chacun des petits os qui constituent le squelette de ces segments. *Les deux phalanges du pouce et du gros orteil; les trois phalanges des autres doigts.* / ANTIQ. GR. Formation de combat. *La phalange macédonienne.* / Toute organisation paramilitaire, en général s'inspirant du fascisme italien. / Dans les phalanstères de Fourier, groupement de cent familles.

Phalange (la) Organisation politico-militaire espagnole. Fondé en 1933 par José Antonio Primo de Rivera, ce groupe d'inspiration fasciste participa activement au soulèvement nationaliste du général Franco en 1936. Franco en prit la tête en 1937 et en fit le parti unique, mais son rôle politique a faibli peu à peu.

phalanger n. m. ZOOL. Marsupial arboricole d'Australie et de Nouvelle-Guinée, de mœurs nocturnes ou crépusculaires.

Phalanges libanaises (en arabe, *Kata'ib*) Organisation politique et militaire chrétienne (maronite) fondée par Pierre Gemayel en 1936. Pendant la guerre civile du Liban (1975-1989), elle joua un rôle fondamental.

phalangiste n. HIST. En Espagne, partisan de la Phalange.

phalanstère n. m. Communauté de travail et de production imaginée par l'économiste Fourier; par extension, groupe de personnes vivant en communauté.

phalène n. f. ZOOL. Papillon d'allure gracile, généralement nocturne, dont la chenille, dite arpenteuse, se nourrit sur les plantes cultivées et les arbres. Syn. géomètre.

phallique adj. Propre ou relatif au phallus. / PSYCHANAL. *Stade phallique*: selon Freud, phase de l'organisation libidinale infantile succédant au stade anal et s'organisant autour du phallus.

phallocrate adj. et n. m. (En parlant du sexe masculin) Qui exerce, tend à exercer et à justifier, une domination sur le sexe féminin. / n. m. *Un phallocrate.*

phallocratie n. f. Domination exercée par les hommes sur les femmes.

phalloïde adj. Qui a la forme d'un phallus. *Amanite phalloïde.*

phallus n. m. (mot latin) Représentation d'un membre viril en érection, symbole de la fécondité et de la fertilité de la Nature. / Pénis en érection. / BIOL. Champignon basidiomycète de forme phallique, à odeur nauséabonde.

Pham Van Dong 1906-2000 Homme politique vietnamien. Collaborateur d'Hô Chi Minh dès 1925, signataire des accords de Genève (1954), il fut Premier ministre du Vietnam du Nord (1955-1976) puis du Vietnam réunifié (1976-1986).

Phare.

Phanar Quartier grec d'Istanbul. Sous l'Empire ottoman, de hauts fonctionnaires issus du Phanar furent envoyés dans des pays chrétiens (notamment en Roumanie) soumis à l'empire. Le Phanar abrite toujours le siège du patriarcat œcuménique orthodoxe.

phanariote adj. et n. Du Phanar. *Les grandes familles phanariotes. Les phanariotes.*

phanère n. m. ZOOL. Production épidermique apparente des vertébrés, tels les ongles, les poils, les plumes, etc.

phanérogames n. f. pl. BOT. Embranchement de végétaux à organes reproductifs apparents, et dont les ovules fécondés se transforment en graines. *Les gymnospermes et les angiospermes sont des phanérogames.*

phantasme Voir **fantasme**

pharamineux Voir **faramineux**

Pharamond Chef franc légendaire, ancêtre mythique des Mérovingiens, dont l'existence a été tenue pour avérée jusqu'au XVIIIe siècle.

pharaon n. m. ANTIQ. Souverain de l'ancienne Égypte. *Le pharaon Ramsès II.* / Ancien jeu de cartes et de hasard.

pharaonique adj. Propre ou relatif aux pharaons, à leur époque. *Égypte pharaonique.* / Fig. D'une gigantesque ampleur. *Un projet pharaonique.*

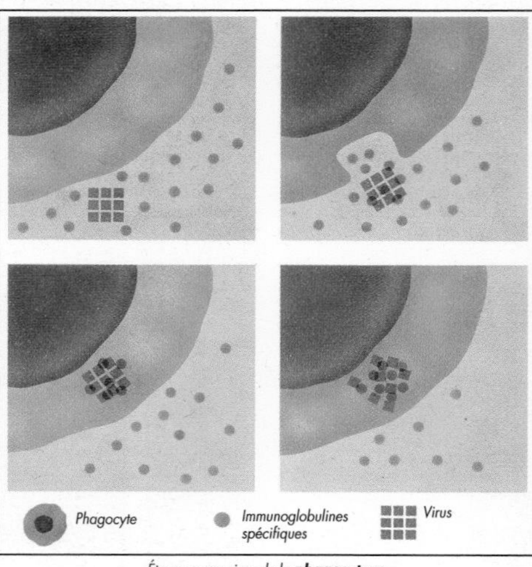

*Étapes successives de la **phagocytose**.*

phare [1] n. m. Tour surmontée d'un puissant système lumineux, implantée sur la côte, à l'entrée d'un port ou sur un récif, servant à baliser des endroits dangereux et à guider les navires la nuit ou par brouillard. / Projecteur situé à l'avant d'un véhicule et qui éclaire la route. / Fig. Ce qui éclaire, guide.

phare [2] n. m. MAR. Vx Ensemble constitué par le mât d'un navire, ses vergues et ses voiles. *Gréement à phares carrés*: gréement d'un navire dont tous les mâts portent des voiles carrées.

pharisien, enne n. Membre de l'une des trois sectes juives contemporaines de l'époque du Christ. *Les pharisiens du temps du Christ, nationalistes, haïssaient les Romains et défendaient la Loi écrite et la tradition qui l'interprète.* / Péjor. Personne hypocrite qui se croit parfaite du moment qu'elle observe un dogme, par référence au caractère excessivement scrupuleux et au formalisme étroit des pharisiens.

pharmaceutique adj. Propre ou relatif à la pharmacie. *Industrie pharmaceutique.*

pharmacie n. f. Science de la composition et de la préparation des médicaments. / Officine dans laquelle ces préparations sont vendues. / Armoire à médicaments ou trousse de secours.

pharmacien, enne n. Spécialiste de pharmacie.

pharmacodépendance n. f. Dépendance à un médicament (psychotrope, particulièrement).

pharmacologie n. f. Étude des médicaments, de leur composition, leur action et leur emploi.

pharmacologique adj. Relatif à la pharmacologie.

pharmacologue ou **pharmacologiste** n. Spécialiste de pharmacologie.

pharmacopée n. f. (Avec une majuscule) Formulaire officiel contenant toutes les préparations qui peuvent être délivrées par le pharmacien, ainsi que leur posologie (appelé *Codex* depuis sa première édition de 1748 jusqu'en 1963). / Ensemble de médicaments.

pharmacovigilance n. f. Observation, étude et diffusion des informations relatives aux effets secondaires des médicaments.

Pharos Petite île de l'Égypte ancienne, située au large d'Alexandrie. Elle fut célèbre dans l'Antiquité pour sa haute tour de marbre, au sommet de laquelle on alimentait des feux pour guider les bateaux (c'est l'origine du mot *phare*), et qui était considérée comme l'une des Sept Merveilles du monde. Érigé en 285 av. J.-C., le phare s'écroula en 1302 lors d'un tremblement de terre.

Pharsale (la) 60 apr. J.-C. Poème épique de Lucain évoquant la guerre civile qui opposa César et Pompée et se solda par la défaite de Pompée.

Phèdre, *par Alexandre Cabanel ; 1880 (© Art Renewal Center).*

Pharsale *8 400 h.* Ville de Grèce (Thessalie). César y vainquit Pompée en 48 av. J.-C.

pharyngé, e adj. MÉD. Relatif au pharynx.

pharyngien, ienne adj. ANAT., ZOOL. Du pharynx ; relatif au pharynx.

pharyngite n. f. MÉD. Inflammation de la muqueuse du pharynx.

pharynx n. m. ANAT. Conduit musculomembraneux, situé au carrefour des voies digestives et respiratoires, en arrière de la cavité buccale, et faisant communiquer celle-ci avec les fosses nasales, la trachée et le larynx.

phase n. f. ASTRON. Chacun des aspects successifs sous lesquels on voit apparaître les planètes au cours de leur révolution synodique ; pour les étoiles, période qui sépare chaque temps de réapparition de l'étoile principale, masquée par le passage de son compagnon qui l'éclipse. / Fig. Chaque étape de l'évolution d'un phénomène, du déroulement de qqch. *Les phases d'une maladie, d'un procès.* / PHYS. *En phase*: se dit des phénomènes périodiques de fréquence identique, dont les minima et les maxima coïncident dans le temps. *En opposition de phase*: se dit des phénomènes périodiques de fréquence identique, dont le minimum de l'un coïncide dans le temps avec le maximum de l'autre. / CHIM. Dans un système chimique, chacune des fractions homogènes, physiquement distinctes, qui ont leur situation propre dans l'espace et sont limitées par des surfaces de séparation. *Les phases d'un mélange.* / ÉLECTR. *Conducteur de phase* ou *phase*: dans un réseau électrique, conducteur autre que le neutre.

phasianidés n. m. pl. ZOOL. Famille d'oiseaux galliformes réunissant les faisans, les poules, les paons, les cailles, les perdrix, les pintades.

phasme n. m. ZOOL. Insecte phasmoptère, au corps très allongé, ressemblant de façon remarquable aux brindilles sur lesquelles il se pose, ou muni d'expansions foliacées.

phasmoptères n. m. pl. ZOOL. Ordre d'insectes (phasmes) des régions tempérées et chaudes, parfois aptères, caractérisés par leur mimétisme (aspect de feuilles, de brindilles).

Phéaciens MYTH. GR. Peuple, mentionné dans *L'Odyssée,* qui habitait une île identifiée avec Corcyre (Corfou). Son roi Alcinoos et sa fille Nausicaa accueillirent Ulysse après un naufrage. Les Argonautes abordèrent aussi chez les Phéaciens. C'est là que Jason épousa Médée.

Phébé MYTH. GR. Déesse de la Lune, identifiée à Artémis.

Phébus MYTH. Autre nom d'Apollon, dieu du Soleil.

Phédon (en grec *Phaidon*) v. 392 av. J.-C. Dialogue de Platon, rapportant les derniers moments de Socrate (racontés à Platon par Phédon). L'œuvre traite de l'immortalité de l'âme et montre la sérénité du philosophe condamné à mort par Athènes.

Phèdre MYTH. GR. Fille de Minos et de Pasiphaé, sœur d'Ariane. Elle épousa Thésée, roi d'Athènes, et s'éprit de son beau-fils Hippolyte. Ce dernier repoussa les avances de sa belle-mère. Alors Phèdre le calomnia auprès de Thésée qui voua son fils à la colère des dieux. Hippolyte périt, et Phèdre, dévorée de remords, se pendit.

Phèdre 1677 Tragédie en vers de Racine d'après les œuvres d'Euripide (*Hippolyte couronné,* 428 av. J.-C.) et de Sénèque (*Phèdre,* Ier siècle apr. J.-C.). L'intrigue est conforme à la tradition mythologique, mais Racine a ajouté deux personnages : Aricie, dont Hippolyte est amoureux, et Œnone, la confidente perfide de Phèdre. L'œuvre montre, avec une grande profondeur psychologique, une femme éprouvant une passion qu'elle n'arrive ni à assumer ni à réprimer. Une cabale fit échouer cette pièce que le roi et la Cour avaient appréciée.

phénakistiscope n. m. Didac. Appareil constitué de deux disques qui donne l'illusion du mouvement par la persistance des images rétiniennes. *Le phénakistiscope est l'ancêtre du cinéma.*

• **Phénicie** Nom donné par les Grecs, dans l'Antiquité, à une étroite bande côtière de l'Asie occidentale qui s'étend le long de la Méditerranée du mont Carmel (au nord d'Israël) jusqu'à la région d'Ougarit (l'actuelle Ras Shamra, au nord de la Syrie).

phénicien, enne adj. et n. De Phénicie. *La civilisation phénicienne. Un(e) Phénicien(ne).* / n. m. Langue sémitique parlée par les anciens Phéniciens.

phénix n. m. MYTH. *Le Phénix*: l'oiseau fabuleux qui, ayant vécu plusieurs siècles, se brûlait lui-même et renaissait de ses cendres. *Le Phénix était le symbole de l'immortalité.* / Fig. Personne remarquable. / ZOOL. Variété de coq domestique originaire du Japon, dont les plumes de la queue sont très longues.

Phénix MYTH. ÉGYPT. Oiseau qui avait le pouvoir de renaître de ses cendres et symbolisait l'immortalité.

Phénix Constellation australe ; voir **constellation**.

phénobarbital n. m. PHARM. Barbiturique à action lente, utilisé comme antispasmodique.

phénol n. m. CHIM. Tout composé dérivant d'un composé aromatique, par substitution d'un ou de plusieurs groupements hydroxyle sur le cycle benzénique. / Spécial. Composé aromatique, de formule C_6H_5OH, dérivant du benzène par substitution d'un groupement hydroxyle sur le cycle benzénique (phénol ordinaire).

phénoménal, ale, aux adj. PHILO. Propre au phénomène. / Extraordinaire. *Une occasion phénoménale.*

phénomène n. m. Ce qui est perçu par la conscience, par le sens ou par l'observation objective. / PHILO. Selon Kant, l'objet tel qu'il nous apparaît (par opposition à ce qui est, ou *noumène*). / Fait ou être extraordinaire, exceptionnel, surprenant.

phénoménologie n. f. PHILO. Étude descriptive des phénomènes. / Pour Hegel, la « phénoménologie de l'esprit » est la science des diverses phases parcourues par le sujet pensant, depuis le stade le plus élémentaire (la simple désignation de l'objet) jusqu'à la phase ultime d'élaboration d'un nouveau concept. / Pour Husserl, la phénoménologie est une méthode d'approche du sujet qui perçoit dans sa relation au monde

Phases *du vol d'un canard colvert.*

P

PHÉNICIE

Histoire

Le pays, formé de petites plaines au pied des monts du Liban, jadis très boisés, et séparées les unes des autres par des éperons rocheux se prolongeant jusqu'à la mer, n'était guère favorable à l'agriculture ni à la formation d'un État unifié. Habité par des Sémites dès la fin du IIIe millénaire avant J.-C., il offrait des sites (baies et îles) propices aux activités maritimes ; les villes phéniciennes devinrent donc des républiques marchandes, animées par un commerce puissant. Les plus importantes furent, tour à tour, Ougarit et Byblos (aujourd'hui Djebail [ou Jbaïl], au Liban), puis Sidon (Sayda, au Liban), qui créa des comptoirs dans toute la Méditerranée orientale, enfin Tyr (Sour, au Liban) qui, installée sur un îlot au voisinage de la côte, bénéficiait d'une excellente position défensive.

La Phénicie, vassale tantôt des Égyptiens (XVIe-XIIe siècle), tantôt des Hittites, fut libérée de leur joug par l'invasion des Peuples de la Mer ; elle prit son essor à partir du Xe siècle avant J.-C. et développa en Méditerranée occidentale son empire maritime avec, notamment, les colonies de Carthage en Afrique du Nord et de Gadès (Cadix, au-delà du détroit de Gibraltar) en Espagne méridionale. Les villes phéniciennes ne restèrent pas longtemps indépendantes : elles tombèrent sous la domination des Assyriens (IXe-VIIIe siècles) puis des Babyloniens (VIIe-VIe siècles), enfin sous le contrôle des Perses (VIe siècle av. J.-C.), qui utilisèrent les navires phéniciens au cours des « guerres médiques » contre les Grecs. Quand Tyr succomba, après un long siège, sous les coups d'Alexandre le Grand (332 avant J.-C.), la Phénicie devint une colonie grecque ; les cités phéniciennes continuèrent cependant à jouer un rôle très important dans les échanges économiques de la Méditerranée orientale.

La Phénicie passa vers 64 av. J.-C. sous l'administration des Romains (province de Syrie). L'étroitesse de leur territoire les acculant à la mer, les Phéniciens consacraient l'essentiel de leur activité au commerce maritime ; leurs ports étaient des points de contact entre les pistes caravanières de l'Asie intérieure et les routes maritimes de la Méditerranée ; hardis marins, ils n'hésitaient pas à se lancer, au-delà du détroit de Gibraltar, sur l'océan Atlantique, avec leurs plus gros navires, les navires de Tarsis ; ils firent même, pour le compte d'un pharaon égyptien (Néchao), le tour de l'Afrique par le cap de Bonne-Espérance. Certains produits de l'industrie phénicienne étaient très recherchés, en particulier les tissus de laine teints avec une couleur pourpre tirée d'un coquillage, le murex.

Expansion de la Phénicie en Méditerranée orientale et principales routes commerciales.

Embarcations des Phéniciens.

Les Phéniciens ont apporté des innovations remarquables dans les domaines économique, commercial et culturel. Néanmoins, la civilisation phénicienne semble avoir manqué d'originalité ; le culte d'Adonis, d'Ashtart (ou Astarté) et des Baal, hérité de la culture cananéenne, s'enrichit d'emprunt aux cultes grecs et égyptiens. Les artistes phéniciens se sont inspirés des Égyptiens, des Mésopotamiens et des Crétois. La plus importante contribution phénicienne à l'histoire de la civilisation fut l'usage de l'alphabet (d'origine incertaine, attesté par les inscriptions de Byblos au XIIIe siècle avant J.-C.), permettant une écriture simplifiée et facilitant le développement des relations commerciales, qu'ils répandirent dans le monde méditerranéen. Cet alphabet, qui fut utilisé par les Grecs, est considéré comme l'ancêtre de l'alphabet grec et, par là, de l'alphabet latin et de tous les alphabets occidentaux.

l'essence et la réalité des « choses mêmes », indépendamment de tout savoir établi.

phénotype n. m. BIOL. Ensemble des caractères somatiques apparents (par oppos. à *génotype*).

phénylalanine n. f. BIOCHIM. Acide aminé aromatique, présent dans les protéines et précurseur de la tyrosine.

phényle n. m. CHIM. Groupement monovalent de formule $-C_6H_5$.

phéophycées n. f. BOT. Embranchement d'algues brunes pluricellulaires, auquel appartiennent les fucus, les laminaires, etc. *Les phéophycées contiennent de la chlorophylle et divers pigments bruns.*

phéromone ou **phérormone** n. f. ZOOL. Substance émise par certains insectes dans le milieu ambiant et jouant un rôle important dans la régulation des comportements individuels et sociaux.

phi n. m. Vingt et unième lettre (Φ, φ) de l'alphabet grec.

Phidias v. 490-v. 431 av. J.-C. Sculpteur grec. Il réalisa une statue chryséléphantine, le *Zeus d'Olympie*, considérée comme une des Sept Merveilles du monde, mais perdue, comme sont perdues bien d'autres de ses créations (statues colossales de l'Acropole : *Athéna Promachos*, *Athéna Lemnia*, *Athéna Parthénos*). On lui attribue un certain nombre de statues du siècle de Périclès qui nous sont parvenues (*Apollon* dit « de Cassel », *Amazone Mattéi*, *Anadoumène Farnèse*),

Phidias : Les Trois Déesses.

***Gérard Philipe**, avec Nicole Besnard, dans La Beauté du diable, de René Clair (1950).*

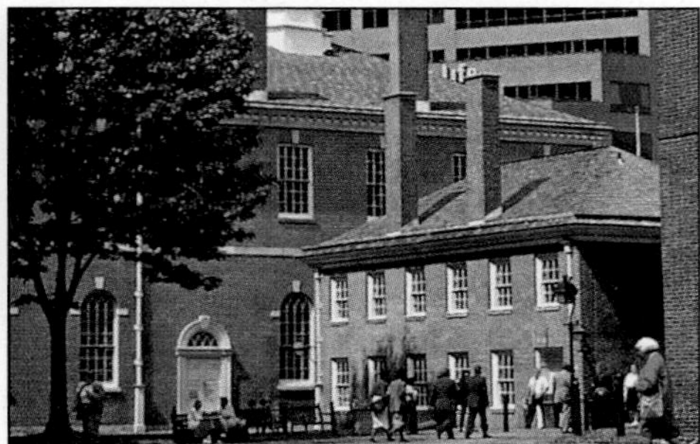

*Independance Hall, à **Philadelphie**, où fut signée la Déclaration d'indépendance en 1776.*

mais la plupart nous sont connues par des descriptions. Chargé par Périclès de surveiller tous les travaux effectués à Athènes et de décorer le Parthénon, il sculpta des bas-reliefs riches en innovations techniques qui influencèrent les artistes grecs de la période classique. Contrairement aux statues, la plus grande partie de la décoration du Parthénon a été conservée, pour l'essentiel au British Museum (17 des 92 métopes, figurant les combats des Olympiens et des Géants, des Amazones et des Athéniens, des Centaures et des Lapithes ; frise intérieure de la procession des Panathénées ; frontons). Dans ses œuvres, qui respectent les proportions du corps humain et témoignent de sérieuses connaissances en anatomie, Phidias allie réalisme et stylisation, grâce et majesté, charme et vigueur, douceur et force.

Philadelphie *1 685 577 h.* Ville et port des États-Unis, en Pennsylvanie, sur la Delaware, fondée par William Penn en 1682. C'était au XVIIIe siècle la plus grande ville d'Amérique du Nord et le premier centre intellectuel du pays ; elle devint un puissant centre industriel. Aux anciennes activités textiles se sont ajoutées les constructions navales et mécaniques (locomotives), les raffineries de pétrole et la sidérurgie, faisant de la ville une métropole industrielle (l'agglomération compte près de 6 millions d'habitants), autour de laquelle gravitent Trenton, Wilmington, et Camden. Troisième port du pays, et troisième place financière, Philadelphie conserve des constructions de l'époque coloniale, notamment l'Independence Hall où fut signée la Déclaration d'indépendance (1776). Elle fut la capitale des États-Unis de 1790 à 1800.

Philae Île du Nil (Égypte) qui était, dans l'Antiquité, consacrée à la déesse Isis. Les restes du temple d'Isis ont été transférés lors de la construction du deuxième barrage d'Assouan.

philanthrope n. Vx Ami du genre humain. / Personne dont l'action personnelle désintéressée contribue ou tend à contribuer au mieux-être de l'humanité.

philanthropie n. f. Amour de l'humanité, charité ; désintéressement.

philanthropique adj. Relatif à la philanthropie.

philatélie n. f. Étude et classification des timbres-poste. / Fait de collectionner les timbres-poste.

philatélique adj. Relatif à la philatélie.

philatéliste n. Personne qui pratique la philatélie.

Philémon et Baucis MYTH. GR. Couple de paysans phrygiens très pauvres et âgés qui, dans *Les Métamorphoses* d'Ovide, symbolise l'amour conjugal. Ils offrirent l'hospitalité à Zeus et à Hermès qui parcouraient la Phrygie déguisés en voyageurs, alors que personne n'avait voulu les recevoir. Irrités, les dieux envoyèrent un déluge sur toute la contrée, mais épargnèrent la chaumière des deux vieillards qui fut transformée en temple. Ils vécurent longtemps et, après leur mort, furent changés en arbres.

philharmonie n. f. Société musicale.

philharmonique adj. et n. Vx Qui aime la musique. / *Orchestre philharmonique* : grand orchestre symphonique. / *Société philharmonique*, réunissant des amateurs de musique ou des musiciens amateurs.

Philipe (Gérard Philip, dit Gérard) 1922-1959 Acteur français. Révélé par son interprétation de *Caligula* lors de sa création en 1945, il connut le succès au Théâtre national populaire (T.N.P.), alors dirigé par Jean Vilar (*Le Cid*, *Ruy Blas*, *Lorenzaccio*), menant de pair sa carrière cinématographique : *Le Diable au corps* (1947) et *Le Rouge et le Noir* (1954) de Claude Autant-Lara, *La Chartreuse de Parme* (1948) et *Fanfan la Tulipe* (1951) de Christian-Jaque, *Les Belles de nuit* (1954) et *Les Grandes Manœuvres* (1955) de René Clair, *Monsieur Ripois* (1954) de René Clément, *Montparnasse 19* (1958) de Jacques Becker. Sa mort précoce a privé la scène et l'écran du meilleur jeune premier de sa génération.

Philippe (saint) ?-v. 80 ? Un des douze apôtres, considéré par la tradition comme l'évangélisateur de la Scythie et de la Phrygie.

Philippe Nom de nombreux souverains.

EMPEREUR ROMAIN

Philippe l'Arabe (en latin **Marcus Julius Philippus)** v. 204-249 Empereur en 244. Il prit le pouvoir en assassinant Gordien III, mais il ne put résister aux invasions barbares et mourut lui-même assassiné.

SAINT EMPIRE ROMAIN GERMANIQUE

Philippe Ier de Souabe v. 1177-1208 Empereur germanique en 1198. Élu concurremment avec Othon IV de Brunswick, il lutta victorieusement contre lui, mais fut assassiné.

BOURGOGNE

Philippe II le Hardi 1342-1404 Duc de Bourgogne (1363-1404). Fils du roi de France Jean II le Bon, il combattit à Poitiers ; il reçut en apanage la Bourgogne en 1363, et son mariage avec Marguerite de Flandre lui apporta la Flandre et l'Artois. À la mort de son frère Charles V, il gouverna, au nom du jeune Charles VI ; avec ses frères les ducs d'Anjou et de Berry, il écrasa la révolte des Maillotins. Écarté du pouvoir par les marmousets, anciens ministres de Charles V, en 1388, il se consacra à son duché, mais redevint le maître de la France quand Charles VI fut frappé par la folie (1392), au détriment de son rival Louis d'Orléans, frère du roi. Son fils Jean sans Peur lui succéda en 1404.

Philippe III le Bon 1396-1467 Duc de Bourgogne (1419-1467). Il succéda, en 1419, à son père Jean sans Peur, assassiné par un partisan du dauphin, le futur Charles VII. Associé à la reine Isabeau de Bavière, il fut l'allié des Anglais et participa au traité de Troyes qui déshéritait le dauphin (1420). Mais en 1435, par le traité d'Arras, il se reconnut le vassal de Charles VII, qui lui cédait des villes de la Somme ; il se constitua un immense et riche État, comprenant la Flandre, la Bourgogne, la Picardie. Prince fastueux et chevaleresque (il créa l'ordre de la Toison d'or), il organisa un État puissant et bien administré, qu'il laissa à son fils Charles le Téméraire.

ESPAGNE

Philippe Ier Voir **Philippe Ier le Beau**, souverain des Pays-Bas

Philippe II 1527-1598 Roi d'Espagne et de ses dépendances en 1556, roi de Naples, de Sicile, de Portugal en 1580, époux (1554) de Marie Tudor. Après l'abdication de son père Charles Quint en 1556, il hérita d'un immense empire, qu'il devait agrandir en 1580 en annexant le Portugal. Ardent défenseur du catholicisme, il empêcha, avec l'aide de l'Inquisition, le développement du protestantisme en Espagne. Si, à Lépante, il arrêta, avec don Juan d'Autriche, les progrès des Turcs (1571), son despotisme et son intransigeance religieuse lui firent perdre les provinces protestantes des Pays-Bas (Union d'Utrecht, 1579). Contre Élisabeth d'Angleterre il arma, en vain, l'Invincible Armada, après la mort de Marie Stuart ; mais l'Armada fut détruite (1588) par la flotte anglaise. Il intervint en France, avec l'intention de mettre sur le trône sa fille Isabelle, petite-fille d'Henri II, de manière à éviter l'avènement d'un prince protestant, mais il ne parvint pas à détrôner Henri IV. Il dut finalement mettre fin à la guerre franco-espagnole en 1598. La fin de son règne fut assombrie par les défaites et la précarité des finances du royaume. Ce fut un souverain méticuleux, austère, soupçonneux et d'une piété presque fanatique (il fit construire le palais de l'Escurial selon un plan en forme de gril, pour rappeler le martyre de saint Laurent).

Philippe III 1578-1621 Roi d'Espagne en 1598. Il succéda à son père Philippe II ; il se révéla incapable de poursuivre l'œuvre de celui-ci et laissa le gouvernement à son favori le duc de Lerma. Sa fille Anne d'Autriche devint reine de France par son mariage avec Louis XIII.

Philippe IV 1605-1665 Roi d'Espagne en 1621. Successeur de son père Philippe III, il laisse, comme lui, le gouvernement à un favori, le comte et duc d'Olivares. Son règne est dominé par de nombreuses insurrections intérieures (dont celle du Portugal, en 1640, qui retrouvera son indépendance en 1668) ; il participe à la guerre de Trente Ans qui se solde par la reconnaissance de l'indépendance des Provinces-Unies (1648) ; le traité des Pyrénées (1659) donne à la France de nombreux avantages. Sa fille, Marie-Thérèse épouse Louis XIV en 1660.

Philippe V 1683-1746 Roi d'Espagne en 1700. Petit-fils de Louis XIV, il succéda sur le trône d'Espagne à Charles II, qui n'avait pas d'enfant. La guerre de la Succession d'Espagne (1701-1714), si elle lui assura définitivement son trône (paix d'Utrecht, 1713), lui fit perdre les Pays-Bas, Gibraltar et les

***Philippe III** d'Espagne.*

***Philippe IV** d'Espagne, par Vélasquez.*

P

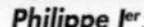
Philippe Ier.

Philippe II.

Philippe III le Hardi.

Philippe IV le Bel.

provinces italiennes. À l'intérieur, il mena une politique de centralisation à la française. La politique de son ministre Alberoni l'entraîna dans une guerre contre la France et l'Angleterre (1718). En 1724, il abdiqua en faveur de son fils Louis, mais dut reprendre la couronne quelques mois plus tard, à la mort de ce dernier. Il participa à la guerre de Succession de Pologne (1733-1738). En 1739, l'Angleterre, mécontente de l'expansion maritime et coloniale de l'Espagne, lui déclara la guerre ; il se rapprocha alors de la France, qui l'entraîna dans la guerre de Succession d'Autriche.

FRANCE

Philippe Ier v. 1052-1108 Roi de France en 1060. Il succéda à son père Henri Ier et régna jusqu'en 1066 sous la tutelle de son oncle Baudouin V de Flandre. Il acquit le Vermandois, le Gâtinais et le Vexin français. La puissance de Guillaume le Conquérant, duc de Normandie, devenu roi d'Angleterre en 1066, se révélait menaçante ; Philippe Ier poussa le fils de Guillaume, Robert Courteheuse, à se révolter contre lui, et repoussa les attaques du nouveau roi d'Angleterre, Guillaume le Roux (1087). Il bénéficia de l'appui des comtes d'Anjou et de Flandre. Il fut excommunié en 1095 pour avoir répudié sa femme et s'être remarié avec Bertrade de Montfort qu'il avait enlevée à son mari. Il abandonna une partie de ses pouvoirs à son fils Louis VI qu'il associa à la Couronne en 1099.

Philippe II, dit **Philippe Auguste** 1165-1223 Roi de France en 1180. Il succéda à son père Louis VII. Intelligent et perspicace, il comprit le danger que représentait son vassal Henri II, roi d'Angleterre et maître de la Normandie, du Maine, de l'Anjou et de la Touraine et, par sa femme Aliénor, de l'Aquitaine : il favorisa les révoltes des fils d'Henri II. Lorsque Richard Cœur de Lion succéda à son père en 1189, les deux rois partirent ensemble pour la troisième croisade. Mais ils se brouillèrent et Philippe soutint, contre Richard, son frère Jean sans Terre, puis, lorsque celui-ci devint roi d'Angleterre, à la mort de Richard (1199), Philippe se retourna contre lui et lui confisqua ses fiefs : il s'empara de la Normandie, du Maine, de l'Anjou, de la Touraine et momentanément du Poitou (1202-1206). Pour se venger, Jean sans Terre monta, avec l'empereur Otton IV et le comte de Flandre, une coalition qui fut battue à Bouvines et à La Roche-aux-Moines (1214). La tentative du fils de Philippe II (le futur Louis VIII) pour s'emparer de l'Angleterre échoua (1216). À partir de 1200, les aventures matrimoniales du roi lui attirèrent, comme à son père, des démêlés avec le Saint-Siège : veuf d'Isabelle de Hainaut, il épousa (1193) Ingeburge de Danemark, qu'il répudia presque immédiatement, et prit pour nouvelle épouse Agnès de Méran. Le pape jeta un interdit sur la France et le roi feignit de se repentir et de reprendre Ingeburge à ses côtés. Il agrandit son royaume de l'Auvergne, de l'Amiénois, du Vermandois et du Valois et mena une politique de centralisation ; la création des baillis et sénéchaux renforça son autorité. Il fit entourer Paris d'un mur d'enceinte et y fit construire la puissante forteresse du Louvre, accorda une charte à l'Université et organisa les premières archives du royaume.

Philippe III le Hardi 1245-1285 Roi de France en 1270. Fils de Louis IX, il fut proclamé roi de France en Afrique où il avait suivi son père pour la huitième croisade, et sacré seulement en 1271. Pour venger son oncle, Charles d'Anjou, chassé de Sicile lors des Vêpres siciliennes (1282), il organisa une expédition contre Pierre III d'Aragon, instigateur de la révolte ; mais cette « croisade d'Aragon » (1284-1285) se solda par un échec. Il mourut à Perpignan, où son armée avait dû battre en retraite.

Philippe IV le Bel 1268-1314 Roi de France en 1285, époux (1284) de Jeanne de Navarre qui lui apporta la Champagne et la Navarre. Il succéda à son père Philippe III. Politique avisé et réaliste, il s'appuya sur des conseillers, les « légistes » (spécialistes du droit romain) Pierre Flote, Enguerrand de Marigny et Guillaume de Nogaret, soucieux de développer l'autorité royale. Il combattit Édouard Ier d'Angleterre pour évincer les Anglais de Guyenne (1294-1299), mais régla le conflit en promettant sa fille Isabelle, dotée de la Guyenne, au futur Édouard II d'Angleterre. Sa tentative d'annexion de la Flandre se solda par un échec (défaite de Courtrai, 1302) mais, victorieux en 1304, il obtint Béthune, Lille et Douai. En conflit avec le pape Boniface VIII au sujet d'un impôt sur le clergé et de l'arrestation d'un évêque, il n'hésita pas à faire agresser le pape (lors de son arrestation à Anagni en 1303). Puis, après le court pontificat de Benoît XI, il fit élire un pape français, Clément V, qui se fixa en Avignon, plaçant ainsi la papauté sous la tutelle du roi. Pour l'appuyer dans sa lutte contre la papauté, Philippe IV réunit des assemblées représentant le clergé, la noblesse et les villes : ce sont les premiers états généraux. Il centralisa l'administration : Parlement, tribunal d'appel, Chambre des comptes, chancellerie, et au sommet le Conseil du roi. Pour se procurer de l'argent, les ressources du domaine royal devenant insuffisantes, Philippe IV dévalua la monnaie, puis il s'attaqua aux richesses des Templiers. Après avoir obtenu de Clément V l'abolition de l'ordre (1312), il livra au bûcher, comme hérétiques, le grand maître Jacques de Molay et les principaux dignitaires (1314). La fin du règne fut troublée par le scandale des brus du roi, Blanche, Jeanne et Marguerite de Bourgogne, accusées d'adultère, et durement châtiées.

Philippe V le Long.

Philippe VI de Valois.

Philippe V le Long v. 1293-1322 Roi de France et de Navarre en 1316. Deuxième fils de Philippe IV, il devint régent (1316) à la mort de son frère Louis X dont la femme, Clémence de Hongrie, était enceinte. Il devint roi de France après la mort de son neveu Jean Ier qui ne vécut que 5 jours, réussissant à faire écarter du trône sa nièce Jeanne : à sa demande, les états généraux déclarèrent que les femmes ne pouvaient monter sur le trône de France. Souverain énergique, il soumit les barons qui lui étaient hostiles et continua l'œuvre centralisatrice de son père. Sa femme, Jeanne de Bourgogne, ne lui donna pas d'héritier mâle ; ce fut son frère Charles IV qui lui succéda.

Philippe VI de Valois 1293-1350 Roi de France en 1328. Petit-fils de Philippe III par son père, Charles de Valois, il fut proclamé roi de France par les grands en 1328. Ainsi furent écartées du trône, en vertu de la loi salique, les filles de Louis X et de Charles IV et celle de Philippe le Bel, Isabelle, mère du roi d'Angleterre Édouard III, dont la noblesse française ne voulait pas pour roi. L'accession de Philippe de Valois au trône de France devait être une des causes de la guerre de Cent Ans qui éclata en 1337, après que Philippe VI eut décidé la « saisie » de la Guyenne. La lutte débuta en Flandre par l'anéantissement de la flotte française à L'Écluse (1340). Après des années d'affrontements dispersés et sans résultats, la chevalerie française fut anéantie par les archers anglais à Crécy (1346) et Philippe VI ne put empêcher son rival de s'emparer de Calais, après un an de siège. La guerre entraîna une crise économique grave, des famines, et le royaume fut ravagé par la terrible peste noire (1348-1349). Philippe VI acquit la Champagne et la Brie, Montpellier et le Dauphiné, qui devint bientôt l'apanage traditionnel de l'héritier de la couronne et lui valut le titre de Dauphin.

GRANDE-BRETAGNE

Philippe de Grèce et de Danemark 1921 Prince consort de Grande-Bretagne. Fils du prince André de Grèce, il adopta en 1947 la nationalité britannique (et le nom de son oncle, Mountbatten). Il épousa la même année la future reine Élisabeth II et reçut le titre de *duc d'Édimbourg*.

MACÉDOINE

Philippe Nom de cinq rois de Macédoine. **Philippe II** v. 382-336 av. J.-C. Otage à Thèbes, il devint régent en 359 puis roi en 356 après avoir écarté son neveu. Il fit de la phalange l'élément essentiel de l'armée et, après avoir conquis la Thrace, il battit la coalition d'Athènes et de Thèbes à Chéronée (338) et devint maître de la Grèce (à l'exception de Sparte). Il fut assassiné alors qu'il préparait une expédition contre la Perse. Ses projets furent réalisés par son fils Alexandre le Grand. **Philippe V** v. 237-179 av. J.-C. Avant-dernier roi de Macédoine. Il succéda à son oncle Antigonos II Doson en 221. Allié d'Hannibal, il combattit Rome de 215 à 205. Rome intervint de nouveau face aux velléités conquérantes de Philippe V, et celui-ci fut battu par Flamininus à Cynocéphales (197) ; cette défaite préluda au déclin de la Macédoine. Son fils Persée lui succéda.

PAYS-BAS

Philippe Ier le Beau 1478-1506 Souverain des Pays-Bas en 1482, roi de Castille en 1504. Fils de l'empereur Maximilien Ier, il hérita les Pays-Bas (1482) de sa mère Marie de Bourgogne, fille de Charles le Téméraire. Époux de Jeanne la Folle, fille d'Isabelle de Castille et de Ferdinand d'Aragon, il gouverna la Castille après la mort d'Isabelle (1504), malgré l'opposition de Ferdinand. Ses fils Charles Quint et Ferdinand Ier furent empereurs.

Philippe (Charles-Louis) 1874-1909 Écrivain français. *Bubu de Montparnasse* (1901) est le plus célèbre de ses récits autobiographiques qui font revivre le Paris de 1900. Il initia la littérature « populiste » dont il fut aussi un des maîtres.
Philippe de Vitry 1291-1361 Théoricien de la musique et compositeur français. Évêque de Meaux, auteur de motets, il écrivit un traité exposant les règles de l'*Ars nova* (v. 1325), un « art nouveau » qui, en se substituant à l'*ars antiqua*, devait révolutionner la musique dès la fin du XIVe siècle.
Philippe Égalité Voir **Orléans (Louis Philippe Joseph**, duc d'**)**
philippin, e adj. et n. Des îles Philippines. *Climat philippin. Un(e) Philippin(e).*
philippine n. f. Jeu dans lequel deux personnes qui se sont partagé deux amandes jumelles conviennent que la première qui dira à l'autre, dans un délai convenu, « bonjour, Philippine », sera gagnante.
• **Philippines** État insulaire de l'Asie du Sud-Est.
philippique n. f. LITTÉR. Harangue hostile à qqn en particulier.
Philippiques (les) 351-340 ? av. J.-C. Discours politiques de Démosthène contre Philippe II de Macédoine, qui voulait dominer Athènes, et qui demeurent un modèle de littérature polémique. Cicéron a écrit aussi, sous le même titre, des harangues contre Antoine, lieutenant de César, qui voulait dominer Rome (Ier siècle av. J.-C.).
Philippot (Michel) 1925-1996 Compositeur français (*Sonate pour piano n° 1*, 1947 ; *Quatuor à cordes*, 1987).
philistin, e n. m. et adj. m. Personne à l'esprit obtus, insensible à l'art, à la culture. / adj. (rare) *Il est vraiment philistin !*
Philistins Peuple de l'Antiquité, issu des « Peuples de la Mer ». Ayant envahi l'Égypte au XIIe siècle av. J.-C., repoussés par Ramsès III, ils se fixèrent au sud du pays qui prit le nom de *Palestine* (« pays des Philistins »), où Gaza devint le centre d'une confédération. Ennemis du royaume d'Israël, ils furent battus, selon la Bible, par Samson et Saül. David les vassalisa (Xe siècle av. J.-C.). Ils furent ensuite soumis aux Assyriens, aux Perses, à Alexandre, aux Séleucides et aux Romains.
Philoctète MYTH. GR. Héros de la guerre de Troie à qui Héraclès légua ses armes. Piqué par un serpent pendant une escale, il fut abandonné sur l'île de Lemnos par Ulysse. Une fois guéri, il rejoignit Troie qui, selon l'oracle, ne pouvait tomber que sous les armes d'Héraclès. En tuant Pâris, il contribua à la victoire des Grecs. Sophocle lui a consacré une tragédie (409 av. J.-C.).
philodendron n. m. BOT. Arbuste originaire d'Amérique tropicale, de la famille des aracées, aux feuilles très découpées, parfois cultivé comme plante ornementale.
philologie n. f. Étude scientifique de l'histoire d'une langue et de sa grammaire, fondée sur l'analyse critique des textes.
philologique adj. Relatif à la philologie.
philologue n. Spécialiste de philologie.
Philomèle MYTH. GR. Fille de Pandion, roi d'Athènes, et sœur de Procné. Elle fut violentée par son beau-frère Térée, roi de Thrace, qui lui coupa la langue pour l'empêcher de parler. Mais elle parvint à avertir sa sœur : pour la venger, Procné tua Itys, le fils qu'elle avait eu de Térée, le lui servit au

PHILIPPINES

Superficie : *300 000 km²* – **Nombre d'habitants :** *77 000 000 h.* – **Capitale :** *Manille*
Villes principales : *Quezon City, Davao, Caloocan* – **Système politique :** *république*
Langue(s) : *tagalog, anglais* – **Religion(s) :** *catholicisme* – **Monnaie(s) :** *peso philippin*

Voir l'Atlas

Taxi à Manille.

Géographie physique et humaine

Formé de plus de 7 000 îles volcaniques dont plus de 6 000 sont inhabitées et dont les deux plus grandes : Mindanao et Luçon, représentent les deux tiers de la superficie et de la population totales, l'archipel des Philippines est situé dans une région instable, en bordure d'une des plus profondes fosses océaniques du monde (11 000 m) : séismes et typhons y sont fréquents. Favorisée par la chaleur et la pluviosité du climat tropical, la végétation est abondante (forêts sur 42 % du territoire).
La population, d'origine malaise, fortement métissée, s'accroît rapidement (2,4 %), même si le taux d'accroissement a faibli ; la moitié des Philippins a moins de vingt ans. On compte une quarantaine de minorités nationales (notamment des Négritos) et de nombreux résidents étrangers (Chinois, Indonésiens, Espagnols). Le catholicisme domine (83 %) ; les autres chrétiens (Église indépendante, protestants) sont 7 % ; les musulmans, près de 5 %. Le taux d'urbanisation s'accroît rapidement (55 %) ; l'agglomération de Manille, avec les villes environnantes, rassemble plus de 7 millions d'habitants.
L'agriculture occupe encore 40 % des actifs. La plupart des agriculteurs sont encore des tenanciers ou des métayers employés par le propriétaire, mais les réformes agraires permettent peu à peu aux paysans philippins de s'affranchir de leurs propriétaires et de créer des coopératives. 85 % des terres sont consacrées au riz et au maïs, mais on cultive aussi la canne à sucre, le coprah, le tabac, le caoutchouc, le cacao, le café, les fruits tropicaux, en partie exportés. La pêche fournit des ressources importantes, ainsi que l'exploitation forestière.
L'industrialisation est récente et peu développée. Quelques ressources minières (importants gisements d'or, de chrome, de cuivre) sont exploitées. Le faible coût de la main-d'œuvre a attiré les investissements américains et japonais, et les Philippines étaient en train de devenir un « nouveau dragon du Sud-Est asiatique » quand la crise financière et boursière a frappé cette région du monde en 1997. Les Philippines ont été touchées moins sévèrement que la Thaïlande, la Corée du Sud et l'Indonésie. À cette crise s'est ajoutée la sécheresse, due à El Niño, en 1998. Le commerce extérieur est déficitaire, l'endettement et le chômage sont importants.

Église des jésuites dans l'île de Culión.

Bateau de pêche, près de l'île Palawan, dans le sud-est de l'archipel.

P

PHILIPPINES (SUITE)

Histoire

Découvertes en 1521 par Magellan, les îles Philippines, ainsi nommées en l'honneur de l'infant d'Espagne, le futur Philippe II, furent rattachées (sous la direction d'un gouverneur) à la vice-royauté du Mexique en 1565, mais il fallut attendre 1638 pour que les Espagnols en aient la maîtrise presque totale. Sous l'influence espagnole, le pays (qui avait été faiblement touché par l'islam à la fin du XVe siècle) est christianisé. Il est découpé en immenses propriétés soumises soit aux conquérants, soit aux congrégations religieuses qui, en réalité, exercent la totalité du pouvoir (seul le clergé avait appris les langues locales, ce qui en faisait l'intermédiaire obligé entre colons et indigènes).

De nombreux soulèvements éclatent, certains avec la complicité de l'Angleterre, et le pays n'est une colonie directement soumise à l'Espagne qu'en 1837. Des mouvements nationalistes se constituèrent à partir de 1850 et, après l'échec d'une tentative d'insurrection (1896), le nationaliste Emilio Aguinaldo fait appel aux États-Unis qui, le 1er mai 1898, détruisent la flotte espagnole de Manille, comme ils le feront en juillet à Cuba (guerre hispano-américaine).

En décembre 1898, le traité de Paris autorise les États-Unis à annexer les Philippines, où la résistance philippine est écrasée, tandis qu'Aguinaldo gouverne en dictateur et mène une guérilla anti-américaine jusqu'à 1901. Les États-Unis accordent l'autonomie progressivement. En 1916, ils dotent le pays de deux Chambres. En 1935, Manuel Quezón est élu président de la République (autonome dans le cadre d'un statut de tutelle nommé *Commonwealth*).

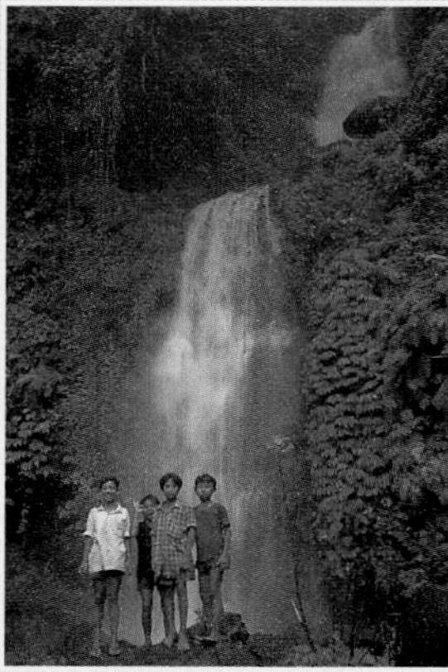

Enfants devant une cascade.

En 1941-1942, les Japonais occupent les Philippines. Ils ne parviendront pas à rallier la population à leur cause : un grand mouvement de résistance s'organise, sous la direction des Américains et des communistes philippins.

Le général américain MacArthur, chassé de l'archipel en 1942, revient en 1944 et reprend les Philippines après une terrible bataille ; il obtient la reddition du Japon en septembre 1945. Les Philippines obtiennent leur indépendance en 1946 et proclament la république. Les États-Unis consentent une aide importante et conservent des bases militaires.

Les Huks (la résistance paysanne à direction communiste), qui avaient déjà combattu les troupes japonaises, se tournent contre l'oligarchie philippine et mènent la guérilla jusqu'au début des années 1950. Le gouvernement, en lutte contre les communistes, adhère à l'Otase en 1954. En 1965, Ferdinand Marcos est élu président. Réélu en 1969, il instaure la loi martiale en 1972 et se maintient au pouvoir l'année suivante à l'aide d'une nouvelle Constitution. Il exercera la dictature jusqu'en 1986.

Sa politique agraire ne satisfait ni les maoïstes ni les musulmans indépendantistes de Mindanao, qui mènent une double guérilla. En 1983, son principal opposant, Benigno Aquino, est assassiné. La protestation va s'amplifiant. En 1986, les résultats des élections, qui donnent la victoire à Marcos, sont contestés ; face aux soulèvements populaires, Marcos doit s'exiler.

La veuve d'Aquino, Corazon Aquino, est élue présidente. Elle ne résout ni le problème de la double guérilla, ni celui de la corruption. Élu en 1992, le général Fidel Ramos légalise le parti communiste, signe un accord de paix avec les indépendantistes musulmans ; les Américains évacuent leurs bases militaires, privant le pays d'une importante source de revenus.

En1997, la crise financière frappe les Philippines. En 1998, le « candidat des pauvres », Joseph Estrada, est élu président, alors qu'El Niño provoque la sécheresse, mais, accusé de corruption, il est destitué deux ans plus tard. La vice-présidente, Gloria Arroyo, lui a succédé en 2001.

repas et s'enfuit avec Philomèle. Poursuivies par Térée, elles implorèrent les dieux qui métamorphosèrent Procné en hirondelle et Philomèle en rossignol.

Philon le Juif ou **Philon d'Alexandrie** v. 13 av. J.-C.-v. 50 apr. J.-C. Philosophe grec d'origine juive, auteur d'ouvrages qui s'appuient sur le double enseignement de la Bible et de la philosophie grecque (en particulier Platon et les stoïciens).

philosophale adj. f. *Pierre philosophale* : pierre susceptible de transformer en or n'importe quel métal, selon les alchimistes.

philosophe n. et adj. Spécialiste de la philosophie. / Personne qui prend la vie avec sagesse et supporte stoïquement les revers de fortune. *Il envisage la vie en philosophe.* / (Emploi adj.) Sage. *Il sait rester philosophe.*

philosopher v. i. [1] Raisonner, réfléchir sur des sujets philosophiques. / Argumenter sur un thème quelconque.

philosophie n. f. Spéculation sur les principes premiers du monde et de la vie, présentée sous la forme d'une théorie générale de la connaissance et de l'action. *Dans son acception la plus large, la philosophie englobe la métaphysique, la logique, la morale, la psychologie et l'esthétique. Philosophie première* : chez Aristote, science de l'Être en tant qu'Être, synonyme de métaphysique. / Système philosophique particulier à un individu, un groupe, une époque. *La philosophie de Platon.* / Élévation d'esprit, résignation, sagesse, *prendre la vie avec philosophie.* / Discipline étudiée au lycée (en terminale) et à l'université. *Une licence de philosophie.* Abrèv. fam. : philo.

philosophique adj. Propre ou relatif à la philosophie. *Études philosophiques.* / Qui manifeste de la sagesse. *Sérénité philosophique devant la mort.*

philosophiquement adv. Du point de vue de la philosophie. / À la manière des philosophes, sereinement.

philtre n. m. MYTH. Breuvage magique propre à inspirer certaines passions, surtout l'amour. *Le philtre de Tristan et Iseut.*

phimosis n. m. MÉD. Rétrécissement de l'anneau du prépuce, qui empêche de décalotter le gland.

phlébite n. f. MÉD. Thrombose veineuse.

phlébologie n. f. MÉD. Étude des veines et de leurs maladies. *La phlébologie consiste principalement en l'étude des veines superficielles des membres inférieurs.*

phlébologue n. Spécialiste de phlébologie.

phlébotome n. m. ZOOL. Insecte diptère, au corps velu, des régions tempérées et tropicales, et qui peut transmettre à l'homme, par ses piqûres, les protozoaires agents des leishmanioses.

phlegmon n. m. MÉD. Infiltration purulente du tissu de soutien d'un organe ou du tissu sous-cutané.

phloème n. m. BOT. Synonyme de liber.

phlogistique n. m. CHIM. Vx Fluide que l'on supposait être contenu dans les corps combustibles et s'en échapper avec la flamme. *Les travaux de Lavoisier ont conduit à l'abandon de la théorie du phlogistique.*

phlox n. m. BOT. Plante herbacée ornementale, originaire d'Amérique, aux fleurs vivement colorées.

Phnom Penh ou **Pnom Penh** *564000 h.* Capitale du Cambodge, port important au confluent du Mékong et du Tonle Sap. Grand centre industriel (agroalimentaire et textile). Fondée au XVe siècle pour succéder comme capitale à Angkor occupée par les Siamois (1432), la ville resta le siège du gouvernement jusqu'au XVIe siècle. Elle redevint la capitale en 1866, peu après l'établissement du protectorat français (1863). En 1975, les Khmers rouges prirent la ville et entreprirent de la vider de ses habitants (environ 2 millions). Phnom Penh se reconstruit progressivement et a retrouvé son activité commerciale et touristique.

phobie n. f. PSYCHIATR. Peur irraisonnée et obsédante qui concentre l'angoisse sur un objet ou une situation que le malade cherche à fuir sans cesse.

phobique adj. et n. Qui procède de la phobie. / Atteint de phobie. / Subst. *Un(e) phobique.*

Phocée Port antique d'Asie Mineure, en Ionie, qui acquit une grande importance commerciale aux VIIe-VIe siècles av. J.-C. et fonda des colonies en Gaule et en Espagne, dont la plus importante fut Massalia (Marseille). Assiégés par les troupes de Cyrus, les Phocéens se réfugièrent dans leurs colonies corses (v. 545 av. J.-C.), puis en Italie du Sud (la *Grande Grèce*) où ils fondèrent Élée (v. 535 av. J.-C.).

Phocide Région de la Grèce continentale baignée par le golfe de Corinthe. Territoire sacré dans l'Antiquité, elle abritait le Parnasse, le temple de Delphes, l'oracle d'Apollon. Elle fut l'enjeu de plusieurs guerres sacrées (VIe-IVe siècle av. J.-C.) qui impliquèrent la plupart des États grecs, contribuant à les affaiblir tous, et donnèrent à Philippe II de Macédoine l'occasion d'intervenir dans les affaires de la Grèce. La Phocide forme aujourd'hui un nome.

phocomèle n. et adj. MÉD. Handicapé congénital dont les mains ou les pieds s'attachent directement au tronc (le membre correspondant étant absent). / adj. *Un enfant phocomèle.*
phocomélie n. f. MÉD. Malformation touchant les phocomèles.
Phoenix *983 400 h.* Capitale de l'Arizona, aux États-Unis. Oasis irriguée par la Salt River dans le désert Salé, Phoenix est un centre industriel (électronique), universitaire et touristique, dont l'agglomération rassemble plus de 2 millions d'habitants.
pholidotes n. m. pl. ZOOL. Ordre de mammifères édentés, à langue gluante, au corps couvert d'écailles cornées, auquel appartient le pangolin.
pholiote n. f. BIOL. Champignon basidiomycète comestible, à lamelles jaunes ou brunes et à anneau, croissant par bouquets au pied des arbres.
Phomvihan (Kaysone) 1920-1992 Homme d'État laotien. En 1945, il rencontre le prince Souphanouvong et rejoint avec lui le gouvernement nationaliste qui vient de proclamer l'indépendance du Laos. Il est dès 1949 l'un des leaders de l'aile marxiste du nationalisme laotien. Quand les communistes laotiens se détachent du Parti communiste indochinois, il crée le Parti populaire révolutionnaire du Laos (1955) qu'il dirigera jusqu'à sa mort. Premier ministre (1975-1991) de la nouvelle République du Laos dirigée par Souphanouvong, il est élu président en 1991.
phonation n. f. Production de sons (paroles ou cris) par les organes vocaux.
phonème n. m. LING. La plus petite unité sonore du langage, considérée du point de vue de l'articulation (labiale, dentale) et de l'audition (sourde, sonore).
phonétique adj. et n. f. Propre aux sons du langage. *Transcription phonétique.* / n. f. Partie de la linguistique qui étudie les sons du langage. *La phonétique articulatoire étudie la manière dont les sons sont formés. La phonétique normative établit les règles d'une prononciation correcte.*
phonétiquement adv. Du point de vue de la phonétique.
phonie n. f. TECHN. Transmission de messages par la voix.
phonographe n. m. Ancien appareil, inventé par Edison en 1878, qui reproduisait les sons enregistrés sur un cylindre vertical, remplacé par l'électrophone.
phonographique adj. Relatif à l'enregistrement sonore.
phonologie n. f. Partie de la linguistique qui se consacre à l'étude des phonèmes d'une langue donnée.
phonothèque n. f. Établissement destiné à la conservation des documents sonores, enregistrés sur disques, bandes magnétiques, etc.

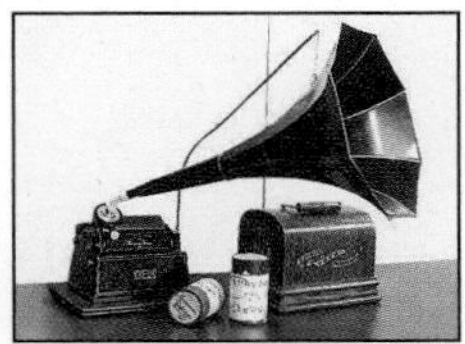

Phonographe.

***Phoques** sur les côtes de la Namibie (dans le sud de l'Afrique).*

phoque n. m. ZOOL. Mammifère marin de l'ordre des carnivores, caractérisé par sa forme fuselée, ses membres en nageoires, sa fourrure à poils ras, ses oreilles dépourvues de pavillon, son cou très court et ses longues vibrisses. / Fourrure de cet animal.
phosgène n. m. CHIM. Gaz toxique de formule $COCl_2$, obtenu à partir de chlore et de monoxyde de carbone. *Le phosgène a été utilisé comme gaz de combat pendant la Première Guerre mondiale.*
phosphatage n. m. Fertilisation des champs par des engrais phosphatés. / MÉTALL. Méthode de protection des métaux ferreux par immersion dans un bain de phosphate en solution (phosphates biacides de manganèse, de fer et de zinc).
phosphate n. m. CHIM. Sel ou ester de l'acide phosphorique. / Anion oxygéné du phosphore. (En appos.) *L'ion phosphate PO_4^{3-}.* / Cour. Mélange de différents phosphates, utilisé notam. comme engrais.
phosphaté, e adj. Qui est à l'état de phosphate ; qui renferme des phosphates. / Cour. Se dit de préparations renfermant du phosphate de calcium.
phosphène n. m. PHYSIOL. Sensation lumineuse, vive et brève, qui n'est pas causée par une source de lumière. *Le phosphène résulte d'une excitation des cellules de la rétine, provoquée par un processus mécanique, chimique, etc.*

phospholipide n. m. BIOCHIM. Lipide phosphoré.
phosphore n. m. CHIM. Élément non métallique, de numéro atomique Z = 15, de masse atomique 30,97 (symbole : P), solide à la température ordinaire.
phosphoré, e adj. Qui contient du phosphore.
phosphorer v. i. [1] Fam. Réfléchir intensément.
phosphorescence n. f. PHYS., CHIM. Propriété de certaines substances d'émettre naturellement de la lumière en dehors de toute source d'énergie calorique.
phosphorescent, e adj. Qui émet par phosphorescence.
phosphoreux, euse adj. Qui contient du phosphore. *Anhydride phosphoreux*, de formule P_2O_3, obtenu lors de la combustion lente du phosphore.
phosphorique adj. CHIM. Qui contient du phosphore. *Anhydride phosphorique* : anhydride de formule P_2O_5, qui se forme par combustion vive du phosphore. *Acide phosphorique* : acide de formule H_3PO_4.
phosphorylation n. f. CHIM. Réaction par laquelle un radical phosphoryle se fixe sur une molécule. *La phosphorylation d'un ose.*
phosphoryle n. m. CHIM. Radical trivalent constitué d'un atome de phosphore et d'un atome d'oxygène.
phosphure n. m. CHIM. Corps formé par la combinaison d'un atome de phosphore et d'un élément métallique ou de l'hydrogène.
phot n. m. PHYS. Unité de mesure (symbole ph) de l'éclairement, dans le système C.G.S., égale à 10^4 lux (unité peu usitée).
Photios ou **Photius** v. 820-v. 895 Théologien byzantin, patriarche de Constantinople (858-867, 877-886) qui le premier refusa l'emprise de Rome sur Byzance. Nommé patriarche par l'empereur Michel III en 858, il fut excommunié et déposé en 863 par le pape Nicolas Ier. Il entraîna alors Constantinople dans un schisme (867). Le nouvel empereur Basile Ier le destitua (867), mettant provisoirement fin au schisme de l'Église d'Orient, puis le rétablit en 877. Champion de l'orthodoxie face à Rome, Photius inspira le schisme de 1054.
photo n. f. Abréviation de photographie.
photochimie n. f. Étude des réactions chimiques produites ou favorisées par la lumière.
photocomposition n. f. IMPR. Composition photographique d'un texte à imprimer.
photoconductivité n. f. PHYS. Phénomène d'augmentation de la conductivité électrique dû à un rayonnement électromagnétique incident provoqué par l'effet photoélectrique.
photocopie n. f. Reproduction photographique de documents ; le document ainsi obtenu.
photocopier v. t. [1] Faire la photocopie de. *Photocopier ses papiers d'identité.*
photocopieur n. m. ou **photocopieuse** n. f. Appareil servant à photocopier.
photocopillage n. m. Usage abusif de la photocopie sans paiement de redevance aux auteurs des textes photocopiés ou à leurs ayants-droit.
photodiode n. f. Diode à semi-conducteur parcourue par un courant dont l'intensité est fonction de l'intensité lumineuse incidente. *Les photodiodes sont particulièrement sensibles au rayonnement électromagnétique compris entre le violet et le rouge ;*
photoélectricité n. f. ÉLECTR. Ensemble des phénomènes qui modifient les propriétés électriques d'un corps lorsque celui-ci est exposé à un rayonnement électromagnétique.
photoélectrique adj. *Effet photoélectrique* : effet dû à l'émission d'électrons lors de l'irradiation des métaux et des gaz.
♦ Le nombre d'électrons émis est

P

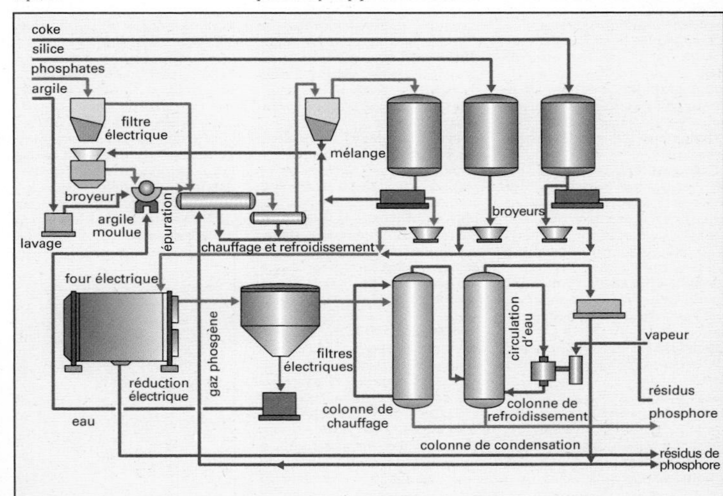

*Extraction du **phosphore** par la méthode du four électrique.*

proportionnel à l'intensité de la radiation, c'est-à-dire à l'énergie fournie par unité de temps et de surface de la zone exposée. L'énergie cinétique des électrons dépend de la fréquence des radiations. Il existe une fréquence caractéristique pour chaque substance (seuil photoélectrique), telle que tout rayonnement de fréquence inférieure à ce seuil ne peut produire d'émission, quelle que soit son intensité.

photogénie n. f. Qualité de ce qui est photogénique.

photogénique adj. Qui donne des images photographiques nettes. *Texture photogénique.* / Dont l'image photographique est plaisante à regarder; que l'image photographique avantage. *Elle est photogénique.*

photogramme n. m. Phase isolée d'un mouvement filmé.

photogrammétrie n. f. Ensemble des techniques servant à calculer et à évaluer les proportions et les volumes d'objets à partir de leurs photographies en perspective. *La photogrammétrie est particulièrement utilisée en cartographie.*

photographe n. Personne qui photographie; professionnel de la photographie. *Souris au photographe. Photographe de presse.* / Technicien, commerçant qui se charge du développement et du tirage des films photographiques; marchand de matériel photographique.

photographie n. f. Procédé chimique d'enregistrement et de reproduction d'images par l'action de la lumière ou d'un autre rayonnement ayant la propriété d'isoler des sels d'argent (couche photosensible) incorporés à une couche insensible à un rayon lumineux (support). / L'image ainsi obtenue. *Une photographie en couleur.*

photographier v. t. [1] Fixer l'image de (qqn, qqch.) par photographie. / Fig. Fixer dans ses souvenirs, de manière claire et précise, l'image de (qqn, qqch.). *Il a photographié cette scène dans sa mémoire.* / Faire la description, l'analyse précise de. *Racine a photographié les passions du cœur humain.*

photographique adj. Relatif à la photographie; obtenu par photographie. *Appareil photographique. Cliché photographique.*

photographiquement adv. Par des moyens photographiques; avec la netteté, la précision d'une photographie.

photograveur n. m. Spécialiste de la photogravure.

photogravure n. f. IMPR. Ensemble des procédés de gravure qui permettent d'obtenir, par l'intermédiaire de la photographie, des clichés dont les éléments imprimants sont en relief, en creux ou à plat; le cliché ainsi obtenu; l'épreuve imprimée résultant de cette technique.

photoluminescence n. f. Luminescence produite par un corps qui émet une radiation de longueur d'onde différente de celle qu'il absorbe.

photolyse n. f. CHIM. Phénomène de décomposition chimique sous l'action de la lumière.

photomaton n. m. (nom déposé) Dispositif permettant de réaliser automatiquement des photographies payantes et de tirer presque instantanément les clichés; cliché ainsi obtenu.

photomécanique adj. TECH. *Procédé photomécanique*, qui permet d'imprimer à partir de clichés photographiques

photomètre n. m. Instrument de mesure

***Photographie** de l'atmosphère du Soleil à l'aide d'une caméra électronique.*

qui détermine l'intensité d'une source lumineuse, dont il existe deux types, direct, lorsque l'observation est visuelle, indirect lorsque l'observation est instrumentale.

photométrie n. f. Mesure de l'intensité d'une source de lumière.

photomontage n. m. Montage photographique.

photon n. m. PHYS. Quantum de lumière ou d'énergie définissant la quantité indivisible d'énergie électromagnétique.

photonique adj. PHYS. Propre ou relatif au photon.

photophobie n. f. Crainte pathologique de la lumière.

photophore n. m. Lampe portative à réflecteur. / Coupe décorative en verre abritant une bougie, une veilleuse. / ZOOL. Organe qui a la propriété de émettre de la lumière.

photorécepteur, trice adj. et n. m. BIOL. *Cellule photoréceptrice*: cellule spécialisée dans la réception des ondes lumineuses. / n. m. *Un photorécepteur.*

photorésistance n. f. PHYS. Appareil comprenant un dispositif photosensible dont la résistance électrique varie selon l'intensité du rayon lumineux.

photosensibilité n. f. Caractère de ce qui est photosensible.

photosensible adj. Sensible à la lumière.

photosphère n. f. ASTRON. Ensemble de la surface du Soleil dont sont issues la plupart des radiations solaires comprises dans le spectre électromagnétique visible.

photosynthèse n. f. BIOL. Synthèse de molécules organiques (glucides) effectuée par les végétaux chlorophylliens à partir de dioxyde de carbone et d'eau, en utilisant l'énergie lumineuse.

photosynthétique adj. De la photosynthèse; relatif à la photosynthèse.

photothèque n. f. Collection d'archives photographiques. / Lieu de conservation et de consultation de ces photographies.

phototropisme n. m. BOT. Orientation de la croissance d'une plante sous l'influence de la lumière. *Le phototropisme est dit positif lorsque l'organe se dirige vers la lumière, et négatif dans le cas contraire.* Voir *tropisme.*

phototype n. m. Image photographique directe.

phototypie n. f. TECH. Procédé de reproduction photomécanique qui utilise une forme d'impression à trame irrégulière très fine. (La forme est une plaque de verre enduite d'une couche de gélatine bichromatée que l'on fait sécher jusqu'à ce que la gélatine devienne réticulée. Sur cette couche, on copie un négatif retourné et, après exposition et rinçage, on plonge la plaque dans une solution de glycérine et d'eau; les régions non imperméabilisées par la lumière s'humectent et gonflent, la plaque est alors imprégnée d'encre grasse qui ne se fixe que sur ces régions).

Phraorte Nom de deux rois mèdes dont l'un, tué en 653 devant Ninive, est le père de Cyaxare.

phrase n. f. Combinaison de mots suivant des règles grammaticales et logiques présentant un sens complet. / MUS. Suite de sons constituant un tout et se terminant par un repos.

phrasé n. m. Manière d'accentuer et d'articuler une phrase, notam. une phrase musicale.

phraséologie n. f. Ensemble des expressions, des tournures propres à un milieu, une époque, ou caractéristiques d'un écrivain. *La phraséologie marxiste.* / Péjor. Verbiage prétentieux.

phraseur, euse n. Personne qui fait des phrases, qui s'exprime de façon prétentieuse.

phratrie n. f. ANTIQ. GR. À Athènes, subdivision de la tribu formée à partir de critères religieux et réunissant plusieurs familles. / ANTHROP. Groupe constitué par l'union de plusieurs clans totémiques.

phréatique adj. GÉOL. *Nappe phréatique*: nappe d'eau souterraine constituée d'eaux d'infiltration, et qui alimente des sources ou des puits.

phrénologie n. f. Anc. Théorie et étude prétendant établir une typologie des facultés humaines d'après la morphologie crânienne.

phrygane n. f. ZOOL. Insecte de l'ordre des trichoptères, à quatre fines ailes velues et membraneuses, dont la larve aquatique (traîne-bûches ou porte-bois), vit dans un fourreau qu'elle construit en agglomérant des brindilles, des grains de sable, etc.

Phrygie Ancienne région du nord-ouest de l'Asie Mineure, entre la mer Noire et la mer Égée. Un royaume, dont la capitale était Gordion, y fut constitué par des Indo-Européens venus de Thrace ou de Macédoine au XIIe siècle av. J.-C. Il atteignit son apogée au VIIIe siècle sous le règne (et peut-être la dynastie) de Midas, fils de Gordias, connu pour sa richesse. Le royaume fut démantelé au VIIe siècle av. J.-C. par les Cimmériens, qui furent vaincus par les Lydiens au VIe siècle av. J.-C. La Phrygie passa, avec la Lydie, sous domination perse en 546 av. J.-C. La civilisation phrygienne se maintint après les invasions et se diffusa hors du territoire (notamment en Grèce). Les Phrygiens rendaient un culte accompagné de rites orgiaques à Cybèle (vénérée aussi sous les noms de *Grande Mère* et *Mère des dieux*) et à Attis. Après la mort d'Alexandre le Grand, la Phrygie appartint successivement aux Séleucides, aux Galates (qui y fondèrent la Galatie au IIIe siècle av. J.-C.), aux souverains de Pergame (IIe siècle av. J.-C.) et aux Romains.

*Bonnet **phrygien**.*

phrygien, enne adj. et n. De Phrygie. *Bonnet phrygien*: voir *bonnet*. *Un(e) Phrygien(ne).*

Phryné IVe siècle av. J.-C. Courtisane grecque qui posait pour Praxitèle, son amant, et lui aurait servi de modèle pour ses statues d'Aphrodite. Selon la légende, elle fut accusée d'impiété; lors de son procès, son avocat, Hypéride, à bout d'arguments, lui demanda de se dénuder. Ses juges, confondus par sa beauté, l'acquittèrent.

phtaléine n. f. CHIM. Substance colorante produite par la condensation de l'anhydride phtalique et d'un phénol. *La phtaléine est un indicateur de pH : elle est incolore en milieu acide et rose en milieu basique.*

phtalique adj. CHIM. *Acide phtalique*: dérivé du naphtalène, de formule $C_6H_4(CO_2H)_2$, utilisé dans la fabrication de résines synthétiques et de colorants. *Anhydride phtalique*, dérivé de l'acide phtalique par élimination d'eau.

phtiriase ou **phtiriasis** n. f. MÉD. Dermatose provoquée par les poux, caractérisée par des lésions souvent surinfectées.

phtisie n. f. Vx Tuberculose pulmonaire. *Phtisie galopante*: tuberculose pulmonaire à évolution rapide.

phtisique adj. et n. Vx Atteint de phtisie. *Elle est phtisique.* / n. *Un(e) phtisique.*

phycomycètes n. m. pl. BIOL. Classe de champignons à mycélium non cloisonné, dont une espèce est l'agent du mildiou de la pomme de terre.

phylactère n. m. RELIG. Petite boîte enfermant un morceau de parchemin où sont inscrits des versets de la Bible. *Certains juifs pieux portent des phylactères attachés au front et au bras gauche pendant la prière du matin.* / BX-ARTS Banderole portant une légende que certains artistes médiévaux et de la Renaissance faisaient figurer sur leurs œuvres. / Espace cerné, et souvent stylisé sous forme de bulle, à l'intérieur duquel les auteurs de

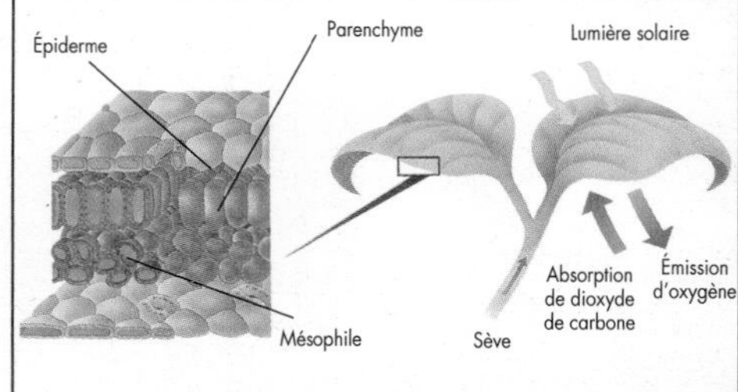

*Les réactions de la **photosynthèse** ont lieu dans les tissus des feuilles.*

bandes dessinées inscrivent les paroles prononcées par leurs personnages.

phylétique adj. BIOL. Relatif à l'évolution des espèces. / Relatif à un phylum.

phylloquinone n. f. BIOCHIM. Vitamine K_1, qui intervient dans les phénomènes de coagulation sanguine. *La phylloquinone est un dérivé de la ménadione.*

phylloxéra n. m. ZOOL. Insecte hémiptère de petite taille, voisin du puceron, dont une espèce s'attaque, à la vigne. *Introduit en France avec des cépages américains au XIXe siècle, le phylloxéra fut un fléau pour les vignes.*

phylogénie ou **phylogenèse** n. f. BIOL. Histoire évolutive des êtres vivants. Voir *ontogénie*.

phylogénique ou **phylogénétique** adj. Propre à la phylogenèse.

phylum n. m. ZOOL. Taxon de rang supérieur à la classe, constituant l'une des grandes divisions du règne animal, qui regroupe des organismes partageant un même plan d'organisation général. *Les cnidaires, les spongiaires, les plathelminthes, les mollusques, les arthropodes, les chordés sont des phylums.* Syn. embranchement.

Physalis

physalis n. m. Plante de la famille des solanacées, encore appelée « amour-en-cage ».

physicien, enne n. Spécialiste de physique.

physiocrate n. HIST. Tenant de la physiocratie.

physiocratie n. f. HIST. Doctrine économique du XVIIIe siècle, qui faisait de l'agriculture la source essentielle de la richesse et qui prônait la liberté du commerce et de l'entreprise.

physiognomonie n. f. Art de connaître le caractère des êtres humains en examinant leur physionomie.

physiologie n. f. Science qui étudie les phénomènes propres aux êtres vivants et s'attache à énoncer les lois qui les régissent.

physiologique adj. Relatif à la physiologie.

physiologiquement adv. Relativement à la physiologie ; du point de vue de la physiologie.

physionomie n. f. Ensemble des traits du visage considérés selon leur expression, le caractère qu'ils expriment. / Ensemble des traits qui donnent leur caractère particulier à une chose. *La physionomie d'une ville.*

physionomiste adj. et n. Qui a la mémoire des physionomies, des visages.

physiothérapie n. f. MÉD. Utilisation, dans un but thérapeutique, des agents physiques (eau, air, irradiations, lumière, chaleur, froid, etc.).

physique [1] adj. et n. m. **A.** adj. Propre ou relatif aux corps, à leur nature matérielle. *Sciences physiques* : la physique et la chimie. / Relatif à la physique (par oppos. à *chimique*).

Renzo Piano : le Centre Pompidou.

Propriétés physiques. / Relatif au corps humain. *Présence physique d'une personne. Culture physique* : voir *culture*. **B.** n. m. État constitutif du corps humain. *Un homme au physique solide.* / Aspect du corps humain. *Avoir un physique agréable.*

physique [2] n. f. Science expérimentale qui a pour but l'étude des phénomènes naturels et la détermination des lois qui les régissent.

♦ Pour des raisons didactiques, la physique a été divisée en trois parties. 1° *La physique classique*, qui recouvre les disciplines suivantes : la mécanique, l'électromagnétisme, l'acoustique, l'optique, la thermodynamique. 2° *La physique relativiste*, issue de la théorie de la relativité d'Einstein fondée sur le principe selon lequel « tous les référentiels en mouvement de translation uniforme l'un par rapport à l'autre sont équivalents. La vitesse de propagation des interactions entre corps ne peut être supérieure à la vitesse de propagation de la lumière dans le vide, cette dernière étant constante dans les référentiels inertiels. » 3° *La mécanique quantique* qui propose l'étude des phénomènes microscopiques concernant les molécules, les atomes, les particules élémentaires. La mécanique quantique nous enseigne que, dans le domaine microscopique (avec des grandeurs de l'ordre de la constante de Planck), la physique classique devient inopérante : le fait même de tenter une mesure influe sur le phénomène à mesurer, de façon imprévisible. Bien qu'elle ait permis d'importantes prévisions en physique atomique ainsi qu'en physique des solides, elle ne permet pas d'expliciter complètement la formulation d'une théorie de la formation des phénomènes nucléaires.

physiquement adv. D'une manière réelle, physique ; d'un point de vue physique. / Quant au physique. Ant. moralement.

phytopathologie n. f. Partie de la botanique étudiant les maladies des végétaux.

phytophage adj. et n. m. Qui se nourrit de substances végétales. *Insecte phytophage. Les phytophages.*

phytophthora n. m. BIOL. Champignon phycomycète, parasite des végétaux. *Le mildiou de la pomme de terre est causé par une espèce de phytophthora.*

phytoplancton n. m. BIOL. Plancton végétal. Voir *zooplancton*.

phytothérapie n. f. Traitement médical par les plantes.

phytotron n. m. Ensemble expérimental servant à étudier la croissance des plantes et les moyens de l'accélérer ou de la ralentir.

phytozoaire n. m. ZOOL. Animal métazoaire à symétrie rayonnée évoquant une plante (échinoderme, polype, etc.).

pi n. m. inv. Seizième lettre de l'alphabet grec (Π, π) qui correspond au *p* de l'alphabet latin. / MATH. Nombre transcendant (symbole π), égal au rapport constant qui existe entre la longueur de la circonférence du cercle et son diamètre, valant approximativement 3,1416.

piaf n. m. Argot. Moineau.

Piaf (Édith Giovanna Gassion, dite **Édith)** 1915-1963 Chanteuse française. Après des débuts difficiles de chanteuse de rue, elle fut repérée par le directeur d'un cabaret parisien (1935) et connut bientôt une célébrité internationale. Ses interprétations pathétiques et la puissance de sa voix ont fait d'elle une figure légendaire de la chanson française : *Mon légionnaire, L'Hymne à l'amour, Milord, Non, je ne regrette rien*, etc. Elle écrivit elle-même certaines de ses chansons (*La Vie en rose*).

piaffer v. i. [1] (En parlant d'un cheval) Frapper le sol avec les antérieurs. / Fig. *Piaffer d'impatience* : montrer son impatience en s'agitant (en parlant d'une personne).

Piaget (Jean) 1896-1980 Psychologue et philosophe suisse. Il a étudié la psychologie de l'enfant, en particulier la genèse de l'intelligence (*Le Langage et la Pensée chez l'enfant*, 1923 ; *La Représentation du monde chez l'enfant*, 1926 ; *La Naissance de l'intelligence*, 1936) et créé l'épistémologie génétique (théorie évolutionniste de la connaissance) : *Introduction à l'épistémologie génétique* (1950), *Épistémologie des sciences de l'homme* (1972), *L'Équilibre des structures cognitives* (1975).

piaillement n. m. ou **piaillerie** n. f. Cris d'oiseaux, de personnes qui piaillent.

piailler v. i. [1] (En parlant d'un oiseau) Pousser de petits cris aigus. / Par ext. *Des enfants qui piaillent.*

piaillerie Voir **piaillement**

Pialat (Maurice) 1925-2003 Cinéaste français. Révélé en 1969 par *L'Enfance nue*, il a filmé la douleur et le conflit passionnel avec une sincérité d'écorché vif : *Nous ne vieillirons pas ensemble* (1972), *La Gueule ouverte* (1974), *Loulou* (1980), *À nos amours* (1983), *Sous le soleil de Satan* (1987), *Van Gogh* (1991), *Le Garçu* (1995).

pian n. m. MÉD. Maladie cutanée contagieuse, non vénérienne, due à un tréponème proche de celui responsable de la syphilis.

Édith Piaf.

Jean Piaget en 1917.

pianissimo adv. et n. m. (mot itaien) **A.** adv. MUS. À très faible volume, très doucement. / Fig., fam. Très doucement. *Il s'agit d'y aller pianissimo.* **B.** n. m. MUS. Passage qui doit être joué pianissimo.

pianiste n. Musicien qui joue du piano.

piano [1] n. m. MUS. Instrument à clavier et à cordes métalliques frappées par des marteaux feutrés, issu du clavecin. *Piano à queue*, dont les cordes et la table d'harmonie sont horizontales. *Piano demi-queue, piano quart-de-queue* ou *crapaud*, plus petits que le piano à queue. *Piano droit*, aux cordes et à la table d'harmonie verticales.

piano [2] adv. et n. m. (mot itaien) **A.** adv. MUS. À faible volume, doucement. / Fig., fam. Doucement, calmement. *Vas-y piano !* **B.** n. m. MUS. Passage qui doit être joué piano.

Piano (Renzo) 1937 Architecte italien. Ami de Jean Prouvé qui l'influença, il fut le coauteur d'un monument exemplaire du style high-tech : le Centre Georges-Pompidou (1973-1977). Il a édifié de nombreux bâtiments en Europe, aux États-Unis et au Japon.

piano-forte n. m. (mots italiens) Ancien instrument de musique, proche du clavecin, qui permettait de jouer à volonté *piano*, « doucement », ou *forte*, « fort ».

pianoter v. t. / v. i. [1] **A.** v. t. Jouer (quelques notes) distraitement ou maladroitement. *Pianoter une mélodie.* / (Sans complément) *Parler tout en pianotant.* **B.** v. i. Tapoter du bout des doigts sur qqch. *Pianoter nerveusement sur une table.*

Piast Dynastie polonaise qui a fondé (v. 960) le premier État polonais, et dont les descendants ont dirigé la Pologne jusqu'en 1370.

piastre n. f. Monnaie ancienne. / Unité monétaire actuelle de divers pays.

Piaui *251 273 km² 2 730 000 h.* État du nord-est du Brésil. Capitale *Teresina*. L'élevage extensif est pratiqué dans l'intérieur, voué à la sécheresse (Sertão). Cet État est l'un des plus pauvres de la fédération brésilienne.

piaule [1] n. f. Argot. Chambre à coucher ; logement.

piaule [2] n. f. MAR. Argot des marins. Vent fort.

Pic-vert ou pivert.

piauler v. i. [1] (En parlant d'un oiseau, d'un enfant) Crier.

Piazzi (Giuseppe) 1746-1826 Astronome et religieux italien. Directeur de l'observatoire de Palerme, qu'il avait créé, il découvrit par hasard la petite planète Cérès (1801).

pibale n. f. Rég. (sud-ouest de la France) Civelle.

pic [1] n. m. Instrument de fer courbé, pointu et à long manche, servant à creuser le sol, à briser, à détacher des pierres.

pic [2] n. m. Sommet aigu d'une montagne jeune. *Le pic du Midi.* / MAR. Corne du mât d'artimon.

pic [3] n. m. ZOOL. Oiseau grimpeur et insectivore de l'ordre des piciformes, à bec droit, pointu, lui permettant de creuser le bois. *Le pic-vert, le pic épeiche, le pic noir sont des espèces de pic vivant en France.*

pic (à) [4] loc. adv. Verticalement. *La montagne s'élève à pic au-dessus de la plaine.* / En pente abrupte. *Le chemin monte à pic.* / Fam. À point nommé. *Tu tombes à pic.*

pica n. m. MÉD. Perversion du goût qui conduit à consommer des substances non comestibles.

Picabia (Francis) 1879-1953 Peintre et écrivain français. D'abord impressionniste, puis attiré par le cubisme, il a été un précurseur de l'art abstrait (*Caoutchouc*, 1909; *Udnie ou la Danse*, 1913) et l'un des principaux représentants du mouvement Dada (*Les Machines ironiques*). Il rompit brutalement avec les dadaïstes en 1922 et réalisa des œuvres plus expressionnistes (période des « monstres » : *La Femme au monocle*), puis des tableaux figuratifs (période des « transparences »), avant de revenir à la peinture abstraite. Il fut également poète (*Pensées sans langage*, 1919).

picador n. m. (mot espagnol) Dans les courses de taureaux, cavalier armé d'une longue pique qu'il enfonce au garrot de l'animal pour le fatiguer avant l'entrée dans l'arène du matador.

picaillons n. m. pl. Pop. Argent, fric. *Avoir des picaillons.*

Picard (Jean) 1620-1682 Mathématicien, physicien et astronome français, chargé, avec P. de La Hire, de l'arpentage du château de Versailles. Il invente un micromètre à fil et remplace les dispositifs mécaniques de visée par des instruments d'optique plus précis. Il se montre aussi précis dans le domaine de l'astronomie, raison pour laquelle il est chargé de déterminer la longueur du méridien terrestre; il devra à la précision de ses relevés la charge de déterminer les paramètres exacts de la position de l'observatoire de Tycho Brahé, afin de mieux utiliser les relevés célestes de cet astronome.

Picardie Ancienne province française, moins étendue que la Région actuelle (elle ne comprenait pas le sud de l'Oise et de l'Aisne, mais la côte de Calais), la Picardie fut intégrée, par les Romains, à la Belgique IIe. Contrée frontalière, elle fut l'enjeu des rivalités franco-anglaises puis franco-bourguignonnes pendant la guerre de Cent Ans. Elle fut réunie définitivement à la Couronne en 1482, après la mort de Charles le Téméraire (1477).

Picardie *19 399 km² 1 857 834 h.* Région du nord de la France qui comprend les départements de l'Aisne, de l'Oise et de la Somme. Chef-lieu *Amiens*. Située au nord du Bassin parisien, c'est une région rurale (grande culture commercialisée du blé et de la betterave sur le calcaire couvert de limon, cultures maraîchères dans les vallées : hortillonnages de la Somme). L'agriculture prospère a favorisé le développement d'une importante industrie agroalimentaire. La crise du textile a été compensée par le développement des secteurs métallurgique, pharmaceutique et parachimique (Saint-Gobain). Le plan d'aménagement des vallées de l'Oise et de l'Aisne, conçu dans le cadre de la décentralisation parisienne, a atténué la prépondérance de l'agglomération d'Amiens et l'attraction de la Région Ile-de-France : le solde migratoire est positif. Le P.N.B. par habitant est encore faible, le taux de chômage est légèrement supérieur à la moyenne nationale.

picaresque adj. LITTÉR. *Aventures picaresques*, évoquant les aventuriers de la tradition espagnole, les *picaros*. *Roman picaresque* : genre de roman né au XVIe siècle, et dont la vogue dura jusqu'au XVIIIe siècle.

♦ Les romans picaresques s'appliquent à conter la vie et les mœurs des *picaros*, aventuriers pittoresques, gueux de toutes sortes, mendiants et hors-la-loi, vivant en marge de la société. Parmi les chefs-d'œuvre du genre, on trouve : *Lazarillo de Tormes* (1554), premier modèle du genre, attribué à Hurtado de Mendoza, *Guzman de Alfarache* (1599) de Mateo Alemán, *Marcos de Obregón* (1618) de Vicence Espinel et *Le Diable boiteux* (1641) de Vélez de Guevara, qui inspira *Le Diable boiteux* de Lesage (1707). Dans ces romans, le héros vit une série d'aventures qui lui fournissent l'occasion de rencontrer toutes les classes de la société.

Picador.

Picasso (Pablo Ruiz Blasco y Picasso, dit **Pablo)** 1881-1973 Peintre, graveur et sculpteur espagnol. Son œuvre, dont l'étonnante variété plastique témoigne de la richesse de son talent, qui l'a rendu célèbre dès 1920, a bouleversé l'art du XXe siècle. Très tôt, il manifeste des dons exceptionnels. Dès 1898, il étudie les beaux-arts à Barcelone où il reçoit une solide formation académique. Il se fixe à Paris, en 1904; pendant sa *période bleue* (1901-1905), il y peint des êtres tristes et gracieux dans des tableaux où dominent les camaïeux de bleu (*Nu assis*); puis (1905-1907) c'est la *période rose* (*Arlequin*). En 1907, l'influence de Cézanne et la découverte des arts primitifs, notamment, l'amènent à rompre avec les bases de la figuration traditionnelle; avec *Les Demoiselles d'Avignon*, il jette les bases du cubisme. Il en sera l'un des principaux représentants, avec Braque. À partir de 1909, après la période du cubisme dit « cézannien », Picasso adopte plusieurs points de vue pour la figuration d'un même objet : c'est la phase du cubisme « analytique » (*Portrait de Kahnweiler*, 1910). En introduisant dans ses compositions des matériaux étrangers à la peinture (*Nature morte à la chaise cannée*, 1912), il inaugure la série des papiers collés ou collages. Parallèlement, il explore d'autres directions : néoclassicisme (*Flûtes de Pan*, 1923), surréalisme (*Crucifixion*, 1930) et peinture abstraite, expressionnisme. Il réalise également des décors et des costumes pour les Ballets russes de Diaghilev (1917-1919). Bouleversé par la guerre d'Espagne, il réalisa une série de gravures et le monumental tableau intitulé *Guernica* (1937). Cette même année, il réalise le *Portrait de Dora Maar* (1937) et commence à peindre des séries : *Femmes qui pleurent*, *Femmes assises* (1937-1944). En 1944, il adhère au parti communiste. En 1946, il quitte Paris pour la Côte d'Azur. En 1948, à Vallauris, il commence une œuvre de céramiste. En 1949, il crée la *Colombe* de la Paix. À partir de 1950, il peint des séries de tableaux d'après des chefs-d'œuvre : Poussin (*L'Enlèvement des Sabines*), Vélasquez (*Les Ménines*, 1955-1956), Manet (*Le Déjeuner sur l'herbe*, 1960-1961). Il réalise également des séries de *Peintre et son modèle* (1963), de *Nus* (1964) et travaille sur le thème de la corrida. Il poursuit dans le même temps une très importante activité de sculpteur, alliant travail traditionnel des matières (*Chèvre*, 1950, en bronze) et association insolite d'objets récupérés (*Tête de taureau*, 1943, avec une selle et un guidon de vélo). Il reste actif jusqu'à la fin de sa vie. Son œuvre est immense : des milliers de tableaux, gravures, lithographies. Il a écrit deux pièces de théâtre « postdadaïstes », notamment *Le Désir attrapé par la queue* (1945).

Guernica, *tableau de* **Pablo Picasso**, *inspiré par un tragique bombardement lors de la guerre civile espagnole.*

Piccard (Auguste) 1874-1962 Physicien suisse. Ses travaux ont porté sur l'étude et l'exploration de la stratosphère et des fonds marins. Il est le concepteur du bathyscaphe, engin sous-marin destiné à l'exploration des fonds marins de grande profondeur.

Piccinni (Niccolo) 1728-1800 Compositeur italien. En 1776, la reine Marie-Antoinette l'appela à Paris. Ses adeptes, les *piccinnistes* (adversaires des gluckistes) préféraient à ceux de Gluck ses opéras : *Roland* (1778), *Iphigénie en Tauride* (1781), *Didon* (1783), etc.

piccolo n. m. (mot italien) Petite flûte traversière qui donne l'octave aiguë de la grande flûte traversière. / Par ext. (en appos.) Registre le plus aigu d'une famille d'instruments. *Violon, saxophone piccolo.*

Pic de la Mirandole (Giovanni Pico della Mirandola, en français **Jean)** 1463-1494 Philosophe et savant italien d'expression latine. Après avoir étudié en Italie et en France, il publia, à Rome, en 1486, une série de 900 propositions qui montraient dans le christianisme l'aboutissement de tous les courants de pensée antérieurs : les *Conclusiones philosophicae, cabalisticae et theologicae*, qui le firent poursuivre pour hérésie (1487). Réfugié en France où il fut emprisonné trois semaines (1488), il revint ensuite à Florence où, protégé par Laurent de Médicis (le Magnifique), il se consacra à l'étude et à la rédaction d'ouvrages (d'exégèse biblique notamment). Il mourut empoisonné par son secrétaire. Humaniste d'une érudition exceptionnelle, Pic de la Mirandole fut l'un des grands esprits de la Renaissance.

Pichegru (Charles) 1761-1804 Général français. Commandant en chef l'armée du Rhin, il conquiert la région correspondant à la Belgique et aux Pays-Bas actuels en 1795. En 1796, il doit démissionner à cause de ses sympathies royalistes. Président royaliste du Conseil des Cinq-Cents (mai 1797), il est arrêté en septembre 1797 et déporté en Guyane. Évadé de Cayenne, il se réfugie en Angleterre (1798). En 1804, il est arrêté sur le territoire français, en même temps que Cadoudal, avec qui il préparait un complot contre Bonaparte. Emprisonné à Paris, il fut retrouvé étranglé dans sa cellule peu après.

pichenette n. f. Chiquenaude.

pichet n. m. Petit broc à boisson, à grosse panse, rétréci au collet.

Pichette (Henri) 1924-2000 Poète français qui s'est parfois exprimé sous une forme théâtrale (*Les Épiphanies*, 1947 ; *Nucléa*, 1952) qui n'accorde guère de place à l'art dramatique. Épris d'idéal, profondément angoissé, ses œuvres (*Odes à la neige*, 1967 ; *Poèmes offerts*, 1982) expriment son humanisme et son amour de la liberté.

picholine n. f. Variété de petite olive que l'on sert généralement verte, en hors-d'œuvre.

piciformes n. m. pl. ZOOL. Ordre d'oiseaux comprenant notamment les toucans, les pics et les torcols, caractérisés par des pattes dont deux doigts sont dirigés vers l'avant et deux doigts vers l'arrière.

pick-up n. m. inv. (mot anglais) TECH. Dispositif électromagnétique qui transforme les vibrations d'une aiguille sur un disque en courant électrique qui, amplifié, est lui-même transformé en son. / Vieilli Électrophone. / AGRIC. Dispositif de ramassage automatique du fourrage. / Véhicule tout terrain à châssis court.

Illustration originale des Aventures de M. ***Pickwick***.

Pickford (Gladys Smith, dite **Mary)** 1893-1979 Actrice américaine. Révélée par David W. Griffith, elle fut une vedette extrêmement populaire du cinéma muet (elle tourna plus de 200 films) et fonda en 1919 la maison de production des « Artistes associés » (*United Artists*) avec Griffith, Charles Chaplin et Douglas Fairbanks, qu'elle épousa. Elle tourna jusqu'en 1933 (*Un bon petit diable*, 1913, *Petite Princesse*, 1913, *Le Petit Lord Fauntleroy*, 1921).

pickles n. m. pl. (mot anglais) Condiment fait de divers légumes (cornichons, oignons, bouquets de chou-fleur, etc.) conservés dans du vinaigre parfois additionné de moutarde.

pickpocket n. m. (mot anglais) Voleur à la tire.

Pickwick 1837 Héros des *Aventures de M. Pickwick*, roman de Charles Dickens. Samuel Pickwick, personnage naïf et débonnaire, est le fondateur du « Pickwick Club » dont Dickens imagina les comptes rendus mensuels. Ce récit satirique, dans la tradition du roman picaresque, retrace les aventures du héros, de son valet Sam Weller et de ses compagnons farfelus, les membres du club, à travers l'Angleterre du XIXe siècle.

picoler v. i. [1] Fam. Boire de l'alcool.

picorer v. t. [1] Piquer çà et là (des aliments) avec le bec. *Oiseaux qui picorent des graines.* / (Sans complément) *Des poules qui picorent.* / Fig. (En parlant de personnes) *Picorer du raisin.*

picot n. m. TECHN. Petite pointe subsistant sur du bois qui n'a pas été coupé net. / Coin de bois dur servant au boisage des puits de mine ; marteau pointu de carrier. / COUT. Petite dent au bord d'une dentelle, d'un galon. / Filet utilisé en Normandie pour la pêche des poissons plats. / Paille fine servant à la confection des chapeaux.

picotement n. m. Impression désagréable de légères piqûres répétées, sur la peau ou les muqueuses.

picoter v. t. [1] Causer des picotements à. *De la fumée qui picote les yeux.* / (En parlant d'oiseaux) Piquer (qqch.) avec le bec, becqueter.

picotin n. m. Mesure de capacité pour la ration d'avoine des chevaux, valant généralement un quart de boisseau (env. 3 l). / Avoine contenue dans cette mesure.

Pie.

Panneau de ***pictogrammes*** *dans un centre de vacances.*

Picquart (Georges) 1844-1914 Général français. Chef du bureau des renseignements (1895), convaincu de l'innocence de Dreyfus, il lutta pour faire réviser son procès, sans succès : on le muta en Tunisie en 1896.

picrique adj. CHIM. *Acide picrique* : acide dérivé du phénol par action de l'acide nitrique. *L'acide picrique intervient dans la fabrication de la mélinite.*

Pictes Ancien peuple d'Écosse qui résista aux Romains et sema, avec les Scots, la terreur dans la *Bretagne* romaine. Leur royaume fut conquis par les Scots vers 850. C'est contre les incursions des Pictes que fut élevé le monumental *mur des Pictes* ou *mur d'Hadrien* (122-127 apr. J.-C.), qui s'étendait de l'embouchure de la Tyne au golfe de Solway (sur plus de 110 km) et dont il reste de nombreux vestiges.

Pictet (Raoul Pierre) 1846-1929 Physicien suisse. Il construisit en 1875 la première machine capable de produire du froid à partir de plusieurs fluides détendus. Il mit également au point le principe de liquéfaction de l'azote et de l'oxygène.

pictogramme n. m. Dessin plus ou moins stylisé qui constitue un signe pour une langue écrite, mais ne transcrit pas le langage parlé. / Dessin schématique et généralement normalisé, ayant une valeur de message et servant notamment à informer le public.

pictographique adj. Propre au pictogramme ; fait de pictogrammes. *Écriture pictographique.*

pictural, ale, aux adj. Propre ou relatif à l'art de peindre. *Œuvre picturale.*

pic-vert Voir **pivert**

pidgin n. m. (mot anglais ; altération de *business*, prononcé par les Chinois). LING Langue de communication relativement riche et complexe constituée d'emprunts à l'anglais mêlés d'éléments autochtones, en usage d'abord dans les ports chinois, puis répandue dans tout l'Extrême Orient. *Le pidgin english combine un vocabulaire anglais et une base grammaticale chinoise. Le pidgin mélanésien est le bichlamar.*

pie [1] n. f. et adj. inv. Oiseau passériforme de la famille des corvidés, commun en Europe, au plumage noir brillant et blanc, et pourvu d'une longue queue. *La pie jacasse.* / Fig. *Être bavard comme une pie*, très bavard. / adj. (En parlant d'animaux) Dont la robe est bicolore. *Cheval pie.* / Anc. *Voiture pie* : voiture de police blanche et noire.

pie [2] adj. f. Loc. *Faire œuvre pie*, œuvre pieuse. Ant. impie.

Pie Nom de douze papes.

Pie II (Enea Silvio Piccolomini) 1405-1464 Pape en 1458. Il fut un des secrétaires du concile de Bâle et il accomplit une mission diplomatique en Allemagne au cours de laquelle il vit à Francfort, en 1454, des cahiers de la Bible de Gutenberg ; humaniste et poète (en latin), il comprit la portée de l'invention et en fit part aux lettrés avec lesquels il entretenait une importante correspondance. Il ne put mener à bien une croisade contre les Turcs.

Pie V (Antonio Ghislieri, saint**)** 1504-1572 Pape en 1566. Grand Inquisiteur (1558), il continua la Réforme catholique et publia le *Catéchisme romain*, né des travaux du concile de Trente. Il forma une coalition de princes chrétiens contre les Turcs ; ceux-ci furent vaincus en 1571 à la bataille navale de Lépante.

Pie VI (Giannangelo Braschi) 1717-1799 Pape en 1775. En 1791, il condamna la Constitution civile du clergé et, en 1797, dut céder à la France une partie de ses États. Le Directoire le fit arrêter tandis que la République romaine était proclamée ; il mourut en exil à Valence.

Pie VII (Gregorio Luigi Barnaba Chiaramonti) 1742-1823 Pape en 1800. Après de laborieuses négociations, il signa avec la France le Concordat de 1801. En 1804, il vint sacrer Napoléon à Notre-Dame de Paris. À partir de 1808, il entra en conflit avec l'Empereur, refusant notamment de participer au Blocus continental ; Napoléon occupa puis annexa les États pontificaux à

Pie VI.

Pie VII.

P

l'Empire et fit enlever le pape qu'il retint prisonnier à Savone puis à Fontainebleau jusqu'en 1814. Rentré à Rome à la Restauration, Pie VII obtint la restitution quasi-totale des États de l'Église.

Pie IX (Giovanni Maria Mastai Ferretti) 1792-1878, pape en 1846. Élu par la fraction libérale du conclave, d'abord populaire pour ses mesures démocratiques, il refusa, en 1848, de participer au grand mouvement unitaire italien et de déclarer la guerre à l'Autriche catholique. Devant les troubles populaires que son refus suscita à Rome, il dut se réfugier à Gaète tandis que s'établissait une République romaine, avant d'être rétabli par l'armée française. Il proclama le dogme de l'Immaculée Conception (1854), promulgua une encyclique condamnant le socialisme, le libéralisme et le rationalisme (1864), et convoqua le Ier concile du Vatican (1869) qui définit le dogme de l'infaillibilité pontificale (1870). Il vit l'unité italienne se faire sans lui et s'achever contre lui. Après la prise de Rome et l'annexion des États pontificaux par l'Italie (1870), la rupture fut totale entre le pape et le gouvernement italien; Pie IX estima qu'il était « prisonnier au Vatican ».

Pie X (Giuseppe Sarto, saint) 1835-1914 Pape en 1903. Il protesta contre la séparation de l'Église et de l'État en France en 1905. Il réorganisa la curie en congrégation, rénova la musique sacrée et réforma le bréviaire. Il condamna le mouvement chrétien démocratique de Marc Sangnier, le Sillon, ainsi que le modernisme (il excommunia l'abbé Loisy en 1908).

Pie XI (Achille Ratti) 1857-1939. Pape en 1922. Il publia une série d'encycliques sur l'éducation chrétienne, sur le mariage et sur la famille, condamnant en particulier la limitation des naissances. Il signa les accords du Latran (1929), mettant fin au différend qui opposait, depuis 1870, la papauté au gouvernement italien. Il donna un nouvel essor aux missions catholiques d'Extrême-Orient. Il condamna l'Action française (1926), le fascisme (1931), le national-socialisme (1937) et le communisme athée (1937).

Pie XII (Eugenio Pacelli) 1876-1958. Pape en 1939. Il succéda à Pie XI. Pendant la Deuxième Guerre mondiale, il s'efforça d'adoucir le sort des peuples envahis ou persécutés en créant des organismes humanitaires, mais ne dénonça pas officiellement l'extermination des Juifs. Il condamna le marxisme, le freudisme et l'existentialisme athée. Il proclama le dogme de l'Assomption en 1950.

pièce n. f. Chaque élément d'un tout organisé. *Les pièces d'un moteur. Changer une pièce.* / Élément que l'on rapporte sur un objet quelconque (vêtement notamment) et remplaçant une partie usée ou déchirée. *Mettre une pièce à un vieux drap.* / Loc. adj.

L'avers et le revers d'une ancienne **pièce** de monnaie espagnole.

Tout d'une pièce: fait d'un seul morceau; au fig. (en parlant de personnes): d'un caractère entier. *Fait de pièces et de morceaux*: constituant un assemblage disparate. *Forgé de toutes pièces*: entièrement inventé, dépourvu de tout fondement. / Morceau d'un tout, fragment. *Mettre en pièces.* / Élément d'un ensemble, constituant une unité en soi. *Un costume deux-pièces, trois-pièces*, ou (ellipt.) *un deux-pièces, un trois-pièces*: un costume comprenant deux, trois éléments. *Vaisselle vendue à la pièce. Une pièce de collection.* / HÉRALD. *Pièces honorables*: meubles simples couvrant au moins le tiers de l'écu. *Les bandes, les chevrons sont des pièces honorables.* / Individu d'une espèce animale. *Pièce de bétail*: tête de bétail. / Quantité déterminée d'une certaine matière, considérée comme formant un tout en soi. *Pièce de vin*: quantité de vin contenue dans un fût; ce fût. / Étendue; espace déterminé. *Pièce de terre*: surface de terre cultivable, d'un seul tenant. *Pièce de blé, de betterave.., etc.*: pièce de terre consacrée à la culture du blé, de la betterave, etc. *Pièce d'eau*: bassin. / Chacune des salles d'un logement; spécialement, chacune de ces salles en tant qu'elle peut être habitée, à l'exception des cuisines, couloirs, salles d'eau, etc. *Un appartement de trois pièces, cuisine, salle de bains.* (Ellipt.) *Un deux-pièces, un trois-pièces.* / *Pièce d'artillerie*, canon. / *Pièce de monnaie*: morceau de métal façonné servant de monnaie. DR. Tout acte établissant un droit, constituant une preuve. *Pièces d'identité. Pièces à conviction*, écrits ou objets produits à la barre pour prouver la culpabilité ou l'innocence d'un accusé. / Ouvrage artistique ou littéraire formant un tout. *Pièce pour violon, pièce de théâtre.*

Pieck (Wilhelm) 1876-1960 Homme politique allemand. Député communiste au Reichstag (1928), émigré en France, puis en URSS, il regagna l'Allemagne en 1945. Président de la République démocratique allemande en 1949, il a été sans cesse réélu.

pied n. m. Extrémité du membre inférieur de l'homme, qui repose sur le sol, supporte le corps en station debout et sert à la marche. *Pied droit, pied gauche. Pieds plats. Petits, grands pieds. Pied bot*: voir *bot. Mettre pied à terre*: descendre d'un moyen de locomotion quelconque (voiture, bateau...) *Sur pied*: debout; guéri, en parlant d'un malade alité. *À pied*: en marchant. / Fig. *Mettre un projet sur pied*, en entamer la réalisation. / Symbole de la sottise. *Bête comme ses pieds. Comme un pied*: très mal. *Il écrit comme un pied. C'est un pied*, un imbécile. / Pas; façon de marcher. *Aller du même pied.* / *Le pied du lit*: l'extrémité du lit où l'on met les pieds (par opposition à la *tête* du lit). / ZOOL. Extrémité inférieure de la patte ou de la jambe de certains animaux. / BOUCH., CUIS. Pied d'un animal préparé comme aliment. *Pied de veau. Pied de porc en gelée.* / Chez certains mollusques, organe de locomotion musculeux. / VÉNER. Trace du pied de la bête chassée. / BOT. Partie du tronc, ou de la tige, située au ras du sol, et, par extension, chaque plant d'un végétal cultivé. *Pied de vigne.* / Partie basse d'un relief. *Pied d'une colline.* / Partie inférieure d'un objet, support. *Verre à pied. Pied de table.* / Ancienne mesure de longueur française variable selon les lieux et les époques (0,32 m environ), et qui se subdivisait en 12 pouces. / Mesure de longueur anglaise (*foot*) valant 30,4 cm ou 12 pouces. / Vx Mesure, prix. *Acheter une étoffe sur le pied de dix francs le mètre.* / Mod. *Sur le pied de*: avec le train de vie de. *Au petit pied*: en réduction, en petit. *Tyran au petit pied*, de peu de pouvoir, mais imbu de lui-même. *Sur le pied de guerre*: prêt à faire la guerre. / Argot anc. *Prendre son pied*, sa part de butin, et, par ext., mod., son plaisir, et particulièrement son plaisir sexuel. *C'est le pied*: c'est un plaisir. / *Pied à coulisse*: instrument permettant de mesurer l'épaisseur d'un objet. / MÉTR. ANC. Groupe de syllabes d'une valeur déterminée qui formait une unité rythmique; de nos jours, et abusivement, chaque syllabe d'un vers français. *Le vers alexandrin comporte 12 pieds.*

pied-à-terre n. m. inv. Logement que l'on n'occupe qu'occasionnellement.

pied-d'alouette n. m. BOT. Delphinium. Pl. Des *pieds-d'alouette.*

pied-de-biche n. m. Levier de fer à tête fendue, servant à arracher les clous. / Pièce de machine à coudre qui maintient et guide l'étoffe. / Poignée de sonnette, de heurtoir représentant un pied de biche. / Pied de meuble à double courbure, caractéristique des styles Régence et Louis XV. Pl. Des *pieds-de-biche.*

pied-de-poule n. m. et adj. inv. Tissu bicolore dont les motifs croisés rappellent l'empreinte des pattes de poule. / adj. inv. *Une jupe pied-de-poule.*

pied-droit ou **piédroit** n. m. Pilier ou mur sur lequel prend naissance une voûte, une arcade. / Chacune des parties verticales du jambage d'une porte ou d'une fenêtre, portant le linteau. Pl. Des *pieds-droits.*

pied-noir n. (inv. en genre) et adj. inv. Fam. Français d'origine européenne installé en Algérie, jusqu'à l'indépendance. *Un(e) pied-noir.* Pl. Des *pieds-noirs.* / adj. *Avoir l'accent pied-noir. La poésie pied-noir.*

piédestal n. m. Support d'une statue, d'une colonne ou d'un élément décoratif. Pl. Des *piédestaux.*

piedmont Voir **piémont**

piège n. m. Dispositif servant à attirer certains animaux pour s'en emparer. / Fig. Ruse visant à tromper quelqu'un.

piéger v. t. [1] Prendre (un animal) au piège. *Avoir piégé un lièvre.* / Chasser (un animal) à l'aide de pièges. *Piéger la loutre.* / Fig. *Piéger qqn*, le prendre au dépourvu par une ruse. / MILIT. Munir (un explosif) d'un dispositif de mise à feu. *Piéger une mine, une grenade.* / Par ext. Installer des explosifs dans (un lieu). *Piéger une maison.*

pie-grièche n. f. ZOOL. Passereau à bec crochu, qui se nourrit d'insectes, de petits rongeurs, etc. Pl. Des *pies-grièches.*

pie-mère n. f. ANAT. Méninge la plus interne, enveloppant étroitement le système nerveux central. Voir *méninge.* Pl. Des *pies-mères.*

piémont ou **piedmont** n. m. Plaine alluviale au pied d'une chaîne montagneuse.

Piémont *25 400 km² 4 400 000 h.* Région du nord-ouest de l'Italie qui comprend les provinces d'Alessandria (Alexandrie), Asti, Cuneo, Novare, Turin et Vercelli (Verceil). Chef-lieu *Turin.* Le Piémont comporte une partie montagneuse (Alpes piémontaises) dont les principales activités sont l'élevage, la production d'hydroélectricité et le tourisme, et une partie basse (bassin supérieur du Pô), domaine de riches cultures (blé, riz, vignes à Asti) associées à l'élevage. Ancienne, l'industrie est concentrée autour de Turin: textiles, métallurgie, chimie, construction

Saint Pierre, *tableau de Rubens.*

automobile (Fiat). **Histoire** Le Piémont, unifié par la maison de Savoie (XIe-XVe siècle), lui revint officiellement en 1418. Le duc de Savoie régnant sur la Sardaigne à partir du XVIIIe siècle, son royaume fut appelé *Piémont-Sardaigne.* C'est autour de ce royaume que se fit l'unité italienne. En 1859, les troupes franco-piémontaises libérèrent la Lombardie soumise à l'Autriche. En 1861, le roi de Sardaigne, Victor-Emmanuel II, fut proclamé roi d'Italie à Turin.

Piémont-Sardaigne Nom donné couramment, avant 1861, aux possessions du duc de Savoie, maître du Piémont et roi de Sardaigne.

piercing n. m. (mot anglais) Pratique qui consiste à percer une partie du corps pour y introduire un objet, un bijou; cet objet.

piéride n. f. ZOOL. Papillon diurne à ailes blanches ou jaunes, parfois tachetées de noir. *Piéride du chou*, dont les chenilles se nourrissent des feuilles de cette plante.

Pierné (Gabriel) 1863-1937 Compositeur et chef d'orchestre français: *Fragonard* (opérette, 1934), *Cydalise et le Chèvrepied* (ballet, 1923), *La Croisade des enfants* (oratorio, 1902).

Piero della Francesca (Piero de'Franceschi, dit) v. 1416-1492 Peintre italien. Il fit son apprentissage à Florence puis travailla à Rimini (portrait de Sigismond Malatesta, 1451), Arezzo, Urbino (*La Flagellation du Christ*, v. 1460). Son art de la couleur, son génie du trait, son utilisation de la perspective, réalisant la synthèse des recherches du Quattrocento et des apports flamands, ont considérablement fait évoluer la peinture de son temps. Il a peint les portraits du duc d'Urbino et de sa femme (diptyque de *Federico da Montefeltro et de Battista Sforza*, v. 1465 et apr. 1472, à Florence). On considère comme son chef-d'œuvre *L'Histoire de l'invention de la vraie Croix* (1452-1459), fresques de l'église Saint-François d'Arezzo. Son œuvre tomba dans l'oubli dès le XVIe siècle et ne fut redécouverte qu'au début du XXe siècle. Il a écrit des traités de perspective et de géométrie.

Piero di Cosimo (Piero di Lorenzo di Chimenti, dit) v. 1462-1521 Peintre italien, actif à Florence, auteur de portraits (*Simonetta Vespucci*), de tableaux religieux, de scènes mythologiques (*Mort de Procris*).

pierraille n. f. Amas, étendue de pierres. *Marcher dans la pierraille.*

pierre n. f. Matière minérale dure et so-

lide, de composition chimique et d'aspect variable, dont la coloration est due à la présence de sels et d'oxydes métalliques, et que l'on trouve sur Terre sous forme de masses compactes. *Pierre de taille*, qu'on peut tailler. / Vieilli *Âge de la pierre taillée, de la pierre polie*: temps préhistoriques respectivement dénommés aujourd'hui Paléolithique et Néolithique. / Fragment de cette matière, caillou. *Jeter des pierres*. / Bloc de cette matière destiné à la construction. *Un mur en pierres sèches*. *Pierre d'autel*: pierre consacrée, enchâssée dans un autel, sur laquelle le prêtre dit la messe. / Monument fait d'une pierre. *Pierre tombale*. / Morceau de cette matière destiné à un usage précis. *Pierre à fusil*. / *Pierre précieuse* ou (absol.) *pierre*: minéral qui doit sa valeur à sa beauté, à son éclat. / Spécial., en joaillerie *Pierre précieuse*: diamant, rubis, saphir, émeraude. *Pierre fine*: toute autre gemme. / Concrétion dure dans certains fruits. / Vx Calcul de la vésicule biliaire. *Maladie de la pierre*. / *Pierre philosophale*: voir *philosophale*.

Pierre (saint)? -64 apr. J.-C.? Apôtre du Christ. Le pêcheur galiléen Simon fut l'un des premiers disciples à suivre Jésus, qui le surnomma Pierre (« Tu es Pierre et sur cette pierre je bâtirai mon Église. », Mathieu, XVI, 18). Pendant la Passion, Pierre renia son Maître trois fois et en conçut un vif remords. Apôtre ardent, il prêcha en Palestine, travaillant à la conversion des Juifs, et en Asie Mineure. Sur les instances de saint Paul, il ouvrit l'Église aux gentils (les non-juifs). Les catholiques (mais non les luthériens) lui attribuent les deux Épîtres qui portent son nom. Il se rendit à Rome dont il aurait été le premier évêque (donc le premier pape); la tradition rapporte qu'il y mourut en martyr, sous le règne de Néron. Les récentes découvertes archéologiques confirment cette tradition.

Pierre Nom de nombreux souverains.

ARAGON

Pierre Ier v. 1070-1104 Roi d'Aragon et de Navarre en 1094.

Pierre II v. 1174-1213 Roi d'Aragon en 1196. Il participa à la bataille de Las Navas de Tolosa, contre les Maures, et fut tué à la bataille de Muret en venant au secours de ses vassaux languedociens aux prises avec Simon de Montfort.

Pierre III le Grand 1239-1285 Roi d'Aragon en 1276, et roi de Sicile, sous le nom de Pierre Ier en 1282, après avoir suscité la révolte des Vêpres siciliennes contre Charles d'Anjou dont il conquit les possessions.

Pierre IV le Cérémonieux 1319-1387 Roi d'Aragon en 1336. Il conquit Majorque, le Roussillon et la Sardaigne.

BRÉSIL

Pierre Ier 1798-1834 Empereur du Brésil (1822-1831) et roi de Portugal sous le nom de Pierre IV (1826). Il proclama en 1822 l'indépendance du Brésil dont il fut empereur jusqu'en 1831; il abdiqua alors en faveur de son fils Pierre II. En 1826, à la mort de son père Jean VI, il était devenu roi de Portugal mais céda le royaume à sa fille, Marie II.

Pierre II 1825-1891 Empereur du Brésil (1831-1889). Son père Pierre Ier abdiqua en sa faveur. Prince libéral et cultivé, correspondant de l'académie des sciences, il fit de nombreuses réformes (introduction du mariage civil, en particulier) qui lui attirèrent l'hostilité de l'Église. L'abolition de l'esclavage (1888) lui valut le mécontentement des grands propriétaires qui, appuyés par un soulèvement militaire, l'obligèrent à abdiquer.

CASTILLE

Pierre le Cruel 1334-1369 Roi de Castille et León en 1350. Opposé à son frère Henri de Trastamare (Henri le Magnifique) qui revendiquait le trône de leur père, Alphonse XI, il fut d'abord victorieux, mais, battu en 1369, il fut assassiné.

MONTÉNÉGRO

Pierre Ier Petrovitch Njegosh 1747?-1830 Prince-évêque de Monténégro en 1782. Il lutta contre les Turcs avec l'aide de l'Autriche et de la Russie, puis apporta son appui à l'Angleterre lorsque les Français occupèrent les provinces Illyriennes et se rendit maître des bouches de Kotor (1813), mais perdit cette conquête au profit de l'Autriche. **Pierre II Petrovitch Njegosh** 1813-1851 Prince-évêque de Monténégro en 1830. Poète (*Les Lauriers de la montagne*, 1847), esprit entreprenant et bon administrateur, il donna à son pays un embryon d'organisation politique (création d'un Sénat ayant des pouvoirs législatif, exécutif et judiciaire); il fut le dernier prince-évêque du Monténégro. Le régime devint laïc sous le règne de son neveu Danilo Ier, puis de Nicolas Ier.

PORTUGAL

Pierre Ier le Justicier 1320-1367 Roi de Portugal en 1357. Il affermit le pouvoir royal en luttant contre les abus du clergé.

Pierre II 1648-1706 Roi de Portugal en 1683. Il obtint de l'Espagne l'indépendance du Portugal (1668) lorsqu'il était régent sous le règne de son frère Alphonse VI. Son alliance avec l'Angleterre (1703) plaça, pour des siècles, le Portugal dans l'orbite britannique.

Pierre III 1717-1786 Roi de Portugal en 1777. Il partagea le trône avec son épouse Marie Ire de Bragance (la fille de son frère), qui exerça le pouvoir effectif.

Pierre IV Voir **Pierre Ier, empereur du Brésil**.

Pierre V 1837-1861 Roi de Portugal en 1853. Au cours de son règne, il s'attacha au développement de l'instruction.

RUSSIE

Pierre Ier Alekseïevitch, dit **Pierre le Grand** 1672-1725 Tsar puis empereur de Russie en 1682. Fils du tsar Alexis, il monte sur le trône à 10 ans, en même temps que son demi-frère Ivan V, mentalement et physiquement débile, mais imposé par les *Streltsy*. Sa sœur Sophie exerce la régence. En 1689, il la fait enfermer dans un couvent. En 1696, Ivan meurt: Pierre reste le seul maître de la Russie. En 1697, il entreprend un voyage d'études en Europe occidentale. À son retour, après avoir maté dans le sang la révolte militaire des *Streltsy* (1698), il mène de front, cherchant à s'assurer des débouchés maritimes, la lutte contre les Turcs et contre les Suédois. Aux Turcs, il doit rendre en 1711 Azov qu'il leur avait enlevé en 1696. Face à la Suède, après avoir été battu par Charles XII à Narva (1700), il écrase celui-ci à Poltava (1709), et le traité de Nystad lui octroie la Carélie et les provinces suédoises de la Baltique (1721). En 1703, il avait fondé Saint-Pétersbourg qui devient sa capitale en 1715, lui offrant « une fenêtre sur l'Europe ». À l'intérieur, il occidentalise les mœurs (interdiction de porter la barbe et les robes longues pour les hommes, réforme du calendrier), et réforme l'administration en s'inspirant des monarchies occidentales: gouvernement centralisé avec un Sénat de 9 membres, service public obligatoire et hiérarchisé pour la noblesse, mainmise sur l'Église par la création d'un collège de prélats, le Saint-Synode, remplaçant le patriarche. Malgré de très lourds impôts, le commerce et l'industrie se développent. Les réformes, appliquées avec une autorité despotique (police secrète, tortures, mise à mort de son fils Alexis, soupçonné de complot), mal accueillies par ses contemporains, ont presque toutes été maintenues par ses successeurs.

Pierre II Alekseïevitch 1715-1730 Tsar de Russie en 1727. Petit-fils de Pierre le Grand par son père, il succéda à Catherine Ire.

Pierre III Fedorovitch 1728-1762 Tsar de Russie (janvier-juin 1762). Petit-fils de Pierre le Grand par sa mère, mentalement et physiquement débile, il succéda à sa tante Élisabeth. Fasciné par la personnalité de Frédéric II de Prusse, il s'allia à la Prusse, lui rendit la Poméranie et la Prusse-Orientale, réorganisa l'armée sur le modèle prussien et persécuta l'Église orthodoxe. Un complot militaire (28 juin 1762) porta au pouvoir sa femme, qui prit le nom de Catherine II. Quelques jours plus tard, il fut assassiné dans des circonstances mystérieuses.

Pierre III Fedorovitch.

SERBIE et YOUGOSLAVIE

Pierre Ier Karageorgévitch 1844-1921 Roi de Serbie (1903-1918) puis roi des Serbes, des Croates, et des Slovènes (1918-1921). Il accéda au trône après l'assassinat d'Alexandre Ier Obrénovitch. Il engagea la Serbie aux côtés des Alliés en 1914; malade, il confia, au cours de la Première Guerre mondiale, la régence à son fils Alexandre, qui lui succéda. **Pierre II Karageorgévitch** 1923-1970 Roi de Yougoslavie (1934-1945). Petit-fils du précédent, il succéda à son père Alexandre Ier Karageorgévitch. Régnant d'abord sous la régence de son oncle Paul, favorable à l'Axe, il le renversa en mars 1941, mais ne put se maintenir au pouvoir après l'invasion allemande (avril). Il se réfugia à Londres et fut déchu officiellement en 1945, quand Tito proclama la république.

Pierre (Henri Grouès, dit l'abbé**)** 1912 Prêtre français, il garda le nom sous lequel il avait participé à la Résistance. Député MRP (1945-1951), il fonda la communauté des chiffonniers d'Emmaüs et consacra, à partir de 1954, ses efforts au logement des plus misérables.

Pierre de Chelles XIIIe-XIVe siècle Architecte français. Il fut probablement l'auteur des chapelles latérales du chœur et de l'abside de Notre-Dame de Paris.

Pierre de Cortone (Pietro Berrettini, dit **da Cortona**, en français) 1596-

1669 Peintre italien. Plusieurs de ses tableaux religieux ou mythologiques, à la composition mouvementée, aux lumières mouvantes, annoncent le baroque (*L'Enlèvement des Sabines*, 1629), alors que d'autres se réfèrent à une tradition plus classique. Auteur de fresques aux dimensions imposantes, il a notamment décoré, à Rome, le palais Barberini et le palais Pamphili, à Florence, le palais Pitti. Il s'est aussi intéressé à l'architecture (Santa Maria in Via Lata, à Rome).

Pierre de Montreuil v. 1200-1266 Architecte français. Il reconstruisit une partie de l'abbaye de Saint-Germain-des-Prés, puis devint maître d'œuvre à Notre-Dame de Paris et travailla à Saint-Denis. Il fut à l'origine du « gothique rayonnant » qui privilégie la légèreté et la lumière.

Pierre l'Ermite v. 1050-1115 Religieux français. Il prêcha en 1095 la première croisade et mena une croisade populaire qui fut écrasée par les Turcs en Asie Mineure, en 1096.

Pierre-Saint-Martin (la) Gouffre profond de *1 358 m* situé dans les Pyrénées-Atlantiques (haute Soule).

Pierrefonds *1 945 h.* Commune de l'Oise où est situé le *château de Pierrefonds*, château féodal édifié au XIe siècle, reconstruit par Louis d'Orléans (XIVe siècle), puis acheté par Napoléon Ier et entièrement restauré et décoré par Viollet-le-Duc à partir de 1857 pour Napoléon III.

Pierrelatte *11 943 h.* Commune de la Drôme, sur un canal de dérivation du Rhône. Elle possède une usine de séparation isotopique de l'uranium (pour fournir du combustible aux centrales nucléaires).

pierreries n. f. pl. Pierres précieuses.

pierreux, euse adj. De pierre. *Concrétion pierreuse.* / Plein de pierres. *Sente pierreuse.*

pierrot n. m. Homme déguisé en Pierrot. / Fam. Moineau.

Pierrot Personnage de la comédie italienne (*Pedrolino*). Rêveur, vêtu de blanc et le visage enfariné, il connut le succès à Paris à partir du XVIIIe siècle (théâtre de la foire, Opéra-Comique).

pietà n. f. inv. (mot italien) Représentation, peinte ou sculptée, de la Vierge tenant sur ses genoux le corps du Christ détaché de la croix.

piété n. f. Respect de Dieu et des pratiques religieuses, dévotion. Ant. impiété. / *Piété filiale*: affection et respect à l'égard des parents.

Pigeons : ramier et colombin (en bas).

Buste de Mme Pompadour réalisé par ***Jean-Baptiste Pigalle***. 1748-1751, marbre, Metropolitan Museum of Art, New York.

piétement n. m. Ensemble constitué par les pieds et les traverses d'un meuble.

piéter v. i. [1] CHASSE (En parlant d'un oiseau) Avancer de quelques pas au lieu de s'envoler.

piétin n. m. VÉTÉR. Maladie du mouton, qui se caractérise par une nécrose sous-onguléé. / BOT. Maladie des céréales due à un champignon microscopique, provoquant soit la verse soit la stérilité de l'épi.

piétinement n. m. Mouvement des pieds fait sur place, sans avancer. *Le piétinement d'une foule.* / Fig. Absence de progrès.

piétiner v. i. / v. t. [1] **A.** v. i. Demeurer sur place tout en remuant nerveusement les pieds. *Il piétinait de fureur.* / Avancer avec beaucoup de lenteur et en marquant des arrêts répétés. *Piétiner dans une file d'attente.* / Fig. Progresser lentement ou pas du tout. *Notre projet piétine.* **B.** v. t. Frapper, malmener, écraser avec les pieds. *Cet enfant a piétiné son jouet.* / Fig. Mettre à mal, porter violemment atteinte à. *Oser piétiner les principes les plus sacrés. Piétiner la mémoire d'un mort.*

piétisme n. m. RELIG. Doctrine d'un mouvement religieux du XVIIe siècle né au sein du luthéranisme, qui mettait l'accent sur l'expérience religieuse personnelle et la prière, voyait dans la Bible la source vivante de la foi et insistait sur le sacerdoce universel. / Toute doctrine qui, dans une religion (essentiellement les religions monothéistes), met l'accent sur la prière personnelle.

piétiste adj. et n. RELIG. Relatif au piétisme; qui adopte les positions du piétisme. *Mouvement piétiste. Les piétistes.*

piéton, onne n. et adj. **A.** n. m. Personne qui circule à pied. / Au Moyen Âge, soldat combattant à pied. **B.** adj. Réservé à la circulation des piétons. *Rue piétonne.*

piètre adj. Médiocre. *Une piètre excuse.*

piètrement adv. Médiocrement.

pieu [1] n. m. Pièce de bois rigide ou de béton dont un des bouts est pointu pour être enfoncé dans le sol.

pieu [2] n. m. Pop. Lit. *Aller au pieu.*

pieusement adv. Avec piété.

pieuter (se) v. pron. [1] Pop. Se mettre au lit. / (Emploi intransitif). *Je ne sais pas où pieuter.*

pieuvre n. f. ZOOL. Mollusque céphalopode marin à huit tentacules munis de ventouses qui lui permettent de capturer les crabes et coquillages dont il se nourrit. Syn. poulpe.

pieux, euse adj. Qui respecte Dieu et les pratiques religieuses, dévot. / Qui dénote de la piété. / Qui est empreint d'attachement respectueux. *Un pieux dévouement.*

Pieyre de Mandiargues (André) 1909-1991 Poète et romancier français, auteur de récits fantastiques teintés d'érotisme: *Le Musée noir* (1946), *La Motocyclette* (1963), *La Marge* (1967), *Le Deuil des roses* (1983).

pièze n. f. PHYS. Unité de pression hors système (symbole pz) valant 10^3 pascals.

piézo-électricité n. f. PHYS. Ensemble des charges électriques de polarisation qui apparaissent sur les faces de certains cristaux (cristaux de roche, quartz, par ex.) lorsque ces derniers sont soumis à des pressions mécaniques.

piézo-électrique adj. De la piézo-électricité; doté de piézo-électricité.

piézoclase n. f. GÉOL. Fracture de l'écorce terrestre.

piézométrie n. f. PHYS. Mesure de la ligne des points distants de l'axe de la conduite dépourvu d'obstacles et de variations de section que parcourt un liquide, exprimée par h = P/g (h est la quantité, P la pression statique et g le poids spécifique du liquide considéré).

pif [1] n. m. Fam. Nez.

pif! [2] interj. Onomatopée (généralement suivie de *paf*) imitant un bruit sec et bref.

pifer ou **piffer** v. t. [1] Pop. *Ne pas pouvoir pifer qqn*: ne pas pouvoir sentir qqn, le détester.

pifomètre n. m. Fam. *Au pifomètre*: à peu près, à vue de nez.

Pigafetta (Antonio) v. 1491-v. 1534 Navigateur portugais, chroniqueur de l'expédition de Magellan.

Pigalle (Jean-Baptiste) 1714-1785 Sculpteur français. Le succès de son *Mercure attachant ses talonnières* (1744) lui attira la protection de Mme de Pompadour. Deux tendances apparaissent dans son œuvre: la tradition classique et le goût baroque du théâtral (tombeaux du maréchal de Saxe, dans l'église Saint-Thomas à Strasbourg, et du duc d'Harcourt à Notre-Dame de Paris). Ses portraits révèlent l'observation plus directe de ses modèles (*Diderot, Voltaire*).

pige [1] n. f. Longueur arbitraire prise pour étalon de mesure. / Tige graduée utilisée pour mesurer une hauteur. / Dans une imprimerie, tâche d'un compositeur exécutée en un temps donné, servant de base à sa paie; mode de rémunération d'un journaliste payé à la tâche. *Travailler à la pige.*

pige [2] n. f. Fam. *Faire la pige à qqn*, faire mieux que lui.

pigeon n. m. ZOOL. Oiseau de l'ordre des columbiformes, granivore, au bec court, au corps trapu. *Pigeon biset, pigeon colombin, pigeon ramier. Pigeon voyageur*, utilisé pour porter des messages et qui revient toujours à son pigeonnier. *Chasser le pigeon. Le pigeon roucoule.* / Fig., fam. Personne que l'on dupe facilement. *Je ne veux pas être le pigeon de cette histoire.*

pigeonner v. t. [1] Fam. Duper (qqn), le traiter en pigeon. *Pigeonner un naïf.*

pigeonnier n. m. Petite construction servant d'abri aux pigeons domestiques. / Fam., fig. Petit logement situé à un étage élevé.

piger [1] v. t. [1] Pop. Vx Saisir, attraper. / Mod., fam. Deviner, comprendre (qqch.). *As-tu pigé l'astuce?*

Jésus devant ***Pilate***. (Mont, voûte de la première travée).

piger [2] v. t. [1] Mesurer à l'aide d'une pige. / Rémunérer sous forme de pige.

pigiste n. Personne dont le travail est rémunéré à la pige.

pigment n. m. BIOCHIM. Molécule synthétisée par l'organisme, qui donne aux tissus et aux substances organiques leur coloration: l'hémoglobine colore le sang, l'urobiline colore l'urine, la mélanine colore la peau, la chlorophylle colore les feuilles des plantes vertes. / TECH. Matière d'origine minérale, végétale ou animale, utilisée comme colorant.

pigmentaire adj. Relatif aux pigments; contenant, synthétisant des pigments. *Cellules pigmentaires.*

pigmentation n. f. Formation et accumulation de pigments dans les tissus organiques, et en particulier, la peau. / Coloration de ces tissus, due à la présence de ces pigments, en particulier coloration de la peau, résultant de la présence, en plus ou moins grande quantité, de mélanine. / TECH. Coloration au moyen d'un ou de plusieurs pigments.

pigmenter v. tr. [1] Colorer par un pigment, par un ensemble de pigments.

pigne n. f. Pomme de pin; graine de pin.

Pignerol *35 000 h.* Ville d'Italie, dans le Piémont. Cette ville forte a été française à plusieurs reprises. Son château servit de prison où Fouquet et le Masque de fer, notamment furent enfermés. Ses industries textiles et ses faïenceries sont réputées.

pignon [1] n. m. MÉCAN. Disque ou cylindre dont la circonférence est crénelée ou dentée pour s'engrener dans une autre roue ou sur une chaîne et transmettre ainsi un mouvement.

pignon [2] n. m. Partie supérieure d'un mur, triangulaire, qui reçoit les pannes d'un toit à deux pentes.

pignon [3] n. m. *Pin pignon* ou *pignon*: pin parasol. / Graine comestible du pin pignon.

pignouf n. m. Pop. Rustre, imbécile.

pilaf n. m. (mot turc) Mets composé de riz au gras, épicé, mêlé de coquillages ou de viandes. *Riz pilaf*, que l'on fait revenir dans une matière grasse avant d'ajouter le liquide de cuisson.

pilastre n. m. ARCHIT. Pilier engagé dans un mur ou adossé à ce dernier. / Montant de fer ajouré, placé à intervalles réguliers, pour renforcer une grille ou un balcon. / Premier barreau d'une rampe d'escalier. / Bande étroite d'un lambris de hauteur, le divisant en plusieurs panneaux.

Pilat (mont) *1 432 m* Massif du Vivarais, situé sur la bordure orientale du Massif central (à son pied s'étend le bassin de Saint-Étienne). Le *parc naturel régional du Pilat* s'étend sur 65 000 ha.
Pilat-Plage Station balnéaire de la Gironde (commune de La Teste-de-Buch), au pied de la *dune du Pilat* (103 m).
Pilate (Ponce, en latin **Poncius Pilatus)** Ier siècle apr. J.-C. Procurateur romain de la Judée de 26 à 36. Peu favorable aux Juifs qui réclamaient la mort de Jésus, mais craignant d'être disgracié par l'empereur, il autorisa la crucifixion du Christ. Se lavant les mains, il s'écria : « Je suis innocent du sang de ce juste » (d'où l'expression *se laver les mains de qqch.*).
Pilâtre de Rozier (Jean-François) 1756-1785 Physicien et aéronaute français. Il effectua la première ascension libre en montgolfière (1783) et périt alors qu'il tentait de traverser la Manche en ballon.
pile [1] n. f. et adv. **A.** n. f. Côté d'une pièce de monnaie opposé à la face, sur lequel est gravée la valeur de la pièce. / *Pile ou face* : jeu de hasard qui consiste à jeter une pièce en l'air en devinant de quel côté elle tombera. **B.** adv. Fam. *Tomber pile* : advenir au bon moment. *S'arrêter pile,* d'un seul coup.
pile [2] n. f. Masse d'objets placés les uns sur les autres. / Massif de maçonnerie supportant les arches d'un pont. / PHYS. Système électrochimique dans lequel l'énergie fournie aux électrodes par certaines substances chimiques est transformée directement en énergie électrique sous la forme de courant continu de basse tension. / *Pile atomique* : synonyme (sorti de l'usage) de *réacteur nucléaire.*
piler [1] v. i. [1] Fam. S'arrêter brusquement. *Piler au feu rouge.*
piler [2] v. t. [1] Écraser à l'aide d'un pilon. *Piler l'ail pour faire l'aïoli.* / Fam. Battre (qqn) dans un combat, une compétition, en lui infligeant une défaite sévère. *Il s'est fait piler au tennis.*
pileux, euse adj. Propre ou relatif aux poils, aux cheveux. *Système pileux.*
pilier n. m. Support vertical d'un édifice, appareillé, en métal ou en bois, destiné à soutenir une forte charge.
pillage n. m. Action de piller ; son résultat.
pillard, e adj. et n. Qui pille. / Subst. *Des hordes de pillards.*
piller v. t. [1] S'emparer de vive force des richesses qui se trouvent dans (une ville, une maison). *Piller et brûler un village.* / Par anal. Voler d'importantes sommes d'argent, de manière répétée, au détriment de. *Piller les caisses d'une association.* / Fig. Plagier massivement (un auteur, une œuvre).
pilon n. m. Instrument à bout arrondi, servant à écraser une substance dans un mortier. / IMPR. *Mettre un livre au pilon* : en détruire tous les exemplaires restants. / Partie inférieure de la cuisse d'une volaille cuite.
Pilon (Germain) v. 1528-1590 Sculpteur français. Important représentant de la Renaissance française, sculpteur préféré de Catherine de Médicis, il exécuta les *Trois Grâces* (le monument du *cœur de Henri II*, 1561) inspirées de l'Antiquité romaine, la nécropole des Valois à Saint-Denis et de nombreux portraits, dont celui du chancelier de Birague en priant (1585), qui témoignent de son talent d'observateur et de l'élégance de son modelé.
pilonnage n. m. Action de pilonner ; son résultat.
pilonner v. t. [1] Écraser (qqch.) avec un pilon. / Mettre (un livre, des livres) au pilon. / MILIT. Bombarder intensément (une position).
pilori n. m. Poteau auquel on attachait les condamnés pour que leurs fautes soient connues de tous ; le supplice lui-même, supprimé en 1789. / Fig. *Clouer qqn au pilori,* l'exposer à la réprobation publique.
pilosité n. f. Présence de poils sur certaines parties du corps.
pilotage n. m. Action de piloter ; son résultat.
pilote n. m. **A.** Personne qui conduit un avion, un hélicoptère, une voiture. *Pilote de ligne* chargé de conduire un avion sur une ligne commerciale régulière. *Pilote d'essai* : pilote qui teste un prototype en vol. *Pilote automatique* : dispositif, équipé d'un gyroscope, qui permet à un avion de se déplacer sans l'intervention de l'équipage. / Marin spécialisé dans la conduite des navires dans les passages délicats. **B.** (en appos.) ZOOL. *Poisson pilote* : petit poisson des mers chaudes et tempérées qui vit dans le sillage des navires ou des requins. / *Bateau pilote,* qui transporte le pilote d'un port à un autre. / Qui expérimente, teste de nouvelles méthodes pour ouvrir de nouvelles voies. *Un lycée pilote.*
piloter v. t. [1] Conduire (un navire, une automobile de course, un avion). / Guider (une personne, un groupe de personnes) dans une ville, vers un monument, dans un site. *Piloter des touristes dans un musée.*
pilotin n. m. MAR. Élève officier de la marine marchande.
pilotis n. m. Ensemble de pieux enfoncés dans le sol qui, au-dessus de l'eau ou d'un sol instable, reçoivent la construction.
pilou n. m. Tissu de coton pelucheux. *Peignoir en pilou.*
Pilsudski (Józef) 1867-1935 Maréchal et homme politique polonais. À la tête des socialistes révolutionnaires polonais, il proclama la république en 1918 et obtint des pouvoirs dictatoriaux de 1919 à 1922 ; également chef des armées, il vainquit les envahisseurs bolcheviques, leur imposant le traité de Riga (1921). Il revint au pouvoir en 1926 à la suite d'un coup d'État et, en tant que Premier ministre puis ministre de la Guerre, il fut le véritable maître de la Pologne jusqu'à sa mort.
pilule n. f. Médicament, en forme de petite boule, destiné à être avalé sans séjourner dans la bouche. *Pilule contraceptive* : contraceptif oral de nature hormonale, qui bloque l'ovulation.
pimbêche n. f. Fam. Femme maniérée et prétentieuse.
piment n. m. Fruit de diverses plantes de la famille des solanacées, doux (poivron) ou piquant (piment de Cayenne, piment oiseau), utilisé comme condiment et comme légume. / Fig. Ce qui donne du piquant à. *Mettre du piment dans la conversation.*
pimenter v. t. [1] Assaisonner (un mets) avec du piment ; épicer. / Fig. Rendre (un récit, une aventure) plus excitant, plus intéressant.
pimpant, e adj. Élégant, bien mis. *Un jeune homme pimpant.*
pin n. m. BOT. Arbre de l'ordre des conifères, de grande taille, dont le feuillage persistant est constitué par des aiguilles, et dont les inflorescences femelles se transforment en cônes écailleux. *Pin sylvestre, pin maritime, pin noir. Pomme de pin* : cône des conifères.
pinacées n. f. pl. BOT. Famille de conifères comprenant le sapin, le pin, l'épicéa, le mélèze. Syn. abiétacées.
pinacle n. m. Sommet d'un édifice. / Dans le style gothique, couronnement d'un contrefort en forme de petite pyramide ajourée, ornée de fleurons. / Fig. *Porter, mettre au pinacle* : faire grand éloge de ; glorifier.
pinacothèque n. f. Musée ou galerie de peinture (en Italie et en Allemagne).
pinailler v. i. [1] Ergoter. *Pinailler pour un rien.*
pinailleur, euse adj. et n. Fam. Qui pinaille, aime pinailler.
pinard n. m. Fam. Vin.
Pinard (Adolphe) 1844-1934 Médecin et homme politique français. Il fit progresser l'obstétrique et la puériculture. Député de la Seine, il contribua au développement de la législation familiale.
pinardier n. m. Navire-citerne qui transporte du vin. / Pop. Marchand de vin.
pinasse n. f. Petit bateau de pêche rapide.
Pinay (Antoine) 1891-1994 Homme politique français. Industriel, maire de Saint-Chamond (1929-1977), député (1936-1938), sénateur (1938-1940), plusieurs fois ministre sous la IVe République, il devint président du Conseil et ministre des Finances en 1952 ; il chercha à stabiliser les prix et lança un emprunt à garantie-or, dit *emprunt Pinay*. Après avoir favorisé l'investiture du général de Gaulle, il fut de nouveau ministre des Finances (1958-1960) et contribua au redressement du franc (institution du « nouveau franc »).
pince n. f. Outil, formé de deux leviers articulés, destiné à saisir, maintenir ou serrer quelque chose. *Pince à linge.* / ZOOL. Appendice préhensile articulé de certains arthropodes. *Les pinces du homard.* / Extrémité antérieure du pied des mammifères ongulés. *Les pinces d'un cheval.* / Incisive de certains mammifères ongulés, partic. du cheval. / Fam. Main. *Serre-moi la pince. « Lundi matin, l'Empereur, sa femme et le p'tit Prince / Sont venus chez moi pour me serrer la pince »* (Chanson populaire). / Fam. *Aller à pinces* : aller à pieds, marcher. / COUT. Petit pli cousu servant à ajuster un vêtement. / Propriété de pincer. *Un outil qui n'a pas de pince.*

Piments rouges (au centre).

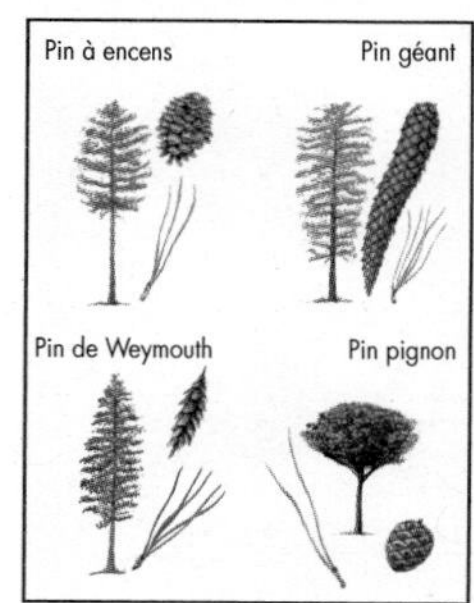

Pins.

pinceau n. m. Instrument composé de poils d'animaux ou synthétiques, disposés en faisceau et fixés à un manche, servant à appliquer couleurs, enduit, colle. / Fig. Manière de peindre d'un artiste. / Fig. Petit faisceau de lumière.
pincée n. f. Petite quantité d'une substance en poudre ou en grains, que l'on peut prendre entre deux doigts. *Une pincée de poivre.*
pincement n. m. Action de pincer. / Fig. Sensation vive et un peu douloureuse. *Le pincement du froid. Pincement au cœur.*
pince-monseigneur n. f. Levier utilisé pour forcer les portes, les dispositifs de fermeture. Pl. Des *pinces-monseigneur.*
pince-nez n. m. inv. Binocle à pince qui tient sur le nez.
pincer v. t. [1] Serrer étroitement avec les doigts ou un instrument. *Pincer un clou avec une tenaille.* / Serrer la peau d'une zone du corps, en comprimant plus ou moins fort, entre les extrémités de ses doigts. *Il l'a pincée aux fesses. Pincer gentiment la joue d'un enfant.* Au fig. et fam. *Pincez-moi ! je rêve !* se dit en entendant ou en apercevant qqch. de sidérant. / (Emploi pron.) *Se pincer les doigts dans une porte, une portière, etc.,* s'y coincer les doigts. / MUS. *Pincer les cordes d'une guitare, d'une harpe, d'un violon, etc.,* les faire vibrer avec les doigts. / Rapprocher en resserrant, ajuster. *Pincer légèrement la taille d'une robe. Pincer les lèvres,* en signe de mécontentement, de dédain. / *Pincer les bourgeons d'un arbre, d'une plante* : élaguer les bourgeons latéraux pour inhiber la croissance des ramifications. / Fig. Produire une sensation qui évoque celle d'un pincement. *Températures glaciales qui vous pincent les joues.* / Fam. *Pincer qqn,* le prendre sur le fait (alors qu'il commet un délit). / *En pincer pour qqn,* en être amoureux.
pince-sans-rire n. m. inv. et adj. Personne qui plaisante sans le montrer. / adj. *Une attitude pince-sans-rire.*
pincette n. f. Instrument composé de deux branches de métal articulées, servant à déplacer le bois dans un foyer. / Petite pince pour saisir de menus objets. *Pincettes d'horloger.*
Pincevent Site préhistorique proche de Montereau (Seine-et-Marne), au bord de la Seine, qui a livré de nombreux vestiges de l'époque magdalénienne à partir de 1964.
pinçon n. m. Trace laissée sur la peau par un pincement.
Pincus (Gregory Goodwin) 1903-1967 Biochimiste américain qui mit au point la première pilule contraceptive.
Pindare 518 av. J.-C.-438 av. J.-C. Poète grec. Il a écrit des poèmes lyriques où il célèbre les jeux sportifs de la Grèce, les vainqueurs et leurs origines : *Olympiques*, *Pythiques*, *Isthmiques* et *Néméennes* (les quatre livres des *Épinicies,* odes triomphales).
Pinde (le) *2 636 m.* Massif du centre de la Grèce qui était, dans l'Antiquité, consacré à Apollon et aux Muses.
pinéal, ale, aux adj. ANAT. Relatif à l'épiphyse, de l'épiphyse. *Glande pinéale* :

Pingouin.

épiphyse. / ZOOL. *Organe pinéal* : organe céphalique formé d'une vésicule photosensible (« œil pinéal »), présent chez certains vertébrés.

pinède n. f. Bois de pins.

Pinel (Philippe) 1745-1826 Médecin français. Il se consacra surtout à l'étude des maladies mentales. Médecin chef à l'hôpital de Bicêtre (1793), il humanisa les traitements réservés aux aliénés, abolissant la violence jusqu'alors en usage.

ping-pong n. m. Sport, appelé également tennis de table, consistant pour chacun des deux joueurs à faire passer, à l'aide d'une raquette en bois recouverte de caoutchouc, une petite balle de celluloïd au-dessus d'un filet tendu au milieu d'une table.

Pinget (Robert) 1919-1997 Écrivain français d'origine suisse, que l'on rattache à la tendance du « nouveau roman » : *Graal flibuste* (1956), *L'Inquisitoire* (1962), *Monsieur Songe* (1982), *Théo ou le Temps neuf* (1991). Il poursuit ses recherches sur le langage dans ses œuvres pour le théâtre : *Lettre morte* (1959), *L'Ennemi* (1980).

pingouin n. m. ZOOL. Oiseau alcidé des mers du Nord et des régions arctiques, piscivore, au plumage blanc et noir.

pingre n. et adj. Avare. *C'est un pingre. Elle est pingre.*

pingrerie n. f. Avarice sordide.

pinne n. f. ZOOL. Grand mollusque lamellibranche bivalve, à coquille triangulaire, pouvant atteindre 60 cm de long. Syn. jambonneau de mer.

pinnipèdes n. m. pl. ZOOL. Groupe de mammifères appartenant à l'ordre des carnivores, à vie amphibie, dont le corps et les membres sont adaptés à la nage. *Les otaries, les morses, les phoques sont des pinnipèdes.*

Pinocchio Héros du roman pour la jeunesse de l'Italien Carlo Collodi, *Les Aventures de Pinocchio* (1883). Pinocchio est une marionnette de bois à laquelle une fée donne la vie. Les mésaventures de Pinocchio ont été portées à l'écran, sous forme de dessin animé, par Walt Disney (1939), et sous forme de film par Luigi Comencini (1972).

Pinochet Ugarte (Augusto) 1915 Général et homme politique chilien. Pour apaiser l'armée, le président Allende le nomme commandant en chef en août 1973. Un mois après, en septembre, Pinochet renverse Allende et, devenu officiellement président de la République en 1974, instaure un régime dictatorial et persécute tout ancien partisan d'Allende. En 1990, il rend le pouvoir aux civils, mais reste commandant en chef de l'armée de terre jusqu'en 1998, avant d'être nommé sénateur à vie. Il est arrêté en octobre 1998 lors d'un séjour à Londres (pour une opération chirurgicale), l'Espagne

Portrait de jeune garçon du **Pinturicchio**.

ayant déposé contre lui une demande d'extradition pour violation des droits de l'homme pendant sa dictature militaire au Chili. La justice britannique, alléguant son état de santé, l'a libéré en mars 2000 et il a pu rentrer au Chili.

pin's n. m. Petit insigne décoratif que l'on pique sur un vêtement, sur une coiffure. (Le mot *pin's* est un faux anglicisme). Syn. épinglette.

pinson n. m. Petit oiseau passereau, au plumage multicolore, granivore, bon chanteur, appartenant à la famille des fringillidés. / Loc. *Être gai comme un pinson* : être très gai.

pintade n. f. Oiseau galliforme de la famille des phasianidés, au plumage gris moucheté de blanc, originaire d'Afrique, que l'on élève en basse-cour.

pintadeau n. m. Jeune pintade.

pinte n. f. Ancienne mesure de capacité utilisée en France pour les liquides, valant environ 1 l. / Récipient contenant une pinte ; son contenu. *Une pinte de bière.* / Mesure de capacité valant 0,473 l aux États-Unis et 0,568 l en Grande-Bretagne.

pinter v. i. / v. t. [1] Pop. (vieilli) Boire de l'alcool. *Aller pinter au cabaret.* (Emploi transitif) Boire (de l'alcool). *Pinter du vin.* / v. pron. Mod., fam. S'enivrer. *Se pinter le samedi soir.*

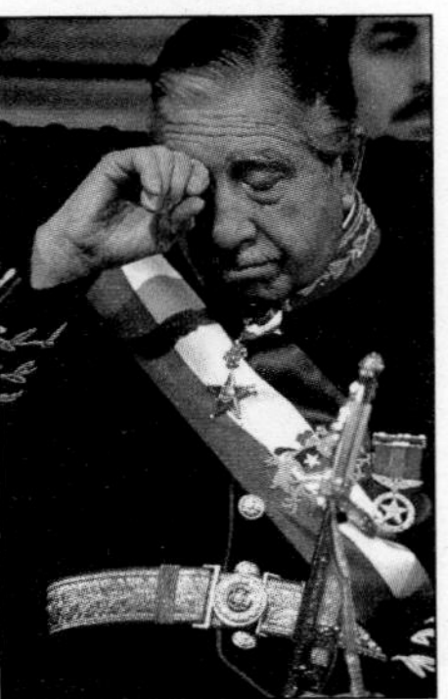
Augusto Pinochet.

Pinter (Harold) 1930 Auteur dramatique et acteur anglais. Dans son théâtre, il plonge des personnages dans des situations absurdes : *L'Anniversaire* (1958), *Le Gardien* (1961), *La Collection* (1961), *L'Amant* (1963), *Le Retour* (1964), *Trahisons* (1978), *No man's land* (1984), *Ashes to ashes* (1996). Pinter a également écrit les scénarios de *The servant* (1963) et *Accident* (1967), films de Joseph Losey.

Pinturicchio (Bernardino di Betto, dit il) 1454?-1513 Peintre italien, élève du Pérugin. Il fut chargé de diverses décorations à Rome (chapelle Bufalini), à Sienne, (bibliothèque de la cathédrale), au Vatican (« appartements Borgia »). On lui doit des fresques et des peintures à l'huile aux couleurs éclatantes (*Portrait de jeune garçon*, musée de Dresde).

pin-up n. f. (mot anglo-américain) Jolie fille photographiée nue ou peu vêtue. / Par ext. Jolie fille.

pinyin n. m. (mot chinois) LING. Système de transcription phonétique des idéogrammes chinois selon l'alphabet latin, adopté depuis 1958 en République populaire de Chine.

Pinzón (Martín Alonso) 1440-1493 Navigateur espagnol, commandant de *La Pinta*, caravelle qui faisait partie de la flottille de Christophe Colomb en 1492. **Vicente Yañez** ?-après 1523 Navigateur espagnol, frère du précédent. Commandant de *La Niña* qui faisait également partie de la flottille de Colomb en 1492, il découvrit en 1500 l'embouchure de l'Amazone.

pioche n. f. Outil composé d'une barre de fer à pointe d'un côté et panne de l'autre, reliée à un manche de bois pour casser des roches ou creuser. / Dans un jeu, ensemble des cartes ou des dés laissés sur la table, où l'on puise pendant la partie.

piocher v. t. / v. i. [1] **A.** v. t. Creuser avec une pioche. *Piocher une plate-bande.* / Fig., fam. Préparer avec ardeur ; beaucoup travailler sur. *Piocher un examen.* **B.** v. i. JEU Puiser dans le tas de cartes, de dominos non distribués, jusqu'à ce qu'on trouve la carte, le domino que l'on peut jouer. / Par ext. Puiser dans un tas. *Piocher dans ses réserves.*

piolet n. m. Instrument léger composé d'un manche muni d'une tête pointue en métal, servant aux alpinistes pour tailler des appuis dans la roche ou la glace.

pion [1] n. m. Vx Fantassin. / Pièce du jeu d'échecs et du jeu de dames. / Loc. fig. *N'être qu'un pion sur l'échiquier* : n'avoir aucune prise sur les événements auxquels on participe involontairement. / Fam. *Damer le pion à qqn*, prendre un avantage sur lui.

pion, pionne [2] n. Fam. Surveillant dans un établissement scolaire.

pion [3] n. m. PHYS. NUCL. Méson p.

pioncer v. i. [1] Pop. Dormir.

Pioneer Programme américain de sondes spatiales mis en œuvre de 1958 à 1978 et conçu conjointement par l'Air Force et l'armée de terre américaine. Les premières sondes étaient destinées à l'étude de la Lune, qu'elles devaient survoler ou autour de laquelle elles devaient tenter de se satelliser. Aucun de ces objectifs n'a été atteint. Les suivantes, lancées entre 1960 et 1968, ont été satellisées autour du Soleil et ont fourni un nombre considérable d'informations sur le milieu interplanétaire ainsi que sur l'activité magnétique du Soleil. Enfin, les dernières sondes (Pioneer 10 et 11), lancées respectivement en 1972 et 1973 effectuèrent une mission d'étude des planètes géantes qui a préparé le succès du programme des sondes Voyager 1 et 2. Les sondes Pioneer 10 et 11 emportaient deux plaques gravées donnant tous les renseignements permettant d'identifier leur origine, et cela dans le cas où elles seraient interceptées par une civilisation extraterrestre. Les deux dernières sondes, destinées à l'étude de la planète Vénus, furent lancées en 1978 ; le programme porte le nom *Pioneer-Venus*.

pionnier, ère n. et adj. Colon qui défriche les régions incultes. / Fig. Celui, celle qui fraye des voies nouvelles. *Pionnier de la science.* (emploi adj.) *Une entreprise pionnière en matière de communication.* / Soldat chargé des terrassements. / adj. *Les régions pionnières.*

pipe n. f. Tuyau terminé par un petit fourneau dans lequel on allume du tabac ou une autre substance dont on aspire la fumée ; son contenu. / Ancienne mesure de capacité pour les liquides. / Futaille d'eau-de-vie. / Tuyau de conduite d'air ou d'un gaz combustible. *Pipe d'aération.*

pipeau n. m. Flûte champêtre. / Appeau. / Baguette enduite de glu pour attraper les oiseaux.

pipeline ou **pipe-line** n. m. (mot anglais) Ensemble de canalisations et de pompes permettant le transport de certains liquides (pétrole) et des gaz sur de longues distances. (On dit aussi *oléoduc* et *gazoduc*). Pl. Des *pipelines* ou des *pipe-lines*.

piper v. i. / v. t. [1] **A.** v. i. Vx (En parlant d'un oiseau) Pousser des cris. / Fig. fam. *Ne pas piper (mot)* : ne rien dire. **B.** v. t. Vx Prendre (les oiseaux) au pipeau. / Mod. Truquer (qqch.). *Piper des dés, des cartes.* / Loc. fig. *Les dés sont pipés* : les données sont faussées intentionnellement.

pipéracées n. f. pl. BOT. Famille de plantes dicotylédones aux fleurs dépourvues de pétales, poussant généralement dans les régions chaudes, aux propriétés aromatiques, narcotiques, astringentes. *Le poivrier est une pipéracée.*

piperade n. f. (mot dialectal, du béarnais) Dans la cuisine basque, omelette aux tomates et aux poivrons cuits. / Cette préparation de tomates et de poivrons.

pipette n. f. Tube de verre de faible section qui sert, en laboratoire, à prélever des liquides par aspiration.

pipi n. m. Fam. Urine. *Faire pipi.*

pipistrelle n. f. ZOOL. Petite chauve-souris à oreilles courtes, commune en France.

piquage n. m. Action de piquer ; résultat de cette action.

piquant, e adj. et n. m. **A.** adj. Qui pique, peut piquer. *Des épines très piquantes.* / Fig. *Froid piquant*, qui produit une sensation intense comparable à une piqûre. *Sauce piquante*, qui pique la langue. *Détail piquant,*

Pipeline.

qui pique l'intérêt, la curiosité; (spécial.) grivois, licencieux. **B.** n. m. Aiguillon que présentent certains végétaux et certains animaux.

pique [1] n. f. et n. m. Arme formée d'une hampe de bois portant un fer plat et pointu. / n. m. Aux cartes, une des deux couleurs noires, qu'illustre un fer de pique stylisé.

pique [2] n. f. Parole volontairement blessante.

piqué, e adj. et n. **A.** adj. Cousu par piquage. *Ourlet piqué.* / Parsemé de trous faits par des insectes. *Bois piqué.* / Par ext. Taché, corrodé. *Miroir piqué.* / *Vin piqué,* aigri. / MUS. *Notes piquées,* surmontées d'un point et qui doivent être jouées détachées. / Fig., fam. (En parlant de personnes) Un peu fou. *Ne l'écoutez pas, il est piqué!* **B** n. m. Étoffe de coton offrant l'aspect d'un tissu piqué à l'aiguille. / AÉRON. Mouvement d'un avion qui descend presque à la verticale pour observer ou bombarder un objectif de très près. / Mouvement de danse.

pique-bœuf n. m. ZOOL. Oiseau passériforme d'Afrique qui se nourrit des parasites vivant sur la peau des grands mammifères (éléphants, bœufs, etc.). Pl. Des *pique-bœufs.*

pique-feu n. m. inv. Synonyme de tisonnier.

pique-nique n. m. Repas pris en plein air. Pl. Des *pique-niques.*

pique-niquer v. i. [1] Faire un pique-nique.

piquer v. t. / v. i. [1] **A.** v. t. Percer, blesser la peau par écorchure légère. *Des ronces lui ont piqué les jambes.* / Par anal. Causer des picotements, une sensation de piqûre sur. *Odeur âcre qui pique les narines.* / Transpercer (qqch.) avec un objet pointu. *Piquer des oignons, de la viande sur une brochette.* / CUIS. Enfoncer du lard, de l'ail dans (une viande), larder. *Piquer un rôti.* / Fam. Administrer (à qqn ou à un animal) un produit par injection. *Piquer un enfant contre la diphtérie. Piquer un animal,* le tuer par injection d'une substance mortelle, de manière qu'il meure sans souffrance. / Infliger une blessure avec son dard, son aiguillon, en parlant d'un insecte, d'un scorpion. *Un frelon l'a piqué à l'épaule.* / Abus. *Se faire piquer par un serpent*: se faire mordre par lui. / Maintenir en place à l'aide d'une pointe (épingle, punaise, clou, etc.). *Piquer une circulaire sur un panneau d'affichage.* / Donner un coup à (un animal domestique) pour le faire avancer ou aller plus vite. *Piquer un âne, une bête de trait. Piquer son cheval,* l'éperonner. / Saisir (qqch.) avec un objet pointu. *Piquer un cornichon avec sa fourchette.* / Coudre à la main ou à la machine. *Piquer le revers d'un pantalon.* Ant. dépiquer. / Détacher nettement. *Piquer une note,* la jouer en la détachant nettement. Objectif qui pique, qui a un grand pouvoir séparateur. / Fig. Être parsemé sur. *Coquelicots qui piquent un champ de blé.* / Susciter (un sentiment) par réaction. *Comportement étrange qui pique la curiosité. Piquer qqn au vif,* le mortifier, le blesser dans son amour-propre. Fam. *Piquer une colère (noire), une crise*: se mettre soudain, et violemment, en colère. / Fam. Voler. *On lui a piqué ses lunettes de soleil.* **B.** v. i. AÉRON. *Piquer sur*: se diriger tout droit sur. *Bombardier qui pique sur sa cible.* / ÉQUIT. *Piquer des deux*: éperonner sa monture sur les deux flancs; accélérer vivement l'allure. / Fam. *Piquer du nez*: pencher soudain le buste en avant. **C.** v. pron. Se blesser avec un objet pointu. *Se piquer avec une aiguille.* / Fam. Prendre de la drogue en se l'injectant. / Fig. *Se piquer de*: manifester un engouement soudain pour qqch. en affirmant s'y connaître; prétendre à une qualité qu'on croit posséder à un degré élevé. *Depuis un mois, il se pique d'astronomie. Elle se pique d'être élégante.* / *Se piquer au jeu*: manifester de l'intérêt pour qqch. qu'on avait commencé dans l'ennui ou l'indifférence.

Luigi Pirandello.

piquet n. m. Petit pieu destiné à être fiché en terre. / Détachement de soldats prêts pour une mission déterminée. *Un piquet d'incendie.* Par anal. *Piquet de grève*: groupe de grévistes qui fait respecter l'arrêt du travail. / Jeu de cartes.

piquette [1] n. f. Boisson médiocre obtenue en ajoutant de l'eau à un marc. / Fam. Vin aigrelet; vin de médiocre qualité.

piquette [2] n. f. Fam. Raclée, défaite. *Prendre une piquette.*

piqueur, euse adj. et n. **A.** adj. Qui pique, peut piquer. *Insectes piqueurs.* **B.** n. Personne qui coud, pique à la machine. / n. m. ÉQUIT. Homme qui surveille les écuries. / Ouvrier qui travaille au pic, au marteau pneumatique. / VÉN. Synonyme de piqueux.

piqueux ou **piqueur** n. m. VÉN. Personne qui s'occupe des chiens.

piqûre n. f. Petite blessure faite par un instrument pointu ou le dard d'un insecte. / Trou fait par un insecte, ou petite tache sur un papier, une glace. / MÉD. Injection sous-cutanée, intraveineuse ou intramusculaire, d'un médicament, pratiquée à l'aide d'une seringue. / COUT. Rang de points formant une couture ou une décoration.

Pirandello (Luigi) 1867-1936 Écrivain italien. Ses pièces de théâtre, d'une grande variété de genres, montrent la solitude des individus, enfermés dans leur conscience et incapables de se faire comprendre des autres: *Chacun sa vérité* (1917), *Mais c'était pour rire* (1918), *Le Jeu des rôles* (1919), *Tout pour le mieux, comme avant, mieux qu'avant* (1920), *Henri IV* (1922), *La Vie que je t'ai donnée* (1924), *Bellavita* (1928), *Je rêvais (peut-être)* (1931). *Six Personnages en quête d'auteur* (1921), *Comme ci (ou comme ça)* (1924) et *Ce soir on improvise* (1930), fondées sur le «théâtre dans le théâtre», ont eu une importance capitale dans l'histoire du théâtre européen. Dans ses *Nouvelles pour un an* (15 volumes, 1894-1937), il peint la petite bourgeoisie sicilienne et les fonctionnaires italiens. Son roman le plus célèbre, *Feu Mathias Pascal* (1904), met en scène un solitaire qui veut changer d'identité pour refaire sa vie.

Piranhas.

Piranèse (Giambattista Piranesi, dit en français**)** 1720-1778 Dessinateur, graveur et architecte italien. Ses quelque 2 000 eaux-fortes, réunies par séries dans des recueils (*Vues de Rome, Antiquités romaines, Vues de Paestum*), contribuèrent à répandre le goût de l'antique et inspirèrent les tenants du néoclassicisme. Les *Prisons* imaginaires, aux contrastes de lumière appuyés (plus dans le tirage de 1760 que dans celui de 1745) et dramatiques, aux perspectives savantes, font aussi de lui un précurseur du romantisme.

piranha n. m. (mot portugais, d'origine tupi) ZOOL. Poisson téléostéen carnassier des eaux douces d'Amérique du Sud.

piratage n. m. Action de pirater. *Piratage d'un logiciel.*

pirate n. m. et adj. Bandit embarqué en mer pour piller les bateaux. / *Pirate de l'air*: personne qui détourne un avion de sa destination en usant de la menace. / Personne qui s'enrichit aux dépens d'autrui. / (En appos.) Clandestin, illicite. *Radio pirate.*

pirater v. i. / v. t. [1] **A.** v. i. Se livrer à des actes de piraterie, notamment en mer. **B.** v. t. Reproduire frauduleusement (une œuvre de l'esprit). *Pirater un logiciel.*

piraterie n. f. Activité de pirate. / *Piraterie aérienne*: détournement d'avions.

pire adj. et n. m. Plus mauvais. *Elle est pire que lui. Il se laisse aller à ses pires penchants.* / n. m. Ce qu'il y a de plus mauvais. *On y trouve le meilleur et le pire.*

Pirée (Le) *169 622 h.* Ville de Grèce et premier port du pays, relié à Athènes par les Longs Murs (*8 km*), Le Pirée fut construit au Ve siècle av. J.-C. par Thémistocle et agrandi par Périclès, alors que la puissance maritime d'Athènes éclipsait celle de ses rivales. Redevenu un simple village de pêcheurs après la décadence d'Athènes, à l'issue de la guerre du Péloponnèse (Lysandre le détruisit en partie en 404 av. J.-C.), Le Pirée n'a retrouvé son importance qu'au XIXe siècle et s'est développé très rapidement depuis. C'est un port moderne et le premier centre industriel du pays (agroalimentaire, textile, métallurgie, chimie).

Pirenne (Henri) 1862-1935 Historien belge, spécialiste du Moyen Âge, auteur d'une importante *Histoire de la Belgique* (7 vol., 1899-1932). Son ouvrage *Mahomet et Charlemagne* (posthume, 1937) traite des relations entre la chrétienté et l'islam à ses débuts. **Jacques** 1891-1972 Historien belge, fils du précédent; il a laissé un ouvrage monumental: *Les Grands Courants de l'histoire universelle* (1945-1956).

pirogue n. f. Embarcation faite d'écorce, ou d'un tronc d'arbre creusé, mue à la pagaie ou à la voile.

piroguier n. m. Conducteur d'une pirogue.

piroplasmose n. f. VÉTÉR., MÉD. Affection parasitaire qui affecte les globules rouges, due à des protozoaires, transmise par les tiques aux animaux et, de manière exceptionnelle, à l'homme.

pirouette n. f. Tour entier du corps fait sur la pointe d'un seul pied. / Volte d'un cheval pivotant sur place. / Fig. Brusque changement d'opinion.

Pirquet (Clemens von) 1874-1929 Médecin autrichien. Il a étudié les réactions à la tuberculine et, à cette occasion, employé le premier le mot «allergie» (1906).

pis [1] n. m. Mamelle de la vache et de diverses femelles laitières (brebis, chèvre).

pis [2] adv., adj. et n. m. sing. **A.** adv. Plus mal. *De mal en pis*: de mal en plus mal. **B.** adj. (S'emploie uniquement comme attribut ou complément d'un pronom neutre) Pire. *Rien de pis que cela.* **C.** n. m. sing. (Sans article) Chose plus mauvaise. *Dire pis que pendre de qqn.* / La pire chose. *Le pis serait une nouvelle tempête.* **D.** loc. adv. *Au pis aller*: en mettant les choses au pis. / n. m. inv. Ce dont on doit se satisfaire, faute de mieux. *Ce n'est qu'un pis-aller.*

Pisanello (Antonio di Puccio di Cerreto ou **Antonio Pisano,** dit**)** v. 1395-v. 1455 Peintre et médailleur italien. Formé auprès de Gentile da Fabriano, il fut un important représentant de l'art gothique courtois; son style allie la précision du trait et de l'observation à la féerie imaginative: *Saint Georges délivrant la princesse de Trébizonde* (v. 1436, Vérone). Il fait montre, dans ses portraits (*Portrait d'une princesse d'Este*), de la même précision dans le dessin que dans ses études de plantes et d'animaux. Spécialiste des médailles, il a gravé de nombreuses effigies de princes (*Jean VIII Paléologue, Lionello d'Este…*)

Pisano Voir **Giovanni Pisano, Nicola Pisano**

Piscator (Erwin) 1893-1966 Metteur en scène et directeur de théâtre allemand. Il utilisa des techniques audiovisuelles et des machineries pour élargir l'horizon dramatique. Sous le nazisme, il quitta Berlin pour les États-Unis.

piscicole adj. Propre ou relatif à la pisciculture.

plâtrer v. t. [1] Enduire de plâtre. *Plâtrer une cloison en briques.* / AGRIC. Amender (une terre) avec du plâtre. / TECH. Clarifier (du vin) à l'aide de plâtre. / MÉD. Immobiliser (un membre, une partie d'un membre) en l'entourant d'un plâtre. *Plâtrer une cheville.*
plâtrerie n. f. Travail du plâtrier. / Usine où le plâtre est préparé et conditionné.
plâtreux, euse adj. Qui contient du plâtre. / Recouvert de plâtre. / Qui a l'aspect ou la consistance du plâtre. *Teint plâtreux. Fromage plâtreux.*
plâtrier, ère n. Personne qui travaille le plâtre, vend du plâtre.
plâtrière n. f. Carrière de gypse. / Synonyme de plâtrerie.
platyrrhiniens ou **platyrhiniens** n. m. pl. ZOOL. Sous-ordre de primates du Nouveau Monde, caractérisés par une cloison nasale large et une longue queue souvent préhensile. *Les ouistitis, les alouates, les atèles sont des platyrrhiniens.* Voir *catarhiniens.*
plausibilité n. f. Caractère de ce qui est plausible.
plausible adj. Qui peut être admis comme vrai, comme valable. *Alibi plausible.*
Plaute (en latin **Titus Maccius Plautus)** 254-184 av. J.-C. Poète comique latin. On ne sait presque rien de sa vie, sauf qu'elle fut mouvementée, et qu'il ne se consacra à la poésie qu'après 215. Ses comédies (dont vingt sont parvenues jusqu'à nous, et qu'il est impossible de dater) montrent avec beaucoup de verve le petit peuple romain : *Amphitryon, Le Soldat fanfaron, Les Ménechmes. L'Aulularia (la Comédie de la Marmite)* a inspiré Molière, qui en a tiré le sujet de *L'Avare* et qui a repris également *Amphitryon.*
play-back n. m. inv. (mot anglais) AUDIOV. Procédé qui consiste, pour un chanteur, à mimer sa prestation, de façon synchrone avec un enregistrement.
play-boy n. m. (mot anglais) Jeune homme au physique avantageux, adepte d'une vie oisive et multipliant les conquêtes féminines. Pl. Des *play-boys.*
plèbe n. f. ANTIQ. ROM. Second ordre du peuple romain. / Vieilli et péjor. Peuple.
plébéien, enne n. et adj. ANTIQ. ROM. Membre de la plèbe. Ant. patricien. / Vieilli ou litt. Homme, femme du peuple. / adj. *Manières plébéiennes*, dont on pense qu'elles sont celles des gens du peuple.
plébiscite n. m. ANTIQ. ROM. Vote émanant de l'assemblée de la plèbe. / Vote direct du peuple exprimant un choix ou un accord.
plébisciter v. t. [1] Adopter (qqch.), élire (qqn) par plébiscite. / Par ext. Élire (qqn) à une majorité très élevée. / Fig. Accepter (qqch.) massivement. *L'équipe a plébiscité cette proposition.*
plécoptères n. m. pl. ZOOL. Ordre d'insectes à longues antennes, au corps prolongé par deux cerques. *Les larves des plécoptères sont aquatiques. La perle est un plécoptère.*
plectre n. m. MUS. Petite baguette servant à jouer de la lyre. / Médiator.
pléiade n. f. Groupe important de personnes remarquables. *Une pléiade d'artistes de renom.*
Pléiade Nom donné à des groupes de sept poètes, par allusion aux Pléiades de la mythologie grecque. Au IIIe siècle av. J.-C., sept poètes alexandrins avaient pris ce nom. Au XVIe siècle, Ronsard s'associa avec six autres poètes (du Bellay, Baïf, Pontus de Tyard, Jodelle, Belleau, successeur de J. de La Péruse, et Dorat, successeur de J. Peletier du Mans, qui avait lui-même remplacé Guillaume Des Autels) pour renouveler la langue française et les genres poétiques. Du Bellay composa le manifeste de l'école de Ronsard en 1549 : *Défense et Illustration de la langue française.* Leur groupe, qui prit pour modèle le lyrisme antique et s'ouvrit à toutes les recherches de l'humanisme, adopta le nom de *la Pléiade.*
Pléiades MYTH. GR. Nom des sept filles d'Atlas qui furent changées en étoiles.
Pléiades Groupe d'étoiles dans la constellation du Taureau ; voir *constellation.*
plein, e adj., adv., prép. et n. m. **A.** adj. Qui ne peut contenir davantage de choses, de personnes. *Mon verre est plein. La salle est pleine.* Ant. vide. / (En parlant d'une personne) Pop. Ivre. *Il est plein tous les soirs.* / Fig. *Être plein de son sujet*, envahi par lui. *Être plein de soi*, infatué de sa personne. / (En parlant d'une femelle animale) Gravide. *La chatte est pleine.* / Qui n'est pas creux, dont tout le volume est occupé par la matière. *Brique pleine.* / Par ext. *Formes pleines* : formes rebondies. *Un son plein* : riche, bien timbré. / (Dans les variations cycliques) Au stade complet de son épanouissement, de son déploiement. *Lune pleine. Mer pleine.* / Loc. *À plein temps* : à temps complet. / Qui ne peut être plus grand. *En pleine possession de ses moyens.* **B.** Loc adv. *À plein* : totalement. / *En plein* (suivi d'un substantif) : au milieu, au plus fort de. *En pleine mer. En pleine gloire.* / *En plein sur, en plein dans* : exactement. *En plein dans le mille*, exactement au centre de la cible. / (Sens atténué) Fam. *Plein de* : beaucoup de. *Il y a plein de gens.* **C.** (En fonction de prép.) En grande quantité dans. *Il y a de l'eau plein la cave.* **D.** n. m. Espace complètement rempli par la matière. / Partie épaisse d'un caractère imprimé ou tracé à la plume en appuyant (par oppos. à *délié*). / MAR. *Le plein* : marée haute. *Porter plein* : gouverner de façon que les voiles soient toujours gonflées. *Faire le plein* : charger complètement un navire ; remplir entièrement un réservoir d'essence, d'eau.
pleinement adv. D'une manière pleine et entière ; totalement.
plein-emploi n. m. sing. ÉCON. Conjoncture sociale dans laquelle, la demande sur le marché du travail étant complètement satisfaite, le chômage tend à disparaître.
pléistocène adj. et n. m. De la période géologique qui a commencé il y a environ 2 millions d'années et s'est terminée il y a 12 000 ou 9 000 ans ; cette période. *Le Pléistocène est caractérisé par l'apparition de l'homme et une grande glaciation.*
Plekhanov (Gueorgui Valentinovitch) 1856-1918 Socialiste russe. Théoricien du marxisme, il est partisan d'une certaine modération dans la prise du pouvoir par la classe ouvrière, modération qui le sépare de Lénine pour le placer à la tête des mencheviks en 1903.
plénier, ère adj. *Assemblée plénière*, à laquelle tout le monde est convoqué. / THÉOL. *Indulgence plénière* : remise totale des peines encourues pour les péchés commis.
plénipotentiaire adj. et n. m. Se dit d'un membre du personnel diplomatique qui a reçu les pleins pouvoirs pour mener à bien une mission. *Ministre plénipotentiaire* : grade le plus élevé de la carrière diplomatique, précédant celui de l'ambassadeur.

Pleumeur-Bodou.

plénitude n. f. Abondance, épanouissement. *Plénitude des formes.*
pléonasme n. m. LING. Répétition superflue de termes qui, involontaire, constitue une faute de langage (par ex. *descendre en bas*), et, volontaire, donne plus de force à la pensée (par ex. *j'y suis allé moi-même*).
pléonastique adj. Qui constitue un pléonasme.
plésiomorphe adj. BIOL. De la nature d'une plésiomorphie. *Un état de caractère plésiomorphe.*
plésiomorphie n. f. BIOL. Dans une série évolutive de transformations d'un caractère, état primitif de ce caractère (par opposition à un état dérivé). Voir *apomorphie.*
plésiosaure n. m. PALÉONT. Reptile fossile du Mésozoïque, adapté à la vie aquatique, muni de quatre palettes natatoires, au long cou, pouvant atteindre 10 m de long.
pléthore n. f. Surabondance. *Pléthore de candidats.*
pléthorique adj. Surabondant.
Pleumeur-Bodou *3 825 h.* Commune des Côtes-d'Armor, en Bretagne, où l'on a établi une station de télécommunications spatiales (1962) assurant par satellites des transmissions téléphoniques et de télévision entre l'Europe et l'Amérique.
pleur n. m. Litt. Action de pleurer accompagnée de lamentations. / (Au plur.) Larmes. / Suintement de sève.
pleural, ale, aux adj. ANAT. Relatif à la plèvre.
pleurer v. i. / v. t. [1] **A.** v. i. Répandre des larmes, sous l'effet d'une émotion, généralement douloureuse. *Pleurer à chaudes larmes* : pleurer beaucoup. *Pleurer de bonheur.* / *Pleurer sur qqn, sur qqch.* : déplorer le mal qui lui est arrivé, ou sa perte. *Pleurer sur le bonheur perdu.* / Fig. Réclamer de façon plaintive. *Il pleure un rendez-vous depuis un mois.* / *Pleurer pour* : chercher à obtenir en adoptant un ton plaintif, des manières plaintives et pressantes. *Elle ne cesse de pleurer pour des vacances aux Antilles.* **B.** v. t. Être en deuil de (qqn). *Il a beaucoup pleuré son père.* / Déplorer la perte de (qqch.). *Pleurer le temps perdu.* / Fig. *Pleurer misère* : prétendre sans cesse qu'on est dans la misère.

René Pleven.

pleurésie n. f. MÉD. Inflammation de la plèvre. *La pleurésie peut être aiguë ou chronique, et s'accompagner ou non d'un épanchement entre les deux feuillets de la plèvre.*
pleureur, euse adj. et n. f. **A.** adj. Qui pleure, qui pleure facilement. / (En parlant d'arbres) Dont les branches pendent vers le sol. *Saule pleureur.* **B.** n. f. Femme que l'on rémunère pour assister aux funérailles et pleurer les morts.
pleurnicher v. i. [1] Pleurer sans raison ; prendre un ton larmoyant.
pleuronectidés n. m. pl. ZOOL. Famille de poissons plats pleuronectiformes, à bouche très dissymétrique, à laquelle appartiennent la plie et la limande.
pleuronectiformes ou **pleuronectes** n. m. pl. ZOOL. Ordre de poissons téléostéens aplatis latéralement, vivant sur un flanc, et dont les deux yeux sont situés sur le côté supérieur. *La sole, la plie, le turbot, la limande, sont des pleuronectiformes.*
pleurote n. m. BIOL. Champignon comestible de la famille des agaricacées, au chapeau en entonnoir et au pied court, qui se développe sur les troncs d'arbres.
pleutre n. m. et adj. Litt. Poltron, couard.
pleuvasser ou **pleuvoter** v. impers. [1] Pleuvoir légèrement.
pleuviner v. impers. [1] Bruiner.
pleuvoir v. impers. / v. i. [3] Tomber, en parlant de la pluie. *Pleuvoir à verse, des cordes, des hallebardes*, beaucoup. / v. i. Fig. Tomber en grande quantité ; survenir en abondance. *Les bombes tombent sur la ville. Injures et coups pleuvaient dru.*
pleuvoter Voir **pleuvasser**
Pleven (René) 1901-1993 Homme politique français. Rallié au général de Gaulle en 1940, député à partir de 1945, républicain indépendant, il a été plusieurs fois ministre et président du Conseil en 1950-1951et 1951-1952.
plèvre n. f. ANAT. Membrane séreuse recouvrant chacun des poumons, composée de deux feuillets : le feuillet viscéral, appliqué contre le poumon, et le feuillet pariétal, qui tapisse la paroi thoracique.
plexiglas n. m. (Nom déposé) Matière plastique flexible et transparente.
plexus n. m. ANAT. Réseau dense et enchevêtré de filets nerveux ; réseau de vaisseaux sanguins en anastomose. *Plexus nerveux. Plexus veineux. Plexus solaire* : volumineux plexus nerveux végétatif de l'abdomen.
Pleyel (Ignaz) 1757-1831 Compositeur autrichien. Il se fixa à Paris, ouvrit une maison d'édition musicale et une fabrique de pianos (1807) qui lui assura une renommée internationale.
pli n. m. Partie d'une étoffe ou d'un papier rabattue sur elle-même. / Marque faite à l'endroit où un objet a été plié. *Plis d'une jupe. Faux pli* : mauvais pli. *Un vêtement qui fait des faux plis.* / *Mise en plis* : ondulations faites sur des cheveux humides, puis séchés à l'air

P

chaud. / Fig. *Prendre un pli*: prendre une habitude. / GÉOGR. Ondulation d'une couche de terrain due à une poussée exercée sur des couches sédimentaires (la voûte supérieure du pli est l'anticlinal, et le creux, le synclinal). / Enveloppe de lettre. Par ext. Missive. / JEUX (Aux cartes) Levée.

plie n. f. ZOOL. Poisson plat de la famille des pleuronectidés, vivant dans la Manche et l'océan Atlantique. *La plie peut atteindre près d'un mètre de long.* Syn. carrelet.

plier v. t. / v. i. [1] **A.** v. t. Rabattre (un objet formé d'une surface souple) sur lui-même, une, deux ou plusieurs fois. *Plier une lettre et la glisser dans son enveloppe. Plier une serviette.* Ant. déplier. / Rég. (sud-ouest de la France) *Plier ses affaires*, les ranger. / *Plier bagage*: s'en aller. / Rabattre, pour le fermer, l'une sur l'autre chacune des parties de (un objet articulé). *Plier les panneaux d'un triptyque, d'un paravent, d'un éventail.* / Fléchir, faire se mouvoir une articulation. *Plier les coudes.* / Pencher, courber (qqch. de souple). *Plier la tige d'une fleur.* / Assujettir. *Plier un enfant à une discipline.* **B.** v. i. S'arquer, se courber. *«Je plie mais ne romps pas»* (La Fontaine, qui fait ainsi parler le roseau). / Fig. Obéir, céder, se soumettre. *Pays qui plie sous la dictature.* **C.** v. pron. *Se plier à*: s'habituer, se soumettre. *Je me plie mal à ce régime sans sel.*

plieuse n. f. TECHN. Machine à plier le papier.

Pline l'Ancien (en latin **Caius Plinius Secundus**) 23-79 Écrivain et naturaliste latin, auteur de nombreux traités sur des sujets très divers (grammaire, art), et d'une *Histoire naturelle*, qui est une somme des connaissances de son époque. Officier de cavalerie puis amiral, il a trouvé la mort lors de l'éruption du Vésuve qui a enseveli Pompéi. **Pline le Jeune** (en latin **Caius Plinius Caecilius Secundus**) 62-114 Neveu et fils adoptif du précédent. Haut fonctionnaire de l'Empire romain, il a laissé des *Lettres* écrites à ses amis et à l'empereur Trajan, et un *Panégyrique de Trajan*.

plinthe n. f. Socle plat et carré sur lequel repose une colonne. / Moulure plate qui fait saillie autour du pied d'un édifice ou autour des murs d'une pièce.

pliocène adj. et n. m. GÉOL. De la période géologique de la fin du Tertiaire qui s'étend de 7 millions d'années à environ 2 millions d'années; cette période. *Les dernières phases de l'orogenèse alpine et himalayenne, qui réduisirent l'extension de la Téthys, et l'apparition des premiers hominidés (australopithèques) se situent au Pliocène.*

Plisnier (Charles) 1896-1952 Romancier belge d'expression française qui chercha à concilier marxisme et christianisme: *Faux Passeports* (prix Goncourt 1937), *Meurtres* (cycle romanesque, 1939-1941), *Mères* (cycle romanesque, 1946-1950).

plissement n. m. Disposition d'une surface en plis successifs. / GÉOL. Déformation d'une couche de terrain en plis plus ou moins réguliers, due à des pressions latérales, souvent à l'origine des systèmes montagneux. *Plissement alpin.*

plisser v. t. [1] Marquer (qqch.) de plis plus ou moins étroits. *Plisser une jupe.* / Couvrir de plis par contraction, en parlant de certaines zones de la peau. *Plisser les paupières, le front.* / (Emploi intransitif) Faire des faux plis. *Tissu qui plisse.*

Plissetskaïa (Maïa Mikhaïlovna) 1925 Danseuse russe, l'une des plus grandes

La Mort de **Pline l'Ancien**, *gravure de C.-P. Marillier.*

***Plissement** d'une couche de terrain sédimentaire.*

ballerines du XXe siècle. Elle a interprété de grands ballets classiques (*Casse-Noisettes, Le Lac des cygnes*) et des œuvres contemporaines.

pliure n. f. IMPRIM. Action de plier les feuilles imprimées avant de les brocher pour faire un livre. / Trace laissée sur un papier ou un tissu qui a été plié.

ploc! interj. Onomatopée imitant le bruit de la chute d'un objet dans l'eau.

plocéidés n. m. pl. ZOOL. Famille d'oiseaux passériformes granivores, vivant dans l'Ancien Monde, parmi lesquels le moineau, le tisserin, le bengali, etc.

ploiement n. m. Litt. Action, fait de ployer.

• **plomb** n. m. Élément chimique (symbole Pb) de numéro atomique Z = 82, de masse atomique 207,19, qui est un réseau cristallin cubique à faces centrées. / Grain de plomb durci servant de projectile. *Avoir du plomb dans l'aile*: pour un oiseau, être blessé; au fig., être diminué, au physique ou au moral. / ÉLECTR. Fusible. / IMPR. Ensemble des caractères qui forment un texte composé en typographie. / CHASSE Chacun des grains de plomb d'une cartouche. / *Fil à plomb*: fil auquel est attaché un morceau de plomb et qui sert à donner la verticale. / Scellé de plomb. *Les plombs d'un compteur électrique.* / Baguette de plomb maintenant en place les éléments d'un vitrail.

plombage n. m. Action de garnir de plomb, de sceller avec du plomb. / Action d'obturer une dent avec un amalgame. / Cet amalgame.

plombagine n. f. TECHN. Vx Mine de plomb, graphite. / Mod. Graphite.

plombe n. f. Argot. Heure (uniquement dans les expressions comportant un chiffre). *Cinq plombes du mat.*

plombé, e adj. Scellé par un plomb. *Wagon plombé.* / Garni de plomb. / *Dent plombée*, obturée par un plombage. / De la couleur grisâtre du plomb. *Teint plombé.*

plomberie n. f. Industrie de la fabrication des objets de plomb. / Travail du plombier (pose et entretien des canalisations d'eau et de gaz d'un bâtiment, des installations sanitaires). / Ensemble de ces installations et canalisations.

plombier n. m. Entrepreneur ou ouvrier qui pose et répare gouttières, tuyaux, installations d'eau et de gaz.

plombières n. f. Glace aux fruits confits.

Plombières-les-Bains *1 906 h.* Commune des Vosges, connue pour sa station thermale. Napoléon III et Cavour s'y concertèrent en 1858 pour fixer les conditions du soutien de la France au royaume de Sardaigne dans sa lutte contre l'Autriche pour réaliser l'unité italienne.

plonge n. f. Fam. *Faire la plonge*: laver la vaisselle (ne s'emploie généralement que dans le cadre d'un bar, d'un restaurant, d'une collectivité).

plongée n. f. Action de plonger, de s'immerger dans l'eau. *Pratiquer la plongée en apnée. Sous-marin en plongée*, qui navigue sous la surface. / CIN. Prise de vues faite de haut en bas.

plongeon [1] n. m. Action de s'enfoncer brusquement dans un liquide. / SPORT En natation, ensemble des figures accompagnant le plongeon: *saut périlleux, saut de l'ange, saut carpé*, etc. / Au football, détente du gardien de but pour arrêter le ballon.

plongeon [2] n. m. ZOOL. Oiseau aquatique de l'ordre des gaviiformes, au bec droit, aux pattes palmées et au corps fusiforme.

plonger v. t. / v. i. [1] **A.** v. t. Mettre (qqch. ou qqn) dans un liquide, en l'immergeant totalement ou partiellement. *Plonger un lainage dans une bassine. Plonger les mains dans l'eau froide.* / Introduire (qqch.) vivement, profondément. *Plonger son épée dans le cœur de son ennemi.* / Fig. *Plonger un poignard dans le cœur de qqn*, lui infliger une grande peine, une profonde souffrance morale. / Par anal. *Plonger son regard dans les yeux de qqn*, le fixer intensément. / Fig. Mettre soudainement dans une certaine situation. *Panne de courant qui plonge la ville dans l'obscurité. Plonger qqn dans l'embarras*, l'embarrasser, le gêner de manière imprévue. **B.** v. i. Entrer complètement dans l'eau, s'immerger. *Nageur qui plonge du tremplin.* / SPORT Faire un plongeon, notamment au football. / Fig. S'orienter du haut vers le bas, en parlant de qqch. *Regard qui plonge dans un gouffre.* / Être soudain dans un certain état. *Il plongea rapidement dans un sommeil profond. Plonger dans ses souvenirs d'enfance.* / Fam. Perdre de sa valeur, décroître, se déprécier soudainement. *Sa popularité a plongé. Cours de la Bourse qui plongent.* **C.** v. pron. Pénétrer complètement dans. *Se plonger dans la mer.* / Fig. S'absorber profondément dans (une occupation). *Se plonger dans de passionnantes études.*

plongeur, euse n. Personne qui plonge, effectue des plongeons ou des plongées.

plot n. m. ÉLECTR. Petite pièce métallique qui établit un contact.

Plotin v. 205-270 Philosophe grec, fondateur du néoplatonisme. Né en Égypte, il s'installa à Rome où il fonda une école philosophique; il est mort dans la région de Naples. Dans ses *Ennéades* (six traités de neuf livres chacun, publiés par son disciple Porphyre), il tente de concilier l'exigence de rationalité de la philosophie platonicienne et ses aspirations mystiques. Il a exercé une grande influence sur les théologiens chrétiens.

plouc n. m. Fam., péjor. Paysan, rustre.

plouf! interj. Onomatopée imitant le bruit d'une chute dans l'eau.

ploutocrate n. Personne que sa richesse rend politiquement puissant.

ploutocratie n. f. Gouvernement par les riches.

ployer v. t. / v. i. [1] **A.** v. t. Courber, incliner, faire se pencher (un élément flexible). *Ployer et tresser de l'osier.* / *Ployer le genou*, le fléchir en signe de soumission, de vénération; au fig., s'humilier. **B.** v. i. S'affaisser, fléchir, en parlant de qqch. *Armature métallique qui ploie dangereusement.* / Litt. *Ployer sous*: être épuisé, asservi par. *Ployer sous la fatigue. Ployer sous le joug de la tyrannie.*

plucher Voir **pelucher**

pluches n. f. pl. Fam. Épluchage des légumes. *Être de corvée de pluches.*

pluie n. f. Précipitation, à l'état liquide et sous forme de gouttes, de la vapeur d'eau contenue dans l'atmosphère. (La pluie tombe lorsque la température de la vapeur d'eau diffuse contenue dans l'atmosphère baisse de manière significative, sans toutefois tomber au-dessous de 0 °C. La dimension des gouttes de pluie varie entre 1 et 3 mm, pouvant atteindre 7 mm).

plumage n. m. Ensemble des plumes d'un oiseau.

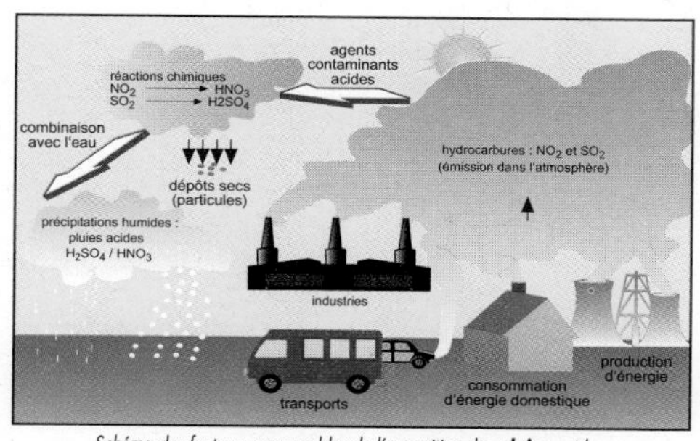

*Schéma des facteurs responsables de l'apparition des **pluies** acides.*

PLOMB

Connu depuis l'Antiquité, le plomb est un métal blanc bleuâtre qui s'oxyde au contact de l'air en prenant une teinte grisâtre. De densité 11,4 g/cm^2, il fond à 327,4 °C et entre en ébullition à 1 725 °C. Son minerai le plus connu est la galène, ou sulfure de plomb (PbS). Le plomb en est extrait par raffinage (grillage et réduction). À l'état métallique, le plomb, autrefois utilisé pour la couverture des toitures, la réalisation de joints d'étanchéité, les canalisations, n'est plus guère employé que pour se protéger des effets de la radioactivité. Mais il est utilisé sous forme d'alliages : les alliages étain-plomb, très fusibles, pour la soudure ; les alliages plomb-étain-antimoine comme alliages antifriction ; les alliages antimoine-plomb, pour les électrodes, et, autrefois, en typographie, pour les caractères d'imprimerie. Tous les composés du plomb sont toxiques et provoquent des formes d'empoisonnement aiguës (coliques de plomb) ou lentes et chroniques (saturnisme) ; aussi a-t-on interdit l'emploi de la céruse (blanc d'argent) comme pigment blanc et les canalisations en plomb.

Représentation schématique de l'extraction du plomb à partir de la galène.

plumard n. m. Fam. Lit. *Se mettre au plumard.*
plumassier, ère n. Personne qui prépare des plumes, en vend, en confectionne des garnitures pour les industries de la mode.
plume [1] n. f. ZOOL. Production épidermique kératinisée (phanère) des oiseaux, formée par un axe (rachis) implanté dans la peau, portant des barbes, elles-mêmes portant des barbules. *Les principaux types de plumes sont les pennes, grandes plumes essentielles pour le vol (rémiges des ailes, rectrices de la queue), les tectrices, qui recouvrent le corps, et le duvet qui assure l'isolation thermique. Plume d'oie,* dont le tuyau taillé servait autrefois à écrire. / Pièce métallique incurvée et pointue, fixée sur un stylo, un porte-plume, servant à écrire, à dessiner. / Vieilli ou litt. *Homme, femme de plume* : écrivain(e). / Flotteur pour la pêche à la ligne. / SPORT *Poids plume* : boxeur dont le poids se situe entre 53,524 kg et 57,152 kg. / ZOOL. Coquille interne du calamar.
plume [2] n. m. Fam. Abrév. de plumard.
plumeau n. m. Léger balai composé de plumes longues reliées à un petit manche pour l'époussetage des meubles.
plumer v. t. [1] Dépouiller (un oiseau) de ses plumes. *Plumer une volaille.* / Fig. fam. *Plumer qqn*, le dépouiller de son argent. *Plumer un pigeon au poker.*
plumet n. m. Touffe de plumes utilisée pour orner un chapeau, une coiffure militaire.
plumetis n. m. Point de broderie à l'aiguille, en relief, sur un bourrage. / Tissu ainsi brodé.
plumier n. m. Boite destinée au rangement des plumes, des porte-plume, des crayons.
plumitif n. m. Fam. Commis aux écritures. / Mauvais écrivain.
plupart (la) n. f. *La plupart de* (suivi d'un pluriel) : le plus grand nombre de. *La plupart des habitants d'une conurbation.* / (Employé absol.) *La plupart habitent la banlieue.* / Loc. adv. *Pour la plupart* : quant au plus grand nombre. *Ils prennent les transports en commun pour la plupart.* / *La plupart du temps* : le plus souvent.
pluralisme n. m. Système qui reconnaît l'existence d'une pluralité d'opinions politiques et religieuses, de modes de pensée et de comportements culturels, sociaux, différents. *Pluralisme de la presse.*

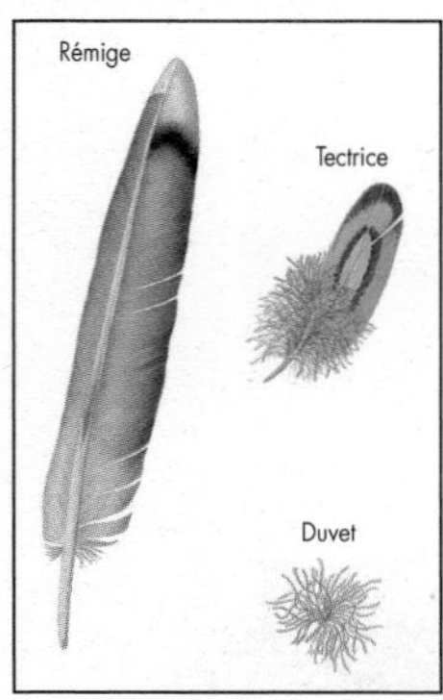

Plumes.

pluraliste adj. Qui procède du pluralisme.
pluralité n. f. Multiplicité. *« Entretiens sur la pluralité des mondes »*, ouvrage de Fontenelle.
pluridisciplinaire adj. Qui porte sur plusieurs disciplines.
pluridisciplinarité n. f. Caractère de ce qui est pluridisciplinaire.
pluriel adj. et n. m. GRAMM. Qui indique la pluralité. *Formes plurielles du genre.* / n. m. Catégorie grammaticale groupant les mots qui désignent plusieurs éléments.
pluriethnique adj. Qui comporte plusieurs ethnies.
plurilingue adj. Qui utilise plusieurs langues (en parlant d'une personne, d'une communauté).
plurilinguisme n. m. Situation d'une personne, d'une communauté qui utilise plusieurs langues.
plus adv., n. m. et conj. **A.** adv. (Comparatif de supériorité) *Ce restaurant est plus cher que l'autre.* / loc. adv. *De plus* : en outre. *De plus en plus* : en allant en augmentant. *D'autant plus… que* : à proportion de. *Il est d'autant plus dangereux qu'il est habile* : il est dangereux à proportion de son habileté. *Plus ou moins* : de façon indécise ; vaguement. *Nous sommes plus ou moins cousins* : notre cousinage est lointain, ou mal établi. *Ni plus ni moins* : tout à fait. *Tant et plus* : énormément. *Sans plus* : et uniquement cela. *Ce repas est convenable, sans plus. Non plus* : aussi, en tournure négative. *Tu détestes cela, moi aussi ; tu n'aimes pas cela, moi non plus.* / (Superlatif relatif de supériorité) *Le, la, les plus… de. La plus aimable de toutes. Au plus* : tout au plus. *Des plus* : extrêmement. / *Ne… plus* (Exprime la négation, lorsque cesse un état, une situation, ou lorsqu'on veut noter l'absence de qqch. qui existait auparavant, de qqn qui était auparavant présent). *Je n'en veux plus. Il n'habite plus ici. Il, elle n'est plus* : il, elle est décédé(e). / *Sans plus* : sans davantage. *Sans plus réfléchir.* **B.** n. m. *Le plus* : le maximum. *Le plus que l'on puisse attendre de lui.* / (Signe de l'addition) *Alignez tous vos plus (+) à gauche.* / Fam. *Un plus* : un avantage supplémentaire. *Une salle de bains indépendante, c'est un plus.* **C.** conj. Et. *Six plus deux égale huit* : six et deux font huit. *La maison plus la grange font deux cents mètres carrés.*
plusieurs adj. Se dit d'une quantité non définie, souvent peu importante. *Plusieurs jours. Plusieurs auditeurs.* Subst. *Nous nous y mettrons à plusieurs.*
plus-que-parfait n. m. Temps d'un verbe qui exprime l'antériorité d'une action par rapport à une autre située elle aussi dans le passé. *Dans la phrase : j'avais calmé la colère de l'enfant avant que vous interveniez, « j'avais calmé » est au plus-que-parfait.*
plus-value n. f. ÉCON. Augmentation de la valeur d'un bien ou d'un revenu entre deux estimations successives. *Plus-value réalisée lors de la vente d'un appartement.* / En termes marxistes, différence entre le salaire payé au travailleur pour acheter sa force de travail et ce que rapporte cette force de travail, différence qui constitue la rémunération

du capitaliste. / FIN. Excédent des recettes budgétaires par rapport à l'évaluation qui en avait été faite. Pl. Des *plus-values*.

Plutarque v. 49-v. 125 Écrivain grec, né en Béotie, qui a vécu à Athènes et à Rome. Il a laissé des *Œuvres morales* (traités de morale, de religion, de politique, de littérature, souvent rédigés sous la forme du dialogue platonicien) et surtout des biographies où il compare deux par deux les grands hommes grecs et romains : *Vies parallèles* ou *Vies des hommes illustres*.

Pluton MYTH. ROM. Fils de Saturne, frère de Jupiter et de Neptune. Avec son épouse Proserpine, il règne sur les Enfers, empire des morts. Il correspond au Hadès des Grecs.

• **Pluton** Planète du système solaire.

plutonium n. m. CHIM. Élément chimique radioactif, transuranien, de numéro atomique Z=94, de masse atomique 239 (symbole : Pu). *Le plutonium, qui peut être obtenu par irradiation de l'uranium, est utilisé dans les centrales nucléaires et pour la fabrication des armes nucléaires.*

plutôt adv. De préférence. *Prenez plutôt le plat du jour.* / Plus justement. *Elle n'est pas extrêmement jolie, charmante plutôt.* / Relativement, assez. *Le quartier est plutôt calme.*

pluvier n. m. ZOOL. Petit oiseau échassier de l'ordre des charadriiformes, au bec court et droit.

pluvieux, euse adj. Où les pluies sont abondantes.

pluviomètre n. m. Appareil recueillant l'eau de pluie et enregistrant la hauteur d'eau tombée pendant une période donnée.

pluviométrie n. f. Mesure de la quantité d'eau de pluie tombée.

pluviôse n. m. Cinquième mois du calendrier républicain, allant du 20, 21 ou 22 janvier au 18, 19 ou 20 février.

pluviosité n. f. Fréquence et abondance des pluies pendant un temps donné.

PME ou **P.M.E.** n. f. inv. (sigle de *petite(s) et moyenne(s) entreprise(s)*) *Une PME* : une entreprise qui compte de 1 à 9 salariés (petite), ou de 10 à 49 salariés (moyenne).

PMI ou **P.M.I. [1]** n. f. inv. (sigle de *petite(s) et moyenne(s) industrie(s)*) *Une PMI* : une petite ou moyenne entreprise du secteur industriel.

PMI ou **P.M.I. [2]** n. f. sing. Sigle de *protection maternelle et infantile*.

PMU ou **P.M.U.** n. m. sing. (sigle de *pari mutuel urbain*) En France, forme de pari sur les courses de chevaux dans lequel le montant des enjeux est réparti entre les gagnants proportionnellement à leur mise, après avoir subi un prélèvement déterminé par la loi. / Lieu où sont enregistrés les paris.

PNB ou **P.N.B.** n. m. inv. Sigle de *produit national brut*.

POS ou **P.O.S.** n. m. inv. Sigle de (ou acronyme pour) *plan d'occupation des sols*.

pneu n. m. (abréviation de *pneumatique*) Enveloppe de caoutchouc très résistant entourant les roues des véhicules et gonflée d'air. / Anc. Lettre acheminée par tube pneumatique.

pneumatique adj. et n. **A.** adj. Relatif à l'air, aux gaz. / Rempli d'air, de gaz. *Matelas pneumatique.* / Qui fonctionne à l'air comprimé. *Marteau pneumatique.* / TÉLÉCOM. Anc. *Tube pneumatique* : tube à air comprimé propulsant de la correspondance d'un bureau postal à un autre. **B.** n. f. Vx Partie de la physique traitant des propriétés de l'air et des gaz. **C.** n. m. TÉLÉCOM. Anc. *Un pneumatique* (abrév. *pneu*) : une missive acheminée par tube pneumatique. / Enveloppe gonflable remplie d'air (abrév. *pneu*).

pneumocoque n. m. MÉD. Bactérie streptocoque agent de diverses infections (pneumonies, méningites, péritonites).

pneumogastrique adj. et n. m. ANAT. *Nerf pneumogastrique* ou *nerf vague* : chacun des deux nerfs qui se détachent du bulbe rachidien et constituent l'innervation parasympathique de nombreux organes (larynx, pharynx, estomac, foie, intestin, cœur). / n. m. *Le pneumogastrique*.

pneumographie n. f. Enregistrement produisant un tracé graphique des mouvements thoraciques lors de la respiration.

pneumologie n. f. Spécialité médicale qui étudie l'appareil respiratoire et ses maladies.

pneumologue n. Spécialiste de pneumologie.

pneumonie n. f. MÉD. Infection aiguë des poumons d'origine bactérienne, généralement liée à la présence de pneumocoques. / Toute affection pulmonaire.

pneumothorax n. m. MÉD. Épanchement de gaz entre les deux feuillets de la plèvre, spontané ou artificiel (pneumothorax pratiqué dans un but thérapeutique).

Pnom Penh Voir Phnom Penh.

Pô (le) *652 km* Le plus grand fleuve d'Italie. Torrent alpestre né au mont Viso, dans les Alpes piémontaises, le Pô s'écoule en aval de Turin dans un lit encombré d'alluvions, entre de hautes digues (il coule à un niveau supérieur à celui de la plaine) et se jette dans l'Adriatique par un delta marécageux où il se mêle à l'Adige. Alimenté par des affluents venus des Alpes (Doire Baltée, Tessin, Adda) et des Apennins, le Pô est un fleuve puissant. La *plaine du Pô*, ou plaine padane, est, du Piémont à la Vénétie, une riche région agricole et industrielle.

poacées n. f. pl. BOT. Syn. de graminées.

Pobiedonostsev (Konstantin Petrovitch) 1827-1907 Homme politique russe. Précepteur (1865-1868) du futur Alexandre III, il exerça sur lui une profonde et durable influence, lui inculquant ses idées politiques : foi en la mission universelle de la Russie fondée sur l'autocratie et la puissance de la religion orthodoxe indissolublement unies, hostilité au parlementarisme occidental et à toute forme de démocratie. Procurateur général du Saint Synode (1880), il devint tout-puissant lorsque son ancien pupille monta sur le trône (1881). Il inspira à l'empereur une série de mesures impopulaires et rétrogrades et s'efforça d'éloigner de lui tous les réformistes. Les désastres de 1905 conduisirent à la convocation de la première Douma, qu'il ne put empêcher, et il prit sa retraite.

Pobiedy ou **Pobedy (pic)** *7 439 m* Sommet le plus élevé du Tian shan, aux confins du Kirghizistan et de la Chine.

pochade n. f. Ouvrage d'art ou de littérature exécuté rapidement.

pochard, e n. Fam. Ivrogne, ivrognesse.

poche n. f. Petit sac cousu sur l'envers d'un vêtement, ou constitué par une pièce rapportée sur la face apparente, dans lequel on met ce que l'on désire porter sur soi. *Argent de poche* : somme réservée à de petites dépenses personnelles. *De sa poche* : avec ses revenus personnels. *Payer de sa poche. En être de sa poche. Livre de poche* : livre de petit format, tenant dans une poche. / Sac en toile, en papier ou en matière plastique. / Cavité où s'accumule une substance. *Poche de pétrole.* / ANAT. *Poche des eaux* : saillie formée par les membranes de l'œuf (chorion, amnios) et le liquide amniotique au niveau du col de l'utérus, lors de l'accouchement. *Rupture de la poche des eaux.* / ZOOL. *Poche marsupiale* : marsupium. / MILIT. *Poche de résistance* : région encerclée qui résiste à l'ennemi. / Renflement d'un tissu déformé. *Un pantalon usé, avec des poches aux genoux.*

pocher v. i. / v. t. [1] **A.** v. i. (En parlant d'un vêtement) Faire une poche. **B.** v. t. CUIS. Faire cuire (un aliment) dans un liquide bouillant ou très chaud. *Pocher des œufs.* / *Pocher un œil à qqn* : meurtrir l'œil de qqn en lui donnant un coup. / Dessiner rapidement, comme pour faire une pochade.

pochette n. f. Enveloppe, étui, en tissu, en papier, en matière plastique. *Pochette de disque.* / Sac à main sans poignée ni bandoulière. / Petit mouchoir qu'orne la poche de poitrine d'un veston, d'une veste.

pochoir n. m. Feuille de carton ou de métal portant un motif découpé que l'on reproduit en passant un pinceau sur les vides pour obtenir un dessin.

pochothèque n. f. Librairie, rayon de librairie spécialisé(e) dans la vente de livres au format de poche.

pochouse n. f. Plat de poissons de rivière accommodés au vin blanc.

podagre adj. et n. Vx Atteint de la goutte. *Il est podagre. Un(e) podagre.* / Par ext. Qui se déplace difficilement, qui reste assis la plupart du temps. *Louis XVIII était devenu podagre.*

podestat n. m. Au Moyen Âge, titre donné au premier magistrat qui exerçait les pouvoirs exécutif et judiciaire dans certaines villes d'Italie ou du midi de la France.

Podgorny (Nikolaï Viktorovitch) 1903-1983 Homme politique soviétique. Premier secrétaire du parti communiste d'Ukraine en 1957, secrétaire du Comité central en 1963, il accéda, en 1965, à la présidence du Præsidium du Soviet suprême, poste qu'il occupa jusqu'en 1977.

podicipédiformes n. m. pl. ZOOL. Ordre d'oiseaux aquatique au corps fuselé, au bec droit, au pied dépourvu de palmure, auquel appartiennent les grèbes.

podium n. m. Petite estrade sur laquelle monte le vainqueur d'une épreuve pour recevoir son prix. / ANTIQ. Mur très épais qui entourait l'arène des amphithéâtres et sur lequel prenaient place les personnalités.

PLUTON

Dans l'ordre des planètes qui gravitent autour du Soleil, Pluton occupe la neuvième orbite, à 39,6 U. A (5 924 000 km) de son étoile. Son rayon est de 1 162 km (celui de la Terre est de 6 378 km), sa masse est de 0,002 fois celle de la Terre. Sa rotation journalière est de 6 jours 9 heures 17 minutes (celle de la Terre est de 24 heures). Sa période de révolution orbitale est de 248,5 ans (celle de la Terre est de 365 jours). Son inclinaison sur l'écliptique est de 17 degrés 2 minutes et l'excentricité de son orbite est de 0,25 (celle de la Terre est de 0,017).

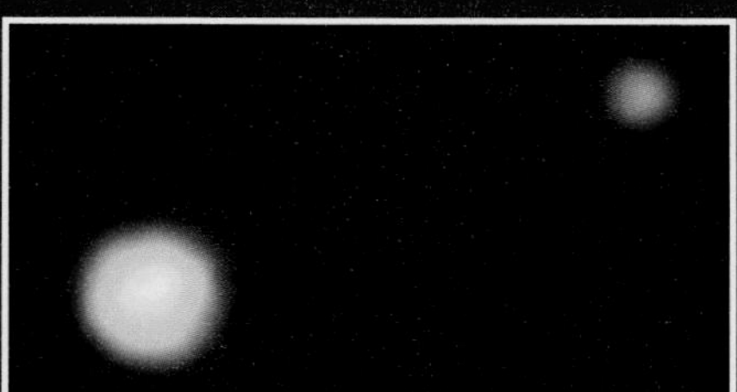

La planète double Pluton-Charon vue par le télescope spatial Hubble.

À la fin du XIXe siècle, les astronomes, intrigués par les irrégularités relevées dans l'observation de l'orbite d'Uranus, cherchèrent sans succès le responsable de ces perturbations.

Au début du XXe siècle, deux observatoires, l'un en Arizona (l'observatoire Lowell), l'autre en Californie (l'observatoire du mont Wilson) entreprirent une recherche systématique de la planète perturbatrice.

Ce ne fut que le 18 février 1930 que Clyde William Tombaugh, de l'observatoire Lowell, découvrit sur une plaque photographique la trace minuscule, en forme de tache lumineuse, de la neuvième planète du système solaire.

podologie n. f. Étude du pied et de ses affections.
podologue n. Spécialiste de podologie.
podzol n. m. (mot russe) Sol lessivé, cendreux et peu fertile que l'on rencontre en climat humide et froid, en Europe du Nord (Scandinavie, Russie).
Poe (Edgar Allan) 1809-1849 Écrivain américain. Orphelin, il est recueilli par un riche planteur qui tente de lui donner une solide éducation. Mais l'instabilité de Poe le voue à une vie errante qu'il tente d'oublier dans l'alcool. Il a révélé tôt sa vocation poétique, qui culmine avec *Le Corbeau* (1845). Ses contes où le fantastique confine à l'épouvante (*Tales of the Grotesque and Arabesque*, 1840-1845, traduits en français par Baudelaire sous le titre *Histoires extraordinaires*) incluent notamment *La Chute de la Maison Usher*, *Le Scarabée d'or* et *Le Double assassinat de la rue Morgue* (1841), l'ancêtre du roman policier moderne. Critique littéraire, poète, romancier et nouvelliste, maître du conte fantastique, Poe est également l'auteur du récit d'aventures maritimes, *Les Aventures d'Arthur Gordon Pym* (1838). Longtemps méconnue par ses compatriotes, l'œuvre de Poe, défendue par Baudelaire, Mallarmé et les Goncourt, a eu en France un profond retentissement.
pœcilotherme Voir **poïkilotherme**
poêle [1] n. f. Ustensile de cuisine rond et plat, en métal, muni d'une longue queue. *Poêle à frire. Faire revenir une escalope à la poêle.*
poêle [2] ou **poële** n. m. Appareil de chauffage dans lequel brûle un combustible (bois, charbon) et dont les parois diffusent la chaleur.
poêle [3] n. m. Drap qui recouvre le cercueil, dans un enterrement. *Le poêle est habituellement noir pour les adultes, blanc pour les enfants. Les cordons du poêle*: les cordons situés aux quatre coins, tenus par les proches du défunt.
poêlée n. f. Contenu d'une poêle. *Une poêlée de pommes sautées.*

Edgar Allan Poe.

poêler v. t. [1] CUIS. Faire cuire à la poêle. *Poêler une côte de porc.*
poêlon n. m. Casserole en terre ou en fonte, à manche creux.
poème n. m. Ouvrage en vers de forme fixe ou libre. *Poème en prose*: texte d'inspiration poétique, non versifié. / MUS. *Poème symphonique*: composition musicale sans forme fixe, souvent inspirée d'un texte poétique.
poésie n. f. LITTÉR. Genre littéraire dont les œuvres consistent le plus souvent en des pièces en vers, réguliers ou non, dans lesquels le rythme et l'image jouent un grand rôle. / Manière dont est pratiqué cet art par un poète, par une école littéraire; ensemble des œuvres de cette manière. *La poésie de Verlaine. La poésie parnassienne.* / Poème. *Un recueil de poésies.* / Cour. Qualité d'émotion esthétique (d'une œuvre d'art, d'une chose, d'une circonstance), comparable à celle que pourrait inspirer un poème. *La poésie qui se dégage d'un paysage.*
poète n. m. Auteur de poésie, de poèmes. / (En appos.) *Femme poète.* / Auteur d'une œuvre en prose, ou d'une œuvre non littéraire, qui donne une vision poétique de ce dont il traite. *Ce cinéaste est un poète.*
poétesse n. f. Vieilli ou iron. Femme poète.

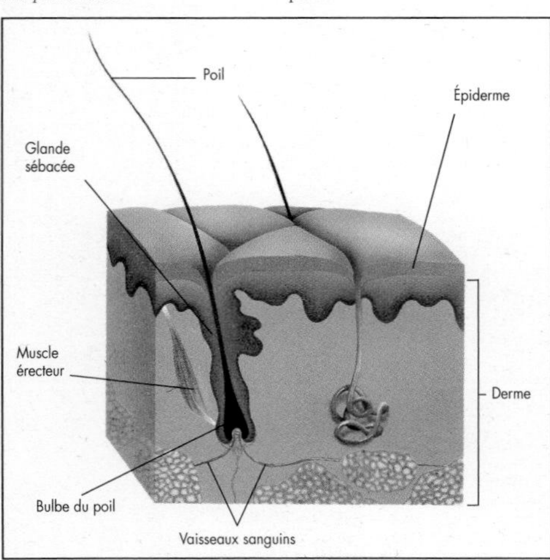

*Shéma de l'implantation du **poil** dans la peau.*

poétique adj. et n. f. **A.** adj. Relatif à la poésie; de la nature de la poésie. *Le génie poétique de Victor Hugo. Un texte poétique.* / Qui suscite une émotion esthétique comparable à celle que pourrait inspirer un poème. / **B.** n. f. Conception de la poésie propre à un auteur, à une école littéraire. / Ouvrage dans lequel une conception de la poésie, un ensemble de règles de composition poétique sont exposées. (Dans son ouvrage intitulé *Poétique* (en grec *Peri poïetikês*, « au sujet de la Poétique »), Aristote expose l'essence de la poésie et traite de la fonction des différents genres poétiques antiques [épopée, tragédie] et des règles qui les régissent).
poétiquement adv. De façon poétique.
pogne n. f. Pop. Main. *Se laver les pognes.*
pogrom ou **pogrome** n. m. (mot russe) En Russie tsariste (à l'origine) ou en Pologne, manifestation de violence meurtrière à l'égard des Juifs. / Toute émeute à caractère raciste.
Poher (Alain) 1909-1996 Homme politique français. Président du Sénat (1968-1992), il fut, en tant que tel, deux fois président de la République par intérim: après la démission du général de Gaulle (avril-juin 1969) et après la mort de Georges Pompidou (avril-mai 1974), qui l'avait battu au 2e tour de la présidentielle de 1969.
poids n. m. PHYS. Force proportionnelle à la masse d'un corps qui l'attire vers le centre de la Terre et qui s'exprime par la relation $P = mg$, P étant le poids, m la masse et g, l'accélération de la pesanteur. (Le poids coïncide avec la force gravitationnelle; il diminue avec l'altitude, augmente avec la latitude. Il est maximal aux pôles et minimal à l'équateur, en raison de l'augmentation du rayon terrestre et de la force centrifuge: une masse pesant 1 kg aux pôles a, à l'équateur, un poids réduit de 1/193e). / Effet du poids d'une chose. / *Poids mort*: charge qui diminue le rendement d'une machine. / Mesure d'une quantité déterminée de matière. *Poids brut*: poids d'une marchandise emballée. *Poids net*: poids de la marchandise seule. / SPORT *Poids mouche, poids léger, poids lourd*: boxeur, haltérophile, etc. classé selon son poids. *Lancement du poids*: lancement d'une sphère de 7,257 kg. / Masse déterminée et étalonnée en métal, servant à la mesure des poids. / Masse pesante. / Bloc actionnant le mouvement d'un appareil. *Poids d'une horloge.* / *Poids lourd*: véhicule dépassant trois tonnes, charge comprise. / Fig. Ce qui cause une fatigue, représente une charge. *Le poids des soucis.* / Importance. *Argument de poids.*
poignant, e adj. Qui bouleverse, qui émeut profondément; pathétique. *Une histoire poignante. Des souvenirs poignants.*
poignard n. m. Arme blanche à lame courte, large et tranchante.
poignarder v. t. [1] Frapper (qqn) avec un poignard.
poigne n. f. Force de la main. *Avoir de la poigne, une poigne de fer.* / Fig. *Un homme à poigne*: un homme énergique, autoritaire.
poignée n. f. Contenu d'une main fermée. *Une poignée de graines.* / *Poignée de main*: geste par lequel on serre la main de la personne que l'on rencontre. / Fig. Petit nombre. *Une poignée d'hommes.* / Élément d'un objet, ou adapté à un objet, permettant de le saisir. *Poignée de porte.*
poignet n. m. Articulation de l'avant-bras avec la main, contenant les huit os du carpe. / Extrémité resserrée d'une manche.

poïkilotherme ou **pœcilotherme** adj. et n. m. ZOOL. Dont la température corporelle varie en fonction de celle du milieu ambiant. Ant. homéotherme. / n. m. *Les poïkilothermes*: les animaux couramment appelés « animaux à sang froid » (poissons, reptiles, notamment).
poil n. m. Production épidermique filamenteuse recouvrant le corps des mammifères. / Chez l'homme, cette production filamenteuse, les cheveux, les cils et les sourcils exceptés. / *Le poil*: le pelage (d'un animal). / BOT. Filament simple ou ramifié à la surface des organes de certaines plantes. / Partie velue de certains tissus.
poiler (se) v. pron. [1] Fam. Se tordre de rire.
poilu, e adj. et n. m. À poils, couvert de poils. Syn. velu. / n. m. Surnom donné aux combattants de la Première Guerre mondiale.
Poincaré (Henri) 1854-1912 Mathématicien français. Il apporta des contributions fondamentales à de nombreuses branches des mathématiques et à leurs applications en physique. On lui doit surtout la découverte et l'étude de certaines fonctions (qu'il appela alors *fuchsiennes*, en hommage au mathématicien allemand Fuchs qui lui avait ouvert la voie). Il publia aussi d'importantes études sur la théorie électromagnétique de la lumière, sur la mécanique céleste, l'élasticité, la théorie cinétique des gaz.
Poincaré (Raymond) 1860-1934 Homme d'État français, cousin du mathématicien Henri Poincaré. Avocat, républicain modéré, député de la Meuse en 1887, puis sénateur en 1903, plusieurs fois ministre, il succède comme président du Conseil, en 1912, à Caillaux, partisan d'un rapprochement avec l'Allemagne. Président de la République (1913-1920), il doit confier en 1917 le gouvernement à son adversaire Clemenceau. Réélu au Sénat en 1920, rappelé à la présidence du Conseil en 1922, il fait occuper la Ruhr, pour contraindre l'Allemagne à payer les réparations, mais il doit se retirer en 1924, après la victoire électorale du Cartel des gauches. Rappelé en 1926 pour combattre une grave crise financière, il réussit à stabiliser le franc (franc Poincaré); il est contraint par la maladie à quitter le pouvoir en 1929. Il a publié ses mémoires sous le titre: *Au service de la France* (1926-1933).
poinçon n. m. Outil métallique pointu pour percer et graver. / Outil dont se sert le sculpteur pour dégrossir le marbre. / Pièce métallique gravée en relief qui sert à fabri-

Raymond Poincaré.

P

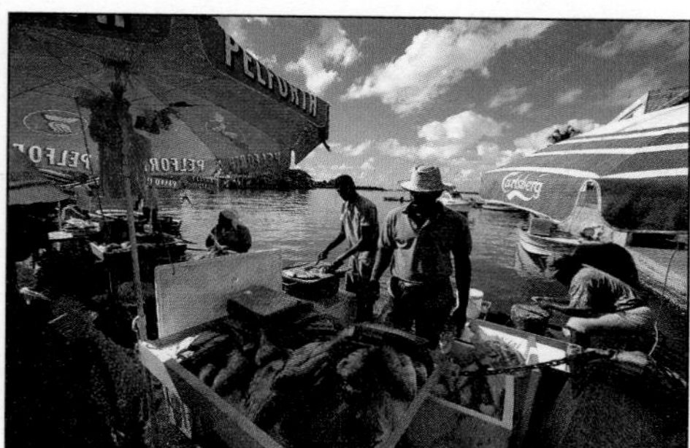

Pêcheurs de **Pointe-à-Pitre**.

quer une matrice pour des pièces de monnaie, des médailles, des caractères typographiques. *Le cabinet des poinçons de l'Imprimerie nationale.* / Instrument métallique dont une extrémité, gravée en relief, marque les objets en métal précieux ou soumis à un contrôle ; la marque elle-même. *Le poinçon d'un plat en argent.* / CONSTR. Pièce de charpente verticale dans l'axe de la ferme reliant l'entrait aux arbalétriers.

poinçonner v. t. [1] Marquer (qqch.) au poinçon. / Découper, perforer (qqch.) au poinçon, à la poinçonneuse.

poinçonneur, euse n. Personne qui poinçonne. / n. f. Machine à poinçonner.

poindre v. t. / v. i. [3] **A.** v. t. Causer de la souffrance (à qqn), en parlant de qqch. *Le remords le poignait et il avoua tout.* **B.** v. i. Commencer à être visible, en parlant d'une lumière, d'une clarté. *Le jour commençait à poindre.* / Apparaître à peine. *Jeunes pousses qui vont bientôt poindre.*

poing n. m. Main fermée. *Recevoir un coup de poing.*

poinsettia n. m. BOT. Plante ornementale de la famille des euphorbiacées, à larges bractées colorées.

point de vue n. m. Endroit d'où l'on jouit d'une vue étendue sur un paysage. / Aspect, angle particulier sous lequel on considère une question. / Opinion particulière. *Défendre son point de vue.* Pl. Des *points de vue.*

point [1] n. m. Signe de ponctuation (.) qui marque la fin d'une phrase. Point final. *Points d'interrogation (?), d'exclamation (!), de suspension (…). Point et virgule* ou *point virgule (;).* / Petite marque ronde placée audessus des lettres *i* et *j*. / Fig. *Mettre les points sur les i* : insister lourdement pour se faire bien comprendre. / MUS. Signe qui, placé après une note ou un silence, augmente leur durée de moitié. *Point d'orgue* : signe () qui suspend la mesure et indique un repos sur une note ou un silence. / Ce qui est placé si loin, ce qui est si petit qu'on n'en distingue pas bien la forme. *Le clocher de l'église n'est plus qu'un point à l'horizon.* / Très petite quantité (d'une chose). / IMPR. Unité indiquant la hauteur (corps) des caractères d'imprimerie, chaque point valant 0,375 mm. / Lieu déterminé. *Point de ralliement.* / MÉCAN. *Point mort* : voir *mort.* / GÉOM. Lieu sans étendue. *En géométrie, on définit conventionnellement le point comme la plus petite portion d'espace qui se puisse concevoir.* / Lieu sans étendue, considéré en fonction de ses caractéristiques ou de ses propriétés. *Points cardinaux* : voir *cardinal.* / ASTRON. *Point vernal* : chacun des nœuds ou points équinoxiaux de l'écliptique sur la sphère céleste. (Dans son mouvement apparent autour de la Terre, le Soleil, sur l'écliptique, passe par ces points le jour des équinoxes de printemps et d'automne. Le plan de l'écliptique formant avec l'équateur céleste un angle de 23°27, l'hémisphère céleste austral semble situé sous le plan de l'écliptique. Le point vernal est dit point ou nœud ascendant parce que le Soleil venant de l'hémisphère austral pénètre dans l'hémisphère boréal le jour de l'équinoxe de printemps. Le phénomène inverse se produit le jour l'équinoxe d'automne, lorsque le Soleil, quittant l'hémisphère céleste boréal, pénètre dans l'hémisphère céleste austral). / *Mise au point d'un instrument d'optique*, son réglage opéré pour que l'image soit nette. *Mise au point d'une machine, d'une mécanique* : réglage de cette machine, de cette mécanique, de manière à en assurer le fonctionnement optimal. / Fig. *Mise au point* : rectification ou clarification d'une situation donnée. / MAR. Position d'un navire en mer. *Faire le point* : localiser la position d'un navire ; au fig., examiner avec soin la situation. / Instant. *Sur le point de* : au moment de, presque. *Être sur le point d'arriver* : être presque arrivé. *À point (nommé)* : exactement au moment voulu. / Sujet particulier. *Point d'histoire.* / Chaque division d'un exposé, d'une œuvre littéraire. *Sermon en trois points.* / Degré d'une gradation, d'une évolution. *En être, en, rester au même point* : ne pas progresser. / PHYS. *Point d'ébullition, de fusion, de congélation* : température d'ébullition, de fusion, de congélation d'une substance. / Chacune des unités formant la note d'un élève, d'un candidat à une épreuve. *Douze (points) sur vingt.* / JEUX Nombre attribué à chaque coup gagné dans une marque, un score. *Marquer trois points.* / Unité de calcul, dans un barème donné. *Points de retraite.* / Ce qui pique, ce qui point. / COUT. Longueur du fil disposé entre deux piqûres d'aiguille ; manière de coudre ; manière de tricoter. *Faire de longs points. Point d'ourlet. Point noué*, utilisé pour les tapis. *Point de Hongrie, de Valenciennes. Point de jersey, point à l'endroit. Faire un point à un vêtement*, le réparer. / Douleur qui point. *Point de côté.* / *Le point du jour* : le moment où se lève le jour.

point [2] adv. Vx ou litt. Pas. *Je ne suis point fâché.*

pointage n. m. Action de pointer. / Contrôle exécuté sur une liste de noms au moyen d'une marque ; cette marque.

pointe n. f. Extrémité aiguë d'un objet destinée à piquer ou à percer. *Pointe d'une épingle.* / Extrémité allongée d'un objet. *Pointe d'asperge.* / *Pointe du pied* : extrémité du pied opposée au talon. *Faire des pointes* : danser sur le bout des orteils, le pied à la verticale. / GÉOGR. Langue de terre qui s'avance dans la mer. *Pointe du Raz.* / Outil servant à gratter, percer, marquer. *Pointe sèche* : outil pour graver sur le cuivre. *Pointe de diamant* : outil du vitrier coupant le verre. / MÉD. *Pointes de feu* : thermocautère. / Petite quantité. *Une pointe d'ail.* / Accélération momentanée. *Une pointe de vitesse.* / Moment où un phénomène atteint sa plus grande intensité. *Heures de pointe.* / Fig. Ce qui est avancé, à l'avant-garde. *Être à la pointe du combat. Être en pointe. Technique de pointe.*

Pointe-à-Pitre *26 031 h.* Premier port et première ville de la Guadeloupe dans l'île de Grande-Terre, chef-lieu d'arrondissement, centre commercial et touristique. Aéroport. L'agglomération excède largement les *100 000 h.*

Pointe-Noire *388 000 h.* Principal port de la république du Congo, sur l'Atlantique, et son plus grand centre industriel. Terminus de la ligne ferroviaire Congo-Océan. Le pétrole offshore alimente une importante raffinerie.

pointeau n. m. Poinçon en acier trempé sur lequel on frappe avec un marteau. / Tige conique destinée au contrôle du débit dans une canalisation.

pointer [1] v. t. / v. i. [1] **A.** v. t. Signaler, cocher à l'aide d'un point, d'un signe quelconque, au cours d'une vérification, d'un contrôle. *Pointer des noms sur une liste.* / MUS. *Pointer une note* : marquer une note d'un point situé à sa droite, et qui prolonge sa durée de moitié (par ex. une blanche équivaut à deux noires, une blanche pointée équivaudra à trois noires). / Orienter, diriger, braquer vers un point déterminé, vers un objectif. *Pointer l'index vers la lune. Pointer un revolver, un canon.* / Fig. Mettre en relief, en évidence. *Pointer les problèmes, les questions litigieuses à résoudre.* **B.** v. i. Enregistrer sur une pointeuse son heure d'arrivée au travail ou de départ du travail. *Ouvriers d'usine qui pointent à la queue leu leu.* / Au jeu de boules, lancer sa boule le plus près possible du cochonnet, en la faisant rouler. **C.** v. pron. Fam. Arriver, venir dans un endroit. *Et tu te pointes avec deux heures de retard !*

pointer [2] v. i. / v. t. [1] **A.** v. i. Élever sa pointe à la verticale. *Le clocher de l'église pointe au-dessus des toits.* / Poindre, commencer à paraître. *Bateau qui pointe à l'horizon.* **B.** v. t. Relever, dresser en pointe. *Lièvre, chien qui pointe les oreilles.*

pointer [3] n. m. Chien d'arrêt à poil ras.

pointeur, euse n. Personne qui pointe, qui contrôle ; machine dispositif qui permet de contrôler. / (Emploi adj.) *Horloge pointeuse.* / Personne qui pointe, qui tire. / n. m. Artilleur qui pointe le canon.

pointillé n. m. Succession de points formant un trait discontinu.

pointilleux, euse adj. Minutieux et exigeant.

pointillisme n. m. BX-ARTS Technique picturale qui consiste à décomposer les tons en juxtaposant sur la toile des petits points de couleur pure, que l'œil voit sous forme de teintes intensément lumineuses. *Seurat et Signac ont été les initiateurs du pointillisme.*

pointilliste adj. et n. Relatif au pointillisme ; tenant du pointillisme. *Une technique pointilliste. Les pointillistes.*

pointu, e adj. En pointe. / (En parlant d'un son) Aigu. / Fig. *Accent pointu* : accent du Nord, pour les Français du Sud. / Fig. En pointe dans un domaine. *Des connaissances pointues en biologie.*

pointure n. f. Mesure conventionnelle exprimée en points, indiquant la dimension des chapeaux, des gants, des chaussures.

poire n. f. Fruit comestible du poirier, charnu, de forme oblongue, aminci à une extrémité, délicatement parfumé. / Objet en forme de poire. *Poire électrique.* / Fam. Tête. *Un coup en pleine poire.* / Fam. *Être poire, (une) bonne poire*, naïf et trop serviable.

poiré n. m. Boisson fermentée à base de jus de poire.

poireau n. m. Plante potagère de la famille des liliacées. / Loc. fam. *Faire le poireau* : attendre.

poireauter ou **poiroter** v. i. [1] Fam. Attendre, faire le poireau.

Poiret (Paul) 1879-1944 Couturier et décorateur français qui débarrassa la femme du corset et des ornements encombrants (dentelles, postiches) en renouvelant le costume féminin. Il organisa des fêtes somptueuses pour présenter ses collections et fit travailler des peintres et des décorateurs tels que Vlaminck et Dufy. Sa gloire déclina lors de la Première Guerre mondiale et il mourut pauvre et oublié.

poirier n. m. BOT. Arbre fruitier de la famille des rosacées, poussant dans les régions tempérées, qui produit la poire. / Bois de cet arbre, utilisé en lutherie et en ébénisterie. / Loc. *Faire le poirier* : se tenir en position verticale, en équilibre sur la tête et les mains.

Poirot (Hercule) Héros de nombreux romans policiers d'Agatha Christie. Apparu dès son premier roman, le détective belge amateur commença véritablement sa carrière dans *Le Meurtre de Roger Ackroyd* (1927). Poirot, sous une apparence farfelue et ridicule, possède un redoutable pouvoir de déduction.

poiroter Voir **poireauter**

pois n. m. Plante grimpante de la sous-famille des papilionacées, dont les graines constituent un légume très fin. / Plur. Graines de cette plante. *Pois cassés* : ces graines, qui se sont divisées en deux lobes en séchant. *Petits pois* : graines de cette plante, consommées avant maturité. *Pois chiches* : variété de pois des régions méridionales. / *Pois de senteur* : plante grimpante de la sous-famille des papilionacées (gesse), ornementale, à fleurs de couleurs délicates. / *Tissu, papier à pois*, sur lesquels sont imprimées des pastilles d'une couleur différente de celle du fond.

Gousses de petits **pois**.

poise n. m. PHYS. Unité non légale de viscosité dynamique valant 10^{-1} pascal-seconde (symbole: Po).
poiseuille n. m. PHYS. Unité non légale de viscosité dynamique (symbole: Pl). *Un poiseuille est égal à un pascal-seconde.*
Poiseuille (Jean-Louis Marie) 1799-1869 Médecin et physicien français qui étudia la viscosité et l'écoulement des fluides.
poison n. m. Substance qui provoque la maladie ou la mort d'un organisme. *L'arsenic est un poison.* / Produit nuisible à la santé. *Le tabac est un poison.* (Au fig.) Ce qui est pernicieux sur le plan moral. *Le poison de la discorde.*
Poisons (affaire des) Série d'affaires d'empoisonnements qui furent découvertes lors du procès de la Brinvilliers (1676). Une Chambre ardente fut instituée afin d'enquêter sur ces affaires et jugea notamment la Voisin, avorteuse et diseuse de bonne aventure, accusée d'avoir fourni du poison et pratiqué la sorcellerie. Des membres de tous les milieux furent impliqués, jusqu'à la haute noblesse et la cour: Mme de Montespan, maîtresse de Louis XIV, fut également compromise. Aussi ce dernier étouffa-t-il l'affaire, instruite par le lieutenant de police La Reynie, président de la Chambre ardente. 34 personnes furent condamnées à mort et exécutées, notamment la Voisin qui fut brûlée vive en place de Grève (1680).
poissard, e n. f. et adj. **A.** n. f. Vieilli Marchande de la halle. / Marchande de poisson. / Par ext. Femme vulgaire, grossière dans ses propos. **B.** adj. Litt. Qui imite les manières, les propos des personnes appartenant au bas peuple. *Style poissard.*
poisse n. f. Fam. Malchance.
poisser v. t. [1] Enduire (qqch.) de poix. / Par ext. Salir (qqch.) avec une substance gluante. *Poisser ses doigts de confiture.*
poisseux, euse adj. Gluant de poix; collant comme de la poix. *Des doigts poisseux.*
poisson n. m. Animal vertébré adapté à la vie aquatique par sa respiration branchiale, ses nageoires, un corps fuselé (uni à la tête sans rétrécissement) et ses écailles protectrices. *Les deux grands groupes de poissons sont les poissons osseux (voir ostéichtyens) et les poissons cartilagineux (voir chondrichtyens). Poisson-chat*: silure. *Poisson-épée*: espadon. *Poisson-lune*: môle. *Poisson volant*: exocet. / *Poisson d'argent*: lépisme. / Fig. *Poisson d'avril*: farce que l'on se fait traditionnellement le jour du 1er avril. / Loc. *Être comme un poisson dans l'eau*: être dans son élément, être parfaitement à l'aise.
Poisson (Siméon Denis) 1781-1840 Mathématicien et homme politique français. Il étudia notamment la mécanique rationnelle, la physique mathématique et le calcul des probabilités, énonçant la *loi de Poisson*, loi de distribution régissant les événements dont la fréquence est peu élevée.
Poisson austral Constellation australe; voir **constellation**.
Poisson volant Constellation circumpolaire sud; voir **constellation**.
poissonnerie n. f. Magasin où l'on vend du poisson, des fruits de mer. / Commerce du poisson, des fruits de mer.
poissonneux, euse adj. Où abonde le poisson.
poissonnier, ère n. et adj. Commerçant qui vend du poisson. / adj. *Le commerce poissonnier.*
poissonnière n. f. Plat destiné à la cuisson du poisson.
Poissons (les) Constellation boréale, dans laquelle les Anciens voyaient figurés deux poissons; douzième et dernier signe du Zodiaque (19 février au 21 mars); voir *constellation.*
Poissy *35 841 h.* Ville résidentielle des Yvelines, entre la Seine et la forêt de Saint-Germain-en-Laye. Église des XIIe-XVIe siècles, restaurée par Viollet-le-Duc. En 1561, Catherine de Médicis y réunit une assemblée de théologiens catholiques et calvinistes, dont Théodore de Bèze (*colloque de Poissy*), mais cette tentative de conciliation fut un échec.
Poitiers *83 448 h.* Chef-lieu du département de la Vienne et de la Région Poitou-Charentes. Capitale des Celtes Pictaves, Poitiers (alors *Limonum*) devint rapidement l'un des grands centres chrétiens de la Gaule. Selon une tradition discutée par les historiens, Charles Martel y arrêta les Sarrasins en 732. En 1356, pendant la guerre de Cent Ans, l'armée anglaise du Prince Noir y écrasa l'armée française de Jean II le Bon, emmené en captivité. Au XVe siècle, Poitiers était un important centre intellectuel (université fondée en 1431) et un foyer de l'humanisme. Située sur un promontoire dominant le Clain, Poitiers est aujourd'hui une ville riche en monuments (églises romanes, cathédrale gothique) qui s'est récemment industrialisée (matériel électrique et électronique, pneumatiques). C'est un important centre tertiaire. Le parc de loisirs du *Futuroscope de Poitiers* se situe à proximité de la ville.

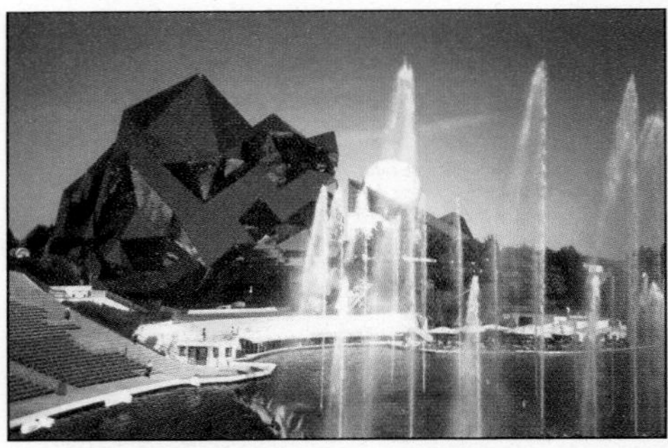
Le parc de loisirs du Futuroscope de ***Poitiers****.*

Poitou Ancienne province de l'ouest de la France, peuplée de Celtes, conquise par les Wisigoths, puis par les Francs, rattachée au duché d'Aquitaine. Le mariage d'Aliénor d'Aquitaine avec Henri Plantagenêt la fit passer, lorsqu'Henri devint (1154) roi d'Angleterre, sous domination anglaise jusqu'à la confiscation, par Philippe Auguste, des fiefs que Jean sans Terre possédait en France (1202). En 1360, à la suite de la paix de Brétigny, la province fut de nouveau soumise à l'Angleterre. En 1372, Du Guesclin la reprit aux Anglais

QUELQUES POISSONS OSSEUX

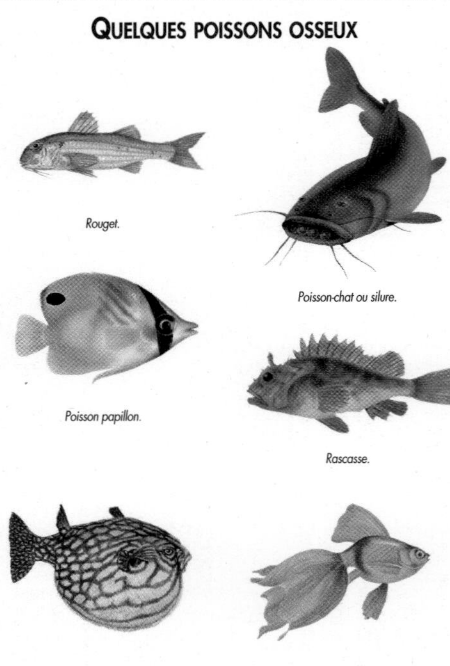
Rouget.
Poisson-chat ou silure.
Poisson papillon.
Rascasse.
Poisson-lune ou môle.
Carassin doré.

Poitou-Charentes *25 809 km² 1 640 068 h.* Région administrative de l'ouest de la France qui réunit quatre départements ruraux: Deux-Sèvres, Vienne, Charente, Charente-Maritime. Elle correspond aux anciennes provinces de Poitou, Aunis, Saintonge et Angoumois. La modernisation de l'agriculture, le développement de l'élevage aux dépens de la monoculture du blé dans le Poitou et de la vigne en Charente, les ressources dues à la mer (pêche, huîtres, moules) et le tourisme balnéaire ont fixé la population (solde migratoire positif). Les villes principales, Angoulême, Poitiers, La Rochelle, qui bénéficient du T.G.V., s'industrialisent.
poitrail n. m. Partie du corps de certains animaux domestiques, notamment du cheval, située entre l'encolure et les membres antérieurs. / Élément du harnais posé sur le poitrail du cheval. / Grosse poutre formant linteau au-dessus d'une grande baie.
poitrinaire adj. et n. Vieilli Atteint de tuberculose.
poitrine n. f. Partie du tronc de l'homme située entre les épaules et l'abdomen, renfermant le cœur et les poumons. / Seins de la femme. *Avoir, ne pas avoir de (la) poitrine*: avoir de gros, de petits seins. / BOUCH. Partie antérieure des côtes.
poivrade n. f. CUIS. *Sauce poivrade* ou (absol.) *poivrade*: sauce à base de légumes coupés menus, revenus dans une cocotte ensuite déglacée au vin rouge et au vinaigre, puis fortement poivrée avec du poivre concassé. / Par ext. Vinaigrette fortement poivrée. / *À la poivrade* ou (absol.) *poivrade*: à la croque au sel. *Artichauts poivrade.*
poivre n. m. Fruit du poivrier; épice de saveur piquante constituée de ces fruits séchés. / Par anal. Épice de saveur piquante, d'origine différente. *Poivre de Cayenne.*
poivré, e adj. Assaisonné de poivre. / Fig. Osé, égrillard.
poivrer v. t. [1] Assaisonner de poivre. / v. pron. Fam. S'enivrer.
poivrier n. m. BOT. Arbuste grimpant de la famille des pipéracées, cultivé dans les régions tropicales, et qui produit le poivre. / Petit récipient muni d'un bouchon perforé où l'on met du poivre moulu.
poivrière n. f. Synonyme de *poivrier*, récipient où l'on met du poivre. / Guérite en maçonnerie, à toit conique, située à l'angle d'un bastion, en encorbellement.
poivron n. m. Fruit du piment doux, plante de la famille des solanacées.

poivrot, ote n. Fam. Ivrogne, ivrognesse.
poix n. f. Matière résineuse, gluante, extraite du pin et du sapin, ou bitumineuse, provenant de la distillation de la houille, utilisée pour enduire les fils de cordonnerie, pour encoller des papiers ou calfater des bateaux.
poker n. m. (mot anglais) Jeu de cartes dans lequel le bluff est permis. / *Poker d'as*: jeu de dés dont les faces figurent des cartes et qui se joue suivant des combinaisons semblables à celles du poker.
polaire adj. **I.** Relatif aux pôles; proche des pôles. *Régions polaires. L'étoile Polaire* ou (n. f.) *la Polaire*: l'étoile a de la constellation de la Petite Ourse, située à environ 1 degré du pôle boréal céleste, et qui constitue donc un repère pour trouver la direction du nord (voir *constellation*). / Caractéristique des régions polaires. / Par ext. *Un froid polaire*: un très grand froid. **II.** CHIM., PHYS. Relatif à la polarité; qui a une polarité. *Une molécule polaire,* dans laquelle les charges électriques ne sont pas réparties de manière homogène.
polaires (régions) Régions situées à l'intérieur des cercles polaires. La rigueur du climat, l'existence d'une calotte glaciaire (inlandsis) qui recouvre la plupart des terres émergées, la faiblesse de la végétation (toundra) et du peuplement les caractérisent. Des différences notables existent entre régions australes et régions boréales: la plus grande partie du pôle Nord (l'Arctique) est occupée par la mer, les températures y sont moins basses, les précipitations plus fréquentes, la faune plus riche (baleine, cachalot, bœuf musqué, renne, lièvre polaire, morse); le pôle Sud est formé de terres presque entièrement couvertes de glace (l'Antarctique) et entourées de glaciers flottants (banquise), les précipitations y sont rares, les vents violents (blizzard), la végétation et la faune pauvres. Les terres arctiques (pôle Nord) sont habitées par les Lapons, les Samoyèdes et les Inuits, tandis que les terres antarctiques restent inhabitées. Les principales expéditions vers le pôle Nord ont été celles de Parry (1827), de Nordenskjöld (1879), de Nansen (1893-1896), de Peary (le premier à atteindre le pôle en 1909) et vers le pôle Sud celles de Dumont d'Urville (1840), de Scott (1901-1904, 1910), de Shackleton (1901-1904, 1908), d'Amundsen (qui atteint le pôle en 1911, un mois avant Scott). Un traité international signé en 1959, valable trente ans à partir de 1961, a partagé le continent antarctique en zones d'influence; en 1991, un nouveau traité a interdit pendant 50 ans l'exploitation minière pour protéger l'environnement du continent et de la planète entière. En revanche, l'établissement de bases scientifiques dans les régions antarctiques s'est accentué.
Polanski (Roman) 1933 Cinéaste et acteur français d'origine polonaise. D'abord comédien de théâtre puis de cinéma, il a réalisé son premier long-métrage en Pologne: *Le Couteau dans l'eau* (1962). Il a ensuite tourné en Grande-Bretagne et aux États-Unis, avant de s'établir à Paris, des films qui mêlent fantastique, humour et angoisse: *Répulsion* (1965), *Cul-de-sac* (1966), *Le Bal des vampires* (1967), *Rosemary's Baby* (1968), *Chinatown* (1974), *Le Locataire* (1976), *Tess* (1979), *Pirates* (1986), *Frantic* (1988), *La Jeune Fille et la Mort* (1995), *La Neuvième Porte* (1999).
polaque n. m. Aux XVIIe et XVIIIe siècles, cavalier polonais servant dans l'armée française. / Péjor., fam. Polonais (on écrit aussi *polak, polack*).
polar n. m. Fam. Roman, film policier.
polarisation n. f. PHYS. Orientation dans une direction privilégiée de certains phénomènes vibratoires physiques. / OPT. Propriété d'un rayon lumineux dont les vibrations admettent deux plans de symétrie perpendiculaires contenant ce rayon, l'un de ces plans étant nommé *plan de polarisation.* Ant. dépolarisation. / ÉLECTR. Apparition d'une différence de potentiel. / Diminution de la force électromotrice d'une pile en fonctionnement, par modification de l'état de l'une au moins des électrodes.
polariser v. t. [1] PHYS. Soumettre (un dispositif électrique, des rayons lumineux, des particules élémentaires) à la polarisation. Ant. dépolariser. / Fig. Focaliser (qqch.) sur soi, attirer autour de soi. *Personnalité hors du commun qui polarise l'attention de l'opinion mondiale.* / v. pron. Se concentrer sur, s'orienter exclusivement vers. *Tous les soupçons se polarisèrent sur ce suspect.*
polarité n. f. MATH, PHYS., BIOL. État d'un corps, d'un objet d'un système asymétrique, dans lequel on distingue deux pôles. *La polarité d'un aimant, d'un circuit électrique. La polarité d'une cellule, d'un organisme,* dans lesquels la présence des deux pôles définissent une direction privilégiée de l'espace.
polaroïd n. m. PHYS. Feuille transparente constituée de microcristaux aux axes optiques parallèles et ayant la propriété de polariser la lumière. / (nom déposé) Appareil photographique donnant un cliché en quelques secondes.
polatouche n. m. ZOOL. Écureuil gris de Russie et d'Europe du nord qui possède entre les pattes une membrane lui permettant de planer sur de courtes distances.
polder n. m. Terre située au-dessous du niveau de la mer, asséchée et amendée pour être cultivée.
pôle n. m. ASTRON. Chacun des points d'intersection de la sphère céleste avec l'axe de rotation de la Terre, qui déterminent les pôles célestes nord et sud. / *Pôle Nord, pôle Sud*: les deux points du globe terrestre formant les extrémités de l'axe de rotation de la Terre. / Par ext. Région de la Terre située autour des pôles géographiques. / GÉOL. *Pôle magnétique*: point du globe terrestre dont l'orientation, en raison du champ magnétique dipolaire engendré par la rotation de la Terre, ne correspond pas avec l'axe de rotation de la planète. (Actuellement, le pôle magnétique se situe dans le nord du Canada à environ 1 400 km du pôle Nord géographique. Le pôle Sud magnétique se situe dans l'océan Antarctique à environ 2 400 km du pôle géographique Sud. Du fait de ce décalage, l'axe de rotation des deux pôles magnétiques ne passe pas par le centre de la Terre). / PHYS. Extrémité d'un aimant où se concentre le magnétisme. / ÉLECTR. *Pôle positif* et *pôle négatif*: les deux extrémités d'un circuit électrique.

Roman Polanski *qui a reçu la palme d'or au festival de Cannes 2002 pour son film* Le pianiste.

pole position n. f. (mots anglais) SPORT Première position sur la grille de départ d'une course automobile, qui revient au pilote qui a fait le meilleur temps aux essais. / Fig. Meilleure place. Pl. Des *pole positions.*
polémarque n. m. ANTIQ. GR. Officier, magistrat qui commandait l'armée.
polémique n. f. et adj. Vive controverse sur un sujet. / adj. Qui relève de la polémique, qui incite à la discussion agressive. *Ton polémique.*
polémiquer v. i. [1] Faire de la polémique; entrer en polémique. *Polémiquer à perdre haleine avec son adversaire.*
polémiste n. Personne qui entretient des polémiques, qui aime polémiquer.
polémologie n. f. Étude de la guerre en tant que phénomène social.
poli, e [1] adj. Qui respecte les règles et les usages du comportement en société. *Jeune homme poli. Manières polies.* Ant. impoli.
poli, e [2] adj. et n. m. Qui offre un aspect lisse et luisant. *Pierre polie.* n. m. *Le poli d'un marbre.*
Poliakoff (Serge) 1906-1969 Peintre français d'origine russe. D'abord musicien, il se consacra ensuite à la peinture et aborda la non-figuration vers 1937. Ses toiles composées de formes asymétriques au chromatisme riche ont fait de lui l'un des plus brillants représentants de l'abstraction française.
Poliakov (Léon) 1910-1997 Historien français d'origine russe. Il étudia le racisme: *Histoire de l'antisémitisme* (4 vol., 1955-1978).
police [1] n. f. Ensemble des règlements établis en vue de maintenir l'ordre et la sécurité au sein d'un groupe, d'un pays. / Ensemble des institutions chargées du maintien ou du rétablissement de l'ordre public. / Ensemble des agents affectés à ces services. / *Police judiciaire (P.J.)*: service chargé de constater les infractions à la loi pénale et d'en rechercher les auteurs. / *Police secours*: département d'un commissariat de police, chargé d'intervenir en cas d'urgence.
police [2] n. f. DR. Certificat d'assurance indiquant les conditions du contrat. / IMPR. *Police de caractères*: ensemble de caractères d'imprimerie offrant des caractéristiques visuelles communes.
polichinelle n. m. (Avec une majuscule) Personnage du théâtre des marionnettes, fanfaron, doublement bossu (une bosse devant, une bosse derrière), au nez crochu et coiffé d'un bicorne. (Le Polichinelle français, apparu dès le début du XVIIe siècle, diffère de son modèle, le *Pulcinella* de la commedia dell'arte qui, vêtu d'un costume blanc et d'un masque noir, n'est pas bossu. Polichinelle, déjà célèbre au XVIIe siècle, connut une grande popularité au XVIIIe siècle). / Jouet en forme de Polichinelle. / Fig. *Secret de Polichinelle*: faux secret connu de tout le monde. / Vulg. *Avoir un polichinelle dans le tiroir*: être enceinte.
policier, ère adj. et n. m. Relatif à la police; qui appartient à la police. *Méthodes policières. État policier*, dans lequel le pouvoir s'appuie sur la police politique. / *Roman policier, film policier,* dont le sujet, le scénario est construit autour d'une enquête criminelle. / n. m. Fonctionnaire de police.
policlinique n. f. Établissement prodiguant des soins à des malades qui ne sont pas hospitalisés.
Polignac (Melchior de) 1661-1742 Prélat français. Diplomate, il contribua à apaiser le conflit entre la France gallicane et le Saint-Siège, accomplit une mission en Pologne et contribua à la conclusion de la paix d'Utrecht. Cardinal, il se lia à la duchesse du Maine et fut compromis dans la conspiration de Cellamare.
Polignac (Yolande Martine Gabrielle de Polastron, duchesse **de)** 1749-1793 Dame française. Amie intime de Marie-Antoinette, elle en obtint des largesses qui contribuèrent à l'impopularité de la reine. Elle émigra avec sa famille dès 1789. **Armand Jules Marie Héraclius** 1771-1847 Fils de la précédente, il participa au complot de Cadoudal, fut pris et condamné à mort, mais sa peine fut commuée. Emprisonné, il s'évada, rejoignit le comte d'Artois à Londres et fut député, puis membre de la chambre des Pairs à la Restauration. **Jules Auguste Armand Marie** 1780-1847 Frère du précédent, il participa, avec lui, au complot de Cadoudal (1804). Emprisonné, il s'évada en 1813 et revint en France avec le futur Charles X en 1814. Il fut ambassadeur à Londres (1823-1829). Royaliste ultra, ami de Charles X, président du Conseil en 1829, il rédigea en juillet 1830 les ordonnances qui entraînèrent la révolution de 1830. Condamné à la prison perpétuelle, il fut amnistié en 1836.
Polignac (Pierre de) 1895-1964 Gentilhomme français. Il épousa Charlotte de Monaco en 1920 et abandonna les nom et armes des Polignac pour ceux des Grimaldi. Les époux eurent une fille et un fils, le futur Rainier III, et divorcèrent en 1933.
poliment adv. Avec politesse.
polio n. Abréviation de poliomyélite, poliomyélitique.
poliomyélite n. f. MÉD. Inflammation de la substance grise de la moelle épinière.

Polichinelle.

Poliomyélite antérieure aiguë: maladie infectieuse, due à un virus, touchant surtout les enfants ou les jeunes adultes, et qui se traduit par des paralysies plus ou moins étendues, parfois mortelles, et des atrophies musculaires. (Abrév. : polio.)
poliomyélitique adj. et n. Atteint de poliomyélite. (Abrév. : polio.)
polir v. t. [2] Rendre lisse, luisant, par frottement. *Polir un marbre, un métal*, en ponçant; *polir l'argenterie*, en l'astiquant. / Affiner, fignoler, parachever. *Polir un poème, un discours, une argumentation.*
Polisario (Front) Acronyme pour *Front populaire pour la libération de la Saguia el-Hamra et du Rio de Oro*, mouvement nationaliste sahraoui qui proclama en 1976, à la suite du départ des troupes espagnoles du Sahara-Occidental (départ qui aboutit au partage de la colonie entre Maroc et Mauritanie), la République arabe sahraouie démocratique, non reconnue par l'ONU.
polissage n. m. Action de polir; son résultat.
polissoir n. m. Instrument, machine servant à polir.
polisson, onne adj. et n. Grivois. *Une chanson polissonne.* / (Sens atténué) Fam. Espiègle. *Enfant polisson.* / Subst. *Un(e) polisson(ne)*
polissonnerie n. f. Acte, propos polisson.
politesse n. f. Ensemble de règles et d'usages qui règlent le comportement en société. Ant. impolitesse. / Acte ou parole conforme à la politesse. *Faire des politesses.*
politicard, e n. m. et adj. Péjor. Politicien sans scrupule. / adj. *Des manœuvres politicardes.*
politicien, enne n. et adj. Personne qui exerce des responsabilités politiques. / adj. Péjor. *Manœuvres politiciennes.*
politique adj. et n. **A.** adj. Relatif au gouvernement d'une nation, d'un État. *Les institutions politiques.* / Relatif aux relations entre États. *Frontières naturelles et frontières politiques.* / Relatif aux affaires publiques, lié aux affaires publiques. *Homme politique.* / Qui concerne une manière de gouverner. *Opinions politiques.* / Très prudent, très avisé. *Il s'est montré politique dans cette affaire.* **B.** n. **I.** n. f. Art et pratique du gouvernement d'un État. / Ensemble des affaires publiques. / Manière de gouverner un État. / Stratégie adoptée pour parvenir à ses fins. **II.** n. Personne qui s'occupe de politique, qui fait une carrière politique. *Un(e) politique.* / Personne habile et sagace. *Un fin politique.* **III.** n. m. Didac. Ce qui est politique. *Porter autant d'attention au social qu'au politique.*
politiquement adv. Sur le plan politique; du point de vue de la politique.
politisation n. f. Action de politiser; résultat de cette action. *Politisation de la jeunesse étudiante. Politisation d'une grève.* Ant. dépolitisation.
politisé, e adj. Qui a une conscience politique, une formation politique. *Prolétariat politisé.*
politiser v. t. [1] Donner un caractère politique à (qqch.), une conscience politique à (qqn). Ant. dépolitiser.
politologie n. f. Étude du domaine et des faits politiques.
politologue n. Spécialiste de politologie.
Politzer (Georges) 1903-1942 Philosophe français d'origine hongroise. Il rédigea un manuel du marxisme, simple et efficace, publié après sa mort (1948) et diffusé massivement. Les Allemands le fusillèrent au mont Valérien.

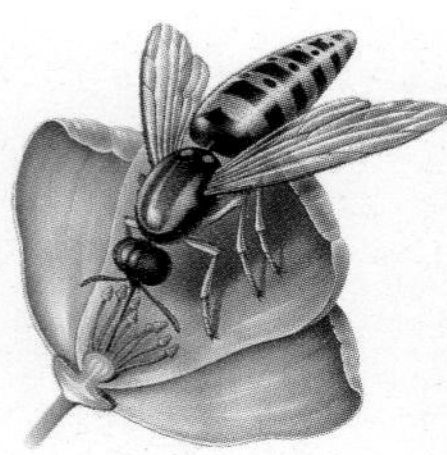

***Pollinisation** d'une fleur par un insecte hyménoptère.*

poljé n. m. (mot slave) GÉOL. Dépression karstique dont le fond est souvent alluvial.
polka n. f. (mot polonais) Danse polonaise au rythme simple et rapide.
Pollack (Sydney) 1934 Cinéaste américain (*On achève bien les chevaux*, 1969; *Out of Africa*, 1985; *L'Ombre d'un soupçon*, 1999).
Pollaiolo ou **Pollaiuolo (Antonio di Jacopo Benci**, dit **Antonio del)** v. 1432-1498 Peintre, sculpteur, graveur et orfèvre italien. Il dirigea un atelier très actif à Florence. Son style vigoureux, son souci de précision anatomique se révèlent dans sa peinture (*Les Travaux d'Hercule, Le Martyre de saint Sébastien, L'Enlèvement de Déjanire*) et ses sculptures (*Hercule et Antée, Bataille de nus*). **Piero** v. 1441-1496 Peintre et sculpteur italien, frère du précédent; ils réalisèrent ensemble, à Rome, le tombeau de Sixte IV et celui d'Innocent VIII.
pollakiurie n. f. MÉD. Mictions fréquentes et de faible volume.
pollen n. m. BOT. Petits grains formant une poussière légère, souvent jaune, produits par les anthères des étamines, qui constituent les éléments reproducteurs mâles chez les phanérogames. *Un grain de pollen.*
pollinique adj. BOT. Relatif au pollen; du pollen.
pollinisateur, trice adj. et n. m. BOT. Qui permet la pollinisation. *Les insectes et le vent constituent les principaux agents pollinisateurs.* / n. m. *Un pollinisateur*: un insecte pollinisateur.
pollinisation n. f. BOT. Transport des grains de pollen des étamines où ils se forment jusqu'aux organes femelles (stigmate des fleurs des angiospermes, ovules des gymnospermes), au niveau desquels a lieu la fécondation.
pollinose n. f. MÉD. Ensemble des troubles de nature allergique provoqués par le contact avec le pollen.
Pollock (Jackson) 1912-1956 Peintre américain. Esprit indépendant, il fréquente brièvement des écoles d'art (à Los Angeles, puis à New York) et parcourt les États-Unis avant de se consacrer à la peinture murale, dans la lignée de Rivera, Siqueiros et Orozco. Les artistes européens réfugiés à New York après 1940, Ernst, Matta et Masson, jouent un rôle fondamental dans son évolution. À Ernst il emprunte la technique du *dripping*, qui consiste à peindre en laissant s'écouler de la peinture d'une boîte percée d'un trou, puis renonce peu à peu à la figuration. En 1943, il est célèbre; son style, qui utilise grand nombre de procédés (dripping, jaillissement de peinture projetée par une seringue, application de la couleur avec des brosses, des bâtons, des truelles, des couteaux, coulées de peinture, etc.) s'affirme alors. Il peint, sur une toile horizontale ou posée sur le sol, avec une grande rapidité, des œuvres de taille gigantesque et d'aspect chaotique, qui font de lui le représentant le plus important de la peinture gestuelle, dite « action painting ».
polluant, e adj. et n. m. (En parlant d'une chose) Qui pollue. Ant. dépolluant. / n. m. *Un polluant*: un produit polluant.
polluer v. t. Souiller, dégrader la qualité de (qqch.), rendre (qqch.) impropre à la consommation ou à la santé. *Polluer l'eau, l'atmosphère, les cultures, l'environnement.* Ant. dépolluer.
pollueur, euse adj. et n. (En parlant de personnes, d'entreprises humaines) Qui pollue. *Une industrie polluеuse.* / n. *Le nombre des pollueurs grandit avec la civilisation industrielle.*
pollution n. f. Souillure qui contribue à dégrader un milieu naturel. *Pollution atmosphérique. Pollution thermique. Pollution des eaux, des sols. Pollution radioactive.* Ant. dépollution. / Nuisance. *Pollution sonore.* / MÉD. *Pollutions nocturnes*: éjaculations involontaires survenant pendant le sommeil.
Pollux MYTH. GR. Fils de Zeus et de Léda. Lorsque Castor, son frère jumeau, fut

*Miniature médiévale représentant **Marco Polo** à la cour de Kubilay Khan.*

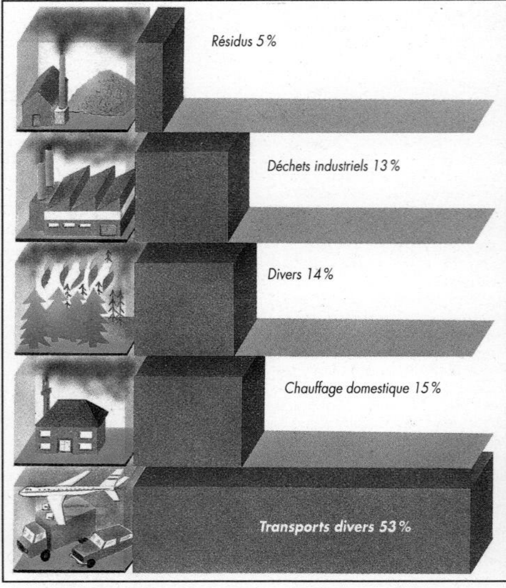

*Les principaux facteurs responsables de la **pollution** atmosphérique.*

frappé à mort, Pollux obtint de Zeus l'immortalité pour lui et son frère. Ils formèrent la constellation des Gémeaux.

polo n. m. Sport équestre dans lequel les joueurs doivent pousser une balle dans le camp opposé à l'aide d'un maillet. / Chemise de sport en maille, à col rabattu.

Polo (Marco) 1254-1324 Voyageur italien, originaire de Venise. Il accompagne son père et son oncle dans un voyage commercial qui les mène jusqu'en Mongolie et en Chine. Le khan des Mongols, Kubilay, lui confie d'importantes missions dans toute l'Asie, durant seize ans, et il rentre à Venise, fort riche, en 1295, avec son père et son oncle. En 1298, une guerre éclate entre Venise et Gênes. Marco Polo est fait prisonnier. C'est en prison, à Gênes, qu'il rencontre le romancier Rusticien de Pise qui recueille ses récits et sera son premier éditeur. Le manuscrit original du *Livre de Marco Polo*, écrit en français, est aujourd'hui perdu; mais il en existe de nombreuses traductions anciennes, sous les titres de *Livre des Merveilles, La Description du monde, Il Milione (le Million)*, qui se répandent rapidement. Bien que, parfois, on conteste ici ou là l'authenticité du récit, nous pouvons considérer la relation de Marco Polo comme globalement fidèle à la réalité.

polochon n. m. Fam. Traversin.

• **Pologne** État d'Europe de l'Est, sur la Baltique, à l'est de l'Allemagne.

polonais, e adj. et n. De Pologne. *Plaine polonaise. Un(e) Polonais(e).* / LING. n. m. Langue slave parlée en Pologne.

polonaise n. f. Danse à trois temps, d'origine populaire, qui devint danse de cour au XVIIIe siècle.

polonium n. m. CHIM. Élément de numéro atomique Z = 84, de masse atomique 210 (symbole : Po), de la famille du radium; métal radioactif, souvent présent en faible quantité dans la pechblende. *Le polonium a été découvert par Pierre et Marie Curie (1898).*

Polotski (Samouil Emelianovitch Petrovski-Sitnianovitch, dit **Siméon de Polotsk)** 1629-1680 Poète et prédicateur russe. Il attaqua les Vieux-Croyants (*Le Sceptre*, essai, 1667), composa des homélies et donna des drames bibliques (*Nabuchodonosor*, 1674) qui le font considérer comme le créateur du théâtre russe.

Pol Pot (Saloth Sar, dit**)** 1925 ou 1928-1998 Homme politique cambodgien. Secrétaire général du Parti communiste khmer (1962), il dirige la guérilla contre Lon Nol (1970-1975). Premier ministre khmer rouge en 1976, il sera le principal responsable des atrocités perpétrées par le régime. En 1979, l'armée vietnamienne le chasse dans le maquis, d'où il anime la résistance. En 1985, il est déchargé de ses fonctions et, en 1997, condamné à la prison à vie. Il meurt peu après.

poltron, onne adj. et n. Qui manque de courage, couard.

poltronnerie n. f. Attitude d'un poltron.

polyacide n. m. CHIM. Molécule possédant plusieurs fonctions acide.

polyalcool ou **polyol** n. m. CHIM. Corps ayant plusieurs fonctions alcool.

polyamide n. m. CHIM. Molécule résultant de la polymérisation par condensation de diacides carboxyliques et de diamines, ou bien de celle d'un aminoacide sur lui-même. *Le nylon est un polyamide.*

polyamine n. f. CHIM. Molécule possédant plusieurs fonctions amine.

polyandre adj. Qui pratique la polyandrie; qui relève de la polyandrie.

polyandrie n. f. État d'une femme mariée en même temps à plusieurs hommes. / ZOOL. Système reproductif dans lequel une femelle s'accouple avec plusieurs mâles durant la même période de reproduction. / BOT. Caractère d'une plante dont les fleurs ont de nombreuses étamines (plusieurs dizaines).

polyarthrite n. f. MÉD. Inflammation aiguë ou chronique frappant simultanément plusieurs articulations. *Polyarthrite rhumatoïde* ou *polyarthrite chronique évolutive*, qui atteint plutôt les femmes et qui évolue par poussées successives.

Polybe v. 202-v. 120 av. J.-C. Historien grec. Otage à Rome à la suite de la victoire romaine contre la ligue achéenne en 146, il se lia avec Scipion Émilien, voyagea en Italie, en Espagne et en Gaule, et accompagna son protecteur dans ses campagnes militaires. Ses *Histoires* (40 livres, dont il reste les 5 premiers et des fragments des suivants) couvrent toute la période de 200 à 146 et évoquent les époques antérieures.

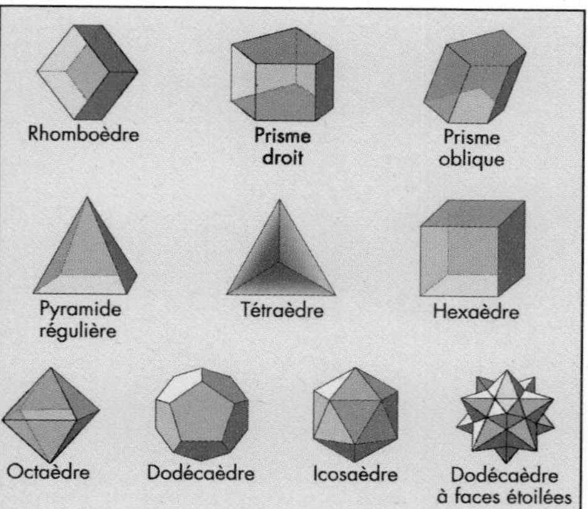

*Différents types de **polyèdres** les principaux polyèdres et leur nom.*

polychètes n. m. pl. ZOOL. Classe d'annélides marins au corps couvert de soies (néréide, arénicole, etc.). *Chez les polychètes, chaque métamère est muni d'excroissances latérales, portant des soies chitineuses; ces appendices ont une fonction locomotrice et respiratoire.*

polychondrite n. f. MÉD. Maladie caractérisée par une inflammation et une atrophie des cartilages, associées à une polyarthrite, des déformations du nez, des oreilles et des atteintes du système respiratoire.

polychrome adj. De plusieurs couleurs.

polychromie n. f. Caractéristique de ce qui est polychrome.

Polyclète Ve siècle av. J.-C. Sculpteur grec. Il écrivit un traité sur les proportions idéales du corps humain, le *canon*, qu'il appliqua dans ses statues d'athlètes en bronze dont il reste des copies : *Le Doryphore, Le Diadumène.* Sa recherche de la perfection plastique influença la statuaire grecque jusqu'à Lysippe.

polyclinique n. f. Clinique regroupant différents services spécialisés dans le traitement de diverses maladies. (Ne pas confondre avec *policlinique*).

polycopie n. f. Reproduction d'un document par décalque sur une pâte spéciale, ou par l'intermédiaire d'un stencil; exemplaire ainsi obtenu.

polycopié, e adj. et n. m. Reproduit par polycopie. *Cours polycopié.* / n. m. *Un polycopié.*

polycopier v. t. [1] Reproduire par polycopie.

Polycrate VIe siècle av. J.-C. Tyran de Samos qui dota l'île d'une flotte puissante, mais les Perses le capturèrent et le crucifièrent en 522 av. J.-C.

polyculture n. f. Mode de culture qui associe plusieurs produits agricoles dans une exploitation.

polyèdre n. m. GÉOM. Solide limité par des portions de plan, ou faces, se coupant suivant les arêtes dont les extrémités sont les sommets; *Dans la dénomination des différents polyèdres, le préfixe indique le nombre de faces : tétraèdre (4), octaèdre (8). Polyèdre régulier,* dont toutes les faces sont des polygones réguliers égaux.

polyembryonie n. f. BIOL. Formation de plusieurs embryons se développant à partir d'un même œuf dès la fécondation (vrais jumeaux).

polyester n. m. Matière plastique formée par polymérisation d'un ester, utilisée dans la fabrication de tissus synthétiques (tergal, etc.), de vernis, etc.

polyéthylène n. m. Matière plastique obtenue par polymérisation de l'éthylène.

Polyeucte 1642 Tragédie de Corneille. Polyeucte a épousé Pauline, fille du gouverneur romain d'Arménie, Félix, qui a reçu l'ordre de poursuivre les chrétiens. Mais Polyeucte se convertit au christianisme et brise les idoles païennes : il est arrêté. Malgré les larmes de Pauline et les menaces de Félix, Polyeucte refuse de renoncer à sa foi; il sera condamné, mais son sacrifice n'aura pas été inutile. Touchés par la grâce, Pauline et ses proches se convertissent à leur tour.

polygame adj. et n. Qui a plusieurs conjoints. Ant. monogame. / Subst. *Un(e) polygame.* / BOT. Dont les inflorescences d'un même pied sont à la fois hermaphrodites et unisexuées.

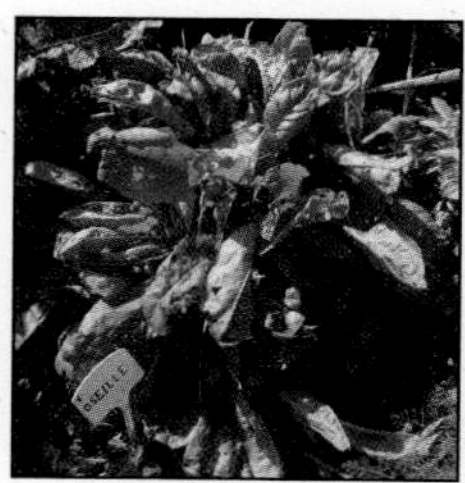

*L'oseille: une **polygonacée**.*

polygamie n. f. État d'un humain polygame. / ZOOL. Système de reproduction propre aux espèces polygames. / BOT. Caractère d'une plante polygame.

polyglobulie n. f. Augmentation du nombre des globules rouges.

polyglotte adj. et n. Écrit en plusieurs langues. / Qui parle plusieurs langues. *Elle est polyglotte. Un(e) polyglotte.*

Polygnote de Thassos v. 500-v. 440 av. J.-C. Peintre grec. Ses fresques, qui ne sont connues que par des descriptions ou des transpositions en céramique, ornaient des monuments publics à Athènes, à Delphes et à Platées.

polygonacées n. f. pl. BOT. Famille des plantes dicotylédones à petites fleurs, généralement herbacées, parfois arbustives ou grimpantes, comprenant notamment la rhubarbe, l'oseille, le sarrasin.

polygonal, ale, aux adj. GÉOM. En forme de polygone. / Dont la base est un polygone.

polygone n. m. GÉOM. Ligne brisée fermée, constituée par une suite de segments de droite. *Dans la dénomination des différents polygones, le préfixe indique le nombre de côtés : pentagone (5), hexagone (6). Polygone régulier,* dont les côtés, les angles sont égaux. / MILIT. *Polygone de tir* : zone réservée aux exercices de tir.

polygraphe n. (Souvent péjor.) Personne qui écrit sur les sujets les plus divers, sans en être un spécialiste;

poly-insaturé, e adj. CHIM. Se dit des molécules organiques qui comportent plusieurs liaisons covalentes non saturées.

polymérase n. f. BIOCHIM. Enzyme catalysant une réaction de polymérisation. *Une polymérase, l'A. D. N. polymérase, intervient dans la réplication de la molécule d'A. D. N.*

polymère adj. et n. m. CHIM. Se dit d'une molécule qui résulte d'une polymérisation. / n. m. *Un polymère.*

polymérisation n. f. CHIM. Réaction chimique qui aboutit à l'union de molécules identiques en une seule macromolécule.

polymériser v. t. [1] Effectuer la polymérisation de.

polymétallique adj. Constitué de plusieurs métaux. *Nodules polymétalliques* : voir *nodule.*

Polymnie MYTH. GR. Muse de la Poésie lyrique et de la Pantomime.

polymorphe adj. Qui se présente sous plusieurs formes. / CHIM. Doué de polymorphisme. / BIOL. Qui présente plusieurs formes différentes (phénotype, génotype) au sein d'une espèce, d'une population ou au cours d'un cycle de vie. *Une espèce polymorphe. Une protéine polymorphe.*

POLOGNE

Superficie : *323 250 km²* – **Nombre d'habitants :** *38 736 000 h.* – **Capitale :** *Varsovie*
Villes principales : *Lódz, Cracovie, Poznan* – **Système politique :** *république*
Langue(s) : *polonais* – **Religion(s) :** *catholicisme* – **Monnaie(s) :** *zloty*

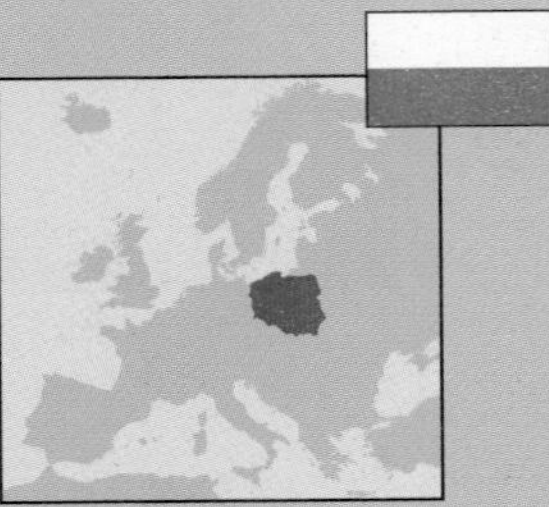

Voir l'Atlas

Géographie physique et humaine

Au sud, des montagnes anciennes (Sudètes, *1 600 m*), riches en minerais, d'une part, et des massifs récents, pays de forêts et d'élevage bovin (les Beskides et les Tatras, qui culminent à *2 500 m*), d'autre part, forment la frontière avec la République tchèque et la Slovaquie. La basse Silésie, au sud-ouest, et la haute Silésie, plus à l'est, encadrent de riches bassins agricoles (blé, betterave) alternant avec des gisements miniers (houille de haute Silésie : 95% de la production nationale, lignite, fer, cuivre). L'industrie lourde et les villes y sont concentrées : Wroclaw (Breslau), Cracovie, Katowice. Le centre du pays, occupé par des collines aux sols pauvres (podzol), est essentiellement agricole (seigle, pomme de terre à l'est, blé, betterave, élevage à l'ouest). De grandes villes sont établies sur les voies de passage, centres de commerce et d'industries légères : Lódz (textiles), Poznan (constructions mécaniques) et Varsovie, la capitale. Le reste du pays, au nord, est constitué par une vaste plaine morainique (croupes baltiques) domaine d'une agriculture pauvre et de l'élevage.

La côte basse, sableuse, débouche sur la mer Baltique et possède deux pôles actifs : Szczecin (Stettin) sur l'Oder et Gdansk (Dantzig) sur la Vistule. Nombreux et bien alimentés, les fleuves polonais (Oder, Warta, Vistule) ont un rôle important dans les communications. Seule la côte balte, au climat plus doux, échappe au climat continental, froid en hiver, chaud en été. La population est ethniquement homogène et en majorité catholique. Elle se concentre à Varsovie et dans le sud du pays. En dépit des dévastations de la Deuxième Guerre mondiale, l'économie polonaise s'est considérablement redressée. Les productions agricoles restent importantes malgré la médiocrité des sols et la rudesse du climat, mais l'agriculture et la pêche n'assurent pas l'autosuffisance alimentaire. Durant la période socialiste, l'industrie lourde a été privilégiée, comme en U.R.S.S., au détriment des biens d'équipement et de consommation. Malgré les ressources minières, la vétusté des installations en a empêché l'essor. Toutes les usines étaient nationalisées. La privatisation a commencé dès 1989, et le déficit public a été réduit sous la tutelle du F.M.I., ainsi que la dette (49 milliards de dollars en 1990 ; 41 milliards en 1996). Les prix ont augmenté, tout comme le chômage. Les ex-communistes, de retour au pouvoir (1993-1997), ont poursuivi la libéralisation de l'économie et demandé l'adhésion du pays à l'Union européenne. Dès 1993, la Pologne a signé avec la Hongrie, la République tchèque et la Slovaquie un "Accord de libre-échange d'Europe centrale". La Pologne, qui a déposé une demande d'adhésion à l'Union Européenne en 1994, a intégré l'O.T.A.N. dès 1999. Les investissements étrangers ont amélioré la situation (l'Allemagne, l'Italie et la France contrebalançant largement les États-Unis), ainsi que le rééquilibrage de la balance et la lutte contre l'inflation.

Histoire

Dès le Vᵉ siècle, des tribus slaves s'établissent à l'est de l'Oder, entre la Baltique et les Carpates. Parmi ces tribus, les Polanes en viennent assez rapidement à dominer les autres et leur dynastie, celle des Piast, est à l'origine d'un embryon d'État unifié. Au Xᵉ siècle, le duc Mieszko Iᵉʳ agrandit le pays par des conquêtes et, par son baptême, place la Pologne sous la protection du pape afin de lutter contre la convoitise des pays voisins, dont les visées expansionnistes représentent une menace constante. Face à ce danger, la Pologne n'a jamais pu compter sur la solidité de ses structures : à l'hétérogénéité des populations qu'elle réunit (Polonais catholiques, Allemands protestants, Russes orthodoxes, Lituaniens, Juifs) s'ajoute l'esprit d'indépendance effréné de la noblesse polonaise. Celle-ci a rendu la couronne royale élective par une diète ; tout noble dispose du droit de veto et profite de chaque changement de règne pour affaiblir un peu plus les pouvoirs du roi.

Ainsi s'explique l'alternance de périodes de grandeur et d'anarchie que présente l'histoire de l'État polonais. Les conquêtes des deux premiers souverains furent perdues au début du XIᵉ siècle, et les révoltes populaires succédèrent aux insurrections nobiliaires. Le pays, parfois unifié, le plus souvent morcelé, connut une longue période d'anarchie. C'est sous les Jagellons (fin XIVᵉ-fin XVIᵉ siècle) que la Pologne va connaître son apogée : elle devient un immense État catholique romain, ayant pour capitale Cracovie (université fondée en 1364), opposé à l'Empire germanique à l'ouest, à la Russie orthodoxe à l'est, aux Turcs au sud ; sa civilisation s'épanouit grâce aux apports de l'humanisme et de la Renaissance. Les villes s'enrichissent par le commerce, et Varsovie devient la capitale et le centre culturel du pays. Le XVIIᵉ siècle voit au contraire le début du déclin, dû aux querelles religieuses (persécution des protestants par la Contre-Réforme), à la pression grandissante des voisins suédois, russes et turcs, et à la révolte des Cosaques d'Ukraine. Au XVIIIᵉ siècle, le déclin s'accélère ; l'Autriche, la Russie, la Prusse et la France interviennent dans les affaires polonaises

Les monts Tatras, à la frontière slovaque.

POLOGNE (SUITE)

pour tenter d'imposer à la diète un souverain de leur choix ; la guerre de la Succession de Pologne se termine en 1738 par l'éviction, au profit d'Auguste III de Saxe, de Stanislas Leszczynski qui reçoit en compensation la Lorraine (qui reviendra à la France après sa mort).

La Pologne est désormais réduite à l'impuissance : trois partages successifs du pays (1772, 1793 et 1795) entre la Prusse, la Russie et l'Autriche amènent la disparition de l'État polonais, qui ne ressuscitera qu'en 1918 (mis à part l'éphémère grand-duché de Varsovie créé par Napoléon Ier [1807-1814] et le royaume de Pologne créé par le congrès de Vienne [1815-1830], réuni à l'Empire russe). La nation polonaise, cependant, résiste à tous les efforts de germanisation et de russification ; le XIXe siècle est marqué par des soulèvements durement réprimés (1830, 1846, 1863) et par une importante émigration vers l'Occident. En 1918, la défaite successive des puissances qui s'étaient partagé la Pologne permet la proclamation d'une République polonaise indépendante, qui se donne d'abord une Constitution démocratique ; mais les difficultés extérieures (menace soviétique) et intérieures (question des minorités nationales, réforme agraire, crise économique) amènent la dictature de Pilsudski (1926-1935), maintenue après sa mort par le maréchal Rydz-Smigly (1935-1939). La revendication de Hitler sur le couloir de Dantzig est à l'origine de la Seconde Guerre mondiale.

L'invasion de la Pologne par l'Allemagne hitlérienne en septembre 1939 provoque l'entrée en guerre de la France et de la Grande-Bretagne. La Pologne, envahie également dans sa partie orientale par l'armée soviétique, succombe en moins d'un mois ; elle est partagée entre l'Allemagne et l'URSS. En 1940, à Katyn, Staline organise un massacre des officiers polonais (comme cela sera révélé des décennies plus tard). En 1943, le ghetto de Varsovie se soulève contre l'occupant nazi (qui a installé à Auschwitz, en polonais *Oswięcim*, au sud-ouest de Cracovie, un des plus grands camps d'extermination européens) ; il est anéanti. En 1944, du 1er août au 2 octobre, Varsovie se soulève, alors que l'armée soviétique s'en approche. Celle-ci n'intervient pas. L'insurrection échoue et les Allemands rasent Varsovie. Plus de six millions de Polonais, dont la moitié de Juifs, sont exterminés dans les camps et les ghettos durant la guerre. La Pologne est libérée en janvier 1945 par les troupes soviétiques qui installent à Varsovie le gouvernement provisoire, pro-communiste, constitué à Lublin. Les frontières de l'État polonais reconstitué sont fixées par les conférences de Yalta (février 1945) et de Potsdam (août 1945). De massifs transferts de population suivent les modifications du territoire : les Polonais des régions annexées par l'URSS (Ukraine et Biélorussie) sont dirigés sur les territoires repris à l'Allemagne (jusqu'à la ligne Oder-Neisse). Le pays adopte, sous la pression des Russes, un régime socialiste à partir de 1947. Exaspérés par l'emprise croissante de l'U.R.S.S. (arrestation de Gomulka en 1949, du cardinal Wyszynski en 1953), les Polonais se soulèvent en juin 1956 à Poznan et obtiennent des satisfactions (retour de Gomulka, abandon de la collectivisation forcée dans les campagnes). L'État requiert une certaine indépendance à l'égard de l'U.R.S.S. qui avait organisé, à Varsovie, en mai 1955, une conférence des démocraties populaires, à l'issue de laquelle avait été signé le pacte de Varsovie, ensemble d'accords militaires répliquant à l'entrée de la R.F.A. dans l'O.T.A.N.

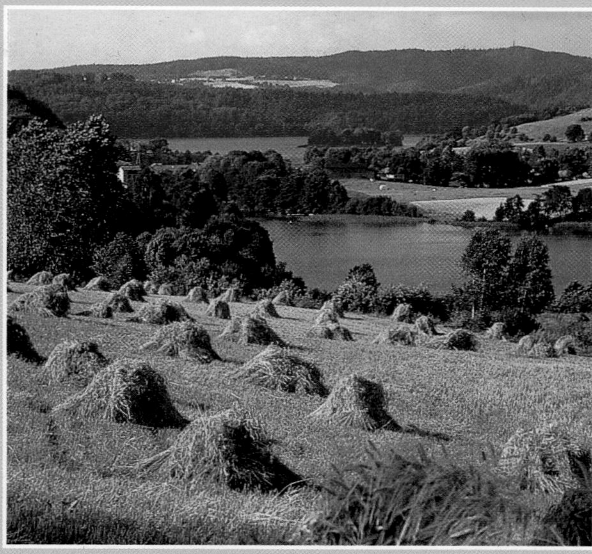

Paysage de Poméranie, dans le nord-ouest de la Pologne.

En 1970, des émeutes provoquées par la crise économique et sociale entraînent la démission de Gomulka, remplacé par E. Gierek. Celui-ci entreprend la modernisation de l'économie avec l'aide des Occidentaux, qui lui fournissent des usines « clés en main », mais la pologne subit les conséquences de la crise économique occidentale (choc pétrolier de 1973). Pour rendre le pays plus compétitif, Gierek refuse l'augmentation des salaires, ce que combattent les organisations ouvrières (clandestines). En 1978, un prélat polonais, l'archevêque de Cracowie, Karol Wojtyla est élu pape (Jean-Paul II). Le clergé polonais voit son audience, nationale et internationale, se renforcer. Les opposants au régime communiste s'enhardissent. En septembre 1980, à Gdansk, est créé le mouvement *Solidarnosc* (Solidarité), qui obtient la création de syndicats libres et autogérés. La crise est patente : Gierek est remplacé par S. Kania ; les revendications de Solidarnosc, présidé par L. Walesa, sont appuyées par de nombreuses manifestations. Le régime communiste est désemparé. En octobre 1981, le général Jaruzelski succède à Kania comme chef du parti et chef du gouvernement. En novembre, il interdit Solidarnosc.

En décembre, il décrète l'*état de guerre*, fait arrêter les chefs de Solidarnosc, réprime les grèves qui s'ensuivent, puis libère Walesa en novembre 1982 et suspend l'état de guerre en juillet 1983. Pendant cinq ans, les adversaires l'observent alors que l'économie et le niveau de vie se dégradent. En 1989, des négociations entre Jaruzelski et Walesa aboutissent au rétablissement du pluralisme syndical (Solidarnosc est de nouveau légalisé) et à la démocratisation des institutions. En juin 1989, des élections libres sont organisées. Jaruzelski est élu président de la République et un des dirigeants de Solidarnosc, T. Mazowiecki, devient Premier ministre. En 1990, celui-ci se présente à la présidentielle contre Walesa, qui l'emporte.

La libéralisation de l'économie est amorcée. Le niveau de vie se dégrade. Les partis se multiplient. Aux législatives de 1993, les ex-communistes, rebaptisés sociaux-démocrates, apparaissent comme la formation la plus solide et Walesa doit les appeler pour former un gouvernement de coalition. En 1995, le social-démocrate A. Kwasniewski bat Walesa à la présidentielle. Aux législatives de 1997, Solidarnosc (34 % des voix) bat les sociaux-démocrates (27 %).

POLOGNE (SUITE)

La politique de libéralisation se poursuit et la Pologne entre à l'OTAN (1999). En 2002, Kwasniewski est réélu président de la République.. Le 13 décembre 2002, la Pologne a rejoint l'Union européenne ; son intégration définitive devrait avoir lieu en 2004. Contrairement aux pays européens qui, sous la conduite de la France et de l'Allemagne, se sont, en 2002 et 2003, opposés aux visées américaines en Irak, elle a soutenu les États-Unis dans leur lutte pour renverser Saddam Hussein.

Littérature

Jusqu'au XVIe siècle, le latin est utilisé concurremment avec la langue vulgaire. C'est le cas pour les chroniques historiques du XVe siècle (*Historia polonica*, 1455-1480) et pour l'importante floraison religieuse de la Renaissance. À partir du XVIe siècle, certains écrivains n'écrivent plus qu'en polonais ; ce sont soit des lyriques chrétiens, soit des moralistes satiriques ou didactiques, soit des penseurs humanistes. Le XVIIe et le XVIIIe siècle sont marqués par des influences italiennes et françaises. L'esprit de l'*Encyclopédie*, le rationalisme renouvellent la littérature polonaise à la fin du XVIIIe siècle. Jan Potocki voyage au service du tsar, se livrant à une ethnologie du monde slave ; en 1804, il donne, en français, son roman *Manuscrit trouvé à Saragosse*. Au siècle suivant, la Pologne persécutée exalte les sentiments religieux et patriotiques. Cette époque romantique et messianique est dominée par Mickiewicz.
C'est le roman, historique, psychologique ou social, qui domine la période positiviste de la fin du siècle, avec notamment Sienkiewicz (*Quo vadis*). Le pessimisme caractérise les écrivains du début du XXe siècle. Entre les deux guerres, la littérature polonaise se scinde en deux, une partie de l'intelligentsia ayant émigré pour raisons politiques. Les poètes mettent l'accent sur la pensée morale ou sur les recherches formelles ; l'idéologie communiste donne naissance à des œuvres engagées.
Les auteurs dramatiques s'attachent à la peinture de l'humanité souffrante, ou bien cultivent cultivent l'étrange, ce qui annonce les thèmes de l'absurde contemporain : ces mêmes thèmes apparaissent dans les romans de Gombrowicz. Comme lui, ses successeurs, poètes, romanciers et dramaturges expriment les angoisses d'un monde incertain.

Le château royal de Cracovie, qui fut la capitale de la Pologne du XIVe au XVIe siècle.

Musique

Les deux plus grands noms de la musique polonaise sont Chopin, au XIXe siècle, et Penderecki qui, au XXe siècle, éclipse ceux de Szymanowski et Lutoslawski.

Cinéma

Entre les deux guerres mondiales, le cinéma polonais connaît un succès qui dépasse les frontières nationales grâce aux réalisations d'Aleksander Ford : *La Légion de la rue* (1932), *Gens de la Vistule* (1937). Mais la guerre vient interrompre cet essor et le premier film polonais important est *La Dernière étape*, de Wanda Jakubowska (1948), qui met en lumière l'univers des camps de concentration nazis. Aleksander Ford continue de produire des films assez académiques : *La Jeunesse de Chopin* (1952), *Les Chevaliers teutoniques* (1960), cependant qu'une « nouvelle vague » se crée autour de Jerzy Kawalerowicz : *L'Ombre* (1956), *Train de nuit* (1959), *Mère Jeanne des Anges* (1961), d'Andrzej Munk : *Eroica* (1957), *La Passagère* (1961), d'Andrzej Wajda : *Kanal* (1957), *L'Amour à vingt ans* (1962), et donne au cinéma polonais une renommée internationale.
Roman Polanski ne réalise dans son pays que *Le Couteau dans l'eau* (1962), il tourne ensuite en Grande-Bretagne, aux États-Unis et en France. Wajda rend compte de la réalité polonaise. Has, quant à lui, offre une vision du monde d'une haute intellectualité : *La Clepsydre* (d'après Bruno Schulz, 1965), *L'Écrivain* (1985), de même que Zanussi : *La Structure du cristal* (1969), *Le Pouvoir du mal* (1985) et Kieslowski : *Le Décalogue*, 10 films d'une heure (1988) ; *Trois couleurs : Bleu ; Blanc ; Rouge*, trilogie tournée en France (1993-1994).

polymorphisme n. m. CHIM. Propriété de certains corps qui peuvent se cristalliser dans des systèmes différents. / BIOL. Caractère d'une espèce, d'un organisme, d'un trait polymorphes.

Polynésie Ensemble d'îles, faisant partie de l'Océanie, et largement disséminées dans l'océan Pacifique, à l'est de l'Australie, de part et d'autre de l'équateur, entre la Nouvelle-Zélande au sud, Hawaii au nord et l'île de Pâques à l'est. La Polynésie inclut les îles de la Polynésie française, de la Nouvelle-Zélande, de Samoa, d'Hawaii, de Tonga, le territoire français de Wallis-et-Futuna, les îles Gilbert, l'île de Pâques, etc. Si l'on excepte la Nouvelle-Zélande (qui jouit d'un climat tempéré et connaît un développement de type occidental), les îles polynésiennes (moins d'1,5 million d'hab.), très souvent volcaniques, ont un climat tropical. La richesse de leur végétation dépend de la pluviosité. Les Polynésiens vivent de la pêche, de la culture des cocotiers et, de plus en plus, du tourisme.
• **Polynésie française** *4 200 km² 220 000 h.* Territoire français d'outre-mer disséminé au sud de l'équateur sur 5 millions de km² d'océan. Chef-lieu *Papeete* (île de Tahiti).

polynésien, enne adj. et n. De Polynésie. *Îles polynésiennes. Un(e) Polynésien(ne).*

polynévrite n. f. MÉD. Atteinte bilatérale et symétrique des nerfs périphériques, se traduisant en particulier par des troubles de la sensibilité et des troubles moteurs bilatéraux et symétriques.

Polynice MYTH. GR. L'un des deux fils d'Œdipe et de Jocaste, frère d'Étéocle. Les deux frères se disputèrent le pouvoir à Thèbes et s'entre-tuèrent.

polynôme n. m. MATH. Somme de monômes.

polynomial, ale, aux adj. MATH. Relatif aux polynômes.

polynucléaire adj. BIOL. *Cellule polynucléaire*, qui comporte plusieurs noyaux.

polynucléotide n. m. BIOCHIM. Macromolécule constituée par polymérisation d'un grand nombre de nucléotides. *L'A.D.N. et l'A.R.N. sont des polynucléotides.*

polyol Voir **polyalcool**

polyoside n. m. BIOCHIM. Polysaccharide.

polype n. m. ZOOL. Cnidaire constitué d'un tube cylindrique, contenant une cavité gastrique en cul-de-sac, terminé par une bouche entourée de tentacules. / MÉD. Tumeur bénigne, parfois pédiculée, se développant au dépens d'une muqueuse.
♦ Les polypes, qui vivent fixés au substrat, constituent la forme asexuée des cnidaires, par opposition aux méduses, sexuées et libres. Les formes polype et méduse alternent généralement, au cours du cycle de vie des cnidaires (on observe chez certains groupes une réduction ou même la disparition de l'une ou l'autre de ces phases). Certains polypes coloniaux sécrètent un squelette calcaire qui participe à la formation des récifs coralliens.

polypeptide n. m. BIOCHIM. Peptide constitué d'un nombre relativement important (plus d'une dizaine) d'acides aminés. *Les polypeptides constituent la structure fondamentale des protéines qui peuvent être constituées d'une ou plusieurs chaînes polypeptidiques.*

polypeptidique adj. BIOCHIM. Relatif aux polypeptides ; de la nature des polypeptides.

Polyphème MYTH. GR. Le plus sauvage de tous les Cyclopes, fils de Poséidon, héros d'un épisode de *L'Odyssée* : Ulysse, qu'il retenait prisonnier avec ses compagnons, lui échappa en l'enivrant et en lui crevant l'œil à l'aide d'un pieu incandescent.

polyphonie n. f. Dans la musique vocale, superposition de plusieurs lignes mélodiques, art qui apparut en Europe au XIe siècle. / Dans la musique instrumentale, emploi du contrepoint.

polyphonique adj. MUS. Qui procède de la polyphonie.

polyphylétique adj. BIOL. Se dit des taxons non monophylétiques qui regroupent des espèces issues d'au moins deux espèces ancestrales distinctes. *Les groupes polyphylétiques sont définis sur la base de caractères convergents, et non de synapomorphies.* Voir *monophylétique, paraphylétique.*

polypode n. m. BOT. Fougère de la famille des polypodiacées, aux frondes longues et très découpées.

polypodiacées n. f. pl. BOT. Vaste famille des fougères comprenant la quasi-totalité des espèces de fougères des pays tempérés.

polypore n. BIOL. Champignon basidiomycète, sans pied, au chapeau coriace, dont la face inférieure est percée de petits trous. *De nombreuses espèces de polypores sont parasites des arbres.*

polypropylène ou **polypropène** n. m. Matière plastique obtenue par polymérisation du propylène.

polyptyque n. m. BX-A. Peinture réalisée sur plusieurs panneaux, rabattables ou non.

polysaccharide n. m. BIOCHIM. Macromolécule constituée par la polymérisation d'un grand nombre d'oses. Syn. polyoside. *L'amidon, la cellulose, le glycogène sont des polysaccharides.*

polysémie n. f. LING. Caractère d'un mot polysémique.

polysémique adj. Qui a plusieurs sens.
polystyrène n. m. Matière plastique obtenue par polymérisation du styrène.
polytechnique adj. et n. f. *École polytechnique* ou (n. f.) *Polytechnique*: établissement d'enseignement supérieur relevant du ministère de la Défense et formant des ingénieurs.
polythéisme n. m. Religion admettant l'existence de plusieurs dieux.
polythéiste adj. et n. Propre ou relatif au polythéisme. / Adepte du polythéisme.
polytransfusé, e adj. et n. MÉD. Qui a subi plusieurs transfusions de sang.
polytraumatisé, e adj. et n. MÉD. Qui présente plusieurs traumatismes, plusieurs lésions graves résultant d'un même accident. *Des victimes polytraumatisées.* / n. *Les polytraumatisés.*
polyuréthane ou **polyuréthanne** n. m. Matière plastique utilisée dans la fabrication de mousses, de vernis, de peintures, etc.
polyurie n. f. MÉD. Sécrétion d'urine en quantité supérieure à la normale.
polyvalence n. f. Caractère de ce qui est polyvalent. / Qualité d'une personne polyvalente.
polyvalent, e adj. Apte à plusieurs fonctions. / CHIM. D'une valence supérieure à 1.
polyvinyle n. m. CHIM. Composé résultant de la polymérisation d'un nombre important de molécules de composés vinyliques, spécial. de chlorure de vinyle CH_2=CHCl (chlorure de polyvinyle). *Le chlorure de polyvinyle (ou P.V.C.) est une matière plastique utilisée notam. dans la fabrication des fibres textiles.*
Pomaré Dynastie tahitienne comptant quatre rois et une reine. **Pomaré IV** 1813-1877. Reine de Tahiti. Influencée par le missionnaire protestant anglais Pritchard, elle expulsa en 1836 les missions catholiques françaises. Mais elle fut obligée d'accepter le protectorat de la France, après une farouche résistance, en 1843. Renversée, rétablie par la France, elle abdiqua en faveur de son fils. **Pomaré V** 1842-1891 Roi de Tahiti. Fils de la précédente, il abdiqua en 1880 pour laisser la place au gouvernement direct de la France.
Pombal (Sebastião Jose de Carvalho e Melo, marquis **de)** 1699-1782 Homme politique portugais. Premier ministre (1755-1777) du roi Joseph Ier, il mena une politique de despote éclairé, tant sur le plan religieux (limitation du pouvoir de l'Église, expulsion des jésuites tant d'Europe que des colonies portugaises), qu'économique (grands travaux, protection de l'industrie nationale, création de grandes compagnies) ou administratif (réorganisation de l'armée et intensification des effectifs et des moyens policiers). Il reconstruisit Lisbonne, détruite par un tremblement de terre en 1755. La mort du roi en 1777 marqua la fin de sa carrière politique.
Poméranie Région historique en bordure de la Baltique, dont les limites ont varié, partagée par l'Oder en deux parties: la Poméranie occidentale et la Poméranie orientale, plus étendue. Elle fut longtemps disputée entre la Pologne, l'ordre Teutonique, le Brandebourg et la Suède. De 1815 à 1945, elle fut prussienne (puis allemande), en totalité. En 1945, la Pologne s'étendit jusqu'à l'Oder, reprenant ainsi la Poméranie orientale. La partie occidentale, intégrée à la RDA, fait désormais partie du Land de *Mecklembourg-Poméranie-Occidentale.* L'agriculture, médiocre (seigle, pomme de terre), est la principale activité de cette plaine au sol pauvre et au climat froid et humide, s'ouvrant sur la Baltique par une côte basse peu propice à la vie maritime.
pommade n. f. Vx Cosmétique. / Mod. Préparation pharmaceutique de consistance molle, constituée d'un corps gras et d'un médicament, destinée à un usage externe.
pommadé, e adj. Enduit de pommade, de cosmétique. *Cheveux pommadés.*
pomme n. f. Fruit arrondi à pulpe ferme, produit par le pommier. *Pomme à couteau*, que l'on consomme comme fruit. *Pomme à cidre*, dont le jus fermenté donne le cidre. / Nom courant de divers fruits. *Pomme cannelle* ou *pomme-cannelle*: anone. *Pomme de pin*: fruit écailleux du pin, encore appelé cône. / Masse compacte et arrondie formée par les feuilles intérieures de certains légumes. *Pomme de chou. Pomme de laitue.* / ANAT. *Pomme d'Adam*: saillie formée sur le cou de l'homme par le cartilage thyroïde. / *Pomme d'arrosoir*: pièce arrondie et percée de petits orifices que l'on ajuste sur le goulot d'un arrosoir. / Fig. *Pomme de discorde*: sujet de division et de querelle.
pommé, e adj. Compact et arrondi en pomme. *Chou pommé.*
pommeau n. m. Boule terminant la poignée d'une épée, d'une canne. / Extrémité renflée des anciens pistolets. / ÉQUIT. Partie arrondie située au milieu de l'arçon avant d'une selle.
pomme de terre n. f. Plante à tubercules de la famille des solanacées, originaire d'Amérique du Sud. / Tubercule souterrain, riche en amidon, comestible, de cette plante. Pl. Des *pommes de terre.*

La Marquise de **Pompadour**, *tableau de François Boucher.*

pommelé, e adj. *Ciel pommelé*: ciel chargé de nuages arrondis gris ou blancs. / *Cheval pommelé*: cheval dont la robe, grise, est couverte de taches arrondies et plus claires.
pommer v. i. [1] (En parlant de certains légumes) Se former en pomme. *Chou, salade qui pomme.*
pommette n. f. Partie plus ou moins saillante de la joue, au-dessous de l'œil.
pommier n. m. Arbre fruitier de la famille des rosacées, qui produit la pomme. *Pommier à cidre.*
Pomone Divinité romaine des fruits et des vergers.
Pompadour (Jeanne Antoinette Poisson, marquise **de)** 1721-1764 Dame française, fille d'un fournisseur aux armées, épouse du fermier général Le Normant d'Étiolles,

POLYNÉSIE FRANÇAISE

Géographie physique et humaine

Cet ensemble comprend cinq archipels d'origine volcanique ou corallienne: îles de la *Société* (*Îles du Vent* et *Îles Sous-le-Vent*), *Marquises*, *Gambier*, *Australes*, *Tuamotu*, au climat chaud et humide. Ses ressources sont extrêmement faibles. Les productions traditionnelles (coprah, agrumes, canne à sucre, café, artisanat, pêche) constituent les principales ressources après le tourisme, en plein essor. On a développé la culture des perles noires.

Histoire

À la fin du XVIIIe siècle, l'exploration par les Européens des îles de l'actuelle Polynésie française s'amplifia. Christianisées par des missionnaires protestants et catholiques, ces îles furent l'objet de rivalités franco-britanniques. La France établit son protectorat sur Tahiti en 1842 et l'annexa en 1880. En 1885, elle fonda les Établissements français d'Océanie qui devinrent un territoire d'outre-mer (TOM) en 1946, statut qu'elles conservèrent en 1958, tandis qu'elles prenaient le nom de *Polynésie française*. En 1964, la France y implanta son centre d'expérimentation nucléaire, ce qui entraîna d'importants bouleversements économiques et culturels: modernisation des infrastructures, arrivée de nombreux Européens.

La baie de Cook dans l'île de Moorea.

Les essais nucléaires français eurent lieu à Mururoa (atoll des îles Tuamotu) de 1966 à 1996. En 1977, le TOM obtint son autonomie interne (et fut doté d'une Assemblée territoriale), qui a été renforcée par de nouveaux statuts en 1984 et en 1990. En 1996, le démantèlement du centre d'expérimentation du Pacifique a privé le TOM d'importantes ressources, mais l'aide de la métropole demeure très forte.

elle devint (1745) la maîtresse officielle de Louis XV qui la fit marquise de Pompadour. Après 1750, elle sut rester sa confidente et son amie. Elle joua un rôle intellectuel important, protégeant les écrivains (Voltaire), les philosophes (elle protégea Diderot et l'*Encyclopédie*) et les artistes, mais n'eut pas le rôle politique qu'on lui a attribué. Son nom est resté attaché à un style qu'elle mit à la mode et qui est caractérisé par l'élégance et le raffinement; il marqua surtout l'ameublement et la décoration.

pompage n. m. Action d'aspirer un liquide ou un gaz. *Station de pompage sur le trajet d'un oléoduc.*

pompe [1] n. f. Appareil constitué essentiellement d'un piston et d'un cylindre et destiné à donner un mouvement à un fluide, soit pour le transporter dans des tuyauteries, soit pour élever son niveau. / *Serrure à pompe*: serrure de sûreté comportant un ressort que la clé doit enfoncer.

pompe [2] n. f. Déploiement de faste dans une cérémonie. *En grande pompe.* / *Pompes funèbres*: entreprise assurant le transport du défunt et le cérémonial de l'enterrement. / THÉOL. *Les pompes*: les vanités, les plaisirs du monde.

Pompée (en latin **Cneius Pompeius Magnus**) 106-48 av. J.-C. Général et homme politique romain. Partisan de Sylla contre Marius, il fut nommé consul en 70, après plusieurs victoires militaires en Sicile, en Afrique et en Espagne. Il se rendit populaire en abrogeant les mesures antidémocratiques de Sylla. Après avoir soumis les pirates qui étaient maîtres de la Méditerranée en 67, il poursuivit la lutte contre Mithridate, roi du Pont, le vainquit et conquit l'Asie Mineure, la Syrie et la Palestine, qui devinrent des provinces romaines (66-63). Rentré à Rome en pleine gloire, en conflit avec le Sénat, il constitua avec César, chef du parti de la plèbe, et le riche Crassus, un triumvirat (60) qui se partagea le monde romain. Tandis que César était en Gaule, Crassus ayant été tué par les Parthes (53), Pompée se réconcilia avec le Sénat, qui en 52 lui confia les pleins pouvoirs afin qu'il lutte contre l'anarchie dans laquelle sombrait Rome. Pompée se déclara hostile à César, qu'il somma d'abandonner son armée: ce fut le déclenchement de la guerre civile. En 49, César franchit le Rubicon et pénétra en Italie avec son armée. Pompée, réfugié en Grèce, fut battu à Pharsale (Thessalie) en 48. Il tenta de se réfugier en Égypte, où il fut assassiné par les serviteurs du roi Ptolémée XIII.

Pompéi Ville ancienne de Campanie, près de Naples. Bâtie au pied du Vésuve au VIe siècle av. J.-C., conquise par Rome en 89 av. J.-C., elle fut, en 79, ensevelie sous les cendres par une éruption du Vésuve. Pline l'Ancien, qui voulait observer de près le phénomène, y trouva la mort. Le site fut abandonné, et ce fut seulement en 1748 que des découvertes fortuites firent soupçonner son emplacement. Des fouilles ne furent menées méthodiquement qu'à partir de 1860 et se sont poursuivies depuis. La ville ainsi mise au jour a apporté, outre des œuvres d'art conservées intactes (statues et fresques), de précieux renseignements sur l'urbanisme romain ainsi que sur la vie quotidienne des 30 000 habitants de cette cité résidentielle.

pomper v. t. [1] Aspirer (un fluide) avec une pompe. *Pomper l'eau d'une rivière.* / Loc. fig. et fam. *Pomper l'air à qqn*, l'importuner. / Fam. Épuiser. *Cette longue marche nous a pompés.* / Fig., fam. *Pomper de l'argent*: s'en emparer.

Pompée.

Les ruines de **Pompéi** *: la maison du Faune.*

pompes n. f. pl. Fam. Chaussures. *Quelles belles pompes !*

pompette adj. Fam. Un peu ivre. *Il est pompette.*

pompeusement adv. De façon pompeuse.

pompeux, euse adj. Péjor. Fait avec trop de pompe, trop de faste ostentatoire.

Pompidou (Georges) 1911-1974 Homme d'État français. Normalien et agrégé de lettres, il est de 1944 à 1946 membre du cabinet du général de Gaulle puis devient directeur de la banque Rothschild (1954). Chef de cabinet du général de Gaulle (1958-1959), puis Premier ministre d'avril 1962 jusqu'à juin 1968, il favorise la croissance économique et résout avec sang-froid la crise de « mai 1968 ». En juin 1968, de Gaulle le renvoie: il le place « en réserve de la République ». En 1969, il se présente à la présidentielle et vainc Alain Poher au second tour. Il poursuit la politique « gaullienne », mais accepte l'entrée de la Grande-Bretagne dans la Communauté économique européenne (ratifiée en 1973). La mort interrompt son mandat. Fin lettré, collectionneur avisé d'art contemporain, Georges Pompidou est l'auteur de plusieurs ouvrages: *Britannicus* (1944), *Taine* (1947), *A. Malraux* (1955), *Anthologie de la poésie française* (1961).

Pompidou (Centre national d'art et de culture [CNAC] Georges-) Établissement (dit couramment « Centre Pompidou » ou « Beaubourg », du nom du plateau où il fut construit, à Paris IVe) qui abrite le musée national d'Art moderne, une bibliothèque, la salle de cinéma Garance, des salles d'expositions, etc. Le bâtiment principal fut bâti par les architectes Rogers et Piano. Un bâtiment annexe abrite l'IRCAM; un autre, le musée Brancusi. En 1971, le président Pompidou décida la création du CNAC, inauguré en 1977.

pompier [1] n. m. Homme faisant partie du corps des sapeurs-pompiers, constitué pour combattre les incendies et porter secours en cas d'accident.

pompier [2] adj. et n. m. Emphatique, pompeux. *Un style pompier.* / n. m. BX-ARTS *Un pompier*: un peintre qui traite avec recherche et réalisme des sujets conventionnels. *Les pompiers ont connu la gloire à la fin du XIXe siècle.*

pompiste n. Personne chargée de faire fonctionner les pompes distributrices de carburant.

pompon n. m. Ornement constitué d'une houppe ronde faite de brins de laine, de soie, etc.

Pompon (François) 1855-1933 Sculpteur français. Se consacrant surtout à la sculpture animalière, il chercha à suggérer les formes, à les simplifier à l'extrême: *Bison* (1907), *L'Ours blanc* (1929), *Le Taureau* (1933).

***Georges Pompidou**, et le chancelier Willy Brandt, à Paris, en 1969.*

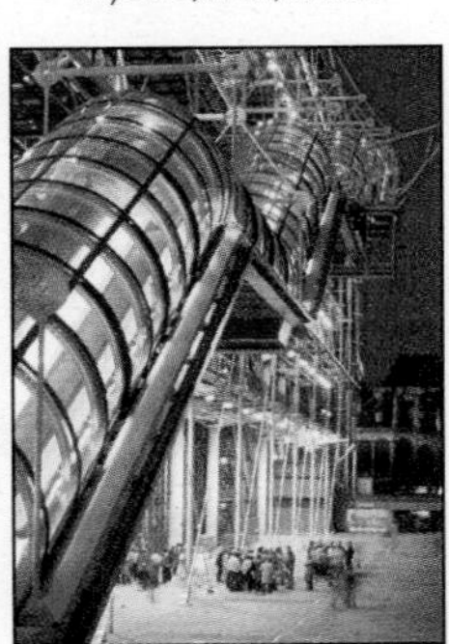

L'escalator extérieur du ***CNAC Georges-Pompidou.***

pomponner v. t. [1] Apporter beaucoup de soin à la parure de. *Pomponner une mariée.* / v. pron. *Se pomponner pendant des heures.*

ponant n. m. Vx Couchant (par oppos. au levant). / Vent d'ouest, dans le midi de la France.

ponçage n. m. Action de poncer; résultat de cette action.

ponce n. f. Roche très poreuse et légère, résultant du refroidissement lent de la lave, couramment nommée *pierre ponce.* / TECH. Sachet de toile renfermant une poudre colorante, qui sert à poncer.

ponceau n. m. et adj. inv. Vx Coquelicot. / adj. inv. De la couleur rouge du coquelicot. *Une robe ponceau.*

Poncelet (Jean Victor) 1788-1867 Général et mathématicien français, pionnier de la géométrie projective (*Traité des propriétés projectives des figures*, 1822), auteur de travaux de mécanique.

poncer v. t. [1] Polir (une surface) avec une pierre ponce ou tout autre abrasif. / Reproduire à l'aide d'une ponce.

ponceuse n. f. Outil, machine à poncer.

poncho n. m. (mot espagnol) Sorte de couverture comportant un trou pour la tête et portée en Amérique du Sud en guise de manteau.

poncif n. m. Dessin au contour piqué de trous sur lequel on passe une *ponce*, pour le reproduire sur une surface quelconque. / Fig. Œuvre banale, sans personnalité; lieu commun.

ponction n. f. MÉD. Opération destinée à effectuer un prélèvement ou à évacuer le liquide contenu dans une cavité normale ou pathologique, à l'aide d'une aiguille, d'un trocart ou d'un bistouri. *Ponction lombaire*, effectuée au niveau des vertèbres lombaires, qui permet de prélever du liquide céphalorachidien. *Ponction biopsie*, qui consiste à prélever un fragment de tissu en vue d'une analyse histologique.

ponctionner v. t. [1] MÉD., CHIR. Opérer la ponction de; effectuer une ponction dans.

ponctualité n. f. Qualité d'une personne ponctuelle. / Caractéristique de ce qui se produit à point nommé.

ponctuation n. f. Système de signes utilisés pour distinguer les divers éléments d'une phrase, et les phrases entre elles. *Le point est un signe de ponctuation.* / MUS. Manière d'indiquer les périodes, les phrases d'un morceau de musique, par les silences, les cadences.

ponctué, ée adj. PALÉONT. *Théorie des équilibres ponctués*: théorie (alternative au gradualisme phylétique) selon laquelle, au cours de l'évolution, les espèces nouvelles apparaissent en un temps bref à l'échelle des processus géologiques, après de longues phases de stase.

ponctuel, elle adj. Constituant un point ou pouvant être assimilé à un point. *Source lumineuse ponctuelle.* / Fig. Qui ne porte que sur un point précis. *Intervention ponctuelle.* / (En parlant de personnes) Précis en matière d'heure. *Être ponctuel à un rendez-vous.*

ponctuellement adv. Avec ponctualité.

ponctuer v. t. [1] Marquer de signes de ponctuation. *Ponctuer correctement un texte.* (Absol.) Apprendre à ponctuer. / Accompagner (ses paroles) de gestes, de bruit.

pondération n. f. Action de pondérer; son résultat. / Calme; modération; équilibre. / MATH., STAT. Opération qui consiste à pondérer (une variable).

pondéré, e adj. Qui fait preuve de pondération. / STAT. *Indice pondéré*, qui a subi une pondération.

pondérer v. t. [1] Assurer l'équilibre de (un pouvoir, une force, une tendance, une influence) par le contrepoids de qqch. d'autre. *Pondérer les pouvoirs du président-directeur général par ceux du conseil d'administration.* / MATH., STAT. Affecter (une variable) d'un coefficient qui modifie l'incidence qu'elle a ou peut avoir sur un résultat.

pondéreux, euse adj. et n. m. Très pesant. *Marchandises pondéreuses.* / n. m. *Un pondéreux*: un matériau de densité élevée.

Pondichéry ou **Pondicherry** *401 000 h.* Ville et port du sud-est de l'Inde, sur la côte de Coromandel. Ancien chef-lieu des Établissements français dans l'Inde (Pondichéry, Chandernagor, Karikal, Yanaon, Mahé), elle a été restituée à l'Inde en 1954. C'est aujourd'hui la capitale du *Territoire de Pondichéry* (*807 785 h.*, *492 km²*).

pondre v. t. [3] Produire, expulser (un œuf), en parlant de la femelle des ovipares. (Emploi absol.) *Cette poule ne pond plus.* / Fam. Produire, écrire. *Il n'a pas encore fini de pondre son rapport.*

poney n. m. Cheval de petite taille.

Ponge (Francis) 1899-1988 Poète français dont l'œuvre s'attache à décrire le monde qui l'entoure avec minutie (*Le Parti pris des choses*, 1942; *Le Grand Recueil*, 1961), ouvrant ainsi de grandes perspectives sur le langage et la nature même de la poésie.

pongé n. m. Léger taffetas de soie, ou de bourre de soie.

pongidés n. m. pl. ZOOL. Famille de grands singes anthropoïdes, dépourvus de queue, ayant une aptitude importante pour la bipédie, comprenant le gorille, le chimpanzé, l'orang-outan. / Famille de grands singes anthropoïdes comprenant uniquement l'orang-outan (le gorille, le chimpanzé et l'homme étant regroupés dans la famille des hominidés).

Poniatowski (Joseph, prince**)** 1763-1813 Général polonais. Réfugié en France après la révolte de Varsovie en 1794, nommé par Napoléon Ier ministre de la Guerre du grand-duché de Varsovie en 1807, il participa à la campagne de Russie (1812). Il se noya dans l'Elster en couvrant la retraite des Français après la défaite de Leipzig, alors qu'il venait d'être nommé maréchal de France.

Poniatowski (Michel) 1922-2002 Homme politique français, ministre de l'Intérieur (1974-1977), puis (1977-1981) ambassadeur et représentant personnel du président de la République. Il est l'auteur d'ouvrages d'histoire et de prospective et d'un pamphlet qui témoignent de ses opinions conservatrices (*L'Histoire est libre*, 1982; *Lettre ouverte au président de la République*, 1983).

Ponson du Terrail (Pierre Alexis, vicomte**)** 1829-1871 Écrivain français, auteur de romans-feuilletons très populaires: *Les Cavaliers de la nuit* (1855), *Les Exploits de Rocambole* (1859), *Les Drames de Paris* (posthume, 1884).

pont n. m. Ouvrage d'art qui permet de franchir un obstacle en creux (cours d'eau, voie ferrée, route...). / MILIT. *Tête de pont*: point où une armée prend possession du territoire ennemi après avoir franchi un pont ou effectué un débarquement; au fig., point de départ pour des opérations futures. / *Les ponts et chaussées*: service public chargé de la construction et de l'entretien des voies publiques. *École des ponts et chaussées.* / Tout ce qui sert d'intermédiaire. *Pont roulant*: portique mobile muni de roues et d'un treuil servant à déplacer les charges. *Pont arrière, pont avant d'une automobile*: organe de transmission du mouvement du moteur aux roues. *Pont aérien*: liaison aérienne ininterrompue au-dessus d'une zone accessible par ce seul moyen. / Fig. *Couper les ponts*: interrompre toute relation. *Faire le pont*: ne pas travailler un jour ouvrable entre deux jours fériés. / CHIM. Configuration de certaines molécules, faite d'une liaison, d'un atome ou d'une chaîne atomique non ramifiée qui relie deux atomes de la molécule, dite alors *molécule pontée. Pont hydrogène*: voir *liaison*. / ÉLECTR. Montage à quatre branches en quadrilatère, chacune de ces branches étant constituée d'une résistance, d'une inductance, d'un condensateur, ou d'un groupe de ces éléments; la source est dans une diagonale, l'appareil de mesure, dans l'autre. / MAR. Ensemble des bordages horizontaux qui recouvrent le creux de la coque d'un navire, ou divisent cette coque en étages nommés *entreponts*. *Pont d'envol*: pont supérieur d'un porte-avions, aménagé en piste d'envol.

Pont Ancien État d'Asie Mineure, en bordure du Pont-Euxin, soumis par l'Empire perse au VIe siècle av. J.-C. Ses satrapes héréditaires prirent le titre de rois, après la bataille d'Ipsos (301 av. J.-C.). Mithridate Eupator agrandit considérablement le royaume que les Romains lui enlevèrent, après une longue guerre menée par Sylla puis Pompée (88-85 et 66-63 av. J.-C.), et qu'ils annexèrent finalement à l'empire.

pontage n. m. CHIR. Intervention visant à rétablir un débit sanguin suffisant lorsqu'une portion d'artère est oblitérée, par la pose en dérivation d'un conduit artificiel ou naturel (fragment de veine). *Pontage coronaire*, effectué entre l'aorte descendante et l'artère coronaire obstruée, permettant d'assurer la vascularisation du myocarde en cas d'insuffisance coronarienne.

Pont-Aven *2 960 h.* Petit port de pêche de Bretagne (Finistère), sur la rivière de Pont-Aven, centre de conserveries. Il attira au XIXe siècle (1888-1890) une pléiade de peintres regroupés autour de Gauguin: Émile Bernard, Paul Sérusier, Maurice Denis, qui formèrent l'*école de Pont-Aven*. Ce

Henrik Pontoppiddan.

groupe est à l'origine de la naissance des esthétiques synthétiste puis symboliste.

Pontchartrain (Louis Phélypeaux, comte **de)** 1643-1727 Homme politique français. Sous le règne de Louis XIV, il fut intendant (1687), contrôleur général des Finances (1689-1699), secrétaire d'État à la Marine et à la Maison du roi (1690-1699); il créa la capitation en 1695. Il fut chancelier de France de 1699 à 1714.

ponte [1] n. f. Chez les femelles ovipares, action de pondre des œufs. *Époque de la ponte.* / L'ensemble des œufs pondus. *La ponte d'une grenouille.* / PHYSIOL. *Ponte ovulaire*: ovulation.

ponte [2] n. m. Dans certains jeux de hasard, personne qui ponte. / Fam. Personnage influent.

ponter [1] v. t. [1] MAR. Munir d'un pont (une embarcation).

ponter [2] v. i. [1] (Dans certains jeux de hasard) Jouer contre le banquier.

Pont-Euxin (le) (en grec *Pontos Euxeinos*, « mer hospitalière ») Nom donné dans l'Antiquité, par antiphrase, à la mer Noire où le brouillard rendait la navigation difficile. C'est sur ses bords que se trouvait le royaume du Pont.

pontife n. m. ANTIQ. ROM. Ministre du culte. *Le grand pontife*: le chef du collège des pontifes. / Évêque, dignitaire ecclésiastique. *Le souverain pontife*: le pape.

pontifical, ale, aux adj. Propre au pontife. / (Spécialement) Propre au pape. *Gardes pontificaux.*

pontificat n. m. ANTIQ. ROM. Dignité de grand pontife. / Dignité de pape; durée de l'exercice de cette dignité.

• **pontificaux (États)** Nom des territoires italiens soumis à l'autorité temporelle du pape.

pontifier v. i. [1] Fam. S'exprimer de façon solennelle et emphatique; faire étalage de son importance.

Pontine (plaine) (autrefois **marais Pontins**) *80 000 ha* Plaine du Latium (Italie péninsulaire), couverte de riches cultures dans l'Antiquité. Négligée, envahie par les eaux du Tibre et devenue malsaine (malaria), elle a été assainie à partir de 1928 et est redevenue un important centre agricole.

pont-levis n. m. Dans les châteaux forts et les fortifications du Moyen Âge entourés de fossés, pont mobile qui, levé, en condamne la porte d'entrée et, baissé, permet le passage. Pl. Des *ponts-levis*.

Pont-Neuf (le) Pont de Paris, le plus ancien, commencé en 1578, achevé en 1606, qui relie l'extrémité aval de l'île de la Cité aux deux rives de la Seine. Promenade animée du vieux Paris, il était autrefois occupé sur toute sa longueur par des boutiques.

Pontoise *27 494 h.* Chef-lieu du Val-d'Oise (dont la préfecture se trouve à Cergy), sur l'Oise, partie ancienne (cathédrale des XIIe, XVe et XVIe siècles) de l'agglomération nouvelle de Cergy-Pontoise. Centre tertiaire. Musées. Ancienne capitale du Vexin français, Pontoise fut un lieu de résidence de plusieurs rois capétiens et accueillit Louis XIV durant la Fronde.

ponton n. m. Plate-forme flottante utilisée comme débarcadère, ou servant aux travaux de construction dans les ports. / HIST. Navire désaffecté servant de dépôt de matériel, de caserne, de prison. / TECH. Gabarit pour cuber les tas de pierres.

pontonnier n. m. MILIT. Soldat du génie chargé de la mise en œuvre et de l'entretien des ponts mobiles. / TECHN. Personne qui manœuvre, conduit un pont roulant.

Pontoppiddan (Henrik) 1857-1943 Écrivain danois. Ses œuvres sont une peinture de la vie quotidienne, tant à la campagne qu'en ville (*La Terre promise*, trilogie,

Le Pont-Neuf.

Pop art : Marilyn Monroe par Andy Warhol.

1891-1895 ; *Pierre le chanceux*, 1898-1904), et un plaidoyer contre la radicalité en politique (*Le Paradis de l'homme*, 1927).

Pontormo (Iacopo Carucci, dit le) 1494-1556 Peintre italien, principal représentant du maniérisme florentin : *Déposition de croix*.

Ponts-de-Cé (Les) *11 032 h.* Ville de Maine-et-Loire, dans l'agglomération d'Angers, sur la Loire. Cette place stratégique, où Louis XIII vainquit les partisans de sa mère Marie de Médicis, en 1620, et où l'armée de la République vainquit les Vendéens en 1793, fut le théâtre de violents combats en 1944, lors de la retraite des troupes allemandes.

pool n. m. (mot anglais) Entente conclue entre des producteurs pour contingenter la production et réglementer un marché de distribution. / Ensemble de personnes effectuant le même travail, dans une entreprise.

pop'art ou **pop art** n. m. (mot anglais) Mouvement artistique né en Angleterre au milieu des années 1950, qui prend notamment pour thèmes les objets cultes de la société de consommation, et emprunte à la publicité, aux médias, images et procédés graphiques.

pop-corn n. m. sing. (mot anglo-américain) Grain de maïs soufflé à chaud, sucré ou salé.

pope n. m. Prêtre orthodoxe vivant dans le monde. *Les popes ont la charge d'une paroisse, ils peuvent être mariés, à l'inverse des moines, toujours célibataires (qu'ils soient prêtres ou non), et des évêques, également célibataires et choisis parmi les moines.*

Pope (Alexander) 1688-1744 Poète et essayiste anglais. Ses poèmes didactiques ou satiriques : *Essai sur la critique* (1711), *La Boucle de cheveux volée* (1712), *La Dunciade* (1728), témoignent de son ironie parfois cinglante et de son mépris pour les écrivains médiocres. Il avait appris tout seul le français, l'italien, le grec et le latin, et donna une traduction de *L'Iliade* (1720) qui remporta un grand succès.

Alexander Pope.

popeline n. f. Étoffe à chaîne de soie et trame de laine. / Tissu léger, de soie ou de coton, dont la texture et l'aspect évoquent ceux de la popeline.

poplité, e adj. ANAT. Du jarret. *Nerfs poplités*.

Popocatépetl *5 452 m* Sommet volcanique du Mexique situé au sud de la Meseta centrale, non loin de Mexico. La ville de Puebla s'étend à ses pieds.

popote n. f. et adj. inv. Fam. Cuisine. *Faire la popote*. / adj. inv. Excessivement attaché à son foyer, à son ménage ; casanier. *Ils sont tous très popote dans cette famille.*

popotin n. m. Fam. Derrière (de qqn) ; fesses.

Popov (Aleksandr Stepanovitch) 1859-1906 Ingénieur russe qui inventa l'antenne radioélectrique en perfectionnant les découvertes de Hertz et de Branly (1895). Il construisit le premier radiorécepteur et parvint à émettre des signaux en morse (1896).

Poppée ?-65 Impératrice romaine. Ayant fait répudier Octavie, elle épousa Néron en 62. Celui-ci la tua d'un coup de pied dans le ventre, alors qu'elle était enceinte.

Popper (sir **Karl Raimund**) 1902-1994 Philosophe britannique d'origine autrichienne. *La Logique de la découverte scientifique* (1934) ouvrit la voie à l'épistémologie moderne ; il utilise comme critère la « falsifiabilité » ou possibilité de réfuter une théorie pour distinguer science et non-science (comme le marxisme et la psychanalyse). Il a publié également des ouvrages de philosophie politique : *Misère de l'historicisme* (1956), et une autobiographie qui retrace son itinéraire intellectuel : *La Quête inachevée* (1974).

populace n. f. Péjor. Peuple. *La populace soulevée contre les lois* (Fénelon).

PONTIFICAUX (ÉTATS)

Dès le IVe siècle, l'Église dispose d'une base territoriale : si l'on en croit la tradition, Constantin lui a restitué des biens confisqués au cours des persécutions. Cette « donation de Constantin » constitue l'embryon de ce qui deviendra les « États de l'Église » (ou États pontificaux) que les papes s'efforceront d'agrandir ou, à tout le moins, de préserver jusqu'en 1870.

Vers 600, l'Église est le plus grand propriétaire foncier de tout l'Occident : elle a des terres en Italie (Italie continentale et îles), en Dalmatie, en Gaule, en Afrique. Pour les défendre contre la menace lombarde, le pape Étienne II, au VIIIe siècle, fait appel à Pépin le Bref et le sacre à Saint-Denis. Ce dernier s'engage à faire « restituer » au pape l'ancien exarchat de Ravenne et une partie des territoires environnants, alors que ces terres n'avaient jamais appartenu au Saint Siège. De la réunion du « duché de Rome » et de cette « donation de Pépin » sont nés les États de l'Église qui coupent l'Italie centrale en deux. C'est un État fragile, en proie aux dissensions et aux invasions (celle des Sarrasins, notamment), et contraint de se placer sous la protection de l'empereur qui exerce donc, de fait, une tutelle sur Rome.

Rome ne peut accepter cette sujétion, l'empereur entend la maintenir : la lutte du Sacerdoce et de l'Empire, du spirituel et du temporel, divise la chrétienté jusqu'au XIIIe siècle : en 1274, l'empereur renonce à ses droits sur Rome. Cette renonciation ne met pas fin aux querelles romaines, si violentes que les papes doivent parfois aller vivre ailleurs. Clément V s'installe (1303) en France, dans le Comtat venaissin qui appartenait au Saint Siège, puis (1309) en Avignon que les papes achèteront en 1348. Les États pontificaux sombrent dans l'anarchie, le pape Grégoire XI revient à Rome (1377) et meurt un an plus tard. C'est le début du schisme d'Occident, les papes d'Avignon s'opposent aux papes de Rome qui n'exercent plus qu'un pouvoir nominal en Italie.

La Cité du Vatican.

En 1447, la papauté reprend définitivement possession de Rome et commence à raffermir son autorité sur ses possessions temporelles, la souveraineté temporelle étant alors considérée comme le gage indispensable de la souveraineté spirituelle. Mais, souverain temporel, le pape est soumis aux mêmes impératifs que les autres souverains, ce qui conduit les pontifes à s'impliquer dans les intrigues de la politique italienne, à mener de véritables guerres de conquête (conquêtes souvent éphémères, d'ailleurs), à lutter contre les Français, chassés d'Italie (Pavie, 1525), et contre les troupes impériales qui mettront Rome à sac (1527). De la fin du XVIe siècle à la Révolution française, les États pontificaux connaîtront une certaine prospérité. En 1791, la France annexe Avignon et le Comtat venaissin.

En 1797, elle rattache Ferrare, Bologne et la Romagne à la république Cisalpine. En 1798, Rome est occupée, la République romaine proclamée, Pie VI exilé. Les Français sont chassés en 1799. La victoire de Marengo (1800) rétablit la souveraineté française mais Bonaparte, soucieux de ménager les catholiques, rend la plupart de ses territoires au Saint Siège avant, devant le refus de Pie VII d'adhérer au Blocus continental, de réunir les États pontificaux à la France (départements de Rome et du Trasimène). Au congrès de Vienne (1815), l'État pontifical est restauré, à l'exception des territoires situés en France. Des mouvements révolutionnaires se développent à partir de 1820, conduisant (1849) à la proclamation de la République romaine, écrasée par les troupes françaises la même année. La marche vers l'unité italienne se fait aux dépens des États de l'Église, en grande partie annexés au royaume de Piémont-Sardaigne à partir de 1859.

En 1870, Rome devient capitale du royaume d'Italie. Pie IX se considère alors comme prisonnier au Vatican. La situation perdurera jusqu'en 1929, date des accords de Latran qui créeront l'État du Vatican.

populaire adj. **I.** Qui constitue le peuple. *Masses populaires.* / Propre au peuple. *Traditions populaires.* / HIST. *Démocraties populaires*: voir *démocratie.* / Destiné au peuple. *Film populaire.* **II.** Aimé du peuple. *Un roi populaire.* Ant. impopulaire. / Par ext. Connu et apprécié par le plus grand nombre. *Un acteur très populaire.*

populariser v. t. [1] Rendre populaire; faire connaître.

popularité n. f. Caractère populaire d'une personne, d'une chose. *Jouir d'une grande popularité.* Ant. impopularité.

population n. f. Ensemble des individus habitant une ville, un pays, etc. / Ensemble des individus d'une même espèce animale ou végétale, vivant dans une même région. *La population des ours des Pyrénées.* / Animaux de même espèce formant une société. *La population d'une fourmilière.* / Ensemble d'individus présentant des caractères communs (travail, mode de vie). *La population rurale.*

populeux, euse adj. Très peuplé. *Quartier populeux.*

populisme n. m. LITTÉR. École littéraire française née en 1929, qui s'attache à la peinture de la vie quotidienne des classes populaires. / HIST. Mouvement d'opposition au tsarisme qui, entre 1850 et 1880, groupait des intellectuels russes désireux d'éduquer les paysans pour tenter de combler le retard économique et politique de la Russie. *Le populisme ne réussit pas à s'implanter à la campagne, ses efforts se heurtèrent à l'incompréhension des paysans et le mouvement fut vite démantelé par la police.* / Péjor. Nom donné à tout courant politique anti-parlementaire et démagogique agissant (ou proclamant qu'il agit) « au nom du peuple ».

populiste adj. et n. Qui procède du populisme; adepte du populisme.

porc n. m. Mammifère ongulé de la famille des suidés, aux formes lourdes et épaisses, au museau terminé en groin. *Porc sauvage*: sanglier; *porc domestique*: cochon. *On donne le nom de verrat au porc mâle, celui de truie à la femelle, celui de porcelet au jeune porc.* / Viande de cet animal. / Cuir de cet animal. / Fig. Homme répugnant, physiquement ou moralement.

porcelaine n. f. ZOOL. Mollusque gastéropode à la coquille de forme globuleuse, vernissée, portant des taches de couleurs vives. / Poterie translucide non colorée, de texture fine, non poreuse, recouverte de glaçure. / Objet en porcelaine. *Porcelaines de Sèvres.*

porcelet n. m. Jeune porc.

porc-épic n. m. Mammifère rongeur des régions chaudes d'Europe, d'Asie et d'Afrique (porcs-épics de l'Ancien Monde, de mœurs terrestres) et d'Amérique (porcs-épics du Nouveau Monde, arboricoles) dont le corps trapu et épais est garni de longs piquants orientés d'avant en arrière, qui se détachent facilement en cas d'agression. Pl. Des *porcs-épics.*

porchaison n. f. CHASSE Époque de l'année où le sanglier est le plus gras; état du sanglier à cette époque.

porche n. m. Construction en saillie, abritant l'entrée d'une église, d'une maison.

porcherie n. f. Bâtiment servant au logement, à l'élevage des porcs. / Fig. Lieu très sale.

porcin, ine adj. et n. m. Propre ou relatif au porc. / Qui évoque le porc. *Un visage porcin.* / ZOOL. n. m. pl. *Les porcins*: les suidés.

pore n. m. ANAT. Orifice des canaux des glandes sébacées et sudoripares, qui débouche à la surface de la peau. / BOT. Stomate. / Cavité minuscule d'une matière minérale poreuse.

poreux, euse adj. Qui a des pores. / Perforé d'un grand nombre de petits trous. *Roche poreuse. Vase poreux,* dont les pores laissent suinter le liquide qu'il contient.

Porgy and Bess 1935 Opéra de George Gershwin sur un livret de son frère Ira et de DuBose Heyward: Porgy, un géant noir amputé des deux jambes, et Bess, son amie, affrontent des mauvais garçons. Ce fut le premier opéra conçu pour une troupe exclusivement noire. Le film qu'en tira Preminger (1958) réunit Sidney Poitier (né en 1924) et Dorothy Dandrige (1923-1965).

porifères n. m. pl. ZOOL. Spongiaires.

pornographe n. Auteur d'œuvres pornographiques.

pornographie n. f. Caractère obscène d'une œuvre littéraire, d'une illustration, d'un spectacle.

pornographique adj. Qui procède de la pornographie.

porosité n. f. Caractère d'un matériau, d'un objet poreux. *Porosité d'une roche.*

Porphyre 234-305 Philosophe grec d'origine syrienne, né à Tyr, mort à Rome. Disciple et exégète de Plotin, il contribua à répandre sa pensée. Nombre de ses livres, qui attaquaient le christianisme, furent brûlés en 448.

porphyre n. m. Roche éruptive de composition diverse, très dure.

porphyrie n. f. MÉD. Maladie héréditaire caractérisée par une accumulation de porphyrines dans les tissus et par une élimination anormale de ces substances ou de leurs précurseurs dans les urines et les fèces.

porphyrine n. f. BIOCHIM. Pigment formé de quatre noyaux de pyrrole unis par des ponts carbonés insaturés, capables de fixer un ion métallique, intervenant dans les phénomènes respiratoires, chlorophylliens, etc. *Les porphyrines sont des structures essentielles de l'hémoglobine, de la myoglobine, des chlorophylles, des cytochromes.*

porphyrogénète adj. HIST. Se disait des enfants des empereurs d'Orient nés pendant le règne de leur père.

porridge n. m. (mot anglais) Bouillie de flocons d'avoine.

port [1] n. m. Abri naturel (dans une baie ou à l'embouchure d'un fleuve) ou artificiel (défendu par des digues), aménagé pour permettre aux navires d'embarquer et de débarquer marchandises et voyageurs. *Ports de commerce, de pêche, de guerre. Port d'attache*: port où est immatriculé un navire; *port franc,* non soumis au contrôle des douanes; *port autonome,* administré par les représentants des usagers. / Ville qui possède un port. *Les ports de la Méditerranée.* / Fig. Refuge. *Arriver à bon port,* à destination. / GÉOGR. Col, dans les Pyrénées. *Le port de Vénasque.*

port [2] n. m. Fait de porter une charge. / Fait de porter sur soi. *Port d'un uniforme.* / Allure, façon de se tenir. *Port de tête majestueux.* / Allure générale d'une plante. / Prix du transport d'une lettre, d'un colis par la poste. *Franco de port,* se dit d'un envoi dont les frais sont à la charge de l'expéditeur. / MAR. *Port en lourd*: charge totale que peut transporter un navire.

portable adj. et n. m. INFORM. *Programme, logiciel portable,* qui peut fonctionner sur différents types d'ordinateur. / DR. *Dette portable,* qui doit être payée dans un lieu précis, fixé par une convention ou une décision de justice. / Portatif. *Un ordinateur portable* ou (n. m.) *un portable. Un téléphone portable* ou (n. m.) *un portable.*

***Portail** de la cathédrale de Sangüesa.*

portage n. m. Transport (d'une charge) à dos d'homme. / Système de distribution de journaux à domicile. / FIN. Prise en charge de titres que l'on veut placer. *Portage de valeurs mobilières*: vente de titres faisant au vendeur l'obligation de les racheter à une date et à un prix convenus.

portail n. m. Porte monumentale sur la façade d'une église. / Porte de grandes dimensions d'un édifice, d'un parc.

portance n. f. AÉRON. Composante verticale de la somme vectorielle des forces aérodynamiques s'exerçant sur une aile d'avion et qui en assure la sustentation.

portant, e adj. et n. m. **A.** adj. Qui porte, soutient. *Mur portant.* / *Être bien, mal portant*: être en bonne, en mauvaise santé. / Loc. adv. (En parlant d'une arme à feu) *À bout portant,* l'arme touchant presque la cible. **B.** n. m. Armature, châssis vertical. *Portant d'un décor.*

Port-Arthur (en chinois, *Lüshun*) Ancienne ville de Chine qui fait partie de la conurbation de Lüda, à l'extrémité de la péninsule qui ferme la baie de Corée. Cédée à la Russie en 1898, conquise par le Japon en 1905, reprise par l'U.R.S.S. en 1945, la ville fut rendue à la Chine en 1954.

portatif, ive adj. Conçu pour être transporté.

Port-au-Prince *1 144 000 h.* Capitale de la république d'Haïti, au fond de la baie de Port-au-Prince. Le *Prince* est le nom d'un navire français qui s'ancra là vers 1700. Fondée en 1749, la ville devint la capitale de la colonie française de Saint-Domingue. C'est le principal centre économique et le premier port d'Haïti. On y observe un violent contraste entre les quartiers résidentiels et les zones misérables.

Port-de-Bouc *16 686 h.* Commune des Bouches-du-Rhône, située à l'entrée de l'étang de Berre, près de Marseille, centre d'industries chimiques et pétrochimiques. Fort et enceinte de Vauban.

porte [1] n. f. Ouverture permettant d'entrer dans un lieu fermé et d'en sortir. / Endroit d'une ville où se trouvait une porte d'enceinte. *La porte d'Orléans à Paris.* / Panneau mobile qui clôt une ouverture ou ferme certains meubles. / HIST. *La Porte* ou *la Sublime Porte*: le gouvernement ottoman. / Fig. *Mettre qqn à la porte,* le chasser ou le licencier.

porte [2] adj. ANAT. *Veine porte*: veine conduisant au foie le sang provenant des organes digestifs.

porte-à-faux n. m. inv. Disposition d'une chose, d'un mur, qui n'est pas d'aplomb. / Fig. *Être en porte-à-faux,* dans une situation inconfortable.

porte-à-porte n. m. inv. Méthode de vente à domicile consistant à proposer une marchandise de porte en porte.

porte-avions n. m. inv. Vaisseau militaire dont le pont supérieur est une surface plane allongée pour permettre l'envol et l'atterrissage d'avions.

porte-bagages n. m. inv. Filet ou treillis métallique destiné aux bagages des voyageurs, dans un train, un autocar, etc. / Petit cadre placé derrière la selle d'une bicyclette, d'une moto, etc. permettant d'arrimer un bagage.

porte-bonheur n. m. inv. Objet auquel on attribue le pouvoir de porter chance.

porte-clés ou **porte-clefs** n. m. inv. Anneau, étui servant à porter des clefs.

porte-couteau n. m. Petit support posé sur une table, qui sert à protéger la nappe des taches que pourrait y faire la lame des couteaux. Pl. Des *porte-couteaux* ou des *porte-couteau.*

porte-documents n. m. inv. Cartable à poche unique destiné à porter des papiers, des documents.

porte-drapeau n. m. Personne qui porte le drapeau d'un régiment. Pl. Des *porte-drapeaux* ou des *porte-drapeau.*

portée n. f. **I.** Ensemble des petits que les femelles des mammifères mettent bas à chaque gestation. Une portée de chiots. **II.** Distance que peut atteindre un projectile. *Portée d'un fusil.* / Distance à laquelle on peut voir, se faire entendre, etc. *Être, ne pas être à portée de voix*: être, ne pas être audible. *Être à la portée de,* accessible à. *Être hors de portée de,* inaccessible à. / Fig. *À la portée, hors de portée de*: accessible, inaccessible à la compréhension. *Portée d'une intelligence,* sa valeur. / Importance. *Une découverte d'une grande portée.* / CONSTR. Distance entre les points d'appui d'une pièce de construction. *La portée d'une poutre.* **III.** MUS. Ensemble de cinq lignes horizontales, parallèles, équidistantes, sur ou entre lesquelles sont inscrites les notes.

portefaix n. m. Anc. Porteur de fardeaux.

porte-fenêtre n. f. Fenêtre s'ouvrant jusqu'au sol. Pl. Des *portes-fenêtres.*

portefeuille n. m. Pochette à plusieurs compartiments, destinée à renfermer les papiers d'identité et des billets de banque. / Ensemble des valeurs mobilières, des effets de commerce possédés par une personne,

*Un quartier de **Port-au-Prince**.*

P

une entreprise. / Ministère. *Ministre sans portefeuille* ou *ministre d'État*: ministre qui ne dirige pas un département ministériel.

porte-foret n. m. TECH. Instrument servant de support à un foret. Pl. Des *porte-foret* ou des *porte-forets*.

Porte-Glaive Ordre de chevalerie, religieux et militaire, qui fut fondé en 1202 par Albert de Buxhövden, évêque de Riga. Uni aux chevaliers Teutoniques en 1237, le Porte-Glaive combattit avec eux le paganisme en Livonie. Il fut battu en 1559 par le tsar Ivan IV et sécularisé deux ans plus tard.

porte-jarretelles n. m. inv. Ceinture à laquelle sont fixées des jarretelles.

portemanteau n. m. Dispositif de crochets pour suspendre les vêtements. / Vx Officier qui était chargé de porter le manteau d'un haut personnage. / Vx Malle cabine; enveloppe contenant le paquetage d'un cavalier. / MAR. Portique servant à hisser les embarcations de sauvetage.

portement n. m. *Portement de croix*: œuvre d'art représentant le Christ chargé de la croix (le mot ne s'emploie que dans cette expression).

porte-monnaie n. m. inv. Étui ou pochette en cuir ou en toute autre matière, où l'on met des pièces de monnaie.

porte-musc n. m. inv. ZOOL. Petit cervidé d'Asie, caractérisé par la présence de défenses et d'une poche à musc chez le mâle.

porte-parole n. m. inv. Personne habilitée pour parler au nom d'une autre personne, d'un groupe, d'un parti, etc.

porte-plume n. m. inv. Instrument servant à écrire, à dessiner, constitué d'un bâtonnet sur lequel on fixe une plume. Pl. Des *porte-plume* ou des *porte-plumes*.

porter v. t. / v. i. [1] **A.** v. t. Charger ses mains, ses bras, ses épaules ou son dos de (qqch., qqn) en le maintenant au-dessus du sol. *Porter son cartable, sa valise. Porter un sac à dos. Porter un enfant sur ses épaules.* / Fig. *Ne pas porter qqn dans son cœur*, lui être hostile. / Fig. Assumer. *J'en porterai l'entière responsabilité.* / Avoir (un enfant, un petit) dans sa matrice, en parlant des femmes, des femelles de mammifères. *Elle portait son fils aîné quand cet événement eut lieu.* (Absol.) *L'éléphante porte environ 21 mois*, sa gestation dure environ 21 mois. / Supporter, résister sous le poids de. *Cette tribune ne peut porter plus de cinquante personnes. Ses jambes ne le portent plus*: il est trop épuisé pour rester debout. / Donner, produire, en parlant d'une plante, d'un arbre. *Ce rosier porte des roses splendides.* / Avoir sur soi (telle pièce de vêtement, tel accessoire). *Elle porte un manteau de vison. Porter des lunettes, des bagues.* / Être marqué de. *Il porte une balafre à la joue. Quel numéro ce dossier porte-t-il?* / Avoir pour nom, pour surnom. *Il porte un étrange sobriquet. Porter le titre de docteur.* / Être considéré, inscrit comme. *Dix personnes sont portées disparues.* / Avoir l'apparence de. *Elle ne porte pas son âge*: elle paraît plus jeune qu'elle n'est en réalité. / Emporter, transporter (qqch.) d'un endroit vers un autre. *Portez-lui cette lettre, s'il vous plaît. Porter un défunt en terre*, l'enterrer. / Diriger (qqch.) vers. *Porter son regard vers l'horizon. Il n'arrive pas à porter les aliments à sa bouche. Porter à qqn un coup mortel*, le frapper à mort. / Mettre dans tel nouvel état. *Porter qqn au pouvoir. Ce roman a été porté à l'écran*, on en a fait une adaptation cinématographique. *Porter du lait à ébullition.* / Donner cours à (telle action, tel sentiment, telle faculté). *Porter témoignage. Porter une affaire en justice. Elle lui porte une vive affection.* / Amener, pousser. *Sa méfiance le porte à soupçonner tout le monde. Être porté sur*: avoir un faible pour. *Il est très porté sur les boissons alcoolisées.* **B.** v. t. ind. *Porter sur*: reposer sur, avoir pour point d'appui. *Toute la charpente porte sur cette poutre maîtresse.* (Au fig.) *Porter sur les nerfs de qqn*, l'énerver, l'exaspérer. / Avoir pour objet. *Tous nos efforts portent sur cet objectif. Le litige porte sur une question de préséance.* **C.** v. i. Atteindre le but. *Ses protestations ont finalement porté.* / Avoir telle portée, telle amplitude. *Ce haut-parleur ne porte pas suffisamment loin.* / *Porter à la tête*: soûler, étourdir facilement. *Vin qui porte vite à la tête.* **D.** v. pron. Être dans tel état physique ou psychique. *Comment vous portez-vous ce matin?* / Litt. *Se porter vers qqn*: aller à sa rencontre. / Se constituer, se présenter en vertu de telle qualité. *Se porter candidat à la présidence d'un parti. Se porter garant de qqn.*

Cole Porter.

Porter (Katherine Anne) 1890-1980 Écrivain américain. Nouvelliste (*La Tour penchée*, 1944), elle n'écrivit qu'un seul roman, *La Nef des Fous* (1962), énigmatique parabole qui met en scène un bateau occupé par d'étranges passagers.

Porter (Cole) 1893-1964 Compositeur américain, proche du jazz, auteur de chansons (*Night and Day*), de comédies musicales (*Fifty Million Frenchmen*, 1929; *Kiss me Kate*, 1948) et de musiques de films (*High Society* de C. Walters, 1956).

Portes de Fer Nom donné à plusieurs défilés dont celui du Danube séparant les Alpes de Transylvanie (Roumanie) et les Balkans (Serbie), qui alimente des centrales hydroélectriques.

porte-serviettes n. m. inv. Support pour serviettes de toilette.

porteur, euse n. et adj. **A.** n. Personne chargée de porter une lettre, un message, un colis. *Réponse au porteur, SVP.* / Personne dont le métier est de porter les valises des voyageurs dans une gare. / FIN. Propriétaire de certains titres, papiers. *Au porteur*: mention portée sur des effets ou des chèques sur lesquels n'est pas mentionné le nom du bénéficiaire. *Les chèques au porteur ne sont plus d'usage légal.* / MÉD. *Porteur sain* ou *asymptomatique*: sujet cliniquement sain mais dont l'organisme véhicule des germes pathogènes. **B.** adj. Qui porte. *Onde porteuse*: qui porte un signal à transmettre.

porte-voix n. m. inv. Instrument en forme de cône qui amplifie le son.

portfolio n. m. Ensemble de photographies ou de gravures présentées dans un coffret ou une pochette rigide.

Port-Gentil *plus de 150 000 h.* Ville industrielle du Gabon, à l'embouchure de l'Ogooué, et plus grand port du pays. Les gisements côtiers et sous-marins de pétrole alimentent l'exportation et l'industrie. Aéroport.

Porthos Un des « trois mousquetaires » du roman d'Alexandre Dumas, personnage bon vivant au grand cœur et à la force herculéenne.

portier, ère n. Employé préposé à garder la porte de certains établissements. / (En appos.) *Sœur portière*: religieuse qui garde la porte d'un couvent.

portière n. f. Porte d'une automobile, d'un wagon de chemin de fer. / Élément de l'assemblage d'un pont de bateaux. / Rideau masquant une porte.

portillon n. m. Porte basse, battante ou à fermeture automatique.

portion n. f. Partie d'un tout. *Portion de gâteau.*

portique n. m. Galerie dont la voûte est soutenue par des colonnes, des arcades. / ANTIQ. GR. *Le Portique*: l'école des stoïciens dont le maître, Zénon, professait sous un portique d'Athènes. / SPORT Poutre horizontale sur laquelle sont fixés des agrès. / TECH. Sorte de pont roulant destiné à soulever des matériaux. / CH. DE FER Passerelle sur laquelle sont fixés des signaux.

Portland *437 000 h.* Ville des États-Unis, dans l'Oregon, sur la Willamette qui, peu après, se jette dans le fleuve Columbia. Le grand port fluvial a permis le développement de l'industrie. L'agglomération atteint *1 240 000 h.*

Porto *302 467 h.* Port actif du Portugal, deuxième ville du pays, capitale de la Région Nord. Porto, à l'embouchure du Douro, exporte des vins renommés (porto). Cathédrale romane et église gothique richement décorées selon l'art baroque. Université.

Pôrto Alegre *1 280 114 h.* Ville du Brésil, capitale de l'État du Rio Grande do Sul, port sur le lac dos Patos, centre industriel et métropole du Brésil méridional.

• **Porto Rico** *8 897 km² 3 522 039 h.* Île des Grandes Antilles, à l'est de la République dominicaine dont elle est séparée par le canal de Mona.

Porto-Vecchio *10 326 h.* Ville de la Corse-du-Sud, dans le golfe de Porto-Vecchio. Important site touristique. Port.

portrait n. m. Représentation d'une personne par la peinture, le dessin, la sculpture, la photographie. *Être le portrait de qqn*, lui ressembler trait pour trait. / Description d'une personne, sur le plan physique et/ou moral. / Description d'une chose. *On m'a fait de cette maison un portrait étonnant.* / Fam. Visage. *Se faire abîmer le portrait.*

portraitiste n. Dessinateur, peintre, photographe de portraits.

portrait-robot n. m. Portrait d'un individu recherché par la police, obtenu en combinant sur ordinateur différents types de physionomie, en se fondant sur les descriptions faites par des témoins. Pl. Des *portraits-robots.*

Port-Royal Abbaye cistercienne de femmes fondée en 1204 dans un site, assez malsain, de la vallée de Chevreuse. La direction de l'abbaye par la mère Angélique Arnauld dès 1602 fut marquée par des réformes qui rendirent l'austérité de Port-Royal célèbre. Mais l'insalubrité due aux marais voisins obligea les religieuses à venir s'installer à Paris (1625), d'où la distinction entre *Port-Royal de Paris* et *Port-Royal des Champs*. C'est là que, sous la direction de l'abbé de Saint-Cyran, furent introduits les principes jansénistes. Des penseurs (Lemaistre de Sacy, Antoine Arnauld, Pascal, Nicole, Lancelot, Hamon) se regroupèrent à Port-Royal des Champs qui devint grâce à eux (les « solitaires » de Port-Royal) un centre intellectuel brillant et un foyer d'opposition janséniste. Les *messieurs de Port-Royal* créèrent les *Petites Écoles de Port-Royal* et permirent, par des travaux d'assainissement, le retour des religieuses en 1648. Mais dès 1656, ils furent persécutés; les solitaires furent expulsés définitivement en 1679, les religieuses en 1709, et l'abbaye fut rasée en 1711. Port-Royal de Paris, transformé en prison en 1790, est devenu *Maison de l'allaitement* en 1795, puis *hôpital de la Maternité* en 1814, fonction hospitalière qu'il occupe toujours.

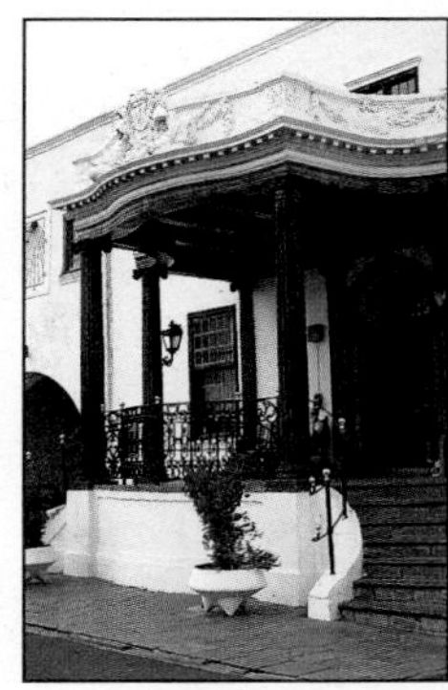

Portique.

Port-Saïd *460 000 h.* Port d'Égypte, sur la Méditerranée, à l'entrée du canal de Suez, construit en 1860. Chef-lieu de gouvernorat. La ville a été endommagée lors des guerres israélo-arabes en 1967 et 1973.

port-salut n. m. inv. (nom déposé) Fromage de vache, doux, à pâte ferme, fabriqué dans la Sarthe et la Mayenne.

Portsmouth *189 270 h.* Ville d'Angleterre, dans le Hampshire, en face de l'île de Wight, et principal port militaire britannique. Le musée naval recèle le navire de Nelson, le *Victory*.

portuaire adj. Propre à un port. *Installations portuaires.*

portugais, e adj. et n. Du Portugal. *Marine portugaise. Un(e) Portugais(e).* / n. m. LING. Langue latine parlée au Portugal et dans les anciennes colonies portugaises.

portugaise adj. f. et n. f. *Huître portugaise* ou (n. f.) *une portugaise*: variété d'huître à valve inférieure très bombée, autrefois abondante sur les côtes atlantiques de l'Europe. / n. f. Fig., fam. Oreille. *Avoir les portugaises ensablées*: mal entendre, mal comprendre.

• **Portugal** État du sud-ouest de l'Europe baigné par l'Atlantique et qui occupe une partie de l'ouest de la péninsule Ibérique.

portulan n. m. Anc. Carte marine indiquant principalement la position des ports, utilisée à la fin du Moyen Âge et à la Renaissance.

Porto Rico

Une rue du vieux San Juan.

La forteresse de San Felipe del Morro, à San Juan.

Le parlement de San Juan.

Elle forme, avec ses dépendances, un État associé aux États-Unis. Capitale *San Juan*. Montagneuse, cette île au climat chaud et humide, couverte d'une riche végétation, est peuplée de métis (75 %, recensés comme « Blancs ») et de Noirs (20 %) qui vivent de l'agriculture. La monoculture de la canne à sucre disparaît ; fruits, tabac, café, cacao sont exportés vers les États-Unis. L'industrie et le tourisme sont en développement. L'émigration est importante : 2 millions de Portoricains vivent aux États-Unis. Découverte par Colomb en 1493, colonie espagnole depuis 1511, l'île de Porto Rico a été cédée aux États-Unis en 1898 après la guerre hispano-américaine. Son statut de libre association avec les États-Unis (*free Commonwealth*), adopté en 1952, a été contesté de façon contradictoire, par les indépendantistes et les partisans de l'entrée dans les États-Unis. Après les référendums de 1992 et 1993, ce statut demeure tel.

Le quartier moderne de San Juan.

pose n. f. **I.** Action de mettre en place. *Pose d'un carrelage*. Ant. dépose. **II.** BX-ARTS Attitude prise par le modèle sur les indications de l'artiste. *Prendre la pose*. / Péjor. *Prendre la pose* : adopter une attitude, un comportement affecté. / PHOTO Exposition d'une pellicule à l'action de la lumière ; durée de cette exposition ; exposition d'une certaine durée (par oppos. à *instantané*). *Temps de pose. Une pose d'une seconde. Sujet à photographier en pose.*

posé, e adj. Qui agit avec calme. *Un jeune homme posé*. / *Une voix posée*, bien maîtrisée.

Poséidon MYTH. GR. Dieu de la Mer, fils de Cronos et de Rhéa. Il est armé du trident et son char est traîné par des monstres marins.

Posener (Georges) 1906-1988 Égyptologue français d'origine russe. Il contribua à renouveler la compréhension de l'histoire de l'Égypte et de la mentalité pharaonique. Il a mis en évidence l'usage de la littérature à des fins de propagande (*Littérature et Politique dans l'Égypte de la XIIe dynastie*, 1956), édité et analysé nombre de papyrus (*Le Papyrus Vandier*, 1978), tablettes, ostraca, et offert de nouvelles perspectives à la lecture de la littérature égyptienne en la replaçant dans une histoire globale du monde pharaonique (*De la divinité du pharaon*, 1960) et en portant une grande attention aux textes hiératiques. Il a dirigé le *Dictionnaire de la civilisation égyptienne* (1959), dont il est un des principaux auteurs.

Portulan du XVe siècle, du cartographe catalan Gabriel de Vallseca.

poser v. t. / v. i. [1] **A.** v. t. Se décharger de (qqch. qu'on porte, qu'on a avec soi). *Posez ces paquets sur la table*. / Appuyer, faire reposer sur ou contre (qqch.). *Poser sa main sur l'épaule de qqn*. / Installer, mettre en place, disposer. *Poser un papier peint et une moquette. Poser une ligne téléphonique. Poser un bâton de dynamite*. / Fig., fam. *Poser un lapin à qqn*, ne pas venir au rendez-vous qu'on lui a fixé. / *Poser sa voix*, en régler l'intonation, le volume. *Elle posa sa voix et commença ses vocalises*. / Exposer selon les règles. *Bien poser un problème de mathématique, un syllogisme*. / Adopter, fixer, considérer comme fondement, comme base. *Poser un principe intangible. Je poserai mes conditions*. / *Poser une question, une charade* : formuler une demande réclamant une réponse, une solution. / Susciter, soulever, faire l'objet de. *Cela nous pose un grave problème, un dilemme*. / Établir, présenter, proposer réglementairement. *Poser sa candidature à un poste*. / Cesser de maintenir, abandonner. *Poser les armes* : cesser le combat, faire la paix. (Au fig.) *Poser le masque* : dévoiler ses intentions réelles, se montrer sous son vrai jour. **B.** v. i. Être appuyé sur. *Barre posant sur deux supports*. / Adopter une certaine pose devant un peintre, un sculpteur, un photographe. *Poser en costume folklorique*. Au fig. *Poser pour la galerie* : chercher à attirer l'attention sur sa personne par des manières affectées, apprêtées. *Poser à* : essayer de se faire passer pour. *Cesse de poser au persécuté !* **C.** v. pron. Venir se mettre, se placer. *Une main se posa sur son front. Regard qui se pose sur qqn, qqch.*, qui s'arrête, se fixe sur qqn, qqch. / Se mettre en place, devoir être installé. *Cette vis doit se poser dans ce trou*. / Atterrir, cesser d'être en vol. *Un moineau se posa sur le rebord d'une fenêtre. Avion qui se pose sur la piste*. / *Questions, problèmes qui se posent*, qui existent, apparaissent, et doivent être réglés. / *Se poser comme, en* : se faire passer pour, s'ériger en, se présenter en tant que. *Se poser en innocente victime.*

poseur, euse n. Personne qui procède à la pose, à la mise en place de (qqch.). *Poseur de carreaux*. / Fig. Personne qui prend la pose, dont le comportement est affecté, fat. *C'est un poseur.*

posidonie n. f. BOT. Monocotylédone marine, herbacée, à longues feuilles, des côtes méditerranéennes et australiennes, où elle constitue des herbiers sous-marins.

positif, ive [1] adj. et n. m. **I.** Qui pose une affirmation. *Une réponse positive*. Ant. négatif. / GRAMM. *Degré positif de l'adjectif*, qui pose une qualité, sans idée de comparaison. (Subst.) *Le positif, le comparatif et le superlatif*. / MATH. Supérieur à zéro. *Nombre positif*. / / Dont on constate les effets. *Réaction positive*, qui a lieu. *Analyse de sang positive*, qui décèle la présence de l'élément recherché. / PHYS. *Charge électrique positive*, l'une des deux formes de l'électricité statique. *Un corps qui perd des électrons acquiert une charge positive*. / CHIM. *Ion positif* : voir *cation*. / PHOTO. *Épreuve positive*, inversant les valeurs de l'épreuve négative et restituant blanc le blanc, noir le noir. (Subst.) *Un positif* : une

PORTUGAL

Superficie : *91 982 km²* – **Nombre d'habitants :** *10 200 000 h.* – **Capitale :** *Lisbonne*
Villes principales : *Porto, Évora, Vila Nova de Gaia* – **Système politique :** *république*
Langue(s) : *portugais* – **Religion(s) :** *catholicisme* – **Monnaie(s) :** *euro*

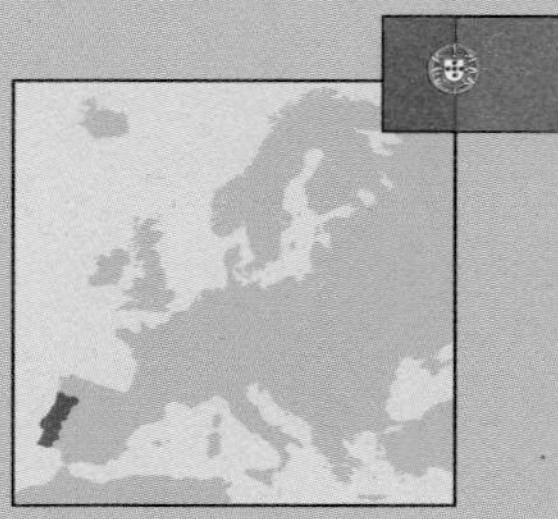

Géographie physique et humaine

Le Portugal est un pays de plateaux relevés au nord-est (Tras-os-Montes et Alto Douro) et entaillés de profondes vallées (Douro). Au sud du Tage, l'Alentejo est une vaste région plate séparée de l'Algarve par la Serra de Monchique et la Serra do Caldeirão. Le nord du pays est ouvert aux influences océaniques, tandis que le climat méditerranéen aride l'emporte dans le sud. Les cours d'eau, nombreux et irréguliers, servent de voies de communication (Douro, Tage, Guadiana). Les îles des Açores et Madère, d'origine volcanique, au climat doux (vigne et tourisme), sont situées, dans l'Atlantique, à une grande distance du pays (au large de la côte africaine pour Madère) ; elles constituent des régions autonomes.

La plage d'Albufeira dans l'Algarve.

La population est homogène. Elle est catholique à 95 %. L'émigration vers les États-Unis, le Canada, la France et aussi vers quelques autres pays européens, a été importante. À partir de 1970, la croissance démographique a cessé. Depuis les années 1980, de nombreux émigrés viennent de l'Afrique naguère portugaise.

Les plaines groupent 70 % de la population. L'urbanisation est encore faible (36 %). Le Portugal était, avec la Grèce, le pays le moins développé de l'Union européenne. Aujourd'hui, il se distingue radicalement de celle-ci. L'agriculture continue d'employer 17 % des actifs, sans assurer l'autosuffisance. On exporte du porto et du liège. En tout, le secteur viticole produit plus de 8 millions d'hectolitres (mais plus de 11 millions en 1990). Le cheptel ovin a progressé. L'aide de l'U.E. et les investissements étrangers ont fait décoller l'industrie, de sorte que la croissance est supérieure à la moyenne européenne. Le tourisme et les envois financiers des émigrés sont des apports importants. La privatisation se poursuit. La maîtrise de l'inflation et du déficit public a permis au Portugal d'utiliser l'euro à partir de 1999. L'Exposition universelle de 1998, à Lisbonne, a été un triomphe. Le Portugal a créé un *Commonwealth lusophone* avec ses anciennes colonies d'Afrique et avec le Brésil.

Histoire

Le Portugal correspond à la province de *Lusitanie*, constituée par Auguste au premier siècle avant J. C. Après la chute de l'Empire romain, il est submergé par les mêmes envahisseurs que le reste de la péninsule Ibérique : Alains, Suèves, puis Wisigoths, enfin Arabo-Berbères dès le début du VIIIe siècle. Mais la reconquête chrétienne obtient ses premiers succès plus tôt qu'ailleurs : la région de Porto est délivrée dès le IXe siècle. En 1097, Henri de Bourgogne reçoit de son beau-père, Alphonse VI de Castille, le comté de Portugal. Son fils Alphonse Ier Enriquez se proclame roi peu après sa victoire d'Ourique sur les Maures (1139) et fait reconnaître l'indépendance du Portugal qui s'affranchit de la Castille en 1143. Après la prise de Lisbonne (1147), puis de l'Algarve, arrachées aux Maures par Alphonse III (1249), le pays est constitué dans ses frontières actuelles. Fondateur de l'université de Coimbra, Denis Ier (1261-1325) organise le pays.

Sous le règne de Jean Ier (1385-1433), fondateur de la dynastie d'Aviz qui fait du Portugal une puissance de premier plan, se multiplient les voyages d'exploration qui vont s'intensifiant au XVe siècle, notamment sous l'impulsion d'Henri le Navigateur : Bartolomeu Dias franchit l'extrême sud de l'Afrique (1487), Vasco de Gama découvre la route maritime des Indes (1498), Pedro Alvarez Cabral débarque au Brésil (1500). Au XVIe siècle, Lisbonne, centre d'un immense empire mercantile (comptoirs en Inde, en Chine, en Afrique, au Brésil), est le premier port d'Europe. La défaite et la mort, au Maroc, du roi Sébastien en lutte contre les Maures (1578), puis l'extinction de la dynastie d'Aviz avec la mort d'Henri dit le Cardinal (1580), livrent le Portugal à l'Espagne de Philippe II ; le déclin commence : la Hollande et l'Angleterre s'emparent des colonies portugaises. En 1640, le Portugal se révolte contre la domination espagnole et porte au pouvoir le duc de Bragance, Jean IV.

En 1703, le Portugal est placé sous la domination commerciale de l'Angleterre qui y échange librement ses produits manufacturés contre les vins de Porto. Sous le règne de Joseph Ier, le Premier ministre Pombal, influencé par les idées françaises, impose un despotisme éclairé et entreprend de grandes réformes scolaires, financières et militaires. Lisbonne, détruite par un tremblement de terre en 1755, sera reconstruite grâce à l'or du Brésil. En 1807, Napoléon Ier s'empare du Portugal, mais ne peut empêcher ses ports de demeurer ouverts au commerce

Lisbonne, sur l'estuaire du Tage.

anglais. La famille royale s'enfuit au Brésil. En 1811, Wellington, repoussant l'armée française, libère le pays. La Cour reste au Brésil tandis que s'instaure au Portugal un régime militaire contrôlé par l'Angleterre. À son retour du Brésil (1821), Jean VI, roi de Portugal depuis la mort de sa mère Marie Ire en 1816, doit accepter une Constitution libérale ; le fils du roi, Pierre, devient en 1822 empereur du Brésil, dont l'indépendance est reconnue en 1825. Marie II de Bragance, qui succède à son père Jean VI en 1826, ne monte sur le trône qu'en 1834 ; l'instabilité et les luttes civiles marquent la vie politique et le pouvoir royal se dégrade.

La République est proclamée en 1910 ; le régime est renversé en 1926 par un coup d'État et le général Carmona, confirmé dans ses fonctions de président par les élections de 1928, appelle Salazar au gouvernement. Président du Conseil en 1932, Salazar instaure un régime autoritaire et corporatif fondé sur le nationalisme, l'anticommunisme et les valeurs catholiques. Une nouvelle Constitution (1933) organise l'État sur un modèle fasciste, avec police politique et parti unique. Pendant la Seconde Guerre mondiale, le pays reste neutre et laisse les Alliés utiliser les Açores pour la surveillance de l'Atlantique, ce qui lui vaudra de faire partie de l'Otan dès 1949. Salazar, chef du seul parti autorisé, l'Union nationale, restera Premier ministre, de 1932 à 1968. Le traité de 1951 autorise les États-Unis à établir des bases au Portugal. En 1961-1962, l'Inde s'empare par la force de Goa. Du grand Empire portugais, il ne reste, à part quelques îles

Vignoble dans la vallée du Douro.

PORTUGAL (SUITE)

dans l'Atlantique et l'océan Indien, que l'Angola, le Mozambique et la Guinée portugaise, qui se soulèvent tour à tour au début des années 1960. Les guerres coloniales absorbent bientôt 40 % du budget de l'État. En 1968, Salazar, malade, abandonne son poste à Marcello Caetano. En 1974, le général Spinola, qui avait combattu en Espagne dans le camp de Franco et servi en Afrique, publie *Le Portugal et l'avenir*, dans lequel il propose la décolonisation. Caetano le met à la retraite, mais le mouvement est lancé : le 25 avril 1974, un groupe d'officiers supérieurs hostiles à la poursuite des guerres coloniales renverse sans violence Caetano, et donc le salazarisme. C'est la « révolution des œillets », les manifestants brandissant des œillets en face des fusils de la police (qui ne tirera pas). Le Mouvement des forces armées (M.F.A.), qui exerce le pouvoir, engage des négociations avec tous les mouvements de libération des provinces portugaises d'Afrique, qui accèdent à l'indépendance en 1975. En 1976, le général Eanes est élu président de la République, alors que les socialistes, menés par Mario Soares (qui avait écarté les communistes en 1975), remportent les élections législatives.

Mario Soares.

En 1986, le Portugal entre dans la Communauté économique (aujourd'hui Union) européenne. Mario Soares succède, comme président de la République, à Eanes, qui avait été réélu en 1981. Le social-démocrate Anibal Cavaco Silva succède, comme Premier ministre, à Soares. Les élections de 1991 confirment ces deux hommes à leurs postes. En 1995, le socialiste Antonio Guterres succède à Cavaco Silva.

En 1996, le socialiste Jorge Sampaio succède à Soares comme président de la République ; il sera réélu en 2001. En 1999, Guterres est confirmé à son poste, bien que sa réforme de l'enseignement, qu'il juge primordiale (la formation demeurant faible au Portugal), se soit heurtée à la contestation des étudiants. La même année, le territoire de Macao est rétrocédé à la Chine. En 1999, le territoire de Macao est rétrocédé à la Chine. En 2003, le Portugal fait partie des États européens qui soutiennent la politique américaine en Irak.

Littérature

La littérature portugaise exploite dès le Moyen Âge les thèmes lyriques amoureux en vogue dans les régions occitanes et ibériques. À l'aube de la Renaissance, Gil Vicente crée l'*auto*, petite comédie d'inspiration religieuse ou satirique, tandis que l'influence italienne modèle le lyrisme de Sá de Miranda et les œuvres pastorales de Ribeiro. Mais le grand artiste du XVIe siècle est Camoens, auteur des *Lusiades* (1572), épopée consacrée à Vasco de Gama qui remporte un maigre succès, mais dont la postérité fera le poème national du Portugal. Du XVIIe siècle, lors de l'union politique avec l'Espagne, émergent surtout des historiens, des moralistes et quelques religieuses à la poésie inspirée.

Le XVIIIe siècle, marqué par le retour à l'indépendance et le triomphe du rationalisme européen, voit s'instaurer le néoclassicisme autour du mouvement *Arcadia Lusitana*. Mais une réaction préromantique s'amorce. Les thèmes nouveaux l'emportent au XIXe siècle avec le dramaturge et poète Almeida Garrett et l'historien Herculano ; le courant réaliste est notamment illustré par Castelo Branco et le lyrisme par Deus Ramos. Vers 1860, ces tendances se cristallisent en un mouvement à prétentions philosophiques et sociales, autour du groupe de Coimbra. Au XXe siècle, la prose romanesque oscille entre un certain naturalisme et les recherches psychologiques. La poésie est caractérisée par les fluctuations idéologiques : le symbolisme, sensible et cérébral, et la *saudade* (sentiment nostalgique typiquement portugais) imprègnent les œuvres de nombreux poètes, dont Pessoa. Le génie de Pessoa ne sort des frontières nationales qu'un demi-siècle après sa mort (1935). Ainsi, la France fait de lui l'un des grands poètes du XXe siècle à partir de la fin des années 1980.

Beaux-arts

L'architecture a été influencée par les envahisseurs successifs du Portugal : les Romains (*temple de Diane* à Évora), les Wisigoths, les Arabes (ruines du *château des Maures* à Sintra). Mais peu après l'indépendance, un nouveau style, austère, s'impose, style que l'on retrouve dans les églises-forteresses romanes de Coimbra, de Évora, de Braga (XIIe siècle).

Après une période de transition romano-gothique, les moines cisterciens introduisent la voûte à croisée d'ogives dans une abbaye aux très belles proportions, Alcobaça (XIIe siècle), qui abrite deux intéressantes statues médiévales : *tombeaux de Pierre et d'Inès de Castro*. Mais c'est seulement à la fin du XVe siècle, avec les grandes découvertes et la prospérité, que s'épanouira un art spécifiquement portugais : l'époque *manuéline* produira au moins trois chefs-d'œuvre : la *tour de Belém*, bastion-bijou qui garde l'entrée du Tage, tout près, l'imposant *monastère des Jeronimos*, enfin l'*église de Batalha* qui rappelle le gothique flamboyant.

Le style manuélin est un décor sculptural exubérant qui puise ses thèmes dans la mer et l'exotisme :

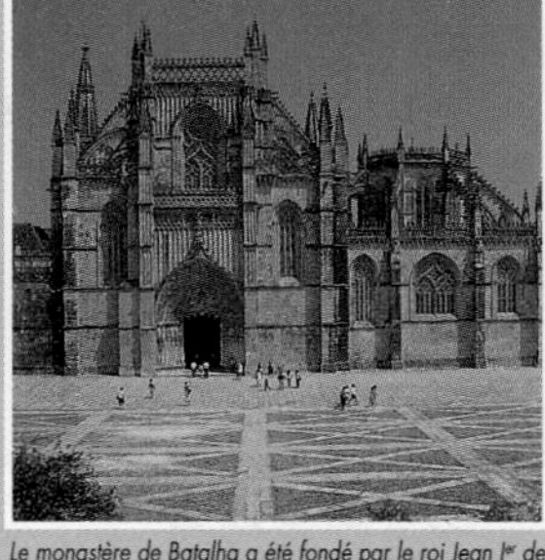

Le monastère de Batalha a été fondé par le roi Jean Ier de Portugal en 1388, en célébration de sa victoire sur les Castillans qui marqua l'indépendance de son pays.

cordages, agrès, algues, madrépores, sphère armillaire, enlacent les piliers, encadrent les porches et les fenêtres (*couvent du Christ* à Tomar). La peinture atteint également son apogée à cette époque : *Polyptyque de saint Vincent*, de Nuno Gonçalves.

Après l'influence italienne qui caractérise la Renaissance portugaise, le baroque s'implantera très tôt et ornera d'innombrables églises, extérieurement de style jésuite, toute la richesse se réfugiant à l'intérieur : dans les plafonds en taille dorée, les autels, les retables et les statues. Les troubles qui ont marqué le Portugal au XIXe siècle en font une époque pauvre en monuments ; la peinture connaît un intéressant renouveau à la fin du XIXe siècle (Columbano, remarquable portraitiste, Malhoa, paysagiste proche de l'impressionnisme) et surtout au XXe siècle, caractérisé par l'éclosion d'une architecture moderne originale.

La peinture compte une grande artiste abstraite : Vieira da Silva. Parmi les arts mineurs, il faut citer les *azulejos*, carreaux de faïence bleue (*azul*) et blanche, parfois rehaussés de jaune ou de mauve, qui composent de véritables fresques dans les jardins et les palais (Queluz XVIIIe siècle) et l'orfèvrerie : l'or et l'argent finement ciselés dans les innombrables accessoires d'église (ostensoirs, calices, reliquaires, croix, chandeliers).

Cinéma

José Leitão de Barros tourne le premier film parlant : *La Sevira* (1931). La même année, Manoel de Oliveira achève un court-métrage, *Douro* (sonorisé en 1934). Le salazarisme encourage uniquement les comédies frivoles, mais Oliveira tourne en 1941 son premier long-métrage, *Aniki Bobo*, sur les enfants de Porto, et Leitão de Barros tourne *Ala Arriba*. En 1961, Oliveira tourne à Porto son deuxième long-métrage, *Le Mystère du printemps* ; le troisième date de 1971 : *Le Passé et le Présent*. Après la révolution des œillets (1974), sa production devient abondante. Une école naît autour de Paulo Rocha (*Les Vertes Années*, 1963 ; *L'Île des amours*, 1982 ; *Le Fleuve d'or*, 1998).

plus tard hachés menu ou passés.

potager, ère adj. et n. m. *Plantes potagères*, utilisées comme légumes. *Jardin potager*, affecté à la production de légumes. / n. m. Jardin où l'on cultive des légumes.

potamochère n. m. ZOOL. Porc sauvage d'Afrique, au pelage d'un roux vif.

potasse n. f. CHIM. *Potasse* ou *potasse caustique* : hydroxyde de potassium. *La potasse, de formule KOH, est un solide blanc, très soluble dans l'eau ; c'est une base très forte, utilisée pour le blanchiment des tissus et la préparation du savon noir.* / AGRIC. Engrais à base de sels de potassium.

potasser v. t. [1] Fam. Étudier (une question, une matière scolaire) assidûment. *Potasser sa géographie.*

potassium n. m. CHIM. Élément du groupe des métaux alcalins, de numéro atomique Z = 19, de masse atomique 39,10 (symbole : K). / Métal blanc d'argent, mou et malléable, très oxydable, de densité 0,86, qui fond à 63 °C et bout à 770 °C.

pot-au-feu n. m. inv. Mets composé de

ces deux points et non du chemin suivi, et s'exprime par la diminution d'une fonction de leurs coordonnées, appelée le potentiel ; par exemple, en électricité, la différence de potentiel entre deux points est de 1 volt quand la circulation de la force (travail) appliquée à une charge de 1 coulomb est de 1 joule.

Potosi.

des dons sont échangés. / Par ext. Tout rituel d'échange de biens dans lequel le bénéficiaire d'un don est contraint de faire au donateur, en retour, un don de même valeur ou de valeur supérieure.

Potocki (Jan) 1761-1815 Ethnologue, historien et écrivain polonais. Au service du tsar, il étudie les peuples slaves. Son unique roman, écrit en français : *Manuscrit trouvé à Saragosse* (1804), mêle au fantastique l'érotisme et l'horreur, et enchaîne des intrigues complexes avec une grande liberté.

Potomac (le) *640 km* Fleuve du nord-est des États-Unis. Né dans les Appalaches, il arrose Washington et se jette dans l'Atlantique dans la baie de Chesapeake.

Potosi *123 327 h.* Ville du sud de la Bolivie. Fondée en 1545 à *3 960 m* d'altitude, cette ville pittoresque a décliné après l'épuisement de ses mines d'argent (exploitées du XVIe au XVIIIe siècle).

pot-pourri n. m. Mélange d'éléments de toutes sortes. / Mélange de fleurs séchées parfumées. / Morceau de musique légère

Fam. *Se tourner les pouces* : rester inactif. *Mettre les pouces* : se soumettre, se rendre. / Mesure de longueur, autrefois en usage en France, qui valait le douzième du pied (27 mm) et

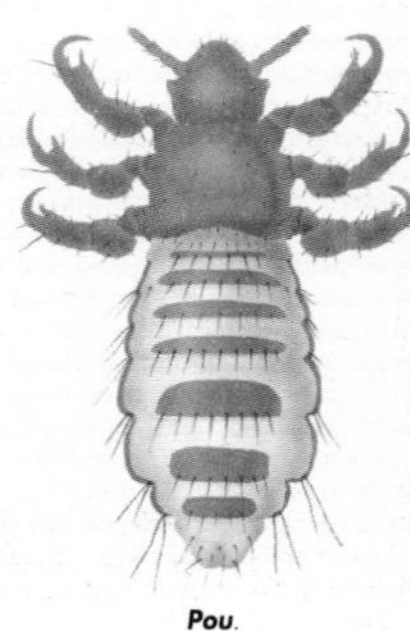

Pou.

épreuve positive. **II.** Qui comporte qqch. de constructif, de favorable. *Un échange de vues positif.* / n. m. *Le positif de la situation est encourageant.* **III.** Fondé sur l'expérience. *Sciences positives,* fondées sur l'observation et l'expérimentation. / (En parlant de personnes) Constructif, réaliste. *Il a un esprit positif.* **IV.** Posé, établi par une institution. *Droit positif* (par oppos. au *droit naturel*).
positif [2] n. m. Anc. Petit orgue portatif. / Par ext. Ensemble des jeux d'un grand orgue que l'organiste a derrière lui.
position n. f. Situation (en un lieu); endroit où se trouve qqch., qqn. *La position de Bordeaux sur l'estuaire de la Gironde. On détermine la position d'un lieu sur le globe terrestre en en calculant la longitude et la latitude. Feux de position* : éclairage signalant dans l'obscurité l'emplacement d'un véhicule, d'un avion, d'un navire. / MILIT. Terrain occupé par un corps d'armée. *Guerre de positions* : guerre où chaque ennemi s'immobilise dans un lieu déterminé qu'il fortifie. / Fig. *Prendre position* :

positivement adv. Avec de l'électricité positive. / Avec certitude. / Tout à fait.
positivisme n. m. Doctrine philosophique d'Auguste. / Toute doctrine se réclamant de la seule connaissance des faits, de la vérification des connaissances par l'expérience.
♦ La doctrine élaborée par Auguste Comte pose en principe l'absolue nécessité de s'en tenir aux faits, dans la mesure où ces faits sont énoncés, car « toute proposition qui n'est pas strictement réductible à la simple énonciation d'un fait [...] ne peut offrir aucun sens réel et intelligible ». Cela conduit à renoncer à tout *a priori* hors les conditions sociales et historiques, à considérer les sciences expérimentales comme source de certitudes, à admettre que la pensée n'atteint que des relations et des lois construites par l'homme avec des matériaux extérieurs, dont l'exactitude ne peut donc être qu'approximative. Cela n'en rend pas ces approximations inopérantes, elles sont suffi-

dants : les nantis, les détenteurs des richesses, des capitaux.
possédé, e adj. et n. Sous l'emprise de (l'esprit du mal). *Un homme possédé du démon. Hurler comme un possédé.*
posséder v. t. [1] Avoir en sa possession. *Posséder une maison à la campagne.* / Fig. Avoir à sa disposition, jouir de. *Posséder une mémoire prodigieuse.* / *Posséder une femme* : pratiquer avec elle l'acte sexuel. / Renfermer, disposer de. *Le pays possède de vastes gisements de cuivre.* / Connaître, maîtriser de manière approfondie. *Professeur qui possède admirablement sa spécialité.* / Dominer, subjuguer (qqn), en parlant d'un sentiment, d'une passion. *La jalousie le possède.* / RELIG. Prendre possession du corps et de l'âme de (qqn), en parlant du diable. / v. pron. Se dominer, maîtriser ses nerfs, ses émotions. *Pris de fureur, il ne se posséda plus.*
possesseur n. m. Personne qui possède (une chose). *Le possesseur du numéro tant a gagné le gros lot.*

complir une mission donnée. *Poste de commandement.* / Ensemble des soldats placés à un poste. / *Poste de police* : corps de garde d'un commissariat de police. / Fig. Fonction ; lieu où elle s'exerce. *Rejoindre son poste. Changer de poste.* / Endroit aménagé pour l'installation de certains appareils. *Poste de pilotage.* / COMPTA. Grande division d'un budget ; chacun des articles d'un compte. / Appareil récepteur (radio ou télévision).
poster [1] v. t. [1] Faire un envoi par la poste. *Poster un colis.*
poster [2] v. t. [1] Mettre (qqn) en faction, à un poste pour assurer une surveillance, une garde, etc. *Poster une sentinelle dans un mirador.* / v. pron. Se mettre en faction pour guetter, observer, etc.
poster [3] n. m. (mot anglais) Affiche à usage décoratif.
postérieur, e adj. et n. m. **A.** adj. Qui suit dans le temps. *Les périodes postérieures.* Ant. antérieur. / Qui suit dans l'espace. *Les membres postérieurs d'un animal.* / PHONÉT.

la fonction est d'assurer les relations publiques d'un tiers avec la presse. / Nécessité de hâter le travail. *Période de presse.*
pressé, e adj. Qui a été comprimé. *Orange pressée.* / Contraint de se dépêcher. *Je suis pressée, je ne m'attarde pas.* / Urgent. / n. m. *Aller, parer au plus pressé* : s'occuper de ce qu'il y a de plus urgent.
presse-bouton adj. inv. Automatisé. *Usine presse-bouton.*
presse-citron n. m. inv. Ustensile destiné à l'extraction du jus des citrons et autres agrumes.
presse-fruits n. m. inv. Ustensile destiné à l'extraction du jus des fruits.
presse-papiers n. m. inv. Objet pesant que l'on pose sur des papiers pour empêcher qu'un coup de vent les disperse.
presse-purée n. m. inv. Ustensile destiné à presser les légumes pour en faire de la purée.
pressentiment n. m. Fait de pressentir ; intuition d'un événement à venir. *Avoir le pressentiment d'un danger.*
pressentir v. t. [3] Ressentir, soupçonner, deviner de manière intuitive et vague. *Pressentir un terrible danger.* / Sonder les dispositions, les opinions, les sentiments de (qqn). *On l'a pressenti pour cette fonction.*
presser v. t. / v. i. [1] **A.** v. t. Comprimer, serrer (qqch.) pour lui faire exprimer le suc, le liquide qu'il contient. *Presser un pamplemousse, un citron.* Au fig. *Presser qqn comme un citron,* l'exploiter au maximum puis le renvoyer. / Comprimer, réduire en bouillie dans un pressoir. *Presser du raisin.* / Imprimer par pression, au moyen d'une presse. *Presser des disques.* / Appuyer en enfonçant sur. *Presser un bouton de sonnette.* / Prendre, serrer dans une étreinte. *Elle le pressa longuement dans ses bras.* / Hâter. *Presser les pourparlers.* / Contraindre, pousser (qqn) à. *Pressez-le de partir sur-le-champ.* **B.** v. i. Se présenter comme une urgence. *Réglez ce litige, ça presse ! Le temps presse* : il faut faire vite. **C.** v. pron. S'entasser, affluer en grand nombre. *On se pressait devant les guichets du théâtre.* / Se dépêcher. *Pourquoi tant se presser ?*
pressing n. m. (mot anglais) Repassage des vêtements à la vapeur, au moyen d'une presse chauffante. / Établissement, magasin où se repassage est effectué ; teinturerie. *Porter un manteau au pressing,* à la teinturerie.
pression n. f. PHYS Rapport entre la force F exercée perpendiculairement et de manière uniforme sur une surface A, et la surface considérée. *La pression s'exprime par la relation* $p=F_n/A$. / *Pression hydrostatique* : force exercée en raison de son poids par un liquide au repos, qui se mesure par unité de surface sur les parois du récipient qui le contient et/ou du corps immergé qu'il referme. *La pression hydrostatique agit dans la direction verticale orientée du bas vers la surface et son intensité est proportionnelle à la profondeur à laquelle se trouve le corps immergé et à la densité du liquide en présence.* / *Pression atmosphérique* : pression exercée par les molécules de l'air, variant en hauteur et d'un point à un autre. (La pression atmosphérique dépend de la composition de l'air, de la température, du régime et de l'orientation des vents. De l'équateur jusqu'à une zone dont la latitude varie entre 10° et 15°, la pression se situe vers 1 000 hp [basses pressions], puis, entre 15° et 40°, elle est de +/– 1 005 hp, entre 40° et +/–70°, de 1 020 à 1 025 hp [de moyenne à haute pression] et, au

Presse d'imprimerie.

pôle, au-dessus de la calotte polaire, elle se situe vers 1 030 hp [haute pression]). / loc. adj. *Sous pression* : se dit d'une machine où la vapeur est à une pression plus grande que la pression atmosphérique. / MÉD. *Pression artérielle* : pression du sang sur la paroi des artères ; elle est fonction de la taille des vaisseaux et des contractions du cœur. / Fait de presser. *Bouton-pression* : bouton dont les deux parties, l'une mâle, l'autre femelle, s'enclenchent l'une dans l'autre. / Fig. Contrainte morale, influence. *Faire pression sur qqn. Groupe de pression* : groupe créé pour la défense d'intérêts.
pressoir n. m. Presse servant à broyer certains fruits pour en extraire le jus. *Vis de pressoir. Pressoir à huile.* / Lieu où se trouve le pressoir. *Porter la vendange au pressoir.*
pressurer v. t. [1] TECH. Écraser (des fruits, des graines) avec un pressoir. *Pressurer la vendange.* / Fig. Écraser sous les charges, les taxes. *Pressurer le contribuable.*
pressurisation n. f. PHYS. Opération consistant à maintenir la pression d'un gaz à un niveau donné, dans un milieu étanche dont la pression est plus élevée que celle du milieu extérieur.
pressuriser v. t. [1] Opérer la pressurisation de. (Au pp.) *Cabine d'avion pressurisée.*
prestance n. f. Allure imposante, élégante.
prestation n. f. *Prestation de serment* : action de prêter serment. / Fait de fournir quelque chose à quelqu'un en vertu d'un traité, d'une loi ou d'un contrat ; ce qui est fourni. *Prestations familiales* : allocations dont bénéficie une personne qui a des enfants à charge. *Prestations de la Sécurité sociale* : sommes versées aux assurés en cas d'arrêt de travail ou de maladie.
preste adj. Prompt et agile. *Être preste dans ses mouvements.*
prestement adv. Avec prestesse.
prestesse n. f. Litt. Vivacité, promptitude.
prestidigitateur, trice n. Illusionniste, artiste qui fait de la prestidigitation.
prestidigitation n. f. Ensemble des techniques optiques, mécaniques et manuelles qui permettent à l'illusionniste de réaliser ses tours d'adresse.
prestige n. m. Pouvoir de susciter l'estime ; rayonnement, autorité d'une personne physique ou morale.
prestigieux, euse adj. Qui a du prestige.
presto adv. et n. m. (mot italien) MUS. Vite. / n. m. Mouvement joué rapidement. / Fam. *Illico presto* : vite.
présumer v. t. / v.i. [1] **A.** v. t. Considérer. *La loi présume innocent tout accusé tant qu'il n'a pas été jugé coupable.* / Supposer. *Présumer une issue favorable. Je présume qu'ils arriveront vers midi ici.* (Emploi absol.) *Vous êtes le propriétaire, je présume ?* **B.** v.i. *Présumer de* : être trop sûr de, avoir une trop haute opinion de. *Présumer de son endurance, de ses forces.*
présure n. f. Substance contenue dans le suc gastrique des jeunes ruminants non sevrés (veau, agneau) ; enzyme contenue dans cette substance et responsable de son action. *La présure fait cailler le lait et est utilisée pour la fabrication de certains fromages.*
prêt [2] n. m. Action de prêter qqch. à qqn. ; ce qui est prêté. *Prêt à court terme. C'est un prêt.*
prêt, e [1] adj. Préparé. *La valise est prête.* / Disposé. *Je suis prêt à vous suivre.*
prêt-à-porter n. m. *Le prêt à porter* : l'ensemble des vêtements de confection (par opposition aux vêtements *sur mesure*). *Industrie du prêt-à-porter.* Pl. Des *prêts-à-porter.*
prête-nom n. m. Personne dont le nom apparaît dans un contrat, une affaire, pour le compte de qqn dont le nom n'est pas révélé. Pl. Des *prête-noms.*
prétendant, e n. Personne qui prétend au pouvoir souverain et en particulier, qui revendique le trône occupé par un autre. / n. m. Vieilli Celui qui veut épouser une femme. *Elle a de nombreux prétendants.*
prétendre v. t. [3] Avoir la prétention de, revendiquer (qqch.) en voulant l'imposer. *Vous prétendez être le maître.* / Déclarer comme vrai, soutenir (qqch. de contestable ou de faux). *Elle prétend que j'ai triché !* / v. t. ind. *Prétendre à* : aspirer à. *Prétendre à la considération d'autrui.* / v. pron. Se dire, affirmer être. *Il se prétend expert en matière d'art.*
prétendument adv. Faussement, à tort.
prétentaine ou **pretentaine** n. f. Loc. *Courir la prétentaine* : vagabonder ; être toujours en quête d'aventures galantes.
prétentieusement adv. De façon prétentieuse.
prétentieux, euse adj. et n. Qui se met en valeur pour des qualités qu'il ne possède pas. *Un homme prétentieux. Une prétentieuse.* / Qui dénote de la prétention . *Une remarque prétentieuse.*
prétention n. f. Revendication d'un droit que l'on a ou que l'on croit avoir. / (Au plur.) Exigences financières (en matière de salaire). / Illusion de posséder certaines qualités. *Prétention à l'originalité.* / Aspiration ambitieuse. *Avoir la prétention de gouverner.* / Fatuité. *Un garçon plein de prétention.*

Pressoir à raisin du XVIIIe siècle.

prêter v. t. [1] **A.** v. t. Confier (une chose) à qqn pour qu'il en use, en profite un certain temps avant de la restituer. *Prêter un livre, une somme d'argent à un ami. Il m'a prêté son appartement le temps de son voyage.* / Fournir, accorder librement (qqch. de nécessaire à autrui). *Prêter asile, secours* : fournir de quoi se loger, secourir. *Prêter attention à* : manifester de l'attention à. *Prêter main-forte à qqn,* lui venir en aide. *Prêter serment* : prononcer un serment. / Fig. *Prêter l'oreille à* : écouter attentivement. *Prêter sa plume à qqn,* écrire à sa place. *Prêter le flanc à* : s'exposer imprudemment à. *Prêter le flanc aux sarcasmes.* / Attribuer, souvent à tort, une action, une intention à (qqn). *On me prête la paternité de ce pamphlet, mais je n'en suis pas l'auteur.* / v. t. ind. *Prêter à* : donner matière à. *Son empressement prête à rire.* **B.** v. pron. *Se prêter à* : accepter de se soumettre à (qqch.), consentir à. *Il se prêta de bonne grâce à cet interrogatoire.* / Être adapté, propre à. *Métal qui ne se prête pas à l'étirage.*
prétérit n. m. GRAMM. Temps du passé dans certaines langues. *En anglais, le prétérit correspond à la fois à l'imparfait et au passé simple français.*
prétérition n. f. RHÉT. Figure de style par laquelle on déclare qu'on se gardera de parler de qqch. dont on parle cependant par ce biais (par ex. : *Inutile de vous dire que…*).
préteur n. m. ANTIQ. ROM. Magistrat qui siégeait au tribunal et contrôlait la justice.
prêteur, euse n. et adj. Personne qui prête. / adj. *La fourmi n'est pas prêteuse* (La Fontaine).
prétexte [1] adj. et n. f. ANTIQ. ROM. *Toge prétexte* ou *prétexte* : toge blanche lisérée de rouge, portée par les jeunes patriciens jusqu'à 16 ans et par les hauts magistrats.
prétexte [2] n. m. Raison invoquée pour cacher le véritable motif d'une action.
prétoire n. m. ANTIQ. ROM. Tente du général dans un camp militaire. / Camp de la cohorte prétorienne, gardienne du préteur. / Tribunal du préteur. / Mod. Salle d'audience d'un tribunal.
Pretoria *525 583 h.* Capitale administrative de l'Afrique du Sud, dans la province du Gauteng. Cet important centre industriel, à *1 370 m* d'altitude, bénéficie de la proximité de mines de fer. La ville fut fondée en 1855 et fut nommée ainsi en hommage à Pretorius.
prétorien, enne adj. et n. m. **I.** adj. et n. m. ANTIQ. ROM. Relatif au préteur ; soldat de sa garde. *La garde prétorienne. Les prétoriens.* **II.** adj. et n. m. Par ext., mod. Se dit d'un groupe armé, d'une police militarisée au service d'une dictature, d'un dictateur. *Garde prétorienne. Réunir un groupe de prétoriens.*
Pretorius (Andries Wilhelmus Jacobus) 1798-1853 Général et homme politique sud-africain. En 1838, ce Boer écrasa l'armée zouloue à Bloed River. Il fonda les républiques du Natal et du Transvaal. Il a donné son nom à la ville de Pretoria. **Martinhus** 1819-1901 Homme politique sud-africain, fils du précédent ; il fut président de la république du Transvaal (1857-1871).
prêtre n. m. Ministre d'un culte religieux. / Dans l'Église catholique, celui qui a reçu l'ordination sacerdotale.
prêtresse n. f. Jeune fille ou femme attachée au culte d'une divinité, dans une religion païenne.

prêtrise n. f. Dignité de prêtre ; dans la religion catholique, troisième ordre majeur.

preuve n. f. Ce qui démontre la vérité d'une chose par le raisonnement, par l'observation d'un fait, ou la présentation d'un objet. / DR. Tout ce qui démontre, dans les formes requises, la réalité des allégations d'une partie (écrits, témoignages, etc.). / MATH. Opération vérifiant l'exactitude d'un calcul. *Preuve par neuf.* / Marque, signe. *Une preuve de fidélité. Faire ses preuves*, montrer ce qu'on sait faire. *Faire preuve de* : témoigner de.

preux adj. m. et n. m. Litt. Brave. *Un preux chevalier. Un preux* : un vaillant chevalier.

prévaloir v. i. [3] Valoir mieux, l'emporter. *C'est l'atout qui prévaut.* / v. pron. Faire valoir (qqch.) comme argument. *Se prévaloir de son passé.*

prévaricateur, trice adj. et n. Coupable de prévarication. *Ministre prévaricateur. Un prévaricateur.*

prévarication n. f. Grave manquement, par intérêt, par cupidité, à ses devoirs et à ses obligations professionnelles.

prévenance n. f. Empressement à aller au-devant des désirs de quelqu'un. *Prévenance envers les personnes âgées. Des prévenances* : des attentions.

prévenant, e adj. Qui prévient le désir d'autrui. *Un homme prévenant. Un geste prévenant.*

prévenir v. t. [3] **I.** Agir à temps pour empêcher (un mal) de survenir, parer à. *Prévenir une dispute, une catastrophe.* (Emploi absol.) *Mieux vaut prévenir que guérir* (proverbe). **II.** Informer. *Prévenez-moi dès que l'accord sera conclu.* / *Prévenir les (moindres) désirs de qqn*, les satisfaire à peine sont-ils devinés ou exprimés. / *Prévenir qqn contre (ou en faveur) de*, le mettre par avance dans des dispositions hostiles (ou favorables) à l'égard de (qqn, qqch.).

préventif, ive adj. Qui est destiné à prévenir les dérèglements. *Traitement préventif.* / Anc. *Détention préventive* : incarcération d'une personne mise en examen mais non encore jugée. *On ne dit plus aujourd'hui « détention préventive », mais « détention provisoire ».*

prévention n. f. Parti pris, en général défavorable. / DR. Situation d'une personne en détention provisoire. / Ensemble de mesures parant à certains risques ; organisme chargé de les mettre en place. *Prévention des accidents du travail, prévention routière.*

préventivement adv. À titre préventif.

préventorium n. m. MÉD. Anc. Établissement où l'on soignait les malades atteints de primo-infection tuberculeuse.

prévenu, e n. DR. Personne qui comparaît devant un tribunal pour répondre d'un délit.

• **Prévert (Jacques)** 1900-1977 Poète français.

prévisible adj. Qu'il est possible de prévoir. Ant. imprévisible.

prévision n. f. Action de prévoir ; ce qui est prévu.

prévisionnel, elle adj. Fait par prévision. *Calcul prévisionnel.*

prévoir v. t. [3] Deviner, concevoir, imaginer à l'avance (ce qui est susceptible de se produire). *Je prévois fort bien la suite des événements.* / Organiser à l'avance, prendre ses dispositions en vue de. *Prévoyez un gros budget pour un tel projet.*

Prévost (Antoine François Prévost d'Exiles, dit l'abbé) 1697-1763 Écrivain français. Soldat, prédicateur mondain, journaliste, il a beaucoup voyagé et a écrit de nombreux romans, réunis dans *Mémoires et aventures d'un homme de qualité* (7 volumes, 1728-1731), contenant notamment *L'Histoire du chevalier Des Grieux et de Manon Lescaux* (1731).

prévôt n. m. HIST. Sous l'Ancien Régime, titre de certains magistrats. *Prévôt des marchands.* / MILIT. Officier de gendarmerie attaché à une prévôté.

prévôté n. f. HIST. Juridiction de prévôt. / Mod. Formation de gendarmerie qui assure la police militaire, en temps de guerre, dans la zone des armées ou en territoire occupé.

prévoyance n. f. Qualité de celui, celle qui prévoit. Ant. imprévoyance. / *Société de prévoyance* : société privée de secours mutuel.

L'abbé Prévost.

prévoyant, e adj. Qui prévoit, a prévu. *Il vaut mieux être prévoyant.* Ant. imprévoyant.

Priam MYTH. GR. Époux d'Hécube, père d'Hector, Pâris et Cassandre notamment. Roi de Troie, il vit périr tous ses enfants pendant le siège de la ville par les Grecs. Il fut assassiné par Pyrrhos, le fils d'Achille.

Priape MYTH. Dieu des vignobles et des vergers, doté d'un phallus démesuré, il symbolise la fécondité et la virilité.

priapisme n. m. MÉD. Érection prolongée et douloureuse indépendante de toute excitation sexuelle.

prie-Dieu n. m. inv. Meuble destiné à la prière agenouillée.

Priène Ancienne ville d'Asie Mineure (ruines près du village turc de Samsun Kalesi), riche cité d'Ionie et important centre religieux ; elle fut ruinée par les Gaulois en 277 av. J.-C.

prier v. t. / v. i. [1] **A.** v. t. S'adresser à (Dieu, une divinité, un être surnaturel) par des pensées, des paroles, des écrits, pour l'adorer, l'invoquer. *Prier Dieu. Prier saint François d'Assise.* (Emploi absol.) *Il l'aperçut en train de prier.* / Supplier. *Il m'a prié de lui venir en aide.* / Fig. *Se faire prier* : n'agir qu'après de multiples demandes. / Demander. *Je vous prie de me pardonner. Je vous (en) prie* (formule de politesse accompagnant une demande). *Un verre d'eau, je vous prie. Je vous en prie* : il n'y a pas de quoi (formule de politesse répondant à un remerciement, une excuse). / Enjoindre, ordonner. *Je vous prie de sortir d'ici sur-le-champ.* **B.** v. i. *Prier pour* : adresser des prières d'intercession pour. *Prier pour un malade, pour la paix.*

prière n. f. Le fait de prier (Dieu, une divinité, un être surnaturel). *Prière à saint Dominique.* / Texte que l'on dit, que l'on lit pour prier. *Prières en latin.* / Demande instance. *Je me rends à vos prières.* / loc. *Prière de* : on est prié de.

Priestley (Joseph) 1733-1804 Chimiste et théologien anglais. Sa sympathie pour la Révolution française le fit nommer citoyen d'honneur par l'Assemblée nationale. En 1794, il émigra en Amérique. Ses travaux de chimie l'amenèrent à isoler de nombreux gaz, dont l'oxygène et le gaz carbonique, ce qui le conduisit à découvrir la respiration des végétaux.

prieur, e n. Supérieur, supérieure de certaines congrégations religieuses, de certains monastères.

prieuré n. m. Communauté religieuse placée sous l'autorité d'un(e) prieur(e) ; maison d'un prieur.

Prigogine (Ilya) 1917 Chimiste et philosophe belge d'origine russe. Son étude des processus thermodynamiques réversibles lui valut le prix Nobel de chimie en 1977. Il a également publié des ouvrages philosophiques et épistémologiques, inspirés par ses travaux scientifiques et destinés au grand public : *La Nouvelle Alliance* (1979), *Entre le temps et l'éternité* (1988), *Les Lois du chaos* (1994).

Prim y Prats (Juan) 1814-1870 Militaire et homme politique espagnol. Chef du corps expéditionnaire au Mexique (1860), favorable à l'indépendance mexicaine (1862), il s'opposa à la politique réactionnaire de la reine Isabelle II et réussit à l'évincer (1868). Peu favorable à un régime républicain, il parvint à faire écarter la république par la Constitution de 1869 et tenta de trouver un candidat au trône ; Léopold de Hohenzollern Sigmaringen refusa, Amédée de Savoie accepta, mais Prim fut assassiné peu avant l'arrivée de ce dernier.

prima donna n. f. (mots italiens) Première chanteuse, dans un opéra. Pl. Des *prima donna* ou des *prime donne.*

primaire adj. et n. Du premier degré. *Enseignement primaire* ou (n. m.) *le primaire* : l'enseignement du premier degré (du CP au CM2). *École primaire*, où est dispensé l'enseignement primaire. / Péjor. Simpliste. *Un nationalisme primaire.* / BOT. *Forêt primaire*, originelle. / GÉOL., PALÉONT. *Ère primaire* ou *paléozoïque* : ère géologique, approximativement fixée entre –570 et –230 millions d'années, à laquelle se rattachent les systèmes (ou périodes) Cambrien, Ordovicien, Silurien, Dévonien, Carbonifère et Permien. *Les couches géologiques de l'ère primaire contiennent les fossiles*

JACQUES PRÉVERT

Jacques Prévert en 1949 (© Izis).

Il a publié : *Paroles* (1946), *Histoires* (1946), *Spectacle* (1951), *La Pluie et le Beau Temps* (1955), *Imaginaires* (1970), *Choses et autres* (1972), *Hebdromadaires* (1972, en collaboration avec André Pozner), *Arbres* (1976). Ses poèmes, tantôt violemment ironiques, tantôt tendres et pleins de grâce, souvent mis en musique, se caractérisent par un esprit protestataire anarchisant, le goût des expressions populaires, des jeux de langage et des images insolites. L'influence du surréalisme (il fut membre du groupe Octobre de 1925 à 1930) apparaît aussi dans ses collages (qui illustrent notamment *Fatras*, 1966). Prévert a écrit de nombreux scénarios, en particulier pour des films de Carné : *Drôle de drame* (1937), *Le Quai des brumes* (1938), *Les Visiteurs du soir* (1942), *Les Enfants du paradis* (1944). **Pierre** 1906-1988 Cinéaste français, frère du précédent ; il a mis en scène ses scénarios : *L'Affaire est dans le sac* (1932), *Voyage surprise* (1946).

P

Prjevalski ou **Przewalski (Nikolaï Mikhaïlovitch)** 1839-1888 Officier russe qui explora l'Asie centrale, où il observa un cheval sauvage (appelé « cheval de Prjevalski ») qui ne subsiste plus guère que dans les zoos et les parcs animaliers.
probabiliste adj. et n. MATH. Relatif au calcul des probabilités. / n. Spécialiste du calcul des probabilités.
probabilité n. f. Caractère de ce qui est probable. / MATH *Calcul des probabilités*: calcul déterminant, par rapport au nombre de cas possibles, ceux où un événement donné a des chances de se produire.
probable adj. et n. m. Qui est vraisemblablement ce qui s'est produit ou se produira. *Son succès est probable mais il n'est pas assuré. Il est probable qu'il ne vivra plus très longtemps.* / n. m. *Le probable et le possible.* Ant. improbable.
probablement adv. Sans doute; vraisemblablement.
probant, e adj. Qui prouve qqch., concluant. *Expérience probante.*
probation n. f. Temps d'épreuve imposé à celui qui veut intégrer un ordre religieux ou tout autre groupe fermé. / DR. Mise à l'épreuve (d'un délinquant).
probatoire adj. Destiné à prouver le niveau des connaissances, des capacité de qqn dans un domaine particulier. *Examen probatoire.*
probe adj. Litt. Qui fait preuve de loyauté, d'honnêteté.
probité n. f. Qualité d'une personne probe.
problématique adj. et n. f. **A.** adj. Douteux. *Issue problématique.* **B.** n. f. Ensemble des problèmes posés dans un domaine particulier; manière de les poser.
problème n. m. Question à résoudre en utilisant un ensemble de données. / Exercice scolaire qui consiste à résoudre une question, notamment en mathématiques. *Un problème de robinets.* / Question délicate. *Le problème du chômage.*
proboscidiens n. m. pl. ZOOL. Ordre de mammifères ongulés herbivores au corps lourd et massif, au nez prolongé en trompe, aux incisives modifiées en défenses, représenté par les éléphants et différents groupes fossiles (mammouths, mastodontes).
procaïne n. f. PHARM. Substance anesthésique, essentiellement utilisée comme anesthésique local.
procaryote adj. et n. m. BIOL. Se dit des cellules, des organismes unicellulaires dépourvus de système membranaire interne complexe et dont le matériel génétique consiste en une unique molécule d'A. D. N. non liée à des histones. / n. m. pl. *Les procaryotes*: le taxon regroupant ces organismes (eubactéries, archéobactéries). Voir *eucaryote.*

***Procession** de pénitents, au cours de la semaine sainte.*

procédé n. m. Méthode à utiliser pour obtenir un résultat. / Manière de se comporter à l'égard d'autrui. / Rondelle de cuir collée sur le petit bout d'une queue de billard.
procéder v. i. / v. t. ind. [1] **A.** v. i. Agir, suivant une manière ou des règles déterminées. *Procédons avec ordre et méthode.* **B.** v. t. ind. *Procéder à*: effectuer, accomplir en observant une certaine marche à suivre. *Procéder à un vote, à un tirage au sort.* / *Procéder de*: découler, tenir de. *Politique économique qui procède du libéralisme.*
procédural, ale, aux adj. Relatif à la procédure.
procédure n. f. Démarche à suivre pour obtenir un résultat. / DR. Ensemble des règles à respecter pour ester en justice. *Procédure civile, pénale, administrative.*
procédurier, ère adj. et n. Qui utilise toutes les ressources de la procédure, se plaît à les utiliser.
procellariiformes n. m. pl. ZOOL. Ordre d'oiseaux aux pattes palmées, au bec surmonté de deux narines tubulaires, aux ailes longues, bons voiliers, vivant généralement en haute mer. *Les albatros et les pétrels sont des procellariiformes.*
procès n. m. Instance devant un tribunal sur un différend opposant deux ou plusieurs parties.
Procès (le) 1914-1915 Roman inachevé de Kafka, publié après sa mort (1924) par Max Brod, en 1925. Un employé, Joseph K., est tourmenté par des policiers, par son propre avocat, par des juges, sans jamais apprendre ce qu'on lui reproche. Il est exécuté. Orson Welles a porté ce roman à l'écran en 1963.
processeur n. m. INFORM. Organe d'un ordinateur qui interprète et exécute les instructions du programme.
procession n. f. RELIG. Marche solennelle accompagnée de prières et de chants. / Ensemble de personnes, de véhicules qui se suivent.
processionnaire adj. et n. f. ZOOL. *Chenille processionnaire* ou (n. f.) *une processionnaire*: chenille de certaines espèces de papillons, qui se déplace, avec les autres chenilles, en file indienne, comme en procession.
processus n. m. Mécanisme, évolution qui préside à l'enchaînement de certains faits
procès-verbal n. m. Acte par lequel une autorité compétente constate un fait porteur de conséquences juridiques. / Compte rendu écrit consignant les délibérations d'une assemblée. Pl. Des *procès-verbaux.*
prochain, e [1] adj. et n. Le plus proche dans le temps. *Le mois prochain.* / Le plus proche dans l'espace. *Le prochain virage.* / (Ellipt.). Fam. *Je descends à la prochaine*, à la prochaine station. / loc. *À la prochaine*: au revoir, à la prochaine fois.
prochain [2] n. m. Être humain considéré par rapport à un autre être humain. *Aimer son prochain comme soi-même.*
prochainement adv. Bientôt.
proche adj. et n. **A.** adj. Voisin. *La ville la plus proche.* / Qui est près d'arriver. *L'heure de partir est proche.* / Qui a une étroite relation, d'étroites affinités avec. *Un proche parent. Un ami très proche.* **B.** n. Membre de la famille ou ami intime. *Les proches.*

Le Procope.

Proche-Orient Nom donné à l'ensemble des pays bordant la Méditerranée orientale: Égypte, Israël, Liban, Syrie; on y inclut parfois la Turquie et la Jordanie. Le *Moyen-Orient* constitue un ensemble plus vaste (jusqu'au golfe Persique).
prochordé Voir **procordé**
proclamation n. f. Action de proclamer; écrit, discours exposant ce qu'on proclame. *La proclamation de la République. Envoyer une proclamation aux journaux.*
proclamer v. t. [1] Annoncer solennellement. *Proclamer l'avènement de l'héritier du trône.* / Reconnaître publiquement. *Proclamer la République.* / Par ext. Affirmer, faire savoir avec force. *Proclamer son désaccord.*
Procné Voir **Philomèle**
proconsul n. m. ANTIQ. ROM. Consul dont la charge est arrivée à terme et dont les pouvoirs ont été prolongés pour poursuivre une guerre, administrer une province.
Procope ?-v. 562 Historien byzantin. Les livres qu'il laissa sur Justinien ne témoignent aucune indulgence ni envers cet empereur ni envers son épouse Théodora.
Procope (le) Café littéraire parisien, situé rue de l'Ancienne-Comédie (6e arrt) que le Sicilien Francesco Procopio fonda en 1686 et qui fut le rendez-vous des écrivains aux XVIIIe et XIXe siècles. C'est aujourd'hui un restaurant.

*Romy Schneider et Anthony Perkins dans **Le Procès**, film tiré du roman de Franz Kafka.*

Romano Prodi.

procordés, prochordés, protocordés ou **protochordés** n. m. pl. ZOOL. Ensemble d'animaux chordés marins dans lequel on regroupe les urocordés et les céphalocordés (à l'exclusion des vertébrés).
procréateur, trice adj. et n. Qui procrée.
procréation n. f. Action d'engendrer. *Procréation médicalement assistée (P.M.A.)*: ensemble des techniques médicales destinées à permettre la procréation quand elle est impossible dans des conditions naturelles.
procréatique n. f. MÉD. Branche de la médecine qui traite des techniques de procréation médicalement assistée.
procréer v. t. [1] Engendrer, transmettre la vie à (un être humain).
proctologie n. f. MÉD. Partie de la médecine consacrée à la pathologie du rectum et de l'anus.
proctologue n. Spécialiste de proctologie.
procurateur n. m. ANTIQ. ROM. Magistrat qui administrait les finances d'une province. / HIST. Haut magistrat dans les républiques italiennes de Gênes et de Venise.
procuration n. f. DR. Pouvoir donné à quelqu'un par une personne qui lui demande d'agir en son nom. / Déclaration écrite qui confère légalement ce pouvoir.
procure n. f. Office de procureur dans une communauté religieuse; local où il officie.
procurer v. t. [1] Fournir à, obtenir pour (qqn). *Il m'a procuré un emploi. Procurer un laissez-passer à un journaliste.* (Emploi pron.) *Se procurer des vivres.* / Occasionner, causer. *Passe-temps qui procure bien du plaisir.*
procureur n. m. *Procureur général*: chef du parquet d'une cour d'appel, de la Cour de cassation ou de la Cour des comptes. *Procureur de la République*: chef du parquet d'un tribunal de grande instance. / Religieux chargé des intérêts matériels d'une maison religieuse.
Procuste ou **Procruste** MYTH. GR. Brigand légendaire de l'Attique qui torturait les voyageurs. Il les étendait sur un lit (les grands sur un petit lit, les petits sur un grand lit) et, selon le cas, coupait ou étirait les jambes de ses victimes à la mesure exacte du lit. Thésée lui fit subir le même supplice et le tua.
procyonidés n. m. pl. ZOOL. Famille de mammifères de l'ordre des carnivores, de taille moyenne, souvent plantigrades et de régime alimentaire omnivore, comme le raton laveur.
Prodi (Romano) 1939 Homme poli-

tique italien. Président du Conseil (1996-1998), il est porté en 1999 à la présidence de l'Union européenne.

prodigalité n. f. Qualité d'une personne prodigue. / (Au pl.) Dépenses, largesses.

prodige n. m. Phénomène étrange, qui semble de l'ordre du surnaturel. / Ce qui frappe par son caractère extraordinaire. *Les prodiges de la science.* / Personne extraordinairement douée. (Appos.) *Enfant prodige.*

prodigieusement adv. De façon prodigieuse; extraordinairement.

prodigieux, euse adj. Qui tient du prodige, presque in,croyable.

prodigue adj. et n. Qui gaspille son bien. / Généreux. *Prodigue de*: qui donne avec libéralité. *Prodigue de ses faveurs.*

prodiguer v. t. [1] Dépenser sans retenue. *Prodiguer ses biens.* / Donner généreusement. *Prodiguer ses soins.*

pro domo loc. adv. et adj. (mots latins) Pour son propre compte. *Plaider pro domo*: plaider sa propre cause. / loc. adj. *Plaidoyer pro domo.*

prodrome n. m. Litt. Signe annonciateur d'un événement. / MÉD. Symptôme manifestant le début d'une maladie.

producteur, trice adj. et n. Qui produit. *Agent producteur. Pays producteurs.* / ÉCON. n. Personne physique ou morale qui produit des biens, des services.

productif, ive adj. Qui produit en quantité. *Terre productive. Capital productif.* Ant. improductif.

production n. f. Action de produire; ce qui est produit. *Production de gaz carbonique. Production de voitures. Facteurs de production*: moyens nécessaires à la production: ressources naturelles, capital, travail. *Production nationale*: ensemble des biens et des services créés dans un pays. / Œuvre littéraire ou artistique; ensemble des œuvres d'un auteur. *Ma dernière production. Production littéraire féconde.* / AUDIOV. Action de produire un film, une émission de télévision ou de radio. / Fait de se produire, en parlant d'un phénomène. / DR. Présentation (d'un document administratif). *Production d'un passeport.*

productique n. f. Ensemble des techniques d'automatisation de la production industrielle.

productivisme n. m. ÉCON. Système donnant la primauté à la productivité.

productiviste adj. Relatif au productivisme.

productivité n. f. Capacité de produire. Ant. improductivité. / Rapport entre la quantité de biens produite et les moyens de production mis en œuvre (travail, énergie, matières premières, outillage, capital, etc.)

produire v. t. [3] **A.** v. t. Générer, élaborer (dans un processus naturel). *Bois qui produit de la résine. L'abeille produit le miel.* / Fournir (des ressources naturelles); conditionner, fabriquer (des produits). *Pays qui produit de l'or et du cuivre. Produire du pétrole, du maïs. Usine qui produit des ordinateurs, des pièces détachées.* / Créer, composer (un ouvrage de l'esprit). *Beethoven a produit des œuvres importantes.* / Assurer l'organisation matérielle, apporter le financement de (un film, un spectacle) de manière que la réalisation soit possible. / Être la cause, l'origine de. *L'inflation produit la hausse des prix.* / Faire profiter de, rapporter. *Placement judicieux qui produit des intérêts à 6 % net d'impôt.* / Présenter, soumettre à autrui en guise de justification. *Produire une attestation. Produire des témoins,* les faire appeler devant un tribunal. **B.** v. pron. Paraître en public, se faire connaître (dans tel milieu). *Aimer se produire dans le milieu littéraire.* / Donner un concert, participer à un spectacle, etc. *Artiste qui se produit sur les scènes internationales.* / Survenir, advenir, arriver, en parlant de qqch. *Un événement imprévu s'est produit.*

Le Titien: Amour **profane** (Vanité) *1514-1515 (Alte Pinakothek, Munich).*

produit n. m. Profit en espèces ou en nature tiré d'une activité agricole, industrielle, financière. *Produit national brut (P.N.B.)*: somme du produit intérieur brut et du solde des revenus des facteurs de production transférés à l'étranger ou par l'étranger. *Produit intérieur brut (P.I.B.)*: somme des valeurs ajoutées réalisées par les entreprises d'un pays en un an. / Résultat d'un processus naturel ou du travail de l'homme. *Produits manufacturés*: produits résultant de l'industrie parmi lesquels on distingue les *produits finis* pouvant être directement consommés ou utilisés, et les *produits semi-finis* servant de matière première à une autre industrie. *Produit chimique*: corps obtenu par réaction chimique. / ZOOL. Animal, considéré du point de vue de l'hérédité. / Résultat d'une activité intellectuelle. *Produit de l'imagination.* / MATH. Résultat de la multiplication d'un nombre par un autre.

proéminence n. f. Caractère de ce qui est proéminent. / Partie saillante.

proéminent, e adj. Qui fait saillie.

prof n. Fam. Abréviation de professeur. *Elle est comment, la nouvelle prof?*

profanateur, trice adj. et n. Litt. Personne qui profane qqch.

profanation n. f. Action de profaner.

profane adj. et n. Sans caractère religieux ou sacré. *Œuvre profane.* / n. m. *Le profane et le sacré.* / n. Personne qui n'est pas initiée à une religion à mystères. (Par ext.) Personne qui n'est pas initiée aux règles d'un art, d'une technique, aux habitudes d'un corps social.

profaner v. t. [1] Violer le caractère sacré de. *Profaner une église.* / Avilir, dégrader (ce qui est digne de respect). *Profaner l'innocence d'un enfant.*

proférer v. t. [1] Litt. Dire (qqch.) à haute voix. *Proférer des injures.*

profès, esse adj. et n. RELIG. Qui s'est engagé dans une congrégation religieuse par des vœux solennels. / n. *Un profès, une professe.*

professer v. t. [1] Déclarer publiquement (qqch.). *Professer des convictions politiques.* / Enseigner (un savoir). *Professer l'art lyrique.*

professeur n. m. Personne qui fait métier d'enseigner. *Professeur d'espagnol.* / Universitaire qui possède le titre le plus élevé parmi les enseignants. *Le professeur Lépine.*

profession n. f. Activité rémunératrice exercée régulièrement par qqn. *Profession libérale.* / Ensemble des personnes qui exercent une même activité rémunératrice. *Les intérêts de la profession.* / Déclaration faite publiquement pour affirmer un engagement de principe, idéologique ou politique. / RELIG. Acte d'une personne qui prononce des vœux religieux.

Profession de foi du vicaire savoyard (la) Texte de Jean-Jacques Rousseau qui figure au livre IV de l'*Émile*, et qui expose la philosophie religieuse de l'écrivain. Un dialogue entre un prêtre et le futur précepteur d'Émile pose les principes d'une « religion naturelle » qui a pour culte essentiel le culte du cœur. Contredisant les thèses matérialistes, le vicaire s'appuie sur les impératifs de la conscience pour en déduire l'existence d'un dieu créateur, éternel, intelligent, bon et juste.

professionnaliser v. t. [1] Donner à (une activité) un caractère professionnel. (Emploi pron.) Devenir professionnel. *L'humanitaire s'est professionnalisé.* / Rendre (qqn) professionnel. *Professionnaliser un joueur de football.* (Emploi pron.) Devenir professionnel.

professionnalisme n. m. Caractère professionnel de (une activité). / Qualité de qqn qui exerce son activité de manière expérimentée, comme le fait un professionnel.

professionnel, elle adj. et n. Propre ou relatif à une profession. *Local professionnel.* / n. Personne qui tire rémunération de l'activité qu'elle exerce régulièrement. *Un professionnel du bâtiment.* / *Travail de professionnel,* exécuté avec maîtrise, savoir-faire.

professionnellement adv. D'une façon professionnelle; en ce qui concerne la profession.

professoral, ale, aux adj. Propre ou relatif aux professeurs.

professorat n. m. Fonction de professeur.

profil n. m. Contour d'un visage vu de côté. *Profil perdu*, où l'on voit, de côté, l'arrière de la tête tandis que le visage est aux trois quarts dissimulé. / Forme ou représentation d'une chose vue de côté, de telle sorte que son contour soit apparent. *Le profil des Pyrénées se découpe sur le ciel.* / Coupe verticale d'un objet, d'une construction, d'un terrain; section d'une moulure, d'une corniche. / GÉOGR. Coupe selon un axe. / *Profil psychologique*: courbe formée par les points obtenus par une personne lors de divers tests permettant de connaître sa psychologie. / Ensemble des caractéristiques psychologiques de qqn. *Avoir un profil de créatif. Avoir le profil de l'emploi.*

profilage n. m. Technique qui consiste à dresser (ou à tenter de dresser) le profil psychologique d'un criminel inconnu, en se fondant sur l'enquête policière, divers renseignements et des éléments statistiques.

profilé, e adj. et n. m. Dont le profil a été déterminé. *Un fuselage profilé.* / n. m. Pièce laminée de section constante et de forme déterminée.

profiler v. t. [1] Représenter (qqch.) en profil. *Profiler un bâtiment.* / Présenter (des formes, des contours). *Des monts qui profilent leur sommet dans le lointain.* / TECHN. Déterminer le contour de (qqch.). *Profiler une carrosserie.* / v. pron. Faire paraître son profil, se découper sur un fond. *Une forme se profile à l'horizon.*

profileur, euse n. Spécialiste du profilage.

profit n. m. Bénéfice réalisé par une entreprise et mesuré par la différence entre prix de revient et prix de vente. / COMPTA. *Compte de pertes et profits*: partie du bilan qui fait apparaître les pertes subies et les gains réalisés. / Avantage, enrichissement matériel ou moral. *Tirer profit de la compagnie de qqn.*

profitable adj. Dont on tire profit, avantage. *Affaire profitable.*
profiter v. t. ind. / v. i. [1] **A.** v. t. ind. *Profiter de*: mettre à profit. *Profiter d'une circonstance favorable. J'ai profité de sa vaste expérience. Profiter du retour du soleil.* / Tirer profit de, exploiter (qqn) en abusant de sa bonne foi, de sa naïveté. *Escroc qui sait profiter de ses victimes.* / *Profiter à*: être au bénéfice de, être avantageux à. *Sa défection a profité à son rival.* **B.** v. i. Fam. Croître, se fortifier. *Arrosée tous les jours, cette plante profite bien.* / Gagner, faire du profit. *Il profite beaucoup dans cette affaire.*
profiterole n. f. PÂTIS. Petit chou garni de crème pâtissière (ou glacée) et recouvert de chocolat chaud.
profiteur, euse n. Péjor. Personne qui tire ou cherche à tirer un profit de tout.
profond, e adj., n. m. et adv. **A.** adj. Dont le fond est distant de la surface, du bord, de l'ouverture. *Fleuve profond.* / Qui s'enfonce très avant. *Racines profondes.* / Fig. Intense. *Bleu profond. Sommeil profond. Voix profonde*, grave. / Fig. Non apparent, caché. *Le sens profond d'une maxime.* / Fig. Qui ne s'en tient pas aux apparences. *Un esprit profond.* **B.** n. m. *Le plus profond*: la partie la plus profonde. / Fig. *Au plus profond de l'être.* **C.** adv. Profondément. *Une épine enfoncée profond.*
profondément adv. En profondeur.
profondeur n. f. Étendue d'une chose considérée à partir de sa surface, de son ouverture, de son bord, en allant jusqu'au fond. *La profondeur d'un puits. La profondeur d'un placard. La profondeur d'une salle.* / Caractère d'une chose dont le centre est éloigné de l'entrée, du bord. *Profondeur d'une forêt.* / Au fig. Impression suggérée dans un tableau par la perspective. / (Au plur.) Ce qui est très éloigné de la surface. *Les profondeurs océanes.* / Fig. Qualité de celui qui approfondit les choses; œuvre qui témoigne de cette qualité. *Un prédicateur, un sermon plein de profondeur.* / Caractère de ce qu'on ressent profondément. *La profondeur d'un amour.*
pro forma loc. adj. inv. COMPTA. *Facture pro forma*, non exigible, établie à titre indicatif avant exécution d'une commande.
profus, e adj. Litt. Abondant.
profusion n. f. Extrême abondance.
progéniture n. f. Plaisant ou litt. Ensemble des êtres engendrés par un homme, un animal.
progestatif, ive adj. et n. m. BIOCHIM. Se dit des substances qui ont une action similaire à celle de la progestérone. / n. m. *Un progestatif.*
progestérone n. f. BIOL. Hormone sexuelle sécrétée en grande quantité par le corps jaune ovarien pendant la deuxième partie du cycle, ainsi que par le placenta au cours de la grossesse. *La progestérone prépare la muqueuse utérine à la nidation de l'œuf fécondé et contribue au maintien de la grossesse en inhibant les contractions utérines.*
progiciel n. m. INFORM. Ensemble de programmes conçus pour plusieurs utilisateurs et destinés à un même type d'applications ou de fonctions.
prognathe adj. Dont les mâchoires sont proéminentes.
prognathisme n. m. ou **prognathie** n. f. Caractère d'une mâchoire prognathe.
programmateur, trice n. Personne chargée d'établir un programme de télévision, de radio, etc. / n. m. TECHN. Dispositif de commande électronique assurant

Prokofiev en 1935.

l'exécution automatique de différentes opérations, sur un appareil ménager. *Programmateur d'une machine à laver.*
programmation n. f. INFORM. Établissement d'un programme. / Action de programmer (des émissions, des films, etc.).
programme n. m. Texte donnant les principales caractéristiques d'une fête, d'un spectacle; liste des émissions, des films, etc. à venir. *Programme d'un concert.* / Ensemble de conditions à remplir dans l'exécution d'un travail. / Ensemble d'activités prévues. *Établir un programme des vacances.* / Ensemble de connaissances et de matières sur lesquelles porte un cours, un concours, etc. / Projet, ligne d'action. *Programme politique. Programme économique.* / INFORM. Ensemble des instructions permettant à un système automatique d'obtenir un résultat.
programmer v. t. [1] Mettre dans un programme (un film, une œuvre scénique, musicale). / Organiser, planifier en suivant des étapes. *Programmer un plan de redressement économique.* / INFORM. Organiser (des données) en fonction d'un programme.
programmeur, euse n. INFORM. Spécialiste de la programmation.
progrès n. m. Avance (d'une troupe). *Progrès de l'ennemi.* / Extension. *Les progrès de la déforestation.* / Développement, amélioration. *Progrès technique. Croire au progrès*, à la transformation de la société dans le sens de l'amélioration.
progresser v. i. [1] Se développer, gagner en ampleur, en intensité, en étendue; s'améliorer. *Production, pouvoir d'achat qui progresse. Cet élève progresse.* / Avancer. *Le convoi progressait par étapes.*
progressif, ive adj. Qui suit une progression. / GRAMM. (En anglais) *Forme progressive d'un verbe*, indiquant que l'action est en train de s'accomplir. *La forme progressive est exprimée par le participe présent d'un verbe associé à la forme principale de l'auxiliaire « to be », comme dans « I am coming », littéralement « je suis venant ».*
progression n. f. Mouvement en avant. / Fig. Développement continu, graduel. / MATH. *Progression arithmétique*: suite de nombres tels que chacun d'eux s'obtient par addition au précédent d'un nombre constant appelé raison (progression arithmétique de raison 2: 0, 2, 4, 6...). *Progression géométrique*: suite de nombres tels que chacun d'eux s'obtient par multiplication du précédent par un nombre constant appelé raison, différent de zéro et de un (progression géométrique de raison 2: 2, 4, 8, 16...).
progressisme n. m. Attitude, doctrine progressiste.
progressiste adj. et n. Partisan du progrès en matière politique, sociale (par oppos. à *conservateur*).
progressivement adv. De façon progressive.
prohiber v. t. [1] DR. Interdire, défendre légalement.
prohibitif, ive adj. DR. Qui prohibe. *Loi prohibitive.* / Cour. D'un montant tellement élevé qu'il interdit l'achat. *Prix prohibitif.*
prohibition n. f. Interdiction; réglementation légale frappant la consommation de certains produits. / HIST. *La prohibition*: aux États-Unis, l'interdiction de fabriquer et de vendre des boissons alcoolisées, de 1919 à 1933.
proie n. f. Être vivant dont s'empare un animal carnassier pour le dévorer. *Guetter sa proie. Oiseau de proie*: rapace. / Personne exploitée, victime. / Litt. *Être en proie à*: être tourmenté par.
projecteur n. m. Puissante source de rayons lumineux, qui éclaire au loin. / Appareil servant à projeter sur un écran des diapositives ou un film.
projectile n. m. Corps solide lancé en direction d'une cible, avec la main, un instrument, une arme.
projection n. f. Action de projeter; matières projetées. *Projection d'un obus. Projections volcaniques.* / Action de former sur un écran une image. *Appareil de projection. Projection d'un film.* / GÉOM. Application qui, dans le plan (ou dans l'espace), fait correspondre à un point l'intersection de la droite de direction donnée passant par ce point et d'une droite fixe du plan (ou d'un plan fixe de l'espace). / PSYCHAN. Processus par lequel on attribue à autrui des sentiments personnels.
projectionniste n. Personne dont le métier est de projeter des images, des films.
projet n. m. But que l'on se donne et ensemble de moyens que l'on coordonne pour le réaliser. / Travail préparatoire, première esquisse d'un ouvrage *Projet de roman.* / *Projet de loi*: texte proposé par le gouvernement au Parlement, qui peut l'amender. / Étude technique et devis destinés à la construction d'un bâtiment, d'une machine et assortis de plans ou de dessins.
projeter v. t. [1] Jeter avec force, dans l'air, et à une certaine distance. *Fontaine projetant son jet d'eau.* / Éjecter, lancer. *Volcan qui projette de la lave.* / Diffuser avec force, intensité. *Lampe qui projette une lumière crue.* / CIN. Faire apparaître sur un écran des images fixes ou animées. *Projeter un western, des diapositives.* / GÉOM. Représenter sur un plan (un point, une figure) par une projection. / PSYCHAN. Fixer, transférer sur autrui (un élément affectif personnel, névrotique ou non). *Projeter sur qqn son instinct maternel.* / Élaborer (un projet), former (un dessein). *Je me demande ce qu'il projette.*
Prokofiev (Sergueï Sergueïevitch) 1891-1953 Compositeur russe. Après 1917, il partit pour l'Europe et les États-Unis, puis revint en Union soviétique où il se fixa définitivement en 1935. Il emploie des thèmes simples, des rythmes vigoureux dans ses œuvres pour piano, sa musique symphonique (*Symphonie classique*, 1916-1917), dans ses opéras (*L'Amour des trois oranges*, 1919; *La Guerre et la Paix*, 1942), ses suites enfantines (*Pierre et le Loup*, 1936), ses cantates et ses ballets (*Roméo et Juliette*, 1935; *Cendrillon*, 1944). Il a travaillé avec le cinéaste Eisenstein pour lequel il a composé des musiques de films: *Alexandre Nevski* (1938), *Ivan le Terrible* (1942-1945).
prolactine n. f. BIOL. Hormone provenant du lobe antérieur de l'hypophyse et provoquant notam. la lactation après l'accouchement.
prolapsus n. m. MÉD. Glissement anormal d'un organe ou d'une partie d'organe vers le bas.
prolégomènes n. m. pl. Introduction à un ouvrage, où sont données les informations indispensables à sa compréhension. / Notions préliminaires.
prolepse n. f. LITTÉR. Figure de rhétorique par laquelle on énonce une objection au propos tenu, de manière à la réfuter par avance.
prolétaire n. et adj. Personne qui ne possède aucun moyen de production, qui exerce un métier manuel et reçoit un salaire en échange de son travail. / (Emploi adj.) *Les masses prolétaires.* / ANTIQ. ROM. Citoyen pauvre, non imposable, utile à la République uniquement par les enfants qu'il pouvait lui donner.
prolétariat n. m. Classe sociale qui regroupe l'ensemble des prolétaires.
prolétarien, enne adj. Propre ou relatif aux prolétaires. *Révolution prolétarienne.*
prolétarisation n. f. Fait d'être prolétarisé.
prolétariser v. t. [1] Réduire à la condition de prolétaire.
prolifération n. f. BIOL., MÉD. Multiplication des cellules, des tissus, des organismes, normale ou pathologique. / BOT. Formation d'un bouton floral sur une par-

Le **projecteur** de cinématographe des frères Lumière, construit en 1895.

P

tie de la plante qui n'en porte généralement pas. / Fig. Multiplication rapide.
proliférer v. i. [1] Se multiplier par une reproduction fréquente et rapide, pulluler. *Espèce animale qui prolifère. Bactéries qui prolifèrent.* / Fig. *Les pickpockets prolifèrent à l'occasion des grands rassemblements publics.*
prolifique adj. Qui se reproduit, se multiplie rapidement. *Animal prolifique.* / Qui crée en abondance. *Un auteur prolifique.*
proline n. f. BIOCHIM. Acide aminé non polaire, cyclique, qui intervient notam. dans le métabolisme des glucides.
prolixe adj. Qui a tendance à parler, à écrire longuement, en s'attardant sur des choses inutiles. *Auteur prolixe.*
prolixité n. f. Litt. Caractère de qqn de prolixe, de qqch. de prolixe (texte, œuvre, etc.).
prolo n. m. Fam. Abrév. de *prolétaire.*
prologue n. m. Première partie d'un ouvrage littéraire, poétique ou théâtral décrivant des événements antérieurs à l'action. / Dans le théâtre antique, partie précédant l'entrée du chœur. / MUS. Morceau lyrique suivant l'ouverture et précédant le premier acte d'un opéra.
prolongation n. f. Action de prolonger dans le temps; durée ajoutée à un laps de temps déjà déterminé. *Prolongation d'un congé maladie.* / SPORT Dans un match, temps de jeu supplémentaire accordé pour départager deux équipes à égalité.
prolonge n. f. MILIT. Véhicule destiné au transport des munitions et du matériel. / CH. DE FER Cordage servant à arrimer.
prolongement n. m. Extension en longueur. *Prolongement d'une ligne de métro.* / Fig. Suites, conséquences d'une action.
prolonger v. t. [1] Étendre la durée de. *Prolonger un entretien, une séance.* (Emploi pron.) *Attente qui se prolonge.* / Augmenter la longueur de. *Prolonger une autoroute.* (Emploi pron.) Continuer, se poursuivre au-delà. *Chemin carrossable qui se prolonge jusqu'à la mer par un sentier.*
promenade n. f. Action de se promener. / Lieu aménagé pour se promener. *La promenade des Anglais à Nice.*
promener v. t. / v. i. [1] **A.** v. t. Mener ailleurs, notamment en plein air, pour distraire. *Promener des amis à travers bois. Promener sa famille.* / Fam. *Ce taxi nous promène*, nous fait perdre notre temps en allongeant le trajet. / Porter, traîner avec soi. *Cela fait une heure qu'il promène ce colis.* Au fig. *Promener son ennui, sa lassitude.* / Fig. Faire errer çà et là (qqch.). *Promener son regard, ses yeux.* **B.** v. i. Fam. *Envoyer promener qqn*, se débarrasser de lui, l'éconduire. / Renoncer à. *Envoyer tout promener.* **C.** v. pron. Faire une promenade. *Se promener sur les quais de la Seine.*
promeneur, euse n. Personne qui se promène.
promenoir n. m. Espace destiné à la promenade à l'intérieur d'un bâtiment clos. *Le promenoir d'un couvent, d'une prison.* / Partie d'une salle de spectacle où l'on peut regarder en se tenant debout. *Réserver une place au promenoir.*
promesse n. f. Action de promettre. / Espoir qu'offre une chose, un être. *Une affaire pleine de promesses. Un enfant plein de promesses.*
Prométhée MYTH. GR. Fils du Titan Japet et frère d'Atlas. Selon certaines légendes, il serait le père des premiers hommes; selon d'autres, il aurait été seulement leur bienfaiteur, en dérobant aux dieux le secret du feu pour le transmettre aux mortels. Pour le punir, Zeus l'enchaîna sur le Caucase, où un vautour lui rongeait le foie perpétuellement, son foie repoussant sans cesse; Héraclès délivra Prométhée en tuant le rapace. Le mythe de Prométhée a inspiré de nombreux écrivains et philosophes depuis Hésiode et Eschyle (*Prométhée enchaîné*, Ve siècle av. J.-C.) jusqu'à Gide (*Le Prométhée mal enchaîné*, 1899) en passant par Byron (*Prométhée*, 1816) et Shelley (*Prométhée délivré*, 1820).
prométhéen, enne adj. Relatif à Prométhée. *Mythe prométhéen.* / Litt. Qui dénote l'ambition, ou l'illusion, d'une action déterminante de l'Homme au sein de l'Univers.
prométhium n. m. CHIM. Élément radioactif de nombre atomique Z = 61 et de masse atomique 145 (symbole: Pm), appartenant au groupe des terres rares.
prometteur, euse adj. Qui promet, plein de promesses.
promettre v. t. [3] **A.** v. t. S'engager envers qqn à faire (qqch.). *Promettre de demeurer fidèle. Promettre de rendre un service.* / S'engager à donner (qqch.) *Promettre une récompense à un enfant.* (Au fig.) *Promettre la lune*: promettre ce qui est difficile ou impossible à accomplir. / Garantir, assurer. *Je vous promets que vous serez satisfait de ce produit.* / Annoncer, laisser présager. *Atmosphère tendue qui ne promet rien de bon.* Fam. *Ça promet!*: les choses vont mal tourner. / Faire espérer. *Ciel clair qui promet une belle journée.* (Emploi absol.) Donner de l'espoir, être porteur de promesses. *Enfant studieux qui promet.* **B.** v. pron. Prendre la ferme décision de (faire qqch.). *Je me promets bien de ne plus mettre les pieds ici!* / Se proposer fermement de (réaliser qqch.). *Je m'étais promis de passer toute cette journée avec vous.*
promis, e adj. et n. Objet d'une promesse. / RELIG. *La Terre promise*: la terre de Canaan, promise par Dieu aux Hébreux, selon la Bible. / *Promis à*: destiné à. *Être promis à un bel avenir.* / n. Vx ou plaisant Fiancé(e).
promiscuité n. f. Voisinage fâcheux qui porte atteinte à l'intimité.
promo n. f. Abréviation de *promotion. Un article en promo dans un supermarché. Ils sont de la même promo.*
promontoire n. m. Pointe de terre de haute altitude qui domine un littoral.
promoteur, trice n. Litt. Initiateur, précurseur. / *Promoteur immobilier*: homme d'affaires qui finance la construction d'habitations en vue de les vendre ou de les louer. / n. m. CHIM. Substance qui augmente l'activité d'un catalyseur.
promotion n. f. Action d'élever une ou plusieurs personnes à une fonction, à une dignité, à un emploi supérieur. *Promotion dans l'ordre national du mérite.* / Ensemble des candidats admis à une école la même

Prométhée.

année. / *Promotion des ventes*: ensemble des techniques qui concourent à l'accroissement des ventes. *Article, produit en promotion*, vendu à un prix moindre que son prix normal.
promotionnel, elle adj. Relatif ou propre à la promotion des ventes.
promouvoir v. t. [3] Élever à un rang honorifique, à une dignité, à un grade supérieur. *Être promu grand-croix de la Légion d'honneur. Promouvoir un général à la dignité de maréchal.* / Favoriser le succès, le développement de (qqch.). *Promouvoir une politique de plein emploi.* / COMM. Mettre en promotion. *Ce produit reste promu jusqu'à la fin du mois.*
prompt, e adj. Qui agit, réagit rapidement. *Un esprit prompt.* / Qui s'effectue rapidement. *Un geste prompt.*
promptitude n. f. Rapidité.
promulgation n. f. Action de promulguer. / DR. *Promulgation d'une loi*: publication officielle et solennelle d'une loi.
promulguer v. t. [1] DR. Publier (une loi) dans les formes exigées pour qu'elle soit exécutoire.
pronaos n. m. (mot grec) ANTIQ. GR. Partie antérieure d'un temple, qui précédait le sanctuaire (naos).
pronation n. f. ANAT. Rotation de 180° qui amène vers le bas la paume de la main, originellement tournée vers le haut. / Position qui résulte de ce mouvement. Ant. *supination.*
prône n. m. RELIG. CATHOL. Instruction chrétienne par le prêtre, à la messe du dimanche. *« Monsieur le curé/De quelque nouveau saint charge toujours son prône » (La Fontaine)*, annonce toujours à son prône quelque nouvelle fête de saint.
prôner v. t. [1] Vanter la valeur de, recommander l'utilisation de (qqch.). *Prôner une méthode de travail.*
pronom n. m. GRAMM. Mot qui représente un nom ou une proposition exprimée avant ou après lui, ou qui désigne une chose, un être dont le nom n'a pas été exprimé (ex.: *on* sonne). *Il existe six catégories de pronoms: personnels, possessifs, démonstratifs, relatifs, interrogatifs et indéfinis.*
pronominal, ale, aux adj. GRAMM. Relatif au pronom; qui est de la nature du pronom. / *Verbe pronominal*: verbe précédé de *se* à l'infinitif, qui se conjugue avec deux pronoms de la même personne (ex.: *Je me baigne, il se promène*).
pronominalement adv. GRAM. En fonction de pronom. *Adjectif employé pronominalement.* / Comme verbe pronominal.
prononçable adj. Qu'il est possible de prononcer. Ant. imprononçable.
prononcer v. t. / v. i. [1] **A.** v. t. Exprimer, formuler au moyen de la parole. *Il ne put prononcer que quelques mots.* / Articuler d'une certaine manière (des lettres, des mots). *Prononcer correctement l'anglais. Elle zézaye, elle prononce {z} les {s}.* / Dire, donner lecture de. *Le chef de l'État prononcera son allocution à 20 heures.* / DR. Déclarer en vertu de l'autorité qui vous est conférée. *Prononcer la réclusion à perpétuité.* **B.** v. i. Statuer. *La cour ne prononcera pas avant début janvier.* **C.** v. pron. Se déterminer. *Se prononcer pour tel ou tel candidat.* / Formuler un avis précis. *L'expert se prononcera au terme de l'expertise.* / Se préciser. *Tendance qui se prononce.* / (En parlant d'un mot) Être articulé. *« Lait » se prononce sans le {t}.*
prononciation n. f. Manière de prononcer, d'articuler les sons, les mots d'une langue. *Prononciation correcte.* / DR. Action de prononcer (un jugement). *Prononciation d'un arrêt.*

*La **propagande** castriste à Cuba.*

pronostic n. m. Conjecture sur ce qui doit arriver. / MÉD. Prévision sur le devenir d'une maladie.
pronostiquer v. t. [1] Faire le pronostic de. / Laisser prévoir, annoncer.
pronostiqueur, euse n. Personne qui pronostique. / Journaliste spécialisé dans la formulation de pronostics sportifs, hippiques notam.
pronunciamiento n. m. (mot espagnol) En Espagne et en Amérique latine, coup de force militaire.
propagande n. f. Action exercée sur l'opinion pour la diffusion d'une doctrine religieuse ou politique.
propagandiste n. Personne qui fait de la propagande.
propagation n. f. Action de se propager. *Propagation d'une espèce.* / Fait de se propager. *Propagation d'une maladie.* / Action de répandre, de propager. *La propagation d'une religion. Congrégation de la propagation de la foi*: dans l'Église catholique, congrégation de la curie romaine chargée d'envoyer des missionnaires de par le monde, devenue (1967) la *Congrégation pour l'évangélisation des peuples.* / PHYS. Déplacement d'un phénomène vibratoire dans l'espace. *Propagation de la lumière.*
propager v. t. [1] **A.** v. t. Faire se multiplier par génération. *On ne peut propager le palmier dans les régions froides.* / Répandre, diffuser, faire connaître. *Propager une méthode, une nouvelle inédite, des idées subversives.* **B.** v. pron. Se multiplier par génération. *Souche de rats qui se propage dans les égouts d'une ville.* / Se répandre, gagner en ampleur. *Épidémie qui se propage. Rumeur qui se propage.* / Se déplacer, progresser dans l'espace, en parlant d'un phénomène physique. *L'incendie s'est propagé à tous les étages de l'immeuble.*
propane n. m. CHIM. Alcane de formule $CH_3–CH_2–CH_3$, incolore, utilisé comme combustible domestique et industriel.
propédeutique n. f. Anc. Classe préparatoire obligatoire à l'entrée en faculté de lettres ou de sciences, de 1948 à 1966.
propension n. f. Tendance naturelle. *Avoir une propension à la dépense.*
Properce (en latin, **Sextus Aurelius Propertius**) 47?-15? av. J.-C. Poète latin, auteur d'*Élégies* où il exprime sa passion pour une femme nommée Cynthia.
propergol n. m. Combustible composé d'un ou plusieurs ergols, produisant une réaction chimique dégageant de l'énergie de propulsion.
propharmacien, enne n. Médecin autorisé à délivrer des médicaments, dans les localités dépourvues de pharmacie. / Appos. *Médecin propharmacien.*

P

prophase n. f. BIOL. Première phase de la division cellulaire, au cours de laquelle la chromatine se condense et les chromosomes, formés de deux chromatides, s'individualisent. Voir *mitose, méiose.*

prophète, prophétesse n. Personne qui parle à la place de Dieu, qui transmet la parole de Dieu. / Pour les juifs et les chrétiens, un des prophètes d'Israël. *Le Roi-prophète*: David. / *Le Prophète*: Mahomet, pour les musulmans. / Devin.

♦ La Bible chrétienne connaît seize prophètes, quatre dits « grands » : Isaïe, Jérémie, Ézéchiel et Daniel, et douze dits « petits » : Osée, Joël, Amos, Abdias, Jonas, Michée, Nahum, Habacuc, Sophonie, Aggée, Zacharie, Malachie; le nom de « petits prophètes » leur vient de la brièveté de leurs écrits, et non du peu d'importance de leur message. La Bible hébraïque rattache le livre de Daniel au groupe des livres historiques et des livres de sagesse, et non aux livres prophétiques.

prophétie n. f. Révélation, par inspiration divine, des choses cachées. / Prédiction.

prophétique adj. Qui procède de la prophétie.

prophétiser v. t. [1] Annoncer (qqch. qui doit se produire dans l'avenir) par inspiration surnaturelle. *Prophétiser la venue du Messie.* / Prédire (ce qui doit arriver) en se fondant sur l'intuition, sur des conjectures.

prophylactique adj. Propre ou relatif à la prophylaxie.

prophylaxie n. f. Ensemble des moyens destinés à prévenir l'apparition, l'aggravation ou la propagation d'une maladie.

propice adj. Favorable. *Le moment propice.*

propitiatoire adj. Litt. Qui est destiné à rendre propice (Dieu, une divinité). *Sacrifice propitiatoire.*

proportion n. f. Dans un ensemble, rapport de grandeur entre les différentes parties. / MATH. Égalité de deux rapports (par exemple, a/b = c/d). / (Au plur.) Ensemble des dimensions caractéristiques d'un tout, considérées les unes par rapport aux autres. *Proportions d'un monument.* / Importance. *Catastrophe qui a pris de grandes proportions.*

proportionnalité n. f. Caractère de ce qui est proportionnel.

proportionné, e adj. Dans une proportion convenable. *Représailles proportionnées à l'agression.* Ant. disproportionné. / Dont les proportions sont respectées. *Un corps bien proportionné*, dont les proportions sont harmonieuses.

proportionnel, elle adj. et n. f. Qui est en rapport de proportion avec qqch. / POLIT. *Représentation proportionnelle,* déterminée en proportion du nombre de voix exprimées (par oppos. à la représentation *majoritaire*). / n. f. *Voter à la proportionnelle.*

proportionnellement adv. À proportion.

propos n. m. **I.** Dessein, intention. *Tel est mon propos. Dans le propos de*: dans l'intention de. *De propos délibéré*: à dessein. / loc. prép. *À propos de*: au sujet de. / loc. adv. *À tout propos*: à chaque instant. (absol.) *À propos*: à ce sujet; tant que j'y pense. *Survenir à propos, fort à propos*, opportunément. *Mal à propos, hors de propos*: de façon inopportune. / loc adj. *À propos*: convenable, opportun. *Il n'a pas jugé à propos de vous déranger.* / n. m. *À-propos*: présence d'esprit. *Manquer d'à-propos.* **II.** n. m. (souvent au pluriel) Parole dite; ensemble de paroles prononcées. *Tenir des propos désobligeants.*

proposer v. t. [1] **A.** v. t. Offrir, soumettre (qqch.) au libre choix de qqn. *Proposer un échantillonnage de papiers peints.* / Soumettre à l'appréciation, à la réflexion; suggérer. *Proposer un règlement à l'amiable, une solution, un projet ambitieux. Proposer de dîner au restaurant.* / Offrir (ce qu'on a décidé de donner) pour l'achat de (qqch.). *Je vous propose un million pour l'achat de cette maison.* / Donner à traiter. *Proposer un sujet de mathématiques à un examen.* / Soumettre à l'approbation la candidature de. *Plusieurs l'ont proposé à ce poste.* **B.** v. pron. Offrir ses services. *Se proposer pour accompagner les enfants à l'école.* / *Se proposer de*: avoir l'intention de, le projet de. *Il se propose de venir vous consulter.*

proposition n. f. Action de proposer; ce qui est proposé. *Propositions de paix.* / DR. *Proposition de loi*: texte déposé par un parlementaire pour le faire voter par l'Assemblée. / Énoncé d'un jugement, affirmation. / LOG. Contenu d'une phrase. / MATH. Énoncé d'un théorème ou d'une égalité; leurs termes. / GRAMM. Unité de syntaxe comprenant généralement un verbe, un sujet et des compléments. (Il y a dans une phrase autant de propositions que de verbes, exprimés ou sous-entendus. Les *propositions principales* sont celles dont dépendent d'autres propositions, appelées *subordonnées; « il a dit »* [proposition principale] *« qu'il viendrait »* [proposition subordonnée]; les *propositions indépendantes* forment à elles seules toute une phrase [*« il est venu »*]. Les propositions peuvent être *affirmatives* [*« il a ri »*], *interrogatives* [*« a-t-il ri ? »*], *exclamatives* [*« quelle joie ! »*], *impératives* [*« ne pleurez pas ! »*]).

Le **prophète** *Isaïe et saint Paul ;*
peinture murale de l'église de Mont (Hautes-Pyrénées), fin XVIe siècle.

L'Enlèvement de **Proserpine**, *bas-relief d'un sarcophage des IIIe-IVe siècles.*

Propp (Vladimir Iakovlevitch) 1895-1970 Folkloriste soviétique. Son ouvrage, *La Morphologie du conte* (1928), met en lumière la séquence de base que l'on retrouve, quelles que soient les variantes, dans tous les contes, et qui en ordonne les éléments narratifs dans un ordre fixe. Il a également étudié les fêtes (*Les Fêtes agraires russes*, 1963) et les rituels, en les rapportant au conte (*Les Racines historiques du conte merveilleux*, 1946).

propre [1] adj. et n. m. **A.** adj. *Propre à*: qui est essentiel à (qqn, qqch.), lui appartient en particulier. *Les facultés propres à l'espèce.* (Absol.) *Biens propres. Écrit de sa propre main.* / LING. *Sens propre d'un mot*, son sens littéral, premier (par oppos. à sens *figuré*). / Approprié. *Une eau propre à la consommation. Employer le mot propre.* Ant. impropre. / (En parlant de personnes) Apte à, capable de. *Il est propre au commandement.* / LING. *Nom propre,* désignant un être unique ou une chose individualisée. *Les noms de personnes et de lieux sont des noms propres.* **B.** n. m. *Le propre de*: un caractère particulier à. *Le rire est le propre de l'homme.* / En loc. *Un propre à rien*: une personne incapable. / Loc. adv. *En propre*: à soi. *Avoir qqch. en propre.* / *Au propre*: au sens propre. *Au propre comme au figuré.*

propre [2] adj. et n. m. Net de saleté, de souillure. *Avoir les mains propres.* Ant. malpropre. / Par ext. Qui ne salit pas. *Enfant propre*, qui contrôle ses fonctions naturelles. / *Copie propre*, soignée, sans rature. / Fig. Honnête. *Argent propre*, gagné honnêtement. / n. m. *Mettre au propre*: copier un brouillon avec soin. (Par antiphrase) *C'est du propre !*

proprement adv. Au sens propre. *À proprement parler.* / Sans salir, de manière nette, soignée. *Manger proprement.*

propret, ette adj. Fam. Propre et simplement décoré. *Une maison proprette.*

propreté n. f. Caractère de ce qui est propre, d'une personne propre. / Contrôle des fonctions naturelles. *Apprendre la propreté à un enfant, à un chiot.* / Fig. Honnêteté.

propriétaire n. Personne qui possède quelque chose en propriété. / Personne possédant un immeuble loué à des locataires.

propriété n. f. **I.** DR. Droit de jouir, d'user, de disposer d'une chose que l'on possède en propre, dans les limites établies par la loi. / Ce qui fait l'objet d'un droit de propriété. *Cette chaise est ma propriété.* / Bien-fonds; domaine (généralement d'une certaine importance). *Une propriété à la campagne.* **II.** Caractère particulier, essentiel d'une chose. *Propriétés physiques, chimiques d'un corps.* / Emploi des termes convenant exactement à l'expression de la pensée. Ant. impropriété.

propriocepteur n. m. PHYSIOL. Récepteur nerveux permettant la sensibilité proprioceptive.

proprioceptif, ive adj. PHYSIOL. *Sensibilité proprioceptive*: sensibilité nerveuse aux stimuli affectant muscles, tendons, articulations et os.

propulser v. t. [1] Projeter, faire mouvoir, faire avancer. *Moteurs qui propulsent une fusée.* / Fig. Installer soudainement et facilement à une position élevée. *Grâce à ses relations, on l'a propulsé à la direction de l'entreprise.*

propulseur adj. m. et n. m. Qui transmet un mouvement de propulsion. *Engin propulseur.* / n. m. Dispositif de propulsion d'un bateau, d'un avion, d'une fusée.

propulsion n. f. Action de propulser; mouvement d'un objet sous l'action d'une force de poussée. *Propulsion d'une fusée.*

propylée n. m. ARCHIT. Porche monumental. / (Au plur.) Entrée monumentale d'un sanctuaire ou d'une citadelle, comprenant une façade ornée de colonnes et un vestibule. *Les propylées de l'Acropole d'Athènes.*

prorata n. m. inv. Vx Quote-part. / *Au prorata (de)*: proportionnellement (à).

prorogation n. f. Prolongation. / DR. Acte du pouvoir exécutif qui proroge le Parlement.

proroger v. t. [1] Reporter à une date ultérieure. *Proroger une échéance.* / Prolonger la durée de validité de. *Proroger un traité.* / DR. Suspendre (les séances du Parlement) et en reporter la suite à une date ultérieure.

prosaïque adj. (En parlant de poésie) Vx Qui tend, tend trop vers la prose. *Vers prosaïque.* / Mod. Qui manque de poésie; ordinaire, trivial. *Une réalité très prosaïque.*

prosaïquement adv. De façon prosaïque.

prosaïsme n. m. Caractère de ce qui est prosaïque.

prosateur n. m. Auteur écrivant en prose.

proscenium n. m. (mot latin) Avant-scène. / Scène d'un théâtre antique.

proscription n. f. ANTIQ. ROM. Action de proscrire; mesure d'exil imposée à un citoyen, généralement pour des raisons politiques. / Fig. Abolition. *La proscription d'une coutume.*

proscrire v. t. [3] ANTIQ. ROM. Condamner à mort ou à l'exil sans passer

Alain Prost.

par la voie judiciaire, en affichant le nom des condamnés. / Bannir, exiler. / Interdire, prohiber l'usage de (qqch.). *Proscrire la vente des armes à feu.*

proscrit, e adj. et n. Condamné à la proscription.

prose n. f. Forme d'expression écrite ou verbale qui n'est soumise à aucune des règles de la versification (rimes, rythme). / Style caractéristique d'une époque, d'un auteur. *La prose de Voltaire.* / RELIG. Hymne latine rimée, rythmée, qui est chantée à certaines messes solennelles.

prosélyte n. RELIG. Pour les Juifs de l'Antiquité, païen converti au judaïsme. / Néophyte, nouvel adepte d'une religion; personne nouvellement gagnée à une cause, une opinion

prosélytisme n. m. Zèle déployé pour faire des prosélytes.

Proserpine MYTH. ROM. Déesse des Enfers, assimilée à la Perséphone des Grecs. Fille de Jupiter et de Cérès, elle fut enlevée par Pluton qui l'épousa.

prosodie n. f. LITTÉR. Ensemble des règles de composition poétique relatives à la durée, la hauteur, l'accentuation des syllabes. / *Prosodie musicale*: ensemble des règles qui régissent l'adaptation d'une musique à des paroles ou réciproquement. / LING. Partie de la phonologie qui traite plus particulièrement de l'intonation, de l'accent et de la durée des phonèmes.

prosopopée n. f. LITTÉR. Figure de rhétorique qui consiste à faire parler un mort, un animal, un objet inanimé.

prospect [1] n. m. Distance minimale autorisée par les services de voirie, entre deux bâtiments.

prospect [2] n. m. (mot anglais) Client potentiel d'une entreprise.

prospecter v. t. [1] Étudier, sonder (un sol) afin d'en évaluer les richesses naturelles, les gisements miniers. / COMM. Parcourir systématiquement (une ville, une région) pour y rechercher une clientèle potentielle. / Fig. Examiner, parcourir méthodiquement. *Prospecter tous les fichiers d'un ordinateur.*

prospecteur, trice n. Personne qui prospecte. *Prospecteur d'or.*

prospectif, ive adj. et n. f. Relatif à l'avenir. *Recherches prospectives.* / n. f. Science qui a pour objet une réflexion sur l'évolution de l'humanité à partir de la conjoncture économique, sociale, technique et scientifique, et qui conduit à prévoir l'avenir.

prospection n. f. Recherche, exploration et sondage des terrains où l'on pense découvrir des richesses naturelles. / COMM. Recherche active de nouveaux clients. *Prospection téléphonique.*

prospectus n. m. Imprimé publicitaire présentant et décrivant un nouvel établissement, une affaire, un produit, etc.

prospère adj. Qui prospère.

prospérer v. i. [1] Connaître une bonne fortune, réussir en développant ses activités. *Entreprise bien gérée qui prospère.* / Proliférer, être en abondance, en parlant d'une espèce vivante. *La vigne prospère dans cette contrée.*

prospérité n. f. Caractère de ce qui est prospère. / État d'abondance. *Une époque de prospérité.*

Prost (Alain) 1955 Coureur automobile français. Il remporta le championnat du monde de formule 1 en 1985, 1986, 1989 et 1993.

prostaglandine n. f. BIOL. Molécule dérivée d'un acide gras à 20 atomes de carbone, synthétisée dans de nombreux tissus et organes, et dont les fonctions dans l'organisme sont nombreuses et extrêmement diverses (intervenant notamment dans la régulation hormonale, le fonctionnement du système nerveux, les contractions utérines).

prostate n. f. ANAT. Glande annexe de l'appareil génital masculin, située sous la vessie, à fonction à la fois endocrine et exocrine. *La prostate sécrète notam. l'un des constituants du sperme.*

prosternation n. f. Action de se prosterner.

prosternement n. m. Fait de se prosterner; attitude de celui, celle qui se prosterne.

prosterner (se) v. pron. [1] Se baisser jusqu'à terre en signe d'humilité ou d'adoration. / Fig. *Se prosterner devant qqn*, s'humilier devant lui.

prosthèse n. f. LING. Adjonction d'une lettre, d'une syllabe au début d'un mot, qui n'en modifie pas le sens; l'élément ainsi adjoint (par ex. le *e* de *esprit*, qui vient du latin *spiritus*).

prosthétique adj. LING. Qui constitue une prosthèse; relatif à la prosthèse. *Une voyelle prosthétique.* / BIOCHIM. *Groupement prosthétique*: groupement non protéique de certaines protéines, généralement essentiel à leur activité. *Les porphyrines forment le groupement prosthétique de diverses protéines (l'hème est ainsi le groupement prosthétique de l'hémoglobine).*

prostitué, e n. Personne qui se prostitue.

prostituer v. t. [1] Litt. Dégrader, avilir (qqch.). *Prostituer ses capacités dans des tâches indignes de son talent. Prostituer sa plume*: écrire pour de l'argent ou pour défendre qqch. d'indigne. / Inciter, obliger (qqn) à se livrer à la prostitution. / v. pron. Faire commerce de son corps; se prêter aux désirs charnels d'autrui contre rémunération.

prostitution n. f. Action de se prostituer. / Phénomène social constitué par l'existence et les actions des prostitués. *Réglementation de la prostitution.* / Fig. Avilissement. *Prostitution de son talent.*

prostration n. f. État d'abattement et d'inactivité. / MÉD. État d'immobilité et d'abattement qui peut accompagner les formes aiguës de certaines maladies.

prostré, e adj. En état de prostration.

protactinium n. m. CHIM. Élément radioactif de numéro atomique 91 (symbole Pa).

protagoniste n. m. ANTIQ. GR. Acteur qui jouait le rôle principal. / Fig. Animateur, instigateur d'une affaire.

Protagoras v. 485-v. 411 av. J.-C. Philosophe grec, grand voyageur et brillant causeur, attaqué par Platon comme sophiste (dans le dialogue qui s'intitule *Protagoras*). Agnostique, il a montré que la sensation constitue la source de nos connaissances, ce qui rend toute connaissance relative. Pour lui, « l'homme est la mesure de toute chose ».

prote n. m. Anc. Contremaître, dans un atelier de composition typographique.

protéagineux, euse n. et adj. Plante riche en protéines. / adj. *Plante protéagineuse.*

protéase n. f. BIOCHIM. Enzyme hydrolysant les protides.

protecteur, trice n. et adj. **A.** n. Personne qui protège. *Protecteur des arts et des lettres.* / Par euph. Personne qui entretient, subvient aux besoins d'une autre personne en échange de relations particulières, sexuelles le plus souvent. / Proxénète. / HIST. *Lord protecteur* ou *protecteur*: titre donné au régent du XVe au XVIIe siècle, en Angleterre et en Écosse. **B.** adj. Qui protège. *Société protectrice des animaux.* / Condescendant. *Air protecteur.*

protection n. f. Action de protéger; son résultat. / Institution, personne ou chose qui protège.

protectionnisme n. m. ÉCON. Ensemble des mesures prises pour protéger le commerce, l'agriculture et l'industrie d'un pays contre la concurrence étrangère. / Doctrine préconisant cette politique.

protectionniste adj. et n. Qui procède du protectionnisme. / Partisan du protectionnisme.

protectorat n. m. Anc. Situation politique d'un État placé sous la protection d'une grande puissance à laquelle il déléguait le soin de sa défense et une partie de son administration; le pays soumis à cette situation politique. *Le Maroc était un protectorat français.*

Protée MYTH. GR. Fils de Poséidon et gardien des troupeaux formés de phoques et autres monstres marins appartenant à son père. Il pouvait changer de forme à volonté et prédire l'avenir à ceux qui parvenaient à l'y contraindre.

protège-cahier n. m. Couverture destinée à la protection des cahiers scolaires. Pl. Des *protège-cahiers.*

protège-dents n. m. inv. SPORT Appareil porté dans la bouche par les boxeurs pour se protéger les dents.

protéger v. t. [1] Garder, préserver (un être vivant ou une chose) d'un risque, d'un danger qui pourrait le menacer. *Protéger ses enfants. Protéger ses yeux du soleil.* (Emploi pron.) *Se protéger des intempéries.* / Veiller aux intérêts de (qqn) en l'appuyant, en le favorisant. *On n'ose pas le critiquer, le patron le protège.* / Favoriser, soutenir le développement, l'essor de (qqch.). *Protéger l'artisanat, les arts.*

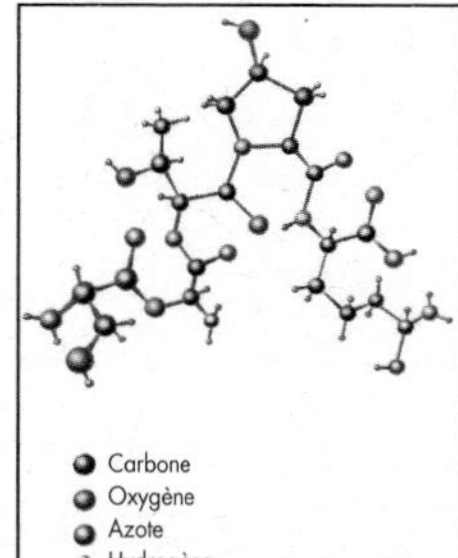

Structure moléculaire d'une ***protéine***.

protège-tibia n. m. SPORT Dispositif destiné à protéger les tibias des joueurs à certains jeux de ballon, de crosse. Pl. Des *protège-tibias.*

protéine n. f. BIOCHIM. Macromolécule constituée d'une ou plusieurs chaînes polypeptidiques (parfois associées à des groupements de nature non protidique), constituées d'un grand nombre d'acides aminés associés par des liaisons peptidiques. *Chaque protéine se replie selon une conformation spatiale particulière, déterminée par la séquence des acides aminés qui la constituent, sous laquelle elle assure sa fonction dans l'organisme: catalyse (enzymes), transport (par ex. hémoglobine), protéines de structure (par ex. collagène), etc.*

protéique adj. BIOCHIM. De la nature des protéines; relatif aux protéines.

protèle n. m. ZOOL. Mammifère de l'ordre des carnivores, proche des hyènes, de mœurs nocturnes, qui vit en Afrique et se déplace en bandes.

protéolyse n. f. BIOCHIM. Hydrolyse des protéines, libérant leurs éléments constitutifs.

protéome n. m. BIOL. Ensemble des protéines présentes chez une espèce données (par opposition au génome).

protéomique n. f. BIOL. Étude scientifique du protéome.

protéroglyphe adj. et n. m. ZOOL. Se dit des serpents qui possèdent, sur la partie antérieure de leur maxillaire supérieur, des crochets sillonnés, dont la gouttière se referme souvent pour former un canal d'inoculation. / n. m. *Le naja est un protéroglyphe.*

protérozoïque n. m. et adj. GÉOL. Subdivision la plus récente du précambrien. / adj. *Sédiment protérozoïque.*

P

protestant, e n. et adj. Personne qui professe le protestantisme. / adj. *Culte protestant*: culte de ceux qui professent le protestantisme.

•**protestantisme** n. m. Ensemble des doctrines religieuses et des Églises qui, à partir du XVIe siècle, sont nées directement de la Réforme ou sont issues de la dissidence des communautés protestantes déjà existantes.

protestataire adj. et n. Qui proteste, qui proteste véhémentement.

protestation n. f. Action de protester. / Manifestation d'un mécontentement, réclamation. / DR. Action de dresser un protêt.

protester v. i. / v. t. [1] **A.** v. i. S'élever avec force (contre qqch.) en le contestant ou en le rejetant formellement. *Protester contre une décision injuste.* **B.** v. t. DR. Faire établir un protêt contre (qqn, qqch.). *Protester un refus de paiement.* / v. t. ind. *Protester de*: clamer, affirmer avec force. *Je proteste de ma bonne foi, de mon innocence !*

protêt n. m. DR. COMM. Acte dressé par un huissier pour constater l'impossibilité (*protêt faute de paiement*) ou le refus (*protêt faute d'acceptation*) manifestés par un débiteur qui ne respecte pas une échéance.

prothalle n. m. BOT. Petite lame verte haploïde (gamétophyte) produite par la

germination d'une spore de fougère, et qui porte les organes reproducteurs.
prothériens n. m. pl. ZOOL. Syn. de monotrèmes.
prothèse n. f. Remplacement ou consolidation d'un membre, d'une partie de membre, d'un organe par un appareillage ; cet appareil (prothèse de hanche, prothèse auditive, lunettes ou verres de contact, etc.).
prothésiste n. Fabricant de prothèses.
prothorax n. m. ZOOL. Premier segment du thorax des insectes, muni d'une paire de pattes.
prothrombine n. f. BIOL. Globuline précurseur de la thrombine. *La prothrombine est un facteur de la coagulation sanguine.*
protide n. m. BIOCHIM. Molécule constituée d'acides aminés. *Les peptides, les protéines sont des protides.* Voir *glucide, lipide.*
protidique adj. BIOCHIM. De la nature des protides ; qui contient des protides ; relatif aux protides.
protistes n. m. pl. BIOL. Taxon regroupant l'ensemble des organismes unicellulaires eucaryotes. Voir *protophytes, protozoaires.*
protocolaire adj. Conforme au protocole. / Par ext. D'une politesse compassée. *Manières protocolaires.*
protocole n. m. Anc. Formulaire contenant des modèles d'actes publics destinés aux officiers ministériels. / Cérémonial observé lors de la réception des chefs d'État étrangers ou de leurs représentants diplomatiques ; le service des affaires étrangères chargé de ces relations. / Ensemble des usages mondains, étiquette. / Procès-verbal d'une assemblée, d'une conférence internationale. *Protocole d'accord.* / Énoncé des règles du déroulement d'une expérience scientifique. / CHIR. *Protocole opératoire* : compte rendu écrit d'une intervention chirurgicale.

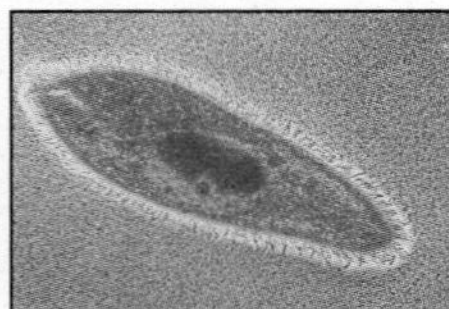

La paramécie est un ***protozoaire*** *cilié.*

protocordés ou **protochordés** Voir **procordés**
protoétoile n. f. ASTRON. Étoile en cours de formation.
protohistoire n. f. Période intermédiaire entre la préhistoire et l'histoire. *En Europe occidentale, la protohistoire correspond à l'âge des métaux et s'étend sur les deux derniers millénaires avant notre ère ; à cette époque, les premières civilisations se sont développées, mais l'écriture n'existe pas encore (alors qu'elle est connue en Égypte et au Proche-Orient).*
proton n. m. PHYS. NUCL. Particule élémentaire de charge électrique positive égale en valeur absolue à celle de l'électron, et de masse 1 840 fois supérieure à celle de celui-ci. *Le proton est, avec le neutron, constitutif du noyau atomique.*
protonotaire n. m. RELIG. CATHOL. Haut dignitaire de la cour pontificale, qui n'a pas le rang d'évêque.
protophytes n. m. pl. BIOL. Taxon regroupant l'ensemble des eucaryotes unicellulaires (protistes) d'affinité végétale. *Les diatomées sont des protophytes.*
protoplanète n. f. ASTRON. Planète en formation par contraction gravitationnelle du disque de poussières et de gaz condensé autour d'une étoile.
protoplasma ou **protoplasme** n. m. BIOL. Syn. de cytoplasme.
protoplasmique adj. BIOL. Relatif au protoplasme.
protoptère n. m. ZOOL. Poisson dipneuste des marais d'Afrique tropicale, à la respiration branchiale et pulmonaire.
protostomien adj. et n. m. ZOOL. Se dit des animaux cœlomates chez les embryons desquels le blastopore devient la bouche. *Les mollusques, les annélides, les arthropodes sont protostomiens.* Voir *deutérostomien.* / n. m. pl. *Les protostomiens.*
prototype n. m. Premier exemplaire d'un objet devant être fabriqué en série. *Le prototype sert à la mise au point, aux essais, aux réglages.* / Type, modèle.
protoures n. m. pl. ZOOL. Ordre de petits arthropodes aptères, dépourvus d'yeux et d'antennes, qui vivent dans les sols humides, sous les pierres, etc.
protozoaires n. m. pl. BIOL. Taxon dans lequel on regroupe les eucaryotes unicellulaires (protistes) d'affinité animale (notam., dépourvus de chlorophylle). *Les ciliés, les rhizopodes, les radiolaires, les foraminifères sont des protozoaires.*
protubérance n. f. Saillie. / ASTRON. *Protubérance solaire* : partie de la chromosphère qui déborde le disque solaire lors des éruptions de matière rayonnée (rayons g, rayons X mous). *Les protubérances se présentent en forme d'arches et sont constituées de structures fines affectées de mouvements internes ; on en distingue trois classes : inactives, actives et éruptives.*
protubérant, e adj. Qui fait saillie.
prou Voir **peu ou prou**

Marcel Proust

Très jeune, il fréquente les milieux intellectuels et mondains, menant une vie d'oisif cultivé, et publie dans des revues littéraires des poèmes, des portraits, des essais, des nouvelles, textes qui seront réunis dans *Les Plaisirs et les Jours* (1895). De 1895 à 1899, il entreprend un long roman autobiographique, *Jean Santeuil* (publié en 1952), qu'il laisse inachevé. Il traduit ensuite *La Bible d'Amiens* (1904) et *Sésame et les lys* (1906) de Ruskin, dont l'esthétique aura sur lui une forte influence.

À partir de 1906, malade (crises d'asthme) et affecté par la mort de son père (1903) et surtout de sa mère (1905), il mène une vie de plus en plus retirée pour se consacrer à son œuvre maîtresse qu'annoncent plusieurs textes rassemblés dans *Contre Sainte-Beuve* (essais et récits écrits en 1908-1909, publiés en 1954) : *À la recherche du temps perdu.* Cette œuvre autobiographique monumentale comptera sept volumes : Proust verra publier *Du côté de chez Swann* (1913), *À l'ombre des jeunes filles en fleurs* (1919, prix Goncourt), *Le Côté de Guermantes* (1920-1921) et *Sodome et Gomorrhe* (1921-1922) ; *La Prisonnière* (1923), *Albertine disparue* (1925) et *Le Temps retrouvé* (1927) paraîtront après sa mort. Il y évoque son enfance à Combray et à Balbec (transposition de Cabourg), la figure centrale de sa mère, les salons du faubourg Saint-Germain, l'histoire de ses amours et amitiés manquées, pour décrire le cheminement intérieur d'un homme qui trouvera dans la littérature le sens de sa vie. Le premier, il intègre dans la fiction une réflexion sur l'art et la création littéraire. Il utilise le souvenir involontaire pour recomposer le récit, et un langage insolite et nouveau, qui en font le grand rénovateur du roman du XXe siècle. Sa *Correspondance* (21 volumes) a été publiée entre 1970 et 1993.

Protestantisme

Ses principaux courants sont le luthéranisme, fondé par Martin Luther vers 1520 et représenté surtout en Allemagne et dans les États scandinaves ; le calvinisme, fondé par Jean Calvin vers 1536, répandu en France, aux Pays-Bas, en Hongrie et aux États-Unis (où les puritains l'introduisirent au XVIIe siècle), et qui, en Écosse, a pris le nom de presbytérianisme. L'anglicanisme, né sous le règne d'Henri VIII, religion d'État en Angleterre, a conservé de très nombreux traits du catholicisme ; aux États-Unis, il deviendra l'Église épiscopalienne. D'autres courants (anabaptiste, méthodiste, baptiste, notamment) se sont développés depuis la Réforme. Malgré des divergences, les principes de base de toutes les Églises réformées sont les mêmes. Le culte est simplifié par rapport à la liturgie catholique et à celles des Églises d'Orient, puisque le salut vient de la foi seule, les sacrements n'étant que des symboles. Pour les protestants, tout chrétien est prêtre ; le pasteur n'est qu'un ministre du culte, il n'est pas un intermédiaire entre Dieu et les hommes. Aucune confession protestante ne reconnaît le sacrement de l'ordre, et plusieurs ont des femmes pasteurs. Les évêques anglicans, luthériens ou méthodistes n'exercent que des tâches de gouvernement Cette hiérarchie est ignorée des Églises de tradition calviniste : le centre de la vie ecclésiale est la paroisse qui élit son conseil presbytéral composé du (des) pasteur(s) et de laïcs. Elle est représentée au synode régional, lui aussi composé de pasteurs et de laïcs, qui élit ses représentants au synode national. Certaines Églises ne reconnaissent d'autre organisation que celle de la communauté des fidèles, la congrégation, qui représente l'instance suprême, d'où leur nom d'Églises congrégationalistes. En France, le protestantisme fut d'abord protégé par l'édit de Nantes (1598). Mais les persécutions commencèrent sous Louis XIV (révocation de l'édit de Nantes en 1685) et durèrent jusqu'à la Révolution.

Une session du concile de Trente réuni pour s'opposer à la Réforme ***protestante****.*

PROVENCE

L'hôtel de ville d'Arles.

Histoire

Conquise au IIe siècle av. J.-C. par les Romains, que les Grecs fondateurs de Massalia (la future Marseille) avaient appelés à l'aide contre leurs voisins ligures, la *Provincia Romana* (première province romaine au-delà des Alpes, d'où son nom, qui donnera *Provence*) devient la Narbonnaise en 27 av. J.-C. Profondément romanisée, grâce aux nombreuses colonies fondées par César et Auguste, elle ne subit guère les influences des invasions barbares. Occupée par les Francs au VIe siècle, elle est rattachée au royaume de Bourgogne en 537, mais conserve une certaine indépendance, cependant que Marseille poursuit ses activités maritimes.

Le traité de Verdun (843) la donne à Lothaire qui l'érige en royaume pour son fils Charles en 855 ; le premier royaume de Provence échoit en 879 à Boson et devient le royaume de Bourgogne-Provence. La féodalité s'y développe mais, bientôt, une bourgeoisie active, enrichie par le commerce du Levant, émancipe ses villes, placées sous l'autorité de consuls. Au XIIe siècle, le royaume est partagé, le comte de Toulouse recevant les terres à l'ouest du Rhône, le comte de Barcelone celles situées à l'est ; la dynastie catalane va se maintenir en Provence jusqu'en 1245, date de la mort de Raimond Bérenger V qui avait remarquablement organisé son comté.

Son héritier, Charles Ier d'Anjou, conquiert le royaume de Naples, dont la Provence devient une dépendance, mais il en est chassé par les *Vêpres siciliennes* (1282) ; ses successeurs continueront à affirmer leurs droits sur Naples, épuisant les finances provençales dans les campagnes menées pour sa reconquête. René d'Anjou, dit le Bon, comte de Provence (1434-1480), perd définitivement Naples en 1442 ; il tient à Aix-en-Provence une cour brillante. Son successeur, Charles du Maine, lègue la Provence à la France en 1481.

Progressivement intégrée au royaume, la Provence fait de grands progrès démographiques et économiques mais le port de Marseille, important au Moyen-Âge décline. La Provence conserve son parlement, qui siège à Aix-en-Provence et joue un rôle important jusqu'à la réforme de Maupeou en 1771. Elle perd ses derniers privilèges politiques après sa division en trois départements, en 1790. En 1860, la maison de Savoie cède à la France le comté de Nice, qui forme le département des Alpes-Maritimes avec l'est du département du Var. En 1869, l'ouverture du canal de Suez réveille Marseille, qui connaîtra un essor puissant. Au XXe siècle, le débarquement des forces françaises et américaines (15 août 1944) à Fréjus, Sainte-Maxime, Cavalaire et d'autres plages, appelé *débarquement de Provence*, permettra la libération du sud de la France.

P

Proudhon (Pierre Joseph) 1809-1865 Théoricien socialiste français. Issu d'une famille modeste, il fréquente très jeune les fouriéristes puis les socialistes, mais les critiquera violemment plus tard. Son ouvrage *Qu'est-ce que la propriété ?* (1840), où il montre que seule la disparition du profit capitaliste mettra fin aux injustices sociales, eut un fort retentissement. Il nuance ses attaques contre la propriété privée et le capitalisme dans *La Philosophie de la misère* (1846), où il critique vivement les solutions autoritaires du communisme. Il s'attire ainsi une critique sévère de Marx, qui lui répond dans *Misère de la philosophie* (1847). Député en 1848, il fonde en 1849 la Banque du peuple qui pratique le crédit gratuit et se révèle vite un échec. Il crée des journaux, poursuivis en justice, et s'exile ensuite en Belgique (1858-1862). *Du principe fédératif* (1863) préconise le fédéralisme. Son influence a été grande à la fin du XIXe siècle.

proue n. f. Partie avant de la coque d'un navire, par opposition à la poupe. *Figure de proue* : sculpture qui ornait la proue des bateaux anciens.

prouesse n. f. Acte remarquable, record.

Proust (Joseph Louis) 1754-1826 Chimiste français, auteur de la *loi de Proust* (1806) : le rapport entre les masses des corps simples unis dans un composé chimique demeure toujours constant.

• **Proust (Marcel)** 1871-1922 Écrivain français.

Prout (William) 1785-1850 Médecin et chimiste anglais. En 1815, il émit l'hypothèse selon laquelle tous les éléments dérivent de l'hydrogène.

Prouvé (Victor) 1858-1943 Peintre et graveur français, successeur de Gallé à la direction de l'école de Nancy. **Jean** 1901-1984 Architecte et ingénieur français, fils du précédent. Initiateur du style high-tech, il a été l'un des pionniers de la construction métallique (mur-rideau en tôle d'acier pliée), préconisant l'emploi d'alliages légers. Il a joué un grand rôle dans l'industrie du bâtiment.

prouver v. t. [1] Fonder, établir au moyen de preuves formelles la vérité de. *Prouver la trahison de qqn. Newton a prouvé la loi de l'attraction universelle.* / Témoigner de, dénoter, montrer. *Attitude qui prouve le respect, l'amitié. Travail qui prouve le sérieux de son auteur.*

provenance n. f. Origine.

provençal, ale, aux adj. et n. De Provence. *Climat provençal. Les Provençaux.*

• **Provence** Ancienne province du sud-est de la France, qui correspond pour l'essentiel à la Région Provence-Alpes-Côte d'Azur ; le Var constituait la frontière occidentale du comté de Nice. La capitale était Aix-en-Provence.

Provence-Alpes-Côte d'Azur (P.A.C.A.) *31 400 km² 4 506 151 h.* Région administrative du sud-est de la France, formée par les départements des Hautes-Alpes, des Alpes-de-Haute-Provence, des Alpes-Maritimes, des Bouches-du-Rhône, du Var et du Vaucluse. Chef-lieu *Marseille*, qui constitue, avec Aix-en-Provence et Fos-sur-Mer, une métropole d'équilibre. Aux forts contrastes géographiques (hauts massifs alpins, chaînes calcaires de Provence, vallée du Rhône, littoral méditerranéen) correspondent des contrastes démographiques et économiques. D'une façon générale, la population s'est fortement accrue entre 1968

Tissus **provençaux**.

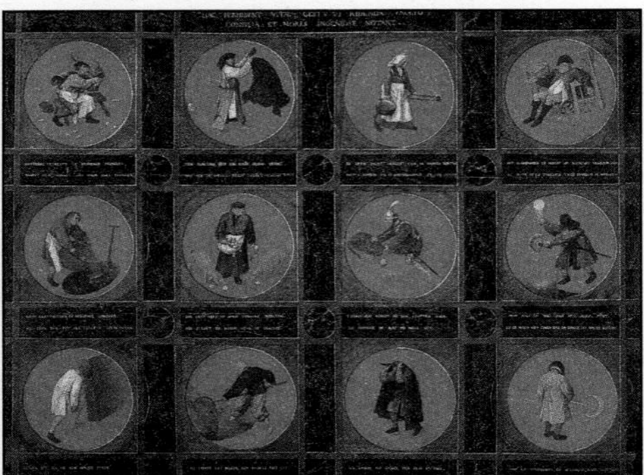
Les Douze **Proverbes**, *de Pieter Bruegel l'Ancien.*

(*3 300 000 h.*) et 1990 (*4 300 000 h.*) et s'est stabilisée ensuite. L'agriculture s'est depuis longtemps tournée vers les primeurs, les fruits, les fleurs. La production viticole occupe le 4e rang national (châteauneuf-du-pape, côtes-du-rhône, côtes-de-provence). L'industrie se concentre autour de l'étang de Berre (pétrochimie) et de la région de Nice (technologie de pointe). Le tourisme poursuit son essor auquel contribue un excellent réseau de transports (autoroutes, T.G.V., aéroports à Marseille et à Nice). Le taux de chômage est supérieur à la moyenne nationale, le P.N.B. par habitant est conforme à la moyenne nationale. Les inégalités sociales sont importantes.

provende n. f. Vx Vivres. / Mod. Préparation nutritive destinée à certains animaux d'élevage.

provenir v. t. ind. [3] *Provenir de*: venir de (tel lieu). *Vin qui provient d'Italie.* / Avoir sa cause originelle dans, découler, émaner de. *Nul ne sait d'où proviennent ces nouvelles alarmistes. D'où provient cette odeur?*

proverbe n. m. Maxime populaire, brève et imagée, acceptée comme vérité d'expérience. *«À père avare, fils prodigue» est un proverbe.* / LITTÉR. Courte comédie illustrant un proverbe.

Proverbes (livre des) L'un des livres sapientiaux de la Bible, traditionnellement attribué à Salomon, mais écrit sans doute entre le VIe et le Ve siècle av. J.-C. C'est un recueil de maximes et de préceptes moraux.

proverbial, ale, aux adj. De la nature du proverbe. *Locution proverbiale.* / Connu de tous comme l'est un proverbe, célèbre. *Une richesse proverbiale.*

proverbialement adv. De façon proverbiale.

providence n. f. RELIG. (Avec une majuscule) Volonté divine, sagesse de Dieu qui gouverne le monde. / Personne ou chose qui arrive à point nommé, qui apporte une aide inespérée.

providentiel, elle adj. RELIG. Dû à la Providence. / Inespéré. *Aide providentielle.*

providentiellement adv. De façon providentielle.

province n. f. ANTIQ. ROM. Pays ou territoire conquis par Rome hors d'Italie et obéissant aux lois romaines. / Unité régionale constituant (ou ayant constitué) une division territoriale à l'intérieur d'un pays. *La province du Languedoc.* / Au Canada, État fédéré. *La province d'Alberta.* / *La province*: l'ensemble des régions d'un pays (par oppos. à la *capitale*). / DR. CAN. Dans certaines congrégations religieuses, ensemble de maisons placées sous l'autorité d'un supérieur territorial, dit «provincial». *Province de France. Province ecclésiastique*: ensemble des diocèses dépendant d'un archevêque.

Provinces maritimes Ensemble territorial du Canada, constitué de la Nouvelle-Écosse, du Nouveau-Brunswick et de l'île du Prince-Édouard.

Provinces-Unies (république des) Nom porté de 1579 à 1795 par les provinces protestantes du nord des Pays-Bas espagnols (le Sud, catholique, constituant la Belgique actuelle). En 1572, la Zélande et la Hollande avaient proclamé leur indépendance; en 1579, elles avaient formé, avec cinq autres provinces septentrionales, l'Union d'Utrecht qui marque le début de la formation des Provinces-Unies. Cet État fédéral répudia solennellement l'autorité de Philippe II d'Espagne en 1581; son indépendance ne fut reconnue par l'Espagne qu'en 1648. Il se maintint jusqu'à l'invasion française en 1795, date à laquelle fut créée la République batave. En 1815, les anciennes Provinces-Unies constituèrent une partie du royaume des Pays-Bas.

provincial, ale, aux [1] adj. et n. Propre ou relatif à une province, la province. *Coutume provinciale.* / Subst. Habitant de la province.

provincial [2] n. m. DR. CAN. Supérieur d'une congrégation religieuse qui a la responsabilité d'une province.

Provinciales (les) 1656-1657 Titre du recueil (1657) réunissant les 18 lettres, d'abord publiées anonymement, que Pascal écrivit à la demande d'Arnauld pour défendre le jansénisme attaqué par la Sorbonne et par les Jésuites. Dans ces lettres, adressées à un provincial fictif, Pascal montre avec une éloquence passionnée et une ironie mordante la faiblesse de la morale des jésuites et les abus de la casuistique. Il aborde aussi le débat théologique de la Grâce. Cette œuvre connut un vif succès.

Provins *11 667 h.* Chef-lieu d'arrondissement de Seine-et-Marne, riche en habitations et en monuments du Moyen Âge (remparts, église, tour de César). C'est l'ancienne résidence des comtes de Champagne, où se tenait l'une des grandes foires de la région.

proviseur n. m. Fonctionnaire de l'Éducation nationale chargé d'administrer et de diriger un lycée.

provision n. f. (Au plur.) Ensemble de choses nécessaires à la subsistance; vivres. *Faire des provisions.* / DR. Acompte; somme allouée à un créancier avant le jugement définitif. / FIN. Somme déposée dans une banque pour couvrir certaines opérations, pour émettre des chèques. *Chèque sans provision*: chèque établi alors que le compte n'est pas approvisionné de la somme correspondante.

provisionnel, elle adj. À titre de provision, en attendant le règlement complet. *Tiers provisionnel.*

provisionner v. t. [1] FIN. Créditer (un compte bancaire) d'une somme suffisante pour couvrir une dépense envisagée.

provisoire adj. et n. m. Qui est passager, destiné à être remplacé par autre chose. / DR. *Jugement provisoire*: décision prise en attendant un jugement définitif. *Détention provisoire*: incarcération d'une personne mise en examen avant l'instruction du procès. / n. m. Ce qui n'est pas fait pour durer. *Devoir se contenter du provisoire.*

provisoirement adv. De façon provisoire.

provitamine n. f. BIOCHIM. Substance précurseur d'une vitamine.

provocant, e adj. Qui provoque, qui incite à des réactions intenses. /Qui provoque le désir sexuel. *Une femme provocante. Une tenue provocante.*

provocateur, trice n. et adj. Personne qui provoque, qui incite au conflit. / adj. POLIT. *Agent provocateur*, dont la fonction est de provoquer des troubles afin de fournir un prétexte à une intervention policière.

provocation n. f. Action par laquelle on défie quelqu'un en l'incitant à faire quelque chose. *Provocation en duel.* / DR. Incitation à commettre qqch. d'illégal.

provoquer v. t. [1] Amener (qqn) à adopter un comportement agressif, violent, par une attitude et des propos de défi. *Il le provoquait en l'accusant de lâcheté.* / Éveiller le désir sexuel de (qqn). / Être la cause de. *Provoquer la crue d'une rivière.* / Susciter. *Bravoure qui provoque l'enthousiasme de la foule.*

proxénète n. m. Individu qui vit de la prostitution en prélevant une partie des gains, à titre d'entremetteur ou de protecteur.

proxénétisme n. m. Activité du proxénète. *Le proxénétisme est un délit.*

Proxima Centauri ou **Proxima du Centaure** Étoile de la constellation du Centaure dont la distance au Soleil, 4,22 années de lumière, en fait l'étoile la plus proche du système solaire. C'est une naine rouge de type spectral M5 et dont la masse est égale à 0,12 fois celle du Soleil.

proximité n. f. Caractère de ce qui est proche. / Loc. adv. *À proximité de*: près de.

prude adj. D'une pudeur extrême; d'une pudeur feinte ou excessive. Syn. pudibond.

prudemment adv. Avec prudence.

prudence n. f. Attitude qui fait apparaître et apprécier les dangers éventuels; refus du risque inutile. Ant. imprudence.

prudent, e adj. Qui agit avec prudence. Ant. imprudent. / Qui dénote une personne prudente. *À pas prudents.*

Prunier.

pruderie n. f. Pudeur exagérée; pudeur affectée.

prud'homal, ale, aux adj. DR. Propre au conseil des prud'hommes.

prud'homme n. m. DR. *Conseil des prud'hommes*: juridiction composée de représentants élus par les employeurs et les salariés, compétente pour arbitrer les différends opposant employeurs et salariés.

Prud'hon (Pierre-Paul) 1758-1823 Peintre rançais. Précurseur du romantisme, il a peint de nombreux portraits: *Madame Anthony et ses enfants*, 1794; *L'Impératrice Joséphine à la Malmaison*, 1805. Ses grandes toiles (*La Justice et la Vengeance divine poursuivant le Crime*, 1808; *Vénus et Adonis*, 1812) témoignent de son attirance pour les thèmes allégoriques et mythologiques.

pruine n. f. BOT. Couche blanchâtre, cireuse, qui recouvre certaines plantes, certains organes végétaux. *La pruine qui recouvre les prunes, les feuilles de choux.*

prune n. f. Fruit du prunier, à chair juteuse, à noyau. *On compte de nombreuses variétés de prunes: mirabelle, quetsche, reine-claude.* / Loc. fam. *Faire qqch. pour des prunes*, pour rien. / Fam. Contravention.

pruneau n. m. Prune séchée (au soleil ou à l'étuve). *Les pruneaux d'Agen.* / Fam. Balle (de fusil, de revolver).

prunelle [1] n. f. Fruit du prunellier, à saveur âcre. / Eau-de-vie tirée de ce fruit.

prunelle [2] n. f. Pupille de l'œil. / Par ext. Œil.

Prune *violette.*

prunellier n. m. Prunier sauvage aux rameaux épineux.
prunier n. m. BOT. Arbre ou arbuste fruitier de la famille des rosacées, cultivé pour son fruit, la prune.

prurigineux, euse adj. MÉD. Qui est cause de prurit.
prurigo n. m. MÉD. Dermatose caractérisée par la formation de papules roses ou rouges parfois volumineuses.

prurit n. m. MÉD. Sensation de démangeaison de la peau ou des muqueuses.
• **Prusse** Ancien royaume de l'Allemagne du Nord.
prussique adj. CHIM. Vx *Acide prussique*; acide cyanhydrique, de formule H–C∫N.
prytane n. m. ANTIQ. GR. Premier magistrat de certaines cités grecques. / À Athènes, l'un des cinquante sénateurs

Prusse

Occupée depuis les IVe-Ve siècles par un peuple balte, les Borusses ou Prussiens, la Prusse est conquise au XIIIe siècle par les chevaliers de l'ordre Teutonique, qui doivent accepter la suzeraineté polonaise en 1466. Albert de Brandebourg (un Hohenzollern), grand maître de l'ordre Teutonique ayant adhéré à la Réforme, dissout l'ordre et sécularise les biens des chevaliers ; la Prusse devient un duché héréditaire de la couronne de Pologne en 1525, et Albert de Brandebourg son premier duc. La Pologne règle les droits de succession de telle sorte que le duché échoit à l'Électeur de Brandebourg en 1618.
Duché et électorat, agrandis de quelques territoires, deviendront un État indépendant (1660) sous Frédéric-Guillaume, le Grand Électeur. Par de nombreuses réformes, il parvient à créer une armée permanente, une flotte, et à assainir les finances en s'attirant les services d'une bureaucratie zélée.
En accueillant 20 000 réfugiés huguenots français, il se pose en prince protecteur des protestants. En récompense des services rendus par la Prusse pendant la guerre contre Louis XIV, l'empereur accorde à Frédéric III de Brandebourg, fils du Grand Électeur, le titre de roi de Prusse ; il est couronné en 1701 sous le nom de Frédéric Ier. Son fils et successeur Frédéric-Guillaume Ier, surnommé le Roi-Sergent, dote son pays d'une armée puissante et entraînée.
Sous le règne de Frédéric II le Grand, l'armée prussienne, reconnue comme la meilleure d'Europe, participe à la guerre de Succession d'Autriche (1740-1748) et résiste à la coalition de l'Autriche, de la France et de la Russie pendant la guerre de Sept Ans (1756-1763) : le traité d'Hubertsbourg, qui reconnaît à la Prusse la possession de la Silésie, la consacre comme une grande puissance en 1763. Le premier partage de la Pologne, en 1772, permet à la Prusse de former un immense territoire doté d'une organisation et d'une armée remarquables. Pendant un siècle, la Prusse et l'Autriche vont se disputer la domination de l'Allemagne.
Malgré ses défaites contre Napoléon Ier (traité de Tilsit, 1807) qui lui enlève une part importante de ses territoires, le royaume de Prusse sort renforcé de l'épreuve : le servage est supprimé en 1807 par un édit qui garantit la liberté et l'égalité juridique, les systèmes administratif et judiciaire sont réformés en 1808, une université est créée à Berlin en 1810 et devient un foyer de nationalisme intense, une armée moderne est constituée ; désormais, les patriotes allemands mettent tous leurs espoirs dans la Prusse. Enfin, le pays retrouve au congrès de Vienne (1815) son importance territoriale. En 1834, une union douanière allemande (*Zollverein*), dirigée par la Prusse, exclut l'Autriche.
Partisans de la Grande Allemagne (sous la direction de l'Autriche) et partisans de la Petite Allemagne (sous la direction de la Prusse et dont l'Autriche serait exclue) s'affrontent. En 1862, Guillaume Ier nomme Bismarck Premier ministre ; le but essentiel de sa politique est l'unification de l'Allemagne sous la domination de la Prusse.
L'écrasement de l'Autriche à Sadowa, en 1866, entraîne la dissolution de la Confédération germanique fondée en 1815, et son remplacement par la Confédération de l'Allemagne du Nord sous contrôle prussien. Après la guerre de 1870, vainqueur de la France grâce au soutien de tous les princes allemands, Guillaume de Prusse est couronné empereur d'Allemagne dans la galerie des Glaces à Versailles, le 18 janvier 1871 ; l'histoire de la Prusse se confond désormais avec celle de l'Allemagne.

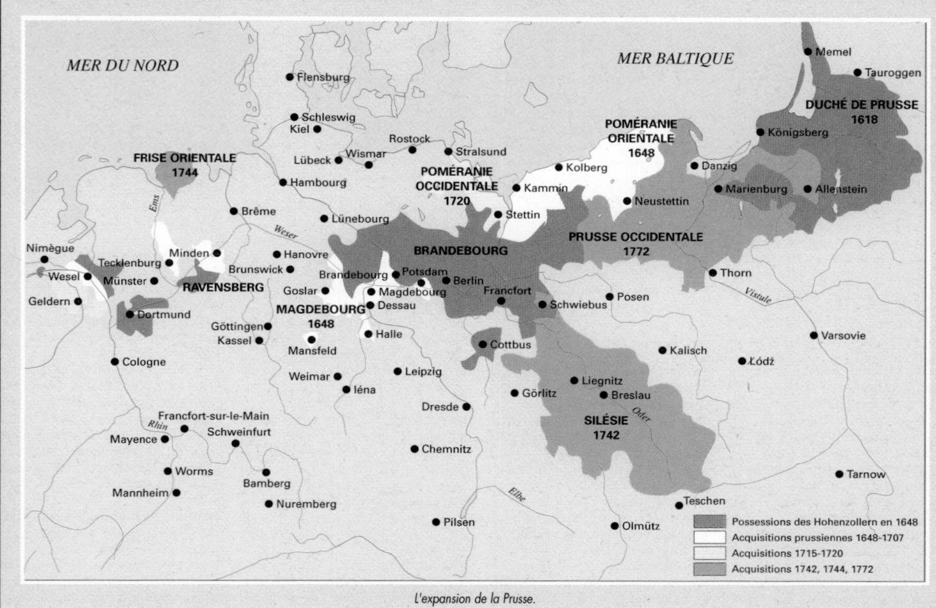

L'expansion de la Prusse.

chargés successivement chaque année de diriger les travaux de la boulê.
prytanée n. m. ANTIQ. GR. Édifice dans lequel se réunissaient les prytanes. / Mod. Établissement militaire d'enseignement secondaire dépendant du ministère des armées. *Le prytanée militaire de La Flèche.*
Przevalski Voir **Prjevalski**
psalliote n. f. BIOL. Champignon basidiomycète de la famille des agaricacées, poussant dans les prés, comestible. *Le champignon de couche, ou champignon de Paris, est une variété de psalliote.*
psalmiste n. m. Auteur de psaumes.
psalmodie n. f. Façon de chanter les psaumes, sans inflexion. / Fig. Débit monotone ressemblant à la récitation d'un psaume.
psalmodier v. i. / v. t. [1] Chanter les psaumes. / v. t. Chanter (qqch.) sans inflexion. *Psalmodier une prière.*
psaltérion n. m. MUS. Ancien instrument de musique à cordes pincées ou grattées, à caisse de résonance plate, triangulaire ou trapézoïdale, en usage chez les Hébreux, en Grèce et, en Europe, au Moyen Âge.
Psammétik ou **Psammétique Ier** Pharaon de la XXVIe dynastie, qui régna de 664 ou 663 à 609 ou 608 av. J.-C. Il eut recours, pour rejeter le protectorat assyrien et chasser les Éthiopiens de Haute Égypte, à des mercenaires grecs. **Psammétique II** Pharaon de la XXVIe dynastie qui régna de 594 ou 595 à 588 ou 589 av. J.-C.; il envoya une expédition au cœur de l'Éthiopie. **Psammétique III** Dernier pharaon de la XXVIe dynastie. Monté sur le trône en 526, il fut vaincu et tué (525) par le roi de Perse Cambyse II, qui conquit l'Égypte.
psammophile adj. et n. m. BIOL. Se dit des animaux, des plantes qui vivent sur des substrats sableux.
psaume n. m. Chacun des chants sacrés des Hébreux recueillis dans la Bible, et qui forment l'un des livres de l'Ancien Testament (*Livre des Psaumes*). / Poème moderne traduisant ou paraphrasant un psaume. / MUS. Composition musicale sur le texte d'un psaume.
Psaumes (Livre des) Livre de la Bible (Ancien Testament) qui rassemble 150 poèmes composés pour l'essentiel à partir de l'époque de David (73 d'entre eux sont dits « de David ») et modifiés jusqu'à l'époque hellénistique; ce sont des textes à vocation liturgique, dont plusieurs ont été repris dans la liturgie chrétienne.
psautier n. m. RELIG. Ensemble des psaumes bibliques. / Livre de psaumes.
pschent n. m. ANTIQ. Haute coiffure symbolique des pharaons et de certains dieux égyptiens.
Psellos (Michel) 1018-1078 Écrivain byzantin, conseiller politique d'Isaac Ier Comnène. Il réintroduisit la philosophie de Platon dans la pensée chrétienne. Sa *Chronographie,* qui couvre la période 976-1077, est un ouvrage historique précieux.
pseudonyme n. m. Nom d'emprunt.
pseudopode n. m. BIOL. Prolongement rétractile du cytoplasme de certaines cellules (protozoaires tels que les amibes; leucocytes), ayant une fonction motrice ou préhensile.
psi n. m. Vingt-troisième lettre (Ψ,ψ) de l'alphabet grec.
psitt! ou **pst!** interj. (Pour appeler discrètement, sans faire trop de bruit) *Psitt! Par ici!*
psittacidés n. m. pl. ZOOL. Famille unique de l'ordre des psittaciformes.
psittaciformes n. m. pl. ZOOL. Ordre d'oiseaux tropicaux, à bec crochu, souvent très colorés. *Les perroquets sont des psittaciformes.*
psittacisme n. m. Répétition mécanique, par un sujet, de mots ou de phrases qu'il ne comprend pas.
psittacose n. f. MÉD. Infection pulmonaire aiguë, d'origine bactérienne, transmise à l'homme par certains oiseaux (notam. perroquets et pigeons).
psoas n. m. ANAT. Muscle bilatéral de la paroi postérieure du tronc, qui relie les vertèbres lombaires au trochanter.
psoriasis n. m. MÉD. Dermatose chronique caractérisée par des plaques recouvertes de squames épaisses, nacrées, tombant facilement et laissant apparaître une surface rouge, facilement saignante. *Le psoriasis se localise principalement aux coudes, aux genoux, au cuir chevelu.*
pst! Voir **psitt!**
psy n. Abréviation fam. de la plupart des noms des praticiens de la psychologie, de la psychiatrie et de la psychothérapie. *Avoir rendez-vous avec son psy.*
psychanalyse n. f. Méthode thérapeutique, fondée sur l'analyse des processus mentaux inconscients, élaborée par Sigmund Freud; ensemble des théories de Freud et de ses continuateurs
♦ La psychanalyse tente de soigner certains troubles psychiques. Au fur et à mesure que le patient (le « malade ») progressera dans l'analyse, il deviendra conscient de l'origine des troubles dont il souffre et de la manière dont ils conditionnent sa vie. Cette prise de conscience fortifiera son moi et il sera capable d'affronter le conflit qui est source de sa douleur, après qu'il aura revécu son drame avec (ou en la présence de) son psychanalyste (ou analyste). La présence de dernier n'est pas neutre (phénomène de transfert). Longue (parfois plusieurs années), la cure psychanalytique est constituée d'entrevues entre l'analysé (le patient) et l'analyste (dit aussi « analysant »). La cure s'appuie sur la conviction de Freud que l'équilibre de l'adulte est lié à un drame de l'enfance, le complexe d'Œdipe. Aujourd'hui, certains psychanalystes n'admettent plus l'universalité de ce concept.
psychanalyser v. t. [1] Traiter (qqn) par la psychanalyse; soumettre (un comportement, un écrit, une œuvre artistique) à l'interprétation psychanalytique.
psychanalyste n. Personne qui pratique la psychanalyse.
psychanalytique adj. Propre ou relatif à la psychanalyse.
psychasthénie n. f. État névrotique caractérisé par l'aboulie, le doute et des obsessions, des phobies et des angoisses.
psyché n. f. Grand miroir monté sur un châssis à pivots et qui s'incline à volonté, pour que l'on puisse s'y regarder en pied.
Psyché MYTH. GR. Jeune fille d'une éclatante beauté pour laquelle Aphrodite éprouva une jalousie furieuse. La déesse ordonna à son fils Éros (ou Amour) de la tuer, mais celui-ci tomba amoureux d'elle. Psyché fut enlevée et transportée dans un palais où Éros la rejoignait chaque nuit. Curieuse, elle voulut découvrir le visage de son amant malgré son interdiction; celui-ci disparut aussitôt, laissant Psyché à la colère d'Aphrodite qui la condamna à de rudes épreuves. Éros obtint finalement de Zeus la permission d'épouser Psyché; celle-ci devint immortelle et vécut dans la joie de l'amour éternel. Apulée raconta ce mythe dans *L'Âne d'or* (IIe siècle). Molière, Corneille et Quinault en firent ensemble une pièce accompagnée par une musique de Lully (1671). Psyché, symbole de l'âme purifiée et sauvée par l'amour, a beaucoup inspiré les écrivains et les peintres.

L'astronome ***Claude Ptolémée.***

Ptolémée II.

psychédélique adj. Relatif aux réactions psychiques qui résultent de l'absorption de substances hallucinogènes. / Qui évoque les hallucinations de l'état psychédélique.
psychiatre n. Médecin spécialiste de psychiatrie.
psychiatrie n. f. Partie de la médecine qui est consacrée à l'étude et à la thérapeutique des maladies mentales et des troubles psychiques.
psychiatrique adj. Relatif à la psychiatrie.
psychique adj. (Par oppos. à *somatique*) Qui se rapporte au psychisme.
psychisme n. m. Ensemble des faits conscients qui caractérisent la vie mentale d'un individu.
psychodrame n. m. Méthode de psychothérapie de groupe dans laquelle les participants, sous la conduite d'un thérapeute, sont amenés à improviser et à jouer des scènes leur permettant d'exprimer librement des situations conflictuelles.
psychologie n. f. Étude scientifique du psychisme et du comportement humain. / Ensemble des caractères psychiques d'un individu ou d'un groupe. / Par ext. Intuition. *Il manque de psychologie.*
psychologique adj. Relatif à la psychologie.
psychologiquement adv. Relativement à la psychologie.
psychologue n. et adj. Qui fait preuve d'une certaine connaissance ou compréhension de la psychologie de ses interlocuteurs. *Un fin psychologue.* / (Emploi adj.) *Il est très psychologue.* / Spécialiste en psychologie.
psychomoteur, trice adj. PHYSIOL. Relatif à la fois aux fonctions motrices et au psychisme.
psychomotricité n. f. Caractère de ce qui est psychomoteur. / Ensemble des fonctions psychomotrices.
psychopathe n. Personne qui souffre de psychopathie.
psychopathie n. f. PSYCHIATR. Trouble de la personnalité caractérisé par des conduites antisociales, l'instabilité et l'absence apparente de culpabilité.
psychopathologie n. f. Étude des troubles mentaux. / Par ext. Ensemble des troubles mentaux.
psychose n. f. PSYCHOL. Trouble grave et durable de la personnalité, dans lequel la perception, la compréhension et les relations avec le monde réel sont gravement altérées, et dont le sujet n'a pas conscience du caractère pathologique (contrairement à la névrose). / Cour. Obsession. *L'hygiène est devenue chez lui une véritable psychose. Une psychose collective.*
psychosomatique n. f. et adj. MÉD. Branche de la médecine qui traite des rapports qui existent entre les troubles somatiques et les facteurs psychiques qui peuvent les déterminer. / adj. Qui relève de cette branche de la médecine. *Des troubles psychosomatiques.*

psychostimulant, e adj. et n. m. Qui augmente l'activité psychique, en diminuant la fatigue et en provoquant l'euphorie. / n. m. Substance qui a cet effet. Syn. *psychotonique*.
psychotechnique n. f. Ensemble des méthodes, des tests destinés à évaluer les aptitudes techniques et intellectuelles d'un individu.
psychothérapeute n. Personne qui pratique la psychothérapie.
psychothérapie n. f. Thérapie utilisant des moyens psychologiques et fondée sur la relation entre le patient et le thérapeute.
psychotique adj. et n. Relatif à la psychose; atteint de psychose. / Subst. *Un(e) psychotique*.
psychotonique adj. et n. m. Syn. de psychostimulant.
psychotrope adj. et n. m. PHARM. Se dit de toute substance agissant sur les fonctions psychiques.
psylle n. m. Didac. En Orient, charmeur de serpents, aède.
Ptah Dieu égyptien, célébré surtout à Memphis, considéré comme le créateur du monde.
ptéridophytes n. m. pl. BOT. Embranchement de végétaux vasculaires, qui comprend notam. les fougères, les lycopodes, les sélaginelles, les prêles, encore appelés cryptogames vasculaires.
ptérodactyle adj. et n. m. **A.** adj. ZOOL. Qui a les doigts reliés par une membrane. / **B.** n. m. PALÉONT. Ptérosaurien volant du jurassique supérieur, pourvu d'un rostre denté.
ptéropodes n. m. pl. ZOOL. Ordre de mollusques gastropodes nageurs.
ptérosauriens n. m. pl. PALÉONT. Ordre de reptiles fossiles de l'ère secondaire, munis d'un rostre, capables de voler grâce à une membrane tendue entre un doigt très développé et le corps. *Le ptérodactyle est un ptérosaurien*.
Ptolémée (Claude) v. 90-168 Astronome et mathématicien grec, auteur de *Syntaxe mathématique*, ouvrage connu aujourd'hui dans sa traduction arabe sous le nom d'*Almageste*, et qui referme toutes les connaissances alors acquises, tant astronomiques que mathématiques, relatives à la description et à l'observation du ciel. L'*Almageste* décrit le système géocentrique conformément aux principes de la physique aristotélicienne.
Ptolémée Nom de 16 souverains d'origine macédonienne qui régnèrent sur l'Égypte de 305 à 30 av. J.-C., et formèrent la dynastie des Lagides. **Ptolémée Ier Sôter** 367-283 av. J.-C. Maître de l'Égypte à la mort d'Alexandre (323 av. J.-C.), il se proclama roi d'Égypte en 305. Il fonda, dans sa capitale, Alexandrie, le musée et la bibliothèque. **Ptolémée II Philadelphe** 308-246 av. J.-C. Fils du précédent, roi en 285, déifié avec sa sœur-épouse Arsinoé II; si l'on en croit la tradition, les Septante traduisirent la Bible en grec sous son règne. **Ptolémée III Évergète** ?-221 av. J.-C. Fils du précédent, roi en 246, il conquit l'Asie occidentale jusqu'à Babylone. **Ptolémée IV Philopator** 238-205 av. J.-C. Fils du précédent, roi en 221. Sa faiblesse de caractère, sa vie dissolue et ses crimes (il avait fait massacrer toute sa famille) contribuèrent au déclin de la puissance de l'Égypte. **Ptolémée V Épiphane** v. 210-181 av. J.-C. Fils du précédent, roi vers 205, il fut placé sous la tutelle du Sénat romain; sous son règne l'Égypte passa sous domination romaine. **Ptolémée VI Philométor** v. 186-v. 145 av. J.-C. Fils du précédent, roi en 181, il fut fait prisonnier en 170 par Antiochos IV, envahisseur de l'Égypte, remplacé sur le trône par son frère Ptolémée VII, puis rétabli par Rome; les deux frères continuèrent à se disputer le pouvoir. **Ptolémée VII Évergète** ?-116 av. J.-C. Frère du précédent, roi de 170 à 163 puis de 145 à 116. Monté sur le trône quand son frère fut emprisonné, régnant avec lui quelques années à son retour, il le chassa. Rome fit du fils de Ptolémée VI un roi de Cyrénaïque, Ptolémée VIII. À la mort de son frère, Ptolémée VII remonta sur le trône et fit assassiner son neveu. **Ptolémée VIII Néos Eupator** Roi en même temps que son père Ptolémée VI (145), il fut assassiné par son oncle Ptolémée VII. **Ptolémée Apion** Fils de Ptolémée VII, roi de Cyrénaïque (116-96 av. J.-C.). **Ptolémée IX Sôter II** v. 142-80 av. J.-C. Fils de Ptolémée VII, roi d'Égypte avec sa mère Cléopâtre III (116-107), puis seul en 88. **Ptolémée X Alexandre Ier** ?-88 Frère du précédent, roi de Chypre jusqu'en 107, puis roi d'Égypte (107-89). Il s'enfuit alors et son frère Ptolémée Sôter II gouverna à la fois l'Égypte et Chypre. **Ptolémée XI Alexandre II** ?-80 av. J.-C. Fils du précédent, imposé par Rome en 80, il régna vingt jours et fut assassiné par le peuple d'Alexandrie; il est le dernier descendant légitime de la dynastie lagide. **Ptolémée XII Philopator Philadelphe Néos Dionysos**, dit **Aulète** ?-51 av. J.-C. Fils naturel de Ptolémée IX, roi d'Égypte de 80 à 58 et de 55 à 51. Il succéda à Ptolémée XI, mais les Romains ne le reconnurent pas comme roi et s'emparèrent de Chypre. Haï des Égyptiens, il s'exila (58); Rome le rétablit en 55 et il mourut quelques années après, laissant le trône à son fils Ptolémée XIII (dix ans) et à sa fille Cléopâtre VII (dix-sept ans). **Ptolémée XIII Philopator** 61 ?-47 Fils et successeur du précédent, époux de sa sœur qu'il chassa; il fit assassiner Pompée dans l'espoir de s'attirer les faveurs de César, mais ce dernier lui imposa de faire revenir Cléopâtre, devenue sa maîtresse; le roi s'enfuit et mourut lors de sa lutte contre César. **Ptolémée XIV Philopator** 58 ?-44 av. J.-C. Frère du précédent, il lui succéda en 47 et épousa Cléopâtre, qui le fit assassiner. **Ptolémée XV Philopator Caesar**, dit **Césarion** (47-30 av. J.-C.), fils de César et de Cléopâtre, il fut proclamé roi en 44 et gouverna avec sa mère. Après la bataille d'Actium, il fut mis à mort sur l'ordre d'Octave, tandis que sa mère se suicidait.
ptôse ou **ptose** n. f. MÉD. Descente d'un organe par suite du relâchement des structures assurant sa fixation.
ptyalisme n. m. MÉD. Sécrétion et excrétion salivaire exagérées.
puant, e adj. Qui pue. / VÉN. *Bêtes puantes*, qui dégagent une odeur forte et repoussante, notam. les mustélidés. / Fig. Odieux par vanité.
puanteur n. f. Odeur infecte.
pub [1] n. f. Fam. Abréviation de *publicité*. *Travailler dans la pub*.
pub [2] n. m. (mot anglais, abrév. de *public house*, « auberge ») En Grande-Bretagne, établissement où l'on sert de la bière et d'autres boissons alcooliques. / En France, bar, brasserie, café dont le décor et les consommations qu'on y sert évoquent les pubs britanniques.

Giacomo Puccini.

pubère adj. Qui subit les modifications de la puberté. / Qui correspond à la période pubertaire. *Âge pubère*.
pubertaire adj. Propre ou relatif à la puberté.
puberté n. f. Ensemble des modifications morphologiques et physiologiques qui se produisent, chez l'être humain, au moment du passage de l'enfance à l'âge adulte.
♦ La puberté est marquée par une poussée de croissance et des modifications sexuelles (développement des glandes sexuelles et des organes génitaux externes, apparition de la pilosité spécifique, mue de la voix chez le garçon, apparition des règles chez la fille) et s'accompagne de modifications psychologiques.
pubescence n. f. BOT. Caractère de ce qui est pubescent.
pubescent, e adj. BOT. Couvert de poils ou de duvet.
pubien, enne adj. ANAT. Du pubis.
pubis n. m. ANAT. Partie antérieure et inférieure des deux os iliaques. / Région qui se situe en dessous du bas-ventre et se couvre de poils à la puberté.
public, ique adj. et n. m. **A.** adj. Propre ou relatif à l'ensemble de la collectivité (par oppos. à *privé*). *Opinion publique. Affaires publiques*. / À l'usage de tous, ouvert à tous. *Voie publique. Audience publique. École publique.* / Qui relève des institutions d'un pays. *Autorité publique. Trésor public*: voir *trésor*. **B.** n. m. *Le public*: la population. / Ensemble des spectateurs, des auditeurs. *Plaire au public*. / Population particulière visée par un média, une publication, etc. *Un public de spécialistes*.
publicain n. m. ANTIQ. ROM. Adjudicataire d'un service public; fermier des revenus publics.
publication n. f. Action de publier, de rendre public. / Édition. / Ouvrage publié, particulièrement les périodiques. / INFORM. *Publication assistée par ordinateur (P.A.O)*: ensemble des techniques micro-informatiques facilitant l'édition.
publicitaire adj. et n. Qui a un caractère de publicité. *Message, campagne publicitaire*. / Qui s'occupe, à titre professionnel, de publicité. *Concepteur rédacteur publicitaire*. / n. Professionnel de la publicité.
publicité n. f. Caractère d'une chose qui est portée à la connaissance du public. *La publicité des débats à l'Assemblée nationale*. / Ensemble des moyens et des techniques par lesquels on informe le public de l'existence et des qualités d'un produit commercial ou d'un service. *Une campagne de publicité*. / Message publicitaire.
publier v. t. [1] Faire connaître au public, annoncer publiquement. *La nouvelle de cet accident a été publiée dans toute la presse*. / Diffuser auprès du public (un livre, un écrit).
publipostage n. m. Prospection, vente de produits par voie postale.
publiquement adv. De façon publique; en public.
Puccini (Giacomo) 1858-1924 Compositeur italien. Il a composé des pièces de musique religieuse, symphonique et de chambre, des mélodies et surtout des opéras qui se distinguent par leur lyrisme et la richesse de l'orchestration: *Manon Lescaut* (1893), *La Bohême* (1896), *Tosca* (1900), *Madame Butterfly* (1904), *Turandot* (achevé par F. Alfano, 1926). Ces œuvres connaissent encore de nos jours une immense popularité.
puce n. f. ZOOL. Petit insecte sauteur de l'ordre des siphonaptères, dépourvu d'ailes, vivant en parasite sur l'homme et différents mammifères et se nourrissant de leur sang. / Par anal. (pour de très petits animaux) *Puce de mer*: talitre. / *Marché aux puces*: marché d'objets d'occasion. / ÉLECTRON. Petite plaquette de silicium dans laquelle est inséré un circuit intégré (par ex. microprocesseur). *Une puce électronique. Une carte à puce*.
puceau n. m. et adj. m. Fam. Garçon vierge. / adj. *Il est encore puceau*.
pucelage n. m. Fam. Virginité.
pucelle n. f. et adj. f. Vx ou plaisant Femme vierge. *La pucelle d'Orléans*: Jeanne d'Arc. / Mod., fam. Vierge. (emploi adj.) *Elle est pucelle*.
puceron n. m. ZOOL. Petit insecte homoptère aphidien, vivant sur les végétaux dont il pompe la sève.
pudding ou **pouding** n. m. Gâteau anglais à la graisse de bœuf, aux raisins de Corinthe et aux fruits confits, parfumé au rhum.
pudeur n. f. Sentiment de gêne causé par ce qui touche à l'intimité, à la sexualité. Ant. impudeur. / DR. *Outrage à la pudeur*: action de se livrer à des obscénités en public. / Par ext. Retenue, réserve qui empêche de faire ou de dire certaines choses.

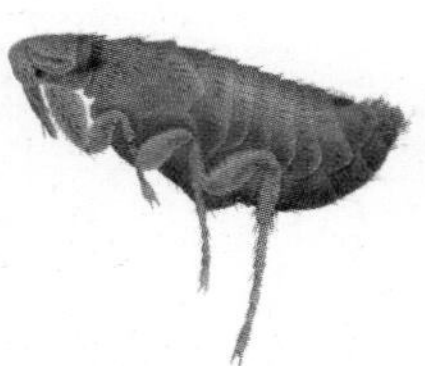
Puce (*Pulex irritans*).

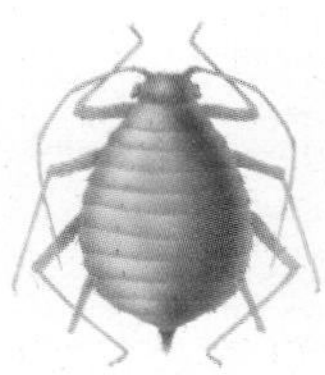
Puceron.

P

pudibond, e adj. Exagérément pudique ; d'une pudeur feinte. Syn. prude.
pudibonderie n. f. Caractère pudibond ; pruderie.
pudique adj. Plein de pudeur. *Un homme pudique. Un geste pudique.* Ant. impudique.
pudiquement adv. Avec pudeur.
Puebla (État de) *33 919 km² 4 126 101 h.* État du centre du Mexique, densément peuplé, qui s'étend sur les hautes terres. Capitale *Puebla*. C'est une région agricole (canne à sucre, café, coton, céréales).
Puebla *1 050 170 h.* Ville du centre du Mexique, capitale de l'État de Puebla, centre industriel au pied du Popocatépetl. Le cœur historique (cathédrale des XVIe-XVIIe siècles) est entouré d'une vaste agglomération (2 millions d'h.) La ville s'est distinguée durant la guerre du Mexique : le 5 mai 1862, un corps expéditionnaire français y fut repoussé par les Mexicains ; cette date est devenue fête nationale au Mexique.
Pueblos Amérindiens du sud-ouest des États-Unis (Nouveau-Mexique et Arizona). Ils vivent dans des villages caractéristiques, appelés également *pueblos*, aux maisons faites de briques de terre. Ils pratiquent un riche artisanat : poterie, tissage, vannerie, orfèvrerie.
puer v. i. [1] Dégager une odeur particulièrement désagréable, empester. *Ça pue dans ces toilettes ! /* (Emploi transitif) Dégager l'odeur nauséabonde de. *Haleine qui pue l'ail et le vin.* Au fig. Dénoter. *Attitude qui pue l'hypocrisie.*
puériculteur, trice n. Spécialiste de puériculture.
puériculture n. f. Ensemble des méthodes destinées à favoriser le développement et l'épanouissement physique et moral de l'enfant depuis la naissance jusque vers trois ou quatre ans.
puéril, e adj. Vx Propre à l'enfant. / Enfantin, qui n'a pas le caractère sérieux seyant à un adulte. *Propos puérils.*
puérilement adv. De façon puérile.
puérilité n. f. Caractère de ce qui est puéril, futile.
puerpéral, ale, aux adj. MÉD. Relatif aux femmes qui accouchent, à l'accouchement et à ses conséquences immédiates. *Fièvre puerpérale.*
puffin n. m. ZOOL. Oiseau procellariiforme aux ailes allongées, qui ne vient à terre qu'à l'époque de la reproduction.
Puget (Pierre) 1620-1694 Sculpteur, peintre et architecte français. Son œuvre sculpté s'affirme par la liberté des mouvements violents, la fluidité du modelé, qui aboutissent à la création d'un style baroque : les *Atlantes* de l'hôtel de ville de Toulon (1656-1657), groupes *Milon de Crotone* (1672-1682) et *Persée et Andromède* (1684) pour le parc de Versailles.
pugilat n. m. ANTIQ. GR. Combat à coups de poing, les mains garnies de lanières de cuir. / Rixe dans laquelle sont échangés des coups violents.
pugiliste n. m. ANTIQ. Athlète spécialiste du pugilat. / Boxeur.
Pugin (Auguste, dit **Augustus Charles)** 1762-1832 Architecte britannique d'origine française. Émigré à Londres, dessinateur (1798) chez John Nash, il vit rapidement ses talents de dessinateur et d'aquarelliste reconnus. Il pratiqua peu l'architecture et sa renommée est essentiellement due à son talent d'enseignant et à la précision de ses relevés architecturaux qui

Pierre Puget : Sainte Cécile.

ouvrirent la voie à une étude approfondie du gothique anglais. **Augustus Welby Northmore** 1812-1852 Architecte et écrivain britannique, fils du précédent. Il s'attacha au renouveau de l'architecture gothique, en remaniant ou en reconstruisant (le Parlement de Londres, notamment, détruit par un incendie en 1834) des édifices existants ou en en bâtissant de nouveaux (église St Mary à Derby). Ses travaux théoriques (*Glossary of Ecclesiastical Ornament and Costume*) sur l'art et l'architecture du Moyen Âge ont fait date.
pugnace adj. Litt. Combatif. / Qui dénote une personne combative. *Résistance pugnace.*
pugnacité n. f. Litt. Caractère pugnace.
puîné, e adj. (Vieilli) Celui qui vient après l'aîné dans l'ordre de naissance ; cadet.
puis adv. Ensuite. *Elle prit son sac, puis sortit sans un mot.* / Plus loin. *Un immeuble cossu, puis un autre, moins élégant.*
puisard n. m. Ouvrage vertical en maçonnerie pour l'écoulement des eaux usées ou d'effluents qui s'infiltrent ensuite dans le sol.
puisatier n. m. Spécialiste du creusement et de l'entretien des puits.
puiser v. t. [1] Prélever (un liquide) à l'aide d'un récipient. *Puiser de l'eau.* / Fig. *Puiser de l'argent dans sa cagnotte. Puiser aux sources* : aller chercher dans les textes originaux.
puisque conj. Du moment que. *Puisque vous y tenez.*
puissamment adv. Avec de grands moyens. / Avec beaucoup d'autorité. / Fam. Extrêmement.
puissance n. f. **I.** Pouvoir temporel ou spirituel, de droit ou de fait, d'une personne ou d'un groupe sur autrui ou sur les choses. *Puissance politique, économique d'un pays. Puissance d'un syndicat, de la presse.* Ant. impuissance. / Caractère de ce qui exerce une forte influence sur quelqu'un. *Puissance de l'habitude.* / Force physique. / PHYS. Pouvoir d'action d'un appareil, d'un mécanisme. *Puissance d'un amplificateur. Puissance administrative ou fiscale d'une automobile*, établie en fonction de sa cylindrée pour le calcul de la taxe sur les véhicules automobiles, et calculée en chevaux fiscaux. / MATH. *Puissance d'un nombre* : produit de *n* facteurs égaux à ce nombre ; *n*, appelé exposant, est placé à droite et en haut du nombre. *Puissance d'un point par rapport à un cercle* : produit des distances de ce point aux intersections d'une sécante et du cercle. **II.** PHILO. Potentialité. *En puissance* : qui peut être ou ne pas être réalisé ; potentiel. **III.** État souverain. *Les grandes puissances* : les États qui occupent une place de premier plan dans la politique internationale. / Ensemble d'individus, d'institutions jouissant d'un grand pouvoir. *Les puissances d'argent* : l'ensemble de ceux qui détiennent le pouvoir économique.
♦ En physique, l'unité de mesure de la puissance dans le système international (S. I) est le watt (W), égal à un joule par seconde. Le cheval-vapeur (ch), autre unité de puissance, est égal à 75 kgm/s, 1 ch = 736 W. En mécanique, pour un couple moteur, la puissance est le produit du moment du couple par la vitesse angulaire. En électricité, la puissance est le produit de la différence de potentiel V existant entre deux points d'un circuit et l'intensité du courant i qui y circule. Elle s'exprime par la relation P = Vi.
puissant, e adj. et n. m. Qui peut beaucoup, qui a de grands effets. *Une puissante organisation. Un remède puissant.* Ant. impuissant. / Dont la vigueur, l'énergie, l'intensité est grande. *Athlète puissant. Moteur puissant. Voix puissante.* / Subst. *Les puissants* : les gens qui ont un grand pouvoir social et politique.
puits n. m. Trou pratiqué dans le sol jusqu'à une nappe d'eau pour la puiser, et dont l'intérieur est généralement maçonné pour éviter les éboulements. *Puits artésien* : sonde enfoncée dans le sol et par laquelle jaillit l'eau. *Puits de mine* : excavation verticale, communiquant avec les galeries, pour descendre et remonter de la zone d'exploitation. / CONSTR. *Puits de soutien* : excavation remplie de béton pour appuyer un bâtiment. / MAR. *Puits à chaîne* : compartiment situé à l'avant d'un navire, logeant la chaîne de l'ancre.
Pulau Pinang *1 031 km² 1 065 075 h.* État de Malaysia, au nord-ouest de la péninsule malaise, comprenant l'*île de Penang* ainsi qu'une partie continentale. Capitale *Penang* (Georgetown). Cet État est aussi couramment nommé *Penang*.
Pulci (Luigi) 1432-1484 Poète italien. Son poème chevaleresque *Morgant le Géant* (1483) se réfère au monde de l'épopée de façon spirituelle et parfois bouffonne.
Pulitzer (Joseph) 1847-1911 Journaliste américain d'origine hongroise. *Le prix Pulitzer*, fondé par son testament, est annuellement décerné depuis 1917 par l'université Columbia (New York) à des journalistes et des écrivains.
pullman n. m. (mot anglais) (Vieilli) Autocar luxueusement aménagée. / CH. DE FER Anc. Voiture de luxe.
Pullmann (George Mortimer) 1831-1897 Industriel américain qui fabriqua à partir de 1863 les premiers wagons-lits, ainsi que des wagons de luxe, auxquels il a donné son nom.

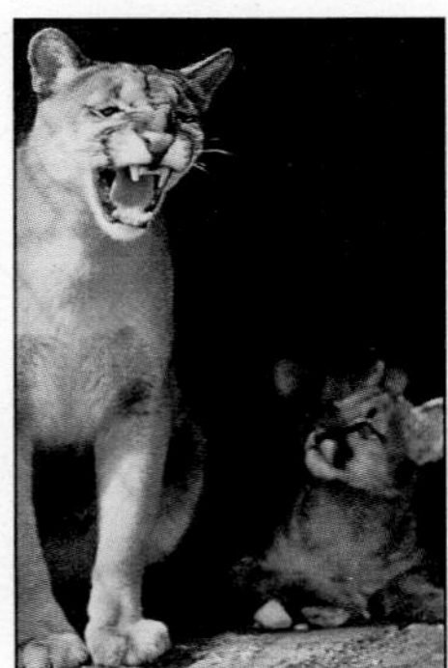

Puma *femelle et ses petits.*

pull-over ou **pull** n. m. (mot anglais) Chandail que l'on passe par la tête. Pl. Des *pull-overs*, des *pulls*.
pullulement n. m. Fait de pulluler. *Pullulement d'insectes.* / Profusion.
pulluler v. i. [1] Se multiplier rapidement. / Foisonner, grouiller.
pulmonaire [1] adj. Propre ou relatif aux poumons.
pulmonaire [2] n. f. BOT. Plante herbacée des bois, de la famille des borraginacées, à fleurs bleues. *La pulmonaire était utilisée autrefois comme remède contre les maladies du poumon.*
pulmonés n. m. pl. ZOOL. Sous-classe de mollusques gastéropodes, généralement terrestres, à respiration pulmonaire. *Les escargots et les limaces sont des pulmonés.*
pulpe n. f. Tissu charnu se trouvant dans certains fruits. / Pâte obtenue par broyage de certains végétaux. / ANAT. *Pulpe des doigts* : extrémité charnue, arrondie de la face interne des doigts. *Pulpe dentaire* : tissu conjonctif remplissant la cavité dentaire.
pulpeux, euse adj. De la nature de la pulpe ; qui contient de la pulpe. *Fruit pulpeux.* / Qui évoque la pulpe. *Lèvres pulpeuses*
pulque n. m. Boisson mexicaine obtenue par fermentation du suc d'agave.
pulsar n. m. ASTRON. Source électromagnétique dont le rayonnement est caractérisé par une émission brève et régulière dans la longueur d'onde du spectre radio.
pulsation n. f. Battement des artères et du cœur / PHYS. *Pulsation d'un mouvement vibratoire*, sa fréquence. / ASTRON. Variation périodique du volume ou de l'éclat de la luminosité d'une étoile. Voir *céphéides*.
pulsion n. f. PSYCHAN. Force habituellement inconsciente, qui pousse un individu à accomplir une action pour réduire une tension.
pulvérisateur n. m. Appareil servant à projeter une poudre, ou plus fréquemment un liquide, en une pluie de fines gouttelettes.
pulvérisation n. f. TECHN. Action de pulvériser ; son résultat. / Projection d'un liquide en fines gouttelettes. *Pulvérisations nasales.* / Projection de poudre. *Pulvérisation d'un produit contre les puces.*
pulvériser v. t. [1] Réduire (un corps solide et compact) en poudre, broyer. *Pulvériser du sel gemme.* / Fig. Détruire par un impact violent. *Jet de pierre qui pulvérise une baie vitrée.* / Fig. *Pulvériser son adversaire*, le vaincre magistralement et rapidement. *Pulvériser un record*, le dépasser de beaucoup. / Diffuser sous forme de fines gouttelettes (un liquide), vaporiser. *Pulvériser un déodorant, un insecticide.*
pulvérulent, e adj. À l'état de poudre.
puma n. m. (mot espagnol, du quechua) ZOOL. Grand félin d'Amérique, au pelage fauve, de mœurs nocturnes. Syn. *couguar*.
puna n. f. (mot espagnol, du quechua) Dans la cordillère des Andes, nom donné aux plateaux clairsemés des régions froides de haute altitude (3 000 et 4 000 m) sur lesquels les Indiens pratiquent l'élevage. / Anc. Dans les Andes, désignation du mal des montagnes.
punaise n. f. ZOOL. Insecte hémiptère, aux pièces buccales piqueuses, d'une odeur souvent désagréable. *Punaise des lits*, parasite de l'homme. / Petit clou à large tête plate

Henry Purcell.

servant à fixer des choses légères par simple pression du doigt.

punch [1] n. m. (mot anglais, du hindi) Boisson à base de rhum, de sucre, de cannelle, de citron, qui se boit bouillante ou glacée.

punch [2] n. m. (mot anglais) SPORT Vivacité et force des coups envoyés par un boxeur. / Fig. Dynamisme, entrain.

Punch Journal satirique anglais, fondé en 1841 et prenant pour cible les snobs et les hommes politiques anglais. De grands écrivains y ont collaboré (William Thackeray, Evelyn Waugh).

puncheur n. m. SPORT Boxeur qui a du punch.

punching-ball n. m. (mot anglais) SPORT Ballon fixé sur un support élastique et dans lequel frappent les boxeurs à l'entraînement. Pl. Des *punching-balls*.

puni, e adj. et n. Frappé d'une punition. *Enfant puni.* Ant. impuni. / Subst. *Les punis n'iront pas en récréation.*

punique adj. Propre ou relatif aux Carthaginois. *Les guerres puniques.*

• **puniques (guerres)** Guerres qui opposèrent Rome et Carthage, de 264 à 146 av. J.-C.

punir v. t. [2] Infliger un châtiment à. *Punir les casseurs. Punir un soldat déserteur.* (Emploi absol.) *Surveiller et punir.* / Par ext. Causer un mal, un inconvénient, un tracas qui est considéré comme un châtiment de (qqch.). *Cet échec le punit de son insatiable ambition.*

punitif, ive adj. Destiné à punir. *Expédition punitive.*

punition n. f. Action de punir. / Sanction subie par l'auteur d'une faute peu grave. / Conséquence malheureuse d'un défaut, d'une faute.

Punjab Voir **Pendjab**

pupille [1] n. f. ANAT. Ouverture arrondie, située au centre de l'iris de l'œil, et dont le diamètre peut varier selon l'intensité de l'éclairement.

pupille [2] n. Orphelin(e) mineur(e), placé(e) légalement sous l'autorité et la responsabilité d'un tuteur. *Pupille de l'État*: enfant orphelin ou abandonné, placé sous l'entière responsabilité de la collectivité publique. *Pupille de la nation*: orphelin de guerre dont l'éducation est partiellement ou totalement prise en charge par la nation.

pupitre n. m. Petit meuble qui présente à hauteur de vue un plan incliné sur lequel on peut poser un livre, des papiers, ou écrire. / Table d'écolier, à couvercle rabattable incliné. / INFORM. Tableau de commande ou de contrôle d'un ordinateur ou d'un système électronique.

pur, e adj. et n. **A.** adj. Qui est sans mélange, n'est altéré, souillé par rien. *Eau pure.* Au fig. Sans souillure morale; innocent. *Une âme pure.* Ant. impur. / Limité à l'essentiel, sans effet. *Style pur. Ligne pure.* / Loc. *Pur et simple*: sans restriction possible. *Un non pur et simple.* / (Placé avant le nom) Absolument et exclusivement tel. *Pur sucre. C'est de la pure cruauté.* / Considéré en tant que tel, sans autre implication ou application. *Mathématiques pures.* **B.** n. Personne intègre, fidèle à son choix, à sa ligne de conduite, et qui refuse les compromissions, les concessions.

Purana IVe-XIVe siècle Ensemble de textes sacrés hindouistes, rédigés en sanskrit, contenant les récits légendaires de la création du monde, la généalogie des dieux et des patriarches. Ils étaient destinés à ceux qui n'avaient ni le droit ni la possibilité de lire les *Veda* (ceux qui n'appartenaient aux trois premières castes et les femmes).

Purcell (Henry) 1659-1695 Compositeur anglais. Au service du roi, organiste de Westminster (1679), compositeur de la cour à partir de 1682, sous les règnes de Charles II, Jacques II et de la reine Marie, il a parfaitement adapté le style de ses chœurs aux inflexions de l'anglais. On lui doit des opéras (*Dido and Aeneas*, 1689; *King Arthur*, 1691; *The Fairy Queen*, 1692, *The Indian Queen*, 1695; *The Tempest*, 1695), un grand nombre de morceaux de musique religieuse (anthems, psaumes, cantiques), de la musique profane (odes, cantates, chansons), de la musique instrumentale (pour violes, violons et basses, clavecin, orgue). Toutes ces œuvres sont d'une grande modernité et Purcell a influencé Haendel.

Purcell (Edward Mills) 1912-1997 Physicien américain. Il conçut une nouvelle méthode pour mesurer avec précision le magnétisme nucléaire et détermina le moment magnétique de plusieurs noyaux d'atomes.

purée n. f. Aliment fait de légumes écrasés ou passés à la moulinette.

purement adv. Uniquement, strictement. *Dans un but purement commercial. Purement et simplement*: sans conditions ni restrictions.

pureté n. f. Caractère de ce qui est pur, parfaitement homogène. *Pureté d'une substance.* Ant. impureté. / État de ce qui est dénué de défaut, de souillure. *Pureté d'un diamant.* / Perfection. *Pureté d'un visage.* / Fig. État de chasteté; innocence. *Pureté d'un regard.*

purgatif, ive adj. et n. m. MÉD. Qui purge. / n. m. *Un purgatif.*

purgation n. f. Vx, MÉD. Action de purger au moyen d'un remède; son résultat. / Par ext. Médicament qui purge.

purgatoire n. m. THÉOL. Lieu où, après la mort, les âmes achèvent de se purifier avant de participer au bonheur éternel. / Fig. Lieu, temps d'expiation.

purge n. f. MÉD. Synonyme de *purgation*. / Action d'évacuer d'un conduit, d'une canalisation, d'un récipient un fluide qui s'y trouve alors qu'il ne devrait pas s'y trouver (air, dans le cas d'un chauffage à eau chaude, par ex.). *Robinet de purge.* / POLIT. Épuration politique. *Les purges staliniennes.* / DR. Ensemble des formalités qui permettent d'affranchir un immeuble des hypothèques qui le grèvent.

purger v. t. [1] MÉD. Provoquer l'évacuation des selles de (qqn) au moyen d'un purgatif. *Purger un malade.* / Effectuer la purge de (une conduite, un appareil). *Purger un radiateur.* / TECHN. Purifier (une substance, un matériau). *Purger du métal.* / Fig. *Purger de*: débarrasser (qqch.) de. *Purger un quartier de ses délinquants.* / *Purger une peine*, la subir. / DR. *Purger les hypothèques de*: libérer (un bien) des hypothèques qui le grèvent.

purgeur n. m. TECHN. Dispositif destiné à purger (un conduit).

purifiant, e adj. Qui purifie. *Eau purifiante.*

purificateur, trice adj. et n. Qui purifie moralement. *Absolution purificatrice.*

purification n. f. Action de débarrasser une substance de ses impuretés ou d'éléments étrangers. / RELIG. Rite par lequel une personne se purifie. / LITURG. À la messe, fait de nettoyer le calice avec le purificatoire.

purificatoire n. m. et adj. LITURG. CATHOL. Linge avec lequel le prêtre essuie le calice. / adj. Litt. Purificateur.

purifier v. t. [1] Restaurer la pureté morale de, effacer la souillure morale de. *Purifier sa conscience et son cœur.* / Rendre pur par un rite religieux, sacramentel. *Purifier un sanctuaire profané.* (Emploi pron.) *Se purifier par la pénitence.* / Débarrasser (qqch.) des impuretés, des pollutions qui l'altèrent. *Purifier une eau par ébullition. Purifier l'air en zone urbaine.*

purin n. m. Partie liquide du fumier provenant des urines du bétail, utilisée comme engrais.

purine n. f. BIOCHIM. Base azotée cyclique de formule brute $C_5H_4N_4$. / Base purique.

purique adj. BIOCHIM. *Bases puriques*: bases azotées dérivées de la purine, telles que l'adénine et la guanine, constituants essentiels des acides nucléiques. Voir *pyrimidique.*

purisme n. m. Souci excessif de pureté et de correction du langage (refus des néologismes, des variations de sens, etc.). / BX-ARTS Mouvement issu du cubisme s'attachant à la netteté des contours, illustré par Ozenfant, et par Le Corbusier.

puriste n. et adj. Personne qui manifeste du purisme. / adj. Qui dénote une personne puriste. *Rigueur puriste.*

puritain, e n. et adj. **A.** n. HIST. Membre d'un courant religieux et politique du calvinisme, né en Angleterre vers 1560. / Par ext. Personne austère, intransigeante sur ses principes moraux. **B.** adj. Propre aux puritains; austère. *Morale puritaine.*

♦ Les puritains, qui prônaient une morale austère et se montraient opposés à tout faste cultuel, étaient proches des presbytériens écossais par leur hostilité à l'organisation épiscopalienne de l'Église anglicane. Ils se montrèrent en partie favorables à Cromwell lors de la guerre civile et, à partir de la restauration de la monarchie, furent persécutés par les deux premiers rois Stuart. Ils émigrèrent en grand nombre en Amérique, par vagues successives (les « Pères pèlerins » du *Mayflower* débarquèrent en 1620), et y fondèrent, sur la côte est, des communautés conformes à leur idéal.

puritanisme n. m. Doctrine des puritains. / Par ext. Rigorisme, austérité morale.

purpura n. m. MÉD. Épanchement de sang au niveau de la peau ou des muqueuses.

purpurin, e adj. Litt. De couleur pourpre.

pur-sang n. m. inv. Cheval de course dont la généalogie remonte à la fin du XVIIe siècle quand fut créée une race issue du croisement d'étalons arabes et de juments anglaises.

purulence n. f. MÉD. État purulent, présence de pus.

purulent, e adj. De la nature du pus. *Un écoulement purulent.* / Qui produit du pus. *Une plaie purulente.*

pus n. m. Liquide séreux pathologique, contenant des globules blancs polynucléaires, des débris de cellules, parfois des bactéries.

Pusan ou **Busan** *749 km² 3 813 814 h.* Principal port de Corée du Sud, qui constitue une province à lui tout seul, grand centre commercial et industriel.

Pusey (Edward Bouverie, dit) 1800-1882 Théologien anglais. Newman et lui créèrent le mouvement d'Oxford, dit aussi *puseyisme*, qui voulait rapprocher l'anglicanisme et le catholicisme. L'Église anglicane condamna cette entreprise en 1843.

push-pull n. m. ÉLECTRON Montage de deux tubes électroniques, ou de transistors, formant un type d'amplificateur dont les éléments sont commandés séparément par deux signaux de même amplitude mais de signe opposé.

pusillanime adj. Litt. Qui manque d'audace, de courage, qui craint les responsabilités et les risques. / Qui dénote une personne pusillanime. *Un comportement pusillanime.*

pusillanimité n. f. Caractère de ce qui est pusillanime, d'une personne pusillanime.

pustule n. f. Petite lésion de la peau consistant en un soulèvement de l'épiderme contenant du pus. / Petite vésicule sur la peau du crapaud.

pustuleux, euse adj. Relatif aux pustules. / Caractérisé par la présence de pustules. / Ayant l'aspect de pustules.

Deux **pur-sang** arabes.

P

Puniques (Guerres)

Elles avaient pour enjeu l'hégémonie en Méditerranée occidentale.

Première guerre punique (264-241 av. J.-C.) Depuis le ve siècle, Carthage contrôlait une partie de la Sicile, et, depuis 269, le détroit de Messine ; Rome, voulant assurer le passage de ses navires, occupe en 264 la ville de Messine et veut consolider sa victoire en s'emparant de toute la Sicile.

Inférieure à son adversaire sur la mer, elle fait construire une importante flotte grâce à laquelle elle remporte, en 260, une grande victoire à Myles. Les Romains, conduits par Regulus, attaquent ensuite la ville de Carthage, mais leur flotte est détruite et Regulus fait prisonnier (255). Ils engagent à nouveau les hostilités en Sicile, échouent, subissent un désastre maritime à Drepanum (Trapani) en 249. Mais Carthage, menée par Hamilcar Barca qui entreprend par ailleurs la conquête de l'Afrique, se laisse surprendre et sa flotte est vaincue (241) aux îles Égates, proches de la côte occidentale de la Sicile ; découragée, elle abandonne l'île à Rome qui, obtenant en outre la Sardaigne et la Corse (238-237), contrôle dès lors la Méditerranée occidentale.

Deuxième guerre punique (218-201 av. J.-C.) Rome, qui se sent menacée par l'implantation punique en Espagne, où Hamilcar Barca puis son successeur Hasdrubal fondent un empire, déclare la guerre. Le Carthaginois Hannibal entreprend d'attaquer l'Italie et, franchissant les Pyrénées puis les Alpes avec ses éléphants, remporte plusieurs victoires au Tessin, à la Trébie (218), puis, fort de l'appui des Gaulois, au lac Trasimène (217) et à Cannes, dans le sud de l'Italie (216).

Mais Hannibal ne se décide pas à attaquer Rome de front ; isolé dans l'Italie du Sud, face au harcèlement des Romains, il cède peu à peu du terrain et les Romains contre-attaquent sur tous les fronts. Scipion (surnommé dès lors l'Africain) débarque en Afrique où il bat, à Zama, Hannibal, rappelé d'Italie (202). Carthage doit abandonner ses possessions d'Espagne, sa flotte, ses éléphants, payer une lourde indemnité et se placer en situation de dépendance par rapport à sa rivale.

Troisième guerre punique (149-146 av. J.-C.) Inquiète de la prospérité économique que Carthage a retrouvée sous l'impulsion d'Hannibal, Rome prend prétexte de l'attaque des Carthaginois contre Masinissa, allié de Rome, pour déclarer la guerre. Les troupes romaines, conduites par Scipion Émilien, débarquent en Afrique et, malgré une résistance héroïque des habitants qui se font massacrer jusqu'au dernier, elles prennent la ville après un long siège. Carthage est rasée (146) et son emplacement est déclaré sol maudit. Les conséquences des guerres puniques furent considérables : elles altérèrent profondément les structures sociales, économiques et politiques de la République romaine et développèrent le goût du luxe et l'influence de l'Orient (culte de Cybèle introduit en Italie) ; Rome victorieuse se laisse désormais entraîner à une vaste expansion en Orient.

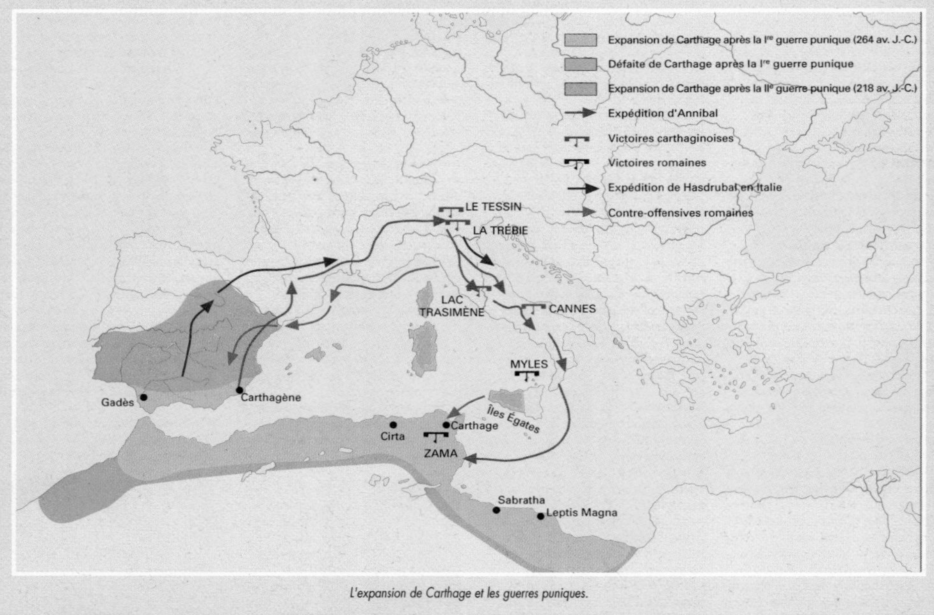

L'expansion de Carthage et les guerres puniques.

putain n. f. et adj. Vulg. Prostituée. / Péjor., vulg. Femme facile. / Très fam. (Exclamation indiquant le mécontentement) *Putain !* / Loc. adj. Fam. *Putain de* : maudit. *J'en ai marre de cette putain de vie !* Très fam. *Faire la putain* : chercher à plaire à tout prix en faisant des avances comme quelqu'un qui se prostitue.

putatif, ive adj. DR. Réputé être ce qu'il n'est pas. *Père putatif. Mariage putatif* : mariage que les époux ont contracté de bonne foi en ignorant que des empêchements légaux le rendaient impossible.

pute n. f. Vulg. Variante de putain.

Putiphar Personnage biblique, officier égyptien du pharaon. Il acheta Joseph vendu par ses frères et en fit son intendant. Éprise de Joseph et se voyant repoussée, la femme de Putiphar le calomnia auprès de son époux. Celui-ci, crédule, fit saisir et emprisonner Joseph.

putois n. m. ZOOL. Mammifère carnivore de la famille des mustélidés au pelage brun, à la face marquée de blanc. / Fourrure de cet animal. / Loc. fam. *Pousser des cris de putois*, crier très fort. / TECHN. Pinceau en poils de putois utilisé pour décorer la porcelaine.

putréfaction n. f. Décomposition de matières organiques due à l'action de certains microbes. *Tomber en putréfaction* : pourrir.

putréfier v. t. [1] Faire tomber (qqch.) en

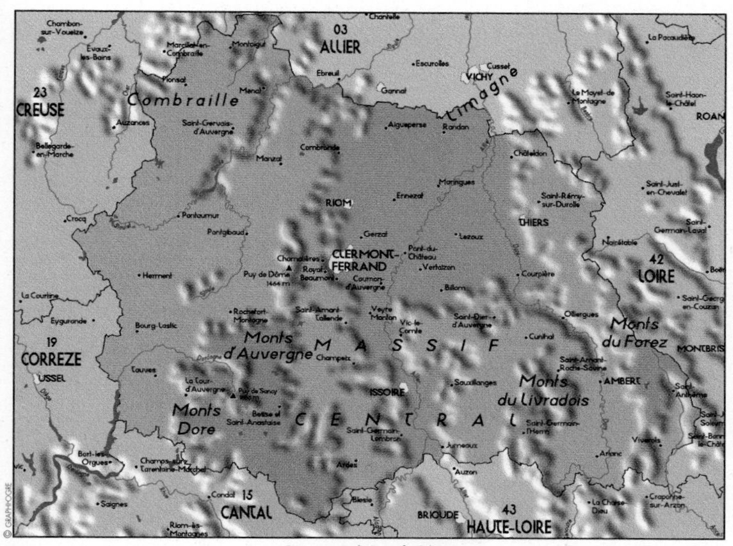

Département du **Puy-de-Dôme**.

putréfaction. / v. pron. Tomber en putréfaction.

putrescibilité n. f. Caractère de ce qui est putrescible. Ant. imputrescibilité.

putrescible adj. Qui peut se putréfier. Ant. imputrescible.

putride adj. Propre ou relatif à la putréfaction.

putsch n. m. (mot allemand) Coup d'État fomenté par un groupe politique armé.

Puvis de Chavannes (Pierre) 1824-1898 Peintre français. Il décora de grandes fresques murales plusieurs musées (Amiens, Lyon, Rouen), le grand amphithéâtre de la Sorbonne (*Le Bois sacré*, 1880-1889), le Panthéon (*Sainte Geneviève veillant sur Paris*, 1898). L'idéalisation des figures, un certain sentimentalisme, des aplats de couleurs éteintes, l'absence de profondeur caractérisent une œuvre qui s'inscrit dans la tradition de l'académisme ; il fut cependant très admiré par Gauguin pour ses compositions symboliques.

puy n. m. Éminence d'origine volcanique, dans le Massif central.

Puy-de-Dôme (département du) [63] *7 970 km² 604 266 h.* Département du centre de la France, qui fait partie de la Région Auvergne. Chef-lieu *Clermont-Ferrand*. Les massifs cristallins (Forez, Bois Noirs) couverts de forêts à l'est, les chaînes volcaniques (monts Dôme : 1 465 m au Puy de Dôme, monts Dore : 1 886 m au Puy de Sancy) en font un pays d'élevage bovin pour la viande (embouche) mais surtout pour le lait (fromages). La plaine de l'Allier (Limagnes), au sol fertile, entretient une riche polyculture (blé, fruits, lentilles) associée à l'élevage bovin. Très ancien axe de circulation, la vallée a fixé des villes faiblement industrialisées : Thiers (coutellerie), Ambert (papeteries). Cependant, Issoire a développé l'industrie de l'aluminium et Clermont-Ferrand lie depuis le XIXe siècle sa fortune à celle de la famille Michelin ; capitale du caoutchouc et des pneus, son agglomération (*260 000 h.*) possède d'autres industries et une université importante. L'essor du tourisme et du thermalisme (La Bourboule, Volvic, Châtelguyon, Royat, Saint-Nectaire) se poursuit. Terre d'émigration (*600 000 h.* en 1850, *479 000* en 1946), le Puy-de-Dôme ne se dépeuple plus.

Puy-en-Velay (Le) *20 490 h.* Chef-lieu de la Haute-Loire, sur la Borne, dans le *bassin du Puy*, dépression surmontée de volcans éteints. Ancienne capitale du Velay, Le Puy est un centre commercial doté de quelques industries mécaniques et alimentaires, et une ville pittoresque (pitons volcaniques, rocher Corneille) riche en monuments romans (cathédrale du XIe siècle, églises ou chapelles et maisons anciennes), centre de fabrication de dentelle (depuis le XVe siècle) et centre de pèlerinage à la Vierge noire.

Puyi ou **P'ou-yi** 1906-1967 Dernier empereur de Chine. Il monte sur le trône à deux ans (1908). En 1912, Sun Yat-sen abolit l'empire. Quand les Japonais s'emparent de la Mandchourie (1931), ils font de lui le régent puis l'empereur fantoche du Mandchoukouo (1934-1945). En 1945, l'armée soviétique le capture, le remet en 1950 à la Chine populaire, qui l'emprisonne jusqu'en 1959, puis lui accorde le droit d'exercer de modestes emplois. Il sera notamment employé au Jardin botanique de Pékin avant de reprendre une certaine activité politique (il fut membre du Comité national de la conférence consultative politique du peuple chinois). Son autobiographie (*De l'empereur au citoyen*) est parfaitement conforme à l'idéologie maoïste. Le cinéaste Bernardo Bertolucci a mis en scène son histoire dans *Le Dernier Empereur* (1987).

puzzle n. m. Jeu de patience constitué par de petites pièces amovibles que l'on encastre les unes dans les autres pour reconstituer une image.

PVC ou **P.V.C.** n. m. inv. (Sigle de l'anglais *Polyvinylchloride*). Polychlorure de vinyle.

P.V.H. Sigle de *premier vol habité*.

pycnogonides n. m. pl. ZOOL. Classe d'arthropodes chélicérates marins au corps réduit et aux très longues pattes grêles.

pycnomètre n. m. Récipient surmonté d'un tube capillaire, servant à la mesure de la densité des liquides et des solides.

Pydna Ancienne ville de Macédoine, sur le golfe de Thessalonique. Elle fut fortifiée par Philippe V. La victoire, à Pydna, de Paul Émile le Macédonique sur les troupes du roi Persée (168 av. J.-C.) mit fin à l'indépendance de la Macédoine.

pyélite n. f. MÉD. Inflammation de la muqueuse qui tapisse le bassinet et les calices du rein.

pyélonéphrite n. f. MÉD. Inflammation simultanée du rein et des voies urinaires hautes, de nature infectieuse.

pygargue n. m. ZOOL. Grand aigle brun et blanc, qui vit près des côtes et des lacs. Syn. orfraie, aigle de mer.

Pygmalion Roi légendaire de Chypre. Il sculpta un corps de femme et s'en éprit. Aphrodite accepta d'animer la statue ; Pygmalion épousa la femme ainsi créée, Galatée. Le mythe inspira de nombreux auteurs, notamment G. B. Shaw (*Pygmalion,* pièce de théâtre, 1913).

pygmée adj. Des Pygmées. *Chants pygmées.*

Pygmées MYTH. GR. Peuple fabuleux de nains, que les Anciens situaient près des sources du Nil, et qui menaient de terribles combats contre les grues depuis que leur reine avait été transformée en oiseau pour avoir osé se comparer aux déesses Héra et Artémis.

Pygmées ou **Négrilles** Ce nom désigne des hommes de petite taille habitant la forêt en Afrique équatoriale (Cameroun, République centrafricaine, République démocratique du Congo, République du Congo et Gabon). Ils y ont été repoussés, peut-être lors de l'invasion des Bantous, à une époque très reculée. Ils sont environ 200 000, répartis entre plusieurs ethnies, Binga, Mbuti et Twa notamment. Vivant en petits groupes nomades, ils pratiquent la chasse et la cueillette. Échangeant leurs produits avec les communautés d'agriculteurs voisines, ils ont tendance à disparaître par assimilation et sédentarisation.

pyjama n. m. (mot anglais, de l'hindoustani) Pantalon ample porté par les femmes dans certaines régions de l'Inde. / Veste et pantalon de nuit confectionnés en tissu léger.

pylône n. m. Construction supportant un pont suspendu, des câbles aériens, etc. / Portail à l'entrée des temples égyptiens formé de deux pyramides tronquées. / Pilier quadrangulaire ornant l'entrée d'un port, notamment.

pylore n. m. ANAT. Orifice de l'estomac communiquant avec le duodénum et muni d'un sphincter.

Pylos Ancienne ville de Grèce, proche de l'actuelle Navarin, centre important de la civilisation mycénienne.

Pyongyang *2 355 000 h.* Capitale de la Corée du Nord, principal centre industriel (région minière) et commercial du pays. Pyongyang fut occupée par les Japonais de 1910 à 1945 et dévastée par les bombardements durant la guerre de Corée (1950).

pyorrhée n. f. MÉD. Écoulement de pus.

Pyrame MYTH. GR. Jeune Babylonien amoureux de Thisbé. Il se tua, croyant que son amie avait été dévorée par un lion ; Thisbé se poignarda à son tour en le découvrant sans vie. Leur légende est racontée par Ovide dans les *Métamorphoses*. La pièce jouée par les artisans, dans *Le Songe d'une nuit d'été* de Shakespeare, s'inspire de cette histoire.

pyramidal, ale, aux adj. En forme de pyramide. / ANAT. *Faisceaux pyramidaux* : ensembles de fibres longues contenues dans la substance blanche de la moelle épinière. *Faisceau pyramidal croisé*, dans le cordon latéral. *Faisceau pyramidal direct*, dans le cordon antérieur.

***Pygmée** du Burundi.*

pyramide n. f. MATH. Polyèdre ayant pour base un polygone et pour faces latérales des triangles se joignant en un sommet commun. / Entassement d'objets ou objet dont la forme évoque celle d'une pyramide. *Pyramide humaine*: exercice d'acrobatie. *Pyramide des âges*: représentation graphique d'une population par âge et par sexe; les âges sont mis en ordonnée, les effectifs en abscisse sur deux colonnes (hommes et femmes). / ANTIQ. Grand monument à base quadrangulaire et à quatre faces triangulaires, qui servait de tombeaux aux pharaons. / Monument de forme pyramidale surmonté d'un temple, dans le Mexique précolombien.

La **pyramide** de Chéops, à Gizeh, près du Caire, en Égypte.

Pyramides (bataille des) 21 juillet 1798 Victoire de Bonaparte sur les mamelouks, dans le désert où se dressent les pyramides de Gizeh, pendant la campagne d'Égypte, deux jours avant son entrée au Caire.

pyramidion n. m. Sommet pyramidal d'un obélisque.

Pyrénées *3 404 m* au pic d'Aneto (Espagne). Chaîne de montagnes qui s'étend sur 435 km du golfe de Gascogne (Atlantique) au golfe du Lion (Méditerranée). Elle marque la frontière entre la France (versant nord) et l'Espagne (versant sud). Datant du primaire et ayant subi une nouvelle surrection lors du plissement alpin, au tertiaire, les Pyrénées constituent une barrière massive cristalline qui ne peut être franchie aisément qu'à ses deux extrémités. Sa partie centrale est élevée (Vignemale *3 298 m*, point culminant des Pyrénées françaises) franchie par des « ports » (ou cols) à haute altitude (Venasque *2 448 m*) et marquée très fortement par l'empreinte des glaciers: cirques (Gavarnie), vallées en auge, lacs. La difficulté de la circulation longitudinale (la « route des Pyrénées » est fermée en hiver) explique l'isolement de certaines régions et la persistance des particularismes locaux (Andorre). Le versant espagnol des Pyrénées possède les sommets les plus hauts (pic d'Aneto, en français Netou). Sa partie centrale (Aragon), aride et désolée, contraste avec ses extrémités: la Catalogne, à l'est, densément cultivée (oliviers, vignes, fruits, céréales) et peuplée, et, à l'ouest, le prolongement du Pays basque (San Sebastián, Irún), voie de passage très fréquentée. Les Pyrénées françaises se divisent en trois parties. *Les Pyrénées occidentales*, ou atlantiques, basses, humides (climat océanique), vivent de l'élevage ovin (montagne) et du tourisme sur le littoral; l'avant-pays est formé de molasses, de débris arrachés à la montagne; le gaz de Lacq a donné naissance à un vaste complexe industriel. Les hautes montagnes des *Pyrénées centrales*, au climat rude, domaine de l'élevage favorisé par l'abondance des précipitations, sont dépeuplées; l'avant-pays connaît un rapide essor industriel (énergie hydroélectrique: centrales d'Aston, du Portillon et gaz naturel de Saint-Marcet) et touristique (stations thermales et de sports d'hiver). Dans les *Pyrénées orientales*, les hauts massifs cristallins du Canigou (*2 785 m*) et de Carlitte (*2 921 m*), coupés de bassins d'effondrement (Capcir, Cerdagne, Conflent, Vallespir), sont le domaine de l'élevage ovin transhumant et de la polyculture méditerranéenne dans les bassins (oliviers, vergers, vignes), associée à l'élevage bovin; très découpé, le littoral offre de bons ports (Collioure, Port-Vendres) et des sites touristiques (Côte vermeille). L'évolution actuelle de l'économie pyrénéenne (recul de la polyculture de subsistance devant l'élevage moderne ovin et bovin, implantation de quelques industries favorisée par les ressources hydroélectriques, développement du tourisme) accentue le déséquilibre démographique existant aux dépens des Hautes-Pyrénées.

Pyrénées-Atlantiques (département des) [64] *7 645 km² 600 018 h.* Département du sud-ouest de la France qui constitue le sud de la Région Aquitaine. Chef-lieu *Pau*. Les montagnes des Pyrénées occidentales, élevées dans le Béarn où elles sont entaillées de larges vallées (Aspe, Ossau), s'abaissent rapidement à l'ouest dans le Pays basque. L'humidité du climat océanique favorise l'élevage (bovins, brebis, volailles, porcs), associé à la polyculture (fruits, maïs). L'activité industrielle, favorisée par l'hydroélectricité, anime Pau, Bayonne et les villes voisines de Lacq, dont le gisement de gaz naturel, découvert en 1951, est presque épuisé. Ancien (l'essor de Biarritz date du Second Empire), le tourisme est important sur le littoral, alors que la pêche est en recul.

Pyrénées (département des Hautes) [65] *4 564 km² 222 368 h.* Département du sud de la France qui fait partie de la Région Midi-Pyrénées. Chef-lieu *Tarbes*. Le Sud appartient au massif des Pyrénées centrales: les montagnes sont élevées (Vignemale: *3 298 m*) et creusées par l'érosion glaciaire. Ces hautes montagnes dépeuplées ont pour principale activité l'élevage, associé à une polyculture médiocre (pomme de terre, seigle), le tourisme (Cauterets, Luchon, Lourdes, centre de pèlerinage) et l'industrie (centrale hydroélectrique de Pragnères, électrochimie à Pierrefitte-Nestalas). Le nord du département s'étend sur le plateau de Lannemezan, immense cône de déjection formé de débris arrachés par l'érosion aux Pyrénées. Bénéficiant de ressources importantes en hydroélectricité et d'une tra-

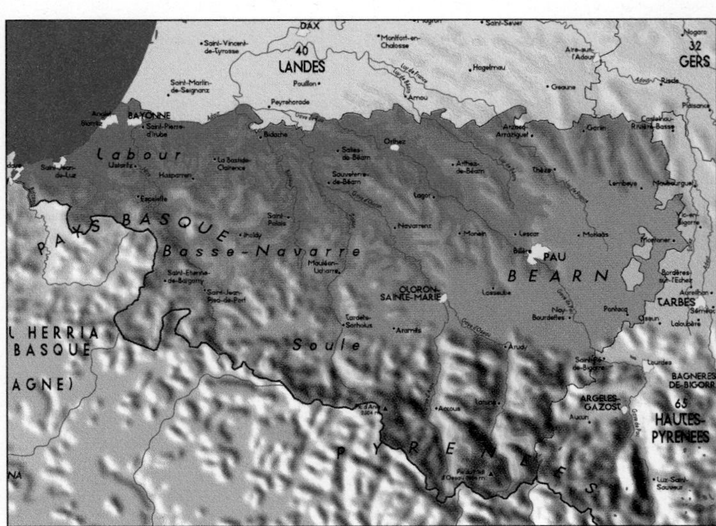

Département des **Pyrénées-Atlantiques**.

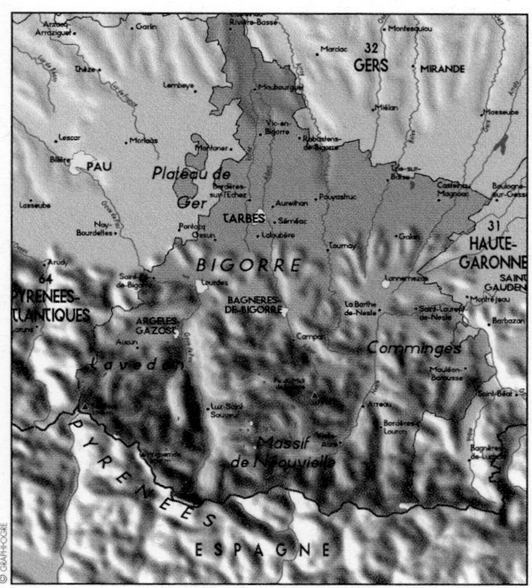

Département des ***Hautes-Pyrénées***.

dition industrielle encore vivace (travail du bois, textiles, extraction du plomb de Pierrefitte-Nestalas et du marbre de Campan), l'industrie est active. Les villes se concentrent dans les bassins et les vallées où l'élevage est associé à la culture céréalière et fruitière. Tarbes est la principale agglomération industrielle du département (constructions aéronautiques et électriques, arsenal).

Pyrénées-Orientales (département des) [66] *4 116 km² 392 803 h.* Département du sud de la France qui fait partie de la région Languedoc-Roussillon. Chef-lieu *Perpignan*. Encadrée au nord par l'avant-chaîne des Corbières, à l'ouest par les lourds massifs du Canigou et du Carlitte, au sud par les Albères, la plaine du Roussillon descend par paliers vers la Méditerranée : hautes terrasses sèches, les Aspres portent des vignobles et des vergers ; la plaine est le domaine de la vigne, associée aujourd'hui à des cultures maraîchères (primeurs) et fruitières (abricots) ; bas et sableux au nord, le littoral est rocheux dans sa partie méridionale, offrant de bons ports : ports de pêche (Collioure) et de commerce (Port-Vendres, touché par le déclin des relations avec l'Afrique du Nord). L'industrie, peu développée, est liée aux produits de l'agriculture, regroupés et expédiés par un grand nombre de marchés agricoles dont le plus important est Perpignan : conserveries, confitureries, fabriques de jus de fruits et d'apéritifs (Thuir, Banyuls). L'activité touristique est importante tant dans la montagne (sports d'hiver à Font-Romeu) que sur le littoral, dont l'aménagement a connu un grand essor.

Pyrénées (traité des) 7 novembre 1659 Traité signé par Mazarin et Luis de Haro, dans l'île des Faisans, au milieu de la Bidassoa, à la frontière franco-espagnole. Il instaurait la *paix des Pyrénées,* mettant fin aux hostilités entre la France et l'Espagne, en guerre depuis 1635. L'Espagne cédait à la France le Roussillon et l'Artois. Le mariage de Louis XIV et de Marie-Thérèse d'Autriche, fille du roi d'Espagne Philippe IV, fut conclu, mais leurs héritiers ne devaient pas prétendre au trône d'Espagne. Pourtant, le roi d'Espagne Charles II l'accorda par testament au petit-fils de Louis XIV, ce qui déclencha la guerre de la Succession d'Espagne (1701-1714).

pyrèthre n. m. Plante à fleurs blanches de la famille des composées, voisine des chrysanthèmes ; ses capitules séchés et pulvérisés fournissent la *poudre de pyrèthre*, utilisée comme insecticide.

pyrétique adj. MÉD. Propre ou relatif à la fièvre.

pyrex n. m. (nom déposé) Verre supportant de brusques variations de température et résistant aux produits chimiques.

pyridoxine n. f. BIOCHIM. Vitamine B_6.

pyrimidine n. f. BIOCHIM. Base azotée de formule brute $C_4H_4N_2$. / Base pyrimidique.

pyrimidique adj. BIOCHIM. *Bases pyrimidiques* : bases azotées dérivées de la pyrimidine, telles que la cytosine, la thymine, l'uracile, constituants essentiels des acides nucléiques. Voir *purique*.

pyrite n. f. MINER. Sulfure naturel de fer (FeS_2), dont les cristaux forment des cubes de couleur jaune.

pyrogénation n. f. CHIM. Réaction chimique que l'on obtient en faisant subir à certains corps une forte élévation de température.

pyrogravure n. f. Art de décorer le bois, le cuir à l'aide d'une pointe métallique portée à incandescence, le pyrographe, qui grave en creux un dessin. / Dessin réalisé par ce procédé.

pyrolyse n. f. CHIM. Décomposition par la chaleur.

pyromane n. Personne atteinte de pyromanie.

pyromanie n. f. Tendance morbide à allumer des incendies.

pyromètre n. m. TECH. Instrument utilisé pour la mesure des hautes températures.

pyrométrie n. f. Mesure des températures élevées.

pyrosis n. m. MÉD. Sensation de brûlure le long de l'œsophage, accompagnée de régurgitations acides.

pyrotechnie n. f. Technique de la préparation et de l'utilisation des explosifs.

pyrotechnique adj. Propre ou relatif à la pyrotechnie.

Pyrrha MYTH. GR. Fille d'Épiméthée et de Pandore. Elle épousa Deucalion. Après le déluge, châtiment de Zeus, ils repeuplèrent la terre en jetant des pierres derrière eux : celles de Deucalion devinrent des hommes et celles de Pyrrha des femmes.

Pyrrhon v. 365-275 av. J.-C. Philosophe grec qui fonda le scepticisme, ou pyrrhonisme. Influencé par les sophistes et par Protagoras, il pensait que la vérité est impossible à atteindre pour l'homme, que sur toute chose on peut avoir deux opinions contradictoires et que, par conséquent, il vaut mieux s'abstenir de juger les hommes et les choses. Sa doctrine vise l'ataraxie.

Pyrrhos II (en latin *Pyrrhus*) v. 318-272 av. J.-C. Roi d'Épire (295-272). Il régna d'abord avec son oncle qu'il assassina. Appelé en Italie par les habitants de Tarente, colonie grecque, il battit les Romains à Héraclée (280) et à Ausculum (279), grâce à ses éléphants. Cette victoire, acquise au prix de lourdes pertes, est à l'origine de l'expression « victoire à la Pyrrhus ». Après des échecs en Sicile (276), puis en Italie (275), Pyrrhus dut rentrer en Épire. Voulant conquérir le Péloponnèse, il fut tué, à Argos, lors d'un combat de rues.

Pyrrhos ou **Neoptolème** MYTH. GR. Fils d'Achille. Après la mort d'Achille, il vint participer au siège de Troie et à la victoire des Grecs. Il tua Priam et obtint comme esclave la veuve d'Hector, Andromaque, dont il eut trois fils. De retour en Grèce, il épousa Hermione qui ne lui donna aucun enfant et, pour cette raison, fut jalouse d'Andromaque et quitta Pyrrhos pour Oreste. Racine, dans *Andromaque* (1667), a imaginé une autre intrigue : Hermione, jalouse, pousse Oreste à tuer Pyrrhos. Pyrrhos serait le fondateur du royaume d'Épire.

Département des ***Pyrénées-Orientales***.

pyrrole ou **pyrrol** n. m. BIOCHIM. Composé cyclique à quatre atomes de carbone et un atome d'azote, qui constitue le motif de base des porphyrines.
Pythagore v. 570-v. 480 av. J.-C. Mathématicien et philosophe grec, fondateur d'une école philosophique à Crotone. On lui doit, outre le théorème qui porte son nom, l'étude des sons élémentaires et des harmonies, la découverte de l'incommensurabilité entre la diagonale et le côté du carré. *Théorème de Pythagore*: dans tout triangle rectangle, le carré de l'hypoténuse est égal à la somme des carrés des deux autres côtés.
pythagoricien, enne adj. et n. Relatif à Pythagore, à ses disciples. / Subst. Disciple de Pythagore.
pythagorisme n. m. PHILO. Doctrine de Pythagore et de ses disciples, qui voyait dans les nombres le principe, la source et la racine de toute chose dans l'Univers.
♦ Sur cette base, le pythagorisme a constitué une mystique des nombres ; par exemple, la somme des quatre premiers nombres est considérée comme le fondement de toute chose. Le pythagorisme a deux aspects. D'une part, il s'agit d'un groupe à visée religieuse, dont les membres vivent dans l'obsession de la pureté (vêtements blancs, éloignement des femmes en couches, refus d'entrer dans la maison d'un mort), en communautés régies par une règle (silence, rites d'initiation, secret) ; d'autre part, ces membres ont des intentions politiques qu'ils mettent d'abord en œuvre par l'éducation (enseignement collectif, repas communautaires, mise en commun des biens, exercices physiques, apprentissage de la musique, règles alimentaires strictes). Cette éducation en fait des hommes disciplinés qui valorisent le courage du guerrier et l'honneur au combat, et qui s'impliquent dans la vie de la cité (en l'occurrence Crotone) qu'ils tentent de débarrasser de ce qu'ils nomment « mollesse » : diffusion des produits de luxe venus d'Orient, inégalités sociales, injustice, discorde. La vertu salvatrice de l'effort s'est incarnée essentiellement en la personne de Milon de Crotone, gendre de Pythagore, qui conduira la cité de Crotone à la victoire contre Sybaris (510 av. J.-C.)

Python.

Pythéas IVe siècle av. J.-C. Navigateur, astronome et géographe grec. Né à Marseille, il en partit pour une longue navigation vers l'ouest. Il franchit le détroit de Gibraltar (les colonnes d'Hercule), atteignit la Grande-Bretagne, l'île de Thulé (que l'on identifie soit aux Shetlands, soit à la Norvège), parvint peut-être jusqu'à la Baltique. La relation de son voyage nous est connue par des citations (Polybe, Strabon). Mathématicien, il a établi la latitude de Marseille et connaissait l'influence de la Lune sur les marées.
pythie n. f. ANTIQ. GR. Prêtresse de l'oracle d'Apollon, vainqueur du serpent Python, qui se tenait sur un trépied dans le temple consacré au dieu, à Delphes, et rendait des oracles interprétés par les prêtres. / Litt. Prophétesse.
pythien, enne adj. De Delphes.
pythique adj. ANTIQ. GR. Propre ou relatif à la pythie, à Apollon pythien, dieu de Delphes. *Jeux pythiques*: jeux célébrés à Delphes tous les quatre ans en l'honneur d'Apollon.
python n. m. ZOOL. Grand serpent constricteur d'Afrique, d'Asie et d'Australie, dont certaines espèces peuvent atteindre 10 m de long.
Python MYTH. GR. Serpent fabuleux qui persécuta Léto, mère d'Apollon, et qui massacrait bêtes et gens à Delphes, où il rendait des oracles. Apollon le tua de ses flèches et le remplaça, dans sa fonction d'oracle, par la pythie. En outre, le dieu fonda les jeux Pythiques, célébrés tous les quatre ans en son honneur et rappelant sa victoire sur Python.
pythonisse n. f. ANTIQ. GR. Femme à laquelle on reconnaissait le don de prophétie. / Litt. Devineresse.
pyurie n. f. MÉD. Présence de pus dans les urines.
pyxide n. f. BOT. Capsule dont le sommet, à maturité, se soulève comme un couvercle. / RELIG CATHOL. Anc. Petite boîte à couvercle dans laquelle on plaçait l'hostie consacrée. (Mod.) Petit vase en métal dans lequel le prêtre porte la communion aux malades.

Qadesh ou **Kadesh** Site de Syrie, sur l'Oronte; Ramsès II y livra bataille contre les Hittites (1300 av. J.-C.)

Qadjars ou **Kadjars** Dynastie, issue d'une tribu turkmène, qui régna en Perse de 1794 à 1925. En 1786, Agha Mohammed, chef de cette tribu, fit de Téhéran sa capitale avant de se proclamer chah de Perse. La dynastie des Pahlevi lui succéda.

Qal'at Sim An Site archéologique du nord de la Syrie comprenant des vestiges de bâtiments chrétiens du Vᵉ siècle. C'est l'endroit où mourut Saint Siméon le Stylite. Le monument qui s'y trouve est dédié à sa mémoire; il est constitué de quatre basiliques.

Qandahar Voir **Kandahar**

qat n. m. (mot arabe « arbuste ») Arbuste d'Éthiopie et du Yémen dont les feuilles fraîches, qui contiennent un alcaloïde, sont mastiquées dans la péninsule Arabique et en Afrique orientale. / Ces feuilles. / Substance hallucinogène extraite de ces feuilles.

• **Qatar** État de la péninsule Arabique occupant une péninsule du golfe Persique, au nord des Émirats arabes unis.

qatari, e ou **qatarien, enne** adj. et n. Du Qatar. *Le gouvernement qatari. Un Qatari.*

QCM ou **Q.C.M.** n. m. Sigle de *Questionnaire à Choix Multiple*; voir *questionnaire*.

QG ou **Q.G.** n. m. Sigle de *Quartier Général*; voir *quartier*.

QHS ou **Q.H.S.** Sigle de *Quartier de Haute Sécurité*; voir *quartier*.

Q. I. Sigle de *quotient intellectuel*; voir *quotient*.

Qin ou **Ts'in** Dynastie chinoise fondée par Ying Zheng en 221 av. J.-C et qui s'éteignit en 206 av. J.-C. Elle avait pour capitale Xianyang.

Qin Shi Huangdi ou **Ts'in Che Houang-ti** 259-210 av. J.C. Titre (« premier empereur ») pris par Ying Zheng, le premier empereur de Chine, qui régna de 221 à 210 av. J.-C. Parmi ses grands travaux figurent l'irrigation, les réseaux routiers, la Grande Muraille, le code pénal, le découpage de l'empire en préfectures, l'unification de l'écriture, des unités de mesure et de la monnaie. Sa sépulture contient 6 000 statues en terre cuite polychrome représentant l'armée impériale; cette découverte a été faite en 1974. Les Han succédèrent aux Qin.

QATAR

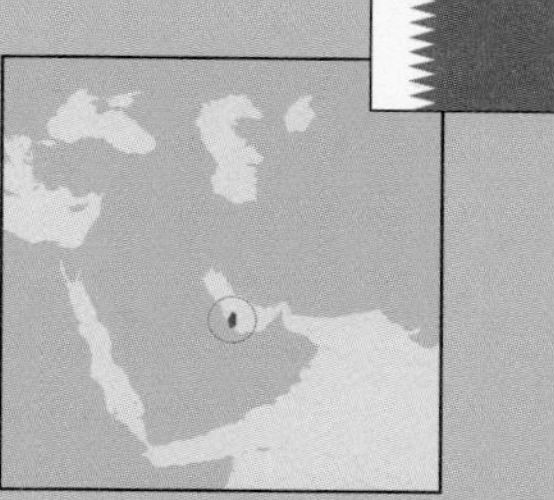

Voir l'Atlas

Superficie : *11 000 km²*
Nombre d'habitants : *600 000 h.*
Capitale : *Doha*
Villes principales : *Rayyan, Wakrah*
Système politique : *monarchie*
Langue(s) : *arabe*
Religion(s) : *islam sunnite (majoritaire) et chiite*
Monnaie(s) : *riyal qatari*

Pêcheurs du Qatar.

Géographie physique et humaine

Ce pays consiste en un plateau désertique, riche en pétrole et en gaz. Ces ressources n'ont été découvertes qu'en 1988 et sont exploitées depuis 1991. Les immigrés (Iraniens, Pakistanais, Indiens, Philippins, Égyptiens et Palestiniens) constituent les deux tiers de la population du Qatar. Les neuf dixièmes se concentrent dans la capitale. La manne pétrolière a suscité la création d'une agriculture et d'une industrie modernes, mais l'agriculture reste marginale : le Qatar doit recourir à l'importation. L'industrie non pétrolière reste peu développée malgré les efforts du gouvernement.

Palais de l'émir, à Doha.

Histoire

Le trône est occupé depuis le XVIIIᵉ siècle par la famille al-Thani, mais un protectorat britannique est instauré en 1916 et se maintient jusqu'à l'indépendance du Qatar, en 1971. En 1972, le Premier ministre Cheikh Khalifah Ben Hamad al-Thani renverse l'émir, son cousin. En 1976, il nationalise le pétrole. Il est renversé en 1995 par son fils, Hamad ben Khalifah al-Thani, lors d'un coup d'État. En 1998, des études ont montré que les réserves de gaz (les 3ᵉ du monde) excédaient les 10 000 milliards de m³. Pour la première fois, les femmes ont été électrices en 1999 (élection, au suffrage universel, d'un Conseil consultatif). En avril 2003, une Constitution (la première de l'histoire du Qatar) a été adoptée par référendum (96,6% de oui).

Qing ou **Ts'ing** Dernière dynastie chinoise (1644-1912), d'origine mandchoue. Elle succéda aux Ming. En 1912, le dernier empereur, Puyi, fut contraint par Sun Yatsen à l'abdication.
Qinghai ou **Ts'ing-hai** *721 000 km² 4 670 000 h.* Province montagneuse de l'ouest de la Chine, jouxtant le nord-est du Tibet, d'une faible densité de population. Capitale *Xining*. Elle doit son nom au lac de Qinghai, à 3 070 m d'altitude, nommé aussi Kuku Nor (« lac bleu »).
Qinling ou **Ts'inling** Chaîne de montagnes du centre de la Chine, qui culmine à 3 767 m.
Qom ou **Qum** *543 139 h.* Ville sainte de l'Iran, au sud de Téhéran. Les chiites s'y rendent en pèlerinage : on y trouve le mausolée de Fatima.
Qoraychites Voir **Quraychites**.
qu' Voir **que**
quadra n. et adj. inv. Abrév. fam. de *quadragénaire*.
quadragénaire adj. et n. Se dit d'une personne âgée de quarante à quarante-neuf ans.
quadragésime n. f. LITURG. CATHOL. Quarantième jour avant Pâques. *Dimanche de la Quadragésime* ou *Quadragésime* : premier dimanche du carême.
quadrangulaire adj. Qui a quatre angles. / Dont la base a quatre angles. *Prisme quadrangulaire*.
quadrant n. m. MATH. Quart de la circonférence du cercle, équivalant à un arc de 90° ; chacune des portions de plan délimitée par deux demi-droites perpendiculaires. / MAR. Ancien instrument qui servait à évaluer la hauteur du Soleil.
quadrature n. f. MATH. Opération géométrique qui consiste à construire un carré de même surface qu'une courbe fermée plane (opération qui ne peut aboutir à l'aide des seules règles et compas) ; calcul d'une intégrale. / Fig. *C'est la quadrature du cercle* : c'est un problème impossible à régler. / ASTRON. Position de deux astres par rapport à un astre donné ou à la Terre, quand ils sont éloignés l'un de l'autre d'un quart de cercle (la Lune est en quadrature lorsque la moitié de sa surface est visible de la Terre).
quadriceps n. m. ANAT. Muscle antérieur de la cuisse.
quadrichromie n. f. IMPRIM. Reproduction des couleurs obtenue par superposition des trois couleurs primaires (rouge [magenta], bleu [cyan], jaune) et du noir, ou d'une autre couleur foncée neutre.
quadriennal, ale, aux adj. Qui dure quatre ans. / Qui se renouvelle tous les quatre ans.
quadrige n. m. ANTIQ. Char à deux roues tiré par quatre chevaux, que les Grecs et les Romains utilisaient lors des manifestations solennelles et dans les jeux du cirque.
quadrilatère n. m. MATH. Polygone à quatre côtés (carré, rectangle, losange, parallélogramme, trapèze). *On obtient l'aire d'un quadrilatère quelconque en le décomposant en deux triangles dont on calcule l'aire séparément.* / MILIT. Position stratégique possédant quatre points forts.
quadrillage n. m. Division d'une surface en carrés réguliers. / GÉOGR. Tracé des méridiens et des parallèles. / Fig. Opération militaire ou de police urbaine, visant à contrôler systématiquement une zone en y déployant massivement des unités.
quadrille n. m. Danse de bal très vive, en vogue dans la seconde moitié du XIXᵉ siècle, exécutée par quatre couples de danseurs ; musique composée pour cette danse. *Les quadrilles de Johann Strauss.* / Échelon de la hiérarchie dans le corps de ballet de l'Opéra de Paris. / Groupe de cavaliers qui évoluent dans un carrousel.
quadriller v. t. [1] Diviser, marquer (une surface) par un quadrillage, par un ensemble de lignes ou de bandes formant des carrés. / Procéder au quadrillage, au contrôle systématique (d'un lieu). *La police quadrille le quartier.*
quadrimoteur adj. m. et n. m. Se dit d'un avion à quatre moteurs. *Un avion quadrimoteur. Un quadrimoteur.*
quadripartite adj. Partagé en quatre parties ou réunissant quatre parties. *Pacte quadripartite.*
quadrumane adj. et n. m. ZOOL. Qui a quatre mains. / Subst. *Le singe est un quadrumane.*
quadrupède adj. et n. m. Se dit d'un mammifère terrestre marchant à quatre pattes.
quadruple adj. et n. m. **A.** adj. Répété, reproduit quatre fois. *En quadruple exemplaire.* / Égal à quatre fois (telle quantité). *Une quadruple portion.* **B.** n. m. Valeur, quantité comprenant quatre fois un même objet, un même nombre. *Je vous en offre le quadruple de sa valeur.*
quadrupler v. t. / v. i. [1] Multiplier par quatre. / v. i. Devenir quatre fois plus élevé. *Nos revenus ont quadruplé.*
quadruplés, ées n. pl. Quatre enfants nés d'une même grossesse, et pouvant être monozygotes ou non.
quai n. m. Construction en maçonnerie ou en pierre de taille, édifiée pour maintenir les berges d'un cours d'eau ; voie publique qui double la berge. *Quai des Orfèvres, à Paris.* / Par méton. *Le Quai d'Orsay* : le ministère des Affaires étrangères, à Paris, situé quai d'Orsay. / Bordure d'un port, composée d'un mur de soutènement et d'une chaussée servant à l'accostage, l'amarrage et le chargement des navires. / Trottoir de circulation situé entre les voies ferrées d'une gare.
quaker, quakeresse n. Membre d'un mouvement religieux protestant fondé en Angleterre vers 1650 par George Fox, William Penn et Robert Barclay. *Très répandus en Angleterre, en Écosse et aux États-Unis, les quakers, pacifistes (ils furent parmi les premiers objecteurs de conscience), ne reconnaissent ni sacrements ni sacerdoce.*

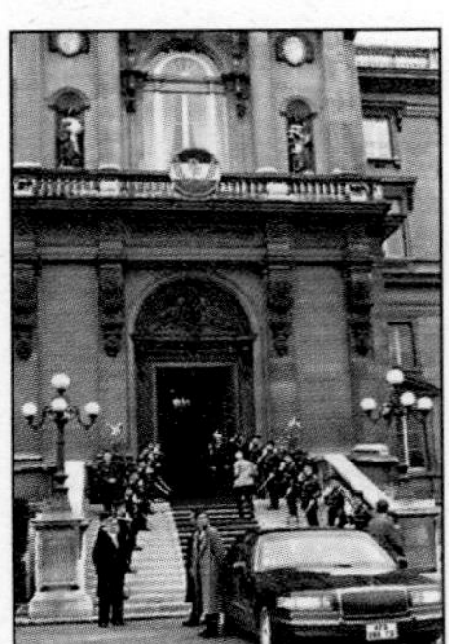

Le **Quai d'Orsay** est le siège du ministère des Affaires Étrangères.

Quai de la station Bastille du métro parisien sur la ligne 1.

qualifiant, e adj. Qui procure une qualification professionnelle, une compétence. *Stages qualifiants.*
qualificatif, ive adj. et n. m. **A.** adj. Qui qualifie. / GRAMM. *Adjectif qualificatif.* **B.** n. m. Mot qui sert à qualifier qqn ou qqch. *Un qualificatif peu aimable.*
qualification n. f. Fait de qualifier qqn ou qqch., de lui attribuer tel caractère, telle qualité. / SPORT Fait de reconnaître comme satisfaisantes les aptitudes d'un athlète (ou d'un cheval de compétition) lui permettant de participer à certaines épreuves. / *Qualification professionnelle* : compétence d'un travailleur, en fonction de son expérience et de sa formation spécialisée. / DR. Détermination de la nature juridique d'un délit et du texte qui le réprime.
qualifier v. t. [1] Doter d'une qualité, d'un titre. *Vos diplômes vous qualifient pour cet emploi.* / Attribuer à (qqn, qqch.) telle qualité. *Qualifier qqn de lâche. On qualifie de criminels de tels agissements.* / SPORT Permettre à (un concurrent, une équipe) de participer à une épreuve. / v. pron. *Se qualifier pour la demi-finale.*
qualitatif, ive adj. Propre ou relatif à la qualité (par oppos. à *quantitatif*).
qualitativement adv. Du point de vue de la qualité.
qualité n. f. Nature, caractéristique, état bon ou mauvais d'une chose et notam. d'un produit. *Qualité médiocre.* / Excellence d'une chose, valeur supérieure. *N'acheter que des produits de qualité.* / Disposition positive, acquise ou innée, propre à une personne. *Chacun a ses qualités et ses défauts.* / Condition sociale, juridique. *Intervenir en sa qualité de père. Quels sont vos nom, prénom et qualité ?* / PHILO. Une des catégories fondamentales de la matière (par oppos. à *quantité*). / LOG. Propriété formelle du jugement, qui est soit affirmatif, soit négatif. / (Au plur.) DR. *Les qualités* : texte, en forme d'acte, qui précise les données d'un procès (parties en présence, objet du litige, etc.).
qualiticien, enne n. Personne qui, dans une entreprise, établit un programme afin que soit atteinte la qualité requise pour les produits, les services fournis par cette entreprise, et en contrôle l'application.
quand conj. et adv. **A.** conj. Lorsque. *Je serai là quand tu rentreras.* / Chaque fois que. *Quand je dis quelque chose, il dit le contraire.* / (suivi du conditionnel) Indique une relation d'opposition. *Quand la maison serait habitable, elle reste trop chère.* / loc. conj. *Quand bien même* : même en admettant que. / loc. adv. *Quand même* : malgré tout. **B.** adv. interrogatif. *Quand le rôti sera-t-il cuit ? Je me demande quand c'est arrivé.*
quant à loc. prép. En ce qui concerne. *Quant à moi, je m'en tiendrai là.*
quant-à-soi n. m. inv. Réserve ostensible. *Rester sur son quant-à-soi.*
quanta Voir **quantum**
quantième adj. et n. Vx *Le quantième êtes-vous ?* : quel est votre ordre numérique ? / n. m. *Le quantième du mois sommes-nous*, quel jour du mois ? *Montre à quantièmes* : montre qui exprime la date du mois.
quantifiable adj. Que l'on peut quantifier.
quantification n. f. Action de quantifier, de déterminer la quantité de qqch. / PHYS. Définition de la valeur absolue de la différence entre deux grandeurs de la même espèce, valeur qui ne peut être inférieure à une quantité définie bien déterminée, appelée le *quantum* de cette grandeur.
quantifier v. t. [1] Déterminer la quantité de ; chiffrer. / PHYS. Définir (une grandeur physique) par certaines valeurs, celles des nombres entiers multiples d'une valeur de référence.
quantique adj. PHYS. Relatif aux quanta ou à la théorie des quanta. *Mécanique quantique.*
quantitatif, ive adj. Propre ou relatif à la quantité (par oppos. à *qualitatif*).
quantitativement adv. Du point de vue de la quantité.
quantité n. f. Grandeur mesurable. / PHYS. *Quantité de mouvement* : produit de la masse d'un corps par sa vitesse. *Quantité d'électricité* : charge électrique correspondant au produit de l'intensité d'un courant par la durée de son passage. / Mesure d'une collection de choses ou d'une portion de matière. *Des quantités infimes.* / Un grand nombre. *Quantité de gens se laissent berner.* / LITTÉR. Durée de prononciation d'une syllabe, notam. en poésie. / PHILO. Détermination de ce qui est susceptible de mesure, contrairement à la qualité.
quantum n. m. (mot latin, par l'anglais [**I.**] ou l'allemand [**II.**]) **I.** Quantité attribuée à chacun dans une distribution faite au prorata. **II.** PHYS. La plus petite quantité d'énergie émise ou absorbée (encore appelée *grain d'énergie*, par Planck, dans ses travaux sur le rayonnement noir, 1900) qui est à l'origine de la *théorie des quanta*. Pl. Des *quanta*.

CERN/Science Photo Library

Prix nobel en 1965, le physicien américain Richard Feynman (1918-1988) mis au point la théorie de l'électrodynamique **quantique**.

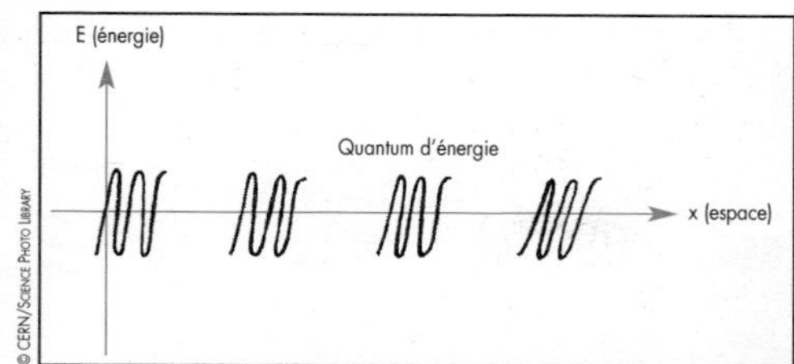

*Théorie des **quanta** : l'énergie dans l'espace ne se répartit pas continuement.*

♦ La matière ne peut émettre l'énergie radiante que par quantités finies proportionnelles à la fréquence. L'émission ou l'absorption d'énergie ne se fait donc pas de façon continue mais par *grains* ou *quanta*. Cependant, dans des conditions où les échanges énergétiques entre matière et rayonnement mettent en jeu de très grands nombres de quanta, tout se passe comme si ces échanges se faisaient de manière continue ; la mécanique qui décrit ces phénomènes est alors la mécanique newtonienne. Mais dans le cas des phénomènes à l'échelle atomique (mouvements des électrons, du noyau) apparaît le caractère discontinu du rayonnement qui ne peut être décrit que par la *mécanique quantique*. Appliquée d'abord au rayonnement, la conception des quanta fut étendue à la structure de la lumière par Einstein pour expliquer certains effets, tel l'effet photoélectrique. La notion de quanta fut encore utilisée par Bohr (1911), dans son étude de l'atome ; par L. de Broglie, Heisenberg, Schrödinger et Dirac, en mécanique ondulatoire et en microphysique.

Quantz (Johann Joachim) 1697-1773 Compositeur et flûtiste allemand. Professeur du roi Frédéric de Prusse et musicien de la Cour, il a écrit 300 concertos pour flûte et 200 pièces de musique de chambre, inspirés des styles français et italien.

quarantaine n. f. Nombre d'environ quarante. / Âge d'environ quarante ans. / Isolement (qui était autrefois de quarante jours) imposé aux navires provenant de pays où règne une épidémie, ou aux personnes atteintes de maladies contagieuses. / Fig. *Mettre qqn en quarantaine*, l'exclure d'un groupe.

quarante adj. num. et n. m. inv. Quatre fois dix. / Quarantième. *Chambre quarante.* / n. m. Nombre qui indique qu'il s'agit de quatre dizaines. / Les deux chiffres (4 et 0) qui représentent le nombre quarante. / *Les Quarante* : les quarante membres de l'Académie française.

quarantième adj. num. et n. Qui occupe le rang désigné par le nombre quarante. *Il a été reçu quarantième à l'agrégation.* / n. m. plur. MAR. *Les quarantièmes rugissants* (en anglais *roaring forties*) : les quarantièmes degrés de latitude sud, où règne un très mauvais temps à peu près en permanence. / n. m. Chacune des parties d'un ensemble divisé en quarante éléments égaux.

quarantièmement adv. En quarantième lieu.

quark n. m. PHYS. NUCL. Particule élémentaire, plus petit constituant de la matière.

quart [1] n. m. La quatrième partie d'un tout. *Un quart d'heure* : quinze minutes ; (par ext., fam.) un moment. *Un rendez-vous d'un petit quart d'heure. Les trois quarts (de qqch.)* : la plus grande partie. *Une salle de concert remplie aux trois quarts. Les trois quarts du temps* : le plus souvent. / La quatrième partie d'une unité de mesure donnée. *Un quart de vin* : le quart d'un litre. *Un quart de beurre* : 125 g de beurre (le quart d'une livre). / MAR. Période de quatre heures (à l'origine six heures, le quart de 24 heures) pendant laquelle l'équipage assure, à tour de rôle, la surveillance de la marche du navire. *Officier de quart.* / Gobelet de fer-blanc contenant environ un quart de litre.

quart, e [2] adj. Vx Quatrième. / MÉD. Anc. *Fièvre quarte,* survenant tous les quatre jours.

quart-de-cercle. n.m. ASTRON. Ancien instrument de mesure des angles et plus précisément des hauteurs, constitué d'une lunette de visée liée à un secteur de cercle divisé en degrés dont l'une des divisions servait de référent permettant par différence de mesurer le déplacement de la lunette. (Peu précis et d'un usage peu pratique bien qu'utilisé pendant tout le XVIIIe siècle, le quart-de-cercle a été remplacé par les instruments méridiens dont la lunette pivote autour d'un axe horizontal orienté est-ouest.)

quarte n. f. Ancienne mesure de capacité valant environ deux pintes. / MUS. Intervalle de quatre degrés conjoints dans la gamme diatonique. / Fente au sabot d'un cheval. / ESCR. Quatrième position pour attaquer ou parer.

***Quartette** de jazz composé de Charles Gayle, Milford Graves, William Parker et Kidd Jordan.*

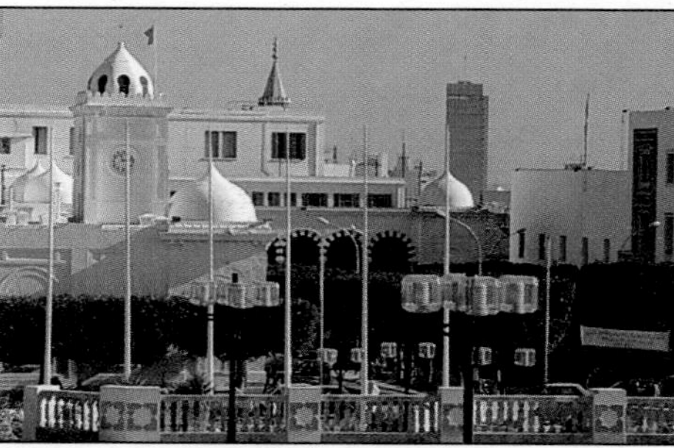

*Le **quartier** des ministères à Tunis.*

quarté n. m. Pari mutuel selon lequel on gagne lorsque l'on a misé sur les quatre premiers chevaux arrivés.

quarteron [1] n. m. Vx Quart d'un cent. / Fig., péjor. Un petit nombre.

quarteron, onne [2] n. Vx Personne dont un des quatre grands-parents est noir.

quartette n. m. Groupe de jazz formé de quatre musiciens.

quartier n. m. Le quart d'un tout. / Morceau plus ou moins grand de qqch. *Un quartier de camembert.* / BOUCH. Moitié de la partie antérieure ou de la partie postérieure de l'animal. / Division administrative d'une ville. *Les arrondissements parisiens sont divisés en quartiers.* / Zone urbaine ayant des caractéristiques déterminées. *Quartier résidentiel. Quartiers populaires.* / Environs immédiats du logement qu'on habite. *Elle n'aime pas quitter son quartier.* / MILIT. *Quartier d'hiver* : cantonnement des troupes pendant l'hiver. *Quartier général* : bureaux du commandant d'une armée et de son état-major. / *Quartier de haute sécurité (Q.H.S.)* : dans une prison, secteur où sont enfermés des détenus considérés comme dangereux. / En généalogie, chaque degré de filiation noble du côté paternel ou maternel. *Avoir huit quartiers de noblesse* : avoir huit ascendants nobles. / HÉRALD. Chacune des quatre parties de l'écu écartelé. / ASTRON. Chacune des quatre phases de la Lune. / ÉQUIT. *Quartier de selle* : chacune des parties de la selle qui supportent les cuisses du cavalier. / Fig. *Ne pas faire de quartier* : n'épargner personne.

Quartier latin Quartier de Paris qui couvre aujourd'hui la quasi-totalité des 5e et 6e arrondissements. Quartier universitaire dès le XIIIe siècle, il englobe toujours de nombreux établissements d'enseignement

***Quartier latin** : l'église Saint-Germain-des-Prés.*

réputés. Il doit son nom au fait que, pendant plusieurs siècles, l'enseignement était dispensé en latin.

quartier-maître n. m. Grade de la marine nationale, supérieur à celui de matelot, et qui équivaut à celui de caporal dans les armées de terre et de l'air. Pl. Des *quartiers-maîtres*.

quart-monde n. m. Ensemble des pays les plus pauvres du monde. / Dans une société développée, partie de la population qui vit dans un état de pauvreté critique. Pl. Des *quarts-mondes*.

quarto adv. (mot latin) Quatrièmement. / loc. nominale IMPRIM. *In-quarto* : voir *in-quarto*.

Quarton, Charonton ou **Charton (Enguerrand)** 1410 ?-1466 Peintre français. Originaire de la région de Laon, il fut actif en Provence à partir de 1444. On lui attribue aujourd'hui deux chefs-d'œuvre : *Le Couronnement de la Vierge, La Vierge de Miséricorde* et la *Pietà* dite *d'Avignon*, probablement peints entre 1452 et 1456.

quartz n. m. Roche siliceuse commune qui se présente en masses amorphes ou cristallisées. (Parmi ses variétés nombreuses et diversement colorées, le cristal de roche, ou *quartz hyalin*, est ordinairement transparent et très pur. En fusion, le quartz donne une pâte visqueuse, très malléable, pour la fabrication de verres et d'éléments optiques. L'améthyste est un quartz violet).

quasar n. m. (mot américain, abréviation de *quasi stellar astronomical radiosource*, « radiosource astronomique quasistellaire »). ASTRON. Astre à l'apparence stellaire qui est la source d'émission radio de très forte intensité, et dont l'analyse du spectre lumineux fait apparaître un décalage prononcé vers le rouge dû à l'effet Doppler-Fizeau.

♦ Découvertes dès le début des années 60, ces radiosources demeurent énigmatiques. Ces objets d'une luminosité supérieure aux galaxies les plus lumineuses sont de très faibles dimensions. Les recherches entreprises permirent de localiser certaines des sources radio les plus intenses et de faire apparaître qu'elles coïncidaient avec des galaxies de type elliptique. L'analyse des spectres optiques des deux radiosources 3C 48 et 3C 273 montrèrent que les raies des spectres avaient subi un décalage important vers le rouge. En 1929 Edwin Hubble avait démontré la réalité de l'expansion de l'Univers par la mesure du décalage spectral vers le rouge, décalage d'autant plus accentué que les galaxies sont plus éloignées et s'écartent plus rapidement les unes des autres. Depuis on a découvert d'innombrables radiosources d'origine extragalactique identifiées comme des objets d'apparence quasi stellaire. On recense aujourd'hui plus de 9000 objets que l'on nomme *quasars*. Pour nombre d'entre eux, le décalage spectral est tel qu'il correspondrait à une vitesse de récession proche de celle de la lumière. Si tel est le cas, les images de certains de ces objets captées par le télescope Hubble seraient issues de photons lumière émis il y a 19 milliards d'années. En supposant l'âge de l'Univers égal à environ 20 milliards d'années, nous serions en présence des objets observables les plus anciens du Cosmos.

quasi [1] adv. (mot latin) Presque ; pour ainsi dire. *Un travail quasi terminé.* / (Suivi d'un trait d'union quand il accompagne un nom) *Il a perdu la quasi-totalité de ses biens.*

Quattrocento : La Flagellation du Christ, *de Piero della Francesca (1416-1492).*
Vers 1455, bois, 59 x 81,5 cm, Galerie nationale des Marches, Urbino, Italie.

quasi [2] n. m. BOUCH. Viande du haut de la cuisse du veau.

quasiment adv. Quasi (sens 1).

Quasimodo (Salvatore) 1901-1968 Poète italien, représentant de l'hermétisme florentin. Il a composé *Eaux et Terres* (1930), *La Vie n'est pas un rêve* (1949), *La Terre incomparable* (1958).

quasistellaire adj. ASTRON. Se dit d'un objet céleste dont l'image relevée sur une plaque photographique présente des paramètres offrant l'aspect ponctuel de ceux d'une étoile, mais dont on suppose que la nature de l'objet n'est pas stellaire.

quassia ou **quassier** n. m. BOT. Arbuste d'Amérique tropicale, de Guyane notam., dont le bois possède des propriétés toniques et vermifuges qui étaient utilisées en médecine.

quater adv. (mot latin) S'emploie pour indiquer qu'on répète un numéro pour la quatrième fois. *Paragraphe 52 quater.*

quaternaire n. m. et adj. GÉOL. *Système* ou *période quaternaire* ou (n. m.) *le Quaternaire* : le plus récent et le plus bref des systèmes du Cénozoïque, caractérisé par l'apparition de l'homme, et d'une durée totale, jusqu'aux temps actuels, d'environ 4 millions d'années.

♦ Le Quaternaire se caractérise par deux grands phénomènes : les glaciations et les transgressions marines. Les glaciations de Günz, Mindel, Riss et Würm ont déterminé la flore et la faune de la Terre. La première d'entre elles fut fatale à la plupart des espèces du Tertiaire, à l'exception de celles adaptées à un climat froid. Le biotope des espèces tropicales fut repoussé vers le sud, et remonta au nord à chaque période interglaciaire. Toutefois, ce retour vers le nord fut bloqué par la Méditerranée, ce qui explique la relative pauvreté de la flore et la faune européenne. Le Quaternaire se divise en deux sous-systèmes de durée inégale : le Pléistocène, que l'on fait arbitrairement s'achever à la fin du Paléolithique ; l'Holocène, qui se prolonge de nos jours et qui n'occupe que quelques milliers d'années.

quatorze adj. num. et n. m. inv. Dix plus quatre. / Quatorzième. *Louis XIV*. Ellip. *Le 14 juillet* : le quatorzième jour du mois de juillet. / n. m. Nombre qui suit le treize. *Quatorze est divisible par deux et sept.* / Les deux chiffres (1 et 4) qui représentent le nombre quatorze.

quatorzième adj. num. ord. et n. Qui occupe le rang désigné par le nombre quatorze. *La quatorzième génération.* / n. m. Chacune des parties d'un ensemble divisé en quatorze éléments égaux.

quatorzièmement adv. En quatorzième lieu.

quatrain n. m. LITTÉR. En poésie, strophe ou poème de quatre vers.

quatre adj. num. et n. m. inv. Trois plus un. / Quatrième. *Henri IV*. Ellip. *Le 4 juillet* : le quatrième jour du mois de juillet. / n. m. Nombre qui suit le trois. *Quatre est divisible par deux.* / Le chiffre (4) qui représente le nombre quatre. / Carte qui porte quatre marques. *Le quatre de pique.* / SPORT Bateau de compétition manœuvré par quatre rameurs.

Quatre-Cantons (lac des) *114 km²* Lac situé, au cœur de la Suisse, à *435 m* d'altitude, entre les cantons de Lucerne, Schwyz, Uri et Unterwald. Cet étroit lac glaciaire alimenté par la Reuss, encadré de montagnes, doit à la beauté de ses paysages naturels d'être un centre touristique réputé.

quatre-cent-vingt-et-un ou **quatre-vingt-et-un** n. m. inv. Jeu de dés où la meilleure combinaison des trois dés est celle du quatre, du deux et de l'as.

quatre-épices n. m. inv. Nom courant de la nigelle cultivée, dont le goût des graines rappelle à la fois le poivre, la cannelle, la muscade et le girofle.

Quatrefages de Bréau (Jean Louis Armand de) 1810-1892 Naturaliste et anthropologue français qui s'est particulièrement intéressé à l'anthropologie préhistorique ; il était opposé au transformisme (*Unité de l'espèce humaine*, 1861).

quatre-mâts n. m. inv. Voilier à quatre mâts.

Quatre-Nations (collège des) Collège institué par le testament du cardinal Mazarin, bâti par Le Vau, Lambert et d'Orbay. Inauguré en 1688, il était destiné à recevoir 60 élèves des « quatre nations » rattachées depuis peu à la France : l'Alsace, le Roussillon, les Pays-Bas et la province italienne de Pignerol. L'Institut de France y siège depuis 1806 et y a fait aménager une importante bibliothèque à laquelle a été rattachée la bibliothèque Mazarine.

quatre-quarts n. m. inv. Gâteau constitué d'un poids égal de beurre, de farine, de sucre et d'œufs.

quatre-quatre n. m. ou n. f. inv. et adj. inv. Véhicule automobile tout terrain à quatre roues motrices. *Acheter un quatre-quatre. Ce camion est quatre-quatre.*

quatre-vingt adj. num. et n. m. inv. **A.** adj. Huit fois dix. *Quatre-vingts ans. Quatre-vingt-cinq pages de manuscrit.* / Quatre-vingtième. *Huitième étage, bureau quatre-vingt.* **B.** n. m. Nombre qui indique qu'il s'agit de huit dizaines. / Les deux chiffres (8 et 0) qui représentent le nombre quatre-vingt.

quatre-vingt-dix adj. num. et n. m. inv. **A.** adj. Neuf fois dix. *Quatre-vingt-dix exem-*

plaires. / Quatre-vingt-dixième. *Page quatre-vingt-dix.* **B.** n. m. Nombre qui indique qu'il s'agit de neuf dizaines. / Les deux chiffres (9 et 0) qui représentent le nombre quatre-vingt-dix.

quatre-vingt-dixième adj. num. ord. et n. Qui occupe le rang désigné par le nombre quatre-vingt-dix. *La quatre-vingt-dixième année du siècle.* / n. *Le, la quatre-vingt-dixième de sa promotion.* / n. m. Chacune des parties d'un ensemble divisé en quatre-vingt-dix éléments égaux.

quatre-vingt-et-un Voir **quatre-cent-vingt-et-un**

quatre-vingtième adj. num. ord. et n. Qui occupe le rang désigné par le nombre quatre-vingt. *Décédé en la quatre-vingtième année de son âge.* / n. *Le, la quatre-vingtième.* / n. m. Chacune des parties d'un ensemble divisé en quatre-vingts éléments égaux.

quatrième adj. num. ord. et n. Qui occupe le rang désigné par le nombre quatre. *La quatrième symphonie.* / n. *Le, la quatrième en partant de la fin.* / n. f. Troisième classe de l'enseignement secondaire (quatrième classe avant la première). *Entrer en quatrième.*

quatrièmement adv. En quatrième lieu.

Quattrocento (en italien, « quatre cents ») Mot qui désigne « les années [mille] quatre cent », le XVe siècle, et qui correspond à la première Renaissance.

quatuor n. m. (mot latin) Morceau musical écrit pour quatre instruments ou quatre voix. *Quatuor à cordes* : l'un des genres majeurs de la musique de chambre, écrit pour deux violons, alto et violoncelle, et comportant généralement un allegro initial, un mouvement lent, un scherzo ou un menuet et un finale. *Les quatuors de Beethoven.* / Ensemble des quatre musiciens qui exécutent ce morceau.

que [1] (s'élide en *qu'* devant une voyelle ou un *h* muet) pron. rel. et inter. **A.** pron. rel. désignant une personne ou une chose. (En fonction de complément direct) *La jeune femme que je vois sous le porche. Le livre que je t'ai prêté.* / (En fonction de complément indirect) Vx ou pop. Dont, où. *De la manière que tu t'y prends* : la manière dont tu t'y prends. *L'automne qu'il a gelé dès la Toussaint* : l'automne où il a gelé… / (En fonction d'attribut) *La vedette qu'elle est aujourd'hui.* **B.** pron. inter. (En fonction de complément direct) *Que me voulez-vous ? Qu'en penses-tu ?* (En fonction d'attribut) *Qu'est-elle devenue ?*

que [2] (s'élide en *qu'* devant une voyelle ou un *h* muet) conj. (Introduisant une proposition subordonnée complétive ou circonstancielle) *Je sais qu'il est là. Nous pensons que c'est la meilleure solution. Son père venait à peine de lui dire de rentrer que l'orage a éclaté.* / (Après le verbe *être*, introduisant une proposition en fonction d'attribut) *Le drame est que personne n'en veut.* / (En loc. conj.) *Alors que ; depuis que ; pendant que ; avant que,* etc. / (En corrélation avec un adj. ou un adv.) *Quelle que soit sa compétence. Un spécialiste tel que vous. Elle va moins bien que lui.* (Introduisant une proposition indépendante au subjonctif exprimant un ordre ou une demande) *Qu'il vienne ! Qu'elle cesse de nous assourdir !*

que [3] (s'élide en *qu'* devant une voyelle ou un *h* muet) adv. inter. À quoi ? Pourquoi ? *Que lui sert d'être belle ? Que ne me l'avez-vous dit plus tôt ?* / adv. exclam. Comme, combien. *Que vous êtes joli, que vous me semblez beau !* (La Fontaine).

• **Québec (province du)** *1 540 680 km² 7 334 000 h.* Province de l'est du Canada. Capitale *Québec.*

Québec *167 517 h.* Capitale de la province du Québec, au Canada, sur la rive nord de l'estuaire du Saint-Laurent. La ville, qui rappelle par son paysage urbain la vieille Europe, a un rôle essentiellement politique et intellectuel (université Laval, du nom du premier évêque nommé en 1674). Les activités commerciales et industrielles sont concentrées autour du port (constructions navales, papeteries, industries mécaniques). L'agglomération groupe *650 000 h.* **Histoire** La ville, fondée en 1608 par Champlain, fut prise par les Anglais en 1629 et rendue à la France en 1632. Elle fut définitivement perdue pour les Français à la suite de la bataille où périrent Montcalm et Wolfe (1759). En 1763, avec le traité de Paris, Québec passa sous domination britannique. Elle devint la capitale du Bas-Canada en 1791.

québécisme n. m. LING. Accent ou tournure idiomatique propre au français parlé au Québec.

Train traversant le ***Queensland***.

québécois, e adj. et n. Du Québec. *La littérature québécoise. Un(e) Québécois(e).*

quechua ou **quichua** n. m. et adj. LING. Langue des Quechuas, et notam. des Incas. *Parlé et répandu par les conquérants incas, le quechua fut ensuite adopté par les missionnaires espagnols pour évangéliser les Indiens ; il est aujourd'hui parlé en Bolivie et au Pérou.* / adj. *La grammaire quechua.*

Quechuas ou **Quichuas** Peuple amérindien (Pérou) dont les Incas constituaient la classe dominante.

Queensland *1 727 200 km² 3 256 000 h.* État du nord-est de l'Australie. Capitale *Brisbane.* Le climat est tropical. On y pratique la culture de la canne à sucre et l'élevage bovin extensif ; l'industrie (industrie alimentaire mise à part), dépend des ressources minières : bauxite, houille, pétrole.

quel, quelle adj. (Pour interroger) *Quelle heure est-il ? Je ne me rappelle pas quel livre j'ai rendu à la bibliothèque.* / (Pour ponctuer une

Québec (province du)

Géographie

Province étendue, le Québec, situé à l'extrémité sud-est du bouclier canadien, est traversé par la grande artère fluviale du Saint-Laurent. Malgré la rigueur du climat continental (hivers longs et enneigés), les plaines qui bordent le fleuve pratiquent une riche polyculture, associant les fruits et légumes à l'élevage laitier. Le reste de la province est le domaine de la forêt (Nouveau-Québec au nord, Gaspésie au sud-est).

La vie économique est liée à la présence de la voie maritime du Saint-Laurent. Les premières industries sont celles du bois et du papier, des produits alimentaires et du textile. L'industrie lourde, favorisée par l'abondance d'énergie hydroélectrique et la richesse du sous-sol (fer, cuivre, or et surtout amiante), est puissante et variée : chimie, métallurgie, sidérurgie, mécanique.

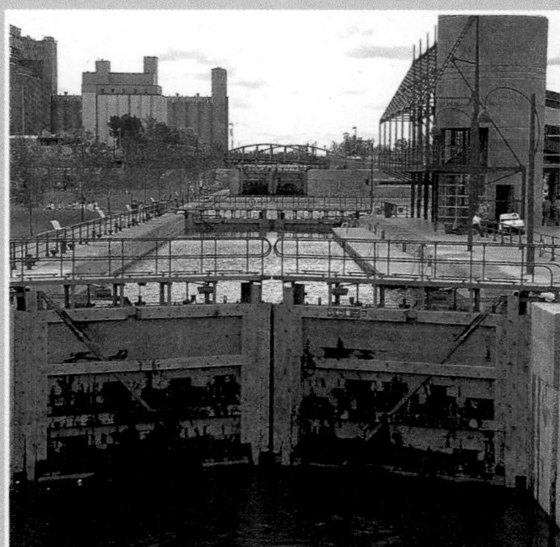

Vannes d'une écluse dans le port de Montréal, la plus grande ville du Québec.

Histoire

Les Franco-Canadiens catholiques, population majoritaire du Québec, virent leur langue, leur religion et leurs traditions reconnues par l'*Acte de Québec* (1774). En 1791, le Québec devint le Bas-Canada. Les Britanniques imposèrent leur suprématie politique en 1840 ; le français cessa alors d'être langue officielle jusqu'en 1867, lorsque le Québec retrouva le statut de province au sein de la Confédération canadienne.

Jusqu'en 1960, l'Église catholique eut un rôle dominant ; son mot d'ordre « un peuple, une langue, une religion » préserva la singularité francophone, mais son conservatisme devint pesant.

À partir de 1960, se produisit une « révolution tranquille » : Jean Lesage, Premier ministre du Québec (1960-1966), s'attacha à promouvoir l'usage du français et à desserrer l'emprise des forces les plus traditionalistes de l'Église catholique. En 1968, le Parti québécois, indépendantiste, fut créé par René Lévesque.

Il devint Premier ministre en 1976 et organisa un référendum sur la « souveraineté-association » du Québec, qui fut rejetée (1980). Depuis lors, la question du statut du Québec a dominé la vie politique. Le Parti libéral obtint le pouvoir de 1985 à 1994. Depuis 1994, le parti québécois, au pouvoir, ne parvient pas à imposer sa solution radicale : l'indépendance. Soumise à référendum en 1995, elle a été repoussée par 50,6 % de « non ».

Q

RAYMOND QUENEAU

Ses romans, caractérisés par la fantaisie verbale (emprunts au langage parlé, emploi de néologismes, transcription phonétique de mots), sont peuplés de personnages insolites évoluant dans un monde absurde: *Le Chiendent* (1933), *Pierrot mon ami* (1942), *Loin de Rueil* (1944), *Zazie dans le métro* (1959), *Les Fleurs Bleues* (1965), *Le Vol d'Icare* (1968). Il a publié nombre de recueils de poésie et d'écrits théoriques. Ses *Exercices de style* (1947) sont un exemple éclatant de ses recherches sur le langage, qui peuvent prendre une tournure burlesque. Queneau a fondé l'Oulipo. Il intègre l'Académie Goncourt en 1951. En outre, il est à l'origine de l'Encyclopédie de la Pléiade.

exclamation) *Quel temps affreux !* / (En composition, pour marquer une supposition, une hésitation, une concession) *Quels qu'aient été ses motifs, il a bien agi. Quelles que soient mes réticences, je vous donne mon accord.*

quelconque adj. Sans caractéristique, sans qualité particulière. *Un quelconque passant. Ce film est bien quelconque*, médiocre.

quelqu'un, une, quelques-uns, unes pron. indéf. (Au singulier) Individu quelconque, d'identité non déterminée; on. *Quelqu'un a frappé à la porte.* / Une personne. *Quelqu'un d'ennuyeux. C'est quelqu'un qui est déjà venu.* / Fam. Un important personnage. *Vouloir être quelqu'un.* / (Au pluriel) Plusieurs personnes ou plusieurs choses. *J'ai vu beaucoup de candidats, dont quelques-uns remarquables. Il a fait de nombreux essais de plantations, dont quelques-uns réussis.* / Quelques personnes; un nombre indéterminé de personnes. *Quelques-uns continuent de prétendre qu'Henriette d'Angleterre a été assassinée.*

quelque adj. et adv. **A.** adj. Un certain. *J'y ai trouvé quelque intérêt. Il a quelque difficulté à s'exprimer.* / Un petit nombre de. *Quelques jours. Quelques passants éméchés...* / *Quelque... que*: quel (le) que soit le (la)... que. *Quelque bonne volonté qu'elle y mette, elle n'est pas faite pour ce métier.* **B.** adv. Environ, à peu de choses près. *Il a quelque dix ans de plus que moi. Quelque trois mille personnes se sont rassemblées.* / Si, aussi. *Quelque prudent que vous soyez...*

quelquefois adv. De temps en temps.

quémander v. t. [1] Demander avec une insistance à la fois humble et importune. *Quémander une faveur, une invitation, de l'argent.*

quémandeur, euse adj. et n. Qui quémande. *Des enfants quémandeurs.* / n. *Des quémandeurs.*

qu'en-dira-t-on n. m. sing. Ensemble des rumeurs relatives à qqn, à la manière dont il se conduit. *Ne faites pas attention au qu'en-dira-t-on.*

• **Queneau (Raymond)** 1903-1976 Écrivain français.

quenelle n. f. CUIS. Mets fait d'un mélange de viande blanche (ou de poisson blanc) haché menu, et de mie de pain (ou de semoule), lié à l'œuf et moulé en forme de saucisse, avant d'être cuit à l'eau ou au bouillon. *Les quenelles se servent avec une sauce fine et légère rappelant la béchamel.*

quenotte n. f. Fam. Dent d'un jeune enfant.

quenouille n. f. Petit bâton garni à sa partie supérieure d'une matière textile que l'on file en la dévidant au fuseau ou au rouet; quantité de laine, lin ou chanvre dont la quenouille est chargée. / Par anal. Arbre ornemental (notam. dans un jardin à la française) taillé en forme de quenouille. / Fig. et vx *Tomber en quenouille*: passer aux mains d'une femme (en parlant d'une succession). / Par ext. Perdre de sa valeur, tomber à l'abandon; échouer.

Quercy Région de France située à l'est du Bassin aquitain et s'étendant sur les départements du Lot et du Tarn-et-Garonne. Le *haut Quercy* oppose les plateaux calcaires, pierreux et pauvres des Causses (élevage de brebis et de moutons, fromage de Roquefort, récolte de truffes et de champignons), et des vallées encaissées (Dordogne, Lot, Aveyron), fertiles (maïs, tabac, vigne) et touristiques (Rocamadour, Cahors, Figeac, Padirac). Le *bas Quercy*, pays de collines molassiques, se rattache aux pays de la Garonne et pratique une polyculture traditionnelle dont le principal marché est Montauban.

querelle n. f. Dispute au cours de laquelle on échange des propos agressifs, et où l'on en vient parfois aux mains. *Querelle d'Allemand*: dispute sans motif.

quereller v. t. [1] Vieilli Chercher querelle à; faire des remontrances à. / v. pron. Se disputer vivement. *Se quereller avec sa famille.*

querelleur, euse adj. et n. Qui cherche volontiers querelle.

quérir v. t. [3] Litt. (Ne s'emploie qu'à l'infinitif, après *aller*, *envoyer*, *faire* et *venir*) Chercher et ramener, rapporter. *Si l'on m'apporte de l'argent, que l'on me vienne quérir* (Molière).

Quesnay (François) 1694-1774 Médecin et économiste français. Chirurgien ordinaire puis médecin du roi (1752). Il se fit le défenseur de l'agriculture dans son *Tableau économique* (1758). Il fut le fondateur de l'école des physiocrates et l'un des collaborateurs de *L'Encyclopédie.*

Quesnel (Pasquier) 1634-1719 Théologien français. Oratorien, il devint janséniste et fut après Arnauld l'organisateur du parti janséniste. Ses *Réflexions morales sur le Nouveau Testament* (1671) furent condamnées par le pape en 1713.

questeur n. m. ANTIQ. ROM. Magistrat chargé de la perception de l'impôt, du financement de la guerre et du recrutement des équipages pour la flotte. / POLIT. En France, responsable de la gestion du budget, de l'organisation matérielle et administrative d'une assemblée législative.

question n. f. Demande adressée dans un but d'information. / Interrogation d'un élève par un examinateur pour s'assurer de ses connaissances. / POLIT. *Question de confiance*: procédure gouvernementale réclamant, par vote, l'adhésion de l'assemblée législative à un projet du gouvernement, à défaut de quoi celui-ci démissionne. *Question orale*, posée par un parlementaire à un ministre, en séance, sur tel ou tel point précis, en dehors d'un débat. *Question écrite*, posée par écrit à un ministre par un parlementaire, insérée dans le Journal officiel et à laquelle il sera répondu par la même voie. / Sujet, matière, affaire. *Une question de principe, de forme. Une question d'argent.* / Problème. *Une question épineuse, délicate.* / HIST. Sous l'Ancien Régime, torture légale appliquée aux accusés pour leur arracher des aveux. *Soumettre un accusé à la question.*

questionnaire n. m. Ensemble de questions, généralement écrites, auxquelles on doit répondre. *Remplir un questionnaire en vue d'un sondage. Questionnaire à choix multiple (Q.C.M.)*: test de contrôle des connaissances comportant une série de questions accompagnées, chacune, de plusieurs réponses entre lesquelles il faut choisir. *Q.C.M. d'histoire, de géographie.*

questionnement n. m. Didac. Fait de susciter la réflexion. / Action de poser un ensemble de questions; formulaire les répertoriant.

questionner v. t. [1] Poser des questions à; interroger. *On le questionna longuement sur son passé.*

questionneur, euse n. et adj. Celui, celle qui questionne. / adj. *C'est une enfant questionneuse.*

questure n. f. ANTIQ. ROM. Charge, dignité de questeur; durée de cette charge. / POLIT. Bureau des questeurs parlementaires.

quête n. f. Recherche assidue. *La quête du Saint Graal.* / Collecte d'argent par une œuvre pieuse ou charitable; produit de cette collecte. *Faire la quête.*

quêter v. t. [1] Vx ou litt. Rechercher. / VÉN. Chercher (le gibier). / Fig. Solliciter, rechercher, souvent avec insistance. *Quêter un sourire, des encouragements.* / (Emploi absol.) Faire la quête. *Quêter lors de la messe. Quêter pour les orphelins.*

François Quesnay.

Quetzal.

quêteur, euse n. et adj. Personne qui fait la quête. / Fig. Personne qui sollicite qqch. / *Frère quêteur*, qui est chargé, dans un ordre mendiant, de recueillir les aumônes pour le couvent.

quetsche n. f. (mot alsacien) Grosse prune violacée, de forme oblongue, cultivée notamment dans l'est de la France. / Eau-de-vie préparée avec ce fruit.

quetzal n. m. (mot nahuatl) ZOOL. Oiseau des forêts d'Amérique centrale, de l'ordre des trogoniformes, au plumage d'un vert vif et à très longue queue. *Le quetzal est réputé pour son exceptionnelle beauté.* / Unité monétaire du Guatemala.

Quetzalcóatl Divinité du Mexique précolombien, vénérée à la suite de leurs ancêtres par les Toltèques et les Aztèques, souvent représentée sous la forme d'un serpent à plumes (son nom vient de l'oiseau *quetzal* et de *coatl*, serpent), et dont on trouve l'effigie sur les temples de nombreux sites archéologiques du Mexique.

queue leu leu (à la) Voir **leu**

queue n. f. Prolongement plus ou moins long de la colonne vertébrale de nombreux vertébrés, formé d'une série de vertèbres soudées, de forme et de structure très diverses selon les espèces animales. / Ensemble des grandes plumes rectrices du croupion des oiseaux. / BOT. Tige d'une fleur, pétiole de la feuille, pédoncule rattachant un fruit à la branche. / Par anal. Partie terminale d'une chose. *Queue d'une comète*, longue traînée lumineuse l'accompagnant. *Queue d'une poêle*: manche. / *Queue de billard*: longue tige de bois servant à pousser les boules. / *Piano à queue*: piano dont le clavier est prolongé par une caisse contenant les cordes disposées horizontalement. / CONSTR. Bout d'une pierre longue, fichée dans le mur. / Partie arrière

Francisco Gómez de Quevedo.

d'un groupe en marche. *La queue d'une manifestation. Faire la queue* : se mettre dans une file d'attente. *Être à la queue ou en queue* : être le dernier. / Fig. *Sans queue ni tête* : incohérent, incompréhensible. *Finir en queue de poisson*, piteusement, sur un échec.

queue-d'aronde n. f. TECHN. Extrémité d'une pièce de bois ou de métal en forme de queue d'hirondelle, destinée à s'encastrer dans une entaille de même forme. Pl. Des *queues-d'aronde*.

queue-de-cheval n. f. Coiffure dans laquelle les cheveux sont tirés vers l'arrière et attachés haut sur la tête, de manière à retomber sur la nuque. / ANAT. Ensemble formé par les racines nerveuses lombaires et sacrées. Pl. Des *queues-de-cheval*.

queue-de-pie n. f. Habit de cérémonie, généralement noir, à basques longues et étroites. Syn. frac. Pl. Des *queues-de-pie*.

queue-de-poisson n. f. *Faire une queue-de-poisson* : doubler un véhicule et se rabattre brusquement et dangereusement juste devant lui. Pl. Des *queues-de-poisson*.

queue-de-rat n. f. TECHN. Lime longue et fine, de section circulaire. Pl. Des *queues-de-rat*.

queux n. m. Vx Cuisinier. / Mod. (en loc.) *Maître queux* : cuisinier.

Quevedo y Villegas (Francisco Gómez de) 1580-1645 Écrivain espagnol. Il aborda avec le même talent la satire (*Songes*, écrits dès 1610), le roman picaresque (*La vie de l'aventurier Don Pablo de Ségovie, vagabond exemplaire et miroir des filous*, 1626), la morale (*Le Berceau et le Tombeau*, 1634).

Quezón (Manuel) 1878-1943 Homme d'État philippin, militant de l'indépendance nationale; il fut président de la République à partir de 1935, mais l'occupation japonaise le contraignit à l'exil aux États-Unis où il mourut.

Quezón City *1 676 644 h.* Ville des Philippines fondée en 1948 au nord-est de Manille. Elle fut la capitale du pays jusqu'en 1976.

qui pron. rel. et inter. **A.** pron. rel. (En fonction de sujet) *J'ai vu la jeune femme qui fait le catéchisme.* / (En fonction d'attribut) *Je sais qui vous êtes.* / Ellip. Celui qui. *Qui fait l'ange fait la bête.* / (En fonction de complément) *Je ne sais qui je dois admirer davantage. C'est la personne à qui appartient la maison.* / *Qui que* : quelque personne que. *Qui que vous soyez.* (Avec un pluriel) *Qui... qui* : les uns... les autres. *Ils s'installèrent dans la prairie, qui près du ruisseau, qui sous les arbres.* **B.** pron. inter. (En fonction de sujet) *Qui est là ?* / (En fonction d'attribut) *Qui es-tu ?* / (En fonction de complément) *À qui est attribué le premier prix ? Qui voyez-vous par la fenêtre ?*

quia (à) loc. adv. Vx ou litt. *Réduire quelqu'un à quia*, le réduire au silence.

Quiberon Presqu'île de la côte sud de la Bretagne (Morbihan). La ville de *Quiberon* compte *5 073 h.* Une petite armée de royalistes émigrés y débarqua en juin 1795 grâce à l'appui des Britanniques; Hoche les captura le 22 juillet et en fusilla plus de 700.

quiche n. f. CUIS. *Quiche lorraine* : plat fait d'une pâte à tarte garnie d'un mélange de lait, d'œufs et de lardons. / Par anal. *Quiche au poireau, quiche au saumon.*

quichenotte n. f. Coiffure souple à larges bords, autrefois portée par les femmes en Saintonge.

Quichés Indiens du Guatemala, apparentés aux Mayas; ils constituèrent un royaume à l'époque précolombienne dont la capitale, Utatlán (aujourd'hui *Quiché*), a été brûlée en 1524 par un lieutenant de Cortés.

quichua, Quichuas Voir **quechua, Quechuas**

quiconque pron. indéf. N'importe qui. *Elle plus qualifiée que quiconque dans ce domaine.* / pron. rel. Celui qui. *Quiconque est passé par là en témoignera.*

quidam n. m. (mot latin) Fam. Individu dont on ignore ou dont on tait le nom.

quiet, quiète adj. Litt. Tranquille, paisible. *Une âme quiète.* Ant. inquiet.

quiétisme n. m. RELIG. Mouvement mystique du XVIIe siècle. *Le quiétisme eut pour point de départ les œuvres du prêtre espagnol Molinos qui considérait que la prière contemplative et le pur amour de Dieu suffisent à un chrétien pour faire son salut ; il fut condamné comme hérésie, par le Saint-Siège, en 1687.*

quiétiste adj. et n. Relatif au quiétisme; tenant du quiétisme.

quiétude n. f. Litt. Tranquillité, paix intérieure. *Une douce quiétude.* Ant. inquiétude.

Quiévrain *6 950 hab.* Commune de Belgique, dans le Hainaut, à la frontière française, qu'elle symbolise pour les Français : ceux-ci nomment parfois la Belgique « l'outre-Quiévrain ».

quignon n. m. Gros morceau; extrémité d'un pain.

quillard n. m. MAR. Voilier doté d'une quille.

quille [1] n. f. Pièce immergée de la charpente d'un navire, allant de la proue à la poupe et sur laquelle repose la charpente.

L'Odet, à **Quimper**.

quille [2] n. f. Chacune des pièces de bois longues et cylindriques que l'on doit renverser avec une boule de bois dans le *jeu de quilles*. / loc. *Se conduire, arriver comme un chien dans un jeu de quille*, maladroitement, mal à propos. / Par ext. Longue bouteille mince. / Fam. Jambe. *Il était saoul, il ne tenait pas sur ses quilles.* / Argot (des militaires) Libération du service militaire. *Dans huit jours, c'est la quille.*

Quimper *63 238 h.* Chef-lieu du Finistère, sur l'estuaire de l'Odet. Quimper connaît une petite activité industrielle (faïenceries et conserveries). Capitale du comté de Cornouaille au Moyen Âge, Quimper est une ville ancienne riche en monuments (cathédrale gothique, XIIIe-XVIe siècle).

quinaud, e adj. Vx Penaud. *Elle ferait quinauds tous les docteurs* (Th. Gautier).

Quinault (Philippe) 1635-1688 Poète dramatique français, auteur de tragédies, de comédies et de nombreux livrets d'opéras de Lully : *Cadmus et Hermione* (1673), *Thésée* (1675), *Persée* (1682), *Roland* (1685).

quincaillerie n. f. Industrie et commerce des articles en métal (notam. ustensiles en fer, en fer-blanc, ou en cuivre) servant à l'équipement ménager, au bâtiment et à l'ameublement; ces articles eux-mêmes. / Magasin où l'on vend ces articles. / Péjor. Ramassis d'objets de peu de valeur; bijoux de pacotille, médailles, décorations arborés avec ostentation.

quincaillier, ère n. Personne qui fabrique, vend de la quincaillerie.

Quinquina : *l'arbre, un rameau, sa fleur et son fruit.*

quinconce n. m. Assemblage de cinq éléments : quatre sont répartis aux angles d'un carré et le cinquième au centre. *Jardin en quinconce*, dont les parties cultivées forment un quinconce.

Quinet (Edgar) 1803-1875 Historien français. Ses travaux portèrent sur l'Allemagne (*Système politique de l'Allemagne*, 1831), le christianisme qu'il étudiait en athée (*Le Génie des religions*, 1842), les révolutions (*Les Révolutions d'Italie*, 1852; *La Révolution*, 1865). Élu député en 1848, il se prononça pour la séparation radicale de l'Église et de l'État. Il fut condamné à l'exil pendant tout le Second Empire. En 1871, il fut élu député à l'Assemblée nationale.

quinine n. f. Alcaloïde extrait de l'écorce du quinquina, utilisé comme fébrifuge et pour son action contre l'agent du paludisme.

quinolones n. m. pl. MÉD. Famille d'antibiotiques caractérisée par un noyau 4-oxo-1,4-dihydroquinoléine, qui inhibent une enzyme importante dans la réplication bactérienne.

quinone n. f. CHIM. Composé benzénique dans lequel deux atomes d'oxygène sont substitués à deux atomes d'hydrogène.

quinqua adj. inv. et n. Abrév. fam. de *quinquagénaire*.

quinquagénaire adj. et n. Se dit d'une personne âgée de cinquante à cinquante-neuf ans.

quinquagésime n. f. LITURG. CATHOL. Cinquantième jour avant Pâques. *Dimanche de la Quinquagésime* ou *Quinquagésime* : dimanche qui précède le début du carême.

quinquennal, ale, aux adj. Qui dure cinq ans. / Qui se renouvelle tous les cinq ans.

quinquennat n. m. Durée légale de cinq ans (d'un mandat, d'un plan gouvernemental, etc.).

quinquet n. m. Anc Type de lampe à huile. / Arg., vieilli *Les quinquets* : les yeux. *Allumer, ouvrir ses quinquets.*

quinquina n. m. BOT. Arbre de la famille des rubiacées dont on extrait la quinine. / Apéritif à base d'écorce de quinquina.

quintal, aux n. m. Unité de masse dérivée du système international, égale à cent kilogrammes (symbole : q).

quinte n. f. MUS. Intervalle de cinq degrés conjoints, dans la gamme diatonique; le cinquième degré à partir d'une tonique quelconque (ex. : si *sol* est la tonique, *ré* en sera la quinte). / JEU Série de cinq cartes en

Q

progression régulière. / Accès de toux violent et prolongé. / ESCR. La cinquième garde.
quinté n. m. Pari mutuel selon lequel on gagne lorsque l'on a misé sur les cinq premiers chevaux arrivés.
Quinte-Curce (en latin, **Quintus Curtius Rufus**) Ier s. apr. J.C. ? Historien latin à qui l'on doit une monumentale *Histoire d'Alexandre le Grand*.
quintefeuille n. f. BOT. Potentille rampante. / ARCHIT. Ornement à cinq lobes.
quinter adv. (mot latin) S'emploie pour indiquer qu'on répète un numéro pour la cinquième fois.
quintessence n. f. PHILO. Anc. L'éther (considéré chez les Anciens et dans la scolastique comme un cinquième élément après le feu, l'eau, la terre et l'air). / En alchimie, substance éthérée et subtile tirée d'un produit, en particulier les alcools volatils, obtenus par distillation. / Fig. Ce qu'il y a d'essentiel et de meilleur dans qqch.
quintette n. m. Composition musicale pour cinq instruments ou voix. / Formation comprenant cinq musiciens.
quinteux, euse adj. Vx ou litt. D'humeur fantasque, facilement irritable.
Quintilien (en latin, **Marcus Fabius Quintilianus**) 30 ?-100 ? Rhéteur latin, auteur de *De l'Institution oratoire*, ouvrage sur la formation de l'orateur.
quinto adv. (mot latin) Cinquièmement.
quintuple adj. et n.m. **A.** adj. Répété, reproduit cinq fois. *En quintuple exemplaire.* / Égal à cinq fois (telle quantité). *Une quintuple portion.* **B.** n. m. Valeur, quantité comprenant cinq fois un même objet, un même nombre. *Je vous en offre le quintuple de sa valeur.*
quintupler v. t. [1] Multiplier par cinq. / v. i. Devenir cinq fois plus élevé. *Nos revenus ont quintuplé.*
quintuplés, ées n. pl. Cinq enfants nés d'une même grossesse.
quinzaine n. f. Ensemble de quinze éléments. / Environ quinze. *Une quinzaine de spectateurs.* / Absol. *Une quinzaine*: deux semaines. *Ce sera prêt dans une quinzaine.*
quinze adj. num. et n. m. inv. Quatorze plus un. *Une classe de quinze élèves.* / Quinzième. *Louis XV.* Ellip. *Le 15 mai*: le quinzième jour du mois de mai. / n. m. Nombre qui suit le quatorze. *Quinze est divisible par trois et par cinq.* / Les chiffres (1 et 5) qui représentent le nombre quinze. / Équipe de rugby (qui compte quinze joueurs). *Le quinze de France.*
Quinze-Vingts (hospice des) Hospice créé à Paris par Saint Louis, au XIIIe siècle, pour donner asile à trois cents (quinze fois vingt) gentilshommes aveuglés par les Sarrasins et ramenés de Terre sainte par le roi.

Quito: le palais du Gouvernement.

Cet hôpital est aujourd'hui spécialisé dans les soins ophtalmologiques.
quinzième adj. num. ord. et n. Qui occupe le rang désigné par le nombre quinze. *Le quinzième appel téléphonique depuis ce matin.* / n. *Le, la quinzième.* / n. m. Chacune des parties d'un ensemble divisé en quinze éléments égaux. *Le règlement se fera par quinzièmes.*
quinzièmement adv. En quinzième lieu.
quipo Voir **quipu**
quiproquo n. m. Méprise qui fait prendre une personne ou une chose pour une autre.
quipu ou **quipo** n. m. (mot quechua) ARCHEOL. Assemblage de cordelettes dont on peut combiner les couleurs et les nœuds pour calculer et communiquer, utilisé par les populations précolombiennes d'Amérique latine.
Quirinal (mont) L'une des sept collines de Rome.
Quirinal (palais du) Palais construit à Rome au XVIe siècle. Résidence d'été des papes, il fut ensuite la demeure des rois d'Italie. C'est aujourd'hui la résidence du président de la République italienne.
Quisling (Vidkun) 1887-1945 Homme politique norvégien. Il devint chef du gouvernement sous l'occupation allemande (1942) et fut condamné à mort à la Libération.
Quito *1 401 389 hab.* Capitale de l'Équateur, bâtie à *2850 m* d'altitude, au pied d'un volcan, sur le site d'une ville ancienne (Xe siècle) réunie à l'Empire inca au XVe siècle. Elle est riche de monuments baroques.
quittance n. f. Écrit par lequel un créancier reconnaît l'acquittement d'une dette, d'une facture.
quitte adj. Libéré de (qqch.). *Être quitte d'une dette.* (Absol.) *Nous sommes quittes*: il n'y a plus d'arriéré entre nous. / Loc. *En être quitte pour la peur*: n'avoir eu que la peur à supporter. / Loc. adv. *Quitte à* (suivi d'un infinitif) Au risque de. *Quitte à tout perdre.* / *Jouer à quitte ou double*: gagner un pari ou le perdre en doublant la mise.
quitter v. t. [1] Abandonner, renoncer à (une activité). *Quitter l'enseignement.* / S'éloigner de (un lieu); sortir de (un endroit). *Quitter la France. Il vient de quitter le bureau.* / Ôter (un vêtement). *Il ne quitte jamais son écharpe.* / Prendre congé de. *Il est tard, je dois vous quitter.* / Se séparer de, laisser (qqn) pour un long temps ou définitivement. *Elle a quitté son mari.* / v. pron. *Se quitter après vingt ans de vie commune.*
quitus n. m. (mot latin) DR. Acte par lequel on reconnaît qu'une personne s'est acquittée correctement d'une gestion de biens.
quiz n. m. (mot anglo-américain) Jeu par questions et réponses.
Qum Voir **Qom**
Qumran ou **Kirbet Qumran** Site archéologique de Cisjordanie au nord-ouest de la mer Morte. On y a découvert en 1947, cachés dans des grottes, des manuscrits esséniens qui donnent l'état du texte de certains livres bibliques et de nombreux apocryphes aux abords de l'ère chrétienne. Leur déchiffrement a constitué un apport fondamental non seulement à l'exégèse du texte biblique, mais aussi à la compréhension de tendances souvent mal connues du judaïsme.
quôc-ngu n. m. (mot vietnamien) Transcription du vietnamien en caractères latins.
quoi pron. rel. et inter. **A.** pron. rel. Lequel, laquelle (en parlant de choses). *Je ferai ce à quoi la loi m'oblige.* / (Avec un infinitif) *De quoi*: de raison pour; ce qu'il faut pour. *Il n'y a pas de quoi fouetter un chat. Nous avons de quoi vivre.* / Ellip. Fam. *Avoir de quoi*, de quoi vivre. / *Quoi que*: quelque chose que. *Quoi que je puisse dire, elle ne m'écoute pas.* **B.** pron. inter. Quelle chose ? *À quoi faites-vous référence ? Je lui ai demandé de quoi il voulait parler.* / Ellip. (Pour demander un complément d'information, pour faire répéter) *Quoi ? Que dites-vous ? J'ai mal entendu.* / interj. (Marquant la surprise, l'indignation, le mécontentement) *Quoi ! Encore lui !*
quoique conj. Bien que. *Quoique récemment installés, ils se sont parfaitement intégrés.*
quolibet n. m. Raillerie adressée à quelqu'un. *Abreuver qqn de quolibets.*
quorum n. m. (mot latin) Nombre de votants ou de participants exigé pour que les délibérations d'une assemblée soient valables.
quota n. m. (mot latin, par l'anglais) Pourcentage ou quantité définis et imposés. *Un quota de postes à pourvoir.*
quote-part n. f. La part qui revient à chacun dans la répartition d'une somme d'argent à payer ou à percevoir en commun. Pl. Des *quotes-parts*.
quotidien, enne adj. et n. m. De chaque jour, à chaque jour. *Repas quotidien.* Syn. journalier. / n. m. Journal paraissant chaque jour.
quotidiennement adv. Tous les jours.
quotient n. m. MATH. Résultat d'une division. / DR. *Quotient électoral*: résultat de la division du nombre des votants par le nombre de sièges à pourvoir, dans le cadre du système proportionnel. / *Quotient familial*: résultat de la division du revenu familial par un nombre de parts dépendant de la situation familiale du contribuable allégeant l'impôt sur le revenu et corrigeant sa progressivité. / *Quotient intellectuel (Q.I.)*: rapport entre l'âge mental et l'âge réel, l'âge mental étant obtenu par un ensemble de tests notés.
quotité n. f. Montant fixe d'une quote-part. / DR. *Quotité disponible*: fraction du patrimoine dont on peut librement disposer, par testament ou donation, malgré l'existence d'héritiers réservataires en ligne directe. / *Impôt de quotité*: impôt dans lequel on détermine d'avance, par un taux, ce que chacun doit payer par rapport à son avoir.
Quraychites, Qoraychites ou **Koraïchites** Importante tribu arabe qui imposa sa suprématie à La Mecque (fin du Ve siècle). Mahomet en est issu, ainsi que les quatre premiers califes: Abu Bakr, le beau-père de Mahomet, Omar, Othman et Ali.
Qu Yuan ou **Kiu Yuan** 343 ?-290 ? av. J.-C. Premier poète chinois dont on connaisse le nom. Exilé à la suite d'une calomnie, il chanta la *Douleur de l'éloignement* (en chinois *Lisao*) et se suicida.

Q

Râ ou **Rê** MYTH. ÉGYPT. Dieu du Soleil et de la création chez les anciens Égyptiens. Grand dieu d'Héliopolis, il était représenté par un homme à tête de faucon coiffé du disque solaire et tenant le sceptre royal et était parfois symbolisé par un scarabée.
Raabe (Wilhem) 1831-1910 Écrivain allemand. Provincial et solitaire, il publie en 1857 son premier roman, *La Chronique de la rue aux Moineaux*, dont on retrouvera des traces, notamment la structure emboîtée, dans ses autres œuvres. Même si l'humour n'est pas absent, ses romans (*Le Moulin de Pfister*, 1884; *Après la grande guerre*, 1861) expriment sa vision désenchantée de la vie.
rab n. m. Fam. Abrév. de *rabiot*.
rabâchage n. m. Fait de rabâcher; redites.
rabâcher v. t. [1] Répéter sans cesse (les mêmes propos). *Rabâcher les mêmes reproches.* (Absol.) *Je suis las de l'entendre rabâcher.*
rabâcheur, euse n. Personne qui rabâche.
Rabah (en arabe **Rabih Fadl Allah** ou **Rabih Zubair)** 1845-1900 Aventurier soudanais. Marchand d'esclaves et d'ivoire, il combat les Français pour se constituer un empire aux environs du lac Tchad. Il crée un sultanat au pays des Azandé (situé aux confins des États actuels du Soudan, de la République Centrafricaine et de la République démocratique du Congo) de 1880 à 1884. Puis, en 1893, il se proclame sultan du Bornou qu'il vient de conquérir. La France parvient à le vaincre à Kousseri (dans le nord du Cameroun actuel), où il est tué. Son empire sera partagé entre la Grande-Bretagne, la France et l'Allemagne.
rabais n. m. Réduction sur le prix initial d'une marchandise. *Au rabais*: à bon marché. / Au fig. Insuffisant, bâclé. *Une formation au rabais.*
rabaisser v. t. [1] Placer plus bas, faire descendre (qqch.) *Rabaisser un toit.* / Fig. Ramener à un degré moindre, abaisser. *Rabaisser les prétentions de qqn. Rabaisser qqn,* l'humilier.
Raban Maur 780 ?-856 Prélat allemand. Abbé de l'abbaye bénédictine de Fulda (822-842) puis archevêque de Mayence à partir de 842, il fut l'un des grands savants de l'époque carolingienne. Il laissa des traités, des commentaires de la Bible et des poésies religieuses.

La tour Hassan (XIIe siècle) à **Rabat**.

rabane n. f. Tissu en fibres végétales (en raphia, notam.).
rabat n. m. Plastron fait d'une large cravate, porté par certains magistrats, par les professeurs d'université en tenue de cérémonie, et, parfois, par certains ecclésiastiques. / Action de guider le gibier vers les chasseurs. / Partie d'un objet qui se replie.
Rabat *723 457 h.* Capitale du Maroc, port régional situé à l'embouchure du Bou Regreg, sur l'Atlantique, centre d'industries textiles (tapis) et agro-alimentaire. La vieille ville arabe, la *médina*, est entourée de quartiers modernes. L'agglomération atteint *1 500 000 h.* Fondée au XIIe siècle par les Almohades, proche d'une ancienne ville romaine, elle s'agrandit avec l'arrivée des morisques d'Espagne au XVIIe siècle. En 1912, Lyautey en fit la capitale administrative du protectorat français.
rabattage n. m. Action de rabattre (le gibier).
rabat-joie n. m. inv. et adj. inv. Personne dont le caractère, le comportement nuit à la joie des autres. / adj. inv. *Des voisins rabat-joie.*
rabatteur, euse n. Personne qui rabat le gibier. / Fig. Personne qui rabat les clients, cherche à recruter des partisans.
rabattre v. t. [3] Rabaisser, ramener (qqch. qui tend à s'élever, à s'écarter). *Rabattre la fumée. Rabattre les volets.* Au fig. *Rabattre les prétentions de qqn. Rabattre un prix,* le diminuer. *En rabattre*: diminuer (ses prétentions, ses exigences). *Vous allez devoir en rabattre.* / Orienter, guider (une personne, un animal). *Rabattre le gibier*, le guider vers les chasseurs. *Rabattre les clients*, les guider vers un vendeur. / v. pron. Changer de direction. *Se rabattre sur la droite.* Au fig. *Se rabattre sur*: se satisfaire de (qqn, qqch.), faute de mieux. *Il s'est rabattu sur un deux-pièces*
Rabbani (Burhanuddin) 1940 Homme politique afghan d'origine tadjik. Fondateur, avec le commandant Massoud, du parti sunnite Jamiat-i-islami, dans les années 1970, il devient (1992) président de la République islamique d'Afghanistan lors de sa création, mais est renversé en 1996 par les talibans et fuit vers le nord. Considéré par l'ONU comme le représentant légitime de l'Afghanistan, il est revenu dans son pays en novembre 2001 et occupe un poste officiel dans le gouvernement provisoire issu des accords de Bonn (décembre 2001).
rabbin n. m. RELIG. Docteur de la Loi juive. / Chef spirituel et ministre du culte israélite. / *Grand rabbin*: chef d'un consistoire israélite.
rabbinat n. m. RELIG. Fonction, dignité de rabbin; ensemble des rabbins.
rabbinique adj. RELIG. Propre ou relatif au rabbin.
rabdomancie Voir **rhabdomancie**
Rabearivelo (Jean Casimir Rabe, dit **Jean-Joseph)** 1901-1937 Poète malgache de langues malgache, française et espagnole, influencé par le surréalisme et attiré par l'astrologie et la magie (*Presque-Songes*, 1934; *Vieilles chansons des pays d'Imerina*, posthume, 1939), on lui doit aussi un roman (*L'Interférence*, posthume, 1937).
Rabelais (François) 1483 ou 1494-1553 Écrivain français. Entré dans les ordres, il est franciscain (1511) avant de rejoindre les bénédictins en 1524. Ordonné prêtre, intéressé par le droit, le grec et la médecine, il abandonne le clergé régulier et fait des études de médecine à Montpellier. Devenu médecin à Lyon à partir de 1532, il effectue plusieurs voyages en Italie au service du futur cardinal du Bellay, désormais son protecteur. La lecture des contes populaires que

François Rabelais

Yitzhak Rabin.

vendaient les colporteurs lui donne l'idée de créer à son tour un personnage haut en couleur, dans la tradition gauloise, truculente et satirique. Ce sera *Pantagruel* (1532), suivi de *Gargantua* (vers 1534), deux récits comiques où il se moque de l'Église et condamne la guerre. Ces ouvrages lui attireront les foudres de la Sorbonne qui les censurera en 1543. Également condamné pour hérésie, le *Tiers Livre* paraît en 1546, suivi du *Quart Livre* (1548-1552), condamné lui aussi. Rabelais peut profiter des bénéfices des cures de Meudon et de Saint-Christophe-du-Jambert que lui a données le cardinal du Bellay. Un *Cinquième Livre*, ouvrage posthume publié en 1564, ne serait pas entièrement authentique. Dans cette œuvre monumentale que toutes les époques ont appréciée, on constate une vaste culture, une pensée « progressiste » (exprimée par le biais de la satire sociale), un sens comique que l'on retrouvera chez Molière, et, surtout, une écriture d'une richesse infinie qui sait utiliser toutes les ressources du langage, assonances, calembours, néologismes et « mots-valises » avant la lettre.

rabelaisien, enne adj. Qui évoque Rabelais, la truculence de Rabelais.

Rabemananjara (Jacques) 1913 Homme politique et écrivain malgache. Emprisonné en France à la suite de la révolte de Madagascar en 1947, il entame une carrière politique après son retour sur l'île au moment de son indépendance en 1960. Il revient en France après la prise de pouvoir des militaires. Outre des ouvrages sur Madagascar, il a écrit des poèmes et des pièces de théâtre.

rabibocher v. t. [1] Fam. Réparer sommairement (qqch.). Au fig. Réconcilier (des personnes). / v. pron. Se réconcilier. *Se rabibocher avec son voisin.*

Rabier (Benjamin) 1864-1939 Dessinateur français qui a mis en scène des animaux dans ses histoires pour enfants, avec une verve entraînante et une gaieté communicative.

Rabin (Yitzhak) 1922-1995 Général et homme politique israélien. Engagé dès les années 40 dans la lutte pour l'indépendance israélienne, il devient chef d'état-major général de l'armée en 1964 et remporte la guerre des Six Jours en 1967. Ambassadeur à Washington en 1968, il est élu à la Knesset à son retour en Israël en 1973. Premier ministre (travailliste) de 1974 à 1977, son parti, ébranlé par des scandales politiques et financiers, perd les élections de 1977, remportées pour la première fois par un parti de droite, le Likoud. Son leader, M. Begin, signe en 1978 la paix avec l'Égypte que Rabin avait préparée. Son parti revient au pouvoir en 1984 et il est nommé ministre de la Défense nationale durant l'Intifada qu'il réprime sévèrement. En 1992 pourtant, Premier ministre, il rencontre Y. Arafat, chef de l'O.L.P. En septembre 1993, il signe avec lui des accords à Washington, complétés au Caire en 1994. Il signe également un accord de paix avec la Jordanie et reçoit le prix Nobel de la paix (avec son ministre S. Peres et Y. Arafat). En 1995, il est assassiné par un extrémiste religieux israélien durant une manifestation en faveur de la paix.

rabiot n. m. Fam. (abrév. *rab*) Ce qui reste des vivres après distribution aux soldats. *Demander du rabiot*: demander un supplément de vivres. / Par ext. Surplus. Loc. fam. *Faire du rabiot*: faire plus que prévu.

rabioter v. t. / v. i. [1] Fam. S'approprier (du rabiot). *Rabioter du dessert.* / v. i. Faire de petits profits. *Il passe son temps à rabioter.*

rabique adj. MÉD. Propre ou relatif à la rage.

râble n. m. Région charnue du dos des lièvres et des lapins, qui s'étend du bas des côtes à la naissance de la queue. / Fam. Chez l'homme, bas du dos.

râblé, e adj. Au râble charnu. *Lièvre râblé.* / Par ext. *Garçon râblé*, musclé et trapu.

rabot n. m. Outil constitué d'une lame de fer sertie dans un fût, servant à rendre unie ou à rainer une surface de bois. / TECHN. Nom de divers outils ou machines-outils, servant à aplanir, polir, etc.

rabotage ou **rabotement** n. m. Action de raboter; son résultat.

raboter v. t. [1] Aplanir (une surface) au rabot. *Raboter une planche.*

raboteuse n. f. Machine-outil servant à raboter le bois.

raboteux, euse adj. (À propos d'une surface) Inégal, rugueux, qui gagnerait à être raboté. *Planche raboteuse.* / Fig. Âpre, rude. *Voix raboteuse.*

rabougri, e adj. Malingre. *Des rosiers rabougris. Un vieux monsieur rabougri.*

rabougrir v. t. [2] Rare. Limiter la croissance de (une plante). *Un climat froid rabougrit la végétation.* / v. pron. (En parlant de personnes) Se tasser sur soi-même. *Se rabougrir en vieillissant.*

rabouilleur, euse n. Vx Personne qui trouble l'eau pour prendre plus facilement du poisson.

rabouter v. t. [1] Assembler (qqch.) bout à bout.

rabrouer v. t. [1] Accueillir, traiter (qqn) durement, le rembarrer. *Je me suis fait rabrouer par le gardien.*

racaille n. f. Vieilli Populace. / Ensemble de personnes peu recommandables.

Racan (Honorat de Bueil, seigneur **de)** 1589-1670 Poète français, disciple de Malherbe, célèbre pour *Les Bergeries* (1625), pastorale dramatique.

raccard n. m. En Suisse, grange à blé.

raccommodage n. m. Action de raccommoder; son résultat.

raccommodement n. m. Fam. Réconciliation.

raccommoder v. t. [1] Réparer en cousant; ravauder. / Fig. Réconcilier. / v. pron. *Se raccommoder après une brouille.*

raccompagner v. t. [1] Accompagner (qqn) sur le chemin du retour. *Raccompagner un ami.*

raccord n. m. Assemblage, jonction de deux éléments. / Pièce, élément qui permet d'en raccorder deux autres, et, spécialement, deux tuyaux de plomberie. / CIN. Liaison entre deux plans, deux séquences.

raccordement n. m. Action de raccorder; jonction. *Voie de raccordement*: jonction de deux routes ou de deux voies ferrées. / MATH. *Ligne de raccordement*: ligne commune à deux surfaces, telle que ces deux surfaces aient les mêmes plans tangents en chacun des points de cette ligne.

raccorder v. t. [1] Relier, lier (deux choses) par un raccord. *Raccorder deux tuyaux.* / Constituer un raccord entre (deux choses). *Ce tuyau raccorde les deux circuits.* / Mettre en communication (un élément, un point) avec un ensemble. *Raccorder une installation électrique.*

raccourci n. m. Vx Abrégé. / Fig. *En raccourci*: en résumé. / Formule elliptique. / Chemin plus court que le chemin normal. *Prendre un raccourci.*

raccourcir v. t. / v. i. [2] Rendre plus court. / v. i. Devenir plus court.

raccroc n. m. Vx Au billard, coup réussi par hasard. / Mod. *Par raccroc*, par chance, de manière inattendue. *Gagner par raccroc.*

raccrocher v. t. [1] Accrocher de nouveau (qqch.) *Raccrocher une veste au portemanteau.* / Fig. Rattraper, récupérer (ce qui semblait perdu). *Raccrocher une affaire. Raccrocher les passants*, les racoler.

race n. f. Anc. ou litt. Ensemble des individus descendant d'un même ancêtre; lignée. *La race de Charlemagne.* / Fig. et litt. Catégorie socioprofessionnelle, psychologique, etc., d'êtres humains. *La race des littérateurs, des aventuriers.* / Division de l'espèce humaine, dépourvue de bases scientifiques et établie en fonction de critères héréditaires physiques (taille, couleur de la peau et des cheveux…) et biologiques (groupes sanguins, notam.). *La race (ou grand-race) noire, jaune, blanche.* / ZOOL. Subdivision d'une espèce constituée d'individus possédant certains traits héréditaires communs.

racé, e adj. De race, doté des qualités de sa race. *Cheval racé.* / (En parlant de personnes) Naturellement distingué. *Un garçon racé.*

rachat n. m. Action de racheter. *Rachat d'un titre de presse. Rachat d'un prisonnier*: versement d'une rançon en échange de sa libération. / DR. Action de se libérer d'une dette ou d'une obligation par le paiement d'une somme. / Fig. Rédemption. *Le rachat des péchés.*

S. V. Rachmaninov.

Rachel Personnage biblique, épouse de Jacob. Celui-ci doit épouser sa sœur Léa pour que son père Laban lui accorde ensuite la main de Rachel. Elle est la mère de Joseph.

Rachel (Élisabeth Rachel Félix, dite **Mlle)** 1821-1858 Comédienne française. Ses rôles de tragédienne à la Comédie-Française (*Hermione, Chimène, Phèdre, Bérénice*) furent tous des triomphes.

racheter v. t. [1] **A.** Acheter de nouveau (qqch.) *Il faut racheter de l'huile.* / Acheter (une chose déjà vendue à qqn d'autre). *Je lui ai racheté son téléviseur.* / Se libérer de (une obligation) moyennant le paiement d'une certaine somme. *Racheter une rente.* / Libérer contre une rançon. *Racheter un esclave.* / RELIG. Sauver par la Rédemption. *Le Christ est venu racheter les hommes. Racheter un péché*, le réparer par une pénitence, en obtenir le pardon. / Faire oublier. *Sa générosité rachète sa brusquerie.* **B.** v. pron. Se réhabiliter.

rachianesthésie n. f. MÉD. Anesthésie locale par injection dans le liquide céphalo-rachidien d'une substance qui insensibilise les régions innervées par les nerfs rachidiens en contact avec cette substance.

rachidien, enne adj. ANAT. Propre ou relatif au rachis. *Canal rachidien*, formé par la succession des trous vertébraux, et contenant la moelle épinière. *Nerfs rachidiens*, qui naissent de la moelle épinière.

rachis n. m. ANAT. Colonne vertébrale. / BIOL. Axe central d'organes tels que la fronde des fougères, l'épi des graminées, les plumes d'oiseau, etc.

rachitique adj. et n. Atteint de rachitisme. / n. *Un(e) rachitique.* / Par ext. Malingre, chétif. *Végétation rachitique.*

rachitisme n. m. MÉD. Maladie touchant les nourrissons et les enfants en bas âge, caractérisée par une insuffisance de minéralisation des os en croissance, généralement due à une carence en vitamine D.

Rachmaninov (Sergueï Vassilievitch) 1873-1943 Compositeur et pianiste russe. Puisant son inspiration dans le folklore russe, influencé par Tchaïkovski, il composa des opéras (*Aleko*, 1893), des symphonies, des concerts pour piano et des préludes tout en poursuivant une carrière de virtuose. Installé à Paris après 1917, il se rendit ensuite en Suisse, puis aux États-Unis. Son œuvre, hors de toute mode, d'une grande richesse mélodique et d'un lyrisme généreux, lui a rapidement valu une popularité qui ne s'est jamais démentie.

racial, ale, aux adj. Propre ou relatif à la race. *Caractères raciaux. Ségrégation raciale*: exclusion sociale des groupes et des individus considérés comme de race différente, de race inférieure.

racinaire adj. BOT. Des racines; relatif aux racines. *Le système racinaire.*

racine n. f. BOT. Organe généralement souterrain des végétaux vasculaires, qui permet l'absorption par la plante de l'eau et des sels minéraux et assure sa fixation au substrat. / Loc. fig. *Prendre racine*: s'attarder; se fixer quelque part. / Partie par laquelle un organe est implanté. *La racine d'une dent, d'un poil.* / Fig. Origine, source. *Les racines du mal. Avoir des racines paysannes.* /

R

Jean Racine.

LING. Élément signifiant d'un mot (morphème lié) obtenu en faisant abstraction des indices grammaticaux (flexions) et des affixes. / MATH. *Racine carrée d'un nombre x*: nombre dont le carré est égal à x (on note: √x). *Racine cubique d'un nombre x*: nombre dont le cube est égal à x. *Racine énième d'un nombre x*: nombre dont la puissance énième est égale à x. / MATH. *Racine d'une équation*: solution de cette équation.

Racine (Jean) 1639-1699 Poète dramatique français. Orphelin d'origine modeste, il est élevé au monastère de Port-Royal, chez les jansénistes, qui lui inculquent leur vision de la nature humaine et le goût de la littérature grecque. Arrivé à Paris en 1658, il se tourne vers la littérature et, en 1666, rompt avec Port-Royal qui critique le théâtre pour des raisons religieuses. Après *La Thébaïde* (1664) et *Alexandre* (1665), son premier succès, il mène à Paris une vie de courtisan avec ses amis Boileau, Molière et La Fontaine. Viennent ensuite ses sept tragédies: *Andromaque* (1667), *Britannicus* (1669), *Bérénice* (1670), *Bajazet* (1672), *Mithridate* (1673), *Iphigénie* (1674) et *Phèdre* (1677). À 37 ans, il retrouve la foi de sa jeunesse et renoue avec Port-Royal. En même temps, il devient avec Boileau l'historiographe de Louis XIV et épouse Catherine de Romanet. Il n'écrit plus pour le théâtre, sinon deux tragédies sacrées, *Esther* (1689) et *Athalie* (1691), commandées par Mme de Maintenon pour la maison d'éducation de Saint-Cyr. Bien qu'il ait écrit des comédies (*Les Plaideurs*, 1668), Racine est avant tout un auteur tragique. Respectant fidèlement les règles du théâtre classique, il crée des personnages émouvants, qui vivent leurs passions comme une fatalité, à l'image de la tragédie grecque, et s'expriment dans une langue d'une extrême souplesse et d'une grande modernité. **Louis** 1692-1763 Écrivain français, fils du précédent. Il écrivit des poèmes jansénistes et des *Mémoires sur la vie de Jean Racine* (1747 et 1752) et traduisit *Le Paradis perdu* de Milton.

racinien, enne adj. Propre ou relatif à l'œuvre de Racine; digne de Racine. *Tragédie racinienne.*

racisme n. m. Idéologie qui se fonde sur l'existence de prétendues races humaines pour expliquer la diversité des cultures et qui affirme la supériorité d'une ou de plusieurs « races » sur d'autres afin de justifier le maintien ou l'introduction de discriminations entre les groupes humains. / Ensemble des attitudes et des comportements de rejet et/ou de domination inspirés par cette doctrine.

raciste n. et adj. Partisan du racisme. / adj. Qui dénote le racisme. *Injure raciste.*

racket n. m. (mot anglo-américain) Extorsion d'argent ou de biens par la violence ou la menace.

racketter v. t. [1] Soumettre à un racket.

racketteur, euse n. Personne qui se livre à un racket.

raclage n. m. Action de racler. *Le raclage d'une surface.*

raclée n. f. Fam. Volée de coups. *Donner une raclée à qqn.* Au fig. Défaite sans appel. *Prendre une raclée à la belote.*

raclement n. m. Bruit de raclage. *Le raclement des cuillers dans les assiettes.*

racler v. t. [1] Gratter (qqch.) pour nettoyer. *Racler le fond d'un plat.* / Fam. *Racler les fonds de tiroirs*: mettre en œuvre la totalité de ses ressources. / Frotter contre (qqch.) *Une roue qui racle le trottoir. Racler du violon*, en jouer maladroitement. Au fig. *Une boisson qui racle le gosier*, y produit une sensation d'âpreté. (Emploi pron.) *Se racler le gosier, la gorge*, s'éclaircir la voix en expectorant.

raclette n. f. Petit outil destiné au raclage. / CUIS. Fondue faite à partir de la couche superficielle d'un morceau de fromage, fondue à la flamme ou au gril, que l'on racle au fur et à mesure; le fromage avec lequel on fait cette fondue.

racloir n. m. Outil destiné au raclage.

raclure n. f. Résidu ôté d'un corps par raclage. / Injur. *Espèce de raclure!*

racolage n. m. Action de racoler. / En parlant d'un(e) prostitué(e) *Le racolage est un délit.*

racoler v. t. [1] HIST. Enrôler (qqn) comme soldat en le dupant, en le forçant. / Mod. Chercher à recruter, à gagner à sa cause (qqn) de manière plus ou moins honnête. *Racoler les électeurs.* / Solliciter (un client potentiel). *Une prostituée qui racole les passants.*

racoleur, euse n. et adj. Péjor. Personne qui racole. / adj. Fig. *Une affiche racoleuse.*

racontar n. m. Ragot.

raconter v. t. [1] Faire le récit de. *Raconter une histoire aux enfants. Raconter ce qui est arrivé.* / Dire à la légère. *Que nous racontes-tu là?*

racornir adj. v. t. [2] Durcir (qqch.), lui donner la consistance de la corne. *L'eau, trop chaude, a racorni le cuir.* / v. pron. Durcir en se ratatinant. *La chair s'est racornie à la chaleur.* Au fig. *Son cœur s'est racorni avec l'âge*, est devenu insensible.

racornissement n. m. Fait de se racornir; état de ce qui est racorni.

Radama Ier 1791-1828 Roi de Madagascar en 1810. Fils du souverain d'un petit royaume qui avait entamé l'unification de Madagascar, il la poursuit, avec l'aide des Britanniques, et chasse les Français des quelques postes où ils s'étaient installés. À sa mort, il est maître de la quasi-totalité de l'île. **Radama II** ?-1863 Roi de Madagascar en 1861. Fils et successeur de Ranavalona Ire, il mena une politique radicalement différente de celle de sa mère, autorisant le retour des Européens que celle-ci avait chassés et des missionnaires protestants et catholiques qui se livrèrent à une surenchère liée aux intérêts politiques de l'Angleterre et de la France. Ayant suscité la haine de l'aristocratie, il a été assassiné.

radar n. m. (acronyme de l'anglais *radio detection and ranging*, détection et télémétrie par radio). PHYS. Appareil de radiodétection permettant de déterminer la position et la distance d'un obstacle et d'en calculer, le cas échéant, sa vitesse de déplacement. (Un radar comprend un émetteur et un récepteur d'impulsions radioélectriques courtes qui, lorsqu'elles heurtent un obstacle, sont réfléchies vers le récepteur. La durée du trajet aller et retour permet de déterminer la distance de l'obstacle, sa position étant repérée par une antenne émettrice et réceptrice. Hormis ses applications militaires, le radar est utilisé notamment en astronomie et en radiotélécommunication).

radarastronomie n. f. Utilisation de la technique du radar pour l'étude des astres.

radariste n. Spécialiste du fonctionnement et de l'entretien des radars.

Radcliffe (Ann Ward, Mrs William Radcliffe, connue sous le nom de **Ann)** 1764-1823 Romancière anglaise. *Les Mystères d'Udolphe* (1794) est le plus célèbre de ses cinq romans, qui furent parmi les premiers romans noirs.

Radcliffe-Brown (Alfred Reginald) 1881-1955 Anthropologue et ethnologue britannique. Ses études portèrent sur les habitants des îles Andaman, de la Polynésie et de l'Australie. Précurseur du structuralisme (*Structure et fonction dans la société primitive*, 1952), il fut aussi un représentant de l'anthropologie fonctionnaliste.

rade [1] n. f. Bassin naturel ouvert sur la mer, protégé des lames et des vents du large, où les navires peuvent mouiller. / Fig. et fam. *Être, rester en rade*: être, rester abandonné.

rade [2] n. m. Argot. Modeste débit de boissons; café mal famé.

radeau n. m. Embarcation rudimentaire faite de pièces de bois reliées pour former une plate-forme. *Radeau de sauvetage*: petite embarcation pneumatique, insubmersible, qui se gonfle automatiquement, utilisée en cas de naufrage. / Train de bois descendant un cours d'eau.

Radeau de la Méduse (le) 1819 Tableau de Théodore Géricault. Inspirée du naufrage tragique, au large de l'Afrique, du navire *La Méduse* (1816), après lequel seuls quelques survivants furent retrouvés à bord d'un radeau, cette œuvre bouleversante, sombre et romantique, comporte néanmoins une touche d'espoir, les rescapés apercevant au loin le navire qui les sauvera.

Radegonde (sainte) v. 520-587 Reine des Francs, épouse de Clotaire Ier. Révoltée par ses débauches et sa violence, elle quitta la cour après l'assassinat de son frère par Clotaire. Consacrée diaconesse, elle fonda, à Poitiers, une abbaye qu'elle plaça sous la règle de saint Césaire; lorsque fut rapporté de Constantinople, sur les ordres de la reine, un morceau de la vraie Croix, le monastère prit le nom de Sainte-Croix.

Radek (Karl Bernardovitch Sobelsohn, dit **Karl)** 1885-1939? Homme politique soviétique. Social-démocrate, il adhère au parti bolchevique et devient membre du Comité central. Exclu comme trotskiste (1927), envoyé en Sibérie, il rentre en grâce (1929) après s'être rallié à Staline et entre à la rédaction des *Izvestia*. Il est jugé et condamné au cours des « procès de Moscou » (1937) et meurt en prison.

radial, ale, aux [1] adj. et n. f. Propre ou relatif au rayon; en rayons. / URBAN. *Voie radiale* ou (n. f.) une *radiale*, qui va du centre de la ville à sa périphérie.

radial, ale, aux [2] adj. Propre ou relatif au radius. / Par ext. Propre ou relatif au côté externe de l'avant-bras. *Nerf radial.*

radian n. m. Unité de mesure d'angle du système international (symbole rad), correspondant à un angle dont le sommet est situé au centre d'un cercle et qui intercepte, sur la circonférence de ce cercle, un arc dont la longueur est égale à celle du rayon de ce cercle (1 rad = 57,296 ° = 63,662 grades; 180° = 200 grades = π rad).

radiant, e adj. et n. m. Qui émet des radiations ou se propage par radiation. / ASTRON. *Point radiant* ou (n. m.) *radiant*: point de l'espace d'où semble émerger la trajectoire des météorites.

radiateur n. m. Appareil de diffusion de la chaleur. *Radiateur électrique.* / Dispositif servant au refroidissement d'un moteur à explosion.

radiatif, ive adj. PHYS. Relatif aux radiations.

radiation [1] n. f. Action de radier.

radiation [2] n. f. Vx Émission de lumière. / PHYS. Rayonnement électromagnétique. / BIOL. *Radiation adaptative* ou *évolutive*: modèle d'évolution caractérisé par un taux de spéciation élevé au sein d'un

*La **rade** de Villefranche-sur-Mer (Alpes-Maritimes) (© Jean-Paul Mansour).*

R

groupe biologique, conduisant à l'apparition rapide d'un grand nombre d'espèces, chacune adaptée à des conditions écologiques particulières.

radical, ale, aux adj. et n. m. **A.** adj. Fondamental, essentiel. *Une contradiction radicale.* / Qui est susceptible d'agir sur les causes profondes d'un phénomène. *Prendre des mesures radicales*, énergiques. / BOT. Qui appartient à la racine; qui est issu de la racine. / LING. Qui appartient à la racine d'un mot. *Consonne radicale.* **B.** n. m. (et adj.) CHIM. Ensemble d'atomes liés entre eux de manière covalente, pouvant être séparés du reste d'une molécule et intervenir dans des molécules de natures diverses. *Le radical hydroxyle, –OH. Le radical carboxyle, –COOH. Le radical méthyle, $-CH_3$. Radicaux libres*, extrêmement labiles, qui peuvent s'observer non combinés à d'autres atomes. / MATH. Symbole mathématique désignant une racine. *Le radical désigne la racine carrée.* / LING. Forme effective de la racine d'un mot. **C.** n. (et adj.) POLIT. Celui, celle qui est membre de la tendance la plus résolue, au sein d'un groupe. / HIST. Sous la monarchie de Juillet, républicain qui faisait preuve d'un attachement inconditionnel, « radical », aux principes de 1789. / Partisan du radicalisme; membre du parti radical. / adj. Propre au radicalisme.

radicalement adv. De manière radicale. / Absolument. *Ce sont des choses radicalement différentes.*

radicalisation n. f. Action de radicaliser; son résultat.

radicaliser v. t. [1] Rendre plus radical; durcir (une position). / v. pron. *L'opposition au gouvernement s'est radicalisée.*

• **radicalisme** n. m. HIST. Sous la monarchie de Juillet, doctrine des radicaux. / POLIT. Doctrine des radicaux-socialistes.

radical-socialisme n. m. HIST. À la fin du XIXe siècle, tendance d'extrême gauche dans le radicalisme. / Après la Première Guerre mondiale, doctrine de divers partis du centre gauche.

radicelle n. f. BOT. Racine secondaire produite par la ramification de la racine principale.

Radichtchev (Aleksandr Nicolaïevitch) 1749-1802 Écrivain russe. Fondateur d'une imprimerie à Saint-Pétersbourg, il publia *Voyage de Pétersbourg à Moscou* (1790), violent réquisitoire contre l'absolutisme. Le livre fut brûlé et son auteur exilé en Sibérie, d'où il fut rappelé (1797); réhabilité, il fut nommé par le tsar membre de la Commission législative (1801), mais, dépressif, se suicida l'année suivante.

radier v. t. [1] Rayer sur un registre, une liste, le nom de; exclure par une mesure officielle. *Ce chirurgien a été radié par le conseil de l'Ordre.*

radiesthésie n. f. Faculté de percevoir d'hypothétiques radiations qu'émettraient les corps. / Méthode de détection, en partic. de sources, qui recourt à cette faculté.

radiesthésiste n. Spécialiste de radiesthésie.

radieux, euse adj. Très brillant, éblouissant. *Soleil radieux.* / Par ext. Ensoleillé. *Une journée radieuse.* / Fig. (En parlant de personnes) Rayonnant. *Une femme radieuse.* / Par ext. *Sourire radieux.*

Radiguet (Raymond) 1903-1923 Écrivain français. Ami de Max Jacob et de Jean Cocteau, il a écrit deux romans d'une grande pénétration psychologique, *Le Diable au corps* (1923), *Le Bal du comte d'Orgel* (posthume, 1924).

RADICALISME

Georges Clemenceau.

Le radicalisme des débuts de la IIIe République avait pour caractéristiques l'anticléricalisme; la confiance dans le suffrage universel; la foi dans le progrès des sciences et des idées que devait favoriser la généralisation de l'enseignement primaire grâce à l'école laïque; l'attachement à la propriété privée; l'absence de doctrine définie dans le domaine social. En 1901 fut fondé le Parti républicain radical et radical-socialiste qui, avec Combes, Clemenceau et Caillaux, gouverna la France de 1902 à 1914. Devenu un parti centriste, le parti radical dirigea le Cartel des gauches (1924), avec Herriot, puis s'associa aux socialistes et aux communistes pour soutenir le Front populaire (1936). En 1938, il s'allia aux modérés; en 1940, il éclata et, divisé en multiples tendances, devenu un parti vieillissant de notables, fut battu aux élections de 1945. Ayant perdu son aile gauche, il joua un rôle d'arbitre sous la IVe République, tandis que les tentatives de rajeunissement d'E. Faure, puis de Mendès France, échouèrent successivement: tous deux quittèrent le parti. Sous la Ve République, il se montra en général anti-gaulliste et éclata en 1971: aux centristes du Parti radical (dit « valoisien », son siège social étant rue de Valois, à Paris) s'opposèrent des partisans de l'union de la gauche groupés dans le Mouvement des radicaux de gauche (Parti radical de gauche).

radin, e adj. et n. Fam. Très avare. *Tu es radine. Quel radin !*

radiner v. i. [1] Fam. Arriver, venir. *Tu radines ?* / (Emploi pron.) *Se radiner à plusieurs.*

radinerie n. f. Fam. Avarice sordide. *Sa radinerie est proverbiale.*

radio n. et adj. (Abrév.) **A.** n. m. *Un radio*: un radiotélégraphiste ou un radiotéléphoniste. **B.** n. f. *La radio*: la radiotéléphonie ou la radiodiffusion. / *Une radio*: une radiographie; un récepteur ou une station émettrice de radiodiffusion. **C.** adj. Abrév. de radiophonique ou de radioélectrique. *Onde radio.*

radioactif, ive adj. Doué de radioactivité.

• **radioactivité** n. f. PHYS. Ensemble des phénomènes physiques ayant la propriété de modifier les caractéristiques du noyau atomique. *Radioactivité naturelle*, spontanée. *Radioactivité artificielle*, obtenue par bombardement de noyaux stables par des photons ou des particules, qui provoque la formation d'isotopes radioactifs. *Radioactivité a*, caractérisée par une désintégration du noyau accompagnée de l'émission d'un noyau d'hélium (particule a). *Radioactivité β^-*, avec émission d'un électron (particule β^-). *Radioactivité β^+*, artificielle, avec émission d'un positon (particule β^+). *Radioactivité g*, avec émission d'un rayonnement g (photons g, de très haute énergie).

radioaltimètre. n. m. PHYS. Radar fonctionnant en ondes continues ou en impulsions, qui permet à un aéronef en vol de mesurer son altitude par rapport au sol. Syn. *altimètre radar.*

radioastronomie n. f. Branche de l'astrophysique qui étudie les corps célestes dans le domaine du rayonnement radio.

radiobalisage n. m. AVIAT. Signalisation par radiobalise

radiobalise n. f. AVIAT. Radiophare émettant dans un plan vertical et situé en un point du couloir d'approche d'un terrain d'atterrissage, ou sur le trajet d'une route aérienne.

radiobiologie n. f. Didac. Étude de l'action des radiations (X, ultraviolettes, etc.) sur les êtres vivants.

radiocarbone n. m. Carbone radioactif.

radiocassette n. f. Poste de radio combiné à un lecteur de cassettes audio.

radiocommande n. f. TECHN. Commande à distance par ondes hertziennes.

radiocompas n. m. Appareil de détection des signaux émis par un émetteur radioélectrique, utilisé pour conserver le cap d'un avion, d'un navire, indiquant à tout instant les coordonnées par rapport à certains postes émetteurs fixes (*radiophares*).

radiodermite n. f. MÉD. Lésion cutanée ou muqueuse ayant pour origine une irradiation par les rayons X.

radiodiffuser v. t. [1] Diffuser (des informations, de la musique, du son en général) au moyen d'ondes radioélectriques.

radiodiffusion n. f. Action de radiodiffuser. / Système de transmission d'informations, à l'aide des ondes radio, dans des fréquences et des longueurs d'onde déterminées, qui va de l'émetteur au récepteur. / Station, organisme de diffusion radiophonique.

radioélectricité n. f. Branche de l'électricité qui s'intéresse à l'émission, à la propagation et à la réception des ondes électromagnétiques.

radioélectrique adj. Qui procède de la radioélectricité.

radioélément n. m. PHYS. Synonyme de radio-isotope.

radiofréquence n. f. PHYS. Ensemble des ondes radioélectriques dont les fréquences sont comprises entre 3 kHz et 300 GHz, et les longueurs d'onde entre 1 et 100 km, utilisées pour les radiocommunications. Syn. *fréquence radio.*

radiogalaxie n. f. ASTRON. Galaxie et/ou objet céleste (quasar, étoile à neutron, etc) ayant la particularité d'émettre un fort rayonnement dans le domaine des ondes radio. Syn. *galaxie radio.*

radiogoniomètre n. m. TECHN. Appareil récepteur d'ondes hertziennes qui permet de déterminer avec précision l'angle et la direction d'un signal radioélectrique.

radiogoniométrie n. f. TECHN. Ensemble des techniques qui permettent de déterminer la direction d'un poste émetteur de radio.

radiographie n. f. Ensemble des techniques qui permettent d'obtenir, sur une surface sensible, l'image d'un objet exposé aux rayons X; l'image ainsi obtenue.

radiographier v. t. [1] Procéder à une radiographie de. *Radiographier les poumons de qqn.*

radiographique adj. Qui procède de la radiographie.

radioguidage n. m. Ensemble des procédés de guidage d'un avion, d'un navire utilisant les ondes radioélectriques. / Diffusion radiophonique d'informations permettant de réguler le trafic automobile.

radioguider v. t. [1] Diriger par radioguidage.

radio-isotope n. m. PHYS. Isotope radioactif (d'un élément chimique). Syn. radioélément. Pl. Des *radio-isotopes.*

radiolaires n. m. pl. ZOOL. Classe de protozoaires planctoniques, à pseudopodes rayonnants, qui possèdent généralement un squelette siliceux de formes variées.

radiologie n. f. MÉD. Partie de la médecine qui étudie les rayonnements ionisants, en particulier les rayons X et leur application à des fins médicales.

radiologique adj. Relatif à la radiologie.

radiologue n. Spécialiste de radiologie.

radiomessagerie n. f. TÉLÉCOM. Service assurant la diffusion de messages vers un récepteur personnel.

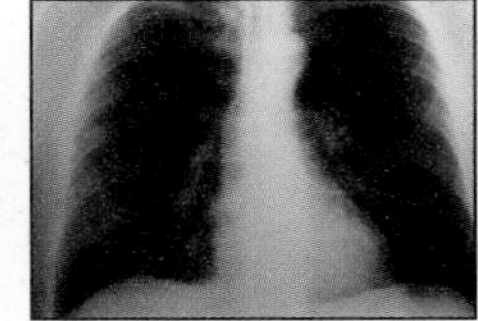

Radiographie *d'un thorax.*

RADIOACTIVITÉ

À la suite d'une expérience avec des tubes cathodiques, C. Röntgen découvre (1895) que le verre d'un de ces tubes émet un rayonnement invisible qui impressionne les plaques photographiques. En 1896, H. Becquerel observe que des plaques photographiques recouvertes de cristaux de sulfate double d'uranyle (composé d'uranium et d'oxygène, de formule UO_2) et de potassium, enfermées dans l'obscurité totale, ont été impressionnées. On se trouve bien en présence d'un rayonnement propre à ces cristaux. Ainsi est mise en évidence l'existence de la radioactivité. Un atome est formé d'un noyau entouré d'électrons évoluant sur des couches électroniques différentes et concentriques. On définit par Z le nombre des protons, et par N celui des neutrons constituant le noyau. Z est le numéro atomique qui caractérise un élément, le carbone par exemple. Le carbone (C) a un nombre Z = 6 protons, équilibrés par 6 électrons répartis en deux couches électroniques composées de 2 électrons évoluant sur la couche interne, et de 4 électrons évoluant sur la couche externe. Du nombre d'électrons que possède l'atome d'un élément dépendent les propriétés de cet élément; ce nombre étant déterminé par le nombre de protons du noyau, c'est du noyau que dépendent finalement les propriétés de tous les éléments, répertoriés dans le tableau périodique des éléments (ou de Mendeleïev); on en compte actuellement 112.

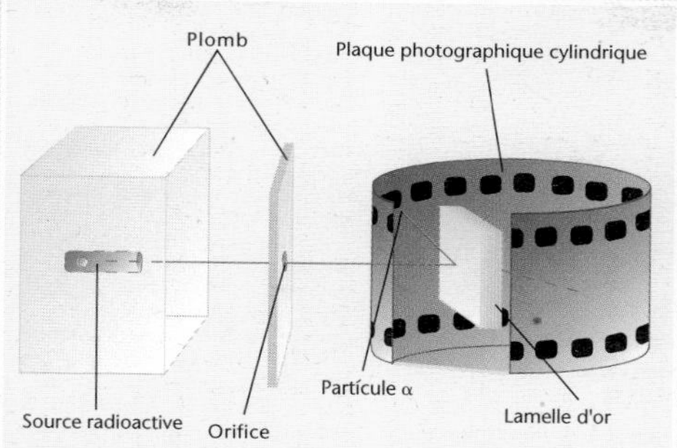

Variante de l'expérience réalisée en 1911 par Rutherford pour démontrer la radioactivité.

Les travaux de P. et M. Curie démontrent que le rayonnement observé par Röntgen et Becquerel ne peut être produit que par un petit nombre d'éléments, tels l'uranium, le polonium, le radium. En 1934, F. Joliot et I. Curie montrent que des éléments créés par l'homme peuvent être radioactifs. Ainsi, une feuille d'aluminium, soumise au rayonnement de particules alpha, produit l'isotope 30 du phosphore (^{30}P), radioélément se désintégrant en silicium 30 (^{30}Si).

La loi [$dN/dt = - \lambda N(t)$], proposée en 1900 par E. Rutherford, est valable pour tous les types de désintégration. Aujourd'hui, on utilise la constante $T = 0{,}693/\lambda$, encore appelée période de radioactivité, ou demi-vie, de l'élément considéré. Elle représente le temps nécessaire à une réduction de moitié de la population de l'élément en question: pour le carbone 14 (^{14}C), il s'agit de 5730 ans. On a mis à profit la propriété qu'ont certains éléments de se désintégrer naturellement, éléments dont la période est comprise entre la seconde et le milliard d'années, pour dater les échantillons de roches, de fossiles.

La radioactivité peut aussi être source d'énergie, si l'on contrôle, dans un réacteur nucléaire, les réactions de fission de certains éléments comme l'uranium, dont la fission de 1 g dégage l'équivalent énergétique de la combustion de 2,5 tonnes de charbon. À l'inverse, une bombe, dans laquelle la réaction de fission n'est pas contrôlée, libère toute son énergie dans un temps extrêmement bref, entraînant des effets dévastateurs sous la forme d'un dégagement de chaleur intense, d'une puissante onde de choc et d'un rayonnement radioactif.

La contrepartie de l'utilisation des réacteurs à fission contrôlée est la production de sous-produits radioactifs dont une partie peut être réutilisée; le restant, actuellement non recyclable, fait l'objet d'un stockage qui, à long terme, deviendra un sujet de préoccupation.

La radioactivité (dont certains effets ont soulevé des controverses) est présente à l'état naturel en tout lieu et en tout temps (le granit, l'argile sont radioactifs), elle est responsable de la chaleur interne du globe, du volcanisme, de la géothermie.

radiométallographie n. f. TECH. Étude de la structure des métaux et des alliages à l'aide de rayons X ou de rayons gamma (rayons g).

radiophare n. m. TÉLÉCOM. Émetteur d'ondes radioélectriques permettant à un navire, à un aéronef, de déterminer sa position par radiogoniométrie.

radiophonie n. f. Transmission des sons par ondes hertziennes.

radiophonique adj. Qui procède de la radiophonie.

radioréveil n. m. Réveille-matin associé à un poste de radio.

radioscopie n. f. Observation, sur un écran fluorescent, de l'image que produit un objet, un corps traversé par des rayons X.

radiosonde n. f. MÉTÉO Ballon-sonde équipé d'émetteurs et d'instruments d'analyse radioélectriques, utilisé pour étudier des phénomènes atmosphériques.

radiosource n. f. ASTRON. Astre qui émet un rayonnement radioélectrique. *Certaines radiosources ont été détectées dans quelques nuages interstellaires constituant les restes d'une nova, ou d'une supernova, après son explosion (nébuleuse du Crabe); les quasars (3C273 ou PC 1247 + 3406, le plus lointain, découvert en 1991) sont aussi des radiosources.*

radio-taxi n. m. Taxi qui communique par radio. Pl. Des *radio-taxis.*

radiotéléphone n. m. Téléphone sans fil fonctionnant par radiotéléphonie.

radiotéléphonie n. f. Transmission téléphonique assurée grâce aux ondes radioélectriques, permettant l'utilisation d'appareils portables.

radiotélescope n. m. ASTRON. Appareil émetteur-récepteur permettant d'étudier les objets célestes (planètes étoiles, galaxies nuages de poussières interstellaires) par l'analyse de leur spectre d'émission radio. *Les radiotélescopes les plus connus sont ceux d'Arecibo, d'Effelsberg, de Nançay.*

radiotélévisé, e adj. Diffusé par radio-télévision.

radiotélévision n. f. Ensemble des procédés de diffusion du son (radiodiffusion) et des images (télévision) par l'intermédiaire d'ondes radioélectriques.

radiothérapie n. f. MÉD. Application thérapeutique des radiations ionisantes, en particulier dans les traitements anticancéreux.

radis n. m. Plante crucifère dont la racine charnue, de saveur piquante, est comestible; cette racine. / Loc. fam. *N'avoir plus un radis*: n'avoir plus un sou.

radium n. m. Élément métallique radioactif de la famille des alcalino-terreux, de numéro atomique Z = 88, de masse atomique 226,03 (symbole Ra), découvert en 1898 par Pierre et Marie Curie.

radius n. m. ANAT. Os long formant le squelette externe de l'avant-bras. *Le radius s'articule avec l'humérus au niveau du coude, et avec le carpe au niveau du poignet.* Voir *cubitus.*

radjah Voir **raja**

radôme n. m. TECH. Coupole destinée à protéger un radar et conçue pour laisser passer les ondes électromagnétiques.

radon n. m. CHIM. Élément radioactif de numéro atomique Z = 86 (symbole: Rn). / Spécial. L'isotope naturel de cet élément, de masse atomique 222.

radotage n. m. Propos d'une personne qui radote.

radoter v. i. / v. t. [1] **A.** v. i. Dire des choses confuses ou peu sensées dénotant un affaiblissement des facultés mémorielles, mentales. *Vieillard qui radote.* / Parler toujours des mêmes choses. *Change de sujet, tu radotes !* **B.** v. t. Fam. Rabâcher. *Qu'est-ce que tu radotes encore ?*

radoteur, euse n. Celui, celle qui radote.

radoub n. m. MAR. Entretien, réparation de la coque d'un navire. *Bassin de radoub.*

radoucir v. t. [2] Rendre (qqch.) plus doux, encore plus doux. Au fig. *Un peu d'indulgence a radouci sa voix.* / v. pron. Devenir plus doux. *Il a hurlé puis s'est radouci.*

radoucissement n. m. Fait de se radoucir.

radula n. f. ZOOL. Chez les mollusques, organe buccal portant des rangées de dents chitineuses, leur permettant de s'alimenter.

rafale n. f. Coup de vent soudain et violent. / Série de coups tirés par une ou plusieurs armes. / Par anal. Succession rapide. *Une rafale d'injures.*

Raffarin (Jean-Pierre) 1948 Homme politique français. Vice-président de *Démocratie libérale*, président du Conseil régional de Poitou-Charentes, sénateur, il est nommé Premier ministre par J. Chirac en mai 2002. Il poursuit avec constance un programme de réformes d'esprit libéral.

raffermir v. t. [2] Rendre (qqch.) plus ferme. *Raffermir sa prise.* Au fig. *Raffermir son autorité.*

Jean-Pierre Raffarin.

R

Le Réveil, *par* ***Denis Auguste Marie Raffet*** *(1848).*

raffermissement n. m. Action de raffermir; son résultat. / Fait de se raffermir, d'être raffermi.

Raffet (Denis Auguste Marie) 1804-1860 Peintre, dessinateur et graveur français. Il a illustré des récits de voyage, pris sur le vif des scènes de la vie militaire, peint des scènes de bataille et rendu compte de la conquête de l'Algérie. Ses lithographies, d'un trait sûr, sont pleines de vie et de mouvement.

raffinage n. m. Action de raffiner; son résultat. *Raffinage du pétrole, du sucre.*

raffiné, e adj. Qui a été soumis au raffinage. *Pétrole raffiné.* / Fig. Délicat, fin. *Une femme raffinée. Des mets raffinés.*

raffinement n. m. Caractère de ce qui est raffiné. *Raffinement des manières, du style.* / *Un raffinement de*: la manifestation extrême de (souvent péjor.) *Un raffinement de sadisme.*

raffiner v. t. / v. i. [1] **A.** v. t. Soumettre (un produit brut) à une série d'opérations visant à le transformer en un produit qu'on peut utiliser. *Raffiner du pétrole.* / Rendre moins grossier, plus subtil. *Raffiner son langage.* **B.** v. i. Faire les choses avec un soin excessif, une recherche exagérée du détail. *N'avoir ni le temps ni les moyens de raffiner.*

raffinerie n. f. Usine où l'on raffine certains produits.

raffle ou **rafle** n. f. Axe central et ensemble des pédoncules qui portent les fruits en grappe du raisin, de la groseille, etc. / Axe central d'un épi de maïs. Syn. râpe.

Raffles (sir Thomas Stamford Bingley) 1781-1826 Administrateur britannique au service de la Compagnie des Indes orientales. Il fut gouverneur de Java, puis de Sumatra, fit entrer Singapour dans l'orbite britannique et en fit un « port libre », statut qui est à l'origine de la prospérité de l'île.

raffoler v. t. ind. [1] Fam. *Raffoler de*: aimer follement; avoir un goût très vif pour. *Raffoler des bonbons. Raffoler des randonnées.*

raffut n. m. Fam. Vacarme. *Faire du raffut.*

rafiot n. m. Fam. Mauvais bateau.

rafistolage n. m. Action de rafistoler; son résultat.

rafistoler v. t. [1] Fam. Réparer grossièrement (qqch.) *Rafistoler un tabouret avec trois clous.*

rafle [1] n. f. Action de rafler. / Arrestation impromptue de nombreuses personnes par la police.

rafle [2] Voir **raffle**

rafler v. t. [1] Fam. Saisir promptement et emporter (ce que l'on trouve autour de soi). / Par ext. Voler. *Les cambrioleurs ont raflé les bijoux.* / Obtenir, gagner sans rien laisser aux autres. *Cet athlète a raflé toutes les médailles.* / Prendre dans une rafle.

rafraîchir v. t. [2] Rendre frais ou plus frais. *Rafraîchir une bouteille de rosé.* (Emploi intransitif) *Mettre une bouteille à rafraîchir.* / Redonner son éclat premier à; raviver. *Rafraîchir la peinture du salon.* / Fig. *Rafraîchir la mémoire à qqn,* lui rappeler ce qu'il aimerait oublier. / v. pron. Devenir plus frais. *Le temps se rafraîchit.*

rafraîchissant, e adj. Qui rafraîchit. / Qui désaltère. / Fig. Qui donne une impression de fraîcheur, de jeunesse.

rafraîchissement n. m. Action de rendre plus frais; fait de devenir plus frais. / Boisson fraîche prise en dehors des repas.

Rafsandjani (Ali Akbar Hachemi) 1934 Religieux et homme d'État iranien. Compagnon d'armes de Khomeiny pendant la révolution iranienne (1979), il est nommé par ce dernier à la tête du Parlement. À la mort de Khomeiny, en 1989, il est élu président de la République islamique d'Iran et réélu en 1993. En 1997, remplacé par Khatami, il continue d'exercer une influence importante sur la vie politique de son pays.

raft n. m. (mot anglais) Embarcation gonflable insubmersible, manœuvrée à la pagaie, que l'on utilise pour descendre des rapides.

rafting n. m. (mot anglais) SPORT Descente des rapides en raft.

raga n. m. inv. (mot sanskrit) Forme de musique traditionnelle indienne célébrant une émotion ou une situation particulières.

ragaillardir v. t. [2] Rendre gaillard, plus gaillard. *Un bon repas, rien de tel pour vous ragaillardir!* Syn. *revigorer.*

rage n. f. Colère terrible, fureur. *Être folle de rage.* / Fig. *La tempête, l'incendie fait rage,* se manifeste avec une violence extrême. / Fig. *Rage de dents*: crise douloureuse due à une affection dentaire. / Fig. Passion, désir intense. *La rage du pouvoir, la rage de vivre.* / MÉD. Méningo-encéphalite épidémique d'origine virale, touchant différentes espèces de mammifères, transmissible à l'homme, généralement par morsure (par le chien, le chat, le renard, etc.). *Chez l'homme, la durée d'incubation de la rage est relativement longue; une fois la maladie déclarée, l'issue en est fatale; le vaccin antirabique a été découvert en 1885 par L. Pasteur et É. Roux.*

rageant, e adj. Qui met en rage, fait rager. *Un souvenir rageant.*

rager v. i. [1] Éprouver de la rage.

rageur, euse adj. Coléreux. *Enfant rageur.* / Qui exprime de la rage. *Propos rageurs.*

rageusement adv. Avec rage.

raglan n. m. et adj. inv. **A.** n. m. Manteau d'homme à pèlerine; ample manteau à manches raglan. *Un raglan bleu marine.* **B.** adj. inv. *Manches raglan*, qui partent du col et sont montées par des coutures en biais.

Raglan (lord Fitzroy James Henry Somerset, baron) 1788-1855 Maréchal anglais. Aide de camp de Wellington, il perdit un bras durant la bataille de Waterloo (1815). Lors de la guerre de Crimée (1854-1855), à la tête de l'armée britannique, il remporta, avec Saint-Arnaud, la bataille de l'Alma. Il mourut du choléra devant Sébastopol.

ragondin n. m. ZOOL. Gros mammifère de l'ordre des rongeurs, au mode de vie aquatique, originaire d'Amérique du Sud, chassé ou élevé pour sa fourrure; fourrure de cet animal. Syn. myocastor, myopotame.

ragot n. m. Fam. Médisance, commérage.

ragougnasse n. f. Fam., péjor. Très mauvais ragoût; très mauvaise cuisine.

ragoût n. m. Plat composé de viande coupée en morceaux et farinés, revenus à la cocotte, et de légumes, cuits à l'étouffée avec un filet de vin blanc.

ragoûtant, e adj. (En tournure négative) *Un mets pas très ragoûtant,* pas très appétissant. Au fig. *Une histoire pas très ragoûtante.*

ragréer v. t. [1] ARCHIT. Corriger les derniers petits défauts de (une construction).

ragtime n. m. (mot anglais) Style musical pour orchestre et, surtout, piano, né dans le sud des États-Unis et dans le Midwest à la fin du XIXe siècle, caractérisé par son rythme syncopé.

Raguse (aujourd'hui *Dubrovnik*) Ville fondée au VIIe siècle par les habitants romanisés d'Épidaure (aujourd'hui *Cavtat*) chassés par les Avars et les Slaves. Établis sur une île qui, aujourd'hui rattachée au continent, constitue la partie sud de la ville, ils se mêlèrent aux Slaves, reconnurent l'autorité de Byzance, puis celle de Venise (1205), des Hongrois (1358), des Serbes, des Turcs (1526), sans perdre leur autonomie; république marchande, Raguse s'étendit en Dalmatie et établit des comptoirs autour de la Méditerranée. Ravagée en 1667 par un tremblement de terre, la cité déclina, fut occupée par les Français de 1806 à 1813, cédée à l'Autriche (1815) et rattachée à la Yougoslavie en 1918.

Raguse *68000 h.* Ville d'Italie située au sud-est de la Sicile, chef-lieu de la province du même nom, centre agricole et pétrolier.

rahat-loukoum ou **rahat-lokoum** Voir **loukoum**

Rahman (cheikh **Mujibur)** 1920-1975 Homme politique du Bangladesh. Après avoir combattu l'occupation britannique, il s'oppose au pouvoir central du Pakistan indépendant (1947) dans la partie orientale

Raie *pastenague (Dasyatis pastinaca).*

du pays. Il fonde la ligue Awami en 1949 et proclame en 1971 l'indépendance du Pakistan oriental (devenu le Bangladesh), dont il devient le premier président. En 1975, lors d'un complot militaire, il est renversé et exécuté avec une grande partie de sa famille. Sa fille, Hassina Wajed, est Premier ministre depuis 1996.

rai Voir **rais**

raï n. m. inv. (mot arabe) Style musical chanté, apparu au cours des années 1970 dans les villes algériennes, renouvelant la tradition par l'incorporation d'éléments empruntés au rock, à la pop et, plus tard, à la world music.

raid n. m. (mot anglais) Incursion faite en territoire ennemi par un commando, une petite unité militaire. (Spécial.) Attaque aérienne. / SPORT Épreuve de longue durée qui vise à tester l'endurance d'un sportif et du matériel.

raide ou **roide** adj. et adv. **A.** adj. Rigide, tendu sans flexibilité ni souplesse. *Une branche bien raide.* / *Corde raide*: corde tendue sur laquelle évoluent les funambules. Loc. fig. *Être sur la corde raide,* en difficulté, en danger. / Loc. fig., fam. *C'est un peu raide,* difficile à admettre. / Abrupt. *Descendre en pente raide.* / (En parlant de personnes) Dressé, immobile. *Se tenir raide devant un supérieur.* / Fig. Sans aisance, sans souplesse. *Gestes raides.* / Par anal., fam. Sans argent. *Je ne peux rien te prêter, je suis complètement raide.* **B.** adv. En loc. *Tomber raide mort*, tout d'un coup. / Abruptement. *Ça monte raide.*

raider n. m. (mot anglais) Personne (physique ou morale) qui, par le biais de transactions financières, prend le contrôle d'une entreprise dans le but soit d'en tirer immédiatement un profit personnel, soit de la revendre avec bénéfices.

raideur n. f. Caractère de ce qui est raide. *La raideur d'un muscle, du caractère de qqn.*

raidillon n. m. Pente raide et courte; sentier en pente raide.

raidir ou **roidir** v. t. [2] Rendre raide, plus raide (qqch.) *Raidir une corde,* en augmentant sa tension. / v. i. Devenir raide, plus raide. *Il gèle, le linge a raidi sur la corde.* / v. pron. Devenir raide. *Ses muscles se raidirent.* Au fig. *Relations qui se raidissent,* qui deviennent tendues.

raidissement n. m. Fait de raidir, de se raidir; état de ce qui est raidi.

raidisseur n. m. TECHN. Appareil qui sert à raidir un câble, une charpente, une tôle, etc.

raie [1] n. f. Ligne droite tracée sur un objet; bande rectiligne et étroite. / Sillon. / Ligne qui sépare la chevelure. / OPT. *Raies*

R

Raimu.

Rainette.

spectrales: dans un spectre lumineux, bandes colorées correspondant aux longueurs d'ondes d'un rayonnement discontinu (par exemple: les *raies de Fraunhofer* dans le spectre solaire).
raie [2] n. f. ZOOL. Poisson chondrichtyen (ordre des sélaciens), au corps aplati en forme de losange, aux nageoires pectorales soudées à la tête, dont les fentes branchiales s'ouvrent sur la face ventrale. *La plupart des raies sont ovovivipares.*
raifort n. m. Plante crucifère dont la racine charnue et blanche est employée comme condiment, ainsi qu'en médecine (propriétés antiscorbitiques); cette racine. / Radis noir d'hiver.
rail [1] n. m. Chacune des barres parallèles d'acier profilé qui, mises bout à bout et reliées par des traverses, constituent une voie ferrée. / Tout profilé métallique le long duquel peut glisser une pièce mobile. / CH. DE FER Transport ferroviaire. *Le rail et la route.* / Fig. *Remettre sur les rails*, en état de bon fonctionnement.
rail [2] n. m. Argot. Dose de cocaïne nécessaire à une prise, disposée en ligne. *Se faire un rail.*
railler v. t. [1] Se moquer de (qqn). *Railler un camarade de classe.*
raillerie n. f. Action de railler; moquerie.
railleur, euse adj. et n. Qui raille, raille souvent. *Enfant railleur.* Subst. *Subir les quolibets des railleurs.* / Qui dénote de la raillerie. *Sourire railleur.*
Raimon Bérenger Voir **Raymond Bérenger**

Rainier III.

Raimond (ou **Raymond)** Nom de sept comtes de Toulouse de 852 à 1249. **Raimond IV (**dit **Raymond de Saint-Gilles)** 1042-1105 Comte en 1093. Après avoir étendu l'État toulousain au Languedoc, il fut choisi par le pape comme l'un des chefs de la première croisade et mourut en assiégeant Tripoli. **Raimond V** 1134-1194 Comte en 1148. Il s'appuya sur la bourgeoisie pour renforcer son autorité sur ses vassaux. **Raimond VI** 1156-1222 Comte en 1194, fils de Raimond V. En dépit de la volonté du pape, il ne s'opposa pas à l'hérésie albigeoise. Innocent III l'excommunia et lança la croisade contre les Albigeois. Vaincu par Simon de Montfort, il perdit ses terres qu'il réussit en grande partie à reprendre à partir de 1217. **Raimond VII** 1197-1249 Comte en 1222, fils de Raimond VI. Ayant achevé de reconquérir les terres de son père, il dut en céder une partie au roi de France après une croisade des Albigeois dirigée par ce dernier. Sa fille unique fut mariée à Alphonse de Poitiers, frère de Louis IX, préparant ainsi l'annexion du comté au domaine royal.
Raimu (Jules Muraire, dit**)** 1883-1946 Acteur de théâtre et de cinéma français. Sa personnalité débordante donne une vie singulière et naturelle à toutes ses créations. Après des débuts dans le music-hall, son interprétation du personnage de César, dans le *Marius* de Pagnol, au théâtre (1929), puis au cinéma (1931), lui apporte la célébrité. Il tourne ensuite de nombreux films: *Fanny* (1932), *Les Gaietés de l'escadron* (1932), *César* (1936), *Gribouille* (1937), *La Femme du boulanger* (1938), *La Fille du puisatier* (1940), *L'Homme au chapeau rond* (1946).
rainer v. t. [1] Creuser d'une rainure, de plusieurs rainures. Syn. *rainurer*.
rainette n. f. ZOOL. Petite grenouille arboricole, aux doigts munis de ventouses.
Rainier III 1923 Prince de Monaco en 1949. Fils de Pierre de Polignac et de Charlotte de Valentinois, il a succédé à son grand-père maternel Louis II. Il a épousé en 1956 l'actrice américaine Grace Kelly (morte accidentellement en 1982).
Rainilaiarivony 1828-1896 Homme d'État malgache. Premier ministre (et époux) des reines Rasoherina, Ranavalona II et Ranavalona III, converti au protestantisme, il tenta de préserver l'indépendance de son pays en s'appuyant alternativement sur la France et la Grande-Bretagne, mais n'y parvint pas et fut exilé à Alger.
rainurage n. m. Action de rainurer; son résultat.
rainure n. f. Entaille longue et étroite.
rainurer v. t. [1] Syn. de rainer.
raiponce n. f. Nom donné à diverses plantes de la famille des campanulacées, spécial. à une espèce consommée en salade.
raire v. i. [3] ou **réer** v. i. [1] Pousser son cri, en parlant du cerf.

Grappe de **raisin**.

Rais ou **Retz (Gilles de)** 1404-1440 Maréchal de France. Compagnon d'armes de Jeanne d'Arc, il se retira sur ses terres, notamment à Tiffauges, en Vendée, où il dilapida une immense fortune, s'entourant de sorciers et s'adonnant à l'alchimie, à la magie noire et au satanisme. Il fit enlever et assassina plus d'une centaine d'enfants, à la fois pour ses expériences de magie et pour les soumettre à ses perversions sexuelles. Il fut finalement dénoncé et le roi ordonna au duc de Bretagne de le livrer à la justice civile et religieuse. Après s'être repenti, il fut condamné et exécuté.
rais [1] ou **rai** n. m. Vx ou litt. Rayon lumineux. *Les rais du soleil.*
rais [2] ou **raïs** n. m. (mot arabe) Chef arabe.
raisin n. m. Fruit de la vigne. *Raisin blanc, noir.*
raisiné n. m. Confiture à base de jus de raisin et de divers fruits. / Argot. Sang répandu.
Raisins de la colère (Les) 1939 Roman de J. Steinbeck. Récit de la vie et du désespoir d'une famille de fermiers américains, durement frappée par la crise économique des années 30. Il a été porté à l'écran par J. Ford en 1940.
raison n. f. **I.** Capacité de connaître et de juger, propre à l'être humain. *L'homme est un animal doué de raison.* / Ensemble des capacités intellectuelles, par oppos. à la folie, à la déraison. *Perdre la raison.* / Capacité de juger et d'agir en fonction de jugements portés sur la réalité, par opposition au sentiment, à la passion, au désir. *Âge de raison*, où l'on considère que l'enfant a acquis cette capacité. / Ce qui est raisonnable. *Mariage de raison.* / Vx Ce qui est de droit, de justice; réparation. *Rendre raison à qqn. Demander raison, faire raison d'un affront*, en demander, en faire réparation. *Avoir raison de qqn*, en triompher. / Ce qui est exact. *Avoir raison.* **II.** Cause, explication d'une chose. *Les raisons de sa réussite, les raisons du mal. Pour cette raison*: à cause de cela. *Agir pour de bonnes ou de mauvaises raisons.* / *Raison d'État*: primauté de l'intérêt de l'État sur tout autre principe, en particulier moral ou religieux, voire sur la légalité. / Rapport entre deux quantités. *À raison de*: à proportion de. / MATH. Dans une série arithmétique, différence entre deux termes consécutifs; dans une progression géométrique, quotient de deux nombres consécutifs. **III.** DR. *Raison sociale*: dénomination officielle d'une société
raisonnable adj. Capable de raisonner. *L'homme est un être raisonnable.* Ant. déraisonnable. / Qui se soumet à la raison, sage. *Les enfants ont été très raisonnables aujourd'hui.* / (En parlant de choses) Conforme à la raison, modéré, convenable. *Prix raisonnable.*
raisonnablement adv. Sagement; modérément.
raisonné, e adj. Réfléchi, délibéré. *Choix raisonné.* Ant. irraisonné.
raisonnement n. m. Action de raisonner. / Suite de propositions ou prémisses qui s'enchaînent pour aboutir à une autre proposition ou à une conclusion.
raisonner v. i. / v. t. [1] **A.** v. i. Penser, réfléchir en faisant usage de sa raison. Ant. déraisonner. / Mener un raisonnement, en reliant de manière logique des propositions pour aboutir à une conclusion. / Discuter, souvent de manière abstraite ou vaine. **B.** v. t. Tenter de ramener (qqn) à la raison, de l'amener à une conduite raisonnable. *Raisonner un enfant.* / v. pron. *Incapable de se raisonner, il injuria son interlocuteur.*
raisonneur, euse n. et adj. **I.** Litt. Personne qui raisonne. / adj. *Discours raisonneur.* **II.** Vieilli, péjor. Personne qui discute sans cesse, contredit à plaisir son interlocuteur. *C'est un raisonneur.* / adj. *Enfant raisonneur.*
raja, **rajah** ou **radjah** n. m. (mot hindi, au fém. *rani*) Souverain d'une principauté en Inde.
Rajasthan *342239 km² 44005990 h.* État du nord-ouest de l'Inde. Capitale *Jaipur*. En grande partie désertique, l'État a pour principale ressource l'élevage ovin et l'industrie textile. Formé en 1949 à partir des petits États princiers des Rajputs, il est principalement peuplé par les descendants de ces derniers.
rajeunir v. t. / v. i. [2] **A.** v. t. Redonner la jeunesse ou de la jeunesse à. *Cette cure thermale l'a rajeuni.* / Fig. Donner un aspect neuf à; moderniser. *Rajeunir une salle de cinéma.* / Faire paraître plus jeune. *Les cheveux courts te rajeunissent.* / Attribuer à (qqn) un âge moindre que son âge réel. *Tu me rajeunis, je suis beaucoup plus âgé.* / Abaisser l'âge moyen de (un groupe) par l'introduction d'éléments plus jeunes. *Rajeunir les cadres d'une entreprise. Rajeunir un gouvernement.* / v. pron. Se prétendre plus jeune qu'on l'est. / **B.** v. i. Redevenir jeune; retrouver les apparences de la jeunesse. *Elle a rajeuni.*
rajeunissement n. m. Fait de rajeunir.
Rajk (László) 1909-1949 Homme politique hongrois. Communiste, combattant des Brigades internationales en Espagne, interné en Allemagne (1941-1945), il fut ministre de l'Intérieur en 1946, puis des Affaires étrangères (1948) et secrétaire général adjoint du Parti des travailleurs (communiste). Rakosi prit ombrage de son talent. Accusé de titisme avec d'autres dirigeants communistes, il se reconnut coupable au cours d'un procès forgé de toutes pièces et fut exécuté. Il a été réhabilité en 1956.
rajout n. m. Ce qui est rajouté. *Un texte qui comporte plusieurs rajouts.*
rajouter v. t. [1] Ajouter de nouveau; remettre. *Rajouter du sel.* / Fam. *En rajouter*: exagérer.
Rajputs Peuple guerrier hindou qui habite aujourd'hui le Rajasthan. Après avoir affaibli les empires du nord de l'Inde, les Rajputs formèrent dans la région plusieurs dynasties à partir du VIIIᵉ siècle. Certaines parvinrent à résister aux attaques des musulmans à partir du XIIIᵉ siècle, mais la plupart furent finalement soumises par les Grands Moghols au XVIᵉ siècle. Le territoire qui porte leur nom, le Rajputana, devint un protectorat britannique en 1818 et fait partie du Rajasthan depuis 1947.
rajustement ou **réajustement** n. m. Fait de rajuster (sens **II.**).

Sir **Walter Raleigh**.

rajuster ou **réajuster** v. t. [1] **I.** Ajuster de nouveau; remettre en ordre. *Rajuster sa veste.* / (emploi pron.) *Se rajuster*: rajuster ses vêtements. **II.** Remettre à son juste niveau. *Rajuster les salaires, les prix.*

raki n. m. (mot arabe, par le turc) Eau-de-vie anisée des pays du Proche-Orient.

Rakoczi Riche famille hongroise dont sont issus de nombreux princes de Transylvanie. **Ferenc II** 1676-1735 Il prit à l'Autriche une grande partie de la Hongrie, déclara son indépendance et fut élu prince de Hongrie (1707). Vaincu par les Habsbourg dès 1708, il fut contraint de s'exiler en 1711.

Rakosi (Matyas) 1892-1971 Homme politique hongrois, secrétaire général du Parti communiste et chef du gouvernement à partir de 1952. Il fut le maître incontesté de son pays de 1949 à la mort de Staline. Ayant abandonné la tête du gouvernement en 1953, il fut ensuite remplacé à la tête du Parti par les autorités soviétiques en 1956. Lors de l'insurrection de Budapest, la même année, il se réfugia en U.R.S.S.

râlant, e adj. Fam. Qui fait râler. *Rater une occasion pareille, c'est râlant !*

râle [1] ou **râlement** n. m. Bruit respiratoire pathologique. / Respiration d'un agonisant.

râle [2] n. m. ZOOL. Oiseau rallidé au plumage terne, aux fortes pattes munies de longs doigts, qui vit dans les lieux humides et marécageux.

Raleigh (sir **Walter**) 1552-1618 Marin et homme politique anglais. Fils de gentilhomme, il combat en France et prend part à sa première expédition maritime avec son demi-frère. Introduit à la cour, il devient le favori d'Élisabeth Ire. Il accomplit cinq voyages d'exploration en Amérique du Nord et fonde même l'éphémère colonie de *Virginie*, prélude à l'implantation anglaise dans le Nouveau Monde. Disgracié à la mort d'Élisabeth (1603), il est accusé de haute trahison sous Jacques Ier. Condamné à mort, il est emprisonné à la Tour de Londres pendant 13 ans. Libéré pour mener une expédition en Guyane qui provoque la colère de l'Espagne, il est exécuté à son retour.

ralenti n. m. Régime d'un moteur qui tourne à vitesse réduite. / CIN. Effet spécial donnant l'impression de lenteur des mouvements, obtenu en tournant en accéléré des images ensuite projetées à la vitesse normale.

ralentir v. t. / v. i. [2] Rendre plus lent (un mouvement). *Ralentir le pas.* / Diminuer l'intensité de (un phénomène). *Ralentir sa production.* / v. i. Aller plus lentement; spécial., réduire la vitesse du véhicule que l'on conduit.

ralentissement n. m. Fait de ralentir. *Ralentissement du rythme.* / Diminution d'activité. *Ralentissement des affaires, des exportations.*

ralentisseur n. m. Dispositif intégré à la transmission d'un véhicule afin de réduire la vitesse. / Dos-d'âne aménagé pour obliger les conducteurs de véhicules automobiles à ralentir. / PHYS. NUCL. Matériau permettant de ralentir la vitesse des neutrons produits par fission dans un réacteur.

râler v. i. [1] Faire entendre un râle en respirant. / Fam. Exprimer sa mauvaise humeur ou son dépit en se plaignant, en protestant.

râleur, euse n. Fam. Personne qui râle, qui râle souvent.

ralingue n. f. MAR. Cordage cousu qui renforce les bords d'une voile.

rallidés n. m. pl. ZOOL. Famille d'oiseaux de l'ordre des gruiformes, dont le râle est le type.

ralliement n. m. Rassemblement d'une troupe, d'un groupe qui se sont dispersés. / Adhésion à un parti, à une idée.

rallier v. t. [1] Regrouper (des personnes dispersées). *Rallier les troupes.* (Emploi pron.) *Ralliez-vous à mon panache blanc, vous le trouverez toujours au chemin de l'honneur et de la victoire* (mots attribués à Henri IV). / Fig. Réunir autour d'une cause commune; gagner à sa cause. *Le président réussit à rallier une partie de l'opposition. Une réforme qui rallie les plus sceptiques.* (Emploi pron.) *Se rallier à l'avis du plus fort.* / Rejoindre (un lieu, un poste). *L'escadrille reçut l'ordre de rallier sa base.*

ralliformes n. m. pl. Syn. anc. de gruiformes.

rallonge n. f. Élément qui sert à rallonger. *Rallonge de fil électrique.* / Fig., fam. Supplément; en particulier, délai ou somme d'argent supplémentaire.

rallonger v. t. / v. i. [1] Allonger, allonger encore (qqch.) *Rallonger une table. Rallonger un délai.* / v. i. Devenir plus long. *Les jours rallongent en été.*

rallumer v. t. [1] Allumer de nouveau. *Rallumer un feu.* / Fig. Ranimer. *Rallumer la révolte.*

rallye n. m. (mot anglais) Compétition dans laquelle les participants doivent couvrir différentes étapes avant de rejoindre un lieu donné. *Rallye cycliste, automobile.* / Course de véhicules motorisés comprenant différentes épreuves de vitesse. / Série de festivités organisées afin d'arranger des rencontres et des mariages entre jeunes gens de milieu très aisé.

Rama Divinité hindoue, septième incarnation de Vishnou, le dieu guerrier dont les exploits sont rapportés par le poème sanskrit du *Ramayana*. Avec son épouse Sita, il symbolise l'amour et la fidélité conjugale.

Rallye automobile.

Rama Nom de règne des souverains siamois depuis 1782. **Rama V**: voir **Chulalongkorn**.

ramadan n. m. (mot arabe) Neuvième mois de l'année lunaire chez les musulmans, durant lequel le jeûne total est prescrit du lever au coucher du soleil. *Faire, observer le ramadan*: observer ce jeûne.

Ramadier (Paul) 1888-1961 Homme politique français. Socialiste et résistant, il est président du Conseil de janvier à novembre 1947 et exclut les communistes du gouvernement, mettant ainsi fin au tripartisme. En raison de la crise sociale de 1947, il démissionne; il obtiendra par la suite plusieurs portefeuilles dans divers gouvernements jusqu'en 1957.

ramage n. m. Vx Branchage. / (Au plur.) Décoration de feuillages stylisés. *Étoffe à ramages.* / Chant des oiseaux.

Ramakrishna 1834-1886 Mystique hindou. D'abord dévot de Kâli, la cruelle déesse, il parvint à s'identifier au Brahman, dieu suprême « maître des choses engendrées » par le moyen de la *bhakti* vishnouite, l'amour confiant envers le dieu suprême bienveillant, et insista sur l'universalité de la *bhakti*. Mettant au jour des similitudes entre l'hindouisme et les autres religions, islam et christianisme notamment, il fut à l'origine d'un mouvement syncrétiste dont son disciple Vivekananda se fit le propagateur.

Raman (sir **Chandrasekhara Venkata**) 1888-1970 Physicien indien. Il a étudié en 1928 la diffusion de la lumière par les structures moléculaires et atomiques (*effet Raman*).

ramassage n. m. Action de ramasser; son résultat. / *Ramassage scolaire*: transport quotidien des élèves de leur domicile à l'établissement d'enseignement; service (généralement de cars) qui assure ce transport.

ramasser v. t. [1] **A.** Réunir en une masse. *Ramasser ses cheveux dans un bonnet.* / Fig. *Ramasser son style, ses propos,* les condenser. / Rassembler (des choses éparses). *Ramasser les cartes, au jeu.* / Prendre à terre. *Ramasser des champignons. Ramasser son mouchoir.* (En parlant de personnes) *Ramasser des blessés.* / Fam. Attraper, recevoir (une chose fâcheuse). *Ramasser un zéro, une gifle.* **B.** v. pron. Se mettre en boule, se replier sur soi. *Le tigre se ramassa avant de bondir.* / Fam. Tomber. *Se ramasser en voulant rattraper une balle.* Au fig. Échouer. *Se ramasser à l'oral.*

ramassis n. m. Péjor. Réunion disparate de choses ou de personnes sans valeur.

Ramayana Ve siècle av. J.-C. ? Épopée indienne. Attribué au poète Valmiki, ce texte sanskrit, comprenant 24 000 couples de vers répartis dans sept livres, rapporte les exploits du dieu Rama.

rambarde n. f. Garde-fou, parapet.

Rambouillet *24 343 h.* Chef-lieu d'arrondissement des Yvelines. À la lisière sud de la vaste forêt domaniale de Rambouillet (*13 100 ha*), cette ville résidentielle possède un ancien château royal (XIVe-XVIIIe siècle), résidence d'été des présidents de la République. À la Ferme nationale, créée par Louis XVI, ont succédé un collège d'enseignement zootechnique et la Bergerie nationale, ouverte au public.

Rambouillet (hôtel de) Résidence située rue de Rivoli, à l'emplacement de l'ancienne rue Saint-Thomas-du-Louvre. Conçu par Catherine de Vivonne, marquise de Rambouillet (1588-1655), cet hôtel parisien se distinguait par la nouveauté de la distribution des pièces et la décoration. La marquise de Rambouillet y tenait un salon littéraire, brillant et raffiné, où se retrouvaient Racan, Voiture, le Grand Condé, Mme de Sévigné.

ramdam n. m. Fam. Vacarme. *Faire du ramdam.*

rame [1] n. f. Perche de bois servant de tuteur à une plante grimpante.

rame [2] n. f. Longue pièce de bois ayant une extrémité aplatie, utilisée pour faire avancer et orienter une embarcation. Syn. aviron.

rame [3] n. f. Ensemble de 500 feuilles de papier, soit 20 mains. / Convoi de plusieurs péniches, de plusieurs wagons. *Une rame de métro.*

rameau n. m. Petite branche d'arbre. / Fig. Subdivision d'un ensemble. *Les rameaux d'un arbre généalogique.* / RELIG. *Dimanche des Rameaux ou les Rameaux*: fête chrétienne commémorant l'entrée triomphale du Christ à Jérusalem, saluée par une foule agitant des rameaux de palmier. *Le dimanche des Rameaux est le dimanche qui précède Pâques; on distribue aux fidèles, au cours de la messe, des rameaux bénits (en particulier, en France, du buis bénit).*

Rameau (Jean-Philippe) 1683-1764 Compositeur français. Son premier maître est son père, organiste à la cathédrale de Dijon. Avant son installation à Paris, il est maître de chapelle à Avignon et Clermont, puis organiste à Dijon et à Lyon. À partir de 1723, il est organiste de plusieurs églises à Paris et devient directeur de la musique du fermier général La Pouplinière qui devient son protecteur. Il écrit alors ses premiers opéras et est nommé compositeur de musique de la Chambre en 1745. À la fin de sa vie (1763), il sera anobli par Louis XV. La reprise de ses premiers opéras est un triomphe: *Hippolyte et Aricie* (1733), *Les Indes galantes* (1735), *Dardanus* (1739), *Platée* (1745), *Pygmalion* (1748), *Zoroastre* (1749). Rameau a écrit également des motets, des cantates et surtout de la musique pour clavecin où il reste le maître du genre; ses *Pièces de clavecin en concerts* annoncent celles de Haydn. Maître du classicisme français, son œuvre de théoricien (il publie en 1754, lors de la querelle des Bouffons, un *Traité* qui a bouleversé l'enseignement de l'harmonie) a rénové la tradition de son pays.

ramée n. f. Litt. Feuilles et branches d'un arbre. / Assemblage de branches. *Un pauvre bûcheron tout couvert de ramée (La Fontaine).*

ramener v. t. [1] **A.** Amener de nouveau. *Ramener son chat chez le vétérinaire.* / Fam. *La ramener*: faire l'important, le fanfaron. / Reconduire à son lieu d'origine ou de départ. *Pourriez-vous me ramener en voiture? Ramener le fugueur à la pension.* / Faire revenir à un état antérieur. *Ramener qqn à la vie. Ramener un enfant à la raison.* / Rétablir; faire revenir. *Ramener la paix. Ramener la conversation sur un sujet.* / Mettre dans la position initiale ou voulue. *Ramener le drap sur ses épaules.* / *Ramener à*: réduire (qqch.) à. *Ramener le taux d'un prêt à 5 %.* **B.** v. pron. Se résumer; se réduire. *Une politique qui se ramène à maintenir le statu quo.* / Fam. Arriver; revenir. *Ramène-toi !*

ramequin n. m. Petit récipient individuel allant au four, pour les œufs cocotte, les

À Naranco Asturies, salon du palais d'été de **Ramire Ier**, roi des Asturies, transformé en sanctuaire, l'église Santa Maria.

flans, ou pour mouler les œufs en gelée, les aspics.
ramer [1] v. t. [1] AGRIC. Utiliser une, des rames pour servir de tuteur à. *Ramer les haricots.*
ramer [2] v. i. [1] Faire avancer une embarcation en manœuvrant les rames. / Fig. et fam. Faire des efforts; se donner du mal. *Il a ramé des années avant de trouver cet emploi.*
ramette n. f. Rame de papier de petit format.
rameur, euse n. Personne qui rame.
rameuter v. t. [1] Ameuter de nouveau; regrouper en causant une émotion. *Rameuter la population.* / VÉNER. Regrouper en meute.
rami n. m. Jeu pratiqué avec cinquante-deux cartes et un joker, où chacun des deux à cinq joueurs doit former des combinaisons pour pouvoir étaler toutes ses cartes.
ramie n. f. BOT. Plante d'Asie tropicale, espèce d'ortie dont les fibres donnent un textile résistant.
ramier n. m. ZOOL. Gros pigeon gris, portant des taches blanches aux ailes et au cou, commun en Europe. Syn. palombe. / (Appos.) *Pigeon ramier.*
ramification n. f. BOT. Division d'une tige en rameaux; chacun de ces rameaux. / ANAT. Subdivision des vaisseaux sanguins, des nerfs. / Embranchement d'un réseau de voies de communication. / Fig. Subdivision d'un organisme central. *Les ramifications d'un groupe terroriste.*
ramifier (se) v. t. [1] Se diviser en plusieurs rameaux.
ramille n. f. Division extrême d'un rameau. / Menue ramée.
Ramire Nom de deux rois d'Aragon. **Ramire Ier** 1000?-1063 Premier roi d'Aragon en 1035. Il fut tué en luttant contre les musulmans. **Ramire II le Moine** 1094?-1154 Roi d'Aragon (1134-1137). Petit-fils du précédent, moine, évêque de Burgos, il succéda à son frère Alphonse Ier. Marié par dispense pontificale, il eut une fille, Pétronille, qu'il maria à deux ans au comte de Barcelone; il put alors abdiquer en sa faveur et se retirer du monde.
Ramire Nom de trois rois de León et des Asturies. **Ramire Ier** 791?-850 Roi des Asturies en 842. Il prit León aux Maures en 846. **Ramire II** ?-951 Roi de León en 931. Il prit Madrid aux musulmans. **Ramire III** 962?-v. 985 Roi de León en 965, il fut vaincu par le calife de Cordoue (984) et se retira.
ramollir v. t. [2] Rendre plus mou (qqch.)
ramollissement n. m. Fait de se ramollir; état de ce qui est ramolli.
ramollo adj. inv. Fam. Ramolli, mou. *Je me sens toute ramollo.*
Ramon y Cajal (Santiago) 1852-1934 Médecin espagnol qui se consacra à étude du système nerveux (connexions des neurones).
ramonage n. m. Action de ramoner; son résultat.
ramoner v. t. / v. i. [1] Débarrasser (un conduit) de la suie accumulée. *Ramoner une cheminée.* / v. i. SPORT (En alpinisme) Escalader une cheminée en prenant appui sur deux parois.
ramoneur n. m. Personne qui ramone, dont le métier est de ramoner.
Rampal (Jean-Pierre) 1922-2000 Flûtiste français. Il étudie au conservatoire de Paris et entame sa carrière internationale après la Seconde Guerre mondiale. En interprétant des œuvres baroques, classiques et contemporaines, et en enseignant dans le monde entier, il a su redonner à la flûte sa place d'instrument soliste.
rampant, e adj. et n. m. **I.** Qui rampe. *Plante rampante.* / n. m. (Argot des aviateurs) *Les rampants*: les personnes qui restent au sol, qui ne volent pas. **II.** ARCHIT. En pente, incliné comme une rampe. *Arc rampant.* / n. m. Partie oblique. *Les rampants d'un pignon.*
rampe n. f. Balustrade d'appui en fer, en bois, en pierre, ou en tout autre matériau rigide, placée le long d'un escalier. / Plan incliné permettant de faire communiquer deux niveaux. / *Rampe d'accès d'une voie routière, rampe d'une route, d'une voie ferrée*, leur partie en pente. / *Rampe de lancement*: dispositif incliné utilisé pour le lancement d'avions, de fusées, de missiles, etc. / THÉÂTRE Rangée de lumières installées au sol devant une scène. / Loc. fig. *Passer la rampe*: produire l'effet voulu sur un public. / Par ext. Rangée de projecteurs servant à éclairer un monument, une piste d'aviation, etc.
ramper v. i. [1] (En parlant des animaux dépourvus de membres) Progresser au sol par divers mouvements du corps prenant appui sur sa partie inférieure. *Ver qui rampe.* / (En parlant de personnes) Progresser allongé sur le sol. *Ramper sur le ventre, de côté.* Au fig. S'humilier. *Ramper devant un supérieur hiérarchique.* / (En parlant d'un végétal) Croître en s'étalant sur le sol, sur un support. *Le lierre rampe le long du mur.* / (En parlant de choses) Par métaph. *Le brouillard rampe dans la vallée.*
ramponneau n. m. Pop. Coup porté ou reçu, gnon.
Ramsay (sir William) 1852-1916 Chimiste anglais. Il découvrit les gaz rares.
Ramsès Nom de onze pharaons des XIXe et XXe dynasties. **Ramsès Ier** Il accéda au trône, fort âgé, vers 1314 (ou 1306) av. J.-C., fondant la XIXe dynastie. Il ne régna que deux ans, laissant tout le pouvoir à son fils, Séthi Ier. **Ramsès II** Il régna de 1304? (ou 1290) à 1236? (ou 1224) av. J.-C. Fils de Séthi Ier, il édifia de nombreux monuments en Égypte et en Nubie, dont les temples d'Abou-Simbel (l'un lui étant dédié, tandis que l'autre est consacré à l'une de ses épouses, Néfertari). Durant les 68 ans que dura son règne, il fonda dans le Delta oriental la nouvelle capitale de l'empire: Pi-Ramsès (Tanis). En guerre contre les Hittites, il remporta à Qadesh une semi-victoire, puis conclut avec eux un traité qui assura la paix de l'empire sur le front asiatique. **Ramsès III** Il régna de 1198? (ou 1184) à 1166? (ou 1153) av. J.-C. Deuxième pharaon de la XXe dynastie, il hérita d'un pays en pleine anarchie. Il arrêta l'invasion des « Peuples de la mer », au cours de quatre campagnes connues par les bas-reliefs du temple de Médinet Habou, et rétablit l'influence de l'Égypte en Palestine, excepté sur le littoral. Il fut finalement victime d'un complot de harem. Peu de choses sont connues des autres Ramsès qui virent au cours de leur règne la puissance égyptienne décliner. Ils furent enterrés dans la vallée des Rois.
ramure n. f. Ensemble des branches, des rameaux d'un arbre. / Bois des cervidés.

Ramsès II (temple d'Hathor, Abou Simbel)

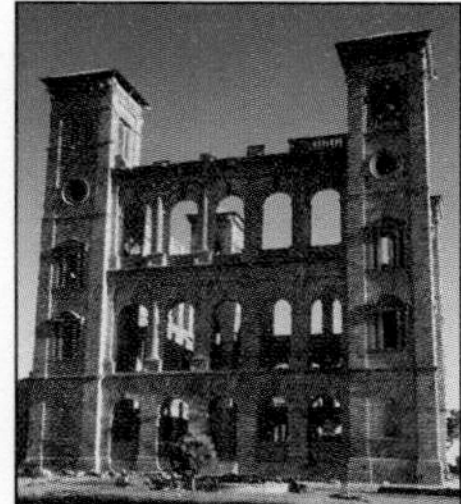

Le palais de la reine **Ranavalona Ire**.

Ranavalona III.

Ramus (Pierre de La Ramée, dit) 1515-1572 Humaniste français. Né dans une famille très modeste, il parvient à suivre les cours du collège de Navarre en travaillant comme domestique d'un des étudiants. Son anti-aristotélisme vaudra à ses œuvres d'être condamnées par un édit royal en 1544. Réhabilité à l'avènement d'Henri II (1547), il peut enseigner la philosophie et les mathématiques au Collège royal (Collège de France). Converti au protestantisme, il doit quitter sa chaire (1561) puis la retrouve (1563-1567) avant de s'expatrier temporairement en Allemagne. Rentré en France à plusieurs reprises durant les guerres de religion, il est assassiné lors de la Saint-Barthélemy.
Ramuz (Charles Ferdinand) 1878-1947 Écrivain suisse de langue française. Son expérience d'étudiant en lettres à Paris réveille son amour profond de son canton d'origine où il s'installe définitivement à partir de 1913. Dans ses romans, il exalte la poésie du pays vaudois, des montagnes du Valais évoquant la beauté de la nature et les forces qu'elle déploie: *La Grande Peur dans la montagne* (1926), *Farinet ou la Fausse Monnaie* (1932), *Derborence* (1934), *Si le soleil ne revenait pas* (1937). Auteur d'un *Journal* (1945), il a aussi laissé plusieurs essais moralistes (*Taille de l'homme*, 1933; *Besoin de grandeur*, 1937) et composé les paroles de l'œuvre lyrique de son ami Stravinski, *Histoire du soldat* (1918).
Ranavalona Nom de trois reines de Madagascar. **Ranavalona Ire** 1790?-1861 Reine en 1828. Épouse de Radama Ier, elle lui succéda, rompit les accords passés avec les Britanniques, expulsa les étrangers et persécuta les chrétiens, conservant cependant

auprès d'elle le Français Jean Laborde qui créa fonderies, ateliers et hauts fourneaux et fit creuser des canaux. **Ranavalona II** ?-1883 Reine en 1868. Convertie au protestantisme avec son mari Rainilaiarivony, elle fit de nombreuses réformes, réorganisa l'armée, promut l'enseignement. Favorable aux Anglais, elle s'opposa à la France qui envoya sur l'île un corps expéditionnaire (1883); la reine mourut peu après. **Ranavalona III** 1862-1917 Reine de 1883 à 1897. Elle dut accepter le traité de Tamatave (1885) qui confiait les Affaires étrangères à un résident français installé à Tananarive, mais la résistance ne cessa pas et une expédition militaire française s'empara de la capitale (1895). Après l'établissement du protectorat français (1896) et le soulèvement de l'île, elle fut déposée par Gallieni (1897) et exilée à la Réunion puis à Alger.

rancard ou **rencard** n. m. Fam. Rendez-vous. *On a rancard à midi.* / Argot. Renseignement.

rancarder ou **rencarder** v. t. [1] Fam., rare Donner un rancard, un rendez-vous à (qqn). / Argot. Renseigner (qqn).

rancart n. m. Loc. fam. *Au rancart,* au rebut.

rance adj. et n. m. (En parlant d'une matière grasse) D'une saveur, d'une odeur âcre. *Du beurre rance.* / n. m. *Sentir le rance.*

Rance (la) *100 km* Fleuve côtier de l'ouest de la France en Bretagne. Née dans le Massif armoricain, elle arrose Dinan et se jette dans la Manche. Sur son estuaire a été construite la première usine marémotrice du monde (1966).

Rancé (Armand Jean Le Bouthillier de) 1626-1700 Religieux français. Né d'une grande famille, il vit une jeunesse insouciante; les morts successives de deux de ses proches, la duchesse de Montbazon (1657) et Gaston d'Orléans (1660), le détachent de la vie mondaine. Il entre chez les cisterciens. En 1664, il se retire définitivement à Soligny, près de Mortagne, à l'abbaye Notre-Dame-de-la-Trappe, dont il devient l'abbé et où ses réformes imposeront une vie monastique très stricte et austère. Chateaubriand écrivit une *Vie de Rancé* (1844).

ranch n. m. (mot anglo-américain). Aux États-Unis, exploitation agricole de grande taille, spécialisée dans l'élevage extensif. Pl. Des *ranches* ou des *ranchs.*

Rancillac (Bernard) 1931 Peintre français. D'abord abstrait, il en vient à la figuration, utilisant des personnages de bandes dessinées, reportant sur toile de grandes photographies dont il rehausse les contrastes par des applications de couleurs violentes, pratiquant le collage, dans une perspective quasi journalistique, de manière à susciter la réflexion sur l'événement et la façon dont on en rend compte.

ranci, e adj. et n. m. Devenu rance. / n. m. *Sentir le ranci,* le rance.

rancir v. i. [2] Devenir rance. *Beurre qui rancit.*

rancissement n. m. Fait de rancir.

rancœur n. f. Ressentiment tenace, amertume ressentie à la suite d'une déception, d'une injustice.

rançon n. f. Somme d'argent échangée contre la libération d'un captif. / Fig. Contrepartie désagréable, pénible (de qqch. d'agréable). *La rançon du succès.*

rançonner v. t. [1] Ne relâcher que moyennant versement d'une rançon. *Des touristes ont été rançonnés au Sahara.* / Par ext. Extorquer de l'argent à (qqn) sous la menace. *Ce gang rançonne les restaurants.* / Par exagération *Rançonner le client,* lui présenter des notes beaucoup trop élevées.

Otto Rank.

rançonneur, euse n. Celui, celle qui rançonne.

rancune n. f. Rancœur teintée d'un désir de vengeance. *Sans rancune !* : formule sanctionnant une réconciliation.

rancunier, ère adj. et n. Qui éprouve facilement de la rancune.

randomisation n. f. Action de randomiser; son résultat.

randomiser v. t. [1] STAT. Valider (un résultat) en comparant le résultat obtenu à d'autres résultats obtenus à partir d'un échantillon d'éléments tirés au hasard.

randonnée n. f. Longue promenade sans interruption.

randonner v. i. [1] Effectuer une, des randonnées.

randonneur, euse n. Celui, celle qui pratique la randonnée.

rang n. m. Série de personnes ou d'objets disposés sur une même ligne. / Fig. *Se mettre sur les rangs* : se mettre en compétition avec d'autres. / Ligne de mailles dans un tricot. *Un rang à l'endroit, un rang à l'envers.* / Place dans une hiérarchie, dans un classement. *Personne d'un haut rang,* d'une classe sociale ou d'une situation élevée.

rangé, e adj. *Bataille rangée,* livrée par des troupes mises en rang. / *Personne rangée,* qui mène une vie calme, qui se conduit avec sagesse, loin de tout excès. *Une conduite rangée* : la conduite d'une personne rangée.

rangée n. f. Rang. *Une rangée de livres. Une rangée de soldats.*

rangement n. m. Action de ranger des objets. Ant. dérangement. / Meuble ou installation conçus à cet usage.

ranger v. t. [1] Disposer en rangs; aligner. Ant. déranger. / Mettre ou remettre en place, en ordre. *Ranger ses livres, sa bibliothèque.* / Spécial. Garer (un véhicule). *Ranger sa voiture le long du trottoir.* / **B.** v. pron. Se disposer en rang, s'aligner. *Les coureurs se rangèrent sur la ligne de départ.* Au fig. *Se ranger du côté de qqn, à l'avis de qqn* : prendre le parti de qqn, adopter la position de qqn. / Spécial. Se garer. *Rangez-vous dans la contre-allée.*

Rangoon (aujourd'hui *Yangon*) *3 000 000 h.* Capitale de l'Union de Myanmar (Birmanie), sur le delta oriental de l'Irrawaddy. C'est le principal centre commercial et industriel du pays, grâce notamment à son port. Bien que l'occupation du site de la ville remonte au VIe siècle, son développement urbain et industriel eut principalement lieu à partir du XVIIIe siècle, lorsque la ville devint la capitale de la Basse-Birmanie, et durant la colonisation britannique, entre 1852 et 1942. La grande pagode dorée de Schwedagon attire de nombreux pèlerins bouddhistes.

rani Voir **raja**

ranimer v. t. [1] Faire reprendre vie ou conscience à. *Ranimer un noyé.* / Redonner de la force, de la vigueur à. *Ranimer un feu. Cette nouvelle ranima les inquiétudes.* / v. pron. *Fuir un volcan qui se ranime.*

Rank (Otto Rosenfeld, dit **Otto)** 1884-1939 Psychanalyste autrichien. Sa rencontre avec Freud le pousse à étudier les mythes et les légendes dans une perspective psychanalytique. En 1924, il publie *Le Traumatisme de la naissance*, ouvrage dans lequel il identifie la séparation de la mère comme la cause principale des névroses. Ses travaux ultérieurs l'amèneront à se concentrer sur le problème de la thérapie.

Ranke (Leopold von**)** 1795-1886 Historien allemand. Principal fondateur de l'école d'histoire en Allemagne, il adopta une approche objective de l'historiographie, se refusant à porter des jugements et adoptant une méthode critique vis-à-vis des documents historiques. Auteur d'une *Histoire des peuples romans et germains 1494-1535* (1824), il composa plusieurs ouvrages novateurs sur l'Angleterre, la France, l'Espagne et l'Allemagne et laissa une *Histoire universelle* inachevée.

Raoul ou **Rodolphe de Bourgogne** ?-936 Duc de Bourgogne en 921, roi de France en 923. Il fut élu roi de France à la mort de son beau-père Robert Ier, aux dépens de Charles III le Simple, et contint les Hongrois et les Normands.

Raoul de Cambrai XIIe siècle Chanson de geste française racontant le combat cruel de Raoul, héros révolté et aveuglé par son orgueil, contre les seigneurs voisins de ses terres.

Raoult (François Marie) 1830-1901 Chimiste et physicien français. Il a étudié le comportement des solutions et établi plusieurs lois (qui portent son nom) sur la masse moléculaire d'un corps dissous par rapport aux températures d'ébullition, de congélation et à la diminution des tensions de vapeur du solvant.

raout n. m. Vieilli Fête mondaine.

rap n. m. (mot anglais) Style poético-musical né dans les ghettos afro-américains au cours des années 1970 et bientôt associé au mouvement hip-hop, caractérisé par la scansion de textes, initialement improvisés et contestataires, sur des rythmes lancinants, enrichis par divers fragments musicaux ou bruitages, préenregistrés ou non.

rapace adj. et n. m. Qui poursuit sa proie avec ténacité, la mange avec voracité. *Aigle rapace.* Au fig. Se dit d'une personne cupide, qui n'hésite pas à léser autrui. / ZOOL. n. m. Oiseau prédateur, au bec crochu et acéré, aux griffes puissantes (serres). *Les aigles, les faucons, les chouettes sont des rapaces. Les rapaces diurnes* : les falconiformes. *Les rapaces nocturnes* : les strigiformes.

Le pygargue est un **rapace**.

Rapaces (les) 1923 Film muet américain de Stroheim d'après le roman de Norris *McTeague* (1899), chef-d'œuvre de rigueur et de réalisme. Le film, d'une durée initiale de plus de 7 heures, subit des coupes très importantes exigées par le producteur.

rapacité n. f. Caractère rapace de. *La rapacité d'un animal affamé.* Au fig. *La rapacité des créanciers.*

Rapallo *31 000 h.* Station balnéaire d'Italie, en Ligurie, sur le golfe de Gênes. Port de pêche (thon). Un traité y fut conclu le 12 novembre 1920 entre l'Italie et la Yougoslavie. Un autre traité y fut signé en 1922, réglant les rapports russo-allemands.

rapatriement n. m. Action de rapatrier; son résultat.

rapatrier v. t. [1] Faire revenir (qqn) dans sa patrie. *Rapatrier un exilé.* / Par ext. *Rapatrier un véhicule accidenté.*

râpe [1] n. f. CUIS. Ustensile composé d'une plaque métallique hérissée de pointes et percée de trous pour réduire en fragments certains aliments. / TECHN. Grosse lime plate ou demi-ronde.

râpe [2] n. f. BOT. Synonyme de rafle.

râpé, e adj. et n. m. **A.** adj. Usé jusqu'à la corde. *Un pantalon complètement râpé.* / Réduit en menus fragments. *Carottes râpées.* / Fam. *C'est râpé* : c'est fichu. **B.** n. m. Fromage (notam. gruyère) râpé. *Donnez-moi 100 grammes de râpé.*

râper v. t. [1] Réduire en fragments, ronger (une substance) au moyen d'une râpe. *Râper du gruyère. Râper du bois.*

rapetasser v. t. [1] Fam. Raccommoder grossièrement.

rapetisser v. t. / v. i. [1] Rendre plus petit; faire paraître plus petit. *L'effet de perspective rapetisse les objets avec l'éloignement. Cette robe la rapetisse.* Au fig. *Un écrit qui rapetisse son auteur.* / v. i. Devenir plus petit, diminuer. *Ce pull a rapetissé.*

râpeux, euse adj. Rugueux comme une râpe, couvert d'aspérités. *Étoffe rugueuse.* Au fig. *Vin râpeux,* de saveur âpre. *Voix râpeuse,* rauque.

Raphaël Dans la Bible (*Livre de Tobit*), archange qui servit de guide à Tobie et l'accompagna chez son parent Gabelus jusqu'à Ragès dans le lointain pays des Mèdes. En hébreu, son nom signifie : « Dieu guérit ».

Raphaël (Raffaello Sanzio, dit**)** 1483-1520 Peintre et architecte italien. Né en

Ombrie, il est d'abord l'élève du Pérugin dont l'influence se manifeste dans la luminosité des paysages et l'ordonnance des compositions : sa première œuvre datée, *Le Mariage de la Vierge* (1504), reprend un motif du Pérugin, avec des personnages groupés au premier plan et un décor d'architecture évoqué en arrière-plan. À Florence (1504-1508), Raphaël est attiré par l'art de Léonard de Vinci auquel il emprunte la composition pyramidale dans *La Belle Jardinière* (1507) et la *Sainte Famille Canigiano*. Il s'inspire aussi de Fra Bartolomeo et de Michel-Ange, comme le montre la *Mise au tombeau* (1507). C'est durant son séjour florentin qu'il compose certaines de ses plus fameuses madones, dont la *Madone du grand-duc* (1505) et la *Madone au chardonneret* (1506). En 1508, à Rome, le pape Jules II lui confie la décoration des *stanze* (chambres) du Vatican (1509-1517), où apparaissent toutes les qualités de son art : équilibre des masses, belles proportions, fermeté du dessin ; la « chambre de la Signature » contient *L'École d'Athènes* ; il compose en même temps les *fresques de Galatée* à la Farnésine. Raphaël est aussi portraitiste (*Madeleine Doni, Baldassare Castiglione*), et architecte : il reprend la direction des travaux de Saint-Pierre de Rome après la mort de Bramante en 1514. Certaines des œuvres qui lui sont attribuées ont cependant souffert de la participation des élèves qu'il avait été contraint d'engager en raison de sa grande popularité et de ses trop nombreuses commandes.

La Madone au chardonneret, *tableau de* **Raphaël**.

raphia n. m. (mot malgache) Palmier d'Afrique et d'Amérique dont les longues feuilles fournissent une fibre textile. / Cette fibre, à la fois souple et résistante, utilisée en vannerie, comme lien, etc.

rapiat, e adj. et n. Fam. Cupide, avare.

rapide adj. et n. m. **A.** adj. Qui se déplace (ou peut se déplacer) vite ; qui agit ou se produit vite. *Un train rapide. Une lecture rapide.* / Qui se montre prompt dans ses activités. *Être rapide à la détente* : tirer vite. (Subst.) *C'est un(e) rapide.* / Qui permet d'aller vite. *Descente rapide.* / PHOT. *Pellicule rapide* : pellicule très sensible autorisant un faible temps de pose. **B.** n. m. Partie d'un cours d'eau où le courant, rapide, est agité de tourbillons. / *Un rapide* : un train rapide, qui fait peu d'arrêts.

rapidement adv. Vite.

rapidité n. f. Qualité de ce qui est rapide. *La rapidité d'un voyage, d'une décision.*

rapiéçage ou **rapiècement** n. m. Action de rapiécer ; son résultat.

rapiécer v. t. [1] Réparer en cousant une ou plusieurs pièces de tissu. *Rapiécer un manteau déchiré.*

rapière n. f. Anc. Épée longue et effilée, en usage dans les duels.

rapin n. m. Vx Apprenti dans un atelier de peinture. / Mod. (péjor. ou par plaisant.) Peintre médiocre et bohème.

rapine n. f. Litt. Vol, pillage.

raplapla adj. inv. Fam. Sans forces, très fatigué.

rappel n. m. Action de rappeler. / Acclamations, applaudissements destinés à rappeler les artistes sur scène à la fin d'un spectacle. / MILIT. Batterie de tambour, sonnerie de clairon appelant les troupes à se rassembler. *Battre le rappel* : rassembler ses partisans. / *Rappel à l'ordre* : avertissement adressé à qqn qui n'a pas respecté le règlement, les convenances. / Remise en mémoire. Un rappel des temps anciens. / Répétition. *Piqûre de rappel, vaccination de rappel* ou (ellipt.) *rappel* : nouvelle administration d'un vaccin qui renforce l'action d'une première vaccination. / Paiement rétroactif d'appointements restés en suspens. *Toucher un rappel.* MAR. Position d'un équipage, au vent, pour réduire le gîte d'un voilier. / SPORT *Descente en rappel, avec une corde de rappel* : en alpinisme, descente d'une paroi à l'aide d'une corde que l'on peut ramener à soi.

rappeler v. t. [1] Appeler une nouvelle fois ; spécial., téléphoner de nouveau à. *Rappelle-moi demain.* / Faire revenir. *Il faut rappeler le médecin.* / Remettre en mémoire. *Je vous rappelle que nous fermons au mois d'août.* / Faire penser à, par ressemblance ou association d'idées. *Cette chanson me rappelle mon enfance.* / v. pron. Se souvenir de ; garder en mémoire. *Je me rappelle très bien son nom, son visage.* (La construction « se rappeler de » est incorrecte.)

rappeur, euse n. Celui, celle qui compose, joue du rap.

rappliquer v. t. / v. i. [1] Litt. Appliquer de nouveau. / v. i. Pop. Venir, revenir, arriver. *Les voilà qui rappliquent !*

rapport n. m. Exposé ; compte rendu écrit ou oral ; récit. *Rédiger un rapport d'autopsie.* / MILIT. Réunion où sont données des informations ou des consignes. / Revenu ; rendement. *Un placement de bon rapport.* / Relation entre deux choses. *Rapport d'analogie, de causalité. Avoir rapport à* : être relatif à. *Par rapport à* : relativement à. *Sans rapport* : sans lien ou sans commune mesure. / MATH. Quotient, ratio. / Relation entre des personnes. *Se mettre en rapport avec... Rapports conflictuels, rapports sexuels.*

rapporter v. t. [1] **A.** Apporter de nouveau. / Rendre (qqch.) à qqn ; remettre (une chose) à l'endroit où elle était. *N'oublie pas de me rapporter mes outils.* / Apporter avec soi en revenant d'un lieu. *Rapporter des huîtres de Bretagne.* / En parlant d'un chien, apporter à son maître (un gibier tué, un objet lancé). / Ajouter. *Rapporter de la dentelle au col d'une robe.* (Au pp.) *Pièces rapportées.* / GÉOM. Tracer une figure semblable à une autre. *Rapporter un angle, une droite.* / Produire, apporter (un bénéfice, un avantage). *Un placement qui rapporte 10 % par an.* / DR. Restituer (une valeur, un bien...) à la masse des biens à répartir dans une succession. / DR. Annuler, abroger. *Rapporter un décret.* / Faire le récit de, rendre compte de *Rapportez-moi ses propos.* / Diffuser par malveillance ou ignorance ; moucharder. *Il a tout rapporté au professeur.* / Faire remonter (qqch.) à (qqch. d'autre) par un lien logique. / Comparer. *Rapporter le résultat aux investissements.* **B.** v. pron. Être rattaché, relié. *Se passionner pour tout ce qui se rapporte à l'aviation.* / *S'en rapporter à* : s'en remettre à ; se placer sous l'arbitrage de.

rapporteur, euse n. (Péjor.) Personne qui rapporte, dénonce. *Un petit rapporteur* : un enfant qui dénonce ses camarades. / n. m. Personne qui présente un rapport, un projet, notam. un projet de loi. *Rapporteur du budget.* / Instrument en forme de demi-cercle gradué de 0 ° à 180 °, destiné à mesurer ou à rapporter les angles.

rapprochement n. m. Action de rapprocher ; fait de se rapprocher. / Fig. Amélioration des relations, réconciliation. *Rapprochement entre deux États.* / Fig. *Faire le rapprochement* : établir un lien conceptuel entre deux choses.

rapprocher v. t. [1] **A.** Mettre plus près. *Rapprocher son fauteuil de la fenêtre.* / Rendre proche ou plus proche. *Rapprocher une date. Rapprocher des points de vue.* **B.** v. pron. Venir, se mettre plus près. / Présenter une ressemblance avec. *Son style se rapproche de celui des impressionnistes.*

rapsode, rapsodie Voir **rhapsode, rhapsodie**

rapt n. m. Enlèvement (d'une personne).

raquer v. i. [1] Pop. Payer.

raquette n. f. Instrument plat de forme ovale muni d'un manche, destiné à lancer une balle ou un volant. *Raquette de tennis, de badminton*, comportant un cadre muni d'un cordage ; *raquette de ping-pong*, pleine et recouverte de liège ou de caoutchouc. / Large semelle ovale qu'on fixe sous les chaussures pour marcher dans la neige sans s'y enfoncer. / BOT. Opuntia ; rameau plat, charnu, épineux, de cette plante.

rare adj. Qui n'existe qu'en très petite quantité. *Un timbre rare.* / CHIM. *Gaz rares, terres rares* : voir *gaz, terre.* / Qui est peu fréquent, peu dense. *De rares nappes d'eau. Végétation rare.* / Fam. Remarquable. *Une rare bonté.* / loc. fam. (En parlant d'une personne). *Se faire rare* : cesser de fréquenter qqn. *Nos enfants se font rares en ce moment.*

raréfaction n. f. Fait de se raréfier ; son résultat. *Raréfaction de l'oxygène.*

raréfier v. t. / v. pron. [1] **I.** PHYS. Diminuer la pression de, la densité de. / v. pron. *Gaz qui se raréfie.* **II.** Rendre rare. / v. pron. Devenir rare, plus rare. *Averses qui se raréfient.*

rarement adv. Peu souvent.

rareté n. f. Qualité de ce qui est rare. *Métal d'une grande rareté.* / Objet rare. *Ce fauteuil est une rareté.*

rarissime adj. Très rare.

ras, e [1] adj., adv. et loc. prép. **A.** adj. À son niveau le plus bas. *En rase campagne* : dans une campagne sans relief, sans rien derrière quoi se dissimuler. / Loc. fig. *Faire table rase de* : se défaire de (toutes les idées, de toutes les conceptions autrefois reconnues et admises). *Du passé faisons table rase* (E. Pottier). / Très court. *Chien à poil ras.* (Emploi adv.) *Cheveux coupés ras.* / *À ras bord* : au ras du bord, jusqu'au bord. **B.** loc. prép. *Au ras de, à ras de* : à l'extrême limite de. *Voler à ras du sol.* / loc. adv. fig., fam. *En avoir ras le bol*, en avoir assez, ne plus supporter.

ras [2] n. m. MAR. Radeau, plate-forme flottante, servant aux réparations des navires.

ras [3] n. m. (mot arabe) En Éthiopie, seigneur féodal.

rasade n. f. Contenu d'un verre plein à ras bord.

rasage n. m. Action de raser ; résultat de cette action.

rasant, e adj. Qui effleure. / Au ras du sol. / Fam. Ennuyeux.

rascasse n. f. ZOOL. Poisson téléostéen à la tête et la nageoire dorsale hérissées d'épines, vivant sur les fonds rocheux des mers tempérées et tropicales. Syn. scorpène. / *Rascasse blanche* : uranoscope.

rase-mottes n. m. inv. AÉRON. *Un rase-mottes* ou *un vol en rase-mottes* : vol effectué à ras du sol.

raser v. t. [1] Couper (le poil) au ras de la peau. *Raser une barbe, des cheveux.* (Emploi

R

François Vincent Raspail.

Raspoutine.

pron.) *Se raser avec un rasoir électrique.* / Couper ras, au même niveau, les poils de. *Raser une peau, une étoffe.* / Passer au ras de. *Raser la côte. Raser les murs* : se déplacer en effleurant les murs, pour ne pas être remarqué. / Mettre à ras de terre ; détruire. *Raser un quartier.* / Fam. Ennuyer.

raseur, euse n. TECHN. Personne chargée du rasage des étoffes, des peaux. / Fig., fam. Personne ennuyeuse.

rasibus adv. Fam. À ras.

raskol n. m. (mot russe, « schisme ») RELIG. Rupture intervenue dans la chrétienté russe, au XVIIe siècle, lorsque le patriarche Nikon voulut réformer certains usages traditionnels peu conformes à la lettre et à l'esprit des textes sacrés ; ces réformes divisèrent profondément les fidèles et ceux qui s'y opposèrent (*raskolniki*) sont à l'origine du schisme des vieux-croyants.

Raskolnikov Héros du roman de Dostoïevski *Crime et Châtiment* (1866). Égaré par sa raison qu'il croit supérieure à Dieu, Raskolnikov commet un meurtre gratuit qui, jusqu'à son sincère repentir et l'acceptation de son châtiment, lui rendra la vie intolérable.

ras-le-bol n. m. inv. Fam. Exaspération. *Un ras-le-bol général qui dégénère en désordres publics.*

Rasmussen (Knud) 1879-1933 Explorateur danois des régions arctiques. Il dirigea une expédition ethnographique dans le nord du Groenland, fonda Thulé, puis, à partir de 1912, recueillit une importante documentation sur la culture des Eskimos.

Rasoherina ?-1868 Reine de Madagascar en 1863. Épouse de Radama II, elle lui succéda.

rasoir n. m. et adj. inv. Instrument utilisé pour raser les poils ou les cheveux. *Rasoir électrique, rasoir jetable.* / Fig., fam. Personne ennuyeuse. *Quel rasoir, ce type !* (Emploi adj.) *Cette conférence était rasoir.*

Raspail (François Vincent) 1794-1878 Chimiste, médecin et homme politique français. Républicain lors de la Restauration, il s'intéresse aux mécanismes chimiques au niveau microscopique et ouvre ainsi le champ de la cytochimie. Il s'intéresse également beaucoup à la médecine pour les pauvres et publie plusieurs ouvrages de vulgarisation qui lui apportent une grande popularité. Cependant, ses activités et sympathies politiques lui valent d'être emprisonné en 1832, puis banni de 1849 à 1863 à la suite des événements du 15 mai 1848. De retour en France, il est élu député et ne cessera de militer dans l'opposition jusqu'à sa mort.

Raspoutine (Grigori Iefimovitch, devenu **Grigori Iefimovitch Novykh)** 1863 ou 1864-1916 Aventurier russe. Ce paysan sibérien, illettré et dépravé, réussit (1905) à s'imposer à la tsarine Alexandra, épouse de Nicolas II, en raison de ses prétendus dons de guérisseur qu'il appliquait au tsarévitch Alexis, souffrant d'hémophilie. L'influence néfaste qu'il exerce sur le tsar lui-même incitera finalement le grand-duc Dimitri Pavlovitch, cousin du tsar, le prince Youssoupov et le député Pourichkevitch à l'assassiner en 1916.

rassasier v. t. [1] Assouvir la faim de, nourrir (une personne, un animal) à satiété. (Emploi pron.) *Ils se rassasièrent des restes de la veille.* / Fig. Satisfaire, combler les désirs, les besoins de. *Ce maigre succès ne saurait le rassasier. Être rassasié de* : avoir à satiété, parfois jusqu'à en être lassé.

rassemblement n. m. Action de rassembler. *Sonner le rassemblement.* / Réunion, attroupement. / Groupe de personnes unies dans un but commun ; groupement politique unissant plusieurs tendances.

Rassemblement pour la République (R. P. R.) Nom donné en 1976 à une branche du mouvement gaulliste (Rassemblement du peuple français, R.P.F., 1947-1953), appelée Union pour la défense de la République depuis 1968 et ensuite connue sous divers noms. Grâce à la réorganisation énergique de son président, J. Chirac, ce parti politique s'est rapidement imposé comme l'un des principaux partis de droite en France. En 2002, la plupart de ses militants ont, avec d'autres partis de droite et du centre droit, rejoint l'UMP (Union pour la majorité présidentielle).

rassembler v. t. [1] Réunir en un même endroit. *Rassembler les élèves dans la cour. Rassembler un troupeau.* / Fig. Rallier, unir dans une action commune. *Une réforme qui rassembla les syndicats contre le gouvernement.* / Mettre ensemble. *Rassembler de vieilles photos.* / Fig. Concentrer, regrouper ; faire appel avec effort à. *Rassembler ses forces, son courage.* / ÉQUIT. *Rassembler son cheval*, le maîtriser pour le préparer au mouvement qu'on souhaite lui faire exécuter.

rasséréner v. t. [1] Ramener (qqn) à la sérénité, à la tranquillité. *Ses paroles rassurantes nous rassérénèrent.* / v. pron. *D'abord furieux, il s'est rasséréné.*

rassir v. i. [2] Devenir rassis.

rassis, e adj. Qui n'est plus frais, mais n'est pas encore dur. *Pain rassis. Cette baguette est complètement rassise.* / Fig. Posé, réfléchi. *C'est un esprit rassis. Une personne de sens rassis.*

rasssortiment, rassortir Voir **réassortiment, réassortir**

rassurer v. t. [1] Redonner confiance, tranquillité d'esprit à ; faire taire les craintes de. *La visite du médecin nous a rassurés.* / v. pron. *Rassure-toi, j'ai tout prévu.*

rasta ou **rastafari** n. et adj. Adepte du rastafarisme.

rastafarisme n. m. Mouvement mystique, culturel et politique propre aux Noirs des Antilles anglophones, né, en Jamaïque, dans les années 1920, qui prônait le retour des Noirs en Afrique. (Lorsque, en 1930, en Éthiopie, ras Tafari devient le négus Hailé Sélassié, il est pris pour la réincarnation de Dieu sur terre, le rédempteur du peuple noir. Les rastas se considèrent comme une des tribus perdues d'Israël ; contestant certaines valeurs des Blancs, le mariage notamment, ils donnent à leur musique, le reggae, une valeur spirituelle).

rastaquouère n. m. Fam., péjor. Étranger qui fait étalage d'une richesse dont les origines semblent louches. / Par ext. Individu louche.

Rastatt ou **Rastadt** *46 340 h.* Ville industrielle (électronique) d'Allemagne, dans le Bade-Wurtemberg, où fut signé le traité de 1714 mettant fin à la guerre de la Succession d'Espagne. À Rastatt également se tint, sans résultat, le congrès destiné à rétablir la paix entre la France et l'Autriche (1797-1799).

Rastignac (Eugène de) Personnage de la *Comédie Humaine* de Balzac, qui apparaît pour la première fois dans *Le Père Goriot* (1834). Comme le vieux Goriot, cet étudiant vit à la pension Vauquer et par lui, connaît sa fille, Delphine de Nucingen, dont il devient l'amant. Dans les autres romans, il apparaît comme le bras droit du banquier Nucingen et l'un des dandys de Paris. Il sera Premier ministre et époux de la fille des Nucingen, Augusta.

Rastrelli (Bartolomeo Carlo) v. 1675-1744 Sculpteur italien qui fit carrière en Russie, au service de Pierre le Grand. **Bartolomeo Francesco** 1700-1771 Sculpteur italien, fils du précédent. Il introduisit en Russie le baroque européen, l'infléchit vers le rococo et l'adapta aux traditions artistiques russes, tant pour les palais (Palais d'hiver et de Tsarskoïe Selo, à Saint-Pétersbourg) et les édifices publics (couvent Smolnyï) que pour les édifices religieux, qui intègrent les clochers à bulbe et les coupoles rituelles (Saint-André de Kiev).

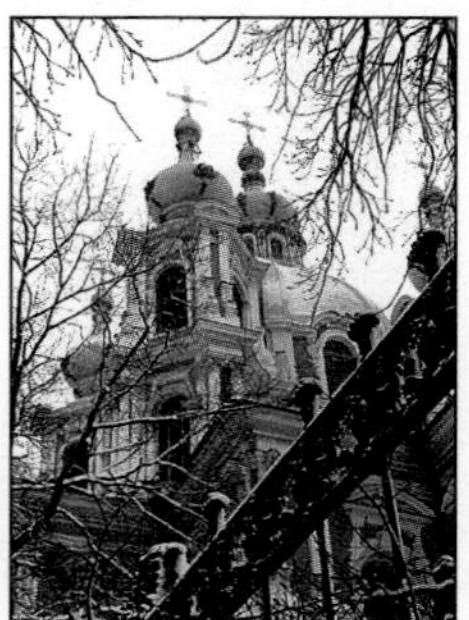
Église du couvent Smolnyï, réalisée par ***Bartolomeo Francesco Rastrelli.***

Rat.

rat n. m. Mammifère rongeur de la famille des muridés, au museau pointu, aux incisives puissantes, à la longue queue annelée et écailleuse. *Les rats vivent souvent en commensaux de l'homme ; ils sont les vecteurs de diverses maladies, notam. de la peste. Rat noir*, à longue queue et grandes oreilles, qui vit notam. dans les greniers et les granges. *Rat d'égout, rat gris ou surmulot.*, à queue et oreilles plus courtes, qui vit dans les caves, les égouts. / Nom donné à divers mammifères dont l'allure évoque celle des rats. *Rat des bois, des champs* : nom donné à diverses espèces de petits rongeurs (mulot, campagnol). *Rat musqué* : ondatra. *Rat palmiste* : xérus. *Rat marsupial* : nom donné à diverses espèces de petits marsupiaux. / Fig. Avare. / *Petit rat de l'Opéra* : élève d'une classe de danse de l'Opéra. / *Rat d'hôtel* : voleur qui opère dans les chambres d'hôtel. / *Rat de bibliothèque* : personne qui passe son temps dans les bibliothèques, grand amateur de livres. / Terme d'affection. *Mon petit rat. « Dors mon rat »* (Mac Orlan).

rata n. m. Argot militaire, vx Mauvais ragoût pour soldats. / Fam. Plat peu appétissant. *Qu'est-ce que c'est que ce rata ?* / Fam. Tout plat. *Délicieux, ton rata.*

ratafia n. m. Alcool blanc dans lequel on a fait mariner des fruits (abricot, cerise…) et du sucre.

ratage n. m. Fait de rater, de subir un échec.

ratatiner v. t. [1] Rapetisser et déformer, recroqueviller (qqch.). *Une trop longue cuisson au four avait ratatiné le rôti.* (Emploi pron.) *Pommes qui se ratatinent en séchant.* / (Sujet nom de personnes) *Un vieillard qui se ratatine avec l'âge.* / Fig., fam., Écaser, défaire complètement (qqn). *Ratatiner l'adversaire.*

ratatouille n. f. CUIS. Mets provençal composé de tomates, de courgettes, d'oignons, d'aubergines et de poivrons cuits dans l'huile d'olive avec divers aromates.

rat-de-cave n. m. Longue et mince mèche de cire, utilisée pour éclairer. Pl. Des *rats-de-cave.*

rate [1] n. f. ANAT. Organe spongieux, très vascularisé, situé du côté gauche de l'abdomen, au-dessous du diaphragme, qui contribue à l'élaboration des globules rouges et des leucocytes. / Fig., fam. *Avoir la rate qui se dilate, rire à se faire éclater la rate* : rire beaucoup, fort, longtemps.

rate [2] n. f. Femelle du rat.

rate [3] ou **ratte** n. f. Petite pomme de terre de forme allongée, à chair dense, au goût très fin. *Rate du Touquet.*

raté, e adj. et n. **A.** adj. Qui n'est pas réussi, qui n'est pas tel qu'on l'aurait voulu. *Une*

Skis sur un **râtelier**.

mayonnaise ratée. / Qui n'a pas réussi ce qu'il avait entrepris ou qui n'est pas tel qu'il aurait voulu être *Un écrivain raté.* / Subst. *C'est un(e) raté(e),* qqn dont la vie ou la carrière est un échec. **B.** n. m. Fig. Dysfonctionnement ; échec. *Les ratés de la politique monétaire.* / Bruit d'explosion fait par un moteur dont l'allumage se fait mal. / Coup de feu qui ne part pas.
râteau n. m. Outil formé d'une traverse métallique hérissée de pointes, fixée à un long manche, servant à égaliser la terre, à rassembler les feuilles mortes. / Petit instrument en bois avec lequel le croupier ramasse les jetons sur les tables de jeu. / Peigne de métier à tisser. / Partie de la serrure actionnée par les dents de la clé.
râtelier n. m. Mangeoire à foin fixée au mur d'une étable, constituée d'un assemblage de barreaux. / Fig. *Manger à tous les râteliers* : ne négliger aucune source de profit, quitte à servir des intérêts opposés. / Barre fixée au mur ou à un établi, munie de crochets ou percée d'encoches, servant à ranger des armes ou des outils. / Fig. et fam., vieilli Dentier.
rater v. i. / v. t. [1] **A.** v. i. Ne pas partir, en parlant d'une arme à feu. / Par ext. Échouer. *L'expérience a raté.* / Fam. *Ça n'a pas raté !* : c'était inévitable, il fallait s'y attendre ! **B.** v. t. Ne pas réussir à atteindre (ce que l'on visait). *Rater une cible.* / Ne pas rencontrer (qqn), ne pas réussir à prendre (un moyen de transport), faute d'arriver à temps ; manquer. *Il est parti hier, vous l'avez encore raté. Rater son avion.* / Ne pas réussir, ne pas mener à bien. *Rater son examen. Rater un soufflé.*
Rathenau (Walter) 1867-1922 Homme d'État allemand. Ingénieur puis homme d'affaire (il prend la tête de la société de son père en 1915), il s'intéresse à la politique du gouvernement impérial. Directeur de l'Office des matières premières en 1914, il supervise l'économie de guerre. Après la défaite allemande de 1918, en dépit ses critiques à l'égard de la république de Weimar, il deviendra ministre des Affaires étrangères et organisera le rapprochement de l'Allemagne et de la Russie qui aboutira au traité de Rapallo (1922).
ratiboiser v. t. [1] Fam. Rafler (qqch.) à qqn. *Il s'est fait ratiboiser son argent.* / Par ext. *Ratiboiser qqn*, lui prendre tout ce qu'il a.
ratibouchoux n. m. pl. Fam. Dans le sud-ouest de la France, rogatons.
raticide adj. et n. m. Qui détruit les rats. *Produit raticide. Un raticide.*
ratier n. m. et adj. Chien dressé à la chasse au rat. / adj. *Chien ratier.*
ratière n. f. Piège à rat.
ratification n. f. DR. Fait de ratifier qqch. ; document qui notifie ce qui a été ratifié.
ratifier v. t. [1] DR. Rendre valide (un acte) en approuvant ou en confirmant selon une procédure requise. *Le Parlement ratifia le traité.*
ratine n. f. Étoffe de laine dont le poil, frisé et tiré au dehors, forme une surface grenue. *Un manteau de ratine.*
rating n. m. (mot anglais) MAR. Indice qui range les yachts en plusieurs classes, selon leurs spécifications techniques. / FIN. Indice qui classe les entreprises en fonction de leur solvabilité. *Agence de rating* : organisme qui établit ce classement.
ratio n. m. ÉCON. et FIN. Rapport entre deux grandeurs.
ratiocination n. f. Litt. Fait de ratiociner, raisonnement oiseux.
ratiociner v. i. [1] Litt. Raisonner de façon oiseuse.
ration n. f. Quantité journalière de vivres attribuée à un militaire ; quantité d'une denrée fournie à une personne, un animal, pour une journée ou pour une période donnée.
rationalisation n. f. Action de rationaliser ; son résultat. / ÉCON. Organisation, selon des méthodes rationnelles, d'une activité économique.
rationaliser v. t. [1] Rendre rationnel, conforme aux lois de la raison. / PSYCHOL. Expliquer, justifier de manière rationnelle ce qui, par nature, est étranger à la raison. *Tenter de rationaliser un comportement.* / Organiser de manière fonctionnelle, efficace. *Rationaliser la production.*
rationalisme n. m. PHILO. Théorie ou système qui fait de la raison le principe de la connaissance. Ant. irrationalisme.
♦ Le rationalisme s'oppose d'une part à l'autorité exclusive de la tradition ou de la révélation religieuse, voire, dans sa forme la plus poussée, à toute foi. Si, d'autre part, les grands rationalistes classiques, Descartes, Malebranche, Leibniz, s'opposent à l'empirisme dans la mesure où celui-ci voit dans l'expérience sensible le principe originel et essentiel du savoir, le rationalisme de Kant fera de l'expérience elle-même le produit du travail de l'entendement sur le donné empirique, tandis que le rationalisme extrême de Spinoza et de Hegel s'entend respectivement comme adéquation ou identité du réel et du rationnel. Dans la lignée de Hume, le rationalisme critique de Popper, affirmant que la raison scientifique n'est jamais infaillible, redonne à l'expérience le statut d'arbitre, de critère, non plus du vrai, mais du faux.
rationaliste adj. et n. Relatif au rationalisme ; tenant du rationalisme.

Walter Rathenau.

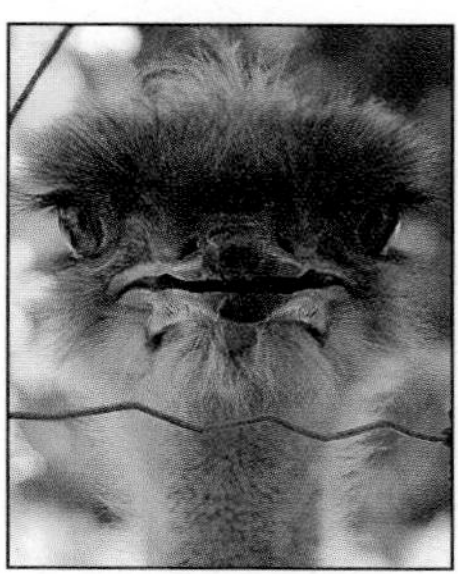
L'autruche est un oiseau **ratite**.

rationalité n. f. Caractère de ce qui est rationnel. *Rationalité technique, scientifique.* Ant. irrationalité.
rationnel, elle adj. PHILO. Fondé sur la raison. *Connaissance rationnelle.* Ant. irrationnel. / Conforme à la raison. *Décision rationnelle.* / Bien adapté aux besoins. *Un rangement rationnel. Alimentation rationnelle.* / MATH. *Nombres rationnels* : voir *nombre.*
rationnellement adv. De façon rationnelle ; conformément à la raison.
rationnement n. m. Action de rationner ; son résultat.
rationner v. t. [1] Distribuer une quantité déterminée et limitée de. *Rationner l'eau en période de sécheresse.* / Diminuer la ration de ; soumettre à un rationnement. *Rationner un malade.* / v. pron. Restreindre sa consommation alimentaire.
Ratisbonne (en all. *Regensburg*) *125 836 h.* Ville d'Allemagne, en Bavière. Centre commercial actif au confluent de la Regen et du Danube, cette ville, dont les origines remontent aux Celtes, possède de nombreux monuments médiévaux. Bénéficiant d'une situation géographique stratégique, elle s'est développée à partir de l'époque romaine jusqu'au XVIe siècle. De 1663 à 1810, elle fut le siège permanent de la diète de l'Empire et fut intégrée à la Bavière en 1810. Plusieurs conférences s'y tinrent : les diètes de 1541, de 1575 et de 1630.
ratissage n. m. Action de ratisser ; résultat de cette action. / Fig. Fouille systématique d'un secteur, effectuée par des policiers ou des militaires.
ratisser v. t. [1] **I.** Ôter (qqch.) avec un râteau. *Ratisser les feuilles mortes.* / Égaliser ou nettoyer (le sol) avec un râteau. *Ratisser une plate-bande.* **II.** Fig. (En parlant d'une opération policière ou militaire) Explorer minutieusement (une zone). *Ratisser une région.* / Fam. Rafler son argent à (qqn). *Ratisser un adversaire au poker.*
ratites n. m. pl. ZOOL. Sous-classe d'oiseaux coureurs au sternum dépourvu de bréchet, aux ailes atrophiées, abandonnée dans les classifications actuelles. *L'autruche, le nandou, l'émeu, le casoar, le kiwi sont des ratites.*
raton n. m. Petit du rat. / ZOOL. Mammifère d'Amérique, de la famille des procyonidés. *Raton laveur*, au pelage gris brun, à la tête ornée d'un masque blanc et noir, à la queue annelée blanche et noire, et qui, lorsqu'il est en captivité, lave ses aliments. *« On t'a appelé raton laveur. Il paraît que tu laves tout ce que tu manges. C'est des histoires qu'on a racontées sur toi, peut-être. Et toi tu es là. T'es en cage, en cabane ! »* (Prévert). *Raton crabier*, qui ressemble au raton laveur et se nourrit de crabes et d'autres crustacés. / Vulgaire, injurieux et raciste. Nord-Africain.
ratonade ou **ratonnade** n. f. Agression, ensemble de violences commises par des Européens à l'encontre des Nord-Africains. / Par ext. Ensemble de violences commises à l'encontre de tout autre groupe en raison de son appartenance ethnique ou sociale.
Ratsiraka (Didier) 1936 Homme politique malgache. Militaire formé en France, il fut président de la République en 1875 et engagea son pays dans la voie du socialisme. Battu à l'élection présidentielle de 1993, il revint au pouvoir en 1996 à la faveur de l'invalidation de son prédécesseur par le Parlement. Les élections présidentielles de 2001 l'opposent à Marc Ravalomanana. Les deux candidats se proclament élus ; après une période de confusion, un accord signé en 2002 reconnaît la validité du mandat de Ravalomanana et Didier Ratsiraka s'exile.
rattachement n. m. Action de rattacher, fait de se rattacher, d'être rattaché.
rattacher v. t. [1] Attacher de nouveau (qqch., qqn). / *Rattacher qqch. à* : établir une relation, souvent de dépendance, entre (des choses, des personnes). *Rattacher un régiment à un nouveau corps d'armée.* (Emploi pron., au sens passif) *Une question annexe qui se rattache à un problème général.*
ratte Voir **rate [3]**
rattrapage n. m. Action de rattraper, de se rattraper.
rattraper v. t. [1] **A.** Attraper de nouveau. *Rattraper des évadés.* / Saisir, attraper (qqn, qqch. qui tombe ou allait tomber). *Rattraper un enfant qui trébuche.* / Rejoindre (qqn qui a pris de l'avance). *Le peloton ne put rattraper le coureur échappé.* / Regagner, récupérer (qqch. de perdu). *Rattraper des heures de sommeil perdues. Rattraper son retard.* / Corriger, compenser. *Rattraper une bévue, une maladresse.* **B.** v. pron. Se raccrocher, s'agripper. *Se rattraper à la rampe.* / Récupérer le temps, l'argent ou une occasion perdue. / Combler une insuffisance ; profiter de ce dont on a été privé.
rature n. f. Trait biffant un mot, une partie d'un texte que l'on veut annuler.
raturer v. t. [1] Corriger, annuler par des ratures. *Raturer un texte.*
raucité n. f. Litt. Caractère d'une voix rauque.
rauque adj. (En parlant d'une voix) Rude et voilé, comme enroué. *Cris rauques.*
Rauschenberg (Robert) 1925 Peintre américain, l'un des précurseurs du pop'art. Il a brisé la frontière entre la vie et l'art, utilisant le théâtre, la musique et la danse pour évoquer la culture moderne américaine et les sociétés étrangères.
Ravachol (François Auguste Kœnigstein, dit) 1859-1892 Anarchiste français, il commit plusieurs attentats et des crimes de droit commun et acquit une grande célébrité ; il fut condamné à mort et exécuté.
ravage n. m. Dégât considérable.
ravager v. t. [1] Faire subir des ravages à ; détruire, dévaster. *Les sauterelles ont ravagé la récolte.*
ravageur, euse adj. et n. Qui ravage, détruit. *Un raid ravageur. Les sauterelles sont de terribles ravageuses.* / Fig. *Une passion ravageuse*, destructrice. *Une moue ravageuse*, qui fait des ravages dans les cœurs.

R

L'exécution du régicide **François Ravaillac** en place de Grève.

Maurice Ravel.

Ravaillac (François) 1578-1610 Assassin d'Henri IV. Catholique exalté, il poignarda le roi dont la politique de tolérance religieuse était très peu appréciée. Il mourut écartelé en place de Grève.

ravalement n. m. Remise en état de l'extérieur d'un bâtiment. *Ravalement de façade.*

ravaler v. t. [1] Avaler de nouveau (qqch.) *Ravaler sa salive.* Au fig. *Ravaler son indignation,* la retenir, l'empêcher de s'exprimer. / Fig. Rabaisser (qqch.). *Ravaler les mérites de qqn.* / Faire le ravalement de. *Ravaler une façade.*

ravaudage n. m. Action de ravauder ; résultat de cette action.

ravauder v. t. [1] Vieilli Raccommoder à l'aiguille.

rave [1] n. f. Nom donné aux plantes potagères cultivées pour leur racine comestible. *Céleri-rave* : voir *céleri.*

rave [2] ou **rave-party** n. f. (mot anglais) Réunion plus ou moins secrète, dans un édifice désaffecté ou en plein air, de nombreuses personnes qui passent la nuit à danser au son d'une musique techno.

Ravel (Maurice) 1875-1937 Compositeur français. Son œuvre élégante et harmonieuse, où la mélodie tient une place centrale, allie rigueur et goût de la féerie et de l'exotisme, peut-être dû à ses ascendances basques (il sera toujours fasciné par l'Espagne). Son style clair et concis triomphe dans l'orchestration. Musicien précoce et précocement reconnu (il n'a pas vingt-cinq ans quand il compose *Pavane pour une infante défunte*), on lui doit des mélodies, des œuvres lyriques (*L'Heure espagnole*, 1907), des ballets (*Daphnis et Chloé*, 1909-1912), de la musique de chambre et d'orchestre (*Boléro*, 1928), de la musique pour piano où s'épanouit son originalité (*Tombeau de Couperin*, 1919 ; *Concerto pour la main gauche*, 1929-1930), de la musique de chambre (*Quatuor en fa*, 1902-1903 et *Trio en la*, 1914). Malgré ses succès en France, ses tournées triomphales à l'étranger, son goût de la mondanité, ses amitiés éclectiques (É. Satie, L.-P. Fargue, D. de Séverac, M. de Falla, V. Larbaud, et bien d'autres), il mena une vie solitaire à Montfort-l'Amaury où il s'était installé en 1920, fit de nombreux séjours au pays Basque et voyagea beaucoup. La tumeur au cerveau dont il souffrait depuis 1928 fit de ses dernières années un calvaire que rien ne put atténuer, malgré la tentative d'une opération de la dernière chance qui fut un échec.

Ravenne *137 129 h.* Ville du nord de l'Italie, en Émilie-Romagne, près de l'Adriatique, à laquelle elle est reliée par un canal. Chef-lieu de la province du même nom. Construite dans l'Antiquité sur les îles d'une lagune, cette ville, successivement gauloise, romaine (en 402 Honorius y fixa la capitale de l'empire d'Occident), ostrogothe (capitale sous Odoacre et Théodoric), byzantine (capitale de l'exarchat d'Italie), lombarde (751), fut donnée au pape par Pépin le Bref en 754 et rattachée au royaume du Piémont en 1860. Ville touristique riche en monuments paléochrétiens et byzantins : basilique San Vitale (VIe siècle) aux célèbres mosaïques, église Sant' Apollinare Nuovo construite par Théodoric, tombeau de Théodoric à coupole monolithe, mausolée de Galla Placidia (mosaïques). Depuis les années 1960, la ville est devenue un centre industriel (gaz et pétrole).

Ravenne (exarchat de) 584-751 Province byzantine constituée en Italie par l'empereur Maurice en 584. En 751, les Lombards s'en emparèrent, mais Pépin le Bref intervint et contraignit ces derniers à le donner à la papauté en 754.

Ravensbrück Ville d'Allemagne près de Potsdam, où fut établi un camp de concentration nazi réservé aux femmes (1934-1945). Voir *génocide.*

raveur, euse n. Dans la langue des médias, personne qui participe à une rave-party.

ravi, e adj. et n. m. Très heureux. *Un sourire ravi. Je suis ravie de vous voir.* / n. m. Personnage des crèches provençales, type du naïf perpétuellement étonné.

ravier n. m. Petit plat creux à hors-d'œuvre.

ravigote n. f. CUIS. Vinaigrette à l'échalote hachée, à laquelle on a ajouté des œufs durs pilés. (Appos.) *Sauce ravigote.*

ravigoter v. t. [1] Fam. Redonner de la vigueur, de l'énergie à. *Buvez un verre, ça va vous ravigoter !*

ravin n. m. Vallée étroite entre deux versants abrupts, creusée par un torrent.

ravine n. f. Vieilli Torrent. / Lit d'un torrent ; petit ravin.

ravinement n. m. Action de raviner ; son résultat.

raviner v. t. [1] Creuser des ravines dans. *L'eau a raviné le chemin.* / Fig. *Des rides qui ravinent un visage,* y creusent leurs sillons.

raviole n. f. Petit carré de pâte analogue au ravioli, mais plus petit, généralement fourré au fromage. *Ravioles de Royan.*

ravioli n. m. (mot italien) Petit carré de pâte fourré de viande hachée ou de toute autre préparation, que l'on fait cuire à l'eau bouillante.

ravir v. t. [2] **I.** Litt. Enlever (qqn) de force. *Ravir un enfant pour exiger une rançon.* / S'approprier (qqch.) par la violence ou la ruse. *Les envahisseurs ont ravi nos terres.* **II.** Plonger (qqn) dans le ravissement, l'enchantement ; plaire énormément à. *Le spectabme m'a ravie.* *À ravir* : de manière admirable. *Elle chante à ravir.*

raviser (se) v. pron. [1] Changer d'avis.

ravissant, e adj. Qui ravit, plaît énormément. *Un visage ravissant.*

ravissement n. m. RELIG. Extase mystique. / Élan d'enthousiasme, de joie.

ravisseur, euse n. Personne qui commet un rapt.

ravitaillement n. m. Action de ravitailler, fait de se ravitailler. / Fam. Action de se fournir en produits alimentaires pour une journée ; les aliments ainsi obtenus. *Un gros ravitaillement.*

ravitailler v. t. [1] Procurer vivres et munitions à. *Ravitailler une place forte.* / Fournir en nourriture. *Le boulanger ravitaille chaque matin la cantine scolaire.* / Fournir en carburant. / v. pron. *Des avions qui se ravitaillent en vol.*

Basilique byzantine Saint-Apollinaire-in-Classe (VIe siècle), à **Ravenne**.

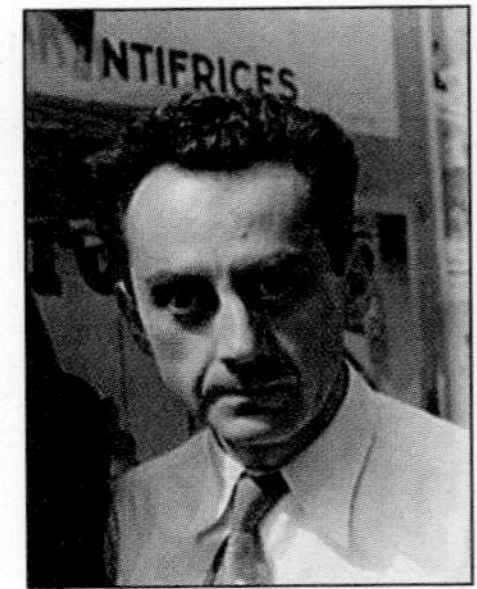

Man Ray.

ravitailleur n. m. et adj. m. Personne qui a la charge du ravitaillement, dans une épreuve sportive. / MILIT. Véhicule, navire, avion équipé pour assurer le ravitaillement (en vivres, en munitions, en carburant). *Ravitailleur de sous-marins.* / adj. *Avion ravitailleur.*

raviver v. t. [1] Rendre plus vif. *Raviver le feu. Raviver les couleurs,* leur rendre leur éclat d'origine. / TECHN. Décaper un objet à dorer ou à souder. / CHIR. *Raviver une plaie,* la mettre à vif, l'exciser pour en hâter la cicatrisation. / Fig. Ranimer (qqch.) *Raviver un souvenir.*

ravoir v. t. défectif [3] (Ne s'emploie qu'à l'infinitif) Avoir de nouveau (qqch.). *J'espère ravoir un rendez-vous prochainement.* / Recouvrer (un bien). / Fam. Remettre (qqch.) dans son état initial. *Ravoir une casserole dont le fond a attaché.*

Rawalpindi *794 843 h.* Ville très ancienne du haut Pakistan, au pied de l'Himalaya, dans le Pendjab qui est aujourd'hui un des centres industriels du pays (industries textiles et métallurgiques).

Rawlings (Jerry John) 1948 Militaire et homme politique ghanéen. Alors que, depuis son indépendance, le Ghana est aux prises avec de profondes difficultés économiques et politiques, Rawlings s'empare du pouvoir en 1979. Malgré son arrestation en 1980, il organise un nouveau coup d'État en 1981 en promettant de remettre son pays sur le chemin de la démocratie. L'aggravation de la crise économique (1982-1983) le contraint à adopter le plan de redressement préconisé par le F.M.I. En 1992, la nouvelle Constitution établit le multipartisme et Rawlings est élu président de la République. Il est réélu en 1996 et son parti (le Congrès national démocratique) remporte les élections législatives. En 2000, l'élection présidentielle est remportée par l'opposant John Agyekun Kufuor.

Rawls (John) 1921-2002 Philosophe américain. Théoricien du libéralisme politique, il tente, dans son ouvrage *Une théorie de la justice* (1971), de concilier la liberté des individus et un système égalitaire, où les plus démunis ne sont pas sacrifiés au nom d'un libéralisme purement économique. Il a également écrit *Libéralisme politique* (1993).

Ray (Emmanuel Radnitszky, dit Man) 1890-1976 Photographe, peintre et

Satyajit Ray.

Lord **Rayleigh**.

cinéaste américain. Avant même son arrivée en France en 1921, il commence à se faire connaître aux États-Unis pour ses tableaux qui évoquent déjà les mouvements dadaïste et surréaliste. Mais c'est surtout comme photographe qu'il est d'abord reconnu à Paris, grâce notamment à ses portraits d'artistes. La photographie et la peinture sont pour lui équivalentes ; et il emprunte régulièrement les procédés de l'une pour les appliquer à l'autre. Dans ses nombreuses œuvres dans des domaines allant de l'assemblage à la réalisation de films, on retrouve toujours un certain humour et une liberté parfois proche de l'anarchie : *Le Retour à la raison* (1923), *Emak Bakia* (1927), *Les Mystères du château du Dé* (1929). Son autobiographie, *Autoportrait* (1967), relate son parcours avant-gardiste.

Ray (Raymond Nicholas Kienzle, dit **Nicholas)** 1911-1979 Cinéaste américain. Il s'intéressa beaucoup au destin tragique inhérent aux personnes sans compromission en conflit avec le monde qui les entoure : *Les Amants de la nuit* (1949), *Johnny Guitare* (1954), *La Fureur de vivre* (1955), *Traquenard* (1958). Wim Wenders filmera ses derniers instants dans son film testament : *Nick's Movie*, 1979.

Ray (Satyajit) 1921-1992 Cinéaste indien. Il est l'auteur complet de ses films (écriture, musique), néoréalistes mais lyriques et imprégnés de la culture indienne : *Pather Panchali*, ou *La Complainte du sentier* (1955), que complètent *Aparajito* (1956) et *Le Monde d'Apu* (1959) ; *Le Salon de musique* (1958), *Charulata* (1964), *Les Joueurs d'échecs* (1977), *La Maison et le Monde* (1984), *Ganashatru* (1989).

rayer v. t. [1] Marquer (qqch.) de raies ou de rayures. *Il a rayé ma carrosserie.* / Barrer (qqch.) d'un trait. *Rayer une phrase inutile.* Au fig. Exclure, éliminer (qqch., qqn). *Rayer un dissident des cadres politiques d'un parti. La ville a été rayée de la carte par le séisme,* elle a été anéantie.

Rayleigh (John William Strutt, lord**)** 1842-1919 Physicien britannique. Spécialiste d'optique, ses plus grands travaux concernent la diffusion de la lumière. Il marqua aussi la physique dans les domaines de l'électricité, des ondes élastiques, des gaz, et, avec Ramsay, découvrit l'argon.

Raymond Voir **Raimond**

Raymond Bérenger ou **Raimond Bérenger** Nom de plusieurs comtes de Provence. **Raymond Bérenger Ier** v. 1082-1131 Comte de Barcelone (1096), comte de Provence (1113) par son mariage, il s'empara de Majorque et de la Cerdagne. **Raymond Bérenger II le Vieux** v. 1115-1162 Comte de Barcelone (1131), prince d'Aragon (1137) par son mariage, il gouverna la Provence pour son neveu mineur Raymond Bérenger III. **Raymond Bérenger III** ?-1166 Comte de Provence en 1144. **Raymond Bérenger IV** ?-1181 Fils de Raymond Bérenger II, il administra la Provence pour le compte de son frère, comte de Barcelone et roi d'Aragon. **Raymond Bérenger V** 1198-1245 Comte de Provence en 1209. Il combattit les albigeois avec le roi de France, Louis VIII, et maria ses filles avec Louis IX, roi de France, Henri III, roi d'Angleterre, Richard de Cornouailles, futur roi des Romains, et Charles d'Anjou, frère de Louis IX, qui épousa Béatrice, héritière du comté.

Raynaud (Jean-Pierre) 1939 Artiste français. Dès les années 1960, il s'intéresse au Nouveau Réalisme et expose en 1965 ses *Psycho-objets*, objets familiers du quotidien qu'il manipule pour leur donner une dimension psychologique. Ses milliers d'œuvres en céramique, dont le thème le plus fréquent est la mort, lui ont valu d'être reconnu en France comme à l'étranger.

rayon [1] n. m. Trace, en forme de ligne ou de trait, que produit une émission de lumière. *Rayon de soleil.* (Au fig.) *Un rayon de soleil* : une cause de joie. / PHYS. Trajectoire de propagation d'une onde lumineuse, rectiligne dans un milieu homogène et isotrope. / (Au plur.) Rayonnement. *Rayons X*, de fréquence très élevée et de longueur d'onde très courte (de 10^{-8} m à 2.10^{-11} m). *On utilise les rayons X pour examiner les organes internes d'un corps vivant (radiographie) et pour détecter les défauts de pièces métalliques (radiométallographie) ; leur forte énergie les rend aptes à détruire les cellules cancéreuses. Rayons gamma (g)* : ondes électromagnétiques de longueur d'onde inférieure à 2.10^{-11} m, encore plus pénétrants que les rayons X. *Rayons cosmiques* : noyaux et particules atomiques qui parcourent l'espace à des vitesses proches de celle de la lumière. / MATH. Segment de longueur constante compris entre le centre d'un cercle (ou d'une sphère) et chacun de ses points ; la longueur de ce segment. / Pièce, tige qui relie le moyeu d'une roue à sa jante. / *Rayon d'action* : distance que peut parcourir un véhicule avant de devoir être ravitaillé en carburant.

♦ Les rayons cosmiques ont été découverts en 1912 par le physicien autrichien Victor Hess (1883-1964), lors d'un vol en ballon ouvert à une altitude de 5 000 m. Constatant que son électroscope enregistrait une variation de charge électrique à mesure que l'altitude augmentait, il en déduisit l'existence d'un rayonnement ionisant d'origine inconnue. Le compteur Geiger permit d'établir la véritable nature de ce rayonnement, formé de particules chargées en fonction de l'altitude et de sa direction d'arrivée. Bien que l'atmosphère terrestre soit imperméable aux rayons cosmiques en raison de sa barrière magnétique (ceintures de Van Allen), certaines particules sont suffisamment énergétiques pour interagir avec des noyaux d'oxygène et d'azote contenus dans l'atmosphère ; le produit de ces collisions forme des particules secondaires pouvant atteindre le niveau des océans, ou pénétrer profondément dans le sol. Les rayons cosmiques sont de deux types, primaires et secondaires. Les rayons primaires sont issus de régions situées au-delà du système solaire, ils possèdent un énorme potentiel énergétique, un seul noyau pouvant véhiculer plusieurs dizaines de joules, et sont les témoins des événements les plus violents survenant dans l'Univers.

rayon [2] n. m. Gâteau de cire produit par les abeilles ou les guêpes. / Tablette de rangement ; étagère. / Ensemble des comptoirs d'un magasin où sont réunis des produits destinés à un même usage. *Rayon de la parfumerie* ou (ellip.) *rayon parfumerie.*

rayonnage n. m. Ensemble de tablettes de rangement.

rayonnant, e adj. Radieux. *Un soleil rayonnant.* Au fig. *Une jeunesse rayonnante de vie.* / Disposé en rayons. ARCHIT. *Chapelles rayonnantes*, disposées autour du chœur d'une église. *Gothique rayonnant,* caractérisé par une riche décoration à motifs circulaires (rosaces rayonnantes).

rayonne n. f. Fibre textile artificielle à base de cellulose, ayant l'apparence de la soie.

rayonné, e adj. Disposé en rayons ; orné de rayons. / BIOL. *Symétrie rayonnée*, dans laquelle les organes sont disposés comme les rayons d'une roue, symétriquement par rapport à un axe. *Symétrie rayonnée de l'oursin.*

rayonnement n. m. Fait de rayonner. / PHYS. Phénomène par lequel un corps, un système physique, libère de l'énergie, sonore, lumineuse, etc. ; flux de quanta d'énergie et d'impulsions ainsi émis, de nature à la fois corpusculaire et ondulatoire. *Rayonnements radioactifs. Rayonnement thermique*, émis par un corps chauffé. *Rayonnement fossile* : rayonnement électromagnétique issu de l'époque primordiale. / Fig. Prestige, influence. / Impression de joie ou de santé qui émane de qqn.

♦ Dès 1948, trois chercheurs, R. Alpher, G. Gamov et R. Herman, s'étaient attachés à démontrer l'existence d'un rayonnement électromagnétique, issu de l'époque primordiale, prédominant dans l'Univers par son intensité, et dont on supposait qu'il devait subsister une trace à une température de quelques degrés kelvin. R. Dicke et Y. Zeldovitch, en 1960, l'un à Princeton, l'autre à Moscou, reprirent la recherche de ce rayonnement thermique. Mais, en 1965, la découverte fortuite d'un bruit de fond uniforme dans toutes les directions de l'observation, à une température de 3,5 °K, y mit un terme. Due à deux ingénieurs de la société Bell Telephon, A. Penzias et R. Wilson, elle apportait une preuve supplémentaire à la théorie de l'existence du big bang que la loi de l'expansion de l'Univers, établie par E. Hubble en 1929, avait déjà en partie corroborée.

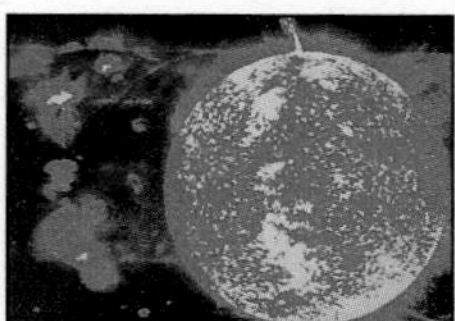

Photographie du soleil par un appareil sensible au ***rayonnement*** *ultraviolet.*

rayonner v. i. [1] Émettre des rayons de lumière, d'énergie. / Fig. Faire ressentir son éclat, son influence. *La civilisation grecque rayonna sur le monde.* / Laisser paraître une joie ou une satisfaction intense. *Le visage du lauréat rayonnait de bonheur.* / Présenter une disposition en rayons à partir d'un centre. / Effectuer un certain parcours en partant d'un lieu. *Nous rayonnerons autour d'Avignon.*

Raysse (Martial) 1936 Artiste français. Membre fondateur du groupe des nouveaux réalistes, il s'est d'abord intéressé au pop art américain avant de trouver son propre mode d'expression de la modernité. Il a principalement utilisé les objets en plastique, la photographie, la peinture à la bombe, le néon et les lumières artificielles (*Peinture à haute tension*, 1965). À partir de la fin des années 60, il s'est tourné vers le cinéma.

rayure n. f. Bande, ligne sur un fond de couleur différente. *Tissu à rayures.* / Trace d'éraflure laissée sur une surface lisse. / Rainure en spirale à l'intérieur du canon d'une arme à feu qui sert à donner à la balle une trajectoire plus précise.

raz n. m. MAR. Courant violent. / Par ext. Détroit où règne un courant violent. *Le raz de Sein.*

Raz (pointe du) Promontoire cristallin de Bretagne (Finistère), face à l'île de Sein, dont il est séparé par un passage semé de récifs dangereux et parcouru par des courants très violents.

raz (-)de (-)marée n. m. inv. Ample soulèvement des eaux marines provoqué par un séisme sous-marin ou une tempête.

Razine (Stepan Timofeïevitch, dit **Stenka)** 1630 ?-1671 Chef cosaque. Il mena, à partir de 1667, une révolte contre le gouvernement tsariste dans la région du Don et de la Volga. Rallié par les paysans et les populations exploités par les boyards, son avancée s'arrêtera à Simbirsk en 1670. Capturé et exécuté, un an plus tard, son souvenir demeurera très populaire.

razzia n. f. (mot arabe) Incursion en territoire étranger menée afin de capturer un troupeau, de piller les récoltes. / Fam. (sens atténué) *Faire une razzia sur* : s'approprier tout ce qui est disponible, tout ce que l'on désire dans (tel domaine).

ré n. m. inv. Deuxième note de la gamme d'*ut*.

Ré (île de) *85 km² 13 969 h.* Île située en face de La Rochelle (Charente-Maritime), à laquelle un pont la relie depuis 1988. Cette terre au climat doux vit de la pêche, de la culture des primeurs, de l'ostréiculture et, surtout, du tourisme. Elle possède deux communes : Saint-Martin-de-Ré et Ars-en-Ré.

Rê voir **Râ**

réac adj. et n. Fam. Abrév. de *réactionnaire.*

R

Ronald Wilson Reagan.

réacteur n. m. Moteur à réaction. / Appareil dans lequel se produit une réaction. *Réacteur nucléaire*: ensemble des installations qui permettent de contrôler les réactions de fission d'éléments tel que l'uranium, et de transformer le flux d'énergie calorique produit lors de la réaction en énergie électrique, par détente de la vapeur d'eau du circuit secondaire de refroidissement (circuit non radioactif) constituant la source énergétique de la machine thermique; cette vapeur d'eau est envoyée sur les turbines (haute, moyenne, basse pression) actionnant un alternateur, puis, après refroidissement, est réintroduite au moyen de pompes dans le circuit secondaire. *On distingue différents types de réacteurs: R.E.B (réacteurs à eau bouillante), R.E.P (réacteurs à eau sous pression), les plus répandus en France, et les réacteurs à neutrons rapides; plus de 400 réacteurs civils sont actuellement en service dans le monde.*

réactif, ive adj. et n. m. Qui réagit ou provoque une réaction. / n. m. CHIM. Substance qui, mise en présence d'une autre, provoque une réaction.

réaction n. f. Action de réagir; son résultat. / PHYS. Force exercée en retour par un corps soumis à l'action mécanique d'un autre corps (choc, compression, traction, etc.) (Selon le *principe de l'égalité de l'action et de la réaction*, formulé par Newton, tout corps qui exerce une force sur un autre corps est soumis en retour à une force d'intensité égale, de même direction et représentée par un vecteur de sens opposé). / TECHN. *Propulsion à réaction*, mettant en application ce principe. *Avion à réaction*, propulsé par l'expulsion d'un flux gazeux à haute pression. / CHIM. Réarrangement moléculaire qui conduit d'un état initial (réactif) du système à un état final (produits de la réaction) du système par rupture de liaisons covalentes, établissement de telles liaisons, échange d'ions, d'électrons, etc. *Réaction exothermique*, accompagnée d'un dégagement de chaleur. *Réaction endothermique*, qui nécessite un apport d'énergie. *Réactions d'oxydoréduction ou redox*, mettant en jeu des échanges d'électrons. *Réactions acide-base*, mettant en jeu des échanges de protons H^+. *Réaction nucléaire*: changement des propriétés ou des quantités caractéristiques du noyau atomique. *Quand le processus est spontané, on parle de radioactivité, l'expression « réaction nucléaire » étant réservée au processus induit par des particules venant interagir avec le noyau.* / BIOL. et PSYCHOL. Action, comportement, processus répondant à un stimulus. / Fig. Action suscitée par une autre action. / POLIT. Opinion, courant qui s'oppose à un changement intervenu et cherche à revenir à la situation antérieure. *La réaction thermidorienne.*

réactionnaire adj. et n. POLIT. Propre à la réaction; conservateur. *Une attitude réactionnaire. Un réactionnaire.*

réactivation n. f. Action de réactiver; son résultat.

réactiver v. t. [1] Activer de nouveau (qqch.).

réactualisation n. f. Action de réactualiser; son résultat;

réactualiser v. t. [1] Mettre à jour.

réadaptation n. f. Action de réadapter; fait de se réadapter. *Réadaptation sociale.*

réadapter v. t. [1] Adapter de nouveau (qqch.). / v. pron. S'adapter de nouveau. *Se réadapter à la vie normale à la sortie de prison.*

réaffirmer v. t. [1] Affirmer de nouveau (qqch.)

Reagan (Ronald Wilson) 1911 Homme d'État américain, quarantième président des États-Unis (1981-1989). Reporter sportif, présentateur à la radio et comédien populaire de série B, il entre au parti républicain en 1964. De 1967 à 1975, il est gouverneur de Californie. En 1980, il bat le président sortant, J. Carter, et est élu président des États-Unis. Il est réélu en 1984. Sa politique intérieure ultra-libérale renforcera les bases de l'hégémonie économique américaine. À l'extérieur, il encourage la démocratie dans les pays pauvres tout en durcissant l'attitude des États-Unis vis-à-vis de l'URSS. Il signe cependant avec Gorbatchev le premier accord important concernant le désarmement (1987).

réagir v. i. [2] PHYS. Agir en sens contraire, en parlant d'un corps répondant à l'action d'un autre corps. / CHIM. Présenter une modification (sous l'action d'un agent ou d'un corps extérieur). / MÉD. Avoir telle réaction, en parlant du corps, d'un organe; répondre à un stimulus. / Manifester telle ou telle réaction. *Ne pas réagir à une insulte. Réagir contre*: s'opposer, résister à. / (Emploi absol.) Faire un effort pour se reprendre. *Ne te laisse pas abattre, réagis!*

real ou **réal** n. m. (mot espagnol) Ancienne monnaie espagnole. / Monnaie du Brésil. Pl. Des *reales* ou des *réaux*.

réal, ale, aux adj. et n. (mot espagnol) MAR., anc. Royal. *Pavillon réal. La galère réale* ou (n. f.) *la réale*: la principale galère, réservée au roi ou à l'amiral.

réalignement n. m. Action de réaligner; son résultat.

réaligner v. t. [1] Aligner de nouveau (qqch.).

réalisable adj. Qu'il est possible de réaliser. Ant. irréalisable.

réalisateur, trice n. Personne qui réalise une œuvre, en particulier cinématographique ou audiovisuelle.

réalisation n. f. Action de réaliser; son résultat. / Ce qui est réalisé. / Mise en scène d'un film, d'une émission télévisée; mise en onde d'une émission radiodiffusée.

réaliser v. t. [1] Donner réalité à; rendre effectif, réel; concrétiser. *Réaliser ses rêves. Réaliser un projet.* (Emploi pron.) *Nos vœux se réalisent.* / Accomplir; effectuer. *Réaliser un exploit.* / Assurer la réalisation de (un film, une émission). / (Anglicisme critiqué) Se rendre compte de. *Il réalisa son erreur.* / DR. Exécuter; faire. *Réaliser un contrat. Réaliser une plus-value.* / Convertir (un bien) en argent. *Réaliser des terres.* / v. pron. (En parlant de personnes) Développer toutes ses aptitudes; s'épanouir. *Il se réalise pleinement dans son travail.*

• **réalisme** n. m. **I.** PHILO. Selon Platon, doctrine qui ne voit dans les apparences sensibles et les êtres individuels que des reflets des vraies réalités, les Idées. / Doctrine qui affirme l'existence réelle des universaux, des essences, par oppos. au nominalisme, qui les considère comme des concepts construits par l'homme. / Conception qui affirme l'existence des êtres (par ex. le temps, l'espace) indépendamment de la manière dont nous les percevons, et donc la possibilité de connaître le réel tel qu'il est en soi et par soi. **II.** Attitude de qqn qui, dans son action, ses choix, tient compte de la réalité plutôt que de ses sentiments. Ant. irréalisme. **III.** LITTÉR., BX-ARTS. Courant esthétique qui assigne à l'art le rôle de restituer la réalité sans la déformer ni l'idéaliser; caractère d'une œuvre réaliste. *Réalisme socialiste*: doctrine imposée par Jdanov en U.R.S.S. dans les années 1930, ainsi définie au congrès des écrivains soviétiques de 1934: « représentation véridique, historiquement concrète, de la réalité dans son développement révolutionnaire », le respect de ces principes imposant en outre à tout artiste (peintre, écrivain, cinéaste, etc.) de « contribuer à la transformation idéologique des travailleurs dans l'esprit du socialisme ».

RÉALISME

L'essor du réalisme au XIXe siècle, réaction dirigée à la fois contre l'académisme et le romantisme, apparaît lié à celui des sciences de la nature et de l'homme, et aux préoccupations sociales qu'induit l'apparition de la société industrielle.

Ce courant, aux manifestations très diverses, est notamment illustré en France par les peintres Courbet, Manet (dans une certaine mesure), Millet et Daumier, par les écrivains Flaubert, Zola, Daudet et Maupassant; en Angleterre par Dickens; aux États-Unis par Dreiser; en Russie par Repine, puis par Gorki, théoricien du réalisme socialiste qu'il transcende largement.

Avec son œuvre Les Rougon-Macquart, Zola compte parmi les principaux représentants du réalisme littéraire.

réaliste adj. et n. Qui fait preuve de réalisme. *Une personne réaliste.* Ant. irréaliste. / Adepte du réalisme. *Artiste réaliste.*

réalité n. f. Caractère de ce qui est réel, existe effectivement, par oppos. à ce qui est illusoire ou dont l'existence n'est qu'imaginaire ou conceptuelle. *Une réalité*: un fait. *En réalité*: dans les faits. Ant. irréalité. / PSYCHAN. *Principe de réalité*: instance psychique qui permet de satisfaire aux exigences du réel, par oppos., notamment, au principe de plaisir.

reality-show n. m. (mot anglo-américain, « spectacle de la réalité ») Émission de télévision qui met en scène la vie quotidienne de ceux qui y participent.

realpolitik n. f. (mot allemand) Politique, et spécialement politique étrangère, dont le seul principe est l'efficacité.

réaménagement n. m. Action de réaménager; son résultat.

réaménager v. t. [1] Aménager de nouveau, sur de nouvelles bases.

réanimateur, trice n. Spécialiste de la réanimation.

réanimation n. f. MÉD. Mise en œuvre de l'ensemble des moyens permettant de soutenir ou de rétablir les fonctions vitales (respiration, circulation sanguine, nutrition, excrétion).

réanimer v. t. [1] Ramener à la vie, faire reprendre conscience à, par la réanimation. *Réanimer une personne électrocutée.*

réapparaître v. i. [3] Apparaître de nouveau.

réapparition n. f. Fait de réapparaître.

réarmement n. m. Action de réarmer. *Réarmement d'un fusil.* / Restauration de la puissance militaire de (un État); rééquipement en hommes, en matériel, en armes. *Réarmement d'un pays. Réarmement d'un corps de troupe qui a été désarmé.*

réarmer v. t. [1] Armer de nouveau (qqn, qqch.). *Réarmer un fusil. Réarmer un groupe terroriste.*

réassort n. m. Ensemble de fournitures employées pour reconstituer le fonds d'un commerce.

réassortiment ou **rassortiment** n. m. Action de réassortir; résultat de cette action.

réassortir ou **rassortir** v. t. [2] Remplacer les éléments manquants de (un stock, une série).

réassurance n. f. Action de réassurer. / DR. Assurance qui garantit un assureur.

réassurer v. t. [1] Assurer de nouveau (qqch.) à. *Je vous réassure de mon soutien.* Assurer de nouveau (qqch.) *Réassurer une automobile.*

Réaumur (René Antoine Ferchault de) 1683-1757 Physicien et naturaliste français considéré comme le fondateur de la sidérurgie. Son domaine d'activité a couvert les mathématiques, la mécanique, la métallurgie, la chimie, la physique, les sciences naturelles (pour lesquelles il rédigea des *Mémoires pour servir à l'histoire des insectes*, en 12 volumes). On lui doit un traité

R

René Antoine Ferchault de Réaumur.

Madame **Récamier**, *tableau de François Gérard.*

de thermométrie : l'échelle de Réaumur prenait pour point de départ la température de fusion de la glace ; les thermomètres utilisant cette échelle ont été en usage jusqu'au XIXe siècle.

rebab ou **rabab** n. m. (mot arabe) Instrument de musique arabe à une ou deux cordes frottées et à caisse d'harmonie en peau. / Instrument de musique voisin, à trois cordes pincées, en usage en Afghanistan et en Inde.

rébarbatif, ive adj. Peu engageant, rebutant. *Visage rébarbatif.*

rebâtir v. t. [2] Bâtir une nouvelle fois (ce qui a été détruit).

rebattre v. t. [3] TECHN. Battre de nouveau (qqch.) *Rebattre de l'acier.* / Loc. fig. *Rebattre les oreilles à qqn de qqch.*, lui répéter la même chose de manière lassante.

rebattu, e adj. Devenu sans aucun intérêt à force d'avoir été répété. *Arguments rebattus*, éculés. / loc. *Avoir les oreilles rebattues de qqch.*, être las d'en entendre parler.

rebec n. m. MUS. Violon médiéval à trois cordes.

Rébecca Personnage biblique (*Genèse*), fille de Bathuel. Elle épousa Isaac et lui donna deux fils : Ésaü et Jacob.

rebelle adj. et n. Qui refuse de se soumettre à une autorité. *Un enfant rebelle. Un(e) rebelle.* / Qu'on ne parvient pas à maîtriser. *Une infection rebelle, un épi de cheveux rebelle.*

rebeller (se) v. pron. [1] Devenir rebelle, se soulever (contre une autorité). *Une province qui se rebelle.* / S'opposer vivement (à une chose que l'on considère inacceptable ou contraignante) ; protester. *Le personnel s'est rebellé contre les nouveaux horaires.*

rébellion n. f. Insoumission à l'ordre établi, à une autorité. / Ensemble des rebelles.

rebiffer (se) v. pron. [1] Fam. Regimber, résister à qqn qui tente de vous contraindre, de vous soumettre à sa volonté.

rebiquer v. i. [1] Fam. Se dresser inopportunément. *Une touffe de cheveux qui rebique.*

reblochon n. m. Fromage de vache savoyard, à pâte molle non cuite.

reboisement n. m. Action de reboiser.

reboiser v. t. [1] Planter d'arbres (un terrain dont les arbres ont disparu).

rebond n. m. Fait de rebondir ; mouvement d'un corps qui rebondit. *Prendre une balle au rebond.*

rebondi, e adj. Bien charnu. *Avoir les fesses rebondies.*

rebondir v. i. [2] Faire un ou des bonds après avoir heurté une surface. *Les grêlons rebondissaient sur le toit.* / Fig. Présenter un, des rebondissements. *Ce témoignage fit rebondir l'enquête.* / Se retrouver dans une meilleure situation, après des difficultés.

rebondissement n. m. Succession de bonds produits par certains objets en tombant. / Fig. Développement nouveau et inattendu. *Le procès a connu de nouveaux et spectaculaires rebondissements.*

rebord n. m. Bord faisant saillie. *Le rebord d'une cuvette.*

rebouchage n. m. Action de reboucher ; son résultat. *Enduit de rebouchage.*

reboucher v. t. [1] Boucher de nouveau. *Reboucher un flacon.* / Obturer, combler. *Reboucher les fentes d'un mur avant de le peindre.*

rebours n. m. Vx Contre-poil d'un tissu ou d'une fourrure. / loc. adv. *À rebours* : en sens contraire. *Compte à rebours.*

rebouteux, euse n. Fam. Personne qui remet en place un membre (foulé, luxé, démis) en utilisant des méthodes empiriques.

rebrousse-poil (à) loc. adv. À l'opposé du sens dans lequel les poils sont naturellement couchés. / Fig. fam. À contresens, avec maladresse. *Il m'a pris à rebrousse-poil avec ses questions idiotes.*

rebrousser v. t. [1] Relever (des cheveux, des poils) dans le sens inverse de leur disposition naturelle. / *Rebrousser chemin* : faire demi-tour, revenir sur ses pas.

rebuffade n. f. Accueil désagréable ; refus dur et impoli.

rébus n. m. Devinette qui consiste à découvrir un mot, une phrase en déchiffrant phonétiquement une combinaison de signes, de lettres et de dessins.

rebut n. m. Objet sans valeur dont on se débarrasse. *Mettre au rebut* : jeter.

rebuter v. t. [1] Inspirer lassitude ou découragement à. *Faire le ménage la rebutait.*

recaler v. t. [1] Caler de nouveau (qqch.) / Fam. Refuser (qqn) à un examen. *Recaler un candidat. Il a été recalé à l'oral.*

Récamier (Julie Bernard, Mme Jacques-Rose Récamier, connue sous le nom de **Mme Récamier** ou de **Juliette)** 1777-1849 Femme de lettres française. Épouse d'un banquier beaucoup plus âgé qu'elle, elle se lia avec Mme de Staël, qu'elle rejoignit à Coppet. En 1814-1815, elle eut une liaison avec B. Constant et se retira en 1819 à l'Abbaye-aux-Bois (à Paris, rue de Sèvres), où elle ouvrit un salon qui fut notamment fréquenté par un autre de ses amants, Chateaubriand. Ses écrits au jour le jour et ses lettres ont été publiés après sa mort.

recapitaliser v. t. [1] FIN. Modifier le capital de (une entreprise).

récapitulatif, ive adj. et n. m. Qui permet de récapituler. *Tableau récapitulatif.* / n. m. *Un récapitulatif* : un texte récapitulatif.

récapitulation n. f. Action de récapituler ; son résultat.

récapituler v. t. [1] Reprendre les points principaux de. *Récapituler un cours, un compte.*

Récarède Ier ?-601 Roi des Wisigoths en 586. Arien, il se convertit au catholicisme, ce qui facilita l'unification du royaume autour de l'Église.

recaser v. t. [1] Fam. Caser, établir de nouveau ; donner une nouvelle situation à. *Il a recasé sa fille dans un autre magasin.* / (Emploi pron.) *Il s'est recasé sans difficulté.*

recel n. m. DR. Action de receler. *Recel d'objets volés. Recel de malfaiteur.*

receler ou **recéler** v. t. [1] DR. Détenir illégalement (un bien volé par qqn d'autre) ; cacher illégalement. *Recéler un malfaiteur*, le garder caché pour le soustraire aux recherches de la police. / Renfermer ; tenir caché ou ignoré. *Le sous-sol recelait un gisement de pétrole.*

receleur, euse n. DR. Personne coupable de recel.

récemment adv. Depuis peu ; à une époque récente.

recensement n. m. Dénombrement d'une population donnée (d'un État, d'une ville, etc.) / Inventaire, dénombrement d'une catégorie d'objets.

recenser v. t. [1] Procéder au dénombrement de (une population). / Faire l'inventaire de ; reprendre par le détail. *Recenser ses revendications.*

recension n. f. Vérification d'un texte imprimé d'après le manuscrit d'origine. / Compte-rendu critique d'un ouvrage dans une revue.

récent, e adj. Qui vient d'advenir, qui existe depuis peu de temps. *Un bâtiment récent.*

recentrage n. m. Action de recentrer ; résultat de cette action.

recentrer v. t. / v. i. [1] Centrer de nouveau (qqch.). / Fig. *Recentrer un débat*, revenir à son centre d'intérêt. *Recentrer une action*, en redéfinir le but. / v. i. SPORT Centrer de nouveau.

receper ou **recéper** v. t. [1] AGRIC. Tailler (un arbuste) à ras de terre pour qu'il donne des pousses plus fortes. *Receper la vigne.*

récépissé n. m. Écrit confirmant la réception d'un document, d'une somme ou d'une marchandise.

réceptacle n. m. Lieu qui accueille des éléments d'origines diverses. / BOT. Partie supérieure du pédoncule, plus ou moins volumineuse, à laquelle sont fixées les pièces florales.

récepteur, trice n. m. et adj. **A.** n. m. Appareil qui, recevant de l'énergie électrique, la transforme en énergie calorifique, chimique, mécanique, etc., directement utilisable. / Appareil conçu pour capter des signaux, en particulier des ondes électromagnétiques, et les transformer en signaux sonores ou audiovisuels. *Récepteur de télévision.* / BIOL. Structure (moléculaire, cellulaire) spécialisée dans la réception d'un signal (chimique, électrique, mécanique, etc.), entraînant alors une réponse à ce stimulus. *Récepteur protéique*, membranaire ou cytoplasmique. *Récepteur sensoriel.* / LING. Destinataire d'un message, par oppos. à l'émetteur. **B.** adj. Qui reçoit. *Organe récepteur.*

réceptif, ive adj. En état de recevoir des sensations, des impressions. *Être réceptif à la douleur. Être réceptif à la beauté d'une chose.* / BIOL., MÉD. Susceptible d'infection, de maladie.

réception n. f. Fait ou action de recevoir. *Réception d'une caution*, son acceptation par le créancier. *Réception de travaux* : acceptation d'un ouvrage, reconnaissance de sa bonne exécution. / Accueil ; réunion mondaine. *Donner, aller à une réception.* / Lieu où l'on reçoit. *La réception d'un hôtel*, son bureau d'accueil. / SPORT En rugby, action de recevoir le ballon ; en athlétisme, action, manière de se recevoir.

réceptionnaire n. et adj. COMM. Celui, celle qui réceptionne une marchandise. / adj. *Il est réceptionnaire au siège social.*

réceptionner v. t. [1] TECH., COMM. Accepter (une livraison) après en avoir la conformité avec la commande, le cahier des charges.

réceptionniste n. Employé chargé de recevoir les clients.

réceptivité n. f. Fait d'être réceptif ; caractère de ce qui est réceptif, d'une personne réceptive. / MÉD. Disposition à subir l'action d'agents pathogènes, en partie infectieux.

récessif, ive adj. Propre à la récession ; qui est en récession. / GÉNÉT. *Gène, allèle récessif*, qui ne s'exprime qu'à l'état homozygote, par oppos. à dominant. *Caractère récessif*, codé par un gène récessif.

récession n. f. ASTRON. Éloignement relatif des galaxies dû à l'expansion de l'Univers, dont la vitesse est proportionnelle à leur distance relative. / ÉCON. Recul de la croissance ; crise. *Entrer en récession.*

Receswinthe ?-672 Roi des Wisigoths en 653, auteur d'un code, *Forum judicium*, issu du droit romain.

recette n. f. **I.** Somme encaissée. *Recettes fiscales. Faire recette* : rapporter de l'argent ; au fig., connaître le succès. / Action de percevoir ce qui est dû ; recouvrement. *Garçon de recettes.* / Bureau où sont perçues des sommes recouvrées par l'État. *Recette des impôts.* **II.** Formule de préparation d'un mets, d'un remède. / Fig. Méthode, procédé. *La recette de la réussite.*

R

recevable adj. Qui peut être reçu, admissible, acceptable.

receveur, euse n. Personne chargée de recouvrer une somme d'argent. *Receveur des impôts. Receveur des postes* : responsable d'une recette postale, d'un bureau de poste. / Personne qui reçoit un organe, un apport de sang, par oppos. au donneur. *Receveur universel* : personne de groupe sanguin AB, apte à recevoir du sang de n'importe quel groupe sanguin.

recevoir v. t. [3] Se voir donner ou adresser. *Recevoir un colis, une prime.* / Subir, être atteint par. *Recevoir des coups.* (Sens abstrait) *Recevoir des conseils, des compliments.* / Accueillir chez soi. *Recevoir des amis pour le week-end.* (Emploi absol.) *Il ne sait pas recevoir.* / Faire entrer, accueillir (un visiteur). *Le directeur vous recevra demain.* / Réserver tel accueil à ; traiter. *Il nous a reçus très grossièrement.* / Admettre à un examen. *Il a été reçu à l'oral.* / Admettre solennellement en son sein. *Recevoir un nouvel académicien.* / Recueillir ; laisser entrer. *La gouttière reçoit les eaux pluviales.* / Considérer comme vrai, légitime. (Spécial.)

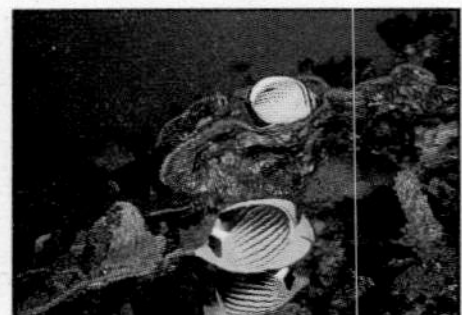

Vue sous-marine d'un ***récif*** *corallien.*

DR. *Cette plainte peut, ne peut être reçue.* / Capter (des ondes). *Cet appareil reçoit, ne reçoit pas tel type d'ondes. Je vous reçois cinq sur cinq*: je capte parfaitement votre message. / Par ex. Être le destinataire de (une communication). *Recevoir un appel urgent.* **B.** v. pron. Atteindre le sol d'une certaine manière, après un saut ou une chute. *Mal se recevoir.*
rechampir ou **réchampir** v. t. [1] TECHN. Détacher (un ornement) d'un fond en en soulignant les contours.
rechampissage ou **réchampissage** n. m. TECHN. Action de réchampir; ce qui a été réchampi.
rechange n. m. Vx Remplacement d'un objet par objet identique. / *De rechange*: qui peut se substituer à un objet inutilisable. *Jupe de rechange.* / Fig. *Solution de rechange,* de substitution.
rechaper v. t. [1] Appliquer sur (un pneu) une nouvelle couche de gomme.
réchappé, e n. Litt. Rescapé. *Les réchappés d'un accident.*
réchapper v. i. [1] *Réchapper de*: échapper à (un grave danger). *Il a réchappé du bombardement.*
recharge n. f. Action de recharger. / Deuxième charge d'explosif. / Ce qui sert à recharger. *Recharge de stylo.*
rechargement n. m. Action de recharger; résultat de cette action.
recharger v. t. [1] Charger de nouveau (qqch.). *Recharger un camion.* / Donner une nouvelle charge à. *Recharger une arme. Recharger une batterie d'accumulateurs.*
réchaud n. m. Ustensile portatif permettant de chauffer ou de cuire des plats. *Réchaud à gaz, à alcool.*
réchauffement n. m. Fait de se réchauffer.
réchauffer v. t. [1] Chauffer (ce qui s'est refroidi). *Réchauffer le potage.* / Fig. Rendre plus chaleureux, plus animé; réconforter. / v. pron. Redonner de la chaleur à son corps. *Taper des mains pour se réchauffer.*
rêche adj. Âpre au toucher, râpeux. *Peau rêche.* / Âpre au goût. *Alcool rêche.* / Fig. *Personne rêche*, aux manières peu aimables, rébarbatives.
recherche n. f. Action de rechercher. *Recherche du plaisir.* / Soin, raffinement. *S'habiller avec recherche.* / Ensemble des moyens mis en œuvre pour faire progresser les connaissances. *Recherche scientifique.*
recherché, e adj. Que l'on cherche à se procurer; peu banal, peu courant. *Les belles opalines sont recherchées.* / Que l'on cherche à fréquenter. *Des gens très recherchés*, très prisés. / Qui témoigne de raffinement. *Une coiffure recherchée.*
rechercher v. t. [1] Chercher avec application, avec méthode. *Rechercher un timbre rare. Rechercher un assassin.* / Tâcher de connaître ou de découvrir. *Rechercher les raisons d'un échec.* / Faire en sorte d'obtenir ou d'atteindre. *Rechercher la solitude, la gloire.* / Reprendre (qqn, qqch.) à l'endroit où on l'a laissé. *Venez me rechercher à midi.*
rechigner v. i. / v. t. ind. [1] Fam. Manifester sa mauvaise humeur. *Rechigner sans cesse.* / v. t. ind. *Rechigner à*: manifester sa répugnance à. *Rechigner aux tâches ingrates.*
rechute n. f. Nouvelle crise d'une maladie survenant chez un convalescent. / Reprise d'une mauvaise habitude.
rechuter v. i. [1] MÉD. Faire une rechute.
récidive n. f. DR. Fait de commettre une nouvelle infraction après une condamnation définitive pour une infraction précédente; état de la personne qui commet une nouvelle infraction. / Action de refaire la même faute. / MÉD. Nouvel accès d'une maladie après guérison.
récidiver v. i. [1] DR. Se mettre en état de récidive. / Fig. Retomber dans les mêmes erreurs, les mêmes égarements. / MÉD. Se manifester de nouveau, en parlant d'une maladie qui semblait définitivement guérie.
récidiviste n. Personne qui récidive.
récif n. m. Rocher ou groupe de rochers affleurant la surface de l'eau, écueil pour la navigation. (Les *récifs coralliens* des mers tropicales, formés par les colonies de coraux agglomérés en bordure du littoral, constituent des *récifs frangeants* ou, au large, des *récifs-barrière*, ou encore un atoll).
récifal, ale, aux adj. GÉOGR. Relatif aux récifs.
Recife (autrefois, *Pernambouc*) *1 314 857 h.* Port actif du nord-est du Brésil, sur l'Atlantique, capitale de l'État de Pernambouc, centre important de l'industrie sucrière.
récipiendaire n. Personne admise dans un corps, une société, que l'on accueille au cours d'une cérémonie. / Personne qui reçoit une médaille, une distinction.
récipient n. m. Objet creux susceptible de contenir une substance quelconque.
réciprocité n. f. Caractère de ce qui est réciproque.
réciproque adj. et n. f. Échangé, mutuel. *Admiration réciproque.* (Emploi subst.) *La réciproque*: la réciprocité, la pareille. *J'attends de vous la réciproque.* / GRAMM. *Verbe pronominal réciproque*: verbe pronominal, toujours employé au plur. (deux sujets au moins), indiquant que l'action est simultanément faite et subie par les sujets.
réciproquement adv. De manière réciproque.
récit n. m. Narration d'événements réels ou imaginaires. / THÉÂTRE Tirade exposant des événements non représentés sur scène, dans le théâtre classique. / MUS. Clavier secondaire de l'orgue, destiné à mettre en relief une partie de solo.
récital n. m. Concert donné par un seul interprète.
récitatif n. m. MUS. Déclamation sur une ligne mélodique évoquant le langage parlé, dans une composition pour une ou plusieurs voix.
récitation n. f. Action de réciter; œuvre littéraire apprise par cœur.
réciter v. t. [1] Dire à voix haute (un texte appris). *Réciter un poème.*
réclamation n. f. Action de réclamer; revendication orale ou écrite d'un droit, d'un dû; contestation.
réclame n. f. Vieilli Publicité. *Article en réclame* ou *réclame*: article vendu à bas prix pour attirer la clientèle.
réclamer v. t. [1] Demander avec insistance (une chose considérée comme néces-

Élisée Reclus.

saire ou légitime). *Réclamer le silence. Réclamer une augmentation.* / Solliciter la présence de. *Réclamer un prêtre.* / Nécessiter, exiger. *Cet appareil ne réclame aucun entretien.* / v. pron. *Se réclamer de*: invoquer la caution de, se recommander de (qqn); se prévaloir de. *Il se réclame du directeur général. Elle se réclame d'une généalogie qui remonte aux croisades.*
reclassement n. m. Action de reclasser.
reclasser v. t. [1] Action de classer de nouveau (qqch.). *Reclasser du courrier.* / Affecter (qqn) à une fonction, à un travail différents. *Reclasser un employé.* / Augmenter le traitement de (une catégorie de fonctionnaires) en fonction de l'évolution des traitements de catégories comparables.
reclus, e adj. et n. Qui vit dans un lieu clos. *Moine reclus.* / Subst. *Un(e) reclus(e).*
Reclus (Élisée) 1830-1905 Géographe français. Opposé au coup d'État de 1851, il dut s'exiler et voyagea plusieurs années en Europe et en Amérique. Anarchiste proche de Bakounine avec qui il avait adhéré à la Ire Internationale, il participa à la Commune, fut banni pour dix ans et vécut en Suisse avant d'accepter la chaire de géographie à l'université de Bruxelles (1890). Il publia notamment une monumentale *Géographie universelle* (1875-1894). **Élie** 1827-1904 Écrivain français, frère du précédent avec qui il fut banni en 1851 et en 1871, auteur d'un ouvrage sur *Les Primitifs. Études d'ethnologie comparée* (1885). **Onésime** 1837-1916 Géographe et explorateur français, frère des précédents, auteur de *La France et ses Colonies* (1886-1889). **Armand** 1843-1927 Explorateur de l'Amérique centrale, frère des précédents. **Paul** 1847-1914 Médecin français, frère des précédents, spécialiste de la tuberculose et de la syphilis.
réclusion n. f. État d'une personne qui vit recluse. / DR. Peine afflictive et infamante, privative de liberté, qui fait au condamné obligation de travailler.
recoiffer v. t. / v. pron. [1] Coiffer de nouveau. / Remettre un chapeau à (qqn). / v. pron. Arranger de nouveau ses cheveux. / Remettre son chapeau.
recoin n. m. Coin très dissimulé. / Fig. Ce qui est le plus secret, le plus intime.
récolement n. m. Action de récoler.
récoler v. t. [1] Vérifier d'après inventaire. / DR. *Récoler des témoins*, leur faire relire leur déposition pour qu'ils en confirment la teneur.
récollection n. f. RELIG. Action de se recueillir. / Retraite spirituelle.
récoltant, e adj. et n. Qui récolte lui-même ses produits. *Propriétaire récoltant.*
récolte n. f. Action de recueillir des produits végétaux; les produits recueillis. / Fig. Ce que l'on obtient après une recherche.
récolter v. t. [1] Faire la récolte de. *Récolter des olives, du maïs.* / Par ext. Collecter. *Récolter de vieux vêtements.* / Fig. Obtenir au bout du compte. *Ne le fréquentez pas, vous ne récolteriez que des ennuis.*
recombinaison n. f. Action de recombiner; résultat de cette action. / GÉNÉT. Processus par lequel s'effectue un échange de fragments de chromosomes entre chromosomes homologues, lors de la méiose.
recombiner v. t. [1] Action de combiner de nouveau (qqch.)
recommandable adj. Digne d'être recommandé. *Un homme peu recommandable.*
recommandation n. f. Action de recommander qqn. / Exhortation, conseil. / Garantie de bon acheminement offerte, moyennant paiement d'une taxe, à l'expéditeur d'un envoi postal.
recommandé, e adj. et n. *Lettre recommandée*, soumise à une taxe postale spécifique et remise en main propre à son destinataire. / Subst. *Envoi en recommandé. Un recommandé.*
recommander v. t. [1] Indiquer (qqch.) comme digne d'intérêt. *Recommander un roman à un ami.* / Désigner (qqn) à l'attention bienveillante de qqn. *Recommander un stagiaire auprès du directeur.* / Conseiller ou demander instamment. *Je vous recommande la plus grande prudence.* / Soumettre (un envoi postal) à une taxe spéciale qui assure une remise en main propre au destinataire. / v. pron. *Se recommander de qqn*: invoquer la caution, l'appui de qqn.
recommencement n. m. Action, fait de recommencer.
recommencer v. t. / v. i. [1] Reprendre à son début (une chose interrompue ou abandonnée). *Recommencer la rédaction d'une lettre, une partie de cartes.* / Reprendre (une activité, une habitude). *Recommencer le piano.* / (Emploi ind.) *Recommencer à*: se remettre à. *Recommencer à fumer.* / v. i. Reprendre, se manifester de nouveau, après une interruption. *La pluie recommence.*
récompense n. f. Don accordé en remerciement d'un service rendu ou en reconnaissance d'une action méritoire. / DR. Dédommagement pécuniaire versé à l'un des époux en cas de dissolution de la communauté des biens (s'il s'est enrichi aux dépens de la communauté), ou par la communauté à l'un des époux (si la communauté a été enrichie de ses biens propres).
récompenser v. t. [1] Accorder une récompense à. *Récompenser un enfant pour ses efforts.*
recomposé, e adj. Qui a été recomposé. *Famille recomposée*, qui regroupe des enfants de lits différents.
recomposer v. t. [1] Reconstituer (ce qui a été décomposé en plusieurs éléments). / TYPO. Refaire la composition de (un texte).
recomposition n. f. Action de recomposer; son résultat. / TYPO. Nouvelle composition (d'un texte).
réconciliation n. f. Action de réconcilier; fait de se réconcilier. / LITURG. CATHOL. Cérémonie au cours de laquelle un apostat, un clerc suspens, un lieu saint est réconcilié.

R

réconcilier v. t. [1] Rétablir l'entente entre (des personnes fâchées). *Réconcilier deux anciens amis. Réconcilier un fils avec son père.* (Emploi pron.) *Ils se réconcilièrent après une franche discussion.* / Par ext. *Réconcilier qqn avec qqch.* : faire revenir qqn sur son hostilité ou ses préventions envers qqch. *Ce voyage m'a réconcilié avec l'avion.* / Fig. Concilier, faire s'accorder (des choses apparemment incompatibles). *Réconcilier la foi et la science.* / RELIG. CATHOL. Réadmettre (un apostat, un clerc suspens) dans l'Église. / LITURG. Consacrer de nouveau (un sanctuaire profané).
reconductible adj. Que l'on peut reconduire.
reconduction n. f. DR. Action de reconduire, de renouveler.
reconduire v. t. [3] Conduire de nouveau (un véhicule). *Il reconduit sa voiture sans crainte malgré son accident.* (Absol.) *Il reconduit depuis hier.* / Raccompagner (qqn). / Par euph. Expulser. *Les passagers clandestins seront reconduits à la frontière.* / Proroger, renouveler (un accord). *Reconduire une convention.* / Par ext. *Reconduire qqn dans ses fonctions.*
reconduite n. f. Action de reconduire (qqn). / Par ext. et par euph. Expulsion. *Reconduite à la frontière des immmigrés clandestins.*
réconfort n. m. Ce qui réconforte moralement.
réconforter v. t. [1] Redonner des forces physiques, de la vigueur à. *Un bon repas va vous réconforter.* / Redonner du courage, de la force morale à.
reconnaissance n. f. Action de reconnaître qqn ou qqch. / Gratitude. / DR. Acte par lequel on admet une responsabilité, une obligation. *Reconnaissance de dette, de paternité.* / INFORM. Identification de données numérisées. *Reconnaissance de caractères.* / MILIT. Exploration d'un terrain, recherche d'informations. *Envoyer une patrouille en reconnaissance.*
reconnaissant, e adj. Qui éprouve, manifeste de la reconnaissance. *De la part d'un ami reconnaissant. Des paroles reconnaissantes.*
reconnaître v. t. [3] **A.** Identifier (qqn ou qqch. que l'on a déjà vu, déjà connu). *Il a peu changé, je l'ai reconnu immédiatement. Je reconnais cet accent chantant.* / Identifier (qqn, qqch.) par un signe, un caractère. *Je l'ai reconnu à sa démarche.* / S'approcher de (un lieu), l'explorer pour en déterminer la situation, la configuration. / Admettre pour vrai, réel, authentique ou légitime. *Reconnaître un gouvernement. Reconnaître un enfant* : déclarer officiellement être son père ou sa mère. / Avouer, concéder. *Reconnaître ses faiblesses. Je reconnais que j'ai eu tort.* / Accepter pour tel ; accorder (telle qualité, tel attribut) à qqn. *Il faut bien lui reconnaître ce mérite.* **B.** v. pron. Retrouver des traits de son caractère dans une autre personne. *Se reconnaître en qqn, dans ses enfants.* / Déterminer sa localisation, se repérer. *Il sait se reconnaître dans cette ville.* Fig. *Je ne m'y reconnais plus dans ce désordre.* / S'avouer être. *Se reconnaître coupable.* / Être reconnu ou reconnaissable. *Elle se reconnaît de loin à ses cheveux blancs.*
reconnu, e adj. Que l'on admet pour vrai ou important. *Un fait reconnu. Un peintre reconnu.*
reconquérir v. t. [3] Conquérir de nouveau (ce qui avait été conquis, puis perdu). / Fig. *Reconquérir l'affection de qqn.*
reconquête n. f. Action de reconquérir.

La Reddition de Grenade, *ultime épisode de la* ***Reconquista****. Tableau de Pradilla.*

Reconquista (« reconquête » en espagnol) Nom donné à la lutte menée, du VIIIe au XIIIe siècle, par les Espagnols chrétiens pour chasser les musulmans de la péninsule. Elle fut marquée par la prise de Tolède (1085), puis celle de Valence par le Cid (1094), et par la victoire de Las Navas de Tolosa (1212). Par la suite, les villes de Cordoue, Séville tombèrent et la prise du royaume de Grenade (1492) marqua la fin de la reconquête.
reconsidérer v. t. [1] Considérer de nouveau (une question) pour modifier (ou confirmer) la décision antérieurement prise.
reconstituant, e adj. et n. m. Qui redonne des forces (en parlant d'un aliment, d'un médicament). / n. m. *Un reconstituant.*
reconstituer v. t. [1] Constituer, former de nouveau. *Reconstituer un gouvernement.* / Rétablir dans son état, dans sa forme d'origine. *Reconstituer un squelette.* / Déterminer et reproduire le déroulement de (un fait, un événement) en se fondant sur des indices, des témoignages. *Reconstituer un crime.*
reconstitution n. f. Action de reconstituer, de se reconstituer.
reconstruction n. f. Action de reconstruire ; résultat de cette action.
reconstruire v. t. [3] Construire de nouveau (un édifice). / Par ext. Restaurer, reconstituer (qqch.)
reconvention n. f. DR. Demande que fait le défendeur contre le demandeur, devant le même juge.
reconventionnel, elle adj. DR. Qui constitue une reconvention. *Demande reconventionnelle.*
reconversion n. f. Action de reconvertir ; fait de se reconvertir, changement d'activité, de métier. *Reconversion d'une industrie militaire, d'un employé licencié.*
reconvertir v. t. [2] Convertir (qqch., qqn) à de nouveaux besoins. *Reconvertir du bois de construction en bois de chauffage. Reconvertir en technicien en agent commercial.* / v. pron. Changer d'activité professionnelle. *Passé un certain âge, il n'est pas facile de se reconvertir.*
recopier v. t. [1] Copier, écrire de nouveau (qqch. qui est déjà écrit). / Spécial. Mettre au propre (un brouillon). *Recopier des adresses sur un calepin.*
record n. m. Performance sportive officiellement homologuée et dépassant le niveau atteint jusque-là dans des conditions identiques. / Résultat pour la première fois atteint. *Un record de vente.*
recordman n. m., **recordwoman** n. f. Sportif, sportive qui détient au moins un record. Pl. Des *recordmans* ou des *recordmen* ; des *recordwomans* ou des *recordwomen.*
recoudre v. t. [3] Coudre (ce qui est décousu ou déchiré). *Recoudre un bouton, une poche.* / CHIR. Coudre (une plaie, une incision).
recoupement n. m. Établissement d'un fait par confrontation de renseignements d'origines diverses. / CONSTR. Retrait de chaque assise de pierre d'un mur pour en diminuer l'épaisseur. / Procédé de levé de plans qui consiste à déterminer les points par l'intersection de deux lignes.
recouper v. t. [1] Couper de nouveau (qqch.) / Fig. Vérifier (une information) par recoupement. *Recouper des renseignements.* (Emploi pron.) Coïncider. *Tous les faits se recoupent.*
recourbé, e adj. Dont l'extrémité est courbée. *Des cornes recourbées vers l'arrière.*
recourir v. i. / v. t. ind. [3] Courir de nouveau. / v. t. ind. *Recourir à* : faire appel à (qqn), se servir de (tel moyen) pour se tirer d'une situation difficile.
recours n. m. Action de recourir, de faire appel à qqn, qqch. / Ce à quoi l'on recourt. / DR. Demande d'annulation ou de modification d'un acte administratif ou judiciaire. *Recours en grâce*, adressé par un condamné au chef de l'État.
recouvrement [1] n. m. Action de recouvrer. *Recouvrement de créances, d'impôts.*
recouvrement [2] n. m. Fait de se recouvrir. / Ce qui recouvre (qqch. d'autre).
recouvrer v. t. [1] Retrouver la jouissance, la possession de. *Recouvrer la vue, recouvrer un bien.* / Spécial. Encaisser (une dette, une redevance). *Recouvrer un impôt.*
recouvrir v. t. [3] Couvrir de nouveau. / Couvrir complètement. / Couvrir d'un nouveau revêtement. *Recouvrir un canapé de tissu.* / Fig. Correspondre à, inclure. *Mot qui recouvre plusieurs acceptions.*
récré n. f. Fam. Abrév. de *récréation.*
récréatif, ive adj. Qui récrée, divertit. *Lecture récréative.*
récréation n. f. Amusement, délassement que l'on s'accorde avant de reprendre un travail. / Temps laissé aux enfants pour jouer entre les heures de classe.
recréer v. t. [1] Créer de nouveau. *Recréer un monde.*
récréer v. t. [1] Litt. Divertir, distraire (qqn). *Récréer une assemblée.*
récrier (se) v. pron. [1] Réagir en poussant des cris, des exclamations. *Se récrier d'admiration.*
récrimination n. f. Action de récriminer, reproche, critique, plainte.
récriminer v. i. [1] Formuler des reproches, des protestations.
récrire ou **réécrire** v. t. [3] Écrire de nouveau (qqch.). *Récrire une même phrase au tableau.* / Écrire une version nouvelle de (un texte). *Récrire un discours trop long.*
recroqueviller v. i. [1] Rapetisser et déformer (qqch.) en réduisant son volume. *L'automne avait recroquevillé les feuilles des arbres.* / v. pron. Se ramasser sur soi-même. *Se recroqueviller sous les draps.*
recrû n. m. En sylviculture, nouvelle pousse ; pousse annuelle.
recru, e adj. Litt. Harassé. *Des soldats recrus de fatigue.*
recrudescence n. f. MÉD. Réapparition, sous une forme aggravée, des symptômes d'une maladie, après une période de rémission. / Par anal. Reprise d'un phénomène, d'un fléau, avec une intensité accrue.
recrudescent, e adj. Litt. En état de recrudescence.
recrue n. f. Soldat qui commence son service militaire. / Par ext. Personne récemment intégrée dans un groupe, une entreprise.
recrutement n. m. Action de recruter.
recruter v. t. [1] Engager (des recrues) pour constituer une troupe. / Amener (qqn) à intégrer un groupe. *Recruter des partisans.* / (Spécial.) Engager du personnel. *L'entreprise recrute des informaticiens.* / v. pron. *Se recruter dans, parmi* : provenir de.
recruteur, euse n. **I.** n. m. Anc. Homme chargé de recruter des soldats, de provoquer des engagements dans l'armé. (Appos.) *Sergent recruteur.* **II.** n. Par ext. Personne qui recrute des clients, des adhérents, des employés.
recta adv. Fam., vieilli Avec exactitude, avec ponctualité. *Il paie son loyer recta, tous les premiers du mois.*
rectal, ale, aux adj. Du rectum.
rectangle adj. et n. m. GÉOM. Qui possède au moins un angle droit. *Triangle rectangle.* / n. m. Quadrilatère plan dont les côtés sont deux à deux parallèles et qui possède quatre angles droits.
rectangulaire adj. GÉOM. En forme de rectangle. / Didac. En forme d'angle droit.
recteur n. m. Haut fonctionnaire qui dirige une circonscription académique. / RELIG. Supérieur d'un collège de jésuites. / Vx Curé de paroisse, en Bretagne.
rectificatif, ive adj. et n. m. Qui sert à rectifier (qqch. d'inexact). *Formule rectificative.* / n. m. *Un rectificatif* : un texte rectificatif.
rectification n. f. Action de rectifier ; résultat de cette action. / CHIM. Opération qui consiste à rendre un liquide plus pur, par une nouvelle distillation.
rectifier v. t. [1] Remettre droit. *Rectifier une route.* / GÉOM. *Rectifier une courbe,* en calculer la longueur. / Rendre exact, correct ou adéquat, en modifiant ou en corrigeant. *Rectifier un calcul. Rectifier sa conduite. Rectifier un assaisonnement.* / CHIM. Rendre plus pur (un liquide), par rectification. / TECHN. Parfaire la surface de (une pièce usinée) par un meulage précis. / Pop. Tuer (qqn).

rectifieur, euse n. TECHN. Spécialiste de la rectification de pièces métalliques ou de la conduite d'une rectifieuse. / n. f. Machine-outil utilisée, en métallurgie, pour rectifier les pièces en fin d'usinage.
rectiligne adj. En ligne droite. *Course rectiligne.* / GÉOM. Défini par des lignes droites, des segments de droite. *Figure rectiligne.*
rectitude n. f. Caractère de ce qui est droit. / Fig. *Rectitude du jugement, rectitude morale.*
recto n. m. (mot latin) Première page d'un feuillet, par oppos. au *verso.* / loc. adv. *Recto verso*: au recto et au verso. *Écrire recto verso.*
rectocolite n. f. MÉD. Inflammation simultanée du rectum et du côlon.
rectorat n. m. Fonction, dignité de recteur; durée de cette fonction; lieu où elle s'exerce.
rectrice n. f. et adj. f. ZOOL. Grande plume de la queue des oiseaux *Les rectrices permettent de diriger le vol.* / adj. *Les plumes rectrices, les pennes rectrices.*
rectum n. m. ANAT. Portion terminale du gros intestin, située entre le côlon et l'anus.
reçu, e [1] adj. *Idée reçue*: opinion adoptée sans examen critique.
reçu [2] n. m. Écrit confirmant la réception d'un objet ou la perception d'une somme.
recueil n. m. Volume réunissant des écrits, des gravures, des pièces de musique.
recueillement n. m. Action de se recueillir; état d'une personne qui se recueille.
recueilli, e adj. Qui se recueille. *Une assistance recueillie.* / Qui témoigne de recueillement. *Un silence recueilli.*
recueillir v. t. [3] **A.** Ramasser, collecter en vue d'un usage ultérieur. *Recueillir des fonds.* / Recevoir (ce qui s'échappe, se répand) pour le conserver. *Recueillir les eaux de pluie dans un réservoir.* Fig. *Recueillir des propos.* / Obtenir, remporter. *Recueillir des voix.* / Recevoir par voie d'héritage. *Recueillir une succession.* / Accueillir chez soi, donner refuge à. *Recueillir un orphelin.* **B.** v. pron. Rentrer en soi-même, méditer. / Pratiquer la méditation religieuse.
recuit, e adj. et n. m. Cuit de nouveau. *Viande recuite.* / n. m. TECHN. Chauffage d'un métal, d'une pièce de verre, suivi d'un refroidissement.
recul n. m. Mouvement en arrière. *Recul d'une arme à feu*, lors de l'explosion de la poudre. / Espace libre qui permet de reculer. *Il a raté la balle, il n'y a pas assez de recul.* / Fig. Éloignement dans l'espace ou le temps, nécessaire pour juger objectivement. *Profiter d'un moment de réflexion pour prendre du recul.* / Régression. *On note un recul de la consommation.*
reculade n. f. Rare Action de reculer. / Cour., péjor. Dérobade.
reculée n. f. GÉOGR. Vallée en cul-de-sac
reculer v. i. / v. t. [1] **A.** v. i. Aller en arrière. Loc. fig. *Reculer pour mieux sauter*: retarder une décision pourtant inévitable. / Renoncer; céder, se dérober. *Il s'est trop avancé pour reculer. Reculer devant le danger.* / Rétrograder, régresser. *Épidémie qui recule.* **B.** v. t. Déplacer vers l'arrière. *Reculer sa voiture.* / Mettre, porter plus loin. *Reculer les frontières.* / Retarder, différer. *Reculer une échéance, l'heure du départ.*
reculons (à) loc. adv. En reculant.
récupérable adj. Qui peut être récupéré. Ant. irrécupérable.
récupération n. f. Action de récupérer.
récupérer v. t. [1] Retrouver la possession ou l'usage de (qqch. que l'on avait perdu). *Récupérer un portefeuille volé.* / Spécial. *Récupérer ses forces* ou, emploi absol., *récupérer*: reprendre ses forces après un effort ou une maladie. / Recueillir pour l'utiliser (ce qui est inutilisé ou voué au rebut). *Récupérer l'énergie du vent. Récupérer du plastique pour le recycler.* / Fournir (un temps de travail) en remplacement du temps pendant lequel, pour diverses raisons, l'on n'a pas travaillé. *Récupérer un jour de congé.* / Détourner à son profit (des idées, un mouvement, une action, généralement politiques).
récurage n. m. Action de récurer; résultat de cette action.
récurer v. t. [1] Nettoyer (qqch.) en frottant, en grattant. *Récurer une marmite.*
récurrence n. f. Caractère d'un phénomène récurrent. / LOG. *Raisonnement par récurrence*: procédé étendant à une série une propriété appartenant au moins à deux termes de cette série.
récurrent, e adj. Qui se répète. / MÉD. Qui se manifeste par accès répétés, sans que l'organisme ait à nouveau été en contact avec l'agent pathogène. *Fièvre récurrente.* / ANAT. Se dit d'une structure anatomique qui revient vers le tronc dont elle est issue. *Nerf récurrent.*
récursoire adj. DR. Qui ouvre un recours contre qqn. *Action récursoire.*

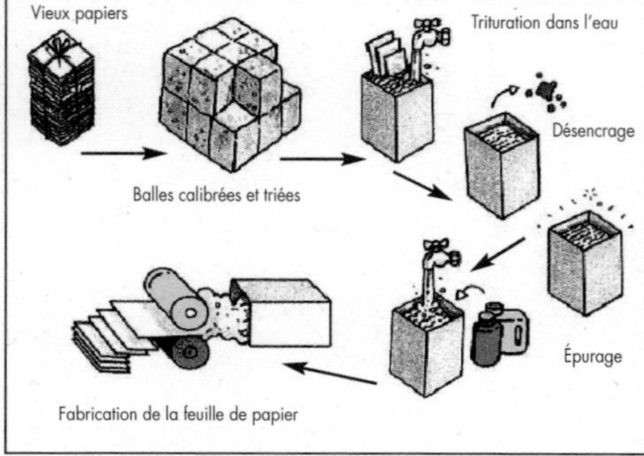

Le ***recyclage*** *du papier.*

récusable adj. Qui peut être récusé. Ant. irrécusable.
récusation n. f. DR. Action de récuser; son résultat.
récuser v. t. [1] **A.** DR. Refuser le témoignage ou le jugement de (une personne que l'on soupçonne de partialité). *Récuser un témoin.* / Ne pas admettre l'autorité de (qqn, qqch.). **B.** v. pron. Refuser d'assumer une charge, une mission.
recyclage n. m. TECH. Réintroduction dans un cycle d'opérations. *Recyclage de l'air dans un local. Recyclage des déchets.* / Formation professionnelle complémentaire offerte à des personnes engagées dans la vie professionnelle, pour assurer une remise à niveau des savoirs.
recycler v. t. / v. pron. [1] Soumettre à un recyclage. *Recycler du papier.* / v. pron. *Se recycler*: se soumettre à un recyclage.
rédacteur, trice n. Personne qui rédige, a rédigé un texte. *Le rédacteur d'une requête.* / Personne qui rédige des textes à titre professionnel. *Rédacteur d'une revue. Rédacteur en chef*: personne qui coordonne les diverses parties d'une rédaction collective. / (Spécial.) Fonctionnaire qui rédige des textes pour une administration. *Rédacteur de mairie.*
rédaction n. f. Action de rédiger; ce qui est rédigé. / Devoir scolaire consistant à rédiger un texte sur un sujet donné. / L'ensemble des rédacteurs d'un journal, d'une revue, d'un ouvrage collectif; leur bureau.
rédactionnel, elle adj. Propre ou relatif à la rédaction.
redan ou **redent** n. m. ARCHI. Motif décoratif découpé en forme de dent. / CONSTR. Saillie ménagée à certains niveaux dans un mur construit sur un terrain en pente. / MILIT. Angle saillant à l'extérieur d'une fortification. / Série d'entailles pratiquées dans certaines pièces de bois de façon à pouvoir les emboîter.
reddition n. f. Action de rendre. *Reddition de comptes*: présentation, pour contrôle, d'une comptabilité. / Action de se rendre, capitulation.
redécouvrir v. t; [3] Découvrir de nouveau.
redéfinir v. t. [2] Définir de nouveau. *Redéfinir des objectifs.*
redéfinition n. f. Action de redéfinir; son résultat.
redemander v. t. [1] Demander de nouveau. / Réclamer (ce qu'on avait donné ou prêté).
rédempteur, trice adj. et n. m. THÉOL. Qui rachète les péchés. *Pénitence rédemptrice.* / n. m. *Le Rédempteur*: Jésus-Christ qui, par sa mort, rachète tous les péchés.
rédemption n. f. THÉOL. Rachat des péchés. *La Rédemption*: le rachat du genre humain par le sacrifice de Jésus-Christ.
redent Voir **redan**
redéploiement n. m. Action de redéployer.
redéployer v. t. [1] Déployer de nouveau (qqch.) *L'oiseau redéploie ses ailes.* / MILIT., ÉCON. Disposer différemment des éléments stratégiques. *Redéployer un régiment.*
redescendre v. i. / v. t. [3] Descendre après être monté. *Attends- moi, je redescends tout de suite.* / v. t. Descendre de nouveau *Redescendre un escalier.*
redevable adj. Qui doit qqch. à qqn. *Il m'est redevable de plusieurs centaines d'euros, d'un service.*

Robert Redford.

Roger et Angélique,
*tableau d'****Odilon Redon****.*

redevance n. f. Somme versée à échéance déterminée pour l'utilisation d'un service. *Redevance téléphonique.*
redevenir v. i. [3] Recommencer à être (ce qu'on était auparavant). *Ce restaurant redevient bon.*
Redford (Robert) 1937 Acteur de cinéma et cinéaste américain. Séduisant, sympathique, intelligent, il fut le héros de *La Poursuite impitoyable* (1966), *Butch Cassidy et le Kid* (1969), *Jeremiah Johnson* (1972), *Les Hommes du président* (1976), *Out of Africa* (1985). Comme metteur en scène, il a tourné *Milagro* (1987), *Quiz show* (1994), *L'Homme qui murmurait à l'oreille des chevaux* (1998).
rédhibitoire adj. DR. *Vice rédhibitoire*: défaut caché qui rend impropre à l'usage. / Cour. Qui constitue un empêchement absolu. *Prix rédhibitoire.*
rédiger v. t. [1] Mettre par écrit, sous une forme donnée, en suivant des règles. *Rédiger un compte rendu, un acte notarié.*
rédimé, e adj. HIST. *Province, ville rédimée*: province, ville qui, en France, sous l'Ancien Régime, s'était affranchie, à titre onéreux, des droits prélevés par le roi sur la vente du sel.
rédimer v. t. [1] RELIG. Racheter, sauver.
redingote n. f. Manteau cintré.
redire v. t. [3] Dire plusieurs fois, répéter. *Je te dis et te redis que tu te trompes.* / Dire (ce que qqn d'autre a déjà dit); répéter. *Redites après moi les mots de bienvenue.* / loc. *Trouver, avoir à redire à*: avoir des critiques à émettre sur.

R

redistribuer v. t. [1] Distribuer de nouveau, ou d'une façon différente.
redistribution n. f. Action de redistribuer ; son résultat. / Fait d'être redistribué, réparti de manière différente.
redite n. f. Répétition inutile d'un terme, d'une idée.
Redon (Odilon) 1840-1916 Peintre, graveur et pastelliste français. Il composa de nombreuses lithographies (*Dans le rêve, À Edgar Poe*) ainsi que des tableaux aux couleurs envoûtantes évoquant le monde de l'imaginaire et du rêve. Il s'inspira beaucoup de la littérature symboliste de son époque et compta notamment Mallarmé parmi ses amis.
redondance n. f. Caractère redondant d'un style, d'un discours. / Redite.
redondant, e adj. Superflu. *Épithètes redondantes. Style redondant,* chargé de redites, de termes superflus.
redoublant, e n. Élève qui redouble une classe.
redoublé, e adj. Répété. *Rime redoublée.* / Répété de plus en plus vite ou de plus en plus fort. *Frapper qqn à coups redoublés.* / Considérablement accru. *Une force redoublée par l'angoisse.*
redoubler v. t. / v. i. [1] **A.** v. t. Rendre double. *Redoubler une consonne.* / Suivre une seconde fois (une même année d'études). *Redoubler la sixième.* / Augmenter la quantité, la force, l'intensité de. *Redoubler ses efforts.* / v. t. ind. *Redoubler de* : manifester encore plus de. *Redoubler d'attention.* **B.** v. i. Reprendre avec plus d'intensité. *La pluie redouble.*
redoutable adj. Qu'il faut redouter, que l'on redoute. *Un adversaire redoutable.*
redoutablement adv. De façon redoutable.
Redouté (Pierre Joseph) 1759-1840 Peintre français, spécialiste de la peinture de plantes, notamment des roses.
redoute n. f. Anc. Ouvrage fortifié qui constituait une position isolée et autonome.
redouter v. t. [1] Craindre fortement (qqn, qqch.) ; envisager (qqch.) avec angoisse.
redoux n. m. Réchauffement passager des températures durant la saison froide.
redox adj. inv. CHIM. *Couple redox* : ensemble constitué par deux formes d'un corps, l'une dans sa forme oxydée et l'autre dans sa forme réduite. *Les réactions d'oxydoréduction font intervenir des couples redox. Potentiel redox ou potentiel d'oxydoréduction* : mesure (en volts) du pouvoir oxydant d'un couple redox.
redresse (à la) loc. adj. Argot. Qui se fait respecter ou craindre, en employant la force ou en menaçant de l'employer. *Un mec à la redresse.*
redressement n. m. Action de redresser, fait de se redresser. / DR. COMM. *Redressement judiciaire* : procédure visant à éviter la faillite d'une entreprise et à apurer son passif comptable. / ÉLECTR. Transformation d'un courant alternatif en courant continu.
redresser v. t. [1] **A.** Remettre à la verticale. *Redresser un mât. Redresser le buste. Redresser un avion,* relever son nez pour lui refaire prendre de l'altitude. / Remettre dans une position correcte. *Redresser les roues d'un véhicule, redresser un véhicule* : remettre les roues dans l'axe de la route. (Absol.) *Il n'a pas redressé assez vite après le virage.* / Redonner une forme droite à (ce qui est déformé, tordu). *Redresser une tôle froissée.* / Fig. Rétablir dans un état initial ou satisfaisant (ce qui était compromis). *Redresser l'économie. Redresser la situation.* / Vieilli ou litt. Corriger. *Redresser son jugement.* / ÉLECTR. *Redresser un courant* : transformer un courant alternatif en un courant continu. **B.** v. pron. Reprendre une position droite, verticale. / Se tenir droit ; relever le buste. / Fig. Se rétablir, retrouver sa prospérité.
redresseur, euse n. m. et adj. **A.** n. m. *Redresseur de torts* : personne qui prétend faire régner la justice autour d'elle. / ÉLECTR. Appareil qui transforme le courant alternatif en un courant continu. **B.** adj. ANAT. *Muscles redresseurs des poils,* qui font se dresser les poils, provoquant l'horripilation. / OPT. *Prisme redresseur,* qui, dans les instruments d'optique, redresse l'image renversée issue de l'objectif. / ÉLECTR. *Valve redresseuse,* qui sert à redresser le courant.
réducteur, trice adj. et n. m. **A.** adj. Qui réduit. *Un raisonnement réducteur,* qui tend à une simplification abusive. / CHIM. Apte à la réduction. **B.** n. m. CHIM. Substance susceptible de réduire un composé. / Mécanisme qui assure la transmission d'un mouvement de rotation en diminuant sa vitesse.
réductible adj. Qui peut être réduit. Ant. irréductible.
réduction [1] n. f. **I.** Action de réduire ; son résultat. *Réduction d'une photographie. Tirage en réduction.* / Diminution sur un prix. *Accorder une réduction.* **II.** Fait de simplifier, de réduire le nombre d'éléments constitutifs de qqch. *Réduction d'une fraction.* / MUS. Arrangement d'une pièce instrumentale ou vocale pour un nombre inférieur d'instruments, de voix. *Réduction pour piano.* / BIOL. *Réduction chromatique* : passage (d'une cellule) de l'état diploïde à l'état haploïde, lors de la méiose. / CHIM. Lors d'un phénomène d'oxydoréduction, réaction par laquelle un corps (oxydant) gagne un ou plusieurs électrons, cédés par un autre corps (réducteur). **III.** CHIR. Remise en place de fragments d'os ou d'organes déplacés (par une fracture, une invagination, etc.).
• **réduction [2]** n. f. HIST. Village d'Indiens guaranis créé au Paraguay au XVIe siècle, par des missionnaires jésuites, et organisé en communauté autonome.

RÉDUCTION

Détail du motif sculpté surmontant l'entrée de la réduction guaranie de Trinidad (Paraguay).

Les réductions s'étendirent sur un territoire aujourd'hui partagé entre le Brésil et l'Argentine ; en butte à la convoitise des colons portugais du Brésil, les réductions furent persécutées et les Indiens durent se réfugier en masse dans l'Entre Rios, entre le Paraná et l'Uruguay. Après un siècle de répit, leur sécurité étant garantie par des milices armées, une rectification de frontière entre l'Espagne et le Portugal les mit à la merci du Portugal. En 1754, Espagnols et Portugais s'allièrent contre les Guaranis et, en 1756, ces derniers furent écrasés. Le roi d'Espagne autorisa les Indiens à se réinstaller dans les réductions soumises au Portugal, mais les villages ne retrouvèrent pas leur ancienne prospérité ; en 1767, la Compagnie de Jésus fut expulsée d'Espagne et des terres espagnoles d'Amérique ; les derniers jésuites furent déportés en Europe en 1768.

réductionnisme n. m. Didac. Réduction de phénomènes complexes à leurs composants plus simples, jugés fondamentaux.
réduire v. t. [3] **A.** Diminuer, restreindre (la quantité, la valeur, l'importance de). *Réduire ses dépenses. Réduire le temps de travail.* / Reproduire (un objet) en plus petit, sans changer les proportions. *Réduire une image.* / *Réduire en* : transformer en. *Réduire des amandes en poudre. Réduire en cendres, en bouillie.* / *Réduire à* : ramener à une forme simplifiée. *Réduire une fraction à sa plus simple expression,* en diviser les deux termes par un même nombre, de manière à les rendre premiers entre eux, c'est-à-dire de manière qu'ils n'aient d'autre diviseur commun que 1. *Réduire à l'essentiel.* / CHIR. Remettre (un os fracturé, luxé, un organe déplacé) en place. *Réduire une fracture.* / CHIM. Opérer la réduction de. / CUIS. *Réduire une sauce,* la rendre plus concentrée par évaporation. / Contraindre, acculer. *Réduire qqn au silence, en esclavage. J'en suis réduit à mendier.* / Vaincre (une opposition). *Réduire une émeute.* **B.** v. pron. Se ramener, se résumer. *Une attente qui se réduit à quelques minutes.*
réduit, e adj. et n. m. **A.** adj. Qui a subi une réduction. *Vitesse réduite. Modèle réduit,* fabriqué à une échelle plus petite, maquette. **B.** n. m. Petite pièce étroite et sombre. / Construction à l'intérieur d'un ouvrage fortifié, servant d'abri. *Le réduit d'un château fort* : le donjon. / Compartiment cuirassé d'un navire de guerre.
rééchelonnement n. m. ÉCON. Action de rééchelonner.
rééchelonner v. t. [1] ÉCON. Allonger le délai de paiement de.
réécrire Voir **récrire**
Reed (John) 1887-1920 Journaliste américain. Il a rendu compte de la révolution d'Octobre, à laquelle il avait assisté, dans *Dix Jours qui ébranlèrent le monde* (1919). Il est mort à Moscou.
Reed (sir **Carol**) 1906-1976 Cinéaste anglais, surtout connu pour *Le Troisième Homme* (1949).
rééditer v. t. [1] Éditer de nouveau (un ouvrage). / Fig. Refaire (qqch.) *Rééditer un exploit.*
réédition n. f. Action de rééditer ; son résultat.
rééducation n. f. MÉD. Traitement destiné à permettre à un organe ou à une compétence, altérés par un processus pathologique ou traumatique, de fonctionner de nouveau normalement. *Rééducation musculaire et articulaire. Rééducation du langage.* / Nouvelle éducation (morale, sociale, idéologique). *Un camp de rééducation.*
rééduquer v. t. [1] MÉD. Soumettre (une fonction, un membre) à une rééducation. / Donner une nouvelle éducation morale à.
réel, réelle adj. et n. m. DR. Qui concerne les choses, non les individus. Ant. personnel. / PHILO. Qui existe dans la réalité, et pas seulement en tant qu'idée, ou en tant que mot. / THÉOL. Dogme de la présence réelle : dogme qui affirme que le Christ est substantiellement et effectivement présent dans l'Eucharistie. / MATH. *Nombre réel* : voir *nombre.* / Dont l'existence est effective. *Le pouvoir réel et le pouvoir virtuel.* Ant. irréel. / Véritable ; avéré. *De réelles dispositions pour la musique.* / PHYS. *Image réelle,* formée au point où les rayons convergent effectivement, par oppos. à image virtuelle. / n. m. *Le réel* : la réalité.
réélection n. f. Action de réélire ; résultat de cette action. / Fait d'être réélu.
réélire v. t. [3] Élire de nouveau (qqn).
réellement adv. En réalité ; effectivement.
réemploi ou **remploi** n. m. Action d'employer ou d'être employé de nouveau.
réemployer ou **remployer** v. t. [1] Employer de nouveau (qqch., qqn).
rééquilibrer v. t. [1] Équilibrer de nouveau (qqch., qqn) ; donner à (qqch., qqn) un nouvel équilibre.
réer Voir **raire**
réescompte n. m. Action de réescompter.
réescompter v. t. [1] Acheter ou vendre (un effet de commerce) déjà escompté par une autre banque.
réessayer ou **ressayer** v. t. [1] Essayer de nouveau.
réévaluation n. f. FIN. Évaluation sur de nouvelles bases. *Réévaluation d'un bilan.* / Revalorisation (d'une monnaie), par oppos. à *dévaluation. La réévaluation de l'euro par rapport au dollar.*

R

Saint Hugues au **réfectoire**, *tableau de Francisco de Zurbarán.*

réévaluer v. t. [1] Procéder à la réévaluation de. *Réévaluer une monnaie.*
réexamen n. m. Nouvel examen.
réexaminer v. t. [1] Examiner de nouveau (qqch., qqn).
réfaction n. f. COMM. Réduction du prix d'une marchandise qui ne correspond pas exactement aux conditions convenues. / FIN. Diminution de la base imposable.
refaire v. t. [3] **A.** Faire de nouveau (ce que l'on a déjà fait); recommencer. *Refaire un pansement. Refaire une addition. Refaire du bruit.* / Remettre en état, réparer. *Refaire les peintures.* / Fig. Rétablir (sa santé); regagner, combler (un handicap). *Refaire son retard.* / Fam. Duper, escroquer (qqn). **B.** v. pron. Recouvrer ses forces. / Rétablir sa situation financière, notamment après une perte au jeu. / Loc. fam. *On ne se refait pas*: on ne change pas sa personnalité. / (Emploi passif.) Être de nouveau en vogue. *Ça se refait beaucoup ces temps-ci.*
réfection n. f. Action de refaire, de reconstruire. *Réfection d'un bâtiment.*
réfectoire n. m. Salle à manger d'une collectivité, d'une communauté.
refend (de) loc. adj. *Bois de refend*, scié dans la longueur. *Mur de refend*: mur de soutien qui constitue une séparation intérieure dans un bâtiment.
référé n. m. DR. Règlement provisoire d'un litige auquel le tribunal procède par mesure d'urgence, sous réserve d'une délibération finale et ultérieure. *Un référé, une ordonnance de référé*: l'arrêt rendu.
référence n. f. Personne, document, indication auxquels on se reporte. *Ouvrage de référence. Faire référence*: être la meilleure référence dans un domaine. / (Au plur.) Attestation(s) fournie(s) par un ou plusieurs anciens employeurs. / MATH. *Système de référence*: système de coordonnées par rapport auquel est définie la position d'un point.
référencement n. m. Action de référencer; son résultat.
référencer v. t. [1] Indiquer la référence de.
référendaire adj. Qui concerne un référendum. *Procédure référendaire.* / *Conseiller référendaire à la Cour des comptes*: magistrat qui vérifie la comptabilité publique.
référendum n. m. DR. Vote direct par lequel les citoyens se prononcent sur une mesure législative ou constitutionnelle proposée par le pouvoir exécutif. / Consultation intéressant les membres d'un groupe.
référent n. m. LING. Objet, réel ou imaginaire, auquel se réfère un signe linguistique.
référer v. t. ind. [1] **A.** v. t. ind. *En référer à qqn*: informer qqn d'un litige, d'une difficulté, et solliciter une décision, un jugement de sa part. *En référer au tribunal.* / LING *Référer à*: avoir pour référent. **B.** v. pron. *Se référer à*: prendre pour référence, s'appuyer sur. *Si l'on s'en réfère à cet article du Code pénal.* / Renvoyer à, se rapporter à. *Ce passage se réfère à l'enfance de l'auteur.*
refermer v. t. [1] Fermer (ce qui était ouvert, ce que l'on avait ouvert). *Refermer une plaie. Refermer un tombeau.* / v. pron. Se fermer après avoir été ouvert. *Sa main se referma sur la poignée de la porte.* Fig. *Enfant qui se referme sur lui-même.*
refiler v. t. [1] Fam. Donner à qqn (qqch. d'embarrassant). *Il m'a refilé une fausse pièce.* / Par ext. *Refiler ses microbes à son voisin.*
refinancement n. m. Ensemble des opérations par lesquelles une institution financière obtient des ressources monétaires, généralement fournies par une autre institution financière.
réfléchi, e adj. **I.** Renvoyé par réflexion. *Lumière réfléchie.* / GRAM. *Verbe pronominal réfléchi*, qui exprime une action accomplie par le sujet sur lui-même (par ex. je « me » brûle). *Pronom réfléchi*, qui représente, en tant que complément, la personne même qui est le sujet du verbe. *Les pronoms réfléchis servent à construire les verbes pronominaux réfléchis (par ex. je « me » baigne; ils « se » sont ennuyés).* **II.** Qui réfléchit à ses actes, à ses choix. *Un homme réfléchi.* Ant. irréfléchi. / Qui dénote de la réflexion. *Un choix réfléchi.*
réfléchir v. t. / v. i. [2] **A.** v. t. Renvoyer par réflexion (la lumière, le son, les rayonnements, l'image d'un objet) dans la direction d'origine ou dans une nouvelle direction. *La surface du lac réfléchit la silhouette des arbres.* (Emploi pron.) *La lumière se réfléchit dans ses yeux.* / v. t. ind. *Réfléchir à, sur*: concentrer sa pensée sur, étudier attentivement. *Réfléchir à l'avenir. Réfléchir sur un problème.* **B.** v. i. Exercer sa réflexion. *Réfléchir avant d'agir.*
réflecteur n. m. Dispositif, surface servant à renvoyer la lumière émise par une source lumineuse.
reflet n. m. Lumière renvoyée par la surface de qqch. / Image réfléchie. *Voir son reflet dans la glace.* / Fig. Image atténuée. *Être le reflet de son époque.*
refléter v. t. [1] Réfléchir de façon affaiblie (une lumière, une couleur, une image). / Fig. Laisser transparaître; être le reflet de, traduire. *Son visage reflète la douceur.*
reflex adj. et n. m. inv. (mot anglais) *Système reflex* ou *reflex*: dispositif équipant des appareils photographiques, constitué d'un miroir incliné à 45°, qui renvoie l'image sur un verre dépoli.
réflexe n. m. et adj. **A.** n. m. PHYSIOL. Réaction (motrice, sécrétoire) involontaire, automatique, extrêmement rapide d'un effecteur, en réponse à la stimulation d'un récepteur. *Le réflexe fait intervenir un arc nerveux (arc réflexe) constitué d'une voie afférente, véhiculant l'influx sensitif, d'un centre nerveux moteur et d'une voie efférente, qui conduit l'influx moteur. Réflexe inné. Réflexe conditionné.* / Cour. Réaction automatique, habituelle. *Avoir de bons réflexes*: réagir rapidement pour faire face à une situation. **B.** adj. OPT. Qui est le résultat d'une réflexion. *Image réflexe.* / PHYSIOL. Qui se produit par réflexe; relatif au réflexe. *Mouvement réflexe. Arc réflexe*: ensemble des voies nerveuses, sensitives et motrices, par lesquelles est véhiculé l'influx nerveux déclenchant un réflexe. / Se dit d'une réaction rapide, automatique.
réflexif, ive adj. PHILO. Propre à la réflexion, au retour sur soi du sujet, de la pensée. / MATH. *Relation réflexive*: relation binaire telle que tout élément appartenant au domaine de définition de cette relation est en relation avec lui-même.
réflexion n. f. Action de penser, de réfléchir; pensée, remarque ainsi produite. / Fait de se réfléchir. / PHYS. Phénomène qui se produit à la surface de séparation de deux milieux, tel qu'une partie seulement des ondes ou des flux incidents passe dans le second milieu.
refluer v. i. [1] Couler en sens inverse. *Des vagues qui refluent vers le large.* / Fig. Revenir vers l'endroit d'où l'on vient. *La foule reflue vers la sortie.*
reflux n. m. Marée descendante, par opposition au *flux*. / Fig. Mouvement vers l'arrière. *Le reflux des troupes ennemies.*
refondateur, trice adj. et n. Qui refonde. / POLIT. Se dit d'un courant, d'un membre d'une organisation syndicale ou politique qui affirme la nécessité de reconstruire cette organisation sur de nouvelles bases.
refondation n. f. Action de refonder; résultat de cette action.
refonder v. t. [1] Fonder de nouveau (qqch.) *Refonder un parti politique.*
refondre v. t. [3] Fondre de nouveau (un métal, une pièce de métal). / Fig. Remanier profondément (un ouvrage).
refonte n. f. Action de refondre. *Refonte d'un métal.* / Fig. Remaniement, réorganisation. *La refonte du système d'assurances sociales.*
réformateur, trice adj. et n. Qui procède à des réformes ou les promeut. / HIST. Partisan de la Réforme religieuse du XVIe siècle.
réformation n. f. Vx Réforme. / HIST. *La Réformation*: la Réforme. / DR. *Réformation d'un jugement*: modification, par voie d'appel, des dispositions d'un jugement.
réforme n. f. Action de réformer. / RELIG. Retour à une stricte observance des règles d'un ordre. / MILIT. Mise hors service d'un matériel périmé; (anc.) libération d'un appelé de ses obligations militaires lorsqu'il a été reconnu inapte au service.
• **Réforme (la)** Nom donné au mouvement religieux qui, scindant la chrétienté occidentale, eut pour effet, au XVIe siècle, de soustraire une partie de l'Europe à l'obédience pontificale et aboutit à la création des Églises protestantes.
Réforme catholique Voir **Contre-Réforme**
réformé, e adj. et n. **I.** RELIG. Issu de la Réforme. *Religion réformée*: protestantisme. *Églises réformées*, qui adhèrent au protestantisme. / Subst. *Les réformés*: les protestants. **II.** MILIT. Jugé impropre à une fonction. *Matériel réformé.* / Spécial. Inapte au service militaire. *Soldat réformé.* / n. m. *Un réformé*: un soldat réformé.
réformer v. t. [1] RELIG. Ramener à sa forme primitive. *Réformer un ordre.* / Litt. Supprimer (ce qui est considéré comme nuisible). *Réformer les excès.* / Transformer, modifier pour améliorer. *Réformer les mœurs. Réformer la Constitution.* / MILIT. Mettre à la réforme; (anc.) dispenser (qqn) du service militaire.
réformette n. f. Fam. Petite réforme de peu d'importance.
réformisme n. m. Doctrine politique qui affirme la nécessité de transformations sociales et politiques, par opposition au conservatisme. / Courant socialiste prônant une politique de réformes plutôt que la révolution.

Prêtre **réfractaire**.

réformiste adj. et n. Relatif au réformisme; tenant du réformisme.
refoulé, e adj. et n. Contenu. *Colère refoulée.* / PSYCHAN. Retenu inconsciemment. *Désir refoulé.* / n. m. *Retour du refoulé.*
refoulement n. m. Action de refouler. / PSYCHAN. Processus inconscient par lequel le sujet écarte du champ de sa conscience les pulsions ou les idées censurées par son surmoi, et dont l'oubli, la transformation ou l'inversion du désir sont les formes les plus fréquentes. Ant. défoulement.
refouler v. t. [1] **I.** Repousser, faire reculer (qqch., qqn). *Refouler un liquide. Refouler des manifestants.* / Spécial. *Cheminée qui refoule la fumée*, qui l'aspire imparfaitement. (Sans compl.) *Cheminée qui refoule.* **II.** Fig. Contenir (une émotion, son expression). *Refouler sa colère. Refouler ses larmes.* / PSYCHAN. Opérer le refoulement de. *Refouler des désirs incestueux.* Ant. défouler.
réfractaire adj. et n. Se dit de qqn qui résiste, refuse d'obtempérer. / HIST. Se dit des prêtres qui, pendant la Révolution, refusèrent de prêter serment à la Constitution civile du clergé, introduite en 1790. / HIST. Se dit des Français qui refusèrent, sous l'occupation nazie, le Service du travail obligatoire institué en 1943 par le gouvernement de Vichy. / PHYSIOL. *Période réfractaire*: laps de temps durant lequel une cellule, un organe, préalablement soumis à un influx nerveux, ne sont plus sensibles à une excitation. / MÉD. Se dit d'une maladie, d'un germe, qui résiste au traitement. / PHYS. Qualifie un corps apte à supporter des températures élevées, de fortes sollicitations mécaniques, des milieux corrosifs, sans entrer en fusion ni se déformer.
réfracter v. t. [1] PHYS. Produire la réfraction de. *Réfracter les rayons lumineux.*
réfraction n. f. OPT. Déviation que subissent les rayons lumineux par rapport à leur direction initiale lors du passage de ces rayons à travers la surface de séparation de deux milieux optiquement différents; le rayon source est dit *incident* et celui qui est dévié est dit *réfracté*. *Le phénomène de réfraction s'accompagne d'un phénomène de réflexion sur la surface de séparation.*
refrain n. m. Phrase répétée après chaque couplet d'une chanson, chaque strophe d'un poème. / Fig. Propos répétitifs et lassants. *Avec eux, c'est toujours le même refrain.*
refréner ou **réfréner** v. t. [1] Mettre un frein à, contenir (qqch.) *Refréner sa fureur, ses ardeurs.*

R

Réforme (La)

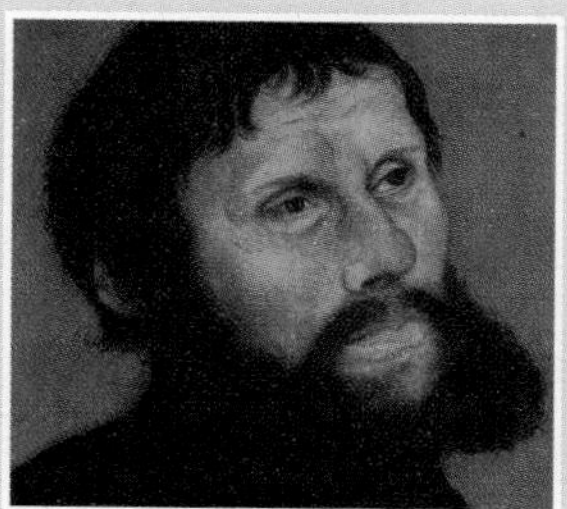

Martin Luther.

Dès la fin du XVe siècle, les consciences les plus exigeantes réclamaient une réforme religieuse et morale de l'Église. L'incapacité de Rome à renoncer à sa politique de grandeur temporelle devait provoquer la rupture de l'unité chrétienne. Cette rupture fut amenée par la protestation du moine Martin Luther qui, en 1517, afficha à Wittenberg, en Saxe, 95 thèses contre les indulgences. Depuis quelques années, d'ailleurs, se fondant sur une Épître de saint Paul, il prêchait que l'homme est sauvé par sa foi et non par ses œuvres.

En 1519, développant les conséquences de son attitude, il rejetait l'autorité du pape, affirmant que le chrétien peut interpréter lui-même le message de l'Écriture. Excommunié par Léon X en 1520, il se rendit, en 1521, à la diète de Worms, où il avait été convoqué par l'empereur Charles Quint, et il y défendit sa pensée.

Dans toute l'Allemagne et en Suisse, la prédication de Luther produisit une vive agitation, intellectuelle, sociale et politique: de nombreux princes adhérèrent à la réforme luthérienne, sécularisèrent les biens ecclésiastiques et s'unirent, en 1531, par la *ligue de Smalkalde*, bientôt alliée au roi de France contre l'empereur.

Pendant que la Réforme luthérienne se répandait dans toute l'Europe du nord, où se créaient des Églises d'État, l'Angleterre d'Henri VIII rompait avec le pape qui refusait de lui accorder le divorce (1533), et l'Église de France était traversée de courants divers sous l'influence de Lefèvre d'Étaples, qui traduisit en français le *Nouveau Testament*, de Guillaume Briçonnet et, surtout, de Jean Calvin, dont les idées, exprimées dans *L'Institution de la religion chrétienne*, sont encore plus radicales que celles de Luther. En 1555, Charles Quint dut s'incliner à son tour et, par le traité d'Augsbourg, reconnaître l'existence officielle d'Églises et d'États protestants à l'intérieur de son empire; les sujets devaient se conformer à la religion de leur gouvernement suivant le principe *cujus regio ejus religio* (« Telle la religion du prince, telle la religion de pays »). Le calvinisme donna un élan nouveau à la Réforme, surtout aux Pays-Bas, en Angleterre et en France où il se constitua en un parti qui, d'abord uniquement religieux, devint militaire grâce à l'adhésion de membres de la noblesse appartenant souvent aux plus puissantes familles.

L'expansion du protestantisme en France inquiéta Henri II qui, par le traité du Cateau-Cambrésis, en 1559, mit fin à son conflit avec l'Espagne, pour s'attacher à la répression anticalviniste.

Les guerres de Religion commencèrent en France, principal champ de bataille, avec l'Allemagne, de la lutte entre la Réforme et la Contre-Réforme catholique.

Calvinistes
Anglicans
Catholiques et protestants mêlés
Luthériens
Catholiques
Catholiques à minorité protestante
Saint Empire romain germanique

La Réforme et la division religieuse en Europe.

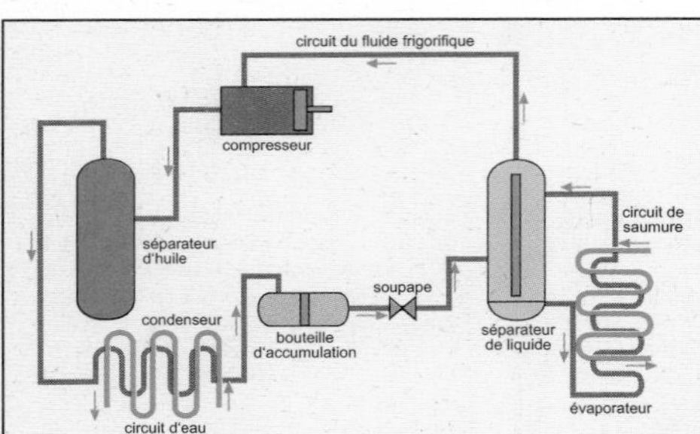

Principe de fonctionnement d'un **réfrigérateur**.

réfrigérant, e adj. Qui sert à réfrigérer. *Fluide réfrigérant.* / Fig. Qui refroidit. *Un accueil réfrigérant.*
réfrigérateur n. m. Appareil frigorifique servant à maintenir à basse température des denrées périssables.
réfrigération n. f. Action de réfrigérer; résultat de cette opération.
réfrigérer v. t. [1] Abaisser la température de (qqch.) par des moyens artificiels pour en assurer la conservation. *Réfrigérer des aliments.*
réfringence n. f. PHYS. Propriété d'un corps, d'un milieu réfringent.
réfringent, e adj. Qui a pour propriété de réfracter les rayons lumineux, les ondes électromagnétiques.
refroidir v. t. / v. i. [2] **A.** v. t. Rendre froid, plus froid (qqch.) *Le vent refroidit l'atmosphère.* / Fig. *Refroidir qqn,* diminuer son ardeur, son enthousiasme. *La menace de représailles les avait refroidis.* / Fam. Assassiner. *Les gangsters l'avaient refroidi d'un coup de revolver.* **B.** v. i. Devenir froid, plus froid. *La soupe refroidit.* **C.** v. pron. Devenir plus froid. *Le temps se refroidit depuis quelques jours.* / Fam. Attraper froid. *Ne sors pas sans manteau, tu vas te refroidir.* / Fig. *Leurs relations se sont refroidies*, ont perdu de leur chaleur.
refroidissement n. m. Action de refroidir, de se refroidir; abaissement d'une température. / Indisposition due au froid. *Il est resté au lit à cause d'un refroidissement.* / Fig. Diminution de l'ardeur, de la chaleur. *Le refroidissement des relations entre deux pays.*
refroidisseur n. m. et adj. Appareil servant à refroidir, à maintenir à une température suffisamment froide. / adj. Réfrigérant. *Système refroidisseur.*
refuge n. m. Endroit dans lequel on se retire pour être en sûreté. / Construction servant d'abri en haute montagne. / Fig. Soutien, consolation. *La musique est son refuge.* / FIN. *Valeur refuge*: placement peu risqué, action dont le cours reste stable.
réfugié, e adj. et n. Se dit d'une personne qui a dû quitter son pays pour échapper à un danger.
réfugier (se) v. pron. [1] Se retirer en un lieu où l'on trouve un asile, un refuge. *L'enfant se réfugia dans les bras de sa mère.* Fig. *Se réfugier dans le sommeil.*
refus n. m. Action de refuser; acte, parole ou écrit exprimant cette action.
refuser v. t. [1] **A.** Ne pas accepter (ce qui est proposé). *Refuser une invitation.* / Ne pas accorder (ce qui est demandé). *Refuser une grâce, une autorisation. Il lui a refusé son aide.* / *Refuser de* (+ inf.): ne pas accepter de (faire ce qui est proposé, demandé). *Il refuse de partir, de manger.* / Repousser, esquiver (ce qui est imposé). *Refuser le combat. Cheval qui refuse l'obstacle.* / *Refuser du monde*: ne pas laisser entrer des spectateurs, des clients par manque de place. / Ne pas recevoir (un candidat) à un examen. **B.** v. pron. Se priver volontairement de (qqch.). *Vous n'allez pas vous refuser ce petit plaisir.* / *Se refuser à qqn,* ne pas lui accorder ses faveurs. (Spécial.) Ne pas se donner sexuellement, en parlant d'une femme. / *Se refuser à* (+ inf.): ne pas consentir à; s'interdire de. *Je me refuse à le blâmer.* / (Emploi passif.) Être refusé, rejeté. *Une telle offre ne se refuse pas.*
réfutation n. f. Action de réfuter; parole, écrit par lequel on réfute.
réfuter v. t. [1] Repousser (une affirmation) en démontrant qu'elle est fausse, qu'elle est non fondée. *Réfuter un argument, une hypothèse.*
refuznik n. (mot russe) Citoyen de l'ex-U.R.S.S. auquel était refusée l'autorisation d'émigrer, notam. vers Israël.
reg n. m. (mot arabe) Désert rocheux.
regagner v. t. [1] Gagner de nouveau (qqch.) *Regagner de l'argent.* (Sans compl.) Gagner, vaincre de nouveau. *Depuis qu'il a changé d'entraîneur, il regagne.* / Gagner (ce qu'on avait perdu). *Regagner du temps sur son concurrent.* / Retourner, rentrer à. *Regagner son domicile.*
regain n. m. Herbe repoussant après la première coupe. / Fig. *Regain de*: retour de, renouveau de. *Un regain d'espoir.*

Le conseil de **Régence**, pendant la minorité de Louis XV.

régal n. m. Vx Festin, banquet. / Mets très apprécié. / Fig. Ce qui cause un vif plaisir. Pl. Des *régals.*
régalade n. f. *Boire à la régalade*, en renversant la tête et en versant le liquide directement dans la bouche, sans toucher le récipient de ses lèvres.
régale [1] n. f. HIST. Droit qu'avaient les rois de France, sous l'Ancien Régime, de jouir des revenus des évêchés vacants *(régale temporelle)* et de nommer, pendant cette vacance, les titulaires des bénéfices ecclésiastiques *(régale spirituelle).*
régale [2] n. f. MUS. Anc. Sorte de petit orgue à anches battantes. / Mod. Un des jeux de l'orgue.
régale [3] adj. f. CHIM. *Eau régale*: mélange d'acide nitrique et d'acide chlorhydrique, très corrosif, qui dissout l'or et le platine. / Fig. *L'eau régale*, qui nettoie de toute souillure.
régaler v. t. [1] **A.** Offrir un repas particulièrement savoureux à (qqn). / (Emploi absol.) Fam. Payer à boire ou à manger à qqn. *C'est moi qui régale!* **B.** v. pron. Avoir particulièrement plaisir à déguster un mets, un repas. / Fig. Éprouver un vif plaisir. *Se régaler d'un spectacle.*
régalien, enne adj. Du roi. *Droits régaliens.*
regard n. m. Action de regarder; manière de regarder. *Un regard amoureux.* / Fig. Vision, manière d'envisager quelque chose. / Ouverture pratiquée dans une machine, une installation, pour pouvoir la réparer ou surveiller sa marche. / Fig. *Droit de regard*, de contrôle, de surveillance. *En regard*: en face. *En regard de*: en comparaison de. *Au regard de*: du point de vue de, selon.
regardant, e adj. Fam. *Être regardant*: regarder à la dépense, être parcimonieux.
regarder v. t. [1] **A.** Diriger les yeux, son regard sur (qqn, qqch.); chercher à connaître par la vue. *Regarder son voisin avec insistance. Regarder les étoiles. Regarder tomber la pluie. Regarder sa montre, les horaires,* les consulter. (Emploi intransitif). *Regarder dans le vide, par la fenêtre.* / Considérer, envisager. *Regarder la vérité en face.* Loc. *Regarder (qqn, qqch.) comme, en*: considérer comme, tenir pour. / Avoir rapport à, concerner. *Cela ne te regarde pas.* / Faire face à, être tourné vers. *Le balcon regardait (vers) la mer.* **B.** v. t. ind. *Regarder à*: tenir compte de; être très attentif à. Loc. *Regarder à la dépense*: hésiter à dépenser, lésiner. *Y regarder à deux fois*: réfléchir attentivement (avant de se lancer, d'agir). **C.** v. pron. Observer son image. *Se regarder dans un miroir.* / Se faire face; être en vis-à-vis. *Se regarder l'un l'autre. Cloisons qui se regardent.* / Être regardé, devoir être regardé. *Dans quel sens ce plan se regarde-t-il ?*
régate n. f. Course de bateaux à voiles. / Cravate nouée de façon que les pans se superposent.
régater v. i. [1] Participer à une régate.
régence n. f. Gouvernement exercé par un régent; fonction, dignité de régent.
Régence Nom donné en France à la période de la minorité de Louis XV (1715-1723), marquée par le gouvernement du Régent, le duc Philippe d'Orléans, par la faillite du système de Law (1820) qui favorisa néanmoins le développement commercial, et par un rapprochement avec l'Angleterre en politique extérieure. Le goût pour le luxe et le libertinage caractérise également cette période. Sur le plan artistique, l'accent est mis sur la décoration; le *style Régence* se détache du classicisme rigoureux du Grand Siècle, mais n'atteint pas encore la grâce et l'élégance du style Louis XV. Les principaux artistes de cette période sont les architectes Robert de Cotte et Germain Boffrand, les peintres Watteau, Largillière, Rigaud et Coypel, les décorateurs Audran et Oppenordt.
régénération n. f. Action de régénérer. / BIOL. Reconstitution naturelle d'organes ou de tissus détruits ou endommagés. *Régénération des cellules.*
régénérer v. t. [1] BIOL. Reconstituer (un organe, un tissu lésé ou détruit). (Emploi. pron.) *Cellules qui se régénèrent.* / CHIM. Rendre ses propriétés initiales à (une substance). *Régénérer un catalyseur,* le réactiver. / Litt. Renouveler en redonnant les qualités primitives. / RELIG. Faire renaître à la spiritualité, au bien.
régent, e n. Personne qui assure le gouvernement d'un État pendant la minorité, l'absence ou la maladie du souverain. / HIST. *Le Régent*: Philippe d'Orléans, régent pendant la minorité de Louis XV. *Le Régent*: diamant de la couronne (136 carats), acheté par Philippe d'Orléans. / Vx Professeur, dans un collège. / n. En Belgique, personne qui enseigne aux élèves du premier cycle de l'enseignement secondaire; en Suisse, instituteur. / Anc. Administrateur. *Régent de la Banque de France*: membre du conseil général de la Banque de France (1806-1836). / Anc. Régisseur d'un hôpital. *« Les Régents », tableau de Frans Hals.*
régenter v. t. [1] Diriger (qqch., qqn) avec autoritarisme. *Régenter des domestiques.*
Reger (Max) 1873-1916 Compositeur allemand. Enseignant au Conservatoire de Wiesbaden (1893) puis à Leipzig en 1907, cet auteur prolifique fut influencé par Bach, Brahms et Beethoven, et composa surtout de la musique de chambre, des lieder, ainsi que des pièces pour orgue et piano.
reggae n. m. (mot anglais de la Jamaïque) Style musical populaire né en Jamaïque, à l'origine lié au mouvement rastafari, et caractérisé par son rythme à quatre temps dans lequel l'accentuation rythmique est située entre les temps.
Reggane (aujourd'hui *Reggan*) Ancienne base d'essais d'engins téléguidés et d'armes nucléaires, dans le Sahara algérien, cédée à la France par les accords d'Évian (1962) et évacuée en 1967; la première bombe atomique française y a été expérimentée en 1960.

Les **régicides** de Charles Ier.

Reggio di Calabria *136675 h.* Ville d'Italie, en Calabre, sur le détroit de Messine, chef-lieu de la province du même nom (*579072 h.*) qui vit principalement de l'agriculture (agrumes). Elle fut frappée par des séismes en 1783, en 1841 et, surtout, en 1908.

régicide n. et adj. **I.** Assassin d'un souverain. HIST. *Les régicides*: ceux qui condamnèrent à mort Charles Ier, roi d'Angleterre, Louis XVI, roi de France. / adj. *Un complot régicide.* **II.** Assassinat (ou condamnation à mort) d'un souverain.

régie n. f. Administration, gestion d'une entreprise ou d'une collectivité publique. *Régie intéressée*, dont le service est confié à une entreprise privée sous le contrôle de l'Administration. *Régie simple* ou *directe*, dont le service est confié à des fonctionnaires. / Dénomination de certaines entreprises autrefois nationalisées ou publiques. *Régie nationale des usines Renault (R.N.U.R.)*, ou (ellip.) *Régie Renault. Régie autonome des transports parisiens.* / *Travaux en régie*, facturés a posteriori selon le nombre d'heures travaillées et les ressources effectivement employées. / Gestion d'un service, d'une activité précise, avec intéressement aux bénéfices. *Régie publicitaire.* / AUDIO., CIN., THÉÂTRE Ensemble des activités et des dispositifs techniques nécessaires à la réalisation d'une œuvre; lieu où se déroulent ces activités.

regimber v. i. [1] (En parlant d'un cheval, d'un animal) Refuser d'avancer. / Cour. Se rebiffer. *Regimber contre l'autorité.* (Emploi pron.) *Ils commencent à se regimber.*

régime [1] n. m. **I.** Forme d'un État; manière de le gouverner. *Régime présidentiel, monarchique. L'Ancien Régime*, en vigueur en France avant 1789. *Régime libéral, autoritaire, dictatorial.* / Organisation d'une communauté, d'une institution; ensemble des dispositions qui les régissent. *Le régime des prisons. Régimes matrimoniaux.* / Ensemble de règles à suivre dans le domaine de la santé. *Régime d'entraînement.* / Cour. Ensemble de règles alimentaires établies en fonction d'exigences particulières et dans le respect de la diététique. *Suivre un régime. Régime sans sel.* **II.** PHYS. Forme de l'écoulement d'un fluide. *Régime laminaire.* / *Régime d'un moteur*, sa vitesse de rotation. / Ensemble des traits caractéristiques d'un phénomène hydrographique ou météorologique. *Régime des vents. Régime d'un cours d'eau*, variation de son débit. **III.** LING. Mot qui, dans une phrase, est régi par un autre mot. (En appos.) *Cas régime*: forme que prend, en ancien français, un nom, un pronom, un adjectif lorsqu'il est régi par un autre mot.

régime [2] n. m. Grosse grappe de fruits. *Régime de dattes, de bananes.*

régiment n. m. Corps de troupe placé sous les ordres d'un colonel. / Les militaires qui forment ce corps. / Vx, fam. Service militaire. *Partir au régiment. Faire son régiment.* / Grande quantité.

région n. f. Unité territoriale considérée d'un point de vue géographique, politique et économique. / (Avec une majuscule.) En France, chacune des vingt-deux entités regroupant plusieurs départements, dotées de certains pouvoirs économiques et politiques et gérées par un conseil régional. / Fig. Zone; partie du corps, d'un organe. *La région lombaire.*

régional, ale, aux adj. D'une région. *Coutumes régionales.*

régionalisation n. f. Délégation de compétences administratives, politiques, économiques aux autorités d'une Région.

régionaliser v. t. [1] Décentraliser au niveau de la région.

régionalisme n. m. Affirmation d'un particularisme régional; revendication d'un degré plus ou moins élevé d'autonomie. / LITTÉR. Caractère d'une œuvre dont le contenu est étroitement lié à l'histoire ou à l'évocation d'une région. / LING. Tournure ou signification d'un terme propre à une région.

régionaliste adj. et n. Qui dénote du régionalisme. *Politique régionaliste.* / Subst. Partisan du régionalisme. *Un(e) régionaliste.*

régir v. t. [2] Vieilli Administrer, gérer (un bien). / Servir de règle à, gouverner, diriger, en parlant de principes moraux ou de lois. *Lois physiques qui régissent l'Univers. C'est l'amour des autres qui régit son existence.* / GRAMM. Déterminer, entraîner (la fonction ou la forme grammaticale d'un autre mot). *« Avant que » régit le subjonctif.*

régisseur, euse n. Personne qui régit, administre. *Le régisseur de la propriété.* / Professionnel à qui est confiée la régie d'un spectacle, d'un film, d'une émission.

registre n. m. I. Livre où sont consignés certains actes. *Registres de l'état civil.* II. MUS. Partie de l'étendue totale de la voix ou d'un instrument. *Les trois registres musicaux sont couramment appelés le grave, le médium et l'aigu.* / MUS. Chacun des boutons ouvrant ou fermant les tuyaux des jeux d'orgue. / Dispositif mécanique réglant le débit d'un fluide, le tirage d'un conduit. / IMPRIM. Correspondance des lignes du recto avec celles du verso d'un feuillet.

réglage n. m. Action de régler un mécanisme; son résultat.

règle n. f. **I.** Longue barre aux arêtes rectilignes, servant à tracer des traits droits. *Règle graduée*, qui sert à mesurer une longueur. *Règle à calcul*: instrument permettant d'effectuer rapidement diverses opérations grâce à une réglette marquée de graduations logarithmiques coulissant sur une autre règle fixe graduée. **II.** Ensemble des principes directeurs d'une conduite, d'un art, d'une science. *Les règles du savoir-vivre.* / Ensemble des préceptes qui régissent la vie d'une congrégation religieuse. *La règle de saint François.* / LITTÉR. *Règle des trois unités*: dans une pièce de théâtre classique, respect des unités de temps, de lieu et d'action. / Fig. *Être, se mettre en règle*: se conformer aux obligations légales. *Être de règle*, obligatoire ou institué par l'usage. *En règle générale*: habituellement. / MATH. *Règle de trois*: procédé permettant de trouver une grandeur inconnue, étant donné trois grandeurs connues en proportion avec celle-ci. **III.** (Au plur.) Menstrues.

Règle (la) Constellation australe; voir **constellation**.

réglé, e adj. **I.** Qui est soumis à une règle, des règles. *Une vie réglée.* / *Un mécanisme bien réglé*, bien mis au point. **II.** Tracé à la règle, comme tracé à la règle. *Papier réglé*, sur lequel des lignes sont imprimées. / GÉOM. *Surface réglée*, engendrée par le déplacement d'une droite. **III.** Pubère; qui a ses menstrues. *Jeune fille réglée. Être bien, mal réglée*: avoir des règles régulières, irrégulières.

règlement n. m. **I.** Ensemble de règles, d'instructions prescrivant une conduite à tenir; texte contenant ces prescriptions. *Règlement de police. Règlement d'un pensionnat.* **II.** Fait de résoudre une affaire, un litige. *Règlement à l'amiable.* / Action de payer (une somme due). *Règlement en espèces, par chèque. Règlement d'une dette.* / Fig. *Règlement de comptes*: action de régler un différend par la violence physique ou verbale.

réglementaire adj. Qui procède d'un règlement. *Dispositions réglementaires.* / Conforme au règlement. *Costume réglementaire.*

réglementairement adv. Conformément au règlement.

réglementation n. f. Action de réglementer; ensemble des règlements auxquels est soumis un domaine précis. Ant. déréglementation.

réglementer v. t. [1] Contraindre (une activité) à un règlement. *Réglementer la circulation des capitaux.* Ant. déréglementer.

régler v. t. [1] **I.** Marquer (le papier) de lignes droites parallèles tracées à la règle. / **II.** Mettre au point (un dispositif, un appareil) pour qu'il fonctionne correctement. *Régler les freins d'une voiture. Régler son réveil pour qu'il sonne à sept heures.* Ant. dérégler. / Organiser selon un ordre précis, fixer dans les détails. *Régler la circulation. Régler un cérémonial.* / *Régler sur*: conformer à (une référence, un modèle). *Régler sa conduite sur celle de ses parents.* / Donner une solution définitive à. *Régler une affaire. Régler un différend.* **III.** Acquitter, payer (qqch., qqn). *Régler ses achats, une facture. Régler ses fournisseurs.* / Fig. *Régler son compte à qqn*, le punir ou le tuer.

réglette n. f. Petite règle.

réglisse n. **A.** n. f. Plante herbacée (papilionacée), dont le rhizome est utilisé en pharmacie et en confiserie. **B.** n. m. (ou f.) Rhizome de cette plante. / Suc tiré de ce rhizome; confiserie à base de réglisse.

réglo adj. inv. Fam. Loyal, régulier. *Un type réglo.*

Regnard (Jean-François) 1655-1709 Auteur comique français. Après une jeunesse mouvementée (il est fait prisonnier par des corsaires et demeure captif à Alger de 1678 à 1681), il se fixe à Paris en 1683 et écrit, notamment pour le Théâtre-Français, des comédies dans la tradition de Molière: *Le Joueur* (1696), *Les Folies amoureuses* (1704), *Le Légataire universel* (1708).

règne n. m. Gouvernement d'un souverain; sa durée. / Pouvoir exercé par l'autorité en place. / Fig. Domination, influence. *Le règne de l'argent.* / *Le règne minéral, le règne végétal et le règne animal*: chacune des trois divisions de la classification de Linné.

régner v. i. [1] Exercer le pouvoir souverain. *Henri IV régna sur la France de 1589 à 1610.* / Exercer une influence prépondérante. *Régner sur les arts.* / Être établi, exister durablement. *Le calme règne. Faire régner l'ordre.*

Régnier (Mathurin) 1573-1613 Poète français. Entré très jeune dans les ordres, il vécut cependant en épicurien et en poète, devenant poète officiel de la cour en 1608. Il défendit, contre Malherbe, la littérature libre et réaliste et composa des élégies et surtout des *Satires* (1608-1613), peignant avec beaucoup de naturel les mœurs de son temps.

Régnier (Henri de) 1864-1936 Poète français. Attiré par Hugo et Vigny, il est d'abord un poète symboliste (*Les Jeux rustiques et divins*, 1897), puis il se rapproche du Parnasse, s'exprimant toujours dans un style élégant: *Les Médailles d'argile* (1900), *La Cité des eaux* (1902). Il abandonne ensuite le vers libre et revient à des compositions plus classiques: *Le Miroir des heures* (1910). Élu à l'Académie française en 1911, il est également l'auteur de plusieurs romans: *Le Mariage de minuit* (1903).

regonfler v. t. / v. i. [1] A. v. t. Gonfler de nouveau (ce qui était dégonflé). *Regonfler un pneu.* / Fig. *Regonfler qqn, le moral de qqn*, lui redonner courage. B. v. i. En parlant des eaux, se gonfler de nouveau. *La Seine a regonflé après les orages.*

regorger v. i. / v. t. ind. [1] Vieilli Déborder. *Eau qui regorge.* / v. t. ind. *Regorger de*: avoir à profusion. *Réfrigérateur qui regorge de victuailles.*

Feuilles, fleurs et racines de **réglisse**.

Le IIIe **Reich** : rassemblement de militants nazis à Nuremberg en 1936.

regrattier, ère n. Anc. Personne qui vendait de seconde main de menues denrées, dont du sel ; personne qui faisait commerce des restes d'un restaurant.
régresser v. i. [1] Subir une régression. PSYCHO. Il régresse. / Par ext. Diminuer, reculer. *Le chômage régresse.*
régressif, ive adj. Qui régresse. *Phase régressive.* / *Forme régressive,* qui constitue une régression, qui l'atteste. / GÉOL. *Érosion régressive,* de l'aval vers l'amont.
régression n. f. Retour à un état antérieur. *Régression d'un organe, d'une espèce* : atrophie, partielle ou totale d'un organe ; retour apparent d'un organisme à un stade ontogénétique ou phylogénétique antérieur. / Mouvement en arrière. *Régression marine* : recul de la mer. / Recul, diminution. *Régression d'une maladie. La régression du chômage.* / PSYCHAN., PSYCHO. Retour à un stade antérieur du développement psychique. *Régression infantile,* au stade infantile.
regret n. m. Sentiment douloureux causé par une perte ou une déception. / Sentiment de n'avoir pas agi comme on le voulait ou comme on le devait. / Mécontentement. *Être au regret de, avoir le regret de* : être désolé de. *À regret* : à l'encontre de ce que l'on désire.
Regrets (les) 1558 Recueil de du Bellay comprenant 191 sonnets qu'il publia à son retour de Rome, où il exprime par moments la nostalgie de son pays natal : « Heureux qui, comme Ulysse, a fait un beau voyage… ».
regrettable adj. Que l'on regrette, qui est digne de regret.
regretter v. t. [1] Ressentir péniblement l'absence ou la perte de (qqn, qqch.). *Regretter son enfance. Regretter un disparu.* / Être mécontent de (ce que l'on a fait ou ce que l'on n'a pas fait) ; se repentir de. *Ne rien regretter. Regretter son geste, son erreur.* / Être contrarié de, déplorer. *Je regrette qu'il soit parti, votre manque d'enthousiasme.*
regroupement n. m. Action de regrouper, de se regrouper ; résultat de cette action.
regrouper v. t. [1] Réunir (des éléments dispersés) en un ou plusieurs groupes ; grouper de nouveau. *Regrouper les réfugiés dans un camp.* / v. pron. *Ils se regroupèrent autour de leur chef.*
régularisation n. f. Action de régulariser ; son résultat.
régulariser v. t. [1] Rendre conforme aux règles, à la loi. *Régulariser sa situation.* / Par méton. *Régulariser des sans-papiers* : rendre leur situation conforme à la loi. / Rendre régulier, uniforme, constant. *Régulariser une production.*
régularité n. f. Caractère de ce qui est régulier, constant. / Harmonie, justesse des proportions. *Régularité d'un visage.* / Conformité aux règles. *Régularité d'un scrutin.*
régulateur, trice adj. et n. **A.** adj. Qui règle, qui régularise. **B.** n. Personne qui assure la régulation du trafic. / n. m. TECHN. Dispositif qui maintient constante la valeur d'une grandeur, quelle qu'elle soit. *Le thermostat est un régulateur de température.* / n. m. Horloge qui sert à régler montres et pendules.
régulation n. f. Organisation du fonctionnement d'un système complexe. *Régulation du trafic ferroviaire. Régulation des naissances,* leur contrôle. Ant. dérégulation. / BIOL. Ensemble de processus physiologiques permettant le maintien de certaines constantes dans l'organisme. *Régulation hormonale. Régulation thermique.*
régule n. m. TECHN. Alliage de plomb ou d'étain et d'antimoine, servant à empêcher l'échauffement dû au frottement des pièces métalliques.
réguler v. t. [1] Assurer la régulation de (un processus). *Réguler le trafic.*
régulier, ère adj. **I.** Conforme à une règle. *Procédure régulière. Verbes réguliers* : voir *verbe.* Ant. irrégulier. / (En parlant de personnes) *Régulier en affaires* : loyal, correct. (Absol.) *On peut lui faire confiance, il est régulier.* / RELIG. *Clergé régulier,* qui, appartenant à un ordre, est soumis à une règle (par oppos. à *séculier*). / MILIT. *Troupes régulières,* mobilisées officiellement (par oppos. à *corps franc, partisan*). **II.** Harmonieux dans ses proportions. *Visage régulier.* / GÉOM. *Polygone, polyèdre régulier* : voir *polygone, polyèdre.* / BOTAN. *Fleur régulière,* structurée par un axe de symétrie. **III.** Qui se reproduit à intervalles fixes, que l'on peut constituer en règle ; périodique. *Respiration régulière.* / Habituel. *Faire un usage régulier de qqch.*
régulièrement adv. De façon régulière ; conformément à une règle. / Périodiquement, habituellement.
Regulus (en latin **Marcus Attilius Regulus**) ?-v. 250 av. J.-C. Consul romain. Fait prisonnier par les Carthaginois, à la suite d'un débarquement désastreux lors de la première guerre punique (255), il fut chargé de négocier à Rome un échange de prisonniers. Mais ayant lui-même conseillé au Sénat de refuser cet échange, il retourna à Carthage où il fut torturé et mis à mort.
régurgitation n. f. Action de régurgiter.
régurgiter v. t. [1] Faire refluer, de l'estomac ou de l'œsophage à la bouche, des aliments ingurgités.
réhabilitation n. f. Action de réhabiliter ; résultat de cette action.
réhabiliter v. t. [1] Rétablir dans ses droits (une personne qui en était déchue). / Rénover (un bâtiment, un quartier).
rehausser v. t. [1] Hausser davantage (qqch.) *Rehausser une fenêtre.* / Fig. Faire valoir, mettre en relief (qqch.) *Les ombres rehaussent l'éclat des couleurs.*
rehaut n. m. BX-ARTS Touche de couleur, hachure brillante utilisée pour faire ressortir des figures, des ornements, etc.
réhydratation n. f. Action de réhydrater.
réhydrater v. t. [1] Hydrater de nouveau (ce qui est desséché)
Reich (*empire* en allemand) Nom donné à l'Allemagne unifiée à différentes périodes historiques : le Ier Reich (962-1806) correspond au Saint Empire romain germanique ; le IIe Reich (1871-1918) à l'Empire constitué par Bismarck et le IIIe Reich (1933-1945) est le nom donné à l'Allemagne nationale-socialiste sous Hitler.
Reich (Wilhelm) 1897-1957 Psychiatre et psychanalyste américain d'origine autrichienne d'abord installé en Allemagne. Marxiste, désireux de donner à la psychanalyse une orientation révolutionnaire, attaché à une révision fondamentale de la morale sexuelle, il fut exclu à la fois de l'Association psychanalytique internationale (parce qu'il s'opposait à Freud) et du parti communiste (parce qu'il s'opposait à Staline). Émigré aux États-Unis, il élabora un système religieux, créa une cosmogonie et affirma qu'il avait découvert l'énergie biologique et, partant, un moyen universel de guérison. On l'accusa d'exercice illégal de la médecine ; emprisonné, il mourut dans un pénitencier.
Reichenbach (Hans) 1891-1953 Philosophe et logicien allemand, membre du cercle de Vienne (*Logique de la probabilité,* 1932). Il élabora un système à trois valeurs (vrai, faux, indéterminé) pour interpréter la mécanique quantique.
Reichsrat Nom donné en Autriche successivement au Conseil d'empire (1848-1861) puis au Parlement (1861-1918).
Reichstag Assemblée législative allemande, élue au suffrage universel, qui naquit avec la Confédération de l'Allemagne du Nord (1866), continua d'exister sous l'empire allemand (1871) et fonctionna à nouveau sous la république de Weimar jusqu'à 1945. Le nom désigne aussi le palais abritant l'Assemblée, incendié en 1933 à l'instigation des nazis qui accusèrent le parti communiste et le mirent ainsi hors la loi.
Reid (Thomas Mayne, dit le capitaine **Mayne)** 1818-1883 Écrivain britannique, auteur de romans d'aventures aux nombreuses péripéties qui mettent souvent en scène des Amérindiens (*Les Chasseurs de chevelure,* 1851).
réifier v. t. [1] PHILO. Transformer en chose ; constituer en une chose extérieure et autonome (ce qui provient de sa subjectivité).
Reimarus (Hermann Samuel) 1694-1765 Savant allemand. Professeur d'hébreu à Hambourg, il fit des évangiles une critique historique (qu'il eut la prudence de ne pas publier) mettant en cause la divinité du Christ et la Trinité ; le manuscrit fut, après la mort de Reimarus, remis à Lessing qui en fit éditer des fragments.
réimpression n. f. Action de réimprimer. / Livre imprimé de nouveau.
réimprimer v. t. [1] Imprimer de nouveau (qqch.)
• **Reims** *180 620 h.* Chef-lieu d'arrondissement de la Marne, en Champagne, sur la Vesle, ville commerciale, industrielle, universitaire et administrative.
rein n. m. ANAT. Chacun des deux organes, en forme de haricot, qui élaborent l'urine. *Les reins sont appliqués sur la paroi abdominale postérieure, de chaque côté de la colonne vertébrale. Le rein humain contient environ un million de néphrons, qui en constituent les éléments fonctionnels. Bassinet du rein* : partie dilatée de la voie excrétrice du rein, à laquelle fait suite l'uretère. / (Au plur.) Région lombaire.
réincarnation n. f. PHILO. et RELIG. Nouvelle incarnation (d'une âme), après la mort, dans un corps différent. / Fig. Être qui évoque un disparu. *Cet enfant est la réincarnation de son père.*
réincarner (se) v. pron. [1] PHILO. et RELIG. S'incarner à nouveau.
reine n. f. Épouse d'un roi. *Reine mère* : mère du roi. / Souveraine régnante. *La reine d'Angleterre.* / Unique femelle féconde d'une colonie chez certains insectes (abeilles, guêpes, fourmis). / Au jeu d'échecs, seconde pièce du jeu après le roi. / Fig. Personne ou chose supérieure aux autres. *Une reine de beauté.*

Reims

À côté des industries modernes (aéronautique, électroménager) subsistent des industries anciennes (textiles, en déclin) et surtout celles liées à la fabrication des vins de Champagne (verreries, biscuiteries).
La ville est un grand centre de commercialisation du champagne qui est conservé dans d'immenses caves creusées dans la craie. Les destructions importantes de la Première Guerre mondiale n'ont pas épargné la très belle cathédrale gothique du XIIIe siècle, à la façade richement sculptée, qui a été restaurée à partir de 1920, en partie grâce à des dons américains.

La cathédrale de Reims.

Histoire
Capitale de la Gaule Belgique, Reims dut son développement à la protection de Clovis (il y fut baptisé en 496 ou 498), au prestige de ses évêques (qui sacrèrent les rois capétiens), à la politique des comtes de Champagne. C'est dans une école de Reims que, le 7 mai 1945, le général Jodl signa la capitulation allemande.

reine-claude n. f. Variété de prune ronde et verte. Pl. Des *reines-claudes*.
reine-marguerite n. f. BOT. Plante originaire de Chine, de la famille des composées, proche de la marguerite. *La reine-marguerite est cultivée pour ses fleurs.* Pl. *Des reines-marguerites.*
reinette n. f. Nom donné à diverses variétés de pommes, très parfumées. *Reinette du Canada* ou (ellip.) la *canada*, verdâtre et rugueuse, de grosse taille. *Reine des reinettes*, jaune et rouge. *Reinette du Mans. Reinette clochard.* / Appos. *Une pomme reinette.*
Reinhardt (Max Goldmann, dit **Max)** 1873-1943 Directeur de théâtre et cinéaste autrichien. Metteur en scène d'avant-garde dans les théâtres de Vienne et surtout de Berlin, il révolutionna l'art de la mise en scène en montant des pièces de l'expressionnisme allemand. Il participa à la création du festival de Salzbourg en 1919. Il se tourna vers le cinéma à grand spectacle lorsqu'il émigra aux États-Unis en 1933 : *Le Songe d'une nuit d'été* (1935).
Reinhardt (Jean-Baptiste, dit **Django)** 1910-1953 Guitariste de jazz français, d'origine manouche. En 1934, ce virtuose de la guitare jazz forma le quintette du Hot Club de France avec Stéphane Grappelli (1908-1997).
réinsérer v. t. [1] Insérer de nouveau. / Assurer une nouvelle insertion sociale à.
réinsertion n. f. Action de réinsérer ; son résultat.
réintégration n. f. Action de réintégrer ; résultat de cette action.
réintégrer v. t. [1] Revenir dans (un lieu). *Réintégrer le domicile conjugal.* / Rétablir (qqn) dans la jouissance intégrale d'un bien, d'un droit, d'un état. *Réintégrer un fonctionnaire (dans sa charge).*
réintroduction n. f. Action de réintroduire ; son résultat.
réintroduire v. t. [3] Introduire de nouveau. *Les ours ont été réintroduits dans les Pyrénées.*
Reisz (Karel) 1926-2002 Cinéaste et homme de théâtre britannique d'origine tchèque (*Samedi soir et dimanche matin*, 1961 ; *La Maîtresse du lieutenant français*, 1981).
réitération n. f. Répétition d'une action, d'un propos.
réitérer v. t. [1] Litt. Faire de nouveau, répéter. *Réitérer une demande, ses promesses.*
reître n. m. HIST. Cavalier allemand enrôlé dans les deux camps pendant les guerres de Religion. / Litt. Individu grossier et brutal.
rejaillir v. i. [2] Jaillir avec force, en parlant d'un liquide. / Fig. *Rejaillir sur (qqn, qqch.)* : avoir des conséquences sur (qqn, qqch.). *Le scandale rejaillit sur sa famille.*
rejaillissement n. m. Litt. Fait de rejaillir.
Réjane (Gabrielle Réju, dite**)** 1856-1920 Actrice de théâtre française. Elle interpréta de nombreux rôles dans des drames ainsi que dans des comédies modernes.
rejet n. m. Action de rejeter. *Rejet d'une offre.* / MÉD. *Rejet d'une greffe* : réaction de défense du système immunitaire d'un organe qui ne supporte pas un organe greffé. / LITTÉR. Renvoi au début d'un vers d'un élément sémantiquement rattaché au vers précédent. / BOT. Nouvelle pousse surgissant sur la souche d'une plante.
rejeter v. t. [1] Repousser, renvoyer en lançant. *Rejeter un poisson à la mer.* / Fig. *Rejeter la faute, la responsabilité sur qqn*, les lui faire supporter. / Renvoyer, expulser hors de soi. *Nourrisson qui rejette son lait. Volcan qui rejette sa lave.* / Repousser avec plus ou moins de force vers ; déplacer, mettre plus loin. *Rejeter ses cheveux, sa tête en arrière. Rejeter un mot à la fin d'une phrase.* / Ne pas admettre, récuser (qqch.) ; repousser, exclure (qqn). *Rejeter une offre, une requête. Sa famille l'a rejeté.*
rejeton n. m. BOT. Nouvelle pousse apparaissant près de la souche d'un arbre, du pied d'une plante. / Fig. Enfant, descendant.
rejoindre v. t. [3] **A.** Aller retrouver (qqn, un groupe) ; atteindre, rattraper. *Rejoindre ses amis dans un café. Rejoindre son régiment. Coureur qui parvient à rejoindre le peloton de tête.* / Aboutir à, rallier (un point, un endroit). *Il rejoignit l'autre rive à la nage. Sentier qui rejoint la mer.* **B.** v. pron. Se réunir. *Rues qui se rejoignent à angle droit.* / Fig. Avoir des points communs, s'accorder. *Nos points de vue se rejoignent.*
réjouir v. t. [2] Procurer de la joie, de la satisfaction à. *Ton retour nous réjouit.* (Au part. passé) *Un air réjoui.* / v. pron. Éprouver de la joie, de la satisfaction. *Je me réjouis de vous savoir heureux.*
réjouissance n. f. Démonstration de joie collective. / (Au plur.) Fête célébrant un événement.
réjouissant, e adj. Qui réjouit. *Un spectacle réjouissant.*
relâche n. f. Interruption d'un travail. / Interruption momentanée des représentations d'un spectacle. *Faire relâche. Sans relâche* : de façon ininterrompue. / MAR. Arrêt d'un bateau dans un port ; lieu de l'escale.
relâché, e adj. Qui manque de rigueur. *Mœurs relâchées*, manquant de rigueur morale. *Style relâché.*
relâchement n. m. Diminution de tension. *Relâchement d'un muscle.* / Fig. Laisser-aller, baisse d'activité ou d'ardeur.
relâcher v. t. / v. i. [1] **A.** Diminuer la tension de, rendre plus lâche, desserrer. *Relâcher un nœud de cravate, une étreinte.* (Emploi pron.) *Muscles qui se relâchent.* / Rendre moins rigoureux. *Relâcher son attention.* (Emploi pron.) *Discipline, élève qui se relâche.* / Remettre en liberté. *Relâcher un otage.* **B.** v. i. MAR. Faire escale, s'arrêter.
relais n. m. Anc. Chevaux frais destinés à remplacer des chevaux fatigués ; lieu où se trouvaient ces chevaux. *Relais de poste.* / VÉNER. Groupe de chiens destinés à succéder à un premier groupe fatigué. / SPORT *Course de relais* : épreuve d'athlétisme opposant des équipes dont les membres se succèdent en se passant un témoin. / ÉLECTR. Dispositif déclenchant, à partir d'une énergie faible, une énergie plus forte. / *Relais hertzien* : émetteur retransmettant les émissions d'une autre station. *Relais électromagnétique* : appareil qui amplifie un signal électrique en le retransmettant.
relance n. f. Nouvel élan donné à un processus. *Relance de l'économie.* / Au jeu, action de relancer.
relancer v. t. / v. i. [1] **A.** v. t. Lancer de nouveau ou en sens inverse. / Fig. Remettre en marche. *Relancer un moteur. Relancer l'économie*, lui donner un nouvel élan. / Solliciter (qqn) de nouveau. *Relancer un débiteur.* **B.** v. i. (Dans les jeux d'argent) Mettre un nouvel enjeu, supérieur à celui de l'adversaire.

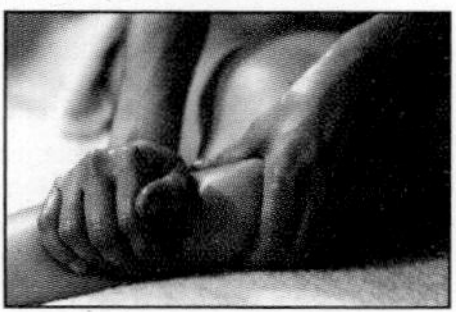
Massage de ***relaxation***.

relaps, e adj. et n. RELIG. Qui retombe dans l'hérésie après l'avoir abjurée. *Jeanne d'Arc a été déclarée relapse. Un(e) relaps(e).*
relater v. t. [1] Litt. Raconter. *Relater une anecdote.*
relatif, ive adj. Qui est déterminé par une ou plusieurs relations, par autre chose que soi (par oppos. à *absolu*). *Relatif à* : qui a trait à, dépend de. / Fig. Approximatif ; imparfait. *Une réussite toute relative.* / GRAM. Qui met en relation avec une proposition subordonnée (dite proposition *relative*). *Adjectif, pronom relatif.*
relation n. f. **I.** Action de relater ; récit. **II.** Rapport entre des choses ; rapport entre des personnes ; rapport entre des groupes constitués. *Relation entre les accidents de la route et l'alcoolisme au volant. Relations familiales. Relations internationales.* / Par méton. Personne avec qui l'on entretient des relations. *Une relation de travail. Il ne fait pas partie de mes relations*, de mon cercle amical. *Avoir des relations* : connaître beaucoup de monde, des gens influents. *Relations publiques* : moyens employés par une entreprise, un organisme quelconque, pour se faire connaître et se faire apprécier. / MATH. Propriété liant des éléments d'un ensemble à des éléments d'un autre ensemble. *Relation d'appartenance. Relation d'équivalence. Relation d'ordre. Relation transitive réflexive, symétrique, antisymétrique.*
relationnel, elle adj. Qui concerne la relation, une relation ; qui concerne les relations entre les personnes. *Problème relationnel.* / INFORM. *Base de données relationnelle*, dans laquelle les données sont structurées par un ensemble de relations.
relativement adv. De façon relative, non absolue ; assez. *Une question relativement simple.* / *Relativement à* : en relation avec.
relativiser v. t. [1] Rendre relatif.
relativisme n. m. PHILO. Théorie selon laquelle aucune connaissance ne peut être absolue. / Doctrine selon laquelle les notions de bien et de mal n'ont rien d'absolu, car elles sont fonction des circonstances.
relativiste adj. et n. PHILO. Qui adhère au relativisme ; tenant du relativisme. / adj. PHYS. Relatif à la théorie de la relativité ; conforme à cette théorie.
• **relativité** n. f. Caractère de ce qui est relatif.
relax ou **relaxe** adj., adv., interj. Fam. Détendu. *Une rencontre relax.* / (Emploi adv.) *Vas-y relax, tu n'as rien à craindre.* / (En interj.) *Relax !* : du calme !
relaxation n. f. MÉD. Relâchement d'une tension musculaire qui provoque la détente psychique. / Fait de se relaxer.
relaxe n. f. DR. Décision judiciaire qui met un prévenu hors de cause.
relaxer v. t. / v. pron. [1] **A.** DR. Remettre en liberté un prévenu ayant fait l'objet d'une décision de relaxe. / MÉD. Mettre un, des muscles en état de relaxation. **B.** v. pron. Se détendre.
relayer v. t. [1] Prendre la suite, le relais de (qqn) dans une fonction, une tâche. *Le gardien de jour relaie son collègue de nuit à six heures.* / SPORT Succéder à (un équipier), lui prendre le témoin. / TÉLÉCOM. Retransmettre (une émission) au moyen d'un relais hertzien.
releasing factor n. m. (mots anglais, « facteur déclencheur ») PHYSIOL. Hormone sécrétée par l'hypothalamus et qui stimule la production hormonale de l'hypophyse.

R

Relativité

En physique, la théorie de la relativité repose sur l'analyse critique des notions de temps et d'espace. Elle est née de l'énoncé de nouvelles théories et de la compréhension de leurs implications qui ont imposé, à la fin du XIXe siècle, un renouveau de la pensée scientifique.

De la physique classique à la physique relativiste, les scientifiques, pour exprimer ces principes, durent introduire dans leur raisonnement les notions d'espace et de temps liés à un référentiel constitué d'un repère spatial et d'une échelle de temps. Il devint dès lors possible de postuler l'existence de référentiels galiléens, en translation uniforme les uns par rapport aux autres, et dans lesquels tout corps libre décrit une droite à vitesse constante.

Or, au XIXe siècle, la mécanique classique postule l'existence d'un espace absolu indépendant des corps qui s'y trouvent, et d'un temps absolu universel. L'espace et le temps sont considérés à cette époque comme un cadre préexistant, dans lequel bougent et vivent choses et gens. De la prise de conscience que le monde dans lequel nous vivons tourne sur lui-même et autour du Soleil, est née la volonté d'exprimer les lois de la mécanique par rapport à un corps en mouvement, donc dans un système de référence donné.

Alors que la mécanique peut se contenter d'une définition assez large des repères dans lesquels elle est reconnue vraie, l'électromagnétisme doit, lui, postuler l'existence d'un milieu matériel absolu pour justifier de ses propres lois. Si les lois de l'électromagnétisme ne sont pas invariantes en cas de changement de repères galiléens, c'est qu'elles ne sont valables que dans l'un d'entre eux ; ce repère est immobile par rapport à un milieu matériel appelé « l'éther universel ».

La mécanique classique ayant montré que le repère terrestre n'était pas un repère galiléen (expérience de Foucault), les physiciens avaient cherché d'autres repères dans le voisinage de la Terre. Les recherches ont amené à considérer comme repère galiléen un repère ayant son origine au centre de la Terre ou au centre du Soleil, et dont les axes étaient dirigés dans la direction de trois étoiles fixes. Les expériences d'électromagnétisme vont permettre de chercher le repère dans lequel l'éther est immobile, sachant que la question se pose de savoir si l'éther en question est entraîné, ou non, par la Terre.

L'expérience de Michelson-Morley, qui consiste à déceler l'existence éventuelle d'un « vent d'éther », a été effectuée en 1887 à Cleveland et dans d'autres points de la Terre (plaine et montagne) afin de s'assurer que les résultats obtenus étaient indépendants du lieu de l'expérience. Si un tel vent existe, la lumière devrait mettre un temps t pour parcourir une distance L parallèle à la direction du vent, et un temps t_1 pour parcourir cette même distance, mais dans une direction perpendiculaire à celle du vent. Cependant, nous savons que la Terre est en mouvement et l'éther semble entraîné par elle dans son mouvement. Pour expliquer le résultat de l'expérience de Michelson-Morley, dans laquelle $t = t_1$, Lorentz et Fitzgerald proposèrent une théorie phénoménologique en supposant que le vent d'éther comprime la matière dans la direction du vent de telle manière qu'une longueur d puisse être raccourcie par le vent à une longueur d_1. Ainsi, une colonne de gaz ou une règle en bois seraient raccourcies d'une longueur identique, ce que contredisent les lois de la mécanique et de la thermodynamique. En partant d'un point de vue bien différent et en introduisant effectivement cette contraction, la relativité permet de lever cette contradiction, car, pour elle, ce sont les observateurs qui n'accordent pas la même longueur à l'un des deux objets (la règle, par exemple), et ce n'est pas la règle qui raccourcit.

Albert Einstein, à qui l'on doit la théorie de la relativité.

Cette théorie de la relativité, qu'Einstein énonça dès 1905, fait la critique des idées classiques de temps absolu et d'éther. Einstein propose les postulats de la relativité restreinte selon laquelle :

1) Tous les référentiels galiléens sont équivalents ; il n'existe pas de loi physique permettant de les distinguer.

2) La lumière se propage dans le vide à une vitesse constante dans toutes les directions ; c'est une constante universelle.

3) Aucun objet, aucun phénomène physique ne peut se propager à une vitesse supérieure à celle de la lumière.

Dans son mémoire, Einstein réfute la notion de temps absolu, car cette notion reposait sur la simultanéité absolue ; or, cette simultanéité est fonction du système de référence : deux événements simultanés ne le sont plus pour un observateur qui se déplace par rapport au premier. Cette notion est illustrée par le paradoxe des jumeaux de Langevin qui exprime le phénomène de dilatation du temps. « Deux frères jumeaux décident de faire un voyage, mais l'un des deux demeurera sur la Terre tandis que l'autre, prenant place à bord d'un vaisseau spatial, voyagera dans l'espace à une vitesse proche de celle de la lumière. Celui des jumeaux qui est resté sur Terre constate que les horloges du vaisseau de son frère retardent. Par conséquent, le jumeau voyageur vieillit moins vite que le jumeau sédentaire. Cela reste vrai pour le voyage du retour. Lorsque le voyage est terminé, le jumeau voyageur est plus jeune que le jumeau sédentaire. Du point de vue du jumeau voyageur, le frère sédentaire à vieilli moins vite que lui. » Il y a donc là paradoxe. En effet, les deux situations ne sont pas symétriques, le jumeau voyageur ayant été soumis à des accélérations auxquelles le jumeau sédentaire n'a pas été soumis. L'analyse de ce paradoxe ne peut être faite qu'à l'aide de la théorie de la relativité générale.

Einstein, poursuivant ses recherches afin de lier les forces gravitationnelles à celles de l'inertie, en vint à formuler, en 1917, la théorie de la relativité générale. Cette théorie englobe à la fois la théorie relativiste des systèmes accélérés et la théorie de la gravitation. Newton faisait une distinction profonde entre les forces réelles qui produisent des effets mesurables, et les forces d'inertie fictives introduites par les mouvements accélérés. Einstein postule que rien ne permet de distinguer ces deux forces et qu'elles sont équivalentes.

Cette hypothèse lui permet de généraliser les lois de la physique pour des systèmes non galiléens, étant donné que les forces d'inertie qui apparaissent peuvent être assimilées à des forces gravitationnelles. Le principe de l'équivalence est justifié par le fait que la masse gravitationnelle et la masse inerte sont identiques. La masse gravitationnelle, ou pesante, est le coefficient m intervenant dans l'expression de la force gravitationnelle $F = K.m^2/R^2$ entre deux corps de masse m. La masse inerte est le coefficient m_0 intervenant dans la loi fondamentale de la dynamique où $F = m_0\,\gamma$.

L'expérience de Galilée, démontrant que deux corps différents tombant dans le vide ont la même vitesse, prouve que les deux masses m et m_0 sont égales. En modifiant la géométrie de l'espace-temps, constituée par l'espace ordinaire à trois dimensions, par l'introduction d'une quatrième dimension, le temps, Einstein associe au champ gravitationnel une courbure d'espace et de temps à quatre dimensions, formulant ainsi une théorie complète et cohérente dont il existe des vérifications expérimentales :

1) Constatation de l'avance du périhélie de la planète Mercure.

2) Les longueurs d'ondes associées à une émission lumineuse sont dilatées lorsque la source lumineuse est soumise à un champ gravitationnel intense.

3) Un rayon lumineux passant près d'un objet massif est dévié en raison de la masse de l'objet.

Les premières tentatives de mesures expérimentales furent effectuées par Eddington lors de l'éclipse totale de Soleil en 1919.

R

relecture n. f. Action de relire ; nouvelle lecture.
relégation n. f. DR. Anc. Peine de détention à perpétuité (hors de métropole, à l'origine), que remplace aujourd'hui la tutelle légale.
reléguer v. t. [1] DR. Anc. Condamner (qqn) à la relégation. / Éloigner, écarter (qqn, qqch. qui est moins, peu apprécié). *Reléguer un élève au fond de la classe.*
relent n. m. Odeur désagréable. / Fig. et péjor. Trace. *Un relent de racisme.*
relevailles n. f. pl. RELIG. CATHOL. Anc. Cérémonie de bénédiction d'une mère relevant de couches.
relevé adj. et n. m. **A.** adj. Remonté, ramené vers le haut. *Les souliers à la poulaine sont des souliers à pointe relevée.* / Au-dessus du commun. *Une assistance relevée*, choisie. **B.** n. m. Action de noter par écrit ou par un dessin ; son résultat. *Relevé d'un compteur. Relevé d'un plan.* / CHORÉGR. Mouvement de la danseuse qui, en restant sur place, se met sur les pointes et revient ensuite à sa position initiale.
relève n. f. Remplacement d'une personne, d'une troupe de soldats ou d'une équipe par une autre. *Prendre, assurer la relève.* / La personne, la troupe, l'équipe remplaçante. *La relève arrive à minuit.*
relevée n. f. Vx Après-midi. *À deux heures de relevée.*
relèvement n. m. Action de relever ; fait de se relever. / Fig. Redressement. *Le relèvement d'une économie.* / Augmentation. *Le relèvement des impôts.* / MAR. Détermination de la position d'un point.
relever v. t. / v. t. ind. / v. pron. [1] **A.** Remettre droit, debout (qqn ou qqch. qui est tombé). *Relever un enfant. Relever un mur.* / Fig. Rétablir dans un état satisfaisant. *Relever l'économie d'un pays.* / Ramasser, collecter. *Relever les copies lors d'un examen.* / Remarquer ou faire remarquer, souligner. *Relever des empreintes. Relever des fautes d'orthographe.* / Copier, noter par écrit. *Relever une adresse. Relever le compteur*, noter les chiffres qu'il indique. / MAR. Déterminer la position de (un point). *Relever un cap.* / Mettre plus haut, diriger vers le haut ; augmenter le niveau, la valeur de. *Relever ses manches. Relever le rideau. Relever la tête, les yeux. Relever les salaires.* / Mettre en relief, rendre plus intense. *Un trait de crayon noir relevait l'éclat de ses yeux.* / Donner plus de goût à (un mets) en l'assaisonnant, en l'épiçant. *Relever une sauce, un plat.* / Réagir vivement à, répondre à. *Relever une accusation. Relever le défi.* / Remplacer dans un travail, une fonction ; prendre la relève de. *Relever une troupe en faction.* / Libérer (qqn) d'un engagement, d'une obligation. *Relever qqn d'un serment.* / Destituer, révoquer. *Il fut relevé de son commandement.* **B.** v. t. ind. *Relever de* : se rétablir de. *Relever de maladie, de couches.* / Être subordonné à (qqn, qqch.) ; être du ressort, de la compétence de. *Relever de l'autorité de qqn. Relever d'une juridiction.* **C.** v. pron. Se remettre debout. *Il s'assit et se releva aussitôt.* / Fig. Se remettre (d'une situation pénible). *Se relever d'un échec, d'une faillite.*
releveur, euse adj. et n. **A.** adj. Qui relève. *Muscle releveur*, ou (n. m.) le *releveur* : muscle qui relève une partie du corps lorsqu'elle est abaissée. **B.** n. Personne qui relève, collecte, fait des relevés. *Releveur de compteurs.* / n. m. TECHN. Tout engin, tout instrument qui sert à relever. / n. m. MAR. Navire qui relève, renfloue les objets immergés.

Religion (guerres de)

Elles eurent pour origine les tensions entre protestants et catholiques, inquiets du nombre et de la puissance des premiers. En outre, les guerres furent favorisées par la faiblesse des rois François II, Charles IX et Henri III, et la rivalité entre la famille des Guise, ultra-catholiques, et celle des Bourbon-Condé, protestants. Le massacre des protestants à Wassy (1562) est généralement considéré comme le début des guerres de religion, massacre qui entraîna plusieurs périodes de lutte armée et de massacres, séparées par des paix de courte durée. Les guerres furent marquées par l'assassinat de François de Guise (1563) et le massacre de la Saint-Barthélemy (1572) inspiré par Henri de Guise et que Catherine de Médicis laissa faire. À partir de 1684, Henri de Guise demanda à l'Espagne de venir en aide à la *Sainte Ligue* dont il était le chef depuis 1576, tandis que la mort du duc d'Anjou, frère d'Henri III et héritier de la couronne (le roi n'avait pas de fils), faisait d'Henri de Navarre, chef du parti protestant, l'héritier du trône de France. Henri III fit assassiner Henri de Guise (1588) mais fut tué à son tour par un ligueur, Jacques Clément (1589). Ayant abjuré le protestantisme et reconquis le royaume en vainquant la Ligue et les Espagnols, Henri de Navarre, devenu Henri IV, rétablit la paix par la signature de l'édit de Nantes, qui accordait aux protestants l'égalité civile avec les catholiques (1598).

Le massacre des protestants à Wassy.

Le massacre de la Saint-Barthélemy.

relief n. m. Partie saillante d'une surface. / Ensemble des inégalités de la surface du globe. *Le relief africain. Un relief montagneux.* / BX-ARTS Sculpture dont certains éléments se détachent sur un fond plan. / Fig. Netteté due à un contraste. *Mettre en relief* : faire valoir.
reliefs n. m. pl. Restes de victuailles. *Les reliefs d'un repas.*
relier v. t. [1] Unir, attacher par un lien. *Relier un livre,* coudre ensemble ses feuillets et les couvrir d'une matière rigide. *Relier un fût, un tonneau,* les cercler. / Faire communiquer, mettre en relation. *Cette route relie les hameaux. Relier deux correspondants.* / Fig. Mettre en rapport. *Relier des observations, des idées.*
relieur, euse n. Personne qui relie des livres.
religieusement adv. Avec un soin extrême ; avec recueillement.
religieux, euse adj. et n. **A.** adj. Propre à une religion ou relatif à la religion. *Cérémonie religieuse. Esprit religieux.* Ant. irréligieux. / Relatif aux ordres réguliers. *Habit religieux.* / Fig. Qui évoque, rappelle le respect que l'on manifeste dans les pratiques de la religion. *Un soin religieux*, extrême. *Silence religieux,* recueilli. **B.** n. Personne qui a prononcé des vœux l'engageant dans un ordre dont les règles ont été approuvées par l'Église. *Un couvent de religieuses.* / Par ext. *Un religieux bouddhiste.* / n. f. Pâtisserie constituée de deux boules de pâte à choux de tailles différentes, fourrées de crème parfumée.
religion n. f. Ensemble des croyances et des pratiques rituelles qui déterminent le rapport d'une communauté ou d'un individu avec le sacré. *Religions monothéistes, animistes.* / Foi, piété. *Avoir de la religion.* / *Entrer en religion* : s'engager par des vœux au service de Dieu, d'une Église. / Fig. Culte ; profonde vénération. *La religion de la science.* / Opinion fermement établie. *Ma religion est faite* : je ne changerai pas d'avis.
• **Religion (guerres de)** 1562-1598 Guerres civiles entre catholiques et protestants français.
religionnaire n. HIST. Fidèle de la religion réformée.
religiosité n. f. Disposition religieuse, liée ou non à une religion déterminée. *La religiosité est plutôt du domaine de la sensibilité que du domaine de la foi.*
reliquaire n. m. Boîte, coffret où l'on conserve des reliques.
reliquat n. m. Partie restante. *Reliquat d'un compte,* ce qui reste dû après sa clôture.
relique n. f. Ce qui reste d'un saint ou d'un martyr, vêtement ou objet qu'il a utilisé ou qu'on a utilisé pour son martyre. / Reste d'un temps passé, spécial., un tel reste auquel on attache une grande valeur. / Fig. Espèce vivante appartenant à un groupe dont la plupart des espèces se sont éteintes et ne sont connues que par leurs fossiles.
relire v. t. [3] Lire de nouveau (ce qu'on a déjà lu). *Relire un roman, un auteur.* / Lire (ce qui a été écrit) pour y apporter d'éventuelles corrections. *Relire sa copie.* / v. pron. *Se relire avant de poster sa lettre.*
reliure n. f. Activité consistant à relier des livres. *Reliure d'art.* / Manière dont un livre est relié. / Par ext. Couverture renforcée d'un livre. *Reliure toilée. Reliure en cuir.*
relogement n. m. Action de reloger qqn ; résultat de cette action.
reloger v. t. [1] Procurer un nouveau logement à (qqn).
reluire v. i. [3] Luire en réfléchissant la lumière.
reluisant, e adj. Qui reluit. *Marbre reluisant.* / Fig. (En tournure négative) *Une situation peu reluisante,* médiocre, peu enviable.
reluquer v. t. [1] Fam. Lorgner (qqn, qqch.) *Reluquer les filles.* / Regarder avec convoitise. *Il reluquait les bijoux de la vieille dame.*
rem n. m. PHYS. BIOL. Unité mesurant le rayonnement ionisant absorbé par l'organisme (symbole : rem), égale à un centième de sievert.
remâcher v. t. [1] Mâcher de nouveau (qqch.). / Fig. Ressasser.
remailler ou **remmailler** v. t. [1] Réparer les mailles de. *Re(m)mailler des bas.*
remake n. m. (mot anglais) Nouvelle version d'un film. / Par ext. Reprise (d'un sujet, d'un thème déjà traité).
rémanence n. f. PHYS. Persistance d'un phénomène (magnétique, notamment) après la disparition de sa cause. / PSYCHOL. Persistance de certaines images ou sensations après la disparition du stimulus qui les a déclenchées.
rémanent, e adj. Qui présente de la rémanence. *Aimantation rémanente.*
remaniement n. m. Action de remanier.
remanier v. t. [1] Apporter des modifications, des retouches, des aménagements à. *Remanier un texte, un article de loi. Remanier une équipe, un ministère,* en changer la composition.
remarier (se) v. t. [1] Contracter un nouveau mariage.
remarquable adj. Digne d'être remarqué.
remarquablement adv. De façon remarquable. / Admirablement.
Remarque (Erich Maria Kramer, dit **Erich Maria)** 1898-1970 Écrivain américain d'origine allemande. Auteur de *À l'Ouest, rien de nouveau* (1929), roman pacifiste, et de *Arc de triomphe* (1946) qui décrit les émigrés allemands à Paris entre l'arrivée d'Hitler au pouvoir et la déclaration de guerre.
remarque n. f. Action de remarquer. *J'en ai fait la remarque.* / Observation orale ou écrite.
remarquer v. t. [1] Faire attention à, constater. *As-tu remarqué quelque chose de particulier ? Remarquer que* : exprimer (telle constatation, telle réflexion). *Il me fit remarquer que j'avais eu tort.* / Distinguer (qqn, qqch.) parmi d'autres. *Remarquer un ami dans la foule. Se faire remarquer* : attirer l'attention sur soi ; (spécial.) se distinguer en mal. / Vieilli Marquer de nouveau.
remastériser v. t. [1] Numériser (un document sonore ou vidéo enregistré à l'origine sous forme analogique).

par le sentiment d'avoir mal agi.
remorquage n. m. Action de remorquer.
remorque n. f. Câble servant au remorquage. / Loc. *Prendre en remorque* : remorquer. Au fig. *Être à la remorque de qqn*, se laisser diriger par lui, l'imiter en tout. / Véhicule sans moteur tracté par un autre. *Fixer une remorque à une bicyclette.*
remorquer v. t. [1] Traîner (qqch.) derrière soi à l'aide d'une remorque.
remorqueur n. m. Navire qui en remorque un autre ; navire conçu pour le remorquage.
rémoulade n. f. CUIS. Sauce piquante à base de mayonnaise additionnée de divers condiments (câpres, moutarde, cornichons au vinaigre).
rémouleur n. m. Personne qui affûte des outils tranchants.
remous n. m. Tourbillon causé par un obstacle qui gêne l'écoulement d'un fluide. / Fig. Mouvement, réaction confuse. *Les remous d'une assemblée.*
rempailler v. t. [1] Garnir (un siège) d'une paille neuve.
rempailleur, euse n. Personne dont le métier est de rempailler les sièges.
rempart n. m. Muraille défensive construite autour d'un château, d'une place forte, d'une ville.
rempiler v. i. / v. t. [1] Empiler de nouveau (qqch.). / v. i. Argot. milit. Signer un nouvel engagement. *Il a rempilé pour trois ans.*
remplaçant, e n. et adj. Personne qui remplace. *Je vous présente la remplaçante de votre directeur.* / adj. *Équipier remplaçant.*
remplacement n. m. Action de remplacer ; fait d'être remplacé.
remplacer v. t. [1] Mettre (qqch., qqn de nouveau) à la place de ; substituer. *Rem-*

à la compréhension d'un sujet. / MUS. Adjonction des notes intermédiaires d'un accord dont les parties basse et aiguë sont données.
remploi Voir **réemploi**
remployer Voir **réemployer**
remplumer (se) v. pron. [1] (En parlant des oiseaux) Se couvrir de plumes nouvelles. / Fam. Reprendre du poids. *Il s'est bien remplumé depuis son accident.* / Par ext. Restaurer ses moyens financiers.
remporter v. t. [1] Emporter en partant, reprendre (ce que l'on avait apporté). / Gagner, obtenir. *Remporter un prix, une victoire.*
rempotage n. m. Action de rempoter.
rempoter v. t. [1] Mettre (une plante) dans un nouveau pot.
remuant, e adj. Qui remue beaucoup. *Un enfant remuant.*
remue n. f. Déplacement du bétail selon les saisons, en pays de montagne.
remue-ménage n. m. invar. Agitation bruyante.
remue-méninges n. m. inv. Plaisant Réunion organisée pour que les participants échangent des idées et formulent des propositions.
remuer v. t. / v. i. [1] **A.** v. t. Faire changer de place. *Remuer un canapé.* / Faire bouger, mouvoir. *Remuer les lèvres. Le chien remue*

tué par celui-ci.
renâcler v. i. [1] (En parlant d'animaux). Renifler bruyamment. *Taureau qui renâcle de fureur.* / Rechigner.
renaissance n. f. Fait de renaître. / Fig. Recommencement ; renouveau.
• **Renaissance (la)** On nomme Renaissance (en italien *Rinascimento*) une période de transformation et de renouvellement des États de l'Europe occidentale, qui s'étend de la fin du XVe au début du XVIIe siècle.
renaissant, e adj. Qui renaît. / Qui appartient à la Renaissance. *Une statue de style renaissant.*
renaître v. i. [3] Naître à nouveau. *Le phénix de la mythologie renaît de ses cendres.* / *Renaître à* : retrouver (tel état). *Renaître à la vie,* en retrouver la saveur, les plaisirs. / Par anal. Repousser, croître de nouveau. *Nature qui renaît au printemps.* / Fig. Reparaître. *Le jour renaît. La confiance renaît.*
rénal, ale, aux adj. Des reins. MÉD. Syn. de néphrétique.
Renan (Ernest) 1823-1892 Écrivain français. Élevé au séminaire, il refuse de devenir prêtre et, dès 1848, écrit son premier ouvrage rationaliste, *L'Avenir de la science.* Puis il se spécialise dans les langues et, au cours d'un voyage en Orient, conçoit la *Vie de Jésus* (1863) dont le positivisme historique lui fait perdre sa chaire d'hébreu au Collège de France. Ce livre est le premier tome d'une monumentale *Histoire des origines du christianisme* (1863-1881). Après la guerre de 1870, il retrouve sa position d'enseignant et se rallie à la République. Son *Histoire du peuple d'Israël* (1887-1893) est un complément des *Origines du christianisme.* Son œuvre, tant historique ou philologique que philosophique, ne cessera d'affirmer sa confiance en la raison humaine.

Renaissance : L'Enlèvement des Sabines, *tableau de Baldassare Peruzzi.*

renard n. m. ZOOL. Mammifère de l'ordre des carnivores (famille des canidés), au long museau effilé, aux grandes oreilles, au corps élancé et à la queue fournie. *Renard commun*, roux. *Renard polaire* (ou *renard argenté, renard bleu*) : isatis. *Renard des sables* : fennec. *Le renard glapit.* / Fourrure de cet animal. / Fig. Personne rusée, sournoise. *C'est un fin renard.*
Renard (Jules) 1864-1910 Écrivain français. Il est l'auteur de romans dans la manière réaliste de Maupassant, alliant concision et franchise. Il a écrit le roman *Poil de carotte* (1894), dont il a fait une courte pièce de théâtre (1900), *Histoires naturelles* (1896), des pièces, *Le Plaisir de rompre* (1897) et aussi son *Journal*, tenu de 1887 à sa mort, publié à partir de 1925.
renarde n. f. Femelle du renard.
renardeau n. m. Jeune renard.
Renaud (Madeleine) 1900-1994 Comédienne française. Elle débute à la Comédie-Française, dont elle devient sociétaire en 1928, puis fonde avec son mari, Jean-Louis Barrault, la compagnie Renaud-Barrault en 1947. Elle apparaît au cinéma dans *Jean de la Lune* (1931), *Remorques* (1941), *Le Ciel est à vous* (1944), *Le Plaisir* (1951) et *Le Dialogue des carmélites* (1960).

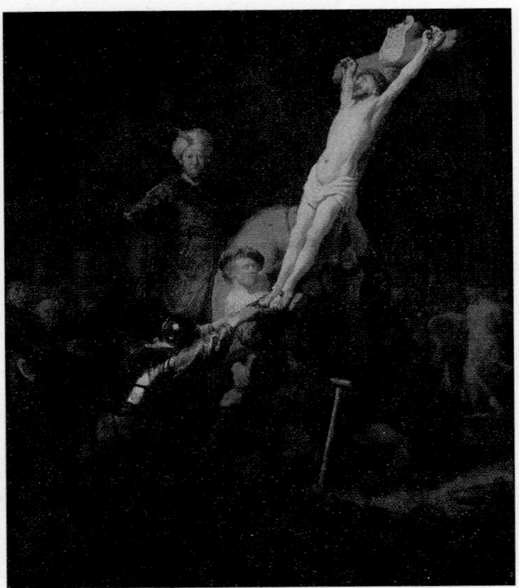

La Descente de croix de **Rembrandt**.

remballer v. t. [1] Emballer de nouveau (ce qui a été déballé). / Fig. *Remballez vos remarques, vos critiques* : dispensez-moi de vos remarques, de vos critiques.

La Haye (sept tableaux entre 1632 et 1646, dont *La Descente de croix*, *La Résurrection*) et réalise de nombreux portraits (*Portrait de jeune fille au collier d'or*, 1632 ; *Jan Uyenbogaert*,

qui atténue un mal, améliore une situation.

remédier v. t. ind. [1] *Remédier à* : apporter un remède à. *Remédier au vertige. Remédier à une défaillance, à un inconvénient.*

remembrement n. m. AGRIC. Regroupement de parcelles, visant en particulier à rationaliser l'exploitation des sols.

remembrer v. t. [1] AGRIC. Réaliser le remembrement de.

remémorer v. t. [1] Litt. Remettre (qqch.) en mémoire. *Dois-je vous remémorer les faits ?* / v. pron. *Il se remémorait le temps jadis.*

remerciement n. m. Action de remercier ; témoignage de reconnaissance.

remercier v. t. [1] Dire merci à, exprimer sa gratitude à. *Je vous remercie de votre gentillesse, pour votre accueil. Je vous remercie,* formule de politesse employée pour exprimer sa reconnaissance ou un refus. / Congédier (qqn). *Se faire remercier par son employeur.*

réméré n. m. DR. *Clause de réméré,* par laquelle le vendeur se réserve le droit de recouvrer la chose vendue dans un certain délai, contre un remboursement augmenté des frais d'acquisition.

remettre v. t. [3] **A.** Mettre (qqch.) à la place occupée précédemment. *Remettre le lait au réfrigérateur.* Loc. fam. *Ne pas remettre les pieds quelque part,* ne pas y retourner. *Remettre la main sur* : retrouver, récupérer. Loc. fig. *Remettre qqn à sa place,* le réprimander, le rabrouer. / Mettre de nouveau sur soi. *Remettre son chapeau.* / Mettre de nouveau, en plus. *Remettre du sel dans sa soupe.* / Loc. fam. *En remettre* : en rajouter, exagérer. *Remettre ça* : recommencer. / Mettre dans sa position ou dans son état antérieurs. *Remettre le moteur en marche. Remettre un membre, une articulation,* les

réminiscence n. f. Souvenir confus qui revient involontairement à la conscience sans être perçu comme tel.

remise n. f. **I.** Action de remettre. *Remise en route.* / Livraison. *Remise d'une lettre.* / Réduction. *Accorder une remise. Remise de peine accordée à un condamné.* / Ajournement. *Remise d'audience.* **II.** Local abritant des véhicules ; débarras.

remiser v. t. [1] Placer (qqch.) dans une remise. / Par ext. Ranger (qqch.) quelque part. *Remiser des jouets au grenier.*

rémission n. f. Pardon. *Rémission des péchés.* / MÉD. Diminution ou disparition temporaire des symptômes d'une maladie.

rémittence n. f. MÉD. Caractère d'une maladie rémittente.

rémittent, e adj. MÉD. Qui présente des rémissions.

Remizov (Alekseï Mikhaïlovitch) 1877-1957 Écrivain russe. Symboliste, influencé par Dostoïevski, Leskov et Gogol, la victoire des bolcheviks en 1921, le poussa à émigrer. Il s'installa définitivement à Paris en 1923. Malgré son exil, ses romans (*L'Étang*, 1905 ; *Les Sœurs en croix*, 1910) et ses contes expriment son profond attachement à la Russie et à la langue russe (surtout parlée) et mêlent sentiment religieux, fantaisie et folklore.

remmailler Voir **remailler**

remontage n. m. Action de remonter un mécanisme ; action de remonter ce qui a été démonté.

remonte n. f. Action de remonter un cours d'eau. / En parlant des poissons, action de remonter une rivière au moment du frai ; ensemble de ces poissons. / Fourniture de nouvelles montures, spécialement de nou-

*La première voiture construite par **Louis Renault**.*

renauder v. i. [1] Vx Protester avec mauvaise humeur.

Renaudot (Théophraste) 1586-1653 Médecin et journaliste français, auteur de créations diverses (mont-de-piété, bureau d'informations), dont *La Gazette*, le premier journal français (1631). On a donné son nom à un prix littéraire décerné par des journalistes le même jour que le prix Goncourt depuis 1926.

Renault (Louis) 1877-1944 Industriel et constructeur automobile français. Il construisit de ses propres mains sa première voiture, excepté le moteur Dion. Il créa avec ses frères une entreprise de construction automobile et, en 1899, fit breveter la boîte à prise directe et le changement de vitesse par baladeurs. Lors de la Première Guerre mondiale, ses usines construisent des chars et des pièces pour avions de guerre. Avec le retour de la paix, il diversifie ses activités et se met à produire des machines agricoles et des moteurs Diesel. Inculpé en 1944 de collaboration avec l'Allemagne, il mourut avant le procès. Ses usines furent nationalisées par l'ordonnance du 16 janvier 1945 (Régie nationale des usines Renault), puis privatisées en 1996.

rencarder Voir **rancarder**

rencart Voir **rancart**

renchérir v. i. [2] Devenir plus cher. / Faire une enchère supérieure. *Renchérir sur un tableau.* / Fig. *Renchérir sur* : aller encore plus loin qu'un autre (en paroles, en action). *« Ceux qu'on voit toujours renchérir sur la mode »* (Molière, *L'École des femmes*).

renchérissement n. m. Fait de renchérir, de devenir plus cher.

renchérisseur, euse n. Personne qui renchérit.

rencogner v. t. [1] Pousser (qqn) dans un coin. / (Emploi pron.) *Il s'est rencogné entre le mur et l'armoire.*

rencontre [1] n. f. Fait de se rencontrer. / Combat ; compétition sportive. / Contact entre deux choses. / loc. adj. *De rencontre* : de hasard. *Un ami de rencontre.*

rencontre [2] n. m. HÉRALD. Représentation de la tête d'un animal, vue de face.

rencontrer v. t. [1] **A.** Se trouver en présence de (qqn), par hasard ou non. *Rencontrer un ami dans la rue. Je dois le rencontrer demain pour discuter du contrat.* / Faire la connaissance de. *Je l'ai rencontré il y a six mois, chez Marie.* / Affronter (un ennemi ou un adversaire) lors d'une bataille, d'un match ou d'une compétition. / Trouver par hasard sur son chemin ; entrer en contact avec, se heurter à (qqch.). *Après avoir longtemps tâtonné, sa main rencontra enfin l'interrupteur.* Au fig. *Rencontrer le succès, le doute. Rencontrer des difficultés.* **B.** v. pron. Se trouver en même temps au même endroit. / Faire connaissance. / S'affronter. *Les deux équipes se rencontrèrent en finale.* / Fig. Partager un même avis, un même sentiment. *Ils se rencontrent sur ce point.* / Se toucher, se heurter. / Pouvoir être trouvé, exister. *De pareilles aventures ne se rencontrent que dans les romans.*

rendement n. m. Production d'une chose, d'une entreprise, calculée par rapport à une donnée de base. *Rendement d'une affaire* : rapport entre les capitaux investis et les bénéfices. *Rendement à l'hectare* : récolte produite par un hectare de terre cultivée. / PHYS. *Rendement d'une machine* : rapport entre l'énergie dépensée et le travail obtenu. / Par ext. *Rendement d'un travailleur*, son efficacité.

rendez-vous n. m. Rencontre convenue entre deux ou plusieurs personnes. / Lieu où l'on est convenu de se retrouver. / Lieu où il est habituel de se retrouver. *Rendez-vous de chasse* : pavillon où les chasseurs se réunissent.

rendre v. t. [3] **A.** Restituer, remettre (à qqn ce qui lui appartient, ce qui lui est destiné). *Rendre un livre emprunté. Rendre sa copie au professeur.* / Renvoyer, rapporter (ce que l'on ne veut pas garder). *Rendre un article au magasin.* Loc. fig. *Rendre sa parole à qqn,* le délier, le dégager de sa promesse. / Redonner (ce qui a été perdu, altéré). *Rendre la vie, la santé à qqn. Rendre son lustre à un objet.* / Donner en retour (qqch. de semblable ou d'équivalent). *Rendre un baiser. Rendre une invitation. Rendre la pareille à qqn. Je l'aime et il me le rend bien.* / S'acquitter de (un devoir). *Rendre hommage à qqn.* Loc. *Rendre visite à qqn*, aller le voir. *Rendre service* : aider, être utile. *Rendre justice à qqn*, lui reconnaître un mérite ; lui rendre hommage. / DR. Formuler, prononcer. *Rendre un jugement, une sentence.* / Rejeter par la bouche, vomir. *Rendre son repas.* Loc. fig. *Rendre l'âme* : mourir. / Laisser échapper (un liquide) ; produire, émettre (un son). *Mettre des aubergines au sel pour qu'elles rendent leur eau. Cette trompette rend des sons aigus.* / Traduire, exprimer, représenter par la parole, par un art. *Rendre sa pensée par des mots. Ces tableaux rendent bien la lumière.* / Avoir pour rendement, produire, rapporter. (Emploi absol.) *Le maïs rend bien cette année.* / *Rendre* (+ attribut) : faire devenir tel (qqn ou qqch.). *Ce beau soleil nous rend joyeux. Vous ne me rendez pas les choses faciles.* **B.** v. pron. Aller, se déplacer (quelque part). *Se rendre au marché.* / Capituler ; se livrer. *Se rendre à la police.* Fig. *Se rendre à (qqch.)* : finir par accepter, par admettre (qqch.). *Se rendre aux arguments de qqn. Se rendre à l'évidence.* / *Se rendre* (+ attribut) : agir de façon à devenir, à paraître (tel). *Savoir se rendre utile. Se rendre agréable.*

rendu n. m. En loc. *Un prêté pour un rendu* : une revanche. / Résultat artistique. *Le rendu de la lumière dans une peinture.*

René Ier le Bon 1409-1480 Duc d'Anjou (1430-1480), comte de Provence (1434-1480), duc de Bar (1430-1480) et duc de Lorraine (1431-1453). Second fils de Louis II d'Anjou, roi de Sicile, il devint en 1431, par son mariage, duc de Lorraine, province qu'il abandonna à son fils en 1453. Héritier de la Sicile et de Naples, il en fut dépouillé par Alphonse d'Aragon en 1442. Après avoir soutenu Charles VII durant la guerre de Cent Ans et perdu l'Anjou au profit de Louis XI, il se retira à Aix-en-Provence, devenant un grand protecteur des lettres et des arts, et s'adonnant lui-même à l'écriture.

René II 1451-1508 Duc de Lorraine (1473-1508). Petit-fils de René Ier d'Anjou, il vit ses droits contestés par Charles le Téméraire, duc de Bourgogne, qui s'empara de Nancy. Mais Charles, vaincu par les Suisses, fut de nouveau battu, devant Nancy, par René II et trouva la mort dans cette défaite (1477). René ne put récupérer la Provence, mais parvint à réunir la Lorraine et le Barrois.

rêne n. f. Chacune des quatre lanières fixées au mors du cheval, tendues par le cavalier pour le diriger. / (Au plur.) Fig. Direction, responsabilité.

renégat, e n. Celui, celle qui a abjuré sa religion ; celui, celle qui a renié ses opinions.

renfermé, e adj. et n. m. Qui n'est pas communicatif. / n. m. Mauvaise odeur d'un endroit mal aéré, d'un objet longtemps enfermé.

renflé, e adj. Dont le diamètre est plus grand à certains endroits. *Colonne renflée.*

renflement n. m. État de ce qui est renflé.

renflouage ou **renflouement** n. m. Action de renflouer.

renflouer v. t. [1] Remettre à flot (un navire coulé ou échoué). / Fig. Rétablir la situation financière de.

renfoncement n. m. CONSTR. Partie en retrait.

renforcement n. m. Consolidation. / PHOTO. Accentuation des contrastes sur un cliché.

renforcer v. t. [1] Rendre (qqch.) plus fort, plus résistant. *Renforcer un mur en l'étayant.* / Rendre plus intense, plus puissant ; accentuer, affermir. *Renforcer l'éclat d'une couleur. Renforcer une affirmation.* / Rendre plus fort (qqn, un groupe) en y adjoignant un renfort. *Mobiliser des soldats pour renforcer les troupes.* / Fig. *Renforcer qqn dans (une attitude),* l'inciter à persévérer dans (cette attitude). *Cela me renforce dans mes convictions.*

renfort n. m. Ensemble des personnes, des matériels qui viennent renforcer un groupe. Envoyer des renforts. / Pièce qui en consolide une autre. / loc. adv. *À grand renfort de* : en employant une grande quantité de.

renfrogné, e adj. Qui exprime de la mauvaise humeur. *Une mine renfrognée. Un ton renfrogné.*

renfrogner (se) v. pron. [1] Manifester sa mauvaise humeur par son expression, son ton.

rengaine n. f. Formule répétée, lieu commun. / Chanson ressassée.

rengainer v. t. [1] Remettre (qqch.) dans sa gaine, son fourreau. *Rengainer son arme.* / Fig., fam. Taire (ce que l'on s'apprêtait à dire). *Rengainer un compliment.*

rengorger (se) v. pron. [1] (En parlant des oiseaux) Parader en faisant ressortir sa gorge. *Paon qui se rengorge.* / Par anal. Plastronner, prendre des airs avantageux.

rengrener ou **rengréner** v. t. [1] TECHN. Faire entrer de nouveau dans un engrenage.

Reni (Guido, dit en français **le Guide)** 1575-1642 Peintre italien. Profondément influencé par Raphaël et Caravage, il travailla à Rome et à Bologne, composant de nombreux tableaux religieux (*Saint Matthieu* et la *Vierge en gloire avec saint Matthieu et saint Jérôme*, 1607 ; *Samson victorieux*, 1611 ; *Apothéose de saint Dominique*, 1615 ; *Déposition de Croix*, 1616), puis mythologiques (la *Vie d'Hercule*, 1617-1621) avant de revenir à des œuvres d'inspiration religieuse (*Saint Michel archange*, 1635 ; *Adoration des Bergers*, 1640-1642). Il inspira les peintres classiques français.

reniement n. m. Action de renier.

renier v. t. / v. pron. [1] **A.** v. t. Déclarer, en dépit de la vérité, ne pas connaître (qqn, qqch.). / Ne plus reconnaître comme sien. *Renier sa famille.* / Abandonner, abjurer. *Renier sa foi, ses idées.* **B.** v. pron. *Se renier* : abandonner sa foi, ses opinions.

reniflard n. m. TECHN. Conduit qui met en communication avec l'atmosphère le carter d'huile d'un moteur.

reniflement n. m. Action de renifler ; bruit ainsi produit.

renifler v. i. / v. t. [1] Aspirer bruyamment par le nez. *Mouche-toi et cesse de renifler.* / Fig., fam. Soupçonner, flairer. *Renifler une arnaque.* / v. t. Aspirer par le nez. *Renifler du tabac, l'odeur d'un mets.*

Renne.

Rennes.

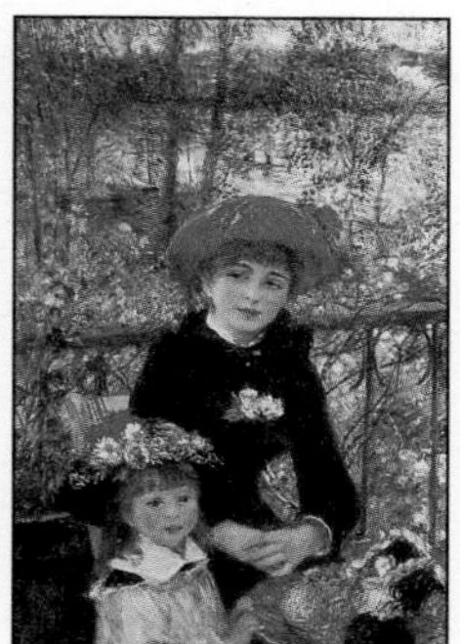
Sur la terrasse, *tableau de* ***Pierre Auguste Renoir***.

La Règle du jeu, *film de* ***Jean Renoir***.

renne n. m. ZOOL. Mammifère ruminant ongulé de la famille des cervidés, aux bois aplatis, vivant dans les régions septentrionales. Voir *caribou*. / Cuir de cet animal. / Viande de cet animal.

Rennes *197 536 h.* Préfecture d'Ille-et-Vilaine, ancienne capitale du duché de Bretagne, siège du Parlement. Rennes se situe au carrefour de routes naturelles vers la Normandie et Paris, position qui fut exploitée dès l'époque romaine. C'est le centre agricole, industriel (automobiles Citroën, chimie, électronique), universitaire et administratif de la Bretagne intérieure. En raison d'un grand incendie en 1720, la plupart des monuments du centre datent de la reconstruction au XVIIIe siècle. Le siège du Parlement a, de nouveau, été ravagé par un incendie en 1994.

Reno *145 029 h.* Ville des États-Unis, dans le Nevada, qui vit de ses casinos. Ses lois très libérales facilitent les mariages et les divorces rapides.

Renoir (Pierre Auguste) 1841-1919 Peintre français. D'abord artisan (à treize ans, il est peintre sur porcelaine, puis il grave des médailles et peint des éventails et des stores), il entre à l'École des Beaux-arts (1862) et fait la rencontre de Monet, Sisley, Bazille. Malgré quelques commandes à partir de 1864, la reconnaissance du public viendra beaucoup plus tard. Néanmoins, sa *Lise à l'ombrelle* est acceptée au Salon de 1868. Il travaille à Chailly-en-Bière et ensuite sur les bords de Seine avec ses amis, traitant souvent les mêmes sujets qu'eux (*Les Canotiers*, *La Grenouillère*). Il expose avec le groupe des impressionnistes à partir de 1874 mais se distingue d'eux par le choix de ses thèmes et par sa technique ; il procède par taches superposées et fondues (*Le Moulin de la Galette*, 1876), et conserve, dans ses œuvres, une place pour les figures humaines. Un voyage en Italie (1881) lui fait découvrir Raphaël et il adopte une manière plus structurée, aux traits plus affirmés, aux couleurs moins chaudes, dite « aigre » (*Les Parapluies*, 1882-1884). À partir des *Baigneuses* (1883-1887), il se consacre essentiellement au nu féminin, peignant de nombreuses toiles aux carnations nacrées puis de plus en plus roses, qui ont généralement pour modèle Gabrielle, la jeune gouvernante de ses enfants. Handicapé par des rhumatismes articulaires qui l'empêchaient de tenir un pinceau, il continua de peindre en se faisant fixer le pinceau à sa main bandée, puis il se consacra à la sculpture, en faisant appel à l'assistance d'un tiers. **Jean** 1894-1979 Cinéaste français, fils du précédent. Il fut, avec Carné, le grand maître français du cinéma d'avant-guerre : *Nana* (1926), *Boudu sauvé des eaux* (1932), *Le Crime de M. Lange* (1935), *La Grande Illusion* (1937), *La Bête humaine* (1938), *Une partie de campagne* (achevé en 1949), *La Règle du jeu*. Il tourna aux États-Unis *L'Étage tragique* (1941), *L'Homme du Sud* (1945), en Inde *Le Fleuve* (1951), en France *Le Carrosse d'or* (1953), *Le Caporal épinglé* (1962).

renom n. m. Réputation favorable, célébrité.

renommé, e adj. Célèbre pour sa qualité. *Un magasin renommé.*

renommée n. f. Renom.

renonçant n. m. RELIG. Dans l'hindouisme, personne qui, ayant totalement renoncé au monde, mène une vie d'ascète consacrée à la quête du salut.

renoncement n. m. Action de renoncer.

renoncer v. t. ind. [1] *Renoncer à* : abandonner la jouissance, la possession de, la prétention à (un droit, un avantage). *Renoncer au trône.* / Se résigner à, ne pas concrétiser (une idée, un projet). *Renoncer à l'espoir, à l'idée de. Renoncer à comprendre, à partir.* / Décider de se défaire de, de se détacher de (ce à quoi l'on croyait, ce à quoi l'on était attaché). *Renoncer à la lutte. Renoncer au tabac. Renoncer au monde*, s'en retirer.

renonciation n. f. DR. Action de renoncer à un droit ; acte par lequel on renonce à un droit.

renonculacées n. f. pl. BOT. Famille de plantes dicotylédones, généralement herbacées, dialypétales, souvent ornementales, à laquelle appartiennent l'anémone, la renoncule, l'ancolie, la pivoine.

renoncule n. f. BOT. Plante herbacée de la famille des renonculacées, dont une espèce à fleurs jaunes est connue sous le nom de bouton-d'or. *Renoncule aquatique*, à fleurs blanches.

Renoncules.

renouée n. f. BOT. Plante herbacée à feuilles entières et à fleurs verdâtres. *Le sarrasin, ou blé noir, est une renouée.*

renouer v. t. [1] Nouer de nouveau (ce qui a été dénoué). *Renouer ses lacets, ses cheveux.* / Fig. Rétablir (un lien) après une interruption. *Renouer une relation, la conversation.* / v. t. ind. *Renouer avec qqn* : reprendre une relation avec qqn. Par ext. *Renouer avec une tradition. Renouer avec le succès.*

renouveau n. m. Litt. Printemps. / Renaissance. *Le renouveau de la peinture contemporaine.*

renouvelable adj. Qui peut être renouvelé.

renouveler v. t. [1] **A.** Remplacer (une chose disparue, usée ou désuète) par une nouvelle, une neuve. *Renouveler ses provisions. Renouveler l'air d'une pièce.* / Remplacer (une personne) par une autre qui apporte qqch. de nouveau. *Renouveler le personnel, des troupes.* / Donner un aspect nouveau, neuf à. *Renouveler sa devanture pour attirer la clientèle.* / Donner une vigueur nouvelle à, raviver. *Renouveler le plaisir. Renouveler un souvenir.* / Faire de nouveau, réitérer. *Renouveler une expérience, une offre.* / Spécial. Remettre en vigueur, reconduire, proroger. *Renouveler un bail, un abonnement, un mandat.* **B.** v. pron. Être remplacé ; se transformer, changer. *Cellules qui se renouvellent. Chaque saison, le paysage se renouvelle.* / Faire du nouveau, trouver une nouvelle inspiration. *Auteur qui sait se renouveler.* / Se répéter, avoir lieu de nouveau. *L'occasion ne se renouvellera pas.*

renouvellement n. m. Remplacement d'une personne, d'une chose par une autre. / Apparition d'un état nouveau. *Le renouvellement de la science.* / Prolongation de la validité d'un acte, d'une pièce officielle.

rénovateur, trice n. et adj. Personne qui rénove, qui renouvelle en rajeunissant. / adj. *Un mouvement rénovateur.*

rénovation n. f. Action de rénover ; résultat de cette action.

rénover v. t. [1] Remettre à neuf (qqch.) *Rénover un bâtiment.* / Réformer, rajeunir (qqch.) *Rénover les institutions.*

renseignement n. m. Exposé de faits destiné à faire mieux connaître une personne, une chose ; information. *Service de renseignements* : organisme chargé de collecter pour le gouvernement des informations militaires, diplomatiques, économiques concernant les autres pays.

renseigner v. t. [1] Donner à (qqn) des informations, des indications. *Renseigner un voyageur.* / v. pron. Recueillir des renseignements. *Se renseigner sur les horaires des trains.*

rentabiliser v. t. [1] Assurer la bonne rentabilité de (une entreprise, une opération).

rentabilité n. f. ÉCON., POLIT. Qualité de ce qui produit un revenu, un bénéfice. *Taux de rentabilité*, mesuré par le rapport entre les profits et les investissements.

rentable adj. Qui produit une rente. *Placement rentable.* / Qui produit une plus-value. *Une entreprise rentable.*

rente n. f. Revenu perçu périodiquement, en retour d'un capital aliéné, d'un prêt ou d'un fonds loué. *Vivre de ses rentes*, de son revenu annuel. *Rente viagère*, qui s'éteint à la mort de la personne. / Intérêt annuel dont bénéficient les personnes ayant souscrit à un emprunt de l'État. / Profit réalisé du fait de la conjoncture (jeu de l'offre et de la demande, par exemple).

Rentrée *scolaire*.

rentier, ère n. Personne qui a des rentes, qui vit de ses rentes.

rentoiler v. t. [1] Entoiler de nouveau (qqch.) *Rentoiler la couverture d'un livre.* / *Rentoiler un tableau*, renforcer sa toile.

rentre-dedans n m. inv. Fam. Entreprise de séduction ostentatoire et appuyée. *Faire du rentre-dedans à qqn.*

rentrée n. f. Action de revenir. / Reprise du travail après une période de vacances ; époque où a lieu cette reprise. *Rentrée scolaire.* / Mise à l'abri. *La rentrée des vendanges.* / Recouvrement de fonds. *Une rentrée d'argent.*

rentrer v. i. / v. t. [1] **A.** v. i. Entrer de nouveau (dans un lieu d'où l'on est sorti). *Il est rentré chez lui. À la mi-temps, les joueurs rentrent au vestiaire.* (Emploi absol.) *Je rentrerai tard ce soir.* / Reprendre ses activités. *Les étudiants des universités rentreront en octobre.* / Retrouver une situation ou un état antérieurs et généralement favorables ; récupérer. *Rentrer dans l'ordre. Rentrer en grâce. Rentrer en possession de. Rentrer dans ses frais.* / Être perçue, récupérée, en parlant d'une somme d'argent. *Les impôts rentrent mal.* / (Emploi abusif.) Entrer. *Rentrer dans un magasin. Rentrer dans la police. Rentrer dans les détails.* / Fam. *Rentrer dans (qqch., qqn)* : heurter, percuter violemment (qqch., qqn). (Spécial.) *Je vais lui rentrer dedans*, l'assaillir pour le frapper. / Pénétrer, s'enfoncer, s'emboîter (dans qqch.). *Angle rentrant*, dont le sommet est tourné vers l'intérieur. **B.** v. t. Mettre ou remettre à l'intérieur, à l'abri. *Il va pleuvoir, as-tu rentré le linge ? Rentrer le bétail, les foins.* / Ramener vers l'intérieur. *Le chat rentre ses griffes. Rentrer la tête dans les épaules* : se tasser. / Fig. Cacher, refouler. *Rentrer ses larmes, sa colère.*

renversant, e adj. Qui renverse, stupéfie. *Une nouvelle renversante.*

renverse n. f. MAR. Inversion de la direction du courant, du vent. / loc. adv. *À la renverse* : en arrière. *Tomber à la renverse.*

renversé, e adj. Inversé par rapport à la position normale. *Image renversée donnée par une lentille.* / PÂTIS. *Crème renversée* : crème cuite, à base d'œufs et de lait, diversement parfumée, que l'on démoule en la renversant sur un plat. / Qui est tombé. *Statue renversée.*

renversement n. m. Changement par l'inverse. *Renversement des alliances.* / MATH. Transposition des termes. *Renversement d'une fraction.* / MAR. *Renversement d'un courant, d'un vent*, changement de leur direction. / MUS. *Renversement d'un accord* : interversion de la position des sons, de façon que le son aigu soit à la place du son grave. / Mise à bas, destruction. *Le renversement de la monarchie.*

renverser v. t. [1] Retourner (qqch.) de façon que le dessus se retrouve dessous. *Renverser un seau.* / Pencher, incliner (le corps,

R

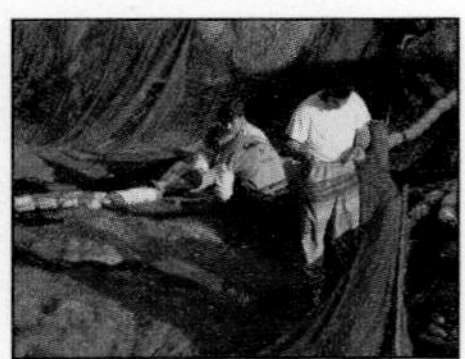

Réparation *de filets de pêche.*

une partie du corps) en arrière. *Renverser la tête, le buste.* (Emploi pron.) *Se renverser dans son fauteuil.* / Mettre dans une position ou un ordre inverse; faire aller en sens inverse. *Renverser les termes d'une proposition. Renverser la vapeur,* la déplacer vers l'autre piston pour changer le sens de la marche; au fig., changer radicalement sa façon d'agir. *Renverser la situation,* la tourner à son avantage. / Faire tomber (qqch.); répandre (un contenu). *Renverser une chaise. Renverser du vin sur son pantalon.* / Jeter (qqn) à terre. *Renverser son adversaire d'un direct du gauche. Le chauffard qui l'a renversé ne s'est pas arrêté.* / Fig. Provoquer la chute de. *Renverser un chef d'État, un gouvernement.* / Fam. Bouleverser profondément; étonner grandement, stupéfier.

renvoi n. m. Action de renvoyer; son résultat. / Licenciement. / DR. Fait de renvoyer une partie, un procès devant un juge; ajournement. *Ordonnance de renvoi. Renvoi à huitaine.* / Petit signe inséré dans un écrit renvoyant le lecteur à une explication hors du texte. / MUS. Signe indiquant la répétition d'un passage.

renvoyer v. t. [1] Envoyer, faire aller de nouveau (qqn) là d'où il vient, là où il est déjà allé. *Renvoyer son enfant au lit.* / Obliger à partir, congédier, licencier. *Renvoyer un enfant de l'école. Renvoyer un employé.* / Inviter (qqn) à se reporter à tel texte, à tel passage. *Note qui renvoie le lecteur à un autre chapitre.* / Adresser (qqn, qqch.) à une destination plus appropriée, à une personne plus compétente. *Renvoyer une affaire au pénal.* / Réexpédier à son propriétaire; lancer en retour. *Renvoyer un colis. Renvoyer la balle à son partenaire. Renvoyer une invitation.* (Emploi pron.) *Ils se renvoient la responsabilité.* / Remettre à une date ultérieure. *Renvoyer une décision au lendemain.* / Réfléchir, répercuter (une lumière, un son).

R

réorchestration n. f. MUS. Fait de réorchestrer (une pièce de musique); son résultat.

réorchestrer v. t. [1] MUS. Concevoir une nouvelle orchestration pour (une pièce de musique). / Fig. Réorganiser.

réorganisation n. f. Action de réorganiser; son résultat.

réorganiser v. t. [1] Organiser (qqch.) de nouveau ou de manière différente.

réorientation n. f. Action de réorienter; son résultat.

réorienter v. t. [1] Orienter de nouveau (qqch., qqn).

réouverture n. f. Action de rouvrir un établissement qui a été fermé. *Réouverture d'un magasin.* / DR. Mesure par laquelle on rouvre des débats qui avaient été clos.

repaire n. m. Refuge d'une bête sauvage. / Refuge de malfaiteurs.

repaître (se) v. t. / v. pron. [3] **A.** v. t. Vx Nourrir, rassasier par un repas. / Fig., litt. *Repaître ses yeux d'un spectacle,* le regarder avec avidité jusqu'à s'en rassasier. **B.** v. pron. Litt. Se nourrir (en parlant d'animaux) *Le lion se repaît de la chair d'une antilope.* / Fig. Se délecter. *Se repaître de commérages.*

répandre v. t. [3] **A.** Laisser tomber, déverser (qqch. qui s'étale, se disperse). *Répandre de l'eau sur le sol, du sel sur une route verglacée.* / Émettre autour de soi, diffuser. *Répandre une odeur, une clarté, de la chaleur.* Fig. *Répandre la joie, l'effroi.* / Faire connaître au plus grand nombre, propager. *Répandre une idée, une rumeur.* / Distribuer, dispenser. *Répandre ses bienfaits, des faveurs.* **B.** v. pron. Se déverser, s'étaler. / Se diffuser; occuper, en se dispersant, un espace de plus en plus grand. *La lumière se répand dans la pièce. La foule se répandait dans les rues.* / Se propager. *Mode qui se répand. La nouvelle se répandit dans toute la ville.* / *Se répandre en*: extérioriser un sentiment par un flot de paroles. *Se répandre en compliments, en injures.*

répandu, e adj. Communément admis, pratiqué. *Opinion répandue. Usage répandu.* / Abondant. *Cet oiseau est répandu dans toutes les zones humides.* / Litt. *Être répandu dans le monde,* le fréquenter assidûment, y avoir de nombreuses relations.

réparateur, trice adj. et n. Qui redonne des forces. *Un sommeil réparateur.* / Subst. Qui remet en état. *Un réparateur d'appareils de chauffage.*

réparation n. f. Action de réparer (une chose). / Fig. Action de réparer (une erreur, une offense). *Cette injure exige réparation. Réparation par les armes*: duel. / SPORT *Surface de réparation*: au football, surface rectangulaire autour des buts à l'intérieur de laquelle les fautes commises par les défenseurs contre les attaquants sont sanctionnées par un coup de pied « de réparation ».

réparer v. t. [1] Remettre (une chose abîmée) en bon état. *Réparer une voiture.* / Fig. Rétablir, restaurer. *Réparer ses forces.* / Atténuer les conséquences fâcheuses de (une action, une parole) ou y remédier. *Réparer une injustice, un oubli, une offense.*

repartie n. f. Réplique. *Avoir de la repartie,* la réplique facile.

repartir [1] v. t. [3] Vx ou litt. Répliquer, répondre (qqch.) à. *Il lui a reparti une phrase bien sentie.*

repartir [2] v. i. [3] Partir de nouveau. *Repartir d'un bon pied.* / Retourner d'où l'on vient.

répartir v. t. [2] Partager, diviser en attribuant à chacun la part qui lui revient. *Répartir un bénéfice, des responsabilités.* / Distribuer dans un espace selon certaines règles. *Répartir la lumière dans une pièce. Répartir les populations sur un territoire.* / Étaler dans le temps. *Répartir ses paiements.* / Classer. *Répartir des espèces animales en familles.*

répartition n. f. Partage d'un tout en différentes parties qui sont ensuite distribuées. *Impôt de répartition*: impôt fixé chaque année et graduellement réparti entre les départements, les communes, les arrondissements et les contribuables. / Manière dont une chose est répartie. *Répartition juste, injuste.* / Action de répartir, fait de se répartir dans l'espace. *La répartition des parcelles cultivées et des friches.* / Classement.

repas n. m. Nourriture que l'on prend quotidiennement aux mêmes heures.

repassage n. m. Action de repasser (du linge). / Action d'aiguiser un outil sur une meule.

repasser v. i. / v. t. [1] **A.** v. i. Passer, venir de nouveau. *Il repassera demain. Viens nous voir si tu repasses par Paris.* **B.** v. t. Passer, franchir de nouveau (un espace, un obstacle). *Repasser le pont, la rivière.* / Fig. Se soumettre une nouvelle fois à (un examen). *Repasser son bac.* / Relire, réviser (ce que l'on a étudié) pour se remémorer. *Repasser une leçon.* / Faire passer, présenter de nouveau. *Repasser le plat à un convive.* / Par ext., fam. Donner, transmettre. *Il m'a repassé sa grippe.* / Aiguiser sur une pierre, une meule. *Repasser un couteau.* / Rendre lisse, sans pli, en passant un fer chaud. *Repasser sa chemise.*

repasseur, euse n. Personne qui repasse (une lame, un linge, etc.).

repêcher v. t. [1] Retirer de l'eau (ce qui y est tombé). *Repêcher un cadavre dans un fleuve.* / Fam. Recevoir (un candidat ou un concurrent qui n'a pas été admis lors d'une première sélection, à qui il manquait quelques points).

repeindre v. t. [1] Peindre de nouveau.

repeint n. m. BX-A. Partie repeinte d'un tableau.

repentance n. f. Litt. Repentir.

repentant, e adj. Qui se repent de ses fautes.

repenti, e adj. et n. Qui s'est repenti de ses fautes. / Vx *Fille repentie*, ou (n. f.) une *repentie*: fille de mauvaise vie qui s'est repentie de ses fautes et s'est retirée dans une maison religieuse. / n. *Un repenti*: un terroriste qui a abandonné l'action violente et collabore avec la police.

repentir [1] n. m. Regret douloureux d'une faute, doublé du désir de l'expier. / BX-ARTS Trace d'un premier essai, corrigé en cours d'exécution.

repentir (se) [2] v. pron. [3] *Se repentir de*: regretter vivement (ce que l'on a fait). *Se repentir de ses fautes, d'avoir menti, de sa décision.*

repérage n. m. Action de repérer. / IMPRIM. Action de faire coïncider, grâce à des repères placés sur les films, les divers éléments colorés dont la superposition permet d'obtenir des illustrations en couleurs. / CIN., PHOTO Reconnaissance préalable des lieux où doit se dérouler un tournage, des lieux où l'on doit faire des prises de vues.

répercussion n. f. Fait, pour un son de se répercuter. / Fig. Contrecoup.

répercuter v. t. [1] **A.** Renvoyer (un son). / Transmettre. *Répercuter les consignes.* / ÉCON. Reporter, transférer (une charge) sur qqn ou qqch. *Répercuter la hausse des prix sur les salaires.* **B.** v. pron. (en parlant d'un son) Être réfléchi, renvoyé. / Fig. Avoir des conséquences, des retombées (sur qqch.). *Son manque d'intérêt se répercute sur son rendement.*

Le **Repas** de l'ogre, *de Charles Léandre (Le Rire, 5 mars 1898).*

repère n. m. Marque faite sur des pièces pour en obtenir un assemblage précis. / Marque indiquant des alignements, des niveaux. / *Point de repère*: tout détail utilisé pour reconnaître un lieu ou situer un fait dans le temps.

repérer v. t. [1] Marquer, signaler au moyen de repères. *Repérer un emplacement.* / Déterminer précisément la situation, la position de. *Repérer les troupes ennemies.* / Fam. Apercevoir, remarquer parmi d'autres. *Repérer un article dans une vitrine. Se faire repérer*: attirer l'attention sur soi, être découvert alors qu'on cherche à se cacher.

répertoire n. m. Recueil de matières classées dans un certain ordre méthodique facilitant les recherches; inventaire. / Titre de certains recueils. *Un répertoire de sciences naturelles.* / Carnet d'adresses alphabétique. / Ensemble des œuvres formant le fonds d'un théâtre. *Un répertoire classique.* / Ensemble des œuvres qu'un acteur, un chanteur ou un musicien sait interpréter.

répertorier v. t. [1] Inscrire dans un répertoire; faire la liste de. *Répertorier les espèces animales en voie de disparition.*

répéter v. t. [1] **A.** Redire (ce que l'on a déjà dit ou ce que qqn d'autre a dit). *Répéter une phrase à voix haute. Surtout, ne répétez à personne ce que je vous ai confié.* / Refaire (ce que l'on a déjà fait). *Répéter un geste, une expérience, une erreur.* / Dire ou faire plusieurs fois pour le fixer dans sa mémoire ou pour le mettre au point (ce que l'on devra restituer devant un public). *Répéter sa leçon. Répéter un rôle, une pièce.* / Reproduire à intervalles réguliers (une note, un ornement, un motif, etc.) **B.** v. pron. Redire les mêmes choses. / Se reproduire; être répété, reproduit. *L'histoire se répète indéfiniment.*

répéteur n m. TÉLÉCOM. Dispositif amplificateur qui retransmet les signaux qu'il reçoit.

répétiteur, trice n. Vieilli Personne qui donne des leçons particulières. / Anc. Surveillant. / n. m. Dispositif qui retransmet un signal lumineux ou sonore.

répétition n. f. Retour, dans une conversation, un texte, d'idées, de mots, de phrases déjà exprimés. *Éviter les répétitions.* / Action de refaire la même chose. *Arme à répétition*: arme qui tire plusieurs coups, à cadence rapide, alors qu'elle n'a été chargée qu'une fois. / Séance au cours de laquelle des acteurs, des chanteurs, des musiciens travaillent une œuvre pour la mettre au point. / Vieilli Leçon complémentaire donnée à un, des élèves. / DR. *Répétition de l'indu*: action de demander en justice le recouvrement d'une somme que l'on a payée en trop.

repeuplement n. m. Action de repeupler, fait de se repeupler; résultat de cette action.

repeupler v. t. [1] Peupler de nouveau (un territoire). *Politique démographique qui vise à repeupler une région.* / Par ext. *Repeupler une forêt,* y faire repousser des arbres. / v. pron. *Région, forêt qui se repeuplent.*

Repine (Ilia Iefimovitch) 1844-1930 Peintre russe, dont les œuvres réalistes, généralement anecdotiques, mais parfois dramatiques, obéissent à des motivations sociales (*Les Haleurs de la Volga*, 1873). Il fut aussi portraitiste.

repiquage n. m. Action de repiquer; son résultat.

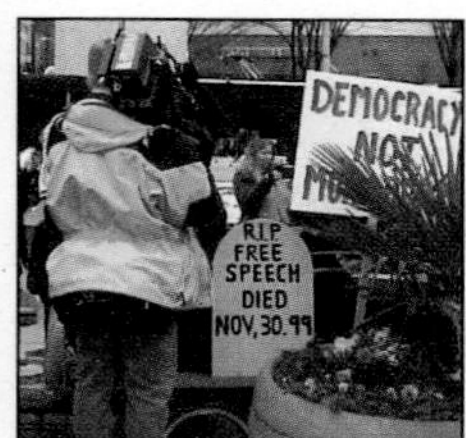

Reporter.

repiquer v. t. [1] Piquer de nouveau (qqch., qqn) avec un objet piquant. *Repiquer un malade au même endroit.* / Transplanter la pousse de (une plante). *Repiquer des tomates.* / Fig. Enregistrer (qqch.) sur un nouveau support. *Repiquer un disque.* / PHOTO Retoucher (en photographie analogique).
répit n. m. Cessation momentanée d'une difficulté ou d'une chose pénible à supporter ; repos.
replat n. m. GÉOGR. Étendue plane, sur un versant, entre deux parties déclives situées au-dessus et au-dessous.
replet, ète adj. Dodu.
réplétion n. f. Surcharge d'aliments.
repli n. m. **I.** Rebord plié. / Ondulation du sol. *Repli de terrain.* / Fig. Partie la plus intime. *Les replis de l'âme.* / MILIT. Recul sur des positions mieux défendues. **II.** Fait de se replier sur soi.
réplication n. f. GÉNÉT. Processus par lequel une molécule d'A. D. N. est dupliquée. (Au cours de la réplication, les deux brins constituant la molécule d'A.D.N. se séparent. Ces deux brins sont porteurs d'une information génétique équivalente ; face à chacun de ces brins, un nouveau brin, complémentaire, est synthétisé. La réplication, qui fait intervenir un ensemble complexe d'enzymes [polymérase, notam.], se déroule pendant l'interphase).
replier v. t. [1] **A.** Plier de nouveau, ou en sens inverse (ce qui a été déplié, déployé, étendu, étalé). *Replier une nappe.* / MILIT. Faire effectuer un retrait à. *Replier une partie des troupes.* **B.** v. pron. MILIT. Effectuer un mouvement de repli, reculer. / *Se replier sur soi-même* : s'isoler du monde extérieur.
réplique n. f. Réponse à ce qui a été dit ou écrit. / Vive repartie dans une discussion. / THÉÂTRE Réponse d'un acteur à l'un de ses partenaires. *Donner la réplique.* / Copie, double. *Réplique en résine d'une statue en bronze. Être la réplique de* : être presque identique à (qqn, qqch.)
répliquer v. t. [1] Répondre à un propos ; spécial., répondre promptement, vivement. *Qu'avez-vous à répliquer à cet argument ?* / (Emploi absol.) Protester ; riposter à une attaque.
répondant n. m. Celui qui répond ; celui qui apporte sa caution. / Loc. fam. *Avoir du répondant* : avoir des moyens financiers ; (par ext.) être capable d'être un adversaire ou un partenaire solide.
répondeur n. m. *Répondeur téléphonique* ou (absol.) un *répondeur* : appareil qui diffuse automatiquement un message enregistré. *Répondeur enregistreur* : répondeur qui enregistre les messages des correspondants.
répondre v. t. [3] **I.** Faire connaître (ce que l'on a à dire) en retour à ce qui a été dit, demandé. *Je n'ai rien à vous répondre. On lui a répondu qu'il devait partir.* (Emploi absol.) *Répondre sèchement, par l'affirmative, d'un signe, par écrit.* **II.** *Répondre à* : adresser une réponse à. *Répondre à une question, à une lettre.* / Répliquer, riposter à. *Répondre à une attaque.* / Réagir favorablement à, payer de retour par une attitude, un comportement similaire. *Répondre à des avances. Répondre à l'affection des siens.* / Ne pas décevoir, se conformer à. *Répondre aux attentes, aux besoins de qqn.* / Réagir comme attendu à (un stimulus, une sollicitation). (Emploi absol.) *Les commandes ne répondent plus.* / Être en conformité avec, correspondre à. **III.** *Répondre de* : assumer la responsabilité de, justifier (qqch.) ; se porter garant de (qqn ou qqch.). *Il devra répondre de ses actes devant un tribunal. Je réponds de lui, de sa solvabilité.*
répons n. m. LITURG. Dans les offices catholiques, paroles qui sont dites ou chantées alternativement par un ou plusieurs récitants, puis reprises par le chœur.
réponse n. f. Parole ou écrit adressés à la suite d'une question ; explication donnée à un problème. / DR. *Droit de réponse* : possibilité offerte à une personne mise en cause dans un périodique d'obtenir l'insertion d'un rectificatif dans ce même périodique. / PHYSIOL. Réaction à un stimulus. / TECHNOL. Réaction d'un mécanisme aux commandes.
report n. m. Fait de reporter (un élément quelconque) d'un document sur un autre. *Report des corrections.* / COMPTA. Inscription du total d'une colonne ou d'une page sur une autre ; le total ainsi reporté. / Renvoi à un moment ultérieur. / FIN. Action de reporter à la liquidation suivante l'exécution d'une opération à terme.
reportage n. m. Article ou suite d'articles rédigés par un journaliste, après enquête. / Par ext. *Reportage photographique, télévisé, radiodiffusé.*
reporter [1] n. (mot anglais) Journaliste qui fait des reportages.
reporter [2] v. t. [1] Porter (une chose) là où elle se trouvait initialement. *Reporter un article dans un magasin.* / Transporter en pensée à une période antérieure. *Cet ouvrage nous reporte au Moyen Âge.* / Transcrire ailleurs, plus loin, sur un autre support. *Reporter des notes en fin d'ouvrage. Reporter des corrections sur une épreuve en bon à tirer.* / FIN. Faire un report sur. *Reporter des titres.* / Remettre, différer. *Reporter la date d'ouverture.* / Appliquer, transférer à une autre personne, à une autre chose. *Reporter des voix sur un autre candidat. Reporter son ambition sur son enfant.* / v. pron. *Se reporter à* : se référer à. *Reportez-vous au chapitre III, à ce qui a été dit.*
repos n. m. Immobilité. *Rester en repos*, sans remuer, sans s'agiter. / Fait de se reposer. *Une heure de repos. Repos !* : ordre indiquant au soldat d'abandonner la position du garde-à-vous. / Litt. Mort. *Le champ du repos* : le cimetière. *Le repos éternel* : la béatitude des âmes au paradis. / Pause due à la syntaxe dans un texte ; césure d'un vers ; fin d'une phrase musicale.
reposer [1] v. t. [1] Poser de nouveau (qqch.) *Reposer une moquette. Reposer son couteau sur la table.* / *Reposer une question*, la réitérer.
reposer [2] v. t. / v. i. [1] **A.** v. t. Délasser, détendre. *Reposer ses membres fourbus. Reposer les yeux, la vue. C'est une lecture qui repose l'esprit.* / v. t. ind. *Reposer sur* : être posé, appuyé sur (un support). *La statue repose sur un socle.* / Fig. Dépendre de ; être fondé sur. *Nos espoirs reposent sur toi. Raisonnement qui repose sur des faits.* **B.** v. i. Litt. Dormir. / Être étendu ou enseveli, en parlant d'un mort. *Les corps des victimes reposent dans une chapelle ardente. Reposer au cimetière. Ici repose Untel.* / Se décanter (en parlant de liquides). *Laisser reposer un vin.* / Ne plus être travaillé. *Laisser reposer une pâte*, cesser de la travailler. *Laisser reposer une terre*, la laisser en jachère **C.** v. pron. Se mettre au repos, cesser toute activité fatigante. *Profiter des vacances pour se reposer.* / Fig. *Se reposer sur qqn*, s'appuyer sur lui, lui faire confiance.
reposoir n. m. LITURG. CATHOL. Autel destiné à recevoir le saint sacrement sur le parcours d'une procession.
repoussage n. m. TECH. Façonnage à froid, avec un marteau ou un outil destiné à emboutir, d'une pièce de métal mince, d'un morceau de cuir, pour obtenir un relief, des ornements.
repoussant, e adj. Qui inspire du dégoût, de l'aversion. *Une saleté repoussante.*
repoussé, e adj. et n. m. Façonné par repoussage. *Métal repoussé.* / n. m. *Du repoussé* : du métal, du cuir façonné par repoussage.
repousser [1] v. t. / v. i. [1] Pousser (qqn) loin de soi ; faire reculer. *Repousser un importun. Repousser l'envahisseur.* / Pousser (qqch.) en arrière ; écarter brusquement. *Repousser sa chaise.* / Fig. Ne pas accepter ; refuser de céder à. *Repousser une candidature. Repousser la tentation.* / (Emploi critiqué) Remettre à plus tard, différer. *Repousser un rendez-vous.* / TECHN. Travailler (un matériau) par repoussage.
repousser [2] v. i. [1] Pousser, croître de nouveau. *Le gazon commence à repousser.*
repoussoir n. m. / Ciseau destiné au repoussage. / Partie d'un tableau au ton plus soutenu pour donner de la profondeur à l'ensemble. / Chose ou personne défavorisée qui en fait valoir une autre par contraste. / Personne laide.
répréhensible adj. Qui mérite d'être blâmé. *Acte répréhensible.*
répréhension n. f. Vx Réprimande, blâme.
reprendre v. t. / v. i. [1] **A.** v. t. Prendre de nouveau (qqch., qqn). *Reprendre un paquet. Reprendre un prisonnier fugitif. Reprendre espoir* : espérer de nouveau. / Prendre (ce que l'on avait donné, prêté, confié) à (qqn). *Je te reprends mon vélo.* Au fig. *Reprendre sa parole*, s'en délier. / Fig. Recommencer (qqch.) après une interruption. *Reprendre une discussion. Reprendre le travail.* (Absol.) *L'activité reprend.* / Améliorer (qqch.) par un nouveau travail. *Reprendre les détails d'un ouvrage.* / Réprimander (qqn). *Il s'est fait reprendre sévèrement par le surveillant.* / (Emploi pron.) Se ressaisir, réagir. *C'est le moment de se reprendre.* **B.** v. i.

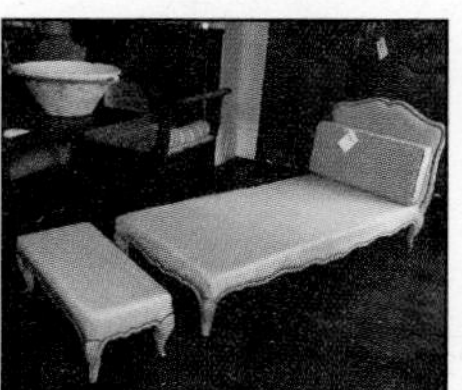

Lit de ***repos*** *Louis XV.*

Recommencer à pousser. *Un plant qui reprend bien après le repiquage.*
repreneur n. m. Personne qui reprend la direction d'une entreprise, la rachète.
représailles n. f. pl. Ensemble des mesures prises par un État pour riposter à une attaque d'un autre État, des exactions commises par cet autre État. / Vengeance.
représentant, e n. Personne qui représente qqn, qui a le pouvoir d'agir en son nom ; personne qui est mandatée par un groupe pour agir en son nom. *Les députés sont les représentants du peuple.* / Personne qui représente un État auprès d'une autre État. / Courtier, voyageur de commerce.
représentatif, ive adj. Qui représente qqch., qui en est caractéristique. *Un exemple représentatif.* / *Gouvernement représentatif*, qui représente bien les forces politiques en présence.
représentation n. f. Fait de présenter de nouveau. *Représentation d'un effet de commerce.* / Fait de représenter (qqch. par une image). *La représentation des édifices publics, du mobilier urbain, par des pictogrammes.* / Image. *Ce tableau est la représentation d'une scène d'auberge.* / PSYCHO. Image que les sens, la conscience fournissent à la mémoire. / PHILO. Ce qui forme le contenu objectif et concret d'une idée, en constitue le signe ou le symbole. / Action de représenter une pièce de théâtre. *La représentation dure deux heures.* / Personne ou groupe de personnes mandatée(s) par d'autres. *Représentation syndicale.* / POLIT. Pouvoir législatif exercé par les élus. *La représentation nationale* : l'ensemble du Parlement. *Représentation majoritaire, proportionnelle* : voir *majoritaire, proportionnel.* / Activité d'un représentant de commerce. / Fait de représenter un État à l'étranger.
représenter v. t. [1] **A.** Présenter de nouveau. *Représenter une facture.* / Rendre présent à l'esprit, perceptible (qqch. d'abstrait) par une image, un symbole. *Représenter les sons par des lettres. La Justice est représentée par une balance.* / Rendre sensible à la vue ; évoquer par un procédé graphique ou artistique. *Le décor représente une salle de classe.* / Décrire, présenter au moyen du langage. / Jouer, montrer (un spectacle) devant un public. / Correspondre à, constituer ; équivaloir à. *Cette thèse représente des années de recherche.* / Incarner, personnifier ; être un bon exemple de. *Un chanteur qui représente la jeunesse des banlieues.* / Tenir la place de ; agir au nom de (une personne, un groupe) en vertu d'un droit, d'un mandat. *Le ministre représentait le Président lors du dîner officiel. Les députés représentent la nation.* / Être représentant de commerce pour (une entreprise). *Représenter un constructeur automobile.* **B.** v. pron. Se présenter de nouveau. *Se représenter à une élection.* / S'imaginer ; se figurer. *Il ignorait comment se représenter l'avenir.*
répressif, ive adj. Qui réprime.
répression n. f. Action de réprimer.
réprimande n. f. Reproche.
réprimander v. t. [1] Blâmer, faire un, des reproche(s) à.
réprimer v. t. [1] Empêcher que se manifeste ou se développe ; contenir. *Réprimer un fou rire, ses larmes.* / Faire cesser par la contrainte (une chose jugée condamnable ou dangereuse). *Réprimer une insurrection. Réprimer la fraude fiscale.*
reprint n. m. (mot anglais) Réimpression (d'un ouvrage) en fac-similé.

R

Chez les insectes, qui sont ovipares, la **reproduction** sexuée passe par plusieurs phases : ainsi les lépidoptères (papillons) subissent une métamorphose, allant de l'œuf à une forme larvaire (la chenille), qui deviendra nymphe (ou chrysalide), et enfin imago, insecte adulte.

repris de justice n. m. inv. Personne qui a été condamnée par les autorités judiciaires.
reprise n. f. Action de prendre à nouveau. / Ce qui est repris ; objets, aménagements rétrocédés à un certain prix par un locataire à celui qui lui succède ; la somme payée. *Louer moyennant une reprise.* / Action de reprendre une activité après une interruption ; nouvel élan. *Reprise d'un match. Reprise des affaires.* / MÉCAN. *Reprise d'un moteur*, son accélération après un ralentissement. / MUS. Fragment d'un morceau que l'on doit rejouer ; signe qui indique le début d'un tel fragment. / Chacune des parties d'un combat de boxe, d'un assaut d'escrime. *Première, deuxième reprise.* / Leçon d'équitation. / *Reprise d'un mur*, sa réfection. / COUT. *Reprise dans un tissu* : raccommodage à l'aiguille, avec reconstitution des fils de chaîne et de trame.
repriser v. t. [1] COUT. Faire une reprise à. *Repriser une chaussette.*
réprobateur, trice adj. Qui exprime la réprobation.
réprobation n. f. Action de réprouver ; blâme, condamnation. / THÉOL. Damnation.
reproche n. m. Remontrance. / DR. *Reproche de témoin* : récusation de témoin.
reprocher v. t. [1] *Reprocher qqch. à qqn*, lui adresser des reproches, en le rendant responsable de qqch., lui faire grief de qqch. *Reprocher son ingratitude à un enfant. Reprocher à un enfant d'être ingrat.* / v. pron. *J'ai fait ce qu'il fallait, je ne me reproche rien.*
reproducteur, trice adj. et n. Qui sert à la reproduction animale ou végétale. *Cellules reproductrices.* / Qui est employé à la reproduction. *Taureau reproducteur.* / n. Animal d'élevage destiné à la reproduction.
reproductible adj. Qui peut être reproduit.
reproductif, ive adj. Qui concerne la reproduction.
reproduction n. f. Action de reproduire ; son résultat. *Reproduction d'une œuvre d'art. Ouvrage orné de nombreuses reproductions.* / BIOL. Fonction par laquelle les organismes vivants produisent d'autres organismes semblables à eux-mêmes. *Reproduction asexuée* (scissiparité, gemmiparité, etc.), dans laquelle les individus issus de la reproduction sont génétiquement identiques à ceux qui leur ont donné naissance. *Reproduction sexuée*, qui fait intervenir des gamètes mâles et des gamètes femelles, et dans laquelle un brassage génétique est effectué lors des phénomènes de la méiose et de la fécondation.
reproduire v. t. [3] **A.** Rendre, restituer le plus fidèlement possible (une réalité). *Le peintre a bien reproduit la place du village.* / Créer une réplique de. *Reproduire un tableau.* / Répéter ; faire de nouveau. *Reproduire les mêmes erreurs.* **B.** v. pron. Engendrer des êtres de son espèce. *Un animal qui ne se reproduit pas en captivité.* / Se produire de nouveau ; se répéter. *Que cela ne se reproduise plus !*
reprographie n. f. Ensemble des techniques de reproduction graphique.
réprouvé, e n. Personne rejetée par la société. *Vivre comme un réprouvé.* / THÉOL. Personne exclue par Dieu du peuple des élus ; damné.
réprouver v. t. [1] Condamner fermement ; blâmer. *Des comportements que la morale réprouve.* / RELIG. Exclure du nombre des élus.
reps n. m. Tissu d'ameublement (soie, laine, coton) côtelé, dont les côtes sont perpendiculaires aux lisières.
reptation n. f. Action de ramper, mode de locomotion des animaux qui rampent.
reptiles n. m. pl. ZOOL. Classe de vertébrés tétrapodes poïkilothermes, à respiration pulmonaire, au corps couvert d'écailles épidermiques. *Les sauriens ou lacertiliens (lézards), les ophidiens (serpents), les chéloniens (tortues) et les crocodiliens (crocodiles) sont des reptiles.*
repu, e adj. Rassasié.
républicain, e adj. et n. **I.** De la république. *Gouvernement républicain.* / HIST. Relatif à une république en particulier. *Calendrier républicain*, en vigueur en France au début de la Ire République. / Favorable à la république. *Un(e) républicain(e).* **II.** *Parti républicain* : un des deux partis politiques aux États-Unis, avec le parti démocrate. / n. *Les Républicains et les Démocrates.*
♦ Fondé en 1854, le parti républicain reprit le nom du premier parti républicain du président Jefferson (1801-1809). Antiesclavagiste et nordiste, il remporta les élections de 1861, Lincoln devenant président des États-Unis. Après la guerre de Sécession, le parti républicain parvint à élargir son électorat, se maintenant au pouvoir à peu près sans interruption jusqu'en 1932. Aujourd'hui plus conservateur que le parti démocrate, il garde des bases solides dans les États agricoles et les classes moyennes blanches. Opposé à un État fédéral puissant, il préfère laisser plus de pouvoir aux autorités locales.

QUELQUES REPTILES

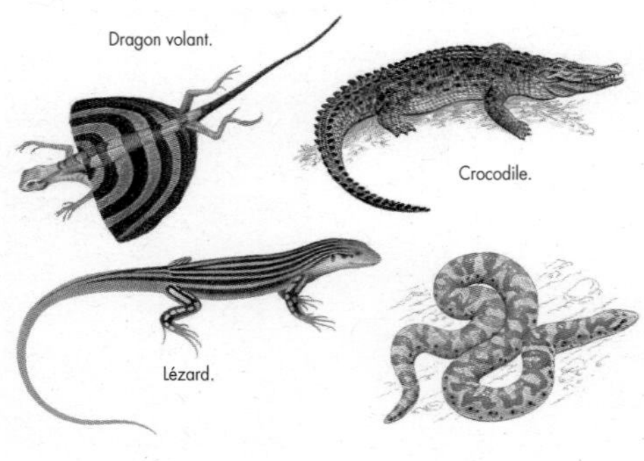

Milicien **républicain** espagnol pendant la guerre d'Espagne.

république n. f. Système politique dans lequel le peuple délègue ses pouvoirs à un chef d'État qu'il choisit directement par son vote ou indirectement par la voix de ses représentants élus ; État gouverné selon ce système. *La France, l'Italie sont des républiques.* / Litt. *La république des lettres* : les gens de lettres.
République (Ire) Régime politique de la France de 1792 à 1804. La république, proclamée le 21 septembre 1792 par un décret de la Convention, dura théoriquement jusqu'au 28 floréal an XII (18 mai 1804), date de l'établissement de l'Empire napoléonien. Cependant, la Convention fut remplacée par le Directoire (26 octobre 1795), auquel succéda le Consulat après le coup d'État du 18 brumaire (9 novembre 1799). La république continua un temps d'exister avant de définitivement céder la place à l'Empire.
République (IIe) Régime politique de la France entre 1848 et 1852. Le 25 février 1848, après l'abdication de Louis-Philippe qui suivit les journées révolutionnaires des 22, 23 et 24 février, la république fut proclamée par un gouvernement provisoire et une Assemblée constituante fut élue le 23 avril. Elle vota la nouvelle Constitution de la république. Mais le gouvernement réprima dans le sang l'insurrection ouvrière de juin 1848 et l'agitation surgie à cette occasion facilita l'élection de Louis Napoléon Bonaparte comme président de la République en décembre. Il renversa ensuite la république par le coup d'État du 2 décembre 1851, suivi, un an après, de la proclamation du Second Empire.
République (IIIe) Régime politique de la France entre 1870 et 1940. Le 4 septembre 1870, après la capitulation de Napoléon III à Sedan, la république est proclamée à l'hôtel de ville de Paris, et un gouvernement de la Défense nationale est constitué. Après la sanglante répression de la Commune en 1871, la république s'organise autour de Thiers. La Constitution de 1875, votée par l'Assemblée nationale, met en place une république parlementaire. Le suffrage universel est introduit et le pouvoir va à une bourgeoisie dont l'importance

Grand **requin** blanc.

s'affirme. Cependant, malgré la croissance économique de la France qui s'appuie sur son empire colonial, les progrès scientifiques et techniques et le développement de l'enseignement, plusieurs crises politiques et sociales graves (en particulier le boulangisme et l'affaire Dreyfus) vont affaiblir les bases de la république. Le régime, qui a victorieusement surmonté la guerre de 1914-1918, mais se trouve à nouveau remis en question par la montée du fascisme et du communisme qui sapent ses fondations, ne survivra pas au désastre de 1940. L'Assemblée nationale, en accordant le 10 juillet 1940 les pouvoirs constituants au maréchal Pétain, met fin à la IIIe République.

République (IVe) Régime politique de la France entre 1944 et 1958. L'ordonnance du 3 juin 1944 organisant un gouvernement provisoire marque le début de la république. Le retour à la Constitution de 1875 ayant été repoussé par un référendum (octobre 1945), une première Assemblée constituante vit son projet rejeté. Un autre projet, dû à une seconde assemblée, fut accepté par référendum (octobre 1946). Il instituait un régime parlementaire avec prédominance de l'Assemblée nationale élue au suffrage universel (les femmes ayant acquis le droit de vote en 1944 et ayant voté pour la première fois en 1945). La IVe République s'usa dans les querelles de partis semblables à celles de la IIIe République et dans les guerres coloniales, en particulier en Algérie. Le retour au pouvoir, comme président du Conseil, du général de Gaulle, le 1er juin 1958, marqua de fait la fin de ce régime.

République (Ve) Régime politique de la France depuis 1958. On peut considérer qu'elle débuta le 3 juin 1958 par le vote de l'Assemblée nationale de la IVe République accordant les pleins pouvoirs au général de Gaulle, président du Conseil, qu'elle venait d'investir. Sa naissance officielle date de la promulgation d'une nouvelle Constitution (5 octobre 1958), approuvée par référendum le 28 septembre. Le nouveau régime donnait la quasi-totalité des pouvoirs au président de la République, élu d'abord au suffrage restreint, puis au suffrage universel depuis le référendum du 28 octobre 1962. Dans les faits, trois « cohabitations » ont montré que le Premier ministre, en tant que chef du gouvernement, a un pouvoir effectif qui l'emporte sur celui du président lorsque celui-ci appartient à un parti opposé : J. Chirac (1986-1988) et É. Balladur (1993-1995) face au président Mitterrand ; L. Jospin (1997-2002) face au président Chirac.

République (La) 385-370 av. J.-C. ? Dialogue de Platon consistant en dix livres dont le thème principal, qu'indique le sous-titre, est « De la justice ». Vraisemblablement composé après les dialogues relatant le jugement et les circonstances de la mort de Socrate (*Apologie de Socrate*, *Phédon*), cette œuvre s'attache à définir et à expliciter les conditions nécessaires à la création d'une cité juste. Pour être juste, cette cité ne devra accorder de pouvoir à ses différentes classes qu'à proportion exacte de leurs compétences réelles. Ainsi, comme la raison doit gouverner aux facultés irascible et désirante, c'est le philosophe, celui en qui la raison domine, qui devra régner sur tous les autres hommes répartis selon que prédomine en eux l'une ou l'autre des deux facultés subalternes.

répudiation n. f. Action de répudier. / DR. Renonciation (à un droit). / Abandon (d'un sentiment, d'une conviction).

répudier v. t. [1] Renvoyer (une épouse) selon les formes légales en usage à certaines époques ou dans certaines civilisations. / DR. Renoncer à. / Litt. Renier. *Répudier une promesse.*

répugnance n. f. Dégoût, aversion. / Hésitation à agir.

répugnant, e adj. Qui répugne, inspire de la répugnance. *Un goût répugnant.*

répugner v. t. ind. / v. t. [1] *Répugner à* : éprouver de la répugnance pour. *Répugner aux solutions extrêmes. Répugner à faire qqch.* / v. t. Dégoûter. *C'est une odeur qui me répugne particulièrement.*

répulsif, ive adj. Qui provoque la répulsion. / PHYS. Relatif à la répulsion.

répulsion n. f. PHYS. Phénomène résultant de la mise en présence de deux corps qui se repoussent. *La répulsion de deux corps chargés positivement.* / Aversion morale ou physique pour une personne ou une chose.

réputation n. f. Opinion générale favorable ou défavorable au sujet d'une personne ou d'une chose. *Bonne, mauvaise réputation.* / (Absol.) Célébrité, renom. *Ce roman a fait sa réputation.*

réputé, e adj. Connu, célèbre. *Un artiste réputé.* / *Réputé pour,* à cause de. *Un pays réputé pour son climat.*

requérant, e adj. et n. DR. Qui requiert. *La partie requérante.*

requérir v. t. [3] Demander. *Je requiers votre pardon.* / Exiger, nécessiter. *Ce travail requiert toute mon attention.* / Faire la réquisition de. *Requérir la force armée.* / DR. Demander (qqch.) en justice. *Requérir une condamnation.* (Absol.) Prononcer un réquisitoire.

requête n. f. Demande instante. / DR. Demande expressément adressée à une autorité compétente pour solliciter un droit, une autorisation ou la révision d'une décision rendue par un tribunal. *Maître des requêtes* : titre de certains membres du Conseil d'État.

requiem n. m. inv. (mot latin) LITUR. CATHOL. Prière pour les morts. *Messe de requiem*, dite pour le repos de l'âme d'un, de plusieurs mort(s). / Œuvre musicale composée sur les paroles du requiem.

requin n. m. Poisson chondrichtyen sélacien, au corps fuselé, au museau allongé et à la bouche ventrale munie de dents nombreuses et acérées, aux fentes branchiales latérales. / Fig. Personne sans scrupule, dure en affaires.

requinquer v. t. [1] Fam. Rendre sa vigueur, sa vitalité à (qqn). *Ce régime va vous requinquer.* / v. pron. Retrouver de la vigueur, de la vitalité.

requis, e adj. et n. **A.** adj. Exigé. *Les documents requis.* **B.** n. m. Personne requise par l'autorité pour effectuer un travail déterminé. *Requis civil.* / HIST. *Requis du Service du travail obligatoire (STO)* : sous l'occupation allemande, entre 1942 et 1944, jeune Français contraint d'aller travailler en Allemagne.

réquisition n. f. Fait de requérir. / DR. Demande qui survient au cours d'une audience de tribunal, pour requérir la présentation d'une pièce ou la convocation d'un témoin. / Acte par lequel une autorité civile ou militaire peut requérir d'une personne une prestation d'activité, la fourniture d'un bien meuble ou la jouissance d'un immeuble. *Réquisition de la force armée*, qui est mise à la disposition de l'autorité civile en cas de désordre ou de défaillance d'un service public.

réquisitionner v. t. [1] Se faire remettre (qqch.), par voie de réquisition ; exiger la remise de (un bien) ou utiliser les services de (qqn), en parlant d'une autorité légale. *Réquisitionner des logements, des véhicules. Réquisitionner des infirmières.* Par ext., fam. *J'ai réquisitionné les enfants pour tondre la pelouse.*

réquisitoire n. m. DR. Acte de réquisition écrit émanant du ministère public ; discours prononcé au tribunal par le ministère public. *Réquisitoire de non-lieu.* / Thèse développée contre une personne, une idée ; discours qui énumère des reproches formulés contre une personne, une idée.

RER ou **R.E.R.** n. m. (sigle de *Réseau Express Régional*) Métro qui dessert Paris et sa région.

rescapé, e adj. et n. Qui a réchappé de (un péril). *Les personnes rescapées d'un naufrage. La liste des rescapés.*

rescinder v. t. [1] DR. Annuler.

rescision n. f. DR. Action de rescinder.

rescisoire adj. DR. Qui donne lieu à rescision.

rescousse (à la) loc. adv. Au secours. *Appeler quelqu'un à la rescousse.*

rescrit n. m. DR. À Rome, réponse juridique qu'un empereur faisait par écrit à une question posée par des magistrats, des corporations ou de simples citoyens. / HIST. Ordonnance de certains souverains. / Lettre papale portant sur un point de droit.

réseau n. m. Vx Filet ; résille. / Entrelacement de lignes, de vaisseaux sanguins, de nerfs qui se ramifient. / Ensemble des voies de communication, des lignes téléphoniques, électriques, des canalisations qui desservent une région. / PHYS. *Réseau optique* : ensemble de lignes parallèles et rapprochées, tracées sur une lame de verre, qui, à la lumière, produisent des spectres. / Ensemble de personnes unies par des liens d'amitié ou de solidarité professionnelle ou politique, qui exercent une certaine influence dans un (des) domaine(s) particulier(s). Spécial. Ensemble de personnes appartenant à une organisation clandestine.

résection n. f. MÉD. Ablation chirurgicale d'une portion d'organe (nerf, vaisseau, muscle, tendon, os).

réséda n. m. BOT. Plante dicotylédone herbacée à grandes grappes de fleurs jaunes ou blanches, très odorantes. *« Dites flûte ou violoncelle / Le double amour qui brûla / L'alouette et l'hirondelle / La rose et le réséda »* (Aragon).

réservataire adj. DR. *Héritier réservataire,* qui a droit à la réserve légale.

réservation n. f. Action de réserver. *Réservation d'une place de train.*

réserve n. f. Ce qui est mis de côté, ce qu'on laisse s'accumuler pour être utilisé au moment voulu. / Partie des bénéfices gardés à la disposition d'une entreprise et qui ne fait pas partie du capital. / DR. Part d'une succession dont une personne ne peut disposer parce

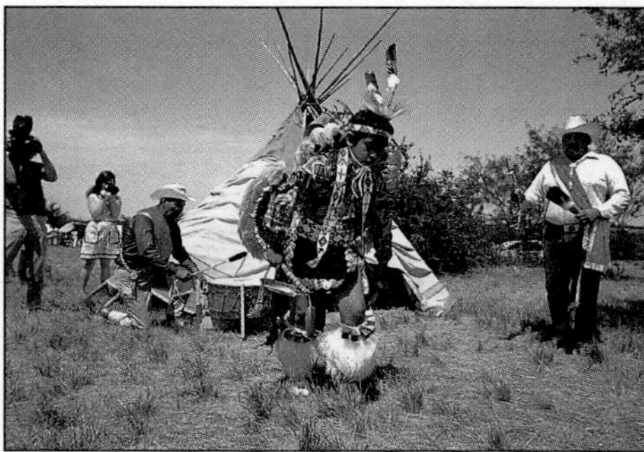
Amérindiens dans une **réserve** d'Amérique du Nord.

R

qu'elle doit être attribuée aux héritiers dits *réservataires. Réserve légale ou héréditaire.* / Ressource énergétique non encore exploitée. *Réserve de pétrole.* / PHYSIOL. Substances organiques conservées dans les tissus en vue d'une utilisation ultérieure. / MILIT. *Les réserves*: les troupes gardées à l'arrière du front pour les faire intervenir au moment opportun. *La réserve*: l'ensemble des citoyens ayant accompli leur service militaire et pouvant être rappelés. *Officier de réserve.* / (En appos.) SPORT. *Équipe réserve,* composée de joueurs remplaçants. / Ce qui est mis à part pour être protégé; son lieu de conservation; dans les musées ou les bibliothèques, ensemble des œuvres qui ne sont pas exposées au public. / Territoire où la chasse et la pêche sont interdites pour préserver des espèces menacées de disparition. / Territoire réservé aux indigènes dans certains pays colonisés ou anciennement colonisés. *Réserves d'Indiens en Amérique du Nord.* / Restriction relative à un accord, ou une idée, afin d'en limiter la portée. / Attitude d'une personne qui ne se livre pas facilement.

réservé, e adj. Que quelqu'un a gardé, se fait garder à son usage exclusif. *Places réservées.* / DR. CANON. *Cas réservés,* dont l'absolution est du ressort d'un évêque ou du pape. / Qui manifeste de la réserve, qui ne se livre pas facilement. *Une personne réservée.*

réserver v. t. [1] **A.** Mettre de côté en vue d'une utilisation ultérieure, ou à l'intention de qqn. *J'avais réservé ce champagne pour votre venue. Réserver ses forces pour la finale. Pouvez-vous me réserver ces livres ? Réserver son jugement*: attendre d'être plus informé pour se prononcer. / Retenir. *J'ai réservé deux billets de train.* / Affecter à un usage particulier; destiner, attribuer spécialement à qqn. *Réserver une pièce pour le repassage. On vous a réservé la mission la plus difficile. Réserver une bonne surprise à un ami. Que nous réserve l'avenir ?* **B.** v. pron. Garder pour son usage personnel; s'accorder. *Se réserver la plus grosse part.* / Ne pas se livrer totalement, ne pas s'engager afin de rester disponible pour autre chose. *Il se réserve pour la discussion finale. Se réserver pour le dîner*: ne pas manger ou manger peu avant un dîner. / *Se réserver de* (+ inf.): attendre le moment opportun pour. *Je me réserve de lui dire ma façon de penser.*

réserviste n. Citoyen faisant partie de la réserve susceptible d'être rappelée au service de la nation. / SPORT. Membre de l'équipe réserve.

réservoir n. m. Cavité, récipient, bassin dans lequel on accumule, on stocke un liquide, un gaz en grande quantité. / Fig. Réserve. *Un réservoir d'énergie.*

résidant, e adj. et n. Qui réside. *Propriétaire résidant. Les résidants.*

résidence n. f. Fait de résider dans un lieu donné; ce lieu. *J'ai ma résidence à Paris. Résidence principale,* où l'on réside habituellement. *Résidence secondaire,* où l'on réside occasionnellement. *Le droit distingue le lieu où l'on réside en fait (la résidence) du lieu où l'on réside en droit (le domicile).* / Séjour imposé à un fonctionnaire au lieu où il accomplit son mandat. / HIST. Fonction, lieu d'habitation d'un résident qui administre un protectorat. / Groupe d'immeubles d'un certain standing.

résident, e n. Personne établie ou domiciliée ailleurs que dans son pays d'origine. / HIST. *Résident général*: haut fonctionnaire

Récolte de la **résine** de pin.

mandaté par son gouvernement pour administrer un pays sous protectorat. *Lyautey était résident général au Maroc.* / Titre de certains diplomates.

résidentiel, elle adj. Où l'on choisit de résider. *Quartiers résidentiels, zone résidentielle*: zones urbaines d'où sont absents usines et ateliers, et où se côtoient des résidences individuelles et des immeubles cossus.

résider v. i. [1] Avoir sa résidence habituelle dans (un lieu); demeurer. *Louis XIV résidait à Versailles.* / Fig. Se trouver; se situer. *C'est là que réside le problème.*

résidu n. m. Ce qui reste, ordure. / CHIM. Reste d'un corps soumis à une action chimique. *Le mâchefer est un résidu du charbon.* / LOG. *Méthode des résidus,* proposée par Stuart Mill pour faciliter les inductions, en éliminant du phénomène les causes que l'on connaît déjà.

résiduel, elle adj. Qui reste. *Chômage résiduel.* / GÉOL. *Relief résiduel,* préservé de l'érosion. / Qui constitue un résidu. *Les produits résiduels d'une combustion.*

résignation n. f. Acceptation d'un mal sans protestation. / DR. Abandon d'un droit, d'une charge en faveur de quelqu'un.

résigné, e adj. Qui se soumet sans résistance, s'est soumis à ce que l'on fait de lui, d'elle. *Une femme résignée.*

résigner v. t. [1] Litt. Abandonner volontairement (une fonction, un droit). *Résigner sa charge.* / v. pron. Se soumettre, consentir sans révolte (à une chose pénible). *Se résigner à déposer les armes. Se résigner à son sort.* (Absol.) Accepter sans résister, ne plus lutter. *Il n'attend plus rien de la vie, il s'est résigné.*

résiliation n. f. Action de résilier; son résultat.

résilience n. f. PHYS. Propriété d'un matériau à résister au choc. *La résilience s'exprime par le rapport entre l'énergie appliquée à un matériau et l'énergie absorbée par ce même matériau au moment de la rupture, rapport mesuré par unité de surface de la section du matériau considéré.* / PSYCHO. Capacité de se développer dans des conditions incroyablement adverses (concept élaboré par le neuropsychiatre Boris Cyrulnik).

résilier v. t. [1] Rompre, mettre fin à (un contrat, un engagement). *Résilier un bail.*

résille n. f. Filet à larges mailles, servant à maintenir les cheveux. (Appos.) *Bas résille*: bas de femme à larges mailles. / Réseau en plomb formant l'armature d'un vitrail.

résine n. f. Substance organique visqueuse ou solide, translucide, sécrétée par certains végétaux (notam. conifères). *Les résines servent à fabriquer des peintures et des vernis.* / Substance organique fossile, d'origine végétale, telle que l'ambre. *Résines fossiles.* / CHIM. Substance organique de masse moléculaire importante, utilisée dans la fabrication des matières plastiques. *Résines synthétiques, résines artificielles.*

résiné, e adj. et n. m. Qui contient de la résine. *Vin résiné* ou (n. m.) *résiné*: vin grec qui contient de la résine lui donnant un goût particulier.

résineux, euse adj. et n. m. De la nature de la résine, qui évoque la résine. *Odeur résineuse.* / Qui contient, produit de la résine. *Bois résineux.* / n. m. pl. Cour. *Les résineux*: les conifères, arbres riches en résine.

résinier, ère n. et adj. Celui, celle qui saigne les pins pour recueillir la résine. / Dans les Landes, propriétaire de bois de résineux. / adj. *Production résinière.*

résipiscence n. f. RELIG. Reconnaissance et regret d'un péché.

résistance n. f. Force par laquelle l'homme s'oppose à l'action d'agents divers, ou à l'action d'autrui. *Résistance à la maladie.* / *Résistance armée*: opposition à l'attaque de l'ennemi par des moyens de guerre. / PHYS. Force dont l'action s'oppose à la force principale agissante. (Dans les machines simples à poulie ou à levier, utilisées pour des opérations de levage de charge par exemple, on oppose à la force de résistance due à leur masse une force motrice dont la puissance développée est supérieure à la force de résistance diminuée des forces passives qui sont des forces parasites engendrées par les frottements.) *Résistance d'un gaz à la pression. Résistance de l'air. Résistance électrique* ou *résistance chimique,* traduisant un dégagement de chaleur dans un conducteur traversé par un courant, et due aux chocs entre les électrons porteurs du courant et les atomes du conducteur; elle est égale au rapport du dégagement de chaleur, ou de rayonnement, au carré de l'intensité du courant. / *Résistance d'un matériau*: force opposée par ce matériau à la rupture ou à la déformation. • **Résistance** Nom donné à l'ensemble des actions clandestines qui, dans les pays européens envahis par les Allemands, s'opposèrent à l'occupation entre 1940 et 1944-1945.

résistant, e adj. et n. Qui résiste. *Matière résistante. Personne résistante,* qui résiste à la fatigue, aux privations, à la maladie. / Subst. Personne qui prend part à une résistance armée. *Les résistants de la Seconde Guerre mondiale.*

résister v. t. ind. [1] *Résister à*: s'opposer à, lutter contre (une menace, une contrainte). *Résister à l'envahisseur.* (Emploi absol.) *Le voleur se laissa arrêter sans résister.* / Ne pas se plier à la volonté de. *Il ne sait pas résister à ses enfants.* / Tenir bon contre, ne pas céder à (ce qui attire, séduit). *Résister à l'envie de fumer.* /

RÉSISTANCE

Le général de Gaulle décorant le bataillon de Chambarand, place des Terreaux, le 14 septembre 1944.

En France, la Résistance se développa spontanément dès l'invasion allemande, puis se cristallisa à la suite de l'appel du 18 juin 1940 du général de Gaulle. Les différents mouvements résistants à l'intérieur du pays s'unifièrent en mai 1943 pour former le Conseil national de la Résistance, chargé de coordonner les actions des réseaux. Lors de la libération de la France, ses membres facilitèrent l'action des Alliés par leurs opérations de harcèlement et de sabotage. Dans l'est de l'Europe, la Résistance, perpétuelle guérilla populaire, souffrit de la rivalité entre les éléments communistes et les autres. En Pologne, l'armée secrète, dirigée depuis Londres, fut en lutte avec le comité de Lublin, communiste; en Yougoslavie, le communiste Tito finit par l'emporter sur le colonel Mihajlovic, monarchiste et nationaliste; en Grèce, l'E.D.E.S. royaliste et l'E.L.A.S. communiste ne furent jamais réunis.

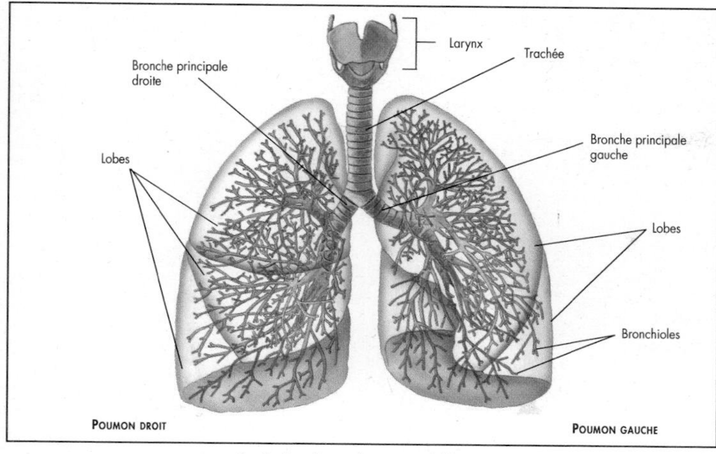

Respiration *: l'appareil respiratoire de l'homme.*

Ne pas céder, ne pas s'altérer sous l'effet de. *Un blindage qui résiste à tous les chocs.* / Pouvoir supporter sans être affaibli. *Résister au froid, à la fatigue.* / Se maintenir en dépit de ; survivre à. *Une ambition qui résiste aux échecs.*
résistivité n. f. ÉLECTR. Grandeur physique exprimant l'aptitude d'un conducteur à conduire le courant électrique qui, dans le système S.I., se mesure en ohm-mètre (Wm).
Resnais (Alain) 1922 Cinéaste français. Après des courts métrages (*Guernica*, 1952 ; *Nuit et brouillard*, 1956) qui firent connaître son talent méticuleux, il se lança dans la réalisation de longs métrages subtils et travaillés et participa à la reconnaissance de la Nouvelle Vague : *Hiroshima mon amour* (1959), *L'Année dernière à Marienbad* (1961), *La Guerre est finie* (1967), *Providence* (1976), *Mon oncle d'Amérique* (1978), *L'Amour à mort* (1984), *Smoking, No smoking* (1993), *On connaît la chanson* (1997).
résolu, e adj. Qui agit avec résolution. *Un homme résolu.* / Qui dénote de la résolution. *Une démarche résolue.* / Qui a trouvé une solution. *Un problème résolu.*
résolument adv. De manière résolue.
résolution n. f. **I.** PHYS. Pour un corps, fait de se résoudre. *Résolution de l'eau en vapeur.* / Transformation d'un corps en ses éléments. / MÉD. Disparition progressive d'une inflammation, d'un engorgement. / OPT. *Pouvoir de résolution* : pour un système optique, capacité de définir avec exactitude un certain nombre de points dans une surface donnée. *Plus important est le nombre de points, plus grand est le pouvoir de résolution.* **II.** / MATH. *Résolution d'une équation*, détermination de ses inconnues. / MUS. Aboutissement harmonique d'une dissonance sur un accord consonant. **III.** Décision ; fermeté de caractère. / Décision prise par une seule assemblée parlementaire.
résolutoire adj. DR. Qui est susceptible d'entraîner la résolution, l'annulation d'un acte. *Clause résolutoire.*
résonance n. f. Propriété qu'ont certains objets, certains lieux, de résonner ; modification du son qu'ils provoquent. / PHYS. Accroissement de l'amplitude des oscillations d'un système sous l'influence d'impulsions de même période. *Résonance magnétique nucléaire (R.M.N.)* : technique d'analyse spectroscopique, fondée sur l'étude du spectre émis par certains noyaux atomiques soumis à une radiation électromagnétique de longueur d'onde donnée. *La résonance magnétique nucléaire est utilisée dans l'analyse des structures moléculaires ainsi que dans l'imagerie médicale.*
résonant, e ou **résonnant, e** adj. Qui résonne. / PHYS. *Circuit électrique résonant*, qui peut entrer en résonance.
résonateur n. m. PHYS. Appareil qui peut entrer, qui entre en résonance sous l'effet d'une oscillation périodique fournie par un système excitateur.
résonner v. i. [1] Réfléchir le son en le prolongeant ou en le renforçant. *Des pas résonnèrent sur le pavé.* / Sonner ; retentir. *Jouez hautbois, résonnez musettes.* / Être empli de résonances ; propager les bruits, en parlant d'un lieu. *Insonoriser une pièce qui résonne.*
résorber v. t. [1] Opérer la résorption, la disparition progressive de. *Résorber une tumeur.* (Emploi pron.) *L'abcès s'est résorbé.* / Fig. Faire disparaître progressivement. *Résorber le chômage, un déficit.* (Emploi pron.) *Plusieurs mois seront nécessaires pour que les effets de la crise se résorbent.*
résorcine n. f. ou **résorcinol** n. m. CHIM. Composé benzénique possédant deux fonctions phénol, utilisé dans l'industrie pharmaceutique (antiseptique) et dans la fabrication de colorants.
résorption n. f. MÉD. Disparition partielle ou totale d'un tissu, d'une substance pathologique, d'un corps étranger progressivement détruit et assimilé par les tissus contigus. / Fig. Action de faire disparaître progressivement ; résultat de cette action.
résoudre v. t. [3] **I.** Dissocier (un corps) en ses éléments constitutifs ; faire passer (un corps) d'un état à un autre. *Résoudre l'eau en vapeur.* / MÉD. Faire disparaître progressivement. *Résoudre un hématome.* **II.** Trouver la solution de. *Résoudre une équation. Résoudre une énigme.* / DR. *Résoudre une convention*, l'annuler. **III.** Décider. *On a résolu ma perte.* / *Résoudre de* (+ inf.) : décider de. *Je résolus de me taire.* / v. pron. Se déterminer, se décider (à qqch., à faire qqch.), après avoir longuement réfléchi. *Se résoudre à démissionner.*
respect n. m. Considération envers une personne, qui entraîne un comportement déférent. / Volonté de ne pas porter atteinte à. *Le respect de la pudeur des enfants.* Ant. irrespect. / *Respect humain* : appréhension du jugement d'autrui. / *Tenir en respect* : tenir à distance, en inspirant de la crainte. *Le voleur a été tenu en respect.* / (Au plur., formule de politesse) *Il m'a présenté ses respects*, ses devoirs.
respectabilité n. f. Caractère respectable de (qqn, qqch.). *Des bourgeois très soucieux de leur respectabilité.*
respectable adj. Digne de respect. *Un homme respectable.* / Important, suffisant pour être pris en considération. *Un nombre respectable de divisions blindées.*
respecter v. t. [1] Ressentir du respect pour ; traiter avec déférence, avec des égards. *Respecter ses parents.* Par ext. *Respecter l'opinion de chacun.* / Se soumettre à, observer (ce qui est prescrit). *Respecter la loi, les convenances.* / Ne pas porter atteinte à ; ne pas troubler. *Respecter l'environnement. Respecter la vie privée, le sommeil de qqn.* / v. pron. Se conduire de manière à garder sa propre estime.
respectif, ive adj. Qui concerne chacun des éléments considérés. *Les chances respectives des divers concurrents. Les productions respectives de divers secteurs économiques.*
respectivement adv. Chacun en ce qui le concerne. *Pour les villes de Paris, Rouen et Toulouse, les températures matinales sont respectivement de 0 °C, 2 °C et 5 °C.*
respectueusement adv. Avec respect.
respectueux, euse adj. Qui éprouve, manifeste du respect. *Un enfant respectueux. Respectueuses salutations.* Ant. irrespectueux. / Loc. *Se tenir à distance respectueuse de (qqch. ou qqn)*, assez loin de qqch. ou de qqn qui inspire la crainte ou le respect.
Respighi (Ottorino) 1879-1936 Compositeur italien dont l'œuvre très abondante regroupe des mélodies avec chœur (*Lauda per la natività del Signore*), des œuvres dramatiques et des poèmes symphoniques (*Les Fontaines de Rome*, 1917).
respirateur n. m. MÉD. Appareil qui assure une ventilation pulmonaire artificielle.
respiration n. f. Action d'inspirer et d'expirer. / BIOL. Ensemble des phénomènes qui assurent les échanges gazeux entre le milieu interne et le milieu externe (fixation d'oxygène, rejet de dioxyde de carbone) et la synthèse de molécules permettant à l'organisme d'utiliser l'énergie fournie par l'oxydation des aliments (essentiellement sous forme d'A.T.P.).
♦ Chez les animaux, les échanges gazeux respiratoires sont réalisés au niveau d'organes divers : branchies (poissons), peau (amphibiens), trachées (insectes), poumons (amphibiens, oiseaux, mammifères). Chez les végétaux chlorophylliens, les échanges gazeux liés à la respiration et à la photosynthèse se font au niveau des stomates de l'épiderme. Chez l'homme, la ventilation pulmonaire est assurée par des mouvements de la cage thoracique : l'inspiration met en jeu le diaphragme et divers muscles agissant sur les côtes ; l'expiration est généralement un phénomène passif. Les voies respiratoires (fosses nasales, trachée, bronches, bronchioles) permettent le transport de l'oxygène de l'air ambiant aux alvéoles pulmonaires et celui du gaz carbonique des alvéoles vers le milieu extérieur. L'hématose se produit au niveau des capillaires alvéolaires, où l'hémoglobine du sang fixe l'oxygène et libère le gaz carbonique. Au niveau des cellules des tissus : l'hémoglobine libère l'oxygène nécessaire à l'oxydation des nutriments et fixe le gaz carbonique formé.
respiratoire adj. Propre ou relatif à la respiration. *Voies respiratoires.*
respirer v. i. / v. t. [1] **A.** v. i. Aspirer l'oxygène et rejeter le gaz carbonique (en parlant d'êtres vivants). *Il respire encore* : il est encore en vie. / Connaître un moment de répit ; ressentir du soulagement. *La ville respire depuis que l'assassin est sous les verrous.* **B.** v. t. Faire pénétrer dans ses poumons en aspirant. *Respirer l'odeur d'une rose.* / Donner tous les signes de ; dégager l'impression de. *Son visage respire le bonheur. Ce quartier respire l'ennui.*
resplendir v. i. [2] Briller intensément.
resplendissant, e adj. Qui resplendit. *Soleil resplendissant.*
resplendissement n. m. Litt. Fait de resplendir.
responsabiliser v. t. [1] Rendre responsable ; habituer (qqn) à assumer ses responsabilités.
responsabilité n. f. Fait d'être responsable. *Avoir le sens des responsabilités* : avoir conscience des actes dont on répondra, le cas échéant. Ant. irresponsabilité. / DR. *Responsabilité civile* : obligation de réparer tout dommage causé à autrui de son propre fait ou du fait de personnes, d'animaux dont on est responsable. *Responsabilité pénale* : obligation de supporter la peine prévue pour l'infraction dont on est auteur ou complice. / POLIT. *Responsabilité ministérielle* : nécessité pour un gouvernement de justifier sa politique devant le Parlement, et de démissionner si celui-ci lui retire sa confiance.

R

responsable adj. et n. **A.** adj. (En parlant de personnes) *Responsable de*: qui est susceptible de répondre devant une instance d'actes commis par. *Les parents sont responsables de leurs enfants.* (Absol.) *Des gens responsables,* qui ont le sens de leurs responsabilités. Ant. irresponsable. / *Responsable de*: qui est l'auteur, le coupable de (qqch.). *Je ne suis pas responsable de cet accident.* (En parlant de choses) Qui est la cause de. *La circulation automobile est responsable d'une partie de la pollution.* **B.** n. Personne qui a le pouvoir de décider au nom d'un groupe. *Je voudrais parler au responsable.*
resquille n. f. ou **resquillage** n. m. Fam. Action de resquiller.
resquiller v. i. [1] Fam. Profiter de, se procurer (un avantage) auquel on n'a pas droit, dont on n'a pas acquitté le prix.
resquilleur, euse n. Fam. Personne qui resquille.
ressac n. m. Mouvement des vagues qui se heurtent les unes aux autres après avoir déferlé sur le rivage ou contre des rochers.
ressaisir v. t. [2] Saisir de nouveau (qqch.) / v. pron. Réagir, reprendre la maîtrise de ses actes.
ressasser v. t. [1] Revenir sans cesse sur (le même sujet, la même préoccupation). *Ressasser de vieilles histoires.*
ressaut n. m. CONSTR. Saillie d'un mur. / GÉOGR. Rupture de pente brusque entre deux terrains horizontaux.
ressayer Voir **réessayer**
ressemblance n. f. Fait de ressembler, de se ressembler;
ressemblant, e adj. Qui ressemble à son modèle. *Un portrait ressemblant.*
ressembler v. t. ind. [1] *Ressembler à*: présenter des traits communs avec. *Ressembler à son père. Son écriture ressemble à la mienne.* (Emploi pron. réciproque) *Ils se ressemblent trop pour s'entendre.* / Être conforme à ce qu'on attend de, au caractère ou à la conduite antérieure de (qqn). *Cela ne lui ressemble pas de parler aussi grossièrement.*
ressemelage n. m. Action de ressemeler; son résultat.
ressemeler v. t. [1] Remettre une semelle à. *Ressemeler une chaussure.*
R
ressentiment n. m. Souvenir d'une injure, d'une mauvaise action subie, accompagné d'un désir de vengeance.
ressentir v. t. [3] Éprouver, connaître (une sensation, un sentiment). *Ressentir une vive douleur. Ressentir de l'affection, de la pitié pour qqn. Ressentir une grande joie.* / v. pron. *Se ressentir de*: subir les conséquences, les effets de; être encore marqué par. *Il n'a pas révisé et ses notes s'en ressentent. Il ne se ressent absolument pas de sa chute.*
resserre n. f. Remise, local de rangement.
resserrer v. t. [1] Serrer de nouveau, davantage (qqch.) *Resserrer une ligature.* / Rendre plus serré. *Resserrer les rangs.*
resservir v. t. / v. i. [3] Servir de nouveau (qqch., qqn). *Resservir du vin. Resservir ses invités.* / v. i. Servir à nouveau. *Une astuce qui pourra resservir un jour.*
ressort [1] n. m. DR. Étendue de juridiction. *Le ressort d'un tribunal.* / En parlant d'un corps judiciaire, limite de compétence. *Cette affaire est du ressort du tribunal d'instance.* / Cour. *Cela n'est pas de mon ressort*: cela dépasse mes compétences, mes attributions. / DR. *Juger en dernier ressort*, sans appel. / Cour. loc. adv. *En dernier ressort*: en fin de compte.

***Restauration** d'un tableau.*

ressort [2] n. m. Pièce élastique d'un mécanisme, qui revient à son état premier après déformation, lorsque la cause en a disparu. / Fig. La cause qui pousse à agir. *Avoir du ressort*: avoir de l'énergie.
ressortir [1] v. i. / v. t. [3] **A.** v. i. Sortir quelque temps après être entré. *Le plongeur n'est pas ressorti de l'eau avant plusieurs minutes.* / *Ressortir sur*: contraster avec. *Une ombre qui ressort bien sur le fond blanc.* (Emploi transitif) *Faire ressortir un visage*, le mettre en relief. / (Emploi impers.) *Il ressort de toute cette histoire un sentiment de malaise.* **B.** v. t. Sortir de nouveau (qqch.) *Ressortir un vieux chapeau.* Au fig. *Ressortir de vieilles rengaines.*
ressortir [2] v. t. ind. [2] DR. *Ressortir à*: être du ressort de (une juridiction). *Cette affaire ressortit au juge d'instance.* / Fig. Relever de. *Un principe qui ressortit à la morale.*
ressortissant, e n. Personne qui ressortit à la législation d'un pays donné, du fait même de sa nationalité.
ressource n. f. Moyen utilisé pour sortir d'une situation difficile. / (Au plur.) Moyens matériels d'existence d'une personne, d'un groupe humain. / Richesses dont dispose un pays, une région du monde. *Ressources naturelles. Ressources agricoles. Ressources de la mer. Ressources énergétiques.*
ressourcer (se) v. pron. [1] Retourner aux valeurs fondamentales pour reprendre des forces.
ressurgir ou **resurgir** v. i. [2] Surgir de nouveau.
ressusciter v. i. / v. t. [1] **A.** v. i. Revenir de la mort à la vie. *Selon l'Évangile, Jésus-Christ ressuscita trois jours après sa mort.* / Par ext. Guérir, se rétablir après avoir frôlé la mort. / Fig. Réapparaître; retrouver une existence nouvelle. *Une forêt qui ressuscite après un incendie.* **B.** v. t. Faire revivre (un mort). *Jésus ressuscita Lazare.* / Fig. Faire réapparaître, faire renaître. *Ressusciter une mode, un auteur, une vieille chanson.*
restant, e adj. et n. m. Qui reste. *Les biens restants seront partagés.* / n. m. Ce qui reste. *Partagez-vous le restant !*
restau Voir **resto**
restaurant n. m. Établissement où les clients prennent leurs repas moyennant paiement.
restaurateur, trice [1] n. et adj. Spécialiste de la restauration d'objets, d'œuvres d'art. / adj. *Chirurgie restauratrice*: chirurgie plastique pratiquée en cas de lésions ou de malformations.
restaurateur, trice [2] n. Personne qui tient un restaurant.
restauration [1] n. f. Remise dans son état primitif d'un édifice ancien, d'une œuvre d'art. / Fig. Nouvelle existence donnée à une valeur morale, à une institution. *Restauration du paganisme. Restauration d'une dynastie déchue*, son rétablissement sur le trône.
restauration [2] n. f. Métier de restaurateur; secteur d'activité des restaurateurs.
Restauration 1814-1830 Nom donné à l'époque qui va de la chute de Napoléon Ier à la révolution de juillet 1830, et pendant laquelle régnèrent les deux frères de Louis XVI, Louis XVIII et Charles X. La *première Restauration*, qui restaure la monarchie abolie en 1792, débute le 6 avril 1814, après l'abdication de Napoléon, par l'appel du Sénat au comte de Provence, roi sous le nom de Louis XVIII, et s'achève le 20 mars 1815, date du retour de Napoléon de l'île d'Elbe et du départ de Louis XVIII pour la Belgique. La *seconde Restauration* commence après la deuxième abdication de Napoléon (22 juin 1815) et se termine le 2 avril 1830. Les journées révolutionnaires de Juillet, l'abdication de Charles X, aboutiront à la monarchie bourgeoise de Louis-Philippe. Bien que la période ait été marquée par un développement économique relativement faible, elle vit le renouveau de l'activité intellectuelle, en particulier dans le domaine des idées politiques et sociales.
restaurer [1] v. t. [1] Remettre en bon état; faire retrouver son aspect d'origine à. *Restaurer un château.* / Remettre en vigueur, rétablir. *Restaurer la monarchie. Restaurer la paix.*
restaurer [2] v. t. [1] Donner à manger à (qqn), lui redonner des forces en le nourrissant. / v. pron. *Se restaurer*: reprendre des forces en mangeant.
reste n. m. Ce qui subsiste d'une quantité dont on a retranché une partie. *Veux-tu le reste de la tarte ?* / Dans une division, différence entre le dividende et le produit du diviseur par le quotient; résultat d'une soustraction. / Partie d'une chose dont l'exécution est en cours. *Le reste d'un travail.* / Ce qui subsiste d'un espace de temps dont une fraction s'est déjà écoulée. *Le reste de l'année.* / (Au plur.) Parties d'un ensemble ayant échappé à la destruction. *Les restes*: les plats entamés pendant un repas et mis de côté. *Les restes d'une personne*, son cadavre, ses ossements. Au fig., fam. *Avoir de beaux restes*: pour une femme d'un certain âge, être encore belle.
rester v. i. [1] Continuer d'être (dans un lieu). *Je resterai un mois à Paris.* / Se maintenir (dans un état, une situation, une position). *Rester jeune. Rester assis.* / *En rester à*: ne pas avoir dépassé, s'être arrêté à (un stade, un moment dans un processus ou une évolution). *Il en est resté à la machine à écrire.* / Continuer d'exister; subsister, durer. *Une œuvre qui restera. Les paroles s'envolent, les écrits restent.* / Être toujours présent, subsister (par rapport à d'autres éléments qui ont disparu ou qui ont été éliminés). *Seules deux questions restent en suspens.* (Emploi impers.) *Il reste encore trois jours de vacances. J'ôte cinq de huit, il reste trois.* / *Il reste que* ou *Il n'en reste pas moins que*: il est néanmoins vrai que.

Restif de la Bretonne.

Restif ou **Rétif de la Bretonne (Nicolas Restif** dit) 1734-1806 Écrivain français. Imprimeur d'origine paysanne, il a mené une vie de bohème à Paris (*Les Nuits de Paris*, 1788-1794) et écrit abondamment, tour à tour moraliste, philosophe et réformateur. Il a de plus laissé un témoignage important de la vie dans les campagnes françaises: *Le Paysan perverti* (1775), *La Vie de mon père* (1777).
restituer v. t. [1] Rendre (ce qui est possédé ou a été pris indûment). *Restituer une terre.* / Rétablir dans son état primitif; reconstituer. *Restituer un parchemin.* Fig. *Restituer l'atmosphère d'une époque,* la recréer fidèlement. / Redonner, libérer (ce qui a été absorbé). *Un matériau qui restitue la chaleur.* / Spécial. Reproduire (un son enregistré).
restitution n. f. Action de restituer. *La restitution d'une somme due. La restitution d'un édifice, d'une œuvre d'art*, sa remise en son état primitif.
resto ou **restau** n. m. Fam. Restaurant. *Les restos du cœur*, où l'on sert, l'hiver, des repas aux personnes sans ressources.
restoroute n. m. (nom déposé) Restaurant d'autoroute, de voie à grande circulation.
restreindre v. t. [3] Rendre moins étendu; réduire, amoindrir. *Restreindre ses activités. Restreindre ses ambitions.* / v. pron. Diminuer, se réduire. *Son pouvoir politique se restreint à peu de chose.* / Spécial. Diminuer son train de vie, réduire ses dépenses.
restrictif, ive adj. Qui restreint.
restriction n. f. Limitation apportée à une idée, à une mesure, à une dépense. *Restriction mentale*: omission volontaire d'une partie de la pensée pour tromper l'interlocuteur. / (Au plur.) Rationnement de biens de consommation. *Période de restrictions.*
restructuration n. f. Action de restructurer; son résultat.
restructurer v. t. [1] Donner une nouvelle structure à (qqch.)
resucée n. f. Fam. Nouvelle gorgée d'une boisson. / Fig. Nouvelle version. *Une mauvaise resucée d'un film à succès.*
résultant, e adj. et n. f. **A.** adj. Qui résulte de qqch. *Force résultante.* **B.** n. f. Résultat, conséquence de plusieurs facteurs. / MATH. En algèbre, polynôme qui résulte de l'élimination d'une variable entre deux équations. / MÉCAN. *Résultante générale d'un torseur*: vecteur égal à la somme des vecteurs constituant le torseur. (Si le torseur est un torseur de force, la résultante générale est la résultante des forces. La résultante cinétique d'un système matériel en mouvement est sa quantité totale de mouvement).
résultat n. m. Conséquence d'un principe,

Résurrection, *tableau de Lluis Borrassa.*

d'une action. / Issue d'un examen, d'un concours, d'une élection ; solde d'un compte. / MATH. Solution d'une opération.

résulter v. t. ind. [1] *Résulter de* : être le résultat, la conséquence de. *Cet échec résulte de votre imprévoyance.* (Emploi impers.) *Il résulte de l'enquête que l'homicide était involontaire.*

résumé, e adj. et n. m. Présenté brièvement. *Une histoire résumée.* / n. m. Présentation de l'essentiel d'un texte, d'un ouvrage, d'une théorie.

résumer v. t. [1] **A.** Présenter brièvement ; reprendre les points essentiels de. *Résumer un discours, les faits.* / Être caractéristique de ; définir pour l'essentiel. *Sa réaction résume bien le personnage.* **B.** v. pron. Reprendre brièvement ce que l'on vient de dire. / *Se résumer à, en* : consister pour l'essentiel en ; se réduire à.

résurgence n. f. Caractère de ce qui est résurgent. *La résurgence de la fontaine de Vaucluse près d'Avignon.*

résurgent, e adj. (En parlant d'eaux d'infiltration) Qui ressurgit en surface après un trajet souterrain. / Fig. Qui réapparaît. *Phénomène résurgent.*

resurgir Voir **ressurgir**

résurrection n. f. Retour à la vie. / (Avec une majuscule) *La Résurrection*, celle du Christ ; la fête qui la célèbre. / BX-ARTS Toile représentant la Résurrection. / Fig. Fait de recouvrer la santé après une grave maladie ; réapparition, renaissance. *La résurrection d'un art.*

retable n. m. BX-ARTS Panneau fixe ou mobile, peint ou sculpté, placé derrière l'autel d'une église ; son décor.

rétablir v. t. [2] **A.** Établir de nouveau (qqch., qqn). *Rétablir son pouvoir. Rétablir qqn dans ses fonctions. Rétablir les faits, la vérité*, en rectifier une version inexacte. / Faire exister de nouveau ; faire fonctionner de nouveau. *Rétablir la paix. Rétablir le téléphone.* / Redonner la santé à. *Ce séjour au grand air vous rétablira.* **B.** v. pron. S'établir à nouveau ; revenir. *Le silence s'était rétabli.* / SPORT Opérer un rétablissement. *Un gymnaste qui se rétablit parfaitement.* / Guérir. *Le malade se rétablit.*

rétablissement n. m. Action de rétablir, de se rétablir ; résultat de cette action. *Rétablissement de l'ordre.* / SPORT Mouvement de gymnastique consistant, lors d'une suspension, à s'élever à l'aide des bras au-dessus du point d'appui établi par les mains. / Retour à la santé après une maladie.

rétamage n. m. Action d'étamer de nouveau ; son résultat.

rétamer v. t. [1] Étamer de nouveau (qqch.) / Fam. Défaire, vaincre (qqn). *Je l'ai rétamé à la belote. Se faire rétamer.* (Emploi pron.) Échouer. *Se rétamer à un examen.* / Fam. Tomber. Je me suis rétamé dans le couloir. / Fam. Épuiser. *Cette course m'a rétamé. Je suis rétamée*, épuisée.

rétameur n. m. Ouvrier, artisan qui rétame.

retape n. f. Racolage. *Prostituée qui fait de la retape*, qui racole. / Fig. Publicité ou propagande outrancière. *Ce n'est pas de l'information, c'est de la retape.*

retaper v. t. [1] Redonner forme à ; restaurer (qqch.) *Retaper son lit. Retaper une vieille maison.* / (En parlant de personnes) Fam. Revigorer (qqn). *Buvez ça, ça va vous retaper.* (Emploi pron.) *Il se retape au soleil.*

retard n. m. Fait d'arriver ou d'agir trop tard. / Période écoulée entre le moment où l'action a lieu et le moment où elle aurait dû se produire. *Un retard d'une heure.* / Ralentissement dans le fonctionnement d'un mécanisme. / Action de différer. *Vos retards compromettent le bon déroulement de cette affaire.* / MÉD. Prolongation de l'action d'un médicament obtenue en y ajoutant divers produits qui en retardent la diffusion, l'élimination. (En appos.) *Pénicilline retard.* / MUS. Prolongation d'une note d'un accord pour qu'elle se fonde avec l'accord suivant.

retardataire adj. et n. En retard. *Des élèves retardataires.* / Subst. *Les retardataires n'ont pas eu de places assises.*

retardé, e adj. et n. Dont le développement physique ou intellectuel est en retard par rapport au développement considéré comme normal. *Une enfant retardée. Un retardé.*

retardement n. m. Vieilli Action de retarder. / loc. adj. *À retardement* : se dit d'un mécanisme dont l'action est différée au moyen d'un compteur ou d'une horloge intégrée. *Déclenchement à retardement d'un appareil de prise de vues.* / loc. adv. *À retardement* : après coup, avec retard.

retarder v. t. / v. i. [1] **A.** v. t. Mettre en retard ; faire arriver plus tard que prévu. *Un embouteillage nous a retardés. Retarder une horloge*, la régler sur une heure moins avancée que celle qu'elle indique. / Faire se produire plus tard ; remettre à plus tard, différer. *Retarder une explication. Retarder son départ.* **B.** v. i. Indiquer une heure déjà passée, en parlant d'une montre, d'une horloge, etc. *Ton réveil retarde de dix minutes.* / Fam. Avoir des idées, des goûts dépassés. *Trouver que ses parents retardent.* / Fam. Ignorer un fait connu de tous. *Visiter ce château ? Tu retardes, il a brûlé le mois dernier !*

Retable *de Francisco Rizi (1608-1685).*

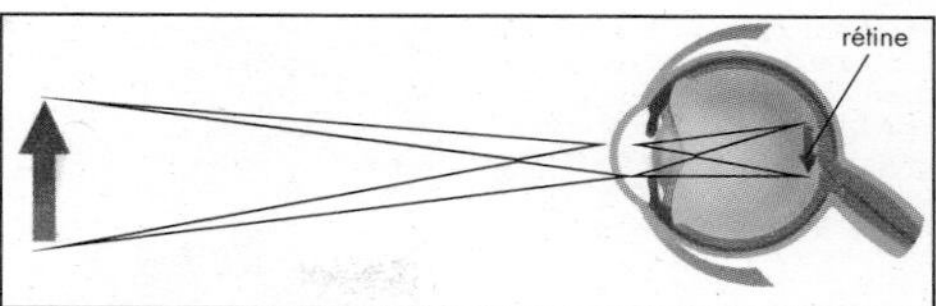

Formation de l'image sur la ***rétine*** *après le passage de la lumière à travers le cristallin.*

retenir v. t. [3] **A.** Garder (qqch. appartenant à autrui) ; refuser de donner ou de rendre. *Retenir à quai une cargaison.* / Déduire de ; prélever. *Retenir un pourcentage sur un gain.* / Mettre (un chiffre) en retenue. *Neuf et trois douze, je pose deux et je retiens un.* / DR. Conserver (notamment un chef d'accusation). *Le délit de vol avec effraction a été retenu contre lui.* / Faire réserver. *Retenir une chambre d'hôtel.* / Garder dans sa mémoire. *Je n'arrive pas à retenir mon numéro d'immatriculation.* Fam. *Je vous retiens, vous !* : je me souviendrai de vous, et pas en bien ! / Admettre ; considérer favorablement. *Retenir une proposition.* / Empêcher de se mouvoir, de tomber. *Retenir par le bras une personne qui vacille.* / Empêcher d'aller librement ; faire rester (qqn) en un lieu. *Retenir qqn en garde à vue. Il nous a gentiment retenus à déjeuner.* / Maintenir en place (qqch.) ; contenir. *Retiens l'échelle pendant que je monte. Une digue destinée à retenir les eaux.* / S'abstenir de manifester, d'exprimer (une émotion, un sentiment). *Retenir ses larmes, un cri de joie.* / Empêcher (qqn) d'agir, de se manifester. *La peur seule le retient de témoigner.* **B.** v. pron. S'agripper, se tenir (à qqch.) pour éviter une chute. / S'abstenir de céder à une envie (de faire qqch.). *Se retenir de parler.* / (Emploi absol.) Fam. S'empêcher de satisfaire immédiatement un besoin naturel. *Retiens-toi, on arrive bientôt.*

rétention n. f. Action de retenir, de conserver. / DR. *Droit de rétention* : droit d'un créancier de garder un gage tant qu'il n'a pas totalement recouvré sa créance. / GÉOGR. Immobilisation de l'eau sous forme de neige ou de glace. / MÉD. Accumulation (d'une substance qui devrait normalement être évacuée). *Rétention d'urine.*

retentir v. i. [2] Faire entendre un son puissant. *Les sirènes d'alarme retentirent.* / *Retentir de* : être rempli par, résonner de (un bruit fort). *La forêt retentissait du brame des cerfs.* / Fig. *Retentir sur* : influer sur, avoir des conséquences sur. *La crise de l'emploi retentit sur la consommation.*

retentissant, e adj. Qui retentit, très sonore. *Voix retentissante.* Au fig. *Un succès retentissant.*

retentissement n. m. Fait de retentir ; son renvoyé avec force. *Le retentissement des pas sous une voûte.* / Fig. Répercussion ; forte impression produite par un fait, une nouvelle, une idée.

retenue n. f. Fait de retenir ; chose retenue. *Une retenue d'eau* : un barrage. / Fixation, maintien d'une chose en place. *Câble de retenue* : câble maintenant un navire à l'ancre. / Somme prélevée par l'employeur sur le salaire d'un employé, à titre de participation pour assurer certaines obligations légales (retraite, assurance maladie). / MATH. Chiffre réservé d'une opération pour être reporté et ajouté à la colonne suivante. / Punition consistant à priver un élève de récréation ou de congé. / Fig. Attitude d'une personne qui se maîtrise, discrétion, réserve.

Rethondes *591 h.* Commune de l'Oise, sur l'Aisne, près de laquelle furent signés les armistices du 11 novembre 1918 et du 22 juin 1940.

rétiaire n. m. ANTIQ. ROM. Gladiateur armé d'un trident et d'un filet plombé dans lequel il essayait d'emprisonner son adversaire (le mirmillon).

réticence n. f. Omission volontaire d'une chose qui devrait être dite ; ce qui est omis. / Attitude de réserve, refus de s'engager.

réticent, e adj. Qui est exprimé avec réticence. *Témoignage réticent.* / Qui fait preuve de réticence. *Il s'est montré très réticent devant votre projet.*

réticulaire adj. Formant un réseau.

réticulation n. f. État d'une surface réticulée. / CHIM. Établissement de liaisons covalentes entre des chaînes linéaires de macromolécules.

réticule n. m. ANTIQ. Résille pour maintenir les cheveux. / Vieilli Petit sac à main. / OPT. Repère formé par deux lignes à angle droit servant à définir l'axe de visée.

Réticule (le) Constellation australe ; voir *constellation.*

réticulé, e adj. Qui figure un réseau.

réticulo-endothélial, ale, aux adj. BIOL. *Système réticulo-endothélial* : ensemble de cellules phagocytaires disséminées dans l'organisme et qui jouent un rôle immunitaire fondamental.

Rétie Voir **Rhétie**

Rétif de la Bretonne Voir **Restif de la Bretonne**

rétif, ive adj. (En parlant d'une monture) Qui refuse d'avancer. *Mulet rétif.* / Par ext. Indocile. *Enfant rétif.*

rétine n. f. ANAT. Membrane postérieure de l'œil, appliquée contre la choroïde, constituée de cellules épithéliales et de cellules sensorielles photoréceptrices (cônes et bâtonnets) et nerveuses dont le prolongement forme le nerf optique.

rétinien, enne adj. De la rétine.

rétinite n. f. MÉD. Inflammation rétinienne.

rétinol n. m. BIOCHIM. Pigment dérivé des carotènes, intervenant dans la formation des pigments photorécepteurs des cônes et des bâtonnets de la rétine. Syn. vitamine A.

retirage n. m. Nouveau tirage (d'un ouvrage imprimé, d'une gravure).

R

retiration n. f. IMPRIM. *Machine à retiration*, dont chacun des deux cylindres imprime un côté de la feuille.
retiré, e adj. En parlant de lieux, situé à l'écart, peu fréquenté. *Un village retiré.* / En parlant de personnes, qui vit loin du monde. / Par ext. *Une existence retirée.* / Qui a abandonné ses occupations professionnelles, qui s'est retiré des affaires; retraité.
retirer v. t. [1] **A.** Tirer en arrière, ramener vers soi. *Retire ton pied, tu vas faire tomber quelqu'un.* / Enlever (un vêtement). *Retirer son manteau, ses bottes.* / Faire sortir en tirant. *Retirer une écharde de son doigt. Retirer un corps d'une voiture accidentée.* / Faire sortir d'un lieu. *Retirer d'un zoo un animal maltraité.* / Rentrer en possession de; prendre, se faire remettre. *Retirer un chéquier à la banque.* / Ne pas maintenir; renoncer à. *Retirer sa candidature, un projet de loi.* / *Retirer qqch. à qqn*, le lui enlever, l'en priver. *Retirer ses papiers à un prévenu. Retirer un enfant à sa famille.* (Au fig.) *Retirer sa confiance à son député.* / Obtenir en retour; recueillir. *Retirer un gros bénéfice d'une vente. Il n'a rien retiré de nos conseils.* / Tirer de nouveau. *Retirer une flèche.* (Absol.) *Retirer après avoir raté la cible.* / Spécial. Faire un nouveau tirage de. *Retirer un livre épuisé.* **B.** v. pron. Partir; prendre congé. *Se retirer discrètement après le dîner.* / S'éloigner, s'isoler. *Se retirer dans son bureau pour travailler.* / *Se retirer de*: abandonner, ne plus participer à. *Se retirer de la vie politique, d'une partie de cartes.* (Emploi absol.) Prendre sa retraite. / Refluer. *La mer commence à se retirer.*
retombée n. f. / ARCHIT. Naissance d'une arcade ou d'une voûte. / Ligne de chute d'un rideau. / (Au pluriel) Ce qui retombe. *Retombées radioactives*: retour dans les couches inférieures de l'atmosphère des poussières radioactives libérées en altitude par une explosion nucléaire. / Fig. Conséquences, effets à plus ou moins long terme. *Les retombées thérapeutiques de la recherche fondamentale.*
retomber v. i. [1] Tomber de nouveau. *À peine debout, il retombe.* / Fig. *Retomber dans*: revenir à (qqch. de fâcheux). *Retomber dans le vice.* (Avec un attribut) *Retomber malade. Retomber sur*: rencontrer de nouveau (qqn, qqch.) par hasard, une nouvelle fois (sujet nom de personnes); rejaillir sur, incomber à (sujet nom de choses). *Je retombe toujours sur les mêmes personnes. La honte en retombe sur vous. C'est sur moi que retombent ces responsabilités.* / Atteindre le sol d'une certaine manière, après un saut ou une chute. *Retomber sur le côté.* Loc. fig. *Savoir retomber sur ses pieds*: savoir se tirer sans dommage de situations périlleuses. / Pendre (de telle manière). *Une robe qui retombe en plis.* / Redescendre, revenir au sol. *Le satellite est retombé après plusieurs révolutions autour de la Terre.* / Fig. Diminuer. *La tension retombe.*
retoquer v. t. [1] Vx Recaler (qqn). / Mod. Refuser (un candidat) à un poste. / Cour. Refuser (un projet).
rétorquer v. t. [1] Répliquer (qqch.) *Ne rien rétorquer.*
retors, orse adj. TECHN. Tordu plusieurs fois. *Fil retors.* / Fig. Rusé. *Un adversaire retors.*
rétorsion n. f. Action de retourner contre un adversaire les arguments, les procédés dont il s'est servi. / Mesures de représailles d'un État contre un autre État.
retouche n. f. Correction, rectification apportée à un tableau, une photographie, un texte, un vêtement.
retoucher v. t. [1] Faire des retouches à. *Retoucher une robe.* / Toucher de nouveau (qqch.) *Retoucher ses allocations.* / Toucher de nouveau à (qqch.). *Il n'a pas retouché à l'alcool depuis ce jour.*
retoucheur, euse n. Celui, celle qui effectue professionnellement des retouches.
retour n. m. Fait de revenir à son point de départ. *Des allers et retours.* / Arrivée au lieu d'où l'on était parti. *Je m'en occuperai à mon retour.* / Fait de revenir à un stade antérieur. *Retour au calme.* / Réapparition périodique d'une chose. *Retour de l'hiver. Retour de couches*: première menstruation après un accouchement. *Retour éternel*: théorie des stoïciens, reprise par Nietzsche, affirmant que l'histoire du monde n'est que la répétition cyclique des mêmes événements. / Mouvement contraire. *Retour de flamme*: brusque jaillissement d'une flamme hors du foyer. *Retour offensif*: interruption d'une retraite pour revenir attaquer brusquement l'ennemi. / Revirement; modification brutale. *Retour de fortune.* / MAR. *Retour de marée*: contre-courant de marée. / COMM. Renvoi d'un effet de commerce non payé à un client. / DR. *Droit de retour*: droit en fonction duquel une donation revient au donateur en cas de décès du bénéficiaire. / Réciprocité de sentiments, de services. *Payer quelqu'un de retour*, lui rendre la pareille. / ARCHI. Coude formé par une partie de bâtiment qui fait saillie en avant d'une autre.
retournement n. m. Action de retourner qqch. / AVIAT. Figure acrobatique consistant à mettre l'appareil en position de vol sur le dos. / Fig. Revirement. *Retournement de situation.*
retourner v. i. / v. t. / v. impers. [1] **A.** v. i. Aller de nouveau (là où l'on est déjà allé). *Je ne suis jamais retourné dans ce restaurant.* / Revenir (à l'endroit que l'on a quitté, à son lieu d'origine). *Retourner chez soi.* / Revenir (à un état antérieur ou initial), se remettre (à une première activité), revenir (à un ancien sentiment, à une ancienne croyance). *Retourner à la vie sauvage. Retourner à la foi de son enfance.* / Être rendu, restitué. *Sa fortune retournera à l'État.* **B.** v. t. Tourner (qqch.) de manière à placer devant ce qui était en arrière ou au-dessus ce qui était au-dessous; mettre à l'envers. *Retourner un steak dans la poêle. Retourner un matelas. Retourner la terre*, la bêcher, la labourer. Loc. fig. *Retourner sa veste*: changer d'opinion, de camp. / Fam. Fouiller; mettre en désordre. *Il a retourné tout le grenier pour trouver cette photo.* / Tourner plusieurs fois, dans tous les sens. *Tourner et retourner son stylo entre ses dents.* / Fig. Mettre en émoi, bouleverser. *Son départ nous a retournés.* / Faire radicalement changer d'avis ou d'orientation à. *Retourner l'opinion. Retourner la situation.* / Tourner dans le sens opposé. / Renvoyer. *Retourner un appareil défectueux à l'usine. Retourner un compliment, une injure*: adresser le même compliment, la même injure à celui qui vous les a adressés. **C.** v. impers. *Ignorer de quoi il retourne*, de quoi il s'agit. **D.** v. pron. Changer de position, tourner son corps de l'autre côté. *Se retourner dans son lit. Un bruit le fit se retourner brusquement. Partir sans se retourner*, sans regarder en arrière. / Se renverser. *Le cheval se retourna, les quatre fers en l'air.* / Prendre les dispositions imposées par une situation nouvelle; s'adapter. *Donner à qqn le temps de se retourner.* / *Se retourner contre*: s'opposer à, attaquer, devenir défavorable à (qqn ou qqch., après y avoir été favorable). *Se retourner contre son associé. Une manœuvre qui se retourne contre son auteur.* / *S'en retourner*: partir pour rejoindre le lieu d'où l'on vient.
retracer v. t. [1] Tracer de nouveau (qqch.). *Retracer une ligne.* / Fig. Raconter. *Retracer une histoire.*
rétractation n. f. Action de se rétracter.
rétracter [1] v. t. [1] Revenir sur, désavouer (une parole, une action). *Rétracter un aveu, une promesse.* / v. pron. Revenir sur ce que l'on dit ou fait; se dédire. *Un témoin qui se rétracte.*
rétracter [2] v. t. [1] Faire rentrer (un organe dans une cavité) par un mouvement de contraction musculaire. *Chat qui rétracte ses griffes.* / v. pron. Se contracter, se rétrécir.
rétractile adj. Qui peut se rétracter, rentrer dans une cavité naturelle. *Griffes rétractiles.*
rétractilité n. f. Propriété rétractile (de qqch.). *La rétractilité des griffes du chat.*
rétraction n. f. MÉD. Raccourcissement pathologique d'un organe. *Rétraction utérine.* / Fig. Fait de se replier sur soi, de se mettre en retrait.
retrait n. m. Fait de quitter un lieu. *Le retrait de la mer.* / Action d'enlever, de retirer. *Un retrait de fonds, retrait du permis de conduire.* / Diminution de volume d'un corps après refroidissement ou séchage. / DR. Acte par lequel un tiers se substitue à l'acquéreur d'un bien, pour assumer les charges et retirer le bénéfice de cette acquisition. *Retrait successoral*: acte par lequel un cohéritier se substitue à un tiers ayant acquis la quote-part d'un autre cohéritier.
retraitant, e n. Personne qui fait une retraite religieuse.
retraite n. f. Fait de se retirer. / MILIT. Mouvement stratégique des troupes qui s'éloignent en bon ordre du front après une défaite. / Isolement. *La retraite lui a été bénéfique.* / Période d'éloignement de la vie active consacrée à la méditation. *Faire une retraite.* / Situation d'une personne qui se retire de la vie active et touche une pension; cette pension. *Prendre sa retraite. Une confortable retraite.* / Lieu où une personne se retire. *Une agréable retraite.*
retraité, e adj. et n; Qui a pris sa retraite. *Un fonctionnaire retraité. Les retraités.*
retraitement n. m. Action de retraiter. / Spécial. Traitement visant à réduire la nocivité, le caractère polluant d'un matériau, ou à le recycler. / PHYS. NUCL. *Retraitement du combustible*, qui permet d'en extraire ce qui reste utilisable.
retraiter v. t. [1] Traiter (des matériaux déjà utilisés). *Retraiter des déchets.*
retranché, e adj. *Camp retranché*, fortifié par des retranchements.
retranchement n. m. Action de retrancher. / MILIT. Obstacle naturel ou artificiel destiné à défendre une position. / Fig. *Pousser qqn dans ses (derniers) retranchements*, l'obliger à exposer ses arguments ultimes pour en démontrer la fausseté.
retrancher v. t. [1] Ôter (qqch.) d'un tout. *Retrancher plusieurs mots d'une phrase. Retrancher dix de cent.* / Vieilli *Retrancher une ville*, la fortifier par des retranchements. / v. pron. Se fortifier en se cachant (derrière un abri). *Se retrancher derrière un parapet.* (Fig.) *Il refuse toute responsabilité et se retranche derrière les consignes de la direction.*
retransmettre v. t. [3] Transmettre de nouveau ou à d'autres. *Retransmettre un ordre.* / Transmettre à travers un réseau télévisé ou radiophonique. *Retransmettre en direct un match de football.*
retransmission n. f. Action de retransmettre.
rétrécir v. t. / v. i. [2] Rendre plus étroit; diminuer la largeur (ou, par ext., les dimensions) de. *Rétrécir une marge. Rétrécir un*

Maison de **retraite** en Suisse romande.

Bijoux **rétro**.

manteau. / v. i. Devenir plus étroit ou plus petit. *Les pupilles du chat rétrécissent à la lumière. Un chemisier qui a rétréci au lavage.* / v. pron. Devenir plus étroit ; diminuer. *La vallée se rétrécit.* Fig. *Avec l'âge, notre horizon se rétrécit.*

rétrécissement n. m. Action de rétrécir ; fait de devenir plus étroit. / MÉD. Diminution permanente du calibre d'un conduit, d'un orifice. *Rétrécissement aortique. Rétrécissement mitral.*

rétribuer v. t. [1] Payer pour (un travail, un service). *Votre collaboration ne sera pas rétribuée.* / Payer (qqn) en échange d'un travail, d'un service. *Rétribuer un stagiaire.*

rétribution n. f. Rémunération versée en contrepartie d'un travail, récompense d'un service rendu.

rétro [1] adj. inv. et n. m. adj. (Abréviation de *rétrograde*) Qui rappelle une mode surannée. *Style rétro.* / n. m. JEU Au billard, coup qui fait revenir la bille en arrière.

rétro [2] n. m. Fam. Abréviation de *rétroviseur.*

rétroactif, ive adj. Qui exerce une action sur ce qui est antérieur. *Effet rétroactif d'une augmentation de salaire.*

rétroaction n. f. Action agissant sur une de ses causes.

rétroactivement adv. De manière rétroactive.

rétroactivité n. f. Caractère rétroactif.

rétroagir v. i. [2] Produire un effet rétroactif.

rétrocéder v. t. [1] DR. Restituer à qqn (ce qu'il avait antérieurement cédé). *Rétrocéder un droit.* / Céder à qqn (tout ou partie d'une acquisition, d'une recette). *Rétrocéder un appartement. Rétrocéder des honoraires à un confrère.*

rétrocession n. f. DR. Acte et processus juridiques par lesquels une personne rétrocède qqch.

rétrofusée n. f. Moteur-fusée dont la poussée, qui s'exerce dans le sens de déplacement d'un engin, contribue à ralentir ce dernier.

rétrogradation n. f. Fait, action de rétrograder, état qui en résulte. *Être en phase de rétrogradation.* / *Rétrogradation d'un fonctionnaire,* son déclassement. / ASTRON. Mouvement apparent d'une planète ou d'un objet céleste, par rapport à la Terre au cours de son déplacement sur la voûte céleste.
♦ Certains corps célestes, lors d'une observation de longue durée, semblent présenter une anomalie de déplacement dans leur parcours orbital. On constate, pour certaines planètes gravitant sur une orbite plus éloignée du Soleil que celle de la Terre, un mouvement décrivant une boucle qui pourrait faire croire à un déplacement inverse de celui constaté au début de l'observation. Cette anomalie apparente résulte des positions respectives de la Terre et de la planète observée en raison de la différence de vitesse de leur déplacement, la Terre étant la plus rapide, car la plus proche du Soleil.

rétrograde adj. Qui va vers l'arrière, en arrière. *Mouvement rétrograde.* / Fig. Qui reste attaché au passé et s'oppose aux innovations, au progrès. *Avoir des idées rétrogrades. Un politicien rétrograde.*

rétrograder v. i. / v. t. [1] **A.** v. i. Revenir en arrière. / Par ext. Perdre des places dans une hiérarchie. *Il était premier le mois dernier, il a rétrogradé.* / MÉCAN. Passer à une vitesse inférieure. *Rétrograder en seconde.* **B.** v. t. Déclasser (qqn). Rétrograder un fonctionnaire.

Île de la Réunion *: Manapany-les-Bains, au sud de l'île.*

rétropédalage n. m. Action de pédaler en arrière.

rétroprojecteur n. m. TECHN. Projecteur utilisé pour reproduire une image sur un écran situé derrière l'opérateur.

rétrospectif, ive adj. et n. f. **A.** adj. Qui considère le passé. *Étude rétrospective. Exposition rétrospective,* concernant l'ensemble de l'œuvre d'un artiste, d'une époque, d'une civilisation. / *Peur rétrospective* : peur ressentie au présent, mais éprouvée par rapport à un événement passé. **B.** n. f. Exposition rétrospective. *Rétrospective Rembrandt.* / Document rétrospectif. *Rétrospective politique.*

rétrospection n. f. Regard vers le passé.

rétrospectivement adv. De manière rétrospective, après coup.

retroussé, e adj. Replié vers le haut. *Manches retroussées au coude. Nez retroussé,* qui relève du bout.

retrousser v. t. [1] *Retrousser ses manches,* les remonter en les repliant ; (au fig.) se mettre au travail. / v. pron. *Des moustaches qui se retroussent en virgules.*

retroussis n. m. Partie d'un vêtement qui se retrousse, est retroussée.

retrouvailles n. f. pl. Fam. Fait de retrouver, d'être à nouveau en présence de qqn, après une séparation.

retrouver v. t. [1] **A.** Trouver, après l'avoir recherché (qqch., qqn qui était perdu ou qui avait disparu). *Retrouver ses clés. La police a retrouvé le criminel.* / Récupérer, jouir de nouveau de (une situation, un état, une faculté). *Retrouver du travail. Retrouver la parole, le moral.* / Aller trouver, rejoindre (qqn). *Viens me retrouver à la sortie du bureau.* **B.** v. pron. Se trouver de nouveau ou finalement (dans un lieu, en présence de qqn, dans une situation). *Je suis heureux de me retrouver ici parmi vous. Se retrouver seul. Se retrouver en prison.* / Reconnaître son chemin, se repérer. *Ne pas se retrouver dans un dédale de rues.* Loc. fam. *S'y retrouver* : rentrer dans ses frais. / Redevenir soi-même. / Se trouver de nouveau en présence l'un de l'autre ; se rejoindre. *Ils se sont retrouvés après une longue séparation.* / Être fréquemment trouvé. *Une expression qui se retrouve dans plusieurs langues.*

rétroversion n. f. MÉD. Basculement pathologique en arrière d'un organe. *Rétroversion de l'utérus.*

rétrovirus n. m. BIOL. Virus à A.R.N. dont la multiplication fait intervenir une transcriptase inverse, enzyme qui assure la synthèse d'un A.D.N. à partir de l'A.R.N. viral. *Le V.I.H. est un rétrovirus.*

rétroviseur n. m. Petit miroir monté sur les véhicules pour voir en arrière de soi sans tourner la tête.

rets n. m. Vx Filet destiné à attraper des animaux. / Fig., litt. Piège.

Retz (Paul de Gondi, cardinal **de)** 1613-1679 Prélat français. Libertin et ambitieux, entré dans l'Église sans vocation, il est nommé coadjuteur de son oncle, archevêque de Paris (1643). Son active participation à la Fronde (1648), tantôt contre, tantôt pour Mazarin, ne l'empêche pas de devenir cardinal. Mais, arrêté sur l'ordre de Louis XIV à la suite de nouvelles intrigues (1652), il est emprisonné. Il s'évade en 1654 et doit renoncer à succéder à son oncle comme archevêque de Paris. Après quelques années d'exil durant lesquelles il voyage et assiste à plusieurs conclaves à Rome, il rentre en France à la mort de Mazarin et, renonçant au monde, vit en province où il rédige, à partir de 1665, ses *Mémoires*, dédiés à Mme de Sévigné. Ce monument de la langue française du XVIIe siècle, qui retrace avec humour la vie aventureuse de son auteur, ne sera publié qu'en 1717.

réunification n. f. Action de réunifier ; son résultat. *La réunification de l'Allemagne.*

réunifier v. t. [1] Rétablir l'unité de.

réunion n. f. Fait de rassembler ce qui est séparé. *La réunion de l'Alsace à la France.* / Réconciliation. / Assemblée de personnes.

Réunion (île de la) (autrefois *île Bourbon*) *2 512 km² 664 000 h.* Département français d'outre-mer, situé dans l'océan Indien, à l'est de Madagascar. Chef-lieu *Saint-Denis.* Île volcanique au climat tropical, aux sols fertiles, dominée par le piton des Neiges (*3 069 m*), la Réunion produit pour l'exportation de la canne à sucre (3/4 des sols cultivés), des épices (vanille), des plantes à parfum. La principale industrie est celle du rhum. La rapidité de l'accroissement d'une population pauvre et dense (64 % de métis, 28 % d'Indiens, Chinois, Blancs, Africains) met à mal les anciennes (et toujours présentes) structures coloniales (monoculture de la canne à sucre, absence d'industries) ; en outre, depuis 1980, l'île est souvent endommagée par des cyclones. L'île, déserte lors de sa découverte en 1513, devint française en 1638, et prit le nom d'île Bourbon qu'elle porta jusqu'en 1793, puis de 1815 à 1848. Département en 1946, la Réunion a obtenu le statut de Région en 1982.

réunionnais, e adj. et n. De l'île de la Réunion. *Le climat réunionnais. Un(e) Réunionnais(e).*

réunionnite n. f. Plaisant Tendance à multiplier les réunions de travail, qu'elles soient utiles ou non.

réunir v. t. [2] Faire se toucher, rapprocher, joindre. *Réunir les lèvres d'une plaie.* / Par ext. Faire communiquer, relier. *Le pont réunit les vallées.* / Fig. Réconcilier (des personnes). / Unir, mettre ensemble pour constituer un tout. *Réunir des poésies dans un recueil. Réunir des preuves.* / Mettre ensemble en un même lieu (des personnes). *Réunir ses amis autour d'un repas.* / Par ext. Convoquer. *Réunir les états généraux.* / Avoir en soi, comporter. *Réunir toutes les qualités, toutes les conditions requises.* / v. pron. Se retrouver ensemble quelque part ; tenir séance. *Le conseil se réunira demain matin.*

réussir v. i. / v. t. [2] **A.** v. i. Avoir une issue, aboutir. *Réussir bien, mal.* / (Absol.) Aboutir à un résultat positif ; connaître le succès. *Sa tentative a réussi. Réussir dans son métier.* **B.** v. t. Faire, exécuter avec succès. *Réussir un plat. Il a réussi son devoir.* / v. t. ind. *Réussir à* : parvenir à (faire qqch.). *Il a réussi à nous convaincre.* / Être favorable, bénéfique à (qqn).

réussite n. f. Heureux résultat d'une entreprise ; carrière jalonnée de succès. *La réussite sociale.* / Jeu solitaire qui consiste à disposer des cartes dans un certain ordre et en respectant certaines règles. *Faire une réussite.* Syn. patience.

Reuters Ltd (en français *Agence Reuter*) Agence de presse britannique, créée en 1851, devenue la première agence de presse du monde, spécialisée dans l'information économique et financière.

revaloir v. t. [3] *Revaloir qqch. à qqn,* lui rendre la pareille.

revaloriser v. t. [1] Donner plus de valeur à. *Revaloriser une monnaie.*

revanchard, e adj. et n. Péjor. Animé par un désir de revanche. *Chanson revancharde.* / Subst. *Les revanchards d'une armée vaincue.*

revanche n. f. Fait de rendre le mal qu'on a reçu. *Prendre sa revanche.* / Nouvelle partie, nouveau match pour permettre au perdant de se racheter. *À charge de revanche* : à la condition de rendre la pareille. / loc. adv. *En revanche* : en contrepartie. (Par ext.) Au contraire.
revancher (se) v. pron. [1] Litt. Se venger ; prendre sa revanche sur, de.
rêvasser v. i. [1] S'abandonner à de vagues rêveries.
rêve n. m. Déroulement d'images involontaires, plus ou moins cohérentes et suivies, qui se présentent à l'esprit pendant le sommeil. / Travail de l'imagination à l'état de veille, pour échapper au réel. / Idée poursuivie avec l'espoir de réussir ; chimère. / Grand désir.
rêvé, e adj. Souhaité, idéal. *C'est l'endroit rêvé.*
revêche adj. Peu accommodant, rébarbatif. *Personne revêche.*
réveil n. m. Passage du sommeil à l'état de veille. / MILIT. Roulement de tambour ou sonnerie de clairon destinée à réveiller les soldats. *Sonner le réveil.* / Fig. Retour à l'activité. *Le réveil d'un peuple.* / Fin d'une illusion. *Rude réveil pour ce rêveur.* / Abréviation de *réveille-matin. Faire sonner le réveil à 6 heures.*
réveille-matin n. m. inv. Pendule de chevet dont on peut régler la sonnerie à l'avance à l'heure désirée.
réveiller v. t. [1] **A.** Tirer (qqn) du sommeil. *Réveiller un enfant.* / Faire sortir (qqn, qqch.) de l'inaction, de sa torpeur ; redonner de la vigueur à, ranimer, raviver. *Réveiller la jeunesse, l'économie d'un pays. Réveiller l'appétit. Réveiller un sentiment.* **B.** v. pron. Sortir du sommeil. *Il s'est réveillé tôt, ce matin.* / Se ranimer, se raviver. *La douleur s'est réveillée.*
réveillon n. m. Repas nocturne, dans la nuit de Noël ou de la Saint-Sylvestre.
réveillonner v. i. [1] Participer à un réveillon.
révélateur, trice adj. et n. m. Qui révèle. *Signe révélateur.* / n. m. PHOTO. Composition chimique qui fait apparaître l'image latente.
révélation n. f. Action de révéler ; ce qui est révélé. / Manifestation de Dieu, d'une volonté surnaturelle, qui révèle aux hommes des vérités inaccessibles à leur raison ; ces vérités. *Les révélations des jeunes bergers de Fatima.* / THÉOL. (Avec une majuscule) *La Révélation* : la révélation divine. / Fig. Prise de connaissance par une intuition personnelle. / Personne qui manifeste soudain un grand talent, ou dont on découvre le grand talent.
révéler v. t. [1] **A.** Faire connaître, laisser voir (ce qui était inconnu, secret). *Révéler un complot. Révéler ses intentions.* / Être l'indice, le signe de. *Son discours révèle en partie sa culture.* / RELIG. Faire connaître par une révélation surnaturelle. (Au part. passé) *Vérités révélées*, qui ont fait l'objet d'une révélation surnaturelle. / PHOTO Faire apparaître sur un support (l'image latente). *Révéler un cliché.* **B.** v. pron. Se manifester, apparaître. / Affirmer sa valeur, son talent. *C'est un sportif qui s'est révélé tardivement.* / *Se révéler* (+ attribut) : apparaître comme tel. *Se révéler juste, faux. Se révéler honnête, malhonnête.*
revenant, e n. Esprit d'un défunt que l'on s'imagine revenu de l'au-delà. / Fam. Personne qui se manifeste à nouveau après une longue absence.
revendeur, euse n. Personne qui revend.

Rêve de printemps, *tableau de William Bouguereau (1825-1905) ; collection particulière.*

revendicatif, ive adj. Qui exprime une, des revendication(s).
revendication n. f. Fait de revendiquer qqch. *La revendication des libertés syndicales.*
revendiquer v. t. [1] Réclamer (ce que l'on devrait légitimement posséder, ce que l'on considère comme un dû, comme un droit). *Revendiquer un héritage, le droit de grève, sa liberté.* / S'attribuer la paternité, l'initiative de ; assumer. *Revendiquer un attentat. Revendiquer la responsabilité de ses actes.*
revendre v. t. [3] Vendre à son tour (ce qu'on a précédemment acheté). *Revendre son ordinateur pour en acheter un autre. Revendre des marchandises au détail.* Loc. fam. *En avoir à revendre (d'une chose)*, en avoir en abondance. *Avoir de la patience à revendre.*
revenez-y n. m. inv. Fam. Regain. *Un revenez-y de passion.* / Chose qui procure un tel plaisir qu'on a envie d'y revenir. *Un goût de revenez-y.*
revenir v. i. [3] **I.** Venir, se présenter ou se manifester de nouveau. *Les touristes reviennent chaque année. L'hiver et le froid sont revenus. Son nom revient dans toutes les conversations.* / Regagner (un point de départ). *Revenir au pays. Reviens à ta place.* / *Revenir sur* : faire un retour sur ; examiner de nouveau ; reconsidérer. *Revenir sur ses pas* : refaire le même chemin. *Revenir sur le passé, sur un point, sur un sujet. Revenir sur sa parole, sur sa promesse*, ne pas les respecter. **II.** *Revenir à* : reprendre (ce que l'on avait délaissé, quitté). *Revenir au pouvoir. Revenir à la charge. Pour en revenir à notre problème...* / Retrouver (son état, sa situation antérieurs). *Revenir à de meilleurs sentiments. Revenir à la vie. Revenir à soi* : reprendre connaissance après s'être évanoui. / Se présenter de nouveau à l'esprit. *Son nom ne me revient pas.* / Appartenir, échoir légitimement à (qqn). *Cet argent te revient. C'est à lui que revient ce mérite, cet honneur, qu'il revient de parler.* / Se ramener à, équivaloir à. *Cela revient à mentir, à dire que... Cela revient au même.* / Coûter. *Ce repas lui est revenu à vingt euros.* / Fam. Plaire à, être du goût de. *Sa tête ne me revient pas.* **III.** *Revenir de* : venir de (un lieu où l'on est allé), rentrer. *Revenir de Lyon. Revenir de voyage.* (Emploi pron.) Litt. *Il s'en revient de guerre.* / Fig. Quitter (un état), se remettre de (qqch.). *Revenir d'une maladie. Revenir d'une erreur, d'une illusion*, s'en corriger, s'en affranchir. Loc. *Revenir de loin* : avoir échappé à un grave danger. *Ne pas en revenir* : être profondément étonné. *Être revenu de tout* : être complètement blasé, désabusé. **IV.** SPORT Revenir sur : se porter à la hauteur de, rattraper (un concurrent). **V.** CUIS. *Faire revenir un aliment*, le faire colorer dans une matière grasse.
revente n. f. Action de revendre ; son résultat.
revenu n. m. Somme d'argent perçue par une personne comme rémunération de son travail ou comme intérêt d'un fonds, d'un capital. *Impôt sur le revenu*, dû annuellement par les contribuables en fonction de leurs revenus. *Revenus de l'État* ou *revenus publics* : argent qui revient à l'État par la voie des contributions directes et indirectes et par l'exploitation des biens nationaux. *Revenu national* : ensemble des revenus annuels issus de la production nationale. *Revenu minimum d'insertion* : allocation accordée, sous certaines conditions, à des personnes démunies (chômeurs, en particulier) qui s'engagent à participer à des activités d'insertion dans le but de trouver (ou de retrouver) du travail et, donc, un revenu. / TECHNOL. Chauffe puis refroidissement lent de l'acier trempé qui acquiert ainsi une plus grande solidité.
rêver v. i. / v. t. [1] **A.** Faire un rêve, des rêves. *Rêver chaque nuit.* / S'abandonner à ses rêveries. **B.** v. t. Avoir une vision de ; imaginer. *Rêver l'avenir.* / *Rêver de* : voir en rêve. *J'ai rêvé de vous.* (Par ext.) Aspirer à. *Rêver d'un monde meilleur.*
réverbération n. f. Fait de réverbérer une onde. / Spécial. Persistance du son après la cessation de son émission dans un lieu clos.
réverbère n. m. Surface réfléchissante, montée autour d'une source lumineuse pour faire converger la lumière. / *Four à réverbère* : four dans lequel la sole est chauffée par réverbération de la flamme sur la voûte. / Appareil d'éclairage des voies publiques.
réverbérer v. t. [1] Réfléchir (une onde). *Une vitre qui réverbère la lumière. Un local qui réverbère les sons.*
Reverdy (Pierre) 1889-1960 Poète français. Après une jeunesse passée à Montmartre où sa revue *Nord-Sud* (1917) annonce le surréalisme, il se lie avec les premiers représentants du mouvement. Puis, en 1926, il se retire près de l'abbaye de Solesmes pour se consacrer entièrement à sa poésie : *La Lucarne ovale* (1916), *Chant des morts* (1948). *Main-d'œuvre* (1949) regroupe tous ses écrits depuis 1913.
révérence n. f. Grand respect. / Salut cérémonieux s'effectuant par un fléchissement plus ou moins prononcé des genoux. / Fam. *Tirer sa révérence* : prendre congé.
révérenciel, elle adj. Litt. *Crainte révérencielle*, inspirée par une obéissance soumise.
révérend, e adj. et n. *Le (mon) révérend père, la (ma) révérende mère* : titre d'honneur donné par les catholiques à des prêtres appartenant au clergé régulier, à des religieuses de chœur. / n. m. Titre des pasteurs de nombreuses Églises réformées.
révérer v. t. [1] Traiter (qqn) avec révérence. *Révérer ses parents.*
rêverie n. f. État de l'esprit qui ne s'occupe plus d'une pensée précise et qui s'abandonne à des souvenirs, des idées vagues.
Rêveries du promeneur solitaire (les) 1776-1778 Œuvre autobiographique de Jean-Jacques Rousseau publiée après sa mort en 1782. Retiré de la société des hommes, l'auteur y livre en dix « promenades » ses souvenirs et ses émotions au contact de la nature.
revers n. m. Côté opposé au côté principal ou à celui qui est vu en premier. *Revers de la main* : face de la main opposée à la paume. *Revers d'une médaille* : côté opposé à l'avers (face) où se trouve la figure ; (au fig.) aspect désagréable, inconvénient d'une chose. / Repli d'un vêtement, d'un col. / SPORT Au tennis, au ping-pong, coup de raquette frappé le revers de la main en avant. / MILIT. *Prendre à revers* : attaquer sur l'arrière. / Fig. Coup du sort, échec. *Revers de fortune.*

réversibilité n. f. Qualité de ce qui est réversible. *Réversibilité d'une pension.* / THÉOL. *Réversibilité des mérites* : application des mérites d'une personne à une autre. *La réversibilité des mérites a pour fondement la communion des saints.*
réversible adj. Qui peut s'effectuer en sens inverse. Ant. irréversible. / DR. Qualifie un bien qui peut retourner au propriétaire qui en a disposé, une pension qui peut être accordée à un autre que le bénéficiaire, au décès de ce dernier. / Que l'on peut utiliser à l'envers ou à l'endroit. *Manteau réversible.*
réversion n. f. DR. *Droit de réversion,* qui rend son bien au donateur quand le bénéficiaire du don est mort. / *Pension de réversion,* versée, après la mort du bénéficiaire, à son conjoint, ou à un tiers nommément désigné.
revêtement n. m. Tout ce dont on se sert pour recouvrir, protéger ou embellir.
revêtir v. t. [3] Mettre sur soi (un vêtement particulier). *Revêtir l'uniforme.* / Fig. Prendre (telle forme). *Cette affaire revêt une importance particulière.* / Garnir (qqch.) d'un revêtement. *Revêtir le sol de goudron.* / Apposer une marque de validité sur. *Revêtir un papier d'un cachet officiel.* / *Revêtir (qqn) de* : vêtir (qqn) de. *Revêtir un chevalier d'une armure.* (Emploi pron.) *Se revêtir d'un long manteau.* Au fig. *Revêtir qqn d'un pouvoir,* l'en investir.
rêveur, euse adj. et n. Enclin à la rêverie. *Un esprit rêveur.* Loc. *Laisser rêveur*, perplexe. / Qui dénote la rêverie. *Avoir un sourire rêveur.* / Subst. *C'est un rêveur, une rêveuse,* qqn de peu attentif aux réalités immédiates.
rêveusement adv. De manière rêveuse ; comme en rêve.
revient n. m. *Prix de revient* : coût de production d'un objet fabriqué ; coût d'un service.
revigorer v. t. [1] Rendre de la vigueur à.
revirement n. m. Changement d'opinion ou d'attitude subit et complet.
réviser v. t. [1] Examiner de nouveau et apporter s'il y a lieu les modifications, les amendements nécessaires. *Réviser un procès. Réviser son jugement.* / Examiner attentivement (qqch.) pour s'assurer de son bon état de marche. *Faire réviser les freins.* / Relire (ce que l'on a déjà étudié) pour se le remémorer. *Réviser sa leçon.*
réviseur, euse n. Personne qui révise. / Spécial. Personne qui révise, corrige les épreuves d'imprimerie.
révision n. f. Action de réviser ; son résultat. *Révision de la Constitution, d'une liste électorale. Révision d'un véhicule. Les révisions avant un examen.* / DR. Réexamen d'une décision judiciaire par une juridiction supérieure, qui peut aboutir à son annulation. / MILIT. Anc. *Conseil de révision*, chargé d'apprécier l'aptitude des appelés au service militaire.
révisionnisme n. m. Position d'une personne qui conteste fondamentalement une loi, une doctrine politique. / Mise en doute de la réalité des atrocités perpétrées par le régime nazi, au cours de la Seconde Guerre mondiale, et en partie de la réalité et de l'ampleur du génocide du peuple juif.
révisionniste n. et adj. Partisan d'une révision ; partisan du révisionnisme. / Qui dénote du révisionnisme. *Thèse révisionniste.*
revisiter v. t. [1] Visiter de nouveau. / Abus. Réexaminer, interpréter autrement (un auteur, une œuvre). *Revisiter Victor Hugo.*

*Émeute en Angleterre pendant la **Révolution** industrielle.*

revitalisation n. f. Action de revitaliser ; son résultat.
revitaliser v. t. [1] Redonner de la vitalité à.
revival n. m. (mot anglais) Assemblée religieuse destinée à revivifier la foi. / Ensemble de mouvements protestants qui s'attachent à donner une nouvelle vigueur à la foi. / Reviviscence.
reviviscence ou **réviviscence** n. f. BIOL. Caractère de ce qui est reviviscent. / PSYCHOL. Réapparition d'un souvenir disparu.
reviviscent, e adj. Litt. Capable de revivre. / BIOL. (En parlant de certains végétaux, de certains animaux inférieurs) Capable de reprendre vie, de retrouver un métabolisme actif après avoir été desséché, une fois restituée l'eau nécessaire.
revivre v. i. / v. t. [3] **A.** v. i. Vivre de nouveau ; ressusciter. *Selon la Bible, le paradis est le lieu où revivront les bienheureux. Faire revivre un personnage de fiction.* / (En parlant de choses) Réapparaître. *Coutume qui revit. Faire revivre une chose,* lui retrouver un usage. **B.** v. t. Vivre de nouveau (telle chose, tel moment) *Revivre une tragédie.* / Vivre de nouveau (tel fait, tel moment) par l'esprit. *Revivre son passé.*
révocabilité n. f. Caractère révocable (de qqn, qqch.) Ant. irrévocabilité.
révocable adj. Qui peut être révoqué. *Fonctionnaire révocable. Décret révocable.* Ant. irrévocable.
révocation n. f. Action de révoquer ; son résultat ; fait d'être révoqué.
revoir v. t. [3] Voir, rencontrer de nouveau (qqn). *Je vous reverrai avec plaisir.* (Emploi pron.) *Ils ne se sont pas revus depuis des années.* / *Au revoir* : formule de politesse pour prendre congé de qqn qu'on compte revoir. (Emploi nominal, n. m. inv.) *Ce n'est qu'un au revoir.* / Revenir, se retrouver dans (un lieu que l'on a quitté depuis longtemps). *Revoir son pays natal.* / Regarder de nouveau (qqch.) ; (spécial.) assister de nouveau à (un spectacle). *Quel plaisir de revoir ces photographies. J'ai revu « Le Cuirassé Potemkine » pour la troisième fois.* / Se rappeler, se représenter en pensée (des choses du passé). *Je reverrai toujours ce jour où nous sommes arrivés ici.* / Examiner de nouveau pour vérifier, corriger, amender. *Revoir des épreuves d'imprimerie. Revoir ses conclusions.* / Réviser (une leçon, une matière).
révolte n. f. Refus collectif d'obéir à l'autorité établie, généralement accompagné de violences ; rébellion.
révolté, e adj. et n. En révolte, plein de révolte. *Un adolescent révolté. C'est un révolté.*
révolter v. t. [1] **A.** Remplir d'indignation, de colère, de dégoût. *Ses méthodes me révoltent.* **B.** v. pron. Entrer en rébellion, se soulever (contre l'autorité établie). / S'indigner violemment. *Se révolter contre l'injustice.*
révolu, e adj. Achevé, accompli. *Avoir vingt ans révolus.*
révolution n. f. Rotation d'un corps qui décrit une courbe fermée autour d'un centre. *Révolution d'un astre* : mouvement périodique d'un astre sur son orbite autour d'un autre astre de masse supérieure ; temps mis à parcourir cette orbite. / MATH. En géométrie, rotation d'une ligne, d'un plan autour d'un axe. *Surface, cône de révolution* : surface, figure ainsi engendrée. / Changement brusque, souvent violent, dans le gouvernement, les structures politiques, économiques et sociales d'un État se traduisant par l'accession d'un nouveau régime au pouvoir. (Avec une majuscule) *La Révolution* : la révolution française de 1789. (Dans le langage des médias, par allusion à la Révolution culturelle chinoise) *Révolution culturelle :* bouleversement durable dans les mœurs, les traditions d'une société. / Fig. Grand changement, provoquant de l'agitation. *Ses critiques causèrent une révolution.*
Révolution d'Angleterre (première) 1642-1649 Révolution née du conflit entre le roi Charles Ier et le Long Parlement (1641) qui entraîna la guerre civile. Les *Têtes rondes*, adversaires de la monarchie, sous les ordres d'Oliver Cromwell, triomphèrent à Marston Moor (1644) et à Naseby (1645). Charles Ier, livré par les Écossais (1647), fut condamné à mort par le Parlement et exécuté. Le *Commonwealth* (république) fut proclamé (février-mai 1649).
Révolution d'Angleterre (seconde) 1688 Révolution qui chassa le roi Jacques II, converti au catholicisme. Les notables protestants, redoutant l'établissement d'une monarchie catholique, firent secrètement appel à son gendre protestant Guillaume d'Orange, stathouder de Hollande. Celui-ci débarqua en Angleterre et s'empara sans difficulté du trône tandis que Jacques II se réfugiait en France. Il régna conjointement avec sa femme, Marie II.
• **Révolution française** ou **la Révolution** 1789-1799 Période de l'histoire de France qui transforma durablement l'organisation politique et sociale du pays.
révolution française de 1830 ou **révolution de Juillet** ou **les Trois Glorieuses** Voir **juillet 1830**
• **révolution française de 1848** Période révolutionnaire qui débuta avec les journées de février (22, 23 et 24 février 1848).
révolution russe de 1905 Première révolution contre le tsarisme (1905-1907). Les défaites de la guerre russo-japonaise (1904-1905) et la crise économique entraînent des manifestations et des troubles dans toute la Russie. Le dimanche 22 janvier (« Dimanche rouge »), à Saint-Pétersbourg, une procession de 150 000 ouvriers marchant avec femmes et enfants, brandissant des icônes et des portraits de la famille impériale, et menés par le pope Gapone, se dirige vers le Palais d'hiver pour remettre une pétition au tsar, « notre père le tsar » (qui, d'ailleurs, n'est pas au palais, mais à Tsarskoïe Selo avec sa famille). Les soldats de la garde, affolés et mal commandés, tirent sur la foule, tuant plusieurs centaines de personnes. Ce massacre de manifestants pacifiques déclenche de nombreuses grèves, la rébellion du cuirassé *Potemkine*, à Odessa, et la création de soviets d'ouvriers ; celui de Saint-Pétersbourg est dirigé par Trotski. Le tsar est contraint d'accepter la création d'une assemblée consultative élue qui deviendra une assemblée législative (*douma*). Celle-ci, constituée d'abord de bourgeois libéraux, est rapidement affaiblie par deux dissolutions successives. En 1907, elle ne compte pratiquement plus d'opposants au tsar. Les libertés acquises en 1905 sont peu à peu annulées, les soviets sont dispersés et la répression (notamment contre les paysans), conjuguée au redressement économique, rétablissent l'autorité absolue de la monarchie.
révolution russe de 1917 Période historique formée par deux révolutions dites *de février* et *d'octobre*, qui met fin à la monarchie russe et donne naissance au régime communiste. En février 1917, les difficultés du ravitaillement de guerre entraînent des émeutes à Petrograd (nom de Saint-Pétersbourg depuis 1914), la grève générale et le passage des troupes dans le camp des révolutionnaires qui réclament la fin de la guerre et s'insurgent contre le régime tsariste. La démission du gouvernement conduit à l'abdication du tsar Nicolas II le 17 février (calendrier russe, c'est-à-dire le 2 mars du calendrier grégorien) et la prise du pouvoir par un gouvernement provisoire présidé, à partir de juillet, par le social-révolutionnaire Kerenski, chef des mencheviks. Mais les bolcheviks, dirigés par Lénine et Trotski, et qui s'appuient sur les soviets ouvriers et la garnison de Petrograd, s'opposent avec violence à Kerenski et à ses partisans. Le 24 octobre (6 novembre), ils déclenchent une insurrection à Petrograd, victorieuse le 26 octobre (8 novembre) : prise du palais d'Hiver à 2 h 30 du matin. C'est là qu'est constitué le Conseil (Soviet) des commissaires du peuple, présidé par Lénine, qui décrète la dictature du prolétariat.
Révolution culturelle (ou Grande Révolution culturelle prolétarienne) Mouvement idéologique et politique intervenu en Chine populaire. Le nom de -

R

« révolution culturelle » fut d'abord attribué à la lutte idéologique menée en Chine par Mao Zedong, à partir de 1966, pour éviter un éventuel (et hypothétique) retour au pouvoir de la bourgeoisie et pour s'opposer au « révisionnisme » dont il accusait l'URSS, faisant du président de la République, Liu Shaoqi, le complice de ce révisionnisme supposé. Mao remit en question les structures du parti communiste et de l'État et, avec l'aide de Lin Biao, mobilisa les Gardes rouges. Ces derniers, dépourvus de formation politique et intellectuelle et souvent très jeunes, s'opposèrent si violemment aux autorités et se livrèrent à tant d'exactions que Mao Zedong tenta de faire machine arrière, d'abord sans grand succès, cependant que Zhou Enlai travaillait à maintenir l'unité du pays. La révolution culturelle s'essouffla finalement, mais le mouvement a eu d'importantes conséquences économiques et politiques.

révolutionnaire adj. et n. Relatif à une révolution. *Processus révolutionnaire.* Subst. Partisan, acteur d'une révolution. / adj. Qui est d'une nouveauté radicale. *Une découverte scientifique révolutionnaire.*

revolver n. m. (mot anglais) Arme de poing munie d'un chargeur automatique à barillet tournant. / TECHN. Dispositif tournant articulé, munissant certains appareils. *Revolver de microscope à trois lentilles.* / *Poche revolver* : poche de pantalon plaquée au niveau de la fesse.

revolving adj. inv. FIN. *Crédit revolving* : crédit accordé pour un montant donné et reconstitué à chaque remboursement.

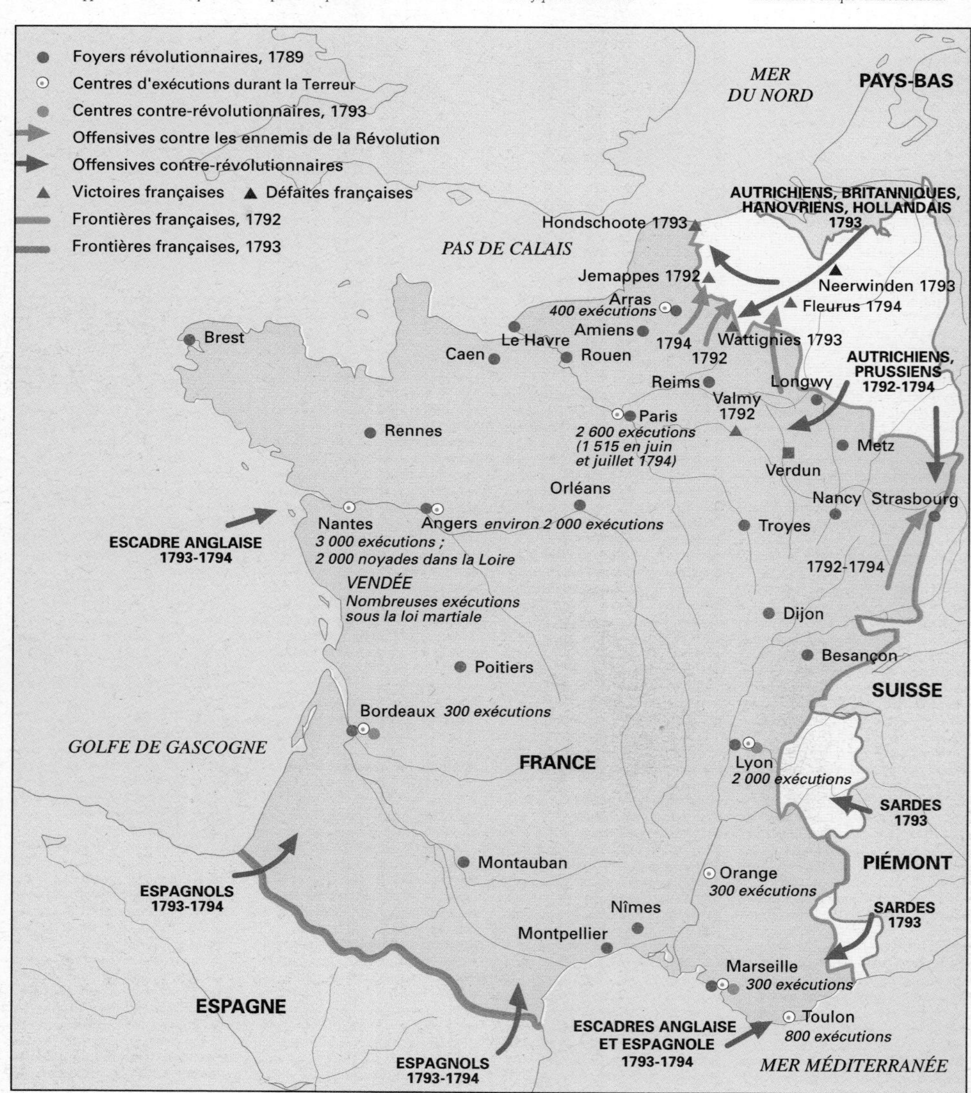

Révolution française : *situation de la France de 1789 à1794 .*

Révolutions françaises : 1789-1799 et 1848

Révolution française de 1789-1799

Les bouleversements eurent pour origine le besoin de réformes politiques et financières et la remise en question du pouvoir absolu de la monarchie, exacerbée par le déficit financier et la maladresse de Louis XVI face à cette contestation. La convocation des états généraux par le roi (mai 1789) déçoit particulièrement les députés du Tiers (proclamation de l'Assemblée nationale le 17 juin et serment du Jeu de Paume le 20 juin) ainsi que les nobles favorables au changement, et accroît les tensions entre le roi et ses adversaires. Ces événements entraînent des soulèvements populaires à Paris (prise de la Bastille le 14 juillet) et dans le reste de la France. L'Assemblée nationale, devenue Assemblée constituante depuis le 9 juillet, réagit à ces violences en supprimant les privilèges et le système féodal dans la nuit du 4 août 1789.

La Déclaration des droits de l'homme et du citoyen, proclamée le 26 août, prévoit notamment l'égalité devant la loi et la séparation de l'Église et de l'État. En octobre, à la suite d'une émeute parisienne, le roi et sa famille sont contraints par le peuple de s'installer aux Tuileries et d'accepter la souveraineté nationale. Ainsi la dynamique révolutionnaire entraîne des changements dépassant largement les projets de réformes voulus initialement par l'Assemblée.

La Constitution civile du clergé (12 juillet 1790), condamnée plus tard par le pape, attise les violences dans les villes et les campagnes, tandis qu'est réorganisée la vie politique et civile (création des départements et élections locales). La contre-révolution s'organise également, notamment autour du comte d'Artois. La tentative de fuite du roi le 21 juin 1791 (Varennes) ternit davantage encore la réputation du monarque, bien que la majorité de l'Assemblée tente toujours de préserver la monarchie constitutionnelle. Avec la Constitution de septembre 1791, la Constituante cède la place à l'Assemblée législative.

L'arrestation de Robespierre, le 9 thermidor an II.

Alors que la guerre civile ensanglante la France, la déclaration de soutien à la monarchie française de l'empereur Léopold II et du roi de Prusse, en août 1791, étend l'impact de la révolution à toute l'Europe. La guerre, déclarée par les Français en avril 1792, renforce les adversaires de la monarchie et favorise les exactions contre les adversaires de la révolution. En août a lieu une seconde révolution à l'instigation des éléments révolutionnaires les plus radicaux : la Législative est remplacée par la Convention qui proclame la République (21 septembre 1792), un jour après la victoire des troupes révolutionnaires sur les alliés étrangers (Valmy). Par une petite majorité, la mort du roi est décidée par la Convention et Louis XVI est exécuté le 21 janvier 1793.

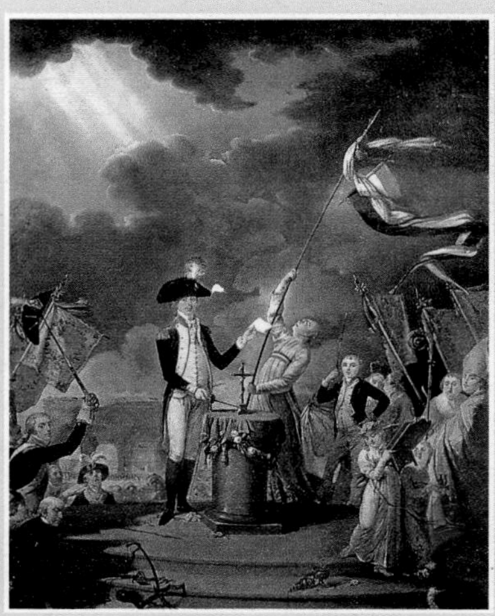

Le serment de La Fayette, le 14 juillet 1790.

Après avoir éliminé de la Convention les Girondins, modérés (2 juin 1793), les Montagnards de Robespierre, sous prétexte de protéger la république de la menace de la guerre civile et étrangère, organisent une dictature et la Terreur. Des tribunaux révolutionnaires condamnent à mort tous ceux qui sont soupçonnés d'être des ennemis de la Révolution, tandis qu'est organisée la déchristianisation de la société. Ces excès sanglants prennent fin à la chute de Robespierre, le 9 thermidor an II (27 juillet 1794). En octobre 1795, la Convention est remplacée par le Directoire, organisé par la Constitution de l'an III. Mais ce régime, aux prises avec des difficultés intérieures (crise financière) et extérieures (opérations militaires), est renversé par le général Bonaparte, lors du coup d'État du 18 brumaire (9 novembre 1799), qui met définitivement fin à la période dite de la Révolution.

Révolution française de 1848

La propagande républicaine en faveur de la réforme électorale et parlementaire, la maladresse de Guizot, ministre de Louis-Philippe, l'interdiction d'un banquet républicain contribuèrent à déclencher une émeute sanglante, la formation de barricades dans les rues de Paris et la chute de Louis-Philippe qui abdiqua le 24 février.

La IIe République fut proclamée le lendemain. Un gouvernement provisoire organisa les élections au suffrage universel. L'Assemblée constituante, élue en mai, nomma une Commission exécutive de cinq membres (Arago, Lamartine, Garnier-Pagès, Marie et Ledru-Rollin) qui réprima durement l'insurrection ouvrière des 23, 24, 25 et 26 juin (journées de juin). L'organisateur du massacre, le général Cavaignac, devint président du Conseil. Les éléments socialistes ayant été écartés, la révolution de 1848 s'acheva par la mise en place d'un gouvernement de républicains conservateurs.

Elle donna naissance à une IIe République éphémère. La révolution en France ne fut pas un cas isolé. Il y eut la même année de nombreux mouvements révolutionnaires dans toute l'Europe (Autriche, Allemagne, Italie, Hongrie et Pologne), conséquence tardive du Congrès de Vienne (1815) qui avait brusquement brisé les aspirations démocratiques des peuples européens. Le « printemps des peuples » fut sévèrement réprimé dès juin 1848, et jusqu'en 1849 en Hongrie.

R

révoquer v. t. [1] Ôter ses fonctions, sa charge à ; destituer. *Révoquer un fonctionnaire.* / DR. Annuler, déclarer nul. *Révoquer un décret, un testament.*
revoyure n. f. sing. Fam. *À la revoyure* : au revoir.
revue n. f. Examen détaillé des éléments d'un ensemble. *Revue de presse* : lecture des articles de journaux parus à une date donnée ; commentaires sur le contenu de ces articles. / MILIT. Inspection des effectifs et du matériel d'un corps de troupes ; inspection accompagnée d'un certain cérémonial, par un haut personnage, de troupes immobiles ou défilant ; par ext., ce défilé. / THÉÂTRE Spectacle comique où des sketches illustrent les principaux événements du jour ; spectacle de music-hall. / Nom donné à certains périodiques spécialisés. *Revue scientifique.*
Revue des Deux Mondes (la) Revue littéraire, philosophique, historique et politique française fondée en 1829, à laquelle participèrent de nombreux écrivains du XIXe siècle (G. Sand, Hugo, Balzac…).
revuiste n. THÉÂTRE Auteur de revues.
révulsé, e adj. *Yeux révulsés*, retournés à demi, de telle sorte que la pupille disparaît sous la paupière.
révulser v. t. [1] Inspirer de la répulsion, un vif dégoût à. / MÉD. Soigner par révulsion. / v. pron. Se contracter sous l'effet d'une douleur, d'une émotion, en parlant d'une partie du corps.
révulsif, ive adj. et n. m. MÉD. Qui produit une révulsion.
révulsion n. f. MÉD. Acte thérapeutique qui consiste à produire (à l'aide de ventouses, de cautères) un afflux sanguin dans une région plus ou moins éloignée d'un organe malade, afin de faire cesser une congestion, une inflammation.
rewriter [1] (mot anglais) n. Personne qui récrit, rewrite un texte.
rewriter [2] v. t. [1] (Anglicisme) Récrire (le texte d'un autre) avant sa publication.
rewriting n. m. (mot anglais) Réécriture, mise en forme (d'un texte).
rexisme n. m. Mouvement à tendance fascisante, fondé en Belgique en 1934, par Léon Degrelle, qui prôna la collaboration avec l'Allemagne entre 1940 et 1944 et fut interdit en 1945.
rexiste adj. et n. Du rexisme ; partisan du rexisme.
Rey (Alain) 1928 Lexicographe et éditeur français. Collaborateur de Paul Robert en 1952, il assume ensuite la direction de la rédaction des dictionnaires « Le Robert ». Outre ses travaux proprement lexicographiques et de direction éditoriale (parmi lesquels le *Dictionnaire historique de la langue française*, 1992), on lui doit des essais (notam. *Littré, l'humaniste et les mots*, 1970 ; *Encyclopédies et dictionnaires*, 1982) et des chroniques radiophoniques (*Le Mot de la fin*, France Inter).
Reykjavik *104 276 h.* Capitale de l'Islande, ce port libre de glaces (pêche) est la capitale la plus septentrionale du monde. Centre industriel et commercial.
Reynaud (Émile) 1844-1918 Inventeur français. Il met au point en 1876 le praxinoscope qui, par un jeu de miroirs tournants, crée une illusion de type cinématographique. Dans les années 1890, son théâtre optique, qui repose sur ce principe, lui permet de composer des scènes (très brèves), dessinées image par image, qui annoncent le dessin animé.

Vue de **Reykjavik**.

Reynaud (Paul) 1878-1966 Homme politique français. Républicain modéré, cinq fois ministre de 1930 à 1940, il devint président du Conseil en mars 1940. Il s'opposa à l'armistice et démissionna le 16 juin. Remplacé par le maréchal Pétain, il fut emprisonné puis déporté en Allemagne (1942-1945). Au lendemain de la guerre, il fut élu député du Nord et poursuivit sa carrière politique jusqu'en 1962.
Reynolds (sir Joshua) 1723-1792 Peintre anglais. Il est surtout connu pour ses portraits de l'aristocratie anglaise où il allia la grâce à la délicatesse des tons et n'hésita pas à idéaliser ses sujets ou à laisser deviner leur intimité (*Mrs. Siddons en muse tragique*, 1784). Professeur à la Royal Academy, il a laissé des écrits sur la théorie de l'art qui dépassent le cadre de ses propres œuvres (*Discours sur l'art*).
Reynolds (Osborne) 1842-1912 Ingénieur et physicien anglais. On lui doit une étude approfondie de l'écoulement des liquides, pour lequel il définit un paramètre, appelé *nombre de Reynolds*, qui caractérise le type d'écoulement, laminaire ou turbulent. *Nombre de Reynolds* : en dynamique des fluides, rapport entre le produit de la vitesse d'écoulement d'un liquide par la longueur du conduit d'écoulement, que divise le coefficient de viscosité de ce liquide. Il s'exprime par la relation v *L* / *v*. Le passage d'un régime laminaire à un régime turbulent se produit à une vitesse critique d'écoulement qui correspond à une valeur critique du nombre de Reynolds.
Reza Chah Voir **Riza Chah**
rez-de-chaussée n. m. inv. Partie d'un bâtiment située au niveau du sol ; appartement situé à ce niveau.
rhabdomancie ou **rabdomancie** n. f. Radiesthésie à l'aide d'une baguette.
rhabiller v. t. [1] Habiller de nouveau (qqn). *Rhabiller un enfant.* / v. pron. *Se rhabiller avant de sortir.* Loc. fig. et fam. *Vous pouvez aller vous rhabiller* : vous ne faites pas l'affaire, on ne veut pas de vous.
Rhadamanthe MYTH. GR. Fils de Zeus et d'Europe. Renommé pour sa sagesse et sa justice, il devint juge des Enfers avec ses frères Éaque et Minos.
rhamnacées n. f. pl. BOT. Famille de plantes dicotylédones dialypétales à petites fleurs, telles que le nerprun. *Les rhamnacées sont des arbres et des arbustes, souvent épineux.*
rhapsode ou **rapsode** n. m. ANTIQ. GR. Chanteur qui allait de ville en ville en chantant des poèmes épiques
rhapsodie n. f. ANTIQ. En Grèce poème épique que chantaient les *rhapsodes*. / MUS. Composition libre pour piano ou orchestre, inspirée du folklore national. *Les « rhapsodies hongroises »* de Liszt.
Rhéa MYTH. GR. Titanide, fille de Gaia et Ouranos. Elle épousa Cronos et eut six enfants, dont Zeus et Poséidon.
Rhea Silvia MYTH. ROM. Fille de Numitor, aimée du dieu Mars qui lui donna des jumeaux : Romulus et Remus.
Rhee (Syngman) Voir **Syngman Rhee**
Rheims (Maurice) 1910-2003 Écrivain français. Commissaire-priseur (1935-1972), il a donné plusieurs écrits sur l'art (*Les Chefs-d'œuvre des musées de province*, 1974 ; *Les Collectionneurs*, 1981), des romans et des nouvelles (*Le Luthier de Mantoue*, 1972), des souvenirs (*Une mémoire vagabonde*, 1997), des essais. Son dictionnaire (*L'Insolite, dictionnaire des mots sauvages*, 1989) est aussi malicieux qu'érudit.
Rhénan (Massif schisteux) Massif ancien d'Allemagne occidentale couvert de forêts et de cultures pauvres. Il est creusé par les vallées profondes du Rhin, de la Moselle (vignoble) et de la Lahn.
Rhénanie Région historique d'Allemagne, de part et d'autre du Rhin, qui va de la frontière française à la frontière néerlandaise. Occupée par des peuples celtes et germains, elle fut conquise par César (57 av. J.-C.), puis, divisée en Germanie inférieure, Germanie supérieure et Belgique, devint (9 av. J.-C.) la frontière occidentale de l'empire romain, une ligne de fortifications (le *limes*) reliant Rhin et Danube. Après les invasions barbares (IIIe au Ve siècle), les Francs ripuaires y fondèrent leur royaume (v. 460) ; elle suivit ensuite le sort du royaume de Clovis, celui de l'Austrasie, puis, centre de l'empire de Charlemagne, fut réunie à la Lotharingie et, enfin, au Saint Empire (925). La région fut prospère au Moyen Âge, des universités s'y implantèrent (Heidelberg, Mayence), la vie spirituelle s'y épanouit (maître Eckart). Demeurée majoritairement catholique au moment de la Réforme (malgré le prosélytisme du duché de Clèves, ardemment protestant), la Rhénanie fut ravagée par la guerre de Trente Ans qui consolida l'influence française. Les guerres de la Révolution en firent des départements (Sarre, Mont-Tonnerre, Rhin-et-Moselle), ce qui rendit la France impopulaire, et la région fut rattachée (1815) à la Prusse. Elle connut, au cours du XIXe siècle, un très grand développement industriel. La Ruhr fut occupée après la victoire alliée de 1918 par les troupes françaises qui durent l'évacuer à partir de 1925 et, en 1935, la Sarre choisit, par plébiscite, de s'unir au IIIe Reich. En 1936, Hitler, au mépris des traités qui en avaient fait une zone démilitarisée, fit entrer ses troupes dans la Ruhr, ce qui ne provoqua que des protestations de pure forme, et fit construire les fortifications de la « ligne Siegfried ». Conquise par les Alliés en 1945, la Rhénanie est partagée en deux Länder.
Rhénanie-du-Nord-Westphalie *34 078 km² 17 893 045 h.* Land de l'ouest de l'Allemagne, densément peuplé et très actif. Capitale *Düsseldorf*. Il possède d'importantes ressources agricoles (élevage de bovins et de porcs) et industrielles : le charbon de la Ruhr a fait naître dès 1811 une puissante industrie lourde.
Rhénanie-Palatinat *19 846 km² 3 977 919 h.* Land de l'ouest de l'Allemagne. Capitale *Mayence*. Ses principales activités sont agricoles (vins de Moselle et du Rhin) et touristiques (villes médiévales : Trêves, Coblence, Mayence, Spire et Worms).
rhénium n. m. CHIM. Élément métallique de numéro atomique Z = 75, de masse atomique 186,2 (symbole : Re) ; métal blanc brillant, très dense.
rhéologie n. f. PHYS. Science qui traite de la déformation des matériaux en tenant compte de leur degré de plasticité, d'élasticité, de viscosité, etc., et en fonction du milieu dans lequel ils se trouvent.
rhéostat n. m. Résistance électrique que l'on peut faire varier, le plus souvent en déplaçant un curseur, et qui permet de moduler à volonté l'intensité du courant.
rhésus n. m. ZOOL. Macaque, à queue courte et au pelage gris roux, vivant en Chine et en Asie du Sud-Est. *Les expériences menées sur le rhésus ont permis la mise en évidence du facteur sanguin Rhésus.* / (Appos.) *Le macaque rhésus.* / BIOL. *Facteur Rhésus, système Rhésus* : système de groupes sanguins, déterminé par un ensemble complexe d'antigènes, qui comporte deux groupes, dits Rhésus positif (ou Rh^+) et Rhésus négatif (ou Rh^-). Voir *groupe sanguin*.
rhéteur n. m. ANTIQ. Maître de rhétorique. / LITTÉR. Orateur ou écrivain qui use d'une vaine rhétorique.
Rhétie ou **Rétie** Ancienne région qui s'étendait sur la haute vallée de l'Adige, sur les Grisons et au Tyrol, conquise par Rome à la fin du Ier siècle av. J.-C. Elle fut scindée ultérieurement en deux provinces romaines ; l'une, autour d'Augsbourg ; l'autre, autour de Coire. On y utilise des parlers rhéto-romans.

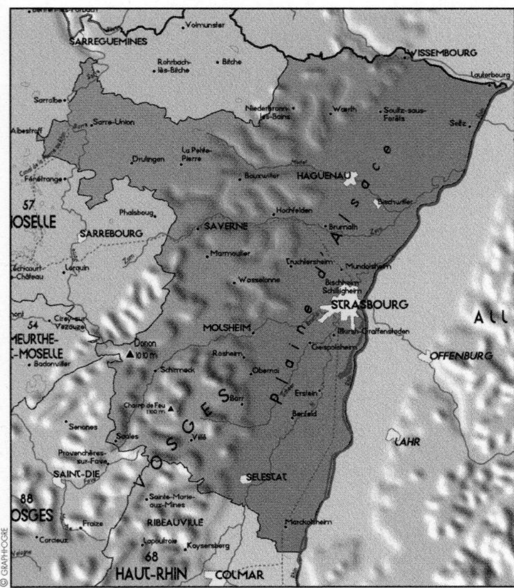

Département du **Bas-Rhin**.

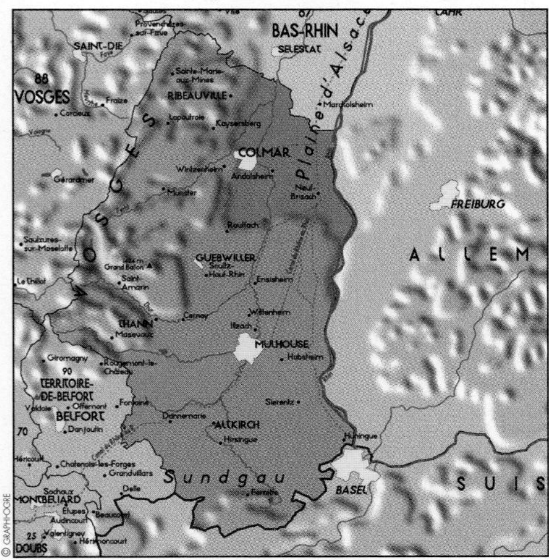

Département du **Haut-Rhin**.

rhétoricien, enne n. Spécialiste de rhétorique. / Anc. Élève de la classe de rhétorique.

rhétorique n. f. et adj. **A.** n. f. Art de bien dire, ou de parler de manière à persuader ; livre exposant les règles et les techniques de cet art. *Figure de rhétorique* : chacune des tournures techniques de langage qui donnent de la force ou de la grâce à l'expression. / Vx Dénomination ancienne de la classe de première. **B.** adj. Qui relève de la rhétorique. *Des procédés rhétoriques.*

rhétoriqueurs (grands) n. m. pl. LITTÉR. Ensemble de poètes de la fin du XVe siècle (Lemaire de Belges, notamment), presque tous liés à un prince dont ils chantaient les louanges, et cependant novateurs. *La poésie des grands rhétoriqueurs est fondée sur l'exploitation de toutes les ressources du langage et tend à mener jusqu'aux limites ultimes les possibilités offertes par la poésie médiévale, tant sur le plan intellectuel que sur le plan des sentiments.*

rhéto-roman, e adj. et n. LING. *Parlers rhéto-romans* : parlers romans utilisés dans les Grisons (où l'on parle le romanche), au Frioul et au Tyrol. / n. m. *Le rhéto-roman.*

rhexistasie n. f. GÉOL. Période d'érosion intense, liée à la destruction de la couverture végétale, au cours de laquelle les dépôts détritiques marins sont importants. Ant. biostasie.

Rhin (le) *1 320 km* Fleuve qui baigne la Suisse, l'Allemagne, la France et les Pays-Bas. C'est l'artère vitale de l'Europe de l'Ouest. Il naît en Suisse de la réunion de deux branches issues du massif du Saint-Gothard et du massif de l'Adula. Torrent alpin régularisé par son passage dans le lac de Constance, il traverse le Jura (chutes de Schaffhouse) et, grossi de l'Aar, pénètre en Allemagne, à Bâle. Coulant vers le nord dans les plaines d'effondrement d'Alsace et du Palatinat, son cours encombré d'alluvions forme la frontière entre la France et l'Allemagne. Il reçoit l'Ill, le Neckar et le Main. Après Mayence, « le Rhin héroïque » franchit le Massif schisteux rhénan par une vallée resserrée et profonde. Il est grossi de la Moselle et de la Lahn. Retrouvant la plaine en amont de Bonn, il arrose Cologne et décrit un vaste arc de cercle vers l'ouest, arrosant la région industrielle de Düsseldorf, et pénètre aux Pays-Bas. Dans la plaine hollandaise, le Rhin se divise en deux branches, le Waal et le Lek, elles-mêmes ramifiées en de multiples canaux, pour aboutir à la mer du Nord par un vaste delta marécageux. Le Rhin est un fleuve au régime complexe : torrent alpin (hautes eaux d'été, basses eaux d'hiver) en amont de Bâle, il s'écoule lentement et régulièrement par la suite. Accessible aux chalands de *2 000 t* jusqu'à la frontière germano-suisse, le Rhin est la première voie fluviale d'Europe. Il alimente une série de centrales hydroélectriques, mais sert également de déversoir à de nombreuses usines. Aussi la question de sa protection est-elle à l'ordre du jour.

Rhin (département du Bas-) [67] *4 755 km² 953 053 h.* Département de l'est de la France qui constitue le nord de la Région Alsace. Chef-lieu *Strasbourg*. À la frontière de l'Allemagne, le département comprend d'ouest en est : les Vosges, cristallines et élevées au sud du mont Donon, gréseuses et basses au nord, couvertes de forêts ; une zone de transition faite de collines richement cultivées et favorablement exposées (vigne, houblon, tabac) ; la plaine d'Alsace enfin, fossé d'effondrement comblé par les alluvions du Rhin et de l'Ill. L'agriculture est prospère, mais demeure traditionnelle (petites propriétés, polyculture) associant élevage (bovins, volailles) et cultures de la vigne, des céréales et du houblon. Née de l'activité commerciale ancienne plus que du sous-sol (le gisement pétrolifère de Pechelbronn est aujourd'hui épuisé), l'industrie transforme les produits de l'agriculture (brasseries) et de la forêt (scieries, papeteries). Les industries chimiques et mécaniques se développent à Strasbourg, deuxième port rhénan mais surtout capitale régionale à vocation européenne (Foire européenne, siège du Conseil de l'Europe). La proximité de l'Allemagne (où une partie de la population va travailler) stimule l'économie.

Rhin (département du Haut-) [68] *3 525 km² 671 319 h.* Département de l'est de la France qui constitue le sud de la Région Alsace. Chef-lieu *Colmar*. Il oppose les hautes Vosges cristallines à l'ouest, couvertes de forêts et de pâturages, et la plaine d'Alsace à l'est, riche en cultures (céréales, houblon, élevage), séparées par une zone de collines sous-vosgiennes portant des vignobles renommés (traminer, riesling, sylvaner). Le Sundgau, au sud, est le pays des céréales. L'industrie textile a été longtemps prépondérante autour de Mulhouse. Les industries chimiques sont nées du gisement de potasse proche de Mulhouse. Les industries électriques, mécaniques sont développées autour de Colmar et surtout de Mulhouse, premier centre industriel du département et nœud ferroviaire, routier et aérien (aéroport de Mulhouse-Bâle), l'activité fluviale sur le grand canal d'Alsace demeurant faible.

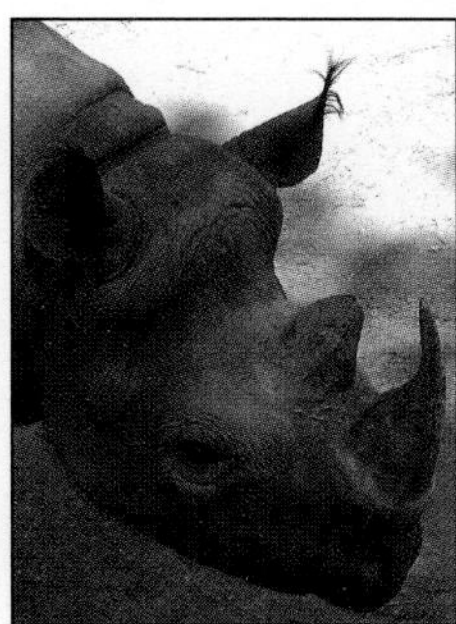

Rhinocéros.

rhinanthe n. m. BOT. Plante de la famille des scrofulariacées, à fleurs jaunes, semi-parasite de diverses espèces végétales.

rhinencéphale n. m. ANAT. Partie du cortex cérébral intervenant dans l'olfaction, les processus émotifs et la mémorisation.

rhingrave n. m. et n. f. Titre porté par les princes allemands de la région rhénane. / n. f. Haut-de-chausses large, porté au XVIIe siècle.

rhinite n. f. MÉD. Inflammation de la muqueuse nasale.

rhinocéros n. m. ZOOL. Grand mammifère ongulé, de l'ordre des périssodactyles, massif, dont le museau est orné d'une ou deux cornes médianes et dont le cuir, épais et résistant, forme une véritable cuirasse. *Deux espèces vivent en Afrique : le rhinocéros blanc, à deux cornes, qui mesure 4 m de long et pèse plus de 2 tonnes, et le rhinocéros noir, plus petit, à deux cornes. Plusieurs espèces, possédant généralement une seule corne, vivent en Asie.*

rhinologie n. f. MÉD. Étude des fosses nasales et de leurs affections.

rhinolophe n. m. ZOOL. Chauve-souris d'Europe et d'Asie, à membrane nasale semi-circulaire. Syn. fer-à-cheval.

rhinopharyngite n. f. MÉD. Inflammation de la muqueuse du rhinopharynx. *Rhinopharyngite aiguë, chronique.*

rhinopharynx n. m. inv. ANAT. Étage supérieur du pharynx, situé au-dessus du voile du palais, et qui est en rapport avec les fosses nasales.

rhinoplastie n. f. CHIR. Opération chirurgicale destinée à remédier aux malformations ou à des lésions accidentelles du squelette osseux ou cartilagineux du nez.

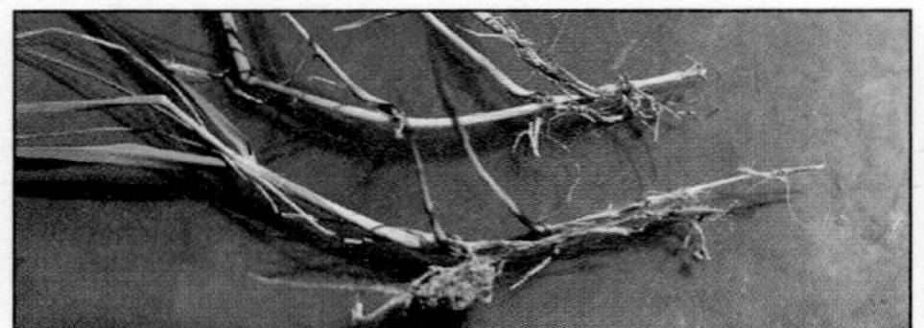

Rhizomes.

Rhododendron.

Cecil John Rhodes.

rhinoscopie n. f. MÉD. Examen des fosses nasales soit par les narines, au moyen d'un spéculum, soit par le pharynx au moyen d'un miroir introduit derrière le voile du palais.

rhizobium n. m. BIOL. Bactérie du sol, symbiotique des légumineuses, sur les racines desquelles elle forme des nodules qui sont le lieu de la fixation de l'azote par la plante.

rhizome n. m. BOT. Tige souterraine, le plus souvent horizontale, sur laquelle prennent naissance des racines adventives et des tiges aériennes. *Le rhizome d'une fougère.*

rhizopodes n. m. pl. BIOL. Embranchement de protozoaires qui possèdent des pseudopodes (intervenant dans les fonctions de nutrition et de locomotion) et sont dépourvus de cils et de flagelles. *Les amibes sont des rhizopodes.*

rho n. m. Dix-septième lettre de l'alphabet grec (R, r).

rhodanien, ienne adj. et n. Du Rhône. *Le Sillon rhodanien*: la vallée du Rhône, entre le Massif central et les Préalpes. *Un Rhodanien, une Rhodanienne*: un(e) habitant(e) du département du Rhône.

Rhode Island *3 140 km² 987 429 h.* État des États-Unis, en Nouvelle-Angleterre, le plus petit mais le second de l'Union par sa densité de population, situé sur l'Atlantique, dans le nord-est du pays. Capitale *Providence.* L'industrie et la pêche sont actives. L'activité agricole concerne les volailles et les primeurs. Cette colonie fondée en 1638 proclama son indépendance, avant toutes les autres, en 1776 mais n'entra dans l'Union qu'en 1790.

Rhodes (île de) *1 400 km² 163 476 h.* Île grecque de la mer Égée (Dodécanèse) qui vit du tourisme; la culture de la vigne et des oliviers apporte de maigres ressources. La statue colossale d'Apollon (œuvre de Charès de Lindos), considérée comme l'une des Sept Merveilles du monde, était placée à l'entrée du golfe de Rhodes. Elle a disparu en 223. L'île dut son développement à l'installation des hospitaliers de Saint-Jean-de-Jérusalem qui la gouvernèrent de 1309 à 1523. À cette date, Soliman II la conquit et les *chevaliers de Rhodes* gagnèrent Malte. L'île resta sous domination turque jusqu'en 1912, date de sa conquête par l'Italie. En 1947, elle fut restituée à la Grèce.

Rhodes (Alexandre de) 1591-1660 Missionnaire français. Jésuite, il est envoyé au Viêtnam où il fit imprimer un catéchisme qui contribua à formaliser et à diffuser l'écriture quoc ngu, transposition du vietnamien en caractères latins.

Rhodes-Extérieures *243 km² 54 000 h.* Demi-canton du nord-est de la Suisse qui, avec le demi-canton de Rhodes-Intérieures, constitue le canton d'Appenzell. Chef-lieu *Herisau.* Les habitants sont germanophones et majoritairement protestants. L'industrie textile joue un rôle économique important.

Rhodes-Intérieures *172 km² 14 400 h.* Demi-canton du nord-est de la Suisse qui, avec le demi-canton de Rhodes-Extérieures, constitue le canton d'Appenzell. Chef-lieu *Appenzell.* Les habitants sont germanophones et majoritairement catholiques. C'est une région essentiellement agricole (fromage).

Rhodes (Cecil John) 1853-1902 Homme politique et philanthrope anglais. Émigré au Cap en 1870, il s'enrichit en regroupant des sociétés qui exploitaient des mines de diamant (dont la De Beers Mining Company) en 1889. Persuadé du bien-fait que constituerait la colonisation des territoires d'Afrique australe par l'Angleterre, il l'encourage assidûment et devient Premier ministre du Cap (1890-1896). Mais ses grands projets de voie anglaise « du Cap au Caire » et de Fédération sud-africaine sont compromis par l'échec du raid armé contre le Transvaal des Boers et il est contraint de démissionner. Lorsque la guerre des Boers (1899-1902) éclate, il se réfugie à Kimberley et organise la résistance contre les attaquants boers.

Rhodésie Région de l'Afrique sud-orientale, dans le bassin du Zambèze, conquise par Cecil Rhodes qui lui donna son nom en 1895. En 1953, les Britanniques créèrent une éphémère fédération de Rhodésie-Nyassaland, dissoute en 1963. En 1964, la Rhodésie du Nord et le Nyassaland accédèrent à l'indépendance sous les noms respectifs de Zambie et de Malawi. La Rhodésie du Sud accéda à l'indépendance en 1965. Voir *Zimbabwe.*

rhodium n. m. CHIM. Élément métallique de numéro atomique Z = 45, de masse atomique 102,9 (symbole: Rh). / Métal blanc, entrant en fusion à 1 960 °C, de densité 12,4, utilisé dans certains alliages.

rhododendron n. m. BOT. Arbuste de montagne, de la famille des éricacées, au feuillage persistant, cultivé pour ses grandes fleurs ornementales pourpres, violettes ou roses.

rhodoïd n. m. n. m. (nom déposé) Matière plastique formée d'acétate de cellulose, qui fond sous l'action de la chaleur mais ne brûle pas.

rhodophycées n. f. pl. BOT. Vaste groupe d'algues pluricellulaires, généralement marines, qui contiennent, en plus des chlorophylles, des pigments qui leur donnent une couleur rouge. Syn. algues rouges.

rhodopsine n. f. BIOCHIM. Pigment photorécepteur présent dans les bâtonnets de la rétine, qui intervient dans la vision crépusculaire. Syn. pourpre rétinien.

rhombe n. m. ETHNOL. Instrument de musique rituel ou magique, fait d'une lame de bois que l'on fait ronfler en la faisant rapidement tourner autour d'une cordelette.

rhombencéphale n. m. ANAT. Partie postérieure de l'encéphale des vertébrés, issue du développement de la vésicule cérébrale postérieure. *Le cervelet et le bulbe rachidien appartiennent au rhombencéphale.*

rhomboèdre n. m. Parallélépipède dont les six faces sont des losanges identiques. / MINÉR. Cristal formant un parallélépipède dont six faces sont des losanges.

rhomboédrique adj. Qui a la forme d'un rhomboèdre. *Un système cristallin rhomboédrique.*

rhomboïde n. m. et adj. Vx Parallélogramme. / ANAT. *Rhomboïde* ou (adj.) *muscle rhomboïde*: muscle dorsal en forme de losange, élévateur de l'omoplate.

Rhône (le) *812 km* (dont *522 km* en France). Le plus puissant des fleuves français. Issu du glacier de la *Furka* (*1 750 m*) dans le massif du Saint-Gothard, en Suisse, le Rhône est un torrent qui draine le bassin du Valais, pénètre dans le lac Léman où ses eaux boueuses sont purifiées et, de là, en France. Son lit se resserre pour franchir les cluses du Jura (Bellegarde). Il reçoit l'Ain. À Lyon, il rencontre la Saône puis, se heurtant au Massif central, s'oriente vers le sud. Il coule dans les bassins et défilés successifs du Sillon rhodanien, grossi par l'Isère venue des Alpes, et garde sa puissance et son caractère alpestre. Il arrose Valence, reçoit l'Ardèche, la Durance, traverse Avignon, puis atteint Arles où commence le delta actuel formé de deux branches principales: le *Grand Rhône* et le *Petit Rhône*, enserrant la plaine de Camargue. Le Rhône est un fleuve au régime complexe: son régime alpestre (crues de début d'été, basses eaux d'hiver) est modifié par l'apport de la Saône (fortes eaux d'hiver) et des torrents cévenols (Gard, Ardèche) grossis à l'automne. Tout au long de son cours, le Rhône demeure un fleuve fougueux où la navigation est difficile et dangereuse. Fondée en 1934, la *Compagnie nationale du Rhône* a entrepris l'aménagement du fleuve dans un triple but: navigation, irrigation et production d'énergie électrique. Les principales centrales sont celles de Génissiat, Donzère-Mondragon, Pierre-Bénite, Montélimar. Plusieurs centrales nucléaires utilisent l'eau du Rhône. Le Rhône, pièce maîtresse de la liaison mer du Nord-Méditerranée, constitue une artère vitale de l'Union européenne.

Rhône (département du) [69] *3 249 km² 1 508 966 h.* Département qui fait partie de la Région Rhône-Alpes. Chef-lieu *Lyon.* En grande partie montagneux, il

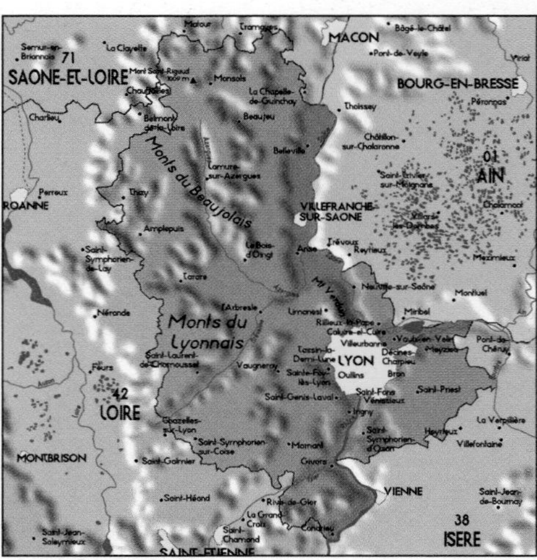

*Département du **Rhône**.*

R

s'étend sur les monts du Beaujolais à l'ouest, sur les collines du bas Dauphiné à l'est et sur les monts du Lyonnais au sud. Au cœur de la région économique Rhône-Alpes, son activité est dominée par la présence de Lyon et de son carrefour : l'agriculture alimente l'agglomération lyonnaise en légumes, en fruits et en produits laitiers. Les régions rurales fournissent la main-d'œuvre nécessaire à l'industrie qui a essaimé dans tout le département : les industries textiles dominées par les « soyeux » lyonnais (soie, textiles synthétiques), ont décru, alors que chimie, recherche, hautes technologies, électronique, mais aussi agroalimentaire se sont puissamment développées. L'agglomération lyonnaise représente plus des 4/5 de la population du département. Bien reliée à Paris et aux voisins européens, c'est une des métropoles de l'Union européenne.

Rhône-Alpes *43 698 km² 5 646 000 h.* Région du centre-est de la France comprenant huit départements : Ain, Rhône, Loire, Drôme, Ardèche, Isère, Savoie, Haute-Savoie. Chef-lieu *Lyon*. Elle associe des pays très divers : l'agglomération lyonnaise (où industries mécaniques, chimiques et pétrochimiques complètent les activités textiles traditionnelles), le bassin de Saint-Étienne (frappé par la crise de l'industrie minière dans les années 1960), les Alpes du Nord (grande puissance industrielle et touristique) : enfin, elle déborde sur les Alpes du Sud, encore rurales. Le Rhône, dont l'aménagement hydraulique s'est achevé dans les années 1970, offre un axe de communications privilégié (oléoduc sud-européen, liaison Rhin-Méditerranée) qui, avec le dynamisme urbain (Lyon, Grenoble) et le développement des communications (T.G.V., notamment), explique la vitalité économique de la Région. Celle-ci ne cesse d'attirer les investissements : chimie, recherche, hautes technologies, électronique. C'est une des Régions les plus dynamiques de l'Union européenne. Le taux de chômage est inférieur à la moyenne nationale ; le P.N.B. par habitant est l'un des plus élevés de France.

rhovyl n. m. (nom déposé) Fibre synthétique de polychlorure de vinyle.

rhubarbe n. f. Plante herbacée, de la famille des polygonacées, à grandes feuilles, dont les pétioles sont consommés en confiture ou en compote.

Feuille et fleur de **rhubarbe**.

Entrée de l'université de **Riad**.

rhum n. m. Eau-de-vie provenant de la fermentation et de la distillation des mélasses et du jus de la canne à sucre.

rhumatisant, e adj. et n. Qui souffre de rhumatismes.

rhumatismal, ale, aux adj. Relatif au rhumatisme.

rhumatisme n. m. MÉD. Nom générique d'affections inflammatoires très diverses, aiguës ou chroniques, caractérisées par des douleurs localisées surtout au niveau des régions articulaires. (Souvent au pluriel) *Avoir des rhumatismes.* / *Rhumatisme articulaire aigu* ou *maladie de Bouillaud* : polyarthrite aiguë fébrile, associée à une atteinte cardiaque (*rhumatisme cardiaque*).

rhumatologie n. f. Branche de la médecine qui traite des rhumatismes et des maladies articulaires.

rhumatologue n. Médecin spécialiste en rhumatologie.

rhumb ou **rumb** n. m. MAR. Angle compris entre chacune des trente-deux aires de vent de la rose des vents (voir *rose des vents*).

rhume n. m. Terme courant désignant une rhinite accompagnée de toux, d'une inflammation de la muqueuse des bronches. / *Rhume des foins* : voir *foin*. / *Rhume de cerveau* : coryza.

rhynchocéphales n. m. pl. ZOOL. Ordre de reptiles à l'allure de lézard, nombreux à l'ère secondaire, dont la plupart des espèces s'éteignirent au Crétacé. *Le sphénodon est le dernier représentant vivant de l'ordre des rhynchocéphales.*

Rhys (Ella Gwendoleen Rees Williams, dite **Jean)** 1894-1979 Romancière britannique originaire de la Dominique. Célèbre avant la Seconde Guerre mondiale grâce à ses nouvelles (*Rive gauche*, 1927), elle cessa d'écrire en 1939 et fut totalement oubliée, jusqu'à la parution, en 1966, d'un roman qui eut un grand succès, *La Prisonnière des Sargasses*.

rhytine n. f. Grand mammifère sirénien des eaux froides des côtes du Pacifique nord, exterminé au XIXᵉ siècle très peu de temps après sa découverte.

rhyton n. m. ARCHÉOL. Vase à boire des Anciens, adoptant la forme d'une corne ou d'une tête d'animal (bélier, lion).

ria n. f. (mot espagnol) GÉOGR. Ancienne vallée fluviale envahie par la mer, forme de relief caractéristique de la côte armoricaine et de la côte espagnole de Galice.

Riad (Er) ou **Riyad** *1 308 000 h.* Capitale de l'Arabie Saoudite, au centre d'une oasis du Nadjd. Centre du mouvement réformiste musulman wahhabite, elle devient la capitale de l'émirat du Nadjd au XIXᵉ siècle puis celle de l'Arabie saoudite en 1932. Depuis 1950, elle s'est considérablement développée, notamment grâce à l'autoroute transarabienne et la liaison de chemin de fer de Damman.

L'hospice San Fernando de Madrid construit par **Pedro de Ribera**.

rial n. m. (mot persan) Unité monétaire de divers pays du Proche et du Moyen Orient (Arabie Séoudite, Yémen, Qatar, Oman, Iran). Pl. Des *rials*.

riant, e adj. Qui montre de la joie. *Visage riant.* / Qui invite à la gaieté. *Campagne riante.* / Agréable, plaisant. *Des perspectives riantes.*

RIB ou **R.I. B.** n. m. Acronyme pour *Relevé d'Identité Bancaire*.

Ribalta (Fransisco) 1565-1628 Peintre espagnol. Originaire de Catalogne, Ribalta travaille d'abord à Madrid avant de s'installer définitivement en 1599 à Valence, où il produit surtout des œuvres pour des couvents. Du maniérisme de ses débuts, il évoluera vers un clair-obscur qui n'est pas sans rappeler Caravage. L'originalité dont témoignent ses derniers tableaux en fait l'un des grands représentants du réalisme espagnol.

ribambelle n. f. Longue suite, procession. *Une ribambelle d'enfants.*

ribaud, e adj. et n. f. Vx Débauché. *Une ribaude* : une femme aux mœurs légères, une prostituée.

Ribbentrop (Joachim von) 1893-1946 Homme politique allemand. Représentant international en champagne (1919), il effectue de nombreux voyages, notamment à Londres. Devenu membre du parti nazi (1932), il est nommé ambassadeur à Londres (1936), puis ministre des Affaires étrangères à partir de 1938. Il conclut des traités d'alliance avec l'Italie et signe le pacte germano-soviétique en 1939. À l'issue de la guerre, il est condamné et pendu par le tribunal de Nuremberg.

Ribeiro (Bernardim) 1500-1552 Poète portugais de la *saudade*, également romancier (*Mennina e moça*).

Ribera (José de) 1591-1652 Peintre et graveur espagnol. Il s'installa très jeune en Italie où il fut surnommé le Spagnoletto en raison de sa petite taille. Très apprécié en Espagne, en Italie et dans le reste de l'Europe, il employa d'abord les tons sombres du Caravage pour des compositions traitant de sujets bibliques et mythologiques (*Le Martyre de saint Philippe*, 1630). Dans un second temps, il adopta une palette de plus en plus vive et lumineuse (*Le Songe de Jacob*, 1639 ; *Le Pied bot*, 1642) et peignit des œuvres saisissantes de réalisme psychologique et de simplicité monumentale (*La Communion des Apôtres*, 1651).

Ribera (Pedro de) 1683-1742 Architecte et décorateur espagnol. Tenant du baroque churrigueresque, il conçut à Madrid des décors d'une exubérante fantaisie, tant dans ses modèles de catafalques que dans des portails de bâtiments comme posés sur des façades à la sévère nudité (hospice San Fernando, palais Miraflores) ; on lui doit aussi l'ermitage de Virgen del Puerto, le pont de Tolède et la fontaine de la Puerta del sol (Madrid).

riboflavine n. f. BIOCHIM. Vitamine hydrosoluble de couleur jaune, intervenant dans de nombreuses réactions métaboliques comme coenzyme de déshydrogénase. Syn. vitamine B_2.

ribonucléique adj. BIOCHIM. *Acide ribonucléique* (*A.R.N.*) : acide nucléique constitué par l'association sur un seul brin (par opposition aux deux brins de la molécule d'acide désoxyribonucléique) de nucléotides puriques (adénine, guanine) et pyrimidiques (cytosine, uracile). *L'ose intervenant dans les nucléotides de l'A.R.N. est le ribose (alors qu'il s'agit de désoxyribose dans le cas de l'A.D.N.). A.R.N. pré-messager*, synthétisé à partir des parties codantes de la molécule d'A.D.N. (transcription). *A.R.N. messager* (*A.R.N.*$_m$), résultant de l'épissage de l'A.R.N. pré-messager, et qui véhicule l'information génétique du noyau cellulaire au cytoplasme, où il sert de matrice à la synthèse protéique (traduction). *A.R.N. de transfert* (*A.R.N.*$_t$), intervenant lors de cette traduction comme support des acides aminés avant que ceux-ci soient ajoutés à la chaîne peptidique en cours de synthèse. *A.R.N. ribosomique* (*A.R.N.*$_r$), constitutif des ribosomes.

ribose n. m. BIOCHIM. Pentose intervenant (associé à des bases puriques et pyrimidiques) dans la constitution de l'acide ribonucléique, et qui joue également un rôle dans les réactions de la photosynthèse. Voir *désoxyribose*.

ribosome n. m. BIOL. Organite du cytoplasme cellulaire qui est le lieu de la synthèse protéique (traduction). *Au niveau des ribosomes (constitués d'A.R.N. ribosomiques associés à diverses protéines, groupés en deux sous-unités), les acides aminés sont associés les uns aux autres par des liaisons peptidiques, dans un ordre déterminé par l'A.R.N. messager.*

ribosomique adj. BIOCHIM. Du ribosome ; relatif au ribosome.

Ribot (Théodule) 1839-1919 Philosophe et psychologue français. Après l'École normale supérieure et une agrégation de philosophie en 1865, il contribue à faire de la psychologie une science à part entière. Inspiré par des auteurs anglais, il écrit *La Psychologie anglaise contemporaine* (1870). Il devient docteur ès lettres en 1873 grâce à sa thèse sur *L'Hérédité psychologique*. Fondateur de la *Revue philosophique* en 1875, il enseigne la psychologie expérimentale à la Sorbonne (1885), et obtient une chaire au Collège de France en 1888.

Ribot (Alexandre) 1842-1923 Homme politique français. Député de1878 à 1923, ce républicain modéré sera ministre (1914-1917, ministre des Finances) et président du Conseil à de nombreuses reprises pour de très brèves périodes : en décembre 1892, de janvier à octobre 1895, du 9 au 13 juin 1914, et enfin le 20 mars 1917.

ribote n. f. Vx ou plaisant. *Faire ribote* : bien manger, bien boire.

R

***Richard II** d'Angleterre allant à la rencontre des serfs révoltés.*

ribouldingue n. f. Fam., vieilli *Faire la ribouldingue*, la fête, la java.
ribovirus n. m. BIOL. Virus dont la capside renferme une molécule d'acide ribonucléique (virus à A.R.N.).
ribozyme n. m. BIOCHIM. Molécule d'acide ribonucléique (A.R.N.) capable de catalyser une réaction du métabolisme.
ribulose n. m. BIOCHIM. Cétose à cinq atomes de carbone, qui intervient notam. dans la fixation du dioxyde de carbone au cours de la photosynthèse.
ricain, e adj. et n. Fam. et péjor. Américain (au sens de citoyen des États-Unis).
ricanement n. m. Action de ricaner.
ricaner v. i. [1] Rire de qqn, de qqch., s'en moquer. / Rire de manière réflexe et sans joie. *Ricaner bêtement.*
Ricardo (David) 1772-1823 Financier et économiste anglais. Il s'intéressa aux circuits de production, aux rapports entre profits et salaires, annonçant la macro-économie moderne et introduisant la théorie quantitative de la monnaie. La diversité de ses sujets d'analyse (*Principes de l'économie politique et de l'impôt*, 1817) a permis depuis aux capitalistes libéraux comme aux marxistes de se réclamer des thèses ricardiennes.
Ricci (Matteo) 1552-1610 Missionnaire italien. Jésuite envoyé en Chine, il y découvrit la civilisation chinoise, l'étudia et l'admira; respectueux des coutumes, il s'assimila aux Chinois (qui le nommaient Li Mateou) et autorisa les nouveaux chrétiens à continuer à rendre des honneurs à Confucius et aux ancêtres. Cette attitude libérale conduisit, après sa mort, à la querelle des rites chinois.
Riccio Voir **Rizzio**
ricercare n. m. (mot italien) MUS. Sorte de fantaisie imaginée par des luthistes italiens à la fin du XVe siècle, étendue aux autres instruments (orgue, cordes, instruments à vent) dès le XVIe siècle. Pl. Des *ricercari.*
richard, e n. Fam., péjor. Personne ostensiblement riche. *Une bagnole de richard.*
Richard Nom de trois rois d'Angleterre. **Richard Ier** Cœur de Lion 1157-1199 Roi en 1189. Élégant chevalier et poète délicat, après trois révoltes contre son père Henri II, il parvint à le vaincre avec le soutien de Philippe Auguste. Ils partirent ensemble pour la troisième croisade mais se brouillèrent en route. Tandis que Richard remportait des victoires contre Saladin (Jaffa, 1192), Philippe Auguste retourna en France et tenta de prendre la Normandie. À son retour des croisades, Richard fut retenu prisonnier en Allemagne pendant un an par l'empereur Henri VI. Libéré contre une importante rançon en 1194, il récupéra, après cinq années de guerre, les terres que Philippe Auguste avait occupées durant son absence. Il fut tué en Limousin, en assiégeant le château de Châlus. **Richard II** 1367-1400 Roi d'Angleterre (1377-1399). Petit-fils d'Édouard III, il lui succéda en 1377 et régna longtemps sous la tutelle de son oncle Jean de Gand. Après avoir essayé d'imposer l'absolutisme, il dut faire face à une rébellion de la bourgeoisie et du clergé, lassés de sa tyrannie. Contraint d'abdiquer (1399), il mourut en prison. Shakespeare lui a consacré un drame historique (1595). **Richard III** 1452-1485 Frère d'Édouard IV, il fut nommé régent à la mort de celui-ci. Ayant écarté ses adversaires et fait emprisonner les deux fils d'Édouard (ils furent ensuite assassinés), il se proclama roi en 1483. Henri Tudor, comte de Richmond, utilisa ses liens avec la maison de Lancastre pour unir les opposants au roi dans la poursuite de la guerre des Deux-Roses contre Richard, de la famille de York. Le roi fut vaincu et tué à la bataille de Bosworth (1485) et Henri Tudor mit définitivement fin à la guerre en épousant Élisabeth d'York, fille d'Édouard IV. Shakespeare lui a consacré un drame historique (1592).
Richard (François, dit **Richard-Lenoir)** 1765-1839 Industriel français. Il apprit à fabriquer le basin (étoffe croisée jusque-là importée d'Angleterre) et s'associa avec Lenoir-Dufresne pour lancer l'industrie française du coton.
Richardson (Samuel) 1689-1761 Romancier britannique. Il est l'auteur moraliste de romans épistolaires et sentimentaux: *Paméla ou la vertu récompensée* (1740), *Clarisse Harlowe* (1747-1748). Ses œuvres, qui lancèrent le roman psychologique, furent très prisées au XVIIIe siècle et influencèrent notamment Diderot et Rousseau.
Richardson (Tony) 1928-1991 Cinéaste britannique. D'abord auteur d'un court métrage et de films de télévision, il réalise *Les Corps sauvages* (1959) et *Le Cabotin* (1960), d'après Osborne. En 1963, son adaptation impertinente et pleine de vie du *Tom Jones* de Fielding lui vaut une renommée internationale, que confirmeront ses œuvres ultérieures (*Chambre obscure*, 1969; *Hôtel New Hampshire*, 1984).

Samuel Richardson *par Highmore.*

riche adj. et n. **A.** adj. *Riche en, riche de*: qui contient, possède en abondance. *Un sous-sol riche en minerai.* (Absol.) *Un sol riche,* fertile. *Une riche récolte,* abondante. Au fig. *Une riche idée*: une idée excellente. *Une riche nature*: une personne pleine de vitalité. / (En parlant de personnes) Qui possède de nombreux biens, dont la situation est prospère. *Les classes les plus riches de la population.* / Par méton. *Faire un riche mariage*: épouser une personne riche. / Somptueux, luxueux. *De riches atours.* **B.** n. *Les riches*: les personnes riches. *Un nouveau riche*: qqn qui s'est récemment enrichi, un parvenu qui veut montrer sa richesse.
richelieu n. m. Chaussure de ville, basse, à lacets. Pl. Des *richelieux* ou des *richelieus.*
Richelieu (Armand Jean du Plessis, cardinal **de)** 1585-1642 Prélat et homme d'État français. Fils d'un officier d'Henri IV, il se destinait à l'armée, mais se fit prêtre pour que demeure dans sa famille l'évêché de Luçon, porteur de modestes revenus, auquel son frère avait renoncé pour se retirer du monde dans un monastère. Orateur aux états généraux de 1614, il fut introduit auprès de Marie de Médicis, mère de Louis XIII, et Concini le prit comme secrétaire d'État. Disgracié par Luynes, il revint vite en faveur. Cardinal en 1622, entré au Conseil du roi, il devint peu après Premier ministre (1624). Il fut un modèle d'énergie et de dévouement à l'État et Louis XIII finit par lui accorder une confiance totale, le fit duc et le combla de faveurs. Pour combattre la puissance des protestants, il fit lui-même le siège de La Rochelle révoltée (1627-1628) et leur enleva leurs places fortes (paix d'Alès, 1629) tout en leur maintenant la liberté de culte. Il mit fin à l'insubordination des Grands en réprimant les complots, même lorsque Marie de Médicis ou Gaston d'Orléans, frère du roi, y étaient impliqués, et en faisant surveiller les gouverneurs de province par des intendants. Il reprit l'offensive contre les Habsbourg d'Espagne, dont les possessions encerclaient la France (1635). Sur le plan intérieur, il organisa l'armée, la marine marchande, les compagnies maritimes qui jetèrent les bases de l'implantation coloniale française. Fondateur de l'Académie française, il encouragea les écrivains et les artistes.
Richelieu (Louis François Armand du Plessis, duc **de)** 1696-1788 Maréchal de France. Petit-neveu du cardinal, il s'illustra dans les guerres de Louis XV, en particulier à Fontenoy, en 1745. Esprit brillant et séduisant, il fut l'ami de Voltaire. **Armand Emmanuel du Plessis,** duc de Fronsac, puis duc de **Richelieu** 1766-1822 Homme politique français. Petit-fils du précédent, émigré en Russie, il servit Alexandre Ier. Premier ministre de Louis XVIII de 1815 à 1818, il contribua à la libération du territoire. De nouveau Premier ministre après le meurtre du duc de Berry, en 1820, il dut se retirer en 1822, attaqué par les ultras et les libéraux.
richement adv. Somptueusement. *Elle est entrée dans la salle de bal richement parée. Un appartement richement meublé.*
Richepin (Jean) 1849-1926 Écrivain français. Révolté et anti-conformiste, ses œuvres de poète (*La Chanson des gueux*, 1876), de romancier (*La Glu*, 1881) et d'auteur dramatique (*Le Chemineau*) (1897) sont empreintes de violence et d'humour satirique.

Richelieu.

richesse n. f. Grande quantité de biens et d'argent possédée par quelqu'un. *La richesse d'une famille.* / Somptuosité, abondance, originalité. *Richesse d'un décor, d'un style, d'une œuvre artistique. La richesse de son vocabulaire.* / (Au plur.) Ensemble des choses possédées; ensemble de choses précieuses. *Les richesses d'un musée, d'une collection d'œuvres d'art.* / Ensemble de ressources exploitables. *Les richesses d'un pays, d'un sol, d'un sous-sol.*
richesse des nations (Recherches sur la nature et les causes de la) 1776 Essai d'Adam Smith, père de l'économie politique et fondateur de l'école libérale anglaise. Son livre, qui analyse les fonctions de la monnaie, du commerce et de l'État, tend à démontrer que la richesse vient du travail et non de la terre.
Richet (Charles) 1850-1935 Physiologiste français. Il contribue à formuler le principe de la sérothérapie et à découvrir le phénomène de l'anaphylaxie. Outre ses travaux proprement scientifiques (*L'Anaphylaxie, 1911*), il publie des poèmes, des pièces de théâtre, des romans et des ouvrages philosophiques et construit (1890) un aéroplane qui volera quatre fois.
Richier (Ligier) 1500?-1567 Sculpteur français né dans une famille d'artistes. Par son réalisme assez macabre, il se rattache à la tradition gothique de la fin du Moyen Âge (*Transi de René de Chalon*, 1547, squelette aux chairs arrachées offrant son cœur à Dieu).
Richier (Germaine) 1904-1959 Sculpteur français. S'inspirant du monde de la nature et en particulier des animaux (souvent considérés comme maléfiques ou répugnants, tels les chauve-souris, les araignées, les crapauds, les insectes), elle dévoile, par la dimension et la forme de ses œuvres, des tendances expressionnistes et oniriques très puissantes: *Christ* de l'église d'Assy (1950), *Hommes-Oiseaux* (série, 1953-1955).
richissime adj. Extrêmement riche.
Richmond *201 108 h.* Capitale de l'État de Virginie, aux États-Unis, port fluvial. Elle fut la capitale de la Confédération du Sud durant la guerre de Sécession (1861-1865), et ne capitula qu'après un long siège mené par le général Grant. Elle possède au-

jourd'hui de nombreuses manufactures de tabac.

Richter (Johann Paul, dit **Jean Paul)** 1763-1825 Écrivain allemand. Dans ses romans à l'univers décousu, il mêle avec passion le rêve et la réalité : *La Loge invisible* (1793), *Hesperus* (1795), *Le Titan* (1800-1803). Son œuvre crée le lien entre J.-J. Rousseau, qu'il admirait profondément, et le romantisme.

Richter (Charles Francis) 1900-1985 Géophysicien américain. Il élabora l'échelle de Richter (1935), échelle logarithmique à 9 degrés utilisée pour mesurer la magnitude des séismes.

Richter (Sviatoslav Teofilovitch) 1915-1997 Pianiste russe dont les interprétations, en soliste ou dans des concerts de musique de chambre, étaient caractérisées par leur sensibilité et leur virtuosité technique.

ricin n. m. Grande plante herbacée, de la famille des euphorbiacées, originaire d'Asie. *Huile de ricin*, extraite des graines de cette plante, aux propriétés purgatives, et parfois utilisée comme lubrifiant dans l'industrie.

rickettsie n. f. BIOL., MÉD. Bactérie parasite intracellulaire des animaux, qui est l'agent de diverses maladies (typhus, notam.). *Les rickettsies sont transmises par divers insectes ou acariens.*

ricocher v. i. [1] Faire ricochet.

ricochet n. m. Rebond d'un objet plat jeté obliquement à la surface de l'eau ; rebond d'un projectile rencontrant obliquement un obstacle. *Faire ricochet* : heurter un obstacle et rebondir. Au fig. *Par ricochet* : indirectement.

Ricœur (Paul) 1913 Philosophe français. Professeur à Strasbourg (1948-1956), à la Sorbonne puis à Nanterre (1965-1970) et à Chicago (jusqu'en 1985), il a contribué à faire connaître Husserl en France en approfondissant la recherche phénoménologique. Partant de la notion de volonté (*Philosophie de la volonté*, 1950), ses travaux (*L'Homme faillible*, 1960 ; *La Symbolique du mal*, 1965) l'ont amené à fonder l'herméneutique, analysant le langage et les symboles et s'inspirant de la psychanalyse (*De l'interprétation : Essai sur Freud*, 1965 ; *La Métaphore vive*, 1975). Cette recherche, tributaire d'une philosophie réflexive originale, aboutit à une conception éthique toujours consciente du contexte de la vie scientifique et politique moderne (*Soi-même comme un autre*, 1990 ; *Histoire et vérité*, 1994).

ric-rac adv. Fam. Avec une pointilleuse exactitude. *Indemnités comptées ric-rac.* / Tout juste. *L'orage menaçait, nous sommes passés ric-rac.*

rictus n. m. Contraction de la bouche qui découvre les dents, donnant l'apparence d'un rire forcé. *Rictus de douleur, de fureur.*

ride n. f. Pli du visage ou des mains qui vient généralement avec l'âge. / Ondulation qui se forme sur une surface. *Les rides de l'eau.* / Fig. *Ne pas avoir pris une ride* : ne pas passer de mode, rester hors d'atteinte du temps qui passe, en parlant d'un artiste, d'une œuvre, etc. / MAR. Petit cordage servant à tendre les haubans.

rideau n. m. Pièce d'étoffe servant à masquer une ouverture, à tamiser ou à intercepter la lumière. / THÉÂTRE *Rideau de scène* : draperie ou grande toile peinte qu'on abaisse ou qu'on tire devant la scène en fin ou en début de spectacle. *Rideau de fer* : rideau métallique isolant la scène d'un théâtre de la salle en cas d'incendie ; au fig., frontière qui séparait les pays communistes d'Europe du Centre et de l'Est et les pays d'Europe occidentale avant la chute de l'empire soviétique (expression due à Churchill qui désigna ainsi, en 1946, la coupure entre régimes libéraux d'Europe occidentale et régimes soumis à l'influence soviétique). / *Rideau de magasin* : fermeture métallique destinée à en protéger la devanture. / Fig. Tout ce qui cache quelque chose à la vue, écran. *Rideau d'arbres.* / Fam. *Rideau !* : ça suffit ! assez !

Bernhard Riemann.

ridelle n. f. Garde-corps plein ou à claire-voie, qui maintient la charge sur une charrette ou un camion.

rider v. t. [1] Faire des rides à. *La vieillesse a ridé son front. Le vent ride la surface de l'eau.* (Emploi pron.) Devenir ridé. *Son visage se ride.* / MAR. *Rider un hauban*, le tendre avec une ride.

ridicule adj. et n. m. Risible, qui provoque, mérite de provoquer, la moquerie. *Un comportement ridicule.* / Très petit. *Une somme ridicule.* / n. m. Ce qui est ridicule. *Ne pas craindre le ridicule. Tourner (qqn, qqch.) en ridicule* : faire apparaître ce qui est risible en qqn, qqch.

ridiculement adv. De manière ridicule. *Il est ridiculement habillé.* / Dans des proportions ridicules. *Il a vendu sa maison à un prix ridiculement bas.*

ridiculiser v. t. [1] Rendre ridicule, tourner (qqn, qqch.) en ridicule.

Riefenstahl (Leni) 1902 Actrice puis cinéaste allemande. Hitler fit d'elle la cinéaste officielle du IIIe Reich : *Le Triomphe de la volonté* (1934), sur le congrès de Nuremberg du parti nazi ; *Les Dieux du stade* (1936-1937), sur les jeux Olympiques de Berlin de 1936. Après la guerre, elle voyagea en Afrique et publia des albums de photos (*Les Nuba de Kau*, 1997) et ses *Mémoires* (1997).

Riemann (Bernhard) 1826-1866 Mathématicien allemand. Il travailla sur les relations entre la théorie des fonctions et la théorie des surfaces, qui établirent les bases de la topologie ; il définit les fonctions abéliennes à partir d'un système d'équations différentielles ; enfin il imagina une méthode pour l'intégration des équations aux dérivées partielles du second ordre. Abandonnant le postulat d'Euclide, en posant que, par un point, on ne peut mener aucune parallèle à une droite, il construisit une géométrie non euclidienne, qu'Einstein utilisa pour élaborer la théorie de la relativité.

Riemenschneider (Tilman) 1460-1531 Sculpteur allemand. Il est l'auteur de statues au style paisible et gracieux (le tombeau de l'empereur Henri II et l'impératrice Cunégonde, cathédrale de Bamberg, 1499-1513) et d'une série de retables en bois (retable de *L'Assomption de la Vierge*).

rien pron. indéf., n. et adv. **A.** pron. indéf. (En tournure négative) Aucune chose (par oppos. à *tout*). *Ne rien faire.* Loc. *Cela ne fait rien* : peu importe. / (En tournure interrogative) Quelque chose. *Y a-t-il rien de plus beau ?* / Loc. *Rien que* : seulement. **B.** n. m. Chose sans importance ou futile. *Un rien le fait rire. Chicaner pour des riens.* / Loc. *Un rien de* : très peu de. **C.** n. Vieilli *C'est un(e) rien du tout* ; *un(e) moins que rien*, une personne qui inspire le mépris, qui est indigne d'attention. **D.** adv. Pop., vieilli Très (par antiphrase). *C'est rien moche, c'est rien beau* : c'est très moche, c'est très beau.

Riesener (Jean-Henri) 1734-1806 Ébéniste français d'origine allemande. Formé par Œben (1720-1763), il entra en 1774 au service du roi et fut l'un des plus grands représentants du style Louis XVI.

rieur, euse adj et n. Qui rit, rit facilement, aime rire. *Un enfant rieur.* / Qui exprime, dénote la gaieté. *Visage rieur. Une expression rieuse.* / ZOOL. *Mouette rieuse* : mouette blanche, dont la tête est ornée en été d'un capuchon brun sombre et dont le cri évoque un rire moqueur. / n. Personne qui rit. Loc. *Mettre les rieurs de son côté* : faire rire aux dépens de qqn.

Riga.

rif n. m. Arg. Abrév. de *rififi.*

Rif Chaîne côtière du Maroc septentrional, en bordure de la Méditerranée, qui culmine au djebel Tidighine (*2 452 m*). Dans ce massif fortement plissé, la circulation est difficile, d'où son isolement économique. Les Rifains, berbérophones sédentaires ou semi-nomades, sont de plus en plus contraints à l'émigration. De 1921 à 1926, les Rifains, avec à leur tête Abd el-Krim, s'opposèrent aux forces françaises et espagnoles (*campagne du Rif*).

rifain, e adj. et n. Du Rif.

riff n. m. (mot anglo-américain) MUS. Dans la musique de jazz, courte phrase mélodique, d'un rythme simple, répétée par l'orchestre.

rififi n. m. Argot. Bagarre, règlement de comptes.

riflard n. m. TECHN. Fort rabot servant au dégrossissage du bois. / Outil de plâtrier composé d'un manche en bois prolongé d'une lame d'acier, tranchante à son extrémité. / Grosse râpe pour dégrossir les métaux. / Argot. Parapluie.

rifle n. m. (mot anglais) Carabine (et, par ext., pistolet) à long canon. *Carabine 22 long rifle*, de chasse ou de sport.

rift n. m. (mot anglais) GÉOL. Ensemble de fossés d'effondrement longeant, parfois sur des milliers de kilomètres, les fractures de l'écorce terrestre.

Rift Valley Longue faille de l'écorce terrestre qui sillonne l'est de l'Afrique. L'alignement de nombreux grands lacs et volcans fait apparaître son tracé : Malawi, Victoria, Turkana, lacs éthiopiens.

Riga *900 000 h.* Capitale de la Lettonie, port important sur la Baltique. Située, sur l'estuaire de la Dvina occidentale, au fond du golfe de Riga, la ville est devenue un grand centre industriel. Fondée en 1201, elle fut un port hanséatique et bloqua longtemps l'accès de la Russie à la mer. Passée sous la domination russe avec Pierre le Grand, au XVIIIe siècle, elle devint brièvement la capitale de la Lettonie indépendante pendant l'entre-deux-guerres avant d'être, avec toute la Lettonie, occupée par l'Allemagne puis annexée par l'URSS de 1944 à 1991.

Rigaud (Hyacinthe Rigau y Ros, dit **Hyacinthe)** 1659-1743 Peintre français. D'origine catalane, il entama sa carrière de portraitiste à Paris dès 1681 et devint l'un des maîtres du portrait officiel de la cour du roi. Il atteignit le sommet de sa gloire avec son portrait de *Louis XIV en costume de sacre* (1701) et fut rapidement forcé d'engager des collaborateurs pour pouvoir répondre aux nombreuses commandes.

rigaudon ou **rigodon** n. m. Danse d'origine provençale, vive et allègre, qui fut très en vogue aux XVIIe et XVIIIe siècles ; musique à deux temps qui l'accompagne.

rigide adj. Sans flexibilité ni souplesse, raide. *Barre rigide.* Au fig. *Un moraliste rigide*, austère, sévère.

rigidité n. f. Caractère rigide d'un corps. / MÉD. Durcissement des muscles qui se produit dans certaines maladies, ou après la mort. *Rigidité cadavérique.* / Fig. Sévérité, austérité ; caractère inflexible ou borné de quelqu'un ou de quelque chose.

R

rigodon Voir **rigaudon**
rigolade n. f. Fam. Moment d'intense amusement. / Plaisanterie ; chose à ne pas prendre au sérieux. *Ce projet, c'est une rigolade.*
rigolard, e adj. et n. Fam. Qui rigole, qui exprime la gaieté ou la moquerie. *Un air rigolard. Un ton rigolard.* / n. Rigolo. *Qu'est-ce que c'est que ce petit rigolard ?*
rigole n. f. Petit canal creusé dans la terre pour l'écoulement des eaux. / Fouille de moyenne profondeur, destinée à recevoir une fondation en béton ou en maçonnerie. / Petite tranchée pour déposer les graines ou les jeunes pousses.
rigoler v. i. [1] Fam. Rire, s'amuser. / Ne pas parler sérieusement, plaisanter.
rigolo, rigolote adj. et n. Fam. Qui fait rigoler, comique, drôle. *Une histoire rigolote. Un personnage rigolo.* / Bizarre, incongru. *C'est rigolo, mais j'ai oublié pourquoi je suis ici.* / n. Boute-en-train, amuseur. *C'est un rigolo, avec lui on ne s'ennuie pas.* (Péjor.) Personne en qui on ne peut pas avoir confiance, qui manque de sérieux. *Tu me prends pour un rigolo !*
rigorisme n. m. Observance rigoureuse des règles morales ou religieuses.
rigoriste n. et adj. Qui fait preuve de rigorisme. *C'est un rigoriste. Morale rigoriste.*
rigoureusement adv. Avec rigueur. / De façon stricte. / Absolument.
rigoureux, euse adj. Rude. *Climat rigoureux.* / Strict, sévère. *Une règle rigoureuse.* / Strict, précis. *Une démonstration rigoureuse.*
rigueur n. f. Caractère de ce qui est rigoureux. *Rigueur d'un châtiment. Rigueur du climat. Rigueur d'une pensée, d'une démonstration.* / *Tenir rigueur de quelque chose à quelqu'un,* lui garder rancune de quelque chose. / loc. adj. *De rigueur* : indispensable et imposé par la règle. *Le port de la cravate est de rigueur.* / loc. adv. *À la rigueur* : en cas de nécessité.
Rig-Veda Le plus ancien et le plus important des Veda de l'Inde antique, sans doute composé en majeure partie entre 1500 et 800 avant J.-C. en langue sanskrite archaïque. Outre des traités liturgiques, il comprend 1 028 hymnes, attribués à la révélation de Brahma, célébrant chacun le plus souvent un dieu ou un groupe de divinités.
rikiki Voir **riquiqui**
Rilke (Rainer Maria) 1875-1926 Poète autrichien, né à Prague. Après une jeunesse modeste durant laquelle il écrit des poèmes d'un romantisme mièvre, il rencontre à Munich Lou Andreas-Salomé qui demeurera une amie très proche. Il voyage en Russie, à Berlin et rencontre Rodin à Paris en 1902. De ces voyages, de ces expériences et de son attente d'un Dieu encore à venir sont nés les quatre volumes du *Livre d'heures* (1899-1902). Avec ses *Poésies nouvelles* (1907), le poète, sous l'influence de Rodin (avec qui il vit quelque temps à Meudon), se détache des effusions sentimentales pour s'attacher à saisir le merveilleux du monde visible : œuvres d'art, plantes, objets de la vie quotidienne. En 1910, il termine *Les Cahiers de Malte Laurids Brigge*, roman poétique qui évoque des angoisses remontant à son enfance et des souvenirs parisiens douloureux. Après une période de détresse (l'inspiration l'a fui, il ne peut plus écrire), durant laquelle Rilke voyage en Espagne, en Égypte et en Italie, traduit aussi bien Louise Labé que Lermontov ou Verhaeren, séjourne chez la princesse de Tour et Taxis, à Duino (petit port de Vénétie julienne, proche de Trieste, où il entame la rédaction des *Élégies de Duino*), il s'installe au château de Muzot, dans le Valais. Il compose des poèmes remplis de la détresse mais aussi de l'exaltation de la vie sur terre : les *Sonnets à Orphée* (1923), les dernières *Élégies de Duino* (1923). Avant de mourir, il écrira quelques recueils en français : *Vergers*, *Les Roses*.

La plage de Copacabana, à ***Rio de Janeiro***.

rillettes n. f. pl. CUIS. Hachis de viande de porc, de lapin ou de volailles, cuit dans sa graisse.
rimailler v. i. [1] Péjor. Faire de mauvaises rimes, de mauvais vers.
rimailleur, euse n. Péjor. Personne qui rimaille, fait de la mauvaise poésie.
rimaye n. f. GÉOL. Vide en forme de crevasse qui sépare les névés des parois du cirque glaciaire.
Rimbaud (Arthur) 1854-1891 Poète français. Après de brillantes études secondaires, il se révolte contre son milieu à l'âge de seize ans et écrit des vers qui témoignent déjà de son génie précoce et tourmenté. Dès 1871, il fait des fugues, à Paris, puis en Angleterre et en Belgique, en compagnie de Verlaine avec qui il mène une vie errante jusqu'à leur rupture : en 1873, Rimbaud blesse son amant d'un coup de revolver. De seize à vingt et un ans, il a écrit une œuvre totalement nouvelle et que les exégètes n'ont pas fini de décrypter : *Le Bateau ivre* (septembre 1871) ; *Une saison en enfer* (1873), qui mêle vers et prose ; *Les Illuminations* (1872-1875, publiées en 1886 par Verlaine), recueil de 44 poèmes en prose. En 1875, il cesse d'écrire et mène une vie aventureuse qui le conduit à Java comme engagé dans l'armée hollandaise (il déserte peu après son arrivée à Djakarta), à Chypre, où il est chef de chantier, à Aden, où il est agent commercial d'une maison de commerce (café et peaux), puis à Harar, où ses employeurs l'avaient envoyé, puis dans le Choa où il se fait trafiquant d'armes (et se heurte à Ménélik, alors roi du Choa), puis de nouveau à Aden, où il fait commerce de peaux pour son compte. Atteint d'un cancer au genou, il rentre en France ; à Marseille, on l'ampute d'une jambe ; il passe quelques mois dans la ferme familiale de Roche, dans les Ardennes, puis revient à Marseille où il meurt à l'hôpital. Rimbaud incarne le poète adolescent, épris d'absolu, le « voleur de feu » qui se brûle à la flamme qu'il a dérobée aux dieux. Ce « voyant » (il se nommait ainsi dans sa *Lettre du voyant* écrite à son ami Paul Démeny, le 15 mai 1871) a fixé ses vertiges dans une poésie inspirée qui annonce le surréalisme.
rime n. f. LITT. En versification, son identique qui se retrouve à la fin de deux ou plusieurs vers. *Rime masculine*, se terminant par une syllabe pleine. *Rime féminine*, se terminant par une syllabe muette.
rimer v. i. / v. t. [1] **A.** v. i. Former une rime. *« Amour » rime avec « toujours ».* / Fig. Aller de pair (avec qqch.) Loc. *Cela ne rime à rien* : cela n'a pas de sens. **B.** v. t. Mettre (un texte) en rimes. *Rimer une chanson.*
rimeur, euse n. Poète sans inspiration ; versificateur.
Rimini *129 720 h.* Ville d'Italie, en Émilie-Romagne, sur l'Adriatique, chef-lieu de la province du même nom. Ruines antiques. Temple de Malatesta (surnom donné à une église des XIII-XVe siècles). Station balnéaire. Ville natale de Fellini, qui y a souvent tourné.
rimmel n. m. (marque déposée) Fard pour les cils.
Rimski-Korsakov (Nikolaï Andreïevitch) 1844-1908 Compositeur russe. Officier de marine, il démissionne pour se consacrer entièrement à la musique. Membre du groupe des Cinq qui s'oppose à l'académisme, il sera influencé par Glinka, Moussorgski, Borodine et Wagner. Professeur au conservatoire de Saint-Pétersbourg, il aura de nombreux élèves, dont Glazounov et Stravinski. Musicien fécond, il s'est illustré dans tous les genres (cantates, pièces pour piano, mélodies, fantaisies et musique sacrée), mais l'opéra et le poème symphonique (*Schéhérazade*, 1888) sont ses domaines de prédilection, la magie et la fantaisie du folklore russe se fondant dans des orchestrations exceptionnelles. On ne lui doit pas moins de quinze opéras, souvent inspirés de légendes populaires : *La Pskovitaine* (1868-1872), *La Fiancée du tsar* (1898-1899), *Le Coq d'or* (1907-1909), *La Légende de la ville invisible de Kitège* (1903-1905).
rinceau n. m. BX-ARTS Motif décoratif, peint ou sculpté, qui imite de façon stylisée les enroulements de tiges végétales.
rince-doigts n. m. inv. Petit récipient que l'on remplit d'eau tiède, souvent parfumée, pour que les convives puissent se rincer les doigts.
rincée n. f. Fam. Averse. *Prendre une rincée* : recevoir une averse.
rincer v. t. [1] **A.** Passer à l'eau claire pour nettoyer ou pour éliminer toute trace de produit de lavage. *Rincer la vaisselle, du linge.* **B.** v. pron. Rincer son corps, une partie du corps. *Se rincer les cheveux.* / Fam. *Se rincer l'œil* : regarder avec plaisir une personne attirante, une scène érotique. / Pop. *Se rincer le gosier* : boire.
rinçure n. f. Eau avec laquelle on a rincé (des verres, de la vaisselle).
rinforzando adv. (mot italien) MUS. En renforçant le son.
ring n. m. (mot anglais) Plate-forme carrée, surélevée et entourée de cordes, sur laquelle se déroulent des combats de boxe ou de catch.
ringard [1] n. m. TECHN. Barre métallique servant à remuer du charbon, ou toute autre matière en fusion.
ringard, e [2] adj. et n. Fam. Médiocre et démodé. *Une chanson ringarde. Un animateur ringard.* / Subst. *Un(e) ringard(e).*
ringardiser v. t. [1] Rendre ringard. / Faire passer pour ringard. / (Emploi pron.) *Se ringardiser* : devenir ringard.
Rintala (Paavo) 1930 Écrivain finlandais d'expression finnoise, auteur de romans historiques (*Ma grand-mère et Mannerheim*, trilogie, 1960-1962).
Rinuccini (Ottavio) 1564-1621 Poète italien, auteur de livrets d'opéra (*Daphné*, 1594 ; *Eurydice*, 1600) qui ouvraient la voie au mélodrame. Il accompagna en France Marie de Médicis lorsqu'elle épousa Henri IV.
Rio de Janeiro *43 653 km² 13 296 000 h.* État du sud-est du Brésil. Capitale *Rio de Janeiro*. Depuis le déclin du café, on y cultive la canne à sucre et les agrumes mais cet État est surtout l'une des plus puissantes zones industrielles du Brésil : pétrochimie, sidérurgie, etc.
Rio de Janeiro *5 473 033 h.* Ville principale du Brésil. Capitale du Brésil de 1763 à 1960, capitale de l'État de Rio de Janeiro, Rio est le deuxième port du Brésil, un centre industriel (alimentation, chimie, textiles), culturel (cinq universités, faculté d'architecture, collections zoologiques et botaniques) et une plaque tournante du transport aérien (aéroports Santos-Dumont et Galeao). Fondée en 1565, la ville ne s'est développée qu'à partir du XIXe siècle, au prix de gigantesques travaux d'urbanisme. Elle s'élève autour de la baie de Guanabara dominée par le sommet du Corcovado (*704 m*) et le Pain de Sucre, granitiques. Rio, qui n'a pas été détrônée par Brasilia, continue d'attirer les touristes (carnaval, plage de Copacabana). Le bord de mer, sur la baie de Guana Sara, aligne des quartiers résidentiels, alors qu'à l'intérieur s'entassent les *favelas* (bidonvilles). L'agglomération, qui compte plus de 11 millions d'habitants, est victime de la misère et de la délinquance.
Rio de Oro *180 000 km² 5 300 h.* Ancien protectorat espagnol d'Afrique du Nord, qui couvrait le sud du *Sahara occidental*.
Rio Grande do Norte *53 167 km² 2 582 000 h.* État du nord-est du Brésil. Capitale *Natal*. En plein développement, l'État possède des mines d'étain, et cultive par ailleurs le coton et la canne à sucre.

Vignobles de **la Rioja**.

Rio Grande do Sul *280 674 km² 9 579 000 h.* État du sud du Brésil. Capitale *Pôrto Alegre.* Pays de plateaux et de prairies *(pampa)* au climat subtropical, le Rio Grande do Sul est voué à l'élevage extensif et à l'agriculture (céréales, vigne) développée en grande partie par des immigrants allemands ou italiens. Les industries sont favorisées par un réseau important de transports (fluvial et ferroviaire) : alimentation (viande, vin), textiles (laine), extraction du charbon, travail du cuir.

Rioja (la) *5 034 km² 265 900 h.* Communauté autonome du nord de l'Espagne. Capitale *Logroño.* Au nord des monts Ibériques, la région comprend, dans la vallée de l'Èbre, des terres fertiles et des reliefs désolés et arides, creusés par le fleuve. Cultures maraîchères ; vignoble important produisant un vin de réputation internationale. La Rioja, autrefois possession navarraise, doit sa prospérité aux pèlerins de Saint-Jacques-de-Compostelle.

Riom *18 793 h.* Chef-lieu d'arrondissement du Puy-de-Dôme. Ancienne capitale du duché d'Auvergne (1360), Riom est une ville, riche en églises gothiques (XIVe-XVe siècle) et en hôtels du XVIIe siècle, qui a gardé de son passé une fonction administrative (cour d'appel). En 1942 s'y déroula un procès qui devait juger les « responsables de la défaite de 1940 » (Blum, Daladier, Gamelin etc.), et dont le verdict ne fut jamais rendu ; le gouvernement de Vichy livra la plupart des accusés aux Allemands en 1943.

Riopelle (Jean Paul) 1923-2002 Peintre et sculpteur canadien. Influencé par le surréalisme, il plaça son œuvre sous le signe de la spontanéité et s'attacha à transmettre ses émotions dans des toiles non figuratives couvertes de larges touches de peinture épaisse, souvent étalée au couteau, au rythme parfois violent.

Riourik ?-979 Prince varègue qui fonda la principauté de Novgorod, d'où naîtra l'État russe. Ses descendants, les Riourikides, régnèrent sur les diverses principautés russes jusqu'au XVIe siècle.

ripaille n. f. Fam. *Faire ripaille* : faire bonne chère.

ripe n. f. Outil pour gratter la pierre, constitué d'une tige recourbée en S et affûtée à ses extrémités.

riper v. t. / v. i. [1] **A.** v. t. Polir (la pierre) avec une ripe. / Déplacer (une masse) en la faisant glisser sur sa base. *Riper une armoire.* **B.** v. i. MAR Se déplacer sous l'effet du roulis. *Cargaison qui ripe.* / Glisser en frottant. *Cordage qui ripe.* / Par ext. Déraper.

riposte n. f. Réponse vive et rapide à une moquerie, une injure, une critique verbale. / Contre-attaque. / SPORT En escrime, attaque portée immédiatement après une parade.

riposter v. i. / v. t. [1] Répondre vivement et promptement, par la parole ou par un acte. *Riposter par une injure. Il lui riposta que son attitude le navrait.* / v. t. ind. *Riposter à une attaque par des tirs d'artillerie.* / v. i. SPORT Exécuter une riposte, en escrime.

ripou n. m. Fam. Moralement corrompu ; moralement pourri. *« Les Ripoux », film de Claude Zidi.* Pl. Des *ripoux.*

ripple-mark n. f. (mot anglais) GÉOGR. Ondulation produite sur un sol sédimentaire par les courants marins, le vent. Pl. Des *ripple-marks.*

riquiqui ou **rikiki** adj. inv. Fam. Petit, maigrelet, mesquin. *Un chignon riquiqui.*

rire [1] n. m. Action de rire. *Fou rire* : rire incontrôlable.

rire [2] v. i. / v. t. ind. [3] **A.** v. i. Manifester sa gaieté par une contraction spontanée de certains muscles de la face et par des expirations saccadées et plus ou moins bruyantes. *Rire aux éclats, aux larmes, pour un rien.* / Exprimer la gaieté, en parlant des yeux, de la bouche. / Se réjouir, s'amuser, se divertir. *Il ne pense qu'à rire. Avoir le mot pour rire.* / Agir ou parler sans intention sérieuse. *Il dit cela pour rire. Vous voulez rire ?* : vous plaisantez ? **B.** v. t. ind. *Rire de* : se moquer de, railler. *Rire de soi, de la bêtise de qqn.* (Emploi pron.) *Se rire de qqn*, s'en moquer. *Se rire de qqch.*, en venir facilement à bout, s'en jouer. *Se rire des menaces, des difficultés.*

ris [1] n. m. MAR. Partie renforcée d'une voile que l'on enroule autour de la vergue pour diminuer la voilure. *Larguer les ris.*

ris [2] n. m. Thymus (comestible) du veau et de l'agneau.

ris [3] n. m. Vx Rire. *« L'excessive joie arrache plutôt des pleurs que des ris »* (J.-J. Rousseau).

risée [1] n. f. En loc. *Être la risée de* : attirer les moqueries de.

risée [2] n. f. MAR. Renforcement passager de la force du vent.

risette n. f. Fam. (En parlant à un jeune enfant) Sourire. *Fais risette à maman !* / Fig. *Faire des risettes à qqn*, lui faire des amabilités, des sourires forcés.

Risi (Dino) 1916 Cinéaste italien. Maître de l'humour grinçant, il a notamment réalisé : *Le Fanfaron* (1962), *Parfum de femme* (1974), *Les Nouveaux Monstres* (1977).

risible adj. qui provoque, mérite de provoquer, la moquerie ; ridicule.

• **Risorgimento** Mouvement nationaliste italien, né au milieu du XVIIIe siècle.

risotto n. m. (mot italien) CUIS. Plat fait de riz revenu dans une matière grasse, puis cuit à feu doux avec adjonction progressive de liquide (eau, bouillon…), et souvent enrichi de divers éléments (poisson, viande, légumes).

Dino Risi (© VeniceWord International).

Risorgimento

Le mouvement intellectuel qui forgea la notion d'une « résurrection » (*Risorgimento*) italienne s'inspira des idées réformistes des Lumières et se développa durant la Révolution française et sous l'Empire qui firent disparaître un temps l'absolutisme autrichien. Après 1815, l'influence des groupes de patriotes italiens (tels que les *carbonari*) s'étendit parmi les élites bourgeoises et cléricales mais, faute d'unification, ils ne parvinrent pas à vaincre l'Autriche. Il faudra attendre 1861 pour que le Risorgimento, conduit par Cavour, ministre de Victor-Emmanuel II, et soutenu par Napoléon III, aboutisse à l'unification du royaume d'Italie. Ce mouvement inspira de nombreux écrivains, qui contribuèrent à son développement, parmi lesquels Gioberti, prêtre patriote, le comte Balbo et d'Azeglio, familiers du roi de Piémont, Foscolo, Mazzini, Larducci, Pellico et Manzoni. Garibaldi fut le héros le plus populaire du Risorgimento.

risque n. m. Danger, inconvénient que l'on peut prévoir, dont on peut envisager l'éventualité. *Risque d'incendie.* / loc. adj. *À risques* : qui est exposé à un danger, un préjudice. *Population à risques face à une maladie. Grossesse à risques.* / *À ses risques et périls* : en prenant tous les risques, en les assumant. / Préjudice éventuel garanti par une compagnie d'assurance en contrepartie du paiement d'une prime.

risqué, e adj. Qui comporte un risque. *Choix risqué.* / Fig. Scabreux, osé. *Plaisanterie risquée.*

risquer v. t. [1] **A.** Exposer à un risque, à un danger ou à une conséquence fâcheuse. *Risquer sa vie, son honneur, sa réputation, de l'argent au jeu.* / Fam. Exposer (une partie du corps) au risque qu'elle soit vue ou blessée. *Risquer un œil par la serrure, la main dans une fente.* / Tenter (une entreprise à l'issue incertaine). *Risquer le coup, l'aventure.* / S'exposer à (un risque). *Risquer l'accident, la prison, une amende.* / v. t. ind. *Risquer de* : courir le risque de. *Tu risques de t'enrhumer.* / Présenter le risque de. *Le mur risque de s'écrouler.* (Emploi impers.) *Il risque de pleuvoir.* (Emploi critiqué.) Avoir une chance de. *Cela risque de se faire.* **B.** v. pron. Se hasarder, s'aventurer. *Se risquer tout seul dans les bois.* / *Se risquer à* (+ inf.) : prendre le risque de, se hasarder à (faire qqch.). *Je ne me risquerais pas à le critiquer.*

risque-tout n. inv. et adj. inv. Personne intrépide jusqu'à l'imprudence. *Un(e) risque-tout.* / adj. *Des enfants risque-tout.*

Riss Fleuve d'Allemagne qui se jette dans le Danube en amont d'Ulm, et qui a donné son nom à une des glaciations du Quaternaire.

rissole n. f. CUIS. Petit morceau de pâte feuilletée, fourré d'un hachis de viande ou de poisson et façonné en chausson, qu'on fait frire.

rissoler v. t. / v. i. [1] Rôtir (un aliment) jusqu'à le carboniser superficiellement. *Faire rissoler de l'ail.* / v. i. Rôtir jusqu'à carbonisation superficielle. *Poulet qui rissole au four.*

ristourne n. f. Réduction consentie à un client sur le prix de vente d'un article. / Versement effectué par une coopérative à ses membres, ou par une société d'assurance mutuelle à ses associés, en répartissant entre eux des parts de bénéfice. / Commission, plus ou moins licite, consentie à une personne jouant le rôle d'intermédiaire, dans une affaire financière ou commerciale.

rital, ale, als n. Fam., péjor. Italien.

ritardando adv. (mot italien) MUS. En ralentissant l'exécution.

rite n. m. RELIG. Ensemble des traditions liturgiques, canoniquement réglées, d'une Église, d'une communauté religieuse. *Les rites latin, byzantin, arménien, chaldéen, maronite, etc., au sein de l'Église catholique.* / Ensemble de pratiques initiatiques. *Les rites de la franc-maçonnerie.* / ANTHROP. *Rites de passage* : ensemble de pratiques magiques et/ou symboliques, propres à certaines ethnies, et qui jalonnent les étapes importantes de la vie (naissance, puberté, âge adulte, mariage, etc.). / Fig. Tradition, habitude immuable. *Le rite de la rentrée scolaire.*

rites chinois (querelle des) Querelle qui opposa, à l'intérieur du catholicisme, ceux qui autorisaient les Chinois convertis à continuer de pratiquer le culte des ancêtres et ceux qui le leur interdisaient. À la suite de Matteo Ricci, les jésuites ne les interdisaient pas, ne les considérant pas comme des manifestations d'ordre religieux, mais civil, tandis que les dominicains et les franciscains y voyaient superstition et idolâtrie. Les rites furent condamnés par Rome en 1645-1646, mais une certaine souplesse fut de mise jusqu'en 1742, date à laquelle l'interdiction devint formelle et absolue.

ritournelle n. f. Bref passage mélodique qui introduit, sépare et conclut un chant. / Fam. Répétition lassante d'idées ou de paroles. *C'est toujours la même ritournelle.*

ritualiser v. t. / v. pron. [1] Rendre rituel. / v. pron. Devenir rituel.

R

Portrait d'Emiliano Zapata, par **Diego Rivera**.

ritualisme n. m. Attachement étroit aux rites. / HIST., RELIG. Mouvement religieux britannique du XIXe siècle qui entendaient restaurer, au sein de l'Église anglicane, certains des rites de l'Église catholique romaine.
ritualiste adj. et n. Attaché au respect des rites. / HIST., RELIG. Partisan du ritualisme. *Il est ritualiste. Un ritualiste.*
rituel, elle adj. et n. m. De la nature du rite. *Prière rituelle.* / Par ext. Habituel. *Lecture rituelle du journal.* / n. m. LITURG. CATHOL. Recueil où sont consignées les règles codifiant l'administration des sacrements et des sacramentaux et celles régissant le déroulement des cérémonies liturgiques. / Fig. Coutume ou déroulement précis, immuable. *Le rituel des cadeaux de Noël.*
rituellement adv. Selon un rite. / De façon rituelle.
rivage n. m. Bande de terre au bord d'une étendue d'eau.
Rivage des Syrtes (Le) 1951. Roman de Julien Gracq. Le héros de l'œuvre et son narrateur, Aldo, est envoyé par le gouvernement de la principauté d'Orsenna dans le Sud, sur le rivage des Syrtes. Il doit y participer à la surveillance de leur ennemi de toujours, le Farghestan, proche et lointain à la fois. L'intérêt et la beauté de l'œuvre, récompensée par le prix Goncourt, que l'auteur refusa, résident dans le demi-jour inquiétant de l'imminence d'un effondrement.
rival, ale, aux adj. et n. Se dit d'une personne ou d'une entité (groupe, société, etc.) en compétition avec une autre pour lui disputer un avantage, un bénéfice, un bien. / n. Personne qui cherche à supplanter une autre dans l'amour de quelqu'un. / loc. adj. *Sans rival*: inégalable, parfait en son genre. *Il est sans rival pour raconter des anecdotes.*
rivaliser v. i. [1] *Rivaliser avec qqn*: se montrer à la hauteur de qqn, lui disputer la première place. *Cet artiste peut rivaliser avec les plus grands.* / *Rivaliser de*: faire assaut de, dans un esprit de compétition. *Rivaliser d'élégance, d'esprit. Tous rivalisaient d'efforts pour l'aider.*
rivalité n. f. Fait de rivaliser; concurrence entre rivaux.
Rivarol (Antoine Rivaroli, dit le comte **de)** 1753-1801 Écrivain français. Son *Discours sur l'universalité de la langue française* (1784) expose les raisons de la prééminence du français dans l'Europe de son temps. Violemment hostile à la Révolution française, il est mort en exil.

rive n. f. Bord d'un cours d'eau, d'une étendue d'eau douce. *Rive droite, rive gauche*, rive située à sa droite ou à sa gauche en regardant vers l'embouchure d'un cours d'eau; partie d'une ville située sur la rive gauche ou droite du cours d'eau qui la traverse. *Il habite rive gauche.* / Litt. Bord de mer. *Les rives de la mer Caspienne.* / TECHN. *Rive d'un four*, son bord, près de la gueule.
river v. t. [1] Fixer (un rivet). / TECHN. *River un clou*, en mater la pointe. Loc. fig. *River son clou à qqn*, le réduire au silence par des arguments irréfutables. / Assembler (des éléments) avec des rivets. *River des plaques métalliques.*
Rivera (Diego) 1886-1957 Peintre mexicain. Après un séjour à Paris où il se lie d'amitié avec Modigliani et Apollinaire et s'intéresse au cubisme, il retourne dans son pays pour tenter, au moyen de décors muraux, d'inventer un art moderne propre à son continent et à son histoire politique et sociale. Il a ainsi laissé de nombreuses fresques monumentales, dont *La Création*, université de Mexico (1922), le palais des Cortés de Cuernavaca (1930), le Palais national de Mexico (1929-1934).
riverain, e adj. et n. Situé sur une rive, à proximité de la rive d'un cours, d'une étendue d'eau. *Les terrains riverains d'un lac.* Par ext. Situé en bordure de. *Les propriétés riveraines d'une avenue.* / n. Personne qui réside à proximité d'une rive, d'une zone déterminée quelconque. *Les riverains de la Loire, du stade.* (Absol.) *Réservé aux riverains.*
riveraineté n. f. DR. Ensemble des droits des propriétaires riverains d'un cours d'eau.
rivet n. m. Élément métallique servant à assembler deux pièces, composé d'une tige munie d'une tête arrondie. *Une fois le rivet placé dans le trou prévu, on mate sa tige avec une bouterolle pour former une deuxième tête.*
Rivet (Paul) 1876-1958 Anthropologue et ethnologue français. Il créa le *musée de l'Homme* en 1937 et fut député socialiste de Paris de 1946 à 1951.
riveter v. t. [1] Fixer (qqch.) avec des rivets.
riveteuse n. f. TECHN. Machine à riveter.
Rivette (Jacques) 1928 Cinéaste français. Rédacteur en chef des *Cahiers du cinéma* (1963-1965), il a marqué la Nouvelle Vague française par sa rigueur et son originalité: *La Religieuse* (d'après Diderot, 1966), *La Belle Noiseuse* (1991), *Jeanne la Pucelle* (1994), *Secret Défense* (1998), *Va savoir* (2001).
Riviera (la) Côte méditerranéenne de l'Italie du Nord (golfe de Gênes). Basse et sableuse à l'ouest de Gênes (*Riviera di Ponente*), rocheuse et découpée à l'est (*Riviera di Levante*), c'est un haut lieu touristique où se succèdent les stations balnéaires.
rivière n. f. Cours d'eau de moyenne importance qui se jette dans un autre cours d'eau. / SPORT Fossé rempli d'eau, creusé sur le parcours de certaines courses hippiques de steeple-chase. / *Rivière de diamants*: collier de diamants.
Rivière (Jacques) 1886-1925 Écrivain et critique littéraire français. Ami (et beau-frère) d'Alain-Fournier (*Correspondance de Jacques Rivière et d'Alain-Fournier*, 1905-1914), de Claudel (*Correspondance avec Paul Claudel*, publiée en 1926), de Gide et de Proust, cet esprit passionné, avide de connaissances donnera à la critique une nouvelle impulsion (*Études*, 1912; *Nouvelles Études*, posthume, 1947). Fait prisonnier en 1914, il devient, à son retour, directeur de *La Nouvelle Revue française*, et publie un roman, *Aimée* (1922). Son retour au catholicisme, en 1913, lui a inspiré des notes regroupées, en 1925, par sa femme, sous le titre *À la trace de Dieu*, avec une préface de Claudel.

Jerome Robbins (© The Bettmann Archive).

Rivoli Localité de Vénétie, près de l'Adige, où Bonaparte vainquit les Autrichiens en janvier 1797.
rixe n. f. Dispute violente au cours de laquelle sont échangés des coups.
Riyad Voir **Riad**
riz n. m. Céréale à grain généralement blanc cultivée dans les pays chauds, (notam. Asie); grain (caryopse) comestible de cette céréale, riche en amidon. / Anc. *Poudre de riz*: fécule de riz, traitée et parfumée, autrefois utilisée pour le maquillage.
Riza ou **Reza Shah** 1878-1944 Shah d'Iran (1925-1941). Engagé dans la brigade des cosaques d'Iran sous la dynastie qadjar, il en prit le commandement, avec l'appui de l'Angleterre (1919), et fomenta (1921) le coup d'État qui le porta au pouvoir. Devenu chef du gouvernement, il voulut instaurer la république; l'hostilité du clergé chiite l'en empêcha et il se fit couronner shah en 1925. Il accrut la puissance de l'armée, entama de nombreuses réformes et gouverna en dictateur. Les Alliés occupèrent l'Iran en 1941 et l'accusèrent d'avoir eu des sympathies pour l'Allemagne; il dut abdiquer au profit de son fils, Muhammad Riza.
riziculture n. f. Culture du riz.
rizière n. f. Plantation de riz.
Rizzio ou **Riccio** 1535?-1566 Diplomate savoyard. Attaché à l'ambassade de Savoie à Édimbourg, il devint le secrétaire et le conseiller de Marie Stuart. Quelques grands seigneurs protestants, inquiets d'une possible influence de ce catholique sur la reine, convainquirent son mari, lord Darnley, que Rizzio était l'amant de sa femme et le firent assassiner, sous les yeux de Marie.
RMI ou **R.M.I.** n. m. Sigle de *Revenu Minimum d'Insertion* (voir *revenu*).
RMIste ou **RMiste** n. Personne qui touche le RMI.
RMN ou **R.M.n.** n. f. Sigle de *Résonance Magnétique Nucléaire*; voir *résonance*.
RNIS ou **R.n.I.S.** n. m. (sigle de *Réseau Numérique à Intégration de Services*) TECHN. Réseau de télécommunication qui permet d'intégrer, dans une même liaison, voix, données et images fixes.
Roanne *41 756 h.* Chef-lieu d'arrondissement du département de la Loire, sur la Loire, centre textile agroalimentaire et métallurgique. Le *bassin de Roanne* est une plaine où l'on élève les bovins.
rob [1] n. m. Suc de fruit épaissi par évaporation.
rob [2] Voir **robre**
Robbe-Grillet (Alain) 1922 Écrivain et cinéaste français. Après des études d'agronomie, il publie des récits très impersonnels, où il refuse l'analyse psychologique et la chronologie traditionnelle, et s'attache à décrire des objets ou des situations d'une manière objective. On voit en lui le créateur du *nouveau roman*,: *Les Gommes* (1953), *Le Voyeur* (1955), *La Jalousie* (1957). À partir de *Dans le labyrinthe* (1959) et *L'Année dernière à Marienbad* (scénario tourné par A. Resnais, 1961), il complexifie sa vision « objectale » en recourant à l'onirisme obsessionnel dans ses romans: *La Maison de rendez-vous* (1965), *Topologie d'une cité fantôme* (1976), *La Reprise* (2001), et dans des films: *L'Immortelle* (1963), *Belle Captive* (1984). Il a également écrit ses mémoires: *Romanesques* (1985-1988).
Robbins (Jerome) 1918-1998 Danseur et chorégraphe américain. D'abord danseur au American Ballet Theatre (1940), il monte ensuite des spectacles à *Broadway (The King and I*, 1951; *West Side Story*, 1957, porté à l'écran en 1961; *Funny Girl*, 1964) et pour le New York City Ballet, qu'il dirigera après la mort de Balanchine (1983). Il créera de nombreuses chorégraphies pour des morceaux classiques, en particulier des compositions de Chopin.
robe n. f. **I.** Vêtement féminin composé d'un corsage et d'une jupe cousus ensemble, de forme et de longueur variables selon l'époque et la mode. **II.** Vêtement long et ample que l'on porte dans l'exercice de certaines professions. *Robe d'avocat. Les gens de robe*: les magistrats. *Noblesse de robe*: noblesse conférée par l'appartenance à la magistrature. / *Robe de chambre*: vêtement d'intérieur, sans boutons, qui l'on ferme au moyen d'une ceinture. / Vêtement masculin, en forme de tunique, qui était porté en Orient et, autrefois, dans le monde gréco-romain. **III.** Pelage d'un cheval, considéré du point de vue de sa couleur. *Robe fauve, noire.* / Enveloppe de certains légumes. *Robe d'un oignon.* / Feuille de tabac constituant l'enveloppe d'un cigare. / Couleur d'un vin.

Robert Nom de nombreux souverains et personnages historiques.

ÉCOSSE

Robert Ier Bruce 1274-1329 S'étant fait couronné en 1306, il est contraint de fuir en Irlande. Il revient un an plus tard, juste avant la mort du roi d'Angleterre Édouard Ier et parvient à remporter plusieurs victoires grâce auxquelles il rallie les Écossais et l'Église d'Écosse. Malgré son succès contre Édouard II à la bataille de Bannockburn (1314), la paix avec les Anglais ne sera signée qu'en 1328. **Robert II Stuart** 1316-1390 Roi en 1371. Petit-fils du précédent par sa mère, Marjorie, il lutta continuellement contre les Anglais; c'est le fondateur

***Robert II** dit **le Pieux**.*

de la dynastie des Stuarts. **Robert III Stuart** v. 1337-1406 Roi en 1390 ; sous son règne, l'Écosse fut envahie par l'Angleterre.

EMPIRE LATIN DE CONSTANTINOPLE

Robert Nom de deux empereurs de Constantinople. **Robert Ier de Courtenay** ?-1228 et **Robert II d'Anjou-Tarente** 1320-1364

FRANCE

Robert Ier 865 ?-923 Fils de Robert le Fort (?-866) comte d'Anjou, frère du roi Eudes. Il fut élu roi par les Grands, révoltés contre Charles le Simple (922) ; mais, ayant pris les armes contre lui, il fut tué à Soissons. **Robert II**, dit **le Pieux** 972 ?-1031 Il fut associé au trône par son père Hugues Capet dès 987. Doux et dévot, il fut pourtant excommunié par le pape pour avoir répudié sa femme Rosala, fille du roi d'Italie, (989) et épousé sa cousine Berthe de Bourgogne (996). Il fut finalement contraint de répudier cette dernière et d'épouser (v. 1003) Constance de Provence. Il agrandit le royaume des comtés de Dreux et de Melun et surtout du duché de Bourgogne. Il institua la paix de Dieu et lutta contre les féodaux. Il associa au trône son fils Henri Ier en 1027.

NAPLES

Robert le Sage 1275 ?-1343 Duc d'Anjou et roi de Naples en 1309. Fils de Charles II d'Anjou, il régna avec lui jusqu'à sa mort en 1313. Défenseur de la papauté, bon administrateur et esprit raffiné (il fut le protecteur de Pétrarque et Boccace), il ne parvint pas à reconquérir la Sicile, prise par la maison d'Aragon en 1282.

NORMANDIE

Robert Ier le Magnifique 1010 ?-1035 Duc à partir de 1027, il est le père de Guillaume le Conquérant. **Robert II Courteheuse** 1054-1134 Fils de Guillaume le Conquérant, il doit laisser, à la mort de celui-ci, en 1087, l'Angleterre à son frère Guillaume II le Roux. Parti avec la première croisade en 1097, il trouve, à son retour, son autre frère, Henri Ier Beauclerc, sur le trône d'Angleterre. Il est battu à Tinchebray (1106) et finira sa vie en captivité.

SICILE

Robert Guiscard 1015 ?-1085 Comte, puis duc de Pouille et de Calabre. Il conquit à partir de 1046 une partie de l'Italie du Sud, prenant la capitale de l'Italie byzantine, Bari, en 1071, et fondant le duché de Pouille. Puis il attaqua la Sicile musulmane en 1061 avec son frère Roger, qui devait achever la conquête de l'île en 1091 (Palerme est prise en 1072). En 1084, il alla à Rome délivrer le pape Grégoire VII, qu'assiégeait l'empereur Henri IV, et mourut au cours d'une expédition vers les Balkans.

Robert (Hubert) 1733-1808 Peintre, paysagiste et graveur français. Comme son ami Fragonard, il annonce le romantisme, évoquant poésie et féerie dans des paysages de monuments isolés, de vestiges antiques ou de ruines imaginaires (*L'Arc de triomphe de la ville d'Orange*).

Robert (Paul Charles) 1910-1980 Lexicographe et éditeur français. De formation juridique, il élabore, à partir de 1945, un *Dictionnaire analogique et alphabétique de la langue française* (1950-1964) et poursuit ce travail de lexicographie et d'édition dans la maison qu'il fonde en 1951. Il a publié son autobiographie (*Au fil des ans et des mots*, 1979-1980).

Robert d'Arbrissel v. 1045-1116 Moine breton, fondateur de l'abbaye de Fontevrault (aujourd'hui Fontevraud) qui réunissait des maisons d'hommes et de femmes et qui était placée sous l'autorité d'une abbesse. Il fut béatifié.

Robert de Boron ou **Borron** XIIe-XIIIe siècle. Trouvère normand, co-auteur de *L'Histoire du Graal* (en vers) et auteur de *Merlin* (en prose), qui relie le roman en vers au *cycle breton*.

Robert de Luzarches ?-1223 Architecte français qui élabora les plans et commença la reconstruction de la cathédrale d'Amiens après l'incendie de 1218.

Robert-Houdin (Jean-Eugène) 1805-1871 Prestidigitateur français. Il apporta beaucoup d'améliorations à la technique de l'illusionnisme, employant notamment des dispositifs mécaniques. Il dénonça aussi souvent les magiciens qui prétendaient posséder des dons surnaturels et fut même envoyé par le gouvernement français en Algérie pour réduire l'influence des magiciens arabes (1856). Il publia plusieurs ouvrages sur la magie et une *Autobiographie* (1857).

Roberval (Gilles Personne de) 1602-1675 Mathématicien et physicien français. Issu d'une famille de paysans, il poursuit ses études en autodidacte. En 1628, à Paris, il est introduit dans le milieu de la science par le père Mersenne. En 1634, il est professeur au Collège Royal et, en 1655, succède à Gassendi à la chaire de mathématiques. On lui doit un traité de mécanique ; son nom est attaché à l'invention d'une balance dont il a présenté les plans à l'Académie Royale des Sciences en 1669.

Robespierre (Maximilien de) 1758-1794 Avocat et homme politique français. Au cours de ses études à Paris, il se passionne pour la philosophie, notamment pour Rousseau, pour qui il éprouve une grande admiration et dont le *Contrat social* exercera sur lui une profonde influence. Il est élu député du tiers état d'Arras aux états généraux de 1789. Élu de Paris à la Convention (1792), celui que l'on surnomma « l'Incorruptible » domina le club des Jacobins, contribua à la condamnation du roi et au procès des Girondins. Maître du Comité de salut public et de la Convention (juillet 1793), il se débarrassa de Danton et de ses partisans, les « indulgents », d'Hébert et de ses « enragés », et institua le culte de l'Être suprême. Bien qu'il ne fût pas le seul responsable de la Grande Terreur, aggravée par la loi du 22 prairial an II, il l'entretint, trouvant toujours une nouvelle faction politique à abattre, et ne sut cependant pas y mettre un terme alors que, le sort du pays étant plus sûr en raison des victoires militaires de l'armée révolutionnaire, sa nécessité n'était plus justifiable. Ainsi, ses ennemis à la Convention et au sein même du Comité de salut public, par souci pour leur propre sécurité, organisèrent sa chute et celle de ses partisans, le 9 thermidor (27 juillet 1794). Il fut exécuté le lendemain avec son frère Augustin (1763-1794).

robin n. m. Vx ou litt. Sobriquet des gens de robe.

robinet n. m. Dispositif qui permet d'établir ou de couper la circulation d'un fluide dans une canalisation. / Clé tournante commandant ce dispositif.

robinetterie n. f. Industrie et commerce des robinets. / Ensemble des robinets d'une installation.

Robin Hood ou, en français, **Robin des Bois** Personnage légendaire de ballades de l'Angleterre médiévale. Saxon, tireur à l'arc redoutable, il défendait les humbles contre les riches seigneurs (normands). Il inspira de nombreux romans dont *Ivanhoé* (1820) de W. Scott.

robinier n. m. BOT. Arbre épineux de la sous-famille des papilionacées, à feuilles pennées, à grappes de fleurs blanches odorantes, originaire d'Amérique. *Le robinier est souvent appelé à tort acacia.*

Robinson (Walker Smith, dit **Ray Sugar)** 1920-1989 Boxeur américain. Champion du monde des welters en 1946, puis des poids moyens en 1951 (titre conquis plusieurs fois entre 1951-1959).

Robinson Crusoé (la Vie et les étranges aventures de) 1719 Roman de Daniel Defoe, inspiré par l'aventure (1703-1709) du marin écossais Alexander Selkirk. Échoué sur une île déserte où il vit pendant vingt-huit ans, Robinson parvient à force d'habileté et de patience à reconstituer un monde habitable. Son regret de ne pouvoir communiquer avec d'autres hommes est atténué lorsqu'il rencontre Vendredi, un sauvage dont il fait l'éducation.

Maximilien de Robespierre.

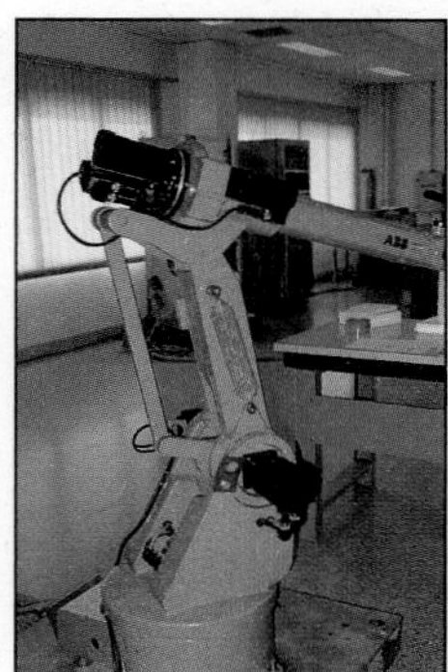
***Robot** industriel.*

Roboam Xe s. av. J.-C. Roi d'Israël, puis roi de Juda. Fils de Salomon, il lui succéda vers 931 av. J.-C., mais les dix tribus du Nord firent sécession et formèrent un nouveau royaume d'Israël, sous la conduite de Jéroboam. À la tête des tribus du Sud (la sienne et celle de Benjamin), Roboam devint roi de Juda. Il mourut vers 913 av. J.-C. Son histoire est relatée dans la Bible (premier livre des Rois *{I Rois}* et deuxième livre des Chroniques *{II Chroniques}*).

roboratif, ive adj. Litt. Fortifiant, reconstituant. *Une nourriture roborative.*

robot n. m. Machine à forme humaine, capable de parler et d'agir de façon automatisée. / Machine, commandée par un ordinateur, pouvant remplacer l'homme pour accomplir des tâches mécaniques, en fonction d'un programme déterminé. / Fig. Personne qui agit avec des gestes stéréotypés, mécaniques, en apparence dépourvue de réflexion et de sentiments.

robotique n. f. Science et technologie de la conception, de la mise au point et de la programmation des robots.

robotiser v. t. {1} Fig. Transformer (un être humain) en robot en lui faisant perdre ses caractères proprement humains au profit de comportements mécaniques. / TECH. Équiper de robots.

robre ou **rob** n. m. JEU Au whist, au bridge, chacune des parties jouée avec un partenaire, puis avec un autre.

Rob Roy (Robert MacGregor Campbell, dit**)** 1671-1734 Bandit écossais. Pillard gracié en 1727, W. Scott en fit, dans son roman *Rob Roy* (1818), un justicier qui prend aux riches pour donner aux pauvres.

robuste adj. Vigoureux, solide. *Un garçon robuste. Une voiture robuste.*

robustesse n. f. Caractère robuste (de qqn, qqch.)

roc n. m. Bloc de pierre dure faisant corps avec le sol. / Par métaph. Symbole de solidité, de fermeté. *C'est un roc.*

rocade n. f. Voie de dérivation, joignant des voies principales. / MILIT. Voie protégée, parallèle à la ligne de feu, assurant les communications avec les arrières.

R

L'érosion par les vents, les périodes de gel ou les eaux de ruissellement marque les ***roches*** *de la surface terrestre.*

rocaille n. f. et adj. inv. **A.** n. f. Sol de pierraille et de cailloux. / Élément décoratif composé de coquillages et de cailloux incrustés; imitation de grotte. **B.** adj. inv. BX-ARTS *Style rocaille*, en vogue sous Louis XV, caractérisé par des compositions réunissant des imitations de coquillages, de formes végétales, de concrétions minérales. *Meuble rocaille.* / n. m. *Le rocaille*: le style rocaille.

rocailleux, euse adj. Plein de pierres, de cailloux. / Fig. Dur, rude, rauque. *Voix rocailleuse.*

Rocamadour ou **Roc-Amadour** *627 h.* Commune du Lot, construite en terrasses au flanc du causse de Gramat et dominée par un château fort du XIVe siècle. C'est la destination d'un pèlerinage à la Vierge noire.

Rocambole Héros de très nombreux romans à succès de Ponson du Terrail, publiés à partir de 1859. Ce personnage mystérieux, à la fois brigand et redresseur de torts, est sans cesse entraîné dans des aventures incroyables et envoûtantes dans le Paris du Second Empire.

rocambolesque adj. Aux péripéties invraisemblables, dignes des aventures de Rocambole. *Une histoire rocambolesque.*

Rocard (Michel) 1930 Homme politique français. Dirigeant du Parti socialiste unifié (P.S.U.) de 1967 à 1974, il entra au Parti socialiste (P.S.) en 1974, devint ministre d'État chargé du Plan et de l'Aménagement du territoire (1981-1983), puis ministre de l'Agriculture (1983-1985) et enfin Premier ministre (1988-1991). Renonçant au poste de Premier secrétaire du P.S. en 1994, il fut sénateur entre 1995 et 1997. Il a été élu au Parlement européen en 1994.

Rocha (Glauber) 1938-1981 Cinéaste brésilien. *Le Dieu noir et le diable blond* (1964) marque la naissance du *Cinema Novo* brésilien, préoccupé de culture révolutionnaire. Il réalisa ensuite plusieurs films (*Antonio das mortes* (1967); *L'Âge de la terre*, 1980) violemment baroques qui se réfèrent au folklore et sont teintés de symbolisme.

Rochambeau (Jean-Baptiste de Vimeur, comte de) 1725-1807 Militaire français. En 1781-1782, il commanda le corps expéditionnaire français dont l'aide permit aux Américains de remporter, contre les Anglais, la guerre d'Indépendance (1775-1782). Devenu maréchal en 1791, il commanda sans succès l'armée du Nord (1792) et fut emprisonné durant la Terreur. **Donatien** 1755-1813 Militaire français. Fils du précédent, il commanda en 1803 les troupes françaises contre les Haïtiens révoltés. Dessalines le vainquit et proclama l'indépendance d'Haïti le 1er janvier 1804.

roche n. f. Matériau minéral constitutif de l'écorce terrestre. / Masse de pierre dure, isolée de la terre. *Eau de roche*: eau de source cristalline, émergeant d'une roche.

♦ Les roches se divisent, selon leur origine, en trois groupes principaux: les *roches éruptives* ou *endogènes*, dues à la solidification de matériaux fondus dans les profondeurs; les *roches sédimentaires* ou *exogènes*, dues à des sédimentations successives par l'eau et le vent ou à des précipitations, et qui n'ont subi que peu de transformations; les *roches métamorphiques*, résultant de la transformation des roches sédimentaires et éruptives par la température et la pression. Constituées par une accumulation de minerais, substances de structure homogène, les roches se regroupent encore en familles selon leur composition minéralogique, chimique, ou selon leurs propriétés physiques.

Roche (Édouard) 1820-1883 Astronome français. Il est l'auteur d'une étude cosmo-gonique du système solaire, mais son nom est surtout attaché à des calculs de mécanique céleste impliquant une distance minimale en deçà de laquelle les forces de marée, induites par l'attraction mutuelle de deux corps en rotation gravitationnelle, tendent à les désintégrer ou à les empêcher de se condenser pour former un corps stable. Dans le système solaire, c'est dans les anneaux de Saturne que la limite de Roche est la mieux observée; elle est égale à 2,44 fois le rayon de la planète considérée.

Roche (Maurice) 1924-1997 Écrivain français. Il développa un style très particulier de narration à la fois nonchalante et tournée vers l'expérimentation formelle (jeux typographiques, montage, fragments, auto-citation, parodie, calembours), burlesque autant que macabre. *Compact* (1966), *Mémoire* (1976), *Je ne vais pas bien mais il faut que j'y aille* (1987), *Grande humoresque opus 27* (1997).

Roche (Denis) 1937 Écrivain et photographe français. Son œuvre poétique, caractérisée par une certaine jubilation, la vitesse, l'ironie et l'expérimentation formelle (*Forestière amazonide*, 1962; *Récits complets*, 1963; *Les Idées centésimales de Miss Élanize*, 1964; *Éros énergumène*, 1968), se clôt sur le constat que « la poésie est inadmissible, d'ailleurs elle n'existe pas » (*Le Mécrit*, 1972). Elle se prolonge par plusieurs livres en prose (*Louve basse*, 1976; *Dépôts de savoir & de technique*, 1980) et par une œuvre photographique, sorte de journal intime sur pellicule, réflexion et regard fasciné sur le temps (*Ellipse et laps*, 1991; *Les preuves du temps*, 2001).

Roche-sur-Yon (La) *45 219 h.* Chef-lieu du département de la Vendée. Petit centre administratif, la ville a quelques industries. Fondée par Napoléon Ier (selon un plan géométrique) pour servir de chef-lieu au département de la Vendée, elle s'appela tout d'abord *Napoléon-Vendée*, puis *Bourbon-Vendée* sous la Restauration.

Rochefort *25 797 h.* Chef-lieu d'arrondissement de la Charente-Maritime. C'est une ville riche en musées et monuments (maison de Pierre Loti; ancienne corderie royale transformée en musée; musée d'art et d'histoire; musée de la Marine) qui abrite l'école de la Marine nationale et de l'Armée de l'air. L'école de Rochefort a groupé, après la Deuxième Guerre mondiale, plusieurs poètes, dont Guy Cadou.

Rochefort (Henri, marquis de Rochefort-Luçay, dit Henri) 1831-1913 Polémiste français. Pamphlétaire violent, il attaqua le Second Empire dans son journal *La Lanterne*, créé en 1868, et dut s'exiler à Bruxelles. Favorable à la Commune, il fut condamné à la déportation et, en 1873, envoyé en Nouvelle-Calédonie, d'où il s'évada en 1874. Il mena ensuite une vie errante (Angleterre, Belgique, Suisse). Amnistié en 1880, de retour en France, il fonda *L'Intransigeant* et soutint le général Boulanger qu'il suivit en exil (1889), ce qui lui valut une nouvelle condamnation (cette fois par contumace) à la déportation. Il ne revint en France qu'en 1895. Les articles qu'il publia ensuite affichèrent des opinions anti-parlementaires et anti-dreyfusardes.

Rochelle (La) *76094 h.* Chef-lieu de la Charente-Maritime, important port de pêche français (pêche côtière et pêche au thon), mais aussi port de commerce et d'escale (grâce à son avant-port artificiel inauguré en 1890, *La Pallice*). Après la disparition des industries liées à l'activité maritime (constructions navales), la ville a diversifié ses industries. **Histoire** Ancienne capitale de l'Aunis, La Rochelle conserve de très beaux monuments: restes des anciennes fortifications (porte du XIIIe siècle); tours des XIVe et XVe siècles; cathédrale construite au XVIIIe siècle par Jacques III et Jacques IV Ange Gabriel. Refuge du protestantisme à partir de 1554, La Rochelle fut assiégée et prise par Richelieu (1627-1628) malgré l'héroïque résistance de son maire Jean Guiton.

rocher n. m. Masse de pierre formant une éminence escarpée. / ANAT. Partie interne de l'os temporal, formant une pyramide quadrangulaire.

Décor ***rococo****: ange en marbre.*

Rocher (dôme ou coupole du) Monument de Jérusalem, dit aussi « mosquée d'Omar », qui est le plus ancien monument religieux musulman. Il fut construit entre 687 et 691 sur un plan issu de l'architecture byzantine, autour d'un rocher où la tradition situe le sacrifice d'Abraham et le départ de Mahomet vers les cieux.

rochet [1] n. m. Surplis à manches étroites.

rochet [2] n. m. Bobine à enrouler de la soie. / MÉCAN. *Roue à rochet*: roue dentée à cliquet, dont la rotation est à sens unique.

Rocheuses (montagnes) Puissante chaîne de montagnes qui s'allonge de l'Alaska au Mexique, non loin de la côte du Pacifique. Sa plus grande largeur, aux États-Unis, atteint *1 500 km*. Elle culmine au mont McKinley, en Alaska (*6 187 m*). On distingue deux grandes formations: les Rocheuses proprement dites à l'est, des chaînes plus jeunes à l'ouest, chaîne des Cascades et sierra Nevada. Au centre, s'étendent de vastes plateaux accidentés: plateaux calcaires du Colorado, Grand Bassin, plateaux basaltiques (*mesas*) de la Columbia. L'importance des écarts thermiques diurnes et saisonniers caractérise l'ensemble, mais le climat, la pluviosité et la végétation varient avec l'altitude et la latitude: forêts de conifères au nord, prairies au-dessus de 3000 m, déserts dans les régions centrales et méridionales.

rocheux, euse adj. De la nature de la roche, du rocher; couvert de roches, de rochers.

Roch ha-Chanah Voir **Rosh ha-Shana**

rock and roll n. m. (mots anglo-américains) Musique populaire, souvent chantée, née aux États-Unis au milieu des années 50, adoptant un rythme très heurté, à quatre temps. *Le rock and roll s'inspire du jazz, du blues et du rythm and blues.*

Rockefeller (John Davison) 1839-1937 Industriel américain. Commerçant, il crée dès 1863 sa propre raffinerie de pétrole à Cleveland. Après avoir créé d'autres sociétés et racheté des sociétés concurrentes, il forme un gigantesque trust pétrolier appelé Standard Oil Company (1881) qui lui donne le monopole en Amérique du Nord. Craignant une décision hostile de la Cour suprême, il divise son trust en holdings en 1892 mais la loi anti-trust de 1887 le contraint tout de même à dissoudre sa société en 1911. Après cela, il étend ses activités à l'étranger et consacre son immense fortune à poursuivre une œuvre philanthropique entamée dès 1897 : en 1901, il crée l'*Institut Rockefeller*, destiné à la recherche médicale, en 1913 la *Fondation Rockefeller* et, en 1931, il entreprend la construction du *Rockefeller Center*, dans Manhattan.

rocket Voir **roquette**

rocking-chair n. m. (mot anglais) Fauteuil à bascule qui oscille par un simple mouvement du corps. Pl. Des *rocking-chairs.*

rococo n. m. et adj. inv. BX-ARTS Style de décoration apparu en France sous la Régence (1715-1723), et qui est caractéristique du milieu du XVIIIe siècle. *Élégant et raffiné, parfois un peu mièvre, le rococo s'inspire à la fois du style rocaille (profusion de fleurs, de coquillages, d'arabesques) et du baroque italien.* / adj. inv. *Un vase rococo.* / Par ext. Bizarre et désuet. *Une robe rococo.*

rocou n. m. Colorant rouge orangé extrait du rocouyer.

Le Baiser, *sculpture d'***Auguste Rodin**.

rocouyer n. m. BOT. Arbuste d'Amérique tropicale, dont les graines fournissent le rocou.
rocquer Voir **roquer**
Rocroi *2555 h.* Commune des Ardennes, proche de la frontière franco-belge, fortifiée par Vauban. En 1643, le Grand Condé, alors duc d'Enghien, délivra la place assiégée par les Espagnols.
rodage n. m. TECHN. Action de roder; fait de faire fonctionner à un régime modéré un moteur neuf, une machine neuve, afin de permettre aux différents organes de s'ajuster parfaitement en se polissant par frottement les uns les autres; temps que prend cette opération. *Rodage de soupape*: polissage de la surface d'une soupape pour qu'elle s'adapte parfaitement aux autres pièces en interaction. / Fig. Adaptation progressive (d'un travailleur, d'un service) à une tâche donnée.
rôdailler v. i. [1] Fam. Rôder, traîner par désœuvrement.
Rodchenko (Aleksandr Mikhaïlovitch) 1891-1957 Peintre, décorateur, sculpteur et photographe soviétique. Proche de Malevitch, sans avoir jamais appartenu au même mouvement, il fait, comme lui, du cercle l'élément dominant de ses compositions (*Composition abstraite*, 1918). Communiste, il accentue le côté utilitaire du constructivisme (pavillon soviétique de l'exposition des Arts décoratifs à Paris, 1925). Pionnier de la typographie, avec Lissitzky, il est un des premiers utilisateurs de montages photographiques. Il se consacre ensuite à la photographie (reportages; photographies d'architecture, de rues, de sportifs en mouvement, réalisées sous des angles insolites; portraits), faisant montre d'une remarquable liberté de vision et d'une forte originalité.
Rodenbach (Georges) 1855-1898 Poète belge, installé à Paris à partir de 1887; son œuvre mélancolique et précieuse chante la beauté des paysages de son pays, la Flandre: *Jeunesse blanche* (1886), *Le Règne du silence* (1891), *Les Voies encloses* (1896). Parmi ses romans qui reproduisent l'atmosphère nostalgique et silencieuse de ses poèmes symboliques, les plus connus sont *Bruges-la-Morte* (1892) et *Le Carillonneur* (1897).
rodéo n. m. Épreuve équestre qui consiste à rester le plus longtemps possible en selle sur un cheval ou un taureau sauvage, qui s'effectue dans les fermes américaines et mexicaines lors du marquage des bêtes. / Fête qui a lieu à l'occasion de ce marquage.
roder v. t. [1] TECHN. User (une pièce) par frottement pour permettre une adaptation optimale à une autre pièce, notam. au sein d'un mécanisme. *Roder une soupape.* Par ext. *Roder un moteur.* / Fig. Adapter, parfaire progressivement (qqch.) *Roder un spectacle.* (Emploi pron.) *Un spectacle qui se rode en province. Un néophyte qui a besoin de se roder.*
rôder v. i. [1] Errer; aller çà et là, sans but. / Aller et venir (autour d'un lieu, d'une personne) avec une intention suspecte. *Je l'ai vu rôder près des entrepôts.*
Rodéric Voir **Rodrigue**
rôdeur, euse n. et adj. Personne qui rôde. / adj. *Bêtes rôdeuses.*
Rodez *24701 h.* Chef-lieu de l'Aveyron, sur l'Aveyron, centre administratif et commercial au contact du causse Comtal et du Ségala. Ancienne capitale du Rouergue, elle possède une belle cathédrale gothique (XIIIe-XVIe siècle) dominant la ville.
Rodin (Auguste) 1840-1917 Sculpteur français. Issu d'un milieu modeste, il fait des études artistiques et est notamment l'élève de Carpeaux. Travaillant pour des sculpteurs en vogue durant les années 1860, il s'installe en Belgique en 1871, commence à se faire connaître avec *L'Âge d'airain* (envoyé au Salon de 1877) et est unanimement reconnu grâce à son *Saint Jean-Baptiste* (1879). Il se distingue par son naturalisme et sa science du corps humain. Sa puissance d'expression, son souffle tumultueux et romantique, mélange de symbolisme et d'érotisme, sont réunis dans la composition monumentale de *La Porte de l'Enfer* (haute de 6,35 m, large de 4 m, profonde de 0,85 m), destinée à la porte d'entrée du musée des Arts décoratifs, à laquelle il travailla de 1880 à sa mort, sans pourtant l'achever. Ses statues, *Le Penseur* (1880; bronze: 1904), *Le Baiser* (1886), *Les Bourgeois de Calais*, (1889), *Balzac* (1897) reflètent une vie intérieure intense. L'essentiel de son œuvre est conservé au musée Rodin, à Paris (7e). Camille Claudel fut son élève et sa compagne.
Rodogune IIe s. av. J.-C. Fille de Mithridate, roi des Parthes. Elle épousa le roi de Syrie, Démétrios II, que son père gardait captif. Vers 130 av. J.-C., les époux revinrent en Syrie où la première femme de Démétrios, fille du roi d'Égypte Ptolémée, le fit assassiner en 125 av. J.-C et Rodogune rentra dans sa patrie. Dans *Rodogune, princesse des Parthes* (1644), Corneille imagine la suite du récit.
Rodolphe (lac) Voir **Turkana**
Rodolphe de Bourgogne Voir **Raoul**
Rodolphe Ier de Habsbourg 1218-1291 Empereur germanique en 1273. Provoqué par le roi de Bohême Otakar II, qui avait précédemment acquis l'Autriche, la Styrie, la Carinthie et la Carniole, il le vainquit en 1278, avec l'aide du roi de Hongrie, et profita de la mort de son adversaire pour s'emparer de ses territoires. En les inféodant ensuite à son fils, Albert Ier, il assura la puissance territoriale des Habsbourg.
Rodolphe II de Habsbourg 1552-1612 Empereur germanique en 1576 à la mort de son père Maximilien II et roi de Hongrie (1572-1608) et de Bohême (1575-1611). Il tenta de favoriser le catholicisme mais, se désintéressant du pouvoir, ne put faire face aux révoltes répétées de son peuple

Ginger Rogers.

et laissa finalement son frère Mathias II régner à sa place (1605). Il fut le protecteur de Kepler et Brahé (1546-1601).
Rodolphe de Habsbourg 1858-1889 Archiduc d'Autriche. Fils de l'empereur François-Joseph Ier, on le retrouva mort avec sa maîtresse dans un pavillon de chasse à Mayerling. L'enquête conclut à un double suicide.
rodomontade n. f. Litt. Fanfaronnade.
Rodrigue ou **Rodéric** ? -711 Dernier roi des Wisigoths d'Espagne. En 711, il fut vaincu près de Cadix et tué par les Arabes, qui purent ainsi s'emparer de l'Espagne (711-714).
Roentgen Voir **Röntgen**
rogatoire adj. DR. Qui a rapport à une demande. *Commission rogatoire*: délégation, délivrée par un juge d'instruction, par laquelle un autre juge (ou un officier de police) est chargé d'accomplir certaines procédures liées à une instruction, en lieu et place du juge initial.
rogations n. f. pl. RELIG. CATHOL. Prières publiques accompagnées de processions, pendant les trois jours qui précèdent immédiatement l'Ascension, destinées à attirer la bénédiction divine sur les récoltes, le bétail, les travaux des champs.
rogaton n. m. Vx, fam. Objet au rebut. / Mod., fam. Reste de nourriture. *Il n'y a plus que des rogatons à leur servir.*
Roger Ier 1031-1101 Comte de Sicile. Aventurier normand, frère de Robert Guiscard, qu'il rejoignit en Calabre. Les deux hommes s'employèrent à conquérir la Sicile à partir de 1061, prenant Palerme en 1072. Roger ne fut maître de la totalité de la Sicile qu'en 1091. **Roger II** 1095 ?-1154 Comte (1101-1130) puis roi (à partir de 1130) de Sicile. Fils du précédent, il étendit ses possessions en Italie du Sud. Sous son règne, la Sicile connut une très grande prospérité; prince tolérant et lettré, il laissa les musulmans pratiquer leur religion et permit l'établissement, à Palerme, d'une école de médecine célèbre pendant tout le Moyen Âge.
Rogers (Virginia Katharine McMath, dite Ginger) 1911-1995 Actrice américaine. Elle forma avec Fred Astaire l'un des plus célèbres couples de danseurs de la comédie musicale américaine des années 1930, dans des films comme *La Joyeuse Divorcée* (1935), *Sur les ailes de la danse* (1936), *La Grande Farandole* (1939).
Rogers (Richard) 1933 Architecte britannique, auteur, en collaboration avec Renzo Piano, du Centre d'art et de culture Georges-Pompidou, à Paris, puis du Lloyds Building à Londres et du dôme du Millenium à Greenwich.
rognage n. m. Action de rogner; résultat de cette action.
rogne [1] n. f. TECHN. Massicotage. / Ligne délimitant la coupe du massicot.
rogne [2] n. f. Fam. *Être en rogne,* de mauvaise humeur, en colère.
rogner v. t. [1] Couper sur les bords. *Rogner des feuilles au massicot.* / Retrancher une petite partie de. *Rogner les ailes d'un oiseau domestique pour l'empêcher de voler. Rogner ses économies,* les entamer, commencer à les dépenser. / Loc. fig. *Rogner les ailes de qqn,* restreindre ses moyens d'action.
rognon n. m. Rein de veau ou de porc, utilisé en cuisine.
rognure n. f. Déchet produit par un rognage.
rogomme n. m. Fam. *Voix de rogomme*: voix d'ivrogne, enrouée et vulgaire.
rogue [1] adj. Arrogant, plein de morgue. *Un air rogue.*
rogue [2] n. f. Œufs de poisson. / Appât à base d'œufs de poissons salés, utilisé pour la pêche à la sardine.
Rohan (Louis René Édouard, prince de **Rohan-Guéméné**, dit le cardinal **de)** 1734-1803 Prélat français. Descendant d'une illustre famille bretonne, il fut grand aumônier du roi, cardinal, archevêque de Strasbourg. Sa légèreté le fit compromettre dans l'affaire du Collier de la reine (1785-1786); disgracié, il fut néanmoins député du clergé aux états généraux. Il émigra en 1790.
Rohan (hôtel de) Demeure parisienne du cardinal Armand de Rohan, construite de 1705 à 1708 par Delamair, rue Vieille-du-Temple. En 1927, il fut rattaché aux Archives nationales.
Róheim (Geza) 1891-1953 Psychanalyste américain d'origine hongroise. Formé par Ferenczi, il associa anthropologie et psychanalyse et effectua plusieurs voyages dans le Pacifique. Réfugié aux États-Unis en 1938, il publia *Psychanalyse et Anthropologie* en 1950.
Röhm (Ernst) 1887-1934 Homme politique allemand. Chef des Sections d'assaut (S.A.) du parti nazi en 1930, il leur donna une telle puissance que Göring et Himmler en furent effrayés. En 1934, ils l'accusèrent de comploter contre Hitler, ce qui entraîna le massacre des chefs des S.A. la même année (Nuit des longs couteaux, à Munich).
Rohmer (Maurice Scherer, dit Éric) 1920 Cinéaste français. Inspiré par Musset, il tourne des comédies douces amères: *La Collectionneuse* (1967), *Ma nuit chez Maud* (1969), *Pauline à la plage* (1983), *Conte de printemps* (1990), *Conte d'hiver* (1992), *Conte d'été* (1996) et *Conte d'automne* (1998).
roi n. m. Chef d'État qui a reçu, héréditairement ou par élection, le pouvoir de gouverner souverainement un pays. *L'avènement d'un roi. Le Roi Très Chrétien*: le roi de France. *Le Roi des Romains*: titre porté par le successeur désigné d'un empereur germanique pendant le règne de ce dernier. *Les Rois Catholiques*: Ferdinand II d'Aragon et Isabelle Ire de Castille. *Le Roi-Soleil*: Louis XIV. *Les Rois mages*: voir *mage*. *La fête des Rois*: l'Épiphanie. / Fig. Personne, animal ou chose qui

R

Tragicomedia d Calisto y Melibea. En la qual se contienē de mas de su agradable τ dulce estilo: muchas sentēcias philosophales: τ auisos muy necessarios para mācebos: mostrandoles los engaños q̄ estā encerrados en seruiētes τ alcahuetas.

La Tragi-comédie Calixte et Mélibée, *attribuée à* ***Fernando de Rojas****, fut appelée, à partir de 1519,* La Célestine.

prédomine, sans conteste, dans un domaine précis. *Les rois des arts martiaux. Le roi des animaux*: le lion. *L'or est le roi des métaux.* / *Un morceau de roi*: un mets délicieux. / JEU Aux échecs, la pièce essentielle ; dans un jeu de cartes, chacune des quatre cartes figurant un roi. *Le roi de trèfle.*

roide Voir **raide**

roidir Voir **raidir**

Roi Lear (le) 1606 Tragédie de Shakespeare. Un vieux roi partage son royaume entre ses deux premières filles, et ne donne rien à la troisième, Cordelia, prenant ombrage de sa franchise. Chassé ensuite de son château par ses deux filles, c'est par Cordelia qu'il sera secouru. Mais son désespoir et son chagrin le rendront à moitié fou. L'histoire a été reprise de nombreuses fois à l'écran ; en 1985, Kurosawa en a fait le film *Ran*, dont l'action se passe dans le Japon médiéval.

Rois (livres des) Livres de l'Ancien Testament, au nombre de deux, relatant l'histoire des rois de Juda et d'Israël depuis la division du royaume jusqu'à la destruction d'Israël par les Assyriens en 722 avant J.-C. et de Juda par les Babyloniens en 586 avant J.-C.

Roissy-en-France *2054 h.* Commune du Val-d'Oise où est implanté l'aéroport international Charles-de-Gaulle.

roitelet n. m. Roi d'un très petit royaume. / ZOOL. Très petit oiseau passériforme, au plumage verdâtre, à la tête ornée d'un cimier jaune vif.

Rojas (Fernando de) 1465 ?-1541 ? Écrivain espagnol. On lui attribue la *Tragicomédie de Calixte et Mélibée* (1499), plus couramment nommée *La Célestine* (nom de la maquerelle qui organise l'intrigue), qui exerça une influence considérable.

Roland VIIIe siècle Comte de Bretagne. En 778, il commandait l'arrière-garde de l'armée de Charlemagne, dans les Pyrénées, quand des Vascons (Basques), au service de l'émirat arabe de Cordoue, le tuèrent. Il inspira la plus célèbre des chansons de geste, *La Chanson de Roland*, dont la première version fut composée vers 1125-1150 et dans laquelle, Roland, neveu de Charlemagne, qui incarne les valeurs du preux chevalier, est trahi par Ganelon.

Roland de La Platière (Jean-Marie) 1734-1793 Homme politique français. Inspecteur des manufactures à Lyon en 1784, il vint ensuite à Paris, où grâce aux relations de sa femme, il fut nommé ministre de l'Intérieur de 1792 à 1793. Girondin, il s'enfuit à Rouen en janvier 1793. Il se suicida à l'annonce de la condamnation et de l'exécution de sa femme. **Manon Phlipon (M**[me] **Roland de la Platière**, connue sous le nom de Mme **Roland)** 1754-1793 Épouse (1780) du précédent. Très cultivée, elle attira dans son salon de la rue Guénégaud les personnalités de l'époque et, en particulier, les Girondins dont elle devint l'égérie et avec lesquels elle fut condamnée en 1793. Elle serait l'auteur de la phrase célèbre : « Ô liberté, que de crimes on commet en ton nom ! »

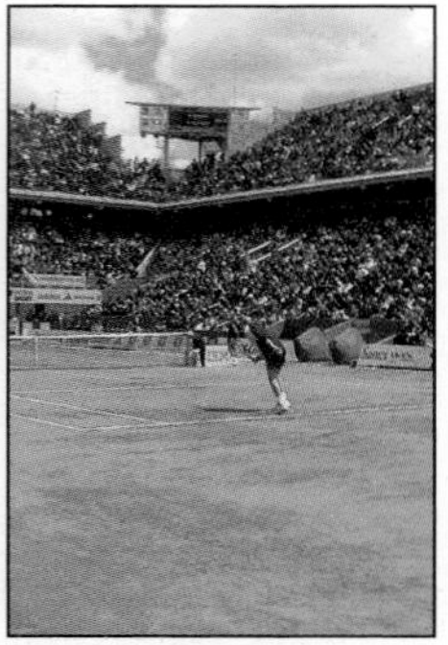
Un court du ***stade Roland-Garros****.*

Roland (Marie Désirée Pauline, dite **Pauline)** 1805-1852 Institutrice française. Socialiste, elle combattit toute sa vie en faveur de l'instruction populaire et du droit des femmes à l'égalité. Hostile au Second Empire, elle fut déportée en Algérie (1852), puis graciée ; elle mourut peu après son retour en France.

Roland furieux 1532 Poème épique en 46 chants de l'Arioste. Celui-ci voulait donner une suite au *Roland amoureux* (1495), poème inachevé de Boiardo. L'œuvre relate l'amour de Roland, neveu de Charlemagne, pour Angélique, reine de Cathay, et sa colère lorsqu'il s'aperçoit que celle-ci aime un autre homme, Médor. Par son art du suspense et son habileté, il annonce le roman-feuilleton, mais également la littérature précieuse.

The Rolling Stones*.*

Roland-Garros (stade) Stade de tennis, à Paris, en lisière du bois de Boulogne, où se déroulent les Internationaux de France (sur terre battue).

rôle n. m. **I.** Texte dit par un acteur, et action qu'il mène, dans une pièce de théâtre ou dans un film ; action identique menée par un danseur dans une œuvre chorégraphique. *Créer un rôle*, le jouer pour la première fois. / Le personnage tel qu'il est représenté par cet acteur ou ce danseur. / Image que qqn veut donner de lui-même, sans que cette image corresponde forcément à sa nature profonde. *Avoir le beau, le mauvais rôle.* / Fig. Fonction, influence d'une personne. *Son rôle est ambigu dans cette affaire.* / PSYCHO. *Jeu de rôle* : thérapie de groupe qui tend à analyser le comportement des individus entre eux en fonction de leur rôle dans la société. / Fonction d'une chose. *Rôle du sujet dans la phrase.* **II.** DR. Feuille d'un acte notarié, d'une expédition de jugement, registre. *Rôle des contributions* : liste des contribuables avec le montant de leur impôt. *Rôle du tribunal* : liste des causes dans l'ordre où elles sont plaidées. (Absol.) *Inscription au rôle.* / MAR. *Rôle d'équipage* : liste de toutes les personnes composant l'équipage d'un navire. / *À tour de rôle* : chacun son tour.

• **Rolland (Romain)** 1866-1944 Écrivain français.

roller n. m. (mot anglais) Patin à roulettes fixé, en une seule pièce, à une chaussure haute.

rolleur, euse n. Personne qui se déplace en rollers.

rollier n. m. ZOOL. Oiseau de l'Ancien Monde dont l'espèce européenne a un plumage bleu-vert, une grosse tête et un bec fort.

Rolling Stones (the) Groupe britannique de rock formé en 1962 par M. Jagger, chanteur (né en 1943), B. Jones, guitariste (1942-1969), K. Richard, guitariste et chanteur (né en 1943) et B. Wyman (né en 1941).

Rollins (Theodore Walter, dit **Sonny)** 1929 Saxophoniste de jazz américain qui joua notamment avec Art Blakey et Miles Davis. Il cessa de jouer en 1960 et reprit ses recherches musicales en 1966 (*In a Sentimental Mood*, 1953 ; *G Man*, 1987).

rollmops n. m. (mot allemand) Petit hareng roulé autour d'un cornichon (ou de rondelles d'oignon), maintenu par une pique en bois et conservé dans du vinaigre additionné de vin blanc.

Sonny Rollins (© Steve Maraта).

Romain Rolland

Après de brillantes études à l'École normale supérieure, il se spécialise dans l'histoire de la musique. Il a fait connaître en France les idées de Gandhi et a défendu les thèses socialistes et pacifistes. En 1915, depuis la Suisse, il publia l'article *Au-dessus de la mêlée*, premier d'une série qui se poursuivra pendant et après la Première Guerre mondiale. En 1923, il fonda la revue *Europe*. Il a laissé des pièces de théâtre, plusieurs biographies : *Beethoven* (1903), *Michel-Ange* (1907), *Tolstoï* (1911) et de grandes œuvres romanesques : *Jean-Christophe*, (1904-1912) et *L'Âme enchantée* (1922-1934).

rom [1] adj. et n. Relatif au rameau du peuple tsigane installé principalement en Hongrie et, partiellement, en Roumanie ; membre de ce groupe. *Un campement rom. Les Roms.*

rom [2] n. f. inv. (acronyme pour *Read Only Memory*). INFORM. Mémoire que l'on peut seulement lire ; voir *CD-rom*.

romain, e adj. et n. De Rome. *Empire romain. Chiffres romains* : voir *chiffre*. / De la Rome catholique. *Église romaine.* / IMPRIM. *Caractères romains* ou (n. m.) le *romain* : caractères dont les jambages sont parallèles entre eux et perpendiculaires à l'alignement des lettres. / Subst. *Un(e) Romain(e).* Loc. fig. *Un travail de Romain*, impressionnant par son ampleur, gigantesque.

Romain Nom de plusieurs empereurs byzantins. **Romain I**[er] **Lécapène** ?-944 Empereur en 920. Tuteur de Constantin VIII, il lui donna sa fille Hélène en mariage, l'évinça et exerça le pouvoir à sa place. Il s'attaqua à la puissance des grands propriétaires et des monastères, lutta victorieusement contre les Bulgares (avec lesquels il fit ultérieurement la paix) et contre les Russes. Renversé par ses fils, il fut relégué dans un monastère. **Romain II le**

Jeune 939-963 Empereur en 959, fils de Constantin VII, il abandonna le pouvoir à sa femme Théophano et périt empoisonné. **Romain III Argyre** v. 968-1034 Empereur en 1028. Gendre de Constantin VIII, il lui succéda et ne parvint pas à contenir la menace musulmane ; il fut assassiné par son épouse, Zoé. **Romain IV Diogène** ?-1071 Empereur en 1068. Époux d'Eudoxie, veuve de Constantin X, il fut battu par les Seldjoukides qui le capturèrent avant de le libérer contre rançon. Son beau-fils, Michel VII, qui l'avait supplanté, lui fit crever les yeux et l'enferma dans un couvent.
Romain (Jules) Voir **Jules Romain**
romaine [1] n. f. Balance composée de deux bras inégaux mobiles autour du fléau, et dont le bras le plus long, gradué, porte un poids mobile, le plus court portant la charge à peser.
romaine [2] n. f. Variété de laitue à feuille allongée et ferme. / Loc. fig. et fam. *Être bon comme la romaine* : être trop bon ; (mod.) être dans la position de victime.
romaine (Ire République) 1798-1799 Nom donné à la république fondée à Rome par le Directoire.
romaine (IIe République) 1849 République établie à Rome après un soulèvement qui provoqua la fuite du pape Pie IX. Elle fut gouvernée par Mazzini, Saffi et Armellini, l'armée étant dirigée par Garibaldi. Mais les troupes françaises, commandées par Oudinot, rétablirent l'autorité pontificale.
Romains (Louis Farigoule, dit Jules) 1885-1972 Écrivain français. Il est le fondateur de l'*unanimisme*, tendance littéraire qui cherche à exprimer l'âme collective. Après un récit humoristique, *Les Copains* (1913), et des comédies : *Knock*, (1923), *Donogoo*, (1930), il a publié la série romanesque, *Les Hommes de bonne volonté* (27 volumes, 1932-1947), portrait de la société française de 1908 à 1933.
roman [1] n. m. LITTÉR. Au Moyen Âge, récit (en vers ou en prose) en langue vulgaire (le roman), et non en latin. / Ouvrage littéraire en prose, souvent assez long, et dont le sujet est généralement une fiction évoquant des aventures imaginaires ou inspirées de la réalité, et où sont analysés les sentiments, les mœurs et les caractères. / Ce genre littéraire. / Fiction, histoire inventée. *Cette histoire est fausse, c'est du roman.*
• **roman, e [2]** adj. et n. m. **I.** LING. adj. *Langues romanes* : langues dérivées du latin populaire. / n. m. Langue populaire parlée en France, issue du latin et antérieure à l'ancien français. **II.** BX-A. adj. *Style roman*, d'une forme d'art, architectural notam., répandu dans les pays d'Europe occidentale aux XIe et XIIe siècles. / n. m. *Le roman* : le style roman.

Roman (Art)

L'art roman apparut dans la seconde moitié du Xe siècle en Europe occidentale, après l'installation des Normands en Neustrie et le recul des Arabes en Espagne. L'activité artistique fut encouragée par les princes, les empereurs du Saint Empire germanique et les Capétiens, ainsi que par le monachisme. Les abbayes bénédictines, Cluny en particulier, jouèrent un grand rôle, dès le Xe siècle, dans la diffusion de l'art roman grâce à la multiplication de leurs fondations à travers toute l'Europe.

Église de Saint Clément de Pal, en Andorre.

Architecture

L'architecture religieuse offre les mêmes caractères qu'à l'époque carolingienne, mais les solutions sont infiniment riches et variées, en raison des progrès techniques et de la combinaison de plusieurs apports étrangers, arabes, orientaux et byzantins. Le premier art roman, appelé aussi, mais à tort, architecture lombarde, dura du milieu du Xe siècle au début du XIe siècle, et jusqu'au XIIe en Espagne et en Italie. Les églises, bien que construites dans des régions éloignées les unes des autres, ont des caractères communs, comme l'appareillage en petits moellons, la décoration extérieure constituée d'arcatures, de bandes lombardes en légère saillie. Mais ces édifices ont des plans et des systèmes de couverture très diversifiés.
Les maîtres d'œuvre firent preuve d'une grande ingéniosité et d'une grande créativité, cherchant à se libérer des formes anciennes et à créer un style nouveau. Malgré leurs efforts, les problèmes de voûte et d'éclairage étaient loin d'être résolus.

Apôtres ; intérieur de la cathédrale d'Oviedo.

France Le XIe siècle vit se former des écoles régionales qui se distinguèrent les unes des autres par la mise au point de plans, de procédés de construction particuliers, tout en restant sensibles aux influences étrangères.
Dans le Languedoc, par exemple, Saint-Guilhem-le-Désert se rattache aux recherches architecturales catalanes ; en Bourgogne également, mais les plans sont différents. Le chœur de Saint-Philibert de Tournus est ceint d'un déambulatoire à chapelles rayonnantes rectangulaires, sa nef voûtée en berceaux transversaux est précédée d'un narthex. La cathédrale Saint-Bénigne de Dijon, qui fut construite par Guillaume de Volpiano en 1007, était composée d'une basilique à cinq nefs et d'une rotonde dont il ne reste que l'étage inférieur. Saint-Vorles de Châtillon-sur-Seine, avec son double transept, combine des éléments du premier art roman et de la tradition carolingienne qui, tout en étant renouvelée, survit dans l'est de la France à Saint-Remi de Reims, à Montier-en-Der, et à Vignory (début XIe siècle).
Dans le sud-ouest, les églises sont dépourvues de tribunes : la nef et les bas-côtés sont de même hauteur, comme à Saint-Savin ; de nombreuses églises du Périgord et de l'Angoumois sont couvertes de coupoles sur pendentifs placées soit à la croisée du transept (cathédrale d'Angoulême), soit sur la nef (cathédrale de Cahors). En Auvergne, les églises, situées sur des routes de pèlerinages et destinées à recevoir de nombreux fidèles, sont munies d'un déambulatoire à chapelles rayonnantes et de tribunes ; elles sont éclairées indirectement (Notre-Dame-du-Port à Clermont-Ferrand).
En Bourgogne, de nouvelles formes sont conçues. C'est à Cluny qu'apparut le plan bénédictin (955-

R

ROMAN (ART) (SUITE)

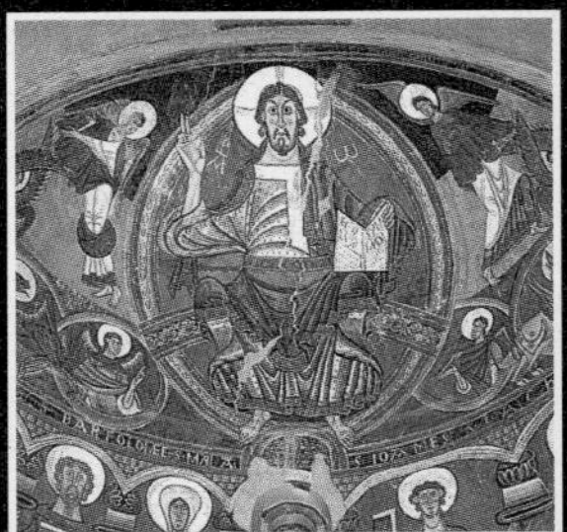

Le Christ Pantocrator, fresque de l'église Saint Clément de Tahull.

981), plan où le chœur, très vaste, est flanqué d'absidioles décroissantes ouvrant sur les bras du transept. Les architectes bourguignons utilisèrent la voûte en berceau brisé, la voûte d'arête (Vézelay), percèrent des fenêtres hautes au-dessus des tribunes (Saint-Étienne de Nevers). La construction de Cluny III (à partir de 1088), avec son double transept, ses doubles bas-côtés, son riche décor sculpté, eut des répercussions bien au-delà des limites de la Bourgogne. Dès le début du XIe siècle, la Normandie mit également au point des solutions intéressantes : l'alternance des supports, la présence de tribunes, la couverture en charpente ou en voûte d'arête (très vite renforcée).

EUROPE OCCIDENTALE Dans l'ensemble, les Italiens restèrent fidèles au plan basilical hérité de l'Antiquité. L'architecture vénitienne fut fortement marquée par l'art de Byzance, influence que l'on retrouve dans le sud de l'Italie et en Sicile ; mais là, elle se combine aux influences normandes et arabes (cathédrale de Palerme). En Catalogne, où le premier art roman se manifeste tôt, les églises les plus anciennes (San Miguel de Cuxa) présentent des traits mozarabes ; elles sont de plan rectangulaire, sans transept, couvertes en charpente, sauf dans l'abside. Au XIe siècle, les plans se diversifièrent : à Santa Maria de Ripoll (1032), l'abside est flanquée de six absidioles parallèles ; l'emploi de la voûte se généralise et s'étend à la nef. L'art roman espagnol présente beaucoup d'analogies avec celui de la France, les chemins de Saint-Jacques-de-Compostelle constituant une voie de communication culturelle très empruntée. L'église de Compostelle n'est pas sans évoquer les parties les plus anciennes de Saint-Sernin de Toulouse. L'influence mozarabe perdure en Espagne occidentale (San Isidoro de León) et celle de l'Islam à Valladolid et Ségovie.

Il existe également dans les monts Cantabriques et en Castille des églises romanes d'un style plus tardif (San Martin de Fromista). La tradition carolingienne se maintient en Germanie dans l'architecture ottonienne. Les églises sont de vastes basiliques charpentées, leurs nefs sont séparées par des supports extrêmement simples et éclairées par de petites baies.
Leur plan et leur structure sont cependant très variés : l'abbatiale de Hersfeld (1037) possédait un transept continu, communiquant avec le chœur et la nef par de grandes arcades ; Saint-Michel de Hildesheim (1022) se distingue par son plan à deux transepts et à deux chœurs situés à chaque extrémité de l'église ; à la Trinité d'Essen (1051), on trouve le premier exemple d'alternance des piles de l'architecture ottonienne. L'influence bénédictine de Cluny pénétra en Germanie, où furent fondées des abbayes (abbaye d'Hirsau). La dynastie des Hohenstaufen fit élever des chapelles palatines à Haguenau et à Nuremberg.

Sculpture

La sculpture romane, qui s'épanouit durant la seconde moitié du XIe siècle, a des sources très diverses : l'Antiquité romaine, les manuscrits enluminés, l'art oriental, mésopotamien surtout, l'art arabe, et enfin, l'Orient chrétien. La grande variété de leurs sources d'inspiration n'empêcha cependant pas les sculpteurs romans de créer un style original à l'identité fortement marquée. L'Ancien et le Nouveau Testament, l'Apocalypse, le Jugement dernier sont les thèmes le plus souvent représentés. Le caractère le plus marquant de la sculpture romane est sa parfaite insertion dans la structure architecturale dont elle tend à souligner tympans, linteaux, chapiteaux et voussures.

FRANCE Le plus ancien témoignage de la sculpture romane est le linteau de Saint-Génis-des-Fontaines

Tapisserie dite « de la Création », dans la cathédrale de Gérone.

(1020) où les représentations sont encore rudimentaires et les formes d'une grande simplicité. À la fin du XIe siècle se constituèrent les écoles de Languedoc-Aquitaine et de Bourgogne. Le premier atelier travailla à la décoration de Saint-Sernin de Toulouse (pourtour du chœur et chapiteaux) et, surtout, à l'abbaye de Moissac. Mises à part quelques maladresses et exception faite de certains emprunts aux ivoires carolingiens, ces sculptures, animées d'un réalisme puissant, témoignent à la fois d'une grande maîtrise d'exécution et d'une irréprochable cohérence des formes. Quant à l'atelier de Bourgogne, il joua, conjointement avec Cluny, un rôle prépondérant dans l'histoire de la sculpture romane. Son art se caractérise par la richesse des thèmes iconographiques, la délicatesse de l'exécution, la liberté des attitudes et des compositions (jugement dernier du tympan d'Autun, chapiteaux de Cluny). Les artistes de l'école d'Auvergne furent les premiers à traiter la figure humaine de façon stylisée, en ronde-bosse : les personnages ont des proportions courtes et trapues (chapiteau du *Combat des vertus et des vices* à Notre-Dame-du-Port à Clermont-Ferrand).
Comme ailleurs, les sculpteurs recherchent le pittoresque, le mouvement, l'expression. L'école de Provence, restée en contact avec les vestiges de l'art romain, y puisa une part de son inspiration (façades de Saint-Gilles-du-Gard et de Saint-Trophime d'Arles).
L'école de l'Ouest (c'est-à-dire la Saintonge, le Poitou et l'Angoumois) montre un goût particulier pour les motifs orientaux véhiculés par les Arabes et qui furent redécouverts grâce aux coffrets, bijoux et manuscrits rapportés de Terre Sainte par les pèlerins. Dans ces églises, les voussures des portails et les façades sont entièrement décorées de personnages, de monstres et d'animaux fantastiques, de végétaux et de palmettes d'un puissant effet ornemental. En Normandie, on trouve surtout des chapiteaux à feuilles (Bernay, la Trinité de Caen), la plupart d'entre eux à motifs géométriques :

La Mission des apôtres : tympan du portail central du narthex de la basilique Sainte-Madeleine-de-Vézelay (Yonne), exécuté entre 1120 et 1132.

R

Roman (Art) (suite)

rubans croisés, dents-de-scie, bâtons brisés, entrelacs. Parfois, se mêlent à ces motifs des animaux fantastiques, héritage de l'art des Vikings (cathédrale de Bayeux). En Île-de-France, vers 1145, la sculpture romane évolue considérablement avec la réalisation du *Portail royal* de Chartres ; exécuté par des artistes du Midi appelés par Suger, ce portail annonce l'art gothique. Le Christ en gloire du tympan, par les traits de son visage, est moins stylisé et plus individuel ; les statues adossées aux colonnes, nommées *statues-colonnes*, tout en faisant toujours partie du tympan, annoncent déjà les statues gothiques qui en seront séparées.

Europe occidentale La sculpture romane apparut en Angleterre après l'arrivée des Normands ; ce sont eux qui y introduisirent les décors à motifs géométriques. Au XIIe siècle, ce décor est enrichi de figures monstrueuses et de motifs végétaux pareils à ceux qui ornent les chapiteaux de la crypte de Canterbury. En Allemagne, dès l'époque carolingienne, les artistes rhénans excellent dans le travail du bronze et de l'ivoire ; ils continuent, par la suite, à préférer ces techniques à celles de la pierre et exécutent essentiellement des reliefs aux compositions savamment équilibrées, riches en beaux volumes, en modèles pleins (portes de Saint-Bernard à Hildesheim). En Italie, la sculpture a un aspect réaliste et rude ; elle traite de thèmes populaires comme les mois, les arts et les métiers, les allégories des âges. Le chef-d'œuvre de la sculpture romane italienne est la cathédrale de Modène. On retrouve l'art normand avec toutes ses caractéristiques en Italie du sud. L'Espagne est très ouverte aux apports de la sculpture romane française, particulièrement à ceux du Languedoc, comme en témoigne le décor sculpté de Saint-Jacques-de-Compostelle. Malgré cette influence, les artistes catalans demeurent attachés à la tradition ibérique qui donne à la sculpture espagnole sa facture originale dès le XIe siècle. La façade de San Isidoro de León et celle de Silos, avec l'*Incrédulité de Saint-Thomas*, sont les plus représentatives de cette tendance.

Peinture

La peinture murale connaît son plein essor à l'époque romane. L'intérieur des églises, les voûtes, les absides et les murs sont peints et restent jusqu'à ce jour relativement bien conservés Qui plus est, les statues elles-mêmes sont polychromes (plus rien ne subsiste actuellement de leurs couleurs). Comme la sculpture, la peinture est influencée par les enluminures et, surtout, par les miniatures syriennes et grecques. On a retrouvé des peintures murales dans toute l'Europe sans exception, mais c'est en Espagne et en France que se trouvent les plus beaux ensembles. Elles ont été exécutées suivant différentes techniques, tantôt *a fresco* (en Italie surtout), tantôt à la détrempe ou à la cire. Ces deux derniers procédés offrent un résultat presque identique à celui de la fresque, mais sont d'une exécution plus facile et demandent moins de dextérité. La gamme des couleurs est limitée : jaune, ocre rouge, brun, vert, beige, parfois du bleu, mais très rarement. Les thèmes iconographiques sont sensiblement les mêmes que ceux de la sculpture : scènes bibliques (voûte de Saint-Savin), vie de saints, thèmes moraux (Tavant), mais on rencontre aussi quelques sujets profanes. Ces peintures se caractérisent par l'absence de modelé et de profondeur. Les personnages se détachent le plus souvent sur un fond divisé en bandes horizontales de couleur uniforme. Un arbre stylisé indique que la scène se passe à l'extérieur ; quelques arcades, des tentures, qu'il s'agit d'une maison. Les attitudes des personnages sont assez souvent maladroites et les plis de leurs vêtements représentés selon certains schémas stéréotypés : en V, en botte de joncs.

Intérieur de l'église Sant'Angelo in Formis.

France On distingue quatre zones picturales en France : dans l'ouest, la palette est mate, les fonds clairs ; en Bourgogne et dans le sud-est, brillante à fond bleu ; en Auvergne, le fond est sombre ; quant à la peinture du Roussillon, elle se rattache à celle de la Catalogne. Continuation de l'art carolingien à bien des égards, la peinture romane fait cependant place à certaines innovations (Saint-Gilles de Montoire). L'ensemble de Saint-Savin est formé de quatre groupes : la tribune, dominée par un sens profond du monumental et la simplicité des volumes, le porche, dont la composition est pleine d'éclat et de mouvement, la nef, consacrée au cycle biblique représenté avec une naïveté qui n'est pas sans attraits, et la crypte. Cette décoration constitue cependant un tout cohérent, animé par un dynamisme puissant et un grand souci de vérité. Partout, à Tavant, à Saint-Jacques-des-Guérets, on retrouve la même vivacité du mouvement, le même graphisme linéaire et sobre, la même intensité de vie. En Bourgogne, les harmonies des tons sont plus riches, le modelé des figures, plus sûr (Berzé-la-Ville). Le reflet des traditions byzantines et l'influence orientale sont sensibles dans le décor des églises auvergnates (Saint-Julien de Brioude). Dans la même région, les peintures de la tribune de l'église Saint-Léger d'Ébreuil (XIIe siècle) s'apparentent au style de l'ouest de la France.

Europe occidentale La peinture romane de Catalogne a rayonné jusqu'à l'Aragon, la Castille, la Navarre et le Roussillon. Elle est influencée par les miniatures mozarabes et par l'art byzantin. La décoration de San Clemente de Tahull (1123) est un bon exemple du style romano-mozarabe, plein de noblesse et de gravité, aux harmonies de teintes rares où ussés de grenat. Les apports byzantins sont plus nombreux dans les fresques de San Juan de Bohi, et dans celles de Pedret. Le thème iconographique le plus courant est celui du Christ en majesté, mais on rencontre aussi des représentations de l'Épiphanie, de l'Adoration des Mages. Les fresques catalanes se caractérisent par un vigoureux expressionnisme, une grande liberté dans la composition et dans les attitudes. Les peintres catalans ont très tôt peint des panneaux de bois décorant les devants d'autels, dans un style proche de celui des peintures murales (autel de Santa Maria d'Avila). En Italie, la peinture romane est apparue plus tôt que dans les autres pays d'Europe à cause des contacts directs avec l'Orient. La marque de la peinture byzantine y est plus profonde qu'ailleurs et se combine aux différentes formes d'art locales. Les fresques les plus anciennes (1007) se trouvent dans les églises de Lombardie. Elles sont remarquables tant par la qualité de l'exécution que par l'équilibre des compositions. En Vénétie, l'influence byzantine est encore plus sensible que dans le reste du pays ; elle se fait sentir également en Italie centrale (église de Sant'Angelo in Formis), mais les artistes de cette région font preuve, en outre, de plus d'indépendance et d'originalité. Comme en Espagne, la peinture sur panneaux de bois est une technique fréquemment utilisée.

En Angleterre, les manuscrits enluminés témoignent de l'éclat de la peinture à cette époque, mais les exemples de fresques sont trop endommagés et trop rares pour qu'il soit possible de se faire une idée suffisamment précise de leurs qualités. Les vestiges que l'on trouve dans l'église de Hardham et à Clayton trahissent une forte influence de la peinture romane venue du continent et, tout particulièrement, d'un courant issu de la tradition carolingienne. On retrouve des traces de l'influence byzantine dans les cathédrales de Canterbury et de Winchester. Les décorations murales peintes étaient également très répandues en Allemagne et en Autriche. Mais, comme en Angleterre, elles ont, à quelques fragments près, toutes disparu.

La peinture sur verre est en usage dès le Xe siècle mais bien peu de vitraux de cette époque ont été conservés, sauf, en France, ceux des églises de Lyon, de Saint-Denis, du Mans, de Poitiers, de Vendôme et d'Angers.

R

ROMANTISME

Novalis, de son vrai nom Friedrich von Hardenberg (1772-1801).

Né en Allemagne et en Angleterre, le romantisme s'est répandu dans la plupart des pays et a influencé l'ensemble des conceptions esthétiques depuis 1800. Sans qu'on puisse parler de rupture brutale avec le passé, il marque cependant la fin du règne du classicisme ; alors que celui-ci faisait appel à l'autorité des Anciens et de la raison, prônait le sens de la mesure, le respect des règles et de la tradition, le romantisme réhabilite les sources nationales et sentimentales, l'imagination et la sensibilité, l'émancipation des règles ; avec des variations notables, il est souvent lié au libéralisme politique, plus tard à la révolte métaphysique.

En Angleterre, Ossian et Shakespeare sont reconnus comme des maîtres par les nouveaux écrivains, qui cultivent surtout la poésie lyrique et la prose fantastique ou historique.

Les poètes Coleridge, Wordsworth, Southey, puis Shelley, Byron et Keats, les romanciers Radcliffe, Lewis, Scott manifestent, à des titres divers, leur goût de la nature, de l'étrange, du dépaysement médiéval et de la liberté. Le romantisme allemand se présente comme un mouvement plus complexe et plus ambitieux, se fondant sur l'idéalisme philosophique pour exalter la subjectivité et les affinités de l'esprit avec ce qui, dans la nature, permet le passage du réel au rêve et même au mysticisme. Les philosophes Fichte et Schelling ont ainsi contribué à la naissance des idées nouvelles, systématisées par les frères Schlegel et incarnées dans les œuvres de poètes tels que Tieck, Novalis, Hölderlin, de dramaturges comme Kleist, et de prosateurs comme Hoffmann.

Illustration du Corsaire de Lord Byron.

Alors que, dans ces deux pays, le romantisme ne constitue pas une solution de continuité, en France il apparaît davantage comme une révolution contre les principes de l'esthétique classique. Il est annoncé par Rousseau, individualiste et sensible, puis par deux romanciers et théoriciens, Chateaubriand et Mme de Staël, tandis que se font sentir les influences anglaises et allemandes. Il s'impose entre 1820 et 1830 dans les domaines de la poésie lyrique, du drame et du roman historique et réaliste.

Ses poètes et dramaturges sont Lamartine, Hugo, Musset, Vigny et Nerval ; ses romanciers, Stendhal et Balzac ; il faut y joindre le critique Sainte-Beuve et l'historien Michelet. Les autres pays latins sont touchés par le romantisme entre 1820 et 1840 : on distingue en Italie Manzoni et Leopardi, tandis que, de l'Espagne et du Portugal, les tendances nouvelles sont diffusées en Amérique latine.

En Europe centrale, elles sont plus étroitement liées au sentiment poétique et religieux, comme en Pologne, où elles ont une allure messianique avec Mickiewicz et Slowacki ; Pouchkine et Lermontov sont les deux plus grands auteurs russes de cette période.

Le romantisme a donc introduit en art une esthétique d'imagination et de liberté.

D'abord élégiaque et personnel, il s'est élargi ensuite en aspirations humanitaires et idéalistes, voire socialisantes. Même s'il marque encore un compromis avec les formes classiques, il contient en germe tous les mouvements qui lui ont succédé, même en s'opposant à lui.

En ce sens, il se situe à l'aube de la littérature moderne. En peinture, on abandonne le culte de l'Antiquité gréco-latine et la rigidité des compositions classiques, pour adopter des couleurs expressives et des compositions hardies : Gros *(Les Pestiférés de Jaffa)*, Géricault *(Le Radeau de la Méduse)* et Delacroix *(La Mort de Sardanapale)* sont les chefs de file du romantisme pictural.

En musique, quoique transcendant l'esthétique classique dont il est issu ainsi que l'esthétique romantique qu'il annonce, c'est Beethoven qui inaugure la sensibilité nouvelle et ouvre la voie à Schubert, Weber, Schumann, Wagner et Brahms. Liszt et Chopin seront, quant à eux, les chantres passionnés du piano romantique.

L'on peut considérer que le plein âge romantique s'épanouit en Europe entre 1815 (fin du Premier Empire) et 1848 (fin de la monarchie de Juillet). À partir des années 1850, le romantisme proprement dit se dissociera en courants réaliste, naturaliste, impressionniste et symboliste.

Roman de la rose (le) XIIIe siècle Poème composé de deux parties distinctes ; l'une (1230 ?) est due à Guillaume de Lorris (*L'Art d'aimer*) ; l'autre (1275 ?), à Jean de Meung (*Le Miroir aux amoureux*). La Rose est le symbole de la femme qu'un Amant cherche à conquérir en luttant contre des personnages qui représentent les sentiments de la dame (Franchise, Pitié, Peur, Jalousie).

Roman de Renart (le) XIIe-XIIIe siècle Œuvre collective et anonyme racontant les exploits du rusé goupil, Renart, qui berne le loup Ysengrin, le chat Tibert, l'ours Brun et bien d'autres animaux. L'œuvre, vivante et satirique, annonce La Fontaine. *Renart* est devenu un nom commun, sous la graphie *renard*, et a remplacé *goupil*.

romance [1] n. m. (mot espagnol) LITTÉR. Poème espagnol octosyllabique.

romance [2] n. f. Composition poétique, chanson sur un sujet sentimental.

romancero n. m. (mot espagnol) LITTÉR. Recueil de romances espagnols épiques. *Le romancero du Cid.*

romanche n. m. et adj. LING. Langue romane parlée au Tyrol, dans le Frioul, qui est la langue officielle du canton suisse des Grisons depuis 1938. / adj. *Grammaire romanche.*

romancier, ère n. Auteur de romans.

romand, e adj. et n. m. *Suisse romande* : Suisse francophone. / n. m. LING. Dialecte franco-provençal parlé en Suisse.

romanesque adj. Propre ou relatif au roman. *Technique romanesque.* / Qui tient du roman, qui a les caractères que l'on attribue au roman (émotion, aventures, amour.). *Une situation romanesque.* / Rêveur, imaginatif. *Un esprit romanesque.*

roman-feuilleton n. m. Syn. de *feuilleton*. Pl. Des *romans-feuilletons.*

romani n. m. LING. Langue des Roms.

romanichel, elle adj. et n. Vieilli Tzigane. / Péjor. Vagabond, nomade.

romanisation n. f. Action de romaniser, de faire adopter la civilisation romaine à ; son résultat.

romaniser v. t. / v. i. [1] **A.** v. t. Faire adopter la civilisation, la langue romaine à (des peuples non italiens). / Transcrire en caractères latins. **B.** v. i. RELIG. Être un fidèle de l'Église catholique romaine.

Romanos le Mélode (saint) 490 ?-565 ? Poète byzantin. Né en Syrie, peut-être d'origine juive, il devint diacre et écrivit des hymnes où le mysticisme s'allie à l'épopée.

Romanov Dynastie de tsars de Russie 1613-1917. Elle compte en ligne directe, depuis Michel Fédorovitch Romanov (Michel III) jusqu'à la mort d'Élisabeth en 1762, dix tsars et tsarines et, à partir de Pierre III, en ligne indirecte, huit souverains jusqu'à Nicolas II, dernier tsar de Russie.

roman-photo n. m. Roman à caractère romanesque et sentimental, souvent publié par épisodes dans un magazine, sous forme de photos intégrant le texte du dialogue entre les divers personnages. Pl. Des *romans-photos.*

romantique adj. et n. Qui procède du romantisme. *Littérature romantique.* / Subst. *Un(e) romantique.* / Qui évoque l'inspiration romantique. *Un paysage romantique.* / (En parlant de personnes) Sentimental et passionné. *Des adolescents romantiques.*

• **romantisme** n. m. Mouvement littéraire et artistique, qui s'est amorcé en Europe à la fin du XVIIIe siècle et qui s'y est développé au XIXe siècle, donnant la primauté à l'ego, aux sentiments et à l'imagination en réaction contre le rationalisme du XVIIIe siècle.

romarin n. m. Arbuste aromatique de la famille des labiées, croissant dans la région

méditerranéenne, et dont les feuilles sont utilisées comme condiment.
rombière n. f. Fam., péjor. Femme d'un certain âge, prétentieuse et assommante.
• **Rome** Cité-État de l'Italie antique qui devint ensuite un immense empire qui s'étendait autour de la Méditerranée et dont la capitale était Rome : *l'Empire romain*.
• **Rome** *2 649 765 h.* Capitale de l'Italie, située sur le Tibre, siège de la papauté (dans le minuscule État du Vatican), chef-lieu de la province du même nom et de la Région Latium.
Rome (club de) Groupe international d'experts et d'intellectuels, créé à Rome en 1968. Il se prononce régulièrement sur l'état de la planète, du point de vue de l'environnement et de l'équilibre économique.
Roméo et Juliette 1594-1595 Tragédie de Shakespeare qui met en scène, à Vérone, l'amour malheureux de deux jeunes gens dont les familles, les Capulet et les Montaigu, sont ennemies. La fatalité s'acharne contre eux. Seule la mort par méprise réunira les deux jeunes amants et pourra enfin mettre un terme à la rivalité des deux familles éplorées. Shakespeare s'était inspiré d'une nouvelle de l'Italien Matteo Bandello (1485-1561). De nombreux musiciens s'inspirèrent de cette pièce de Shakespeare : Berlioz (1839), Tchaïkovski (1880), Prokofiev (1938).
Römer (Olaus Christensen) 1644-1710 Astronome et physicien danois. Chargé de classer les archives de T. Brahé, il rencontre l'abbé J. Picard, venu à Hveen effectuer des travaux de repérage géodésique de l'observatoire, puis l'accompagne à Paris où, utilisant les temps d'occultation des satellites de Jupiter, lors de leur passage dans le cône d'ombre de la planète, ils démontrent que la lumière a une vitesse de propagation finie. En introduisant dans leurs calculs les mesures de cette vitesse, ils annoncent que la prochaine éclipse de Soleil se produira avec neuf minutes de retard par rapport aux prédictions faites par les tenants de l'hypothèse de l'instantanéité de la propagation de la lumière. Cette affirmation se trouva vérifiée. De retour au Danemark, Römer prend la direction de l'observatoire de Copenhague.

Feuilles et fleurs de ***romarin***.

Erwin Rommel *en 1940.*

Romilly (Jacqueline David, Mme **Worms de Romilly**, connue sous le nom de **Jacqueline de)** 1913 Historienne française. Spécialiste de la Grèce antique (*Problèmes de la démocratie grecque*, 1975), elle a été élue à l'Académie française en 1988.
Rommel (Erwin) 1891-1944 Maréchal allemand. Ancien combattant de 1914-1918, puis sympathisant du parti nazi, apprécié d'Hitler, il fait partie de son quartier général dès 1938. Après le succès de ses blindés en France en 1940, il est nommé (1941) commandant de l'Afrikakorps. En Cyrénaïque, il fait preuve de son talent tactique mais, ayant atteint El-Alamein en 1942, il doit se replier en Tunisie l'année suivante, les ressources, tant en carburants qu'en chars, lui faisant défaut, car elles sont déployées sur le front russe. Nommé maréchal en 1942, il est cependant rappelé en Europe, où il ne peut arrêter le débarquement allié en Normandie en 1944. Blessé, puis compromis dans le complot du 20 juillet contre le Führer, on lui donna l'ordre de se suicider ; malgré cela, Hitler lui fit faire des funérailles nationales.
Romney (George) 1734-1802 Peintre anglais. Comme Reynolds, il fut un portraitiste très en vogue dans l'aristocratie anglaise.
rompre v. t. / v. i. [3] **A.** v. t. Casser, briser, faire céder. *Rompre le pain*, le partager à la main. *Rompre ses chaînes. Rompre les amarres. La crue a rompu la digue.* / Loc. fig. *À tout rompre* : très fort, avec enthousiasme. / Fig. Faire cesser, interrompre. *Rompre un charme. Rompre un pacte, ses vœux*, ne plus les respecter. *Rompre ses fiançailles*, les annuler. / Déranger ; troubler la régularité de. *Rompre l'harmonie, la monotonie. Rompre les rangs* : se disperser, en parlant d'une troupe disposée en ordre serré. (Emploi absol.) *Rompez !* / Litt. *Rompre qqn à (une pratique)*, l'y exercer, l'y accoutumer. **B.** v. i. Céder, se briser brutalement. *La corde a rompu.* / *Rompre avec* : renoncer à, ne plus observer. *Rompre avec une habitude, avec la tradition.* (Spécial.) Interrompre toute relation, en particulier une relation amoureuse avec (qqn). *Rompre avec son amant.* (Emploi absol.) *Les deux amants ont rompu.* / SPORT Reculer, en boxe, en escrime.
rompu, e adj. et n. m. **A.** adj. Cassé. / Fig. *Parler à bâtons rompus*, sans suite, en changeant fréquemment de sujet. *Être rompu de fatigue*, ou (absol.) *rompu*, extrêmement fatigué, épuisé. / *Rompu à* : habile à. *Être rompu aux travaux des champs.* **B.** n. m. FIN. Fraction de valeur mobilière.
romsteck ou **rumsteck** n. m. BOUCH. Pièce de bœuf taillée dans la culotte.
Romulus Fondateur et roi légendaire de Rome. Fils de Mars et de Rhea Silvia, fille de Numitor (roi d'Albe, descendant d'Énée et de Vénus), il aurait été abandonné sur le Tibre avec son frère jumeau Remus et nourri par une louve. Les deux frères ayant voulu fonder une ville, Romulus aurait tué son frère à la suite d'une dispute. Après 33 ans de règne sur Rome, Romulus aurait été enlevé par Mars au cours d'un orage.
Romulus Auguste, dit **Augustule** v. 461-ap. 476 Dernier empereur romain d'Occident (475), déposé par Odoacre.
ronce n. f. BOT. Plante de la famille des rosacées, aux longues tiges épineuses, poussant dans les bois, les friches, les haies, etc. *La mûre est le fruit de la ronce.* / *Ronce artificielle* : fil de fer barbelé. / Nœud dans la veinure de certains bois ; le bois qui présente ces nœuds, utilisé en ébénisterie. *De la ronce de noyer.*
ronceraie n. f. Endroit où prolifèrent les ronces ; fourré de ronces.
Roncevaux *30 h.* Bourg d'Espagne sur le versant sud des Pyrénées (Navarre). Au retour d'une expédition conduite par Charlemagne en Espagne en 778, l'arrière-garde de son armée fut massacrée par une troupe de Vascons (Basques) dans le défilé de Roncevaux. Le comte Roland y trouva la mort (*Chanson de Roland* du XIIe siècle). Le col de Roncevaux ou d'Ibañeta est à *1 057 m* d'altitude.
Ronchamp *3 088 h.* Commune de la Haute-Saône, au sud des Vosges, où des industries métallurgiques se sont développées à partir d'un ancien bassin houiller. Chapelle Notre-Dame-du-Haut, construite par Le Corbusier en 1955.
ronchon, onne adj. et n. Qui ronchonne ; qui ne cesse de ronchonner.
ronchonner v. i. [1] Fam. Maugréer, bougonner.
roncier n. m. ou **roncière** n. f. Buisson de ronces.
rond, e [1] adj. et adv. Qui a la forme d'un cercle, d'une sphère. *Boîte ronde. Table ronde* (au fig.) : voir *table*. / Courbe, arrondi. *Bout rond.* / Plein, rebondi. *Des joues bien rondes.* / Fig. *Être rond en affaires*, entier, franc, expéditif. *Chiffres ronds*, sans décimales, ou arrondis à la dizaine. / Fam. Ivre. *Il est complètement rond.* / adv. *Tourner rond* : fonctionner normalement.
rond [2] n. m. Figure circulaire. *Faire des ronds dans l'eau*, créer des ondes concentriques en lançant un caillou. / Objet de forme circulaire. *Rond de serviette.* / CHORÉGR. *Rond de jambe* : mouvement de danse où la jambe décrit un demi-cercle ou un cercle entier ; au fig. *Faire des ronds de jambe*, des politesses excessives. / Fam. Argent. *N'avoir pas un rond.*
rondache n. f. MILIT. Grand bouclier circulaire des fantassins du XVIe siècle.
rond-de-cuir n. m. Fam., péjor. Employé de bureau. Pl. Des *ronds-de-cuir*.
ronde n. f. Danse folklorique ou enfantine où les danseurs, se tenant par la main, forment un cercle et tournent en rond ; chanson accompagnant cette danse. / Tour d'inspection, de contrôle effectué par un gardien, un militaire. *Faire sa ronde. Chemin de ronde* : chemin ouvert ménagé au sommet des remparts d'une forteresse, sur lequel on fait des rondes. / MUS. Note valant deux blanches ou quatre noires. / Écriture aux lettres arrondies.
rondeau n. m. LITT. Genre poétique, en vogue au Moyen Âge, construit sur deux rimes et comportant un refrain (le rondeau a été illustré par Charles d'Orléans, Villon, Marot). / MUS. Forme qui aboutira au rondo du XVIIIe siècle.
ronde-bosse n. f. BX-ARTS Sculpture en plein relief qui représente les trois dimensions (la locution *en ronde bosse* s'écrit sans trait d'union). Pl. Des *rondes-bosses*.
rondelet, ette adj. Fam. Dodu, qui a pris un peu d'embonpoint. *Un ventre rondelet.* / Par ext. *Une somme rondelette*, assez considérable.
rondelle n. f. Petite pièce ronde (en métal, cuir, etc.), peu épaisse, pleine ou percée d'un trou central, qui, placée entre deux pièces, permet un serrage plus efficace ou une étanchéité parfaite. / Petite tranche ronde. *Une rondelle de citron.* / Ciseau arrondi du sculpteur.
rondement adv. Avec bonhomie. *Il m'a demandé rondement si je me plaisais ici.* / Rapidement. *Une affaire rondement menée.*
rondeur n. f. Caractère de ce qui est rond. *La rondeur du globe terrestre.* / Ce qui est arrondi. *Les rondeurs du corps féminin.* / Fig. Franchise, bonhomie. *Parler avec rondeur.*
rondin n. m. Morceau de bois cylindrique. / Tronc utilisé dans des travaux de soutènement et de construction. *Cabane en rondins.*
rondo n. m. (mot italien) MUS. Forme instrumentale, dérivant de l'ancien rondeau à la française, où un thème revient en refrain après chacun de ses développements successifs. *Le rondo peut constituer une pièce indépendante ou servir de forme au finale d'un concerto, d'une sonate, etc.*
Rondon (Cândido Mariano Da Silva) 1865-1958 Explorateur, militaire et homme politique brésilien. Le gouvernement brésilien le chargea d'explorer les régions situées entre le Mato Grosso et le rio Madeira, pour y préparer l'établissement d'une ligne télégraphique entre l'est du pays et sa frontière occidentale. Il s'attacha à établir le contact avec les Indiens en tentant de les adapter à la vie moderne sans leur faire perdre leurs coutumes ; le résultat de ses études linguistiques, ethnographiques et géographiques a été publié.
Rondonia *238 378 km² 1 250 000 h.* État du centre-ouest du Brésil. Capitale *Porto Velho*. Territoire créé en 1943 (Guaporé), la région prit le nom du maréchal Rondon et devint (1981) un État. Cet État pauvre (agriculture de subsistance, mines d'étain) est traversé par la route de Brasilia à Acre, dont la construction a attiré une population nombreuse. La surexploitation des ressources forestières a conduit le gouvernement à mettre au point un programme de sauvegarde de l'environnement.
rond-point n. m. Place circulaire, carrefour de plusieurs avenues, plusieurs allées. *Rond-point des Champs-Élysées.* Pl. Des *ronds-points*.
ronéo n. f. (nom déposé) Anc. Machine de reprographie à base de stencils.

Rome

Rome Cité-État

Les débuts de Rome ne sont pas entièrement connus. Selon les légendes que nous ont rapportées Tite-Live et Virgile, elle aurait été fondée en 753 avant J.-C. par les jumeaux Romulus et Remus, descendants du Troyen Énée et fils du dieu Mars. Ceux-ci, allaités par une louve, puis recueillis par des bergers, auraient décidé de fonder une cité; Romulus, s'étant querellé avec son frère, l'aurait tué. Après Romulus, Rome aurait été gouvernée par des rois, d'abord sabins (du nom du peuple voisin qui, après une guerre, se serait fondu avec le peuple romain), puis d'un roi latin, suivi de trois souverains étrusques. Le dernier d'entre eux, Tarquin le Superbe, aurait étendu la domination de Rome sur le Latium, mais son gouvernement tyrannique aurait été renversé par ses nobles qui auraient ensuite proclamé la république, vers 509 avant J.-C.

Ses récits légendaires, rédigés bien après la fondation de Rome dans l'intention de glorifier son histoire, comportent cependant des éléments de vérité, des découvertes archéologiques ayant prouvé la présence dans la région de Rome des peuples mentionnés (les Sabins et, surtout, les Étrusques qui dominaient alors l'Étrurie, l'actuelle Toscane, et qui firent de Rome une vraie cité). Les premiers temps de la république furent marqués par les luttes qui opposaient les *patriciens*, membres des principales familles nobles qui détenaient la majeure partie du pouvoir, et les *plébéiens*. En effet, de la classe dirigeante étaient issus le Sénat, chargé à l'origine de sanctionner les lois et de veiller aux traditions religieuses de la république, et les magistrats, élus par le peuple, auxquels appartenaient les deux consuls, principaux détenteurs du pouvoir exécutif. À la suite de plusieurs révoltes de la plèbe au commencement de la république, de puissants magistrats, appelés tribuns, furent chargés de la défense des citoyens et, donc, de celle de leurs libertés et droits individuels. Les lois de 367 av. J.-C. selon lesquelles l'un des consuls devait impérativement être un membre de la plèbe contribuèrent également à augmenter le poids des plébéiens, même si l'équilibre des pouvoirs au sein de l'État demeurait clairement en faveur des nobles, seuls propriétaires fonciers.

Durant ces premiers siècles, et comme ce fut le cas plus tard, Rome s'appuya sur ses paysans et, surtout, son armée qui consistait en une milice de soldats-citoyens rassemblés en temps de guerre et dont la formation essentielle, la *légion*, comprenait surtout des fantassins lourdement armés, commandés par les consuls. La conquête de la péninsule italienne débuta dès le Ve siècle av. J.-C., Rome cherchant d'abord à se protéger des peuples voisins. Les Gaulois de la plaine du Pô occupèrent brièvement Rome au IVe siècle; et ce douloureux épisode incita les Romains à vaincre tour à tour les Samnites, les Latins, les Étrusques et les Gaulois, s'emparant du même coup de leurs territoires. En 271 av. J.-C., ce fut au tour de Tarente, dernier bastion de la Grande-Grèce en Italie, de tomber: la conquête de la péninsule était terminée et Rome devenait une puissance méditerranéenne. À partir du milieu du IIIe siècle av. J.-C., Rome se tourna vers le monde méditerranéen. La conquête de la Sicile (241) constitua la première guerre punique contre Carthage. La deuxième permit à Rome de s'approprier l'Espagne; la troisième et dernière des guerres puniques s'acheva en 146, avec la destruction de Carthage et la constitution de la province romaine d'Afrique sur le bassin occidental de la Méditerranée. Rome s'installa en même temps dans le bassin oriental, soumettant successivement la Macédoine (Philippe V fut vaincu en 197 et son fils en 168), l'ensemble de la Grèce (146), le royaume de Pergame qui lui avait été légué (133) et enfin l'empire séleucide (64). La province d'Asie était née. Ces conquêtes eurent un important impact non seulement sur les territoires annexés mais aussi sur Rome: l'apport des richesses venues d'ailleurs creusa le fossé entre les pauvres et les riches, qui pouvaient s'approprier de nouvelles terres; un nouvel ordre équestre spécialisé dans le domaine financier vit le jour; les nouvelles provinces grossirent le nombre des magistrats et de nouveaux cultes (en particulier venant de Grèce) commencèrent à influencer la religion et la culture romaines. Beaucoup de paysans italiens, ruinés et ne pouvant rivaliser avec l'afflux des esclaves, s'installèrent à Rome où ils formèrent une plèbe désœuvrée, avide de jeux et de distributions gratuites d'aliments, réclamant *panem et circenses, « du pain et des jeux »*. Le mécontentement des provinciaux italiens, durement exploités par leurs gouverneurs, l'inadaptation des vieilles institutions aux besoins d'un vaste empire, entraînèrent des soulèvements en Italie, mais aussi en Espagne et en Asie; ces soulèvements, à leur tour, favorisèrent l'ambition des généraux vainqueurs qui imposaient par la force leur autorité à l'État.

À Rome, la crise politique divisa le Sénat entre les *optimates*, conservateurs, et les *populares*, désireux d'engager des réformes sociales. Après les deux frères Tiberius et Caius Gracchus, assassinés à la suite de leurs tentatives de réformes, le consul Marius parvint à imposer certaines améliorations: les plébéiens sont admis dans l'armée de métier. Enfin, la loi Julia (90 av. J.-C.) étendit les droits de la citoyenneté romaine à tous les hommes libres d'Italie. Mais Sylla, revenu d'Asie où il avait écrasé la révolte de Mithridate VI, s'employa à réprimer les *populares* et l'ordre équestre. Ceux-ci se tournèrent vers les généraux Crassus et Pompée qui, en 60, formèrent, avec Jules César, le premier triumvirat.

César qui, grâce à sa conquête de la Gaule (58-50), avait ajouté à l'Empire romain un pays riche et un réservoir de soldats, écarta les deux autres consuls en marchant sur Rome avec son armée. Nommé dictateur, il réorganisa le sénat, lança la réforme agraire et prépara ainsi la romanisation de l'Empire. Son assassinat, en 44 avant J.-C., par Brutus et Cassius, qui voulaient ainsi préserver la république, accéléra de fait la disparition de celle-ci: un deuxième triumvirat (formé par Antoine, Lépide et Octave, petit-neveu de César) supprima l'opposition républicaine, avant de se disloquer et de laisser Octave (vainqueur d'Antoine à Actium, en 31 avant J.-C.) seul maître à Rome. Devenu Auguste (sur décision du Sénat, en 27), il cumula les pouvoirs de commandant de l'armée, de magistrat civil, de tribun et de chef religieux ce qui lui permit, notamment, de favoriser le culte impérial. Le sénat, symbole cher aux habitants de Rome, fut conservé, avec une influence diminuée, bien qu'il ait été chargé de l'administration de certaines provinces.

Patricien romain soutenant les bustes de ses ancêtres, Ier siècle av. J.-C., marbre, musée du Capitole, Rome.

R

Rome (suite)

Ainsi naquit le *principat*, régime monarchique ne portant pas le nom de monarchie, qui caractérisa la période du Haut-Empire et qui se maintint pendant près de deux siècles. Avec la dynastie des Julio-Claudiens (jusqu'en 68 ap. J.-C.), rattachés à la famille d'Auguste, Rome poursuivit la politique conservatrice d'Auguste, le sénat, où subsistait toujours une faible opposition à l'empereur, étant parfois soumis à la terreur (Tibère, Caligula, Néron). Claude, malgré ses faiblesses, apporta des réformes administratives favorables aux provinces. Les Flaviens (69-96), issus de la bourgeoisie italienne et portés au pouvoir par les armées provinciales, tentèrent d'introduire une succession héréditaire pour remplacer la coutume de l'adoption ou du choix impérial (Vespasien). Enfin les Antonins (96-192), qui régnèrent à la fin de l'âge d'or de l'Empire romain, bénéficièrent de la croissance économique qui avait débuté sous les précédentes dynasties. Hadrien mit à jour le droit romain tandis que s'achevait une ère de paix relative dans l'ensemble de l'Empire. Durant cette période, celui-ci ne s'étendit plus guère ; la Bretagne (l'actuelle Angleterre), les territoires entre le Rhin et le Danube annexés par Domitien, la Dacie, l'Assyrie et la Mésopotamie sous Trajan, furent parmi les dernières acquisitions durables et le souci majeur fut de renforcer les frontières.

Les provinces, bien défendues par une importante armée permanente stationnée sur les frontières et appuyée sur le *limes*, système de défense souple, bénéficièrent de la bonne administration de gouverneurs choisis avec soin et surveillés par des assemblées provinciales. Elles se romanisèrent de plus en plus à partir de leurs villes, organisées à l'image de Rome. La vie économique se développa surtout dans les provinces hors d'Italie, entre lesquelles des échanges actifs s'établirent, principalement par la voie de la Méditerranée. Leur société était vivante, chaque classe aspirant à s'élever, alors que Rome était devenue une capitale luxueuse, aux classes figées, qui alla jusqu'à se vouer un culte (Dea Roma). L'urbanisation, intense, couvrit les provinces de villes bâties généralement sur un plan régulier avec, en leur centre, le forum, et décorées, comme Rome, d'arcs de triomphe, de thermes et d'amphithéâtres. La vie spirituelle se caractérisa par le déclin de l'ancienne religion romaine officielle et la vogue des systèmes philosophiques originaires de Grèce ou d'Orient.

Parmi toutes ces doctrines, le christianisme, répandu d'abord parmi les classes inférieures, gagna rapidement toutes les couches de la société et s'organisa, à partir du IIe siècle, en Églises dirigées chacune par un évêque. Mais les chrétiens durent faire face à l'hostilité, et souvent à la persécution violente, du pouvoir impérial, leur religion leur interdisant de sacrifier aux dieux officiels et, donc, de participer au culte de l'empereur. La période du Haut-Empire se termina en 192 avec la mort de Commode, fils de l'empereur philosophe Marc Aurèle ; ce fut le début d'une longue crise qui durera tout au long du Bas-Empire jusqu'à l'avènement de Dioclétien (284). Ainsi, les armées firent ou défirent les empereurs, le Sénat perdant toute autorité, cependant que s'établissait le *dominat*, c'est-à-dire une monarchie absolue et dominatrice dans un contexte de guerres civiles et d'anarchie.

Le IIIe siècle fut également marqué par la multiplication des menaces extérieures : les Maures en Afrique ; les Barbares germains (Vandales, Francs et Burgondes), contraints eux-mêmes dans certains cas par la pression des Goths, sur le Danube et le Rhin, et les Parthes sur l'Euphrate, remplacés ensuite par les Sassanides. Les premiers empereurs du IIIe siècle parvinrent à faire face aux dangers : Septime Sévère, d'origine africaine, fondateur de la dynastie des Sévères (193-235), brisa les révoltes à l'intérieur de l'empire et reprit en main l'Orient par sa victoire sur les Parthes, mais ceci au prix de la militarisation du régime et de l'alourdissement de la bureaucratie. Un de ses successeurs, Caracalla, accorda, par l'édit qui porte son nom (212), le droit de cité à tous les habitants libres du monde romain. Mais l'assassinat de Sévère Alexandre, qui mit fin à la dynastie des Sévères, inaugura une période d'anarchie encore plus profonde et la crise du limes. Sous Gallien, l'empire perdit le contrôle de la Gaule (constituée en empire par Postumus), et du royaume de Palmyre (Syrie, Mésopotamie, Arabie et Cilicie). Les victoires remportées sur les Alamans et les Goths ne purent empêcher les pillages et les destructions aux frontières. L'insécurité générale, qui trouve également sa source dans les usurpations successives, appauvrit l'État et les citoyens, dont toutes les ressources étaient réquisitionnées, vidant les campagnes de leurs habitants et poussant les villes à s'entourer de murailles. Un redressement partiel s'opéra à la fin du IIIe siècle, avec les empereurs illyriens, soutenus par les soldats de l'armée de Pannonie.

Aurélien chassa les Barbares germains, fortifia Rome, soumit Palmyre (273) et reprit le contrôle de la Gaule (274). Dioclétien fonda le système de la *tétrarchie* selon laquelle deux augustes et leurs héritiers, deux césars, se partageaient les responsabilités du pouvoir. Ainsi, il nomma Maximien auguste et Flavius Constance et Galère, césars. Ils tentèrent de ramener l'ordre dans la vie économique, renforçant la fiscalité et mettant en place un système bureaucratique rigoureux mais pesant. Malheureusement, malgré l'exemple donné par la double abdication de Dioclétien et de Maximien en 305, la tétrarchie ne survécut pas à son créateur et les guerres civiles reprirent sans tarder. Des règnes éphémères qui suivirent émergea la dynastie constantinienne (306-363), du nom de son fondateur, Constantin, qui parvint à s'imposer comme unique auguste en 325.

La même année, il fonda une nouvelle capitale, Constantinople, sur l'emplacement de l'ancienne Byzance, et partagea l'Empire en trois grandes divisions administratives (préfectures de Gaules, d'Afrique-Italie-Illyrie et d'Orient).

Favorable au christianisme avant même de se convertir sur son lit de mort, il accorda aux chrétiens le droit d'exercer leur religion (édit de Milan en 313) et, avec le concile de Nicée (325), voulut rétablir leur unité en tentant d'éradiquer les hérésies (donatisme et arianisme). Le christianisme, fermement implanté, devint, sous Théodose (392), la seule religion tolérée, et le resta, malgré la tentative de l'empereur Julien l'Apostat de rétablir le paganisme. Le IVe siècle vit l'affaiblissement progressif du sénat de Rome au profit de celui de Constantinople, et l'enrichissement de l'ensemble de l'Orient grâce à son dynamisme commercial et intellectuel, particulièrement dans les villes d'Antioche, d'Alexandrie et de Constantinople. Le perfectionnement des structures administratives donna plus de pouvoir aux préfets et gouverneurs locaux. L'armée avait beaucoup changé et comptait de nombreux Barbares. Durant son règne, Théodose parvint à faire la paix avec les Perses sassanides et nomma ses fils augustes :

Le théâtre maritime de la Villa Hadriana, « Versailles de l'Empire Romain ». L'empereur Hadrien, esprit éclectique, voulut la construire pour en faire un refuge où seraient reconstitués les lieux et les édifices qui l'avaient le plus frappé durant ses longues pérégrinations à travers l'Empire.

par la forêt amazonienne ; des conflits, souvent sanglants, opposent éleveurs et prospecteurs aux Indiens yanomanis.
rorqual n. m. ZOOL. Cétacé de grande taille à aileron dorsal développé, portant sous la gorge des sillons longitudinaux. Syn. balénoptère. Pl. Des *rorquals*.
Rorschach (Hermann) 1884-1922 Psychiatre et neurologue suisse. Auteur de *Psychodiagnostik*, il précisa la méthode d'examen mental appelé *test de Rorschach* et qui consiste à interpréter des taches d'encre.
rosace n. f. ARCHIT. Ornement ayant la forme d'une rose ouverte. / Vitrail circulaire d'une église. *Rosaces des cathédrales gothiques*.
rosacées n. f. pl. BOT. Famille de plantes dicotylédones et dialypétales, comprenant de nombreuses espèces, dont plusieurs arbres fruitiers (pommier, poirier, prunier, pêcher, cerisier) ou des plantes herbacées comme le fraisier.
rosaire n. m. Grand chapelet, comprenant quinze dizaines de petits grains pour les Ave, précédées chacune d'un grain plus gros pour le Pater. / Les prières que l'on récite sur le rosaire.
Rosario *894645 h.* Ville d'Argentine, dans la province de Santa Fe, port fluvial sur le Paraná, au cœur de la zone du maïs et de l'élevage intensif (travail des peaux, industries alimentaires), C'est un centre économique important.
Rosas (Juan Manuel de) 1793-1877 Homme politique argentin. Représentant les fédéralistes de Buenos-Aires, contre les éleveurs, protectionnistes, il établit en 1835 un régime dictatorial sur l'Argentine unifiée. Une coalition comprenant le Brésil, l'Uruguay et le Paraguay le renversa en 1852. Il s'exila en Angleterre.
rosat adj. inv. Se dit d'une préparation où il entre des roses.
rosâtre adj. D'un rose délavé, indécis ou sale.
Rosay (Françoise de Nalèche, dite **Françoise)** 1891-1974 Actrice française. Femme du metteur en scène Jacques Feyder, elle interprète pour lui ses meilleurs rôles dans *Le Grand Jeu* (1934), *La Kermesse héroïque* (1935).
rosbif n. m. BOUCH. Morceau de viande de bœuf pris dans l'aloyau et que l'on sert en rôti.
Roscoff *3711 h.* Port de pêche, station balnéaire, centre de culture des primeurs (artichauts), sur la côte nord du Finistère, Roscoff possède un laboratoire de biologie marine.
rose [1] n. f. Fleur du rosier. / *Rose trémière*: plante de la famille des malvacées, à tige haute, à grandes fleurs. / *Rose de Jéricho*: petite plante crucifère du Moyen-Orient, contractée par temps sec et s'épanouissant à l'humidité. / *Bois de rose*: variété de palissandre d'Amérique tropicale, utilisée en marqueterie et en ébénisterie. / *Eau de rose*: eau de toilette obtenue par distillation de l'essence de roses. / ARCHIT. Grand vitrail circulaire. Syn. rosace. / TECHN. En joaillerie, diamant à culasse plate, dont seul le dessus est taillé à facettes. / *Rose des vents*: étoile dont les 32 divisions donnent les aires du vent et les points cardinaux. / *Rose des sables*: concrétion de silice ou de gypse, de couleur beige ou rosée, évoquant la disposition des pétales de rose, et qui se forme dans les déserts de sable. / Fig. *Découvrir le pot aux roses*: déjouer une intrigue, découvrir un secret. / Fig. et fam. *À l'eau de rose*: se dit d'un roman ou d'un film sentimental et mièvre. *Envoyer qqn sur les roses*, l'éconduire sèchement et brutalement.

Rose.

Julius et ***Ethel Rosenberg***.

rose [2] adj. et n. m. **A.** adj. De la couleur rouge pâle de la rose commune. *Des joues roses*. / Fig. Agréable, réjouissant. *Tout n'est pas rose dans la vie*. **B.** n. m. Couleur rose. *Le rose vous va bien*. Loc. fig. *Voir la vie en rose*: être gai, optimiste, ne voir que le côté agréable des choses.
Rose (mont) *4638 m* (à la pointe Dufour) Grand massif des Alpes, entre la Suisse et le nord-ouest de l'Italie.
rosé, e adj. et n. m. Teinté de rose. *Une peau rosée. Vin rosé* ou (n. m.) du *rosé*: vin de couleur rouge pâle produit à partir du raisin noir.
rose-croix n. inv. Membre de la Rose-Croix. *Chevalier Rose-Croix*: au XVIIIe siècle, dix-huitième grade de la franc-maçonnerie, dans le rite écossais ancien et accepté.
Rose-Croix (la) Secte mystique. Elle se répandit au XVIIe siècle, puisant son ésotérisme dans la tradition alchimique et théosophique et s'inspirant d'un personnage mythique appelé Christian Rosenkreutz. À la fin du XIXe siècle, elle connut un regain d'activité sous diverses formes, notamment avec la création d'une multitude d'ordres *rosicruciens*, notamment celui de Péladan.
roseau n. m. Nom donné à diverses plantes aquatiques de la famille des poacées. *On emploie le roseau pour fabriquer des cannes à pêche*.
rosé-des-prés n. m. BIOL. Psalliote comestible, à lamelles rosées. Plur. *Des rosés-des-prés*.
rosée n. f. Gouttelettes formées par la condensation de la vapeur d'eau contenue dans l'air, et se déposant au matin sur les végétaux et sur divers corps à l'air libre. / PHYS. *Point de rosée*: température à laquelle la vapeur se condense en eau.
roselier, ère adj et n. f. Où croissent des roseaux. *Marais roselier*. / n. f. Lieu où poussent des roseaux.
Rosenberg (Alfred) 1893-1946 Homme politique allemand, principal théoricien du national-socialisme ; il tenta de donner à cette doctrine des fondements philosophiques et scientifiques en exploitant, notamment, les affirmations de Gobineau. Ministre du Reich pour les territoires occupés de l'Est, condamné à mort à Nuremberg, il fut pendu.
Rosenberg (Julius) 1918-1953 et **Ethel (Ethel Greenglass**, Mrs **Julius)** 1915-1953 Techniciens américains qu'on accusa d'avoir livré à l'U.R.S.S. des secrets atomiques. Leur condamnation à mort (1951) déclencha une campagne de protestation mondiale qui ne put empêcher leur exécution. En 2001, leur accusateur, le frère d'Ethel, a déclaré qu'il n'avait pas la moindre preuve de ses affirmations.
roséole n. f. MÉD. Éruption de taches lenticulaires, non saillantes, observée dans diverses maladies infectieuses (syphilis, typhoïde) et dans certaines intoxications.
roseraie n. f. Plantation de rosiers.
rosette n. f. Petit insigne en forme de rose porté à la boutonnière par les officiers de certains ordres civils ou militaires. / Nœud à boucles en forme de fleur. / Ornement de sculpture, de broderie en forme de petite rose. / BOT. Disposition des feuilles autour d'une tige, ressemblant à celle des pétales d'une rose. / Gros saucisson sec, spécialité de Lyon.
Rosette (en arabe, *Rachid*) *40 000 h.* Ville d'Égypte sur le Nil. La *pierre de Rosette*, fragment de stèle que découvrit Bouchard en 1799 et qui portait le même texte en caractères hiéroglyphiques, démotiques et grecs, permit à Champollion de déchiffrer l'écriture hiératique égyptienne.
Rosh ha-Shana ou **Roch ha-Chanah** n. f. (mots hébreux) Fête qui marque le Nouvel An juif.
Rosi (Francesco) 1922 Cinéaste italien. Il analysa en historien marxiste diverses affaires historiques troubles : *Salvatore Giuliano* (1961), *L'Affaire Mattei* (1971), *Lucky Luciano* (1973), *Cadavres exquis* (1975), puis donna *Le Christ s'est arrêté à Eboli* (d'après Carlo Levi, 1979) et filma l'opéra *Carmen* (1984).
rosicrucien, enne adj. et n. De la Rose-Croix ; relatif à la Rose-Croix. / n. *Un(e) rosicrucien(nne)*
rosier n. m. Arbuste épineux, de la famille des rosacées, sauvage ou cultivé pour sa fleur, la rose.

La pierre de **Rosette**.

Roberto Rossellini.

rosière n. f. Anc. Lauréate d'un prix de vertu, que l'on couronnait d'une guirlande de roses. / Vieilli Fam., par plaisant. Jeune fille candide.
rosiériste n. Spécialiste de la culture des rosiers.
rosir v. i. / v. t. [2] Devenir rose. *Des joues qui rosissent d'émotion*. / v. t. Rendre rose (qqch.). *Un vent froid qui rosit les visages*.
Roslin (Alexander) 1718-1793 Peintre suédois établi à Paris, portraitiste élégant et subtil (*Choiseul*, 1762).
Rosny Pseudonyme collectif adopté par **Joseph Henri Boex** (1856-1940) et son frère **Séraphin Justin Boex** (1859-1948), écrivains français nés à Bruxelles, dits Rosny aîné et Rosny jeune. Ils publièrent ensemble des romans, notamment de science-fiction, à partir de 1866. Rosny aîné écrivit *La Guerre du feu* (1911) qui se déroule durant la préhistoire.
Ross (sir John) 1777-1856 Navigateur écossais. Il chercha en vain le passage du Nord-Ouest entre le Pacifique et l'Atlantique dans les mers arctiques. **Ross (sir James Clarke)** 1800-1862 Explorateur britannique, neveu du précédent ; il détermina l'emplacement du pôle Nord magnétique en 1831 et découvrit dans l'Antarctique (1841-1842), au sud de la Nouvelle-Zélande, dans la mer de Ross, la barrière de Ross (falaise de glace) et l'île de Ross, où le volcan Erebus atteint *4023 m*.
rosse n. f. et adj. Mauvais cheval. *Une vieille rosse*. / Fig. fam. Personne sévère, impitoyable. *Quelle rosse !* / adj. Fam. Sévère ; dur, méchant. *Un professeur rosse. Une plaisanterie rosse*.
Rossellini (Roberto) 1906-1977 Cinéaste italien, chef de file du mouvement néoréaliste. Ses nombreux échecs commerciaux ne peuvent entamer la force de son œuvre : *Rome ville ouverte* (1946), *Allemagne année zéro* (1947), *Stromboli* (1949), *Voyage en Italie* (1953), *Le Général Della Rovere* (1959), *La Prise du pouvoir par Louis XIV* (1965), pour la télévision française.
Rossellino (Bernardo) 1409-1464 Architecte et sculpteur florentin, qui travailla à Arezzo, puis dans sa ville natale (palais Rucellai, 1446-1451), enfin, à la demande du pape Pie II, à Pienza, village natal du pontife, situé à 50 km environ de Sienne (cathédrale, palais Piccolomini, palais épiscopal). **Antonio** 1427-1479 Sculpteur florentin, frère et collaborateur du précédent ; on lui doit aussi le tombeau du cardinal de Portugal à San Miniato (Florence) à la préciosité polychrome, et de nombreux bustes.

R

Gioacchino Rossini.

rosser v. t. [1] Fam. Battre (qqn), le rouer de coups.

rosserie n. f. Fam. Méchanceté délibérée. / Parole, acte rosse. Syn. vacherie.

Rossetti (Dante Gabriel) 1828-1882 Peintre, aquarelliste, dessinateur, graveur et poète britannique. Un des fondateurs, à la fin des années 1840, de la confrérie *préraphaélite* en peinture, il est connu pour *Le Songe de Dante* (1856) et, en poésie, pour ses *Sonnets et ballades* (1881). Délaissant la naïveté de ses premières œuvres, ses tableaux gagneront plus tard en subtilité psychologique.

Rossi (Constantin, dit **Tino)** 1907-1983 Chanteur de charme français que ses mélodies et sa voix douce ont rendu populaire.

rossignol n. m. ZOOL. Oiseau passereau, de la famille des turdidés, à livrée brune, au chant mélodieux, parfois nocturne. / Fam. Crochet métallique servant à forcer une serrure. / Fam. Marchandise laissée pour compte, invendable, en mauvais état.

Rossini (Gioacchino) 1792-1868 Compositeur italien. Ses nombreux opéras, chefs-d'œuvre d'esprit et de vivacité, furent représentés dans les principales villes d'Italie : *L'Italienne à Alger* (1811), *Le Barbier de Séville* (1816), *La Pie voleuse* (1817). Après le triomphe, à Paris, de *Guillaume Tell* (1829), il se fixe dans cette ville, où il est quelque temps directeur du Théâtre-Italien, et ne compose plus que rarement, à l'exception de son *Stabat Mater* (1832-1841).

Rosso Fiorentino (Giovanni Battista di Iacopo de Rossi, dit **le)** 1494-1540 Peintre italien. Il se rend à Fontainebleau en 1531 et décore la galerie François Ier, introduisant le maniérisme en France.

Rostand (Edmond) 1868-1918 Écrivain français. Il est l'auteur de deux drames néoromantiques en vers qui connurent un immense succès : *Cyrano de Bergerac* (1897) et *L'Aiglon* (1900). Il donna *Chantecler* en 1910. **Jean** 1894-1977 Biologiste et écrivain français, fils du précédent. Ses recherches ont essentiellement porté sur la parthénogenèse. Il a conduit des expérimentations sur les amphibiens pour étudier leurs anomalies héréditaires ou acquises. Il a également réalisé une œuvre importante de vulgarisation scientifique et fait connaître au grand public la science de l'hérédité : *L'Homme* (1941), *Notes d'un biologiste* (1945).

Rostock *232 634 h.* Port d'Allemagne dans le Mecklembourg-Poméranie-Antérieure, communiquant avec la Baltique par le port de Warnemünde, centre d'industries mécaniques et alimentaires. Ancienne ville hanséatique, Rostock conserve son aspect médiéval.

Rostopchine (Fedor Vassilievitch, comte**)** 1765-1826 Militaire et homme politique russe. Ministre des Affaires étrangères (1798-1801), gouverneur militaire de Moscou (1812), il a été soupçonné d'avoir provoqué l'incendie qui ravagea la ville à l'entrée des troupes françaises, accusation dont il se défendit violemment (*La Vérité sur l'incendie de Moscou*, 1823) ; il est le père de la comtesse de Ségur.

Rostov *35 000 h.* Ville de Russie, au nord-est de Moscou, qui fut le centre d'une principauté prospère au XIIIe siècle. Elle possède de beaux monuments.

Rostov-sur-le-Don *1 013 001 h.* Grand centre industriel de Russie, port fluvial sur le Don, près de la mer d'Azov, chef-lieu de province, c'est un des grands ports du système des Cinq Mers (canal Don-Volga) assurant une part importante du trafic destiné à la région centrale de Moscou.

rostre n. m. ANTIQ. Éperon à la proue des navires qui était destiné à éventrer les navires ennemis. / (Au plur.) Tribune du Forum romain, décorée de rostres de navires ennemis, d'où l'on haranguait la foule. / ZOOL. Appareil buccal de certains insectes forme de trompe suceuse ou piqueuse ; saillie de la carapace de certains crustacés, située entre les yeux.

Rostropovitch (Mstislav Leopoldovitch) 1927 Violoncelliste et chef d'orchestre russe né à Bakou. Après des études de musique à Moscou, il entame sa carrière internationale en 1964 et acquiert une grande renommée comme violoncelliste et comme chef d'orchestre. Déchu de la nationalité soviétique en 1978 en raison de ses opinions politiques, il sera naturalisé suisse et reprendra la nationalité russe en 1990.

rot n. m. Fam. Éructation.

rôt n. m. Vx ou litt. Rôti.

rotang n. m. BOT. Palmier de Malaisie dont une espèce fournit le rotin.

rotatif, ive adj. Qui procède d'une rotation. *Mouvement rotatif.*

rotation n. f. Mouvement d'un corps qui tourne autour d'un axe réel ou imaginaire. *Rotation du globe terrestre.* / Fig. Succession méthodique d'opérations effectuées en alternance. *Rotation des vols Paris-New York. Rotation des équipes de travail*, prenant la relève les unes des autres à heures fixes. *Rotation des stocks*, leur renouvellement régulier. / AGRIC. *Rotation des cultures*, leur alternance sur un même sol et sur un nombre d'années déterminé.

rotative n. f. Presse d'imprimerie à cylindres et à mouvement rotatif, servant aux grands tirages.

rotativiste n. IMPRIM. Personne qui conduit une rotative.

rote [1] n. f. MUS. Anc. Sorte de cithare médiévale.

rote [2] n. f. RELIG. CATHOL. Tribunal ecclésiastique romain qui instruit notam. les demandes d'annulation en mariage.

roter v. i. [1] Fam. Éructer.

Roth (Joseph) 1894-1939 Écrivain autrichien. Journaliste à la *Frankfurter allgemeine Zeitung*, il s'intéressa de près à la révolution soviétique, en fut d'abord partisan et subit une amère désillusion (*Le Prophète muet*). Son roman *La Marche de Radetzsky* (1932) décrit la fin de l'empire d'Autriche-Hongrie à travers la vie d'un officier ruiné par l'alcool. Fuyant le nazisme, Roth se réfugia à Nice, à Marseille, puis à Paris, où il mourut, pauvre et rongé par le désespoir et l'alcool, après avoir publié *La Crypte des capucins* (1938).

Roth (Philip Milton) 1933 Romancier américain à la veine satirique (*Portnoy et son complexe*, 1969 ; *Professeur de désir*, 1977) qui s'attaque, parfois avec crudité, aux tabous américains tant sociaux que moraux, dans le domaine de la morale sexuelle, en particulier.

Rothko (Mark) 1903-1970 Peintre américain d'origine russe. D'abord attiré par les surréalistes, il a donné une haute spiritualité à des toiles abstraites, de grandes dimensions, tendant au monochromatisme.

Rothschild Famille de banquiers juifs d'origine allemande. Les cinq fils de Meyer Amschel Rothschild de Francfort (1743-1812), anoblis (1816) par l'empereur d'Autriche, fondèrent de grandes banques à Londres, Paris et Vienne et acquirent une fortune considérable. Les Rothschild s'engagèrent très tôt en faveur du sionisme (c'est lord Rothschild qui fut destinataire de la déclaration Balfour), furent de fastueux mécènes et consacrèrent une partie importante de leurs revenus à diverses œuvres sociales (fondation d'hôpitaux notamment). Il ne demeure plus que les branches de Londres et de Paris.

rôti, e adj et n. m. Cuit à feu vif, à la broche ou au four. *Pintade rôtie.* / n. m. Pièce de viande rôtie ou à rôtir. *Un rôti de veau. Un rôti de deux kilos.*

rôtie n. f. Tranche de pain grillée.

rotifères n. m. pl. ZOOL. Embranchement d'animaux pluricellulaires microscopiques vivant généralement en eau douce, dont la bouche est entourée d'une couronne de cils vibratiles.

rotin n. m. Partie de la tige du rotang que l'on façonne pour en faire des cannes, ou que l'on tresse pour faire des sièges, des paniers.

rôtir v. t. / v. i. [2] **A.** v. t. Faire cuire (une viande) à feu vif à la broche ou au four. *Rôtir un poulet.* **B.** v. i. Cuire à feu vif et sans sauce. *Le gigot rôtissait dans le four.* / Fam. (Sens atténué) Être exposé à la chaleur de. *Rôtir au soleil.* (Emploi pron.) *Se rôtir au soleil.*

rôtissage n. m. Action de rôtir.

rôtisserie n. f. Boutique où l'on sert des viandes rôties.

rôtisseur, euse n. Personne qui rôtit les viandes, qui tient une rôtisserie.

rôtissoire n. f. Ustensile de cuisine servant au rôtissage. / Four électrique muni d'une broche tournante et d'un gril.

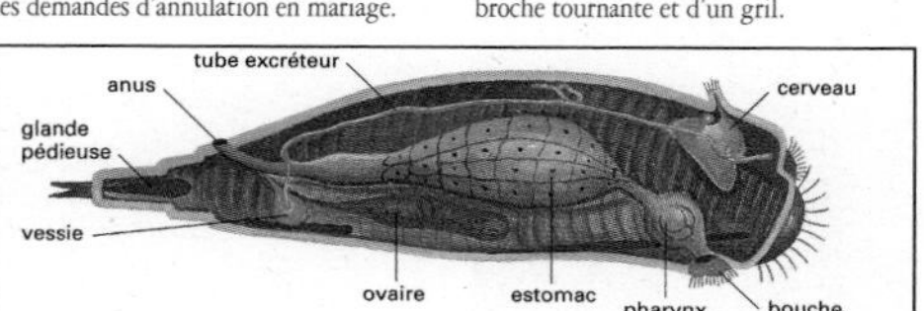

*Coupe longitudinale d'un **rotifère**.*

*Le port de **Rotterdam**.*

rotonde n. f. Bâtiment circulaire surmonté généralement d'une coupole. / CH. DE FER Hangar circulaire où se rangent les locomotives autour d'un pont tournant permettant de les diriger sur la voie choisie.

rotondité n. f. Caractère de ce qui est rond, rondeur.

rotor n. m. Dans un moteur électrique, partie en mouvement, par opposition à la partie fixe, le stator. / Voilure tournante assurant la sustentation des hélicoptères.

Rotrou (Jean de) 1609-1650 Auteur dramatique français. Contemporain de Corneille, il privilégia le spectacle, en héritier du XVIe siècle, dans des comédies (*La Bague de l'oubli*, 1635) et des tragédies (*Bélisaire*, 1643 ; *Venceslas*, 1647).

Rotterdam *598 236 h.* Principal port des Pays-Bas, en Hollande-Méridionale, sur une branche du delta du Rhin et de la Meuse, au débouché de la voie rhénane. Rotterdam est le premier port européen, qui comporte trois annexes consacrées au pétrole : Pernis, Botlek et Europoort. Nées du commerce, les industries sont puissantes : raffineries de pétrole, métallurgie, chimie, manufactures de tabac, constructions électriques et électroniques, etc. Rotterdam est le siège du marché libre du pétrole. Son essor est récent : le port a bénéficié au XIXe siècle de l'industrialisation des pays voisins et de l'aménagement du Rhin. Il s'est développé aux dépens d'Anvers et d'Amsterdam. Très touchée par les bombardements au cours de la Deuxième Guerre mondiale, la ville a été reconstruite selon les critères de l'urbanisme moderne. Deux autoroutes urbaines passent sous le fleuve.

rotule n. f. ANAT. Petit os aplati et mobile, situé à la partie antérieure du genou. / Fig. et fam. *Être sur les rotules*, épuisé. / TECH. Articulation faite d'une pièce sphérique mobile dans un logement creux.

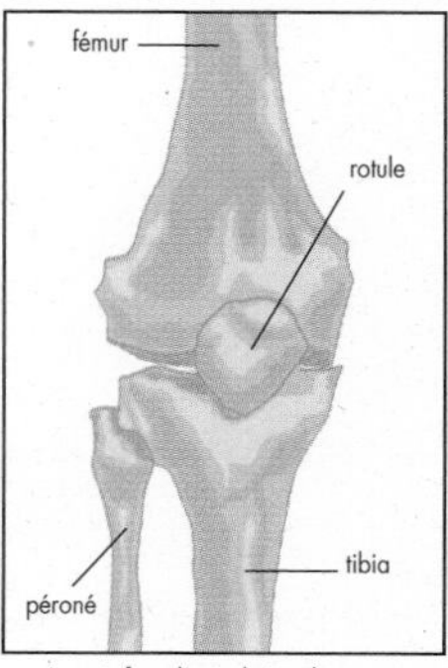

*La **rotule** et l'articulation du genou.*

R

roture n. f. Condition d'une personne ou d'une terre qui n'est pas noble. / Ensemble des roturiers.

roturier, ère adj. et n. Qui n'appartient pas à la noblesse.

Roty (Oscar) 1846-1911 Médailleur français. On lui doit des portraits et, surtout, l'image de *La Semeuse* (1897) qui a longtemps figuré (et figure encore) sur certaines pièces de monnaie françaises (franc, euro).

rouage n. m. Chacune des pièces qui permettent le fonctionnement d'un mécanisme. / Fig. Personne ou service essentiels à la marche d'un ensemble organisé. *Les rouages d'une entreprise commerciale.*

rouan, anne adj. Se dit d'un cheval dont la robe est mêlée de poils blancs, roux et noirs.

Rouault (Georges) 1871-1958 Peintre et graveur français. Apprenti verrier, il est ensuite élève de Gustave Moreau. Sa peinture se caractérise par une matière épaisse, une palette riche où domine l'inspiration religieuse ; il cerne ses figures de traits noirs, souvenir de l'art du vitrail. Plus que le fauvisme, il incarne l'expressionnisme. Ses premières œuvres mettent en scène le monde du cirque, les filles des rues, les bourgeois gonflés d'importance (*L'Ivrognesse*, 1905 ; *Forains, Pitres*, 1905 ; *Les Juges*, 1908 ; *Faubourg des longues peines*, 1911). Chrétien convaincu, il tente de traduire sa vision du monde empreinte à la fois de tragique et d'espérance religieuse (*La Sainte Face*, 1933 ; *Homo homini lupus*, 1944-1948), *Nocturne chrétien* (1952). Ce fut aussi un graveur au trait puissant (*Miserere*, 1917-1927, paru en 1948) et l'on réalisa, d'après ses projets, des tapisseries, des décors de théâtre, des céramiques et des vitraux (église d'Assy).

Roubaix *97 746 h.* Ville du Nord, sur le canal de Roubaix (qui relie la Deûle à l'Escaut) à la frontière belge. Traditionnellement liée à Tourcoing par le travail du textile dont Roubaix fut un grand centre jusqu'à une date récente, la ville est aujourd'hui intégrée dans la vaste conurbation Lille-Roubaix-Tourcoing.

Roubaud (Jacques) 1932 Écrivain et mathématicien français, membre de l'OULIPO. Son œuvre poétique est marquée par la recherche formelle, notam. sur le sonnet (Œ, 1967), mais aussi par la recherche de formes nouvelles (*Trente et un au cube*, 1973), ce qui n'exclut nullement, dans son écriture, un ton sensible et souvent très sombre (*Quelque chose noir*, 1986 ; *La Pluralité des mondes de Lewis*, 1991). Ses travaux sur le vers alexandrin (*La Vieillesse d'Alexandre*, 1978), jettent une lumière nouvelle sur la notion de rythme et sur le vers libre. Il est également l'auteur d'œuvres en prose, notam. autobiographiques (*Le Grand Incendie de Londres*, 1989) et de nombreuses traductions.

Roubillac (Louis François) 1695 ?-1762 Sculpteur français. Élève de Coustou, il s'installa à Londres où il connut le succès (bustes, de Haendel, notam. ; monuments funéraires).

roublard, e adj. et n. Fam. Rusé et sans scrupule. / Subst. *C'est un(e) roublard(e).*

roublardise n. f. Caractère roublard.

rouble n. m. Unité monétaire de la Russie.

Roublev (Andreï) 1360 ?-1430 ? Moine russe, peintre de fresques (cathédrale de la Dormition, à Moscou) et d'icônes. C'est à Moscou, à une date inconnue (1411 ?, entre 1422 et 1423 ?) qu'il peint son icône la plus célèbre, *La Trinité* ou *L'Hospitalité d'Abraham* : les trois personnes de la Trinité sont figurées par trois anges qui viennent rendre visite à Abraham et à sa femme Sara. En 1966, Tarkovski lui a consacré un film (interdit en U.R.S.S.). En 1988, il a été canonisé par l'Église orthodoxe russe.

Rouch (Jean) 1917 Ethnologue et cinéaste français. Tenant du cinéma-vérité, il a beaucoup tourné en Afrique : *Les Maîtres-fous* (1955), *Moi, un Noir* (1959), *Chronique d'un été* (1961), *La Punition* (1963), *La Chasse au lion à l'arc* (1965), *Babatou* (1976), *Bac ou mariage* (1988).

roucoulement n. m. Cri du pigeon, de la tourterelle. / Fig. Paroles tendres et langoureuses.

roucouler v. i. [1] Produire un roucoulement. / Fig. *Des amoureux qui roucoulent.* (Emploi transitif) *Roucouler des mots doux.*

roue n. f. Disque tournant soit autour d'un axe passant par son centre, soit avec cet axe pour servir d'organe de transmission, notamment dans un système à engrenage. *Les roues d'un véhicule sont composées, au centre, d'un moyeu percé d'un trou destiné à recevoir le bout de l'essieu, et qui est relié au cercle extérieur de la roue, ou jante, par des rayons ou par un voile plein. Roue libre* : roue isolée de l'action du moteur et roulant sur sa vitesse acquise. *Roue motrice*, directement commandée par le moteur. / n. m. *Deux roues* : tout véhicule à deux roues (bicyclettes, mobylettes, vélomoteurs, motos…). / *Grande roue* : manège en forme de roue verticale, dans les fêtes foraines. / TECHN. *Roue hydraulique* : roue actionnée par l'eau, convertissant l'énergie de celle-ci en énergie mécanique. / HIST. *Supplice de la roue* : supplice qui consistait à briser les membres d'un condamné que l'on fixait sur une roue, jusqu'à ce que mort s'ensuive. / *Faire la roue* : tourner sur soi-même en prenant successivement appui sur les pieds et les mains ; pour un paon, déployer en éventail les plumes de sa queue ; au fig., employer tous ses moyens de séduction. / *La roue de la Fortune* : attribut de la déesse romaine Fortune, et symbole des vicissitudes humaines. / Fam. *Partir sur les chapeaux de roues*, en grande hâte. / *Être la cinquième roue du carrosse* : être inutile.

roué, e n. et adj. HIST. *Les Roués* : les compagnons de Philippe d'Orléans, Régent de France de 1715 à 1722, (qui étaient, par ce nom, voués au supplice de la roue pour leurs débauches). / Mod. Rusé, malin. *C'est une rouée, une personne rouée.*

Grande ***roue****.*

Récif de corail de la ***mer Rouge****.*

rouelle n. f. BOUCH. Tranche ronde de la cuisse, du cuisseau. *Rouelle de porc.*

Rouen *102 723 h.* Chef-lieu de la Seine-Maritime et de la Région Haute-Normandie, au fond de l'estuaire de la Seine. C'est une métropole régionale (l'agglomération groupe près de *400 000 h.*) bénéficiant de la proximité de Paris. Situé à *125 km* de la Manche, au point extrême de remontée de la marée, et possédant le dernier pont sur la Seine jusqu'à la construction du pont de Tancarville, Rouen est le port de transit pour Paris et le Nord, et un important centre industriel. C'est une ville dynamique, capitale artistique, intellectuelle (université), économique de la Normandie. Malgré les destructions de la dernière guerre, elle conserve de très beaux monuments : cathédrale (XIIe-XIIIe siècle), églises Saint-Ouen (XIVe siècle), Saint-Maclou (XVe siècle) décorée par Goujon, maisons anciennes autour de la place du Vieux-Marché où Jeanne d'Arc fut brûlée en 1431.

rouer v. t. [1] HIST. Soumettre au supplice de la roue. / *Rouer qqn de coups*, le frapper violemment, avec acharnement.

Rouergue Pays de plateaux pauvres (le Ségala), au sud du Massif central correspondant au département de l'Aveyron. Il se consacre à la culture du blé et à l'élevage. Cet ancien comté, dont la capitale était Rodez, fut rattaché à la Couronne par Henri IV en 1607.

rouerie n. f. Comportement d'une personne rouée ; ruse.

rouet n. m. Anc. Machine à filer, à roue actionnée par une pédale. / Cercle de bois servant aux fondations d'un puits. / Garde de serrure composée d'une plaque métallique. / Anc. Petite roue d'acier qui, frottée sur un silex, produisait l'étincelle dans une arme à feu. *Arquebuse à rouet.*

rouf ou **roof** n. m. Construction, éventuellement couverte, dressée sur le pont supérieur d'un navire.

Rouffignac-Saint-Sernin-de-Reilhac *1 484 h.* Commune de Dordogne près de laquelle une grotte comporte des peintures magdaléniennes.

rouflaquette n. f. Fam., vieilli Mèche de cheveux, recourbée sur la tempe. / Au pl. Favoris.

rougail n. m. CUIS. Préparation de la cuisine antillaise, condiment à base de légumes, de fruits, de piment et de gingembre ; plat cuisiné à partir de cette préparation. *Rougail de morue.*

rouge adj. n. et adv. **A.** adj. De la couleur du sang, du coquelicot. *Fruit rouge. Vin rouge* ou (n. m.) du *rouge. Lumière rouge* : lumière correspondant aux plus grandes longueurs d'onde du spectre visible, située entre l'orangé et l'infrarouge. *Être rouge de colère* : avoir le visage coloré de rouge sous l'effet de la colère. *Fer rouge*, rougi au feu. / *Drapeau rouge* : emblème des révolutionnaires. (Subst.) Vieilli *Les rouges* : les révolutionnaires, les communistes. HIST. *L'Armée rouge* : l'armée de l'Union soviétique. **B.** n. m. Couleur rouge. *Fer chauffé au rouge. Le rouge lui monte aux joues* : il rougit d'émotion. / Fard rouge, ou d'une couleur proche du rouge. *Rouge à lèvres. Rouge à joues.* **C.** adv. *Se fâcher tout rouge* : se mettre en colère. *Voir rouge* : être animé d'une fureur qui incite à des violences physiques.

Rouge (fleuve) (en vietnamien, *Sông Hông ou Sông Koi*) *1 200 km* Fleuve du nord du Viêtnam. Prenant sa source en Chine (Yunnan), il coule dans un bassin fertile et surpeuplé et se jette dans le golfe du Tonkin par un vaste delta marécageux.

Rouge (mer) (autrefois, *golfe Arabique* ou *mer Érythrée*) *440 000 km²* Avancée très longue (*2 000 km*) et étroite (*320 km*) de l'océan Indien entre l'Arabie et l'Afrique. Occupant un fossé tectonique, ses eaux sont chaudes et très salées. L'ouverture du canal de Suez (1869) en a fait une voie très fréquentée. Selon la Bible (*Exode*), ses eaux se séparèrent, laissant passer Moïse et les Hébreux, puis se refermèrent sur leurs poursuivants égyptiens.

Rouge (place) Place principale de Moscou, séparant le Kremlin et la vieille ville. Elle fut nommée au XVIIe siècle *Krasnaïa Plochtchad*, « place Rouge », le mot *krasnaïa* se traduisant alors par « belle », tandis qu'il signifie aussi aujourd'hui « rouge ».

Rouge et le Noir (le) 1830 Roman de Stendhal tiré d'un authentique fait divers. Julien Sorel, fils d'un charpentier, se voue au « noir » (l'habit ecclésiastique) par ambition, mais rêve du « rouge » (la carrière militaire), magnifié par Napoléon. Devenu précepteur des enfants de M. de Rénal, maire

Rouget de Lisle chantant La Marseillaise.

de Verrières, il séduit la femme de celui-ci, Louise, mais doit partir sur une dénonciation. Arrivé à Paris, devenu le secrétaire du marquis de la Mole, il séduit sa fille Mathilde. Le mariage va avoir lieu lorsqu'une lettre de Mme de Rénal (écrite sous l'influence de son confesseur) le démasque. Julien, qui a tenté de tuer Mme de Rénal, est arrêté et, refusant d'être épargné, il est exécuté. Le roman fut porté à l'écran par Autant-Lara en 1954.

rougeâtre adj. Qui tire sur le rouge.

rougeaud, e adj. Au teint rouge, rubicond. *Visage rougeaud.*

rouge-gorge n. m. ZOOL. Oiseau passereau d'Europe, de la famille des turdidés, au plumage brun, orné d'une tache rouge orangée sur la gorge et la poitrine. Pl. Des *rouges-gorges.*

rougeole n. f. MÉD. Maladie infectieuse et épidémique, due à un virus, caractérisée par une éruption de petites taches rouges peu saillantes, précédée par une inflammation des muqueuses de la cavité buccale avec taches blanches.

rougeoyant, e adj. Qui rougeoie. *Soleil rougeoyant.*

rougeoyer v. i. [1] Devenir d'un rouge changeant.

rouget n. m. ZOOL. Poisson téléostéen marin à chair estimée, de coloration rouge ou rose. *Rouget barbet, rouget grondin.* / VÉTÉR., MÉD. Maladie infectieuse du porc dont l'agent est une bactérie (bacille du rouget), et qui est accidentellement transmissible à l'homme.

Rouget de Lisle (Claude Joseph) 1760-1836 Officier français du génie. À Strasbourg, il composa (avril 1792) les paroles et la musique d'un *Chant de guerre pour l'armée du Rhin* qui devint ensuite *La Marseillaise.* Arrêté sous la Terreur, il fut libéré en 1796, et continua à composer des chants.

rougeur n. f. Teinte rouge. / Coloration du visage due à un afflux de sang provoqué par une émotion, la chaleur, la fièvre. / Plaque rouge, inflammation sur la peau ou les muqueuses. / (Au plur.) Taches de sang laissées sur les arbres par le cerf qui frotte ses bois pour les débarrasser de leur peau.

rougir v. t. / v. i. [2] **A.** v. t. Rendre rouge, colorer en rouge (qqch.) *Le sang rougissait sa chemise.* **B.** v. i. Prendre une teinte rouge. *Les tomates rougissent au soleil.* / Devenir rouge sous l'effet d'une émotion. *Rougir de plaisir, de colère, de honte.* / (Emploi absol.) Devenir rouge de honte, de confusion. *Parler en rougissant.*

rougissant, e adj. Qui devient rouge. *Feuilles rougissantes.* / Qui rougit d'émotion.

Rougon-Macquart (les) (*Histoire naturelle et sociale d'une famille sous le Second Empire*) 1871-1893 Œuvre d'Émile Zola en 20 volumes. L'auteur voulait étudier les lois de l'hérédité dans une famille dont les descendants (cinq générations) sont amenés à vivre dans des milieux très différents. Il donne ainsi des portraits très vivants des financiers (*L'Argent*), du peuple des Halles (*Le Ventre de Paris*), des politiciens (*Son Excellence Eugène Rougon*), des ouvriers rongés par la misère et l'alcoolisme (*L'Assommoir*), des bourgeois (*Pot-Bouille*), des mineurs (*Germinal*), des paysans (*La Terre*), des employés des grands magasins (*Au bonheur des dames*), des cheminots (*La Bête humaine*).

rouille n. f. Hydroxyde de fer rouge orangé qui se forme par oxydation à la surface du fer et des métaux ferreux exposés à l'humidité. / BOT. Maladie de certains végétaux, en particulier des céréales, due à l'action de champignons microscopiques et caractérisée par des taches de couleur rouille. *La rouille de la vigne.*

rouillé, e adj. Attaqué par la rouille. *Du fer rouillé.* / BOT. Atteint de la maladie de la rouille. / Fig. Qui a perdu de sa souplesse, de sa vigueur. *Jambes rouillées. Imagination rouillée.*

rouiller v. t. / v. i. [1] Rendre rouillé. *L'eau rouille le fer.* (Au fig.) *La paresse rouille le corps et l'esprit.* (Emploi pron.) *Il se rouille, à ne rien faire.* / v. i. Devenir rouillé. *Le fer rouille.*

rouir v. t. / v. i. [2] Faire macérer dans l'eau les tiges de (certaines plantes textiles, alimentaires) pour en éliminer les substances nuisibles ou toxiques. *Rouir le lin.* (Emploi intransitif). *Mettre le manioc à rouir.*

rouissage n. m. Action de rouir.

roulade n. f. MUS. Ornementation mélodique, suite de notes légères et rapides chantées sur une seule syllabe ; chant qui rappelle cette suite de notes. Les roulades du rossignol. / CUIS. Tranche de viande roulée et farcie. / Mouvement de qqn qui roule sur lui-même. / SPORT Culbute, en gymnastique.

roulage n. m. Action de rouler ou de faire rouler qqch. / Transport de marchandises par voie routière ; ce transport par des véhicules qui montent déposer les marchandises à bord d'un navire. / MÉTALL. Fabrication de tubes en faisant passer une tôle dans un jeu de trois cylindres ; mise en forme d'une pièce de métal en la faisant tourner entre deux rouleaux qui l'étirent et qui se déplacent longitudinalement. / AGRIC. Action de briser les mottes d'une terre labourée en y passant le rouleau.

roulant, e adj. **I.** Qui peut rouler ; monté sur roues, sur roulettes. *Table roulante.* / CH. de FER *Matériel roulant* : les wagons, les voitures et les locomotives. *Personnel roulant* ou (n. m.) *les roulants* : le personnel qui effectue son service à bord d'un train ou d'un véhicule de transport en commun. / MILIT. *Cuisine roulante* ou (n. f.) *une roulante* : cuisine ambulante des armées en campagne. / TECHN. Se dit d'un engin de manutention ou de transport des personnes qui se déplace sur des galets ou des rouleaux. *Pont roulant. Tapis roulant. Escalier roulant.* / *Feu roulant* : tir continu d'armes à feu. (Au fig.) *Un feu roulant de plaisanteries.* **II.** Vieilli, fam. Qui fait se rouler de rire ; très drôle.

roulé, e adj. Fam. *Une fille bien roulée*, au corps harmonieux, bien fait.

rouleau n. m. Objet cylindrique fait d'une bande enroulée sur elle-même. *Rouleau de pellicules photographiques.* Fig. *Être au bout du rouleau (de parchemin*, à l'origine*)* : n'avoir plus rien à exprimer ; par ext., être épuisé physiquement, moralement ou financièrement. / Cylindre. *Rouleau à pâtisserie*, servant à étaler une pâte. / AGRIC. Dispositif composé de plusieurs cylindres qui sert à briser les mottes. / TRAV. PUBL. *Rouleau compresseur* : engin à moteur utilisé pour écraser les cailloux, tasser la chaussée. / IMPR. *Rouleau encreur* : cylindre élastique servant à encrer les formes. / Ensemble de choses empilées en cylindre. *Rouleau de pièces de monnaie.* / *Rouleau de peintre* : cylindre roulant fixé à une poignée qui sert à étaler la peinture. / Gros bigoudi cylindrique. / Grosse vague qui déferle enroulée sur elle-même. / SPORT Technique du saut en hauteur consistant à franchir la barre sur le ventre.

Roulette.

roulé-boulé n. m. Manière de se recevoir au sol, qui consiste à se ramasser en boule et à se laisser rouler à terre. Pl. Des *roulés-boulés.*

roulement n. m. Action de rouler ; mouvement de ce qui roule. / MÉCAN. *Roulement à billes* : dispositif diminuant les frottements entre des pièces roulant l'une sur l'autre, grâce à des billes d'acier placées entre les organes flottants. / Bruit causé par ce qui roule, ou semblable à celui d'un objet qui roule. *Roulement du tambour.* / Fig. Succession de personnes ou d'équipes qui assurent tour à tour la continuité d'un travail. / Circulation de capitaux, transactions. *Fonds de roulement* : sommes destinées à faire face aux dépenses courantes d'une entreprise.

rouler v. t. / v. i. [1] **A.** v. t. Déplacer (qqch.) en le faisant tourner sur lui-même. *Rouler un tonneau. Rouler des boulettes de viande dans la farine.* / Faire avancer (un objet muni de roues.) *L'infirmière roulait un chariot.* / Imprimer un mouvement de rotation, de balancement à (une partie du corps). *Rouler les épaules, les hanches. Rouler les yeux d'épouvante.* Loc. fig., fam. *Rouler les (des) mécaniques* : fanfaronner, faire le fier. / Faire tourner (qqch.) autour d'un axe sur lui-même, pour lui donner la forme d'un rouleau ou d'une sphère. *Rouler son linge en boule. Rouler une cigarette.* / Aplanir avec un rouleau. *Rouler une pâte à tarte.* / *Rouler les « r »*, les articuler en faisant vibrer la pointe de la langue contre le palais. / Fig., litt. Tourner et retourner dans son esprit. *Rouler des idées sombres dans sa tête.* / Fam. Tromper, abuser. *Il s'est fait rouler.* **B.** v. i. Se déplacer, avancer en tournant sur soi-même. *La boule a roulé jusqu'au cochonnet. Il a roulé en bas de l'escalier. Des larmes roulaient sur ses joues.* Loc. *Rouler sur l'or* : être très riche. / Se déplacer, circuler, en parlant d'un objet muni de roues, d'un véhicule ou de ses passagers. *La moto roulait trop vite.* / Être animé d'un mouvement de rotation, d'oscillation, de balancement. *Le navire roulait dans la houle.* / Faire entendre un bruit sourd et prolongé. *On entendait au loin rouler le tonnerre.* / Loc. fam. *Rouler pour qqn* : agir en sa faveur, servir ses intérêts. / *Rouler sur* : avoir pour thème, pour objet. *La conversation roulait sur la politique.* / Loc. fam. *Ça roule* : tout va bien. **C.** v. pron. Faire des tours sur soi-même, en étant allongé. *Se rouler dans l'herbe.* / S'enrouler, se ramasser sur soi. *Se rouler en boule.* / *Se rouler dans* : s'envelopper dans. *Se rouler dans un drap de bain.* / Loc. fam. *Se rouler de rire, par terre* : être pris d'un fou rire. *Se rouler les pouces, se les rouler* : ne rien faire.

roulette n. f. Petite roue mobile dans toutes les directions autour d'un axe vertical et que l'on place sous les pieds des fauteuils et d'autres meubles pour les déplacer facilement. / Loc. *Marcher comme sur des roulettes*: se dérouler facilement, sans obstacle. / Outil formé d'une petite roue métallique dentée, utilisé par les graveurs, les photographes, les relieurs, les pâtissiers, les cordonniers et servant à tracer des marques. / Fraise du dentiste. / Jeu de hasard au casino dans lequel on lance une bille sur un plateau circulaire et tournant, comportant des cases numérotées de 0 à 36, la case dans laquelle s'arrête la bille désignant le numéro gagnant. / *Roulette russe*: duel (ou jeu suicidaire) dans lequel on tire sur un adversaire (ou sur soi) avec un revolver dont le barillet est chargé d'une seule balle, qui vient (ou non) se placer à l'entrée du canon quand on le fait tourner.

rouleur, euse n. **I.** n. m. SPORT Coureur endurant et rapide, spécialiste des courses de plat (par oppos. à *grimpeur*). **II.** n. m. Vieilli Vagabond, traîne-savates, personne qui erre sur les routes. / n. f. Fille de mauvaise vie, traînée.

roulier n. m. Anc. Voiturier qui transportait des marchandises. / Mod. Navire dont la manutention des marchandises s'effectue par roulage.

roulis n. m. Balancement latéral d'un navire (par oppos. à tangage).

roulotte n. f. Grand véhicule aménagé en logement par les forains, les nomades.

roulotté n. m. Ourlet fait en roulant le bord du tissu.

roulure n. f. BOT. Maladie des arbres qui provoque la séparation et l'enroulement des couches ligneuses. / Injurieux Femme de mauvaise vie; prostituée.

roumain, e adj. et n. De Roumanie. *Peuple roumain. Un(e) Roumain(e)*. / n. m. Langue romane parlée en Roumanie.

Roumain (Jacques) 1907-1944 Écrivain haïtien. Sa *Revue indigène* (1927) entraîna la création d'une littérature francophone à tendances socialistes qui se fit le chantre de la négritude. Roumain fonda le parti communiste haïtien (1934), fut emprisonné (1934-1937) et exilé. Il publia en 1944 un roman qui eut un grand retentissement, *Gouverneurs de la rosée*. Il fut également ethnologue.

• **Roumanie** État de l'Europe orientale, baigné par la mer Noire, entre l'Ukraine, au nord, et la Bulgarie, au sud.

ROUMANIE

Superficie : *238 391 km²* – **Nombre d'habitants :** *22 400 000 h.* – **Capitale :** *Bucarest*
Villes principales : *Constanta, Iasi, Timisoara* – **Système politique :** *république*
Langue(s) : *roumain* – **Religion(s) :** *christianisme orthodoxe* – **Monnaie(s) :** *leu*

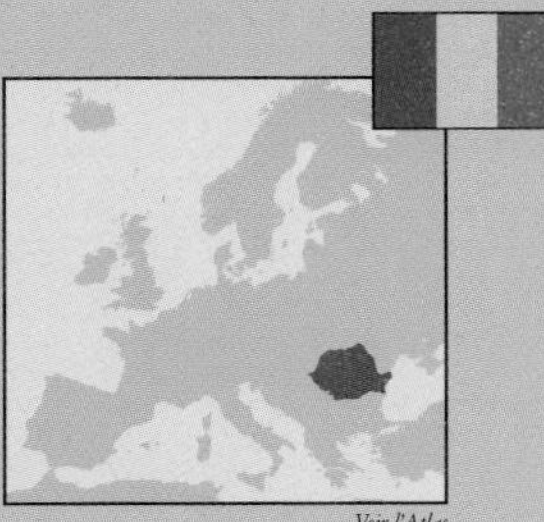

Voir l'Atlas

Géographie physique et humaine

Bordé à l'est par la mer Noire, le pays comprend de hauts reliefs : les Carpates plus élevées dans leur partie méridionale (Moldoveanu *2 543 m*), les Alpes de Transylvanie et les monts de Bihor. À l'ouest, la Transylvanie est un pays de plateaux sillonnés par de riches vallées (Mures, Somes). À l'est, la plaine de Moldavie et, au sud, celle de Valachie sont baignées par les affluents du Danube (Olt, Siret, Prut). Le Danube marque la frontière méridionale du pays avec l'ex-Yougoslavie (aujourd'hui Serbie-et-Monténégro) et la Bulgarie, et se jette dans la mer Noire par un vaste delta marécageux. En dehors du delta, la côte de la Dobroudja est basse et rectiligne. Le climat de la Roumanie est continental, la tendance à la sécheresse s'affirmant dans les plaines orientales.

Descendants des Daces, les Roumains constituent 88 % d'une population encore essentiellement rurale qui comprend aussi 8 % de Hongrois et 2 % de Tsiganes. Occupant 21 % de la population active, l'agriculture produit des céréales (maïs et blé), du tournesol, des pommes de terre, des betteraves, du soja. Les cultures fruitières, la vigne, l'élevage (nombreux ovins et porcins) sont importants. L'exploitation du pétrole et du gaz naturel a quasiment cessé, mais il reste du lignite ; des barrages (notamment dans les Portes de Fer du Danube) produisent le quart de l'électricité. L'industrie lourde a atteint son apogée dans les années 1970 ; aujourd'hui, la vétusté des installations, l'absence de capitaux et le peu d'empressement des investisseurs étrangers créent une situation dramatique.

La privatisation de l'agriculture, bien que la production de maïs ait doublé de 1990 à 1998, a désorganisé ce secteur qui s'était vaille que vaille maintenu sous Ceausescu. L'indice industriel a légèrement baissé depuis 1990. La flotte est réduite de moitié. La dette augmente. La valeur du *leu* s'est effondrée. Les entreprises non rentables continuent d'être subventionnées, raison pour laquelle le taux de chômage roumain est relativement bas (9 %), très inférieur à celui des autres États d'Europe centrale et orientale. Les industries mécaniques (machines agricoles, camions), chimiques, textiles, alimentaires ont pour centres principaux Bucarest, capitale économique du pays, Cluj, Brasov, Ploiesti, Iasi, Timisoara. Le Danube est la seule grande voie de circulation du pays (défilé des Portes de Fer). La Roumanie, dont l'essentiel des échanges s'effectuait autrefois avec les pays du bloc socialiste, cherche à développer ses relations avec les pays d'Europe occidentale.

Histoire

Avant l'arrivée des Romains, la région est habitée par les Daces (peuple indo-européen) dont les diverses tribus forment, au Iᵉʳ siècle av. J.-C., une fédération lâche. La conquête romaine de la Dacie par Trajan s'achève en 106 après J.-C. Les Daces et les colons romains se mêlent et le latin des conquérants donne naissance à l'unique langue latine de la région, le roumain actuel. L'empereur Aurélien se retire de la Dacie en 271 et elle est soumise à une première vague d'invasion (Goths, Huns et Avars) du IIIᵉ au Vᵉ siècle. Viennent ensuite les Slaves (VIᵉ siècle) et l'intégration dans l'empire bulgare de Siméon le Grand. Ainsi soumise à l'influence de Byzance, elle se christianise vers le Xᵉ siècle. De nouvelles invasions (Petchenègues et Tatars) déferlent dans l'est et le sud de la Roumanie jusqu'au XIIIᵉ siècle, tandis

Rue du centre de Cluj-Napoca.
Au fond, une église orthodoxe.

La cathédrale baroque de Timisoara.

que la Transylvanie est conquise par Étienne Iᵉʳ de Hongrie et voit s'installer un régime féodal dominé par les nouveaux colons magyars. Malgré ces pressions, les principautés de Valachie et de Moldavie se constituent en 1330 et 1359 au voisinage du Danube et de la mer Noire. Malgré la résistance d'Étienne le Grand en Moldavie et de Michel le Vieux (1386-1418) en Valachie, les Turcs imposent leur domination au début du XVIᵉ siècle. Moldavie et Valachie conservent néanmoins une relative autonomie et c'est même une période faste pour la culture roumaine ainsi que pour les églises et les monastères.

Au XVIIᵉ siècle, les deux principautés jouissent d'une certaine prospérité et de grands progrès sont faits dans le domaine de l'enseignement. De même, la Transylvanie, soumise à l'empire ottoman depuis 1526, jouit d'une grande liberté qui lui permet de se développer. Après une très brève union des trois principautés sous le prince valaque Michel le Brave, la tentative (1711) de la Moldavie et de la Valachie de se libérer du joug ottoman se solde par un échec, malgré le soutien du tsar Pierre le Grand. Le sultan resserre son emprise, nommant désormais lui-même les hospodars qu'il choisit parmi les Grecs de Constantinople. Leur comportement vénal favorisera la naissance d'une identité nationale roumaine dans les milieux intellectuels. La Transylvanie, elle, est reprise en 1691 par l'Autriche-Hongrie qui refusera de reconnaître la religion orthodoxe des Roumains et annexera la Bucovine en 1775.

En 1812, la Russie s'empare de la Bessarabie (Moldavie). Après l'échec, en Valachie (1821), de la tentative de soulèvement contre l'empire ottoman, c'est l'insurrection de la Grèce et la paix d'Andrinople (1829) qui redonnent aux principautés une autonomie interne sous la tutelle du sultan ottoman et du

ROUMANIE (SUITE)

Bas-relief représentant Ceausescu.

tsar de Russie. Par le traité de Paris, signé à l'issue de la guerre de Crimée (1856), les principautés moldave et valaque sont placées séparément sous la protection collective des puissances européennes. La Moldavie et la Valachie s'unissent en 1859 en élisant un même prince, le Moldave Alexandre Cuza, remplacé en 1866 par Charles de Hohenzollern-Sigmaringen. Alors que les Roumains de Transylvanie réclament plus d'autonomie, les Hongrois obtiennent, en 1867, le rattachement de la province au royaume de Hongrie. Alliée de la Russie pendant la guerre russo-turque (1877-1878), la Roumanie obtient la Dobroudja, mais perd à nouveau la Bessarabie. Elle devient un royaume indépendant en 1881, le prince Charles de Hohenzollern-Sigmaringen devenant le roi Carol Ier de Roumanie.

Au cours des dernières années du XIXe siècle et au début du XXe, le pays développe ses infrastructures industrielles. Entrée en guerre en 1916 aux côtés des Alliés, la Roumanie est agrandie de la Bucovine, de la Transylvanie, de la Bessarabie et du Banat (traités de Saint-Germain et de Trianon, 1919-1920) et devient la Grande Roumanie, au sein de laquelle surgit, puis s'aggrave, le problème des minorités. La crise agraire provoque la démission du Premier ministre Maniu; le roi Carol (Charles II) établit alors son pouvoir personnel en s'appuyant sur les libéraux (1930-1940). Le coup d'État du général Antonescu, chef de la Garde de fer (formation paramilitaire du type nazi), contraint le roi à abdiquer en faveur de son fils Michel; mais c'est Antonescu, partisan de l'Axe, qui gouverne ensuite en dictateur. La Roumanie entre en guerre aux côtés de l'Allemagne et participe à la campagne contre la Russie; mais, en 1944, envahie par les Russes, elle signe l'armistice et se bat ensuite aux côtés de l'Armée rouge.

Les nouvelles frontières de la Roumanie sont fixées par le traité de 1947 : cession du sud de la Dobroudja à la Bulgarie, de la Bessarabie et de la Bucovine à l'U.R.S.S. Cependant, la situation intérieure se dégrade rapidement, les communistes roumains, poussés par Moscou, imposent leur gouvernement et le roi est contraint au départ en 1948. La République populaire roumaine est proclamée. Un traité de coopération est signé avec l'U.R.S.S. et la Roumanie adhère au Comecon en 1949. Les premiers temps du régime socialiste constituent une période de terreur et de purges, d'une part, et d'intense russification, d'autre part. La république est dirigée par le secrétaire général du parti communiste, qui porte le titre de président du Conseil d'État. Groza (1947-1955) puis Gheorghiu-Dej (1955-1965) occupent ce poste. En 1962, la collectivisation des terres est terminée. Cette même année, la Roumanie manifeste des signes d'indépendance vis-à-vis de l'U.R.S.S., dont elle n'épouse pas les querelles. Ainsi, elle a maintenu ses liens avec la Chine et en noue avec l'Occident.

En 1965, Gheorghiu-Dej meurt. Ceausescu lui succède à la tête du parti. Il sera également président du Conseil d'État en 1967 et président de la République en 1974. En 1972, il adhère au F.M.I., contracte un fort emprunt et entreprend de doter le pays d'une économie moderne, indépendante de l'U.R.S.S. En fait, le « génie des Carpates » isole le pays, où il donne de grands pouvoirs à une police politique omniprésente, la *Securitate*. Pour rembourser la dette, il ruine le pays et affame la population. Voulant créer un « homme nouveau », il commence à raser les monuments historiques. Quand le communisme s'effondre à l'Est, des opposants font croire, le 17 décembre 1989, qu'il a fait massacrer des milliers de personnes à Timisoara. Le Conseil du Front de salut national (C.F.S.N.) s'empare du pouvoir le 22 décembre et exécute Ceausescu et son épouse le 25 décembre, après un simulacre de procès. Dirigeant du C.F.S.N. (devenu F.S.N.), Ion Iliescu (qui avait été exclu du P.C. en 1984) est élu président de la République en mai 1990. Il est réélu en 1992. La Roumanie entre au Conseil de l'Europe en 1993 et signe avec l'O.T.A.N le Partenariat pour la paix en 1994.

Mais la situation économique est dramatique, aucune équipe dirigeante ne se forme, les privatisations se font sans conviction, un léger retour de la croissance en 1994-1995 ne suscite pas la confiance. En 1996, la Convention démocratique de Roumanie (C.D.R.) remporte les législatives et la présidentielle: Emil Constantinescu devient président de la République, mais le C.D.R. (composé surtout de chrétiens-démocrates) doit former une coalition avec l'Union sociale-démocrate (U.S.D.) que dirige l'ancien Premier ministre Petre Roman.

Le Premier ministre est un chrétien-démocrate, Victor Ciorbea. Il veut accélérer la privatisation de l'industrie; le chômage s'accroît, le niveau de vie baisse, la relative croissance devient négative. En mars 1998, Radu Vasile (du C.D.R.) remplace Ciorbea. Peu satisfait des mesures prises par le gouvernement roumain, le F.M.I. refuse un nouveau prêt en janvier 1999. Non payés, les mineurs déclenchent une marche sur Bucarest et obtiennent quelques satisfactions. Quant à l'Union européenne, à laquelle la Roumanie a présenté sa candidature en 1995, elle a, en décembre 2002, repoussé l'adhésion roumaine à 2007. Ion Iliescu a repris le pouvoir l'issue des élections de décembre 2000 ; il n'a pu ni mettre en place une véritable économie de marché, ni juguler la corruption qui gangrène la société tout entière.

Eugène Ionesco.

Beaux-arts

À la fin du Moyen Âge, l'architecture valaque et moldave subit l'influence byzantine. En Valachie, celle-ci se combine à l'influence orientale puis italienne: le baroque sera introduit à la fin du XVIIIe siècle (baroque Brâncoveanu). En Moldavie, l'architecture byzantine s'enrichit d'apports gothiques. Aux XVe et XVIe siècles, les églises de plusieurs monastères se couvrent de peintures jusque sur les façades extérieures (Humor, Arbore, Moldovita, Sucevita, Voronetz, les « cinq merveilles de la Moldavie ») La Transylvanie, quant à elle, subit l'influence romane, puis gothique, enfin celle de la Renaissance. À dater de l'indépendance de la Roumanie, l'histoire artistique du pays est à l'unisson de l'histoire artistique des autres pays d'Europe; elle est notamment marquée par la personnalité du sculpteur Brancusi.

Littérature

Il n'existe aucun témoignage écrit de la langue roumaine entre le départ des Romains (271) et une lettre écrite par un boyard au maire de Brasov (1521). Le destinataire de cette lettre fit venir à Brasov un typographe; entre 1560 et 1561, la première imprimerie de Transylvanie produisit des textes religieux en langue vulgaire, traduits du slavon. Faisant écho à la littérature transylvaine (catholique, la province étant possession des Habsbourg, et souvent en latin), la Moldavie et la Valachie, orthodoxes, voient surgir, aux XVIIe-XVIIIe siècles, des chroniqueurs qui relatent l'histoire de leurs provinces et des poètes et des conteurs, le plus souvent anonymes. La littérature roumaine naît véritablement au XIXe siècle avec le poète Vasile Alecsandri (1819-1890). Lui succèdent le poète M. Eminescu (*L'Étoile du soir*, 1883) et le dramaturge Caragiale (*Une lettre perdue*, 1884). Au XXe siècle la poésie continue d'être plus active que le roman, avec Tudor Arghezi (1880-1967), Lucian Blaga (1895-1961), Gellu Naum (né en 1915), S. A. Doinas (né en 1922). Le romancier Panait Istrati écrit son œuvre en français. D'autres écrivains roumains sont devenus des écrivains français: T. Tzara, E. Ionesco. M. Eliade a écrit en français et en anglais.

Vasile Alecsandri.

Cinéma

Le plus célèbre cinéaste est Lucian Pintilié (né en 1933): *La Reconstitution* (1969), *Le Chêne* (1992), *Trop tard* (1996).

R

ROUSSEAU (JEAN-JACQUES)

Après une enfance heureuse à Genève et dans la campagne environnante, et une adolescence vagabonde (Turin, Lyon, Lausanne, Paris) marquée par sa rencontre avec Mme de Warens et sa conversion au catholicisme, il est accueilli aux Charmettes (1731), près de Chambéry, par Mme de Warens, qui devient (1734) sa maîtresse. De ces années aux Charmettes, il gardera un souvenir idyllique. Après de nouveaux voyages et de nouvelles tentatives pour gagner sa vie (à Montpellier, il se fait soigner ; à Lyon, il est précepteur ; à Venise, il est secrétaire de l'ambassade de France), il se rend à Paris, rencontre Diderot et fait de la musique. Ses deux opéras, *Les Muses galantes* (celui-ci écrit avec Rameau, 1745) et *Le Devin du village* (1752) remportent un certain succès. Il collabore à l'*Encyclopédie* et trouve la gloire par deux discours primés par l'académie de Dijon : *Discours sur les sciences et les arts* (1750) et *Discours sur l'origine et les fondements de l'inégalité parmi les hommes* (1755). Il s'installe à l'Ermitage, près de Montmorency, dans une maison offerte par sa protectrice, Mme d'Épinay, mais il se brouille avec elle et avec ses amis Grimm et Diderot. C'est alors qu'il conçoit ses chefs-d'œuvre, *Julie ou la Nouvelle Héloïse* (1761), *Du contrat social* (1762) et l'*Émile* (1762). Mais l'*Émile*, roman sur l'éducation qui contient *La Profession de foi du vicaire savoyard*, panthéiste, est attaqué par les dévots et Rousseau doit chercher refuge en Suisse. Il mène une existence errante, se fâchant avec tous ses amis et croyant à un complot dirigé contre lui. Vers la fin de sa vie, il trouve l'apaisement en rédigeant (1765-1770) les *Confessions* où il raconte sa vie avec une sincérité totale, évoquant ses moments de bonheur et parlant de la sexualité et de ses fantasmes d'une manière surprenante de modernité. De 1776 à 1778, il rédige *Les Rêveries du promeneur solitaire*. Rousseau est à la fois un théoricien hardi et un poète. Il a joué un rôle de précurseur sur le plan politique (la Révolution) et sur le plan littéraire (le romantisme). Son influence s'exerce encore aujourd'hui dans une multitude de domaines (psychanalyse, écologie…).

R

roumi n. m. (mot arabe) Chrétien, pour les musulmans.
round n. m. (mot anglais) Reprise d'un combat de boxe durant trois minutes.
roupie [1] n. f. Unité monétaire en cours dans différents pays d'Asie, notamment en Inde, au Pakistan, au Népal, à l'île Maurice, aux îles Seychelles.
roupie [2] n. f. Vx, fam. Goutte au nez. / Mod., fam. *C'est de la roupie de sansonnet* : c'est une chose sans valeur, sans importance.
roupiller v. i. [1] Fam. Dormir.
roupillon n. m. Fam. *Piquer un roupillon* : faire un somme.
rouquin, e adj. et n. Dont les cheveux sont roux. Subst. *Un(e) rouquin(e)*. / n. m. Pop. Vin rouge.
rouscailler v. i. [1] Rouspéter.
rouspéter v. i. [1] Fam. Exprimer sa mauvaise humeur, son dépit ; râler, protester.
rouspéteur, euse adj. et n. Fam. Qui rouspète ; qui rouspète continuellement.
roussâtre adj. Qui tire sur le roux.
rousse n. f. Argot, vx *La rousse* : la police.
• **Rousseau (Jean-Jacques)** 1712-1778 Écrivain genevois d'expression française.
Rousseau (Théodore) 1812-1867 Peintre français. Avec Millet, Corot, Daubigny, il fait partie du groupe de l'*école de Barbizon* et s'installe à Fontainebleau pour peindre des paysages de la forêt, genre dans lequel il excelle.
Rousseau (Henri, dit **le Douanier)** 1844-1910 Peintre français. Employé à l'Octroi de Paris de 1871 à 1893, il peint pendant ses loisirs d'innombrables toiles aux lignes très précises, aux traits souvent rudes et raides et aux coloris étranges. Autodidacte, dramaturge aux accents mélodramatiques (*La Vengeance d'une orpheline russe*, 1899), peintre singulier et solitaire, contraint de donner, pour vivre, des leçons de musique et de peinture à ses voisins de quartier (le XIVe arrondissement de Paris), il eut l'appui de Jarry et d'Apollinaire, connut Gauguin, Redon et Picasso. On lui doit de nombreux paysages, de Paris et de la proche banlieue (*Scierie aux environs de Paris*, *L'Octroi*), des scènes de la vie quotidienne (*La Carriole du père Juniet*, 1908 ; *La Noce*, 1910), des portraits (*La Muse inspirant le poète : Apollinaire et Marie Laurencin*), de grandes compositions éclatantes de couleur, qu'il appelait « créations », aux sujets romanesques, allégoriques (*La Guerre ou La Chevauchée de la discorde*, 1894), patriotiques (*Centenaire de l'Indépendance*, 1892) ou « exotiques », ces derniers témoignant d'une puissante imagination (*La Charmeuse de serpents*, 1907).
Roussel (Ker Xavier) 1867-1944 Peintre français, membre du groupe des nabis. On lui doit des natures mortes, des scènes de la vie quotidienne, des portraits, des paysages, aux tons vifs et au caractère décoratif marqué.
Roussel (Albert) 1869-1937 Compositeur français. D'abord officier de marine, il donne sa démission (1894) pour se consacrer à la musique qu'il pratiquait déjà en amateur. Il enseigne le contrepoint à la Schola cantorum. D'abord influencé par d'Indy et Debussy, il compose ensuite des symphonies, de la musique de chambre, un opéra-ballet *Padmâvatî* (1914-1918, créé en 1923), dans un style traditionnel au rythme enlevé.
Roussel (Raymond) 1877-1933 Écrivain français. Auteur, à vingt ans, d'une œuvre monumentale en alexandrins (*La Doublure*) qui ne rencontra pas le moindre succès, il en fut accablé et tenta, sa vie durant, d'une part, de retrouver l'exaltation qui le soulevait lorsqu'il écrivait, et, d'autre part, de prouver son génie au monde. De ses textes *Impressions d'Afrique* et *Locus solus*, il tire des pièces de théâtre montées à compte d'auteur qui ne recueillent qu'éclats de rire. En 1920-1921, il fait le tour du monde, sans but apparent, puis se fait fabriquer (1925) une « roulotte automobile », avec dortoir pour le personnel et salle de bains, avec laquelle il fera plusieurs voyages. En 1932, il cesse d'écrire et se consacre aux échecs, où il devient rapidement un maître ; il mourra dans un hôtel de Palerme, empoisonné par des barbituriques.
rousserolle n. f. ZOOL. Petite fauvette des marais, au plumage beige.
roussette n. f. ZOOL. Petit requin inoffensif des mers d'Europe à peau tachetée. / Grande chauve-souris frugivore, au pelage roux, dont l'envergure peut atteindre 2 m. *Les roussettes vivent en Asie, en Océanie et en Afrique.*
rousseur n. f. Couleur jaune orangé. / *Taches de rousseur* : taches pigmentaires de la peau d'un brun roux. Syn. éphélide.
roussi, e adj. et n. m. **A.** adj. Devenu roux. *Feuilles roussies par l'automne.* **B.** n. m. Odeur de ce qui a commencé à brûler. *Sentir le roussi.* / Fig. fam. *Ça sent le roussi* : ça risque de se gâter, de mal tourner.

La Charmeuse de serpents, d'**Henri Rousseau**, 1907.

Roussillon Ancienne province de France qui constitue le département des Pyrénées-Orientales. C'est une plaine d'effondrement descendant en terrasses jusqu'à la Méditerranée, domaine de la vigne (Aspres), des cultures fruitières (abricots) et maraîchères, commercialisées à Perpignan. Le littoral s'est développé à partir des années 1960 dans le cadre des unités d'aménagement touristique de la côte Languedoc-Roussillon. Arabe, puis espagnol en 1172, le Roussillon est définitivement rattaché à la France en 1659.
roussin [1] n. m. Vx Cheval entier que chevauchaient les guerriers au combat, les chasseurs. *Roussin d'Arcadie* : âne.
roussin [2] n. m. Argot, vx Policier.
Roussin (André) 1911-1987 Écrivain français. Auteur de comédies de boulevard, il a écrit : *La Petite Hutte* (1947), *Nina* (1949), *Amstram*, *Lorsque l'enfant paraît*, (1951).
roussir v. t. / v. i. [2] Rendre roux. *Le soleil a roussi ses cheveux.* / Brûler superficiellement (qqch.) *Roussir un drap avec un fer à repasser trop chaud.* / v. i. Devenir roux. *Les arbres roussissent en automne.*
Roussy (Gustave) 1874-1948 Médecin français. Il fonda en 1913 à Villejuif l'Institut du cancer qui porte aujourd'hui son nom.
Roustaveli (Chota) XIIe siècle Poète géorgien. Attaché à la maison de la reine Thamar, il écrivit un poème chevaleresque, *Le Preux en peau de tigre* ; on voit en lui le fondateur de la langue littéraire géorgienne.
rouste n. f. Pop. Correction, volée. *Tu vas prendre une rouste !*
routage n. m. Tri et expédition de journaux ou de revues aux adresses des abonnés. / Expédition en série de télécopies (généralement publicitaires) à de nombreuses adresses.
route n. f. Voie de communication terrestre carrossable d'une certaine importance. / *La route* : l'ensemble des voies et des moyens de transport par terre. / Direction, itinéraire. *La route des Indes.* / Parcours. *Avez-vous fait bonne route ?* / Fig. Ensemble des moyens employés pour arriver à un but. *La route de la célébrité.*
router v. t. [1] Faire le routage de. *Router des imprimés.*
routeur, euse n. Professionnel du routage.
routier, ère adj. et n. **A.** adj. Propre ou relatif à la route. *Trafic routier.* **B.** n. HIST. *Les routiers* : au Moyen Âge, pillards appartenant à des bandes qui sévirent sur les routes de France du XIIe au XVe siècle. / Loc. mod. *Un vieux routier* : un homme d'expérience. / SPORT Cycliste spécialisé dans les compétitions sur routes (par oppos. à *pistard*). **C.** n. f. Automobile conçue pour les longs parcours routiers plutôt que pour la circulation urbaine. **D.** n. m. Chauffeur de poids lourd qui effectue de longs parcours. / Fam. Restaurant fréquenté par les routiers, situé au bord des grandes routes. / Scout de plus de seize ans.
routine n. f. Habitude d'agir, de penser toujours de la même manière. *Être esclave de la routine.* / Par ext. Tâche répétitive, quotidienne, accomplie machinalement. / loc. adj. *De routine* : ordinaire. *Inspection de routine.*
routinier, ère adj. et n. Qui obéit à la routine, machinal. *Geste routinier.* / Qui agit par routine. *Ce sont des gens plutôt routiniers. C'est une routinière.*

RUBENS

Né en Allemagne, il s'installe avec sa mère à Anvers en 1589 et entame des études classiques avant de s'orienter vers la peinture. Membre de la corporation des artistes d'Anvers en 1598, il voyage en Italie (1600-1608) et travaille à la cour de Mantoue. Il se familiarise alors avec les œuvres des Carrache, de Véronèse, de Tintoret et du Titien et accomplit, pour le duc de Mantoue, une mission diplomatique en Espagne (1603). Il peint des tableaux d'église pour Sainte-Croix-de-Jérusalem à Rome, pour l'église des jésuites de Mantoue, et des portraits. De retour à Anvers, il devient le peintre officiel du gouverneur des Pays-Bas ; il se marie (1609) et achète une vaste maison dans laquelle se trouve un grand atelier ; il jouit d'une importante situation sociale et honore de nombreuses commandes, qu'il s'agisse d'œuvres à sujet mythologique (*Enlèvement des filles de Leucippe*, v. 1618), biblique (*Suzanne et les vieillards*, 1614-1616) ou religieux (*Descente de croix*, 1610 ; *Jugement dernier*, 1611-1614). Ses immenses toiles obéissent aux impératifs de la Contre-Réforme (qui fait de la somptuosité artistique des églises un moyen d'attirer au catholicisme, ou de retenir en son sein, les fidèles tentés par la Réforme) ; il y exalte l'énergie et le mouvement, dans de spectaculaires mises en scène, en utilisant des teintes chaudes et des mouvements tourbillonnants. Ses compositions sont destinées aux églises de Gand, de Malines, de Lille, de Cambrai, et de bien d'autres villes flamandes (*Martyre de sainte Ursule*, 1617 ; *Martyre de saint Liévin*, 1635). Les cours européennes font appel à lui, notamment Marie de Médicis (*Histoire de Marie de Médicis*, 27 toiles pour la Galerie de Marie de Médicis, au palais du Luxembourg, aujourd'hui au Louvre, entre 1622 et 1625), Henri IV (projet de décoration de la Galerie d'Henri IV, au Luxembourg, inachevé, et dont nous ne connaissons que *La Bataille d'Ivry* et l'*Entrée triomphale d'Henri IV à Paris*), le roi d'Angleterre (*La Glorification de Jacques Ier*, 1630-1634), le roi d'Espagne (décoration d'un pavillon de chasse). À cette œuvre immense et multiforme de peintre « de cour » s'ajoutent des cartons de tapisserie (*Histoire de l'empereur Constantin*, 1621-1622, pour Louis XIII), des décorations de ville (décoration de la ville d'Anvers pour l'entrée solennelle de l'archiduc Ferdinand d'Autriche, 1635), des toiles intimistes et des scènes familiales (*Le Chapeau de paille*, *La Petite Pelisse*, 1638), ce qui ne l'empêche pas d'assurer, en outre, diverses missions diplomatiques pour le compte de l'infante Isabelle, régente des Pays-Bas du sud. Veuf en 1626, il avait épousé en 1630 Hélène Fourment qui devint l'un de ses modèles favoris (*Hélène Fourment avec son fils Frans*, 1635).

Rouvray (forêt de) *3 240 ha* Forêt occupant la boucle que forme la Seine en face de Rouen.
rouvre n. m. BOT. Espèce de chêne à feuilles pétiolées et à glands sans pédoncule. / (Appos.) *Chêne rouvre.*
roux, rousse n. m., n. et adj. Couleur orangée tirant sur le brun. / n. m. CUIS. Sauce à base de beurre fondu et de farine que l'on fait roussir sur le feu. / adj. et n. Se dit d'une personne aux cheveux roux. *Il est roux. Une jolie rousse.*
Roux (Émile) 1853-1933 Bactériologiste français, collaborateur de Pasteur. Il découvrit la toxine diphtérique en 1889, réalisa la sérothérapie et trouva l'agent de la péripneumonie des bovidés.
Rowland (Henry Augustus) 1848-1901 Physicien américain. Il définit la différence entre l'électricité statique et l'électricité dynamique (qui elle seule crée un champ magnétique). Il étudia la diffraction et le spectre solaire.
Roy (Claude Orland, dit **Claude)** 1915-1997 Écrivain français. Entré au parti communiste pendant la Résistance (1943), il exprime en 1956 la révolte que lui cause la répression du soulèvement de Budapest, et en est exclu. Infatigable voyageur, il porte sur les pays qu'il traverse et les gens qu'il rencontre un regard pénétrant, amical et amusé (*Le Journal des voyages*, 1960). Critique (*L'Amour du théâtre*, 1965), journaliste, romancier (*Léone et les siens*, 1963), Claude Roy est surtout un poète élégant et subtil dont la légèreté de ton n'exclut jamais la gravité (*Un seul poème*, 1954). Il a également donné des essais autobiographiques et des carnets (*Permis de séjour*, 1977) qui évoquent sa lutte contre le cancer.
royal, ale, aux adj. Propre ou relatif au roi. *Couronne royale.* / Fig. Digne d'un roi. *Une réception royale.*
Royal Air Force (R.A.F.) Armée de l'air britannique.
royalement adv. De façon royale. *Nous avons été royalement traités.* / Fam. Totalement. *Il se moque royalement de son confort.*
royalisme n. m. Attachement à la monarchie, à la royauté.
royaliste adj. et n. Propre ou relatif au royalisme. *Parti royaliste.* / Subst. Partisan du roi, de la royauté. *Un(e) royaliste.*
royalties n. f. pl. (mot anglais) Redevance versée à un inventeur, un auteur, un éditeur, un propriétaire de gisements de minerai, etc.
Royan *16 837 h.* Station balnéaire à l'embouchure de la Gironde, en Charente-Maritime, La ville, très endommagée en 1945, a été entièrement reconstruite. Bénéficiant d'une belle plage de sable, d'un port de plaisance, des forêts de l'arrière-pays, la station attire les estivants. Royan essaie d'étendre ses activités hors de la saison balnéaire par divers festivals.
royaume n. m. État gouverné par un roi ou une reine. / RELIG. *Le royaume des cieux* ou *de Dieu* : le paradis.
• **Royaume-Uni de Grande-Bretagne et d'Irlande du Nord** (angl. *United Kingdom of Great Britain and Northern Ireland*) État insulaire de l'ouest de l'Europe, situé au nord de la France, entre l'océan Atlantique et la mer du Nord, et formée de l'Angleterre au sud, du pays de Galles à l'ouest, de l'Écosse au nord et de l'Irlande du Nord ou Ulster.
Royaumes combattants (les) 475-221 av. J.-C. Ensemble de sept principautés belliqueuses qui créèrent l'anarchie en Chine, jusqu'à ce que le roi des Qin, Shi Huangdi, unifie le pays et devienne empereur. Pendant cette période troublée, de nombreux lettrés sillonnèrent la Chine, répandant la pensée de Confucius et celle de Lao-tseu (taoïsme).
royauté n. f. Dignité de roi. / Régime monarchique.
Royer-Collard (Pierre Paul) 1763-1845 Philosophe et homme politique français. Membre du Conseil des Cinq-Cents en 1797, il fut, sous l'Empire, professeur puis président du Conseil de l'université. Député en 1815, il se rendit populaire en combattant la politique des ultraroyalistes.
RTT ou **R.T.T.** n. f. Sigle de *Réduction du Temps de Travail.*
ru n. m. Petit ruisseau.
ruade n. f. Action de ruer.
Ruanda Voir **Rwanda**
ruban n. m. Bande de tissu étroite et mince servant à orner ou attacher ; insigne d'une décoration. *Ruban de la Légion d'honneur.* / Étroite bande d'une matière souple. *Ruban adhésif. Ruban magnétique*, destiné à enregistrer les sons, les images dans une cassette audio ou vidéo. / Fig. Ce qui a l'aspect d'une bande. *Un ruban de fumée.*
rubato adj., adv. et n. m. (mot italien) MUS. *Tempo rubato*, libre sans rythme perceptible. / adv. *Jouer rubato.* / n. m. *Un rubato* : un passage joué rubato.
rubéfaction n. f. MÉD. Congestion ou rougeur cutanée passagère, due à une irritation ou à l'application sur la peau d'agents médicamenteux.
Ruben Personnage biblique, fils aîné de Jacob, ancêtre éponyme d'une tribu d'Israël.
• **Rubens (Petrus Paulus**, en français **Pierre Paul)** 1577-1640 Peintre flamand.

Royaume-Uni de Grande-Bretagne et d'Irlande du Nord

Voir l'Atlas

Superficie : *244 100 km²* – **Nombre d'habitants :** *59 900 000 h.* – **Capitale :** *Londres*
Villes principales : *Birmingham, Glasgow, Leeds* – **Système politique :** *monarchie* – **Langue(s) :** *anglais* – **Religion(s) :** *anglicanisme, autres Églises réformées, catholicisme* – **Monnaie(s) :** *livre sterling*

Géographie physique et humaine

La Grande-Bretagne est la plus vaste île d'Europe. Sa largeur est de 600 km dans le sud et sa longueur nord-sud est de 950 km. Ses côtes sont parsemées d'îles : archipels des Shetland, des Orcades et des Hébrides dans le nord, îles de Man et d'Anglesey à l'ouest ainsi que l'archipel des Scilly, l'île de Wight et les îles anglo-normandes (Jersey et Guernesey) au sud. L'Angleterre, sédimentaire dans le sud-est (hautes falaises crayeuses sur la Manche), est formée, au nord et à l'ouest, de vieux massifs (Cornouailles, chaîne Pennine), domaine de l'élevage ovin et de l'industrie minière, séparés par de riches dépressions consacrées à l'embouche et occupées par des lacs. Le pays de Galles est une péninsule charpentée par les monts Cambriens. L'Écosse est barrée par les trois chaînes des Highlands qui se terminent par un relief moins accidenté, les Lowlands. L'Écosse est le domaine des lacs, ou *lochs*, et des fjords, ou *firths*, produits de l'érosion glaciaire. L'Ulster représente un sixième de la superficie totale de l'Irlande, dont il constitue la région la plus riche et la plus verdoyante.

Dotée, grâce à sa position insulaire et aux mers tièdes qui la baignent, d'un climat océanique doux et humide (les précipitations abondent dans le pays de Galles : 2000 mm/an, et dans les Highlands : 4000 mm/an), la Grande-Bretagne est peu boisée, défrichements et sols arides ayant favorisé l'extension des landes en altitude, des prairies herbeuses en plaine. Le climat exceptionnellement doux de Cornouailles permet la culture de palmiers aux îles Scilly. Ce climat privilégié, qui provient des courants d'eaux tropicales de l'océan Atlantique longeant l'ouest de l'île, a également favorisé l'installation de populations sur le littoral ouest de l'Écosse. Les fleuves sont en général courts et réguliers : Tamise, Severn, Trent, Shannon. L'essor de la population au XIXe siècle est lié à la révolution industrielle et à la constitution d'un grand empire colonial. La Grande-Bretagne est aujourd'hui, malgré une émigration supérieure à l'immigration, un des pays les plus densément peuplés d'Europe. Cette population, très fortement urbanisée, est concentrée dans les zones industrielles et dans les immenses banlieues des grandes villes (Londres, Bristol, Manchester, Birmingham), particulièrement dans le sud de l'Angleterre, l'Écosse étant beaucoup moins peuplée.

Paysage des Highlands, dans le nord de l'Écosse.

Une jetée du port de Holyhead, dans le nord du pays de Galles.

Économie

L'agriculture, très rationalisée, occupe 2 % de la population active (chiffre le plus bas du monde) et couvre 60 % des besoins alimentaires du pays. Sur des sols pauvres mais très arrosés, elle associe la grande culture de céréales, de betteraves et de pommes de terre à un élevage prospère : bovin (lait et viande) dans les plaines, ovin (laine, tweed en Écosse) sur les hautes terres. L'épidémie d'encéphalopathie spongiforme bovine (E.S.B., ou « maladie de la vache folle ») des années 1980-2000 a eu d'importantes conséquences tant économiques (nombre d'élevages ont été ruinés) que sanitaires, la maladie pouvant se transmettre aux humains (on compte plus d'une centaine de personnes atteintes de la vMCJ [variante de la maladie de Creutzfeld-Jakob] contaminées pour avoir consommé de la viande de bovins malades). Les cultures maraîchères sont limitées au sud-est et à la « ceinture dorée » de Cornouailles.

Organisée industriellement, la pêche apporte un complément non négligeable : Grimsby, premier port de pêche du monde, Hull, Aberdeen. Sans rivale au XIXe siècle, l'industrie, longtemps fondée sur les richesses minières et en particulier le charbon (textiles, minerais) depuis la Première Guerre mondiale. Les grands foyers de l'Angleterre noire, symbole de la prospérité du Royaume-Uni au XIXe siècle, sont en crise depuis les années 1950-1960 et l'effort de restructuration qui a suivi a entraîné de graves difficultés sociales liées au chômage. La métallurgie et le textile, sur lesquels s'était fondée la révolution industrielle, sont présents dans le Lancashire, « royaume du coton » ; le Yorkshire, premier centre lainier britannique ; les Midlands, « royaume de l'acier » et le sud du pays de Galles, domaine de la sidérurgie.

Chantier de construction navale.

Depuis le XXe siècle, la diversification des industries britanniques (métallurgie de transformation, industries chimique, alimentaire) et l'adoption de techniques de pointe (nucléaire, informatique), s'accompagnent d'une dispersion géographique qui fait disparaître la vieille opposition entre une *Angleterre verte*, agricole, au sud-est, et une *Angleterre noire*, industrielle, à l'ouest et au nord. Le pétrole et le gaz naturel (provenant notamment de la mer du Nord) ont compensé le déclin du charbon. La Grande-Bretagne triomphante du XIXe siècle avait développé, outre sa flotte (puissante depuis la fin du XVIe siècle), les activités boursières et financières (banques, com-

Marché de Portobello Road, à Londres.

Royaume-Uni de Grande-Bretagne et d'Irlande du Nord

pagnies d'assurances) s'étendant dans le monde entier. Le tertiaire poursuit son développement et Londres est la première Bourse et la première place financière d'Europe. À titre de comparaison, la part du tertiaire est aux États-Unis de 72 % ; en Grande-Bretagne, de 70 % ; en France, de 65 % ; au Japon et en Italie, de 59 % ; en Allemagne, de 38 %. Le modèle libéral imposé par M. Thatcher à partir de 1979 et poursuivi par J. Major a abouti à la défaite des conservateurs en 1997, mais le travailliste T. Blair s'y est, dans les grandes lignes, conformé et les inégalités sociales, loin de s'atténuer, ont tendance à s'aggraver. En revanche, l'inégalité entre les régions s'est amenuisée. Malgré les sacrifices exigés de la population dans le domaine social, la Grande-Bretagne, qui constituait la 4e puissance du monde, est passée au 6e rang (après la France et l'Italie). L'économie est aujourd'hui tertiaire, la livre est une monnaie forte, la déréglementation continue à faire baisser le chômage (entre 4% et 4,5% 4,5 % en 2002), la réforme fiscale de 1998-1999 abaisse l'impôt sur les sociétés.

Portrait de Charles Ier d'Angleterre.

Histoire

Peuplée par diverses tribus Celtes au cours du Ier millénaire av. J.-C., l'île de Bretagne, dont la conquête par les Romains débute avec César en 55 av. J.-C. et est achevée par Claude en 43 ap. J.-C., fait presque intégralement partie de l'Empire romain du Ier au Ve siècle et est christianisée au cours du IIe siècle. Peu avant la chute de l'Empire romain d'Occident, elle est abandonnée par les colonisateurs et subit les invasions successives des peuples germaniques, Jutes, Saxons et Angles (qui vont donner leur nom à l'Angleterre), qui, du Ve au VIIe siècle, refoulent les Celtes dans les Hautes-Terres (Écosse, Pays de Galles) et détruisent en grande partie les constructions romaines. Puis viennent les peuples du Nord (Danois surtout) dont la pénétration est plus profonde qu'en France à la même époque, mais qui, face à la résistance notamment des chefs saxons (Alfred le Grand), ne parviennent pas à unifier le pays. Au début du XIe siècle pourtant, la Grande-Bretagne fait partie de l'Empire viking de Knut le Grand qui s'étend au Danemark et à la Norvège.

Un roi saxon, Édouard le Confesseur, reprendra le pouvoir établira avec le duché de Normandie des relations qui aboutiront à l'expédition de Guillaume le Conquérant. En 1066, à Hastings, celui-ci vainc Harold, prétendant à la succession d'Édouard, et devient roi d'Angleterre. Il entreprend ensuite la réorganisation administrative et fiscale du royaume, renforçant ainsi son pouvoir et celui de ses barons à qui il distribue des fiefs ayant précédemment appartenu aux Saxons. La noblesse féodale normande, de langue française, impose alors sa domination aux cultivateurs saxons ; l'interpénétration du français et du saxon donnera finalement naissance à la langue anglaise. Les rois Plantagenêts, qui, avec Henri II, succèdent (1154) à la dynastie de Guillaume le Conquérant, deviennent, grâce à diverses alliances, les maîtres de l'ouest de la France (Normandie, Anjou, Maine, Touraine et Aquitaine) et surpassent en puissance leur suzerain pour leurs possessions françaises, le roi de France, dont ils exigeront bientôt le trône. Cependant, la noblesse se révolte à plusieurs reprises pour réclamer plus de pouvoir et de liberté au souverain que ses besoins d'argent, notamment pour financer les guerres, forcent parfois à céder.

Les défaites de Jean sans Terre contre la France (Bouvines, 1214) encouragent la révolte de ses barons qui lui arrachent une partie de son pouvoir par la Grande Charte (1215) : c'est le point de départ d'une évolution de plusieurs siècles qui dotera la Grande-Bretagne d'un régime original, organisé autour du Parlement, institution héritière du conseil du roi. Au cours du XIVe siècle, l'Angleterre accroît sa prospérité, fondée en particulier sur la production de laines de haute qualité qu'elle exporte dans les villes drapières de Flandre. La population s'accroît considérablement. Les rois, qui ont tenté d'unifier sous leur autorité l'ensemble des îles britanniques, ont soumis une partie de l'Irlande (1171-1172) et le pays de Galles a été annexé en 1284 ; seule l'Écosse résiste encore grâce à l'énergie de ses chefs (dont Robert Bruce) : elle conservera son indépendance jusqu'au début du XVIIIe siècle. Mais les intérêts économiques et les complications de la hiérarchie féodale entraînent les rois d'Angleterre dans de ruineuses aventures continentales : c'est la guerre de Cent Ans contre la France, qui commence en 1337 et qui se solde en 1453 par l'expulsion des Anglais hors de France (ils ne conservent que Calais). En outre, la peste noire fait des ravages dans la population anglaise (surtout en 1348 et 1349), ainsi que dans celle de l'Europe continentale, ce qui perturbe le commerce et l'économie.

La guerre civile des Deux-Roses (1450-1485), affaiblit davantage le pays, déchirant l'Angleterre entre les partisans de la famille du roi Henri VI, les Lancastre, dont l'insigne est la rose rouge, et ceux de la maison d'York (rose blanche). Henri VII, descendant des Lancastre par sa mère, vainc définitivement les York (Richard III) en 1485 et fonde la dynastie des Tudors (1485-1603). Celle-ci sera marquée par l'enrichissement du royaume et la réforme religieuse mise en œuvre par Henri VIII. La stabilité de la monarchie et les mesures qu'elle prend pour encourager le commerce favorisent la reprise démographique et économique : essor des mines de charbon, de la production textile et expansion

Royaume-Uni de Grande-Bretagne et d'Irlande du Nord

Portait de Cromwell.

maritime s'accompagnent de la naissance d'une nouvelle bourgeoisie de marchands et de petits propriétaires.

La popularité des Tudors et le renforcement du nationalisme permettront à Henri VIII de prendre, sans grande difficulté, la tête d'une Église d'Angleterre indépendante, l'Église anglicane (Acte de suprématie de 1534), à la suite d'une brouille avec le pape Clément VII qui refusait d'annuler le mariage du roi et de Catherine d'Aragon. La théologie de la nouvelle église, définitivement fixée sous le règne d'Élisabeth Ire, témoigne de l'influence du calvinisme tandis que ses rites demeurent très proches de ceux du catholicisme. Le long règne d'Élisabeth (1558-1603) est capital : l'Irlande et l'Écosse sont soumises, l'industrie continue de se développer, l'Angleterre conquiert les mers avec ses grands marins (Raleigh, Drake) et fonde ses premières colonies d'Amérique du Nord. Même l'Invincible Armada du roi d'Espagne (1588) ne parvient pas à déstabiliser le pays.

En outre, l'âge élisabéthain correspond à une période brillante dans le domaine littéraire et artistique (Shakespeare). Sous la dynastie des Stuarts (1603-1714), le XVIIe siècle est marqué par les troubles religieux et les révolutions. Jacques Ier, roi d'Écosse avant d'obtenir également la couronne d'Angleterre et d'Irlande à la mort d'Élisabeth Ire, puis son fils Charles Ier, tentent de gouverner en monarques absolus, en ignorant le Parlement et en s'appuyant sur la haute hiérarchie anglicane. Ils multiplient les persécutions à l'encontre des groupes protestants considérés comme dissidents (les puritains, notamment) et sont impuissants à redresser la situation économique qui souffre de la compétition des pays voisins.

Le mécontentement général entraîne finalement la Grande Rébellion de 1640, qui se transforme en conflit armé en 1642 et voit l'émergence d'Oliver Cromwell, vainqueur des armées royales à la bataille de Naseby en 1645. Arrêté et jugé, Charles Ier est exécuté en 1649, et la république est proclamée. En fait, les anciens royaumes d'Angleterre, d'Irlande et d'Écosse sont soumis à la dictature militaire de Cromwell, qui remporte quelques succès en politique extérieure et favorise la prospérité économique : l'*Acte de navigation* stimule la marine et le grand commerce britanniques.

En 1658, la mort de Cromwell replonge le pays dans le chaos. En 1660, les Stuarts sont restaurés avec Charles II, mais son frère et successeur, Jacques II, monarque autoritaire et favorable au catholicisme, provoque une seconde rébellion (la Glorieuse Révolution de 1688). Se réfugiant en France, il doit abandonner le pouvoir à sa fille Marie II Stuart et à son gendre, le Hollandais Guillaume de Nassau, appelé secrètement par les aristocrates et le haut clergé anglais. Les droits des sujets britanniques sont désormais clairement définis, leur respect est assuré, le régime parlementaire se développe progressivement, alors que presque toute l'Europe vit encore sous le régime de la monarchie absolue.

La Banque d'Angleterre est créée en 1693 et, en 1701, l'Acte d'établissement fait obligation au souverain d'appartenir à la religion réformée : aucun catholique ne pourra plus prétendre à la couronne britannique. Enfin, l'*Acte d'union* (1707), crée le Royaume-Uni qui associe étroitement l'Angleterre et l'Écosse. En 1714, la maison de Hanovre monte sur le trône avec George Ier, arrière-petit-fils (protestant) de Jacques Ier, la reine Anne Stuart n'ayant pas eu d'enfant. Le cabinet du roi prend de plus en plus d'importance, surtout en la personne du Premier ministre, tandis qu'au Parlement s'affrontent les Tories, conservateurs, et les Whigs, plus libé-

Exécution de Charles Ier d'Angleterre devant Whitehall, le 30 janvier 1649.

R

Royaume-Uni de Grande-Bretagne et d'Irlande du Nord

George Ier.

George II.

George III.

raux. Le XVIIIe siècle est aussi une période des grandes transformations qui fondent la puissance de l'Angleterre moderne : la population augmente, aux succès commerciaux de l'Angleterre et de ses colonies s'ajoutent la révolution agricole, qui débute vers 1730, et la révolution industrielle de la fin du siècle. Les premières usines se créent, utilisant de nouvelles techniques, des machines, la force de la vapeur ; la Grande-Bretagne est le premier producteur mondial de houille. Ces révolutions ne se font pas sans heurts, les partisans de l'industrie traditionnelle se révoltant, parfois violemment, contre le changement.

Une classe moyenne se développe et s'enrichit, rendant plus nécessaires encore les réformes politiques auxquelles George III, en particulier, se refuse : la première réforme électorale, limitée, n'aura lieu qu'en 1832. Première puissance financière et commerciale, la Grande-Bretagne est aussi le premier empire colonial du monde, malgré la perte, en 1783, de ses treize colonies d'Amérique du Nord qui donneront naissance aux États-Unis ; elle est déjà bien implantée en Inde, en Afrique, au Canada et dans les Antilles espagnoles et entame la colonisation de l'Australie. Âme des coalitions contre la France révolutionnaire et impériale qui menace sa puissance, elle pourra étendre, et même renforcer, son influence grâce aux guerres napoléoniennes à l'issue desquelles la France est vaincue en 1815.

Le XIXe siècle, plus précisément l'ère victorienne (1837-1901), est la période la plus brillante de l'histoire britannique. Le rayonnement intellectuel de la Grande-Bretagne est considérable, le régime parlementaire fonctionne, les conservateurs (les Tories ont été ainsi nommés en 1836) alternant régulièrement avec les libéraux (nom des Whigs depuis 1847). Le royaume affirme son libéralisme politique, adopte le libre-échange (1846) qui lui assure une grande prospérité commerciale et s'achemine progressivement vers un système de représentation plus démocratique. Les réformes électorales de 1867 et 1884-1885 ont multiplié le nombre des électeurs, même si les femmes sont toujours tenues à l'écart. En conséquence, les Communes prennent de l'importance, tandis que la Chambre des Lords garde ses pouvoirs officiels.

Le poste de Premier ministre, véritable centre du pouvoir, est parfois occupé par des hommes de qualité exceptionnelle (Disraeli, Gladstone) et la reine, elle, joue un rôle modérateur entre les différentes factions politiques en compétition. L'industrie (sidérurgique et mécanique) continue son ascension. Malgré de grandes disparités sociales, les classes moyennes se développent. À l'extérieur, la chute de Napoléon a donné lieu à la politique du *splendide isolement* : en dehors de sa participation à la libération de la Grèce dominée par l'Empire ottoman, l'Angleterre laisse les affaires du continent européen au soin des puissances continentales. Néanmoins, elle ne peut s'empêcher d'exercer, par sa puissance financière et navale, une sorte d'arbitrage mondial.

Élisabeth Ire.

La reine Victoria devient impératrice des Indes et, par la création d'un premier dominion au Canada (1867), l'Empire britannique commence à se transformer en une libre association de nations égales. C'est l'Irlande qui, par son agitation, pose les problèmes les plus graves ; le *Home Rule* (autonomie) accordé en 1914 n'est pas une concession suffisante et, en 1922, est créé l'*État libre d'Irlande*, devenu aujourd'hui une république totalement indépendante. Quand Édouard VII succède à Victoria (1901), l'équilibre politique intérieur est en voie d'être modifié par la création très récente du *Labour Party* (parti travailliste), appelé à un grand développement. La loi sur le Parlement (1911) marque la première diminution des pouvoirs des Lords. À l'extérieur, le commerce britannique connaît ses premières difficultés ; la compétition avec d'autres pays industriels, tels que la France et les États-Unis, devient plus rude. La puissance politique, économique et navale de l'Allemagne, de plus en plus menaçante, a facilité l'*Entente cordiale* (1907) avec la France, et c'est aux côtés de celle-ci que la Grande-Bretagne entre en guerre le 4 août 1914.

La victoire commune remportée sur l'Allemagne en 1918 est coûteuse ; la Grande-Bretagne en sort très appauvrie, malgré l'agrandissement de son empire colonial dû aux traités de paix ; elle a définitivement perdu la suprématie mondiale au profit des États-Unis. Depuis 1918, tous les hommes ont le droit de vote, ainsi que les femmes de plus de trente ans ; le Parti libéral décline pour laisser la place au Parti travailliste. Mais le pays est durement touché par la crise économique de 1929 ; ses régions industrielles sont en plein marasme, l'agitation sociale se développe, l'instabilité politique apparaît. En 1931, la livre est dévaluée.

R

Royaume-Uni de Grande-Bretagne et d'Irlande du Nord

(© 2001, Richard Benson)

Sir Winston Churchill.

Cette même année, l'empire devient *Commonwealth.* En 1932, la Grande-Bretagne abandonne le libre-échange et institue le système de la *préférence impériale* au sein du Commonwealth (conférence d'Ottawa). Pilier de la Société des Nations et ardent avocat de la paix dans le monde dans les années 1920, la Grande-Bretagne cède, dans les années 1930, à une politique d'apaisement qui revient à refuser d'intervenir contre les ambitions de l'Italie et de l'Allemagne. Malgré les efforts déployés pour moderniser l'économie et créer de nouvelles industries, elle est à peine convalescente lorsque débute, le 3 septembre 1939, la Seconde Guerre mondiale, à laquelle elle est mal préparée. Elle se bat un certain temps seule, après l'armistice avec la France et avant l'entrée en guerre de l'URSS et des États-Unis, et sort de la guerre en ruines. Churchill, le leader conservateur, qui a mené le pays à la victoire à la tête d'un cabinet d'union nationale, perd les élections de 1945.

Pour la première fois de son histoire, la Grande-Bretagne a un Premier ministre travailliste, C. Attlee (1945-1951). Il accentue les réformes sociales (lord Beveridge avait créé en 1942 la Sécurité sociale, ce qui avait constitué une révolution d'importance internationale), multiplie les nationalisations et entreprend la décolonisation (Inde, dès 1947). En 1951, Churchill revient au pouvoir et, en 1952, Élisabeth II succède à son père George VI, décédé. En 1955, Churchill se retire à quatre-vingt-un ans et son successeur, le conservateur A. Eden, doit affronter la crise de Suez (1956), dont il sort vaincu ; aussi démissionne-t-il en 1957. Macmillan poursuit la politique conservatrice de ses prédécesseurs, le pays entre dans l'ère de la société de consommation. Mais, alors que se termine la reconstruction, l'humiliation de Suez est la confirmation du déclin mondial de la Grande-Bretagne : sa domination internationale dans le secteur pétrolier s'écroule au Moyen-Orient et les États-Unis prennent le contrôle de l'Asie et du Pacifique. En 1964, les travaillistes reviennent au pouvoir avec H. Wilson ; mais les conservateurs, conduits par E. Heath, remportent les élections de 1970. Depuis les années 1960 et dans le contexte de la guerre froide qui partage le monde entre les États-Unis et l'URSS, la Grande-Bretagne, comprenant que les échanges avec ses anciennes colonies sont en déclin, avait tenté d'entrer dans la Communauté économique européenne. Le refus constant du général de Gaulle s'était fondé sur la relation privilégiée qu'elle voulait continuer d'entretenir avec les États-Unis. La mort du général, en 1970, permet à G. Pompidou d'accepter l'entrée de la Grande-Bretagne dans la Communauté économique (aujourd'hui Union) européenne (effective le 1er janvier 1973). En 1972, E. Heath retire son autonomie à l'Irlande du Nord (où les catholiques s'étaient révoltés depuis 1969) et les troupes britanniques affrontent l'armée catholique irlandaise, l'IRA. La crise économique débute après le « choc pétrolier » de 1973. H. Wilson revient au pouvoir en 1974 mais ne peut ni enrayer la crise ni venir à bout du mécontentement social qui en découle et donne lieu à un affrontement avec les syndicats.

En même temps, le nationalisme écossais et gallois s'affirme : l'Écosse et le pays de Galles réclament une dévolution du pouvoir central. Durant la crise, Margaret Thatcher devient, en 1975, la première femme élue chef du parti conservateur. En 1979, elle vainc les travaillistes et se conduit en « Dame de fer », championne de l'ultralibéralisme. Elle met à genoux les syndicats, impose une discipline budgétaire stricte, tente de réduire la place de l'État et se montre hostile à l'égard de la Communauté européenne et impitoyable avec l'Irlande du Nord. Elle remporte la guerre des Falkland (ou Malouines) contre l'Argentine en 1982, et, se souciant peu d'être impopulaire, sera malgré tout réélue en 1983 et 1987. Selon ses partisans, elle a relancé l'économie. Ses adversaires critiquent le « coût social » de cette relance. En 1990, après une révolte contre Thatcher au sein du Parti conservateur, son dauphin, John Major, lui succède. Moins impopulaire, il remporte de justesse des élections anticipées, alors que la question européenne et le tunnel sous la Manche agitent les milieux traditionalistes.

En 1997, il fait accepter le traité de Maastricht par le Parlement mais est vaincu aux élections par le nouveau (depuis 1994) leader du parti travailliste, Tony Blair. Âgé de trente-neuf ans, il représente la nouvelle tendance, plus centriste, d'un parti soucieux de ne pas paraître trop proche des syndicats. Il engage des pourparlers avec l'IRA, qui aboutissent en 1998, mettant fin à presque trente ans de guerre. Sur le plan économique, il n'abandonne pas le libéralisme qui a redonné au pays dynamisme et prospérité, mais apporte des réformes sociales pour faire oublier le thatchérisme. La réforme de la Chambre des Lords n'est pas encore achevée, alors que la dévolution de certaines prérogatives en matière d'autogouvernement confère une relative autonomie à l'Écosse et au Pays de Galles. Sur le plan européen, la Grande-Bretagne a décidé de ne pas utiliser l'euro avant le résultat d'un référendum difficile à organiser, les débats concernant l'Union constituant le point névralgique de la vie politique britannique. Sur le plan international, la Grande-Bretagne continue de suivre l'exemple des États-Unis (notamment dans le bombardement de l'Irak en 1998). Les travaillistes ont été réélus en 2001 ; malgré une forte opposition populaire, ils ont engagé la Grande-Bretagne dans la coalition qui, sous la conduite des États-Unis, a renversé, en 2003, le régime de Saddam Hussein.

William Shakespeare.

Littérature

Les œuvres les plus anciennes (VIIIe siècle), relevant de la prose religieuse et de la poésie, sont écrites en anglo-saxon. Pendant plusieurs siècles, le français et le latin prédominent, et l'anglais ne se forge que lentement. C'est Geoffrey Chaucer, auteur des *Contes de Canterbury*, qui inaugure, au XIVe siècle, une littérature spécifiquement britannique ; en revanche, l'*Utopie*, de l'humaniste Thomas More, est d'abord écrite en latin avant d'être traduite en anglais en 1556. Sous l'influence des Renaissances française et italienne, le lyrisme s'épanouit avec Wyatt, Surrey, puis Sidney et E. Spenser, qui dépassent l'imitation des formes et des thèmes par l'expression de sentiments intenses et l'emploi d'un style original ; en prose, John Lyly crée l'*euphuisme*, forme poétique précieuse. La fin du XVIe siècle, qui correspond au règne d'Élisabeth Ire, est l'âge d'or de l'art dramatique et de la poésie lyrique. Glorieux, les noms de Marlowe (*Faust*, 1588) et Ben Jonson (*Volpone ou le Renard*, 1605) pâlissent toutefois devant celui de William Shakespeare, poète et dramaturge à l'imagination, au registre et au verbe d'une puissance et d'une ampleur inégalées, qui donne des dizaines de chefs-d'œuvre entre *Richard III* (1592-1593) et *la*

R

Royaume-Uni de Grande-Bretagne et d'Irlande du Nord

Ben Jonson.

Tempête (1611). Après lui, au début du XVIIe siècle, la poésie est dominée par John Donne, mystique raffiné. Le puritanisme s'instaure ensuite dans les mœurs comme en littérature : l'épopée y trouve pourtant son maître avec Milton, *Paradis perdu* (1658-1665), tout comme la prose religieuse avec Bunyan. La fin du XVIIe et le début du XVIIIe siècle marquent une réaction classique qu'illustrent Dryden et Pope, alors que le *Journal* « canaille » de Pepys constitue une curiosité originale. Mais deux tendances, plus accordées au génie anglais, dominent le XVIIIe siècle : un retour aux sentiments, avec les poètes Thomson, Young, Collins et Gray ; le goût de l'observation et de l'ironie s'exprime diversement chez Daniel Defoe, auteur de *Robinson Crusoé* (1719), et chez l'Irlandais Swift, auteur des *Voyages de Gulliver* (1726) ; ces premiers grands romanciers anglais ouvrent la voie à Richardson, Fielding (*Tom Jones*, 1749) et Sterne (*La Vie et les Opinions de Tristram Shandy*, 1759-1767). John Gay dans sa comédie *L'Opéra des gueux* (1728) manifeste une verve analogue.

À la fin du siècle, le culte de la spontanéité sensible s'affirme dans les poèmes de Macpherson, Burns et Blake, préparant le romantisme, auquel n'est pas étrangère la vogue du roman « noir » d'Ann Radcliffe et de Lewis (*Le Moine*, 1749). Au début du XIXe siècle, la poésie, fondée sur l'imaginaire et l'émotion, suscite les plus beaux chants de Wordsworth et Coleridge, suivis de Byron, Shelley et Keats ; c'est aussi dans l'atmosphère du romantisme que le roman historique de Walter Scott connaît un succès considérable. En revanche, sa contemporaine Jane Austen (*Orgueil et préjugés*, 1813), qui annonce Flaubert, ne sera célébrée qu'au XXe siècle. Les problèmes sociaux dominent l'époque victorienne, comme en font foi les romans réalistes de Dickens (*David Copperfield*, 1849) et George Eliot, les sœurs Brontë constituant une exception (*Les Hauts de Hurlevent*, 1847), alors que le romancier (et dessinateur) Thackeray fustige aristocrates et bourgeois (*Le Livre des snobs*, 1846-1847 ; *La Foire aux vanités*, 1842-1848). En poésie, deux auteurs s'opposent, Tennyson et Browning. Tout un courant esthétique raffiné (Ruskin, Rossetti) s'élabore jusqu'à Oscar Wilde, en réaction contre les mœurs et préoccupations victoriennes.

Transition entre le XIXe et le XXe siècle, Kipling, Stevenson (*L'Île au trésor*, 1883), T. Hardy (*Tess d'Urberville*, 1895), l'Américain H. James (*Les Ambassadeurs*, 1903), naturalisé britannique en 1915, H. G. Wells (*La Guerre des mondes*, 1898), Chesterton (*Le Nommé Jeudi*, 1908), Conrad (*Lord Jim*, 1920), Galsworthy (*La Saga des Forsyte*, 1906-1928), illustrent puissamment le roman, tandis que l'Irlande donne le grand poète Yeats et les dramaturges Synge, O'Casey et Shaw. C'est encore un Irlandais, Joyce, qui, par ses recherches techniques, fonde le roman moderne avec *Ulysse* (1922), dont l'influence s'étendra dans le monde entier. Il a pour contemporains Huxley, Virginia Woolf (*Orlando*, 1928), Katherine Mansfield, D. H. Lawrence (*L'Amant de Lady Chatterley*, 1928), T. E. Lawrence (*Les Sept Piliers de la sagesse*, 1926), Powys (*Givre et sang*, 1925). La poésie dramatique ou lyrique possède deux chantres admirables avec T. S. Eliot (*Quatre Quatuors*, 1935-1942) et Dylan Thomas (*Portrait de l'artiste en jeune chien*, 1940).

Dans les générations suivantes, Graham Greene atteint une renommée internationale (*La Puissance et la Gloire*, 1940). Le théâtre de l'absurde a pour représentant Pinter (*Le Gardien*, 1960); ; si Burgess

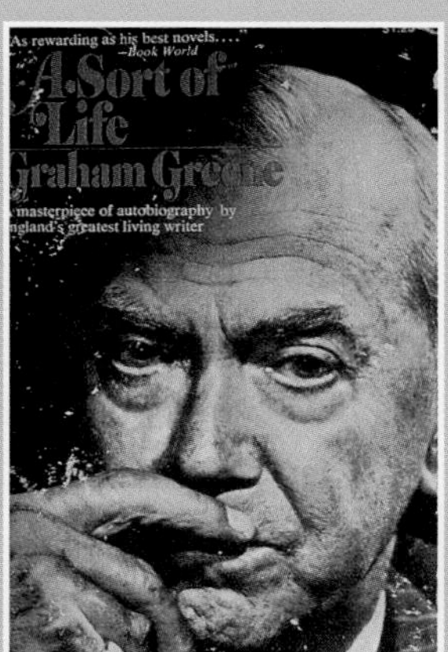

Cet ouvrage de Graham Greene, A Sort of Life, est présenté comme un « chef-d'oeuvre d'autobiographie, par le plus grand écrivain anglais vivant ».

Daniel Defoe.

connaît le succès avec *Orange mécanique* (1962), et Golding avec *La Nef* (1964), nul ne songe à les comparer aux écrivains des siècles passés (si l'on excepte Beckett, d'expressions anglaise et française). Avec la Sud-Africaine D. Lessing (*Les Enfants de la violence*, 1952-1969) et l'Indien S. Rushdie (*Les Versets sataniques*, 1988) émerge une littérature d'anglophones venus du Commonwealth.

Philosophie

Au Moyen Âge, elle est liée aux débats théologiques comme dans les autres pays européens, mais de façon originale. Au IXe siècle, Scot Érigène marque l'importance de la raison dans son rapport avec la foi. Le XIIIe siècle voit naître des penseurs religieux qui annoncent déjà le recours à l'expérience et à la science, comme Roger Bacon et Guillaume d'Occam ; ils sont, avec Duns Scot, les représentants de la scolastique franciscaine. Au XVIIe siècle, affirmant son matérialisme, Hobbes fait l'éloge de l'absolutisme politique. Locke, empiriste, fonde son œuvre sur la liaison de la connaissance et de l'expérience et prêche le libéralisme politique appuyé sur la raison et la tolérance. Ses idées inspireront les philosophes français du XVIIIe siècle qui ont préparé la Révolution.

L'Irlandais Berkeley est un des principaux représentants de l'*idéalisme subjectif*, selon lequel les choses n'existent que par la perception que nous en avons. L'empirisme anglais trouve son développement au XVIIIe siècle dans l'œuvre de l'Écossais Hume. Avec la Renaissance et Francis Bacon, la philosophie se dégage peu à peu de l'emprise théologique pour se rapprocher de la réflexion scientifique : à la scolastique fondée sur le pur raisonnement se substituent l'observation et l'expérience, et à la déduction, l'induction. Au XIXe siècle, les sciences imprègnent la

R

ROYAUME-UNI DE GRANDE-BRETAGNE ET D'IRLANDE DU NORD

Le collège Magdalen à Oxford.

réflexion philosophique, en particulier la théorie *évolutionniste* de H. Spencer. La doctrine morale qui, dans la lignée empiriste, s'impose à cette époque en Grande-Bretagne, est celle qui considère l'utile et l'intérêt comme les critères suprêmes de l'action : les plus importants partisans de l'utilitarisme sont Bentham et Stuart Mill. Au XXe siècle, Russell, mathématicien et moraliste, est la figure dominante du positivisme logique en Grande-Bretagne, qui est à la pointe des recherches dans ce domaine, recherches le plus souvent collectives.

Beaux-arts

L'art anglais, apparu dès la préhistoire, a subi de nombreuses influences étrangères, pendant les conquêtes romaine et normande ; il a aussi connu des périodes de déclin liées à l'invasion danoise au IXe siècle, à la Réforme et, enfin, à la politique de Cromwell.

Architecture C'est aux îles Orcades que l'on a trouvé un village de l'époque néolithique, avec des maisons en pierre et un système d'égouts. Les hommes préhistoriques dressèrent aussi des menhirs et des dolmens (*Stonehenge*). La conquête romaine favorisa la création de nombreuses villes dont subsistent des restes à Bath (thermes, villas), à Londres (*temple de Mithra* du IIe siècle) ; tous ces édifices furent construits en brique. Le *mur d'Hadrien*, au nord du pays, est une très longue muraille destinée à contenir les invasions venues d'Écosse. On a retrouvé des vestiges de monastères construits au VIIe siècle en Cornouailles et à Nendrun, dans le comté de Down, et plusieurs petites églises (à Canterbury, dans le Kent et dans le Northumberland), semblent remonter au VIIIe siècle. Au début du XIe siècle, apparaissent certaines églises édifiées sur un plan en croix latine avec bas-côtés, surmontées d'une tour carrée, comme à Earl Barton, dans le Northamptonshire. Elles sont couvertes de charpente, leurs piles carrées sont massives. D'autres, élevées aussi avant l'arrivée de Guillaume le Conquérant, s'inspirent du plan de l'abbatiale de Saint-Riquier et ont, à l'ouest, une seconde abside et un second transept.

À la fin du XIe siècle, l'influence de l'architecture bénédictine se fait sentir en Grande-Bretagne : l'église de Gloucester présente certaines analogies avec celle de Cluny. Mais c'est surtout l'influence normande qui domine toute cette période. Les églises de Selby et de Wattham Abbey dérivent de Jumièges : on retrouve les mêmes proportions des trois étages constitués par les grandes arcades, les tribunes et les fenêtres. L'église de Lincoln (1073-1092), celle de Canterbury (1074-1089) s'inspirent de Saint-Étienne de Caen et de Cerisy-la-Forêt. C'est à la *cathédrale de Durham* que la voûte sur croisée d'ogives, caractéristique de l'architecture gothique, est utilisée pour la première fois. On la rencontre ensuite au transept de Winchester (1110) et aux bas-côtés de Peterborough (1120).

La Grande-Bretagne adopte très vite les principes de l'architecture gothique et, vers 1150, s'inspire du style de l'Île-de-France. Ainsi, le chœur de la cathédrale de Canterbury rappelle la cathédrale de Sens. Néanmoins, l'Angleterre donnera bientôt naissance à un gothique de caractère national, le *early gothic*, qui ne présente pas autant d'unité que le style français. Les cathédrales de Wells (1191), de Salisbury (1220) appartiennent à ce courant où l'aspect décoratif joue un rôle important : les constructeurs multiplient les liernes et les tiercerons aux voûtes.

À la fin du XIIIe siècle se forme le style *curvilinéaire* caractérisé par une forte exubérance décorative (chœur des Anges de la cathédrale de Lincoln), par des formes nouvelles et très riches, des voûtes en éventail, une nouvelle façon d'envisager l'espace (cathédrales de Bristol, d'Ely). Au XIVe siècle, l'architecture subit une nouvelle transformation ; le style *perpendiculaire* succède au curvilinéaire et marque un retour aux formes simples : la partie orientale de la cathédrale de Gloucester repose sur le jeu des lignes verticales et horizontales.

Au XVe siècle, Henri VI et Henri VII font construire les chapelles du collège d'Eton (1441) et de *King's College* à Cambridge (1446-1515), Henri VIII, la chapelle Saint-Georges au château de Windsor, édifices encore tout à fait gothiques. Au début du XVIe siècle, l'Angleterre découvre, comme la France et les Pays-Bas, la Renaissance italienne, mais cette influence est surtout visible dans la sculpture. Hampton Court, offert à Henri VIII en 1529 par le cardinal Wolsey, et les autres palais bâtis à la même époque, Saint-James (1532-1640) par exemple, montrent tous la permanence d'une partie gothique avec des tours d'entrée, des cours intérieures ; les innovations se situent au niveau de la décoration. Des traits nouveaux apparaissent dans l'architecture élisabéthaine, puis jacobite. Les origines de ce style se trouvent dans la première Renaissance italienne, les châteaux de la Loire en France et la décoration des cuirs en Flandres. Mais elles se combinent à la tradition anglaise : Burghley House (1585), dans le Northamptonshire.

À la fin du XVIe siècle, Inigo Jones contribue au renouvellement de l'architecture britannique, en s'inspirant, pour la *Queen's House* et la *Banqueting House* dans Whitehall, des villas palladiennes, et en créant une formule dominée par la symétrie et la simplicité. John Webb, son élève, travaille dans le même esprit. Parallèlement à ce courant italianisant, se maintient le style jacobite, fortement influencé par l'architecture hollandaise. Au milieu du XVIIe siècle, les architectes officiels cherchent à copier l'art français. Christopher Wren bâtit des édifices où il tente de concilier ces deux tendances. Son œuvre capitale est la cathédrale Saint-Paul, reconstruite après le grand incendie de Londres de 1666, mélange de baroque et de classicisme. À la fin du XVIIe siècle, ce sont surtout les maisons de campagne qui constituent les plus belles réalisations (Hampstead, Blenheim). Les architectes s'inspirent alors de Palladio et considèrent la présence des jardins comme un élément indispensable.

Bâtiment fortifié à Édimbourg.

Au XVIIIe siècle, le style géorgien (ainsi nommé en référence aux rois George II et George III) s'impose dans l'aménagement et la rénovation des villes : New Edinburgh, Bath (dû en grande partie à John Wood), Londres (Robert Adams). Dès cette époque, des artistes comme John Soane remettent à la mode le gothique et l'Antiquité, tout en créant cependant des œuvres originales. Au siècle suivant, cette mode s'accentue, mais l'époque victorienne est caractérisée par une très grande variété de styles : le British Museum de Smirke et le Parlement de Barry et Pugin. Cette époque voit également apparaître la première architecture de fer et de verre, le *Crystal Palace* de Paxton (1851) ; l'utilisation de nouveaux matériaux est rendue possible par les progrès de l'industrie. À la fin du XIXe siècle, Ruskin et William Morris s'intéressent aux problèmes sociaux ; certaines firmes, comme Cadbury à Bournville (1895), font construire des cités ouvrières avec jardins. L'art du XXe siècle est représenté en Grande-Bretagne par Mackintosh qui construit l'École d'art de Glasgow en 1899, dans le goût de l'époque. Jusqu'au lendemain de la Seconde Guerre mondiale, les architectes britanniques sont restés à l'écart du courant international. Mais, depuis, de nombreux travaux d'urbanisme (Harlow) ont été entrepris, cherchant à réaliser une synthèse entre les constructions et la nature (Roehampton de L. Martin). L'extension de Londres, à partir de 1981, est l'une des entreprises les plus audacieuses du XXe siècle. Les créateurs les plus représentatifs de notre époque sont Aslin,

Royaume-Uni de Grande-Bretagne et d'Irlande du Nord

Matthew, Smithson, Spence, Rogers (coauteur, à Paris, du Centre Pompidou) et Foster.

Sculpture De nombreuses croix commémoratives ornées de feuillages, d'animaux, de figures abstraites, fortement influencées par l'art celte, ont été découvertes en Northumbrie et datées de la fin du VIIe siècle. Après avoir subi l'influence carolingienne, cet art régresse au moment des invasions danoises. Avec la conquête normande, la sculpture réapparaît, mais elle est essentiellement ornementale. Les motifs sont empruntés au répertoire normand (zigzags, losanges). Les chapiteaux du XIIe siècle de la crypte de Canterbury sont ornés de végétaux d'un style assez lourd ou d'animaux fantastiques inspirés des miniatures et des ivoires importés. Il existe très peu de vestiges de la sculpture gothique, beaucoup d'œuvres ayant été détruites au temps de la Réforme et sous Cromwell.

Ces œuvres étaient d'un style sensible et réaliste, proche de celui de la France à la même époque. À la fin du XIIIe siècle, Édouard Ier confie à William Torel l'exécution du portrait en bronze d'Henri III. À la fin du XIVe et au début du XVe siècle, sont exécutés des portraits en cuivre et de belles sculptures en albâtre. Au début du siècle suivant, l'influence italienne se fait sentir: Henri VIII commande vers 1515 à Pietro Torrigiani le tombeau d'Henri VII; il est orné de motifs alors totalement inconnus en Angleterre (médaillons, pilastres, guirlandes). C'est dans ce style que sont sculptés les stalles et le jubé en bois de la chapelle de King's College à Cambridge. Au XVIIe siècle, Maximilien Colte et Jean de Critz décorent le tombeau d'Élisabeth Ire. En 1738, Roubillat, un Français, vient en Angleterre sculpter une statue de Händel, œuvre qui fait sensation et stimule le génie des sculpteurs anglais, Flaxman et Banks. Le XXe siècle est dominé par le talent de Barbara Hepworth et, surtout, par celui d'Henry Moore. Apparenté à la fois à l'art archaïque et à l'art moderne de Picasso et de Brancusi, il s'exprime autant dans le figuratif (*Groupe familial*) que dans l'abstrait (*Figure couchée*).

Peinture Les premières œuvres remontent au VIe siècle; les artistes ornent de miniatures les livres religieux, reprenant les motifs introduits par les moines irlandais (*Évangéliaire de Lindisfarne*, VIIIe siècle). On ne possède que peu de peintures murales en bon état, bien que cet art ait été florissant au Moyen Âge. L'art de la miniature produit des œuvres originales (*Psautier Ormesby*) décorées d'animaux imaginaires, de motifs abstraits, de figures humaines grêles et caricaturales qui influencent la France. Le *diptyque Wilton* remonte à la fin du XIVe siècle. Du XVe au XVIIIe siècle, la peinture anglaise est dominée par des artistes étrangers. Une place doit être faite à Nicholas Hilliard (1547-1619), miniaturiste d'Élisabeth Ire. Ses œuvres sont caractérisées par l'élégance, la délicatesse du coloris; son *Jeune homme près d'un rosier* est nimbé d'une atmosphère poétique. Hogarth, portraitiste et peintre de genre, est à l'origine d'une école nationale. Le portrait du *Capitaine Th. Coram* est empreint d'un réalisme que l'on retrouve dans beaucoup de ses toiles. Les tableaux de chasse et les sujets animaliers de Stubbs sont des genres très en vogue au XVIIIe siècle. À partir de 1750, s'imposent plusieurs peintres de talent comme Gainsborough et Reynolds. Gainsborough assimile parfaitement les influences françaises et hollandaises dans son *Portrait de Mr. et Mrs. Andrews*, toile sensible et d'une grande simplicité, comme l'est le *Blue Boy*.

Les portraits de Reynolds présentent les mêmes qualités (*Nelly O'Brien*), mais il se laisse parfois entraîner par un certain académisme. Plusieurs peintres du XIXe siècle vont marquer les impressionnistes. Dans ses paysages et ses marines peints à l'aquarelle ou à l'huile, Turner s'attache à saisir les variations des éclairages; il évoque les grandes surfaces d'eau et de ciel baignées de lumière, dans lesquelles les formes s'estompent (*Pluie, vapeur, vitesse*, 1844). Constable est aussi un paysagiste, un peintre des ciels et des nuages (*Étude de nuages cumulus*). Bonington, dont la brève carrière se déroule en France, peint des aquarelles de Rouen, Caen et Senlis.

Sisley est l'un des grands impressionnistes; il peint notamment les paysages d'Île-de-France. De 1850 à la fin du siècle, la peinture académique connaît la même vogue qu'en France, tandis que les préraphaélites, notamment Rossetti et Burne-Jones, s'inspirent du gothique. Parmi les représentants de l'art contemporain, seul Francis Bacon a connu un succès international, donnant de l'homme une image désespérée. L'œuvre de Ben Nicholson a d'abord reflété le cubisme puis a pris une orientation nouvelle après sa rencontre avec Mondrian.

Celle de David Hockney, installé aux États-Unis, a renoué avec l'art figuratif en utilisant les ressources de la photographie.

Aquarelle de Turner (1775-1851). 1835, aquarelle sur toile, 91 x 122 cm, Metropolitan Museum of Art, New York.

Musique Pendant plusieurs siècles, elle est dominée par le chant religieux. Au XIIe siècle, des théoriciens préparent l'évolution de l'art musical anglais qui surpasse, au siècle suivant, celui du continent. Au XVe siècle, la polyphonie atteint un haut degré de perfection avec Dunstable, compositeur qui ramena d'Italie certaines mélodies profanes pour les adapter à la musique religieuse. Le roi Henri VI crée la *Musician's Guild*. La Réforme exigera une nouvelle musique religieuse; c'est ainsi que John Taverner s'inspire du Moyen Âge tandis que Tye et Tallis créent les premières œuvres de la Renaissance.

Sous les règnes d'Élisabeth Ire et de Jacques Ier, la musique atteint son véritable épanouissement. Les compositeurs accordent un intérêt particulier à la musique de clavier et à la musique vocale, le *madrigal*. Le madrigal anglais a trois origines: la musique polyphonique italienne, la frottola (sorte de ballade italienne) et la veine poétique anglaise. Morley, Wilbye excellent dans ce genre. Byrd, Gibbons composent de la musique d'église où le solo tient une large place. Après la période de Cromwell, peu favorable à cette forme d'expression, apparaît un genre nouveau: le *maske*, spectacle de cour

R

ROYAUME-UNI DE GRANDE-BRETAGNE ET D'IRLANDE DU NORD

Affiche du film Bandits Bandits des Monty Python.

influencé par la bouffonnerie populaire et par Monteverdi. Le règne des Stuarts est marqué par la vogue du divertissement, de la musique de scène et de l'opéra que crée véritablement Henry Purcell (*Didon et Énée*).

Au XVIIIe siècle, la musique anglaise est influencée par la présence à Londres de Händel et de Bach et par la venue de nombreux chanteurs italiens. Dans la seconde partie du XIXe siècle, Manns et Hallé écrivent des œuvres réellement anglaises. Ils sont suivis par d'autres compositeurs, Delius et Vaughan Williams. Benjamin Britten contribue, pour une grande part, à la renommée de l'école contemporaine (*Les Illuminations, Peter Grimes*). La musique sérielle et électroacoustique est illustrée, notamment, par Elisabeth Lutyens (*Chamber Concerto n° 1*), Humphrey Searle (*Symphonie n° 5*) et Michael Tippett (*Concerto pour double orchestre à cordes*). La scène musicale britannique est actuellement dominée par un foisonnement de créateurs d'avant-garde dont les styles disparates témoignent d'autant d'inventivité que d'indépendance.

Cinéma

Le rôle de l'Angleterre dans l'élaboration du cinéma n'est pas négligeable ; ainsi, W.F. Greene, grâce à ses inventions, améliore les appareils de prise de vue. En 1896, a lieu la première projection publique. L'école de Brighton, formée la même année, inaugure le montage, la poursuite, la prise de vue en extérieur. Néanmoins, dès le début, le cinéma anglais souffre de la concurrence américaine.

Quelques années plus tard, se crée une école de documentaires avec John Grierson, école qui influence encore le cinéma actuel. En 1935, Hitchcock réalise *Les Trente-neuf marches*. Le producteur Alexander Korda (qui avait tourné *Marius*, en France, en 1931, et *La Vie privée d'Henri VIII*, avec Charles Laughton, en 1934) donne des bases solides à l'industrie du cinéma anglais et attire les meilleurs réalisateurs en Grande-Bretagne, tel René Clair (*Fantôme à vendre*, 1935). Dans les années 1940, le cinéma connaît un nouvel essor avec Leslie Howard, Noël Coward et David Lean ; Lubitsch réalise *To be or not to be* (1942), Carol Reed *Le Troisième Homme* (1949) avec Orson Welles. En 1945, Laurence Olivier se lance dans la mise en scène des pièces de Shakespeare. L'année suivante, David Lean réalise, avec Trevor Howard et sur un scénario de Noel Coward, *Brève Rencontre*, film qui remporte un succès mondial ; puis il réalise plusieurs films à grand spectacle : *Le Pont de la rivière Kwaï* (1957), *Lawrence d'Arabie* (1962), *Docteur Jivago* (1965).

La comédie humoristique se développe également en Angleterre : *Noblesse oblige* (1949), de Robert Hamer, *Passeport pour Pimlico* (1949), *Geneviève* (1953), de H. Cornelius, *Tueurs de dames* (1956) de Mackendrick, alors que Charles Laughton réalise aux États-Unis un film unique, *La Nuit du chasseur* (1955), chef-d'œuvre d'humour noir. En 1958, naît le *nouveau cinéma* avec Tony Richardson (*Look back in anger*) qui attaque la société conformiste et traditionnelle. Il tourne ensuite *Solitude d'un coureur de fond* (1962) et *Tom Jones* (1963), puis ne tourne plus. *Samedi soir, dimanche matin* (1960), de Karel Reisz, *If* (1968), de L. Anderson, *Un dimanche comme les autres* (1971), de J. Schlesinger, révèlent les mêmes tendances. Il faut également tenir compte des œuvres de l'Américain Joseph Losey (*The Servant* 1962 ; *Accident*, 1967) ; *Le Messager*, 1971). Plus traditionalistes sont les œuvres de John Boormann (*Délivrance*, 1972 ; *Hope and glory*, 1985) et de Richard Attenborough, dont *Gandhi* (1982) connaît un succès mondial.

Constitué en 1969, le groupe Monty Python réinvente le burlesque : *Monty Python, sacré Graal* (1974), *Monty Python, Le sens de la vie* (1983). C'est à cette époque que la crise économique et la rigueur du thatchérisme (1979-1990) ont développé un cinéma une nouvelle fois néoréaliste, montrant le chômage et la détresse. Ken Loach, qui avait attiré l'attention dès 1971 avec *Family Life*, multiplie de tels films désespérés et humanistes, rejoint par Stephen Frears (*My beautiful laundrette*, 1985), qui fit ensuite carrière à Hollywood (*Les Liaisons dangereuses*, 1988), par Danny Boyle (*Trainspotting*, 1996) et par bien d'autres. Comme Frears, Kenneth Branagh prend le chemin des studios américains (*Hamlet*, 1997).

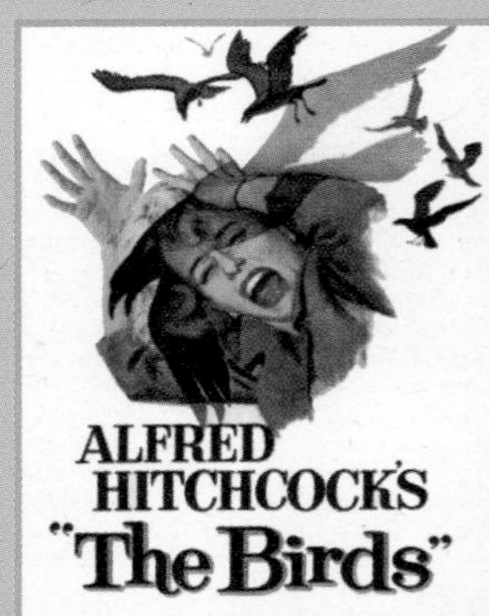

Affiche du film Les Oiseaux d'Alfred Hitchcock.

rubéole n. f. MÉD. Maladie virale infectieuse, contagieuse et épidémique, qui se manifeste parfois par une éruption cutanée et par des engorgements ganglionnaires. *Lorsqu'elle survient chez la femme enceinte, au cours des premiers mois de la grossesse, la rubéole peut provoquer un avortement ou de graves malformations chez le fœtus.*

rubiacées n. f. pl. BOT. Famille de plantes dicotylédones gamopétales, à carpelle double, comprenant le caféier, le gardénia, le quinquina, la garance, etc.

Rubicon (le) Petit fleuve côtier qui se jette dans l'Adriatique et qui formait la frontière entre l'Italie et la Gaule cisalpine. Quand, entre le 12 et le 17 décembre 50 avant J.-C., César, après avoir pris la décision de marcher sur Rome, franchit cette rivière avec son armée, sans l'autorisation du Sénat, ce qui était illégal, il s'écria : « *Alea jacta est* ! » (le sort en est jeté).

rubicond, e adj. Au teint rouge. *Visage rubicond.*

rubidium n. m. CHIM. Élément métallique de numéro atomique Z = 37, de masse atomique 85,47 (symbole Rb). / Métal blanc, très réducteur ; de densité 1,53 et fondant à 39 °C.

Rubinstein (Ida) 1880-1960 Danseuse russe. Après avoir dansé dans la troupe de Diaghilev, elle fonda sa propre compagnie et fit travailler de nombreux musiciens (Honegger, Stravinsky, Ravel, MIlhaud, Ibert, Sauguet), des écrivains (Valéry, Claudel, Gide), des décorateurs (Benois) et des chorégraphes (Nijinska, Massine, Fokine).

Rubinstein (Arthur) 1887-1982 Pianiste américain d'origine polonaise. Virtuose de réputation internationale, il est surtout connu pour ses interprétations de Chopin.

rubis n. m. Pierre précieuse rouge, corindon coloré par l'oxyde de chrome, qui se taille comme le diamant. *Payer rubis sur l'ongle*, immédiatement et entièrement ce que l'on doit. / TECH. Monture de pivot en pierre, dans un mécanisme d'horlogerie.

rubrique n. f. Dans un périodique, ensemble d'articles publiés avec régularité et consacrés à la même matière. *Rubrique sportive.* / Par ext. *Sous telle rubrique* : dans telle catégorie.

Rubrouck (Guillaume de) Voir **Guillaume de Rubrouck**

ruche [1] n. f. Habitation naturelle des abeilles ; habitation de bois aménagée pour les abeilles domestiques ; l'essaim d'abeilles habitant la ruche. / Fig. Lieu où s'activent de nombreuses personnes.

ruche [2] n. f. COUT. Bande plissée d'un tissu léger qui sert de garniture. Syn. ruché.

ruché n. m. COUT. Ruche.

rucher n. m. Ensemble de ruches.

rude adj. Difficile à endurer. *Climat rude.* / De contact désagréable. *Barbe rude.* / Peu agréable à l'oreille. *Voix rude.* / Fig. Peu amène. *Homme rude.*

Rude (François) 1784-1855 Sculpteur français. Élève de Cartellier, il a d'abord sculpté des scènes de genre, des portraits, puis de grandes compositions au souffle épique (*Le Départ des volontaires* de l'Arc de triomphe de l'Étoile, haut-relief de 1833-1835, dit aussi *La Marseillaise*) qui en font un représentant du romantisme.

rudement adv. Avec rudesse. / (Toujours avant le nom) Fam. Extrêmement. *Ton foie gras est rudement bon.*

rudéral, ale, aux adj. BOT. Qui pousse dans les décombres. « *De pauvres murs s'effondrent sur leurs pieds / les orties ont tôt fait d'apparaître / (...) / pierres ingrates herbes rudérales* » (R. Queneau).

Fleurs de **rue**.

Une **rue** du centre de San José, au Costa Rica.

rudesse n. f. Caractère de ce qui est rude. *Rudesse du climat polaire. Rudesse d'un choc.* / Fig. Brutalité, dureté. *Parler avec rudesse.*
rudiment n. m. (généralement au pluriel) Notions de base d'un art, d'une science. *Connaître les rudiments de la chimie.* / PHYSIOL. Organe atrophié. *Un rudiment d'aile.*
rudimentaire adj. Limité à des rudiments. *Connaissances rudimentaires.* / Par ext. Simple, sommaire, grossier. *Instrument rudimentaire.* / PHYSIOL. À l'état de rudiment. *Organe rudimentaire.*
rudoyer v. t. [1] Traiter (qqn) rudement.
rue [1] n. f. BOT. Plante herbacée vivace, de la famille des rutacées, donnant des fleurs jaunes à l'odeur fétide.
rue [2] n. f. Voie de circulation dans une agglomération, bordée de bâtiments. / Ensemble des habitants d'une même rue. / Fig. *La rue*: le peuple. *Gouvernement qui craint les réactions de la rue. Enfants des rues*, qui vivent dans les rues, sans foyer familial.
ruée n. f. Action de se ruer. *Ruée du public vers les portes de secours.*
Ruée vers l'or (la) 1925 Film de Chaplin. Le héros, interprété par Chaplin, trouve de l'or dans le nord-ouest du Canada (en 1898), après avoir souffert du froid et de la faim. Les gags (la danse des petits pains; les hallucinations visuelles du prospecteur affamé) sont fondés sur des situations dramatiques où le rire fait contrepoids à la tristesse.
Rueff (Jacques) 1896-1978 Financier et économiste français. Conseiller financier des différents gouvernements à partir de 1926, il a publié d'importants ouvrages sur la politique monétaire, dont *Le Péché monétaire de l'Occident* en 1971, préconisant le retour à l'étalon or, ce qui impliquait une dévaluation du dollar.
Rueil-Malmaison *66 401 h.* Ville des Hauts-de-Seine. Le château, construit en 1622 et devenu résidence impériale (l'impératrice Joséphine y mourut en 1814), est aujourd'hui un musée napoléonien.
ruelle n. f. Petite rue. / Passage entre le lit et le mur ou entre deux lits. / HIST. Du XVIe siècle au XVIIIe siècle, alcôve ou chambre à coucher où des dames de haut rang recevaient une société choisie, le salon en tant que pièce de réception n'existant que dans les palais.
ruer v. i. [1] Jeter avec force ses membres postérieurs en arrière, en parlant d'un cheval, d'un âne, etc. / Fam. *Ruer dans les brancards*: se rebeller, protester. / v. pron. Se jeter avec brusquerie; se précipiter. *Se ruer à l'assaut. Se ruer vers la sortie. Se ruer sur l'adversaire.*
ruffian ou **rufian** n. m. Vx ou litt. Aventurier sans scrupule; voyou.
rugby n. m. (mot anglais) Jeu opposant deux équipes de 15 (amateurs) ou 13 joueurs (professionnels) qui essaient de porter au pied ou à la main un ballon ovale derrière le but adverse (essai) ou de le faire passer au-dessus de la barre transversale qui relie les poteaux de ce but (transformation, drop-goal).
rugbyman n. m. (mot anglais) Joueur de rugby. Pl. Des *rugbymen*.
Ruggieri (Cosimo) ?-1615 Astrologue florentin. Il accompagna en France Catherine de Médicis qui fit édifier pour lui un observatoire à l'emplacement actuel de la Bourse du commerce. Il publia nombre d'almanachs annuels.
Ruggieri Nom de cinq frères artificiers (Francesco, Pietro, Antonio, Petronio, Gaetano), originaires de Bologne, qui vinrent à Paris en 1730 et émerveillèrent les spectateurs de la Comédie-Italienne. Les descendants de Petronio perpétuèrent la tradition.
rugir v. i. / v. t. [2] Pousser un rugissement. / Fig. Faire entendre un bruit sourd et effrayant. *Océan, canon qui rugit.* / Pousser des cris rauques et violents; hurler. *Rugir de colère.* / v. t. Exprimer avec violence. *Rugir des menaces.*
rugissant, e adj. Qui rugit. *Les quarantièmes rugissants*: voir *quarantième*.
rugissement n. m. Cri du lion et de certains grands fauves. / (Par anal.) Cri de colère d'une personne; grondement. *Le rugissement du vent.*
rugosité n. f. État rugueux.
Rugova (Ibrahim) 1944 Homme politique kosovar. Universitaire, il fut, avec son parti, la Ligue démocratique du Kosovo (LDK), un militant indépendantiste. Non-violent, il fut parfois marginalisé, mais remporta les élections de 2001, organisées, sous contrôle international, après la fin de la guerre du Kosovo.
rugueux, euse adj. Plein d'aspérités, rude au toucher. *Peau rugueuse.* Au fig. Rude. *Personne à l'abord rugueux.*
Ruhmkorff (Daniel Heinrich) 1803-1877 Électricien allemand qui vécut à Paris. La *bobine d'induction*, ou *bobine de Ruhmkorff*, produit un courant de haute tension qui sert à l'allumage des moteurs à explosion.
Ruhr (la) *232 km* Affluent du Rhin qui a donné son nom à la riche région industrielle d'Allemagne occidentale qu'il baigne, le *bassin de la Ruhr* (ou Ruhr), qui fait partie du Land de Rhénanie-du-Nord-Westphalie. Sa prospérité, née de sa richesse en charbon, a provoqué la constitution d'une vaste conurbation dont les pôles sont Dortmund, Essen, Duisburg. Les industries lourdes sont implantées sur le bassin houiller (promis à la fermeture). Les industries légères se sont développées à l'extérieur de ce bassin: métallurgie de transformation, industrie textile à Cologne, Düsseldorf, Wuppertal (coton), Solingen. *Duisburg-Ruhrort*, sur le Rhin, est le port de la Ruhr et le premier port fluvial européen. Pourvue d'espaces verts, cette région est devenue l'un des centres culturels de l'Allemagne et de l'Europe. En 1921-1923, la France occupa la Ruhr, parce que l'Allemagne tardait à payer les réparations fixées par le traité de Versailles. À l'exception de la Belgique et de l'Italie, les puissances occidentales condamnèrent la France. Le *plan Dawes* fut adopté en 1924 (pour payer ces réparations) et la France quitta progressivement le pays, mais son coup de force alimenta la propagande nazie.

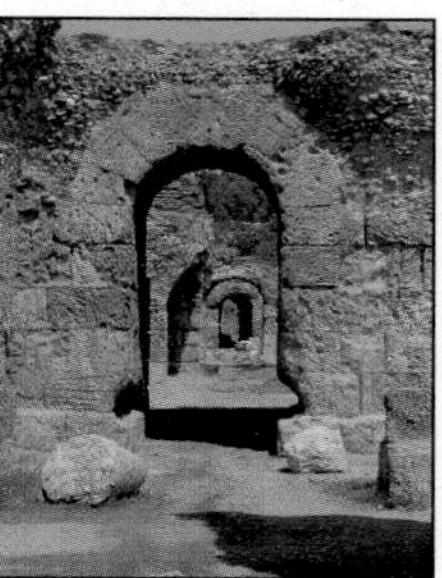
Ruines de Carthage (Tunisie).

ruine n. f. Délabrement, écroulement d'un édifice. *Tomber en ruine(s)*: menacer de s'écrouler. / (Au plur.) Restes, débris d'un édifice détruit par accident ou au fil du temps. *Les ruines de l'acropole d'Athènes.* / Perte de la fortune, des biens. *C'est la ruine.* / Décadence. *Ruine d'un pays.* / Personne qui a perdu sa force, sa beauté, ses facultés. *Elle n'est plus qu'une ruine.*
ruiner v. t. [1] Causer la ruine de; ravager, dévaster. *La grêle a ruiné les moissons. Ses mauvais investissements le ruineront.* / Fig. Détruire, anéantir; mettre à bas. *Ruiner la réputation de qqn, des espérances, des illusions.* / v. pron. Causer sa propre ruine financière; dépenser à l'excès.
ruineux, euse adj. Qui cause la ruine. *Guerre ruineuse. Dépenses ruineuses.* / (Sens atténué) Qui entraîne des dépenses excessives. *Plaisirs ruineux.*
ruiniforme adj. Dont la forme évoque des ruines. *Rochers ruiniformes.*
ruisseau n. m. Petit cours d'eau au lit peu profond. / Anc. Caniveau. / Litt. Liquide qui coule abondamment. *Des ruisseaux de larmes et de sang.* / Fig. *Tomber dans le ruisseau*, dans une situation honteuse, humiliante, dans la déchéance.
ruisseler v. i. [1] S'écouler continuellement, en formant comme des ruisseaux. *La pluie ruisselle sur les vitres.* / *Ruisseler de*: avoir sur soi (un liquide qui s'écoule). *Ruisseler de larmes, de sueur.* / Fig. *La salle de bal ruisselait de lumière.*
ruissellement n. m. Fait de ruisseler. *Un ruissellement de lumière.* / GÉOGR. *Eaux de ruissellement*: eaux de pluie qui s'écoulent rapidement à la surface du sol.
ruisson n. m. Canal pour vider un marais salant.
Ruiz (Juan) 1290?-1350? Poète espagnol, auteur du long poème lyrique, *Le Livre du bon amour*, fondé sur l'opposition, classique au Moyen Âge, entre amour divin et amour profane, et qui exerça une forte influence sur la littérature castillane.
Rum (sultanat de) Nom donné au sultanat seldjoukide fondé à la fin du XIIe siècle, dont Konya fut la capitale.
rumb Voir **rhumb**
rumba n. f. Danse cubaine d'origine africaine, accompagnée par une musique très syncopée dont le thème se répète indéfiniment.
rumen n. m. ZOOL. Première poche de l'estomac d'un ruminant. Syn. panse.
rumeur n. f. Bruit assourdi, confus, de voix, de sons variés, de chocs. / Nouvelle qui se répand et qui n'est pas vérifiée. *Rumeur publique.*
ruminant, e adj. et n. m. pl. Qui rumine. / n. m. pl. ZOOL. Sous-ordre de mammifères artiodactyles caractérisés par leur estomac à plusieurs poches qui leur permet la rumination. *Le mouton, la vache, la gazelle, la girafe, le chameau, le cerf sont des ruminants.*
rumination n. f. Mode de digestion propre aux ruminants qui avalent rapidement leurs aliments (végétaux) et les stockent dans la panse où ils sont soumis à l'action de micro-organismes capables de digérer la cellulose, et qui régurgitent ensuite leur nourriture, pour la mâcher longuement (trituration), avant de la ravaler.
ruminer v. t. [1] Mâcher une seconde fois (les aliments régurgités), en parlant d'un ruminant. *La vache rumine l'herbe.* (Emploi absol.) *La vache rumine.* / Fig. Tourner et retourner dans son esprit; méditer; ressasser. *Ruminer un coup. Ruminer ses soucis, une vengeance.*
rumsteck Voir **romsteck**
Rundstedt (Gerd von) 1875-1953 Maréchal allemand. Durant la Seconde Guerre mondiale, Hitler lui confia un commandement en Pologne, en France, en Russie. Il prit le commandement du front occidental en 1942 et fut à la tête de l'offensive allemande des Ardennes en 1944.
rune n. f. Caractère d'un ancien alphabet qui transcrivait des langues germaniques et nordiques.
Rungis *2 939 h.* Commune du Val-de-Marne, où un MIN (marché d'intérêt national) a remplacé en 1969 les Halles de Paris.
runique adj. Propre ou relatif aux runes. *Écriture runique.*
ruolz n. m. Alliage formé de cuivre, de nickel et d'argent que l'on peut dorer ou argenter, et qui est utilisé en orfèvrerie.
rupestre adj. Se dit d'une plante qui pousse dans les rochers. / Qui est réalisé sur ou dans les rochers, en parlant de peinture ou de figures gravées, notamment au cours de la période préhistorique. *Art rupestre de la grotte de Lascaux.*

Peinture **rupestre** d'Ulldecona (province de Tarragone, Espagne).

Salman Rushdie.

Bertrand Russell.

rupicole adj. et n. m. **A.** adj. BIOL. Qui vit, qui pousse dans les rochers. **B.** n. m. ZOOL. Oiseau de l'ordre des passériformes, au plumage orange, vivant en Amérique du Sud. Syn. coq de roche.

rupin, e adj. et n. Fam. Riche. *Un décor rupin. Les rupins.*

rupteur n. m. ÉLECTR. Système de contact entre une lame fixe et une lame mobile. *La vis platinée des moteurs automobiles est un rupteur.*

rupture n. f. Action de rompre; fait de se rompre; son résultat. *Rupture d'un câble. Rupture d'une négociation. Rupture d'un contrat*, son annulation. / COMM. *Rupture de stock*: non-disponibilité d'une marchandise qui empêche de répondre à la demande. / MÉD. Déchirure soudaine d'un vaisseau, d'un organe. *Rupture d'anévrisme. Rupture de la poche des eaux.*

rural, ale, aux adj. Relatif aux paysans, à la campagne.

rurbain, e adj. et n. Relatif à l'habitat, au mode de vie des habitants de grande banlieue à urbanisation lâche, qui évoquent à la fois la campagne et la ville. / n. *Les rurbains.*

ruse n. f. Tromperie calculée en vue d'obtenir ce que l'on veut. *Ruse de guerre*, destinée à induire l'ennemi en erreur. / CHASSE Détour fait par un animal pour échapper à ses poursuivants.

rusé, e adj. et n. Qui manifeste de la ruse. / Subst. *C'est un(e) rusé(e).*

ruser v. i. [1] Agir avec ruse.

rush n. m. (mot anglais) **I.** SPORT Ruée d'un groupe de joueurs; effort final d'un concurrent. / Ruée. **II.** n. m. pl. CIN., AUDIOV. Épreuve de tournage. *Visionner les rushes.*

Rushdie (Salman) 1947 Écrivain britannique d'origine indienne. Né à Bombay, musulman, il a pris la nationalité pakistanaise avant que son non-conformisme le force à quitter le sous-continent indien pour l'Angleterre. Ses romans évoquent souvent son pays d'origine (*Grimus*, 1977; *Les Enfants de minuit*, 1983). *Les Versets sataniques* (1988), qui donnent une interprétation du Coran considérée par certains musulmans comme insultante, ont révolté une partie de l'Islam et incité le gouvernement iranien à prononcer une *fatwa* (décret religieux) le condamnant à mort. La menace à son encontre s'étant affaiblie depuis la mort de Khomeyni et l'ouverture du régime iranien, il a continué à publier (*Le Dernier Soupir du Maure*, 1995; *Est, Ouest*, 1997).

Ruskin (John) 1819-1900 Écrivain anglais. Il est l'auteur d'ouvrages sur l'art gothique et sur la Renaissance: *Les Pierres de Venise* (1851-1853), *Sésame et les lys* (1865), *La Bible d'Amiens* (1880-1885). Il s'est élevé contre la misère sociale provoquée par le machinisme et a défendu les préraphaélites.

russe adj. et n. De Russie. *Plaine russe. Un(e) Russe.* / HIST. *Russes blancs*: Russes opposés à la révolution soviétique, qui émigrèrent ou la combattirent. / n. m. LING. Langue slave, écrite en alphabet cyrillique, parlée en Russie et dans divers pays de l'ex-U.R.S.S.

Russell (Bertrand, 3e comte**)** 1872-1970 Philosophe et mathématicien anglais. Penseur original, écrivain fécond, il a produit nombre d'ouvrages et d'articles, s'intéressant tout particulièrement à la philosophie des mathématiques (*Principia Mathematica*, 1910-1913), à la philosophie des sciences, à l'éthique et à la politique. Il tentera par-dessus tout d'intégrer les mathématiques dans son système logique. Il a notamment composé une *Histoire de la philosophie occidentale* (1945) et une autobiographie. Pacifiste, son antimilitarisme lui valut de perdre son poste d'enseignant à Cambridge (1916) et de passer quelques mois en prison (1918). Socialiste, il ne se reconnut jamais dans le communisme et critiqua fermement l'URSS où il s'était rendu en 1920. Passionné de liberté, individualiste, pourfendeur des tabous sexuels, partisan de l'union libre, il s'opposa à l'utilisation de l'arme nucléaire et fonda, en 1961, un tribunal international (tribunal Russell) pour dénoncer la guerre que faisaient les États-Unis au Viêtnam.

• **Russie (Fédération de)** État (le plus vaste du monde) qui s'étend de l'Europe orientale à l'Asie.

Russie (campagne de) juin-décembre 1812 Expédition menée par la Grande Armée de Napoléon Ier en 1812 contre la Russie. En 1811, le tsar Alexandre, mécontent de l'attitude de Napoléon, rompt l'alliance conclue à Tilsit (1807). Les Français pénètrent en Russie le 24 juin 1812. Après des victoires de moindre importance (Smolensk et Borodino), ils entrent à Moscou (septembre 1812). Mais, craignant d'être encerclés par les Russes et manquant de vivres, ils doivent évacuer la ville incendiée (19 octobre) et leur retraite, au moment du passage de la Berezina (29 novembre), se termine en déroute; Napoléon perd plus de 400 000 hommes et laisse derrière lui plus de 100 000 prisonniers.

Russie (campagne de) juin 1941-juillet 1944 Campagne menée par l'Allemagne nazie contre l'U.R.S.S. Rompant le pacte germano-soviétique, Hitler attaque la Russie (juin 1941). La Wehrmacht atteint le Caucase, mais ne peut prendre Moscou et Leningrad. Elle est contrainte à la retraite après la longue *bataille de Stalingrad* (septembre 1942-janvier 1943).

russification n. f. Action de russifier; son résultat.

russifier v. t. [1] Faire adopter la civilisation, la langue russe à (des peuples, des personnes qui ne sont pas russes).

russo-japonaise (guerre) 1904-1905 Guerre entre la Russie et le Japon, premier État d'Asie à infliger une défaite à une puissance européenne. Les Japonais, inquiets de l'expansion russe en Extrême-Orient et ne pouvant obtenir l'évacuation de la Mandchourie, coulèrent, sans déclaration de guerre, la flotte russe de Port-Arthur (février 1904), puis, à Tsushima, une autre flotte en provenance d'Europe (mai 1905). Après la victoire sur terre de Moukden, la Russie dut, par le traité de Portsmouth, abandonner Port-Arthur et la moitié de l'île de Sakhaline aux Japonais et promettre d'évacuer la Mandchourie. Cette guerre contribua à affaiblir le tsarisme (*révolution de 1905*) et à développer l'impérialisme japonais.

russophile adj. et n. Qui aime la Russie, les Russes.

russophone adj. et n. Qui parle russe.

russule n. f. BIOL. Champignon basidiomycète, de la famille des agaricacées, à chapeau lamé jaune, rouge ou brun violet, dont certaines espèces sont comestibles.

rustaud, e adj. et n. Rustre, fruste, grossier.

rusticité n. f. Caractère de ce qui est rustique. / Simplicité fruste.

rustine n. f. Rondelle adhésive en caoutchouc, qui sert à réparer les chambres à air.

rustique adj. Qui a le caractère simple et pittoresque de la campagne. *Une maisonnette rustique.* / Litt. Relatif à la campagne. *La vie rustique.* / Qui est d'une simplicité fruste. *Un repas rustique.* / Se dit d'une espèce animale ou végétale apte à survivre dans un milieu naturel hostile. / ARCHIT. *Ordre rustique*, dans lequel les colonnes, les murs imitent les formes de la pierre naturelle.

rustre n. m. et adj. Homme fruste, qui agit avec grossièreté. / adj. *Il s'est montré vraiment rustre.*

rut n. m. État d'activité sexuelle qui se produit périodiquement chez les mammifères et les incite à l'accouplement.

rutabaga n. m. Plante crucifère à racine charnue comestible, voisine du navet. Syn. chou-navet.

rutacées n. f. pl. BOT. Famille de plantes dicotylédones dialypétales comprenant des espèces herbacées comme la rue et des espèces arborescentes comme les agrumes.

Rutebeuf ?-1285? Poète français. Il est l'auteur du *Miracle de Théophile* (vers 1260), ainsi que de chansons, de satires (*Le Dit des ribauds de Grève*), de complaintes (*La Pauvreté Rutebeuf*) et de fabliaux. C'est le premier grand poète lyrique français.

Ruth Personnage biblique, aïeule de David (donc de Jésus: c'est à ce titre que l'évangile de saint Mathieu la mentionne dans la généalogie du Christ). Jeune veuve moabite, elle épousa en secondes noces le riche fermier Booz. Le *Livre de Ruth* constitue l'un des livres de l'Ancien Testament.

Lord ***Ernest Rutherford of Nelson.***

ruthénium n. m. CHIM. Élément métallique de numéro atomique Z=44, de masse atomique 101,07 (symbole: Ru). / Métal blanc, dur, cassant, d'une densité de 12,2, fondant à 2 500 °C.

Rutherford of Nelson (Ernest, lord**)** 1871-1937 Après ses études à Cambridge sous la direction de J. J. Thomson, il oriente ses recherches vers la radioactivité. Enseignant à l'université de Montréal, il découvre (1899) la radioactivité du thoron, gaz d'émanation du thorium. Il établit les lois fondamentales des transformations radioactives et constate que les échanges d'un élément à un autre se font spontanément. De retour en Angleterre, il est professeur à Manchester et identifie (1907) les particules alpha en tant que noyaux d'hélium, puis, avec l'aide de H. Geiger, résout le problème que posait la charge de ces noyaux. À partir de 1911, il étudie la composition de l'atome et définit le noyau comme un objet dont la dimension est inférieure à 10^{-12} cm; enfin, il précise la structure générale de l'atome, caractérisée par un noyau autour duquel gravitent les électrons. En 1919, Rutherford bombarde de l'azote avec des particules alpha et provoque une émission de protons. Il en conclut qu'il vient d'assister à la transmutation nucléaire d'un élément, l'azote, en un nouvel élément, l'oxygène: pour la première fois dans l'histoire, l'homme est capable de créer un élément en partant d'un autre. Rutherford prend la direction du laboratoire Cavendish à Cambridge et, avec J. Chadwick, découvre l'existence du neutron (1932). Bien qu'à l'origine de la loi sur les transformations radioactives, il ne croyait pas à la possibilité d'une source d'énergie issue de la transformation des atomes.

rutilant, e adj. Qui rutile. / D'un rouge ardent.

rutiler v. i. [1] Briller vivement. *Des installations métalliques qui rutilent au soleil.*

Rütli Voir **Grütli**

Ruwenzori *5 119 m* Massif cristallin de l'Afrique équatoriale entre la république démocratique du Congo et l'Ouganda.

Ruy Blas 1838 Drame romantique de Victor Hugo. Don Salluste, pour se venger de la reine d'Espagne, ordonne à son laquais Ruy Blas de se faire aimer d'elle, et le présente comme son cousin. Ruy Blas, amoureux de la reine et payé de retour, devient Premier ministre. Lorsque son maître veut confondre la reine, il le tue et s'empoisonne ensuite.

Russie (Fédération de)

Superficie : *17 075 000 km²* – **Nombre d'habitants :** *144 800 000 h.* – **Capitale :** *Moscou*
Villes principales : *Nijni Novgorod, Sverdlovsk, Ekaterinbourg, Volgograd, Novosibirsk* – **Système politique :** *république fédérale* – **Langue(s) :** *russe* – **Religion(s) :** *christianisme orthodoxe* – **Monnaie(s) :** *rouble*

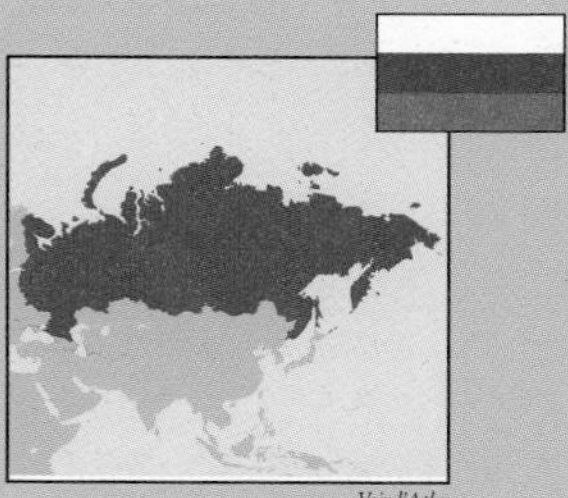

Voir l'Atlas

Géographie physique et humaine

La Russie s'étend, au nord, jusqu'au golfe de Finlande, la mer Blanche, la mer de Barents, la mer de Kara, la mer des Laptev, la mer de Sibérie orientale, la mer des Tchouktches ; à l'est, jusqu'à la mer de Béring et la mer d'Okhotsk ; au sud, elle est bordée par la Chine, la Mongolie, le Kazakhstan, la mer Caspienne, l'Azerbaïdjan, la Géorgie ; à l'ouest, par la mer Noire, l'Ukraine, la Biélorussie, la Lettonie et l'Estonie. Ayant bénéficié de certains aménagements au XXe siècle, le réseau hydrographique puissant (Volga, Don, Ob, Ienisseï, Lena, Amour) a permis de meilleures communications et a, en outre, été doté de très grandes centrales hydroélectriques. Cependant, le régime fluvial demeure tributaire du climat continental qui gèle les voies en hiver, entraîne de grandes crues au moment du dégel au printemps et limite les précipitations en été.

Couvrant sept fuseaux horaires, la Russie offre des paysages extrêmement variés qui déterminent ses nombreuses activités (agriculture à l'est, métallurgie dans le Donbass, tourisme autour de la mer Noire, activités portuaires, notamment à Saint-Pétersbourg) et témoignent de la richesse de son passé historique. Après le démantèlement de l'U.R.S.S. (1991), dont elle formait la plus grande partie, elle constitue encore un vaste ensemble. Son étendue est presque le double de celle du deuxième État du monde, le Canada. Le relief de la Russie est d'une grande simplicité : une immense plate-forme coupée en deux par l'Oural (à l'est, la plaine de Sibérie, à l'ouest, la plaine russe) ; ces plaines sont bordées au sud et à l'est de bourrelets montagneux très élevés : Crimée, Caucase (*5 642 m* à l'Elbrouz) ; Altaï, chaînes de Sibérie orientale et d'Extrême-Orient (*4 850 m* au *Kamtchatka*).

Éloignée des influences atlantiques, bordée par des mers fermées ou gelées, au nord du 40e parallèle, isolée par des barrières montagneuses, la Russie possède un climat continental, qui s'accentue à mesure qu'on s'éloigne de l'Atlantique, avec des hivers rigoureux (- 70 °C à Oïmiakon, le *pôle du froid*) et secs, des étés chauds et humides. Les amplitudes de températures et la sécheresse s'accentuent vers l'est. Quelques franges échappent à la rudesse du climat continental : la côte de la Baltique (influences océaniques), celle de la mer Noire (climat méditerranéen), celle du Pacifique (mousson). Quatre zones de végétation se succèdent du nord au sud : la *toundra* dans l'extrême Nord, sur des sols pauvres perpétuellement gelés *(merzlota)* ; la *taïga* (forêts de conifères à l'est et certaines forêts dominées par les feuillus à l'ouest de l'Oural) surtout présente sur les sols de Sibérie, acides et peu propices à l'agriculture (*podzols*) ; la prairie, sur un sol noir très riche *(tchernoziom)*, qui regroupe la majorité de l'activité agricole, laissant la place, vers l'est et vers le sud, à des steppes de plus en plus sèches (steppes *grises* puis *blanches*). Les longs fleuves russes, gelés pendant l'hiver, sont des voies de communication capitales à l'échelle régionale mais peu exploitables sur le plan national du fait de leur orientation générale sud-nord. Des aménagements ont été entrepris à partir du XXe siècle, avec, notamment, de nombreux barrages qui permettent la régulation des flux. À l'ouest de l'Oural, Staline instaura le système des Cinq Mers entre 1933 et 1952. Il permet de relier la mer Caspienne, la mer d'Azov, la mer Noire, la Baltique et la mer Blanche, mais les conséquences écologiques de ces travaux pharaoniques sont incommensurables.

Au cours de son histoire, la population de la Russie s'est considérablement accrue à l'ouest, où les terres sont les plus fertiles. Malgré les plans de colonisation de l'espace et l'industrialisation massive entrepris sous le régime communiste, la densité moyenne demeure faible, le nord de la Russie étant encore très peu peuplé. La Russie, qui était encore très rurale avant la Révolution, est devenue un pays où la population urbaine représente aujourd'hui plus de 70 % de la population totale ; ces habitants sont regroupés aussi bien dans les villes nouvelles, créations de l'urbanisme socialiste, que dans les vieilles villes qui ont été considérablement agrandies.

En majorité peuplée de Russes (83 %), la Fédération de Russie comprend de très nombreuses minorités (surtout slaves), dont certaines forment des républiques autonomes au sein de la Fédération. Celle-ci comprend : la république de Russie, qui réunit elle-même de nombreux Cercles et Territoires (autonomes) en plus des provinces proprement russes ; 21 républiques autonomes dont la plus vaste est la Iakoutie, au nord-est de la Sibérie (*3 103 200 km²*, mais seulement un peu plus d'un million d'habitants, dont moins de 400 000 Iakoutes) ; la plus peuplée est la Bachkirie, dans le sud de l'Oural (plus de *4 millions d'habitants* sur *143 000 km²*) ; viennent ensuite la république des Tatars (*3 754 000 h.* sur *68 000 km²*) et le Daghestan (*2 millions d'habitants* sur *50 300 km²*). Les Russes étaient tous (avant la révolution de 1917), et demeurent en grande partie, du moins culturellement, de religion chrétienne orthodoxe, tandis que la plupart des minorités non-slaves sont musulmanes (Tatars, Bachkirs). Les Slaves (comme les Ukrainiens, qui sont trois millions en Russie, et les Biélorusses) dominent encore l'ensemble du territoire, malgré la faiblesse de leur croissance démographique. Les Russes forment en outre d'importantes minorités dans certaines des républiques de l'ex-U.R.S.S. Ainsi, ils forment presque le quart de la population de l'Ukraine et plus du tiers de celle du Kazakhstan. Cet enchevêtrement de populations crée de nombreux problèmes en Russie et dans les pays voisins. C'est en Tchétchénie, où une guerre commencée en 1994, interrompue en 1997 et reprise en 2000, que ces problèmes ont amené les plus tragiques conséquences.

Zone industrielle près de Moscou.

Cathédrale orthodoxe Saint-Basile-le-Bienheureux (XVIe siècle), à Moscou.

Économie

En 1914, la Russie était un pays rural arriéré, mais moins qu'on ne l'a longtemps prétendu : l'industrie, grâce, souvent, à des capitaux étrangers, était en plein essor. Vers 1950-1960, l'U.R.S.S. était devenue la deuxième puissance économique et industrielle du monde (derrière les États-Unis), du moins dans le domaine de l'industrie lourde. Trois remarques s'imposent : à cette époque le Japon

R

Russie (Fédération de) (suite)

Vue générale de Saint-Pétersbourg, ancienne capitale impériale.

n'avait pas encore acquis sa puissance économique ; les chiffres soviétiques étaient volontairement amplifiés ; enfin, les techniques de pointe (électronique, notamment) n'avaient pas, dans le monde, l'importance qu'elles ont aujourd'hui. Toutefois, les performances de l'U.R.S.S. dans le domaine de la conquête de l'espace pouvaient faire illusion. La Russie actuelle, bien qu'elle se soit tournée vers l'économie de marché, n'a pu, en dix ans, se libérer de l'héritage soviétique : poids de la bureaucratie et corruption endémique, vétusté des installations et des outils de travail, distances qu'aucun réseau de transport ne franchit de manière satisfaisante. À cela s'est ajouté le démantèlement de certaines structures de production relativement modernes, la détérioration des échanges avec les démocraties populaires qui, après avoir recouvré une réelle indépendance, soit se sont tournées vers l'Occident, soit n'ont plus été en mesure de constituer des partenaires (clients ou fournisseurs) efficaces. La Russie tente néanmoins de rétablir de bonnes relations commerciales avec les autres États de la CEI afin de ne plus entièrement dépendre des exportations vers l'Europe.

Presque tous les secteurs sont touchés, à des degrés divers, par cette crise, en grande partie liée au problème des paiements (manque de capitaux) et à une organisation économique fondée précédemment sur une stricte répartition de la production dans tout le territoire de l'U.R.S.S., désormais divisé par des frontières. L'effondrement économique qui a suivi l'éclatement de l'U.R.S.S. (1990-1991) a fait l'objet d'une évalutation précise pour les années 1990-1997. Au cours de ce laps de temps, dans le secteur agricole, toutes les exploitations ont manqué de moyens. Certaines structures collectivistes se sont maintenues alors même qu'elles avaient changé de nom, refusant d'adopter un nouveau système. De nombreuses familles n'ont subsisté que grâce à l'exploitation de petits lopins de terre où elles cultivaient ce dont elles avaient besoin pour leur propre consommation. La production de l'orge, toujours au premier rang mondial, est passée de 27 millions de tonnes à 20 millions ; celle du blé, de 49 à 44 millions de tonnes ; celle des betteraves à sucre, de 32 à 14 millions de tonnes. Mais la production d'avoine s'est maintenue et celle des pommes de terre a progressé. Le cheptel bovin est passé de 59 millions à 36 millions de têtes, le cheptel ovin, de 58 millions à 22 millions, le cheptel porcin, de 40 millions à 20 millions ; la pêche, qui produisait 8 millions de tonnes, n'en a plus produit que 4,7 millions. Dans le domaine de l'industrie, le déséquilibre en faveur de l'industrie lourde de l'ère communiste a considérablement handicapé la production des biens de consommation. Certaines industries se sont enrichies en se tournant vers le marché mondial. La production de houille est passée de 357 à 156 millions de tonnes, celle du lignite, de 138 à 88 millions de tonnes. La production d'électricité a baissé de 20 %, celle du pétrole est passée de 516 à 306 millions de tonnes, celle du gaz naturel a régressé de 15 %, mais Gazprom est demeuré l'un des leaders de l'exportation mondiale. Le fer, lui, a vu sa production chuter de 30 %. La baisse, parfois plus importante, a aussi affecté l'acier, la fonte, l'extraction et le raffinage des métaux non ferreux. Les gigantesques structures de l'industrie militaire du régime socialiste ont permis à la Russie de poursuivre ses ventes d'armes, et son industrie aérospatiale a bénéficié des programmes de coopération internationale. Enfin, au cours de ces années les activités du secteur tertiaire, qui avait explosé depuis 1991, ont fréquemment fait l'objet de racket.

En août 1998, une tourmente financière, plus grave encore que par le passé, a frappé la Russie et les capitaux ont fui. La tendance s'est ensuite inversée et la croissance a repris. Mais les disparités de niveau de vie sont énormes : en 2002, 10 % des Russes les plus riches ont perçu près de 33 % des revenus du pays, tandis que 10 % des plus pauvres n'en percevaient que 2,3 %. La production de pétrole a atteint, en 2002, un niveau record, faisant de la Russie le premier producteur mondial de brut, devant l'Arabie Séoudite. Malgré cette embellie, l'économie russe demeure fragile, handicapée par la faiblesse de son système bancaire, le poids de la bureaucratie, la place trop importante des matières premières dans ses exportations, l'obsolescence de son tissu industriel et l'omniprésence de la corruption. Handicaps à quoi s'ajoute le rôle de l'économie parallèle (en grande partie contrôlée par la mafia), à laquelle certains experts attribuent 40 % de l'activité du pays. En outre, c'est sans doute à l'effondrement du régime de santé qu'il faut attribuer le fait que la population du pays a diminué en dix ans, la perte s'établissant entre (les statistiques anciennes sont peu crédibles) un et deux millions d'habitants. Il faut également noter que l'espérance de vie a diminué.

Histoire

« Russie » reste jusqu'en 1922 le nom de l'ancien empire des tsars. Il est remplacé à cette date par « U.R.S.S ». Alors que plusieurs civilisations se sont succédé au bord de la mer Noire à partir du XIIIe siècle av. J.-C., on ne sait pas grand-chose de l'occupation des autres territoires, sinon que des tribus de Finnois, de Baltes et de Slaves ont peuplé la steppe du Nord. Se sont ainsi succédé en Russie

Palais de Catherine II, à Pouchkine, près de Saint-Petersbourg.

méridionale, à partir du IIIe siècle av. J.-C., divers peuples nomades, dont les Sarmates, les Goths, les Huns, les Avars, puis les Khazars (Ve siècle). Vers le VIe siècle, les Slaves orientaux commencent une expansion qui les mettra en contact avec les Varègues (VIIIe siècle). Ces Scandinaves du sud de la Baltique établissent autour du lac Ladoga leurs premières grandes colonies militaires et commerciales, fondant notamment Kiev. Le prince Riourik, personnage devenu légendaire, crée un premier embryon d'État autour de Novgorod. Kiev devient, sous un autre chef varègue, Oleg le Sage, la capitale d'un État russe (882-1169) qui se trouve sur la route commerciale entre la Scandinavie et Byzance. Les Varègues, les Finnois et les tribus slaves se mélangent peu à peu et se défendent contre l'empire byzantin tout en subissant son influence culturelle. Dans la principauté de Kiev, Vladimir le Grand se convertit en 988 au christianisme de rite grec dont il fait la religion officielle de son État, sous la juridiction ecclésiastique du patriarcat de Constantinople. C'est de cette façon, notamment, qu'il parvient à consolider les structures du pouvoir, malgré une certaine résistance des zones rurales.

Au XIe siècle, la principauté entretient des relations avec toute l'Europe. Envahi par les Mongols au XIIIe siècle, le pays est démembré. Après 1240, la domination tatare s'étend à toute la Russie du sud et de l'est (Horde d'Or). En outre, les principautés russes soumises au joug mongol sont attaquées par les serviteurs germains du pape (dont les Chevaliers Teutoniques, repoussés par Alexandre Nevski, grand-duc de Novgorod, en 1242). La domination mongole freine le développement politique de la Russie, mais l'isolement relatif qui en résulte n'est pas sans favoriser en même temps l'enracinement et l'approfondissement de la culture russe dans l'orthodoxie.

Au XIVe siècle, les Slaves se déplacent vers le nord et la puissance des principautés de Moscou et de Lituanie s'accroît et permet aux Russes de remporter leurs premières victoires contre la Horde d'Or, dirigée alors par le petit-fils de Gengis Khan, Batu. Les Tatars sont vaincus en 1380, à Koulikovo, mais Moscou est brûlée en représailles. Ivan III le Grand réunit autour de la Moscovie les terres russes libérées de la domination des Mongols (Novgorod en

R

RUSSIE (FÉDÉRATION DE) (SUITE)

Pierre Ier le Grand, empereur de Russie de 1682 à 1725, fit de son pays une grande puissance (Saint-Pétersbourg, musée de l'Ermitage).

1478), politique d'intégration territoriale que poursuivront ses successeurs. Il devient « Prince de toutes les Russies » et fait construire le Kremlin. Chef de l'Église orthodoxe russe, il veut faire de Moscou la « troisième Rome », capitale de toute la chrétienté, pour succéder à Constantinople, tombée aux mains des Turcs depuis 1453, et à la Rome catholique, considérée comme hérétique. Ivan III entreprend la centralisation de la Russie aux dépens des seigneurs locaux. Ivan IV le Terrible, qui se proclame tsar en 1547, étend la Russie vers l'est, en annexant les terres de la Volga et de la mer d'Azov (Kazan est prise en 1522 et Astrakan en 1556). Il continue à renforcer son autorité et écrase plusieurs révoltes de boyards. Son règne s'achève par la défaite des Russes dans la guerre qui les oppose à la Pologne et la Lituanie (guerre de Livonie, 1558-1583). Les fils d'Ivan sont écartés par Boris Godounov (leur beau-frère) qui se fait élire tsar (1598) et détache de Constantinople le patriarcat de Moscou. À sa mort, la Russie connaît une période de famine et de troubles politiques : deux « faux Dimitri », prétendant être les fils du tsar Ivan IV, cherchent à s'emparer du pouvoir. Les Polonais profitent de la tourmente successorale pour s'emparer de Moscou et font proclamer tsar Ladislas, fils du roi de Pologne. Mais, en 1613, l'Assemblée nationale, *Zemski Sobor*, dans un sursaut de patriotisme, élit tsar un Russe, Michel III, fondateur de la dynastie des Romanov, dont l'histoire va désormais se confondre avec celle de la Russie jusqu'à la révolution de 1917.

La nouvelle dynastie gouverne d'abord en étroit accord avec le Zemski Sobor où siègent des représentants de toute la Russie. Le Sobor, convoqué en 1648, rédige un code (les « Établissements de 1649 ») qui fixe les obligations de chaque Russe envers l'État : désormais, tous les propriétaires fonciers doivent servir l'intérêt de la Russie et le servage, qui existait déjà, est institutionnalisé. Cet asservissement des paysans, ainsi que le poids des impôts, expliquent le mécontentement populaire, marqué par la fuite des paysans vers le sud et l'est (steppes de la Volga, du Don, de la Sibérie) et par des révoltes dont la plus grave est dirigée par Stenka Razine. Le pays souffre également du schisme religieux (raskol) des « vieux-croyants » qui se séparent de l'Eglise orthodoxe à la suite des réformes du patriarche Nikon.

Le XVIIe siècle voit le développement économique de la Russie se faire au profit de la grande aristocratie plutôt qu'en faveur des boyards, défavorisés par la centralisation. L'expansion territoriale atteint l'Ukraine, à la suite d'un conflit avec la Pologne (1667). Monarque éclairé, admirateur de l'Europe occidentale, Pierre Ier le Grand veut en rapprocher la Russie en faisant table rase des influences orientales perceptibles dans toutes les structures du pouvoir. Il accomplit des réformes, matant, par une répression brutale, toute tentative de résistance dans l'armée, qui est modernisée et disciplinée, dans l'administration (l'empire est divisé en 8 gouvernements), dans le système fiscal (impôt direct par tête), dans la société (création d'une noblesse de fonction ou *tchin*, strictement hiérarchisée), et enfin dans l'économie (la mise en valeur du pays, surtout dans le domaine de l'industrie métallurgique, est activement encouragée). Grâce à ses succès militaires, il donne à la Russie un accès libre à la mer (« une fenêtre sur l'Occident ») en annexant les provinces baltes et la Carélie (1721) et en créant la ville de Saint-Pétersbourg, dont il fera la capitale de la Russie. Il s'empare également du littoral occidental de la mer Caspienne.

L'expansion territoriale se poursuit avec ses successeurs, Catherine Ire, Pierre II, Anna Ivanovna, qui s'allient à l'Autriche contre la Pologne de Stanislas Leszczynski. Le traité de Belgrade (1739) cède à la Russie l'accès à la mer d'Azov. La Russie devient une puissance maritime capable de combattre en Méditerranée, grâce à son accès à la mer Noire, à la suite de la défaite des Turcs en Crimée. Catherine II participe aux trois partages successifs de la Pologne (1772, 1793, 1795) qui continuent de faire avancer la Russie vers l'ouest et de consolider sa place en Europe. Considérée comme l'un des plus grands despotes éclairés, elle procède à de nombreuses réformes qui ont cependant pour résultat de renforcer l'autocratie ; elle accroît le pouvoir de la noblesse en la libérant de l'obligation de servir l'État, et lui confie la direction de gouvernements semi-autonomes en l'encourageant à mettre ses domaines en valeur sur le plan industriel comme sur le plan agricole. Elle aggrave en outre le servage des paysans, ce qui, avec la pauvreté accrue, provoque des soulèvements (révolte de Pougatchev en 1773).

Les vainqueurs de 1917 après la prise du palais d'Hiver.

Son fils Paul Ier participe à la coalition des puissances conservatrices contre la France révolutionnaire. Vaincu par Napoléon, le fils de Paul Ier, Alexandre Ier, s'allie à son vainqueur à Tilsit (1807) et s'octroie ainsi la Finlande en 1809. Il accepte d'abord de participer au Blocus continental dirigé contre l'Angleterre ; mais l'intérêt économique lui commande de reprendre sa liberté d'action, ce qui provoque, en 1812, la rupture entre les deux empereurs et l'invasion de la Russie par l'armée de Napoléon. Alexandre Ier remporte la « guerre patriotique » (qui inspirera de nombreux auteurs russes) et contribue à provoquer la chute de Napoléon. En 1815, par la Sainte-Alliance, il joue, avec l'Autriche et la Prusse, un rôle prépondérant pour lutter contre les mouvements révolutionnaires ; il se fait ainsi, à l'intérieur comme à l'extérieur, le champion de la tradition et de la monarchie. Nicolas Ier, après avoir réprimé en 1825 le soulèvement des « décabristes » (ou décembristes), gouverne en autocrate. Il tente d'étendre l'influence de la Russie aux Balkans et attaque la Sublime Porte, mais est tenu en échec en Crimée par la France et l'Angleterre qui ont fait alliance avec l'Empire ottoman (1853-1855). Son successeur, Alexandre II, tirant les leçons de l'échec de la guerre de Crimée, entreprend des réformes qui ont pour but d'accélérer la modernisation de la Russie : suppression du servage pour 45 millions de paysans (1861) ; administration locale confiée à des *zemstvos* élus ; service militaire universel de 6 ans (1874) ; démocratisation de l'enseignement ; amélioration des voies de communication du pays (voies ferrées) et développement de son économie qui, malgré la révolution industrielle, est toujours en retard par rapport aux grandes puissances européennes.

L'intelligentsia, déçue par des réformes qu'elle estime insuffisantes, se tourne vers une opposition populiste violente, qui s'accroît encore lorsque la révolte polonaise de 1863 incite le tsar à renforcer sa politique autoritaire. Alexandre est finalement tué dans d'un attentat perpétré par des extrémistes. Ses successeurs, Alexandre III et Nicolas II, pour faire face au socialisme et au nihilisme qui s'emparent des esprits, gouvernent en despotes, s'appuyant sur une police politique toute-puissante qui pourchasse notamment les membres des partis ouvriers révolutionnaires. Ils poursuivent en outre la politique d'expansion de la Russie, s'alliant aux Français et aux Britanniques pour s'attaquer à la Chine (1860), achevant la conquête quasi totale de l'Asie centrale (1885) et encourageant les mouvements nationaux des Balkans contre l'empire ottoman.

RUSSIE (FÉDÉRATION DE) (SUITE)

La démolition d'une statue de Lénine symbolise la libération des États d'Europe de l'Est, après l'effondrement du régime communiste à partir de 1989.

Mais la défaite de la Russie devant le Japon et la persistance de la crise économique déclenchent, en 1905 un regain d'agitation dans l'opposition et la première révolution russe : le « Dimanche rouge » (22 janvier), l'armée tire sur un cortège populaire pacifique ; c'est le point de départ de troubles marqués par la création des soviets de Saint-Pétersbourg et de Moscou. Le tsar divise ses adversaires libéraux en accordant un Parlement, la douma, dont il s'appliquera par la suite à tempérer le pouvoir. Le calme revient à partir de 1907, grâce à la répression, à l'amélioration des récoltes et à la reprise économique.

La Russie, exclue d'Extrême-Orient et impuissante face à l'Angleterre au Moyen-Orient, reporte à nouveau ses ambitions vers les Balkans où elle se heurte à celles de l'Autriche-Hongrie.

Lorsque, à la faveur d'une crise balkanique, la guerre de 1914 éclate, la Russie se range aux côtés de ses alliés traditionnels, les Serbes, et des Alliés anglais et français. Après plusieurs victoires, en 1914 et au début de 1915, l'incapacité de l'économie russe à assumer le coût d'une guerre plus longue que prévu entraîne le recul des armées. Le régime est ébranlé. Qui plus est, une habile campagne de dénigrement est menée contre lui dans le peuple, campagne qui prend pour prétexte l'influence exercée à la cour par Raspoutine : le mécontentement populaire, et surtout le renforcement de la Douma et de la bourgeoisie, provoquent la révolution de février 1917 et l'abdication du tsar (15 mars 1917). Mais le gouvernement réformateur socialiste de coalition, présidé par Lvov puis par Kerenski, ne réussit pas à dominer la situation, tant sur le front qu'à l'intérieur, et il est à son tour renversé par la révolution d'Octobre (6 et 7 novembre, d'après le calendrier grégorien) qui porte au pouvoir le parti bolchevik, dirigé par Lénine. Les bolcheviks prennent le palais d'Hiver le 8 novembre 1917. Aussitôt, Lénine constitue le Conseil des ministres : le Soviet des commissaires du peuple, qu'il préside. Ainsi naît la République socialiste fédérative soviétique de Russie (RSFSR), dont la première Constitution sera votée en juillet 1918 par le Ve Congrès des soviets. Lénine décrète la dictature du prolétariat, conformément au dogme marxiste, et s'engage à tenir sa promesse : la paix immédiate. L'armistice avec l'Allemagne sera signé le 15 décembre. Conformément au droit des nationalités, deviennent des républiques indépendantes la Géorgie, l'Arménie, le Turkestan (qui regroupe alors l'Ouzbékistan et le Turkménistan). En Ukraine s'opposent nationalistes et bolcheviks ukrainiens qui refusent la sécession. Trotski signe avec l'Allemagne la paix de Brest-Litovsk, le 3 mars 1918. Celle-ci impose à la Russie d'énormes concessions territoriales (perte de la Finlande, de la Courlande, de la Lituanie, de la Lettonie, de l'Estonie, de la Pologne et de l'Ukraine).

La guerre civile commence presque aussitôt et durera plusieurs années ; elle oppose l'armée rouge, créée en janvier 1918 par Trotski et animée par lui, aux Russes Blancs qui veulent restaurer la monarchie. Ils sont ralliés par tous les adversaires des bolcheviks et sont appuyés nominalement par les puissances alliées. En mars 1919, Lénine crée la IIIe Internationale (communiste), à laquelle adhèrent d'importantes factions des partis socialistes du monde entier. Les Alliés, qui avaient d'abord espéré faire revenir la Russie dans la guerre, cherchent, après l'armistice du 11 novembre 1918, à rétablir un régime favorable à leurs intérêts économiques et à arrêter la « contagion révolutionnaire ». L'essentiel des opérations militaires se termine en 1920 par la victoire des bolcheviks (y compris sur les marins de Cronstadt, révolutionnaires que Trotski fait massacrer en 1921). Les puissances occidentales sont ainsi contraintes d'établir des relations diplomatiques avec l'État en formation. À partir du 30 décembre 1922, date de la proclamation de l'Union des Républiques socialistes soviétiques (URSS), et jusqu'en 1991, l'histoire de la Russie se confond avec celle du nouvel État. En décembre 1991, l'U.R.S.S. est dissoute. Des républiques soviétiques deviennent indépendantes, et la plupart d'entre elles, dont la Russie (présidée par Boris Eltsine), constituent la Communauté des États indépendants (C.É.I.). Les problèmes sont multiples. L'un concerne la flotte de la mer Noire, disputée par l'Ukraine. Un autre, la dissémination des armes nucléaires. Un dernier concerne les minorités qui, au sein de la Fédération de Russie, voudraient passer de l'autonomie à l'indépendance. La difficulté principale est le passage à l'économie de marché. Le poids des communistes conservateurs est encore grand et le talent d'Eltsine guère supérieur à sa santé, très mauvaise. Il affronte le Parlement et le dissout en septembre 1993, mais celui-ci se rebelle et Eltsine lance l'armée contre lui en octobre. Les nouvelles élections renforcent les deux oppositions : de droite et communiste. En 1994-1996, la guerre de Tchétchénie montre la faiblesse du régime, miné par les revers économiques. La paix est enfin signée en 1997. Cette même année, la Russie et l'Ukraine parviennent à un accord sur la flotte de la mer Noire ; la Russie est associée à l'O.T.A.N. (sans y être admise), ce qu'elle désirait ; elle est admise dans le G7, qui devient le G8, alors que sa puissance industrielle n'a jamais été aussi faible. En 1998-1999, cette dernière diminue encore. En 1999, la guerre reprend en Tchétchénie ; le régime est affaibli par des scandales financiers et par son incapacité à remettre l'économie sur les rails. Malade, Eltsine démissionne le 31 décembre 1999, au profit de son Premier ministre, Vladimir Poutine ; ce dernier est élu à la présidence de la Fédération de Russie en mars 2000. À l'automne 2001, il accorde son appui aux États-Unis dans la guerre menée contre le terrorisme et, en Afghanistan, contre Ben Laden et les talibans, redonnant à la Russie une importance indiscutée sur le plan international. Opposé, comme J. Chirac et G. Schröder, à la nouvelle guerre d'Irak de 2003, il n'en conserve pas moins d'étroits rapports avec les États-Unis qui le ménagent, conscients qu'ils sont de l'importance de son aide dans la lutte anti-terroriste.

Boris Eltsine.

Littérature

La littérature russe, tournée vers l'Orient byzantin ou centrée sur les thèmes du terroir, s'est constituée, jusqu'au XVIIIe siècle, sans rapports

Russie (Fédération de) (suite)

avec le reste de l'Europe occidentale. Durant tout le Moyen Âge, trois genres principaux sont cultivés. Il existe une poésie épique orale, les *bylines*, qui chantent les héros du folklore ; une littérature religieuse et semi-historique, sermons et chroniques, écrite en slavon, et enfin tout un ensemble de recueils moraux, de « livres de raison », qui renseignent sur les mœurs de l'époque. Ce n'est qu'au XVIIe siècle que s'élabore une prose littéraire (*Vie d'Avvakoum par lui-même*) et que, avec le tsar Pierre le Grand, la Russie commence lentement à s'ouvrir à la civilisation occidentale. C'est alors que Polotski, pamphlétaire et poète religieux, publie des poèmes, des homélies et des drames bibliques qui en font le créateur du théâtre russe.

Le mouvement s'accentue au XVIIIe siècle ; l'influence française devient prépondérante, et l'inspiration de plus en plus tournée vers le profane : grand dignitaire ecclésiastique, Prokopovitch est aussi un orateur, un dramaturge et un poète satirique ; Tatichtchev, auteur d'une *Histoire russe*, favorise l'évolution. Imitateur de La Fontaine, Krylov écrit une œuvre populaire qui enrichit la langue russe d'une foule de dictons.

Vers 1750, les écrivains se posent des problèmes linguistiques et théoriques et tendent à s'écarter du slavon : Trediakovski et Lomonossov (auteur d'une *Grammaire russe*, 1755) réforment la poétique, tandis que Soumarokov se présente comme un dramaturge et un essayiste classique. Le rationalisme français s'impose à la Cour, les publicistes jouent un rôle important dans la vie intellectuelle : Radichtchev publie *Le Voyage de Pétersbourg à Moscou* (1790), qui contient une terrible attaque contre l'état de la société en Russie. Fonvizine, premier grand auteur comique, se fait le peintre des mœurs du temps. Le préromantisme, fondé sur les thèmes familiers de la nature et de l'intérêt pour le passé national, se dessine à la fin du XVIIIe siècle et au début du XIXe à travers les œuvres du poète Derjavine, du romancier réaliste Tchoulkov et du poète et prosateur Karamzine, historien et premier écrivain à donner l'exemple d'une langue littéraire moderne.

Le XIXe siècle est le siècle d'or de la littérature russe, fortement marquée par les débats d'idées sur l'occidentalisme et le libéralisme. Le romantisme est élégiaque dans son fond et classique par sa forme chez Joukovski et Batiouchkov ; le théâtre est animé par Ozerov, poète tragique, et par l'auteur comique Griboïedov, dont on considère que la pièce *Le Malheur d'avoir trop d'esprit* (1834) a fondé le théâtre russe moderne. Les deux grands écrivains de la génération romantique sont Pouchkine et Lermontov, tous deux morts en duel ; le premier donne aux lettres russes deux œuvres en vers d'une portée universelle : *Eugène Onéguine* (1823-1830) et *Boris Godounov* (1825) ; le second est un poète lyrique, auteur d'un beau roman, *Un héros de notre temps* (1840). De 1840 environ à 1917, la littérature affronte presque constamment des problèmes politiques, sociaux et religieux, comme en témoignent penseurs et critiques : Tchaadaïev, Bielinski, Pissarev, Tchernychevski, Herzen, Soloviev.

A ma femme, de Chagall.

La poésie elle-même, avec Nekrassov (auteur de l'essai *Qui vit heureux en Russie ?*, 1863-1877, inachevé), témoigne de la lutte pour les idées libérales. Le genre le plus prisé est le roman. L'amertume domine chez Gogol, Gontcharov, Saltykov-Chtchedrine et Leskov. Tourgueniev, imprégné par l'Occident, est un prosateur impressionniste. Dostoïevski met au jour les tréfonds de l'âme humaine dans *Crime et châtiment* (1866), *L'Idiot* (1868), *Les Possédés* [ou *Les Démons*] (1872), *Les Frères Karamazov* (1879-1880), alors que Tolstoï, dans ses monuments *Guerre et Paix* (1865-1869) et *Anna Karénine* (1876-1877), apparaît à la fois comme un visionnaire, un observateur réaliste et un moraliste révolutionnaire. Tchekhov dit avec sobriété, dans ses nouvelles et ses pièces (*La Mouette*, 1896), le désenchantement d'une civilisation qui se meurt. Il influence Gorki (*La Mère*, 1907). *L'Étrange Pétersbourg* (1913) de Biely annonce Joyce. La poésie passe, notamment avec A. Blok, du symbolisme au lyrisme révolutionnaire qui provoque, avant et après 1917, un bouillonnement créateur : les futuristes Khlebnikov et Maïakovski veulent changer le monde, Essenine est avant tout un lyrique, mais tous trois meurent jeunes, victimes de leurs conflits personnels et des problèmes de la liberté artistique dans un monde collectiviste. Certains auteurs, tels Mandelstamm, Akhmatova, Tsvetaïeva, Pasternak s'en tiennent à une création intemporelle ; les autres élaborent une littérature prolétarienne, exaltant l'homme nouveau (ce que fait Maïakovski avant son suicide en 1930).

Le réalisme n'en persiste pas moins, coloré chez Babel (*Cavalerie rouge*, 1926), satirique chez Boulgakov (dont le roman posthume, 1966, *Le Maître et Marguerite*, flétrit le stalinisme). La critique littéraire explore, entre 1920 et 1930, les voies formelles qui annoncent la linguistique structurale : Propp (*Morphologie du conte*, 1928) est le plus célèbre des formalistes russes. Nabokov, en exil, écrit en russe *La Défense Loujine* (1929), puis en anglais *Lolita* (1955). Le réalisme socialiste, imposé par le pouvoir (dont Jdanov transmet les ordres aux artistes), est illustré par Ostrovski (*Et l'acier fut trempé*, 1934). Cholokhov, dont la fresque *Le Don paisible* (1928-1940) ne serait peut-être pas entièrement due à sa plume, se situe un peu à part. Platonov résiste aux pressions, de même que Pasternak (*Le Docteur Jivago*, 1957), puis Soljenitsyne se lance à l'attaque du communisme ; expulsé d'U.R.S.S. en 1974, il rentre en Russie en 1994. Les poètes Evtouchenko et Voznessenski ont perpétué la tradition littéraire russe, qui connaît, à partir de 1970, un remarquable renouveau. Aux jeunes gens révoltés des années 1955-1960, groupés autour de la revue *Junost'* (Jeunesse), a succédé une génération de romanciers réalistes, d'historiens, de mémorialistes, dont beaucoup œuvres n'ont pu paraître qu'à l'étranger. Certains d'entre eux ont été contraints à l'émigration, sans pour autant rompre les ponts avec leur pays et les écrivains restés en Russie.

Beaux-arts

Les premiers témoignages artistiques trouvés en Russie remontent à un millénaire avant J.-C. et sont dus aux Scythes : il s'agit de bijoux d'or et de bronze. Puis on trouve des monuments funéraires laissés par les Sarmates. L'introduction du christianisme suscite une architecture de type byzantin ; Sainte-Sophie de Kiev aux treize coupoles (les douze apôtres et le Christ) disposées sur des tambours de différentes hauteurs annonce un art spécifique. À Novgorod, Sainte-Sophie, puis l'église du couvent Saint-Georges, affirment ces caractéristiques de l'art russe : masses harmonieuses et dissymétriques, construction rustique mais élancée. La cathédrale de la Dormition et Saint-Dimitri, à

R

RUSSIE (FÉDÉRATION DE) (SUITE)

Vladimir, possèdent de splendides fresques aux motifs stylisés et très décoratifs. Au XVe siècle, Ivan III fait reconstruire le Kremlin de Moscou et fait appel pour cela à des artistes italiens qui vont apporter une foule de sources d'inspiration à l'art russe ; ainsi le palais à facettes a tout à fait l'aspect d'un palais italien. L'architecture des XVIe et XVIIe siècles développera une exubérance baroque et grandiose. En peinture, l'icône prend, dès le XIIe siècle, une importance artistique qui se maintiendra tout au long de l'histoire. Les noms de Théophane le Grec et d'Andreï Roublev attestent l'éclat de cet art à la fois populaire dans sa diffusion et raffiné dans son exécution et dont la finalité est tout entière spirituelle.

En 1709, la fondation de Saint-Pétersbourg marque l'européanisation de l'art russe. Pierre le Grand, qui avait beaucoup voyagé en France, aux Pays-Bas, en Italie, fait édifier son Versailles, Peterhof. Ses architectes sont, une fois encore, italiens. Catherine II donne, elle aussi, une forte impulsion à l'art : le Petit Ermitage, le Palais de Marbre contribuent à l'embellissement de Saint-Pétersbourg, embellissement qui ne prendra fin que sous Nicolas Ier. Le romantisme pictural trouve peu d'échos en Russie jusqu'à ce qu'un mouvement, appelé *les Ambulants*, fasse parler de lui : il s'agit d'abandonner les sujets traditionnels pour s'attacher à reproduire la réalité de la vie des Russes, paysans ou ouvriers. Malheureusement, s'il y a révolution dans le choix du sujet, le style ne se renouvelle pas et tombe dans un académisme de plus en plus figé. Ces peintres, Répine, Kramskoi, Sourikov, ont aujourd'hui encore la faveur du public.

Au XXe siècle, Diaghilev fonde la revue *Monde de l'Art* où se manifestent Somor, Sérov, puis Kandinsky, Malevitch, Larionov. La peinture russe est alors, avec Soutine, Jawlensky, Chagall, Pevsner, Archipenko, Zadkine, à l'avant-garde de l'art contemporain. Mais la révolution force ces peintres à l'exil pour laisser la place à un art officiel et académique. Il faut signaler, en marge de ces manifestations artistiques, l'existence en Russie d'un artisanat qui est resté vivace jusqu'à ces dernières années : l'art de *Palekh*, miniature sur papier mâché, travail du bois que l'on décore ensuite de couleurs vives sur un fond noir, travail du métal (argent filigrané), émaux, broderie. Avec l'ouverture du pays au tourisme, cet artisanat disparaît au profit d'une production industrielle de basse qualité qu'encouragent certains groupes mafieux.

Musique

Ce n'est qu'au XIXe siècle qu'apparaît une musique autre que liturgique ou populaire. Glinka en est le « père » avec *Ivan Soussanine* (1836) et *Rouslan et Lioudmila* (1842). À sa suite, Dargomyjski (*Roussalka*, 1856) élabore une œuvre qui influencera beaucoup le *groupe des Cinq* (Balakirev, Cui, Borodine, Moussorgski, Rimski-Korsakov), créateur d'une musique nouvelle, inspirée cependant de thèmes folkloriques ; Tchaïkovski compose des drames, des symphonies, une ouverture et de nombreux ballets. La musique moderne s'annonce avec Igor Stravinski, Prokofiev, Chostakovitch et Khatchatourian. L'URSS, où la musique est très populaire, possède de nombreux interprètes de renom international (le pianiste Richter, le violoniste David Oïstrakh). Tout aussi populaire est le ballet qui remonte en Russie au XVIIIe siècle, introduit par le chorégraphe français Didelot. Marius Petipa, également français, crée en 1875 *Les Brigands*, puis *La Belle au bois dormant* (1889) et *Casse-Noisette* (1892). En 1908, Michel Fokine collabore à la troupe des Ballets russes qui, dirigés par Serge de Diaghilev, jouent à Paris. Il est éclipsé, au sein de cette troupe, par Nijinski, cependant qu'en U.R.S.S. des maîtres de ballet comme Gorski ou Glière, connaissent leur apogée, servis par des artistes de talent, telles les danseuses Oulanova, Plissetskaïa, Doudinskaïa et le danseur et chorégraphe Noureïev (qui « choisit la liberté » assez vite). Bénéficiant de fortes subventions de l'État, danseurs et musiciens ont souvent fait des tournées triomphales en Occident.

Dovjenko.

Cinéma

Avant sa nationalisation (1919), le cinéma russe s'est attaché à mettre en scène la littérature nationale ou la vie populaire. Ivan Mosjoukine est la grande vedette de cette période. Freinée pendant la révolution, la production cinématographique reprend en 1922, sous l'impulsion du mot d'ordre de Lénine : « De tous les arts, le plus important est pour nous le cinéma ». Puissant diffuseur des idées révolutionnaires, le cinéma soviétique est l'objet de multiples recherches techniques dont le *Laboratoire expérimental* de Koulechov ou le *Kino Glaz* de Dziga Vertov, première tentative de cinéma-vérité.

Vertov, outre des documentaires d'actualité dans le cadre du magazine filmé *Kino Pravda*, réalise *Soviet en marche !* (1926), *La Onzième Année* (1928), *Trois Chants sur Lénine* (1934). Mais le grand nom du cinéma soviétique des années vingt demeure Eisenstein, génie de l'image et de la technique, qui n'a donné que sept films, qui sont autant de chefs-d'œuvre (encore que *Que viva Mexico* n'ait pas été monté par lui). Outre sa production cinématographique, Eisenstein a beaucoup fait pour le cinéma soviétique et russe en consignant par écrit son expérience et ses intuitions. Poudovkine, à l'inverse d'Eisenstein qui mettait l'accent sur le groupe, la foule, la masse, s'attache à une étude psychologique individualisée des personnages.

Tarkovski.

Quant à Dovjenko, qui rejoint Vertov, Eisenstein et Poudovkine au panthéon des cinéastes soviétiques, il apporte sa poésie, son lyrisme, sa tendresse. Le cinéma soviétique ne se résume pas à ces quatre personnages emblématiques, il est riche d'autres réalisations : *Le Chemin de la vie* (1931), de Nikolaï Ekk ; *Les Aventures d'Octobrine* (1924), *Neiges sanglantes* (1927), *La Nouvelle Babylone* (1929), *Seule* (1931), de Kozintsev et Trauberg ; *Les Dentelles* (1928), *Montagnes d'or* (1931), *Contre-plan* (1932), de Youtkevitch ; *Okraïna* (1933), de Boris Barnett ; *Tchapaïev* (1934), de Serge et Grigori Vassiliev ; *Katka petite pomme de reinette* (1926), *Les Paysans* (1936), *Le Grand Citoyen* (1938), *Camarade P* (1943), *Le Tournant décisif* (1946), d'Ermter ; *Nous de Cronstadt* (1936), de Dzigane ; *Les Treize*, de Romm ; la trilogie autobiographique de Gorki est adaptée avec art par Donskoï (1938-1940).

La guerre chasse les réalisateurs des studios et le cinéma soviétique se tourne alors vers le « film de guerre » documentaire où il excelle : *24 Heures de guerre en U.R.S.S.*, *Défaite allemande devant Moscou*, *La Bataille d'Ukraine*, *La Prise de Berlin*, *Les Partisans*. Après 1945, la production, d'un niveau artistique assez moyen, est due à des réalisateurs déjà en place avant la guerre. Il faut attendre l'avènement de Khrouchtchev pour que le cinéma soviétique se libère (un peu) avec Tchoukhraï (*Le Quarante et Unième*, 1957 ; *La Ballade du soldat*, 1959), Bondartchouk (*Le Destin d'un homme*, 1958 ; *Guerre et Paix*, 1965-1966) ; Kalatozov (*Quand passent les cigognes*, 1957).

La censure demeure, mais, très curieusement, elle n'intervient que lorsque le film est achevé. Ainsi, de fortes sommes sont investies dans un tournage ; achevé, le film peut être interdit, mais le réalisateur peut (souvent) en tourner un autre. À la génération des réalisateurs qui ont dû au « dégel » krouchtchévien de pouvoir s'exprimer appartient Tarkovski qui, à 34 ans, achève un chef-d'œuvre, *Andreï Roublev* (1966), que la censure interdira longtemps. Paradjanov donne *Les Chevaux de feu* (1964) puis affronte la censure. *Le Thème* (1979) de Panfilov n'est pas diffusé à l'étranger. Mikhalkov adapte *Oblomov* en 1979 et poursuit sa carrière sous Gorbatchev puis sous Eltsine (*Soleil trompeur*, 1994). Son frère Kontchalovski, plus âgé, donne *Le Premier Maître* (1965), et dans les années 1980-1990, tourne aux États-Unis des films mineurs. La situation de la Russie d'Eltsine inspire des films désespérés à des réalisateurs dont les plus talentueux sont Pavel Lounguine et Alexei Guerman (*Khroustaliov, ma voiture*, 1997).

Ruysbroek l'Admirable (bienheureux **Jan Van Ruusbroeck** ou **Van Rusbrock**, dit) 1293-1381 Théologien et mystique brabançon, auteur des premières œuvres d'importance en néerlandais (*Le Royaume des amants de Dieu*); sa pensée, à l'origine du mouvement spirituel de la « Devotio moderna », met l'accent sur la méditation personnelle et la prière intérieure.
Ruysdael (Jacob Van) 1628 ?-1682 Peintre hollandais. Formé à Haarlem, il se fixe à Amsterdam en 1656. Grand paysagiste, il fut longtemps méconnu. La nature lui a inspiré des tableaux lyriques et mélancoliques : *Champ de blé*.
Ruzzante (Angelo Beolco, dit le) 1502-1542 Acteur et dramaturge italien. Ses œuvres, qui mettent en scène des paysans pauvres auxquels il conserve leurs parlers et leurs coutumes (*La Moscheta*), annoncent la commedia dell'arte.
• **Rwanda** ou **Ruanda** République d'Afrique centrale située entre la république démocratique du Congo, à l'ouest, l'Ouganda, au nord, la Tanzanie, à l'est, et le Burundi, au sud.
rwandais, e adj. et n. Du Rwanda. *Agriculture rwandaise. Un(e) Rwandais(e).*
Ryswick (aujourd'hui *Rijswijk*) *47 121 h.* Ville des Pays-Bas, en Hollande-Méridionale, où fut signée en 1697 la paix mettant fin à la guerre de la ligue d'Augsbourg (1688-1697) et selon laquelle Louis XIV gardait Strasbourg, Sarrelouis et Longwy et restituait les territoires annexés. Aujourd'hui, la ville exploite du pétrole offshore.
rythm and blues n. m. MUS. Genre de blues qui se joue accompagné d'une section rythmique. *Un groupe de rythm and blues.*

La Cascade, *tableau de* **Jacob Van Ruysdael**.

rythme n. m. Alternance régulière de temps forts et faibles, revenant selon une certaine périodicité, et qui sous-tend une phrase musicale, un vers ou une prose bien scandée. / Bruit, mouvement régulier. *Rythme cardiaque.* / Fig. Succession prévisible de certains événements. *Le rythme des saisons.* / Vitesse, cadence. *Rythme de travail.*
rythmer v. t. [1] Donner du rythme à; régler selon une cadence. *Rythmer une phrase, une mélodie. Rythmer son pas.* Fig. *Il se remémora les événements qui avaient rythmé sa journée.*
rythmique adj. et n. f. Propre ou relatif au rythme. *Mouvement rythmique.* / MUS. *Section rythmique* ou (n. f.) *une, la rythmique* : groupe d'instruments affectés à une fonction rythmique.
Ryukyu (îles) *2 250 km² 1 200 000 h.* Archipel volcanique du Pacifique, entre Kyushu et Taiwan. Chef-lieu *Naha*. Les principales ressources sont l'agriculture (canne à sucre, riz) et la pêche. Les États-Unis, qui l'ont administré de 1945 à 1972, ont établi une importante base militaire dans l'île principale, Okinawa, ce qui suscite le mécontentement de la population (et, parfois, des autorités japonaises). L'archipel est situé dans une zone instable où séismes et typhons sont fréquents.

RWANDA

Superficie : *26 338 000 km²* – **Nombre d'habitants :** *8 700 000 h.* – **Capitale :** *Kigali*
Villes principales : *Butare, Ruhengeri, Gisenyi* – **Système politique :** *république* – **Langue(s) :** *français, anglais, kinyarwanda* – **Religion(s) :** *catholicisme, animisme* – **Monnaie(s) :** *franc rwandais*

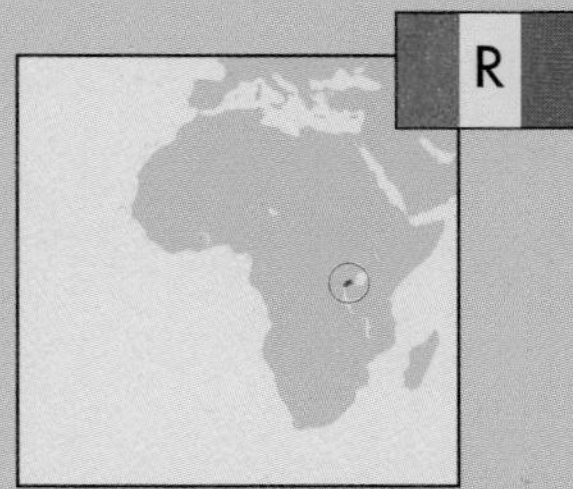

Voir l'Atlas

Géographie physique et humaine

Les montagnes de l'ouest et du centre (qui culminent à plus de *4 000 m* dans les monts Virunga, au nord-ouest) s'aplanissent vers la Tanzanie. Cette altitude adoucit le climat et favorise l'agriculture (plus de 80 % de la population active, plus du tiers du P.N.B.). Les cultures d'exportations sont le café et le thé. L'élevage joue un rôle mineur. La population comprend une grande majorité de Hutus (85 % de la population actuelle), les Tutsis et, enfin, les Twas (moins de 1 %). Le Rwanda est l'un des pays les plus densément peuplés d'Afrique malgré un taux d'urbanisation très faible.

Histoire

Situé dans la zone des grands lacs (dite aussi « interlacustre »), le Rwanda est d'abord peuplé de Pygmées. À une date impossible à préciser, des agriculteurs bantous, les Hutus, s'y implantent, puis une population d'éleveurs nomades d'origine nilotique, les Tutsis. Les populations se mêlent, de sorte que la langue des Hutus, le kinyarwanda, langue bantoue, devient celle des Tutsis. La domination tutsie se forge graduellement et, d'après certains historiens, le Rwanda devient un royaume dès le Xᵉ siècle ap. J.-C.
Cependant, le roi (mwami) et l'aristocratie tutsie n'empêchent pas que des tribus hutues indépendantes existent encore au XIXᵉ siècle. En 1892, un Autrichien est le premier Européen à pénétrer au Rwanda, suivi par des Allemands. En 1899, l'Allemagne impose le protectorat au mwami du Rwanda.
Pendant la Première Guerre mondiale, en 1916, la Belgique envahit le pays et l'occupe jusqu'à ce que la Société des Nations lui confie un mandat sur le territoire (1923). Sous son influence directe, le Rwanda se transforme : la monarchie perd son caractère sacré et le pouvoir tutsi se renforce et se bureaucratise. Certains africanistes affirment que la Belgique s'est appuyée sur les Tutsis pour dominer les Hutus, « créant » ainsi deux ethnies qu'on ne pouvait pas jusqu'alors considérer comme distinctes puisque parlant la même langue.
Le contrôle des colonisateurs sur le pouvoir tutsi se renforce après la Seconde Guerre mondiale, la Belgique devenant puissance tutélaire. Mais la modernisation des structures administratives et politiques du pays laisse entrevoir aux Hutus les possibilités d'une indépendance à leur profit. Les Tutsis deviennent plus hostiles à la colonisation, tandis que les Belges prennent conscience de l'ampleur du mouvement hutu et que l'Église (les deux tiers des Rwandais sont catholiques) milite en sa faveur. En 1957 est publié le *Manifeste des Bahutu*, qui dénonce le pouvoir économique et politique des Tutsis.

Paysanne allant chercher de l'eau.

Après la mort du mwami Mutara III (1959), la venue au pouvoir d'un successeur autoritaire (Kigeli V) et le succès électoral du Mouvement pour l'émancipation hutue (PARMEHUTU), le rééquilibrage du pouvoir en faveur des Hutus par la Belgique commence à s'accélérer. En 1961, après deux mois de troubles sanglants, la république est proclamée et le président du PARMEHUTU, Grégoire Kayibanda, forme un gouvernement. Le 1ᵉʳ juillet 1962, le pays accède à l'indépendance. G. Kayibanda devient président de la République et de nombreux Tutsis se réfugient dans les pays voisins.
De l'exil, et principalement du Burundi,, ils lancent, en 1963, des raids dans le pays, ce qui déclenche des massacres de Tutsis par des Hutus

Rwanda (suite)

(20 000 morts) et intensifie l'exode. Des dissensions commencent à apparaître entre les Hutus du nord, du centre et du sud. Les événements au Burundi (massacres de Hutus) alimentent les tensions interethniques qui entraînent l'élimination des Tutsis de l'administration et de l'éducation.
En 1973, Kayibanda, qui a supprimé tous les autres partis politiques et dont le pouvoir vacille, est renversé par le général Juvénal Habyarimana, Hutu du nord. Ce dernier tente une réconciliation nationale. Cependant, la diaspora rwandaise n'obtient pas le droit de retour (déclaration de Kigali, 1986) et le multipartisme ne sera rétabli qu'en 1991.
En Ouganda, un mouvement de résistance à la dictature, dit tutsi par les uns, d'union nationale par les autres, prend pour nom Front patriotique rwandais (F.P.R.). En 1990, il envahit le nord du Rwanda. D'année en année, il étend son assise territoriale, malgré l'aide qu'apportent la Belgique et la France au gouvernement en place.
En août 1993, Habyarimana et le F.P.R. concluent un accord fragile. Les deux armées doivent fusionner et le F.P.R. doit participer au gouvernement. Toutefois, en avril 1994, l'avion transportant Habyarimana et le président du Burundi, nouvellement

Station service à Butare, la deuxième ville du pays après Kigali, la capitale.

élu, C. Ntaryamira (hutu lui aussi), est abattu (les responsables n'ont pas été démasqués). Les organes gouvernementaux appellent à la violence contre le F.P.R. Des Hutus déclenchent le génocide des Tutsisqui aurait fait, selon les sources, entre 500 000 et 1 million de morts dans les deux camps. La France lance l'opération humanitaire « Turquoise », soupçonnée de venir en aide au gouvernement contre l'offensive du F.P.R. En juillet 1994, celui-ci contrôle la totalité du pays. Le Tribunal pénal international pour le Rwanda, créé par le Conseil de sécurité de l'ONU (T.P.I.R.), s'installe à Arusha. Les responsables hutus des massacres s'enfuient en République démocratique du Congo, entraînant avec eux d'autres Hutus.
Un million de personnes s'entassent dans des camps aux frontières du Rwanda. C'est seulement en novembre 1996 qu'une partie d'entre eux rentrera au Rwanda, ainsi que le demandait le F.P.R. depuis 1994. Le F.P.R. organise un gouvernement d'union nationale et l'armée se renforce.
En septembre 1997, l'armée rwandaise attaque les camps hutus en République démocratique du Congo. Le président congolais Kabila et le F.P.R. s'affrontent avec violence, alors que le F.P.R. doit, à l'intérieur du Rwanda, faire face à une rébellion armée. En 2000, le vice-président Paul Kagamé est désigné comme président de la République par l'Assemblée nationale transitoire. Le corps expéditionnaire rwandais en République démocratique du Congo a été en partie rapatrié en 2002 et le pays, ravagé par la guerre et qui demeure un des plus pauvres du monde, s'engage avec difficulté sur la voie de la normalisation. Le 27 mai 2003, une nouvelle Constitution est adoptée (93% de oui).

S s

s' Voir **se**
sa Voir **son [2]**
SA (abrév. de *SturmAbteilung*, « section d'assaut ») Formation paramilitaire nazie. Les SA, sous commandement de Röhm (1920), puis de Göring, constituaient une troupe brutale et indisciplinée qui maintenait l'ordre dans les réunions du Parti national-socialiste et perturbait celles des autres partis. La terreur qu'elle faisait régner joua un rôle important dans la prise du pouvoir par Hitler, mais les ambitions de ses chefs se heurtant à celles d'Hitler, ces derniers furent en grande partie éliminés lors de la « Nuit des longs couteaux », le 30 juin 1934 ; le rôle politique de la SA déclina alors au profit des SS.
Saadi (Mucharrif al-Din) 1213 ?-1291 ? Poète persan. Il effectua de nombreux voyages au Proche-Orient et au Moyen-Orient qui inspirèrent son œuvre de poète et de moraliste. Ses deux principaux ouvrages en vers et en prose, le *Bustan* (« le Verger », 1257) et le *Gulistan* (« la Roseraie », 1258), sont d'un style simple et raffiné. Il a influencé la littérature orientale et a été découvert en Occident grâce à des traductions partielles à partir du XVIIe siècle.
Saadiens Dynastie de chérifs originaires du Sous qui régna au Maroc de 1554 à 1659 ; isolés, ils évitèrent d'entrer en contact avec les États chrétiens.
Saarinen (Eliel) 1873-1950 Architecte finlandais. Il fit construire la gare d'Helsinki (1910-1914) et, après avoir remporté un prix pour la Chicago Tribune Tower, émigra aux États-Unis avec son fils Eero en 1923. **Eero** 1910-1961 Architecte et dessinateur de meubles américain, fils du précédent. Il travailla avec son père avant sa mort, puis réalisa (1955) son premier grand projet, un ensemble de 25 bâtiments pour la General Motors Technical Center à Warren dans le Michigan. Il adopta un style d'architecture organique s'inspirant de la nature pour la forme de ses édifices : le T.W.A. Air Terminal dans l'actuel aéroport Kennedy de New York (1956-1962) et l'aéroport international Dulles à Washington D.C. (1958-1963). Les meubles qu'il créa à partir de 1941 remportèrent un grand succès.
Saba Ancien royaume situé dans le Sud de l'Arabie (le Yémen actuel). Cet État, qui existait déjà au VIIIe siècle av. J.-C ; les peuples sabéens d'Arabie du Sud furent unifiés au IIIe siècle de notre ère. Les Sabéens, connus pour leurs grandes richesses, pratiquaient le commerce des épices qu'ils achetaient en Orient pour les revendre aux pays de la Méditerranée. Conquis en 525 par les Éthiopiens, puis en 570 par les Perses, le royaume de Saba fut englobé, en 632, dans l'Empire arabe. Selon la Bible (*Livre des Rois*), une reine de Saba (appelée Balkis dans le Coran) se serait rendue dans le royaume d'Israël pour faire la connaissance du roi Salomon dont elle aurait eu un fils, Ménélik Ier, fondateur légendaire de la dynastie des empereurs éthiopiens.
Saba (Umberto Poli, dit Umberto) 1883-1957 Poète italien. Son premier recueil de poèmes (le *Canzoniere*, publié en 1921) regroupe la production allant de son adolescence (*Voix des lieux et des choses*, 1904-1905) jusqu'à la Première Guerre mondiale (*La Sereine Désespérance*, 1912-1914). Il y chante, dans un style classique, Trieste, sa ville natale, et sa vie intime. Né d'une mère juive, il dut fuir Trieste et les lois raciales de l'Italie fasciste. Réfugié à Florence pendant la Seconde Guerre mondiale, il publia à nouveau le *Canzoniere* (1945), auquel avaient été ajoutés de nouveaux recueils (dont *Autobiographie*, 1924) où se manifeste son intérêt pour la psychanalyse. Une troisième édition du *Canzoniere*, comprenant ses derniers poèmes, parut en 1961.

Paul Sabatier.

Ernesto Sábato.

Visite de la reine de **Saba** à Salomon, *par le Tintoret (musée du Prado, Madrid).*

Sabah (autrefois *Bornéo-Septentrional*) *73 711 km² 1 736 902 h.* État de la Fédération de Malaisie (Malaysia) constitué par le nord de l'île de Bornéo. Capitale *Kota Kinabalu*. C'est une région montagneuse (*4 175 m* au Kinabalu) au climat équatorial. Riz, caoutchouc, coprah, exploitation forestière constituent les principales ressources. De 1877 à 1963 le territoire fut une colonie britannique ; devenu indépendant, il a été rattaché à la Malaysia par référendum en 1963.
Sabatier (Paul) 1854-1941 Chimiste français. Il étudia, avec Senderens, à l'hydrogénation de composés organiques sous l'action catalytique du nickel. Ses travaux ont permis de réduire le coût de nombreux processus industriels en évitant l'emploi de coûteux catalyseurs (platine, palladium).
Sábato (Ernesto) 1911 Écrivain argentin. Physicien de formation, il a travaillé au laboratoire Curie à Paris dans les années 1930 et n'a commencé à écrire qu'en 1945. Penseur existentialiste, il a écrit des essais (dont *Sartre contre Sartre*, 1968) et trois romans (*Le Tunnel*, 1948 ; *Alejandra*, 1961 ; *L'Ange des ténèbres*, 1974). En 1984, il a présidé la Commission des droits de l'homme chargée d'enquêter sur les disparitions en Argentine pendant la dictature militaire.

S

L'Enlèvement des ***Sabines***, *sculpture de Jean de Bologne.*

sabayon n. m. CUIS. Crème onctueuse composée de jaunes d'œufs battus dans du vin doux avec du sucre.
sabbat n. m. Dans la religion juive, repos observé du vendredi au coucher du soleil jusqu'au samedi au coucher du soleil, consacré au culte divin en commémoration du septième jour où, la Création achevée, Dieu se reposa. (Les juifs emploient le mot hébreu, *shabbat*.) / Dans les légendes médiévales, assemblée nocturne de sorciers et de sorcières. / Litt. Tapage.
sabbatique adj. Du sabbat; propre au sabbat. *Repos sabbatique.* / *Année sabbatique*: dans l'Antiquité, année revenant tous les sept ans, pendant laquelle les juifs, conformément à la loi de Moïse, laissaient les champs en jachère et s'abstenaient d'exiger les créances; aujourd'hui, année de congé accordée dans certains pays à des universitaires, des chercheurs, des cadres d'entreprise, qui interrompent leurs activités professionnelles et retrouvent leur poste à l'issue de ce congé.
sabéen, enne adj. Du pays de Saba.
Sabelliens Nom de l'ensemble des peuples de l'Apennin central, au cours de la période romaine.
Sabins Peuple issu des Sabelliens qui habitait dans l'Antiquité une région nommée la Sabine, située, non loin de Rome, à l'est de l'Étrurie. Selon la légende de la naissance de Rome, l'enlèvement des Sabines par les compagnons de Romulus, premier roi de Rome, provoqua la guerre entre les deux peuples, puis leur union, Romulus acceptant de partager le pouvoir avec le roi des Sabins. Deux rois sabins régnèrent ensuite sur Rome au VIIe siècle avant J.-C.
sabir n. m. Anc. Jargon en usage en Afrique du Nord et au Levant, mélange d'arabe, d'espagnol, de français et d'italien. / LING Langue d'appoint destinée à faciliter les échanges commerciaux, au vocabulaire limité et aux règles élémentaires, qui est issue de contacts entre langues très différentes. / Péjor. Parler incompréhensible; charabia.
sablage n. m. Action de sabler, de couvrir de sable ou de décaper au sable.
sable [1] n. m. et adj. inv. Roche sédimentaire et détritique résultant de la désagrégation d'autres roches, très meuble et pulvérulente. *Grain, banc, dune de sable.* / *Sables mouvants*: marécages de sable où l'on s'enfonce. / adj. D'une couleur beige clair.
sable [2] n. m. HÉRALD. Un des cinq émaux de l'écu, de couleur noire.
sablé, e adj. et n. m. CUIS. *Pâte sablée*: pâte friable sucrée, à base de farine et d'œufs, avec une forte proportion de beurre. / n. m. Petit gâteau en pâte sablée.
sabler v. t. [1] Couvrir de sable. *Sabler une route par temps de verglas.* / TECH. Couler dans un moule en sable. / Décaper au jet de sable. / Fig. *Sabler le champagne*: célébrer une fête, un événement heureux en buvant du champagne.
Sables-d'Olonne (Les) *15 830 h.* Chef-lieu d'arrondissement de la Vendée, port de pêche (thon, sardine, chalutage) et station balnéaire sur l'Atlantique.
sableuse n. f. Machine à sabler.
sableux, euse adj. De la consistance du sable; qui contient du sable.
sablier n. m. Appareil de mesure de temps constitué de deux ampoules de verre superposées, reliées par un fin goulet, dont l'une est remplie de sable qui s'écoule lentement dans l'autre.
sablière n. f. Carrière de sable. / TECHN. Poutre horizontale qui sert d'appui aux autres pièces d'une charpente.
sablonneux, euse adj. Contenant du sable.
sabord n. m. Ouverture quadrangulaire pratiquée dans le bord d'un navire de guerre pour laisser passer les bouches des canons. / *Sabord de charge*: grande ouverture pour charger les bateaux.
sabordage ou **sabordement** n. m. Action de saborder, de se saborder.
saborder v. t. [1] Couler (une embarcation) en perçant des voies d'eau sous la ligne de flottaison. *Il ne reste plus qu'à saborder le navire.* / Fig. Mettre fin volontairement à l'existence de. *Il a sabordé son entreprise.* / v. pron. *Se saborder*: saborder son propre navire; au fig. *Refuser de signer ce contrat équivaut à se saborder.*
sabot n. m. Chaussure creusée dans une seule pièce de bois ou faite d'une semelle de bois et d'un dessus fait d'une autre matière. / ZOOL. Enveloppe cornée entourant l'extrémité des doigts des mammifères ongulés. / Garniture de métal protégeant le pied d'un meuble, l'extrémité d'un poteau, d'un pieu. / Pièce permettant d'empêcher le recul de la roue d'un véhicule ou de freiner son mouvement. *Sabot de frein.* / Fig. et vieilli Mauvais instrument, vieux bateau mal entretenu. / *Baignoire sabot*, de petite taille, où l'on se tient assis.
sabotage n. m. Action de saboter. / Acte volontaire tendant à rendre un matériel inutilisable ou à gêner le fonctionnement d'une entreprise, la réussite d'un projet.
saboter v. t. [1] Faire vite et mal, bâcler (un travail). / Se livrer au sabotage de.

Rose des ***sables****.*

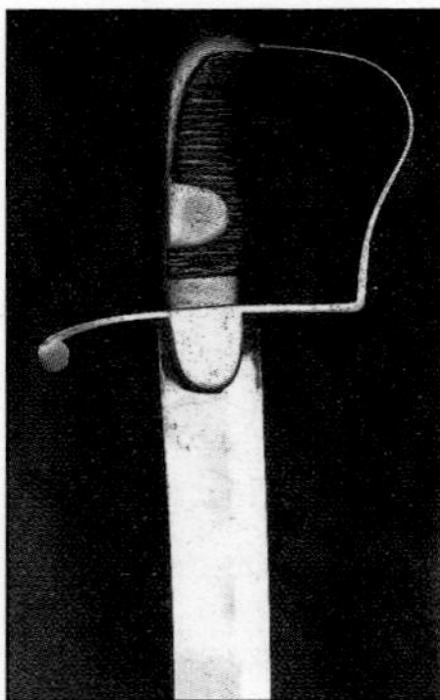
Sabre *(détail de la poignée et de la garde).*

saboteur, euse n. Personne qui sabote qqch.
sabotier, ère n. Personne qui fabrique, vend des sabots.
sabra n. Citoyen israélien né en Israël.
sabre n. m. Arme blanche, parfois courbée, dont la lame n'est tranchante que d'un côté. *Sabre d'abordage, de cavalerie.* / Une des trois disciplines de l'escrime, dans laquelle on touche l'adversaire avec la pointe ou le tranchant de l'arme.
sabrer v. t. [1] Frapper (qqch., qqn) à coups de sabre. / Fig. *Sabrer une page*, la biffer. / Par ext. *Sabrer un article. Sabrer qqn*, éliminer sa candidature, l'écarter de sa fonction.
sabretache n. f. Anc. Sacoche plate portée au ceinturon par les cavaliers.
sabreur n. m. Celui qui se bat au sabre. / SPORT Escrimeur qui utilise le sabre.
sac [1] n. m. Poche ouverte par le haut, faite d'une matière souple (papier, plastique, étoffe, cuir), servant à contenir ou à transporter diverses choses. *Sac postal, sac(-) poubelle, sac à main, sac de voyage, sac à provisions, sac à dos. Sac de couchage*: enveloppe de tissu molletonné dans laquelle on se glisse pour dormir. / Contenu d'un sac. *Sacs de ciment.* / ANAT. Cavité anatomique; membrane enveloppant diverses structures anatomiques. *Sac lacrymal, amniotique, alvéolaire.* / BOT. *Sac embryonnaire*: gamétophyte femelle des angiospermes, contenu dans l'ovule, constitué de plusieurs cellules haploïdes, notam. le gamète femelle (qui, après la fécondation, formera l'embryon) et deux noyaux centraux (qui seront à l'origine de l'albumen). / Fig., fam. *Sac de nœuds* ou (ellip.) *sac*: embrouillamini.
sac [2] n. m. Pillage. *Mettre une ville à sac.*
saccade n. f. Mouvement brusque donné en tirant sur les rênes d'un cheval. / Mouvement intermittent et violent. *Avancer par saccades.*
saccadé, e adj. Fait par saccades. *Mouvement saccadé.*
saccage n. m. Action de saccager; son résultat.
saccager v. t. [1] Mettre à sac (un lieu). *Saccager une ville.* / Par ext. Dévaster (un lieu). *Saccager un appartement.*
saccharification n. f. Action de saccharifier; son résultat.
saccharifier v. t. [1] BIOCHIM. Transformer en sucre.
saccharimétrie n. f. Procédé de mesure de la teneur en sucre d'une solution.
saccharin, ine adj. Relatif au sucre; de la nature du sucre.
saccharine n. f. CHIM. Substance blanche, non glucidique, sans pouvoir nutritif, à la saveur sucrée, employée comme substitut du sucre.
saccharomyces n. m. pl. BIOL. Nom scientifique des levures. *Les saccharomyces sont des champignons ascomycètes unicellulaires, qui sont responsables de différents types de fermentation.*
saccharose n. m. BIOCHIM. Holoside dont la molécule donne par hydrolyse une molécule de glucose et une molécule de fructose. *Le sucre alimentaire est du saccharose presque pur.*
Sacco et Vanzetti (affaire) 1920-1927 Affaire judiciaire américaine. À la suite de l'assassinat de deux employés au cours d'un hold-up dans le Massachusetts en 1920, deux ouvriers italiens immigrés et anarchistes, Bartolomeo Vanzetti (né en 1888) et Nicola Sacco (né en 1891) furent arrêtés et accusés de meurtre sans preuve. Malgré de vives protestations dans les milieux ouvriers et communistes en Europe et aux États-Unis, ils furent condamnés à mort (1921) et exécutés en 1927.
saccule n. m. ANAT. Vésicule située au-dessous de l'utricule et formant avec ce dernier le vestibule de l'oreille interne.
sacculine n. f. ZOOL. Crustacé de l'ordre des cirripèdes, parasite des crustacés décapodes (notam. crabes), qui forme à l'intérieur de l'organisme de son hôte un réseau de filaments et qui apparaît de l'extérieur comme un sac fixé à l'abdomen de l'animal parasité.
SACEM Acronyme pour *Société des Auteurs, Compositeurs et Éditeurs de Musique*, association créée en 1851 pour percevoir et répartir les droits d'exécution des œuvres des sociétaires ou de leurs ayants droit.
sacerdoce n. m. Dignité et fonction de ministre d'un culte. / Fig. Tâche exigeant un dévouement total.
sacerdotal, ale, aux adj. Propre au sacerdoce.
sachem n. m. (mot iroquois) Chef, conseiller, chez les Indiens du nord de l'Amérique du Nord.
Sacher-Masoch (Leopold, chevalier **von)** 1836-1895 Écrivain autrichien. Ses œuvres, comme sa vie, reflètent sa conviction qu'il ne peut y avoir d'amour entre un homme et une femme sans que l'un soit l'esclave de l'autre. Ses récits (dont le plus célèbre est *La Vénus à la fourrure*, 1870), souvent autobiographiques, peignent des personnages masculins pervers, ne trouvant leur plaisir qu'en étant humiliés, insultés et battus par des femmes belles et cruelles comme l'Histoire qui pousse éternellement les sexes opposés à lutter. C'est de son nom que le médecin allemand Krafft-Ebing tira le terme *masochisme* dans son ouvrage sur les perversions sexuelles, *Psychopathia sexualis* (1886).
sachet n. m. Petit sac.
Sachs (Hans) 1494-1576 Poète allemand. Savetier de formation, il parcourut l'Allemagne comme compagnon (1511-1516) et décida de devenir maître chanteur, abandonnant plus tard la cordonnerie pour

se consacrer entièrement à la poésie. Luthérien déclaré dès 1520, il composa des œuvres polémiques (*Le Rossignol de Wittenberg*, 1523), mais aussi des psaumes, des cantiques, des drames et des fables et remporta un succès considérable. Wagner s'inspira de lui dans son opéra *Les Maîtres-chanteurs de Nuremberg* (1862-1867).

Sachs (Léonie, dite **Nelly)** 1891-1970 Écrivain suédois d'origine et d'expression allemandes. Réfugiée en Suède en 1940, elle consacra son œuvre au martyre juif: *Dans les demeures de la mort* (1946), *Voyage dans des pays sans poussière* (1961).

Sachs (Maurice Ettinghausen, dit **Maurice)** 1906-1945? Écrivain français. Auteur singulier, au comportement troublant (juif converti au christianisme, un temps séminariste, marié aux États-Unis, de retour en Europe avec un ami homosexuel, père adoptif d'un enfant qu'il abandonne), il relate ses expériences dans des œuvres autobiographiques (*Alias*, 1935; *Le Sabbat*, 1946; *La Chasse à courre*, 1949). Trafiquant du marché noir, engagé dans le STO, dénonciateur des anti-nazis sur les chantiers de travail obligatoire, il disparaît à la fin de 1943; on ignore la date, le lieu et les circonstances de sa mort.

Sackville-West (Victoria, dite **Vita)** 1892-1962 Écrivain britannique. Appartenant à une famille de très haute noblesse, elle épousa un diplomate et mena une existence non conformiste; romancière (*Séducteurs en Équateur*, 1925; *Histoire de famille*, 1932), elle fut aussi poète (*Le Jardin*, 1946) et tint une chronique de jardinage (*BBC* et *The Observer*). Elle a inspiré *Orlando* à Virginia Woolf.

sacoche n. f. Sac de cuir ou de toile généralement muni d'attaches, d'une bandoulière, d'une courroie, etc.

sacquer ou **saquer** v. t. [1] Fam. Refuser (un postulant). *Sacquer un candidat à un examen.* / (Employé absol.) Noter sévèrement une épreuve, un élève. *Le professeur l'a sacqué.* / Fam. *Ne pas pouvoir sacquer qqn*: éprouver une vive antipathie pour qqn.

sacral, ale, aux adj. Qui a été sacralisé.

sacralisation n. f. Action de sacraliser; son résultat.

sacraliser v. t. [1] Attribuer une fonction sacrée à. *Sacraliser les ancêtres.*

sacramentaire n. et adj. LITURG. Recueil de prières pour les sacrements. / adj. Relatif aux sacrements.

sacramental, aux n. m. RELIG. Chez les catholiques, rite destiné à avoir un effet spirituel.

sacramentel, elle adj. Propre aux sacrements. *Fonction sacramentelle.*

Sacramento *373 964 h.* Capitale de la Californie, aux États-Unis, sur le Sacramento (*620 km*), qui se jette dans la baie de San Francisco. L'agglomération, industrialisée, a plus de *1 200 000 h.*

sacre [1] n. m. Cérémonie liturgique qui confère à un souverain un caractère sacré; consécration d'un évêque.

sacre [2] n. m. ZOOL. Faucon à la tête claire, au dessus roux, d'Europe et d'Asie, élevé pour la chasse. / (Appos.) *Un faucon sacre.*

sacré, e [1] adj. et n. m. (Par oppos. à *profane*) Propre ou relatif à la religion, au culte, au divin. *Livres sacrés.* / Consacré par sa fonction, par une cérémonie liturgique. *Vase sacré.* / Qui doit être vénéré. *Vache sacrée.* / Que l'on ne peut enfreindre. *Devoir sacré.* / (Placé devant le nom, avec la fonction d'un juron) Satané, maudit. *Sacré nom de Dieu! C'est un sacré menteur.* / (Placé devant le nom et le renforçant) *Une sacrée trouille.* / n. m. *Le sacré et le profane.*

Basilique du **Sacré-Cœur**.

sacré, e [2] adj. Relatif au sacrum. *Vertèbres sacrées.*

Sacré (mont) *37 m* Colline proche de Rome sur laquelle, en 494 avant J.-C., l'armée romaine se serait retirée en signe de révolte alors que la plèbe se retirait sur l'Aventin.

sacrebleu! interj. Vx Juron, euphémisme pour *sacredieu*.

Sacré-Cœur (basilique du) Basilique édifiée de 1876 à 1912 sur la butte Montmartre à Paris. Son architecte, Paul Abadie, y associa les styles roman et byzantin de Saint-Front de Périgueux.

sacredieu! interj. Vx Juron blasphématoire.

sacrées (guerres) Nom de trois guerres pour la possession du sanctuaire d'Apollon à Delphes qui se déroulèrent en Grèce entre 595 (ou 590) et 346 av. J.-C. La première guerre mit fin à la domination des villes phocidiennes qui détroussaient les pèlerins. La deuxième débuta lorsque Delphes fut prise par les Phocidiens (448) et se continua par une lutte entre Sparte et Athènes; les Spartiates remportèrent la victoire contre les Phocidiens et Thèbes secoua la tutelle d'Athènes. La troisième guerre (commencée en 355) opposa les Thébains et les Phocidiens et vit l'intervention de Philippe II de Macédoine qui soumit les Phocidiens. Il obtint ainsi une place au sein de l'assemblée religieuse groupant les dévots d'Apollon (amphictyonie), et donc la possibilité d'intervenir dans les affaires grecques, position qu'il consolida en 339, lors d'une autre guerre, parfois appelée la quatrième guerre sacrée.

sacrement n. m. Dans les religions catholique romaine et orthodoxe, signe concret et efficace de la grâce, que le Christ a institué pour le salut des hommes. / *Le saint sacrement*: l'eucharistie.

♦ Les catholiques distinguent sept sacrements: le baptême, la confirmation, l'eucharistie, l'ordre, le mariage, la pénitence et le sacrement des malades (l'extrême-onction). Seuls les ministres du culte ont le droit de les administrer. La plupart des Églises réformées n'admettent que les deux sacrements dont parle l'Évangile, le baptême et l'eucharistie, et n'y attribuent pas les mêmes effets que les catholiques et les orthodoxes.

sacrément adv. Satanément, diablement, extrêmement.

sacrer [1] v. t. [1] RELIG. Conférer un caractère sacré à (un souverain) par la cérémonie du sacre. / Par ext. Donner une consécration officielle à. *Être sacré champion du monde.*

sacrer [2] v. i. [1] Dire des jurons.

sacret n. m. Sacre mâle.

sacrificateur, trice n. Prêtre, prêtresse offrant des sacrifices.

sacrificatoire adj. Relatif au sacrifice.

sacrifice n. m. Offrande ou immolation rituelle d'un animal ou d'un être humain pour plaire à une divinité. / *Le Saint Sacrifice*: pour les chrétiens, le sacrifice de la messe qui renouvelle le sacrifice de Jésus sur la croix. / Fig. Renoncement volontaire; privation. *Esprit de sacrifice. Faire le sacrifice d'un achat.*

sacrificiel, elle adj. Qui procède du sacrifice religieux. *Rites sacrificiels.*

sacrifier v. t. [1] Offrir en sacrifice. *Sacrifier un agneau.* / Accepter de perdre (qqn, qqch.) pour l'intérêt d'un groupe ou pour s'assurer un avantage ultérieur. *Sacrifier un pion aux échecs. Sacrifier une marchandise*, la brader. / Négliger, renoncer à (qqn ou qqch.) au profit d'une autre personne ou d'un intérêt. *Sacrifier l'amour, sa famille au devoir.* / v. t. ind. *Sacrifier à*: se soumettre à, se conformer à. *Sacrifier à la tradition.* / v. pron. Donner sa vie (pour qqn, qqch.). *Se sacrifier pour la patrie.* (Par ext.) Se dévouer.

sacrilège n. et adj. **A.** n. m. Profanation d'objets sacrés. / Outrage à une personne, à une chose digne de respect. *Commettre un sacrilège. La détérioration de cette toile de Rembrandt est un sacrilège.* **B.** adj. Coupable de sacrilège. / Qui a un caractère de sacrilège.

sacripant n. m. Vieilli, fam. Chenapan, vaurien.

sacristain, aine ou **ine** n. Personne qui a la charge d'une sacristie. / n. m. Gâteau de pâte feuilletée en forme de rouleau torsadé.

sacristi! interj. Vieilli Juron familier exprimant étonnement ou agacement.

sacristie n. f. Pièce d'une église, ou attenante à une église, où sont rangés les objets du culte, les vases et ornements sacrés.

sacro-saint, e adj. (Souvent ironiquement) Qui doit être respecté absolument. *Des principes sacro-saints.*

sacrum n. m. ANAT. Os triangulaire du bas de la colonne vertébrale, formé par cinq vertèbres soudées (vertèbres sacrées), qui s'articule en haut avec la dernière vertèbre lombaire, en bas avec le coccyx, latéralement avec les os iliaques.

Sadate (Anouar el-) 1918-1981 Officier et homme politique égyptien. Lié à Nasser dès 1939, il participe avec lui au renversement de la monarchie égyptienne en 1952. Président de l'Assemblée (1960) puis vice-président de la République (1969), il succède à Nasser, mort en 1970. Il entreprend des réformes dont certaines, libérales, l'opposent au parti unique égyptien, l'Union socialiste arabe. Abandonnant progressivement le nassérisme, il se rapproche des États-Unis qui l'incitent à négocier avec Israël, sans toutefois couper les relations avec l'U.R.S.S. À partir de 1973, il cumule les fonctions de chef d'État, chef de gouvernement et gouverneur de l'armée avant de reprendre la guerre contre Israël. À l'issue de la guerre, les accords de désengagement (1974-1975) lui permettent de récupérer le Sinaï et de rouvrir le canal de Suez. En 1977, il se rend à Jérusalem, puis signe avec le Premier ministre israélien, M. Begin, les accords de Camp David qui ouvrent la voix à une paix séparée entre l'Égypte et Israël (1979). Sadate et Begin reçoivent le prix Nobel de la paix en 1978, mais le président égyptien est dorénavant isolé dans le monde arabe et dans son propre pays. Il est assassiné par des islamistes extrémistes lors d'un défilé militaire.

sadducéen ou **saducéen, enne** n. et adj. ANTIQ. Membre d'un parti juif opposé aux Pharisiens, qui joua un rôle important entre le Ier siècle av. J.-C. et la destruction du temple de Jérusalem en 70. *Aristocrates, conservateurs, liés aux familles sacerdotales, les sadducéens ne reconnaissaient que la Loi écrite (le Pentateuque), se confinaient dans le Temple, ne partageaient pas l'attente messianique du peuple et ne voyaient que superstitions dans la croyance à la résurrection, à l'immortalité de l'âme individuelle, aux anges et aux démons.*

Le marquis de **Sade**.

Sade (Donatien Alphonse François, comte de Sade, dit le marquis **de)** 1740-1814 Écrivain français. Capitaine de cavalerie pendant la guerre de Sept Ans, il subit un premier emprisonnement pour libertinage dès 1763, quelques mois après son mariage avec Renée de Montreuil. Mais il multiplie les scandales et est emprisonné à de nombreuses reprises, allant notamment du donjon de Vincennes à Charenton, en passant par la Bastille, entre 1777 et 1789. Sous la Révolution, il est incarcéré pour son modérantisme puis, sous le Consulat, pour ses écrits libertins. Il meurt enfermé à l'hospice de Charenton, ayant passé près de trente ans de sa vie en prison. Ses œuvres principales,

S

SAHARA-OCCIDENTAL

C'est l'ancien Sahara espagnol, qui comprenait deux parties. Au nord, la Saguia el-Hamra (*201 240 km², 170 000 h.*, ville principale *Laâyoune* ou *El-Aïun*) constitue trois provinces marocaines : de Boudjour, de Laâyoune et d'Es-Semara. Au sud, l'ancien Rio de Oro espagnol constitue la province marocaine d'Oued-Edda-hab (*50 880 km² 80 000 h.* chef-lieu *Dakla*). Les uniques ressources sont l'élevage de chameaux, la pêche, l'exploitation de salines et, promises peut-être à une importante mise en valeur, les mines de phosphate de Bu Kra.

Saguia el-Hamra.

Histoire

L'Espagne occupe le pays à la fin du XIXᵉ siècle et l'exploite peu. Elle cède au Maroc, en 1958, la province de Tarfaya et, dès lors, le Maroc, la Mauritanie et l'Algérie exigent la décolonisation de l'ensemble du territoire. En 1974, l'Espagne annonce son intention d'abandonner les régions qui lui appartiennent encore et le Maroc organise une marche verte en novembre 1975 : 350 000 Marocains pénètrent dans le nord. Le Maroc décide alors la Mauritanie à annexer le sud, réputé sans richesses. La même année, les accords de Madrid, signés par l'Espagne, la Mauritanie et le Maroc, prévoient la fin de la présence espagnole pour février 1976, et le partage du pays entre Maroc et Mauritanie, sans que soient consultés les Sahraouis ni le Front Polisario, indépendantiste.
Celui-ci (Front populaire pour la libération de Saguia el-Hamra et Rio de Oro) avait été formé en 1973. Il déclenche la guérilla dès 1976, avec le soutien de l'Algérie et de la Libye, et proclame la République arabe sahraouie démocratique, que 60 pays reconnaissent (dont 30 pays africains). La Mauritanie signe avec le Polisario l'accord d'Alger, en 1979, mais le Maroc occupe la partie sud, mauritanienne de 1976 à 1977, le Rio de Oro, et le rebaptise Oued-Eddahab. En 1982, l'Organisation de l'unité africaine (O.U.A.) reconnaît la République sahraouie et le Front Polisario continue sa lutte contre le Maroc. Un accord de cessez-le-feu intervient en 1991, le Maroc s'engageant alors à organiser un référendum.

Justine ou les Malheurs de la vertu (1791), *La Philosophie dans le boudoir* (1795), *La Nouvelle Justine* (1797) et *Les Cent Vingt Journées de Sodome* (publiées au XXᵉ siècle) montrent les préoccupations philosophiques et morales de l'auteur dans une langue d'une violence extrême. Les scènes de débauches et les êtres pervers décrits dans ses récits ont fait du terme *sadisme* un synonyme de cruauté lubrique. Sade, déjà admiré par Baudelaire, n'a été apprécié qu'à partir du XXᵉ siècle.

Sá de Miranda (Francisco de) 1481 ?-1558 Poète et auteur dramatique portugais. Humaniste, influencé par les poètes italiens, il est l'auteur de *Cantigas*, de poésies bucoliques (*Églogues*), dont plusieurs furent rédigées en espagnol, et de deux comédies classiques en prose.

sadique adj. et n. Qui manifeste du sadisme, cruel. *Plaisir sadique. Un(e) sadique.*

sadique-anal, ale, aux adj. *Stade sadique-anal* : stade de l'évolution de la libido enfantine, où l'enfant fait l'apprentissage de la maîtrise anale et en tire satisfaction.

sadiquement adv. Avec sadisme.

sadisme n. m. Perversion sexuelle dans laquelle la jouissance n'est atteinte que par la souffrance (physique ou morale) du partenaire. / Plaisir pervers à faire ou à voir souffrir autrui.

sadomasochisme n. m. Association de sadisme et de masochisme.

sadomasochiste adj. et n. À la fois sadique et masochiste. *Pratiques sadomasochistes.*

Sadoul (Georges) 1904-1967 Journaliste et écrivain français. Il est l'auteur d'une monumentale *Histoire générale du cinéma* (*6 vol.*, 1946-1954), rééditée après sa mort avec des mises à jour.

Sadowa (en tchèque *Sadová*) Village de Bohême (République tchèque) qui fut, en 1866, le théâtre d'une victoire décisive des Prussiens sur les Autrichiens. Celle-ci montra que seule la Prusse était capable de réaliser l'unité allemande.

saducéen Voir **sadducéen**

Saenredam (Pieter Jansz) 1597-1665 Peintre hollandais. Ses peintures d'édifices urbains et d'intérieurs d'églises, d'une grande précision, ouvrent d'infinies perspectives et dégagent une austère et lumineuse sérénité.

safari n. m. (mot swahili) Expédition de chasse aux gros animaux, en Afrique subsaharienne. *Safari-photo* : excursion organisée dans une réserve naturelle pour photographier ou filmer les animaux sauvages.

Safavides Voir **Séfévides**

safran [1] n. m. et adj. inv. **A.** n. m. Crocus. / Poudre de couleur jaune orangé, obtenue en broyant les stigmates séchés des fleurs de crocus, utilisée comme colorant et comme épice. / Couleur jaune orangé. **B.** adj. inv. De la couleur jaune orangé du safran.

safran [2] n. m. MAR. Pièce plate qui constitue la partie essentielle du gouvernail.

safraner v. t. [1] Assaisonner de safran.

saga n. f. Ensemble de récits et de légendes, forme traditionnelle de la littérature scandinave du XIIᵉ au XIVᵉ siècle. / Cycle romanesque relatant l'histoire d'une famille sur plusieurs générations.

sagace adj. Perspicace, clairvoyant.

sagacité n. f. Caractère d'une personne sagace, de ce qui est sagace.

sagaie n. f. Javelot à extrémité renforcée, utilisée par certaines tribus primitives.

Sagan (Carl) 1934-1996 Astrophysicien américain. Spécialiste de planétologie (en particulier de la surface des sols et des atmosphères), ses connaissances en biologie acquises auprès des généticiens J. Muller et J. Lederberg le conduisent à envisager les possibilités d'exobiologie, présente ou passée. Conseiller à la N.A.S.A., il est consultant au J.P.L. (*Jet Propulsion Laboratory*, « laboratoire de propulsion à réaction ») et fait partie de l'équipe des missions spatiales Mariner et Viking dirigées vers Mars. Il est à l'origine de l'initiative des « plaques messages » destinées à d'éventuelles civilisations extraterrestres, apposées sur les sondes Pioneer 10 et 11 et Voyager 1 et 2, conçues pour l'exploration des planètes géantes, de leurs satellites et des confins du système solaire. Vulgarisateur de talent, il s'est attaché à transmettre son amour de l'astronomie au grand public ; auteur d'émissions de télévisions sur l'astronomie, son ouvrage *Cosmos* a été un best seller international ; *Les Dragons de l'Eden* lui ont valu le prix Pulitzer.

Sagan (Françoise Quoirez, dite **Françoise)** 1935 Romancière française. Révélée par son premier roman *Bonjour tristesse* (1954), elle peint dans un style incisif des personnages désabusés évoluant dans un milieu aisé et restreint : *Un certain sourire* (1956), *Aimez-vous Brahms ?* (1959), *La Chamade* (1968). Elle a aussi écrit des pièces de théâtre, dont *Château en Suède* (1960), et des mémoires (*Avec mon meilleur souvenir*, 1985).

sage adj. et n. **A.** adj. Raisonnable. *Une décision sage. Un homme sage.* / Qui se tient tranquille, se montre obéissant. *Un enfant sage.* **B.** n. *Un sage* : un homme qui sait ce qu'il convient de faire, comment il convient de vivre. *Un vieux sage.* / Vx ou litt. Savant. / Mod. *Comité des sages* : comité d'experts.

sage-femme n. f. Auxiliaire médicale diplômée qui assiste les femmes pendant la grossesse et l'accouchement. Pl. Des *sages-femmes.*

sagement adv. Avec sagesse.

Sages (les Sept) Nom que les Grecs donnaient à des philosophes et des tyrans du VIᵉ siècle av. J.-C., dont la liste varie avec les historiens. Solon d'Athènes en faisait partie.

sagesse n. f. Caractère d'une personne sage. *Un enfant d'une grande sagesse. Je fais appel à votre sagesse*, à votre expérience, à votre calme bon sens. / Caractère sage d'une chose. *La sagesse d'une décision.* / PHILO. Juste connaissance des choses. / RELIG. Pour les juifs et les chrétiens, connaissance inspirée par Dieu des choses divines et humaines, l'un des sept dons du Saint-Esprit pour les chrétiens.

Sagesse** ou **Sapience (livre de la) Un des Livres sapientiaux de l'Ancien Testament, écrit en grec au Iᵉʳ siècle av. J.-C. et que la légende attribue au roi Salomon. Il loue la sagesse, qui aide le Juste à accomplir la volonté de Dieu et le protège contre le mal et l'idolâtrie, et montre la sagesse divine dans le déroulement de l'histoire d'Israël.

sagette n. f. BOT. Sagittaire.

sagittaire n. f. BOT. Plante aquatique d'eaux douces, à feuilles aériennes lancéolées et à feuilles flottantes rondes.

Sagittaire (le) Constellation zodiacale de l'hémisphère austral. Neuvième signe du zodiaque (23 novembre-21 décembre).

sagittal, ale, aux adj. En forme de flèche. / ANAT. *Plan sagittal* : plan vertical de symétrie. *Coupe sagittale*, suivant le plan de symétrie.

sagou n. m. (mot malais, par le portugais) Fécule alimentaire extraite de la moelle des sagoutiers.

sagouin, ine n. **A.** n. m. ZOOL. Petit singe platyrrhinien à longue queue, de mœurs arboricoles, généralement frugivore. **B.** n. Fig, fam. Personne malpropre, peu soigneuse. / Terme d'injure. *Espèce de sagouin !*

sagoutier n. m. BOT. Palmier de taille moyenne, poussant en Asie du Sud-Est, dont on tire le sagou.

Saguenay *200 km* Rivière du Québec, affluent du Saint-Laurent, alimentée par le lac Saint-Jean et sur laquelle sont installées des centrales hydroélectriques.

sagum Voir **saie**

Sahara (le) *8 000 000 km²* Le plus vaste désert du monde, dans le nord de l'Afrique. S'allongeant sur *5 000 km* de l'Atlantique à la mer Rouge, le désert offre des aspects variés : massifs du Hoggar, de l'Aïr, du Tibesti (*3 415 m*) au centre et à l'est ; *hamadas* (tables rocheuses) ; *ergs* (dunes) ; *reg* (désert pierreux). L'unité est donnée par le climat aride ; la faiblesse et l'irrégularité des pluies rendent toute culture impossible en dehors des oasis ; les contrastes de température sont brutaux. Le Sahara est traditionnellement un carrefour de peuples : Maures, Touaregs, éle-

S

Caravane traversant le ***Sahara***.

veurs de chameaux et de moutons ; Mozabites, sédentaires ; diverses ethnies d'Afrique subsaharienne dans les oasis du Sud. L'évaluation de la population totale oscille entre 2 et 3 millions de personnes. La mise en valeur du Sahara est liée à l'amélioration des communications et à la découverte d'eau (puits artésiens). Elle est favorisée par la richesse minière du désert : pétrole et gaz naturel (Hassi R'Mel, Hassi Messaoud, Edjelé), évacués par pipe-line vers Alger, Oran, Bejaia, La Skhira, fer, manganèse, cuivre, minium. Le nomadisme est en régression. Les oasis, autrefois étapes sur la route des caravanes, développent la culture du palmier-dattier et du figuier. Le désert tend à s'étendre sur le Sahel.

• **Sahara-Occidental** *252 120 km² 300 000 h.* Territoire constitué par la partie ouest du Sahara, bordée par l'océan Atlantique. Il a été annexé par le Maroc en 1976 et 1979.

saharien, enne adj. et n. Du Sahara.

saharienne n. f. Veste en toile légère, à manches courtes et poches plaquées.

sahel n. m. En Afrique du Nord, région côtière faite de collines sableuses. *Le Sahel* : la vaste région steppique située au sud du Sahara, qui s'étend de la Mauritanie, à l'ouest, jusqu'au Soudan, à l'est. (Au Sahel, la saison des pluies est brève : de juin à octobre dans l'ouest du Mali, en juillet-août seulement dans l'est. Depuis 1972-1973, il arrive qu'il ne pleuve pas, et la sécheresse devient alors catastrophique. La modernisation des cultures et de l'élevage, ainsi que l'essor démographique seraient les principaux responsables de la désertification, qui pousse les Sahéliens vers le sud).

sahélien, enne adj. et n. Du Sahel.

sahraoui, e adj. et n. Du Sahara occidental.

saï n. m. (mot tupi) ZOOL. Petit singe de la famille des cébidés, au poil court, parfois domestiqué. Syn. sapajou, sajou.

Saïda Voir **Sayda**

Sa'id pacha (Muhammad) 1822-1863 Vice-roi d'Égypte (1854-1863). Fils de Méhémet-Ali, il poursuivit la modernisation de son pays. En 1854, il donna son accord à Lesseps pour percer le canal de Suez et, en 1856, il abolit l'esclavage.

saie n. f. ou **sagum** n. m. ANTIQ. Manteau en laine descendant jusqu'aux genoux, porté par les soldats romains et gaulois.

saïga n. f. (mot russe) ZOOL. Petite antilope d'Europe orientale et d'Asie occidentale, de la taille d'un daim, au nez bossué et bombé. *Seuls les saïgas mâles portent des cornes.*

saignée n. f. Incision pratiquée sur une veine destinée à réduire le volume du sang ; quantité de sang ainsi évacuée. / Pli formé par le bras et l'avant-bras. / Fig. Pertes en vies humaines, lors d'une guerre ; ponction financière. / Incision, entaille (dans un arbre, un mur, etc.) ; rigole de drainage, d'irrigation.

saignement n. m. Écoulement de sang. *Temps de saignement* : temps nécessaire à l'arrêt d'un saignement, avant coagulation du sang.

saigner v. i. / v. t. [1] **A.** v. i. Perdre du sang. *Plaie qui saigne. Il saigne du nez.* / Fig. et litt. Souffrir intensément, moralement. *Mon cœur saigne.* **B.** v. t. MÉD. Faire une saignée à (qqn). / BOUCH. Abattre (un animal) en le vidant de son sang. / Par ext. et pop. Assassiner (qqn) au couteau. / TECH. Pratiquer une saignée dans. / Épuiser (un pays) en lui prenant ses ressources. *La guerre a saigné la région.* / Fam. Exiger de (qqn) de grosses sommes. *Saigner les contribuables.*

saigneur n. m. Rare Homme qui saigne (les animaux de boucherie). *Un saigneur de porcs.* / Homme qui récolte le latex en saignant les hévéas.

Saigon Voir **Hô Chi Minh-Ville**

Saikaku Ihara 1641 ?-1693 Écrivain japonais. Considéré comme l'un des plus grands auteurs de son siècle, il commença à écrire très jeune, se distinguant dans la composition de haïku. Poète et romancier, ses œuvres, réalistes et érotiques, évoquent la vie de la bourgeoisie d'Osaka à laquelle il appartenait. Il est notamment l'auteur du roman *La Vie d'une femme* (1668).

Sailer (Anton, dit Toni) 1935 Skieur autrichien. Il remporta trois médailles d'or aux jeux Olympiques de Cortina d'Ampezzo en 1956 et encore trois autres lors des Championnats du monde de 1958.

saillant, e adj. et n. **A.** adj. et n. m. Qui fait saillie. / n. m. Partie qui fait saillie. **B.** adj. Fig. Qui appelle l'attention.

saillie n. f. Éminence à la surface d'un objet ; partie qui dépasse d'un plan, d'un alignement. *Faire saillie. Les saillies d'un édifice* : les avancées sur le nu de la façade, tels un balcon, une corniche. / Accouplement des animaux domestiques pour la reproduction. / Fig. Trait d'esprit brillant et imprévu.

saillir v. i. / v. t. [3] **A.** v. i. Former une saillie, déborder, être proéminent. *Balcon qui saille de la façade. Muscles qui saillent.* **B.** v. t. Couvrir (la femelle), s'accoupler à elle. *Le taureau saillit la vache.*

saïmiri n. m. (mot tupi, par le portugais du Brésil) ZOOL. Petit singe platyrhinien d'Amazonie, au corps mince et à la longue queue prenante.

sain, e adj. En état normal de fonctionnement. *Un corps sain. Sain d'esprit.* / Loc. *Se sortir sain et sauf (d'une aventure dangereuse, d'un accident),* sans dommage physique essentiel. / Favorable à la santé. *Nourriture saine.* / Qui n'est pas, n'a pas été gâté. *Un fruit sain.* / Exempt de mauvaises surprises, de dangers cachés. *Une affaire saine.* Ant. malsain.

saindoux n. m. Graisse de porc fondue.

sainfoin n. m. BOT. Plante herbacée de la sous-famille des papilionacées, cultivée comme plante fourragère.

saint, e adj. et n. **A.** adj. THÉOL. Parfait, en parlant de Dieu. *Le Saint-Esprit, la Sainte-Trinité.* / Relatif à la religion, sacré. *Les Saintes Écritures* : voir *écriture*. *Les lieux saints* : voir *lieu*. *Le Saint-Père* : le pape. *La Terre sainte* : la Palestine (au sens géographique et historique du terme ; voir *Palestine*). / Inspiré par la piété, le sentiment religieux. *Un œuvre sainte.* / Dont la vie est conforme aux lois de la religion. *Une sainte femme.* / **B.** n. RELIG CATHOL. Personne qui, au cours de sa vie, a porté à la perfection la pratique des vertus chrétiennes et qui, à ce titre, a été reconnue, après sa mort, digne de faire l'objet d'un culte de la dulie et, donc, canonisée. *Les saints du calendrier. Mieux vaut s'adresser à Dieu qu'à ses saints* (proverbe) : mieux vaut s'adresser aux autorités supérieures. *Ne pas savoir à quel saint se vouer* : ne pas savoir à quoi, à qui avoir recours pour se sortir d'une situation difficile. / *Les saints de glace* : période de l'année, correspondant à la Saint Mamert, la Saint Pancrace et la Saint Servais (11, 12 et 13 mai), où la température atmosphérique est réputée être en baisse. *La Saint...* : le jour où l'on fête tel saint. *La Saint Valentin.* / (Par métonymie) Représentation d'un saint. *Un saint de plâtre.* / Personne qui mène une vie exemplaire. *C'est une sainte.* / *Le saint des saints* : la partie la plus sacrée du temple de Salomon ; (au fig.) lieu impénétrable, interdit et secret.

Saint Albans *55 000 h.* Ville d'Angleterre, dans le Hertfordshire. Pendant la guerre des Deux-Roses, les York y vainquirent les Lancastre en 1455, puis furent défaits par ces derniers en 1461. La ville a une cathédrale des XIe-XIIe siècles.

Saint-Amant (Marc Antoine Girard, sieur de) 1594-1661 Poète français. Issu d'une famille d'armateurs protestants (il se convertira au catholicisme en 1625), il commence à voyager dès son adolescence. À Paris, il se fait connaître grâce à son *Ode à la solitude* (1618) et devient un familier de l'hôtel de Rambouillet. Bon vivant et libertin, il est admis à l'Académie en 1634. Il laisse des poèmes baroques, riches en images lyriques et teintés d'exotisme, inspirées de ses nombreux voyages (*Les Visions*, *Le Melon*).

Saint-Ange (château) Monument de Rome, sur la rive droite du Tibre. Commencé sous Hadrien pour servir de mausolée aux empereurs romains, il fut transformé en citadelle au Xe siècle et devint la propriété des papes. Reconstruit au XIVe siècle, il fut entouré d'une enceinte munie de tours octogonales. Il abrite aujourd'hui un musée.

Saint-Arnaud (Armand Jacques Arnaud, dit Achille Leroy de) 1798-1854 Maréchal de France. Ministre de la Guerre de Louis-Napoléon Bonaparte, il fut l'un des organisateurs du coup d'État du 2 décembre 1851. Nommé maréchal l'année suivante, il commanda les armées françaises en Crimée et vainquit les Russes à Alma avec lord Raglan (1854). Il mourut sur le chemin du retour en France.

Saint-Aubin (Gabriel de) 1724-1780 Dessinateur, peintre et graveur français. Observateur malicieux des mœurs de l'aristocratie et du peuple de Paris, il laissa d'innombrables dessins qui reproduisent et commentent la vie parisienne de son époque. **Augustin** 1736-1807 Dessinateur et graveur français, frère du précédent, auteur de scènes de mœurs au trait enlevé ; il fut nommé (1777) graveur de la Bibliothèque du roi (future Bibliothèque nationale).

Le ***château Saint-Ange***.

Saint-Barthélemy (massacre de la) 24 août 1572 Massacre des protestants qui fut l'un des événements marquants des guerres de Religion en France au XVIe siècle. Ses origines remontent à l'ascendant pris sur le roi Charles IX par l'amiral de Coligny, chef des protestants français. Cette influence inquiétait la mère du roi, Catherine de Médicis et la noblesse catholique, principalement représentée par la puissante famille des Guise. Ces derniers organisèrent contre Coligny un attentat dont il réchappa. Menacés par l'enquête ordonnée par le roi, Catherine de Médicis et les Guise le persuadèrent que les chefs protestants, réunis à Paris pour le mariage de Marguerite de Valois et du protestant Henri de Navarre, complotaient contre lui. Le roi donna donc l'ordre de les massacrer la nuit de la Saint-Barthélemy, provoquant des milliers de morts. En outre, la tuerie se poursuivit à Paris et en province même après l'interdiction du roi et plongea à nouveau la France dans le chaos des guerres de religion.

Saint-Benoît-sur-Loire *1 880 h.* Commune du Loiret réputée pour son abbaye où est déposé le corps de saint Benoît. Fondée en 651, l'abbaye de Fleury fut pendant longtemps un foyer d'art et de culture ; l'église (XIe-XIIIe siècle) est un chef-d'œuvre de l'art roman.

Saint-Bernard.

saint-bernard n. m. inv. Chien de forte taille au pelage roux et blanc, endurant et courageux, qu'on dresse pour le sauvetage en montagne.

Saint-Bernard (Grand-) *2 469 m* Col situé dans les Alpes Pennines entre la Suisse (Valais) et l'Italie (val d'Aoste), franchi par une route (empruntée par Bonaparte en 1800) et depuis 1964 par un tunnel routier. L'oléoduc joignant Gênes à la Suisse (Aigle) y passe également. Saint Bernard de Menthon y fonda un hospice au Xe siècle dont les bâtiments subsistent.

Saint-Bernard (Petit-) *2 188 m* Col situé dans les Alpes françaises (Savoie) entre la vallée de la Doire Baltée (val d'Aoste) et celle de l'Isère ; ce col est franchi par une route depuis le second Empire.

Saint-Brieuc *44 752 h.* Chef-lieu des Côtes-d'Armor, sur la Manche. Port de pêche, Saint-Brieuc est devenu un centre industriel.

SAINTE-LUCIE

Superficie : *616 km² –* **Nombre d'habitants :** *152 000 h.*
Capitale : *Castries –* **Système politique :** *État membre du Commonwealth –* **Langue(s) :** *anglais –* **Religion(s) :** *catholicisme, protestantisme –* **Monnaie(s) :** *dollar des Caraïbes orientales*

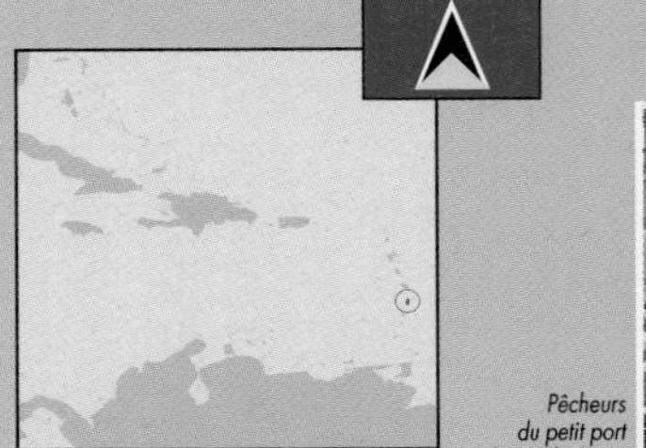
Voir l'Atlas

La baie de Castries, capitale de Sainte-Lucie.

Pêcheurs du petit port d'Anse la Raye.

Saint-Cloud *28 597 h.* Ville résidentielle et industrielle, sur la Seine. En bordure du parc de Saint-Cloud, créé par Le Nôtre, le château construit par Hardouin-Mansart et Mignard au XVIIe siècle servit de résidence à Napoléon III ; les Parisiens l'incendièrent pendant la guerre de 1870.

Saint-Cyr-l'École *14 829 h.* Ville des Yvelines. Elle fut, à partir de 1686, le siège d'une école de jeunes filles fondée par Mme de Maintenon, remplacée en 1808 par une École militaire, elle-même transférée à Coëtquidan en 1946.

Saint-Denis *121 999 h.* Chef-lieu du département de la Réunion, port du nord de l'île, petit centre industriel. Aéroport.

Saint-Denis *89 988 h.* Chef-lieu d'arrondissement du département de Seine-Saint-Denis, ville industrielle située sur le *canal de Saint-Denis*. Vers 400, fut élevée une chapelle pour abriter les reliques de saint Denis, puis un monastère fut fondé par Dagobert en 630. L'église abbatiale (XIe-XIIIe siècle), gothique, renferme les tombeaux de nombreux rois de France (de Louis IX à Louis XVIII) et un trésor dispersé par la Révolution et partiellement reconstitué. Les bâtiments monastiques de l'abbaye sont, depuis 1809, occupés par la Maison d'éducation de la Légion d'honneur, établissement féminin d'enseignement.

Saint-Domingue Ancien nom de l'île d'Haïti, aujourd'hui divisée entre la république d'Haïti (cap. *Port-au-Prince*) et la République dominicaine (cap. *Santo Domingo*).

Saint-Domingue ou **Santo Domingo** (de 1936 à 1961, *Ciudad Trujillo*) *2 138 262 h.*

La cathédrale de la ville de ***Saint-Domingue*** *(XVIe siècle).*

Capitale de la République dominicaine, port industriel actif. C'est la plus ancienne ville fondée par des Européens en Amérique (1496).

Sainte-Beuve (Charles Augustin) 1804-1869 Écrivain français. Poète à ses débuts à Paris, il publie en 1829 un recueil intitulé *Vie, poésies et pensées de Joseph Delorme*, puis évolue de la poésie au roman avec *Volupté*, en 1834. En même temps, il abandonne progressivement la défense du romantisme pour se lancer dans la critique littéraire (*Critiques et portraits littéraires*, 1836). Se voulant le biographe des âmes, Sainte-Beuve a rendu avec profondeur l'atmosphère du XVIIe siècle, notamment dans *Port-Royal* (1840-1859). Dogmatique et aspirant à la rigueur scientifique, il a aussi été le juge sévère de la vie et de l'œuvre des grands écrivains de son époque. Deux recueils : *Causeries du lundi* (1851-1862) et, *Nouveaux lundis* (1863-1870), réunissent ses articles critiques.

Sainte-Chapelle Chapelle située dans le Palais de justice à Paris. Saint Louis la fit édifier entre 1242 et 1248 dans son palais de l'île de la Cité pour abriter les reliques de la Passion du Christ. Attribuée à l'architecte Pierre de Montreuil, elle fut restaurée par Duban, Lassus et Viollet-le-Duc. C'est un édifice gothique, composé de deux sanctuaires superposés. Les vitraux de la chapelle haute datent du milieu du XIIIe siècle.

Sainte-Claire Deville (Henri) 1818-1881 Chimiste français. Il effectua des travaux sur la dissociation chimique et proposa une méthode d'élaboration industrielle de l'aluminium et du magnésium (1854-1857).

Sainte-Geneviève (abbaye) Ancienne abbaye parisienne, fondée à l'emplacement d'une basilique construite sous Clovis. La *tour Clovis*, à l'intérieur du lycée Henri IV, en est le seul vestige.

Sainte-Hélène *122 km² 5 644 h.* Île britannique située dans l'Atlantique sud au large de l'Angola. Chef-lieu *Jamestown*. C'est dans cette île que Napoléon Ier fut déporté de 1815 à 1821 ; il y mourut.

Saint-Elias (en français, *Saint-Élie*) Massif des Rocheuses en Amérique du Nord portant le point le plus élevé du Canada : mont Logan *6 050 m*.

• **Sainte-Lucie** État des Petites Antilles, situé à *30 km* au sud de la Martinique. Les montagnes volcaniques laissent la place à des plaines côtières où se concentre la population, noire en majorité. L'industrie traite les produits agricoles. Le tourisme fournit presque la moitié du P.N.B., favorisé par deux aéroports et un excellent réseau routier. Du XVIe au XVIIIe siècle, l'île fut tantôt anglaise, tantôt française (notamment de 1650 à 1795). Elle fut britannique de 1803 à son indépendance en 1979.

Sainte-Ménehould ou **Sainte-Menehould** *5 177 h.* Chef-lieu d'arrondissement du département de la Marne, sur l'Aisne. Ville industrielle. Cette ancienne place forte commandait l'accès à un défilé de l'Argonne. Louis XVI fuyant la France y fut reconnu par le fils du maître de poste Drouet qui le fit arrêter à Varennes.

saintement adv. D'une manière sainte. *Il est mort aussi saintement qu'il a vécu.*

Saint-Émilion *2 799 h.* Commune du département de la Gironde. Ville pittoresque (grottes creusées dans le calcaire), réputée pour ses églises (XIIe-XVe siècles) et pour son vignoble.

Saint Empire romain germanique 962-1806 Nom de l'empire fondé par Otton Ier le Grand, roi de Germanie, qui, après la disparition de l'Empire carolingien et après avoir défendu le pape Jean XII contre ses ennemis, fut couronné empereur par celui-ci en 962. Il comprenait les royaumes de Germanie, de Bourgogne (à partir de 1038) et d'Italie. Les empereurs étaient choisis par les princes allemands ; ces derniers nommaient le roi de Germanie qui, sacré à Rome, obtenait aussi les couronnes de Bourgogne et d'Italie. À la dynastie issue d'Otton Ier le Grand succéda celle issue de Conrad II le Salique (1024) ; celle-ci développa la puissance de l'empire mais déclencha la *querelle des Investitures* qui marqua le début d'un affrontement entre l'empereur et le pape, affrontement qui dura jusqu'au concordat de Worms (1122). L'empire atteignit son apogée sous

S

Frédéric Barberousse mais la résistance du pape et de l'Italie à l'autorité centrale germanique l'affaiblit l'empire, d'autant plus qu'il était aux prises avec la rivalité de deux puissantes familles, les Welf et les Hohenstaufen. La période confuse marquée par cette rivalité est connue sous le nom de « Grand Interrègne » (1250-1273). Au XIIIe siècle, l'autorité passa brièvement en Italie, puis l'empereur ne fut plus élu que par sept Électeurs, eux-mêmes puissants seigneurs allemands. L'empire devint ainsi un regroupement de principautés allemandes. À partir de 1438, les Habsbourg, princes d'Autriche, s'emparèrent du titre d'empereur et l'utilisèrent pour leurs propres intérêts. Morcelé par la Réforme et les guerres de religion des XVIe et XVIIe siècles, l'empire perdit encore de son pouvoir avec le traité de Westphalie de 1648. Les Habsbourg, toujours détenteurs du titre d'empereur, affermirent ensuite leur position dans les États catholiques alors que les Hohenzollern, devenus rois de Prusse et Électeurs de Brandebourg, regroupèrent les protestants du nord de l'Allemagne. L'Empire ne correspondait plus à aucune réalité politique et s'effondra avec les guerres napoléoniennes. François II de Habsbourg, qui avait pris le titre d'empereur d'Autriche (1804), renonça (1806) à son titre d'empereur du Saint Empire qui n'avait plus aucun sens. Ce fut la fin du premier Reich allemand.

sainte nitouche n. f. Fam. Personne qui affecte des airs de sainteté, de pruderie. Pl. Des *saintes nitouches*.

Sainte-Pélagie (prison) Ensemble constitué par une maison de régime carcéral où étaient rassemblées des filles débauchées et une maison religieuse de « filles repenties », bâti au XVIIe siècle à Paris (rue de la Clé), et devenu prison (1792-1898). Au XIXe siècle, Sainte-Pélagie fut une prison pour jeunes, une prison pour dettes et une prison politique. Il n'en reste plus rien.

Saintes *25 874 h.* Chef-lieu d'arrondissement du département de la Charente-Maritime, sur la Charente. Cette ville conserve des monuments romains (arc de Germanicus, arènes, thermes) et des églises romanes (Saint-Pierre, Saint-Eutrope, Sainte-Marie-aux-Dames).

Saintes-Maries-de-la-Mer *2 232 h.* Chef-lieu de canton du département des Bouches-du-Rhône, en Camargue. Station balnéaire. Son église fortifiée du XIIe siècle est, aux mois de mai et d'octobre, le but du pèlerinage des Gitans, dont l'origine remonte à la légende qui veut que Marie-Jacobé, sœur de la Vierge Marie, Marie-Salomé et leur servante noire Sara, chassées de Judée, aient miraculeusement atterri à cet endroit ; jusqu'à une date récente, elle abritait le seul puits du village.

Sainte-Sophie (église) Ancienne basilique de Constantinople (Istanbul) construite, sur l'ordre de Justinien, de 532 à 537 par Anthémios de Tralles et Isidore de Milet. De plan centré, elle est dominée par une coupole et des minarets, ajoutés lors de sa transformation en mosquée (à partir de 1453). Les mosaïques intérieures sont un bel exemple de l'art byzantin. Devenue mosquée après la conquête turque, c'est aujourd'hui un musée.

sainteté n. f. Qualité de qui ou de ce qui est saint. / *Sa, Votre Sainteté*: terme de respect employé pour parler du pape ou pour s'adresser à lui.

Saint-Étienne *199 396 h.* Chef-lieu du département de la Loire, sur le Furens. Saint-Étienne, où l'industrie d'armes et cycles est d'ancienne tradition, a été violemment touché par le déclin des industries houillères, métallurgiques et textiles, mais la proximité de Lyon a favorisé l'implantation d'activités nouvelles. Saint-Étienne possède une université, un important musée d'art contemporain et un musée des industries anciennes. L'École nationale supérieure des mines et l'École nationale d'ingénieurs y sont installées.

Saint-Étienne-du-Mont (église) Église située place Sainte-Geneviève à Paris, près du Panthéon. Elle fut reconstruite, du XVe au XVIIe siècle, à l'emplacement d'une église médiévale. La façade et le jubé, le seul à Paris, datent de la Renaissance.

Saint-Eustache (église) Église parisienne dans le quartier des Halles. L'édifice actuel fut élevé aux XVIe et XVIIe siècles. Le plan et les proportions sont proches du gothique, mais le décor est celui de la Renaissance.

*Mosaïque de la tribune de **Sainte-Sophie de Constantinople** : le Christ entre l'empereur Constantin IX monomaque et son épouse, l'impératrice Zoé (XIe siècle).*

Sainte-Victoire (montagne) Massif de faible importance, culminant à *1 011 m*, situé à l'est d'Aix-en-Provence. Cézanne peignit (ou dessina) une multitude de *Montagne Sainte-Victoire* de 1870 à 1906.

Saint-Évremond (Charles de Marguetel de Saint-Denis de) 1614 ou 1615-1703 Écrivain français. Homme raffiné et esprit indépendant, il fut contraint de s'exiler à Londres à partir de 1661 en raison d'un libelle dirigé contre Mazarin. Il fut très bien accueilli à la cour de Charles II et séjourna plus tard en Hollande (1665-1670). Son sens critique et l'acuité de sa pensée, dont témoignent ses essais et sa correspondance, en font l'un des grands moralistes de son époque.

• **Saint-Exupéry (Antoine de)** 1900-1944 Écrivain et aviateur français.

Saint-Gall (canton de) *2 026 km² 442 350 heures* Canton du nord-est de la Suisse, germanophone et en majorité catholique. La population vit de l'agriculture (élevage laitier, culture de la vigne et des arbres fruitiers) et de l'industrie. Celle-ci, autrefois centrée sur la broderie et la dentelle, se consacre aujourd'hui à la filature, aux manufactures de textile (soie artificielle) et à la confection. Le canton est un des plus grands centres commerciaux de la Confédération et le tourisme (sports d'hiver, notam.) y est important. **Histoire** Au VIIe siècle, un missionnaire irlandais, Gallus (saint Gall), compagnon de saint Colomban, édifie un ermitage à l'emplacement duquel sera construite, en 720, une abbaye bénédictine devenue (IXe siècle) un foyer culturel (scriptorium, activités musicales). Autour de l'abbaye se développe une ville gouvernée par les abbés, princes du Saint Empire à partir de 1206. Au XVe siècle, abbaye et ville s'allient à la Confédération helvétique ; la Réforme chasse les moines, qui reviennent en 1531, puis abandonnent définitivement l'abbaye en 1803, date à laquelle se constitue le canton de Saint-Gall qui s'intègre à la Confédération.

Saint-Gall *72 400 h.* Ville du nord-est de la Suisse, chef-lieu du canton du même nom. La ville est bâtie autour de l'actuelle cathédrale édifiée au XVIIIe siècle sur l'emplacement de l'ancienne l'abbaye bénédictine.

Saint George (canal) Détroit qui sépare le pays de Galles et l'Irlande et qui fait communiquer l'Atlantique et la mer d'Irlande.

Saint-Georges (Joseph Boulogne, chevalier de) 1739-1799 Musicien français. Métis né à la Guadeloupe, il embrasse la carrière des armes, puis devient compositeur, violoniste et chef d'orchestre. On lui doit des pièces de musique de chambre (sonates pour violon, notamment).

Saint-Germain (comte de) ?-1784 Aventurier aux origines mystérieuses, célèbre en son temps par son exceptionnelle mémoire et ses pratiques de spirite ; il affirmait vivre à l'époque du Christ.

Saint-Germain-des-Prés (abbaye de) Abbaye parisienne, fondée sous les Mérovingiens, qui suivit la règle bénédictine puis devint le centre de la congrégation de Saint-Maur, célèbre pour ses travaux d'érudition. Le monastère fut supprimé après 1789, et seuls furent épargnés le logis abbatial construit au XVIIe siècle et l'église, très remaniée à cette époque ; le clocher et la nef sont de la fin du Xe et du tout début du XIe siècle, le chœur du XIIe siècle.

ANTOINE DE SAINT-EXUPÉRY

L'un des pionniers de l'Aéropostale, pilote en Afrique puis en Amérique du Sud, il a disparu lors d'une mission de reconnaissance qu'il effectuait pour le gouvernement de la France libre.
Son œuvre, humaniste et pleine de ferveur, regroupe des romans où il évoque son expérience de pilote : *Vol de nuit* (1931), *Terre des hommes* (1939), *Pilote de guerre* (1942), des essais (*Lettre à un otage*, 1943 ; *Citadelle*, posthume, 1948) et un conte poétique, *Le Petit Prince* (1943).

Saint-Germain-en-Laye *39 926 h.* Chef-lieu d'arrondissement du département des Yvelines dominant la Seine, en bordure de la forêt de *Saint-Germain-en-Laye* (*3 560 ha*). Le château, construit par Louis VI au XIIe siècle, transformé par Charles V (XIVe siècle) et François Ier (1539), renferme depuis le second Empire le musée des Antiquités nationales riche en objets préhistoriques et protohistoriques. La terrasse du château, conçue par Le Nôtre, date du XVIIe siècle. La *paix de Saint-Germain*, signée en 1570 par Catherine de Médicis, mit provisirement fin aux guerres de religion ; les protestants obtinrent la liberté de conscience, la liberté de culte, l'accès aux emplois publics et des places de sûreté. Le *traité de Saint-Germain*, signé entre les Alliés et l'Autriche en 1919, démantela l'empire et interdit l'union (Anschluss) entre l'Allemagne et l'Autriche sans l'accord de la SDN.

Saint-Germain-l'Auxerrois (église) Église de Paris située à proximité du Louvre dans le Ier arrondissement. Paroisse royale sous les Valois, elle fut reconstruite du XIIIe au XVIe siècle ; Pierre Lescot et Jean Goujon y construisirent un jubé qui a été démantelé.

Le palais Gelmirez, à **Saint-Jacques-de-Compostelle**.

saint-glinglin (à la) loc. adv. Fam. Jamais.
Saint-Gobain *2321 h.* Commune du département de l'Aisne, au cœur de la forêt de Saint-Gobain *4198 ha*, spécialisée dans l'industrie du verre depuis l'implantation de la Manufacture royale en 1685 ; elle possède d'importantes industries chimiques.
Saint-Gothard ou **Gothard (massif du)** *3197 m* Massif des Alpes suisses que l'on franchit par le col du Saint-Gothard *2112 m*, la route du Saint-Gothard, praticable seulement en été, et que traverse l'oléoduc Gênes-Neustadt sur le Danube. Le tunnel du Saint-Gothard (*15 km*, 1882) abrite la ligne ferroviaire Bâle-Milan.
Saint Helens (mont) *2549 m* Volcan actif des États-Unis, dans l'État de Washington.
saint-honoré n. m. inv. Gâteau formé d'une couronne de pâte garnie de petits choux à la crème.
Saint-Jacques-de-Compostelle *87472 h.* Ville d'Espagne, en Galice. C'est, depuis le XIe siècle, le but d'un des plus populaires pèlerinages de la chrétienté occidentale. La cathédrale (XIe-XIIe siècle) renferme, selon la tradition, les reliques de saint Jacques le Majeur, patron de l'Espagne. Ses églises, son université en font un grand centre religieux et culturel.
Saint-Jean ou **Saint John** *95770 h.* Ville et port du Canada, au sud du Nouveau-Brunswick, à l'embouchure du fleuve Saint-Jean ou Saint John. Celui-ci se jette dans la baie de Fundy (océan Atlantique) qui sépare le Nouveau-Brunswick et la Nouvelle-Écosse. Raffinerie de pétrole. Pêche.
Saint-Jean-d'Acre Nom donné par les croisés (1229) à la ville d'Acre (Akko). Voir *Acre*.
Saint-Jean-de-Luz *13031 h.* Chef-lieu de canton du département des Pyrénées-Atlantiques, sur le golfe de Gascogne, port de pêche et station balnéaire. Le mariage de Louis XIV y fut célébré en 1660 dans l'église qui date du XVIe siècle.
Saint-John Perse (Alexis Léger, dit **Alexis Saint-Léger Léger**, puis**)** 1887-1975 Écrivain et diplomate français, né en Guadeloupe. Entré au ministère des Affaires étrangères en 1914, il séjourne en Chine avant de devenir directeur du cabinet diplomatique d'Aristide Briand (1925-1932) puis secrétaire général du ministère des Affaires étrangères. Opposant déterminé à la politique qui prônait « l'apaisement » vis-à-vis du nazisme, il est déchu de la nationalité française par le gouvernement de Vichy, s'embarque pour l'Angleterre puis s'exile aux États-Unis où il continue à écrire, ne revenant en France qu'en 1957. Il a écrit des poèmes aux rythmes majestueux et aux images grandioses, qui réunissent dans une vision mystique de l'homme et des éléments, ses propres expériences et son intérêt pour l'histoire : *Anabase* (1924), *Exil* (1942), *Amers* (1957), *Oiseaux* (1962).
Saint-Just (Louis Antoine Léon) 1767-1794 Homme politique français. Ayant assisté aux débuts de la Révolution française à Paris en 1789, il devint lieutenant-colonel de la Garde nationale puis fut élu à l'Assemblée législative en 1791. Député montagnard de l'Aisne à la Convention puis membre du Comité de salut public, il soutint l'action de Robespierre contre les Girondins. Représentant en mission aux armées, il contribua par son énergie aux victoires des armées du Nord et de l'Est contre les Autrichiens (1794). Mais, voulant par la Terreur préserver le caractère révolutionnaire de la République, il suivit le sort de Robespierre et fut exécuté avec lui. Grand orateur et théoricien politique (*Esprit de la Révolution et de la Constitution de France*, 1791), il fut à l'origine des *décrets de ventôse*, en mars 1794, qui prenaient les biens des suspects fortunés pour les distribuer aux pauvres.

SAINT-KITTS-ET-NEVIS

Superficie : *269,4 km²* – **Nombre d'habitants :** *39 000 h.*
Capitale : *Basseterre* – **Système politique :** *État membre du Commonwealth* – **Langue(s) :** *anglais* – **Religion(s) :** *protestantisme*
Monnaie(s) : *dollar des Caraïbes orientales*

Voir l'Atlas
La place Pall Mall dans le centre de Basseterre.

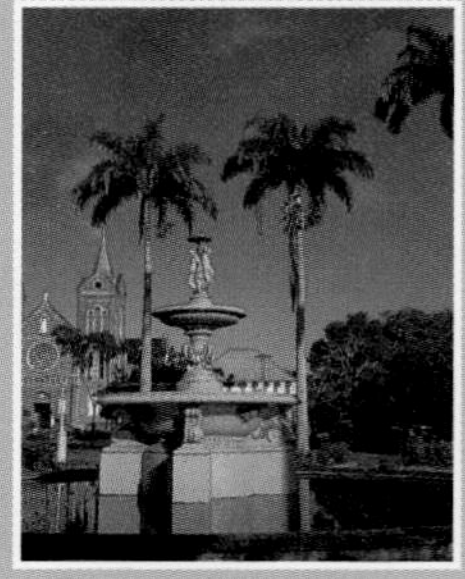
Basseterre, capitale de Saint-Kitts-et-Nevis.

• **Saint-Kitts-et-Nevis** État des Petites Antilles, situé au nord-est de la Guadeloupe et comprenant les deux îles de Saint-Kitts (Saint-Christophe), où se trouvent la capitale, et Nevis. Le sucre, la bière, le tourisme constituent les seules ressources. Disputées entre la France et l'Angleterre à partir de 1623, ces îles revinrent à l'Angleterre en 1783. Elles accédèrent à l'indépendance en 1983.
Saint-Laurent (le) *3800 km* (*1200 km* de sa sortie du lac Ontario à l'océan Atlantique). Fleuve du Canada. Relié aux Grands Lacs, c'est une importante voie de circulation mettant en communication directe l'arrière-pays canadien et américain avec l'Atlantique, par le *golfe du Saint-Laurent* ; mer intérieure de *150000 km²*, celui-ci baigne cinq provinces du Canada : Québec, Nouveau-Brunswick, Nouvelle-Écosse, l'Île du Prince-Édouard (au large des deux précédentes) et Terre-Neuve. La vallée du Saint-Laurent constitue la région vitale du Canada. La voie maritime (seaway) du Saint-Laurent a été aménagée de 1954 à 1959.
Saint-Laurent (Yves Mathieu-Saint-Laurent, dit **Yves)** 1936 Couturier français. Engagé comme assistant par Christian Dior, il lui succède après sa mort en 1957. Il crée en 1961 sa propre maison de couture, où il poursuit ses innovations dans le raffinement et l'élégance. En janvier 2002, il prend sa retraite et met fin à son activité dans le domaine de la haute couture.
Saint-Lazare (prison de) Prison parisienne sous la Révolution, puis prison (et hôpital) recevant uniquement des femmes, détruite en 1940. C'était sous l'Ancien Régime un couvent de lazaristes.
Saint-Lô *21546 h.* Chef-lieu du département de la Manche, petit centre commercial et industriel. La cathédrale (XVe-XVIe siècle) et la ville ont été très endommagées par les bombardements de 1944.
Saint Louis *368215 h.* Ville des États-Unis, dans le Missouri, sur le Mississipi, peu après que le Missouri se jette dans ce fleuve. C'est un grand centre commercial, industriel et culturel (université, musée d'antiquités grecques). L'agglomération groupe *2,5 millions* d'habitants. Des Français fondèrent la ville en 1764.
Saint-Louis *132499 h.* Ville et port du Sénégal, dans une île située en face de l'estuaire du fleuve Sénégal. La France la fonda vers 1640. La ville fut la capitale du Sénégal de 1895 à 1958, et celle de la Mauritanie de 1919 à 1958.
Saint-Louis (île) Île de la Seine, en amont de l'île de la Cité, à Paris (IVe arrondissement), due à la réunion de l'île aux Vaches et de l'île Notre-Dame au XVIIe siècle.
saint-lucien, enne adj. et n. De l'île de Sainte-Lucie.
Saint-Maixent-l'École *9315 h.* Commune du département des Deux-Sèvres, sur la Sèvre Niortaise, siège d'une école militaire depuis 1874.
Saint-Malo *48057 h.* Chef-lieu d'arrondissement du département d'Ille-et-Vilaine, port de pêche et de commerce à l'embouchure de la Rance. Saint-Malo est aujour-

Venise : les coupoles de la **basilique Saint-Marc** et l'embarcadère du même nom.

SAINT-MARIN

Superficie : *61,9 km² –* **Nombre d'habitants :** *26 000 h.*
Capitale : *Saint Marin –* **Système politique :** *république*
Langue(s) : *italien –* **Religion(s) :** *catholicisme*
Monnaie(s) : *euro*

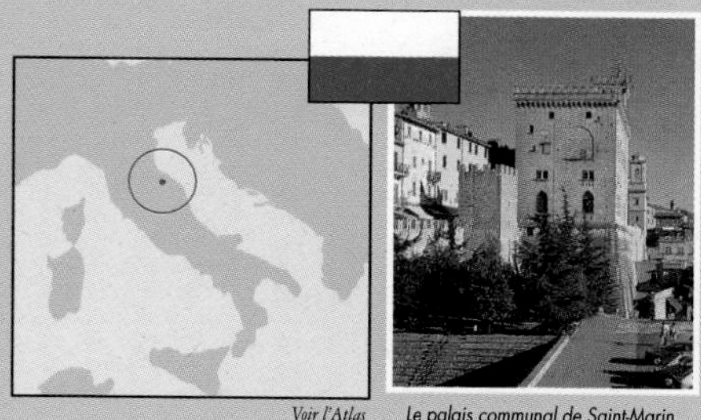

Voir l'Atlas — *Le palais communal de Saint-Marin.*

d'hui une station balnéaire. Son industrie n'a pas reçu de l'usine marémotrice de la Rance l'impulsion espérée. Entourée de hauts remparts (XIIe-XVIIe siècle), la ville, enrichie au XVIe siècle aux dépens des commerçants anglais (Saint-Malo était célèbre pour ses corsaires), conserve un beau château (XVe siècle) et de nombreuses maisons anciennes (XVe-XVIe siècle). La ville close a été en grande partie détruite en 1944 et la reconstruction a souvent pris la forme d'une reconstitution à l'aide des matériaux d'origine. Face à Saint-Malo, accessible à basse mer, le rocher du Grand-Bé porte la tombe de Chateaubriand. Le port de pêche était spécialisé dans les expéditions à Terre-Neuve (morue), qui ont disparu.

Saint-Marc (basilique) Édifice vénitien d'inspiration byzantine (plan en croix grecque, coupole, mosaïques) commencé en 830, reconstruit en 1063 et partiellement refait en 1419, sur la place du même nom.

Saint-Marc Girardin (François Auguste Marc Girardin, dit**)** 1801-1873 Écrivain et homme politique français. Universitaire célèbre pour ses attaques contre le romantisme, ses œuvres et ses articles condamnent la vision d'une esthétique séparée de la moralité. Député aux opinions libérales (1834), il fut un partisan de Louis-Philippe.

• **Saint-Marin** (en italien *San Marino*) État enclavé dans l'État italien, non loin de Rimini. Ce pays de collines, sur le versant est de l'Apennin toscan, tire ses ressources de l'agriculture (céréales, vigne, élevage) et du tourisme. Indépendante depuis le Xe siècle, c'est une des plus anciennes républiques d'Europe, gouvernée par un Grand Conseil et deux capitaines-régents.

Saint-Martin (île) *86 km²* Île des Petites Antilles partagée entre la France et les Pays-Bas. Le nord, français (*52 km², 28 518 h.*, commune unique : Le Marigot), est rattaché à la Guadeloupe. Le sud, néerlandais (*34 km², 32 221 h.*, chef-lieu : Philipsburg), est rattaché à Curaçao. L'île vit du tourisme.

Saint-Martin (Louis Claude de) 1743-1803 Écrivain et philosophe français. Admis en 1765 dans l'ordre théosophique fondé par Martines de Pasqually (1710-1774) à Bordeaux et qui inspira sa pensée philosophique. Ses œuvres, dont *Des erreurs et de la vérité* (1775) et *L'Homme de désir* (1790), constituent non seulement des ouvrages littéraires d'une grande beauté mais expriment aussi sa doctrine, le *martinisme*, qui voit dans le Christ le seul intermédiaire entre Dieu et les hommes.

Saint-Michel-l'Observatoire *904 h.* Commune du département des Alpes-de-Haute-Provence possédant un important observatoire astronomique.

Saint-Moritz *5 900 h.* Ville de Suisse, grande station alpestre (*1 820 m-3 303 m*) de sports d'hiver (haute Engadine dans les Grisons), siège des jeux Olympiques d'hiver en 1928 et 1948.

Saint-Nazaire *64 812 h.* Chef-lieu d'arrondissement du département de Loire-Atlantique, port situé à l'embouchure de la Loire. Il s'est développé au XIXe siècle comme avant-port de Nantes. Premier centre français de constructions navales, la ville, entièrement reconstruite après 1945, a été très touchée par la crise de cette industrie. Dans la situation de métropole d'équilibre avec Nantes, Saint-Nazaire est devenu l'un des principaux pôles industriels de la France.

Saint-Nectaire *664 h.* Commune du Puy-de-Dôme. Église romane (XIIe siècle). Station thermale fréquentée dès l'époque romaine (thermes). Fromages.

Saint-Office (congrégation du) Nom porté de 1908 à 1965 par l'actuelle congrégation pour la Doctrine de la foi. Cette congrégation pontificale a été instituée en 1542 pour combattre le protestantisme et réorganisée en 1588 ; couramment nommée congrégation de l'Inquisition romaine et universelle, elle prit en 1908 le nom de Congrégation du Saint-Office. Dès sa fondation par le pape Paul III, son rôle a été de protéger les doctrines et les pratiques enseignées par l'Église catholique. En 1917, elle a reçu les attributions de la congrégation de l'Index et, en 1965, a pris son nom actuel.

Saintonge Ancienne province de l'ouest de la France, qui constitue le sud du département de Charente-Maritime. Comté dépendant du duché d'Aquitaine à partir du IXe siècle, la Saintonge fut réunie à la Couronne par Charles V (1375). C'est un pays agricole : vigne (vins et alcools), élevage laitier, céréales. Parcs à huîtres à Marennes.

Saint Paul *272 235 h.* Ville des États-Unis, capitale du Minnesota, port industriel (industries alimentaires et mécaniques) sur le Mississippi et grand centre commercial (abattoirs) au contact des Grandes Plaines. Elle forme avec Minneapolis une conurbation de *2,5 millions d'h.*

• **Saint-Pétersbourg** (*Petrograd* de 1914 à 1924, *Leningrad* de 1924 à 1991) *4 436 000 h.* Ville de Russie, sur l'embouchure du la Neva, au bord du golfe de Finlande. Premier port (maritime et fluvial) de la fédération de Russie, ville industrielle (métallurgie, raffineries, pétrochimie, textile, industries alimentaires, chantiers navals), c'est une capitale artistique (musées, bibliothèques) et culturelle (université).

Saint Petersburg *238 585 h.* Port des États-Unis, en Floride. Station balnéaire sur le golfe du Mexique.

Saint-Phalle (Marie-Agnès Fal de Saint-Phalle, dite **Niki de)** 1930-2002 Peintre et sculpteur français. Elle se fit connaître grâce à ses tableaux-surprises où les spectateurs pouvaient tirer à la carabine sur des sacs remplis de couleurs qui explosaient sur des structures de plâtre. Ses grosses *Nanas* de plâtre peint de couleurs vives la rendirent célèbre à partir des années 1960. Elle est l'auteur, avec son mari Tinguely, de la fontaine Stravinski, à Paris, près du Centre Pompidou.

saint-pierrais, e adj. et n. De l'île de Saint-Pierre-et-Miquelon.

saint-pierre n. m. ZOOL. Poisson téléostéen marin, épineux, au corps aplati, à la bouche énorme, aux flancs marqués d'une tache noire. *La chair du saint-pierre est très appréciée.* Pl. Des *saint-pierres* ou des *saint-pierre.*

Saint-Pierre *5 007 h.* Principale ville de la Martinique (dans le nord-ouest de l'île) jusqu'à l'éruption volcanique de la montagne Pelée qui l'ensevelit le 8 mai 1902. Elle comptait alors *28 000 h.*

SAINT-PÉTERSBOURG

Histoire

La ville a été fondée (1703) sur des marais par Pierre le Grand qui voulait donner à son pays « une fenêtre sur l'Europe » et qui a adopté le plan de l'architecte français Alexandre Leblond. Capitale de l'empire en 1715, elle fut agrandie sous Anna Ivanovna (1730-1740) et Élisabeth Petrovna (1741-1762). C'est à cette époque que furent édifiés d'innombrables palais et églises de style baroque et classique (Amirauté, palais Anitchkov, palais d'Hiver, palais de Marbre, cathédrales Saint-Paul, Saint-Alexandre-Nevski, Notre-Dame-de-Kazan…) qui font de Saint-Pétersbourg le plus important centre touristique de la Russie. Ville universitaire d'esprit frondeur, c'est d'elle que partit la révolte des décabristes (1825), c'est là que prit forme l'agitation qui aboutit à l'assassinat d'Alexandre II (1881) ; elle joua un rôle important dans les révolutions de 1905 et de 1917et a beaucoup souffert des purges staliniennes qui ont suivi l'assassinat de Kirov (1934). Encerclée par les troupes allemandes et finlandaises en 1941, la ville (qui se nommait alors Leningrad) subit 600 jours de siège avant de repousser les assiégeants en janvier 1944 : on compta 600 000 morts et 1 000 000 de disparus, les quartiers périphériques ayant été rasés alors que le centre restait à peu près intact.

Vue panoramique de la zone moderne de Saint-Pétersbourg.

La basilique **Saint-Pierre de Rome**.

Saint-Sébastien vu du mont Igueldo.

Saint-Pierre *5 580 h.* Chef-lieu d'arrondissement de Saint-Pierre-et-Miquelon, sur la côte orientale de Saint-Pierre. Pêche. Conditionnement de la morue.

S

Saint-Pierre de Rome Basilique située près du palais du Vatican. Au IVe siècle, Constantin fit élever une basilique sur la tombe présumée de saint Pierre. Au XVe siècle, Rossellino fut chargé de bâtir un édifice plus vaste auquel travaillèrent plus tard Bramante et Michel-Ange ; la nef, rallongée, et la façade furent achevées au XVIIe siècle par Carlo Maderno et Le Bernin, qui entoura le parvis (*place Saint-Pierre*) d'un portique semi-circulaire.

Saint-Pierre-et-Miquelon *242 km² 6277 h.* Collectivité territoriale française. Chef-lieu *Saint-Pierre.* Territoire français d'outre-mer en 1946, département d'outre-mer en 1976, collectivité territoriale de la République en 1985. Cet archipel rocheux est formé principalement des îles Saint-Pierre et Miquelon (composée de la Grande-Miquelon et Langlade, que réunit l'isthme de Langlade). Situé à *20 km* au sud de Terre-Neuve, il vivait de la pêche à la morue que le Canada interdit aujourd'hui sur les bancs de Terre-Neuve.

Saint-Pol-de-Léon *7 261 h.* Chef-lieu de canton du département du Finistère, ancienne ville épiscopale (cathédrale gothique des XIIIe-XIVe siècles, chapelle du Kreisker des XIVe-XVe siècles, au clocher haut de *77 m*). C'est aujourd'hui un grand marché de primeurs.

Saint-Pol-Roux (Paul Pierre Roux, dit**)** 1861-1940 Poète français. Symboliste, disciple de Mallarmé, ses recueils de poèmes en prose (dont *Féeries intérieures*, 1907) préfigurent le surréalisme par l'originalité de leurs images. Retiré en Bretagne à partir de 1905, il cessa de publier, préférant la parole au langage écrit. Il fut tué par un soldat allemand au début de l'occupation.

Saint-Quentin *60 644 h.* Chef-lieu d'arrondissement de l'Aisne, sur la Somme. Elle ajoute aux industries textiles traditionnelles des industries mécaniques favorisées par sa fonction de carrefour (canal de Saint-Quentin) entre Paris et la région du Nord. En 1917, la ville constitua un réduit important. Le musée possède une belle collection de pastels de Quentin de La Tour.

Saint-Quentin (canal de) *92 km* Canal reliant le bassin de l'Escaut à ceux de l'Oise et de la Somme. Il est doublé par le canal du Nord, plus direct et à plus grand gabarit.

Saint-Raphaël *26 616 h.* Chef-lieu de canton du Var, station balnéaire du Var, près de laquelle eut lieu le débarquement franco-américain du 15 août 1944. Elle occupe avec Fréjus la dépression de l'Argens entre les côtes rocheuses des Maures et de l'Esterel.

Saint-Rémy-de-Provence *9 340 h.* Commune du département des Bouches-du-Rhône, centre agricole (oliveraies, vignobles) et touristique. Aux environs, ancien prieuré Saint-Paul-de-Mausole, où fut hébergé Van Gogh après une crise de démence et plateau des Antiques (Glanum).

Saint-Saëns (Camille) 1835-1921 Compositeur français. Pianiste virtuose précoce, il joue en concert à la salle Pleyel dès l'âge de 11 ans et commence à composer très tôt. Il est organiste de l'église Saint-Merry en 1852, puis organiste titulaire de la Madeleine en 1857. Admirateur puis détracteur de Wagner, grand ami de Gounod et de Fauré, il s'oriente vers un art néoclassique et fonde la Société nationale de musique en 1871. On lui doit des œuvres dramatiques : *Samson et Dalila*, (1877), de la musique orchestrale : *La Danse macabre*, 1874 ; *Le Carnaval des animaux*, 1886 ; *Symphonie avec orgue*, 1886 ; et de la musique vocale et religieuse : *Messe solennelle*, 1856 ; *Requiem*, 1878.

Saint-Sébastien (en espagnol *San Sebastian*, en basque *Donostia*) *171 540 h.* Ville d'Espagne, chef-lieu de la province basque de Guipúzcoa, sur la côte cantabrique, station balnéaire fréquentée, centre industriel.

Saint-Sépulcre (le) Ensemble d'édifices construits à Jérusalem autour du lieu où selon la tradition, le Christ aurait été enseveli. Au IVe siècle, sainte Hélène, mère de l'empereur Constantin, crut retrouver ce tombeau et un vestige de la vraie Croix ; elle fit édifier autour de ce lieu une église que complétèrent, au cours des siècles, des bâtiments plusieurs fois détruits et reconstruits du XIIe au XIXe siècle.

Saint-Siège Terme par lequel on désigne la papauté, et, par extension, le pouvoir du pape et les États de l'Église.

Saint-Simon (Louis de Rouvroy, duc **de)** 1675-1755 Écrivain français. Entré dans la carrière des armes sans grande conviction, il démissionna en 1702 pour s'installer à la cour de Versailles où, grâce à son mariage et à ses relations, il parvint à se construire une position solide. Esprit curieux et vivace, il fut un observateur avisé des mœurs des Grands et de leurs intrigues pour conserver la faveur du roi. Ami du Régent, il eut un certain pouvoir à la mort du roi Louis XIV, mais fut rapidement écarté après la mort du duc d'Orléans en 1723. Depuis longtemps passionné d'histoire, il passa les vingt dernières années de sa vie à écrire ses *Mémoires* (couvrant la période entre 1691 et 1723) qui ne furent publiées qu'un siècle plus tard. On y trouve un tableau très complet et bien documenté de la noblesse française sous Louis XIV et la Régence. En outre, le style de Saint-Simon, extrêmement complexe et riche de parenthèses, fait de lui un des grands écrivains de son siècle.

Saint-Simon (Claude Henri de Rouvroy, comte **de)** 1760-1825 Philosophe et économiste français. Petit-neveu du duc de Saint-Simon, il participe à la guerre d'Indépendance américaine. Il spécule sur les biens nationaux enlevés au clergé et vendus sous la Révolution française. Mais il se ruine et devient copiste au mont-de-piété. C'est vers cette période que son libéralisme prend une tournure sociale. Il fonde un journal, *L'Organisateur* (1819), et écrit de nombreux ouvrages (*Du système industriel*, 1820-1823 ; *Le Catéchisme des industriels*, 1823-1824 ; *Nouveau Christianisme*, 1825). Il a eu de nombreux disciples, dont Auguste Comte et Enfantin.

Claude Henri de Rouvroy, comte de **Saint-Simon**.

saint-simonien, enne n. et adj. Disciple de Claude de Saint-Simon. *Les saint-simoniens. Doctrine saint-simonienne.*

saint-simonisme n. m. Doctrine de Claude de Saint-Simon.

♦ Le saint-simonisme part de la constatation de l'injustice sociale et propose une réorganisation de la société selon le principe « À chacun selon ses œuvres ». Il faut passer de l'antagonisme social à l'association. La société doit être gouvernée par les « industriels », c'est-à-dire par tous ceux qui exercent une fonction productive : « Tout pour l'industrie et tout par elle ». Les saint-simoniens, après la mort de leur maître, constituèrent une secte mystique qui se dispersa rapidement mais participa au développement économique du Second Empire.

Saint-Sulpice (église) Église parisienne construite aux XVIIe et XVIIIe siècles dans le style jésuite par Gaumart, Gittard et Oppenordt. On doit la façade à Servandoni et la décoration d'une chapelle à Delacroix.

Saint Thomas (île) *83 km² 50 000 h.* Île des Petites Antilles dont la ville principale, Charlotte Amalie, est la capitale des îles Vierges.

Saint-Tropez *5 754 h.* Chef-lieu de canton du Var, petit port de pêche et station balnéaire sur le *golfe de Saint-Tropez*, dans la *presqu'île de Saint-Tropez.* Avant l'afflux des touristes (à partir des années 1950), de nombreux peintres y séjournèrent et son musée de l'Annonciade possède des tableaux de Signac, Bonnard, Matisse, Dufy, Utrillo.

saint-vincentais-et-grenadin, e adj. et n. Des îles Saint-Vincent-et-Grenadines.

• **Saint-Vincent-et-les-Grenadines** État des Caraïbes orientales, situé entre Sainte-Lucie et la Grenade. Le volcan actif de la Soufrière domine l'île principale, Saint-Vincent ; la production de bananes (exportées vers l'Europe) est, avec le tourisme (aux Grenadines) la seule ressource notable. Les premiers Européens se heurtèrent aux Indiens caraïbes ; au XVIIIe siècle, les îles furent disputées entre la France et l'Angleterre. Saint-Vincent devint britannique en 1797 et le demeura jusqu'à l'indépendance (1979).

Saïs (aujourd'hui *Sâ al-Hagar*) Ville de l'Égypte antique, dans le delta du Nil. Elle fut la capitale des pharaons de la XXVIe dy-

SAINT-VINCENT-ET-LES-GRENADINES

Superficie : *389 km²* – **Nombre d'habitants :** *113 000 h.*
Capitale : *Kingstown* – **Système politique :** *État membre du Commonwealth* – **Langue(s) :** *anglais*
Religion(s) : *protestantisme, catholicisme* – **Monnaie(s) :** *dollar des Caraïbes orientales*

L'église de Kingstown, capitale de Saint-Vincent-et-les-Grenadines.

nastie (664-525 av. J.-C.). À l'époque saïte, l'Égypte connut une longue période de prospérité. À l'abri des incursions éthiopiennes, l'agriculture se développe, la cour se reconstitue, l'administration se réorganise, l'écriture démotique s'impose, les villes s'embellissent et les arts (peinture, sculpture) retrouvent en partie leur lustre d'antan. À la fois tournée vers le passé (les motifs peints et gravés s'inspirent des modèles anciens) et attirée par la modernité, l'Égypte saïte s'ouvre au monde et commerce avec la Grèce qui lui fournit une partie de ses corps de troupe et dont la civilisation commence à être bien connue et appréciée.

saisi, e adj. et n. DR. Qui a fait l'objet d'une saisie. / n. m. *Le saisi* : la personne qui a fait l'objet d'une saisie.

saisie n. f. DR. Procédure par laquelle un créancier fait mettre sous la main de la justice tout ou partie des biens d'un débiteur pour garantir le paiement d'une créance. *Saisie-arrêt*, par laquelle un créancier (le *saisissant*) frappe d'indisponibilité des objets ou des sommes dues à son débiteur (la *partie saisie*) en les faisant garder entre les mains d'un tiers (le *tiers saisi*). *Faire une saisie-arrêt sur un salaire. Des saisies-arrêts. Saisie-exécution* : saisie des meubles corporels d'un débiteur en vue d'une vente publique, aussi appelée *saisie mobilière. Des saisies-exécutions.* / Confiscation par l'autorité publique d'objets ayant permis de commettre une infraction, en résultant ou permettant d'en apporter la preuve. / INFORM. Enregistrement de données dans un système informatique (généralement par frappe sur un clavier).

saisine [1] n. f. DR. Prise de possession des biens d'un défunt par un héritier. / DR. Fait de saisir une juridiction.

saisine [2] n. f. MAR. Cordage servant à amarrer, à soulever un objet à bord d'un bateau.

saisir v. t. [2] Prendre, attraper prestement. *Saisir un revolver. Saisir qqn par les cheveux.* / Tirer profit de (une occasion) dès qu'elle se présente. *C'est une affaire à saisir.* / Prendre (un objet). *Saisir la casserole par le manche.* / Fig. Comprendre, discerner ; appréhender (qqch.) et le fixer, le rendre sensible. *J'ai saisi le fond de ta pensée. Le peintre a su saisir la bonté de son regard.* / Causer une sensation ou une impression vive et soudaine sur (qqn). *Le froid les saisit au petit matin. Être saisi de stupeur.* / CUIS. Exposer brièvement (un aliment) à feu vif. / INFORM. Effectuer la saisie de. *Saisir une liste de données.* / DR. Opérer la saisie de (un bien) ; porter une affaire auprès de (une autorité, une instance officielle). *Saisir le parquet, le tribunal.* / v. pron. *Se saisir de* : s'emparer de.

saisissable adj. Qui peut être saisi, perçu. / DR. Qui peut faire l'objet d'une saisie.

saisissant, e adj. Qui saisit par la sensation qu'il procure. *Une image saisissante.*

saisissement n. m. Émotion vive et inattendue.

saison n. f. Chacune des quatre grandes divisions de l'année (printemps, été, automne, hiver) correspondant au temps mis par le Soleil à passer d'un équinoxe à un solstice et caractérisée par des conditions climatiques, un état de la végétation particuliers. *La belle saison. La saison des pluies. Un temps de saison.* / Époque de pousse ou de récolte de certains végétaux. *Fruits, légumes de saison.* / Période de l'année pendant laquelle s'exercent certaines activités (économiques, artistiques, sportives). *Pleine, basse, morte saison. Saison théâtrale. Saison de ski, de chasse.* / Séjour dans une station thermale ou touristique. *Saison à La Bourboule.*

saisonnalité n. f. Caractère saisonnier de qqch. *La saisonnalité de la vente des livres d'art.*

saisonnier, ère adj. et n. Propre aux saisons ; relatif aux saisons. *Pluies saisonnières. Travaux saisonniers.* / Subst. *Un saisonnier* : un travailleur saisonnier.

saïte adj. HIST. De la ville de Saïs. *Dynastie saïte.* / De la XXVIe dynastie égyptienne, originaire de Saïs ; relatif au temps pendant lequel elle dirigea l'Égypte. *Époque saïte.*

sajou n. m. ZOOL. Syn. de sapajou, de saï.

Sakalaves ou **Sakalava** Population malgache établie sur la côte ouest de Madagascar qui forma un royaume à partir du XVIIe siècle.

saké n. m. (mot japonais) Boisson alcoolique japonaise, obtenue par la fermentation du riz.

Sakha (république de) *3 103 200 km² 1 099 000 h.* République de la fédération de Russie, nommée *Iakoutie* jusqu'en 1990. Capitale *Iakoutsk*. Région de montagnes et de plateaux coupés par des vallées, la république est couverte de forêts (70 % du territoire) et son sous-sol est très riche (houille, étain, mica, or, diamants). La population, clairsemée, vit de l'agriculture (blé, orge, légumes), de l'élevage (bovins, rennes), du traitement du bois et de la pêche. **Histoire** Éleveurs en partie nomades groupés en clans, les Iakoutes, sous l'influence des paysans russes immigrés, se mirent à cultiver la terre au XIXe siècle. L'essor économique de la région a débuté avec la construction du Transsibérien (fin du XIXe siècle) ; il a été favorisé par la navigation sur la Lena. Soviétique en 1918, le pays devint une république socialiste soviétique autonome en 1922 et a proclamé sa souveraineté au sein de la fédération de Russie en 1990.

Sakhaline (île) *87 100 km² 681 000 h.* Île russe du Pacifique, au nord de l'île japonaise d'Hokkaïdo. Île montagneuse (qui culmine à *1 500 m*), baignée par les mers d'Okhotsk et du Japon, à l'est de la Sibérie, elle vit principalement de la pêche et de l'exploitation de la forêt et du sous-sol (or, charbon, pétrole). Divisée entre la Russie et le Japon en 1905, l'île appartient depuis 1945 à la Russie.

Sakharov (Andreï Dmitrievitch) 1921-1989 Physicien soviétique. Après avoir assuré le développement de l'arme thermonucléaire en U.R.S.S, il se consacre (1958) à l'étude de la fusion contrôlée par confinement magnétique dans des chambres toroïdales (connues sous le nom de Tokamak) dans lesquelles la matière ionisée (plasma) est confinée à l'aide de faisceaux lasers de très grande puissance. Opposé à la poursuite du programme d'armement nucléaire soviétique, il publie en 1968 *La Liberté intellectuelle en U.R.S.S. et la coexistence.* En 1970, il fonde le comité pour la défense des droits de l'homme en U.R.S.S. En 1973 il est victime d'une violente campagne de presse ; il reçoit le prix Nobel de la paix en 1975 et publie *Mon pays et le monde.* De 1980 à 1986, il est assigné à résidence à Gorki. Réhabilité en 1988, il est nommé membre du praesidum de l'Académie des sciences et, en 1989, il est élu au Congrès des députés du peuple, élection qui lui offre une tribune pour continuer de lutter pour le respect de droits de l'homme et la démocratisation de son pays.

saki n. m. (mot tupi) ZOOL. Singe de la famille des cébidés, à fourrure épaisse et à longue queue touffue, vivant en Amazonie.

sakieh n. f. (mot arabe) Noria mue par des bœufs tournant en manège.

Sakkarah voir **Saqqarah**

salace adj. Excessivement enclin aux plaisirs sexuels. *Un individu salace.* / Par ext. *Propos salaces*, grivois, licencieux.

Salacrou (Armand) 1899-1989 Auteur dramatique français. Communiste puis proche des surréalistes, ses œuvres expriment ses préoccupations politiques et sociales : *L'Inconnue d'Arras* (1935), *La terre est ronde* (1938), *l'Archipel Lenoir*, (1947), *Boulevard Durand* (1961). Il a publié ses mémoires (*Dans la salle des pas perdus*, 1974-1976).

salade [1] n. f. Plat composé de feuilles de plantes potagères crues, assaisonnées de vinaigrette (ou de toute autre sauce équivalente) et, parfois, de divers condiments. / Plante potagère (laitue, batavia, cresson, etc.) entrant dans la composition de ce plat. / (avec un complément de nom ou un adj.) Mets composés de légumes cuits ou crus, de divers autres aliments (viande, poisson, etc.) assaisonné avec une vinaigrette (ou toute autre sauce équivalente). *Salades d'endives, de tomates. Salade niçoise. Salade russe* : mélange de légumes coupés en morceaux, accompagnés d'une mayonnaise. *Salade de fruits* : dessert fait de fruits coupés en morceaux, mélangés et généralement sucrés. / Fig., fam. Situation confuse ; propos mensongers. *Qu'est-ce que c'est que cette salade ? Raconter des salades.*

salade [2] n. f. Casque de guerre, rond et léger, utilisé du XVe au XVIIe siècle par les cavaliers. *La salade de don Quichotte.*

S

saladier n. m. Récipient destiné à servir la salade ; contenu de ce récipient. *Un saladier d'argent. Manger un plein saladier de cresson.*

Saladin Ier 1138-1193 Sultan d'Égypte en 1171 et de Syrie en 1174. Fils et neveu d'officiers kurdes de l'armée du souverain de Syrie, il participe au projet de ce dernier de reconquérir les territoires d'Orient occupés par les chrétiens depuis les deux premières croisades. Il s'illustre surtout en Égypte et reçoit, après la mort de son oncle, le titre de vizir (1169). Il abolit le califat fatimide et, après la mort du souverain syrien, conquiert la Syrie, la Nubie et le Yémen, encerclant ainsi les Francs, qu'il écrase en 1187 près du lac Tibériade. Il prend ensuite Jérusalem sans toutefois massacrer les chrétiens qui y résident (1187). En 1189, la 3e croisade est déclenchée pour reprendre la Ville sainte, sous le commandement de Philippe Auguste, Richard Cœur de Lion et Frédéric Barberousse. Malgré la perte d'Acre, de Jaffa

Salamandre *tigrée.*

Salines *dans l'île de Lanzarote, aux Canaries.*

et d'Ascalon, Saladin conserve Jérusalem et négocie une trêve de trois ans avec Richard Cœur de Lion en 1192. La ténacité et la mansuétude de Saladin ont fait de lui une figure populaire en Europe et un héros de la guerre sainte pour les musulmans. Il fonda la dynastie des Ayyoubides (ou Ayyubides) que les Mamelouks renversèrent en 1250-1260.

salafisme n. m. RELIG. Courant d'idées et ensemble de pratiques issus de la salafiya.

salafiste adj. RELIG. De la salafiya, du salafisme ; relatif à la salafiya, au salafisme, à leurs tenants.

salafiya n. f. (mot arabe, « retour à l'antécédent ») RELIG. Mouvement religieux arabo-musulman sunnite, né à la fin du XIXe siècle, qui prône le retour à la foi originelle et dont l'inspirateur fut Muhammad ibn Abd al-Wahab, théoricien d'un islam rigoriste auquel se réfère la famille royale séoudienne et, donc, l'Arabie séoudite tout entière dans sa législation et son mode de vie.

salage n. m. Action de saler ; son résultat. / Action de saler une chaussée par temps de neige ou de verglas.

salaire n. m. Rémunération versée à une personne par son employeur, auquel elle est liée par un contrat de travail, en contrepartie d'un travail effectué pour lui. *Haut, bas salaire. Salaire de misère. Salaire mensuel. Salaire brut,* avant déduction des cotisations sociales, par opposition au *salaire net.* / Fig. Récompense ou, par antiphrase, châtiment.

salaison n. f. Action de saler des aliments pour les conserver ; denrée ainsi conservée.

Salam (Abdus) 1926-1996 Physicien pakistanais. En 1979, il reçut avec Weinberg et Glashow le prix Nobel de physique pour leur modèle standard des interactions électrofaibles. Celui-ci donne une description unitaire des interactions forte, faible et électromagnétique.

salamalecs n. m. pl. (mot arabe) Fam. Politesses exagérées et répétées.

salamandre n. f. **I.** ZOOL. Amphibien de l'ordre des urodèles, souvent adapté à la vie terrestre, à larves aquatiques. *Salamandre tachetée*, jaune et noire. *Salamandre noire Certaines espèces de salamandres (telles l'amblystome, dont la larve est l'axolotl) sont néoténiques. La salamandre avait autrefois la réputation de pouvoir vivre dans le feu.* **II.** Appareil de chauffage, poêle à feu continu et à combustion lente, placé dans une cheminée.

Salamanque *163 400 h.* Ville d'Espagne, dans le León (Communauté autonome de Castille et León), chef-lieu de la province du même nom. Riche en quartiers anciens et en monuments (Plaza Mayor, XVIIIe siècle ; torre del Clavero, XVe siècle ; vieille et nouvelle cathédrales ; collège de la Clerecia), Salamanque est réputée pour son université, fondée en 1239, qui eut jusqu'au XVIe siècle un rayonnement européen. Peu industrialisée, Salamanque demeure, avec Cordoue, un des grands centres du travail du cuir.

salami n. m. (mot italien) Gros saucisson sec de viande de porc finement hachée.

Salamine *95 km² 20 437 h.* Île grecque. Chef-lieu *Salamine.* Située à l'ouest d'Athènes, l'île fut en 480 avant J.-C. le théâtre de la victoire de la flotte grecque de Thémistocle sur la flotte perse de Xerxès.

Salammbô 1862 Roman de Gustave Flaubert qui a pour héroïne la fille d'Hamilcar Barca. L'œuvre est empreinte de l'exotisme du XIXe siècle et témoigne d'une grande érudition.

Salan (Raoul) 1899-1984 Général français. Commandant en chef en Indochine (1952), puis en Algérie (1956-1958), il participa au putsch d'Alger, en 1961, et, après son échec, fonda l'O.A.S. Arrêté à Alger, condamné à la détention perpétuelle en 1962, il fut libéré en 1968.

salangane n. f. ZOOL. (mot malais) Petit martinet à longues ailes et à queue courte et carrée, vivant en Asie et en Océanie, et dont le nid, fait de salive et d'algues, est fort apprécié en Extrême-Orient où on le consomme sous le nom de *nid d'hirondelle.*

salant adj. m. et n. m. Qui contient du sel ; d'où l'on tire le sel. *Marais salant.* / n. m. Étendue de sol à proximité de la mer où le sel apparaît en surface. *Les salants de Camargue.*

salarial, e adj. Relatif au salaire. *Accords salariaux.* / ÉCON. *Masse salariale* : montant des salaires d'une entreprise, d'un pays.

salariat n. m. Condition de salarié. *Salariat à mi-temps.* / Ensemble des salariés. *Une réforme mal acceptée du salariat.*

salarié, e adj. et n. Rémunéré par un salaire. *Travail salarié. Les salariés de l'usine.*

salarier v. t. [1] Rémunérer par un salaire.

salaud n. m. et adj. m. Pop. Homme méprisable en raison de ses actions. *Un comportement de salaud.* / adj. m. *Il a été salaud jusqu'au bout.* / (Sens atténué) Personne malpropre, peu soigneuse, saligaud. *Un travail de salaud.*

Salazar (António de Oliveira) 1889-1970 Universitaire et homme d'État portugais. Ministre des Finances (1928), puis président du Conseil (1932), il institua en 1933 une dictature corporatiste, nationaliste, catholique et anticommuniste. En 1968, malade, il se retira, mais le salazarisme dura jusqu'à la « révolution des œillets » du printemps 1974.

sale adj. Malpropre. *Un vêtement sale.* / (Placé avant le nom) Mauvais, méprisable, désagréable, dangereux. *Sale temps. Un sale métier. Un sale gosse.* / Fam. *Faire une sale tête, une sale gueule* : avoir l'air mécontent, contrarié. / Fam. *Avoir une sale tête* : avoir une expression désagréable ; avoir très mauvaise mine.

salé, e [1] adj. et n. m. Imprégné de sel ; qui a la saveur du sel. *Beurre salé. Les larmes sont légèrement salées.* / n. m. (Vieilli) Viande de porc salé. / Mod. *Petit salé* : morceau de porc légèrement salé. *Le petit salé est destiné à être bouilli.* / *Le salé* : l'une des quatre saveurs fondamentales du goût (avec le sucré, l'acide, l'amer).

salé, e [2] adj. Fig. Grivois, licencieux. *Des propos salés.* / Fig., fam. *Une addition salée*, excessivement coûteuse.

Salem *115 912 h.* Ville des États-Unis, capitale de l'Oregon. C'est un centre industriel et agricole.

Salem *39 000 h.* Ville des États-Unis, dans le Massachusetts. Port sur l'Atlantique. Fondée en 1626, la ville conserve des maisons anciennes (la maison « aux sept pignons » de Hawthorne). En 1692, trois « sorcières » y furent jugées et brûlées vives, drame qui fournit à Arthur Miller le sujet de sa pièce *The Crucible* (1953). Cette pièce, adaptée par Jean-Paul Sartre sous le titre *Les Sorcières de Salem*, a été jouée à Paris, puis portée au cinéma par Raymond Rouleau avec Simone Signoret et Yves Montand.

Salamanque : *la Plaza mayor.*

salement adv. D'une manière sale. / Pop. Fortement, très. *Il est salement amoché.*

Salengro (Roger) 1890-1936 Homme politique français. Député socialiste, ministre de l'Intérieur du gouvernement de Front populaire (1936), il fut faussement accusé, par des journaux d'extrême droite, d'avoir déserté en 1916. Son innocence fut prouvée mais, affecté par cette campagne calomnieuse, il se suicida.

saler v. t. [1] Assaisonner avec du sel ; imprégner (un aliment) de sel ou de saumure pour le conserver. / Couvrir de sel (une chaussée) pour faire fondre la neige ou la glace. / Fig. et fam. Faire payer un prix excessif. *Saler l'addition.* / Fam. Sanctionner trop sévèrement.

Salerne *153 580 h.* Port industriel d'Italie, en Campanie, au sud-est de Naples, chef-lieu de la province du même nom. Son école de médecine fut célèbre au Moyen Âge. Le 9 septembre 1943, les Alliés, venant de Sicile, y débarquèrent. Le *golfe de Salerne* est un haut lieu du tourisme.

saleron n. m. Godet de salière. / Petite salière.

salésien, enne adj. et n. RELIG. CATHOL. Relatif à saint François de Sales. *Doctrine salésienne.* / Subst. Prêtre, religieuse d'une des congrégations fondées au XIXe siècle par saint Jean Bosco, sous le patronage de saint François de Sales. *Un salésien.*

saleté n. f. Caractère de ce qui est sale. / Chose sale ou qui salit. / Fig. Se dit d'une chose ou d'une personne méprisable ; parole obscène.

salicacées n. f. pl. BOT. Famille d'arbres et d'arbustes dicotylédones apétales, dont les fleurs forment des chatons, comprenant les peupliers et les saules.

salicine Voir **salicoside**

salicorne n. f. BOT. Plante chénopodiacée des zones littorales, aux feuilles en écailles, aux fleurs réduites. *La salicorne croît sur les terrains salés.*

salicoside n. m. ou f. ou **salicine** n. f. CHIM. Ose contenant une fonction phénol, que l'on extrait de l'écorce de saule, précurseur de l'acide acétylsalicylique (aspirine).

salicylique adj. CHIM. *Acide salicylique* : acide dérivé du benzène, de formule $C_6H_4(OH)\,COOH$, dont un dérivé acétylé est l'acide acétylsalicylique (aspirine).

salien, enne adj. et n. m. HIST. *Les Francs Saliens* ou (n. m.) *les Saliens* : les Francs établis dans la région qui correspond aujourd'hui à l'Overijssel, aux Pays-Bas.

Salomé, mosaïque du XIVe siècle.

salière n. f. Pièce de vaisselle destinée à recevoir le sel. / Creux situé au-dessus de l'arcade sourcilière du cheval. / Chez les personnes maigres, creux à l'arrière des clavicules.
Salieri (Antonio) 1750-1825 Compositeur italien. Arrivé à Vienne en 1766, il fut notamment formé par Gluck avant d'être nommé compositeur à la cour et directeur de l'opéra italien en 1774. Devenu maître de chapelle impériale en 1788, ses opéras rivalisèrent avec ceux de Mozart *(Les Danaïdes,* 1784). Il eut pour élèves Beethoven, Schubert et Liszt.
saligaud, e n. (le féminin est très rare) Fam. Personne malpropre, peu soigneuse. *Ce saligaud a gâché tout notre travail.* / Par ext. Salaud.
salin, ine adj. et n. m. Qui contient du sel, qui est formé de sel. *Croûte saline. Roche sédimentaire saline.* / CHIM. Qui a les caractéristiques d'un sel. / n. m. Marais salant.
saline n. f. Établissement industriel de production de sel (gemme ou marin).
Salinger (Jérome David) 1919 Écrivain américain. Idole des adolescents des années 1950, il est auteur de récits poétiques et humoristiques qui évoquent les angoisses de la jeunesse américaine de l'époque : *L'Attrape-Cœur* (1951), *Franny et Zooey* (1961).
salinité n. f. Teneur en sel (d'une solution, d'un milieu).
salique adj. HIST. Relatif aux Francs Saliens. *Terres saliques*, attribuées aux Francs installés en Gaule. *Loi salique* : loi rédigée à l'époque de Clovis, dont l'un des articles excluait les femmes de la succession des terres saliques, invoquée pour justifier l'accession de Philippe VI de Valois (1328) au trône de France et en écarter les femmes.
salir v. t. [2] Rendre sale. *Salir ses vêtements.* / Fig. Diffamer, porter atteinte à.
Salisbury *101 000 h.* Ville d'Angleterre, au nord-ouest de Southampton. Centre commercial ; marché agricole ; tourisme. La ville est riche en monuments médiévaux ; sa cathédrale (1220-1258) est l'exemple type du gothique primitif anglais.
Salisbury Voir **Harare**
Salisbury (Robert Gascoyne Cecil marquis **de)** 1830-1903 Homme d'État britannique. Chef des conservateurs à la Chambre des Lords, il devint ministre des Affaires Étrangères avant de prendre la succession de Disraeli à la tête du parti conservateur (1881). Premier ministre de 1885 à 1902 (excepté entre 1892 et 1895), il travailla à développer la puissance coloniale britannique en Afrique, contre la France lors de l'affaire de Fachoda (1898), et contre les Boers lors de la guerre de 1899-1902. Il engagea également son pays dans une politique extérieure visant à mettre fin au « splendide isolement » de l'ère victorienne, politique qui fut marquée par plusieurs traités d'alliance avec les puissances européennes.
salissant, e adj. Qui salit. *Travail salissant.* / Qui se salit facilement. *Les couleurs claires sont plus salissantes que les couleurs sombres.*
salissure n. f. Ce qui salit.
salivaire adj. Relatif à la salive ; de la salive. *Glandes salivaires* (parotide, sous-maxillaire, sublinguale), qui sécrètent la salive.
salive n. f. Liquide transparent, un peu visqueux, sécrété par les glandes salivaires, qui humecte la muqueuse buccale et intervient dans la digestion, notam. par l'effet de l'amylase qu'il contient.
saliver v. i. [1] Sécréter de la salive.
Saljuqides Voir **Seldjoukides**
salle n. f. Anc. Grande pièce de réception, dans un château. / Pièce d'une maison à usage particulier. *Salle à manger. Salle de bains.* / Local public destiné à un usage précis. *Salle d'attente. Salle d'opération d'un hôpital. Salle des coffres d'une banque. Salle de classe. Salle des ventes.* / Lieu aménagé pour recevoir des spectateurs ; les spectateurs, le public. *Salle de cinéma, de concert. La salle applaudit à tout rompre.*
Salluste (en latin **Caius Sallustius Crispus)** 86?-35? av. J.-C. Historien latin. Tribun de la plèbe en 52, il prit le parti de César lorsqu'éclata la guerre civile romaine (49-45). Son amitié avec ce dernier lui permit d'amasser richesses et honneurs (il fut notamment le premier gouverneur de la Numidie romaine). À la mort de son protecteur, il se retira de la vie politique et se consacra à la rédaction de ses ouvrages historiques dont deux seulement nous sont parvenus dans leur intégralité, la *Guerre de Jugurtha* et la *Conjuration de Catilina.* Par son goût des idées philosophiques et par la précision de sa documentation, Salluste est un des grands historiens de la littérature latine.
Salmanasar Nom de cinq rois d'Assyrie. **Salmanasar Ier** Roi entre 1275? et 1245? av. J.-C. Il étendit la domination assyrienne en Haute-Mésopotamie qu'il prit aux Hittites. **Salmanasar III** Roi de 858 à 824 av. J.-C. Fils et successeur d'Assurnazirpal II, il fut un roi conquérant : combattant les Hittites (859), puis une coalition des rois araméens de Hamath et de Damas soutenus par Achab, roi d'Israël (853), enfin les Phéniciens dont il ne parvint pas à triompher. Il enleva des territoires à l'Arménie, à la Médie et à la Babylonie. **Salmanasar V** Roi de 727 à 722 av. J.-C. Il battit le roi d'Israël Osée, assiégea jusqu'à sa mort Samarie et Tyr et régna à Babylone sous le nom d'Ouloulaï.
salmanazar n. m. Très grosse bouteille de vin, dont la contenance est de douze fois la contenance d'une bouteille normale.
salmigondis n. m. Vx Ragoût composé de restes réchauffés de diverses viandes. / Mod., fig. Mélange incohérent.
salmis n. m. Ragoût de gibier ou de volaille servi avec une sauce au vin. / (En appos.) *Sauce salmis.*
Salmon (Daniel Elmer) 1850-1914 Médecin et vétérinaire américain. Il est l'auteur de nombreux travaux, notam. sur les maladies épidémiques du bétail et leur prévention. Il donna son nom à la salmonelle et fut à l'origine de l'examen systématique des viandes destinées à la consommation aux États-Unis.
salmonelle n. f. BIOL. Bactérie gram négatif, agent de la salmonellose.
salmonellose n. f. MÉD. Infection due à une salmonelle, dont il existe différents types : infections généralisées (fièvres typhoïdes ou paratyphoïdes), infections alimentaires digestives, gastro-entérites infantiles épidémiques.
salmonidés n. m. pl. ZOOL. Famille de poissons téléostéens à deux nageoires dorsales, dont la plus postérieure est adipeuse. *Les saumons, les truites, les ombles sont des salmonidés.*
Salò (république de) Nom donné à la République sociale italienne créée (septembre 1943) en Lombardie, par Mussolini, dans la ville de Salò. Mussolini, après avoir proclamé la déchéance de la royauté, fit fusiller, à l'instigation des Allemands qui les accusaient de vouloir la paix, les membres du Grand Conseil fasciste et mit sur pied un programme destiné à lui concilier les faveurs populaires. La république, totalement soumise aux Allemands, n'eut jamais la moindre réalité politique ; elle s'effondra en avril 1945.
saloir n. m. Récipient dans lequel on met les denrées que l'on sale pour les conserver.
Salomé ?-72? apr. J.-C. Princesse juive. Après avoir dansé devant Hérode Antipas, elle fut poussée par sa mère, Hérodiade ou Hérodias, à lui demander la tête de saint Jean-Baptiste. Celui-ci avait en effet condamné l'union d'Hérodiade avec Hérode Antipas, frère de son premier mari. Salomé épousa plus tard le tétrarque Hérode Philippe. Son histoire a inspiré O. Wilde (*Salomé*), Flaubert (*Herodias*, un des *Trois Contes*) et plusieurs musiciens (Mariotte, Strauss, notamment).
Salomon Roi d'Israël de 970? à 931? avant J.-C. Fils de Bethsabée et de David, il fut désigné par celui-ci pour lui succéder. Habile administrateur, il réorganise le royaume, en favorisant le développement urbain, et crée une flotte. Il fait bâtir de nombreux édifices dont un palais et le Temple de Jérusalem. Ses accords avec l'Égypte, Tyr et l'Éthiopie assurent à son règne une longue période de paix et de prospérité qui marque l'apogée du royaume. À sa mort pourtant, ce royaume fut divisé entre les partisans de son fils, Roboam, et ceux d'un officier, Jéroboam. La Bible insiste sur la sagesse et les richesses de Salomon. Le premier *Livre des Rois* retrace et célèbre son règne, qui contient notamment le passage du *jugement de Salomon.* Dans celui-ci, le roi découvre la vraie mère d'un enfant, lorsque celle-ci préfère l'abandonner à une autre plutôt que de le voir couper en deux. La tradition lui attribue plusieurs livres de la Bible : les *Proverbes*, l'*Ecclésiaste* et le *Cantique des cantiques*, la *Sagesse*, une partie des *Psaumes.*
Salomon (Ernst von) 1902-1972 Écrivain allemand. Soldat, condamné à 5 ans de travaux forcés pour avoir été impliqué dans l'assassinat de Rathenau en 1922, il est l'auteur de romans violents et nationalistes, souvent autobiographiques, sur l'Allemagne de l'entre-deux-guerres et sur la vie militaire : *Les Réprouvés* (1930), *La Ville* (1932), *Les Cadets* (1933).
Salomon (îles) *38 340 km²* Archipel volcanique du Pacifique méridional (Mélanésie). L'est forme un État indépendant. L'ouest (les îles Bougainville et Buka) appartient à la Papouasie-Nouvelle-Guinée. Le partage date de 1898, quand l'ouest de l'archipel fut donné à l'Allemagne et l'est à la Grande-Bretagne. En 1921, l'Australie a reçu la tutelle de la partie jusque-là allemande. L'île de Guadalcanal fut (1942-1943) le théâtre de durs combats entre Japonais et Américains. En 1975, Bougainville et Buka furent rattachées à la Papouasie-Nouvelle-Guinée.
• **Salomon (îles)** État insulaire constitué de l'est de l'archipel Salomon. Les ressources naturelles sont maigres : noix de coco, coprah, patates douces, huile de palme, cacao, bois, en partie exportés. Le territoire autrefois britannique a accédé à l'indépendance, au sein du Commonwealth en 1978. Le tourisme s'y développe peu à peu.

SALOMON (ÎLES)

Superficie : *28 370 km²* – **Nombre d'habitants :** *430 000 h.*
Capitale : *Honiara* – **Système politique :** *État membre du Commonwealth* – **Langue(s) :** *anglais, pidgin english* – **Religion(s) :** *protestantisme, catholicisme* – **Monnaie(s) :** *dollar des îles Salomon*

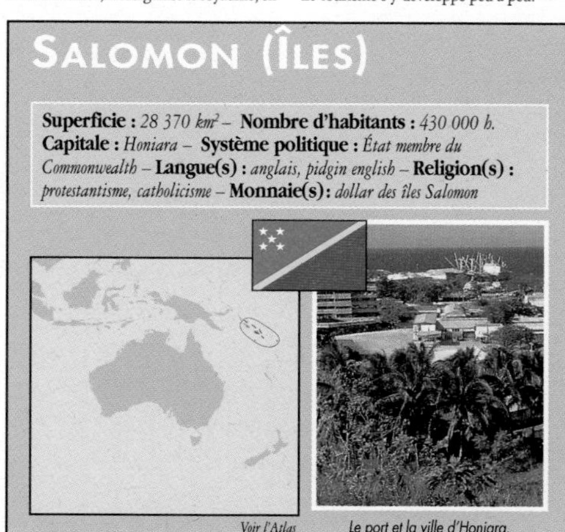

Voir l'Atlas — *Le port et la ville d'Honiara.*

S

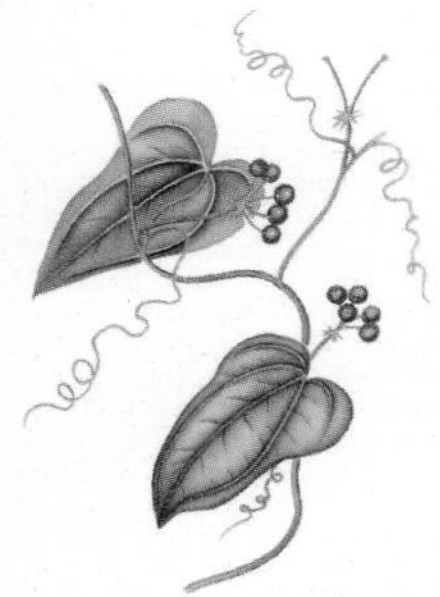

Salsepareille.

salomonais, e adj. et n. Des îles Salomon.
Salomonides Dynastie éthiopienne que la légende fait descendre du roi Salomon et de la reine de Saba, et à laquelle appartenait le dernier empereur, Haïlé Sélassié.
salon n. m. Pièce de réception d'un appartement, d'une maison; mobilier propre à cette pièce. *Le salon bleu. Un salon Louis XV.* / Lieu où se réunissait (surtout aux XVIIe et XVIIIe siècles) une élite intellectuelle, artistique ou mondaine, généralement chez une femme cultivée. *Le salon de la marquise de Rambouillet.* / Lieu de réception de la clientèle, dans certains commerces. *Salon de coiffure. Salon de thé.* / (Avec une majuscule) Exposition périodique d'œuvres artistiques, de produits de l'industrie. *Le Salon d'automne. Le Salon du livre. Le Salon de l'automobile.*
Salon-de-Provence *34 054 h.* Chef-lieu de canton du département des Bouches-du-Rhône. École de l'armée de l'air et de l'aéronavale. Monuments médiévaux (églises Saint-Laurent, contenant le tombeau de Nostradamus, et Saint-Michel; ancien château des archevêques d'Arles).
Salonique Voir **Thessalonique**
salonnard, e n. Péjor. Habitué(e) des salons mondains qui doit sa réputation à ses relations et dont le comportement est celui d'un(e) snob.
saloon n. m. (mot anglo-américain) Bar, dans le Far West.
salopard n. m. Pop. Salaud.
salope n. f. (Vulg, péjor., à connotation sexuelle) Femme méprisable en raison de son comportement licencieux. / (Sens atténué) Femme méprisable en raison de ses actions en général (sans connotation sexuelle, correspond aux emplois de *salaud*). / (En parlant d'un homme) Homme abject. *Ce salaud n'était finalement qu'une salope.*
saloper v. t. [1] Fam. Bâcler (ce que l'on fait). *Saloper le travail.* / Salir. *Il a salopé la nappe avec du vin.*
saloperie n. f. Pop. Action, chose faite ou dite par un salaud, une salope. *Quelle saloperie a-t-il encore trouvé?* / Grande malpropreté. *La saloperie de sa chambre est indescriptible.* / Marchandise de qualité médiocre. *Vendre de la saloperie.*
salopette n. f. Combinaison de travail portée par-dessus les vêtements pour les protéger. / Pantalon à plastron et bretelles.
salopiaud, salopiau ou **salopiot** n. m. Fam. Salaud.
salpêtre n. m. Nom commun de certains nitrates, en particulier du nitrate de potassium, de formule KNO_3 (nitre). *Salpêtre du Chili*: nitrate de sodium, de formule $NaNO_3$. / Cour. Efflorescences que forment les nitrates (notam. nitrate de calcium) sur les murs humides.
Salpêtrière (la) Hôpital situé à Paris dans le 13e arrondissement. C'est en 1656 qu'un hôpital pour les pauvres fut créé sur l'emplacement d'une fabrique de poudre. Le Vau et Bruant construisirent la plupart des bâtiments principaux et la chapelle est l'œuvre de Bruant (1670). Charcot y dirigea le service de pathologie nerveuse. Aujourd'hui, cet hôpital est rattaché à celui de la Pitié.
salpicon n. m. CUIS. Préparation faite d'ingrédients divers (viande coupée en dés, champignons émincés, truffes, etc.) dont on garnit un vol-au-vent ou une timbale, ou que l'on sert en garniture d'une pièce de viande.
salpingite n. f. MÉD. Inflammation aiguë ou chronique d'une ou des deux trompes utérines (trompes de Fallope). / Inflammation d'une ou des deux trompes d'Eustache.
salsa n. f. (mot espagnol) Musique afro-cubaine au rythme endiablé.
salsepareille n. f. BOT. Plante grimpante de la famille des liliacées dont les racines ont des propriétés dépuratives.
salsifis n. m. Plante de la famille des composées dont certaines espèces sont cultivées pour leurs racines comestibles. *Salsifis blanc*: tragopogon. *Salsifis noir*: scorsonère. / Racine de cette plante (spécial. du salsifis blanc).
SALT 1969-1979 Acronyme pour *Strategic Arms Limitation Talks*. Ces « Discussions sur la limitation des armes stratégiques » entre l'U.R.S.S. et les États-Unis se déroulèrent en deux parties (1970-1972 puis 1973-1979). Les négociations aboutirent à la signature de traités portant sur la limitation des systèmes antimissiles puis des lanceurs stratégiques. Les accords suivants furent baptisés START.
Salt Lake City *171 849 h.* Ville industrielle (métallurgie) de l'ouest des États-Unis, capitale de l'Utah, sur le Grand Lac Salé. En 1847, des mormons la fondèrent. L'agglomération excède le million d'habitants. Ville choisie pour les jeux Olympiques d'hiver de 2002.
saltimbanque n. m. Baladin qui fait des tours sur une place publique, bateleur. / Professionnel du spectacle. *Faire un métier de saltimbanque.*
Saltykov-Chtchedrine (Mikhaïl Ievgrafovitch Saltykov, dit**)** 1826-1889 Romancier russe. Fonctionnaire, il remporta un grand succès avec ses *Esquisses provinciales* (1856-1857) puis décida de se consacrer à la littérature, collaborant à la revue *Le Contemporain* à partir de 1863. S'inspirant de sa propre expérience au service de l'État et aussi de sa famille, il porta un regard critique et satirique sur son pays dans des récits, des nouvelles et des romans: *Histoire d'une ville* (1869-1870) et *Les Golovlev* (1880).
salubre adj. Favorable à la santé. *Air salubre.*
salubrité n. f. Qualité de ce qui est salubre. *Mesures de salubrité publique*, prises pour assurer l'hygiène et la santé publiques.
saluer v. t. [1] Adresser à (qqn que l'on rencontre ou que l'on quitte) une parole ou un geste qui marque la civilité, le respect. *Saluer qqn en ôtant son chapeau, en lui disant bonjour. Salue ta sœur de ma part.* / Honorer d'un salut, d'une marque de respect conventionnelle. *Saluer ses supérieurs, le drapeau.* / Accueillir par des manifestations de joie, d'approbation ou d'hostilité. *Il fut salué par une ovation.* / Rendre hommage à; reconnaître en tant que. *Saluer la mémoire d'un défunt. Il fut salué comme le sauveur.*

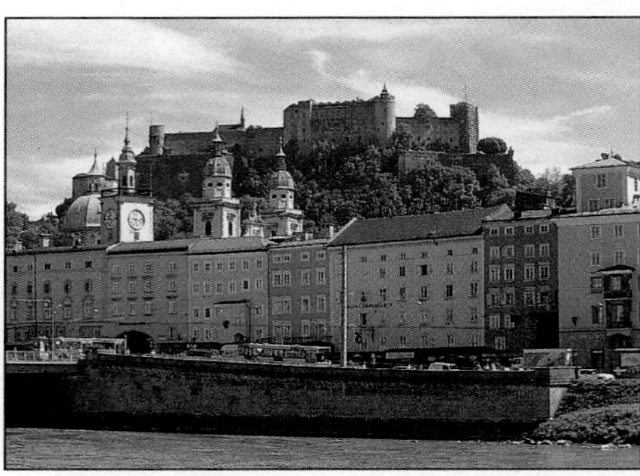

*Le château de Hohensalzburg, à **Salzbourg**, sur la Salzach.*

salut [1] n. m. Action de saluer; manifestation de civilité, de politesse, de respect envers une personne qu'on salue. *Échanger des saluts. Un salut cordial. Salut militaire.* / interj. Fam. *Salut!* (formule de bienvenue ou d'adieu). / Cérémonie d'hommage. *Salut au drapeau.* / LITURG. CATHOL. Office du soir, en l'honneur du saint sacrement. *Aller au salut.*
salut [2] n. m. Fait d'échapper à la mort, à un péril. / RELIG. Bonheur éternel, fait d'échapper à la damnation. *Faire son salut.*
Salut (Armée du) Organisation charitable méthodiste qui, en 1878, succéda à l'ancienne *Mission chrétienne* fondée à Londres en 1865 par William Booth. Elle est commandée par un général et composée de soldats et d'officiers qui portent un uniforme distinctif et doivent mener une vie exemplaire. Leur tâche, à la fois évangélisatrice et sociale, consiste notamment à aider les pauvres et les inadaptés sociaux.
Salut (îles du) Groupe d'îles (Royale, Saint-Joseph et du Diable) de la Guyane française, qui constituait autrefois un lieu de déportation.
salutaire adj. Qui apporte le salut; bénéfique. *Remède salutaire.*
salutation n. f. Salut cérémonieux. / *Salutation angélique*: prière à la Vierge reprenant les mots prononcés par l'ange Gabriel lors de l'Annonciation: *Ave Maria...* (Je vous salue, Marie). / (Au plur.) Formule de politesse terminant une lettre. *Salutations distinguées.*
salutiste n. et adj. Personne membre de l'Armée du Salut. / adj. *Un chant salutiste.*
Salvador (autrefois, *Sao Salvador* ou *Bahia*) *2 174 072 h.* Capitale du Brésil de 1549 à 1763, aujourd'hui capitale de l'État de Bahia. Ce port est un centre commercial (cacao, tabac, coton), industriel (sucreries, textiles) et touristique (églises baroques, musée d'Art sacré); la population est en très forte augmentation.
• **Salvador** État d'Amérique centrale, sur le Pacifique, à l'ouest du Honduras.
salvadorien, enne adj. et n. De la république du Salvador. *Le gouvernement salvadorien. Un(e) Salvadorien(ne).*
salvateur, trice adj. Litt. Qui sauve. *Mission salvatrice.*
salve n. f. Tir simultané d'un grand nombre d'armes à feu. *Tirer une salve. Salve d'artillerie.* / Par ext. *Salve d'applaudissements.*
Salzbourg *7 154 km² 485 000 h.* État fédéral d'Autriche. Capitale *Salzbourg.* C'est une région agricole qui tient son importance économique des chutes de la rivière Salzach (hydroélectricité) et du tourisme qu'attire sa capitale.
Salzbourg *143 973 h.* Ville d'Autriche, sur la Salzach, à la frontière bavaroise, capitale de l'État fédéral du même nom. Dominée par un château fort, la ville est riche en édifices des XVIe, XVIIe et XVIIIe siècles, dont la plupart se groupent autour de places et de fontaines: cathédrale baroque (1614-1628); Kapitelschwemme (« abreuvoir aux chevaux », monumentale fontaine du XVIIIe siècle); Neigebäude (XVIe-XVIIe siècle), dominée par un carillon qui joue une mélodie de *La Flûte enchantée*; basilique romane Saint-Pierre, transformée aux XVIIe et XVIIIe siècles; Hohensalzburg, ancien château des princes-archevêques, bâti en 1077 et continuellement agrandi et modifié jusqu'au XVIIe siècle; nombreuses maisons anciennes, pour la plupart de style baroque. La ville accueille un festival annuel de musique, de réputation mondiale, consacré à Mozart dont c'est la ville natale.
Sam (Oncle) ou **Uncle Sam** Personnification humoristique du peuple américain datant du XIXe siècle, représenté par un homme élancé portant une longue redingote, un chapeau haut de forme et une barbe

***Salvador**, capitale de l'État de Bahia.*

Salvador

Superficie : *21 041 km²* – **Nombre d'habitants :** *6 400 000 h.* – **Capitale :** *San Salvador*
Villes principales : *Santa Ana, San Miguel* – **Système politique :** *république*
Langue(s) : *espagnol* – **Religion(s) :** *catholicisme* – **Monnaie(s) :** *colón*

Voir l'Atlas

Le palais présidentiel à San Salvador.

Une rue du centre de San Salvador.

Géographie physique et humaine

Pays de plateaux au sol fertile (volcanisme) et au climat tropical, le Salvador est couvert de forêts et de riches cultures (café, coton, canne à sucre, maïs, riz). Cependant sa position sur l'axe volcanique centraméricain le rend très instable. L'industrie, surtout manufacturière, a beaucoup souffert de la guerre civile des années 1980.

Histoire

Conquis par les Espagnols au XVIe siècle, le Salvador devient indépendant en 1821 puis entre aux Provinces-Unies d'Amérique centrale dominée par le Guatemala à partir de 1824. À la suite de plusieurs guerres à l'intérieur des États et entre eux, la fédération s'effondre et le Salvador reprend son indépendance en 1841. Cependant, les troubles entre pays voisins persistant, les États-Unis interviennent et mettent fin aux conflits du Salvador avec le Guatemala (1906) et le Nicaragua (1907). Après une relative période de calme, la crise économique des années 1920 entraîne la prise de pouvoir du général Maximiliano Martinez en 1931.

L'un des épisodes les plus marquants de sa dictature est l'écrasement sanglant de la révolte paysanne de 1932. Finalement renversé par une grève générale, Martinez est remplacé par différentes factions militaires : le Parti révolutionnaire d'unification démocratique (1950-1960) et le Directoire civil et militaire qui amène le colonel Sanchez au pouvoir en 1967.

Marchande ambulante dans une petite ville.

En 1969 un conflit survient entre le Salvador surpeuplé et le Honduras peu peuplé. Malgré la supériorité militaire du Salvador, les retombées économiques sont désastreuses. Les élections de 1972 marquent à nouveau une période de troubles, le Parti de conciliation nationale (P.C.N.) précédemment au pouvoir refusant d'admettre la victoire de la coalition des partis d'opposition.

Les violences et les fraudes électorales se poursuivent en 1977 et le général Romero (P.C.N.) succède au président Molina. Malgré la chute du nouveau président et la formation d'un gouvernement dominé par les démocrates-chrétiens en 1981, l'oligarchie foncière et les militaires conservateurs refusent de céder le pouvoir. Le Front Farabundo Marti de libération nationale (F.F.M.L.N.), organisation révolutionnaire créée dans les années 1970 et qui exige une réforme agraire, lance un appel à l'insurrection générale : c'est le début de la guerre civile. Aux actions du F.F.M.L.N. font écho les exactions des forces paramilitaires (les « escadrons de la mort ») : l'archevêque de San Salvador, proche des paysans, est assassiné dans la cathédrale en 1980.

L'Alliance républicaine nationaliste (Arena), coalition extrémiste des partis de droite que soutiennent les propriétaires, remporte des élections législatives en 1982 ; les violences continuent. L'élection à la présidence de la république du démocrate-chrétien Napoleon Duarte n'apporte pas de solution et son parti perd les élections législatives (1988) et présidentielles (1989) au profit de l'Arena. Le nouveau président, Alfredo Cristiani-Burkard, et la pression des pays voisins du Salvador favorisent les négociations entre le pouvoir et le F.F.M.L.N. : un accord de paix est signé officiellement en 1992.

Malgré le lourd bilan de la guerre civile, le Salvador se remet lentement sur le plan économique et semble bien engagé dans la voie de la démocratisation : les candidats de l'Arena, Armando Calderón Sol et Francisco Guillermo Flores Perez, ont successivement remporté les élections présidentielles de 1994 et de 1999 et le F.F.L.M.N., désormais un parti politique officiel, est sorti vainqueur des élections législatives de 2000.

La dollarisation de l'économie, engagée en 2001, s'est poursuivie, la monnaie nationale, le colón, n'étant plus en usage que dans certaines zones rurales.

en pointe et dont le nom vient de U.S.Am. (United States of America).

Samain (Albert) 1858-1900 Poète français. L'un des membres fondateurs du *Mercure de France* (1889), il remporta un grand succès avec son premier recueil de poésies *Au jardin de l'Infante* (1893). Ses autres recueils confirmèrent son intérêt pour le symbolisme : *Aux flancs du vase* (1898), *Le Chariot d'or* (posthume, 1901).

Samanides Dynastie iranienne qui régna sur le Khorasan et sur la Transoxiane (l'Ouzbékistan actuel) de 874 à 1004 et dont la capitale se trouvait à Boukhara. Protecteurs des arts et des sciences, les Samanides accueillirent notamment le philosophe Avicenne. Leurs territoires furent conquis par les Turcs ghaznévides.

Samara (*Kouïbychev* de 1935 à 1990) *1 190 191 h.* Ville de Russie, chef-lieu de la province du même nom, port fluvial sur la Volga et centre industriel.

Samarcande Voir **Samarkand**

samare n. f. BOT. Akène dont le péricarpe est prolongé en aile membraneuse.

Samarie Ancienne ville de Palestine qui fut la capitale du royaume d'Israël et qui a donné son nom à une région de la Palestine centrale. Fondée par Omri vers 880 avant J.-C., vainement assiégée par le roi assyrien Salmanasar V, elle fut finalement prise et démantelée par son frère, Sargon II, en 721 avant J.-C. La population restante, se fondant avec les Chaldéens déportés, donna naissance aux Samaritains qui entretinrent des relations hostiles avec les juifs à leur retour d'exil deux siècles plus tard. Prise par Alexandre en 331 avant J.-C., Samarie retrouva sa splendeur en 27 avant J.-C. grâce à Hérode le Grand qui la rebaptisa Sébaste. Détruite sous Vespasien lors de la révolte juive en 70, elle devint une colonie romaine sous Septime Sévère.

samaritain, e adj. et n. De Samarie. / RELIG. Membre d'une secte d'origine juive dont les croyances diffèrent en plusieurs points des croyances du peuple d'Israël. *Le bon Samaritain* : personnage d'une parabole évangélique (Luc, X, 29-37).

♦ Les Samaritains ont pour livre saint une version très ancienne du Pentateuque, n'admettent d'autre prophète que Moïse, croient en la résurrection et attendent un « messie » (tabeb) qui rétablirait l'ordre idéal du monde. Leur décalogue diffère du décalogue juif, les deux premiers commandements n'en faisant qu'un et un dernier commandement reconnaissant la sainteté du mont Garizim qui constitue un important lieu de pèlerinage. Leur liturgie est spécifique (en particulier celle de la Pâque) et leurs fêtes sont la Pâque, la Pentecôte, la fête des Tabernacles. Ils ne sont aujourd'hui que quelques centaines, essentiellement à Naplouse, en Cisjordanie.

S

Le palais royal de ***Samarkand****. Au fond, la mosquée de Chah-i Zindeh.*

samarium n. m. CHIM. Élément de numéro atomique Z=62, de masse atomique 150,35, appartenant au groupe des terres rares (symbole : Sm). / Métal blanc de densité 7,5, fondant à 1 077 °C.

Samarkand ou **Samarcande** *380 500 h.* Ville du sud de l'Ouzbékistan. Cette ville très ancienne choisie par Tamerlan comme capitale de son empire était au XVe siècle le foyer culturel musulman de l'Asie centrale (mosquée de Chah-i-Zindeh). Oasis, au pied du Tien-Chan, Samarkand est aujourd'hui un centre industriel qui traite les produits agricoles (agro-alimentaire, textile).

Samarra *63 000 h.* Ville de l'Irak, en amont de Bagdad, sur le Tigre. Capitale des califes abbassides de 836 à 892, elle conserve de nombreux vestiges de l'art musulman primitif (mosquée, palais).

samba n. f. (mot brésilien) Danse d'origine brésilienne, exécutée sur un rythme à deux temps.

Sambre (la) *190 km* Affluent de la Meuse. Cette rivière qui prend sa source en France arrose Maubeuge, traverse les Ardennes (méandres encaissés), passe en Belgique, où elle baigne Charleroi, et se jette dans la Meuse à Namur. Un canal l'unit à l'Oise.

samedi n. m. Sixième jour de la semaine.

same adj. et n. Synonyme de *lapon*. *Les coutumes sames*. *Les Sames* : les Lapons (nom que les Lapons se donnent et qu'ils préfèrent à « Lapons »). / n. m. LING. *Le same* : le lapon.

samizdat n. m. (mot russe) HIST. En U.R.S.S., édition et diffusion clandestine de textes interdits ; ces textes eux-mêmes.

Sammartini (Giovanni Battista) 1700 ?-1775 Compositeur italien. Organiste et maître de chapelle à Milan, il en a animé la vie musicale ; il a produit une œuvre abondante (près de trois mille compositions) qui lui a assuré une réputation européenne. Il eut Gluck pour élève et influença Jean-Chrétien Bach et Mozart.

Samnites Ancienne population d'Italie installée en Campanie. Peuple pasteur et guerrier de l'Apennin, les Samnites luttèrent contre les Étrusques puis, de 343 à 291 av. J.-C., contre les Romains, auxquels ils infligèrent la défaite des Fourches Caudines (321 av. J.-C.) avant d'être finalement soumis par eux.

Samoa (îles) Archipel polynésien du Pacifique, en Polynésie partagé entre l'État indépendant des Samoa et les Samoa-Américaines. La principale ressource de ces îles montagneuses au climat chaud est l'agriculture (bananes, cacao, taro, cocotiers) et le tourisme.

• **Samoa (État indépendant des Samoa**, autrefois *Samoa-Occidentales***)** État de Polynésie comprenant les îles volcaniques Savaii (*1 708 km²*), Upolu (*1 123 km²*), de petites îles (Manon et Apolima) et des îlots inhabités. La population est presque uniquement polynésienne. L'agriculture tropicale et le tourisme (50 000 visiteurs annuels) ne procurent pas des ressources suffisantes. L'urbanisation est faible (20 %). Allemandes, les îles furent administrées conjointement par la Nouvelle-Zélande et l'Australie de 1920 à 1962. Elles devinrent alors une monarchie indépendante au sein du Commonwealth et deviendront une république à la mort du souverain actuel.

Samoa-Américaines (Territoire non incorporé des) *199 km² 46 800 h.* Partie est de l'archipel des Samoa, appartenant aux États-Unis. Ville principale *Pago Pago*, dans l'île Tutuila (*135 km², 30 124 h.*), où se trouvent une importante base navale et le siège du gouverneur (à Fagatogo). Celui-ci est assisté par un Parlement, dont l'une des deux Chambres réunit les chefs locaux. Les ressources (agriculture tropicale, tourisme) sont compensées par une forte aide américaine.

samoan, e adj. et n. Des îles Samoa.

Samory Touré 1837 ?-1900 Empereur mandingue. Il conquit dans le Mali actuel un empire dont les Français le chassèrent en 1892. Il se replia en Côte-d'Ivoire, d'où il repartit en campagne. Capturé en 1898, il fut déporté au Gabon, où il mourut.

Samos *475 km² 41 965 h.* Île grecque de la mer Égée, dans les Sporades. Chef-lieu *Samos*. Patrie de Pythagore, cette île au climat doux fournit un très bon vin muscat. La statue *Héra de Samos* (trouvée dans les ruines du temple d'Héra) date du VIe siècle avant J.-C.

Samothrace *178 km² 2 900 h.* Île grecque située dans le nord de la mer Égée. On y découvrit en 1863 la statue appelée la *Victoire de Samothrace* (musée du Louvre) érigée au IIe siècle avant J.-C. pour commémorer une victoire navale de Démétrios Poliorcète.

samouraï n. m. (mot japonais) HIST. Guerrier au service d'un seigneur féodal japonais.

samovar n. m. (mot russe) Ustensile destiné à la confection du thé, fait d'une petite chaudière à robinet posée au-dessus d'un réchaud.

Samoyèdes Ethnies d'origine mongole qui peuplent les steppes sibériennes entre l'Oural et l'Ienisseï et dont la langue appartient au groupe finno-ougrien. Les Samoyèdes vivent de l'élevage de rennes et ont gardé leurs *chamans* (sorciers).

sampan ou **sampang** n. m. Embarcation à fond plat et à voile unique, manœuvrée à la godille ou à l'aviron, utilisée en Extrême-Orient pour le transport des passagers et des marchandises.

Sampiero Corso Voir **Ornano**

Samson Personnage biblique (*Livre des Juges*), l'un des juges d'Israël. Héros qui puise sa force divine dans sa longue chevelure, il est trahi par sa femme Dalila qui lui rase la tête et le livre aux ennemis d'Israël, les Philistins. Sa force retrouvée, il fait écrouler le temple des Philistins et meurt avec eux. Cette légende inspira de nombreux artistes, notamment Saint-Saëns (opéra *Samson et Dalila*, 1877).

Superficie : *2 831 km²* – **Nombre d'habitants :** *177 000 h.*
Capitale : *Apia* – **Système politique :** *État membre du Commonwealth*
Langue(s) : *anglais, samoan* – **Religion(s) :** *protestantisme, catholicisme*
Monnaie(s) : *dollar des îles Samoa (tala)*

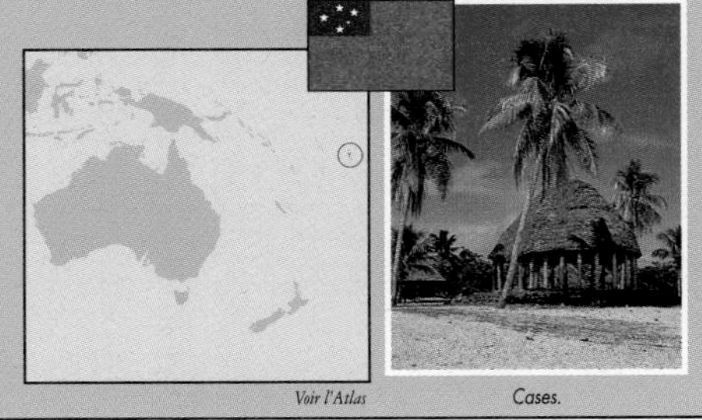

Voir l'Atlas

Cases.

Victoire de **Samothrace**
(musée du Louvre).

SAMU n. m. (acronyme pour *Service d'Aide Médicale d'Urgence*) Service assurant les soins d'urgence et le transfert à l'hôpital des malades, des accidentés.

Samuel XIe siècle ? avant J.-C. Prophète et dernier juge d'Israël. Il combattit les Philistins et gouverna le peuple d'Israël selon la Loi. Devenu vieux, il instaura la monarchie : il sacra Saül premier roi d'Israël mais il décida également d'oindre David secrètement. L'histoire de Samuel et la chronique des règnes de Saül et de David constituent deux livres de la Bible (*Livres de Samuel*).

san n. et adj. inv. LING. Groupe de parlers (langues à clics) du groupe khoin (ou khoisan) utilisé en Afrique essentiellement par les Bochimans. / adj. *La syntaxe san.*

sana n. m. Fam. Abrév. de *sanatorium*.

San'a ou **Sanaa** *427 185 h.* Capitale du Yémen, ville très ancienne remontant à l'époque du royaume de Saba, bâtie à *2 380 m* d'altitude.

San Agustín Site archéologique de Colombie où s'épanouit une culture précolombienne entre 500 av. J.-C. et 1100 apr. J.-C., dont on admire encore les mégalithes.

sanatorium n. m. Établissement où sont traités les malades atteints de tuberculose.

San Andreas (faille de) Faille qui traverse la Californie, du nord au sud, depuis le golfe de Californie jusqu'à *300 km* au nord de San Francisco. Elle témoigne de l'activité sismique de la région.

San-Antonio Héros et narrateur (pseudonyme de Frédéric Dard, 1921-2000) de multiples romans d'aventures policières à succès. Le commissaire San-Antonio, au langage argotique truffé de néologismes, est accompagné dans ses enquêtes par l'inspecteur Bérurier, mal embouché, gras et bête.

Sancerre *1 799 h.* Chef-lieu de canton du département du Cher. Posée sur une colline dominant le Cher, la ville joua un rôle stratégique important pendant la guerre de Cent Ans et les guerres de religion.

Sancerrois Région de vignobles (vins blancs) sur les coteaux dominant la Loire, autour de Sancerre.

Sanche Nom de plusieurs souverains de la péninsule ibérique.

ARAGON

Sanche Ier Ramirez 1043-1094 Roi en 1063. Il usurpa la couronne de Navarre et, après l'assassinat de Sanche IV (en 1076), réunit la Navarre (sur laquelle il régna sous le nom de Sanche V) et l'Aragon. Il lutta pendant vingt-cinq ans contre les Maures et fut tué au siège de Huesca.

CASTILLE ET LEÓN

Sanche Ier Voir Sanche III le Grand, roi de Navarre. **Sanche II le Fort** 1038?-1072 Roi en 1065. Fils de Ferdinand Ier, roi de León, Galice et Castille, roi de Castille à la mort de son père, il tenta de reconstituer le royaume de Ferdinand Ier en dépouillant ses frères de la Galice et du León et en essayant de s'approprier les apanages de ses deux sœurs; le Cid accomplit ses premiers exploits à son service. Il fut tué en assiégeant une ville appartenant à l'une de ses sœurs. **Sanche III** 1133?-1158 Fils du roi de León et de Castille, roi de Castille en 1157, il laissa son royaume à son fils après un an de règne. **Sanche IV le Brave** 1258-1295 Roi en 1284. Après s'être fait reconnaître comme héritier au détriment des fils de son frère aîné, il fit déposer son père (ce qui lui valut d'être excommunié), mais lui succéda cependant. Il lutta sans arrêt contre des rébellions fomentées par l'Aragon et contre les Maures, à qui il enleva la ville de Tarifa.

NAVARRE

Sanche Ier Garcia 835?-925? Roi en 905. Comte de Gascogne, il s'empara du trône de Navarre, battit les Arabes à Pampelune et ne cessa de lutter contre les musulmans. **Sanche II Garcia** ?-994 Roi en 970, il épousa l'héritière d'Aragon. **Sanche III Garcia le Grand** 970?-1035 Roi en 1001. Époux de la fille du comte de Castille, il s'empara des possessions de sa femme (1029) et les donna en apanage à son fils qu'il maria à l'héritière de León, préparant la réunion des royaumes, intervenue en 1037. Par testament, il partagea son État en quatre royaumes: Navarre, Castille-León, Sobrarbe-Ribagorza et Aragon. **Sanche IV** ?-1076 Roi en 1054. Il lutta contre la Castille et mourut assassiné; ses possessions passèrent à l'Aragon. **Sanche V** Voir **Sanche Ier Ramirez**, roi d'Aragon. **Sanche VI le Sage** ?-1194 Il accepta de reconnaître le roi de Castille comme suzerain, accomplit une importante œuvre de législateur et protégea les juifs. **Sanche VII le Fort** ?-1234 Roi en 1194. Il mourut sans héritier mâle et le royaume de Navarre revint au comte Thibaud IV de Champagne, son neveu.

PORTUGAL

Sanche Ier 1154-1211 Roi en 1185. Il reprit aux musulmans (1189) la ville de Silves qu'il reperdit en 1191. Pour mettre son pays en valeur, il fit appel à des immigrants anglais et allemands. **Sanche II** 1207?-1248 Roi en 1223 Il poursuivit la Reconquête contre les musulmans et, en conflit avec l'Église, fut déposé par le pape (1245) au profit de son frère; dans l'incapacité de remonter sur le trône, il se réfugia en Castille.

À Ocotlan (Mexique), maître-autel de l'église, dans le ***sanctuaire****, à l'extrémité du choeur.*

Sanchez Coello (Alonso) 1531?-1588 Peintre espagnol. D'abord peintre de la cour du Portugal, il travailla ensuite à celle de Philippe II d'Espagne, réalisant de nombreux portraits de cour (*Le Prince Don Carlos*) qui reflètent avec finesse l'élégance un peu gourmée de ses modèles. On lui doit aussi des tableaux à thème religieux.

Sanchi ou **Sanci** Centre bouddhique situé dans le centre de l'Inde, dans l'État de Madhya Pradesh. Aux stupas des IIe siècle av. J.-C.- Ier siècle apr. J.-C. ont succédé des temples des IVe-VIe siècles et des monastères (jusque vers 1100).

Sancho Pança Valet de Don Quichotte, dans le roman de Cervantès (1605-1615). Son personnage, doté d'un bon sens paysan, tente de modérer les fantaisies de son maître.

Sanci Voir **Sanchi**

sanctifiant, e adj. RELIG. Qui sanctifie. / THÉOL. *Grâce sanctifiante*: grâce qui, maintenant l'union intime du chrétien à Dieu, lui permet d'atteindre la sainteté.

sanctification n. f. RELIG. Action de sanctifier (qqch., qqn); résultat de cette action.

sanctifier v. t. [1] RELIG. Rendre saint. *Sanctifier une âme.* / Vénéré, célébré comme saint. *Que votre nom soit sanctifié* (prière du *Notre père*). / Célébrer selon les règles de l'Église. *Sanctifier la fête de Noël.*

sanction n. f. DR. Acte par lequel le chef du pouvoir exécutif donne son approbation à une loi, de manière à la rendre exécutoire. / Assentiment, ratification. / Conséquence naturelle. *Sa réussite est la sanction de ses efforts.* / Peine ou récompense résultant de l'application de la loi. *Une sanction pénale.* / Mesure répressive. *Prendre des sanctions disciplinaires.*

sanctionner v. t. [1] Confirmer par une sanction. *Sanctionner un décret.* / Frapper d'une sanction, d'une punition. *Sanctionner une erreur, un contrevenant.*

sanctuaire n. m. Lieu le plus saint d'un édifice religieux; dans une église, partie du chœur où se trouve l'autel. / Église, temple, lieu saint. / Fig. Lieu sacré, inviolable.

sanctuariser v. t. [1] Donner à (un endroit, un territoire) le caractère d'un lieu sacré, inviolable;

sanctus n. m. LITURG. CATHOL. Prière chantée en latin qui commence par *Sanctus, sanctus, sanctus Dominus* (« Saint, saint, saint est le Seigneur »). / Par ext. Partie de la messe en latin au cours de laquelle cette prière est chantée. / Musique composée pour cette prière.

Sancy (puy de) *1 888 m* Point culminant du Massif central dans le massif du Mont-Dore (Auvergne), témoin des édifices volcaniques surgis à la fin de l'époque tertiaire.

Sand (Aurore Dupin, baronne Dudevant, dite **George)** 1804-1876 Écrivain français. Fille d'un officier de l'Empire, elle passe son enfance à la campagne, à Nohant, dans le Berry. Son mariage malheureux avec le baron Dudevant, plus âgé qu'elle, la pousse à venir s'installer à Paris. Elle y retrouve Jules Sandeau, avec lequel elle écrit son premier roman (*Rose et Blanche*, 1831). Mais c'est avec *Indiana* (1832), qu'elle signe du nom de George Sand, qu'elle remporte un certain succès. Elle a de nombreuses liaisons, dont une avec Musset (1833-1834) qui lui inspira *Elle et Lui* (1859), puis une autre avec Chopin (1838-1847). Ses engagements politiques en faveur de la démocratie prennent de l'ampleur (*Horace*, 1841) mais, déçue par les journées de juin 1848, elle retourne dans son Berry natal où elle vit au milieu d'un cercle d'amis. Si l'œuvre généreuse et romantique de George Sand (*La Mare au diable*, 1846; *François le Champi*, 1848; *La Petite Fadette*, 1849), où la nature tient une large place, a connu une certaine désaffection, cette féministe avant la lettre demeure l'une des plus attachantes personnalités de son siècle.

Sandage (Allan Rex) 1926 Physicien américain. Assistant (1952) de Hubble aux observatoires des monts Palomar et Wilson, il analyse avec Schwarzschild l'évolution des spectres stellaires d'après la classification du diagramme HR (Herzsprung-Russell) et en déduit la distance des amas de galaxies les plus lointains qu'il estime à trois milliards d'années lumière. En 1862, il découvre le premier quasar, puis, avec Schmidt, mesure le décalage spectral des quasars vers le rouge, démontrant ainsi que ces objets sont les astres les plus éloignés de la Terre. En 1975, il réévalue la valeur de la constante de Hubble et en déduit l'âge de l'Univers (20 milliards d'années), ce qui est plus compatible avec la mesure de l'âge de la Terre (5 milliards d'années).

sandale n. f. Chaussure formée d'une simple semelle tenue au pied par des lanières.

sandalette n. f. Sandale légère.

Sandburgh (Carl) 1878-1967 Écrivain américain. Après avoir mené la vie difficile des enfants d'immigrants (ses parents étaient suédois), il publia des *Poèmes de Chicago* (1916) qui remportèrent un grand succès et firent de lui le chef de l'école de Chicago dont les membres se réclamaient de Whitman. Son œuvre prit ensuite des accents socialistes (*Le Peuple, oui*, 1936). On lui doit aussi des ballades folkloriques, des livres pour enfants, une biographie d'Abraham Lincoln et un roman historique. Il fut en outre journaliste entre 1917 et 1928.

Sandeau (Julien, dit Jules) 1811-1883 Romancier français. Amant de George Sand, il collabore avec elle pour écrire *Rose et Blanche* (1831), qu'ils signent Jules Sand. Il est également l'auteur de *Mademoiselle de la Seiglière* (1848) et de *La Roche aux mouettes* (1870).

George Sand.

Sander (August) 1876-1964 Photographe allemand. Photographe industriel avant la Première Guerre mondiale, il entreprit de réaliser, pendant la république de Weimar, une vaste série de portraits racontant l'Allemagne et ses habitants. Malgré la destruction de plusieurs dizaines de milliers de ses négatifs par les nazis, ce qui reste de son œuvre est un témoignage important de cette époque.

San Diego *1 151 977 h.* Ville des États-Unis, port sur la *baie de San* Diego, la ville la plus méridionale de Californie: ses faubourgs atteignent les frontières du Mexique. Fondée en 1769, bénéficiant d'un climat très doux, elle attire touristes et retraités. C'est un port de pêche, une puissante base navale et une station touristique.

sandinisme n. m. Doctrine et pratique des sandinistes.

sandiniste adj. et n. Relatif au mouvement révolutionnaire de César Sandino; qui appartient à ce mouvement, s'en réclame. *Révolution sandiniste. Un(e) sandiniste.*

Sandino (Augusto César) 1895-1934 Homme politique nicaraguayen. Ouvrier au Mexique, il entre en contact avec les anarcho-syndicalistes. De retour au Nicaragua, il combat les troupes américaines d'occupation et abandonne le combat politique à leur départ (1933). Somoza le fera assassiner l'année suivante. Il est devenu le symbole de la résistance anti-impérialiste et les révolutionnaires qui exercèrent le pouvoir au Nicaragua entre 1979 et 1990 se placèrent sous son patronage.

sandjak n. m. (mot turc) Ancienne circonscription administrative de l'empire ottoman.

sandow n. m. Cordon élastique qui sert notamment à fixer les colis sur un support (porte-bagages, galerie de toit, etc.).

sandre n. f. ZOOL. Poisson téléostéen au corps élancé, proche de la perche, vivant dans les eaux douces d'Europe.

sandwich n. m. (mot anglais) Mets formé de deux tranches de pain entre lesquelles on place des aliments froids. Pl. Des *sandwichs* ou des *sandwiches.*

Sandwich (îles) Voir **Hawaï**

Sandwich du Sud (îles) *420 km²* Archipel constitué de 11 îles et de quelques îlots, situé à l'extrême sud de l'Atlantique et placé sous la dépendance des forces britanniques de l'Atlantique sud. Elles faisaient partie des Falkland dont elles furent séparées en 1982 (guerre des Malouines ou des Falkland).

S

San Francisco.

San Francisco *734 676 h.* (*4 300 000 h.* avec ses cités satellites Oakland, Berkeley) Grand port de commerce des États-Unis en Californie. Créé en 1776 sur la *baie de San Francisco* (qui communique avec le Pacifique par le Golden Gate), il connaît son premier essor en 1849 avec la découverte de l'or. C'est aujourd'hui un grand centre commercial (relations avec l'Asie), bancaire, industriel, culturel (universités) caractérisé par une population cosmopolite (Chinois, Japonais, Mexicains, Italiens). La ville domine une magnifique baie franchie par le pont de Golden Gate (1937). Elle est sujette aux séismes (1906, 1989) et fut ravagée par l'incendie qui suivit le tremblement de terre de 1906. En avril-juin 1945, la *conférence de San Francisco* adopta la charte des Nations unies, signée par cinquante États, qui donna naissance à l'ONU. En 1951, une autre conférence aboutit au traité de paix entre les Alliés et le Japon.

sang n. m. Liquide visqueux de couleur rouge circulant dans le cœur, les veines, les artères, les capillaires (système circulatoire), et assurant diverses fonctions vitales. / ZOOL. *Animaux à sang chaud,* homéothermes. *Animaux à sang froid,* poïkilothermes. / Fig. Hérédité. *Être du même sang (que qqn). De sang royal. De sang mêlé*: métis. *Donner son sang pour la patrie*, sa vie. *Un bain de sang*: un massacre.

♦ Le système circulatoire humain contient, chez l'adulte, 4 à 5 litres de sang. Celui-ci est composé d'une phase liquide, le plasma, dans lequel se trouvent en suspension les *éléments figurés* du sang: les globules rouges ou hématies, les globules blancs ou leucocytes (mononucléaires, dont les lymphocytes et les macrophages; polynucléaires, également appelés granulocytes) et les plaquettes ou thrombocytes (qui interviennent dans la coagulation sanguine). Le sang participe à de nombreuses fonctions: échanges respiratoires (transport de l'oxygène des poumons aux organes par les hématies du sang artériel, du dioxyde de carbone des organes vers les poumons par celles du sang veineux); transport des nutriments vers les organes; élimination des déchets du métabolisme (transportés notam. jusqu'au rein, où le sang est filtré); transport des hormones des organes sécréteurs aux organes effecteurs; protection de l'organisme (rôle immunitaire des lymphocytes, des macrophages, des granulocytes).

Sangallo (Giuliano Giamberti, dit da) 1445 ?-1516 Architecte et sculpteur italien. Après des débuts en tant qu'architecte militaire, il créa un nouveau style de villa florentine (villa de Laurent de Médicis à Poggio a Caiano) et innova également dans le domaine de la construction d'églises, comme le montre Santa Maria delle Carceri à Prato (1485-1490). **Antonio Giamberti, dit l'Ancien** 1455-1534 Architecte italien. Frère du précédent et ingénieur militaire comme lui, il construisit de nombreux palais toscans. Son œuvre la plus connue est l'église San Biagio à Montepulciano (1518-1534). **Antonio Cordiani, dit le Jeune** 1483-1546 Architecte italien. Neveu des précédents, il travailla surtout à Rome. Il entama la construction du *palais Farnèse*, en 1511, édifice d'esprit classique, et fut chargé, à la suite de Bramante et de Raphaël, des travaux de la basilique Saint-Pierre (1520).

sang-froid n. m. inv. Maîtrise de soi.

San Gimignano *7 100 h.* Ville d'Italie en Toscane. Entourée d'une muraille dominée par treize tours, elle a conservé son aspect médiéval: palais, église Sant'Agostino (fresques de Gozzoli).

sanglant, e adj. D'où s'écoule du sang; couvert de sang. *Blessure sanglante.* / Qui répand le sang. *Mort sanglante.* / De la couleur du sang. *Rouge sanglant.*

sangle n. f. Bande de cuir, de tissu ou de caoutchouc, utilisée pour serrer, ceindre, soutenir. *Sangles d'une selle. Lit de sangle*, sur lequel sont tendues des sangles. / ANAT. *Sangle abdominale*: ensemble des muscles de la paroi abdominale.

sangler v. t. [1] Maintenir avec une, des sangle(s). *Sangler des bagages sur le toit de la voiture. Sangler un animal sellé*: maintenir la selle en serrant la sangle qui passe sous son ventre. / Serrer comme avec une sangle. *Sangler un bustier.* (Emploi pron.) *Les femmes de la Belle Époque se sanglaient dans leur corset.* (Au pp.) *Sanglé dans un uniforme*: étroitement serré dans un uniforme.

sanglier n. m. ZOOL. Porc sauvage, aux canines développées (défenses), puissant et massif, à la peau épaisse, garnie de poils raides (soies). *La femelle du sanglier est la laie, ses petits sont les marcassins.* / Viande de cet animal.

Sanglier des Ardennes (le) Voir **La Marck (Guillaume de)**

sanglot n. m. Contraction spasmodique du diaphragme qui chasse avec bruit l'air de la poitrine, accompagnée de larmes, survenant sous le coup d'une douleur, d'une vive émotion. *Éclater en sanglots.*

sangloter v. i. [1] Pleurer avec des sanglots.

sang-mêlé n. inv. Vx Métis.

Sangnier (Marc) 1873-1950 Homme politique français. Adepte du christianisme social, il fonda en 1902 une revue (*Le Sillon*) qui donna son nom au mouvement attaché à la formation religieuse et sociale également fondé par Marc Sangnier; condamné, comme son mouvement, par Pie X en 1910, il poursuivit néanmoins son action politique grâce au parti qu'il fonda (*La Jeune République,* 1912-1946), parti qui fusionna avec le M.R.P. en 1946.

sangria n. f. (mot espagnol) Boisson faite de vin sucré dans lequel ont macéré des oranges et d'autres fruits.

sangsue n. f. ZOOL. Ver annélide marin ou d'eau douce, de la classe des hirudinées, généralement hématophage, muni de ventouses. *Sangsue officinale*, que l'on appliquait autrefois pour la saignée. / Fig. Personne dont on ne peut se débarrasser; personne qui vit aux crochets d'une autre.

sanguin, e adj. et n. Relatif au sang. *Transfusion sanguine. Groupe sanguin.* / De la couleur du sang. *Orange sanguine*: voir *sanguine. Visage sanguin*, rougeaud et congestionné. *Tempérament sanguin*, caractérisé par un visage rougeaud et une tendance à l'emportement. / n. *C'est un sanguin.*

sanguinaire adj. Qui répand le sang avec plaisir. *Tyran sanguinaire.*

Sanguinaires (îles) Îlots rocheux de Corse, à l'entrée du golfe d'Ajaccio.

sanguine n. f. MINÉR. Variété d'hématite rouge. / Crayon fait avec ce minéral. / (Par méton.) Dessin fait avec ce crayon. *Une sanguine de Greuze.* / Variété d'orange à pulpe rouge.

sanguinolent, e adj. Teinté, mêlé de sang. *Humeur sanguinolente.*

Sanhédrin Instance suprême, à la fois politique, religieuse et judiciaire, du peuple d'Israël, qui représentait les affaires juives face aux Romains.

sanie n. f. MÉD. Vx Liquide purulent s'écoulant d'une plaie infectée.

sanisette n. f. (nom déposé) Toilettes publiques constituées d'une cabine dont l'ouverture est commandée par un monnayeur.

sanitaire adj. et n. m. pl. Se dit de ce qui doit assurer la santé, la salubrité publiques. / Se dit des appareils, des installations d'hygiène qui amènent et évacuent l'eau dans une habitation. / n. m. pl. Ensemble de ces installations.

San José *315 909 h.* Capitale et principal centre commercial (café, textiles) du Costa Rica à *1 135 m* d'altitude.

San Juan *451 168 h.* Capitale de Porto Rico, dans le nord de l'île, port sur l'Atlantique, peu industrialisé. L'agglomération avoisine le million d'habitants. Les plus anciens monuments datent du XVIe siècle.

San Luis Potosi *63 068 km² 2 000 000 h.* État du centre du Mexique, semi-désertique, dont le sol recèle d'importantes richesses minières.

Le général **José de San Martín**.

La place Bolivar à **San Salvador**.

San Luis Potosí *488 238 h.* Ville du centre du Mexique, capitale de l'État du même nom; centre industriel.

San Martín (José de) 1778-1850 Général et homme d'État argentin. Lieutenant-colonel dans l'armée espagnole, il retourna en Argentine pour lutter en faveur de l'indépendance de son pays natal en 1812. Élu général par les insurgés de Buenos Aires en 1814, il profita de la déclaration d'indépendance de 1816 pour vaincre les Espagnols au Chili en 1818 puis, en 1821, au Pérou. En désaccord avec Bolivar sur la politique à suivre en Amérique latine, il se retira en 1822 et vécut en Belgique puis en France.

San Remo *65 000 h.* Ville d'Italie, en Ligurie, sur le golfe de Gênes, proche de la frontière française, station balnéaire. En avril 1920, les Alliés s'y concertèrent afin de mettre au point le traité de Sèvres.

sans prép. En l'absence de; à l'exclusion de. *Sans moi, il n'y serait pas arrivé. Sans sel ni poivre, c'est immangeable. Sans répit. Sans cesse*: toujours. *Sans doute*: probablement. *Non sans*: avec. / adv. Fam. *On fera sans*: on se débrouillera sans (avoir ce dont on manque). / loc. conj. *Sans que*: de façon que… ne. *Faufilez-vous dans la pièce sans qu'on vous remarque.*

sans-abri n. inv. Personne qui a perdu son logis. *Les sans-abri se sont multipliés avec la crise économique de la fin du XXe siècle.*

San Salvador *415 346 h.* Capitale et centre économique du Salvador. Industries

Atlantes du **château de Sans-Souci**.

L'entrée du parc Santa Lucía, dans le centre de **Santiago**.

textiles et alimentaires. L'agglomération groupe plus d'*1,5 million* de personnes.
sanscrit Voir **sanskrit**
sans-culotte n. m. *Les sans-culottes*: les révolutionnaires qui, sous la Révolution, portaient le pantalon à la place de la culotte aristocratique.
sans-gêne n. inv. **A.** n. m. Comportement de qui n'éprouve aucune gêne à s'affranchir des règles communes de la bienséance, de la politesse. *Il a fait preuve d'un sans-gêne étonnant.* **B.** n. Personne qui agit avec un tel sans-gêne. / (Emploi adj.) *Être sans-gêne.*
sanskrit, e ou **sanscrit, e** n. m. et adj. Langue indo-européenne de l'Inde ancienne. *Le sanskrit védique a précédé le sanskrit classique, langue littéraire et sacrée.* / adj. Relatif au sanskrit.
Sanson Famille française d'origine florentine dont les membres furent des bourreaux de père en fils, de 1688 à 1847. En 1793, Charles Henri (1740-1806) guillotina Louis XVI, et son fils Henri (1767-1840), Marie-Antoinette.
sansonnet n. m. ZOOL. Syn. d'étourneau. / (Appos.) *Des étourneaux sansonnets.*
Sansovino (Iacopo Tatti, dit il) 1486-1570 Sculpteur et architecte italien. Formé par Andrea Sansovino (1467-1529), dont il garda le nom, il travailla d'abord à Rome et fut influencé par Raphaël et Michel-Ange. Installé à Venise à partir de 1527, il créa de nombreux édifices où il combina éléments romains et vénitiens (*palais Corner, loggetta de Saint-Marc*), ce qui lui valut une grande renommée à travers toute l'Italie.
sans-papiers n. m. inv. Qui est dépourvu des documents officiels nécessaires à son installation, à son activité professionnelle dans un pays donné à un moment donné. *Expulsion des sans-papiers.*
Sans-Souci (château de) Petite résidence édifiée pour Frédéric II près de Potsdam (dans l'est de l'Allemagne) en 1745 par Knobelsdorff. On y retrouve l'influence du classicisme français et du baroque allemand.
San Stefano (aujourd'hui, *Yesilköy*) Village de Turquie d'Europe où fut signé, le 3 mars 1878, le traité marquant la victoire de la Russie, alliée aux puissances balkaniques, sur la Turquie; il fut révisé aux dépens des vainqueurs au congrès de Berlin la même année.
Santa Anna (Antonio López de) 1794-1876 Général et homme d'État mexicain. Après s'être signalé dans la lutte contre l'Espagne, il devint président de la République du Mexique en 1833. Malgré la perte du Texas en 1836, puis celle d'une grande partie du territoire mexicain à l'issue de la guerre avec les États-Unis (1847-1848), il parvint néanmoins à revenir au pouvoir à plusieurs reprises et se proclama notamment dictateur à vie en 1853. Renversé deux ans plus tard, il fut à nouveau banni.
Santa Catarina *95 318 km² 4 837 000 h.* État du sud du Brésil, sur l'Atlantique. Capitale Florianópolis. Les forêts d'araucarias sont activement exploitées par une population d'origine açoréenne (XVIIIe siècle), puis italienne et allemande (XXe siècle). Autres ressources: café, riz, vigne, élevage bovin, extraction de la houille.
Santa Cruz *938 km² 5 000 h.* Archipel volcanique de Mélanésie, dépendant de l'État des Îles Salomon.
Santa Cruz de Tenerife *202 112 h.* Ville touristique espagnole, dans l'île de Tenerife (Canaries), port-relais pour les navires pétroliers, chef-lieu de la province du même nom.
Santa Fe *55 859 h.* Ville des États-Unis, capitale du Nouveau-Mexique. Située dans la vallée du rio Grande à *2 100 m* d'altitude, c'est un centre minier.
santal n. m. BOT. Arbre originaire d'Asie tropicale, dont le bois est utilisé en marqueterie, en ébénisterie; le bois de cet arbre; l'essence qui en est extraite, utilisée en parfumerie. *Le santal pousse en parasite des racines d'autres plantes.*
Santander *191 155 h.* Station balnéaire d'Espagne sur la côte atlantique, capitale de la Cantabrie. Les activités économiques se développent autour du port de pêche et surtout du port pétrolier et de ses industries chimiques.
santé n. f. État d'un individu sain. *Être en pleine santé.* / État de fonctionnement de l'organisme. *Être en bonne, en mauvaise santé.* / *Maison de santé*: établissement où l'on traite les troubles psychiques, nerveux. / *Santé publique*: protection de la santé de la population. / Fig. État de quelque chose. *La santé de la monnaie.*
Sant'Elia (Antonio) 1888-1916 Architecte et urbaniste italien. Futuriste, il construit (1911) la villa Elisi, près de Côme; ses ouvrages théoriques (*Le Message* et *Manifeste de l'architecture futuriste*, 1914) et ses dessins (*La Ville nouvelle*, *Gares*, *Ponts*) constituent l'essentiel de son apport. L'architecte étant mort au combat, aucun de ses projets ne fut réalisé.
Santiago *4 229 970 h.* Capitale du Chili, fondée en 1541 sur le rio Mapocho. C'est le principal centre commercial, industriel et culturel du pays.
Santillana (Iñigo López de Mendoza, marquis de) 1398-1458 Poète espagnol. Homme de guerre autant qu'homme de lettres, il servit le roi de Castille contre le royaume de Grenade (1431 et 1455), celui d'Aragon et celui de Navarre (1444). Humaniste épris de poésie occidentale, il composa des pastorales et des poèmes moraux et introduisit le sonnet en Espagne.
santon n. m. Statuette de terre cuite peinte, utilisée en Provence pour la décoration des crèches de Noël.
Santorin (en grec, **Thira**) *85 km² 7 300 h.* Archipel volcanique des Cyclades, en Grèce, composé de l'île principale, Thira (ou Phira), de l'îlot de Thirasia et des îles Kaimeni. Chef-lieu *Thira.* Thira et Thirasia sont les restes d'un ancien volcan dont le cratère s'est effondré au cours d'éruptions catastrophiques vers 1500 av. J.-C.; les îles Kaimeni ont surgi lors des éruptions des XVIe, XVIIIe et XIXe siècles. En contact avec la Crète au IIe millénaire av. J.-C., abandonnée après l'éruption de 1500, réoccupée vers 1000, l'île fut ensuite tributaire de Sparte; les Vénitiens s'en emparèrent en 1204 et les Turcs en 1537. La terre volcanique, fertile, produit des légumes et des vins de renommée internationale.

Santa Fe.

Église de l'île grecque de **Santorin**.

Santos *419 477 h.* Ville du Brésil, dans l'île de São Vicente, qui fait partie de l'État de São Paulo, port et centre industriel important.
Santos-Dumont (Alberto) 1873-1932 Aéronaute et aviateur brésilien. Constructeur de dirigeables à partir de 1898, il obtint le premier record du monde de vol (220 m en 21 secondes) en 1906, à Bagatelle (dans le bois de Boulogne de Paris), avec l'un de ses premiers avions.
Sanusiyya Voir **Senoussiya**
São Miguel *747 km² 238 000 h.* Île volcanique portugaise située dans l'Atlantique,

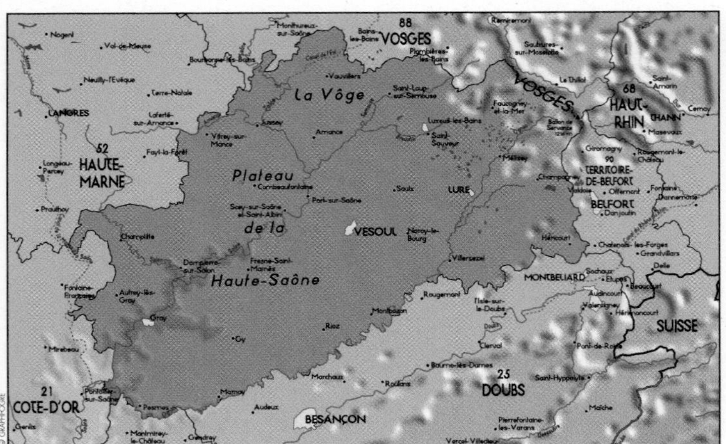

Département de la **Haute-Saône**.

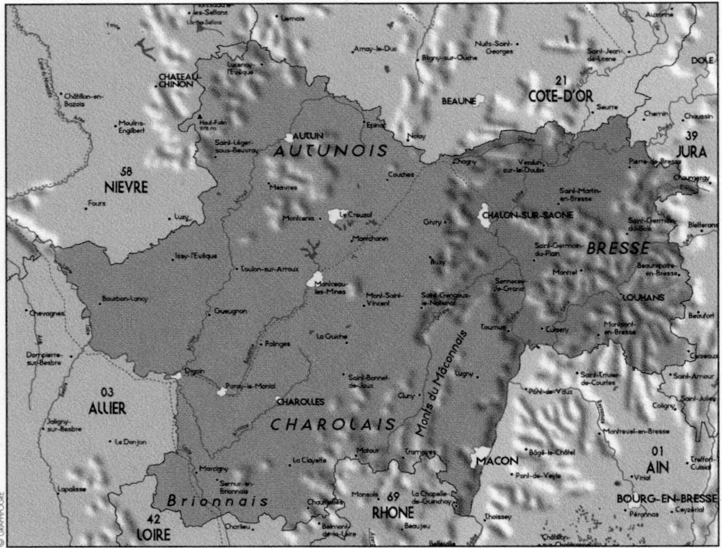

Département de la **Saône-et-Loire**.

la plus grande des Açores, où se trouve le chef-lieu de l'archipel, *Ponta Delgada*. Elle rassemble la moitié de la population des Açores.

Saône (la) *480 km* Affluent du Rhône. Prenant sa source au pied des Vosges, cette rivière de plaine arrose Gray, Chalon, Mâcon, Villefranche et se jette dans le Rhône à Lyon. Alimentée par le Doubs venu du Jura, la Saône apporte au Rhône de hautes eaux d'hiver. Réunie aux fleuves de l'est et du nord par un réseau de canaux anciens, c'est une voie de communication au débit régulier et important.

Saône (département de la Haute-) [70] *5 360 km² 229 650 h.* Département qui fait partie de la Région Franche-Comté. Chef-lieu *Vesoul*. Pays de transition aux confins des Vosges et du Jura, la Haute-Saône est formée de hauts plateaux gréseux et boisés, ouverts par le Val de Saône. Peu favorisée par la rigueur du climat (hivers froids, pluies abondantes), l'agriculture (polyculture céréalière pauvre associée à l'élevage et à l'exploitation de la forêt sur les plateaux, polyculture plus riche dans les vallées) constitue cependant la principale ressource du département. Ancienne, l'industrie (petite métallurgie née de la présence de fer, verrerie, papeterie, travail du bois) végète. Luxeuil est une station thermale fréquentée.

Saône-et-Loire (département de) [71] *8 575 km² 559 413 h.* Département qui fait partie de la Région Bourgogne. Chef-lieu *Mâcon*. Département montagneux étendu sur la bordure orientale du Massif central et arrosé par deux grandes rivières : la Saône et la Loire. La Saône-et-Loire a des activités variées. Prospères, l'élevage (les massifs du Morvan, du Charolais et du Mâconnais sont des pays d'embouche) et la viticulture (crus réputés : Pouilly, Moulin-à-Vent) sont associés à l'exploitation de la forêt. Ancienne, née des richesses locales en bois et en charbon, l'activité industrielle se maintient bien, dans une époque de mutations : verrerie et céramique (Charolais), textile (Mâconnais) et surtout métallurgie (Le Creusot, Blanzy, Montceau-les-Mines, Montchanin). Les villes de la Saône (Chalon, Mâcon), anciens centres de batellerie, ont une activité commerciale (vins) et industrielle (mécanique et alimentation) intense.

São Paulo *248 800 km² 32 480 000 h.* État du sud-est du Brésil. Capitale *São Paulo*. État à la fois agricole (culture industrielle du café ; production d'oranges, de tomates, de canne à sucre de coton) et industriel (industrie agroalimentaire, raffineries de pétrole), bien desservi par la route, le chemin de fer et les lignes aériennes, c'est la région économique et financière la plus importante du pays, dont 90 % de la population est concentrée dans des villes immenses aux banlieues interminables.

São Paulo *9 842 059 h.* Capitale de l'État de São Paulo, au sud-est du Brésil. São Paulo est la métropole économique du Brésil. L'agglomération excède les *15 millions d'habitants*. Fondée par les Jésuites en 1554, la ville connaît un important développement au XIXe siècle grâce à l'implantation sur les fertiles terres rouges de l'État des *fazendas* (plantations) de café (1860). C'est également un centre intellectuel qui rivalise avec Rio : université, musée d'Art, maisons d'édition. Cette croissance rapide a entraîné un urbanisme anarchique qui pose de nombreux problèmes économiques et sociaux.

• **Sao Tomé-et-Principe** État d'Afrique équatoriale, archipel volcanique situé dans le golfe de Guinée au large du Gabon. Les deux îles principales, Sao Tomé ou Saint Thomas (*859 km²*) et Principe ou île du Prince (*142 km²*), regroupent la majorité de la population. La capitale, *Sao Tomé*, est située sur l'île du même nom.

saoudien, enne ou **séoudien, enne** adj. et n. D'Arabie saoudite (séoudite). *Le gouvernement saoudien. Un(e) Séoudien(ne).*

saoudite ou **séoudite** adj. D'Ibn Saoud (Séoud), fondateur de la dynastie qui règne sur l'Arabie depuis 1932. *Régime saoudite.*

saoul, saoule, saouler Voir **soûl, soûle, soûler**

sapajou n. m. (mot tupi) ZOOL. Petit singe de la famille des cébidés, au pelage court, vivant en Amérique tropicale. Syn. sajou, saï.

sape [1] n. f. Tranchée creusée au pied d'un mur afin de le faire tomber. / MILIT. Souterrain de communication servant d'abri aux soldats. / Fig. *Un travail de sape*, fait pour miner les fondements de qqch.

sape [2] n. f. Fam. *Les sapes* : les vêtements. *La sape* : l'ensemble des vêtements, de leur commerce. *Une rue où on ne voit que de la sape.*

sape [3] n. f. (acronyme pour *Société des Ambianceurs et Personnes Élégantes*) En Afrique, mouvement créé par des jeunes de la République démocratique du Congo et de la République du Congo, axé sur une préoc-

São Paulo.

cupation unique, celle de se vêtir chez les couturiers les plus prestigieux d'Europe.

sapèque n. f. (mot malais) Ancienne monnaie chinoise et indochinoise, de très faible valeur.

saper [1] v. t. [1] Détruire les fondements de (un bâtiment). *Saper un mur.* / Par ext. *L'océan sape les falaises littorales.* / Fig. *Saper les fondements d'une société, d'une civilisation*, en attaquer les principes, la base.

saper [2] v. t. / v. i. [1] **A.** v. t. Fam. Habiller. *Il y a là de quoi saper une famille entière. Bien, mal sapé.* / v. pron. *Il faut que je me sape pour ce cocktail.* **B.** v. i. En Afrique, mettre de beaux habits coûteux. *Moi, je sape tous les soirs.*

saperlipopette! ou **saperlotte!** interj. Vieilli ou plaisant. Interjection exprimant l'impatience. *Saperlipopette, fais ce que je te dis!*

sapeur [1] n. m. Soldat du génie chargé de la sape.

sapeur [2] n. m. En Afrique, dandy qui dépense beaucoup d'argent pour s'habiller avec recherche. / Membre de la Société des ambianceurs et personnes élégantes (voir *sape {3}*).

sapeur-pompier n. m. Personne appartenant à un corps dont la mission est de combattre les incendies, de porter secours aux blessés, etc. Pl. Des *sapeurs-pompiers.*

saphène n. f. et adj. ANAT. Chacune des deux veines superficielles des faces interne et externe du membre inférieur. *Saphène interne. Saphène externe.* / adj. *Veines saphènes. Nerf saphène interne*: branche sensitive du nerf crural. *Nerf saphène externe*: branche sensitive du nerf sciatique.

saphique adj. De Sappho, poétesse grecque antique, de sa poésie. *Vers saphique.* / Du saphisme. *Mœurs saphiques.*

saphir n. m. Pierre précieuse, variété de corindon, de couleur bleue, utilisée en joaillerie. / Petite pointe de saphir, ou d'une autre matière dure, qui constitue la tête de lecture d'un électrophone. *Changer le saphir.*

saphisme n. m. Litt. Homosexualité féminine.

Sapho Voir **Sappho**

sapide adj. Litt. Qui a de la saveur, du goût. Ant. insipide.

sapidité n. f. Qualité de ce qui est sapide.

sapience n. f. Vx Sagesse.

sapiential, ale, aux adj. et n. m. pl. RELIG. *Les livres sapientiaux*: les livres de l'Ancien Testament qui sont surtout constitués de maximes morales (Proverbes, Livre de Job, Ecclésiaste, Ecclésiastique [ou Siracide], Sagesse). / n. m. pl. *Les sapientiaux.*

sapin n. m. Grand arbre de l'ordre des conifères (famille des abiétacées), à cônes dressés, à aiguilles persistantes. *Forêt de sapin.* / Bois de cet arbre (utilisé en charpente, en menuiserie et comme matière première de la pâte à papier). / Nom donné abusivement à divers conifères à aiguilles, spécial. à l'épicéa.

sapindacées n. f. pl. BOT. Famille de plantes dicotylédones dialypétales, comprenant de nombreuses espèces tropicales (arbres, arbustes, lianes), dont le litchi et le savonnier.

sapinière n. f. Forêt de sapins.

Sapir (Edward) 1884-1939 Linguiste américain d'origine allemande. Grand spécialiste des langues amérindiennes, il fut, avec Bloomfield, le chef de file de l'école américaine de linguistique. Il sépara notamment phonétique et phonologie et accorda une grande importance aux études sémantiques.

saponaire n. f. BOT. Plante herbacée de la famille des caryophyllacées, à fleurs roses ou jaunes, dont les racines et la tige renferment de la saponine.

saponifiable adj. Que l'on peut saponifier.

saponification n. f. CHIM. Réaction obtenue par l'action d'une base (par ex. de la soude) sur un ester, produisant un alcool et un sel de l'acide correspondant. *La saponification des corps gras permet de fabriquer le savon.*

saponifier v. t. [1] Procéder à la saponification de.

saponine n. f. CHIM. Nom donné à divers glucosides qui moussent sous l'action de l'eau, utilisés pour la fabrication de savons, de shampooings, etc. *La saponine était autrefois extraite de la saponaire.*

sapotacées n. f. pl. BOT. Famille d'arbres et d'arbustes dicotylédones gamopétales des régions tropicales, sécrétant des latex (par ex. gutta-percha). *Le balata est une sapotacée.*

sapotille n. f. BOT. Fruit du sapotillier, grosse baie charnue que l'on mange blette.

sapotillier n. m. BOT. Arbre de la famille des sapotacées, au fruit comestible, dont le bois brûle en répandant une odeur d'encens.

Sappho ou **Sapho** 625?-580? av. J.-C. Poétesse grecque. D'une famille noble de Mytilène, elle créa à Lesbos un cercle littéraire et artistique destiné à former le goût des jeunes filles. Appelée la Dixième Muse par Platon, la tradition fait état de son homosexualité, certains de ses poèmes d'amour s'adressant à des femmes. Selon une légende sans fondement, son amour malheureux pour le jeune Phaon la poussa à se jeter dans la mer du haut d'une falaise.

Sapporo *1 744 806 h.* Principale ville de l'île Hokkaïdo, au Japon, chef-lieu de ce ken, grand centre d'industries textiles, alimentaires et pétrolières. Les jeux Olympiques d'hiver s'y sont déroulés en 1972.

sapristi! interj. Fam. Syn. de *sacristi!*

SAO TOMÉ-ET-PRINCIPE

Voir l'Atlas

Superficie : *964 km²* – **Nombre d'habitants :** *100 000 h.* – **Capitale :** *São Tomé*
Villes principales : *Trindale, Santana* – **Système politique :** *république*
Langue(s) : *portugais, créole portugais* – **Religion(s) :** *catholicisme* – **Monnaie(s) :** *dobra*

Géographie physique et humaine

Les îles de Sao Tomé et Principe sont très montagneuses et culminent au pic de Sao Tomé à *2 024 m*. Le climat tropical humide produit une végétation luxuriante, surtout dans le sud de Sao Tomé, plus arrosé encore.

Les autochtones et les esclaves importés au cours de l'histoire parlent des langues bantoues et un créole à base portugaise, mais le pays fait partie de la Francophonie depuis 1997.

Le catholicisme y est la religion dominante. Sur le plan économique, le cacao, destiné à l'exportation, constitue la seule ressource. La collectivisation des plantations a été un grave échec. Le pays, l'un des plus pauvres du monde, survit grâce à l'aide internationale.

Histoire

Découvertes par les Portugais en 1471, les deux principales îles de Sao Tomé et Principe furent peuplées d'esclaves venus des autres régions d'Afrique et d'exilés portugais à partir de 1493. Elles devinrent ainsi un centre important du trafic négrier jusqu'à l'abolition de l'esclavage en 1876. Brièvement occupé par les Hollandais au XVIIe siècle, Sao Tomé acquit une certaine richesse au XIXe siècle en devenant le premier exportateur de cacao au monde. En 1951, l'archipel devint une province d'outre-mer du Portugal. Les premières émeutes indépendantistes se produisirent en 1953 et furent sévèrement réprimées. Après la « révolution des œillets » à Lisbonne (1974), la république démocratique de Sao Tomé et Principe accéda à l'indépendance le 12 juillet 1975.

Son président, Manuel Pinto da Costa, imposa un régime marxiste, à parti unique jusqu'en 1990; ce parti devint alors le parti social-démocrate (P.S.D.). En 1991, le leader de l'Action démocratique indépendante (A.D.I.), Miguel Trovoada, fut élu président. Il entreprit les privatisations et fut réélu en 1996 (après avoir été brièvement emprisonné en 1995 à la suite d'un coup d'État vite réprimé), mais ne parvint pas à instaurer des gouvernements stables.

Les élections présidentielles de 2001 ont porté au pouvoir Fradique de Menezes.

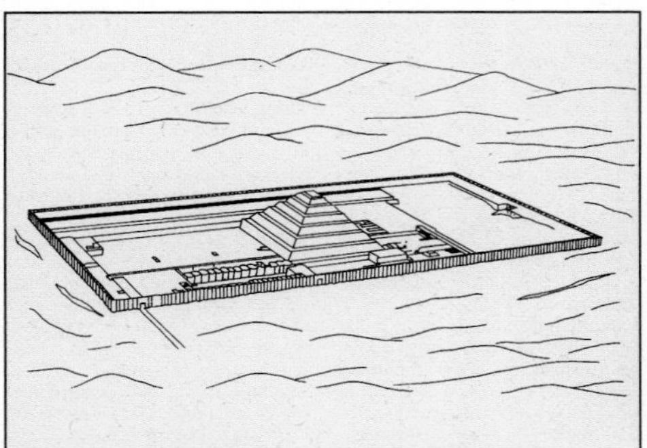

Plan de la nécropole de **Saqqarah**, avec la pyramide à degrés de Djoser.

Bas-relief ornant un **sarcophage** romain du IIIe siècle.

Église de la Madeleine, à **Saragosse**.

saprophage adj. et n. m. BIOL. Se dit d'un organisme vivant (généralement un animal) se nourrissant de matières organiques en décomposition. / n. m. *Un saprophage.*

saprophyte adj. et n. m. BIOL. Se dit d'un organisme (généralement un végétal, un champignon, une bactérie) qui se nourrit de matières organiques en décomposition. / MÉD. Se dit d'une bactérie présente dans l'organisme sans être pathogène. / n. m. *Un saprophyte.*

Saqqarah ou **Sakkarah** Village d'Égypte, au sud de Gizeh, qui a donné son nom à la plus vaste nécropole de Memphis, qui comprend la grande pyramide à degrés du roi Djoser (IIIe dynastie, début du IIIe millénaire avant J.-C.). Une nécropole y a été découverte en avril 2003.

saquer Voir **sacquer**

sar n. m. (mot provençal) Poisson comestible des eaux méditerranéennes, voisin de la daurade.

Sara ou **Sarah** Personnage biblique. Épouse du patriarche Abraham. Après avoir été longtemps stérile, elle conçut Isaac.

sarabande n. f. Danse populaire espagnole à trois temps (XVIe-XVIIIe siècle). / Danse plus lente, mise plus tard à la mode par la noblesse française, proche du menuet. / Air, composition musicale à trois temps au rythme de cette danse. / Divertissement bruyant.

Saragat (Giuseppe) 1898-1988 Homme politique italien. Membre du Parti socialiste à partir de 1922, il se réfugia à Vienne (1926-1935), puis en France, pour fuir le fascisme. Rentré en Italie en 1943, il se détacha du Parti socialiste pour fonder en 1947 le parti socialiste démocrate, allié aux démocrates-chrétiens. Plusieurs fois ministre, il fut président de la République italienne de 1964 à 1971.

Saragosse *598 078 h.* Ancienne capitale du royaume d'Aragon, sur l'Èbre, en Espagne, aujourd'hui capitale de la Communauté autonome d'Aragon et chef-lieu de la province qui porte son nom. Saragosse est un centre religieux ancien (cathédrale Notre-Dame-du-Pilar, des XVIIe et XVIIIe siècles) et culturel (son université date du XVe siècle) qui s'est doté d'industries.

Sarajevo *529 021 h.* Capitale de la Bosnie-Herzégovine. Elle conserve l'empreinte de la domination turque (mosquées, marchés, medersas). L'assassinat dans cette ville de l'archiduc François-Ferdinand, le 28 juin 1914, déclencha la Première Guerre mondiale. De mai 1992 à décembre 1995, les milices serbes assiégèrent la ville, la détruisant en bonne partie et faisant des dizaines de milliers de victimes dans la population.

Sarakholé(s) ou **Sarakolé(s)** Voir **Soninké**

Saramago (José) 1922 Écrivain portugais. Romancier (*Terre du péché*, 1947 ; *L'Année de la mort de Ricardo Reis*, 1984), il est aussi poète.

Sarasate y Navascués (Martin, dit **Pablo de)** 1844-1908 Musicien espagnol. Il mena parallèlement une brillante carrière de violoniste virtuose et de compositeur. Nombre de ses œuvres pour violon s'inspirent du folklore espagnol.

Saratoga Springs *27 000 h.* Ville des États-Unis, dans l'État de New York, où le 17 octobre 1777, l'armée américaine obtint la capitulation de l'armée anglaise, qui peu après reprit l'offensive.

Sarawak *124 449 km² 1 309 263 h.* État membre de la Malaisie, au nord-ouest de Bornéo. Capitale *Kuching*. L'agriculture (caoutchouc, épices), le bois et l'industrie extractive (pétrole, gaz, ainsi que phosphates, or, antimoine) en sont les grandes ressources.

sarbacane n. f. Long tuyau de bois ou de métal, servant à lancer de petits projectiles ou des flèches par la force du souffle.

sarcasme n. m. Raillerie amère, ironie acerbe.

sarcastique adj. Qui procède du sarcasme. *Paroles sarcastiques.*

sarcastiquement adv. De façon sarcastique.

sarcelle n. f. Petit canard sauvage. *La sarcelle d'été et la sarcelle d'hiver sont communes en France.*

sarclage n. m. Action de sarcler.

sarcler v. t. [1] Arracher avec un sarcloir les mauvaises herbes de (un terrain). *Sarcler son jardin.* / Par ext. *Sarcler les tomates.*

sarclette n. f. Petit sarcloir.

sarcloir n. m. Houe à deux dents utilisée pour sarcler.

sarcoïde n. f. MÉD. Tumeur cutanée bénigne, de petites dimensions.

sarcome n. m. MÉD. Tumeur maligne du tissu conjonctif ou des tissus dérivés du tissu conjonctif. *Sarcome de Kaposi*, d'origine cutanée, se manifestant par des plaques rouges sur la peau, se généralisant à l'ensemble de l'organisme, qui constitue l'une des manifestations du sida.

SARDAIGNE

Géographie

Fouettée par le mistral, la Sardaigne est une île rude formée d'un vieux socle hercynien affleurant à l'est, recouvert de sédiments tertiaires et de terrains volcaniques à l'ouest. Au sud-ouest un fossé rempli d'alluvions, le Campidano, est « le bon pays » (céréales, vigne) de la Sardaigne. Ailleurs, sur les landes et les maquis, prédomine l'élevage ovin. La mise en valeur de l'île est commencée : l'exploitation des richesses en charbon (Sulcis), plomb, zinc, favorise le développement de l'industrie lourde concentrée à Cagliari. L'irrigation permet la multiplication des cultures céréalières et arbustives. L'essor du tourisme a réduit l'isolement de l'île mais l'émigration persiste, liée à la pauvreté des populations, malgré l'aide de l'Union européenne.

Plage de Su Giudeu.

Histoire

Déjà peuplée à l'âge du bronze par des populations qui ont dressé des mégalithes et édifié d'impressionnantes forteresses en appareil cyclopéen, les *nuraghi*, l'île a été occupée par les Phéniciens, les Grecs, puis les Carthaginois (535 ? avant J.-C.). Rome s'en empara en 237 avant J.-C. Le vandale Geiséric en devint le maître vers 476. Réoccupée par les Byzantins en 534, l'île tomba aux mains des Arabes qui en furent chassés par les Génois et les Pisans au XIe siècle. Conquise par le roi d'Aragon (1322), la Sardaigne passa, par le traité de Rastatt (1714), à l'Autriche qui la céda, en 1718, contre la Sicile, au duc de Savoie. Celui-ci prit le titre de roi de Sardaigne. Depuis, l'île a suivi le sort de la maison de Savoie.

*Gilgamesh maîtrisant un lionceau ; relief du palais de **Sargon II** à Khorsabad.*

sarcophage n. m. Cercueil de pierre des Anciens. / Mouche grise de la viande.
sarcophile n. m. ZOOL. Marsupial de Tasmanie, noir rayé de blanc, nocturne, charognard. Syn. diable de Tasmanie.
sarcopte n. m. ZOOL. Acarien parasite responsable de la gale.
• **Sardaigne** *24 090 km² 1 660 884 h.* Île italienne au sud de la Corse (dont elle est séparée par le détroit de Bonifacio) constituant une Région. Capitale *Cagliari.*
Sardanapale Souverain légendaire d'Assyrie. Vaincu et assiégé dans Ninive, il se serait fait brûler sur un immense bûcher avec ses femmes et ses trésors. Cette légende grecque l'assimile à Assurbanipal et confond sa mort avec celle du successeur de ce dernier.
sardane n. f. (mot catalan) Danse catalane, ronde où les danseurs se tiennent par la main ; air de cette danse.
sarde adj. et n. De Sardaigne. *Les églises sardes. Un(e) Sarde.*
Sardes Ville antique d'Asie Mineure. Située sur le Pactole, capitale de la Lydie, elle fut prise par le roi achéménide Cyrus en 546 avant J.-C. Sa prospérité fut grande sous la domination des Perses, des rois de Pergame, puis de Rome. Elle fut détruite par Tamerlan en 1402.
sardine n. f. ZOOL. Petit poisson de la famille des clupéidés, au dos bleu-vert, au ventre blanc argenté, vivant par bancs, notam. dans l'Atlantique et la Méditerranée. *Pêche à la sardine. Boîte de sardines à l'huile.* / Piquet de tente métallique.
sardinier, ère adj. et n. Relatif à la pêche à la sardine. *Navire sardinier. Industrie sardinière* : industrie alimentaire de conditionnement et de commercialisation des sardines. / n. Personne qui pêche la sardine ou qui est employée dans une sardinerie. / n. m. *Un sardinier* : un navire sardinier.
sardoine n. f. Variété de calcédoine rouge-brun.
sardonique adj. MÉD. *Rictus sardonique*, provoqué par la contraction convulsive des muscles de la face. / Cour. *Rire sardonique* : rire méchant.
sardoniquement adv. De façon sardonique.
sargasse n. f. BOT. Algue brune au thalle flottant allongé.
Sargasses (mer des) Partie de l'Atlantique, au nord-est des Antilles. Elle doit son nom aux algues qui la couvrent sur plusieurs milliers de kilomètres carrés.
Sargent (John Singer) 1856-1925 Peintre américain. Il connut une grande notoriété comme portraitiste mondain au style éclectique et à la technique parfaitement maîtrisée, caractéristiques dont témoignent également ses décorations murales (bibliothèque et musée de Boston). À la fin de sa vie, il se consacra au paysage.
Sargon Nom de deux rois d'Assyrie. **Sargon Iᵉʳ** Roi de 2048 ? à 2030 ? av. J.-C. **Sargon II** Roi de 721 à 705 av. J.-C. Durant son règne qui marqua l'apogée de l'Assyrie, il conquit le royaume d'Israël (722 av. J.-C.), annexa plusieurs principautés situées en Asie occidentale, s'empara de Chypre et reprit Babylone (709). Il fut tué au combat en Anatolie peu après avoir fait bâtir sa nouvelle capitale, Khorsabad.
sari n. m. (mot hindi) Grande pièce d'étoffe dont se drapent les femmes en Inde.
sarigue n. f. ZOOL. Opossum.
sarin n. m. CHIM. Gaz extrêmement toxique.
S.A.R.L. ou **S.à.r.l.** n. f. Sigle de *Société À Responsabilité Limitée.*
Sarmates Peuple nomade d'Asie centrale qui envahit l'Empire scythe (à l'ouest de la mer Caspienne) au IIIᵉ siècle av. J.-C. Ils progressèrent vers l'ouest, s'installant sur la plaine du Danube au Iᵉʳ siècle apr. J.-C. Certains furent à leur tour repoussés à l'intérieur de l'empire romain par les peuples germaniques (IVᵉ siècle).
sarment n. m. Rameau de vigne de l'année. / Tige ou branche ligneuse grimpante.
sarmenteux, euse adj. BOT. Se dit des plantes ligneuses grimpantes, à tige grêle. *Une vigne sarmenteuse*, aux sarments abondants.
Sarmiento (Domingo Faustino) 1811-1888 Homme politique et écrivain argentin. Opposant déterminé à la dictature, exilé au Chili pendant douze ans, à son retour en Argentine il entama une carrière politique qui le mena à la présidence de la République (1868-1874). Journaliste et éducateur, son principal roman, *Facundo* (1845), évoque la vie des gauchos et brosse une fresque haute en couleurs de l'Argentine après l'indépendance.
Sarnath Ville ancienne de l'Inde, au nord de Bénarès, où Bouddha prêcha pour la première fois.
sarong n. m. (mot malais) Pagne porté en Malaisie.
saros n. m. ASTRON. Cycle de 18 ans et 11 jours correspondant à 223 lunaisons et permettant de prévoir l'ordre de réapparition des éclipses du Soleil et de la Lune.
saroual ou **séroual** n. m. (mot arabe) Pantalon de toile très ample porté dans le Maghreb.
Saroyan (William) 1908-1981 Écrivain américain. Il remporta son premier succès en tant qu'auteur de nouvelles grâce au recueil *L'Audacieux Jeune Homme au trapèze volant* (1934). Idéaliste et d'une grande spontanéité dans la forme, il écrivit aussi des romans (*Les Aventures de Wesley Jackson*, 1946), et des pièces de théâtre (*Mon cœur est sur les monts d'Écosse*, 1939).
sarrasin, e [1] adj. Des Sarrasins. *Architecture sarrasine.*
sarrasin [2] n. m. Plante herbacée de la famille des polygonacées, aux feuilles lancéolées, qui fournit un grain noir (akène) riche en amidon ; farine extraite de ce grain. Syn. blé noir. *Une galette de sarrasin.*
Sarrasins (les) Nom donné au Moyen Âge aux musulmans qui envahirent l'Afrique et l'Europe.
sarrau n. m. Blouse de travail portée autrefois par-dessus les vêtements. *Le sarrau des écoliers.* Pl. Des *sarraus.*
Sarraut (Albert) 1872-1962 Homme politique français. Radical-socialiste, ministre à plusieurs reprises et président du Conseil en 1933 et en 1936, il demeura membre du gouvernement jusqu'en juin 1940. Déporté en Allemagne (1944-1945), il fut président de l'Assemblée de l'Union française de 1949 à 1958.
• **Sarraute (Nathalia Ilianova Tcherniak,** Mᵐᵉ Raymond Sarraute, connue sous le nom de **Nathalie)** 1900-1999 Écrivain français, d'origine russe.
Sarre (la) *240 km* Affluent de la Moselle. Prenant sa source dans les Vosges, au pied du Donon, baignant le nord-est de la France et le sud-ouest de l'Allemagne (Sarrebruck), elle donne son nom au bassin houiller qu'elle traverse.

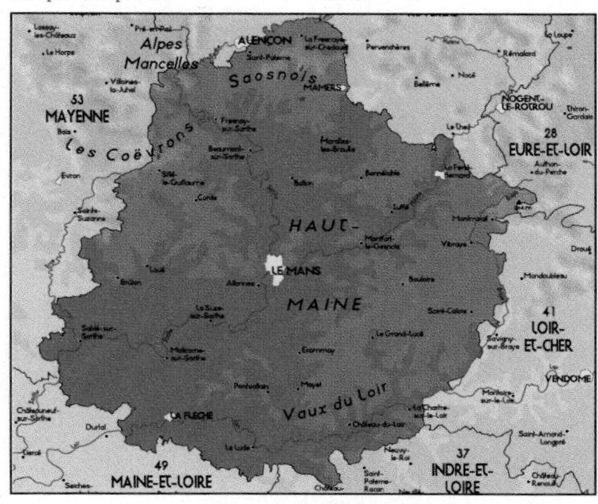

*Département de la **Sarthe**.*

NATHALIE SARRAUTE

Installée à Paris avec son père à partir de 1909, elle abandonna la profession d'avocat pour écrire. Ses œuvres refusent les règles du roman traditionnel, annonçant le Nouveau Roman : *Tropismes* (1939, édition augmentée en 1957) ; *Martereau* (1953) ; *L'Ère du soupçon* (1956) ; *Le Planétarium* (1959). *Enfance* (1983) est autobiographique, bien qu'elle juge « fausses » toutes les autobiographies ; *Ici* (1995) est un récit qui donne, comme l'ensemble de son œuvre, la part essentielle aux mots, dans ce qu'ils expriment, dissimulent ou laissent deviner furtivement. On lui doit également des pièces pour la radio (*Le Silence*, 1964) ou le théâtre (*Vous les entendez ?*, 1972 ; *Pour un oui ou pour un non*, 1982) et des essais (*Paul Valéry et l'enfant d'éléphant*, 1947 ; *Flaubert le précurseur*, 1964, plus tard réunis).

Sarre *2 570 km² 1 084 370 h.* Land d'Allemagne. Capitale *Sarrebruck.* Cette puissante région industrielle fut longtemps disputée entre la France et l'Allemagne. De 1919 à 1935, elle fut administrée par la Société des nations. Rattachée à l'Allemagne, occupée par la France en 1945, elle eut, entre 1947 et 1955, un gouvernement autonome, la politique étrangère et la défense étant assurées par la France. Un référendum la rattacha à la République fédérale d'Allemagne en 1955. La houille, principale richesse du vieux massif boisé qu'est la Sarre, est exploitée depuis 1871. Elle a alimenté une puissante industrie sidérurgique qui a laissé la place aux technologies de pointe.
Sarrebruck *189 012 h.* Ville d'Allemagne, capitale de la Sarre, sur la Sarre, grand centre industriel et culturel (université, monuments de style baroque).
Sarreguemines *23 117 h.* Chef-lieu d'arrondissement de la Moselle, sur la Sarre, centre industriel à la frontière de l'Allemagne, célèbre pour sa céramique.
sarriette n. f. Plante aromatique de la famille des labiées, dont les feuilles odorantes servent de condiment.
Sarthe (la) *285 km* Rivière de l'ouest de la France, née dans le Perche, qui baigne Alençon, Le Mans, avant de se jeter dans la Mayenne pour former la Maine.
Sarthe (département de la) [72] *6 206 km² 513 654 h.* Département qui fait partie de la Région Pays de la Loire. Chef-

JEAN-PAUL SARTRE

Né d'une famille bourgeoise protestante, il fait des études brillantes à l'École normale supérieure (1924-1928) et obtient l'agrégation de philosophie (1929). Devenu enseignant, il publie divers textes philosophiques ; *L'Être et le Néant* (1943) révèle en France la pensée existentialiste. Il fonde ensuite la revue *Les Temps modernes* (1945) et s'oppose aux communistes, auxquels il s'adresse dans *L'Existentialisme est un humanisme* (1946) et la pièce *Les Mains sales* (1948), avant de se rapprocher d'eux dans le Mouvement de la paix, se distinguant ainsi de Camus, Aron et Merleau-Ponty. Intellectuel engagé, il apporte notamment son soutien au F.L.N. pendant la guerre d'Algérie. En 1960, voulant concilier, dans sa vision de la philosophie de l'histoire, marxisme et existentialisme, il écrit *Critique de la raison dialectique*. En 1964, il refuse le prix Nobel de littérature. À partir de 1968, il se rapproche des « gauchistes », devenant directeur en titre de *La Cause du peuple* puis de *Libération* (1973). Ses obsèques ont donné lieu à une commémoration populaire. Son œuvre comprend des essais philosophiques : *L'Imagination* (1936) ; *L'Imaginaire* (1940), des romans : *La Nausée* (1938) ; *Le Mur* (nouvelles, 1939) ; *Les Chemins de la liberté* (1945-1949) ; des pièces de théâtre : *Les Mouches* (1943) ; *Huis clos* (1944) ; *La Putain respectueuse* (1946) ; *Les Séquestrés d'Altona* (1959), des essais : *Baudelaire* (1947) ; *Situations* (1947-1976) ; *Saint Genet, comédien et martyr* (1952) ; *L'Idiot de la famille* (sur Flaubert, 1971-1972), et un récit autobiographique : *Les Mots*. En tant que philosophe, Sartre doit beaucoup aux phénoménologues allemands, Husserl et Heidegger notamment, mais son originalité réside dans le fait qu'il a rendu la pensée existentialiste accessible au grand public. Il a servi de « maître à penser » à la génération d'après-guerre et il a incarné le désir de liberté.

lieu *Le Mans*. Il s'étend sur les pays bocagers du haut Maine. L'agriculture est la principale activité du département : les cultures (blé, chanvre, pommiers) reculent devant l'essor de l'élevage (bovins, volailles, porcs). Ancienne voie de passage, Le Mans, après ses foires, a vu se développer l'industrie automobile et électrique. La faiblesse des autres villes (La Flèche *14953 h.*) s'explique par son attraction.

• **Sartre (Jean-Paul)** 1905-1980 Écrivain et philosophe français.

sas n. m. Compartiment étanche qui permet le passage entre deux milieux différents. *Sas de décompression. Sas de sous-marin.* / Bassin compris entre deux écluses.

Saskatchewan (la) Rivière du Canada, réunion de la Saskatchewan du Sud *(880 km)* et de celle du Nord *(1 200 km)*. Elle se jette dans le lac Winnipeg et donne son nom à une province.

Saskatchewan *652 330 km^2 1 016 000 h.* Province de la Prairie canadienne. Capitale *Regina*. C'est le domaine du blé (culture mécanisée), de la forêt et de l'élevage. L'exploitation des richesses minières (pétrole, potasse, houille, uranium) et l'agriculture alimentent l'industrie mais la population reste encore très faible (1, 6 h./km^2). La province a été constituée en 1905, vingt ans après l'achèvement du chemin de fer transcontinental canadien.

sassafras n. m. (mot d'une langue amérindienne) BOT. Arbre d'Amérique du Nord, de la famille des lauracées, dont les feuilles sont utilisées comme condiment.

Sassanides Dynastie de souverains perses qui régna du IIIe au VIIe siècle. Elle tire son nom de Sâssân, grand-père du fondateur de la dynastie, Ardachêr Ier. Ce dernier renversa en 224 Artaban IV, dernier souverain parthe arsacide. L'Empire sassanide, qui compta 31 souverains et où le zoroastrisme fut imposé comme religion d'État, fut l'ennemi de l'empire romain. Cependant, malgré son haut degré de prospérité dont témoigne notamment son art, l'empire fut détruit par les Arabes en 636.

Sassou-Nguesso (Denis) 1943 Homme politique congolais. Militaire de formation, ministre de la Défense (1975), il est président de la République en 1979 après l'assassinat de Marien Ngouabi qui appartenait au même parti. Distancé aux élections de 1992 par Pascal Lissouba, dont les milices le poursuivent, il s'exile en France (1994-1996). De retour au Congo en 1997, ses hommes affrontent ceux de Lissouba. Il est élu président de la République en octobre 1997.

Satan Prince des démons dans la tradition biblique, il personnifie l'esprit du Mal, l'ange déchu, le tentateur, le grand adversaire de Dieu.

satané, e adj. Vx Maudit ; digne de Satan. *Satané coquin !* / (Sens atténué) Désagréable. *Satané temps !*

satanique adj. De Satan, inspiré par Satan. *Culte satanique.*

satellisation n. f. Action de satelliser ; son résultat.

satelliser v. t. [1] Mettre en orbite autour d'un corps céleste, transformer en satellite. / Vassaliser, assujettir.

satellite n. m. et adj. ASTRON. Corps qui gravite autour d'une planète. / ASTRONAUT. *Satellite artificiel* : engin lancé dans l'espace et placé en orbite autour de la Terre ou d'une autre planète. *Satellite d'observation, de télécommunications.* / MÉCAN. Pignon d'engrenage dont l'axe, non fixé, tourne avec la roue qui l'entraîne. / adj. Se dit d'un État placé sous la dépendance politique ou économique d'un État plus puissant.

sati n. m. (mot hindi) En Inde, auto-immolation d'une veuve qui suit son mari dans la mort en étant brûlée vive sur le bûcher.

Satie (Erik) 1866-1925 Compositeur français. Entré au conservatoire de Paris (1879), il en rejette les contraintes et s'engage dans l'infanterie (1886). Déçu par la vie militaire, un an plus tard, il s'installe à Montmartre pour se consacrer entièrement à son art. Chef de file du groupe des Six et de l'école d'Arcueil (où il s'était établi en 1898 dans une pauvre maison), il cultive l'humour jusque dans ses titres (*Trois morceaux en forme de poire*, *Véritables préludes flasques pour un chien*…) et exerce une influence sur les milieux d'avant-garde. Original et très controversé, il a laissé des œuvres pour piano d'une simplicité sublime : *Trois gymnopédies* (1888), un oratorio : *Socrate* (1918), des ballets : *Parade* (1917).

satiété n. f. État d'une personne dont les besoins ou les désirs, en particulier l'appétit, sont comblés.

satin n. m. Étoffe de soie, de coton, de laine ou de fibre synthétique, douce et brillante, dont on ne peut discerner la trame sur l'endroit.

satiné, e adj. Lustré comme du satin. *Tissu satiné.* / Fig. Peau satinée, extrêmement douce.

satinette n. f. Étoffe imitant le satin.

Satire ménippée 1594 Pamphlet écrit par plusieurs érudits de Paris, contre la Ligue et en faveur d'Henri IV, lors des guerres de Religion. Le titre, repris à Varron, vient du nom du Grec Ménippe, auteur de satires mêlant prose et vers.

satire n. f. LITTÉR. Pièce en vers ou en prose qui ridiculise les vices et les travers du temps. *Les satires d'Horace, de Juvénal, de Boileau.* / Écrit ou propos qui tourne une chose ou un être en dérision.

Satiricon Ier siècle Roman en vers et en prose (en partie perdu) attribué à Pétrone. Il peint, de façon très licencieuse, des scènes pittoresques de la vie à Marseille et en Italie méridionale. Fellini a tiré de ce texte un film somptueux (1969).

satirique adj. Qui procède de la satire. *Spectacle satirique.* / Enclin à la satire. *Esprit satirique.*

Syncom, ***satellite*** *de communications américain.*

satisfaction n. f. État d'esprit de qqn dont les besoins, les désirs sont satisfaits ; contentement. *Un sourire de satisfaction* / (surtout au pl.) *Son travail lui procure beaucoup de satisfactions.* / Action de satisfaire ; résultat de cette action. *La satisfaction des revendications.* / Réparation d'une offense. *Obtenir satisfaction.* / THÉOL. Peine destinée à réparer un péché ; pénitence. *Satisfaction sacramentelle.*

satisfaire v. t. [3] Répondre aux espoirs, aux attentes de (qqn). *Votre réponse me satisfait.* / Combler, assouvir (un besoin, un désir). *Satisfaire sa faim. Satisfaire sa curiosité.* / v. t. ind. *Satisfaire à* : répondre à (un désir, une exigence, une condition). *Satisfaire aux besoins en vivres de la population. Satisfaire à ses obligations.* / v. pron. *Se satisfaire de* : se contenter de.

satisfaisant, e adj. Qui satisfait. *Résultat satisfaisant.*

satisfait, e adj. Dont les besoins, les espoirs ont été comblés ; content. *Être satisfait de son sort.*

satisfecit n. m. inv. (mot latin) Vx Certificat donné à un élève, attestant que son professeur est satisfait. / Fig. Approbation.

satrape n. m. ANTIQ. Gouverneur d'une satrapie. / Fig. et litt. Despote vivant dans le luxe.

satrapie n. f. ANTIQ. Division administrative de l'empire perse.

saturateur n. m. Appareil servant à humidifier l'air par évaporation d'eau.

saturation n. f. CHIM., PHYS. Action de saturer ; résultat de cette action ; état d'un corps, d'un système saturé.

saturé, e adj. CHIM., PHYS. Se dit d'un système dans lequel un corps a été dissout jusqu'à sa concentration maximale. *Solution saturée.* / CHIM. Se dit d'une molécule qui ne contient que des liaisons covalentes simples. *Les hydrocarbures saturés* : les alcanes. / *Saturé de* : qui ne peut recevoir davantage de. *Terre saturée d'eau.*

saturer v. t. / v. i. [1] **A.** v. t. CHIM., PHYS. *Saturer un liquide*, y dissoudre un corps jusqu'à sa concentration maximale. / CHIM. Transformer une molécule contenant une ou plusieurs liaisons multiples en une molécule ne contenant que des liaisons simples, par fixation de radicaux. *Saturer l'éthylène.* / Fig. *Saturer qqn de qqch.*, l'en nourrir jusqu'à l'excès, l'en gaver. *Des consommateurs saturés de publicité.* / Remplir jusqu'à l'excès. *Saturer un marché.* **B.** v. i. Atteindre la valeur maximale d'une grandeur. *Un amplificateur qui sature.*

saturnales n. f. pl. ANTIQ. ROM. Fêtes célébrées à Rome au solstice d'hiver en l'honneur de Saturne, au cours desquelles les esclaves prenaient la place des maîtres, et pendant lesquelles toute licence était permise. / Fig. (souvent au sing.) Fête bruyante et licencieuse.

Saturne MYTH. ROM. Ancien dieu italique et romain, identifié à *Cronos*, protecteur des semailles. Selon la légende, après avoir été détrôné et chassé du Ciel par son fils Jupiter, il fut accueilli par le dieu Janus et s'installa sur le Capitole. Il y fonda un village, enseigna aux aborigènes la culture de la vigne et son règne fut celui de l'*âge d'or*. On le fêtait pendant les *saturnales*.

• **Saturne** Planète du système solaire. En partant du Soleil, Saturne occupe la sixième orbite, à 9,5 UA (1 421 179 765 km) de son étoile.

SATURNE

Son rayon mesure 60 268 km (le rayon de la Terre est de 6 378 km), sa masse égale 94 fois celle de la Terre, sa rotation journalière s'effectue en 10 h 40', sa période de révolution orbitale, en 29,5 ans (celle de la Terre est 1 an). L'inclinaison sur l'écliptique est de 2,5° et l'excentricité de son orbite, de 0,056 (l'inclinaison de la Terre est de 0,017).
Son système d'anneau (270 000 km) a été observé pour la première fois par Galilée en 1610, mais c'est Huygens qui, en 1655, supposa que ces appendices n'étaient que la partie visible d'un disque de matière entourant Saturne, dont l'inclinaison et la forme variaient selon la position de la planète par rapport à la Terre. Huygens pensait que cet anneau était fait d'une couche continue de matière, mais, en 1675, J. D. Cassini découvrit une bande sombre qui divisait le disque en deux anneaux concentriques. Laplace démontra, vers 1799, que ce disque continu de matière ne pourrait résister aux effets contraires qu'exerceraient la gravitation, force attractive, et la force centrifuge, force répulsive due à la vitesse de rotation de la planète, et émit l'hypothèse que l'anneau était constitué d'une suite de petits anneaux fins et étroits, capables de résister au déséquilibre engendré par

l'action contrariée des deux forces. Maxwell, en 1857, démontra mathématiquement que les anneaux étaient faits d'un nombre de masses infinies et minuscules qui parcouraient des orbites indépendantes.

Cette hypothèse se trouva vérifiée lors du survol de Saturne par la sonde Voyager 2, le 25 août 1981, survol montrant que l'anneau était en réalité composé de milliers d'autres anneaux concentriques.
Les deux sondes Voyager 1 et 2 ont permis de découvrir les 19 satellites de Saturne qui constitue à lui seul un système solaire en miniature. Sur le plus gros, Titan, dont le rayon (5 150 km) est un peu inférieur au rayon terrestre, on a détecté la présence d'une atmosphère dont la constitution serait proche de celle de la Terre primitive. Tous ces satellites sont riches en glaces (glace d'eau, principalement, et glace d'ammoniac). Hypérion a une orbite chaotique, le relief d'Encelade est volcanique, celui de Rhéa a un sol cratérisé. Japet présente un relief de vagues glacées, Téthys est balafrée, d'un pôle à l'autre par une tranchée large de 100 km et profonde de 5 km. Mimas montre un énorme cratère de 130 km de diamètre et de 10 km de profondeur. En 1997 la sonde Cassini-Huygens a quitté la Terre à destination de Saturne qu'elle atteindra en 2004 ; elle comprend un module (Huygens) qui se séparera de la sonde proprement dite pour étudier l'atmosphère et le sol de Titan.

*Rameau de **saule** blanc.*

saturnisme n. m. MÉD. Intoxication aiguë ou chronique par le plomb, ses sels ou ses vapeurs, qui se manifeste par des troubles du sang, du système nerveux, des reins.
satyre n. m. MYTH. GR. Demi-dieu champêtre et lubrique, à corps humain, à cornes et à pieds de bouc, compagnon d'escorte de Dionysos. / Fig. Individu lubrique, exhibitionniste. / ZOOL. Papillon diurne aux ailes brunes et noires.
satyrique adj. MYTH. GR. Relatif aux satyres.
sauce n. f. CUIS. Assaisonnement plus ou moins liquide et onctueux qui accompagne certains mets. *Sauce tomate. Sauce au vin.* / BX-ARTS Crayon noir très tendre utilisé pour dessiner à l'estompe. / Liquide contenant un métal précieux, pour l'orfèvrerie. / Fig. fam. Pluie : *j'ai pris la sauce.*
saucer v. t. [1] Absorber avec du pain la sauce contenue dans. *Saucer un plat.* / Fig., fam. *Se faire saucer* : être mouillé par la pluie.
saucière n. f. Récipient destiné à recevoir et servir les sauces.
saucisse n. f. Charcuterie faite d'un boyau rempli de viandes variées, hachées et assaisonnées, généralement consommée chaude. *Saucisse de Toulouse, de Francfort.* / MILIT. Ballon captif de forme allongée, utilisé pendant la Première Guerre mondiale.
saucisson n. m. Grosse saucisse faite d'un hachis de viandes séchées ou cuites, généralement consommée froide. *Saucisson sec. Saucisson de Lyon.* / Rouleau de toile empli d'une charge de poudre.
saucissonnage n. m. Découpage en tranches.
saucissonner v. i. / v. t. [1] v. i. Fam. Manger du saucisson ; faire un repas froid, sur le pouce, sans table ni couvert, avec du saucisson, des sandwichs. / v. t. Découper en tranches. *Saucissonner un film à la télévision en l'interrompant par des séquences publicitaires.*
saudade n. f. (mot portugais) Mélancolie, tristesse qui s'exprime dans la poésie, la chanson portugaise, leur donnant une atmosphère nostalgique très particulière.
sauf, sauve [1] adj. Hors de danger. *Rassurez-vous, il est sain et sauf. Avoir la vie sauve* : ne pas (ou plus) courir de risque pour sa vie. Fig. *L'honneur est sauf*, intact.
sauf [2] prép. À l'exception de, à l'exclusion de. *Tous les verres, sauf les verres en cristal, trop fragiles.* / loc. conj. *Sauf que* : en négligeant le fait que. *Tout va bien, sauf que nous avons raté le train.*
sauf-conduit n. m. Autorisation donnée par une autorité, généralement militaire, d'aller où l'on veut sans crainte d'en être empêché. Pl. Des *sauf-conduits.*
sauge n. f. BOT. Plante de la famille des labiées, cultivée pour ses propriétés aromatiques ou médicinales.
saugrenu, e adj. Bizarre et déconcertant, d'apparence absurde, avec une nuance de ridicule. *Des propos saugrenus.*
Saül XIe siècle avant J.-C. Premier roi d'Israël. Choisi comme roi par le prophète Samuel, il battit les Ammonites, les Philistins et les Amalécites. Mais il entra en conflit avec Samuel qui, avant de mourir, sacra secrètement David, vainqueur de Goliath et gendre de Saül. Battu par les Philistins, Saül se donna la mort ou se laissa tuer. Son histoire est racontée dans la Bible (*Livre de Samuel*).
saulaie ou **saussaie** n. f. Lieu où poussent les saules.
saule n. m. BOT. Arbre ou arbrisseau de la famille des salicacées, vivant dans les lieux humides, dont les fleurs sont des chatons. *Le saule pleureur est une variété de saule blanc.*
saumâtre adj. Salé comme l'eau de mer. / Loc fig., fam. *La trouver saumâtre* : être face à qqch. de difficilement acceptable, de difficile à avaler.
saumon n. m. et adj. inv. ZOOL. Grand poisson de la famille des salmonidés, à la chair d'un rose orangé. *Le saumon naît et commence son développement dans les eaux douces courantes, puis descend rivières et fleuves pour achever sa croissance en mer, avant de revenir frayer sur son lieu de naissance. La chair du saumon, fraîche ou fumée, est très estimée.* / adj. inv. D'une couleur rose orangé qui rappelle la chair du saumon. / MÉTALL. Lingot (fer, plomb…) brut de fonderie.
saumoné, e adj. Dont la chair est rose comme celle du saumon. Truite saumonée.
Saumur *30 131 h.* Chef-lieu d'arrondissement de Maine-et-Loire, au confluent du Thouet et de la Loire, réputé pour ses vins blancs. C'est depuis 1825 le siège de l'École d'application de l'armée blindée et de la cavalerie. Haut lieu du protestantisme aux XVIe et XVIIe siècles, Saumur possède un château (XIVe-XVIe siècle) qui abrite le musée du Cheval et celui des Arts décoratifs.
saumure n. f. Solution salée dans laquelle on conserve certains aliments. / Eau saturée de sel qu'on fait évaporer dans les salines pour obtenir le sel.
sauna n. m. (mot finnois) Bain de vapeur sèche produite, à l'origine, en versant de l'eau sur des pierres volcaniques brûlantes, traditionnel en Finlande. / Établissement où l'on prend ce type de bains.
saunage n. m. ou **saunaison** n. f. Fabrication et vente du sel. / Époque à laquelle on récolte le sel dans un marais salant.
saunier, ère n. Personne travaillant à l'extraction du sel, à la commercialisation du sel.
saupiquet n. m. CUIS. Sauce ou ragoût de saveur piquante.
saupoudrage n. m. Action de saupoudrer ; résultat de cette action.

Saumon.

S

Ana Torrent et Geraldine Chaplin dans Cria Cuervos de ***Carlos Saura****.*

saupoudrer v. t. [1] Répandre une matière en poudre sur. *Saupoudrer un gâteau de sucre glace.* / Fig. Parsemer, orner çà et là. / Répartir (des crédits) en petites quantités et entre de nombreux bénéficiaires.
saur adj. m. (En parlant d'un poisson) Salé et fumé. *Hareng saur.*
Saura (Antonio) 1930-1998 Peintre espagnol. Dans ses tableaux abstraits, l'éclatement des formes a une puissance expressionniste que l'on retrouve dans ses portraits où les traits de ses personnages sont comme victimes d'une explosion (*Grande crucifixion*, 1963; *Portrait imaginaire de Goya*, 1963). Il utilise peu de couleurs, généralement sombres (noir, marron, gris, blanc). Il est également illustrateur, parfois dans un style tachiste. **Carlos** 1932 Cinéaste espagnol, frère du précédent. Il réalise son premier long métrage en 1959 et, à partir de *La Chasse* (1965), remporte plusieurs succès internationaux. Peintre doux-amer de la fin du franquisme, ses films font de lui un des plus importants représentants de la nouvelle vague espagnole: *Ana et les loups* (1972); *Cria Cuervos* (1976), *Carmen* (1983).
saurer v. t. [1] Saler (en le faisant passer à la saumure) et faire sécher (un poisson) à la fumée. *Saurer des harengs.*
saurien, ienne adj. et n. m. pl. ZOOL. Relatif au lézard; qui a l'allure d'un lézard. / n. m. pl. Lacertiliens.
saurir v. t. [2] Syn. de saurer.
saurisserie n. f. Lieu où l'on saure les poissons. / Par ext. Ensemble de poissons saurés; lieu (comptoir, magasin) où ils sont vendus.
sauropsidés n. m. pl. ZOOL. Groupe de vertébrés tétrapodes comprenant les reptiles et les oiseaux, caractérisés notam. par leur condyle occipital unique.

saussaie Voir **saulaie**
Saussure (Horace Benedict de) 1740-1799 Naturaliste, physicien et géologue suisse. Professeur de philosophie à l'université de Genève dès l'âge de 22 ans, sa connaissance des Alpes l'intéressa très tôt à la géologie. Il fit l'hypothèse des mouvements tangentiels de l'écorce terrestre et donna une explication de la formation des chaînes montagneuses. De plus, il perfectionna ou imagina certains appareils de mesure notamment l'hygromètre à cheveu. Il fut l'un des premiers à réussir l'ascension du mont Blanc.
Saussure (Ferdinand de) 1857-1913 Linguiste suisse, arrière-petit-fils d'Horace Benedict de Saussure. Son intérêt pour la grammaire comparée le mène à Paris où il enseigne à l'École des hautes études entre 1881 et 1891. Il enseigne ensuite la linguistique à Genève. *Cours de linguistique générale*, publié par ses élèves après sa mort en 1916, a en grande partie fondé la linguistique moderne. Saussure y montre que la synchronie s'oppose à la diachronie, la langue à la parole, le syntagme au paradigme. De plus, le signe est purement conventionnel, mais la langue constitue un système. Ce système fait partie d'un ensemble plus vaste, qui constitue la sémiologie (dite aussi sémiotique).
saut n. m. Mouvement de détente par lequel l'homme ou l'animal projette son corps en quittant ses appuis sur le sol. / SPORT Manière de sauter, exercice propre à certaines disciplines. *Saut à ski. Saut périlleux*: saut au cours duquel le corps fait, en l'air, un tour complet sur lui-même. / Épreuve d'athlétisme consistant à sauter le plus loin, le plus haut possible. *Saut en hauteur, en longueur. Saut à la perche. Triple saut*: saut en longueur réalisé en trois bonds successifs. / Action de se laisser tomber d'un point élevé vers le bas. *Saut dans le vide. Saut en parachute. Saut à l'élastique.* / Mouvement rapide, changement de position. *Au saut du lit*: au réveil. *Faire un saut chez qqn*, lui rendre une courte visite. / Chute d'eau sans degrés intermédiaires. *Le saut du Doubs.* / Fig. Passage discontinu d'un état à un autre. / INFORM. Rupture dans la continuité d'un programme.
saute n. f. Brusque variation. *Saute de vent. Saute d'humeur.*
sauté adj et n. m. CUIS. Cuit à feu vif dans un peu de matière grasse. *Pommes de terre sautées.* / n. m. Plat de viande sautée. *Un sauté de veau.*
saute-mouton n. m. inv. Jeu de groupe dans lequel on saute successivement pardessus tous ses partenaires penchés en avant (les « moutons »).
sauter v. i. / v. t. [1] **A.** v. i. S'élever de terre un instant par une brusque détente. *Sauter à pieds joints. Sauter en longueur, à la perche.* Loc. fam. *Sauter au plafond*: réagir vivement à la colère ou à la surprise. / Se déplacer d'un bond, soudainement. *Sauter sur sa moto, dans le train en marche.* / S'élancer vers le bas. *Sauter du toit, par la fenêtre.* / Se précipiter, se jeter (sur qqn, sur qqch.). *Sauter sur sa proie. Il a sauté sur la nourriture.* Au fig. *Sauter sur l'occasion.* Loc. *Sauter aux yeux*: être évident. / Passer sans transition (d'une chose à une autre). *Sauter d'une idée, d'un sujet à l'autre.* / Être animé de mouvements saccadés. *Image qui saute. Faire sauter*: imprimer un mouvement de bas en haut. *Faire sauter un enfant sur ses genoux. Faire sauter (un aliment)*, le faire cuire à feu vif dans un corps gras en le remuant pour qu'il n'attache pas. / Être projeté, se détacher brusquement. *Le bouton de sa chemise a sauté. Faire sauter*: faire sortir de son logement, forcer. *Faire sauter une serrure.* Loc. fam. *Et que ça saute!*: tout de suite! / Être détruit par une explosion. *Faire sauter un obus*, le faire exploser. *Faire sauter les plombs*: provoquer un court-circuit. Loc. fam. *Se faire sauter la cervelle*: se tuer d'une balle dans la tête. / Fig. et fam. Perdre sa place, son poste. / Être supprimé, annulé. *Faire sauter une contravention.* **B.** v. t. Franchir d'un bond. *Sauter un ruisseau, une haie.* / Passer à ce qui suit en omettant (un élément, une phase). *Sauter une ligne en lisant. Sauter un repas. Sauter son tour.* / Pop. Posséder (qqn) sexuellement.
sautereau n. m. Dispositif qui fait vibrer la corde d'un clavecin sous l'action de la touche.
sauterelle n. f. ZOOL. Insecte orthoptère sauteur à longues pattes postérieures, à antennes allongées, dont la femelle est munie d'une tarière en forme de sabre. *Le criquet est parfois appelé, abusivement, sauterelle.* / TECHN. Fausse équerre à branches mobiles permettant de reporter un angle sur une pièce à construire; mécanisme d'attache à crochet vertical; appareil de manutention.

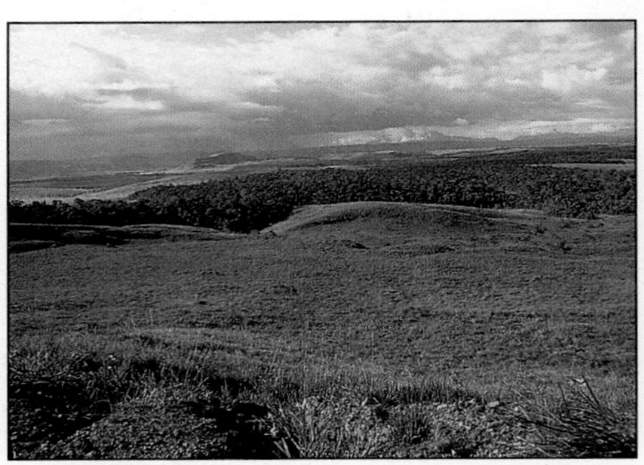

La ***savane*** *vénézuélienne.*

sauterie n. f. Soirée dansante privée.
saute-ruisseau n. m. inv. Vx Employé chargé de faire les courses.
Sautet (Claude) 1924-2000 Cinéaste français. C'est avec Lino Ventura et *Classe tous risques* (1960) qu'il remporte son premier succès. Grâce à *Les Choses de la vie* (1970), il gagne le prix Louis-Delluc. Peintre de la bourgeoisie, de ses malaises et de ses maladresses, ses œuvres majeures (*Vincent, François, Paul et les autres*, 1974; *Un cœur en hiver*, 1992) en font le peintre sensible, intelligent et chaleureux des mouvements du cœur humain.
sauteur, euse n. et adj. **A.** n. SPORT Athlète pratiquant le saut. / Cheval dressé à sauter. / Fig., fam. Personne versatile. **B.** adj. (En parlant d'un animal) Qui se déplace par sauts. *Insectes sauteurs.*
sautillante, e adj. Qui sautille. *Musique sautillante*, au rythme court et saccadé. / Fig. Qui est fait d'éléments courts et disparates. / Qui saute sans cesse d'un sujet à l'autre.
sautillement n. m. Action de sautiller.
sautiller v. i. [1] Faire de petits sauts.
sautoir n. m. Long collier, longue chaîne. *Porter une décoration en sautoir*, suspendue à un ruban passé autour du cou. / HÉRALD. Pièce honorable formée par une bande et une barre croisées. / SPORT Emplacement aménagé pour le saut, en athlétisme, en gymnastique.
sauvage adj. et n. **A.** adj. (En parlant d'animaux) Libre, vivant à l'état naturel. *Chat sauvage.* / (En parlant de plantes) Qui croît naturellement, sans intervention humaine. *Fraises sauvages.* / (En parlant de lieux) À l'état de nature, inhabité, inhospitalier. *Contrée sauvage.* / Par ext. (emploi critique) *Grève sauvage*, spontanée, sans respect des

Sauterelle*.*

dispositions légales. / (En parlant des humains) Vieilli. Qui n'est pas civilisé. *Tribu sauvage.* / Fig. Qui recherche la solitude, farouche. *C'est une enfant un peu sauvage.* (Subst.) *Vivre comme un sauvage.* / Féroce. *Une répression sauvage.* **B.** n. Vieilli *Les sauvages*: les hommes vivant à l'état sauvage. / *Un(e) sauvage*: qqn de farouche, qui fuit les contacts humains; qqn de cruel.
sauvagement adv. De façon sauvage, cruelle.
sauvageon, onne n. Enfant de caractère sauvage ou vivant à l'état sauvage.
sauvagerie n. f. Caractère sauvage de qqn, de qqch.
sauvagin, e adj. et n. f. **A.** adj. D'une odeur, d'un goût propre à certains oiseaux sauvages. **B.** n. f. Oiseaux dont l'odeur, le goût sont sauvagins. / Peaux de petits animaux sauvages à fourrure; ces animaux (écureuils, renards…).
sauvegarde n. f. Protection assurée par une autorité ou une institution. *Se placer sous la sauvegarde de la justice.* / Ce qui permet d'assurer une telle protection. / INFORM. Copie de sécurité de données destinée à éviter leur effacement accidentel. / MAR. Cordage servant à empêcher le gouvernail ou tout autre objet de tomber à la mer.
sauvegarder v. t. [1] Assurer la sauvegarde de (qqn, qqch.).
sauve-qui-peut n. m. inv. Panique générale.
sauver v. t. [1] / v. pron. **A.** Tirer (qqn) d'un danger, de la mort, d'une situation fâcheuse. *Sauver un malade. Sauver qqn de la ruine.* / Préserver (qqch.) de la disparition, de la destruction; maintenir intact. *Sauver une maison des flammes. Sauver une tradition. Sauver sa réputation, les apparences.* Fam. *Sauver les meubles*: réussir à préserver l'essentiel. / Faire accepter malgré ses défauts, racheter. *Cette victoire en finale a sauvé sa saison.* / RELIG. Assurer le salut éternel à. *Sauver son âme.* **B.** v. pron. Échapper à un péril, à la mort. / Fuir, s'échapper. / Fam. Partir, se retirer sans délai. *On m'attend, je dois me sauver.*
sauvetage n. m. Action de sauver qqn d'un danger. *Canot de sauvetage.* / Par ext. *Le sauvetage de la Sécurité sociale*, le fait d'en avoir empêché la ruine.
sauveteur n. m. Personne qui participe à un sauvetage.
sauvette (à la) loc. adv. En fraude, sans autorisation. *Vendre à la sauvette.* / Fig. et

fam. Précipitamment, en cachette. *Il a déménagé à la sauvette.*

sauveur n. m. et adj. Personne qui sauve. / adj. *Geste sauveur.* / *Le Sauveur*: Jésus-Christ.

Sauvy (Alfred) 1898-1990 Économiste français. Entré à la Statistique générale de France en 1922, il s'est rapidement intéressé aux problèmes démographiques qu'il a étudiés avec une rigueur scientifique. Ses nombreux ouvrages (*Richesse et population*, 1943; *Théorie générale de la population*, 1954-1956; *La Montée des jeunes*, 1959) et son action en font un économiste reconnu dans le monde entier. Il a fondé l'Institut national de démographie (1945) et en a été le directeur jusqu'en 1962.

Sava (saint) v. 1174-1235 Prélat serbe. Métropolite de Serbie, fils d'Étienne Nemanja, il obtint la reconnaissance de l'autocéphalie de l'Église serbe (1219).

savamment adv. En faisant montre d'érudition. / Dans les règles de l'art.

savane n. f. Forme de végétation tropicale, vaste prairie de hautes herbes, parsemée d'arbres rares.

savant, e adj. et n. m. Qui possède de solides connaissances; érudit. *Elle est très savante. Animal savant*, dressé à faire des tours. / Qui suppose, pour être compris, une certaine érudition. *Mots savants. Musique savante. Société savante*, composée de savants. / Fait avec science, habileté. *Une manœuvre savante.* / n. m. Scientifique d'une grande compétence, d'un grand savoir.

savarin n. m. PÂTIS. Gâteau fait de pâte à baba en forme de couronne, imbibé d'un sirop à la liqueur et garni de crème ou de fruits.

Savart (Félix) 1791-1841 Physicien français. Chirurgien militaire, il abandonna la médecine pour devenir un spécialiste d'acoustique et de magnétisme. L'unité de mesure de hauteur du son porte son nom.

Savary (Anne Jean Marie René, duc de **Rovigo)** 1774-1833 Général français. Aide de camp de Bonaparte (1800) puis chef de la légion de gendarmerie d'élite (1801), il fut à ce titre chargé de l'exécution du duc d'Enghien (1804). Après s'être distingué en Pologne et fait duc de Rovigo (1808), il fut chargé de missions diplomatiques, puis remplaça Fouché comme ministre de la Police (1810). Très impopulaire mais fidèle à Napoléon, il voulut l'accompagner à Sainte-Hélène. Emprisonné à Malte par les Anglais, exilé et condamné à mort par contumace, il fut finalement nommé commandant militaire en Algérie par Louis-Philippe en 1831.

savate n. f. Soulier usé. / Loc. fam. *Jouer comme une savate*: jouer comme un pied, maladroitement. *Il joue du piano comme une savate.* / Par ext. Personne maladroite. *Quelle savate!* / Style de combat utilisant les pieds, à l'origine de la boxe française.

Save (la) *940 km* Rivière née en Slovénie. Elle traverse la Croatie, qu'elle sépare de la Bosnie-Herzégovine, pénètre en Serbie et se jette à Belgrade dans le Danube. Elle est en grande partie navigable.

Saverne *10 278 h.* Chef-lieu d'arrondissement du Bas-Rhin, sur la Zorn, à l'entrée de la *trouée de Saverne*, qui permet de passer de plaine d'Alsace en Lorraine. C'est un centre commercial (vignobles réputés, kirsch) et touristique (palais de Rohan du XVIIIe siècle, maisons anciennes).

savetier n. m. Vx Cordonnier.

*Le lac du Bourget, à Chambéry, en **Savoie**.*

saveur n. f. Impression laissée par un corps sur l'organe du goût. / Fig. Ce qui a du charme et du piquant. *Une rencontre pleine de saveur.*

Savimbi (Jonas) 1934-2002 Homme politique angolais. Fondateur (1966) de l'Union pour l'indépendance totale de l'Angola (Unita), il prit le maquis après l'indépendance (1975) et tint en échec le MPLA (Mouvement pour la libération de l'Angola); Il participa aux élections de 1992, contrôlées par l'ONU, qui virent la victoire du MPLA, ce qui le conduisit à reprendre la lutte armée. Malgré l'accord de paix de 1995, les combats n'ont pas cessé. Il a été tué au cours d'une opération.

Savinio (Andrea De Chirico, dit **Alberto)** 1891-1952 Peintre, musicien et écrivain italien. Grec d'adoption, frère du peintre De Chirico, il vécut à Paris (1926), où il devint l'ami d'Apollinaire et de Cocteau, à Milan puis à Rome (1937). Auteur d'essais, de romans (*Hermaphrodite*, 1918), son penchant pour l'autobiographie et l'étrange caractérise son œuvre éclectique.

Savoie Région montagneuse (Alpes et Préalpes) du sud-est de la France, à la frontière de l'Italie et de la Suisse. La Savoie est un pays rural (élevage), isolé, qui s'est développé récemment grâce à l'exploitation de ses ressources hydroélectriques et touristiques. Successivement partie de l'Empire romain, du royaume des Burgondes, de l'empire de Charlemagne, du royaume de Bourgogne (888), de l'Empire germanique (1032), des États de Savoie (XIIe siècle), la Savoie, annexée par la France (1792-1815), fut rendue au duc de Savoie, qui possédait également le Piémont et, depuis 1818, la Sardaigne. Victor-Emmanuel II de Savoie réalisa l'unité italienne avec l'aide de Napoléon III (1859-1861). En 1860, il remercia celui-ci en donnant la Savoie à la France, cession ratifiée par un plébiscite. En 1947, la France a obtenu quelques territoires supplémentaires (Tende).

Savoie (maison de) Famille royale de Savoie. Elle est issue d'Humbert Ier, fait comte par le roi de Bourgogne, Rodolphe III, en 1027. En 1416, Amédée VIII fut fait duc par l'empereur Sigismond et, en 1419, il réunissait le Piémont à la Savoie. En 1713, le traité d'Utrecht accorda à Victor-Amédée II le titre de roi de Sicile qu'il échangea en 1720 contre celui de roi de Sardaigne. Après avoir, au XIXe siècle, réalisé à son profit l'unité italienne, la maison de Savoie occupa le trône d'Italie de 1861 à 1946.

Savoie (département de la) [73] *6 028 km² 348 261 h.* Département qui fait partie de la Région Rhône-Alpes. Chef-lieu *Chambéry*. Formé de la partie méridionale de l'ancien duché de Savoie, le département présente d'ouest en est trois types de paysages: les Préalpes du Nord (Bauges et Grande-Chartreuse), larges massifs forestiers tournés vers l'élevage bovin; le Sillon alpin (val d'Arly et combe de Savoie) où se sont fixées les villes (Chambéry, Albertville, Aix-les-Bains) et des cultures variées (tabac, fruits, maïs); les massifs centraux (Vanoise). L'exceptionnelle pénétrabilité des Alpes du Nord (vallée de l'Isère ou Tarentaise, vallée de l'Arc ou Maurienne) a permis l'exploitation de ses ressources hydroélectriques qui a suscité de nombreuses industries: électrochimie, électrométallurgie (aluminium), scieries, papeteries. L'essor du tourisme hivernal a provoqué la transformation de nombreux villages savoyards (Val-d'Isère, Courchevel, Tignes). Bien que très prospère, l'agriculture (élevage bovin intensif, associé dans les vallées à des cultures céréalières et fruitières) est secondaire (1/4 de la population active).

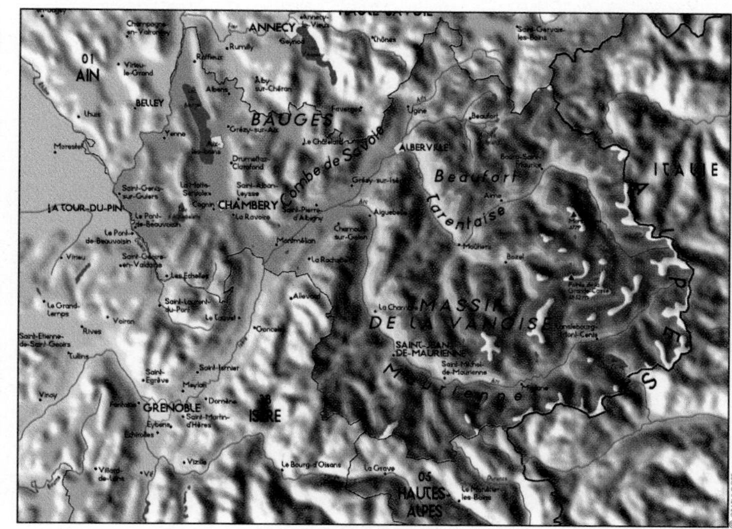

*Département de la **Savoie**.*

S

Département de la ***Haute-Savoie****.*

Savoie (département de la Haute-) [74] *4388 km² 568286 h.* Département du sud-est de la France (nord de l'ancien duché de Savoie) qui fait partie de la Région Rhône-Alpes. Chef-lieu *Annecy*. Les larges massifs préalpins du Chablais et des Bornes, couverts de forêts et de pâturages, à l'ouest, s'opposent aux massifs centraux dominés par le mont Blanc *4807 m*, à l'est. Le département se consacre à l'élevage, associé aux cultures céréalières et fruitières dans les vallées. Fixées dans les vallées du Fier (cluse d'Annecy) et de l'Arve, les villes ont des industries anciennes (travail du bois, horlogerie, produits alimentaires) et modernes (métallurgie, textiles) liées à l'hydroélectricité. Le tourisme anime de nombreuses stations thermales (Évian, Thonon), estivales (Annecy) et hivernales (Chamonix, Megève, Morzine).

savoir [1] v. t. [3] **I.** Être au courant de, informé de. *Je ne sais pas son nom. Savez-vous qu'il est parti ? Je le sais souffrant.* / Avoir une bonne connaissance de. *Il sait le grec et le latin.* / Avoir présent dans la mémoire. *Il sait sa leçon d'histoire.* / Être capable de. *Il sait se débrouiller tout seul.* / (Avec le conditionnel et en tournure négative) Pouvoir. *On ne saurait lui en vouloir.* / Être conscient de. *Tu ne sais pas ce que tu fais. Je sais ce que je vous dois.* **II.** Loc. *Faire savoir* : informer. *Vous n'êtes pas sans savoir que* : vous êtes sûrement au courant que. *Qui sait ?* : peut-être. *Que je sache* : à ma connaissance. *À savoir* : c'est-à-dire (employé pour introduire une énumération). *Ne rien vouloir savoir* : s'entêter.

savoir [2] n. m. Ensemble des connaissances acquises par l'étude ou l'expérience.

savoir-faire n. m. inv. Compétence. *Le savoir-faire d'un artisan.*

savoir-vivre n. m. inv. Connaissance et respect des usages sociaux. *Traité de savoir-vivre.*

savon n. m. Produit obtenu par saponification qui sert à blanchir, nettoyer et dégraisser. *Savon en paillettes. Savon noir, liquide.* / Morceau de savon moulé. *Un savon de toilette.* / Fig. et fam. Forte réprimande. *Recevoir un savon.*

Savonarole (Girolamo Savonarola, en français **Jerôme)** 1452-1498 Réformateur catholique italien. Dominicain d'une grande éloquence, il se fit connaître par ses prêches et ses prophéties. Devenu prieur du couvent San Marco à Florence (1491), il dénonça violemment le luxe et la licence de la société florentine et la corruption de l'Église catholique. Après le départ des Médicis (1494), il parvint à s'emparer du pouvoir, modifiant la Constitution et exerçant une véritable tyrannie sur ses concitoyens. Accusé d'hérésie, il refusa d'aller plaider sa cause devant le pape Alexandre VI qui l'excommunia (1497). Il fut ensuite arrêté, torturé, pendu puis brûlé.

savonnage n. m. Action de savonner ; son résultat.

savonner v. t. [1] Laver (qqch.) avec du savon. / Fig. fam. *Se faire savonner la tête* : se faire réprimander.

savonnerie n. f. Fabrique de savon. / Tapis de la manufacture de la Savonnerie.

Savonnerie (manufacture de la) Ancienne manufacture française de tapisserie (1604) qui fut réunie à celle des Gobelins en 1826. Elle doit son nom au fait qu'elle abritait précédemment une fabrique de savons.

savonnette n. f. Petit savon pour la toilette.

savonneux, euse adj. Mêlé de savon dissous. *Eau savonneuse.* / Qui tient du savon, évoque le savon. *Un liquide à l'aspect savonneux.*

savonnier, ière n. et adj. **I.** Ouvrier, industriel fabriquant de savon. / adj. Relatif au savon. **II.** n. m. BOT. Arbre tropical riche en saponine.

savourer v. t. [1] Déguster (qqch.) avec lenteur pour en apprécier le goût. *Savourer son déjeuner.* / Fig. Jouir lentement, pleinement de. *Savourer son bonheur.*

savoureux, euse adj. De saveur agréable. / Fig. *Une histoire savoureuse*, dont on savoure les détails.

Sax (Antoine Joseph, dit **Adolphe)** 1814-1894 Flûtiste français d'origine belge. Il inventa de nouveaux instruments à vent, dont le *saxophone* (1845).

saxe n. m. Objet en porcelaine de Saxe.

Saxe Région historique d'Allemagne, située au nord de la République tchèque. Drainée par l'Elbe, la Saxe associe à une montagne peu fertile, l'Erzgebirge (monts Métallifères), riche en minerais (plomb, uranium) prolongée à l'est par les plateaux moins rudes de la « Suisse saxonne », une plaine de lœss intensément cultivée (blé, betterave). **Histoire** Conquise par Charlemagne en 799, la Saxe devint duché d'empire au traité de Verdun en 843 et fut plusieurs fois morcelée jusqu'en 1547, le duc de Saxe conservant le titre d'Électeur acquis en 1356. Protestants au XVIe siècle, les ducs de Saxe revinrent au catholicisme en 1697. Allié de Napoléon, l'Électeur Frédéric-Auguste Ier reçut de celui-ci le titre de roi en 1806 mais perdit, en 1815, une partie de ses territoires. Battue par la Prusse en 1866, la Saxe entra dans l'Empire allemand en 1871. En 1918, la monarchie était renversée et la Saxe incorporée dans la République de Weimar. En 1949, la Saxe a fait partie de la R.D.A., la Basse-Saxe étant un Land de R.F.A. En 1990, dans l'Allemagne réunifiée, la Saxe est-allemande a constitué deux Länder, la Saxe et la Saxe-Anhalt.

Saxe *18413 km² 4566603 h.* Land d'Allemagne, au sud-ouest du Brandebourg. Capitale *Dresde*. Les plaines du nord ont une culture intensive (blé, betteraves, pommes de terre). Le sud, montagneux, a pour activité l'élevage. Les richesses minières (houille, potasse), en voie d'épuisement, ont promu l'industrie, de tradition ancienne.

Saxe (Maurice, comte de **Saxe**, dit le **maréchal de)** 1696-1750 Maréchal de France. Fils de l'Électeur de Saxe (et futur roi de Pologne Auguste II) et d'Aurore de Königsmarck, il se mit successivement au service du prince Eugène, de Pierre le Grand, de son père et, enfin, du roi de France. Élu duc de Courlande en 1726, il ne put prendre possession de ses États et revint en France. Au cours de la guerre de Succession d'Autriche, il fit preuve d'un talent militaire exceptionnel. Lié, à Paris, au milieu libertin, il eut une vie privée agitée.

Saxe-Anhalt *20446 km² 2738928 h.* Land d'Allemagne, à l'ouest du Brandebourg. Capitale *Magdebourg*. Ce Land agricole, minier et industriel pose des problèmes de reconversion depuis l'unification de l'Allemagne.

Saxe (Basse-) *47611 km² 7780422 heures* Land du nord-ouest de l'Allemagne. Capitale *Hanovre*. C'est surtout le sud de l'État qui est développé sur le plan agricole (polyculture intensive et élevage). L'industrie a bénéficié des ressources minérales : potasse, fer, pétrole, gaz.

Saxe-Cobourg-Gotha Ancien duché de l'empire d'Allemagne, constitué par l'union (1873) des principautés de Cobourg et de Gotha. Le fils cadet du duc Ernest Ier (qui régna de 1826 à 1844), Albert, épousa en 1840 la reine Victoria Ire, de sorte que la dynastie royale britannique, qui portait le nom de Hanovre, porta celui de Hanovre-Saxe-Cobourg-Gotha jusqu'en 1917, date à laquelle elle prit le nom de Windsor.

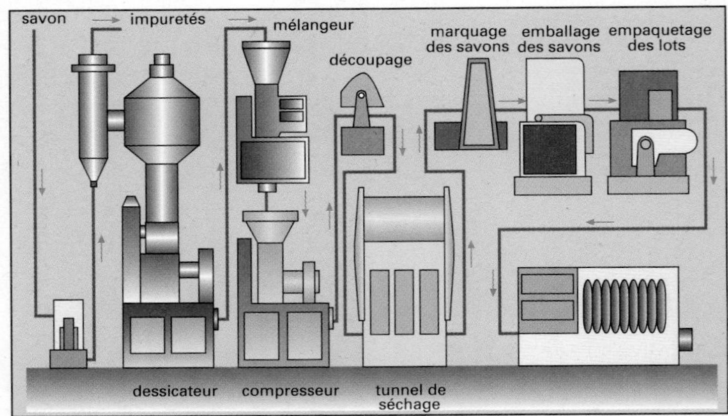

Phase finale de la fabrication du ***savon*** *et conditionnement du produit fini.*

***Saxophone** alto.*

D'autres branches de la famille Saxe-Cobourg-et-Gotha régnèrent (et, pour certaines, règnent encore) sur le Portugal, la Bulgarie, l'Espagne et la Belgique.

saxhorn n. m. (mot allemand) Instrument de musique à vent, en cuivre, à embouchure et pistons. *Le bugle et le tuba sont de la famille des saxhorns.*

saxifrage n. f. BOT. Plante herbacée de la famille des saxifragacées, poussant généralement sur les rochers, les vieux murs, et dont une espèce ornementale, à petites fleurs roses, est connue sous le nom de *désespoir des peintres*.

saxifragacées n. f. pl. BOT. Famille de plantes dicotylédones dialypétales des régions tempérées ou froides, herbacées ou arbustives, comprenant le seringa, la saxifrage, l'hortensia.

saxo n. Abrév. de saxophone, de saxophoniste.

saxon, onne adj. et n. **I.** Propre à un peuple de la Germanie antique; membre de ce peuple. *Tribu saxonne. Un Saxon.* **II.** De la Saxe. *La campagne saxonne. Les Saxons.* **III.** n. m. LING. *Le vieux saxon*: l'état primitif du bas allemand. *Le bas saxon*: l'ensemble des parlers issus du vieux saxon.

Saxons Peuple de la Germanie antique. Ptolémée les mentionne, vers 150 après J.-C., comme habitant la rive droite de l'Elbe. Ils s'étendirent peu à peu vers le Rhin et l'Oder. Grands pirates, ils ravagèrent, au Ve siècle, les côtes de la Gaule et de la Grande-Bretagne. En 449, ils passèrent dans cette île et quatre chefs saxons y fondèrent des États. Comme ils constituaient un danger pour son empire, Charlemagne les soumit après neuf expéditions, malgré la résistance de leur chef Widukind, et leur imposa le baptême.

saxophone n. m. Instrument de musique à vent, inventé par Adolphe Sax, en cuivre, à anche simple et à clés, au bec semblable à celui de la clarinette, souvent utilisé dans le jazz. *Saxophones alto, ténor, soprano, baryton.*

saxophoniste n. Joueur de saxophone.

Say (Jean-Baptiste) 1767-1832 Économiste et industriel français. Collaborateur de Mirabeau, membre du Tribunat (1800-1804) dont il fut exclu après la publication de son *Traité d'économie politique* (1803), cet admirateur des théories libérales d'Adam Smith ouvrit une filature de coton et se tint à l'écart des affaires de l'Empire. Après la Restauration, il se fit le théoricien du libéralisme économique dans ses ouvrages et dans ses cours au Conservatoire des arts et métiers (1819) et au Collège de France (1830). **Léon** 1826-1896 Homme politique français. Petit-fils du précédent, il fut plusieurs fois ministre des Finances (1872-1873 puis 1875-1879) et défendit le libre-échange.

Sayda ou **Saïda** (autrefois *Sidon*) *38 000 h.* Ville et port du Liban, au sud de Beyrouth. Sayda est l'antique Sidon, ville principale de la Phénicie au IIe millénaire avant J.-C., ruinée par les Assyriens vers 678 avant J.-C.

saynète n. f. Intermède bouffon du théâtre espagnol. / (Vieilli) Petite pièce comique, sketch.

sbire n. m. Vx ou litt. (péjor.) Policier. / Homme de main.

scabieuse n. f. BOT. Plante herbacée de la famille des dipsacacées, à fleurs roses, violettes, bleues ou blanches, groupées en capitules.

scabieux, euse adj. Relatif à la gale; ayant l'apparence de la gale.

scabiose n. f. MÉD. Gale.

scabreux, euse adj. Litt. Risqué, difficile. *Entreprise scabreuse.* / Fig. Osé, inconvenant. *Plaisanterie scabreuse.*

Scala (théâtre de la) Théâtre lyrique édifié en 1778 à Milan, mondialement célèbre tant par son répertoire que par la qualité de son acoustique.

scalaire [1] n. m. ZOOL. Poisson téléostéen d'eau douce à corps aplati verticalement, originaire d'Amérique du Sud.

scalaire [2] adj. et n. MATH. Se dit d'une grandeur dont la mesure s'exprime par un seul nombre (par opposition à une grandeur vectorielle). *Produit scalaire* de deux vecteurs de coordonnées $(x_1, x_2, x_3, \ldots x_n)$ et $(y_1, y_2, y_3, \ldots y_n)$ dans une base orthonormale le nombre $(x_1y_1 + x_2y_2 + x_3y_3 + \ldots + x_ny_n)$. / n. m. *Un scalaire*: un nombre (réel ou complexe).

scalde n. m. (mot scandinave) LITTÉR. Ancien poète scandinave, dont les poèmes, souvent chantés, ont été transmis oralement avant d'être recueillis par écrit.

scalène adj. et n. m. **I.** GÉOM. *Triangle scalène*, dont les trois côtés sont inégaux (par opposition à un triangle isocèle, à un triangle équilatéral). **II.** ANAT. *Muscles scalènes*: muscles latéraux du cou, qui s'attachent d'une part sur les apophyses transverses des vertèbres cervicales, d'autre part sur les deux premières paires de côtes. / n. m. *Les scalènes sont au nombre de trois de chaque côté du cou (scalènes antérieurs, moyens, postérieurs); ils interviennent dans l'inspiration et dans le mouvement d'inclinaison de la tête.*

scalp n. m. (mot anglais) Action de scalper. / Chevelure d'un ennemi conservée comme trophée. / MÉD. Arrachement d'une certaine surface du cuir chevelu.

scalpel n. m. Bistouri à lame fixe servant à réaliser une dissection.

scalper v. t. [1] Découper en cercle la peau du crâne de (qqn) et l'arracher avec les cheveux. / Arracher accidentellement la peau du crâne de.

scampi n. m. pl. (mot italien) Grosses crevettes ou langoustines préparées à la mode italienne (frites, en beignets).

scandale n. m. RELIG. Ce qui est occasion de pécher; acte ou discours corrupteur. *Malheur à celui par qui le scandale arrive.* / Affaire malhonnête, immorale, propre à susciter l'indignation. *Un scandale financier.* / Indignation causée par une telle affaire. *Étouffer un scandale.* / Tapage, esclandre. *Faire un scandale.*

scandaleusement adv. De façon scandaleuse.

scandaleux, euse adj. Qui crée du scandale. *Comportement scandaleux.*

scandaliser v. t. [1] Être objet de scandale. *Cette attitude me scandalise.* / v. pron. S'indigner. *Il se scandalise de peu de chose.*

scander v. t. [1] Marquer les mètres de (un vers). *Scander un poème.* / Appuyer sur chaque syllabe en prononçant (un mot, une phrase). *Scander un texte.*

scandinave adj. et n. De Scandinavie. *Le climat scandinave. Les Scandinaves.*

Scandinavie Ensemble géologique (bouclier scandinave) et climatique qui réunit la Norvège, la Suède et le Danemark. Les trois États furent réunis sous le même sceptre par l'Union de Kalmar (1397-1521). Après la rupture de l'Union, l'histoire de la Norvège se confond avec celle du Danemark puis, de 1814 à 1903, avec celle de la Suède.

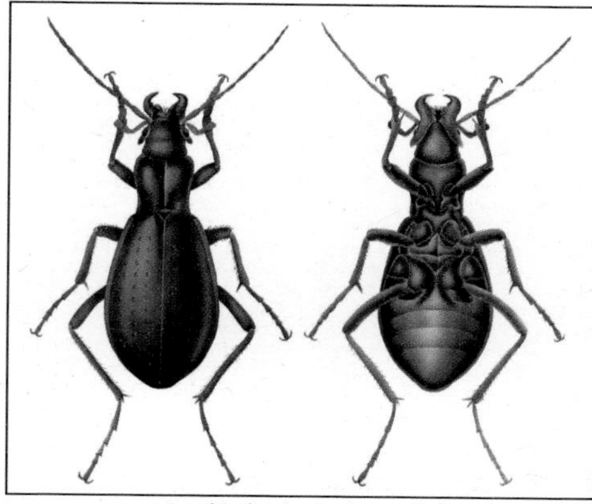

***Scarabée** (face dorsale et face ventrale).*

*Casque de **scaphandre** en cuivre.*

scandium n. m. CHIM. Élément de numéro atomique Z=21, de masse atomique 44,956, appartenant au groupe des terres rares (symbole: Sc). / Métal gris clair, léger (densité: 3,0), fondant à 1 541 °C.

scanner [1] n. m. (mot anglais) INFORM. Appareil qui transforme les signaux lumineux en impulsions électroniques numérisées.

scanner [2] v. t. [1] INFORM. Numériser un document visuel à l'aide d'un scanner, d'un scannographe.

scanographe ou **scannographe** n. m. Synonyme de scanner.

scansion n. f. MÉTR. Action ou manière de scander (un vers).

scaphandre n. m. Équipement étanche constitué par un casque muni de hublots surmontant une tenue hermétique dont se revêtent les plongeurs pour travailler sous l'eau, alimenté en air par une tuyauterie reliée à la surface. *Scaphandre autonome*, composé d'une tenue étanche et de bouteilles d'air comprimé que le plongeur porte sur son dos.

scaphandrier n. m. Plongeur utilisant un scaphandre.

scaphoïde adj. et n. m. ANAT. En forme de barque. Les os scaphoïdes (du carpe, du tarse). / n. m. Scaphoïde du carpe: le plus externe de la rangée supérieure des os du carpe. Scaphoïde du tarse: l'un des os de la rangée antérieure des os du tarse.

scaphopodes n. m. pl. ZOOL. Classe de mollusques marins dont la coquille a la forme d'une dent courbe et creuse, vivant dans le sable, la vase. *Le dentale est un scaphopode.*

scapulaire n. m. et adj. RELIG. CATHOL. Longue pièce d'étoffe composée de deux bandes descendant des épaules jusqu'aux pieds, l'une devant, l'autre derrière et portée sur l'habit par certains moines. *Petit scapulaire*, fait de deux rectangles d'étoffe bénite, portée par dévotion sous les vêtements par certains fidèles. / adj. ANAT. Relatif à l'épaule. *Veine scapulaire.*

scarabée n. m. ZOOL. Insecte coléoptère, massif, dont il existe de très nombreuses espèces. *Les scarabées sont souvent coprophages.* / Amulette égyptienne sur laquelle était gravé un scarabée sacré.

Scaramouche Personnage de la vieille comédie italienne, incarné par l'acteur Fiorelli au XVIIe siècle. Tout de noir vêtu, avec sa moustache et sa guitare, il tient du Matamore et du Pierrot.

Scarface 1932 Film américain de Howard Hawks. Inspiré de la vie d'Al Capone, ce film très réaliste évoque les milieux de la pègre à Chicago. L'acteur Paul Muni y trouve un rôle qui marquera sa carrière, aux côtés de George Raft et Ann Dvorak.
scarification n. f. MÉD. Incision superficielle de l'épiderme (pour certaines vaccinations). / ETHNOL. En Afrique, marquage rituel de la peau par incision, dans certaines ethnies. / TECHN. Incision de l'écorce d'un arbre fruitier ou de la vigne pratiquée pour arrêter la sève près des fruits.
scarifier v. t. [1] Marquer d'une scarification. / MÉD. Par ext. (au part. passé) *Ventouses scarifiées*, appliquées sur la peau marquée d'une scarification.
scarlatine n. f. MÉD. Maladie infectieuse épidémique, due à un streptocoque, généralement caractérisée par une forte fièvre, un exanthème et un énanthème bucco-pharyngé. *La scarlatine est le plus souvent bénigne; elle peut néanmoins entraîner diverses complications (notam. cardiaques et rénales).*
Scarlatti Famille de compositeurs siciliens. **Alessandro** 1660-1725 Envoyé à Rome dès l'âge de 12 ans, il y donne son premier opéra en 1679 et devient maître de chapelle de Christine de Suède. À Naples à partir de 1683, il remporte un grand succès auprès de la noblesse locale. Il effectue encore quelques séjours à Rome et à Venise (où il donne ses opéras *Mitridate Eupatore* et *Il Trionfo della libertà*, 1707), est fait chevalier de l'Éperon d'or par le pape, puis retourne à Naples, où il a cessé de plaire et où il mourra à peu près oublié. Considéré comme le fondateur de l'école de musique napolitaine, on lui doit une centaine d'opéras, dont *Griselda* (1721), des oratorios et des cantates de chambre. **Domenico** 1685-1757 Fils du précédent, il devient organiste et compositeur à la cour de Naples en 1703, puis accompagne son père dans ses voyages. À Venise, il devient l'ami de Haendel, puis, à Rome, se met au service de la reine Marie Casimire de Pologne (1709-1714) avant de devenir maître de chapelle à Saint-Pierre-de-Rome et écrit des œuvres de musique religieuse (*Stabat Mater*, *Salve Regina*). Il part ensuite pour le Portugal, où il est maître de musique de l'infante Maria Barbara (1719). Il passe ensuite quelque temps en Italie, notamment à Naples, revient à Lisbonne et suit, à Madrid, l'infante devenue l'épouse du prince des Asturies, héritier de la couronne d'Espagne. Il est maître de chapelle à la cour de 1729 à sa mort. Il a écrit des opéras, 500 sonates pour clavecin; ses *Essercizi per gravicembalo* constituent une œuvre originale, marquée par les rythmes de la musique espagnole, d'un style libre et neuf, qui tient à la fois de la sonate, du prélude, de l'extrait de suite.
scarole n. f. Variété de chicorée à larges feuilles que l'on consomme en salade.
Scarron (Paul) 1610-1660 Écrivain français. Chanoine, il vécut de 1632 à 1640 dans l'entourage de l'évêque du Mans. Mais atteint d'une maladie qui le paralysa, il se rendit à Paris où il se consacra à la littérature. Poète des salons précieux (*Virgile travesti*, 1648-1652), il composa des satires, des romans, des pièces de théâtre et des poèmes burlesques; *Le Roman comique* (1651-1657) raconte la vie d'une troupe de comédiens au Mans. Il épousa en 1652 Françoise d'Aubigné, future marquise de Maintenon, et anima jusqu'à sa mort un brillant salon littéraire.

Max Scheler (© CARP Inc.).

Friedrich von Schelling.

Giovanni Schiaparelli.

scatologie n. f. Propos, écrit où il est question d'excréments.; caractère de ces propos, de ces écrits.
scatologique adj. Qui procède de la scatologie.
sceau n. m. Cachet sur lequel sont gravées en creux les armes, la devise, la marque symbolique d'un État, d'un souverain, d'une institution ou d'un particulier, qui sert à apposer une empreinte sur les actes que l'on veut authentifier, ou à clore un document de manière inviolable. *Le garde des Sceaux*: le ministre de la Justice. / Morceau de cire ou de plomb ainsi marqué. / Fig. Marque distinctive. *Le sceau du génie.* / *Sous le sceau du secret*: à condition que la chose confiée ne soit pas divulguée.
Sceaux *18052 h.* Commune résidentielle des Hauts-de-Seine, au sud de Paris. Sur l'emplacement du château construit pour Colbert et acheté par Louis XIV pour son fils naturel, le duc du Maine, s'élève aujourd'hui le musée de l'Île-de-France, dans un parc magnifique. Fondée en 1749 sous l'égide de la duchesse du Maine, la manufacture de porcelaines de Sceaux disparut en 1794.
scélérat, e adj. et n. Litt. Se dit d'une personne capable ou coupable de crimes. / Dont l'intention est criminelle (en parlant de qqch.). *Manœuvres, lois scélérates.*
scélératesse n. f. Litt. Caractère, comportement du scélérat; action scélérate.
scellé, e adj et n. m. Fermé hermétiquement; fermé avec un sceau. *Pli scellé.* / n. m. Bande de tissu ou de papier au sceau de l'État que l'autorité judiciaire appose sur une porte, un meuble ou tout autre objet pour en empêcher l'ouverture. *Mettre sous scellés. Briser les scellés.*
scellement n. m. Action de sceller; son résultat; extrémité d'une pièce scellée dans la maçonnerie.
sceller v. t. [1] Apposer un sceau sur (une lettre, un acte). / Apposer des scellés sur. *Sceller une porte, un meuble.* / Fermer hermétiquement. / Fig. Confirmer, rendre définitif. *Sceller une amitié. Cet acte a scellé son destin.* / TECH. Fixer (l'extrémité d'une pièce) dans un mur avec du plâtre ou du ciment.
scénario n. m. Canevas d'une pièce de théâtre. / CIN. Document dans lequel figurent les dialogues et les indications de mise en scène d'un film. / Fig. Plan concerté d'une action. *Envisager plusieurs scénarios.*
scénariser v. t. [1] Donner la forme d'un scénario à (un reportage, une biographie, un documentaire).
scénariste n. Auteur d'un scénario.
scène n. f. Partie du théâtre où jouent les acteurs. *Entrer en scène. Mettre en scène une œuvre*, la représenter au théâtre ou au cinéma. / Lieu où se passe une action dramatique; son décor; cette action. *La scène est aux États-Unis. Une scène d'amour. La scène représente un bistrot de quartier.* / Par ext. Lieu où se passe une action donnée. *La scène du crime.* / *La scène*: le théâtre. *Une vedette de la scène.* / Subdivision d'un acte dans une pièce de théâtre; séquence d'un film, d'une histoire. / Fig. Spectacle offrant un caractère pittoresque ou émouvant. / Querelle. *Scène de ménage.*
Scènes de la vie de bohème 1847-1849 Ensemble de récits semi-autobiographiques de Murger contant la vie d'artistes sans le sou, et notamment, les amours malheureuses de Rodolphe pour Mimi. Puccini en tira son opéra *La Bohème* (1896).
scénique adj. Propre à une scène. *Lieu scénique.* / Relatif à la scène. *Art scénique.*
scénographe n. Spécialiste de scénographie.
scénographie n. f. Technique et art de l'aménagement de la scène, de l'espace scénique.
scénographique adj. Relatif à la scénographie.
scepticisme n. m. PHILO. Doctrine fondée sur l'idée que la raison humaine est toujours sujette à l'erreur et qui, donc, érige le doute en système. / Attitude d'esprit de celui qui doute.
sceptique adj. PHILO. Relatif au scepticisme; adepte de cette doctrine. / Qui doute. *Rester sceptique.*
sceptre n. m. Bâton de commandement, insigne du pouvoir d'un souverain. / Fig. *Le sceptre*: le pouvoir, l'autorité de souverain. *Renoncer au sceptre.*
Scève (Maurice) 1501-1560? Poète français. Influencé par Pétrarque, il fut notamment l'auteur en 1544 d'un des plus grands ouvrages de la poésie amoureuse de la Renaissance française, *Délie* (anagramme de *L'Idée*), éloge de l'amour platonique, et d'un grand poème biblique: *Microcosme* (1562). Membre de l'école de Lyon, il était l'ami de Louise Labé.
Schaeffer (Pierre) 1910-1995 Ingénieur et compositeur français. Polytechnicien, responsable de l'équipement des studios de la Radiodiffusion française (1934), il créa le Studio d'essai en 1942. Pionnier de la musique électroacoustique (qu'il baptisa musique concrète): *Symphonie pour un homme seul* (1950), il fonda en 1958 le Groupe de recherches musicales qui entra plus tard dans l'Institut national de l'audiovisuel.
Schaffhouse (canton de) *298 km² 74035 h.* Canton germanophone du nord de la Suisse, en majorité protestant. Chef-lieu *Schaffhouse*. Les ressources agricoles sont faibles et l'industrie est concentrée à Schaffhouse. Il est entré dans la Confédération en 1501.
Schaffhouse *34230 h.* Ville de Suisse, chef-lieu du canton du même nom, au confluent de la Durach et du Rhin (dont les chutes alimentent une centrale). Elle possède de nombreuses industries: aluminium, textiles, cuir, mécanique de précision. Elle s'est développée à partir d'une abbaye bénédictine fondée au XIe siècle.
schako Voir **shako**
Scheele (Carl Wilhelm) 1742-1786 Chimiste suédois. Ses expérimentations lui permirent d'isoler plusieurs gaz dont l'hydrogène (1768), l'oxygène (1773) et le chlore (1774).
Schéhadé (Georges) 1907-1989 Écrivain libanais d'expression française. L'apparente clarté de ses vers dissimule avec art une grande complexité: *Poésie I* (1938); *Poésie II* (1948); *Poésie III* (1949). Cette même qualité magique caractérise son théâtre: *Monsieur Bob'le* (1951); *Histoire de Vasco* (1956); *L'Émigré de Brisbane* (1965); *L'Écolier Sultan* (1973).
Scheler (Max) 1874-1928 Philosophe allemand. Dans ses livres (dont le recueil d'essais, *Le Renversement des valeurs*, 1919), il critiqua le rationalisme scientifique et participa à la création du mouvement phénoménologique. Attiré d'abord par le spiritualisme, il se convertit plus tard au catholicisme et adopta une pensée phénoménologique centrée sur l'intuition émotionnelle d'où il tira une philosophie éthique opposée à celle de Kant (*Le Formalisme en éthique et l'éthique matérielle des valeurs*, 1913-1916).
Schelling (Friedrich Wilhelm Joseph von) 1775-1854 Philosophe allemand. Fortement marqué par sa rencontre avec Fichte (1794), il conçut après lui un idéalisme absolu: *Système de l'idéalisme transcendantal* (1801), qu'il élabora tout au long de ses années d'enseignement à Iéna (1803) puis à Würzburg (1806). Il s'installa ensuite à Munich où sa philosophie de la nature céda progressivement la place à une réflexion plus positive sur Dieu (*Philosophie de la révélation*, 1854). C'est cette philosophie qu'il enseignera à Munich (1827-1841) puis à Berlin (1841-1846).
schéma n. m. Représentation simplifiée d'un objet complexe, d'un processus, ser-

vant à montrer le fonctionnement, la relation entre eux de ses éléments. / Traits généraux, plan sommaire (d'un ouvrage).

schématique adj. Propre au schéma, au schème. *Dessin schématique.* / Fig. Sommaire, simplifié.

schématiquement adv. De façon schématique.

schématisation n. f. Action de schématiser; son résultat.

schématiser v. t. [1] Représenter (qqch.) de manière schématique. / Fig. Simplifier.

schème n. m. Structure d'un processus, d'un objet. / PHILO. Chez Kant, représentation intermédiaire entre l'entendement et la sensibilité, permettant d'unifier le divers saisi par l'intuition et la catégorie.

Schengen Village du Luxembourg où l'Allemagne, la Belgique, la France, le Luxembourg et les Pays-Bas signèrent en 1985 des accords qui concernent la circulation des étrangers dans ces États. Les accords complétés en 1990, ont été ratifiés par la plupart des autres membres de l'Union européenne. Ils sont entrés en vigueur le 1er janvier 1995.

Scherchen (Hermann) 1891-1966 Chef d'orchestre allemand. Ayant débuté en 1911, il s'employa tout au long de sa carrière à diffuser la musique de ses contemporains dont Schönberg, Mahler, Berg, Stockhausen et Henze.

scherzando adv. (mot italien) MUS. D'un mouvement vif, léger, gai.

scherzo n. m. et adv. (mot italien) MUS. Mouvement vif et brillant. / adv. *Jouer scherzo*, vivement, avec entrain.

Schiaparelli (Giovanni) 1835-1910 Astronome italien. Directeur de l'observatoire de Milan en 1862, il observa et étudia notamment la comète de Biela. Cette comète périodique, découverte en 1826 par l'Autrichien W. von Biela, puis identifiée à celle qui était déjà apparue en 1772 et 1805, se présenta en 1846 en deux fragments et fut observée pour la dernière fois en 1852. L'un de ses fragments fut retrouvé, ce qui permit à Schiaparelli de proposer une théorie, ultérieurement confirmée, sur l'origine des météorites: la comète de Biela est à l'origine de l'essaim météoritique des Biélides. Schiaparelli étudia Saturne, Vénus, Mercure, puis Mars dont il décrit les « canaux » comme des mers et des continents.

Schiaparelli (Elsa) 1890-1973 Couturière française d'origine italienne. Influencée par le surréalisme, très créative, elle a recherché l'originalité dans les tissus, les motifs d'impression, l'emploi de couleurs vives et contrastées.

Schiele (Egon) 1890-1918 Peintre et graveur autrichien. De tendance expressionniste, ses œuvres (portraits, nus, paysages) tristes et violentes choquèrent la censure impériale en raison de leur érotisme, ce qui lui valut d'être emprisonné en 1912. Il mourut prématurément, victime de la grippe espagnole.

Schikaneder (Emanuel) 1751-1812 Acteur, chanteur, librettiste et directeur de théâtre allemand. Directeur du théâtre *Auf der Wieden*, à Vienne, il y donne, en septembre 1791, *La Flûte enchantée* de Mozart dont il a écrit le livret; il est également l'auteur des paroles de la cantate *Éloge de l'amitié*, composée par Mozart pour sa loge maçonnique de l'Espérance couronnée.

Friedrich von Schiller.

Schiller (Friedrich von) 1759-1805 Écrivain allemand. Fils d'officier, il fait des études de droit et de médecine avant d'abandonner la carrière de médecin militaire pour l'écriture (1782). Dans sa première pièce de théâtre, *Les Brigands* (1781), il critique violemment l'ordre établi qui l'a poussé, menacé de prison, à s'exiler à Stuttgart (1782). Enthousiasmé, puis déçu, par la Révolution française, il est cependant nommé citoyen d'honneur de la République (1792). Son amitié avec Goethe, qu'il a rencontré en 1788, le pousse à approfondir sa réflexion philosophique sur l'individu et l'humanité, ce qui marque la composition de ses pièces dramatiques. L'un des plus fameux représentants du mouvement *Sturm und Drang*, il laissa une œuvre abondante comprenant des poèmes: *l'Hymne à la joie* (1785) qui a inspiré à Beethoven sa IXe symphonie, des ballades et surtout des pièces de théâtre: *Don Carlos* (1787); *Wallenstein* (1789-1799); *Marie Stuart* (1800); *Guillaume Tell* (1804). Par son sens de la grandeur et son tempérament passionné, Schiller est un précurseur du romantisme allemand.

schilling n. m. Unité monétaire autrichienne, subdivisée en cent groschen.

schismatique adj. Qui fait schisme.

schisme n. m. RELIG. Rupture de l'unité d'une Église. / Scission d'un groupe, d'une organisation, d'un parti.

schisme d'Occident (grand) 1378-1417 Scission qui eut lieu au sein de l'Église catholique en 1378, à la suite de l'élection à Rome d'un pape italien, Urbain VI, dont l'attitude irrita les cardinaux français. Ceux-ci parvinrent à faire élire un autre pape, Clément VII, qui retourna en Avignon où les papes, bien qu'évêques de Rome, s'étaient installés en 1305. Chacun se déclarant seul légitime, la chrétienté et les royaumes d'Europe se trouvèrent divisés. La France, la Savoie, Naples, la Sicile, l'Écosse et l'Espagne soutinrent Clément VII tandis que l'Empire, l'Angleterre, les États du sud de l'Allemagne, la Hongrie, les royaumes de Scandinavie et les États du sud et du centre de l'Italie se prononcèrent en faveur de son adversaire. Le conflit donna lieu à des affrontements militaires, notamment en Italie où la France tenta d'imposer son choix. Le concile de Constance (1414) mit un terme au déchirement avec l'élection de Martin V (1417), mais l'autorité pontificale en fut considérablement affaiblie.

schisme d'Orient Séparation de l'Église byzantine et de l'Église romaine, due à des dissensions théologiques. Bien que l'origine du schisme fût multiple, plusieurs événements ébranlèrent, dès le IXe siècle, les liens religieux entre l'Occident et l'Orient. Une grave crise intervint notamment lorsque Photios, désigné comme patriarche de Constantinople en 863, fut excommunié par le pape de Rome. Cependant, l'union subsista tant bien que mal jusqu'à ce que la rupture fût consommée en 1054 par le patriarche de Constantinople Michel Cérulaire. Celui-ci accusa l'Église romaine d'hérésie et, en contrepartie, reçut l'anathème du pape Léon IX: l'Église orthodoxe était née. Ne reconnaissant plus l'autorité du pape, elle établit ensuite sa propre hiérarchie.

schiste n. m. Roche sédimentaire ou métamorphique, présentant un aspect feuilleté et ayant la propriété d'être divisée. *Le schiste est très répandu dans les séries sédimentaires, soit seul, soit en alternance avec d'autres roches, grès par exemple, pour constituer des séquences rythmiques caractéristiques de certains flyschs. Schiste bitumineux*, riche en matière organique.

schisteux, euse adj. MINÉR. Propre au schiste; contenant du schiste. *Roche schisteuse.*

schistosome n. m. ZOOL. Syn. de bilharzie.

schistosomiase n. f. MÉD. Bilharziose.

schizoïde adj. PSYCHOPATHOL. Dont la constitution psychique peut mener à la schizophrénie.

schizophrène n. et adj. Atteint de schizophrénie.

schizophrénie n. f. PSYCHOPATHOL. Psychose caractérisée par une dissociation des fonctions psychiques et des troubles affectifs et relationnels.

schizophrénique adj. Relatif à la schizophrénie.

schlague n. f. (mot allemand) Anc. Punition corporelle en usage autrefois dans les écoles militaires et les armées allemandes, consistant en coups de baguette sur le dos. / Fig. *Mener à la schlague*, à la baguette, de manière autoritaire.

schlass adj. inv. (mot allemand) Fam. Ivre.

Schlegel (August Wilhelm von) 1767-1845 Critique littéraire allemand. Après des études de théologie et de philosophie, il se lance dans la littérature, participant, à travers ses articles, à la naissance du romantisme. Traducteur de Shakespeare et de Calderón, ami de Mme de Staël, il a laissé un important ouvrage théorique sur le romantisme, *Cours de littérature dramatique* (1808-1809). **Friedrich** 1772-1829 Écrivain et philologue allemand, frère du précédent. Admirateur de la littérature ancienne, il se fit remarquer grâce à *Sur l'étude de la poésie grecque* (1797). Il écrivit ensuite *Sur la langue et la philosophie des Indiens* (1808), un roman, *Lucinde* (1799), et une *Histoire de la littérature ancienne et moderne* (1812). Son frère et lui publièrent la revue romantique *Athenäum* (6 numéros de 1798 à 1800), à laquelle Schelling collabora.

Schleicher (August) 1821-1868 Linguiste allemand. Spécialiste des langues indo-européennes, il résuma ses recherches dans *Abrégé de grammaire comparée des langues indo-européennes* (1861) et adopta le modèle des sciences naturelles pour construire sa théorie de la langue.

Schlesinger (John) 1926 Cinéaste britannique. Après plusieurs films réalisés en Grande-Bretagne, *Macadam Cowboy* (1968), tourné aux États-Unis, lui assura la notoriété.

Schleswig Région historique d'Allemagne, ancien duché de la péninsule du Jutland. Apanage de la dynastie danoise au XIIe siècle, le Schleswig passa (1304) aux mains des souverains du Holstein, auquel il fut réuni. Le pays fut longtemps revendiqué à la fois par le Danemark et les princes régnants du Holstein, jusqu'à ce que l'héritier de la lignée des Holstein-Gottorp, pressenti pour devenir tsar de Russie, échange ses droits sur le Schleswig pour des droits sur l'Oldenbourg (1773). Le Schleswig et le

Holstein, dominés par le Danemark, lui échappèrent après sa défaite contre l'Autriche et la Prusse (1865), mais les zizanies entre les vainqueurs aboutirent à l'annexion des deux territoires par la Prusse.

Schleswig-Holstein *15 770 km² 2 725 461 h.* Land le plus septentrional d'Allemagne, à la frontière du Danemark. Capitale *Kiel*. Basse plaine largement pénétrée par la mer Baltique à l'est, par la mer du Nord à l'ouest, le Schleswig-Holstein, traditionnellement agricole et maritime, s'est industrialisé après 1545 ; Kiel et Lübeck sont des centres puissants. L'État fut constitué en 1867 lors de l'annexion par la Prusse des deux duchés du Schleswig et du Holstein. En 1920, le nord du Schleswig a été rendu au Danemark après plébiscite.

Schlick (Moritz) 1882-1936 Logicien allemand. Physicien de formation, il fut l'un des fondateurs de la philosophie analytique et appartint au cercle de Vienne.

Schliemann (Heinrich) 1822-1890 Archéologue allemand. Autodidacte ayant fait fortune dans le commerce, il s'intéressa tout particulièrement à l'archéologie préhellénique et fut l'auteur de fouilles dont il décrivit les résultats dans *Troie et ses ruines* (1875), *Mycènes* (1878) et *Tirynthe* (1886).

schlinguer v. i. [1] Pop. Puer. *Ça schlingue ici !*

schlitte n. f. (mot vosgien, d'origine allemande) Traîneau à bois utilisé dans les Vosges.

schlitter v. t. [1] Transporter (du bois) sur une schlitte.

schlitteur n. m. Conducteur de schlitte.

Schlöndorff (Volker) 1939 Cinéaste allemand. Spécialiste des adaptations littéraires, il transposa à l'écran Musil (*Les Désarrois de l'élève Törless*, 1966), Böll (*L'Honneur perdu de Katharina Blum*, 1975), Yourcenar (*Le coup de grâce*, 1976), G. Grass (*Le Tambour*, 1978), Proust (*Un amour de Swann*, 1984).

Schlucht (col de la) *1 139 m* Col des Vosges centrales entre les vallées de la Vologne et de la Fecht (Munster).

Schmidt (Florent) 1870-1958 Compositeur français. Élève de Massenet et de Fauré, il remporte le grand prix de Rome en 1900. Compositeur prolifique et très indépendant, il se rapproche à la fois du mouvement néoclassique et romantique : *Psaume XLVII* (1904), *La Tragédie de Salomé* (1907), *Symphonie concertante pour piano et orchestre* (1930).

Schmidt (Arno) 1914-1979 Écrivain allemand. Après les brefs récits contestataires dans lesquels une sensibilité extrême se mêle à une réflexion cosmique : *Léviathan*, (1949), il se livre à des recherches formelles inspirées par Joyce : *Berechnungen I à III* (1955, 1956 et 1980).

Schmidt (Helmut) 1918 Homme politique allemand. Après avoir combattu pendant la Seconde Guerre mondiale, il entreprend des études d'économie et de science politique et adhère au Parti social-démocrate (S.P.D.) à partir de 1946. Élu député au Bundestag en 1953, il devient ministre de la Défense (1969) puis des Finances (1972) et enfin chancelier de la R.F.A. de 1974 à 1982. Il est demeuré au Bundestag jusqu'à son retrait de la vie politique en 1987.

Schmidt (Marten) 1929 Astronome et physicien américain. Directeur de l'observatoire Hale en 1978, il avait dès 1963 mis en évidence avec A. Sandage les importants décalages vers le rouge des quasars, qu'il interprète comme des effets Doppler-Fizeau, ce qui entraînerait pour ces astres une vitesse de fuite proche de celle de la lumière.

***Hortense Schneider** dans La Grande-Duchesse de Gerolstein (1867) d'Offenbach.*

schnaps n. m. (mot allemand) Eau-de-vie de grain ou de pomme de terre fabriquée dans les pays germaniques.

Schneider (Eugène) 1805-1875 Industriel et homme politique français. Avec son frère Adolphe (1802-1845), il fit de l'ancienne Fonderie royale du Creusot un établissement sidérurgique prospère (1836). Ministre de l'Agriculture et de Commerce (1851), il soutint le coup d'État de Louis-Napoléon Bonaparte et fut ensuite élu député de 1852 à 1870. Président du Corps législatif (1867-1870), il abandonna la vie politique après le 4 septembre, mais demeura cependant régent de la Banque de France. **Henri** 1840-1898 Fils du précédent, il développa la fabrication d'armements. **Eugène** 1868-1942 Fils du précédent, il poursuivit l'œuvre de son père et de son grand-père. **Charles** 1898-1960 Fils du précédent, il lui succéda à la tête de l'entreprise.

Schneider (Hortense) 1838-1920 Actrice et chanteuse française. Elle s'illustra dans *La Vie parisienne* d'Offenbach et créa *La Belle Hélène* et *La Périchole*.

Schneider (Rosemarie Albach-Retty, dite Romy) 1938-1982 Comédienne autrichienne. Fille d'une actrice, elle fait ses débuts à l'écran dès l'âge de quinze ans et remporte un grand succès avec la série des *Sissi* (1954-1957). Elle tourna ensuite surtout en France, notamment sous la direction de Jacques Deray (*La Piscine*, 1968) et Claude Sautet (*Les Choses de la vie*, 1969 ; *César et Rosalie*, 1972). Visconti lui donna le rôle de l'impératrice Élisabeth d'Autriche dans *Ludwig*.

Schnitzler (Arthur) 1862-1931 Écrivain autrichien. Médecin à Vienne, il fut le peintre doux-amer de la « belle époque » et de la décadence naissante de la société viennoise à la fin du XIXe siècle (*La Ronde*, comédie, 1900 ; *Mademoiselle Else*, roman, 1924).

schnock, schnoque ou **chnoque** adj. inv. et n. Fam. Bizarre, un peu cinglé. *Elle est complètement schnock. Qu'est-ce que c'est que ce vieux schnoque ?*

Arthur Schopenhauer.

schnorchel ou **schnorkel** n. m. (mot allemand) MAR. Tube qui, affleurant la surface de l'eau, permet aux sous-marins en plongée d'utiliser leurs moteurs en évacuant les gaz d'échappement et en aspirant l'air frais.

schnouff, schnouf ou **chnouf** n. f. (mot allemand) Argot. Drogue.

Schœlcher (Victor) 1804-1893 Homme politique français. Sous-secrétaire d'État aux Colonies sous la IIe République, il fit voter l'abolition de l'esclavage le 27 avril 1848. Il s'exila en Grande-Bretagne lors du coup d'État du 2 décembre 1851 et ne revint en France qu'en 1870. Réélu député de la Martinique (1871) puis sénateur inamovible de l'île, il poursuivit son combat en faveur des droits des habitants des colonies françaises d'Amérique.

schofar n. m. (mot hébreu) Instrument à vent, trompe faite d'une corne de bélier, utilisée dans le rituel israélite.

Schola Cantorum École de musique créée à Paris en 1894 par Vincent d'Indy, Charles Bordes et Alexandre Guilmant. D'abord société de musique religieuse, elle fonctionna comme une école à partir de 1896 et se spécialisa dans la musique ancienne.

Scholastique (sainte) 480 ?-547 ? Sœur de saint Benoît de Nursie, elle fonda la branche féminine de l'ordre bénédictin.

Schönberg (Arnold) 1874-1951 Compositeur américain d'origine autrichienne. Influencé par Wagner, Mahler et Brahms, autodidacte, il commença à composer très tôt. Il fut lui-même un grand pédagogue et compta parmi ses nombreux élèves Berg et Webern. S'étant peu à peu écarté de la musique tonale, il est à la source de la musique atonale (*Pierrot lunaire*, 1912). Dans les années 1920, il élabora une nouvelle méthode d'écriture comportant douze sons. Sa première œuvre dodécaphonique date de 1923, mais la plus importante est *Variations pour orchestre* (1928). Professeur à Berlin en 1926, il émigra aux États-Unis en 1933 pour fuir le nazisme. Devenu enseignant à l'université de Californie en 1936, il prendra sa retraite en 1944, trois ans après avoir pris la nationalité américaine, et continuera à composer jusqu'à sa mort. Son œuvre abondante comprend de la musique vocale et instrumentale, un drame religieux (*Moïse et Aron*, 1930-1932, inachevé), un oratorio (*Un survivant de Varsovie*, 1947). Son influence a été et demeure considérable.

Schönbrunn Quartier de Vienne où s'élève le château de Schönbrunn, entouré de vastes jardins à la française. L'impératrice Marie-Thérèse fit construire cette résidence impériale (1744-1750) en s'inspirant de Versailles. Les traités de Presbourg et de Vienne y furent signés le 26 décembre 1805 et le 14 octobre 1809. Le duc de Reichstadt y mourut en 1832.

Franz Schubert.

Schongauer (Martin) 1440 ?-1491 Peintre et graveur alsacien. Il a laissé peu de tableaux (*La Vierge aux buissons de roses*, 1473) mais de nombreuses gravures qui exercèrent une grande influence sur les artistes allemands, en particulier Dürer.

schooner n. m. (mot néerlandais) MAR. Vieilli. Goélette.

Schopenhauer (Arthur) 1788-1860 Philosophe allemand. Après des études scientifiques, il enseigna à Berlin puis s'installa à Francfort en 1831 où il vécut à l'écart du monde, demeurant longtemps méconnu et controversé. Ses deux grandes œuvres sont *Le Monde comme volonté et comme représentation* (1818) et *De la quadruple racine du principe de raison suffisante* (1813). Pour lui, le monde extérieur n'est qu'une représentation de la volonté de l'homme, ou *vouloir-vivre*, qui est son instinct de conservation et de domination. Mais cette volonté s'accompagne toujours de souffrance, si bien que la sagesse est de vivre dans le renoncement. Il fut l'ami de Goethe et de Wagner et sa philosophie eut une grande influence sur les artistes de sa génération.

Schröder (Gerhard) 1944 Homme politique allemand. Numéro deux du parti social-démocrate allemand (S.P.D.), il fut préféré à Oskar Lafontaine pour affronter la C.D.U. de Kohl lors des élections législatives de 1998. Le S.P.D. obtint 40 % des voix et, devenu chancelier, il dut faire entrer les Verts dans son gouvernement. Il a été réélu de justesse en 2002.

Schrödinger (Erwin) 1887-1961 Physicien autrichien. Après des études menées à Vienne et Iéna, il est nommé professeur à Zürich. En 1926, il publie quatre articles qui sont considérés comme les bases de la mécanique ondulatoire. En 1927, il succède à M. Planck à la chaire de physique de l'université de Berlin. En 1933, fuyant le nazisme, il se réfugie en Grande-Bretagne.

Schubert (Franz) 1797-1828 Compositeur autrichien. Il passa son existence à Vienne où son talent resta méconnu. Malgré sa mort précoce, il a laissé une œuvre considérable, dominée par la mélodie, où l'improvisation semble tenir une large place : des symphonies (*Tragique*, 1816 ; *Inachevée*, 1822), des opéras, de la musique religieuse, des sonates, et les 600 lieder dans lesquels

Robert Schumann.

s'est épanoui son génie : *La Truite*; *Le Roi des aulnes*; *Voyage d'hiver* (1827), *La Jeune Fille et la Mort* (1824-1826).

Schuman (Robert) 1886-1963 Avocat et homme politique français. Député de la Moselle à partir de 1919, il siégea de 1924 à 1938 avec les démocrates-populaires. Hostile aux nazis, il fut déporté mais s'évada en 1942. Ayant participé à la fondation du Mouvement républicain populaire, il fut élu en 1945 et occupa divers postes de ministre avant d'être président du Conseil de novembre 1947 à juillet 1948. Apôtre de l'organisation de l'Europe, il mit sur pied avec Jean Monnet la Communauté européenne du charbon et de l'acier (C.E.C.A., 1951) et présida l'Assemblée parlementaire européenne de Strasbourg (1958). Il se retira de la vie politique en 1962.

Schumann (Robert) 1810-1856 Compositeur allemand. Attiré à la fois par la musique (il joue du piano, de la flûte et du violoncelle) et par la littérature (il écrit des poèmes), le jeune Schumann hésite à choisir sa vocation. Après des études de droit, il se tourne vers la musique et, un accident lui ayant paralysé la main droite (1832), il se met à la composition. Il est victime d'une grave dépression à la suite de cet accident et fonde la revue musicale *Neue Zeitschrift für Musik* (1834). Ses œuvres pour piano lui valent une grande renommée (*Le Carnaval*, 1840). Malgré la maladie, il crée en outre des œuvres romantiques d'inspiration littéraire, des lieder (*Les Amours du poète*, 1834-1835; *Kreisleriana*, 1838), un opéra (*Genoveva*, 1848), des oratorios (*Le Pèlerinage de la rose*), des symphonies, des pièces de musique de chambre. En 1840, il avait épousé Clara Wieck, virtuose de grand talent qui lui donna de nombreux enfants et l'accompagna dans ses tournées en Europe où les époux remportèrent souvent un triomphe. Ces succès n'empêchent pas le musicien de souffrir de plus en plus souvent de crises dépressives de plus en plus graves qui aboutiront à une tentative de suicide (1854). Il est alors interné à l'asile d'Endenich où il meurt deux ans plus tard. **Clara Wieck,** Mme Robert Schumann, connue sous le nom de **Clara** 1819-1896 Pianiste allemande; épouse du précédent, virtuose de réputation internationale, elle fut pour lui le plus constant des soutiens.

Schumpeter (Joseph) 1883-1950 Économiste autrichien. Professeur à l'université de Graz (1911), l'un de ses ouvrages les plus importants fut *Théorie de l'évolution économique* (1912). Il enseigna ensuite à Bonn puis à Harvard (1932) où il publia *Capitalisme, socialisme et démocratie* (1942). Se fondant sur la notion d'innovation, il s'est efforcé de donner une analyse théorique de la croissance économique et des rouages du capitalisme.

Laurent Schwartz.

Schuschnigg (Kurt von) 1897-1977 Homme politique autrichien. Député chrétien-social, il fut ministre de la Justice (1932) puis de l'Instruction publique (1933) avant de devenir Chancelier (1934). Hostile aux extrémistes de droite comme de gauche, il fut arrêté par les nazis lors de l'Anschluss (1938) et envoyé dans le camp de concentration de Dachau. Libéré à la fin de la guerre, il émigra aux États-Unis en 1948.

schuss n. m. et adv. Descente rapide à skis, consistant à prendre le plus de pente possible, sans ralentir. / adv. *Descendre schuss*.

Schütz (Heinrich) 1585-1672 Compositeur allemand. Formé auprès de Gabrieli à Venise (1609), il se fait remarquer par l'Électeur de Saxe qui l'engage comme maître de chapelle à Dresde en 1614. Un autre séjour en Italie (1628) lui fait connaître le style monodique et Monteverdi. Puis il effectue plusieurs séjours au Danemark et revient définitivement en Allemagne en 1648. Ses nombreuses compositions témoignent de l'influence italienne mais demeurent néanmoins allemandes et imprégnées de la Réforme. Schütz fut l'auteur du premier opéra de son pays, *Daphné* (qui ne nous est pas parvenu). Il a composé des psaumes, des cantates, des motets.

Schwann (Theodor) 1810-1882 Physiologiste allemand. Professeur de physiologie à Louvain en 1839, il affirma que la cellule est l'unité de base de tous les êtres vivants, végétaux ou animaux. La *gaine de Schwann* est la couche protectrice qui recouvre les fibres nerveuses.

Schwartz (Laurent) 1915-2002 Mathématicien français, fondateur de la théorie des distributions (1945), qui permet de résoudre aisément diverses transformations. Il reçut la médaille Fields en 1950.

Schwarzenberg (Felix, prince **zu)** 1800-1852 Homme politique autrichien. Nommé chancelier en 1848, il organise la lutte contre les mouvements révolutionnaires. Conservateur et autoritaire (il abroge la Constitution de 1848), il tente de maintenir la puissance des Habsbourg et de l'Autriche par son action contre les Hongrois, contre les Sardes en Italie (1849), et contre la Prusse.

Schwarzkopf (Elisabeth) 1915 Cantatrice britannique d'origine allemande. Elle a été l'une des plus célèbres sopranos lyriques du XXe siècle, interprète de Mozart, de R. Strauss et de Schubert.

Schwarzschild (Karl) 1873-1916 Astronome allemand. Ses premiers travaux à l'observatoire de Vienne le conduisent à remplacer l'observation oculaire par l'observation photographique qu'il applique à l'étude des étoiles variables. Il établit la théorie de l'effet Stark. C'est dans le domaine de la relativité générale que réside sa principale contribution : il a établi la structure du champ gravitationnel généré par une masse. *Rayon de Schwarzschild* : rayon ou limite d'un espace sphérique entourant un trou noir, ou singularité gravitationnelle, au-delà duquel aucun rayonnement, aucune matière ne peut s'échapper.

Schweitzer (Albert) 1875-1965 Pasteur et médecin français. Docteur en philosophie (1899) et en théologie (1902), il est aussi musicien et musicologue. Devenu docteur en médecine en 1911, il part pour le Gabon et crée, à Lambaréné, un hôpital et une léproserie (1913). Définitivement installé en Afrique à partir de 1924, il ne quitte le Gabon que pour donner des concerts d'orgue à travers le monde; il a publié des ouvrages philosophiques et théologiques et des études de musicologie.

Schwitters (Kurt) 1887-1948 Peintre, sculpteur et écrivain allemand. Peintre d'abord abstrait, il fonde le mouvement *Merz* qui reprend le titre d'une œuvre de 1919, assemblage de clous, de papiers découpés et collés, de débris d'étoffe, de morceaux de carton. De sensibilité dadaïste, il se tient à l'écart de Dada (qui rejeta son recueil poétique *Anna Blume*, 1919), quitte l'Allemagne en 1933 et, émigré en Grande-Bretagne, poursuit son travail de collage et d'assemblage, utilisant les matériaux les plus divers, tandis que la violence de ses premières œuvres fait place à la sérénité.

Schwyz *908 km² 122 409 h.* Canton du centre de la Suisse dont l'élevage est à peu près la seule ressource. Chef-lieu *Schwyz*. C'est l'un des trois cantons qui, après le serment de Rütli (1291) constituèrent la première confédération; il a donné son nom à la *Suisse*.

Schwyz *13 600 h.* Ville de Suisse, chef-lieu du canton du même nom. C'est une station climatique et un petit centre industriel (textile).

sciage n. m. Action de scier.

scialytique n. m. et adj. TECHN. Appareil d'éclairage muni d'un réflecteur à miroir éliminant les ombres portées, utilisé dans les salles d'opération. / adj. *Lampe scialytique.*

Sciascia (Leonardo) 1921-1989 Écrivain italien. Chroniqueur, essayiste et auteur de romans policiers et historiques, cet écrivain profondément sicilien a traité avec âpreté la réalité sociale de son île natale : *Todo Modo* (1975); *L'Affaire Moro* (1978); *Noir sur noir,* un journal de dix années (1980).

sciatique adj. et n. ANAT. Relatif à la hanche; de la hanche. / *Nerf sciatique* : branche du plexus sacré qui innerve le membre inférieur. / n. m. *Le sciatique* : le nerf sciatique. / MÉD. n. f. Affection douloureuse causée par l'irritation du nerf sciatique.

scie n. f. **I.** Outil ou machine comportant une lame, un ruban ou un disque dentés, servant à couper les matières dures (bois, pierre, métal, etc.). *Scie à main. Scie électrique. Scie sauteuse. Scie circulaire.* / *Scie musicale* : instrument composé d'une lame que fait vibrer un archet et dont on module le son en pliant plus ou moins la lame. / Fig. Chose ou personne ennuyeuse; rengaine. **II.** ZOOL. *Scie ou poisson scie* : grand sélacien muni d'un long rostre aplati, bordé de dents, vivant dans les mers chaudes et tempérées.

sciemment adv. En le sachant; de propos délibéré.

science n. f. Vx Connaissance que l'on a de qqch. *Avoir la science infuse* : posséder un savoir inné ou, par plaisanterie, prétendre tout connaître sans avoir appris. / Savoir. *Homme de science* : savant, érudit. / Litt. Habileté, savoir-faire, compétence. *La science d'un sculpteur. Une science consommée du mensonge.* / Branche du savoir. *Sciences naturelles*, qui étudient la nature et ses lois (biologie, zoologie, botanique, géologie, etc.). *Sciences humaines*, qui étudient l'espèce humaine et la société (anthropologie, sociologie, histoire, psychologie, linguistique, etc.). *Sciences occultes* : occultisme. / Corps de connaissances constituées, dans un domaine, par l'observation ou l'expérimentation, et susceptibles d'être vérifiées. *La physique, la chimie, la biologie sont des sciences.* / *Les sciences* : les disciplines scientifiques fondées sur l'observation et le calcul. / *La science* : l'ensemble des connaissances scientifiques vérifiables.

Science chrétienne (*Christian Science*, en anglais) Secte fondée à Boston en 1879 qui affirme que la guérison est obtenue par la foi plus que par la médecine.

science-fiction n. f. (anglicisme) Genre littéraire et cinématographique qui propose la vision d'un monde futur fondée sur l'extrapolation des connaissances scientifiques.

scientifique adj. et n. Propre à la science, aux sciences. *Recherche scientifique.* / Élaboré en fonction du principe de vérification précise et rigoureuse qui caractérise la science. *Observation scientifique.* / Subst. *Un scientifique.*

scientifiquement adv. De façon scientifique.

scientisme n. m. Doctrine de ceux qui considèrent que la science peut donner la solution de tous les problèmes, y compris les problèmes philosophiques.

S

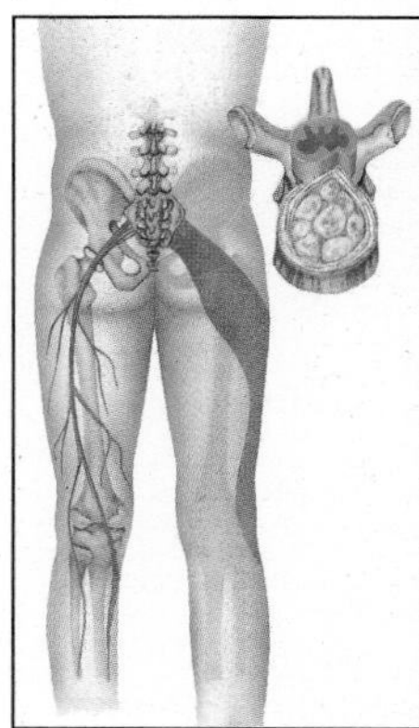
Trajet et coupe du nerf **sciatique**.

scientiste adj. et n. Du scientisme ; partisan du scientisme. *Attitude scientiste. C'est un scientiste.*
scientologie n. f. Doctrine de l'Américain Lafayette Ron Hubbard (1911-1986), qu'il présentait comme une philosophie religieuse. *L'Église de scientologie recrute ses adeptes en leur proposant, moyennant finance, de dépasser le stade ordinaire de la conscience de soi ; pour ce faire, elle utilise des techniques de manipulation mentale qui l'ont fait ranger parmi les sectes.*
scier v. t. [1] Couper avec une scie. / Fam. Étonner vivement, stupéfier.
scierie n. f. Usine où l'on débite des matériaux (bois, pierre, marbre, etc.) à la scie.
scieur, euse n. Personne qui scie. / Anc. *Scieur de long,* ouvrier qui sciait à la main de grandes pièces de bois dans le sens du fil.
Scilly ou **Sorlingues (îles)** *2 500 h.* Archipel anglais, au sud-ouest de la Grande-Bretagne ; les îles jouissent, grâce à l'influence du Gulf Stream, d'un climat très doux.
scinder v. t. [1] Diviser, fractionner. *Scinder une classe en deux groupes.*
scinque n. m. ZOOL. Petit reptile saurien, au corps cylindrique, aux membres parfois réduits ou absents, vivant généralement dans les lieux arides et rocailleux.
scintigraphie n. f. MÉD. Technique d'imagerie médicale permettant de visualiser un organe ayant fixé un radioélément préalablement introduit dans l'organisme.
scintillant, e adj. Qui scintille. *Astre scintillant.*
scintillation n. f. ASTRON. Variation apparente de l'éclat lumineux et/ou de la couleur d'un corps céleste, engendrée par la réfraction de la lumière passant à travers l'atmosphère.
scintillement n. m. Fait de scintiller. / Variation intermittente de l'intensité d'un signal lumineux. *Scintillement d'un écran de télévision.*
scintiller v. i. [1] Briller en jetant des éclats tremblotants. / ASTRON. Présenter le phénomène de scintillation.
scion n. m. Jeune rameau. / PÊCHE Terminaison fine d'une canne à pêche à laquelle est attachée la ligne.
Scipion Nom d'une famille de patriciens romains de la gens Cornelia. Elle compte seize consuls entre 350 et 129 avant J.-C. Parmi eux **Scipion l'Africain (**en latin **Publius Cornelius Scipio Africanus)** 235 ?-183 av. J.-C. Consul de Rome. Parti combattre pour Rome au cours des guerres puniques, il parvint à enlever l'Espagne aux Carthaginois en 210-206. Il porta ensuite la guerre en Afrique, fut vainqueur d'Hannibal à Zama et obligea Carthage à demander la paix en 202. De retour à Rome, il fut couvert d'honneurs et devint questeur, consul, puis prince du Sénat. Mais ses adversaires, parmi lesquels Caton l'Ancien, jaloux de sa popularité, l'accusèrent, en 187, de corruption à son retour d'une campagne menée contre Antiochos III en Asie. Il se retira dans son domaine de Liternum, en Campanie, entouré d'amis fidèles. **Scipion Émilien,** dit **le Second Africain** ou **le Numantin (**en latin **Publius Cornelius Scipio Æmilianus)** 185-129 av. J.-C. Consul de Rome. Fils de Paul Émile, le vainqueur de Persée, il fut adopté par le fils de Scipion l'Africain. Consul en 147, il termina le siège de Carthage qu'il fit détruire en 146 et s'empara de Numance en 133. Ce fut un orateur brillant et cultivé, ami des écrivains, en particulier de Térence.

Ettore Scola.

Martin Scorsese.

scission n. f. Division dans un groupe. *Scission d'un parti politique.*
scissiparité n. f. BIOL. Mode de reproduction asexuée qui se fait par division de l'organisme en deux ou plusieurs parties (chez certains protozoaires, cnidaires, annélides, etc.).
scissure n. f. ANAT. Sillon à la surface de certains organes (poumons, hémisphères cérébraux).
sciure n. f. Déchets, poussière, tombant d'une matière qu'on scie, spécialement du bois.
sclère n. f. ANAT. Syn. de sclérotique.
sclérenchyme n. m. BOT. Tissu végétal dont les cellules ont une paroi imprégnée de lignine.
scléreux, euse adj. MÉD. Se dit d'un tissu atteint de sclérose.
sclérifié, e adj. BOT. Se dit d'un tissu végétal imprégné de lignine.
sclérifier v. t. [1] Imprégner de lignine.
sclérite [1] n. m. ZOOL. Chacun des éléments rigides (imprégnés de chitine, de calcium) du tégument des arthropodes.
sclérite [2] n. f. MÉD. Inflammation de la sclérotique.
sclérodermie n. f. MÉD. Affection cutanée caractérisée par une induration profonde du tégument.
scléroprotéine n. f. BIOCHIM. Protéine des tissus de soutien (tissu conjonctif, osseux) et des productions cornées épidermiques. *Le collagène, la kératine, l'élastine appartiennent au groupe des scléroprotéines.*
sclérose n. f. MÉD. Durcissement, de nature pathologique, d'un tissu, d'un organe, d'une lésion, lié à la prolifération du tissu conjonctif, à la production anormalement élevée de collagène. *Sclérose en plaques* : maladie affectant le système nerveux central par destruction de la myéline, qui évolue par poussées plus ou moins régressives. / Fig. Perte de toute souplesse, de toute capacité d'adaptation, d'évolution. *Sclérose d'une institution.*
sclérosé, e adj. MÉD. Atteint de sclérose. / Fig. Qui a perdu sa souplesse, sa capacité d'adaptation, d'évolution.
scléroser v. t. / v pron. [1] Durcir artificiellement. *Scléroser une varice.* / Fig. Rendre rétif à toute évolution. *Ses longues années au même poste l'ont sclérosé.* / v. pron. Être progressivement atteint de sclérose. / Fig. Cesser d'évoluer, se figer.
sclérotique n. f. ANAT. Membrane externe de la paroi du globe oculaire, rigide, épaisse (*blanc de l'œil*), qui se différencie dans la partie antérieure de l'œil, où elle constitue la cornée, transparente. Syn. sclère.
Scola (Ettore) 1931 Cinéaste italien. Scénariste puis réalisateur à partir de 1964, il est à la fois le maître de la comédie dans son pays et le peintre parfois amer de la réalité sociale italienne : *Nous nous sommes tant aimés* (1974), *Une journée particulière* (1977), *La Terrasse* (1978), *Le Bal* (1983).
scolaire adj. et n. Propre, relatif à l'école. *Carnet scolaire. Année scolaire,* de la rentrée scolaire, à la fin de l'été, aux vacances scolaires, au début de l'été suivant. / Digne d'un écolier, d'un apprenti sans maîtrise. *Un récit laborieux et scolaire.* / Subst. *Les scolaires* : la jeunesse d'âge scolaire. *Une séance de cinéma réservée aux scolaires.*
scolarisation n. f. Action de scolariser ; fait d'être scolarisé. *Taux de scolarisation.*
scolariser v. t. [1] Pourvoir (une région, un pays) en établissements scolaires. / Admettre (un enfant) dans un établissement scolaire.
scolarité n. f. Fait de suivre des études dans un établissement scolaire. / Ensemble des études scolaires ; leur durée.
scolasticat n. m. Maison où de jeunes religieux étudient la philosophie et la théologie ; durée de ces études.
scolastique n. et adj. **A.** n. f. Enseignement de la philosophie et de la théologie, propre aux écoles du Moyen Âge. *La scolastique de saint Thomas d'Aquin.* / n. m. Théologien, philosophe scolastique. **B.** adj. Relatif à la scolastique. / Péjor. Qui a la rigidité, le formalisme de la scolastique décadente. *Discours scolastique.*
scolex n. m. (mot grec, « ver ») ZOOL. Région antérieure du corps des cestodes, munie de ventouses ou de couronnes de crochets. *Les segments hermaphrodites constituant le reste du corps des cestodes sont produits par bourgeonnement à partir d'une région rétrécie (le « cou ») située à la base du scolex.*
scoliose n. f. MÉD. Déviation latérale de la colonne vertébrale. *La scoliose peut être liée à la posture du sujet ou être de nature structurale.*
scolopendre [1] n. f. BOT. Fougère à frondes entières, en forme de longs rubans, poussant sur les rochers, les murs ombragés.
scolopendre [2] n. m. ZOOL. Myriapode carnivore, venimeux, à la morsure douloureuse pour l'homme.
scolyte n. m. ZOOL. Insecte coléoptère xylophage, dont les larves creusent des galeries en réseau sous l'écorce des arbres.
sconce, scons, sconse, skons, skunks ou **skuns** n. m. Moufette ; fourrure de la moufette.
scoop n. m. (mot anglais) Information journalistique exclusive.
scooter n. m. (mot anglais) Motocycle à cadre ouvert, à carénage et à petites roues.
Scopas IVe av. J.-C. Sculpteur et architecte grec. Travaillant essentiellement avec le marbre, il renouvela la sculpture grecque en donnant à ses statues des expressions et des attitudes originales (bas-relief du mausolée d'Halicarnasse).
scopolamine n. f. Alcaloïde antispasmodique extrait de plantes de la famille des solanacées, voisin de l'atropine.
scorbut n. m. MÉD. Ensemble des manifestations pathologiques de la carence en vitamine C (anémie, hémorragies, déchaussement des dents, divers troubles digestifs, cachexie progressive). *Le scorbut est généralement lié à une alimentation insuffisante en végétaux frais.*
scorbutique adj. et n. MÉD. Atteint du scorbut ; relatif au scorbut. / n. *Un(e) scorbutique.*
score n. m. (mot anglais) Nombre de points marqués au cours d'une rencontre sportive. *Score nul.* / Résultat d'un jeu, d'un test, d'une compétition, notamment électorale.
scorie n. f. Résidu solide produit par la fusion des minerais, par l'affinage des métaux. *Scories de déphosphoration,* de la fonte utilisées comme engrais. / GÉOL. Matière volcanique bulleuse, de faible densité, formée en surface des coulées de lave refroidies. / Fig. Ce qu'on juge inutile, déchet.
scorpène n. f. ZOOL. Rascasse.
scorpion n. m. ZOOL. Arthropode de la classe des arachnides, muni d'une paire de fortes pinces et d'une queue mobile terminée par un aiguillon venimeux. *La piqûre de certaines espèces de scorpion peut être mortelle pour l'homme.*
Scorpion (le) Constellation située dans l'hémisphère austral. Huitième signe du Zodiaque (24 octobre-22 novembre). Voir *constellation.*
Scorsese (Martin) 1942 Cinéaste américain. Né dans une famille d'origine italienne, il se fait remarquer grâce à l'un de ses premiers films, *Mean streets* (1973), où apparaissent des thèmes récurrents dans son œuvre, la solitude et l'aliénation d'individus perdus dans un monde chaotique. R. de Niro, interprète de *Mean streets*, a également tourné avec Scorsese dans certains de ses films les plus célèbres : *Taxi Driver* (1976) et *Raging Bull* (1979).
scorsonère n. f. BOT. Plante de la famille des composées, à fleurs jaunes, à racine comestible (salsifis noir).
Scot Érigène (Jean) 810 ?-877 ? Théologien et philosophe irlandais. Responsable de l'école du Palais de Charles II le Chauve, il a fortement marqué la pensée religieuse

Scorpion.

S

***Robert Falcon Scott**, lors de son exploration de l'Antarctique en 1912.*

de son temps par son œuvre où se retrouvent les thèmes du néo-platonisme.

scotch [1] n. m. (mot anglais) Whisky écossais. Pl. Des *scotchs* ou des *scotches.*

scotch [2] n. m. inv. (nom déposé) Ruban adhésif.

scotcher v. t. [1] Coller avec du scotch. / Fig. *Rester scotché devant la télévision*: rester longtemps devant l'écran, sans en détacher ses yeux.

Scotland Yard Nom couramment donné à la direction de la police de Londres, qui siégeait dans cette rue et qui, depuis 1967, se trouve sur un quai de la Tamise nommé New Scotland Yard.

scotome n. m. MÉD. Zone de non-perception dans le champ visuel.

scotomiser v. t. [1] PSYCHAN. Exclure du champ de la conscience. / Négliger, volontairement ou non, refuser, consciemment ou inconsciemment, de tenir compte de.

Scots Peuple de l'Antiquité qui, venu d'Irlande, rançonnait les côtes de Bretagne (Grande-Bretagne actuelle) et de Gaule. Certains groupes s'installèrent, au Ve siècle, en Calédonie (nord de l'Écosse) où ils fondèrent un royaume; leur influence religieuse (saint Colomba) et culturelle s'étendit sur toute la région et, au IXe siècle, ils soumirent les Pictes et donnèrent leur nom aux pays conquis (en anglais, *Scotland* signifie « pays des Scots »).

Scott (sir Walter) 1771-1832 Romancier écossais. D'abord avocat, il s'adonne à la poésie avant de créer le roman historique. Son œuvre, qui a remporté un grand succès, comprend de très nombreux ouvrages. Ils ressuscitent le Moyen Âge écossais: *L'Antiquaire* (1816); *Rob Roy* (1818); *La Fiancée de Lamermoor* (1819) et anglais: *Ivanhoé* (1820); *Quentin Durward* (1823); *La Jolie Fille de Perth* (1828). Cette forme de roman lança une mode à travers toute l'Europe au XIXe siècle. Scott écrivit aussi des ouvrages d'histoire.

Scott (Robert Falcon) 1868-1912 Explorateur anglais. Après plusieurs explorations sur le continent antarctique, il atteignit le pôle Sud en 1912 mais périt avec ses 4 compagnons sur le chemin du retour.

Scotto (Vincent) 1876-1952 Compositeur français. Il fut l'auteur fécond (plusieurs milliers de mélodies) de chansons et d'opérettes interprétées par les plus grands chanteurs de son époque, de Polin (*La Petite Tonkinoise*) à Tino Rossi (*Le plus beau de tous les tangos du monde*).

scout, e n. et adj. Adhérent d'un mouvement de scoutisme. / adj. Propre au scoutisme. *Camp scout.*

scoutisme n. m. Mouvement fondé au début du XXe siècle par l'Anglais Robert Baden-Powell, comprenant de nombreuses organisations (souvent confessionnelles) dans le monde, qui se propose de contribuer au développement personnel et social des jeunes par des activités de groupe, le contact avec la nature et l'application de valeurs morales.

scrabble n. m. (nom déposé) Jeu de société où l'on forme des mots, à l'aide de jetons figurant les lettres de l'alphabet, sur un support quadrillé.

***Scribe** égyptien.*

scramasaxe n. m. ARCHÉOL. Poignard de guerre utilisé par les Francs.

Scriabine ou **Skriabine (Alexandre Nikolaïevitch)** 1872-1915 Compositeur et pianiste russe. Entré au conservatoire de Moscou en 1888, il entama sa carrière de pianiste virtuose et de compositeur en faisant des tournées en Europe. Initialement influencé par Chopin, Liszt et Wagner, il s'en écarta progressivement, devenant ainsi le chef de file de la musique moderniste russe: *Le Poème de l'extase* (1905-1907), *Le Poème du feu* (1909-1910).

scriban n. m. Secrétaire à pupitre escamotable.

scribe n. m. Personnage de l'Antiquité chargé de rédiger des textes liturgiques ou juridiques; copiste. *Scribe égyptien.* / Docteur de la Loi juive. / Péjor. Employé aux écritures.

Scribe (Eugène) 1791-1861 Écrivain français. Auteur de plus de 300 pièces, il remporta un grand succès grâce à ses vaudevilles, ses comédies (*Adrienne Lecouvreur*, 1849), et ses livrets d'opéras (*Fra Diavolo*, 1830; *Les Huguenots*, 1836).

scribouillard, e n. Fam., péjor. Employé aux écritures. / Fig., péjor. Écrivain médiocre. *Un obscur scribouillard.*

script [1] n. m. (mot anglais) Écriture manuelle proche des caractères d'imprimerie.

script [2] n. m. (mot anglais) Découpage d'un film avec dialogues et indications techniques.

script [3] n. m. FIN. Document remis à un créancier par une collectivité débitrice qui ne peut honorer l'intégralité de sa dette à échéance.

scripte n. f. AUDIOV. Assistante de réalisation chargée de prendre des notes. *L'administration française préconise « scripte », de préférence à l'anglicisme « script-girl ».*

scriptorium n. m. (mot latin) Dans les anciens monastères, salle réservée à l'écriture, à la copie, à l'enluminure des manuscrits. Pl. Des *scriptoriums* ou (rare) des *scriptoria.*

scripturaire adj. Relatif aux Saintes Écritures.

scriptural, ale, aux adj. LING. Relatif à l'écriture. / FIN. *Monnaie scripturale*: moyen de paiement par écriture comptable.

scrofulaire n. f. BOT. Plante herbacée de la famille des scrofulariacées, à fleurs jaunes ou brunes, autrefois appelée *herbe aux écrouelles.*

scrofulariacées n. f. pl. BOT. Famille de plantes dicotylédones gamopétales, à fleurs régulières, dont le fruit est une capsule. *La scrofulaire, la digitale, la véronique sont des scrofulariacées.*

scrofule n. f. MÉD. Vx Écrouelles. / Par ext. Lésion chronique évoluant vers l'état de fistule.

scrofuleux, euse adj. et n. Vx Propre à la scrofule; atteint de scrofule. / Subst. *Un scrofuleux, une scrofuleuse.*

scrogneugneu! interj. et n. m. Juron plaisamment attribué aux vieux militaires grognons. / n. m. Vieux militaire bougon. *D'insupportables scrogneugneux.*

scrotum n. m. ANAT. Enveloppe cutanée entourant les testicules.

scrupule n. m. Ce qui gêne la conscience à propos d'une action passée ou d'une conduite à tenir, une décision à prendre. *Agir sans scrupule.* / Grande exigence morale.

scrupuleusement adv. De façon scrupuleuse.

scrupuleux, euse adj. Qui a des scrupules. *Un homme scrupuleux.* / Qui est fait avec scrupule. *Recherche scrupuleuse.*

scrutateur, trice adj. et n. Qui scrute. *Regard scrutateur.* / n. Personne qui veille au bon déroulement d'un scrutin, qui participe au dépouillement.

scruter v. t. [1] Examiner attentivement (qqch.). *Scruter l'horizon.*

scrutin n. m. Ensemble des opérations effectuées lors d'un vote, d'une élection, d'un référendum, suivant différentes modalités. *Ouverture, clôture du scrutin. Tour de scrutin. Scrutin uninominal*, qui proclame l'élection d'un candidat pour un seul siège à pourvoir dans la circonscription. *Scrutin de liste. Scrutin majoritaire. Scrutin proportionnel*, où chaque liste de candidats emporte un pourcentage des sièges disponibles égal au pourcentage des voix obtenues.

Scudéry (Georges de) 1601-1667 Auteur dramatique français. Ayant quitté l'armée en 1630, il s'installa à Paris pour se consacrer à l'écriture et surtout au théâtre (*Le Trompeur puni*, comédie, 1633). Ennemi de Corneille (auquel il adressa des *Observations sur « le Cid »*, 1637), il dut quitter la capitale en raison de sa sympathie pour Condé. **Madeleine** 1607-1701 Écrivain français, sœur du précédent. Elle collabora avec son frère à la rédaction de romans précieux: *Le Grand Cyrus* (1659-1653); *Clélie* (1654-1660), qui comprend la *« carte du Tendre »*. Son frère et elle fréquentaient le salon de la marquise de Rambouillet.

sculpter v. t. [1] Tailler (une figure, un objet, un ornement) dans une matière dure. Sculpter une figure couchée. / Travailler, façonner (une matière dure) pour en tirer une œuvre à trois dimensions. *Sculpter le marbre.* / Absol. Pratiquer la sculpture.

Sculpture

Le Virtuose de Pablo Gargallo.

Bas-relief chinois de l'époque Tang.

Bloc de pierre sculpté (Monte Albán, Mexique).

Sculpture de Eduardo Chillida.

Tympan du porche de la cathédrale de León.

sculpteur n. m. BX-ARTS Artiste qui pratique la sculpture.
sculptural, ale, aux adj. BX-ARTS Propre à, relatif à la sculpture. *Technique sculpturale.* / Dont la plastique évoque la sculpture. *Un corps sculptural.*
• **sculpture** n. f. BX-ARTS Art de créer des formes en trois dimensions par la taille (d'une matière dure), le modelage ou l'assemblage (de matériaux). *Sculpture en ronde bosse, en haut relief, en bas-relief. La sculpture grecque, baroque, contemporaine.* / Œuvre sculptée. *Une sculpture de Michel-Ange.* / (Au plur.) Dessins en relief de la surface d'un pneu.
Scylla Écueil du détroit de Messine (entre l'Italie et la Sicile), proche du tourbillon de Charybde. L'expression *tomber de Charybde en Scylla* signifie aller de mal en pis.
scythe adj. et n. Des Scythes, de la Scythie. *L'art scythe. Un Scythe.*
Scythes Peuple nomade indo-européen, de langue iranienne, qui peuplait les steppes au nord de la mer Noire au VIIIe siècle av. J.-C. Participant aux guerres que se livraient les Assyriens, les Mèdes et les Néo-Babyloniens, ils parvinrent à conquérir une grande partie des terres des Cimmériens : la Médie, la Syrie et la Palestine. Les Égyptiens ne parvinrent à les repousser qu'en leur payant un tribut.
Scythie Pays des Scythes.
SDF ou **S.D.F.** n. et adj. Sigle de *Sans Domicile Fixe. Un(e) SDF. Devenir SDF.*
SDN ou **S.D.N.** Voir **Société des Nations**
se (*se* s'élide en *s'* devant une voyelle ou un *h* muet) pron. pers. de la troisième personne (En fonction de complément direct, devant un verbe réfléchi) Lui, elle, elles, eux. *Elle s'est beaucoup amusée* : elle a beaucoup amusé

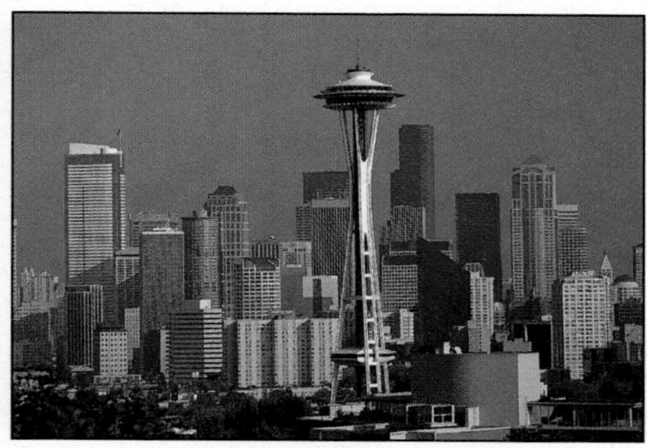
Seattle.

elle. *Ils se sont noyés.* / (Dans un verbe réfléchi qui prend alors un sens passif) *De telles récompenses doivent se mériter*, être méritées. / (En fonction de complément indirect) À lui, à elle, à elles, à eux. *Ils ne se sont fait aucun cadeau* : ils n'ont fait aucun cadeau à eux… / (Pour remplacer *son, sa, ses*) *Il se lave les mains* : il lave ses mains.

sea-line n. m. (mot anglais) Canalisation sous-marine pour le transport des hydrocarbures. Pl. Des *sea-lines*.

Seaborg (Glenn Theodore) 1912 Physicien américain. Avec MacMillan et Segrè, il découvre l'isotope 239 du plutonium. Il participe au projet Manhattan et met en évidence l'isotope 242 du curium, puis découvre l'américium. En 1950, à l'aide d'une cible contenant ces deux isotopes, il découvre le berkélium et le californium ; en 1955, il identifie l'einsteinium, le fermium et le mendélévium, puis, en 1958, le nobélium et, enfin, l'élément atomique Z-106 qu'il nomme seaborgium.

séance n. f. Réunion d'une assemblée constituée afin de mener à bien certains travaux. *Ouvrir, suspendre la séance. Séance de l'Académie.* / Durée d'une réunion. *Fin de séance.* / Temps consacré à une occupation, à une activité. *Séance d'entraînement.* / Projection cinématographique. *La dernière séance.*

séant [1] n. m. Litt. *Se mettre sur son séant* : s'asseoir. / Fam. *Posez, mettez votre séant* : asseyez-vous.

séant, e [2] adj. Litt. Qui sied, est convenable.

Seattle *520 947 h.* Port des États-Unis, dans l'État de Washington, qui communique avec l'océan Pacifique par un détroit. Les industries mécaniques et aéronautiques (Boeing) ont assuré la prospérité de la ville qui fait figure de capitale du nord-ouest des États-Unis. L'agglomération de Seattle-Tacoma excède les *2,5 millions* d'habitants.

seau n. m. Récipient cylindrique ou tronconique, fait de divers matériaux, comportant une anse, servant à puiser, à porter des liquides ou divers produits. *Seau à charbon, à glace.* / Son contenu. *Un seau d'eau.*

sébacé, ée adj. Qui concerne le sébum. *Glande sébacée*, qui sécrète du sébum.

Sebastiano del Piombo (Sebastiano Luciani, dit) 1485 ?-1547 Peintre italien. Influencé par Gorgione et Bellini durant sa jeunesse à Venise, il travailla à Rome à partir de 1511 et fut proche de Raphaël, avec qui il décora la Farnésine, puis de Michel-Ange.

Sébastien (saint) IIIᵉ siècle Martyr romain. La légende en fait un officier qui secourut des chrétiens sous Dioclétien. Dénoncé, il fut percé de flèches.

Sébastien 1554-1578 Roi de Portugal (1557-1578). Petit-fils du roi Jean III, il demeura longtemps sous la tutelle de sa grand-mère. Désireux de vaincre les Maures, il tenta de s'emparer du Maroc et subit en 1578 une défaite, qui marqua le déclin du Portugal : Sébastien mourut dans la bataille et Philippe II d'Espagne profita de la confusion pour se faire proclamer roi du Portugal en 1581.

Sébastopol *374 800 h.* Port militaire et industriel d'Ukraine, en Crimée, sur la mer Noire. C'est une ville neuve, reconstruite après le long siège et la prise de la ville par les armées franco-anglaises en 1855. D'après l'accord de 1997, la Russie loue à l'Ukraine une partie des installations portuaires.

sébile n. f. Vieilli Petite coupe destinée à recevoir une aumône. *La sébile d'un mendiant.*

Sebonde ou **Sebond (Raimundi Sabunde**, dit, en français, **Raymond de)** fin XIVᵉ siècle-1436 Théologien et médecin catalan d'expression latine, né à Barcelone et mort à Toulouse. Son ouvrage principal, *Théologie naturelle ou Livre des créatures* (1487), s'appuie sur des méthodes empiristes pour construire une théologie. Montaigne entreprit la traduction de ce texte en 1569 et consacra un chapitre des *Essais* à son auteur.

séborrhée n. f. MÉD. Augmentation pathologique de la sécrétion des glandes sébacées.

sébum n. m. PHYSIOL. Substance grasse qui lubrifie et protège la peau. *Le sébum est sécrété par les glandes sébacées.*

sec, sèche adj., n. m. et adv. **A.** adj. Sans humidité, sans eau ; aride. *Un terrain sec.* / Loc. fam. *Boire cul sec*, d'une seule gorgée, en laissant sec le fond du verre. / Séché. *Bois sec. Légumes secs* (par opposition à *frais, verts*). / Qui a perdu son humidité naturelle. *Des yeux secs*, qui ne pleurent pas. / Fig. Sans rondeur, sans douceur. *Un virage sec. Un alcool, un vin sec*, très peu sucré. / Sans accompagnement, sans complément. *Pain sec. Régime sec*, sans boissons alcooliques. *Perte sèche*, sans compensation. / (En parlant de personnes) Maigre, peu charnu. *Un corps sec.* / Loc. fam. *Sec comme un coup de trique* : extrêmement maigre. / Fig. Insensible, sans compassion. *Un cœur sec.* **B.** n. m. Ce qui est sans humidité. *Mettre qqch. au sec.* / Loc. adv. *À sec* : sans eau. *Une mare à sec.* / Fig. Sans argent, sans ressources. *Joueur à sec.* **C.** adv. *Boire sec*, sans adjonction d'eau. / Fig. *Boire sec* : consommer beaucoup d'alcool. *Une soirée où l'on boit sec.* / Sans ménagement, avec rudesse. *C'est ce qu'on appelle parler sec !* / Loc. adv., fam. *Aussi sec* : immédiatement. *Je n'ai pas eu à attendre, il est arrivé aussi sec.*

sécable adj. Qui peut être divisé, coupé.

Secam ou **SECAM** adj. et n. m. (acronyme pour *séq{entiel} à m{émoire}*) *Système Secam* ou (n. m.) *le Secam* : procédé français de télévision en couleur mis au point par l'ingénieur Henri de France.

sécant, e adj. et n. f. MATH. Qui coupe (une droite, une courbe, un plan) en au moins un point. *Plan sécant.* / n. f. Droite sécante.

sécateur n. m. Outil de jardinage en forme de gros ciseaux, muni d'un ressort qui tient écartées ses deux branches dont l'une est tranchante, servant à tailler, à couper des branches, des tiges.

Secchi (Angelo) 1818-1878 Astronome italien. Jésuite, il figure parmi les premiers qui classèrent les étoiles selon leur spectre.

sécession n. f. Action par laquelle une fraction de la collectivité nationale se sépare d'un État dans le but de fonder un autre État ou de se joindre à un État tiers. / Action, pour une ou plusieurs personnes, de quitter un groupe. *Faire sécession.*

Sécession (guerre de) 1861-1865 Guerre civile qui opposa, aux États-Unis, les États du Nord à ceux du Sud. L'expansion de l'Union vers l'ouest posait le problème

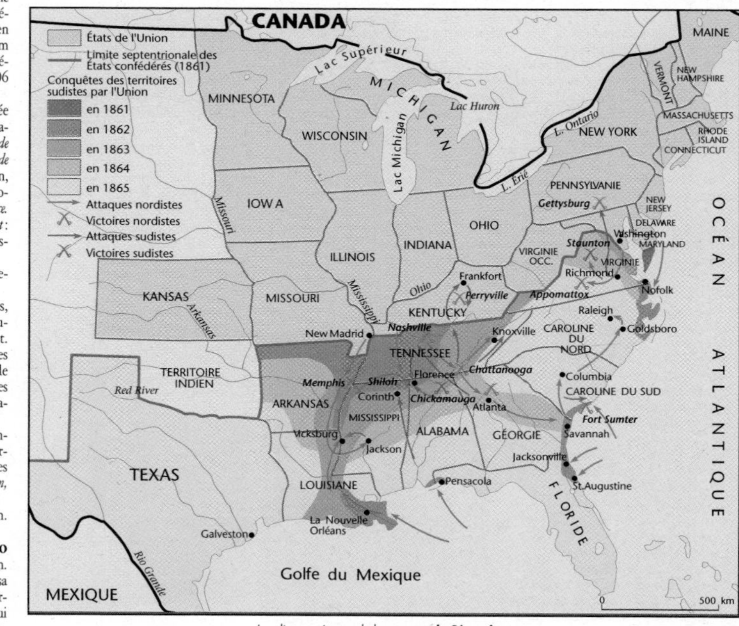

Les diverses étapes de la ***guerre de Sécession****.*

Sécheresse (© M. Dukhan, B. Osés).

de l'extension de l'esclavage dans les nouveaux États. Il fut réglé par des compromis en 1820 et en 1857. Mais, en 1860, l'élection à la présidence du républicain anti-esclavagiste Lincoln entraîna la sécession des États esclavagistes du Sud. Onze États, dont les deux Caroline, la Louisiane, la Géorgie, constituèrent une confédération, élirent un président, Jefferson Davis, et ouvrirent les hostilités contre les « fédéraux » du Nord en 1861. Ces derniers, commandés par Sherman et Grant, finirent par l'emporter sur les armées sudistes de Johnston et de Lee, qui durent capituler en 1865. Le treizième amendement à la Constitution supprima l'esclavage aux États-Unis. De nombreux historiens estiment que cette guerre assura la domination du Nord, industriel, sur le Sud, agricole.

sécessionniste adj. et n. Qui a fait sécession. *Troupes sécessionnistes.* / Partisan de la sécession. *Pamphlet sécessionniste.* / Subst. *Un sécessionniste.*

séchage n. m. Action de faire sécher ; fait de sécher ; procédé utilisé pour éliminer l'humidité d'un corps. *Séchage des viandes, des fruits.*

sèche n. f. Fam. Cigarette.

sèchement adv. De manière sèche.

sécher v. t. / v. i. [1] **A.** v. t. Rendre sec, ôter l'humidité de. *Sécher ses cheveux avec une serviette. Faire sécher du tabac au soleil.* / Fig. fam. S'abstenir d'assister à (un cours, une réunion, etc.). **B.** v. i. Devenir sec ; spécial., perdre son humidité naturelle. / Fig. Dépérir, s'épuiser. / Fam. Ne pas pouvoir répondre, argumenter (sur un sujet).

sécheresse n. f. État de ce qui est sec. / Manque d'eau de pluie. / Fig. Absence de sensibilité, dureté. / Manque d'agrément, de charme. *La sécheresse d'un style.*

séchoir n. m. Lieu aménagé pour le séchage de diverses matières. *Séchoir à tabac.* / Ensemble de tringles sur lesquelles on met ce que l'on veut faire sécher. *Séchoir à linge.* / Appareil électrique conçu pour le séchage. *Séchoir à cheveux.*

second, e adj. et n. **A.** adj. Deuxième (quand il n'y a que deux éléments). *Second tour. Le second enfant.* / Inférieur. *Produit de second choix.* **B.** n. m. MAR. Officier qui commande sur un bateau après le commandant. / Par ext. (n. m. et n. f.) Assistant(e). / Deuxième étage d'une maison. **C.** n. f. MUS Intervalle de deux degrés. / CHORÉGR. et ESCR. Deuxième position. / Classe qui, dans l'enseignement secondaire, précède la première. / Deuxième classe de voyageurs dans les transports en commun. / Deuxième vitesse d'un véhicule à moteur.

Second (Jean Everaerts, dit Jean) 1511-1536 Poète flamand. Après des études à Bourges, il travailla au service de l'archevêque de Tolède, de Charles-Quint puis de l'archevêque d'Utrecht. Mort de maladie très jeune, il laissa des poèmes érotiques en latin, les *Baisers*, qui furent publiés après sa mort (1539).

secondaire adj. et n. m. Qui vient en second rang, qui est de moindre importance. *Rôle, question secondaire.* / Qui vient en second dans le temps. / *Enseignement secondaire*, qui succède à l'enseignement primaire. / GÉOL. *Ère secondaire*, qui succède à l'ère primaire. / Se dit de ce qui dérive d'autre chose, qui lui est consécutif. *Couleur secondaire. Effet secondaire.* / ÉCON. *Secteur secondaire* : ensemble des activités de transformation des matières premières. / n. m. Enseignement du second degré.

seconde n. f. Unité de temps (symbole s) égale à la soixantième partie d'une minute. *La seconde est légalement définie ainsi : la durée de 9 192 631 770 périodes de la radiation correspondant à la transition entre les deux niveaux hyperfins de l'état fondamental de l'atome de césium 133.* / Fig. Instant. / GÉOM. Unité d'angle ou d'arc égale à la soixantième partie de la minute, soit à la trois mille six centième partie du degré.

seconder v. t. [1] Aider, assister (qqn), être son second.

secouer v. t. [1] Agiter vivement et à plusieurs reprises. *Secouer une branche pour faire tomber les fruits.* / Remuer (la tête, la main) de façon répétée en signe de dénégation ou d'approbation. / Faire tomber (qqch.) par des mouvements vifs. *Secouer la poussière de son chandail.* / Fig. Ébranler, troubler profondément. *Cette tragédie nous a tous secoués.* / Fam. Inciter vivement (qqn) à faire un effort, à agir. / v. pron. Se forcer à réagir. *Il est temps d'oublier ton échec, secoue-toi un peu !*

secourable adj. Qui porte volontiers secours.

secourir v. t. [3] Porter secours à, venir en aide à (qqn qui est en danger, dans une situation pénible). *Secourir des naufragés, des blessés. Secourir des réfugiés.*

secourisme n. m. Ensemble des moyens qui permettent de venir en aide à une personne en danger, de donner les premiers soins à un blessé.

secouriste n. Personne qui pratique le secourisme. *Brevet de secouriste.*

secours n. m. Assistance offerte à une personne pour la tirer d'une situation difficile. *Se porter au secours de qqn. Appeler au secours.* / Aide matérielle. / Troupes de renfort. *Envoyer des secours.* / Moyens mis en œuvre pour porter assistance aux blessés, aux malades. *Attendre les premiers secours. Poste de secours.* / Ce qui est utile. *Ton aide me fut d'un grand secours.* / loc. adj. *De secours* : utile en cas de danger, d'urgence ; de rechange. *Sortie de secours. Roue de secours.*

Secours catholique Organisation de charité créée en France (à Lourdes) en 1946.

Secours populaire français Organisation de solidarité créée en France en 1938. Il succéda au Secours rouge, fondé par des militants du Parti communiste français en 1926.

secousse n. f. Mouvement brusque qui ébranle la personne ou la chose qui le subit. *Secousses sismiques*, d'un tremblement de terre. / Fig. Ébranlement psychologique.

secret, ète adj. et n. m. Qui ne doit pas être divulgué ; qui doit rester caché du plus grand nombre. *Accords secrets. Services secrets* : services d'espionnage ou de contre-espionnage. / Dissimulé à la vue. *Porte secrète.* / Qui n'apparaît pas, qui reste caché. *Pensées secrètes.* / Qui ne livre pas sa pensée, qui est renfermé. *Un garçon secret.* / n. m. Ce qui ne doit pas être révélé. *Garder un secret. Secret d'État*, dont la divulgation nuirait à l'État. / Confidence. *Être dans le secret.* / Moyen, procédé qui ne doit pas être révélé. *Secret de la fabrication. Le secret de la réussite.* / Discrétion, silence sur ce qu'on connaît. *Secret professionnel. Secret bancaire.* / Mécanisme caché. *Meuble à secret.*

secrétaire n. **I.** n. Personne chargée, pour qqn d'autre, de diverses tâches d'écriture, de rédaction ; employé chargé de diverses tâches de rédaction de courrier, de classement, de tenue d'agenda, etc. *Secrétaire de direction.* / Personne chargée de certaines tâches administratives, de certains travaux de rédaction. *Secrétaire de séance*, chargé des comptes-rendus de séance. *Secrétaire d'administration, de mairie. Secrétaire général* : titre donné à celui ou à celle qui exerce une fonction de direction, dans certaines institutions, partis, syndicats, organisations. *Secrétaire d'État* : personne chargée d'un département ministériel sans avoir le rang de ministre ; ministre des Affaires étrangères, aux États-Unis ; prélat occupant des fonctions analogues à celles d'un Premier ministre et d'un ministre des Affaires étrangères, au Vatican. **II.** n. m. Meuble à tiroirs où l'on range des papiers, généralement muni d'une tablette pour écrire. **III.** n. m. ZOOL. Serpentaire.

secrétairerie n. f. RELIG. CATHOL. Ensemble des services dirigés par le secrétaire d'État du Vatican.

Secrétaire en noyer et pin (Espagne, XVIe siècle).

secrétariat n. m. Fonction de secrétaire ; durée de cette fonction. *Renouveler le secrétariat d'une association.* / Bureau, service où travaillent les secrétaires ; ensemble des secrétaires. / Travail, métier de secrétaire. *Une école de secrétariat.* / *Secrétariat d'État* : charge d'un(e) secrétaire d'État ; lieu où elle s'exerce.

secrète n. f. LITURG. CATHOL. Anc. Oraison dite autrefois par le prêtre à la fin de l'offertoire.

secrètement adv. En secret.

sécréter v. t. [1] Produire (une substance) par sécrétion. / Par ext. Exsuder, émettre. *Les feuilles d'eucalyptus sécrètent une odeur forte.* / Fig. Émettre, répandre. *Un livre qui sécrète l'ennui.*

sécrétine n. f. BIOCHM. Hormone, produite par la muqueuse du duodénum, qui stimule l'action endocrine et exocrine du pancréas. *La sécrétion de la sécrétine par le duodénum est déclenchée par le passage du chyme.*

sécrétion n. f. BIOL. Processus par lequel les cellules de certains tissus élaborent des substances qui sont ensuite libérées dans le sang (*sécrétion endocrine*) ou évacuées par un canal excréteur (*sécrétion exocrine*). / Substance produite selon ce processus.

sécrétoire adj. BIOL. Relatif à la sécrétion.

sectaire adj. et n. Intolérant en matière d'opinion. *Esprit sectaire.*

sectarisme n. m. Attitude sectaire.

sectateur, trice n. Adepte d'une secte. / Vieilli Partisan d'une doctrine politique, philosophique, religieuse.

secte n. f. RELIG. Au sein d'une religion, groupe organisé autour d'une même doctrine hétérodoxe. *Secte cathare.* / Communauté spirituelle dont les membres obéissent à un maître à penser et vivent en communauté, en observant des rites, des règles de vie particuliers et contraignants.

secteur n. m. MATH. Surface d'un cercle déterminée par deux rayons et l'arc correspondant. *Secteur sphérique* : volume engendré par la rotation d'un secteur de cercle autour d'un diamètre qui ne le traverse pas. / Division d'un territoire, subdivision administrative. *Secteur scolaire.* / Dans une ville, division du réseau de distribution d'électricité. *Panne de secteur.* / MILIT. Zone d'opération d'une unité. / ÉCON. Ensemble d'activités présentant des caractéristiques communes ; branche. *Secteur public, privé. Secteur primaire, secondaire, tertiaire. Secteur du bâtiment et des travaux publics.*

section n. f. Action de couper ; fait d'être coupé. *Section d'un ligament.* / Ligne ou surface délimitée par la rencontre de deux lignes, de deux surfaces ou de deux solides qui se coupent. *Point de section* : point commun à deux lignes qui se coupent. / Surface d'un objet à l'endroit où il est coupé selon un plan transversal. *Section d'un tuyau. Section ronde, triangulaire.* / Représentation graphique (d'un objet, d'un mécanisme, d'une construction) selon un plan transversal. Syn. coupe. / Division d'un classement, d'un ensemble. *La section de paléontologie d'un muséum. Section électorale* : groupe d'électeurs votant dans le même bureau. *Section syndicale. Section littéraire, scientifique dans un lycée.* / Subdivision d'une compagnie militaire commandée par un lieutenant. *Chef de section.* / Subdivision d'un orchestre. *Section rythmique.* / Partie d'un ouvrage. / Partie, tronçon d'une voie de communication. *Section d'autoroute.* / Partie du trajet d'une ligne de véhicules de transport en commun.

Section française de l'Internationale ouvrière ou **S.F.I.O.** Nom officiel du parti socialiste français de 1905 à 1970. Les différents partis socialistes créés en France, à partir de 1877, se regroupèrent en 1905 dans le parti socialiste S.F.I.O. adhérent à la IIe Internationale. En 1920, au congrès de Tours, la majorité décida d'adhérer à son tour à la IIIe Internationale communiste et constitua le parti communiste français, la minorité conservant son appellation.
sectionnement n. m. Action de sectionner.
sectionner v. t. [1] Trancher net. *Sectionner un bras, un câble.* / Fig. Diviser, répartir en sections. *Sectionner une commune en circonscriptions électorales.*
sectoriel, elle adj. Relatif à un secteur.
sectoriser v. t. [1] Diviser en secteurs.
séculaire adj. Qui a lieu une fois par siècle. / Année séculaire, terminant un siècle. *L'an 2000 est l'année séculaire du vingtième siècle.* / Qui existe depuis un siècle. *Une institution trois fois séculaire.* / Qui existe depuis des siècles. *Les traditions séculaires d'un peuple.*
sécularisation n. f. Fait de séculariser ; résultat de cette action.
séculariser v. t. [1] RELIG. Faire passer de l'état régulier à l'état séculier (en parlant d'un membre d'un ordre religieux). / Faire passer du domaine ecclésiastique au domaine laïc (en parlant d'une personne, d'une institution).
séculier, e adj. et n. m. Qui appartient au siècle, au monde laïc. *Bras séculier* : autorité temporelle. / RELIG. Qui n'est pas soumis à la règle d'un ordre religieux. *Clergé séculier* (opposé à *régulier*). / n. m. (rare) *Un séculier* : un prêtre séculier.
secundo adv. (mot latin) Deuxièmement.
sécurisant, e adj. Qui sécurise.
sécurisation n. f. Action de sécuriser ; son résultat.
sécuriser v. t. [1] Apporter la sécurité à (qqch., qqn). / Par ext. Donner (à qqn) un sentiment de sécurité.
sécuritaire adj. Relatif à la sécurité, à la protection des personnes et des biens. *La mission sécuritaire de la police.*
sécurité n. f. Confiance, tranquillité d'esprit, de celui qui se croit à l'abri de tout danger. *Se sentir en sécurité.* / Situation sûre due à l'absence réelle de tout danger. *Sécurité de l'emploi.* / Ensemble des mesures matérielles, politiques, économiques, sociales destinées à assurer la protection des personnes et des biens. *Assurer la sécurité publique. Compagnie républicaine de sécurité* ou *CRS* : unités mobiles dépendant du ministère de l'Intérieur, chargées d'assurer l'ordre. *Sécurité sociale* : organisation visant à garantir les salariés et leur famille contre les risques sociaux (maladie, invalidité, maternité, décès ; accidents du travail, vieillesse ; prestations familiales) dont les ressources proviennent de cotisations (salariales, patronales, etc.) redistribuées aux ayants droit sous forme de prestations. / *Sécurité d'une arme à feu* : mécanisme empêchant d'actionner la détente. / loc. adj. *De sécurité* : qui permet de prévenir un risque. *Ceintures de sécurité dans un véhicule. Glissières de sécurité.*
Sedaine (Michel-Jean) 1719-1797 Écrivain français. Maçon de profession, il commença à écrire des opéras-comiques à partir de 1756. Il fut l'auteur du *Philosophe sans le savoir* (1765), qui remporta un grand succès à la Comédie-Française et qui correspond au « drame bourgeois » (ou « comédie sérieuse ») défini par Diderot.

Détail d'une fresque de l'époque des ***Séfévides****, à Ispahan.*

Sedan *21 667 h.* Chef-lieu d'arrondissement du département des Ardennes, sur la Meuse, centre industriel (textiles, métallurgie). Le 1er septembre 1870, la ville fut le théâtre de la capitulation de l'armée française, dirigée par Mac-Mahon, devant l'armée allemande. Cette défaite entraîna la chute du second Empire.
sédatif, ive adj. et n. m. Qui modère l'activité fonctionnelle d'un système, d'un organe ; calmant. / n. m. *Un sédatif.*
sédation n. f. Didac. Apaisement dû à un sédatif.
sédentaire adj. et n. Qui se déroule, s'est toujours déroulé, au même endroit (par oppos. à *nomade*). *Une vie sédentaire.* / Attaché à un habitat déterminé. *Oiseau sédentaire.*
sédentariser v. t. [1] Rendre sédentaire (une population).
sédentarité n. f. Fait d'être sédentaire ; état de qui est sédentaire.
sédiment n. m. GÉOL. Dépôt meuble abandonné par les eaux ou les vents à la surface du sol. *Sédiments marins, glaciaires.* / BIOL. Dépôt formé, sous l'effet de la pesanteur, par les particules en suspension dans un liquide. *Les sédiments du sang.*
sédimentaire adj. Propre à, relatif à un sédiment. *Roche sédimentaire* (par opposition à *métamorphique*), qui n'a subi que peu de transformation.
sédimentation n. f. GÉOL. Formation d'un sédiment. / BIOL. *Sédimentation globulaire* : chute des éléments figurés du sang (voir *sang*) dans une colonne de sang rendu incoagulable.
séditieux, euse adj. Qui procède de la sédition.
sédition n. f. Mouvement concerté de révolte contre le pouvoir en place.
séducteur, trice n. et adj. Personne qui séduit. / Personne qui fait beaucoup de conquêtes galantes, amoureuses. / (Emploi adj.) *Un sourire séducteur.*
séduction n. f. Action de séduire. *Pouvoir de séduction.* / Charme.
séduire v. t. [3] User de son charme pour convaincre (qqn), pour lui plaire. / Spéc., vieilli. Amener (une femme) à se donner sexuellement hors mariage. *Il la séduisit, puis l'abandonna.* / Attirer fortement (qqn) par ses charmes, ses qualités. *Votre idée me séduit.*
séduisant, e adj. Qui séduit, qui attire, qui plaît.
Seebeck (Thomas) 1770-1831 Physicien allemand. Il mit en évidence l'effet thermoélectrique (effet Seebeck), démontrant ainsi la possibilité de changer l'énergie thermique en énergie électrique (1821).
séfarade ou **sefardi** n. et adj. HIST. Au Moyen Âge, juif espagnol ou portugais. / Mod. Juif descendant des juifs d'Espagne et du Portugal expulsés en 1492. / adj. *Synagogue séfarade.* Pl. Des *séfarades* ou des *sefardim.*
Séféris (Georghios Sepheriadhis, dit Georges) 1900-1971 Poète grec. Diplomate de carrière, il révéla dans ses œuvres son attachement profond pour la Grèce antique. Il publia notamment *Mythologie* (1935) ; *Journal de bord* (3 vol., 1940-1955).
Séfévides ou **Safavides** Dynastie persane musulmane dont les territoires s'étendaient sur l'Iran et l'Irak. Issue d'une confrérie chiite fondée au XIIIe siècle, elle s'empara du pouvoir avec la victoire sur les Turcomans de son chef Ismaïl Ier et son couronnement à Tabriz en 1502. La théocratie qui fut instituée imposa l'islam chiite et persécuta les chrétiens, les juifs ainsi que les musulmans sunnites. La dynastie atteignit son apogée sous le règne d'Abbas Ier (1587-1629) et parvint, jusqu'à la fin du XVIIe siècle, à résister à ses ennemis turcs et moghols. Toutefois, elle s'éteignit en 1736 avec Abbas III, treizième souverain de la dynastie, dont le règne fut troublé par les révoltes des Afghans et qui fut finalement remplacé par un mercenaire sunnite, Nadir. Les Séfévides prétendaient descendre du septième imam des Ismaéliens, Musa al-Kazim, ou de son frère, Ismaïl, que les musulmans chiites considéraient comme le seul héritier légitime du Prophète.
Segal (George) 1924-2000 Artiste américain. D'abord peintre, il crée des « installations » peuplées de figures humaines en plâtre, grandeur nature, soit peintes de manière réaliste, soit entourées de bandes de plâtre qui leur donnent l'air d'être des fantômes.
Ségala (le) ou **Ségalas (les)** Plateaux cristallins du sud du Massif central, longtemps pauvres, voués à la culture du seigle. On y développe aujourd'hui l'élevage, les cultures fourragères et, dans les vallées du Lot, de l'Aveyron, du Tarn, la vigne et les arbres fruitiers.

Andrés Segovia.

Segalen (Victor) 1878-1919 Écrivain, médecin et voyageur français. Médecin de la marine, il a écrit des poèmes sur l'Extrême-Orient (*Stèles*, 1912) et un récit sur les habitants de Tahiti peints par Gauguin : *Les Immémoriaux* (1916). Son journal a été publié en 1929 sous le titre *Équipée.*
Segall (Lasar) 1885-1957 Peintre brésilien d'origine lituanienne. Ayant passé sa jeunesse dans les milieux artistiques de Berlin et de Dresde, il s'inspira de l'expressionnisme allemand dans ses toiles peintes notamment au Brésil, où il s'installa définitivement en 1923. Ses œuvres évoquent la tragédie du XXe siècle (*Le Bateau des émigrants*).
Ségeste Ville de la Sicile antique, alliée d'Athènes, puis de Rome. Ses ruines (théâtre, temple dorique dédié à Cérès) témoignent de sa splendeur passée.
Seghers (Hercules Pieterszoon) 1589 ?-1638 ? Peintre et graveur hollandais. Artiste très original dans ses compositions et dans sa technique, il a peint des paysages qui ont inspiré Rembrandt et a utilisé les teintes d'encres et de tissus pour obtenir des gravures en couleurs. On a conservé très peu de ses œuvres.
Seghers (Netty Radványi, dite **Anna)** 1900-1983 Romancière allemande. Communiste, elle fut emprisonnée par les nazis en 1933 avant de s'échapper au Mexique où elle écrivit *La Septième Croix* (1942), récit dénonçant le fascisme et les camps nazis. En 1947, elle s'installa en R.D.A. et devint l'une des plus importantes figures littéraires de son pays.
segment n. m. Partie d'un tout apparaissant comme distincte, portion. / MATH. *Segment de droite* : portion de droite délimitée par deux points. *Segment de cercle* : surface d'un cercle comprise entre un arc et la corde qui le sous-tend. *Segment sphérique* : volume compris entre deux plans parallèles coupant la sphère. / ZOOL. Métamère. / MÉCAN. *Segment de piston* : anneau inséré dans la paroi extérieure d'un piston et assurant l'étanchéité dans le cylindre. *Segment de frein* : croissant métallique sur lequel est fixée la garniture frottant contre le tambour du frein. / ÉCON. Partie homogène d'un marché. *Segment de clientèle.* / LING. Unité d'analyse.
segmentaire adj. Formé de segments ; relatif à un segment.
segmentation n. f. Action de segmenter ; son résultat. / BIOL. Ensemble des premières divisions cellulaires du zygote, aboutissant à la mise en place de la blastula. / Formation des métamères, au cours de l'embryogenèse.
segmenté, e adj. Divisé en segments. / ZOOL. Divisé en métamères.
segmenter v. t. [1] Diviser en segments.
Ségou *99 000 h.* Ville du Mali, port fluvial sur le Niger, en aval de Bamako. Elle fut la capitale d'un royaume bambara (XVIIe-XIXe siècle).
Segovia (Andrés) 1893-1987 Guitariste espagnol. Il donna à la guitare son propre répertoire, en jouant ses transcriptions d'œuvres classiques et les œuvres d'artistes contemporains qui écrivirent pour lui.

S

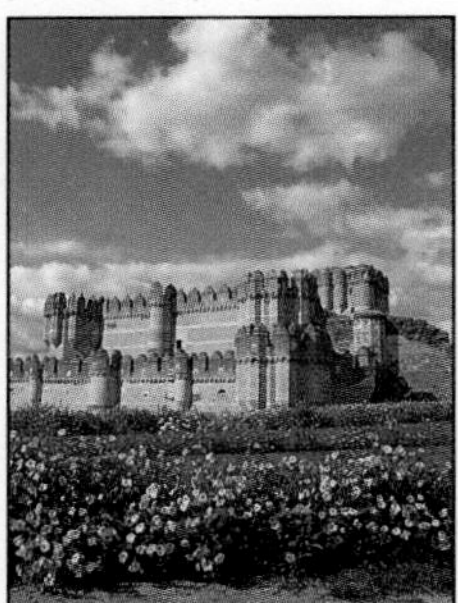

Le château de Coca à ***Ségovie****.*

Emilio Segrè*.*

Ségovie *55 188 h.* Ville d'Espagne, en Castille et León, chef-lieu de la province du même nom. Successivement romaine (aqueduc), arabe (Alcazar), castillane (cathédrale du XVIe siècle), c'est aujourd'hui un centre industriel.

Segrè (Emilio) 1905-1989 Physicien américain d'origine italienne. En 1934, en compagnie de E. Fermi, il étudie les réactions des neutrons sur les noyaux des atomes. En 1936, il dirige l'institut de physique de Palerme et découvre (1937) le technétium, élément de numéro atomique (43) voisin de celui du molybdène. Émigré aux États-Unis, à Berkeley, il découvre l'astate, puis, en 1941, le plutonium, et rejoint l'équipe qui travaille sur le projet Manhattan. En 1955, il participe à la découverte de l'antiproton. En 1972, ayant quitté la recherche, il se consacre à l'histoire de la physique qu'il enseigne à l'université de Rome.

ségrégation n. f. Mise à part de certains éléments à l'intérieur d'une masse, d'un groupe; dans une collectivité, mise à l'écart d'individus en fonction de leur origine, leurs opinions, leur religion, etc. *Ségrégation raciale*: séparation réglementée de la population de couleur et des Blancs. / MÉTALL. Séparation, selon les phases de sa solidification, des parties homogènes d'un alliage par ordre de densité.

ségrégationniste n. et adj. Partisan de la ségrégation raciale. / adj. Relatif à la ségrégation raciale. *Politique ségrégationniste.*

Séguier Famille de magistrats français. **Pierre** 1504-1580 Président à mortier au parlement de Paris, il empêcha l'Inquisition de s'établir en France. **Antoine** 1552-1624 Fils du précédent. Avocat général au parlement de Paris, il défendit les libertés gallicanes contre le pape. **Pierre** 1588-1672 Neveu du précédent, chancelier en 1635, il présida le procès de Cinq-Mars. Il contribua à la fondation de l'Académie française. **Antoine Louis** 1726-1792 Avocat général au parlement de Paris, il fut l'adversaire des jésuites, des philosophes et de Turgot; il émigra au début de la Révolution. **Antoine Mathieu**, baron **Séguier** 1768-1848 Fils du précédent. Rentré en France en 1800, il servit Napoléon, puis, rallié aux Bourbons, pair de France, instruisit le procès du maréchal Ney et servit Louis-Philippe.

Seguin (Marc) 1786-1875 Ingénieur français. En 1824, il construisit le premier pont suspendu (sur le Rhône, à Tournon, Ardèche) ainsi que les premiers tunnels ferroviaires. En 1827, il mit au point la chaudière tubulaire qui équipa ses locomotives.

Ségur (Sophie Rostopchine, comtesse **de)** 1799-1874 Écrivain français d'origine russe. Fille du gouverneur de Moscou qui fit évacuer la ville lors de l'entrée des troupes françaises, elle s'installa en France et épousa le comte Eugène de Ségur. Elle commença à écrire tardivement, mais ses romans pour enfants, essentiellement destinés à ses nombreux petits-enfants, on rapidement connu le succès: *Les Petites Filles modèles* (1858), *Les Mémoires d'un âne* (1860), *Les Malheurs de Sophie* (1864). *Un bon petit diable* (1865), *Le Général Dourakine* (1866), *La Fortune de Gaspard* (1871).

Sei Shonagon 968?-1013 Écrivain japonais. Dame de la cour, elle est l'auteur de l'un des chefs-d'œuvre de la littérature japonaise du XIe siècle, *Notes de chevet (Makura no soshi)*, qui, à l'observation de la vie de cour et de la nature, joint une réflexion sur la condition humaine et sur l'art dans un style d'une subtile concision.

seiche n. f. ZOOL. Mollusque céphalopode marin, dont la tête est munie de huit bras et de deux longs tentacules, au corps entouré d'une nageoire ondulante, et qui sécrète une encre noirâtre (la sépia), qui lui sert de moyen de défense. *Os de seiche*: coquille interne de la seiche.

séide n. m. Fanatique qui obéit aveuglément à un chef.

seigle n. m. Céréale capable de résister au froid, dont les épis ont une longue barbe, qui peut se cultiver sur les terres arides et dont le grain fournit une farine brune; cette farine. *Pain de seigle.*

Le pont Alexandre III, qui franchit la ***Seine*** *entre les Invalides et le Grand Palais (à droite).*

seigneur n. m. FÉOD. Possesseur d'un fief. / Titre honorifique certains personnages de haut rang, en particulier sous l'Ancien Régime. / Maître absolu. / HIST. *Le Grand seigneur*: le sultan ottoman. / *Notre Seigneur*: Jésus-Christ. *Le Seigneur*: Dieu. *Le jour du Seigneur*: le dimanche.

seigneurial, ale, aux adj. D'un seigneur.

seigneurie n. f. FÉOD. Puissance, autorité d'un seigneur; territoire sur lequel s'étend cette autorité, fief. / *Votre, Sa Seigneurie*: titre de respect donné autrefois aux pairs de France et, aujourd'hui, aux membres de la Cambre des lords, au Royaume-Uni.

Seignobos (Charles) 1854-1942 Historien français. Professeur à la Sorbonne, sa vision événementielle de l'histoire, émanant du positivisme, est très controversée. Il est l'auteur d'une *Histoire de la civilisation* (1884-1886) et d'une *Histoire politique de l'Europe contemporaine* (1897).

sein n. m. Partie antérieure du thorax, poitrine. *Serrer qqn contre son sein.* / Chacune des mamelles de la femme. *Donner le sein*: allaiter. / Fig. et litt. Siège de la conception. *Porter un enfant dans son sein.* / Fig. Partie interne d'une chose. *Le sein de la Terre.* / loc. prép. *Au sein de*: au milieu de.

Sein (île de) *56 ha* Île de Bretagne, face à la pointe du Raz, dans le sud du Finistère. Pêcheries.

seine ou **senne** n. f. Très long filet de pêche que l'on traîne sur les fonds sableux.

Seine (la) *776 km* Fleuve du nord de la France, tributaire de la Manche. Née sur le plateau de Langres, à *471 m* d'altitude, la Seine s'écoule sur les terrains perméables du Bassin parisien; les précipitations modérées et assez régulières, d'importantes infiltrations des eaux, une pente générale faible lui donnent un régime équilibré. Après avoir traversé la Champagne, Troyes, reçu l'Aube, l'Yonne, arrosé l'Île-de-France, Melun, elle reçoit, avant Paris, son affluent le plus long, la Marne. Après la capitale, le fleuve s'étale, formant de larges méandres qui doublent la longueur de son cours. Il est grossi de l'Oise et de l'Eure, baigne Mantes, Elbeuf. À Rouen commence la navigation maritime au fond d'un long estuaire, à la pointe duquel est établi Le Havre. Malgré des crues provoquées par les eaux du Morvan transmises par l'Yonne, la Seine est le plus régulier des fleuves français, navigable au-delà de Paris et relié aux réseaux voisins du nord et de l'est.

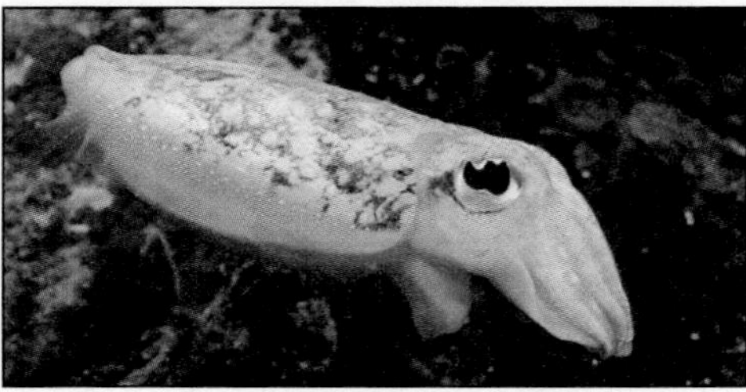

Seiche*.*

Seine (département de la) Ancien département qui couvrait Paris et sa banlieue, divisé en 1964 en quatre départements: Paris, Hauts-de-Seine, Seine-Saint-Denis et Val-de-Marne.

Seine-Maritime (département de la) [76] *6 278 km² 1 223 429 h.* Département qui fait partie de la Région Haute-Normandie. Chef-lieu *Rouen*. Le nord du département s'étend à l'est sur le pays de Bray, boutonnière argileuse consacrée à l'élevage laitier, et à l'ouest sur le pays de Caux, plateau de craie recouvert de limons et d'argiles. On s'y livre à l'élevage laitier et à la culture du blé, de la betterave, des plantes fourragères, du colza et du lin. Le sud du département correspond à la basse Seine, riche vallée alluviale, mais surtout foyer d'une intense activité commerciale et industrielle. Le Havre et Rouen, respectivement 2e et 4e ports français, sont des ports de transit pour Paris et le Nord. Ils importent notamment des hydrocarbures et exportent des produits industriels. Les industries variées (textiles, chimiques, métallurgiques, fabrication de papier) sont dominées par l'industrie pétrolière: les raffineries du Petit-Couronne, de Notre-Dame-de-Gravenchon, Port-Jérôme, Gonfreville et Vernon constituent le plus important groupe de raffinage français. Le succès des plages du littoral (Dieppe, Fécamp, Étretat, Le Tréport) s'explique par la proximité de Paris.

Seine-et-Marne (département de) [77] *5 915 km² 1 078 166 h.* Département

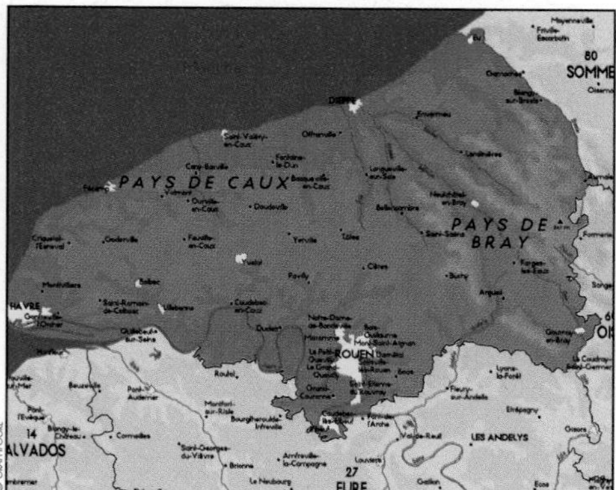

Département de la **Seine-Maritime**.

Effets du **séisme** de 1994, à Los Angeles.

Cristaux de **sel**.

qui fait partie de la Région Île-de-France. Chef-lieu *Melun.* La Brie occupe le centre du département, plaine humide (argile, meulière) tournée vers la culture du blé et de la betterave et vers l'élevage bovin (fromages : Brie, Coulommiers). Au sud s'étendent le Gâtinais calcaire, pays de bocage et d'élevage, et une vaste forêt sur les grès de Fontainebleau. Les vallées de la Marne et de la Seine concentrent les cultures maraîchères et fruitières, les villes (banlieue résidentielle de la capitale) dont certaines sont nouvelles (Marne-la-Vallée, Melun-Sénart), les activités commerciales et industrielles ; l'industrie traite les produits du sol : produits alimentaires, porcelaine (Montereau), travail du bois. On extrait un peu de pétrole (raffinerie de Grandpuits). Melun et Meaux possèdent des industries mécaniques et chimiques. Hautement mécanisée, l'agriculture est la principale ressource du département. Son importance relative recule aujourd'hui devant celle des activités tertiaires.

Seine-et-Oise (département de) Ancien département de la Région parisienne divisé en 1964 en trois départements : Essonne, Val-d'Oise, Yvelines.

Seine-Saint-Denis (département de la) [93] *236 km² 1 381 197 h.* Département qui fait partie de la Région Île-de-France. Chef-lieu *Bobigny.* Dans le nord-ouest du département, la grande culture céréalière et industrielle (betterave) a reculé devant l'urbanisation. Le reste du département fait partie de la banlieue de Paris, industrielle au sud et à l'est autour du canal de l'Ourcq. Usine à gaz, centrales thermiques, usines chimiques, métallurgiques se mêlent aux immeubles ouvriers à Saint-Denis, Aubervilliers, Pantin. Au sud-est, Neuilly-sur-Marne et Neuilly-Plaisance sont des villes résidentielles. L'aéroport Charles-de-Gaulle, à Roissy-en-France, et l'aéroport du Bourget font partie de l'aéroport de Paris.

seing n. m. DR. Signature d'une personne prouvant l'authenticité d'un acte. / *Acte sous seing privé*, qui n'a pas été établi devant un officier public. *Blanc seing* : papier signé que l'on donne à qqn en lui laissant le loisir de le remplir à son gré. *Donner son blanc seing à qqn*, lui donner tout pouvoir.

Seipel (Ignaz) 1876-1932 Ecclésiastique et homme politique autrichien. Prêtre, professeur de théologie, il fut député en 1919, puis chancelier (1922-1924) ; il tenta de restaurer l'ordre et de remettre l'économie en route dans un pays ravagé par la défaite. Blessé dans un attentat en 1924, il se retira de la vie publique pendant deux ans, puis (1927) entama la lutte contre les socialistes, en s'appuyant sur les monarchistes et les conservateurs de tendance fascisante. Malade, il démissionna en 1929, mais fut ministre des Affaires étrangères en 1930 ; sa politique fut continuée par Dollfuss.

séisme n. m. Secousse ou série de secousses brèves et violentes de l'écorce terrestre ; tremblement de terre. / Fig. Bouleversement.

séismicité Voir **sismicité**

séismique Voir **sismique**

seismographe Voir **sismographe**

seize adj. num. et n. m. inv. Quinze plus un. *Un cahier de seize pages.* / Seizième. *Louis XVI.* Ellip. *Le 16 septembre* : le seizième jour du mois de septembre. / n. m. Nombre qui suit le quinze. *Seize est divisible par deux, quatre et huit.* / Les chiffres (1 et 6) qui représentent le nombre seize.

seizième adj. num. ord. et n. Qui occupe le rang désigné par le nombre seize. *Maximilien de Habsbourg, prince-évêque de Cologne, était le seizième et dernier enfant de l'impératrice Marie-Thérèse.* / n. *Remporter la seizième de finale.* / n. m. Chacune des parties d'un ensemble divisé en seize éléments égaux. *Il a droit au seizième de la somme.*

seizièmement adv. En seizième lieu.

séjour n. m. Fait de séjourner dans un pays, dans un lieu. *Carte, permis de séjour.* / Lieu où l'on séjourne. *Salle de séjour* ou *séjour* : pièce d'une maison, d'un appartement qui tient lieu de salon et de salle à manger. / Temps pendant lequel on réside dans un endroit. *Un séjour d'un mois à la campagne.*

séjourner v. i. [1]. Demeurer quelque temps (en un lieu).

sel n. m. Cour. Substance blanche, cristallisée, soluble dans l'eau, constituée essentiellement de chlorure de sodium, utilisée pour la conservation des aliments ou pour leur assaisonnement. *Sel de table, gros sel. Sel marin*, obtenu par évaporation de l'eau de mer. *Sel gemme*, d'origine terrestre, extrait des mines. / Fig. Ce qu'il y a de piquant ou de spirituel dans une situation, une anecdote, un récit. *Une situation pleine de sel. Le sel de l'histoire* : le piquant de l'histoire. / CHIM. Vx Corps cristallin soluble dans l'eau. / Mod. Corps ionique qui résulte de la substitution d'un ou de plusieurs atomes d'hydrogène d'une molécule d'acide par un cation (généralement métallique). *Obtenir un sel par l'action d'un acide sur un métal.* / (Au plur.) Anc. Substance volatile (spécial. carbonate d'ammonium) que l'on faisait respirer à une personne évanouie pour la ranimer. *Donner les sels.*

sélaciens n. m. pl. ZOOL. Ordre de poissons chondrichtyens qui comprend les raies et les requins.

Seldjoukides, Seldjoucides ou **Saljuqides** Dynastie sunnite du Turkestan occidental qui, au XIe siècle, avaient constitué un empire s'étendant de la Méditerranée à la mer Caspienne et comprenant les villes d'Ispahan, Herat, Bagdad, Damas, Mossoul. Fondé par les descendants de Seldjouk, l'empire, après sa période d'extension succomba aux querelles intestines, aux longues luttes contre les croisés, aux invasions des Mongols. Cet État, trop vaste, se disloqua, au XIIIe siècle. La dynastie disparut en 1302, avec Ala al-Din III, mis à mort par les Mongols, et l'empire se morcela en une dizaine de petits États, qui disparurent à leur tour au XIVe siècle.

select (inv.) ou **sélect, e** (mot anglais) adj. Distingué, chic. *Une soirée très select.*

sélecteur n. m. Dispositif de sélection, de commutation. / Pédale de changement de vitesse sur certaines motocyclettes.

sélectif, ive adj. Qui sélectionne, permet de sélectionner. *Critère sélectif.* / (En parlant d'un récepteur d'ondes électromagnétiques) Qui opère une séparation satisfaisante entre fréquences voisines.

sélection n. f. Choix, dans un ensemble de personnes ou de choses, établi en fonction de critères précis ; ce qui a été choisi. *Épreuve de sélection des candidats. Une sélection des meilleurs livres pour enfants.* / BIOL. *Sélection artificielle* : choix, en vue d'améliorer la race, d'animaux reproducteurs ayant certains caractères. *Sélection naturelle* : mécanisme évolutif lié au succès reproducteur différentiel des individus les mieux adaptés (à des conditions de vie données), des différents génotypes. *La sélection naturelle a été proposée par Darwin comme moteur de l'évolution ; elle est aujourd'hui considérée comme l'un de ses mécanismes fondamentaux.*

sélectionner v. t. [1] Choisir par sélection. *Sélectionner des candidats. Sélectionner les meilleures graines.*

sélectionneur, euse n. SPORT. Personne qui sélectionne. *Sélectionneur de l'équipe nationale de hockey.*

sélectivement adv. De façon sélective.

sélectivité n. f. Fait d'être sélectif ; caractère de ce qui est sélectif. / TÉLÉCOM. Propriété de n'amplifier que le signal sonore correspondant à une onde de fréquence donnée.

Selef Nom donné au XIXe siècle à l'antique Cydnus ; voir **Tarsus Çayi**.

sélénium n. m. CHIM. Élément non métallique de numéro atomique Z=34, de masse atomique 78,96 (symbole : Se). / Solide de densité 4,8, fondant à 217 °C.

sélénographie n. f. ASTRON. Description de la Lune.

sélénologie n. f. ASTRON. Étude de la Lune.

Séleucides Dynastie macédonienne qui domina la Syrie et la haute Asie après la mort d'Alexandre (323 av. J.-C.) et régna de 312 à 64 avant J.-C. Elle tire son nom du fondateur du royaume, Séleucos Ier, général d'Alexandre. Les Séleucides fondèrent de nombreuses villes (Antioche, Séleucie), diffusèrent l'hellénisme dans leur empire et favorisèrent les contacts avec l'Orient. Mais l'empire se disloqua peu à peu sous les coups de ses voisins et Pompée transforma ce qu'il en restait, la Syrie, en province romaine en 64 avant J.-C.

Séleucos Nom de plusieurs rois de Syrie. **Séleucos Ier Nikatôr** (« le Vainqueur ») 356 ?-280 avant J.-C. Général macédonien. Après onze ans de lutte (323-312) contre les autres généraux d'Alexandre, il s'empara de la Babylonie et se proclama roi en 305 après avoir conquis l'Iran auquel il ajouta la plus grande partie de l'Asie centrale et occidentale. Il fut assassiné alors qu'il allait occuper la Thrace et la Macédoine. **Séleucos II Kallinikos** (« le Grand Vainqueur ») 265 ?-226 av. J.-C. Roi en 246. Il dut combattre les Égyptiens, qui lui prirent les ports phéniciens, puis les Parthes. **Séleucos III Sôter Keraunos** (« le Sauveur », « la Foudre ») 226-223 av. J.-C. Fils et successeur du précédent, il fut assassiné. **Séleucos IV Philopator** (« qui aime son père ») ?-175 av. J.-C. Roi en 187, il tenta de s'emparer du trésor du temple de Jérusalem et fut assassiné. **Séleucos V Nikatôr** ?-125 av. J.-C. Roi en 125, il fut assassiné sur l'ordre de sa mère. **Séleucos VI Épiphane** (« l'Illustre ») ?-93 av. J.-C. Roi en 96, il ne régna que sur une portion de la Syrie et fut mis à mort par les habitants de Mopsueste, en Cilicie.

self n. f. Anglicisme pour inductance.

self-service n. m. (mot anglais) Commerce, restaurant, dans lequel les clients se servent eux-mêmes ; libre-service. Pl. Des *self-services.*

Sélim Ier 1467-1520 Sultan ottoman. Bien que non désigné pour la succession de son père Bayazid II, il monta sur le trône (1512) avec l'appui des janissaires après avoir fait assassiner ses frères et ses neveux. Il demeura en paix avec l'Europe et combattit l'Iran chiite, annexant les territoires sunnites (Kurdistan, Haute-Mésopotamie, Syrie, Égypte); selon la tradition, à son entrée au Caire, le calife abbasside lui aurait cédé le titre de calife, porté par les sultans turcs jusqu'en 1924. **Sélim II** 1524-1574 Sultan en 1566, il confia les affaires de l'empire à son grand vizir et consacra sa vie aux plaisirs des sens; sous son règne, Chypre fut conquise et la flotte ottomane vaincue à Lépante. **Sélim III** 1761-1818 Sultan en 1789. Il dut négocier avec l'Autriche et la Russie, ne put empêcher Bonaparte d'envahir l'Égypte, les Serbes de se révolter, les wahhabites de s'emparer de La Mecque. Il fut détrôné par les janissaires.

Sélinonte Ville de la Sicile antique, fondée vers 630 avant J.-C. par les Mégariens. Les ruines de ses sept temples grecs témoignent de sa prospérité au VIe siècle avant J.-C.. En 490 et en 250 avant J.-C., Carthage mit la ville à sac.

Selkirk (Alexander Selcraig, dit) 1676-1721 Marin écossais. En 1703, il fut abandonné sur une île déserte de l'archipel Juan Fernandez, au large du Chili. Il y vécut six ans. Le fait inspira à Defoe *Robinson Crusoé* (1719). Selkirk périt en mer.

Selkirk (monts) Chaîne de montagnes de Colombie britannique, au Canada, qui culmine au mont Sir Sandford *(3 533 m)*.

selle n. f. **I.** Pièce de cuir incurvée qui, sanglée sur le dos d'une monture, sert de siège au cavalier. *Pommeau, troussequin, quartiers, arçon d'une selle. Cheval de selle*, dressé pour être monté. / Siège d'une bicyclette, d'une motocyclette, d'un scooter. / BOUCH. Morceau situé entre le gigot et la première côte. *Une selle d'agneau, de chevreuil.* **II.** BX-ARTS Tablette pivotante montée sur un trépied sur laquelle le sculpteur travaille l'ouvrage à modeler. **III.** Vx Chaise percée. / Mod. *Aller à la selle*: déféquer. / (Au pl.) *Les selles*: les matières fécales.

seller v. t. [1] Poser une selle sur le dos de (une monture).

sellerie n. f. Fabrication et commerce des selles et des harnachements, des sièges et garnitures des automobiles, de certains articles de maroquinerie; ensemble de ces objets, de ces articles. / Endroit où l'on range les selles et les harnais des chevaux.

sellette n. f. Petit siège sur lequel on faisait asseoir un accusé pour l'interroger. *Être sur la sellette*: être questionné avec insistance ou être le sujet d'une conversation. / Petit siège suspendu utilisé par les ouvriers du bâtiment. / Petit meuble de support, à grands pieds. / Pièce du harnais qui supporte les courroies soutenant le brancard.

sellier n. m. Celui qui fabrique, vend des selles, des articles de sellerie.

selon prép. Suivant. *Selon vos désirs.* / En fonction de. *Selon ses revenus, qui sont irréguliers, il peut, ou ne peut pas, s'offrir de superbes voitures.* / D'après. *Selon vous, cette affaire n'est pas intéressante. Évangile selon saint Jean*, de saint Jean. (Tous les évangiles sont souvent dits «selon» tel ou tel disciple, car tous transmettent la «bonne nouvelle» annoncée au monde par le Christ, et seule varie, selon les évangélistes, la forme de la transmission de cet enseignement dont aucun des quatre n'est en réalité l'auteur, l'auteur unique étant Jésus). / loc. conj. *Selon que*: en fonction du fait que. *Selon que vous serez puissant ou misérable, les jugements de cour vous rendront blanc ou noir* (La Fontaine).

Portraits de communards en 1871, avant la ***Semaine*** *Sanglante.*

Selye (Hans) 1907-1982 Physiologiste canadien d'origine autrichienne. Endocrinologue, il a étudié les réactions de l'organisme à des chocs divers; ses ouvrages *Stress* (1950) et *The Stress of life* (1956) ont popularisé le mot *stress*.

Sem Personnage biblique (Genèse). Fils aîné de Noé, ancêtre éponyme des Sémites. Il aurait vécu six cents ans.

semailles n. f. pl. Action de semer; époque où l'on sème; les graines semées.

semaine n. f. Période de sept jours consécutifs, qui commence le lundi et se termine le dimanche. *La fin de semaine*: le week-end. / Ensemble des jours ouvrables, consacrés au travail. *Semaine anglaise*, qui va du lundi matin au vendredi soir. / Rémunération de ce travail. *Toucher sa semaine.* / Période de sept jours consécutifs. *Prendre trois semaines de vacances.* HIST. *Semaine Sanglante*: semaine du 21 au 28 mai 1871, au cours de laquelle les troupes versaillaises fusillèrent 20 000 personnes, en arrêtèrent 38 000 et en déportèrent 10 000 (Algérie, Guyane, Nouvelle-Calédonie).

semainier n. m. Agenda de bureau organisant la semaine. / Petit meuble à sept tiroirs. / Bracelet à sept anneaux.

sémantème n. m. LING. Élément de mot porteur du contenu sémantique, par oppos. à *morphème* et *phonème. Dans «border», le sémantème est «bord».*

sémantique adj. et n. f. Relatif au sens, à la signification des mots d'une langue. / n. f. *La sémantique*: la partie de la linguistique qui étudie le langage du point de vue du sens des unités lexicales et de leur organisation dans le discours.

sémaphore n. m. Poste établi sur une côte et destiné à communiquer avec les navires au moyen de signaux optiques. / CH. DE FER Mât de signalisation à bras mobile et, par extension, feu de signalisation, qui indique si la voie est libre ou occupée.

Sembene Ousmane 1923 Écrivain et cinéaste sénégalais. Ouvrier à Paris, docker à Marseille, il suivit des cours de cinéma à Moscou (1961-1963). Son œuvre, double, est abondante: *Le Docker noir* (1956); *Les Bouts de bois de Dieu* (1960), qui conte la construction d'une voie ferrée et la révolte des ouvriers soumis au travail forcé; *Vehi-Ciosana* (1965, porté à l'écran en 1965, sous le nom *Niaye*); *Le Mandat* (1965, porté à l'écran en 1968); *Xala* (1973, porté à l'écran en 1974); *Le Dernier de l'Empire* (1981). *La Noire de...* (1966) fut le premier long métrage d'un Africain. Il a écrit directement pour le cinéma: *Ceddo* (1977); *Le Camp de Thiaroye*, interdit en France jusque dans les années 1990; *Guelwaar* (1992).

semblable adj. Qui ressemble par sa nature, son apparence à qqn, qqch. d'autre. *Cas semblable.* / Tel, pareil. *Qui a pu vous dire de semblables idioties?* / GÉOM. *Figures semblables*: figures géométriques liées par une similitude.

Semblançay (Jacques de Beaune, seigneur de) 1445-1527 Homme politique français. Surintendant des finances, il servit Charles VIII, Louis XII et François Ier. Victime de la haine de ses rivaux et de la cupidité de la reine mère Louise de Savoie, il fut embastillé durant la captivité de François Ier, condamné pour concussion et pendu. Son innocence fut ensuite reconnue, et son fils rétabli dans tous ses biens.

semblant n. m. Apparence, simulacre. *Un semblant de vérité. Faire semblant de*: feindre. *Un faux semblant*, une illusion trompeuse.

sembler v. i. [1] Avoir l'air d'être; donner l'impression de. *Vous me semblez fatigué. Elle semble venir de loin.* / (Emploi impers.). *Il semble que*: il est probable que. *À ce qu'il semble, semble-t-il*: selon toute apparence. / *Il me (te...) semble que*: selon moi (toi...), à mon (ton...) avis. *À ce qu'il me semble, ce me semble.* / *Quand bon, comme bon, ce que bon me (te...) semble*: quand, comme, ce que je (tu...) veux.

sème n. m. Trait sémantique constituant l'unité minimale de signification. *Dans «fillette», on trouve les sèmes «(être) humain», «jeune» et «femelle».*

séméiologie Voir **sémiologie**

Sémélé MYTH. GR. Fille de Cadmos et d'Harmonie. Elle fut aimée de Zeus à qui elle donna un fils, Dionysos. Jalouse, Héra la persuada de demander à Zeus de le voir dans sa gloire, ce qui entraîna la mort de Sémélé par foudroiement.

semelle n. f. Pièce de cuir, de caoutchouc, etc., formant la partie inférieure de la chaussure, en contact avec le sol; pièce de feutre ou de liège qui se met à l'intérieur de la chaussure. / Partie du bas, de la chaussette correspondant à la plante du pied. / Vx Longueur d'un pied chaussé. / Fig. *Ne pas reculer d'une semelle*: tenir fermement sur ses positions. *Ne pas quitter qqn d'une semelle*, le suivre pas à pas. / TECHN. Pièce plate horizontale servant d'appui ou de renfort. *Semelle d'un rail*: la partie horizontale sur laquelle il repose. *Semelle de frein*: pièce garnissant le sabot du frein.

semence n. f. Graine ou fragment de végétal qui se sème. / Liquide séminal. / Clou à tête plate et tige courte. *Semences de tapissier.*

semer v. t. [1] Mettre en terre (des semences) pour qu'elles y germent et y poussent; ensemencer (une terre). *Semer du blé, du persil. Semer un champ.* / Répandre çà et là, disséminer. / Fig. Répandre, propager (qqch. de mauvais). *Semer le trouble, la terreur.* / Fam. Se débarrasser de (qqn), le distancer. *Je l'ai semé dans la montée.*

semestre n. m. Période de six mois consécutifs. / Rente, pension payée deux fois par an.

semestriel, elle adj. Du semestre; par semestre. *Parution semestrielle.*

semestriellement adv. Tous les six mois.

semeur, euse n. Personne qui sème. / n. f. Machine à semer.

semi-aride adj. À moitié aride. *Régions semi-arides.*

semi-circulaire adj. En forme de demi-cercle.

semi-conducteur, trice adj. et n. ÉLECTR. Dont la conductivité électrique est comprise entre celle des métaux et celle des isolants. / n. m. *Un semi-conducteur.*

♦ La conductivité électrique est une propriété qui varie d'un corps à l'autre. Pour le solide considéré, elle est fonction de la température et de sa pureté chimique. Les principaux semi-conducteurs sont le germanium (Ge), le silicium (Si), le sélénium (Se), les composés binaires comme l'arséniure de gallium (GaAs), l'antimoniure d'indium (InSb), le phosphure de gallium (GaP) et le phosphure d'indium.

semi-désertique adj. À moitié désertique. *Régions semi-désertiques.*

sémillant, e adj. Plein d'entrain, de vivacité, enjoué. *Un sémillant jeune homme.*

semi-lunaire n. m. ANAT. Os moyen de la rangée supérieure des os du carpe, situé entre le scaphoïde et le pyramidal.

semi-métal, aux n. m. CHIM. Chacun des éléments faisant, dans la classification périodique, la transition entre métaux et nonmétaux. *L'aluminium, l'arsenic, le plomb sont des semi-métaux.* Syn. métalloïde.

séminaire n. m. *Grand séminaire*: établissement religieux où sont instruits les jeunes gens qui se destinent à la prêtrise. *Petit séminaire*: école religieuse ne menant pas nécessairement au sacerdoce. / Groupe de personnes réunies pour étudier un sujet déterminé.

séminal, ale, aux adj. BOT. Propre à la semence, à la graine. / BIOL. Relatif au sperme. *Liquide séminal.*

séminariste n. m. Élève d'un séminaire.

semi-nomadisme n. m. ANTHROP. Mode de vie à moitié sédentaire associant la culture occasionnelle à l'élevage nomade, souvent en bordure des déserts. Pl. Des *semi-nomadismes.*

sémiologie ou **séméiologie** n. f. MÉD. Partie de la médecine qui étudie les signes des maladies. / LING. Science qui étudie

Sénèque.

les signes du langage (forme, structure, évolution) au sein de la vie sociale. Syn. sémiotique.
sémiotique n. f. et adj. Théorie générale des signes et des systèmes de signification. Syn. sémiologie. / adj. Relatif à la sémiotique.
semi-parasite adj. et n. m. BOT. Se dit d'une plante qui tire une partie de ses nutriments d'une autre plante, tout en ayant une certaine capacité photosynthétique. / n. m. *Le gui est un semi-parasite.*
Sémiramis Reine légendaire d'Assyrie et de Babylonie, fille de la déesse Derketo. Elle aurait fait construire la ville de Babylone avec ses jardins suspendus.
semi-remorque n. f. et n. m. Remorque servant au transport routier dont l'avant, dépourvu de roues, est fixé sur le camion tracteur.
semis n. m. Action ou manière de semer des graines ; terrain ensemencé ; plant provenant de graines. / Ornement fait d'un petit motif répété.
sémite adj. et n. Se dit des peuples originaires d'Asie occidentale, supposés descendre de Sem, fils de Noé, et parlant des langues sémitiques. *Les Juifs et les Arabes sont des Sémites.*
sémitique adj. *Langues sémitiques* : langues de l'ouest de l'Asie et du nord de l'Afrique caractérisées notamment par un système consonantique riche.
sémitisme n. m. Ensemble des caractères propres aux Sémites, à leurs civilisations.
Semmelweiss (Ignác Fülöp) 1818-1855 Médecin hongrois. Après avoir découvert que la mortalité par fièvre puerpérale des femmes en couches était due à des germes infectieux, il lutta toute sa vie pour imposer l'asepsie à l'hôpital. Brocardé par ses collègues, ignoré par les praticiens étrangers, il sombra dans la folie.
semoir n. m. AGRIC. Dispositif, machine servant à semer les graines.
semonce n. f. Avertissement accompagné de reproches. / Ordre donné à un navire de montrer ses couleurs ou de stopper. *Coup de semonce* : coup de canon appuyant cet ordre.
semoncer v. t. [1] Faire une semonce à.
semoule n. f. Substance granulée obtenue par concassage des grains de blé dur, de maïs, de riz. *Gâteau de semoule. Sucre semoule* : sucre en poudre à gros grains.
Sempach Localité de Suisse, dans le canton de Lucerne, où les Suisses vainquirent en 1386 les Autrichiens, qui reconnurent en 1389 l'indépendance des huit cantons.
semper virens adj. inv. (mots latins) À feuillage persistant, en parlant des plantes.
sempiternel, elle adj. Continuellement répété. *De sempiternels reproches.*
sempiternellement adv. De façon sempiternelle.
Semprun (Jorge) 1923 Écrivain espagnol d'expression castillane et française. Communiste, obligé de fuir l'Espagne franquiste, résistant, déporté, son œuvre porte la marque de l'engagement politique et de l'exil (*La Deuxième Mort de Ramon Mercader*, 1969 ; *L'Écriture ou la vie*, 1994 ; *Le Mort qu'il faut*, 2001) ; il est l'auteur de scénarios de films (*Z*, 1969 ; *L'Aveu*, 1970) et fut ministre de la culture en Espagne (1988-1991).
Sen (Mrinal) 1923 Cinéaste indien. Au travers d'un cinéma engagé, il porte un regard désespéré sur la réalité de son pays : *Mr. Shome* (1969), *Les Marginaux* (1977), *À la recherche de la famine* (1980), *Soudain un jour* (1986).
Senancour (Étienne Pivert de) 1770-1846 Écrivain français. Auteur romantique des *Rêveries sur la nature primitive de l'homme* (1799) et d'*Oberman* (1804), il vécut comme un ermite et ne connut le succès qu'à partir de 1830.
Sénart (forêt de) *2 500 ha* Forêt qui s'étend sur le nord-est de l'Essonne et le nord-ouest de la Seine-et-Marne.
sénat n. m. ANTIQ. Nom donné à certaines assemblées politiques. *Le sénat de Sparte, de Carthage.* / HIST. Assemblée qui veillait au respect de la Constitution sous le Consulat et l'Empire. / Chambre haute, dans certains régimes démocratiques à deux assemblées. / En France, assemblée dont les membres sont élus au suffrage indirect et qui constitue, avec l'Assemblée nationale, le Parlement. / Lieu où se réunissent les sénateurs.
sénateur n. m. Membre d'un sénat.
sénatorial, ale, aux adj. Propre, relatif au sénateur.
sénatus-consulte n. m. ANTIQ. ROM. Mesure adoptée par le sénat romain. / Décision émanant du Sénat sous le Consulat, le Premier et le Second Empire. Pl. Des *sénatus-consultes.*
Senderens (Jean-Baptiste) 1856-1937 Chimiste français. Il travailla avec Paul Sabatier sur l'hydrogénation en chimie organique.

Léopold Sédar Senghor.

sendériste adj. et n. Relatif au mouvement du Sentier lumineux ; membre de ce mouvement. *Guérilla sendériste. Les sendéristes.*
séné n. m. BOT. Arbrisseau de la sous-famille des césalpinacées, aux feuilles pennées, poussant en Afrique tropicale. / Pulpe purgative extraite des fruits (gousses) de cette plante.
sénéchal n. m. HIST. Officier appartenant à une cour royale. *Sous les Carolingiens et les premiers Capétiens, le sénéchal est le doyen des serviteurs du palais, il dirige l'administration des domaines et exerce des pouvoirs militaires.* / Officier royal exerçant des pouvoirs judiciaire et financier dans la France du Sud. Pl. Des *sénéchaux.*
sénéchaussée n. f. HIST. Étendue de la juridiction du sénéchal. / Lieu où siégeait le tribunal d'un sénéchal ; ce tribunal.
séneçon n. m. BOT. Plante herbacée ou arborescente, de la famille des composées, à fleurs, souvent de couleur jaune, groupées en capitules.
Sénégal (le) *1 700 km.* Fleuve d'Afrique occidentale, de régime tropical, qui se jette dans l'Atlantique à Saint-Louis. Né en Guinée dans le massif du Fouta-Djalon, il traverse le Mali avant de former la frontière entre le Sénégal et la Mauritanie.
• **Sénégal** État d'Afrique occidentale, bordé au nord et au nord-est par la Mauritanie, à l'est par le Mali, au sud par la Guinée-Bissau et la Guinée ; il enclave la Gambie.
sénégalais, e adj. et n. Du Sénégal. *Le climat sénégalais. Un(e) Sénégalais(e).*
Sénégambie (confédération de) Fédération, unissant le Sénégal et la Gambie. Constituée en 1982, elle fut dissoute en 1989.
Sénèque (en latin, **Lucius Annaeus Seneca**) 4 av. J.-C.-65 après J.-C. Homme politique, écrivain et philosophe romain, né à Cordoue (Espagne). Venu à Rome alors qu'il était jeune, il voyagea en Égypte puis devint questeur. Exilé en Corse par l'empereur Claude en 41, il ne revint à Rome que 8 ans plus tard et fut nommé précepteur de Néron, futur empereur. Il continua de le conseiller un certain temps lorsqu'il eut accédé au pouvoir, puis, tombé en disgrâce, se retira de la vie politique en 62. Accusé d'avoir pris part à la conjuration de Pison, il mourut en s'ouvrant les veines, sur l'ordre de Néron. Son œuvre très vaste comprend des traités scientifiques (*Questions naturelles*), plusieurs tragédies (*Médée* ; *Les Troyennes* ; *Phèdre*) et des écrits philosophiques (*Lettres à Lucilius* ; *De la clémence* ; *Des bienfaits* ; *De la providence*). Sa philosophie se rattache au stoïcisme.
sénescence n. f. Vieillissement. / Affaiblissement provoqué par la vieillesse.
sénescent, e adj. En état de sénescence.
sénevé n. m. BOT. Plante de la famille des crucifères, dont la graine est utilisée pour fabriquer de la moutarde, couramment appelée *moutarde des champs* ; graine de cette plante.
Senghor (Léopold Sédar) 1906-2001 Homme d'État sénégalais et écrivain d'expression française. Sérère, catholique, il fit de brillantes études en France où il rencontra Aimé Césaire, à l'origine du concept de *négritude* que Senghor fit sien. Agrégé de grammaire (1935), enseignant, il est fait prisonnier en 1940 (il passera deux ans en

Senlis.

captivité) et est élu (1945) député du Sénégal à l'Assemblée constituante. À partir de ce moment, il s'efforce, dans ses œuvres et dans son action politique, d'exalter l'héritage culturel africain, tout en participant à la vie politique française : il est député à l'Assemblée nationale (1946-1958) et secrétaire d'État à la présidence du Conseil (1955-1956). Premier président de la république du Sénégal (1960-1981), il a laissé la place au successeur qu'il avait désigné, Abdou Diouf, et s'est retiré en Normandie, province d'origine de son épouse. Il a écrit des poèmes (*Hosties noires*, 1948 ; *Éthiopiques*, 1956 ; *Nocturnes*, 1961) et des essais sur la négritude. Après avoir été le premier Africain agrégé, il a été le premier Africain élu à l'Académie française (1983).
sénile adj. Dont l'extrême vieillesse a affaibli les facultés physiques et intellectuelles ; relatif à cet état. *Vieillard sénile. Démence sénile.*
sénilité n. f. Affaiblissement des facultés physiques et intellectuelles observé chez les personnes séniles.
senior adj. et n. (mot anglais) Se dit d'un sportif adulte dont l'âge se situe entre celui des juniors (20 ans) et celui des vétérans (40 ans).
Senlis *14439 h.* Chef-lieu d'arrondissement du département de l'Oise. Capitale des Silvanectes dans l'Empire romain, elle conserve une enceinte gallo-romaine. Sa splendide cathédrale gothique, commencée en 1155 fut achevée au XIIIe siècle. Senlis possède, entre autres, de nombreuses églises et des maisons anciennes.
Sennachérib ?-681 avant J.-C. Roi d'Assyrie en 705. Fils et successeur de Sargon II, il combattit les soulèvements en Syrie-Palestine mais assiégea en vain Jérusalem, capitale du royaume de Juda. Toujours en lutte contre les Arabes du désert, il dut aussi s'attaquer à Babylone dont il s'empara et qu'il détruisit en 689 avant J.-C. Il restaura Ninive où il fut assassiné.
senne Voir **seine**
Sennett (Michael Sinnott, dit **Mack)** 1880-1960 Acteur et pionnier du cinéma muet américain. Son œuvre burlesque inspira toute une génération de réalisateurs. Ses films aux gags délirants réunissent la pléiade des grands comiques : Chaplin, Fatty, Buster Keaton, Harold Lloyd.
Sénoufo(s) Peuple de la Côte-d'Ivoire, du Mali et du Burkina Faso qui parle une langue nigéro-congolaise. Leur art est diversifié : statues, masques, poteries.
senoussi n. et adj. RELIG. Membre de la Senoussiya ; relatif à la Senoussiya, à ses membres. *Les senoussis. Communauté senoussie.*
Senoussiya ou **Sanusiyya** Confrérie musulmane fondée au XIXe siècle par Muhammad ibn Ali as-Sanusi. Née à La Mecque, la confrérie s'établit en Tripolitaine, aux confins de l'Égypte, et vit rapidement son influence grandir dans tout le

Sénégal

Superficie : *196 722 km²* – **Nombre d'habitants :** *9 800 000 h.* – **Capitale :** *Dakar*
Villes principales : *Thiès, Saint-Louis, Kaolack, Ziguinchor* – **Système politique :** *république*
Langue(s) : *français, ouolof* – **Religion(s) :** *islam* – **Monnaie(s) :** *franc CFA*

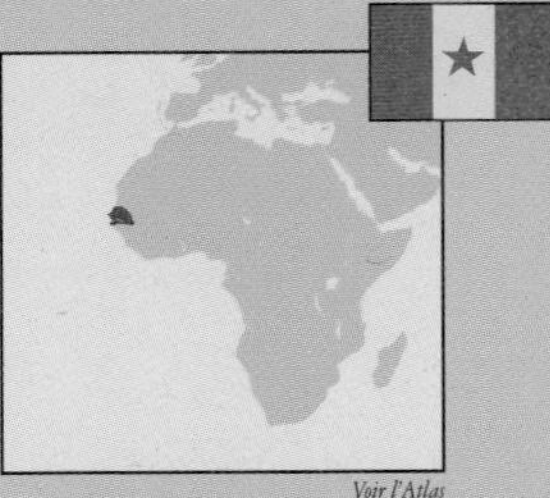

Voir l'Atlas

Géographie physique et humaine

Le fleuve Sénégal forme la frontière avec la Mauritanie. Le pays est un vaste plateau de faible altitude, que traversait le fleuve fossile Ferlo ; on nomme aujourd'hui *Ferlo* la vaste région semi-désertique qui occupe le centre et le nord-est. Les petits fleuves Sine et Saloum, le fleuve Gambie et la Casamance irriguent l'ouest et le sud du pays, chauds et humides (la région Casamance reçoit en moyenne *1 500 mm* de pluies), alors que le Ferlo est sahélien. Les ethnies, nombreuses, parlent toutes des langues nigéro-congolaises du groupe ouest-atlantique (à l'exception des Mandingues : groupe mandé, 4 %) et l'islam domine (94 %). Les Wolofs sont 43 %, les Peuls Toucouleurs 24 %, les Sérères 15 %. La croissance démographique (2,7 % par an) n'a pu être maîtrisée, de sorte que les ruraux affluent dans les villes.

Après la chute des cours de l'arachide, le millet occupe le cinquième des terres cultivées. Les ressources sont complétées par le riz, le maïs, le coton, la canne à sucre, l'élevage (bovins, ovins), la pêche (en progression), l'élevage des crevettes. L'activité minière (phosphates) et industrielle (engrais, agroalimentaire) est faible. Depuis la dévaluation du franc C.F.A., la croissance est revenue (5 %) mais le niveau de vie a baissé. Le tourisme se développe, sans compenser le fort déficit de la balance commerciale.

L'île de Gorée, en face de Dakar.

Histoire

Le Sénégal fut soumis aux grands empires de l'Ouest africain : Ghana (VIIIe-XIIe siècle, période pendant laquelle l'islam se répandit), Djolof (empire autochtone fondé au XIIIe siècle qui se disloqua au XVIe siècle), Mali (XVe siècle), Songhai (XVIe-XVIIe siècle). En 1627, des Hollandais fondèrent un fort dans l'île de Goede Reede (« Bonne rade »), qui devint en français Gorée. En 1659, les Français fondèrent Saint-Louis, sur la côte nord. En 1677, ils prirent Gorée.

Les Hollandais et les Anglais leur disputèrent cette côte où se pratiquait le commerce de l'or, des épices, puis des esclaves. En 1814, l'Angleterre reconnut français le Sénégal. À partir de 1852, le chef toucouleur el-Hadj Omar conquit un empire allant jusqu'au Macina (centre du Mali, sur le Niger). En 1857, Faidherbe fonda Dakar en face de Gorée. Il fit du Sénégal la base de l'expansion française dans l'Ouest africain, mais l'empire toucouleur et d'autres royaumes résistèrent à la colonisation jusqu'en 1893.

La France fonda l'Afrique-Occidentale française (A.-O.F.) en 1895. Elle chercha à faire de l'élite sénégalaise l'élite dirigeante de toute l'A.-O.F. Elle répandit la monoculture de l'arachide, envoya au combat 96 régiments de tirailleurs pendant la Première Guerre mondiale, institua le travail forcé pour construire la ligne de chemin de fer Thiès (près de Dakar)-Bamako (Mali), achevée en 1923. Dès les années 1930, l'élite sénégalaise commença à lutter contre les abus de la colonisation ; Léopold S. Senghor créa le concept de négritude.

En 1937, des syndicats deviennent légaux. Vichyste de 1940 à décembre 1942, le gouverneur de l'A.-O.F. se rallia à la France libre et le Sénégal lui apporta une aide économique et militaire. Quand fut créée l'Union française (1946), l'indigénat et le travail forcé furent abolis, les travailleurs sénégalais obtinrent des avantages sociaux analogues à ceux des métropolitains (1952). L'autonomie proposée en 1958 par référendum fut approuvée par 81 % des voix. En 1959, le futur Mali (le Soudan français) et le Sénégal formèrent la Fédération du Mali, qui accéda à l'indépendance le 20 juin 1960. Le Mali s'en retira en août. Le président de la République du Sénégal, Léopold S. Senghor, arrêta le président du Conseil, Mamadou Dia, en 1962, et instaura par référendum un régime présidentiel en 1963. Il se retira en 1980, laissant le pouvoir à son Premier ministre, Abdou Diouf, qui remporta les élections (pluralistes) de 1988 contre Abdoulaye Wade, et fut réélu en 1993. Dès son accession au pouvoir, Diouf instaura le multipartisme et créa avec la Gambie la confédération de Sénégambie (1981-1989). En 1984, la Casamance voulut faire sécession. En 1989, des incidents de frontière, accompagnés d'expulsions réciproques de nationaux, opposèrent la Mauritanie et le Sénégal.

Pont sur le fleuve Sénégal, à Saint-Louis.

En 1996-1997, on crut que l'affaire de la Casamance pourrait être réglée pacifiquement, mais les combats reprirent et s'intensifièrent en 1997-1999. En 1998, les élections législatives ont montré que le parti au pouvoir depuis l'indépendance continuait de perdre son audience, mais Diouf a continué de former des gouvernements d'Union nationale. Les élections (dont le caractère parfaitement démocratique a été reconnu par tous) de 2000 ont fait d'Abdoulaye Wade le président de la République ; la nouvelle Constitution (2001) accorde au Premier ministre l'initiative et ramène de sept à cinq ans le mandat présidentiel. Le pays a été endeuillé, en septembre 2002, par le naufrage catastrophique du Joola, le navire reliant Dakar à la Casamance, qui, surchargé et mal entretenu, a sombré en faisant 1 200 morts.

Sahara oriental. À la mort du fondateur, son fils, puis son petit-neveu lui succédèrent. Les membres de la confrérie résistèrent aux Français dans le Tibesti, puis aux Italiens en Libye. Après la Seconde Guerre mondiale, la Cyrénaïque, indépendante, devint, avec l'aide des Britanniques, un royaume héréditaire dirigé par le chef des senoussis, Muhammad Idris al-Mahdi, petit-fils du fondateur, devenu Idris Ier, roi de Libye en 1951 et détrôné par le colonel Kadhafi en 1969.

sens [1] n. m. Faculté qui permet à l'organisme de percevoir les impressions produites par les objets. *Les cinq sens sont la vue, l'ouïe, l'odorat, le goût et le toucher. Le sixième sens* : l'intuition. *Les plaisirs des sens* : les plaisirs liés aux sensations physiques et, spécialement, les plaisirs sexuels. / Le sens de : la connaissance intuitive de. *Avoir le sens du rythme, des affaires. Sens moral* : conscience du bien et du mal. / Capacité de juger de qqch. *Bon sens* : capacité de bien juger, de distinguer le vrai du faux. *Sens commun* : manière de penser et d'agir commune au plus grand nombre. / Opinion. *À mon sens. Aller, abonder dans le sens de qqn*, partager ses opinions. / Idée contenue dans un signe, dans un mot ; signification. *Sens propre et figuré d'un mot* : voir *propre, figuré*. / Ce qui explique qqch., sa raison d'être. *La vie a-t-elle un sens ?*

sens [2] n. m. Direction. *Partir dans le mauvais sens. Dans le sens de* : en suivant (telle orientation, tel axe). / Orientation d'un déplacement. *Sens interdit, unique, giratoire.* / Côté normalement utilisé d'un objet. / *Sens dessus dessous* : à l'envers, dans un grand désordre. *La pièce était sens dessus dessous.*

Sens *27 082 h.* Chef-lieu d'arrondissement du département de l'Yonne, sur l'Yonne. Très puissant archevêché au Moyen Âge (Paris en dépendait jusqu'en 1622), Sens garde de beaux monuments : cathédrale (XIIe-XVe siècle), palais synodal (XIIIe siècle).

Sens (hôtel de) Résidence parisienne des archevêques de Sens, construit en 1475-1519 dans un style qui annonce l'architecture de la Renaissance.

sensass ou **sensas** adj. Fam. Sensationnel.

sensation n. f. Phénomène psychique produit par une excitation physiologique. *Sensation de froid, de faim.* / Émotion. *Sensation de bonheur. Faire sensation* : attirer l'attention.

sensationnel, elle adj. Qui produit de fortes sensations ; extraordinaire, remarquable. *Un spectacle sensationnel.*

sensé, e adj. Qui a du sens, du bon sens ou le dénote. *Personne sensée. Propos sensé.*

sensément adv. D'une manière sensée. *Parler sensément.*

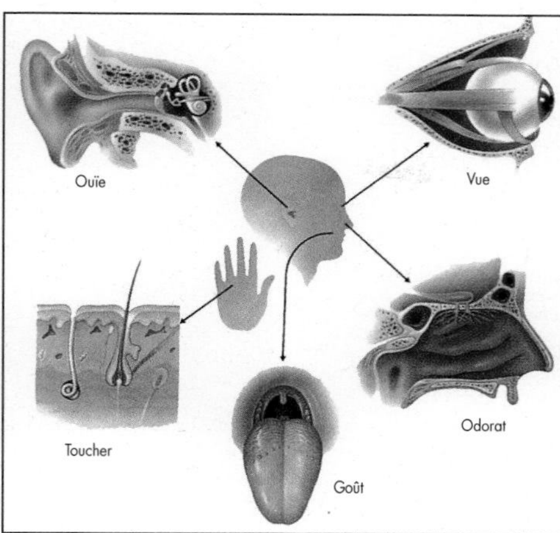

*Les cinq **sens** et les organes des sens.*

sensibilisation n. f. BIOL. Réaction de l'organisme à un premier contact avec un antigène, qui pourra dès lors provoquer une réaction immunologique chez le sujet. / PHOTO. Action de rendre sensible une plaque ou une pellicule à la lumière. / Fig. Action de rendre (une personne, un groupe) sensible à qqch.

sensibiliser v. t. [1] Produire la sensibilisation de (un organisme, une surface sensible, une personne, un groupe de personnes).

sensibilité n. f. Faculté qu'a un être vivant à éprouver des sensations physiques. / Disposition à éprouver des émotions d'ordre esthétique ou affectif. *Une sensibilité à fleur de peau.* / Tendance politique. *Être de sensibilité socialiste.* / Propriété d'un instrument, de qqch. de sensible. *Sensibilité d'une balance, sensibilité à la lumière d'une émulsion photographique.*

sensible adj. PHILO. Que l'on peut ressentir par les sens. *Monde sensible.* / Nettement perceptible. *Une différence sensible.* / *Sensible à*: qui éprouve des sensations de. *Sensible à la douleur.* / Rapidement douloureux. *Toucher un point sensible.* / Fig. *C'est son point sensible*, ce qui révèle sa faiblesse, sa vulnérabilité. / Par ext. Qui ressent psychiquement, esthétiquement, moralement. *Être sensible à la flatterie, à la beauté, à la misère.* / (En parlant d'appareils, d'instruments) Qui réagit à des variations. *Balance sensible*, qui réagit à de faibles variations. *Instrument peu* sensible, qui ne réagit pas à de faibles variations. / PHOTO. Capable d'enregistrer une image. *Surface, émulsion sensible.* / MUS. *Note sensible* (ou absol. *la sensible*), un demiton au-dessous de la tonique.

sensiblement adv. À peu près. *Ils ont sensiblement le même âge.* / De manière notable. *Le prix de revient a sensiblement dépassé le devis.*

sensiblerie n. f. Sensibilité exagérée et affectée.

sensitif, ive adj. et n. PHYSIOL. Qui transmet les sensations. *Nerf sensitif.* / n. (En parlant de personnes) *C'est un sensitif.*

sensitive n. f. BOT. Mimosa (légumineuse de la sous-famille des mimosacées), dont les feuilles contractiles se replient au plus léger attouchement.

sensitomètre n. m. PHOTO. Appareil de mesure de la sensibilité d'une émulsion photographique.

sensitométrie n. f. PHOTO. Étude, mesure de la sensibilité d'une émulsion photographie.

sensoriel, elle adj. Relatif aux sens. *Organes sensoriels.*

sensorimoteur, trice adj. Relatif aux sens et aux activités motrices.

sensualisme n. m. Doctrine philosophique selon laquelle toute faculté, toute connaissance relèvent en dernière analyse des sensations. / Doctrine morale qui considère que le beau s'identifie à l'agréable.

sensualiste adj. et n. Relatif au sensualisme; tenant du sensualisme.

sensualité n. f. Caractère d'une personne, d'une chose sensuelle. *Sensualité d'une voix.*

sensuel, elle adj. et n. Relatif au plaisir des sens. *Jouissance sensuelle.* / Qui éveille le désir, le plaisir des sens. *Un corps sensuel.* / n. (En parlant de personnes) *C'est un sensuel.*

sente n. f. Litt. Sentier.

sentence n. f. Décision de justice. / Vieilli. Formule énonçant une règle morale, maxime.

sentencieusement adv. De façon sentencieuse.

sentencieux, euse adj. Péjor. Qui s'exprime par sentences solennelles ou moralisantes; qui procède de la sentence. *Un vieillard sentencieux. Une remarque sentencieuse.*

senteur n. f. Litt. Parfum, odeur agréable.

sentier n. m. Chemin étroit. / Fig. Voie. *Sortir des sentiers battus*: faire preuve d'originalité.

Sentier lumineux (en espagnol, *Sendero Luminoso*) Mouvement terroriste péruvien, d'obédience maoïste, né vers 1970. Il a appelé à la « guerre populaire » qui a fait près de 30 000 morts; son chef a été arrêté en 1992 et le mouvement a commencé à s'essouffler.

sentiment n. m. Conscience intuitive, immédiate (de qqch.). *Éprouver un sentiment de malaise.* / Avis, opinion. *Voici mon sentiment sur la question.* / Disposition affective durable envers un être, une chose. *Sentiment patriotique. Meilleurs sentiments, sentiments distingués*, dans une formule de politesse.

sentimental, ale, aux adj. Relatif à la vie affective et amoureuse. *Un attachement sentimental aux objets. Une vie sentimentale bien remplie.* / Empreint d'une sensibilité naïve. *Une romance sentimentale.* / (En parlant de qqn) Dont la sensibilité est vive et romanesque. *Elle est sentimentale.* (Subst.) *C'est un sentimental.*

sentimentalement adv. De façon sentimentale; sur le plan des sentiments.

sentimentalisme n. m. Attitude de ceux pour qui le sentiment prime la raison.

sentimentalité n. f. Prédominance du sentiment tendre dans le caractère d'une personne, dans une œuvre; mièvrerie.

sentine n. f. MAR. Anc. Partie la plus basse de la cale où l'eau stagnait. / Litt. fig. Endroit malpropre.

sentinelle n. f. Soldat chargé de surveiller les abords d'un lieu.

sentir v. t. / v. i. / v. pron. [3] **A.** v. t. Percevoir par les sens; spécial., percevoir par les sens de l'odorat ou du toucher. *Sentir la fatigue, la soif, la chaleur. On sentait l'odeur des pins et de la mer. J'ai senti une bosse sous ma paume.* / Loc. fam. *Ne pas pouvoir sentir qqch., qqn*, le détester. / Loc. *Se faire sentir*: se manifester. *Une certaine irritation se fait sentir depuis quelque temps.* / Respirer l'odeur de. *Sentez ce parfum.* / Exhaler, dégager une odeur de. *Sentir la rose. Le rôti sent le brûlé.* / Fig. Révéler, laisser deviner. *Ce texte sent l'effort.* / Fig. Présenter les caractères de. *Ça sent le piège.* / Avoir conscience de. *Je sens ta réticence, je sens que tu m'en veux.* / Percevoir par l'intuition. *Sentir le danger.* **B.** v. i. *Sentir bon, mauvais.* (Emploi absol.) Sentir mauvais. *Cette viande sent*, sent mauvais. **C.** v. pron. Avoir conscience (de se trouver dans tel état, dans telle situation). *Se sentir bien, mal, seul. Se sentir coupable. Se sentir la force de faire telle chose.* / (En parlant de personnes) *Ne pas pouvoir se sentir*: ne pas pouvoir se supporter, se détester. / (En parlant de choses) Être perçu. *Cela se sent*: cela est évident, manifeste; cela est perceptible.

seoir v. i. défectif [3] Litt. Convenir à (qqn), lui aller bien. *Ce costume vous sied.* / (Emploi impers.) *Vous le ferez quand cela vous siéra.*

séoudien Voir **saoudien**

séoudite Voir **saoudite**

Séoul *10 776 201 h.* Capitale de la Corée du Sud et principal centre économique du pays, relié au port d'Inchon, sur la mer Jaune. Séoul fut le siège des jeux Olympiques de 1988.

Séoul.

sep ou **cep** n. m. Partie de la charrue qui porte le soc.

sépale n. m. BOT. Chacune des pièces florales stériles, souvent vertes, qui entourent la corolle. *L'ensemble des sépales forme le calice.*

séparateur, trice adj. et n. m. Qui sépare. / Qui est capable de séparer. *Pouvoir séparateur d'un instrument d'optique*, sa capacité à donner de points très proches des images séparées. / n. m. ÉLECTR. Cloison isolante destinée à séparer les plaques positives et négatives d'un accumulateur.

séparation n. f. Action de séparer, fait d'être séparé. *Séparation des pouvoirs*: indépendance réciproque des pouvoirs législatif, exécutif et judiciaire. / *Séparation de corps*: suppression du devoir de cohabitation entre époux. *Séparation de biens*: régime matrimonial dans lequel chacun des époux conserve la propriété de ses biens personnels. / Objet, espace qui sépare. *Une séparation d'un mètre entre deux terrains.*

séparatisme n. m. Tendance d'un peuple à séparer la région, le pays où il vit de la nation qui a été la sienne jusqu'alors. *Le séparatisme breton.*

séparatiste n. et adj. Partisan du séparatisme. / adj. Relatif au séparatisme. *Revendication séparatiste.*

séparé, e adj. Distinct. *Les enfants ont des chambres séparées.* / *Époux séparés*, qui ne vivent plus sous le même toit.

séparément adv. De manière séparée, distincte.

séparer v. t. / v. pron. [1] **A.** Éloigner l'un de l'autre, isoler (les éléments d'un tout, d'un groupe). *Séparer les blancs d'œuf des jaunes. Séparer les pouvoirs. Séparer deux adversaires.* / Diviser, partager (un tout, un ensemble) en ses éléments, en sous-parties; classer. *Séparer une molécule en fragments.* / Spécial. Diviser (un espace) en parties. *Séparer une maison en deux appartements.* / Former une séparation entre. *Frontière qui sépare des États.* / Fig. Éloigner. *La guerre a séparé ces amis.* **B.** v. pron. Se quitter. *Ils se sont séparés à la croisée des chemins.* Cesser de vivre ensemble. *Ils se*

S

Bas-relief de la **sépulture** de Jean de Padilla (Castille).

sont quittés à l'amiable. / Se diviser en deux ou plusieurs éléments. / *Se séparer de*: ne pas conserver (qqch.); quitter (qqn ou qqch.). *Se séparer de vieux objets. Se séparer d'un associé.*

sépia n. f. et adj. inv. Liquide noirâtre sécrété par la seiche. / Produit brun, extrait à l'origine du liquide de la seiche, utilisé pour le lavis; dessin exécuté avec ce produit. / adj. inv. De la couleur brune de ce produit. *Encre sépia.*

seppuku n. m. (mot japonais) Didac. Suicide rituel, au Japon; voir *hara-kiri*.

seps n. m. ZOOL. Scinque.

sept adj. num. et n. m. inv. Six plus un. *Les sept jours de la semaine.* / Septième. *Henri VII.* Ellip. *Le 7 novembre*: le septième jour du mois de novembre. / n. m. Nombre qui suit le six. *Nombre entier, sept n'est pas divisible.* / Le chiffre (7) qui représente le nombre sept. / Carte qui porte sept marques. *Le sept de cœur.*

Sept Ans (guerre de) 1756-1763 Guerre européenne qui eut pour causes le désir de l'Autriche de reprendre la Silésie et la rivalité maritime et coloniale franco-britannique. Par le « renversement des alliances », la France s'allia à l'Autriche et à la Russie contre la Prusse et l'Angleterre. La guerre se déroula notamment en Allemagne, où Frédéric II triompha à Rossbach et à Leuthen (1757), mais ne fut sauvé de l'invasion russe que par une paix séparée signée par le nouveau tsar Pierre III (1762). Au Canada, les Anglais prirent Québec (1759). Ils occupèrent aussi la Martinique, la Guadeloupe, le Sénégal et, aux Indes, enlevèrent Pondichéry (1761). Le traité de Paris ne conservait à la France que la partie occidentale de l'île d'Haïti (alors nommée Saint-Dominique), la Martinique et la Guadeloupe, et cinq comptoirs en Inde. Le traité d'Hubertsbourg laissait la Silésie à la Prusse (1763).

septante adj. num. (En Suisse, en Belgique) Soixante-dix.

Septante (les) Les soixante-dix (ou soixante-douze) docteurs juifs d'Alexandrie qui, selon une très ancienne tradition, traduisirent à Alexandrie la Bible en grec aux IIe et IIIe siècles avant notre ère.

Sept Chefs (guerre des) MYTH. GR. Guerre entreprise par Polynice, fils d'Œdipe, associé à six princes, contre son frère Étéocle, roi de Thèbes. Six des sept chefs périrent, mais leurs fils conduisirent à Thèbes la guerre des Épigones et donnèrent le trône à Thersandre, fils de Polynice. Cette légende a inspiré Eschyle (*Les Sept contre Thèbes*), Sophocle (*Antigone*), Euripide (*Les Phéniciennes*) et Racine (*La Thébaïde*).

septembre n. m. Neuvième mois de l'année, comportant trente jours.

septembre 1792 (massacres de) Exécution sommaire de prisonniers parisiens, déclarés « suspects » par les révolutionnaires, qui se déroula les 2, 3, 4 et 5 septembre 1792. Poussés par la Commune et par Marat, et profitant de l'inquiétude causée par l'invasion de l'armée prussienne, des éléments de la population parisienne massacrèrent dans les prisons des Carmes, de l'Abbaye, du Châtelet et de la Conciergerie plus de mille personnes, parmi lesquelles des femmes et des prêtres réfractaires. Danton, ministre de la Justice, décida de ne pas intervenir et des massacres eurent également lieu en province.

septembre 1870 (journée révolutionnaire du 4) Au cours de cette journée, une manifestation pacifique eut lieu au Palais-Bourbon; les manifestants se répandirent dans la tribune et le gouvernement de la Défense nationale proclama la déchéance de Napoléon III, puis, à l'Hôtel de Ville, la République. Cette journée marque les débuts de la IIIe république.

septembriseur n. m. HIST. Auteur des massacres de septembre 1792.

septennal, ale, aux adj. Qui dure sept ans ou revient tous les sept ans.

septennat n. m. Période de sept ans (pour un mandat). *Le septennat du président de la République française fait place au quinquennat à partir de l'élection de 2002.*

septentrion n. m. Litt. vieilli *Le septentrion*: le nord.

septentrional, ale, aux adj. Du nord. *Europe septentrionale.*

septicémie n. f. MÉD. Infection générale grave de l'organisme, caractérisée par la dissémination par voie sanguine d'une bactérie pathogène, à partir d'un foyer primitif.

septicémique adj. et n. MÉD. Relatif à la septicémie; atteint de septicémie. / n. *Un(e) septicémique.*

septième adj. num. ord. et n. Qui occupe le rang désigné par le nombre sept. *Septième porte à droite.* / n. *Vous êtes la septième à protester.* / n. m. Chacune des parties d'un ensemble divisé en sept éléments égaux. *Ils sont sept enfants, héritiers chacun pour un septième.* / n. f. MUS. Intervalle de sept degrés.

Septimanie Partie de la Gaule située entre le Rhône, les Pyrénées et le Massif central. Envahie par les Wisigoths, puis par les Arabes (719), elle fut reprise par Pépin le Bref (759), appartint (Xe siècle) aux comtes de Toulouse (sous le nom de duché de Narbonne) et fut réunie à la couronne de France en 1229.

Septime Sévère (en latin, **Lucius Septimus Severus**) 146-211 Empereur romain en 193. Né en Tripolitaine, il entra au Sénat et s'éleva dans la hiérarchie, s'assurant le soutien de la province d'Afrique; de la Syrie, d'où était originaire sa femme; et enfin de la province du Danube, où il avait été légat. Malgré les troubles qui suivirent l'assassinat de l'empereur Commode, ses appuis lui permirent de s'imposer à Rome comme empereur après la mort de Pertinax. Après quatre ans de lutte contre ses rivaux, en Syrie, à Byzance et à Lyon, il alla combattre les Parthes, prit Babylone, la Séleucie (199) et organisa la province de Mésopotamie. Lettré, comme sa femme Julia Domna, qui exerça sur lui une influence bienfaisante, il embellit Rome et, s'entourant de juristes, améliora la législation, mais persécuta les chrétiens. En 205, un complot le contraignit à se rendre en Bretagne (208) où il mourut, laissant l'empire à ses fils Geta et Caracalla.

septique adj. et n. MÉD. Qui provoque ou peut provoquer une infection. / Infecté. *Inflammation septique.* / *Fosse septique*, dans laquelle les excréments, les matières organiques, se décomposent par fermentation.

septuagénaire adj. et n. (En parlant de qqn) Qui est âgé de soixante-dix à soixante-dix-neuf ans.

septuagésime n. f. LITURG. CATHOL. Soixante-dixième jour avant Pâques. *Dimanche de la Septuagésime* ou *Septuagésime*: premier des trois dimanches qui précèdent le carême.

sépulcral, ale, aux adj. Propre au sépulcre. / *Voix sépulcrale*, caverneuse comme dans un tombeau.

sépulcre n. m. Litt. Tombeau. *Le Saint-Sépulcre*: tombeau du Christ à Jérusalem.

sépulture n. f. Vx Formalités et cérémonie de l'inhumation d'un défunt. / Tombe, lieu où se trouve le défunt. *La mer est la sépulture de nombreux marins.*

séquelle n. f. Suite, complication plus ou moins tardive et durable d'une maladie. / Conséquence, répercussion d'un événement passé.

séquençage n. m. BIOCHIM. Technique de détermination d'une séquence.

séquence n. f. Suite ordonnée d'éléments. / CIN. Suite de plans d'un film formant une unité. / JEUX Série d'au moins trois cartes qui se suivent dans une même couleur. / LITURG. Chant rythmé qui suit le graduel et l'alléluia lors des messes solennelles. / BIOCHIM. Ordre dans lequel s'enchaînent les acides d'une protéine ou les bases puriques et pyrimidiques d'un acide nucléique.

séquencer v. t. [1] BIOCHIM. Faire le séquençage de.

séquentiel, elle adj. Qui procède d'une séquence. / INFORM. Qui commande une suite d'opérations.

séquestration n. f. Action de séquestrer (qqn); son résultat.

séquestre n. m. DR. Dépôt provisoire d'un bien, dont la propriété est contestée, entre les mains d'un tiers; la personne qui reçoit ce dépôt provisoire. / DR. Dans une nation en guerre, acte par lequel l'État s'empare des biens ennemis situés sur son territoire. / MÉD. Fragment osseux nécrosé, détaché du reste de l'os.

séquestrer v. t. [1] Maintenir (qqn) illégalement enfermé. / DR. Mettre sous séquestre.

sequin n. m. Ancienne monnaie d'or vénitienne.

séquoia n. m. BOT. Très grand arbre de l'ordre des conifères, originaire d'Amérique du Nord, au tronc droit. *Le séquoia peut atteindre plus de 100 m de hauteur et vivre plus de 1 000 ans.*

Bois de **séquoias**.

Séraphin, détail d'une fresque romane du XIIe siècle.

sérac n. m. GÉOL. Fragment de glacier.

sérail n. m. Dans l'Empire ottoman, palais d'un gouverneur de province; palais du sultan; ensemble des services politiques, administratifs, militaires d'un gouverneur, du sultan. / Fig. Milieu restreint, entourage proche d'une personnalité (politique, artistique, des affaires). *Avoir été nourri dans le sérail*: avoir une longue expérience de ce milieu. / (Abusivement) Harem.

Seram (anciennement **Céram**) *18 410 km^2 200 000 h.* Île d'Indonésie, dans les Moluques du Centre.

serapeum n. m. (mot latin) ARCHÉOL. Dans l'Égypte ancienne, nécropole qui recevait les restes des taureaux Apis. *Le serapeum de Memphis a été découvert par Mariette en 1850-1851.*

séraphin n. m. Dans la Bible, ange de la première hiérarchie formant le premier chœur autour du trône divin.

séraphique adj. THÉOL Des séraphins. / Fig. *Grâce séraphique*, éthérée.

Sérapis ou **Sarapis** Dieu grec vénéré par les Égyptiens. Il aurait été vu en songe par le roi Ptolémée II qui décida ainsi d'unir dans un même culte Égyptiens et Grecs. Il possède les attributs d'Osiris-Apis, de Zeus et d'Hadès auxquels il a été souvent identifié.

serbe adj. et n. De Serbie. *Le gouvernement serbe. Un(e) Serbe.*

• **Serbie** *88 361 km^2 9 779 000 h.* République qui constitue, avec le Monténégro, le nouvel État nommé « République de Serbie-et-Monténégro ». Capitale *Belgrade*. Montagneuse au sud (vieux massifs disloqués élevés de *2 000 à 2 500 m*), la Serbie s'étend au nord sur la vaste plaine de la Pannonie, tournée vers l'élevage et les cultures fruitières et céréalières. Les vallées du Danube, de la Save et de la Tisza constituent des voies de passage (gorges du Djerdap pour le Danube). De nombreux travaux ont rendu ces fleuves navigables. Belgrade, au confluent de la Save et du Danube, est une métropole économique, politique et culturelle.

• **Serbie-et-Monténégro (République de)** Nom adopté au début de 2002 pour le nouvel État qui a pris, en 2003, la place de l'ancienne République fédérale de Yougoslavie.

SERBIE

Histoire

Le pays doit son nom aux Serbes, peuple slave converti au christianisme vers 875 et dont le territoire était convoité par les Bulgares et par Byzance. Éphémère royaume en 1051, il ne devient autonome qu'en 1180, sous Étienne Nemanja. Au XIVe siècle, sous Étienne Douchan, la Serbie, agrandie d'une partie de la Thrace et de la Macédoine, formait un vaste empire bien administré. Mais, en 1389, les Turcs écrasaient les Serbes dans le Kosovo, et la Serbie était peu à peu incorporée à l'empire ottoman (1459), tout en conservant son unité nationale et linguistique.

Durant le XVIIIe siècle, l'Autriche disputa, en vain, la Serbie à la Turquie. Les Serbes se tournèrent vers les Russes : Karageorges organisa une révolte en 1804, se proclama prince héréditaire de Serbie, mais, abandonné par les Russes, dut fuir en Autriche en 1813 où son rival, Miloch Obrénovitch, le fit assassiner cette même année. À la suite d'un nouveau soulèvement en 1815, Miloch Obrénovitch fut reconnu par les Turcs comme prince héréditaire d'une Serbie presque autonome (1830). L'autonomie totale du pays fut proclamée par le congrès de Paris en 1856, et le congrès de Berlin fit de la Serbie un royaume indépendant en 1878. Mais, depuis l'assassinat de Karageorges par Miloch Obrénovitch, les deux familles des Karageorgévitch et des Obrénovitch se disputaient le pouvoir dans des luttes sanglantes.

En 1903, après l'assassinat d'Alexandre Ier Obrénovitch, Pierre Ier Karageorgévitch fonda une monarchie constitutionnelle et conduisit victorieusement (1913) deux guerres contre la Turquie et la Bulgarie. L'assassinat par un Bosniaque, à Sarajevo, le 28 juin 1914, de l'héritier de l'empire d'Autriche-Hongrie entraîna un ultimatum de l'Autriche à la Serbie et le déclenchement de la Première Guerre mondiale. En 1918 était constitué le royaume des Serbes, Croates et Slovènes, qui prit, en 1929, le nom de Yougoslavie et devait devenir, à l'issue de la Seconde Guerre mondiale, la république fédérative de Yougoslavie. En 1986, Slobodan Milosevic est élu président de la ligue communiste de Serbie (qui deviendra le parti socialiste en 1990). En 1989, il est élu président de la république fédérale de Serbie. Comme la Serbie domine la Yougoslavie, à direction collégiale depuis la mort de Tito (1980), il s'oppose aux tentatives de sécession qui se multiplient, au sein de la république de Serbie (Kosovo, Vojvodine) ou de la Yougoslavie.

En 1991, la Croatie, la Slovénie et la Macédoine proclament leur indépendance. L'armée yougoslave, essentiellement composée de Serbes, intervient. Le conflit est surtout sévère en Croatie. La Communauté économique (aujourd'hui Union) européenne reconnaît l'indépendance de la Macédoine (septembre 1991), de la Croatie et de la Slovénie (janvier 1992). En mars 1992, la Bosnie-Herzégovine proclame son indépendance par référendum, les citoyens d'origine serbe s'abstenant.

En avril, la Communauté internationale la reconnaît. Aussitôt, l'armée serbe déclenche une vaste offensive, tout en formant une « deuxième » Yougoslavie avec le Monténégro. On accuse alors Milosevic de se livrer à une « purification ethnique » pour chasser des territoires qu'il considère comme serbes toutes les personnes qui appartiennent à d'autres nationalités, en Bosnie, mais aussi au Kosovo et en Vojvodine. En Bosnie, la minorité serbe (30 % de la population) se montre plus intransigeante encore que Milosevic qui, en novembre 1995, signe les accords de Dayton. Il doit faire face alors à une opposition intérieure en Serbie, où il refuse de reconnaître le résultat des élections municipales de novembre 1996. En 1997, ne pouvant briguer un troisième mandat de président de la Serbie, il fait élire un proche, Milan Milutinovic, et se fait lui-même élire président de la Yougoslavie. À partir de mars 1998, il réprime durement la sécession du Kosovo, peuplé d'Albanais.

En février 1999, il rencontre en France les représentants des Albanais du Kosovo ; l'OTAN fait pression sur lui pour qu'il accepte une solution pacifique du conflit. Il a à peine donné son accord qu'il intensifie la répression. Aussi, en mars, les forces de l'OTAN bombardent les bases militaires serbes installées en Serbie et au Monténégro. Il accentue plus encore la répression au Kosovo, d'où les Albanais fuient dans les républiques voisines. Après plus de deux mois de bombardement des forces de l'OTAN durant le printemps 1999, le gouvernement de Belgrade accepte l'entrée d'une force multinationale de maintien de la paix au Kosovo où des milliers d'Albanais retrouvent un pays ravagé.

Bernard Kouchner est nommé haut représentant des Nations Unies au Kosovo, tandis que, en Yougoslavie, l'opposition à Milosevic se fait de plus en plus entendre. Son parti est battu aux élections de 2000 et lui-même doit répondre de ses crimes devant le Tribunal pénal international qui siège à La Haye.

SERBIE-ET-MONTÉNÉGRO

Superficie : *102 173 km²* – **Nombre d'habitants :** *10 600 000 h.*
Capitale : *Belgrade* – **Villes principales :** *Novi Sad, Nish, Kragujevac* – **Système politique :** *État fédéral* – **Langue(s) :** *serbo-croate* – **Religion(s) :** *christianisme ortodoxe*
Monnaie(s) : *dinar* et *euro*

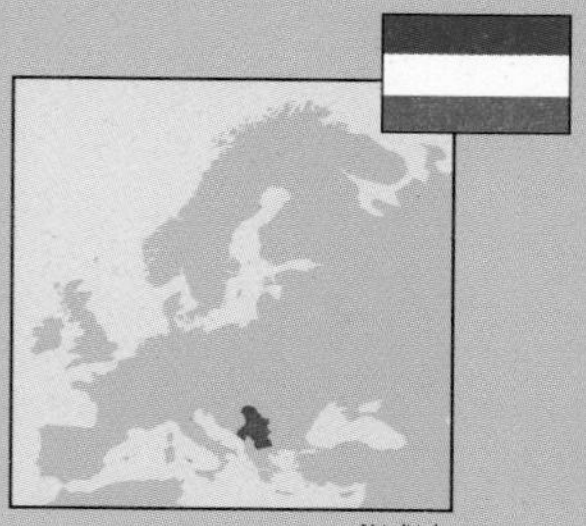

Voir l'Atlas

Le confluent du Danube et de la Save à Belgrade.

Quartier populaire de Belgrade (© K. Owens).

L'État de Serbie-et-Monténégro est officiellement né le 4 février 2003, sur les décombres de l'ex-Yougoslavie qui ne groupait plus, depuis 1992, que la Serbie et le Monténégro. Le nouvel État est composé de deux entités, qui vivent ensemble une période d'essai de trois ans, au terme de laquelle les deux républiques pourront soit décider de prolonger leur union, soit se séparer.

Les différences entre elles sont importantes, le Monténégro se déclarant partisan d'une fédération très lâche (au contraire de la Serbie) et employant l'euro au détriment du dinar.

L'économie serbe, ruinée par la guerre et les sanctions internationales, se redresse peu à peu, mais le Monténégro stagne, ruiné par la corruption et le clientélisme de son président, Milo Djukanovic. (En ce qui concerne la géographie et l'histoire, voir *Serbie*, *Monténégro* et *Yougoslavie*).

S

serbo-croate n. m. Langue slave parlée dans les républiques de l'ancienne Yougoslavie, à l'exception de la Slovénie et de la Macédoine. *Le serbo-croate s'écrit en alphabet latin (Croatie, Bosnie-Herzégovine), ou en cyrillique (Monténégro, Serbie) ; depuis l'éclatement de la Yougoslavie, les Croates et les Serbes ont tendance à considérer que leurs deux langues sont des langues différentes et en revendiquent la spécificité.*
serein, e [1] adj. (En parlant de l'atmosphère) Pur, calme. *Ciel serein.* / Fig. Exempt de trouble ; tranquille. *Une vie sereine.* / *Un jugement serein* : impartial.
serein [2] n. m. Litt. Fraîcheur, humidité de certains soirs d'été par ciel dégagé.
sereinement adv. Avec sérénité.
sérénade n. f. Concert instrumental et vocal donné le soir sous la fenêtre d'une personne qu'on veut honorer. / Composition musicale de forme libre à plusieurs mouvements.
sérénité n. f. État d'une personne calme, paisible ; absence de trouble. *La sérénité de la justice.*
Sérère(s) Peuple de l'ouest du Sénégal, qui parle une langue nigéro-congolaise du groupe ouest-atlantique.
séreux, euse adj. (et n. f.) BIOL. Qui a les caractères du sérum, d'une sérosité ; relatif à ce type de liquides, à leur sécrétion. *Membrane séreuse* ou (n. f.) *une séreuse* : membrane constituée par un endothélium et une paroi conjonctive tapissant les cavités corporelles closes (péricarde, plèvre, péritoine). *La séreuse dérive du cœlome.*
serf, serve n. et adj. Personne attachée à une terre et dépendant d'un seigneur, dans le système féodal. / adj. Relatif aux serfs. *Condition serve.*
serfouette n. f. Outil de jardinage dont le fer est, d'un côté, en forme de lame, et, de l'autre, en forme de langue ou de fourche.
serge n. f. Tissu de laine à armure de sergé.
sergé n. m. et adj. TECHN. L'une des armures du tissage, formant des côtes obliques. / adj. *Tissu sergé. Armure sergée.*
Serge de Radonège (saint) 1314?-1392 Moine russe. Après avoir vécu dans un ermitage dans la forêt, il rétablit la vie monastique en Russie et répandit la foi à partir de son monastère de la Trinité-Saint-Serge, à Serguev-Possad (au nord de Moscou). Il bénit Dimitri IV Donskoï, grand-prince de Moscou, qui repoussa les envahisseurs Tatars. Le monastère actuel a été reconstruit aux XVe et XVIIIe siècles. Il est le patron de la Russie.
sergent n. m. Sous-officier de grade inférieur dans l'infanterie, le génie et l'aviation. *Sergent-chef* : grade immédiatement supérieur à celui de sergent. *Sergent-major* : grade des sous-officiers compris entre sergent-chef et adjudant, qui était chargé de la comptabilité d'une compagnie. / Anc. *Sergent de ville* : gardien de la paix
sergents de la Rochelle (les quatre) Nom collectif de quatre sergents d'infanterie accusés de préparer un complot républicain qui furent condamnés sans preuves et exécutés en 1822.
Sergipe *21 862 km² 1 620 000 h.* État du nord-est du Brésil. Capitale *Aracajú.* Fondé en 1823, c'est le plus petit État du Brésil. Gisements off-shore de pétrole ; culture de fruits tropicaux.
séricicultеur, trice n. Personne qui élève des vers à soie.

Serpent : *le boa* (© Ryu Uchiyama).

sériciculture n. f. Élevage du ver à soie, production des fils de soie.
série n. f. Succession, ensemble de choses de même nature ou ayant des caractères semblables. *Une série d'incidents. Série noire* : succession d'événements fâcheux. / *Fabrication, production en série*, d'un grand nombre d'exemplaires du même modèle. *Machine, appareil, article de série*, fabriqué en série. *Hors série*, qui n'est pas fabriqué à la chaîne ; au fig., exceptionnel. / ÉLECTR. *Montage en série* : installation d'appareils effectuée de telle sorte que le courant doive les traverser successivement. / Ensemble d'émissions de télévision sur le même thème, diffusées régulièrement. *Série policière, série documentaire.* / MATH. Somme infinie des termes d'une suite. *Série convergente*, qui tend vers une limite finie. *Série divergente*, qui n'admet pas de limite finie. / MUS. Suite de douze notes utilisant chacun des douze demi-tons de la gamme chromatique, base de la musique dodécaphonique. / SPORT Groupe de concurrents dans une compétition ; l'épreuve elle-même. *Un joueur tête de série. Séries éliminatoires.* / CIN. *Film de série B*, à budget modeste, tourné plus vite qu'une grande production.
sériel, elle adj. Qui procède de la série. *Musique sérielle* : voir dodécaphonisme.
sérier v. t. [1] Classer et examiner par série. *Sérier les problèmes.*
sérieusement adv. Avec sérieux, sans plaisanter. *Je parle sérieusement.* / Avec application. *Il travaille sérieusement son anglais.* / Gravement. *Être sérieusement malade.* / Réellement. *Ce mur a sérieusement besoin d'un coup de peinture.*
sérieux adj. et n. m. **A.** adj. (En parlant de personnes) Conséquent, réfléchi. *Élève sérieux.* / Grave, concentré. *Il est resté sérieux pendant tout l'office.* / Loc. fam. *Sérieux comme un pape* : très sérieux, tout à sa fonction. / (En parlant de choses) Important, lourd de conséquences. *Affaire sérieuse, incident sérieux.* / *Musique sérieuse* (opposée à musique *légère*), qui n'est pas destinée à distraire. **B.** n. m. Gravité. *Garder son sérieux.* / Caractère d'une personne réfléchie, appliquée. *Manquer de sérieux.* / Caractère de ce qui est digne de considération. *Le sérieux d'une entreprise. Prendre au sérieux* : considérer comme vrai ou important. *Se prendre au sérieux* : attacher une importance excessive à sa propre personne.
sérigraphie n. f. TECH. Procédé d'impression fondé sur le principe du pochoir, qui utilise un écran de tissu (en soie à l'origine).
serin n. m. ZOOL. Petit oiseau passériforme de la famille des fringillidés, au plumage verdâtre ou jaune selon les espèces. *Serin des Canaries* : canari.
sérine n. f. BIOCHIM. Acide aminé polaire, de formule :
$CH_2(OH)–CH(NH_2)–COOH$.
seriner v. t. [1] Vx Apprendre des airs à (un oiseau, un serin) avec une serinette. / Enseigner (une chose) en la répétant. *Seriner la table de multiplication.*
serinette n. f. Vx Petit orgue destiné à apprendre des airs aux oiseaux.
seringa ou **seringat** n. m. BOT. Arbuste de la famille des saxifragacées, cultivé pour ses fleurs blanches odorantes.
seringue n. f. Instrument composé d'un corps cylindrique dans lequel glisse un piston, muni d'une aiguille creuse à son extrémité, destiné à injecter ou à prélever un liquide dans le corps.
sérique adj. BIOL. Relatif au sérum ; du sérum.
serment n. m. Affirmation solennelle de la sincérité d'une promesse, d'un engagement, de la vérité d'un fait. *Prêter serment sur la Bible. Témoigner sous serment. Serment d'Hippocrate* : voir Hippocrate. / Promesse, engagement résolu. *Serment d'amour.*
sermon n. m. Discours prononcé en chaire pour instruire les fidèles, les exhorter à se conduire en bons chrétiens. / Fig. Remontrance ennuyeuse, discours moralisateur.
sermonner v. t. [1] Adresser un sermon, des remontrances à (qqn). *Sermonner un élève.*
sermonneur n. et adj. Personne qui sermonne, sermonne volontiers.
séroconversion n. f. MÉD. Fait, pour un sujet séronégatif, de devenir séropositif (le sens inverse : fait, pour un sujet séropositif, de devenir séronégatif, est rare).
sérodiagnostic n. m. MÉD. Méthode de diagnostic fondée sur la recherche dans le sérum d'anticorps spécifiques.
sérologie n. f. MÉD. Étude des sérums et, en particulier, de leurs propriétés immunologiques.
sérologique adj. MÉD. Relatif à la sérologie.
séronégatif, ive adj. MÉD. Dont le sérodiagnostic est négatif. / Cour. Dont le sérodiagnostic au virus V.I.H. est négatif.
séropositif, ive adj. (et n.) MÉD. Dont le sérodiagnostic est positif. / Cour. Dont le sérodiagnostic au virus V.I.H. est positif. / n. *Un séropositif, une séropositive.*
séropositivité n. f. MÉD. Caractère séropositif.
sérosité n. f. BIOL., MÉD. Liquide similaire au sérum, contenu dans les cavités séreuses ; liquide qui s'accumule et distend certains tissus (par ex. œdèmes).
sérothérapie n. f. MÉD. Emploi thérapeutique de sérum immun.
sérotonine n. f. BIOCHIM. Amine présente notam. dans l'hypothalamus, qui intervient comme neurotransmetteur du système nerveux central et comme vasoconstricteur.
séroual Voir **saroual**
Serov (Aleksandr Nicolaïevitch) 1820-1871 Compositeur russe. Fonctionnaire, autodidacte, il tenta de donner un équivalent russe au drame wagnérien (*Judith*, 1863 ; *Rogneda*, 1866). Outre ces deux opéras, et un troisième, inachevé (*La Puissance du mal*), on lui doit des pièces de musique religieuse. **Valentin Aleksandrovitch** 1865-1911 Peintre russe, fils du précédent. Élève de Répine, il découvrit l'impressionnisme à Paris, et en subit longtemps l'influence (*La Fillette aux pêches*) ; ce fut un portraitiste de talent (*Ida Rubinstein*, *La Pavlova*).
sérow n. m. ZOOL. Bovidé à petites cornes droites, également appelé capricorne.
Serpa Pinto (Alexandre Alberto da Rocha) 1846-1900 Explorateur portugais. Après plusieurs expéditions dans le Sud-Est africain, il fut nommé gouverneur général du Mozambique (1889). Il remonta le Zambèze afin de réunir l'Angola et le Mozambique, mais les troupes portugaises furent stoppées par les Britanniques (1890).
serpe n. f. Outil formé d'une large lame courbée, montée sur un manche court, qui sert à couper des branches. / Fig. *Visage taillé à la serpe*, aux traits rudes.
serpent n. m. ZOOL. Reptile de l'ordre des ophidiens, au corps cylindrique et allongé, dépourvu de membres, qui se déplace par reptation. *Serpent à sonnette* : crotale. *Serpent à lunettes* : naja. / *Serpent de mer* : monstre marin à la réalité hypothétique ; au fig., sujet qui, périodiquement, fait l'objet d'articles de presse ou alimente les conversations. / MUS. Instrument à vent de forme sinueuse destiné autrefois à soutenir les chantres à l'église.
Serpent (le) Constellation équatoriale ; voir *constellation.*
serpentaire n. m. ZOOL. Oiseau falconiforme huppé, à longues pattes, qui se nourrit de serpents. *Le serpentaire vit en Afrique tropicale.* Syn. secrétaire.
serpenter v. i. [1] Former des sinuosités. *Le chemin serpente entre les champs.*
serpentin, e adj. et n. m. **A.** adj. Qui tient du serpent, qui évoque le serpent. *Des ondulations serpentines.* **B.** n. m. Mince ruban de papier coloré, enroulé sur lui-même, qui se déroule quand on le lance, à l'occasion d'une fête. / Tube contourné en spirale employé dans les appareils de chauffage ou de distillation. *Serpentin de chauffe-eau, d'alambic.*
serpentine n. f. MINÉR. Silicate hydraté de magnésium, de couleur verdâtre.
serpette n. f. Petite serpe.
serpillière n. f. Pièce de grosse toile qu'on utilise pour laver le sol.

Serres d'un rapace saisissant un poisson.

Barrage de **Serre-Ponçon** (© Fabian Huester).

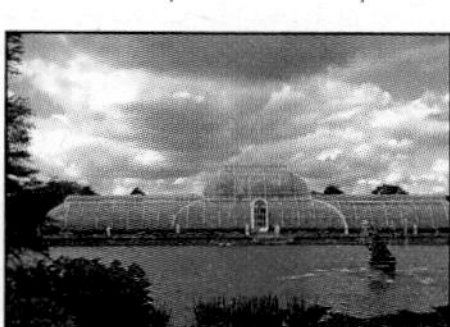
Serre à Richmond (Virginie).

serpolet n. m. Thym sauvage.
serrage n. m. Action de serrer; résultat de cette action. *Le serrage de ce nœud est trop lâche.*
serre n. f. Local vitré où sont cultivées des plantes à l'abri du froid. *Des tomates de serre.* / MÉTÉO. *Effet de serre*: phénomène d'élévation de la température de l'atmosphère terrestre. / Pressurage des fruits dans un pressoir. / Griffe des oiseaux de proie. *Les serres d'un aigle.*
♦ L'atmosphère de la Terre joue un rôle thermorégulateur fondamental dans le réchauffement ou le refroidissement climatique global. Lorsque le rayonnement solaire atteint le proche environnement terrestre, les hautes couches de notre atmosphère en réfléchissent une partie vers l'espace, l'autre partie, celle qui pénètre l'atmosphère, étant absorbée par ses différents composés (ozone, vapeur d'eau) et par la surface terrestre. Le rayonnement absorbé par la surface est réémis en direction de l'espace sous la forme de rayonnement infrarouge, mais, en traversant l'atmosphère, le dioxyde de carbone, la vapeur d'eau, le méthane absorbent une partie de ce rayonnement thermique et le renvoient vers la surface, provoquant un cycle réflexion/réchauffement entraînant ce que l'on nomme « effet de serre ».
Serre (Jean-Pierre) 1926 Mathématicien français. Professeur au Collège de France, il s'est distingué dans divers domaines des mathématiques. Il a reçu la médaille Fields pour ses travaux de topologie en 1954.
serré, e adj. et adv. **A.** adj. Aux éléments très rapprochés. *Une trame serrée.* / Fig. Rigoureux. *Une argumentation serrée.* / Fam. En difficulté, sur le plan financier. *Je suis plutôt serré en ce moment.* / *Café serré*, fait avec beaucoup de café et peu d'eau. **B.** adv. En serrant, resserrant les éléments. *Écrire serré.*
serre-file n. m. MILIT. Gradé qui surveille la marche de l'arrière d'une troupe. Pl. Des *serre-files.*
serre-frein ou **serre-freins** n. m. inv. CH. DE FER Anc. Employé chargé de la manœuvre des freins d'un convoi, hormis ceux de la locomotive.
serre-joint ou **serre-joints** n. m. inv. TECHN. Instrument destiné au serrage d'un joint pendant le temps nécessaire à ce que la colle prenne.
serre-livres n. m. inv. Chacun des deux objets massifs entre lesquels on pose des livres sur leur tranche inférieure, verticalement.
serrement n. m. Action de serrer. *Serrement de main*: poignée de main. / Fig. *Serrement de cœur*: sentiment de tristesse, de douleur. / Cloison en bois destinée à contenir les eaux dans une galerie de mine.
Serre-Ponçon Barrage-poids, en terre, haut de *120 m*, formant un lac de *20 km²*, construit sur la haute Durance. Il alimente plusieurs centrales électriques et permet l'irrigation.
serrer v. t. [1] **A.** v. t. Vieilli ou rég. (sud-ouest de la France) Ranger (qqch.) en lieu sûr. / Tenir, maintenir fermement en exerçant une pression. *Serrer un stylo entre ses doigts. Serrer un enfant dans ses bras.* / Fig. Contracter, oppresser. *Serrer la gorge.* / Entasser. *Serrer des vêtements dans une valise.* / Maintenir (deux éléments) étroitement rapprochés, crisper. *Serrer les poings, les mâchoires.* / Comprimer (le corps, une partie du corps). *Souliers qui serrent les pieds.* / Ajuster, rendre plus étroit (un lien) en tirant sur ses extrémités. *Serrer sa ceinture. Serrer un nœud.* / Fig. Réduire le plus possible. *Serrer les prix.* / Faire tourner, mouvoir (une pièce mobile, un dispositif mécanique) de façon à rapprocher deux éléments, à fixer, à bloquer. *Serrer une vis. Serrer un robinet.* / Passer au plus près de, longer (qqch.). *La voiture serrait le bas-côté.* / Rester tout près de (qqn). *Serrer qqn contre un obstacle*, le presser contre cet obstacle. **B.** v. pron. Se contracter; se tenir très près (de qqn, de qqch.); se blottir (contre qqn, qqch.).
Serres (Olivier de) 1539-1619 Agronome français. Diacre protestant, il a introduit en France de nombreuses cultures (garance, houblon, mûrier, maïs) et a laissé quelques ouvrages, *Cueillette de la soie par la nourriture des vers qui la font* et, surtout, *Théâtre d'agriculture et mesnage des champs* (1600), ouvrage qui fut largement diffusé par décision royale.
Serres (Michel) 1930 Philosophe français. De formation littéraire et scientifique, il est à la fois historien de la philosophie et épistémologue. Professeur d'histoire des sciences à Paris-I, il a écrit de nombreux ouvrages, dont *Le Système de Leibniz* (1968), *Hermès* (sur la communication, en 5 vol., 1969-1980), *Statues* (sur la statuaire 1987).
serre-tête n. m. inv. Bandeau destiné à retenir les cheveux.
serrure n. f. Mécanisme fixé sur une porte, un tiroir, etc., qui permet de les maintenir fermés en le manœuvrant avec une clé. *Pêne, gâche d'une serrure.*
serrurerie n. f. Technique, métier, atelier et industrie du serrurier.
serrurier n. m. Personne qui fabrique, pose, vend des serrures et divers articles en métal.
Sert (Josep Lluis) 1902-1983 Architecte américain d'origine espagnole. Après la victoire de Franco, il s'exile en France et construit le pavillon de la République espagnole pour l'Exposition internationale de 1937. Aux États-Unis à partir de 1939, il enseigne l'architecture et (pour la première fois aux États-Unis) l'urbanisme. On lui doit notamment la Fondation Maeght à Saint-Paul-de-Vence et la Fondation Miró à Barcelone.
sertão n. m. (mot portugais du Brésil) GÉOGR. Au Brésil, zone semi-aride où l'on pratique l'élevage extensif. / Spécial. *Le Sertão*, celui du Nordeste, région désolée qui couvre 1 000 000 d'ha. (Le Sertão est planté d'arbustes épineux; les très longues périodes de sécheresse et l'irrégularité du régime des pluies poussent les habitants à émigrer en masse).
serti, e adj. *Serti de*: incrusté de. *Un bracelet serti d'or.*
sertir v. t. [2] En joaillerie, enchâsser (une pierre) dans une monture, un chaton. / TECHN. Rabattre les bords de (une pièce métallique) vers l'intérieur ou sur une autre pièce.
sertissage n. m. Action de sertir; son résultat.
sertisseur, euse n. Spécialiste du sertissage. / n. m. Appareil à sertir les cartouches.
Sertorius (en latin, **Quintus Sertorius)** 121?-72? av. J.-C. Général romain. Partisan de Marius, il organisa en Espagne, après la victoire de Sylla en Italie, un État indépendant sur le modèle de la République romaine. Allié au roi du Pont, Mithridate, il tint un moment Pompée en échec (75). Mais, s'étant rendu impopulaire, il fut assassiné par son lieutenant Perpenna, que Pompée fit ensuite mettre à mort.
Sert y Badia (José Maria) 1876-1945 Peintre espagnol. Installé à Paris en 1897, il remporte son premier succès avec des décors « Art nouveau » pour un pavillon de l'Exposition universelle de 1900. Il réalise ensuite, pour diverses institutions et des personnes privées, de grandes toiles marouflées sur des murs, aux sujets presque monochromes posés sur des fonds dorés ou argentés, qui exigent la collaboration d'importantes équipes.
sérum n. m. BIOL. Vx. Liquide aqueux qui se sépare de la partie coagulée du lait caillé. Syn. petit-lait. / BIOL. Liquide qui se sépare du caillot de sang après coagulation, de composition proche de celle du plasma, mais dépourvu de fibrine. *Sérum thérapeutique*: sérum immun, d'origine animale ou humaine, administré à titre préventif ou curatif (contre une maladie infectieuse, l'action d'une substance toxique, etc.). / *Sérum physiologique*: solution de chlorure de sodium (NaCl), de pression osmotique équivalente à celle du plasma sanguin (soit à une concentration de 9 grammes par litre). / *Sérum de vérité*: penthotal.
Sérusier (Paul) 1864-1927 Peintre français. Membre du groupe de Pont-Aven (1888) puis, influencé par Gauguin, il créa le *groupe des Nabis*. L'emploi de formes simplifiées, de couleurs posées en aplats, l'absence de perspective tendent à donner à sa peinture un aspect stylisé (*Petite Bretonne assise*). Son œuvre traduit à la fois son admiration pour les primitifs italiens et allemands et ses préoccupations spirituelles.
servage n. m. FÉOD. État de serf. / Fig. Dépendance, asservissement.
serval n. m. ZOOL. Grand chat sauvage d'Afrique, au pelage fauve tacheté de noir, haut sur pattes. Pl. Des *servals.*
Servandoni (Giovanni Niccolo) 1695-1766 Architecte et peintre italien. Formé en Italie, il vint s'installer à Paris en 1724, où il remporta immédiatement un grand succès grâce à ses travaux de décorateur et d'architecte. Pour le roi de France, il réalisa la façade de l'église Saint-Sulpice (1733), combinant une structure classique avec des éléments décoratifs baroques. Ses voyages dans toute l'Europe propagèrent l'art parisien de l'époque.
servant adj. m. et n. m. **A.** adj. m. *Chevalier servant*: compagnon assidu d'une femme, par galanterie, par amour. Syn. (vieilli) sigisbée. **B.** n. m. RELIG. CATHOL. *Servant à l'autel*: personne qui accomplit un des deux ministères (voir *ministère*). / Artilleur qui approvisionne une pièce pendant le tir.
servante n. f. Vieilli ou plaisant Domestique. / TECHN. Support, qui prolonge un établi, destiné au travail de pièces longues.
serve Voir **serf**
Servet (Michel) 1511-1553 Médecin et théologien espagnol. Il publie anonymement à Vienne *Christianismi restitutio* (1553), dans lequel il nie la divinité du Christ ainsi que le dogme de la Trinité. Le texte révolte les catholiques et les protestants et, dénoncé, Servet parvient de justesse à échapper à la

condamnation à mort qui pèse sur lui à Vienne. Réfugié à Genève, son ami Calvin ne put empêcher son jugement et son exécution.

serveur, euse n. Personne chargée du service dans un restaurant, un bar. / Joueur qui sert les cartes. / Joueur qui met la balle en jeu (au tennis, au ping-pong, etc.). / n. m. INFORM. Organisme qui exploite un système informatique permettant à un demandeur de consulter et d'utiliser directement une (des) banque(s) de données.

serviabilité n. f. Qualité d'une personne serviable.

serviable adj. Qui rend volontiers service.

service n. m. **I.** Travail, fonction des gens de maison, des personnes employées dans l'hôtellerie; manière dont ce travail est accompli. *Être au service de qqn. Dans ce restaurant, le service est trop lent. Escalier de service*, réservé aux domestiques. / Pourboire. *Service compris.* / Fonctionnement (d'un appareil, d'une machine). *Mise en service. Hors service*: qui ne fonctionne plus. **II.** Fait de servir pour se conformer à une obligation morale ou légale. *Le service divin*: le culte. *Service national*: ensemble des obligations civiles ou militaires imposées aux jeunes citoyens pour la défense du pays ou pour accomplir des tâches de solidarité nationale. *En France, le service national obligatoire a été supprimé en 1997.* **III.** Fait de s'acquitter de ses obligations professionnelles au service d'autrui. *Prendre, quitter son service. Être de service*, en fonction, en activité. / (Au pluriel) Tâche rémunérée. *Je suis très satisfait de vos services. États de services*: relevé des postes occupés par un fonctionnaire. / Division administrative (de l'État, d'une administration, d'une entreprise). *Service commercial. Service public*: organisme qui exerce une activité d'intérêt général. / (Au pluriel) ÉCON. Ensemble des avantages fournis, à titre gracieux ou à titre onéreux, par l'État, une organisation, une entreprise; activité économique ne produisant pas immédiatement des biens matériels. *Société de services.* **IV.** Ce qu'on fait bénévolement pour être utile à qqn. *Rendre un, des services.* **V.** Fourniture, mise à disposition. *Faire le service d'un quotidien aux abonnés. Service de presse*: distribution gratuite d'exemplaires d'un ouvrage aux journalistes pour qu'ils en fassent la critique; ces exemplaires. / *Service après vente*: ensemble des opérations d'installation et de maintenance d'un appareil, d'un ensemble de moyens techniques, assurées par le vendeur au profit de l'acheteur. / SPORT Coup par lequel on met une balle en jeu. **VI.** Ensemble de repas servis en même temps. *Premier, second service.* / Assortiment de vaisselle ou de linge de table. *Service à café.*

serviette n. f. Pièce de linge utilisée à la toilette ou à table. / Sac rectangulaire compartimenté et pourvu d'un rabat, servant à porter des documents.

servile adj. Propre à, relatif à l'état de serf. *Fonctions serviles.* / HIST. *Guerres serviles*: guerres menées par des esclaves révoltés qui agitèrent Rome à la fin du IIe et au début du Ier siècle avant J.-C. (134-132, 104-101, 73-71). / Fig. Qui se soumet de façon dégradante; qui témoigne de cette soumission. *Il est servile. Attitude servile.* / Qui reste soumis à la pensée d'un maître, à un modèle. *Imitateur servile.*

servilement adv. Avec servilité.

servilité n. f. Attitude d'une personne servile; caractère de ce qui est servile.

Sésostris Ier.

servir v. t. / v. i. / v. pron. [3] **A.** v. t. S'acquitter de certains devoirs ou fonctions auprès de (qqn, une collectivité). *Servir ses maîtres. Servir Dieu. Servir l'État.* / Présenter les plats, les boissons à (qqn); donner à qqn (un mets, une boisson). *Servir les invités. Peux-tu me servir à boire? Servir le repas. Servir un poisson.* / Fig. Raconter, débiter. *Servir un discours rebattu.* / Fournir des marchandises à (un client); vendre, procurer (telle marchandise). *Servez-moi deux tranches de jambon.* / Verser (un paiement) à échéances régulières. *Servir une rente.* / JEUX *Servir les cartes*, les distribuer. / Se mettre au service de; défendre, soutenir. *Servir les intérêts de qqn. Servir une cause, la vérité.* / Être utile, favorable à. *Son courage le sert bien.* / LITURG. *Servir la messe*: assister le prêtre dans sa célébration. / VÉNER. Achever (une bête forcée). **B.** v. t. ind. *Servir à (qqn)*: être utile à (qqn). *Tes conseils m'ont servi.* / Être approprié à (tel usage). *Le marteau sert à enfoncer des clous.* / *Servir de*: faire office de, être utilisé en tant que. *Il m'a servi de guide. Ce paravent sert de cloison.* **C.** v. i. Être au service de (qqn) en tant que domestique. / MILIT. Accomplir son service. *Servir dans la marine.* / SPORT Mettre la balle en jeu. **D.** v. pron. Prendre (d'un mets, d'une boisson). *Se servir de vin. Sers-toi de légumes.* / Se fournir en marchandises. *Je me sers chez un traiteur.* / *Se servir de (qqch.)*: utiliser, faire usage de (qqch.). *Se servir d'un marteau.* Au fig. *Se servir de ses relations*, les faire agir. *Se servir de qqn*, le manœuvrer. / Être servi. *En Béarn, le fromage des Pyrénées se sert avec de la confiture de cerises noires.*

serviteur n. m. Vx Personne au service de qqn, domestique. / Mod. Celui qui est au service de qqn, d'une institution. *Serviteur de l'État.*

servitude n. f. État de serf. / État de soumission d'une personne, d'un groupe, d'un peuple. / Ce qui crée un assujettissement, contrainte. *Les servitudes d'une profession.* / DR. Charge imposée sur un bien immobilier au profit d'un autre, appartenant à un propriétaire distinct ou au profit de la collectivité publique. *Servitude de passage.* / MAR. *Bâtiments de servitude*: navires, canots, citernes, affectés au service d'un port ou au ravitaillement en combustible, en matériel d'une escadre.

Servitude et grandeur militaires 1835 Œuvre d'Alfred de Vigny qui est composé de trois nouvelles: *Laurette et le cachet rouge*; *La Veillée de Vincennes*; *La Canne de jonc*. La « grandeur » est l'obéissance et le courage du soldat en temps de guerre. La « servitude » est la monotonie de la vie de garnison en temps de paix.

Servius Tullius 578-535 av. J.-C. Sixième roi de Rome. Selon la tradition, il répartit les citoyens romains dans des classes correspondant à l'importance de leurs biens et fit construire une enceinte autour des 7 collines de Rome.

servocommande n. f. TECHN. Mécanisme permettant de suppléer l'énergie humaine en fournissant la force nécessaire au fonctionnement d'une machine.

servofrein n. m. TECHN. Servocommande agissant sur les organes de freinage d'une automobile.

servomécanisme n. m. TECHN. Mécanisme permettant de corriger ou de régler automatiquement le fonctionnement d'une machine en fonction de la variation d'un paramètre (vitesse, pression, température, etc.) par rapport à une valeur qui lui est affectée.

servomoteur n. m. TECHN. Moteur permettant d'actionner un organe dans un servomécanisme.

ses Voir **son [2]**

sésame n. m. Plante dicotylédone gamopétale, originaire de l'Inde, dont les graines fournissent une huile comestible; graines de cette plante. / Fig. Ce qui permet d'accéder à son but, avec une facilité qui semble ressortir de la magie (par allusion à la formule magique « Sésame, ouvre-toi », du conte des Mille et Une Nuits, *Ali Baba et les quarante voleurs*).

Sésostris ou **Sénousret** Nom porté par trois pharaons égyptiens de la XIIe dynastie. **Sésostris Ier** 1971-1928 av. J.-C. Il étendit ses possessions en Nubie et en Asie (pays de Canaan). **Sésostris II** 1897-1878 av. J.-C. On ne sait à peu près rien de son règne. **Sésostris III** 1878?-1843 av. J.-C. Fils du précédent, il étend (ou consolide) la domination égyptienne sur la Basse Nubie, la Palestine et la Syrie; il a été divinisé au Moyen Empire.

sessile adj. BIOL. Dépourvu de pédoncule, de pétiole.

session n. f. Période pendant laquelle siège une assemblée, un tribunal, un jury d'examen.

sesterce n. m. ANTIQ. ROM. Monnaie romaine, en argent puis en laiton.

Un dimanche d'été à la Grande Jatte, *tableau de* **Georges Seurat**.

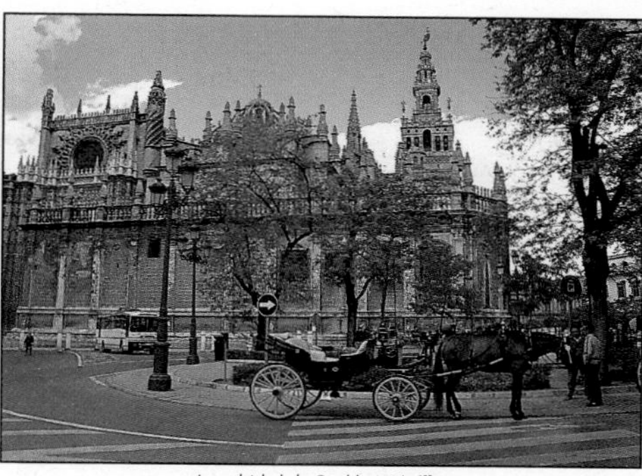
La cathédrale la Giralda à **Séville**.

Sestrières *750 h.* Bourg d'Italie, dans le Piémont, célèbre station alpine à *2035-2850 m* d'altitude.

set n. m. (mot anglais) Manche, dans une partie de tennis, de ping-pong. / *Set de table* : ensemble des napperons composant un service de table.

Sète *41 510 h.* Premier port de pêche de la Méditerranée française, dans l'Hérault. Le pétrole importé est raffiné à Frontignan. Né à Sète, Paul Valéry chanta son cimetière marin et a ici un musée. Georges Brassens a célébré sa ville natale dans ses chansons.

Seth Dieu égyptien représenté sous les traits d'un animal aux traits composites : corps de lévrier, longue queue raide et fourchue, museau mince et busqué, œil bridé, oreilles droites taillées en biseau. Dieu de la violence (il avait tué son frère Osiris et éborgné Horus qui, en retour, l'avait châtré), dieu de l'orage, c'est aussi le dieu bienfaisant des oasis. À partir du VIIIe siècle av. J.-C., il ne fut plus considéré que comme un dieu néfaste, personnifiant le Mal.

Seth Personnage biblique (Genèse). Troisième fils d'Adam et d'Ève. Selon les récits bibliques, il vécut neuf cent douze ans.

Séthi ou **Séti** Nom de deux pharaons de la XIXe dynastie. **Séthi Ier** Pharaon de 1312 à 1298 avant J.-C. Fils de Ramsès Ier et père de Ramsès II, il lutta victorieusement contre les Hittites, les Libyens et les Syriens et étendit son autorité sur la Phénicie et la Palestine. Il fit édifier plusieurs monuments importants parmi lesquels la salle hypostyle du temple de Karnak. **Séthi II** Pharaon de 1210 à 1205 avant J.-C. Il fut l'avant-dernier pharaon de la XIXe dynastie.

setier n. m. Anc. Mesure de capacité, variable suivant les régions.

Sétif (en arabe *Stif*) *185 786 h.* Ville de l'est de l'Algérie, chef-lieu de la wilaya du même nom, centre agricole et industriel. Du 8 au 10 mai 1945, la France bombarda la ville qui s'était soulevée, faisant des milliers de victimes.

séton n. m. MÉD. Drain passé sous la peau et en sortant par deux orifices. / *Blessure en séton,* passant sous la peau, tangentiellement à celle-ci, et possédant deux orifices.

setter n. m. (mot anglais) Chien d'arrêt d'origine anglaise, à long poil souple.

seuil n. m. Pierre ou pièce de bois formant le bas de la baie d'une porte ; l'entrée. *Franchir le seuil d'une maison, d'une pièce.* / Fig. Commencement. *Au seuil de la nouvelle année.* / GÉOGR. Lieu de rupture de profil, de conditions d'écoulement, de communication ; aire constituant à la fois un passage, une transition et une séparation, impliquant une différenciation qualitative. *Seuil du Poitou.* / Minimum à atteindre pour qu'un phénomène se réalise, soit perçu ; limite. *Seuil de tolérance.* / ÉCON. *Seuil de rentabilité* : volume de chiffre d'affaires à partir duquel est réalisé un profit.

seul, e adj. et n. **A.** adj. (Placé après le nom, en tant qu'attribut ou épithète) Isolé, solitaire ; célibataire. *Vivre seul. Une femme seule.* / (Renforcé par *tout*) *Rester tout seul.* / Loc. *Seul à seul* : en tête à tête. / (Épithète placé avant le nom) Unique. *Il est le seul coupable.* / (En apposition, avec sens adverbial) Seulement. *Seules les oreilles exercées l'entendent.* **B.** n. Une personne unique. *Le pouvoir d'un seul. Il est le seul à pouvoir faire qqch.*

seulement adv. Pas davantage. *Ils sont seulement dix à se déplacer.* / Pas avant. *Il sera là seulement l'an prochain.* / Tout juste. *Il vient seulement d'avoir les résultats de l'examen.* / *Pas seulement* : pas même. *Sans seulement* : sans même. / Fam. À la condition que. *Viens demain, seulement téléphone avant.*

Seurat (Georges) 1859-1891 Peintre français néo-impressionniste. Admis à l'École des Beaux-Arts en 1878, il découvrit l'impressionnisme et s'en inspira pour sa première grande composition, *Une Baignade, Asnières* (1883). Cette toile ayant été refusée au salon, il fonda, avec d'autres peintres également non admis, la Société des artistes indépendants. À partir de 1886, il s'intéresse de plus en plus aux recherches scientifiques sur la couleur et la vision (il s'appuie sur les théories de Chevreul) et applique la loi du contraste simultané des couleurs. L'usage qu'il fait de petites touches séparées de couleurs pures donne à la tendance qu'il représente, nommée souvent néo-impressionnisme, le nom de divisionnisme (ou pointillisme) ; simplifiant les formes, il donne à ses peintures de puissants effets de lumière : *Le Cirque* (1887-1888), *Un dimanche d'été à la Grande Jatte* (1884-1886).

sève n. f. BOT. Liquide nourricier qui circule dans les tissus conducteurs des plantes. (La sève brute, composée d'eau et de sels minéraux dissous, puisés dans le sol, est véhiculée dans les vaisseaux du xylème depuis les racines jusqu'aux feuilles, où a lieu la photosynthèse. Les produits synthétisés dans les feuilles [notam. sucres et acides aminés] sont transportés dans le reste de la plante, sous forme de sève élaborée, dans les tubes criblés du phloème). / Fig. Force, vigueur.

sévère adj. Strict, rigoureux. *Des contraintes sévères.* / Austère. *Une beauté sévère.* / Pénible. *Une sanction sévère.* / (En parlant d'une personne) Sans indulgence. *Un professeur sévère.* / Exprimant la rigueur, la gravité. *Avoir un air sévère.*

Sévère (en latin, **Flavius Valerius Severus**) ?-307 Empereur romain en 306. Il fut tué par son rival Maxence (qui, comme lui, avait été proclamé auguste en 306).

Sévère Alexandre (en latin, **Marcus Aurelius Severus Alexander**) 208-235 Empereur romain (222-235). Il succéda à son cousin Élagabal, qui l'avait adopté sur l'ordre de sa mère Julia Mamea. Il toléra le christianisme et écarta la menace des Perses en 232. Mais, en campagne contre les Germains, il périt lors d'une sédition militaire en 235. Il fut le dernier empereur issu de la dynastie des Sévères.

sévèrement adv. Avec sévérité.

Sévères (dynastie des) Nom collectif donné aux empereurs romains qui régnèrent de 193 à 235 : Septime Sévère, Geta, Caracalla, Elagabal, Sévère Alexandre.

Séverine (Caroline Rémy, dite) 1855-1929 Journaliste française. Secrétaire de Jules Vallès au *Cri du peuple*, cofondatrice de la Ligue des Droits de l'Homme, elle mena une longue carrière de reporter engagé dans toutes les luttes en faveur des femmes et des opprimés.

Circulation de la **sève** *brute dans un arbre.*

Severini (Gino) 1883-1966 Peintre italien. Les influences de Cézanne et des artistes futuristes l'amenèrent au cubisme en 1914. Il l'abandonna vers 1921 et publia *Du cubisme au classicisme.* Après la Seconde Guerre mondiale, il se tourna vers l'abstraction géométrique.

sévérité n. f. Caractère de ce qui est sévère. *La sévérité d'un style.*

Severn *335 km* Fleuve de Grande-Bretagne qui se jette dans le canal de Bristol.

sévices n. m. pl. Violences infligées à une personne que l'on a sous son autorité ou sous sa garde.

Sévigné (Marie de Rabutin-Chantal, marquise **de)** 1626-1696 Écrivain français. Veuve à vingt-cinq ans, elle élève ses enfants et écrit à sa fille, Mme de Grignan, ainsi qu'à d'autres correspondants (dont son cousin Bussy-Rabutin), des *Lettres* vives et enjouées, où elle exprime ses sentiments sur la nature, sur ses lectures et sur la société de son époque. Cette œuvre, importante d'un point de vue historique et littéraire, ne fut publiée qu'en 1726.

Séville *678 902 h.* Grand port fluvial espagnol, sur le Guadalquivir, capitale de la communauté autonome d'Andalousie et chef-lieu de la province du même nom. Réputée pour ses processions de la semaine sainte et ses *ferias* (foires). Colonie romaine (Hispalis), importante ville maure (712-1248), capitale de la dynastie arabe des Abbadides, port très prospère à l'époque des grandes découvertes, Séville est riche en monuments : l'Alcazar maure (XIIe siècle), la Giralda, minaret arabe transformé en tour, à l'angle de la cathédrale gothique (XVe siècle) ; de vieux quartiers pittoresques (quartier de Santa Cruz). La ville développe, à côté des activités traditionnelles (huile d'olive, céramique), des industries nouvelles. Elle accueillit l'Exposition universelle en 1992.

sévir v. i. [2] Réprimer, punir sévèrement. *Sévir contre les abus. Si vous ne vous taisez pas, je vais être obligé de sévir.* / Causer des ravages. *La tempête a sévi sur les côtes. La famine sévit.*

sevrage n. m. Remplacement progressif de l'allaitement, d'un régime uniquement lacté, par un régime plus solide. / MÉD. Action de sevrer (un toxicomane de sa drogue). / HORTIC. Séparation d'une marcotte du pied mère.

S

Manufacture de **Sèvres** *: commode à trois vantaux de M. Carlin (vers 1775).*

sevrer v. t. [1]. / Procéder au sevrage de. *Sevrer un bébé.* / Par ext. Priver de. *Sevrer qqn d'alcool.*

sèvres n. m. Porcelaine fabriquée à la manufacture de Sèvres. *Un vieux sèvres.*

Sèvres *21 900 h.* Hauts-de-Seine, sur la Seine, siège du Bureau international des poids et mesures (pavillon de Breteuil) et de la Manufacture de porcelaines créée en 1756 (décor de fleurs, vases décoratifs) à laquelle a été adjoint un Musée national de céramique. Le *traité de Sèvres* signé en 1920 entre la Turquie et les Alliés (internationalisation des Détroits, réduction de la Turquie d'Europe à Istanbul) fut révisé en 1923 par le traité de Lausanne (restitution de la Thrace orientale, démilitarisation des Détroits) en faveur de la Turquie victorieuse de la Grèce.

Sèvres (département des Deux-) [79] *5 999 km² 345 965 h.* Chef-lieu Niort. Département qui fait partie de la Région Poitou-Charentes. Assurant la transition entre le Bassin parisien et l'Aquitaine, les Deux-Sèvres opposent l'extrémité méridionale du Massif armoricain, au nord, pays bocager et laitier, aux plateaux calcaires du sud, voués aux cultures céréalières. Il doit son nom à la *Sèvre Nantaise*, qui arrose Niort et se jette à Nantes dans la Loire, et à la *Sèvre Niortaise*, qui naît dans le Poitou, arrose Niort, devenant alors navigable et se jette dans l'Atlantique (dans la baie d'Aiguillon, en Charente-Maritime). Le déclin des villes des Deux-Sèvres, anciens centres commerciaux, est lié à la crise des industries traditionnelles : textile, métallurgie. Vieux centre de mégisserie et de ganterie, Niort accueille des activités nouvelles, mais l'implantation industrielle est encore modeste.

sexage n. m. TECHN. Détermination du sexe des jeunes animaux.

sexagénaire adj. et n. (En parlant de qqn) Qui est âgé de soixante à soixante-neuf ans.

sexagésime n. f. LITURG. CATHOL. Soixantième jour avant Pâques. *Dimanche de la Sexagésime* ou *Sexagésime* : deuxième des trois dimanches qui précèdent le carême.

sex-appeal n. m. (mot anglais) Charme sensuel (surtout à propos d'une femme).

sexe n. m. Ensemble des caractères spécifiques, chez les êtres vivants, permettant de distinguer le mâle de la femelle. *Individu de sexe féminin.* / Ensemble des personnes du même sexe. *Égalité des sexes.* / Fam. *Le sexe fort* : les hommes. *Le sexe faible* ou *le beau sexe* : les femmes. / Organes génitaux externes.

sexisme n. m. Attitude discriminatoire fondée sur le sexe. *Le sexisme s'exerce généralement sur les femmes.*

sexiste adj. et n. Qui fait preuve de sexisme. *Propos sexistes.* / n. *Un sexiste.*

sexologie n. f. Étude des questions relatives à la sexualité humaine.

sexologue n. Spécialiste de sexologie.

sex-ratio n. m. (mot anglais) Proportion des individus de chaque sexe dans une population.

sex-shop n. m. (mot anglais) Magasin spécialisé dans la vente de publications et d'objets pornographiques.

sextant n. m. Instrument, utilisé principalement dans la marine, pour déterminer la latitude en mesurant la distance angulaire d'un astre avec l'horizon.

Sextant (le) Constellation équatoriale ; voir *constellation.*

sexte n. f. LITURG. CATHOL. Petite heure de l'office que l'on récite après tierce.

sextine n. f. LITTÉR. Poème à forme fixe, composé de six sizains se terminant tous par les six mêmes mots, dont l'ordre est modifié d'une strophe à l'autre selon une permutation circulaire, et qui sont repris dans un envoi de trois vers. *On attribue au troubadour Arnaut Daniel l'invention des règles de la sextine. Une sextine de Dante, de Pétrarque, de Pound.*

sexto adv. (mot latin) Sixièmement.

sextuplés, ées adj. et n. pl. Se dit de six enfants nés d'une même grossesse.

Sextus Empiricus IIe-IIIe siècle Médecin, astronome et philosophe grec. Dans son traité *Contre les dogmatiques*, il exprime avec clarté la doctrine sceptique.

sexualité n. f. BIOL. Ensemble des caractères propres à chaque sexe. / Ensemble des comportements liés à la satisfaction de l'instinct sexuel.

sexué, e adj. Qui possède un sexe ; qui est mâle, femelle ou hermaphrodite. / Qui fait intervenir les sexes. *La reproduction sexuée.* Ant. asexué.

sexuel, elle adj. Propre ou relatif au sexe. *Instinct sexuel. Caractères sexuels* : ensemble des caractères qui différencient mâles et femelles.

sexuellement adv. Sur le plan sexuel. *Maladie sexuellement transmissible (MST)* : maladie transmise au cours de rapports sexuels.

sexy adj. inv. (mot anglo-américain) Fam. Qui a du sex-appeal, qui est désirable. *Vous êtes la plus sexy des femmes.* / Par méton. *Une robe sexy.*

seyant, e adj. Qui sied à qqn. *Un costume seyant.*

• **Seychelles (îles)** État de l'océan Indien, au nord-est de Madagascar ; c'est un archipel composé de 115 très petites îles, granitiques ou coralliennes.

seychellois, e adj. et n. Des îles Seychelles.

Seyfert (Carl Keenan) 1911-1960 Astrophysicien américain, spécialiste de l'étude des galaxies actives. En 1943, à l'observatoire du mont Wilson, il identifie la présence d'un gaz en mouvements rapides dans des galaxies dont le noyau est le siège d'émission importante de rayonnement infrarouge, galaxies qui, aujourd'hui, portent son nom.

Seymour (Edward, 1er duc de Somerset**)** 1506 ?-1552 Régent d'Angleterre. Frère de Jeanne Seymour et oncle d'Édouard VI, nommé lord-protecteur à la mort d'Henri VIII, il exerça la régence de 1547 à 1549. Ses réformes religieuses rapprochèrent l'Église anglicane du protestantisme. Renversé par Dudley, il fut exécuté pour trahison.

Seyss-Inquart (Arthur) 1892-1946 Homme politique autrichien. Partisan de l'Anschluss, il fut chancelier, puis *Reichstatthalter* (gouverneur au nom du IIIe Reich) d'Autriche. Gouverneur du Reich aux Pays-Bas, il organisa persécutions et déportations. Jugé à Nuremberg, il fut condamné à mort et exécuté.

sézigue ou **sézig** pron. pers. Argot. Lui.

SF ou **S.F.** Voir **science-fiction**

Sfax *231 911 h.* Ville de Tunisie, sur le golfe de Gabès, second port du pays (phosphates, huile, alfa). Pêche. Aéroport international.

S.F.I.O. Voir **Section française de l'Internationale ouvrière**

Sforza Famille italienne qui régna sur le duché de Milan de 1450 à 1535. **Muzio Attendolo** 1369-1424 Condottiere, fils de paysan, le fondateur de la dynastie fut surnommé Sforza à cause de sa vigueur. À sa mort, il était grand connétable de Naples. **François Ier** 1401-1466 Fils naturel du précédent, il succéda en 1450 à son beau-père, le duc de Milan, Philippe-Marie Visconti, mort en 1447. Allié de Charles VII et de Louis XI, qui lui céda ses droits sur Gênes, il joua un rôle important en Italie, embellit Milan et s'entoura d'une cour brillante. **Galéas-Marie** 1444-1476 Duc de Milan en 1466. Fils du précédent, il fut assassiné. **Jean-Galéas** 1469-1494 Fils du précédent, duc de Milan en 1476, il régna sous la tutelle de sa mère Bonne de Savoie, puis sous celle de son oncle Ludovic, sans jamais exercer le pouvoir. **Ludovic le More** Voir **Ludovic Sforza**. **Maximilien** 1493-1530 Fils du précédent, il fut remis en possession du duché par les adversaires

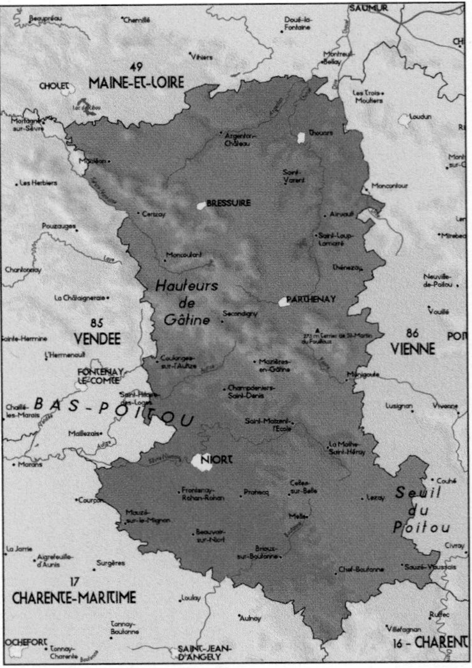

Département des **Deux-Sèvres**.

SEYCHELLES

Superficie : *455 km^2* – **Nombre d'habitants :** *100 000 h.* – **Capitale :** *Victoria* – **Système politique :** *république* – **Langue(s) :** *français, anglais, créole français* – **Religion(s) :** *catholicisme* – **Monnaie(s) :** *roupie des Seychelles*

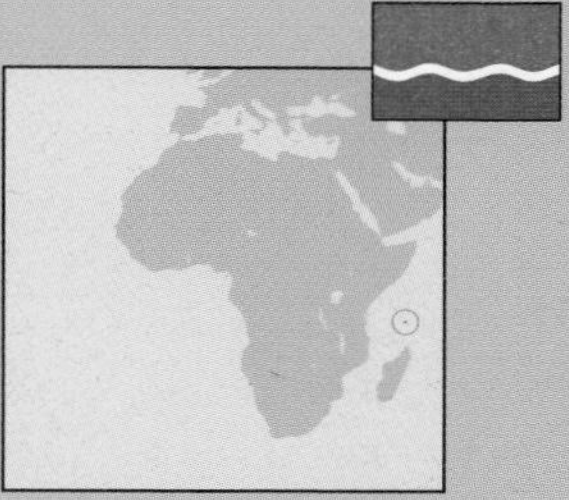

Voir l'Atlas

L'île Mahé.

Géographie phys. et hum.

Les pluies tropicales provoquent souvent une végétation luxuriante. La population comprend des Créoles (90 %), catholiques, des Indiens (moins de 5 %), des Chinois, des Britanniques. La seule ville, Victoria, est sur l'île Mahé, granitique (*60 000 h. 153 km^2*). Le coprah, la cannelle, le thé, la pêche (conserverie de thon à Mahé), le tourisme (plus de 100 000 visiteurs par an) et l'aide extérieure assurent un bon niveau de vie.

Histoire

Les Français occupèrent l'archipel en 1742. En 1814, les Britanniques le reçurent avec l'île de France (Maurice) et l'en détachèrent en 1903. Il accéda à l'indépendance le 29 juin 1976.

En 1977, France Albert René et son parti unique prirent le pouvoir. En 1991, René adopta le multipartisme, perdit les élections de 1992, remporta celles de 1993 et, triomphalement, celles de 1998.

*Muhammad Rihza Pahlevi, dernier **shah** d'Iran.*

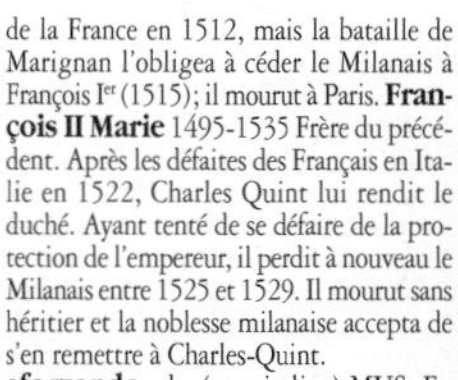

de la France en 1512, mais la bataille de Marignan l'obligea à céder le Milanais à François Ier (1515); il mourut à Paris. **François II Marie** 1495-1535 Frère du précédent. Après les défaites des Français en Italie en 1522, Charles Quint lui rendit le duché. Ayant tenté de se défaire de la protection de l'empereur, il perdit à nouveau le Milanais entre 1525 et 1529. Il mourut sans héritier et la noblesse milanaise accepta de s'en remettre à Charles-Quint.

sforzando adv. (mot italien) MUS. En passant progressivement et passagèrement du piano au forte.

sfumato n. m. (mot italien) BX-ARTS Atténuation vaporeuse des contours, modelé estompé des formes.

Shaanxi *205 600 km^2 34 810 000 h.* Province du centre-est de la Chine. Capitale *Xian*. Les hauts plateaux fertiles, situés au sud du Huanghe, ont des richesses minières qui ont favorisé l'industrie.

Shaba Nom donné au Katanga de 1972 à 1997.

shabbat Voir **sabbat**

Shackelton (sir Ernest Henry) 1874-1922 Explorateur britannique. Compagnon de Scott lors de son raid en Antarctique, il tenta plusieurs fois, sans succès, d'atteindre le pôle Sud. Son navire, l'*Endurance*, pris par les glaces, dut être abandonné; il périt lors d'une autre expédition.

Shaftesbury (Anthony Ashley Cooper, comte de) 1621-1683 Homme politique anglais. Royaliste au début du règne de Charles Ier, il se rangea néanmoins du côté de Cromwell en 1644, puis participa à la restauration de Charles II en 1660. Nommé chancelier de l'Échiquier en 1661, puis fait comte de Shaftesbury en 1672, il fut l'un des principaux auteurs de la loi d'Habeas Corpus (1679). Brouillé avec le roi et hostile au duc d'York (futur Jacques II), il fut accusé de haute trahison et dut s'enfuir en Hollande où il mourut.

shah ou **chah** n. m. (mot persan) Titre du souverain en Perse, puis en Iran (jusqu'en 1979).

Shah Jahan 1582-1666 Empereur moghol des Indes (1628-1658). Fils de Jahangir, il se révolta contre celui-ci et, vaincu, dut se retirer en Inde centrale. Devenu empereur, il fit ériger à Agra le Taj Mahal (1631), mausolée de marbre blanc dédié à son épouse favorite, Mumtaz Mahal. Shah Jahan fut renversé par son fils, Aurangzeb, qui le garda emprisonné dans le fort d'Agra jusqu'à sa mort.

shaker n. m. (mot anglais) Récipient dans lequel on mélange en les agitant les ingrédients d'un cocktail.

Shakespeare (William) 1564-1616 Écrivain britannique, né à Stratford-on-Avon. Les détails de sa vie sont très peu connus; fils de commerçant, peut-être catholique, il se maria jeune (1582) mais quitta femme et enfants pour devenir acteur à Londres (1588 ?). Son premier ouvrage, *Vénus et Adonis* (1593), est dédié à lord Southampton qui lui accordera sa protection; suivront *Le Viol de Lucrèce* (1594) et des *Sonnets*, adressés à un mystérieux destinataire qui est, à l'évidence, un homme. Les troupes de comédiens, victimes de la peste de 1592, se séparèrent et Shakespeare fit un bref séjour à Stratford. À son retour, entré dans la troupe du lord Chambellan (Lord Chamberlain's Men) qui deviendra, à la mort de la reine Élisabeth la troupe du roi (King's Men), placée sous la protection, de Jacques Ier en 1603, il connaît un grand succès en montant ses pièces à Londres et en province. À la fin de sa vie, après 1613, il retourna dans sa ville natale. On a douté de l'authenticité de son œuvre, qu'on a parfois attribuée à quelques-uns de ses contemporains (Ben Jonson, Bacon), et dont il est difficile de dater les différents éléments (n'ont été publiées de son vivant que 16 pièces sur les 37 dont on lui attribue la paternité). Shakespeare a abordé toutes les formes de théâtre : drames historiques à sujets tirés de l'histoire romaine (*Jules César*, 1599; *Antoine et Cléopâtre*, 1606) et de l'histoire de la Grande-Bretagne (*Henri IV*, 1591 ?; *Richard III*, 1592 ?); tragédies (*Hamlet*, 1601 ?; *Othello*, 1604; *Macbeth*, 1605; *Le Roi Lear*, 1606; *Roméo et* Juliette, 1595 ?); comédies légères (*Le Songe d'une nuit d'été*, 1595; *Le Marchand de Venise*, 1596; *La Mégère apprivoisée*, 1594), ou féeriques (*La Tempête*, 1611). Shakespeare invente rarement son sujet mais redonne vie à des histoires anciennes ou à des personnages traditionnels : Shylock l'avare, Falstaff le bouffon, Othello le jaloux, Macbeth le criminel, poursuivi par le remords, Hamlet qui médite et hésite, tourmenté par

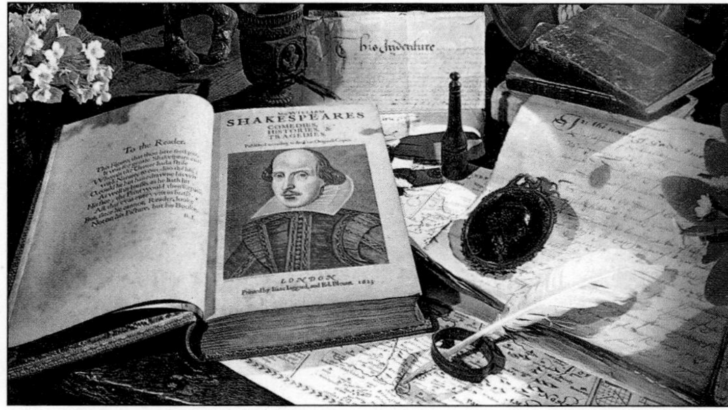

*Dans la maison natale de **Shakespeare**, transformée en musée, le premier tome de ses œuvres avec son portrait.*

l'idée d'agir. Il a peint toutes les passions et abordé tous les problèmes, de la politique à l'amour. La variété de son style et de ses images, la violence ou la fantaisie de ses intrigues ont fait de lui l'idole des romantiques et il continue d'être joué dans le monde entier. L'œuvre dramatique de Shakespeare, aussi immense que diverse, a inspiré nombre de musiciens et de cinéastes.

shako ou **schako** n. m. (mot hongrois) Coiffure militaire de forme tronconique, munie d'une visière.

Shamir (Itzhak) 1915 Homme politique israélien. Membre de l'Irgoun et du groupe Stern, il est déporté en Érythrée, s'en évade et se réfugie en France avant de revenir en Israël en 1948. Il entre en politique en 1970 et est président de la Knesset en 1977. Membre du Likoud, il a été Premier ministre en 1983-1984 et de 1986 à 1992.

shampoing ou **shampooing** n. m. (mot anglais) Liquide moussant pour laver les cheveux. *Shampoing aux œufs.* / Lavage des cheveux. *Faire un shampoing.* / Produit détergent moussant. *Shampoing à moquette.*

shampooiner ou **shampouiner** v. t. [1] Faire un shampoing à.

shampouineur, euse n. Personne qui, dans un salon de coiffure, fait les shampoings.

shantoung Voir **chantoung**

shariah Voir **chariah**

sheik Voir **cheik**

Shan *155 801 km² 4 250 000 h.* État de l'est de la Birmanie. Capitale *Taungyi*. D'origine thaïe, les Shans s'installèrent progressivement en Birmanie entre le VIIIᵉ et le XVIᵉ siècles. Ils ne cessent de réclamer leur autonomie, notamment depuis la colonisation britannique et l'indépendance (1948).

Shandong ou **Chantoung** *153 300 km² 86 710 000 h.* Province de l'est de la Chine. Capitale *Jinan*. Fertilisée par le cours supérieur du Huanghe (céréales, riz, coton), cette province possède de la houille, du fer et de nombreux autres métaux. La presqu'île du Shandong, qui s'avance dans la mer de Chine, est couverte de cultures en terrasse.

Shanghai *8 205 598 h.* Ville de l'est de la Chine, dont l'agglomération constitue un district municipal administré par l'État chinois (*6 186 km², 15 millions d'habitants*), port situé au nord de l'estuaire du Yangzijiang. C'est la ville et le port les plus importants de la Chine. Ils ont fait, depuis les années 1980, l'objet d'un développement exceptionnel (renforcement de l'industrie, du secteur bancaire, modernisation de l'urbanisme, etc.) De 1842 (après la guerre de l'Opium) à 1949 (avènement du communisme), cette ville avait concédé aux puissances étrangères les plus importants comptoirs implantés en Chine.

Shannon (le) *368 km* Le plus grand fleuve de l'Irlande. Après avoir traversé de nombreux lacs, il se jette dans l'Atlantique par un long estuaire.

Shannon (Claude Elwood) 1916 Mathématicien américain. Le premier, il élabora une théorie complète de l'information, qu'il exposa dans *Théorie mathématique de la communication* (1949, écrit en collaboration avec Weaver).

Shanxi ou **Chan-Si** *156 000 km² 30 450 000 h.* Province du nord de la Chine. Capitale Taiyuan. Les plateaux fertiles possèdent des mines de houille et de fer qui ont suscité le développement de l'industrie lourde.

George Bernard Shaw.

SHAPE (acronyme pour *Supreme Headquarters of Allied Powers in Europe*) Quartier général de l'OTAN, primitivement installé à Rocquencourt, dans les Yvelines, et qui fut transféré près de Mons, en Belgique, en 1967.

Shapley (Harlow) 1885-1972 Astronome et physicien américain. De 1914 à 1921 à l'observatoire du Mont Wilson, il vérifie les relations entre période et luminosité des Céphéides, en s'appuyant sur les travaux de H. Leavitt, et montre que le Soleil n'est pas le centre de la Galaxie. En 1918, il découvre les amas globulaires (groupements de milliers d'étoiles) situés aux confins de la Voie lactée. Directeur de l'observatoire de Harvard (1921-1952), il découvre de nouvelles galaxies, repoussant ainsi les dimensions de l'Univers.

Sharaku (Saito Jurobei, dit **Toshusaï)** ?-1801 Peintre japonais. Acteur, il ne se consacra à la peinture que quelques années, mais ses portraits d'acteurs, qu'on peut dire expressionnistes, constituent un des sommets de l'art japonais.

Sharon ou **Saron** Plaine côtière d'Israël, très fertile.

Sharon (Ariel) 1928 Général et homme politique israélien. Membre du Likoud, il ordonne, en tant que ministre de la Défense, l'invasion du Liban par les troupes israéliennes en 1982. Après avoir occupé divers postes ministériels dans les gouvernements de B. Nétanyahou, il succède à ce dernier comme président du Likoud (1999) et est élu Premier ministre au début de 2001. Il fonde un cabinet d'union nationale et se montre d'une grande sévérité dans sa lutte contre l'Intifada palestinienne qu'il accuse Yasser Arafat de soutenir en sous-main, au point d'isoler ce dernier à Ramallah en lui interdisant d'en sortir; malgré les moyens militaires mis en œuvre, le calme ne revient pas en Palestine. Les élections législatives anticipées de janvier 2003 ont confirmé la prééminence du Likoud et Sharon se maintient à la tête du gouvernement.

Shaw (George Bernard) 1856-1950 Écrivain irlandais d'expression anglaise. Venu à Londres à vingt ans, il écrit des romans et devient journaliste. Il défend les idées socialistes de ses amis, les Fabiens, et écrit un grand nombre de pièces de théâtre où il attaque toutes les formes d'hypocrisie et d'injustice: *Le Héros et le Soldat* (1898); *Le Disciple du diable*; *Androclès et le lion* (1912); *Pygmalion* (1916); *Sainte Jeanne* (1923).

Richard Brinsley Sheridan.

Shawqi (Ahmad) 1868-1932 Écrivain égyptien d'expression arabe. Son œuvre, abondante et diverse, comprend des romans historiques (*Le Roman de la vierge de l'Inde ou la Civilisation des pharaons*, 1897), des poèmes (mis en musique et chantés, pour quelques-uns, par Umm Kulthum) regroupés (1964) en quatre volumes et des pièces de théâtre en vers (*La Mort de Cléopâtre*, 1917; *Cambyse*, 1931) et en prose (*La Princesse d'Andalousie*, 1932), dont les thèmes, à une seule exception près, sont empruntés à l'histoire des pays arabes.

Sheffield *530 104 h.* Grand centre métallurgique anglais (Yorkshire), réputé depuis le XVᵉ siècle pour sa production de couteaux et d'argenterie et qui fabrique aujourd'hui des aciers spéciaux.

Shelley (Percy Bysshe) 1792-1822 Poète romantique britannique. Dès l'université, il se fait remarquer par ses idées nouvelles, révolutionnaires et anti-chrétiennes. Marié à 19 ans, il délaisse sa femme (qui se suicidera) et la justice lui enlève la garde de ses enfants. Tuberculeux, il voyage en Suisse, où il se lie d'amitié avec Byron, puis (1816) s'installe, avec Mary Godwin, rencontrée en 1812 et qu'il épousera en 1817, en Italie où il devient l'ami de Keats. Il meurt dans un naufrage, au large de La Spezia. Son œuvre comprend des poèmes lyriques (*Ode au vent d'ouest, Prométhée délivré*, drame qui vante la liberté et l'amour, publié en 1819), des poèmes philosophiques (*Alastor ou l'esprit de la solitude, La Reine Mab, Le Triomphe de la vie*) et une tragédie, *Les Cenci*. **Mary (Mary Godwin**, Mrs Shelley, connue sous le nom de **Mary Shelley)** 1797-1851 Écrivain britannique, deuxième épouse du précédent. Fille du philosophe William Godwin, elle a écrit des romans, dont *Frankenstein ou le Prométhée moderne* (1818), qui évoque la création, par Frankenstein, d'un monstre humain, est le plus célèbre.

Shen Zhou 1427-1509 Peintre chinois. Cultivé et respectueux de la tradition, il a souvent paraphrasé (mais non copié) les anciens maîtres et a produit une œuvre abondante et difficile à identifier avec précision, au trait élégant et rapide (feuilles d'arbre, plantes, oiseaux).

Shepp (Archie) 1937 Musicien américain. Saxophoniste de jazz, mêlé à l'aventure du free jazz, il célèbre l'histoire et la musique des Afro-Américains dans de nombreux enregistrements (*Goin' Home*, 1974).

Sheridan (Richard Brinsley) 1751-1816 Écrivain et homme politique britannique. Fils d'un acteur irlandais et d'une romancière à succès, il reçut une bonne éducation. Son mariage aventureux le poussa vers le théâtre pour lequel il écrivit des comédies pleines d'humour qui font de lui le Marivaux anglais: *Les Rivaux* (1775); *L'École de la médisance*; *Le Critique* (1779). Député et secrétaire d'État, apprécié par le Prince de Galles, il mena aussi une carrière politique dans le parti des whigs, mais il mourut néanmoins presque dans la misère.

shérif n. m. En Grande-Bretagne, premier magistrat, dans un comté. / Aux États-Unis, officier d'administration élu, chargé du maintien de l'ordre.

sherpa n. m. (mot népalais) Porteur, guide himalayen. / Dans le langage de la presse, des médias, personne qui, au nom d'un homme politique, d'un chef d'État, prépare une réunion d'importance, une conférence internationale, une rencontre au sommet. *Le président de la République a envoyé ses sherpas à Genève.*

sherry n. m. Anglicisme pour xérès.

shetland n. m. Laine d'Écosse.

Shetland ou **Zetland** *1 432 km² 22 900 h.* Archipel britannique situé au nord de l'Écosse. Chef-lieu: *Lerwick*. La population vit de la pêche et de l'élevage (ovins, chevaux).

Shetland-du-Sud *4 622 km²* Archipel britannique de l'océan Glacial antarctique, au sud de la Terre de Feu, découvert en 1819. Bases scientifique et météorologique. L'Argentine et le Chili revendiquent cette terre.

Shiga Naoya 1883-1971 Écrivain japonais. Auteur au style énigmatique, il fut l'un des principaux animateurs du mouvement littéraire associé à la revue *Shirakaba* (*Le Bouleau*). Ses romans, exclusivement inspirés d'épisodes autobiographiques, sont d'une grande originalité (*Réconciliation*, 1917).

Shikoku ou **Sikok** *18 783 km² 4 177 000 h.* La plus petite des quatre îles principales du Japon. Ville principale *Matsuyama*. Située au sud de Honshu, Shikoku est une île montagneuse, productrice de thé, de blé et surtout de riz. Ses côtes élevées et découpées offrent de bons abris aux ports de pêche et de commerce. La partie septentrionale s'est industrialisée (sidérurgie et industrie chimique), bénéficiant du développement des rives de la mer Intérieure.

shilling n. m. (mot anglais) Ancienne monnaie anglaise qui représentait le vingtième de la livre.

Shillong *131 719 h.* Ville de l'Inde, bâtie à *1 300 m* d'altitude sur le *plateau de Shillong*, capitale de l'État du Meghalaya.

Shimazaki Toson 1872-1943 Écrivain japonais. Poète romantique à ses débuts, ses romans, dont le premier, *La Rupture de l'interdit* (1906) fut imprimé à ses frais, marquent l'influence importante du naturalisme français sur la littérature japonaise du début du XXᵉ siècle.

Shimonoseki ou **Simonoseki** *259 581 h.* Port du Japon situé à l'extrémité sud-ouest de l'île de Honshu, sur le *détroit de Shimonoseki* (qui sépare les îles de Honshu et de Kyushu). Premier port de pêche du pays; c'est un grand centre industriel (industries chimiques et métallurgiques). Le traité de Shimonoseki en 1895 mit fin à la guerre sino-japonaise: la Chine cédait Taiwan et les Pescadores, à l'ouest de Taiwan, et reconnaissait l'indépendance de la Corée.

SHINTO

Le shinto est l'expression des cultes rendus aux *kami* (« divinité », « esprit »); le *kami* est tout être, toute entité supérieure à l'homme; est *kami* toute force naturelle, tout ce qui apparaît mystérieux, menaçant, redoutable, étrange, que ce soient des corps célestes (Soleil, Lune), des phénomènes météorologiques (tempête, typhon, vent...), des montagnes, des fleuves, des mers, des forêts, des arbres, des cascades; sont aussi *kami* des animaux sauvages et, parfois, des hommes. Innombrables, les kami ne sont pas définis: ce qui est important, ce n'est pas d'identifier leur nature, puisque leur existence est reconnue par tous, mais de savoir comment vivre avec eux. Ils sont parfois redoutables; des intercesseurs, prêtres ou devins, servent de lien entre les humains et les esprits et organisent fêtes et cérémonies. Religion sans textes révélés et sans prophètes, le shinto s'appuie sur le mythe d'Amaterasu Omikami, « la Grande divinité qui illumine le Ciel », le Soleil. Selon ce mythe, le couple divin primordial, Izanagi, le mâle, et Izanami, la femelle, ont engendré les îles du Japon, puis les divers kami de la nature.

Entrée d'un temple shinto.

En engendrant le kami du feu, les organes génitaux d'Izanami sont brûlés et elle en meurt. Fou de rage, son époux tue le kami du feu et le coupe en morceaux qui se transforment en kami de moindre importance. Puis il se rend au pays des morts pour reprendre sa femme. Celle-ci ne peut le suivre sans la permission des kami du monde des morts; elle interdit à Izanagi de la regarder, il lui désobéit et, horrifié par son aspect, s'enfuit. Sa femme, emportée par la fureur, lance à sa poursuite de féroces démons qui ne peuvent l'arrêter. Mais son contact avec la mort l'a rendu impur, il lui faut se laver. De cette purification naissent Amaterasu et son frère Susanoo, les plus grands kami de la mythologie, qui gouvernent chacun le domaine confié par Izanagi. Susanoo, héros civilisateur sur la Terre, est sauvage et déchaîné dans la Haute Plaine céleste. Pour échapper à sa violence, Amaterasu se cache dans une grotte et la lumière disparaît.

Tous les kami se liguent alors pour la faire sortir. Attirée par des éclats de rire, elle se montre, les kami la capturent, la lumière revient. La déesse décide d'envoyer son fils régner sur les îles du Japon. Elle envoie d'abord des kami messagers, qui ne reviennent pas. Finalement, c'est son petit-fils Ninigi qui descend du ciel pour régner; il porte les trois symboles de l'autorité, le miroir, l'épée et le joyau, dons d'Amaterasu. Il est l'ancêtre des empereurs qui ont conservé ces symboles, garants de leur légitimité.

Shindo Kaneto 1912 Réalisateur de films japonais. Il réalisa notamment *L'Île nue* en 1961.

• **shinto** (mot japonais) ou **shintoïsme** n. m. Religion animiste du Japon.

shintoïste adj. et n. Du shinto, du shintoïsme.

Shiva ou **Çiva** Un des dieux, avec Brahma et Vishnou, de la triade hindoue, dont on a souvent fait le dieu de la destruction. Les figures sous lesquelles on le représente et les fonctions qu'on lui attribue sont multiples. Il a pour épouse (ou parèdre) Parvati ou Kali; on le représente sous la forme du linga, symbole phallique, ou sous celle d'un dieu à quatre bras uni à la déesse Uma. On en fait aussi le dieu de la violence: il déchire un éléphant (incarnation d'un démon), ou bien, nu, tient à la main un crâne orné d'ossements. Il est également souvent figuré en roi des danseurs, ou en sage enseignant sous un banyan, un livre à la main, et écrasant un démon. On en a aussi fait un dieu unique, principe absolu qui se tient au-dessus du monde, vénéré par plusieurs sectes dont quelques-unes ont disparu, mais dont d'autres demeurent vivantes, notamment en pays tamoul, au Cachemire et au Maharashtra.

shivaïsme ou **çivaïsme** n. m. RELIG. Doctrine et pratique des dévots de Shiva.

shivaïte ou **çivaïte** adj et n. Relatif à Shiva, au shivaïsme.

Shoah (la) (en hébreu « *catastrophe* ») Nom donné à l'extermination des Juifs dont les nazis se sont rendus coupables.

Shockley (William Bradford) 1910-1989 Physicien américain. Étudiant au California Institute of Technology de Pasadena, puis au Massachusetts Institute of Technology (M.I.T.), il obtient (1936) sa thèse sur la structure en bandes d'énergie du chlorure de sodium. Cette même année, il est engagé par la société Bell Telephon comme directeur de recherche et supervise le groupe d'étude des semi-conducteurs. Il démontre l'existence de l'effet de champ, manifestation d'une amplification par un semi-conducteur, puis, avec W. Brattain, il invente le transistor à pointe; deux ans plus tard, il met au point la théorie du transistor à jonction dont l'invention marque l'âge de l'électronique.

shogun ou **shogoun** n. m. (mot japonais) Chacun des chefs militaires du Japon qui imposèrent leur autorité du XIIe siècle au XIXe siècle.

shogunal ou **shogounal, ale, aux** adj. Du shogun; du shogunat.

shogunat ou **shogounat** n. m. Pouvoir, fonction, dignité de shogun; durée de ce pouvoir, de cette fonction. / Régime des shoguns; durée pendant laquelle les shoguns ont exercé le pouvoir.

shoot n. m. (mot anglais) SPORT Tir puissant visant à marquer un but ou envoyer loin le ballon. / Fam. Injection de drogue.

shooter v. t. [1] SPORT Faire un shoot. / v. pron. Argot. *Se shooter*: se faire un shoot, s'injecter de la drogue.

shopping n. m. (mot anglais) *Faire du shopping*: courir les magasins, faire du lèche-vitrine.

short n. m. (mot anglais) Culotte courte portée plus particulièrement par les sportifs ou les estivants.

Shotoku Taishi 573 ?-621 Prince impérial japonais. Fils de l'empereur Yamato, il fut désigné comme héritier du trône au moment de l'intronisation de l'impératrice Suiko, sa tante. Gouvernant en son nom, il propagea le bouddhisme (faisant notamment construire un temple près d'Osaka en 587) et réalisa la sinisation de la cour et de la société japonaises.

show n. m. (mot anglais) Spectacle de variétés. / Prestation spectaculaire (d'une personnalité).

showbiz ou **show-business** n. m. Anglicisme pour désigner les métiers, les industries du spectacle, considérés sous l'angle commercial.

showroom n. m. (anglicisme) Salle d'exposition d'un créateur, d'un magasin, d'un industriel.

shrapnell ou **shrapnel** n. m. (mot anglais) Obus chargé de balles qu'il projette en explosant.

shunt n. m. (mot anglais) ÉLECTR. Résistance placée en dérivation sur une portion de circuit électrique, afin de n'y laisser passer qu'une partie du courant. / MÉD. Communication pathologique mettant en rapport les circuits sanguins artériel et veineux.

si [1] n. m. inv. Septième note de la gamme d'*ut*.

si [2] (*si* s'élide en *s'* devant *il*, *ils*) conj. et n. m. inv. **A.** conj. introduisant une proposition conditionnelle. Dans le cas où. (Suivi de l'indicatif présent ou passé, pour indiquer que la condition est réalisable) *Si vous y pensez, apportez-moi du pain.* (Suivi de l'imparfait de l'indicatif, pour indiquer que la condition n'est pas réalisée dans le présent ou qu'elle est irréalisable). *Si j'étais sûr de gagner au loto, je prendrais ma retraite.* (Suivi du plus-que-parfait de l'indicatif ou du subjonctif, pour indiquer que la condition ne s'est pas réalisée dans le passé) *Si je vous avais interrogé plus tôt, j'aurais évité une longue recherche. Le nez de Cléopâtre: s'il eut été plus court, toute la face de la terre aurait changé* (Pascal). / Ellip. (Pour exprimer un souhait) *Si la pluie pouvait cesser!* / n. m. inv. Supposition. *Avec des si, on mettrait Paris dans une bouteille.* **B.** conj. introduisant une proposition non conditionnelle. Bien que. *Si le rendement des fermages n'augmente pas, les frais demeurent élevés.* / (Pour introduire une interrogation indirecte) *Je me demande si les enfants viendront cette semaine.* / loc. conj. *Si tant est que*: en admettant que. *Si ce n'est que*: sauf que. / loc. prép. *Si ce n'est*: excepté, sauf.

si [3] adv. (En réponse affirmative à une phrase négative) *Tu ne m'as pas vue – Si, mais je ne pouvais pas m'arrêter.* / (Pour exprimer l'intensité) Tellement. *Elle est si jolie!* / loc. conj. *Si bien que*: de telle sorte que. / (Pour exprimer une comparaison) Aussi. *Je n'ai rien mangé de si bon.* / loc. conj. *Si... que*: quelque... que.

SI Abréviation de *Système International* (d'unités).

sial n. m. GÉOL. (Vieilli) Écorce terrestre, essentiellement composée de silicate d'aluminium.

sialis n. m. ZOOL. Insecte de l'ordre des mégaloptères, de couleur brune, à ailes membraneuses, dont la larve est aquatique.

sialorrhée n. f. MÉD. Sécrétion et excrétion salivaires excessives. Syn. ptyalisme.

Siam Ancien nom de la Thaïlande, utilisé jusqu'en 1939 et de 1945 à 1948. Le *golfe de Siam*, au sud de la péninsule indochinoise, fait partie de la mer de Chine.

siamois, e adj. et n. Vx Du Siam. / *Chat siamois* ou (n. m.) *siamois*: chat au poil cendré et brun, aux yeux bleus. / *Frères siamois, sœurs siamoises* ou (n. pl.) *des siamois, des siamoises*: monstre humain formé soit de deux parties supérieures du corps et d'une unique partie inférieure, soit de deux parties inférieures du corps et d'une unique partie supérieure, soit de deux organismes presque complets unis par une région de leur anatomie.

Sibelius (Jean) 1865-1957 Compositeur finlandais. Après des débuts en tant que violoniste, il se tourna vers la composition qu'il étudia à Berlin et à Vienne. À son retour en Finlande (1892), sa première symphonie, *Kullervo*, remporta immédiatement un grand succès auprès de ses compatriotes. Sa musique, de caractère national, en fit le chef de l'école finnoise. Il a écrit des compositions pour piano, pour chœur et orchestre, des

Monument en l'honneur de **Jean Sibelius**, à Helsinki.

S

SIBÉRIE

De l'Oural aux chaînes bordières de l'océan Pacifique, de l'Arctique aux massifs de l'Asie centrale, la Sibérie est soumise à un terrible climat continental (températures entre -50 °C et +15 °C). Les steppes fertiles du sud de la *Sibérie occidentale* (entre l'Oural et le fleuve Ienisseï) prolongent l'Ukraine. Ces riches terres noires sont le domaine du blé, de la betterave, du tournesol et de l'élevage, faisant de la Sibérie occidentale une des grandes bases agricoles de l'Union. Vers le nord, la forêt *(taïga)* laisse la place au désert polaire *(toundra)*. Au sud-est, le Kouzbass est un très riche bassin houiller qui a donné naissance à l'industrie lourde notamment à Novossibirsk (aujourd'hui, 1,5 million d'h.).
La découverte d'hydrocarbures (structure de Tioumen, « troisième Bakou ») renforce les possibilités industrielles de cette Sibérie occidentale. Au-delà du Ienisseï, la *Sibérie centrale* est formée de plateaux élevés au climat très dur. Pendant longtemps, elle eut pour seuls habitants les prisonniers condamnés à la déportation et les nomades bouriates proches des Mongols. L'exploitation des mines de houille de Tcheremkhovo et l'équipement hydroélectrique de l'Angara, émissaire du lac Baïkal (*31 500 km²*, un des plus grands lacs du monde), ont suscité l'implantation d'un vaste complexe industriel autour d'Irkoutsk (électrométallurgie, électrochimie). Entre la Lena, principal fleuve de Sibérie, et l'océan Pacifique, à partir des monts Altaï et Saïan qui bordent la Sibérie centrale, s'étendent des chaînes de montagnes enchevêtrées: monts de Verkhoïansk, Tcherski et de la Kolyma au nord constituant l'armature de l'*Extrême-Orient russe*.

Bratsk, en Sibérie orientale.

L'île de Sakhaline et la péninsule du Kamtchatka sont également montagneuses. Sous l'influence océanique, le climat de la Sibérie orientale est moins rigoureux que celui du plateau central. L'exploitation des gisements de pétrole (Sakhaline), de charbon (bassin de la Boureïa), d'or et d'étain a fait surgir, autour du fleuve Amour, des industries sidérurgiques et mécaniques. Le port de Vladivostok (*630 000 h.*), sur le Pacifique, terminus du Transsibérien (construit de 1891 à 1916), est un grand port de pêche et de commerce, maintenu libre d'accès en hiver par les brise-glaces. Très abondante, la pêche (crustacés, morue, saumon, thon) alimente de grandes conserveries.
Habitée pendant longtemps par les chasseurs de fourrures, les chercheurs d'or et les déportés, la Sibérie n'a cessé de révéler ses richesses au XXᵉ siècle, mais ni Staline (qui, après les tsars, y déporta massivement des condamnés politiques), ni ses successeurs ne purent les exploiter profondément, le climat et les distances constituant des obstacles insurmontables.
Après la dissolution de l'U.R.S.S. (1991), le Japon (notamment) s'est proposé pour établir un programme à long terme, mais les difficultés du nouveau régime russe et la crise qui a frappé le Japon ont nui à ce projet, qui intéresse aussi les États-Unis.

poèmes symphoniques: *Finlandia*; sept symphonies dont la *Valse triste* issue de la musique de scène de *Kuolema*.

• **Sibérie** *12 765 000 km² 30 000 000 h.* Immense région de la fédération de Russie s'étendant, en Asie, à l'est de l'Oural.

sibérien, enne adj. et n. De Sibérie.

sibilant, e adj. MÉD. Qui produit un sifflement.

sibylle n. f. ANTIQ. Prophétesse. *La sibylle de Cumes.*

sibyllin, e adj. D'une sibylle. *Oracle sibyllin.* / Obscur comme les oracles des sibylles. *Propos sibyllins.*

sic adv. (mot latin) Mention qui indique que l'on cite textuellement un mot ou un passage, quelles qu'en soient les erreurs ou incongruités. *Si j'aurais su (sic).*

sicaire n. m. Vx ou litt. Tueur à gages.

Sicambres Peuple germanique installé sur la rive droite du Rhin, entre la Ruhr et la Sieg. Soumis aux Romains, les Sicambres se mêlèrent aux Francs (IIIᵉ siècle) avec lesquels on les confond parfois.

Sicanes Peuple, peut-être venu d'Espagne, qui s'établit en Sicile au Iᵉʳ millénaire av. J.-C.

sicav n. f. (acronyme pour *Société d'Investissement (à) CApital Variable*) FIN. Société dont le capital varie suivant les souscriptions et dont le but est de gérer collectivement un portefeuille de valeurs mobilières.

siccatif, ive adj. et n. m. TECHN. Qui facilite le séchage. / Subst. *Un siccatif.*

Sichuan ou **Se'Tchouan** *565 000 km² 105 120 000 h.* Province du centre de la Chine. Capitale *Chengdu*. L'est, qui est montagneux, culmine à *7 590 m*. L'ouest, le Bassin rouge, plus fertile, est la région la plus peuplée de Chine; l'exploitation du pétrole, de la houille et des autres gisements miniers a entraîné un grand développement de l'industrie.

• **Sicile** *25 707 km² 5 097 336 h.* Île italienne, la plus importante de la Méditerranée, séparée de l'Italie par le détroit de Messine *(3,5 km)*. Région administrative italienne. Capitale *Palerme*.

Sicules Peuple ancien de la Sicile qui repoussa les Sicanes; il a donné son nom à l'île.

sida n. m. (acronyme pour *Syndrome d'Immuno-Déficience Acquise*) MÉD. Maladie provoquée par le virus V.I.H., transmissible par voie sexuelle ou sanguine, caractérisée par un déficit immunitaire dû à la raréfaction d'une classe de lymphocytes T, associée à certains types de cancers (sarcome de Kaposi, lymphome) ou à une infection opportuniste (pneumonie, méningite, encéphalite, candidose, etc.). *Un individu séropositif au virus V.I.H. peut rester plusieurs années sans manifester de signes cliniques (tout en ayant la capacité de transmettre ce virus), avant de devenir malade du sida, stade marqué par l'effondrement brutal du taux des lymphocytes T.*

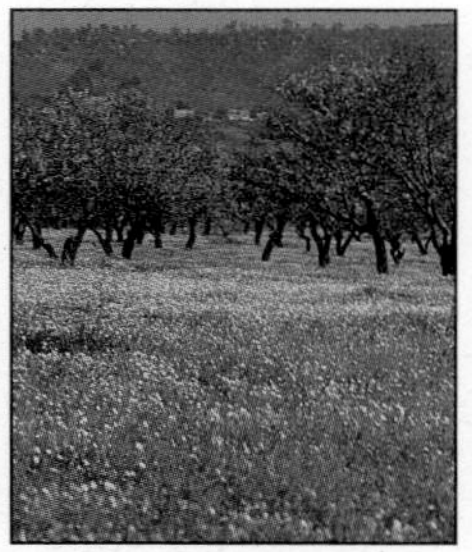
Amandiers près d'Agrigente, en **Sicile**.

side-car n. m. (mot anglais) Petit habitacle à une roue accouplé latéralement à une motocyclette et destiné à transporter un passager. Pl. Des *side-cars.*

sidéen, enne n. Personne atteinte du sida.

sidéral, ale, aux adj. Propre aux astres, relatif aux astres. *Révolution sidérale d'une planète*: mouvement qu'accomplit cette planète entre deux passages au point vernal; durée de ce mouvement.

sidérant, e adj. Fam. Qui sidère; stupéfiant.

sidération n. f. MÉD. État de mort apparente, anéantissement brutal des fonctions vitales, sous l'effet d'un très fort choc émotionnel.

sidérer v. t. [1] Fam. Stupéfier, étonner grandement (qqn). *Cette nouvelle me sidère.*

sidérostat n. m. TECH. En astronomie, appareil d'observation renvoyant, à l'aide d'un miroir mobile, l'image d'une étoile dans la direction voulue.

sidérurgie n. f. Métallurgie du fer et de ses alliages (fonte, aciers).

sidérurgique adj. Propre à la sidérurgie; relatif à la sidérurgie. (et revoir sidérurgiste)

sidérurgiste adj. et n. Propre à la sidérurgie, relatif à la sidérurgie. / Subst. Personne travaillant dans la sidérurgie.

Sidi-bel-Abbès *154 745 h.* Ville d'Algérie au sud d'Oran, sur l'oued Mekerra, chef-lieu d'une wilaya du même nom. De 1843 à 1962, elle fut une base de la Légion étrangère française.

Sidney (sir Philip) 1554-1586 Écrivain britannique. Après un long voyage en Europe, il écrit, en hommage à une femme aimée qu'il nomme Stella, *Astrophel et Stella* (publié en 1591), sonnets qui évoquent à la fois Pétrarque et Ronsard, et qui seront inclus dans *L'Arcadie* (1590), roman pastoral en prose et en vers. On doit aussi à Sidney un ouvrage théorique, *L'Apologie ou Défense de la poésie* (publié en 1595), à la fois critique historique de la poésie anglaise depuis le Moyen Âge et exposé des règles de la prosodie et de l'art dramatique. Il meurt au combat, aux Pays-Bas, lors de la lutte opposant l'Angleterre à l'Espagne.

Sidoine Apollinaire (saint) 431 ?-487 ? Écrivain gallo-romain. Comte d'Auvergne, préfet de Rome (468) et enfin évêque de Clermont, il organisa en 471 la défense de l'Auvergne contre les Wisigoths. Ses *Lettres* (en latin) fournissent de précieux renseignements sur la civilisation gallo-romaine. Il a également composé des poèmes.

Sidon (aujourd'hui, *Sayda* au Liban) Principal port de la Phénicie, sur la Méditerranée. Son existence est attestée, comme capitale d'un royaume cananéen, au XVᵉ siècle avant J.-C. Au XIIIᵉ siècle avant J.-C., elle subit l'attaque des Peuples de la mer, puis connut une immense prospérité jusqu'au IXᵉ siècle avant J.-C. C'est vers cette époque qu'elle fut éclipsée par Tyr et puis détruite par les Assyriens (678 avant J.-C.). Les fouilles commencées au XIXᵉ siècle ont permis de découvrir des nécropoles datant du IIᵉ millénaire avant J.-C.

siècle n. m. Durée de cent années. / Chaque période de cent ans comptée à partir de la naissance du Christ. *Au VIIᵉ siècle avant J.-C., au XVIᵉ siècle.* / Époque marquée par tel événement, par l'existence de tel grand homme. *Le siècle des Lumières*: le XVIIIᵉ siècle, en France. *Le siècle de Louis XIV.* / Époque (où l'on vit). *Des idées d'un autre siècle.* / Fig. Temps qui semble interminable. / RELIG.

S

SICILE

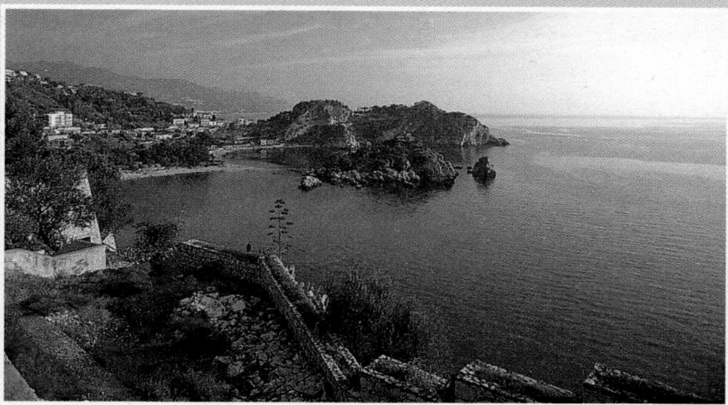

Côte orientale de la Sicile.

Géographie

La Sicile est une île triangulaire au cœur du système volcanique méditerranéen. Les versants nord et est sont dominés par des massifs granitiques et volcaniques (Etna) et bordés d'une étroite plaine littorale (où l'on cultive vignes, agrumes, céréales). Le versant sud est formé de collines sèches couvertes de maigres champs de blé. Le climat méditerranéen règne sur toute l'île, avec sa sécheresse estivale et sa douceur hivernale.
La population sicilienne est concentrée sur le littoral nord et demeure attachée aux structures sociales anciennes, défendues en partie par une organisation secrète toute-puissante, la Mafia. La Sicile conserve une structure économique archaïque ; l'agriculture demeure prépondérante (blé, agrumes, vigne) et le problème de l'irrigation, primordial. Depuis les années 1960, l'industrialisation progressive de l'île, liée à la découverte de champs pétrolifères dans la région de Gela, ainsi que le renouveau de l'exploitation du soufre, du sel, de la potasse, s'accompagnent du développement du tourisme à Palerme, Catane, Syracuse, Augusta.
L'accroissement rapide de la population et la faiblesse développement économique, qui ne peut faire baisser un taux de chômage catastrophique, expliquent l'importance de l'émigration : elle fut particulièrement forte au XXe siècle, notamment en direction des États-Unis, et demeure considérable, puisque de nombreux Siciliens travaillent dans le nord de l'Italie ou dans d'autres pays européens.

Histoire

Primitivement, la Sicile fut habitée par les Sicules (à l'est) et les Sicanes (à l'ouest), venus de la péninsule italique au début du Ier millénaire avant J.-C. L'île fut ensuite occupée par les Phéniciens qui créèrent des comptoirs au IXe siècle av. J.-C. Puis, au VIIIe siècle, les Grecs, qui commerçaient depuis longtemps avec la Sicile, vinrent également installer des comptoirs et fondèrent Syracuse, Agrigente, Sélinonte, Catane. Ces cités-États connurent une civilisation brillante : Syracuse donna le jour au plus grand savant de l'Antiquité, Archimède, et de nombreux temples furent bâtis aux IVe et Ve siècles. Malgré la résistance des « tyrans » (Gélon, Denys de Syracuse), les Carthaginois finirent par s'emparer d'une grande partie de la Sicile au IVe siècle. Ils en furent chassés par Rome au cours des guerres puniques (264-212 avant J.-C.) et l'île devint une province romaine. Malgré la paix apparente, les Siciliens furent contraints de payer de lourds impôts à la République romaine qui exploitait ses ressources, en particulier céréalières.
Cette situation s'améliora quelque peu avec la naissance de l'Empire et l'extension du droit romain aux habitants de l'Italie péninsulaire et de la Sicile. En outre, les premiers siècles de l'ère chrétienne furent marqués par la construction de nombreux monuments. Cependant, à partir du IIIe siècle, l'île fut touchée, comme Rome, par les invasions barbares. Le pays fut occupé par les Vandales (439) puis les Ostrogoths (491). Les Byzantins parvinrent à s'y établir en 535 et se maintinrent jusqu'au IXe siècle, malgré les incursions fréquentes des musulmans qui occupèrent une partie de l'île. Avec l'arrivée des Normands en Italie méridionale, les Byzantins et les musulmans furent chassés après trente ans de lutte (1061-1091).
En 1130, Naples et la Sicile furent réunis pour la première fois au sein d'un même royaume. La Sicile passa, par mariage, aux Hohenstaufen et fut ainsi liée brièvement au Saint Empire.
Après la mort de Frédéric II (1250), le pape attribua l'île à Charles d'Anjou (1266). Mais les Français furent éliminés lors des *Vêpres siciliennes* au profit de Pierre III d'Aragon (1282). La Sicile et l'Italie du sud, qui formaient le royaume angevin, furent donc séparées pour être de nouveau réunies par Alphonse V d'Aragon (1442-1458). Malgré les tentatives répétées de la France pour reconquérir l'ancien royaume angevin, Ferdinand le Catholique reconstitua, en 1504, le royaume des Deux-Siciles. Ainsi, pendant deux siècles, la Sicile demeura sous domination espagnole et vécut une période de décadence due aux fréquents raids musulmans et au pouvoir excessif de l'Église et de l'Inquisition. À la suite de la guerre de Succession d'Espagne, elle fut donnée en 1713 à la Savoie, qui l'échangea contre la Sardaigne, possession de l'Autriche.
L'île fut alors attribuée (1734) à une branche cadette des Bourbons d'Espagne qui tenta en vain des réformes pour développer l'économie. Pendant la Révolution française, la Sicile resta aux mains de son roi, bien que sous la tutelle des Anglais, tandis que l'Italie du sud était envahie par les Français. Ce n'est qu'avec le mouvement de l'unité italienne que roi François II fut chassé par Garibaldi en 1860 et la Sicile rattachée au royaume d'Italie par plébiscite. Ayant ensuite suivi le destin du reste de l'Italie, la Sicile fut le premier territoire européen où débarquèrent les Alliés pendant la Seconde Guerre mondiale (juillet 1943).
Depuis 1948, elle bénéficie d'un statut d'autonomie régionale qui n'a pas cependant amélioré sa performance économique. La lutte des pouvoirs publics contre la Mafia a progressivement pris une dimension et un caractère nationaux. L'opération « mains propres » lancée en 1993 par la magistrature italienne a fait disparaître la démocratie chrétienne, qui dirigeait le pays depuis la Libération.

Le siècle : la vie du monde, opposée à la vie religieuse.
siège n. m. Meuble, objet fait pour s'asseoir. *Le siège du conducteur.* / Place d'un élu dans une assemblée ; fonction de celui qui occupe cette place. *Gagner des sièges aux élections.* / Partie du corps sur laquelle l'homme s'assied. *Bain de siège. Accouchement par le siège* : accouchement dans lequel l'enfant se présente par les fesses. / Lieu où est établie une autorité. *Le siège de l'ONU. Siège épiscopal* : évêché. *Siège social* : domicile légal d'une société. / Place du magistrat qui rend la justice. / Endroit (du corps) où se manifeste une sensation. *Le siège d'une douleur.* / MILIT. Endroit où s'établit une armée pour prendre une ville, un ouvrage fortifié ; opérations militaires destinées à vaincre leur résistance. *Le siège d'Antioche par les croisés.* Fam. *Lever le siège* : s'en aller, quitter une assemblée. / *État de siège* : situation particulière d'un pays, d'une ville où l'autorité publique est renforcée et les libertés restreintes en raison de troubles graves.
siéger v. i. [1] Tenir séance, en parlant d'une assemblée. / Occuper un siège (dans une assemblée). / Avoir son siège officiel (en tel lieu). / MÉD. Être localisé (à tel endroit), en parlant d'un mal.
Siegfried Héros de la mythologie germanique, assimilé au Sigurd des légendes scandinaves. Vainqueur d'un dragon, il se trempa dans son sang pour devenir invincible mais ne le devint pas intégralement, une feuille ayant recouvert une partie de son corps. Par la suite, Siegfried tua le roi des nains Nibelungen et s'empara de leur trésor. Épris de la sœur des rois burgondes, Kriemhild, il obtint sa main en gagnant celle de Brünhild pour un autre. Après sa mort tragique, son trésor fut transmis aux Burgondes. *Siegfried* (1869) est l'un des opéras de la *Tétralogie* de Wagner.

La cathédrale de **Sienne**.

Siegfried (ligne) Ouvrage fortifié que Hitler fit édifier avant la Seconde Guerre mondiale (1937-1940), le long de la frontière occidentale de l'Allemagne. Une bataille remportée par les Alliés (fin 1944-début 1945) leur permit de franchir la ligne et d'atteindre le Rhin.

siemens n. m. Unité de conductance électrique (symbole S) du système SI, inverse de l'ohm.

Siemens (Werner von) 1816-1892 Ingénieur et industriel allemand. Il fonda, en 1847, la société Siemens et Halske pour l'établissement de lignes télégraphiques en Allemagne et en Russie. En outre, ses innovations dans le domaine électrotechnique en font l'inventeur du principe de la dynamo en 1866. **Wilhelm** (devenu sir **William)** 1823-1883 Ingénieur et industriel britannique d'origine allemande. Frère du précédent, il réalisa avec lui la première locomotive électrique en 1879. Il prit la nationalité britannique (1883) et améliora les procédés électrochimiques d'argenture et de dorure.

sien, sienne adj., pron. poss. de la troisième personne du sing. et n. Qui lui appartient. *Cette conception est sienne, il n'en changera pas.* / pron. poss. *Le(s) sien(s), la, les sienne(s).* Ce qui lui appartient. *Cet ordinateur est le sien.* / n. m. *Le sien* : ce qu'il possède, ce qu'on possède. *Être content du sien, c'est le plus sûr* (La Fontaine). / n. m. pl. *Les siens* : sa famille. *Au milieu des siens.* / n. f. pl. Fam. *Il a fait des siennes*, des sottises comme il en fait d'habitude.

Sienkiewicz (Henryk) 1846-1916 Écrivain polonais. Journaliste et auteur de romans historiques, il connut un succès international grâce à *Quo vadis ?* (1896), récit fondé sur les persécutions des chrétiens par Néron, et *Les Chevaliers Teutoniques* (1897-1900), qui évoque l'histoire de la Pologne au XVe siècle.

Sienne *55 094 h.* Ville d'Italie située en Toscane. Chef-lieu de la province du même nom. Colonie étrusque puis romaine, elle devint une ville de banquiers à partir du XIIIe siècle et donc la rivale de Florence, qui la soumit en 1555. elle connut ensuite le même sort que celui du grand-duché de Toscane. De cette ville qui fut un centre culturel et artistique rayonnant à la fin du Moyen Âge et pendant le Renaissance (Peruzzi pour l'architecture, Duccio, Simone Martini, Lorenzetti pour la peinture), il reste de magnifiques remparts (XIIIe siècle), une place imposante, la *piazza del Campo* (XIVe siècle), une cathédrale du XIIIe siècle et de nombreux palais et églises. Centre commercial et administratif, Sienne possède une industrie peu développée (carrières de marbre) mais attire de nombreux touristes.

sierra n. f. (mot espagnol) Chaîne de montagnes, dans les pays de langue espagnole. *La sierra Morena.*

sierraléonais, e adj. et n. De Sierra Leone. *La capitale sierraléonaise. Un Sierraléonais.*

• **Sierra Leone** État d'Afrique occidentale baigné par l'Atlantique, entre la Guinée, au nord et le Liberia, au sud.

SIERRA LEONE

Superficie : *71 740 km²* – **Nombre d'habitants :** *5 100 000 h.* – **Capitale :** *Freetown*
Villes principales : *Koindu, Bo, Kenema* – **Système politique :** *république* – **Langue(s) :** *anglais*
Religion(s) : *islam, animisme* – **Monnaie(s) :** *leone*

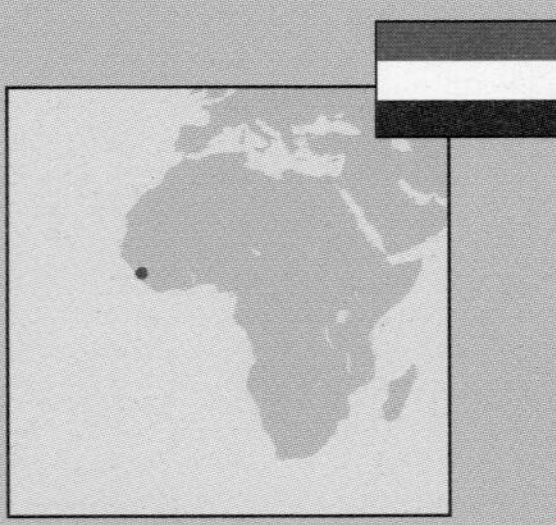

Voir l'Atlas

Une vue de Freetown, capitale du Sierra Leone.

Géographie physique et humaine

Le Sierra Leone est constitué d'un vieux massif qui culmine au mont Loma *(1 948 m)* et domine un littoral découpé par des estuaires. Le défrichement de la dense forêt a étendu les cultures : riz, manioc ; le café et le cacao sont voués à l'exportation.

70 % de la population est rurale. Les ethnies Mendé et Temné, qui parlent des langues nigéro-congolaises du groupe ouest-atlantique, constituent les deux tiers de la population. Plus de 50 % de la population pratique des religions traditionnelles.

Outre le café et le cacao, le pays tente aussi d'exporter des diamants, de la rutile (oxyde de titane), de la bauxite et de l'or. Mais le Sierra Leone a été ruiné par la corruption des anciens dirigeants et surtout par les conflits armés qui le ravagent depuis plusieurs années.

Histoire

Avant l'arrivée en 1462 des Portugais (qui lui donnent son nom : *Montagne du Lion*), la région est sous la domination de royaumes rivaux. Les Portugais installent des comptoirs et développent le commerce d'esclaves. Les Anglais commencent eux-mêmes à s'implanter au Sierra Leone à partir du XVIe siècle, diverses compagnies obtenant de leur souverain des droits exclusifs sur le commerce guinéen. Avec l'abolition en Angleterre de la traite négrière au XVIIIe siècle, une compagnie britannique anti-esclavagiste se rend en 1792 sur ce territoire pour organiser l'accueil des esclaves libérés. L'entreprise est un succès mais la population créole augmente, créant des dissensions avec les populations autochtones de l'intérieur. En 1875, les frontières avec le Libéria et la Guinée-Conakry sont établies ; le Sierra Leone devient en partie une colonie britannique, l'intérieur du pays, plus hostile, devenant un protectorat en 1896. Malgré les dissensions qui opposent les communautés noires et créoles (ces dernières bénéficient de plus de droits), les deux entités territoriales, réunies, accèdent à l'indépendance en 1961. À partir de ce moment, le Sierra Leone est victime de coups d'État répétés. Siaka Stevens gouverne de manière autoritaire, à plusieurs reprises, entre 1967 et 1985, et la situation politique, économique et sociale du pays ne cesse de s'aggraver. En 1992, le capitaine Valentine Strasser renverse le président J. S. Momoh (qui avait été élu en 1985). Pendant ce temps, des rebelles du Liberia, sous le commandement de C. Taylor, sèment la terreur dans le sud du pays et un ex-caporal, F. Sankoh, chef du mouvement dissident soutenu par le Liberia, le Front révolutionnaire uni (R.U.F.), tente de prendre le pouvoir par la force. En 1996, Strasser est renversé à son tour. Un civil, Ahmad Tejan Kabbah, démocratiquement élu en avril 1996, est déchu en mai 1997, puis rétabli. Il refuse toute négociation avec les rebelles du R.U.F. Le désordre, auquel tentent de mettre fin les États de l'Afrique de l'Ouest et l'ONU, paralyse l'économie : l'enjeu des combats entre rebelles et forces armées est la zone diamantifère ; les gisements de rutile et de bauxite ne sont plus exploités et des milliers d'habitants de ces régions doivent se réfugier dans les pays voisins.

Des accords de paix ont été signés en 1999 à Lomé et il fallut attendre plusieurs années avant le rétablissement du calme, les membres du R.U.F. ayant poursuivi leurs exactions. En 2002, les élections législatives et présidentielles se sont déroulées sans incidents graves et le président Kabbah a été réélu.

sieste n. f. Repos pris en début d'après-midi.
sieur n. m. Vx ou DR. Monsieur. / Mod. (par plaisant. ou péjor.) *Le sieur X... n'était pas au rendez-vous.*
sievert n. m. Unité SI de mesure de quantité de rayonnement ionisant équivalant à 100 rems.
Sieyès (Emmanuel Joseph) 1748-1836 Homme politique français. Grand vicaire de l'évêque de Chartres (1787), il se fait connaître grâce à un pamphlet sur l'importance du tiers état : *Qu'est-ce que le tiers état ?* (1789). Élu député du tiers de Paris aux états généraux, il joue un rôle actif dans le Serment du Jeu de Paume. Membre de la Constituante puis de la Convention, il participe au IIIe Directoire avec Barras et soutient le coup d'État du 18 brumaire. Bien que Napoléon n'accepte pas son projet de Constitution et l'écarte du Consulat, il le fait Sénateur puis comte de l'Empire. Accusé de régicide sous la Restauration, il vit en exil à Bruxelles de 1815 à 1830.
sifflement n. m. Action de siffler; son ainsi produit. *Un sifflement d'admiration.* / Bruit produit par un mouvement rapide de l'air. *Sifflement d'une flèche.*
siffler v. i. / v. t. [1] **A.** v. i. Émettre un son aigu en soufflant entre ses lèvres serrées ou dans un instrument. / Émettre des cris stridents et modulés, pour certains oiseaux. / Produire un bruit strident. *Vent qui siffle dans les branches.* **B.** v. t. Moduler (un air) en sifflant. *Siffler une rengaine populaire.* / Appeler (qqn) en sifflant. *Siffler une femme qui passe dans la rue.* / Exprimer son hostilité envers (qqn, qqch.) en sifflant. *Siffler les comédiens.* / Signaler par un coup de sifflet. *La locomotive siffle le départ. Siffler la fin du match.* / Fam. Boire entièrement, d'un trait. *Il a sifflé la bouteille.*
sifflet n. m. Petit instrument dans lequel on souffle par un tuyau à ouverture en biseau, et qui produit un son aigu. / Avertisseur à air comprimé ou à vapeur, rendant le même son. *Le sifflet d'une locomotive.* / (Au plur.) Huées, quolibets. / Fam. *Couper le sifflet à qqn*, lui couper la parole, le laisser sans voix.
sifflotement n. m. Action de siffloter; résultat de cette action.
siffloter v. i. / v. t. [1] Siffler légèrement, gaiement. / (Emploi transitif) *Siffloter une mélodie.*
Sigebert Nom de trois rois francs d'Austrasie. **Sigebert Ier** 535 ?-575 Roi en 561. Fils de Clotaire Ier et époux de Brunehaut (543 ?-616), il lutta contre son demi-frère Chilpéric Ier, roi de Neustrie. Victorieux, il fut assassiné sur l'ordre de Frédégonde, épouse de Chilpéric. **Sigebert II** 601-613 Roi en 613, il ne put régner; livré au roi de Neustrie, il fut assassiné. **Sigebert III** (631 ?-656) Roi en 634. Fils de Dagobert Ier, il fut le premier à céder son autorité à son maire du palais, Grimoald, qui exerça également le pouvoir après la mort du roi et exila en Irlande l'héritier légitime, le futur Dagobert II.
sigillaire adj. et n. f. Relatif aux sceaux. / n. f. PALÉONT. Arbre fossile du Carbonifère dont le tronc présente des insertions foliaires évoquant des formes de sceau.
sigillé, e adj. Marqué d'un sceau.
sigillographie n. f. Science qui décrit les sceaux et interprète leur signification.

L'Entrée du port de Marseille, *tableau de* ***Paul Signac***.

sigisbée n. m. Vieilli ou plaisant. Chevalier servant.
Sigismond de Luxembourg 1368-1437 Empereur germanique en 1411. Fils de l'empereur Charles IV, roi de Hongrie par son mariage, en 1387, avecla reine Marie de Hongrie, il dut combattre les Turcs qui tentaient d'envahir ses terres dans la région du Danube, mais subit une lourde défaite à Nicopolis en 1396. Roi des Romains en 1411, il réunit un concile à Constance pour mettre fin au grand schisme d'Occident (1414). Jan Hus y fut brûlé pour hérésie, malgré un sauf-conduit, ce qui provoqua la guerre hussite en Bohême, dont Sigismond devint roi en 1419, à la mort de son frère. Il ne rétablit la paix qu'en 1436, après une lutte difficile.
Sigismond Ier Jagellon 1467-1548 Roi de Pologne en 1506. Il fut en lutte perpétuelle avec Albert de Brandebourg, souverain de Moscovie et grand-maître de l'ordre teutonique. Son épouse, Bonne Sforza, fit de sa cour un lieu important de l'humanisme renaissant.
Sigismond II Auguste Jagellon 1520-1572 Roi de Pologne en 1548. Fils de Sigismond Ier, il fut le dernier représentant de la dynastie des Jagellons. Il annexa la Livonie (1561) et réunit la Lituanie à la Pologne grâce à l'Union de Lublin (1569).
Sigismond III Vasa 1566-1632 Élu roi de Pologne en 1587 et de Suède en 1592. Neveu de Sigismond II Auguste Jagellon, il succéda à son père Jean III Vasa sur le trône de Suède mais fut déposé en 1599 à la suite d'une révolte protestante menée par son oncle et ne parvint jamais à reconquérir son trône.
sigle n. m. Groupe de lettres initiales employées comme abréviation de plusieurs mots. *BP est le sigle de « boîte postale ».*
siglé, e adj. COMM. Qui porte un sigle utilisé à la fois comme ornement et comme élément d'identification d'une marque. *Un blouson siglé.*
sigma n. m. Dix-huitième lettre (s, S) de l'alphabet grec.
Sigmaringen Ville d'Allemagne fédérale dans le Bade-Wurtemberg, sur le Danube. Capitale de l'ancienne principauté de Hohenzollern-Sigmaringen (château), elle accueillit les membres du gouvernement de Pétain fuyant devant l'offensive des Alliés 1944-1945.
sigmoïde adj. et n. Dont la forme est celle d'un S ou d'un sigma majuscule (Σ). / ANAT. *Valvules sigmoïdes*, mettant en communication les ventricules du cœur et les artères. *Côlon sigmoïde* ou (n. m.) *le sigmoïde*: portion terminale du côlon. Syn. côlon pelvien. / MATH. *Une courbe sigmoïde* ou (n. f.) *une sigmoïde*, en forme de S, utilisée pour représenter de nombreux phénomènes.
Signac (Paul) 1863-1935 Peintre français. D'abord influencé par Monet, il participa à la fondation du Salon des indépendants (1884) où il fit la rencontre de Seurat. Défenseur du néo-impressionnisme (ou pointillisme), il écrivit sur le sujet un ouvrage théorique important, *D'Eugène Delacroix au néo-impressionnisme* (1889). Pour ses lumineuses marines et vues de ports (*Port de Collioure*) tout comme pour ses vues d'intérieurs (*Femme se peignant*, 1892) et ses portraits (*Félix Fénéon*, 1890), il utilise les couleurs du spectre en les posant par petites touches juxtaposées. Dans les grandes compositions d'atelier de la fin de sa vie, élaborées à partir des aquarelles qu'il rapportait de ses voyages en mer, il demeure fidèle aux principes de la division du ton (technique qui vaudra à ce mouvement artistique le nom de divisionnisme) et du contraste simultané des couleurs.
signal n. m. Signe convenu entre deux ou plusieurs personnes pour avertir, indiquer un danger ou le moment de passer à l'action. *Donner le signal de*: déclencher. / Fait marquant le début d'un processus. / Dispositif destiné à donner une information, un avertissement. *Signal sonore, lumineux. Signal d'alarme*, prévenant d'un danger. / Panneau, balise, feu, sonnerie, etc. destinés à régler un trafic (routier, ferroviaire, maritime, fluvial, aérien). *Respecter les signaux.* / INFORM., TÉLÉCOM. Grandeur physique variable véhiculant une information.
signalé, e adj. Vx ou litt. (dans certaines expressions figées seulement, et toujours avant le nom) Remarquable, excellent. *Un signalé service.*
signalement n. m. Description détaillée du physique et des vêtements portés par une personne que l'on doit identifier.
signaler v. t. [1] Indiquer, annoncer par un signal. *Signaler le départ.* / Attirer l'attention sur, désigner. *Signaler une erreur. Signaler qqn à la police.* / v. pron. Se distinguer, se faire remarquer.
signalétique adj. et n. f. Qui donne un signalement. *Fiche signalétique.* / n. f. Ensemble des moyens de signalisation.
signalisation n. f. Emploi de signaux. / Ensemble des signaux placés sur une voie routière, ferrée, un aérodrome, un port, pour y régler la circulation; disposition de ces signaux.
signaliser v. t. [1] Équiper d'une signalisation.
signataire n. Personne qui a signé (qqch.). *Le signataire du contrat.*
signature n. f. Inscription manuscrite de son nom qu'on appose au bas d'un acte ou d'une lettre, d'une œuvre d'art, pour l'authentifier et que l'on reproduit invariablement selon le même tracé. *Une signature tarabiscotée. Honorer sa signature*, son engagement. / Action de signer. *Signature d'un acte devant notaire.* / IMPR. Lettre, signe ou numéro inscrits au bas de la première page de chaque cahier d'un livre pour indiquer l'ordre du brochage.
signe n. m. Indice de l'existence d'une chose. *Le bâillement est signe de fatigue. C'est bon, mauvais signe*, de bon, de mauvais augure. *Signes extérieurs de richesse*: éléments visibles du train de vie. / Marque distinctive permettant de reconnaître qqn, qqch. *Signes particuliers.* / Représentation conventionnelle de qqch. *Signes de ponctuation* (le point, la virgule, les deux-points, les parenthèses, etc.). / MATH. Symbole qui sert à exprimer une égalité (=), une addition (+), une soustraction (-), une multiplication (x), une division (:), une inégalité (< ou >), etc. / LING. Unité linguistique composée d'un signifiant et d'un signifié. / Geste, expression permettant de communiquer. *Un signe de tête, de la main. Le langage des signes*, utilisé par les sourds-muets. *Signe de croix*: geste de dévotion évoquant la croix du Christ. / ASTROL. Chacune des douze parties du zodiaque.
signer v. t. [1] Apposer sa signature sur. *Signer un contrat, une lettre.* / Affirmer par sa signature être l'auteur de (une œuvre). *Ce tableau n'est pas signé.* / Fig. Marquer (une action) de signes reconnaissables. *Signer son crime.* / v. pron. Faire le signe de croix.
signet n. m. Ruban fixé en haut du dos d'un livre servant à marquer une page.
signifiant, e adj. et n. Chargé de sens. / n. m. LING. Terme constituant du signe avec le signifié; partie du signe qui en est la manifestation matérielle (sous la forme d'une suite de sons [image acoustique]; de lettres; de caractères), forme qui constitue le support du sens.
significatif, ive adj. Qui signifie nettement, clairement. *Son attitude est significative de ses intentions.*
signification n. f. Ce que signifie un acte, un signe, une phrase, un mot; sens. / DR. Notification, par voie de justice, d'un acte officiel.
significativement adv. De façon significative.
signifié n. m. LING. Contenu du signe, manifesté concrètement par le signifiant.
signifier v. t. [1] Avoir pour sens, vouloir dire. *Que signifie ce mot ?* / Faire connaître fermement, définitivement. *Signifier son congé à un employé.* / DR. Notifier par huissier.

S

Le Testament et la mort de Moïse, *peinture de* **Luca Signorelli** (Chapelle Sixtine, Vatican).

Simone Signoret *dans* Casque d'Or *de* Jacques Becker.

Signorelli (Luca, dit **Luca da Cortona)** 1450?-1523 Peintre italien. Élève de Piero della Franscesca, il travailla à Rome pour la décoration de la chapelle Sixtine en 1482 (*La Vie de Moïse*) puis voyagea en Italie, séjournant notamment à Florence auprès de Laurent de Médicis. Peintre des fresques de la cathédrale d'Orvieto (1499-1504), son art allie la précision et la symétrie aux contrastes de couleurs, créant des effets dramatiques très originaux.

Signoret (Simone Kaminker, dite **Simone)** 1921-1985 Actrice française. Révélée par *Dédée d'Anvers* (1948), elle tourna avec les plus grands réalisateurs, dans *Casque d'or* (1952), *Les Diaboliques* (1955), *Les Sorcières de Salem* (1956), *Le Chat* (1971), *La Vie devant soi* (1977). L'une des rares actrices françaises à être reconnue internationalement, elle reçut un Oscar pour son interprétation dans *Les Chemins de la haute ville* (1958). On lui doit deux ouvrages proches de l'autobiographie, *La Nostalgie n'est plus ce qu'elle était* (1976) et *Adieu Volodia* (1985).

Sigurd Personnage des légendes scandinaves correspondant au Siegfried de la mythologie germanique.

sikh, sikhe n. et adj. (mot sanscrit) RELIG. Adepte du sikhisme; propre ou relatif au sikhisme, aux sikhs. *Un sikh. Temple sikh.*

• **sikhisme** n. m. RELIG. Religion née au Pendjab, au XVIe siècle, avec la prédication du gourou Nanak qui, mystique et prophète, prêchait la foi en un Dieu unique et sans forme célébré par la poésie et la musique, et qui rassembla de nombreux disciples (*sikh* signifie « disciple ») autour de lui.

Si-Kiang Voir **Xi jiang**

Sikkim *7 096 km² 406 457 h.* Petit territoire de l'Himalaya qui constitue un État de l'Inde depuis 1975. Capitale *Gangtok*. L'économie est rurale (cardamome, riz, maïs, millet); seul le sud, aux belles forêts, étant cultivé. En 1641, des Tibétains y fondèrent un royaume qui devint un protectorat britannique (1890), puis indien (1950). En 1975, la monarchie fut abolie.

Sikorski (Wladyslav) 1881-1943 Général et homme politique polonais. Chef du gouvernement en 1922-1923 puis ministre de la Guerre (1924-1925), il se réfugia en France lorsque Pilsudski s'empara du pouvoir (1926). Durant la Seconde Guerre mondiale, il fut le chef du gouvernement polonais en exil (Paris, puis Londres) mais trouva la mort dans un accident d'avion.

Sikorsky (Igor) 1889-1972 Ingénieur américain d'origine russe. Après avoir conçu le premier avion multimoteurs (1913), il construisit plusieurs modèles d'hélicoptères.

silence n. m. Fait de ne pas parler. *Garder le silence.* / Absence totale de bruit. *En silence*: sans bruit. / MUS. Interruption du son, de durée variable; signe qui la note. / Fait de ne pas exprimer ses idées. *Passer (qqch.) sous silence*: omettre de mentionner.

silencieusement adv. En silence.

silencieux adj. et n. m. **A.** adj. Qui garde le silence. *Rester silencieux.* (Emploi subst.) *C'est une silencieuse.* / Qui ne fait pas de bruit. *Un voleur silencieux. Marche silencieuse.* / Où l'on n'entend pas de bruit. *Une maison silencieuse.* **B.** n. m. Dispositif destiné à atténuer le bruit d'une arme à feu, d'un moteur.

silène n. m. BOT. Plante herbacée de la famille des caryophyllacées, à fleurs blanches ou roses, à calice enflé, dont le fruit est une capsule.

Silène MYTH. GR. Satyre, fils d'Hermès ou de Pan, il passait pour avoir élevé Dionysos. On le représentait sous les traits d'un vieillard cornu, toujours ivre, monté sur un âne.

Silésie Région d'Europe centrale. En 1945, la plus grande partie de la Silésie fut attribuée à la Pologne, qui en chassa la population allemande, le sud faisant partie de la Tchécoslovaquie. La Silésie est la principale région économique de la Pologne. À l'est de l'Oder, la haute Silésie est le siège d'une puissante industrie sidérurgique et métallurgique (Katowice, Nowa-Huta, Czestochowa), née de sa richesse minière (houille, 95 % de la production polonaise, zinc, cuivre). À l'ouest, la basse Silésie est plus agricole (blé, betterave, fourrage). Les grandes villes se trouvent à l'est: Katowice, Sosnowiec. À l'ouest, l'habitat est plus dispersé: seules Wroclaw (ancien Breslau) et Walbrzych ont plus de 100 000 habitants. **Histoire** Polonaise (Xe siècle), la Silésie devient vassale de la Bohême puis de l'Autriche (XVIe siècle) avant d'être conquise par Frédéric II de Prusse en 1742. En 1921, la Pologne retrouve par plébiscite une petite partie de la Silésie alors que l'Allemagne en récupère la partie occidentale. Depuis 1945, toute la région est polonaise, à l'exception de sa bordure méridionale tchécoslovaque.

Silesius (Johannes Scheffler, dit **Angelus)** 1624-1677 Poète religieux allemand. Né d'une famille luthérienne, docteur en philosophie et en médecine, il se convertit au catholicisme en 1653 et prit le nom d'Angelus Silesius, par référence à ses origines silésiennes. Ordonné prêtre en 1661, il consacra sa vie à lutter contre les dogmes protestants et à écrire des poèmes mystiques d'une grande originalité (*Le Pèlerin chérubique*, recueil publié en 1675).

silex n. m. Roche siliceuse très dure qui se présente sous forme de rognons irréguliers inclus dans des terrains calcaires, qui se casse en arêtes tranchantes et qui, frappée contre une roche riche en fer, ou de l'acier, produit des étincelles.

silhouette n. f. Dessin d'un profil, tracé d'après l'ombre que projette une forme, un visage. / Toute forme sombre se détachant sur un fond clair. *N'apercevoir qu'une vague silhouette.* / Allure générale d'une personne. *Une silhouette mince et élancée.*

Silhouette (Étienne de) 1709-1767 Homme politique français. Contrôleur général des Finances (1759), la politique qu'il adopta lui valut l'hostilité des personnes appartenant aux classes privilégiées. On ap-

SIKHISME

Au fil du temps, la doctrine s'est précisée et la communauté s'est organisée, non sans susciter de violentes réactions du pouvoir moghol qui, allié aux princes hindous au début du XVIIIe siècle, persécuta les sikhs du XVIe au début du XIXe siècle. De ces persécutions est né, au XVIIe siècle, l'ordre martial du Khalsa (« Organisation de la pureté ») dont les cinq premiers membres furent nommés *singh* (« lion »). Ils devaient porter cinq emblèmes: les cheveux (et la barbe) non coupés; un peigne dans les cheveux; un bracelet d'acier; un poignard; des culottes courtes, tous emblèmes qui constituent toujours les marques distinctives des sikhs. Pour les sikhs, aujourd'hui majoritaires au Pendjab où leur lieu saint, à Amritsar, abrite leur Temple d'or, l'essentiel est la vénération du Dieu impersonnel. L'homme ne peut se sauver qu'avec l'aide d'un gourou; aux gourous humains des premiers temps a succédé comme gourou, au

Le gourou Nanak.

XVIIe siècle, le Livre Saint, le Gourou Granth, ou *Granth Sahib*. Le sikhisme s'affirme avec force comme différent de l'islam et de l'hindouisme (bien que les Britanniques aient tenté d'en faire un syncrétisme tenant à la fois des deux religions), ne connaît pas de clergé, ignore (en principe) les castes et traite la femme sur un pied d'égalité. Ses textes religieux et sa musique sont fixés par écrit depuis le XVIe siècle, l'écriture qui les transcrit est aujourd'hui celle du pendjabi, une des langues du Pendjab. La partition de l'empire des Indes entre Inde et Pakistan fut dramatique pour les sikhs; ils s'installèrent majoritairement en Inde, où se trouve Amritsar, et réclament que se constitue un État sikh, le Kalistan. Insurrections et actes terroristes ont abouti à la violation du Temple d'or (1984) par l'armée indienne, suivie par l'assassinat d'Indira Gandhi par les sikhs de sa garde; le calme n'est toujours pas rétabli.

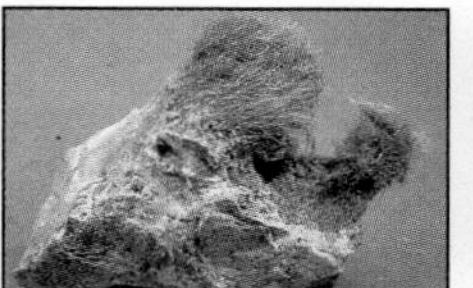
Actinolite.

Andalousite.

SILICATE

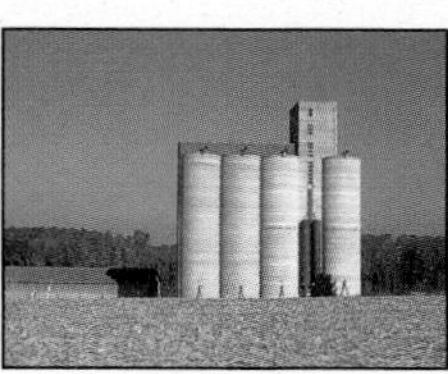
Silo à grains.

pela donc *silhouettes* des portraits aux traits simplifiés, symbole de ce à quoi réduiraient les classes fortunées les restrictions fiscales qu'il voulait imposer.

silhouetter v. t. [1] Dessiner la silhouette de (qqn). / v. pron. *Se silhouetter*: se profiler.

silicate n. m. CHIM. Nom générique des sels de l'anion silicate SiO_4^{4-} (généralement combiné à un cation métallique). *Les silicates entrent dans la composition de la majorité des roches terrestres.*

silice n. f. CHIM. Dioxyde de silicium (de formule SiO_2), corps dur entrant dans la composition des sables, des grès, etc. *Silice fondue* ou *verre de silice*, utilisés en optique.

siliceux, euse adj. CHIM. MINÉR. Formé de silice; qui en contient.

silicique adj. CHIM. *Anhydride silicique*: anhydride SiO_2 (silice).

silicium n. m. CHIM. Élément non-métallique de numéro atomique Z=14, de masse atomique 28,09 (symbole: Si); solide gris à éclat métallique à l'état cristallisé, brun à l'état amorphe, d'une densité de 2,3, fondant vers 1 420 °C et bouillant vers 2 350 °C. *Le silicium est très répandu dans les roches naturelles qui forment l'écorce terrestre, dont il constitue près du tiers.*

silicone n. f. CHIM. Polymère constitué de chaînes d'atomes de silice et d'oxygène alternés, associés à divers radicaux. *La silicone est résistante à la chaleur, au froid, c'est également un isolant électrique; ses utilisations, en particulier industrielles et médicales, sont nombreuses.*

silicose n. f. MÉD. Maladie des poumons et des bronches, provoquée par l'inhalation de poussières de silice. *La silicose des mineurs.*

silique n. f. BOT. Fruit sec à quatre fentes de déhiscence, caractéristique des crucifères.

sillage n. m. Trace laissée dans l'eau par le passage d'un bateau. / loc. prép. *Dans le sillage de*: à la suite de; au fig., en suivant l'exemple de (qqn).

Sillanpää (Frans Emil) 1888-1964 Écrivain finlandais d'expression finnoise. Il chante la communion de l'homme avec la nature (*La Vie et le Soleil*, 1916), peint une ample fresque historique (*Sainte misère*, 1919) qui se passe pendant la guerre civile et dont le héros est un jeune paysan fusillé bien qu'innocent, s'attache au destin d'une jeune fille qui lutte contre la déchéance (*Silja ou Une brève destinée*, 1931). On lui doit également plusieurs recueils de nouvelles (*La Cabane sur la colline*, 1925).

sillon n. m. Rigole creusée dans la terre par le soc d'une charrue. / Fente, rainure. Rainure en spirale gravée sur un disque phonographique.

Sillon (le) Revue (fondée en 1894 et dont Marc Sangnier prit la direction en 1902) et mouvement dirigé par Marc Sangnier, qui tentait d'orienter les forces catholiques dans le sens de la démocratie et d'une politique sociale. Le mouvement fut condamné en 1910 par Pie X.

Sillon alpin Nom donné à la zone de dépression des Alpes françaises du Nord. S'étendant sur *200 km* entre les Préalpes à l'ouest et les massifs centraux à l'est, il constitue la débouchée des grandes vallées internes (Tarentaise, Maurienne, Romanche). Sa ville principale est Grenoble.

sillonner v. t. [1] Parcourir (un lieu) d'un bout à l'autre, en tous sens.

silo n. m. Fosse ou réservoir destinés à stocker des grains, du fourrage. / MILIT. Site souterrain de stockage et de lancement de missiles.

Silo ou **Siloh** Ville de Palestine, au nord de Jérusalem. Elle fut pour les Hébreux un centre religieux important après l'exode et depuis leur entrée en Terre promise jusqu'au règne de David. Son sanctuaire aurait abrité l'Arche d'Alliance de Moïse.

Siloe ou **Siloé (Gil de)** ?-1505 ? Sculpteur espagnol. D'origine flamande, il est actif à Burgos entre 1486 et 1505 où, à la demande de la reine Isabelle, il réalise plusieurs monuments funéraires dans la cathédrale qui sont de remarquables exemples du gothique tardif. On lui doit aussi des retables.

Diego 1495 ?-1563 Architecte et sculpteur espagnol, fils du précédent. Il conçut presque toutes les sculptures de la cathédrale de Burgos et édifia la cathédrale de Grenade.

Siloé Piscine de Jérusalem, au sud de la colline de Sion, alimentée par les eaux d'un canal creusé par Ézéchias. C'est là que se serait produite la guérison miraculeuse de l'aveugle-né.

Silone (Secondo Tranquilli, dit **Ignazio)** 1900-1978 Écrivain italien. Membre de la direction du Parti communiste italien dès 1921, son action antifasciste le força à partir en exil, d'abord en Russie où il fut exclu du parti communiste en 1930, puis en Suisse où il passa le reste de sa vie. Ses romans, dont les principaux furent *Fontamara* (1930), *Le Pain et le Vin* (1937) et *Le Grain sous la neige* (1942), reflètent les engagements politiques et sociaux de leur auteur.

silure n. m. ZOOL. Poisson téléostéen à la peau dépourvue d'écailles, à la bouche garnie de longs barbillons, dont il existe diverses espèces, généralement d'eau douce, parfois de très grande taille. Syn. poisson-chat.

silurien adj. et n. m. GÉOL. De la période de l'ère primaire, entre l'Ordovicien et le Dévonien; cette période, caractérisée par deux orogénèses (taconique et calédonienne), la première extinction en masse et l'apparition des premières plantes terrestres et des premiers poissons à mâchoires. *Flore silurienne. Le Silurien.*

Silverstone Localité de Grande-Bretagne, près de Northampton, où se déroulent des compétitions automobiles.

Silvestre (Israël) 1621-1691 Dessinateur et graveur français. Dessinateur et graveur du roi en 1662, il exécuta, à la demande de Louis XIV, de très nombreuses gravures où il mit en scène, avec somptuosité, les divertissements de la cour (*Les Plaisirs de l'île enchantée*) et les bâtiments royaux.

Silvestre de Sacy (Antoine Isaac) 1758-1838 Orientaliste français. Professeur au Collège de France, il fut l'auteur d'importants travaux sur la langue et la civilisation arabes: *Mémoires sur l'histoire des Arabes avant Mahomet* (1785), *Grammaire arabe* (1820).

Sima (Joseph) 1891-1971 Peintre français d'origine tchèque. Membre des cercles artistiques d'avant-garde à Prague, il vint à Paris et fut le cofondateur du mouvement *Le Grand Jeu*, proche du surréalisme.

simagrée n. f. (Surtout au plur.) Manières ridicules, minauderies ou singeries. *Faire des simagrées.*

simarre n. f. HIST. Longue robe d'homme ou de femme, faite d'une riche étoffe. / Anc. Soutane d'intérieur. / Mod. Partie antérieure de la robe des magistrats.

simaruba n. m. (mot d'une langue de la Guyane) BOT. Arbre de la famille des simarubacées, poussant en Amérique tropicale. *L'écorce du simaruba est utilisée pour ses propriétés médicinales.*

simarubacées n. f. pl. BOT. Famille de dicotylédones dialypétales arborescentes, à laquelle appartiennent le simaruba et l'ailante.

Simbirsk *364 662 h.* Ville de Russie, sur la Volga, au sud-ouest de Kazan, centre industriel. De 1924 à 1991, elle se nomma Oulianovsk, en l'honneur de Lénine (Vladimir Ilitch Oulianov), qui y naquit.

Simenon (Georges) 1903-1989 Romancier belge d'expression française. Petit journaliste, il arrive à Paris en 1922 et écrit sous divers pseudonymes avant de créer, sous son vrai nom, le personnage du commissaire *Maigret* (1928). Il publie dès lors, à profusion, des reportages, inspirés de ses nombreux voyages autour du monde, et surtout, des romans psychologiques à l'atmosphère prenante: *Le Chien jaune* (1931); *La Marie du port* (1938); *Les Inconnus dans la maison* (1940). Ses *Mémoires intimes* (1981) constituent sa dernière œuvre littéraire.

Siméon (saint) Ier siècle D'après l'Évangile selon saint Luc, vieillard de Jérusalem qui porta l'Enfant Jésus lors de la présentation au Temple et qui reconnut en lui le Messie.

Siméon Personnage biblique (Genèse). Fils de Jacob et de Lia, il vengea sa sœur Dinah enlevée par Sichem et fonda l'une des douze tribus d'Israël.

Siméon de Polotsk Voir **Polotski**

Georges Simenon.

Enluminure d'une chronique narrant le règne de **Siméon Ier le Grand**.

Siméon Ier le Grand ?-927 Tsar des Bulgares en 893. Souverain de l'âge d'or de la Bulgarie médiéval, il menaça l'Empire byzantin, conquit une partie des Balkans et donna un grand éclat à sa capitale, Preslav.

Siméon II 1937 Tsar de Bulgarie de 1943 à 1946. Fils de Boris III, il ne put régner en raison de son jeune âge. Dès 1944, l'invasion des troupes soviétiques retira à la monarchie bulgare la réalité du pouvoir. La monarchie fut abolie en 1946 par référendum et le tsar déchu partit avec sa famille pour l'Égypte. Les élections de 2001 lui ont rendu un rôle politique dans son pays.

Siméon le Stylite (saint) 390 ?-459 Ascète chrétien d'Orient. Chassé d'un monastère pour son ascèse jugée excessive par ses supérieurs, il se retira dans les montagnes près d'Antioche. Perché sur une grande colonne afin d'échapper aux pèlerins, il acquit une grande renommée à travers le monde chrétien. À sa mort, des sanctuaires furent construits autour de sa colonne.

simien, enne adj. et n. m. pl. Propre au singe, relatif au singe. / ZOOL. n. m. pl. Sous-ordre de primates, au cerveau volumineux, regroupant les singes catarhiniens et platyrrhiniens.

simiesque adj. Qui rappelle le singe. *Grimace simiesque.*

similaire adj. Ayant des caractères semblables. *Produits similaires.*

simili n. m. et n. f. Imitation d'une matière quelconque. *Je préfère le cuir au simili.* / TECH. Abréviation de *similigravure*.

similigravure n. f. TECHN. Procédé de photogravure qui permet de reproduire une image à modelé continu en la transformant en un réseau d'éléments géométriques (points, parfois lignes) de plus ou moins grande finesse et plus ou moins rapprochés,

Michel Simon.

Frank Sinatra.

à l'aide d'une trame interposée dans l'appareil photographique entre l'objectif et la surface sensible ; cliché ainsi obtenu.
similitude n. f. Caractère commun de deux choses semblables, analogie. / MATH. *Similitude de deux figures* : caractère de deux figures dont tous les segments homologues ont le même rapport de proportions.
Simon (Jules Simon Suisse, dit **Jules)** 1814-1896 Homme politique et philosophe français. Député républicain en 1848, il s'opposa à Napoléon III et devint membre du gouvernement de la Défense nationale en 1870, en tant que ministre de l'Instruction publique. Président du Conseil en 1875, il démissionna à la suite de la crise du 16 mai. Il se heurta aux idées anticléricales de Ferry en matière d'enseignement et s'opposa au boulangisme.
Simon (François, dit **Michel)** 1895-1975 Acteur de théâtre et de cinéma français. Excellent comédien, il joua avec les Pitoëff puis au théâtre de l'Atelier. Au cinéma, il fut l'interprète de *Jean de la Lune* (1931) ; *Boudu sauvé des eaux* (1932) ; *L'Atalante* (1934) ; *Drôle de drame* (1937) ; *Quai des brumes* (1938).
Simon (Claude) 1913 Écrivain français. Adonné d'abord à la peinture qu'il étudie avant le début de la Seconde Guerre mondiale, il est fait prisonnier en Allemagne puis s'évade et participe à la Résistance. Ce n'est qu'après 1945 qu'il publie ses premiers romans où, déjà, il aborde les thèmes de la guerre, de la mort et du passé qui l'obsèdent. Ses œuvres, *La Route des Flandres* (1960, sur la débâcle de 1940) ; *Le Palace* (1962, sur la guerre d'Espagne à laquelle il participa) ; *La Bataille de Pharsale* (1969) ; *Les Géorgiques* (1981) ; *Le Jardin des plantes* (1997), se rattachent au *nouveau roman* par leur intrigue restreinte et leurs monologues intérieurs dans lesquels s'expriment avec lyrisme des émotions puissantes.
Simon le Cananéen ou **le Zélote** (saint) Ier siècle L'un des douze apôtres. Il aurait prêché l'Évangile d'abord en Égypte puis en Perse où il aurait été crucifié avec saint Jude.
Simon le Magicien Ier siècle Magicien juif originaire de Samarie. Il reçut le baptême et, témoin des miracles accomplis par les apôtres, il sollicita saint Pierre et lui offrit de l'argent pour obtenir le pouvoir d'invoquer le Saint-Esprit. C'est pourquoi on a ensuite donné le nom de *simonie* au trafic des biens spirituels et des choses saintes.
Simon Pierre Voir **Pierre** (saint)
Simone (Eunice Kathleen Waynon, dite Nina) 1933-2003 Chanteuse noire américaine à la voix poignante, à la fois tendre et rauque. Engagée dans la défense des droits des Afro-Américains (*Mississippi Goddam*, 1963, après l'incendie criminel d'une église qui avait coûté la vie à quatre jeunes filles ; *Why? The King of Love Is Dead*, 1968, en hommage au pasteur Martin Luther King assassiné), elle a connu la gloire, puis l'oubli, et, après de nombreuses errances (les États-Unis, les Antilles, l'Afrique noire), s'est installée en France.
simonie n. f. RELIG. Échange illicite de valeurs spirituelles contre des valeurs temporelles.
Simonov (Kirill Mikhaïlovitch, dit **Konstantine)** 1915-1979 Romancier, dramaturge et poète soviétique. Membre du Parti communiste en 1942, ses romans évoquent la Seconde Guerre mondiale dans un style romantique et patriotique qui remporta un grand succès (*Les Jours et les Nuits*, 1943-1944, fut écrit pendant la bataille de Stalingrad). Devenu un auteur « officiel », il est député au Soviet suprême et écrit une trilogie sur la guerre : *Les Vivants et les Morts* (1959), *On ne naît pas soldat* (1964) et *Le Dernier Été* (1971).
Simons (Menno) 1496-1561 Réformateur religieux. Prêtre catholique, il se sépara de l'Église et fonda un mouvement anabaptiste auquel il donna son nom, les mennonites.
simoun n. m. Vent du désert chaud et sec qui soulève devant lui des tempêtes de sable et qui souffle du Sahara jusqu'au Moyen-Orient.
simple adj. et n. m. **A.** adj. (Par oppos. à *complexe, multiple*). Formé d'un élément unique ; ne comptant qu'un élément. *Nœud simple.* / CHIM. *Corps simple*, indécomposable par des moyens chimiques, formé d'atomes d'un seul élément. / GRAMM. *Temps simple*, forme verbale sans auxiliaire. / (Placé devant le nom) Qui ne nécessite rien d'autre ; sans autre qualité. *Un simple mot lui suffit pour réagir. Un simple soldat, un simple particulier.* / (Par oppos. à *compliqué*) Facile à comprendre, à employer, à respecter. *Un appareil, un règlement simple.* / Loc. *Simple comme bonjour* : très simple. / Sobre, sans apprêt ni recherche. *Un décor simple.* / (En parlant de personnes) Franc, spontané, sans affectation ; peu cultivé ; pourvu de revenus modestes. *Il est très simple, malgré sa fortune. Un garçon simple. Des gens simples.* / Naïf, crédule ; niais. *Il faut être un peu simple pour croire une chose pareille !* / Loc. *Simple d'esprit* : mentalement débile. / Subst. *C'est un simple d'esprit*, un débile mental. **B.** n m. Ce qui est simple. *Aller du simple au double.* / Partie de tennis, de ping-pong, de badminton qui n'oppose que deux joueurs (contrairement au *double*). *Vainqueur en simple au tournoi de Wimbledon.*

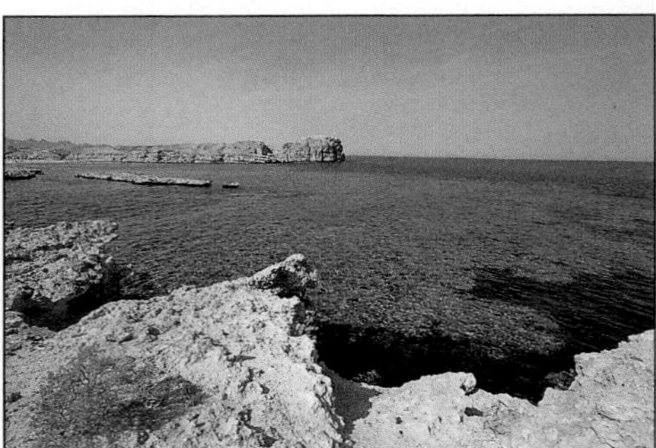

La côte du **Sinaï**, sur la mer Rouge.

simplement adv. Uniquement. *Passe-moi simplement un stylo, il ne me faut rien d'autre.* / Avec simplicité. *Elle s'habille simplement, mais avec goût.*
simples n. m. pl. Plantes médicinales.
simplet, ette adj. Un peu simple, un peu niais.
simplexe n. m. MATH. *Méthode, algorithme du simplexe* : algorithme utilisé en recherche opérationnelle pour optimiser une fonction linéaire soumise à un système de contraintes linéaires.
simplicité n. f. Caractère d'une chose simple. *La simplicité de sa coiffure. Un style d'une grande simplicité.* / Caractère d'une personne simple. *Il nous a reçus avec simplicité.*
Simplicius v. 500-? Philosophe néoplatonicien originaire de Cilicie en Asie Après la fermeture (529) de l'Académie d'Athènes, il prit avec d'autres platoniciens le chemin de l'exil vers la Perse où ils trouvèrent protection auprès du roi Chosroès. En 532, ils retournèrent dans l'Empire byzantin, en restant à proximité des frontières perses. Les œuvres de Simplicius, un des sommets de la tradition scolastique d'interprétation des textes de Platon et d'Aristote, sont, pour l'essentiel, des commentaires ; elles ont joué un rôle important dans la transmission de la philosophie du monde grec au monde arabe. Une pensée pédagogique raffinée y est à l'œuvre, qui fait de la philosophie une montée vers la connaissance métaphysique qui unit l'homme à Dieu.
simplification n. f. Action de simplifier ; son résultat.
simplifier v. t. [1] Rendre plus simple. / MATH. *Simplifier une fraction*, en diviser les deux termes par le même nombre entier.
simplisme n. m. Manière simpliste de raisonner.
simpliste adj. et n. Qui simplifie (les concepts) à l'excès. *Raisonnement simpliste.*
Simplon *2005 m* Col des Alpes suisses, entre le Valais et le Piémont, franchi depuis 1807 par une route et, depuis 1906, par un tunnel ferroviaire (*701 m* d'altitude, *19,8 km* de long) reliant la vallée du Rhône à celle de la Toce (liaisons Paris-Milan).
simulacre n. m. Apparence, imitation qui se donne pour la réalité.
simulateur, trice n. Personne qui simule. / TECHN. Appareil capable de reproduire une activité ou un fonctionnement. *Simulateur de vol.*
simulation n. f. Action de simuler. / TECH. Reproduction volontaire et simplifiée d'un phénomène, d'un système complexe, en vue de l'étudier.
simuler v. t. [1] Faire semblant d'éprouver, feindre (une émotion, un état). *Simuler la joie, la fatigue.* / Procéder à la simulation de. *Simuler un incendie, un combat.*
simultané, e adj. Qui advient en même temps. *Des attaques simultanées.*
simultanéité n. f. Caractère de ce qui est simultané.
simultanément adv. De façon simultanée, en même temps.
Sinaï (péninsule du) Péninsule trapue, rocheuse et désertique, qui, s'avançant entre les golfes de Suez et d'Aqaba, et culminant à *2637 m* d'altitude, forme l'extrémité orientale de l'Égypte. Après la guerre des Six Jours (1967), l'ensemble de la péninsule a été occupé par Israël jusqu'en 1982. Sur un des sommets du massif du Sinaï (le djabal Moussa), Moïse reçut de Yahvé les Dix Commandements inscrits sur les tables de la Loi.
Sinan (Mimar) 1489-1588 Architecte turc. D'abord janissaire, puis ingénieur militaire, il est en 1539 architecte en chef de l'empire ottoman. On lui attribue un grand nombre d'édifices ; l'attribution est certaine pour la mosquée Selimiye d'Edirne et les mosquées des Princes, Mihrimah et Süleymaniye d'Istanbul ; elles sont toutes caractérisées par un grand sens de l'équilibre. Sinan a publié une autobiographie, source précieuse d'information sur l'architecture ottomane.
sinanthrope n. m. ANTHROP. Fossile d'hominien (*Homo erectus*), découvert dans la région de Pékin.
sinapisme n. m. MÉD. Cataplasme à base de farine de moutarde, utilisé pour produire une révulsion. / Traitement ayant recours à de tels cataplasmes.
Sinatra (Francis Albert, dit **Frank)** 1915-1998 Chanteur et acteur de cinéma américain. Surnommé *la Voix*, ce chanteur

SINGAPOUR

Superficie : *618 km²* – **Nombre d'habitants :** *4 100 000 h.* – **Capitale :** *Singapour*
Système politique : *république* – **Langue(s) :** *anglais, chinois, malais, tamoul*
Religion(s) : *bouddhisme, taoïsme, islam, christianisme* – **Monnaie(s) :** *dollar de Singapour*

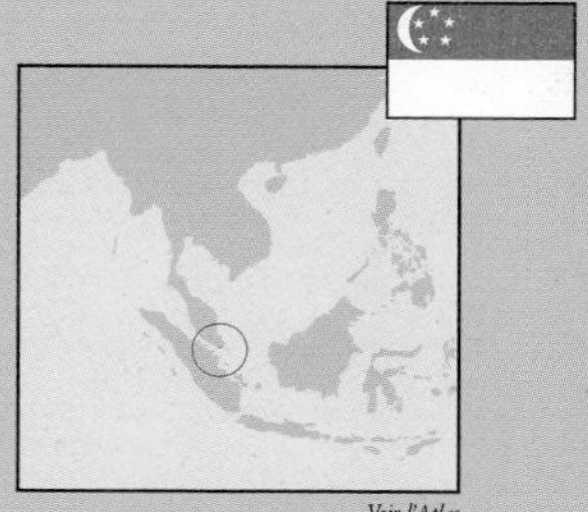

Voir l'Atlas

Vélos-taxis dans le quartier chinois.

Singapour.

La cour suprême.

Géographie physique et humaine

Cet État est constitué de plus d'une cinquantaine de petites îles, dont la majorité est inhabitée. Séparée de la péninsule malaise de Malacca par le détroit de Johore, l'île principale de Singapour est reliée à la Malaisie par une route et par une voie ferroviaire. Son relief accidenté comporte peu de plaines et son climat équatorial lui assure beaucoup de pluie et de hautes températures toute l'année.

Économie

La richesse de l'île, peuplée de 85 % de Chinois et de 15 % de Malais et d'Indonésiens, est liée au commerce avec toutes les parties du monde.
L'industrie (raffineries de pétrole, fonderies, constructions navales) est en pleine expansion. Singapour est aussi l'une des grandes places financières du monde. Cette place et l'économie de la cité-État ont résisté à la tempête boursière qui a balayé l'Asie du Sud-Est en 1997, mais la faiblesse des partenaires voisins a ralenti en 1998 sa croissance, qui a néanmoins redémarré en 1999.

Histoire

Dès 1819, Singapour est choisie par sir Thomas Raffles pour devenir une base capable d'assurer à la Grande-Bretagne la route commerciale de Chine. La Compagnie des Indes orientales achète l'île à ses propriétaires malais et, en 1826, Singapour passe ainsi sous l'administration de l'Inde britannique.
Devenue une colonie en 1867, elle se développe considérablement au début du XXe siècle, grâce à son activité portuaire et industrielle qui nécessite la venue de nombreux travailleurs chinois. La menace chinoise pousse les Britanniques à installer une importante base militaire sur l'île vers la fin des années 1930, mais cela n'empêche pas l'occupation japonaise de 1942 à 1945.
En 1959, les Britanniques octroient une Constitution aux Singapouriens qui choisissent d'adhérer à la Fédération malaise en 1963. À la suite de troubles raciaux, cependant, Singapour déclare son indépendance en 1965. Depuis lors, l'État se modernise tout en voulant montrer son attachement aux valeurs traditionnelles asiatiques ; il est dirigé de manière énergique et autoritaire par le parti dominant, le Parti d'action populaire (P.A.P.).

---

de charme, issu d'une modeste famille d'immigrés italiens, connu un succès international sans égal grâce à ses interprétations de chansons sentimentales. Au cinéma, après des comédies musicales légères dans les années 40, il parvint à montrer ses talents d'acteur dans plusieurs grands classiques dont, *Tant qu'il y aura des hommes* (1953) ; *Comme un torrent* (1955) ; *L'Homme au bras d'or* (1955) ; *Le Détective* (1968).

sincère adj. Qui exprime sans fard ses pensées, ses sentiments. *Une personne sincère.* / Réellement pensé ou ressenti. *Un amour sincère.* / Non truqué.

sincèrement adv. De façon sincère.

sincérité n. f. Qualité d'une personne sincère, d'un acte sincère. / Qualité de ce qui n'est pas altéré. *Sincérité d'un scrutin.*

Sinclair (Upton) 1878-1968 Romancier américain. Socialiste convaincu, il a écrit des romans dénonçant les injustices sociales causées par le capitalisme américain : *La Jungle* (1906) ; *Le Pétrole* (1927) ; *La Fin d'un monde* (1940).

Sind (le) *140 913 km² 21 682 000 h.* Province désertique du Pakistan (au sud-est de l'Indus). Chef-lieu *Karachi*. Elle est devenue grâce à l'aménagement de l'Indus (barrages de Sukkur, de Kotri) une très riche zone agricole vouée au riz et au coton. Sa population a sextuplé entre 1968 et 1998. Les descendants d'Indiens sont en conflits constants avec les Sindhis.

Siné (Maurice Sinet, dit) 1928 Dessinateur humoriste français. Ses dessins au trait sommaire s'attaquent avec une certaine férocité aux représentants de l'ordre établi (policiers, patrons, ecclésiastiques).

sinécure n. f. Emploi, charge qui procure des revenus sans demander beaucoup de travail. / Fam. *Ce n'est pas une sinécure* : ce n'est pas de tout repos.

sine die loc. adv. (mots latins) Sans fixer de date pour la reprise (d'un procès, d'une discussion). *Les négociations sont renvoyées sine die.*

sine qua non loc. adj. (mots latins) *Condition sine qua non*, indispensable.

Si-ngan Voir **Xian**

• **Singapour** État de l'Asie du Sud-Est.

singapourien, enne adj. et n. De Singapour.

singe n. m. ZOOL. Mammifère de l'ordre des primates et du sous-ordre des simiens, à la face nue, aux pouces opposables aux mains et aux pieds, au cerveau développé. *La femelle du singe est la guenon.* / Fig. *Faire le singe* : faire des pitreries. *Payer en monnaie de singe* : faire de vaines promesses en guise de paiement. / Pop. Patron. / Pop. Syn. de *corned-beef*. *Une boîte de singe.*

singer v. t. [1] Imiter (qqn, qqch.) de manière dérisoire ou simulée. *Singer un comportement.*

Singer (Isaac Merrit) 1811-1875 Inventeur américain. Il inventa une perforatrice, perfectionna la machine à coudre (1851) et fonda, à New York, une usine qui devait devenir la *Singer Manufacturing Company*.

Singer (Israël Joshua) 1893-1944 Écrivain américain d'origine polonaise et de langue yiddish, fils d'un rabbin (*Yoshe le fou*, 1932). **Isaac Bashevis** 1904-1991 Écrivain américain d'origine polonaise et de langue yiddish, frère du précédent. Il commença à écrire en Pologne. Venu aux États-Unis en 1935 pour rejoindre son frère, il écrivit *La Corne du bélier* (1935), *La Famille Moskat* (1950) et de nombreux autres romans et nouvelles évoquant le passé des Juifs de Pologne.

singerie n. f. Grimace, simulation grotesque. / Ménagerie de singes. *La singerie d'un zoo.*

single n. m. (mot anglais) Compartiment de wagon-lit, chambre d'hôtel à une seule place.

singulariser v. t. [1] Distinguer (qqn, qqch.) de l'ordinaire, du commun. *Votre conduite vous singularise.* / v. pron. Se faire remarquer par qqch. qui sort de l'ordinaire.

singularité n. f. Caractère de ce qui est singulier, exceptionnel. Chose, action singulière, étrange. / PHYS. Concept mathématique qui peut être visualisé comme une région de l'espace-temps ayant acquis une courbure si grande que les dimensions physiques normales y sont infinies, et que les lois classiques de la physique cessent de leur être applicables. *Le big bang est un exemple de singularité.*

singulier, ère adj. et n. m. **A.** adj. Individuel. *Combat singulier*, qui oppose deux individus. / Qui se singularise, hors du commun. *Un personnage singulier.* **B.** n. m. Catégorie grammaticale exprimant l'unité. *Écrire un adjectif au singulier.* / (En appos.) *Féminin singulier.*

singulièrement adv. En particulier. *Ils se sont tous esclaffés, Pierre singulièrement.* / Beaucoup, très. *Ce vin est singulièrement mauvais.* / Bizarrement. *Il se conduit singulièrement.*

Siniavski (Andreï Donatovitch) 1925-1997 Écrivain russe. Ses récits fantastiques sur le monde soviétique (*Messieurs, la Cour !*), écrits sous le pseudonyme

S

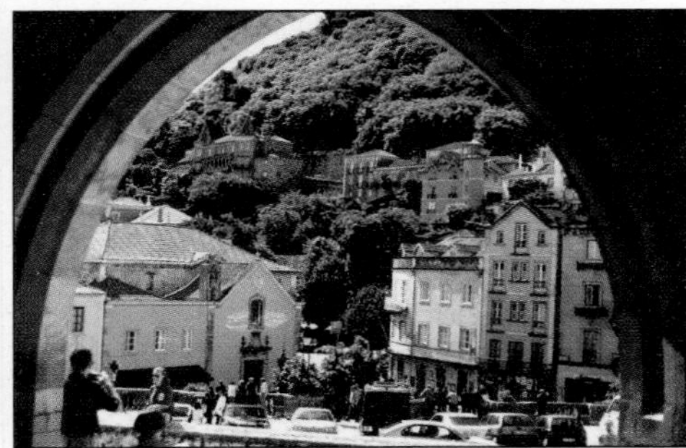

Sintra.

d'Abram Tertz, lui valurent (1966) une condamnation à cinq ans d'enfermement au Goulag. Émigré à Paris en 1973, professeur à la Sorbonne, il a publié, en France, un roman, un conte et des études de critique littéraire.

sinisant, e n. Didac. Spécialiste de la Chine, de la langue et de la civilisation chinoises.

sinisation n. f. Action de siniser; son résultat. / Fait de se siniser.

siniser v. t. / v. pron. [1] **A.** v. t. Rendre chinois; faire adopter la civilisation, la langue, les mœurs chinoises à (un peuple, un groupe humain). / Adapter à la culture, aux modes de pensée chinois. **B.** v. pron. *Se siniser*: adopter les mœurs chinoises, la langue chinoise.

sinistre [1] adj. Annonciateur d'un malheur, inspirant la crainte. *Un présage sinistre. Une ombre sinistre.* / (Sens atténué) Triste, ennuyeux. *Une soirée sinistre.* / Méprisable. *Un sinistre personnage.*

sinistre [2] n. m. Catastrophe occasionnant de gros dégâts, des pertes humaines (inondation, séisme, incendie, etc.). / Dommage donnant lieu à une indemnisation par une compagnie d'assurances. *Déclaration de sinistre.*

sinistré, e adj. et n. Qui est victime d'un sinistre.

sinistrose n. f. Fam. Pessimisme.

S

Sinn Féin (« nous seuls » en gaélique) Parti politique irlandais. Mouvement autonomiste et nationaliste irlandais fondé en 1902 par A. Griffith, il provoqua la révolte de 1916, grâce à sa branche armée qui fut plus tard appelée Armée républicaine irlandaise (I.R.A.), et proclama la république d'Irlande (qui ne vit officiellement le jour qu'en 1949). Son dirigeant, Eamon De Valera, fut élu président (1919). Ce dernier refusa en 1921 le projet de Home Rule proposé par la Couronne britannique mais dut déposer les armes en 1923 devant l'armée anglaise. En 1968, il réapparut en Irlande du Nord, où sa branche militaire, l'IRA combattit de 1969 à 1998.

sino-japonaises (guerres) Nom de deux guerres menées par le Japon contre la Chine. La guerre de 1894-1895 se termina par la victoire japonaise reconnue par le traité de Shimonoseki : le Japon obtenait notamment Taiwan. La guerre de 1937-1945 eut beaucoup plus d'ampleur et le Japon se livra à des massacres. Du côté chinois, elle créa un front uni entre les troupes de Tchang Kaï-chek et les troupes communistes auxquelles les Japonais opposèrent une armée puissante. Les premières victoires japonaises déclenchèrent la déclaration de guerre de la Chine à l'Allemagne, à l'Italie et au Japon (1941), et l'intervention, par la suite, des Américains, du côté chinois, et des Soviétiques, contre les Japonais (1945). Mais, le 14 août 1945, le Japon capitula. Il restitua notamment Taiwan à la Chine. Celle-ci fut à nouveau déchirée entre les forces de Tchang Kaï-chek et celles de Mao Tsé-toung.

sinologie n. f. Ensemble des études portant sur la langue, l'histoire, la culture chinoises.

sinologue n. Spécialiste de sinologie.

sinon conj. Si ce n'est. *Rien ne pousse sur ce talus, sinon des genêts.* / Sans quoi. *Assurez-vous de votre réservation, sinon vous ne pourrez pas partir.* / Et même. *Elle est tranchante, sinon carrément brutale.*

sinople n. m. HÉRALD. Un des émaux de l'écu, de couleur verte.

sino-tibétain, e adj. LING. *Langues sino-tibétaines*: famille de langues dans laquelle on groupe habituellement (sans que la pertinence de ce groupement soit formellement établie) les langues thaï et chinoise d'une part, les langues tibétaine et birmane de l'autre.

Sintra *9 500 h.* Ville du Portugal, près de Lisbonne où se dresse l'ancien palais royal, construit de 1840 à 1850. Elle est dominée par un mont sur lequel s'élève un château maure en ruines (VIIIe siècle).

sinuer v. i. [1] Litt. Être sinueux.

sinueux, euse adj. Formant de nombreuses courbes. *Route sinueuse.* / Fig. Qui procède de manière indirecte, détournée. *Une pensée sinueuse.*

sinuosité n. f. Chacune des courbes d'une chose sinueuse; méandre. / Caractère sinueux. *La sinuosité du chemin.* (au fig.) *La sinuosité d'une phrase.*

sinus n. m. ANAT. Cavité d'ouverture plus étroite que l'excavation. *Sinus de la face (sinus frontal, sinus maxillaire, sinus sphénoïdaux)*: cavités creusées dans les os de la face ou de la base du crâne. *Sinus crâniens*: canaux veineux présents dans l'épaisseur de la dure-mère. / Partie dilatée de certains vaisseaux. *Sinus carotidien*: dilatation de l'artère carotide, où sont localisés certains des récepteurs sensibles à la pression sanguine. / MATH. Ligne trigonométrique (symbole : sin) correspondant à l'ordonnée de l'extrémité d'un arc porté sur le cercle trigonométrique (de rayon égal à l'unité, orienté dans le sens inverse de celui des aiguilles d'une montre).

sinusite n. f. MÉD. Inflammation des muqueuses des sinus de la face.

sinusoïdal, ale, aux adj. MATH., PHYS. De la nature d'une sinusoïde. *Un mouvement sinusoïdal.*

sinusoïde n. f. MATH. Courbe représentative des fonctions périodiques sinus ($y = \sin x$) ou cosinus ($y = \cos x$), ou encore des fonctions périodiques du type $y = a \sin (wx + j)$ ou $y = a \cos (wx + j)$, où a, w et j sont des constantes réelles.

Sion Nom de la colline de Jérusalem où David construisit une citadelle; le nom s'étendit à l'ensemble de Jérusalem, puis, dans la tradition chrétienne, en vint à désigner la Jérusalem céleste.

sionisme n. m. Mouvement politique et religieux, actif depuis la fin de XIXe siècle, visant à la constitution d'un État juif en Palestine et dont l'action aboutit, en 1948, à la fondation de l'État d'Israël.

sioniste adj. et n. Relatif au sionisme. / Partisan du sionisme.

sioux adj. inv. et n. inv. Propre à une ethnie amérindienne des États-Unis; membre de cette ethnie. *Tente sioux. Un Sioux.* / Loc. *Des ruses de Sioux*, très inattendues.

Sioux Peuple indien qui habitait les grandes plaines de l'Amérique du Nord, du Mississippi aux Rocheuses. L'arrivée des Blancs (XVIe siècle) les obligea progressivement à abandonner leurs terres, malgré la résistance de certaines tribus (dont celle de Sitting Bull). Ayant aujourd'hui pratiquement disparu, ils vivent regroupés dans des réserves, essentiellement dans le Dakota du Sud.

siphomycètes n. m. pl. BIOL. Groupe de champignons à mycélium non cloisonné.

siphon n. m. Tuyau courbe en forme de U renversé, destiné à faire passer un liquide d'un niveau donné à un niveau inférieur en l'élevant d'abord à un niveau supérieur aux deux autres. / Dispositif en forme de S placé à la sortie des appareils sanitaires, qui empêche la remontée des mauvaises odeurs. / TECH. Conduite, ensemble de conduites qui font passer des eaux d'évacuation ou d'alimentation sous un cours d'eau. / En spéléologie, partie de galerie inondée. / Carafe, contenant une boisson gazeuse, munie d'un bouchon à levier. *Siphon d'eau de Seltz.* / ZOOL. Canal assurant la communication entre les différents compartiments de certaines coquilles. / Partie tubulaire du manteau de certains mollusques bivalves, qui prolonge les orifices d'entrée et de sortie de l'eau. / BIOL. Cellule allongée constitutive du thalle non cloisonné de certains champignons, de certaines algues.

Sioux.

siphonaptères n. m. pl. ZOOL. Ordre d'insectes dépourvus d'ailes, adaptés au saut, parasites des mammifères et des oiseaux, du sang desquels ils se nourrissent. *Les siphonaptères sont couramment appelés puces.* Syn. aphaniptères.

siphonné, e adj. Fam. Timbré, un peu fou.

siphonner v. t. [1] Transvaser (un liquide) par l'intermédiaire d'un siphon.

siphonophores n. m. pl. ZOOL. Groupe de cnidaires hydrozoaires coloniaux pélagiques, dont certaines formes comportent peut-être des flotteurs.

Siphonore Ve siècle avant J.-C. Philosophe grec. Passé maître dans l'art du syllogisme, il dispensa son enseignement dans une habitation troglodytique. Seuls nous sont parvenus quelques fragments de ses *Syllogismes chtoniens*.

Siqueiros (David Alfaro) 1896-1974 Peintre mexicain. Militant politique (il participa à la révolution de Zapata et à la guerre d'Espagne), il fit des études artistiques à Paris où il rencontra D. Rivera. Avec lui, il créa un mouvement artistique populaire purement mexicain, de tendance expressionniste mais marquant un retour à l'art précolombien. Il peignit notamment *Procès au fascisme* (1939), sur les murs du Syndicat des travailleurs de l'électricité à Mexico.

sire n. m. FÉOD. Titre d'abord porté par les seigneurs, puis par des roturiers. / Mod. *Un triste sire*: un personnage méprisable. / Titre utilisé pour s'adresser à un souverain.

sirène n. f. **I.** MYTH. GR. Personnage fantastique, à buste de femme et à corps d'oiseau. / Femme à queue de poisson, qui, par son chant, attirait les navigateurs sur les écueils. / Fig. *Écouter le chant des sirènes*: se laisser séduire. *Les sirènes de la gloire.* **II.** Avertisseur sonore puissant servant à alerter. *Sirène d'usine, des pompiers.*

siréniens n. m. pl. ZOOL. Ordre de grands mammifères végétariens aquatiques, pourvus de nageoires, à denture réduite. *Le dugong et le lamantin sont des siréniens.*

Sirius Étoile de première grandeur, située à 8 années-lumière de la Terre, qui appartient à la constellation du Grand Chien et qui est la plus brillante du Ciel.

sirli n. m. ZOOL. Alouette des régions semi-désertiques (principalement nord-africaines) à long bec recourbé.

sirocco n. m. Vent chaud et sec qui souffle des hautes pressions sahariennes vers les basses pressions méditerranéennes.

sirop n. m. Liquide fait d'une solution concentrée de sucre, additionnée ou non d'une substance aromatique ou médicamenteuse. *Sirop d'orgeat. Sirop contre la toux. Sirop d'érable*: sève d'érable concentrée, utilisée comme du miel.

siroter v. t. [1] Avaler tranquillement (une boisson), en la dégustant. *Siroter son whisky.*

sirupeux, euse adj. Propre au sirop; de la consistance du sirop. / Fig. Mièvre, sentimental, émollient. *Des violons sirupeux.*

Sirven (Pierre Paul) 1709-1777 Protestant français. Accusé, en 1762, d'avoir

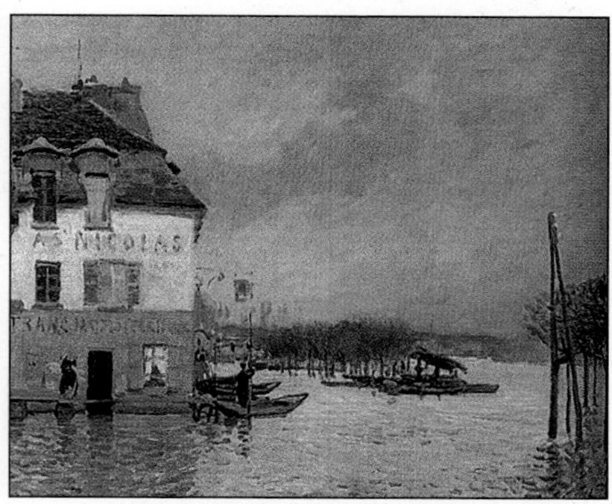

L'Inondation à Port-Marly, d'**Alfred Sisley**. *Musée des Beaux-Arts, Rouen.*

jeté sa fille dans un puits pour l'empêcher d'adhérer à la foi catholique, il parvint à s'enfuir avant d'être condamné à mort. Il fut ensuite défendu par Voltaire qui le fit réhabiliter.

sirventès ou **sirvente** n. m. (mot provençal) LITTÉR. Poème à forme fixe de la littérature de langue d'oc, dont les strophes sont toutes construites sur les mêmes rimes. *Les sirventès ont souvent un contenu politique, une tonalité agressive ou satirique.*

sis, sise adj. Litt. ou DR. Situé. *Une commune sise dans tel département.*

sisal n. m. BOT. Agave mexicain dont les feuilles fibreuses sont employées dans l'industrie textile et pour la fabrication de cordages; la matière textile ainsi produite.

Sisley (Alfred) 1839-1899 Peintre impressionniste britannique. Largement influencé par Corot, il fut l'ami des impressionnistes français, Renoir et Pissarro et de Monet. Installé à Louveciennes, à Bougival ou à Marly, il peignit des paysages de la région parisienne et en particulier les bords de la Seine.

sismicité ou **séismicité** n. f. Fréquence et intensité des séismes d'une région du globe. *La sismicité du Japon.*

sismique ou **séismique** adj. Propre aux séismes, relatif aux séismes.

sismographe ou **séismographe** n. m. Appareil utilisé pour enregistrer le moment, la durée et l'ampleur des tremblements de terre en un point donné.

sismologie ou **séismologie** n. f. Partie de la géologie qui étudie les séismes.

sismologique ou **séismologique** adj. Relatif aux séismes, à la sismologie.

sismologue ou **séismologue** n. Spécialiste de sismologie.

Sismondi (Jean Charles Léonard Simonde de) 1773-1842 Historien et économiste suisse. D'abord acquis aux idées libérales d'économistes tels qu'Adam Smith (*De la richesse commerciale*, 1803), il commença à remettre en question ces théories classiques avec *Nouveaux Principes d'économie politique* (1819). Cet ouvrage et les suivants (*Études sur l'économie politique*, 1837) influencèrent en partie Marx et Keynes.

sistre n. m. MUS. Instrument de musique constitué d'un cadre supportant des tiges sur lesquelles sont enfilées de petites pièces sonores (coquilles, rondelles métalliques, etc.) entrant en résonance quand on agite l'instrument. *Les anciens Égyptiens utilisaient le sistre.*

Sisyphe MYTH. GR. Fils d'Éole et roi de Corinthe. Rusé et sans scrupule, il séduisit Anticlée, fiancée de Laërte. Pour avoir offensé Zeus qu'il avait dénoncé au père d'une jeune fille que le dieu avait ravi, il fut précipité aux Enfers et condamné à remonter éternellement au sommet d'une pente un énorme rocher qui retombait aussitôt, emporté par son propre poids. Il a inspiré à Camus *Le Mythe de Sisyphe* (1942), qui traite de la malédiction de la condition humaine.

sitar n. m. (mot hindi) MUS. Instrument de musique à cordes pincées, constitué d'un long manche et d'une caisse de résonance hémisphérique. *Le sitar est originaire du nord de l'Inde.*

site n. m. Lieu, tel qu'il s'offre à l'œil de l'observateur; paysage considéré du point de vue de sa beauté. *Site classé.* / Configuration, considérée du point de vue économique et pratique, d'un lieu, d'un terrain choisi pour l'implantation d'une ville, d'une activité quelconque. / Lieu dédié à une activité particulière. *Site archéologique*, où sont effectuées des fouilles. TRANSP. *Site propre*: portion de terrain réservée à la circulation de véhicules d'un certain type. *Le chemin de fer, le tramway sont des moyens de transport en site propre.* / MILIT., TECHN. *Ligne de site*: droite virtuelle reliant une arme à feu à l'objectif visé. *Angle de site*, formé par la ligne de site et une droite horizontale.

sit-in n. m. inv. (mot anglais) Manifestation non violente dans laquelle les participants occupent un espace public en s'asseyant par terre.

sitôt adv. et prép. Vx Aussi vite. / *Sitôt... sitôt*: aussitôt... aussitôt. *Sitôt dit, sitôt fait.* / conj. Fam. Dès. *Sitôt mon retour, je vous préviendrai.* / loc. conj. *Sitôt que*: dès que.

sittelle n. f. ZOOL. Oiseau passériforme grimpeur, trapu, au bec fort et pointu, d'une quinzaine de centimètres.

Sitter (Willem de) 1872-1934 Cosmologiste et physicien hollandais. Dans le cadre de la théorie de la relativité générale, il propose l'utilisation de la géométrie sphérique pour modéliser sa théorie de l'Univers stationnaire dont la densité est fonction du rayon. *Univers de Sitter*: modèle théorique d'Univers de dimension infinie et de densité décroissante.

Sitting Bull (*Taureau assis*) 1834?-1890 Chef des Sioux du Dakota. Il lutta héroïquement contre l'armée américaine qui voulait parquer sa tribu dans des réserves.

situation n. f. Position, emplacement. *Situation géographique. Plan de situation.* / Ensemble des conditions dans lesquelles se trouve une personne. *Situation de famille, de fortune.* / Emploi, fonction. *Perdre sa situation.* / Conjoncture. *La situation de l'emploi.* / Moment déterminé de l'action dans une œuvre littéraire, dramatique. *Une situation comique.*

situationnisme n. m. Mouvement artistique et politique créé en 1957 par des dissidents du mouvement lettriste et des peintres venus du mouvement Cobra, qui s'exprimèrent dans la revue *L'Internationale situationniste* (1958-1969).

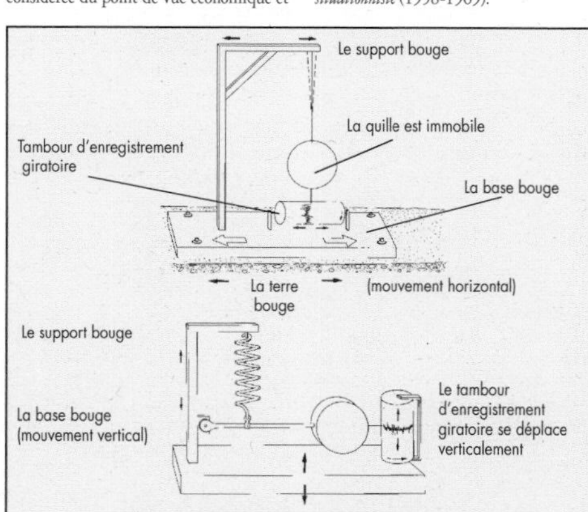

Fonctionnement d'un ***sismographe*** *classique enregistrant une poussée horizontale (en haut) et verticale (en bas).*

Sitting Bull.

♦ Le situationnisme, dont Guy Debord (*La Société du spectacle*, 1967) se fit le porte-parole, critiquait de manière radicale la société contemporaine en s'appuyant sur l'analyse de ses valeurs culturelles, et prônait une « révolution permanente de la vie quotidienne ». Il eut une grande influence en mai 1968.

situationniste adj. et n. Relatif au situationnisme; tenant du situationnisme.

situer v. t. [1] Placer. L'église est située près de la mairie. / Déterminer par la pensée la place de (qqn, qqch.) dans un lieu, un groupe, une hiérarchie, ou dans le temps. *Où situez-vous Paris ? À quelle époque se situe le règne de Louis XIV ?* / v. pron. Occuper (telle place, telle situation).

six adj. num. et n. m. inv. Cinq plus un. *Six enfants.* / Sixième. *Charles VI.* Ellip. *Le 6 octobre*: le sixième jour du mois d'octobre. / n. m. Nombre qui suit le cinq. *Six est divisible par deux et trois.* / Le chiffre (6) qui représente le nombre six. / Carte qui porte six marques. *Le six de trèfle.*

Six (groupe des) Groupe de compositeurs (D. Milhaud, A. Honegger, L. Durey, G. Tailleferre, G. Auric et F. Poulenc) qui se forma à Paris à l'époque des Ballets russes et qui fut ainsi nommé par un critique musical en 1920. Ces musiciens avaient en commun leur rejet du romantisme de Wagner et de l'impressionnisme de Debussy, leur admiration allant à Satie. Dans leur désir de renouer avec la tradition française et de se débarrasser des surcharges musicales, ils évoluèrent chacun à leur manière, ne créant que deux œuvres en commun: l'*Album des Six* (série de pièces pour piano) et un ballet, *Les Mariés de la tour Eiffel.*

sixain Voir **sizain**

sixième adj. num. ord. et n. Qui occupe le rang désigné par le nombre six. *Sixième étage.* / n. *Le, la sixième.* / n. m. Chacune des parties d'un ensemble divisé en six éléments égaux. *Nous en exploitons chacun un sixième.* / n. f. Première classe du cycle de l'enseignement secondaire (sixième classe avant la première).

sixièmement adv. En sixième lieu.

six-quatre-deux (à la) loc. adv. Fam. À la hâte, sans réflexion, sans soin.

sixte n. f. MUS. Écart compris entre six notes; sixième degré de la gamme diatonique. / En escrime, une des parades, l'épée haute.

La **chapelle Sixtine**.

Sixte Nom de cinq papes. **Sixte IV (Francesco della Rovere)** 1414-1484 Pape en 1471. Franciscain, ennemi des Médicis (il laissa se constituer la conjuration des Pazzi qui aboutit à l'assassinat de Julien de Médicis et excommunia Laurent le Magnifique), il donna libre cours au népotisme. Mécène averti, il commandita de grands travaux à Rome ; la *chapelle Sixtine* lui doit son nom. **Sixte Quint (Felice Peretti)** 1520-1590 Pape en 1585. Franciscain lui aussi, il succéda à Grégoire XIII et fit preuve d'une activité remarquable, s'employant notamment à réformer les grands ordres religieux. Il soutint efficacement les catholiques français pendant les guerres de Religion et lança l'anathème contre plusieurs chefs huguenots (il excommunia en 1585 le futur Henri IV). Fin lettré, il fonda l'Imprimerie vaticane et imposa la Vulgate (à l'édition de laquelle il avait personnellement travaillé) comme texte officiel de la Bible pour tous les catholiques. Sous son pontificat fut érigée la coupole de Saint-Pierre.

Sixtine (chapelle) Chapelle du palais du Vatican. Sixte IV en confia la construction à Giovanni de Dolci (1473) et le décor aux plus grands peintres de l'époque. Michel-Ange exécuta la voûte et le *Jugement dernier*.

sizain ou **sixain** n. m. LITTÉR. Strophe de six vers.

sizerin n. m. ZOOL. Oiseau passériforme de la famille des fringillidés, proche de la linotte, au plumage brun et rose, portant une tache noire au menton.

Le sud de l'île **Sjaelland**, unie par un pont à l'île Falster au Danemark.

Sjaelland (île) *7 448 km² 2 184 105 h.* La plus grande île danoise, dans la Baltique, sur laquelle est bâtie Copenhague et qui constitue une région. Chef-lieu *Sorö*. Elle commande le passage de l'Atlantique à la Baltique.

Sjöberg (Alf) 1903-1980 Cinéaste suédois. D'abord metteur en scène de théâtre, il réalise en 1942 son premier grand film, *Le Chemin du ciel*, puis travaille avec Ingmar Bergman (*Tourments*, 1944). Les œuvres qui suivent expriment le pessimisme et les préoccupations sociales et morales du cinéaste (*Rien qu'une mère*, 1949). *Mademoiselle Julie* (1950, Palme d'or du festival de Cannes en 1951) lui vaut une réputation internationale. Après 1969, il ne se consacre plus qu'au théâtre.

Boutiques et échoppes d'artisans dans le vieux **Skopje** en Macédoine.

Sjöström (Victor David) 1879-1960 Cinéaste et acteur suédois. Ses films au lyrisme puissant, suggéré par des surimpressions et des retours en arrière subtils, le placent parmi les meilleurs réalisateurs de son pays : *Les Proscrits* (1917) ; *La Voix des ancêtres* (1918) ; *La Montre brisée* (1918) ; *La Charrette fantôme* (1920) ; *L'Épreuve du feu* (1921). Émigré aux États-Unis sous le nom de Seastrom (1923), il tourna aussi *La Lettre écarlate* (1926) et *Le Vent* (1928). Après 1937, rentré en Suède, il se consacra uniquement à sa carrière d'acteur (*Les Fraises sauvages* de Bergman).

SLOVAQUIE

Superficie : *49 012 km²* – **Nombre d'habitants :** *5 400 000 h.* – **Capitale :** *Bratislava*
Villes principales : *Kosice, Nitra, Presov* – **Système politique :** *république*
Langue(s) : *slovaque* – **Religion(s) :** *catholicisme, protestantisme* – **Monnaie(s) :** *couronne slovaque*

Voir l'Atlas

L'hôtel de ville de Prešov, petite ville de l'est du pays.

Géographie physique et humaine

Montagneuse au nord (monts Beskides) et au centre (Hautes Tatras, Basses Tatras, monts Métallifères slovaques), la Slovaquie couvre au sud une plaine limitée par le Danube. Riche en lacs et en cours d'eau, forestière et pastorale, la Slovaquie a un climat continental nuancé par l'altitude. Les Slovaques constituent 85 % de la population et les Hongrois, moins de 10 %. Ils sont catholiques à 90 %, les protestants représentant moins de 10 % de la population.

Les ressources agricoles sont maigres : céréales (dans les plaines), élevage. On exploite la forêt. L'hydroélectricité et le minerai de fer ont donné naissance, sous le communisme, à une industrie lourde, aujourd'hui en partie obsolète. Depuis l'indépendance, la reconversion, audacieuse, s'est faite au prix d'un endettement important.

Histoire

Les Slovaques, peuple slave, occupent la région des Carpates occidentales vers le VIe siècle, après les Germains, les Romains et les Avars. Ils s'allient aux Tchèques dès le IXe siècle au sein de la Grande-Moravie et sont christianisés à partir de cette période. Mais, envahis par les Magyars au début du Xe siècle, les Slovaques subiront la domination des Hongrois pendant environ mille ans. Au cours des XIIIe et XIVe siècles, les Slovaques luttent à la fois contre des invasions mongoles et contre les dynasties hongroises successives.

Après une période de développement due à l'augmentation des échanges avec les pays voisins, le sud-est de la Slovaquie est occupé par les Turcs ottomans de 1526 à la fin du XVIIe siècle. À l'instar des Tchèques, les Slovaques commencent à affirmer leur identité culturelle au XVIIIe siècle, grâce au développement de la littérature slovaque et en dépit de l'opposition hongroise. Pourtant, l'idée d'une union entre Tchèques et Slovaques progresse, surtout après la répression violente des patriotes slovaques en 1848.

Quand l'empire d'Autriche-Hongrie éclate, en 1918, la Slovaquie s'unit donc à la Bohême et à la Moravie pour former la république de Tchécoslovaquie. Plus tard, l'abbé Hlinka, autonomiste et populiste, demande l'aide de Hitler et, sous la botte nazie, la Slovaquie forme un État « indépendant » de mars 1939 à la Libération. Mais, en 1945, elle revient au sein de la Tchécoslovaquie (comme État fédéré à partir de 1969).

Quand le communisme s'effondre (1989-1990), la Slovaquie manifeste son désir d'indépendance, désir qu'elle concrétise en juillet 1992, sous la conduite de Vladimir Meciar, de tendance populiste. Premier ministre, celui-ci fait élire Michel Kovac à la présidence de la République en 1993, remporte les législatives en 1994 et indique son désir que la Slovaquie entre dans l'Union européenne ; mais celle-ci exprime de fortes réticences à cause de la politique slovaque vis-à-vis des minorités non slovaques, jugée peu conforme aux principes démocratiques. En 1998, une coalition « arc-en-ciel » (comprenant notamment des ex-communistes) vainc Meciar aux législatives et le chrétien Mikulas Dzurinda forme un gouvernement également « arc-en-ciel ». Il doit tenter de régler les problèmes économiques, dans l'ensemble très importants, et notamment d'en finir avec la corruption, de manière à attirer les investissements étrangers.

En 1999, R. Schuster est élu président de la République. L'entrée de la Slovaquie dans l'Union européenne a été approuvée par le Conseil européen en décembre 2002 ; l'adhésion effective est prévue pour 2004.

SLOVÉNIE

Superficie : *20 256 km²* – **Nombre d'habitants :** *1 990 000 h.* – **Capitale :** *Ljubljana*
Villes principales : *Maribor, Celje, Kranj* – **Système politique :** *république*
Langue(s) : *slovène* – **Religion(s) :** *catholicisme* – **Monnaie(s) :** *tolar*

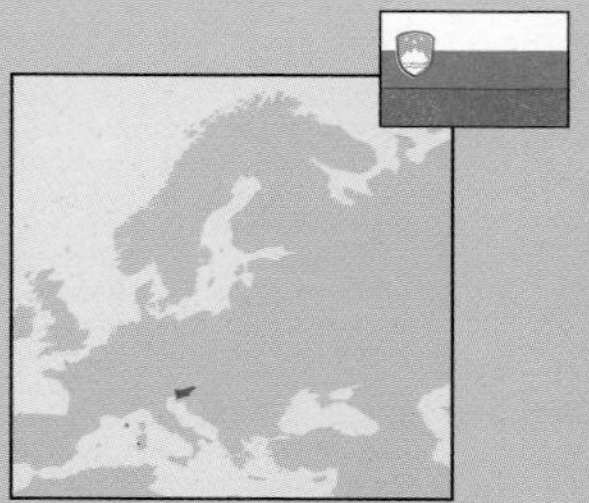

Voir l'Atlas

Paysage rural du sud-ouest du pays.

Géographie physique et humaine

La région est constituée de montagnes et de plateaux. Les Slovènes sont des Slaves majoritairement catholiques. L'agriculture est prospère : céréales, pommes de terre, betteraves, vigne, élevage de bovins, de porcs, de volailles. Les ressources hydroélectriques et minérales (charbon, mercure, plomb) ont favorisé l'industrialisation.

Histoire

Les Slovènes occupent les régions balkaniques de l'empire byzantin au VIe siècle. Dominés par les Avars, les Bavarois puis les Francs, ils forment au VIIe siècle une union slovène qui est germanisée puis intégrée au Saint Empire, entraînant ainsi la christianisation de la population.
Du XIIIe siècle à 1918, la Slovénie est sous le strict contrôle des Habsbourg et de l'Autriche, sauf entre 1809 et 1813. Durant cette brève période, l'occupation napoléonienne favorise l'éveil de la conscience nationale. À partir du début du XIXe siècle, divers courants commencent à réclamer l'union des Slovènes répartis entre l'Italie, l'Autriche et la Hongrie. Mais, comme dans le reste de l'empire austro-hongrois, les soulèvements nationalistes et révolutionnaires de 1848 sont sévèrement réprimés et entraînent un renforcement de l'autorité impériale en Slovénie.
À l'issue de la Première Guerre mondiale, en 1918, la Slovénie entre dans le royaume des Serbes, des Croates et des Slovènes, qui devient la Yougoslavie. En 1941, l'Allemagne divise la Slovénie entre l'Allemagne, l'Italie et la Hongrie, mais, en 1945, elle retourne au sein de la Yougoslavie.
En février 1990, la ligue communiste slovène, hostile à la ligue communiste serbe de Milosevic, devient le parti du renouveau démocratique (P.R.D.), qui remporte les élections libres d'avril, et Milan Kucan, son secrétaire général, est élu président de la République. En juin 1991, le même mois que la Croatie, la Slovénie proclame son indépendance. La Yougoslavie n'intervient pas (alors qu'elle le fait en Croatie). Depuis, le président Kucan a sans cesse été réélu (la dernière fois en 1997). Depuis 1992, une coalition de centre gauche, dirigée par Janez Drnovsek, gouverne le pays. En 1998, le Premier ministre a publié un programme de libéralisation de l'économie en quatre ans ; les élections présidentielles de 2002 l'ont porté à la présidence de la République. L'entrée de la Slovénie dans l'Union européenne a été approuvée par le Conseil européen en décembre 2002 ; l'adhésion effective est prévue pour 2004.

Skagerrak Détroit situé entre la Norvège et le Jutland danois.
skaï n. m. (nom déposé) Matière synthétique imitant le cuir.
Skanderbeg (Georges Castriota, dit) 1403 ?-1468 Prince albanais. Ayant reçu une instruction militaire auprès des Ottomans dont il était l'otage, il retourna en Albanie afin d'organiser la résistance contre le sultan. Parvenant à rallier les seigneurs albanais, il infligea, avec l'aide des Occidentaux, plusieurs défaites aux Turcs.
sketch n. m. (mot anglais) Scène brève et souvent comique. *Film à sketchs*, composé de plusieurs parties autonomes, réalisées par un seul metteur en scène ou des metteurs en scène différents, sur le même thème. Pl. Des *sketchs* ou des *sketches*.
ski n. m. (mot norvégien) Long patin relevé à l'avant que l'on fixe sous chaque pied pour glisser sur la neige ou sur l'eau. / Sport qui consiste à évoluer sur la neige avec des skis. *Ski alpin. Ski de fond.* / *Ski nautique* : sport nautique qui consiste à glisser sur l'eau, le skieur étant tiré à l'aide d'une corde par un bateau rapide. / *Station de ski* : village de montagne équipé de pistes et de remonte-pentes.
skier v. i. [1] Pratiquer le ski.
skieur, euse n. Personne qui skie.
skiff n. m. (mot anglais) Bateau de course, pour un seul rameur, très long et très étroit.
Skikda (autrefois *Philippeville*) *140 000 h.* Port de l'est de l'Algérie qui exporte (après liquéfaction) le gaz saharien.
skinhead n. (mot anglais « crâne de peau », donc « crâne rasé ») Marginal (garçon en général, mais parfois fille) adhérant à des thèses extrémistes (de droite le plus souvent), volontiers agressif, se distinguant par un crâne rasé et une tenue évoquant un uniforme militaire. Abrév. fam. *skin*.
skipper n. m. (mot anglais) Chef de bord sur un yacht ; barreur sur un voilier de régate.
skons, skunks ou **skuns** Voir **sconse**
Skopje ou **Skoplje** *440 577 h.* Capitale de la république de Macédoine, dans le nord du pays, sur le Vardar. À côté de la vieille cité turque (mosquées, minarets) s'est développée une ville moderne aux industries diversifiées en partie détruite par un tremblement de terre en 1963 mais dont le développement a repris.
Skorzeny (Otto) 1908-1975 Général allemand d'origine autrichienne. Versé dans la SS, il participa à la campagne de Russie, organisa (1943) des sabotages en pays ennemi, délivra Mussolini prisonnier au Gran Sasso (1943), arrêta Horthy (1944) et monta (1944) des opérations de commando destinées à désorganiser les armées au cours de l'offensive des Ardennes. Acquitté par un tribunal allié, il passa la fin de sa vie en Espagne.
Skriabine Voir **Scriabine**
Skylab Station orbitale américaine développée à partir des matériaux utilisés pour les missions du programme Apollo, tel que l'étage transformé IV B de la fusée Saturne V.
slalom n. m. (mot norvégien) Descente à skis jalonnée de piquets, ou « portes », dessinant un parcours sinueux entre lesquels le skieur doit passer. *Slalom spécial, slalom géant.* / Parcours sinueux jalonné d'obstacles.
slalomer v. i. [1] Faire des slaloms.
slalomeur, euse n. Skieur qui slalome.
Slánsky (Rudolf Salzmann, dit Rudolf) 1901-1952 Homme politique tchèque. Il organisa à Moscou, pendant la Deuxième Guerre mondiale, la résistance antinazie. À son retour en Tchécoslovaquie, il fut (1945-1951) secrétaire général du Parti communiste. Traduit en justice au moment des purges staliniennes, il fut condamné à mort et exécuté.
slave adj. et n. Propre aux peuples de même famille linguistique habitant l'Europe centrale et orientale ; membre de l'un de ces peuples. *L'âme slave. Un Slave.* / *Langues slaves* : langues indo-européennes parlées par ces peuples (slovène, serbo-croate, macédonien, bulgare, tchèque, slovaque, polonais, russe, biélorusse, ukrainien), à quoi s'ajoutent des langues disparues (le polabe) ou en voie de disparition (le sorabe ou wende). / n. m. *Le vieux slave* : le parler des Slaves de Macédoine, écrit au IXe siècle grâce à la traduction de l'Évangile par les saints Cyrille et Méthode, et qui a donné naissance aux diverses langues aujourd'hui parlées par les Slaves.
Slaves Nom donné à l'ensemble des populations indo-européennes de l'Europe centrale et orientale. Cela ne correspond à aucune entité politique ou ethnique délimitée et l'origine, avant le VIe siècle, de ces populations est très imprécise. Les Slaves regroupent Russes, Ukrainiens, Polonais, Tchèques, Slovaques, Serbes, Croates, Slovènes et Bulgares. Ils parlent des langues très proches et sont en majorité de religion orthodoxe.
slavon, onne n. m. et adj. LING. Chacune des langues liturgiques des chrétiens orthodoxes slaves. *Les slavons sont issus du vieux slave.* / adj. *Évangéliaire slavon.*
sleeping n. m. Anglicisme vieilli pour *wagon-lit*.
slip n. m. (mot anglais) Caleçon d'homme ou culotte de femme, très courts. *Slip de bain.* / MAR. Plan incliné pour tirer à sec ou mettre à l'eau un petit bateau, ou pour hisser les baleines sur un navire-usine.
slogan n. m. (mot anglais) Courte phrase destinée à frapper l'esprit, employée dans la propagande, la publicité.
slovaque adj. et n. De Slovaquie. *Les frontières slovaques. Un(e) Slovaque.* / n. m. *Le slovaque* : la langue slave parlée en Slovaquie.
• **Slovaquie** État d'Europe centrale situé à l'est de la République tchèque.
slovène adj. et n. De Slovénie. *Les montagnes slovènes. Un(e) Slovène.* / n. m. *Le slovène* : la langue slave parlée en Slovénie.
• **Slovénie** État situé entre l'Autriche, la Hongrie, la Croatie et l'Italie.
slow n. m. (mot anglais) Danse à pas glissés exécutée en couple sur une musique lente et binaire. *Danser un slow langoureux.*
Slowacki (Juliusz) 1809-1849 Écrivain polonais. Il est, avec Mickiewicz, le principal représentant du romantisme en Pologne. Après l'échec de l'insurrection de Varsovie (1831), il émigre à Paris, puis en Suisse et en Italie. Ses recueils de poèmes, *Lambro, l'insurgé grec* (1832) et *Kordian* (1834), expriment son chagrin et son pessimisme. Il s'établit définitivement à Paris en 1838 ; son œuvre dramatique (*Marie Stuart*, 1830), qui évoque Shakespeare et Calderón, en fait le pionnier du théâtre polonais moderne.

Bessie Smith.

Sluter (Claus) 1345?-1406 Sculpteur hollandais. Créateur de l'école bourguignonne de sculpture de la fin du Moyen Âge, il travailla vraisemblablement en Belgique avant de venir à Dijon en 1385 pour participer à la décoration de la chartreuse de Champmol. Il y sculpta la *Vierge à l'Enfant* (sur le portail) et le *Puits de Moïse* (dans le cloître). À partir de 1389, il devint l'imagier du duc de Bourgogne, Philippe II le Hardi, dont il entreprit le tombeau en 1404. Ses œuvres, dont se dégagent une grande force monumentale et un sentiment dramatique intense, ont influencé la sculpture européenne de son époque.

smala n. f. (mot arabe) Ensemble des tentes du clan d'un chef arabe. / Fam. Famille, suite nombreuse. *Il est venu accompagné de toute sa smala.*

smaragdin, e adj. D'un vert émeraude.

smaragdite n. f. MINÉR. Silicate de calcium, de magnésium et de fer, de couleur verte.

smart adj. inv. (mot anglais) Vieilli Élégant, chic.

smash n. m. (mot anglais) SPORT Au tennis, au ping-pong, au volley-ball, coup violent rabattant au sol une balle haute.

smasher v. i. [1] Faire un smash. / (Emploi transitif) *Smasher un tir.*

Smetana (Bedrich) 1824-1884 Compositeur et pianiste tchèque. Né en Bohême, sa conscience patriotique et son désir de liberté s'éveillèrent au contact des musiques de compositeurs tels que Liszt, Chopin et Berlioz. Son œuvre abondante, qui doit beaucoup au passé musical de son pays, et son énergie militante participèrent à la naissance d'une musique et d'une vie musicale proprement tchèques. Il composa des opéras (*La Fiancée vendue*, 1866-1870), de la musique de chambre et des poèmes symphoniques (*Ma patrie*, 1874-1879, qui contient *La Moldau* et qui fut composée bien que le musicien fût devenu sourd).

SMIC ou **S.M.I.C.** n. m. (acronyme pour *Salaire Minimum Interprofessionnel de Croissance*) Salaire minimum garanti à tout travailleur aux termes de la loi.

Smirke (sir Robert) 1780-1867 Architecte britannique. Architecte officiel du ministère des Travaux publics, il édifia, dans la plus pure tradition du *greek revival* (renaissance hellénique), le British Museum, immense musée destiné à recevoir les sculptures enlevées au Parthénon et rapportées à Londres par lord Elgin.

Smith (Adam) 1723-1790 Économiste écossais. Professeur de littérature puis de philosophie à l'université de Glasgow, il séjourna trois années en Europe où fit la rencontre des physiocrates français. De retour en Écosse (1767), il se consacra à la rédaction de *Recherches sur la nature et les causes de la richesse des nations*, qui fut publié en 1776. Cet ouvrage majeur démontrait que le travail est la source de toute richesse et préconisait la liberté totale du commerce et de l'industrie. Considéré comme le fondateur de l'économie politique, Smith eut un impact considérable sur les théories économiques ultérieures ainsi que sur le développement du capitalisme au XIXe siècle.

Smith (Joseph) 1805-1844 Prédicateur américain, fondateur de la secte des mormons. Une « révélation », en 1828, lui fit découvrir que, selon un livre sacré, le *Livre de Mormon* (sans doute dû à un pasteur américain nommé Spaulding), les Amérindiens seraient une des tribus perdues d'Israël. En 1830, il fonda une communauté dans l'État de New York, l'installa en Ohio, puis dans le Missouri et l'Illinois. Il fut lynché.

Smith (Elisabeth, dite Bessie) 1894-1937 Chanteuse de jazz américaine. Surnommée l'« impératrice du blues », elle remporta un énorme succès dans les années 1920 et 1930 et fut accompagnée par les plus grands musiciens de jazz de son époque (notamment Louis Armstrong).

Smith (Eugene) 1918-1978 Photographe américain. Reporter, il travaille pour *Life* (1939-1941, puis 1942-1945); correspondant de guerre dans le Pacifique, il est grièvement blessé. Après la guerre, il réalise d'importants reportages (*Country Doctor* [*Le Médecin de campagne*]), puis entre à l'agence Magnum. Au Japon, où il vit depuis 1971, il fait, avec son épouse Aileen, un reportage, qui bouleversera le monde, sur Minamata, le port japonais dont les habitants ont été victimes d'une intoxication au mercure déversé en mer par une usine, intoxication qui (le mercure étant véhiculé par les poissons, base de l'alimentation de cette population de pêcheurs) détruisait les cellules du cerveau, causant la paralysie, puis la mort (maladie de Minamata).

Smith (Ian Douglas) 1919 Homme politique rhodésien. Entré en politique en 1948, il se montre opposé à l'égalité des droits entre Noirs et Blancs. Ayant créé un parti ségrégationniste, il devient Premier ministre (1964-1979) et en 1965 proclame l'indépendance de la Rhodésie sans l'accord des Britanniques. En 1970, il instaure une république mais ne peut obtenir la reconnaissance internationale et doit faire face à la guérilla. Il perd les élections législatives de 1979 et, tandis que la Rhodésie obtient enfin officiellement son indépendance, son parti commence à décliner.

Smithson (Peter et Alison) 1923 et 1928 Architectes britanniques. Peter et son épouse, Alison, ont conçu ensemble d'imposants édifices d'esprit « brutaliste », dépourvus de tout décor et répondant uniquement à une vocation d'utilité sociale.

SMM n. m. (Sigle de *Solar Maximum Mission*) Satellite américain d'observation du Soleil, que les scientifiques nomment parfois « Solar Max ».

smocks n. m. pl. (mot anglais) Fronces rebordées sur l'endroit.

smog n. m. (mot anglais) Mélange de brouillard et de pollution atmosphérique apparu au XIXe siècle avec l'essor industriel de la Grande-Bretagne.

Mario Soares.

smoking n. m. (mot anglais) Costume de soirée masculin à revers de soie et au pantalon portant sur chaque jambe une bande verticale en soie.

Smolensk *350 616 h.* Ville de Russie, sur le Dniepr, chef-lieu de la province du même nom, centre industriel.

Smuts (Jan Christiaan) 1870-1950 Général et homme politique sud-africain. Il combattit dans le camp des Boers (1899-1902) et participa à la création de l'Union sud-africaine dont il fut Premier ministre de 1919 à 1924 puis de 1939 à 1948. S'étant battu aux côtés de la Grande-Bretagne pendant les deux guerres mondiales, il fut nommé maréchal de l'Empire britannique en 1941. Battu aux élections par le docteur Malan, il entra dans l'opposition et combattit l'apartheid institué par son successeur.

Smyrne Voir **Izmir**

snack-bar ou **snack** n. m. (mot anglais) Café-restaurant où l'on sert rapidement des plats simples à toute heure. Pl. Des *snack-bars*. Des *snacks*.

Snake River (la) *1 450 km* Prenant sa source dans le parc national de Yellowstone, cette rivière du nord-ouest des États-Unis creuse de profonds canyons et se jette dans la Columbia.

S.N.C.F. (sigle de *Société Nationale des Chemins de fer Français*) Établissement public créé en 1937 (sous une forme juridique qui a évolué) pour gérer la totalité du réseau ferroviaire français, techniquement et commercialement. Depuis 1997, la compétence de la SNCF ne s'applique plus qu'aux moyens de transport, le réseau des voies ferrées nationales étant pris en charge par un établissement public à caractère industriel et commercial, nommé Réseau ferré de France.

Snell Van Royen (Willebrord) 1580?-1626 Mathématicien hollandais. Il découvrit la loi de réfraction de la lumière (formalisée peu après par Descartes) et, le premier, mesura un arc du méridien terrestre. Ses travaux portèrent sur le cercle, la trigonométrie et la géométrie sphérique, ce qui lui permit de préciser la notion de loxodromie.

Snijders ou **Snyders (Frans)** 1579-1657 Peintre hollandais. Travaillant essentiellement à Anvers, il exécuta néanmoins des commandes pour des souverains européens, dont le roi d'Espagne Philippe IV, et collabora avec Rubens. Il peignit surtout des scènes de chasse et des natures mortes.

snob n. et adj. (mot anglais) Personne qui simule les manières d'un milieu social plus distingué, plus à la mode que le sien. / adj. *Un jeune homme très snob.*

snober v. t. [1] Traiter (qqn) avec l'arrogance d'un snob. *Snober ses voisins.*

snobinard, e n. et adj. Fam., péjor. Snob.

snobisme n. m. État d'esprit de celui qui admire et copie ce qui est supposé être le plus distingué en matière de mode, de goût.

Snorri Sturluson 1178?-1241 Homme politique et écrivain islandais. Plusieurs fois président du Parlement, il joua un rôle politique important; écrivain, on lui attribue la collection de sagas des rois de Norvège (*Heimskringla*), l'*Edda* dite « en prose » et la *Saga d'Egill, fils de Grimr le Chauve*. Écrites dans une langue difficile et ignorée des lettrés d'Europe, ses œuvres sont longtemps demeurées dans l'ombre. Il a été assassiné sur ordre du roi de Norvège.

Snowdon *1 085 m* Point culminant du pays de Galles, en Grande-Bretagne.

Snyders voir **Snijders**

Soane (sir John) 1753-1837 Architecte et écrivain britannique. Il construisit la Banque d'Angleterre en style néoclassique (1788) puis tira des effets pittoresques de l'union d'éléments pompéiens et gothiques (galerie d'art de Dulwich, 1811-1818).

Soares (Mario) 1924 Homme d'État portugais. Militant communiste puis socialiste contre la dictature de Salazar, il s'exila en France de 1970 à 1974. Secrétaire général du parti socialiste, il donna à son parti la suprématie sur le parti communiste. Premier ministre (1976-1978 et 1983-1985), il fut élu président de la République en 1986 et réélu en 1991. Il a été remplacé en 1996 par Jorge Sampaio.

Sobek Dieu crocodile de l'Égypte ancienne. Adoré dans plusieurs villes et en particulier dans le temple qui lui est en partie dédié à Kom Ombo, il fut parfois assimilé au dieu Rê.

Sobrarbe Petit pays d'Espagne, en Aragon, où fut fondé, au IXe siècle, un petit comté chrétien. Le comté, devenu royaume, est le berceau du royaume d'Aragon.

sobre adj Litt. Qui se satisfait de peu. *Des gens sobres. Un animal sobre.* / Loc. *Sobre comme un chameau*, qui boit peu. / Qui consomme peu ou ne consomme pas d'alcool; où l'on consomme peu d'alcool, ou pas du tout d'alcool. *Il est très sobre. Une soirée très sobre, au lait et au jus d'orange.* / Discret, réservé. *Un style sobre. Sobre en paroles*: peu loquace.

sobrement adv. Avec sobriété.

sobriété n. f. Caractère de qui est sobre, de ce qui est sobre. / Fig. *Sobriété de langage, de style.*

sobriquet n. m. Surnom familier, généralement attribué par raillerie.

soc n. m. Partie métallique aiguisée de la charrue qui soulève la terre et la rabat pour former le sillon.

Sochaux *4 419 h.* Ville du Jura dans le Doubs, près de Montbéliard, siège social des usines automobiles Peugeot depuis 1912.

sociabilité n. f. Caractère d'une personne sociable.

sociable adj. Qui aime vivre avec ses semblables.

social, ale, aux adj. Propre à la société, relatif à la société, à la vie en société. *Chan-*

S

gements sociaux. Sciences sociales, qui ont pour objet d'étude les groupes humains, leur fonctionnement, leurs activités, leurs relations. *La sociologie, la psychologie sont des sciences sociales.* / Qui vit en société. *Insectes sociaux.* / Relatif aux modes et aux conditions de vie, de production, dans une société donnée. *Classes sociales. Crise sociale.* / Relatif au monde du travail, à ses relations, à ses modes de vie. *Conflits sociaux.* / Relatif à une société commerciale. *Capital social.*

social-chrétien (parti) Nom du parti démocrate-chrétien de Belgique fondé en 1945 pour succéder au Parti catholique et pour mettre en œuvre un programme de réformes sociales. Depuis 1968, il comprend deux branches : wallonne et flamande ; cette dernière (*Christelijke Volkspartij*) exerce généralement le pouvoir, à la tête d'une coalition. Il inspira la politique de nombreux gouvernements formés avec les libéraux en 1947, 1951, 1958 et en 1966.

social-démocrate, sociaux-démocrates adj. et n. POLIT. Partisan de la social-démocratie ; membre d'un parti social-démocrate. / HIST. *Parti social-démocrate allemand (S.P.D.)* : parti socialiste d'Allemagne fondé en 1875. (En 1914, le S.P.D. vota les crédits de guerre, ce qui provoqua la formation, en 1916, de la ligue Spartakus. Interdit par Hitler en 1933 ; en 1945, en R.F.A., il abandonna la référence au marxisme et gouverna le pays de 1969 à 1982. En R.D.A., le S.P.D. s'intégra au parti socialiste unifié, dont de nombreux membres adhérèrent au S.P.D. de R.F.A. en 1990. En 1998, Schröder, membre du S.P.D., est devenu chancelier de l'Allemagne). *Parti ouvrier social démocrate de Russie (P.O.S.D.R.)* : parti marxiste russe fondé en 1898, qui se scinda en 1903 ; la fraction alors majoritaire (bolcheviks) s'opposa aux mencheviks, puis devint le parti communiste en 1918.

social-démocratie n. f. Courant socialiste réformateur d'Allemagne et des pays scandinaves notamment.

sociale (guerre) 91-88 av. J.-C. Guerre qui eut pour origine la révolte des peuples italiens (dont les Samnites) contre la domination économique et politique de Rome. Malgré l'ouverture de deux fronts ennemis, Rome parvint à remporter la victoire militaire. Le Sénat accorda néanmoins aux peuples révoltés confédérés le droit de citoyenneté romaine, renforçant ainsi l'unité italienne autour de Rome.

socialement adv. Sur le plan social.

socialisation n. f. Appropriation des moyens de production et d'échange par la collectivité. / Processus par lequel l'enfant s'intègre à la société.

socialiser v. t. [1] Opérer la socialisation de. *Socialiser le secteur bancaire. Socialiser un enfant.* / v. pron. *Les enfants se socialisent facilement à la crèche et à la maternelle.*

• **socialisme** n. m. Doctrine politique, sociale et économique qui prône la disparition de la propriété privée des moyens de production et leur appropriation par la collectivité ; système qui a pour but l'application de cette doctrine. / Pour les marxistes, première étape sur la voie qui conduit à la société communiste, sans État et sans classes. / POLIT. Par opposition au communisme, ensemble des doctrines des partis de gauche non communistes. *Socialisme réformiste.*

socialiste adj. et n. Propre ou relatif au socialisme. / Partisan du socialisme ; membre d'un parti socialiste. *Le nom de « parti socialiste » était couramment donné à la S.F.I.O. (1905-1971) ; en 1971, celle-ci et divers groupements se réunirent, sous l'impulsion de F. Mitterrand, dans un nouveau parti socialiste (P.S.) au congrès d'Épinay.*

social-révolutionnaire (parti) (S.R.) Parti révolutionnaire russe, à base paysanne, fondé en 1900. Majoritaire dans les soviets de 1917, ce parti exerça le pouvoir de juillet à novembre (révolution d'Octobre) en la personne de Kerenski, renversé par les bolcheviks. Des « S.R. de gauche » acceptèrent le nouveau régime, mais ils furent éliminés en 1918.

sociétaire n. Membre d'une association ou d'une société. *Sociétaire de la Comédie-Française.*

société n. f. **I.** Vieilli ou litt. Fréquentation, compagnie. *Rechercher la société des gens cultivés.* / DR. Contrat par lequel deux ou plusieurs personnes décident de mettre leur activité ou leurs biens en commun pour en tirer un bénéfice. *Contrat de société.* **II.** Groupe d'hommes ou d'animaux réunis en une communauté organisée ; chacun de ces groupes considéré dans le temps ou dans l'espace. *La société féodale. La haute, la bonne société* : les personnes influentes, aisées. / Institution regroupant des personnes qui exercent une activité commune. *Société de chasse.* / Groupe de personnes qui se réunissent pour le plaisir du jeu ou de la conversation. *Briller en société.* / Personne morale et juridique issue d'un contrat de société. *Siège social d'une société.*

Société (îles de la) *1 680 km² 140 341 h.* Principal archipel de la Polynésie française. Ces îles volcaniques au climat chaud se divisent en deux groupes : *îles du Vent* (Tahiti, Moorea) et *îles Sous-le-Vent* (Bora Bora). L'archipel, découvert par Queirós puis par Wallis et Cook au XVIIIe siècle, est français depuis 1887.

Société de la protection artistique et des dessins et modèles Voir **SPADEM**

Société des Nations (SDN) Première organisation internationale à vocation universelle, instituée en 1919 par le traité de Versailles. Le président américain Wilson fut son principal promoteur, mais le congrès américain refusa que les États-Unis y adhèrent. Constituée par les États désirant

SOCIALISME

Dès l'Antiquité, Platon, dans sa *Cité idéale*, préconise l'abolition de la propriété privée. Tout au long de l'histoire, les injustices et les inégalités ont provoqué la révolte des esprits avancés et ont donné naissance à des doctrines diverses que l'on a qualifiées de *socialisme utopique* car elles proposaient des modèles de « société idéale » qui devait se substituer à la société existante, et qui tous étaient fondés sur une organisation de la société sur des bases égalitaires.

À Platon ont succédé notamment More, Campanella, Rousseau, Mably, Fichte, Saint-Simon et son école, Fourier, Louis Blanc, Proudhon... Fourier et surtout Proudhon, qui manifeste une grande méfiance à l'égard de l'État, sont à l'origine de la théorie marxiste du dépérissement de l'État et du courant anarchiste, qui a longtemps gêné le développement des partis socialistes, principalement en Russie et en Espagne. À ce *socialisme associationniste* s'oppose le *socialisme d'État* (Sismondi, Rodbertus, Lassalle) qui compte sur l'État à la fois pour protéger les travailleurs contre les injustices dont ils sont les victimes dans la société industrielle, et pour organiser et rationaliser la production et la distribution des richesses ; une variante de ce courant, le *socialisme de la chaire* (qui s'est manifesté en 1872 au congrès d'Eisenach) a partiellement inspiré la politique sociale de Bismarck (notamment la création d'un système d'assurances sociales au bénéfice des travailleurs).

Mais ce n'est qu'avec l'apparition du *socialisme scientifique* qu'une action socialiste effective pourra se développer. Rejetant l'idéalisme des socialistes utopiques, Karl Marx et Engels prétendent appuyer leurs conclusions sur des études économiques, historiques et philosophiques solides, qui leur permettent de créer une science, le matérialisme historique, et de dégager des lois, dont les plus importantes sont celles de la lutte des classes et de la plus-value.

La parution du *Manifeste du parti communiste* (1848) est suivie de la formation d'une Internationale, puis de partis nationaux dans les principaux pays d'Europe et des autres continents. Les méthodes préconisées pour remplacer l'État bourgeois par l'État ouvrier sont diverses ; les socialistes révolutionnaires comptent sur la violence pour s'emparer du pouvoir et établir la dictature du prolétariat ; les réformistes comptent, de leur côté, sur l'action parlementaire pour améliorer progressivement, par des réformes, la situation de la classe ouvrière qui, finalement, accédera au pouvoir par des moyens légaux.

Depuis la révolution d'Octobre 1917 en Russie, déclenchée par les bolcheviks, les partis socialistes et communistes se sont divisés ; les partis socialistes, respectueux des libertés démocratiques et des droits de la personne humaine, rejettent le « totalitarisme » que représente le communisme, partout où il a pris le pouvoir, d'abord en Russie, puis, après la Deuxième Guerre mondiale, dans les démocraties populaires associées à la Russie et en Chine ; toutefois, en Europe occidentale en particulier, nombre de partis communistes admettent que la prise du pouvoir par un parti ouvrier peut s'effectuer par la voie légale, sans recours à la violence.

Les partis qui se revendiquent du courant social-démocrate, appellation des partis socialistes dans

Thomas More, à gauche ; dans son Utopie, il présente un modèle de société idéale qui fait de lui un important représentant du socialisme utopique..

divers pays (Allemagne, Autriche), ont rejeté le marxisme et n'insistent plus sur l'appropriation collective des moyens de production, cependant que les pays scandinaves recourent à la fiscalité et à la législation sociale pour réaliser la justice sociale, qui reste l'objectif principal. Enfin, un type nouveau de socialisme, qui n'en a souvent que le nom et ne retient de l'expérience soviétique que l'existence d'un parti unique, est apparu dans le tiers-monde depuis 1945.

S

Socrate.

maintenir la paix et observer les prescriptions du droit international, elle siégeait à Genève. Elle comprenait les organes suivants : une assemblée qui réunissait annuellement les délégués de tous les États membres, un conseil avec des membres permanents et des membres élus, le secrétariat permanent, la cour de justice internationale, les bureaux internationaux. Les dissensions apparues entre les États membres de 1929 à 1939 sapèrent sa cohésion et la condamnèrent à l'impuissance politique. À la fin de la Seconde Guerre mondiale, elle transféra ses pouvoirs à l'Organisation des Nations unies et fut officiellement dissoute en 1947.

Société nationale des chemins de fer français Voir **S.N.C.F.**

Société protectrice des animaux Voir **S.P.A.**

Socin (Lelio Sozzini, ou **Socini,** en français) 1525-1562 Réformateur siennois protestant, dont la doctrine, le socinianisme, fut précisée et diffusée par son neveu, Fausto Socini (1539-1604).

socinianisme n. m. RELIG. Doctrine de Socin et de ses partisans, qui rejette les dogmes de la divinité de Jésus-Christ et de la Trinité.

socinien, enne adj. et n. Relatif au socinianisme ; tenant du socinianisme.

socioculturel, elle adj. Didac. Qui concerne à la fois une société ou un groupe social et la culture qui lui est propre.

sociologie n. f. Étude des sociétés humaines et des phénomènes sociaux.

sociologique adj. Relatif à la sociologie, aux phénomènes étudiés par la sociologie.

sociologiquement adv. Du point de vue de la sociologie.

sociologue n. Spécialiste de sociologie.

sociométrie n. f. Ensemble des méthodes d'évaluation quantitative des relations entre individus d'un même groupe.

socioprofessionnel, elle adj. Procédant d'une même profession, d'un même domaine professionnel. *Catégories socioprofessionnelles.*

socle n. m. Base sur laquelle repose une colonne, un édifice. / Piédestal pour une statue, un buste, une pendule, un vase. / GÉOGR. Ensemble de terrains anciens, granitiques ou schisteux, qui constitue le soubassement des continents. *Socle hercynien.*

Socotora ou **Socotra (île)** *3 626 km² 16 000 h.* Île de l'océan Indien, qui dépend du Yémen. Chef-lieu *Tamrida.* Elle est située au nord de la côte somalienne.

socque n. m. Chaussure basse qu'utilisaient dans l'Antiquité les acteurs comiques. / Fig. La comédie, par opposition à la tragédie (le *cothurne*). / Chaussure basse à semelle de bois.

socquette n. f. Chaussette basse.

Socrate 470 ?-399 av. J.-C. Philosophe grec. Corroyeur de son métier, il est avant tout le père de toute la philosophie occidentale conçue comme l'union indissoluble d'un discours rationnel et d'un mode de vie spécifique. Lui-même n'ayant rien écrit, il ne nous est connu qu'au travers des dialogues composés après sa mort par certains de ses disciples. Si la figure de Socrate se dégage avec une certaine cohérence de ces différents témoignages, c'est néanmoins le Socrate des dialogues « socratiques » de Platon qui s'est imposé à l'histoire de la pensée. Dans son *Apologie de Socrate,* Platon rapporte qu'interrogé sur l'identité de l'homme le plus sage du temps, l'oracle du temple d'Apollon à Delphes répondit qu'il n'y en avait pas de plus sage que Socrate d'Athènes. Mais cette sagesse ne consistait pas en une série de propositions à apprendre par cœur. Socrate, en effet, se savait ignorant. La sagesse ou le savoir qui lui était ainsi reconnu ne pouvait donc consister qu'en la conscience aiguë et constante de ne pas savoir ce que, précisément, il ignorait. Aussi est-ce ce « non-savoir » qu'il eut à cœur de transmettre à ses contemporains en leur faisant comprendre qu'au-delà des compétences particulières de chacun, l'essentiel restait à conquérir : la conscience de son état moral, ce qu'on appellera plus tard le souci de soi. Pour ce faire, Socrate se fit l'accoucheur des âmes. « L'accoucheur », parce que ce qu'il faut mettre au jour, c'est le désir inné du bien dont *tout* être humain est porteur par nature (« nul n'est méchant volontairement ») ; « des âmes », parce que c'est la vertu dont elles doivent se revêtir qui nous vaudra d'être appelés des « hommes ». S'il y a désir du bien, il y a donc en nous un savoir confus du bien conforme à la raison. En les questionnant sans relâche, c'est ce désir que Socrate voulait réveiller chez ses interlocuteurs, de façon qu'ils fassent de ce désir un savoir pratique appliqué à la conduite quotidienne de leur vie.

socratique adj. Propre ou relatif à Socrate.

soda n. m. Boisson gazeuse généralement aromatisée.

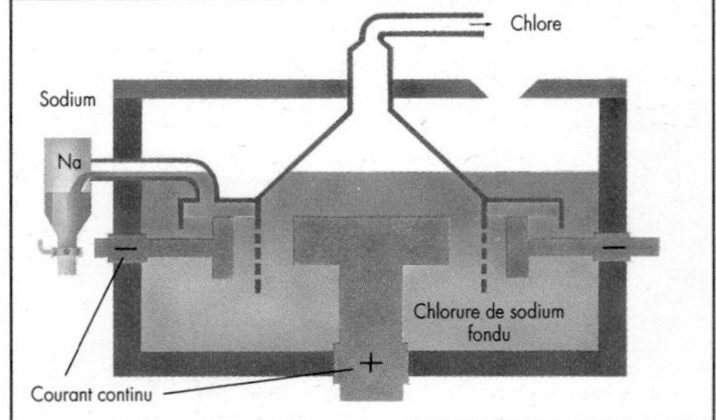

*Obtention du **sodium** et du chlore par électrolyse du chlorure de sodium.*

Soddy (Frederick) 1877-1956 Physicien anglais. Intrigué par la radioactivité émise par certains corps, il en étudie, avec E. Rutherford, les phénomènes. Leurs recherches les conduisent à énoncer dès 1902 la loi des filiations radioactives. Il postule en 1910 l'existence des isotopes, atomes de masses différentes mais de propriétés chimiques identiques. *Loi de Soddy-Rutherford* : loi qui permet de prévoir le changement des masses, donc des numéros atomiques, lors des transitions radioactives.

sodé, e adj. CHIM. Contenant de la soude ou du sodium.

sodium n. m. CHIM. Élément de numéro atomique Z = 11, de masse atomique 22,99, appartenant au groupe des métaux alcalins (symbole : Na). / Métal blanc, malléable et mou, de densité 0,97, fondant à 97,8 °C.

Sodoma (Giovanni Antonio Bazzi, dit **le)** 1477-1549 Peintre lombard. Influencé par Raphaël et Léonard de Vinci, qui peignit à Sienne, puis à Rome, de grandes compositions raffinées à sujets profanes (*Histoire d'Alexandre et de Roxane,* Rome, la Farnésine) ou religieux (*Extase de sainte Catherine,* Sienne, église San Domenico) souvent traités de manière à la fois délicate et théâtrale.

Sodome Ancienne ville de Palestine. Selon la Bible (Livre de la Genèse), elle fut, au temps d'Abraham, détruite par Dieu sous une pluie de soufre et de feu en même temps que Gomorrhe, à cause de la perversion (homosexualité) de ses habitants.

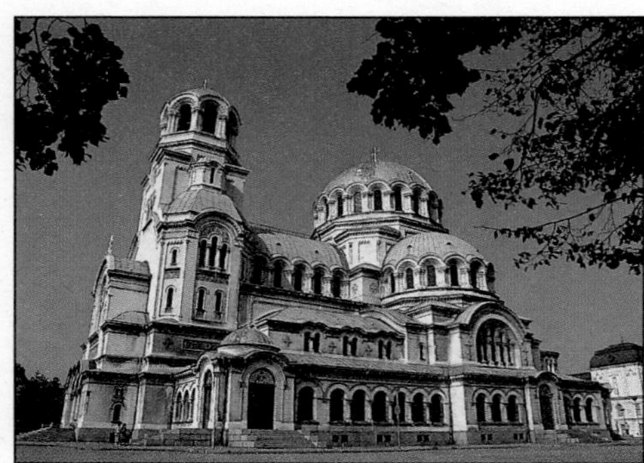
*L'église néo-byzantine Saint-Alexandre-Nevski, à **Sofia**.*

sodomie n. f. Coït anal.

sodomiser v. t. [1] Pratiquer la sodomie sur (qqn).

sodomite n. m. Celui qui pratique la sodomie. / Spécial., vieilli Homosexuel.

sœur n. f. Personne de sexe féminin née des mêmes parents qu'une autre personne, ou du même père (*sœur consanguine*) ou de la même mère (*sœur utérine*). *Sœur de lait* : celle qui a, a eu la même nourrice qu'une autre personne. / MYTH. *Les neuf Sœurs* : les Muses. / Personne de sexe féminin se trouvant dans la même situation qu'une autre. *Sœur de malheur.* / Terme d'affection s'appliquant à une personne qu'on aime comme une sœur. *Mon enfant, ma sœur* (Baudelaire). / Nom (et titre) des religieuses, dans certains ordres. *Sœur de Charité. Ma sœur.* / Chose (du genre féminin) ayant un rapport étroit avec une autre. *Trouver l'âme sœur,* la personne avec qui l'on était fait pour s'entendre.

sofa n. f. (mot arabe) Lit de repos à trois dossiers servant aussi de siège. / Anc. En Orient, estrade garnie d'un tapis et de coussins.

Sofia *1 113 674 h.* Capitale de la Bulgarie dominée par le mont Vitosa (*2 290 m*), située sur la voie Belgrade-Istanbul, principal centre culturel et économique du pays (textiles, constructions mécaniques). Antique *Serdica,* capitale de la Dacie romaine, la ville conserve de nombreux souvenirs de la domination turque à partir de 1396 (mosquées). Devenue la capitale de la Bulgarie indépendante (1879), ce n'était encore qu'une petite ville (*20 000 h.*). Elle s'est surtout développée à partir de 1945.

software n. m. (mot anglo-américain) INFORM. Logiciel (par opposition à *hardware*).

Sogdiane (la) Ancien nom d'une région d'Asie centrale qui correspond à la Transoxiane de l'Antiquité et à l'Ouzbékistan actuel et dont la capitale était Samarkand. Conquise par les Perses puis par Alexandre le Grand, elle fut ensuite soumise aux différents empires qui dominèrent la région, les Séleucides, les Parthes, les Arabes puis les Turcs.

Soho Quartier animé et cosmopolite du centre de Londres.

Sohrawardi (Shihaboddin Yahya) 1155-1191 Philosophe et mystique musulman né en Iran, mis à mort à Alep après sa condamnation pour hérésie par les docteurs de la Loi. Il fait la synthèse entre deux courants, l'un religieux, l'autre philosophique, le mazdéisme de l'ancienne Perse et la philosophie néoplatonicienne arabe qu'il

Feuilles de mûrier et vers à ***soie*** *(bombyx).*

La tomate, plante de la famille des ***solanacées****.*

fond dans la doctrine de l'illumination de l'âme se libérant des ténèbres de la matière. Selon lui, depuis toujours se transmet dans le monde un dépôt de sagesse dont les représentants sont aussi bien les grands philosophes (Platon, Aristote) que les prophètes des religions du Livre, les uns comme les autres puisant la vérité à la même source lumineuse. Il n'est connu en Occident que depuis la fin du XXe siècle, alors qu'il a été lu et commenté par les musulmans jusqu'au XVIIIe siècle et a même exercé une certaine influence sur la pensée juive au XIVe siècle.

soi [1] pron. pers. m. et f. de la troisième personne (Renvoyant à un sujet déterminé) Vieilli ou litt. Lui, elle, eux, elles. *L'esprit de commerce entraîne avec soi celui de frugalité* (Montesquieu). / (Renvoyant à un sujet indéterminé). *On a souvent besoin d'un plus petit que soi* (La Fontaine). *Rentrer chez soi*, à son domicile. *Avoir de l'argent, des cartes... sur soi*: avoir de l'argent, des cartes... sur sa personne, dans ses vêtements, dans son sac. / *Soi-même*: forme renforcée de *soi. Pour soi-même. En soi-même. Rester soi-même.*

soi [2] n. m. inv. PSYCHAN. Syn. de *ça* pour ceux qui préfèrent traduire l'allemand *{das} Es* par *le soi* et non par *le ça*.

soi-disant adj. inv. et loc. adv. Qui s'affirme en tant que. *De soi-disant spécialistes.* / (Emploi critiqué) Prétendu. / loc. adv. Prétendument. *Il a refusé de comparaître, soi-disant pour raisons médicales.*

soie n. f. **I.** Fibre protéique fine et résistante, sécrétée par certains insectes et arthropodes. *La soie d'une toile d'araignée. La soie d'un cocon de papillon.* / Cour. Fibre textile obtenue à partir du cocon du bombyx du mûrier (*ver à soie*); étoffe faite de cette fibre. *Soie naturelle.* / *Papier de soie*, très fin et translucide. **II.** Long poil raide de certains mammifères (spécial. du porc), de certains invertébrés. *Soie de sanglier. Les soies d'une annélide polychète.* **III.** Partie de la lame d'une arme blanche encastrée dans le manche.

Soie (route de la) Réseau de pistes parcourues par les caravanes qui ont fait, de l'Antiquité à la fin du Moyen Âge, la liaison entre Orient et Occident. La route partait de l'ancienne Palestine (Antioche, Tyr, Sidon) et s'étirait jusqu'à Bactres, où elle se divisait en deux branches, l'une conduisant vers l'Inde par Peshawar, l'autre vers la Chine par Kachgar. Elle se divisait de nouveau, une des pistes passant par les oasis du désert de Gobi, au nord, l'autre par celles du désert de Taklamakan, au sud, pour atteindre Dunhuang. La route n'acheminait pas seulement des marchandises (or, pierres précieuses, soie, épices, ivoire), elle contribua également à la diffusion de l'hellénisme en Asie centrale, du christianisme en Asie occidentale et orientale et du bouddhisme en Chine.

soierie n. f. Étoffe de soie. / Industrie, commerce de la soie.

soif n. f. Sensation provoquée par le besoin de boire. *Étancher sa soif.* / Fig. Désir avide. *Soif de connaissances.*

soiffard, e adj. et n. Fam. Qui a toujours soif; qui a toujours soif d'alcool.

soignant, e adj. et n. Dont le métier est de donner des soins aux malades, dans un établissement hospitalier. *Le personnel soignant.* / n. *Les soignants*: l'ensemble du personnel soignant.

soigner v. t. / v. pron. [1] **A.** v. t. Apporter du soin, de l'attention à; traiter avec des égards particuliers. *Soigner sa mise, son travail. Soigner ses clients, ses invités.* / Donner les soins nécessaires à la guérison de. *Soigner un blessé. Soigner une plaie, une maladie.* **B.** v. pron. S'occuper de soi, de son bien-être. / Faire le nécessaire pour guérir. / Pouvoir être guéri.

soigneur n. m. SPORT Personne qui prodigue des soins corporels à un sportif.

soigneusement adv. Avec soin.

soigneux, euse adj. Qui soigne ce qu'il fait, ce qu'il a, ce qu'il est. *Écolier soigneux. Être soigneux de sa personne.* / Fait avec soin. *Travail soigneux.*

soin n. m. Application portée à l'exécution d'un ouvrage. *Devoir fait avec soin. Avoir, prendre soin de*: veiller à, sur. / Responsabilité de l'entretien ou de la surveillance d'une chose. *Confier à quelqu'un le soin d'une affaire.* / (Au plur.) Actes, gestes par lesquels on veille au bien-être d'une personne, d'un animal ou d'une plante. *Donner les premiers soins. Être aux petits soins*: être plein de sollicitude.

soir n. m. (Par oppos. à *matin*) Fin de la journée. *Repas du soir.* / Litt., fig. *Le soir de la vie*: la vieillesse.

soirée n. f. Soir. *La soirée a été fraîche.* / Moment compris entre la fin du jour et l'heure où l'on s'endort. *Passer ses soirées à lire.* / Réception mondaine ou simplement amicale. / Représentation théâtrale, spectacle donné le soir.

Soissons *29 829 h.* Chef-lieu d'arrondissement de l'Aisne, sur l'Aisne. Marché agricole et petit centre industriel, cette ville carrefour possède de beaux édifices gothiques: cathédrale, monastère Saint-Jean-des-Vignes. En 486, Clovis y battit le général romain Syagrius. Grégoire de Tours raconte l'épisode du *vase de Soissons*: un soldat préféra briser le vase qu'il avait reçu en partage plutôt que de le donner à Clovis qui le réclamait. Plus tard, Clovis fendit la tête du soldat en disant: « Ainsi as-tu fait au vase de Soissons ».

soit conj. et adv. **A.** conj. C'est-à-dire. *Dix liasses de billets de cent francs, soit mille francs.* / En admettant l'existence de, en prenant pour hypothèse. *Soit un cercle de cinq centimètres de rayon...* / *Soit... soit; soit que... soit que...* (pour marquer une alternative) *Soit il est stupide, soit il a des informations que nous n'avons pas. Soit qu'il ait trouvé un autre client, soit qu'il ne soit pas en mesure de traiter, il ne donne plus signe de vie.* **B.** adv. d'affirmation, marquant une concession. Bon; entendu; après tout, pourquoi pas? *Vous désirez annuler votre commande? Soit, mais il est juste temps.*

soixantaine n. f. Soixante unités, environ soixante unités. *Une soixantaine de personnes.* / *Avoir la soixantaine*, l'âge de soixante ans.

soixante adj. num. et n. m. inv. Six fois dix. / Soixantième. *Paragraphe soixante.* / n. m. Nombre qui indique qu'il s'agit de six dizaines. / Les deux chiffres (6 et 0) qui représentent le nombre soixante.

soixante-dix adj. num. et n. m. inv. Sept fois dix. / Soixante-dixième. *Numéro soixante-dix.* / Nombre qui indique qu'il s'agit de sept dizaines. / Les deux chiffres (7 et 0) qui représentent le nombre soixante-dix.

soixante-dixième adj. num. ord. et n. Qui occupe le rang désigné par le nombre soixante-dix. / n. *Le soixante-dixième de la liste d'attente.* / n. m. Chacune des parties d'un ensemble divisé en soixante-dix éléments égaux.

soixantième adj. num. ord. et n. Qui occupe le rang désigné par le nombre soixante. *Il est soixantième sur deux cents.* / n. *Le, la soixantième.* / n. m. Chacune des parties d'un ensemble divisé en soixante éléments égaux.

soja ou **soya** n. m. (mot mandchou) Plante de la sous-famille des papilionacées originaire d'Extrême-Orient, cultivée pour ses graines qui fournissent une huile alimentaire et une farine, ou pour ses pousses. *Germes, lait, sauce, gâteau de soja.*

Sojourner (mot anglais, « voyageur de passage ») Petit robot d'exploration de la planète Mars qui a retransmis des milliers d'images du sol martien entre le 6 juillet et le 27 septembre 1997.

Sokoto *190 100 h.* Ville du nord-ouest du Nigeria, capitale de l'État du même nom, marché agricole. Vers 1805, Ousman Dan Fodio forma le royaume du Sokoto, pris sur les Haoussas, qu'il partagea, en 1812, entre son père et son fils.

sol [1] n. m. inv. Cinquième note de la gamme d'*ut*.

sol [2] n. m. Surface de l'écorce terrestre sur laquelle l'homme se tient. *L'avion quitte le sol.* / Surface, étendue de terre cultivée. *Sol fertile.* / Terrain aménagé, construit. *Plan d'occupation des sols*: document d'urbanisme fixant les conditions d'utilisation des sols d'une commune. / Territoire, pays. *Sol natal. Droit du sol* (opposé au droit du sang), qui permet à un enfant de parents étrangers de posséder la nationalité du pays où il est né. / Plancher d'une habitation. *Produit d'entretien des sols.* / GÉOL. Couche terrestre superficielle, produit de l'altération de la roche par les agents physiques, chimiques et biologiques. *Sols calcaires, argileux.*

• **solaire** adj. Propre ou relatif au soleil. *Énergie solaire. Lumière solaire. Système solaire. Jour solaire, heure solaire*: voir *jour, heure.* / Qui utilise la lumière issue du Soleil. *Cadran solaire.* / Qui utilise l'énergie solaire. *Four solaire.* / Destiné à protéger de la lumière du soleil. *Baume solaire.* / ANAT. *Plexus solaire*: voir *plexus*.

solanacées n. f. pl. BOT. Famille de plantes dicotylédones gamopétales, herbacées ou arbustives, généralement riches en alcaloïdes, dont diverses espèces sont alimentaires. *La tomate, l'aubergine, la pomme de terre, le pétunia, le tabac, la belladone sont des solanacées.*

solarisation n. f. PHOTO. Exposition à la lumière d'une surface sensible en cours de développement; effet produit par cette opération.

solarium n. m. Établissement où l'on pratique l'héliothérapie. / Endroit aménagé pour les bains de soleil.

Soldat *de l'US Army.*

soldat n. m. Homme ou femme qui sert dans une armée, en temps de guerre ou de paix; militaire. / Spécial. Homme de troupe; militaire non gradé (dans l'armée de terre et dans l'aviation). *Simple soldat. Le Soldat inconnu*: combattant de la guerre de 1914-1918, choisi parmi les victimes non identifiées, inhumé sous l'Arc de triomphe à Paris. / Fig. Défenseur passionné d'une cause. / ZOOL. Caste d'insectes hyménoptères sociaux (termites, fourmis), à mandibules développées, chargés de la défense de la communauté contre les agresseurs.

soldatesque adj. et n. f. Vx Propre au soldat. / n. f. Péjor. Groupe de soldats. *Une ville livrée à la soldatesque.*

solde [1] n. f. Rémunération des militaires et de certains fonctionnaires. / Fig. *Être à la solde de qqn*: être payé par qqn pour servir ses intérêts.

S

Solaire (Système)

Le système solaire est la région de la Galaxie, distante d'environ 30 000 années/lumière (A.L.) du centre galactique et située entre les bras spiraux du Sagitaire-Carène et le bras externe de Persée. Le système solaire représente un ensemble d'objets célestes formé d'une étoile, le Soleil, autour de laquelle gravitent essentiellement 9 planètes et leurs satellites, d'une ceinture d'astéroïdes orbitant entre les planètes Mars et Jupiter, et, gravitant, au-delà des orbites de Neptune et de Pluton, à environ 30 U.A du Soleil, de la ceinture de Kuiper formée de petits corps célestes gravitant au-delà des orbites de Neptune et de Pluton, et, enfin, d'un gigantesque réservoir de comètes nommé « nuage de Oort », situé aux confins du système solaire à plus ou moins 40 000 U.A. du Soleil. Le système solaire s'est formé, il y a 4,6 milliards d'années, à partir d'un nuage de gaz et de poussières interstellaires. Dans ce nuage primitif, les éléments légers se sont séparés des éléments les plus lourds sous l'action des forces thermonucléaires.

La nébuleuse protoplanétaire ainsi constituée, les planètes se sont alors formées par effondrement gravitationnel et par accrétion progressive de leurs composants. L'âge de la formation des planètes a été déterminé par l'analyse comparative des météorites, des roches lunaires et des poussières du milieu interplanétaire. Les premières conceptions argumentées sur la formation du système solaire datent du début du XVIIe siècle. À cette époque, les travaux de Kepler et Galilée confirment le modèle héliocentrique de Copernic. En 1644, Descartes imagine un scénario de formation en partant d'une « nature primordiale » fluide et tournant sur elle-même. Cette rotation engendrerait un tourbillon central qui rassemblerait, au centre, la majeure partie de la matière constituant le Soleil. D'autres tourbillons, de moindre importance, devaient concentrer la matière dont seraient issus les autres composants du système solaire. Cette conception, bien qu'aujourd'hui dépassée, contient l'un des éléments essentiels des hypothèses actuelles : la formation des planètes est liée à celle du Soleil. Plus tard, Kant suppose qu'un nuage aplati, en rotation autour de son centre, serait à l'origine de la formation du Soleil. Les planètes auraient été créées par condensation de matière dans le disque, le concept de disque en rotation est introduit dans les théories modernes de la naissance du système solaire. Laplace, en 1796, dans son *Exposition du système du monde*, avance l'hypothèse d'un mécanisme de différenciation de la nébuleuse : l'accrétion du disque augmenterait sa vitesse de rotation jusqu'à ce que la force centrifuge le fragmente en plusieurs anneaux bien individualisés, lesquels engendreraient les planètes. Mais cette théorie, intéressante, soulevait trop de problèmes et fut rejetée. Actuellement, on pense que la formation du système solaire a commencé par l'effondrement d'un nuage interstellaire, plus froid et plus dense, dans lequel se sont formées les molécules d'hydrogène et d'oxyde de carbone. La formation du système solaire se serait poursuivie par la structuration d'un disque de poussières en rotation sur lui-même, au cœur duquel se serait formée son étoile.

Le système solaire (© FABIEN FAUVEL).

solde [2] n. m. Différence entre le débit et le crédit d'un compte. *Solde débiteur, créditeur. Pour solde de tout compte*: en règlement de ce qui reste à payer pour clore un compte. / COMM. Ensemble de marchandises invendues ou défraîchies que l'on vend au rabais ; (au plur.) ces marchandises. *Les soldes d'hiver.*

solder v. t. [1] Arrêter (un compte) ; payer le reliquat de (une dette). / Vendre en solde. / v. pron. *Se solder par*: avoir pour résultat final. *Efforts qui se soldent par un échec.*

soldeur, euse n. Personne dont le métier est de vendre des articles en solde.

sole [1] n. f. Surface plantaire cornée du sabot des équidés. / Partie d'un four où sont placés les produits à cuire. / CONSTR. Pièce de bois posée à plat servant d'appui. / AGRIC. Chaque parcelle d'un terrain où l'on pratique l'assolement.

sole [2] n. f. ZOOL. Poisson pleuronecte, plat et ovale, dont la chair est très estimée. *Filets de sole.*

solécisme n. m. Faute de syntaxe.

• **soleil** n. m. *Le Soleil*: l'astre qui donne lumière et chaleur à la Terre. / *Un soleil*: un astre qui rayonne de sa propre lumière, au centre d'un système. / Aspect du Soleil vu de la Terre. *Un coucher de soleil.* / Chaleur, lumière, rayonnement du Soleil. *Le soleil est nécessaire aux plantes. Coup de soleil*: brûlure, insolation dues à une exposition au soleil. / Temps ensoleillé. *Un beau soleil de juin.* / Fig. Symbole de la puissance, de l'éclat. *Le Roi-Soleil*: Louis XIV. / BOT. Tournesol. / En gymnastique, tour complet autour d'une barre fixe, corps et bras tendus.

solen n. m. (mot latin, « étui ») ZOOL. Mollusque lamellibranche à coquille allongée, vivant enfoui verticalement dans le sable, appelé communément *couteau*.

solennel, elle adj. Célébré par des cérémonies. *Jour solennel.* / Fait avec un cérémonial qui en exprime l'importance. *Audience solennelle. Faire une entrée solennelle.* / Fait de manière cérémonieuse pour en exprimer la gravité. *Ton solennel.*

solennellement adv. Avec solennité.

solenniser v. t. [1] Rendre solennel.

solennité n. f. Caractère de ce qui est solennel. / Fête célébrée avec cérémonie. *Les solennités célébrant le millénaire.*

solénodonte n. m. ZOOL. Mammifère de l'ordre des insectivores, vivant dans les Antilles, d'une soixantaine de centimètres de longueur, au museau allongé. *Les solénodontes ont une salive venimeuse, qu'ils peuvent injecter grâce à leurs incisives.*

solénoglyphe adj. et n. m. ZOOL. Se dit des serpents dont les crochets, articulés sur le maxillaire supérieur, possèdent un canal d'inoculation du venin. / n. m. *Les vipères sont des solénoglyphes.*

solénoïde n. m. ÉLECTR. Conducteur enroulé en spires hélicoïdales autour d'un support isolant de forme cylindrique, rectiligne ou en anneau (tore), dont la longueur est plus grande que le rayon de la section.

soleret n. m. Anc. Partie de l'armure protégeant le pied.

Solesmes *1 277 h.* Commune de la Sarthe, près de la Sarthe, où se trouve une célèbre abbaye bénédictine fondée au XIe siècle. L'ancien prieuré a été reconstruit au XVe siècle et a connu une période de splendeur. L'église du XIIIe siècle est décorée par les sculptures de Michel Colombe. Érigé en abbaye mère de la congrégation française des bénédictins par Grégoire XVI en 1837, Solesmes est un foyer de plain-chant grégorien.

Soleure (canton de) *791 km² 239 264 h.* Canton du nord-ouest de la Suisse, enclavé dans les cantons de Berne, de Bâle et d'Argovie. Il vit de l'élevage bovin et a connu une puissante industrialisation (l'horlogerie et la papeterie étant anciennes). Le canton entra dans la Confédération suisse en 1481.

Soleure *15 800 h.* Ville de Suisse, chef-lieu du canton du même nom. Ville libre en 1218, Soleure a conservé de son passé de beaux édifices civils, militaires ou religieux (XIIIe au XVIIIe siècle) et beaucoup de maisons anciennes.

solfatare n. f. Terrain volcanique d'où émanent des vapeurs gazeuses riches en soufre.

solfège n. m. Étude de la notation musicale et de la correspondance auditive entre les sons et les signes musicaux. / Recueil gradué de leçons de musique.

Solferino *1 800 h.* Village italien, en Lombardie, près duquel l'armée franco-piémontaise remporta la victoire sur l'Autriche, le 24 juin 1859. L'usage des armes modernes rendit cette bataille si sanglante que Napoléon III renonça à la guerre et que H. Dunant conçut le projet de fonder la Croix-Rouge (en 1863).

solfier v. t. [1] Chanter (une mélodie, une gamme) en nommant les notes.

solidage n. f. ou **solidago** n. m. BOT. Plante herbacée de la famille des composées, à longue tige dressée, portant des capitules de fleurs jaunes disposés en grappe. Syn. verge d'or.

solidaire adj. (En parlant de personnes) Lié à qqn d'autre, par des intérêts communs, une dépendance mutuelle. *Les agriculteurs se déclarent solidaires des consommateurs.* / (En parlant de choses) Lié à un autre organe, à un organisme en tant qu'élément. *Le bras est solidaire de l'épaule. La tête est solidaire du corps.* / DR. Qui engage la responsabilité totale de chacun pour un engagement commun. *Dette solidaire.*

solidairement adv. DR. De façon solidaire. *Solidairement responsable.*

solidariser v. t. / v. pron. [1] Rendre solidaire. / v. pron. Se déclarer solidaire de qqn ; se déclarer mutuellement solidaires.

Soleil

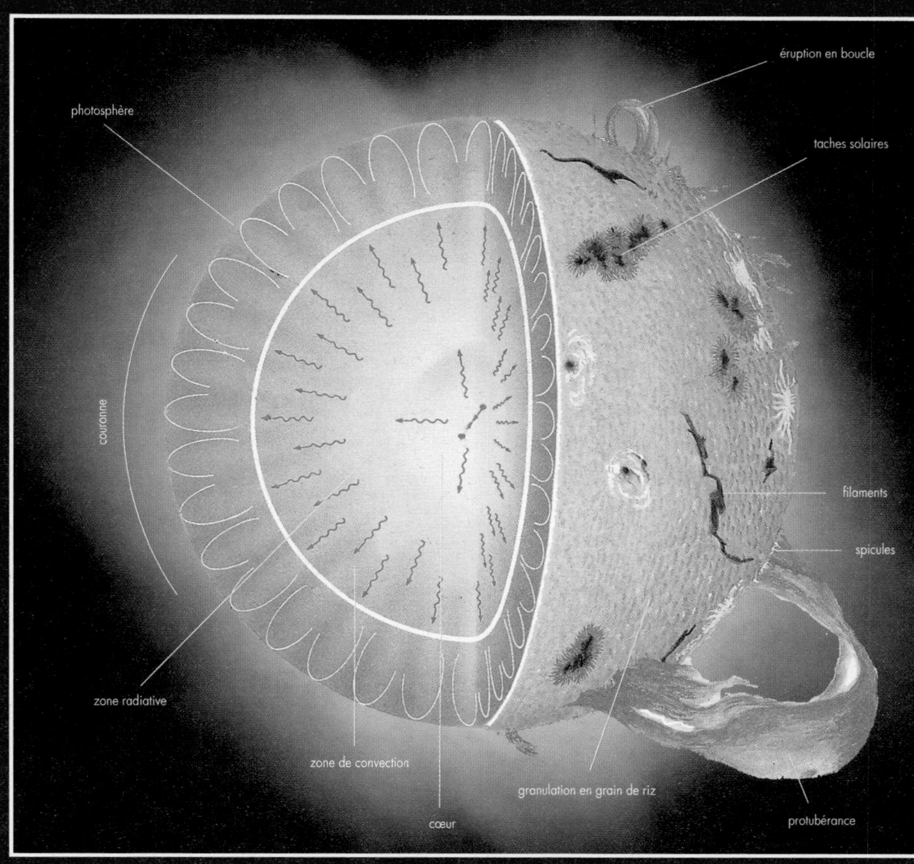

Représentation schématique de la structure interne du Soleil.

Le Soleil est une des 100 milliards d'étoiles qui peuplent la Galaxie. Du point de vue de sa classification, de ses propriétés chimiques et physiques, de la position qu'il occupe par rapport au centre galactique, le Soleil est une étoile sans grandes particularités. Tout ce que nous observons du Soleil se limite à ses couches externes. Sa luminosité, son rayonnement, ses soubresauts sont le produit de son activité interne, engendrée par les réactions de la fusion nucléaire responsable de la transformation des noyaux d'hydrogène en noyaux d'hélium.

Galilée a été le premier à observer les taches solaires, mais c'est H. Schwabe, en 1851, qui mit en évidence le cycle de leur apparition selon une période de 11 ans. En début de cycle, les taches sont réparties de part et d'autre de l'équateur solaire, vers une latitude de 50°, puis, à mesure que leur nombre se multiplie, elles migrent en direction de l'équateur. Quand l'activité solaire est à son maximum, on peut observer plus d'une centaine de taches. À l'inverse, lors de la période minimale, leur nombre n'est plus que d'une dizaine.

Les taches solaires ne représentent qu'une partie de l'activité du Soleil ; quand celle-ci se manifeste, son maximum se situe dans les jours qui précèdent sa détection depuis la Terre et elle est caractérisée par une suite d'éclairs, brefs, que l'on nomme éruptions et qui interviennent dans la chromosphère. Dans la couronne, des protubérances formées de gaz se condensent, et certaines explosent, soufflant leur gaz incandescent à très haute température (plusieurs millions de degrés) dans l'espace interplanétaire. Quand une éruption de très forte puissance survient dans la couronne, elle engendre une onde de choc. Dans les jours qui suivent l'éruption, l'onde se heurte à la magnétosphère terrestre, en libérant de l'énergie dans les régions polaires de la haute atmosphère qui sont ionisées ; les aurores boréales sont une des manifestations visibles de ce phénomène.

Le potentiel électrique ainsi dégagé atteint des valeurs élevées, entraînant des perturbations dans les circuits électriques de haute tension.

Soliman II le Magnifique *au cours de la bataille de Mohàcs (1526) ; bibliothèque du palais Topkapi d'Istanbul.*

solidarité n. f. Relation entre personnes solidaires. / Interdépendance de deux choses. / DR. Caractère d'une obligation solidaire.

Solidarnosc (en français, *Solidarité*) Syndicat polonais indépendant dont l'existence a été reconnue en 1980 et qui a constitué la force principale du changement de régime en Pologne.

solide adj. et n. m. **A.** adj. D'une consistance ferme, ni liquide, ni fluide. *L'eau devient solide quand la température atteint et dépasse 0 °C.* / PHYS. Qualifie un des états de la matière, par opposition à liquide et gazeux, dans lequel la matière, sans intervention extérieure, garde une forme constante. / Capable de résister à la pression, aux chocs ; stable. *Solide comme un roc. Un appui solide. Solide sur ses bases.* / (En parlant de personnes) Robuste, vigoureux. *C'est un solide gaillard.* / Fig. Sur quoi, sur qui l'on peut compter. *Une solide amitié. C'est un homme solide.* / Fig. fam. Grand. *Un solide appétit.* **B.** n. m. PHYS. *Un solide* : un corps solide. *Physique des solides.* / MATH. Figure à trois dimensions occupant une portion précise de l'espace, déterminée par des surfaces planes ou courbes. *Le cube est un solide.*

solidement adv. Avec solidité.

solidifier v. t. [1] Faire passer à l'état solide. / v. pron. Devenir solide. *Lave qui se solidifie.* Au fig. Rendre plus solide, plus sûr, plus ferme. *Caractère qui se solidifie.*

solidité n. f. Caractère de ce qui est solide. *Solidité d'une construction.* / Fig. *Solidité d'un engagement.*

soliflore n. m. Petit vase destiné à ne recevoir qu'une seule fleur.

soliloque n. m. Discours qu'une personne se tient à elle-même ; monologue.

soliloquer v. i. [1] Monologuer.

Soliman II le Magnifique ou **le Législateur** 1494-1566 Sultan ottoman. Il succéda sans difficultés à son père Selim Ier en 1520. Après avoir réprimé des révoltes en Syrie (1521) et en Égypte (1524), il envahit la Hongrie (1526) et assiégea Vienne (1529) sans toutefois pouvoir s'en emparer. À l'est, il conquit une partie de la Perse (prenant Bagdad en 1534) et le Yémen (1538). Allié de François Ier, il mit sa flotte au service de la France contre Charles Quint afin de contenir la puissance de celui-ci en Europe centrale. À l'intérieur de l'empire, Soliman fut un administrateur habile qui améliora l'organisation de ses provinces. Tolérant envers les étrangers, les chrétiens et les juifs (il octroya des capitulations à la France en 1536), son règne coïncide avec l'une des périodes les plus brillantes de la vie artistique et littéraire de l'Empire ottoman à son apogée.

solin n. m. CONSTR. Garnissage qui comble un espace vide, couvre un joint.

solipède adj. et n. m. ZOOL. Se dit d'un mammifère ongulé dont les membres ne présentent qu'un seul doigt, terminé par un sabot. / n. m. *Le cheval est un solipède.*

solipsisme n. m. PHILO. Conception selon laquelle seul existe le moi individuel, le monde extérieur et autrui n'ayant aucune réalité objective puisqu'ils sont des images relatives à chaque sujet.

soliste n. et adj. Musicien, chanteur jouant ou chantant en solo. / (Emploi adj.) *Chanteur soliste.*

solitaire adj. et n. **A.** adj. Seul, qui se fait seul. *Promeneur solitaire. Plaisir solitaire* : masturbation. / Qui vit seul, ne vit pas en société. *Un moine solitaire. Un loup solitaire. Guêpes solitaires et guêpes sociales. Ver solitaire* : voir *ténia.* / Isolé, loin de tout. *Un manoir solitaire.* **B.** n. Ermite ; personne qui vit dans la solitude. *Les solitaires de Port-Royal. Course, traversée en solitaire*, où le concurrent est seul dans son embarcation. / n. m. Diamant monté seul. / n. m. Vieux sanglier ayant quitté la compagnie. / n. m. Jeu de combinaisons auquel on peut jouer seul.

solitude n. f. Situation d'une personne qui vit seule ; isolement moral. / Caractère d'un lieu désert ou peu fréquenté.

solive n. f. CONSTR. Pièce de charpente qui supporte un plancher et s'appuie sur les poutres ou sur les murs porteurs.

soliveau n. m. Petite solive.

Soljenitsyne (Alexandre Issaïevitch) 1918 Écrivain russe. Après avoir combattu dans l'armée soviétique pendant la Seconde Guerre mondiale, il est arrêté et emprisonné pour avoir critiqué Staline (1945). Réhabilité en 1957, il commence à publier ses œuvres dont *Une journée d'Ivan Denissovitch* (1962), une nouvelle décrivant un camp du Goulag. Après 1964, ses romans (*Le Premier Cercle*, 1955-1958, publié en 1968 ; *Le Pavillon des cancéreux*, 1963-1966, publié en 1968) sont interdits en Union soviétique mais paraissent à l'étranger : ils dénoncent le stalinisme dans un style classique d'une monumentale ampleur. Déchu de la citoyenneté soviétique après la parution de *L'Archipel du Goulag* (1973) et expulsé (1974), Soljenitsyne s'installe à Zurich, puis aux États-Unis ; il ne reviendra en Russie qu'en 1994. *Août 14* (1971) est le premier tome d'une grande fresque à laquelle l'écrivain travaille depuis 1936, *La Roue rouge*, qui se poursuit avec *Novembre 16*, *Mars 17*. Depuis son retour des États-Unis, il manifeste sa méfiance envers la politique de son pays et prône un retour aux valeurs traditionnelles de la Russie.

sollicitation n. f. Action de solliciter.

solliciter v. t. [1] Chercher à obtenir ; demander (qqch.) avec déférence ou empressement. *Solliciter un appui, des conseils.* / Faire appel à (qqn) pour obtenir qqch. / Éveiller, stimuler. *Solliciter l'attention.* / Agir sur (un appareil, un organe, une fonction) pour provoquer son action ou sa réaction. *Solliciter les freins. Solliciter ses muscles.*

solliciteur, euse n. Personne qui sollicite qqch.

sollicitude n. f. Intérêt bienveillant (à l'égard de qqch., de qqn) ; manifestation de cet intérêt.

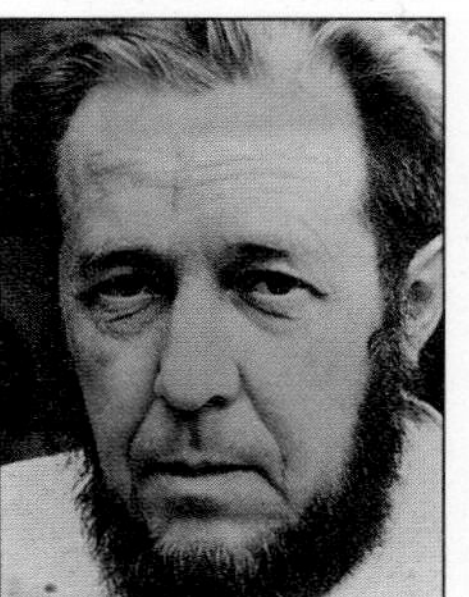

Alexandre Soljenitsyne.

solo n. m. (mot italien) MUS. Œuvre ou fragment d'œuvre musicale, vocale ou instrumentale, qu'un artiste exécute seul. *Un solo de batterie.* (En apposition) *Violon solo.* Pl. Des *solos* ou des *soli.*

Sologne (la) Région située au sud du Bassin parisien, dans la boucle de la Loire. Son sol médiocre est sableux à l'est et argileux à l'ouest (nombreux étangs). Cette région a été amendée par Napoléon III (assèchement des marais, plantation d'une forêt artificielle) et est devenue un lieu de villégiature et de chasse. Elle s'est ouverte à la culture maraîchère sur des terrains amendés (maïs, fraises et asperges) et a accueilli quelques industries (électricité, électronique, plastiques).

Sologne (Madeleine Vouillon, dite **Madeleine)** 1912-1995 Comédienne française qui connut la célébrité avec le film de Jean Delannoy, *L'Éternel Retour* (1943), adaptation du mythe de Tristan et Iseult, dans lequel elle jouait le rôle d'Iseult, Tristan étant incarné par Jean Marais.

Solomós (Dyonisos, comte**)** 1798-1857 Poète grec. Enthousiasmé par la révolte grecque contre les Turcs (1821), il composa *L'Hymne à la liberté* (1823) qui allait devenir l'hymne national de la Grèce. Installé à Corfou à partir de 1828, il continua à écrire en alliant le romantisme patriotique italien, l'idéalisme allemand et la chanson populaire.

Solon 640 ?-558 ? avant J.-C. Législateur athénien, un des Sept Sages de la Grèce. Alors qu'il était archonte, il modifia la Constitution d'Athènes dans un sens démocratique en ouvrant à tous les citoyens libres l'Assemblée du peuple. Il supprima le droit de vie et de mort du père de famille sur ses enfants et l'esclavage pour dettes et rétablit les droits civils des petits paysans.

Soloviev (Vladimir Sergueïevitch) 1853-1900 Philosophe russe. Son premier ouvrage, *La Crise de la philosophie* (1875), exerça une profonde influence. Ami de Dostoïevski, il ne liait pas, comme lui, pensée profonde du peuple russe et orthodoxie. Éloigné de tout nationalisme, il aspirait à l'union des Églises (*La Russie et l'Église universelle*, en français, 1889) et regardait vers Rome. Théologien (*Trois entretiens sur la guerre, le progrès et la fin de l'histoire humaine*, 1900), son œuvre est hantée par le problème du mal. Il fut aussi poète (*La Vierge vêtue de soleil*).

solstice n. m. ASTRON. Chacun des deux points de l'écliptique pour lequel la déclinaison du Soleil prend sa plus grande ou sa plus petite valeur. *Le solstice d'été (21 ou 22 juin) correspond au jour le plus long ; le solstice d'hiver (21 ou 22 décembre), au jour le plus court dans l'hémisphère Nord.*

Solti (Gyorgy Stein, dit sir **Georg)** 1912-1997 Chef d'orchestre britannique d'origine hongroise. Après ses études musicales, il travaille comme assistant de Toscanini puis dirige son premier orchestre en 1938 à l'opéra de Budapest. Réfugié en Suisse pendant la seconde Guerre mondiale, il deviendra par la suite l'un des plus grands chefs d'orchestre du XXe siècle, travaillant à l'opéra de Munich, de Paris, à Covent Garden et avec l'orchestre philharmonique de Vienne, tout en enregistrant de nombreux disques (notamment la première *Tétralogie* de Wagner, 1958-1968).

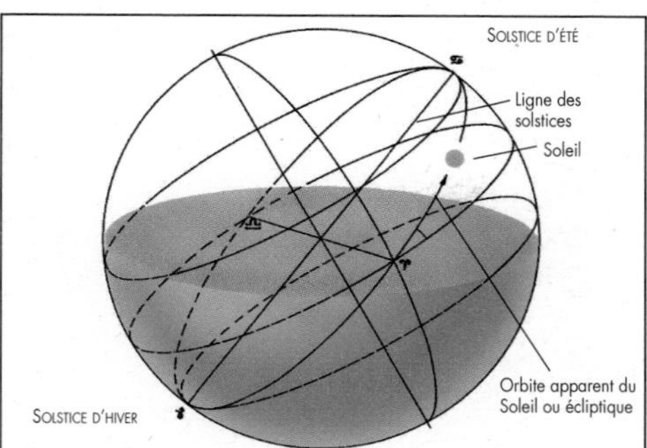

*La ligne des **solstices** sur le système céleste.*

solubilisation n. f. Action de solubiliser; son résultat.
solubiliser v. t. [1] Rendre soluble (une substance).
solubilité n. f. Qualité de ce qui est soluble. / *Coefficient de solubilité*: proportion de matière pouvant être dissoute dans une masse donnée de solvant, à saturation.
soluble adj. Qui peut être dissous dans un liquide, un solvant. / Fig. Auquel on peut trouver une solution. Ant. insoluble.
soluté n. m. CHIM. Substance dissoute dans un solvant. / PHARM. Préparation contenant une ou plusieurs substances médicamenteuses dissoutes dans un solvant. *Soluté injectable.*
solution n. f. Ensemble des opérations mentales, des réflexions qui permettent de résoudre un problème, de triompher d'une difficulté; résultat de ces opérations. *Trouver la solution d'une énigme, d'un problème d'arithmétique.* / Conclusion. *Une solution satisfaisante.* / CHIM. Mélange homogène de deux ou plusieurs substances dont l'une, généralement liquide, est appelée solvant. / PHARM. et cour. Liquide contenant un corps dissous; solvant. *Une solution salée.* / *Solution de continuité*: interruption, rupture dans une suite continue.
solutionner v. t. [1] (Néologisme critiqué) Trouver, apporter une solution à (qqch.), résoudre.
solutréen, enne adj. et n. m. PALÉONT. De la période du Paléolithique supérieur au cours de laquelle s'épanouit la technique de taille de la pierre; cette période. *Un outillage solutréen. Les industries du Solutréen.*
solvabilité n. f. Situation d'une personne, d'une entreprise solvable.
solvable adj. Qui est capable de payer à ses créanciers ce qu'il leur doit ou pourrait leur devoir.
solvant n. m. Constituant liquide, toujours le plus abondant, d'une solution, par oppos. au soluté. / Substance, généralement liquide, capable de dissoudre une ou plusieurs autres substances. Syn. dissolvant.
Solvay (Ernest) 1838-1922 Industriel et philanthrope belge. En parvenant à perfectionner la préparation de carbonate de sodium grâce au procédé à l'ammoniac, appelé *procédé Solvay*, il contribua à fonder la grande industrie chimique.
soma n. m. MÉD., PSYCHOL. Corps, en tant qu'organisme physique. Ant. psyché. / BIOL. Ensemble des cellules non germinales de l'organisme. Ant. germen.
somali, e adj. et n. Propre à l'ethnie des Somalis; membre de cette ethnie. *Le désert somali. Un Somali.* / n. m. Langue couchitique parlée par les Somalis et, plus particulièrement, en Somalie où elle est langue officielle.
• **Somalie (république de)** État d'Afrique orientale, dans la Corne de l'Afrique, que bordent le golfe d'Aden et l'océan Indien.
Somalie britannique ou **Somaliland** Protectorat britannique de l'Afrique orientale (1884-1960) qui fait aujourd'hui partie de la Somalie.
Somalie italienne Colonie italienne (1885-1960), administrée par la Grande-Bretagne de 1941 à 1948, qui fait aujourd'hui partie de la Somalie.
somalien, enne adj. et n. De la Somalie. *Port somalien. Un Somalien.*
Somalis (côte française des) Voir **Djibouti**
somatique adj. MÉD. (Par oppos. à *psychique*) Propre au corps, qui ne procède que du corps.
somatisation n. f. Fait de somatiser.
somatiser v. t. [1] Traduire (une difficulté psychique) par un trouble somatique fonctionnel. *Somatiser une angoisse.* (Emploi absol.) *Elle somatise.*
sombre adj. Peu ou mal éclairé, obscur. *Une pièce sombre. Une forêt où il fait sombre.* / Foncé. *Un rouge sombre.* / *Coupe sombre*: voir *coupe*. / Fig. Triste, inquiétant. *Un regard sombre.* / Fig. Difficile à comprendre, à tirer au clair. *Une sombre histoire.* / (Placé avant un terme péjor., renforçant l'affirmation) *Sombre idiot !*
sombrer v. i. [1] Couler, en parlant d'un navire. / Fig. S'enfoncer (dans un état, une situation). *Sombrer dans la misère et l'alcool.* / S'effondrer, péricliter. *Son commerce a sombré.*
sombrero n. m. (mot espagnol) Chapeau à large bord.
somite n. m. BIOL. Métamère.
sommaire adj et n. m. **A.** adj. Succinct, réduit à l'essentiel. *Renseignements sommaires.* / DR. *Procédure sommaire*, simplifiée. / Simpliste, expéditif. *Jugement sommaire.* **B.** n. m. Table des chapitres d'un livre; liste des articles d'un journal, d'une revue, indiquant la page où ils se trouvent.
sommairement adv. De façon sommaire.
sommation n. f. Action de sommer. / DR. Acte écrit stipulant une mise en demeure. *Sommation de paraître en justice.* / Appel réglementaire d'une sentinelle enjoignant de s'immobiliser ou de se faire connaître; chacune des trois injonctions réglementaires faites par un agent de la force publique précédant une charge de policiers destinée à disperser une foule. *Tirer sans sommation.*
somme [1] n. f. MATH. Résultat de l'addition de plusieurs nombres ou grandeurs. *Somme géométrique*: résultat de la composition de deux ou plusieurs vecteurs. / Quantité d'argent. *Dépenser des sommes folles.* / Fig. Réunion de choses qui s'ajoutent. *En somme, somme toute*: en résumé. / Ouvrage résumant toutes les connaissances sur un sujet. *Somme théologique de saint Thomas d'Aquin.*
somme [2] n. f. *Bête de somme*: animal utilisé pour porter des fardeaux.
somme [3] n. m. *Faire un somme*: dormir pendant un temps assez court.

SOMALIE

Superficie : *637 657 km²* – **Nombre d'habitants :** *9 000 000 h.*
Capitale : *Mogadiscio* – **Villes principales :** *Hargeysa, Bardera, Merka*
Système politique : *république* – **Langue(s) :** *somali, arabe*
Religion(s) : *islam sunnite* – **Monnaie(s) :** *shilling somalien*

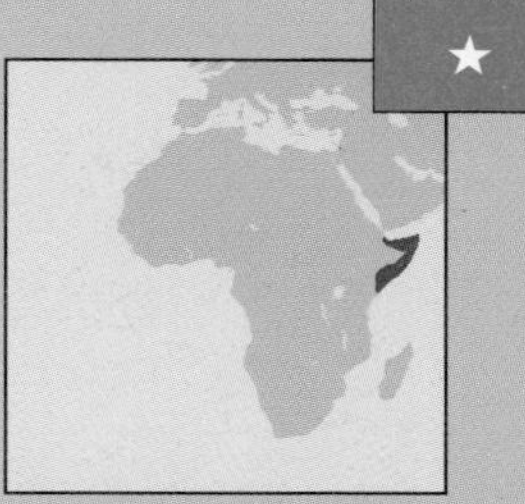
Voir l'Atlas

Femmes puisant de l'eau.

Géographie physique et humaine

Le littoral nord est montagneux. Un plateau aride lui succède. Au sud, la plaine côtière, arrosée par la mousson d'été, est cultivée (maïs, canne à sucre, sorgho, bananes). 60 % de la population vit sur cette plaine; le reste pratique l'élevage nomade. La pêche est importante. On exploite le sel. La lutte des clans crée une situation conflictuelle qui ne trouve pas de solution.

Histoire

Venue du sud de l'Arabie, la population somalie s'installa au Xe siècle dans un pays au commerce (avec l'Égypte dans l'Antiquité, puis avec les Arabes et les Perses) actif et propsère. La Grande-Bretagne occupa le Nord en 1884; l'Italie colonisa le reste du pays à partir de 1889 (après avoir occupé l'Érythrée). En 1960, le pays, unifié, accéda à l'indépendance. En 1969, le général Mohammad Siyad Barré prit le pouvoir, s'allia à l'U.R.S.S. et décida d'instaurer le socialisme. En 1977, il voulut prendre l'Ogaden, peuplé de Somalis nomades, à l'Éthiopie. Pour cette raison, il rompit avec l'U.R.S.S. La paix en Ogaden ne fut officiellement proclamée qu'en 1988. Cette année-là, les Issas (qui parlent des dialectes somalis) entrèrent en rébellion. L'anarchie s'étendit. Siyad Barré fut renversé en 1991. La multiplicité des clans en lutte rendit illusoire toute solution. Cependant, la France, l'Italie et les États-Unis tentèrent deux opérations humanitaires sous l'égide de l'ONU, en 1992 et de 1993 à 1995, opérations qui échouèrent. Le clan le plus fort est celui du général Aïdid auquel son fils Hussein a succédé en 1996. En décembre 1997, les clans ont signé un accord, qui n'a jamais été respecté. Quand, en 1998, l'Arabie Saoudite a décrété l'embargo sur toute viande provenant de Somalie, le pays s'est enfoncé un peu plus dans le marasme. Un parlement de transition élit Abdoulkassim Slat Hassan à la présidence de la République en 2000.

Département de la ***Somme****.*

Somme (la) *245 km* Fleuve du nord de la France qui traverse le nord de la Région Picardie. Après avoir arrosé Saint-Quentin, Péronne, Abbeville, ce fleuve abondant et régulier se jette dans la Manche. De violents combats entre les armées françaises et allemandes furent livrés dans la région de la Somme en 1916 et en 1940.

Somme (département de la) [80] *6 170 km² 547 825 h.* Département qui fait partie de la Région Picardie. Chef-lieu *Amiens*. Au nord-ouest du Bassin parisien, le département s'étend sur les plateaux crayeux de Picardie : couverts de limons et très arrosés, ils sont le domaine d'une agriculture très mécanisée : grande culture céréalière, betteravière et fourragère, associée à l'élevage bovin qui progresse. Dans la large et humide vallée de la Somme, les marécages ont été transformés en jardins maraîchers (hortillonnages). La Somme possédait également des industries anciennes, nées de l'abondance de la main-d'œuvre rurale : petite métallurgie, industrie alimentaire (sucrerie) et surtout textile (Abbeville était spécialisée dans le jute, Amiens dans le velours). Les industries modernes ont progressé et le T.G.V. a atteint Amiens, mais le département est encore enclavé. Le littoral de la Manche, dominé par des falaises mortes, abrite des ports de pêche et des stations balnéaires.

Somme théologique 1266-1274 Ouvrage de saint Thomas d'Aquin, que sa mort (1274) laissa inachevé. Écrite en latin, cette œuvre fondamentale de la scolastique, s'inspire de la philosophie aristotélicienne afin de clarifier la foi chrétienne.

sommeil n. m. Repos périodique de l'organisme, caractérisé par l'interruption de la conscience, la persistance des fonctions végétatives et l'activité onirique. *Sommeil paradoxal* : phase du sommeil pendant laquelle se développent les rêves. / Besoin de dormir. *Tomber de sommeil.* / MÉD. *Maladie du sommeil* : trypanosomiase. *Cure de sommeil* : méthode de traitement de certaines affections psychiatriques reposant sur un sommeil provoqué chez le patient. / Fig. Réduction, suspension d'activité. *Mettre une affaire en sommeil.*

sommeiller v. i. [1] Dormir d'un sommeil léger.

sommeilleux, euse adj. et n. Litt. Ensommeillé. / MÉD. Atteint de la maladie du sommeil.

sommelier, ère n. Personne chargée, dans un grand restaurant, du service des vins et des liqueurs. / Anc. Intendant d'une communauté, d'une grande maison.

sommer v. t. [1] *Sommer de* : Enjoindre, dans les formes légales ou convenues, à (qqn) de. *Sommer un ennemi de rendre les armes.*

Sommerfeld (Arnold) 1868-1951 Mathématicien et physicien allemand. Professeur de physique théorique à Munich (1906-1931), ses recherches dans le domaine quantique l'amenèrent en 1915 à perfectionner le modèle d'atome de Bohr. De plus, il donna une explication des conductivités thermique et électrique des métaux (1928).

sommet n. m. Partie la plus élevée. *Le sommet du crâne. Le sommet des Alpes. Sommets enneigés.* / Fig. Degré suprême. *Sommet de la fortune.* / *Conférence au sommet* ou (ellip.) *sommet* : réunion de chefs d'État, de hauts responsables. / MATH. *Sommet d'un angle* : point où se coupent les deux côtés. *Sommet d'un triangle, d'un polyèdre* : sommet d'un des angles de cette figure.

sommier n. m. Partie d'un lit qui supporte le matelas. *Sommier à ressorts, métallique, à lattes de bois.* / ARCHIT. Pierre supportant la retombée d'une voûte. / CONSTR. Linteau en bois au-dessus d'une porte, d'une fenêtre ; pièce de bois soutenant une cloche ; traverse de fer qui joint les barreaux d'une grille. / Partie de l'orgue formant un coffre dans lequel l'air est envoyé sous pression avant d'attaquer les tuyaux. *Sommier à pistons.* / Pièce du clavecin et du piano comportant des chevilles sur lesquelles sont tendues les cordes. / Registre de renseignements ou de comptes. *Sommiers judiciaires* : fichier central des condamnations.

sommité n. f. Extrémité d'une tige qui porte des fleurs. / Fig. Personnalité éminente dans un domaine particulier.

somnambule n. et adj. MÉD. Atteint de somnambulisme.

somnambulisme n. m. MÉD. État d'automatisme ambulatoire se produisant pendant le sommeil de façon spontanée, ou provoqué par hypnose.

somnifère adj. et n. m. Qui provoque le sommeil. *Produit somnifère. Un somnifère.*

somnolence n. f. État intermédiaire entre le sommeil et la veille ; tendance à s'assoupir.

somnolent, e adj. Qui somnole. / Fig. *Une vie somnolente.*

somnoler v. i. [1] Être légèrement assoupi, dormir peu profondément.

somptuaire adj. Vx Propre aux dépenses (l'expression *dépenses somptuaires* est pléonastique). *Loi ; impôt somptuaire*, qui réglemente, taxe le luxe.

somptueusement adv. De façon somptueuse.

somptueux, euse adj. Dont le luxe suppose de grandes dépenses. *Un cadeau somptueux.* / Par ext. Magnifique.

somptuosité n. f. Caractère de ce qui est somptueux.

son [1] n. m. Sensation auditive produite par la vibration d'une onde acoustique ; cette vibration. *Percevoir un faible son.* / Volume sonore. *Monter le son.* / Ensemble des techniques d'enregistrement et de reproduction des sons. *Preneur de son. Ingénieur du son.*
♦ Le son résulte d'une variation périodique de pression se propageant à des vitesses qui dépendent de la nature du milieu où cette variation se produit (331 m/s dans l'air dans les conditions normales). On distingue essentiellement trois qualités des sons : la *hau-*

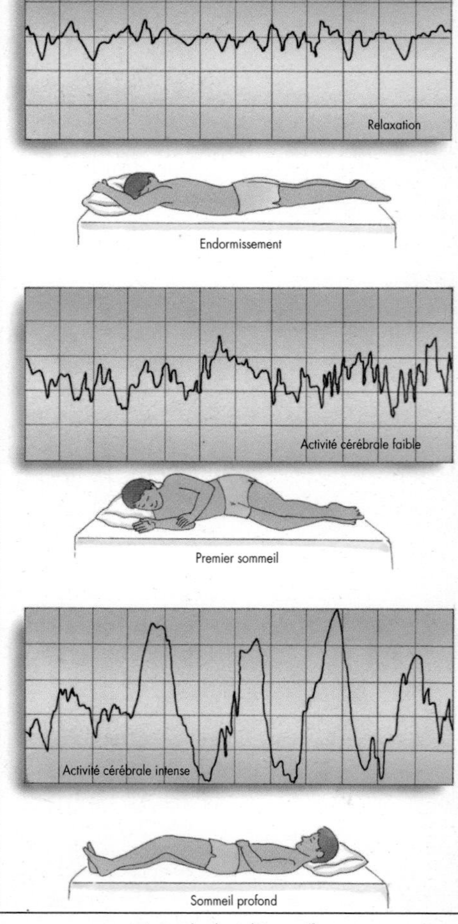

Les grandes phases du ***sommeil****.*

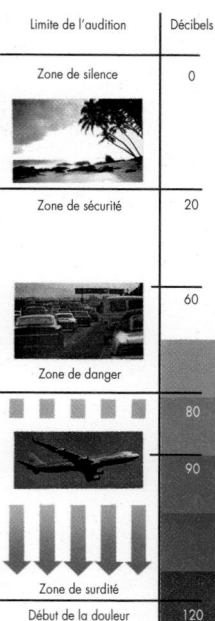

Limite de l'audition | Décibels
Zone de silence | 0
Zone de sécurité | 20
60
Zone de danger
80
90
Zone de surdité
Début de la douleur | 120

*Les effets de l'intensité des **sons** sur l'ouïe humaine.*

teur, caractérisée par la fréquence, l'*intensité*, par l'amplitude des variations de pression, et le *timbre*, grâce auquel il est possible d'identifier la nature de la source sonore. Tout son périodique complexe est en réalité la superposition de sons simples sinusoïdaux : l'un, le *fondamental*, dont la fréquence sert de référence au son considéré, les autres, les *harmoniques*, dont les fréquences sont des multiples entiers de celle du fondamental. Le timbre d'un son dépend des intensités des harmoniques qui le composent. L'oreille humaine ne perçoit un son que si sa fréquence est comprise entre 20 et 20000 hertz, et pour chaque fréquence existent un seuil de perception et un seuil de douleur.

son [2] n. m. Enveloppe du grain des céréales que l'on sépare par mouture. *Farine de son*, qui contient du son. / Fig. *Tache de son*, de rousseur.

son, sa, ses [3] (au f. sing., on emploie *son* au lieu de *sa* devant une voyelle ou un *h* muet) adj. poss. de la troisième personne du sing. Qui est à lui, à elle. *Rendez-lui sa facture. Chacun a perçu son hésitation.*

sonar n. m. Appareil de détection électroacoustique servant au repérage d'objets immergés : épaves, bancs de poissons, sous-marins.

sonate n. f. MUS. Composition pour un soliste ou un petit nombre d'instruments, qui comprend plusieurs mouvements. / (En appos.) *Forme sonate* : structure ternaire (exposition, développement, réexposition) d'un mouvement musical.

sonatine n. f. Petite sonate, généralement facile à jouer.

sondage n. m. Action de sonder ; son résultat. *Sondage par ultrasons, par ballon-sonde, par forage.* / ÉCON., POLIT. *Sondage d'opinion* : étude de l'opinion publique sur un sujet précis à l'aide de questionnaires s'adressant à différents échantillons de population ; par ext., investigation sommaire faite auprès de quelques personnes pour connaître leur opinion sur un sujet donné.

sonde n. f. Appareil constitué d'une masse lourde fixée au bout d'une ligne, utilisé pour déterminer la profondeur d'une eau et la nature du fond. / *Sonde spatiale* : engin spatial non habité, lancé pour étudier un astre ou l'espace interplanétaire. / MÉD. Tige cylindrique, creuse ou pleine, servant à effectuer, dans un conduit naturel ou pathologique, des sondages à visée diagnostique ou thérapeutique. / GÉOL. Appareil de forage. / Instrument permettant de prélever une partie d'un produit alimentaire pour en vérifier la qualité. *Sonde à beurre.*

Sonde (archipel de la) ou **Insulinde** Archipel correspondant à l'Indonésie (sauf Kalimantan, partie indonésienne de Bornéo) baigné à l'ouest par l'océan Indien, à l'est par la mer de Chine. Il comprend les grandes îles de la Sonde (Java, Sumatra, séparées par le *détroit de la Sonde*) et les petites îles de la Sonde (Bali, Lombok, Sumbawa, Timor etc.).

sonder v. t. [1] Mesurer (une profondeur) à l'aide d'une sonde. / Explorer en profondeur (un terrain) en y effectuant des prélèvements servant à déterminer sa nature, sa qualité. / MÉD. Enfoncer une sonde dans (un canal, une cavité). / Chercher à connaître les sentiments, les intentions de (qqn). / Spécial. Soumettre à un sondage d'opinion.

sondeur, euse n. Personne effectuant des sondages. / TECHN. n. m. Appareil de sondage. *Sondeur acoustique* : sondeur à ultrasons. / TECHN. n. f. Appareil servant au forage pétrolier.

Song Nom de plusieurs dynasties chinoises dont les empereurs régnèrent de 960 à 1279. Attaqué par les Tartares, le dernier empereur Song fit appel au Mongol Kubilay, qui prit sa place et fonda la dynastie mongole.

songe n. m. Litt. Rêve. *La clé des songes* : l'interprétation des rêves. / Illusion. *« La vie est un songe », ouvrage de Calderón.*

songe-creux n. m. inv. Individu chimérique que s'exalte de projets irréalisables, de songes vains.

Songe d'une nuit d'été (le) 1595 Comédie-féerie en 5 actes de Shakespeare. Dans une forêt de l'Attique, Obéron, roi des Elfes, et sa femme, Titania, se disputent et entraînent dans leurs aventures des humains inconscients d'être manipulés.

songer v. t. ind. [1] Vx ou litt. Rêver. *« Un lièvre en son gîte songeait / Car que faire en un gîte à moins que l'on ne songe ? »* (La Fontaine). / *Songer à* : penser à, réfléchir à. *Songer à la mort. À quoi songez-vous ?* / Envisager (qqch., de faire qqch.). *Songer au mariage, à déménager.*

songerie n. f. État d'une personne qui songe ; rêverie.

songeur, euse n. et adj. Litt. Personne qui songe. / adj. *Avoir l'air songeur*, l'air d'une personne qui songe.

Songhay ou **Songhaï** Peuple d'Afrique occidentale qui parle une langue nilo-saharienne. Les Songhay fondèrent au VIIe siècle un royaume dans la région de Gao (Mali actuel, sur le Niger), ville qui se livrait à un important commerce transsaharien et qui devint la capitale du royaume. Aux XIIIe et XIVe siècles, celui-ci fut dominé par l'empire du Mali, mais, aux XVe et XVIe siècles, ses limites s'élargirent et l'empire s'étendit du Sénégal au Tchad. Affaibli par des guerres perpétuelles et un ralentissement du commerce transsaharien, l'empire songhay disparut en 1591, vaincu par l'armée marocaine.

Soninké(s) ou **Sarakholé(s)** ou **Sarakolé(s)** Ethnie d'Afrique de l'Ouest établie au Sénégal, en Mauritanie et au Mali, dans une région qui correspond au territoire de l'ancien empire du Ghana, qu'ils fondèrent. Islamisés de force, ils n'ont jamais abandonné les croyances traditionnelles, non plus que leur mode de gestion de la terre et leur structure sociale hiérarchisée.

sonnaille n. f. Clochette attachée au cou des bestiaux hors de l'étable ; son qu'elle produit.

sonnant, e adj. Loc. *À midi sonnant* : exactement quand les horloges sonnent midi. / *Espèces sonnantes* : monnaie métallique.

sonné, e adj. Loc. *Il est minuit sonné* : il est minuit passé. / Fig., fam. *Avoir la quarantaine bien sonnée* : avoir quarante ans passés. / Fam. Abruti par les coups. *Boxeur sonné. Il a son compte, il est sonné.*

sonner v. i. / v. t. [1] **A.** v. i. Produire un son ; faire retentir une sonnerie. *Le téléphone sonne.* / Être annoncé par une sonnerie. *Huit heures ont sonné.* / Rendre (tel type de son). *Sonner creux. Sonner bien, mal* : être agréable, désagréable à l'oreille. / Fig. *Sonner faux, juste* : donner l'impression d'être faux, vrai. / Actionner une sonnette, une sonnerie. *Sonner à la porte, chez qqn. Entrer sans sonner.* **B.** v. t. Faire résonner. *Sonner la cloche.* / Fam. *Sonner les cloches à qqn* : réprimander qqn. / Annoncer par une sonnerie. *Sonner les matines. Sonner la charge.* / Appeler en actionnant une sonnette. *Sonner un domestique.* / Fam. Assommer, étourdir violemment (qqn) ; au fig., choquer, ébranler. / v. t. ind. *Sonner de* : tirer des sons de (un instrument). *Sonner du clairon.*

Sophocle.

sonnerie n. f. Son rendu par un groupe de cloches, par un timbre électrique, une pendule, un téléphone, etc. / Ensemble des cloches d'une église. / Mécanisme qui fait sonner une pendule, un réveil. / Air joué au clairon, à la trompette, au cor de chasse, qui constitue un signal.

sonnet n. m. Poème de quatorze vers partagés en deux quatrains et deux tercets, dont les rimes obéissent à des règles fixes.

sonnette n. f. Clochette, timbre servant à appeler ; son produit par un tel appareil. *Être réveillé par la sonnette.* / *Serpent à sonnettes* : crotale. / TRAV. PUBL. Échafaudage qui supporte l'appareil destiné à enfoncer des pieux.

sonneur n. m. Personne qui sonne les cloches. / Personne qui sonne d'un instrument.

Sonni (Ali Ber) ?-1496 Empereur songhaï en 1464 ; sous son règne, l'empire atteignit son apogée. Il prit Tombouctou, organisa une flotte, fit creuser des canaux. Il fut vaincu et tué par un rival.

sono n. f. Fam. Abréviation de sonorisation.

sonomètre n. m. TECHN. Appareil de mesure acoustique.

sonore adj. Propre au son. *Ondes sonores.* / Qui produit ou est susceptible de produire un son. *Corps sonore.* / Dont le son est clairement audible. *Voix sonore.* / PHONÉT. *Phonèmes, consonnes sonores* (par opposition à consonnes *sourdes*), voisés. / Résonant. *Chambre sonore.*

sonorisation n. f. Fait de sonoriser (un lieu, des images).

sonoriser v. t. [1] Équiper (un lieu) des appareils électroacoustiques nécessaires à l'amplification et à la diffusion du son. *Sonoriser une salle de spectacle.* / AUDIOV. Ajouter du son à (des images). *Sonoriser un film.*

sonorité n. f. Qualité du son produit par un instrument de musique, une voix. *Une sonorité agréable.* / Qualité acoustique d'un lieu. *La sonorité d'une salle de spectacle.*

sonothèque n. f. Lieu où sont conservés des enregistrements sonores.

sophisme n. m. Raisonnement vicieux et subtil dont la forme logique dissimule l'intention de tromper.

sophiste n. **A.** n. m. ANTIQ. GR. Philosophe et rhétoricien itinérant, qui enseignait la philosophie et la rhétorique, l'art de bien parler et de convaincre par la subtilité du raisonnement. **B.** n. Celui, celle qui use de sophismes.

sophistication n. f. Vieilli. Action de sophistiquer. / (anglicisme critiqué) Caractère de ce qui est sophistiqué.

sophistiqué, e adj. Vieilli. Altéré frauduleusement. / Mod. (anglicisme critiqué) Extrêmement perfectionné ; extrêmement complexe. *Technique sophistiquée. Raisonnement sophistiqué.* / Péjor. D'une perfection artificielle, dépourvue d'authenticité. *Une tenue sophistiquée.*

sophistiquer v. t. [1] Vieilli. Altérer frauduleusement (une substance). *Sophistiquer le lait.* / (anglicisme critiqué) Faire montre d'une extrême recherche dans. *Sophistiquer sa coiffure.* / v. pron. *Les méthodes se sophistiquent de plus en plus*, deviennent de plus en plus complexes.

Sophocle 496 ?-406 avant J.-C. Poète tragique grec. Fils d'un riche bourgeois, il reçoit une solide éducation et, entouré d'amis

S

tels que Périclès et Hérodote, connaît le succès avec ses 120 pièces de théâtre, dont 7 seulement nous sont parvenues : *Électre* ; *les Trachiniennes* ; *Ajax* ; *Philoctète* ; *Antigone* ; *Œdipe roi* ; *Œdipe à Colone*. Sophocle a renouvelé la tragédie grecque en créant des personnages plus humains, à la psychologie plus nuancée, révoltés contre leur destin.

Sophonisbe 235 ?-203 av. J.-C. Fille du Carthaginois Hasdrubal, épouse du roi de Numidie. Elle s'empoisonna pour ne pas devenir l'esclave des Romains, vainqueurs des Numides. Son destin tragique a inspiré plusieurs écrivains, dont Corneille (1663).

sophrologie n. f. MÉD. Étude des effets thérapeutiques de certaines méthodes psychologiques.

soporifique adj. et n. m. Qui engendre le sommeil. / Fig. Ennuyeux. *Discours soporifique.* / n. m. Substance dont l'absorption engendre le sommeil.

soprano n. MUS. La plus haute voix (voix de femme ou d'enfant). / Personne possédant cette voix. Pl. Des *sopranos* ou *soprani*.

sorabe adj. et n. De la tribu slave de Lusace nommée Wendes par les Allemands. *Les traditions sorabes. Un(e) Sorabe.* / n. m. LING. Langue slave parlée en Lusace.

sorbe n. f. Fruit (baie) du sorbier, de couleur orange, comestible.

sorbet n. m. Glace aux fruits, sans crème.

sorbetière n. f. Récipient ou appareil à préparer les sorbets, les glaces.

sorbier n. m. Arbre de la famille des rosacées dont certaines espèces produisent un fruit comestible et dont le bois est utilisé en ébénisterie et pour le tournage.

sorbitol n. m. PHARM. Polyalcool dérivant du glucose, utilisé comme édulcorant et comme stimulant des sécrétions biliaires.

Sorbon (Robert de) 1201-1274 Chapelain de Louis IX, fondateur du collège de Sorbon. Il étudia à Reims puis à Paris et devint le clerc de Louis IX. En 1258, il fonda un collège réservé aux étudiants pauvres qui étudiaient la théologie dans un bâtiment de la montagne Sainte-Geneviève qu'il avait lui-même acheté. Reconnu par le pape dès 1259, le collège s'agrandit pour devenir le siège de l'Université de Paris et se faire connaître sous le nom de la Sorbonne.

sorbonnard, arde n. et adj. Vieilli et péjor. Professeur (ou, rarement, étudiant) à la Sorbonne ; par ext., professeur d'Université imbu de son savoir et de sa réputation. / adj. *Une attitude typiquement sorbonnarde.*

Sorbonne Établissement public d'enseignement supérieur qui, après avoir été le siège des facultés des lettres et des sciences de Paris, abrite aujourd'hui, outre des services administratifs, l'École des Chartes et les universités Paris-I, Paris-IV et Paris-V. Fondé en 1257, c'était à l'origine un collège où l'on enseignait la théologie. Pour obtenir le titre de docteur en Sorbonne, il fallait y avoir argumenté pendant dix ans et soutenu plusieurs thèses dont la dernière était dite *thèse sorbonique*. Tribunal ecclésiastique en même temps qu'établissement d'enseignement, la Sorbonne joua un rôle très important dans les affaires religieuses jusqu'au XVIe siècle, où elle intervint avec une grande autorité dans les troubles de la Ligue. En 1625, Richelieu ordonna la reconstruction des bâtiments mais les édifices actuels sont dus aux plans de l'architecte Nenot (terminés en 1901). Située au cœur du Quartier latin, la Sorbonne fut le symbole, jusqu'à une période récente, de l'enseignement français.

Sorcier *d'une tribu du Zimbabwe.*

sorcellerie n. f. Pratiques du sorcier. / Loc. *C'est de la sorcellerie* : c'est incompréhensible, comme magique.

sorcier, ère n. et adj. **A.** n. Personne réputée avoir des pouvoirs surnaturels et diaboliques, qui se livre à des pratiques occultes et use de charmes et de maléfices. / Fig. *Chasse aux sorcières* : poursuite et persécution des opposants politiques par un pouvoir en place. **B.** adj. m. Fam. *Ce n'est pas sorcier* : ce n'est pas difficile.

sordide adj. Sale et misérable, repoussant. *Un quartier sordide.* / Ignoble. *Crime sordide.*

Sorel (Agnès) 1422-1450 Dame française, favorite de Charles VII dont elle eut quatre filles. Surnommée *la Dame de Beauté* du nom du domaine de Beauté-sur-Marne (entre Vincennes et Nogent) que lui avait donné le roi, elle quitta la Cour après un conflit avec le dauphin, le futur Louis XI.

Sorel (Charles, sieur de **Souvigny)** 1582 ?-1674 Écrivain français. Historiographe du roi (1635) et auteur de nombreux ouvrages, il est surtout connu pour son roman picaresque, *La Vraie Histoire comique de Francion* (1623).

Sorel (Georges) 1847-1922 Philosophe français. Élève de Polytechnique puis ingénieur, il démissionna en 1892 pour se consacrer à la philosophie. Influencé par des auteurs divers, dont Marx, Proudhon et Nietzsche, il a défendu le syndicalisme révolutionnaire et s'est beaucoup intéressé à la violence (*Réflexions sur la violence*, 1908).

Sorel (Julien) Héros impulsif et idéaliste du *Rouge et le Noir* de Stendhal (1830).

Sørensen (Søren Peter Lauritz) 1868-1939 Chimiste danois. On lui doit la notion de pH qui exprime le niveau d'acidité d'une solution (1909).

sorgho ou **sorgo** n. m. Graminée alimentaire et fourragère des pays chauds, appelée aussi *gros mil*.

Sorlingues Voir **Scilly**

sornette n. f. (Surtout au plur.) Bavardage frivole et vain.

sororal, e adj. De la sœur, des sœurs.

sororat n. m. ETHNOL. Système social dans lequel l'époux, veuf, prend pour nouvelle épouse la sœur de sa femme.

sort n. m. Destin. *Les caprices, l'ironie du sort.* / Situation d'une personne, résultant d'événements heureux ou malheureux. *Être content de son sort.* / Choix fait par le hasard. *Tirage au sort. Le sort en est jeté* : la décision est prise. / Maléfice. *Jeter un sort.*

sortable adj. Fam. (Surtout en tournure négative) Que l'on peut montrer ; avec qui l'on peut se montrer. *Ton manteau n'est plus sortable. Vous n'êtes pas sortable.*

sortant, e adj et n. Désigné par un tirage au sort. *Numéro sortant.* / Dont le mandat vient d'expirer. *Député sortant.* / Subst. *Les entrants et les sortants.*

sorte n. f. Espèce, genre, catégorie. *Toutes sortes de gens. Une sorte de* : se dit d'une chose qui n'est pas bien définie et qu'on caractérise par rapport à ce à quoi elle ressemble. *Une sorte de chaussure qui tient à la fois du cothurne et de la galoche.* / Manière de faire une chose. *S'y prendre de telle ou telle sorte.* / *Faire en sorte de, en sorte que* : agir de façon à, de façon que.

sortie n. f. Action de sortir. *Autorisation de sortie.* / THÉÂTRE Fait de quitter la scène. / Action de sortir de chez soi pour se divertir. *Prévoir une sortie en forêt.* / Moment où l'on sort. *À la sortie du spectacle.* / Issue. *Sortie de secours.* / MILIT. Attaque menée par des assiégés. *Tenter une sortie.* / AVIAT. Raid effectué par un avion militaire. / Somme dépensée. / Fig. Emportement verbal. / Mise sur le marché. *Sortie d'un film, d'un modèle d'automobile.* / INFORM. Transfert d'un ensemble de données vers un périphérique.

sortilège n. m. Maléfice ; influence, effet magique.

sortir v. i. / v. t. [3] **A.** v. i. Aller hors d'un lieu. *Sortir de la maison, d'un bois, du bureau.* Au fig. *Sortir de la mémoire, de l'esprit* : être oublié. / Aller hors de chez soi pour se promener ou se distraire. *Je suis sorti toute la matinée. Sortir dîner. Sortir peu.* / Euph. *Sortir avec qqn* : entretenir une relation amoureuse avec qqn. / Fig. Quitter, se dégager de (un état, une situation, une période). *Sortir de sa torpeur, d'une maladie. Sortir de l'enfance.* / Fam. *S'en sortir* : se tirer d'affaire. / Être issu de. *Sortir de la bourgeoisie. Sortir d'une grande école.* / Aller au-delà d'une limite. *La voiture est sortie du virage.* / Fig. S'écarter, passer outre. *Sortir du sujet. Sortir de la légalité.* / Apparaître à l'extérieur ; faire saillie, dépasser. *Semis qui sortent de terre. Chemise qui sort du pull.* / Se répandre au-dehors, en parlant d'une odeur, d'un fluide, d'un son. / Être commercialisé ; être édité. *Le livre n'est pas encore sorti.* / Être tiré au sort. *Le 9 est sorti.* **B.** v. t. Emmener, accompagner dehors en promenade. *Sortir le chien.* / Extraire (qqn ou qqch.) d'un lieu. *Il m'a sorti du lit à sept heures. Sortir la voiture du garage.* / Fig. Aider (qqn) à se tirer d'une situation fâcheuse ou pénible. *Sortir qqn d'un mauvais pas.* / Commercialiser, éditer. *Sortir un nouvel ordinateur.* / Fam. Mettre dehors, expulser (qqn). / Éliminer (un concurrent, un adversaire). *Se faire sortir en quart de finale.* / Fam. Dire, proférer. *Sortir des bêtises.* / Tirer par hasard (tel numéro, telle carte).

S.O.S. n. m. Signal de détresse international transmis par radiotélégraphie ou par signal lumineux, qui se traduit en morse par trois points, trois traits, trois points. *Lancer un S.O.S.* (On a longtemps cru que ce signal était le sigle de l'anglais *Save Our Souls* (« Sauvez nos âmes »), invocation adressée à Dieu par des chrétiens en détresse, mais ce n'est sans doute qu'une légende ; il est probable que ces lettres ont été choisies pour la clarté du signal).

sosie n. m. Personne qui ressemble en tout point à une autre.

sostenuto adv. (mot italien) MUS. De façon soutenue.

sot, sotte adj. et n. Dont l'intelligence, le jugement sont médiocres. *On peut être sot avec beaucoup d'esprit* (La Rochefoucauld). / Qui dénote une intelligence médiocre. *Un livre sot.* / Subst. *Un sot savant est plus sot qu'un sot ignorant* (Molière).

Sotho(s) Ethnie de langue bantoue qui constitue la population du Lesotho et vit aussi en Afrique du Sud et dans les pays avoisinants.

sot-l'y-laisse n. m. inv. Morceau de saveur délicate situé au-dessus du croupion des volailles.

sottement adv. Bêtement.

sottie ou **sotie** n. f. LITTÉR. Farce satirique du théâtre des XIVe et XVe siècles, où les acteurs portaient des costumes de sots.

sottise n. f. Caractère de ce qui est sot. *La sottise d'une action.* / Action, parole sotte. *Faire, dire des sottises.* / Comportement déraisonnable d'un enfant. *Il ne fait que des sottises.* / Injure. *Il m'a dit des sottises.*

sottisier n. m. Recueil de bévues et de sottises, dues à des personnages célèbres ou relevées dans les médias et les devoirs d'élèves et d'étudiants.

sotto voce loc adv. (mots italiens) À mi-voix.

sou n. m. HIST. Monnaie de compte créée sous l'Ancien Régime et valant le vingtième de la livre puis du franc (cinq centimes). *N'avoir pas un, le sou*, pas d'argent. / *Appareil, machine à sous* : distributeur automatique qui se met en marche lorsqu'on y glisse une pièce. / Fam. *Les sous* : l'argent.

Souabe (en allemand, *Schwaben*) Région historique et ancien duché du Saint Empire romain germanique, qui s'étendait au sud-ouest de l'actuelle Bavière. Peuplée par les Suèves au Ier siècle, la Souabe fut conquise par les Romains puis par les Alamans (IIIe siècle). Suite à son évangélisation et son intégration dans l'empire carolingien, elle devint le duché des Hohenstaufen qui s'éteignirent en 1268, laissant après eux une situation anarchique jusqu'à l'organisation des villes souabes en une Grande Ligue (1488) qui s'allia au Saint Empire. Déchirée par la Réforme et la guerre de Trente Ans, la Souabe fut démantelée en 1648 (traité de Westphalie).

Souabe-Franconie (bassin de) Bassin sédimentaire de l'Allemagne du Sud-Ouest arrosé par le Danube, le Neckar et le Main.

La continentalité du climat explique la prépondérance de la forêt et des pâturages dans ce pays coupé de côtes *(cuestas)* appelé *Jura souabe* au sud et *Jura franconien* au nord.
soubassement n. m. Base d'un édifice, au-dessus des fondations.
Soubise (Benjamin de Rohan, seigneur de) 1583-1642 Homme de guerre français. Sous Louis XIII, il appartenait au parti protestant avec son frère, le duc de Rohan. Il essaya en vain de secourir La Rochelle, assiégée par Richelieu en 1627.
Soubise (Charles de Rohan, prince de) 1715-1787 Maréchal de France. Aide de camp de Louis XV, il fut battu à Rossbach par Frédéric II en 1757 puis devint ministre d'État.
Soubise (hôtel) Hôtel du Marais, à Paris, construit à l'emplacement de l'hôtel de Clisson (XIVᵉ siècle), sur les plans de Delamair puis de Boffrand. Précédé d'une cour bordée d'une colonnade, il offre toutes les caractéristiques des demeures parisiennes du XVIIIᵉ siècle. Il abrite aujourd'hui les Archives nationales.
soubresaut n. m. Tressaillement. / Saut brusque ; secousse. *Les soubresauts de la voiture.* / DANSE Saut les jambes serrées.
soubrette n. f. THÉÂTRE Servante de comédie. / Fam. Femme de chambre pimpante et délurée.
soubreveste n. f. Anc. Longue veste sans manche portée notamment par les mousquetaires.
souche n. f. Partie d'un arbre coupé qui reste en terre avec les racines. / Fig. Personne stupide, ou qui reste immobile. / Personnage ou animal à l'origine d'une famille. *Faire souche* : avoir des descendants. / Origine, source. *Un Français de souche. Mot souche*, à l'origine d'une famille de mots dérivés. / Partie d'un document qui reste attachée à un registre et atteste l'authenticité de la partie détachée. *Carnet à souches.* / Partie maçonnée d'un conduit de cheminée, au-dessus des combles.
souchette n. f. BIOL. Champignon basidiomycète poussant en touffes sur les souches. Syn. collybie.
souchong ou **sou-chong** n. m. inv. Thé noir de Chine.
souci [1] n. m. Préoccupation qui absorbe l'esprit. *Avoir des soucis. Se faire du souci* : s'inquiéter. / Objet de cette préoccupation. *C'est le dernier de mes soucis.*
souci [2] n. m. BOT. Plante de la famille des composées à fleurs jaunes ou orange, qui comprend de nombreuses variétés ornementales.
soucier v. t. [1] Litt. Causer du souci. *Un problème le soucie.* / v. pron. *Se soucier de* : se préoccuper de, s'inquiéter de. *Se soucier de la santé d'un proche.*
soucieux, euse adj. Préoccupé, inquiet. *Avoir l'air soucieux.* / *Soucieux de* : qui se soucie de. *Soucieux de bien faire.*
soucoupe n. f. Petite assiette que l'on met sous une tasse. / *Soucoupe volante* : ovni de forme circulaire.
soudage n. m. Action de souder ; son résultat.
soudain, e adj. et adv. Qui survient à l'improviste, de manière subite. *Geste soudain.* / adv. À l'improviste, tout à coup. *Soudain, ce fut fini.*
soudainement adv. Subitement.
soudaineté n. f. Caractère de ce qui est soudain.
soudan n. m. Vx Syn. ancien de *sultan*.
Soudan Région d'Afrique dont le climat fait transition entre le Sahel et les zones plus humides ; la steppe y fait place à la savane, l'harmattan y souffle ; la saison sèche est en hiver ; les pluies sont relativement abondantes (plus de 600 mm). Au XVIIIᵉ siècle, les Européens nommèrent « Soudan » les terres qu'ils découvraient au cours de leur pénétration dans l'ouest du continent ; cela correspond à peu près à l'ancienne A.-O.F. (Sénégal et Mali actuels).
• **Soudan** État d'Afrique orientale situé au sud de l'Égypte.

SOUDAN

Superficie : *2 505 813 km²* – **Nombre d'habitants :** *31 700 000 h.* – **Capitale :** *Khartoum*
Villes principales : *Omdurman, Khartoum-Nord* – **Système politique :** *république démocratique*
Langue(s) : *arabe* – **Religion(s) :** *islam, animisme, christianisme* – **Monnaie(s) :** *dinar*

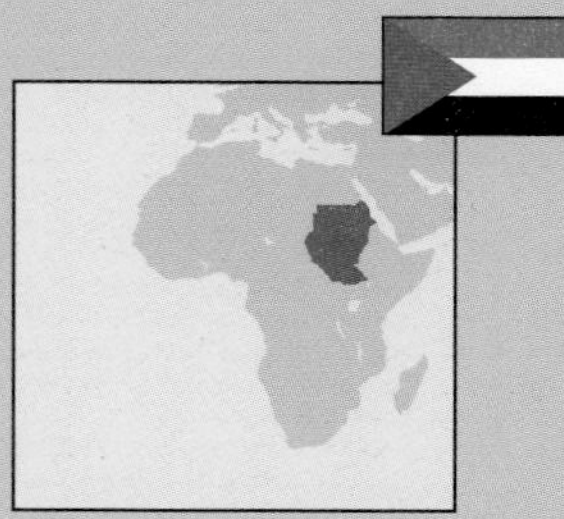
Voir l'Atlas

Village du sud du Soudan.

Géographie physique et humaine

Le Soudan est le plus vaste État d'Afrique. Formé de plateaux dont l'altitude varie entre *300 et 1 200 m*, il est drainé par le cours supérieur du Nil, aux nombreux affluents, et entouré par quelques montagnes. Le climat est tropical. Du nord au sud se succèdent le désert, la steppe (qui constitue l'est du Sahel) et la savane. La moitié de la population est arabe. L'autre moitié comprend un demi-millier d'ethnies, en partie islamisées : l'islam sunnite est la religion de 70 % des Soudanais.

Dans le sud, les ethnies, chrétiennes (10 %) ou pratiquant des religions traditionnelles (20 %) s'opposent aux musulmans du Nord qui exercent le pouvoir. 5 % des terres sont cultivées, mais le secteur agricole occupe 70 % des actifs : mil, sorgho, patates douces, manioc ; coton, canne à sucre et arachide sont destinés à l'exportation. Le cheptel est important : 50 millions de têtes (chameaux, ovins, caprins dans le nord, bœufs dans le sud). Disposant d'un mauvais réseau de communications, démuni de ressources minières (le sud a un peu de pétrole) et fortement endetté, le Soudan n'a pas développé son industrie ; seuls Khartoum et Port-Soudan ont quelques usines. Les investisseurs étrangers portent peu d'intérêt au Soudan.

Histoire

À l'époque de l'Égypte ancienne, le nord du Soudan était nommé Nubie. Le sud de la Nubie vit apparaître le prestigieux royaume de Koush (ou Couch) au début du Iᵉʳ millénaire av. J.-C. ; la capitale était Napata. Le roi du Koush fut pharaon d'Égypte de 730 à 663 av. J.-C. Vers 530 av. J.-C., la capitale fut transférée au sud-ouest, à Méroé, sur le Nil, pour écarter le danger égyptien. Le royaume de Méroé disparut au IVᵉ siècle apr. J.-C. La Nubie devint chrétienne vers 500. L'islam mettra près d'un millénaire à s'imposer. Au IXᵉ siècle, le royaume de Kanem fut fondé dans l'ouest puis, au XIᵉ siècle, son roi embrassa l'islam. L'apogée de ce royaume fut atteinte au XIIIᵉ siècle. Le Kordofan constitua aussi un royaume puissant, dans le centre du Soudan actuel, du XIVᵉ au XVIIIᵉ siècle. Le Darfour eut aussi sa période de gloire ; au XVIIᵉ siècle, il domina tout le Kordofan. Tous ces royaumes soudanais se livraient à la traite des esclaves. En 1820-1821, l'Égypte de Méhémet Ali les conquit. En 1885, un révolutionnaire arabe, qui se fit appeler le Mahdi, prit Khartoum. L'armée anglo-égyptienne de Kitchener écrasa les mahdistes en 1898, près de Khartoum. Après l'affaire de Fachoda (cette même année 1898) qui vit le retrait de la France, le Soudan fut soumis au pouvoir anglo-égyptien.

En 1951, Farouk, roi d'Égypte, devint roi du Soudan. En 1956, Nasser accepta l'indépendance du pays sur lequel le maréchal Abbud exerça la dictature de 1958 à 1964. À cette date, des émeutes le contraignirent à se retirer. Les gouvernements se succédèrent jusqu'à la prise de pouvoir par le général Nemeyri, qui gouverna en accord avec les communistes, avant, en 1971, de rompre brutalement avec eux. En 1973, il édicta une Constitution autoritaire qui, toutefois, accordait l'autonomie au sud révolté, mais, en 1983, il voulut lui imposer la loi islamique et la rébellion sudiste reprit. Il fut renversé en 1985. Les civils ne purent pas régler le problème de la rébellion. En 1989, le général Omar Hassan al-Bachir a pris à son tour le pouvoir et adopté des positions islamiques de plus en plus rigoureuses, sous la pression des Frères musulmans, groupés dans le Front national islamique sous l'autorité du fondamentaliste Hassan al-Tourabi devenu, en 1995, président du Parlement. La guérilla a ruiné le pays, la situation des populations du Sud est tragique (famines, maladies). Le régime a été mis au ban de la communauté internationale en 1990 à cause de son soutien à l'Irak au cours de l'invasion du Koweït et du soutien qu'il est accusé d'apporter à des groupes terroristes fanatiques. En mai 1998, un accord de principe a été signé à Nairobi, qui prévoir la tenue d'un référendum d'autodétermination pour le Sud. En août de la même année, peu après l'attentat de Nairobi (Kenya) contre l'ambassade américaine, les États-Unis ont vu dans Khartoum l'une des bases du terrorisme islamiste et ont bombardé la ville, accroissant l'impopularité du régime en place. En 2000, al-Tourabi (accusé en 2001 de collusion avec les rebelles sudistes) est évincé, le Soudan retrouve sa place sur la scène internationale et le général al-Bachir est réélu président. Un protocole d'accord a été signé en juillet 2002 entre la rébellion sudiste et le gouvernement de Khartoum ; quelques combats sporadiques n'ont pas fait capoter cet accord, la trêve ayant été prolongée en novembre.

***Souffleur** de verre, gravure sur bois du XVIe siècle.*

soudanais, e adj. et n. Du Soudan. *Les banques soudanaises. Un Soudanais.* / GÉOGR. De la zone climatique de l'ancien Soudan, du Sénégal au Soudan actuel. *Climat soudanais.*
Soudan français Voir **Mali**
soudard n. m. HIST. Mercenaire. / Litt. péjor. Homme grossier et brutal.
soude n. f. **I.** BOT. Plante de la famille des chénopodiacées, poussant sur les terrains côtiers, dont on extrayait autrefois le carbonate de sodium. **II.** CHIM. Hydroxyde de sodium (NaOH), basique et caustique. / Cour. Carbonate de sodium, de formule Na_2CO_3. *Cristaux de soude* : carbonate de sodium cristallisé, utilisé comme nettoyant.
souder v. t. [1] Unir, agréger (deux corps). / v. pron. *Les deux os se souderont naturellement.* / Effectuer une soudure avec un alliage fusible. *Fer à souder* : outil destiné à faire fondre l'alliage fusible servant à la soudure.
soudeur, euse n. Spécialiste du soudage. / n. f. Machine à souder.
soudoyer v. t. [1] Obtenir contre rémunération l'appui, la complaisance illicite de (qqn). *Soudoyer un fonctionnaire.*
soudure n. f. Alliage fusible utilisé pour souder. *Soudure au plomb, à l'étain.* / Soudage ; manière dont les pièces sont soudées ; ce qui est soudé. *Soudure au chalumeau, à l'arc électrique. Soudure autogène*, sans métal d'apport. / Jonction ou point de jonction. *Soudure de deux os.* / Fig. *Faire la soudure* : satisfaire la demande du public lorsqu'un produit tend à manquer, entre deux récoltes, par exemple ; assurer une transition.
soue n. f. Étable à porcs.
Souei Voir **Sui**
soufflage n. m. TECHN. Opération qui consiste à souffler le verre. / Opération d'affinage de la fonte.
souffle n. m. Mouvement de l'air produit en expirant par la bouche ; respiration. *Retenir son souffle.* / Bruit ainsi émis. / Mouvement de l'air. *Un souffle de vent.* / Déplacement d'air violent dû à une explosion. / MÉD. Bruit anormal perçu à l'auscultation des organes de la respiration ou de la circulation. / Endurance. *Avoir du souffle. Être à bout de souffle*, épuisé. / Fig. Inspiration, force créatrice. *Manquer de souffle.*
soufflé, e [1] adj. Gonflé à la cuisson. *Omelette soufflée.* / Fig. fam. Abasourdi.
soufflé [2] n. m. CUIS. Préparation salée ou sucrée, comprenant des blancs d'œufs battus, qui gonfle au four. *Soufflé au fromage.*
souffler v. i. / v. t. [1] **A.** v. i. Expulser volontairement de l'air par la bouche ou par le nez. *Souffler sur un plat chaud. Souffler dans une trompette.* / Respirer avec effort, bruyamment. *La colère le faisait souffler.* / Faire une pause, reprendre haleine après un effort. *S'arrêter pour souffler.* / Produire un souffle, un déplacement d'air. *Le vent souffle par rafales.* **B.** v. t. Diriger son souffle sur, vers. *Souffler la poussière. Souffler une bougie pour l'éteindre.* / Insuffler de l'air dans. *Souffler du verre.* / Projeter, détruire par la force de son souffle. *Ouragan, explosion qui souffle un toit.* / Dire à voix basse, discrètement. *Souffler un secret à l'oreille de qqn. Souffler sa réplique à un acteur.* / Loc. *Ne pas souffler mot* : ne rien dire (de qqch.). / Suggérer (qqch.) à qqn. *Souffler une réponse, une idée.* / Fam. Stupéfier, abasourdir ; épater, époustoufler. *La nouvelle l'a soufflé.* / Fam. Enlever subrepticement (qqch., qqn) à qqn, le lui ravir. *Il lui a soufflé sa petite amie.* / JEUX *Souffler une dame, un pion* : aux dames, prendre une dame, un pion à son adversaire qui a omis de s'en servir pour prendre lorsqu'il le devait.
soufflerie n. f. Dispositif destiné à souffler de l'air. *La soufflerie d'un orgue.* / Installation permettant d'effectuer des essais d'aérodynamismes.
soufflet n. m. Instrument servant à activer le feu, composé de deux faces, reliées par une membrane, qui se rapprochent et s'éloignent l'une de l'autre, de manière à souffler de l'air. *Soufflet de forge.* / Par anal. Partie souple entre deux éléments rigides ; partie articulée entre deux voitures de chemin de fer ; pièce de tissu permettant de donner de l'ampleur à un vêtement. *Valise à soufflet(s).* / Litt. Gifle ; au fig., affront.
souffleter v. t. [1] Donner un soufflet à (qqn).
souffleur, euse n. Au théâtre, personne qui, dissimulée dans une ouverture du plancher de la scène, souffle son texte à un acteur. / n. m. Ouvrier qui souffle le verre. / ZOOL. Vx Cétacé (terme désignant certains dauphins).
Soufflot (Germain) 1713-1780 Architecte français. Après un séjour en Italie (1731-1738), il exerça à Lyon où il fit notamment les plans de l'Hôtel-Dieu (1740). À partir de 1755, il travailla à Paris sous la protection de Marigny pour lequel il bâtit deux hôtels. En 1756, il commença les travaux de la nouvelle église Sainte-Geneviève (*le Panthéon*) qui sera achevée après sa mort.
souffrance n. f. Douleur physique ou morale prolongée. / DR. *Jour de souffrance* : ouverture pratiquée dans un mur mitoyen ou donnant sur une propriété voisine, en vertu d'un accord ou d'une tolérance. / *En souffrance* : en suspens. *Objet en souffrance*, non réclamé.
souffrant, e adj. Litt. Qui souffre. / RELIG. CATHOL. *L'Église souffrante* : les âmes du purgatoire. / Cour. Légèrement malade.
souffre-douleur n. m. inv. Personne ou animal toujours en butte à la moquerie et aux mauvais traitements de son entourage.
souffreteux, euse adj. De constitution faible, maladive. *Un corps souffreteux.*
souffrir v. t. / v. i. [3] **A.** v. t. Éprouver douloureusement ; supporter, endurer. *Souffrir le calvaire, le martyre.* / Litt. Permettre, consentir à. *Souffrez que je vous le dise.* / Litt. Admettre, tolérer. *Ne souffrir aucune exception. Ne pas pouvoir souffrir qqn*, le trouver insupportable, détestable. / v. t. ind. *Souffrir de* : avoir mal à ; être atteint par (tel mal). *Souffrir de l'estomac. Souffrir d'un cancer.* / Être endommagé par. *Le blé a souffert de la sécheresse.* / Subir les atteintes de. *Souffrir du froid. Souffrir du chômage.* / v. pron. Se supporter mutuellement. **B.** v. i. Éprouver une souffrance physique ou morale.
soufi n. et adj. (mot arabe) RELIG. Mystique musulman suivant la voie du soufisme.
soufisme n. m. RELIG. Doctrine de l'islam, mystique, ascétique et ésotérique.
♦ Le soufisme groupe de nombreuses écoles dont les premières sont nées à Bagdad au Xe siècle ; il a sans doute été influencé, à l'origine, par les contacts entre Arabes (musulmans) et chrétiens et s'est probablement constitué en réaction contre les mœurs de la cour omeyyade. Le soufi pratique l'introspection, tente de débarrasser son âme des mauvais penchants et de se hisser vers Dieu par une série d'étapes dont le terme est l'anéantissement en Dieu. Pour parvenir à cette extase, le soufi se soumet à diverses mortifications, répète inlassablement le nom de Dieu, pratique une danse rituelle tournoyante qui provoque la transe et met en contact avec le divin, et participe à des concerts spirituels. Son chemin est placé sous la direction d'un maître qui lui enseigne la doctrine et l'aide à se rapprocher de la perfection.
soufrage n. m. Action de soufrer.
soufre n. m. et adj. inv. CHIM. Élément non métallique de numéro atomique Z = 16, de masse atomique 32,07 (symbole : S) ; solide jaune fondant à 112,8 °C. *Le soufre se rencontre dans la nature à l'état non combiné et sous forme de combinaisons nombreuses : sulfures (notam. sulfure d'hydrogène, H_2S, à l'odeur d'œuf pourri), sulfates, etc. ; il est utilisé dans l'industrie (préparation de l'acide sulfurique, vulcanisation du caoutchouc, etc.) en agriculture et en pharmacie.* / Adj. inv. De la couleur jaune clair du soufre.
soufrer v. t. [1] Enduire (qqch.) de soufre ; poudrer de fleur de soufre. *Soufrer un pied de vigne.*
soufrière n. f. Lieu d'où l'on extrait le soufre.
Soufrière (la) *1 467 m* Volcan de la Guadeloupe en activité ; dans l'île Basse-Terre.
souhaéli, souhahéli Voir **swahili**
souhait n. m. Désir que l'on a de qqch. *Mon souhait le plus cher.* / Vœu que l'on forme, pour soi ou pour autrui. *Souhaits de bonne année.* / loc. adv. *À souhait* : parfaitement ; conformément aux souhaits que l'on peut émettre.
souhaitable adj. Que l'on peut souhaiter, que l'on souhaite.
souhaiter v. t. [1] Désirer pour soi ou pour autrui l'obtention ou l'accomplissement de (qqch.). *Souhaiter la paix. Je souhaite partir au plus vite.* / Exprimer sous la forme d'un souhait. *Souhaiter la bienvenue, bon anniversaire à qqn.*

La Soufrière.

Souei Voir **Sui**
souï-manga ou **souïmanga** n. m. ZOOL. (mot malgache) Oiseau passériforme d'Afrique tropicale, au plumage coloré, au long bec recourbé.
souillarde n. f. Rég. Arrière-cuisine, dans le sud-ouest de la France.
souille n. f. VÉNER. Bourbier où se vautre un sanglier. / MAR. Logement d'un navire échoué dans la vase, le sable.
souiller v. t. [1] Litt. Salir.
souillon n. f. Vx Servante malpropre. / Mod. péjor. Femme peu soigneuse.
souillure n. f. Saleté ; ce qui tache. / Fig. Tache morale, déshonneur.
souimanga ou **soui-manga** n. m. (mot malgache) ZOOL. Petit oiseau passereau d'Afrique et de Madagascar, dont le mâle arbore une livrée éclatante aux reflets métalliques.
souk n. m. (mot arabe) Marché, dans les pays arabes. / Fam. Désordre.
Soukkot (en hébreu, « les Tabernacles ») Fête juive, dite aussi « fête des Tentes » ; joyeuse, elle commémore le séjour dans le désert (sous des tentes) des Hébreux conduits à la Terre promise sous la protection de Dieu.
soûl, soûle ou **saoul, saoule** adj. Vieilli Repu. / Loc. adv. *Tout son soûl* : autant que désiré, jusqu'à satiété. *Boire tout son soûl.* / Par ext. Ivre d'alcool. / Loc. fig. *Soûl de* : enivré par, gavé de. *Soûl de violence.*
soulagement n. m. Fait de soulager ; ce qui soulage ; état d'une personne soulagée.
soulager v. t. [1] Décharger (qqn, un animal) d'un fardeau. / Fig. Libérer (qqn) d'une souffrance physique ou morale ; rendre (une souffrance) plus supportable. / TECHN. Diminuer la charge, l'effort subis par (qqch.), les répartir en plusieurs points. / v. pron. Satisfaire un besoin naturel.
Soulages (Pierre) 1919 Peintre français. Dès ses débuts (1946), il a peint dans un style abstrait très personnel. Son art se caractérise par de larges bandes sombres animées par la lumière, une structure qu'il a aussi obtenue par grattage d'un enduit monochrome. En 1994, il a réalisé les vitraux de l'abbaye romane Sainte-Foy de Conques.
soûlard, arde ou **soûlaud, aude** ou **soûlot, ote** n. Pop. Ivrogne, ivrognesse.
soûler ou **saouler** v. t. [1] Rendre ivre. / Fig. Étourdir (qqn de qqch.). *Soûler qqn de paroles. Être soûlé de musique.* / v. pron. Boire avec excès.
soûlerie n. f. Réunion où l'on s'enivre, beuverie.
soulèvement n. m. Fait d'être soulevé, de se soulever. / Mouvement de révolte, insurrection.
soulever v. t. [1] Lever à une faible hauteur, au-dessus de son point d'appui ; relever. *Soulever des haltères. Soulever son chapeau.* / Mettre en mouvement vers le haut. *Le vent soulève les cendres.* / Loc. fig. *Soulever le cœur* : écœurer, dégoûter. / Susciter (des sentiments), faire naître, déclencher. *Soulever la colère. Soulever une question, une objection.* / Inciter à la révolte, à la rébellion. *Soulever le peuple.* / Pop. Dérober (qqch.) ; séduire (un partenaire sexuel.) / v. pron. Se lever, se relever légèrement. (Au fig.) Se révolter, s'insurger.
soulier n. m. Chaussure qui recouvre entièrement le pied. / Fig. *Être dans ses petits souliers*, dans l'embarras.

Nicolas Soult.

Soulier de satin (le) 1929 Drame de Paul Claudel. Cette pièce, qui est une apologie du renoncement, mêle le réel et le merveilleux. Deux idylles s'y développent dans l'Espagne du XVIe siècle : celle de Prouhèze et de Rodrigue, celle de Musique et du vice-roi de Naples.

souligner v. t. [1] Tracer un trait, une ligne sous. *Souligner un titre.* / Faire ressortir, accentuer. *Maquillage qui souligne les yeux.* / Fig. Attirer l'attention sur (qqch.) de façon insistante. *Souligner un problème.*

soûlographie n. f. Fam. Ivrognerie. *Être en état de soûlographie avancée.*

soûlot Voir **soûlard**

Soulouque (Faustin) 1782-1867 Homme politique haïtien. Soldat illettré, il est élu président de la république d'Haïti en 1847, puis (1849) se proclame empereur (Faustin Ier). Il tente, sans succès, de reconquérir la République dominicaine ; son règne est caractérisé par une totale impéritie et une constante brutalité. Renversé par un coup d'État militaire, il dut s'exiler en France.

Soult (Nicolas Jean de Dieu, duc de Dalmatie**)** 1769-1851 Maréchal de France. Engagé en 1785, général en 1794, il se distingua aux batailles d'Austerlitz, d'Iéna et enfin d'Eylau en 1807, date à laquelle il devint duc. Puis il combattit en Espagne et au Portugal sans toutefois pouvoir complètement vaincre les Anglais (bataille de Toulouse, avril 1814). Rallié à Louis XVIII, il fut nommé ministre de la Guerre mais se retrouva aux côtés de Napoléon durant les Cent jours. Banni de 1816 à 1819, il fut à nouveau ministre de la Guerre (1830-1832), puis président du Conseil à trois reprises entre 1832 et 1847.

soulte n. f. DR. Somme qui compense une inégalité de valeur entre les lots attribués dans un partage, un échange.

Soumarokov (Aleksandr Petrovitch) 1717-1777 Écrivain russe. Critique littéraire, auteur dramatique, il se reconnaissait Racine et Voltaire pour maîtres et fit pénétrer en Russie le style classique.

soumettre v. t. / v. pron. [3] **A.** Mettre dans un état de dépendance, faire passer (ou maintenir) sous son autorité. *Soumettre les insurgés.* / Astreindre, assujettir (qqn) à ; exposer (qqch.) à ; faire subir (telle chose, telle opération). *Soumettre à l'impôt, à un test.* / Présenter à l'avis, au jugement, à l'approbation de qqn. *Soumettre un projet, un manuscrit.* **B.** v. pron. Céder, obéir. *Se soumettre à la volonté de Dieu.* / S'engager, se plier (à qqch.).

soumis, e adj. En état de soumission. *Un animal soumis.* / Dénotant la soumission. *Regard soumis.*

soumission n. f. Disposition à obéir, docilité. / Reconnaissance par des vaincus de l'autorité du vainqueur. / Fait d'être soumis. *La soumission d'une résolution à l'approbation des personnes présentes.* / DR. Acte écrit dans lequel un concurrent à un marché par adjudication s'engage à en respecter le cahier des charges.

soumissionnaire n. DR. Personne qui fait une soumission.

soumissionner v. t. [1] DR. Proposer (une fourniture, un service) par l'intermédiaire d'une soumission.

soupape n. f. MÉCAN. Obturateur placé sur un orifice, qui sert à l'évacuation ou à l'admission d'un fluide quand il est ouvert, et à sa rétention quand il est fermé. *Soupapes d'admission, d'échappement d'un moteur à explosion. Soupape de sûreté d'une chaudière à vapeur*, qui s'ouvre d'elle-même dès que la pression est trop forte.

Soupault (Philippe) 1897-1990 Écrivain français. Dadaïste, il fonda avec Breton et Aragon la revue *Littérature.* Toujours avec Breton, il découvrit l'écriture automatique qui donna naissance à un ouvrage commun : *Les Champs magnétiques* (1920). En 1925, il se détacha du mouvement surréaliste et se mit à voyager à travers le monde sans cesser d'écrire, romans, récits de voyages, essais, pièces de théâtre et poésie.

soupçon n. m. Opinion plus ou moins fondée par laquelle on attribue à quelqu'un un acte ou une intention condamnable. *Être au-dessus de tout soupçon.* / Litt. Vague idée. / *Un soupçon de (qqch.)* : une petite quantité de (qqch.).

soupçonner v. t. [1] Concevoir des soupçons à l'égard de (qqn), le suspecter. *Soupçonner qqn de complicité.* / Supposer, envisager la présence de ; entrevoir, deviner. *Soupçonner une maladie. Soupçonner la vérité.*

soupçonneux, euse adj. Enclin au soupçon, suspicieux. *Caractère soupçonneux.*

soupe n. f. Vx Tranche de pain sur laquelle on versait du bouillon. *Tremper la soupe.* / Fig., fam. Être trempé comme une soupe, extrêmement mouillé. / Mod. Potage épaissi par des morceaux de pain, du riz, des pâtes. *Soupe à l'oignon.* / MILIT. Repas des soldats. / *Soupe populaire* : repas gratuit servi aux indigents par des organismes de bienfaisance ; lieu où ce repas est servi ; organisme qui en a la charge. / Fourrage imbibé d'eau destiné à l'alimentation du bétail. / Fam. Neige saturée d'eau.

soupente n. f. Cagibi aménagé dans la hauteur d'une pièce ou sous un escalier.

souper [1] v. i. [1] Vieilli Prendre le repas du soir. / Loc. fig., fam. *En avoir soupé de*, en être repu, n'en plus vouloir. / Prendre un repas tard dans la soirée.

souper [2] n. m. Vieilli Repas du soir, quand le repas de midi était appelé *dîner.* / Repas pris tard dans la soirée, à la sortie d'un spectacle.

soupeser v. t. [1] Soulever (qqch.) pour en estimer le poids. *Soupeser un sac.* / Fig. *Soupeser un adversaire du regard*, tenter d'en estimer la force.

Souphanouvong (prince) 1909-1995 Homme politique laotien. Demi-frère de Souvanna Phouma, il lutta pour l'indépendance de son pays puis, en 1950, fonda le Pathet Lao, parti procommuniste soutenu par le Viêtnam et violemment opposé à la monarchie. Après des années de conflits, il fut élu président de la République démocratique populaire du Laos en 1975. Il se retira en 1986.

soupière n. f. Récipient large et creux utilisé pour servir la soupe, le potage ; son contenu.

soupir n. m. Respiration profonde due à une émotion. *Soupir de soulagement. Rendre le dernier soupir* : mourir. / Litt. Sentiment amoureux. / MUS. Silence ayant la valeur d'une noire ; signe qui le note.

soupirail n. m. Ouverture permettant l'aération des caves et des sous-sols. Pl. Des *soupiraux.*

soupirant n. m. Vieilli ou plaisant Amoureux.

soupirer v. i. [1] Pousser un soupir, des soupirs. *Soupirer d'aise, d'ennui.* / Litt. Éprouver un amour profond et souvent tu. *Ils soupiraient en secret l'un pour l'autre.* / *Soupirer après* : aspirer à, désirer profondément. / (Emploi transitif) Dire (qqch.) dans un soupir. *Soupirer quelques mots.*

souple adj. Qui se plie aisément sans rompre ni se détériorer, flexible. *Une branche souple.* / (En parlant d'une articulation, d'un corps articulé) Qui joue avec aisance. *Rester les bras bien souples. Être souple sur ses jambes.* / Loc. fig. *Avoir l'échine souple* : être docile ou avoir le sens de l'adaptation. / Dont le corps est souple. *Un enfant souple.* / Fig. Capable de s'adapter, d'être adapté. *Un esprit souple. Un dispositif souple.*

souplement adv. Avec souplesse.

souplesse n. f. Qualité de ce qui est souple. *Souplesse des genoux.* / Fig. Facilité à s'adapter aux circonstances. *Souplesse de caractère.*

Souppilouliouma Roi des Hittites durant la première moitié du XIVe siècle av. J.-C. Puissant souverain, les traités qu'il conclut avec ses voisins lui permirent de vassaliser ces derniers et d'étendre ainsi l'influence de l'Empire hittite.

souquenille n. f. Anc. Blouse de grosse toile.

souquer v. t. [1] MAR. Serrer (qqch.). *Souquer un amarrage.* / (Emploi intransitif) *Souquer ferme* : tirer sur les avirons.

sourate Voir **surate**

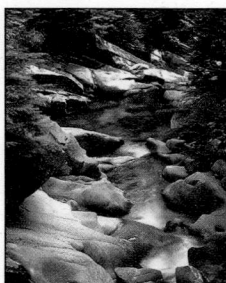

source n. f. Eau sortant du sol ; point par lequel elle sort. *Eau de source. Source thermale*, dont l'eau possède des vertus médicinales. / Endroit où un cours d'eau prend naissance. *La Garonne prend sa source en Espagne.* / Origine. *Source de revenus. Retenue à la source* : impôt prélevé sur le revenu avant encaissement de ce revenu par son bénéficiaire. / Origine d'une nouvelle ; document de départ. *Citer ses sources.* / Foyer, point de départ d'un phénomène physique. *Source lumineuse, sonore, d'énergie.* / *Langue source*, celle que l'on traduit, par opposition à langue *cible.*

*Eau de **source**.*

sourcier n. m. Personne à qui l'on attribue le talent de découvrir les sources souterraines avec une baguette de coudrier, un pendule.

sourcil n. m. Saillie arquée et garnie de poils, surmontant l'orbite oculaire. *Froncer les sourcils* : prendre un air sévère.

sourciller v. i. [1] (En tournure négative) Froncer les sourcils ; (fig.) ne pas laisser paraître d'émotion. *Il n'a même pas sourcillé.*

sourcilleux, euse adj. Litt. Pointilleux.

sourd, e adj. et n. **A.** adj. Qui n'entend pas. *Il est sourd de naissance. Sourd comme un pot* : complètement sourd. *Faire la sourde oreille* : faire semblant de ne rien entendre. / Fig. *Sourd à* : insensible à. *Il est resté sourd à votre souffrance.* / Manquant de résonance, de clarté. *Une voix sourde.* / PHONÉT. *Phonèmes sourds, consonnes sourdes*, émis sans vibrations des cordes vocales. / *Chambre sourde* : local traité pour offrir aux ondes sonores un minimum de réverbération. / Fig. Peu lumineux. *Des couleurs sourdes.* / Fig. Diffus. *Sensation sourde.* **II.** n. Personne sourde. *Crier comme un sourd*, très fort. / Loc. fig. *Dialogue de sourds* : incompréhension totale entre deux interlocuteurs.

sourdement adv. Avec un bruit sourd. / Fig. De façon diffuse ; en dissimulant.

sourdine n. f. Dispositif qu'on adapte à certains instruments de musique pour en assourdir la sonorité. *Jouer en sourdine*, doucement. / Fig. *Mettre une sourdine à* : tempérer.

sourdingue adj. et n. Fam. Sourd.

sourd-muet, sourde-muette n. et adj. Personne sourde de naissance et qui, par conséquent, est restée muette. Pl. Des *sourds-muets*, des *sourdes-muettes.* / Adj. *Un enfant sourd-muet.*

sourdre v. i. / v. défectif (Ne s'emploie qu'à l'infinitif, ou à la troisième personne de l'indicatif présent et imparfait) [3] (En parlant de l'eau) Surgir, sortir de terre. / Fig. Naître, apparaître. *À côté de l'idée de puissance commence à sourdre l'idée de justice* (Th. Gautier).

S

souriant, e adj. Qui sourit ; exprimant la gaieté. *Un visage souriant.*

souriceau n. m. Petit de la souris.

souricière n. f. Piège à souris. / Fig. Piège tendu par la police pour surprendre des malfaiteurs. *Se jeter dans une souricière* : tomber dans un piège.

Sourikov (Vassili Ivanovitch) 1848-1916 Peintre russe, auteur d'immenses compositions historiques (*Le Matin du supplice des streltsy*).

sourire [1] v. i. / v. t. ind. [3] **A.** v. i. Donner à son visage une expression légèrement rieuse par un mouvement de la bouche et des yeux. **B.** v. t. ind. *Sourire à* : adresser un sourire à (qqn). *Sourire à un enfant.* / Être agréable à, convenir à (qqn). *Voilà une idée qui me sourit.* / Être favorable à. *La chance lui a souri.* / *Sourire de* : traiter par un sourire gentiment moqueur. *Il souriait de ma maladresse.*

***Souris** d'ordinateur.*

sourire [2] n. m. Action de sourire ; expression d'un visage souriant. *Avoir le sourire* : exprimer sa satisfaction.
souris n. f. ZOOL. Petit rongeur de la famille des muridés, au museau allongé, au pelage gris. *Les souris vivent souvent dans les lieux habités où elles s'attaquent à quantité de denrées. Les souris blanches sont élevées comme animaux de laboratoire.* / Fam. Jeune fille, jeune femme. *Qu'est-ce que c'est que cette souris ? Des souris et des hommes*, roman de Steinbeck. / BOUCH. Partie charnue à l'extrémité du manche du gigot. / INFORM. Instrument permettant, par son maniement, de désigner une zone sur l'écran d'un ordinateur et d'agir sur certaines fonctions.
sournois, e adj. Qui dissimule ses intentions. *Un individu sournois.* / Qui dénote une intention sournoise. *Une manœuvre sournoise.*
sournoisement adv. De façon sournoise, dissimulée.
sournoiserie n. f. Caractère de qui, de ce qui est sournois.
sous prép. (Marquant la position inférieure d'une chose, par rapport à ce qui est plus haut, en contact ou non avec elle) *Poser un tabouret sous ses pieds. Se cacher sous les draps. La cave est sous la maison. S'abriter sous l'auvent.* / Fig. *Sous clé, sous les verrous, sous scellés* : dans un lieu fermé à clé, aux verrous, sur lequel on a posé des scellés. / Fig. Derrière (avec une idée de dissimulation). *Sous ses airs évaporés, elle est d'une redoutable rouerie.* / (Marquant la dépendance, la subordination) *Sous les ordres de.* / MÉD. *Être sous (tel ou tel médicament)* : être soumis à l'action de (tel ou tel médicament). *Être sous antibiotiques.* / Pendant le règne de, à l'époque où s'exerçait la domination de. *Sous Louis XV. Sous Staline.* / Par l'effet de ; à cause. *Changer de situation sous l'influence de sa femme.*
Sous Dépression du sud du Maroc donnant sur l'Atlantique, entre l'ouest du Haut Atlas et l'Anti-Atlas, peuplée de Chleuhs, et consacrée à la culture des agrumes.
sous-alimentation n. f. Alimentation insuffisante pendant une période assez longue, affaiblissant l'organisme et pouvant compromettre la santé. Pl. Des *sous-alimentations.*
sous-alimenté, e adj. En état de sous-alimentation.
sous-bois n. m. Végétation qui, dans la forêt, se développe sous les arbres.
sous-classe n. f. Subdivision d'une classe. Pl. Des *sous-classes.*
sous-commission n. f. Commission secondaire. Pl. Des *sous-commissions.*
sous-consommation n. f. ÉCON. Insuffisance de la consommation. Pl. Des *sous-consommations.*
souscripteur, trice n. Personne qui prend part à une souscription. / DR. Personne qui souscrit un effet de commerce.
souscription n. f. DR. Apposition de signature au bas d'un acte. / Action de souscrire ; somme versée par le souscripteur. / DR. *Droit de souscription* : priorité de participation accordée à certains actionnaires voulant bénéficier d'une augmentation de capital.
souscrire v. t. [3] Apposer sa signature au bas de (un document) pour l'approuver. / S'engager par une signature à payer, à cotiser pour (qqch.). *Souscrire un abonnement.* / v. t. ind. *Souscrire à* : s'engager par écrit à prendre des parts dans (qqch.), à acheter (qqch.). *Souscrire à un emprunt, à une publication.* / Donner son adhésion, acquiescer à. *Souscrire à une idée.*
sous-développé, e adj. Se dit d'un pays à l'économie trop peu développée pour répondre aux besoins de sa population. *On a aujourd'hui tendance à remplacer l'expression « sous-développé » par « en voie de développement ».* Pl. Des *sous-développés.*
sous-développement n. m. État d'un pays sous-développé. Pl. Des *sous-développements.*
sous-effectif n. m. Effectif insuffisant par rapport aux besoins.
sous-emploi n. m. ÉCON. Situation dans laquelle une partie de la main-d'œuvre est au chômage. Pl. Des *sous-emplois.*
sous-ensemble n. m. MATH. Ensemble contenu dans un autre ensemble.
sous-entendre v. t. [3] Laisser entendre (qqch.) sans le dire explicitement. *Être sous-entendu* : être implicite. / Supposer comme condition ; impliquer.
sous-entendu n. m. Ce qui n'est pas exprimé mais qui se devine. *Un raisonnement plein de sous-entendus.* Pl. Des *sous-entendus.*
sous-espèce n. f. BIOL. Unité taxonomique de rang inférieur à l'espèce, dans laquelle sont regroupés des individus distincts d'autres individus de la même espèce par certaines de leurs caractéristiques phénotypiques ou génétiques, mais interféconds avec eux. *Les sous-espèces occupent généralement des zones géographiques distinctes.*
sous-estimer v. t. [1] Estimer au-dessous de sa valeur, de son importance réelle.
sous-évalué, e adj. Évalué au-dessous de sa valeur réelle.
sous-évaluer v. t. [1] Évaluer au-dessous de sa valeur réelle.
sous-exposer v. t. [1] PHOTO. Soumettre (une pellicule) à un temps de pose insuffisant. / (Au pp.) *Négatif sous-exposé.*
sous-exposition n. f. PHOTO. Action de sous-exposer.
sous-fifre n. m. Fam. Subalterne.
sous-jacent, e adj. Situé au-dessous. *Muscles sous-jacents.* / Fig. Qui ne s'est pas encore manifesté, latent. *Malveillance sous-jacente.*
Sous-le-Vent (îles) *474 km² 22 232 h.* Îles de la Polynésie française (Bora Bora, Huahine, Maupiti, Mopihaa, Raiatea et Tahaa) faisant partie de l'archipel de la Société.
Sous-le-Vent (îles) Nom donné aux îles des Petites Antilles situées dans la mer des Caraïbes, proches de la côte du Venezuela. La principale de ces îles au climat tropical est Curaçao. Les Anglais désignent sous ce nom la partie septentrionale des îles du Vent (Antigua, Montserrat, îles Vierges).
sous-lieutenant n. m. Officier du grade exactement inférieur à celui de lieutenant.
souslik n. m. (mot russe) ZOOL. Spermophile.
sous-locataire n. Personne qui occupe un local sous-loué.
sous-location n. f. Fait de sous-louer ; ce qui est sous-loué. Pl. Des *sous-locations.*
sous-louer v. t. [1] Donner à loyer (un bien, une partie d'un bien) dont on est soi-même locataire. / Prendre en location (un bien, une partie d'un bien) au locataire principal.
sous-main n. m. inv. Accessoire de bureau sur lequel on place une feuille de papier pour écrire. / loc. adv. *En sous-main* : clandestinement.
sous-marin, e adj. et n. m. **A.** adj. Situé sous la mer ; qui a lieu sous la mer. *Câbles sous-marins. Navigation sous-marine.* **B.** n. m. Navire conçu pour naviguer en plongée. *Sous-marin à propulsion nucléaire.* / Fig. Personne qui s'introduit dans une organisation en agissant pour le compte d'une autre. Pl. Des *sous-marins.*
sous-maxillaire adj. ANAT. Qui est situé sous la mâchoire. *Glande sous-maxillaire* : glande salivaire située sous le maxillaire inférieur.
sous-multiple n. m. Quantité comprise un nombre exact de fois dans une autre quantité. *Le centimètre est un sous-multiple du mètre.* Pl. Des *sous-multiples.*
sous-œuvre n. m. sing. Fondement d'une construction. *Reprendre un bâtiment en sous-œuvre* : refaire les fondations par-dessous, en renforçant certaines parties.
sous-officier n. m. Militaire ayant un grade qui en fait l'auxiliaire de l'officier. Pl. Des *sous-officiers.*

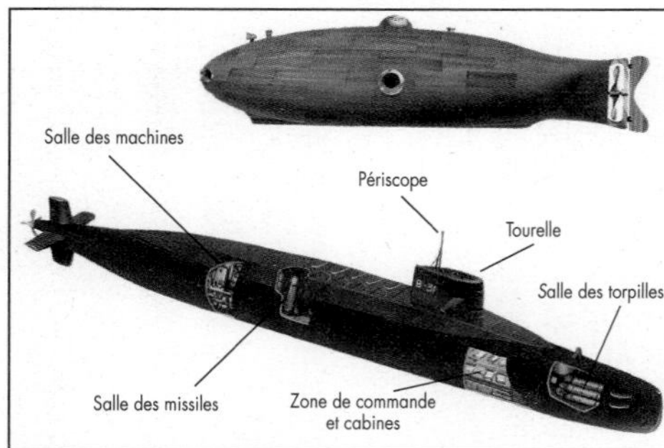

***Sous-marin** : en haut, l'Icténée, construit par l'Espagnol Narciso Monturiol (1819-1885) en 1859. En bas, un sous-marin à propulsion nucléaire.*

***Îles Sous-le-Vent** : Willemstad, sur l'île de Curaçao.*

sous-ordre n. m. Subdivision d'un ordre. Pl. Des *sous-ordres.* / BIOL. Taxon de rang inférieur à l'ordre et supérieur à la famille.
sous-préfecture n. f. Division d'un département administrée par un sous-préfet. / Ville dans laquelle réside un sous-préfet. / Bâtiments, bureaux de cette administration. Pl. Des *sous-préfectures.*
sous-préfet, ète n. Fonctionnaire subordonné au préfet. *Madame la sous-préfète* ou *Madame le sous-préfet.* / n. f. Épouse du sous-préfet. *Madame la sous-préfète.*
sous-produit n. m. Corps obtenu accessoirement au cours de la fabrication industrielle ou chimique d'un produit, ou comme résidu d'une extraction. / Produit qui dérive d'un autre. / Produit de basse qualité. Pl. Des *sous-produits.*
Sousse (en arabe *Susah*) *83 509 h.* Ville et port de Tunisie, chef-lieu du gouvernorat du même nom. Forteresse du VIIIe siècle, mosquée du IXe siècle, Musée archéologique.
soussigné, e adj. et n. Dont la signature se trouve ci-dessous. *Les personnes soussignées…*
sous-sol n. m. Partie de l'écorce terrestre située au-dessous du sol. *Sous-sol riche en minerais.* / Partie d'une construction située sous le rez-de-chaussée. Pl. Des *sous-sols.*
Soustelle (Jacques) 1912-1990 Homme politique et ethnologue français. Il enseigne au Collège de France (1939) après plusieurs années de recherches au Mexique. Ayant rejoint de Gaulle à Londres en 1940, il est chargé des services de renseignement (1940-1945) puis devient ministre des Colonies et gouverneur général de l'Algérie (1955-1956). Lorsque de Gaulle revient au pouvoir, il tente en vain d'imposer ses idées intégrationnistes sur l'Algérie ; il est contraint de s'exiler de 1961 à 1968 et retourne à ses études sur le Mexique.
sous-tendre v. t. [3] GÉOM. Former la corde de (un arc). / Fig. Former la base de (une pensée abstraite). *Ce qui sous-tend une stratégie.*
sous-titre n. m. Deuxième titre placé en dessous du titre d'un ouvrage. *Dans « Sganarelle ou le Cocu imaginaire, de Molière », « le Cocu imaginaire » est un sous-titre.* / CIN. Traduction écrite du dialogue d'un film projeté en version originale, placée en bas de l'image.
sous-titrer v. t. [1] Pourvoir d'un sous-titre, de sous-titres.
soustraction n. f. Action de soustraire, de s'emparer frauduleusement de. / MATH. Opération, inverse de l'addition, consistant à retrancher un nombre d'un autre plus grand pour obtenir la différence entre les deux.
soustraire v. t. [3] *Soustraire qqch. à qqn*, l'en priver, lui en retirer l'usage, le lui dérober. *Je lui ai soustrait son briquet sous son nez.* / *Soustraire qqn à*, lui éviter les contraintes de. *Rien n'a pu me soustraire à*

l'ennui. (Emploi pron.) Se dérober à. *Vouloir se soustraire à ses obligations.* / MATH. Opérer la soustraction de (un nombre) à un autre. *Soustraire deux de quatre.*

sous-traitance n. f. Travail du sous-traitant ; concession de ce travail. Pl. Des *sous-traitances.*

sous-traitant, e n. et adj. Personne qui effectue pour le compte d'un entrepreneur des travaux dont ce dernier conserve la maîtrise. / adj. *Société sous-traitante.*

sous-traiter v. t. [1] Céder à un sous-traitant tout ou partie de (un marché). / Prendre en sous-traitance (un marché).

sous-ventrière n. f. Courroie passant sous le ventre d'un cheval et qui se rattache aux deux limons d'une voiture. Pl. Des *sous-ventrières.*

sous-verre n. m. Image, gravure serrée entre un fond rigide et une plaque de verre ; cet ensemble. Pl. Des *sous-verres.*

sous-vêtement n. m. Vêtement léger qui se porte par-dessous les autres. Pl. Des *sous-vêtements.*

sous-virer v. i. [1] AUTO. Déraper par les roues avant dans un virage, l'axe du véhicule se déplaçant vers l'extérieur du virage. Ant. *survirer.*

soutache n. f. Galon, autrefois distinction militaire, aujourd'hui ornement vestimentaire.

soutane n. f. Longue robe boutonnée de haut en bas, portée par la plupart des prêtres catholiques séculiers jusqu'au concile Vatican II (1962-1965), et qui n'est plus aujourd'hui portée qu'occasionnellement.

soute n. f. Partie inférieure de la cale d'un navire servant de magasin, d'entrepôt ; compartiment de la carlingue d'un avion, destiné à recevoir des bagages, du fret.

soutenance n. f. Action de soutenir une thèse de doctorat.

soutènement n. m. CONSTR. Appui destiné à résister à une pression ou une poussée. *Mur de soutènement. Soutènement marchant* : étai que l'on déplace à mesure que le front de taille avance dans une mine. / DR. Ensemble des documents apportés pour justifier les articles d'un compte.

souteneur n. m. Proxénète.

soutenir v. t. [3] Maintenir (qqch.) dans une position stable, servir de support à. *Une attelle soutenait son bras blessé.* (Emploi pron.) *L'oiseau se soutient dans l'air en agitant ses ailes.* / Maintenir (qqn) debout. / Empêcher (qqn) de défaillir, remonter. *Buvez un peu de vin pour vous soutenir.* / Fig. Apporter une aide, un soutien moral à (qqn). *Soutenir un ami dans le malheur, dans le besoin.* / Maintenir (qqch.) à un niveau stable, continu, élevé. *Soutenir un son. Soutenir une monnaie. Soutenir son effort, son attention. Soutenir son rang, sa réputation,* s'en montrer digne. / Apporter son soutien à, appuyer, défendre. *Soutenir un parti.* / Affirmer avec conviction ; faire valoir en argumentant. *Je soutiens qu'il a eu tort. Soutenir une idée. Soutenir une thèse, un mémoire,* les exposer devant un jury. / Supporter sans faiblir, sans céder. *Soutenir le regard de qqn* : regarder fixement qqn sans détourner son regard. *Soutenir la comparaison avec* : se montrer l'égal de.

soutenu, e adj. Qui ne faiblit pas. / Noble, sans familiarité. *Style soutenu.*

souterrain, e adj. et n. m. **A.** adj. Qui est sous terre. *Conduite d'eau souterraine.* / Fig. Secret. *Utiliser des voies souterraines.* **B.** n. m. Galerie creusée sous terre.

Southampton.

Southampton *211 718 h.* Port de Grande-Bretagne (Hampshire), au fond d'un estuaire abrité du large par l'île de Wight, et centre industriel. Longtemps un grand port de voyageurs vers l'Amérique. L'avant-port de Fawley est aujourd'hui un centre pétrolier.

Southey (Robert) 1774-1843 Écrivain britannique. Lié avec Coleridge, il rêva d'établir avec lui, en Pennsylvanie, une communauté égalitaire, puis séjourna au Portugal, où il écrivit son poème *Thalaba le Destructeur* (1801). De retour en Angleterre, il s'installa dans la région des Lacs et se consacra à l'écriture de biographies (Nelson, Wesley, Thomas More).

soutien n. m. Action de soutenir quelque chose, quelqu'un ; appui, aide. *Comptez sur notre soutien.* / Ce qui sert de support ou d'appui. / MILIT. *Unité de soutien,* appuyant l'action d'une autre unité. / Personne qui aide, protège. *Soutien de famille* : personne dont le travail permet de faire vivre sa famille.

soutien-gorge n. m. Sous-vêtement féminin destiné à soutenir la poitrine. Pl. Des *soutiens-gorge.*

soutier n. m. MAR. Matelot autrefois employé dans les soutes d'un navire à vapeur.

Soutine (Chaïm) 1894-1943 Peintre français d'origine lituanienne. Issu d'une famille très pauvre, il arriva en 1913 à Paris où il fréquenta les milieux artistiques et se lia d'amitié avec Modigliani. Après des années de misère, il rencontra Zborowski, qui l'aida, puis un collectionneur américain qui lui acheta une centaine de tableaux, ce qui lui procura l'aisance financière nécessaire pour exercer son métier selon ses désirs, ce qui ne l'empêcha pas, au cours de fréquents épisodes dépressifs, de détruire nombre de toiles. Artiste expressionniste, il peignit des portraits à l'expression torturée, des paysages dont les verticales et les horizontales se brisent et se tordent, des natures mortes chaotiques. Ces œuvres (dont certaines font partie de séries) sont d'un réalisme violent, accentué par un coloris éclatant où domine le rouge, et une pâte épaisse (la série des *Bœufs écorchés, Le Groom,* la série des *Enfants de chœur*).

soutirer v. t. [1] Transvaser (un liquide) pour en éliminer les dépôts. *Soutirer du vin.* / Fig. *Soutirer qqch. à qqn,* l'obtenir à force de ruse, d'insistance. *Soutirer de l'argent à ses parents.*

soutra Voir **sutra**

Souvanna Phouma (prince) 1901-1984 Homme politique laotien. Ingénieur formé en France, il entra en politique en 1945 et participa au premier gouvernement formé après la déclaration d'indépendance du Laos. Il accepta le rétablissement de la monarchie imposé par les Français et fut Premier ministre à plusieurs reprises à partir de 1951. Il défendit le neutralisme du Laos contre le mouvement procommuniste Pathet Lao (que son demi-frère Souphanouvong avait fondé en 1950) et contre les proaméricains. Après la guerre civile, il forma un gouvernement d'union nationale (1974) mais se retira lors de la prise de pouvoir (1975) du Front patriotique du Laos, ancien Pathet Lao.

Souvarine (Boris Lifschitz, dit Boris) 1895-1984 Homme politique français. Partisan de l'adhésion à la IIIe Internationale, il proposa la motion qui, au congrès de Tours (1920), fut à l'origine de la fondation du Parti communiste français. Membre du præsidium de l'Internationale à Moscou (1921), il en fut exclu (1924), tout comme (1925) du parti communiste français, pour s'être rallié à Trotski. À son retour en France, il écrivit une biographie de Staline.

souvenance n. f. Litt. Souvenir.

souvenir (se) [1] v. pron. [3] *Se souvenir de* : avoir présent dans l'esprit, dans la mémoire. *Je me souviens de vous, du temps jadis, qu'il pleuvait.*

souvenir [2] n. m. Mémoire. *Cet incident a disparu de mon souvenir.* / Fait de se souvenir. *Je n'en ai pas souvenir.* / Impression, sensation, image ou idée conservées par la mémoire. *Rassembler ses souvenirs.* / Témoignage du passé ; objet rappelant une personne, un événement. *Magasin de souvenirs,* de bibelots pour touristes. / (Au plur.) Mémoires. *Écrire ses souvenirs.*

Wole Soyinka.

souvent adv. À maintes reprises. *Il est souvent allé à New York.* / En général. *Les fruits sont souvent délicieux sur ce marché.* / loc. adv. *Le plus souvent* : très généralement, dans la plupart des cas.

souverain, e [1] adj. et n. **A.** adj. Suprême. *Puissance souveraine.* / Extrêmement efficace. *Remède souverain contre le rhume.* / Qui possède l'autorité suprême. *Le souverain pontife* : le pape. *Cour souveraine,* qui juge en dernière instance. **B.** n. Monarque. / Celui, celle qui détient l'autorité suprême.

souverain [2] n. m. Ancienne monnaie d'or anglaise qui valait une livre sterling.

souverainement adv. À la manière d'un souverain ; sans appel. *Décider souverainement.* / Extrêmement, au plus haut degré. *Il est souverainement antipathique.*

souveraineté n. f. Autorité de souverain, autorité suprême. *La souveraineté du peuple. Souveraineté d'un État,* son indépendance par rapport aux autres États.

souverainisme n. m. POLIT. Doctrine des partisans d'une Europe constituée de nations souveraines, et non d'une Europe fédérale.

souverainiste n. et adj. POLIT. En Europe, partisan du souverainisme ; au Québec, partisan de la transformation du Québec en État souverain. / adj. *Des positions souverainistes.*

Souvorov (Aleksandr Vassilievitch) 1729-1800 Général russe. D'abord simple soldat, il fut nommé colonel en 1762. Sa victoire sur les tribus insurgées du Caucase lui valut d'être promu général ; il vainquit plusieurs fois les Polonais (1768 et 1797) et les Turcs (1787), et Catherine II le fit feld-maréchal (1794). Commandant les armées russe et autrichienne lors de la deuxième coalition contre Napoléon, il fut battu par Masséna à Zurich en septembre 1799 et rappelé en Russie par Paul Ier.

soviet n. m. (mot russe) HIST. Chacun des conseils de délégués ouvriers, paysans et soldats, actifs avant, pendant et après la révolution bolchevique. *Soviet suprême* : assemblée législative de l'U.R.S.S., qui était formée par deux chambres, le *Soviet de l'Union* et le *Soviet des nationalités.*

S

soviétique adj. et n. HIST. Propre aux soviets, relatif aux soviets. / Propre à l'État (Union des républiques socialistes *soviétiques* ou Union *soviétique*) qui a succédé à l'empire tsariste. *Char soviétique.*

sovkhoze ou **sovkhoz** n. m. (mot russe) HIST. En U.R.S.S., exploitation agricole d'État.

Soweto (acronyme de *South West Township*) *596 632 h.* Ville d'Afrique du Sud, banlieue populaire de Johannesburg. Le 16 juin 1976, des écoliers, opposés à l'obligation d'étudier uniquement en afrikaans, se livrèrent à une violente manifestation, qui se mua en émeute et fut durement réprimée par la police.

soyeux, euse adj. et n. m. Doux comme de la soie. *Tissu soyeux.* / n. m. Fabricant de soierie, à Lyon.

Soyinka (Wole) 1934 Écrivain nigérian d'expression anglaise. Universitaire puis metteur en scène au théâtre, il a abordé tous

Henri Paul Spaak (© OTAN).

Buste de **Lazzaro Spallanzani**.

les genres littéraires, le théâtre : *Le Lion et la Perle* (1959) et *La Mort et l'écuyer du roi* (1975); le roman : *Les Interprètes* (1965, qui dresse un portrait amer de son pays) et *Isora* (1993); la poésie : *Poèmes de prison* (1969), rédigés après sa condamnation à deux ans d'emprisonnement pour activités pro-biafraises ; l'autobiographie : *Aké, les années d'enfance* (1981). Engagé politiquement (il dénonça la dictature d'Abacha), il a su allier la modernité littéraire occidentale et les traditions culturelles de son pays. Il fut (1986) le premier Africain couronné par le prix Nobel de littérature.

S.P.A. Sigle de *Société Protectrice des Animaux*, créée en 1845.

Spaak (Henri Paul) 1899-1972 Homme d'État belge. Avocat, député socialiste, plusieurs fois ministre des Affaires étrangères et président du Conseil (en 1946 et de 1947 à 1949), il a contribué à résoudre la crise politique qui entraîna l'abdication du roi Léopold III (1951). Il fut le premier président de l'Assemblée générale de l'O.N.U., président de l'Assemblée consultative du Conseil de l'Europe (1949-1951), président de la C.E.C.A. (1952-1954) et secrétaire général de l'OTAN (1957-1961). Spaak a joué un rôle important dans l'organisation de l'Europe des Six, avant de se retirer de la vie politique en 1966. **Charles** 1903-1975 Écrivain belge. Frère du précédent, il a écrit les scénarios et dialogues de *La Kermesse héroïque* (1935), *La Grande Illusion* (1937) et *Thérèse Raquin* (1953).

Spacelab (en anglais, « laboratoire de l'espace ») Laboratoire spatial, habitable et réutilisable, lié au programme de la navette spatiale. La construction du Spacelab a été décidée en 1973, à la suite d'accords passés entre la NASA et l'ESRO (European Space Research Organisation, « Organisation européenne de recherche pour l'espace »). Le spacelab représente la contribution européenne au système spatial de transport. Il permet d'effectuer des expériences et des recherches dans les domaines de l'astronomie, de l'étude du Soleil, des plasmas, de l'observation de la Terre, de l'élaboration de matériaux, le tout dans des conditions d'apesanteur irréalisables sur Terre.

spacieusement adv. Au large.

spacieux, euse adj. Où il y a de l'espace, de l'espace inoccupé. *Bureau spacieux.*

spadassin n. m. Litt. Tueur à gages.

SPADEM (acronyme pour *Société de la Propriété Artistique et des Dessins Et Modèles*) Société créée en 1954 pour défendre les intérêts et la propriété d'artistes dans divers domaines (arts plastiques et graphiques, photographie, etc.).

spadice n. m. BOT. Sorte d'épi charnu enveloppé d'une grande bractée. *Les spadices de l'arum.*

spaghetti ou **spaghettis** n. m. pl. (mot italien) Pâtes alimentaires de semoule de blé dur, longues et fines.

spahi n. m. (mot turc) HIST. Cavalier des corps auxiliaires de l'armée française en Afrique du Nord. *Les corps de spahis, composées de soldats indigènes, furent créés en 1834, en Algérie, et dissous en 1962.*

spalax n. m. ZOOL. Rongeur des steppes d'Europe orientale et d'Asie Mineure, adapté à la vie souterraine, dépourvu d'yeux fonctionnels et d'oreilles externes.

Spallanzani (Lazzaro) 1729-1799 Biologiste italien. En 1770, professeur d'histoire naturelle à Pavie, il réalisa des expériences qui réfutèrent la théorie de la génération spontanée. Ses travaux contribuèrent aussi à la compréhension du mécanisme digestif et de la perspiration.

spallation n. f. PHYS. NUCL. Phénomène qui se produit lorsque, dans une réaction nucléaire à haute énergie, un noyau-cible est frappé par une particule incidente dont l'énergie est supérieure à environ 50 millions d'électrons-volts (MeV); ce noyau émet un jet de particules plus légères et produit un noyau dont la masse est d'ordinaire comparable à celle du noyau d'origine.

sparadrap n. m. Tissu adhésif utilisé pour maintenir des pansements.

sparidés n. m. pl. ZOOL. Famille de poissons téléostéens des mers chaudes et tempérées, à nageoire dorsale munie d'un rayon épineux. *Le pagre et la daurade sont des sparidés.*

spart ou **sparte** n. m. BOT. Graminée d'Afrique du Nord et d'Espagne, qui rappelle l'alfa, utilisée en sparterie et pour la fabrication de pâte à papier. / Plante papilionacée, également appelée genêt d'Espagne, dont on tire une fibre textile.

Spartacus ?-71 av. J.-C. Chef d'une révolte d'esclaves contre Rome. Gladiateur originaire de Thrace, il prit la tête d'une insurrection d'esclaves en 73 avant J.-C. Après deux années de luttes incertaines et alors qu'il menaçait Rome à la tête de 100 000 hommes, il fut vaincu et tué par les troupes de Crassus.

spartakisme n. m. HIST. Mouvement des spartakistes.

spartakiste n. et adj. HIST. Membre de la ligue Spartakus. / adj. *Soulèvement spartakiste.*

Spartakus (groupe ou **ligue)** Groupe de socialistes révolutionnaires allemands, réunis autour de Rosa Luxemburg et Karl Liebknecht, qui (1915) s'opposèrent aux positions nationalistes de la social-démocratie allemande. La ligue devint (1918) le Parti communiste allemand, s'affilia à la IIIe Internationale et organisa à Berlin (janvier 1919) une insurrection violemment réprimée ; Rosa Luxemburg et Karl Liebknecht furent assassinés.

Sparte ou **Lacédémone** Ancienne ville de la Grèce. Capitale de la Laconie, dans le Péloponnèse, Sparte fut fondée au IXe siècle avant J.-C. par des Doriens. Jusqu'au VIe siècle, Sparte poursuivit ses conquêtes en Laconie et Messénie et devint un État militaire comprenant les Spartiates, Doriens conquérants possédant seuls les droits politiques et mobilisés en permanence, les périèques, anciens habitants libres, mais sans droits, et les ilotes, esclaves attachés à la terre. Le gouvernement, dont le légendaire Lycurgue aurait jeté les bases, avait à sa tête deux rois mais le pouvoir appartenait aux cinq éphores et à la gérousie, ou conseil des Anciens. Durant les guerres médiques, Sparte ne se signala qu'aux Thermopyles et à Platées (479 avant J.-C.). La rivalité entre Athènes et Sparte engendra la guerre du Péloponnèse qui entraîna la ruine d'Athènes (431-404). Mais face à la coalition d'Athènes, de Corinthe, de Thèbes et d'Argos, Sparte dut, pour maintenir son hégémonie en Grèce, abandonner à la Perse les Grecs d'Asie (386). La révolte de Thèbes et l'invasion du Péloponnèse par Épaminondas après la victoire de Leuctres (371) porta un coup fatal à Sparte. Réduite à la Laconie par Philippe II de Macédoine en 337, aux prises avec les troubles intérieurs, elle fut intégrée dans la province romaine d'Achaïe en 146. Détruite par les Wisigoths d'Alaric à la fin du IVe siècle, la ville a été rebâtie au XIXe siècle.

sparterie n. f. Confection d'objets en fibres végétales telles que celles que l'on tire du spart ou de l'alfa ; ces objets eux-mêmes. *Un tapis, un panier de sparterie.*

spartiate adj. et n. De Sparte. / Fig. D'une grande austérité. *À la spartiate* : à la dure, sévèrement. / n. f. Sandale qui s'attache au pied par des lanières de cuir.

spasme n. m. Brusque contraction musculaire, involontaire, intense et transitoire.

spasmodique adj. Propre au spasme, relatif au spasme ; qui s'accompagne de spasmes. / Fig. D'un caractère brusque et transitoire.

spasmophilie n. f. MÉD. État caractérisé par une tétanie chronique qui ne peut être imputée à une anomalie de la calcémie.

spatial, ale, aux adj. Propre à l'espace, relatif à l'espace. *Notre perception spatiale.* / Relatif à l'espace interplanétaire, interstellaire. *Vaisseau spatial. Sonde spatiale* : voir *sonde*.

spatio-temporel, elle adj. Propre ou relatif à la fois à l'espace et au temps.

spationaute n. Personne qui voyage dans l'espace.

spatule n. f. Instrument dont une extrémité est aplatie, qui sert à lisser, à étaler. / Partie recourbée d'un ski. / ZOOL. Grand oiseau blanc de l'ordre des ciconiiformes, dont le bec plat à extrémité élargie a la forme d'une spatule.

speaker, speakerine n. m. (mot anglais) Personne chargée de faire les annonces à la radio, à la télévision.

spécial, ale, aux adj. Particulier à une espèce, à une catégorie de choses ou de personnes. *Une huile spéciale pour moteurs. Un programme spécial pour les personnes âgées.* / MÉTALL. *Aciers spéciaux* : voir *acier*. / Exceptionnel. *Avez-vous quelque chose à dire de spécial ?* / Inattendu, déconcertant, anormal. *Un genre spécial. Mœurs spéciales* : mœurs sexuelles qui s'écartent de la norme sociale ; homosexualité.

spécialement adv. Particulièrement.

spécialisation n. f. Action de spécialiser ; fait de se spécialiser.

spécialisé, e adj. Qui s'est fait une spécialité d'un domaine particulier. *Journaliste spécialisé dans le sport. Ouvrier spécialisé* (abrév. *O.S.*), sans qualification professionnelle.

spécialiser v. t. [1] Rendre spécialisé. / v. pron. *Se spécialiser en histoire médiévale.*

spécialiste n. Personne spécialisée dans un domaine d'activité, de connaissance. *Un spécialiste du tir à l'arc. Un spécialiste de l'infiniment petit.* / (En appos.) *Un médecin spécialiste.*

spécialité n. f. Branche d'un art, d'une science qu'une personne étudie particulièrement pour en avoir une connaissance approfondie ; domaine de la médecine auquel un médecin consacre plusieurs années d'études après le cursus normal. / Production particulière ; plat typique ou particulièrement réussi par un cuisinier. *Spécialité de la région, de la maison. Spécialité pharmaceutique* : médicament fabriqué industriellement par tel ou tel laboratoire. / DR. *Principe de la spécialité budgétaire*, selon lequel les crédits affectés à tel type de dépenses ne doivent pas être employés pour un autre. *Principe de la spécialité administrative*, selon lequel chaque autorité administrative reçoit une compétence particulière.

spéciation n. f. BIOL. Formation d'une espèce nouvelle, à partir d'une espèce ancestrale.

spécieux, euse adj. Qui n'a qu'une apparence de vérité. *Argument spécieux.*

spécification n. f. Fait de spécifier. / Détermination des caractéristiques particulières d'un objet. *Spécifications d'un produit industriel*, normes auxquelles il doit répondre. / DR. Création d'un objet nouveau à partir d'une matière appartenant à autrui.

spécificité n. f. Qualité de ce qui est spécifique.

spécifier v. t. [1] Indiquer, mentionner avec précision.

spécifique adj. Propre à une espèce, une catégorie. *Caractères spécifiques.* / MÉD. *Remède spécifique*, qui agit sur un seul type d'affection, d'organe. / PHYS. Vieilli. *Masse spécifique* : masse volumique.

spécifiquement adv. De façon spécifique.

spécimen n. m. (mot latin) Individu, objet représentatif d'un genre, d'une espèce, d'un ensemble. *Un beau spécimen de chat angora.* / Exemplaire donné gratuitement (d'une revue, d'un ouvrage).

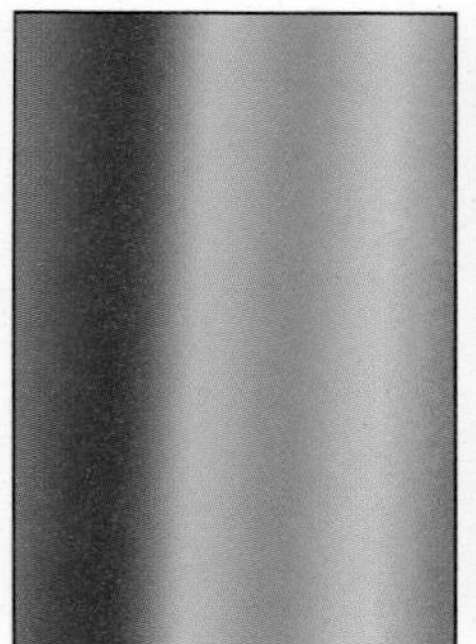

Spectre *lumineux.*

Spéléologues *dans une cavité souterraine.*

spectacle n. m. Ce qui est donné au regard ou qui fixe l'attention. *Un spectacle attristant.* / Divertissement présenté à un public. *Un spectacle de cirque.* / loc. *Se donner en spectacle*: se faire remarquer. *À grand spectacle*, se dit de la mise en scène d'un film, d'une pièce, etc. qui met en œuvre beaucoup de moyens. / *Le spectacle*: l'ensemble des activités de spectacle en tant que branche économique.

spectaculaire adj. Étonnant; qui frappe l'imagination. *Une manifestation spectaculaire. Progrès spectaculaires.*

spectateur, trice n. Personne qui contemple un spectacle.

Spectator (The) 1711-1714 Journal anglais rédigé par Richard Steele (1672-1729) et par Addison (1672-1719), ce dernier écrivant seul vers la fin de sa publication. De tendance whig, il avait pour dessein déclaré d'en finir avec « le vice et l'ignorance ». Il remporta un immense succès.

spectral, ale, aux adj. Propre au spectre, relatif au spectre. / PHYS. *Raie spectrale*: voir *raie*.

spectre n. m. Figure effrayante d'un mort que l'on croit voir, fantôme. / Perspective d'un événement qui fait peur. *Le spectre de la misère.* / PHYS. *Spectre lumineux*: images juxtaposées composant une suite de couleurs (violet, indigo, bleu, vert, jaune, orangé, rouge), constituées par la décomposition de la lumière blanche en raison d'un phénomène de réfraction ou de diffraction. *Les spectres d'émission sont produits par une source lumineuse; les spectres d'absorption sont produits par un faisceau à travers un milieu absorbant. Spectre magnétique*: schéma des lignes de force d'un champ magnétique. *Spectre de masse*: analyse fournissant la répartition des rapports entre la charge et la masse pour les atomes et molécules ionisés.

spectrobolomètre n. m. PHYS. Instrument de mesure utilisé pour l'étude des spectres lumineux du rayonnement solaire, composé de deux parties, un spectroscope et un bolomètre.

spectrographe n. m. PHYS. Instrument de mesure des spectres lumineux, formé d'un spectroscope dont l'écran de visualisation est remplacé par une plaque sensible permettant l'enregistrement graphique du spectre observé.

spectrohéliographe n. m. ASTRON. Appareil utilisé pour photographier, en lumière monochromatique, les détails de la surface solaire.

spectrophotomètre n. m. PHYS. Instrument de mesure composé d'un spectroscope et d'un photomètre, utilisé pour la mesure par comparaison de l'intensité de deux sources lumineuses différentes.

spectroscope n. m. PHYS. Appareil utilisé pour l'examen visuel direct des spectres lumineux.

spectroscopie n. f. PHYS. Étude scientifique des spectres; ensemble des techniques d'analyse reposant sur cette étude.

spectroscopique adj. PHYS. Qui relève de la spectroscopie.

spéculateur, trice n. Personne qui fait de la spéculation financière.

spéculatif, ive adj. Propre à la spéculation philosophique; qui s'y exerce. *Sciences spéculatives. Esprit spéculatif.* / Propre ou relatif à la spéculation financière. *Titre spéculatif.*

spéculation n. f. PHILO. Recherche ou raisonnement abstrait, sans application pratique. / Opération financière ou commerciale qui utilise les fluctuations du marché pour réaliser des bénéfices. *Une spéculation immobilière.*

spéculer v. i. [1] Se livrer à des opérations financières ou commerciales en exploitant les variations du marché. *Spéculer sur les monnaies.* / Miser (sur qqch.) pour en tirer un avantage. / Méditer (sur des choses abstraites, théoriques).

spéculum n. m. (mot latin) MÉD. Instrument destiné à maintenir largement ouverts les orifices des cavités naturelles du corps pour mieux les examiner.

speech n. m. (mot anglais). Brève allocution. *Faire un speech.*

Speer (Albert) 1905-1981 Homme politique allemand. Architecte, il aménagea pour le régime nazi, l'esplanade de Nuremberg où se tenaient les grandes manifestations, construisit, à Berlin, la Grande Chancellerie (détruite en 1945) et fut (1942) ministre de l'Armement. Le tribunal de Nuremberg le condamna à vingt ans de prison.

Speke (John Hanning) 1827-1864 Explorateur britannique. En explorant l'Afrique centrale, il découvrit le lac Victoria (1858).

spéléologie n. f. Étude des cavités naturelles du sous-sol: cavernes, grottes, sources et rivières souterraines; exploration de ces cavités, à caractère scientifique ou sportif.

spéléologique adj. Relatif à la spéléologie.

spéléologue n. Spécialiste de spéléologie.

Spencer (Herbert) 1820-1903 Philosophe anglais. Instituteur, ingénieur et journaliste libéral, sa curiosité et ses nombreuses lectures l'amenèrent à adhérer à la croyance du développement progressif de l'humanité. Dans ses ouvrages *Principes de psychologie* (1855), *Principes de biologie* (1864), *Principes de sociologie* (1877-1896), il élabore sa théorie évolutionniste et l'applique à chaque domaine (culturel ou social) abordé: il y montre le passage de l'homogène à l'hétérogène, de l'indéfini au défini, du simple au complexe.

Spenser (Edmund) 1552-1599 Poète anglais. Très apprécié de son vivant, il inspira de nombreux écrivains anglais du XIXe siècle. Il dédia à la reine Élisabeth Ire le premier des douze livres de *La Reine des fées* (1590-1596), épopée à la fois magique et nostalgique, dont Byron appréciait la musicalité des vers. Spenser célébra son amour pour son épouse dans *Amoretti* (sonnets, 1595) et dans son *Epithalamion*.

spermaceti n. m. Nom scientifique du blanc de baleine, substance huileuse que renferme le crâne des cachalots, utilisée pour fabriquer des cosmétiques.

spermaphytes ou **spermatophytes** n. f. pl. BOT. Ensemble des plantes produisant des graines (gymnospermes et angiospermes). Syn. phanérogames.

spermatique adj. Du sperme; relatif au sperme. *Cordon spermatique*: cordon auquel est suspendu le testicule.

spermatocyte n. m. BIOL. Gamète mâle qui, n'ayant pas subi les deux divisions de la méiose, n'est pas arrivé à maturité.

spermatogenèse n. f. BIOL. Formation des spermatozoïdes. *Les différents stades de la spermatogenèse (multiplication cellulaire, méiose, maturation des spermatozoïdes) a lieu dans les testicules.*

spermatozoïde n. m. BIOL. Gamète mâle, cellule mobile, composé d'une tête (dans laquelle se trouve le noyau), d'une pièce intermédiaire et d'un flagelle.

sperme n. m. Liquide visqueux et blanchâtre, qui contient les spermatozoïdes en suspension dans le liquide séminal, sécrété par les glandes génitales mâles (vésicules séminales, glandes de Cowper, prostate).

spermicide adj. et n. m. PHARM., MÉD. Se dit des produits contraceptifs qui détruisent les spermatozoïdes. / n. m. *Un spermicide*: un produit spermicide.

spermophile n. m. ZOOL. Écureuil terrestre à queue courte, aux bajoues volumineuses, d'Amérique du Nord et d'Eurasie. Syn. souslik.

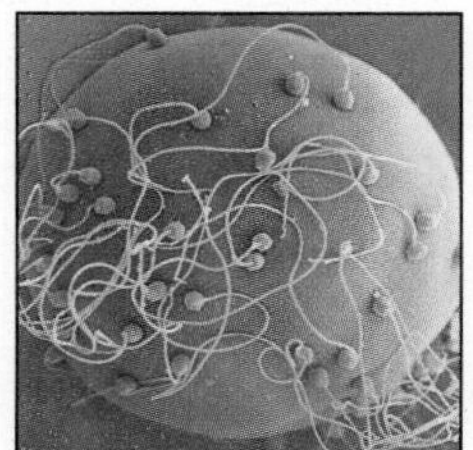

Spermatozoïdes *entourant un ovule.*

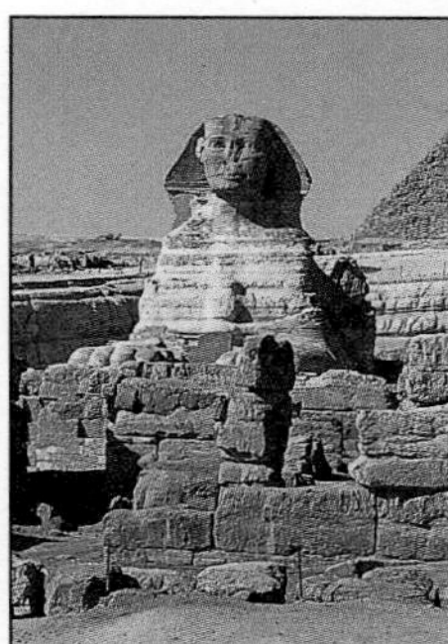

Le ***sphinx*** *de Guizèh.*

Spezia (la) *101 701 h.* Port italien, au sud de Gênes, en Ligurie, chef-lieu de la province du même nom. Favorisé par des eaux profondes et adossé à la montagne, le port a de multiples activités: arsenal, constructions navales, raffineries de pétrole (arrivée du gazoduc africain), industries chimiques.

sphaigne n. f. BOT. Mousse des marais dont la décomposition produit la tourbe.

sphéniciformes n. m. pl. ZOOL. Ordre d'oiseaux marins de l'hémisphère Sud, adaptés à la nage, incapables de voler, auquel appartiennent les manchots.

sphénodon n. m. ZOOL. Reptile à l'allure de lézard, à crête dorsale épineuse. *Le sphénodon, unique représentant actuel de l'ordre des rhynchocéphales, vit en Nouvelle-Zélande.* Syn. hattéria, tuatara.

sphénoïde n. m. ANAT. Os de la base du crâne, situé entre l'ethmoïde, le frontal, l'occipital et les temporaux.

sphère n. f. MATH. Solide déterminé par une surface dont tous les points sont situés à une égale distance d'un point appelé centre. *La section d'une sphère par un plan est un cercle.* / ASTRON. *Sphère céleste*: sphère imaginaire de dimension infinie qui entoure la Terre et à la surface de laquelle, pour des raisons de commodité de représentation, nous faisons figurer tous les objets célestes observables. / Fig. Domaine dans lequel s'exerce l'action de quelqu'un, d'une autorité, d'une institution. *Les hautes sphères de la diplomatie. Sphère d'influence d'un État*: ensemble de pays sur lesquels celui-ci exerce un certain contrôle.

sphéricité n. f. Caractère de ce qui est sphérique.

sphérique adj. En forme de sphère. / GÉOM. Propre ou relatif à la sphère.

sphéroïde n. m. Solide dont la forme est voisine de celle d'une sphère.

sphincter n. m. (mot latin) ANAT. Muscle circulaire qui permet de maintenir fermées certaines ouvertures naturelles en se contractant. *Sphincter anal.*

sphingidés n. m. pl. ZOOL. Famille de papillons généralement nocturnes, souvent de grande taille, au corps fuselé, aux ailes étroites, à longue trompe, comprenant les sphinx.

sphinx n. m. MYTH. GR. (Avec une majuscule) *Le Sphinx*: le monstre ailé à corps de lion et tête de femme, établi à proximité de la ville égyptienne de Thèbes, qui posait aux passants des énigmes et dévorait ceux

Steven Spielberg.

qui ne savaient pas les résoudre. *Œdipe triompha de l'épreuve et vainquit le Sphinx.* / BX-A. Statue à corps de lion couché et à tête d'homme, de bélier ou d'épervier. *Le sphinx de Guizèh.* / Fig. Personne à l'expression ou au caractère énigmatiques. / ZOOL. Papillon de la famille des sphingidés. *Sphinx tête-de-mort*, qui s'introduit dans les ruches pour se nourrir du miel.

sphygmomanomètre ou **sphygmotensiomètre** n. m. MÉD. Appareil utilisé pour mesurer la pression artérielle, composé d'un manomètre relié à un manchon gonflable qui se place autour du bras.

sphyrène n. f. ZOOL. Grand poisson téléostéen des mers chaudes, carnassier, à la mâchoire inférieure proéminente. Syn. barracuda.

sphyrénidés n. m. pl. ZOOL. Famille de poissons téléostéens comprenant les barracudas.

spi n. m. Abréviation de spinnaker.

spicule n. m. ZOOL. Chacun des éléments siliceux, calcaires ou organiques qui constituent le squelette des spongiaires. / ASTRON. Ensemble de jets de matière qui s'élèvent au-dessus de la sphère solaire.

Spielberg (Steven) 1946 Cinéaste américain. Le succès de son film *Duel* (1973, d'abord pour la télévision, puis passé au cinéma) lui permit de réaliser, pour le grand écran, *Les Dents de la mer* (1975) avant de se lancer dans la science-fiction (*Rencontres du troisième type*, 1977) et de connaître un triomphe international avec *E.T. l'extraterrestre* (1982), que suivra la série des *Jurassic Park* (1993 pour le premier). Il a donné une nouvelle jeunesse au film d'aventures avec la série des *Indiana Jones*, puis s'est attaqué à des thèmes ambitieux, la Shoah, avec *La Liste de Schindler* (1994), et la Deuxième Guerre mondiale (*Il faut sauver le soldat Ryan*), notamment.

spin n. m. (mot anglais) PHYS. NUCL. Propriété fondamentale qu'ont les particules élémentaires de tourner sur elles-mêmes.

spina-bifida n. m. inv. (mots latins) MÉD. Malformation congénitale de la colonne vertébrale qui consiste en une fermeture incomplète de l'arc postérieur de certaines vertèbres (généralement lombaires ou sacrées). *Le spina-bifida peut s'accompagner d'une hernie des méninges et de la moelle épinière.*

spinal, ale, aux adj. ANAT. Qui appartient à la colonne vertébrale, à la moelle épinière.

spinelle n. m. GÉOL Oxyde double dont la composition répond à la formule générale $MO.M'_2O_3$ ou MM'_2O_4. (Les spinelles se rencontrent en tant que minéral secondaire dans les roches métamorphiques volcaniques, et comme minéral dans de nombreux sédiments. La maghémite est très fréquente dans les roches ignées, les spinelles alumineux dans les roches métamorphiques, les spinelles chromifères dans les roches basiques).

spinnaker n. m. (mot anglais) MAR. Grande voile triangulaire d'avant, utilisée sur les yachts.

Spínola (António Sebastião Ribeiro de) 1910-1996 Général et homme politique portugais. Il est observateur pendant la guerre d'Espagne dans le camp franquiste (1936-1939) et observateur à nouveau aux côtés des Allemands en 1941. Envoyé aux Açores en 1945, il participe aux différentes guerres coloniales portugaises (en Angola et en Guinée portugaise [future Guinée-Bissau]). De retour à Lisbonne, il publie *Le Portugal et l'avenir* (1974), dans lequel il préconise la décolonisation et un changement de régime. En avril 1974, la junte qui renverse Salazar le place à la tête de l'État et le conduit à la présidence. Hostile aux éléments procommunistes du nouveau gouvernement, il démissionne en septembre 1974. L'année suivante, il tente un coup d'État et quitte le Portugal pendant un an. Il est fait maréchal en 1981.

Baruch de Spinoza.

Spinoza (Baruch de) 1632-1677 Philosophe hollandais écrivant en latin. D'origine juive, il critique l'authenticité des textes bibliques, ce qui lui vaut d'être chassé de la synagogue d'Amsterdam en 1656. Il se retire à La Haye pour poursuivre sa réflexion. Sa philosophie développe le rationalisme de Descartes. Agnostique et soucieux de liberté (*Traité théologico-politique*, écrit vers 1670, inachevé, publié après sa mort), il a exposé sa pensée dans *L'Éthique*, livre écrit sous forme de propositions et de théorèmes qui se déduisent les uns des autres. Pour lui, la sagesse consiste à comprendre et à aimer l'ordre nécessaire qui existe dans la nature. Il n'y a qu'une substance, infinie et absolue, Dieu, qui englobe l'homme, la liberté, les passions. Ni l'homme, ni Dieu ne sont séparés du Grand Tout, c'est pourquoi on parle du *panthéisme* de Spinoza. *L'Éthique* fut publié en 1677, quelques mois après sa mort.

spirale n. f. Courbe plane, non fermée, tournant indéfiniment autour d'un point en s'en éloignant sans cesse ; enroulement en forme d'hélice. *Escalier en spirale.*

spire n. f. Portion de spirale qui effectue une révolution complète autour de son pôle. / ÉLECTR. Portion d'un enroulement dont les extrémités sont très rapprochées l'une de l'autre.

Spire *45 000 h.* Ville d'Allemagne, dans la Rhénanie-Palatinat, sur le Rhin. Elle a un glorieux passé dont témoigne sa cathédrale, construite de 1030 à 1060 dans un style dit roman-rhénan. Plusieurs diètes s'y tinrent, notamment celle au cours de laquelle Charles Quint dut faire face en 1529 aux doléances des princes allemands qui avaient embrassé la Réforme.

spirée n. f. BOT. Rosacée arbustive de l'hémisphère Nord, dont diverses espèces sont cultivées pour leurs qualités ornementales.

spirite adj. et n. Propre ou relatif au spiritisme. / Adepte du spiritisme.

spiritisme n. m. Doctrine selon laquelle les esprits des défunts survivent dans le fluide universel et peuvent se manifester grâce à l'action des médiums, qui ont le pouvoir de communiquer avec eux.

spiritualisme n. m. PHILO. Doctrine qui reconnaît l'existence de l'esprit, indépendamment de la matière, et affirme la supériorité du premier.

spiritualiste adj. et n. Relatif au spiritualisme ; tenant du spiritualisme. *Doctrine spiritualiste. Un spiritualiste.*

spiritualité n. f. PHILO. Qualité de ce qui est d'ordre spirituel. *Spiritualité de l'âme.* / RELIG. Ce qui a trait à la vie spirituelle. *Spiritualité franciscaine.*

spirituel, elle adj. **I.** PHILO. Qui est de la nature de l'esprit, qui est esprit. *Nature spirituelle de Dieu. Essence spirituelle de l'être.* / Qui a rapport à la vie de l'âme. *Exercices spirituels.* / RELIG. Qui concerne la religion, l'Église. *Pouvoir spirituel et pouvoir temporel.* **II.** D'un esprit vif et subtil ; amusant ; malicieux. *Un ami spirituel. Une remarque spirituelle.*

spirituellement adv. Avec esprit, humour. *Répondre spirituellement à une remarque ironique.* / En esprit ; dans le domaine de la spiritualité. *Ils sont spirituellement très proches.*

spiritueux adj. et n. m. Qui contient de l'alcool. / n. m. Boisson riche en alcool. *Vins et spiritueux.*

spirochètes n. m. pl. BIOL. Groupe de bactéries en forme d'hélice, dépourvues de paroi rigide, dont certaines espèces, non pathogènes, ont un mode de vie libre et d'autres sont commensales ou pathogènes. *Le tréponème est un spirochète.*

spiromètre n. m. Appareil utilisé pour mesurer la capacité respiratoire.

spirule n. f. ZOOL. Mollusque céphalopode pélagique des eaux tropicales, dont la coquille interne a la forme d'une corne enroulée en une spirale dont les spires ne se touchent pas.

La cathédrale romane de ***Spire.***

Spitzberg Archipel du nord de la Norvège qui fait partie du Svalbard, et qui comprend en particulier l'île du *Spitzberg occidental*, terre recouverte en grande partie par les glaces mais renfermant le seul gisement houiller de Norvège.

Spitzer (Lyman) 1914-1997 Physicien américain. Il a démontré que les planètes n'étaient pas constituées de la même matière que le Soleil, puis, en étudiant la fusion thermonucléaire, pressenti le rôle du magnétisme dans le confinement de gaz maintenus à très haute température.

spleen n. m. (mot anglais) Mélancolie profonde, dégoût de tout.

splendeur n. f. Beauté splendide. *La splendeur d'un palais. Dans toute sa splendeur* : dans tout son éclat. / Chose splendide.

splendide adj. Très beau, superbe. *Une fleur splendide.*

splendidement adv. De façon splendide.

splénectomie n. f. CHIR. Ablation de la rate.

splénique adj. ANAT. De la rate.

splénomégalie n. f. MÉD. Augmentation du volume de la rate.

Split *200 459 h.* Port de Croatie, sur l'Adriatique, et centre industriel. Il reste d'imposants vestiges du palais de Dioclé-

Vue de ***Split*** *; au premier plan, le port.*

S

tien (295) dont le mausolée a été transformé en cathédrale au VIIe siècle (l'édifice actuel offre un étonnant mélange de styles, qui va du roman à la Renaissance), et la vieille ville est riche en monuments anciens (églises, palais, hôtel de ville).

Spolète *38 000 h.* Ville ancienne d'Italie, en Ombrie. Colonie étrusque, puis romaine, duché puissant du VIe au Xe siècle, la ville possède une cathédrale (XIIe et XVIe siècles) décorée par Filippo Lippi.

spoliation n. f. Action de spolier ; son résultat.

spolier v. t. [1] Dépouiller, déposséder (qqn de qqch.) par la force, par la ruse, en abusant de son pouvoir.

Sponde (Jean de) 1557-1595 Poète français. Humaniste protestant converti au catholicisme en 1593, il servit Henri IV avant de se retirer du monde pour se consacrer à la théologie. Poète baroque, il a été redécouvert à travers ses recueils *Amours* et ses *Stances de la mort, Sonnets sur le mesme subject.*

spondée n. m. En métrique ancienne, pied formé de deux syllabes longues.

spondylarthrite n. f. MÉD. *Spondylarthrite ankylosante* : forme d'arthrite de la colonne vertébrale, qui se caractérise notam. par une ankylose progressive, douloureuse, des articulations de la base de la colonne vertébrale.

spondyle n. m. Vx Vertèbre. / ZOOL. Mollusque lamellibranche à coquille épineuse, colorée, vivant dans les mers chaudes.

spongiaires n. m. pl. ZOOL. Embranchement d'animaux métazoaires aquatiques, d'organisation simple, constitués de deux feuillets cellulaires (ne formant pas de véritables tissus) qui entourent une cavité centrale ou un réseau de cavités, l'ensemble étant soutenu par des spicules calcaires ou siliceux. *Les spongiaires sont couramment appelés éponges.* Syn. porifères.

spongieux, euse adj. Dont la consistance, l'aspect, les propriétés rappellent l'éponge. *Sol spongieux.*

spongiforme adj. Qui a l'aspect d'une éponge. / MÉD. Se dit d'une maladie au cours de laquelle certains tissus prennent l'aspect d'une éponge. *Encéphalopathie spongiforme bovine (E.S.B.)* : voir *encéphalopathie.*

spongiosité n. f. Caractère de ce qui est spongieux.

sponsor n. m. (mot anglais) Mécène agissant à des fins commerciales, publicitaires.

sponsoriser v. t. [1] Parrainer (un support promotionnel). *Sponsoriser un spectacle.*

spontané, e adj. Fait sans contrainte, librement, volontairement. *Aveu spontané* / Sans calcul ni réflexion. *Un cri spontané.* / Qui agit, parle sans calcul ni réflexion. *Un enfant spontané.* / Qui existe sans avoir été provoqué. *Théorie de la génération spontanée* : voir *génération.* / BOT. *Végétation spontanée*, qui n'a pas été semée de main d'homme.

spontanéisme n. m. POLIT. Doctrine de certains groupes qui font essentiellement confiance à la spontanéité révolutionnaire des masses.

spontanéité n. f. Caractère de ce qui est spontané, d'une personne spontanée.

spontanément adv. Avec spontanéité.

Sporades Archipel grec de la mer Égée, partagé en deux groupes : les Sporades du Nord (Skyros, Skopelos), au nord-est de l'Eubée, et les Sporades du Sud, qui longent la côte de l'Asie Mineure, et forment le Dodécanèse (île principale : Rhodes).

*Prisonniers soviétiques conduits par la Waffen-**SS** dans les camps de travail.*

Sporades équatoriales Voir **Ligne (îles de la)**

sporadique adj. Qui se produit de temps à autre, d'une façon irrégulière, ou qui est dispersé dans l'espace. / MÉD. (En parlant d'une maladie) Qui n'atteint que certains individus.

sporadiquement adv. Parfois, de temps à autre, sans régularité.

sporange n. m. BIOL. Organe dans lequel se forment les spores chez les algues, les fougères, les mousses, les champignons, etc.

spore n. f. BIOL. Élément de reproduction et de dissémination, le plus souvent unicellulaire, des algues, des champignons, des fougères, des mousses, de certaines bactéries. *On appelle « spores » divers types de structures, certaines haploïdes et d'autres diploïdes.*

sporogone n. m. BOT. Organe porteur des spores (sporophyte) chez les mousses, formé d'une soie soutenant un sporange.

sporophyte n. m. BOT. Organisme végétal diploïde, issu de la fécondation, et produisant par méiose les spores haploïdes qui donneront naissance au gamétophyte. Voir *gamétophyte.*

sporozoaires n. m. pl. BIOL. Sous-embranchement de protozoaires parasites, notam. de l'homme, généralement dépourvus d'appareil locomoteur. *Le plasmodium et les coccidies sont des sporozoaires.*

sport n. m. (mot anglais) Ensemble des activités physiques exercées, individuellement ou collectivement, sous forme de jeu, de lutte, de compétition, et supposant un entraînement et le respect de certaines règles ; chacune de ces activités. *Sports de combat. Sports d'hiver*, pratiqués sur la neige ou sur la glace.

sportif, ive adj. et n. Propre ou relatif au sport. *Résultats sportifs.* / Qui demande un effort physique, des performances physiques. *C'est assez sportif comme exercice.* / Qui pratique le sport, aime le pratiquer. *Une famille sportive.* / Qui accepte les règles de la compétition sportive, du fair-play. *Il s'est conduit de manière sportive.* / Subst. *Un sportif.*

sportivement adv. Avec un esprit sportif. *Il a sportivement reconnu son erreur.*

sportivité n. f. Attitude de qqn qui se montre moralement sportif.

spot n. m. (mot anglais) PHYS. Point lumineux se déplaçant le long d'une échelle graduée dans certains instruments de mesure à miroir ; tache lumineuse produite par des électrons qui frappent l'écran fluorescent d'un tube cathodique. / CIN. Projecteur au faisceau lumineux étroit. / Lampe d'intérieur à faisceau étroit. / AUDIOV. Message publicitaire.

Spot Acronyme pour *Système Probatoire d'Observation de la Terre*, famille de satellites français dont le premier est opérationnel depuis 1986.

sprat n. m. (mot anglais) ZOOL. Poisson de la famille des clupéidés, plus petit que le hareng, commun dans la mer du Nord et la Manche.

Spratly (îles) *130 000 km²* Archipel formé d'un ensemble d'îlots inhabités situés dans le sud de la mer de Chine, revendiqués par le Vietnam, Taïwan, Brunei, la Malaisie, les Philippines et la Chine (qui les nomme Nansha Qundao), car ils contiennent des hydrocarbures.

spray n. m. (mot anglais) Nuage ou jet de liquide vaporisé en fines gouttelettes. / Vaporisateur, atomiseur.

Sprée (la) *403 km* Affluent de la Havel qui arrose Berlin.

springbok n. m. (mot néerlandais) ZOOL. Antilope du sud de l'Afrique, à la course très rapide et capable d'effectuer des sauts importants.

Springfield *105 938 h.* Ville des États-Unis, capitale de l'Illinois, centre agricole et industriel.

sprinkler n. m. (mot anglais, « asperseur ») TECHN. Système d'arrosage tournant. / Dans un lieu public, un magasin, système de projection automatique de liquide lorsque la température ambiante atteint un certain seuil, de manière à prévenir les incendies ;

sprint n. m. (mot anglais) SPORT Course de vitesse sur courte distance ; accélération sensible à la fin d'une course de fond ou de demi-fond.

sprinter [1] n. m. (mot anglais) SPORT Coureur de sprint. / Coureur qui excelle dans les sprints de fin de course.

sprinter [2] v. i. [1] Courir un sprint ; effectuer un sprint.

sprue n. f. MÉD. Maladie intestinale chronique des régions tropicales, accompagnée de diarrhée.

spumeux, euse adj Plein d'écume. *Liquide spumeux.* / Qui ressemble à de l'écume.

squale n. m. ZOOL. Poisson cartilagineux fusiforme, dépourvu de nageoire anale, à fentes branchiales latérales. / Par ext. Tout requin.

squamates n. m. pl. ZOOL. Ordre de reptiles au corps allongé, couvert d'écailles renouvelées lors de la mue, comprenant les serpents, les lézards et les amphisbènes.

squame n. f. Lamelle épidermique qui se détache de la surface de la peau, présente en abondance dans certaines dermatoses.

square n. m. (mot anglais) Petit jardin public entouré d'une grille.

squash n. m. (mot anglais) Sport en salle qui se joue à deux avec une petite balle de caoutchouc et des raquettes en utilisant le rebond des parois.

squat n. m. (mot anglais) Immeuble ou maison désaffectée occupée par des habitants sans titre.

squatter [1] n. m. (mot anglais) Pionnier qui, aux États-Unis, s'établissait dans des terres en friche, sans titre légal de propriété. / En Australie, éleveur dont les troupeaux paissent sur des prairies louées à l'État. / Personne qui occupe illégalement un logement inoccupé.

squatter [2] v. t. [1] Transformer en squat (une maison inoccupée).

squaw n. f. (mot amérindien) Épouse, chez les Amérindiens du nord.

Squaw Valley Station de sports d'hiver des États-Unis, en Californie, dans la Sierra Nevada.

squeeze n. m. (mot anglais) Au bridge, manière d'empêcher l'adversaire d'utiliser ses cartes maîtresses.

squeezer v. t. [1] Au bridge, pratiquer un squeeze sur (un adversaire). / *Squeezer qqn*, lui prendre l'avantage qu'il pouvait avoir.

squelette n. m. ANAT. Ensemble ou partie de la charpente osseuse des vertébrés. *Squelette du thorax.* / Ensemble des os d'un corps mort et décharné. / Fig. Personne d'une extrême maigreur. / Carcasse, charpente. *Squelette d'un navire.* / Fig. Plan d'une œuvre, schéma.

squelettique adj. ANAT. Propre au squelette. / Qui évoque le squelette. *Une maigreur squelettique.* / Fig. Sans substance. *Un rapport squelettique.*

• **Sri Lanka** État insulaire d'Asie situé au sud-est de l'Inde ; on le nommait naguère Ceylan.

srilankais, e adj. et n. Du Sri Lanka. *Le gouvernement srilankais. Un Srilankais.*

Srinagar *586 038 h.* Capitale de l'État de Jammu-et-Cachemire en Inde. Ville très pittoresque, Srinagar possède, outre un artisanat très actif, une industrie textile.

SS (initiales de *Schutz-Staffel*, groupe de protection) Police militarisée de l'Allemagne nazie, ces « milices noires », créées par Hitler, comptaient 400 hommes en 1925 et 240 000 en 1939. Subordonnés à Himmler, les SS étaient chargés de la défense du régime et, à partir de 1939, de la surveillance des territoires occupés. Durant la guerre de 1939-1945, les SS, sous le nom de Waffen-SS, constituèrent également des unités combattantes d'élite comprenant des volontaires étrangers.

stabilisant, e adj. et n. m. CHIM. Se dit d'un additif qui permet de ralentir une réaction. / n. m. *Un stabilisant.*

stabilisateur, trice adj. et n. m. Qui rend stable. / n. m. TECH. Dispositif destiné à limiter les oscillations, à rendre plus stable un véhicule, un navire, un avion. *Stabilisateur de roulis.* / CHIM. Syn. de *stabilisant.*

stabilisation n. f. Action de stabiliser ; fait d'être stabilisé, de se stabiliser. *Stabilisation d'une monnaie, d'une maladie.*

S

SRI LANKA

Superficie : *65 610 km²* – **Nombre d'habitants :** *19 600 000 h.* – **Capitale :** *Colombo*
Villes principales : *Dehiwala, Moratuwa, Jaffna, Kandy* – **Système politique :** *république*
Langue(s) : *cinghalais, tamoul* – **Religion(s) :** *bouddhisme, hindouisme, islam* – **Monnaie(s) :** *roupie de Sri Lanka*

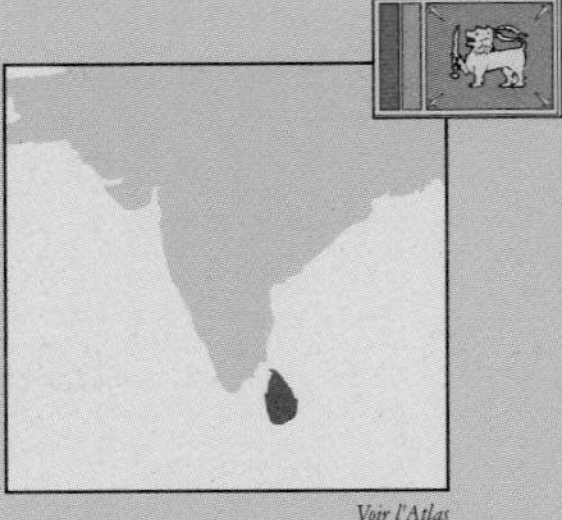

Voir l'Atlas

Géographie physique et humaine

L'île du Sri Lanka est constituée d'un vieux massif cristallin, qui culmine à *2 528 m*, et qui est entouré d'un vaste plateau peu élevé *(300 m)*, lui-même ceint d'une plaine littorale. Le climat est tropical. Le sud-ouest, exposé à la mousson, est le domaine de la forêt dense ; le nord-est, plus sec, celui de la forêt claire. Les Cinghalais, bouddhistes (75 %), sont sans cesse en conflit avec les Tamouls, hindouistes (18 %), plus nombreux que les Cinghalais dans le nord et l'est. Vivant surtout dans le sud et l'ouest, régions bien arrosées, et rurale à 85 %, la population cultive pour sa subsistance riz, manioc, patates douces, et, pour l'exportation, thé (premier producteur mondial), hévéa, cocotier.

La plage d'Unawatana dans la région située au sud de Colombo.

L'élevage, la pêche, l'exploitation forestière, l'extraction de pierres précieuses constituent des appoints. Plus d'un million de Sri Lankais travaillant à l'étranger envoient des fonds. Malgré la guerre civile, la croissance (relative) se maintenait. L'industrie textile se développait. Mais les retombées de la crise dans le Sud-Est asiatique se sont fait sentir en 1998.

Histoire

L'île était peuplée d'Australoïdes (dont les Vedda constituent sans doute les derniers représentants) lorsque, au Vᵉ siècle av. J.-C., elle fut colonisée par des Indo-européens venus de la région de l'Indus qui y diffusèrent le bouddhisme. Ces derniers furent suivis par des Tamouls (IIIᵉ siècle av. J.-C.) et, au XIᵉ siècle de notre ère, l'île était une colonie de l'Inde du sud ; elle a joui pendant trois cents ans d'une grande prospérité.
Les Européens, en y débarquant au XVIᵉ siècle, découvrirent un pays ruiné dont la côte fut occupée par le Portugal. Aux XVIIᵉ et XVIIIᵉ siècles, l'île fut néerlandaise. Mais, en 1798, les Pays-Bas devinrent la République batave, associée à la France révolutionnaire ; la Grande-Bretagne s'empara (1802) de Ceylan, où elle développa les plantations. Elle lui accorda l'autonomie interne en 1931, puis (1948) en fit un dominion, gouverné par le chef du Parti national uni (U.N.P.).
Le parti se scinda (1951), les dissidents fondèrent un nouveau parti (Parti de la liberté du Sri Lanka, S.L.F.P.) dont le dirigeant, Salomon Bandaranaike, devint Premier ministre en 1956. Il fut assassiné en 1959 ; sa femme, Sirimavo, lui succéda. Triomphalement élue en 1960, elle mena une politique neutraliste et socialisante, avant d'être battue aux élections de 1965.
Elle forma un gouvernement de tendance socialiste, en s'appuyant sur les trotskistes et le Parti communiste pro-soviétique (nationalisation des terres et

Artère du centre de Colombo.

des plantations appartenant à des sociétés étrangères). En 1972, Ceylan devint la république du Sri Lanka (vieux nom sanscrit de Ceylan) sans quitter le Commonwealth. En 1977, après l'échec électoral de Sirimavo Bandaranaike, le parti conservateur porté au pouvoir a entamé une politique libérale (privatisations).
En 1983, les Tamouls (environ 20 % de la population, essentiellement rassemblée dans le Nord), qui avaient déjà exprimé leur violent mécontentement devant la « cinghalisation » de l'île (le cinghalais a été proclamé unique langue officielle en 1956), ont déclenché une insurrection devenue une véritable guerre ; autour de l'organisation des « Tigres pour la libération de l'Eelam tamoul » (LTTE), ils réclament, pour les plus irréductibles, la création d'un État tamoul indépendant. Le gouvernement a été contraint de demander l'aide de l'armée indienne (1987-1990). En 1994, le parti des Bandaranaike a remporté les élections ; la fille de l'ancien Premier ministre, Chandrika Kumaratunga, a été élue présidente de la République (elle sera réélue en 1999). En 1995, les succès de l'armée contre les Tamouls ont semblé décisifs. Mais entre 1998 et 1999, la guérilla n'a jamais été aussi intense. Cependant, en février 2002, un cessez-le-feu a été signé entre les rebelles du LTTE et le gouvernement et la trêve n'a pas été rompue.

stabiliser v. t. [1] Rendre stable, assurer la stabilité de.
stabilité n. f. Caractère de ce qui est stable. *Stabilité d'un meuble.* / Qualité d'un corps qui revient à sa position d'équilibre après en avoir été écarté. *Stabilité d'un avion.* / Caractère de ce qui demeure dans un même état pendant un temps prolongé. *La stabilité des institutions.* / CHIM., PHYS. Propriété d'un système en équilibre permanent.
stable adj. Équilibré, dont le point d'équilibre ne varie pas. *Construction stable.* Ant. instable. / Fig. (En parlant d'une personne) *C'est un garçon stable.* / Fig. Qui se maintient dans son état. *Valeur stable.*
stabulation n. f. AGRIC. Séjour du bétail en étable.
staccato adv. et n. m. (mot italien) MUS. En détachant bien les notes. / n. m. Passage ainsi exécuté.
Stace (en latin **Publius Papinius Statius)** 45 ?-96 Poète latin. Il est l'auteur d'une épopée, *La Thébaïde*, sur la guerre entre le roi de Thèbes et son frère Polynice, mais surtout de *Silves*, pièces de circonstance pleines de charme et de détails sur la vie de la bonne société romaine.
stade n. m. ANTIQ. Chez les Grecs, mesure de longueur de 600 pieds (environ 180 mètres) ; piste de la longueur d'un stade aménagée pour les compétitions. *Les jeux du stade.* / Terrain, souvent entouré de tribunes, aménagé pour la pratique de certains sports. *Stade olympique.* / Fig. Phase d'une évolution. *Les stades d'une maladie.*
stadhouder Voir **stathouder**
Staël (Germaine Necker, baronne de Staël-Holstein, connue sous le nom de **Mᵐᵉ de)** 1766-1817 Écrivain français. Fille du banquier suisse Necker, elle épouse à vingt ans le baron de Staël-Holstein, beaucoup plus âgé qu'elle, et reçoit dans son salon, à Paris, tous les intellectuels de l'époque. Cependant, bien que libérale, elle devient suspecte aux yeux des révolutionnaires et doit émigrer (1792) en Suisse, où elle fait la rencontre de Benjamin Constant qui deviendra son amant. Revenue à Paris (1797), elle s'exprime en faveur des idéaux de la Révolution ; cela lui attire l'hostilité de Bonaparte qui, en 1803, la force à s'exiler à nouveau. Elle visite l'Allemagne, l'Italie et la Russie, et séjourne aussi à Coppet (canton de Vaud, sur le lac Léman) où elle a un cercle d'amis brillants. Elle reviendra en France sous la Restauration. Ses œuvres, souvent interdites en France par Napoléon Iᵉʳ, comprennent des romans (*Delphine*, 1802 ; *Corinne*, 1807), et des essais (*De la littérature considérée dans ses rapports avec les institutions sociales*, 1800 ; *De l'Allemagne*, 1810). Par son esprit, Mᵐᵉ de Staël appartient au

Corinne au cap Misène, par Gérard. **Mᵐᵉ de Staël** *est représentée sous les traits de l'héroïne de son roman.*

XVIIIe siècle mais, par sa sensibilité, elle annonce le romantisme.
Staël (Nicolas de) 1914-1955 Peintre français d'origine russe. Admirateur de Braque, il se fait connaître à Paris dans les années 1940 et expose ensuite à l'étranger. Sa peinture, qui se caractérise alors par des aplats de couleurs vives, évolue de l'abstraction (*Astronomie*, 1944) à un art plus figuratif au début des années 1950 (*Les Footballeurs*, 1952). Installé (1953) dans le sud de la France, son style devient encore plus souple et lumineux (*La Plage*, 1954); on aurait tendance à en faire l'expression de la joie de vivre, mais Staël s'est suicidé. Il avait tâté de toutes les disciplines artistiques: peinture à l'huile, illustration, tapisserie, collage, faisant, dans toutes ses œuvres, montre de la même rigueur et de la même harmonie.
staff [1] n. m. (mot allemand) TECHN. Matériau utilisé pour le revêtement ou la décoration, composé de plâtre à mouler et de fibres végétales.
staff [2] n. m. (mot anglais) Ensemble des collaborateurs directs d'un dirigeant d'entreprise, d'un homme politique; groupe de personnes travaillant ensemble.
staffer v. t. [1] TECHN. Construire en staff.
staffeur n. m. TECHN. Spécialiste des ouvrages en staff.
stage n. m. Période d'études pratiques imposée aux candidats à certaines professions avant qu'ils soient titularisés. / Période pendant laquelle une personne travaille à titre temporaire dans une entreprise en vue de sa formation ou de son perfectionnement.
stagflation n. f. ÉCON. Coexistence de la stagnation et de l'inflation. *Une économie en période de stagflation.*
stagiaire n. Celui, celle qui fait un stage.
stagnation n. f. Fait de stagner; état d'un liquide qui stagne. / Fig. Manque de dynamisme, immobilisme. *Stagnation des affaires.*
stagner v. i. [1] Rester immobile, ne pas s'écouler, en parlant d'un fluide. / Fig. Rester dans la même situation, ne pas évoluer.
Stahl (George Ernst) 1660-1734 Médecin et chimiste allemand. Médecin personnel du roi de Prusse, Frédéric-Guillaume Ier, il a laissé de nombreux ouvrages scientifiques, en particulier sur sa théorie du phlogistique qui fut reprise ultérieurement.
Stahl (P. J.) Voir **Hetzel (Jules)**
Stahly (François) 1911 Sculpteur français d'origine allemande. Son œuvre est proche de celle de Brancusi et de Arp; nombre de ses sculptures monumentales animent des ensembles architecturaux. Il a également créé des *Labyrinthes* animés par des pièces en marbre ou en bronze aux formes brutes.
Stakhanov (Aleksei Grigorievitch) 1905-1977 Mineur soviétique qui, dans une mine de charbon, serait parvenu à dépasser la norme d'extraction du minerai dans des proportions qui semblaient impossibles à envisager (105 tonnes pour une norme de 7 tonnes, à lui seul, dans la nuit du 30 au 31 août 1935; 227 tonnes en septembre de la même année, avec deux autres mineurs). Il est très probable que cette édifiante histoire n'est qu'une légende.

Bataille de Stalingrad.

stakhanovisme n. m. HIST. Méthode soviétique d'organisation du travail qui avait pour but d'augmenter les rendements par l'emploi de techniques nouvelles et l'émulation entre les travailleurs.
stakhanoviste adj. et n. HIST. Propre ou relatif au stakhanovisme. / n. Partisan de cette méthode.
stalactite n. f. Concrétion calcaire pendante. *Les stalactites se forment, dans une grotte souterraine, par accumulation du calcaire contenu dans l'eau qui suinte de la voûte.*
stalag n. m. En Allemagne, pendant la Deuxième Guerre mondiale, camp de prisonniers réservé aux sous-officiers et hommes de troupe.
stalagmite n. f. Concrétion calcaire conique dressée, formée sur le sol d'une grotte souterraine, sous une stalactite.
• **Staline (Iossif Vissarionovitch Djougachvili,** dit **Joseph)** 1879-1953 Homme d'État soviétique.
Stalingrad Voir **Volgograd**
Stalingrad (bataille de) Bataille livrée à l'armée allemande par l'armée soviétique en 1942-1943. Les Soviétiques infligèrent

STALINE

Adhérent à la fraction bolchevique du parti social-démocrate révolutionnaire, il fut plusieurs fois arrêté et finalement déporté en Sibérie de 1913 à 1917. Rentré à Petrograd lors de la révolution, commissaire du peuple aux nationalités, puis membre du Conseil de défense, il entra en conflit avec Trotski et, malgré l'opposition de ce dernier, fut nommé secrétaire général du parti. Il put ainsi contrôler toute l'administration et s'emparer du pouvoir à la mort de Lénine (1924). Une lutte sans merci s'engagea alors avec Trotski, partisan de la révolution mondiale, alors que Staline voulait limiter l'action révolutionnaire à l'Union soviétique.
En 1927, Trotski et Zinoviev furent exclus du parti. Staline, alors maître du gouvernement, imposa sa dictature. La collectivisation forcée des terres agricoles, la priorité donnée à l'industrie lourde et la pénurie des biens de consommation qui s'ensuivit causèrent un profond mécontentement et déclenchèrent une véritable famine qui fit des millions de morts. Il se débarrassa de ses adversaires par des procès ou des « purges » suivis d'exécutions ou de déportations, et encouragea parallèlement le culte de la personnalité de Lénine puis de sa propre personne. La terreur stalinienne se solda par l'exécution de nombreux membres de la vieille garde soviétique et de milliers d'officiers de l'Armée rouge, par la mise à mort d'un million de « saboteurs » et par l'enfermement au Goulag de 9 millions d'« ennemis du peuple » et de « trotskistes ».
En politique étrangère, méfiant à l'égard des puissances de l'Ouest qui l'avaient écarté de la conférence de Munich en 1938, Staline signa avec Hitler un pacte de non-agression (23 août 1939). Par ailleurs, il s'empara des pays Baltes, d'une partie de la Pologne, de la Finlande et de la Roumanie. Cependant, le 22 juin 1941, Hitler attaquait l'U.R.S.S. et Staline se faisait nommer maréchal de l'Union soviétique puis généralissime (1945), tout en laissant à ses généraux une certaine latitude pour la conduite de la guerre.

Churchill, Roosevelt et Staline pendant la conférence de Yalta (4-11 février 1945).

En contact avec Roosevelt et Churchill à Téhéran en 1943, à Yalta et à Potsdam en 1945, il réserva à ses troupes la libération des pays de l'Est où s'installèrent des régimes communistes. Il put ainsi étendre la zone d'influence du communisme de l'Elbe au Pacifique, renforçant la méfiance puis l'hostilité des puissances atlantiques à son égard: c'est la période de la *guerre froide*. Obsédé par sa propre sécurité et persuadé que tout le monde complotait contre lui (« complot » des médecins juifs, janvier 1953), Staline déclencha de nouvelles purges, qui ne s'arrêtèrent qu'à sa mort, le 5 mars 1953.
Trois ans plus tard, le XXe Congrès du parti communiste, sur un rapport de Khrouchtchev, condamnait les méthodes staliniennes et le culte de la personnalité. En 1961, son corps était exilé du mausolée de Lénine pour être simplement placé dans le mur du Kremlin. Mais Staline conserve encore des fidèles en Russie et dans certains partis communistes étrangers, et le *stalinisme* est un terme qui s'applique aujourd'hui encore à un mode de gouvernement tyrannique semblable à celui de Staline.

S

Johannes Stark.

à l'armée allemande sa première grande défaite : le maréchal von Paulus se rendit avec son armée le 31 janvier 1943 après tout un hiver de combats et signa la capitulation le 2 février. Il avait entrepris le siège de la ville en septembre 1942.

stalinien, enne adj. et n. Propre ou relatif à Staline, au stalinisme. / Partisan de Staline, du stalinisme.

stalinisme n. m. Doctrine, pratique de Staline et de ses partisans. *Le stalinisme a combiné le socialisme et le nationalisme, le culte de la personnalité du dirigeant et des principaux penseurs socialistes, l'État bureaucratique et policier, la militarisation de la société et la terreur politique.*

stalle n. f. Chacun des sièges de bois placés des deux côtés du chœur d'une église pour les membres du clergé. / Box d'un cheval dans une écurie.

Stamitz (Johann Wenzel Anton) ou **Stamic (Jan Vaclav Antonin)** 1717-1757 Violoniste et compositeur tchèque. Installé à Mannheim où il fut maître de concert, il contribua à l'élaboration de la symphonie moderne et composa de nombreuses œuvres pour son instrument (sonates, concertos).

stance n. f. ANC. Strophe. / (Au plur.) Poème lyrique comportant un nombre variable de strophes du même type. *Les stances du Cid.*

S

stand [1] n. m. (mot anglais) Dans une exposition, espace réservé à chaque exposant. / SPORT *Stand de ravitaillement* : sur un circuit, point de ravitaillement pour les concurrents d'une course automobile, motocycliste.

stand [2] n. m. (mot suisse allemand) *Stand de tir* : lieu aménagé pour le tir à la cible.

standard [1] n. m. et adj. inv. (mot anglais) **A.** n. m. Modèle, norme de fabrication. / Thème classique de jazz. **B.** adj. Conforme à un modèle, à une norme, à un produit, à une taille. *Prix standard. Échange standard* : remplacement d'une pièce usagée par une autre du même type. / Fig. Courant, sans originalité. *Un discours standard.*

standard [2] n. m. Appareil central d'un dispositif téléphonique permettant de brancher en même temps plusieurs postes reliés entre eux.

standardisation n. f. Fait de standardiser ; uniformisation.

standardiser v. t. [1] Rendre (qqch.) conforme à un standard. / Uniformiser.

standardiste n. Personne qui tient un standard téléphonique.

stand-by n. m. (mot anglais) *En stand-by* : en attente, en position d'attente. *Passagers en stand-by*, figurant sur la liste d'attente d'un prochain vol.

standing n. m. (mot anglais) Niveau de vie, situation sociale. / Niveau d'équipement, confort. *Un immeuble de grand standing.*

Stanislas Nom de deux rois de Pologne.

Stanislas Ier Leszczinski 1677-1766 Roi de Pologne (1704-1709 et 1733-1736). Élu roi par les Polonais à la suite de la défaite et de la fuite d'Auguste II face au roi de Suède, il fut contraint d'abandonner le trône au retour d'Auguste soutenu par Pierre le Grand. Devenu le beau-père de Louis XV en 1725, il tenta de reconquérir la Pologne avec son appui, mais la guerre de succession qui s'ensuivit aboutit à sa chute en 1736, son rival, Auguste III, ayant l'appui des Russes. À titre de compensation, il reçut la Lorraine (traité de Vienne, 1738).

Stanislas II Poniatowski 1732-1798 Dernier roi de Pologne (1764-1795). Élu avec l'appui de Catherine II de Russie, il tenta des réformes en vue de moderniser son pays mais ne put éviter les partages de la Pologne, minée par l'anarchie, entre la Russie, la Prusse et l'Autriche (1772 et 1793). Il fut contraint d'abdiquer lors du dernier partage en 1795.

Stanislavski (Konstantin Sergueïevitch Alekseïev, dit**)** 1863-1938 Acteur et metteur en scène de théâtre russe. En 1898, il fonda le Théâtre d'art de Moscou où il créa les pièces de Tchekhov et de Gorki. Ses conceptions novatrices ont bouleversé le théâtre russe et influencé le Cartel (Baty, Dullin, Pitoëff, Jouvet) et l'Actor's Studio américain.

Stanley (John Rowlands, sir **Henry Morton)** 1841-1904 Journaliste et explorateur anglais. Mousse sur un navire, puis combattant parmi les confédérés américains, enfin envoyé spécial du *New York Herald*, il retrouva l'explorateur Livingstone, disparu depuis trois ans au cœur de l'Afrique (1871). Il explora ensuite l'Afrique équatoriale et le cours du Congo (1879-1884) sur la demande du roi des Belges Léopold II qu'il aida à créer l'État libre du Congo. Rentré en Angleterre, il fut élu en 1890 à la Chambre des communes. Il a laissé des récits de ses voyages : *Comment j'ai retrouvé Livingstone* (1872).

Stanley (Wendell Meredith) 1904-1971 Biochimiste américain. Pendant ses recherches à l'université de Princeton, il fut le premier à cristalliser un virus (1935), l'agent de la mosaïque du tabac, démontrant la nature protéinique des virus et ouvrant ainsi la voie de la virologie moderne.

Stanley Pool *450 km²* Lac formé par le Congo et découvert par Stanley en 1877, nommé aujourd'hui *Pool Malebo.*

Stanovoï (monts) Chaîne montagneuse de la Sibérie orientale au nord-est du lac Baïkal. S'allongeant sur *800 km*, elle culmine à *2 400 m.*

staphylococcie n. f. MÉD. Infection due au staphylocoque.

staphylocoque n. m. BIOL., MÉD. Bactérie à gram positif, formant des amas en forme de grappes de raisin, parfois pathogène et responsable d'infections diverses (furoncle, septicémie à staphylocoques, etc.).

Starting-block.

staphylome n. m. MÉD. Distension pathologique de la cornée ou de la sclère.

star n. f. (mot anglais, « étoile ») Vedette de cinéma. / Par ext. Toute vedette. *Une star de la chanson. Une star de la politique.*

Starck (Philippe) 1949 Architecte et designer français, un des plus inventifs de la fin du XXe siècle.

starets ou **stariets** n. m. (mot russe) RELIG. Moine de l'Église orthodoxe russe qui, inspiré par le Saint-Esprit, guide le chrétien dans la voie de la perfection. Pl. Des *startsy.*

Stark (Johannes) 1874-1957 Physicien allemand. Il étudia le dédoublement des raies spectrales sous l'action d'un champ électrique. *Effet Stark* : effet statistique d'élargissement des raies dans un spectre stellaire ; l'atome responsable d'une raie donnée est perturbé par le champ électrique des ions voisins ; cet élargissement est considérable dans les naines blanches.

starlette n. f. Jeune candidate au statut de star.

Starobinski (Jean) 1920 Critique littéraire suisse d'expression française. L'un des principaux représentants de l'école de Genève qui préconise une critique fondée entièrement sur la compréhension du texte seul, la recherche du sens ne s'opérant que dans ses lignes. Il étudia notamment J.-J. Rousseau (1957), Montaigne (1982), et publia *Critique et légitimation à l'âge des Lumières* (1989).

staroste n. m. (mot polonais) HIST. Autrefois, en Pologne, seigneur d'un domaine qu'il tenait en fief contre redevance au monarque.

START Acronyme pour *STrategic Arms Reduction Talks* (Conférence sur la réduction des armes stratégiques). Ensemble de rencontres (qui succédèrent aux rencontres SALT) entre les États-Unis et l'U.R.S.S. (1982-1996). En 1992-1993, de nouveaux accords START furent conclus entre les États-Unis, la Russie, l'Ukraine, le Kazakhstan et la Biélorussie.

starter n. m. (mot anglais) Personne qui donne le départ d'une course. / Personne qui règle la circulation et le départ des avions sur un aérodrome militaire. / Dispositif, lié au carburateur, qui facilite le démarrage d'un moteur à explosion en envoyant dans les cylindres un mélange explosif plus riche en carburant.

***Station** balnéaire : Bénidorm, en Espagne.*

starting-block n. m. (mot anglais) SPORT Cale-pieds utilisé par les coureurs pour prendre le départ d'une épreuve de sprint. Pl. Des *starting-blocks.*

start-up n. f. (mot anglais, « essor, démarrage ») ÉCON. Jeune entreprise de haute technologie et à fort potentiel de croissance.

stase n. f. MÉD. Arrêt ou ralentissement considérable de la circulation d'un liquide organique. / BIOL. *Stase évolutive* : période pendant laquelle les modifications morphologiques touchant une espèce sont extrêmement limitées.

stathouder ou **stadhouder** n. m. (mot néerlandais) HIST. Gouverneur de province des Pays-Bas sous la domination espagnole ; chef d'une ou de plusieurs provinces dans les Provinces-Unies. *Guillaume d'Orange fut stathouder général.*

stathoudérat n. m. HIST. Fonction de stathouder ; gouvernement d'un stathouder.

station n. f. Manière de se tenir, position. *Station allongée.* / Fait de s'arrêter lors d'un déplacement. *Les stations du chemin de croix* : les quatorze arrêts du Christ montant au Calvaire. / Endroit aménagé où s'arrête un véhicule de transport de voyageurs. *Station de métro, d'autobus.* / Lieu où l'on effectue des observations scientifiques. *Station météorologique. Station d'épuration* : complexe de traitement des eaux usées. / *Station spatiale* : engin spatial équipé pour accueillir des astronautes chargés d'effectuer des missions scientifiques. / *Station balnéaire, de sports d'hiver* : localité équipée pour accueillir des vacanciers, pour la pratique des sports de neige.

stationnaire adj. et n. m. Qui demeure à la même place. / PHYS. *Ondes stationnaires*, qui oscillent en tout point soit en concordance, soit en opposition de phase.

stationnement n. m. Action, fait de stationner. *Stationnement interdit.*

stationner v. i. [1] S'arrêter pour un certain temps à un endroit. *Stationner en double file. Troupes stationnées dans une région.*

station-service n. f. Poste de distribution de carburant où l'on assure parfois l'entretien courant des véhicules à moteur. Pl. Des *stations-service.*

statique adj. et n. f. **I.** Qui ne se déplace pas. *Rester statique.* / Fig. *Une société statique.* **II** PHYS. (Par oppos. à *dynamique*) Relatif à l'équilibre des forces. *Électricité statique* : voir *électricité.* / n. f. Partie de la mécanique qui s'intéresse à l'équilibre des forces.

statisticien, enne n. Spécialiste de statistique.

statistique n. f. Branche des mathématiques appliquées qui, à partir de données réelles, établit des modèles et des prévisions en utilisant le calcul des probabilités. / (Au

John Steinbeck.

plur.) L'ensemble des données chiffrées relatives à un domaine particulier d'étude. *Statistiques économiques.*

statistiquement adv. D'après les statistiques ; du point de vue de la statistique.

stator n. m. TECHN. Partie fixe de certaines machines (par opposition au *rotor*).

statoréacteur n. m. AVIAT. Moteur à réaction sans organe mobile où la pression dynamique de l'air remplace la compression des turboréacteurs. *Le statoréacteur ne peut fonctionner qu'au-delà d'une vitesse d'amorçage élevée.*

statuaire adj. et n. Propre ou relatif aux statues ; utilisé pour les statues. *Art statuaire. Pierre statuaire.* / n. f. Art de faire des statues. *La statuaire antique.* / n. Sculpteur de statues.

statue n. f. Ouvrage sculpté en ronde bosse représentant un être humain ou un animal en entier. / Fig. Individu à l'expression figée.

statuer v. i. [1] Décider. *Statuer dans un conflit. Statuer sur* : prendre une décision quant à.

statuette n. f. Petite statue.

statufier v. t. [1] Élever une statue à la gloire de (qqn, qqch.) ; représenter (qqn, qqch.) par une statue.

statu quo n. m. inv. (mots latins) État présent des choses. *Maintenir le statu quo.*

stature n. f. Taille d'une personne. *Un homme de stature moyenne.* / Fig. Envergure, valeur de qqn.

statut n. m. Ensemble de lois, de règlements qui régissent le fonctionnement d'une collectivité. *Le statut des fonctionnaires.* / Position (d'une personne, d'un groupe) dans la société. / (Au plur.) Textes qui réglementent le fonctionnement d'une société, d'une association. *Changement de statuts.*

statutaire adj. Conforme aux statuts.

statutairement adv. Conformément aux statuts.

Stauffenberg (Claus Schenk, comte **von)** 1907-1944 Colonel allemand. Il déposa la bombe qui devait tuer Hitler lors de l'attentat manqué du 20 juillet 1944. Arrêté le jour même à Berlin, alors qu'il croyait Hitler mort, il fut fusillé.

Stavisky (Alexandre) 1886-1934 Homme d'affaires français d'origine russe. Ses opérations frauduleuses sur des bons du Crédit municipal de Bayonne entraînèrent un scandale, appelé *l'affaire Stavisky* (1934), dans lequel furent impliqués des hommes politiques. Son suicide (?) mystérieux au moment de son arrestation contribua à la chute du gouvernement Chautemps et aux émeutes de février 1934.

steak n. m. (mot anglais) Tranche de bœuf à griller ou grillée, bifteck. *Steak tartare* : mets constitué de viande de bœuf crue hachée et diversement assaisonnée.

steamer n. m. (mot anglais) Vx Navire à vapeur.

stéarine n. f. CHIM. Ester de l'acide stéarique et de la glycérine. / Cour. Solide blanc, cireux, constitué d'un mélange d'acides gras, utilisé notam. pour la fabrication des bougies.

stéarique adj. CHIM. *Acide stéarique* : acide gras de formule $C_{17}H_{35}COOH$, contenu dans les graisses animales et végétales.

stéatopyge adj. Dont les fesses sont le lieu d'un développement graisseux. *Vénus stéatopyge* : figure, statue de Vénus, où la déesse est représentée avec de grosses fesses.

stéatopygie n. f. Développement graisseux des fesses.

stéatorrhée n. f. MÉD. Débit de graisses éliminées dans les fèces, dont l'augmentation est liée à des troubles dans la digestion des lipides.

stéatose n. f. MÉD. Envahissement des cellules d'un tissu par des graisses (triglycérides).

steel band n. m. (mots anglais) MUS. Orchestre constitué d'instruments construits avec des récipients métalliques.

Steen (Jan) 1626-1679 Peintre hollandais. Peintre de genre, il traite avec malice les scènes de la vie populaire.

steeple-chase ou **steeple** n. m. (mot anglais) Course de chevaux sur un parcours aménagé d'obstacles. / SPORT *3 000 m steeple* : course de fond avec obstacles (28 sauts de haies et 7 sauts de rivière), disputée sur piste. Pl. Des *steeple-chases.*

Stefan (Josef) 1835-1893 Physicien autrichien. Il est le premier à remettre en cause l'affirmation de Newton concernant la proportionnalité des écarts de température en fonction des variations de l'énergie lumineuse rayonnée par un corps chaud. Professeur de physique en 1863, il est en 1866 directeur de l'institut de recherche de physique de Vienne, avec Ludwig Boltzmann comme assistant. Leurs deux noms sont attachés à la loi du rayonnement de corps noir. La *loi de Stefan-Boltzmann* s'énonce ainsi : l'intensité rayonnée par un corps noir est proportionnelle à la puissance quatrième de sa température absolue ; découverte en 1879 par Stefan, elle trouva sa confirmation en 1884 lorsque Boltzmann l'interpréta pour formuler les lois de la thermodynamique. Elle devait conduire à l'interprétation de la théorie quantique du rayonnement.

Stéfan (Jacques Dufour, dit **Jude)** 1930 Écrivain français. Son œuvre poétique, marquée par la lecture des auteurs latins aussi bien que modernes, mêle des tons divers, du langage le plus précieux au plus trivial, en conservant une grande unité (*Cyprès*, 1967 ; *Aux chiens du soir*, 1979 ; *À la vieille Parque*, 1989 ; *Génitifs*, 2001). Les thèmes de la mort, de la déchéance, de l'amour, du sexe y reviennent souvent. Il est également l'auteur de nouvelles et d'essais.

stégocéphales n. m. pl. PALÉONT. Ordre d'amphibiens fossiles, terrestres, au crâne massif.

stégomyie ou **stegomyia** n. f. ZOOL. Moustique des régions chaudes qui transmet la fièvre jaune par ses piqûres.

stégosaure ou **stegosaurus** n. m. PALÉONT. Dinosaure du Jurassique, portant deux rangées de plaques dorsales dressées, et de longues pointes près de l'extrémité de la queue.

Steichen (Edward) 1879-1973 Photographe américain. Sa rencontre avec Rodin, à Paris, confirme son intérêt pour l'art moderne, et il organise la première exposition, aux États-Unis, de Picasso, Rodin et Matisse (1908). Après avoir été, au cours de la Première Guerre mondiale, conseiller technique pour la photographie de la défense aérienne de l'armée américaine, il se dirige vers la photo de mode. De 1947 à 1962, il est directeur de département photo du Museum of Modern Art de New York.

Stein (Gertrude) 1874-1946 Écrivain américain. Elle s'installa en France avec son frère en 1903 et fut parmi les premières à apprécier les œuvres de Picasso. Amie des cubistes, elle tente ses propres innovations dans le domaine littéraire et devient l'égérie des écrivains américains d'avant-garde expatriés en Europe de 1919 à 1939, ceux que l'on appelle la « génération perdue ». Elle écrivit une chronique familiale : *Américains d'Amérique* (1907, publiée en 1925) ; *Trois Vies* (1909), se livra à des recherches formelles (*Dix Portraits*, 1930) et publia des souvenirs : *Autobiographie d'Alice B. Toklas* (biographie de sa compagne) ; *Autobiographie des autres* (1937) ; *Paris, France* (1940).

Stein (Edith) 1891-1942 Philosophe allemande. Juive convertie au catholicisme, carmélite, elle fut déportée en 1942. Outre son œuvre proprement philosophique, où l'on retrouve l'influence de Husserl, on lui doit des réflexions mystiques (*La Science de la croix*, posthume 1957) ; elle a été canonisée en 1998 (Sainte Bénédicte de la Croix).

Steinbach (Erwin de, dit **maître Erwin)** ?-1318 Architecte alsacien, constructeur devenu légendaire car on lui attribua la cathédrale de Strasbourg, alors qu'en réalité il n'en fut responsable que d'une partie : le commencement de la façade et une chapelle dédiée à la Vierge Marie.

Steinbeck (John) 1902-1968 Romancier américain. Il tente divers métiers avant de revenir, vers la fin des années 1920, dans sa Californie natale pour s'y consacrer à l'écriture. Ses romans au style réaliste dénoncent, avec une générosité passionnée, les difficultés et la misère des gens simples, comme les paysans et les ouvriers agricoles américains. Après le succès de *Tortilla Flat* (1935), il publie *Des souris et des hommes* (1937), *Les Raisins de la colère* (1939), *Rue de la sardine* (1944), *À l'est d'Eden* (1952). Il a également écrit le film *Viva Zapata !* (1952).

Stèle *funéraire égyptienne.*

Stendhal.

Steiner (Rudolf) 1861-1925 Philosophe et pédagogue autrichien. Membre de la Société théosophique, il s'en éloigna pour fonder à Stuttgart sa propre Société anthroposophique visant à rapprocher le mysticisme chrétien et la spiritualité orientale. Il créa des écoles où il fit appliquer de nouvelles méthodes d'enseignement inspirées de ses conceptions anthroposophiques. Son livre le plus célèbre est *Science occulte* (1910).

Steinlen (Théophile Alexandre) 1859-1923 Dessinateur, lithographe et peintre français d'origine suisse. Installé à Montmartre en 1881, il fit la rencontre de nombreux artistes de son époque (Toulouse-Lautrec, Satie, Verlaine, etc.) au cabaret Le Chat-Noir. Son œuvre (illustrations pour Bruant, Rictus ; affiches) représente le plus souvent des scènes populaires ou intimistes, des paysages, et surtout des chats. En 1901, il collabora à *L'Assiette au beurre*, journal satirique qui dénonçait les tares du régime de la IIIe République.

Steinway Famille de facteurs de pianos allemands. La firme fut fondée en 1853 à New York par Heinrich Engelhardt Steinweg, dit Steinway (1797-1871), et ses deux fils.

stèle n. f. Pierre monolithe érigée, portant un décor peint ou sculpté, une inscription funéraire ou commémorative.

Stella (Frank) 1936 Peintre américain. Réagissant initialement contre l'expressionnisme abstrait, il complexifia l'abstraction géométrique qui caractérisa sa première période, en ayant recours à du métal polychrome.

stellaire adj. Des étoiles, propre aux étoiles. *Lumière stellaire.*

stencil n. m. (mot anglais) Pochoir en papier paraffiné servant, après perforation, à la reproduction d'un texte ou d'un dessin.

Stendhal (Henri Beyle, dit**)** 1783-1842 Écrivain français. Il quitte sa ville natale de Grenoble pour se présenter à l'École polytechnique à Paris mais abandonne ses études

S

et suit Napoléon en Italie (1799). Hostile à la Restauration, il part pour Milan mais est expulsé par la police autrichienne et doit revenir à Paris en 1821. À la chute de Charles X, il devient consul à Trieste, puis à Civitavecchia. En tant qu'écrivain, Stendhal est surtout connu pour ses romans : *Racine et Shakespeare* (1823-1825); *L'Armance* (1827); *Promenades dans Rome* (1829); *Le Rouge et le Noir* (1830); *Lucien Leuwen* (inachevé, écrit en 1834); *Mémoires d'un touriste* (1838); *La Chartreuse de Parme* (1839); *Lamiel* (1889), mais il a également écrit des nouvelles : *Chroniques italiennes* (1839), des œuvres autobiographiques : *Souvenirs d'égotisme* (1832); *Vie de Henry Brulard* (1835-1836) publiées après sa mort, des essais sur la peinture (que sa mort laissa inachevés) et la musique. Il a tenu son *Journal* de 1802 à 1823. Par son sens aigu de l'observation, son anticléricalisme et son athéisme, Stendhal est un homme du XVIIIe siècle. Mais sa sensibilité très vive, la finesse de son analyse psychologique préfigurent les recherches du XXe siècle. Son style froid, « le style du code civil », n'a pas été compris de ses contemporains. Mais il a fait naître une « morale », ou une vision de la vie, à travers son œuvre romanesque, le beylisme : auto-observation, égotisme, goût de la passion.

sténo n. m. et n. f. Abréviation de sténographie et de sténographe.

sténodactylo n. Personne qui pratique la sténodactylographie.

sténodactylographie n. Emploi combiné de la sténographie et de la dactylographie.

sténographe n. Personne qui pratique la sténographie.

sténographie n. f. Écriture abréviative qui permet de transcrire la parole aussi rapidement qu'elle est prononcée, à l'aide de signes conventionnels représentant des lettres, des syllabes ou des mots entiers.

sténographier v. t. [1] Écrire en sténographie.

sténographique adj. Relatif à la sténographie.

sténose n. f. MÉD. Rétrécissement congénital ou pathologique d'un conduit ou d'un organe.

sténotype n. f. Machine munie d'un clavier, qui permet de noter rapidement la parole sous forme phonétique en utilisant un alphabet simplifié.

sténotypie n. f. Transcription de la parole à l'aide d'une sténotype.

sténotypiste n. Personne qui pratique la sténotypie.

stentor n. m. *Une voix de stentor* : une voix retentissante. / BIOL. Protozoaire cilié d'eau douce, en forme de trompe.

Stentor MYTH. GR. Héros thrace qui avait fait un concours de cris avec Hermès. Dans l'Iliade, la voix puissante de Stentor couvre celle de cinquante hommes.

Stephenson (George) 1781-1848 Ingénieur anglais. Inventeur de la locomotive à vapeur. La première, surnommée *Blucher*, fut essayée en 1814 ; la seconde, *The Rocket*, atteignit les 26 km/h (record du monde de 1829) sur la ligne Liverpool-Manchester qu'avait construite son fils, **Robert** (1803-1859).

steppe n. f. Formation végétale, caractéristique des régions semi-arides, constituée majoritairement de graminées xérophiles et de plantes ligneuses ; grande plaine couverte d'une telle végétation.

Illustration pour la couverture de L'Île au trésor de ***R. L. Stevenson.***

steppes (art des) Expression qui désigne l'art des peuples nomades d'Eurasie aux IIe et Ier millénaires avant J.-C. Cet art, caractérisé par des sujets animaliers, a diverses origines : les Cimmériens, les Scythes et les Sarmates à l'ouest, les cultures d'Andronovo (1700-1200 ?), de Karasouk (1200-800) et de Tagar (700-100) en Asie centrale. Les objets d'art de ces populations qui représentaient, sous forme d'animaux d'un art réaliste et parfois stylisé, des symboles religieux, ont été retrouvés, très souvent dans des nécropoles.

steppique adj. De la steppe. *Végétation steppique.*

stéradian n. m. Unité d'angle solide équivalant à un angle défini par un cône dont le sommet est au centre d'une sphère, et qui découpe sur cette sphère une surface égale à celle d'un carré dont le côté serait égal au rayon de la sphère.

stercoraire [1] n. m. ZOOL. Oiseau marin de l'ordre des charadriiformes, voisin des mouettes, au plumage généralement brun, qui se nourrit des proies prises en plein vol à d'autres oiseaux. Syn. labbe.

stercoraire [2] adj. Relatif aux excréments. / Fig. Excrémentiel, répugnant. / BIOL. Qui se nourrit d'excréments ; qui croît sur les excréments.

sterculiacées n. f. pl. BOT. Famille de plantes tropicales dicotylédones dialypétales, comprenant le cacaoyer et le kolatier.

stère n. m. Unité de volume égale au m^3, utilisée pour mesurer le bois de chauffage.

stéréo n. f. et adj. inv. Abréviation de stéréophonie, stéréophonique.

stéréochimie n. f. CHIM. Branche de la chimie qui étudie les configurations spatiales des atomes au sein des structures moléculaires.

stéréophonie n. f. Technique de reproduction des sons qui restitue le relief sonore.

stéréoscope n. m. Instrument d'optique composé de deux oculaires réglables qui, en observant deux diapositives d'un même sujet prises avec un appareil à deux objectifs, donne l'impression du relief.

stéréoscopie n. f. Procédé permettant de donner une impression de relief grâce au fusionnement de deux images planes d'un même sujet ; utilisation du stéréoscope.

stéréotype n. m. IMPR. Syn. de *cliché*. / Fig. Opinion toute faite, banalité.

stéréotypie n. f. Didac. Caractère stéréotypé. / PSYCHOPATHOL. Exagération de l'automatisme, tendance à répéter les mêmes paroles ou les mêmes attitudes, signes d'un désordre mental.

stérile adj. BIOL. Inapte à la reproduction. *Fleur stérile.* / MÉD. Exempt de tout germe infectieux. *Pansement stérile.* / Fig. Improductif. *Sol stérile. Discussion stérile.*

stérilet n. m. Dispositif de contraception intra-utérin.

stérilisation n. f. Action de stériliser ; son résultat.

stériliser v. t. [1] BIOL. Rendre stérile, inapte à la reproduction. *Stériliser un chat.* / Fig. Rendre improductif, inhiber le sens créatif de. / Rendre exempt de germes. *Stériliser des conserves. Stériliser des instruments chirurgicaux.*

stérilité n. f. Fait d'être stérile, inapte à procréer. / Caractère d'un sol qui ne produit rien et, au fig., d'un esprit, d'une idée qui n'aboutit à rien.

stérique adj. CHIM. Relatif à la position dans l'espace (au sein d'une structure moléculaire) d'un atome, d'un groupe d'atomes, ou à l'espace qu'ils occupent.

sterlet n. m. ZOOL. Variété d'esturgeon d'Europe et d'Asie, de petite taille.

sterling adj. inv. (mot anglais) *Livre sterling* : monnaie du Royaume-Uni. / *Zone sterling* : zone monétaire où circule la livre sterling.

Stern (groupe) Groupe d'action clandestin extrémiste juif. Dirigée par Abraham Stern (mort en 1942) et constituée de membres issus de l'Irgoun, cette organisation lutta avec violence contre l'occupation britannique durant la Seconde Guerre mondiale et contre les Arabes.

Stern (Isaac) 1920-2001 Violoniste américain d'origine russe, spécialiste de la musique romantique, virtuose de réputation internationale.

sternal, ale aux adj. ANAT. Relatif au sternum.

Sternberg (Jonas Sternberg, dit **Josef von)** 1894-1969 Cinéaste américain d'origine autrichienne. Son œuvre, imprégnée de lyrisme baroque et animée d'un puissant souffle romantique, permit aux États-Unis de découvrir l'actrice Marlène Dietrich. Outre des films muets, Sternberg réalisa *L'Ange bleu* (1930) ; *Blonde Vénus* (1932) ; *Morocco* (1930) ; *X 27* (1931) ; *Blonde Vénus* (1932) ; *Shanghaï express* (1932) et *L'Impératrice rouge* (1934).

sterne n. f. ZOOL. Oiseau de l'ordre des charadriiformes, proche des mouettes, à plumage blanc et gris, vivant sur les rivages marins ou au bord des eaux douces, à la queue fourchue, appelé aussi hirondelle de mer.

Sterne (Lawrence) 1713-1768 Écrivain anglais. Pasteur dans une petite ville de campagne, il n'avait guère écrit que des sermons lorsqu'il remporta un énorme succès grâce à *La Vie et les opinions de Tristram Shandy* (9 volumes, 1759-1767), récit extrêmement original dans lequel le narrateur, Tristram, fait part au lecteur de ses réflexions désinvoltes et pittoresques, digressions incessantes qui bouleversent la chronologie de l'histoire. Malade, Sterne fut contraint de se rendre en France, où il fut également très bien accueilli, et où il eut l'idée de son *Voyage sentimental* (1768).

James Stewart *et Kim Novak dans Sueurs froides d'Alfred Hitchcock.*

sternum n. m. (mot latin) ANAT. Os plat situé au milieu et en avant du thorax, sur lequel s'articulent les deux clavicules et les sept premières paires de côtes.

sternutation n. f. Didac. Suite d'éternuements.

sternutatoire adj. Didac. Qui fait éternuer.

stéroïde n. m. et adj. BIOCHIM. Composé organique dérivant des stérols, ayant souvent dans l'organisme une fonction hormonale. *Les hormones génitales et surrénales sont des stéroïdes.* / adj. *Les hormones stéroïdes.*

stéroïdien, enne adj. MÉD. Relatif à l'utilisation médicale des stéroïdes. *Un traitement stéroïdien.*

stérol n. m. BIOCHIM. Alcool dérivé d'un noyau cyclique de formule $C_{14}H_{10}$, muni d'une chaîne latérale, tel le cholestérol.

stéthoscope n. m. Instrument inventé par Laennec, qui permet l'auscultation des bruits à travers les parois du corps.

Stevenson (Robert Louis Balfour) 1850-1894 Romancier britannique. Tuberculeux, il chercha, toute sa vie, un climat qui lui convînt et voyagea en France et en Allemagne, d'où il rapporta quelques-unes de ses premières œuvres (*Voyage avec un âne à travers les Cévennes*, 1879). De retour dans son Écosse natale, il publia des ouvrages pour la jeunesse (*L'Île au trésor*, 1883 ; *Kidnapped {Les Aventures de David Balfour}*, 1886 ; *Catriona*, 1893), et des romans d'aventures et d'épouvante (*Docteur Jekyll et Mister Hyde*, 1886 ; *Le Maître de Ballantrae*, 1889). Quelques années avant sa mort, il partit pour les Marquises, parcourut Tahiti et Honolulu et s'installa aux Samoa où il continua à écrire (*Dans les mers du Sud*, publié en 1896 ; *Le Barrage d'Hermiston*, inachevé).

Stevin (Simon, dit **Simon de Bruges)** 1548-1620 Mathématicien et physicien flamand. En 1585, il expose pour la première fois de manière claire la théorie des fractions décimales (dont il n'est pas l'inventeur) et en donne les applications courantes. Il traduisit Diophante et, en physique, s'intéressa à la statique et à l'hydrostatique. Ingénieur (il était quartier-maître général dans l'armée des Pays-Bas), il utilisa ses compétences dans le domaine du génie militaire.

steward n. m. (mot anglais) Garçon de service ou maître d'hôtel sur un paquebot ; membre masculin de personnel de bord dans un avion.

Stewart (James) 1909-1997 Acteur de cinéma américain. Il fit ses débuts et s'imposa grâce à la comédie : *Vous ne l'emporterez pas avec vous* (1938) ; *Mr. Smith au sénat* (1939) avant de se tourner ensuite vers le western : *Winchester 73* (1950) ; *L'Appât* (1953) ; *L'Homme qui tua Liberty Valance* (1962). Incarnation de l'homme droit mais parfois maladroit, il tourna également plusieurs films avec Hitchcock : *Fenêtre sur cour* (1954) ; *L'homme qui en savait trop* (1956) ; *Sueurs froides* (1958).

stibié, ée adj. PHARM. Contenant de l'antimoine.

S

Saint François recevant les **stigmates**, tableau de Tiepolo.

stibine n. f. MINÉR. Sulfure naturel d'antimoine, de formule Sb_2S_3.
stick n. m. (mot anglais) Canne mince et flexible. / Produit conditionné sous forme de bâtonnet. *Stick de colle, de rouge à lèvres.*
Stieglitz (Alfred) 1864-1946 Photographe américain. Pionnier de la photographie artistique aux États-Unis, il fonde (1902), avec Steichen, une galerie qui expose aussi bien des photographies que des gravures, peintures et sculptures d'artistes européens (Matisse, Picasso, Rodin, Cézanne).
stigmate n. m. Cicatrice laissée par une plaie, une maladie. / Anc. Marque au fer rouge imprimée sur le corps comme châtiment. / Fig., péjor. Signe, indice. *Les stigmates de la bêtise.* / ZOOL. Chacune des ouvertures externes des trachées, permettant les échanges gazeux chez les arthropodes trachéates. / BOT. Partie terminale du pistil, renflée, qui reçoit le pollen. / RELIG. CATHOL. (Au plur.) Marques des cinq plaies du Christ qui apparaissent miraculeusement sur le corps de certains mystiques, en signe de communion avec le Christ souffrant. *Les stigmates de saint François d'Assise.*
stigmatisation n. f. RELIG. CATHOL. Fait de recevoir les stigmates. / Litt. Action de stigmatiser, de blâmer publiquement; son résultat.
stigmatisé, e adj. et n. RELIG. CATHOL. Qui a reçu les stigmates.
stigmatiser v. t. [1] RELIG. CATHOL. Marquer (qqn) de stigmates. / Fig. Révéler, flétrir publiquement (qqch. de blâmable). *Stigmatiser le vice.*
Stijl (De) («Le style») 1917-1928 Revue et mouvement artistiques néerlandais créés par les peintres Van Doesburg et Mondrian. Ce dernier quitta le groupe en 1925, rejetant l'élémentarisme et l'usage de la diagonale élaborés par Van Doesburg comme contraires à sa doctrine du néo-plasticisme.
Stiller (Mauritz) 1883-1928 Cinéaste suédois. Il sut adapter au cinéma les légendes et la littérature (Selma Lagerlöf) de son pays, usant de beaucoup de finesse et de sens artistique: *Trésor d'Arne* (1919); *Le Vieux Manoir* (1922); *La Légende de Gösta Berling* (1924), qui révéla Greta Garbo. Cinéaste versatile, il tourna aussi des comédies légères très brillantes: *Erotikon* (1920).
stimulant, e adj. et n. Qui stimule, encourage. *Proposition stimulante.* / n. m. *Un stimulant*: un produit stimulant.
stimulation n. f. Action de stimuler. / MÉD. Action dont le déclenchement est dû à un stimulant ou à un stimulus.
stimuler v. t. [1] Encourager (qqn) à l'action, lui donner de l'ardeur. / Augmenter l'activité, la sensibilité de; donner une impulsion à. *Stimuler l'appétit. Stimuler l'économie d'un pays.*
stimuline n. f. BIOL. Hormone, sécrétée par l'hypophyse, favorisant l'activité d'une glande endocrine.
stimulus n. m. (mot latin) Facteur physique ou chimique capable de déclencher un mécanisme nerveux, musculaire, humoral, qui peut venir de l'extérieur ou prendre naissance dans l'organisme. Pl. Des *stimulus* ou *stimuli.*
stipe n. m. BOT. Tige aérienne sans ramification, qui se termine par une touffe de feuilles. *Stipe d'un palmier, d'une fougère arborescente.*
stipendier v. t. [1] Litt. Payer (qqn) pour exécuter de basses œuvres. *Stipendier un assassin.*
stipulation n. f. Clause introduite dans un contrat.
stipule n. f. BOT. Petit appendice généralement foliacé, présent au point d'insertion sur la tige du pétiole de certaines feuilles.
stipuler v. t. [1] DR. Énoncer comme clause, comme condition dans un contrat. / Faire savoir expressément.
Stirner (Kaspar Schmidt, dit Max) 1806-1856 Philosophe allemand. Son ouvrage principal, *L'Unique et sa propriété* (1845), critique les notions de Dieu et de Vérité, et prône l'individualisme, l'homme étant unique et donc incapable d'une intégration dans un groupe, qu'il soit politique ou social. Les thèses élaborées dans cette œuvre feront plus tard de son auteur l'idéologue de l'anarchisme individualiste. Dans *L'Idéologie allemande* (1845), Marx et Engels firent une critique approfondie de Stirner.
S.T.O. Sigle de *Service du Travail Obligatoire* (en Allemagne), décrété le 16 février 1943 par le gouvernement de Vichy, sous la pression de l'Allemagne où la main-d'œuvre manquait. Près de 900000 Français y furent contraints.
stochastique adj. et n. f. Dû au hasard, procédant du hasard. / MATH. Du domaine des probabilités. *Processus stochastique.* / n. f. Branche des mathématiques qui traite de l'exploitation des statistiques par calcul de probabilités.
stock n. m. (mot anglais) Quantité d'objets ou de marchandises disponibles en magasin, dans des dépôts, sur un marché. *Liquider le stock.* / Fam. Réserve. *Il faut renouveler le stock de pâtes.*
stock-car n. m. (mot anglais) Vieille automobile utilisée dans des courses où les collisions volontaires sont autorisées. *Course de stock-cars.*
stock-option n. f. (mot anglo-américain) ÉCON. Mode d'intéressement aux bénéfices sous forme d'actions à prix réduit, proposé par une société commerciale à ses employés.
stockage n. m. Action de stocker; mise en stock.
stocker v. t. [1] Entreposer (des marchandises, des produits) dans l'attente de leur utilisation ou de leur vente. / Par ext. Faire des réserves de, amasser. / INFORM. Rassembler, conserver (des informations) sur un support ou dans une mémoire.
stockfisch n. m. Poisson salé et séché. / Morue séchée à l'air, non salée.
Stockhausen (Karlheinz) 1928 Compositeur allemand. Élève, à Paris, de Milhaud et de Messiaen, il rencontre P. Schaeffer et se lie d'amitié avec Boulez. Mêlant sons traditionnels et sons électroniques (*Kontakte,* 1960), adonné aux recherches expérimentales et à la musique dite «aléatoire» (*Klavierstück XI*), il a composé *Zeitmasse* pour instruments à vent, *Momente II* pour soprano, chœur et instruments (dont deux orgues électroniques), *Sirius* (1977). Depuis 1977, il se consacre à l'écriture d'une œuvre qui, achevée, atteindra des proportions monumentales, *Licht*, dont plusieurs «journées» ont déjà été données.
Stockholm *703627 h.* Capitale de la Suède, Stockholm est un grand port bâti sur des îles et des presqu'îles à l'embouchure du lac Mälar, sur la Baltique. La ville conserve des monuments médiévaux (église des Chevaliers), mais son développement date du XVIIe siècle, époque où les Vasa font de la Suède une grande puissance baltique. Aux XIXe et XXe siècles, Stockholm s'agrandit de nouveaux quartiers résidentiels et industriels (industries mécaniques, navales, textiles), mais les services l'emportent sur les industries, ce qui permet à la ville, dont la population a quadruplé depuis le début du siècle, de conserver ses espaces verts. Les jeux Olympiques s'y déroulèrent en 1912. L'agglomération rassemble plus de *1,5 million d'habitants.*
Stofflet (Jean Nicolas) 1751?-1796 Chef vendéen. Garde-chasse avant la Révolution française, il prit la tête d'un groupe d'hommes opposés à la conscription et rejoignit Cathelineau. Après la victoire de Cholet (1793), il organisa une guerre de harcèlement contre les révolutionnaires. Contraint de négocier avec les représentants de la Convention (1795), il tenta à nouveau de prendre les armes contre le pouvoir, mais fut arrêté puis exécuté.
stoïcien, enne adj. et n. PHILO. Qui procède du stoïcisme. *Pensée stoïcienne.* / n. Adepte du stoïcisme. / Par ext. Personne stoïque.
stoïcisme n. m. École philosophique à laquelle appartiennent le Grec Zénon, les Romains Sénèque, Épictète, Marc Aurèle. Matérialistes et panthéistes, les stoïciens affirment l'existence d'un monde ordonné par un dieu, ou démiurge, dans lequel le bonheur consiste à vivre conformément aux lois de la nature, c'est-à-dire de la raison. L'indifférence aux maux et aux biens, qui sont étrangers à notre vouloir, est la première règle de la sagesse stoïcienne.
stoïque adj. Dont l'esprit reste ferme en dépit des circonstances. *Demeurer stoïque dans le malheur.* / Dont la fermeté spirituelle est digne des stoïciens. *Attitude stoïque.*
stoïquement adv. Avec une remarquable fermeté, avec un remarquable courage.
stolon n. m. BOT. Rameau adventif rampant, issu de la tige, capable de s'enraciner au niveau de certains nœuds, donnant ainsi naissance à de nouveaux pieds. *Le fraisier possède des stolons.*
Stolypine (Piotr Arkadievitch) 1862-1911 Homme politique russe. Ministre de l'Intérieur (1904), puis président du Conseil (1906), il lutta sévèrement contre les révolutionnaires tout en s'efforçant, par des réformes agraires et sociales, d'assurer le soutien des paysans au tsarisme. Mal vu de la droite et haï de la gauche, il fut assassiné à Kiev par un terroriste.
stomacal, ale, aux adj. MÉD. Relatif à l'estomac.
stomachique adj. et n. m. MÉD. Qui facilite la digestion gastrique.
stomate n. m. BIOL. Ouverture de petite taille, pore. / BOT. Organe de l'épiderme des feuilles, servant aux échanges gazeux, constitué de deux cellules en forme de haricot ménageant entre elles une ouverture de taille variable.
stomatite n. f. MÉD. Inflammation de la muqueuse buccale.
stomatologie n. f. MÉD. Partie de la médecine qui s'intéresse à la bouche, aux dents et à leurs affections.
stomatologiste ou **stomatologue** n. MÉD. Médecin spécialiste de stomatologie.
Stonehenge Site préhistorique de Grande-Bretagne (dans le Wiltshire, près de Salisbury) où des menhirs disposés en cercles concentriques témoignent de l'existence d'un sanctuaire mégalithique datant de l'Âge du Bronze.

Le cromlech de **Stonehenge**.

S

L'Île et le quartier de la Petite France, à **Strasbourg**.

Richard Strauss.

stop! interj. et n. m. (mot anglais) (Pour arrêter qqn, un véhicule) *Stop! N'allez pas plus loin.* / n. m. Signal routier ordonnant impérativement l'arrêt total à un croisement. *Il a franchi le stop.* / Feu arrière d'un véhicule qui s'allume au freinage. *Vous avez un stop qui ne marche pas.* / Fam. Auto-stop. *J'ai fait du stop hier, sans grand succès.*
Stoph (Willi) 1914-1999 Homme d'État allemand. Membre du Parti communiste allemand avant la Seconde Guerre mondiale, il fut plusieurs fois ministre de la R.D.A. ainsi que président du Conseil des ministres (1964-1973 et 1976-1989) et chef d'État de 1973 à 1976.
stoppage n. m. COUT. Action de stopper; son résultat.
Stoppard (Thomas Straussler, dit **Tom)** 1939 Auteur dramatique britannique. Il remporte un grand succès grâce à des pièces à l'humour grinçant (*Rosenkrantz et Guildenstern sont morts*, 1967).
stopper [1] v. t. [1] COUT. Raccommoder (une étoffe) en la reconstituant fil par fil.
stopper [2] v. i. / v. t. [1] **A.** v. i. S'arrêter dans son déplacement ou dans son fonctionnement. **B.** v. t. Faire s'arrêter; bloquer. *Stopper le moteur. Stopper un tir au but.* / Fig. Arrêter dans son avancée, dans son évolution. *Stopper une invasion. Stopper les recherches.*
stoppeur, euse [1] n. COUT. Personne qui effectue un stoppage.
stoppeur, euse [2] n. Fam. Abréviation d'auto-stoppeur, auto-stoppeuse.
store n. m. Rideau de tissu qu'on abaisse ou qu'on relève devant une fenêtre par enroulement autour d'un axe horizontal. / *Store vénitien*: rideau composé de lames horizontales d'inclinaison réglable.
Stoss (Veit) ou **Wit Stwosz** 1438?-1533 Sculpteur et graveur allemand. Travaillant essentiellement à Nuremberg et à Cracovie, il effectua de nombreuses commandes pour des tombeaux (dont celui de Casimir IV Jagellon en 1492) et pour des ornements d'églises (retable de l'église Notre-Dame de Cracovie, 1477-1489).
stoupa Voir **stupa**
stout n. f. ou n. m.(mot anglais) Bière brune et forte.
strabisme n. m. MÉD. Défaut de parallélisme des deux axes visuels. *Strabisme divergent, convergent.*
Strabon 58? av. J.-C.-25? apr. J.-C. Historien et géographe grec. Né en Asie Mineure, il voyagea beaucoup dans le monde romain et rédigea une *Géographie* en dix-sept livres qui rassemblent toutes les connaissances de l'époque dans ce domaine et des informations précieuses sur les régions et les populations qui composaient Rome.
Strachey (Giles Lytton) 1880-1932 Biographe britannique. Membre du cercle intellectuel et artistique de Cambridge du début du XXe siècle appelé le Groupe de Bloomsbury, il remporta un grand succès grâce à des biographies pleines d'humour et d'ironie: *Victoriens éminents* (1918), *La Reine Victoria* (1921).
Stradella (Alessandro) 1644-1682 Compositeur et chanteur italien. Malgré une vie très aventureuse (il eut de nombreuses maîtresses et mourut assassiné), il laissa une œuvre abondante, composée d'opéras, d'oratorios (*San Giovanni Battista*, 1675), de motets, de concertos et de cantates, d'une grande richesse mélodique et lyrique.
Stradivarius (Antonio Stradivari, dit**)** 1644?-1737 Luthier italien. Formé à Crémone par Niccolo Amati (1596-1684), il collabora avec lui jusqu'en 1680. Donnant à ses instruments une forme équilibrée, il améliora considérablement leur sonorité; ses meilleurs violons furent créés entre 1700 et 1720.
stradivarius n. m. inv. Violon fabriqué par Antonio Stradivari, dit Stradivarius.
strangulation n. f. Action d'étrangler; résultat de cette action. *Mort par strangulation.*
strapontin n. m. Siège d'appoint rabattable, dans une salle de spectacle, une voiture de chemin de fer, etc. / Fig. Poste de seconde importance, dans une assemblée, une hiérarchie.
Strasbourg *252 338 h.* Chef-lieu du département du Bas-Rhin et de la Région Alsace, capitale historique située près du Rhin, sur l'Ill. Favorisée par l'aménagement du Rhin, le passage de l'oléoduc sud-européen et la proximité de l'Allemagne, à laquelle le pont de l'Europe la joint, la ville a acquis une importance européenne. Ses industries sont variées (alimentaires, métallurgiques, chimiques) et son port fluvial (le 2e port rhénan) fait la jonction entre la navigation rhénane et celle des canaux qui relient le Rhin au Rhône et à la Marne. Elle est le siège du Conseil de l'Europe (depuis 1949) et du Parlement européen (depuis 1979). Son centre touristique (cathédrale XIIe-XVIe siècle, vieux quartier de la Petite France avec ses maisons pittoresques à pans de bois) attire les touristes.
Histoire Strasbourg a pour origine un camp romain. En 842, le futur roi de France Charles le Chauve et le futur roi de Germanie Louis le Germanique y prononcèrent des serments (*Serments de Strasbourg*) qui scellaient leur union contre leur frère Lothaire. Possession du Saint Empire, elle fut annexée par Louis XIV en 1681. Les Allemands l'occupèrent de 1870 à 1918.
strass ou **stras** n. m. Verre coloré au moyen d'oxydes métalliques, qui imite certaines pierres précieuses. / Fig. Ce qui est clinquant, d'une fausse richesse.
stratagème n. m. Combinaison habile dont le but est de tromper autrui. / Anc. Ruse de guerre.
strate n. f. GÉOL. Chacune des couches parallèles qui constituent un terrain. / ÉCOL. Dans un écosystème, ensemble des végétaux approximativement de même hauteur et jouant de ce fait un rôle écologique similaire. *La strate arborescente, la strate arbustive, la strate herbacée, la strate des cryptogames.* / STAT. Échantillon groupant des unités homogènes.
stratège n. m. ANTIQ. GR. Magistrat, élu chaque année, qui commandait l'armée, dans certaines cités grecques. / Celui qui met en pratique une stratégie.
stratégie n. f. Art de faire évoluer des troupes sur un champ de bataille, un théâtre d'opérations. *La tactique et la stratégie.* / Partie de l'art militaire qui consiste à organiser l'ensemble des opérations d'une guerre, l'ensemble des moyens de défense d'un pays. / Fig. Art de diriger certaines opérations dans un but précis. *Stratégie électorale.*
stratégique adj. Relatif à l'art de faire évoluer des troupes. *Décision stratégique.* / Relatif à l'art de la guerre. *Position stratégique.* / D'une extrême importance. *Une situation stratégique.*
stratégiquement adv. Conformément aux règles de la stratégie; relativement à la stratégie.
Stratford-upon-Avon *109 462 h.* Ville natale de Shakespeare, en Angleterre (Warwickshire), où se trouve le tombeau de l'écrivain (église de la Trinité). Centre touristique (théâtre et festival Shakespeare).
stratification n. f. GÉOL. Disposition selon laquelle les sédiments sont déposés en strates. / Superposition en couches régulières.
stratifié, e adj. et n. Constitué de strates. / TECHN. n. m. Matériau constitué de plusieurs strates agglomérées.
• **stratigraphie** n. f. GÉOL. Branche de la géologie qui étudie les terrains sédimentaires, notam. dans le but de déterminer l'âge relatif des couches.
stratigraphique adj. Relatif à la stratigraphie.
stratocumulus n. m. inv. Nuage de l'étage inférieur.
♦ Les stratocumulus sont essentiellement constitués par des petites gouttelettes d'eau, accompagnées quelquefois par des cristaux de glace lorsque la température chute largement au-dessous de 0 °C. Ils apparaissent en banc, nappe ou couche de couleur grise ou blanchâtre, ayant presque toujours des parties sombres, et sont composés de dalles, galets, rouleaux, d'aspect non fibreux, soudés ou non; la plupart de ces petits éléments sont disposés régulièrement.
Stratonice ?-224 av. J.-C. Princesse grecque. Renommée pour sa beauté, elle épousa Séleucos Ier Nikator, roi de Syrie. Mais le fils de celui-ci, Antiochos, tomba amoureux d'elle au point d'en devenir malade. Pour cette raison, son père divorça et permit à Antiochos d'épouser Stratonice à son tour.
stratopause n. f. MÉTÉO. Zone de la limite supérieure de la stratosphère entre la stratosphère et la mésosphère.
stratosphère n. f. Couche supérieure de l'atmosphère. *Au-delà de la tropopause s'étend la stratosphère, région où la température, peu variable jusque vers 25-30 km, augmente jusqu'à 50 km (stratopause), en raison de l'absorption du rayonnement solaire par l'ozone.*
stratosphérique adj. Propre ou relatif à la stratosphère. / *Ballon stratosphérique*: aérostat conçu pour se déplacer dans la stratosphère.
stratus n. m. (mot latin) Nuage gris formant un voile à basse altitude.
Strauss (Johann) 1804-1849 Compositeur autrichien. Chef d'orchestre de renommée internationale, il est nommé directeur des Bals de la cour (1834), puis chef de la musique du 1er régiment de la garde civile de Vienne, pour laquelle il compose *La Marche de Radetzky* (1848). Pour la cour de Vienne, il composa plusieurs centaines de valses et d'airs de danse. **Johann** 1825-1899 Compositeur autrichien. Fils du précédent, il contribua, comme son père, à l'évolution de la valse et fut nommé directeur des Bals de la cour en 1863. Outre d'innombrables valses (*Le Beau Danube bleu*, 1867; *La Valse de l'Empereur*, 1888), il composa des polkas, des quadrilles et des opérettes (*La Chauve-Souris*, 1874). **Josef** 1827-1870 Compositeur et chef d'orchestre autrichien, frère du précédent, auteur de valses mélancoliques (*Hirondelles d'Autriche*) et de spirituelles polkas. **Eduard** 1835-1916 Compositeur et chef d'orchestre autrichien, frère du précédent, lui aussi directeur des Bals de la cour. On lui doit plus de 300 œuvres, essentiellement des polkas. Il écrivit des souvenirs (*Erinnerungen*, 1906), précieuse source d'information sur la Vienne impériale.
Strauss (Richard) 1864-1949 Compositeur et chef d'orchestre allemand. Il reçut une solide éducation musicale et, protégé par Hans von Bulow, lui succéda à la tête de l'orchestre que ce dernier dirigeait à Meiningen (1885), avant de poursuivre sa carrière de chef d'orchestre à Munich, Weimar, Berlin et Vienne. Influencé par Wagner, il

S

Stratigraphie

TABLEAU DES ÈRES GÉOLOGIQUES (ÂGES EN MILLIONS D'ANNÉES)

ÈRES	Systèmes ou périodes	Sous-systèmes ou étages	Orogénèses	Évolution	Âges
CÉNOZOÏQUE	QUATERNAIRE	Holocène (actuel)		Homo sapiens sapiens	- 0,1
		Pléistocène	Rhodanienne	grandes glaciations	- 4,1
	NÉOGÈNE	Pliocène	Attique		
		Miocène	Himalayenne	petits singes de l'ancien monde	- 25
	PALÉOGÈNE	Oligocène	Pyrénéenne		
		Éocène		séparation de l'Amérique du Sud et du Nord	- 40
		Paléocène	Laramienne		- 65
MÉSOZOÏQUE	CRÉTACÉ	Sup. : Maestrichtien, Sénonien, Coniacien		extinction en masse extinction des dinosaures *tyrannosaure*	- 105
		Inf. : Barrémien, Néocomien, Berriasien	Autrichienne	premiers oiseaux premières plantes à fleurs	- 135
	JURASSIQUE	Malm	Néo-cimmérienne	*archéoptérix*	- 160
		Dogger	Andine	morcellement de la Pangée	- 175
		Lias	Cimmérienne	premiers dinosaures	- 195
	TRIAS	Rhétien, Muschelkalk, Buntsandstein		extinction en masse premiers mammifères	- 230
PALÉOZOÏQUE – Supérieur	PERMIEN	Sup. : Thuringien	Palatine	extinction en masse	
		Inf. : Autunien		formation de la Pangée	- 260
	CARBONIFÈRE	Sup. : Silésien ou Houiller	Saalienne Asturienne Sudète	premiers conifères	- 280
		Inf. : Dinantien	Bretonne	premiers reptiles	- 325 - 345
	DÉVONIEN	Famennien		premiers insectes	
		Eifélien			- 370
		Gedinnien	Calédonienne	extinction en masse premières plantes terrestres	
PALÉOZOÏQUE – Inférieur	SILURIEN	Pridolien, Llandoverien		poissons à mâchoires	- 395
	ORDOVICIEN	Ashgillien	Taconique	extinction en masse coraux	- 435
		Llanvirnien		éponges, mollusques	- 465
		Tremadocien	Salaïr	poissons sans mâchoires	
	CAMBRIEN	Sup. : Potsdamien		premiers métazoaires à squelette	- 500
		Moy. : Acadien		premiers métazoaires à corps mou	- 535
		Inf. : Géorgien		algues marines	- 570
PRÉCAMBRIEN de - 570 à la formation de la Terre il y a environ 4 500 millions d'années					

Gustav Stresemann.

Sunset Boulevard *de Billy Wilder, avec* **Eric von Stroheim**.

adopta d'abord la forme du poème symphonique (*Ainsi parlait Zarathoustra*, 1896). Compositeur « expressionniste », il se consacra surtout au théâtre lyrique : *Elektra* (1909) ; *Le Chevalier à la rose* (1911) ; *Ariane à Naxos* (1912). Outre ses poèmes symphoniques et ses œuvres pour le théâtre, on lui doit des lieder, des concertos et deux symphonies.

Strauss (Léo) 1899-1973 Philosophe américain d'origine allemande. Après des études en Allemagne, il vécut en France et en Angleterre (1932-1938) puis s'installa définitivement aux États-Unis où il enseigna, principalement à l'université de Chicago. Philosophe politique, il s'est intéressé à l'enseignement que la lecture des Anciens pouvait apporter à la réflexion sur la politique moderne.

Stravinski (Igor) 1882-1971 Compositeur américain d'origine russe. Élève de Rimski-Korsakov, il fut révélé en 1910 par *L'Oiseau de feu*, commande de Diaghilev et des Ballets russes qui créèrent également *Petrouchka* (1911) et *Le Sacre du printemps* (1913). Vinrent ensuite *L'Histoire du soldat* (sur un argument de Ramuz, 1918) ; *Noces*, des symphonies, des concertos pour piano, et surtout des œuvres pour le théâtre : outre des ballets (*Pulcinella*, 1920 ; *Apollon Musagète*, 1927), des opéras (*Le Rossignol*, 1914 ; *The Rake's Progress ou le Libertin*, 1951), un opéra-bouffe (*Mavra*, 1922), un oratorio (*Œdipus Rex*, 1927), de la musique de chambre, de la musique religieuse (*Messe*, 1951). Son œuvre présente des combinaisons instrumentales très riches, une grande diversité technique, et des changements continuels ; ainsi il eut des périodes russe, néoclassique et même dodécaphonique vers la fin de sa vie.

Strehler (Giorgio) 1921-1997 Metteur en scène de théâtre italien. Il a monté avec génie (notamment au Piccolo Teatro de Milan, fondé par lui en 1947) des œuvres aussi diverses que les pièces de Brecht, les comédies de Goldoni, les opéras de Mozart. Il a aussi fondé et dirigé le Théâtre de l'Europe (à Paris à l'Odéon) en 1983.

strelitzia n. m. BOT. Plante de la famille des musacées, aux grandes fleurs orangées ou violettes. *Le strelitzia, cultivé comme plante ornementale, est originaire d'Afrique australe.*

Streltsy Corps d'infanterie russe (au singulier, *strelitz*, « archer ») créé par Ivan le Terrible. Arquebusiers constituant la garde du tsar, jaloux de leurs privilèges (ils formaient la première troupe permanente de l'armée russe), cruels et indisciplinés, ils imposèrent, à la mort de Fédor III, Sophie Alexeïevna comme régente avant d'essayer de la renverser. Après une tentative de coup d'État contre Pierre le Grand, le corps fut dissous.

streptococcie n. f. MÉD. Infection causée par un streptocoque.

streptocoque n. m. BIOL., MÉD. Bactérie à gram positif, formant des groupements en chaînettes caractéristiques, responsable chez l'homme d'infections diverses (pneumonies, septicémies, endocardites, méningites, angines, etc.)

streptomyces n. m. BIOL. Bactérie actinomycète aérobie, filamenteuse, généralement saprophyte. *Certaines espèces de streptomyces produisent des antibiotiques.*

streptomycine n. f. PHARM. Antibiotique produit par une espèce de streptomyces, doué d'activité antibactérienne contre le bacille de Koch (bacille de la tuberculose) et de nombreux autres germes.

Stresa *5 500 h.* Ville d'Italie, au Piémont, sur le lac Majeur, station touristique. En avril 1935, alors que l'Allemagne nazie se réarmait, la France, la Grande-Bretagne et l'Italie s'y concertèrent et ne firent rien.

Stresemann (Gustav) 1878-1929 Homme d'État allemand. Fondateur du Parti populiste, il siégea à l'Assemblée constituante de la République de Weimar et fut brièvement chancelier en 1923. Ministre des Affaires étrangères (1923-1929), il réintégra l'Allemagne dans le concert européen : accords de Locarno avec la France (1925) et pacte Briand-Kellogg de renonciation à la guerre (1928).

stress n. m. inv. (mot anglais) MÉD. État réactionnel d'un organisme à une tension, une agression ; agent responsable de cette réaction. / Cour. Tension nerveuse.

stresser v. t. [1] Soumettre (qqn) au stress.

stretch n. m. (mot anglais « allonger, étendre » ; nom déposé) TEXT. Procédé de traitement des tissus qui les rend extensibles dans le sens de la horizontal ; le tissu ainsi traité. / Appos. *Tissu stretch.*

strette n. f. MUS. Partie d'une fugue suivie par la conclusion. *Dans la strette, sujet et réponse se poursuivent avec des entrées de plus en plus rapides.*

strict, e adj. Auquel on doit obéir rigoureusement. *Consigne stricte.* / Intransigeant, sévère. *Un professeur très strict.* / Rigoureusement conforme à une règle. *L'application la plus stricte d'une loi.* / D'une exactitude absolue. *C'est la stricte vérité.* / MATH. *Sens strict d'une inégalité* : voir *inégalité.* / Par ext. Austère. *Une robe stricte.*

strictement adv. De façon stricte. / Absolument. / MATH. En excluant l'égalité.

striction n. f. Action de serrer. / MÉD. Constriction.

stricto sensu loc. adv. (mots latins) Au sens strict.

stridence n. f. Caractère de ce qui est strident.

strident, e adj. (En parlant d'un son) Aigu et perçant. *Hurlements stridents.*

stridulation n. f. Son aigu et lancinant produit par certains insectes. *La stridulation des cigales.*

striduler v. t. [1] Didac. Produire une stridulation.

strie n. f. Ligne mince et distincte, en creux ou en relief, parallèle à d'autres, qui marque une surface. / ARCHIT. *Stries d'un pilastre, d'une colonne* : partie en relief des cannelures. / GÉOL. *Stries d'une roche*, dues à l'action des glaciers.

strié, e adj. Comportant des stries. / ANAT. *Muscles striés* : voir muscle. *Corps striés* : masses de substance grise situées à la partie interne et inférieure des hémisphères cérébraux.

strigidés n. m. pl. ZOOL. Famille d'oiseaux strigiformes, à laquelle appartiennent la plupart des chouettes et des hiboux, à l'exception des chouettes effraies (voir tytonidés).

strigiformes n. m. pl. ZOOL. Ordre d'oiseaux généralement appelés rapaces nocturnes, prédateurs, à la silhouette trapue, à grosse tête ronde, aux yeux faciaux, aux serres emplumées. *Les chouettes et les hiboux sont des strigiformes.*

Strindberg (August) 1849-1912 Écrivain suédois. Après une enfance pauvre et difficile, il mena une vie tourmentée et écrivit des œuvres polémiques qui lui ont attiré beaucoup d'ennemis, dénonçant parfois les institutions de son pays. Dans des romans autobiographiques et amers, il a évoqué son enfance (*Le Fils de la servante*, 1886-1887) et la bohème de Stockholm (*La Chambre rouge*, 1879). Mais c'est son théâtre, empreint de naturalisme, violent et audacieux, qui a exercé une influence durable dans le monde entier : *Mademoiselle Julie* ; *Les Créanciers* (1888) ; *Eric XIV* (1899) ; *La Danse de mort* (1900) ; *Le Songe* (1902) ; *La Sonate des spectres* (1907). Sa misogynie, ses accès de mysticisme, sa conscience de l'incommunicabilité entre les êtres, ont des accents pathétiques. Il laisse aussi une œuvre de peintre. Lors de son séjour à Paris (1894-1896), marqué par des accès de folie, il écrivit un essai intimiste en français : *Inferno* (1897).

string n. m. (mot anglais) Slip réduit à un simple cache-sexe et laissant nues les fesses.

strip-tease n. m. (mot anglais) Lent et suggestif déshabillage d'une femme, ou parfois d'un homme, sur scène, accompagné de musique.

strip-teaseuse n. f. Femme qui fait du strip-tease.

stripping n. m. Anglicisme pour éveinage.

stroboscope n. m. TECHN. Appareil qui émet des flashs lumineux afin d'observer le mouvement, la persistance rétinienne produisant alors l'impression d'un mouvement très lent ou d'immobilité. *Le stroboscope est utilisé pour étudier les déformations ou la résistance des organes en mouvement.*

stroboscopie n. f. Technique permettant la visualisation de phénomènes trop rapides pour être suivis par l'œil, qui utilise un stroboscope émettant des flashs lumineux de durée beaucoup plus courte que la période du phénomène à étudier.

stroboscopique adj. TECH. Qui procède du stroboscope, de la stroboscopie.

Stroheim (Eric Oswald Stroheim, dit Eric von) 1885-1957 Cinéaste et acteur américain d'origine autrichienne. Ses films muets font montre d'un réalisme sans concession : *Folies de femmes* (1921) ; *Les Rapaces* (1923) ; *La Symphonie nuptiale* (1927) ; *Queen Kelly* (1928). Mais la longueur de leur tournage et les dépenses excessives qui s'ensuivent découragent les producteurs. Avec l'arrivée du cinéma parlant, il s'installe en France où il exerce la seule carrière d'acteur. Ses interprétations, empreintes de gravité et de puissance, le rendront inoubliable dans *La Grande Illusion* (1937) et *Sunset Boulevard* (*Boulevard du crépuscule*, 1952).

stromatolite n. m. ou f. GÉOL. Structure calcaire constituée de couches concentriques empilées, produites sur certains fonds marins par divers micro-organismes (notam. cyanobactéries). *La présence de stromatolites dans des roches précambriennes est le signe de l'existence de formes vivantes à cette période.*

strombe n. m. ZOOL. Mollusque gastropode des mers chaudes à grande coquille épaisse.

Stromboli Une des sept îles italiennes Lipari (ou Éoliennes), dans la mer Tyrrhénienne, surmontée d'un volcan en activité du même nom (*926 m*).

strombolien, enne adj. Relatif au Stromboli. / GÉOL. *Volcan strombolien* : voir volcan.

strontium n. m. CHIM. Élément métallique de numéro atomique Z=38, de masse atomique 87,62, appartenant à la famille des alcalino-terreux (symbole : Sr). / Métal blanc fondant vers 800 °C, de densité 2,5. *Le strontium possède des isotopes radioactifs (strontium 90, dangereux en raison de sa longue demi-vie).*

strophantine n. f. PHARM. Substance cardiotonique, utilisée dans le traitement des défaillances cardiaques aiguës, tirée des graines de strophantus.

strophantus n. m. BOT. Liane de la famille des apocynacées, croissant dans les zones tropicales, dont on tire la strophantine.

strophe n. f. Ensemble cohérent de plusieurs vers dont l'agencement des rimes et des mètres est déterminé. / Première partie d'une pièce lyrique de la tragédie grecque, chantée par le chœur.

Strossmayer (Josef Georg) 1815-1905 Prélat croate. Évêque de Diakovo (petite ville située entre Zagreb et Belgrade), il combattit le pouvoir qu'exerçait, au sein de l'Autriche-Hongrie, la Hongrie sur la Croatie et, militant pour l'union des Slaves du Sud, fit de l'évêché un centre de rassemblement des slavophiles. Érudit, il exerça une forte influence sur le plan culturel, en contribuant à la fondation de l'Académie croate des sciences (1867) et de l'université de Zagreb (alors Agram, 1874) et en subventionnant des publications littéraires et historiques.

Strozzi Famille de négociants et de banquiers florentins, rivale des Médicis du XIVe au XVIe siècle. **Palla** 1373-1462 Humaniste et mécène, il fut chassé de Florence par Côme l'Ancien. **Filippo Ier** 1426-1491 Fils du précédent. Il fonda une banque à Naples et, de retour à Florence en 1466, fit construire le palais Strozzi. **Filippo II** 1489-1538 Fils du précédent; il épousa la petite-fille de Laurent le Magnifique et, après 1527, prit le parti d'Alexandre de Médicis. **Piero** 1510-1558 Fils du précédent. Sa cousine, Catherine de Médicis, l'attira en France et il devint maréchal. **Leone** 1515-1554 Frère du précédent, également installé en France, il devint capitaine général des galères.

structural, ale, aux adj. PHILO. Qui procède d'une structure, comme système de phénomènes. / LING. Qui procède des méthodes structuralistes.

structuralisme n. m. LING. Méthode d'analyse de la langue en tant que système structuré, composé d'éléments entretenant des rapports d'interdépendance. / Courant de pensée qui, dans les sciences humaines, se propose d'analyser les faits, les phénomènes comme des éléments d'une structure. *Le structuralisme en ethnologie, en sociologie, en philosophie.*

structuraliste adj. et n. LING. Propre au structuralisme. *Méthode structuraliste.* / Adepte du structuralisme. *Un linguiste structuraliste.* (Subst.) *Un structuraliste.*

structure n. f. Agencement des divers éléments, des diverses parties d'un tout. *Structure d'un bâtiment, d'une roche, d'un texte.* / Organisation fonctionnelle d'un ensemble. *Structure de l'État.* / PHILO. Système de phénomènes solidaires et interdépendants.

structurel, elle adj. Structural. / ÉCON. Qui relève des structures économiques. *Chômage structurel* (par opposition à *conjoncturel*).

structurer v. t. [1] Donner une structure à. *Structurer ses idées, un plan.*

struthioniformes n. m. pl. ZOOL. Ordre de grands oiseaux coureurs comprenant les autruches, les nandous, les casoars, les émeus.

Struthof Camp de concentration et d'extermination nazi, le seul situé sur le territoire français; voir *génocide*.

Struve (Friedrich Georg Wilhelm von) 1783-1864 Physicien et astronome russe. Son nom est attaché à la création de l'observatoire de Pulkovo, près de Saint-Pétersbourg. À l'aide d'une lunette de 24 cm d'ouverture fabriquée par J. Fraunhofer, il calcula pour la première fois la parallaxe d'une étoile. **Otto Wilhem** 1819-1905 Astronome russe, fils du précédent. Spécialiste de la recherche des étoiles doubles, il en répertoria 500 nouvelles. Ses observations portèrent aussi sur l'étude de Saturne et des satellites d'Uranus et il donna une valeur estimée de la masse de Neptune. **Otto** 1897-1963 Astronome américain d'origine russe, petit-fils du précédent. À la direction de l'observatoire de Yerkes, il est à l'origine de la détection du mouvement de rotation des étoiles bleues. Il détecta la présence de la molécule ionisée de l'hydrogène dans la matière interstellaire.

strychnine n. f. Alcaloïde extrêmement toxique, extrait de la noix vomique.

Stuart Nom (après 1542) de la famille écossaise des Stewart qui a donné des rois à l'Écosse (**Robert II** 1316-1390; **Robert III** 1340-1406; **Jacques Ier** 1394-1437; **Jacques II** 1430-1460; **Jacques III** 1452-1488; **Jacques IV** 1473-1513; **Jacques V** 1512-1542; **Jacques VI** 1566-1625) et à l'Angleterre (**Jacques VI** d'Écosse devenant **Jacques Ier**); **Charles Ier** 1600-1649; **Charles II** 1630-1685; **Jacques II** 1633-1701; **Guillaume III** 1650-1702; **Marie II** 1662-1694; **Anne** 1665-1714.

Stuttgart.

Stupa à Xiahe (Chine).

Stuart (Gilbert) 1755-1828 Peintre américain. Au cours de son long (1775-1792) séjour en Angleterre et en Irlande, il se familiarise avec le portrait aristocratique tel que le pratiquaient Reynolds et Gainsborough (*Henrietta Elizabeth Frederica Vane*, 1782-1783). À ces œuvres gracieuses et expressives font suite, après son retour aux États-Unis, des toiles de style plus classique (*George Washington*, trois portraits, 1795 et 1796).

Stubbs (George) 1724-1806 Peintre britannique. D'abord portraitiste, il devint peintre animalier et représenta aussi des cavaliers, des scènes de chasse et réalisa quelques œuvres à sujet historique. Bon observateur, il était servi par une connaissance approfondie de l'anatomie (il publia un trait intitulé *Anatomie du cheval*) et un sens aigu de la composition.

stuc n. m. Composition à base de plâtre, de chaux et de poussière de marbre, qui a l'aspect du marbre et sert à la décoration.

stucateur n. m. Personne qui prépare ou applique le stuc.

stud-book n. m. (mot anglais) Registre où sont notés le nom, la généalogie, les performances des chevaux de course. Pl. Des *stud-books*.

studette n. f. Très petit studio, dans le langage des agents immobiliers.

studieusement adv. De façon studieuse.

studieux, euse adj. Qui étudie; qui étudie avec application; qui aime étudier. *Un enfant studieux.* / Occupé par l'étude. *Vacances studieuses.*

studio n. m. Petit logement composé d'une pièce principale et, le plus souvent, d'une salle d'eau et d'une petite cuisine. / Atelier d'artiste, de photographe. / Local aménagé pour le tournage d'un film, l'enregistrement d'une émission télévisée ou radiophonique.

stuka n. m. (mot allemand) Bombardier allemand d'attaque en piqué utilisé durant la Seconde Guerre mondiale.

stupa ou **stoupa** n. m. (mot hindi) Monument funéraire bouddhique en forme de coupole.

stupéfaction n. f. État d'une personne stupéfaite.

stupéfait, e adj. Tellement étonné qu'on reste en état de stupeur. *Des spectateurs stupéfaits.*

stupéfiant, e adj. et n. m. Qui stupéfie. / n. m. Substance ayant un effet analgésique, narcotique et euphorisant, et dont l'usage prolongé provoque une accoutumance. *La cocaïne, l'héroïne sont des stupéfiants.*

stupéfier v. t. [1] Frapper de stupeur, causer un étonnement extrême à.

stupeur n. f. Surprise, étonnement se traduisant par l'absence de réactions. / PSYCHIATR. État d'inhibition accompagné d'inertie et, dans certains cas, de mutisme.

stupide adj. Litt. Frappé de stupeur. *Demeurer stupide.* / Qui dénote un manque d'intelligence, de jugement. *Un raisonnement stupide.* / Qui manque d'intelligence, de raisonnement. *Je trouve ces élèves stupides.* / Par ext. *Ils ont un air stupide.*

stupidement adv. Très sottement.

stupidité n. f. Caractère de ce qui est stupide.

stupre n. m. Litt. Débauche, luxure. *Vivre, tomber dans le stupre.*

Sturm und Drang (*« ouragan et emportement »*) Mouvement littéraire allemand (1770-1790) principalement représenté par Klinger (auteur d'un drame du même nom, 1776), Lenz, Herder et Gœthe. Inspirés par Rousseau, les écrivains du *Sturm und Drang* voulurent réagir contre le rationalisme et le culte de la science, et donnèrent la primauté au sentiment, préparant ainsi la voie au romantisme allemand.

Stuttgart *588 482 h.* Ville d'Allemagne, capitale du Bade-Wurtemberg, sur le Neckar. C'est un grand centre économique: les industries automobiles, électroniques, l'édition, voisinent avec les industries textiles et chimiques plus anciennes.

Stwosz voir **Stoss**

style [1] n. m. Manière propre à chacun de formaliser sa pensée. *Le style de Chateaubriand.* / Langue fonctionnelle employée dans un cadre précis. *Style télégraphique.* / Fig. Manière de se comporter. *Un style de vie.* / Loc *Avoir du style*: avoir un style original, distingué. / BX-ARTS Manière de composer une œuvre, particulière à une époque ou à un artiste. *Le style Louis XVI. Meuble de style*, d'une facture ancienne particulière.

style [2] n. m. ANTIQ. Poinçon utilisé pour écrire sur les tablettes enduites de cire. / BOT. Partie allongée du pistil portant le stigmate. / Dans un cadran solaire, tige qui donne l'heure.

stylé, e adj. *Domestique stylé*, qui accomplit son service en respectant toutes les règles, notamment les règles protocolaires.

stylet n. m. Poignard à lame très fine, pointue. / CHIR. Petite tige métallique destinée à sonder les plaies, les fistules. / ZOOL. Appareil buccal des insectes piqueurs. *Le stylet d'un moustique, d'une punaise.*

stylisation n. f. Action de styliser; son résultat.

styliser v. t. [1] Représenter (qqch.) sous une forme simplifiée, en le limitant à ses caractères essentiels, tout en lui conférant un esthétisme particulier.

stylisme n. m. Activité, profession du styliste.

styliste n. Personne qui a pour métier de définir le style d'un produit industriel, de concevoir des modèles dans l'ameublement, la décoration, la mode. / Écrivain au style soigné.

stylistique adj. et n. Du style. *Analyse stylistique.* / n. f. Étude du style d'un écrivain, d'un artiste, d'une époque, d'un genre.

stylite n. m. RELIG. Ermite chrétien qui installait sa cellule au sommet d'une colonne, d'une tour, d'un portique.

stylobate n. m. ARCHI. Soubassement constituant un piédestal continu et portant une rangée de colonnes.

stylographe ou (abrév.) **stylo** n. m. Instrument pour écrire à réservoir d'encre. *Stylo à bille*, à bille de métal, alimenté d'une encre grasse.

stylopode n. m. ZOOL., ANAT. Segment du membre chiridien correspondant au bras ou à la cuisse.

styrax ou **storax** n. m. BOT. Arbuste des régions tropicales, dont on tire le benjoin. / Benjoin.

styrène, styrol ou **styrolène** n. m. CHIM. Composé organique de formule ($C_6H_5CH{=}CH_2$), formé d'un noyau benzénique sur lequel est fixé un radical vinyle. *Par polymérisation, le styrène donne naissance aux matières plastiques nommées polystyrènes. « Le styrène autrefois s'extrayait du benjoin, / Provenant du styrax, arbuste indonésien »* (R. Queneau, *Le Chant du styrène*).

Styrie *16 388 km² 1 206 317 h.* État fédéral du sud-est de l'Autriche. Capitale *Graz*. Ce pays montagneux a pour ressources principales l'élevage, l'exploitation forestière et l'extraction minière (lignite).

William Styron.

Styron (William) 1925 Romancier américain. Admirateur de Faulkner, il a écrit des romans où la richesse de la langue anime le monde tragique où évoluent ses personnages : *Un lit de ténèbres* (1951) ; *La Proie des flammes* (1960) ; *Le Choix de Sophie* (1979).

Styx MYTH. GR. Fleuve qui entourait de ses méandres le royaume des Enfers. Son eau avait des propriétés magiques ; l'invulnérabilité fut donnée à Achille lorsque sa mère l'y plongea en le tenant par le talon.

su, sue adj. et n. m. Que l'on sait, que l'on a appris. *Un rôle su par cœur.* / n. m. (En loc.) *Au su de qqn*, à sa connaissance. *Au vu et au su de mon voisin.*

suaire n. m. Litt. Linceul. *Le Saint Suaire* : linge conservé à Turin et portant une empreinte dans laquelle la tradition catholique a vu l'empreinte du corps du Christ. *Des mesures au carbone 14 laissent supposer que le Saint Suaire date, en réalité, du XIVe siècle.*

suant, e adj. Fam. Couvert de sueur. *Un visage suant.* / Fig., fam. Pénible, ennuyeux.

suave adj. D'une douceur agréable. *Parfum suave.*

suavement adv. Avec suavité.

suavité n. f. Litt. Caractère de ce qui est suave.

subalterne adj. et n. Dont la position est inférieure dans une hiérarchie. *Officier subalterne*, du premier échelon de la hiérarchie des officiers. / n. *Les subalternes.*

S

subconscient, e adj. et n. m. Qui est faiblement conscient. / Se dit de ce qui n'est pas perçu de façon consciente mais qui exerce une influence sur le comportement. / n. m. Cour. Inconscient (mot qui n'appartient pas au vocabulaire de la psychanalyse freudienne).

subdiviser v. t. [1] Diviser de nouveau (une chose résultant d'une division). *Diviser les heures en minutes, subdiviser les minutes en secondes.*

subdivision n. f. Action de subdiviser ; son résultat. / Fait d'être subdivisé. / Partie d'un tout. *Une subdivision administrative.*

subduction n. f. GÉOMORPH. Glissement des plaques tectoniques sous les plaques adjacentes.

subéquatorial, ale, aux adj. GÉOGR. Proche de l'équateur. *Zone subéquatoriale.* / Propre aux régions proches de l'équateur. *Habitat subéquatorial.*

suber n. m. BOT. Tissu des plantes dicotylédones, imperméable, à fonction protectrice, constitué de cellules mortes dont les parois sont imprégnées de subérine. Syn. liège.

subéreux, euse adj. BOT. De la nature du suber ; qui a l'aspect, la consistance du suber.

subérifié, e adj. BOT. Se dit d'un tissu dont les parois cellulaires sont imprégnées de subérine.

subérine n. f. BIOCHIM. Substance de nature lipidique, qui imprègne les parois cellulaires du liège et le rend imperméable.

subir v. t. [2] Être soumis contre son gré à (qqch. de pénible). *Subir un affront.* / Spécial. Accepter sans réagir. *Subir les événements.* / Se prêter, se soumettre à. *Subir une visite médicale.* / Spécial. *Subir qqn*, supporter sa présence à contrecœur. / Être l'objet de (une action extérieure, un changement, une variation). *Mécanisme qui subit une traction.*

subit, e adj. Qui advient à l'improviste, soudain. *Une mort subite.*

subitement adv. De façon subite.

subito adv. (mot latin) Fam. Subitement. *Subito presto* : subitement et à la hâte.

subjectif, ive adj. PHILO. Propre ou relatif au sujet pensant. *Réalité subjective.* / Propre à, influencé par la personnalité du sujet pensant. *Jugement subjectif.* Ant. objectif.

subjectivement adv. De façon subjective.

subjectivisme n. m. PHILO. Système qui n'admet comme réalité que celle du sujet pensant.

subjectivité n. f. PHILO. Caractère de ce qui est subjectif. / Ce qui relève de l'intériorité, de la personnalité de qqn.

subjonctif n. m. GRAMM. Mode verbal personnel qui marque une relation de dépendance entre deux propositions, qui exprime le souhait, le doute, la crainte, etc.

subjuguer v. t. [1] Exercer une emprise sur (qqn) ; tenir sous son charme, fasciner.

sublimation n. f. PHYS. Passage direct de l'état solide à l'état gazeux. / PSYCHAN. Action de sublimer.

sublime adj. et n. m. Qui élève, transcende l'esprit par sa beauté, par l'admiration suscitée. *Un œuvre sublime. Un héros sublime.* / n. m. *Un esprit tenté par le sublime.*

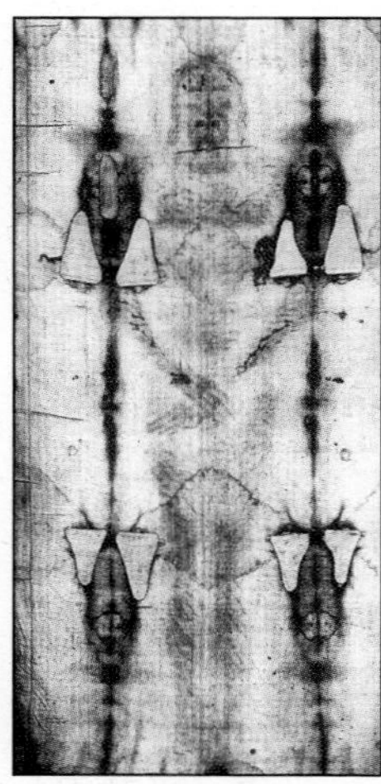

Le Saint ***Suaire.***

sublimé n. m. CHIM. Produit obtenu par sublimation.

sublimer v. t. / v. i. [1] PHYS. Faire passer (un corps) de l'état solide à l'état gazeux sans passer par l'état liquide. / v. i. PSYCHANAL. Transformer les pulsions inconscientes réprimées en un ressort favorable à des réalisations socialement valorisées.

subliminal, ale, aux adj. PSYCHOL. Qui n'est pas perçu consciemment par le sujet. *Message subliminal.*

sublingual, ale, aux adj. ANAT. Qui est situé sous la langue. *Glande sublinguale* : glande salivaire située dans le plancher buccal. / Qui s'effectue sous la langue. *Absorption sublinguale d'un médicament.*

sublunaire adj. Qui se situe entre la Terre et l'orbite lunaire.

submerger v. t. [1] Recouvrir entièrement d'eau. / (Souvent au passif.) Envahir totalement (qqn) ; accabler (qqn). *L'émotion l'a submergé. Être submergé de travail.*

submersible adj. et n. m. Qui peut être submergé. / n. m. Sous-marin.

submersion n. f. Action de submerger ; fait d'être submergé.

subodorer v. t. [1] Se douter de, pressentir (qqch. de caché, de latent). *Subodorer un piège.*

subordination n. f. Dépendance (d'une personne ou d'une chose à l'égard d'une autre). / GRAMM. *Conjonction de subordination* : terme introducteur d'une proposition subordonnée.

subordonné, e adj. et n. *Subordonné à* : dépendant de. *Des prix subordonnés à la loi du marché.* / Hiérarchiquement inférieur à. *Elle lui est subordonnée.* / GRAMM. *Proposition subordonnée* (ou n. f. *subordonnée*), qui dépend d'une autre proposition et ne peut suffire à former une unité syntaxique complète. / n. Personne hiérarchiquement soumise à une autre. *Être aimable avec ses subordonnés.*

subordonner v. t. [1] Faire dépendre (qqn) de (qqn qui lui est hiérarchiquement supérieur). *Les aides-soignantes sont subordonnées aux infirmières.* / Considérer qqch. comme secondaire à (qqch. d'autre) *Subordonner ses choix à des considérations matérielles.*

subornation n. f. Action de suborner ; son résultat. *Subornation de témoin* : délit consistant à inciter un témoin à commettre un faux témoignage.

suborner v. t. [1] Détourner (qqn) de son devoir. *Suborner un témoin.* / Vieilli *Suborner une jeune fille*, la séduire en compromettant son honneur.

suborneur, euse n. et adj. Personne qui en suborne une autre. / Vx ou plaisant. Séducteur.

subrécargue n. m. MAR. Sur un navire de commerce, agent qui ne fait pas partie de l'équipage et qui, au nom de l'armateur ou de l'affréteur, surveille la gestion de la cargaison.

subreptice adj. DR. Obtenu, attribué sur la foi d'une falsification. *Accord subreptice.* / Par ext. À l'insu des personnes concernées. *Manœuvre subreptice.*

subrepticement adv. En cachette, en catimini.

subrogation n. f. DR. Action de subroger.

subrogé, e adj. et n. *Subrogé tuteur* : personne chargée par le conseil de famille de défendre les droits d'un mineur contre son tuteur. / n. m. DR. Personne qui devient titulaire d'une créance à la place du créancier.

subroger v. t. [1] DR. Mettre à la place de.

subséquent, e adj. Litt. Qui suit, succède à.

subside n. m. Aide financière accordée à une personne par une autre, à un État par un autre.

subsidence n. f. GÉOL. Enfoncement progressif du fond d'un bassin ou d'une fosse sous l'effet de la sédimentation.

subsidiaire adj. Qui s'ajoute au principal et le complète ou le renforce. *Question subsidiaire*, qui, dans un concours, départage les concurrents arrivés ex aequo. DR. *Hypothèque subsidiaire, caution subsidiaire*, que l'on prend en plus d'une autre pour la remplacer en cas de défaut.

subsidiarité n. f. Caractère de ce qui est subsidiaire. *Principe de subsidiarité* : principe politique qui, considérant que les pouvoirs de la Communauté européenne sont subsidiaires par rapport à ceux des États et/ou des régions, limite ces pouvoirs.

subsistance n. f. Ce qui sert à entretenir matériellement à nourrir qqn. *Moyens de subsistance.* / MILIT. *Service des subsistances* : service de l'intendance chargé du ravitaillement des troupes.

subsister v. i. [1] Continuer d'être, exister encore. *Tradition qui subsiste. Il subsiste un doute, une erreur.* / Se maintenir en vie, subvenir à ses besoins. *Se nourrir pour subsister.*

subsonique adj. TECHN. Inférieur à la vitesse du son.

substance n. f. PHILO. Ce qui est permanent dans une chose, un phénomène, indépendamment des apparences différentes, des changements éventuels. / Ce qu'il y a d'essentiel dans une pensée, un discours, une œuvre. *En substance* : en résumé. / Matière. *Substance osseuse.*

substantiel, elle adj. PHILO. Propre à la substance. / Fig. *Aliment substantiel*, très nutritif. / Par ext. Important. *Des avantages substantiels.*

substantiellement adv. De façon substantielle.

substantif, ive n. m. et adj. GRAMM. Unité lexicale (mot, groupe de mots) servant à désigner un objet, matériel ou non. / adj. Relatif au substantif. *Proposition substantive*, qui a valeur de substantif.

substantifique adj. Litt. *La substantifique moelle* (Rabelais) : l'essentiel pour l'esprit.

substantivement adv. GRAMM. En qualité de substantif. *Adverbe employé substantivement.*

substantiver v. t. [1] GRAMM. Prendre (un verbe, un adjectif) en guise de substantif.

substituer v. t. [1] Mettre (qqn, qqch.) à la place de. *Substituer un enfant à un autre.* / v. pron. *Un régime politique se substitue à un autre.*

substitut n. m. Personne ou chose qui en remplace une autre. / Magistrat du parquet, suppléant du procureur de la République, du procureur général, d'un avocat général.

substitution n. f. Action de substituer. *Produit de substitution (à un stupéfiant)*, donné à un toxicomane dans le cadre d'une cure de désintoxication. *Peine de substitution*, prononcée par un tribunal en remplacement d'une peine d'emprisonnement. / MATH. Permutation sur un ensemble fini. / CHIM.

Dans un composé, remplacement d'un atome ou d'un radical par un autre atome ou un autre radical. / DR. Disposition en vertu de laquelle une tierce personne est désignée pour recevoir un don ou un legs, dans le cas où le donataire ou le légataire désigné en premier lieu ne pourrait le recueillir. *Substitution d'enfant*: infraction consistant à remplacer un nouveau-né par un autre qui prend l'état civil du premier.
substrat n. m. PHILO. Réalité profonde d'un être, support d'une réalité. / GÉOL. Couche inférieure du sous-sol. / LING. Patrimoine primitif d'une langue qui a été remplacée par une autre sur un territoire donné, et dont il reste des traces dans la langue nouvelle. *Le substrat gaulois du français.*
substruction ou **substructure** n. f. ARCHÉOL. Soubassement d'une construction, incluant des parties basses, plus ou moins détruites, d'une construction ancienne.
subterfuge n. m. Moyen détourné pour se tirer d'une situation embarrassante ou pour parvenir à ses fins. *User d'un subterfuge.*
subtil, e adj. Difficile à distinguer, à percevoir. *Nuance subtile.* / Fig. *Argument subtil*, qui échappe à l'esprit ordinaire. / Par ext. *Esprit subtil*, qui parvient à distinguer ce qui échappe aux autres.
subtilement adv. Avec subtilité; imperceptiblement.
subtiliser v. t. / v. i. [1] Dérober avec adresse. *Subtiliser un document.* / v. i. Litt. Se livrer à des raffinements extrêmes et vains dans la pensée, dans le style.
subtilité n. f. Caractère d'une personne subtile, d'une chose subtile. *Subtilité d'un argument.* / Nuance; raffinement souvent peu perceptible. *Les subtilités du langage.*
subtropical, ale, aux adj. Proche des tropiques. / *Climat subtropical*, chaud, avec une longue saison sèche.
suburbain, e adj. Proche d'une ville.
subvenir v. t. ind. [3] *Subvenir à*: pourvoir à (ce qui est nécessaire). *Il subvient tout seul à ses besoins.*
subvention n. f. Aide financière accordée par l'État ou par une collectivité locale à une entreprise privée, un organisme, une association, dans le but de mener à bien une activité d'intérêt général.
subventionner v. t. [1] Aider (une personne, une institution) par une subvention.
subversif, ive adj. Qui tend, vise à la subversion.
subversion n. f. Bouleversement de l'état des choses, de l'ordre établi.
subvertir v. t. [2] Didac. Bouleverser (un ordre).
suc n. m. Liquide pouvant être extrait des tissus animaux ou végétaux. *Le suc d'une viande.* / BIOL. Liquide sécrété par certaines glandes du système digestif. *Suc gastrique, suc pancréatique.* / Fig. Quintessence.
succédané n. m. Substance plus ou moins analogue à une autre et qui peut la remplacer dans ses applications; ersatz. *Succédané du sucre.* / MÉD. Médicament ayant les mêmes propriétés qu'un autre et qui peut lui être substitué. / Fig. Ce qui remplace qqch.
succéder v. t. ind. [1] *Succéder à*: prendre la suite de (qqn) dans un emploi, une dignité, une charge. *Succéder au roi.* / DR. Hériter du patrimoine de (qqn). / Venir après, venir à la suite de. *Les jours succèdent aux jours.* / v. pron. Venir l'un après l'autre, se suivre. *Ses amis se sont succédé à son chevet.*

La bataille de Fontenoy (1745), pendant la guerre de ***Succession d'Autriche***.

succès n. m. Résultat heureux d'une action, d'une entreprise. *Succès aux examens.* / Faveur du public. *Avoir du succès. Un auteur à succès*, apprécié par le public. *Un succès*: qqch. qui a du succès. / Fait de plaire. *Avoir du succès auprès des femmes.*
successeur n. m. Personne qui succède, est appelée à succéder à une autre.
successibilité n. f. Caractère successible.
successible adj. DR. Apte à succéder légalement. / *Parenté au degré successible*, qui rend apte à succéder.
successif, ive adj. Qui forme une succession. *Les assauts successifs d'une armée.*
succession n. f. Fait de succéder à qqn. *Succession en ligne directe.* / Suite, série de personnes qui se suivent ou de choses qui se répètent sans interruption ou de manière très rapprochée. *Une succession de mauvaises nouvelles.* / Transmission légale des biens d'une personne décédée à un ou plusieurs héritiers survivants; les biens transmis. *Payer des droits de succession. Succession ab intestat*, d'un défunt qui n'a pas laissé de testament. *Succession testamentaire*, d'un défunt qui a manifesté sa volonté par un testament.
Succession d'Autriche (guerre de) 1740-1748 Guerre qui opposa de nombreux pays européens. Par la pragmatique sanction de 1713, l'empereur Charles VI avait fait de sa fille Marie-Thérèse son héritière. Mais le roi de Prusse Frédéric II revendiqua et envahit la Silésie, tandis que la France, l'Espagne, la Sardaigne, la Saxe et la Pologne reconnaissaient comme empereur Charles-Albert de Bavière (1742). Grâce à l'appui des Hongrois, Marie-Thérèse put résister à la coalition en abandonnant la basse Silésie à Frédéric II et en s'alliant à l'Angleterre, rivale maritime de la France. Mais la défection de ses alliés et les volte-face de Frédéric II laissèrent la France isolée et soutenue seulement par l'Espagne (1745). Les Français poursuivirent alors la guerre aux Pays-Bas autrichiens (Belgique), en Italie contre l'Autriche, au Canada et aux Indes contre l'Angleterre; les victoires de Maurice de Saxe à Fontenoy (mai 1745), à Raucoux (1746), à Bergen-op-Zoom (1747), à Maastricht (1748) assurèrent à la France la possession des Pays-Bas autrichiens, tandis qu'elle occupait aussi la Savoie et le Piémont. En Angleterre, le prétendant Charles-Édouard Stuart, soutenu par Louis XV, avait été battu à Culloden en 1746. Louis XV, qui voulait traiter « en roi et non en marchand », rendit tous les territoires conquis (traité d'Aix-la-Chapelle, 1748).
Succession d'Espagne (guerre de) 1701-1714. Guerre menée contre la France et l'Espagne par une coalition européenne. Le roi d'Espagne Charles II désigna pour héritier le duc d'Anjou, petit-fils de Louis XIV et de Marie-Thérèse d'Autriche. En acceptant ce testament, Louis XIV maintint son petit-fils dans ses droits à la couronne de France (1701). Il se forma alors une coalition avec Guillaume III d'Angleterre, l'empereur Léopold Ier qui revendiquait la succession pour son second fils, les Provinces-Unies, la Prusse, le Portugal, la Savoie, le Danemark. De 1702 à 1708, Marlborough et le Prince Eugène infligèrent aux Français de graves défaites: Ramillies (1706), Oudenaarde qui livrait Lille (1708). Les victoires de Villars à Malplaquet (1709) et surtout à Denain (1712) sauvèrent Louis XIV et la France, alors que la victoire de Vendôme à Villaviciosa, dans les Asturies, en 1710, incitait l'Angleterre à chercher la paix que deux traités séparés conclurent; par le traité d'Utrecht (1713), Philippe V était reconnu comme roi d'Espagne, mais renonçait à la couronne de France alors que Louis XIV acceptait la dynastie protestante en Angleterre et cédait à celle-ci une partie de la Nouvelle-France (Canada): l'Acadie, Terre-Neuve et la baie d'Hudson, les Anglais conservant Gibraltar, où ils s'étaient installés en 1804, et Minorque; le traité de Rastatt donnait à Charles, fils de l'empereur et rival de Philippe V, le Milanais, Naples, la Sardaigne et les Pays-Bas. La France, épuisée, gardait son territoire intact.
Succession de Pologne (guerre de) 1733-1738 Guerre menée contre l'Autriche par une coalition que dirigeait la France. Stanislas Leszczynski avait été élu roi de Pologne en 1704, avec l'appui de Charles XII, roi de Suède, contre Auguste, Électeur de Saxe, mais dut laisser la place à Auguste II en 1710. Lorsque celui-ci disparut en 1733, Stanislas fut élu par la Diète avec l'appui de la France. Mais la Russie et l'Autriche faisaient élire, par une minorité, le fils d'Auguste II, Auguste III, et occupaient la Pologne que Stanislas dut quitter. La France groupa alors la Sardaigne, l'Espagne et la Bavière contre l'Autriche. Mais il n'y eut pas de guerre décisive, le ministre Fleury cherchant à se rapprocher de l'Autriche. Après des négociations commencées en 1735, la paix fut signée à Vienne en 1738. Auguste III restait roi de Pologne. En compensation, Stanislas Leszczynski recevait les duchés de Lorraine et de Bar qui, à sa mort, devaient revenir à la France. Don Carlos, fils de Philippe V d'Espagne, était reconnu roi des Deux-Siciles, l'empereur conservant le Milanais.
successivement adv. Par éléments, par degrés successifs.
successoral, ale, aux adj. DR. Relatif aux successions.
succinct, e adj. Réduit à l'essentiel, sommaire. *Description succincte.* / Par ext. Concis. *Phèdre était si succinct qu'aucuns l'en ont blâmé* (La Fontaine).
succinctement adv. De façon succincte.
succion n. f. Action de sucer.
succomber v. i. / v. t. ind. [1] **A.** v. i. S'affaisser; être profondément éprouvé. *Succomber sous le poids d'une charge.* / Avoir le dessous, dans une lutte, une compétition. *Le champion a succombé sous les assauts du prétendant au titre.* / Mourir. *Succomber sur le champ de bataille.* **B.** v. t. ind. *Succomber à*: mourir sous l'effet de. *Succomber à ses blessures.* / Ne pas résister à, céder à. *Succomber à la douleur, à la tentation.*
succube n. m. Démon séducteur à corps de femme qui se manifeste dans les rêves. *Succubes et incubes.*
succulence n. f. Litt. Qualité de ce qui est succulent.
succulent, e adj. Litt. Plein de suc. / Par ext. Savoureux. *Repas succulent.* / BOT. *Plantes succulentes*: plantes *grasses*.
succursale n. f. Établissement commercial, bancaire, etc., dépendant d'un autre avec une certaine autonomie. *Magasin à succursales multiples.*
succursalisme n. m. Système de vente au détail dans un grand nombre de succursales sous une enseigne commune.
succursaliste n. Commerçant pratiquant le succursalisme.
sucer v. t. [1] Aspirer (une substance liquide) en exerçant une pression avec les lèvres et la langue. / Aspirer (un liquide nutritif) à l'aide d'un organe qui pompe, en parlant de certains animaux et de certaines plantes parasites. / Faire fondre (un corps soluble) en le remuant entre le palais et la langue. *Sucer un bonbon.* / Porter à sa bouche (un corps solide) et y exercer une succion. *Sucer son pouce, un bâton de réglisse.*
sucette n. f. Gros bonbon fixé à un bâtonnet. / Tétine que les bébés sucent.
suceur, euse adj. et n. **A.** adj. Qui exerce une succion. *Insectes suceurs.* **B.** n. m. Embout adapté au tube d'un aspirateur. / n. f. Tuyau aspirant utilisé pour la manipulation de produits en vrac; drague aspirante.
Suchet (Louis Gabriel, duc d'Albufera**)** 1770-1826 Maréchal de France. Général en 1798, il se distingua en Italie (1800) et surtout en Espagne entre 1809 et 1814. Fait duc et maréchal en 1811, il se rallia à Louis XVIII mais rejoignit Napoléon pendant les Cent-Jours et vécut en disgrâce jusqu'en 1819.
suçoir n. m. ZOOL. Appareil buccal des insectes suceurs. *Le suçoir d'une mouche.* / BOT. Organe de certaines plantes parasites par lequel elles aspirent la sève de leur hôte. *Les suçoirs du gui.*

La cathédrale de **Sucre** en Bolivie.

suçon n. m. Marque que laisse sur la peau une succion prolongée.
suçoter v. t. [1] Sucer légèrement.
sucrage n. m. Action de sucrer. *Sucrage du vin*: adjonction de sucre au moût de façon à obtenir, après fermentation, un vin plus riche en alcool.
sucre n. m. Cour. Substance alimentaire de saveur douce que l'on extrait de certains végétaux (canne à sucre, betterave). *Sucre en poudre.* / Morceau de sucre. *Mettre deux sucres dans son café.* / BIOCHIM. Glucide; spécialement, glucide de faible poids moléculaire. *Le glucose, le fructose, le saccharose sont des sucres.*
Sucre (Antonio José de) 1795-1830 Général et homme politique vénézuélien. Lieutenant de Bolivar, il contribua à l'indépendance de l'Amérique du Sud, en remportant au Pérou la victoire d'Ayacucho (1824). Élu président à vie de la République de Bolivie, il tenta d'instaurer des réformes économiques et sociales mais sa politique agraire échoua et il démissionna en 1828. Continuant à œuvrer pour aider les jeunes républiques d'Amérique du Sud, il fut assassiné.
Sucre (autrefois *La Plata*) *144 994 h.* Capitale constitutionnelle de la Bolivie (bien que, depuis 1899, le gouvernement siège à La Paz), située sur un plateau des Andes, à *2 795 m* d'altitude.
sucré, e adj. Auquel on a ajouté du sucre. / Qui a la saveur du sucre. / Fig. D'une douceur exagérée. *Des paroles sucrées.* / n. m. *Le sucré*: l'une des quatre saveurs fondamentales (avec le salé, l'amer, l'acide).
sucrer v. t. [1] **A.** v. t. Ajouter du sucre à. *Sucrer son café.* / Fam. Retirer, supprimer. *Sucrer un passage d'un texte, une prime.* **B.** v. pron. Se servir en sucre. / Fam. S'octroyer une part excessive d'un bénéfice au détriment d'autrui.
sucrerie n. f. Usine où l'on fabrique le sucre. / Friandise à base de sucre. *Abuser des sucreries.*
sucrette n. f. Pastille d'édulcorant de synthèse utilisée pour remplacer le sucre.
sucrier, ère adj. et n. m. **A.** adj. Qui fournit du sucre ou en fabrique. *Betterave sucrière. Entreprise sucrière.* **B.** n. m. Personne qui travaille à la production du sucre. / Récipient destiné à servir le sucre.
sud n. m. et adj. inv. **A.** n. m. L'un des quatre points cardinaux, à l'opposé du nord.

Le **mont des Sudètes**, côté Pologne.

Un vent du sud. / Partie d'une région, d'un pays, d'un continent, qui se trouve au sud, par référence à une autre, située plus au nord. *Le sud de la France*, ou *le Sud.* / (Avec une majuscule) Ensemble des régions situées dans l'hémisphère Sud. *Les mers du Sud.* **B.** adj. Situé au sud. *Pôle Sud, côté sud.*
sud-africain, e adj. et n. D'Afrique du Sud. *Les industries sud-africaines. Un(e) Sud-Africain(e).* / *Sud-africaine (République)*: voir **Afrique du Sud**.
sud-africaine (République) Voir **Afrique du Sud**
sud-américain, e adj. et n. D'Amérique du Sud. *États sud-américains. Un(e) Sud-Américain(e).*
sudation n. f. Production abondante de sueur, naturelle ou provoquée.
sud-coréen, enne adj. et n. De Corée du Sud. *Syndicats sud-coréens. Un(e) Sud-Coréen(ne).*
sud-est n. m. et adj. inv. Point de l'horizon situé entre le sud et l'est. / Partie d'un pays située au sud-est, plutôt au sud-est. *Le sud-est de la France.* / adj. *La région sud-est.*
Sudètes (mont des) ou **monts des Géants** *1 602 m* Massif montagneux séparant la République tchèque (Bohême) de la Pologne, formé de sommets arrondis, et limité au sud par la vallée de l'Oder (Porte de Moravie). Cette région était habitée par des minorités allemandes, également appelées *Sudètes*, qui souhaitaient être rattachées à l'Allemagne. Prague ayant refusé, la question faillit provoquer la Seconde Guerre mondiale, mais fut provisoirement réglée par la conférence de Munich, en septembre 1938. L'Allemagne occupa cette zone jusqu'en 1945, puis la restitua à la Tchécoslovaquie, qui expulsa une très grande partie de la population allemande.
sudiste adj. et n. HIST. Qui appartenait aux États du Sud, esclavagistes lors de la guerre de Sécession des États-Unis. *L'armée sudiste.*
sudoripare adj. ANAT. Glandes sudoripares, qui sécrètent la sueur.
sud-ouest n. m. et adj. inv. Point de l'horizon situé entre le sud et l'ouest. / Partie d'un pays située au sud-ouest, plutôt au sud-ouest. *Le sud-ouest de la France.* / adj. *La région sud-ouest.*
Sud-Ouest africain Voir **Namibie**
Sue (Marie-Joseph, dit **Eugène)** 1804-1857 Écrivain français. D'abord médecin de la marine, il voyagea beaucoup et s'inspira de ses expériences dans ses romans d'aventures (*Kernoch le Pirate*, 1830). Il se tourna ensuite vers le roman-feuilleton et publia dans le *Journal des débats*. Ses récits, qui décrivent avec beaucoup de réalisme la vie des bas-fonds et dénoncent la cruauté de la société, connurent un immense succès: *Les Mystères de Paris* (1842-1843); *Le Juif errant* (1844-1845); *Les Mystères du peuple* (1849-1857). Député républicain-socialiste, il fut arrêté lors du coup d'État de 1851 et vécut en exil jusqu'à sa mort.
suède n. m. Peausserie dont le côté chair est à l'extérieur. *Des gants en suède.*
• **Suède** Royaume scandinave situé à l'est de la Norvège et au nord-est du Danemark.
suédé, e adj. Qui évoque le suède. *Papier suédé.*
suédine n. f. Tissu qui imite le suède.
suédois, e adj. et n. De Suède. *Le climat suédois. Un Suédois.* / n. m. LING. Langue nordique parlée en Suède et dans certaines régions de Finlande.
suée n. f. Fam. Transpiration abondante provoquée par un effort physique, une émotion forte.
suer v. i. / v. t. [1] **A.** v. i. Rejeter de la sueur par les pores. *Suer à grosses gouttes.* / Faire de gros efforts. *Suer sur son travail.* / Fam. *Faire suer qqn*, l'ennuyer profondément, l'excéder. *Se faire suer*: s'ennuyer. / Rendre de l'humidité. *Murs qui suent.* / CUIS. *Faire suer un aliment*, lui faire exprimer son suc, lui faire rendre son jus, son eau de végétation en le faisant cuire doucement. **B.** v. t. Exsuder. *Suer du sang.* Loc. fig. *Suer sang et eau*: se donner beaucoup de mal. / Fig. Dégager, exhaler. *Suer l'ennui, le vice.*
Suétone (en latin, **Caius Suetonius Tranquillus)** 69?-128? après J.-C. Historien latin. Chef de la correspondance impériale sous Adrien, il fit de nombreuses recherches biographiques en bibliothèque sur des personnages romains célèbres et fut l'auteur de *Vies des douze Césars*, portraits anecdotiques et psychologiques d'empereurs romains, de César à Domitien.
suette n. f. MÉD. *Suette miliaire*: maladie contagieuse d'étiologie inconnue caractérisée par de la fièvre, accompagnée de sueurs et d'éruptions cutanées.
sueur n. f. Liquide salé, d'odeur plus ou moins forte, sécrété par les glandes sudoripares. *Être en sueur*: transpirer. *Sueur froide*: transpiration accompagnant certaines angoisses, mêlée à une sensation de froid.
Suèves Populations de Germanie qui donnèrent leur nom à la Souabe. Ils fondèrent en Espagne (Galicie) un éphémère royaume que les Wisigoths anéantirent en 585.
Suez *388 000 h.* Ville d'Égypte, sur la mer Rouge, à l'extrémité du canal, centre de raffinage de pétrole. Son avant-port, *Port-Ibrahim*, est un bassin artificiel.
Suez (isthme de) Bande de terre large de *112 km*, séparant l'Égypte de la presqu'île du Sinaï, entre la mer Rouge *(golfe de Suez)* et la Méditerranée, franchie par un canal construit par Ferdinand de Lesseps (1859-1869). La vente des actions de la Compagnie du canal du Suez par Ismaïl Pacha à la Grande-Bretagne, en 1875, fait du Royaume-Uni le principal actionnaire de la Compagnie. La convention de Constantinople (1888) garantit le libre passage aux navires de toutes nationalités. La nationalisation du canal (la concession expirait en 1968) par le colonel Nasser, le 26 juillet 1956, provoque une crise internationale: les troupes franco-britanniques intervenues dans la zone du canal doivent l'abandonner devant la réprobation des États-Unis et de l'U.R.S.S. Fortement endommagé par la guerre des Six Jours (juin 1967), le canal a été rouvert en 1975 à la circulation. Ensuite, le canal a été élargi (fin des travaux en 1987).

L'inauguration du canal de **Suez** en 1869.

SUÈDE

Superficie : *449 964 km²* – **Nombre d'habitants :** *8 900 000 h.* – **Capitale :** *Stockholm*
Villes principales : *Götebörg, Malmö, Uppsala* – **Système politique :** *monarchie*
Langue(s) : *suédois* – **Religion(s) :** *protestantisme* – **Monnaie(s) :** *couronne suédoise*

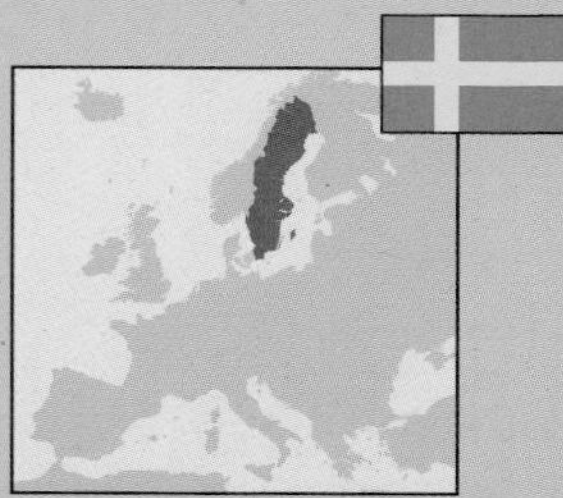

Voir l'Atlas

Géographie physique et humaine

D'est en ouest, la Suède septentrionale est composée d'une plaine côtière ouverte sur le golfe de Botnie, d'une zone de collines et d'une région montagneuse (Alpes scandinaves, culminant au Kebnekaise *2 123 m*), domaine de la forêt de conifères. Ailleurs prédominent les pâturages et les céréales. Au centre se développe la zone déprimée des lacs (lacs Vanern *5 585 km²*, Mälar, Hjälmar, Vättern) bordée à l'ouest par des reliefs ne dépassant pas *1 000 m*. Au sud, un plateau sédimentaire domine une large plaine côtière : la Scanie.

Partie de la péninsule scandinave, la Suède conserve l'empreinte des glaciations quaternaires (lacs, collines morainiques). Les côtes (*7 600 km*) sont échancrées par des fjords et bordées d'îles (Gotland, Öland). Le climat, continental (position « sous le vent » par rapport à la Norvège), est de plus en plus rigoureux vers le nord, où apparaît la toundra arctique. Nombreux et courts, les fleuves descendent des montagnes vers le golfe de Botnie à l'est, la Baltique au sud et le Kattegat à l'ouest. À l'exception des Lapons, qui vivent dans l'extrême nord de l'élevage nomade du renne, la population se concentre dans le sud et notamment sur le littoral. Malgré des conditions naturelles défavorables, les paysans (3 % de la population active), groupés en coopératives, obtiennent des rendements élevés : céréales, pommes de terre, betteraves ; ils élèvent des bovins (beurre et fromage en grande partie exportés) et des porcs.

L'exploitation de la forêt (50 % du territoire) alimente l'industrie du bois, des allumettes et du papier. La pêche est importante. Bénéficiant de l'abondance des matières premières : bois, produits de la pêche, minerais (fer de Kiruna, Gallivare, Bergslagen, zinc, argent, cuivre), et des sources d'énergie (hydroélectricité), l'industrie est la première activité du pays (40 % de la population active) : métallurgie, constructions mécaniques (automobiles Volvo), industrie chimique (explosifs Nobel, textiles artificiels), technologies de pointe. La Suède dispose de bons ports méridionaux (Stockholm, Göteborg, Malmö, qui sont aussi les plus grandes villes du pays), mais exporte le minerai de fer par le port norvégien de Narvik.

La construction navale, naguère toute puissante, disparaît. Le « socialisme à la suédoise » est né au début du XXᵉ siècle. Il a bénéficié de la neutralité du royaume pendant les deux guerres mondiales. Dans les années 1960, le revenu par habitant était le deuxième du monde, après celui des États-Unis. La crise a frappé le pays en 1991-1993 : du 3ᵉ rang mondial, ce revenu est passé au 17ᵉ, ce qui a failli provoquer l'abandon du « modèle suédois ». Quel que soit le modèle, la technologie de pointe a été privilégiée : la société Ericsson est l'un des leaders mondiaux de la téléphonie mobile. En ce qui concerne les pouvoirs publics, de droite ou de gauche, ils ont réduit à néant le déficit budgétaire qui, en 1992, atteignait 13 %.

Histoire

Peuplée vers 4000 avant J.-C., la Suède entre en contact avec les pays méditerranéens au IIᵉ millénaire. Au VIIIᵉ siècle de notre ère, la dynastie d'Uppsala, gardienne du temple de cette ville, réussit à unifier le pays. Apporté en Suède par saint Anschaire en 830, le christianisme triomphe avec le baptême du roi Olof en 1008. Les incursions des Vikings en Europe conduisent les Suédois (nommés Varègues) jusqu'à Byzance.

Après l'extinction de la dynastie d'Uppsala en 1060, le pays est déchiré par des guerres intestines ; la plus violente oppose au XIIIᵉ siècle les Sverker et les Erik. Magnus Eriksson est, en 1319, le premier roi d'une Suède et d'une Norvège unies. L'Union de Kalmar (1397-1523) crée, entre le Danemark, la Suède et la Norvège, une confédération scandinave dont le premier souverain est Erik de Poméranie. Des troubles constants nés en Suède (soulèvement d'Engelbrekt en 1434, révolte nationale contre la royauté commune en 1464) font éclater l'Union. Gustave Vasa chasse le dernier roi danois en 1523, est élu roi du nouvel État suédois et introduit la Réforme en 1527. Gustave II Adolphe (1611-1632), secondé par son conseiller Oxenstierna, intervient à la tête d'une puissante armée dans la guerre de Trente Ans : après sa mort au combat (1632), son œuvre est poursuivie, au nom de son héritière la reine Christine, par Oxenstierna (1632-1654) ; la Suède est reconnue par les traités de Westphalie (1648) et de Roskilde (1658) comme la maîtresse de la Baltique, devenue un « lac suédois ». Mais, après les défaites subies par Charles XII (1697-1718), la Suède perd la Livonie, l'Estonie, l'Ingrie et une partie de la Finlande (traité de Nystad, 1721).

Paysage rural du sud du pays, près du lac Vätter.

Helsingborg, le port le plus proche du Danemark.

Les excès de l'absolutisme ayant conduit à « l'ère de la liberté » (1718-1772), le pays est déchiré par la rivalité des factions (les *Chapeaux* et les *Bonnets*), mais développe une économie prospère et connaît un important essor démographique. Sous le règne de Gustave III (1771-1792), restaurateur du pouvoir royal, la Suède participe au grand courant culturel du XVIIIᵉ siècle, avec ses savants et ses philosophes (Linné, Celsius, Swedenborg). Gustave IV Adolphe, déposé par Napoléon, est remplacé par Charles XIII (1809-1818) ; celui-ci prend pour héritier le maréchal français Bernadotte (Charles XIV 1818-1844) qui engage aussitôt la Suède dans la lutte finale contre Napoléon. Le traité de Kiel (1814) fait concéder la Norvège à la Suède. Le développement économique (industries du bois, de l'acier) a pour conséquence l'essor du libéralisme (vers 1850) puis du socialisme : les socialistes obtiennent en 1909 le suffrage universel, cependant que la Norvège a obtenu en 1905 la dissolution pacifique de l'Union.

La Suède demeure neutre, non sans difficultés, pendant les deux guerres mondiales. Le pays est, depuis 1809, une monarchie constitutionnelle (Constitution modifiée en 1865 et révisée en 1971). Gustave VI Adolphe a succédé en 1950 à son père, Gustave V (1907-1950). Au pouvoir de 1932 à 1976 (sauf trois mois en 1936), les sociaux-démocrates savent associer le capitalisme privé à une législation sociale exceptionnellement avancée. Le « socialisme à la suédoise » fait bénéficier la population d'un niveau de vie élevé. En 1976, alors que la crise économique frappait l'Occident tout entier, une coalition de droite a remporté les élections et gouverné jusqu'en 1982.

Puis les sociaux-démocrates ont repris le pouvoir. Leur leader, Premier ministre, Olof Palme a été assassiné en 1986, sans qu'on sache encore par qui. En 1991, la crise a frappé. La politique libérale de la coalition de droite (1991-1994) a mécontenté la population, qui a rendu le pouvoir aux sociaux-démocrates. Le 1ᵉʳ janvier 1995, la Suède est entrée dans l'Union européenne, mais n'a pas adopté l'euro en 2002.

SUÈDE (SUITE)

Stockholm, sur le détroit qui relie le lac Mälar à la mer Baltique.

Littérature

La littérature suédoise se partage, du XIIe au XVIe siècle, entre la langue vulgaire et la langue latine. À la première appartiennent des textes officiels et des chansons populaires fondées sur un folklore héroïque et merveilleux ; l'ensemble est issu de la tradition orale. La seconde correspond à une inspiration essentiellement religieuse et mystique. Au XIVe siècle, la vogue des chansons de geste d'origine étrangère suscite la rédaction de chroniques en vers à contenu politique, comme *La Chronique d'Eric*. Au XVIe siècle, la traduction de la Bible, sous la direction d'Olaus Petri, auteur d'une intéressante *Chronique suédoise*, donne la prépondérance à la langue nationale ; mais c'est encore en latin que Magnus écrit un ouvrage historique exaltant le sentiment patriotique. La poésie donne naissance au XVIIe siècle à des artistes de grand talent.

Le XVIIIe siècle, classique, est une époque de brillante érudition. Le rationalisme scientifique qui règne en Europe se manifeste à travers l'œuvre de Linné, botaniste et écrivain, tandis que Swedenborg crée une philosophie mystique qui captivera Balzac. Des œuvres réalistes et familières préfigurent le romantisme, tandis que se maintient le classicisme rationaliste. Le romantisme provoque une intense création littéraire et le libéralisme imprègne la deuxième génération romantique. La deuxième partie du XIXe siècle est marquée à la fois par la perfection formelle parnassienne et par l'idéalisme philosophique. Vers 1880, le naturalisme l'emporte avec Strindberg, poète, romancier et surtout dramaturge inspiré, violent et pessimiste. Une réaction symboliste s'ensuit au début du XXe siècle ; mais le plus célèbre auteur est alors Selma Lagerlöf, romancière épique. L'époque contemporaine est, en Suède comme ailleurs, marquée par l'angoisse ; le roman américain et le nouveau roman français exercent leur influence sur la plupart des écrivains.

Beaux-arts

Au XIIe siècle, la Suède, comme le reste de la Scandinavie, est touchée par l'art européen et en particulier le gothique français (cathédrale d'Uppsala). Puis elle adopte l'architecture des Pays-Bas (châteaux d'Uppsala, de Kalmar, au XVIe siècle), cependant que la peinture s'attache au portrait (maître Knut). Au XVIIIe siècle, on note un retour de l'influence française tant en architecture (le château royal de Stockholm est à l'image de celui de Versailles) et en sculpture qu'en peinture. La venue sur le trône en 1818 d'un Français, Bernadotte (Charles XIV), perpétue l'influence française ; cependant, son fils Oscar Ier et ses successeurs, Christian XV et Oscar II, favorisent un retour aux sources nationales dans le domaine artistique. En architecture, on a recours à nouveau au bois et à la brique, cependant que, en peinture, peu d'artistes échappent à l'influence impressionniste. Au XXe siècle, se développe une architecture qui sait parfaitement adapter les matériaux modernes et les formes nouvelles à un souci de bien-être et de sobriété.

Cinéma

Les deux pionniers du cinéma suédois sont Victor Sjöström et Mauritz Stiller qui donnent à leurs œuvres un accent original tant par le choix des sujets (littérature nationale, histoires populaires) que par le style, délicat et en demi-teintes chez Stiller : *Une querelle de frontière* (1913) ; *Le Trésor d'Arne* (1919) ; viril et humain chez Sjöström (*Ingeborg Holm*, 1913 ; *Les Proscrits* (1917), qui tourne plusieurs films aux États-Unis. La renommée du cinéma suédois

Le centre de Stockholm.

attire à Stockholm Carl Dreyer, metteur en scène danois hanté par la sorcellerie et le mysticisme. Mais l'éclat naissant d'Hollywood séduit l'élite du cinéma suédois.

Alors s'ouvre une période médiocre qui va durer jusqu'en 1940, date à laquelle Sjoberg donne une œuvre dans la tradition suédoise (*Le Chemin du ciel*, 1942), avant d'obtenir un succès international avec *Tourments* (1944), puis avec *Mademoiselle Julie* (1950-1951). Le talent de Bergman se dessine : *La Prison* (1948) ; *La Soif* (1949) développent déjà le thème cher à Bergman de l'incommunicabilité du couple. Malgré l'éphémère renommée d'Arne Mattson (*Elle n'a dansé qu'un seul été*, 1951), Bergman reste, jusqu'en 1982, maître du cinéma suédois : *Jeux d'été* (1950) ; *Monika* (1952) ; *La Nuit des forains* (1953) ; *Sourires d'une nuit d'été* (1955) ; *Le Septième Sceau* (1956) ; *Les Fraises sauvages* (1958) ; *À travers le miroir* (1961) ; *Le Silence* (1963) ; *L'Heure du loup* (1967) ; *Cris et chuchotements* (1972) ; *Sonate d'automne* (1978) ; *Fanny et Alexandre* (1982), autant de chefs-d'œuvre qui font connaître dans le monde entier les visages de Gunnar Bjornstrand, d'Harriet et de Bibi Andersson, d'Ingrid Thulin, de Max von Sydow.

Toutefois de nouveaux talents se faisaient jour : l'ancienne actrice Mai Zetterling (*Les Amoureux*, 1964 ; *Jeux de nuit*, 1966 ; *Scrubbers*, 1983) ; Vilgot Sjoman (*Ma sœur, mon amour*, 1965) ; Bo Widerberg (*Elvira Madigan*, 1966 ; *Adalen 31*, 1969 ; *Joe Hill*, 1971).

suffète n. m. ANTIQ. À Carthage, chacun des deux magistrats suprêmes qui possédaient le pouvoir exécutif et commandaient les armées.

suffire v. i. [3] *Suffire à* : être en quantité satisfaisante, avoir les qualités nécessaires pour. *Suffire à faire la différence. Cela suffit à mon bonheur.* / (Emploi impers.) *Il suffit de* (+ inf. ou nom), *que* (+ subj.) : il faut seulement (que). *Il suffit d'un sourire, de lui sourire, que tu lui souries pour le faire céder.* / (Emploi absol.) *Cela suffit, il suffit !* : c'est assez ! / v. pron. *Se suffire à soi-même* : pouvoir subvenir à ses besoins, répondre à ses aspirations sans le secours d'autrui.

suffisance n. f. Satisfaction exagérée de soi. / (Vieilli) Quantité suffisante. *En suffisance.*

suffisant, e adj. Qui suffit. *Réserves suffisantes.* / (En parlant de personnes) Trop satisfait de soi, arrogant. *Je t'ai trouvé suffisant.* / Par ext. *Un comportement suffisant.*

suffixe n. m. GRAMM. Élément qui s'ajoute à la suite du radical pour former un mot dérivé. (Ex. : *-aille* s'ajoute à *pierre* pour former le mot *pierraille*.)

suffocant, e adj. Qui suffoque. / Stupéfiant. *Un aplomb suffocant.*

suffocation n. f. Fait de suffoquer ; asphyxie par étouffement.

suffoquer v. t. / v. i. [1] **A.** v. t. Gêner la respiration de (qqn) au point de provoquer une sensation d'étouffement. *Les gaz lacrymogènes m'ont suffoqué.* / Fig., fam. Stupéfier. *Son arrogance a suffoqué l'assistance.* **B.** v. i. Éprouver des difficultés à respirer. *Cet enfant suffoque, donnez-lui de l'air. Suffoquer de colère.*

Manifestation de **suffragettes** à Londres.

suffrage n. m. Avis exprimé lors d'une délibération, d'un vote ; avis favorable. / Régime électoral. *Suffrage universel*, qui accorde le droit de vote à tout citoyen capable et en âge de voter. *Suffrage direct*, dans lequel les électeurs désignent directement leurs représentants. *Suffrage indirect*, dans lequel les électeurs sont eux-mêmes issus du suffrage direct. / Approbation, accueil favorable. *Rallier les suffrages.*

suffragette n. f. (mot anglais) HIST. Militante anglaise du droit de vote des femmes, à la fin du XIXe et au début du XXe siècle.

Suffren de Saint-Tropez (Pierre André de, dit **le bailli de Suffren)** 1729-1788 Marin français. Bailli de l'ordre de

Malte, il commanda l'escadre française des Indes (1782-1783) et remporta plusieurs succès contre les Anglais pendant la guerre de l'Indépendance américaine. Il fut tué en duel par le duc de Lévis-Mirepoix.
Suger 1081 ?-1151 Moine et homme d'État français. D'origine modeste, abbé de Saint-Denis (à partir de 1122), ancien condisciple de Louis VI, il devint son principal conseiller. Régent du royaume durant la participation de Louis VII à la deuxième croisade (1147-1149), il commença la construction de l'église de Saint-Denis et rédigea en latin une vie de Louis VI le Gros et une vie de Louis VII (*Vita Ludovici regis; Historia gloriosi regis Ludovici*).
suggérer v. t. [1] Inspirer (qqch.) à qqn; conseiller, proposer. *Suggérer une idée. Je te suggère d'y aller. Il suggère que nous partions.* / Faire penser à, évoquer. *Que te suggère ce parfum ?*
suggestif, ive adj. Qui a le pouvoir de suggérer qqch. *Un déshabillé suggestif*, érotique, qui suggère des plaisirs sexuels.
suggestion n. f. Action de suggérer; ce qui est suggéré. / PSYCHOL. Ensemble des comportements inconscients inspirés à un sujet par qqn.
suggestionner v. t. [1] Inspirer des idées, des comportements à (qqn) par suggestion.
Suharto 1921 Général et homme politique indonésien. Ministre de la Guerre (1965), il renversa Sukarno en 1966, lui succéda en 1967 et devint président de la République en 1968. Sans cesse réélu jusqu'en 1998, il étouffa toutes les oppositions et, entouré de techniciens américains, promut le développement économique de l'Indonésie, tout en autorisant la corruption et en amassant une gigantesque fortune personnelle et familiale. En 1997, la grande crise monétaire qui frappa l'Asie du Sud-Est et des émeutes de plus en plus violentes le contraignirent à la démission.
Sui ou **Souei** Dynastie chinoise (581-618) qui réunifia l'empire, affermit le pouvoir central et s'attacha à la défense et à l'aménagement du pays (poursuite des travaux de la Grande Muraille, amélioration des routes, creusement du Grand Canal qui, long de 1 794 km, relie Hangzhou à Pékin).
suicidaire adj. et n. Qui désire se suicider. *Un déprimé suicidaire.* / Subst. *Un(e) suicidaire.* / Qui mène à l'échec. *Un entêtement suicidaire.* / Par ext. D'une témérité sans limite. *Un courage suicidaire.*
suicide n. m. Action de se donner volontairement la mort. / Fig. Autodestruction; comportement dangereux pour soi-même.
suicider (se) v. pron. [1] Se donner la mort volontairement. / Fig. Causer sa propre perte, ruiner son crédit.
suidés n. m. pl. ZOOL. Famille de mammifères artiodactyles, trapus, dont le museau forme un groin, munis de fortes canines (défenses). *Le sanglier, le pécari, le phacochère sont des suidés.*
suie n. f. Matière noire, résultant d'une combustion incomplète, déposée par la fumée.
suif n. m. Graisse de divers ruminants (bœuf, mouton, etc.).
suiffer v. t. [1] Enduire (qqch.) de suif.
sui generis loc. adj. (mots latins) Qui caractérise ce dont il est question. *Une saveur sui generis.* / Plaisant. *Odeur sui generis* : mauvaise odeur.
Suiko ?-628 Impératrice du Japon de 593 à 628. Durant son règne, son neveu Shotoku gouverna pour elle et imposa le bouddhisme comme religion officielle.
suint n. m. Substance grasse produite par le mouton, qui imprègne la laine.
suintement n. m. Écoulement presque imperceptible d'un liquide.
suinter v. i. [1] S'écouler lentement. *Sérosités qui suintent d'une plaie.* / Laisser s'écouler lentement. *Plaie qui suinte.*
suisse, suissesse [1] adj. et n. De Suisse. *Les cantons suisses. Un(e) Suisse(sse).*
suisse [2] n. m. Anc. Employé en uniforme chargé de veiller au bon ordre dans les églises et de conduire les processions. / Portier de grande maison. / Au Vatican, membre de la garde suisse.
• **Suisse** État fédéral de l'Europe alpine.

SUISSE

Superficie : *41 293 km²* – **Nombre d'habitants :** *7 200 000 h.* – **Capitale :** *Berne*
Villes principales: *Zurich, Bâle, Genève* – **Système politique :** *république confédérale*
Langue(s) : *allemand, français, italien, rhéto-romanche* – **Religion(s) :** *protestantisme, catholicisme*
Monnaie(s): *franc suisse*

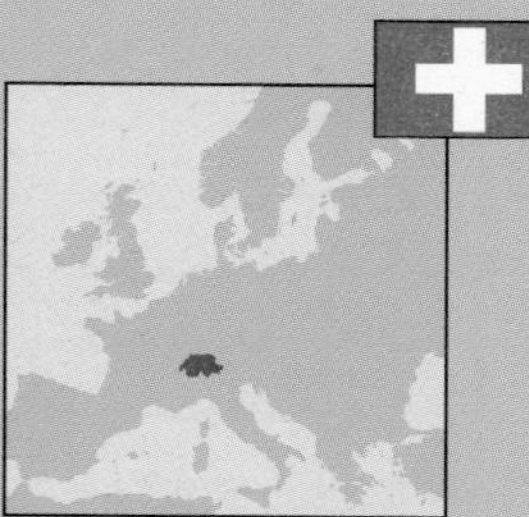

Voir l'Atlas

Géographie physique et humaine

Du sud-est au nord-ouest, la Suisse couvre trois régions différentes : la *région alpine* (60 % du pays) dominée par le massif du Saint-Gothard d'où divergent le Rhin, le Rhône, l'Aar, la Reuss et le Tessin. D'ouest en est on distingue: les *Alpes du Valais* (mont Rose *4 634 m*, Cervin *4 478 m*), le Tessin, les Grisons; au nord du Rhône l'Oberland bernois, ou *Alpes de Berne* ou massif de l'Aar, porte de hauts sommets (Finsteraarhorn *4 275 m*, Jungfrau *4 158 m*). Il est prolongé vers l'est par les Alpes d'Uri et de Glaris.

Funiculaire dans les Grisons.

Au sud, dans le canton du Tessin, et au nord des Alpes, s'étend une *zone préalpine* caractérisée par l'abondance des lacs (lacs Léman *580 km²*, des Quatre-Cantons, de Zurich, de Lugano, Majeur) que prolongent au nord les collines du Mittelland (*pays du milieu*, dit aussi *Plateau suisse*, constitué par la vallée de l'Aar et celles de ses affluents); c'est la partie vitale du pays, fortement peuplée, région d'élevage, de produits laitiers, de blé et de betterave à sucre. Les chaînons parallèles (sud-ouest, nord-est) et peu élevés (*1 000 m*) du Jura sont le domaine de l'élevage bovin et de la forêt, tandis que, dans les vallées profondes et longitudinales (vaux), dominent la vigne et les cultures fruitières. Le climat de la Suisse, alpin et continental, varie fortement avec l'altitude.

La population (la langue allemande prédomine à 63,5 %), jouit d'un niveau de vie exceptionnellement élevé. La prospérité économique de la Suisse tient moins à ses richesses naturelles (pauvreté du sous-sol et du sol montagneux, la seule ressource locale étant l'hydroélectricité) qu'à l'habile exploitation de circonstances géographiques et historiques favorables: attirés par la stabilité et la neutralité politique du pays, les capitaux étrangers s'y sont concentrés. L'industrie est la principale activité; caractérisée par un haut niveau technologique et l'importance des concentrations verticales, c'est essentiellement une industrie de transformation: industries mécaniques, électromécaniques, chimiques, horlogère (née au XVIIIe siècle dans le Jura : La Chaux-de-Fonds, Le Locle, Genève), alimentaires (fromages, chocolat, lait), et textiles (coton, soie, laine, dentelles de Saint-Gall). Le déficit de la balance commerciale, traditionnellement important, s'est presque annulé au cours des années 1990.

L'Allemagne, suivie (de loin) par la France et l'Italie, est le principal partenaire. Les revenus du tourisme sont importants. La croissance est faible (2 %, voire moins) depuis 1997 et le chômage a dépassé

Engelberg, important centre religieux et touristique.

3 % en 2002; ce chiffre, jugé dérisoire partout ailleurs, est le plus élevé depuis 1998. La faillite de la compagnie d'aviation nationale, la Swissair, a produit, à la fin de 2001, l'effet d'un coup de tonnerre.

Histoire

Habitée depuis le Ve siècle avant J.-C. par des Celtes, les Helvètes, la Suisse est rattachée au Ier siècle à l'Empire romain. Au Ve siècle, elle subit l'invasion des Burgondes et des Alamans. La Suisse alémanique (962) puis la Suisse burgonde (1032) sont englobées dans le Saint Empire romain germanique. Tandis que la féodalité se développe, les villes commerçantes (Zurich, Lucerne) s'enrichissent. Après la disparition des ducs de Zahringen en 1218, les cantons d'Uri, de Nidwald (actuel Unterwald) et

SUISSE (SUITE)

de Schwyz (qui donnera son nom à la Suisse) s'unissent pour défendre les libertés suisses contre les Habsbourg : le serment du Grütli (ou Rütli) prêté le 1er août 1291 sur la rive du lac des Quatre-Cantons scelle la volonté de repousser le joug des Habsbourg (dont le berceau aurait été l'Argovie).

C'est à cette époque qu'une légende ultérieure (peut-être d'origine scandinave) situe l'histoire de Guillaume Tell. En 1315, l'armée des Habsbourg est vaincue par celle des Trois-Cantons dans la montagne de Morgarten (dans le canton de Schwyz). Lucerne, Zurich, Glaris, Zoug, Berne adhèrent à la Confédération entre 1332 et 1353. L'Autriche reconnaît (1389) l'indépendance des Huit-Cantons (qui l'ont vaincue en 1386 à Sempach). Quand Charles le Téméraire s'aventure en Suisse, il est vaincu en 1476. Les Suisses acquièrent une réputation de bons soldats. Au service du duc de Milan, des Suisses sont vaincus par François Ier à Marignan en 1515, mais la Suisse conclut une paix perpétuelle avec la France en 1516, puis une alliance offensive et défensive en 1521, permettant au roi de France de lever des mercenaires dans le pays.

La Réforme prêchée par Zwingli à Zurich en 1519 et par Calvin à Genève en 1536 divise la Suisse, les cantons catholiques s'opposant aux cantons protestants ; pour ne pas compromettre un équilibre fragile, les cantons observent une stricte neutralité dans les divers conflits qui opposent princes catholiques et protestants ; leur indépendance et leur neutralité sont finalement reconnues par les traités de Westphalie (1648). Les conflits se portent alors sur le terrain social, opposant les riches bourgeoisies au prolétariat dont le développement industriel accroît l'importance numérique.

La Suisse est envahie par la France en 1792 et la République helvétique est proclamée en 1798 ; contrôlée par la France napoléonienne (*Acte de médiation*, 1803), elle disparaît en 1813. Le congrès de Vienne garantit la « neutralité perpétuelle » de la Confédération qui, d'après la loi fondamentale de 1815, se compose de 22 cantons, chacun doté de sa Constitution. Une ligue des cantons catholiques (*Sonderbund*), formée pour résister à l'emprise des cantons protestants, partisans d'un renforcement du pouvoir fédéral, est rapidement écrasée par l'armée de la Diète fédérale (1847). Une nouvelle Constitution fédérale (1848) étend la compétence du Conseil fédéral élu par l'Assemblée fédérale. Les pouvoirs de la Fédération sont à nouveau accrus en 1874, cependant que le pays adopte des institutions de démocratie directe : droit de référendum (1874) et droit d'initiative (1891). La prospérité s'accroît, favorisée par l'aménagement des percées alpines (tunnels du Saint-Gothard, en 1882 et du Simplon, en 1906 et 1922) et par la neutralité que confirme la S.D.N. ; celle-ci siège à Genève de sa création à sa disparition (1919-1939). Les sociaux-démocrates progressent aux dépens des conservateurs catholiques et des protestants libéraux et pratiquent un réformisme modéré. La Suisse est un État fédératif divisé en 23 cantons (depuis 1978, quand le Jura francophone a été créé) possédant chacun une souveraineté interne propre. Le pouvoir exécutif appartient au Conseil fédéral dont le président est en même temps chef de l'État ; le pouvoir législatif appartient à l'Assemblée fédérale, élue au suffrage universel (les femmes ont le droit de vote depuis 1970).

Le pays a longtemps jalousement défendu sa spécificité ; le plébiscite de 1986 a repoussé l'adhésion à l'ONU ; celui de 1992 a refusé l'adhésion à l'Espace économique européen, bien qu'un fort courant se dessine en faveur de cette adhésion. Mais, au référendum de 2002, une majorité s'est dégagée en faveur de l'adhésion à l'ONU. La question de l'immigration demeure au cœur des débats démocratiques et le parti populiste de l'Union démocratique du centre (UDC) a remporté un succès électoral en 2002.

Hospental au coeur des Alpes suisses, non loin du Saint-Gothard.

Littérature

La littérature suisse est caractérisée par deux traits essentiels, d'ailleurs liés : le premier tient à la diversité des langues en usage sur le territoire national ; le second relève de la dualité qui incline les artistes soit vers le régionalisme, soit vers le cosmopolitisme. En *langue allemande*, le Moyen Âge connaît surtout des œuvres courtoises, tandis que la Réforme, au XVIe siècle, donne son essor à la prose historique. Très tôt, au XVIIIe siècle, les thèmes romantiques voient le jour. C'est le réalisme qui, au XIXe siècle, imprègne les romans, alors que l'histoire influence les poésies et la prose. Aujourd'hui c'est le théâtre qui révèle les artistes les plus importants. En langue française, c'est au XVIe siècle, époque bouleversée par des crises religieuses, qu'apparaissent les premiers prosateurs. Une littérature d'essayistes s'impose au XVIIIe siècle. Au début du XIXe siècle, l'historien Sismondi joue un grand rôle dans la diffusion du romantisme, tandis que Benjamin Constant adopte la nationalité française ; après eux, la prose est encore illustrée par Amiel (qui tient, de 1839 à sa mort, en 1881, un *Journal* à la célébrité posthume), Rod, Toepffer.

L'époque contemporaine est riche en poètes, essayistes ou romanciers. Cendrars et Pinget adoptent la nationalité française. Trois noms dominent la fin du XXe siècle : les poètes Maurice Chappaz et Philippe Jaccottet : *L'Effraie* (1954) ; *Cahier de verdure* (1990), l'essayiste Jean Starobinski : *Jean Jacques Rousseau* (1957) ; *Table d'orientation* (1990).

Blaise Cendrars à Cavaillon, en 1943 (© Chardon-Apocalypse/Bibliothèque Nationale Suisse).

Beaux-arts

À l'occasion d'une baisse du niveau du lac de Zurich (1853), on a retrouvé de nombreux vestiges préhistoriques (âges de la pierre et du bronze). L'époque romaine laisse de nombreuses traces, notamment à Avenches, capitale de l'Helvétie où l'empereur Trajan a séjourné. Après les invasions germaniques, la Suisse burgonde se christianise sous l'influence de saint Théodule, évêque de Sion, et de saint Gall. L'église abbatiale de Romainmôtier est un bel exemple de roman primitif. Le style gothique est illustré par Notre-Dame de Lausanne et les cathédrales de Berne et de Fribourg ; de la même époque datent de grands châteaux (Chillon, Gruyères, Tourbillon à Sion). En peinture, on note notamment le talent méticuleux de Konrad Witz qui apparaît dans le *Retable de saint Pierre* à Genève (1444). La Renaissance est marquée en peinture par l'énergie d'un Urs Graf (1485-1530) ou l'élégance d'un Nicolas Manuel dit Deutsch (1484-1530), et en architecture, outre Maderno ou Borromini, actifs en Italie, par Hans Bogueret (hôtel de ville et halle de Genève).

Aux XVIIe et XVIIIe siècles, on assiste à un jaillissement artistique, surtout en peinture (Liotard, Füssli, Toepffer). Au XIXe siècle, naît la peinture alpestre. Par ailleurs, Léopold Robert et Charles Gleyre sont des peintres classiques. À la fin du XIXe siècle, à côté du dessinateur Steinlen installé à Paris, les plus grands noms de la peinture suisse sont Arnold Böcklin, Frank Buchser et Ferdinand Hodler. L'architecture contemporaine reçoit une remarquable expansion avec les recherches de Robert Maillart (1872-1940), Hermann Baur, Max Bill, alors que Le Corbusier adopte la nationalité française. La peinture connaît une renommée internationale grâce à Félix Vallotton et surtout Paul Klee, cependant que la sculpture est illustrée par Alberto Giacometti et les recherches de Tinguely, promoteur de la sculpture cinétique.

Cinéma

Il est récent et francophone. Si l'on excepte Godard, d'origine suisse, qui travaille en Suisse depuis 1968 (son *JLG* de 1995 le montre au bord d'un lac Léman filmé comme il ne l'a jamais été), les deux grands cinéastes sont Alain Tanner : *Charles mort ou vif* (1968) ; *Dans la ville blanche* (1983) ; *Fourbi* (1996) et Michel Soutter : *La Lune avec les dents* (1966) ; *Signé Renart* (1983).

S

Sully Prudhomme.

suite n. f. Fait de suivre; manière de suivre; position de ce qui vient après qqch. ou qqn. *Prendre la suite de qqn*, lui succéder. *À la suite de*: derrière; après. *À la suite du président, venait le directeur général. À la suite de cet événement… De suite*: sans interruption. *Ainsi de suite*: en continuant de la même manière. / Action de poursuivre. / Ensemble de personnes qui en suivent une autre. *La suite d'un grand personnage*, sa domesticité ou son escorte. / Ce qui vient après; ce qui complète, termine. *La suite d'une histoire.* / Série d'êtres, de choses, d'événements qui s'enchaînent. *Une suite de malentendus.* / Dans un hôtel de luxe, appartement fait de pièces qui communiquent. / MUS. Composition faite d'une succession de pièces de même tonalité. *Suite pour piano.* / Liaison logique. *Avoir de la suite dans les idées.* / (Au plur.) Conséquences. *Les suites d'une maladie.* / DR. *Droit de suite*: droit du créancier hypothécaire d'exiger le paiement de la somme due quel que soit le propriétaire du bien hypothéqué.

suitée adj. f. *Jument, laie suitée,* suivie de sa progéniture.

suivant, e [1] adj. et n. **A.** adj. Venant immédiatement après un autre élément dans une suite, une série. *Candidat suivant.* / Subst. *Au suivant!* / Qui va suivre l'énoncé. *Je vais vous lire le passage suivant.* **B.** n. f. Anc. Dame de compagnie. *La reine et ses suivantes.*

suivant [2] prép. Conformément à. *Suivant les procédures.* / loc. conj. *Suivant que*: selon que.

suiveur, euse n. Personne qui imite, qui ne fait que suivre (un mouvement politique, des idées). / Personne qui suit une course cycliste.

suivi, e adj. et n. m. **A.** adj. Qui attire l'attention de beaucoup de monde. *Un feuilleton très suivi.* / Qui demande de l'assiduité. *Un travail suivi.* / COMM. *Article suivi*, dont l'approvisionnement est régulier. / Qui constitue un ensemble cohérent. *Un raisonnement suivi.* **B.** n. m. Fait de suivre un processus, temps nécessaire pour ce faire. *Le suivi d'une affaire.*

suivisme n. m. Attitude de ceux qui suivent une autorité sans la remettre en question.

suiviste adj. et n. Qui procède du suivisme. *Attitude suiviste.* / Subst. *Un(e) suiviste.*

suivre v. t. / v. pron. [3] **A.** v. t. Aller, venir après, derrière (qqn ou qqch.); accompagner dans ses déplacements. *Suivre le guide. Ce chien me suit partout. Faire suivre le courrier*, faire en sorte qu'il soit expédié à la nouvelle adresse du destinataire. / Poursuivre (qqn), traquer (un animal). *Il est suivi par la police.* / Être placé après, derrière. *Une majuscule suit le point final.* / Venir après dans le temps. *Le jour qui a suivi son départ.* / Aller dans la direction, dans le sens de (qqch.); longer. *Suivre la route. Suivre le sud. Suivez la flèche.* / Fig. Agir selon l'exemple de (qqn); soutenir (qqn). *Je te suis dans ce projet.* / Se conformer à; obéir à; se soumettre à. *Suivre son idée, son inspiration. Suivre les instructions. Marche à suivre. Suivre un régime. L'affaire suit son cours,* se poursuit. / Observer avec attention, avec intérêt; accompagner, surveiller l'évolution de. *Suivre l'actualité. Suivre une affaire, un malade.* / Assister assidûment, avec intérêt à. *Suivre un cours, un entraînement.* / Écouter attentivement; comprendre. *Suivre la conversation. Je ne suis pas ton raisonnement. Tu me suis?* / (Emploi impers.) Litt. Résulter. *Il suit que…* **B.** v. pron. Se succéder. / S'enchaîner avec logique, cohérence. *Idées qui se suivent.*

sujet, ette [1] adj. et n. **A.** adj. *Sujet à*: exposé à. *Tous les hommes sont sujets à la mort.* / Loc. adj. *Sujet à caution*: qui demanderait plus de garantie, suspect. **B.** n. Personne dominée par une autorité souveraine. *Le roi et ses sujets.* / Ressortissant d'un État monarchique. *Un sujet britannique.*

sujet [2] n. m. Matière dont il est question. *Sujet d'examen. Sujet d'un livre*, son thème. / Motif. *Avoir sujet de se réjouir.* / GRAMM. Terme d'une proposition (groupe nominal, pronom, etc.) qui désigne l'être ou la chose qui agit ou subit l'action. *Inversion du sujet.* / PHILO. L'être pensant qui connaît, par opposition à l'*objet*. / Être vivant soumis à une observation, à une expérience; plante que l'on greffe. / Personne envisagée selon ses actes, ses capacités. *Un mauvais sujet.* / DR. *Sujet de droit*: personne titulaire d'un droit. / Personne soumise à l'autorité d'un souverain. / CHORÉGR. Danseur, danseuse d'un corps de ballet.

sujétion n. f. Situation de dépendance. / Contrainte imposée par une nécessité, une situation, une habitude.

Sukarno ou **Soekarno (Achmed)** 1901-1970 Homme politique indonésien. Ingénieur, fondateur du parti nationaliste indonésien pour l'indépendance (1927), il proclama et présida la République indonésienne en 1945. Autoritaire à l'intérieur, il apparut comme un des champions du tiers-monde et du non-alignement, organisant en 1955 la conférence de Bandung et entreprenant de nationaliser les compagnies pétrolières. En 1963, il fut élu président à vie. En 1966, le général Suharto substitua son pouvoir au sien et l'écarta définitivement en 1967. En 2001, après la démission du président Wahid, Megawati Sukarnoputri, fille de Sukarno, a accédé à la présidence du pays.

Sulawesi Voir **Célèbes**

sulfamide n. m. CHIM., PHARM. Nom générique d'une série de molécules, caractérisées par la présence d'un groupement $-SO_2-NH_2$, aux propriétés antibiotiques. *Certains sulfamides sont également utilisés dans le traitement du diabète.*

sulfatage n. m. AGRIC. Action de sulfater.

sulfater v. t. [1] AGRIC. Répandre du sulfate sur (un terrain). / Pulvériser du sulfate de cuivre sur (des cultures) pour lutter contre les maladies cryptogamiques. *Sulfater la vigne.*

sulfateuse n. f. Appareil à sulfater les vignes. / Argot. Mitraillette.

sulfhydrique adj. CHIM. *Gaz sulfhydrique*, de formule H_2S, toxique, caractérisé par une odeur d'œuf pourri. *Acide sulfhydrique,* obtenu pas dissolution dans l'eau du gaz sulfhydrique.

sulfitage n. m. Traitement par l'anhydride sulfureux.

sulfite n. m. CHIM. Sel de l'acide sulfureux.

sulfure n. m. CHIM. Sel de l'acide sulfhydrique. / Combinaison du soufre et d'un autre élément. / Objet en cristal où sont incorporés des éléments décoratifs.

sulfuré, e adj. CHIM. À l'état de sulfure.

sulfureux, euse adj. Propre ou relatif au soufre. / Qui contient du soufre, des dérivés du soufre. *Eau sulfureuse.* / *Anhydride sulfureux*: dioxyde de soufre de formule SO_2. / *Acide sulfureux*: composé instable de formule H_2SO_3, connu seulement en solution et sous forme de sels. / Fig. Relatif à l'enfer; diabolique. *Propos sulfureux.*

sulfurique adj. CHIM. *Anhydride sulfurique*: trioxyde de soufre de formule SO_3. *Acide sulfurique*: acide de formule H_2SO_4.

sulfurisé, e adj. *Papier sulfurisé*, imperméabilisé par trempage dans de l'acide sulfurique dilué.

sulky n. m. (mot anglais) Voiture légère à deux roues, tirée par le cheval dans les courses de trot attelé. Pl. Des *sulkys* ou *sulkies.*

Sullivan (Louis Henry) 1856-1924 Architecte américain, de l'école de Chicago. En 1890, il construisit à Saint Louis un gratte-ciel, le Wainwright Building. À Chicago, le magasin Carson, Pirie, Scott and Co. (1899-1904) est considéré comme son œuvre maîtresse.

Sully (Maximilien de Béthune baron de **Rosny**, duc **de)** 1560-1641 Homme d'État français. Compagnon d'Henri de Navarre dans l'armée protestante, il fut nommé par le roi surintendant des Finances en 1598. Veillant à la bonne gestion du Trésor, il diminua les impôts, en faisant aussi des économies. Il porta toute son attention à l'agriculture et développa les voies de communication. À la mort d'Henri IV (1610), il abandonna ses charges au Conseil, mais demeura gouverneur du Poitou et grand maître de l'artillerie et des forêts. En désaccord avec la régente Marie de Médicis, il s'attira les bonnes grâces de Richelieu en conseillant la modération aux protestants. Dans sa retraite, il rédigea des Mémoires.

Sully (hôtel) Hôtel parisien construit au début du XVIIe siècle par Androuet Du Cerceau, rue Saint-Antoine; Sully l'acheta en 1634. Son originalité réside dans la richesse de la décoration.

Sully Prudhomme (Armand Prudhomme, dit**)** 1839-1907 Poète français, auteur de poèmes lyriques: *Stances et poèmes*; *Les Solitudes* (1869), et philosophiques: *La Justice*; *Le Bonheur*; *Le Zénith*. Il a reçu le premier prix Nobel de littérature (1901).

sulpicien, enne adj. et n. m. De la congrégation des prêtres de Saint-Sulpice, fondée au XVIIe siècle dans le quartier Saint-Sulpice, à Paris, pour l'instruction des jeunes ecclésiastiques; membre de cette congrégation. *Spiritualité sulpicienne. Un sulpicien.* / Relatif à l'art religieux dont les productions, parfois mièvres ou de mauvais goût, sont offertes au public dans les magasins du quartier Saint-Sulpice. *Une crèche sulpicienne.*

sultan n. m. (mot arabe) HIST. Titre du souverain de l'Empire ottoman. / Titre de divers souverains musulmans. *Le sultan d'Oman.*

sultanat n. m. Dignité de sultan. / État gouverné par un sultan.

sultane n. f. HIST. Dans l'empire ottoman, chacune des épouses du sultan. / ZOOL. *Poule sultane*: voir *poule*.

sumac n. m. (mot arabe) BOT. Arbre de la famille des térébinthacées, dont on extrait notam. des résines et des tanins.

Sumatra *473 481 km² 40 969 000 h.* Île indonésienne, la plus grande des îles de la Sonde au sud de la péninsule de Malacca. Les montagnes du sud-ouest culminent à *3 800 m*; ailleurs une vaste plaine possède des richesses agricoles et minières (pétrole, notamment). Le climat équatorial favorise la forêt dense et la culture de l'hévéa et du café. Villes principales: Medan, Palembang et Padang.

Sumbawa ou **Sumbava** *14 500 km² 600 000 h.* Île volcanique d'Indonésie à l'est de Java.

Sumer Région qui correspond à la Basse-Mésopotamie, riveraine du golfe Arabo-Persique.

sumérien, enne adj. et n. HIST. De Sumer. *La civilisation sumérienne. Un(e) Sumérien(ne).* / n. m. LING. *Le sumérien*: la plus

Bas-relief ***sumérien*** *(2500-2450 av. J.-C.) où apparaît le roi de Lagash Ur-Nanshé.*

S

ancienne langue écrite (groupe des langues asianiques).

Sumériens Ancien peuple qui vécut dans la région de Sumer. Les Sumériens ont dominé la Basse-Mésopotamie du milieu du IVe au milieu du IIe millénaire avant notre ère. Ils formaient non un État unifié, mais un ensemble de cités (Ourouk [Uruk], Éridou, Our [Ur], Lagash), souvent rivales les unes des autres. Dès le IIIe millénaire, les Akkadiens, venus du nord de la Mésopotamie, s'infiltrèrent parmi les Sumériens. Ceux-ci, à partir du IIe millénaire, subirent l'invasion des Amorrites qui prirent le relais de la civilisation sumérienne et la transmirent au royaume de Babylone. C'est à Sumer que l'on doit l'invention de l'écriture cunéiforme.

summum n. m. (mot latin) Le plus haut degré. *Le summum de la bêtise.*

sumo n. m. (mot japonais) Lutte japonaise traditionnelle entre des lutteurs très lourds.

sunlight n. m. (mot anglo-américain) Puissant projecteur utilisé pour les prises de vues cinématographiques.

sunna n. f. (mot arabe, « règle de conduite ») RELIG. Ensemble des enseignements et des exemples donnés par Mahomet, et des pratiques qu'il a suivies. (La sunna est transmise sous forme de *hadith* [récits] et d'informations [*khabar*] ; elle est considérée par la majorité des musulmans comme la tradition la plus ancienne et la plus authentique et se réfère aux premiers temps de l'islam).

sunnisme n. m. RELIG. Doctrine et pratique des sunnites.

sunnite adj. et n. RELIG. Qui se conforme à la sunna. *Rite sunnite. Les sunnites.*

♦ Les sunnites (qui sont largement majoritaires parmi les musulmans) proclament la légitimité des quatre premiers califes (Abu Bakr, Omar, Othman et Ali) qui, à la tête de la communauté, sont les continuateurs du prophète. Sans innover, ces califes ont conservé fidèlement les paroles de Dieu et de son envoyé, Mahomet ; ils ont suivi ses commandements et les ont fait observer.

Sun Yat-sen 1866-1925 Homme politique chinois. Il fit ses études de médecine, se convertit au christianisme sous l'influence des missionnaires britanniques et fonda, en 1894, un parti révolutionnaire (nommé ultérieurement Guomindang) destiné à libérer la Chine des étrangers et à en faire une république. Président de la République chinoise lors de la révolution de 1911, mais ne pouvant triompher de ses adversaires et de l'anarchie, il constitua un gouvernement séparatiste, mais Yuan Che-kaï, ministre de l'impératrice Ci Xi, transigea avec celle-ci et avec Sun Yat-sen. C'est Yuan Che-kaï qui fonda la république en 1912 ; il la présida jusqu'à sa mort, en 1916. La Chine fut divisée entre Nord et Sud. Au sud, à Canton, Sun dirigea un gouvernement à partir de 1918. Il reçut l'aide (financière notamment) de l'U.R.S.S., et son Guomindang, réorganisé, s'allia avec le parti communiste en 1921. Après sa mort, son beau-frère, Tchang Kaï-chek, lui succéda et rompit avec le parti communiste.

super [1] n. m. inv. Fam. Abréviation de supercarburant. *Faire le plein de super.*

super [2] adj. inv. Fam. Extraordinaire, merveilleux, remarquable. *Ce disque, il est super.*

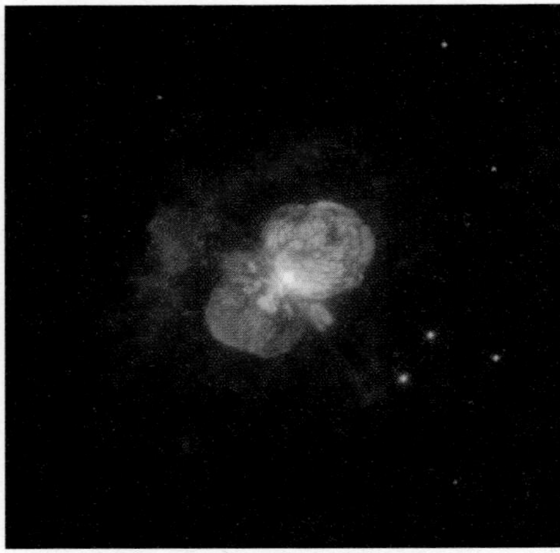

Supernova.

superbe [1] adj. Vx Plein d'orgueil. / Magnifique. *Un superbe tableau.* / Excellent, remarquable. *Un superbe bénéfice.*

superbe [2] n. f. Litt. Maintien assuré et orgueilleux. *Il a fait une entrée pleine de superbe.*

superbement adv. De façon superbe, magnifique.

supercarburant n. m. Essence qui permet un taux de compression élevé dans les moteurs à explosion, grâce à un indice d'octane élevé.

supercherie n. f. Tromperie habile, duperie.

supérette n. f. COMMERCE Magasin en libre-service où l'on vend surtout des produits alimentaires. *Les supérettes ont une surface de vente comprise entre 120 et 400 m².*

superfétatoire adj. Litt. Superflu.

superficie n. f. Étendue d'une surface ; cette mesure. *Calculer une superficie. Une grande superficie.* / Litt. Surface, aspect extérieur de qqch.

superficiel, elle adj. Propre ou relatif à la surface, à la superficie ; en surface. *Blessure superficielle.* / PHYS. *Tension superficielle* : voir *tension*. / Fig. Sans profondeur. *Sentiment, raisonnement superficiel.*

superficiellement adv. De façon superficielle.

superflu, e adj. et n. m. Qui n'est ni utile ni nécessaire. / n. m. *Le superflu* : le luxe.

superfluide adj. Presque sans viscosité.

superfluidité n. f. Caractère de ce qui est superfluide.

superfluité n. f. Litt. Caractère de ce qui est superflu ; chose superflue.

supergéante adj. f. et n. f. ASTRON. Dont les caractéristiques principales sont un très grand rayon et une faible densité. *Les étoiles supergéantes sont d'une extrême luminosité.* / n. f. *Une supergéante.*

supérieur, e adj. et n. **A.** adj. Situé en haut. *Étage supérieur d'une maison.* / Situé en amont, plus haut. *Cours supérieur d'une rivière.* / *Supérieur à* : quantitativement plus grand que. *Une somme supérieure à mille euros.* / Plus haut dans la hiérarchie. *Ordre supérieur. Officier supérieur.* / Qui manifeste la haute opinion qu'on a de soi. *Prendre un air supérieur.* **B.** n. Personne hiérarchiquement placée au-dessus d'autres. / RELIG. Celui, celle qui dirige une communauté religieuse. (Appos.) *Père supérieur, mère supérieure.*

Supérieur (lac) *84 131 km²* Le plus grand et le plus occidental des cinq Grands Lacs américains (entre les États-Unis et le Canada), le plus grand lac du monde, gelé en hiver. Il se déverse dans le lac Huron par la rivière Sainte-Marie (chutes de Sault-Sainte-Marie). Ses trois ports fluviaux : américains (Duluth, Superior) et canadien (Thunder Bay), ont une grande activité.

supérieurement adv. De façon supérieure.

supériorité n. f. Fait d'être supérieur ; caractère d'une personne, d'une chose supérieure. *Supériorité numérique.*

superlatif, ive n. m. et adj. **A.** n. m. GRAMM. Degré de comparaison de l'adjectif exprimant la qualité la plus ou la moins haute. (Le *superlatif relatif* indique le degré le plus élevé (ou le moins élevé) par rapport à un ensemble. *Le meilleur, le moins bon des hommes.* Le *superlatif absolu* exprime un degré très élevé sans idée de comparaison. *Une femme très jolie.* / Mot qui exprime le superlatif. *« Suprême », « ultime », « sublime » sont des superlatifs.* **B.** adj. *Adjectif, adverbe superlatif.* / Litt. Outré, excessif. *Louanges superlatives.*

superman, supermen n. m. (mot anglo-américain) Héros (à l'origine, personnage de bandes dessinées), aux pouvoirs surhumains et entièrement occupé au bien. *Se prendre pour superman.*

supermarché n. m. Magasin de libre-service, d'une surface comprise entre 400 et 2 500 m².

supernova n. f. ASTRON. Étoile massive ayant la propriété, dans le stade ultime de son évolution, de libérer, dans une explosion, une quantité d'énergie évaluée à 10 % de celle émise par la Galaxie. Pl. Des *supernovae.*

♦ Dans la nuit du 23 au 24 février 1987, une étoile dont l'éclat a augmenté brusquement est apparue dans le Grand Nuage de Magellan. Cette étoile, SN 1987 A, est une supernova, de 6,5 de magnitude, qui se situe à une distance estimée à 163 000 années/lumière. La supernova la plus connue est celle dont les restes forment la nébuleuse du Crabe, et qui a explosé en 1054. Les astronomes chinois de l'époque parlent d'une explosion d'étoile dont l'éclat a été si fort qu'il a été visible en plein jour pendant près d'un mois. Tycho Brahe, en 1572, et Kepler, en 1604, ont chacun observé une supernova. Quant à Cassiopeia A, son explosion a eu lieu au XVIIe siècle.

superordre n. m. BIOL. Taxon de rang supérieur à l'ordre et inférieur à la classe.

superphosphate n. m. CHIM. Engrais artificiel, obtenu par action de l'acide sulfurique sur le phosphate de calcium.

superposer v. t. [1] Poser (des choses) les unes sur les autres. *Superposer des assiettes. Superposer une assiette à la pile,* la mettre au sommet de la pile. / v. pron. *Assiettes qui se superposent.* (Au passif) *Ce sont des choses qui se superposent*, qui peuvent être superposées.

superposition n. f. Action de superposer ; son résultat.

superproduction n. f. Spectacle ou film à grand spectacle, réalisé à grands frais.

superpuissance n. f. POLIT. État dont l'importance politique, militaire, économique est dominante. *Les États-Unis d'Amérique et l'Union soviétique, superpuissances de la Guerre froide.*

supersonique adj. et n. m. Dont la vitesse est plus élevée que celle du son. / n. m. Avion supersonique.

superstitieux, euse adj. Qui procède de la superstition. / Qui agit avec superstition. *Se montrer superstitieux.*

superstition n. f. Attachement irrationnel et formaliste à des aspects du sacré ; croyance religieuse considérée comme vaine. / Fait de croire que certains gestes, certaines attitudes, certains objets attirent chance ou malchance. *Croire que cela porte malheur d'être treize à table est une superstition.* / Attachement passionné et irrationnel à qqch. *Il a la superstition de la propreté.*

superstructure n. f. Construction élevée au-dessus d'un niveau donné, en particulier du sol. / Pl. Sur un navire, constructions établies au-dessus du pont supérieur. / PHILO. Dans la pensée marxiste, ensemble des idées (philosophiques, politiques, juridiques, religieuses, artistiques, etc.) et des institutions d'une société donnée, qui repose sur la structure économique.

supertanker n. m. (mot anglais) Pétrolier de 100 000 tonnes et plus.

Supervielle (Jules) 1884-1960 Poète français. Né à Montevideo, il a passé sa vie entre la France et l'Amérique du Sud, et la nostalgie des espaces vides à l'horizon inaccessible de la pampa et de l'océan est au cœur de son œuvre. Après avoir hésité entre la poésie (*Poèmes de l'humour triste*, 1919) et le roman (*L'Homme de la pampa*, 1925), il trouve sa voie dans la poésie lyrique (*Les Amis inconnus*, 1934 ; *Le Corps tragique*, 1959) et le conte pour enfants (*L'Enfant de la haute mer*, 1931 ; *L'Arche de Noé*, 1938). Il a également écrit pour le théâtre (*Le Voleur d'enfants*, tiré d'un récit ; *La Belle au bois*, 1932 ; *Schéhérazade*, 1949).

superviser v. t. [1] Contrôler (l'exécution d'un travail) dans ses grandes lignes.

superviseur n. m. Personne qui supervise. / INFORMAT. Programme qui en supervise d'autres.
supervision n. f. Action de superviser.
supin n. m. GRAMM. Forme nominale du verbe latin.
supion n. m. Petit calmar, petite seiche.
supination n. f. Mouvement de l'avant-bras qui place la paume de la main vers le haut (par opposition à *pronation*).
supplanter v. t. [1] Évincer (qqn), prendre sa place. *Supplanter un rival.* / (Sujet n. de chose) *Le travail mécanisé supplante le travail manuel.*
suppléance n. f. Action de remplacer. / Fonction d'un remplaçant.
suppléant, e adj. et n. Personne qui en supplée une autre.
suppléer v. t. / v. t. ind. [1] **A.** v. t. Remplacer. / Faire cesser (un manque) en complétant. **B.** v. t. ind. *Suppléer à*: pallier, remédier à (une insuffisance, un défaut). / Avoir la même fonction que. *Le brio supplée chez elle à la culture.*
supplément n. m. Ce qui est ajouté à quelque chose de complet. *Supplément d'un journal.* / Somme versée en plus pour obtenir une prestation annexe. *Un supplément couchette.* / MATH. *Supplément d'un angle*: angle à ajouter à cet angle pour obtenir un angle de 180°.
supplémentaire adj. Qui vient en supplément. *Ration supplémentaire. Heures supplémentaires*: heures de travail accomplies en supplément de l'horaire normal. / GÉOM. *Angles supplémentaires*, dont la somme est égale à celle de deux angles droits.
supplétif, ive adj. et n. m. Qui supplée; qui complète, renforce. *Troupes supplétives*: troupes qui suppléent les faiblesses des troupes régulières. / Subst. *Un supplétif*: un soldat d'une troupe supplétive.
suppliant, e adj. et n. Qui supplie. *Une prière suppliante.* / n. Personne qui supplie.
supplication n. f. Action de supplier; prière instante. / HIST. (Au pl.) Remontrances orales faites au roi par les parlements.
supplice n. m. HIST. Peine corporelle grave, entraînant ou non la mort et ordonnée par la justice. *Le supplice de la roue. Le dernier supplice*: la peine de mort. / MYTH. Souffrances infligées par les dieux. *Le supplice de Tantale.* / RELIG. *Le supplice éternel*: les souffrances de l'Enfer. / Fig. Souffrance très vive, morale ou physique.
supplicié, e n. Personne victime d'un supplice.
supplicier v. t. [1] Infliger un supplice à.
supplier v. t. [1] Prier (qqn) avec insistance et humilité. *Je vous supplie à genoux d'accepter. Crois-moi, je t'en supplie.*
supplique n. f. Sollicitation écrite d'une grâce ou d'une faveur adressée à une autorité officielle.
support n. m. Dispositif, objet, soutenant qqch. *Les supports d'une charpente.* / Objet matériel qui sert à enregistrer une information. *La bande magnétique, le disque, etc. sont des supports.* / Fig. Ce qui donne une réalité matérielle à qqch. d'immatériel. *Support d'une idée. Support publicitaire*: moyen de communication (presse, affichage, radio, télévision) qui véhicule un message.
supportable adj. Que l'on peut supporter.
supporter [1] v. t. [1] Soutenir, servir de support à. *Tréteaux qui supportent une planche.* / Prendre en charge, assumer. *Supporter des frais. Supporter les conséquences de ses actes.* / Endurer, subir avec courage (un état, une situation pénible). *Supporter la douleur, les privations.* / Tolérer, s'accommoder de; admettre. *Devrai-je vous supporter encore longtemps? Je ne supporte pas le mensonge, que l'on m'interrompe.* / Résister à l'effet, à l'action de. *Linge qui supporte les lavages en machine.* / Fig. Soutenir. *Supporter la comparaison.* / Fam. (emploi critiqué) Encourager. *Supporter une équipe de football.*

Le ***Supplice*** des Huguenots, *gravure sur cuivre de Jan Luyken, 1696.*

supporter [2] n. m. ou **supporteur, trice** n. Celui, celle qui soutient, encourage un sportif, une équipe, un candidat.
supposer v. t. [1] Poser (qqch.) comme hypothèse. *Supposons un instant qu'il ait raison.* / Admettre comme probable, présumer. *Je suppose que tu vas t'en aller.* / Comporter comme condition nécessaire; impliquer. *Cela suppose du courage, qu'il soit revenu assez tôt.*
supposition n. f. Ce qu'on suppose, conjecture. / DR. *Supposition d'enfant*: attribution frauduleuse d'un enfant à une femme qui ne l'a pas mis au monde.
suppositoire n. m. Préparation pharmaceutique de consistance solide, de forme conique ou ovoïde, administré par voie rectale.
suppôt n. m. Litt., péjor. Serviteur d'une personne, d'une organisation qu'on juge nuisible. *Suppôt de Satan*: personne particulièrement nuisible, méchante.
suppression n. f. Action de supprimer; son résultat. *Suppressions d'emplois.* / DR. *Suppression d'enfant*: délit qui consiste à supprimer de l'état civil la preuve de l'existence d'un enfant. *Suppression d'état*: crime qui consiste à priver une personne de son état civil.
supprimer v. t. [1] Faire disparaître, faire cesser d'être (qqch.). *Supprimer des postes, des emplois.* / Abolir, abroger. *Supprimer une loi, un impôt.* / Retrancher (un élément d'un ensemble). *Supprimer un paragraphe.* / Enlever, ne plus accorder (qqch.) à qqn. *On lui a supprimé les allocations.* / Assassiner (qqn). (Emploi pron.) *Se supprimer*: se suicider
suppuration n. f. MÉD. Formation, écoulement de pus.
suppurer v. i. [1] Produire, laisser s'écouler du pus.
supputation n. f. Action de supputer; estimation.
supputer v. t. [1] Évaluer (qqch.) en fonction de certains indices. *Supputer ses chances de réussir.*
supra adv. (mot latin) Ci-dessus, plus haut (dans un texte). *Voir supra, à l'introduction.*
supraconducteur, trice adj. et n. ÉLECTR. Dont la résistivité électrique chute significativement en dessous d'une certaine température. *Alliage supraconducteur.* / n. m. *Un supraconducteur.*
supraconduction ou **supraconductivité** n. f. ÉLECTR. Caractéristique d'un supraconducteur.
supranational, ale, aux adj. Qui dépasse le cadre national de souveraineté. *Europe supranationale.*
supranationalité n. f. Caractère de ce qui supranational.
supraterrestre adj. D'un autre monde que le monde terrestre. *Force supraterrestre.*
suprématie n. f. Supériorité absolue de puissance. *Suprématie militaire.* / Excellence, maîtrise parfaite. *Dans ce domaine, sa suprématie est évidente.*
suprématisme n. m. BX-ARTS Forme d'art abstrait géométrique pratiquée et théorisée par K. Malevitch et ses disciples.
suprématiste n. BX-ARTS Artiste pratiquant le suprématisme.
suprême adj. et n. m. **A.** adj. Supérieur à tous dans sa catégorie. *Autorité suprême.* / *Culte de l'Être suprême*: voir *Être suprême.* / (Sens atténué) Très grand. *Il est d'une suprême élégance.* / Dernier, ultime. *L'instant suprême*, celui de la mort. *Les honneurs suprêmes*: les funérailles. **B.** n. m. CUIS. Blancs de volaille, filets de gibier ou de poisson, cuits et servis avec une sauce veloutée (*sauce suprême*) à base de bouillon de volaille et de crème.
suprêmement adv. Au suprême degré.
sur [1] prép. (Marquant la position supérieure d'une chose, par rapport à ce qui est plus bas, en contact ou non avec elle) *Poser les assiettes sur la table. Monter sur le toit. Le terrain sur lequel est bâtie la maison.* / Fig. En direction de. *Avoir l'œil sur les gens*, les surveiller. *Revenir sur le passé*, se le remémorer. / En prenant pour base. *S'appuyer sur des documents inédits.* / Aux dépens de. *Tirer une lettre de change sur qqn. Impôt sur la fortune.* / À propos de. *Apprendre des choses sur qqn.* / (Marquant une idée de supériorité) *Remporter la victoire sur ses ennemis. Exercer son autorité sur ses enfants.* / Vers. *Sur les dix heures du matin.* / À la suite de. *Sur ces bonnes paroles…*
sur, e [2] adj. Dont le goût est aigre. *Un fruit sur.*
sûr, e adj. Sans risque, sans danger; en sécurité. *Mettre ses biens en lieu sûr.* / Fiable. *Un ami sûr.* / Assuré. *Avoir la main sûre.* / Incontestable; certain. *C'est sûr.* / Loc. *Bien sûr*, (pop.) *pour sûr*: sans aucun doute. / (En parlant de personnes) *Sûr de*: certain de. *Sûr de son fait*, de ses affirmations. *Sûr de soi*: certain de ses capacités, assuré.
sur-le-champ Voir **champ**
surabondance n. f. Très grande abondance.
surabondant, e adj. En surabondance.
suraigu, uë adj. Très aigu. *Voix suraiguë.* / MÉD. *Phase suraiguë*: phase très aiguë d'un mal et évoluant très rapidement.
surajouter v. t. [1] Ajouter en plus, ajouter à ce qui est déjà fini.
suralimentation n. f. Action de suralimenter; son résultat.
suralimenter v. t. [1] Procurer à (qqn) une alimentation plus abondante et plus riche que la normale. / TECH. *Suralimenter un moteur*, en parlant d'un moteur à combustion interne, l'alimenter avec de l'air porté à une pression supérieure à la pression atmosphérique.
suranné, e adj. Désuet, démodé.
surate ou **sourate** n. f. (mot arabe) Chapitre du Coran.
surbaissé, e adj. ARCHIT. *Arc surbaissé, voûte surbaissée*, dont la flèche est inférieure à la moitié de la largeur. / *Carrosserie surbaissée* (d'une automobile), très basse.
surcharge n. f. Charge ajoutée à une charge ordinaire; poids excédentaire. *Surcharge pondérale*: excès de poids corporel. / Aux courses, surplus de poids imposé à un cheval comme handicap. / Fig. Surcroît, excès. *Surcharge de travail. Surcharge dans la décoration.* / Inscription qui en recouvre une autre. *Surcharge d'un timbre-poste*, qui modifie sa valeur. / BX-ARTS Retouche effectuée sur une première couche.
surcharger v. t. [1] Imposer une charge excessive à. *Surcharger une bête de somme. Être surchargé de travail.* / Fig. Charger de détails outranciers. *Surcharger un récit, un dessin.*
surchauffe n. f. TECH., PHYS. Action de surchauffer. / ÉCON. Expansion mal maîtrisée de l'activité économique, génératrice d'inflation.
surchauffé, e adj. Trop chaud. / Fig. Porté à un haut degré d'enthousiasme. *Public surchauffé.*
surchauffer v. t. [1] Chauffer à l'excès. / PHYS. Porter (un liquide) à une température supérieure à sa température d'ébullition sans qu'il se vaporise.
surclasser v. t. [1] L'emporter sur (qqch., qqn); dominer. *Votre histoire surclasse tout ce qui s'est raconté jusqu'à présent. Surclasser un adversaire.*
surcompensation n. f. PSYCHOL. Réaction à un sentiment d'infériorité dans un domaine particulier, qui conduit l'individu à y rechercher précisément une réussite rédemptrice.
surcompression n. f. Action de surcomprimer; son résultat.
surcomprimer v. t. [1] Comprimer davantage (un gaz déjà comprimé).

S

surcot n. m. Anc. Vêtement médiéval porté sur la cotte.
Surcouf (Robert) 1773-1827 Corsaire français. Capitaine à vingt ans, il infligea des pertes aux navires anglais durant la Révolution et l'Empire. Il devint, après 1815, un très riche armateur.
surcroît n. m. Supplément, augmentation. *Surcroît de travail.* / loc. adv. *De, par surcroît*: en plus, en outre.
surdi-mutité n. f. État du sourd-muet.
surdité n. f. MÉD. Affaiblissement ou perte complète du sens de l'ouïe. *Surdité congénitale.* / *Surdité verbale*: type d'aphasie liée à la perte de la faculté de comprendre le sens des mots perçus par l'oreille.
surdose n. f. Dose excessive.
surdoué, e adj. et n. Exceptionnellement doué.
sureau n. m. BOT. Arbuste de la famille des caprifoliacées, aux fleurs blanches en corymbe, aux fruits rouges ou noirs. *Sureau rouge. Sureau noir.*
sureffectif n. m. Effectif trop important par rapport aux besoins.
surélévation n. f. Action de surélever; fait d'être surélevé.
surélever v. t. [1] Donner plus de hauteur à (qqch.). *Surélever un mur.* / Placer plus haut (qqch.). *Surélever une étagère.* / Fig. Réaugmenter (qqch.). *Surélever un barème.*
sûrement adv. En sûreté. / Avec sûreté. *Comme un aigle qu'on voit toujours si sûrement tomber sur sa proie* (Bossuet). / Certainement.
surenchère n. f. Offre supérieure à une enchère ou au prix d'adjudication. / Fig. Promesse, proposition qui renchérit sur une autre. / Abus. Augmentation. *Surenchère de la violence.*
surenchérir v. i. [2] Faire une surenchère. / Devenir encore plus cher. *Le prix des chambres ne cesse de surenchérir.* / Fig. *Surenchérir sur (une affirmation)*, y surajouter qqch.
surenchérisseur, euse n. Personne qui surenchérit.
suréquipement n. m. Équipement excessif, supérieur aux besoins.
suréquiper v. t. [1] Équiper au-delà du nécessaire.
surestarie n. f. MAR. Dépassement du temps contractuellement convenu pour le chargement et le déchargement de la cargaison d'un navire; somme payée par l'affréteur à l'armateur pour compenser ce dépassement.
surestimation n. f. Fait de surestimer.
surestimer v. t. [1] Estimer (qqch., qqn) au-dessus de sa valeur, de ses capacités.
sûreté n. f. Caractère d'un lieu sûr. *La sûreté d'une ville.* / Fermeté (des gestes); justesse (d'une opinion); précision (d'une technique). *Sûreté de jugement.* / DR. Garantie fournie à un créancier. *Sûreté réelle*: droit du créancier sur certains biens de son débiteur. / Sécurité. *Sûreté de l'État*: sécurité intérieure et extérieure, intérêts fondamentaux de la nation. *De sûreté*: se dit d'objets, de dispositifs permettant d'assurer une protection. / Dispositif assurant une protection. *Mettre une sûreté à son portail.* / Vx Mesure de précaution. *Deux sûretés valent mieux qu'une.* / État, caractère de qqn qui est sûr de soi. *Elle fait preuve d'une grande sûreté dans la conduite de ses affaires.* / *Sûreté nationale*: ancien service de police, remplacé (1966) par le corps de la Police nationale.
Sûreté générale (loi de) 19 février 1858 Loi votée après l'attentat d'Orsini contre Napoléon III, qui permettait d'interner ou de déporter les personnes condamnées en juin 1848, juin 1849 et décembre 1851. Elle fut suspendue en mars 1858.

Surf *à Hawaï.*

surévaluation n. f. Fait de surévaluer.
surévaluer v. t. [1] Donner à (une chose) une valeur supérieure à sa valeur réelle.
surexcité, e adj. Très excité. *Enfant surexcité.*
surexposer v. t. [1] PHOTO. Exposer trop longtemps (une surface sensible). / (au pp.) *Cliché surexposé.*
surexposition n. f. PHOTO. Fait de surexposer; son résultat.
surf n. m. (mot anglais) Sport qui consiste à se maintenir en équilibre sur une planche portée par la crête d'une vague déferlante.
surfaçage n. m. Action de surfacer; son résultat.
surface n. f. Partie extérieure, apparente d'un corps. *La surface de l'eau.* / *Faire surface*: émerger (pour un submersible). / Fig. *Refaire surface*: réapparaître, refaire parler de soi. / MATH. Ensemble des points formant dans l'espace une figure à deux dimensions. *Surface réglée*, engendrée par le déplacement d'une courbe selon une loi déterminée. / PHYS. Limite entre deux milieux différents. *Surface de séparation.* / Superficie. *Surface au sol d'un immeuble. Grande surface*: magasin en libre-service d'une surface supérieure à 400 m^2. / Fig. Apparence. En rester à la surface des choses.
surfacer v. t. [1] Donner un aspect régulier à la surface de (qqch.).
surfait, e adj. Qui n'est pas à la hauteur de sa réputation.
surfaix n. m. TECHN. Sangle de cuir ou d'étoffe destinée au harnachement des bêtes.
surfer v. i. [1] Pratiquer le surf. *Surfer de vague en vague.* / Fig. Manœuvrer avec aisance; passer rapidement, avec aisance d'une chose à une autre. *Surfer sur les difficultés. Surfer sur Internet.*
surfeur, euse n. Personne qui surfe.
surfil n. m. COUT. Action de surfiler. / Ensemble des fils passés en surfilant.
surfilage n. m. COUT. Syn. de *surfil.*
surfiler v. t. [1] COUT. Passer un fil qui chevauche les bords de (un tissu) pour éviter qu'il s'effiloche. *Surfiler une couture.*
surfin, e adj. De première qualité. *Beurre surfin.*
surfusion n. f. PHYS. Caractère d'un corps qui reste liquide lorsqu'il est maintenu à une température inférieure à celle de son point de fusion.
surgélation n. f. Action de surgeler; son résultat.
surgelé, e adj. et n. m. Qui a subi l'opération de surgélation. *Viande surgelée.* / n. m. *Rayon des surgelés d'une supérette.*
surgeler v. t. [1] Congeler rapidement et à très basse température (un produit alimentaire).
surgénérateur n. m. Contraction de surrégénérateur.
surgeon n. m. BOT. Rejeton sur la souche ou le collet.
surgir v. i. [2] Apparaître soudainement à la vue. *L'agresseur surgit d'un bosquet.* / Se manifester soudainement. *Difficultés qui surgissent. Souvenir qui surgit dans la mémoire.*
surgissement n. m. Fait de surgir.
surhaussement n. m. CONSTR. Action de surélever; état de ce qui est surélevé.
surhomme n. m. PHILO. Pour Nietzsche, être qui, grâce à sa volonté de puissance, dépasse l'homme tout en accomplissant la vérité de son destin. / Homme qui se détache des autres par sa puissance physique ou intellectuelle.
surhumain, e adj. Propre au surhomme; digne d'un surhomme. *Volonté surhumaine.*
suricate n. m. (mot d'une langue d'Afrique du Sud) Petit mammifère d'Afrique australe, de l'ordre des carnivores, à allure de mangouste.
surimi n. m. (mot japonais) Succédané de chair de crabe ou de langouste, à base de chair de poisson réduite en pâte, aromatisée et extrudée.
surimpression n. f. PHOTO., CIN. Opération qui consiste à superposer plusieurs images différentes sur un même support, pour obtenir des effets spéciaux.
surin n. m. Argot. Poignard.
Surinam (le) *350 km* Fleuve sud-américain, tributaire de l'Atlantique.
• **Surinam** ou **Suriname** État du nord de l'Amérique du Sud, sur l'Atlantique, à l'est de la Guyane française.
surinamais, e adj. et n. Du Surinam. *Le gouvernement surinamais. Un(e) Surinamais(e).*
suriner v. t. [1] Argot. Frapper, tuer (qqn) d'un coup de surin.
surintendant n. m. HIST. Officier chargé de la surveillance d'une administration, sous l'Ancien Régime. *Surintendant général des Finances.*
surintendante n. f. HIST. Épouse du surintendant des finances. / HIST. Première dame de la reine de France. / Directrice d'une maison d'éducation de la Légion d'honneur.
surir v. i. [2] Devenir sur. *Lait qui surit.*
surjectif, ive adj. MATH. *Application surjective*: surjection.
surjection n. f. MATH. Application telle que tout élément d'un ensemble d'arrivée est l'image d'un élément, au moins, de l'ensemble de départ.
surjet n. m. Couture serrée chevauchant les bords de deux tissus pour les assembler.
surlendemain n. m. Jour qui suit le lendemain.
surligner v. t. [1] Recouvrir (une partie d'un texte) d'un trait de surligneur.
surligneur n. m. Marqueur en feutre, à pointe large et à encre de couleur transparente et parfois fluorescente.
surmenage n. m. Fait d'être surmené; ensemble des troubles qui y sont liés.
surmener v. t. [1] Fatiguer (un animal) à l'excès. / Imposer à (qqn) une activité trop intense, qui le fatigue à l'extrême.
surmoi n. m. PSYCHAN. Selon Freud, instance du psychisme qui exerce l'activité de refoulement, constituée par les principes de censure, d'origine religieuse ou sociale, intériorisés par les interdits parentaux.
surmonter v. t. [1] Être situé au-dessus de (qqch.). *Un chapiteau surmontait la colonne.* / Fig. Avoir le dessus sur, vaincre. *Surmonter un handicap. Surmonter son chagrin, sa peur.*
surmortalité n. f. STATIS. Mortalité plus importante d'un groupe donné relativement à un autre. *La surmortalité en Afrique.*
surmulot n. m. ZOOL. Gros rat à pelage gris, communément appelé *rat d'égout.* Voir *rat.*
surmultiplication n. f. TECHN. Action de surmultiplier; résultat de cette action.
surmultiplier v. t. [1] TECHN. Imprimer à l'arbre de transmission d'une automobile une vitesse supérieure à celle du moteur.
surnager v. i. [1] Se maintenir à la surface d'un liquide. *Quelques légumes surnageant dans un potage.* / Fig. *Des souvenirs qui surnagent dans la mémoire.*
surnatalité n. f. Natalité plus importante d'un groupe donné relativement à un autre, ou trop importante par rapport aux ressources propres.
surnaturel, elle adj. et n. m. Qui semble échapper aux lois naturelles, qui se situe au-dessus d'elles; qui tient du prodige. *Événement surnaturel*: miracle. *Vérités surnaturelles*, qu'on ne peut atteindre que par la foi. / n. m. *Le surnaturel*: l'ensemble des phénomènes surnaturels.
surnom n. m. Nom ajouté ou substitué au nom d'une personne, parfois inspiré par un trait caractéristique de sa personne ou de sa vie. *Charles le Chauve.*
surnombre n. m. Nombre supérieur au nombre établi. / Loc. adj. et adv. *En surnombre*, en excédent.
surnommer v. t. [1] Attribuer un surnom à (qqn).
surnuméraire adj. En surnombre.
suroît n. m. Vx Vareuse de marin. / Chapeau imperméable recouvrant la nuque. / Vent du sud-ouest.
surpasser v. t. [1] Être supérieur à, faire mieux que, l'emporter sur. *Il surpasse ses adversaires dans tous les domaines.* / v. pron. Faire

S

SURINAM

Superficie : *163 265 km²* – **Nombre d'habitants :** *437 000 h.* **Capitale :** *Paramaribo* – **Ville(s) principale(s) :** *Nieuw Nickerie* – **Système politique :** *république* – **Langue(s) :** *néerlandais* – **Religion(s) :** *hindouisme, catholicisme, islam, protestantisme* – **Monnaie(s) :** *florin du Surinam*

Voir l'Atlas

Paramaribo.

Géographie physique et humaine

Ce plateau, couvert de savanes et de forêts, bordé par une plaine côtière marécageuse, est peuplé d'Indiens (de l'Inde), de Noirs et d'Européens ; les Amérindiens ont quasiment disparu. La population se concentre sur le littoral, étroit, qui s'oppose à l'immense forêt guyanaise. Les bases de l'économie sont l'agriculture (canne à sucre) et l'exploitation de la bauxite (2ᵉ rang mondial) et de la forêt. Les troubles intervenus en 1982, et toujours récurrents, ont réduit au tiers le revenu par habitant.

Histoire

En 1667, le pays devint une colonie néerlandaise. En 1863, l'esclavage fut aboli et l'on attira la main-d'œuvre asiatique. Autonome en 1954, le Surinam (naguère Guyane néerlandaise) accéda à l'indépendance en 1975. En 1980, le colonel Desi Bouterse s'empara du pouvoir. Il se rapprocha de Cuba et de l'U.R.S.S., massacra les opposants, affronta la guérilla (dont les membres se recrutent essentiellement parmi les Afro-Américains descendants des anciens esclaves).
En 1988, il dut remettre le pouvoir aux civils, mais il demeura chef des armées, reprit le pouvoir (1990-1991), organisa des élections.
Élu en 1991, R. Venetiaan signa des accords avec les guérilleros. Son successeur, Wijdenbosch, lié à Bouterse, est élu en 1996 et, en 2000, Venetiaan reprend le pouvoir.

mieux que d'habitude, aller au-delà de ses propres limites.

surpâturage n. m. Exploitation excessive des pâturages par le bétail.

surpayer v. t. [1] Payer au-delà de ce qui est habituel ; payer trop cher.

surpêche n. f. Exploitation excessive des zones de pêche.

surpeuplé, e adj. Trop peuplé. *Région surpeuplée.* / Où il y a trop de monde. *Hôpital surpeuplé.*

surpeuplement n. m. État surpeuplé d'une région, d'une ville.

surpiquer v. t. [1] Orner d'une surpiqûre.

surpiqûre n. f. Piqûre apparente sur un tissu, sur du cuir.

surplis n. m. Tunique mi-longue, légère, plissée, que les prêtres (et parfois les enfants de chœur) portent lors des cérémonies religieuses.

surplomb n. m. Saillie de la partie supérieure d'un plan vertical par rapport à l'aplomb. *En surplomb* : en saillie.

surplomber v. t. [1] Dominer (ce qui est plus bas) en formant un surplomb. *Le bord du toit surplombe la rue.* / (Emploi intransitif) *Un mur qui surplombe*, qui n'est pas d'aplomb.

surplus n. m. Ce qui dépasse la quantité suffisante. *Les surplus* : l'excédent de production. *Surplus américains* : matériel militaire abandonné en Europe à la fin de la guerre 1939-1945, et cédé à bas prix. / Loc adv. *Au surplus* : en outre.

surpoids n. m. Poids excessif, excès de poids.

surpopulation n. f. GÉOG. Population supérieure aux moyens économiques qui lui sont propres.

surprenant, e adj. Qui surprend. *Une chose, une personne surprenante.*

surprendre v. t. [3] Découvrir (qqn) dans une situation où il ne s'attendait pas à être vu. *Je l'ai surpris en train de voler.* (Emploi. pron.) *Elle se surprit à mentir.* / Prendre au dépourvu ; frapper soudainement. *La nuit nous a surpris sur la route. La mort l'a surpris dans son sommeil.* / Étonner, troubler. *Ton attitude me surprend.* / Voir, entendre, découvrir inopinément. *Surprendre une conversation, un secret.* / Litt. Obtenir par tromperie. *Il a surpris ma confiance.*

surprise n. f. Fait de surprendre qqn. *Par surprise* : sans qu'on s'y attende. / Ce qui surprend, étonne. *Une bonne, une mauvaise surprise.* / Cadeau inattendu.

surprise-partie ou **surprise-party** n. f. (Vieilli) Réunion dansante improvisée, chez un particulier. Pl. Des *surprises-parties.*

surproduction n. f. ÉCON. Production qui excède la demande ou les besoins.

• **surréalisme** n. m. Mouvement littéraire et artistique, issu du dadaïsme.

surréaliste adj. et n. Propre ou relatif au surréalisme. *Mouvement surréaliste.* / Subst. *Un surréaliste* : un artiste se réclamant du surréalisme ou reconnu comme appartenant à ce mouvement.

surrection n. f. GÉOL. Fait de surgir. *La surrection d'un volcan.*

surréel, elle adj. et n. m. Qui se situe au-delà du réel (pour les surréalistes). / n. m. *Le surréel.*

surrégénérateur n. m. PHYS. NUCL. Réacteur nucléaire produisant plus de matière fissile qu'il n'en consomme.

surrénal, ale, aux adj. et n. f. ANAT. Situé au-dessus des reins. *Glandes surrénales, capsules surrénales* ou (n. f.) *les surrénales* : glandes endocrines situées au-dessus de chaque rein, comprenant chacune une zone interne (médullosurrénale) sécrétant l'adrénaline et une zone corticale (corticosurrénale), produisant différentes hormones (glucocorticoïdes, androgènes, aldostérone).

surréservation n. f. Réservation de places (d'hôtel, de moyen de transport) en surnombre par rapport à la quantité de places disponibles.

Surrey (Henry Howard, comte **de)** 1517-1547 Homme politique et écrivain anglais. Il fut l'élève de Wyatt et, après sa mort, on imprima sous son nom (honneur dû à son titre de comte) un ensemble de poèmes dont une bonne partie est due à Wyatt (*Songes and Sonettes, written by the right Honorable Lord Henry Howard late earl of Surrey, and other*, 1557), œuvre pétrarquisante sur la femme, son indulgence et/ou sa cruauté. On lui doit également une traduction de l'*Énéide*. Familier d'Henri VIII, impliqué dans les démêlés conjugaux du roi et (en outre) favorable au catholicisme, il fut emprisonné sous un fallacieux prétexte, puis décapité.

sursaturation n. f. PHYS. État d'équilibre d'une solution qui contient une substance dissoute en proportion plus élevée que celle qui correspond à la saturation, sans que cette substance se dépose ; état d'une phase gazeuse où la pression est supérieure à celle de la vapeur saturante, sans qu'il se produise de condensation.

sursaturé, e adj. PHYS. En état de sursaturation. *Solution sursaturée.* / Fig. *Être sursaturé de* : avoir trop de. *Je suis sursaturé de travail.*

sursaturer v. t. [1] PHYS. Provoquer la sursaturation de.

sursaut n. m. Mouvement brusque et soudain causé par une émotion, une sensation violente. *En sursaut* : brusquement. / Fig. Regain. *Sursaut d'énergie.* / Prise de conscience. *Sursaut moral.*

sursauter v. i. [1] Avoir un sursaut. *La surprise le fit sursauter.*

surseoir v. t. ind. [3] DR. ou litt. *Surseoir à* : différer. *Surseoir à statuer. Surseoir à un projet.*

sursis n. m. Délai, ajournement ; période de répit. *Malade en sursis.* / DR. Temps d'épreuve pendant lequel l'exécution d'une peine est suspendue. *Trois mois de prison avec sursis.*

sursitaire adj. et n. Qui a bénéficié d'un sursis. *Condamné sursitaire.* / Subst. *Un(e) sursitaire.*

surtaxe n. f. Taxe qui s'ajoute à d'autres. *Surtaxe postale*, acquittée par le destinataire d'un envoi non affranchi, insuffisamment affranchi.

surtaxer v. t. [1] Appliquer une surtaxe à (qqch., qqn). *Surtaxer le carburant. Surtaxer les consommateurs.*

surtension n. f. ÉLECTR. Tension qui dépasse la valeur assignée à un dispositif.

surtitrage n. m. Action de surtitrer.

surtitre n. m. Titre supplémentaire placé au-dessus du titre d'un article de périodique.

surtitrer v. t. [1] Ajouter un surtitre à. / Afficher (sur un panneau) la traduction simultanée des paroles de (une pièce de théâtre, un opéra).

surtout [1] adv. Avant tout, principalement. *Elle est compétente et efficace, et surtout rapide.* / (Pour insister) *Surtout, n'oublie pas le rendez-vous.*

surtout [2] n. m. Vx Vêtement dont on recouvre les autres. / Ornement, pièce de vaisselle placé au milieu d'une table pour de grands repas.

surveillance n. f. Fait de surveiller qqn, qqch., son résultat. / État de celui, de ce qui est surveillé. *Sous surveillance médicale.*

surveillant, e n. Personne dont la fonction est la surveillance. *Surveillant de dortoir.*

surveiller v. t. [1] Observer attentivement (qqn ou qqch.) pour s'assurer qu'il ne lui arrive (ou qu'il n'arrive) rien de fâcheux. *Surveiller un enfant qui joue. Surveiller la cuisson d'un plat.* / Observer, contrôler (qqn ou qqch. de suspect, de potentiellement dangereux). *Gardien qui surveille un prisonnier.* / Être attentif à. *Surveiller son poids. Surveiller son langage.*

survenir v. i. [3] Arriver inopinément, se produire accidentellement. *Une explosion est survenue malgré les consignes de sécurité.*

survenue n. f. Litt. Fait de survenir.

survêtement n. m. Ensemble que les sportifs passent sur une tenue légère pour éviter le refroidissement.

survie n. f. RELIG. Vie dans l'au-delà. / Fait de survivre.

survirer v. i. [1] AUTO. Déraper des roues arrière dans un virage, l'axe du véhicule se déplaçant vers le centre du virage. Ant. *sous-virer.*

S

Surréalisme

Le Balcon de Manet, *tableau de René Magritte.*

Le surréalisme est défini en 1924 par André Breton dans le *Manifeste du surréalisme* comme un « automatisme psychique pur par lequel on se propose d'exprimer, soit verbalement, soit par écrit, soit de toute autre manière, le fonctionnement de la pensée ».

Adhérèrent dès l'origine à ce mouvement Aragon, Artaud, Char, Crevel, Dali, Prévert, Tanguy, Delteil, Desnos, Eluard, Ernst, Péret, Soupault. Mais, en 1929, un second manifeste de Breton a pour conséquence l'exclusion de nombreux membres du groupe.

La peinture surréaliste naît vers 1922 avec les *collages* de Max Ernst, déjà utilisés par les cubistes; mais dans ses œuvres, l'artiste établit des rapports tout à fait inhabituels entre les êtres et les objets, il fait appel à l'imagination, au hasard, à l'impulsion, pour créer un monde insolite tel que le conçoit André Breton. Joan Miró introduit la fantaisie, peint un monde où les objets, les volumes, même les sujets sont absents : il fonde son art sur un graphisme vif, un coloris heurté où sont utilisées presque uniquement les couleurs élémentaires.

En 1925 a lieu la première exposition à Paris : De Chirico, Klee, Arp, Ernst, Man Ray, Miró, Picasso y sont représentés. Cette même année est marquée par la fondation d'un *Bureau de recherches surréalistes*, tentative d'élaboration d'une œuvre collective, par la redécouverte du jeu (le *Cadavre exquis*), et par l'invention de frottages par Max Ernst, équivalent plastique de l'écriture automatique. L'écriture automatique permet de transcrire immédiatement les phrases qui se pressent dans l'esprit et que l'on doit laisser telles quelles. La technique des frottages consiste à frotter à la mine de plomb des feuilles de papier posées sur des lames de parquet ; on obtient ainsi des empreintes qui, une fois retravaillées, font naître des animaux et des paysages fantastiques.

Couverture d'une revue animée par André Breton.

La Persistance de la mémoire, *tableau de Salvador Dali.*

Un groupe belge se forme autour de René Magritte chez qui l'automatisme n'entre pas en jeu. 1929 est une année de grande créativité pour le groupe surréaliste auquel se joint Salvador Dalí qui conçoit sa méthode de peinture comme une « activité paranoïaque-critique ». Dalí collabore par ailleurs à la réalisation de deux films surréalistes de Luis Buñuel *Un chien andalou* et *L'Âge d'or*.

En 1930, Aragon publie *La Peinture au défi*, et, l'année suivante, Giacometti exécute ses sculptures-objets. Avec ses recherches d'équilibre, Calder se rattache, d'une certaine manière, au mouvement. C'est l'époque où le surréalisme attire un grand nombre d'artistes.

La guerre de 1940 disperse les surréalistes jusqu'en 1947. Breton, Paulhan et Dubuffet révèlent et imposent l'art brut qui réunit les œuvres d'aliénés mentaux et de naïfs. En 1966, la mort d'André Breton marque la fin du mouvement.

S

survivance n. f. Ce qui subsiste d'une chose qui aurait dû disparaître. *Survivance d'une tradition.* / Survie. *Survivance de l'âme après la mort.*

survivant, e n. et adj. Personne qui a survécu à (qqch. qui aurait pu causer la mort). *Les survivants d'un génocide.* / adj. Qui continue de vivre. *Les héritiers survivants.*

survivre v. t. ind. / v. i. [3] **A.** v. t. ind. *Survivre à* : continuer de vivre, d'exister au-delà de la mort de (qqn), après la disparition de (qqch.). *Survivre à son mari. Son œuvre lui a survécu.* / Rester en vie après (qqch. qui aurait pu causer la mort), réchapper de. *Survivre à un massacre. Survivre à ses blessures.* **B.** v. i. Rester en vie, continuer de vivre. / Mener une existence précaire. / Fig. Subsister; perdurer.

survol n. m. Action de survoler.

survoler v. t. [1] Voler au-dessus de (un lieu). *Survoler une ville en hélicoptère.* / Fig. Examiner de façon superficielle, passer rapidement sur. *Survoler un texte.* / Dominer aisément. *Il a survolé la compétition.*

survolté, e adj. ÉLECTR. Dont la tension est supérieure à la normale. / Fig. *Un stade où règne une ambiance survoltée.*

sus adv. Vx *Courir sus à* : attaquer. *Courir sus aux perturbateurs.* / loc. adv. *En sus* : en outre. / loc. prép. *En sus de* : outre. *En sus de la maison familiale, il a hérité de ses parents une grosse fortune en actions.*

susceptibilité n. f. Caractère de qqn de susceptible. / PHYS. *Susceptibilité magnétique* : rapport entre l'intensité d'aimantation d'une substance et l'intensité du champ magnétisant.

susceptible adj. **I.** (En parlant de personnes) Qui s'offense facilement. **II.** *Être susceptible de* : pouvoir. *Il est susceptible de venir* : il peut venir, il se peut qu'il vienne. *Un mot susceptible de l'offenser.*

susciter v. t. [1] Être à l'origine de, faire naître, provoquer. *Susciter une controverse. Susciter des vocations. Voilà ce qui a suscité ma colère.*

suscription n. f. Adresse portée sur l'enveloppe ou le pli extérieur d'une lettre.

susdit, e adj. et n. DR. Cité ci-dessus.

Suse Ancienne ville située dans l'Iran actuel. Capitale de l'Élam (IIIe millénaire avant J.-C.), elle fut pillée au VIIe siècle avant J.-C. par Assurbanipal puis, conquise par Cyrus, elle devint la résidence d'été des rois achéménides. Les fouilles entreprises en 1884-1886 ont mis au jour les ruines d'un palais perse, dont une décoration en céramique, *la frise des Archers*, se trouve au musée du Louvre.

sushi n. m. (mot japonais) Mets japonais fait d'une boulette de riz et de poisson cru, présentée roulée dans une feuille d'algue.

susnommé, e adj. et n. Nommé ci-dessus.

Suso (bienheureux **Heinrich Seuse**, dit **Heinrich)** 1295 ?-1366 Théologien suisse. Dominicain, il fut professeur de théologie à Constance; il écrivit deux œuvres mystiques, *Le Livre de la vérité* (1326 ?) et *Le Livre de la sagesse éternelle* (1328 ?).

suspect, e adj. et n. Qui éveille des soupçons. *Personne suspecte. Attitude suspecte.* (Subst.) *Interroger un suspect.* / De qualité douteuse. *Ces yaourts sont suspects.*

suspecter v. t. [1] Tenir (qqn ou qqch.) pour suspect; soupçonner.

Suspects (loi des) 17 septembre 1793 Loi votée, après le rapport de Cambacérès, par la Convention, qui ordonnait l'arrestation immédiate de toute personne soupçonnée d'être un partisan de la monarchie, un ennemi de la liberté, ou qui était ci-devant noble ou parent d'émigré. Par son imprécision, cette loi permit le développement et les excès de la Terreur; elle fut abrogée le 4 octobre 1795.

suspendre v. t. [3] Fixer, accrocher (qqch.) en hauteur et le laisser pendre. *Suspendre sa veste à un cintre.* (Emploi pron.) *Se suspendre à une branche.* / Loc. fig. *Être suspendu aux lèvres de qqn*, l'écouter très attentivement. / Interrompre momentanément. *Suspendre sa lecture.* / Remettre à plus tard, différer. *Suspendre un jugement.* / Interdire temporairement la mise en œuvre de, la diffusion de. *Suspendre l'application d'une loi. Suspendre un journal.* / Relever temporairement (qqn) de ses fonctions.

suspendu, e adj. Attaché en l'air de manière à pendre. *Pont suspendu*, dont le tablier ne repose pas sur des piles. / Fig. *Être suspendu aux lèvres de qqn*, l'écouter avec une extrême attention. / Situé en hauteur. *Les jardins suspendus de Babylone. Voiture bien, mal suspendue*, dont la suspension est bonne, mauvaise. / (En parlant de choses) Interrompu. *Travaux suspendus.* / (En parlant de personnes) Privé provisoirement de ses fonctions. *Policier suspendu.*

Suspentes d'un pont.

suspens [1] adj. m. et n. m. DR. CANON. Se dit d'un ecclésiastique qui a été suspendu de ses fonctions. *Prêtre suspens. Un suspens.*

suspens [2] loc adj., loc. adv. et n. m. **A.** loc. adj. *En suspens*: qui n'a pas encore été réglé, résolu, mené à bien. *Projet en suspens.* / loc. adv. Dans l'incertitude. *Laisser en suspens.* **B.** n. m. Litt. Suspense.

suspense n. m. (mot anglais) Moment de l'action (d'un film, d'un livre, d'un spectacle) qui tient le spectateur ou le lecteur dans l'attente fébrile du dénouement.

suspensif, ive adj. DR. Qui suspend, interrompt le cours d'une procédure.

suspension n. f. Action de suspendre; état de qqch. de suspendu. / Ce qui est suspendu au plafond; appareil d'éclairage; lustre. / CHIM. Dispersion de fines particules dans un liquide; ces particules. / Dispositif servant à amortir les chocs subis par un véhicule. *Suspension hydropneumatique.* / Interruption, cessation momentanée. *Suspension des hostilités.* / Sanction disciplinaire consistant à suspendre qqn de ses fonctions. / GRAMM. *Points de suspension*: signe de ponctuation (...) interrompant une phrase.

suspensoir n. m. Dispositif destiné à soutenir un organe; (spécial.) dispositif qui soutient les testicules.

suspente n. f. MAR. Cordage ou chaîne accrochés à un mât et servant à supporter la vergue d'un navire. / Chacun des cordages reliant le harnais d'un parachute à la voilure, la nacelle d'un ballon au filet. / CONSTR. Élément de traction verticale d'un pont suspendu.

suspicieux, euse adj. Plein de suspicion, soupçonneux.

suspicion n. f. Défiance, soupçon. / DR. *Suspicion légitime*: crainte manifestée par un plaideur devant un tribunal dont il suspecte la partialité, et qui peut, si elle est fondée, justifier le renvoi de l'affaire devant un autre tribunal.

Sussex *1 175 000 h.*. Région du sud-est de l'Angleterre, sur la Manche, réputée pour ses plages et ses ports (Brighton). Le Sussex fut un royaume saxon indépendant du VIe au IXe siècle (dans le cadre de l'Heptarchie). Aujourd'hui, le Sussex est divisé en deux comtés: East Sussex (*1 795 km², 726 400 h.*, chef-lieu *Lewis*) et West Sussex (*1 989 km², 722 200 h.*, chef-lieu *Chichester*).

sustentateur, trice adj. TECH. Qui assure la sustentation.

sustentation n. f. Action de soutenir, de maintenir en équilibre. / AÉRON. Maintien dans les airs d'un appareil volant. / *Polygone de sustentation*: surface délimitée par les différents points de contact d'un corps avec un plan horizontal.

sustenter v. t. [1] (Vieilli ou par plaisant.) Soutenir les forces de (qqn) par de la nourriture. *Sustenter les affamés.* / v. pron. Plaisant. Se nourrir.

susurrement n. m. Fait de susurrer; son ainsi produit.

susurrer v. i. / v. t. [1] Parler à voix basse. / (Emploi transitif) *Susurrer des mots doux à l'oreille de qqn.*

sutra ou **soutra** n. m. (mot sanskrit) En Inde, sermon attribué au Bouddha. / En Inde, texte sous forme d'aphorisme édictant une règle de morale, de religion, de vie quotidienne.

Suttner (Bertha Kinsky, baronne **von)** 1843-1914 Écrivain autrichien, féministe et pacifiste; ses efforts en faveur de la paix ont préparé les esprits à la fondation de la S.D.N.

suture n. f. CHIR. Couture réunissant les lèvres d'une plaie. *Points de suture.* / ANAT. Jointure immobile de deux pièces osseuses. *Sutures des os du crâne.* / BIOL. Ligne de soudure entre deux organes, ligne d'insertion d'un organe sur un autre. *Suture des carpelles,* chez de nombreuses plantes angiospermes. *Ligne de suture d'une coquille*, sur laquelle s'insèrent les cloisons transversales.

suturer v. t. [1] Faire une suture à.

Suva *80 000 h.* Capitale des îles Fidji, dans l'île Viti Levu, port le plus important de cet État.

Suzanne Dans la Bible, jeune femme qui, surprise dans son bain par deux vieillards, fut accusée par eux d'adultère mais sauvée par le jeune Daniel (Livre de Daniel).

suzerain, e n. et adj. FÉOD. Seigneur dont dépendaient des vassaux. / adj. *Puissance suzeraine.*

suzeraineté n. f. FÉOD. Qualité du suzerain; pouvoir du suzerain; territoire sur lequel s'exerce de pouvoir.

Svalbard *62 050 km² 3 700 h.* Archipel norvégien de l'Arctique, au nord-ouest de la Norvège, sur lequel, à cause de la latitude (80 °N), le soleil reste levé pendant l'été durant 80 jours consécutifs. Il revint à la Norvège en 1920. L'île principale est celle du Spitzberg (riche gisement houiller) qui donne parfois son nom à l'archipel tout entier.

svastika ou **swastika** n. m. (mot sanscrit) Croix aux branches égales coudées à angles droits dans le même sens, vers la droite ou vers la gauche, qui constitue en Inde un symbole sacré. *Le svastika à angles coudés vers la droite a été utilisé comme emblème par les nazis.* Voir *gammée (croix).*

svelte adj. D'aspect élancé et mince. *Jeune homme svelte.*

sveltesse n. f. Caractère de ce qui est svelte, d'une personne svelte.

Sverdlov (Iakov Mikhaïlovitch) 1885-1919 Homme politique russe. Bolchevik dès 1903, il est plusieurs fois arrêté et déporté jusqu'en février 1917. Il regagne alors Petrograd et contribue, avec Lénine, à la réorganisation du parti; avec Lénine, Staline et Trotski, il fait partie du bureau du comité central, organe exécutif tout-puissant. Sa nomination (novembre 1917) à la présidence du Comité exécutif central des soviets en fait le premier chef d'État soviétique. Il meurt au cours d'une mission en Ukraine.

Svevo (Ettore Schmitz, dit **Italo)** 1861-1928 Romancier italien. Juif né à Trieste d'une mère italienne et d'un père allemand, il est, dès l'enfance, baigné dans une culture cosmopolite et son multilinguisme (allemand, français, italien, anglais, à quoi s'ajoute le patois triestin) lui permettra d'en profiter pleinement. Son humour et la profondeur psychologique de ses œuvres font souvent penser à Proust. Après l'échec de plusieurs romans, dont *Sénilité* (1898), il s'arrêta d'écrire. Il devint à Trieste l'ami de Joyce, qui s'inspira de son caractère pour inventer le personnage de Léopold Bloom dans *Ulysse*, et l'encouragea. Il lui fallut attendre *La Conscience de Zeno* (1923) pour connaître le succès. La mort dans un accident d'automobile l'empêcha d'achever *Le Bon Vieux et la Belle Enfant.*

swahili, e ou **souahéli, e** ou **souahéli, e** n. m. et adj. Langue bantoue parlée en Afrique de l'Est (Kenya, Tanzanie). / adj. *La langue swahilie, écrite en arabe pendant plusieurs siècles, utilise aujourd'hui l'alphabet latin.*

Swan (sir Joseph Wilson) 1828-1914 Chimiste anglais. Il inventa une lampe à incandescence en 1878 (la même année qu'Edison).

Jonathan Swift.

Gloria Swanson.

Swanson (Gloria) 1899-1983 Actrice de cinéma américaine. Comédienne dans les burlesques de Mack Sennett, elle aborde la comédie (*Madame Sans-Gêne*, 1925) avant de tourner *Queen Kelly* (1929) avec Stroheim qu'elle retrouvera en 1950 dans *Boulevard du Crépuscule.*

swastika Voir **svastika**

swazi, e adj. et n. D'une ethnie bantoue habitant le Swaziland; du Swaziland. *L'économie swazie. Un Swazi.* / n. m. Langue bantoue parlée par les Swazis.

• **Swaziland** État d'Afrique australe, en grande partie enclavée dans l'Afrique du Sud, au sud du Mozambique.

sweater n. m. (mot anglais) Tricot de laine ou de coton qui s'enfile par la tête.

sweat-shirt n. m. (mot anglais) Pull-over de sport en coton molletonné.

Swedenborg (Emanuel) 1688-1772 Philosophe et visionnaire suédois. D'abord adonné aux sciences exactes (il écrivit en latin divers ouvrages savants, dont *Œconomia regni animalis*, 1740-1741), il eut, à Londres, une vision à la suite de laquelle, sur l'ordre du Christ, il fonda « l'Église de la Nouvelle Jérusalem ». Il développa sa théosophie dans de nombreux ouvrages: *Arcanes célestes*; *Le Ciel et l'enfer*; *La Nouvelle Jérusalem*; *L'Apocalypse révélée.* Il eut une certaine influence sur Balzac.

sweepstake n. m. (mot anglais) Loterie combinée avec les résultats d'une course de chevaux.

Swift (Jonathan) 1667-1745 Écrivain irlandais. Issu d'une famille pauvre, il devient pasteur. Son intelligence exceptionnelle et ses dons d'écrivain lui permettent d'occuper une place importante dans la société intellectuelle et politique de son temps et d'assurer plusieurs missions auprès du roi Guillaume d'Orange. Il participe à toutes les querelles religieuses et politiques en publiant de violents pamphlets. Il finit ses jours comme doyen de Saint-Patrick à Dublin. Son œuvre, très variée, d'un humour caustique, est une violente critique de la société britannique, qu'il décrit de manière allégorique dans *Les Voyages de Gulliver* (1726). Dans *Lettres du drapier* (1724) et *Instructions aux domestiques* (1745), il montre, avec une ironie sauvage, les misères de l'Irlande et la férocité manifestée par l'Angleterre dans ce pays.

Swinburne (Algernon Charles) 1837-1909 Poète anglais, auteur de poèmes

SWAZILAND

Superficie : *17 364 km²* – **Nombre d'habitants :** *1 100 000 h.*
Capitale : *Mbabane* – **Villes principales :** *Manzini, Nhlangano, Siteki*
Système politique : *monarchie* – **Langue(s) :** *anglais et swazi*
Religion(s) : *protestantisme, christianisme, animisme* – **Monnaie(s) :** *lilangeni*

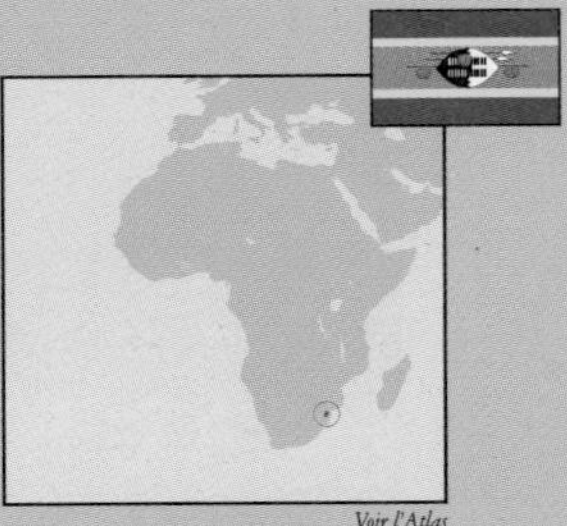

Voir l'Atlas

Marche organisée pour célébrer l'anniversaire du roi du Swaziland.

Géographie physique et humaine

Le pays est formé d'une plaine centrale entourée de massifs, forestiers à l'ouest (Drakensberg), desséchés à l'est. La population comprend uniquement des Bantous: Swazis (85 %), Zoulous (10 %). Les ressources sont diversifiées : agricoles, forestières, minières (houille, diamants) et industrielles (production de sucre, notamment). L'économie est étroitement liée à celle de l'Afrique du Sud, où travaillent de nombreux Swazis, mais la croissance ne compense pas l'essor démographique.

Histoire

Les Swazis redoutèrent au XIXe siècle l'extension du royaume zoulou et se rapprochèrent des Boers, puis des Britanniques qui imposèrent leur protectorat en 1902. Le pays devint indépendant en 1968.

Le roi Sobhuza (monté sur le trône en 1921) gouverna en souverain absolu (mais de manière patriarcale) de 1923 à sa mort (1982). Celle-ci désorganisa le gouvernement de l'État.

Après un interrègne au cours duquel la reine mère assura le pouvoir, remplacée, après sa mort, par l'une des innombrables épouses de Sobhuza, un fils de cette dernière fut choisi pour devenir roi (1986). Mswati III joua la carte de l'Afrique du Sud « blanche », ce qui permit, dans un premier temps, un bon développement économique.

Les élections législatives de 1998, jugées « parodiques » par les observateurs internationaux, ont maintenu l'absolutisme de Mswati III. La contestation démocratique s'amplifie, tandis que le pays, ravagé en 2002 par la sécheresse et affaibli par l'épidémie de sida (qui touche plus du tiers de la population), s'enfonce dans la misère.

qui ont fait scandale par leur accent libéral et leur érotisme (*Poèmes et ballades*, *Chants d'avant le lever du soleil*). On retrouve ce même érotisme dans les pièces de théâtre (*Chastelard*, un des trois drames consacrés à Marie Stuart, 1865 ; *Atalante en Calydon*, 1865). Homosexuel, alcoolique, atteint de surdité à partir de 1880, Swinburne défie consciemment la morale victorienne et exprime avec violence et lyrisme sa révolte politique.

swing n. m. (mot anglais) MUS. Style de jazz né dans les années 1930, au rythme vif et balancé, souvent interprété par des grandes formations ; rythme propre au jazz. / En boxe, coup porté latéralement et en oblique. / Au golf, balancement du joueur avant qu'il frappe la balle.

swinguer v. i. [1] Donner du swing à la musique. *Un chanteur qui swingue.*

Sybaris Ancienne ville de l'Italie méridionale dans le golfe de Tarente, fondée par les Achéens vers 725 avant J.-C. Elle fut détruite par l'armée de Crotone en 510 avant J.-C. Ses habitants, enrichis par le commerce, étaient corrompus par le luxe et leur nom, Sybarites, évoque le luxe et la paresse.

sybarite n. m. Litt. Jouisseur ; homme qui mène une vie voluptueuse.

sybaritique adj. Relatif au sybarite, au sybaritisme.

sybaritisme n. m. Comportement, mode de vie du sybarite.

sycomore n. m. BOT. Érable à grappes de fleurs verdâtres, également appelé faux platane. / (Appos.) *L'érable sycomore.*

sycophante n. m. ANTIQ. À Athènes, dénonciateur professionnel. / Vx ou litt. Délateur. / Par ext. Personne fourbe.

Sydney *3 713 500 h.* La ville la plus importante d'Australie (dont elle fut la capitale de 1901 à 1977). Ce port, fondé en 1788 sur le Pacifique, est le premier centre économique de l'Australie et la capitale de la Nouvelle-Galles du Sud. Exportation de laines et de céréales. Sydney est un important centre financier et culturel.

Sykes-Picot (accord) Accord secret conclu en 1916 entre la Grande-Bretagne (Sykes) et la France (Picot) sur le partage de l'Empire ottoman après la Première Guerre mondiale.

Sylla (en latin, **Lucius Cornelius Sulla)** 138-78 avant J.-C. Général et homme politique romain. Patricien, consul en 88, il fut chargé par le Sénat de la guerre contre Mithridate. Marius, dont il avait été le lieutenant, voulut lui enlever ce commandement. Marchant sur Rome avec son armée, Sylla en chassa Marius et ses partisans. Puis, passant en Grèce et en Asie en 87, il obligea Mithridate à restituer ses conquêtes en 85. De retour à Rome où Marius était revenu avant de mourir en 86, il en extermina ses partisans et se fit donner les pouvoirs dictatoriaux en 82. Mettant hors-la-loi plus de 3 000 personnes par des proscriptions, il distribua les biens des proscrits à ses amis et à ses soldats. Puis, par une série de mesures, il organisa une véritable monarchie. Mais l'opposition du Sénat se développant, il abdiqua en 79.

syllabaire n. m. Livre où les mots sont décomposés en syllabes afin de faciliter l'apprentissage de la lecture.

syllabe n. f. Unité phonétique de base, prononcée d'une seule émission de voix. *Syllabe ouverte*, terminée par une voyelle. *Syllabe fermée*, terminée par une consonne. / Fig. Mot. *Il n'a pas prononcé une syllabe.*

syllabique adj. Propre ou relatif aux syllabes. / *Écriture syllabique*, où chaque syllabe est représentée par un seul caractère. *Versification syllabique*, qui repose sur un nombre déterminé de syllabes (par oppos. à la versification *métrique*).

syllabisme n. m. Système d'écriture qui n'utilise qu'un signe pour représenter une syllabe.

syllabus n. m. (mot latin) RELIG. CATHOL. Liste des questions sur lesquelles se prononce l'autorité ecclésiastique. *Le Syllabus* : le document par lequel le pape Pie IX, en 1864, condamnait diverses thèses et doctrines (naturalisme, rationalisme, notamment).

syllogisme n. m. Raisonnement contenant trois propositions, la majeure, la mineure (les prémisses) et la conclusion, de telle sorte que la conclusion soit une déduction de la majeure à travers la mineure. (Ex. : *Tous les hommes sont mortels, je suis un homme, donc je suis mortel*).

sylphe n. m. Génie des airs dans les mythologies celte et germanique.

sylphide n. f. Sylphe féminin. / Litt. Femme gracile.

sylvestre adj. Litt. Relatif aux bois, aux forêts. / Qui croît en forêt. *Pin sylvestre.*

***Sydney**, sur la baie de Port Jackson.*

Sylvestre Ier (saint) ?-335 Pape en 314. Sous son règne, Constantin Ier intervint dans les affaires religieuses, convoquant le concile de Nicée (325).
Sylvestre II Voir **Gerbert d'Aurillac**
sylviculteur, trice n. Personne qui pratique la sylviculture.
sylviculture n. f. Entretien, exploitation des forêts.
Sylvie 1853 Conte de Gérard de Nerval publié dans *Les Filles du feu.* L'auteur y raconte ses souvenirs et ses rêves, son amour pour une jeune fille du Valois.
sylviidés n. m. pl. ZOOL. Famille de passériformes insectivores et chanteurs.
symbiose n. f. BIOL. État qui caractérise deux êtres vivants étroitement associés, de manière que chacun d'eux tire avantage de cette association. / Fig. Union étroite (entre deux personnes, deux théories, etc.).
symbiote n. BIOL. Chacun des êtres vivants qu'une symbiose associe.
symbiotique adj. Qui procède de la symbiose.
symbole n. m. Ce qui représente une chose, un concept, une idée. *Le lion, symbole de la force.* / Signe conventionnel. *Symbole mathématique. Symbole chimique*: lettres désignant un élément. *Cu, symbole du cuivre.* / Personne qui incarne qqch. *Il est le symbole même du mérite républicain.* / RELIG. CATHOL. Résumé de la foi. *Le symbole des Apôtres.*
symbolique adj. et n. f. Qui tient du symbole; qui n'a d'autre valeur que ce qu'il exprime. *Représentation symbolique. Un franc symbolique de dommages et intérêts.* / n. f. Ensemble des symboles particuliers à un domaine, une époque, un système de pensée; science des symboles. *La symbolique du Moyen Âge.*
symboliquement adv. De façon symbolique.
symboliser v. t. [1] Exprimer, représenter par un symbole. / Être le symbole de.
symbolisme n. m. Système de symboles; emploi de symboles. *Le symbolisme mathématique.* / Mouvement littéraire et courant pictural de la fin du XIXe siècle.
♦ Le symbolisme en littérature, dont le premier théoricien fut Jean Moréas, dans le *Manifeste du symbolisme* publié par *le Figaro* en 1886, oppose aux formes érudites et rigides de la poésie parnassienne et au naturalisme les correspondances suggestives de la nature et de l'âme. Il ne s'agit ni de nommer une chose, ni de la décrire (« *Point de reportage!* » s'écriait Mallarmé), mais de transmettre l'impression faite sur l'esprit. Les mots sont là pour suggérer sensation et idée, apparence et réalité. Verlaine et Mallarmé, Verhaeren et Maeterlinck sont les principaux représentants du symbolisme. Le symbolisme en art est caractérisé par son goût pour l'étrange et les thèmes oniriques; peu organisé, il est la somme de réactions personnelles d'artistes qui jugeaient que l'impressionnisme était à la source de la décadence de la forme. Les principaux symbolistes sont les Français Puvis de Chavannes, G. Moreau, O. Redon (auxquels on peut joindre, pour une part de leurs œuvres, M. Denis, P. Gauguin, E. Bernard, P. Sérusier), le Suisse A. Böcklin et le Belge F. Khnopff.
symboliste adj. et n. Qui procède du symbolisme; adepte du symbolisme. / Subst. *Un(e) symboliste.*

Sainte Marie la Blanche, à Tolède, ***synagogue*** *transformée en église au XVe siècle.*

symétrie n. f. Correspondance de forme, de position et de taille de deux éléments par rapport à un axe, à un centre, un plan. *Symétrie des deux ailes d'un château. Symétrie bilatérale, rayonnée d'un être vivant, d'un organe.* / GÉOM. *Symétrie de deux figures*: disposition de deux figures se correspondant point par point par rapport à un point, une droite ou un plan.
symétrique adj. Qui procède de la symétrie. / MATH. *Relation symétrique*: relation binaire R telle que xRy et yRx, quels que soient les éléments x et y du domaine de définition.
symétriquement adv. De façon symétrique.
sympathectomie n. f. CHIR. Résection d'une portion du système nerveux sympathique.
sympathie n. f. Affinité naturelle qui attire deux personnes l'une vers l'autre. / Participation à la joie ou à la douleur d'autrui. *Exprimer toute sa sympathie à qqn.*
sympathique adj. et n. m. **A.** adj. Vx Qui opère à distance. *Encre sympathique*: encre incolore dans des conditions normales, mais qui noircit sous l'action de la chaleur ou de certains réactifs. / MUS. *Cordes sympathiques*, mises en vibration par la résonance d'une autre corde en relation harmonique. / (En parlant de personnes) Qui attire la sympathie. *Un individu sympathique.* / (En parlant de choses) Plaisant, agréable. *Un bistro sympathique.* / MÉD. Dû aux répercussions des troubles d'un organe sur un autre. *Ophtalmie sympathique.* / ANAT. *Système nerveux sympathique*: un des deux systèmes nerveux de la vie végétative, antagoniste du système nerveux parasympathique, agissant sur les viscères par l'intermédiaire de l'adrénaline et de la noradrénaline. **B.** n. m. ANAT. *Le sympathique*: le système nerveux sympathique.
sympathisant, e adj. et n. Qui, sans adhérer à un parti, à un groupe, en partage les idées.
sympathiser v. i. [1] Éprouver de la sympathie, de l'amitié l'un pour l'autre; bien s'entendre (avec qqn).
sympatholytique adj. et n. m. PHARM. Qui exerce une action inhibitrice sur le système nerveux sympathique. / n. m. Produit sympatholytique.
sympathomimétique adj. et n. m. PHARM. Qui exerce une action stimulante sur le système sympathique; capable de reproduire l'action des médiateurs chimique de ce système. / n. m. Produit sympathomimétique.
symphonie n. f. MUS. Composition pour orchestre inspirée de la sonate et comprenant généralement quatre mouvements. / Fig. Ensemble harmonieux. *Une symphonie de bleus.*
Symphonie fantastique 1830 Œuvre de Berlioz, divisée en cinq parties.
Symphonie héroïque 1806 Symphonie n° 3 en mi bémol majeur, de Beethoven.
Symphonie inachevée 1822 Symphonie n° 8 en si mineur, de Schubert.
Symphonie pastorale 1809 Symphonie n° 6 en fa majeur, de Beethoven, qui évoque des scènes champêtres.
symphonique adj. Propre ou relatif à la symphonie. *Orchestre symphonique.*
symphyse n. f. ANAT. Articulation immobile (synarthrose) dans laquelle les os sont réunis par du cartilage et du tissu conjonctif. *Symphyse pubienne.* / MÉD. Adhérence pathologique de deux feuillets d'une membrane séreuse.
symplésiomorphie n. f. BIOL. Caractère primitif (plésiomorphe) partagé par plusieurs organismes. *Les taxons définis sur la base d'une symplésiomorphie ne sont pas monophylétiques, mais paraphylétiques.* Ant. synapomorphie.
symposium n. m. Réunion de spécialistes consacrée à une question donnée.
symptomatique adj. MÉD. Qui procède du symptôme. / *Médecine symptomatique*, qui s'attache aux symptômes.
symptôme n. m. Trouble de l'organisme signalé par le patient, et qui permet au médecin d'établir le diagnostic. / Fig. Signe révélateur. *Symptômes avant-coureurs.*
synagogue n. f. Lieu de culte juif.
synallagmatique adj. DR. Qui impose aux parties des obligations réciproques. *Contrat synallagmatique.*
synapomorphie n. f. BIOL. Caractère dérivé (apomorphe) partagé par plusieurs organismes. *Chez les oiseaux, la plume est une synapomorphie. Les taxons définis sur la base d'une synapomorphie sont monophylétiques.* Ant. symplésiomorphie.
synapse n. f. BIOL. Région de connexion de deux neurones.
synarchie n. f. Didac. Gouvernement simultané de plusieurs chefs dont chacun administre une partie d'un État. / Autorité détenue par plusieurs personnes à la fois.
synarthrose n. f. ANAT. Articulation non mobile, comme les sutures des os du crâne.
synchrocyclotron n. m. PHYS. NUCL. Accélérateur circulaire de particules, dérivé du cyclotron.
synchrone adj. Qui se fait dans le même temps ou à des intervalles de temps rigoureusement égaux.
synchronie n. f. LING. Ensemble de faits linguistiques considérés comme constituant (ou appartenant à) un même système, à une période donnée de l'évolution d'une langue.
synchronique adj. Relatif à des faits intervenus à la même époque dans des lieux différents; relatif aux aspects différents d'un ensemble donné à un même moment d'un processus évolutif.
synchronisation n. f. Action de synchroniser.
synchroniser v. t. [1] Rendre synchrones (des phénomènes physiques, des événements). *Synchroniser des oscillations périodiques.* / AUDIOV. Rendre synchrones la bande image et la bande son de (un film).
synchronisme n. m. Simultanéité; coïncidence dans le temps.
synchrotron n. m. PHYS. NUCL. Accélérateur de particules de forme circulaire dans lequel le synchronisme entre le mouvement des particules et le champ électrique accélérateur peut être maintenu en augmentant simultanément la fréquence du champ électrique et l'intensité du champ magnétique. *Les synchrotrons permettent d'atteindre des énergies très élevées (plus de 450 GeV pour le super synchrotron à proton du C.E.R.N., à Genève).*
synclase n. f. GÉOL. Cassure des roches à la suite d'un phénomène de retrait.
synclinal, aux n. m. et adj. GÉOL. Partie concave d'un pli. / adj. D'un synclinal.
syncope n. f. MÉD. Perte de connaissance brutale, complète, réversible. / MUS. Impression de rupture de rythme due à un déplacement inattendu de l'accent rythmique.
syncopé, e adj. MUS. *Rythme syncopé*, qui s'appuie sur une syncope.
syncrétique adj. Qui procède du syncrétisme. *Religions syncrétiques.*
syncrétisme n. m. Combinaison de doctrines philosophiques ou religieuses différentes. / PSYCHOL. Perception globale et confuse des objets propre au jeune enfant.
syncrétiste n. et adj. Didac. Tenant d'un syncrétisme philosophique ou religieux. / adj. Qui approuve le syncrétisme, qui y adhère; relatif au syncrétisme, qui constitue un syncrétisme. *Penseur syncrétiste. Le caodaïsme est une religion syncrétiste.*
syndactylie n. f. MÉD. Malformation congénitale caractérisée par la soudure de plusieurs doigts ou orteils.
syndic n. m. *Syndic de copropriété*: mandataire désigné par le syndicat des copropriétaires d'un immeuble pour en assurer la gestion et faire appliquer les décisions des assemblées. / *Syndic de faillite*: ancienne dénomination de l'administrateur judiciaire.
syndical, ale, aux adj. Qui procède du syndicat, du syndicalisme.
syndicalisation n. f. Fait d'appartenir à un syndicat.

John Millington Synge.

Syngman Rhee.

syndicaliser v. t. [1] Implanter un syndicat, une force syndicale dans (une entreprise, un milieu donné).

syndicalisme n. m. Activité des syndicats, en particulier des syndicats de salariés; doctrine politique de ces syndicats. / Activité militante au sein d'un syndicat.

syndicaliste n. et adj. Celui, celle qui milite dans un syndicat, qui appartient à un syndicat. / adj. Relatif au syndicat.

syndicat n. m. Groupement de personnes défendant des intérêts communs. *Syndicat patronal, agricole, ouvrier. Les syndicats*: les syndicats de salariés. *Syndicat de copropriétaires*, qui veille à la conservation d'un immeuble et à son entretien. *Syndicat de communes* (ou *intercommunal*): établissement public réunissant plusieurs communes pour la gestion de services, d'équipements. *Syndicat d'initiative*, qui se charge, dans une commune, des problèmes du tourisme; lieu où s'exerce son activité.

syndication n. f. FIN. Technique bancaire de regroupement de diverses banques engagées dans des opérations financières importantes, à l'occasion d'émission de titres, notamment de manière à diminuer les risques de chaque établissement.

syndiquer v. t. [1] Réunir, organiser (des personnes) en syndicat. *Syndiquer des ouvriers, une entreprise.* / v. pron. Adhérer à un syndicat.

S

syndrome n. m. MÉD. Ensemble des symptômes, des signes d'une même entité clinique, mais dont l'étiologie peut être diverse.

synecdoque n. f. RHÉT. Trope qui fait entendre le plus par le moins (*printemps* pour *année*, par ex.), ou le moins par le plus (*lapin* pour *peau de lapin*, par ex.). *La synecdoque est un type particulier de métonymie.*

synergie n. f. Association d'éléments pour un résultat commun.

synesthésie n. f. MÉD. Trouble de la perception caractérisé par l'association d'une sensation déterminée avec une seconde sensation, dans une autre zone du corps, en réponse à un stimulus unique.

Synge (John Millington) 1871-1909 Écrivain irlandais. Durant ses études au Trinity College de Dublin, il s'intéressa aux vieilles légendes celtiques qui inspirèrent certaines de ses pièces dramatiques. Ami de Yeats, il se rendit, sur son conseil, aux îles d'Aran et y séjourna à plusieurs reprises, puisant l'inspiration dans ces terres désolées et ces habitants misérables. Écrivant dans un style réaliste et poétique à la fois, il laissa plusieurs pièces de théâtre, dont: *Cavaliers à la mer* (1904), *Le Baladin du monde occidental* (1907), *Deirdre des douleurs* (1910).

Syngman Rhee 1875-1965 Homme politique coréen. Défenseur de l'indépendance de la Corée face au Japon depuis 1897, il exerça ses fonctions de président de la Corée du Sud (1948-1960) avec une autorité telle que des émeutes le contraignirent à démissionner. Il se retira aux États-Unis.

synodal, ale, aux adj. RELIG. Propre ou relatif au synode. *Réunion synodale.*

synode n. m. RELIG. CATHOL. Conseil ecclésiastique réuni sous la présidence d'un évêque pour régler les affaires d'un diocèse, ou par le pape pour régler les questions générales de l'Église. *Synode diocésain. Synode des évêques.* / Assemblée de pasteurs protestants et de conseillers laïques. / *Synode israélite*, composé de rabbins et de simples fidèles. / *Saint-Synode*: conseil suprême de l'Église orthodoxe russe.

synodique adj. ASTRON. *Révolution synodique*: durée qui sépare deux passages consécutifs d'une planète ou d'un satellite au même point (point fixe par rapport au Soleil). *Mois synodique*: durée d'une révolution synodique de la Lune, entre deux nouvelles lunes (29,5 jours). *Année synodique*: temps mis par la Terre pour se retrouver à la longitude d'une planète donnée.

synonyme adj. et n. m. Qui a une signification identique ou très voisine. *Expressions synonymes.* / n. m. *Les mots « danger » et « péril » sont des synonymes.*

synonymie n. f. Relation entre deux synonymes; fait linguistique constitué par l'existence de synonymes.

synonymique adj. Qui procède de la synonymie.

synopse n. f. RELIG. Ouvrage présentant en parallèle le texte des Évangiles.

synopsis n. m. Résumé du scénario d'un film.

synoptique adj. Grâce auquel on peut voir simultanément un ensemble et ses parties. *Tableau synoptique.* / *Évangiles synoptiques*: les évangiles de Mathieu, Marc et Luc dont les concordances, dans leur récit de la vie de Jésus, sont les plus nombreuses.

synovial, ale, aux adj. et n. f. ANAT. Propre ou relatif à la synovie. *Liquide synovial.* / *Membrane synoviale* ou (n. f.) *la synoviale*: membrane séreuse tapissant les cavités des articulations et qui sécrète la synovie.

synovie n. f. ANAT. Liquide visqueux, sécrété par la membrane synoviale, qui lubrifie les surfaces articulaires.

syntactique Voir **syntaxique**

syntagmatique adj. et n. f. LING. Propre ou relatif au syntagme. *La succession syntagmatique s'oppose à la relation paradigmatique.* / n. f. *La syntagmatique*: l'étude des syntagmes.

syntagme n. m. LING. Groupe de mots qui se suivent en formant une unité fonctionnelle. *« Prendre part » est un syntagme verbal, « petit déjeuner »; un syntagme nominal.*

syntaxe n. f. Partie de la grammaire qui étudie les règles de combinaison des unités linguistiques dans la phrase; ces règles. *Une faute de syntaxe.* / INFORM. Ensemble des règles d'écriture d'un programme dans un langage donné.

syntaxique ou **syntactique** adj. et n. f. De la syntaxe. / LOG. Relatif à l'aspect formel d'un langage (par opposition à *sémantique*). / n. f. Syntagmatique logique.

synthèse n. f. Opération de l'esprit consistant à réunir en un tout cohérent divers éléments. / Exposé méthodique de l'ensemble des éléments d'une question. *Synthèse historique.* / PHILO. Opération de l'esprit qui permet d'aller du simple au complexe, de l'élément à l'ensemble. *La synthèse est l'inverse de l'analyse.* / CHIM., BIOCHIM. Opération qui consiste à combiner des corps (simples ou composés) pour obtenir des corps plus complexes. / *Images, sons de synthèse*, produits grâce à une programmation électronique ou informatique.

synthétase n. f. Synonyme de *ligase*.

synthétique adj. Qui réalise une synthèse intellectuelle, qui en procède. / Obtenu par synthèse de composés chimiques. *Fibre synthétique.* / Obtenu par synthèse sonore. *Musique synthétique.*

synthétiquement adv. De façon synthétique.

synthétiser v. t. [1] Réunir par synthèse. / CHIM. Faire la synthèse de.

synthétiseur n. m. Appareil électronique permettant de créer ou de reproduire des sons, des images.

Syphax ?-202 avant J.-C. Roi des Numides occidentaux. Époux de la fille d'Hasdrubal, Sophonisbe, il voulut conquérir le royaume voisin des Numides orientaux gouverné par le roi Masinissa. Syphax s'allia à Carthage mais son rival choisit alors de se joindre aux Romains et profita ainsi de leur victoire sur les Carthaginois. Syphax fut livré à Scipion l'Africain tandis que Sophonisbe, qui s'était remariée avec Masinissa en croyant ainsi échapper aux Romains, se donna la mort.

syphilis n. f. MÉD. Maladie infectieuse, sexuellement transmissible, causée par un tréponème, qui débute par un chancre et peut atteindre, lors des stades ultérieurs, le système nerveux et le système cardio-vasculaire.

syphilitique adj. et n. Propre ou relatif à la syphilis; atteint de la syphilis. / Subst. *Un(e) syphilitique.*

Syracuse *127345 h.* Port italien, sur la côte orientale de la Sicile, chef-lieu de la province du même nom. Le port exporte vins et céréales, se livre à la pêche, qui a donné naissance à des industries. Fondée par le Corinthien Archias (734 avant J.-C.), la ville comptait dans l'Antiquité *500000 h.* Après avoir résisté aux Athéniens (413 avant J.-C.), elle devint l'alliée de Carthage et fut prise par les Romains en 212 avant J.-C. après un long siège auquel participa Archimède comme défenseur de la place. De nombreux vestiges de l'ancienne ville attirent les touristes: théâtre grec du Ve siècle avant J.-C., fontaine Aréthuse, latomies (creusées dans le calcaire).

Syr-Daria (le) (autrefois *Iaxarte*) *2860 km* Fleuve d'Asie, tributaire de la mer d'Aral né dans les monts Tian shan, il assure l'irrigation du Kazakhstan.

syriaque n. m. et adj. Langue sémitique du groupe araméen demeurée langue liturgique de certaines églises d'Orient. / adj. *Langue syriaque.*

• **Syrie** État d'Asie occidentale, entre la Méditerranée, à l'ouest et l'Irak, à l'est.

syrien, enne adj. et n. De Syrie. *La côte syrienne. Un(e) Syrien(ne).*

syringomyélie n. f. MÉD. Affection de la moelle épinière caractérisée par la formation d'une cavité centrale entraînant une perte de sensibilité à la chaleur et à la douleur.

syrinx n. f. Flûte de Pan. / ZOOL. Organe du chant chez les oiseaux, situé à la jonction de la trachée et des bronches.

Syrinx MYTH. GR. Nymphe des bois du pays d'Arcadie. Elle se changea en roseau pour échapper à Pan, qui en fit une flûte, *la flûte de Pan.*

syro-malabare adj. et n. RELIG. *Église syro-malabare*: Église d'Orient (Inde du Sud) dont les membres se nomment « chrétiens de saint Thomas ». *L'Église syro-malabare, qui fait remonter son origine à une supposée évangélisation par l'apôtre Thomas, se rattache à la tradition syrienne, est unie à Rome et possède un rite propre.* / n. *Les syro-malabares.*

Le théâtre grec de **Syracuse**.

SYRIE

Superficie : *185 180 km²* – **Nombre d'habitants :** *16 600 000 h.* – **Capitale :** *Damas*
Villes principales : *Alep, Homs, Lattaquié* – **Système politique :** *république*
Langue(s) : *arabe* – **Religion(s) :** *islam sunnite et chiite* – **Monnaie(s) :** *livre syrienne*

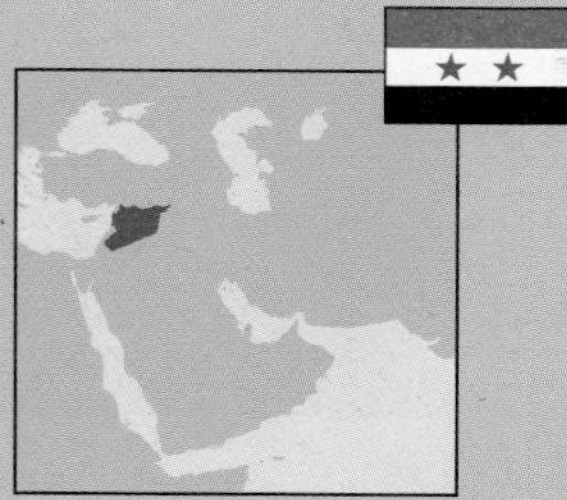

Voir l'Atlas

Géographie physique et humaine

Parallèlement à l'étroite plaine côtière s'élève une barrière montagneuse (djebel Ansariyya que prolonge au sud l'Anti-Liban) séparée par le fleuve Oronte du vaste plateau désertique (*désert de Syrie*) qui occupe le sud-est du pays. Au sud-est, l'oasis de Damas est dominée par le mont Hermon (*2 814 m*) et par le plateau du Golan. Méditerranéen, le climat est modifié par l'altitude.

La population comprend essentiellement des musulmans sunnites (75 %). Les chiites (alaouites) sont 12 % ; les druzes ; 5 %. Plusieurs Églises orientales rassemblent les chrétiens de diverses obédiences (catholiques, jacobites, grecs orthodoxes, etc.).

La minorité kurde vit dans le nord-est. Les réfugiés palestiniens sont 3 000 000. L'agriculture, liée à l'irrigation (céréales, coton, vigne, oliviers, agrumes) est associée à l'élevage (bovins et ovins). Le pétrole et les redevances perçues sur les oléoducs venant d'Irak et d'Arabie Saoudite ont financé la construction des voies ferrées, l'irrigation et l'industrialisation, celle-ci récente. Ainsi, l'industrie cotonnière occupe aujourd'hui le 6ᵉ rang mondial. En outre, le tourisme se développe. Entreprise au début des années 1990, la privatisation est lente. La croissance, non négligeable, ne compense pas l'essor démographique (3,4 % par an).

Histoire

Habitée par les peuples sémitiques dès le IIIᵉ millénaire avant J.-C., la Syrie, dépourvue d'unité géographique, appartint successivement aux Égyptiens (XVIᵉ siècle avant J.-C.), aux Hittites puis aux Assyriens (VIIIᵉ siècle), aux Perses, aux Grecs (IVᵉ siècle), aux Romains (Iᵉʳ siècle avant J.-C.). En 656, les Arabes s'en emparèrent. La dynastie musulmane des Omeyyades fit de Damas sa capitale, puis les Abbassides firent transférer la capitale à Bagdad en 762. Dès lors, la Syrie s'effrite et les croisés s'en emparent sans peine, y fondant des principautés franques (XIIᵉ-XIIIᵉ siècles). La Syrie est ensuite conquise par les Mamelouks égyptiens (XIVᵉ siècle) puis par les Turcs ottomans (1517).

Après l'échec de l'intervention française de Bonaparte (1799), qui se heurte à la résistance de Saint-Jean-d'Acre, la Turquie doit céder la Syrie à l'Égypte de Méhémet Ali (1833) ; l'intervention des puissances européennes contraint celui-ci à restituer la Syrie à la Turquie en 1840. Pendant la Seconde Guerre mondiale, l'armée britannique du général Allenby libère le pays de la domination ottomane (1918) ; les Britanniques cherchent à mettre à exécution leur projet de « Grande-Syrie », unissant sous leur influence la plupart des peuples arabes de la région ; mais ils échouent devant l'hostilité de la France : l'émir Fayçal, proclamé roi de Syrie en 1920, est chassé par les troupes françaises, et la France obtient un mandat de la S.D.N. sur la Syrie et le Liban. De sanglantes révoltes nationalistes (1925) aboutissent à l'autonomie (promise en 1941 par le général Catroux au nom de la « France libre ») puis à l'indépendance, après le départ des troupes franco-britanniques (1945-1946).

La Syrie s'unit à l'Égypte en 1958 pour former la République arabe unie, mais l'unité est rompue dès 1961, Nasser voulant exercer sa domination. Fondé en 1952 en Irak et en Syrie, le Baas, parti nationaliste arabe aux options socialistes, prend le pouvoir en Syrie en 1963. En 1966, la fraction prosoviétique du Baas succède à la fraction modérée. En 1967, la défaite, lors de la guerre des Six Jours contre Israël, vaut à la Syrie la perte du plateau du Golan (au sud-ouest du pays). En 1970, le Baas se donne pour secrétaire général le général Hafiz al-Assad (ou Asad), à la suite d'un coup d'État. Assad est élu président de la République en 1971. Il sera sans cesse réélu. En 1973, il se joint à l'Égypte pour attaquer Israël, mais en vain.

Une femme et son enfant, habitants du désert de Syrie.

Le quartier moderne d'Alep.

En juin 1976, l'agitation palestinienne au Liban l'incite à intervenir dans ce pays, où la domination syrienne s'exerce encore aujourd'hui. Dès cette époque, il doit affronter le terrorisme des Frères musulmans (sunnites anti-occidentaux et anticommunistes) ; la répression fait des milliers de morts. Quand le général Saddam Hussein est porté au pouvoir par le Baas irakien en 1979, Assad se rapproche de l'Iran chiite de Khomeyni qu'il soutient (diplomatiquement) dans la guerre Irak-Iran (1980-1988) et, plus tard, participe à la guerre contre l'Irak (deuxième guerre du Golfe, 1991).

À partir de 1994, il engage des pourparlers avec Israël pour récupérer le plateau du Golan. Quand B. Netanyahou devient Premier ministre d'Israël (1996), les négociations se gèlent. De plus en plus, la Syrie se tourne vers l'Union européenne pour développer son économie (visite à Paris du président Hafez al-Assad en juillet 1998). Depuis la mort du président (2000), son fils, Bachar al-Assad, a été élu pour lui succéder. Soucieux de moderniser son pays, il a adopté une politique plus modérée face à Israël et aux États-Unis. La chute de Saddam Hussein et les ambitions américaines en Irak font peser sur la région une lourde incertitude.

syro-malankare adj. et n. RELIG. *Église syro-malankare* : Église d'Orient (Inde du Sud) rattachée à Rome et possédant un rite propre. / n. *Les syro-malankares.*

Syrte (Grande) Golfe méditerranéen qui borde la Libye. La Petite Syrte, qui lui succède à l'ouest, est plus souvent nommée golfe de Gabès.

systématicien, enne n. Naturaliste spécialiste de systématique.

systématique adj. et n. f. Qui procède par système. *Raisonnement systématique.* / Péjor. Qui manifeste l'esprit de système. *Refus systématique.* / n. f. Science de la classification du vivant.

systématiquement adv. De façon systématique.

systématisation n. f. Action de systématiser.

systématiser v. t. [1] Organiser en système. *Systématiser des observations.*

système n. m. Ensemble de principes coordonnés, conçus par l'esprit, formant un tout. *Système de Pythagore. Esprit de système* : tendance à vouloir faire cadrer des faits avec des principes établis. / Ensemble organisé d'éléments, naturels ou non, de même nature ou de même fonction. *Système solaire, nuageux. Système nerveux, pileux. Système électrique. Système de protection.* / INFORM. *Système d'exploitation* : logiciel capable de gérer tous les services d'un ordinateur. / Classification méthodique. *Système de Linné.* / *Système métrique* : voir métrique. / Ensemble organisé de règles et de moyens tendant à une fin. *Système éducatif, judiciaire, électoral, bancaire. Système de défense d'un accusé. Système capitaliste. Le système* : la société. *Être récupéré par le système.*

Système probatoire d'observation de la Terre Voir **Spot**

systémique adj. Qui procède d'un système. *Analyse systémique.*

systole n. f. PHYSIOL. Phase de contraction du muscle cardiaque, alternant avec la diastole. *Systole auriculaire* (des oreillettes), *systole ventriculaire* (des ventricules).

systolique adj. PHYSIOL. Propre ou relatif à la systole.

syzygie n. f. ASTRON. Conjonction ou opposition de la Lune avec le Soleil qui déterminent les périodes de pleine et de nouvelle lune, ainsi que les fortes marées résultant de l'attraction maximale de ces deux astres sur la Terre.

Szczecin (en allemand, *Stettin*) *417 115 h.* Premier port polonais, à l'embouchure de l'Oder, et centre industriel.

Szent-Györgyi von Nagyrapott (Albert) 1833-1986 Biochimiste américain d'origine hongroise. Ses recherches ont porté sur les composés organiques et on lui doit la découverte de la vitamine C. Il s'intéressa aussi à la biochimie de l'action cellulaire puis, une fois installé aux États-Unis (1947), travailla sur la division cellulaire.

Szilard (Leo) 1898-1964 Physicien américain d'origine hongroise. Après des études à l'université de Berlin et des travaux dans le domaine de l'aérodynamique, il oriente

Albert Einstein et ***Leo Szilard.***

ses recherches vers la physique nucléaire. En 1933, fuyant le nazisme, il se réfugie en Grande-Bretagne, puis gagne les États-Unis (1938). Il démontre que la fission de l'atome est capable de fournir une puissance énergétique insoupçonnée. Il convainc alors Einstein d'alerter le président Roosevelt sur la menace que font peser les recherches menées en Allemagne nazie pour mettre au point une arme utilisant cette puissance, puis rejoint E. Fermi et le groupe qui participe au projet Manhattan.

Szymanowski (Karol) 1882-1937 Compositeur polonais. Attaché à la rénovation de la musique polonaise, il donna d'abord des œuvres influencées par Chopin, Scriabine, Wagner et Strauss. Un séjour à Vienne le mit en contact avec la musique de Debussy, Ravel et Stravinski, ce dont témoignent les œuvres de la maturité (*Mythes*, comprenant *La Fontaine d'Aréthuse*), qui sont pourtant marquées par le folklore polonais.

Karol Szymanowski.

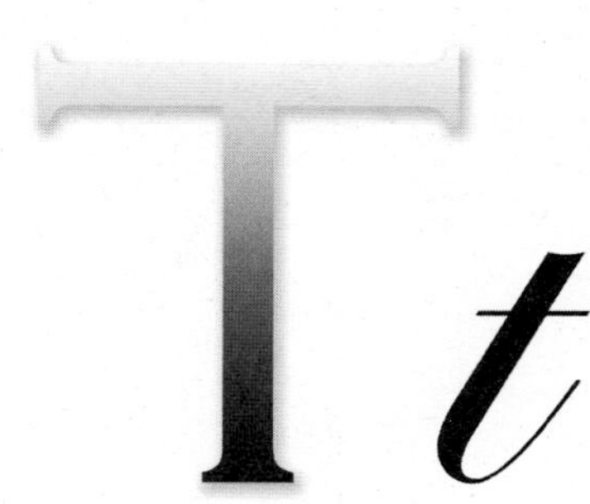

Feuilles de **tabac** séchant à Sornas (Andorre).

t'Voir **te, toi**
ta Voir **ton [2]**
tabac [1] n. m. et adj. inv. Plante de la famille des solanacées, à feuilles hautes et larges, riches en nicotine. / Les feuilles de cette plante, séchées et préparées pour être fumées (sous forme de cigarettes ou de cigares), chiquées ou prisées. / Bureau, débit de tabac. / Loc. fig. *Du même tabac*: du même genre. / adj. inv. D'une couleur brun roux.
tabac [2] n. m. Vx Bagarre. / *Passer qqn à tabac*, le rouer de coups. / MAR. *Coup de tabac*: tempête. / *Faire un tabac*: obtenir un grand succès (d'abord dans l'argot du théâtre).
tabagie n. f. Lieu où l'on a beaucoup fumé. / Au Québec, bureau de tabac.
tabagisme n. m. Intoxication chronique par le tabac.
Tabago Voir **Tobago**
Tabarin (Antoine Girard, dit**)** 1584-1633 Bateleur français. Sur les tréteaux de la place Dauphine, à Paris, il jouait pour les passants, avec son frère, des farces improvisées. Il a créé Tabarin, personnage de théâtre de rue qui lui a valu son surnom.
Tabarly (Éric) 1931-1998 Navigateur français. Il remporta la Course transatlantique en solitaire en 1964 et 1976, et battit le record de traversée de l'Atlantique en 1980. Il est mort en mer.
tabasco n. m. (mot mexicain, d'après l'État de Tabasco) Condiment piquant, à base de piments rouges, de vinaigre et d'épices.
Tabasco *25 267 km² 1 500 000 h.* État du sud du Mexique. Capitale *Villahermosa*. C'est une plaine côtière marécageuse, bonifiée pour l'élevage bovin ; on y a découvert du pétrole, ce qui a bouleversé l'économie régionale.
tabasser v. t. [1] Fam. Frapper (qqn), le rouer de coups.
tabatière n. f. Petite boîte pour le tabac à priser. / *Fenêtre à tabatière*: lucarne à abattant ayant la même inclinaison que le toit. / ANAT. *Tabatière anatomique*: creux elliptique formé par les tendons des extenseurs du pouce, lorsque ces muscles se contractent.
tabellion n. m. ANTIQ. ROM. Juriste qui remplissait les fonctions de notaire, rédigeant les actes et les contrats. / Litt. ou péjor. Notaire.
tabernacle n. m. RELIG. Tente dressée par les Hébreux pour abriter l'Arche d'alliance, avant la construction du temple de Salomon. *Fête des Tabernacles*: fête juive (*Soukkot*), appelée aussi *fête des tentes*, célébrée après les moissons pour commémorer le séjour (sous la tente) des Hébreux dans le désert. / RELIG. CATHOL. Petit meuble placé sur l'autel, destiné à conserver les hosties consacrées.
tabes ou **tabès** n. m. MÉD. Affection neurologique qui est une manifestation tardive de la syphilis, caractérisée par une dégénérescence des cordons postérieurs et des racines postérieures de la moelle épinière. *Le tabes engendre une ataxie, une hypotonie musculaire, des troubles de l'activité réflexe, des douleurs fulgurantes.*
tabla n. m. (mot hindi) MUS. Instrument à percussion indien, composé d'un tambour à une peau, accordable, et dont le centre est occupé par un tampon destiné à assurer la pureté du son et une grande variété de frappes, et d'une petite timbale plus grave, servant le plus souvent au soutien rythmique.
tablature n. f. MUS. Système d'écriture de la musique utilisant une notation chiffrée ou alphabétique pour indiquer la position des doigts sur un instrument, la superposition des notes des accords et les repères de temps.

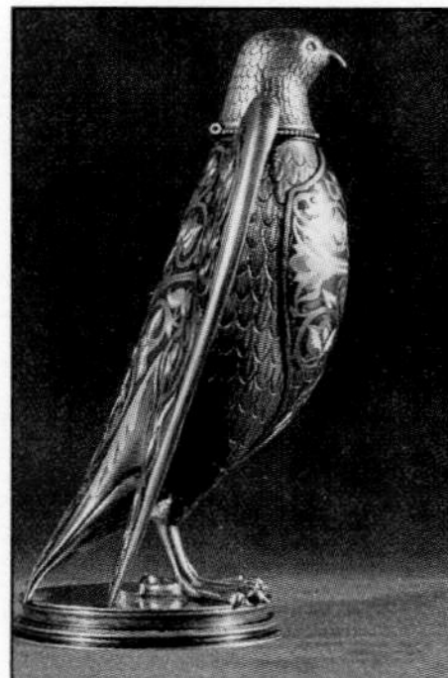

Tabernacle en forme de colombe.

table n. f. **I.** Meuble composé d'une planche horizontale supportée par un ou plusieurs pieds, de matière et de forme variables. *Table de nuit. Table roulante.* / Meuble fait d'une surface plane posée sur un ou plusieurs pieds, utilisé pour les repas. *Une table Louis XVI. Mettre la table*, le couvert. *Être à table*, en train de manger. *Table d'hôte:* table commune où l'on sert un repas à heure fixe, dans un restaurant, un hôtel. / *La table*: la nourriture. *Les plaisirs de la table*, de la bonne chère. *Une bonne table.* / Tablée. *Il a fait rire toute la table.* **II.** Surface plane destinée à divers usages. *Table de l'enclume*: partie sur laquelle frappe le marteau. *Table d'harmonie*: partie d'un instrument de musique sur laquelle les cordes sont tendues. *Table de cuisson*: plaque supportant les foyers de cuisson. / RELIG. CATHOL. *La sainte table*: la balustrade qui, dans une église, ferme le chœur et devant laquelle les fidèles s'agenouillent pour communier (elle a souvent disparu dans la liturgie issue de Vatican II). *S'approcher de la sainte table*: communier. / RELIG. *Les Tables de la Loi*: les deux pierres sur lesquelles furent gravées, selon la Bible, les lois données par Dieu à Moïse. / HIST. *Les Douze Tables*: les tables de bronze où étaient inscrites les lois publiées par les décemvirs à Rome (v. 450 av. J.-C.); ces lois elles-mêmes. / TECH. Surface plate du haut d'une pierre précieuse. **III.** Panneau, tableau regroupant des données. *Table des matières*: liste des chapitres d'un livre. / Ensemble de règles, de listes, de nombres, présentés méthodiquement. *Table de multiplication. Table de logarithmes.* / LOG. *Table de vérité*: tableau permettant de vérifier le résultat d'une opération logique.
Table (la) Constellation circumpolaire; voir *constellation*.
tableau n. m. **I.** Panneau sur lequel on affiche des inscriptions, des annonces. *Tableau d'affichage.* / *Tableau noir* (ou absol.) *tableau*: panneau mural sur lequel on écrit à la craie ou au feutre dans une salle de classe, de conférence. *Interroger un élève au tableau.* / TECH. Support des appareils de commande ou de mesure d'un véhicule, d'un dispositif. *Tableau de bord d'une voiture, d'un avion.*

T

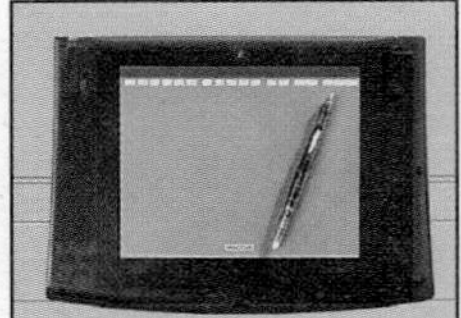

Tablette graphique.

Tableau électrique. **II.** Par méton. Liste des membres d'un ordre, d'une compagnie, etc. / *Tableau d'avancement*, indiquant les personnes prévues pour une promotion. / Présentation schématique et ordonnée de données, de renseignements; ces données, ces renseignements. *Tableau synoptique, chronologique.* / PHARM. *Tableaux A, B, C* : listes des produits pharmaceutiques toxiques (tableau A), stupéfiants (tableau B) ou dangereux (tableau C), délivrés uniquement sur ordonnance. **III.** Œuvre picturale exécutée sur un support rigide et amovible. *Tableau de genre.* / Fig. *Brosser un tableau de la situation*, une description imagée. *Tableau vivant* : spectacle constitué par un groupe de personnes immobiles reproduisant la scène d'un tableau. / Par ext. Scène réelle, évoquant une représentation picturale. *Un tableau touchant.* / *Tableau de chasse* : exposition des animaux abattus au cours d'une chasse. (Au fig.) *Inscrire qqch., qqn à son tableau de chasse*, à l'ensemble des succès que l'on a obtenus. / THÉÂTRE Subdivision d'un acte, marquée par un changement de décor.

tableautin n. m. Petit tableau.

tablée n. f. Réunion de personnes autour d'une table.

tabler v. t. ind. [1] *Tabler sur (qqch.)*, compter dessus.

table ronde n. f. Réunion de personnes désireuses de résoudre certains problèmes sans question de préséance.

Table ronde Table autour de laquelle le roi de Bretagne, Arthur (ou Artus), réunissait une fois par an, sans accorder de place privilégiée à aucun d'entre eux, l'ensemble de ses chevaliers. Les aventures des *chevaliers de la Table ronde* (Lancelot, Perceval, etc.) sont contées dans le cycle romanesque appelé *Cycle de la Table ronde* ou *Cycle d'Arthur.*

tabletier, ière n. Fabricant d'objets en bois précieux et ivoire, tels que damiers et échiquiers, et autres objets dans divers matériaux.

tablette n. f. Petite planche horizontale; pièce de bois, de marbre, de verre, installée horizontalement pour recevoir des objets ou pour servir d'appui, d'ornement. *Tablette de lavabo, de cheminée.* / Produit alimentaire ou pharmaceutique présenté en forme de plaquette rectangulaire. *Tablette de chocolat.* / (Au plur.) ARCHÉOL. Planchette de bois enduite de cire dont les Romains se servaient pour écrire. / Fig. *Mettre sur ses tablettes* : noter pour ne pas oublier.

tabletterie n. f. Industrie, commerce du tabletier.

tableur n. m. INFORM. Logiciel de traitement de données sous forme de tableaux.

tablier n. m. Vêtement protégeant le devant du corps, formé d'une pièce d'étoffe, de cuir, etc., maintenu par des attaches. *Tablier de jardinier, de cuisine.* / *Tablier de cheminée* : ensemble de plaques de tôle coulissantes fermant l'ouverture d'une cheminée. / Cloison séparant le moteur et l'intérieur de la carrosserie d'une automobile. / TRAV. PUBL. Plate-forme constituant la chaussée d'un pont.

tabligh ou **Tabligh** n. m. (mot arabe) RELIG. Mouvement missionnaire musulman sunnite né en Inde en 1927, dont les adeptes pratiquent avec méthode un prosélytisme efficace, au porte-à-porte notamment. *Le tabligh a joué un rôle important dans le retour à l'islam des immigrés, puis des beurs.*

tablighi, e adj. et n. RELIG. Du tabligh; adepte du tabligh. *Association tablighie. Les tablighis.*

tabloïd adj. et n. m. (mot anglais) Se dit d'un journal dont le format est réduit de moitié par rapport au format courant. *Format tabloïd. Un tabloïd.*

tabor n. m. HIST. (mot arabe) Bataillon formé de goums.

Tabor (mont) Voir **Thabor**

tabou, e n. m. et adj. ANTHROP. Dans certaines sociétés, notam. polynésiennes, interdit qui frappe une personne, un objet, un lieu considérés comme sacrés ou impurs. / Fig. Sujet que l'on ne peut aborder, pour des raisons religieuses, sociales ou culturelles. / adj. Interdit, qu'on ne peut évoquer, critiquer, modifier. *Un sujet tabou.*

taboulé n. m. (mot arabe) Hors-d'œuvre d'origine libanaise, fait de blé concassé (ou, le plus souvent de couscous), de persil, de menthe, d'oignons et de tomates hachés, arrosés d'huile d'olive et de jus de citron.

tabouret n. m. Siège sans dossier ni bras. *Tabouret de bar.*

Tabriz *1 190 000 h.* Ville d'Iran. Chef-lieu de la province d'Azerbaïdjan central. C'est l'antique Tauris. Elle fut la capitale de la Perse au temps des Séfévides (1501-1736).

tabulaire adj. En forme de table. *Roche tabulaire.*

tabulateur n. m. Dispositif d'une machine de bureau permettant d'aligner des signes sur une même colonne.

tabulatrice n. f. Machine qui servait à traiter les cartes perforées.

tac n. m. et interj. Bruit sec et bref. SPORT En escrime, bruit du fer heurtant le fer. *Riposter du tac au tac*, au premier choc. Fig. *Répondre du tac au tac*, immédiatement, vivement. / interj. Fam. *Et tac ! Tu n'as plus qu'à encaisser.*

tacaud n. m. Petit poisson de l'Atlantique, de la famille des gadidés.

tache n. f. **I.** Salissure. *Tache de vin, d'encre.* / Fig. *Faire tache d'huile*: gagner de proche en proche. / Fig. Souillure morale. *Réputation sans tache.* **II.** Élément d'une couleur différente dans un tout. / Marque colorée naturelle sur la peau de l'homme, sur le poil d'un animal, sur un végétal. *Tache de rousseur* : éphélide. *Tache de vin* : angiome. / ANAT. *Tache jaune* : point de la rétine où l'acuité visuelle est maximale. Syn. macula. / ASTRON. *Tache solaire* : zone sombre sur la photosphère du Soleil.

tâche n. f. Travail à faire dans un temps donné. *Travailler à la tâche*, en étant payé pour le travail accompli sans tenir compte du temps passé. / Devoir, but moral.

tacher v. t. [1] Faire une tache, des taches sur. *Tacher ses vêtements.* / v. pron. Se salir. *Se tacher de peinture.*

tâcher v. t. ind. [1] *Tâcher de* (+ inf.) : s'efforcer de, essayer de. *Tâche de venir plus tôt demain.* / v. t. dir. *Tâcher que* (+ subj.) : faire en sorte que. *Tâche qu'il ne te suive pas.*

tâcheron n. m. Petit entrepreneur sous-traitant auquel on confie une tâche. / Ouvrier payé à la tâche. / Péjor. Personne qui réalise des tâches ingrates, des besognes sans intérêt. *Un travail de tâcheron.*

tacheté, e adj. Couvert de petites taches.

tachisme n. m. BX-ARTS Courant de la peinture abstraite qui s'est développé dans les années 1950 en opposition à l'abstraction géométrique, utilisant des techniques de projection ou de coulure.

tachiste adj. et n. BX-ARTS Relatif au tachisme. / Subst. Peintre dont les œuvres relèvent du tachisme.

Tachkent *2 094 000 h.* Capitale de l'Ouzbékistan, métropole économique et culturelle du pays. L'irrigation a fortement étendu l'oasis qui a donné naissance à la ville.

tachycardie n. f. MÉD. Accélération du rythme des battements cardiaques, qui peut être permanente ou paroxystique.

tachymètre n. m. Appareil servant à mesurer la vitesse angulaire de rotation d'une machine.

tacite adj. Non exprimé, implicite. *Accord tacite.* / DR *Clause de tacite reconduction* : clause de reconduction automatique d'un bail à sa date d'échéance, si le bailleur ne s'y oppose pas.

Tacite (en latin **Publius Cornelius Tacitus)** v. 55-v. 120 apr. J.-C. Historien et homme politique latin. Il quitta l'administration impériale (il avait été consul, puis proconsul d'Asie) pour se consacrer entièrement à l'histoire. La *Vie d'Agricola* évoque son beau-père, général de Domitien, et constitue une charge violente contre l'empereur; la *Germanie* décrit les mœurs des Germains. Ses œuvres principales sont *Histoires* et *Annales*, qui évoquent les menaces qui pèsent sur l'Empire romain. Il trace de la cour impériale un portrait sans concession et s'intéresse au monde barbare dont l'étrangeté le fascine. Il s'attache à la psychologie des personnages, avec une pénétration et une finesse que l'on retrouve rarement chez d'autres historiens; ces qualités sont servies par un style très personnel, d'une extrême concision.

tacitement adv. De façon tacite.

taciturne adj. Qui parle peu.

tacle n. m. (mot anglais) Au football, action visant à déposséder l'adversaire du ballon, en bloquant son action avec le pied.

tacler v. i. [1] Faire un tacle.

taco n. m. (mot nahuatl) Crêpe mexicaine faite avec de la farine de maïs et garnie de viande.

tacon, taquon ou **tocan** n. m. Jeune saumon n'ayant pas encore rejoint la mer.

tacot n. m. Fam. Vieille automobile qui marche mal, se traîne.

Pendzikent, au sud du **Tadjikistan**.

William Howard Taft.

tact n. m. PHYSIOL. Domaine de la sensibilité qui concerne les stimulations mécaniques exercées sur la peau ou les muqueuses (contact, pression). / Fig. Délicatesse, doigté.

tacticien, enne n. Personne qui use de tactique, est expert en tactique.

tactile adj. PHYSIOL. Du toucher. *Sensibilité tactile.* / TECHN. *Écran tactile*, qui réagit au contact du doigt.

tactique n. f. et adj. **A.** n. f. MILIT. Art de combiner les différents moyens de combat dont on dispose pour livrer une bataille. *La tactique représente l'application de la stratégie.* / Fig. Ensemble des moyens employés pour parvenir à un résultat. *Une tactique électorale.* **B.** adj. Qui procède de la tactique. *Opération tactique.*

tactisme n. m. BIOL. Réaction d'orientation (attraction, répulsion) déclenchée chez un animal ou un micro-organisme par certains facteurs de l'environnement (substance chimique, température, lumière, etc.). Syn. taxie. Voir *tropisme.*

tadjik, e adj. et n. adj. Du Tadjikistan. *Hiver tadjik. Un(e) Tadjik(e). Les Tadjiks, originaires d'Iran, de religion musulmane (sunnite), vivent au Tadjikistan, en Ouzbékistan et dans le nord de l'Afghanistan.* / n. m. Langue parlée au Tadjikistan, dérivée du persan.

• **Tadjikistan** État d'Asie centrale, situé à l'est de l'Ouzbékistan et au nord de l'Afghanistan.

tadorne n. m. ZOOL. Grand canard marin au bec rouge, à la tête noir verdâtre, au corps blanc marqué d'une bande pectorale rousse.

taekwondo n. m. (mot coréen) Art martial coréen, dérivé du karaté.

tænia Voir **ténia**

Taeuber-Arp (Sophie) 1889-1943 Peintre et sculpteur suisse. Membre, avec Arp, du groupe Dada, elle travailla longtemps avec lui (décoration du pavillon de l'Aubette à Strasbourg, notamment). On lui doit des peintures et des objets strictement géométriques, aux couleurs raffinées et à l'humour léger (*Sculpture conjugale*, 1937).

taffetas n. m. Fine étoffe de soie brillante.

tafia n. m. (mot des Antilles) Vieilli Eau-de-vie fabriquée avec de la mélasse.

Tafilalet ou **Tafilelt** Région du Maroc, riche en oasis, au sud du Haut Atlas, à la lisière du Sahara.

Tafna (la) *165 km* Rivière algérienne, tributaire de la Méditerranée. Elle a donné son nom au traité conclu entre Bugeaud et Abd el-Kader, le 30 mai 1837. La France

TADJIKISTAN

Superficie: *143 100 km²* – **Nombre d'habitants:** *6 200 000 h.* **Capitale:** *Douchanbe* – **Villes principales:** *Khodjent* – **Système politique:** *république* – **Langue(s):** *tadjik, russe* – **Religion(s):** *islam sunnite* – **Monnaie(s):** *somoni*

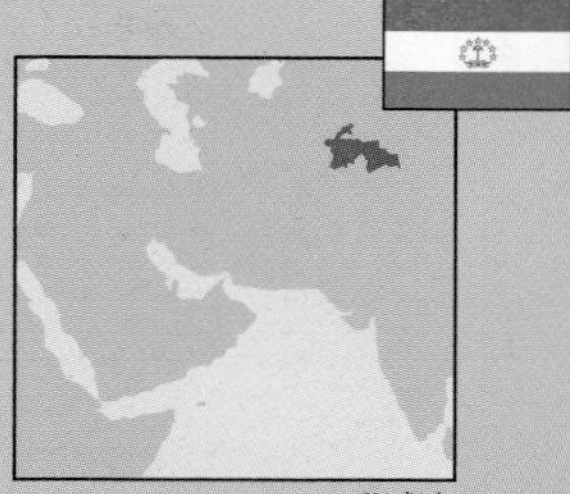

Voir l'Atlas

Paysan au marché.

Géographie physique et humaine

Le Pamir, qui culmine à *7 495 m* au Tadjikistan (pic du Communisme), occupe la majeure partie du pays. La population comprend 68 % de Tadjiks, 24 % d'Ouzbeks, tous de religion musulmane, 8 % de Russes. Elle s'accroît rapidement.

Économie

L'irrigation des régions non accidentées a suscité la prospérité agricole: coton, riz, céréales, arboriculture. Les montagnes sont consacrées à l'élevage ovin. L'hydroélectricité abondante favorise les rares industries: agro-alimentaire, textile, aluminium. Les troubles politiques, la corruption, l'inflation entravent le développement.

Histoire

Le pays, successivement occupé par les Arabes, les Samanides et les Mongols, faisait partie du khanat de Boukhara lorsqu'il fut colonisé par la Russie au XIXᵉ siècle. Il devint une république autonome au sein de l'Ouzbékistan en 1924, puis une république socialiste fédérée d'U.R.S.S. en 1929. Dans les derniers temps de l'U.R.S.S., les Tadjiks ont aidé les rebelles afghans contre l'U.R.S.S., et l'islamisme s'est répandu.

Les émeutes de 1990 ont abouti à l'indépendance en 1991, le pays entrant dans la Communauté des États indépendants dès sa création. L'ancien chef du parti communiste local, Rakhmon Nabiev, a été élu président. Il a dû affronter les islamistes et les démocrates, et a choisi l'exil en août 1992. Les communistes ont repris Douchanbe quelques mois après (décembre), sans que cesse la guerre civile. En 1994, le communiste Emomali Rakhmonov a été élu président.

En 1997, la Russie l'a incité vigoureusement à signer la paix avec l'opposition islamo-démocrate. Les combats ont repris peu après et se poursuivent sporadiquement. En 1999, le mandat présidentiel a été porté à sept ans et Rakhmonov a été réélu avec 96,99 % des voix.

---

reconnaissait l'autorité de l'émir sur près des deux tiers du pays. Les combats reprirent après deux ans de trêve, en 1839.

Taft (William Howard) 1857-1930 Homme d'État américain. Magistrat, membre du Parti républicain, gouverneur civil des Philippines (1901-1904), nommé secrétaire d'État à la Guerre (1904-1908) par Roosevelt, il fut élu président des États-Unis en 1908 et battu par le démocrate Wilson en 1912.

tag n. m. (mot anglais) Forme de graffiti mural, figurant une signature codée; tout graffiti mural.

tagal ou **tagalog** n. m. Langue malayo-polynésienne parlée aux Philippines.

Tage (le) *1 006 km* Le plus long fleuve de la péninsule Ibérique. Son cours, d'abord resserré par des gorges profondes en Espagne où il arrose Tolède, s'élargit au Portugal. Le Tage se jette dans l'Atlantique, dans la vaste baie de Lisbonne.

tagète ou **tagette** n. m. Plante ornementale à fleurs jaunes ou orangées, appelée aussi rose d'Inde ou œillet d'Inde.

tagine Voir **tajine**

tagliatelle n. f. (mot italien) Pâte alimentaire en forme de lanière longue et plate. Pl. Des *tagliatelles*.

Taglioni (Filippo) 1777-1871 Danseur et chorégraphe italien. Il connut un succès international (Paris, Stockholm, Vienne, Saint-Pétersbourg) et ses chorégraphies originales en font le créateur du ballet romantique. **Marie** 1804-1884 Danseuse italienne. Fille du précédent. À l'Opéra de Paris, sa beauté et son talent provoquèrent l'enthousiasme; il en fut de même à Saint-Pétersbourg, Londres, Vienne et Milan. Archétype de la danseuse romantique, elle devint (1858), dix ans après ses adieux à la scène, inspectrice de la danse à l'Opéra de Paris.

Tagore (Rabindranath) 1861-1941 Écrivain indien d'expression anglaise et bengali. Son recueil de poèmes, *Gitanjali* (1910), traduit par Gide sous le titre de *L'Offrande lyrique* (1913), le fit connaître en Occident. Il est également l'auteur de romans (*Gora*, 1910) et de pièces de théâtre (*Amal*, 1913) dans lesquels il critique le matérialisme de la civilisation occidentale. Artiste fécond aux talents multiples, il fut aussi musicien et peintre.

taguer v. i. / v. t. Tracer des tags. *Une bande d'adolescents surpris en train de taguer.* / v. t. *Taguer un mur.*

tagueur, euse n. Personne qui tague.

Taha Hussein 1889-1973 Écrivain égyptien. Aveugle, issu d'un milieu très modeste, il fait néanmoins de brillantes études au Caire, puis en France, où il apprend le français, le grec et le latin. À son retour en Égypte, il poursuit une double carrière d'enseignant et d'homme politique (il est ministre de l'Éducation nationale en 1950). Esprit libre, il suscite le scandale en affirmant, dans un ouvrage sur la poésie préislamique, que certains poèmes ont été postérieurement forgés pour authentifier des épisodes de la vie du Prophète. Historien, romancier, journaliste, il a publié son autobiographie, *Le Livre des jours*.

Tahiti *1 042 km² 115 820 h.* Principale île de la Polynésie française (archipel de la Société). Chef-lieu *Papeete* (*25 553 h.*). Les Polynésiens qui peuplent cette île volcanique vivaient de la culture du cocotier (coprah), de l'extraction des phosphates et surtout, de la pêche. De 1964 à 1997, le Centre d'expérimentation (nucléaire) du Pacifique a apporté une manne qui a bouleversé l'île, en même temps que le tourisme se développait (surtout dans les îles voisines). Aujourd'hui, l'aide de la métropole est plus que jamais nécessaire. Découverte par S. Wallis en 1767, placée sous protectorat français en 1842 (traité ratifié en 1843) par l'amiral Dupetit-Thouars, Tahiti fut annexée par la France en 1880. Elle a reçu le statut de territoire d'outre-mer (TOM) dans le cadre de l'Union française en 1946 et été intégrée à la Polynésie française en 1959. L'île possède un musée Gauguin (le peintre y fit plusieurs séjours).

tahitien, enne adj. et n. De Tahiti.

taïaut! ou **tayaut!** interj. VÉN. Cri du veneur qui signale la bête.

tai-chi-chuan ou **tai-chi** n. m. (mots chinois) Gymnastique chinoise consistant en un enchaînement de mouvements lents et continus, destinés à contrôler l'énergie du corps.

Taibei Voir **T'ai-pei**

taie n. f. Enveloppe de tissu qui protège un oreiller, un traversin. / MÉD. Tache sur la cornée de l'œil.

taïga n. f. (mot russe) ÉCOL. Forêt de conifères qui s'étend au nord de l'Amérique et de l'Eurasie. *La taïga est une formation végétale caractéristique des régions froides de l'hémisphère Nord; elle constitue un biome adjacent à la toundra, plus septentrionale.*

taillable adj. HIST. Assujetti à l'impôt de la taille. / Fig. *Être taillable et corvéable à merci*: être soumis à toutes les corvées.

taillade n. f. Entaille, fente.

taillader v. t. [1] Faire des taillades dans. *Taillader le tronc d'un arbre.*

taillanderie n. f. Industrie, commerce du taillandier; produits de cette industrie.

taillandier, ère n. Personne qui fabrique, qui vend des outils propres à tailler (haches, sécateurs, etc.).

taille n. f. **I.** Vx Tranchant d'une épée. *Frapper d'estoc et de taille*, de la pointe et du tranchant. / Action, manière de tailler, de découper selon une forme. *La taille d'une pierre, d'un diamant. Pierre de taille*: pierre taillée utilisée en construction. / Coupe de bourgeons, de rameaux ou de branches d'un arbre, d'un arbuste, effectuée pour lui donner une forme déterminée ou obtenir une meilleure fructification. *Taille de la vigne.* / Coupure, incision. BX-A. Incision faite au burin dans une plaque de bois ou de cuivre. / Galerie creusée dans une mine. / Anc. Morceau de bois marqué par des encoches par des commerçants qui notaient ainsi les marchandises vendues à crédit. / HIST. Impôt payé par les roturiers sous l'Ancien Régime, ainsi nommé parce que les percepteurs notaient ce qu'ils avaient perçu par des encoches sur une taille. **II.** Dimension en hauteur du corps humain; par ext., dimensions d'un être ou d'une chose. *Un verre de grande taille.* / Dimension normalisée d'un vêtement. *Grande taille, petite taille. Je n'ai pas votre taille.* / Partie du corps comprise entre les côtes et les hanches. *Taille de guêpe*, très fine.

taille-crayon n. m. Petit instrument muni d'une lame tranchante et servant à tailler les crayons. Pl. Des *taille-crayons*.

taille-douce n. f. BX-A. Technique de gravure en creux, par opposition à gravure en relief; technique de gravure au burin, par oppos. à eau-forte. / Estampe ainsi obtenue. Pl. Des *tailles-douces*.

Tailleferre (Germaine) 1892-1983 Compositeur français. Membre du groupe des Six, elle écrivit des pièces de musique de scène (*Les Mariés de la tour Eiffel*), des pièces pour piano et de la musique de chambre.

tailler v. t. / v. i. / v. pron. [1] **A.** v. t. Trancher, couper. (Emploi pron.) *Se tailler les*

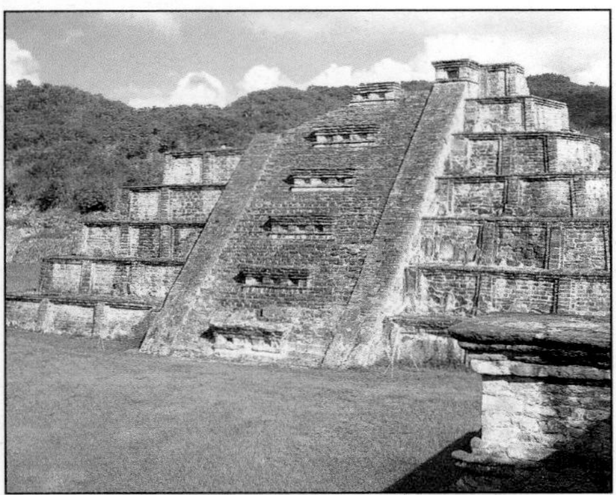

Pyramide totonaque de **El Tajín** (IXe siècle).

veines. Loc. *Tailler en pièces* : massacrer. / Ôter, couper une partie de (qqch.) avec un outil tranchant pour lui donner une forme précise. *Tailler un crayon en pointe. Tailler un arbre*, l'élaguer. *Tailler la pierre*, la sculpter. / Découper dans une matière (la ou les pièces dont on a besoin). *Tailler une tranche dans le gigot. Tailler un costume dans du lin.* **B.** v. i. Entailler, inciser. *Tailler dans le vif.* / *Tailler grand, petit* : être plus grand, plus petit que la taille annoncée, en parlant d'un vêtement. **C.** v. pron. S'attribuer ; obtenir. *Se tailler un franc succès. Se tailler la part du lion* : s'attribuer la meilleure part. / S'ouvrir (un passage). *Se tailler un chemin à travers les bois.* / Pop. Partir à toute vitesse, s'enfuir. *Il s'est taillé dès qu'il vous a vu.*

tailleur n. m. *Tailleur de* : ouvrier, artisan spécialisé dans la taille de certains matériaux. *Tailleur de pierre, de diamant.* / Absol. Personne qui confectionne des vêtements masculins sur mesure. *S'asseoir en tailleur*, les jambes repliées et les genoux écartés (à la manière des anciens tailleurs). / *Costume tailleur* (vieilli) ou *tailleur* : costume féminin comprenant une veste et une jupe assorties. *Tailleur pantalon*, comprenant une veste et un pantalon assortis.

taillis n. m. Zone d'un bois ou d'une forêt où les arbres sont coupés assez fréquemment et n'atteignent qu'une faible hauteur.

tailloir n. m. Planche en bois ou plat en métal servant à découper la viande. / ARCHIT. Partie supérieure de chapiteau qui supporte l'architrave.

Taïmyr *400 000 km² environ* Presqu'île de Russie, au nord de la Sibérie centrale, avancée la plus septentrionale de l'Asie dans l'océan Arctique.

tain n. m. Amalgame d'étain que l'on applique au dos des vitres pour les rendre réfléchissantes. / Bain d'étain dans lequel on trempe un métal pour l'étamer.

Taine (Hippolyte) 1828-1893 Critique littéraire, philosophe et historien français, auteur d'essais philosophiques (*De l'intelligence*, 1870 ; *Philosophie de l'art*, 1882), historiques (*Origines de la France contemporaine*, 1875-1894) et littéraires (*Essai sur les Fables de La Fontaine*, 1853 ; *Histoire de la littérature anglaise*, 1864-1872). Adepte du déterminisme, il expliquait l'œuvre des écrivains et des artistes et les faits historiques par trois facteurs décisifs (race, milieu, moment).

Taipei ou **T'ai-pei** ou **Taibei** ou **Taipeh** *2 653 578 h.* Capitale de Taiwan, située au nord de l'île, principal centre administratif et commercial du pays. C'est une place financière importante de l'Asie du Sud-Est.

Taiping ou **T'ai-p'ing** (en chinois, « *Grande Paix* ») Mouvement politique et religieux chinois qui, prenant une ampleur considérable à partir de 1851, ébranla la dynastie mandchoue Qing. Les insurgés fondèrent un État dissident, établi à Nankin à partir de 1853, et détruit seulement en 1864, après deux ans de terribles combats, par les troupes de Pékin.

taire v. t. [3] **A.** Ne pas dire, ne pas révéler. *Taire son nom. Taire la vérité. Taire son amour.* **B.** v. pron. S'arrêter de parler ; s'abstenir de parler. *Veux-tu te taire ! Je préfère me taire.* / Ne plus se faire entendre. *La rumeur se tut.*

taiseux, euse adj. et n. Vx ou rég. (Belgique) Taciturne. *Elle est plutôt taiseuse. C'est un taiseux.*

• **Taiwan** Île située au sud-est de la Chine, que les Européens nommaient *Formose* (« la belle »). Depuis 1949, cette île, les îles des Pescadores, les îlots Quemoy et Mazu (Matsou) constituent l'État de Chine nationaliste.

taïwanais, e adj. et n. De Taïwan.

Taizé *161 h.* Commune du département de Saône-et-Loire. Une communauté monastique protestante s'y est implantée en 1944. Quelques catholiques y ont été admis et la communauté, missionnaire depuis 1951, consacre sa vie à la prière (l'église de la Réconciliation a été inaugurée en 1962) et à la réunification des chrétiens.

Tajín (El) Principal centre religieux de la civilisation précolombienne des Totonaques, au Mexique, dans l'État de Veracruz (Ier siècle av. J.-C.-IXe siècle ap. J.-C.). Parmi les nombreux vestiges se trouve une pyramide comportant 365 niches.

tajine ou **tagine** n. m. (mot arabe) Plat marocain fait de ragoût de mouton ou de poulet cuit à l'étouffée ; récipient en terre à couvercle conique dans lequel cuit ce plat.

Taj Mahal Monument funéraire construit à Agra (dans le nord de l'Inde) au XVIIe siècle par l'empereur moghol Shah Jahan pour son épouse favorite, Mumtaz-i Mahal. Cet immense mausolée de marbre blanc, caractérisé par une décoration d'une grande

TAIWAN

Superficie : *36 202 km²* – **Nombre d'habitants :** *22 500 000 h.*
Capitale : *Taipei* – **Villes principales :** *Panchiao, Fengshan, Taoyuan*
Système politique : *république* – **Langue(s) :** *chinois*
Religion(s) : *bouddhisme, taoïsme, christianisme* – **Monnaie(s) :** *dollar de Taïwan*

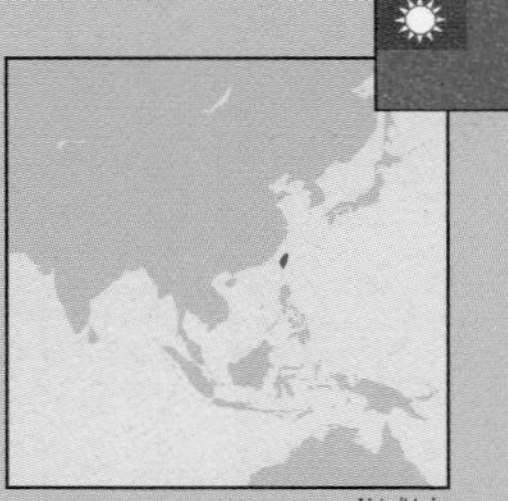

Voir l'Atlas

Entrée du Mémorial de Taipei.

Géographie physique et humaine

L'est de Taiwan, sujet aux séismes, est occupé par de hautes montagnes (qui culminent à *3 997 m*). Elles s'abaissent vers l'ouest, où la plaine côtière, fertile, est fortement peuplée. Le riz, la canne à sucre et la pêche ont créé un fort secteur primaire. Malgré l'absence de ressources énergétiques et minières, Taiwan a développé, par paliers, une puissante industrie qui s'appuie sur les produits manufacturés (textile).

Elle a su résister à la tempête qui a frappé l'Asie du Sud-Est en 1997 : d'innombrables P.M.E. produisent, avec une main d'œuvre habile et en améliorant la productivité, du petit matériel électronique et électrique et des plastiques. En outre, Taiwan investit beaucoup en Chine populaire. Une brutale récession est intervenue en 2001, mais la croissance a repris en 2002.

Histoire

Peuplée de Malais, l'île subit l'immigration chinoise au XVIIe siècle et fut intégrée à l'Empire chinois en 1683. Après la guerre sino-japonaise (1894-1895), la Chine dut la céder au Japon et ne la récupéra qu'en 1945.

Le nationaliste Tchang Kaï-chek (Jiang Jieshi) se réfugia dans l'île en 1949, après la victoire des communistes en Chine ; il fut suivi par 2 millions de Chinois. Il présida le gouvernement de 1950 à sa mort (1975). Les États-Unis promurent le développement économique de Taiwan, mais, en 1971, ils contribuèrent à faire perdre à Taiwan son siège à l'ONU (où la Chine fait partie du Conseil de sécurité) ; ce siège revint à la Chine populaire qui considère l'île comme une province dissidente.

Le fils de Tchang Kaï-chek, Tchang King-kouo (Jiang Jingguo), qui lui succéda, gouverna de façon autoritaire. À partir des années 1980, il démocratisa le régime. Son successeur (à sa mort, en 1988), Lee Teng-hui, poursuivit cette politique de démocratisation, amendant la Constitution en 1992 ; il sera le premier président élu au suffrage universel direct (1996).

En 2000, le parti du Guomindang perd le pouvoir, qu'il détenait depuis 50 ans : c'est le leader du parti démocratique progressiste (indépendantiste), Chen Shui-bian, qui remporte l'élection présidentielle. Les relations avec la Chine sont redevenues tendues.

Taleb.

richesse, élevé au centre d'un jardin décoré de canaux et de fontaines, est l'un des plus beaux exemples de l'architecture indo-musulmane.

takfir ou **Takfir** (en arabe *Takfir wal-Hijra*, « anathème et exil ») n. m. (mot arabe) RELIG. Mouvement extrémiste musulman sunnite né en Égypte en 1971 et fondé sur l'excommunication de toute la société puisque celle-ci, à l'exception des membres du mouvement, n'est pas authentiquement musulmane.

takfiri, e adj. et n. RELIG. Du Takfir, du takfirisme ; tenant du Takfir, du takfirisme.

takfirisme n. m. RELIG. Courant de pensée et ensemble de pratiques issus du Takfir.

Taklamakan *env. 344 000 km²* Désert de Chine, dans le Xinjiang.

Talaat Pacha (Mehmet) 1872-1921 Homme d'État turc. Membre du parti jeune-turc, ministre, puis grand vizir (1917-1918), il se retira, après la défaite de l'Empire ottoman, en Allemagne, où il fut assassiné par un Arménien.

Talal ibn Abdallah 1909-1972 Roi de Jordanie (1951-1952) Fils et successeur du roi Abdallah, il ne régna que quelques mois : mentalement diminué, il fut déposé au profit de son fils Hussein.

Talbot (William Henry Fox) 1800-1877 Physicien britannique. Pionnier de la photographie, il réussit à obtenir des tirages positifs à partir de négatifs sur papier.

talc n. m. Silicate naturel de magnésium, de structure lamellaire ; ce silicate pulvérisé, onctueux au toucher, utilisé en dermatologie.

talé, e adj. (En parlant d'un fruit) Meurtri. *Poire talée.*

taleb ou (improprement) **taliban** n. m. (mot arabe) Étudiant en théologie musulmane. *Les taliban(s) se sont emparés du pouvoir à Kaboul et, à partir de 1996, ont dominé tout l'Afghanistan, à l'exception des régions du nord ; ils ont perdu le pouvoir en novembre 2001.* Pl. Des *taliban(s).*

taled Voir **taleth**

talent n. m. **I.** ANTIQ. GR. Poids d'environ 26 kg ; monnaie de compte équivalant à un talent d'or ou d'argent. **II.** Aptitude innée ou acquise. *Des talents de cuisinier.* / Absol. Don qui s'exerce dans un domaine particulier, notam. dans le domaine artistique ou littéraire. *Un peintre plein de talent.* / Personne douée. *Un jeune talent.*

talentueux, euse adj. Qui a du talent.

taleth, talleth, talith ou **taled** n. m. (mot hébreu) Chez les juifs, châle rituel dont les hommes couvrent leurs épaules pour la prière, à la synagogue.

taliban [1] n. m. Voir *taleb.*

taliban, e [2] adj. Des taliban(s). *Gouvernement taliban. Armée talibane.*

talion n. m. DR. Anc. Châtiment infligé à un coupable correspondant au tort qu'il a fait subir (ou voulu faire subir) à sa victime. *La loi du talion figurait dans la législation hébraïque et dans l'ancien droit grec.*

talisman n. m. Objet marqué de signes consacrés, auquel est attribuée une vertu surnaturelle de protection, de pouvoir. / Fig. Ce à quoi l'on prête un pouvoir magique.

talith Voir **taleth**

talitre n. m. ZOOL. Petit crustacé sauteur, de l'ordre des amphipodes, appelé aussi puce de mer.

talkie-walkie n. m. (mot anglo-américain) Petit poste portatif de radio, émetteur et récepteur. Pl. Des *talkies-walkies.*

talk-show n. m. (mot anglais) Émission de télévision au cours de laquelle un animateur s'entretient avec un ou plusieurs invités. Pl. Des *talk-shows.*

talle n. f. AGRIC. Chez les graminées, pousse secondaire qui apparaît à la base de la plante après le développement de la tige principale.

Tallemant des Réaux (Gédéon) 1619-1692 Écrivain français, auteur des *Historiettes*, florilège d'anecdotes piquantes recueillies sous les règnes d'Henri IV et de Louis XIII et durant la Fronde, et constituant un témoignage précieux sur la société du XVIIᵉ siècle.

taller v. i. [1] AGRIC. Émettre une talle.

talleth Voir **taleth**

Talleyrand-Périgord (Charles Maurice de) 1754-1838 Homme politique français. Appartenant à une famille de la très haute noblesse, il ne pouvait envisager que deux carrières, la carrière des armes et la carrière d'ecclésiastique. Boiteux (à quelques mois, une chute ayant causé une fracture du pied l'avait rendu pied-bot), l'armée lui était fermée, ce fut donc l'Église, sans la moindre vocation. Évêque d'Autun (1788), député du clergé aux états généraux et à la Constituante, il fit voter la vente des biens du clergé. Il fut l'un des quatre évêques à adhérer à la Constitution civile du clergé et, à ce titre, sacra les premiers évêques « constitutionnels », ce qui valut d'être condamné par Rome. Exilé volontaire en Angleterre puis aux États-Unis (1792-1796), il fut ministre des Relations extérieures du Directoire, puis des Affaires étrangères sous Napoléon dont il avait appuyé le coup d'État du 18 Brumaire. Mais l'Empereur (qui l'avait fait prince de Bénévent en 1806), en désaccord avec lui, le priva de son ministère en 1807 et, le soupçonnant de trahison, le disgracia en 1809. En 1814, les Alliés l'appelèrent à la tête d'un gouvernement provisoire qui fit voter par le Sénat la déchéance de Napoléon et rappela les Bourbons. De nouveau ministre des Affaires étrangères sous Louis XVIII, habile défenseur des intérêts de la France au congrès de Vienne, il fut nommé président du Conseil en juillet 1815 ; mais, détesté par les ultraroyalistes, il démissionna dès septembre, se rangea dans le camp de l'opposition au régime de la Restauration et contribua, en 1830, à l'avènement de Louis-Philippe. Ambassadeur à Londres, il y prépara l'alliance franco-anglaise (1830-1835).

C. M. de Talleyrand-Périgord.

Tallien (Jean-Lambert) 1767-1820 Homme politique français. Jacobin exalté, député à la Convention où il siégea avec les montagnards, il vota la mort du roi. Il s'éprit d'une Espagnole, Thérésa Cabarrus, et, sous son influence, adopta des positions plus modérées. Il participa au complot du 9 Thermidor, puis à la réaction thermidorienne. Membre du Conseil des Cinq-Cents, il suivit Bonaparte en Égypte et mourut dans la gêne sous la Restauration. **Thérésa (Thérésa Cabarrus, Mme Tallien)** 1773-1835 Dame française, épouse du précédent. Fille d'un banquier espagnol, brièvement épouse d'un conseiller au parlement de Bordeaux, Davis de Fontenay, elle rencontra Tallien alors qu'elle avait été emprisonnée à Bordeaux comme suspecte. Elle lui inspira des mesures de clémence qui lui valurent son surnom de « Notre-Dame de Thermidor » et fut, sous le Directoire, une des femmes les plus en vue de la société parisienne. Maîtresse du banquier Ouvrard, elle divorça (1802) de Tallien qu'elle avait épousé en 1793 et se remaria (1805) avec le comte de Caraman, futur prince de Caraman-Chimay.

Tallinn *447 672 h.* Capitale de l'Estonie, port important sur le golfe de Finlande. Elle conserve de nombreux monuments qui témoignent de sa splendeur aux XIIIᵉ-XVIᵉ siècles : remparts, château, cathédrale gothique. Centre industriel.

Tallis (Thomas) v. 1505-1585 Compositeur britannique. Organiste de la chapelle royale avec William Byrd, son œuvre comporte essentiellement de la musique d'église en latin (*Magnificat*, motets et cantates) et en anglais (vingt-neuf services, anthems) : il est le pionnier de la musique d'église anglicane en langue vulgaire.

Talma (François-Joseph) 1763-1826 Tragédien français, sociétaire de la Comédie-Française où il créa en 1789 *Charles IX* de M.-J. Chénier. Il contribua à réformer l'interprétation dramatique en introduisant un certain réalisme dans la diction et les costumes de scène. Il fut l'acteur favori de Napoléon Iᵉʳ.

talmud n. m. (mot hébreu) Livre contenant les textes talmudiques. *Un talmud récent.*

Talmud Le Talmud (« étude » en hébreu) est un code législatif, moral et religieux, qui complète et explique la Bible en exposant la Loi orale. À la fin du IIᵉ siècle, le patriarche Juda Hanassi, conscient des difficultés de la transmission orale de la Torah depuis la Diaspora, rassemble les lois enseignées dans les écoles de Palestine en un recueil, la *Mishna*. Ce travail de compilation et d'interprétation se réalise à Tibériade et dans les deux grandes académies de Babylonie. Les commentaires de la *Mishna* donnent la *Gemârâ*. Cet ensemble constitue le *Talmud*, ferment d'unité des Juifs dispersés. Son apparente absence d'unité, son caractère foisonnant permettent à l'ensemble des communautés juives de s'adapter aux diverses situations qu'elles rencontrent.

Lecture d'un **talmud**.

talmudique adj. Du Talmud.

talmudiste n. Érudit spécialiste du Talmud.

taloche [1] n. f. Fam. Gifle. *Recevoir une taloche.*

taloche [2] n. f. Planchette munie d'un manche destinée à étendre les enduits.

talon n. m. Partie postérieure du pied. / Fig. *Être sur les talons de qqn*, le suivre de près. / Fig. *Talon d'Achille* : point faible, par référence au talon d'Achille qui était la seule partie de son corps non immergée dans le Styx par sa mère Thétis et, par conséquent, laissée vulnérable. / Partie saillante d'une chaussure sur laquelle repose le talon du pied. *Talons hauts.* / Partie du sabot d'un cheval, en arrière de la fourchette et opposée à la pince ; par ext., chacune des deux extrémités du fer à cheval. / Partie d'une feuille de carnet à souches, d'un chéquier, restant après qu'on en a ôté la partie détachable, le chèque. / Ce qui reste d'un aliment débité en tranches. *Talon de jambon.* / JEUX Ensemble des cartes restant après la distribution. / Partie inférieure ou postérieure de certains objets. *Talon de quille d'un bateau.* / ARCHIT. Moulure composée d'une partie convexe et d'une partie concave.

Talon (Omer) 1595-1652 Parlementaire français. Avocat général au Parlement de Paris (1613), il défendit les droits du Parlement tout en évitant, pendant la Fronde, la rupture avec le gouvernement royal.

Talon (Jean) 1625-1694 Administrateur français. Premier intendant de la Nouvelle-France (1665-1681), il assura le développement de la colonie.

talonnade n. f. Au football, action de frapper le ballon du talon.

talonnage n. m. Au rugby, action de sortir le ballon de la mêlée d'un coup de talon.

talonner v. t. / v. i. [1] **A.** v. t. Être sur les talons de (qqn), le suivre de près. / Fig. *Mes créanciers me talonnent.* / *Talonner un cheval*, lui donner des coups d'éperon. / SPORT (Au rugby) *Talonner le ballon*, le jouer à coups de talon. **B.** v. i. MAR. Heurter le fond avec la quille d'un navire.

talonnette n. f. Petite plaque de liège, ou d'une autre matière, que l'on place sous le talon, à l'intérieur d'une chaussure. / Ruban très solide cousu aux extrémités intérieures des jambes du pantalon pour les préserver du frottement.

talonneur n. m. Au rugby, joueur placé entre les deux piliers dans les mêlées fermées, et chargé de talonner le ballon pour le faire passer dans son camp.

T

talquer v. t. [1] Poudrer, enduire de talc. *Talquer les fesses d'un bébé.*
talure n. f. Meurtrissure (d'un fruit).
talus n. m. Terrain ou ouvrage de terrassement en forte pente. / GÉOGR. *Talus continental* : forte pente marquant l'extrémité de la plate-forme continentale avant la plaine abyssale.
talweg ou **thalweg** n. m. (mot allemand) GÉOGR. Ligne imaginaire joignant les points les plus bas d'une vallée. / MÉTÉO. Zone de dépression entre deux zones de hautes pressions.
tamachek n. m. et adj. inv. (mot berbère) LING. Parler berbère des Touaregs. / adj. inv. *La grammaire tamachek.*
tamandua n. m. (mot tupi) ZOOL. Petit fourmilier arboricole (ordre des xénarthres), d'Amérique du Sud et centrale, à queue préhensile.
tamanoir n. m. ZOOL Grand fourmilier terrestre (ordre des xénarthres), de l'Amérique du Sud, à tête étroite et effilée. *Le tamanoir se nourrit d'insectes (termites, fourmis) qu'il capture avec sa langue gluante. « Avez-vous vu le tamanoir ? / Ciel bleu, ciel gris, ciel blanc, ciel noir »* (R. Desnos).
Tamanrasset Oasis du Sahara algérien, dans le massif du Hoggar, formant un département. Le père de Foucauld y vécut de 1905 à 1916, date de son assassinat. La ville de *Tamanrasset* compte *35 000 h.*
tamarin [1] n. m. BOT. Fruit du tamarinier (gousse), dont la pulpe a des propriétés laxatives. / Tamarinier.
tamarin [2] n. m. ZOOL. Petit singe platyrrhinien d'Amérique du Sud, à queue longue et non préhensile, appelé aussi sagouin.
tamarinier n. m. BOT. Grand arbre tropical, légumineuse de la sous-famille des césalpiniacées, à fleurs en grappe. Syn. tamarin.
tamaris ou **tamarix** n. m. BOT. Arbrisseau dont les feuilles forment de petites écailles plaquées sur les rameaux, à petites fleurs roses, poussant sur les littoraux.
tamazight n. m. et adj. inv. (mot berbère) LING. Langue berbère parlée au Maroc et en Algérie, aujourd'hui reconnue comme langue nationale en Algérie. / adj. inv. *La littérature tamazight.*
tambouille n. f. Fam. Cuisine de mauvaise qualité. / Par plaisant. *Faire la tambouille* : faire la cuisine.
tambour n. m. **I.** MUS. Instrument à percussion, constitué de deux peaux tendues à chaque extrémité d'un cylindre de bois ou de métal sur lesquelles on frappe avec deux baguettes. / loc. fig. *Sans tambour ni trompette* : sans bruit, discrètement. / *Tambour de basque* : petit cerceau de bois muni d'une peau tendue et entouré de petites cymbales ou de grelots. / Par méton. Personne qui bat du tambour. **II.** (par analogie de forme) Petit métier à broder de forme circulaire. / ARCHIT. Chacune des assises de pierres cylindriques formant un fût de colonne. / CONSTR. Vestibule à double porte isolant l'entrée d'un édifice. *Porte à tambour*, constituée de quatre vantaux tournant autour d'un axe. / TECHN. Cylindre servant à enrouler ou dérouler un câble, une corde. *Moulinet à tambour d'une canne à pêche. Tambour d'une horloge à poids.* / *Tambour de frein* : pièce cylindrique solidaire d'une roue et à l'intérieur de laquelle frottent les segments du frein. *Frein à tambour.* / INFORM. Vx *Tambour magnétique* : mémoire d'ordinateur en forme de cylindre.

La **Tamise**.

tambourin n. m. MUS. Tambour haut et étroit que l'on bat d'une seule baguette. / Anc. Danse accompagnée au tambourin. / Anc. Tambour très plat servant pour jouer à la balle ; jeu se pratiquant avec le tambourin.
tambourinage ou **tambourinement** n. m. Bruit fait en jouant du tambour ou du tambourin. / Bruit de roulement.
tambourinaire n. m. MUS. Joueur de tambour.
tambourinement Voir **tambourinage**
tambouriner v. i. [1] Battre le tambour. / Faire des sons évoquant ceux du tambour, battre. *Tambouriner avec les doigts sur qqch.* / (Emploi transitif) Jouer sur le tambour. *Tambouriner une marche.* / Fig., vieilli *Tambouriner une nouvelle*, en propager la rumeur.
tambour-major n. m. Sous-officier à la tête des tambours et des clairons d'un régiment. Pl. Des *tambours-majors.*
Tamerlan Voir **Timur Lang**
tamia ou **tamias** n. m. ZOOL. Petit écureuil terrestre d'Amérique du Nord et d'Eurasie, à queue touffue, au pelage rayé dans le sens de la longueur.
tamil Voir **tamoul**
Tamil Nadu (« pays des Tamouls ») *130 058 km² 58 858 946 h.* État du sud de l'Inde, nommé autrefois *État de Madras*, puis *Tamizhagam*. Capitale *Madras*. La population, dravidienne, parle le tamoul. Le relief (plaine littorale, collines, plateaux) est peu élevé. L'irrigation a donné un bel essor à la riziculture. Le sous-sol est riche mais l'industrialisation, en progrès, est encore peu importante.
Tamil(s) Voir **Tamoul(s)**
tamis n. m. Instrument composé d'un grillage calibré enchâssé dans un cadre, servant à éliminer d'un produit pulvérulent les éléments dépassant une certaine grosseur.
Tamise (la) *338 km* Fleuve du sud de l'Angleterre, tributaire de la mer du Nord, axe fluvial anciennement et activement fréquenté qui traverse Oxford, Windsor, Eton, Richmond et Londres. La basse Tamise est aujourd'hui une des grandes régions industrielles britanniques gravitant autour de Londres.
tamiser v. t. [1] Passer au tamis. *Tamiser la farine, du sable.* / *Tamiser la lumière*, la laisser passer en diminuant son intensité.
tamoul, e ou **tamil, e** adj. et n. Des Tamouls. *Population tamoule. Nationalisme tamoul. Un(e) Tamoul(e).* / n. m. Langue dravidienne parlée par les Tamouls. u Les Tamoul(s), ou Tamil(s), constituent un groupe ethnique et culturel de l'Inde méridionale et du Sri Lanka. Ils sont d'origine dravidienne. Leur langue est associée à une riche littérature. Au Sri Lanka, dont ils occupent le nord, aride, ils sont entrés, en 1983, en rébellion ouverte contre le pouvoir central, dominé par la majorité cinghalaise. Un accord de cessez-le-feu intervenu, en 2002, entre le parti indépendantiste LTTE (Tigres de libération de l'Eelam Tamoul) et le gouvernement sri-lankais, a permis un certain retour au calme.
tampico n. m. (nom d'une ville du Mexique) Fibre végétale provenant d'un agave mexicain, employée dans la fabrication des matelas et des cordes.
Tampico *433 021 h.* Ville du Mexique, port sur le golfe du Mexique, et centre industriel (pétrochimie).
tampon n. m. Bouchon fait d'une matière dure (bois, liège) ou souple (étoffe, coton, papier, etc.), servant à empêcher l'écoulement d'un liquide. / CONSTR. Dalle ou plaque obturant un regard. / Cheville qu'on enfonce dans un trou pratiqué dans un mur et qui sert à fixer un clou ou une vis. / TECHN. Calibre cylindrique servant à vérifier les dimensions d'un trou alésé ou fileté. / Petite masse souple (tissu roulé et pressé, morceau de coton, etc.), servant à étendre un liquide ou à frotter une surface. *Vernir au tampon. Tampon à récurer.* / *Tampon périodique* : cylindre de coton comprimé qu'on place dans le vagin pendant les règles. / Instrument fait d'une plaque de métal ou de caoutchouc gravée que l'on encre pour imprimer une marque, un cachet ; la marque, le cachet ainsi obtenus. *Tampon de la poste. Tampon encreur* : coussin imprégné d'encre pour encrer le tampon. / CH. DE FER Disque métallique placé par paire aux deux extrémités d'un wagon pour amortir les chocs. / Fig. Ce qui sert à amortir les chocs, à empêcher les conflits. *Servir de tampon. État tampon.* / CHIM. *Solution tampon* ou (absol.) *tampon* : solution dont le pH reste sensiblement constant lors de l'ajout d'une base ou d'un acide.
tamponnage n. m. CHIM. Action de tamponner une solution.
tamponnement n. m. Action d'essuyer, de nettoyer avec un tampon. / MÉD. Introduction de tampons serrés d'ouate ou de gaze dans une plaie pour arrêter l'hémorragie. / Heurt entre deux véhicules, deux trains.
tamponner v. t. [1] Faire obstacle à (un flux) avec un tampon. *Tamponner une voie d'eau.* / Placer un tampon, une cheville dans. *Tamponner une cloison.* / Par ext. Heurter. / Appliquer un liquide sur (qqch.) à l'aide d'un tampon de tissu. *Tamponner de l'encre.* / Absorber, essuyer (un liquide) à l'aide d'un tampon de tissu. *Tamponner l'eau renversée.* / Apposer un tampon, un cachet, sur (un document). *Tamponner une facture.* / CHIM. *Tamponner une solution*, la transformer en solution tampon. / v. pron. Se heurter. *Deux véhicules qui se tamponnent.*

Peinture murale de l'époque **Tang**.

tamponnoir n. m. Pointe destinée à percer les parois pour y loger un tampon, une cheville.
tam-tam n. m. Instrument de musique à percussion d'origine chinoise, fait d'une plaque de cuivre circulaire et concave suspendue à une barre, et que l'on frappe avec un maillet. / Tambour africain. Pl. Des *tam-tams.*
tan n. m. Préparation d'écorce de chêne réduite en poudre et servant au tannage des peaux.
Tana ou **Tsana (lac)** *360 km²* Lac du plateau éthiopien (*1 830 m* d'altitude), où naît le Nil Bleu. Au centre et sur les rives, se dressent des églises aux murs ornés de fresques.
tanagra n. m. ou f. Figurine de terre cuite provenant de Tanagra, aux formes gracieuses. / Fig. Jeune fille, jeune femme gracile et gracieuse.
Tanagra *700 h.* Village de Grèce (Béotie), à l'Est de Thèbes, réputé dans l'Antiquité pour la fabrication de fines statuettes de terre cuite (IVᵉ siècle avant J.-C.) découvertes au XIXᵉ siècle.
Tanaka Giichi 1863-1929 Général japonais. Premier ministre (1927-1929) et chef des services secrets en Mandchourie, il élabora le plan d'expansion territoriale, prévoyant la conquête de la Chine puis de l'Asie entière, qui fut suivie par le Japon durant la Seconde Guerre mondiale et interrompu à sa défaite en 1945.
Tananarive Voir **Antananarivo**
Tancarville *1 234 h.* Commune de Seine-Maritime, sur l'estuaire de la Seine, qui a donné son nom au *pont de Tancarville*, suspendu au-dessus de la Seine, achevé en 1959, long de *1 420 m*. Le *canal de Tancarville* longe l'estuaire de la Seine jusqu'au Havre (*26 km*).
tancer v. t. [1] Litt. Réprimander (qqn). *Tancer un élève.*
tanche n. f. ZOOL. Poisson d'eau douce de la famille des cyprinidés, au corps trapu visqueux, à la chair appréciée.
Tancrède de Hauteville ?-1112 Croisé normand, prince de Galilée (1099-1112), prince d'Antioche (1111-1112). Il accompagna son oncle Bohémond, fils de Robert Guiscard, à la première croisade et se rendit célèbre par ses exploits. Godefroi de Bouillon lui accorda la Galilée (1099) et il gouverna la principauté d'Antioche en l'absence de Bohémond (à partir de 1101), avant de lui succéder comme prince d'Antioche en 1111. Le Tasse conte ses amours avec la guerrière arabe Clorinde dans son épopée, *La Jérusalem délivrée* (1581).
tandem n. m. (mot anglais) Anc. Voiture découverte tirée par deux chevaux. / Bicyclette conçue pour deux cyclistes assis l'un derrière l'autre. / Fig. Association de deux personnes.
tandis que loc. conj. (pour marquer la simultanéité) Pendant que. *Il est parti tandis que nous sonnions à la porte.* / (pour marquer l'opposition) Au lieu que. *Il aime la campagne, tandis que sa femme n'aime que la ville.*
Tanezrouft (« Pays de la soif ») Partie très aride du Sahara, s'étendant à l'ouest du Hoggar, en Algérie et au Mali.
Tang ou **T'ang** Dynastie chinoise (618-907). Les Tang furent de grands bâtisseurs

T

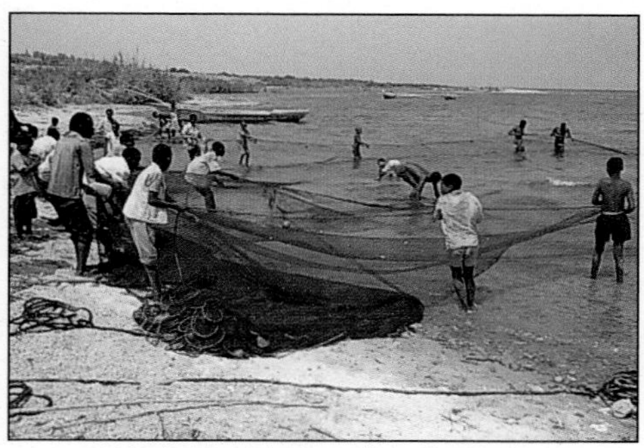

Scène de pêche sur le lac **Tanganyika**, en Afrique centrale.

et des conquérants. Leur règne correspond à l'âge classique de la statuaire bouddhique.
tangage n. m. Mouvement d'oscillation d'un navire dont l'avant et l'arrière plongent alternativement. / Par ext. Mouvement d'oscillation d'un avion, d'un véhicule dans le sens de sa longueur.
Tanganyika Voir **Tanzanie**
Tanganyika (lac) *31 900 km²* Un des plus grands lacs d'Afrique, sur la grande faille d'Afrique orientale (Rift Valley), partagé entre la république démocratique du Congo, le Burundi, la Tanzanie et la Zambie, qui l'utilisent pour la navigation et la pêche. C'est l'un des plus profonds lacs du monde (*1 435 m*). Il se déverse dans le Congo.
Tange Kenzo 1913 Architecte japonais. Bon connaisseur de l'architecture japonaise traditionnelle, il en a conservé les acquis pour concevoir une architecture novatrice et fonctionnelle. Il a travaillé dans son pays (installations olympiques à Tokyo, 1964), aux États-Unis, en Arabie Saoudite, etc. Il a exercé une influence importante sur nombre d'architectes.
tangent, e adj. et n. f. **A.** adj. MATH. Qui touche en un seul point, et sans les couper, une ligne, une surface. *Droite tangente à un cercle. Plan tangent à une sphère.* / Fig. Qui est à la limite; qui se fait de justesse. *Il a évité l'obstacle, c'était tangent!* **B.** n. f. MATH. *Tangente à une courbe*: position limite d'une droite sécante à une courbe, lorsque leurs points d'intersection se rapprochent indéfiniment. / *Tangente d'un angle* ou *d'un arc* (symbole: tan): quotient du sinus (de cet angle, de cet arc) par le cosinus. / Fig. et fam. *Prendre la tangente*: contourner la difficulté; s'esquiver, filer à l'anglaise.
tangentiel, elle adj. MATH Relatif aux tangentes. / MÉCAN. *Force tangentielle*, qui s'exerce dans le sens de la tangente à une courbe.
tangentiellement adv. De façon tangentielle.
Tanger (en arabe *Tandja*) *307 000 h.* Ville et port du Maroc, sur le détroit de Gibraltar. Très ancienne cité, comptoir carthaginois (*Tingi*), puis capitale romaine (*Tingis*) de la Maurétanie Tingitane, la ville fut portugaise (XVe-XVIIe siècle) puis britannique; elle devint une zone internationale en 1923 (sauf pendant l'occupation espagnole, de 1940 à 1945), rendue au Maroc en 1956.
tangerine n. f. Agrume au goût acidulé, de couleur orange, dont la forme évoque celle du citron. *La tangerine est obtenue par hybridation de l'oranger et du citronnier.*
tangible adj. Qui est perceptible par le toucher. Ant. intangible. / Fig. Dont la réalité est évidente. *Preuves tangibles.*
tango n. m. et adj. inv. (mot hispano-américain) Danse de salon originaire d'Argentine, au rythme lent à deux temps; air sur lequel on danse le tango. / Demi de bière additionné de grenadine. / adj. inv. D'une couleur orange foncé.
tangon n. m. MAR. Poutre mobile horizontale, placée perpendiculairement à la coque pour amarrer des embarcations, attacher des lignes, amurer la grande voile.
tangue n. f. Sable vaseux et calcaire du littoral de la Manche, utilisé pour amender les sols.
tanguer v. i. [1] Être soumis au tangage, en parlant d'un navire ou d'un aéronef. / Fam. Se balancer de droite à gauche en marchant, tituber.
Tanguy (Yves) 1900-1955 Peintre américain, d'origine française. Marin, il fit plusieurs voyages (Portugal, Espagne, Afrique, Amérique du Sud) avant de rencontrer Prévert à Paris vers 1920. Surréaliste, il peuple de grands espaces désertiques de formes angoissantes.
tanière n. f. Abri retiré d'un animal sauvage. / Logis d'une personne peu sociable.
tanin ou **tannin** n. m. Substance aromatique présente dans de nombreux tissus végétaux (écorce du chêne, du châtaignier, etc.), utilisé pour rendre les peaux imputrescibles. / Cette substance, provenant des pépins et des pellicules du raisin, présente dans le vin.

Tanrec.

Tanis Ville de l'Égypte ancienne, sur le delta du Nil. Elle fut sans doute la résidence des rois Hyksos (XVIIIe-XVIe siècle avant J. C.) et de Ramsès II. Elle fut la capitale des XXIe et XXIIe dynasties, dont on a découvert la nécropole royale dans le grand temple d'Amon.
Tanizaki Junichiro 1886-1965 Écrivain japonais. Il est l'auteur de nouvelles, de pièces de théâtre, d'essais: *Éloge de l'ombre* (1933), où il défend l'esthétique traditionnelle japonaise, et de romans: *L'Amour d'un idiot* (1924-1925); *Récit d'un aveugle* (1931); *Quatre sœurs* (1942-1948); *La Confession impudique* (1956); *Journal d'un vieux fou* (1961).
tank n. m. (mot anglais) MAR. Vaste réservoir pour le transport de l'eau, du pétrole. / MILIT. Vieilli Char d'assaut.
tanka [1] n. m. (mot japonais) Court poème japonais de cinq vers et trente et une syllabes.
tanka [2] n. m. (mot tibétain) Peinture mobile, bannière de tissu à motif religieux, au Népal, au Tibet.
tanker n. m. (mot anglais) Navire citerne, pour le transport des combustibles liquides.
tannage n. m. Action de tanner les peaux.
tanné, e adj. et n. f. **A.** adj. Qui a subi le tannage. / Qui a pris la couleur brune du tan. *Une peau tannée par le soleil.* / Qui évoque le cuir. *Des mains tannées.* **B.** n. f. Pop. Volée de coups; défaite cuisante.
Tannenberg (aujourd'hui *Stébark*) Ancienne localité de Prusse orientale, aujourd'hui en Pologne. La bataille de Tannenberg (1410) mit aux prises le roi de Pologne, Ladislas II Jagellon, et les chevaliers Teutoniques qui subirent une défaite sanglante.
tanner v. t. [1] Traiter (des peaux brutes d'animaux) avec du tanin, ou d'autres substances, pour les transformer en cuir. / Donner à (qqch.) la couleur du tan. *Le vent a tanné son visage.* / Fig. et fam. Importuner (qqn) en lui demandant ou en lui racontant inlassablement la même chose. *Il me tanne depuis des jours pour que je l'accompagne.*
Tanner (Alain) 1929 Cinéaste suisse: *Charles mort ou vif* (1969); *La Salamandre* (1971), *Les Années-Lumière* (1981); *Dans la ville blanche* (1983); *Fourbi* (1996).
tannerie n. f. Établissement où l'on tanne les peaux. / Industrie du tannage.
tanneur, euse n. Personne qui tanne les peaux, qui vend les peaux tannées.
Tannhäuser 1205 ?-1268 ? Poète allemand. Il mena la vie errante des ménestrels, composant des poésies lyriques, des chansons à danser. Il devint dès le XIIIe siècle le héros d'une légende dont Wagner tira un opéra (1841-1845).

Tank.

Un **tantale**.

tannin Voir **tanin**
tannique adj. Qui contient du tanin.
tanrec ou **tenrec** n. m. Mammifère de Madagascar et des Comores, appartenant à l'ordre des insectivores, au corps couvert de piquants.
tansad ou **tan-sad** n. m. Sur une motocyclette, siège pour passager, à l'arrière du siège du conducteur. Pl. Des *tansads*, des *tan-sads*.
tant adv., n. m. et loc. **A.** adv. Tellement. *Souvenez-vous de cet hiver où il a tant neigé.* **B.** n. m. Quantité non précisée, mais supposée connue. *Son avoir se monte à tant. Tant pour cent. Le tant*: tel jour du mois. (En appos.) *Le numéro tant. Un tant soit peu*: pas beaucoup. / **C.** loc. adv. *Tant mieux, tant pis* (pour marquer la satisfaction ou le regret, le dépit) *Tant mieux pour lui, tant pis pour moi*: c'est heureux pour lui, c'est malheureux pour moi. *Tant bien que mal*: ni vraiment bien ni vraiment mal. *Il poursuit ses études tant bien que mal.* / loc. conj. *Tant s'en faut que*: il est improbable que. *Tant s'en faut qu'il soit prêt pour demain. Si tant est que*: même en admettant que. *En tant que*: comme; dans la mesure où; en qualité de. *Il agit en tant que directeur par intérim. Tant que*: aussi loin que; aussi longtemps que; autant que.
tantale [1] n. m. CHIM. Élément métallique de numéro atomique 73, de masse atomique 180,95 (symbole: Ta). / Métal blanc, dur, très dense (densité de 16,6) et fondant à haute température (2 850 °C). *Très résistant à la corrosion, le tantale est utilisé dans la fabrication d'appareils de précision, ainsi qu'en chirurgie.*
tantale [2] n. m. ZOOL. Grande cigogne blanche, rose et noire, à tête déplumée, au bec recourbé. *Plusieurs espèces de tantale vivent en Amérique, en Afrique et en Asie.*
Tantale MYTH. GR. Fils de Zeus, roi de Lydie ou de Phrygie. Pour avoir révélé aux

T

TANTRISME

Shiva et Sakti.

Le tantrisme utilise les moyens du monde pour se libérer du monde. L'adepte se livre à des pratiques corporelles, mentales et spirituelles codées. Les joies des sens l'ouvrent au divin ; l'usage de l'alcool est ritualisé (tout comme, parfois, la pulsion sexuelle) ; dans le domaine religieux, il rejette la distinction des sexes, la notion de caste et les règles de pureté orthodoxe. L'adoration de divinités, sous des formes très complexes, permet d'échapper à la ronde des morts et des renaissances. Le tantrisme est un aspect magique, ésotérique et initiatique de l'hindouisme ; il est divisé en multiples branches et sectes, vishnouites et shivaïtes, et les divinités tantriques constituent une part importante du panthéon hindou.

La divinité est conçue sous deux aspects, masculin et féminin, l'aspect féminin, la sakti, étant celui de la puissance, de l'énergie. On ne peut séparer cette énergie d'un dieu masculin dont elle est la parèdre, ce qui donne naissance à un symbolisme sexuel foisonnant et à des pratiques rituelles sexuelles.

Dans le bouddhisme tantrique, on retrouve nombre de représentations et de techniques similaires, mais il n'est pas imprégné de tantrisme au même point que l'hindouisme au cœur duquel il est souvent difficile de distinguer ce qui est spécifiquement tantrique de ce qui ne l'est pas, la dévotion populaire en ayant adopté bien des rites et des pratiques culturelles.

hommes les secrets des dieux et immolé son fils Pélops pour le servir comme mets au festin des dieux, il fut précipité aux Enfers et condamné à une faim et une soif éternelles devant des fruits et de l'eau qui se dérobaient à son approche (supplice de Tantale).

tante [1] n. f. Sœur du père ou de la mère ; femme de l'oncle. / Fam., vieilli *Ma tante* : le Crédit municipal.

tante [2] n. f. Péjor. Homosexuel efféminé et maniéré.

tantième n. m. Fraction d'une quantité déterminée. / Anc. Part de bénéfice d'une société anonyme distribuée annuellement aux administrateurs.

tantinet n. m. *Un tantinet de* : une petite quantité de. *Mettre un tantinet d'eau dans son vin.* / Loc adv. Un peu. *Être un tantinet lent.*

tantôt adv. et n. m. Vx Bientôt. *Il va tantôt faire nuit.* / Il y a peu de temps ; cet après-midi. *Je l'ai vu tantôt. J'irai la voir tantôt, pas ce matin.* / Mod. *Tantôt... tantôt* : à tel moment... à tel autre moment. *Cela se passe tantôt bien, tantôt mal.* / n. m. Vx Après-midi. *Je passe tout le tantôt à ma machine à coudre.*

tantouze n. f. Fam., péjor. Syn. injurieux de *tante {2}*.

tantra n. m. pl. (mot sanskrit) RELIG. Dans les religions de l'Inde, texte qui n'appartient pas à la révélation védique et qui expose un enseignement, transmet une doctrine, décrit certains rites et pratiques magiques.

tantrique adj. Relatif au tantra, au tantrisme.

• **tantrisme** n. m. RELIG. Dans les religions de l'Inde, ensemble de rites et de pratiques qui permettent d'acquérir des pouvoirs surnaturels et de parvenir à la libération.

• **Tanzanie** État de l'Afrique orientale, bordé par l'océan Indien, au sud du Kenya. C'est une république fédérale constituée par l'union du Tanganyika et de Zanzibar.

tanzanien, enne adj. et n. De Tanzanie. *Port tanzanien. Un(e) Tanzanien (ne).*

Tao Qian ou **Tao Yuanming** 365 ?-427 Poète chinois. Après avoir occupé, avec des fortunes diverses, des postes administratifs plus ou moins obscurs, il prend très tôt une retraite dont il fera l'apologie dans ses poèmes qui célèbrent les joies de la vie à la campagne. D'autres textes sont d'une veine satirique et politique, d'autres encore célèbrent le vin et les plaisirs qu'il donne.

• **taoïsme** n. m. Religion aux origines obscures qui se dit issue des doctrines de Laozi (Lao-tseu), un sage chinois dont l'existence même est incertaine.

taoïste n. et adj. Adepte du taoïsme. / Relatif au taoïsme.

taon n. m. ZOOL. Grosse mouche dont la femelle pique les mammifères pour se nourrir de leur sang.

Taormina *11 000 h.* Petite ville de Sicile, dans la province de Messine, sur une falaise qui domine la mer Ionienne, au nord-est de l'Etna. Théâtre grec (IIIe siècle av. J.-C.) agrandi par les Romains cinq siècles plus tard.

TANZANIE

Superficie : *945 000 km²* – **Nombre d'habitants :** *34 500 000 h.* – **Capitale :** *Dodoma* – **Villes principales :** *Dar es-Salaam, Mwanza, Mbeya* – **Système politique :** *république* – **Langue(s) :** *swahili, anglais* – **Religion(s) :** *islam, animisme, christianisme* – **Monnaie(s) :** *shilling tanzanien*

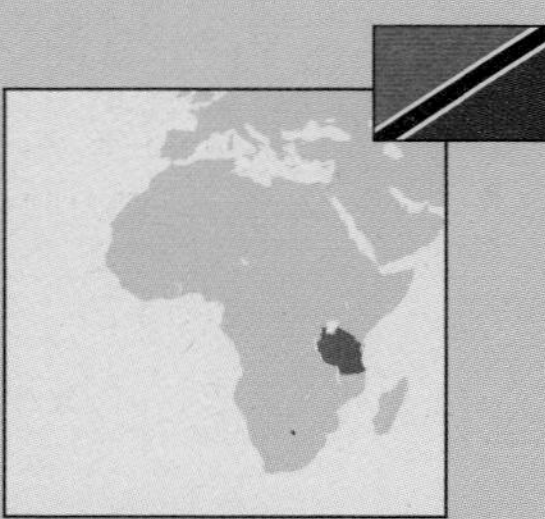

Voir l'Atlas

Géographie physique et humaine

Le vaste plateau central (*1 200 m*) est dominé au nord par une chaîne volcanique aux reliefs spectaculaires, qui culmine à *5 895 m* (pic Uhuru, anciennement Kilimandjaro). Le réseau hydrographique est abondant, lié aux lacs Malawi, Tanganyika et Victoria. L'aridité des plateaux du centre contraste avec l'humidité de la côte et des îles, soumises à la mousson. La forêt claire et la savane abritent une faune abondante. La population comprend plus de 100 ethnies, majoritairement de langues bantoues. Le swahili est la principale langue véhiculaire (avec l'anglais).

Économie

L'agriculture occupe 80 % des actifs : manioc, maïs, riz, sorgho ; café, coton et épices (clous de girofle à Zanzibar et à Pemba), pour l'exportation. La pêche constitue une ressource importante, ainsi que l'élevage. L'industrie est faible ; elle traite surtout les produits agricoles. Riche en or, la Tanzanie est le troisième producteur africain. Dar es-Salaam, le centre économique, est le débouché de la Zambie, grâce à la voie ferrée. L'agriculture progresse depuis que le pays s'est engagé sur la voie du libéralisme économique, mais le pays demeure très endetté et les échanges sont déficitaires.

Histoire

La côte et les îles, notamment Zanzibar, constituèrent une base pour les commerçants indiens, malais, persans, puis arabes, qui venaient s'approvisionner en or, en ivoire et en esclaves. Au XIXe siècle, des explorateurs britanniques pénétrèrent dans l'intérieur, mais c'est l'Allemagne qui y institua son protectorat en 1891. La Grande-Bretagne se contenta de

Baobabs.

Au large de la côte orientale de l'Afrique, Zanzibar bénéficie d'un climat tropical chaud et humide.

Zanzibar ; elle envahit l'Afrique-Orientale allemande durant la Seconde Guerre mondiale et la reçut en mandat (sous le nom de Tanganyika) en 1920. Le nationaliste Julius Nyerere obtint l'indépendance de son pays en 1961, à l'exception de Zanzibar qui demeura protectorat britannique jusqu'en 1963 : la Tanzanie fut créée en 1964 par la réunion du Tanganyika et de Zanzibar. Élu président de la République en 1962, Nyerere imposa, à partir de 1965, un régime socialiste à parti unique. En 1985, il céda sa place à son vice-président, Ali Hassan Mwinyi, qui renonça au socialisme (1986) et au parti unique (1992). En 1995, Nyerere soutint Benjamin Mkapa, contre Mwinyi (qui se présentait pour la troisième fois). Mkapa remporta l'élection présidentielle. Il poursuit la politique libérale de Mwinyi. Il a été réélu en 2000.

Taoïsme

Lao-tseu aurait dicté le *Daodejing* [*Tao-tö king*], *Livre de la Voie et de la Vertu*, bref recueil de vingt-quatre courts chapitres, fait d'aphorismes, de maximes et de dictons, parfois rimés, souvent énigmatiques. Autre ouvrage fondamental, le *Zhuanzi* [*Tchouang-tseu*], ou *Livre de maître Zhuang*.

Maître Zhuang (IVe ou IIIe siècle av. J.-C.) enseigne que le monde est un écoulement d'apparences et que la seule vérité est le *Dao*, synthèse de tous les antagonismes et de toutes les contradictions.

C'est, d'une part, l'ordre et la totalité de l'Univers, le Principe régulateur du monde, le système absolu de la perfection en toute chose, et d'autre part, la « voie », le chemin qui permet d'entrer dans le rythme du monde en faisant le vide en soi. On remonte ainsi au chaos primordial, vaste matrice des énergies diffuses, des « souffles » qui, en se séparant, ont donné naissance aux « mille choses ».

L'Univers n'est pas l'œuvre d'un créateur, il est devenir, il est en perpétuel changement. Le *Dao* a libéré ces énergies, il noue et dénoue les cycles du rythme vital. C'est en lui que se fondent les deux aspects opposés et complémentaires de la réalité, le *Yin*, principe féminin, passif et froid, dont la Lune est la manifestation, et le *Yang*, masculin, actif et chaud, dont le Soleil est la manifestation. La dynamique entre Yin et Yang produit toutes les transformations ; à son apogée, le Yin devient Yang, et réciproquement.

Ces principes parcourent les cinq phases d'un cycle, ou cinq éléments (l'eau, le feu, le bois, le métal et la terre) qui correspondent aux *orients*, les cinq points cardinaux (Centreest, ouest, sud, nord, centre), aux cinq couleurs (rouge, blanc, noir, bleu, jaune) et aux cinq viscères (foie, cœur, poumons, reins, rate), le corps étant considéré comme un pays.

Lao-Tseu.

Temple taoïste Qingxu.

Le taoïsme est une religion du salut individuel aux nombreuses pratiques magiques, qui offre une réponse au désir d'immortalité de ses fidèles. La Chine ignore la notion d'une âme spirituelle qui survivrait à la mort du corps et conserverait la personnalité du défunt.

Le taoïsme professe qu'on ne peut conserver sa personnalité qu'en conservant son corps et en maintenant unies les deux catégories de principes vitaux constitutifs de notre individualité, les *jun*, en rapport avec le souffle, et les *po*, en relation avec le sang et les humeurs corporelles. Règles alimentaires, pratiques d'hygiène, techniques respiratoires, gymnastiques diverses sont supposées éliminer les causes de la mort et offrir à chacun un corps immortel remplaçant le corps mortel, à condition toutefois d'adopter une conduite vertueuse, de rejeter le péché, de confesser ses fautes et de pratiquer les bonnes œuvres.

Au IIe siècle avant notre ère, le taoïsme est devenu une Église aux liturgies complexes pratiquées en de multiples lieux de culte. Le clergé comprend des moines, ascètes célibataires dont le statut évoque celui des moines bouddhistes, et des laïcs, qui sont de père en fils exorcistes, devins et médiums. Ce sont eux qui dirigent la communauté locale et président aux cérémonies collectives.

Le taoïsme s'est effacé devant le confucianisme, sans disparaître tout à fait : il survit aujourd'hui à Taiwan et en Chine.

Tao-tö king ou ***Daodejing*** VIe-Ve siècle av. J.-C. Recueil d'aphorismes attribués à Lao-tseu. Réunis par ses disciples, ils constituent le fondement du taoïsme.

tapage n. m. Bruit produit par le choc d'objets, par des voix et des mouvements. / Fig. Éclat, publicité faits autour d'un événement, d'une affaire.

tapageur, euse adj. Qui fait du tapage. / Fig. Qui attire l'attention. *Publicité tapageuse.*

tapant, e adj. Qui tape, cogne, chauffe intensément. *Sous un soleil tapant.* / *À minuit tapant,* au moment exact où l'horloge sonne l'heure.

tapas n. f. pl. (mot espagnol) Assortiment d'amuse-gueule présentés sous forme de très petits morceaux (charcuterie, beignets, fruits de mer, légumes crus, grillés ou marinés, etc.), qu'on sert à l'apéritif, en Espagne.

tape n. f. Coup donné avec le plat de la main.

tapé, e adj. Blet, en parlant de fruits. *Des poires tapées.* / Fam. Un peu cinglé. / Fam. Marqué par l'âge. *Une figure tapée.*

tape-à-l'œil adj. inv. et n. m. inv. Voyant, trop voyant. *Couleurs tape-à-l'œil.* / n. m. *Aimer le tape-à-l'œil.*

tapecul ou **tape-cul** n. m. Balançoire formée d'une pièce de bois basculant de part et d'autre de son point d'appui central. / Voile arrière d'un petit navire. / Fam. Voiture mal suspendue. / ÉQUIT. Exercice consistant à monter sans étriers. Pl. Des *tape-culs.*

tapée n. f. Fam. Grande quantité. *Une tapée de candidats.*

tapenade n. f. (mot provençal) Condiment provençal à base d'olives noires, d'anchois et de câpres écrasés et émulsionnés avec de l'huile d'olive (et parfois additionnés de cognac).

taper v. t. / v. i. / v. pron. [1] **A.** v. t. Donner des coups à (qqn), sur (qqch.) ; frapper, battre. *Taper un enfant. Taper un tapis pour le dépoussiérer.* / Fig. et fam. *Taper qqn,* lui emprunter de l'argent. / Écrire (un texte) en tapant sur les touches d'un clavier. *Taper un roman.* (Emploi abs.) *Taper à la machine.* **B.** v. i. et t. ind. Donner une tape, un coup, des coups. *Taper sur l'épaule. Qui tape à la porte ?* Loc. fig. *Taper dans l'œil à qqn,* lui plaire. *Taper sur les nerfs à qqn,* l'énerver. / Heurter, cogner. *Les volets tapent.* / Fig. Chauffer intensément, en parlant du soleil. **C.** v. pron. Se frapper, se battre. / Fig. et pop. S'offrir, consommer (qqch.). *Se taper une bière.* / Pop. Être obligé de faire (une corvée), de supporter (qqn). *S'en taper* : s'en moquer, n'en avoir cure.

tapette n. f. Petite tape. / Raquette d'osier pour battre les tapis, pour tuer les mouches. / Piège à souris. / Jeu de balle ou de billes lancées contre un mur. / Pop. Syn. de *tante {2}, tantouse.*

tapeur, euse n. Personne qui tape, emprunte souvent de l'argent.

Tàpies (Antoni) 1923 Peintre abstrait espagnol. Son œuvre manifeste sa prédilection pour les espaces nus (murs), clos (portes, serrures, volets clos), et pour les compositions lacérées. Il a utilisé des matériaux étrangers à la peinture traditionnelle (objets ou détritus) dans des assemblages en trois dimensions.

La Fondation **Antoni Tapiès** à Barcelone.

T

tapin n. m. Très fam. *Faire le tapin*: racoler, en parlant d'une prostituée. / Par ext. *Un tapin*: une prostituée.
tapiner v. i. [1] Très fam. Faire le tapin.
tapinois (en) loc. adv. En cachette.
tapioca n. m. (mot portugais, du tupi-guarani) Fécule extraite de la racine de manioc, séchée et réduite en flocon, utilisée pour épaissir des potages.
tapir (se) [1] v. pron. [2] Se cacher en se blottissant. / Fig. Se cacher, se dissimuler.
tapir [2] n. m. ZOOL. Mammifère de l'ordre des périssodactyles, au corps massif, dont la tête allongée se prolonge par une courte trompe. *Le tapir vit en Amérique tropicale et en Asie du Sud-Est.*
tapir [3] n. m. Vx Dans l'argot de l'École normale supérieure, celui, celle à qui le normalien donnait des cours particuliers.
tapis n. m. Ouvrage textile destiné à être étendu sur le sol. / Toute pièce de matière souple recouvrant le sol. *Tapis de caoutchouc. Tapis de bain. Tapis-brosse*: paillasson. *Aller au tapis*: en boxe, tomber au sol et au fig., être vaincu. / *Tapis roulant*: dispositif à mouvement continu pour transporter des personnes ou des marchandises. / Pièce de tissu servant à recouvrir un meuble. *Tapis de table. Tapis vert*, recouvrant une table de jeu ou une table de conférence. / Fig. *Mettre une question sur le tapis*, la soumettre à discussion. / Ce qui recouvre une surface quelconque à la manière d'un tapis. *Tapis de neige.*
tapisserie n. f. Panneau tissé décoratif, destiné à être suspendu. / Fig. *Faire tapisserie*: rester sans bouger le long du mur; (spécial.) en parlant d'une jeune fille, d'une jeune femme, ne pas être invitée à danser dans un bal. / Par ext. Ce qui tapisse un mur (papier peint, tissu...). / Ouvrage tissé à la main, sur un métier, en entrecroisant des fils de chaîne et des fils de trame. *Le dessin d'une tapisserie résulte de la manière dont ces fils sont entrecroisés. Tapisserie des Gobelins. Carton de tapisserie*: maquette peinte ou dessinée d'après laquelle on exécute une tapisserie. / Art de fabriquer une tapisserie. / Ouvrage à l'aiguille, broderie exécutée en suivant un motif tracé sur un canevas; art d'exécuter cet ouvrage. *Fauteuil en tapisserie.*
tapissier, ère n. Personne qui exécute des tapis, des tapisseries. / Personne qui vend et qui pose des tissus d'ameublement, des papiers peints.
tapon n. m. Morceau de matière souple roulé en bouchon.

El paseo de las Delicias, ***tapisserie*** *de Francisco Bayeu.*

tapotement n. m. Action de tapoter; son résultat.
tapoter v. t. [1] Donner de petites tapes sur. *Tapoter gentiment la joue d'un enfant.*
taquet n. m. Petit morceau de bois ou de métal servant de verrou, de cale, de butée. / Petit piquet fiché en terre, servant de repère lors d'un terrassement. / MAR. Crochet de bois ou de fer pour amarrer les cordages.
taquin, e adj. et n. **I.** Qui aime taquiner autrui. *Mon oncle est taquin. C'est une taquine.* / Qui exprime la taquinerie. *Rire taquin.* **II.** Jeu de patience solitaire, fait de plaquettes mobiles portant des numéros ou des lettres de l'alphabet, qu'il faut ranger dans l'ordre convenable.
taquiner v. t. [1] Contrarier (qqn) par jeu, sans méchanceté. *Il dit ça pour te taquiner.* / Fam. Utiliser, pratiquer en amateur. *Taquiner la guitare, le pinceau. Taquiner le goujon*: pêcher à la ligne.
taquinerie n. f. Fait de taquiner; action, parole de celui, celle qui taquine.
taquon Voir **tacon**
tarabiscot n. m. Petite rainure entre deux moulures. / Outil servant à creuser cette rainure.
tarabiscoté, e adj. Surchargé de tarabiscots, de complications. *Ornements tarabiscotés.* / Fig. fam. Trop compliqué, manquant de simplicité. *Une explication tarabiscotée.*
tarabuster v. t. [1] Harceler (qqn) de tracasseries. *Ils l'ont tarabusté jusqu'à ce qu'il leur cède.* / Fig. Tracasser. *Le souvenir de ce moment me tarabuste.*
tarama n. m. (mot grec) CUIS. Hors-d'œuvre grec, à base d'œufs de poisson (généralement de cabillaud) pilés avec de l'huile d'olive.
Tarantino (Quentin) 1963 Cinéaste américain. Ses films (*Reservoir dogs,* 1992; *Pulp fiction,* 1994; *Jackie Brown,* 1998), policiers ou films noirs parodiques, mêlent extrême violence et humour.
tarare n. m. AGRIC. Machine servant à séparer les grains de leurs impuretés, après le battage.
Tarascon *12 668 h.* Ville des Bouches-du-Rhône située sur la rive gauche du Rhône. Forteresse des comtes de Provence, achevée par le roi René (XIIIe-XVe siècle). La ville doit son nom à la légende de sainte Marthe débarrassant la cité de la tarasque.
tarasque n. f. Monstre légendaire provençal qui faisait chavirer les navires sur le Rhône, à l'emplacement actuel de Tarascon; selon la légende, sainte Marthe en débarrassa la ville.
Tarass Boulba 1835 Récit épique de Gogol qui montre la grandeur des cosaques luttant contre les Polonais: Tarass Boulba, chef cosaque, tue son propre fils qui a trahi son camp.
taratata! interj. Onomatopée exprimant la dénégation, l'impatience, le dédain. *Elle est malade. — Taratata! Elle n'a pas envie de travailler, tout simplement.*
taraud n. m. TECH. Outil d'acier servant à creuser et fileter le logement d'une vis.
taraudage n. m. TECH. Opération consistant à tarauder.
tarauder v. t. [1] TECH. Fileter au taraud. / Fig. Tourmenter. *Les regrets le taraudent.*
taraudeuse n. f. Machine-outil permettant d'effectuer les taraudages.
Tarbes *46 275 h.* Chef-lieu du département des Hautes-Pyrénées, sur l'Adour. Ce marché agricole actif est devenu un centre d'industries (arsenal, usines aéronautiques, locomotives électriques) doté de l'aéroport international de Tarbes-Ossun-Lourdes. Importante sous la domination romaine (Bigorra), capitale du pays de Bigorre, Tarbes fut cédée aux Anglais (fin XIVe siècle) puis rattachée à la France au XVIIe siècle.
tarbouch ou **tarbouche** n. m. (mot arabe) Bonnet rouge de forme cylindrique, orné d'un gland de soie, porté autrefois dans l'Empire ottoman.
tard adv., adj. et n. m. sing. **A.** adv. Après le moment voulu ou habituel. *Il est bien tard pour dîner.* / Vers la fin d'une époque déterminée, vers la fin de la journée. *Les contrats ont été signés tard dans l'année. Les Espagnols dînent très tard.* **B.** adj. *Il est tard, il se fait tard.* **C.** n. m. sing. *Sur le tard*: vers la fin de la soirée; vers la fin de la vie. *La journée a été étouffante, l'orage a éclaté sur le tard. Sur le tard, il s'est mis à l'étude de l'hébreu.*
tarder v. i. / v. t. ind. / v. impers. [1] **A.** v. i. Être lent à venir. *Abritons-nous, l'orage ne va plus tarder. Sa réponse tardait.* Loc. *Sans (plus) tarder*: aussitôt, immédiatement. **B.** v. t. ind. *Tarder à (faire qqch.)*: être lent à, mettre du temps à (faire qqch.). *Il tarde à se décider.* **C.** v. impers. *Il me (te, lui...) tarde de, que:* j'attends (tu, il...) avec impatience de, que. *Il me tarde de te revoir, que le jour se lève.*
Tardi (Jacques) 1946 Dessinateur de bandes dessinées français. Il a créé, notamment, le personnage d'*Adèle Blanc-Sec.* Inspiré par les paysages parisiens et par la Première Guerre mondiale, ce créateur d'histoires mi-oniriques mi-policières a adapté *Nestor Burma*, le personnage de Léo Malet, et illustré plusieurs romans de Céline.
Tardieu (André) 1876-1945 Homme politique français. Brillant journaliste, républicain modéré, élu député en 1914, il fut le collaborateur de Clemenceau lors des négociations de paix en 1919. Plusieurs fois ministre, il fut président du Conseil en 1929-1930 et en 1932.
Tardieu (Jean) 1903-1995 Écrivain français. Ses poèmes et son *Théâtre de chambre* exploitent avec brio les jeux de langage.
tardif, ive adj. Qui a lieu tard, après le moment habituel. *Réveil tardif.* / Se dit d'une plante qui se développe plus lentement ou plus tard que la moyenne. *Fraises tardives.*
tardigrades n. m. pl. ZOOL. Embranchement d'animaux métazoaires de petite taille (un dixième de millimètre à un millimètre), au corps articulé, pourvus de quatre paires d'appendices, vivant sur les mousses et les algues. *Les tardigrades peuvent supporter de longues périodes de dessiccation.*

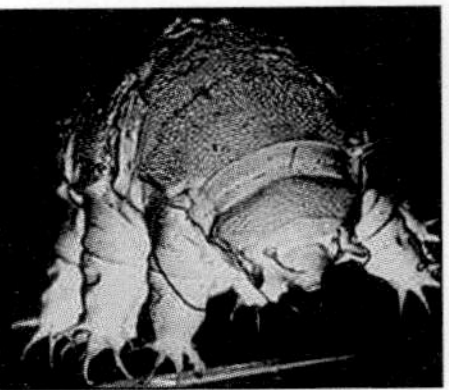
Tardigrades.

tardillon, onne n. Fam. Dernier enfant d'une famille, s'il est né plusieurs années après l'avant-dernier.
tardivement adv. De façon tardive.
tare n. f. Poids de l'emballage d'une marchandise qui doit être défalqué du poids brut pour obtenir le poids net. / Poids non marqué et qui ne doit pas être pesé, que l'on place sur le plateau d'une balance pour équilibrer un objet mis sur l'autre plateau. / Défaut diminuant la valeur d'une marchandise. / Fig. Déficience physique ou psychique d'une personne; grave défaut affectant les choses humaines. *Tare héréditaire. Les tares d'une époque, d'une nation, d'une société.*
taré, e adj. Fig. Atteint d'une tare, d'une déficience originelle. / Par ext., fam. Idiot. *Vous êtes taré mon vieux!*
Tarentaise (la) Petite région des Alpes françaises, en Savoie, comprenant la vallée supérieure de l'Isère. Traditionnellement consacrée à l'élevage bovin, elle a été industrialisée grâce à ses ressources hydroélectriques. Elle constitue une voie d'accès à de nombreuses stations de sports d'hiver. Les villes principales sont Bourg-Saint-Maurice et Moûtiers.
Tarente *212 381 h.* Premier port militaire d'Italie dans les Pouilles, sur la mer Ionienne, et grand centre sidérurgique. D'origine spartiate (v. 708 avant J.-C.), Tarente, principale ville de la Grande Grèce, fut prise par les Romains en 272 avant J.-C.
tarentelle n. f. Danse rapide du sud de l'Italie, à l'origine pratiquée à Tarente. / Musique de cette danse.
tarentule n. f. ZOOL. Grosse araignée errante d'Europe méridionale, dont la piqûre passait autrefois pour la cause d'un mal se manifestant par des phases d'excitation et de torpeur.
taret n. m. ZOOL. Mollusque bivalve marin, à la coquille atrophiée, au corps vermiforme, qui creuse des galeries dans les bois immergés.
targette n. f. Petit verrou plat que l'on actionne à l'aide d'un bouton.
targuer (se) v. pron. [1] *Se targuer de*: se prévaloir, se vanter de. *Se targuer de ses relations haut placées.* (Suivi d'un infinitif) *Se targuer de faire qqch.*, se faire fort d'y parvenir.
Targui Voir **Touareg(s)**
tarière n. f. Grande vrille à manche perpendiculaire, utilisée pour percer des trous dans le bois. / ZOOL. Organe de l'abdomen de la femelle de certains insectes qui lui sert à déposer ses œufs. Syn. oviscapte, ovipositeur.
tarif n. m. Tableau indiquant le prix des marchandises ou des services, le montant

T

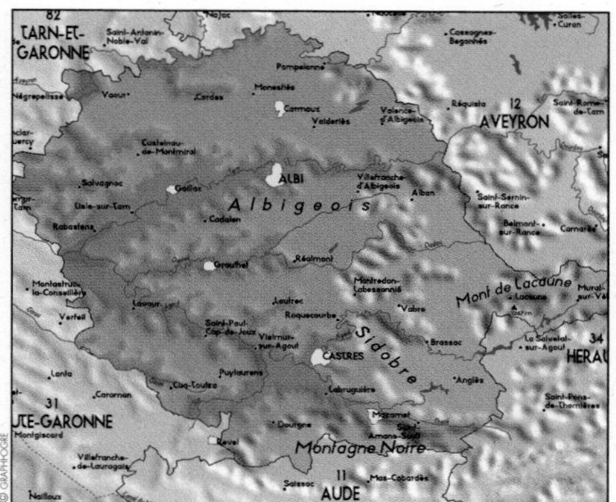

Département du **Tarn**.

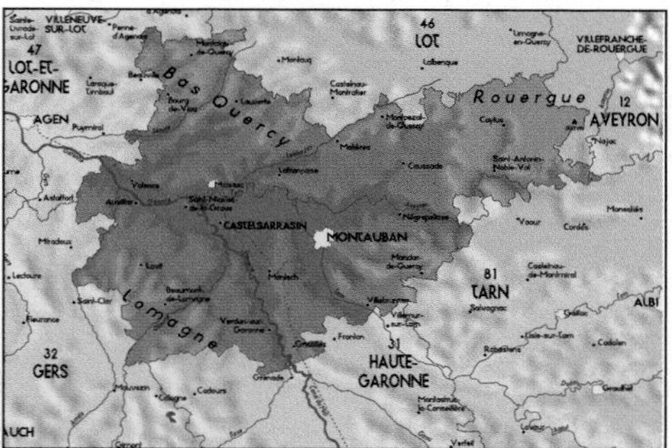

Département du **Tarn-et-Garonne**.

des droits, des taxes ; ces prix, ces montants. *Le tarif des consommations dans un bar. Tarif douanier*

tarifaire adj. Relatif à un tarif. *Loi tarifaire.*

tarifer ou **tarifier** v. t. [1] Fixer le tarif de.

tarification n. f. Action de tarifer.

Tarim (le) *2 180 km* Fleuve de la Chine orientale (Xinjiang) descendu du Karakoram. Appauvri par la sécheresse de l'air et les infiltrations, il se perd dans le lac marécageux du Lob Nor.

tarin [1] n. m. ZOOL. Petit oiseau passereau (famille des fringillidés) à plumage jaune verdâtre, vivant en Europe dans les conifères, les aulnes, etc.

tarin [2] n. m. Argot. Nez.

Tariq ibn Ziyad VIIe-VIIIe siècle Général berbère qui mena la conquête de l'Espagne. Affranchi et bras droit de Musa ibn Nusayr, général arabe qui avait conquis le Maroc en 708, il débarqua en 711 à Gibraltar (qui lui doit son nom arabe de *djebel al-Tariq*). Il vainquit le roi wisigoth Rodrigue près de Cadix et conquit Cordoue. Trois ans plus tard, l'armée arabe contrôlait la quasi-totalité de l'Espagne.

tarir v. t. / v. i. [2] **A.** v. t. Faire cesser de couler, mettre à sec. *Tarir une source.* **B.** v. i. Cesser de couler. *La source a tari.* / Fig. S'épuiser. *Conversation qui tarit.* / *Ne pas tarir de, sur, à propos de* : ne pas cesser de dire, de parler de. *Ne pas tarir d'éloges. Il ne tarit pas sur le sujet.* **C.** v. pron. *La source s'est peu à peu tarie. Son inspiration s'est tarie.*

tarissement n. m. Action de tarir ; fait de se tarir ; état de ce qui est tari.

Tarkovski (Andreï Arsenovitch) 1932-1986 Cinéaste russe. Son film *Andreï Roublev* (1966), empreint d'une haute spiritualité et plastiquement révolutionnaire, fut longtemps interdit. *Solaris* (1972) ; *Le Miroir* (1974) et, surtout, *Stalker* (1979) exprimèrent son inquiétude métaphysique. Contraint à l'exil par son opposition à l'idéologie dominante en Union soviétique, il a réalisé plusieurs films en Europe : *Nostalghia* (1984) ; *Le Sacrifice* (1986).

tarlatane n. f. Étoffe de coton très lâche, fortement apprêtée.

tarmac n. m. (mot anglais) Partie d'un aéroport réservée à la circulation et au stationnement des avions.

Tarn (le) *375 km* Rivière du sud-ouest de la France. Né dans les Cévennes, encaissé dans les gorges des Grands Causses, le Tarn arrose Millau, Albi. Il devient une rivière de plaine à Montauban, arrose Moissac et se jette dans la Garonne.

Tarn (département du) [81] *5 758 km² 343 402 h.* Département du sud-ouest de la France qui fait partie de la Région Midi-Pyrénées. Chef-lieu *Albi*. À l'est, le département appartient au Massif central : pays pauvres voués au seigle et à l'élevage du mouton (du nord au sud : Ségala, monts de Lacaune) et plateaux forestiers (Sidobre, Montagne Noire). L'ouest s'étend sur le Bassin aquitain : plateaux et collines de l'Albigeois et du Lauragais, domaine d'une riche polyculture (blé, maïs, vigne) associée à l'élevage (bovins, oies). Les vallées du Tarn et de l'Agout portent des cultures maraîchères et quelques vignobles (Gaillac). L'industrie était dominée par deux grandes activités : l'extraction houillère (bassin de Carmaux) qui alimentait des industries métallurgiques (Albi), chimiques (Saint-Benoît-de-Carmaux) et des verreries, et le délainage des peaux (Mazamet) qui fournit la matière première pour le tissage de la laine (Castres) et la mégisserie (Graulhet). Ces industries anciennes se maintiennent difficilement depuis la fermeture des houillères.

Tarn-et-Garonne (département de) [82] *3 718 km² 206 034 h.* Département du sud-ouest de la France qui fait partir de la Région Midi-Pyrénées. Chef-lieu *Montauban*. Entre les collines molassiques du bas Quercy, au nord, consacrées à la polyculture traditionnelle, et les coteaux de la Lomagne, pays du blé, les plaines alluviales de l'Aveyron, du Tarn et de la Garonne sont le domaine d'une riche polyculture (chasselas à Moissac, prunes, pommes, pêches, primeurs, tabac) associée à l'élevage laitier. La fragilité de cette prospérité agricole, liée aux aléas des récoltes et à l'instabilité des cours, et la faiblesse de l'industrie, aujourd'hui en progrès (constructions électriques et mécaniques, agroalimentaire, centrale nucléaire) ont provoqué l'émigration, jusque dans les années 1960.

taro n. m. (mot tahitien) BOT. Plante de la famille des aracées, des régions tropicales, cultivée pour son tubercule comestible. / Le tubercule de cette plante, riche en amidon.

tarot n. m. ou **tarots** n. m. pl. Jeu de 78 cartes (ou lames) comprenant, outre les 52 cartes du jeu ordinaire, 4 cavaliers et 22 atouts, servant au jeu et à la cartomancie ; jeu qui se joue avec ces cartes.

tarpan n. m. ZOOL. Cheval sauvage d'Europe orientale et d'Asie occidentale, dont l'espèce s'est éteinte au XIXe siècle.

Tarpeia MYTH. ROM. Vestale romaine. Selon la légende, elle aurait ouvert les portes de Rome aux Sabins, qui la tuèrent.

Tarpéienne (roche) Rocher situé à l'extrémité du mont Capitole à Rome, qui servait dans l'Antiquité à précipiter les condamnés pour crime de haute trahison.

tarpon n. m. ZOOL. Grand poisson ostéichtyen de l'Atlantique tropical, pouvant atteindre 2 mètres de long.

Tarquin l'Ancien (en latin, **Lucius Tarquinius Priscus**) VIIe-VIe siècle avant J.-C. Cinquième roi de Rome (616-579). Il introduisit la civilisation étrusque dans la cité, combattit victorieusement les Latins et les Sabins et exécuta à Rome de grands travaux, dont le Grand Cirque, le Forum et les égouts (*Cloaca maxima*).

Tarquin le Superbe (en latin, **Lucius Tarquinius Superbus**) VIe siècle avant J.-C. Septième et dernier roi de Rome (534-509). Fils ou petit-fils de Tarquin l'Ancien selon la légende, il aurait assassiné, pour régner à sa place, son beau-père Servius Tullius. Après le viol de Lucrèce (épouse d'un de ses parents) par son fils Sextus, il fut renversé par une révolution et la république fut proclamée en 509.

Tarquinia *15 000 h.* Ville d'Italie, dans le Latium, qui conserve d'importants vestiges (nécropole notamment) d'une cité étrusque.

Tarragone *110 837 h.* Ville d'Espagne, en Catalogne, sur la Méditerranée. Chef-lieu de la province du même nom. Très puissante colonie sous l'Empire romain, la ville conserve de nombreuses ruines (aqueduc, amphithéâtre, palais d'Auguste, forum). Cathédrale (XIIe-XIIIe siècles) et cloître roman.

tarse n. m. ANAT. Partie postérieure du squelette du pied, constituée par sept os courts disposés en deux rangées (astragale et calcanéum, postérieurs ; cuboïde, scaphoïde et trois cunéiformes, antérieurs). / ZOOL. Structure homologue chez d'autres vertébrés. *Chez les oiseaux, le tarse forme le troisième article de la patte.* / ZOOL. Partie terminale de la patte des insectes, formée de plusieurs articles. / ANAT. *Tarse de la paupière* ou (adj.) *cartilage tarse* : lame fibreuse soutenant la paupière.

tarsier n. m. ZOOL. Petit primate arboricole, nocturne, à grands yeux proéminents, aux pattes postérieures développées, adaptées au saut, et à longue queue, vivant en Asie du Sud-Est.

Tarski (Alfred) 1902-1983 Logicien et mathématicien américain d'origine polonaise. Il fut l'un des fondateurs de la sémantique logique moderne (*Introduction à la logique mathématique*, 1937 ; *Logique, sémantique et métamathématique*, 1956).

tartan [1] n. m. (mot anglais) Étoffe de laine à carreaux de couleur, dont les dessins sont caractéristiques des divers clans écossais. / Vêtement fait dans cette étoffe.

tartan [2] n. m. (nom déposé) Revêtement de sol à base de caoutchouc, de matières plastiques et d'amiante, utilisé pour les pistes d'athlétisme.

tartane n. f. Embarcation légère propulsée par trois voiles, utilisée surtout en Méditerranée.

tartare adj. et n. **A.** adj. (et n.) Des Tartares ; membre de cette ethnie. / CUIS. *Sauce tartare* : mayonnaise additionnée de câpres et de fines herbes. *Steak tartare* : steak haché de bœuf ou de cheval, diversement assaisonné et servi cru. **B.** n. m. *Un tartare* : un steak tartare. / Par ext. Mets fait de chair de poisson hachée et servie crue. *Tartare de saumon.*

Tartare MYTH. GR. Espace situé au-dessous des Enfers où Zeus précipitait ses ennemis, et devenu progressivement synonyme des Enfers comme lieu où les grands coupables expient leurs crimes.

Tartare(s) Nom donné autrefois aux peuples d'Asie centrale (et particulièrement aux tribus mongoles) par déformation du nom des *Tatars*.

Tartarin Personnage de trois romans d'Alphonse Daudet, devenu l'archétype du fanfaron. C'est un méridional bon vivant et hâbleur, qui conte ses chasses au lion imaginaires, et part finalement chasser en Afrique du Nord pour tenter de mériter sa réputation. Après bien des aventures, il revient triomphalement à Tarascon, sa ville natale : *Les Aventures prodigieuses de Tartarin de Tarascon* (1872). Ensuite, il part à la conquête du mont Blanc : *Tartarin sur les*

Alpes (1885), et revient finir sa vie à Tarascon : *Port-Tarascon* (1890).

tarte n. f. et adj. **A.** n. f. Pâtisserie composée d'un fond de pâte sablée, brisée ou feuilletée diversement garni. *Tarte aux pommes. Tarte au fromage.* / Fig. et fam. *Tarte à la crème* : lieu commun. / Pop. Gifle. *Tu veux une tarte ?* **B.** adj. Idiot, ridicule. *Ce que tu peux avoir l'air tarte avec ce chapeau ! Il est tarte, ce chapeau !*

tartelette n. f. Petite tarte.

tartignolle ou **tartignol** adj. Fam. Tarte, ridicule. *Un chapeau tartignolle.*

tartine n. f. Tranche de pain recouverte de beurre, de confiture ou de tout autre ingrédient, ou destinée à l'être. *Faire griller une tartine. Tartine de rillettes.* / Fig. et fam. Discours ou texte long et ennuyeux.

Tartini (Giuseppe) 1692-1770 Violoniste, théoricien et compositeur italien. Ayant d'abord étudié la théologie, puis le droit, il se consacra à la musique, au violon en particulier, et ouvrit à Padoue une école de violon qui attira une multitude d'élèves. Il a composé pour son instrument des sonates (*Le Trille du Diable*) et des concertos, ainsi que des trios pour instruments à cordes.

tartre n. m. Dépôt laissé par l'eau sur les parois des chaudières, des bouilloires, etc. / Dépôt solide laissé par le vin sur les parois des cuves et des tonneaux. / Dépôt solide se formant sur les dents à partir de la plaque dentaire.

tartreux, euse adj. Qui procède du tartre. *Sédiment tartreux.*

tartrique adj. CHIM. *Acide tartrique* : diacide-dialcool de formule HOOC – (CHOH)$_2$ – COOH, présent notam. dans le tartre du vin.

tartuffe ou **tartufe** n. m. et adj. Faux dévot. / Par ext. Personne qui affecte des principes moraux auxquels elle ne se soumet qu'en apparence. *C'est un tartuffe !* / adj. Hypocrite. *Ne soyez pas aussi tartuffe, s'il vous plaît !*

Tartuffe ou l'Imposteur 1664 Comédie de Molière. Un hypocrite se sert de la religion pour subjuguer Orgon, qui décide de lui faire épouser sa fille Marianne (amoureuse de Valère), et de lui donner tous ses biens. Mais il est démasqué lorsqu'il cherche à séduire la femme d'Orgon. La pièce, satire des dévots, plut à Louis XIV, mais l'archevêque de Paris l'interdit ; la version définitive et autorisée de la pièce date de 1669.

tartufferie ou **tartuferie** n. f. Attitude de tartuffe, hypocrisie.

Tarzan Héros, imaginé par l'écrivain Burroughs en 1912, qui vit de nombreuses aventures au cœur de la jungle africaine parmi ses amis les animaux. Tarzan a souvent été incarné au cinéma, en particulier par l'acteur Johnny Weissmuller : *Tarzan, l'homme-singe* (1932).

tas n. m. Amas de choses disposées les unes sur les autres. / ARCHIT. *Tas de charge* : assise de pierres en forme de coussinet supportant une voûte. / CONSTR. Masse d'un bâtiment en construction. *Tailler des pierres sur le tas*, sur place. / Fig. *Sur le tas* : sur le lieu de travail. *Grève sur le tas.* / Petite enclume portative. *Tas de chaudronnier.*

Tasman (Abel Janszoon) 1603-1659 Navigateur néerlandais. En 1642, il découvrit l'île nommée ultérieurement Tasmanie, ainsi que la Nouvelle-Zélande (île du Sud), les îles Tonga et les îles Fidji. Il mourut à Batavia (aujourd'hui Djakarta).

Tasmanie (autrefois, *terre de Van Diemen*) *68332 km² 473000 h.* Le plus méridional et le plus petit des États du Commonwealth d'Australie, dans l'océan Indien, comprenant l'île même de Tasmanie et des îles voisines. Capitale *Hobart*. L'île de Tasmanie, montagneuse, au climat tempéré océanique, riche en divers métaux non ferreux et en hydroélectricité, s'est industrialisée. En 1642, le Hollandais Tasman la nomma « terre de Van Diemen », en l'honneur du gouverneur général des Indes néerlandaises. Les Britanniques la colonisèrent au XIXᵉ siècle, exterminant ses habitants. D'abord rattachée à la Nouvelle-Galles-du-Sud, puis séparée (1825), autonome (1856), elle accéda au rang d'État du Commonwealth australien en 1901.

Hobart, capitale de la **Tasmanie**.

Tass (agence) Acronyme désignant la principale agence de presse russe, créée par l'U.R.S.S. en 1925.

tasse n. f. Petit bol muni d'une anse, servant à boire ; son contenu. / Fam. *Boire la tasse* : avaler de l'eau en se baignant.

Tasse (Torquato Tasso, dit en français **le)** 1544-1595 Poète italien. Il travailla au service de la famille d'Este à Ferrare à partir de 1565, puis mena une existence errante et tourmentée, en proie à des doutes torturants sur la religion et sur la valeur de son œuvre. En 1575, il s'accusa d'hérésie, mais l'inquisition le blanchit, puis agressa un valet dont il était persuadé qu'il l'espionnait, ce qui lui valut d'être enfermé dans un couvent d'où il s'enfuit pour se réfugier chez sa sœur à Sorrente, puis, plus tard, à Turin. De 1579 à 1586, à la suite d'une crise de folie furieuse, il fut interné à l'hôpital de Ferrare. Il a écrit de nombreux poèmes, des *Discours de l'art poétique* (1565-1566), un drame pastoral (*Aminta*, 1573). Son chef-d'œuvre, *La Jérusalem délivrée* (1581), une épopée sur la croisade de Godefroi de Bouillon, conte les amours de Renaud et d'Armide, ainsi que de Tancrède et de Clorinde ; il en donna, en 1593, une version entièrement récrite, *La Jérusalem conquise*. Toujours en proie à ses démons, après avoir écrit à Mantoue un drame de l'inceste, *Le Roi Torrismondo*, il erra pendant des années en Italie avant de se réfugier à Rome où il mourut au moment où il allait être couronné poète lauréat au Capitole.

tassé, e adj. Fig., fam. *Whisky bien tassé*, qui remplit bien le verre ou peu étendu d'eau. *Avoir la trentaine bien tassée* : avoir pour le moins trente ans.

tasseau n. m. Petite pièce de bois supportant une tablette, un tiroir, etc. / Petite enclume portative. Syn. tas.

tassement n. m. Affaissement, compression. *Tassement de vertèbres. Tassement du sol.*

tasser v. t. / v. pron. [1] **A.** v. t. **I.** Mettre en tas (des choses) et les comprimer pour qu'elles occupent moins d'espace. *Tasser les foins. Tasser des vêtements dans une malle.* / SPORT *Tasser l'adversaire*, le serrer irrégulièrement contre le bord de la piste, contre un autre concurrent. **II.** (Au part. passé) Fam. En parlant de boisson, servi avec abondance, en remplissant bien le verre. *Un cognac bien tassé.* / Fam. Servi peu étendu d'eau. *Un whisky bien tassé.* / Fam. En parlant de l'âge de qqn, largement révolu. *Il a la cinquantaine bien tassée*, au moins cinquante ans. **B.** v. pron. S'affaisser sur soi-même. *Vertèbres qui se tassent. Se tasser en vieillissant.* / Fig. et fam. Redevenir normal, s'arranger. *Attendons que les choses se tassent.*

tassili n. m. (mot berbère) Vaste plateau de grès escarpé, au Sahara. *Tassili du Hoggar.*

Tassili ou **Tassili des Ajjers** Plateau gréseux désertique du Sahara algérien, au nord-est du Hoggar. De grottes y renferment des témoignages d'art rupestre datant du Néolithique.

tassiot n. m. TECHN. Croix formée de deux lattes, par laquelle le vannier commence certains ouvrages.

taste-vin Voir **tâte-vin**

tatami n. m. (mot japonais) Tapis épais utilisé dans les arts martiaux, le judo notamment.

tatar, e adj. et n. Des Tatars ; membre de cette ethnie. *Campement tatar. Les Tatars.* / n. m. LING. Langue du groupe turc parlée par les Tatars.

♦ Les Russes ont donné le nom de « Tatars » aux peuples d'origine turco-mongole qui, partis de la Mongolie, de la Sibérie méridionale et du Turkestan, envahirent l'Asie occidentale à partir du XIIᵉ siècle. Pendant longtemps, les Européens ont continué à donner le nom impropre de *Tartares* aux peuples d'origine mongole ou turque qui envahirent le continent (troupes de Gengis khan, de Tamerlan, etc.). Aujourd'hui, le peuple tatar, dont on distingue plusieurs branches, est réparti sur le territoire de l'ancienne U.R.S.S. (notamment dans la république des Tatars) et compte plus de six millions de personnes.

Tatars (république des) ou **Tatarstan** *68000 km² 3754000 h.* République de la Fédération de Russie, sur la moyenne Volga. Capitale *Kazan*. Les Tatars ne constituent même pas la moitié de la population du pays ; les Russes sont 40 %. Les ressources sont importantes : céréales, exploitation forestière et, surtout, pétrole (gisement d'hydrocarbures du *Second-Bakou*, région comprise entre la Volga et l'Oural).

Tate Gallery Musée londonien créé en 1897 pour abriter la collection de l'industriel sir Henry Tate. La peinture anglaise des XVIIIᵉ et XIXᵉ siècles y est bien représentée (nombreux tableaux de Turner), ainsi que l'impressionnisme français.

tâter v. t. [1] Explorer, éprouver en touchant attentivement. *Tâter une étoffe. Tâter le pouls au poignet.* / Fig. Interroger discrètement (qqn) pour connaître ses dispositions. *Tâter l'opinion.* Fam. *Tâter le terrain.* / v. t. ind. *Tâter de* : s'essayer à, faire l'expérience de. *Tâter du théâtre. Veux-tu tâter de mon bâton, chenapan ?* / v. pron. Se sonder attentivement ; hésiter. *Se tâter sur son avenir.*

tâte-vin ou **taste-vin** n. m. inv. Pipette en fer blanc dont on se sert pour aspirer et goûter le vin d'un tonneau qui n'est pas encore en perce. / Petite tasse en argent dans laquelle on recueille le vin pour le goûter.

Tati (Jacques Tatischeff, dit **Jacques)** 1907-1982 Cinéaste et acteur comique français dont les créations et le jeu subtil ont été le fruit d'une longue maturation. Il a réalisé : *Jour de fête* (1949) ; *Les Vacances de M. Hulot* (1953) ; *Mon oncle* (1958), *Playtime* (1967) ; *Trafic* (1971) ; *Parade* (1974).

Tatichtchev (Vassili Nikititch) 1686-1750 Administrateur et écrivain russe. Collaborateur de Pierre le Grand, il donne une impulsion décisive au développement industriel de la Russie voulu par le tsar, et fonde la ville de Iekaterinbourg (en hommage à la deuxième épouse de Pierre, la future impératrice Catherine Iʳᵉ). Son *Histoire de la Russie* paraît à titre posthume en 1768.

tatillon, onne adj. Exagérément minutieux. *Un contrôle tatillon.*

Tatline (Vladimir Evgrafovitch) 1885-1953 Peintre, sculpteur et architecte russe. D'abord influencé par l'impressionnisme et le fauvisme, il s'est ensuite inspiré du folklore, de l'art populaire et des dessins d'enfants. Constructiviste par opposition au suprématisme de Malevitch (il publia avec Rod-

Maquette d'un monument à la IIIᵉ Internationale, de ***Vladimir Tatline***.

*Les monts **Tatras**, à la frontière polono-slovaque.*

chenko le *Programme du groupe constructiviste*, 1920), il réalisa des tableaux-reliefs. Son *Monument à la IIIe Internationale* (1919-1920), en forme de triple spirale désaxée, est resté à l'état de maquette. Lorsque le réalisme socialiste fut érigé en doctrine officielle, il cessa ses recherches, puis tomba dans l'oubli.

tâtonnement n. m. Fait de tâtonner.

tâtonner v. i. [1] Tâter autour de soi pour se diriger, pour trouver qqch. *Il tâtonnait dans le noir à la recherche de l'interrupteur.* / Fig. Chercher dans toutes les directions pour trouver une solution.

tâtons (à) loc. adv. En tâtonnant.

tatou n. m. (mot tupi) ZOOL. Mammifère de l'ordre des xénarthres, d'Amérique tropicale, fouisseur, couvert d'une carapace dorsale formée de plaques osseuses, capable de se rouler en boule.

tatouage n. m. Action de tatouer; son résultat.

tatouer v. t. [1] Marquer (qqn, une partie du corps) de dessins ou d'inscriptions indélébiles tracés avec une aiguille injectant des matières colorantes sous la peau.

Tatras (les) Massif des Carpates partagé en *Hautes Tatras* (Pologne et Slovaquie) qui culminent à *2 655 m* au mont Gerlachovka, et en *Basses Tatras* (Slovaquie) qui atteignent *2 043 m* au mont Dumbier.

Tatum (Art) 1910-1956 Pianiste de jazz américain. Il a enregistré notamment *Tea for two* (1952), *Night and Day* (1956).

tau [1] n. m. Dix-neuvième lettre (τ, Τ) de l'alphabet grec.

tau [2] ou **tauon** n. m. PHYS. NUCL. Particule de la famille des leptons.

taud n. m. Abri de toile imperméabilisée, installé sur le pont d'un bateau pour protéger des intempéries.

taudis n. m. Logement misérable.

Tauern (les) Chaîne granitique des Alpes autrichiennes. Étendue sur *150 km*, elle est formée de deux massifs: les hauts Tauern *(Hohe Tauern)*, renfermant le Grossglockner *3 797 m*, point culminant de l'Autriche, et, plus à l'est, les bas Tauern *(Niedere Tauern)*.

taulard, e n. Argot Personne qui fait de la taule, est en prison.

taule ou **tôle** n. f. Argot. Prison. *Faire de la taule*: être en prison. / Fam. Chambre d'hôtel, chambre. *Habiter une taule au dernier étage.* / Par ext. Habitation mal tenue. *C'est le foutoir, cette taule!* / Pop. Boîte, entreprise, société. *Une taule où on embauche.*

Tauler (Jean) 1300?-1361 Théologien alsacien. Dominicain, élève de maître Eckart, sa prédication et son œuvre (*Institutions*) sont d'un austère mysticisme.

taulier, ère ou **tôlier, ère** n. Personne qui tient une taule.

tauon Voir **tau [2]**

taupe [1] n. f. **I.** ZOOL. Petit mammifère fouisseur de l'ordre des insectivores, armé de pattes antérieures puissantes et larges, aux yeux atrophiés. *La taupe se nourrit d'insectes et de vers, qu'elle chasse dans ses galeries.* / Fourrure de cet animal, sombre et soyeuse. / Fig. *Être myope comme une taupe*, très myope. **II.** TECH. Engin de terrassement, qui creuse en continu, à pleine section. **III.** Fam. Agent secret infiltré dans une organisation et espionnant pour le compte d'une puissance étrangère.

taupe [2] n. f. Argot des écoles. Classe de mathématiques spéciales.

taupé adj. et n. m. *Feutre taupé*: variété de feutre en poil de lapin et de lièvre ressemblant à la fourrure de taupe. / n. m. *Du taupé.*

taupe-grillon n. m. ZOOL. Courtilière. Pl. Des *taupes-grillons.*

taupier n. m. Homme dont la fonction est de détruire les taupes.

taupin [1] n. m. ZOOL. Insecte coléoptère capable de sauter en se détendant comme un ressort, lorsqu'il est placé sur le dos.

taupin [2] n. m. Argot des écoles. Élève de la classe de mathématiques spéciales.

taupin [3] n. m. MILIT. Vx Soldat qui pose des mines.

taupinière n. f. Butte de terre que fait la taupe en creusant ses galeries.

taureau n. m. Bovin non castré, mâle de la vache.

Taureau (le) Constellation zodiacale. / Deuxième signe du zodiaque (20 avril-20 mai). Voir *constellation.*

Tauride ou **Chersonèse taurique** MYTH. GR. Ancien royaume formé par la presqu'île de Crimée et les pays environnants. Artémis y emmena Iphigénie et en fit sa prêtresse. Euripide conte les aventures d'*Iphigénie en Tauride* dans une de ses tragédies (Ve siècle avant J.-C.).

taurides n. f. pl. ASTRON. Essaim météoritique issu de la comète de Encke et provenant de la constellation du Taureau, en général observables vers le milieu de la première quinzaine de novembre.

taurillon n. m. Jeune taureau.

taurin, e adj. Du taureau. *Combats taurins.*

tauromachie n. f. Art de combattre les taureaux dans l'arène.

Taurus *3 734 m* à l'Aladag. Barrière montagneuse de Turquie, isolant la région côtière méditerranéenne du plateau intérieur. On ne la franchit aisément que par l'étroite « Porte de Cilicie ».

Tautavel *851 h.* Commune des Pyrénées-Orientales, près de laquelle on découvrit en 1971 le crâne de *l'homme de Tautavel* (considéré comme un *Homo erectus*).

tautologie n. f. Procédé de style consistant à répéter la même idée sous des formes différentes; pléonasme. / LOG. Proposition qui reste valide quelle que soit la valeur de vérité des propositions qui la composent.

tautologique adj. Qui procède de la tautologie. *Énoncé tautologique.*

tautomère adj. et n. m. ANAT. Se dit d'un organe situé entièrement du même côté du corps. / CHIM. Se dit des isomères qui sont en équilibre tautomérique. Des molécules tautomères. / n. m. Des tautomères.

tautomérie n. f. CHIM. Propriété des composés qui existent sous deux formes isomériques en équilibre.

tautomérique adj. CHIM. Relatif à la tautomérie, aux tautomères.

taux n. m. Prix déterminé pour certains produits, pour la rémunération de certains services. *Taux de salaire. Taux de change*: prix d'une monnaie étrangère dans un autre pays. *Taux d'une action, d'une rente*, le prix auquel elle se négocie. / Grandeur exprimée en pourcentage. *Taux d'intérêt*: rapport entre des sommes d'argent, qui s'exprime en pourcentage. *Taux de l'impôt*: pourcentage du prélèvement fiscal appliqué à la base imposable. / Importance relative d'un élément variable. *Taux des globules rouges dans le sang. Taux de compression*: dans un moteur à explosion, rapport des pressions initiale et finale d'un mélange. *Taux de mortalité, de natalité, de scolarité*: pourcentage de décès, de naissances, d'élèves dans une population.

Tavant *238 h.* Commune d'Indre-et-Loire dont l'église (XIIe siècle) comporte un important ensemble de fresques romanes.

tavel n. m. Vin rosé, produit dans la région de Tavel (Gard).

tavelé, e adj. Couvert de tavelures. *Peau tavelée.*

tavelure n. f. Petite tache. *Tavelure d'un fruit.* / BOT. Maladie cryptogamique des arbres fruitiers.

taverne n. f. Café restaurant de genre rustique. / Anc. Cabaret.

Taverner (John) 1490?-1545 Compositeur britannique. Maître de chœur au Cardinal College d'Oxford, il écrivit plusieurs messes et motets et trois chansons profanes.

tavernier, ère n. Vieilli ou par plaisant. Personne tenant une taverne, un bistro.

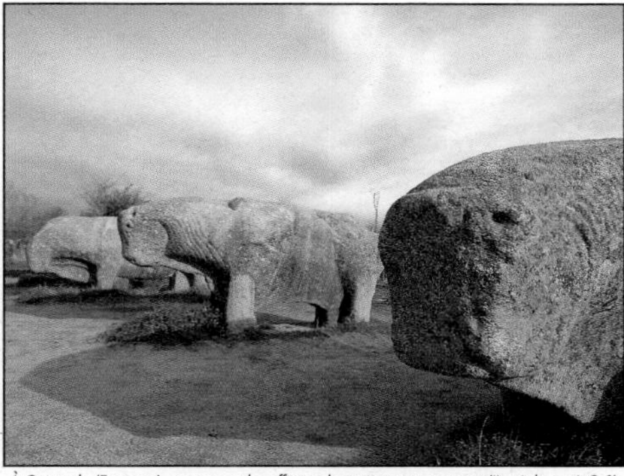

*À Guisando (Espagne), monumentales effigies de **taureaux** en granit (IIe siècle av. J.-C. ?).*

Tavernier (Bertrand) 1941 Cinéaste français. Représentant de la « qualité française », il traite le passé historique (*Capitaine Conan*, 1996) et le présent dans des films qui révèlent ses préoccupations sociales: *L'Horloger de Saint-Paul* (1974); *Que la fête commence!* (1975); *Le Juge et l'Assassin* (1976); *La Mort en direct* (1980); *Coup de torchon* (1981); *Un dimanche à la campagne* (1984); *La Vie et rien d'autre* (1989); *L627* (1992); *L'Appât* (1995); *Ça commence aujourd'hui* (1999).

Taviani (Vittorio et **Paolo)** nés respectivement en 1929 et 1931 Cinéastes italiens. Les deux frères ont écrit et réalisé ensemble tous leurs films, généralement engagés à gauche: *Allonsanfan* (1974); *Padre padrone* (1977); *Le Pré* (1979); *Le Soleil même la nuit* (libre adaptation du *Père Serge* de Tolstoï, 1990); *Fiorile* (1993); *Les Affinités électives* (1996).

Tawfiq (Muhammad) 1852-1892 Khédive d'Égypte en 1879. Fils d'Ismaïl Pacha auquel il succéda, il ne put empêcher la Grande-Bretagne de prendre le contrôle de l'Égypte (1882).

taxation n. f. Action de taxer; son résultat. *Taxation des plus-values.* Ant. détaxation.

taxaudier Voir **taxodium**

taxe n. f. Prix fixé par les pouvoirs publics pour certains produits, certains services. *Taxe postale.* / DR. Détermination par un magistrat du montant des frais de justice. / Impôt, contribution. *Taxe d'habitation. Taxe de séjour. Taxe sur les alcools. Taxe professionnelle. Taxe à la valeur ajoutée (T.V.A.)*, qui frappe la valeur ajoutée à chaque stade de la production d'un bien ou d'un service. *Prix hors taxes*, établi sans compter les taxes. / Imposition perçue en contrepartie d'un service rendu. *Taxe d'enlèvement des ordures ménagères.*

taxer v. t. [1] **I.** DR. ADMIN. Fixer le prix, le montant de. *Taxer les dépens.* **II.** Soumettre à une taxe, à un impôt. *Taxer le tabac.* Ant. détaxer. / Fig. *Taxer de*: accuser ou traiter (qqn) de; qualifier péjorativement (qqch.) de. *Il m'a taxé de vaurien. On peut taxer sa désinvolture d'insolence.* / Fam.. Extorquer, voler. *Je me suis fait taxer mon porte-feuille dans le métro.*

taxi n. m. Automobile de location, conduite par un chauffeur et munie d'un taximètre.

taxi-brousse n. m. En Afrique, taxi sans compteur s'arrêtant à la demande et prenant plusieurs passagers. *Le taxi-brousse circule en ville ou d'une ville à l'autre.* Pl. Des *taxis-brousse.*

taxidermie n. f. Art de préparer les animaux morts pour les conserver sous leur forme naturelle.

taxidermiste n. Spécialiste de la taxidermie.

taxie n. f. BIOL. Syn. de tactisme.

taxi-girl n. f. (mot anglais) Entraîneuse. Pl. *Des taxi-girls.*

taximètre n. m. Compteur équipant les taxis et indiquant le prix du transport en fonction du temps et du nombre de kilomètres parcourus.

taxinomie Voir **taxonomie**

taxinomique Voir **taxonomique**

taxiphone n. m. (nom déposé) Vx Téléphone public.

taxiway n. m. (mot anglais) Dans un aéroport, voie réservée à la circulation au sol des avions.

Richard Edward Taylor.

taxodium, taxodier ou **taxaudier** n. m. BOT. Grand conifère à feuilles caduques des régions marécageuses du sud des États-Unis, appelé couramment *cyprès chauve*.
taxol n. m. BIOCHIM. Substance extraite de l'écorce d'if, aux propriétés anticancéreuses.
taxon n. m. BIOL. Groupe d'êtres vivants reconnu comme unité formelle dans une classification. *Les phylums (ou embranchements), les classes, les ordres, les familles, les genres, les espèces constituent des taxons.*
taxonomie ou **taxinomie** n. f. Science de la classification. / Classification d'éléments. / BIOL. Science de la classification des êtres vivants.
taxonomique ou **taxinomique** adj. Relatif à la taxonomie.
tayaut! Voir **taïaut!**
Taylor (Brook) 1685-1731 Mathématicien anglais. Il étudia, en physique mathématique, le phénomène de la capillarité, le mouvement des projectiles, les cordes vibrantes et la propagation de la lumière dans les milieux hétérogènes. Il est resté célèbre par la formule du développement en série d'une fonction (*formule de Taylor*).
Taylor (Frederick Winslow) 1856-1915 Ingénieur américain, considéré comme le fondateur de l'organisation scientifique du travail. Il travailla dans plusieurs entreprises sidérurgiques où il mit au point une méthode rationnelle d'organisation du travail en chronométrant le temps mis par un bon ouvrier pour exécuter certaines tâches données, en utilisant les machines de façon optimale et en divisant le travail de façon que chacun soit spécialisé dans une opération simple et précise, ce qui aboutit aux chaînes de montage.
Taylor (Richard Edward) 1929 Physicien américain. Après avoir travaillé sur la photoproduction des mésons π par des photons polarisés, il étudie, à Stanford, les réactions des électrons sur des grains durs du nucléon, identifiés aux quarks.
Taylor (Paul) 1930 Danseur et chorégraphe américain. Il fonda dès 1954 sa troupe de danse moderne.
Taylor (Elizabeth) 1932 Actrice américaine. Elle débuta très jeune au cinéma: *La Fidèle Lassie* (1942), *Les Quatre filles du Dr March* (1949). Elle a ensuite notamment tourné dans: *Une place au soleil* (1951); *La Chatte sur un toit brûlant* (1958); *Soudain l'été dernier* (1959); *Cléopâtre* (1963); *Qui a peur de Virginia Woolf?* (1966); *La Mégère apprivoisée* (1967); *Cérémonie secrète* (1968); *Toscanini* (1988).
Taylor (Joseph Hooton) 1941 Astrophysicien américain. Enseignant à Princeton, il découvre le premier pulsar binaire.
taylorisation n. f. Action de tayloriser; son résultat.
tayloriser v. t. [1] Appliquer les méthodes du taylorisme à.
taylorisme n. m. Méthode d'organisation scientifique du travail mise au point par F. W. Taylor.
Tazieff (Haroun) 1914-1998 Géologue et vulcanologue français. À partir de 1948, il a étudié les volcans et leurs mécanismes et leur a consacré de nombreux ouvrages et films documentaires à travers lesquels il a vulgarisé sa discipline. Il a été secrétaire d'État chargé de la prévention des risques naturels et technologiques majeurs de 1984 à 1986.
Tbilissi (autrefois *Tiflis*) *1 268 000 h.* Capitale de la Géorgie, principal centre économique, culturel et historique du pays (église de Metekhi, XIIIe siècle; musées). C'est également l'un des principaux centres industriels de la Géorgie: orfèvrerie, fabrication d'armes, de tapis, électronique, aviation, industrie alimentaire et textile.
Tchaadaïev (Petr Iakovlevitch) 1794-1856 Philosophe russe. Une de ses *Lettres philosophiques*, publiée dans un magazine, provoque (1836) un tel scandale que la revue est fermée et le philosophe, déclaré fou, assigné à résidence avec interdiction d'écrire. Sa philosophie de l'histoire célèbre la grandeur du Moyen Âge et l'unité de l'Europe chrétienne; il y oppose l'histoire de la Russie longtemps maintenue sous le joug tartare, livrée à un pouvoir brutal, à la superstition et à l'ignorance. Ces propos, qui blessent l'orgueil national, sont tenus pour sacrilèges.
Tchad (lac) entre *3 000 et 25 000 km²* Lac d'Afrique centrale, au sud du Sahara, alimenté par le Chari et ses affluents. Il est entouré d'une vaste zone marécageuse partagée entre le Nigeria, le Niger, le Cameroun et le Tchad. On redoute le dessèchement de ce lac d'une grande importance économique et stratégique, et dont la superficie, variable selon les années, tend à diminuer.
• **Tchad** État d'Afrique centrale situé au sud de la Libye.
tchadien, enne adj. et n. Du Tchad. *République tchadienne. Un(e) Tchadien (ne).*
tchador ou **tchadri** n. m. (mot persan) Grand voile couvrant certaines femmes musulmanes de la tête aux pieds.
Tchaïkovski (Piotr Ilitch) 1840-1893 Compositeur russe. Professeur au conservatoire de Moscou (1866), chef d'orchestre qui effectua des tournées en Europe et aux États-Unis, imprégné d'influences occidentales, il a laissé une œuvre d'une grande richesse s'opposant aux tendances nationalistes de ses contemporains (Rimski-Korsakov, Balakirev, Borodine). Dépressif et doutant de lui-même et de son art, les triomphes qu'il a remportés n'ont pu lui apporter la paix. Il a composé des opéras, dont *Eugène Onéguine* (1878) et *La Dame de pique* (1880) d'après Pouchkine; des symphonies, des ballets (*Le Lac des cygnes*, 1876; *La Belle au bois dormant*, 1890; *Casse-Noisette*, 1892), des concertos, des symphonies (la

Maisons anciennes à **Tbilissi**, capitale de la Géorgie.

sixième est dite *Pathétique*), de la musique de chambre, des œuvres chorales et des mélodies.
Tchang Kaï-chek, Tchiang Kaï-chek ou **Jiang Jieshi** 1887-1975 Général et homme politique chinois. Il suit au Japon les cours d'une école militaire puis, en 1911, il rejoint le parti de Sun Yat-sen, dont il épouse la belle-sœur. Sun Yat-sen, qui s'était allié aux communistes en 1923, meurt en 1925. Tchang lui succède à la tête du Guomindang. Aussitôt, il rompt cette alliance et écrase dans le sang le soulèvement de Canton (1927). Puis il reconquiert le nord et, en 1928, établit un gouvernement nationaliste à Nankin. En 1937, le Japon envahit la Chine. Mao Tsé-toung propose à Tchang une alliance, qu'il accepte. Quand le Japon est vaincu (1945), la lutte entre communistes et nationalistes reprend. Après la victoire des communistes en 1949, Tchang doit s'enfuir à Taiwan, où il maintient la république de Chine nationaliste (qu'il gouvernera jusqu'à sa mort), la seule Chine admise par l'ONU (jusqu'en 1972). Avec autoritarisme, il développe l'économie de Taiwan.
Tchang King-kouo ou **Jiang Jingguo** 1910-1988 Homme politique chinois, fils de Tchang Kaï-chek. Premier ministre en 1972, il succède à son père à la tête du Guomindang en 1975, puis est président de la République de 1978 à sa mort. Il adoucit quelque peu le régime.
Tchebychev (Pafnouti Lvovitch) 1821-1894 Mathématicien russe, actif dans de nombreuses branches des mathématiques (théorie des nombres, calcul des probabilités, etc.).
Tchécoslovaquie Ancien État d'Europe centrale, né le 28 octobre 1918 de la réunion d'une part de la Bohême et de la Moravie (qui constituent aujourd'hui la République tchèque) et, d'autre part, de la Slovaquie. Capitale *Prague.* Le traité de Saint-Germain-en-Laye (1919) fixe les frontières du nouvel État issu du démembrement de l'Autriche-Hongrie, vaincue. La Tchécoslovaquie a pour président Masaryk (1918-1935). Une réforme agraire dépossède les gros propriétaires (1919), créant ainsi une solide démocratie paysanne. En même temps, le développement industriel est remarquable; il permet une exportation massive de produits de qualité et assure à l'État une grande prospérité, qui calme l'agitation sociale. Le grand problème qui domine la vie de la Tchécoslovaquie est celui des minorités, qui représentent 32 % de la population (3,2 millions d'Allemands, concentrés principalement dans la région des Sudètes, 700 000 Hongrois, 500 000 Ruthènes); en outre, l'union entre Tchèques et Slovaques est précaire, la Slovaquie paysanne est moins prospère et moins riche en équipements industriels. La Tchécoslovaquie, pour se défendre contre les vaincus de la Première Guerre mondiale qui demandent une révision des traités, s'appuie sur la France (1924), sur la S.D.N. et, enfin, sur l'U.R.S.S. (signature d'un pacte tchéco-soviétique en 1935). L'avènement de Hitler en Allemagne est le point de départ d'une agitation croissante parmi les Allemands des Sudètes qui revendiquent l'autonomie. Après l'Anschluss (rattachement de l'Autriche à l'Allemagne en mars 1938), la pression de Hitler se fait de plus en plus forte et menaçante. Pour éviter la guerre, Chamberlain et Daladier, au nom de la Grande-Bretagne et de la France, décident d'abandonner la Tchécoslovaquie au cours de la conférence de Munich (29 et 30 septembre 1938); ils acceptent son démembrement au profit de l'Allemagne, de la Hongrie et de la Pologne. Cependant que le président Benes, héritier de la pensée de Masaryk (et qui lui a succédé en 1935), démissionne, l'État achève de se morceler: la Bohême et la Moravie deviennent des protectorats allemands, et la Slovaquie obtient une indépendance illusoire sous domination allemande (octobre 1938-mars 1939). Pendant la guerre, s'organise une résistance active à l'oppresseur allemand. Président du gouvernement en exil à Londres, Benes obtient le rétablissement de l'État tchécoslovaque dans sa quasi-totalité en 1945 et revient à la présidence de la République. Des élections permettent de constituer un gouvernement de coalition avec les communistes, mais la liberté d'action de Benes est limitée par la présence des forces soviétiques dans le pays. Un ultimatum de Moscou force, en 1947, le gouvernement à rejeter, après l'avoir d'abord accepté, le bénéfice du plan Marshall lancé par les États-Unis. À la suite d'un coup d'État des communistes qui s'emparent des leviers du gouvernement (le *coup de Prague*, février 1948), le président Benes signe la nouvelle Constitution, qui fait de la Tchécoslovaquie une démocratie populaire liée à l'U.R.S.S., puis démissionne, cependant que Jan Masaryk, fils du fondateur de l'État et ministre des Affaires étrangères, se suicide. Sous la présidence de Gottwald (1948-1953), puis de Novotny (chef du Parti communiste de 1953 à 1957, président de la République de 1957 à 1968), le pays est soumis à des méthodes staliniennes de gouvernement et procède à la collectivisation totale de son économie. De 1949 à 1954, des procès truqués contre les « nationalistes slovaques » « épurent » le pays et, surtout, le Parti. En janvier 1968, le renvoi de Novotny, remplacé à la tête du parti communiste par Dubcek, permet d'amorcer un processus de libéralisation (le *printemps de Prague*) qui est brutalement interrompu par

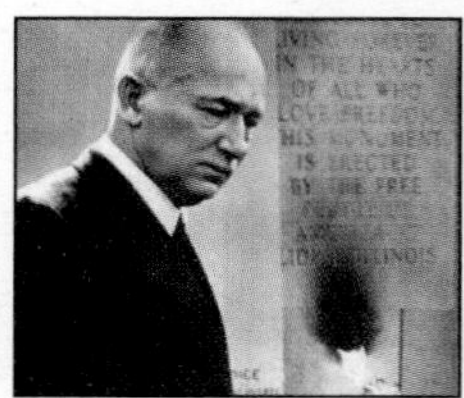
Tchécoslovaquie: le président Benes.

une occupation militaire soviétique (août 1968) ; la « normalisation » imposée alors par l'U.R.S.S. aboutit à la mise au pas complète de la Tchécoslovaquie. En 1969, celle-ci devient un État fédéré formé des deux républiques tchèque et slovaque. Ainsi, la Slovaquie acquiert une certaine autonomie ; la République tchèque est dotée d'institutions propres. Cette même année, Dubcek est remplacé par Husák. En 1975, celui-ci succède à Svoboda comme président de la République. En 1977, Vaclav Havel fait signer aux intellectuels une charte des libertés, ce qui lui vaut d'être emprisonné plusieurs fois. En novembre 1989, alors que le mur de Berlin est abattu, des manifestations provoquent la démission des dirigeants communistes. Le 28 décembre, Dubcek devient président du Parlement et Havel, président de la République. Le mouvement que celui-ci a fondé, le Forum démocratique, remporte les élections de 1990 et se divise en 1992. Cette année-là, les Slovaques proclament leur indépendance ; Havel démissionne. La séparation des deux pays est effective le 1er janvier 1993.

Tcheka 1917-1922 Police créée par Lénine en 1917. Chargée de combattre la contre-révolution et le sabotage en Russie soviétique, elle institua dès 1918 ses propres tribunaux et fit exécuter ou déporter les condamnés. Abolie en 1922, elle fut remplacée par le Guépéou.

Tchekhov (Anton Pavlovitch) 1860-1904 Écrivain et auteur dramatique russe. Médecin et journaliste, il est l'auteur de contes, de nouvelles et de pièces de théâtre. Ses premiers recueils lui valurent une précoce renommée (*Contes de Melpomène*, 1884 ; *Innocentes paroles*, 1887). Alors même que sa réputation s'affirmait avec sa pièce *Ivanov* (1887), il voulut se rendre au bagne de Sakhaline d'où, bouleversé par la souffrance dont il avait été témoin, il rapporta un récit (*L'Île de Sakhaline*, 1894). Dans son domaine de Melikhovo, près de Moscou, il écrivit des nouvelles, tout en prodiguant ses soins à une population misérable décimée par le choléra. L'échec de sa pièce *La Mouette* (1896) le poussa à entreprendre un nouveau voyage, cette fois en France (1897-1898). À son retour, il s'installa à Yalta où il écrivit, outre des nouvelles, ses trois dernières pièces de théâtre, *Oncle Vania* (1897) ; *Les Trois Sœurs* (1901) ; *La Cerisaie*

Anton Tchekhov.

TCHAD

Superficie : *1 284 000 km²* – **Nombre d'habitants :** *7 900 000 h.* – **Capitale :** *N'Djamena*
Villes principales : *Moundou, Sarh, Abéché* – **Système politique :** *république* – **Langue(s) :** *français, arabe* – **Religion(s) :** *islam, animisme, christianisme* – **Monnaie(s) :** *franc C.F.A.*

Géographie physique et humaine

Le pays est constitué par une vaste dépression couverte d'une savane arborée au sud, sahélienne au centre et prolongée au nord par le Sahara méridional (massif du Tibesti *3 415 m*) ; à l'est, le plateau du Ouaddaï atteint *1 360 m*, tandis qu'à l'ouest le lac Tchad est à *280 m*. Le Tchad est un carrefour de populations : agriculteurs noirs dans le sud, Arabes éleveurs et nomades dans le nord (15 %). La moitié de la population vit sur 10 % du territoire, à l'ouest du Chari dont l'assèchement est préoccupant. Son affluent, le Logone, est, lui aussi, une voie navigable.

Économie

La balance agricole est satisfaisante : millet, coton, canne à sucre, gomme arabique, pêche importante. Le cheptel atteint 10 millions de têtes (bovins, ovins, caprins). Dans le sud, l'exploitation du pétrolea commencé, conduite par un groupe américain ; ce n'est aps le cas, dans le nord, de l'uranium. L'industrie, rudimentaire, traite les produits agricoles. La dévaluation du franc C.F.A., en 1994, a fortement réduit l'importation frauduleuse de produits nigérians, qui nuisait à l'économie. Les troubles qui agitent le pays découragent le tourisme, alors que les voyageurs pourraient être séduits par les peintures rupestres préhistoriques (6000 à 2000 av. J.-C. environ) des massifs du Tibesti et de l'Ennedi (qui témoignent de l'existence d'un Sahara verdoyant) et par les puissantes constructions en briques (XIVe-XVIIIe siècle) datant des royaumes du Kanem et du Bornou.

Histoire

Au IXe siècle, le royaume de Kanem fut créé à l'est du lac Tchad. Au XIe siècle, il embrassa l'islam. Au XIIIe siècle, il dominait le Bornou et le Ouaddaï. Des Arabes l'envahirent au XIVe siècle. Réfugié dans le Bornou, le roi entreprit la reconquête de son royaume, qui ne fut complète qu'au XVIe siècle ; l'empire du Kanem-Bornou s'étendait alors du nord du Nigeria jusqu'à l'ouest du Soudan. Il se maintint tant bien que mal jusqu'à la fin du XIXe siècle, marqué par les conquêtes d'un aventurier soudanais, Rabah, qui conquit le Ouaddaï en 1879 et le Bornou en 1893.
En 1891, le Français Monteil, parti du Sénégal, atteignit le lac Tchad. Les missions françaises se succédèrent. En 1900, elles vainquirent et tuèrent Rabah à Kousseri, où le Français Lamy trouva lui aussi la mort. Une fois les frontières du Tchad artificiellement fixées par des accords franco-allemands et franco-britanniques (entre 1884 et 1899), le Tchad fut intégré à l'Afrique-Équatoriale française en 1910, puis devint une colonie française en 1920. Sous la conduite du gouverneur Félix Éboué, il fut la première colonie française à rallier la France libre (août 1940) et constitua la base de départ du général Leclerc (1941 et 1942-1943).
En 1958, le Tchad devint une république autonome

Wallia, l'un des quartiers de N'Djamena, la capitale du Tchad.

Marché à N'Djamena.

au sein de la Communauté. Deux indépendantistes, Gabriel Lisette et François Tombalbaye, s'affrontèrent. Le 11 août 1960, le Tchad accéda à l'indépendance. Tombalbaye devint président de la République. En 1963, il tenta de réduire les soulèvements sporadiques des Arabes du nord qui déclenchèrent la guérilla en 1965. Les rébellions se multiplièrent (menées par Goukouni Oueddeï, Hissène Habré). La Libye promit son aide au Tchad mais, en échange, occupa la bande d'Aozou, riche en uranium et manganèse, en 1973.
Tombalbaye fut renversé et tué en 1975. Son successeur, Félix Malloum, ne parvenant pas à rétablir la situation, démissionna en 1979. Les deux chefs de la rébellion du Nord, Oueddeï et Habré, s'affrontèrent. En 1982, Habré prit N'Djamena et devint président de la République. La France l'aida à reconquérir le Nord, occupé par la Libye. En 1990, Idriss Déby, soutenu discrètement par la France, renversa Habré. En 1994, la Cour internationale de Justice de La Haye décréta tchadienne la bande d'Aozou. Des élections pluralistes, présidentielle (1996) et législative (1997), donnèrent la victoire à Déby et à ses partisans. Idriss Débry a été réélu en 2001.

T

(1904). Contes, nouvelles et drames valent par leur atmosphère en demi-teintes et par la justesse de l'observation psychologique. L'influence de Tchékhov, qui connut la gloire à la fin de sa vie (académicien, époux d'une célèbre actrice, Olga Knipper, hôte, à Yalta, des artistes et des écrivains les plus célèbres), s'exerce encore sur la littérature et le théâtre dans le monde entier.

Tchéou Voir **Zhou**

tchèque adj. et n. Des Tchèques. *République tchèque. Un(e) Tchèque.* / n. m. LING. Langue du groupe slave occidental parlée en République tchèque.

• **tchèque (République)** État d'Europe centrale situé au sud de la Pologne, à l'est de l'Allemagne, au nord de l'Autriche et au nord-ouest de la Slovaquie.

Tcherenkov (Pavel Alekseïevitch) 1904-1990 Physicien russe. Il a découvert qu'une particule chargée se déplaçant à une vitesse supérieure à celle de la lumière provoque dans le milieu qu'elle traverse un phénomène analogue à une onde de choc (effet Tcherenkov, 1934).

Tcherkesses ou **Circassiens** Peuple originaire de Circassie (nord du Caucase), tôt islamisé et qui, chassé par les Russes aux XVIIe et XVIIIe siècles, se réfugia dans le sud du Caucase. Ils peuplent aujourd'hui la *république de Karatchaïevo-Tcherkessie (14 100 km², 435 000 h.*; capitale *Tcherkessk, 119 000 h.*), au sein de la Fédération de Russie.

Tchernenko (Konstantin Oustinovitch) 1911-1985 Homme politique soviétique. Il succéda à Andropov comme secrétaire général du parti communiste de l'Union soviétique en février 1984 et comme président du Præsidium du Soviet suprême en avril 1984 ; il mourut un an après (mars 1985).

Tchernobyl Ville d'Ukraine située au nord de Kiev. En avril 1986, l'un des quatre réacteurs de la centrale nucléaire de Tchernobyl explosa, faisant sur place de nombreuses victimes (la ville a été évacuée) et émettant dans l'atmosphère une énorme quantité de radiations.

tchernoziom n. m. (mot russe) Terre noire de Russie et de l'ouest de la Sibérie contenant une forte proportion d'humus apporté par la décomposition des hautes herbes.

Tchernychevski (Nikolaï Gavrilovitch) 1828-1889 Philosophe russe. Révolutionnaire acquis au socialisme utopique et militant contre le servage, il fut arrêté en 1862. En prison, il écrivit un roman : *Que faire ?*, publié en 1863, qui exerça une grande influence. Déporté en Sibérie (1864-1883), il étudia les *Rapports esthétiques de l'art et de la réalité*, sa thèse de doctorat publiée en 1885.

tchétchène adj. et n. Relatif à la Tchétchénie, au peuple caucasien musulman établi en Tchétchénie ; membre de ce peuple. *Résistance tchétchène. Un(e) Tchétchène.* / n. m. LING. Langue caucasienne parlée en Tchétchénie.

• **Tchétchénie** *16 600 km² 1 100 000 h.* République du nord du Caucase, bordée par la mer Caspienne, qui fait partie de la fédération de Russie. Capitale *Groznyï*. Le pays, montagneux, possède des richesses pétrolières. La première guerre contre la Russie (1994-1996) a ravagé Groznyï et détruit de nombreux bourgs ; les hostilités, reprises en 1999, ont achevé de ruiner le pays.

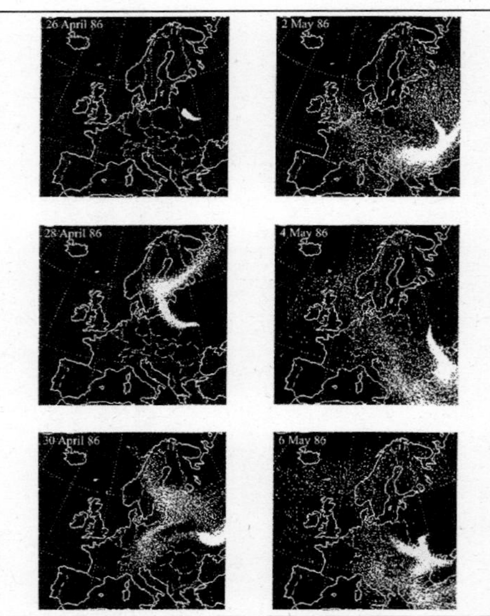

Cartes de la dispersion du nuage radioactif après l'accident de ***Tchernobyl*** *en 1986.*
© ARAC (Atmospheric Release Advisory Capability).

TCHÉTCHÉNIE

Histoire

Immeuble de Groznyï.

En 1936, l'U.R.S.S. créa la république de Tchétchéno-Ingouchie (dite aussi des Tchétchènes et « des Ingouches ») au sein de la république fédérée de Russie ; les Tchétchènes représentaient 80 % de la population, les Ingouches 20 %. Pendant la Seconde Guerre mondiale, cette république se souleva contre le pouvoir soviétique qui, en 1944, déporta la population au Kazakhstan et en Sibérie. Les habitants furent autorisés à regagner leurs terres en 1956 et la république fut recréée en 1957.

Après l'éclatement de l'U.R.S.S., les Tchétchènes proclamèrent leur indépendance (1991), contre la volonté de la Russie, mais aussi contre celle des Ingouches, qui formèrent la république autonome d'Ingouchie, au sein de la Fédération de Russie. Les Tchétchènes élurent Djokhar Doudaïev président de la république (indépendante) de Tchétchénie. En décembre 1994, la Russie se décida à soumettre par la force la Tchétchénie. Elle prit Groznyï en février 1995, mais la résistance tchétchène se poursuivit. En 1996, un accord de paix entérina la quasi-indépendance du pays.

En 1997, Aslan Maskhadov, indépendantiste modéré, fut élu président de la République et il signa la paix avec la Russie. En 1999, Poutine engagea une nouvelle offensive ; la Russie s'empara de Groznyï en décembre (la capitale fut détruite) et soumit provisoirement la république rebelle au prix de lourdes pertes dans la population tchétchène et l'armée russe. Les hostilités se poursuivent de manière sporadique tandis que les troupes russes se livrent à de nombreuses exactions et que la volonté des indépendantistes ne faiblit pas (attaque, en 2002, contre un théâtre moscovite, assassinat de Russes et de « collaborateurs »). En mars 2003, un référendum, organisé dans des conditions contestables, a (théoriquement) démontré la volonté de la Tchétchénie de rester à l'intérieur de la Russie, sans convaincre la communauté internationale.

Tchiang Kaï-chek Voir **Tchang Kaï-chek**

Tchicaya U Tam'si (Gérald Félix) 1931-1988 Écrivain congolais. Il aborda tous les genres, la poésie : *Le Mauvais Sang* (1955) ; *Le Pain ou la Cendre* (1978), le théâtre : *Le Zulu* (1977), le roman : *Les Cancrelats* (1980). Le Congo à l'époque coloniale sert de cadre à sa trilogie romanesque : *La Main sèche* (1980), *Les Méduses* (1982), *Les Phalènes* (1984).

tchin tchin! interj. Fam. (Formule que l'on prononce lorsqu'on trinque) *À ta santé ! – Tchin tchin !*

Tchoibalsan (Khorloghine) 1895-1952 Homme politique mongol. En 1924, quand la république populaire de Mongolie est instaurée, il devient général en chef de l'Armée populaire. Premier secrétaire du parti, puis Premier ministre (1939) jusqu'à sa mort, il exerça une dictature de type stalinien.

Tchong-k'ing Voir **Chongqing**

Tchoudsk Voir **Peïpous**

Tchouvachie *18 300 km² 1 361 000 h.* République de la Fédération de Russie, à l'est de Moscou, sur la Volga. Capitale *Tcheboksary*. Les Tchouvaches, qui parlent une langue de la famille des langues turques, sont majoritairement chrétiens (orthodoxes). Ils vivent de la culture des céréales dans un pays de collines. En 1990, la Tchouvachie, république socialiste soviétique depuis 1925, a proclamé sa souveraineté au sein de la fédération de Russie.

te (*te* s'élide en *t'* devant une voyelle ou un *h* muet) pron. pers. de la deuxième personne du sing. m. et f. (En fonction de complément direct) Toi. *Je te suis.* / (En fonction de complément indirect) À toi. *Je t'en fais le serment.* (Pour remplacer *ton, ta, tes*) *Tu te frottes les mains* : tu frottes tes mains. / (Dans les verbes essentiellement pronominaux) *Tu t'obstines.*

té n. m. Instrument ayant la forme d'un T. *Té de dessinateur* : règle plate faite de deux branches en équerre. *Fer en té* : équerre en fer, employée pour consolider un assemblage.

teaser n. m. (mot anglais) Message publicitaire sans mention de marque, destiné à susciter l'attention du public avant la campagne proprement dite.

Tebaldi (Renata) 1922 Cantatrice italienne, soprano, interprète de Verdi et de Puccini.

Téchiné (André) 1943 Cinéaste français. Son talent s'est imposé dès son premier film (*Souvenirs d'en France*, 1974) et s'est épanoui avec des œuvres très personnelles pleines de nuances et d'élégance (*Les Roseaux sauvages*, 1994). Son style n'a cessé de s'affiner (*Les Égarés*, 2003).

technétium n. m. CHIM. Élément métallique radioactif de numéro atomique Z = 43, de masse atomique 98,9 (symbole : Tc). *Le technétium est produit artificiellement ; certains de ses isotopes sont utilisés en médecine (scintigraphie).*

technicien, enne n. Personne qui connaît une technique. / Professionnel spécialisé dans une technique.

technicité n. f. Caractère technique.

T

TCHÈQUE (RÉPUBLIQUE)

Superficie : *78 864 km²* – **Nombre d'habitants :** *10 300 000 h.* – **Capitale :** *Prague*
Villes principales : *Brno, Ostrava, Plzen, Olomouc* – **Système politique :** *république*
Langue(s) : *tchèque* – **Religion(s) :** *catholicisme, protestantisme* – **Monnaie(s) :** *couronne tchèque*

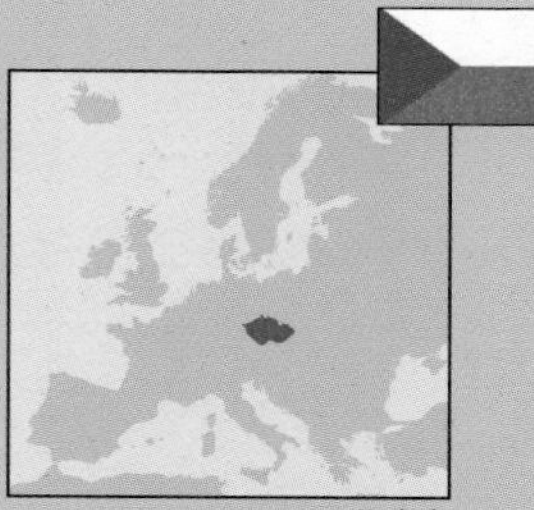

Voir l'Atlas

Géographie physique et humaine

La République tchèque est un pays montagneux formé de deux régions géographiques distinctes : la Bohême et la Moravie. Le vaste plateau de Bohême, encadré de massifs hercyniens (quadrilatère de Bohême, culminant à *1 603 m* dans les monts des Géants) et drainé par l'Elbe et la Vltava (en allemand *Moldau*), occupe l'ouest du pays ; la Moravie, bassin qui marque la transition avec les Carpates, arrosée par la Morava, est prolongée vers le nord par la Silésie. Le climat du pays est continental. La population, homogène, compte des Tchèques (80 %), des Moraves (10 %), des Slovaques (3 %), en majorité catholiques.

Économie

40 % des sols sont cultivés : céréales, betteraves à sucre, petit vignoble, pommes de terre. L'élevage des porcs est important (4 millions de têtes). La houille et le lignite ont donné naissance à une industrie lourde dont la reconversion est difficile, car elle utilisait des matières premières soviétiques. Le pays, converti à l'économie de marché, s'est tourné vers l'Allemagne qui est devenue son principal partenaire. La croissance, d'abord assez importante, s'est ralentie à partir de 1997 ; au moment où elle repartait, des inondations catastrophiques ont, en 2002, durement touché la production industrielle, de nombreuses usines étant situées dans les zones inondées. Le chômage atteint environ 10 % de la population active. L'industrie de transformation (constructions mécaniques, chimie, verrerie, agro-alimentaire) se concentre autour des grandes villes (Prague, Ostrava, Brno).

Histoire

Peuplée par des Slaves, les Tchèques, convertis au christianisme au IXe siècle, la Bohême forme un duché auquel la Moravie est rattachée en 1029, puis, en 1198, un royaume héréditaire. Vassal du Saint Empire romain germanique, le royaume connaît son apogée sous le règne de Charles IV (1346-1378), qui fait de Prague la capitale de l'Empire. Au XVe siècle, Jan Hus, prêtre qui critique les abus du clergé, est excommunié (1411) et brûlé vif (1415). Ses partisans, les hussites, se soulèvent, entraînant le pays dans une guerre civile qui dure jusqu'en 1437. Au XVIe siècle, les Habsbourg, rois de Bohême de 1526 à 1918, germanisent le pays et empêchent la Réforme d'y pénétrer. Jusqu'en 1918, son destin est celui de l'Autriche, puis de l'Autriche-Hongrie. Le 28 octobre 1918, la république de Tchécoslovaquie est proclamée. Elle éclatera en 1992, date à laquelle les Slovaques proclament leur indépendance ; Havel démissionne. La séparation des deux pays est effective le 1er janvier 1993. En 1993, Vaclav Havel est élu président de la République tchèque indépendante, gouvernée par le Premier ministre libéral Vaclav Klaus, qui entreprend des réformes économiques. En 1996, les législatives privent Klaus de la majorité, les sociaux-démocrates ayant fortement progressé. Klaus démissionne en 1997. Les élections anticipées de 1998 donnent la victoire aux sociaux-démocrates qui, cependant, ne recueillentpas la majorité absolue. Leur leader, Milos Zeman, forme un cabinet minoritaire. Havel est réélu président. En 1999, la république Tchèque est intégrée dans l'OTAN. En 2002, les législatives portent au pouvoir un gouvernement de centre gauche dirigé par le social-démocrate Vladimir Spidla. En décembre de la même année, la candidature de la République tchèque est acceptée par l'Union européenne, l'intégration effective étant prévue pour 2004. En janvier 2003, le président Havel est remplacé par Vaclav Klaus.

Beaux arts

Au XIIIe siècle, les Allemands répandent le style gothique qui marque Prague au XIVe siècle (reconstruction de la cathédrale Saint-Guy, nombreuses églises, bustes, sarcophages, gisants), puis les influences italienne et flamande perdurent (architecture civile et religieuse, peinture) à la fin du Moyen Âge et pendant la Renaissance. Le XVIIe siècle a peu d'éclat. Au XVIIIe siècle, naquit le baroque tchèque (églises et palais aux effets souvent théâtraux). Dans les arts mineurs, la Bohême est célèbre pour sa cristallerie.

Musique

Le premier grand nom de la musique est Johann Wenzel Stamitz qui exerça à Mannheim dans la première moitié du XVIIIe siècle. D'autres maîtres émigrent à Strasbourg, à Vienne, etc. Au XIXe siècle, deux grands noms se détachent : Bedrich Smetana (*Ma patrie*, recueil de poèmes symphoniques, 1874-1879) et Antonin Dvorák (*Symphonie du Nouveau Monde*, 1893). Leos Janácek s'est fait connaître au début du XXe siècle par ses opéras (*Jenufa*, 1916). Au XXe siècle, Bohuslav Martinu a marqué la musique de son pays.

Détail de la façade de l'hôtel de ville de Prague.

Le château de Karlstein, forteresse gothique du XIVe siècle.

Littérature

La première littérature de Bohême et de Moravie est religieuse, en vieux slave et en écriture glagolitique (IXe siècle). Le latin supplantera le vieux slave en tant que langue liturgique et littéraire et dominera jusqu'au XIIIe siècle ; à la fin de ce siècle, les deux poésies spirituelles, *Chanson d'Ostrov* et *Prière de Cunégonde*, sont en vieux tchèque. La langue s'affirme et s'affine (épopées, légendes, contes, chroniques, poèmes didactiques, traités philosophiques, traduction de la Bible), sans, toutefois, complètement supplanter le latin : au XVe siècle, Jan Hus écrit tantôt en latin, tantôt en tchèque. Sous la domination des Habsbourg, c'est l'allemand qui domine ; le tchèque ne demeure vivant que dans la littérature populaire.

Au XIXe siècle, le romantisme inspire la poésie et le roman, les revendications nationales s'organisent et la langue tchèque retrouve sa place dans la littérature. Au XXe siècle, deux œuvres auront un retentissement mondial : *Les Aventures du brave soldat Chveik* (1920-1923), de Jaroslav Hasek, et *R.U.R., les Robots universels de Rossum* (1921), de Karel Capek, qui crée le mot *robot*. Vaclav Havel est l'auteur de pièces de théâtre contestataires qui lui valurent plusieurs condamnations. Exilé, Milan Kundera écrit tantôt en tchèque (*La Plaisanterie*, 1967), tantôt en français. Franz Kafka écrivait en allemand.

Cinéma

Avant 1939, la Tchécoslovaquie avait le cinéma le plus productif et l'un des plus inventifs d'Europe centrale : *Extase* (1933) de G. Machaty, avec Heddy Lamarr, est le premier en date des chefs-d'œuvre érotiques du cinéma. Les Allemands interdirent quasiment le cinéma tchèque, qui connut à nouveau un grand essor dans les années 1960, avec M. Forman (*Les Amours d'une blonde*, 1965), qui émigra en 1968 à Hollywood, J. Menzel (*Trains étroitement surveillés*, 1966), V. Chykilova (*Les Petites Marguerites*, 1966), V. Jasny (*Un jour, un chat*, 1963). Les films d'animation tchèques figurent parmi les meilleurs qu'on ait jamais réalisés, notamment ceux de J. Trnka.

technico-commercial, ale, aux adj. et n. Qui tient à la fois de la technique et du commerce. *Services technico-commerciaux.* / n. *Un(e) technico-commercial(e)* : celui, celle qui associe des compétences techniques à des compétences commerciales. Pl. *Des technico-commerciaux.*

technicolor n. m. (nom déposé) Procédé de cinéma en couleurs, aujourd'hui abandonné.

technique n. f. et adj. **A.** n. f. Procédé. *Une technique dépassée.* / Ensemble des méthodes utilisées dans la pratique d'un métier, d'un art, d'un sport. *La technique du cinéma.* / Savoir-faire dans la pratique d'un métier, d'un art. *Améliorer sa technique.* / *La technique* : l'ensemble des applications des connaissances scientifiques dans le domaine de la production. *Les techniques* : ces applications considérées dans l'un ou l'autre de leurs domaines. **B.** adj. Qui concerne une technique, un ensemble de questions tenant à l'utilisation des objets, à l'exploitation de procédés. *Problème technique.* / Qui concerne un métier, une activité, un art. *Terme technique.* / Qui a rapport aux applications des connaissances scientifiques dans le domaine de la production. *Enseignement technique.* / n. m. *Le technique* : l'enseignement technique.

techniquement adv. Relativement à la technique ; d'un point de vue technique.

techno n. f. et adj. inv. Abréviation de technologie. *Professeur, cours de techno.* / Se dit d'un style de musique au rythme saccadé apparu dans les années 1980, exclusivement électronique et destiné à la danse. / adj. *Musique techno.*

technocrate n. (Souvent péjor.) Personne à laquelle certaines compétences en un domaine technique particulier confèrent des responsabilités décisives dans les affaires publiques.

technocratie n. f. Système de gouvernement dans lequel les choix politiques sont pour une large part commandés par l'avis des technocrates.

technocratique adj. Relatif aux technocrates, à la technocratie.

technologie n. f. Étude des techniques (outillage, méthodes, etc.) utilisées dans l'industrie. / Ensemble des techniques. *Nouvelles technologies. Technologies de pointe.*

technologique adj. Qui procède de la technologie.

technopole n. f. ou **technopôle** n. m. Zone où se regroupent des centres d'enseignement et de recherche et des entreprises de haute technologie.

teck ou **tek** n. m. Arbre originaire d'Asie tropicale, dont le bois est utilisé en construction navale et en ébénisterie. / Bois de cet arbre, très dur, dense, imputrescible, d'une couleur brun rouge.

teckel n. m. (mot allemand) Chien basset allemand, caractérisé par son corps trapu et musclé, porté par quatre membres courts et tors.

• **tectonique** n. f. et adj. GÉOL. Ensemble des déformations (plis, failles, etc.) subies par les roches et les couches géologiques après leur formation ; science qui étudie ces déformations. / adj. *Mouvements tectoniques.*

tectrice n. f. et adj. f. ZOOL. Chacune des petites plumes couvrant la partie antérieure des ailes des oiseaux. / Adj. *Plume tectrice.*

te deum n. m. inv. (mots latins) Hymne d'action de grâces de la liturgie catholique commençant par *Te Deum laudamus* (nous te louons, Seigneur). / Cérémonie religieuse accompagnant ce chant.

Tegucipalga, *capitale du Honduras.*

tee n. m. (mot anglais) Au golf, petit support pour surélever la balle au départ d'un trou.

teen-ager n. (mot anglais) Adolescent, adolescente (en anglais, *teen* est le suffixe des nombres de 13 à 19). Pl. Des *teen-agers.*

tee-shirt ou **T-shirt** n. m. (mot anglais) Maillot en forme de « T », en coton, à manches courtes. Pl. Des *tee-shirts* ou des *T-shirts.*

téflon n. m. (nom déposé) Matière plastique (polytétrafluoroéthylène) très résistante à la chaleur et à la corrosion, utilisée notamment comme revêtement antiadhésif.

tégénaire n. f. ZOOL. Grande araignée à longues pattes commune dans les maisons.

Teglat Phalasar, **Téglatphalasar** ou, en assyrien, **Toukoulti-apal-esharra III** ?-727 av. J.-C. Roi d'Assyrie (746). Il lève parmi les esclaves et les prisonniers une armée permanente et poursuit une politique de conquête : Syrie (il annexe le royaume de Damas), Palestine (le roi Achaz de Juda lui paie tribut), Zagros du Nord, pays des Mèdes et, enfin, Babylonie dont il se fait proclamer roi.

Tegucigalpa *597 512 h.* Capitale du Honduras, au centre d'une zone d'élevage et de mines (or, argent).

tégument n. m. ZOOL. Ensemble des tissus qui couvrent le corps des animaux. *La peau et les phanères (poils, plumes, écailles) constituent le tégument des vertébrés.* / BOT. Membrane de protection entourant un organe, spécial. l'ovule, la graine.

tégumentaire adj. Qui procède d'un tégument.

Téhéran *6 750 043 h.* Capitale de l'Iran depuis 1788, centre culturel et économique. Sa fonction commerciale est ancienne, car elle se trouve au carrefour des communications. La vieille ville (bazars, mosquées) bâtie au pied de l'Elbourz à *1 230 m* d'altitude, s'entoure d'une ville moderne et industrielle (métallurgie, textiles). Une conférence s'y tint en 1943 entre Roosevelt, Churchill et Staline au sujet des débarquements en Normandie et en Méditerranée et de l'organisation de l'ONU.

Tehuantepec *210 km* de largeur Isthme du Mexique entre l'Atlantique et le Pacifique, qui marque la limite traditionnelle entre l'Amérique du Nord et l'Amérique centrale.

teigne n. f. ZOOL. Nom donné à diverses espèces de papillons de petite taille, qui s'attaquent aux tissus, aux fourrures, aux produits alimentaires (grains, farine), aux plantes cultivées. / MÉD. Mycose du cuir chevelu, pouvant être cause d'alopécie. / Fig., fam. Personne méchante et vindicative.

La tour Yazadi (45 m de hauteur), située à l'entrée de ***Téhéran****, capitale de l'Iran.*

teigneux, euse adj. et n. Atteint de la teigne. / Fig., fam. Hargneux, agressif. *Un caractère teigneux.* / Subst. *Un(e) teigneuse.*

Teilhard de Chardin (Pierre) 1881-1955 Philosophe, théologien et paléontologue français. Ses œuvres les plus importantes, *Le Phénomène humain*, *L'Apparition de l'homme*, *Le Milieu divin*, ont été publiées après sa mort, entre 1955 et 1957 : en effet, sa philosophie avait suscité les foudres de la hiérarchie catholique qui avait interdit à ce jésuite d'enseigner et de publier d'autres textes que strictement scientifiques. Chargé (1923) d'une mission scien-

TECTONIQUE

Formulée pour la première fois en 1912 par A. Wegener, sous le nom de « dérive des continents », la tectonique des plaques permet de théoriser l'origine des continents. Selon cette théorie, il n'existait à l'origine qu'un seul continent appelé *Pangée*, baignant au centre d'un unique océan appelé *Panthalassa*.

Survint une première fracture entraînant la formation d'un nouvel océan, appelé *Téthys*, qui divisa la Pangée en deux nouveaux supercontinents, le *Gondwana* et la *Laurasie*.

L'action de ces déformations fractionna les deux supercontinents jusqu'à leur donner leur aspect actuel. Ce processus de déformation, dû au mouvement des plaques continentales, a son origine dans les mouvements de convections présents dans l'asthénosphère, région du manteau terrestre située entre 100 et 400 km de profondeur.

Ces déformations ont commencé vers la fin du Cénozoïque, il y a 230 millions d'années, et ont connu une période de très vive activité pendant le Crétacé, entre 130 et 65 millions d'années ; si elles semblent aujourd'hui entrer dans une période d'accalmie, leur action n'en est pas pour autant terminée.

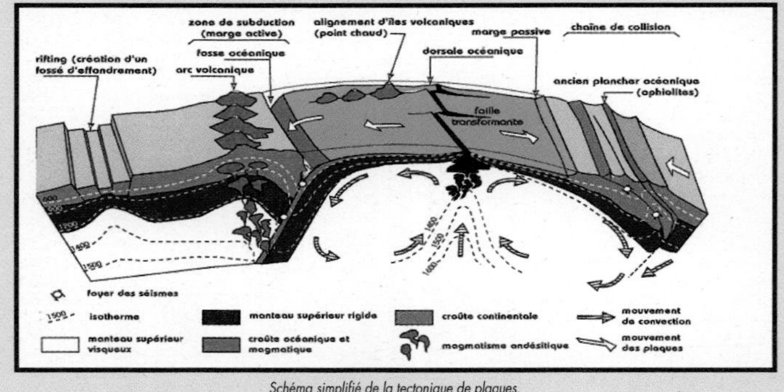

Schéma simplifié de la tectonique de plaques.

tifique en Chine, il y fit de longs séjours et participa aux fouilles qui permirent de découvrir les traces d'un homme fossile, le sinanthrope. Son œuvre cherche à concilier le catholicisme et la science, et à dépasser l'opposition de la matière et de l'esprit. Pour lui, l'Univers est une matière qui se spiritualise progressivement, du point de départ (alpha) au point d'arrivée (oméga). La force qui favorise cette transformation est l'énergie-amour, symbolisée par Jésus-Christ. L'homme n'est pas au centre de l'Univers, mais à son sommet.

teindre v. t. [3] Imprégner d'une substance colorante. *Teindre du tissu, du cuir. Elle a teint ses cheveux en roux.* (Emploi pron.) *Elle s'est teinte en blond.* / Litt. Colorer. *Le soleil couchant teignait la vallée de rouge.*

teint n. m. Coloris de la peau, du visage. / Couleur d'une étoffe ayant reçu une teinture. *Grand teint*, résistant au lavage. / Fig. *Bon teint*: ferme dans ses convictions. *Un libéral bon teint.*

teinte n. f. Nuance résultant du mélange de plusieurs couleurs. / Degré d'intensité d'une couleur. *Demi-teinte*: teinte faible. / MÉTALL. Chacune des couleurs prises par l'acier pendant le chauffage, indiquant le degré de température atteint. / Fig. Faible dose. *Une teinte de mélancolie.*

teinter v. t. [1] Donner une teinte à, colorer légèrement. *Teinter de rose le blanc d'une peinture.* / Fig. *Donner une teinte à. Un sourire teinté d'amertume.*

teinture n. f. Action de teindre; son résultat. / Préparation utilisée pour teindre. / Fig. Connaissance très superficielle. / PHARM. Préparation médicamenteuse faite d'un produit macéré ou infusé dans de l'alcool ou de l'éther. *Teinture d'iode, d'arnica.*

teinturerie n. f. Métier de teinturier. / Commerce, boutique de teinturier. *Porter des vêtements à la teinturerie;*

teinturier, ère n. Personne qui connaît les techniques de teinture et procède à la mise en couleur de diverses matières (étoffes, cuirs, notamment). / Cour. Personne, commerçant spécialiste du nettoyage des vêtements et, éventuellement, de leur teinture.

tek Voir **teck**

tel, telle adj. et pron. **A.** adj. Semblable, pareil, identique. *On n'a jamais vu de telles choses. Tel père, tel fils. Comme tel, en tant que tel*: comme possédant telle qualité. / (Avec fonction intensive) Si intense, si grand. *Jamais je n'ai ressenti une telle joie.* / Comme. *Je les aime tels qu'ils sont.* Loc. *Tel quel*: sans rien y changer. *C'est à prendre tel quel.* / Indéterminé. *À tel moment, il n'en dit pas assez, à tel autre, il est trop bavard.* **B.** pron. Quelqu'un, une personne indéterminée. *Tel est pris qui croyait prendre. Monsieur Untel, madame Untel*: voir *untel.*

Tel-Aviv *356300 h.* Ville d'Israël, fondée en 1909, réunie administrativement à la ville arabe de Jaffa en 1948. Cette agglomération, la plus importante du pays, regroupe plus de *1000000* d'habitants. Centre administratif et culturel, c'est le poumon économique du pays (multiples industries), doté d'un port moderne.

télamon n. m. ARCHIT. Atlante, figure d'homme servant de support pour porter une corniche.

téléachat n. m. Vente d'objets ou de services présentés à la télévision, que le téléspectateur peut commander par tout moyen de communcation à distance.

Télécabine *en Cantabrie, une région montagneuse très accidentée.*

téléaffichage n. m. Affichage télécommandé d'informations (dans les gares, les aéroports, etc.).

télécabine ou **télébenne** n. f. Téléphérique à un câble permettant de transporter des personnes dans des petites cabines.

télécarte n. f. (nom déposé) Carte de téléphone, à mémoire utilisable dans les cabines publiques.

téléchargement n. m. INFORM. Introduction dans la mémoire d'un ordinateur de données ou de logiciels obtenus au moyen d'un réseau de télécommunication.

télécinéma n. m. Appareil permettant de convertir en image électronique un film de cinéma.

télécommande n. f. Dispositif permettant de manœuvrer à distance une installation, un véhicule.

télécommunication n. f. Communication d'information à distance, notamment par câble, fibre optique, voie hertzienne (télégraphe, téléphone, radiodiffusion, télévision, télécopie, télématique, etc.).

♦ Les systèmes de télécommunication sont fondés sur le même principe, quels que soient le type d'informations transmises et le moyen utilisé pour les transmettre: les textes, les sons, les images ou les nombres sont tous traduits en impulsions électriques amplifiées puis traitées (modulateur) pour correspondre à l'outil de transmission. Cette transmission sous forme d'onde électromagnétique peut se propager grâce à l'emploi de multiples supports, dont le câble et les ondes radio sont les plus utilisés. La transmission par câble s'effectue via les conducteurs électriques traditionnels (câbles coaxiaux ou de fibres optiques). La transmission radio est réalisée par ondes hertziennes grâce à l'émission de signaux électriques sur des fréquences déterminées. Ces fréquences comprennent les

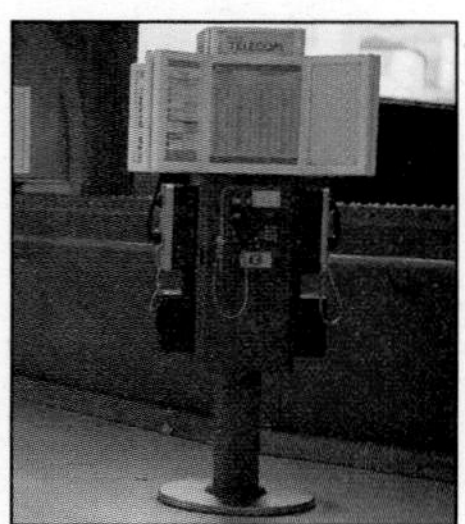

Télécommunication *: téléphone public dans une station de métro à Londres.*

Télégraphe.

ondes longues et moyennes (transmissions locales), les ondes courtes (transmissions à longue distance), les ondes très courtes, VHF et UHF (utilisées pour les transmissions par la télévision).

téléconférence n. f. Conférence au cours de laquelle les participants sont reliés par des moyens de télécommunication.

télécopie n. f. Procédé permettant de reproduire à distance un document graphique par le réseau téléphonique. Syn. fax.

télécopieur n. m. Appareil de télécopie.

télédiffusion n. f. Diffusion par télévision.

télédistribution n. f. Acheminement par câble de programmes de télévision.

télé-enseignement n. m. Enseignement à distance (par correspondance, télévision, etc.). Pl. Des *télé-enseignements.*

téléférique Voir **téléphérique**

téléfilm n. m. Film de fiction réalisé pour la télévision.

télégénique adj. Qui passe bien à la télévision, qui y est agréable à voir.

télégramme n. m. Message transmis par télégraphie ou radiotélégraphie.

télégraphe n. m. Appareil de télégraphie.

télégraphie n. f. Technique de la transmission à distance des messages, en particulier par liaison électrique ou radioélectrique. / Vx *Télégraphie sans fil (T.S.F.)*: radio.

♦ La télégraphie optique fut mise au point par Chappe en 1793. Les signaux, constitués par la position de bras articulés au bout d'un mât, étaient observés à la lunette et relayés. Le premier télégraphe électrique fut réalisé par Morse en 1837 en utilisant un système de signaux. Au XXe siècle, la télégraphie arythmique permet l'envoi direct de messages à partir d'un clavier alphabétique et leur impression à la réception.

télégraphier v. t. [1] Transmettre par télégraphie ou sous forme de télégramme. *Télégraphier une dépêche.* / (Emploi absol.) Envoyer un télégramme.

télégraphique adj. Relatif au télégraphe. *Fils télégraphiques.* / Transmis par télégraphe. *Mandat télégraphique.* / *Style télégraphique*, réduit aux mots essentiels, comme dans le texte d'un télégramme.

télégraphiste n. Personne qui transmet les dépêches par télégraphie. / Postier qui porte les télégrammes à domicile.

télègue n. f. (mot russe) Charrette russe à quatre roues.

téléguidage n. m. Guidage à distance d'engins (avion, bateau, fusée) par liaison électrique ou radioélectrique.

téléguider v. t. [1] Commander par téléguidage. (Au part. passé) *Missile téléguidé.* / Fig. Manipuler, inspirer par un pouvoir éloigné. *Téléguider des manifestations politiques.*

téléimprimeur n. m. Appareil de télégraphie à impression, associant un clavier alphanumérique, un codeur, un émetteur et un traducteur imprimant.

téléinformatique n. f. Ensemble des procédés qui permettent l'exploitation à distance des systèmes informatiques, par l'intermédiaire des réseaux téléphoniques ou spécialisés.

télékinésie n. f. En parapsychologie, déplacement d'objets se produisant sans intervention physique observable.

télémanipulateur n. m. TECHN. Dispositif permettant de manipuler à distance, sans contact direct, des substances dangereuses, ou de s'introduire dans des milieux inaccessibles.

Telemann (Georg Philipp) 1681-1767 Compositeur allemand. Autodidacte en musique (il avait commencé des études de droit), il occupa cependant plusieurs postes d'organiste et de maître de chapelle tout en composant d'innombrables œuvres profanes et religieuses (mille *cantates*, six cents *ouvertures à la française*). Très célèbre en son temps, il fut longtemps oublié, puis redécouvert.

Télémaque MYTH. GR. Fils d'Ulysse et de Pénélope. Après la guerre de Troie, il part à la recherche de son père, sous la conduite de Mentor (dont Athéna a pris les traits). Il aide Ulysse, une fois rentré à Ithaque, à écarter et à châtier les prétendants qui occupent le palais. Il est un des héros de *l'Odyssée* d'Homère et des *Aventures de Télémaque* de Fénelon (1699).

Telemark *15315 km² 170000 h.* Système montagneux du sud de la Norvège, à l'ouest d'Oslo, creusé de vallées profondes. Il forme un comté dont le chef-lieu est *Skien.*

télémarketing n. m. Ensemble des techniques de marketing utilisant les moyens de télécommunication.

télématique n. f. Ensemble des techniques et des services associant les télécommunications et l'informatique.

télémesure n. f. Transmission à distance des mesures.

télémètre n. m. Instrument permettant de mesurer les distances par des procédés optiques, acoustiques ou radioélectriques.

télencéphale n. m. ANAT. Partie antérieure de l'encéphale des vertébrés, comprenant les hémisphères cérébraux. *Le télencéphale est issu du développement de la vésicule cérébrale antérieure.*

téléobjectif n. m. TECH. Système optique composé d'un élément antérieur, lentille ou ensemble de lentilles, convergent et d'un élément postérieur, divergent. *Le téléobjectif, bien adapté à la photographie ou à la cinématographie, permet d'obtenir des images de sujets éloignés avec un grandissement important.*

téléologie n. f. PHILO. Étude, recherche de la finalité. / Doctrine affirmant que le monde procède d'une finalité.

téléologique adj. Propre à la téléologie.

téléostéens n. m. pl. ZOOL. Superordre de poissons ostéichtyens actinoptérygiens qui regroupe la plupart des poissons actuels, marins et d'eaux douces, caractérisés par un squelette complètement ossifié. *Le brochet, la carpe, le gardon, la morue, l'anguille, la truite, le thon, la sole, etc. sont des téléostéens.*

télépaiement n. m. Paiement électronique.

télépathe adj. et n. Doué de télépathie.

télépathie n. f. Transmission à distance de pensées, de perceptions, d'une personne à une autre, dans laquelle n'interviennent pas les moyens habituels de communication.

télépathique adj. Propre à la télépathie.

télépéage n. m. Système de péage automatique sur autoroute par lecture à distance d'un badge électronique.

téléphérique n. m. Moyen de transport utilisé dans les régions accidentées, dans lequel une benne ou une cabine est suspendue à un câble aérien.

téléphone n. m. Ensemble des dispositifs qui permettent la transmission à distance du son, et notamment de la parole. / Appareil, poste téléphonique. *Téléphone sans fil. Téléphone portable.*

♦ L'appareil est composé essentiellement d'un émetteur, le microphone, et d'un récepteur, ou écouteur. Le microphone transforme les ondes sonores en impulsions électriques transmises par câbles, faisceaux hertziens, fibres optiques ou satellites, et déchiffrées à l'arrivée par le récepteur. Le téléphone a été mis au point en 1876 par Graham Bell.

téléphoner v. t. [1] Transmettre par téléphone. *Téléphoner les nouvelles.* / Par ext. et fam. (au part. passé) *C'est téléphoné*: c'est tellement prévisilbe que cela ne surprend pas. / v. t. ind. *Téléphoner à qqn*, le joindre par téléphone. *Il m'a téléphoné d'une cabine.* / (Emploi absol.) Utiliser le téléphone.

téléphonie n. f. Transmission sonore à distance. / Ensemble des techniques téléphoniques. / *Téléphonie sans fil*: radiotéléphonie.

téléphonique adj. Propre au téléphone. *Réseau téléphonique.*

téléphoniquement adv. Par téléphone.

téléphoniste n. Personne dont le métier est d'assurer le fonctionnement et le service du téléphone.

téléradiographie n. f. MÉD. Radiographie pratiquée à distance (environ 2 m), permettant d'obtenir une image presque grandeur nature.

téléreporter n. Reporter de télévision.

télescopage n. m. Fait de télescoper, de se télescoper. *Télescopage à vive allure.*

télescope n. m. Instrument optique servant à l'observation astronomique. *À la différence de celui de la lunette, l'objectif du télescope est un miroir concave, et non une lentille; les plus grands télescopes du monde (Keck 1 et Keck 2, de dix mètres de diamètre) sont installés sur le volcan Mauna Kea, à Hawaii.*

561 TXT-TVE 561 X-06-OCT 17:15/02

MERCADO DE DIVISAS (MADRID)

6-Octubre-1992		COMPRA	VENTA
1	CORONA DANESA	19,943	19,983
1	CORONA NORUEGA	18,482	18,520
1	CORONA SUECA	16,326	16,358
1	CH. AUSTRIACO	11,469	11,491
1	DOLAR AUSTRALIANO	85,976	86,148
1	DOLAR CANADIENSE	98,334	98,530
1	DOLAR EE.UU.	131,521	131,785
100	DRACMAS GRIEGAS	55,724	55,836
1	E.C.U.	153,183	153,489
100	ESCUDOS PORTUGUESES	78,380	78,536
1	FLORIN HOLANDES	71,830	71,974
100	FRANCOS BELGAS/LUX.	373,481	374,229
1	FRANCO FRANCES	23,127	23,173
1	FRANCO SUIZO	91,986	92,170
1	LIBRA ESTERLINA	199,649	200,049
1	LIBRA IRLANDESA	189,943	190,323
100	LIRAS ITALIANAS	8,261	8,277
1	MARCO ALEMAN	80,688	80,850
1	MARCO FINLANDES	22,723	22,769
100	YENES JAPONESES	124,171	124,419

Valeur de change des devises sur **télétexte**.

Télescope (le) Constellation australe; voir *constellation.*

télescoper v. t. [1] Heurter violemment, défoncer. / v. pron. Entrer en collision, s'emboutir. *Les véhicules se sont télescopés au carrefour.* (Au fig.) S'interpénétrer. *Idées qui se télescopent.*

télescopique adj. Propre au télescope; effectué avec un télescope. *Mesures télescopiques.* / Dont les parties s'insèrent les unes dans les autres, comme dans certains télescopes. *Pieds télescopiques.*

téléscripteur n. m. Appareil de télégraphie qui imprime directement en caractères typographiques les messages reçus.

télésiège n. m. Téléphérique composé de sièges découverts, accrochés à un câble porteur et tracteur, utilisé surtout comme remonte-pente dans les stations de sports d'hiver.

téleski n. m. Remonte-pente.

téléspectateur, trice n. Personne qui regarde la télévision.

télésurveillance n. f. Surveillance à distance à l'aide de moyens électroniques.

télétexte n. m. Système de vidéographie diffusée qui utilise le réseau de diffusion de la télévision. *Antiope est le système français de télétexte.*

téléthèque n. f. Lieu où sont conservés les enregistrements d'émissions de télévision; la collection ainsi constituée.

télétraitement n. m. INFORM. Mode de traitement des données à distance par l'intermédiaire des réseaux de télécommunication.

télétransmission n. f. Transmission à distance d'une information, d'un signal.

télétravail n. m. Activité professionnelle qui peut être exercée à distance, hors de l'entreprise, grâce aux moyens informatiques et de télécommunication.

télétype n. m. (nom déposé) Téléimprimeur.

télévangéliste n. m. Aux États-Unis, prédicateur qui utilise la télévision pour prêcher, pour diffuser l'Évangile.

télévente n. f. Vente qui s'effectue sur commande passée à distance.

télévisé, e adj. Transmis par télévision. *Reportage télévisé.*

téléviseur n. m. Poste récepteur de télévision.

• **télévision** n. f. Transmission à distance des images par voie hertzienne ou par câble. / Ensemble des services qui assurent la production et la diffusion d'émissions de télévision. / Fam. Téléviseur.

télévisuel, elle adj. Propre à la télévision. *Images télévisuelles.*

télex n. m. Service de télégraphie permettant aux abonnés de communiquer au moyen de téléimprimeurs.

tell n. m. (mot arabe) Dans les pays du Proche-Orient, colline artificielle formée par des ruines de villes anciennes.

Tell Ensemble des régions humides d'Afrique du Nord (par opposition au Sahara), montagneuses, couvertes de forêts et de cultures, dominant les plaines côtières.

Tell el-Amarna (nom arabe de l'ancienne *Akhetaton*) Site d'Égypte, sur le Nil, où le pharaon Aménophis IV, devenu Akhnaton, fonda sa nouvelle capitale, Akhetaton, en l'honneur du dieu Aton. Les restes de la ville antique, mis au jour à la fin du XIXe siècle, ont révélé des œuvres significatives d'un tournant de l'art égyptien (stèles, bas-reliefs, peintures).

tellement adv. À un tel point; si. *Elle est tellement spontanée!* / (Introduisant une comparaison) *Ce serait tellement plus agréable de…* / (Introduisant une proposition exprimant une cause) *Il y avait tellement de brouillard qu'on n'y voyait pas à dix pas.* Syn: *tant.* / loc. conj. (Introduisant une proposition exprimant une conséquence) *Tellement… que*: tant… que. *Elle a tellement espéré cette promotion que sa déception est immense.*

Teller (Edward) 1908 Physicien américain d'origine hongroise. Pendant la Seconde Guerre mondiale, il participe au projet Manhattan et contribue à la mise au point du programme nucléaire américain en démontrant que l'amorçage de la fusion thermonucléaire dans la bombe H peut être obtenu en utilisant le rayonnement X d'une bombe A à fission d'uranium, et la compression du mélange deutérium / tritium. Il est également le promoteur du programme militaire dit « guerre des étoiles » visant à protéger le territoire américain des missiles porteurs de vecteurs NBC (nucléaire, bactérien, chimique).

tellien, enne adj. GÉOGR. Du Tell. *Atlas tellien.*

Tellier (Charles) 1828-1913 Ingénieur français. Le premier, il conçut un navire frigorifique servant au transport de la viande (1876).

tellure n. m. CHIM. Élément non métal-

TÉLÉVISION

La télévision est l'émission, par câble ou par antenne, de sons et d'images fixes ou en mouvement. La première émission régulière fut réalisée par la British Broadcasting Corporation le 2 novembre 1936, et, dès 1939, trois pays diffusaient des programmes réguliers (États-Unis, Grande-Bretagne, Union soviétique). Le succès s'accéléra à partir des années 1950.

L'invention de la télévision, comme celle du cinéma, a été rendue possible par une particularité de l'œil humain nommée *persistance rétinienne*. Elle se traduit par le fait qu'une image disparue se maintient encore quelques dixièmes de seconde sur la rétine. Il suffit donc de passer plusieurs images par seconde devant l'œil (24 au cinéma et 25 pour la télévision), et la persistance rétinienne recréera le mouvement.

Dans une image télévisée, chaque scène est décomposée en une série de points, ou pixels, dotés d'une impulsion électrique propre.

Sur l'écran cathodique du récepteur, ces impulsions se traduisent par un point de lumière qui restitue les caractéristiques de l'original. Chaque image est composée de 300 000 pixels qui se reconstituent en quarante millièmes de seconde. Elle prend naissance dans une caméra électronique qui émet un signal vidéo. Ce signal est associé à des ondes de haute fréquence appelées ondes porteuses. L'union de ces deux ondes (onde T.V. et onde porteuse) se traduit par une modulation qui peut varier en amplitude, en fréquence et, pour la télévision couleur, en phase. La modulation se propage dans l'espace sous forme d'ondes électromagnétiques, elle est relayée et distribuée aux postes récepteurs par le biais d'antennes terrestres ou par satellite, ou bien transmises directement par des câbles spéciaux.

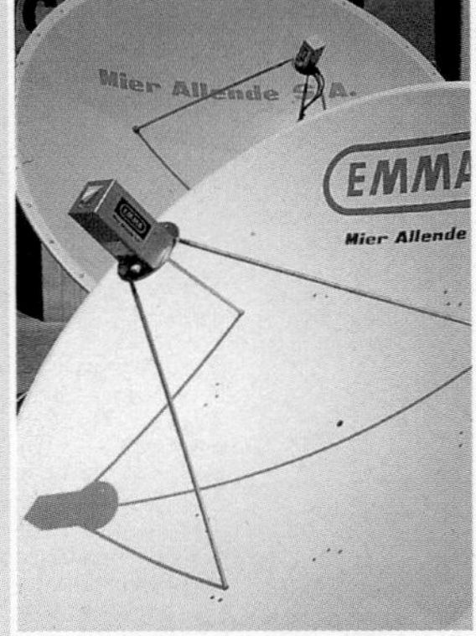

Antenne parabolique de télévision.

Sur le poste, un premier circuit sépare chaque canal correspondant à une chaîne en l'amplifiant et en le débarrassant des émissions parasites. Puis un autre système supprime l'onde porteuse.

Les premiers appareils étaient très encombrants, leur taille a diminué lorsque des transistors ont remplacé les tubes à vide, et cette évolution se poursuit aujourd'hui avec les écrans à cristaux liquides et, bientôt, avec les écrans dits « à haute définition », qui doublent l'actuel nombre de lignes de la résolution horizontale.

lique de numéro atomique Z = 52, de masse atomique 127,60 (symbole : Te). / Solide blanc, d'aspect métallique, de densité 6,2 et fondant à 450 °C.

tellurique [1] adj. CHIM. *Anhydride tellurique*, de formule TeO_3. *Acide tellurique*, de formule H_2TeO_4.

tellurique [2] ou **tellurien, enne** adj. De la Terre. *Secousse tellurique.*

télomère n. m. BIOL. Partie terminale d'un chromosome.

télophase n. f. BIOL. Phase terminale de la mitose, lors de laquelle les chromosomes (ayant achevé leur migration vers chacun des pôles de la cellule en division) redeviennent indistincts, les membranes nucléaires se reforment autour du matériel génétique des deux cellules filles, et la division des cytoplasmes intervient.

télougou ou **telugu** n. m. et adj. inv. (mot de cette langue) Langue dravidienne parlée dans l'État d'Andhra Pradesh, en Inde du Sud. / adj. *La littérature telougou.*

Telstar Satellite de télécommunications, mis en orbite en 1962 par les États-Unis, le premier du genre.

téméraire adj. et n. Dont la hardiesse est imprudente. *Enfant téméraire.* / Irréfléchi. *Entreprise téméraire. Jugement téméraire*, émis sans preuve. / n. *Charles le Téméraire, duc de Bourgogne.*

témérité n. f. En parlant de personnes, fait d'être téméraire. / Caractère de ce qui est téméraire.

Temin (Howard) 1934-1994 Biochimiste américain. Il a découvert la transcriptase inverse, enzyme qui permet la réplication des rétrovirus (virus à A.R.N.).

témoignage n. m. Action de témoigner, de relater de ce qu'on a vu, éprouvé, dans le but d'établir la vérité. *Porter témoignage.* / Déclaration d'un témoin en justice. *Faux témoignage*: relation inexacte destinée à tromper. / Manifestation d'un sentiment par des actes ou des paroles ; ces actes ou ces paroles. *Témoignage d'amour.*

témoigner v. i. / v. t. ind. / v. t. [1] **A.** v. i. Déposer en justice en qualité de témoin. *Être appelé à témoigner devant un tribunal.* **B.** v. t. ind. Être le signe de. *Les vestiges témoignent de la richesse de cette antique cité.* **C.** v. t. Exprimer, faire connaître. *Témoigner son admiration. Témoigner de* (+ infinitif), *témoigner que*: attester, garantir. *Il témoigna l'avoir vu, qu'il l'avait vu ce soir-là.*

témoin n. m. Personne qui a assisté à un

Howard Temin.

événement et peut rapporter ce qu'elle a vu et entendu. *Le témoin d'un accident.* / Personne appelée à déclarer en justice ce qu'elle sait sur un fait précis. *Témoin à charge, à décharge.* / Personne qui en assiste une autre dans l'accomplissement d'un acte pour attester la vérité de ses déclarations. *Témoin d'un mariage.* / Personne qui règle les conditions d'un duel pour le compte de celui qu'elle assiste. / Ce qui apporte une preuve matérielle de la réalité, de l'existence de quelque chose. *Chefs-d'œuvre architecturaux, témoins d'une civilisation.* / Individu, animal ou objet qui sert de référence, de point de comparaison pour évaluer les effets d'une expérimentation, d'un traitement appliqués à d'autres. / CONSTR. Petite tablette de plâtre scellée en travers d'une fissure pour en contrôler l'évolution. / (En appos.) Se dit de ce qui sert de point de comparaison, de référence. *Villa témoin.* / SPORT Bâton que se passent les coureurs dans une course de relais.

Témoins de Jéhovah Secte chrétienne millénariste fondée aux États-Unis en 1874, qui prit en 1931 son nom actuel. Pour les Témoins de Jéhovah, 1914 marque le début de la fin des temps : à cette date, à l'issue d'une bataille livrée dans le Ciel, Satan a été précipité sur la Terre, ce qui a provoqué les malheurs de l'humanité. Ils ne croient ni à l'immortalité de l'âme, ni à la Trinité, et n'invoquent Dieu que sous le nom de Jéhovah. Pour eux, les élus sont 144 000 ; ceux qui sont morts avant 1918 vivent déjà au Ciel, où les rejoindront ceux qui sont morts (ou mourront) postérieurement. Du Ciel, ils gouverneront le monde, assurant, après l'avènement du « monde nouveau » (la date est inconnue, mais est considérée comme proche), prospérité et bonheur aux humains ayant accepté l'enseignement des Témoins. Appartenant au royaume de Dieu, non aux divers royaumes de la Terre, ils ne saluent aucun drapeau et refusent tout service militaire, ce qui leur a valu (et leur vaut encore) bien des vicissitudes : persécutés par les nazis, ils rencontrent de graves difficultés dans tous les pays totalitaires. Dirigés par un « collège des Anciens », ils n'ont pas d'autre interdit alimentaire que le sang (boudin, viande non saignée), le sang étant le siège de la vie, croyance qui leur fait refuser toute transfusion sanguine ; ils pratiquent le baptême par immersion et célèbrent annuellement la cène, repas symbolique nommé « commémoration ». Ils sont très prosélytes (distribution au porte à porte de livres et brochures) ; leur nombre actuel est évalué à 4 millions, mais ne sont comptabilisés que les propagandistes.

tempe n. f. ANAT. Région latérale de la tête, comprise entre le bord externe de l'orbite et le haut de l'oreille.

tempera (a) loc. adj. et adv. (mots italiens) À la détrempe. *Peinture a tempera.* / loc. adv. *Peindre a tempera.*

tempérament n. m. **I.** Constitution physiologique d'un individu considéré dans les caractères généraux et congénitaux de son fonctionnement. *Tempérament nerveux, lymphatique, sanguin.* / Ensemble des caractéristiques physiques ou morales déterminant le comportement d'un individu. *Tempérament actif, romanesque. Avoir du tempérament*: avoir de la personnalité, ou être sensuel. **II.** *Vente à tempérament*: vente avec disposition immédiate de l'objet et paiement échelonné. / MUS. *Tempérament égal*: système musical divisant l'octave en douze demi-tons d'égale valeur. *Consacré par J. S. Bach (« Le Clavier bien tempéré »), ce système permet d'accorder régulièrement les instruments à son fixe (clavecin, piano).*

*Grand **temple** bouddhique (IXe siècle) de Prambanan (Indonésie).*

tempérance n. f. Modération dans ses désirs et ses passions ; modération dans les plaisirs de la table et, spécialement, dans la consommation de boissons alcooliques. Ant. intempérance.

tempérant, e adj. Qui manifeste de la tempérance. Ant. intempérant.

température n. f. État de l'atmosphère se traduisant subjectivement par les sensations de chaud et de froid et pouvant se mesurer par le thermomètre. / Degré de chaleur d'un corps quelconque. *Température d'ébullition d'un liquide, de fusion d'un métal.* / Degré de chaleur d'un organisme. *La température moyenne du corps humain est de 37 °C.* / Fièvre. *Avoir de la température.*

tempéré, e adj. *Climat tempéré*, ni très chaud, ni très froid. / Fig. Modéré. / MUS. *Gamme tempérée*: divisée en douze demi-tons égaux, selon le système du *tempérament égal.*

tempérer v. t. [1] Adoucir. *Un courant marin chaud tempère l'influence polaire.* / Fig. Modérer. *Tempérer la colère de qqn.*

tempête n. f. Perturbation de l'atmosphère se manifestant par un vent violent souvent accompagné de pluie et d'orage, en particulier en mer. *Sur l'échelle de Beaufort, la tempête correspond à un vent soufflant de 89 à 102 km/h (force 10) et la violente tempête, à un vent soufflant de 103 à 117 km/h (force 11).* / Fig. Série de bruits violents ; bouleversement moral, agitation politique.

La Tempête, *tableau de Giorgione (musée de l'Académie, Venise).*

Tempête (la) 1611 ? Comédie féerie de Shakespeare. Échoué sur une île, le duc de Milan, Prospero, doué de pouvoirs magiques, asservit le monstre Caliban et fait appel au génie des airs, Ariel, qui provoque une tempête salvatrice.

Tempête (la) ou ***l'Orage*** 1507 ? Tableau (82 x 73 cm) de Giorgione présentant une femme à demi dévêtue et allaitant un enfant, menacée par l'orage (musée de l'Académie, à Venise). La toile a donné lieu à d'innombrables interprétations.

tempêter v. i. [1] S'exprimer bruyamment. « *C'est en vain qu'il tempête et feint d'être en fureur* » (Corneille).

tempétueux, euse adj. Vx ou litt. En proie à la tempête. *Mer tempétueuse.* / Mod., fig. Tumultueux. *Un débat tempétueux.*

temple n. m. **I.** Édifice consacré au culte d'une divinité. *Le temple de Diane à Éphèse.* / Édifice du culte protestant. / *Le temple de*: l'endroit où l'on rend honneur à. *Ce musée est le temple de l'art moderne.* **II.** (Avec une majuscule) *Le Temple*: le temple de Jérusalem, construit par Salomon, détruit puis rebâti au VIe siècle av. J.-C., détruit en 70 apr. J.-C. / HIST. *Ordre du Temple*: ordre religieux et militaire fondé en 1119 et reconnu par le pape en 1128.

♦ L'ordre du Temple était chargé de faire la police en Terre sainte et de protéger les pèlerins. Placé sous la direction d'un grand maître, il se développa rapidement et acquit d'énormes richesses. Banquier des pèlerins, des papes et de nombreux rois, il suscita jalousies et calomnies. On accusait les templiers d'hérésie, voire d'idolâtrie. Le roi de France, à court d'argent, profita de cet état d'esprit pour s'emparer des biens des templiers résidant en France. Le 13 octobre 1307, un grand nombre d'entre eux étaient arrêtés, livrés à l'Inquisition et torturés. À la suite d'un procès qui dura jusqu'en 1314, de nombreux templiers furent brûlés vifs, parmi lesquels le grand maître Jacques de Molay. Le pape Clément V, qui avait laissé faire Philippe le Bel, supprima l'ordre en 1312.

Temple (le) Ancien monastère fortifié construit à Paris (IIIe arrondissement), au XIIe siècle, par les Templiers. Un vaste enclos entourait l'église, le donjon et d'immenses domaines. Le donjon du Temple servit de prison à la famille royale en 1792. Il fut démoli en 1808.

templier [1] ou **Templier** n. m. HIST. Chevalier du Temple.
templier, ère [2] adj. Propre ou relatif à l'ordre du Temple, aux Templiers. *Architecture templière.*
tempo n. m. (mot italien) MUS. Mouvement dans lequel doit être joué un morceau. *Tempo moderato*: mouvement modéré. *A tempo*: retour au mouvement initial, après un changement de tempo. / Fig. Rythme d'une action.
temporaire adj. De durée limitée. *Emploi temporaire.*
temporairement adv. De façon temporaire.
temporal, ale, aux adj. (et n. m.) ANAT. De la tempe, des tempes. *Région temporale.* / *Os temporal* ou, n. m., *le temporal*: chacun des deux os du crâne situés dans la région de la tempe, entre le sphénoïde, l'occipital et le pariétal.
temporalité n. f. PHILO. Caractère de ce qui se déroule dans le temps.
temporel, elle adj. et n. m. Qui se situe dans le temps (par oppos. à *spatial*). / Qui a une durée limitée dans le temps (par oppos. à *éternel*). / Qui est du domaine des choses matérielles (par oppos. à *spirituel*). *Le pouvoir temporel.* / n. m. HIST. Revenu d'un bénéfice ecclésiastique.
temporisation n. f. Retard volontaire apporté à l'exécution d'un projet dans l'attente d'une occasion plus favorable. / TECHN. Introduction d'un retard dans le déclenchement d'un dispositif électrique.
temporiser v. i. [1] Prendre son temps; attendre le moment opportun pour prendre une décision, pour agir.
temps n. m. Durée indéfinie où se succèdent irréversiblement les phénomènes et les actes humains. / Cette durée, considérée comme une grandeur mesurable. / *La fin des temps*: dans le langage biblique, la fin du monde visible, l'accomplissement du destin du monde dans le salut. / Partie limitée de cette durée. *Un temps long, court. Réduction du temps de travail.* / Moment, époque. *Les temps anciens. Notre temps. De mon temps. Le temps des moissons.* Loc. *En temps voulu*: voir *voulu*. *Ces temps-ci*: en ce moment. / GRAMM. Chacune des différentes formes verbales marquant le moment d'une action ou d'un état. *Les temps les plus usités sont le passé, le présent, le futur.* / SPORT Durée chronométrée d'une course. *Faire le meilleur temps.* / MUS. Division de la mesure. *Mesure à deux, trois, quatre temps.* / MÉCAN. Chacune des phases d'un cycle de moteur à explosion. *Moteur à deux, quatre temps. Les quatre temps d'un moteur sont l'admission, la compression, la combustion, l'échappement.* / État de l'atmosphère à un moment et en un lieu donnés, caractérisé par la température, l'humidité, le vent, l'ensoleillement. *Temps chaud et sec. Gros temps*: tempête.
♦ La mesure du temps suppose un système de référence, ou *échelle de temps*, définissant une unité de mesure et un instant origine. Le *temps sidéral* se mesure en jours sidéraux, durée d'une rotation de la Terre sur elle-même (23 h 56 min 4 s). Le *temps solaire vrai* est fondé sur le mouvement apparent du Soleil dans le ciel. Mais le mouvement du Soleil sur l'écliptique étant irrégulier, on définit un *temps solaire moyen*, supposant un mouvement uniforme du Soleil et se comptant de 0 heure à 24 heures à partir de midi. Le *temps civil* est le temps moyen augmenté de douze heures (il se compte à partir de minuit). Le *temps universel* (T.U.) est le temps civil du méridien de Greenwich. Chaque État adopte un *temps légal*, c'est-à-dire le temps universel corrigé du nombre entier d'heures le plus voisin de sa longitude moyenne. Le *temps atomique international* (TAI) repose sur des données fournies par des horloges atomiques. Il constitue l'échelle de temps la plus précise.

*Cloître du monastère des **Templiers** de Soria, dans le nord de l'Espagne.*

Temps modernes (les) 1936 Film comique muet (à l'exception d'une chanson aux paroles incompréhensibles), réalisé et interprété par Charlie Chaplin, qui y ridiculise le travail à la chaîne et les absurdités du modernisme.
Temps modernes (les) Revue mensuelle fondée en 1945 par Jean-Paul Sartre. Philosophique, littéraire et politique, elle a favorisé l'essor de l'existentialisme et servi de tribune à la pensée d'une partie de la gauche intellectuelle. Aron, Merleau-Ponty, Beauvoir, Leiris et Paulhan, notamment, y ont collaboré.
tenable adj. (Souvent en tournure négative) Que l'on peut tenir, supporter, défendre. *Ce n'est plus tenable.* Ant. intenable.
tenace adj. Qui tient, résiste fermement, qu'il est difficile d'ôter, de faire disparaître. *Un enduit tenace. Une odeur tenace.* / *Métal tenace*, résistant à la traction. / Fig. *Une migraine tenace.* / Fig. Qui tient à affirmer ses conceptions, ses entreprises, ses droits, n'y renonce pas facilement. *Un créancier tenace.*
ténacité n. f. Caractère tenace de (qqch., qqn).
tenaille n. f. (Surtout au plur.) Outil d'acier composé de deux leviers se croisant sur un axe autour duquel ils pivotent, servant à arracher, à maintenir ou à couper. / Ouvrage de fortification.

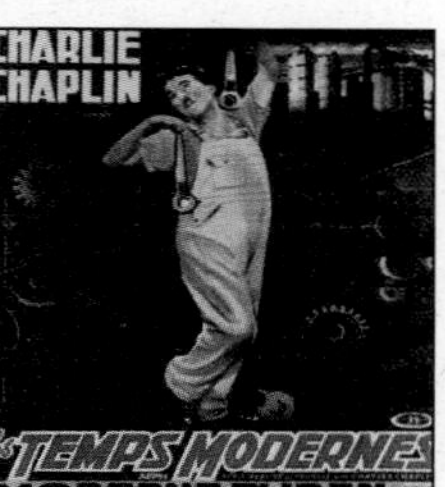

Les temps modernes
de Charlie Chaplin.

tenaillement n. m. Anc. Supplice qui s'appliquait avec des tenailles rougies au feu. / Fig. Tourment incessant physique ou moral.
tenailler v. t. [1] Vx Supplicier avec des tenailles. / Fig. Faire souffrir, tourmenter. *La faim le tenaille.*
tenancier, ère n. Personne qui exploite, gère un établissement soumis à une réglementation ou surveillé par les pouvoirs publics. *Un tenancier de cabaret.* / HIST. Personne qui exploitait une terre concédée par un seigneur.
tenant, e adj. et n. **A.** adj. Loc. *Séance tenante*: immédiatement, sans attendre. **B.** n. m. *D'un seul tenant*: d'une seule pièce, sans discontinuité. / DR. *Les tenants et les aboutissants d'un domaine*, les terrains qui le bornent; ses dépendances. Au fig. Tous les éléments se rapportant à une affaire. / HÉRALD. Figure soutenant les armoiries. / HIST. Au Moyen Âge, chevalier qui, dans un tournoi, défiait tout assaillant voulant se mesurer à lui. / Fig. Partisan, défenseur d'une opinion. **C.** n. SPORT *Le tenant, la tenante du titre*: le sportif, la sportive ou l'équipe qui le détient.
Tenasserim Région géographique du sud-est de la Birmanie, langue de terre à la frontière de la Thaïlande, divisée en deux États, l'État môn, au nord, et la province de Tenasserim, au sud. La côte est très découpée et les îles sont nombreuses. Forêts (hévéa, teck); parcs à huîtres perlières; pêche; gisements miniers (étain, tungstène).
Tencin (Claudine Alexandrine Guérin, marquise **de)** 1682-1749 Femme de lettres française. Après une jeunesse dissipée (elle eut, d'une liaison avec le chevalier Destouches, un enfant qu'elle abandonna et ne reconnut jamais: le futur d'Alembert), elle ouvrit un salon littéraire qui attira notamment Marivaux, Montesquieu, Fontenelle.
tendance n. f. Ce qui porte qqn à agir d'une certaine façon. *Une tendance à la paresse. Avoir tendance à*: être enclin à. / Opinion partisane dans le domaine artistique, politique, etc.; courant. *Les nouvelles tendances de la mode.* / *Procès de tendance*: procès intenté non pour des faits, mais pour des intentions. / Évolution dans une direction déterminée. *Tendance des prix à la hausse.*
tendancieusement adv. De façon tendancieuse.
tendancieux, euse adj. Qui manifeste une tendance, une opinion partisane. *Interprétation tendancieuse des faits.*
Tende *1 844 h.* Commune des Alpes-Maritimes, proche du col de Tende (*1 870 m*), où un tunnel routier et ferroviaire relie la France et l'Italie (sud-ouest du Piémont). En 1947, par référendum, le petit comté de Tende, italien, fut rattaché à la France.
tender n. m. (mot anglais) CH. DE FER Wagon accroché derrière une locomotive à vapeur et qui contient le combustible et l'eau nécessaires à son alimentation.
tendeur n. m. Courroie extensible munie d'un crochet à chaque extrémité et servant à maintenir qqch. sur un support (porte-bagages, galerie de toit). / Dispositif assurant la tension d'une corde, d'une courroie, d'un câble, etc.
tendinite n. f. MÉD. Inflammation d'un tendon.
tendon n. m. ANAT. Extrémité blanchâtre, fibreuse, des muscles, servant à les relier à l'os.
tendre [1] adj. et n. **I.** adj. Que l'on peut aisément entailler, qui n'est pas dur. *Bois tendre. Viande tendre.* / Fig. *Un rose tendre*, délicat. / Affectueux. *Un enfant tendre. De tendres caresses. Des mots tendres. S'aimer d'amour tendre*: éprouver un amour charnel, sensuel. / Subst. *C'est un(e) tendre.* **II.** n. m. LITTÉR. *Carte du Tendre*: carte, publiée en 1654 dans le roman de Madeleine de Scudéry, *Clélie*, qui représente le pays allégorique du Tendre, et retrace les étapes et les écueils de la passion amoureuse en accord avec les règles de la préciosité.
tendre [2] v. t. [3] Déplier, tirer pour allonger ou pour raidir. *Tendre les cordes d'une guitare.* Ant. détendre. / Étaler et fixer en tirant de tous côtés pour raidir. *Tendre une toile sur un châssis. Tendre un mur de tissu*, l'en recouvrir. / Disposer, déployer. *Tendre une tente. Tendre un filet.* Au fig. *Tendre une embuscade.* / Avancer (une partie du corps) dans une direction. *Tendre la main. Tendre l'oreille.* / Présenter (un objet) à qqn en avançant le bras. *Il me tendit une cigarette.* / Fig. Appliquer, concentrer (une faculté, un sens). *Tendre son attention sur un objet.* / v. t. ind. *Tendre à, vers*: se diriger vers, aspirer à. *Tendre à la perfection.* / Avoir tendance à, être enclin à; être en voie de. *Il tend à reculer. La douleur tend à s'atténuer.*
tendresse n. f. Attitude, sentiment d'une personne tendre. *Manifester, éprouver de la tendresse.* / (Au plur.) Actes, paroles tendres. *Vous lui direz mille tendresses.*
tendreté n. f. Caractère tendre (d'une matière). *La tendreté du gigot.*
tendu, e adj. Qui est sous tension. Ant. détendu. / MILIT. *Tir tendu*, dont la trajectoire est voisine de la ligne droite. / Fig. Contracté, nerveux. *Un homme tendu.* / Difficile, proche de la rupture. *Situation tendue.*
Tène (La) Localité et site archéologique de Suisse dans le canton de Neuchâtel, à l'extrémité nord-est du lac de Neuchâtel. Elle a donné son nom au second Âge du Fer (Vᵉ-Iᵉʳ siècle avant J.-C.). La civilisation celtique de La Tène s'étendait sur l'Europe centrale et la moitié nord-est de la France avant l'occupation romaine.
ténèbres n. f. pl. Profonde obscurité. / *Le prince des ténèbres*: Satan. / Fig. Caractère de ce qui est difficile à comprendre, de ce qui

Playa de las Americas, au sud de l'île de **Tenerife**.

n'est pas éclairé par la connaissance ou la conscience. / LITURG. CATHOL. *Office des ténèbres* : office nocturne des mercredi, jeudi et vendredi saints où l'on lisait en latin (avant le concile Vatican II) des passages des *Lamentations* de Jérémie, tout en éteignant un à un quinze cierges piqués dans un chandelier, de telle sorte que la cérémonie se terminait dans l'obscurité complète, ces ténèbres évoquant l'abandon du Christ par ses disciples, ses souffrances et sa mort.

ténébreux, euse adj. et n. Litt. Plein de ténèbres. *Gouffres ténébreux.* / Fig. Obscur, difficile à comprendre. *Une ténébreuse histoire.* / Litt. En parlant de personnes, sombre et mélancolique. / n. m. LITTÉR. *Le Beau Ténébreux* : surnom d'Amadis de Gaule qui, désespéré par le dédain de celle qu'il aime, se réfugie dans un monastère. / Mod., souvent par plaisant. *Beau ténébreux* : jeune homme, homme, beau et taciturne.

ténébrion n. m. ZOOL. Insecte coléoptère brun ou noir, généralement nocturne, qui vit dans les lieux sombres et dont la larve (*ver de farine*) se nourrit de céréales, de farine.

Ténédos Île turque de la mer Égée, qui fit partie de la ligue de Délos avant d'être conquise par les Perses ; elle fut ensuite vénitienne, arabe et turque, enfin ottomane (1657).

Tenerife ou **Ténériffe** *1 929 km² 725 815 h.* La plus grande et la plus peuplée des îles Canaries (Espagne), dans l'Atlantique. Chef-lieu *Santa Cruz de Tenerife*. Montagneuse (*3 711 m*), c'est un centre touristique réputé pour la douceur de son climat, ses vins et ses agrumes.

ténesme n. m. MÉD. Contracture douloureuse du sphincter anal ou du sphincter de la vessie, permanente ou paroxystique, avec sensation de brûlure et envie continuelle d'aller à la selle ou d'uriner.

teneur [1] n. f. Contenu d'un écrit, d'un discours. *La teneur d'un testament.* / Proportion d'un certain élément contenue dans un mélange. *Faible teneur en sucre.*

teneur, euse [2] n. *Teneur de livres* : personne qui tient les livres de comptabilité.

Teng Hsiao-p'ing Voir **Deng Xiaoping**

ténia ou **tænia** n. m. ZOOL. Ver plat (plathelminthe cestode) qui vit en parasite dans l'intestin des mammifères, notam. dans celui de l'homme. *Le ténia se présente comme un long ruban formé de nombreux anneaux, chacun porteur d'un appareil reproducteur hermaphrodite et fixé à la paroi de l'intestin par sa « tête » (ou scolex) munie de ventouses ou de crochets. Le ver solitaire est un ténia. Ténia échinocoque.*

Teniers (David), dit **le Vieux** 1582-1649 Peintre et marchand de tableaux flamand. **David,** dit **le Jeune** 1610-1690 Peintre et graveur flamand, fils du précédent. Époux de la fille de Bruegel de Velours, il représenta des réunions villageoises, des scènes de taverne, etc.

ténifuge adj. et n. m. MÉD. Qui entraîne l'expulsion des ténias. / n. m. *Un ténifuge.*

tenir v. t. / v. t. ind. / v. i. / v. pron. [3] **A.** v. t. Avoir entre les mains ; garder près de soi. *Tenir un crayon. Tenir un enfant dans ses bras, sur ses genoux, par la main.* / Maintenir en place. *Deux vis tiennent la planche.* / Se rendre maître de, contrôler. *Tenir le coupable. Savoir tenir ses élèves.* / Détenir, posséder. *Tenir une preuve.* / Avoir reçu ou obtenu (qqch.) de qqn. *Il tient ses yeux bleus de son grand-père. Il tient cette information de source autorisée.* / Occuper (tel espace). *Tu tiens toute la place.* / Assumer la responsabilité, la direction de. *Il tient son rôle à la perfection. Tenir sa comptabilité. Tenir un restaurant. Tenir une conférence,* l'animer. *Tenir tel discours, tel langage* : parler, s'exprimer en de tels termes. / Maintenir dans tel état, telle situation, telle position. *Tenir les bras en l'air. Tenir le public en haleine. Tenir qqn au courant.* / Conserver. *Tenir l'eau au frais. La pièce tient la chaleur.* / Avoir telle capacité ; être susceptible de contenir. *Cette salle tient cent personnes.* / Se maintenir dans (un lieu), suivre (une direction). *Tenir la chambre. Tenir sa droite. Tenir le cap. Tenir la route* : en parlant d'un véhicule, adhérer au sol, être stable. / Observer, respecter (un devoir, un engagement) ; relever (un défi). *Tenir parole. Je tiens le pari.* / Considérer, regarder (qqn ou qqch.) comme. *Je le tiens pour innocent. Je le tiens en grande estime.* **B.** v. t. ind. **I.** *Tenir à* : être fixé, adhérer à. *Le miroir tient au mur par un clou.* / Fig. Être attaché à. *Tenir à sa tranquillité. Tenir à ses amis.* / Désirer absolument. *Il tient à te rencontrer.* / Être contigu à. *Son champ tient à celui du voisin* / Dépendre de, découler de. *Ses manières tiennent à son éducation.* (Emploi impers.) *Il ne tient qu'à toi de le faire* : il ne dépend que de toi de le faire. **II.** *Tenir de* : ressembler à ; ressortir à. *Il tient de son père. Sa réussite tient du miracle.* **C.** v. i. Demeurer dans le même état, résister, subsister. *Il ne tient plus debout. Tenir bon. J'ai assez de vivres pour tenir plusieurs jours.* / Pouvoir être contenu, inclus dans. *Nous tiendrons facilement dans la salle à manger. Son art tient en deux mots : clarté et élégance.* **D.** v. pron. Se tenir mutuellement. *Se tenir par le cou.* / Se retenir, s'agripper (à qqch.) *Se tenir à la rampe.* / Se trouver (dans tel lieu, à telle place). *Il se tenait près de la sortie.* / Être, rester (dans telle position, tel état). *Se tenir accroupi. Se tenir tranquille. Se tenir bien à table.* / *S'en tenir à qqch.*, ne pas aller au-delà. *Il s'en est tenu aux ordres.* / Avoir lieu. *La conférence se tiendra à Tokyo.* / Être cohérent, vraisemblable. *Son récit se tient.* **E.** loc. interj. *Tiens ! Tenez !* : prends, prenez. / (Pour attirer l'attention) *Tiens, voilà une araignée !*

Tennessee *1 600 km* Rivière du sud-est des États-Unis, affluent de l'Ohio, dont l'aménagement, décidé par le président Roosevelt, a été confié à la Tennessee Valley Authority (1932) : barrages, lacs réservoirs, irrigation ont favorisé le développement industriel et la modernisation des exploitations agricoles.

Tennessee *109 152 km² 5 368 198 h.* État du centre-est des États-Unis. Capitale *Nashville-Davidson*. Ville principale : Memphis. À l'est, les Appalaches offrent des ressources hydroélectriques et minières. À l'ouest, les vallées du Tennessee et du Mississippi sont prospères : céréales, coton, tabac, élevage bovin. Les industries se sont développées après 1950 : industries chimique, alimentaire, textile, électricité, métallurgie. La colonisation anglaise remonte au XVIIIe siècle. L'État est entré dans l'Union en 1796. Il fit sécession en 1861 et la guerre le ravagea. Il réintégra l'Union en 1866.

tennis n. m. Sport qui consiste pour deux ou quatre joueurs à se renvoyer une balle à l'aide de raquettes au-dessus d'un filet tendu en travers d'un terrain rectangulaire appelé court. / (Au plur.) Chaussures en toile généralement blanche, à semelle de caoutchouc, utilisées par les joueurs de tennis. / *Tennis de table* : ping-pong.

tennisman n. m. (mot anglais) Joueur de tennis. Pl. Des *tennismen*.

Tennyson (Alfred, lord**)** 1809-1892 Poète et auteur dramatique anglais. Assombri par des deuils successifs, il livre en 1850 une série de méditations sur la mort : *In memoriam.* La suite de son œuvre poétique, *Poèmes* (1842) ; *Maud* (1855) ; *Enoch Arden* (1864), consacre ce chantre des goûts mythiques et médiévaux de l'époque victorienne, ami de Gladstone, comme le meilleur poète de son temps (il a été nommé « poète lauréat » en 1850). Il a composé également des pièces historiques : *La Reine Mary* (1874), *Harold* (1877), *Becket* (1884).

Tenochtitlán Ancienne capitale de l'Empire aztèque. Cette ville, bâtie sur une île artificielle au milieu d'un lac, possédait des palais et vingt-cinq temples élevés sur des pyramides. Elle fut détruite par les Espagnols de Cortés (1521) et sur son emplacement fut édifiée Mexico.

tenon n. m. Extrémité d'une pièce de bois taillée de façon à pénétrer dans une mortaise pour former l'assemblage le plus courant en menuiserie.

ténor n. m. et adj. m. La plus aiguë des voix masculines ; chanteur ayant cette voix. *Ténor léger,* dont la voix est diaphane, gracile, peu intense. / Fig. Personne connue par son talent dans un domaine donné ; personne très en vue dans tel ou tel domaine. *Les ténors de la politique.* / adj. m. Se dit d'un instrument dont l'étendue correspond à celle de la voix de ténor.

tenrec Voir **tanrec**

tenseur n. m. et adj. MATH. Élément d'un espace vectoriel constituant une généralisation de la notion de vecteur. *Les tenseurs sont invariants lors d'un changement de base. Un tenseur donné, dans un espace à n dimensions, est caractérisé par nᵏ dimensions, k étant appelé ordre du tenseur. Un scalaire est un tenseur d'ordre zéro, un vecteur est un tenseur d'ordre 1. La notion de tenseur est notam. utilisée en mécanique.* / ANAT. Muscle qui produit une tension. / adj. *Un muscle tenseur.*

tensio-actif, ive adj. et n. m. CHIM. Apte à modifier la tension superficielle d'un liquide (partic. en la diminuant). / n. m. *Un tensio-actif.*

tensiomètre n. m. PHYS. Appareil servant à mesurer la tension superficielle d'un liquide. / MÉD. Syn. de sphygmomanomètre.

tension n. f. **I.** Action de tendre ; état de ce qui est tendu, étiré. *Tension d'une corde de violon, d'un muscle.* / PHYS. Force expansive d'un gaz, d'une vapeur. *Tension superficielle* : force qui s'exerce à la surface de séparation entre un liquide et un gaz, un liquide et un solide, un solide et un gaz, perpendiculairement à celle-ci. *La tension superficielle est due aux interactions moléculaires ; elle est responsable notamment des phénomènes de capillarité et de la forme sphérique des gouttes de liquide.* /

Singes fumeurs et buveurs, par **David Teniers le Jeune** (musée du Prado, Madrid).

PHYSIOL. Résistance qu'oppose une paroi aux liquides, aux gaz contenus dans la cavité qu'elle enferme, le conduit qu'elle borne. *Tension artérielle* ou (absol.) *tension*: pression du sang dans les artères. *Avoir de la tension*, une tension trop élevée. / ÉLECTR. Différence de potentiel. *Haute tension*. **II.** Fig. Forte concentration intellectuelle appliquée à un objet unique. *Tension nerveuse*: nervosité. / Discorde entre personnes, entre institutions. *Tension diplomatique entre deux pays.*

tensoriel, elle adj. MATH. Relatif aux tenseurs. *Calcul tensoriel.*

tentaculaire adj. Propre aux tentacules. / Fig. Qui tend à étendre son emprise en toutes directions. *Mégalopole tentaculaire. Les villes tentaculaires,* recueil d'Émile Verhaeren (1895).

tentacule n. m. ZOOL. Appendice allongé et mobile dont sont munis divers animaux, servant à la préhension, à la locomotion, au tact, etc. *Les tentacules d'une méduse, d'un poulpe, d'une holothurie.*

tentant, e adj. Qui tente, sollicite le désir. *Une affaire tentante.*

tentateur, trice adj. et n. Qui tente, sollicite au mal, au péché. *Esprit tentateur du démon.* / Subst. *Un tentateur, une tentatrice. Le Tentateur*: le démon.

tentation n. f. Impulsion qui pousse à transgresser la morale ou la religion. / Ce qui tente, suscite le désir, l'envie.

tentative n. f. Action par laquelle on tente de parvenir au résultat escompté. *Tentative de suicide.* / DR. Commencement d'exécution d'une infraction. *Tentative de vol.*

tente n. f. Abri portatif provisoire, consistant en une forte toile tendue sur une armature légère et démontable. *Tente de camping.* / Fig. *Se retirer sous sa tente*: se tenir à l'écart par dépit (par allusion à Achille qui, vexé, abandonna le combat contre les Troyens). / ANAT. *Tente du cervelet*: prolongement de la dure-mère séparant le cerveau du cervelet. / MÉD. *Tente à oxygène*: abri étanche muni d'une arrivée d'oxygène, sous lequel est placé le malade.

tenter v. t. [1] Entraîner (qqn) à faire le mal, à pécher. / Par ext. Exciter le désir, l'envie de (qqn). *Votre proposition me tente. Se laisser tenter par une friandise. Être tenté de* (+ inf.): éprouver le désir de. / Essayer de mener à bien. *Tenter une expérience, une performance. Tenter sa chance*: essayer de gagner, de réussir. *Tenter de*: essayer de. *Il tenta de se dégager.*

tenture n. f. Ensemble des pièces de tissu décorant les murs, les fenêtres, les portes d'une pièce. / Pièce de tissu, de papier servant de décoration murale.

tenu, e adj. et n. m. *Être tenu à, tenu de faire qqch.*, y être contraint. *Je suis tenu au silence par un serment. Je suis tenu d'agir au plus vite.* / n. m. Dans certains sports, faute commise par le joueur qui tient le ballon irrégulièrement, trop longtemps notamment.

ténu, e adj. Très mince. *Fil ténu.* / Très faible. *Un son ténu.*

tenue n. f. Action de tenir en ordre, de gérer. *Tenue d'une maison. Tenue de livres*: action de tenir la comptabilité d'une entreprise. / Action, fait de bien se conduire, se tenir. *Manquer de tenue. Mauvaise tenue.* / Manière de s'habiller; costume correspondant à une circonstance déterminée, à une activité. *Tenue démodée. Tenue de soirée. Grande tenue*: uniforme d'apparat. / Action de tenir une réunion, une assemblée; temps pendant lequel elle se tient. *Tenue des assises.* / MUS. Prolongation du son au-delà de la valeur de la note. / FIN. Stabilité du cours d'une valeur financière. / *Tenue de route*: manière dont une voiture adhère au sol dans les virages ou à grande vitesse.

Pyramides du site de ***Teotihuacán****, au Mexique.*

Tenzin Gyatso 1935 Quatorzième et actuel dalaï-lama du Tibet, intronisé en 1940. Lors de l'invasion chinoise en 1950, il tenta de résister, mais fut contraint d'accepter la domination du Tibet par la Chine dès 1951. La résistance tibétaine perdura, ce qui entraîna une répression sévère, et, en 1959, le dalaï-lama dut s'exiler en Inde avec son gouvernement.

téocalli n. m. (mot aztèque) ARCHÉOL. Édifice religieux aztèque, consistant en une pyramide tronquée surmontée d'un temple.

téorbe Voir **théorbe**

Teotihuacán Village et site archéologique du Mexique, qui conserve les vestiges d'une importante civilisation précolombienne dite *de Teotihuacán*. Le site comporte des pyramides colossales (hauteur 66 *m*), des temples et des palais construits entre le IVe siècle avant J.-C. et le Xe siècle après J.-C.

tep n. f. inv. (Acronyme de *tonne équivalent pétrole*) Unité utilisée pour comparer les différentes sources d'énergie. *Une tep correspond à l'énergie produite par une tonne de pétrole brut.*

tepidarium n. m. (mot latin) ANTIQ. ROM. Partie des thermes où l'atmosphère était tiède, servant de transition entre le frigidarium et le caldarium.

tequila ou **téquila** n. f. Eau-de-vie mexicaine, tirée du fruit de l'agave.

ter adv. (mot latin) S'emploie pour indiquer qu'on répète un numéro pour la troisième fois. *21 ter rue du Roule.*

tératogène adj. MÉD., BIOL. Susceptible de provoquer une malformation congénitale, d'agir sur l'embryon en produisant un monstre. *Un agent tératogène. La thalidomide est tératogène.* / Relatif à la tératogenèse. *Un effet tératogène. Un risque tératogène.*

tératogenèse n. f. MÉD., BIOL. Formation et développement d'une malformation chez l'embryon. *Tératogenèse pathologique, tératogenèse expérimentale.*

tératologie n. f. BIOL., MÉD. Science qui étudie les malformations congénitales, les monstres.

tératologique adj. BIOL., MÉD. Relatif à la tératologie; qui relève de cette science.

tératome n. m. MÉD. Tumeur bénigne ou maligne résultant de la prolifération de cellules germinales au cours du développement de l'embryon.

terbine n. f. CHIM. Hydroxyde de terbium, de formule Tb $(OH)_3$.

terbium n. m. CHIM. Élément du groupe des terres rares, de la famille des lanthanides, de numéro atomique $Z = 65$ et de masse atomique 158,9 (symbole Tb).

Terborch ou **Ter Borch (Gerard)** 1617-1681 Peintre hollandais. Il exécuta de nombreux portraits (dont des portraits collectifs) et des scènes de genre populaires, tant en Angleterre qu'en Allemagne ou en Espagne, et, à son retour aux Pays-Bas, donna essentiellement des scènes intimistes (*La Lettre*; *La Leçon de musique*) pleines de charme et de sérénité.

Terbrugghen ou **Ter Brugghen (Hendrik)** 1588-1629 Peintre hollandais, influencé par les clairs-obscurs du Caravage (*La Vocation de saint Matthieu*).

Terceira *396 km^2* Île volcanique de l'archipel des Açores (Portugal) dans l'Atlantique. Chef-lieu *Angra do Heroísmo*. La douceur du climat permet la culture de la vigne et des agrumes.

tercet n. m. En versification, strophe de trois vers.

térébenthine n. f. Substance résineuse produite par certains arbres (conifères et térébinthacées), dont on extrait par distillation *l'essence de térébenthine*, employée comme solvant des peintures, dans la fabrication des vernis, etc. / Cour. (ellipt.) Essence de térébenthine.

térébinthacées n. f. pl. BOT. Famille de plantes dicotylédones dialypétales groupant des arbres et des arbustes résineux tels que le pistachier, le manguier.

térébinthales n. f. pl. BOT. Ordre de phanérogames dicotylédones dialypétales, auquel appartient la famille des térébinthacées.

térébinthe n. m. BOT. Pistachier méditerranéen, qui fournit une térébenthine.

térébrant, ante adj. et n. m. **A.** adj. ZOOL. Qui creuse des trous, des galeries. *Insecte térébrant.* / MÉD. Se dit d'une lésion qui creuse les tissus. *Tumeur térébrante.* / Fig. Perçant, profond, déchirant. *Une douleur térébrante.* **B.** n. m. pl. ZOOL. Groupe d'insectes hyménoptères munis d'un ovipositeur parfois très long, et dépourvus d'aiguillon venimeux (contrairement aux hyménoptères aculéates). / Sing. *Le cynips est un térébrant.*

Terechkova (Valentina Vladimirovna) 1937 Cosmonaute russe, la première « femme de l'espace » (16-19 juin 1963).

Térence (en latin, **Publius Terentius Afer)** v. 190-159 avant J.-C. Poète comique latin, né à Carthage. Ses comédies, inspirées du Grec Ménandre, font s'affronter des personnages décrits avec une grande finesse psychologique et animés de bons sentiments: *L'Andrienne*; *L'homme qui se punit lui-même*; *L'Hécyre*; *L'Eunuque*; *Les Adelphes*; *Phormion* (dont s'inspira Molière dans *Les Fourberies de Scapin*).

Teresa (Agnes Gonxha Bajaxhiu, en religion **mère)** 1910-1997 Religieuse indienne d'origine albanaise. Née à Üsküb (aujourd'hui Skopje, capitale de la Macédoine) dans la communauté albanaise, elle fonda l'ordre catholique des Missionnaires de la charité et créa plusieurs organismes de secours pour les miséreux en Inde, dont elle acquit la nationalité. Elle a été canonisée par Jean-Paul II.

tergal [1] n. m. (nom déposé) Fibre textile polyester. Pl. Des *tergals.*

tergal, e [2] adj. ZOOL. Qui a rapport au dos des insectes.

tergiversation n. f. Fait de tergiverser; hésitation, faux-fuyant destinés à éviter une décision rapide, une réponse nette.

tergiverser v. i. [1] Tenter d'éluder une question, de retarder une décision en usant de subterfuges, de faux-fuyants; atermoyer, hésiter.

terme n. m. **I.** Limite dans le temps. *Toucher à son terme*: s'achever. *Mener qqch. à terme,* à bien. / Date normale de l'accouchement, neuf mois après la conception pour l'espèce humaine. *Accouchement à terme, avant terme.* / DR. Date à laquelle expire un délai. *Terme suspensif, extinctif.* / FIN. *Achat ou vente à terme*, dont le règlement est ajourné à une date ultérieure, fixée d'avance. / Date fixée pour le paiement d'un loyer; laps de temps entre deux termes. *Payer à terme échu.* / Montant du loyer. *Payer son terme.* / (Au plur.) Relations. *Être en bons, en mauvais termes avec qqn*: avoir de bonnes, de mauvaises relations avec lui. **II.** Mot ou expression. *Chercher le terme exact.* / Mot appartenant à un domaine particulier. *Terme juridique.* / (Au plur.) Manière de dire qqch. *Peser ses termes. Aux termes d'une loi*, selon ce qui y est stipulé. /

Mère Teresa *(au premier plan).*

MATH. Chacun des éléments constitutifs d'une suite, d'une somme, d'une équation, etc. *Les termes d'une fraction sont le dénominateur et le numérateur.* / LOG. Chacun des éléments entre lesquels un rapport est établi. *Termes d'un syllogisme.* / COMM. Termes de l'échange : rapport entre la valeur des importations et celle des importations. **III.** ANTIQ. Statue du dieu Terme, comprenant un buste et une partie inférieure en forme de gaine, servant autrefois de borne.

Terme Divinité romaine représentant la fixité, l'immobilité, la permanence.

terminaison n. f. Fin, extrémité. *Terminaison nerveuse* : partie terminale d'un nerf. / LING. Élément final d'un mot ; désinence variable, par opposition au radical.

terminal, ale, aux [1] adj. et n. f. Qui forme l'extrémité ou la fin de qqch. *Phase terminale. Classe terminale* ou, n. f., *la terminale* : la dernière classe de l'enseignement secondaire, à l'issue de laquelle on passe le baccalauréat.

terminal, aux [2] n. m. Aérogare urbaine assurant la desserte d'un aéroport. / Ensemble des installations pour le stockage des hydrocarbures, à l'extrémité d'un pipeline. / INFORM. Périphérique d'entrée-sortie relié à un ordinateur distant.

terminer v. t. [1] Constituer le terme, la fin de. *Mot qui termine une phrase.* / Mener à son terme, achever. *Terminer ses devoirs, son repas.* / v. pron. Arriver à son terme. *Se terminer par, en* : avoir pour extrémité ou pour conclusion ; finir en prenant (telle forme, tel aspect). *La fête s'est terminée par un feu d'artifice. Les verbes du premier groupe se terminent en « er ».*

terminologie n. f. Vocabulaire spécifique d'une science, d'un art, d'un auteur donnés. *La terminologie médicale.* / Étude du vocabulaire propre à un domaine particulier.

terminologue n. Spécialiste en terminologie.

terminus n. m. Dernière station d'une ligne de transport en commun.

termite n. m. ZOOL. Insecte hyménoptère social, xylophage, vivant en colonies composées de plusieurs castes, notam. une énorme reine pondeuse, les soldats et les ouvriers, stériles.

termitière n. f. Nid de termites.

ternaire adj. Formé de trois éléments. *Composé ternaire.* / MATH. *Numération ternaire*, à base trois. / MUS. *Mesure ternaire*, dont les temps sont divisibles par trois.

terne adj. De peu de lustre, peu d'éclat, mat. *Couleur terne.* / Fig. *Style terne.*

ternir v. t. [2] Rendre terne, ôter l'éclat de. *Le temps qui ternit la couleur d'un tissu.* / Fig. Rendre moins honorable, compromettre, salir.

ternissement n. m. Action de ternir ; fait de se ternir.

ternissure n. f. Rare Caractère de ce qui est terne, terni. *La ternissure des vitres.*

Terpandre VIIIe-VIIe siècle av. J.-C. Poète et musicien grec, que l'on tient pour le fondateur de la poésie lyrique et de la musique grecque. On lui attribue l'invention de la cithare à sept cordes qui a remplacé la cithare à quatre cordes ; il a écrit des nomes (longues compositions poétiques ou musicales construites selon des règles précises et contraignantes), des préludes à un chant et des scolies (commentaires critiques de textes anciens).

terpène n. m. CHIM. Nom générique des hydrocarbures de formule générale $(C_5H_8)_n$.

terpénique adj. CHIM. De terpène et de leurs dérivés.

Terpsichore MYTH. GR. Fille de Zeus et de Mnémosyne, muse de la Poésie lyrique et de la Danse.

Terragni (Giuseppe) 1904-1943 Architecte italien. Influencé par le futurisme, il construisit peu (il mourut à moins de quarante ans des suites de ses blessures de guerre), mais ses œuvres portent la marque d'un esprit rationnel et sensible à l'équilibre des masses (immeuble Novocomun, Maison du fascisme et Asilo Sant'Elia, une école maternelle, bâtiments tous situés à Côme).

terrain n. m. Portion de terre de superficie déterminée, considérée selon son emplacement ou son utilisation. *Terrain à bâtir. Terrain de camping. Terrain d'aviation* : large espace découvert, sillonné de pistes permettant le décollage et l'atterrissage des avions. *Terrain vague* : dans une agglomération, terrain vide, non construit. / Lieu où se déroule un combat, une opération militaire. *Terrain conquis. Disputer le terrain. Gagner du terrain* : progresser. / Lieu d'exercice d'une activité. *Être, aller sur le terrain.* / Fig. État des choses ; état d'esprit d'une personne. *Sonder le terrain.* / Sol. *Terrain siliceux.* / GÉOL. Ensemble de roches de même âge ou de même origine. / loc. adj. *Tout-terrain, tous (-) terrains* : qui peut circuler partout. *Véhicule tout-terrain*, ou (subst.) *un tout-terrain.* / MÉD. Disposition de l'organisme à résister plus ou moins bien à certaines affections. *Terrain allergique.*

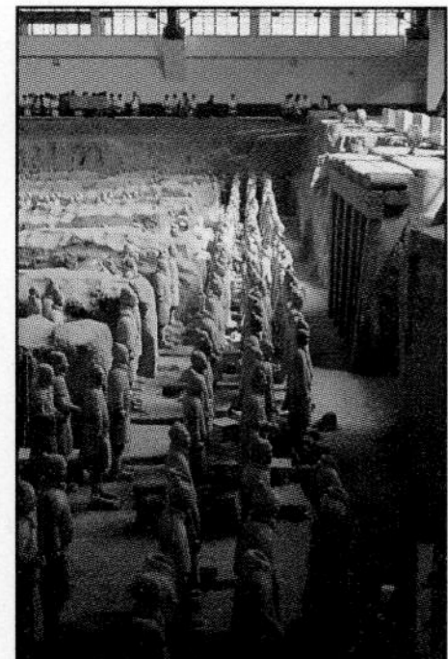

Soldats en **terre** cuite du tombeau de Qin Shi Huangdi, empereur de Chine (246 av. J.-C., Xian).

terrarium n. m. Lieu clos aménagé pour l'élevage ou l'observation de reptiles, d'insectes, d'amphibiens, etc.

terrasse n. f. Levée de terre formant un espace plan, soutenue ou non par un mur. *Cultures en terrasse*, disposées sur des gradins maintenus à flanc de coteau par des murets. / GÉOL. Replat sur le versant d'une vallée, formé d'anciennes alluvions. / Toit plat d'une maison. / Large balcon autour d'un édifice. / Partie d'un trottoir devant un café, garnie de tables et de chaises, où s'installent les consommateurs. / Socle. *Terrasse d'une statue.*

terrassement n. m. Action de creuser, de déplacer, de transporter de la terre, et de modifier la disposition du terrain. / Cette terre ainsi amassée et consolidée.

terrasser v. t. [1] Procéder au terrassement de. / Jeter (qqn) à terre. *Un nain qui terrasse un géant.* / Fig. *La mort l'a terrassé avant l'âge.*

terrassier n. m. Ouvrier employé aux travaux de terrassement.

• **terre** n. f. **I.** (avec majuscule) Seule planète du système solaire sur laquelle, à notre connaissance, s'est développée la vie. **II.** Surface émergée de cette planète ; portion de sol. *Terre ferme. Armée de terre*, par opposition à la marine et à l'armée de l'air. / Étendue de cette surface, région, pays. *Terre natale. La Terre sainte* : les lieux où vécut le Christ (voir *saint*). / Domaine rural. *Vendre une terre. Vivre sur ses terres.* **III.** Surface sur laquelle on marche, sol. *Tomber par terre.* / loc. *Ventre à terre*, très vite. *Il est parti ventre à terre. Terre à terre* : sans élévation de pensée, prosaïque. *Une intervention plate, très terre à terre.* / Sol considéré en tant que surface cultivable. *Terre fertile. Les produits de la terre* : la production agricole. / Sol considéré en tant que lieu de sépulture. *Porter un mort en terre.* / ÉLECTR. *La terre* : le sol, dont le potentiel électrique est égal à zéro. *Prise de terre*, qui établit une liaison avec la terre. **IV.** Matière constituant le sol, de consistance diverse. *Terre calcaire. Terre glaise. Terre de Sienne* : pigment minéral naturel de couleur brun clair. *Terre cuite* : argile façonnée et cuite au feu ; objet d'art ainsi obtenu. *Carreau en terre cuite. Une terre cuite du* XVIIIe *siècle.* / Anc. Un des quatre éléments des alchimistes, avec le feu, l'air et l'eau. / CHIM. *Terres rares* : nom donné aux métaux de la famille du lanthane (de numéro atomique 57 à 71) et aux oxydes de ces métaux. **V.** Fig. Le lieu où vivent les hommes, par opposition au ciel, à l'au-delà. *Sur la terre comme au ciel.*

terreau n. m. Terre provenant de la décomposition de substances végétales ou animales, utilisée comme engrais naturel. *Terreau de couche, de feuilles.*

Terre de Feu (autrefois, *archipel de Magellan*) Groupe d'îles (Chili et Argentine) prolongeant dans le Pacifique, au-delà du détroit de Magellan, le plateau de la Pampa et les massifs des Andes. Cet archipel peu peuplé, au climat rigoureux (moyenne annuelle de 5 °C), est couvert d'une maigre végétation.

Terrefort Pays de collines situé au sud-est de Toulouse, qui a donné son nom à des sols faits de molasses recouvrant des marnes ou des argiles calcaires.

terre-neuvas n. m. inv. ou **terre-neuvier** n. m. Bateau équipé pour la pêche à la morue sur les bancs de Terre-Neuve. / Marin qui pêche sur ce bateau. Pl. Des *terre-neuviers.*

terre-neuve n. m. inv. Grand chien au pelage noir, long et dru, originaire de Terre-Neuve, utilisé pour le sauvetage en mer.

Terre-Neuve *404 720 km² 575 000 h.* Province atlantique du Canada, constituée par la grande île de Terre-Neuve (*112 300 km²*) qui, située dans l'Atlantique Nord, à l'embouchure du Saint-Laurent, concentre la quasi-totalité des habitants, et par le nord-est du Labrador. Capitale

T

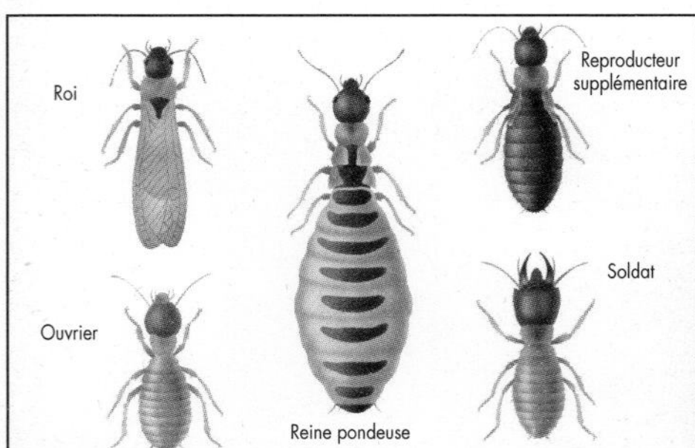

Les différentes castes de **termites**.

Parc national de **Terre-Neuve**.

TERRE

Dans l'ordre des planètes qui orbitent autour du Soleil, la Terre occupe la troisième orbite, située à 1 U.A. (unité astronomique), soit 149 597 870 km, de son étoile.

CARACTÉRISTIQUES GÉNÉRALES DE LA PLANÈTE

Rayon équatorial : 6378,155 km
Rayon polaire : 6356,775 km
Aplatissement aux pôles : 0,0034
Accélération de la pesanteur : 9,78 m/s
Vitesse de libération : 11,2 km/s
Intensité du champ magnétique en surface : $5 \cdot 10^{-5}$ T
Inclinaison sur l'équateur : 23°26
Inclinaison sur l'écliptique : 0°
Excentricité de l'orbite : 0,0167
Vitesse moyenne sur l'orbite : 29,79 km/s
Période de révolution sidérale : 365 j 6 h 9 min 9 s
Période de rotation sidérale : 23 h 56 min 04 s
Nombre de satellites naturels : 1
Âge présumé de la Terre : +/- $4,6 \cdot 10^{9}$ ans
Superficie de la Terre : 510 070 000 km^2
Superficie des terres émergées : 133 587 333 km^2
Superficie des mers et des océans : 376 482 667 km^2
Volume de la Terre : 1 083 380 000 km^3
Masse/densité : $5,98 \cdot 10^{24}$/5,51
Altitude maximale des terres émergées (mont Everest) : 8 848 m
Profondeur maximale des mers (fosse des Mariannes) : 11 034 m
Dénivelé maxi (fosse Pérou-Chili, mont Aconcagua) : 15 023 m (-8064 + 6959).

La Terre vue de l'espace. On y distingue clairement le continent africain.

Si nous faisons abstraction du tabou qui, au cours d'une longue période de l'Histoire, frappait toute allusion contraire à la doctrine établie quant à l'origine de la Terre, nous devons, aujourd'hui, prendre en compte qu'elle est partie intégrante d'un système planétaire et, donc, que toute étude concernant son origine et sa formation ne peut se concevoir que dans le cadre d'une recherche étendue à toutes les planètes de ce système.

Il est admis maintenant que le Soleil et les planètes se sont formés à partir d'une nébuleuse primitive ; que ce système a évolué depuis sa formation ; que la stabilité que nous constatons lors de nos observations n'est que la vision apparente de cette évolution perpétuelle, lente à la seule mesure de nos horloges terrestres. Du point de vue de la géodésie, la Terre n'a pas la forme d'une sphère, mais d'un géoïde de révolution aplati aux pôles et dont l'irrégularité de surface est due à ses reliefs montagneux.

Les terres émergées, dont la plus grande surface est répartie dans l'hémisphère Nord, représentent 26,19 % de la surface totale du globe, le reste, 73,81 %, étant occupé par les mers et les océans.

Schématiquement, on peut se représenter la Terre sous la forme d'une sphère composée de cinq enveloppes intimement imbriquées : la géosphère, l'hydrosphère, la magnétosphère, l'atmosphère et la biosphère. Depuis la conquête spatiale et l'étude des cratères lunaires, qui ont confirmé la théorie de l'accrétion, nous savons que les planètes se sont formées par captures successives d'objets de taille croissante, allant de l'agglomération de poussières cosmiques à celle de planétoïdes.

Le phénomène de cratérisation, généralisé dans le système solaire et particulièrement observé sur la Lune, est la trace des impacts d'un bombardement d'objets cosmiques dont la fréquence est passée d'une phase paroxystique à une phase d'accalmie. La répétition de ces violents impacts à la surface de la Terre a libéré une telle quantité de chaleur que les matériaux la constituant ont fondu, formant à l'intérieur de la planète un gigantesque magma en fusion à l'origine de son volcanisme. Si l'âge estimé de sa formation est bien 4,55 milliards d'années, il aura fallu environ 100 millions d'années pour qu'elle atteigne sa taille actuelle ; que débute l'isolement de son noyau, constitué de fer, à l'origine de son champ magnétique ; que se forme son atmosphère par dégazage successif de ses couches internes, formées pour l'essentiel de silicium, d'oxygène, de magnésium.

À l'origine, l'atmosphère de la Terre se compose d'azote, de gaz carbonique, d'hélium, de néon et de vapeur d'eau. L'eau, fruit de la combinaison de l'hydrogène et de l'oxygène, dont on ignore si elle est présente au moment de la formation de la Terre ou si elle apparaît plus tardivement, est à l'origine de la formation de l'océan primitif qui recouvrait l'ensemble du globe.

C'est entre 4 et 3,8 milliards d'années que surgissent les premiers continents et que l'atmosphère, alors réductrice, évolue vers une atmosphère oxydante par réactions photochimiques (dissociation de la vapeur d'eau par le rayonnement solaire de courte longueur d'onde), ce qui permet les premières manifestations de la vie.

Avant l'ère spatiale, on imaginait l'environnement de la Terre comme limité à son atmosphère, au-delà de laquelle devait exister une frontière fictive qui nous séparait du vide interplanétaire. La conquête de l'espace a rendu obsolète cette vision. Dès 1958, le physicien Van Allen, travaillant d'après les données des satellites américains Explorer, mit en évidence, autour de la Terre, la présence de deux ceintures de radiations et en donna les premières caractéristiques. Ces ceintures, dites « ceintures de Van Allen », dont une troisième a été découverte en 1992, sont situées entre 1 000 et 25 000 km ; elles sont issues du champ magnétique terrestre dont les lignes de forces décrivent des boucles orientées dans le sens pôle Sud/pôle Nord. L'inclinaison de l'axe du champ magnétique (12° par rapport à l'axe de rotation de la Terre) est à l'origine du fait que les pôles magnétiques ne coïncident pas avec les pôles géographiques.

Le champ magnétique dipolaire s'applique à la surface de la Terre, mais son champ d'action s'étend à une distance comprise entre 10 rayons terrestres du côté faisant face au Soleil, et 40 rayons du côté opposé. Il constitue la magnétosphère, véritable cocon magnétique de notre planète. Dans ses relations avec le Soleil, la Terre et son environnement baignent dans un milieu dont lumière et chaleur ne sont pas les seuls constituants.

L'espace contient une infinité de particules, parmi lesquelles les rayons cosmiques faits de particules élémentaires très énergétiques et de noyaux d'atomes se déplaçant à des vitesses proches de celle de la lumière et venant de toutes les directions de l'espace ; des particules ionisées, essentiellement des protons, des électrons et des noyaux d'hélium qui forment le vent solaire en expansion dans l'espace interplanétaire. La magnétosphère piège ces particules qui, électriquement chargées, suivent les lignes du champ magnétique interplanétaire et se heurtent ensuite au champ magnétique terrestre ; elle est, avec l'atmosphère, le garant de la pérennité de la vie.

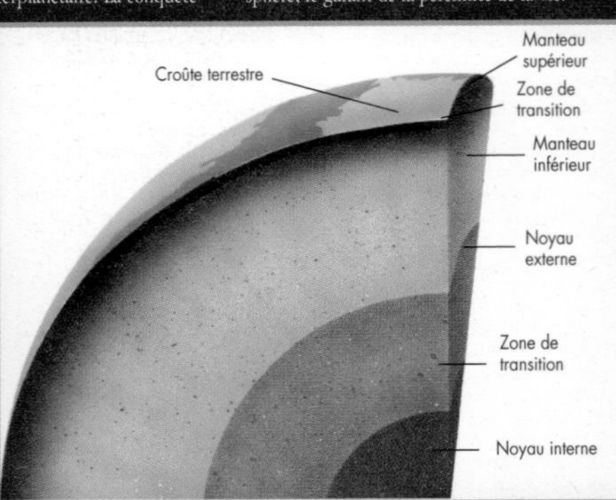

Coupe schématique transversale de la Terre avec ses différentes couches.

T

Saint John's (Saint-Jean). Les principales ressources de l'île de Terre-Neuve, sauvage et montagneuse (*600 m*), sont la pêche à la morue, l'exploitation de la forêt et l'agriculture (pommes de terre, avoine, pommes). Les grandes richesses du sous-sol (fer) sont à peine entamées. Les seules industries importantes sont les conserveries de poisson et les usines de papier. Saint John's est un port actif. Le Labrador est riche en fer et en ressources hydroélectriques. Découverte au XIe siècle par les Scandinaves, en 1497 par John Cabot, très fréquentée dès le XVIe siècle par les pêcheurs de morue, l'île fut cédée en 1713 à l'Angleterre (traité d'Utrecht). La France garda jusqu'en 1904 le monopole de la pêche, ainsi que le droit de débarquer sur une partie de la côte (*French Shore*) pour y sécher le poisson. Dominion britannique (1917) auquel fut rattachée la côte nord-est du Labrador (1927), Terre-Neuve devint une province de la confédération du Canada en 1949.

terre-neuvien, enne n. et adj. De Terre-Neuve.

terre-neuvier Voir **terre-neuvas**

terre-plein n. m. Terrassement qui soutient une plate-forme de terrain rapporté. *Terre-plein central*, séparant les deux chaussées d'une voie routière. Pl. Des *terre-pleins*.

terrer (se) v. pron. [1] Se cacher sous terre, dans un terrier. *Les lapins se terrent.*

terrestre adj. De la Terre. *Atmosphère terrestre.* / Qui vit sur terre (et non dans un autre biome). *Animal terrestre.* / Qui procède du déplacement sur terre (et non dans l'atmosphère ou dans l'eau). *Transport par voie terrestre.* / Qui est de ce monde, n'est pas de nature spirituelle. *Plaisirs terrestres.*

terreur n. f. Peur intense, épouvante. / Ensemble de violences et de mesures politiques arbitraires, utilisées par un régime pour imposer son pouvoir.

Terreur (la) Nom donné à deux périodes de la Révolution française. La *première Terreur* (août-septembre 1792), causée par les défaites de l'armée française et la crainte d'un complot aristocratique, fut marquée par l'arrestation du roi et les massacres de septembre : exécutions sommaires, par la foule qui avait envahi les prisons à Paris et dans plusieurs villes de province, de plus d'un millier de personnes incarcérées (des prêtres réfractaires, des nobles, mais aussi des prisonniers de droit commun). La *seconde Terreur* suivit l'élimination des Girondins de la Convention (juin 1793) et dura jusqu'à à la chute de Robespierre le 9 Thermidor (27 juillet 1794). Robespierre et ses partisans, qui dominaient le Comité de salut public, prirent des mesures de plus en plus impitoyables contre leurs adversaires et contre les partisans de la monarchie. 40 000 personnes environ furent exécutées, dont Marie-Antoinette (octobre 1793). La Terreur put se développer grâce au Tribunal révolutionnaire institué en mars 1793, à la *loi des Suspects* votée par la Convention le 17 septembre 1793, à la *loi du maximum des prix* du 29 septembre. Elle fut aggravée (*Grande Terreur*) par la loi du 22 prairial an II (10 juin 1794) qui supprimait pour les accusés toute possibilité de défense et ne prévoyait qu'une seule peine : la mort. Les excès de la Terreur entraînèrent finalement la chute de Robespierre.

Terreur blanche (la) Nom donné aux sanglantes réactions royalistes qui se développèrent dans le sud-est et l'ouest de la France. La *première Terreur blanche* suivit l'échec des insurrections jacobines (avril-mai 1795) et consista en sanglantes représailles contre les anciens partisans de Robespierre. La *seconde Terreur blanche*, après Waterloo (1815), s'exerça contre les bonapartistes, les républicains et les protestants ; elle entraîna notamment les assassinats du maréchal Brune et du général Ramel. Par la suite, le gouvernement fit bannir les régicides et exécuter Ney, La Bédoyère, les frères Faucher. La Terreur blanche aurait fait beaucoup plus de victimes que la *Terreur* (dont son nom s'inspire).

terreux, euse adj. De la nature de la terre ; qui évoque la terre. *Matière terreuse. Visage terreux.* / Qui contient de la terre, mêlé de terre. *Eau terreuse.*

terrible adj. et n. Litt. Qui inspire la terreur. / (Sens atténué) Violent, intense. *Un coup terrible.* / Déplaisant, pénible. *C'est terrible d'en arriver là ! Vous êtes terrible avec vos façons de faire !* / *Enfant terrible*, turbulent, remuant. / Loc. (en parlant d'un adulte) *C'est l'enfant terrible de* : c'est qqn qui perturbe le milieu où il exerce son activité. *C'est l'enfant terrible de la politique locale.* / Fam. Extraordinaire, étonnant. *Avoir une chance terrible.* / Par ext. Qui suscite l'enthousiasme, l'admiration. *Une fille terrible, pas terrible.*

terriblement adv. De façon à inspirer la terreur. / Énormément.

terricole adj. Qui vit dans la terre. *Insecte terricole.*

terrien, enne adj. et n. De la terre, rural. *Propriétaire terrien.* / Subst. Habitant de la planète Terre. *Message aux terriens.*

terrier [1] n. m. Abri creusé dans le sol par certains animaux (lapin, renard, blaireau, etc.).

terrier [2] n. m. Chien dressé pour la chasse aux animaux qui vivent dans un terrier.

terrier [3] n. m. DR., FÉOD. Registre contenant l'état des revenus d'une seigneurie, d'un domaine.

terrifier v. t. [1] Inspirer de la terreur à.

terril n. m. Butte formée par le déblai des déchets d'extraction, de calibrage et de lavage d'une mine.

terrine n. f. Récipient creux en terre (ou, par ext., en porcelaine, en faïence, etc.) aux bords généralement évasés ; son contenu. / Pâté que l'on a fait cuire dans une terrine et que l'on consomme froid. *Une terrine de lièvre.*

territoire n. m. Surface délimitée de terre occupée par un groupe humain. *Le territoire national. Le territoire du département. Territoire d'outre-mer (T.O.M.).* / Espace occupé par un ou plusieurs animaux qui en interdisent l'accès à leurs congénères. / ANAT. Zone déterminée d'un organisme. *Le territoire d'un nerf*, innervé par celui-ci.

territorial, ale, aux adj. Qui concerne un territoire. *Eaux territoriales* : frange maritime comprise entre la côte et la haute mer, définie par une convention internationale, sur laquelle s'exerce la souveraineté de l'État riverain. / HIST. *Armée territoriale* ou, n. f., *la territoriale* : de 1872 à 1914, partie de l'armée de réserve formée des classes les plus anciennes.

Yorkshire-**terrier**.

Teruel : Tour Saint-Martin.

territorialité n. f. DR. Caractère de ce qui dépend du territoire, par oppos. à *personnalité. Territorialité d'un impôt.*

terroir n. m. Région considérée du point de vue de sa production agricole. *Terroir bon pour le blé.* / Spécial. Région favorable à une production vinicole donnée. / Par ext. *Le terroir* : les régions rurales, la campagne. *Produits du terroir*, qui viennent directement de la région de production. / loc. adj. *Du terroir* : enraciné dans des traditions rurales, dans les traditions d'une région donnée. *Avoir l'accent du terroir.*

terroriser v. t. [1] Frapper de terreur. / Soumettre à un régime de terreur.

terrorisme n. m. Ensemble d'actions politiques fondées sur le pouvoir de la terreur et faisant appel à la violence sous toutes ses formes (attentats, prises d'otages, destructions diverses).

terroriste n. et adj. Personne qui pratique le terrorisme. *Des terroristes armés.* / adj. Qui procède du terrorisme. *Menace terroriste.*

tertiaire adj. et n. GÉOL. *Ère tertiaire* ou, n. m., *le Tertiaire* : ère géologique d'environ 70 millions d'années, antérieure au Quaternaire, durant laquelle apparurent les principales lignes du relief actuel, et où se diversifièrent les mammifères. Syn. Néozoïque. / *Secteur tertiaire* ou, n. m., *le tertiaire* : secteur des activités économiques regroupant celles qui ne sont pas directement productrices de biens, mais sont productrices de services, comme le commerce et les professions libérales. / n. RELIG. CATHOL. Membre d'un tiers ordre.

tertio adv. (mot latin) Troisièmement.

tertre n. m. Petite butte isolée. / *Tertre funéraire* : amas de terre sur une sépulture.

Tertullien (en latin, Quentus Septimus Florens Tertullianus) 155?-225? Théologien né à Carthage. Converti au christianisme, il se détacha de l'orthodoxie catholique pour embrasser, après 207, la doctrine de Montanus, néophyte chrétien de Phrygie qui prêchait un ascétisme farouche nécessaire pour que les fidèles se préparent à la venue sur la Terre de la nouvelle Jérusalem et au règne millénaire du Seigneur, et qui, en outre, refusait le pardon de l'Église aux péchés graves. Tertullien fut le premier écrivain chrétien à écrire en latin. Polémiste (*Contre Marcion*, où il démontre l'unicité de Dieu et affirme que les deux natures, divine et humaine, coexistent dans la personne du Christ), moraliste austère et pessimiste d'esprit stoïcien (*Sur la toilette des femmes*, *Exhortation à la chasteté*), ce fut aussi un pasteur, sans que l'on sache s'il était ou non prêtre.

Teruel *28 448 h.* Ville d'Espagne, en Aragon, chef-lieu de la province du même nom. Elle fut le théâtre de violents combats entre franquistes et républicains (1936-1938). Elle possède une belle cathédrale gothico-mudéjare (XVe-XVIe siècle).

tes Voir **ton**

tesla n. m. PHYS. Unité d'induction magnétique du système international (symbole : T). *Le tesla est l'induction magnétique uniforme qui, répartie normalement sur une surface de 1 m², produit à travers cette surface un flux magnétique total de 1 weber.*

Tesla (Nikola) 1856-1943 Ingénieur et physicien serbe, établi aux États-Unis, qui réalisa le premier moteur asynchrone et inventa les courants polyphasés.

tesselle n. f. Petit carreau de marbre (ou d'une autre matière) constitutif des mosaïques.

Tessin (le) *248 km* Rivière née en Suisse, qui traverse le lac Majeur et passe en Italie où elle se jette dans le Pô.

Tessin *2 812 km² 305 199 h.* Canton montagneux, agricole et touristique, de la Suisse méridionale. Chef-lieu *Bellinzona*. Le Tessin a été formé en 1803 par la réunion des cantons de Bellinzona et de Lugano. La population parle l'italien.

tessiture n. f. Étendue de l'échelle des sons couverte par la voix d'une chanteuse, d'un chanteur, d'un instrument. *La tessiture du ténor.*

tesson n. m. Morceau cassé de poterie ou de verre.

test [1] n. m. (mot anglais) Épreuve destinée à déterminer les aptitudes professionnelles ou les traits de caractère d'un individu. / MÉD. Épreuve destinée à évaluer les capacités fonctionnelles d'un organe, d'un ensemble d'organes ; analyse biologique ou chimique pratiquée à des fins de diagnostic. *Test de grossesse.* / Essai d'un produit, d'un appareil.

test [2] n. m. ZOOL. Enveloppe rigide (coquille, carapace, etc.) qui protège certains

Paysage du **Tessin**.

T

animaux (oursin, mollusques, crustacés, etc.). *Test calcaire, chitineux, siliceux.*

testable adj. Qui peut être testé, soumis à un test.

testament n. m. **I.** Acte juridique unilatéral par lequel une personne dispose des biens qu'elle laissera à sa mort. *Le testament ne produit d'effet qu'au décès du testateur et est révocable jusque-là. Testament olographe*, écrit entièrement de la main du testateur. *Testament public* ou *authentique*, dicté à un notaire en présence de témoins. *Testament mystique* ou *secret*, remis clos et scellé à un notaire. / *Testament politique*: écrit posthume d'un homme politique dans lequel il expose ses actions et ses principes. / Fig. Œuvre d'un artiste qui est la suprême expression de son art. **II.** RELIG. Pour les chrétiens, alliance entre Dieu et les hommes. *L'Ancien Testament*: l'ensemble des textes de la Bible datant d'avant la naissance du Christ. *Le Nouveau Testament*: l'ensemble des livres saints rédigés après la naissance du Christ.

testamentaire adj. Relatif au testament. *Droits testamentaires.*

testateur, trice n. Personne qui teste, fait son testament.

tester [1] v. t. [1] Éprouver par un test, soumettre à un test. *Tester les freins d'une voiture. Tester qqn sur ses connaissances.*

tester [2] v. i. [1] Faire son testament. *Tester en faveur d'un enfant naturel.*

testicule n. m. ANAT. Glande génitale mâle, qui produit les spermatozoïdes. *Les testicules, situés dans les bourses, sont au nombre de deux et ont également une fonction endocrine (sécrétion de la testostérone).*

testimonial, ale, aux adj. DR. Fondé sur des témoignages. *Preuve testimoniale.*

testostérone n. f. BIOCHIM. Hormone mâle sécrétée par les testicules, agissant sur le développement des organes génitaux et des caractères sexuels secondaires. *La sécrétion de la testostérone est régulée par l'action d'une gonadostimuline hypophysaire (L. H.). Chez la femme, la testostérone est sécrétée en faible quantité (par l'ovaire, le placenta).*

têt n. m. CHIM. *Têt à rôtir*: Petit récipient utilisé pour la calcination de certaines substances. / *Têt à gaz*: petite coupe en terre cuite sur laquelle on pose une éprouvette destinée à recueillir les gaz dans une cuve à eau.

Têt (fête du) Ensemble de cérémonies et de fêtes qui inaugurent la nouvelle année chez les Vietnamiens. Sa date se situe entre le 20 janvier et le 19 février.

tétanie n. f. MÉD. Syndrome caractérisé notam. par des accès de contractures spasmodiques, parfois lié à une hypocalcémie.

tétanique adj. et n. MÉD. Relatif au tétanos; atteint de tétanos. / n. *Un(e) tétanique.*

tétanisé, e adj. PHYSIOL. *Muscle tétanisé*, en état de tétanos. / Fig. *Elle est tétanisée par la crainte de rater cet examen.*

tétaniser v. t. [1] PHYSIOL. Mettre en état de tétanos. / Fig. Paralyser (qqn) par la peur.

tétanos n. m. MÉD. Maladie apparaissant après l'infection d'une plaie souillée par un bacille sécrétant une toxine et qui détermine des contractures douloureuses, localisées puis se généralisant. / PHYSIOL. État d'un muscle dont les fibres sont soumises à une série de contractions, entraînant la contraction en apparence unique du muscle.

têtard n. m. et adj. ZOOL. Larve aquatique à respiration branchiale des amphibiens, munie d'une queue, à la tête soudée au tronc. / ARBOR. Arbre dont on a coupé la cime pour favoriser la repousse des branches supérieures. *Tailler des saules en têtards.* / adj. *Un saule têtard.*

tête n. f. **I.** Partie antérieure (ou supérieure, pour les animaux à station verticale), distincte et reconnaissable, du corps des animaux à symétrie bilatérale (vers, mollusques, arthropodes, procordés, vertébrés), qui porte les principaux organes des sens et, pour les animaux supérieurs, le cerveau. *Tête de cheval.* / CUIS. Cette partie du corps, préparée pour l'alimentation. *Tête de veau vinaigrette. Fromage de tête*: pâté de tête de porc en gelée. / Représentation de cette partie du corps. *Plaque scythe à tête de panthère.* / CHASSE *Faire tête*: en parlant d'animaux, de mâles notamment, lutter tête contre tête. *Faire tête à*: affronter. *Tenir tête à qqn*, lui résister. / VÉN. Bois des cervidés (cerf, daim, chevreuil). *Ce chevreuil fait sa tête*, ses bois poussent. / Partie supérieure du corps de l'homme, renfermant le cerveau et la plupart des organes des sens, de forme plus ou moins sphérique, et rattachée au tronc par le cou. *Incliner la tête. Voix de tête*, aiguë, à la résonance essentiellement produite dans la boîte crânienne. *Piquer une tête*: plonger la tête la première. *Donner tête baissée dans (qqch.)*: se jeter sur, heurter violemment (qqch.); se faire impulsivement, naïvement, prendre dans (un piège). / Fig. *Baisser, courber la tête*: se soumettre. *Relever, redresser la tête*: reprendre confiance en soi. *Se jeter à la tête de qqn*, lui faire des avances. *En avoir par-dessus la tête*: en avoir assez, être excédé. *Se maintenir, rester la tête hors de l'eau*: parvenir avec peine à ne pas sombrer (sur le plan économique ou psychologique notamment). *Avoir la tête fêlée, être tombé sur la tête*: être un peu fou, plutôt bizarre. / SPORT *Faire une tête*: au football, taper dans un ballon avec sa tête. / Partie supérieure de la tête de l'homme; cuir chevelu. *Se laver la tête*, les cheveux. / Fig., fam. *Se faire laver la tête*: essuyer une réprimande. / Vie (la tête étant considérée comme la partie vitale de l'individu). *Risquer sa tête.* / Visage; expression du visage. *Une bonne tête*: un visage aimable, sympathique. *Une drôle de tête*: un visage surprenant. *Tête à claques*: visage à l'expression agaçante, que l'on a envie de gifler. *Faire une sale tête*: avoir l'air contrarié, mécontent. *Faire une drôle de tête*: avoir l'air étonné, dépité. *Faire la tête*: bouder. *Se payer la tête de quelqu'un*, s'en moquer. *Avoir une sale tête*: avoir une physionomie désagréable, inquiétante; avoir très mauvaise mine. *Avoir une tête de l'autre monde*, l'air d'un cadavre. / Visage grimé; personne grimée. *Se faire une tête*: se grimer. *Un dîner de têtes.* / Représentation de la partie supérieure du corps humain. *Tête de Christ. Tête d'une médaille, d'une monnaie*: face; avers. *Tête de pipe*: fourneau de pipe en forme de tête; (pop.) personne. *On en aura pour cent francs par tête de pipe. Tête de Turc*: dynamomètre de foire représentant une tête enturbannée sur laquelle on s'exerçait à frapper. (Au fig.) *Servir de tête de Turc à qqn, être la tête de Turc de qqn*, être continuellement en butte à ses railleries. / Hauteur de la tête; longueur de la tête d'un animal. / Partie d'un objet où l'on pose la tête. *La tête du lit*: le chevet. / *Tête de mort*: squelette de tête humaine; sa représentation de face, emblème de la mort. *Sphinx tête de mort*: papillon nocturne de la famille des sphingidés portant sur le thorax un dessin évoquant une tête de mort. / Cette partie du corps de l'homme considérée comme le siège de la vie intellectuelle et affective; symbole de la personne elle-même. *Tête bien faite et tête bien pleine. Tête en l'air, tête sans cervelle, tête de linotte, tête folle*: personne étourdie, légère, désinvolte. *Il a la tête dure*: il est obstiné. *Avoir la tête près du bonnet*: être irritable, prompt à l'emportement. *Avoir la tête à*: appliquer son attention à. *Coup de tête*: décision brutale, inconsidérée ou imprudente. *Tête brûlée*: personne exaltée, indifférente au danger. *Forte tête*: personne au tempérament rebelle, indiscipliné. *Mauvaise tête*: personne boudeuse, de mauvaise humeur. Fam. *Tête de cochon, de lard, de mule, de pioche*: individu têtu, buté. / Raison. *Perdre la tête.* / Individu. *Attirer des malheurs sur sa tête*, sur soi. *Tête couronnée*: souverain. *Cela coûte cent francs par tête*, par personne. / Animal d'un troupeau. / Personne qui commande, dirige, anime. **II.** Partie supérieure d'une chose; chapeau, en parlant d'un champignon. / Extrémité renflée ou arrondie d'une chose. *Tête de clou. Tête du fémur.* / TECH. *Tête de lecture*: organe qui sert à lire des informations sur un support (disque microsillon, bande magnétique). *Tête de bielle*: partie de la bielle articulée à la manivelle ou au vilebrequin. / Bulbe de certains végétaux. *Tête d'ail.* / Partie antérieure d'une chose en mouvement. *Tête de missile.* / TECH. *Tête chercheuse*: dispositif de guidage automatique de certains engins; au fig., fam. celui, celle qui, pour une société, pour un groupe, recueille des informations. / loc. adv. *Tête sur queue*: à 180°. / Premier élément d'un groupe de personnes, d'un ensemble de choses orientées ou en mouvement. *La tête du défilé, du train.* / Première partie d'un ensemble ordonné; début. *Tête de liste, d'affiche*: premier nom d'une liste, d'une affiche; la personne dont le nom figure à cette place. / loc. adv. *En tête*: à l'avant. / loc. prép. *En tête de*: au début de. / Première place dans un classement quelconque. *Tête de classe*: le premier, la première de la classe, le, la meilleur(e). / CHIMIE *Produits de tête d'une distillation*: produits distillés en premier. / *Tirage de tête d'un livre*: dans une édition à tirage limité, ensemble des exemplaires portant les premiers numéros. / Fig. Place de la personne qui dirige. *Combattre à la tête des troupes. Être à la tête d'une fortune*, en disposer à sa guise.

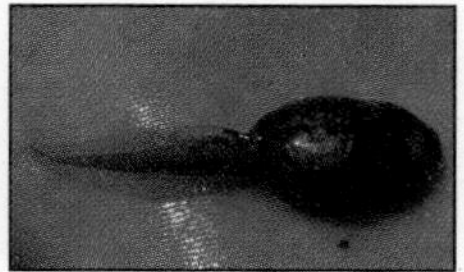

Un **têtard** de litoria caerulea.

Broc phénicien, avec **tête** de félin, Madrid, Musée archéologique.

tête-à-queue n. m. inv. Brusque demi-tour, exécuté par un véhicule à la suite d'un dérapage.

tête-à-tête n. m. inv. Conversation privée entre deux personnes. / Service à déjeuner pour deux. / Petit canapé à deux places.

tête-bêche adv. Dans la position de deux personnes couchées parallèlement, mais en sens opposé, chacune ayant la tête près des pieds de l'autre.

tête-de-clou n. m. ou f. Motif décoratif composé de quatre facettes façonnées en pointe de diamant, qui décore souvent les voussures des portails romans. Pl. Des *têtes-de-clou.*

tête-de-loup n. f. Brosse à long manche destinée au nettoyage des plafonds. Pl. Des *têtes-de-loup.*

tête-de-nègre adj. inv. et n. m. inv. De couleur marron foncé. / n. m. *Un beau tête-de-nègre.*

tétée n. f. Action de téter. *Bébé réclame la tétée.* / Quantité de lait tétée par un nourrisson en une seule fois.

téter v. t. [1] Sucer (un sein, une mamelle, une tétine) pour en aspirer le lait; boire le lait au sein ou à la mamelle de (un animal).

Têtes rondes Au cours de la révolution anglaise (1642-1649), partisans du Parlement dont les cheveux étaient coupés court.

Téthys MYTH. GR. Fille d'Ouranos et de Gaia, épouse d'Océan, elle personnifie la fécondité de la mer.

Téthys Océan qui, à partir de – 250 millions d'années, sépara la Pangée en deux continents, le Gondwana et la Laurasie. Ultérieurement, la Pangée tendit à se refermer. Aujourd'hui, seules subsistent de Théthys les mers Méditerranée, Caspienne et d'Aral.

têtière n. f. Élément de la bride d'un cheval passant derrière les oreilles et soutenant le mors. / MAR. Partie supérieure d'une voile carrée. / Garniture ou coussinet fixés au dossier d'un siège pour appuyer la tête.

tétine n. f. Mamelle de certains mammifères. / Bouchon de biberon, en caoutchouc, percé d'un trou pour que le nourrisson aspire le lait; objet de caoutchouc de même forme que l'on fait sucer au nourrisson pour le calmer.

téton n. m. Mamelon. / Fam. Mamelle, sein.

tétrachlorure n. m. CHIM. Composé à quatre atomes de chlore. *Tétrachlorure de carbone*, CCl_4.

tétracorde n. m. Ancienne lyre à quatre cordes. / MUS Suite de quatre sons où le premier et le dernier forment un intervalle de quarte.

tétracycline n. f. PHARM. Antibiotique à large spectre, d'action bactériostatique, d'une faible toxicité.

tétraèdre n. m. MATH. Solide à quatre faces triangulaires. *Le tétraèdre régulier* a pour faces quatre triangles équilatéraux égaux.

T

Tétras.

tétrafluorure n. m. CHIM. Composé à quatre atomes de fluor.
tétragramme n. m. Didac. Ensemble de quatre lettres de l'alphabet hébreu, *yod* (Y), *hé* (H), *vaw* (V), *hé* (H), qui représentant le nom de Dieu (Yahweh ou Yahveh ou Yahvé) dans la Bible.
tétralogie n. f. Dans le théâtre grec antique, ensemble de quatre œuvres présentées par les poètes aux concours dramatiques. / Ensemble de quatre œuvres musicales ou littéraires sur un même thème.
tétraplégie n. f. MÉD. Paralysie des quatre membres.
tétraplégique adj. et n. Atteint de tétraplégie. / Subst. *Un(e) tétraplégique.*
tétrapode adj. et n. m. ZOOL. Qui possède quatre membres. / n. m. pl. Groupe de vertébrés possédant deux paires de membres chiridiens, apparents ou réduits, comprenant les amphibiens, les reptiles, les oiseaux et les mammifères.
tétrarchie n. f. ANTIQ. Gouvernement de l'Empire romain sous Dioclétien, exercé collégialement par quatre empereurs, deux augustes et deux césars. / Chacune des régions, placée sous l'autorité d'un tétrarque, d'une province divisée en quatre.
tétrarque n. m. Gouverneur d'une tétrarchie.
tétras n. m. ZOOL. Oiseau galliforme au plumage sombre, vivant dans les forêts des régions froides de l'hémisphère Nord. *Grand tétras*, ou coq de bruyère, de très grande taille. *Petit tétras*, ou tétras-lyre, plus petit, dont le mâle a la queue en forme de lyre.
tétravalent, e adj. CHIM Qui possède la valence 4.
tétrodon n. m. ZOOL. Poisson téléostéen des mers chaudes, au corps est couvert d'épines mobiles, capable de se gonfler en un globe épineux. Syn. poisson-globe.
têtu, e adj. et n. Entêté, obstiné. / Subst. *C'est un(e) têtu(e).* / n. m. Marteau à pannes carrées servant au tailleur de pierre à dégrossir les pierres irrégulières.
tétum n. m. et adj. LING. Langue malayo-polynésienne qui est la langue nationale du Timor-Lorosa (ancien Timor oriental). / adj. *La grammaire tétum.*
Teucros ou **Teucer** MYTH. GR. Héros de la guerre de Troie, meilleur archer de l'armée grecque.
Teutatès ou **Toutatis** L'un des principaux dieux des peuples de la Gaule, avec Ésus, protecteur de la tribu.
teuton, onne adj. et n. HIST. Des Teutons. / Subst. *Un(e) Teuton (ne).* / Péjor., vieilli Allemand.
teutonique adj. HIST. Relatif aux anciens Teutons, aux régions habitées par les anciens Teutons ; germanique. *Hanse teutonique.*
Teutonique (ordre) Ordre militaire et religieux, fondé en Terre sainte, à l'image de celui des Templiers, à la fin du XIIe siècle. D'origine allemande, ses membres sont recrutés parmi la noblesse de ce pays et doivent prononcer les vœux monastiques. Cet ordre se développe rapidement autour de la Méditerranée et y crée de nombreuses villes ; il acquiert d'importantes possessions. L'ordre fusionne avec les chevaliers Porte-Glaive en 1237 et se constitue un vaste État en Prusse où il propage la culture germanique. La croisade des chevaliers teutoniques vers l'est est un échec : vaincu par les Polonais à Tannenberg (1410), l'ordre, par le traité de Torun (1466), ne conserve que la Prusse-Orientale. Ses possessions sont sécularisées en 1525 par le grand maître Albert de Brandebourg, qui a adhéré à la Réforme. Napoléon Ier supprime l'ordre en 1809 ; restauré en Hollande où il devient protestant, puis en Autriche où il redevient catholique, l'ordre n'a plus qu'une vocation hospitalière.
Teutons Ancien peuple germanique. Venus des bords de la Baltique, les Teutons, alliés aux Cimbres, envahirent en 111 avant J.-C. la province romaine de Gaule. De 111 à 106, ils battirent six armées romaines, avant d'être eux-mêmes vaincus par Marius près d'Aix-en-Provence (102).
Texas *691 027 km² 16 986 510 h.* Le second État, par son étendue, des États-Unis (après l'Alaska), situé au centre-sud. Capitale *Austin.* État du Mexique (1821) colonisé peu à peu par des citoyens des États-Unis, puis république autonome proclamée par les Texans américains (1836), le Texas est annexé en 1845 par les États-Unis, qui remportent la guerre contre le Mexique (1846-1848). Pays de prairies et d'élevage, devenu au XXe siècle le premier État producteur de pétrole des États-Unis, le Texas est le symbole de la modernisation du Sud (*Sun belt*) par ses performances industrielles considérables.
texte n. m. Ensemble des mots, des phrases constituant un écrit, une œuvre. *Texte manuscrit, imprimé.* / loc. adv. *Dans le texte* : dans la langue d'origine. *Lire Gœthe dans le texte*, en allemand. / Œuvre ou extrait d'œuvre littéraire. *Explication de texte.*
textile adj. et n. m. Que l'on peut diviser en fils propres à être tissés. *Fibres textiles.* / n. m. Matière textile. On range les textiles en trois classes : les *textiles naturels*, d'origine végétale ou animale (lin, laine), *les textiles artificiels*, fabriqués à partir de produits naturels (rayonne, viscose, acétate, etc.), et les *textiles synthétiques*, obtenus par synthèse (Nylon, Dralon, Lycra, etc.). / adj. Relatif à la fabrication des tissus. *Industrie textile* ou, n. m., *le textile.*
texto adv. Fam. Textuellement.
textuel, elle adj. Du texte. *Analyse textuelle.* / Exactement conforme au texte. *C'est la réponse textuelle que l'on m'a faite.*
textuellement adv. De manière parfaitement conforme au texte. *Phrase recopiée textuellement. Paroles textuellement rapportées*, rapportées telles qu'elles ont été prononcées.
texture n. f. Entrecroisement des fils dans une matière tissée. / Disposition des différents éléments constitutifs d'un corps, d'une substance. *Texture d'une roche, d'une crème.* / Fig. Agencement des parties d'une œuvre littéraire. *La texture d'un roman.*
Tezcatlipoca Dieu guerrier toltèque qui avait pour emblème un jaguar.
tézigue ou **tézig** pron. pers. Fam. Toi. *L'addition, c'est pour tézigue.*
T.G.V. n. m. Sigle de *train à grande vitesse.*
Thabor (mont) *3 177 m* Sommet des Alpes françaises, en Savoie, près de Modane.
Thabor ou **Tabor (mont)** *588 m* Montagne d'Israël, au sud-est de Nazareth, où, selon la tradition, se produisit la Transfiguration du Christ. Victoire de Bonaparte sur les Turcs et les Arabes en 1799.

Canyon au ***Texas.***

La Transfiguration, *sur le mont* ***Thabor***. Peinture de Raphaël.

William Makepeace Thackeray.

Thackeray (William Makepeace) 1811-1863 Romancier, journaliste et caricaturiste anglais, collaborateur du journal satirique *Punch*. C'est un peintre élégant et spirituel des ridicules de la société victorienne : *Le Livre des snobs par l'un d'eux* (1846-1847) ; *La Foire aux vanités* (1847-1848). *L'Histoire d'Henry Esmond* (1852) est un roman historique, suivi de *Les Virginiens*, les deux ouvrages ayant pour théâtre l'Angleterre à l'époque de la reine Anne.

thaï, thaïe adj. et n. Des Thaïs, relatif aux Thaïs. *Boxe thaïe.* / n. m. LING. Famille de langues parlées par les Thaïs ; la plus importante de ces langues, parlée en Thaïlande.

thaïlandais, e adj. et n. De Thaïlande. *Industrie thaïlandaise. Un(e) Thaïlandais(e).*

• **Thaïlande** État d'Asie du Sud-Est, situé entre le Cambodge, le Laos et la Birmanie.

Thaïs (sainte) IVe siècle apr. J.-C. Courtisane égyptienne qui, selon la *Légende dorée*, aurait été convertie au christianisme par un anachorète. Elle inspira à Anatole France un roman (*Thaïs*, 1890), dont Massenet tira un opéra (*Thaïs*, 1894).

Thaïs IVe av. J.-C. Courtisane athénienne qui accompagna Alexandre le Grand dans ses campagnes. Quand celui-ci mourut, elle s'attacha à Ptolémée Ier Sôter.

Thaïs Peuples de la péninsule indochinoise qui vivent en Thaïlande, au Laos (sous le nom de Laos), en Birmanie (sous le nom de Shans) et au Viêtnam. Originaires de Chine du Sud, ils ont gagné l'Asie du Sud-Est au début de l'ère chrétienne. Ils pratiquent un bouddhisme particulier, dans lequel persistent des croyances animistes. Leurs langues forment le groupe *thaï* qui comprend le thaï proprement dit (ou *siamois*), parlé en Thaïlande.

thalamus n. m. ANAT. Volumineux noyau de substance grise situé de part et d'autre du troisième ventricule du cerveau et servant de relais pour les voies sensitives.

thalassothérapie n. f. Emploi thérapeutique de l'eau de mer, des algues et du climat marin.

thaler n. m. (mot allemand) Pièce d'argent, longtemps utilisée comme unité monétaire dans les pays germaniques.

Thalès de Milet v. 625-v. 548 avant J.-C. Philosophe grec de l'école ionienne, astronome et mathématicien, auteur d'importantes démonstrations géométriques (*théorème de Thalès*). Pour lui, l'eau était le principe de tout l'Univers. Sa prédiction d'une éclipse de Soleil le rendit célèbre. C'est l'un des Sept Sages de la Grèce.

thalidomide n. f. ou m. PHARM. Tranquillisant dont l'utilisation par des femmes enceintes s'est révélée tératogène. *L'usage thérapeutique de la thalidomide pour les femmes enceintes est interdit depuis 1962.*

Thalie MYTH. GR. Muse de la Comédie et de la Poésie légère.

thalle n. m. BOT. Appareil végétatif des algues pluricellulaires, des lichens, des champignons. *À l'opposé de l'appareil végétatif des plantes vasculaires, le thalle ne se différencie pas en racines, tiges et feuilles.* Ant. cormus.

thallium n. m. CHIM. Élément métallique de symbole Tl, de numéro atomique Z = 81, de masse atomique 204,4. / Métal gris, mou, qui rappelle le plomb, de densité 11,8 fondant vers 303 °C. *Le thallium forme des sels extrêmement toxiques.*

thallophytes n. f. pl. BOT. Groupe de plantes dont l'appareil végétatif est constitué par un thalle. Voir *cormophytes*.

thalweg Voir **talweg**

Thamar Personnage biblique, fille de David violée par son demi-frère Amnon et vengée par son frère Absalon (II Samuel, XIII).

Thamar 1165 ?-1213 Reine de Géorgie (1184). Elle triompha des Seldjoukides (1195), contribua à la fondation de l'empire de Trébizonde (1204), remporta sur le sultanat de Roum une victoire éclatante (1205), conquit tout le Caucase, l'Azerbaïdjan iranien et l'Arménie, annexant des territoires et en vassalisant d'autres. Son règne correspond à l'âge d'or de la Géorgie, tant sur le plan architectural que sur le plan littéraire (elle est contemporaine de Roustaveli).

thanatologie n. f. Étude scientifique de la mort, de ses causes, de ses conditions et de sa nature.

thanatopraxie n. f. Ensemble des techniques d'embaumement des cadavres.

thanatos n. m. (mot grec) PSYCHAN. Pulsion de mort, par oppos. à *éros*.

Thanjavur (autrefois *Tanjore*) *202 013 h.* Ville du sud de l'Inde, dans l'État de Tamil Nadu. Au Xe-XIIIe siècle, elle fut la capitale d'un royaume et s'embellit de monuments brahmaniques (tour sanctuaire de 13 étages consacrée à Çiva).

Thant (Sithu U) 1909-1974 Homme politique birman. Ministre, puis représentant de son pays à l'ONU, il a été secrétaire général de l'ONU de 1961 à 1971.

Thatcher (Margaret) 1925 Femme politique britannique. Première femme portée à la tête du parti conservateur (1975-1990), première femme Premier ministre en Grande-Bretagne (1979). D'un libéralisme radical en matière d'économie, elle engagea un vaste programme de privatisations, en muselant les syndicats et en refusant de céder face aux grévistes (1981, 1984-1985), ce qui lui valut le surnom de *Dame de fer*. En 1982, elle montra cette même ténacité dans la guerre des Falkland (ou Malouines) contre l'Argentine ; attachée à la souveraineté britannique, elle s'opposa également au renforcement de l'intégration européenne. Réélue en 1983 et 1987, elle démissionna en 1990 au profit de son dauphin, John Major.

Margaret Thatcher.

Thaulow (Frits) 1847-1906 Peintre norvégien. Influencé par l'impressionnisme, il a peint des paysages élégants où abondent les effets d'eau, de pluie, de neige et de nuit.

thaumaturge n. Personne qui accomplit des miracles ou s'en prétend capable.

thé n. m. Théier. / Feuilles séchées de théier, fermentées (thé noir) ou non (thé vert). *Acheter du thé.* / Infusion préparée avec ces feuilles. / Réunion où l'on sert du thé l'après-midi. *Thé dansant.*

théâtral, ale, aux adj. Propre ou relatif au théâtre. *Représentation théâtrale.* / Fig. Ostensible, exagéré. *Geste théâtral.*

théâtralement adv. De façon théâtrale, ostensible.

théâtralité n. f. Caractère théâtral de qqch.

théâtre n. m. Édifice ou lieu aménagé pour la représentation de pièces, de spectacles dramatiques. *Théâtre grec d'Épidaure. Théâtre romain d'Orange. Théâtre à l'italienne. Théâtre de verdure* : lieu aménagé pour donner des représentations en plein air. / Le spectacle qui est donné dans ce lieu. *Aller au théâtre* : se rendre dans un lieu donné pour y assister à un spectacle. / Troupe ; compagnie. *L'Illustre-Théâtre* : la troupe fondée par Molière. / Par anal. *Théâtre de marionnettes* : castelet. / Fig. Lieu où se déroulent certaines actions. *Le théâtre d'un crime. Théâtre d'opérations militaires.* / Genre littéraire qui consiste à écrire et à produire des œuvres destinées à être jouées en public ; art d'écrire pour la scène. *Auteur de théâtre. Coup de théâtre* : événement imprévu qui provoque un retournement de la situation. / Ensemble des œuvres d'un auteur dramatique ou répertoire d'un pays, d'une époque. *Le théâtre contemporain. Le théâtre de Racine.* / Art de représenter devant un public une suite d'événements par le truchement d'acteurs. *Faire du théâtre.*

Théâtre-Libre Théâtre fondé à Paris en 1887 par André Antoine ; il fut nommé *Théâtre-Antoine* en 1897. Antoine, acteur, metteur en scène et directeur, y accomplit une œuvre de novateur en montant des pièces contemporaines inédites, françaises

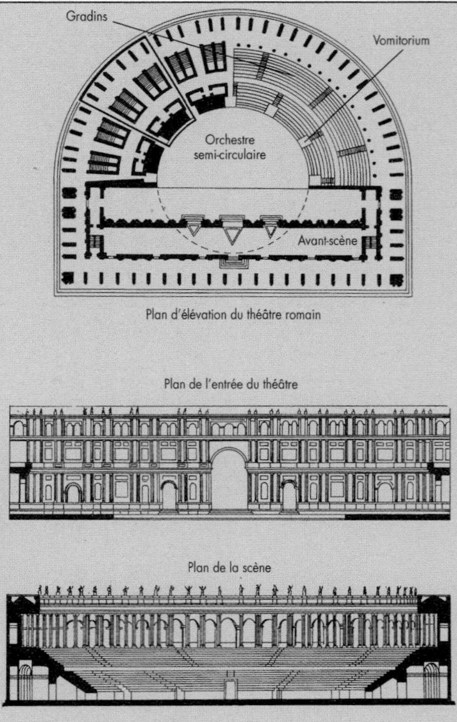

*Plan d'un **théâtre** romain.*

THAÏLANDE

Superficie : *513 115 km²* – **Nombre d'habitants :** *61 200 000 h.* – **Capitale :** *Bangkok*
Villes principales : *Nakhon Ratchasima, Ubon Ratchathani* – **Système politique :** *monarchie*
Langue(s) : *thaï* – **Religion(s) :** *bouddhisme* – **Monnaie(s) :** *baht*

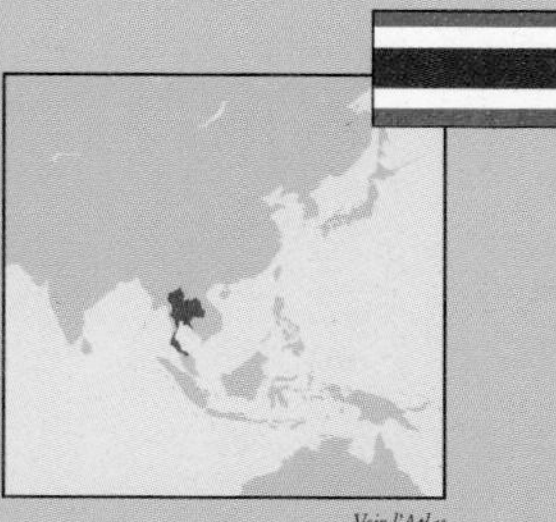

Voir l'Atlas

Géographie physique et humaine

Occupant la partie occidentale de la péninsule indochinoise, la Thaïlande est formée de la plaine fertile du Menam encadrée de reliefs couverts d'épaisses forêts au sud et à l'ouest, et des plateaux arides de Korat, domaine de la savane et de l'élevage, à l'est. Soumise à l'influence des moussons, la Thaïlande a un climat chaud, de plus en plus sec vers l'est. Concentrée dans la plaine centrale, qui s'ouvre largement sur le golfe de Thaïlande, la population comprend 80 % de Thaïs, des Chinois, des Malais, des Khmers, etc.

La religion dominante (95 %) est le bouddhisme. La forêt dense du sud et de l'ouest s'oppose à la forêt claire de l'est et du centre. Le secteur primaire est actif (la population est rurale à 80 %) : riz, sucre, fruits, caoutchouc, bois, pêche, l'industrie agroalimentaire est importante. Les investissements étrangers, puis nationaux, ont, jusqu'en 1997, développé la production de biens destinés à l'exportation, et la Thaïlande est devenue l'un des « dragons du Sud-Est asiatique ».

En 1997, la crise qui a balayé cette région du monde est notamment partie de Bangkok. Elle a créé une récession sans précédent, d'autant plus dure pour la population que l'essor économique n'avait pas atténué la pauvreté. Deux millions de salariés ont été licenciés en quelques mois. 600 000 chômeurs se sont réfugiés dans les campagnes, mais, en 1998-1999, le pays n'a connu aucune agitation sociale. La croissance a repris, pour atteindre un taux de 4,5% en 2002.

Histoire

Au XIIIe siècle, les seigneuries thaïes se libérèrent de la domination des Khmers, et créent le royaume de Sukhothai (ville du nord de la Thaïlande actuelle) puis, au XIVe siècle, le royaume d'Ayuthia (ville située au nord de Bangkok). Il devint ultérieurement le Siam.

À la fin du XVIe siècle, le royaume est occupé par les Birmans, qui mettent à sac Ayuthia en 1767. En 1782, le royaume est reconstitué ; Bangkok devient la capitale et une nouvelle dynastie s'impose, qui étend les frontières du pays au Cambodge, au Laos et en Malaisie.

Au XIXe siècle, le Siam échappe à la colonisation mais, face aux ambitions françaises et anglaises, doit reculer ses frontières au profit de l'Indochine française et de la Malaisie. La crise économique de 1929 eut des répercussions jusqu'au Siam, dont le roi abdiqua en 1935. L'armée prit le pouvoir en 1938 et nomma le pays *Thaïlande*. Elle s'allia au Japon durant la Seconde Guerre mondiale, puis se rapprocha des États-Unis. La vie politique des années 1950 à 1970 est marquée par une succession de coups d'État militaires. La guérilla communiste (qui a débuté en 1962) et l'agitation étudiante se développent pendant la période où les États-Unis interviennent au Viêtnam. En 1973, les Américains évacuent les bases qu'ils avaient installées en Thaïlande et le pays adopte un régime démocratique. Mais, en 1976, de nouveau, l'armée prend le pouvoir. Après l'invasion du Cambodge par le Viêtnam, des réfugiés affluent (1979), ce qui accroît les difficultés politiques et économiques. Le gouvernement démissionne en 1980 et le général Prem Tinsulanond devient Premier ministre. Soutenu par le roi, il se maintient jusqu'en 1988.

Statues de bouddhistes en prière (XIIe-XVe siècles), sur le site d'Ayuthia.

L'île de Phuket, à l'ouest de la Thaïlande. Ici, une des plages.

Des élections donnent le pouvoir au général Chatichai Choonhavan, renversé par un nouveau coup d'État en 1991. En 1992, l'agitation populaire contre le régime dictatorial atteint son comble ; la Constitution, révisée, réduit le rôle des militaires et des élections sont organisées, remportées par l'opposition : le leader du Parti démocrate, Chuan Leekpai, devient Premier ministre. Vaincu aux élections de 1995 et de 1996, il revient au pouvoir en 1997, pour tenter de juguler la crise économique. Il négocie avec le F.M.I. et s'engage à ouvrir davantage le pays aux investisseurs étrangers.

En avril 1998, le Parlement refuse le plan de réformes, mais l'aide des États-Unis et l'absence des troubles sociaux permettent une reprise économique, effective dès 2000-2001. En 2001, Thaksin Shinawatra devient Premier ministre.

et étrangères (Zola, Ibsen, Tolstoï, Strindberg), et en introduisant le réalisme au théâtre.

Théâtre national populaire ou **T.N.P.** Théâtre fondé à Paris par l'État en 1920 pour permettre à un public populaire d'assister à des représentations théâtrales de grande valeur. Firmin Gémier, l'initiateur du projet, en prit la direction. Installé au palais de Chaillot en 1937, le T.N.P. fut dirigé, après la guerre, par Jean Vilar (1951-1963), puis par Georges Wilson (1963-1972), puis par Roger Planchon (1972-2000), puis par Christian Schiaretti (à partir de 2001). En 1973, il a été transféré à Villeurbanne.

théâtreux, euse n. Fam. Personne qui fait du théâtre. / Péjor. Comédien sans talent.

thébaïde n. f. Litt. Lieu de retraite solitaire.

Thébaïde Partie méridionale de la Haute-Égypte (capitale *Thèbes*) où, fuyant les persécutions de Dèce (249-251), de nombreux chrétiens se réfugièrent dans les déserts du nord et de l'est de la ville pour y mener une vie retirée et ascétique.

thébain, e adj. et n. De Thèbes.

thébaïne n. f. BIOCHIM. Un des alcaloïdes extrait de l'opium, très toxique.

Thèbes Nom grec d'une ville de l'Égypte ancienne. Thèbes ou *Ouaset* (en égyptien) fut la capitale de l'Égypte du XXIIe au XIe siècle environ avant J.-C. Les pharaons de neuf dynasties du Moyen et du Nouvel Empire y construisirent palais et temples (Karnak, Louxor) et firent aménager leurs tombes dans la vallée des Rois. Thèbes était le centre du culte du dieu Amon, qui se propagea dans tout l'Empire. Thèbes perdit son rang de capitale à la XXIe dynastie et ne resta qu'un centre religieux dominé par les puissants prêtres d'Amon. Pillée par les Assyriens et les Perses, la ville fut détruite au VIIe siècle avant J.-C.

Thèbes (en grec, *Thívé*) *18 712 h.* Ville de Grèce, au centre de la Béotie. Le légendaire Cadmos y aurait bâti la citadelle de la *Cadmée*, Œdipe y aurait régné et la guerre des Sept Chefs s'y serait déroulée. Ennemie d'Athènes, Thèbes fut l'alliée des Perses lors des guerres médiques, puis de Sparte qui, après la guerre du Péloponnèse, occupa Thèbes. Épaminondas mit fin à la domination de Sparte en 362 avant J.-C. Mais Thèbes, occupée par Philippe de Macédoine, se révolta à sa mort et fut détruite par Alexandre le Grand en 336 avant J.-C.

théier, ière n. m. et adj. **A.** n. m. Arbre ou arbrisseau originaire d'Asie, cultivé pour ses feuilles qui contiennent de la théine et servent à préparer une infusion tonique, le

Rameau de **théier**.

thé. Syn. thé. **B.** adj. Relatif au thé. *L'industrie théière.*

théière n. f. Récipient dans lequel on laisse infuser le thé avant de le servir.

théine n. f. BIOCHIM. Principal alcaloïde contenu dans les feuilles de thé, analogue à la caféine. *La théine a une action cardiotonique et diurétique.*

théisme n. m. PHILO. Doctrine qui admet l'existence d'un Dieu personnel, créateur du monde. *Le théisme se distingue du déisme, qui exclut toute révélation et toute représentation, et du panthéisme, qui identifie Dieu au monde.*

théiste n. et adj. PHILO. Adepte du théisme. / adj. Relatif au théisme.

Thélème (abbaye de) Dans le *Gargantua* de Rabelais, abbaye que Gargantua fit construire pour frère Jean des Entommeures, en récompense de son aide dans la « guerre picrocholine » (contre Picrochole). Elle ressemble à une petite cour de la Renaissance, où l'on prône l'humanisme et la liberté, car la devise en est : « Fais ce que tu voudras ».

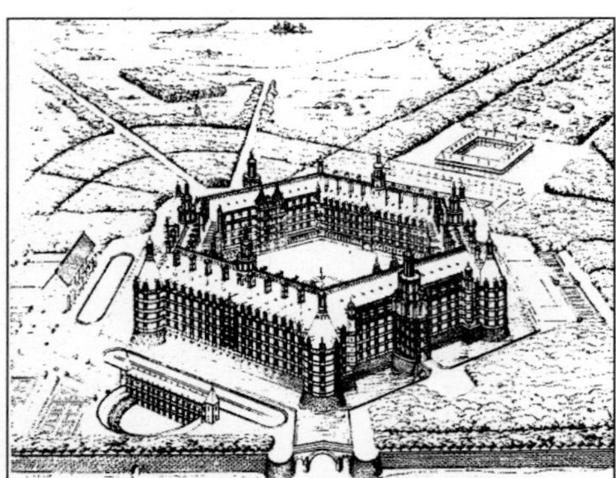

L'abbaye de **Thélème**.

thématique adj. et n. f. Relatif à un thème ; organisé autour de thèmes. *Classement thématique. Chaîne thématique* : chaîne de télévision spécialisée, par oppos. à *généraliste.* / LING. *Voyelle thématique,* qui s'intercale entre la racine d'un mot et la désinence. / n. f. Ensemble organisé de thèmes. *La thématique d'un écrivain, d'une école.*

thème n. m. Sujet à traiter, idée directrice à développer. *Le thème d'une conférence, d'un discours, d'un roman.* / MUS. Élément mélodique ou rythmique développé avec des variations dans une œuvre musicale. / Exercice scolaire consistant à traduire un texte de sa langue maternelle dans une langue étrangère. *Fort en thème* : personne plus studieuse que réellement intelligente. / ASTROL. Aspect du ciel au moment de la naissance de qqn. / LING. Partie du mot constituée de la racine et parfois d'une voyelle thématique, à laquelle s'ajoute la désinence.

Thémis MYTH. GR. Déesse de la Justice, fille d'Ouranos et de Gaia. Personnifiant l'impartialité de la justice, elle est souvent représentée les yeux bandés, portant une épée et une balance. Avec Zeus, Thémis engendra les Heures et les Moires.

Thémistocle v. 525-v. 460 avant J.-C. Homme d'État athénien. Ancien combattant de Marathon, prévoyant une nouvelle guerre avec la Perse, il persuada les Athéniens de consacrer les revenus des mines d'argent du Laurion à la construction d'une flotte. Lors de l'invasion de la Grèce par Xerxès, il contribua à la victoire navale de Salamine (480). Malgré l'hostilité de Sparte, il fit ensuite agrandir et fortifier le port du Pirée et construire les Longs Murs reliant ce port à Athènes. Mais il se rendit impopulaire par son faste et, accusé de détournement de fonds, fut ostracisé (472 avant J.-C.). Il finit par demander asile au roi de Perse Artaxerxès Ier, qui lui donna trois villes (465 avant J.-C.). La tradition prétend qu'il se serait empoisonné plutôt que d'avoir à combattre les Grecs, comme le lui demandait le roi.

Thenard (Louis Jacques, baron**)** 1777-1857 Chimiste français. Collaborateur de Gay-Lussac, il découvrit avec lui le bore et fabriqua de l'eau oxygénée.

théobromine n. f. BIOCHIM. Alcaloïde existant dans le cacao, ainsi que dans le thé, le café, la noix de kola. *La théobromine a une action diurétique et vasodilatatrice.*

théocratie n. f. Mode de gouvernement dans lequel l'autorité, émanant de Dieu, est exercée par les autorités religieuses ou sous leur influence directe.

théocratique adj. Relatif à la théocratie ; du domaine de la théocratie. *Gouvernement théocratique.*

Théocrite v. 315-v. 250 avant J.-C. Poète grec dont il nous reste un recueil bucolique, *Idylles* (30 poèmes, 2 000 vers), qui exerça une grande influence, notamment sur Virgile et, plus tard, sur les parnassiens.

Théodebald ?-553 Roi d'Austrasie (548), fils de Théodebert Ier.

Théodebert Ier ?-548 Roi d'Austrasie (534), fils de Thierry Ier, il tenta de se tailler des principautés en Italie lors de la guerre entre les Byzantins et les Ostrogoths. **Théodebert II** ?-612 Roi d'Austrasie en 596. Après avoir régné sous la tutelle de Brunehaut, il la chassa (599) ; Thierry II le battit et le livra à Brunehaut qui le fit assassiner.

théodicée n. f. PHILO. Selon Leibniz, partie de la métaphysique qui traite du problème du mal et qui se donne pour but de justifier la Providence divine en réfutant les objections que pose l'existence de ce problème. / Partie de la philosophie qui traite de l'existence de Dieu, de ses attributs, de ses rapports avec les hommes.

théodolite n. m. Appareil optique qui permet de mesurer la hauteur d'un astre et son azimut et, en géodésie, les angles horizontaux et verticaux.

Théodora 500 ?-548 Impératrice d'Orient. Danseuse, elle devint l'épouse du futur empereur Justinien et, intelligente et ambitieuse, eut sur lui une grande influence. Elle l'aida à triompher de la sédition de Nika (532), inspira la législation concernant les femmes et se mêla aux querelles théologiques.

Théodora ?-867 Impératrice régente d'Orient de 842 à 856, pendant la minorité de son fils Michel III. En 843, elle mit fin à la *querelle des Images* en en restaurant le culte.

Théodora v. 995-1056 Impératrice d'Orient en 1028 et de 1055 à 1056. Fille de Constantin VIII, sa sœur Zoé et les époux successifs de cette dernière l'évincèrent du trône sur lequel elle remonta, régnant seule, après la mort de Constantin IX.

Theodorakis (Mikis) 1925 Compositeur grec. Engagé très jeune dans la Résistance, il fut élu député du Pirée. Le coup d'État militaire l'envoya en prison (1967) et, à sa libération, il partit pour la France où il demeura jusqu'en 1974. Il est l'auteur de musiques de film (*Zorba le Grec* ; *Z* ; *État de siège*), de mélodies et de chansons.

Théodore Nom de deux papes. **Théodore Ier** Pape de 642 à 649. **Théodore II** Pape en 898, il ne régna que vingt jours.

Théodore Ier Lascaris ?-1222 Empereur byzantin de Nicée. Il fonda l'empire de Nicée en 1204, se battant contre les croisés, l'empire de Trébizonde et les Turcs. Couronné à Nicée (1208), il ne put reprendre Constantinople aux Latins. **Théodore II Doukas Lascaris** 1222-1258 Empereur de Nicée en 1254. Petit-fils du précédent, il gouverna sagement, reprit la Thrace aux Bulgares et combattit les Turcs et le despotat d'Épire.

Théodoric le Grand v. 455-526 Roi des Ostrogoths en 474. Chargé par l'empereur Zénon du gouvernement de l'Italie occupée par le roi des Hérules, Odoacre, il le força à capituler, puis le fit assassiner à Ravenne (493). À l'Italie, il ajouta la Rhétie, le Norique (région située entre le Danube, la Pannonie et la Rhétie), la Pannonie et la Dalmatie. Il tenta de rapprocher les Goths et les Romains et s'entoura de conseillers romains pour reconstituer l'administration romaine. Sous son règne, Ravenne fut une brillante capitale : il encouragea les lettres et les arts et pratiqua une politique de tolérance religieuse. Mais il était arien et les évêques italiens lui étaient hostiles. Croyant à une conspiration de Constantinople contre lui, il persécuta les catholiques et fit notamment exécuter son collaborateur Boèce (524).

Saint-Ambroise et **Théodose Ier**, *œuvre attribuée à Van Dyck.*

Théodoric Nom de deux rois wisigoths. **Théodoric Ier** ?-451 Roi en 418. Il fut tué en combattant Attila aux champs Catalauniques. **Théodoric II** ?-466 Roi en 453, fils du précédent. Il agrandit son royaume en Gaule et en Espagne.

Theodoros ou **Théodore II** entre 1818 et 1822-1868 Empereur d'Éthiopie en 1855. Il unifie le pays et jette les bases de l'Éthiopie moderne en gouvernant par la violence. Méfiant envers les puissances européennes qu'il soupçonne, à juste titre, de visées coloniales, il se heurte aux Français et aux Britanniques. Il est battu par ces derniers à Magdala et se suicide.

Théodose Ier, dit **le Grand** (en latin, **Flavius Theodosius)** v. 347-395 Empereur romain (379-395). L'empereur Gratien le nomma auguste et lui confia le gouvernement de l'Orient (379). Installé à Constantinople, Théodose fit du christianisme la religion d'État (380) et réunit un concile qui condamna l'hérésie d'Arius (381). Il fit fermer ou démolir des temples païens. Il réprima avec vigueur des révoltes dans les grandes villes surchargées d'impôts ; la répression fit 7 000 morts à Thessalonique, ce qui lui valut d'être excommunié par saint Ambroise. Après la mort de Valentinien II (392), Théodose triompha de ses rivaux et reconstitua l'unité de l'Empire romain. Avant sa mort, il partagea l'Empire entre ses deux fils : Honorius eut l'Occident et Arcadius l'Orient.

Théodose II le Jeune v. 401-450 Empereur d'Orient en 408. Petit-fils de Théodose Ier, il succéda en 408 à son père Arcadius. Dominé par sa sœur, puis par sa femme, il combattit cependant les Perses avec succès (421), mais ne put empêcher l'invasion des Huns et dut payer Attila pour qu'il évacue l'Empire. Il fit rédiger le *Code théodosien* qui réunissait les Constitutions impériales promulguées depuis Constantin.

Théodose III ?-722 Empereur d'Orient (716-717) Collecteur d'impôts, il fut nommé, en 716, empereur par l'armée révoltée à Rhodes. Il abdiqua en faveur de Léon III (717) et se fit moine.

théogonie n. f. Généalogie des dieux dans les religions polythéistes.

Théogonie (la) (en grec, « la généalogie des dieux ») VIIIe siècle av. J.-C. Poème mythologique d'Hésiode. Après avoir raconté la formation de l'Univers, Hésiode dresse la généalogie des dieux, nous fournissant le document le plus complet que nous possédions sur la mythologie grecque.

théologal, ale, aux adj. RELIG. CATHOL. Qui a Dieu pour objet. *Vertus théologales* : la foi, l'espérance et la charité.

théologie n. f. Science qui a pour objet l'essence, la nature de Dieu et ses relations avec le monde. / Doctrine théologique. *La théologie thomiste.* / Recueil d'œuvres théologiques. / Études théologiques. *Licence de théologie.*

théologien, enne n. Spécialiste de théologie.

théologique adj. Propre à la théologie.

Théophane le Grec entre 1330 et 1340-entre 1405 et 1415 Peintre d'icônes, créateur à Moscou, dans la cathédrale de l'Annonciation, de la première iconostase où figurent des personnages en pied. Il fit connaître en Russie l'art des Paléologues (*Transfiguration*, galerie Tretiakov, Moscou) et son influence fut profonde.

théophanie n. f. THÉOL. Manifestation de Dieu.

théophilanthrope adj. et n. Relatif à la théophilantropie; adepte de la théophilanthropie.

théophilanthropie n. f. HIST. Mouvement philosophique et religieux qui tenta de substituer une religion nouvelle au catholicisme, à partir de septembre 1796. ♦ Simple, sans hiérarchie ni clergé, la théophilanthropie, religion naturelle, professait l'existence de Dieu et l'immortalité de l'âme. Le culte consistait en hommages rendus à Dieu par les pères de famille, en examens de conscience et en hymnes, lectures et discours moralisateurs. Ses adeptes ont partagé un certain temps avec les catholiques les églises de Paris que le Directoire avait réservées au culte et la religion se répandit en province, de manière inégale, toutefois. En octobre 1798, le culte civique supplanta la religion naturelle; la théophilanthropie se maintint quelque temps, mais le concordat de 1801 lui donna le coup de grâce.

théophilanthropique adj. De la théophilanthropie.

Théophraste (en grec « le divin parleur ») v. 372-287 avant J.-C. Philosophe grec, né à Lesbos. Il aurait écrit 240 ouvrages, mais il ne nous reste de lui que deux traités de botanique et les *Caractères*, petit manuel de psychologie qui montre la vie athénienne de son temps et dont La Bruyère s'est inspiré.

théophylline n. f. BIOCHIM. Alcaloïde contenu dans les feuilles de thé, proche de la théobromine, utilisé en pharmacie comme dilatateur des bronches et des artères coronaires, ainsi que comme diurétique.

théorbe ou **téorbe** n. m. MUS. Grand luth grave utilisé aux XVIe et XVIIe siècles.

théorème n. m. Proposition mathématique démontrée grâce à un raisonnement logique, à partir d'autres propositions préalablement établies.

théoricien, enne n. Personne spécialisée dans la théorie, la recherche théorique. / Auteur d'une théorie. *Einstein, théoricien de la relativité.*

théorie [1] n. f. Ensemble d'idées, de concepts relatifs à un domaine particulier. *Théories artistiques, politiques.* / Système conceptuel organisé visant à expliquer un phénomène ou un ensemble de faits. *Théorie de la relativité.* / Connaissance abstraite, par opposition à la pratique. *En théorie*: en principe.

théorie [2] n. f. ANTIQ. GR. Députation mandatée par une cité aux grandes fêtes. / Litt. Groupe de personnes s'avançant en procession avec une certaine solennité.

théorique adj. Qui procède de la théorie. *Physique théorique.* / N'existant que dans la théorie. *Puissance théorique d'un moteur.*

théoriquement adv. De façon théorique.

théoriser v. t. / v. i. [1] Mettre en théorie. *Théoriser un jugement.* / v. i. Formuler une théorie.

théosophie n. f. Doctrine ésotérique qui consiste en une interprétation de l'enseignement divin fondée à la fois sur une démarche intellectuelle et sur une révélation provoquée par une illumination, interprétation qui s'applique aussi bien aux mystères intérieurs à la divinité qu'à l'Univers dans son ensemble.

théosophique adj. Propre à la théosophie.

théosophique (Société) Association philosophique fondée à New York en 1875 et qui choisit de siéger en Inde, près de Madras, à Adyar (1882), professant un syncrétisme religieux qui emprunte certains de ses traits aux religions de l'Inde.

Théoule-sur-Mer *1 296 h.* Commune des Alpes-Maritimes, située entre Cannes et Saint-Raphaël. Station balnéaire. Une association de défense du site de Théoule a réussi à préserver le front de mer contre l'excès de constructions jusqu'au début des années 1990.

thèque n. f. BIOL. Enveloppe, gaine protectrice. *Thèque du follicule ovarien.*

thérapeute n. Personne qui soigne les malades. / Spécial. Psychothérapeute.

thérapeutique n. f. et adj. Partie de la médecine qui concerne les moyens propres à guérir ou à soulager les maladies. / Traitement médical. Syn. thérapie. / Adj. Relatif au traitement des maladies.

thérapie n. f. Traitement médical. *Thérapie génique.* / Psychothérapie. *Thérapie familiale. Thérapie de groupe.*

thérapsides n. m. pl. PALÉONT. Ordre de vertébrés tétrapodes fossiles du Permien, du Trias et du Jurassique, qui présentaient à la fois des caractères mammaliens, dérivés, et des caractères primitifs (« reptiliens »). *Les thérapsides sont parfois appelés reptiles mammaliens.*

Thérèse de Jésus ou **d'Ávila (Teresa de Cepeda y Ahumada**, sainte**)** 1515-1582 Religieuse espagnole. En 1536, elle entra au Carmel d'Ávila où elle se signala par sa ferveur et son mysticisme. Ramenant les carmélites à une stricte observation de leur règle, elle réforma l'ordre et fonda plusieurs monastères avec saint Jean de la Croix. Son œuvre mystique, abondante, est couronnée par *Les Demeures ou le Château intérieur*, écrit à la fin de sa vie et qui expose les sept degrés de la prière permettant d'arriver à l'union à Dieu. En 1970, Paul VI a fait d'elle le premier docteur de l'Église de sexe féminin.

Thérèse de l'Enfant-Jésus et de la Sainte-Face (Thérèse Martin, sainte**)** 1873-1897 Religieuse française qui acquit une réputation de sainteté lors de son séjour au Carmel de Lisieux, ville qui est devenue un lieu de pèlerinage. Sainte Thérèse, morte de tuberculose après une vie apparemment ordinaire, a laissé une *Histoire d'une âme*, autobiographie qui témoigne d'une haute spiritualité fondée sur l'abandon à Dieu. Elle a été faite docteur de l'Église par Jean-Paul II en 1997.

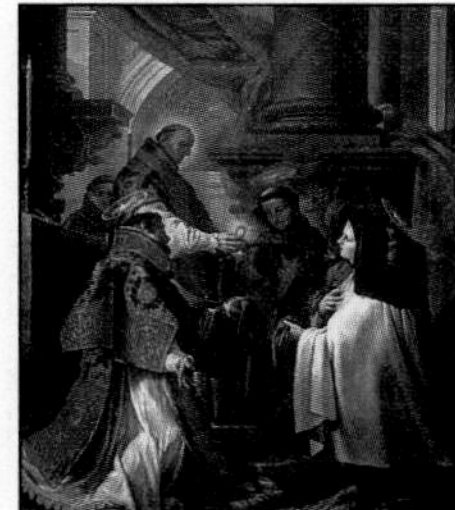
Sainte **Thérèse de Jésus**, *tableau de Coello.*

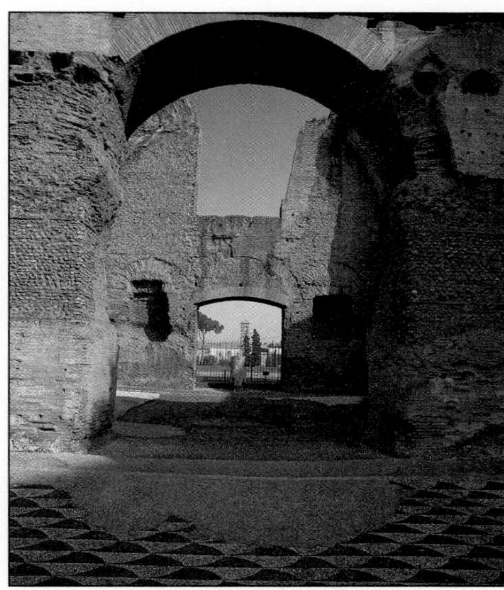
Vue partielle des ***thermes*** *de Caracalla à Rome, IIIe siècle.*

Thérèse Desqueyroux 1927 Roman de François Mauriac. Dans la région de Bordeaux, une jeune femme tente d'empoisonner son mari, un homme mesquin. Elle bénéficie d'un non-lieu, car le mari fait silence pour préserver l'honneur de la famille, et vit séquestrée dans sa maison.

Thérèse Raquin 1867 Roman d'Émile Zola où le remords de deux amants meurtriers est étudié, sous l'angle de la « fatalité des chairs ». Le livre ayant fait scandale à sa parution, Zola y a ajouté une préface soulignant l'aspect scientifique de son observation, faisant l'apologie du naturalisme. Jacques Feyder, puis Marcel Carné en ont chacun tiré un film (1928 et 1953).

thériaque n. f. Anc. Préparation pharmaceutique employée autrefois comme antidote aux venins.

thermal, ale, aux adj. Se dit des eaux minérales chaudes ayant des propriétés thérapeutiques. / Se dit des établissements où sont utilisées à des fins thérapeutiques les eaux de source, chaudes ou non. *Station thermale.*

thermalisme n. m. Utilisation thérapeutique des eaux de source. / Organisation des stations thermales.

thermes n. m. pl. ANTIQ. ROM. Établissement de bains publics qui comprenait une salle pour le bain froid (*frigidarium*), une salle pour le bain tiède (*tepidarium*), une salle pour le bain chaud (*caldarium*), une étuve (*laconicum*) et un gymnase. / Établissement thermal.

thermidor n. m. Onzième mois du calendrier républicain, allant du 19 ou 20 juillet au 17 ou 18 août.

Thermidor an II (journées des 9 et 10) (27 et 28 juillet 1794) Date de la chute de Robespierre à la Convention. Redoutant d'être eux-mêmes victimes de la Terreur, les adversaires de l'*Incorruptible* (Tallien, Fouché, Barras), unis à des conventionnels modérés, couvrirent les voix de Saint-Just et de Robespierre à la Convention pour les empêcher de prendre la parole et les firent décréter d'arrestation. Délivrés par les hommes de la Commune de Paris et conduits à l'Hôtel de Ville, ils furent de nouveau faits prisonniers durant la nuit. Le lendemain, Robespierre, son frère, Saint-Just et dix-neuf de leurs partisans furent guillotinés. La mort de Robespierre marqua la fin de la Terreur et inaugura la réaction thermidorienne contre les Jacobins.

thermidorien, enne adj. et n. HIST. Se dit des députés de la Convention qui obtinrent l'arrestation de Robespierre le 9 thermidor an II, puis son exécution. *Le parti thermidorien. Réaction thermidorienne*: ensemble des mesures prises après le 9 thermidor. / n. m. Membre de ce groupe de députés. *Les thermidoriens.*

thermie n. f. Ancienne unité de quantité de chaleur (symbole: th), valant 10^6 calories.

thermique adj. et n. f. Relatif à la chaleur. *Isolation thermique. Moteur thermique*, qui transforme l'énergie thermique en énergie mécanique (machine à vapeur, moteur à explosion, turboréacteur, etc.). *Centrale thermique*, dans laquelle l'énergie électrique est produite à partir de l'énergie thermique provenant de la combustion du pétrole, du gaz ou du charbon. / *Papier thermique*, sensible à une élévation de température, utilisé notamment pour la télécopie. / n. f. Partie de la physique appliquée qui traite de la chaleur, de sa production et de son utilisation.

thermistance n. f. PHYS. Semi-conducteur dont la résistance varie fortement en fonction de la température.

thermocautère n. m. MÉD. Instrument servant à faire des cautérisations ignées à l'aide d'une tige creuse de platine, maintenue incandescente par un courant d'air carburé.

thermochimie n. f. Partie de la chimie qui étudie les effets thermiques des réactions chimiques.

thermocollant, ante adj. et n. m. Se dit d'un tissu, d'un matériau que la chaleur rend adhésif.

thermodurcissable adj. et n. m. Se dit d'une matière plastique synthétique qui perd sa plasticité sous l'action de la chaleur, par opposition à *thermoplastique*.

thermodynamique n. f. Partie de la physique qui étudie les relations entre les phénomènes thermiques et les phénomènes mécaniques.

◆ La thermodynamique est fondée sur quatre principes. Le *principe zéro* stipule que l'on peut définir la température d'un corps; formulé vers 1931, il a été énoncé le dernier et ajouté après coup. Le *premier principe* stipule que l'énergie se conserve; il a été découvert en deuxième lieu. Le *second principe* implique l'existence d'une dissymétrie fondamentale de la nature; il a été découvert en premier. Le *troisième principe* traite des propriétés de la matière lorsqu'elle est soumise à des conditions de très basse température; il a été découvert en troisième lieu. Le concept de thermodynamique est né en France du constat que fit Nicolas Carnot de l'infériorité industrielle de notre pays, responsable, en partie du désastre de la France face à l'Angleterre en 1814. L'Angleterre, qui souffrait d'une pénurie de bois, avait pallié ce manque en développant l'industrie métallurgique qui utilisait massivement le charbon extrait de ses mines à l'aide des machines à vapeur. La leçon qu'en avait tirée Carnot l'avait conduit à penser que la maîtrise de la puissance développée par les machines à vapeur engendrerait une révolution universelle capable de bouleverser les perspectives économiques et sociales. Cette vision du monde devait, en un peu plus d'un siècle, transformer toutes les activités humaines en rendant possible, par l'utilisation des machines, le remplacement des êtres humains dans l'accomplissement de tâches physiquement épuisantes et moralement dégradantes. Mais, en découvrant que la transformation de la chaleur en travail avait un rendement limité, que l'énergie fournie par la combustion du charbon n'était pas sans limites, Carnot, sans le soupçonner, posait le problème du rendement énergétique, problème devenu aujourd'hui, avec nos sociétés consommatrices d'énergie, une question d'actualité. Dès 1824, dans ses *Réflexions sur la puissance motrice du feu et sur les machines propres à développer cette puissance*, Carnot introduisait une erreur de raisonnement: il pensait que la quantité de chaleur, ou *calorique*, était constante lors de son trajet de la chaudière au condensateur. Dans cette hypothèse, la quantité de chaleur se conserve; nous savons maintenant que c'est faux. Trois physiciens, notamment, ont étudié ce problème après Carnot, Joule a été le premier; il s'intéressa à tous les phénomènes dans lesquels intervenaient chaleur et mécanique. Cela lui permit de confirmer que la chaleur ne se conservait pas, mais que le travail mécanique pouvait être transformé en chaleur. De cette confirmation est issu le principe d'équivalence travail-énergie. Le second fut W. Thomson (lord Kelvin). Sans vouloir remettre en cause le travail de Carnot, Thomson n'était pas certain que Joule avait raison de réfuter l'hypothèse de Carnot. Dans *Une théorie dynamique de la chaleur* (1851), il énonçait deux lois qui ne condamnaient pas le travail de Carnot, mais ne contredisaient pas celui de Joule. R. Clausius, en reprenant les travaux de Carnot, de Joule et de Thomson, mit en évidence le principe selon lequel la chaleur était fonction du comportement des particules dont est composée la matière, mais il réfuta le concept de *calorique*. Il faudra attendre une génération pour que, avec L. Boltzmann, soient démontrés et unifiés les principes de la thermodynamique, alors que l'existence même des atomes demeurait contestée.

Thermomètre.

thermoélectricité n. f. Partie de la physique qui étudie les relations entre énergie thermique et énergie électrique. / Électricité produite à partir d'énergie thermique.

thermoélectrique adj. PHYS. Relatif à la thermoélectricité.

thermoformage n. m. Technique de mise en forme des matières plastiques par chauffage.

thermogène adj. Qui produit de la chaleur.

thermogenèse n. f. BIOL. Production de chaleur par les êtres vivants. *Chez les animaux homéothermes, la thermogenèse fait partie du mécanisme de thermorégulation. Des processus de thermogenèse interviennent également chez certaines plantes.*

thermographie n. f. Procédé permettant de visualiser les variations de température d'un corps en utilisant le rayonnement infrarouge qu'il émet. *La thermographie est utilisée notamment en médecine dans le diagnostic des tumeurs du sein.*

thermolyse n. f. CHIM. Décomposition d'un corps sous l'action de la chaleur. / BIOL. Déperdition de chaleur par les êtres vivants. *Chez les animaux homéothermes, la thermolyse fait partie des mécanismes de thermorégulation.*

thermomètre n. m. Appareil permettant de mesurer les températures.

◆ Les thermomètres utilisent les variations d'une grandeur physique; ils peuvent être à mercure ou à alcool (dilatation d'un liquide dans un tube de verre), à gaz (pression d'un gaz à volume constant), à résistance (résistance électrique d'un fil de platine), à couple thermo-électrique (force électromotrice produite par l'effet Peltier), à rayonnement lumineux (pyromètre optique). Les thermomètres les plus utilisés sont gradués de 0 ° à 100 °(Celsius), de 32 ° à 212 °(Fahrenheit), de 0 ° à 8 °(Réaumur); les thermomètres médicaux sont gradués de 32 ° à 44 °C.

thermonucléaire adj. *Réaction thermonucléaire*: réaction nucléaire de fusion de noyaux d'atomes légers portés à très haute température. Les réactions thermonucléaires sont à l'origine de l'énergie du Soleil et des étoiles *Énergie thermonucléaire*, libérée par cette réaction. *Bombe thermonucléaire*: bombe à hydrogène, ou bombe H, qui met en jeu la réaction thermonucléaire.

thermopause n. f. PHYS. Région de l'atmosphère terrestre comprise entre la thermosphère et l'hexosphère.

thermoplastique adj. Se dit d'une matière plastique synthétique qui peut être mise en forme sous l'action de la chaleur, par oppos. à thermodurcissable.

Thermopyles (les) (en grec « les portes chaudes ») Défilé très étroit de la Grèce (Thessalie). Le Spartiate Léonidas, qui tentait de résister aux Perses, s'y sacrifia avec 300 hommes, en 480 avant J.-C., pour retarder l'armée de Xerxès Ier.

thermorégulation n. f. ZOOL. Maintien de la température corporelle à une valeur constante. La *thermorégulation fait intervenir des mécanismes métaboliques et comportementaux.*

thermos n. f. (nom déposé) Bouteille isolante capable de maintenir constante pendant plusieurs heures la température des liquides qu'on y verse.

Thermos Ancienne ville de Grèce, centre politique et religieux de la ligue Étolienne qui groupait, en Étolie (région montagneuse de la Grèce centrale), des cités unies pour lutter contre la Macédoine; ils durent se soumettre à Rome en 189 av. J.-C.

thermosphère n. f. PHYS. Zone de l'atmosphère terrestre située entre la mésopause et la thermopause, qui mesure environ 370 km.

thermostat n. m. Dispositif de régulation qui permet de maintenir une température constante dans un milieu clos.

Théroigne de Méricourt (Anne Josèphe Therwagne, dite**)** 1762-1817 Révolutionnaire française. Liée aux Girondins, féministe, elle réclame pour les femmes l'égalité civile et politique, participe à la journée du 10 août 1792 qui voit la chute de la royauté et, à la chute de la Gironde, est fouettée, nue, en public. Cette humiliation la conduit à la folie; elle passera le reste de sa vie à l'asile.

thésard, e n. Fam. Personne qui prépare une thèse universitaire.

thésaurisation n. f. Action de thésauriser; son résultat.

thésauriser v. t. / v. i. [1] Accumuler (de l'argent) sans le dépenser ni l'investir.

thésaurus ou **thesaurus** n. m. (mot latin) Didac. Lexique de philologie ou d'archéologie. / Liste alphabétique de termes normalisés pour le classement documentaire.

thèse n. f. Opinion, proposition théorique que l'on affirme et que l'on soutient. *Roman, pièce à thèse*: œuvre exposant une théorie déterminée. / Ouvrage que l'on présente en vue d'obtenir le doctorat. / PHILO. Première phase d'un système dialectique, suivie de l'antithèse, phase contradictoire, puis de la synthèse qui les concilie.

Thésée MYTH. GR. Héros semi-légendaire de la Grèce, fils d'Égée (ou de Poséidon qui aurait pris sa mère de force). Ses exploits ont quelque analogie avec ceux d'Héraclès. Il eut raison de plusieurs monstres qui terrorisaient le pays. En Crète, grâce au fil d'Ariane, il retrouva et tua le Minotaure enfermé dans le Labyrinthe. Roi d'Athènes, il organisa l'unité politique de l'Attique. Il captura une Amazone qui lui donna un fils, Hippolyte. Il la répudia et épousa Phèdre, qui tomba amoureuse d'Hippolyte.

Jupiter et **Thétis**, *par Ingres*.

thesmothète n. m. ANTIQ. GR. Titre des six derniers archontes d'Athènes, chargés de préparer les lois, d'organiser les tribunaux et de rendre la justice.

Thespis VIe siècle av. J.-C Poète tragique grec de l'Attique. Il n'a laissé aucune œuvre, mais la tradition rapporte qu'il aurait introduit le premier un acteur dans le chœur, ouvrant la voie à la tragédie.

Thessalie *14037 km² 734846 h.* Région de la Grèce continentale, formée de riches plaines arrosées par le Pénée et dominées à l'ouest par la chaîne du Pinde (*2633 m*) et au nord par les massifs de l'Olympe (*2911 m*) et de l'Ossa. Capitale *Lárissa*.

Thessalonique ou **Salonique** *378000 h.* Principal port de Macédoine, en Grèce (dont elle est la deuxième ville), centre commercial et industriel. Fondée au IVe siècle avant J.-C., la ville conserve des époques romaine et byzantine de beaux monuments. Thessalonique fut la capitale d'un royaume latin (1205-1223). Reconquise par le despotat d'Épire en 1224, elle fut conquise par l'empereur de Nicée en 1241 et intégrée à l'empire de Constantinople (1313). Elle devint turque en 1430 (sous le nom de *Salonique*) et fut rendue à la Grèce en 1913.

thêta n. m. inv. Huitième lettre (θ, Θ) de l'alphabet grec.

Thétis MYTH. GR. L'une des Néréides, fille de Nérée et de Doris. De son union avec le roi Pélée, elle eut plusieurs enfants dont Achille, qu'elle essaya, en vain, de rendre immortel en le plongeant dans le Styx.

Athéna, **Thésée** *et le Minotaure*.

T

thiamine n. f. BIOCHIM. Vitamine comprenant un noyau pyrimidine et un noyau thiazole, dont la carence entraîne le béribéri. Syn. vitamine B_1.

Thiard Voir **Tyard**

thiazole n. m. CHIM. Composé cyclique dont la chaîne est composée de cinq atomes (trois atomes de carbone, un atome de soufre, un atome d'azote).

Thibaud (Jacques) 1880-1953 Violoniste français. Il fonda en 1946, avec Marguerite Long, un concours international d'interprètes. Il mourut dans un accident d'avion.

Thibaud ou **Thibaut de Champagne** 1201-1253 Comte de Champagne (1201-1253), roi de Navarre (1234-1253). Il entretint des relations fort inégales avec Blanche de Castille, régente, et Saint Louis. L'un des plus célèbres trouvères du XIIIᵉ siècle (dit Thibaud le Chansonnier), il reprit les thèmes de l'amour courtois qu'il enrichit par l'usage de l'allégorie.

thibaude n. f. Pièce de tissu grossier (chanvre, jute, etc.), utilisée comme doublure des tapis de sol.

Thibault (les) 1922-1940 Roman de Roger Martin du Gard (8 volumes) qui conte l'histoire d'une famille bourgeoise française, de 1900 à 1914.

Thiérache Région du nord de la France, au climat humide. La tradition associe l'industrie laitière et fromagère, d'une part, et la ferronnerie d'autre part.

Thierry Nom de quatre rois mérovingiens.

Thierry Iᵉʳ ?-533 ? Fils aîné de Clovis, roi d'Austrasie en 511, il conquit la Thuringe avec ses frères. **Thierry II** ?-613 Frère de Théodebert II, roi de Bourgogne en 595 ou 596 et d'Austrasie en 612. **Thierry III** ?-691 Roi de Neustrie et de Bourgogne en 673. Battu par Pépin de Herstal (687), il ne gouverna plus à partir de cette date. **Thierry IV** ?-737 Roi des Francs en 721, il laissa gouverner Charles Martel.

Thierry (Augustin) 1795-1856 Historien français. Son *Histoire de l'Angleterre par les Normands* (1825) illustre sa conception de l'histoire : races conquérantes et races conquises s'opposent au fil des âges, et cette opposition explique l'histoire du monde. Ses *Récits des temps mérovingiens* (1835-1840) présentent l'histoire sous forme de récit vivant, en essayant de recréer l'atmosphère de l'époque.

Thierry d'Argenlieu (Georges) 1889-1964 Amiral français. Carme sous le nom de Louis de la Trinité, mobilisé en 1939, il rejoint de Gaulle à Londres en 1940. Haut commissaire pour le Pacifique (1941), inspecteur général des forces navales, il est haut-commissaire en Indochine (1945-1947). À son retour en France, il reprend la vie monastique.

Thiers *13 338 h.* Chef-lieu d'arrondissement du Puy-de-Dôme, centre français de la coutellerie.

Thiers (Adolphe) 1797-1877 Homme politique, journaliste et historien français. Avocat marseillais, il s'installa à Paris (1821), publia une *Histoire de la Révolution* (1823-1827) et fonda le journal *Le National* (1830) où il défendit l'idée d'une monarchie constitutionnelle sur le modèle anglais. Il contribua à l'avènement de Louis-Philippe en 1830. Député, ministre, président du Conseil (1836 et 1840), il s'opposa au roi sur la politique à suivre à l'égard de l'Angleterre et se retira. Chef du parti de l'ordre sous la IIᵉ République, mais hostile à l'Empire, il s'exila pendant un an (1851). Député de Paris après s'être tenu à l'écart de la vie politique pendant onze ans (1863), il s'opposa, en vain, aux préparatifs de guerre (1870). Élu chef du pouvoir exécutif par l'Assemblée nationale (1871), il négocia avec Bismarck les conditions de paix et, cette même année 1871, réprima impitoyablement, après plus de deux mois de lutte, le mouvement de la Commune. Avec le titre provisoire de président de la République (loi Rivet, août 1871) il travailla au redressement du pays. Mais, partisan du régime républicain, il fut renversé par une coalition des partis monarchiste et conservateur à l'Assemblée. Il dut démissionner et fut remplacé par Mac-Mahon (mai 1873) ; député en 1876, il devint le chef de l'opposition républicaine.

Thill (Georges) 1897-1984 Ténor français, interprète des grands rôles du répertoire lyrique, et particulièrement de Wagner.

Thinis Voir **This**

thinite adj. ANTIQ. ÉGYPT. De Thinis ; des dynasties égyptiennes originaires de Thinis.

Thionville *40 907 h.* Chef-lieu d'arrondissement du département de la Moselle, sur la Moselle, métropole d'équilibre de la Région Lorraine avec Metz et Nancy. Cette vieille ville militaire, fortifiée par Vauban, est un centre industriel.

Thiry (Marcel) 1897-1977 Écrivain belge d'expression française. Son admiration pour Apollinaire se traduit dans ses poèmes : *Plongeantes Proues* (1925) ; *La Mer de la Tranquilité* (1938) ; *Festin d'attente* (1963). Ses romans *Échec au temps* (1945) ; *Simul et autres cas* (1963) ; *Nondum jam non* (1966) s'attachent à l'aspect insolite de la réalité courante.

This ou **Thinis** Ancienne ville de Haute Égypte, centre du culte d'Osiris.

tholos n. f. (mot grec) ARCHÉOL. Sépulture circulaire à coupole, d'époque préhistorique / ANTIQ. GR. Temple circulaire.

Thom (René) 1923-2002 Mathématicien français. En 1958, la médaille Fields couronna ses travaux de topologie, puis il élabora la « théorie des catastrophes » dont il fit le premier exposé en 1972 ; cette théorie applique la topologie à divers phénomènes qui affectent l'Univers, l'histoire des civilisations, etc.

Thomas ou **Didyme** (saint) Iᵉʳ siècle L'un des douze apôtres de Jésus. Il refusa de croire à la résurrection de son maître avant d'en avoir la preuve tangible, ce qui lui donna la réputation de ne croire qu'à ce qu'il pouvait toucher. Il aurait prêché l'Évangile en Perse et en Inde.

Thomas (Ambroise) 1811-1896 Compositeur français, auteur de nombreux opéras dont le plus célèbre est *Mignon* (1866).

Thomas (Sidney Gilchrist) 1850-1885 Métallurgiste anglais qui découvrit et mit au point un procédé de déphosphoration de la fonte.

Thomas (Dylan Marlais) 1914-1953 Poète, nouvelliste et auteur dramatique gallois. Il a publié notamment *Dix-Huit* puis *Vingt-Cinq Poèmes* (1934 et 1936), repris en 1952 dans *Poèmes choisis* (1934-1952). Après avoir été comédien (ses improvisations délirantes à la B.B.C. valurent une célébrité po-

Miniature représentant l'assassinat de saint **Thomas Becket**.

pulaire au bouffon à la voix d'or), il collabora à plusieurs journaux. Cette expérience lui inspira certaines nouvelles de *Portrait de l'artiste en jeune chien* (1940). Cette œuvre, dont le titre tourne en dérision *Portrait de l'artiste en jeune homme* de Joyce, réunit dix récits autobiographiques. Il est également l'auteur d'une pièce de théâtre, *Au bois lacté*.

Thomas Becket (saint) v. 1118-1170 Prélat anglais, d'origine normande. Distingué par Henri II, il fut chancelier du royaume en 1155, puis archevêque de Canterbury en 1162. Mais, s'étant opposé aux décisions qui subordonnaient l'Église à la justice royale, il s'enfuit en France d'où il excommunia Henri II (1164). Rentré en Angleterre, il fut assassiné dans sa cathédrale par quatre chevaliers du roi. Celui-ci, sous la pression du papa, dut faire pénitence, tandis que Thomas Becket était canonisé dès 1173. T. S. Eliot lui consacra une tragédie (*Meurtre dans la cathédrale*, 1935).

Thomas d'Angleterre XIIᵉ s. Trouvère anglo-normand. Son poème *Tristan* conte la légende de Tristan et Iseult.

Thomas d'Aquin (saint) 1228-1274 Théologien italien. Issu d'une famille noble, Thomas entra en 1243 dans l'ordre des dominicains. Il étudia notamment à Naples et à Paris, où il découvrit l'œuvre d'Aristote, et devint maître en théologie. Prédicateur et controversiste éminent, le *Docteur angélique* est l'auteur de deux ouvrages capitaux : la *Somme contre les Gentils* (1258-1264) et la *Somme théologique* (inachevée, v. 1266-1273), qui contiennent l'essentiel de sa doctrine, le *thomisme*.

Thomas de Celano v. 1190-v. 1260 Franciscain italien qui naquit à Celano (province de L'Aquila, dans les Abruzzes). Ses écrits firent mieux connaître saint François d'Assise, dont il fut l'un des premiers disciples, et sainte Claire.

Thomas More ou **Morus** (saint) 1478-1535 Humaniste et homme politique anglais. Avocat, parlementaire, il devint, grâce à l'amitié d'Henri VIII, chancelier d'Angleterre en 1529. Opposé au divorce du roi, il fut emprisonné, puis exécuté. Son livre *Utopie* (1515-1516), ouvrage de fiction politique, décrit (en latin) un État (insulaire) idéal, où la propriété privée n'existe pas.

thomise n. m. ZOOL. Araignée des champs vivement colorée, qui ne tisse pas de toile, mais chasse à l'affût.

Saint **Thomas More**.

thomisme n. m. Doctrine théologique et philosophique de saint Thomas d'Aquin et de ses disciples.

◆ Dans le domaine métaphysique, le thomisme pose que l'essence se distingue de l'existence. Seul Dieu existe par lui-même. La *Somme théologique* en établit l'existence par des moyens rationnels : rien ne peut être expliqué sans Dieu ; Dieu est un Dieu personnel, c'est celui de la Bible, et son culte a l'amour pour première condition. La cosmologie thomiste et la conception thomiste du monde visible sont aristotéliciennes. En ce qui concerne l'homme lui-même, il est fait d'une âme et d'un corps, à la fois distincts et intimement liés, l'une (l'âme) ne se pouvant concevoir sans l'autre (le corps). La morale a le bien pour objet ; la liberté permet de choisir le bien, et la volonté est le principe moteur qui permet d'atteindre le bien.

thomiste adj. et n. Relatif au thomisme. / Subst. Adepte du thomisme.

Thomson (sir **William**, lord **Kelvin**) 1824-1907 Physicien britannique qui étudia la chaleur et l'électricité et dont les travaux de thermodynamique aboutirent à une définition de la température indépendante de la substance utilisée, ce qui conduisit à l'établissement de l'*échelle Kelvin* déterminant le zéro absolu : le degré Kelvin (ou kelvin) est une unité de température qui découle de la définition thermodynamique de la température. Il fit également des travaux importants de géophysique (étude des marées, notamment). Il s'opposa à Darwin sur l'évaluation de l'âge de la Terre.

Thomson (James) 1834-1882 Poète britannique. *La Cité de la terrible nuit* est un texte désespéré qui fait de la certitude de la mort l'unique réconfort des hommes.

Thomson (Elihu) 1853-1937 Ingénieur américain d'origine britannique, spécialisé dans l'électrotechnique, qui fonda en 1883

Thomise.

Sir **Joseph John Thomson**.

avec Edwin Houston la société Thomson-Houston.

Thomson (sir Joseph John) 1856-1940 Physicien anglais. Il montra que les rayons cathodiques emportent de la masse et de l'énergie et en mesura la vitesse (1895), ce qui constitue la première preuve de l'existence des électrons ; il détermina en 1897 le rapport de leur charge à leur masse. Il conçut le premier spectrographe de masse.

thon n. m. ZOOL. Grand poisson téléostéen des mers tempérées et chaudes, bon nageur, commun dans l'Atlantique et la Méditerranée. *Thon rouge*, pouvant atteindre 700 kg et 3 m de longueur. *Thon blanc*, plus petit. *La chair du thon, ferme et nourrissante, se consomme fraîche ou en conserve.* / Argot. Fille moche. *Y avait que des thons, hier soir.*

thonier, ière adj. et n. m. Relatif au thon. *Production thonière.* / n. m. Bateau armé pour la pêche au thon.

Thor ou **Tor** Dieu scandinave. Fils d'Odin, il régente le Tonnerre et la Pluie. Son emblème est le marteau.

thoracentèse ou **thoracocentèse** n. f. MÉD. Ponction de la paroi thoracique, destinée à détecter et le cas échéant évacuer un excès de liquide pleural.

thoracique adj. ANAT., ZOOL. Du thorax. *La cage thoracique*, constituée du sternum, des côtes, de la colonne vertébrale.

thoracoplastie n. f. CHIR. Résection d'une ou de plusieurs côtes ou parties de côtes afin de modifier la structure de la paroi thoracique.

thoracotomie n. f. CHIR. Ouverture chirurgicale du thorax.

thorax n. m. ANAT. Cavité de la partie supérieure du tronc, limitée par les côtes et par le diaphragme, qui le sépare de l'abdomen. *Le thorax renferme l'œsophage, l'appareil respiratoire (trachée et poumons), le cœur, le thymus, des vaisseaux et des nerfs.* / ZOOL. Partie du corps de divers animaux, postérieure à la tête. / Partie intermédiaire du corps de certains arthropodes. *Chez les insectes, le thorax est composé de trois segments (prothorax, mésothorax, métathorax) ; il porte les organes locomoteurs (pattes et ailes). Chez certains crustacés, le thorax est soudé à la tête (céphalothorax), de même que chez les arachnides.*

Thoreau (Henry) 1817-1862 Écrivain américain. Ami et disciple d'Emerson, il vécut plusieurs années auprès de lui et passa dans la solitude, à la campagne, une vie rythmée par la succession des saisons (*Une semaine sur les fleuves Concord et Merrimac*, 1840) et ponctuée par des démêlés avec les pouvoirs publics (son refus de payer une taxe pour financer la guerre contre le Mexique lui valut la prison en 1845) et l'affirmation de ses convictions (défense de l'abolitionniste John Brown, 1859). Dans *Walden ou la Vie dans les bois* (1854), il exalte le retour à la nature, loin de la ville moderne et de ses contraintes. Son pacifisme a inspiré Gandhi et ses convictions politiques ont, après des décennies d'oubli, séduit les jeunes contestataires des années 1960-1970.

Thorez (Maurice) 1900-1964 Homme politique français. Employé administratif à la mine, militant communiste, secrétaire général du parti (1930), il contribua à la formation (1934) et à la victoire électorale du Front populaire (1936). Mobilisé en 1939, il s'exila en U.R.S.S. de 1939 à 1944. Condamné à mort par contumace, il fut amnistié après la Libération. Il participa au gouvernement de 1945 à 1947.

thorine n. f. CHIM. Oxyde de thorium, de formule ThO_2, réfractaire.

thorium n. m. CHIM. Élément métallique radioactif, de numéro atomique Z = 90, de masse atomique 232,038, de la famille des actinides (symbole : Th). / Métal radioactif, blanc, fondant à 1 750 °C.

thoron n. m. CHIM. Isotope du radon, de masse atomique 220, émanation du thorium.

Thot Dieu égyptien du Savoir et de l'Écriture. Il préside aux arts et aux sciences. Les Grecs l'identifièrent à Hermès (Trismégiste). Il est représenté par un homme à tête d'ibis.

Thou (François de) 1607-1642 Magistrat français qui fut condamné et exécuté avec Cinq-Mars, avec qui il avait conspiré contre Richelieu.

Thouéris Divinité égyptienne de la Fécondité, représentée sous la forme d'un hippopotame.

Thoune (lac de) *48 km²* Lac glaciaire de Suisse, dans le canton de Berne, sur l'Aar. Il baigne Thoune (*38 211 h.*), ville riche en souvenirs historiques (château du XIIe siècle abritant un musée, église gothique et baroque).

Thoutmès (en égyptien « fils de Thot »), **Thoutmôsis** ou **Touthmôsis** (en grec) Nom de quatre pharaons de la XVIIIe dynastie. **Thoutmès Ier** ?-1520 ou 1494 av. J.-C. Pharaon entre 1530 et 1520 (ou entre 1506 et 1494), il conquit la Nubie. **Thoutmès II** ?-1504 ou 1490 av. J.-C. Pharaon entre 1520 et 1504 (ou entre 1494 et 1490) Fils du précédent, il guerroya comme lui et fut le premier époux de sa demi-sœur Hatshepsout. **Thoutmès III** ?-1450 ou 1436 av. J.-C. Pharaon entre 1484 et 1450 (ou entre 1490 et 1436) Fils de Thoutmès II, second époux d'Hatshepsout, il ne régna effectivement qu'à la mort de cette dernière. Grand conquérant, il fit de l'Égypte une grande puissance en plaçant sous son protectorat la Phénicie, la Palestine, la Syrie, au cours de dix-huit campagnes qui sont évoquées par les décorations du temple d'Amon, à Karnak, qu'il fit agrandir. **Thoutmès IV** ?-1405 ou 1402 av. J.-C. Pharaon entre 1425 et 1405 (ou entre 1412 et 1402) Fils et successeur d'Aménophis II, il conserva ses conquêtes.

Thrace Extrémité sud-orientale de la péninsule balkanique, partagée entre la Grèce (Thrace occidentale), la Turquie (Thrace orientale) et la Bulgarie (Roumélie orientale). Soumise par la Macédoine (IVe-IIe siècle avant J.-C.) puis par Rome (IIe siècle avant J.-C.-IVe siècle après J.-C.), la Thrace fut envahie à partir du VIe siècle par des Slaves qui se mêlèrent aux Grecs, puis fut intégrée à l'Empire ottoman du XIVe au XIXe siècle. Elle fut ensuite disputée aux Turcs par la Bulgarie et la Grèce. Le partage de la région fut réglé en 1919 et 1923.

Thrasybule v. 445-388 av. J.-C. Général et homme politique athénien. À la tête des Athéniens que les Trente Tyrans imposés par Sparte, en 404 av. J.-C., avaient bannis, il leur reprit Athènes en 403 av. J.-C. et poursuivit la lutte contre Sparte, mais la puissance athénienne avait disparu.

thrène n. m. ANTIQ. Chant funèbre grec.

thréonine n. f. BIOCHIM. Acide aminé polaire, de formule $CH_3 - CHOH - CH (NH_2) COOH$.

thriller n. m. (mot anglais) Film ou roman à suspense, visant à procurer des sensations fortes.

thrips n. m. ZOOL. Insecte de très petite taille, de l'ordre des thysanoptères, qui suce la sève des végétaux, capable d'occasionner des dégâts importants dans les cultures.

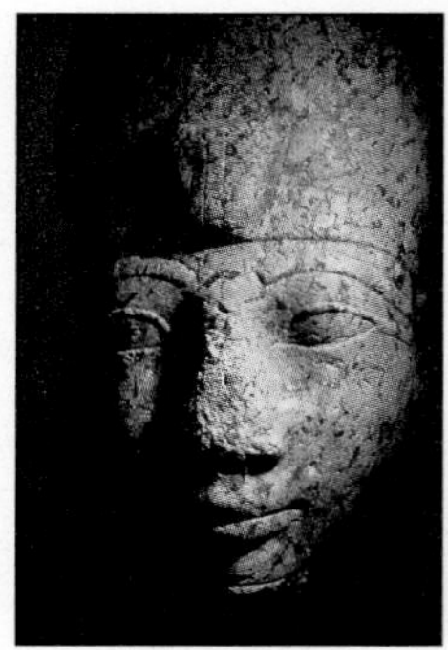

Thoutmès III.

thrombine n. f. BIOCHIM. Enzyme permettant la coagulation du sang en catalysant la transformation du fibrinogène en fibrine. Voir *prothrombine*.

thrombocyte n. m. BIOL. Plaquette sanguine. *Les thrombocytes sont des éléments figurés du sang, dépourvus de noyau, qui interviennent dans l'hémostase.*

thrombocytopénie ou **thrombopénie** n. f. MÉD. Diminution du taux des thrombocytes, pouvant entraîner un syndrome hémorragique (notam. purpura).

thrombolyse n. f. MÉD. Dissolution d'un caillot sanguin. *La thrombolyse peut être spontanée ou provoquée dans un but thérapeutique.*

thrombopénie Voir **thrombocytopénie**

thrombose n. f. MÉD. Formation d'un caillot sanguin dans le système circulatoire.

Thucydide v. 460-v. 395 av. J.-C. Historien grec, auteur de l'*Histoire de la guerre du Péloponnèse*, qui couvre la période de 431 à 411. Son intelligence et son détachement à l'égard d'événements qu'il a lui-même vécus en font le créateur de l'histoire en tant que science. Chercheur scrupuleux, il met en œuvre une documentation qu'il a personnellement vérifiée, d'une part au cours de ses voyages en Italie continentale, en Sicile et dans le Péloponnèse, d'autre part en faisant appel à des informateurs installés dans de nombreuses villes. L'élégance et la sobriété de son style en font un des écrivains majeurs de l'Antiquité grecque.

thug n. m. (mot hindi) Adepte d'une ancienne secte religieuse de l'Inde vouée au culte de la déesse Kâli, dont les membres pratiquaient le meurtre rituel par strangulation.

Thulé Nom donné dans l'Antiquité à une île légendaire du nord de l'Europe qui était peut-être l'Islande. Cette légende inspira à Goethe *La Ballade du roi de Thulé*, que Berlioz (*La Damnation de Faust*, 1846) et Gounod (*Faust*, 1859) mirent en musique.

thulium n m. CHIM. Élément métallique de numéro atomique Z = 69, de masse atomique 168,934, appartenant à la famille des lanthanides (symbole : Tm). / Métal blanc, d'une densité de 9,3, fondant vers 1 500 °C.

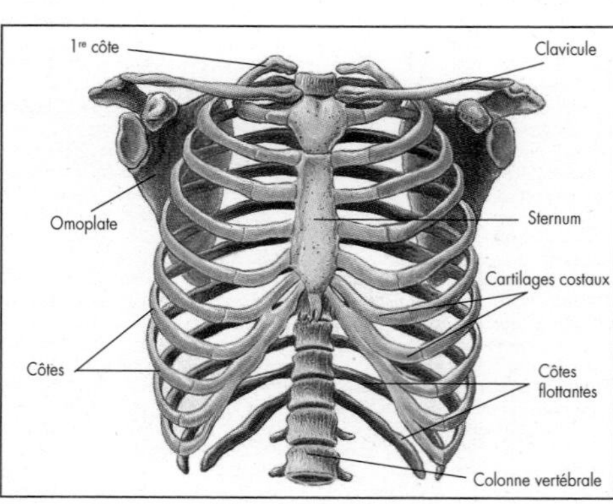

Schéma du **thorax** humain.

T

thune n. f. Argot. Pièce de cinq francs. / Par ext. Argent, fric. *J'ai pas une thune.*
Thurgovie *991 km^2 223 372 h.* Canton montagneux du nord de la Suisse s'ouvrant sur le lac de Constance, traversé par la Thur, affluent de la rive gauche du Rhin. Chef-lieu *Frauenfeld*. La population, en majorité protestante, parle allemand. En 1460, cette région fut prise aux Habsbourg par la Confédération suisse, qui l'administra. Elle ne devint un canton qu'en 1803.
thuriféraire n. m. LITURG. Personne portant l'encensoir. / Fig. litt. Flatteur, flagorneur. *Les thuriféraires du pouvoir.*
Thuringe (la) Région historique d'Allemagne, la plus occidentale de l'ancienne Allemagne de l'Est.
Thuringe *16 171 km^2 2 503 785 h.* Land d'Allemagne situé au nord de la Bavière. Capitale *Erfurt*. Entouré de plaines, le massif forestier de Thuringe occupe le centre d'un pays qui doit sa prospérité à sa situation sur une voie de passage (au contact de la plaine glaciaire du nord et des massifs hercyniens du centre de l'Europe) et à l'ancienneté de son activité industrielle (bois, industries alimentaires). Les industries créées par l'ancienne R.D.A. posent des problèmes de reconversion.
thurne Voir **turne**
thuya n. m. BOT. Conifère aux feuilles en écailles, originaire de Chine et de l'Amérique du Nord, et qui est cultivé comme plante ornementale ainsi que pour son bois.
thylacine n. m. ZOOL. Marsupial carnassier de Tasmanie, au pelage strié et de la taille d'un loup, dont l'espèce est éteinte. Syn. loup de Tasmanie, loup marsupial.
thym n. m. BOT. Plante aromatique des régions méditerranéennes de la famille des labiacées, contenant une essence riche en thymol et qui est utilisé en cuisine comme condiment, et en pharmacie comme diurétique. *Thym sauvage*: serpolet.
thyméléacées n. f. pl. BOT. Famille de plantes dicotylédones, voisines des myrtacées.
thymie n. f. PSYCHOL. Humeur, état affectif fondamental. Voir *cyclothymie*.
thymine n. f. BIOCHIM. L'une des bases pyrimidiques intervenant dans la constitution de l'A.D.N.
thymique [1] adj. PSYCHOL. Relatif à l'affectivité, à l'humeur. *La fonction thymique*: ensemble des mécanismes de régulation de l'humeur.

Thym.

thymique [2] adj. ANAT., PHYSIOL. Du thymus; relatif au thymus.
thymol n. m. CHIM. Phénol produit par certaines plantes, notam. les labiacées, utilisé comme antiseptique. *Le thym est riche en thymol.*
thymus n. m. ANAT. Organe situé dans la partie supérieure du médiastin, à l'arrière du sternum, et qui joue un rôle immunitaire important (production des lymphocytes). *Le thymus se développe jusqu'à la puberté, puis il régresse, restant présent chez l'adulte sous une forme atrophiée.*
thyréostimuline n. f. BIOCHIM. Hormone sécrétée par l'hypophyse et qui stimule l'activité endocrine de la glande thyroïde (abrév. T.S.H., pour *thyroid stimulating hormone*).
thyréotrope adj. BIOCHIM. *Hormone thyréotrope*: thyréostimuline.
thyristor n. m. ÉLECTRON. Composant semi-conducteur, dont l'une des trois électrodes permet d'impulser ou de suspendre le courant tout en modulant son intensité.
thyroïde n. f. et adj. ANAT. Glande endocrine volumineuse, située dans le cou, en avant des cartilages trachéaux, sécrétant les hormones thyroïdiennes. *La thyroïde est constituée de deux lobes symétriques réunis par un isthme médian; elle a un rôle important dans la croissance et le métabolisme.* / adj. *Glande, corps thyroïde*: la thyroïde. *Cartilage thyroïde*: cartilage du larynx, constituant, chez l'homme, la pomme d'Adam.
thyroïdien, ienne adj. ANAT., PHYSIOL. De la thyroïde, relatif à la thyroïde. *Hormones thyroïdiennes*: hormones sécrétées par la thyroïde (notam. la thyroxine). sous le contrôle de la thyréostimuline, qui interviennent dans la régulation de la croissance et du métabolisme basal.
thyrotrophine n. f. BIOCHIM. Thyréostimuline.
thyroxine n. f. BIOCHIM. Principale hormone thyroïdienne.
thyrse n. m. MYTH. Bâton entouré de pampre ou de lierre, au bout duquel est fixée une pomme de pin, l'un des attributs de Bacchus. / BOT. Fleur en forme de grappe pyramidale. *Les thyrses de lilas.*
thysanoptères n. m. pl. ZOOL. Ordre d'insectes de très petite taille (de l'ordre du millimètre), à ailes longues et étroites (parfois atrophiées ou absentes), se nourrissant généralement de la sève des végétaux, couramment appelés thrips.
thysanoures n. m. pl. ZOOL. Ordre d'insectes dépourvus d'ailes et sans métamorphose, vivant dans les endroits humides, tel que le lépisme.
Thyssen Famille d'industriels allemands. **August** 1842-1926 Il introduisit en Allemagne le procédé Thomas de déphosphoration de la fonte et, devenu un des plus gros industriels allemands, tenta de résister aux obligations issues du traité de Versailles, ce qui lui valut d'être arrêté par les Français en 1923, lors de l'occupation de la Ruhr. **Fritz** 1873-1951 Fils du précédent. D'abord favorable au parti nazi auquel il apporta son soutien financier, il rompit avec Hitler au moment de la signature du pacte germano-soviétique (1939). Réfugié en Suisse, puis en France, il fut livré à la Gestapo par le gouvernement de Vichy, déchu de sa nationalité, dépouillé de ses biens et déporté à Dachau. Après la guerre, il s'installa en Amérique du Sud. **Heinrich**

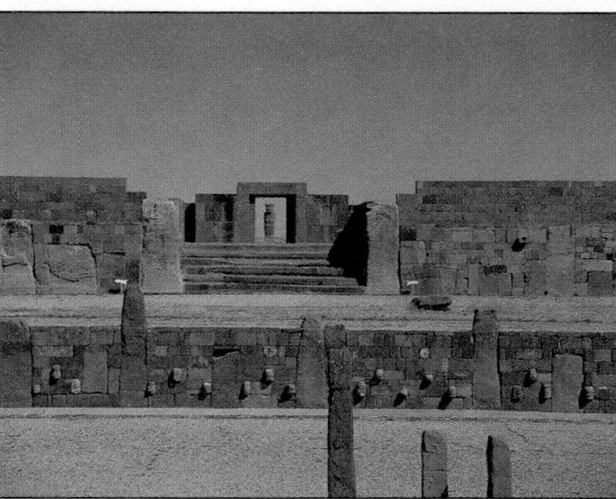

*Entrée principale de l'ensemble cérémoniel de **Tiahuanaco**.*

Thyssen-Bornemisza 1875-1947 Frère du précédent. Il reconstitua l'héritage familial et, avec son fils, rassembla une des plus importantes collections privées d'œuvres d'art.
Tiahuanaco Centre d'une civilisation précolombienne, sur la rive sud du lac Titicaca (Bolivie), à 3 900 m d'altitude, conservant deux groupes de ruines, des monolithes et des céramiques.
Tianjin ou **T'ien-tsin** *4 574 689 h.* Ville du nord-est de la Chine, au sud-est de Pékin, grand port sur la mer Jaune, centre industriel. La municipalité autonome de Tianjin a *11 305 km^2* et *9 359 000 h.* En 1858, le traité de Tianjin ouvrit onze ports chinois aux puissances occidentales. Le traité de 1885, régla le conflit sino-français au sujet du Viêtnam: la Chine renonçait à ses prétentions sur le Tonkin et l'Annam.
Tianshan ou **T'ien-chan** (« monts célestes ») Chaîne de montagnes du Kirghizistan et de Chine, longue de *3 000 km* environ, qui culmine à *7 439 m* à la frontière des deux pays.
tiare n. f. ANTIQ. Coiffure conique des souverains mèdes et perses, dans l'Orient ancien. / Coiffure de cérémonie, composée de trois couronnes superposées, portée par les papes jusqu'à Paul VI. / Au fig. Symbole de la dignité et de l'autorité papales, figurant sur les armoiries pontificales. *Coiffer la tiare*: devenir pape.
tiaré n. m. (mot polynésien) BOT. Plante de Polynésie, de la famille des malvacées, aux grandes fleurs colorées, utilisée dans la fabrication d'une huile parfumée. *Un collier de fleurs de tiaré.*
Tibère (en latin, **Tiberius Julius Caesar**) v. 42 av. J.-C.-37 apr. J.-C. Empereur romain (14-37 apr. J.-C.). Adopté par Auguste, dont il était le beau-fils et le gendre, il lui succéda en 14 après J.-C., après avoir brillamment combattu les Germains pour affermir la frontière de l'Empire sur le Rhin. Il gouverna l'empire pacifiquement et avec fermeté. Mais, en 27, il se retira à Capri et ne gouverna plus que par l'intermédiaire de Séjan, préfet du prétoire. À la suite d'un complot de Séjan qui cherchait à s'approprier le pouvoir, il le fit exécuter. Il désigna Caligula comme son successeur.
Tibériade (lac de) ou **lac de Génésareth** ou **mer de Galilée** Lac d'Israël (Galilée) formé par le Jourdain et situé à *212 m* au-dessous du niveau de la mer, à la frontière de la Syrie. Sur la rive ouest du lac, la ville de *Tibériade* (*35 000 h.*), fondée par Hérode Antipas au Ier siècle, doit son nom à l'empereur Tibère. Elle fut ruinée par un tremblement de terre en 1837. La ville actuelle se situe un peu au nord de la ville antique.
Tibesti Massif saharien du nord du Tchad, qui culmine à *3 415 m* (volcan de l'Emi Koussi).
• **Tibet** *1 221 600 km^2 2 360 000 h.* Région autonome de l'ouest de la Chine. Capitale *Lhassa*.
tibétain, e adj. et n. Du Tibet. *Moine tibétain. Un(e) Tibétain(e).* / n. m. LING. Langue généralement considérée comme faisant partie, avec d'autres langues d'Asie, les langues de la Chine, notamment, du groupe des langues sino-tibétaines, et parlée au Tibet.
tibéto-birman, ane adj. LING. Se dit de chacune des langues de l'un des groupes linguistiques sino-tibétains, qui comprend le tibétain et le birman, parlés au Tibet et en Birmanie, mais également en Inde du Nord et en Chine méridionale.
tibia n. m. ANAT. Os long formant le squelette interne de la jambe. *Le tibia est le plus gros des deux os longs de la jambe.* Voir *péroné*.

Tibère.

TIBET

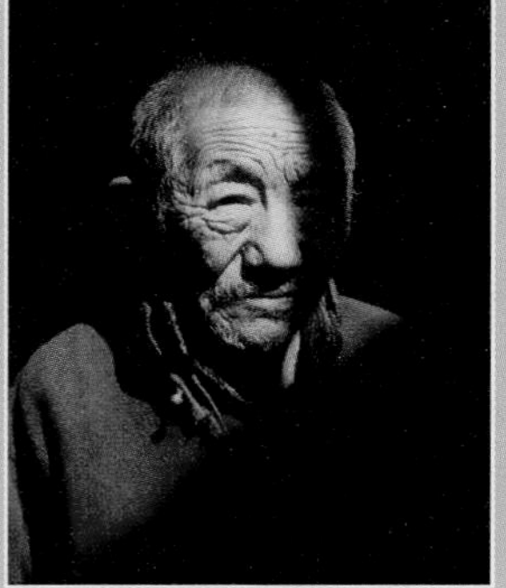

Tibétain (© Sophie Rieubland/Philippe Chanez).

Moines, monastère de Drepung (© Sophie Rieubland/Philippe Chanez).

Le Potala vu du toit du Jokhang (© Sophie Rieubland/Philippe Chanez).

Bouddha Maitreya, temple du Jokhang. Ce temple, vieux de 1300 ans, est le principal de Lhassa (© Sophie Rieubland/Philippe Chanez).

Le Tibet est formé d'un plateau très élevé (*le toit du monde*, altitude moyenne *5 000 m*). La vie se concentre dans les vallées méridionales abritées par l'Himalaya. La dureté du climat continental ne permet que l'élevage (yacks, moutons, chèvres) et de pauvres cultures.

Centre spirituel du bouddhisme depuis près de quinze siècles, le Tibet, jusqu'à l'annexion chinoise en 1959, était, depuis le XVIIe siècle un État théocratique gouverné par le dalaï-lama.

La situation stratégique de cette région, aux portes de l'Inde, explique en grande partie l'intérêt que lui porte la Chine, intérêt qui trouve, outre, sa source dans la rivalité historique des deux pays (au VIIIe siècle, les Tibétains agrandissent leur territoire aux dépens de la Chine; au XVIIIe siècle, les empereurs Qing établissent leur domination sur le Tibet, qui chasse les Chinois en 1912, avec l'aide des Britanniques).

En 1950, l'armée de Chine populaire envahit le Tibet. Les Tibétains résistent en vain; un accord est passé en 1951, que les Chinois ne respectent guère; le soulèvement tibétain de 1958 se solde par une sanglante répression et, en 1959, le dalaï-lama (Tenzin Gyatso) doit se réfugier en Inde, où il vit toujours en exil avec son gouvernement.

Les Chinois engagent une violente « politique de sinisation » : arrestations nombreuses, tortures et exécutions (plus d'un million de morts depuis 1950), envoi massif de colons chinois, stérilisation de femmes tibétaines, mariages (mixtes) forcés, destruction de temples, de monastères et autres bâtiments historiques et culturels.

Cette politique s'est légèrement adoucie à partir de 1979, mais la civilisation tibétaine reste menacée. En 1987-1989, des émeutes contre l'occupant chinois, sévèrement réprimées, ont attiré l'attention de l'opinion internationale. Le dalaï-lama, qui a reçu le prix Nobel de la paix en 1989, fait le tour des capitales pour que la communauté internationale vienne au secours du peuple tibétain.

Tibre (le) (en italien, *Tevere*) *396 km* Fleuve de l'Italie centrale. Né dans l'Apennin, il arrose Rome et se jette dans la mer Tyrrhénienne, près d'Ostie.

Tibulle (en latin, **Albus Tibullus**) v. 50-v. 19 av. J.-C. Poète latin, auteur de livres d'*Élégies* au ton languissant et tendre.

tic n. m. MÉD. VÉTÉR. Chez le cheval, aérophagie produisant des éructations, accompagnée de contractions musculaires (brusques mouvements de la tête, de l'encolure, etc.). / Cour. Bref mouvement convulsif et inconscient, faisant bouger un muscle (le plus souvent du visage). / Fig. Manie, geste ou parole répétés fréquemment et inconsciemment. *Un tic de langage.*

tichodrome n. m. ZOOL. Oiseau passériforme au plumage gris, aux ailes teintées de rouge et au long bec courbe. *Le tichodrome vit dans les zones rocheuses des montagnes d'Europe et d'Asie.*

ticket n. m. Billet servant de récépissé et donnant droit à l'accès à un service de transport en commun, à l'entrée dans un lieu. *Ticket de métro. Ticket restaurant*: coupon fourni par l'employeur à un salarié accordant à celui-ci une participation de son entreprise à ses frais de repas. / *Ticket modérateur*: part des frais médicaux que doit supporter un assuré social.

tie-break n. m. (mot anglo-américain) SPORT Au tennis, jeu décisif en 13 points, permettant de départager deux joueurs parvenus à égalité, la victoire allant à celui qui mènera par 2 points d'écart au-delà de 7 points. Syn. jeu décisif. Pl. Des *tie-breaks.*

Tieck (Ludwig) 1773-1853 Écrivain allemand romantique. Ses contes médiévaux réunis dans *Phantasus* (1812-1816) relèvent du genre fantastique. Ses nouvelles ultérieures, *La Révolte des Cévennes* (1826); *Le Jeune Maître ébéniste* (1836) ouvrent la voie au réalisme.

tiédasse adj. D'une désagréable tiédeur.

tiède adj. Légèrement chaud. / Fig. Sans grand enthousiasme, sans beaucoup de ferveur. *Il s'est montré tiède quand nous avons exposé nos projets. Des sentiments tièdes.*

tiédeur n. f. Température modérée se situant entre le froid et le chaud. *Tiédeur d'une belle journée de printemps.* / Fig. Malaise, absence de conviction, d'enthousiasme.

tiédir v. i. [2] Devenir tiède. *L'eau tiédit.* / Fig. *Son enthousiasme tiédit.* / (Emploi transitif) Rendre tiède. *Tiédir de l'eau.*

tien, tienne adj., pron. poss. de la deuxième personne du sing. et n. **A.** adj. Qui t'appartient. *Cette femme est tienne.* **B.** pron. poss. *Le(s) tien(s), la, les tienne(s).* Ce qui t'appartient. *Cette assiette est la tienne.* **C.** n. m. *Le tien*: ce que tu possèdes. *Faire la différence entre le tien et le mien.* / n. m. pl. *Les tiens*: ta famille. *Tu sembles très heureux parmi les tiens.* **D.** n. f. pl. Fam. *Tu as fait des tiennes*, des sottises comme tu en fais d'habitude.

T'ien-tsin Voir **Tianjin**

Tiepolo (Giambattista) 1696-1770 Peintre, décorateur et graveur italien. Ses grandes compositions peintes à fresque, baignées de lumière, sont animées de figures

Fresque de **Giambattista Tiepolo** ; plafond de la salle du Trône du palais royal de Madrid.

féminines pleines de vie (décorations au palais Labbia de Venise, gravures des *Caprices*). Originaire de Venise, il a travaillé dans cette ville (palais Dolfin, Scuola dei Carmini, Sant'Alviso), à Udine (cathédrale), à Madrid (plafond de la salle du trône du palais royal), à Würzburg (Allemagne), où le prince-évêque lui commanda la décoration du plafond et de l'escalier de la Résidence. Il fut aussi portraitiste et peignit de nombreuses toiles représentant, avec finesse et brio, des scènes de la vie quotidienne à Venise. **Giandomenico** 1727-1804 Peintre et décorateur italien, fils et collaborateur du précédent, auteur de scènes de genre aux accents très personnels (*Les Saltimbanques*, Venise, Ca'Rezzonico).

tierce n. f. MUS. Intervalle de trois degrés ; troisième degré de la gamme diatonique majeure ou mineure également appelée médiante. *Tierce majeure* : deux tons. *Tierce mineure* : un ton et demi. / IMPR. Ultime épreuve avant le tirage. / SPORT Troisième garde. *Parer en tierce*. / LITURG. CATHOL. Prière de l'office monastique récitée à la troisième heure (9 heures du matin). / Vx MATH. Soixantième de seconde. / JEUX Suite de trois cartes de même couleur.

tiercé n. m. Pari mutuel selon lequel on gagne lorsque l'on a misé sur les trois premiers chevaux arrivés.

tiercelet n. m. (En fauconnerie) Mâle de certains oiseaux de proie dont la taille est moindre que celle de la femelle, d'un tiers environ.

tierceron n. m. BX-A. Dans le gothique flamboyant, ensemble de nervures unissant une nervure secondaire d'une voûte ogivale aux angles de cette voûte par deux branches.

tiers, tierce adj. et n. m. **A.** adj. *Une tierce personne* : une troisième personne, qui vient se surajouter à deux autres. / DR. *Tierce opposition* : recours déposé par un tiers contre un jugement qui le lèse et qui porte sur une affaire où il n'était pas partie. / DR. CANON *Tiers ordre* : institut regroupant des religieux (*tiers ordres réguliers*) ou des laïcs (*tiers ordres séculiers*), et dont les statuts s'inspirent de la règle d'un ordre religieux. / HIST. *Tiers état* : troisième ordre de la société sous l'Ancien Régime, et qui regroupait tous ceux qui n'appartenaient ni à la noblesse ni au clergé. / Vieilli MÉD. *Fièvre tierce*, survenant tous les trois jours. **B.** n. m. Chacune des parties d'un tout divisé en trois parties égales. *Tiers provisionnel* : acompte sur l'impôt, égal au tiers de l'imposition de l'année précédente, versé en février et en mai. / Troisième personne. *Être en tiers* : se trouver présent à une entrevue entre deux personnes. / Personne étrangère à un groupe restreint. *Se montrer discret devant des tiers*. / DR. Personne étrangère à un contrat. / *Tiers payant* : système d'assurances sociales, selon lequel les frais médicaux et pharmaceutiques sont réglés directement par l'assureur et non par l'assuré social.

tiers-monde n. m. Ensemble des pays en voie de développement socio-économique, par oppos. aux États appartenant aux deux blocs antagonistes des années 1945-1990, le bloc d'économie libérale et le bloc d'économie collectiviste.

tiers-mondisme n. m. Attitude politique solidaire des pays du tiers-monde, prônant leur développement accéléré, et exigeant des pays riches qu'ils participent activement à l'essor de ce développement.

tiers-mondiste adj. et n. Relatif au tiers-mondisme. / Qui se sent solidaire du tiers-monde, est partisan du tiers-mondisme. / Subst. *Un(e) tiers-mondiste*.

Tigre.

tiers-point n. m. TECHN. Lime à section triangulaire.

tiers-temps n. m. inv. SPORT Chacune des trois périodes qui divisent le temps réglementaire des matches de hockey sur glace ; chacune des pauses observées à cette occasion. / *Tiers-temps pédagogique* : dans l'enseignement primaire, répartition en trois parties de l'horaire hebdomadaire.

tif ou **tiffe** n. m. Fam. Cheveu. *Se couper les tifs*.

Tiffany (Charles Lewis) 1812-1902 Orfèvre américain. Il a fondé (1837) à New York une entreprise qui subsiste aujourd'hui et, le premier, utilisé, pour son argenterie, un métal composite (or, argent, étain et cuivre). **Louis Comfort** 1848-1933 Décorateur et verrier américain. Fils du précédent, il a créé des lampes et des vases en pâte de verre et de nombreux vitraux ; il est très représentatif de la tendance « Art nouveau » aux États-Unis.

tifinagh n. m. (mot berbère) Alphabet des Touareg.

tige n. f. BOT. Axe principal des végétaux vasculaires, généralement aérien, portant les feuilles et les organes reproducteurs. *La racine est le plus souvent située au-dessus de la racine, et croît en sens inverse de celle-ci ; ces deux structures, unies au niveau du collet, se distinguent notam. par la disposition des tissus conducteurs de sève*. / Partie allongée d'un objet. *Tige d'une colonne. Tige d'une botte* : partie de la botte qui emboîte la jambe. / Fig. *Tige d'un arbre généalogique* : l'ancêtre dont sont issues toutes les branches d'une famille.

tiglon Voir **tigron**

tignasse n. f. Péjor. Chevelure mal peignée. / Fam. Chevelure épaisse.

Tignes (barrage de) Barrage édifié en 1952 sur la haute Isère, en Savoie, pour alimenter la centrale des Brévières. Le village de Tignes (*2 220 h.*), submergé par le lac du barrage et rebâti à *1 820 m*, est devenu une station de sports d'hiver à *2 100 m* d'altitude.

Tigrane le Grand v. 121-v. 54 av. J.-C. Roi d'Arménie en 95. Il conquit la Cilicie, la Syrie et le nord de la Mésopotamie. Lucullus puis Pompée le soumirent (69-66 av. J.-C.) et il devint vassal de Rome.

tigre, tigresse n. ZOOL. Grand mammifère carnassier, de la famille des félidés, à robe jaune tirant sur le roux et rayée transversalement de bandes noires, vivant en Asie et en Indonésie. *Le tigre peut mesurer jusqu'à 3 m de la pointe du museau au bout de la queue. Il en existe différentes sous-espèces : tigre de Sibérie, tigre de Chine, tigre du Bengale, tigre de Sumatra, etc. Le tigre feule*. / Fig. Personne cruelle. / *Être jaloux comme un tigre*, d'un tempérament très jaloux.

Tigre (le) *1 950 km* Fleuve né en Turquie, dans le Taurus, qui arrose l'Irak (Mésopotamie) et rejoint l'Euphrate pour former le Chatt al-Arab tributaire du golfe Persique. Des barrages construits pour éviter les inondations permettent l'irrigation des terres cultivées.

tigré, e adj. Au poil rayé, comme un tigre. *Chat tigré*.

Tigré *64 921 km² peut-être 3 000 000 h.* Province du nord de l'Éthiopie. Chef-lieu *Makalé*. Cette région de montagnes comprend des dépressions (parfois situées au-dessus de la mer), dans le prolongement de la Rift Valley. Le climat tropical est tempéré par l'altitude (qui peut excéder *3 000 m*). Les Tigrés parlent le tigréen, langue sémitique voisine du tigrinya. Ils peuplent aussi l'Érythrée. C'est dans le nord de cette province que se développa le royaume d'Axoum (Ier siècle av. J.-C. ?-Xe siècle), ville près de laquelle Ménélik écrasa les Italiens à Adoua (1896). En 1974, le Front populaire de libération du Tigré (F.P.L.T.) refusa la dictature militaire qui s'était emparée du pouvoir à Addis-Abeba. En 1991, le F.P.L.T. prit cette ville. La décentralisation éthiopienne, décidée en 1993, ne semble pas suffisante à de nombreux Tigrés.

tigrinya ou **tigrigna** adj. et n. Relatif à une population éthiopienne des alentours d'Axoum ; personne appartenant à ce peuple. / n. m. *Le tigrinya* : la langue sémitique parlée par ce peuple.

tigron ou **tiglon** n. m. ZOOL. Félin hybride, stérile, d'un tigre croisé avec une lionne.

Tijuana *747 381 h.* Ville du Mexique, en Basse-Californie, sur le Pacifique, à la frontière américaine ; centre industriel (automobile, électronique). Le tourisme s'y développe.

Tikal Site archéologique, situé dans le nord du Guatemala, où l'on a mis au jour, en pleine jungle, la plus importante des cités mayas.

Tikhonov (Nikolaï Semenovitch) 1896-1979 Écrivain soviétique, membre du groupe des Frères Sérapion, poète (*La Horde*, 1922 ; *Kirov est avec nous*, 1941) et auteur de récits (*Six colonnes*, 1968).

tilbury n. m. (de son inventeur, *Tilbury*) Voiture d'attelage, biplace et découverte. Pl. Des *tilburys*.

tilde n. m. Signe diacritique horizontal ondulé (~) qui, mis au-dessus du *n* espagnol, donne un son mouillé (ex. *señor* se prononçant *senior*).

Till Ulenspiegel ou **Uilenspiegel**, puis **Till Eulenspiegel** Héros de légendes allemandes, connu pour ses facéties. Son nom, qui signifie « Till Miroir aux chouettes », est devenu en français *Till l'Espiègle*. Les premiers textes qui popularisèrent ses exploits, écrits en bas allemand, remontent au XVe siècle. L'écrivain belge d'expression française Charles De Coster, qui a repris ce sujet (1867), a fait de Till un symbole de la résistance des Pays-Bas contre l'Espagne. L'acteur Gérard Philipe a interprété le personnage au cinéma.

tillac n. m. MAR. Pont supérieur d'un navire en bois.

tillandsie ou **tillandsia** n. f. BOT. Plante des forêts d'Amérique tropicale, de la famille des broméliacées, vivant en épiphyte, et dont certaines fournissent un crin végétal.

tilleul n. m. BOT. Grand arbre des régions tempérées, pouvant atteindre une trentaine de mètres de hauteur, dont les fleurs sont très odorantes. / Tisane préparée par infusion des fleurs de cet arbre. / Bois de cet arbre, tendre, utilisé notam. en lutherie.

Tillier (Claude) 1801-1844 Écrivain français. Son œuvre, essentiellement faite de pamphlets et d'ironiques études des mœurs provinciales (*Mon oncle Benjamin*, 1843), le rattache à la tradition littéraire du XVIIIe siècle.

Tillon (Charles) 1897-1993 Homme politique français. Organisateur, avec A. Marty, de la mutinerie des marins de la mer Noire, député communiste (1936-1940), il participa à la guerre d'Espagne dans les Brigades internationales. Dirigeant, pendant l'occupation, des Francs-Tireurs et Partisans français (F.T.P.), il fut ministre dans le ministère dirigé par le général de Gaulle (1944). Pour « activité fractionnelle », il a été exclu du comité central (1952), puis du parti (1970).

Tillon (Germaine) 1907 Ethnologue française. Après plusieurs missions (à partir de 1934) en Algérie, dans les Aurès, elle regagne Paris en 1940. Membre du réseau de résistance du Musée de l'homme dès juillet 1940, elle est arrêtée (1943) et déportée à Ravensbrück. À son retour en France, elle poursuit son travail d'ethnologue et, après 1954, lutte pour le maintien des liens entre l'Algérie et la France, en usant de son influence pour le rétablissement de la paix.

Tilly (Jean T'Serclaes, comte de**)** 1559-1632 Général originaire du Brabant qui servit le Saint Empire. Pendant la guerre de Trente Ans, il vainquit les Tchèques (1620), les Danois (1626) et fut vaincu et tué par les Suédois.

Tilsit (aujourd'hui **Sovietsk**) *50 000 h.* Ville de Prusse-Orientale, aujourd'hui en Russie, sur le Niémen, où Alexandre Ier et Napoléon Ier signèrent une alliance en juillet 1807. Les *traités de Tilsit* consacrèrent également la défaite de la Prusse.

tilt n. m. (mot anglais) Au billard électrique, claquement signalant la fin de la partie, à la suite d'une secousse excessive imprimée par le joueur à l'appareil. *Faire tilt*. / Fig., fam. *Faire tilt* : provoquer un déclic, la révélation soudaine d'une évidence dans l'esprit de quelqu'un.

Tim (Louis Mitelberg, dit) 1919-2002 Dessinateur français d'origine polonaise. Venu à Paris en 1938 pour y étudier l'architecture, il est mobilité en 1939 ; fait

T

*Rameau de **tilleul***.

Timbales.

prisonnier, il s'évade en 1941 et entre dans les Forces françaises libres. Après 1945, il se consacre à la caricature de presse (L'Humanité, Le Monde, L'Express) et à l'illustration de livres (œuvres complètes de Kafka), donnant des planches au trait ferme et à l'humour (en ce qui concerne la caricature) souvent grinçant.

timbale n. f. MUS. Instrument à percussion accordable, en forme de demi-sphère, couvert d'une peau tendue que le percussionniste frappe avec des baguettes. / Gobelet sans pied, en métal. *Décrocher la timbale*: obtenir une victoire difficile (allusion à la timbale d'argent fixée au sommet d'un mât de cocagne, récompense du grimpeur). / CUIS. Moule rond à bords hauts; mets cuit dans ce moule.

timbalier n. m. MUS. Joueur de timbale.

timbre n. m. Coupelle en métal, émettant un son lorsqu'elle est heurtée par un marteau. / MUS. Qualité distinguant des sons rendus par des voix ou des instruments différents et qui dépend de la somme variable des harmoniques qu'ils émettent. *Le timbre de la flûte, du violon, de la trompette. / Corde de timbre* (absol., *timbre*): corde tendue contre la peau inférieure d'un tambour afin d'en modifier la résonance. / Marque ou vignette apposée sur un écrit officiel et prouvant l'acquittement d'un droit. *Timbre fiscal.* / Vx Cachet de la poste indiquant l'origine ou la date. *Timbre postal.* / HÉRALD. Casque, ornement surmontant l'écu, indiquant la qualité de celui qui le porte.

timbré, e adj. *Voix timbrée,* dont le timbre est net, précis. / *Papier timbré*: feuille de papier comportant un timbre fiscal et destinée à certains actes officiels. / Affranchi par un timbre-poste. *Enveloppe timbrée.* / Fam. Cinglé, un peu fou.

timbre-amende n. m. DR. Timbre servant au paiement des amendes pour contravention à la réglementation de la circulation. Pl. Des *timbres-amendes.*

timbre-poste n. m. Vignette réglementaire vendue par l'administration des Postes et témoignant de l'affranchissement d'un envoi postal. *Timbre-poste à 0,46 euro. Timbre-poste de collection.* Pl. Des *timbres-poste.*

timbrer v. t. [1] Imprimer un timbre légal, un cachet sur. *Timbrer un acte.* / Coller un timbre-poste sur. *Timbrer une carte postale.* / HÉRALD. Mettre un timbre au-dessus de (un écu).

Timgad *9000 heures* Ville d'Algérie, située sur le versant nord des Aurès. Trajan en fit une colonie romaine en 100 apr. J.-C. Détruite par les Maures au VIe siècle, relevée par les Byzantins, elle offre un considérable ensemble de vestiges.

timide adj. et n. Qui manque de hardiesse, qui n'ose pas s'affirmer. *Enfant timide.* / Subst. *Un(e) timide.* / Qui exprime le manque de hardiesse de son auteur. *Un projet timide.*

timidement adv. Avec timidité.

timidité n. f. Caractère timide de (qqn, qqch.). *La timidité de ce jeune homme est maladive. Timidité d'un projet.*

timing n. m. (anglicisme) Durée déterminée, impartie à l'accomplissement d'une action, d'une tâche, d'une épreuve.

Timisoara *327 830 h.* Ville de l'ouest de la Roumanie (hongroise jusqu'en 1920, sous le nom de *Temesvár*), chef-lieu du district de Timis, centre culturel (château du XIVe siècle, églises baroques du XVIIIe siècle, université) et industriel. C'est de Timisoara que partit, en décembre 1989, l'insurrection qui devait mener au renversement de la dictature de Ceausescu.

Timmermans (Félix) 1886-1947 Écrivain belge de langue néerlandaise, auteur de poésies, de nouvelles et de romans qui décrivent les mœurs et les paysages flamands: *Pallieter* (1916); *Psaume paysan* (1935).

Timochenko (Semen Konstantinovitch) 1895-1970 Maréchal soviétique. Sous-officier de l'armée du tsar, rallié au parti bolchevik en 1919, ami de Staline, promu maréchal en 1940, il joua un rôle capital dans les offensives de 1943 et 1944.

timon n. m. Barre de bois reliée à l'essieu avant d'une charrette, permettant l'attelage d'une paire de bœufs ou autres animaux de trait. / MAR. Vx Gouvernail.

timonerie n. f. MAR. Fonction du timonier. / Cabine d'abri située sur la passerelle d'un navire, protégeant les appareils de navigation et les marins contre les intempéries. / TECHN. Ensemble du mécanisme commandant le freinage et la direction d'un véhicule. *Timonerie d'un train.*

timonier n. m. MAR. Homme chargé autrefois de tenir la barre d'un navire, aujourd'hui de surveiller la route, de transmettre les signaux et les ordres. / Chacun des chevaux attelés aux bras d'une voiture.

Timor *34 000 km² 1 600 000 h.* Île d'Indonésie, l'île la plus orientale de l'archipel de la Sonde, séparée de l'Australie par la mer de Timor. Cette terre montagneuse a uniquement des ressources agricoles: café, coprah, riz, élevage. Objet de rivalités européennes à partir du XVIIe siècle, l'île fut partagée entre les Pays-Bas, à l'ouest, et le Portugal, à l'est. Après 1945, l'Indonésie, qui s'était libérée des Pays-Bas, engloba le Timor occidental (environ *900 000 h.*; ville principale *Kupang*). Quand le Portugal, après la révolution des œillets (1974), eut entrepris de décoloniser et se retira de l'île, l'Indonésie annexa le Timor oriental, qui devint la province (non reconnue par l'O.N.U.) de *Timor Timur* (environ *700 000 h.*; ville principale *Dili*). Le Front révolutionnaire pour l'indépendance du Timor oriental (le Fretilin) mena une guérilla contre l'annexion à partir de 1975. L'armée indonésienne intervint, se livrant à un véritable génocide (300 000 morts). En 1998, quand Suharto laissa la place à B. J. Habibie, celui-ci entreprit de négocier avec le Fretilin. Lors du référendum d'autodétermination de 1999, organisé sous l'égide de l'O.N.U., plus de 78 % des votants s'exprimèrent en faveur de l'indépendance. Des milices pro-indonésiennes se livrèrent alors à des massacres, entraînant l'intervention d'une force multinationale au Timor oriental. Le territoire fut placé sous administration provisoire de l'O.N.U. avant d'accéder à l'indépendance.

timoré, e adj. Craintif, timide. *Un enfant timoré.*

• **Timor-Lorosa** État de l'Asie du Sud-Est, à l'est de l'île indonésienne de Timor.

Timothée (saint) Ier siècle Disciple de Paul, évêque d'Éphèse où il serait mort martyrisé en 97. Son existence et l'authenticité des deux épîtres que saint Paul lui aurait adressées sont aujourd'hui contestées.

Timourides ou **Timurides** Dynastie turco-mongole des descendants de Timur Lang (Tamerlan) qui régnèrent en Transoxiane (l'Ouzbékistan actuel) et sur une partie de la Perse pendant le XVe siècle, jusqu'en 1507. Ils ne conservèrent que le noyau de l'empire de Tamerlan mais l'art atteignit des sommets, notamment à Samarkand. Une autre branche des Timourides régna sur le nord de l'Inde, où Baber, descendant de Tamerlan, fonda l'Empire moghol au début du XVIe siècle.

Timur Lang ou **Tamerlan** 1336-1405 Conquérant issu d'un clan turco-mongol. Né près de Samarkand, il se déclara héritier et continuateur de Gengis khan et constitua un immense empire couvrant son pays (la Transoxiane, aujourd'hui Ouzbékistan, dont il s'était proclamé roi), l'Inde jusqu'à Delhi, l'Afghanistan, la Perse, la Mésopotamie, l'Asie Mineure et le sud de la Russie. Ayant établi son pouvoir par la force et la terreur, il fit néanmoins de Samarkand une capitale des lettres et des arts. Il mourut en préparant une expédition contre la Chine. Son immense empire, qu'il ne s'était guère soucié d'administrer, ne lui survécut pas.

Tinbergen (Jan) 1903-1994 Économiste néerlandais. Les études qu'il consacra aux pays du tiers-monde lui valurent le prix Nobel de sciences économiques en 1969.

tinctorial, ale, aux adj. Qui sert à teindre; relatif à la teinture. *Techniques tinctoriales.*

tinette n. f. Récipient autrefois utilisé pour recueillir et transporter les matières fécales. / Par ext., fam. et vieilli. *Les tinettes*: les lieux d'aisance.

© Odil Ruzaliev

*Statue moderne de **Timur Lang**.*

Tinguely (Jean) 1925-1991 Sculpteur suisse, installé à Paris en 1953 où il construisit des machines à dessiner et à peindre, et autres « machines délirantes »: créations animées, au fonctionnement anarchique, présentées parfois comme des spectacles éphémères. Avec sa femme Niki de Saint-Phalle, il a notamment créé (1983) une fontaine sur la place Stravinski, près du Centre Georges-Pompidou à Paris.

tintamarre n. m. Ensemble de bruits divers, violents et confus, se faisant entendre en même temps.

tintement n. m. Son clair, musical que rendent une cloche qui tinte, des objets que l'on frappe ou qui s'entrechoquent, etc. *Le tintement des verres sur le plateau. / Tintement d'oreilles*: bourdonnement d'oreilles.

tinter [1] v. i. En parlant d'une cloche dont le battant ne frappe que d'un côté, sonner lentement, par coups espacés. / Produire des sons clairs, aigus. *On entendait tinter les verres.* / (Emploi transitif) Faire résonner. *Tinter le tocsin.*

tintin! interj. Fam. Rien du tout! *Faire tintin*: ne rien obtenir.

TIMOR-LOROSA

Superficie : *14 475 km²* – **Nombre d'habitants :** *890 000 h.*
Capitale : *Dili* – **Système politique :** *république*
Langue(s) : *tétum, portugais (officielles), anglais, indonésien (langue de travail)*
Religion(s) : *catholicisme* – **Monnaie(s) :** *dollar des États-Unis*

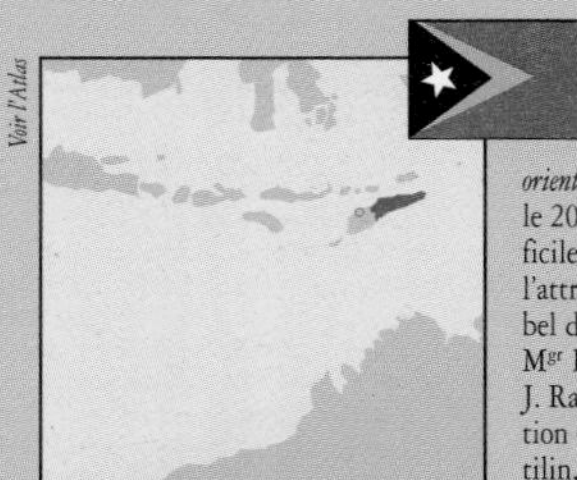

Après trois ans d'administration de l'O.N.U., le territoire, alors nommé *Timor oriental*, a accédé à l'indépendance le 20 mai 2002, à la suite de difficiles négociations facilitées par l'attribution (1996) du prix Nobel de la paix à l'évêque de Dili, Mgr Belo, et à l'indépendantiste J. Ramos-Horta. Après sa libération (1999), le dirigeant du Fretilin, Xanana Gusmao, a été élu (2000) à la tête du Conseil national de la résistance timoraise, puis (2002) à la tête de l'État. L'économie du Timor-Oriental est essentiellement agricole. La guerre a ravagé le pays qui dépend, pour sa survie, de l'aide internationale.

Tintin Héros de bande dessinée, créé par Hergé en 1929 dans un hebdomadaire belge ; la première aventure de ce reporter intrépide, qui résout des enquêtes à travers le monde, est racontée dans *Tintin au pays des soviets*. Ses deux compagnons sont le chien Milou et le capitaine Haddock (qu'on peut prendre pour un autoportrait de Hergé).

tintinnabuler v. i. [1] Litt. Sonner légèrement, résonner comme un grelot.

Tinto (rio) *100 km* Fleuve du sud de l'Espagne (Andalousie), tributaire de l'Atlantique, qui naît dans un district minier (cuivre) de la sierra Morena auquel il a donné son nom.

Tintoret (Iacopo Robusti, dit **il Tintoretto,** en français **le)** 1519?-1594 Peintre italien qui vécut à Venise. Fils de teinturier (*tintore*, en italien), on ne connaît pas grand-chose de ses années d'apprentissage. À part un possible (?) voyage à Rome (1545) et un très bref séjour à Mantoue (1580), il ne quitta pas sa ville natale, où il avait ouvert un atelier en 1539. Dès les années 1540-1550, il accumule les commandes, publiques ou privées, que sa puissance de travail et sa rapidité d'exécution lui permettent d'honorer sans difficulté (*Apollon et Marsyas*, plafond pour la riche demeure de l'Arétin, 1545 ; *La Cène*, église San Marcuola, 1547). À partir de 1553, il travaille au palais ducal, reprend le « cycle de saint Marc » et entreprend la décoration de la Scuola di San Rocco (association laïque fondée pour l'assistance aux malades et aux miséreux) qui l'occupera jusqu'en 1587. Parallèlement, il fait appel à son atelier pour célébrer, au palais ducal, les gloires de Venise (1577-1590) et celles de la famille du duc de Mantoue (*Fastes des Gonzague*, 1578-1580). La vieillesse n'entame pas sa vitalité et il donne libre cours à son imagination dans la grande *Cène* de l'église San Giorgio Maggiore (1593-1594). On lui doit également une impressionnante galerie de portraits d'hommes, souvent d'hommes âgés, d'une grande pénétration psychologique. Influencé par Titien et Michel-Ange, il sut créer un art maniériste, où la lumière engendre les formes et le mouvement. Il exerça une grande influence sur Rubens et le Greco.

tintouin n. m. Fam. Tintamarre. *Faire du tintouin.*

Tioumen *494 000 h.* Ville de Sibérie occidentale (république de Russie), centre industriel exploitant des gisements de pétrole et de gaz, ainsi que la forêt.

T.I.P. n. m. Sigle de *titre interbancaire de paiement.* Formulaire, signé par le débiteur, qui autorise l'organisme créancier à prélever une certaine somme sur son compte bancaire ou postal.

tipi n. m. (mot d'une langue amérindienne) Tente conique des tribus indiennes d'Amérique du Nord.

Tippoo-Tip v. 1837-1905 ? Prince marchand d'origine arabe, sans doute né à Zanzibar. Ce trafiquant d'esclaves fonda un État prospère, à l'ouest du lac Tanganyika, dans les années 1860, puis il servit les intérêts de Léopold II lors de la constitution du Congo belge.

tipule n. f. ZOOL. Insecte diptère nématocère, semblable à un grand moustique, à pattes très allongées. *La larve de la tipule attaque parfois les racines des plantes.*

tique n. f. ZOOL. Acarien parasite, suceur de sang, qui vit sur la peau des vertébrés. *La tique peut transmettre par ses piqûres diverses maladies.* Syn. ixode.

tiquer v. i. [1] MÉD. VÉTÉR. En parlant d'un cheval, avoir un tic. / Avoir un bref mouvement convulsif et inconscient, en parlant d'un être humain. / Fig. Exprimer l'étonnement, la contrariété, par un bref mouvement de physionomie. *Cette nouvelle l'a fait tiquer.*

tir n. m. Fait de tirer au moyen d'une arme. *Un tir précis. Tir à l'arc. Ligne de tir* : droite virtuelle reliant le canon d'une arme à feu et la cible visée. *Plan de tir* : plan vertical passant par la ligne de tir. / Ensemble des projectiles envoyés par une ou plusieurs armes. *Un tir de mitrailleuse. Un tir de missiles.* / Manière dont une arme envoie un projectile. *Fusil à tir automatique.* / Emplacement où l'on s'exerce au tir. *Tir forain.* / Fig. *Rectifier le tir* : affiner sa manière d'agir afin d'obtenir de meilleurs résultats.

tirade n. f. Morceau plus ou moins long récité sans interruption par un seul acteur, au théâtre. / Fig. Longue déclaration écrite ou orale.

tirage n. m. Déplacement de qqch. par un mouvement de traction. / Vx *Tirage d'un bateau*, son halage. / Fig. et fam. *Il y a du tirage*, des difficultés, des obstacles imprévus. / Action d'étirer. *Tirage de la soie*, son dévidage. *Tirage des métaux*, leur passage à la filière. / Fait de choisir au hasard. *Tirage au sort* : désignation d'un numéro par le sort. / HIST. *Tirage au sort :* mode de recrutement pour le service militaire consistant à tirer des numéros au hasard, certains numéros pouvant exempter les conscrits de faire le service. / IMPRIM. Action d'imprimer des feuilles ; les feuilles imprimées ainsi obtenues ; nombre d'exemplaires imprimés en une seule fois. *Un journal à gros tirage.* / PHOTO. et BX-ARTS Action d'obtenir une épreuve à partir d'un négatif, d'une planche gravée, etc. ; l'épreuve ainsi obtenue. *Un beau tirage.* / Mouvement ascendant d'air chaud dans une cheminée. / *Tirage d'un chèque*, son émission.

tiraillement n. m. Légères secousses successives et irrégulières. / Fig. Sollicitations contradictoires, conflit. *Tiraillements entre les syndicats et le patronat.* / MÉD. Sensations internes douloureuses, spasmes. *Tiraillements d'estomac.*

tirailler v. t. / v. i. [1] **A.** v. t. Tirer sur (qqch.) à petits coups répétés. *Tirailler la barbe de qqn.* / MÉD. *Être tiraillé par* : subir des sensations de tiraillement. / Fig. *Être tiraillé entre* : être partagé entre des impératifs contradictoires. **B.** v. i. Tirer des coups de feu irréguliers.

tirailleur n. m. MILIT. Soldat détaché d'une colonne pour reconnaître la position de l'ennemi ou le harceler en tirant à volonté. / *Marcher en tirailleurs*, en ordre dispersé. / Anc. Soldat des régiments d'infanterie qui stationnaient dans les colonies françaises et recrutés parmi les populations autochtones. *Les tirailleurs algériens.*

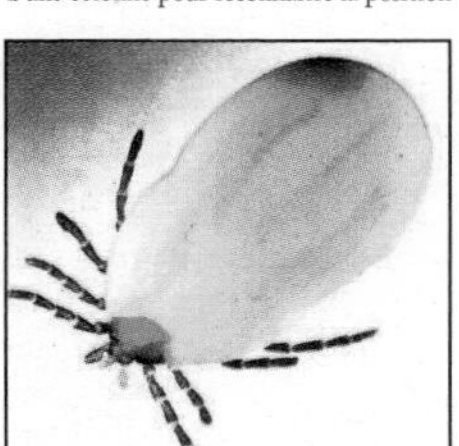
Tique du hérisson (© Patrick Fingar).

Place centrale de ***Tirana***.

tiramisu n. m. (mot italien) PÂTIS. Entremets italien fait d'une crème déposée sur une fine génoise parfumée au café, le tout saupoudré de cacao.

Tirana ou **Tiranë** *244 153 h.* Capitale de l'Albanie (depuis 1920), premier centre économique (tissage, verrerie) et culturel du pays.

tirant n. m. Objet, partie d'un objet servant à tirer. *Les tirants d'une bourse*, ses cordons. / Partie d'un soulier par où passent les lacets ; lanière de cuir fixée sur la tige d'une botte, pour aider à l'enfiler. / ARCHIT. Pièce de bois ou de métal servant à maintenir l'aplomb ou à éviter l'écartement de deux murs, d'une voûte. / MAR *Tirant d'eau* : distance entre le point le plus bas de la quille d'un navire et la ligne de flottaison. *Tirant d'air* : hauteur entre le point le plus haut d'un navire et la ligne de flottaison.

tire n. f. *Vol à la tire* : larcin effectué en tirant sur ce qui dépasse d'une poche, d'un sac, etc. / Argot. Bagnole, automobile. *Voler une tire.*

tiré n. m. CHASSE Coup que l'on tire au fusil. *Un tiré raté.* / Taillis aménagé pour la chasse. / FIN. Personne qui a ordre du tireur (d'un chèque, d'une lettre de change) de payer la somme au bénéficiaire. / IMPR. *Tiré à part* : tirage à part d'un article figurant dans une publication.

tire-bouchon n. m. Instrument formé d'une vrille métallique fixée à une petite poignée, et qui sert à déboucher les bouteilles. / *En tire-bouchon* : en forme de spirale. *Mèches de cheveux en tire-bouchon.* Pl. Des *tire-bouchons.*

tire-bouchonné ou **tirebouchonné, e** adj. Mis en tire-bouchon.

tire-d'aile ou **tire d'ailes (à)** loc. adv. Fig. Aussi vite qu'un oiseau.

tirée n. f. Fam. Trajet, course, virée. *Ça fait une tirée !*

tire-fesses n. m. inv. Fam. Téléski.

tire-fond n. m. inv. Anneau fixé au plafond. / Grosse vis à bois à tête carrée.

tire-laine n. m. Anc. Voleur qui s'attaquait aux passants pour leur voler leur manteau. / Par ext., plaisant ou vx Tout voleur sur la voie publique.

tire-lait n. m. inv. Appareil qui aspire le lait du sein.

tire-larigot (à) loc. adv. Fam. Énormément.

tire-ligne n. m. TECHN. Petit instrument, utilisé par les dessinateurs, les architectes, etc., permettant de tracer des lignes régulières d'épaisseur variable. Pl. Des *tire-lignes.*

tirelire n. f. Récipient muni d'une fente pour glisser les pièces de monnaie qu'on désire économiser. / *Casser sa tirelire* : décider de prélever largement sur ses économies pour s'offrir qqch.

tirer [1] v. t. / v. i. / v. pron. [1] **A.** v. t. Exercer une traction sur (qqch.) pour allonger, tendre ou étendre. *Tirer les rideaux. Tirer ses chaussettes.* / Attirer (qqn, qqch.) vers soi. *Tirer qqn par la manche.* / Amener après soi, entraîner dans son déplacement. *La locomotive tire les wagons.* / MAR. Avoir pour tirant d'eau. *Ce navire tire six mètres.* / / Faire sortir (qqch.) de l'endroit où il se trouve. *Tirer de l'eau du puits. Tirer des larmes à qqn.* / Fam. Voler (qqch.). *Tirer un portefeuille.* / Faire sortir, délivrer (qqn) d'une position ou d'une situation. *Tirer les blessés des décombres.* (Au fig.) *Tirer qqn d'embarras, d'un doute.* / Fig. Prendre (qqch.) au hasard parmi d'autres. *Tirer un numéro au loto. Tirer les cartes à qqn*, lire son avenir dans les cartes. / Prendre (qqch.) à telle source ; obtenir, extraire (qqch.) de. *Tirer sa force, son origine de. Tirer des sons d'un violon.* / *Tirer les conclusions, les conséquences, la leçon de qqch.*, les en déduire. / *Tirer une ligne, un trait*, les tracer. / Fam. *Tirer trois ans de prison* : passer trois ans en prison. / IMPRIM. Faire un tirage de. *Tirer un livre à 2 000 exemplaires.* / PHOTO Fam. *Tirer le portrait de qqn*, le photographier. / FIN. *Tirer un chèque*, l'émettre. **B.** v. i. Produire une sensation de tiraillement. *Avoir la peau qui tire.* / Vx Aller, se diriger. / Fam. (En parlant d'une voiture) *Tirer à gauche, à droite* : ne pas aller droit, avoir tendance à aller vers la droite, la gauche. / Avoir du tirage. *Une cheminée, un moteur qui tire bien.* / Fig. *Tirer sur, vers* : approcher de, avoir une ressemblance avec. *Bleu qui tire sur le vert.* / Loc. *Tirer en longueur* : se prolonger. *Tirer à sa fin* : se terminer. **C.** v. pron. Pop. S'en aller ; s'enfuir. *Viens, on se tire ! / Se tirer de* : se sortir de, réchapper de (une situation fâcheuse). *Se tirer d'une maladie, d'un mauvais pas. Il s'en est bien tiré.*

tirer [2] v. i. [1] **I.** Expédier un projectile en utilisant une arme. *Tirer à l'arc, au pistolet. Tirer sur qqn* : chercher à l'atteindre avec un projectile. (Employé transitivement) *Tirer un lièvre*, chercher à l'atteindre avec un projectile. *Tirer une flèche, une balle*, l'expédier vers son but. *Tirer un coup de fusil*, faire partir le coup. **II.** SPORT Lancer une boule pour atteindre une autre boule ou le cochonnet. *Je pointe ou je tire ?* / Lancer le ballon (dans le but, dans le panier). *Tirer au panier.* / (Employé transitivement) *Tirer un coup de pied de pénalité.*

Tirésias MYTH. GR. Devin de Thèbes qui reçut d'Athéna le don de prophétie. C'est lui qui révéla à Œdipe les crimes dont il s'était rendu coupable.

tiret n. m. Signe en forme de trait horizontal (–) pour indiquer un changement d'interlocuteur dans un dialogue, ou isoler un membre de phrase dans un texte.

tirette n. f. Tablette d'un meuble pouvant être rentrée ou sortie. / Cordon servant à ouvrir ou à fermer des rideaux.

tireur, euse n. Personne qui tire avec une arme à feu. *Tireur d'élite.* / *Tireuse de cartes* : femme qui prétend connaître l'avenir en observant les combinaisons des cartes à jouer. / n. m. FIN. Personne qui émet un chèque, une lettre de change, au bénéfice d'une autre personne (appelée le tiré).

T

Indiens sur les rives du lac **Titicaca**.

Tiridate Ier ?-73 Roi d'Arménie en 52 ? Porté au pouvoir comme adversaire des Romains, il fut attaqué par ces derniers qui mirent sur le trône leur créature Tigrane V ; un accord intervint, Tiridate fut reconnu par les Romains (63) et, à Rome, investi par Néron. **Tiridate III** ?-324 Roi d'Arménie en 294. Païen, persécuteur des chrétiens, il fut converti par saint Grégoire l'Illuminateur et imposa le christianisme comme religion d'État.
tiroir n. m. Casier mobile incorporé dans un meuble et que l'on peut tirer vers soi. / *Fonds de tiroir* : ce qui reste comme dernières ressources financières. *Racler ses fonds de tiroirs*. / Fig. *Roman, pièce à tiroirs* : œuvre à rebondissements, et dont les épisodes ont peu de liens entre eux.
tiroir-caisse n. m. Tiroir contenant la caisse d'un commerçant. Pl. Des *tiroirs-caisses*.
Tirpitz (Alfred von**)** 1849-1930 Amiral allemand. Ministre de la Marine en 1898, il créa la flotte de guerre allemande et dirigea la guerre sous-marine à partir de 1914. Démissionnaire en 1916, il fut député au Reichstag de 1924 à 1928.
Tirso de Molina (Gabriel Téllez, dit**)** v. 1583-1648 Auteur dramatique espagnol. Moine, il est l'auteur de drames historiques et religieux, et de nombreuses comédies (*Le Trompeur de Séville et le Convive de pierre*, v. 1625, dont Molière s'est inspiré pour Don Juan ; *Le Timide au palais* ; *L'Amour médecin* ; *Les Jardins de Tolède* ; *Les Amants de Teruel*), de contes, et d'un drame religieux (*Le Damné par manque de confiance*, 1635). Il a campé avec beaucoup de finesse de nobles dames amoureuses d'un pauvre chevalier et des paysannes trompées par un grand seigneur.
Tirynthe Ancienne ville de Grèce, dans l'Argolide, patrie d'Hercule, détruite par les Argiens en 468 avant J.-C. Ruines de murailles construites, selon la légende, par les Cyclopes.
tisane n. f. Boisson préparée par infusion, macération ou décoction de plantes médicinales dans de l'eau.
tisanière n. f. Récipient, pot destiné aux tisanes, aux infusions.
Tiso (Josef) 1887-1947 Prélat et homme politique slovaque. Chef du gouvernement autonome slovaque (1938), il proclama l'indépendance de la Slovaquie (mars 1939), la plaça sous la protection de l'Allemagne et devint chef de l'État (octobre 1939). Alliée de l'Allemagne nazie, la Slovaquie « indépendante » s'effondra en 1945 ; Mgr Tiso fut condamné à mort et exécuté.
tison n. m. Morceau de bois incandescent, à moitié consumé.
tisonner v. i. / v. t. [1] Remuer les tisons pour attiser le feu. / v. t. *Tisonner les braises*.
tisonnier n. m. Objet métallique en forme de canne servant à attiser le feu.
tissage n. m. Action, art de tisser. *Tissage à la main, mécanique, automatique*. / Établissement spécialisé dans cette activité.
tisser v. t. [1] Entrecroiser des fils, des fibres pour fabriquer un tissu. *Tisser de la soie. Tisser un drap*. Par ext. *L'araignée tisse sa toile*. / Fig. Élaborer, tramer. *Tisser une intrigue*.
tisserand, e n. Personne qui fabrique des tissus.
tisserin n. m. ZOOL. Passereau de la famille des plocéidés, vivant en Afrique qui construit un nid très élaboré, fermé, muni d'un couloir d'accès.
tissu n. m. Ouvrage souple formé de fils textiles entrelacés (les fils tendus en longueur forment la chaîne du tissu ; ceux qui sont tendus en largeur en forment la trame). *Tissu de soie. Tissu synthétique*. / Fig. Enchaînement d'idées, de choses abstraites, souvent considérées négativement. *Débiter un tissu de mensonges*. / BIOL. Ensemble de cellules différenciées, regroupées au sein de l'organisme, ayant une même structure et une même fonction. *Tissu épithélial, conjonctif, musculaire, nerveux*.
tissulaire adj. BIOL. Du tissu vivant.
titan n. m. Géant. *Travail de titan* : réalisation colossale. / ZOOL. Coléoptère longicorne de très grande taille, vivant en Amazonie.
titane n. m. CHIM. Élément métallique de numéro atomique Z = 22, de masse atomique 47,9 (symbole : Ti). / Métal blanc, léger, de densité 4,5, fondant vers 1 670 °C. *Ses qualités mécaniques, sa résistance à la corrosion font utiliser le titane, sous forme d'alliages, dans l'industrie, notam. en aéronautique. Le dioxyde de titane est utilisé en peinture (blanc de titane)*.
titanesque adj. Digne d'un titan, gigantesque.
Titanic Transatlantique britannique, le plus grand des paquebots construits jusqu'alors et réputé insubmersible, qui coula lors de son voyage inaugural. Parti des États-Unis, il heurta un iceberg, au sud de Terre-Neuve, dans la nuit du 14 au 15 avril 1912. Plus de 1 500 personnes périrent. Son épave a été explorée à partir de 1986.
Titanides Nom générique des six filles d'Ouranos et de Gaia, sœurs et épouses des Titans.
Titans MYTH. GR. Nom générique des six fils d'Ouranos et de Gaia, parmi lesquels Océanos, Hypérion et Cronos. Écartés du Ciel par leur père, ils s'emparèrent du pouvoir. Plus tard, Zeus, aidé par tous les dieux de l'Olympe, détrôna Cronos et enchaîna les Titans dans le Tartare.
Tite-Live (en latin, **Titus Livius)** 59 ? avant J.-C.-17 après J.-C. Historien latin, né à Padoue. Il a écrit une *Histoire de Rome* dont il nous reste 35 livres sur 142. Il y montrait la naissance de Rome et la grandeur de la république dans sa lutte contre Carthage, contribuant ainsi à l'œuvre de restauration nationale d'Auguste.
Titelouze (Jehan) 1563 ?-1633 Ecclésiastique, organiste et compositeur français. Il tint à Rouen les orgues de Saint-Jean, puis celles de la cathédrale. Ses compositions (*Hymnes, Magnificat*) sont uniquement destinées à l'orgue.
titi n. m. Fam. Gamin, enfant des rues, gouailleur et effronté. *Titi parisien*.
Titicaca (lac) *8 300 km²* Grand lac des Andes, à *3 812 m* d'altitude, partagé entre le Pérou et la Bolivie. Des sites incas se trouvent à proximité de ce centre touristique.

Danaé recevant la pluie d'or, *de* **Titien**. Musée du Prado, Madrid.

Titien (Tiziano Vecellio ou **Vecelli**, dit**)** 1490 ?-1576 Peintre italien de l'école vénitienne. À vingt ans, à la mort de Giorgione (chez qui il travaillait depuis deux ans), il était déjà connu. Après un séjour à Padoue, où il réalisa trois grandes compositions murales pour la Scuola del Santo (*Les Miracles de saint Antoine*, 1511-1512), il entama à Venise une longue carrière, jalonnée de succès tant dans le domaine de la peinture religieuse (*Assomption* de l'église des Frari, 1518) que dans celui de la peinture profane (bacchanales pour le duc Alphonse d'Este, 1518-1519). Devenu le favori de Charles Quint dont il fit plusieurs portraits, il connut une renommée internationale, les grands de ce monde lui commandant leur portrait (*Le Cardinal Hippolyte de Médicis, François Ier, Isabelle d'Este*). Il n'abandonnait pas pour autant la peinture religieuse (*Présentation de la Vierge au Temple*, Venise) ni les sujets plus profanes (*Vénus d'Urbino*, 1558). Appelé à Rome par le pape Paul III, il y rencontra Michel-Ange, puis se rendit à Augsbourg, à l'invitation de Charles Quint, puis fit le portrait de Philippe II qui fut pour lui un mécène attentif pendant les dernières années de sa vie. L'influence maniériste se manifeste dans les silhouettes et le coloris : il sait trouver l'équilibre entre les tons chauds et les tons froids, les assourdir, estomper les contours au moyen de la couleur.
titiller v. t. [1] Chatouiller légèrement et agréablement. / Fig., fam. Taquiner, tracasser (qqn). *Cette pensée le titille*.
titisme n. m. Forme de socialisme pratiquée par Tito, en Yougoslavie, marquée par l'autogestion économique et la répression des nationalismes à l'intérieur, et par le neutralisme à l'extérieur.
Tito (Josip Broz, dit**)** 1892-1980 Homme d'État et maréchal yougoslave, d'origine croate. Soldat dans l'armée austro-hongroise, il rejoignit l'armée rouge en 1917. Il resta en Russie jusqu'en 1923. L'un des fondateurs du parti communiste yougoslave, dont il devint secrétaire général en 1937, il organisa, à partir de 1941, la guérilla contre l'occupation allemande. Maréchal (1943), reconnu par tous les Alliés dès 1944, il devint chef du gouvernement lors de la proclamation de la République populaire fédérative de Yougoslavie (1945) et en

Maréchal **Tito**.

fut élu président en 1953. Sa politique étrangère et économique, qu'il voulut différencier du modèle soviétique, entraîna un grave conflit avec l'U.R.S.S. (1948), qui s'est atténué à la mort de Staline, mais fit de lui l'un des grands leaders des États *non alignés* (dits aussi *neutralistes*). À l'intérieur, il sut éviter les conflits entre les diverses nationalités (notamment entre les Serbes et les Croates), accordant à chacune de ses républiques une autonomie croissante. En 1974, la Constitution fut réformée et il devint président à vie. Après la mort de ce chef autoritaire et charismatique, l'éclatement de la fédération yougoslave commença.
titrage n. m. Action de titrer.
titre n. m. **I.** Sur la couverture d'un livre, indication de l'auteur et du sujet de l'ouvrage ; en tête de chapitre, indication de la matière traitée ; dans un journal, phrase en gros caractères résumant le contenu d'un article et coiffant celui-ci ; désignation d'une œuvre artistique, musicale, cinématographique. *Titre exact d'un tableau de Van Gogh*. / Subdivision utilisée dans un ouvrage juridique. **II.** Dignité honorifique. *Titre de duc*. / Qualification due à un diplôme, à la propriété d'une charge, à l'exercice d'une fonction. *Titre de docteur, de notaire, de vice-président*. / Qualification exprimant une position sociale, un rapport de parenté avec autrui. *Intervenir à titre de père*. / Qualification reconnue à un vainqueur, un champion,

notamment dans le domaine sportif. *Détenir un titre olympique.* **III.** Acte écrit attestant un droit. *Titre de propriété.* / En bourse, valeur mobilière. / Modalité ou cause d'un droit. *Voyager à titre gratuit.* / Fig. Qualité pour prétendre à qqch. *À quel titre postulez-vous à cette fonction?* **IV.** CHIM. *Titre massique (d'une solution)*: rapport de la masse de la substance dissoute à la masse totale de la solution. *Titre molaire (d'une solution)*: rapport du nombre de moles de la substance dissoute au nombre de moles total de la solution. / TECH. En joaillerie, quantité d'or fin ou d'argent contenue dans l'alliage d'un bijou, d'une monnaie et qui est fixée légalement. / TEXT. Valeur indiquant la grosseur d'un fil (également appelée numéro).

titré, e adj. Qui a un titre de noblesse. *Les hommes les plus titrés du royaume.* / CHIM. *Solution titrée*, d'un titre connu.

titrer v. t. [1] Intituler. *Titrer un article.* / Donner un titre nobiliaire à. / CHIM. *Titrer une solution*, en déterminer la proportion de corps dissous dans la masse totale. *Vin qui titre 11, 12, 13 degrés*, dont le titre est 11, 12, 13 degrés.

titubation n. f. Démarche de qqn qui titube.

tituber v. i. [1] Marcher de façon hésitante et chancelante.

titulaire adj. et n. Se dit d'une personne qui porte un titre ou qui est en possession d'un poste, d'une fonction correspondant à un titre. *Titulaire d'une chaire d'enseignement. Titulaire d'un permis de chasse.*

titularisation n. f. Action de titulariser; son résultat.

titulariser v. t. [1] Rendre titulaire d'une fonction, d'une charge.

titulature n. f. Ensemble des titres de noblesse d'un individu, d'une famille.

Titus (en latin, **Titus Flavius Sabinus Vespasianus)** 40 ?-81 Empereur romain en 79. Fils de l'empereur Vespasien, il termina la guerre de Judée en prenant Jérusalem (70) et, en 79, succéda à son père qui l'avait associé au gouvernement. Prince guerrier aux amours compliquées (il avait voulu épouser la juive Bérénice), il devint un empereur intelligent et clément. Souverain populaire et actif, il mourut dans des circonstances qui demeurent inexpliquées; son frère Domitien, qu'il avait associé au pouvoir, lui succéda. En 1670, Racine en a fait le héros de *Bérénice* et Corneille, de *Tite et Bérénice*.

Tivoli (autrefois, *Tibur*) *52616 h.* Ville d'Italie, dans le Latium, lieu de villégiature réputé depuis l'Antiquité pour ses cascades et ses jardins. La villa impériale d'Hadrien, les temples de Vesta et de la sibylle, la villa d'Este (couvent transformé par le cardinal d'Este au XVIe siècle) témoignent de son passé brillant.

Tizi Ouzou *60000 h.* Ville d'Algérie, en Grande Kabylie, chef-lieu de willaya. Centre commercial; foyer de la revendication berbère pour l'extension de l'usage du tamazight.

Tjibaou (Jean-Marie) 1936-1989 Homme politique néo-calédonien. Prêtre catholique (1936), il renonça à la prêtrise (1972) et dirigea le mouvement indépendantiste kanak. Sans jamais renoncer à la négociation, il signa (1988) des accords avec M. Rocard et le représentant des intérêts des colons français. Un extrémiste kanak l'assassina.

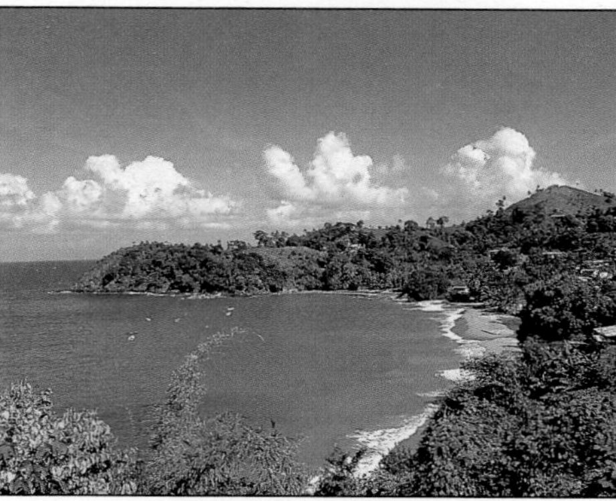

Paysage de **Tobago**.

Tlaloc Dieu aztèque de la Pluie et des Récoltes.

Tlemcen (en arabe *Tilimsen*) *108145 h.* Ville de l'ouest de l'Algérie, au pied des *monts de Tlemcen*, à proximité de la Méditerranée. Sa position de carrefour lui a donné de l'importance dès l'époque romaine (mines d'Agadir toutes proches) et elle est devenue la capitale du Maghreb central entre le XIIIe et le XVIe siècle.

T.N.T. n. m. Sigle de trinitrotoluène.

toast n. m. (mot anglais) Tranche de pain grillée. / Action par quoi l'on propose de boire en l'honneur de qqn ou de qqch.; fait de boire à la santé de qqn, de qqch.; discours, allocution prononcé(e) à cette occasion.

toaster n. m. (mot anglais) Grille-pain.

Tobago ou **Tabago** *303 km².* Île volcanique des Petites Antilles formant depuis 1962, avec la Trinité, l'État de *Trinité-et-Tobago*. Chef-lieu *Scarborough*.

Tobey (Mark) 1890-1976 Peintre américain. Ses œuvres non figuratives concentrent ou dispersent des signes calligraphiques sur un fond pâle (style dit « écriture blanche »).

Tobie Personnage de l'Ancien Testament, juif d'une grande piété qui, au VIIIe siècle avant J.-C., fut emmené captif à Ninive avec sa femme Anna. Devenu aveugle, il recouvra la vue grâce à l'ange Raphaël et à son fils, également appelé Tobie. Le *Livre de Tobie* date du IIIe siècle avant J.-C.

Tobin (James) 1918-2002 Économiste américain. Au moment (1971) où le dollar abandonne la référence à l'or, il propose, pour lutter contre la spéculation, un prélèvement fiscal de 1 % sur les mouvements de capitaux à court terme. Cette proposition, née au moment où les changes fixes font place aux changes flottants, connaîtra plus tard, une surprenante fortune: la *taxe Tobin* deviendra la revendication privilégiée des opposants à la mondialisation, revendication parfois appuyée sur la violence, ce qui amènera Tobin à s'en désolidariser.

toboggan n. m. Traîneau bas muni de deux longs patins. / Piste de bois en pente sur laquelle les enfants font des glissades. / Glissière en pente ou en hélice pour le déchargement de marchandises. / Viaduc routier surplombant un carrefour, un complexe routier.

Tobrouk (en arabe *Tubruq*) *78000 h.* Ville et port pétrolier de l'est de la Libye, terminal d'un oléoduc. Près de la ville, la base navale italienne fut le théâtre de violents combats, en 1941-1942, entre la Grande-Bretagne et les forces de l'Axe, qui furent défaites.

toc n. m. et adj. inv. Onomatopée d'un heurt. *Entendre des tocs à la porte.* / Imitation sans valeur d'un objet précieux. *Bijou en toc.* / adj. inv. *Mobilier Louis XV toc.*

tocade Voir **toquade**

tocan Voir **tacon**

tocante Voir **toquante**

Tocantins *2416 km* Fleuve du Brésil, tributaire de l'Atlantique.

Tocantins *286796 km² 978000 h.* État du Brésil qui fait partie de la région Nord. Capitale *Palmas*. Le territoire n'a été détaché de l'État de Goiás qu'en 1988, pour accéder au rang d'État.

tocard, e ou **toquard, e** n. et adj. Argot. Vieux, usé, médiocre. *Un air tocard.* / Subst. (Dans une course, une compétition) *Un tocard, une tocarde*: un(e) concurrent(e) médiocre, qui n'a aucune chance de gagner.

toccata n. f. (mot italien) MUS. Pièce de forme libre pour orgue, clavecin ou piano. *Toccata en ré mineur de J. S. Bach.* Pl. Des *toccatas* ou *toccate*.

tocographie n. f. MÉD. Enregistrement graphique continu des contractions utérines, pratiqué lors de l'accouchement, permettant le contrôle de ce dernier.

tocophérol n. m. BIOCHIM. Substance composée d'un noyau phénol et d'une chaîne latérale, contenue notam. dans les plantes vertes. Syn. Vitamine E.

Tocqueville (Charles Alexis Clérel de) 1805-1859 Historien et homme politique français, auteur d'un ouvrage politique capital, *De la Démocratie en Amérique* (1835-1840), et de *L'Ancien Régime et la Révolution* (1856). Contre les dangers de la démocratie, qu'il accepte comme un fait irréversible, il prône la décentralisation administrative et le développement d'associations. Il fut ministre des Affaires étrangères en 1849 et renonça à la vie politique après le 2 décembre 1851.

tocsin n. m. Sonnerie de cloche redoublée, destinée à prévenir la population d'un danger.

Todt (Fritz) 1891-1942 Homme politique allemand. Directeur de l'Organisation Todt, créée en 1933, qui constituait un service du génie de la Wehrmacht. Chargée d'abord de la construction d'autoroutes, l'Organisation Todt se consacra ensuite aux travaux de fortification, en Allemagne et dans les territoires occupés (ligne Siegfried, mur de l'Atlantique).

Toepffer (Rodolphe) 1799-1846 Écrivain suisse d'expression française, auteur d'œuvres pleines d'humour (*Nouvelles genevoises*, 1840; *Voyages en zigzag*, 1844). Ses albums comiques illustrés (*Les Amours de monsieur Vieux-Bois*, *Voyages et aventures du docteur Festus*, *Monsieur Cryptogame*) annoncent la bande dessinée moderne.

tofu n. m. (mot japonais) CUIS. Pâté de soja.

toge n. f. ANTIQ. Ample vêtement fait d'une seule pièce, porté au-dessus de la tunique, et dans lequel les Romains se drapaient. *Toge prétexte*: toge des magistrats et des enfants, blanche et bordée de pourpre. / Robe de magistrat, d'avocat ou de professeur d'université.

Togliatti (Palmiro) 1893-1964 Homme politique italien. Un des fondateurs du parti communiste de son pays (1921), qu'il dirigea de 1927 à 1964, il s'exila en U.R.S.S. pendant la période fasciste. Il fut plusieurs fois ministre entre 1944 et 1947. En 1956, il prit position pour la déstalinisation.

• **Togo** État d'Afrique occidentale, sur le golfe de Guinée, situé entre le Ghana, à l'ouest, et le Bénin, à l'est.

togolais, e adj. et n. Du Togo. *Frontière togolaise. Un(e) Togolais(e).*

tohu-bohu n. m. Bruit confus. *Le tohu-bohu d'une réunion publique.*

toi (devant *en* et *y*, *toi* s'élide en *t'*) pron. pers. m. et f. de la deuxième personne du sing. (En fonction de complément) *Repose-toi une minute. Pouvons-vous rester avec toi ce soir? Ce sac est à toi. Ces cheveux blonds lui viennent de toi. Je t'y retrouverai ce soir.* / *Pour toi, quant à toi*: en ce qui te concerne. *Chez toi*: à ton domicile. / (En fonction de sujet) *Toi qui prétends que…* / *Toi-même*: forme renforcée de *toi*. *Tu l'as dit toi-même.*

toile n. f. Étoffe en lin, en chanvre ou en coton, dont l'armure est la plus simple, celle-ci étant constituée par un entrecroisement régulier de fils de chaîne et de trame, et caractérisée par l'absence d'envers (armure dite *toile*). / BX-ARTS Toile spécialement préparée pour la peinture; le tableau une fois achevé. *Une toile de Gauguin.* / *Toile de fond*: tissu peint figurant un décor au fond d'une scène de théâtre; au fig. contexte particulier dans lequel se déroule un événement. / Voilure d'un navire. / Par anal. Réseau constitué d'éléments enchevêtrés. *Toile métallique*: toile tissée avec des fils métalliques. *Toile d'araignée*: réseau de fils sécrétés par les araignées, formant une sorte de tissu lâche, dans lequel elles capturent leurs proies. / Écran de cinéma. / *La toile (le net*, en anglais): le réseau rassemblant l'ensemble des sites d'Internet. / (Au plur.) Filets constituant une enceinte pour prendre le gros gibier.

toilé, e adj. Couvert de toile. *Couverture toilée d'un livre.*

toilettage n. m. Ensemble des soins de toilette donnés à un animal de compagnie.

toilette n. f. Opération consistant à se laver et, éventuellement, à se parer. *La toilette*

le tamachek, est la seule des langues berbères à avoir conservé un alphabet, le tifinagh. Leur nombre est évalué à deux millions de personnes, réparties entre l'Algérie, le Burkina Faso, le Mali, le Niger et la Libye. Les frontières de ces pays constituent autant d'obstacles à leurs migrations, donc à leur subsistance, à laquelle la sécheresse porte de terribles coups depuis les années 1970. Leur rébellion armée dans plusieurs États, notamment au Mali (dès 1960, avec un paroxysme en 1994-1995), a entraîné de violentes répressions.

toubib n. m. (mot arabe d'Afrique du Nord) Fam. Médecin. (N. B.: le féminin, *toubiba*, est rare).

Toubkal (djebel) *4165 m* Sommet le plus élevé du Maghreb, dans le Haut Atlas marocain. Le *parc national du Toubkal (36000 ha)* attire les touristes.

Famille de **Touareg** dans le Hoggar.

durée passée. *Elle a toujours aimé ce pays.* / En tout temps. *Il est toujours prêt à jardiner.* / Encore. *Il n'est toujours pas arrivé.* / Immanquablement. *Il est toujours en retard.* / Quoi qu'il en soit. *Va toujours acheter du pain. C'est toujours ça de pris.* **B.** loc. conj. *Toujours est-il que…*: ce qui est certain, c'est que…

Toukhatchevski (Mikhaïl Nikolaïevitch) 1893-1937 Maréchal soviétique. Ancien officier tsariste rallié à la cause bolchevique, bras droit de Trotski (créateur de l'Armée rouge), il s'illustra pendant la guerre civile, puis il dirigea l'armée (1925-1928) et codirigea la Défense à partir de 1931. Nommé maréchal en 1935, il fut victime de l'épuration ordonnée par Staline et, accusé de trahison, exécuté en 1937. Khrouchtchev réhabilita sa mémoire (1961).

Toul *16945 h.* Chef-lieu d'arrondissement de Meurthe-et-Moselle, sur la Moselle et le

Torrent.

torse n. m. Partie du corps humain qui va des épaules à la taille. / BX-ARTS Tronc d'une statue sans tête ni membres.
torsion n. f. Action de tordre ; son résultat. *Ressort de torsion* : tige contournée en spirale. / Position de ce qui est tordu. *Torsion de la bouche dans une grimace.*
tort n. m. Pensée, action blâmable ou erronée. *Admettre ses torts envers qqn. Être dans son tort. Faire (du) tort à qqn* : lui causer préjudice, lui nuire. *Avoir tort* : se tromper. *Donner tort à qqn*, le désapprouver. / loc. adv. *À tort* : injustement. *À tort et à travers* : sans discernement.
torticolis n. m. Contracture douloureuse des muscles latéraux du cou.
tortil n. m. HÉRALD. Cercle de la couronne de baron. / Par ext. Cette couronne elle-même.

canal de la Marne au Rhin. L'un des Trois-Évêchés indépendants (Toul, Metz et Verdun), la ville fut rattachée à la France par le traité de Westphalie en 1648. Vauban la fortifia. Elle conserve plusieurs églises des XIIIe-XVe siècles.
Toulon *160 639 h.* Chef-lieu du département du Var, important port militaire sur la Méditerranée, fortifié par Vauban. La croissance actuelle de la ville tient à l'attrait de son site, à ses fonctions commerciales et industrielles ; l'agglomération regroupe *456 086 h.* En 1793, les royalistes appelèrent les Anglais, qui furent chassés de la ville par l'armée républicaine. Toulon connut un grand essor au XIXe siècle, lors de la conquête de l'Algérie par les Français. En novembre 1942, pour échapper à Hitler, la flotte française se saborda dans la rade de Toulon. En 1974, Toulon succéda à Draguignan comme chef-lieu du Var.
• **Toulouse** *390 350 h.* Chef-lieu de la Haute-Garonne et de la Région Midi-Pyrénées, métropole d'équilibre de la France du Sud-Ouest avec Bordeaux.
Toulouse-Lautrec (Henri de) 1864-1901 Peintre français. Son infirmité physique a marqué sa vision du monde d'ironie, d'amertume et d'un réalisme aigu. Ses toiles et ses affiches, aux formes simplifiées et aux couleurs peu nombreuses posées en aplats, doivent beaucoup à l'estampe japonaise. Influencé par l'impressionnisme, il est resté profondément indépendant et son travail a pris, à partir de 1891, une orientation très personnelle. Il peignit les artistes des cafés-concerts (*Jane Avril*), des scènes de bal et de cabaret (*Le Bal du Moulin-Rouge*), de maisons closes, mais aussi d'hôpitaux, de champs de course.
Toumaï (« espoir de vie », dans une langue du Tchad) Sobriquet donné à un hominidé dont le crâne a été mis au jour en 2002 dans un désert du nord du Tchad. Toumaï, de son nom scientifique *Sahelanthropus tchadensis*, datant de près de sept millions d'années, serait notre plus ancien aïeul découvert à ce jour.
toundra n. f. (mot lapon) ÉCOL. Vaste plaine adjacente aux déserts polaires des deux hémisphères, où le sol reste gelé en profondeur, dont la végétation est constituée de mousses, de lichens, de végétaux ligneux nains et parfois de quelques arbustes.

Femme à la fenêtre de **Toulouse-Lautrec**.

toungouse ou **toungouze** adj. et n. Des Toungouses, groupe de peuples de Sibérie orientale ; membre de ce groupe. *Une famille toungouse. Les Toungouses. Les Toungouses, qui ne sont plus que quelques dizaines de milliers, vivent en Russie et en Chine.* / n. m. LING. *Le toungouse* : le groupe de langues turco-mongoles parlées par les Toungouses, et qui rassemble des langues altaïques comprenant le toungouse et le mandchou.
toupaye ou **toupaïe** n. m. (mot malais) ZOOL. Mammifère d'Asie du Sud-Est, terrestres ou grimpeurs, à queue touffue, dont l'apparence évoque l'écureuil. *Les toupayes sont diurnes ; ils se nourrissent d'insectes.*
toupet n. m. Touffe de poils, de cheveux sur le haut du front. / Fam. Effronterie. *Avoir du toupet.*
toupie n. f. Jouet en forme de poire qui tourne en équilibre sur sa pointe. / TECHNOL. Outil de menuisier utilisé pour faire des moulures.
Toupolev Voir **Tupolev**
touque n. f. Récipient de métal destiné au transport.
tour [1] n. f. Édifice de forme variable (ronde, carrée, polygonale), massif, beaucoup plus haut que large. *Les tours du front de Seine, à Paris. Les tours de Notre-Dame.* / Toute construction en hauteur, quel que soit le matériau employé. *La tour Eiffel.* / AÉRON. *Tour de contrôle* : construction surélevée par rapport au tarmac, siège du contrôle de la circulation aérienne. / TECHN. *Tour de forage* : derrick. / Fig. *Tour d'ivoire* : retraite solitaire, hautaine. / JEUX Pièce du jeu d'échecs qu'on peut manœuvrer à l'horizontale ou à la verticale sur toute l'étendue de l'échiquier.
tour [2] n. m. **I.** Mouvement d'un corps qui tourne sur lui-même. *Tour de manivelle. Tour de roue.* / Fig. *Tour de rein* : torsion, foulure de la région lombaire. / Circonférence, périmètre. *Le tour de la piste de danse.* / Parcours où l'on peut revenir à son point de départ. *Faire le tour d'un parc. Faire le tour du propriétaire* : visiter entièrement une maison, un domaine. Fig. *Faire le tour d'un problème, d'une question*, l'examiner de manière complète et approfondie. / Courte promenade. *Faire un tour en forêt.* / Voyage en plusieurs étapes, périple. *Faire le tour de l'Italie.* / SPORT Course sur un circuit en boucle. *Le Tour de France* : course cycliste à étapes qui s'échelonnent approximativement sur le pourtour de la France, avec, depuis plusieurs années, des incursions dans les pays limitrophes de l'hexagone. / CHORÉGR. Pirouette complète sur soi-même au sol ou en l'air. **II.** Fig. Habileté manuelle due à l'habitude. *Avoir le tour de main. Tour de cartes* : tour de prestidigitation fait avec des cartes à jouer. *Tour de force* : action difficile à accomplir. *Un bon tour* : une farce. *Un mauvais tour* : une duperie. / Manière de présenter sa pensée, de construire une phrase. *Un tour original.* / Manière d'évoluer. *Adolescent, il prit un mauvais tour. L'affaire prend un bon tour*, évolue favorablement. **III.** Moment de faire qqch. *C'est votre tour de jouer.* / Phase, étape d'un processus. *Élection à deux tours. Tour de table* : phase d'une discussion, d'un jeu, où chaque participant intervient pour fournir une information, jouer à son tour. / Rang successif. *Chacun interviendra à son tour. À tour de rôle* : tour à tour : l'un après l'autre, alternativement.
tour [3] n. m. TECHN. Machine-outil sur laquelle on dispose des pièces auxquelles on imprime un mouvement de rotation, tout en les travaillant avec divers instruments. *Tour de potier*, pour façonner à la main des récipients en argile. / Sas cylindrique monté sur un pivot, placé dans l'épaisseur d'une paroi, pour permettre les échanges avec l'extérieur.
touraco n. m. ZOOL. Oiseau d'Afrique tropicale, de l'ordre des cuculiformes, à bec court et au plumage vert vif. *Le touraco est frugivore.*
Touraine Région historique du sud-ouest du Bassin parisien, dans le Val de Loire, ancienne province française qui correspond aujourd'hui au département d'Indre-et-Loire. Les plateaux, parfois calcaires (Champeigne), parfois siliceux et couverts de forêts et de landes (Gâtine tourangelle, plateau de Sainte-Maure), qui dominent la Loire, offrent un vif contraste avec le Val où la douceur du climat permet la culture de fruits, de primeurs et d'un vignoble réputé (Vouvray, Bourgueil, Chinon). Surnommée *le jardin de la France*, la Touraine possède d'importants châteaux (Azay-le-Rideau, Chenonceaux, Langeais). Le tourisme et le commerce animent les petites villes disséminées dans le Val. Conquise par les Romains au Ier siècle avant J.-C., la Touraine devient un comté héréditaire au Xe siècle. Convoitée par Jean sans Terre, elle est confisquée aux Plantagenêts en 1202 par Philippe Auguste et reconnue possession française en 1259 par Henri III Plantagenêt. Du XIVe au XVIe siècle, apanage des princes du sang puis résidence royale, la Touraine connaît une période brillante. Elle est définitivement réunie à la Couronne en 1584.
tourbe [1] n. f. Combustible brunâtre, formé par l'accumulation et la décomposition partielle de débits végétaux dans les tourbières. *La tourbe est un combustible au pouvoir calorifique médiocre.*
tourbe [2] n. f. Péjor. Foule, groupe important de gens que l'on considère avec mépris.
tourbeux, euse adj. De tourbe, qui contient de la tourbe.
tourbier, ère adj. et n. f. Qui contient de la tourbe. / n. f. Marécage acide, caractérisé notam. par la présence de certaines mousses

T

Toulouse

L'agglomération regroupe plus de 740 000 habitants. Grand marché agricole, ancien centre religieux, universitaire, judiciaire (le parlement de Toulouse fut créé en 1420), Toulouse est devenue, au XXe siècle, un très important foyer industriel, associant aux industries traditionnelles nées de l'agriculture (minoteries, conserveries, manufactures de tabac) des industries nouvelles : bâtiment, aéronautique à vocation européenne, encouragée par la création à Toulouse du Centre national d'études spatiales et de l'École supérieure d'aéronautique ; l'industrie chimique, et, surtout, la filière électronique-informatique-télécommunications connaissent un essor constant.
À la fin de 2001, une explosion de l'usine chimique AZF a détruit un quartier entier et fait plusieurs dizaines de morts et des milliers de sans-abri.

Histoire

Capitale du royaume d'Aquitaine, puis du comté de Toulouse, la ville fut rattachée à la France en 1271. Les *jeux Floraux* furent créés en 1323.
Autour de la vieille ville, riche en monuments religieux (cathédrale Saint-Étienne XIIe-XIIIe siècle, basilique romane Saint-Sernin XIe-XIIe siècle, église des Jacobins XIIIe siècle, musée des Augustins) et civils (le Capitole XVIIIe siècle, devenu l'hôtel de ville, hôtels Renaissance), se développe la ville moderne.
La cité de *Toulouse-Le Mirail* s'est étendue sur la rive gauche.

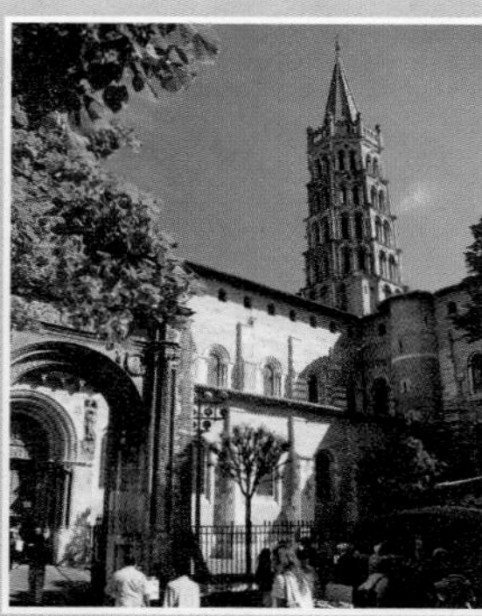
La basilique Saint-Sernin.

(sphaignes); gisement de tourbe. / n. Personne qui exploite la tourbe.

tourbillon n. m. Masse d'air qui tournoie avec violence. *Les cyclones sont des tourbillons d'un grand rayon.* / Masse d'air considérée en fonction des corps qu'elle déplace. Tourbillon de poussière, de sable. / Masse d'eau qui tourne rapidement sur elle-même en spirale et qui se creuse en entonnoir. / Fig. Ce qui entraîne et auquel on résiste difficilement. *Le tourbillon des passions, des plaisirs.*

tourbillonner v. i. [1] Former un tourbillon, comme un tourbillon. *Vent qui tourbillonne.* / Par ext. *Les idées tourbillonnaient dans sa tête.*

Tourcoing *93 540 h.* Ville du département du Nord, à la frontière belge, formant, avec Lille et Roubaix, une importante conurbation.

Touré (Samory) 1837?-1900 Chef de guerre africain. D'origine soudanaise, il étend son pouvoir sur la Guinée et lutte contre les Français qui le chassent vers la Côte-d'Ivoire, où il s'établit et qu'il ravage en partie (1895). Capturé par les troupes françaises, il fut déporté au Gabon.

Touré (Sékou) 1922-1984 Homme politique guinéen. Il imprime une orientation révolutionnaire au parti démocratique de Guinée (P.D.G.), affilié au Rassemblement démocratique africain et, sous son impulsion, la Guinée est le seul pays qui vote « non » (à 94,4 %) au référendum organisé par de Gaulle sur la Communauté française. Le 2 octobre 1958, elle proclame son indépendance et la France suspend son assistance. Touré devient président de la République, chef du gouvernement et des armées, et instaure un régime dictatorial d'orientation socialiste, avec l'aide de l'U.R.S.S. et de la Chine. À la fin des années 1970, il tente un rapprochement avec la France. À sa mort, il laisse son pays exsangue.

tourelle n. f. Petite tour, souvent en saillie, placée à l'angle ou au flanc d'un édifice. / Sur un navire, un avion de guerre, sur un engin blindé, abri circulaire fortement blindé et mobile, contenant une ou plusieurs pièces d'artillerie. / TECHN. Dispositif orientable et mobile permettant l'usage de pièces diverses par rotation et sans démontage.

touret n. m. MAR. Petite roue à gorge sur laquelle on enroule et déroule les câbles. / TECHN. Machine-outil servant à meuler, à polir. / Moulinet, rouet ou dévidoir dont se servent les cordiers. / Petit tour utilisé par les graveurs en pierres fines.

Tourgueniev (Ivan Sergueïevitch) 1818-1883 Écrivain russe, auteur de nouvelles où il montre avec charme et simplicité la nature et la vie à la campagne (*Récits d'un chasseur*, 1852). Il a écrit aussi des nouvelles psychologiques (*Deux Amis*, 1854; *Une correspondance*, 1856; *Premier amour*, 1860) et des romans sociaux où il évoque les intellectuels nihilistes dans la Russie de la seconde moitié du XIXe siècle (*Pères et fils*, 1862; *Fumée*, 1867; *Terres vierges*, 1877). Auteur également de contes (*Le Roi Lear de la steppe*, 1870; *Eaux printanières*, 1872) et de pièces de théâtre (*Un mois à la campagne*, 1855), Tourgueniev a beaucoup vécu en Europe, en particulier en France, où il avait suivi la cantatrice Pauline Viardot et où il se lia avec Flaubert; il y fit connaître la littérature russe.

tourie n. f. TECHN. Bonbonne entourée d'osier.

tourière adj. f. et n. f. *Sœur tourière* ou *tourière*: religieuse préposée au tour, dans un couvent, puis, par extension, religieuse préposée aux relations avec l'extérieur.

tourillon n. m. Axe, pivot.

Touring Club de France Association fondée en 1890 dans le but de développer le tourisme national en France et à l'étranger.

tourisme n. m. Action de voyager pour son agrément. *Faire du tourisme.* / Ensemble des structures et des moyens mis en œuvre pour l'organisation des voyages et l'accueil des touristes. / loc. adj. *De tourisme*: à usage personnel, privé. *Aviation de tourisme. Voiture de tourisme*, sans fonction utilitaire.

touriste n. Personne qui pratique le tourisme. *Un car de touristes.* / (En appos.) *Classe touriste*: catégorie de transport de passagers à tarif réduit.

touristique adj. Qui procède du tourisme. *Voyage touristique.*

Tourmalet (col du) *2 115 m* Col des Hautes-Pyrénées, qui permet de passer de la vallée de Campan à celle de Gavarnie.

tourmaline n. f. MINÉR. Sel double, borate et silicate d'aluminium, contenant divers autres minéraux, donnant des pierres fines noires, rouges, bleues ou vertes, utilisées en joaillerie.

tourment n. m. Vx Torture. / Litt. Vive souffrance morale. / Vive inquiétude.

tourmente n. f. Litt. Tempête violente mais courte. / Fig. Violents troubles politiques ou sociaux. *La tourmente d'une guerre civile.*

tourmenté, e adj. Qui porte des traces de souffrance. *Visage tourmenté.* / Agité, mouvementé. *Mer tourmentée.*

tourmenter v. t. [1] Faire souffrir physiquement ou moralement. *La faim le tourmente.* / Importuner vivement, harceler. / v. pron. Se faire du souci, être inquiet. *Ne vous tourmentez pas pour moi.*

tourmentin n. m. MAR. Petit foc utilisé par gros temps.

tournage n. m. CIN. Prise de vues d'un film. / TECHN. Action de façonner au tour.

Tournai (en flamand, *Doornik*) *68 086 h.* Ville de Belgique, dans le Hainaut, renommée jadis pour ses tapisseries et ses porcelaines, centre industriel (textiles) et touristique (cathédrale Notre-Dame XIIe-XIIIe siècle).

tournant, e adj. et n. **A.** adj. Disposé de façon à pouvoir pivoter sur soi-même. *Pont tournant.* / MILIT. *Mouvement tournant*: opération par laquelle on cerne l'ennemi. **B.** n. m. Changement de direction sur le parcours d'une voie. *Tournant d'une route, d'une rivière.* / Fig. Moment décisif d'un processus débouchant sur une évolution nouvelle. *Tournant de l'existence, de l'histoire.* **C.** n. f. *Une tournante*: un viol collectif pratiqué par une bande d'adolescents sur une adolescente, une jeune femme.

tourne n. f. Suite d'un article de journal commencé sur une autre page.

tourné, e adj. Façonné au tour. / D'une certaine tournure. *Phrase bien tournée. Esprit mal tourné*, enclin à penser au mal. / Aigri, suri. *Lait tourné.*

tournebroche n. m. Dispositif permettant de faire tourner une broche, pour faire rôtir la viande. / Vx Apprenti cuisinier.

tourne-disque n. m. Appareil électrique permettant de faire tourner, sur un plateau circulaire, un disque de vinyle, et dont une tête de lecture lit les sons enregistrés. Pl. Des *tourne-disques.*

Tournesol.

tournedos n. m. Tranche épaisse de filet de bœuf.

tournée n. f. Voyage à l'itinéraire déterminé, accompli pour des raisons professionnelles, en particulier d'une troupe de théâtre, de danse, de spectacle, d'un orchestre en province ou à l'étranger. / Ensemble des boissons offertes dans un café par un consommateur.

Tournelles (hôtel royal des) Palais des rois de France qui se trouvait à l'emplacement de la place des Vosges, à Paris. Habité au XIVe siècle par Pierre d'Orgemont, évêque de Paris et chancelier de France, il appartint ensuite au duc de Berry, puis aux rois de France, et fut démoli en 1565.

tournemain (en un) loc. adv. Très vite et habilement.

tourne-pierre ou **tournepierre** n. m. ZOOL. Oiseau charadriiforme, au plumage roux, noir et blanc, au bec court, se nourrissant de vers et de mollusques cachés sous les galets qu'il retourne de son bec. Pl. Des *tourne-pierres, des tournepierres.*

tourner v. t. / v. i. / v. pron. [1] **A.** v. t. Faire mouvoir autour d'un axe ou sur soi-même. *Tourner la manivelle. Tourner une clé dans la serrure.* / Par ext. Remuer, mélanger. *Tourner son café. Tourner la salade.* / Contourner. *Tourner les positions de l'ennemi.* / Fig. *Tourner la loi*: trouver un biais pour s'y soustraire, en tout ou partie. / Déplacer, diriger par un mouvement circulaire. *Tourner son regard vers la fenêtre.* Au fig. *Tourner ses pensées vers l'avenir.* / Mettre dans le sens contraire; présenter sous une autre face. *Tourner les pages. Tourner les talons*: faire demi-tour, partir. Au fig. *Tourner et retourner un problème*, l'examiner sous tous les angles. / *Tourner (qqch. ou qqn) en, à*, lui faire prendre tel aspect, tel caractère différent. *Tourner la situation à son avantage. Tourner qqn en ridicule.* / CIN. Mettre en images, filmer; tenir un rôle dans. *Tourner un film, une scène.* / Façonner au tour. *Tourner le bois.* / Fig. Formuler avec un certain style. *Tourner une phrase, un mot, un compliment.* **B.** v. i. Effectuer une rotation, décrire une courbe. *La Terre tourne sur elle-même et autour du Soleil.* Loc. fig. *Avoir la tête qui tourne*: avoir un vertige. / Fonctionner; être en activité. *Faire tourner le moteur. Usine qui tourne bien.* Au fig. *Tourner rond*: aller bien; se dérouler bien. / Changer de direction, virer. *Tournez à gauche.* / *Tourner à*: évoluer vers tel état; prendre telle tournure. *Le temps tourne à l'orage. La situation a tourné à la catastrophe.* (Emploi absol.) *Bien, mal tourner*: évoluer, en bien ou en mal. *Ce garçon a mal tourné.* / *Tourner court*: cesser. *La discussion a tourné court.* / Cailler; fermenter, devenir aigre. *Le lait a tourné. Sauce qui tourne.* **C.** v. pron. Aller ou se mettre dans un autre sens, dans une direction précise. *Se tourner contre le mur. Les regards se tournèrent vers lui.* / Fig. Se diriger, s'orienter. *Elle se tourna vers les arts.*

tournesol n. m. BOT. Hélianthe à grandes inflorescences jaunes, qui se tournent vers le soleil au cours de son cycle quotidien (famille des composées). *On extrait de la graine du tournesol une huile comestible.* / CHIM. Colorant indicateur de pH, bleu en milieu basique, rouge en milieu acide. *Papier (de) tournesol*: papier imprégné de tournesol, utilisé pour déterminer le pH d'une solution.

tourneur, euse n. et adj. Personne qui façonne au tour. / adj. *Derviche tourneur*, qui danse en tournant sur lui-même.

Tourneur (Maurice) 1878-1961 Cinéaste français. Il réalisa à Hollywood: *Une pauvre petite fille riche* (1917); *L'Oiseau bleu* (1918); *Le Dernier des Mohicans* (1922). En France, il tourna *L'Équipage* (1928); *Les Gaietés de l'escadron* (1932); *Les Deux Orphelines* (1934); *Volpone* (1940); *La Main du diable* (1943). **Jacques** 1904-1977 Cinéaste américain d'origine française, fils du précédent. Il réalisa à Hollywood des films d'épouvante: *La Féline* (1942); *Vaudou* (1943); *Rendez-vous avec la peur* (1957).

tournevis n. m. Outil composé d'un manche cylindrique, prolongé par une tige d'acier à l'extrémité biseautée ou façonnée en croix, et qui sert, par un mouvement de rotation, à serrer ou à desserrer des vis. *Tournevis d'électricien. Tournevis cruciforme.*

tournicoter v. i. [1] Fam. Tourner sur place. *Un enfant qui tournicote d'impatience.*

Tournier (Michel) 1924 Écrivain français néo-classique: *Vendredi ou les limbes du Pacifique* (1967); *Le Roi des Aulnes* (1970, prix Goncourt); *Gilles et Jeanne* (1983).

tourniquet n. m. Dispositif en forme de croix horizontale, tournant autour d'un pivot vertical pour permettre le passage d'une seule personne à la fois. / Présentoir mobile autour d'un axe. *Choisir une carte postale sur un tourniquet.* / *Tourniquet d'arrosage*: dispositif auquel l'eau, sortant par deux issues opposées, imprime un mouvement rotatif qui permet d'arroser une vaste superficie. / CHIR. Garrot comprimant l'artère principale d'un membre pour arrêter une hémorragie.

tournis n. m. VÉTÉR. Maladie mortelle des ovins (et des bovins), due aux larves du ténia cénure qui parasitent l'encéphale. *L'animal atteint de tournis est pris de tournoiement.* / Fig., fam. *Donner, avoir le tournis*, le vertige.

tournoi n. m. HIST. Divertissement consistant en un combat entre chevaliers qui s'affrontaient à cheval avec des lances émoussées. / Compétition entre joueurs ou sportifs, comportant plusieurs séries de rencontres, au terme desquelles est désigné le vainqueur. *Tournoi de ping-pong, d'échecs.*

tournoiement n. m. Mouvement de ce qui tournoie. / Tournis, vertige.

tournois adj. et n. m. Anc. (En parlant d'une monnaie) Frappé à Tours, dans l'abbaye de Saint-Martin. *La monnaie tournois fut d'abord frappée à Tours avant de se substituer, en tant que monnaie royale, à la monnaie parisis, au* XIIIe *siècle.* / n. m. *Un tournois*: un denier tournois.

tournoyer v. i. [1] Se mouvoir en décrivant des cercles plus ou moins concentriques. *Un oiseau qui tournoie dans le ciel. Des feuilles qui tournoient en tombant.* / Se mouvoir en tournant sur place, sur soi-même. / Vx Participer à un tournoi.

tournure n. f. Manière dont une chose est faite ; aspect sous lequel une chose se présente. *Avoir une drôle de tournure. Événement qui prend une tournure tragique. Prendre tournure*: se concrétiser, se réaliser. *Tournure d'une phrase*, son agencement. / Forme du corps. *Avoir une jolie tournure*, une allure élégante, un aspect élancé. / Anc. Rembourrage placé sous les robes, dans le dos et à la hauteur des reins, qui fut à la mode de 1875 à 1900. / TECHN. Déchets métalliques qui tombent d'une pièce pendant le tournage.

Tournus *6231 h.* Ville du département de Saône-et-Loire, sur la Saône, siège du Centre international d'études romanes. Ancienne abbaye reconstruite au XIe siècle, l'église Saint-Philibert est un bel exemple d'art roman bourguignon (narthex à étages).

touron ou **tourron** n. m. Confiserie typiquement espagnole faite d'amandes (ou de noisettes) et de miel. *Le touron peut être dur (touron d'Alicante, fait de miel blanc et de noisettes ou d'amandes) ou mou (touron de Xixono, fait de miel « obscur » et d'amandes moulues).*

Tours *132820 h.* Chef-lieu de l'Indre-et-Loire, sur la Loire, capitale intellectuelle (université) et économique de la Touraine : marché agricole, centre industriel. Au-delà de la ville ancienne riche en monuments (églises et hôtels de la Renaissance et du XVIIIe siècle, cathédrale Saint-Gatien XIIIe-XVIe siècle), s'étend une agglomération (près de *300000 h.*) en direction de Saint-Pierre-des-Corps. **Histoire** L'Église de Tours, fondée par saint Gatien au IIIe siècle, était l'un des principaux centres religieux de la Gaule. L'influence religieuse et culturelle de la ville s'accrût au VIe siècle avec son évêque Grégoire (saint Grégoire de Tours). La ville fut rattachée à la couronne de France par Philippe Auguste dès 1203. Louis XI aimait à séjourner dans le château de Plessis-lez-Tours. Le *congrès de Tours*, en décembre 1920, décida la fondation du parti communiste français, séparé du parti socialiste et rattaché à la IIIe Internationale fondée par Lénine.

tourte n. f. Tarte ronde diversement garnie et fermée par un couvercle de pâte lutée. / Pop. Niais, sot. *Quelle tourte !* (adj.) *Elle est vraiment tourte.*

tourteau [1] n. m. Masse compacte faite du résidu des graines ou des fruits oléagineux dont on a extrait l'huile et les sucs et qui, pressé en pains cylindriques, sert de nourriture au bétail.

tourteau [2] n. m. ZOOL. Gros crabe à large carapace, de couleur rouge brique, à la chair estimée. Syn. crabe dormeur.

tourtereau n. m. Litt. Jeune tourterelle. / Fig., fam. *Des tourtereaux*: des amoureux, des amants qui s'aiment d'amour tendre.

tourterelle n. f. ZOOL. Oiseau de l'ordre des columbiformes, plus petit et plus svelte que le pigeon. *La tourterelle gémit, roucoule.* / Fig. *Gris tourterelle*: gris d'une nuance délicate, tendant vers le rose.

tourtière n. f. Moule à tourte.

Tourville (Anne Hilarion de Cotentin, chevalier, puis comte **de**) 1642-1701 Maréchal de France. Chef d'escadre en 1676, il opéra avec Duquesne en Afrique du Nord en 1683. Vice-amiral des mers du Levant en 1689, il combattit les Anglais à plusieurs reprises.

Toussaint n. f. LITURG. Fête catholique de tous les saints, célébrée le 1er novembre.

Toussaint-Louverture (François Dominique Toussaint, dit) 1743-1803 Homme politique haïtien. Esclave affranchi, il dirigea plusieurs soulèvements d'esclaves, à partir de 1791. Quand la République française vota l'abolition de l'esclavage, en 1794, il se rallia à elle contre les planteurs et fut nommé général. Il chassa les Britanniques et les Espagnols et, encouragé par ses succès, proclama l'autonomie de l'île en 1801. En 1802, Bonaparte rétablit l'esclavage et envoya le général Leclerc en Haïti afin de restaurer l'autorité de la France. Toussaint Louverture dut se soumettre (1802) ; il fut capturé et emmené en captivité en France (où il mourut), mais Dessalines reprit la lutte et triompha l'année suivante de l'armée de Bonaparte.

tousser v. i. [1] Être pris de toux.

toussotement n. m. Action de toussoter ; toux légère.

toussoter v. i. [1] Tousser légèrement.

tout, e, adj., adv., pron. et n. m. **A.** adj. Entier, total, complet. *Vendre toute la marchandise.* / *Tout le monde*: tous les gens. Pl. *tous, toutes.* **B.** adv. Entièrement, totalement, complètement. *Je suis tout étonnée de sa réponse.* (Prend un *e* devant un adj. fém. commençant par une consonne, ou un *h* aspiré.) *Elle est toute contente. Tout à fait*: absolument, entièrement. *Tout à coup*: à l'improviste, soudainement. **C.** pron. indéf. *Tous acceptent cet accord.* / (Par oppos. à *rien*) L'ensemble des choses. *Tout se sait*, finit par être connu. **D.** n. m. La totalité. *Vendez-moi le tout.* / L'essentiel, le principal. *Le tout est d'arriver à l'heure. Risquer le tout pour le tout*: accepter de prendre un risque en sachant qu'on peut tout y gagner ou tout y perdre. / *Rien du tout*: absolument rien. *Pas du tout*: au contraire, nullement.

tout-à-l'égout n. m. inv. Installation sanitaire d'hygiène publique, éliminant les eaux usées par un dispositif d'écoulement d'eau sous pression qui entraîne les effluents, par des tuyaux, jusque dans l'égout.

Toutankhamon Pharaon égyptien de la XVIIIe dynastie qui régna de 1354 à 1346 avant J.-C. D'abord appelé *Toutankhaton* en hommage au culte d'Aton instauré par Aménophis IV (Akhnaton), son prédécesseur, il rendit sa suprématie au dieu Amon de Thèbes. Sa tombe, découverte par lord Carnarvon et Howard Carter, dans la vallée des Rois (1922), contenait des richesses extraordinaires, déposées au musée du Caire.

Tourterelle.

Masque funéraire de ***Toutankhamon.***

Toutatis Voir **Teutatès**

toutefois adv. (Pour marquer l'opposition) *Je vous accompagnera, mais je suis toutefois réticent.* Syn. pourtant, néanmoins. / (Pour renforcer la condition) *Si toutefois elle accepte…*

toute-puissance n. f. Puissance absolue ; autorité exercée sans limitation. *Toute-puissance d'un dictateur.*

Touthaliya ou **Toudaliya IV** XIIIe siècle av. J.-C. Roi hittite (sans doute à partir de 1265). Il hérite de son père Hattousil III un empire pacifié dont il étendra le territoire en direction de la mer Égée et dont il renforcera la puissance en occupant Chypre, riche de ses mines de cuivre.

Touthmôsis Voir **Thoutmès**

toutou n. m. Fam. Chien. *Le toutou à sa mémère.* / Loc. adv. *Comme un toutou*: docilement.

tout-petit n. m. Enfant en bas âge. Pl. Des *tout-petits.*

tout-puissant, toute-puissante adj. et n. Dont le pouvoir est sans limite. Pl. *tout-puissants, toutes-puissantes.* / n. m. *Le Tout-Puissant*: Dieu.

tout-terrain Voir **terrain**

tout-venant n. m. inv. TECHN. Minerai brut, tel qu'il est extrait du gisement. / Chose qui n'est pas spécialement choisie ; chose banale, à laquelle on a affaire quotidiennement.

Touva ou **Tyva** (autrefois, *Tannou-Touva*) *170500 km² 308000 h.* République autonome de la fédération de Russie, arrosée par l'Ienisseï, productrice d'amiante. Chef-lieu *Kyzyl*. La population se compose d'environ deux tiers de Touvas, qui parlent une langue de la famille turque, et d'un tiers de Russes.

toux n. f. MÉD. Expiration brusque, bruyante, de l'air contenu dans les poumons, permettant de dégager les voies respiratoires (des particules qui l'encombrent, des gaz irritants). *La toux est généralement un acte réflexe. Toux grasse*, souvent accompagnée d'expectoration. *Toux sèche*, sans expectoration.

township n. m. ou f. (mot anglais) Agglomération urbaine, habitée, sous le régime de l'apartheid, exclusivement par des Noirs, à la périphérie des grandes villes d'Afrique du Sud.

toxémie n. f. MÉD. Passage de toxines dans le sang, par insuffisance des organes chargés de les éliminer. *Toxémie gravidique*: affection qui se déclare dans les derniers mois de la grossesse, caractérisée essentiellement par l'albuminurie, l'œdème et l'hypertension artérielle.

toxicologie n. f. MÉD. Étude des toxiques, de leurs propriétés, de leur mode d'action et des moyens de remédier aux troubles qu'ils provoquent.

toxicologique adj. MÉD. Qui relève de la toxicologie ; relatif à la toxicologie.

toxicomane adj. et n. Atteint de toxicomanie.

toxicomanie n. f. Usage régulier, compulsif, de substances diverses (opium, morphine, cocaïne, barbituriques, alcool, etc.), généralement accompagné d'accoutumance ou de dépendance physique ou psychique.

toxicose n. f. MÉD. Intoxication de nature endogène.

toxi-infection n. f. MÉD. Infection dans laquelle les troubles cliniques sont principalement causés par les toxines sécrétées par des bactéries pathogènes. Pl. Des *toxi-infections.*

toxine n. f. MÉD. Substance toxique sécrétée par un organisme vivant (bactérie, animal, végétal).

toxique adj. et n. m. Nocif pour l'organisme ou un organe. *Substance toxique.* / n. m. *Un toxique*: un produit, une substance toxique.

toxocarose n. f. MÉD. Maladie parasitaire de l'homme due à l'ascaris du chat et du chien, et qui se manifeste chez l'homme par un état fiévreux, des troubles oculaires, pulmonaires et neurologiques.

toxoplasme n. m. BIOL., MÉD. Protozoaire parasite intracellulaire, agent de la toxoplasmose.

toxoplasmose n. f. MÉD. Maladie parasitaire due au toxoplasme, se manifestant par des symptômes divers, souvent bénigne mais dangereuse pour le fœtus (malformations, mort du fœtus) et les sujets souffrant d'immunodéficience (notam. les malades du sida).

Toynbee (Arnold) 1889-1975 Historien et philosophe anglais. Il constate le déclin de l'Occident, comme Spengler, mais pense que les civilisations peuvent se régénérer : *La Civilisation à l'épreuve* ; *Guerre et Civilisation* ; *L'Histoire, un essai d'interprétation.* Son œuvre principale, en 12 volumes, est une *Étude de l'Histoire* (1934-1961).

Toyotomi Hideyoshi Voir **Hideyoshi**

trabendiste n. m. Contrebandier qui passe en fraude, entre la France et l'Algérie essentiellement, des produits de grande consommation, des véhicules, des appareils domestiques, etc.

traboule n. f. Dans le Lyonnais, ruelle à l'intérieur d'un pâté de maisons.

Trabzon (autrefois *Trébizonde*) *143573 h.* Ville et port de Turquie, sur la mer Noire. Elle fut la capitale de l'*empire de Trébizonde* fondé en 1204 par Alexis et David Comnène, petits-fils de l'empereur d'Orient Andronic Ier renversé en 1185. Cet avant-poste chrétien en Asie Mineure fut annexé à l'Empire ottoman en 1461.

trac n. m. Fam. Angoisse irraisonnée, ressentie avant de paraître en public, de subir une épreuve.

trac (tout à) loc. adv. Subitement, sans préalable.

traçabilité n. f. Possibilité de retrouver la trace des différentes étapes de fabrication d'un produit, de son origine à sa commercialisation, ainsi que de ses constituants.

tracas n. m. Souci dû à des préoccupations d'ordre matériel.
tracasser v. t. [1] Causer du tracas à (qqn). / v. pron. Se faire du souci.
tracasserie n. f. Difficulté suscitée à qqn, dans un esprit mesquin.
tracassin n. m. Fam. Inquiétude, souci. *Avoir le tracassin.*
trace n. f. Empreinte laissée sur le sol par le passage d'un homme, d'un animal ou d'une chose. *Les traces du chevreuil.* Fig. *Marcher sur les traces de qqn*, suivre son exemple. / Marque qui subsiste après un événement passé, une action passée. *Les traces de la tempête.* Fig. *Les traces d'un deuil.* / Quantité infime. *Des traces d'arsenic.* / MATH. Intersection d'une droite ou d'un plan avec le plan de projection.
tracé n. m. Représentation linéaire d'un plan ou d'un dessin. / Trajet suivi. *Le tracé sinueux de la rivière.*
tracer v. t. / v. i. [1] **A.** v. t. Frayer (une voie). *Tracer sa route dans la forêt.* Au fig. *Tracer la voie à qqn*, lui indiquer la route, lui montrer l'exemple. / Mener (une ligne) dans une direction en marquant une trace sur une surface. *Tracer une droite, une courbe sur le papier.* / Former le dessin de (qqch.) en traçant des lignes. *Tracer un triangle, des lettres. Tracer un plan.* / Marquer l'emplacement de (une voie, un édifice) sur le sol par des lignes. *Tracer un boulevard.* / Fig. Décrire, dépeindre. *Tracer le portrait de qqn en quelques mots.* **B.** v. i. MAR. Aller vite, pour un navire. / Fig. et fam. Marcher vite ; rouler vite ; s'enfuir à toute vitesse.
traceur n. m. Appareil qui trace des lignes, des courbes, des graphes ; périphérique d'ordinateur servant à cet usage. Syn. table traçante. / CHIM. *Traceur radioactif, fluorescent* : substance aux propriétés radioactives ou fluorescentes qui permet de suivre son évolution, son avancée dans un certain milieu, notamment dans l'organisme.
trachéal, ale, aux adj. ANAT. De la trachée, relatif à la trachée.
trachéates n. m. pl. ZOOL. Arthropodes terrestres respirant grâce à des trachées. *Les insectes et les myriapodes sont des trachéates.*
trachée n. f. ANAT. Conduit respiratoire reliant le larynx aux bronches, soutenu par des anneaux cartilagineux, situé en avant de l'œsophage. / ZOOL. Chez les arthropodes trachéates, organe respiratoire constitué d'un tube relié au milieu externe au niveau d'un stigmate, conduisant l'air jusqu'aux tissus, au niveau desquels ont lieu les échanges respiratoires.

Larynx
Trachée
Bronches

La ***trachée*** *est située entre le larynx et les bronches.*

trachée-artère n. f. Vx ANAT. Trachée. Plur. *Des trachées-artères.*
trachéen, éenne adj. ZOOL. (Chez les arthropodes trachéates) Relatif à la trachée.
trachéite n. f. MÉD. Inflammation de la muqueuse de la trachée, aiguë ou chronique.
trachéotomie n. f. MÉD. Ouverture chirurgicale de la trachée, destinée à introduire une canule trachéale pour assurer la ventilation pulmonaire.
trachome n. m. MÉD. Affection oculaire contagieuse, causée par une bactérie (chlamydia), caractérisée par le développement de granulations au niveau de la conjonctive, pouvant se compliquer de lésions de la cornée. *Le trachome, courant dans certaines régions du monde (notam. Afrique, Asie), est une cause importante de cécité.* Syn. conjonctivite granuleuse.
traçoir n. m. Poinçon pour faire des traces.
tract n. m. (mot anglais) Petite feuille de propagande politique ou commerciale.
tractation n. f. (Souvent au plur.) Négociation à caractère de marchandage.
tracter v. t. [1] Remorquer (qqch.). *Tracter une péniche.*
tracteur n. m. Tout mécanisme de traction. / Engin mécanique, automobile, équipé de chenilles ou d'un train de pneus à crampons, permettant la traction de remorques non motorisées ou d'instruments aratoires dans les labours. / (Emploi adj.) *Camion tracteur.*
tractoriste n. AGRIC. Personne qui conduit un tracteur.
tractus n. m. ANAT. Ensemble d'organes se faisant suite et constituant un tout fonctionnel. *Tractus cérébro-spinal, gastro-intestinal, génital.*
trader n. m. (mot anglais) FIN. Dans une banque, une grande entreprise, gestionnaire des opérations boursières ou commerciales.
tradescantia n. m. Plante vivace d'Amérique, à tiges retombantes, que l'on cultive pour ses qualités ornementales.
trade-union n. f. (mot anglais) En Grande-Bretagne et dans les pays anglo-saxons, association syndicale groupant les ouvriers salariés d'une même profession. Pl. Des *trade-unions.*
tradition n. f. Transmission de connaissances, de croyances, de coutumes, de légendes de génération en génération ; ensemble de ces connaissances ou de ces pratiques. *Cet événement nous est connu par la tradition orale. Les traditions familiales.* / RELIG. *La Tradition* : l'une des bases de la foi et de la doctrine catholiques (l'autre étant la Révélation contenue dans l'Ancien et le Nouveau Testament) et qui est constituée par l'enseignement des papes, des conciles et des Pères et docteurs de l'Église. / DR. Remise matérielle d'un bien meuble en cas de transfert de propriété ou de l'exécution d'une obligation.
traditionalisme n. m. Attachement aux valeurs, aux connaissances transmises par la tradition. / RELIG. Doctrine affirmant que l'homme ne peut rien connaître d'autre que ce qui prend sa source dans la Révélation et la Tradition, vérité unique devant laquelle la raison doit s'incliner. / RELIG. CATHOL. Attachement inconditionnel et exclusif aux traditions religieuses (vêtement ecclésiastique, liturgie en latin, etc.).

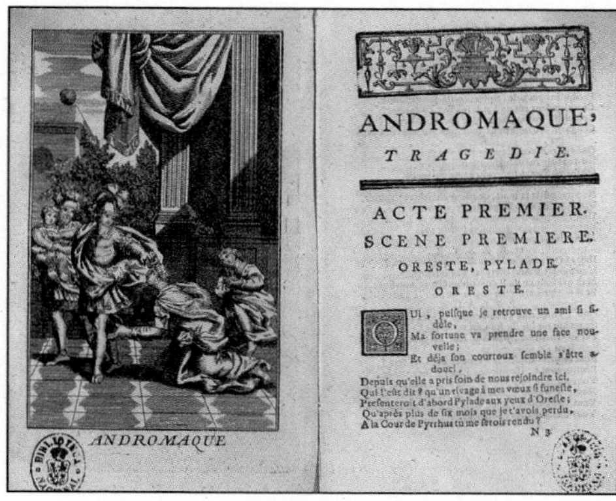
ANDROMAQUE,
TRAGEDIE.
ACTE PREMIER.
SCENE PREMIERE.
ORESTE, PYLADE.
ORESTE.

OUi, puisque je retrouve un ami si fidèle,
Ma fortune va prendre une face nouvelle ;
Et déja son courroux semble s'être adouci,
Depuis qu'elle a pris soin de nous rejoindre ici.
Qui l'eût dit ? qu'un rivage à mes vœux si funeste,
Présenteroit d'abord Pylade aux yeux d'Oreste ;
Qu'après plus de six mois que je t'avois perdu,
A la Cour de Pyrrhus tu me serois rendu ?

Andromaque, ***tragédie*** *de Racine (édition de 1744).*

traditionaliste adj. et n. Relatif au traditionalisme. / Partisan du traditionalisme. / Subst. *Un(e) traditionaliste.*
traditionnel, elle adj. Qui procède d'une tradition. *Coutume traditionnelle.*
traditionnellement adv. De façon traditionnelle ; conformément à la tradition.
traducteur, trice n. Personne qui traduit d'une langue dans une autre. / n. m. INFORM. Programme qui traduit un langage dans un autre.
traduction n. f. Action de traduire. *Traduction automatique*, effectuée par ordinateur. / Ce qui est traduit. *Lire une traduction de Gœthe.* / Interprétation. / BIOCHIM. Synthèse d'une chaîne peptidique, qui s'effectue au niveau des ribosomes à partir de la matrice que constitue l'acide ribonucléique messager (A.R.N. messager). (Lors de la traduction, les acides aminés sont assemblés selon une séquence déterminée par celle des codons de l'A.R.N. messager, la correspondance entre les codons de l'A.R.N. messager et les anticodons des A.R.N. de transfert portant les acides aminés étant réglée par le code génétique). Voir *code (génétique), ribonucléique, transcription.*
traduire v. t. [3] DR. **I.** Citer, appeler à comparaître. **II.** Faire passer, transposer (un texte) d'une langue dans une autre, sans en changer le sens. *Traduire un discours du grec au français. Traduire du russe. Traduire Pouchkine.* / Rendre sensible, manifeste, exprimer. *Traduire sa pensée par des mots, par des gestes.* / Interpréter.

Trafalgar Square*, avec la colonne de Nelson, considérée comme le centre géographique de la ville et point de départ des mesures des routes anglaises.*

traduisible adj. Qu'il est possible de traduire. Ant. intraduisible.
trafalgar n. m. Fam., vieilli. Grand désordre, grosse agitation. *Qu'est-ce que c'est que ce trafalgar ? Quand il a quitté sa femme, ça a fait tout un trafalgar*, causé un gros scandale.
Trafalgar (cap) Avancée espagnole dans l'Atlantique, au nord-ouest du détroit de Gibraltar. La victoire navale de Nelson (qui trouva la mort), au large de Trafalgar, sur les flottes française et espagnole, assura l'hégémonie maritime de la Grande-Bretagne (1805).
Trafalgar Square Place du centre de Londres, dominée par une colonne dressée en l'honneur de la victoire de Nelson à Trafalgar.
trafic n. m. **I.** Circulation de véhicules sur une voie routière, ferroviaire ou aérienne. *Trafic dense, fluide.* **II.** Commerce clandestin et illégal. *Trafic de drogue.* / DR. *Trafic d'influence* : infraction consistant, pour un représentant des pouvoirs publics, à accepter des dons d'un tiers en échange d'un avantage quelconque obtenu de l'autorité ; prévarication.
traficoter v. i. [1] Fam. Faire de petits trafics.
trafiquant, e n. Celui, celle qui trafique.
trafiquer v. t. ind. / v. t. [1] *Trafiquer de* : faire trafic de. *Trafiquer de ses relations.* / v. t. Transformer dans le but de tromper. *Trafiquer de l'alcool.*
tragédie n. f. LITTÉR. Pièce de théâtre généralement en vers, parfois en prose, qui met en scène des dieux, des héros, des personnages célèbres, aux prises avec le destin et avec des passions souvent fatales. *Les tragédies de Corneille, de Racine, de Shakespeare.* / Genre dramatique constitué par ces pièces. *La tragédie grecque.* / Fig. Événement dramatique, fatal.
tragédien, enne n. Acteur, actrice qui joue la tragédie.
tragi-comédie n. f. LITTÉR. Œuvre dramatique, chevaleresque, au dénouement heureux, très en vogue en France au XVIIe siècle. / Fig. Situation grave et comique à la fois. Pl. Des *tragi-comédies.*

T

tragi-comique adj. LITTÉR. Relatif à la tragi-comédie. / Tragique autant que comique.

tragique adj. et n. **A.** adj. Qui procède de la tragédie. *Le genre tragique. Un accident tragique.* **B.** n. m. *Le tragique*: le genre de la tragédie. / Auteur de tragédies. *Racine est un grand tragique.* / Caractère terrible (d'une situation). *Le tragique de l'histoire.*

Tragiques (les) 1616 Poème épique d'Agrippa d'Aubigné qui s'élève avec puissance, et en utilisant parfois l'arme satirique, contre les persécutions infligées aux calvinistes.

tragopogon n. m. Salsifis blanc.

trahir v. t. [2] Abandonner, livrer volontairement. *Trahir sa patrie.* / Tromper la confiance de (qqn); être infidèle à. *Trahir ses amis.* / Manquer à, ne pas respecter (un engagement). / Abandonner, lâcher. *Ses forces le trahissent.* / Altérer la nature, l'esprit de. *Trahir un texte, un auteur.* / Révéler, divulguer. *Trahir un secret.* / Laisser apparaître, déceler. *Son discours trahit sa pensée.*

trahison n. f. Action de trahir. *La trahison de Judas.* / Manquement à sa parole; infidélité. / DR. *Crime de haute trahison*: intelligence avec une puissance étrangère, ennemie, en temps de guerre ou en vue de la préparation d'une guerre; manquement grave d'un président de la République aux devoirs de sa charge, qui est jugé par la Haute Cour de justice. / Fait de déformer une pensée, un texte. / Intelligence avec l'ennemi.

traille n. f. Dispositif constitué d'un câble tendu d'une rive à l'autre d'un cours d'eau, et d'un bac coulissant, fixé à ce câble.

train n. m. **I.** Ensemble du personnel, des bagages et de la suite de qqn. *Un train imposant. Train de maison*: domesticité au service d'une maison. *Mener grand train*: vivre luxueusement, dépenser largement. / MILIT. *Le train*: arme, relevant de l'infanterie, responsable du transport des troupes et de l'entretien du matériel de transport (d'abord *train des équipages*, cette arme a été créée par Napoléon en 1807). / Suite de choses déplacées ensemble. *Train de bois*: pièces de bois assemblées pour descendre un cours d'eau. *Train de péniches*: suite de péniches accrochées les unes aux autres et tirées par un remorqueur. / PHYS. *Train d'ondes*: ensemble d'ondes se propageant dans la même direction. / Convoi formé de wagons, de voitures, traînés par une locomotive. *Train de voyageurs, de marchandises.* / Fig. *Prendre le train en marche*: se joindre à une action déjà en cours. / Ensemble d'éléments en liaison les uns avec les autres. *Train de laminoirs, d'engrenages. Train de pneus*: ensemble des pneus d'une voiture. / Série de mesures, de projets, d'actes officiels, etc. *Train de lois*: série de lois votées par le Parlement. **II.** Partie portante d'un véhicule. *Train avant, train arrière*: ensemble des éléments qui remplacent les essieux à l'avant et à l'arrière d'une voiture automobile. / AVIAT. *Train d'atterrissage*: roues sur lesquelles un avion atterrit. / Partie antérieure, postérieure d'un quadrupède; (absol.) train arrière. *Animal assis sur son train.* / Fam. Fessier. *Se bouger le train*: se dépêcher. **III.** Allure, mouvement d'un être, d'une chose. *Un train accéléré, trop lent.* / *À fond de train*: à très grande vitesse. *Aller son train*: suivre son cours. *Mettre en train*: entreprendre. / Loc. verbale (exprimant le déroulement d'un processus, d'une action) *Être en train de faire qqch.* (Au passif) *Qch. est en train de se faire.*

traînailler Voir **traînasser**

traînard, e n. Personne qui traîne, reste à la traîne. *Les traînards seront sanctionnés.* / n. m. TECH. Sur un tour mécanique, chariot coulissant servant au déplacement des outils.

traînasser ou **traînailler** v. i. [1] Péjor. Traîner sans raison, lambiner.

traîne n. f. Action de traîner. *Bateau à la traîne*, remorqué par un autre. *Pêche à la traîne*: pêche pratiquée par un bateau en marche avec des lignes qui traînent. / loc. adj. Fig. *À la traîne*: en retard dans son activité. *Un élève à la traîne de sa classe.* / Queue traînant à terre d'un vêtement long. *Robe, manteau à traîne.*

traîneau n. m. Véhicule léger pourvu de patins qui, tiré par des bêtes de trait, sert de moyen de transport sur la glace ou la neige. / Filet qu'utilisent les oiseleurs et les pêcheurs.

traînée n. f. Trace allongée laissée par une substance répandue. *Traînée de sang, de poudre.* / Longue trace semblant émaner d'un corps, ou laissée par un objet en mouvement. *Traînée blanche laissée par un avion.* / AVIAT. Force due à la résistance de l'air, qui s'oppose au mouvement d'un avion / PÊCHE Ligne de fond. / Fam. Femme de mauvaises mœurs; prostituée.

traîne-misère n. m. inv. Vieilli. Miséreux.

traîner v. t. / v. i. [1] **A.** v. t. Tirer derrière soi. *Traîner une brouette. Traîner un fauteuil. Traîner les pieds*: marcher sans lever les pieds; (au fig.) obéir à contrecœur; renacler à agir. / Porter partout avec soi (qqch. d'encombrant). *Il traîna sa valise toute la journée.* / Contraindre à avancer, à aller quelque part. *Traîner un enfant chez le médecin.* Au fig. *Traîner qqn en justice.* / Ne pas parvenir à se libérer de. *Traîner une toux. Traîner un lourd passé.* **B.** v. i. Pendre en balayant le sol. *Le drap traîne sur le plancher.* / Être éparpillé çà et là, être en désordre. *Ne laisse pas traîner tes affaires.* / Être répandu, rebattu. *Une histoire qui traîne dans tous les journaux.* / S'attarder. *Traîner au lit, en chemin.* / Aller sans but, fréquenter. *Traîner dans les cafés. Traîner avec des voyous.* / Se prolonger trop longtemps. *Laisser traîner les choses.* / Tarder à guérir, à se rétablir. C. v. pron. Avancer en rampant. *Malgré sa blessure, il parvint à se traîner jusqu'à la porte.* / S'écouler trop lentement. *Les jours se traînent, monotones.*

traîne-savates n. inv. Fam. Personne sans ressources et inoccupée.

training n. m. (mot anglais) Entraînement sportif régulier et soutenu. / Survêtement de sport. / *Training autogène*: pratique de relaxation basée sur l'autosuggestion.

traintrain ou **train-train** n. m. Fam. Routine. *Le traintrain quotidien.*

traire v. t. [3] Tirer le lait des mamelles de (un animal domestique). *Traire les brebis.*

trait n. m. I. Action de tirer. *Bête de trait.* / Corde avec laquelle un animal attelé tire sa charge. / **II.** Vx Action de lancer. *Armes de trait.* / Le projectile lui-même; arme de jet. *Lancer des traits. Partir, aller comme un trait*, très vite. / Fig. Sarcasme. *Des traits blessants. Trait d'esprit*: mot d'esprit. **III.** Manière d'avaler. *Boire à longs traits.* / Loc. fig. *D'un trait*, en une seule fois, d'un seul coup. *Boire d'un trait.* **IV.** Manière de tracer; ligne tracée d'un seul jet. *Il a le trait hésitant. Trait au crayon rouge. À grands traits*: sans souci des détails. / BX-ARTS *Dessin au trait*, sans ombre, où sont uniquement indiqués les contours. / *Traits du visage*, ses lignes principales. / *Trait d'union*: tiret (-) unissant les parties d'un mot composé; au fig. ce qui rapproche. / Marque distinctive. *Un trait de caractère.*

traite n. f. **I.** Parcours ininterrompu. *Une bien longue traite. D'une seule traite*: sans s'arrêter. **II.** Vx Transport. / Forme de commerce fondée sur l'importation en Europe de produits en provenance des colonies, de matières premières notamment. *Économie de traite.* / HIST. *Traite des Noirs*: transport et commerce d'esclaves noirs entre les côtes d'Afrique occidentale et le Nouveau Monde, pratiqués par l'Espagne, le Portugal puis l'Angleterre et la France. (Le principe de la traite fut condamné en 1815 par le congrès de Vienne, et cette pratique fut abolie progressivement au cours du XIXe siècle.). / Par anal. *Traite des Blanches*: recrutement, enlèvement de femmes en vue de la prostitution. / Vx Action de tirer de l'argent. / Mod. DR. Lettre de change, effet de commerce. **III.** Action de traire; le lait ainsi trait. *L'heure de la traite. Une traite abondante.*

traité n. m. Acte de droit international constatant l'accord de deux ou de plusieurs États sur un sujet déterminé, et les liant par des textes législatifs portant sur ce sujet. *Le traité de Versailles mit fin à la Première Guerre mondiale.* / Ouvrage didactique. *Traité de géométrie.*

traitement n. m. Comportement à l'égard d'autrui. *Un traitement inhumain. Subir de mauvais traitements*, des coups, des voies de fait. / MÉD. Ensemble des moyens utilisés pour combattre une maladie. / Ensemble des opérations effectuées sur une substance pour la transformer, l'améliorer. *Traitement du minerai de fer.* / INFORM. *Traitement de l'information*: suite d'opérations consistant à rassembler, créer, modifier, enregistrer des données par ordinateur. *Traitement de texte*: ensemble d'opérations permettant de saisir, de mettre en forme, de modifier, d'enregistrer et d'imprimer un texte grâce à un logiciel approprié; ce logiciel lui-même. / Manière d'aborder et de régler un problème, une affaire. / Salaire d'un employé, d'un fonctionnaire.

traiter v. t. / v. i. [1] **A.** v. t. Agir de telle manière avec. *Traiter qqn gentiment, d'égal à égal, comme un ami.* / Recevoir (un hôte); offrir un, des repas à. *Il nous a somptueusement traités.* / Donner tel qualificatif à (qqn). *Il m'a traité de lâche.* / Soumettre à un traitement pour soigner, pour transformer. *Traiter une angine. Traiter du minerai de cuivre.* / Exposer, discuter, développer (un sujet) verbalement ou par écrit. / Négocier. *Traiter une affaire.* / v. t. ind. *Traiter de*: disserter sur; avoir pour sujet. *Traiter d'économie. Ce livre traite de l'esclavage.* **B.** v. i. Négocier; conclure un marché. *Traiter avec l'ennemi.*

traiteur n. m. Commerçant qui prépare des plats à emporter sur place ou qui livre à domicile des repas, des mets et des boissons destinés à une réception.

traître, esse adj. et n. Qui commet une trahison. *Il est traître à son honneur.* / Qui recèle un danger, qui agit après coup. *Un vin délicieux et traître.* / *Ne pas dire un traître mot*: se taire avec tenacité. / Subst. *Un traître, une traîtresse.*

traîtreusement adv. Par trahison, à la manière d'un traître.

traîtrise n. f. Action, manière d'agir d'un traître; déloyauté.

Trajan (en latin, **Marcus Ulpius Trajanus**) 53-117 Empereur romain en 98. Né en Espagne, il servit dans la légion en Syrie, puis en Germanie; il fut nommé gouverneur de la Germanie supérieure en 96. Adopté par Nerva en 97, il lui succéda en 98. Il conquit la Dacie (101-102 et 105-107) puis enleva aux Parthes l'Arménie et la Mésopotamie (113-117). Il fortifia les frontières de l'empire et montra de grandes qualités d'administrateur. Sous son règne furent entrepris d'importants travaux: routes, monuments, aménagement du port d'Ostie, forum de Trajan à Rome (sur lequel s'élève la *colonne Trajane*, haute de 39 m, commémorant les victoires de l'empereur en Dacie).

Trajan.

*Le TGV **train** à grande vitesse.*

trajectographie n. f. Étude et calcul de la trajectoire de tout objet évoluant dans l'espace (balle, missile, satellite, fusée, etc.).
trajectoire n. f. Courbe que décrit un point matériel en mouvement. *La trajectoire d'un projectile, d'une fusée.* / Fig. Chemin parcouru, carrière. *La trajectoire d'une actrice.*
trajet n. m. Espace que l'on doit parcourir pour se rendre d'un lieu à un autre. / Action de parcourir cet espace; temps nécessaire à ce parcours. *Un long trajet.*
Trakl (Georg) 1887-1914 Poète autrichien, dont l'œuvre s'apparente à l'expressionnisme. En proie aux fantasmes incestueux, à l'alcool, à la cocaïne (qui le tuera), il a peu écrit mais son univers apocalyptique le place parmi les plus grands poètes lyriques de langue allemande. Un maigre recueil a été publié en 1913, *Crépuscule et déclin*. Son second volume, *Sébastien en rêve*, est posthume.
tralala n. m. Fam. Luxe ostentatoire. *Quel tralala !*
tram n. m. Fam. Abréviation de tramway.
tramage n. m. Action de tramer; résultat de cette action. Ant. détramage. / Trame.
trame n. f. TECHN. Ensemble des fils qui croisent les fils de chaîne pour former un tissu. *Trame serrée, lâche.* / Quadrillage gravé sur écran transparent utilisé en photogravure et permettant la reproduction de clichés. / AUDIOV. Ensemble des lignes horizontales et verticales croisées dont se compose l'image sur un écran de télévision. / Fig. Ensemble de détails enchevêtrés; ossature d'une œuvre, d'une série d'événements. *La trame d'une pièce de théâtre.*
tramer v. t. [1] TECHN. Entrelacer fils de trame et fils de chaîne. / Reproduire (un cliché) à l'aide d'une trame. (Au part. passé) *Cliché tramé.* / Fig. Préparer secrètement, manigancer (une action). *Tramer un complot.*
traminer n. m. Cépage blanc d'Alsace.
traminot n. m. Employé travaillant sur une ligne ou dans un réseau de tramway.
tramontane n. f. Vent du Languedoc et du Roussillon qui souffle en hiver des anticyclones froids (nord ou nord-ouest) vers les basses pressions tièdes de la Méditerranée.
tramp n. m. (mot anglais) MAR. Cargo qui navigue au hasard des affrètements et ne dessert pas une ligne régulière.
tramping n. m. (mot anglais) MAR. Navigation laissée au gré des affréteurs, sans itinéraires fixes.
trampoline n. m. SPORT Tremplin fait d'une toile tendue sur un cadre par des tendeurs élastiques et sur lequel on saute. / Le sport ainsi pratiqué.
tramway n. m. (mot anglais) Moyen de transport urbain à traction électrique sur voie ferrée dont les rails sont encastrés dans la chaussée; voiture(s) empruntant cette voie. Pl. Des *tramways.*
tranchant, e adj. et n. m. **A.** adj. Qui tranche. *Instrument tranchant.* / Fig. *Parler sur un ton tranchant*, de manière autoritaire.

Tramway.

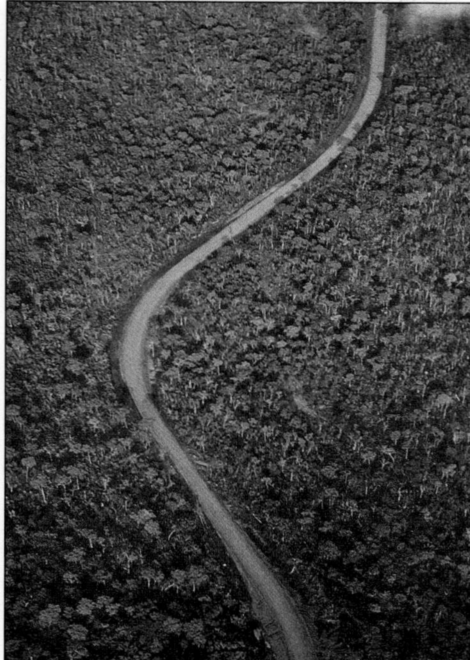
La forêt équatoriale est remarquable par son abondance et sa densité de végétation. Mais l'exploitation intensive du bois et la construction de la ***Transamazonienne*** *représentent un danger écologique planétaire.*

B. n. m. Côté mince et effilé d'un instrument coupant. / loc. adj., fig. *À double tranchant*: qui peut produire deux effets opposés. *C'est un argument à double tranchant.*
tranche n. f. Mince morceau coupé dans la largeur d'un bloc, en partic. d'un aliment. *Une tranche de fromage.* / Division d'un tout; chaque partie d'une émission de billets de loterie, d'un emprunt financier. *Tranche horaire.* / Ensemble constitué par les revenus imposés au même taux. *Tranche inférieure, supérieure.* / Bord sectionné d'un objet. *Tranche d'une pièce de monnaie.* / Chacun des trois côtés d'un livre relié fait de cahiers rognés. *In-octavo doré sur tranches.* (Fig. fam.) *Doré sur tranches*: très riche. / TECH. Outil à main du tailleur de pierre, du forgeron, en forme de marteau. / BOUCH. *La tranche*: les parties supérieures et moyennes de la cuisse du bœuf.
tranchée n. f. TRAV. PUBL. Fossé longitudinal creusé dans le sol pour enfouir des câbles, des tuyaux, asseoir des fondations, etc. / MILIT. Fossé garni du côté ennemi de parapets et de banquettes de tir pour protéger les troupes d'infanterie. *Guerre de tranchées*: guerre de position où chacun reste dans ses retranchements. / (Au plur.) MÉD. Coliques violentes.
tranchefile n. f. TECH. En reliure, galon qui renforce le haut et le bas du dos d'un livre.

trancher v. t. / v. i. [1] **A.** v. t. Sectionner, couper (qqch.). *Trancher un lien.* / Fig. *Trancher une question*: décider. **B.** v. i. Vx Couper. / Mod. *Trancher dans le vif*: couper dans la chair; (au fig.) décider sans ménagement. / Contraster. *Un rouge vif qui tranche sur un fond blanc.*
tranchet n. m. TECH. Lame plate à extrémité biseautée, servant à trancher le cuir.
tranchoir n. m. Couteau utilisé pour couper la viande. / Planche à découper la viande.
tranquille adj. Non agité, calme. *Mer tranquille.* / Fig. Épargné par les importuns, les soucis. *Laissez-moi tranquille.*
tranquillisant, e adj. et n. m. Qui tranquillise. / n. m. PHARM. Médicament à effet sédatif, calmant l'anxiété et l'angoisse.
tranquilliser v. t. [1] Rendre tranquille, rassurer (qqn).

***Transbordeur** sur l'Ebre.*

tranquillité n. f. Caractère de ce qui est tranquille. *Tranquillité de la mer.* / Paix morale, calme psychique.
transaction n. f. Opération commerciale, financière, boursière. / DR. Convention réglant un litige entre deux parties grâce à des concessions réciproques qui permettent d'éviter un procès. *Négocier une transaction.*
transactionnel, elle adj. Relatif à une transaction.
Transamazonienne (la) Route brésilienne qui traverse l'Amazonie d'est en ouest. En 1973, on commença à la construire à l'est et à l'ouest. Seuls *6 000* des *18 000 km* prévus ont été réalisés; ils sont en proie à « la revanche de la nature », mais celle-ci a subi des atteintes que les écologistes jugent irréversibles.
transaminase n. f. BIOCHIM. Enzyme qui catalyse le transfert des radicaux aminés NH_2 entre deux molécules. *Les transaminases jouent un rôle important dans le métabolisme des acides aminés.*
transatlantique adj. et n. m. Qui franchit l'Atlantique. / Subst. *Un transatlantique*: un paquebot qui assure la liaison régulière Europe-Amérique. / Chaise longue pliante (on dit souvent *transat*).
transbahuter v. t. [1] Fam. Transporter (qqch.). *Transbahuter des meubles.*
transbordement n. m. Action de transborder.
transborder v. t. [1] Faire passer (qqn, qqch.) d'un véhicule à un autre. *Transborder des passagers, des bagages.*
transbordeur adj. m. et n. m. *Pont transbordeur*: plaque tournante suspendue au tablier du pont au moyen de câbles métalliques, utilisée pour le transbordement de personnes, de marchandises. / n. m. Ferry-boat.
Transcaucasie Étroite dépression qui sépare le Grand et le Petit Caucase. Cette région, partagée entre la Géorgie, l'Arménie et l'Azerbaïdjan, est en proie à des problèmes ethniques: l'Abkhazie indépendantiste est entrée en conflit armé avec la Géorgie, les Arméniens du Haut-Karabakh souhaitent le détachement de l'Azerbaïdjan et le rattachement à l'Arménie.
transcendance n. f. PHILO. Caractère de ce qui est transcendant. *La transcendance de la conscience. La transcendance de Dieu.*
transcendant, e adj. Qui excelle en son genre, qui est très supérieur. *Un pianiste transcendant.* / PHILO. Qui se situe au-delà d'un certain ordre de réalité; pour Kant, qui se situe au-delà de toute expérience. / MATH. *Nombre transcendant*: nombre non algébrique. *Le nombre π est transcendant.*
transcendantal, ale, aux adj. Relatif au transcendantalisme.
transcendantalisme n. m. PHILO. Doctrine affirmant qu'il existe des concepts a priori préexistant à l'expérience et la dépassant.
transcender v. t. [1] Dépasser en étant d'un autre ordre, d'un ordre supérieur.
transcodage n. m. Codage d'informations dans un code différent du code initial. / INFORM. Transcription d'un programme dans un code différent de son code originel.
transcodeur n. m. Appareil servant au transcodage.
transcriptase n. f. BIOCHIM. Enzyme qui catalyse la synthèse (transcription) d'un acide ribonucléique (A.R.N.), à partir d'une

molécule d'acide désoxyribonucléique (A.D.N.). / *Transcriptase inverse*: chez les rétrovirus, enzyme qui catalyse la synthèse d'une molécule d'acide désoxyribonucléique (A.D.N.). à partir d'une molécule d'acide ribonucléique (A.R.N.) viral.
transcripteur, trice n. Personne qui transcrit. / n. m. Appareil qui transcrit.
transcription n. f. Action de transcrire, copie. *Transcription d'un texte.* / DR. Report d'un acte ou d'un jugement sur un registre public. *Transcription immobilière*: inscription des actes intéressant les propriétés. / Arrangement d'une œuvre musicale pour un instrument autre que celui pour lequel elle a été écrite. / BIOCHIM. Synthèse d'une molécule d'acide ribonucléique (A.R.N. messager ou pré-messager), à partir d'un gène porté par une molécule d'acide désoxyribonucléique (A.D.N.). *La transcription constitue l'une des étapes de la synthèse protéique.* Voir *ribonucléique, traduction.*
transcrire v. t. [3] Reproduire exactement par écrit (ce qui est déjà écrit). *Transcrire une citation.* / Reproduire exactement (ce qui est écrit) à l'aide d'un système graphique différent. *Transcrire en cyrillique.* / Consigner par écrit (ce qui a été dit, déclaré). / Adapter (une composition musicale) pour des instruments ou des voix différents de ceux pour lesquels elle a été créée.
transcrit n. m. BIOCHIM. Molécule d'acide ribonucléique (A.R.N.) synthétisé lors de la transcription.
transcutané adj. MÉD. Se dit d'un mode d'administration (d'une substance médicamenteuse) qui se fait à travers la peau. Syn. percutané, transdermique.
transdermique adj. MÉD. Syn. de transcutané.
transducteur n. m. Dispositif de transduction. *Transducteur électroacoustique.*
transduction n. f. BIOL. Transfert d'une portion de la molécule d'A.D.N. bactérien d'une bactérie à une autre, par l'intermédiaire d'un bactériophage. / PHYS., BIOCHIM. Phénomène par lequel une énergie se transforme en une autre de nature différente, un signal en un signal d'un autre type.
transe n. f. Angoisse profonde, vive appréhension. *Vivre dans les transes.* / Dépersonnalisation et exaltation d'un médium quand il serait en communication avec les esprits. *Entrer en transes.* / Fig. *Être en transe(s)*, au comble de l'exaltation, comme transporté hors de soi (sous le coup de l'émotion, de l'enthousiasme, etc.).
transept n. m. ARCHIT. Nef transversale d'une église coupant à angle droit la nef principale, donnant au plan du sanctuaire la forme d'une croix.
transférase n. f. BIOCHIM. Enzyme qui catalyse le transfert de radicaux (carbonés ou non carbonés) d'une molécule sur une autre.
transférer v. t. [1] Faire passer d'un endroit dans un autre selon certaines modalités. *Transférer un joueur à l'étranger.* / DR. Transmettre (un bien, un droit) d'une personne à une autre en suivant les procédures. / PSYCHOL. Reporter ailleurs (un sentiment, un désir).
transfert n. m. Action de transférer. / DR. Acte d'une personne qui transmet un droit à une autre. *Transfert de titres nominatifs à la Bourse. Transfert en douane*: acte déclarant qu'une personne autre que le propriétaire des marchandises paiera les droits de douane. / Passage d'un lieu à un autre de personnes, de choses. *Transfert de prisonniers, de capitaux.* / MÉCAN. *Machine à transfert* ou *machine-transfert*: machine-outil qui comprend plusieurs postes de travail entre lesquels la pièce à usiner se déplace automatiquement. / PSYCHAN. Processus par lequel une personne reporte un sentiment inconscient, positif ou négatif, sur un substitut (une autre personne) qui remplace une figure, en particulier parentale, connue durant l'enfance.

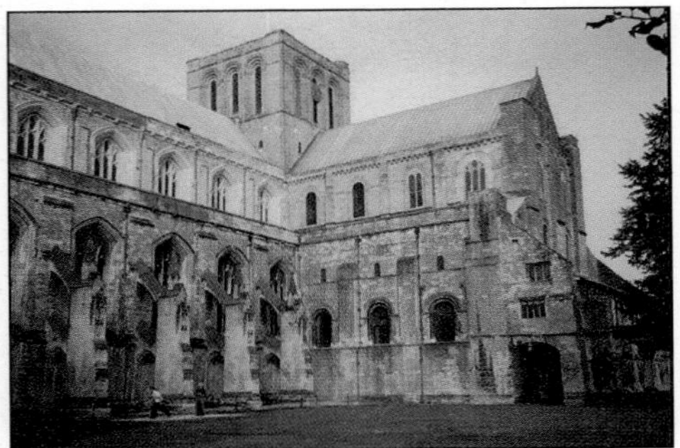

Bras droit du **transept** de la cathédrale de Winchester (Angleterre).

transfiguration n. f. Action de transfigurer; fait de se transfigurer. / RELIG. *La Transfiguration*: forme glorieuse du Christ apparu devant trois de ses apôtres (Pierre, Jacques le Majeur et Jean) alors qu'ils étaient avec lui sur le mont Thabor; fête célébrant cet événement.
transfigurer v. t. [1] Transformer en parant d'un éclat nouveau, inaccoutumé (une personne, son visage ou sa nature). *L'amour l'a transfiguré.* / Rendre plus éclatant, magnifier l'aspect, le caractère ou la nature de (qqch.). *Transfigurer la réalité.*
transformateur n. m. ÉLECTR. Appareil modifiant la tension ou l'intensité d'un courant alternatif, et qui comporte deux circuits isolés, le primaire et le secondaire, enroulés sur une carcasse métallique, le primaire étant branché sur la source d'énergie, le secondaire sur le circuit d'utilisation. *Lorsque la tension disponible aux bornes du secondaire est supérieure à celle qui est appliquée au primaire, le transformateur est dit survolteur.*
transformation n. f. Action de transformer; fait de se transformer. *Transformation du têtard en grenouille.* / Changement, modification. *Transformation d'un décor au théâtre.* / MATH. En géométrie, passage d'une figure à une autre par la correspondance d'éléments respectifs. *Transformation d'une équation*: passage d'une équation à une autre équivalente, par une substitution opérée sur les variables. / ÉLECTR. Modification de la tension d'un courant par un transformateur. / LING. Modification de la structure, de la tournure syntaxique d'une phrase. *Transformation interrogative, passive, active.* / SPORT Au rugby, action de transformer un essai, une pénalité, en faisant, par un coup de pied, passer le ballon entre les poteaux et au-dessus de la barre transversale.
transformationnel, elle adj. LING. Relatif aux transformations. *Théorie transformationnelle.*
transformer v. t. [1] Donner une forme, un aspect, une nature différents à. *Transformer sa coiffure. Transformer du métal en or.* / Changer l'état physique ou psychologique de (qqn). *Ce séjour à la mer et votre compagnie l'ont transformé.* / MATH. Changer (une équation) en une autre équivalente mais de forme différente. / SPORT Au rugby, au football, et dans d'autres jeux de ballon, marquer par un coup de pied, un tir placé. *Transformer un penalty, un essai.* / v. pron. Changer de forme, d'aspect; se métamorphoser; devenir différent.
transformisme n. m. BIOL. Théorie selon laquelle les espèces sont issues d'autres espèces par transformations successives (selon Lamarck, le mécanisme essentiel en est l'hérédité des caractères acquis; pour Darwin, le moteur de l'évolution est la sélection naturelle). Ant. fixisme. Voir *lamarckisme, darwinisme.*
transformiste adj. et n. Relatif au transformisme; tenant du transformisme. *Théorie transformiste. Les transformistes.*
transfuge n. MILIT. Soldat qui passe à l'ennemi. / Par anal. Personne qui déserte son camp (idéologique, politique, etc.) pour passer dans un camp adverse.
transfuser v. t. [1] Injecter du sang ou un constituant du sang dans les veines de (un malade).
transfusion n. f. MÉD. Action de transfuser.
transgène n. m. BIOL. Gène inséré, par manipulation génétique, au génome d'une cellule, pour en modifier les propriétés (par ex. pour pallier les déficiences d'un autre gène, pour la rendre résistante à un antibiotique, à un insecticide).
transgenèse n. f. BIOL. Manipulation génétique consistant à insérer un transgène dans le génome d'un organisme vivant (organisme génétiquement modifié ou O.G.M.).
transgénique adj. BIOL. Produit par transgenèse; relatif à la transgenèse. *Une espèce transgénique, une souris transgénique, du maïs transgénique. La recherche transgénique.*
transgresser v. t. [1] Passer outre à, ne pas respecter (une loi, un ordre, une règle). *Transgresser les interdits.*
transgression n. f. Action de transgresser. / GÉOL. Envahissement par la mer d'une région qui s'affaisse progressivement.
transhumance n. f. Action de transhumer. / En apiculture, déplacement des ruches afin de permettre aux abeilles de tirer profit des floraisons de lieux différents.
transhumant, e adj. Qui transhume. / Subst. Personne qui se déplace régulièrement pour des raisons professionnelles. *Les banlieusards, transhumants quotidiens.*
transhumer v. t. / v. i. [1] Mener (un, des troupeaux) de pâturage en pâturage. / v. i. En parlant des troupeaux, changer de pâturage au rythme des saisons.
transi, e adj. Saisi de froid, engourdi. / Fig. *Amoureux transi*, paralysé par l'amour.
transiger v. i. [1] Obtenir un arrangement, régler un litige, une contestation par des concessions réciproques. / Fig. Trahir un principe, une vertu morale, céder par faiblesse. *Transiger avec sa conscience.*
transistor n. m. ÉLECTRON. Dispositif utilisé en radiophonie et en télévision assumant les fonctions de modulation et de détection et qui remplace les lampes se comportant comme une triode. *Le transistor est composé de semi-conducteurs tels que le germanium; il offre maints avantages, parmi lesquels la réduction en poids et en volume du tube électronique, et ne nécessite aucun chauffage.* / Poste de radio fonctionnant avec des transistors.
transistoriser v. t. [1] Équiper de transistors.
transit n. m. Passage (de marchandises, de voyageurs) dans un pays, sans y séjourner, y être importées. *Voyageurs en transit à l'aéroport*, qui ne quittent pas l'enceinte de l'aéroport où ils effectuent une escale. *Marchandises en transit*, qui traversent un pays et y sont affranchies des droits de douane. / PHYSIOL. *Transit intestinal*: passage du bol alimentaire le long de l'intestin, grâce aux contractions intestinales.
transitaire adj. et n. Où l'on transite. *Pays transitaire.* / Relatif au transit. *Commerce transitaire.* / n. Mandataire des propriétaires de marchandises. *Transitaire en douane.*
transiter v. t. / v. i. [1] Faire passer en transit (des marchandises). / v. i. Passer en transit en un lieu. *Les voyageurs ont dû transiter par Munich.*
transitif, ive adj. GRAMM. *Verbe transitif direct*: verbe qui nécessite ou admet un complément d'objet direct (ex: *je fais mon devoir*). *Verbe transitif indirect*: verbe qui s'accompagne d'un complément d'objet indirect introduit par une préposition, le plus souvent *à* ou *de* (ex: *se contenter du minimum*). / MATH. *Relation transitive*: relation binaire R, où $x\,R\,y$ et $y\,R\,z$ implique que $x\,R\,z$.
transition n. f. Passage progressif d'un état à un autre. *Passer sans transition de la tristesse à la joie. Transition démographique*: dans une population, passage d'un taux de natalité et d'un taux de mortalité élevés à des taux faibles (le recul de la mortalité et celui de la natalité n'étant généralement pas simultanés). / Passage graduel d'une idée, d'un développement littéraire à un autre; phrase marquant ce passage. *Une habile transition.* / CHIM. *Éléments, métaux de transition*: éléments métalliques dont la couche électronique interne n'est pas saturée. *Le chrome, le manganèse, le fer, le cobalt, le nickel, le cuivre, le zinc, l'argent, le platine, l'or, le mercure, l'uranium sont des métaux de transition.* / PHYS. NUCL. *Transition électronique*: dans un atome, passage d'un électron d'un niveau d'énergie à un autre, avec émission ou absorption d'un photon. Voir *quantum.*
transitionnel, elle adj. Qui constitue

T

une transition. / PSYCHAN. *Objet transitionnel*, qui joue un rôle de substitut auprès du nourrisson éprouvant l'angoisse de séparation d'avec sa mère.

transitoire adj. Qui est passager. *Amélioration transitoire.* / Qui constitue une transition.

Transjordanie Ancien État du Proche-Orient, situé à l'est du Jourdain. Cet émirat, placé sous mandat britannique de 1922 à 1946, est devenu, après la création de l'État d'Israël (1948) et son annexion de la Cisjordanie (1949), le royaume hachémite de Jordanie.

Transkei (le) Ancien bantoustan d'Afrique du Sud, intégré en 1994 à la province du Cap-Oriental.

translatif, ive adj. Qui réalise une translation.

translation n. f. Déplacement (des cendres, des reliques) d'un lieu à un autre. *La translation des cendres de Napoléon, de Sainte-Hélène aux Invalides.* / DR. Action de transmettre (une propriété, un droit). / MATH. Transformation dans laquelle tout point M a pour correspondant un point M', tel que le vecteur MM'soit constant.

Transleithanie L'un des deux royaumes de l'Empire austro-hongrois (1867-1918), situé à l'est de la rivière Leitha, qui correspondait au royaume de Hongrie (comprenant alors la Transylvanie et la Croatie-Slavonie), par opposition à la Cisleithanie, administrée par l'Autriche, à l'ouest de la Leitha.

translittération n. f. LING. Transcription, signe à signe, d'un système d'écriture dans un autre. *Translittération du chinois, de l'arabe, du grec.*

translocation n. f. GÉNÉT. Processus par lequel un fragment chromosomique est inséré dans un chromosome non homologue. Voir *recombinaison*.

translucide adj. Se dit d'un corps qui laisse passer la lumière sans permettre de distinguer le contour net des objets qui sont vus à travers lui.

translucidité n. f. Caractère de ce qui est translucide.

transmetteur, trice adj. et n. m. Qui transmet. / n. m. MAR. *Transmetteur d'ordres*: appareil qui permet de transmettre les ordres de la passerelle à la salle des machines.

transmettre v. t. [3] Faire passer d'une personne à une autre. *Transmettre une tradition. Transmettre la lèpre. Transmettre une lettre, un ordre.* (Emploi pron.) *Un héritage se transmet par mutation.* / Permettre le passage de (un phénomène physique), communiquer, propager. *Transmettre un mouvement. Transmettre une lumière, un son, un influx nerveux.*

transmigration n. f. Passage d'un lieu à un autre. *Transmigration des âmes*: croyance selon laquelle les âmes s'incarneraient dans des corps successifs; métempsycose, réincarnation.

transmissibilité n. f. Caractère de ce qui est transmissible. *La transmissibilité d'une charge.*

transmissible adj. Qui peut être transmis. Ant. intransmissible.

transmission n. f. Action de transmettre. *Transmission d'une lettre. Transmission des pouvoirs. Transmission d'un son.* / *Transmission de pensée*: sentiment d'avoir communiqué avec un être sans s'exprimer; télépathie. / PHYS. Propagation. / MÉCAN. Fait, pour un mouvement, d'être transmis; ensemble des organes qui communiquent un mouvement. / TÉLÉCOM. Acheminement d'une communication téléphonique, télégraphique, d'une information en électronique. / (Au plur.) MILIT. Service chargé, au sein des armées, d'assurer les liaisons téléphoniques, radio, par voie hertzienne, etc. entre les états-majors et les troupes.

Transport *routier: camion citerne.*

transmuer ou **transmuter** v. t. [1] Transformer la nature de (une substance, un corps). *Les alchimistes ont cherché à transmuer le plomb en or.* / PHYS. NUCL. Transformer (un élément simple) par modification du nombre de ses protons.

transmutation n. f. Action de transmuer; résultat de cette action. / Fig. Changement radical d'une chose en une autre.

transmuter Voir **transmuer**

Transnistrie *4 118 km² 850 000 h.* Région de la république de Moldavie, située à l'est du Dniestr. Capitale *Tiraspol*. La population, en bonne partie de langue russe, a obtenu, en 1992, que le pouvoir central reconnaisse ce territoire comme une entité autonome.

transocéanique adj. Situé au-delà de l'océan. *Régions transocéaniques.* / Qui traverse l'océan. *Navigation transocéanique.*

Transoxiane Dans l'Antiquité, région située au nord-est de l'Amou-Daria (nommé *Oxus* par les Grecs). Elle correspondait au pays devenu ensuite Sogdiane, puis Ouzbékistan. La ville principale était Samarkand.

transparaître v. i. [3] Paraître (à travers qqch.). *Les rideaux laissent transparaître le soleil.* / Fig. Apparaître. *Sa douleur transparaît malgré ses rires.*

transparence n. f. Qualité d'un corps transparent. / Fig. Qualité de ce qui est, de qqn qui est, psychologiquement ou intellectuellement, facilement pénétrable. *La transparence de ses intentions éclate aux yeux de tous. Transparence du cœur.* / POLIT. Qualité d'une institution qui laisse au grand jour la totalité de ses activités. *L'action du gouvernement manque de transparence.*

transparent, e adj. et n. m. Qui laisse passer la lumière et au travers de quoi on peut distinguer nettement les objets. *Vitre transparente.* / Fig. *Allusion transparente*, dont le sens est manifeste. / n. m. Toute surface faite d'une matière transparente (papier, plastique, tissu...) dont la transparence permet de réaliser certaines opérations, d'obtenir certains effets.

transpercer v. t. [1] Percer de part en part. *La flèche lui transperça l'épaule.* / Passer au travers de, pénétrer. *Le froid et la pluie transpercent la tente.*

transpiration n. f. Sécrétion de sueur par les glandes sudoripares et son excrétion par les pores de la peau. / BOT. Émission de vapeur d'eau, par les stomates, au niveau des feuilles et de la tige.

transpirer v. i. [1] Éliminer la sueur par les pores de la peau. / Suinter. *L'humidité fait transpirer les murs.* / Fig. Être divulgué, commencer à être connu.

transplant n. m. CHIR. Organe transplanté ou destiné à être transplanté.

transplantation n. f. Action de transplanter (un végétal, un être vivant). / CHIR. Greffe d'un organe entier.

transplanter v. t. [1] Déterrer et replanter ailleurs (un végétal). / Faire passer (qqn, un animal) d'un lieu, d'un milieu dans un autre. / CHIR. Greffer (un organe). *Transplanter un rein, un cœur.*

transpondeur n. m. TECH. Appareil émetteur-récepteur qui, lorsqu'il capte un signal radar, y répond automatiquement par un signal d'identification.

transport n. m. Action, manière de transporter. *Transport de meubles.* / (Au plur.) Ensemble des moyens, véhicules et infrastructures nécessaires à la circulation des voyageurs et des marchandises. *Les transports en commun. Ministère des transports.* / MAR., AVIAT. Navire, avion destiné au transport des militaires, du matériel. *Un transport de troupe.* / DR. Cession d'un droit, d'une créance. *Transport d'une rente. Transport de justice*: déplacement d'un magistrat, d'un expert sur les lieux d'une affaire. / GÉOGR. Matériaux solides que charrie un fleuve. / Fig. Vive émotion. *Des transports de joie.* / Vieilli *Transport au cerveau*: congestion cérébrale.

transporter v. t. [1] Porter d'un endroit à un autre. *Transporter un blessé sur une civière.* / Fig. Mener ailleurs, dans un autre temps, par la pensée, par l'imagination. *Ce souvenir me transporte au temps de mon enfance.* / Placer dans un autre contexte. *Transporter le débat social sur le terrain économique.* / Animer d'un sentiment violent. *Être transporté de bonheur, de fureur.* / DR. Céder (un droit) par un acte. / v. pron. Se rendre (en un lieu). *Se transporter sur les lieux du crime.*

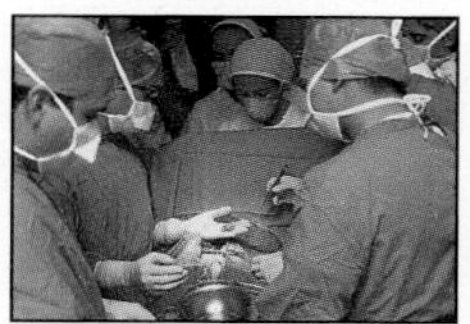

Transplantation *cardiaque.*

transporteur, euse adj. et n. Qui transporte (qqch., qqn). / n. Qui travaille dans une entreprise de transport ou la dirige. / n. m. Appareil mécanique destiné au transport d'objets d'un lieu dans un autre.

transposer v. t. [1] Intervertir l'ordre (de). *Transposer les éléments d'un ensemble.* / Adapter (qqch.) à (un autre contexte). *Transposer une tragédie classique à l'époque moderne.* / MUS. Changer la tonalité de base d'une pièce.

transposition n. f. Action de transposer; résultat de cette action. / MATH. Permutation de deux éléments d'un ensemble E, les autres éléments restant invariants. / GÉNÉT. Processus par lequel un transposon change de position à l'intérieur du génome.

transposon n. m. GÉNÉT. Séquence d'A.D.N. capable de se déplacer dans le génome, s'insérant à une autre position du même chromosome ou d'un chromosome différent. *Les transposons existent chez les procaryotes comme chez les eucaryotes.* Syn. gène sauteur, élément génétique mobile, transposable.

transsaharien, enne adj. et n. Qui traverse le Sahara.

transsexualisme n. m. Condition psychique d'une personne se considérant comme appartenant au sexe opposé et dont le comportement tend à être, en tous domaines, celui de l'autre sexe.

transsexualité n. f. Sexualité marquée par le transsexualisme.

transsexuel, elle adj. et n. Relatif au transsexualisme, à la transsexualité. / Subst. *Un(e) transsexuel (le).*

transsibérien, enne adj. et n. Qui traverse la Sibérie. / *Le Transsibérien*: la ligne de chemin de fer qui relie Moscou à Vladivostok, en passant par Omsk, Novossibirsk, Irkoutsk et Khabarovsk. *Commencé en 1891, le Transsibérien, long de plus de 9 000 km, fut terminé en 1916.*

transsubstantiation n. f. THÉOL. Dogme de l'Église catholique et des Églises orthodoxes, selon lequel, lors de la consécration eucharistique, la substance du pain et du vin se transforme en la substance du corps et du sang du Christ.

transsudat n. m. MÉD. Liquide qui apparaît par suintement au niveau d'une surface organique, à la suite de phénomènes de stase (et non d'une inflammation).

transsudation n. f. Action de transsuder. / MÉD. Apparition d'un transsudat.

transsuder v. i. / v. t. [1] **A.** v. i. Suinter. / MÉD. Passer par transsudation. **B.** v. t. Émettre à travers les pores.

transuranien n. m. et adj. CHIM. Nom générique des éléments radioactifs dont le nombre atomique est supérieur à 92 (celui de l'uranium). *Les transuraniens sont produits par des réacteurs nucléaires. Le neptunium (de numéro atomique $Z = 93$), le plutonium ($Z = 94$), l'américium ($Z = 95$), le curium ($Z = 96$) sont des transuraniens.* / adj. *Les éléments transuraniens.*

• **Transvaal** Région du nord de l'Afrique du Sud, dont la capitale était Pretoria, aujourd'hui divisée en trois provinces,

TRANSVAAL

Le Transvaal est un pays de plateaux élevés (*1 300 à 1 700 m* d'altitude), au climat doux et humide, riche en prairies (élevage) et en cultures. La découverte d'or (1884), puis de charbon dans le Witwatersrand, a profondément transformé le pays : aujourd'hui densément peuplé (Blancs, Noirs, Asiatiques, Métis), le Transvaal est l'un des plus actifs districts miniers du monde ; Johannesburg, la capitale du Gauteng, est la métropole industrielle de l'Afrique du Sud.

Histoire

La première République sud-africaine y fut fondée par des colons hollandais ou Boers fuyant la domination anglaise : ils avaient émigré du Cap (à partir de 1834). Les Anglais leur accordèrent l'indépendance en 1852, puis essayèrent d'annexer le pays

Paysage du Mpumalanga (Transvaal oriental).

en 1877 mais, devant la résistance énergique des Boers, ils reconnurent l'autonomie du Transvaal en 1881.

Puis Cecil Rhodes voulut unifier l'Afrique du Sud au profit de l'Angleterre et se heurta à Kruger, président du Transvaal. En 1899, la guerre anglo-boer reprit. Vaincus par Kitchener, les Boers perdirent leur indépendance.

Le traité de Vereeniging (1902) fit du Transvaal une colonie de la Couronne gardant sa langue nationale. En 1910, le Transvaal, l'Orange, Le Cap et le Natal constituèrent l'Union sud-africaine dont le général Botha devint Premier ministre et qui, en 1961, s'est retirée du Commonwealth, devenant la république d'Afrique du Sud.

La région de Johannesburg fut le centre de la résistance du peuple sud-africain à l'apartheid. Quand Mandela accéda à la présidence (1994), le Transvaal fut divisé en trois provinces.

Mpumalanga (ex-Transvaal-Oriental), Gauteng et Province-du-Nord (ex-Transvaal-du-Nord).

transvasement n. m. Action de transvaser ; son résultat.

transvaser v. t. [1] Transférer (un liquide) d'un récipient à un autre.

transversal, ale, aux adj. et n. f. Qui coupe (qqch.) en travers. *Poutre transversale. Chemin, canal transversal.* / n. f. Voie de communication reliant d'autres voies.

transverse adj. (et n. m.) ANAT. En travers de l'axe du corps. *Muscle transverse* ou (n. m.) *le transverse* : muscle de la paroi abdominale, qui maintient les viscères en place et participe à l'expiration.

transvision n. f. Effet optique par lequel des couleurs s'inversent si elles sont aperçues à travers le recto ou le verso d'un support imprimé, comme sur les billets de banque.

Transylvanie Région de Roumanie, formée de plateaux enserrés dans l'arc des Carpates, couverts de forêts et de pâturages et possédant de grandes richesses minières (fer, argent, cuivre, houille, pétrole et gaz naturel). **Histoire** Possession successive des Daces, des Romains (IIe siècle), rattachée au royaume de Hongrie (XIe siècle), principauté indépendante en 1526, la Transylvanie dut

Oradea, en ***Transylvanie****.*

accepter la domination des Habsbourg (1691). Depuis 1918, la Transylvanie fait partie de la Roumanie. Bien que les Roumains y soient majoritaires, la Hongrie a revendiqué ce pays, que l'Allemagne lui donna lors de la Seconde Guerre mondiale, quand elle eut envahi la Roumanie. L'appartenance de la région à la Roumanie a été confirmée en 1947.

trapèze n. m. et adj. **A.** n. m. MATH. Quadrilatère à deux côtés opposés parallèles et inégaux, appelés bases. *Trapèze isocèle*, dont les côtés non parallèles sont égaux. *Trapèze rectangle*, dont deux angles consécutifs sont droits. / Appareil de gymnastique comportant une barre rigide suspendue à un portique par deux cordes verticales. / *Trapèze volant* : trapèze, suspendu à la voûte d'un édifice abritant un cirque, à partir duquel les trapézistes sautent dans le vide pour s'agripper à un autre trapèze ; cette figure de haute voltige. **B.** adj. et n. m. ANAT. *Os trapèze* ou (n. m.) *le trapèze* : os le plus externe de la rangée inférieure des os du carpe. / *Muscle trapèze* ou (n. m.) *le trapèze* : volumineux muscle dorsal, de forme aplatie, situé dans la région postérieure du cou et de l'épaule.

trapéziste n. Gymnaste qui exécute des numéros de haute voltige.

trapézoïdal, ale, aux adj. En forme de trapèze.

trapézoïde adj. (et n. m.) En forme de trapèze. / ANAT. *Os trapézoïde* ou (n. m.) *le trapézoïde* : os de la rangée inférieure des os du carpe, situé entre le trapèze et le grand os.

trappe n. f. Ouverture à abattant au niveau du plancher ou du toit. / CHASSE Piège formé d'un trou masqué par des branchages ou couvert d'un dispositif basculant. / Porte ou fenêtre à coulisse. / Fig. *Passer quelqu'un, quelque chose à la trappe*, l'oublier en le rejetant. / RELIG. Monastère de trappistes, de trappistines.

Trappe (la) Ordre religieux issu d'une communauté de bénédictins établie à l'abbaye de Notre-Dame de la Trappe fondée par Rotrou III, comte du Perche, en 1140, à Soligny (Orne). L'abbaye a été rattachée à Cîteaux en 1147, puis réformée en 1664 par Rancé qui y introduisit la règle la stricte observance.

trappeur n. m. Chasseur du nord des États-Unis et du Canada qui piège les animaux à fourrure à l'aide de trappes et vend leurs peaux.

trappiste n. m. RELIG. Religieux cloîtré appartenant à l'ordre cistercien de la Trappe.

trappistine n. f. Religieuse de l'ordre cistercien de la Trappe. / Liqueur fabriquée par les trappistes.

trapu, e adj. Massif et vigoureux. *Un homme trapu.* / Fam. Qui a acquis beaucoup de connaissances, calé. *Un élève trapu en math.* / Par ext. *Un problème trapu*, difficile à résoudre.

traque n. f. Action de traquer. / Fig., fam. Chasse à l'homme.

traquenard n. m. Piège tendu aux animaux nuisibles. / Par anal. Piège tendu pour se saisir de qqn ou pour le prendre en faute. / ÉQUIT. Allure vicieuse d'un cheval au trot.

traquer v. t. [1] Rabattre (le gibier) vers les chasseurs placés en ligne. / Poursuivre (qqn) sans relâche ; harceler. *La police traque le malfaiteur.* / Fig. Rechercher avec obstination. *Traquer l'erreur.*

traquet n. m. ZOOL. Petit passereau, de la famille des turdidés, au bec droit, insectivore, dont les diverses espèces fréquentent les terrains ouverts (landes, prairies, friches, rochers, zones arides, etc.) d'Europe, d'Asie et d'Afrique.

Trasimène (lac) *128 km²* Lac d'Italie, en Ombrie, sur les rives duquel Hannibal battit, en 217 avant J.-C., le général romain Flaminius Nepos (deuxième guerre punique).

trattoria n. f. En Italie, petit restaurant populaire.

trauma n. m. (mot grec) MÉD. Lésion, blessure causée par un facteur mécanique extérieur à l'organisme. / PSYCHOL. Choc émotif violent qui modifie la personnalité, sensibilisant le sujet aux émotions de même ordre.

traumatiser v. t. [1] Provoquer un traumatisme chez (qqn).

traumatisme n. m. État pathologique général résultant d'un trauma subi par l'organisme. / PSYCHOL. Choc émotionnel aux répercussions durables.

traumatologie n. f. Branche de la médecine et de la chirurgie qui étudie et traite les traumatismes.

Trauner (Alexandre) 1906-1993 Décorateur de cinéma français d'origine hongroise. Il travailla pour Carné, créant les décors de *Drôle de drame* (1937) ; *Le Quai des Brumes* (1938) ; *Hôtel du Nord* (1938) ; *Les Enfants du Paradis* (1945) ; *Les Portes de la nuit* (1946), puis, à Hollywood et en France, pour des réalisateurs aussi divers qu'Orson Welles (*Othello* 1952) ; Billy Wilder (*La Garçonnière*, 1960) ; Joseph Losey (*Monsieur Klein*, 1976) ; Bertrand Tavernier (*Coup de torchon*, 1981), Luc Besson (*Subway*, 1985).

travail n. m. **I.** Effort, labeur qu'on doit fournir pour accomplir qqch. *Rien n'aboutit sans travail.* / PHYSIOL. Phase de l'accouchement pendant laquelle se produisent de manière régulière les contractions utérines, aboutissant à l'expulsion du fœtus. / PSYCHAN. *Travail de deuil* : processus psychique qui, chez un sujet ayant perdu un être aimé, aboutit graduellement au renoncement à l'objet d'amour qu'il ne peut plus espérer retrouver. *Travail du rêve* : activité cérébrale aboutissant à l'élaboration du rêve, durant le sommeil, et par laquelle fusionnent les réminiscences de la vie consciente et subconsciente. / Action graduelle, constante (d'un agent quelconque, naturel ou non). *Travail érosif de l'eau sur la pierre.* / Activité, fonctionnement qui produit un résultat. Travail d'une machine. (Au fig.) *Le travail du remords, de l'imagination.* / Entraînement. *Travail des biceps.* **II.** Ensemble des activités économiques d'un groupe humain, d'un pays. *Ministère du Travail. Accident du travail. Inspection, droit, médecine du travail.* / Ensemble de la population professionnellement en activité ; ensemble des salariés. *Le monde du travail. Le capital et le travail.* **III.** Toute activité humaine servant à la conception, à la production de choses et de biens nouveaux,

*Le Jour se lève, film de Marcel Carné dans des décors d'***Alexandre Trauner***.*

ainsi qu'à leur conservation. *Travail manuel. Travail intellectuel.* / En particulier, activité humaine visant à maîtriser, à mettre en valeur et exploiter les richesses de la nature. *Travail de la terre.* / Transformation d'une matière quelconque accomplie par un effort humain. *Travail du verre, du bois, de l'ivoire.* / Tâche, activité qu'il faut entreprendre. *Bien accomplir son travail. Être en retard dans son travail. Travaux domestiques, ménagers. Travail de longue haleine*, qui exige du temps et des efforts soutenus. *Camp de travail*: lieu de détention où des personnes sont contraintes aux travaux forcés. / Qualité d'un ouvrage accompli. *Un travail bâclé, parfait.* / Activité professionnelle rémunérée. *Trouver difficilement du travail.* / Fam. Lieu où s'exerce l'activité professionnelle rémunérée. *Mon travail est tout près.* / (Au plur.) Ensemble d'activités d'ordre intellectuel, de recherche, de création, etc. *Travaux universitaires.* / Suite de délibérations, de décisions. *Les travaux de l'Assemblée nationale.* / Ensemble d'opérations matérielles visant à la construction ou à la réparation de qqch. *Travaux d'urbanisme. Travaux de réfection. Travaux publics*: chantiers d'intérêt public à la charge de l'État ou d'une collectivité locale. / DR. *Travaux forcés (à perpétuité)*: peine infamante, abolie en 1938, qui sanctionnait un crime de droit commun et que le forçat purgeait dans un bagne. *Travaux d'intérêt général (T.I.G.)*: travail non rémunéré qu'un délinquant mineur peut effectuer en substitution d'une peine carcérale.

travaillé, e adj. **I.** Réalisé avec soin. *Une œuvre travaillée.* / Ouvragé. *Un bois travaillé.* (Par ext.) SPORT *Balle travaillée*, pleine d'effet. **II.** *Heures travaillées*: heures ouvrables.

travailler v. i. / v. t. [1] **A.** v. i. Effectuer un effort continu pour parvenir à un résultat; étudier. *Il a travaillé dur pour réussir.* / Exercer un métier, une profession. *Travailler à mi-temps, en usine.* / Agir, œuvrer (pour, contre). *Travailler pour son pays. Le temps travaille contre nous.* / Développer une réflexion. *Imagination qui travaille.* / Produire des intérêts. *Faire travailler son argent.* / Subir une modification sous l'effet de facteurs internes ou externes. *Vin qui travaille*, qui fermente. *Bois qui travaille*, qui se déforme. **B.** v. t. Agir sur (une matière) pour lui donner la forme désirée. *Travailler le bois au couteau. Travailler la pâte*, la remuer, la pétrir. / Chercher à améliorer; étudier, exercer. *Travailler ses maths. Travailler sa main gauche au piano.* / SPORT *Travailler l'adversaire au corps*, lui porter des coups répétés pour le faire céder. / Fig. Faire pression, influencer (qqn) pour convaincre. / Tracasser, tourmenter. *Le remords le travaille.* **C.** v. t. i. *Travailler à*: se donner de la peine pour. *Travailler à perfectionner son anglais.*

travailleur, euse adj. et n. Qui travaille, travaille beaucoup, aime le travail. *Un élève travailleur.* Subst. *C'est un gros travailleur.* / n. Personne qui exerce un métier, une activité rémunérée. *Travailleurs manuels et travailleurs intellectuels.*

travailleuse n. f. Petite table à compartiments, pour les travaux de couture.

travaillisme n. m. POLIT. Doctrine du parti travailliste.

travailliste n. et adj. Partisan du travaillisme. / adj. *Parti travailliste.*

♦ Le parti travailliste (en anglais, *Labour Party*) est le parti socialiste britannique. Il a été fondé en 1906 par le congrès des syndicats britanniques pour représenter et défendre leurs intérêts. Les idées de la *Fabian Society* ont inspiré les promoteurs du Labour Party. Il gouverna en 1924 et en 1929-1931, entra dans l'union nationale formée par Churchill (1940-1945) puis gouverna à nouveau en 1945-1951 (Attlee), 1964-1970 et 1974-1976 (H. Wilson), 1976-1979 (J. Callaghan). Depuis 1997, il gouverne de nouveau, son leader, Tony Blair, étant Premier ministre. Celui-ci a profondément transformé le parti (*New Labour*) en adoptant de nombreux principes du libéralisme.

Monument dédié aux morts du camp de ***Treblinka***.

travailloter v. i. [1] Fam. Travailler à l'occasion, travailler peu.

travée n. f. ARCHIT. Dans une construction, partie comprise entre deux poutres et remplie par des solives; dans un monument, portion de voûte supportée par des pilastres, dans un pont, par des piles. / Dans une assemblée, rangée de sièges.

traveller's check ou **traveller's chèque** n. m. (mots anglais) Chèque de voyage.

travelling n. m. (mot anglais) CIN. Mouvement d'une caméra qui se déplace sur un chariot à roulettes monté sur rails, ou sur une grue, ou sur un véhicule, pendant les prises de vues d'un film; dispositif qui permet ce mouvement; scène ainsi tournée. *Travelling arrière. Travelling optique*, obtenu grâce à un objectif à focale variable (la caméra restant immobile).

travelo n. m. Fam. Travesti.

travers n. m. **I.** Léger défaut; bizarrerie de caractère. *Ne pas supporter les travers d'un collègue.* / BOUCH. *Travers de porc*: haut de côtes de porc coupées en travers. / MAR. Flanc d'un navire. *Vent de travers*, soufflant perpendiculairement à la route du navire. **II.** loc. prép. *À travers (qqch.)*: en traversant (un espace); au milieu de, en parcourant (un espace de temps). *À travers la prairie. À travers les âges.* / *Au travers de*: en traversant de part en part. *Se tracer un chemin au travers du roncier.* / *En travers de*: en position transversale par rapport à. *Arbre tombé en travers de la route. Se mettre en travers de*: faire obstacle à, contrecarrer, s'opposer à. **III.** loc. adv. *De travers*: de biais. *Regarder qqn de travers*, avec animosité.

traverse n. f. TECHN. Pièce de bois, de fer ou de béton qui assemble les montants et consolide un ouvrage. / CH. DE FER Pièce de bois sur laquelle les rails sont fixés perpendiculairement. / *Chemin de traverse*: raccourci, généralement à travers champs

traversée n. f. Action de traverser; fait d'aller d'un lieu à un autre, en particulier d'une rive à l'autre (mer, fleuve, océan). / Voyage d'un bout à l'autre d'un espace. *Traversée d'un pays.* / CH. DE FER *Traversée de voies*: lieu où deux voies se coupent.

traverser v. t. [1] Franchir, parcourir d'une extrémité à l'autre (un espace). *Traverser le pont. La route traverse le village.* / Passer, pénétrer au travers de. *La lumière traverse le rideau. Traverser la foule.* Au fig. *Un doute lui traversa l'esprit.* / Croiser (en parlant de voies de communication). *Le sentier traverse la route.* / Parcourir, franchir (une période). *Son œuvre a traversé les siècles.* / Passer par. *Le gouvernement traverse une crise.*

traversier, ère adj. Qui traverse. *Rue traversière.* / *Flûte traversière*: voir *flûte.*

traversin n. m. Coussin long qui tient la largeur du lit. / Chacune des traverses qui forment le fond d'un tonneau. / MAR. Nom de diverses traverses de bois.

travertin n. m. GÉOL. Roche calcaire parsemée de vacuoles et qui résulte du dépôt de carbonate de chaux apporté dans les lacs par des sources riches en calcaire.

travesti, e adj. et n. **A.** adj. Qui a revêtu un costume de l'autre sexe. *Un acteur travesti.* / Où l'on est déguisé. *Bal travesti.* **B.** n. m. Déguisement pour un bal costumé. *Louer un travesti.* / Homosexuel qui adopte les manières et les vêtements d'une femme. (N. B. Le féminin *travestie* est virtuel).

travestir v. t. [2] Déguiser (qqn) en lui faisant endosser un costume d'un autre sexe, d'une autre condition. / Fig. Déformer, déguiser. *Travestir la vérité.*

travestissement n. m. Action, manière de travestir, de se travestir.

Traviata (la) 1853 Opéra que Verdi tira de *La Dame aux camélias* d'Alexandre Dumas fils. Marguerite Gautier, courtisane qui vit des amours malheureuses, est rebaptisée Violetta Valéry dans l'opéra de Verdi.

traviole (de) loc. adv. Pop. De travers.

trayeur, euse n. Personne chargée de traire les vaches, les chèvres, les brebis. / n. f. Machine à traire.

trayon n. m. Extrémité du pis.

Trébie *115 km* Rivière italienne, affluent de la rive droite du Pô. Sur ses rives, Hannibal remporta une importante victoire en 218 av. J.-C. et, en 1799, les Français y résistèrent trois jours aux troupes russes.

Trébizonde Voir **Trabzon**

Treblinka Camp d'extermination que les nazis installèrent en Pologne, près de Varsovie. En 1942-1943, 800 000 juifs y moururent; voir *génocide.*

trébuchant, e adj. Vx En parlant de monnaie métallique, qui a le poids requis. / Mod. *Espèces sonnantes et trébuchantes*: argent liquide.

trébucher v. i. [1] Perdre l'équilibre sans tomber, buter sur qqch. *Trébucher dans l'escalier, sur un caillou.* / Fig. Buter sur une difficulté. *Trébucher sur un mot.*

Trèfle.

trébuchet n. m. Dispositif, piège qui sert à prendre les oiseaux et les rongeurs de petite taille. / Catapulte fonctionnant par un système de contrepoids et servant, au Moyen Âge, à lancer des projectiles. / Balance pour effectuer les pesées de corps très légers.

Trediakovski (Vassili Kirillovitch) 1703-1769 Poète russe; linguiste, il a réformé la versification (*Nouvelle et Brève Méthode pour composer les vers russes*).

tréfilage n. m. MÉTALL. Action de tréfiler; son résultat.

tréfiler v. t. [1] TECH. Faire passer (un métal) par une filière pour l'étirer en fils.

tréfilerie n. f. Endroit, usine où l'on tréfile. / Industrie du tréfilage.

trèfle n. m. BOT. Plante papilionacée, herbacée, dont les feuilles sont composées de trois folioles. *Il existe de nombreuses espèces de trèfle qui sont de bonnes plantes fourragères. Trèfle à quatre feuilles*: feuille de trèfle à quatre folioles, considérée comme un porte-bonheur. / Fig. Une des quatre couleurs des jeux de cartes, représentée par une feuille de trèfle noire. / ARCHIT. Motif en forme de feuille de trèfle stylisée.

tréflé, ée adj. En forme de feuille de trèfle.

tréflon n. m. BOT. Synonyme d'oxalis.

tréfonds n. m. DR. Sous-sol qui appartient au propriétaire du sol. / Fig. Ce qu'il y a de plus intime, de plus secret. *Le tréfonds du cœur.*

Trégorrois Avancée septentrionale déchiquetée de la Bretagne (Côtes-d'Armor), située autour de Tréguier et comprenant les communes de Paimpol, Perros-Guirec, Pleumeur-Bodou, Lannion.

Tréguier *2679 h.* Ville des Côtes-d'Armor, riche en monuments anciens: cathédrale (XIVe-XVe siècle). Port de pêche.

treillage n. m. Action d'assembler des lattes pour former les entrecroisements d'un treillis. / Treillis.

treille n. f. Ceps de vigne cultivés le long d'un mur ou d'un treillage. *Le jus de la treille*: le vin. / Abri fait de pieds de vigne soutenus par un treillage.

treillis [1] n. m. Réseau de lattes, de poutrelles, de fils métalliques imitant les mailles d'un filet. / BX-ARTS Châssis compartimenté servant à copier des tableaux. / MATH. Ensemble ordonné dans lequel chaque couple d'éléments a une forme supérieure et inférieure.

treillis [2] n. m. Grosse toile de chanvre écru. / Vêtement fait de cette toile; vêtement de travail, de sport ou de combat. /

treize adj. num. et n. m. inv. **A.** adj. Douze plus un. *Les treize desserts de Noël.* / Treizième. *Charles XIII.* Ellip. *Le 13 août*: le treizième jour du mois d'août. **B.** n. m. Nombre qui suit le douze. *Nombre premier, le treize n'est pas divisible.* / Les chiffres (1 et 3) qui représentent le nombre treize. / SPORT *Jeu à treize*: rugby qui se joue à treize joueurs.

treizième adj. num. ord. et n. Qui occupe le rang désigné par le nombre treize. *Le treizième mois*: la rémunération supplémentaire, correspondant à un mois de salaire, versée à certains salariés en fin d'année. / n. *La treizième de la classe.* / n. m. Chacune des parties d'un tout divisé en treize éléments égaux.

Trek (le Grand) (en néerlandais « migration ») 1834-1839 Migration des Boers du Cap qui refusèrent en 1834 la domination britannique et partirent coloniser les territoires qui devinrent le Transvaal et le Natal.

T

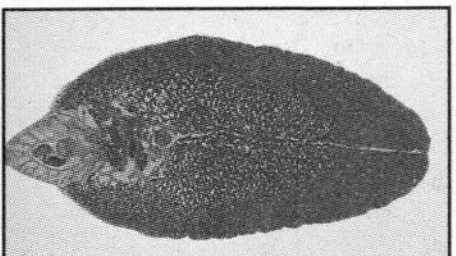

***Trématodes** : la douve du foie.*

trekking ou **trek** n. m. (mot anglais) SPORT Randonnée en haute montagne.
tréma n. m. Double point (¨) placé sur les voyelles e, i, u, pour indiquer que la voyelle précédente doit être prononcée séparément (ex : *égoïste, ciguë, Emmaüs*).
trématodes n. m. pl. ZOOL. Classe de vers plathelminthes, munis de ventouses, parasites des vertébrés, au cycle de développement complexe, au cours duquel se succèdent plusieurs stades larvaires. *Les douves (causant chez l'homme des distomatoses) et les bilharzies (agents des bilharzioses) sont des trématodes.*
tremblant, e adj. et n. f. Qui tremble. *Un rire tremblant.* / n. f. VÉTÉR. *Tremblante du mouton* : encéphalopathie spongiforme ovine, caractérisée, notamment, par des tremblements.
tremble n. m. BOT. Peuplier d'Europe, dont les feuilles crénelées arrondies tremblent au moindre souffle d'air. / (Appos.) *Un peuplier tremble.*
tremblement n. m. Agitation d'un corps, d'une partie du corps secoué(e) de petits mouvements convulsifs. / Oscillation d'un objet qui bouge. / *Tremblement de terre* : secousse brutale de l'écorce terrestre. Syn. séisme.
trembler v. i. [1] Être agité de tremblements. *Sa main tremble. Trembler de froid, de peur, de fièvre.* / Être agité de petits mouvements répétés. *Vitres, feuilles qui tremblent.* / Être ébranlé par une série de secousses. *Lors d'un séisme, la terre tremble.* / Subir des variations d'intensité. *Une voix qui tremble.* / Fig. Éprouver une crainte, une inquiétude intense. *Le tyran fait trembler le peuple.*
tremblote n. f. Fam. *Avoir la tremblote* : trembler.
trembloter v. i. [1] Trembler légèrement.
trémie n. f. Récipient en forme de pyramide renversée ou de cône renversé, équipé à son extrémité d'un déversoir et destiné aux produits en vrac. / Mangeoire pour les oiseaux, la volaille. / Espace aménagé au sol pour recevoir l'âtre d'une cheminée.
trémière adj. BOT. *Rose trémière* : plante ornementale, de la famille des malvacées, à tige haute, aux grandes fleurs en entonnoir, blanches, roses ou pourpres. Syn. rég. (sud-ouest de la France) passerose.
trémolo n. m. MUS. Effet sonore particulier, obtenu par des mouvements extrêmement rapides et serrés de l'archet ou du plectre d'un instrument à cordes. (Par ext.) Effet analogue produit par une voix ou un instrument. / Fig. Tremblement de la voix.
trémoussement n. m. Action de se trémousser. *Des trémoussements de plaisir.*
trémousser (se) v. pron. [1] S'agiter vivement dans tous les sens.
trempage n. m. Action de tremper.
trempe n. f. TECHN. Refroidissement brusque d'un métal ou de verre, portés à température élevée, de manière à en augmenter la dureté. / Propriété ainsi donnée à ces substances. / Fig. Fermeté de caractère, robustesse physique ou morale face à l'épreuve. / Fig., fam. Volée de coups. *Je lui ai filé une bonne trempe.*
trempé, e adj. Soumis à la trempe. *Acier trempé.* / Fig. *Un caractère bien trempé*, ferme, énergique.
tremper v. t. / v. i. [1] **A.** v. t. Vx Atténuer par un mélange ; (mod.) couper d'eau (une boisson). *Tremper son vin.* / Imbiber d'eau. *La pluie a trempé ses vêtements.* / Plonger (qqch.) dans un liquide pour l'en imbiber ou l'en enduire. *Tremper sa tartine dans son café, un pinceau dans la peinture.* / TECHN. Soumettre à la trempe. *Tremper l'acier.* / Fig. Endurcir. **B.** v. i. Demeurer un certain temps dans un liquide. *Faire tremper les biscuits dans le rhum. Faire tremper le linge.* / Fig. *Tremper dans* : être mêlé à, être impliqué dans. *Tremper dans un trafic.*
trempette n. f. Fam. *Faire trempette* : tremper (qqch.) dans ; en particulier, tremper du pain dans du lait, du café, etc. / Par ext. Se baigner rapidement.
tremplin n. m. Planche élastique permettant de prendre de l'élan pour sauter ou plonger ; plan incliné recouvert de neige qui permet de sauter à skis avec élan. / Fig. Moyen servant à obtenir un résultat.
trémulation n. f. MÉD. Tremblement, notamment chez le nouveau-né.
trench-coat n. m. (mot anglais) Vieilli Manteau imperméable, à ceinture.
trend n. m. (mot anglais) ÉCON. Tendance durable, de fond, en matière économique, statistique.
Trenet (Charles) 1913-2001 Chanteur, auteur et compositeur français, auteur de nombreux succès où la fantaisie et la poésie s'associent : *La Mer* ; *L'Âme des poètes* ; *Douce France* ; *Je chante* ; *Y'a d'la joie* ; *Mes jeunes années* ; *Que reste-t-il de nos amours ?*
trentaine n. f. Trente unités, environ trente unités. *Une trentaine de personnes.* / *Avoir la trentaine*, l'âge de trente ans.
trente adj. num. et n. m. inv. **A.** adj. Trois fois dix. / Trentième. *Page trente.* / Ellip. *Le 30 janvier* : le trentième jour du mois de janvier. **B.** n. m. Nombre qui indique qu'il s'agit de trois dizaines. / Les deux chiffres (3 et 0) qui représentent le nombre trente.
Trente (combat des) 1351 Rencontre qui opposa trente chevaliers français à trente chevaliers anglais lors de la guerre de succession de Bretagne, près de Ploërmel. Les Français furent victorieux après un rude affrontement qui dura tout un jour.

*Piste d'élan de **tremplin***
(© Franche-Comté Ski Fond).

Trente *103 269 h.* Ville d'Italie, capitale de la Région Trentin-Haut-Adige et chef-lieu de la province de Trente, dans les Alpes italiennes, sur l'Adige. Trente est une ville ancienne (enceinte de Théodoric, églises romanes, palais de la Renaissance aux façades peintes à fresque). Elle fut le siège du concile qui, réuni par le pape Paul III en 1545, marqua le début de la Contre-Réforme : l'Église romaine étudia tous les points fondamentaux de sa doctrine et la réaffirma solennellement face aux protestants. Le *concile de Trente*, qui se prolongea (avec des interruptions) jusqu'en 1563, fut clos par Pie IV.
Trente Ans (guerre de) 1618-1648 Conflit politique et religieux, né des antagonismes entre catholiques et protestants, et de la lutte des Bourbons contre les Habsbourg, qui ravagea l'Europe, et principalement le Saint Empire. Les princes réformés allemands, peu satisfaits de la paix d'Augsbourg, constituèrent avec l'Électeur palatin une *Union évangélique* s'opposant à la Sainte Ligue allemande, catholique. En 1618, Ferdinand II ayant restreint les libertés de la Bohême, les protestants se rebellèrent et la *Défenestration de Prague* (attentat contre des représentants de l'empereur, qui furent jetés par une fenêtre) donna le signal de la guerre. Mais les protestants, conduits par l'Électeur palatin Frédéric V élu roi de Bohême, furent écrasés à la Montagne Blanche (1620). Christian IV de Danemark, venu à leur secours, fut battu, en 1629, par Wallenstein et Tilly, chefs de mercenaires au service du Saint Empire. Ferdinand II, vainqueur, voulut imposer aux princes protestants la restitution des terres prises à l'Église catholique. Richelieu, inquiet de la puissance des Habsbourg, poussa contre l'empereur le roi de Suède Gustave II Adolphe. Après plusieurs victoires, celui-ci fut tué à Lützen (1632), et les Suédois furent vaincus en 1634. La France intervint alors directement en déclarant la guerre à l'Espagne, où régnait un Habsbourg (1635). Ferdinand II, à son tour, lui déclara la guerre. Après une série de défaites, les victoires du duc d'Enghien (le futur Condé) à Rocroi (1643), de Turenne en Allemagne (1645) obligèrent l'empereur à signer les traités de Westphalie (1648), qui morcelaient une Allemagne dévastée par la guerre. Entre la France et l'Espagne, la guerre se prolongea jusqu'à la paix des Pyrénées en 1659.
trentenaire adj. Qui dure trente ans. *Concession trentenaire.*
trente-trois-tours n. m. inv. Disque microsillon en vinyle, effectuant 33 tours et 1/3 par minute, à la technologie duquel a succédé celle du compact disc laser.
Trente Tyrans (les) Les trente Athéniens du parti aristocratique que Sparte, vainqueur d'Athènes dans la guerre du Péloponnèse (431-404 av. J.-C.), plaça à la tête de la cité vaincue. Thrasybule les renversa et rétablit la démocratie athénienne en 403 av. J.-C.
trentième adj. num. ord. et n. Qui occupe le rang désigné par le nombre trente. *Pour la trentième fois, ferme cette porte !* / n. *Le, la trentième.* / n. m. Chacune des parties d'un ensemble divisé en trente éléments égaux.
Trentin-Haut-Adige *13 607 km² 915 407 h.* Région du nord de l'Italie comprenant les provinces de Bolzano et de Trente. Capitale *Trente*. Ce pays montagneux (Brenner, Dolomites) a conservé une économie pastorale et forestière. Le tourisme (sports d'hiver) et, grâce aux aménagements hydroélectriques, l'industrie (métallurgie, textile, agroalimentaire) se développent. **Histoire** Le Trentin fut enlevé à l'Autriche et attribué à l'Italie par le traité de Saint-Germain-en-Laye (1919). La Région est peuplée par de nombreux germanophones (Tyroliens du Sud) qui, par intermittence, ont revendiqué leur rattachement à l'Autriche.

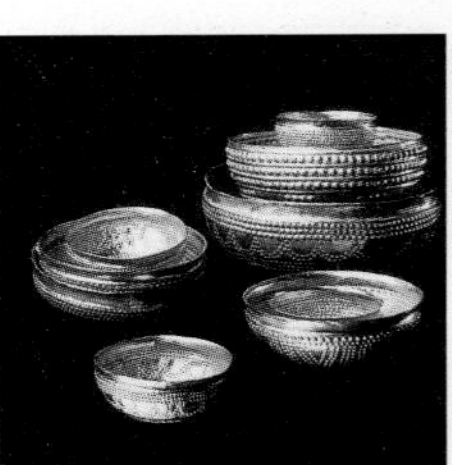

*Coupelles en or d'époque ibérique ; **trésor** de Villena (Esapgne, province d'Alicante).*

Trenton *88 675 h.* Ville du nord-est des États-Unis, capitale de l'État du New Jersey, sur la Delaware.
trépan n. m. CHIR. Instrument qui sert à trépaner. / TECHN. Vrille utilisée pour percer de gros trous dans le marbre, la pierre ou le bois ; outil fixé à une sonde de forage qui s'enfonce dans le sol par percussion ou rotation.
trépanation n. f. CHIR. Opération qui consiste à perforer un os, à pratiquer une ouverture dans une cavité osseuse, en particulier dans la boîte crânienne.
trépaner v. t. [1] Faire subir une trépanation à.
trépang ou **tripang** n. m. (mot malais) Holothurie comestible des mers chaudes.
trépas n. m. Litt. Mort, décès. *Passer de vie à trépas.*
trépasser v. i. [1] Mourir.
Trépassés (baie des) Baie du Finistère, entre les pointes du Raz et du Van, en face de l'île de Sein.
trépidant, e adj. Qui trépide. / Fig. *Rythme trépidant*, ne laissant aucun répit.
trépidation n. f. Mouvement de ce qui trépide. *Trépidation d'un moteur.* / Fig. Agitation.
trépider v. i. [1] Trembler par petites secousses rapides.
trépied n. m. Meuble, support à trois pieds. / ANTIQ. Siège de bronze à trois pieds sur lequel la Pythie entrait en transe pour rendre les oracles d'Apollon à Delphes.
trépignement n. m. Action de trépigner.
trépigner v. i. [1] Frapper la terre de ses pieds, à coups répétés. *Trépigner de fureur.*
trépointe n. f. TECHN. Bande de cuir mince renforçant une couture. *Un cordonnier qui coud une trépointe.*
tréponème n. m. BIOL. Bactérie de forme spiralée, du groupe des spirochètes, comprenant plusieurs espèces pathogènes, dont l'agent de la syphilis.
très adv. (Servant à renforcer un adjectif, un adverbe ; exprime le superlatif absolu) À un haut degré ; extrêmement. *Elle est très riche. Nous sommes très loin de Bordeaux.*
trésor n. m. Ensemble de choses précieuses (or, argent, bijoux, objets d'art) mises en réserve. / DR. Chose cachée dont personne ne peut se prétendre propriétaire. / (au pluriel)

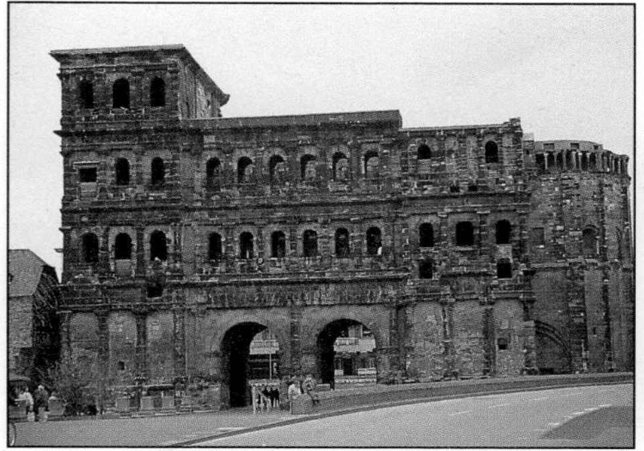
La Porta Nigra (Porte Noire), à l'entrée de la vieille ville de **Trèves**.

Le Grand **Trianon** fut construit en 1687 dans les jardins du château de Versailles.

Richesses considérables; choses de très grande valeur. *Les trésors du sous-sol. Les trésors de l'art flamand.* / Fig. Personne très aimée. / Local où sont conservés les objets précieux d'une église et qui, en général, peut être visité. *Le trésor de Conques.* / *Le Trésor public* ou *le Trésor*: service du ministère des Finances chargé de gérer les recettes et les dépenses de l'État.
trésorerie n. f. Administration du Trésor public. / Service chargé de gérer les fonds d'un organisme. *La trésorerie des armées.* / Ensemble des ressources liquides d'une association, d'une entreprise qui lui permettent de faire face aux échéances.
trésorier, ère n. Personne chargée de la trésorerie, des finances d'une entreprise, d'une association. / *Trésorier-payeur général*: fonctionnaire du Trésor public chargé des services comptables de l'État pour un département.
Très Riches Heures du duc de Berry (les) XVe s. Recueil de prières enluminé, commandé par le duc Jean de Berry (fils du roi Jean le Bon) aux frères Pol, Jean et Hermann de Limbourg, qui y travaillèrent de 1413 à 1416, et dont l'exécution fut achevée par Jean Colombe de 1485 à 1489. Ce manuscrit, orné de scènes religieuses et de miniatures, est conservé au musée Condé de Chantilly.
tressaillement n. m. Fait de tressaillir.
tressaillir v. i. [3] Avoir une brusque secousse musculaire involontaire, due à l'émotion, à la douleur.
tressautement n. m. Litt. Action de tressauter.
tressauter v. i. [1] Litt. Sursauter. *Tressauter de surprise.* / Être secoué, cahoter. *Le véhicule tressaute sur le chemin pierreux.*
tresse n. f. Ensemble de fils, de rubans, de cordons, de lanières, etc., entrecroisés, où il n'y a pas de trame. / Mèches de cheveux entrelacées en natte. / ARCHIT. Ornement imitant des bandelettes entrelacées.
tresser v. t. [1] Entrecroiser en tresse. *Tresser des cheveux.* / Par ext. Confectionner avec des tresses. *Tresser un panier.* / Fig. *Tresser une couronne à qqn*, en faire l'éloge.
tréteau n. m. Barre de bois ou de fer posée sur quatre pieds et servant à soutenir une table, une estrade. / (Au plur.) Vieilli Théâtre ambulant.
treuil n. m. Appareil de levage, mû par une manivelle actionnant un tambour horizontal, autour duquel s'enroule une chaîne de manœuvre ou un cordage portant le fardeau et qui est généralement pourvu d'un mécanisme empêchant la chute libre de la charge.
treuillage n. m. Action de treuiller.
treuiller v. t. [1] Déplacer (des charges) au moyen d'un treuil.
trêve n. f. Arrêt temporaire des hostilités entre belligérants. / HIST. *Trêve de Dieu*, imposée par l'Église au Moyen Âge, et qui interdisait la guerre à certains jours ou pendant un certain laps de temps. / Fig. Interruption dans une activité, une action en cours. *Mettre une trêve à un débat. Trêve de*: assez de. *Trêve de bavardage, travaillons! Sans trêve*: sans arrêt, sans fin. *Discourir sans trêve. Trêve des confiseurs*: suspension des polémiques, des conflits politiques et sociaux durant les fêtes de fin d'année.
Trèves (en allemand, *Trier*) *99 428 h.* Ville et port fluvial d'Allemagne, dans le Land de Rhénanie-Palatinat, sur la Moselle, centre du commerce des vins. Trèves est une ville historique: fondée par Auguste (*Porta nigra*, Ier siècle), elle fut, après le IIIe siècle, l'une des quatre capitales de l'Empire romain; elle fut intégrée à l'empire allemand au Xe siècle; à partir du XIIIe siècle, ses archevêques devinrent princes électeurs; annexée par la France en 1798, elle fut donnée à la Prusse en 1815.
Trévoux *6 392 h.* Commune de l'Ain, sur la Saône, ancienne capitale de la principauté de Dombes, siège d'une imprimerie qui publia au XVIIIe siècle le *Journal de Trévoux* et le *Dictionnaire de Trévoux*, rédigés par des jésuites hostiles aux encyclopédistes.

Tresses exécutées manuellement.

tri n. m. Action de trier; répartition d'objets dans les différents lieux convenant à leur destination. *Tri des lettres.* / INFORM. Mise en ordre, classement des données d'un fichier.
triacétate n. m. CHIM. Ester de l'acide acétique comportant trois groupements CH_3COO. *Triacétate de cellulose*, très utilisé dans le secteur textile.
triacide n. m. CHIM. Composé comportant trois fonctions acide.
triade n. f. Groupe de trois choses ou personnes étroitement liées. / MYTH. Groupe de trois divinités associées dans le même culte.
triage n. m. Action de trier; résultat de cette opération. / Processus d'épuration qui débarrasse les minerais et le charbon de leurs impuretés naturelles. / *Gare de triage*: centre de tri des wagons de marchandises selon leur destination. / TECHN. Répartition des laines suivant leur grosseur, après peignage.
trial n. m. (mot anglais) Sport motocycliste pratiqué en terrain accidenté. Pl. Des *trials.*
trialcool ou **trial** n. m. CHIM. Composé comportant trois fonctions alcool. *Le glycérol est un trialcool.*
triangle n. m. MATH. En géométrie, polygone à trois côtés. *Triangle équilatéral*, qui a ses trois côtés égaux. *Triangle rectangle*, qui a un angle droit (le côté opposé à cet angle étant l'hypoténuse). *Triangle isocèle*, qui a deux côtés égaux. / MUS. Instrument à percussion formé d'une tige d'acier pliée en triangle équilatéral non fermé, que l'on frappe avec une baguette du même métal.
Triangle austral (le) Constellation circumpolaire sud; voir *constellation.*
Triangle boréal (le) Constellation boréale; voir *constellation.*
Triangle d'or (le) Région en forme de triangle située entre la Birmanie, la Thaïlande et le Laos. La culture du pavot (production d'opium) fait sa richesse.
triangulaire adj. En triangle. *Forme triangulaire.* / *Pyramide triangulaire*, dont la base est un triangle. / Fig. *Rencontre triangulaire*, à trois composantes.
triangulation n. f. TECHN. Partage en triangles d'un terrain, d'un territoire en vue d'établir son canevas géométrique.
Trianon Nom de deux châteaux bâtis dans le parc de Versailles. Le *Grand Trianon*, ou *Trianon de marbre*, fut construit pour Louis XIV, en 1687, par Hardouin-Mansart; il se compose de deux pavillons bas réunis par un péristyle. Le *Petit Trianon* fut commencé en 1762 par Gabriel pour Louis XV. Marie-Antoinette, qui aimait à y séjourner, lui adjoignit un jardin anglais agrémenté d'un temple de l'Amour, d'un pavillon de musique et du Hameau où elle jouait à la bergère.

Triade égyptienne : Mykérinos, pharaon considéré comme un dieu, est entouré de Maat (à sa gauche) et d'Isis (à sa droite).

Trias n. m. GÉOL. Premier système (ou période) du Mésozoïque s'étalant sur une durée de 35 millions d'années, de -230 à -195. ♦ Le Trias doit son nom au fait qu'il est marqué par la succession de trois formations: grès bigarrés, calcaires coquilliers et marnes irisées; il a connu deux orogénèses (palatine et cimmérienne) et les troisième et quatrième extinctions en masse, survenues vers -230 et -195. À cette période apparaissent les tout premiers mammifères.
triasique adj. GÉOL. Relatif au Trias.
triathlon n. m. SPORT Compétition comportant trois épreuves successives (natation, course cycliste, course à pied).
tribade n. f. Vx ou litt. Homosexuelle, lesbienne.
tribal, ale, aux adj. Qui procède de la tribu. *Traditions tribales.*

T

La Conciergerie, à Paris, abrita le **Tribunal révolutionnaire** en 1793.

Tricorne d'apparat des carabiniers espagnols.

tribalisme n. m. Organisation sociale fondée sur la tribu.

triboélectricité n. f. Électricité superficielle de la matière produite par le frottement.

triboluminescence n. f. PHYS. Luminescence de certaines substances soumises à des actions mécaniques (choc, cassure, frottement etc.).

tribord n. m. MAR. Côté droit du navire quand on regarde vers la proue (par oppos. à bâbord). *Le feu de tribord est de couleur verte.*

triboulet n. m. Tige de bois ou de métal, en forme de tronc de cône, qu'utilisent les bijoutiers pour calibrer le diamètre des bagues.

Triboulet (Févrial ou **Le Feurial**, dit) 1498?-1536? Bouffon des rois Louis XII et François Ier. Il a été évoqué par Rabelais dans *Pantagruel* et par Victor Hugo dans *Le roi s'amuse*; Verdi adapta cette pièce, nommant Triboulet *Rigoletto.*

tribu n. f. ANTIQ. Division, d'abord ethnique, de la population grecque; subdivision du peuple romain fondée à l'origine sur un critère territorial. / ANTHROP. Groupe formé de quelques familles unies par une souche commune, vivant en général sur le même territoire, ayant des croyances religieuses et des modes de vie homogènes, et qui obéit à un même chef. / ANTIQ. *Les douze tribus d'Israël*: les groupes ayant chacun pour ancêtre un des douze fils de Jacob.

tribulation n. f. RELIG. Affliction, souffrance morale. / (Au plur.) Série d'épreuves, d'aventures pénibles, de revers. *Une vie pleine de tribulations.*

tribun n. m. ANTIQ. Officier ou magistrat romain. *Tribun militaire*: officier de l'armée romaine, commandant d'une légion. *Tribun de la plèbe*: élu de la plèbe chargé de la défendre. / Fig. Orateur éloquent qui se pose en défenseur des intérêts du peuple. / HIST. En France, membre du Tribunat.

tribunal n. m. Lieu où l'on rend la justice. / Le magistrat ou le corps de magistrats qui rend la justice. *Le tribunal a rendu son verdict.* / Fig. Jugement supérieur. *Le tribunal de l'histoire.*

♦ Outre des tribunaux à compétence particulière, notamment le *tribunal de commerce*, qui connaît du droit commercial, le *tribunal des prud'hommes*, qui arbitre les litiges entre employés et employeurs, les *tribunaux militaires*, compétents dans le domaine militaire, il existe en France deux ordres de juridiction, les *tribunaux judiciaires* et les *tribunaux administratifs*. Les premiers sont chargés de régler les différends entre personnes physiques et morales. Dans chaque département siège au moins un *tribunal de grande instance*, qui comprend un président et des juges. Des tribunaux de niveau inférieur, les *tribunaux d'instance*, sont répartis dans chaque arrondissement, ils ont une compétence d'attribution. Le *tribunal de police*, constitué par le juge d'instance et le commissaire de police du lieu, juge les contraventions et infractions légères. Le *tribunal correctionnel* juge des délits. Ses décisions, prises en premier ressort, peuvent être portées devant la cour d'appel. Les *tribunaux administratifs* sont chargés de régler les différends impliquant l'État ou des collectivités publiques. Leurs décisions peuvent être portées en appel devant le Conseil d'État.

Tribunal pénal international (TPI) Tribunal créé par le Conseil de sécurité de l'ONU pour juger les crimes de guerre et les crimes contre l'humanité en ex-Yougoslavie (TPIY, 1993) et au Rwanda (TPIR, 1994).

Tribunal révolutionnaire Juridiction d'exception créée à Paris par la Convention (10 mars 1793). Ce tribunal, dont la compétence fut étendue à toute la France en avril 1794 et qui jugeait sans appel les suspects, fut l'un des instruments de la Terreur. Il fut supprimé en mai 1795.

tribunat n. m. ANTIQ. ROM. Fonction et charge de tribun. / HIST. *Le Tribunat*: l'une des trois assemblées, sous le Consulat (1799-1804) et au début du Premier empire. Elle servait d'intermédiaire entre le Sénat et le Corps législatif. Elle devint une chambre d'opposition et Napoléon Ier la supprima.

tribune n. f. Estrade d'où parle un orateur. / Galerie surélevée où l'on peut prendre place dans une église, une salle de spectacle ou de réunion. *Tribune de la Chambre des députés. Tribune d'orgues*, où est placé le buffet d'orgues. / Dans un stade de sport, un hippodrome, gradins souvent couverts. / Rubrique d'un journal, émission de radio, de télévision permettant à des particuliers de faire connaître leur opinion, leur doctrine, etc.

tribunitien, enne adj. ANTIQ. ROM. Relatif au tribunat, au tribun. *Fonction tribunitienne.* / Mod. *Éloquence tribunitienne*, du tribun, de l'orateur.

tribut n. m. HIST. Contribution imposée par un État vainqueur à un État vaincu. / Impôt. / Fig. Ce qu'on doit faire ou supporter malgré soi. *Payer un lourd tribut à son imprévoyance.*

tributaire adj. Qui dépend de. *Être tributaire de son horaire de travail.* / GÉOGR. *Fleuve, rivière tributaire d'une mer, d'un lac*, qui s'y jette.

tricard, e n. et adj. Argot. Interdit de séjour.

tricentenaire n. m. et adj. Troisième centenaire. / adj. Du troisième centenaire; d'une durée de trois cents ans. *Célébration tricentenaire. Une tradition tricentenaire.*

tricéphale adj. À trois têtes. *Monstre tricéphale.*

triceps adj. et n. m. ANAT. Se dit d'un muscle se terminant à une extrémité par trois faisceaux. / n. m. *Triceps brachial*, situé sur le côté postérieur du bras, extenseur du coude.

tricératops n. m. PALÉONT. Dinosaure du Crétacé, long d'environ 7 m, qui avait une énorme tête armée de trois cornes et une collerette osseuse.

triche n. f. Fam. *C'est de la triche*: il y a tricherie.

tricher v. i. [1] Enfreindre un règlement en feignant de le respecter. *Tricher à un examen.* / Transgresser les règles du jeu en vue de gagner. *Tricher aux cartes.* / Dissimuler un défaut dans la confection d'un ouvrage. / Tromper, mentir. *Tricher sur son âge.*

tricherie n. f. Action de tricher.

tricheur, euse n. Personne qui triche, triche habituellement.

trichine n. f. ZOOL. Petit ver nématode, dont l'adulte vit en parasite dans l'intestin de divers mammifères (notam. le porc), et les larves dans les muscles.

Trichines.

trichinose n. f. MÉD. Maladie parasitaire causée par l'absorption de viande infestée par les trichines, qui se traduit notam. par des troubles digestifs, un œdème facial et des douleurs musculaires. *L'ingestion de viande de porc infestée par des trichines, crue ou insuffisamment cuite, peut provoquer chez l'homme la trichinose.*

trichloréthylène n. m. CHIM. Composé ininflammable dérivé d'un chlore et de l'éthylène, de formule $CCl_2 = CHCl$, utilisé comme solvant.

tricholome n. m. BIOL. Champignon basidiomycète à lamelles blanches. *Certaines espèces de tricholome sont comestibles, telles que le tricholome de la Saint-Georges, également appelé mousseron, d'autres sont toxiques.*

trichomonas n. m. ZOOL. Protozoaire flagellé (3 à 6 flagelles) à membrane ondulante, parasite de l'homme et de divers animaux (pouvant infecter le vagin et l'intestin).

trichomonase n. f. MÉD. Ensemble des troubles liées à l'action pathogène de trichomonas (vaginites, urétrites, colites, diarrhées, etc.).

trichoptères n. m. pl. ZOOL. Ordre d'insectes holométaboles, dont l'adulte ressemble à un papillon de couleur terne, aux ailes velues, et dont la larve, aquatique, vit dans un fourreau qu'elle constitue en assemblant des matériaux divers (graviers, brindilles). *La phrygane est un trichoptère.*

trichromie n. f. TECHN. Procédé photomécanique qui consiste à reproduire les teintes et les nuances par superposition des trois couleurs primaires; épreuve obtenue par ce procédé.

triclinium n. m. (mot latin) ANTIQ. Lit à trois places sur lequel les Romains s'allongeaient pour prendre leurs repas; salle à manger où l'on disposait ces lits.

tricolore adj. Qui présente trois couleurs; en particulier qui présente les trois couleurs (bleu, blanc et rouge) adoptées en juillet 1789 pour être le symbole de la nation française. *Le drapeau tricolore.* / SPORT Qui est français, en parlant d'un joueur, d'une équipe; (emploi subst.) *Les tricolores peuvent gagner le match.*

tricorne n. m. Chapeau dont les larges bords repliés forment trois cornes.

tricot n. m. Action de tricoter. / Ouvrage de mailles. / Vêtement tricoté. / Maillot. *Tricot de peau.*

T

tricoter v. t. / v. i. [1] **A.** v. t. Entrelacer (une fibre textile) de manière à former des mailles, avec des aiguilles ou une machine spéciales; exécuter un ouvrage en mailles. *Tricoter de la laine. Tricoter une écharpe.* **B.** v. i. Exécuter un tricot. *Tricoter vite, bien, mal.* / Fam. *Tricoter des jambes*: courir, danser ou pédaler en remuant vivement les jambes.
tricoteur, euse n. Personne qui tricote. / HIST. *Les Tricoteuses*: les femmes qui, sous la Révolution française, assistaient en tricotant aux assemblées populaires.
trictrac n. m. Jeu aux règles diverses, proche du jacquet, où l'on fait avancer ses pions suivant le nombre de points marqués avec des dés.
tricuspide adj. À trois pointes. / ANAT. *Valvule tricuspide*, qui relie l'oreillette et le ventricule droits du cœur.
tricycle n. m. Cycle à trois roues.
tridacne n. m. ZOOL. Mollusque lamellibranche des mers chaudes, aux deux valves côtelées, pouvant atteindre des dimensions très importantes (plus d'un mètre de long). *Les valves du tridacne étaient parfois utilisées comme bénitiers.* Syn. bénitier.
tridactyle adj. À trois doigts. *Mouette tridactyle.*
trident n. m. Fourche à trois pointes, qui sert de harpon dans la pêche sous-marine. *Dans la mythologie, le trident est le sceptre de Neptune, dieu des mers.* / Outil de jardinage, bêche à trois dents.
tridentin, e adj. De Trente. *Vénétie tridentine.* / Du concile de Trente. *Réforme tridentine.*
tridimensionnel, elle adj. À trois dimensions. *Espace tridimensionnel.*
trièdre n. m. MATH. En géométrie, figure formée par trois plans se coupant deux à deux.
triennal, ale, aux adj. Qui dure trois ans; qui se renouvelle tous les trois ans.
trier v. t. [1] Séparer dans un ensemble (ce qu'on garde et ce qu'on élimine). *Trier des lentilles, des papiers.* / Répartir en classes et selon des critères. *Trier le courrier selon la destination.*
Trier (Lars von) 1956 Cinéaste danois (*Europa*, 1991; *Breaking the waves*, 1995; *Dancer in the dark*, 2000, *Dogville*, 2003).
trière ou **trirème** n. f. ANTIQ. Vaisseau de guerre grec à trois rangs superposés de rameurs.
Trieste *222 589 h.* Ville et port de l'Italie du Nord, sur l'Adriatique, capitale de la Région Frioul-Vénétie-Julienne et chef-lieu de la province de Trieste. Le port acquit une grande importance au XIXe siècle, car il était le principal débouché maritime de l'Autriche. Rattaché à l'Italie en 1919, pris par la Yougoslavie en 1945 et restitué à l'Italie en 1954, c'est aujourd'hui un centre administratif et économique (sidérurgie, raffinage de pétrole).
trieur, euse n. Personne qui trie. / n. f. Machine servant à trier.
triforium n. m. (mot anglais, du latin médiéval) ARCHIT. Dans une église, passage au-dessus des bas-côtés qui s'ouvre sur chaque travée de la nef par plusieurs arcades en plein cintre ou en arc brisé.
trige n. m. ANTIQ. ROM. Char à trois chevaux.
trigle n. m. ZOOL. Synonyme de grondin.
triglycéride n. m. BIOCHIM. Lipide résultant de l'estérification d'une molécule de glycérol par trois molécules d'acides gras. *Dans l'organisme, les lipides sont stockés sous forme de triglycérides.*

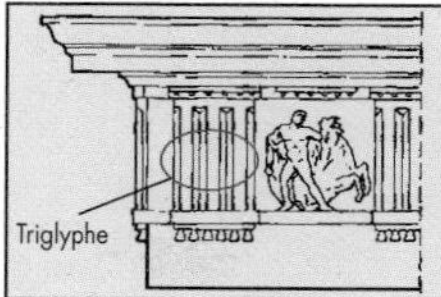

*Détail d'un **triglyphe** dans une frise dorique.*

triglycérique adj. Relatif aux triglycérides.
triglyphe n. m. ARCHIT. Motif d'ornementation de la frise d'ordre dorique qui alterne avec les métopes; il est sculpté de trois cannelures verticales.
trigone adj. et n. m. Qui a trois angles. / n. m. ANAT. *Trigone vésical*: région triangulaire de la face interne de la vessie. *Trigone cérébral*: formation de substance blanche permettant l'association entre les hémisphères cérébraux. *Trigone olfactif*: extrémité postérieure du tubercule olfactif.
trigonocéphale n. m. ZOOL. Serpent extrêmement venimeux, voisin du crotale, à la tête triangulaire, que l'on rencontre en Amérique et en Asie.
trigonométrie n. f. MATH. Branche des mathématiques qui calcule tous les éléments d'un triangle à l'aide de données angulaires. (La trigonométrie définit et étudie certaines fonctions, dites circulaires ou trigonométriques, dont la variable est la mesure d'un arc de cercle ou d'un angle. Elle sert à de nombreux calculs mathématiques, notamment en astronomie).
trigonométrique adj. MATH. Propre à la trigonométrie. *Fonctions trigonométriques* ou *lignes trigonométriques*: fonctions circulaires utilisées en trigonométrie (sinus, cosinus, tangente, etc.). *Cercle trigonométrique*: cercle orienté, dont le rayon est égal à l'unité, utilisé pour représenter les lignes trigonométriques. *Sens trigonométrique*: sens inverse de celui des aiguilles d'une montre, et dans lequel est orienté le cercle trigonométrique.
trihydroxylé, e adj. CHIM. Qui comporte trois groupements hydroxyle (–OH).
trijumeau adj. et n. m. ANAT. *Nerf trijumeau* ou (n. m.) *le trijumeau*: chacun des nerfs de la cinquième paire de nerfs crâniens, se divisant en trois branches, qui innervent l'œil, le nerf maxillaire supérieur et le nerf maxillaire inférieur. *Le trijumeau est un nerf mixte, à la fois moteur et sensitif.*
trilatéral, ale, aux adj. GÉOM. Qui a trois côtés.
trilingue adj. et n. Qui est en trois langues. *Panneau indicateur trilingue.* / Qui parle trois langues. / Subst. *Un(e) trilingue.*
trille n. m. MUS. En musique classique, l'un des ornements fondamentaux consistant à battre rapidement et plus ou moins longtemps, une note avec celle qui lui est supérieure d'un ton (*trille majeur*) ou d'un demi-ton (*trille mineur*).
trillion n. m. Un milliard de milliards, soit 10^{18}.
trilobé, e adj. Qui a trois lobes.
trilobites n. m. pl. PALÉONT. Classe d'arthropodes marins fossiles du Paléozoïque, au corps trilobé composé d'une tête et d'une région postérieure, formée de nombreux segments portant des appendices articulés.
trilogie n. f. ANTIQ. GR. Ensemble de trois tragédies présentées par les poètes aux concours dramatiques, telle *L'Orestie* d'Eschyle. / Série de trois œuvres musicales, dramatiques ou littéraires sur le même thème. *La trilogie de Marcel Pagnol*: *Marius, Fanny, César.*
trimaran n. m. Voilier à coque centrale reliée par des bras à des flotteurs latéraux.
trimardeur n. m. Vx Vagabond qui erre sur les routes.
trimballer ou **trimbaler** v. t. [1] Fam. Emporter (qqch.) partout avec soi. *Trimballer son sac.* / Fig. *Il trimballe sa bande de copains partout.* / Pop. *Qu'est-ce qu'il trimballe!*: qu'il est bête, pénible!
trimer v. i. [1] Fam. Travailler durement. *Trimer toute une vie.*
trimestre n. m. Durée de trois mois. / Somme reçue ou due tous les trois mois.
trimestriel, elle adj. Qui dure trois mois. / Qui advient, paraît tous les trois mois. *Bulletin trimestriel.*
trimoteur n. m. Avion à trois moteurs.
Trimûrti (la) ou **Trimourti** (du sanskrit, *triple forme*) La trinité brahmanique, représentée par un seul corps et trois têtes: *Brahma*, symbole de la création, *Vichnou*, symbole de la conservation et *Ruda-Çiva*, symbole de la destruction.
tringle n. f. Baguette métallique fixée au mur par deux pitons, qui sert à suspendre les rideaux ou tentures. / Tige de cuivre qui permet de fixer le tapis d'un escalier sur chaque contremarche. / Tige métallique, élément de plusieurs mécanismes.
trinidadien, enne adj. et n. De l'île Trinidad, de Trinidad and Tobago (Trinité-et-Tobago).
trinitaire adj. et n. THÉOL. Relatif au mystère de la Sainte Trinité. / n. m. Religieux de l'ordre de la Très Sainte Trinité, fondé au XIIe siècle pour racheter les chrétiens faits prisonniers par les musulmans. / n. f. Religieuse de l'une des congrégations de la Sainte-Trinité.
trinité n. f. THÉOL. (Avec une majuscule) Mystère de l'union consubstantielle des trois personnes distinctes, le Père, le Fils, le Saint-Esprit, en un seul et même Dieu. *La Sainte Trinité.* / Fête en l'honneur de ce mystère, fixée au premier dimanche qui suit la Pentecôte. / Fig. Groupe de trois éléments ou de trois personnes.
• **Trinité-et-Tobago** (en anglais *Trinidad and Tobago*) État des Petites Antilles situé à 15 km au large du Venezuela, face au delta de l'Orénoque, comprenant deux îles: la Trinité, ou Trinidad (*4 825 km²*), et Tobago (*303 km²*).

TRINITÉ-ET-TOBAGO

Superficie : *5 128 km²* – **Nombre d'habitants :** *1 300 000 h.*
Capitale : *Port of Spain* – **Système politique :** *république (État membre du Commonwealth)* – **Langue(s) :** *anglais*
Religion(s) : *protestantisme, catholicisme, hindouisme, islam*
Monnaie(s) : *dollar de Trinité-et-Tobago*

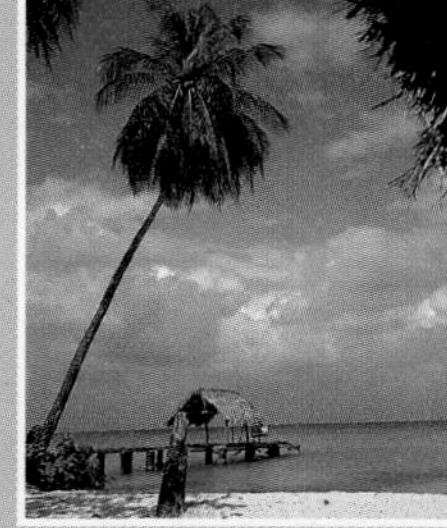
Plage de Tobago.

Voir l'Atlas

Ces îles tropicales, comprenant des montagnes couvertes de forêts, avaient une économie agricole (cacao, canne à sucre, café), à laquelle s'ajoute la pêche. La découverte de pétrole et de gaz a suscité des industries qui dominent l'économie: pétrochimie, sidérurgie se sont ajoutées au traitement des produits agricoles, alors que le tourisme se développait. Espagnoles (XVIe-XVIIIe siècle), puis britanniques (1802-1962; l'esclavage y fut aboli en 1834), ces îles accédèrent à l'indépendance en 1962 dans le cadre du Commonwealth. La cohabitation entre les communautés noire (40 %, descendant des anciens esclaves africains) et indienne (48 %, descendant des engagés venus d'Inde à l'époque coloniale pour travailler sur les plantations) y est souvent conflictuelle.

trinitrine n. f. PHARM. Nitroglycérine, utilisée pour ses propriétés vasodilatatrices, dans le traitement de l'angor (angine de poitrine).
trinitrotoluène n. m. CHIM. Dérivé nitré du toluène, constituant un explosif très puissant. Syn. T.N.T., tolite.
trinôme n. m. MATH. Polynôme composé de trois termes différents. *Le polynôme* $ax^2 + bx + c$ *est un trinôme du second degré (x étant la variable, a, b et c étant des scalaires non nuls).*
trinquer v. i. [1] Choquer son verre contre celui d'une personne avec qui on s'apprête à boire. *Trinquons à l'amitié!* / Fam. Subir un préjudice, une sanction. *C'est moi qui trinque, dans l'affaire!*
trinquet [1] n. m. SPORT Salle ou cour rectangulaire où se disputent des matchs de pelote basque.
trinquet [2] n. m. MAR. Mât de misaine des navires équipés de voiles latines.
trinquette n. f. MAR. Voile d'avant triangulaire, gréée en arrière du foc.
trio n. m. **I.** MUS. Composition écrite pour trois voix ou pour trois instruments. / Groupe de trois musiciens exécutant ce morceau. / Seconde partie d'un menuet, d'un scherzo, etc., en musique instrumentale. **II.** Réunion de trois personnes. *Un trio d'amis.*
triode n. f. ÉLECTRON. Tube à trois électrodes (anode, cathode et grille) utilisé pour amplifier un signal et que l'on remplace généralement, aujourd'hui, par un transistor.
triol Voir **trialcool**
triolet n. m. MUS. Ensemble de trois notes de valeur identique, surmontées du chiffre 3 sur la partition, signalant qu'il faut ne jouer dans le même temps que deux notes de valeur similaire. / LITTÉR. Poème de huit vers, fondé sur la répétition de certains vers : les deux derniers vers sont identiques aux deux premiers, et le premier vers est également le quatrième. *Le triolet est souvent été utilisé de manière satirique.*
Triolet (Elsa Iourievna Kagan, connue sous le nom d'**Elsa)** 1896-1970 Romancière française d'origine russe. Épouse d'un Français, André Triolet (dont elle garda le nom), elle rencontra à Paris Aragon qui fut son compagnon avant de devenir son mari. Elle est l'auteur de nouvelles : *Le Premier Accroc coûte deux cents francs* (1944) et de romans : *Le Cheval blanc* (1943), *Luna-Park* (1959), *L'Âme* (1963), *Le Grand Jamais* (1965). Aragon a écrit pour elle de nombreux poèmes d'amour : *Les Yeux d'Elsa* (1942), *Le Fou d'Elsa* (1963).
triomphal, ale, aux adj. Qui procède du triomphe. *Marche triomphale.*
triomphalisme n. m. Péjor. Attitude (individuelle ou collective) de ceux qui considèrent que leur action mérite les plus grandes louanges, qui érigent le moindre succès en triomphe.
triomphaliste adj. Qui exprime, dénote le triomphalisme.
triomphateur, trice n. Personne qui triomphe. / ANTIQ. ROM. Général qui avait droit au triomphe.
triomphe n. m. Grande réussite ; victoire d'une tendance, d'un groupe, d'une personne, après une lutte ; acclamations traduisant ce succès. / ANTIQ. ROM. Entrée solennelle à Rome d'un général victorieux, monté sur son char et suivi de son armée et des chefs vaincus.

*Le vieux **Tripoli**, principale ville du nord du Liban.*

triompher v. i. / v. t. ind. [1] **A.** v. i. Remporter une victoire ou un succès éclatants. *Triompher dans une bataille. La pièce triomphait tous les soirs.* / Manifester son bonheur, sa fierté d'avoir réussi. / ANTIQ. Recevoir les honneurs du triomphe. **B.** v. t. ind. *Triompher de* : vaincre, venir à bout de. *Triompher de l'ennemi, des difficultés.*
trionyx n. m. ZOOL. Tortue aquatique, à carapace molle, dépourvue d'écailles, carnassière, vivant dans les fleuves d'Afrique, d'Amérique et d'Asie.
trioxyde n. m. CHIM. Oxyde dont la molécule comporte trois atomes d'oxygène. *L'anhydride sulfurique, de formule* SO_3, *est un trioxyde.*
trip n. m. (mot anglais, « voyage ») État second, hallucinatoire, induit par l'effet d'une drogue dure (L.S.D., héroïne, etc.).
tripaille n. f. Fam. Amas de tripes.
tripang Voir **trépang**
triparti, e ou **tripartite** adj. Partagé en trois parties ou réunissant trois parties. *Pacte tripartite.*
tripartisme n. m. POLIT. Système gouvernemental qui s'appuie sur trois partis politiques.
tripatouiller v. t. [1] Fam. Manipuler sans précaution, maladroitement. / Fig. Faire subir des manipulations douteuses à. *Tripatouiller des comptes.*
tripe n. f. Boyau d'un animal. / CUIS. Boyau et estomac des ruminants, préparés pour la consommation. *Tripes à la mode de Caen.* / Fam. Intestins de l'homme ; entrailles. Au fig. *Ça prend aux tripes* : cela émeut profondément. / Intérieur d'un cigare.
triperie n. f. Commerce, boutique du tripier.
tripette n. f. Loc. fam. *Ça ne vaut pas tripette* : ça ne vaut pas grand-chose, ça ne vaut rien.
triphasé, e adj. ÉLECTR. *Circuit triphasé* : système à trois courants alternatifs monophasés décalés d'un tiers de période.
triphosphate adj. ou n. m. en appos. BIOCHIM. *Adénosine triphosphate (A.T.P.)* : voir *adénosine-phosphate.*
tripier, ère n. Personne qui vend des tripes et autres abats.
triple adj. et n. m. **A.** adj. Formé de trois éléments. *En triple exemplaire.* / Trois fois plus grand. *Une triple portion.* / Fig., fam. Grand. *Espèce de triple idiot. Partir au triple galop.* **B.** n. m. Valeur, quantité comprenant trois fois un même objet, un même nombre. *Je vous en offre le triple de sa valeur.*
triplé [1] n. m. SPORT Série de trois victoires successives, au cours d'une compétition majeure.
triplé [2] Voir **triplés**
triplement [1] adv. Par trois fois ; de trois manières.
triplement [2] n. m. Action de tripler ; fait de devenir triple.
tripler v. t. / v. i. [1] Multiplier ou être multiplié par trois. *Tripler son chiffre d'affaires. Les ventes ont triplé.*
triplés, ées n. pl. Enfants nés au nombre de trois d'une même grossesse. / Sing. L'un de ces trois enfants.
triplet n. m. OPT. Objectif formé d'une combinaison de trois lentilles corrigées chacune isolément. / ARCHIT. Groupe de trois fenêtres ou de trois arcs. / MATH. Groupe de trois éléments relevant chacun d'un ensemble différent.
triplette n. f. Anc. Cycle à trois place, analogue au tandem. / Entité formée de trois éléments. *Triplette électrique* : raccord à trois prises. / SPORT À la pétanque, équipe de trois joueurs.
triplex n. m. Appartement à trois étages.
triploblastique adj. ZOOL. Se dit des animaux pluricellulaires dont l'organisme comporte trois feuillets cellulaires : l'endoderme, le mésoderme et l'ectoderme. / n. m. *Les triploblastiques* : les métazoaires triploblastiques.
tripode adj. À trois pieds. *Mât tripode.*
Tripoli (en arabe, *Tarabulus*) *240 000 h.* Ville et port du Liban ; centre industriel (raffinerie, textile).
Tripoli (en arabe, *Tarabulus al-Gharb*) *980 000 h.* Capitale de la Libye. Port et centre économique du pays. Phénicienne puis carthaginoise, la ville fut occupée par les Romains (arc de Marc Aurèle ; à proximité, site de Leptis Magna), par les Arabes (643), par les Turcs (1551), puis par les Italiens (1911), qui développèrent la ville et le port. Pendant l'offensive britannique en Libye, la ville fut conquise par l'armée de Montgomery (janvier 1943) que rejoignirent les troupes de Leclerc.
Tripoli (comté de) État latin, fondé en 1109 par les comtes de Toulouse dans le nord du Liban actuel. Il englobait, avec la chaîne libanaise, la ville de Tripoli qui fut, à l'époque des croisades, le principal port de commerce avec l'Occident. Les Mamelouks s'en emparèrent en 1289, les Ottomans en 1517.
Tripolitaine Région du nord-ouest de la Libye. Les plateaux de Tripolitaine (environ *800 m* d'altitude) s'abaissent, au nord, vers la Méditerranée sur le golfe de Sidra (Grande Syrte) et, au sud, vers le Sahara sur le désert pierreux du Fezzan. Le sous-sol recèle de riches gisements de pétrole découverts à partie de 1955. Les Phéniciens y fondèrent des comptoirs (Tripoli, Leptis Magna) dès le VIIIe siècle avant J.-C. La Tripolitaine fut, à partir du Ier siècle avant J.-C., une province romaine. Les Arabes la conquirent au VIIe siècle. Au XVIe siècle, l'Empire ottoman fonda la *régence de Tripoli*, que l'Italie conquit en 1911-1912 ; le traité d'Ouchy-Lausanne (1912) lui reconnut cette possession. En 1934, l'Italie réunit la Tripolitaine et la Cyrénaïque pour former la *Libye italienne*, que la Grande-Bretagne administra à partir de 1943 et qui s'unit au Fezzan pour former la Libye indépendante en 1951.
triporteur n. m. Tricycle muni par-devant d'une caisse reposant sur deux roues pour transporter des marchandises.
tripot n. m. Péjor. Maison de jeu.
tripoter v. t. [1] Fam. Toucher sans cesse (qqch.) en palpant. *Tripoter des papiers.* / Fam. Peloter (qqn), lui faire des attouchements à caractère sexuel. *Tripoter une fille.* (Emploi pron.) *Se tripoter.* / Fig. (emploi intransitif) Faire des trafics plus ou moins honnêtes. *Tripoter dans l'immobilier.* Syn. trafiquer.
tripoux n. m. pl. CUIS. Préparation auvergnate, faite de panse de mouton farcie au lard, jambon cru et fraise de veau, et longuement mijotée.
Triptolème MYTH. GR. Roi d'Éleusis. Déméter lui donna un char traîné par des dragons ailés et il parcourut le monde en semant des grains de blé.
triptyque n. m. BX-ARTS Ensemble de trois panneaux constituant une œuvre peinte ou sculptée, dont deux peuvent se replier sur celui du milieu et le recouvrir entièrement. / Œuvre littéraire ou artistique répartie sur trois épisodes.
Tripura *10 477 km² 2 744 827 h.* État du nord-est de l'Inde. Capitale *Agartala.* Cet État bordant la frontière orientale du Bangladesh est né du démembrement de l'Assam. Plantations de thé.
trique n. f. Gros bâton. *Recevoir des coups de trique.*
triréacteur adj. ou n. m. AVIAT. Qui a trois réacteurs. / n. m. *Le Boeing 727 est un triréacteur.*
trirème Voir **trière**
trisaïeul, e n. Père et mère du bisaïeul ou de la bisaïeule, c'est-à-dire grand-père, grand-mère des grands-parents. Pl. Des *trisaïeuls, trisaïeules.*
trismégiste adj. LITTÉR. Comparable à Hermès Trismégiste. *Je vivais à l'époque où finissaient les rois / Tour à tour ils mouraient silencieux et tristes / Et trois fois courageux devenaient trismégistes* (Apollinaire).
trismus n. m. MÉD. Contracture spasmodique des muscles masticateurs. *Trismus tétanique.*
trisomie n. f. MÉD. Anomalie génétique due à la présence dans le noyau cellulaire de trois chromosomes homologues d'un même type, au lieu de deux. *Trisomie 21*, touchant la paire chromosomique n° 21. *La trisomie 21 est la cause du mongolisme.*
trisomique adj. et n. MÉD. Atteint de trisomie (spécial. de trisomie 21).
trisser [1] v. t. [1] Refaire (qqch.) une troisième fois. *Trisser une chanson.* / Par ext. *Trisser un artiste*, le faire rejouer trois fois.

T

trisser [2] v. i. (ou v. pron.) [1] Pop. Partir en courant; se sauver. *Il a trissé, il s'est trissé vite fait.*
Tristam Voir **Tristão**
Tristan (Flore Tristan-Moscoso, dite Flora) 1803-1844 Écrivain et femme politique française, considérée comme une des premières féministes. Ses *Pérégrinations d'une paria* (1838) vantent l'union libre et demandent l'abolition de l'esclavage. Ses *Promenades dans Londres* (1840) décrivent la situation tragique du prolétariat. Elle a publié également *L'Unité ouvrière* (1843). Elle fut la grand-mère de Gauguin.
Tristan da Cunha *210 km²* Archipel britannique de l'océan Atlantique, à proximité des côtes sud-ouest d'Afrique. L'île principale, Tristan da Cunha (*104 km²*) est la seule habitée: ses *300 habitants* descendent de marins qui y firent naufrage au XIXe siècle. L'archipel, très volcanique (forte éruption en 1961), possède une importante station météorologique.
Tristan et Iseult Légende médiévale, source d'inspiration d'innombrables œuvres tant littéraires que lyriques ou cinématographiques. Tristan est chargé par son oncle, le roi Marc, de ramener Iseult la Blonde qu'il désire épouser. Mais lors du trajet, Tristan et Iseult goûtent par erreur un philtre d'amour qui les lie à jamais. Par loyalisme envers le roi Marc, ils décident de se séparer et Tristan épouse Iseult aux Blanches Mains. Mais son amour pour Iseult la Blonde est plus fort et, souffrant d'une grave blessure, il l'envoie chercher. Le navire, s'il la ramène, doit arborer un pavillon blanc, et un pavillon noir dans le cas contraire. Iseult aux Blanches Mains ment à Tristan, par jalousie, en lui apprenant que le pavillon est noir. De douleur, Tristan meurt et Iseult la Blonde se donne la mort pour le rejoindre enfin. Les textes que nous possédons remontent au XIIe siècle. Ils sont dus aux poètes Béroul, Thomas et Marie de France *(Le Lai du chèvrefeuille)*. En 1865, Wagner fit représenter son opéra *Tristan et Isolde* (composé de 1857 à 1859) inspiré du poème du Béroul. En 1943, Jean Delannoy réalisa sur ce thème *L'Éternel Retour*, film écrit par Cocteau.
Tristan l'Hermite (François l'Hermite, dit) 1601?-1655 Écrivain français, auteur d'une tragédie en vers: *Marianne* (1636), d'un roman autobiographique: *Le Page disgracié* (1643) et de poèmes lyriques: *Les Amours de Tristan*; *La Lyre du sieur Tristan* (1638).
Tristão ou **Tristam (Nuño)** ?-1447 Navigateur portugais qui explora la côte du Sahara occidental. Il mourut en mer.
triste adj. D'humeur maussade, en proie au chagrin, à l'insatisfaction (par oppos. à *gai*). *Je suis triste depuis son décès.* / (Sens atténué) Sans joie de vivre, ennuyeux. *Des gens tristes.* / Qui dénote la tristesse. *Un sourire triste.* / Qui incite à la tristesse, rend triste. *Une histoire triste.* / Loc. fam. *C'est pas triste*: c'est risible. / (Placé devant le nom, ajoute une nuance péjor.). *Une triste réputation.* / Loc. *Un triste sire*: une personne peu recommandable.
tristesse n. f. État d'une personne triste. / Impression produite par qqch. d'affligeant, de morne ou de sombre. *La tristesse d'un paysage.*
tristounet, ette adj. Fam. Un peu triste.
Tristram Shandy (la Vie et les opinions de) 1759-1767 Roman humoristique de Laurence Sterne qui subvertit et parodie le genre romanesque. Le héros n'apparaît qu'au milieu du récit, fait de digressions constantes, l'intrigue principale servant de prétexte à une foule d'inventions, de fantaisies et de récits secondaires du narrateur. Ce livre influença Diderot (*Jacques le Fataliste*) et de nombreux écrivains: c'est le premier modèle de démystification de la fiction.

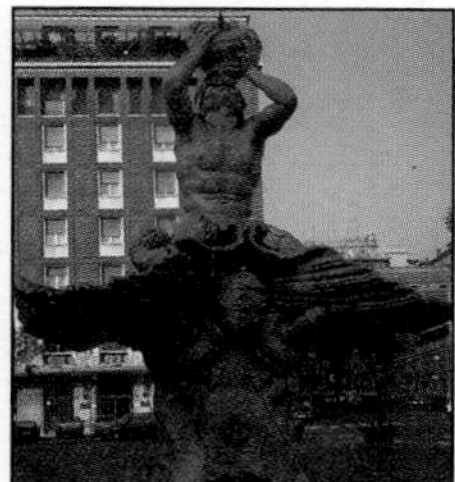

*La fontaine de **Triton**, place Barberini à Rome.*

tritium n. m. PHYS. NUCL. Isotope radioactif de l'hydrogène, de masse atomique 3, dont le noyau (triton) comporte un proton et deux neutrons (symbole: T).
triton [1] n. m. MYTH. Divinité marine à queue de poisson et à tête humaine. / ZOOL. Batracien urodèle, d'une dizaine de centimètres de long, à queue verticalement aplatie, qui vit dans les mares et les étangs. / ZOOL. Mollusque gastropode dont la coquille, de grande taille, était jadis utilisée comme trompette de guerre.
triton [2] n. m. MUS. Intervalle de trois tons entiers ou quarte augmentée.
triton [3] n. m. PHYS. NUCL. Noyau de tritium.
Triton MYTH. GR. Dieu marin, fils de Poséidon et d'Amphitrite. Les mythes le multiplient parfois: les tritons forment le cortège de Poséidon.
triturer v. t. [1] Broyer finement (qqch.). *Triturer divers ingrédients dans un mortier.* / Par ext. Manipuler sans ménagement, nerveusement. *Triturer son mouchoir.* / Fig., fam. *Se triturer les méninges*: chercher péniblement une solution à un problème difficile.
triumvir n. m. ANTIQ. Sous la république romaine, magistrat partageant avec deux collègues une fonction administrative; en particulier membre de l'un des deux triumvirats en 60 et en 43 av. J.-C.
triumvirat n. m. ANTIQ. Charge de triumvir; durée de cette charge; en particulier, chacune des deux formations gouvernementales, à Rome, la première, en 60 av. J.-C. (Jules César, Pompée et Crassus), la seconde, en 43 av. J.-C. (Octave, Marc Antoine et Lépide).
trivalent, e adj. CHIM. De valence 3.
trivial, ale, aux adj. Litt. Ordinaire, courant, banal. *Explication triviale.* / Péjor. Malséant, vulgaire. *Plaisanteries triviales.*
trivialité n. f. Caractère de ce qui est trivial. / Expression malséante, grossièreté. *Dire des trivialités.*
Trnka (Jiri) 1912-1969 Cinéaste tchèque. Il se spécialisa d'abord dans le théâtre de marionnettes puis dans le film d'animation, genre qu'il a renouvelé en y faisant figurer des poupées et des silhouettes en papier mobiles: *Le Cirque* (1951); *Vieilles Légendes tchèques* (1952); *Le Brave soldat Chveik* (1955); *Le Songe d'une nuit d'été* (1959); *La Main* (1965).
Troade Ancienne région du nord-ouest de l'Asie Mineure qui s'étendait autour de Troie.
troc n. m. Échange d'un bien contre un autre. *Économie de troc*: système dans lequel les biens marchands s'échangent contre d'autres marchandises, sans recourir à des paiements en monnaie.
Trocadéro Bourg fortifié d'Espagne, dans la baie de Cadix, que le duc d'Angoulême prit en 1823, quand la France aida la monarchie espagnole à vaincre un soulèvement libéral.
trocart n. m. CHIR. Instrument à pointe perforante, relié à une canule, utilisé pour faire des ponctions.
trochanter n. m. ANAT. Chacune des deux apophyses de l'extrémité supérieure du fémur. *Petit trochanter, grand trochanter.*
trochée n. m. LITTÉR. En métrique grecque et latine, pied composé de deux syllabes, la première longue, la seconde brève.
trochlée n. f. ANAT. Articulation en forme de poulie, ne donnant qu'une seule direction possible au mouvement. *Trochlée du coude, du genou.*
Trochu (Louis Jules) 1815-1896 Général français. Gouverneur militaire de Paris en 1870, il se joignit aux républicains et présida le gouvernement de la Défense nationale de septembre 1870 à janvier 1871.
troène n. m. BOT. Arbrisseau, de la famille des oléacées, à feuilles lancéolées, à fleurs blanches, à fruits noirs, et qui est souvent planté en haie dans les jardins.
troglodyte n. m. Personne qui habite une caverne, une grotte, ou bien une maison taillée dans le roc. / ZOOL. Passereau insectivore de très petite taille, brun roux, à la queue courte relevée verticalement.
troglodytique adj. Propre aux troglodytes (personnes), à leur habitat. *Maisons troglodytiques.*
trogne n. f. Fam. Visage. *Trogne rubiconde.*
trognon n. m. et adj. Partie non comestible au cœur d'un fruit ou d'un légume. *Trognon de pomme.* / Loc. pop. *Jusqu'au trognon*: complètement, à fond. *Se faire avoir jusqu'au trognon.* / Fam. (Terme d'affection) *Mon trognon, mon petit trognon.* / adj. *Il est trognon, cet enfant*: il est charmant, cet enfant.
trogoniformes n. m. pl. ZOOL. Ordre d'oiseaux frugivores des régions tropicales, aux couleurs vives, à bec court et longue queue, tels que le quetzal.
Troie ou **Ilion** Ancienne ville du nord-ouest de l'Asie Mineure. Aujourd'hui identifiée à Hissarlik (Turquie), elle fut découverte par l'archéologue Schliemann qui effectua les premières fouilles, à partir de 1871. On a pu déterminer qu'un incendie embrasa la ville au milieu du XIIIe siècle avant J.-C. C'est à cette époque que l'on situe la guerre de Troie (qu'Homère relata, quatre siècles plus tard). Plusieurs légendes se rapportent à la cité de Troie, notamment celles du roi troyen Laomédon et de la guerre de Troie.
Troie (cheval de) MYTH. GR. Immense cheval de bois construit par les Grecs, pendant le siège de Troie. Faisant mine de se retirer, les Grecs laissèrent devant les murailles le cheval rempli de guerriers en armes. Les Troyens le firent entrer dans la ville, sans savoir qu'ils permettaient à l'ennemi de s'y introduire.
Troie (guerre de) MYTH. GR. Conflit légendaire qui opposa les Grecs (Achéens) aux Troyens. Pâris, prince troyen, ayant enlevé Hélène, épouse du roi de Sparte Ménélas, les Achéens, sous le commandement d'Agamemnon, gagnèrent la cité de Priam et l'assiégèrent. Durant la bataille, s'illustrèrent notamment Achille et Ulysse et, du côté troyen, Hector. La ville, prise au moyen d'une ruse (grâce au cheval de Troie), fut entièrement détruite par les Grecs, après un siège qui dura dix années. L'expédition et la prise de Troie ont été décrites dans l'*Iliade*, poème épique d'Homère.
troïka n. f. (mot russe) Nom donné en Russie à tout attelage de front de trois chevaux tirant un traîneau. / Fig. Triumvirat politique.
trois adj. num. et n. m. inv. **A.** adj. Deux plus un. *Les trois rois mages, Melchior, Gaspard et Balthazar.* / Troisième. *Richard III.* Ellip. *Le 3 août*: le troisième jour du mois d'août. / MATH. *Règle de trois*: règle qui permet de calculer le quatrième terme d'une proportion lorsqu'on connaît les trois autres. **B.** n. m. Nombre qui suit le deux. *Nombre premier, le trois n'est pas divisible.* / Le chiffre (3) qui représente le nombre trois. / Carte qui porte trois marques. *Le trois de pique.*
trois-D n. f. INFORM. Représentation virtuelle, sur écran, d'un objet dans ses trois dimensions (hauteur, largeur, profondeur) donnant la parfaite illusion de son relief.
Trois-Évêchés Nom donné autrefois aux villes de Metz, Toul et Verdun, et aux territoires qui en dépendaient, dont les évêques étaient les seigneurs temporels. Villes impériales, elles furent réunies à la France par Henri II, allié aux protestants allemands contre Charles Quint, en 1552. Cette occupation fut confirmée par les traités du Cateau-Cambrésis (1559) et de Westphalie (1648).
troisième adj. num. ord. et n. Qui occupe le rang désigné par le nombre trois. *Troisième étage.* / n. *Le troisième à se présenter au guichet.* / n. f. Quatrième classe du cycle de l'enseignement secondaire (troisième classe avant la première).
trois-mâts n. m. Grand voilier à trois mâts dont, en partant de la proue vers la poupe, on trouve le mât de misaine, au centre le grand mât auquel sont envergués la grand-voile et le grand hunier, et à la poupe le mât d'artimon.

T

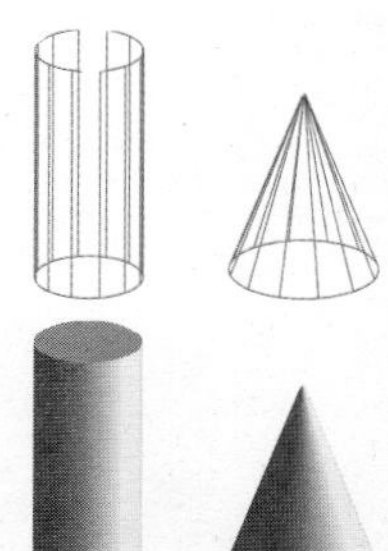

*Création de figures en **trois-D** sur ordinateur.*

Trois Mousquetaires (les) 1844 Roman historique d'Alexandre Dumas père. D'Artagnan et ses trois compagnons, Athos, Porthos et Aramis, mousquetaires du roi Louis XIII, luttent pour sauver l'honneur de la reine Anne d'Autriche contre les manœuvres de Richelieu. Les héros réapparaissent dans *Vingt ans après* (1845) et dans *Le Vicomte de Bragelonne* (1850).

trois-quarts n. m. Manteau court tombant à mi-cuisse. / MUS. Petit violon d'enfant. / SPORT Au rugby, chacun des quatre joueurs de la ligne d'attaque.

troll n. m. (mot suédois) Lutin des mythologies scandinaves.

trolley n. m. (mot anglais) Dispositif servant à alimenter en électricité le moteur d'un trolleybus au moyen d'une roulette qui frotte le long du câble aérien. / Benne légère suspendue à un câble et employée dans les carrières.

trolleybus ou (abrév.) **trolley** n. m. (mot anglais) Véhicule de transport en commun propulsé électriquement et relié à deux fils d'alimentation aérienne par l'intermédiaire d'un trolley et de caténaires.

trombe n. f. MÉTÉO. Système centripète de vents tourbillonnants dont le centre s'élève violemment. *La trombe, de faible diamètre, est capable d'aspirer de l'eau, des êtres vivants (poissons, grenouilles), des végétaux et des objets solides, pulvérulents ou non (sable, toitures, etc.)* / *Trombe d'eau*: pluie particulièrement violente. / Fig. *Partir, arriver en trombe*, de manière imprévue et en grande hâte.

trombidion n. m. ZOOL. Petit acarien rougeâtre, dont la larve (aoûtat) pique les mammifères, notam. l'homme, chez lequel elle provoque une dermatose (trombidiose).

trombidiose n. f. MÉD. Dermatose provoquée par la piqûre de la larve de trombidion. Syn. dermatose du lundi.

trombine n. f. Fam. Visage. *Une drôle de trombine.*

trombinoscope n. m. Fam. Portrait collectif montrant les visages des membres d'un groupe.

tromblon n. m. Ancien fusil court, à canon évasé. / Cône adaptable à un fusil pour le lancement de grenades, de fusées.

Trombocino (Bartolomeo) 1470?-1535? Compositeur italien. Attaché à la cour de Mantoue, il la quitta après avoir assassiné sa femme et se rendit à Vicence, puis à Ferrare et à Florence. Sa renommée est due à ses *frottole*, compositions à trois ou quatre voix, de caractère populaire, dans lesquelles il était passé maître;

trombone n. m. Instrument de musique à vent, de la famille des cuivres. (*Le trombone à coulisse*, l'instrument le plus puissant de l'orchestre symphonique, est composé de deux tubes recourbés emboîtés l'un dans l'autre, ce qui permet d'allonger ou de raccourcir la colonne d'air en vibration, et de produire des sons différents. Le *trombone à pistons*, surtout utilisé dans les fanfares, obtient le même résultat grâce à un jeu de pistons). / Musicien qui joue de cet instrument. / Petite agrafe destinée à retenir plusieurs feuilles.

Tromblon.

La **trompe** de l'éléphant.

trompe n. f. Instrument de musique à vent, recourbé, duquel dérivent le cor de chasse, le cor d'harmonie et la trompette. / Appareil avertisseur qui équipait les automobiles anciennes. / ZOOL. Appendice nasal chez l'éléphant; pièce buccale allongée de certains insectes, vers et mollusques. / ANAT. Conduit recourbé et évasé. *Trompe de Fallope*, reliant l'ovaire à l'utérus. *Trompe d'Eustache*, reliant le pharynx et l'oreille. / ARCHIT. Portion de voûte formant saillie qui supporte un élément de construction en encorbellement. / TECHN. *Trompe à vide*: dispositif servant à faire le vide.

trompe-l'œil n. m. inv. BX-ARTS Façon de peindre qui donne l'illusion que les figures ou les objets représentés sont comme réels et en relief. / Fig. Aspect trompeur.

trompe-la-mort n. m. inv. Personne dont la survie (après un accident, une grave maladie notam.) semble être un défi à la mort.

tromper v. t. / v. pron. [1] **A.** v. t. Induire (qqn) en erreur. *Tromper qqn sur la marchandise.* Ant. détromper. / Être cause de méprise pour. *Les apparences l'ont trompé.* / Être infidèle à (qqn) en amour. *Il trompe sa femme.* / Mettre en défaut. *Tromper la vigilance du gardien.* / Ne pas répondre à (une attente, un espoir), décevoir. *Tromper la confiance de qqn.* / Faire diversion à. *Boire pour tromper la faim.* **B.** v. pron. Commettre une erreur; faire une confusion. *Se tromper dans son addition. Se tromper de jour. Je me suis trompé sur lui,* je l'ai mal jugé.

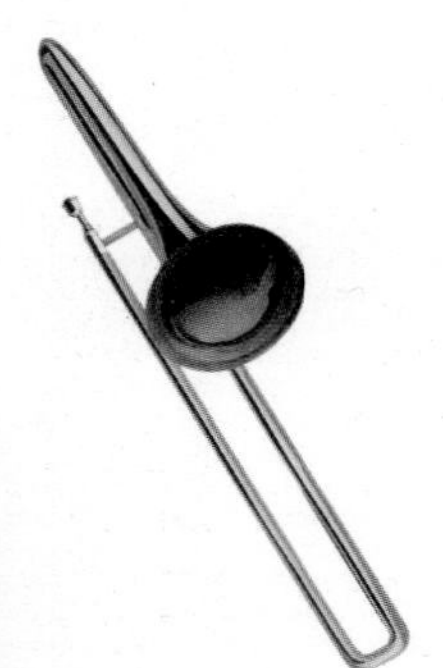

Trombone *à coulisse.*

tromperie n. f. Action destinée à tromper.

trompeter v. i. / v. t. [1] Vx Jouer de la trompette. / v. t. *Trompeter une nouvelle*, la répandre à grand bruit.

trompette n. **A.** n. f. Instrument de musique à vent, de la famille des cuivres, au son éclatant, dont l'emploi remonte à l'Antiquité. *La trompette comporte une embouchure, un tube replié sur lui-même terminé par un pavillon. De formes et de tonalités variées, les trompettes sont utilisées dans la musique militaire, la musique classique et le jazz.* / Fig. *Trompettes / De la renommée / Vous êtes / Bien mal embouchées* (Georges Brassens). / BIOL. *Trompette-de-la-mort* ou *trompette-des-morts*: champignon basidiomycète comestible, dont la fructification, de couleur sombre (brun gris à noir), a la forme d'une petite trompe. Syn. craterelle. / *Nez en trompette*: nez retroussé. / Fig. *Sans tambour ni trompette*: discrètement, en évitant de se faire remarquer. **B.** n. Trompettiste.

trompettiste n. Joueur de trompette.

trompeur, euse adj. Qui trompe, induit en erreur. *Apparence trompeuse.* / Qui vise à tromper. *Promesses trompeuses.*

tronc n. m. BOT. Tige ligneuse principale d'un arbre, entre les racines et les branches principales. / ANAT. Partie massive du corps humain, à laquelle sont attachés la tête et les membres. *Le tronc comprend les régions thoracique, abdominale et pelvienne.* / ANAT. Partie principale d'un nerf, d'un vaisseau sanguin, située en amont de ses ramifications. / BX-ARTS Partie du fût d'une colonne. / MATH. En géométrie, partie d'un solide comprise entre deux plans parallèles qui le coupent. *Tronc de cône, de pyramide.* / *Tronc commun*: partie de base d'un ensemble ou d'une structure quelconque, destinée à se ramifier en diverses spécialisations; dans un cycle d'enseignement, programme de base enseigné avant d'aborder les différentes spécialisations.

Trophée: *la coupe du monde de football.*

tronche n. f. Fam. Tête; visage. *Recevoir un coup sur la tronche. Une sale tronche.*

tronçon n. m. Morceau coupé d'un objet plus long que large. / Segment d'une ligne, d'une voie. *Tronçon de route.*

tronçonner v. t. [1] Couper, partager en tronçons.

tronçonneuse n. f. Machine à tronçonner.

Trondheim (autrefois, *Nidaros*) *140656 h.* Ce port de pêche (hareng) de la Norvège centrale, sur l'Atlantique, au fond d'un fjord profond, est en même temps un foyer industriel (métallurgie) et une ville historique, ancienne capitale des rois de Norvège.

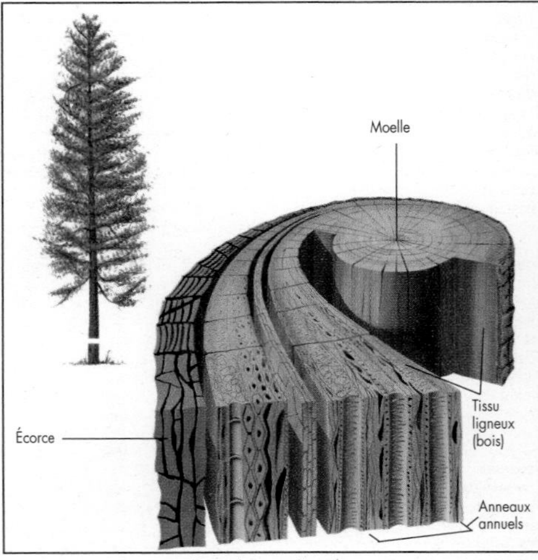

Coupe du ***tronc*** *d'un arbre.*

trône n. m. Siège de cérémonie, généralement surélevé, sur lequel prennent place le souverain et, dans certaines circonstances, certains pontifes. / Fig. Autorité suprême que le trône symbolise. *Les prétendants au trône de France.*
trôner v. i. [1] Occuper une place d'honneur de manière solennelle. *Trôner au milieu des invités.* / Être placé en évidence. *Un gros diamant trônait dans la vitrine.*
tronquer v. t. [1] Couper ou altérer en retranchant une partie importante. *Tronquer une colonne. Tronquer un texte.*
trop adv. À un degré excessif. *Ce plat est trop salé. Trop de*: une surabondance de, un excès de. *Trop d'impôt tue l'impôt.* / n. m. sing. *Jetez le trop de graisse resté au fond de la poêle*, la graisse en excès restée au fond de la poêle.
trope n. m. RHÉT. Modification du sens propre d'un mot par figure de style. *Antonomase, catachrèse, métaphore, métonymie, synecdoque sont des tropes.*
trophée n. m. ANTIQ. Armure du vaincu ; ensemble de ces dépouilles (armes, drapeaux) disposées sur le lieu de la victoire ; monument commémorant cette victoire. / Objet, insigne symbolisant une victoire, notamment sportive. / BX-ARTS Motif sculpté représentant des armes, des drapeaux en faisceau autour d'un casque ou d'une armure. *Trophées sculptés de l'Arc de triomphe à Paris.*
trophique adj. BIOL. Relatif à la nutrition (d'un être vivant, d'un tissu).
trophoblaste n. m. EMBRYOL. Enveloppe périphérique de l'œuf fécondé, qui permet son implantation dans la paroi utérine et joue un rôle trophique important.
tropical, ale, aux adj. Propre aux tropiques. *Fruits tropicaux. Climat tropical*, qui règne dans la zone de chaque tropique, où alternent saison chaude et humide et saison sèche. / Adapté au climat tropical. *Tenue tropicale.*
tropique n. m. GÉOGR. Parallèle défini sur le globe terrestre par une position caractéristique du Soleil qui, au solstice de juin, est au zénith à midi, au *tropique du Cancer* par 23° 27' de latitude nord et qui, au solstice d'hiver, est au zénith à midi, au *tropique du Capricorne*, à 23° 27' de latitude sud.
♦ La zone comprise entre ces deux tropiques est dite *zone tropicale*. Le climat y est soit équatorial, avec une température annuelle presque constante et des pluies abondantes, soit subéquatorial (saison de pluies en été et saison sèche en hiver), soit tropical proprement dit, avec une amplitude thermique plus marquée et des pluies moins abondantes, soit désertique tropical avec une sécheresse assez soutenue, soit enfin de mousson. Les paysages correspondants sont la forêt dense, la savane, la steppe et le désert.
tropisme n. m. BOT. Orientation de croissance que présente une plante ou un organe végétal sous l'influence de divers facteurs de l'environnement : lumière (phototropisme), pesanteur (géotropisme), humidité, température, substance chimique. Voir : *tactisme.* / Fig. Réaction induite par une motivation, généralement obscure, qui détermine (qqn) à agir d'une façon donnée.
tropopause n. f. MÉTÉO. Zone limite entre la troposphère et la stratosphère.
troposphère n. f. Couche la plus inférieure de l'atmosphère, dont l'épaisseur varie de 7 km aux pôles à plus ou moins 17 km à l'équateur, zone de l'atmosphère où siège l'essentiel des phénomènes météorologiques qui nous concernent directement.
trop-perçu n. m. Somme qui a été perçue en trop. Pl. Des *trop-perçus*.
trop-plein n. m. Quantité excédant la capacité d'un récipient. / Fig. Excès. *Un trop-plein de vitalité.* / TECHN. Système servant à évacuer un liquide qui ne doit pas dépasser un certain niveau ; réservoir recevant cet excédent. Pl. Des *trop-pleins*
troquer v. t. [1] Donner en échange d'autre chose. *Troquer un soldat de plomb contre un sac de billes.*
troquet n. m. Pop. Vieilli Abréviation de mastroquet. / Mod., fam. Bistro. *Boire un verre au troquet.*
trot n. m. ÉQUIT. Allure du cheval et de certains autres quadrupèdes, intermédiaire entre le pas et le galop, les membres se posant alternativement par diagonales. *Trot enlevé* : trot au cours duquel le cavalier se soulève de sa selle un temps sur deux. *Course de trot* : course au cours de laquelle le cheval doit donner sa plus grande vitesse sans galoper.
trotscard ou **trotskard, e** adj. et n. Fam., péjor. Trotskiste.
Trotski (Lev Davidovitch Bronstein, dit **Lev Davidovitch Trotski**, en français **Léon)** 1879-1940 Théoricien et homme politique russe. Révolutionnaire, il fut arrêté (1898) et déporté en Sibérie (1900), d'où il s'échappa pour rejoindre Lénine à Londres où, en 1903, il adhéra à la fraction menchevik, opposée à Lénine. Après son retour en Russie, il fut de nouveau arrêté (1905) et condamné au bannissement à vie. Il s'échappa et vécut en exil jusqu'en mai 1917. Rentré dans son pays, il rallia les bolcheviks et joua un rôle capital lors de la révolution d'Octobre 1917. Commissaire du peuple aux Affaires étrangères, puis à la Guerre, il organisa l'Armée rouge et fut l'artisan de ses victoires (1918-1920). À la mort de Lénine, Trotski, partisan de la révolution mondiale permanente, se heurta à Staline, partisan de l'édification du socialisme dans un seul pays, qui le fit exclure du parti communiste en 1927, puis déporter au Kazakhstan, puis expulser de l'U.R.S.S. en 1929. Après avoir erré à Istanbul, en Norvège et en France, il s'installa à Mexico où il fonda en 1938 la IVe Internationale. C'est là qu'il fut assassiné sur l'ordre de Staline. On lui doit de nombreux ouvrages : *Ma vie* (1929) ; *Histoire de la révolution russe* (2 volumes, 1931-1933) ; *La Révolution permanente* (1933) ; *La Révolution trahie* (1937).
trotskisme n. m. Doctrine marxiste de Trotski et de ses partisans, prônant le concept de la « révolution permanente » dans le monde entier, en opposition avec l'idée stalinienne de la « révolution dans un seul pays » (pays par pays), et luttant contre la bureaucratisation du processus révolutionnaire.

Léon Trotski.

♦ Le trotskisme, dont les bases ont été fixées avec la création, par Trotski, de la IVe Internationale (1938), a inspiré nombre de mouvements gauchistes à travers le monde, notamment en Amérique latine et en Europe occidentale. Il a trois caractéristiques essentielles : a) attachement au bolchevisme originel ; b) volonté de défendre l'URSS (malgré les persécutions subies, Trotski n'a jamais varié sur ce point) ; c) pragmatisme affirmé, qui permet de nouer toutes sortes d'alliances en fonction des circonstances. Il est aujourd'hui fractionné en multiples groupes qui, toutes tendances confondues, ne rassemblent que quelques centaines de milliers de militants à travers le monde et qui maintiennent, malgré leur visibilité légale dans les États démocratiques, une culture du secret héritée des années noires d'avant la Seconde Guerre mondiale, des mesures répressives dont les trotskistes ont été l'objet aussi bien en Europe qu'en Amérique, et de la guerre froide.
trotskiste n. et adj. Partisan du trotskisme. / adj. Propre au trotskisme. *Parti trotskiste.*
trotte n. f. Fam. Trajet à parcourir. *Ça fait une bonne trotte pour aller de chez vous à la gare.*
trotte-menu adj. inv. Vx Qui trotte à petits pas. *La gent trotte-menu* (La Fontaine) : les souris.
trotter v. i. [1] ÉQUIT. Aller au trot. / Marcher vite et à petits pas ; aller et venir, s'activer. *L'enfant trottait partout dans la maison.* / Fig. Revenir continuellement à l'esprit. *Toute la journée, l'idée lui trotta dans la tête.*
trotteur, euse n. m. et adj. Cheval qui trotte ; cheval dressé pour la course au trot. *Entraîner des trotteurs.* / Chaussure de ville confortable, à talon bas et large. *Des trotteurs noirs.* (Emploi adj.) *Talons trotteurs.*
trotteuse n. f. Petite aiguille fine et longue servant à indiquer les secondes sur les montres et les pendules.
trottin n. m. Vx Jeune fille employée à faire les courses pour un atelier de couture.
trottiner v. i. [1] ÉQUIT. Aller au petit trot. / Marcher à petits pas précipités.
trottinette n. f. Jouet d'enfant, formé d'une planche étroite montée sur deux roues, l'une derrière l'autre, et d'un guidon d'orientation. Syn. patinette.
trottoir n. m. Chemin surélevé, dallé ou bitumé, construit sur les deux côtés de la chaussée et réservé aux piétons. *Faire le trottoir* : se livrer à la prostitution en racolant dans la rue.
trou n. m. Creux naturel ou pratiqué dans une surface ou un corps. *Trou d'un animal*, son abri. / Fam. Orifice de l'organisme. *Les trous de nez* : les narines. (Vulg.) *Le trou du cul, le trou de balle* : l'anus. / ANAT. Orifice, cavité naturelle. *Trou occipital*, percé dans l'os occipital, qui met en relation la cavité crânienne avec le canal rachidien. / TECHN. *Trou d'homme* : ouverture permettant le passage d'un ouvrier. / Déchirure dans une étoffe. / AÉRON. *Trou d'air* : courant atmosphérique descendant qui fait perdre soudainement de l'altitude à un avion, un planeur. / ASTRON. *Trou noir* : région de l'espace présentant la particularité d'être en état d'effondrement gravitationnel infini et dans lequel le champ d'attraction de la gravitation est tel que rien, aucune particule, aucun rayonnement ayant franchi son rayon de causalité (rayon de Schwarzschild), ou horizon événementiel, ne peut s'en échapper. / Fam. Lieu perdu, sans attrait. *Ils se sont retirés dans un trou perdu en pleine campagne où ils coulent des jours heureux.* / Fig. Manque, lacune. *Trou de mémoire.*
♦ L'appellation de *trou noir* vient du fait qu'il est impossible de le détecter directement par des moyens optiques traditionnels. Cette singularité conduit à prévoir théoriquement que toute étoile ayant une masse 45 fois supérieure à celle du Soleil évoluera de façon irrémédiable vers l'état de trou noir. Les propriétés physiques de ces trous noirs feraient de leurs surfaces une frontière à passage unique : franchie cette surface, pas de retour possible. Depuis les années 1960, on s'accorde à penser que des objets hyperdenses pourraient se former au centre de quelques galaxies, par accumulation de matière. Cette hypothèse, si elle se vérifie, permettrait de lever les incertitudes quant aux origines des intenses émissions de rayonnement X détectées au centre de la Galaxie.
troubadour n. m. Poète lyrique du Moyen Âge qui composait en langue d'oc (par oppos. au *trouvère*, qui composait en langue d'oïl).
Troubetskoï Famille princière russe. **Sergueï Petrovitch** 1790-1860 Homme politique russe. Opposant au tsar, il fut un des meneurs de l'insurrection des décabristes et fut déporté en Sibérie durant tout le règne

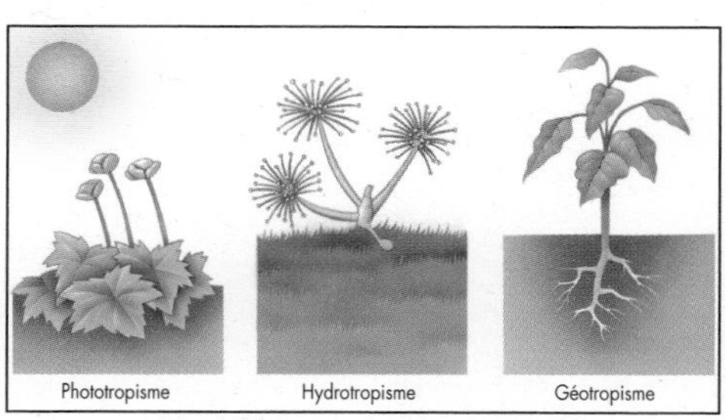

*Il existe différents types de **tropismes** végétaux.*

Troupes *allemandes occupant Prague, en 1939.*

Troupeau *de moutons, en Nouvelle-Zélande.*

de Nicolas Ier (1825-1855). Alexandre II le gracia.

Troubetskoï (Nikolaï Sergueïevitch, dit en français **Nicolas)** 1890-1938 Linguiste russe. Il émigra à Vienne où il enseigna. En contact avec Jakobson, il participa aux travaux du cercle linguistique de Prague. Ses travaux portèrent sur la phonologie, qu'il distingua de la phonétique: *Principes de phonologie* (publication posthume, en 1939). Il a donné une définition stricte du phonème.

trouble [1] adj. (et adv.) Qui n'est pas clair, manque de limpidité, de transparence. *Eau trouble.* / Qui n'est pas net, flou. *Image trouble.* / (Par métonymie) *Avoir la vue trouble*: ne pas voir avec netteté. (Adverbialement) *Voir trouble.* / Fig. *Sentiments troubles.*

trouble [2] n. m. Agitation. *Sa déclaration jeta le trouble dans l'opinion publique.* / Désunion. *Le trouble règne au sein de l'équipe.* / Émotion, angoisse non contrôlée. *Ne pouvoir cacher son trouble.* / (Au plur.) Désordre social, émeutes. *Troubles à l'ordre public.* / MÉD. (Au pluriel) Anomalie dans le fonctionnement d'un organe, d'un système, dans un comportement. *Troubles circulatoires, respiratoires, digestifs; troubles de la diction.*

trouble-fête n. inv. Personne importune. *Jouer les trouble-fête*: importuner.

troubler v. t. [1] **A.** Rendre trouble (un liquide); altérer la transparence ou l'éclat de. *Ses larmes lui troublaient la vue.* / Mettre (qqn) dans un état de trouble, rendre confus, intimider ou déconcerter. *Ses regards le troublaient. Un détail me trouble.* / Perturber. *Troubler l'esprit, les sens.* / Interrompre le cours normal de, déranger (ce qui était paisible). *Troubler une réunion. Un bruit sourd troubla la sérénité des lieux.* **B.** v. pron. Devenir trouble. / Perdre sa contenance, sa sérénité. *Se troubler devant un supérieur.*

trouée n. f. Large passage naturel ou artificiel dans une haie, une clôture, une forêt, etc. / GÉOGR. Large défilé entre deux massifs montagneux. *La trouée de Belfort.* / MILIT. Percée faite dans la zone contrôlée par l'armée ennemie.

trouer v. t. [1] Faire un trou, des trous dans; creuser, percer.

troufion n. m. Fam. Soldat. *Regarder défiler les troufions.*

trouillard, e adj. et n. Fam. Peureux, couard.

trouille n. f. Fam. Peur. *J'ai eu une sacrée trouille.*

trouilloter v. t. [1] Fam. ou TECH. Percer des trous à l'emporte-pièce dans. *Trouilloter des billets périmés.*

trouilloteur, euse n. Fam. Celui, celle qui trouillote. / n. f. Machine à trouilloter.

troupe n. f. Réunion de personnes marchant ensemble ou se livrant à la même occupation; ensemble des acteurs appartenant au même théâtre. *Troupe de la Comédie-Française.* / (Au plur.) Ensemble des unités composant une armée. *Les troupes de Napoléon. La troupe*: les militaires du rang par opposition aux officiers et aux sous-officiers. / Groupe d'animaux grégaires d'une même espèce, vivant réunis. *Une troupe de pécaris.*

troupeau n. m. Groupe d'animaux domestiques, d'une même espèce, réunis par l'homme. *Un troupeau de moutons.* / Fig. Ensemble de personnes considérées comme trop passives. / RELIG. Ensemble des fidèles placés sous une même autorité spirituelle.

troupiale n. m. ZOOL. Oiseau passériforme d'Amérique, au plumage vif (jaune orangé et noir). *Les troupiales vivent en colonies.*

trousse n. f. Étui compartimenté ou sacoche contenant une série d'instruments ou d'objets d'utilisation fréquente. *Trousse de toilette. Trousse à outils.* / Anc. (Au plur.) Chausses bouffantes que portaient les pages. / Fig. *Aux trousses de qqn*: à la poursuite de qqn.

trousseau n. m. *Trousseau de clés*: ensemble de clés reliées entre elles. / Linge, vêtements donnés à un enfant, à une jeune fille qui quitte sa famille (pour entrer en pension, au couvent, pour se marier).

trousser v. t. [1] Vieilli Retrousser (un vêtement). *Trousser les jambes de son pantalon.* (Emploi. pron.) *Se trousser*: relever ses jupes, sa robe. *Trousser la jupe, les jupons d'une femme*, pour des attouchements, des relations sexuelles. (Par métonymie) *Trousser une femme.* / CUIS. *Trousser une volaille*: lier près du corps ailes et cuisses avant la cuisson. / Fig. Traiter rapidement et efficacement (un sujet). *Trousser un poème, un compliment, une affaire.*

trouvaille n. f. Agréable découverte. / Invention heureuse. *Les trouvailles d'un poète.*

trouver v. t. / v. pron. [1] **A.** v. t. Découvrir (ce ou celui que l'on cherchait); réussir à obtenir (ce que l'on désire, ce à quoi on aspire). *Trouver une secrétaire. Trouver du pétrole. Trouver le sommeil. Trouver sa voie.* / Se procurer, se ménager. *Trouver du temps.* / Rencontrer, découvrir (qqn, qqch.) sans l'avoir cherché, par hasard. *J'ai trouvé un billet par terre. Trouver la mort*: mourir. / Découvrir, voir (qqn, qqch.) sous tel aspect, dans telle situation. *Trouver porte close. Je l'ai trouvé étendu dans le couloir.* / Inventer, créer; élaborer mentalement; deviner. *Trouver un remède. Trouver un prétexte. Trouver le mot juste. Trouver la solution.* / Éprouver (un sentiment). *Trouver du plaisir à manger.* / Attribuer tel caractère, telle qualité à (qqn, qqch.). *Je l'ai trouvé vieilli. Je trouve ce spectacle excellent.* / Juger, estimer. *Je trouve que tu as bien fait.* **B.** v. pron. Se rencontrer, pouvoir être découvert. *Pareille occasion, ça ne se trouve pas tous les jours.* / Être placé (à tel endroit, dans telle situation). *Le siège social se trouve à Paris. Sa chambre se trouve à gauche.* / Être (dans telle situation, dans tel état). *Se trouver en danger. Se trouver mal*: avoir un malaise. / (Emploi absol.) Découvrir sa vraie nature, l'assumer. / Porter (tel jugement) sur soi. *Se trouver laid.* / (Emploi impers.) *Il se trouve que*: il s'avère que, il apparaît que. Loc. fam. *Si ça se trouve…*: il est fort possible que…

trouvère n. m. Au Moyen Âge, poète lyrique langue d'oïl (par oppos. au *troubadour*, qui composait en langue d'oc).

Troyat (Lev Tarassov, dit **Henri)** 1911 Écrivain français d'origine russe, auteur de cycles romanesques: *Tant que la terre durera* (1947-1950); *Les Semailles et les moissons* (1953-1956); *La Lumière des Justes* (1959-1962); *Les Eygletière* (1965-1967), et de biographies: *Dostoïevski* (1940); *Tolstoï* (1963); *La Vie passionnée de Gogol* (1971); *Ivan le Terrible* (1982); *Gorki* (1986); *Nicolas Ier* (2001).

Troyes *60 958 h.* Chef-lieu de l'Aube, sur la Seine. Placée au carrefour des routes Lorraine-Paris et Flandres-Italie, Troyes est une ancienne ville de foires. Elle fut pendant longtemps le grand centre français de la bonneterie. L'industrie textile a connu une forte régression, mais des usines nouvelles se sont implantées, et l'on a créé à Troyes une université de technologie. Ancienne capitale des comtes de Champagne, la ville possède de beaux édifices religieux et civils édifiés entre le XIIe et le XVIIe siècle. Le *traité de Troyes*, en 1420, a été signé entre le roi d'Angleterre, Henri V, et le roi de France, Charles VI le Fol; il déshéritait le dauphin, futur Charles VII, au profit d'Henri V, à la condition que ce dernier épousât Catherine, fille du roi de France.

Troyon (Constant) 1810-1865 Peintre français. Lié aux peintres de l'école de Barbizon, il peignit des paysages et des tableaux animaliers.

truand, e n. Vx. Vagabond, mendiant professionnel. / Mod. Malfaiteur appartenant au milieu. / (Sens atténué) Personne qui agit malhonnêtement; homme d'affaires sans scrupule. *Il faut vérifier les termes du contrat avant de conclure cette affaire avec lui, c'est un truand.*

truander v. t. [1] Fam. Voler, escroquer (qqn). *Truander un naïf.*

truanderie n. f. Vx Société de truands, de mendiants. / Mod. Action de truander.

trublion n. m. Fauteur de troubles.

truc [1] n. m. Procédé habile, savoir-faire. *Trucs d'un prestidigitateur.* / Fam. Mot utilisé en remplacement d'un nom qu'on ignore ou qu'on a oublié. *Rappelez-moi ce truc dont vous me parliez hier.*

truc [2] ou **truck** n. m. (mot anglais) Wagon, chariot comportant une plate-forme permettant le transport de marchandises lourdes et volumineuses.

trucage Voir **truquage**

François Truffaut.

Trucco (Matté) 1869-1934 Ingénieur et architecte italien, auteur du « complexe Fiat » à Turin (1919-1926).

truchement n. m. Vx Interprète. / Mod. *Par le truchement de qqn ou de qqch.*: par l'intermédiaire de qqn ou de qqch.

Trucial States Voir **Émirats arabes unis**

trucider v. t. [1] Fam. Tuer (qqn).

truck Voir **truc**

truculence n. f. Caractère de ce qui est truculent.

truculent, e adj. Remarquable par son naturel, par la spontanéité crue de son comportement. *Un personnage truculent.*

Trudaine (Daniel Charles) 1703-1769 Administrateur français, fondateur de l'École des ponts et chaussées.

truelle n. f. Instrument composé d'une plaque de métal de forme triangulaire ou trapézoïdale, fixée sur un manche coudé en bois, et utilisé par les maçons, les plâtriers et les cimentiers pour étendre le mortier.

Truffaut (François) 1932-1984 Cinéaste français. Critique de cinéma, devenu, avec Claude Chabrol et Jean-Luc Godard, l'un des principaux réalisateurs de la *nouvelle vague*, il donna des films sensibles: *Les Quatre Cents Coups* (1959), *Baisers volés* (1968) et *Domicile conjugal* (1969), qui font partie du cycle d'Antoine Doinel (personnage interprété par Jean-Pierre Léaud), en partie autobiographique; *Jules et Jim* (1961); *Fahrenheit 451* (1966); *La mariée était en noir* (1967); *L'Enfant sauvage* (1970); *La Nuit américaine* (1973); *L'Histoire d'Adèle H.* (1975); *Le Dernier Métro* (1980).

truffe n. f. Champignon ascomycète à fructifications souterraines, dont la forme évoque celle de la pomme de terre et dont certaines sont très appréciées pour la finesse de leur saveur. *Truffe noire ou truffe du Périgord. Truffe d'été, truffe d'hiver*, de moindre qualité gustative. *Truffe blanche*, jeune truffe noire, dure et insipide. *La truffe se développe en symbiose avec les racines de certains arbres (notam. chênes); la récolte s'effectue avec l'aide d'un porc ou d'un chien qui détectent le champignon grâce à leur flair.* / Nez du chien. / Friandise onctueuse au chocolat, en forme de truffe, roulée dans de la poudre de cacao.

truffer v. t. [1] Garnir (un mets) de truffes. *Truffer un pâté.* / Fig. Insérer en abondance

dans. *Truffer un texte de citations latines. Ce lapin est truffé de plombs*, a succombé à une décharge de plombs de chasse. / Iron. *Ce devoir est truffé d'erreurs*, en est plein.
truffier, ère adj. Relatif aux truffes. *Chêne truffier*, autour duquel on peut trouver des truffes. *Chien, porc truffier*, dressé à chercher des truffes.
truffière n. f. Terrain à truffes.
truie n. f. Femelle du porc.
truisme n. m. Vérité évidente, allant de soi.
truite n. f. ZOOL. Poisson de la famille des salmonidés, de taille inférieure à celle du saumon, à chair plus ou moins rosée, fine et délicate. *Truite de mer. Truite de rivière. Truite arc-en-ciel.*
Trujillo y Molina (Rafael Leónidas) 1891-1961 Homme politique dominicain. Colonel de police (1926), il fut élu président de la République dominicaine en 1930 et fit régner, pendant trente ans, une dictature policière. Il fut assassiné.
Truman (Harry S.) 1884-1972 Homme d'État américain. Sénateur démocrate (1935-1945), vice-président (1944), puis président des États-Unis à la mort de Roosevelt (1945), il décida l'utilisation de la bombe atomique contre le Japon. En Europe, il promut le *plan Marshall* (1947). Aux États-Unis, pour contrer la progression du communisme, il créa la CIA (1947) et laissa se développer le *maccarthysme*. Réélu en 1948, il lutta contre l'expansion soviétique en créant l'OTAN (1949) et vint au secours de la Corée du Sud attaquée par la Corée du Nord en 1950. Eisenhower lui succéda en 1953.
trumeau n. m. Partie d'un mur, entre deux fenêtres. / Miroir, panneau décoré qui occupe cet espace. / Miroir, panneau décoré posé sur une cheminée. / Pilier souvent sculpté qui soutient par son centre le linteau d'un portail d'église gothique.
truquage ou **trucage** n. m. Fait de truquer; ce que l'on emploie dans ce but. / CIN. Moyen technique permettant des effets spéciaux. / THÉÂTRE Dispositif permettant de changer à vue le décor, ou des détails de décor, ou bien d'obtenir des effets spéciaux prévus par le metteur en scène; ces effets eux-mêmes.
truquer v. i. / v. t. [1] User de trucs. / v. t. Modifier pour tromper la nature de ou les règles de. *Truquer les dés, les cartes. Truquer des élections.*
truqueur, euse n. Personne qui truque.
truquiste n. Spécialiste des truquages.
trust n. m. (mot anglais) Fusion financière de plusieurs entreprises conservant une certaine autonomie, sous une direction unique. (Le trust, résultant de la concentration verticale, rassemble des entreprises qui se complètent aux divers stades de la production. Il peut n'être qu'une société financière sans activité productrice propre: on l'appelle alors holding. Son but est de diminuer les prix de revient et de s'attribuer un monopole sur le marché).
truster v. t. [1] Concentrer (un produit) en un trust, monopoliser. *Truster le sucre pour faire monter les prix.* / Fig., fam. *Truster les médailles, les honneurs.*
Truyère *160 km* Rivière du Massif central, affluent du Lot, franchie par le viaduc de Garabit. Importants aménagements hydro-électriques.
trypanosome n. m. BIOL. Protozoaire flagellé à membrane ondulante, parasite, vivant dans le sang de l'homme et des vertébrés, agent de diverses maladies parasitaires (maladie du sommeil, transmise par les piqûres de la mouche tsé-tsé; maladie de Chagas).
trypanosomiase n. f. MÉD. Maladie parasitaire due à un trypanosome, caractérisée notam. par une méningo-encéphalite, généralement mortelle. *Trypanosomiase africaine*: maladie du sommeil. *Trypanosomiase américaine*: maladie de Chagas (Amérique du Sud, Amérique centrale).
trypsine n. f. BIOCHIM. Enzyme pancréatique qui hydrolyse les protéines au cours de la digestion.
tryptophane n. m. BIOCHIM. Acide aminé non polaire, à résidu aromatique. *Le tryptophane est un précurseur de la sérotonine et de la nicotinamide.*
Tsana Voi **Tana**
tsar, tzar ou **czar** n. m. (mot russe) HIST. Titre porté par les empereurs de Russie et les anciens souverains serbes et bulgares.
tsarévitch ou **tzarévitch** n. m. HIST. Titre du fils aîné du tsar de Russie.
tsarine ou **tzarine** n. f. HIST. Titre porté par les impératrices de Russie et certaines souveraines slaves.
tsarisme ou **tzarisme** n. m. HIST. Régime politique de la Russie jusqu'en 1917.
tsariste ou **tzariste** adj. et n. Relatif au tsarisme; partisan du tsarisme.
Tsarskoïe Selo (aujourd'hui *Pouchkine*) *80 000 h.* Ville de Russie, voisine de Saint-Pétersbourg, où furent érigés le palais Catherine (1757), résidence d'été des tsars, et le palais Alexandre (1796), partiellement détruits pendant la Seconde Guerre mondiale et reconstruits (ou restaurés) ensuite.
tsé-tsé n. f. inv. *Mouche tsé-tsé* ou *tsé-tsé*: glossine, mouche d'Afrique qui peut transmettre à l'homme et aux animaux la maladie du sommeil en leur inoculant des trypanosomes par ses piqûres.
Tseu-hi Voir **Cixi**
T.S.F. Sigle de *Télégraphie Sans Fil.*
Tshombé (Moïse) 1919-1969 Homme politique congolais. Après l'indépendance du Congo belge, il proclama la sécession du Katanga (juillet 1960) et devint président de la République katangaise. Accusé de complicité dans l'assassinat de Patrice Lumumba, il ne put maintenir la sécession et s'exila (1962), mais on le rappela au Congo (1964) et il en devint Premier ministre. Il fut renversé (1965) et se réfugia en Europe. Victime d'un enlèvement (l'avion à bord duquel il se trouvait fut détourné vers Alger), il fit l'objet, de la part de Mobutu, d'une demande d'extradition qui ne fut jamais exécutée; il mourut à Alger.
tsigane ou **tzigane** adj. et n. m. Relatif aux Tsiganes. *La musique tsigane.* / Langue indo-européenne du groupe indo-aryen parlée par les Tsiganes. *Le tsigane a donné lieu à trois grands dialectes: le kalo, parlé par les Gitans d'Espagne; le romani, parlé par les Roms (implantés notamment en Hongrie); le sinto, parlé par les Sinti, ou Manouches, en Allemagne, en Italie et en France.*
Tsiganes ou **Tziganes** Nomades qui auraient quitté l'Inde par vagues successives à partir du IXe siècle et se sont répandus en Europe centrale du XVe au XVIIIe siècle, atteignant aussi l'Europe de l'Ouest. Forgerons, vanniers, éleveurs de chevaux, musiciens, ils exercèrent une certaine influence sur les populations des pays d'accueil (souvent inhospitalières): le flamenco espagnol est d'origine tsigane et les Hongrois Liszt et Bartok doivent beaucoup à leur folklore. Les Tsiganes sont chrétiens. Hitler a voulu les exterminer et le monde moderne, en rendant sans objet leurs métiers traditionnels et en réprimant l'immigration clandestine, accentue leur marginalité.
Tsin Voir **Jin**
Ts'in Che Houang-ti Voir **Qin Shi Huandgi**
Ts'in ling Voir **Qinling**
Ts'in Voir **Qin**
Ts'ing Voir **Qing**
Ts'ing-hai Voir **Qinghai**
Tsiolkovski (Konstantine Edouardovitch) 1857-1935 Ingénieur russe. Les fusées qu'il construisit font de lui un précurseur des techniques aérospatiales modernes.
Tsiranana (Philibert) 1912-1978 Homme politique malgache. Ancien instituteur, député social-démocrate à l'Assemblée nationale française (1956-1959), chef du gouvernement de Madagascar (1958), il devint, après l'indépendance de son pays, président de la République malgache en 1959. Réélu jusqu'en 1972, des émeutes le contraignirent au retrait.
tsunami n. m. (mot japonais) Raz-de-marée provoqué par un séisme sous-marin, dans l'océan Pacifique occidental, et qui en affecte les régions côtières.
Tsushima *690 km² 80 000 h.* Archipel japonais, situé entre la Corée et le Japon (dont il est séparé par le *détroit de Tsushima*) qui fut en 1905 le théâtre d'une victoire navale des Japonais sur les Russes.
Tsvetaïeva (Marina Ivanovna) 1892-1941 Poétesse russe. Sensible et exaltée, elle publia plusieurs recueils: *Album du soir* (1910), *La Lanterne magique* (1912) avant la révolution de 1917, après laquelle elle s'exila pour rejoindre son mari, officier blanc. Son œuvre manifeste une grande audace formelle: *Poésies pour Blok* (1922), *Séparation* (1922), *Après la Russie* (1925), *Poème de la fin* (1926). Elle revint en 1939 en U.R.S.S., où elle se suicida. Elle est également l'auteur de récits autobiographiques et d'essais critiques (*Mon Pouchkine*, 1937).
Tswana(s) Peuple d'Afrique du Sud, du Botswana et du Zimbabwe qui parle une langue bantoue, le tswana, proche du sotho (parlé notamment au Lesotho).
tu (*tu* s'élide en *t'* devant une voyelle ou un *h* muet, uniquement dans le registre pop. ou fam.) pron. pers. m. et f. de la deuxième personne du sing. (Toujours en fonction de sujet) *Tu es fatigué. T'hésites, hein ?* / *Dire tu à qqn*, le tutoyer. *Être à tu et à toi avec qqn*, très intime avec lui.
T.U. abréviation de *temps universel*. Voir *temps*.
Tuamotu ou **Tuamotus (îles)** *880 km² 12 500 h.* Archipel de la Polynésie française qui s'étire sur *1 500 km* à l'est de Tahiti. Les 70 îles ou îlots qui le composent sont des atolls. Pêche, coprah. L'archipel abrita des bases d'expérimentations nucléaires (notamment dans l'atoll de Mururoa).

Tubercule *et feuilles d'igname.*

*Joueurs de **tuba**.*

tuant, e adj. Fam. Épuisant, très fatigant. *Un métier tuant.* / Par ext. *Un enfant tuant.*
tuatara n. m. (mot maori) ZOOL. Syn. de sphénodon, d'hatteria.
tub n. m. (mot anglais) Large cuvette utilisée pour se laver à grande eau; bain ainsi pris.
tuba [1] n. m. Instrument de musique à vent, de la famille des cuivres, constituant la basse du groupe des saxhorns, à la sonorité grave et puissante.
tuba [2] n. m. Tube respiratoire utilisé pour nager la tête sous l'eau.
tubage n. m. MÉD. Introduction d'un tube dans un organe creux (notam. bronches, estomac), pour procéder à un prélèvement ou dans un but thérapeutique. *Tubage du larynx*, en cas d'obstruction asphyxiante. / TECHNOL. Pose de tubes de retenue dans des sondages des puits de pétrole afin d'éviter l'éboulement des parois.
tubaire adj. MÉD. Relatif à la trompe d'Eustache. / Relatif à la trompe de Fallope. *Grossesse tubaire*: type de grossesse extra-utérine, se produisant dans la trompe de Fallope. / *Souffle tubaire*: bruit se produisant à l'inspiration, évoquant celui de l'air passant dans un tube, détecté lors de l'auscultation en cas de pneumonie.
tubard, e adj. et n. Fam. Atteint de tuberculose.
tube n. m. Tuyau cylindrique généralement rigide, ouvert à une ou aux deux extrémités. *Tube de caoutchouc, de verre.* / ANAT. Organe ou appareil allongé, creux. *Tube digestif*: ensemble des conduits de l'appareil digestif dans lequel a lieu la digestion. *Tubes séminifères*, présents dans les testicules, où se forment les spermatozoïdes. / BOT. *Tubes criblés*: cellules du liber, conductrices de la sève élaborée. / BOT. *Tube pollinique*, émis par le grain de pollen, une fois déposé sur le stigmate du pistil, qui se développe jusqu'à l'ovule et permet la fécondation. / ÉLECTRON. *Tube cathodique*: pièce essentielle des téléviseurs où les signaux électriques sont modulés sous forme d'images à l'écran. / Emballage cylindrique. *Tube de dentifrice, de colle.* / Fam. Chanson à succès. *Le tube de l'été.* / Fig. *À plein(s) tube(s)*: en haussant le volume sonore au maximum, ou bien à pleine vitesse.
tubercule n. m. Protubérance qui se forme sur la tige ou la racine d'une plante et qui lui sert de réserve nutritive. *La pomme de terre, le topinambour, la betterave, le manioc, le*

T

navet, la carotte sont des tubercules comestibles. / ANAT. Protubérance légère à la surface d'un organe. / MÉD. Lésion caractéristique de la tuberculose, follicule contenant des bacilles de Koch.

tuberculeux, euse adj. BOT. Qui produit des tubercules. *Plante tuberculeuse.* / MÉD. À tubercules pathologiques. / Propre à la tuberculose; qui est atteint de tuberculose. *Toux tuberculeuse. Enfant tuberculeux.* / Subst. *Un tuberculeux, une tuberculeuse.*

tuberculine n. f. MÉD. Extrait de culture du bacille de Koch, produit pas la lyse spontanée de ce bacille, qui produit chez les personnes sensibilisées (sujets tuberculeux ou vaccinés) une cuti-réaction caractéristique.

tuberculoïde adj. MÉD. Dont les manifestations (notam. histologiques) ressemblent à celles de la tuberculose. *Granulome tuberculoïde. Lèpre tuberculoïde*, relativement bénigne, non contagieuse (par opposition à la lèpre lépromateuse).

tuberculose n. f. MÉD. Maladie infectieuse, contagieuse, due au bacille de Koch, caractérisée par la formation dans les organes atteints (poumons, le plus souvent, mais également reins, os, etc.) de lésions noduleuses riches en bacilles (tubercules). (La contagion se fait généralement par les voies respiratoires. La forme la plus courante est la *tuberculose pulmonaire*, atteignant de préférence les sujets citadins vivant dans de mauvaises conditions d'hygiène. La tuberculose est l'une des affections opportunistes du sida. La vaccination par le B.C.G. a beaucoup diminué la fréquence de cette maladie).

tubéreuse n. f. BOT. Plante à tubercules, de la famille des amaryllidacées, que l'on cultive pour ses fleurs blanches et parfumées.

tubéreux, euse adj. BOT. Qui présente des tubercules ou des tubérosités.

tubérosité n. f. BOT. Épaississement, nodosité en forme de tubercule. / ANAT. Partie renflée d'un organe. *Les tubérosités de l'estomac:* les renflements (supérieur, inférieur) de l'estomac. *Tubérosités osseuses*, auxquelles se fixent des ligaments, des muscles.

tubipore n. m. ZOOL. Polype des mers chaudes, d'un rouge vif, développant des tubes serrés et parallèles, qui participe à la formation des récifs coralliens. Syn. orgue de mer.

Tubman (William Vacanarat Shadrach) 1895-1971 Homme d'État libérien. Sa longue présidence (1943-1971) a été marquée par de considérables progrès, tant sur le plan économique que sur le plan politique (suffrage universel). Il a joué un rôle important sur la scène internationale (conférences de Bandoeng, d'Accra, de Monrovia).

tuboscopie n. f. MÉD. Endoscopie des trompes de Fallope.

Tubuaï *48 km² 1 850 h.* Île de la Polynésie française donnant parfois son nom à l'archipel des *îles Australes*, dont elle fait partie.

tubulaire adj. En forme de tube; formé de tubes. *Conduit tubulaire. Châssis tubulaire.*

tubuleux, euse adj. En forme de tube.

tubulidentés n. m. pl. ZOOL. Ordre de mammifères fouisseurs, insectivores, aux dents en forme de tubes. *Les tubulidentés sont représentés uniquement par l'oryctérope.*

tubulure n. f. Orifice, en relief, d'un récipient, auquel on peut fixer un tube. *Tubulure d'un flacon de laboratoire.* / TECHN. Ensemble des tubes d'un dispositif; chacun de ces tubes.

Le ***palais des Tuileries*** *avant la Révolution de 1789.*

tudesque adj. Vx Germanique. / Litt. (péjor.) *Manières tudesques*, grossières.

tudieu! interj. Vx Ancien juron familier.

Tudjman (Franjo) 1922-1999 Homme politique croate. Nationaliste, il fut nommé en 1990 chef de l'Union démocratique croate, constituée en vue des premières élections libres organisées la même année, et que son parti remporta. Il fut élu président de la République de Croatie, qui fit sécession en 1991. Réélu en 1997, il mena une politique de plus en plus nationaliste et autoritaire.

Tudor Famille d'origine galloise qui régna sur l'Angleterre de 1485 à 1603: **Henri VII** (1485-1509), **Henri VIII** (1509-1547), **Édouard VI** (1547-1553), **Marie Ire** (1553-1558), et **Élisabeth Ire** (1558-1603). On appelle *style Tudor* une forme de style gothique élisabéthain, qui combine des traits flamands et renaissants.

Tu Duc 1830-1883 Nom de règne de l'empereur d'Annam (Viêtnam) Nguyen Duc Tong, de son vrai nom Nguyen Phuc Hong Nham. Empereur en 1848, il se montra hostile aux missions catholiques; il dut céder à la France la Cochinchine (1862-1867), et échoua dans sa tentative pour repousser, avec l'aide de la Chine, les Français du Tonkin et de l'Annam (ce terme désignant alors la partie centrale du pays). Il mourut peu avant la signature du traité de T'ien-tsin (1885) qui devait imposer les protectorats français.

tue-mouches adj. inv. BIOL. *Amanite tue-mouches*: amanite toxique, à chapeau rouge piqué de blanc. Syn. fausse oronge. / *Papier tue-mouches*: bande de papier enduite d'une substance collante et insecticide, sur laquelle viennent mourir les mouches qui s'y collent.

tuer v. t. / v. pron. [1] **A.** v. t. Donner la mort à (qqn). *Tuer accidentellement un piéton. Tuer qqn d'un coup de couteau.* / Mettre à mort (un animal). *Tuer du gibier. Tuer le cochon.* / Détruire, abîmer. *Le gel a tué les cultures.* / Provoquer, causer la mort de. *Le chagrin et l'alcool l'ont tué.* / Causer la disparition de; détruire, gâcher. *Les grandes surfaces tuent le commerce de proximité. Tuer le suspense. Tuer le plaisir.* / Fam. Épuiser physiquement ou moralement. *Cette course m'a tué. Il me tue à force d'insister.* / *Tuer le goût d'un aliment*, l'étouffer sous une saveur plus forte. / Fam. Faire passer, occuper comme on peut. *Tuer l'ennui. Tuer le temps.* **B.** v. pron. Se donner la mort. *Se tuer d'une balle dans la tête.* / Trouver la mort. *Se tuer dans un accident.* / Se fatiguer à l'extrême. *Se tuer à la tâche.* / S'évertuer. *Ça fait des heures que je me tue à te l'expliquer!*

tuerie n. f. Massacre. / Vx Abattoir.

tue-tête (à) loc. adv. Très fort, au point d'assourdir. *Chanter à tue-tête.*

tueur, euse n. Personne qui tue. *Tueur à gages*, qui est payé pour commettre un meurtre. / Personne qui abat les animaux dans un abattoir.

tuf n. m. Roche poreuse, légère et friable, calcaire (déposée dans les lacs et les cours d'eau) ou d'origine volcanique.

tuffeau ou **tufeau** n. m. Variété de tuf calcaire.

Tugendbund (en français « ligue de la Vertu ») 1808-1815 Association fondée à Königsberg pour libérer la Prusse vaincue par Napoléon Ier; celui-ci ayant donné l'ordre de la dissoudre en 1809, elle subsista en secret mais ne joua qu'un rôle mineur lors des guerres de libération. Suspecte par son libéralisme, elle fut supprimée en 1815.

tuile n. f. Plaque de terre cuite de forme variable, servant à couvrir les toits. *Tuiles romaine, mécanique, faîtière.* / Fig. et fam. Événement imprévu et malencontreux.

tuilerie n. f. Fabrique de tuile; four à cuire les tuiles. / Industrie de la tuile.

Tuileries (palais des) Ancien palais situé sur la rive droite de la Seine dans le prolongement du Louvre, à l'emplacement d'une fabrique de tuiles. En 1564, Catherine de Médicis en demanda les plans à Philibert Delorme, qui prévoyait quatre bâtiments enfermant trois cours; il ne réalisa qu'une partie de la façade sur jardin. Les travaux reprirent sous Henri IV avec Androuet du Cerceau. Il édifia le *pavillon de Flore* et le bâtiment reliant le Louvre aux Tuileries, dans lequel Le Vau, sous Louis XIV, aménagea la *salle des Machines.* Le palais fut restauré sous Napoléon Ier, doté d'une grille monumentale, avec pour entrée l'*arc de triomphe du Carrousel.* Incendié en 1871, il fut démoli en 1882. Le *jardin des Tuileries* fut aménagé par Le Nôtre.

tularémie n. f. MÉD. Maladie infectieuse due à une bactérie, transmise à l'homme par divers animaux (lièvre, renard, rat, etc.) soit par contact (notam. des dépouilles), soit par l'intermédiaire de tiques ou de taons.

tulipe n. f. **I.** BOT. Plante bulbeuse, de la famille des liliacées, dont la tige porte une fleur isolée, en forme de cloche, aux couleurs diverses et éclatantes; fleur de cette plante. / Fig. Objet dont la forme évoque celle d'une tulipe (lampe, verre, etc.). / (En appos.). *Un verre tulipe.* **II.** Sous l'Ancien Régime, surnom des soldats pleins d'entrain et de gaieté. *Fanfan la Tulipe*: héros populaire, jeune soldat (*Fanfan* signifie « enfant ») à la gaieté contagieuse.

tulipier n. m. BOT. Arbre ornemental de la famille des magnoliacées, originaire d'Amérique du Nord, dont les fleurs ressemblent aux tulipes.

tulle n. m. Étoffe de soie ou de coton, fine et transparente, à mailles rondes ou polygonales formant une trame régulière.

Tulle *15 553 h.* Chef-lieu de la Corrèze, sur la Corrèze. La cathédrale est dotée d'une nef du XIIe siècle. Petite ville aux fonctions administratives et commerciales plus qu'industrielles (manufacture d'armes, automobile).

Tullianum Prison de la Rome antique, appelée encore *prison Mamertine*, où furent incarcérés de nombreux condamnés à mort, parmi lesquels les complices de Catilina, Vercingétorix et (selon la tradition) saint Pierre et saint Paul.

tulliste n. TECH. Fabricant de tulle.

tumba n. m. (mot d'unelangue africaine) Tambour africain, de forme oblongue, tendu d'une seule peau.

tuméfaction n. f. Augmentation pathologique du volume d'un organe, d'une partie du corps. / Organe tuméfié, partie tuméfiée de l'organisme.

tuméfié, e adj. Atteint de tuméfaction. *Lèvres tuméfiées.*

tuméfier v. t. [1] Causer la tuméfaction de (une partie du corps).

tumescence n. f. ANAT., MÉD. Gonflement d'un tissu, d'un organe érectile. Ant. détumescence.

tumescent, e adj. ANAT., MÉD. Qui gonfle, grossit; qui est enflé, boursouflé. *Organe tumescent.*

tumeur n. f. MÉD. Vx Tuméfaction. / Mod. Production tissulaire pathologique constituée par une prolifération cellulaire. *Les tumeurs bénignes (verrues, fibromes, adénomes, lipomes, etc.) sont bien limitées, elles ne forment pas de tumeurs secondaires. Les tumeurs malignes, cancéreuses, peuvent se généraliser.*

tumoral, ale, aux adj. Propre à une tumeur.

tumulte n. m. Agitation bruyante et désordonnée. / Fig. Activité excessive. *Le tumulte de la vie politique.*

tumultueux, euse adj. Plein de tumulte.

tumulus n. m. (mot latin) ARCHÉOL. Tertre artificiel formé de terre et de pierres, recouvrant une sépulture. Pl. Des *tumulus* ou des *tumuli.*

tuner n. m. (mot anglais) Récepteur radio d'une chaîne haute fidélité, fonctionnant à hautes fréquences.

tungstate n. m. CHIM. Sel d'un acide tungstique.

tungstène n. m. CHIM. Élément métallique de numéro atomique Z = 74, de masse atomique 183,85 (symbole: W). / Métal gris, très dense (densité: 19,3) et réfractaire, fondant à 3 400 °C. *Le tungstène est employé à la fabrication des filaments des lampes à incandescence, et entre dans la fabrication des aciers, auxquels il confère une grande dureté (notam. outils à coupe rapide).*

tungstique adj. CHIM. Se dit d'acides dérivés du tungstène, correspondant au degré d'oxydation + 6.

tuniciers n. m. pl. ZOOL. Syn. d'urochordés.

tunique n. f. ANTIQ. Chemise longue,

T

Tunisie : ruines romaines de Douga.

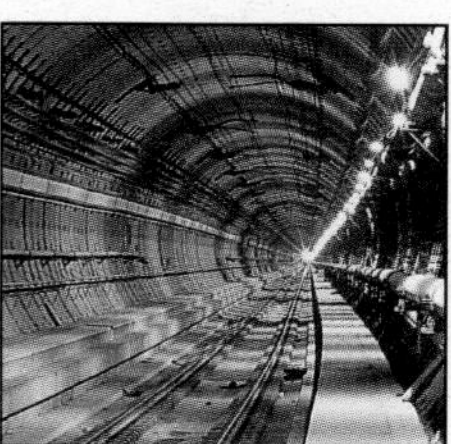

Le **tunnel** sous la Manche.

généralement serrée à la taille, avec ou sans manches, et qui constituait le sous-vêtement. / Long corsage de femme ; redingote d'uniforme à col droit et sans poches. / ANAT. Membrane entourant un organe. *Les tuniques de l'œil* : la sclérotique, la choroïde, la rétine. / BOT. Enveloppe d'un bulbe. / ZOOL. Tissu protecteur entourant le corps des urochordés (tuniciers) adultes.

Tunis *775 000 h.* Capitale de la Tunisie, principal centre commercial (avec son avant-port de *La Goulette*), industriel et culturel du pays. Tunis est une ville moderne au cœur de laquelle subsiste la vieille ville arabe (la médina). À *16 km*, se trouvent les ruines de Carthage.

• **Tunisie** État du Maghreb, sur la Méditerranée, entre l'Algérie, à l'ouest, et la Libye, au sud-est.

tunisien, enne adj. et n. De Tunisie. *Gouvernement tunisien. Un(e) Tunisien (ne).*

tunnel n. m. TRAV. PUBL. Couloir souterrain généralement creusé dans un plan horizontal, et réalisé pour le passage d'une voie de communication. *Tunnel ferroviaire, routier.* / HORTIC. Abri plastifié sous lequel on protège les cultures. / PHYS. *Effet tunnel* : en mécanique quantique, faculté de certaines particules qui peuvent franchir une « barrière » dont le potentiel d'énergie est supérieur à celui de ces particules. / Fig. Situation pénible. *Sortir du tunnel.*

tunnelier n. m. TRAV. PUBL. Appareil très puissant, de grande dimension, servant au creusement des tunnels.

tuphos n. m. (mot grec) MÉD. État de stupeur caractéristique de la typhoïde et du typhus exanthématique.

tupi adj inv. et n. inv. Des Tupi, de leur langue. *Un groupe tupi. La grammaire tupi.* / n. m. LING. Langue amérindienne du groupe tupi-guarani, parlée par les Tupi.

tupi-guarani adj. inv. et n. inv. LING. D'un groupe de langues indiennes parlées en Amérique du Sud ; ce groupe de langues. *Les langues de la famille tupi-guarani sont aujourd'hui parlées dans une zone assez vaste, tant au Paraguay (où le guarani est langue nationale) que dans certaines régions d'Argentine et du Brésil.*

Tupi(s) Ensemble de peuples indiens d'Amérique du Sud parlant des langues apparentées (dont le guarani). Leur nombre a diminué et ils sont parfois en voie d'assimilation à la civilisation dominante ; dans les villages, ils sont horticulteurs sur brûlis (patate douce, manioc, maïs, arachide), vanniers, tisserands ou potiers.

Tupolev ou **Toupolev (Andreï Nikolaïevitch)** 1888-1972 Ingénieur russe. Il créa l'Institut central hydro-aérodynamique, réalisa en 1918 son premier monoplan, conçut en 1933 le *Maxime-Gorki* ; il a donné son nom à un modèle d'avion gros porteur à réaction.

turban n. m. Coiffure masculine orientale constituée par une longue bande d'étoffe enroulée autour de la tête. / Coiffure féminine ressemblant au turban oriental.

turbé ou **turbeh** n. m. (mot arabe) Petit bâtiment cubique surmonté d'une coupole, élevé sur le tombeau d'un dignitaire musulman.

turbellariés n. m. pl. ZOOL. Classe de vers plathelminthes, généralement non parasites, vivant en milieu aquatique ou dans la terre. *Les planaires sont des turbellariés.*

Turbigo *7 276 h.* Localité d'Italie, en Lombardie, sur le Tessin. Bonaparte y vainquit les Autrichiens en 1800.

turbin n. m. Argot. Travail, labeur.

turbine n. f. Moteur comportant une roue garnie d'aubes ou de pales, mise en rotation par l'énergie cinétique de fluides, comme l'eau, la vapeur d'eau, ou par un mélange gazeux quelconque. *Turbines hydrauliques, à réaction.*

turbiner v. t. / v. i. [1] **A.** v. t. TECHN. Faire passer (un fluide) dans une turbine. / Essorer (une substance) à l'aide d'une turbine. **B.** v. i. Pop. Travailler.

turbo [1] n. m. Abréviation de turbocompresseur, turboréacteur. / loc. fam. *Mettre le turbo* : se hâter.

turbo [2] n. m. ZOOL. Mollusque gastéropode des océans Indien et Pacifique à coquille spiralée.

turboalternateur n. m. ÉLECTR. Alternateur mû par une turbine coaxiale.

turbocompresseur n. m. TECHN. Groupe dynamique composé d'une turbine et d'un compresseur d'air, qui introduit, sous pression constante, le gaz d'alimentation dans la chambre de combustion d'un moteur.

turbodiesel n. m. Véhicule équipé d'un moteur diesel couplé à une turbine permettant une plus forte compression du mélange détonnant.

turbomoteur n. m. Moteur actionné par une turbine à gaz.

turbopropulseur n. m. AÉRON. Propulseur fonctionnant grâce à une turbine à gaz. Il diffère du turboréacteur par le fait que les gaz de combustion exercent leur force sur les aubes de la turbine, permettant ainsi, après démultiplication de la vitesse de rotation, d'entraîner une ou deux hélices.

turboréacteur n. m. AÉRON. Moteur à réaction fonctionnant au moyen d'une turbine à gaz, et dans lequel le mélange gazeux, après combustion, est admis sous forte pression dans une tuyère où il se détend, produisant ainsi une force de réaction propulsive.

turbostatoréacteur n. m. AÉRON. Propulseur composé d'un turboréacteur et d'un statoréacteur permettant à un avion d'effectuer des poussées élevées à des vitesses variables.

turbot n. m. ZOOL. Grand poisson plat, de la famille des pleuronectidés, qui peut atteindre un mètre de longueur. *On pêche le turbot en Méditerranée et dans l'Atlantique.*

turbotière n. f. Récipient en losange destiné à la cuisson des turbots et des poissons plats.

turbotrain n. m. CH. DE FER Train qui est actionné par l'énergie d'une ou de plusieurs turbines à gaz.

turbulence n. f. État d'une personne turbulente. / PHYS. Ensemble des mouvements turbulents qui se forment dans un fluide, dans l'atmosphère. *Turbulences atmosphériques.* / (Au plur.) Fig. Instabilité. *Turbulences des marchés boursiers.*

turbulent, e adj. Agité et bruyant. *Un enfant turbulent.* / PHYS. *Écoulement turbulent*, caractérisé par mouvements plus ou moins aléatoires (par opposition à l'écoulement *laminaire*).

turc, turque [1] adj. et n. **A.** adj. De Turquie. *Armée turque. Bain turc* : bain de vapeur. *Café turc* : café noir préparé en mélangeant le café finement moulu et l'eau bouillante (et non pas en faisant traverser le café moulu par de l'eau bouillante qui s'imprègne de son parfum), qu'on boit après avoir laissé reposer le marc. *Langues turques* : groupe de langues altaïques parlées en Turquie (turc proprement dit) et en Asie centrale. **B.** n. Habitant de la Turquie. *Un Turc. Une Turque. Le turc* : le groupe des langues turques et, spécial. la langue parlée en Turquie. / *Grand Turc* : titre donné par les Européens au sultan. / Fig. *Tête de turc* : personne qui fait sans cesse l'objet de brimades, de moqueries.

turc [2] n. m. Larve du hanneton et de divers insectes.

Turcomans Voir **Turkmènes**

turco-mongol, e adj. LING. Se dit d'une famille de langues englobant les langues turques et les langues mongoles.

Turcs ou **Türks** Vaste ensemble de peuples parlant des langues turques, originaires (probablement) de l'Altaï. Les Turcs (dont le nom signifie « fort ») fondèrent de nombreuses dynasties à partir du VIe siècle (Ouïgours, Seldjoukides, Ottomans). Aujourd'hui, ils vivent en Turquie (où ils constituent 85 % de la population), en Azerbaïdjan, au Turkménistan, en Ouzbékistan, au Kirghizistan et en Chine (au Xinjiang). Leur apparentement avec les Mongols est discuté (on nommait naguère turco-mongoles les langues altaïques) : considérés comme des Mongols, les Tatars parlent une langue du groupe turc, groupe qui comprend le turc, l'azéri, l'ouzbek, le kirghiz, etc.

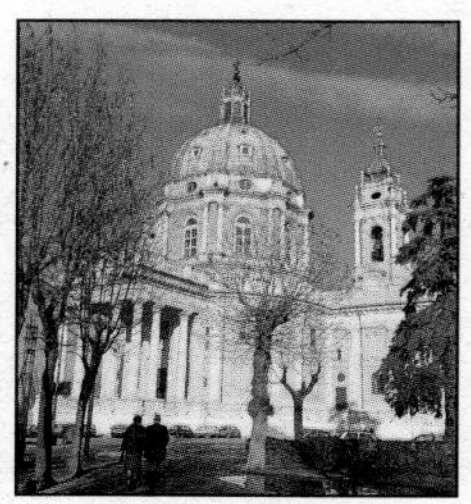

La basilique de Superga
à la périphérie de **Turin**.

turdidés n. m. pl. ZOOL. Famille de passereaux insectivores, de taille petite ou moyenne, au bec fort, aux pattes souvent assez longues, tels que les merles, les grives, les rossignols, les traquets, les rouges-gorges.

Turenne (Henri de La Tour d'Auvergne, vicomte **de)** 1611-1675 Maréchal de France. Maréchal en 1643, après avoir servi sous ses oncles les princes de Nassau, il prit part à la guerre de Trente Ans ; ses victoires en Allemagne hâtèrent la conclusion des traités de Westphalie en 1648. Après avoir soutenu les frondeurs (1650), revenu à la Cour, il battit Condé devant Paris (1652). Face aux Espagnols, la victoire des Dunes lui assura l'alliance de Dunkerque (1658). Durant la guerre de Dévolution, il conquit la Flandre en trois mois (1667). Protestant, Turenne se convertit au catholicisme grâce à Bossuet (1668). Pendant la guerre de Hollande, obligé de repasser le Rhin devant les Impériaux, supérieurs en nombre, il remporta les victoires de Mulhouse et de Turckheim (1675) mais, ayant de nouveau franchi le Rhin, il fut tué par un boulet à Sasbach.

turf n. m. (mot anglais) Vx Terrain où sont organisées les courses de chevaux. / Le milieu et le sport hippiques.

turfiste n. Personne qui s'adonne au sport hippique ou qui joue aux courses.

turgescence n. f. BOT. Gain d'eau par une cellule placée dans un milieu moins concentré, dû au phénomène d'osmose ; état d'une cellule, d'un organe végétal résultant de ce gain d'eau. *La turgescence est l'état normal d'une cellule végétale.* Ant. plasmolyse. / PHYSIOL. Augmentation du volume d'un organe par rétention de sang veineux. *Turgescence du pénis.*

turgescent, e adj. En état de turgescence.

Turgot (Anne Robert Jacques), baron **de L'Aulne** 1727-1781 Homme politique et économiste français. Ami des philosophes, physiocrate, il collabora à l'*Encyclopédie*. Intendant du Limousin (1761-1774), il y promut d'utiles réformes et fut appelé par Louis XVI au contrôle général des Finances (1774). Il décida la libre circulation des grains, la suppression de la corvée royale et celle des corporations. Mais sa sévère politique d'économies, son projet d'un impôt payé par tous les propriétaires déchaînèrent la colère de la Cour et des privilégiés. Louis XVI, bien qu'approuvant Turgot, dut lui demander sa démission en 1776.

Turin *921 485 h.* Ville de l'Italie du Nord, sur le Pô, capitale de la Région Piémont et chef-lieu de la province de Turin. Ses fonctions universitaires et industrielles (automobile : Fiat, Lancia, et annexes : pneumatiques, métallurgie) font d'elle l'une des métropoles économiques de l'Italie, derrière Milan. Ancienne capitale des États de Savoie (1418), elle fut la capitale du royaume dit *de Piémont-Sardaigne* et, au XIXe siècle, le centre du *Risorgimento*. Turin conserve de nombreux monuments des XVIIe et XVIIIe siècles de style baroque et rococo.

Turkana (lac, autrefois lac *Rodolphe***)** *8 600 km²* Lac salé du nord du Kenya ; sur ses rives, on a mis au jour des restes d'australopithèques.

T

TUNISIE

Superficie : *163 610 km²* – **Nombre d'habitants :** *9 700 000 h.* – **Capitale :** *Tunis*
Villes principales : *Sfax, Bizerte, Gafsa* – **Système politique :** *république*
Langue(s) : *arabe, français* – **Religion(s) :** *islam* – **Monnaie(s) :** *dinar tunisien*

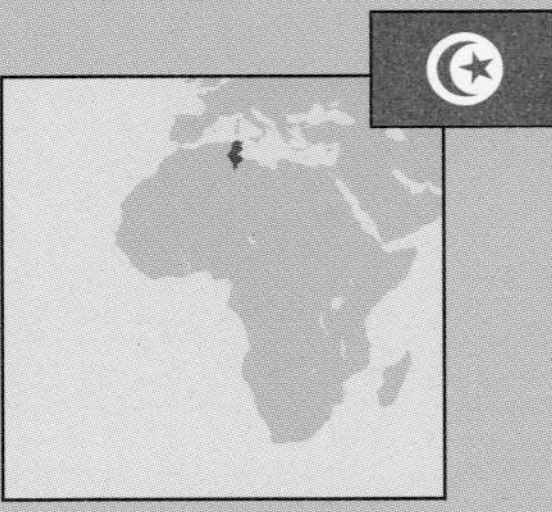

Géographie physique et humaine

Le nord du pays, montagneux, formé de reliefs d'altitude faible (monts de Kroumirie, Dorsale tunisienne), est traversé par la vallée fertile de la Medjerda (le fleuve le plus important du pays, *416 km*), et bordé d'une côte rocheuse élevée ; il s'oppose au centre (hautes steppes et basses steppes) et au sud (plaine côtière de la Djeffara et plateau du Dahar) au littoral plat et sablonneux (golfe de Gabès). La pluviosité diminue du nord (climat méditerranéen) au sud (climat saharien). La population est arabe dans sa quasi-totalité et entièrement musulmane (sunnite). Elle se concentre sur le littoral ; à l'exception de Kairouan, les principales villes y sont situées (Tunis, Sfax, Bizerte, Sousse, Gabès).

Économie

Le secteur primaire est encore important : blé, huile d'olive (2ᵉ production mondiale), tomates, agrumes, 6 millions d'ovins, pêche, exploitation forestière. Le secteur secondaire s'est développé grâce aux phosphates (6ᵉ production mondiale) et au pétrole ; la qualité de la main-d'œuvre a permis l'industrialisation (textile, agroalimentaire, pétrochimie). Le tourisme est en essor constant : la Tunisie conserve de précieux vestiges de son passé carthaginois (ville de Kerkouane au cap Bon), romain (amphithéâtre d'El Djem) et arabe (mosquées de Kairouan, de Gafsa, de Sousse) et son artisanat (tapis, orfèvrerie, poterie) demeure actif. La balance commerciale est déficitaire, mais la croissance longtemps maintenue et l'obéissance aux prescriptions du F.M.I. font que le P.N.B. par habitant est le plus élevé du Maghreb. La Tunisie a des accords solides avec l'Union européenne. L'attentat suicide qui, en avril 2001, a détruit une synagogue à Djerba et causé plusieurs morts, et les attentats du 11 septembre 2001, aux États-Unis, ont eu des répercussions sur le tourisme, ressource majeure du pays.

Histoire

Peuplée de nomades berbères, colonisée au IXᵉ siècle av. J.-C. par les Phéniciens (qui fondent Carthage en 814 av. J.-C.), la Tunisie est dominée, à partir du VIᵉ siècle av. J.-C., par Carthage, la principale colonie phénicienne, qui se dresse contre Rome. À l'issue des guerres puniques (264-146), le pays passe aux Romains qui en font une contrée prospère, un des greniers de Rome pour les grains, l'huile et même le vin. La Tunisie latinisée, haut lieu du christianisme pendant deux siècles, est successivement envahie par les Vandales (Vᵉ siècle), les Byzantins (VIᵉ siècle), les Arabes (VIIᵉ siècle), qui fondent la ville sainte de Kairouan (670) ; le pays est rapidement islamisé et arabisé. Le pouvoir est aux mains des dynasties des Aghlabides (IXᵉ siècle), des Fatimides (Xᵉ siècle), puis des Hafsides (XIIIᵉ siècle). Après la conquête turque (1574), la Tunisie est gouvernée par un dey, puis par un bey qui se rend progressivement indépendant de Constantinople. La Tunisie attire les convoitises européennes ; l'Angleterre, la France et l'Italie s'assurent une mainmise économique de plus en plus profonde (XVIIIᵉ-XIXᵉ siècle). La France, déjà implantée en Algérie, veut étendre son influence en Afrique du Nord. En 1881, elle prend pour prétexte des incursions de Kroumirs en Algérie pour pénétrer en Tunisie. Le bey se soumet : le traité du Bardo (1881), complété par la convention de La Marsa (1883), institue un protectorat français qui ne laisse au souverain qu'une autorité nominale. La France pratique en réalité une administration directe qui lui permet de mettre en valeur le pays (phosphates, huile d'olive principalement).

La croissance économique facilite la formation d'une bourgeoisie réformiste et nationaliste, dont les aspirations sont exprimées par le mouvement du *Destour*, créé en 1920, et surtout par le *Néo-Destour*, plus dynamique, qui s'en détache en 1934 sous l'impulsion d'Habib Bourguiba. L'autonomie est accordée en 1955 par le gouvernement Mendès France ; l'indépendance totale du pays est reconnue par la France en 1956 ; le Néo-Destour destitue le bey et porte son chef, Habib Bourguiba, à la tête de la République tunisienne (1957). Une crise grave éclate avec la France en 1961 à propos de la base navale de Bizerte que la France évacuera en 1963 ; la Tunisie renoue rapidement des rapports privilégiés avec l'ancienne métropole, la paix en Algérie (1962) ayant facilité un rapprochement franco-tunisien. Le régime présidentiel assure une grande stabilité politique, liée pour une bonne partie à la personnalité et au prestige de Bourguiba, à la fois tourné vers l'Occident et vers le monde arabe, où il fait partie des modérés (en 1966-1968, il rompra ses relations diplomatiques avec l'Égypte et la Syrie), prônant le dialogue avec Israël. Bourguiba entreprend la laïcisation et la modernisation de l'État, ce qui permet l'émancipation des femmes. Mais, au fil des années, alors que la corruption s'installe dans les milieux dirigeants, son prestige ira déclinant.

Village dans la région de Kasserine au centre-ouest du pays, où la tradition architecturale contraste avec la modernité de la zone côtière du nord.

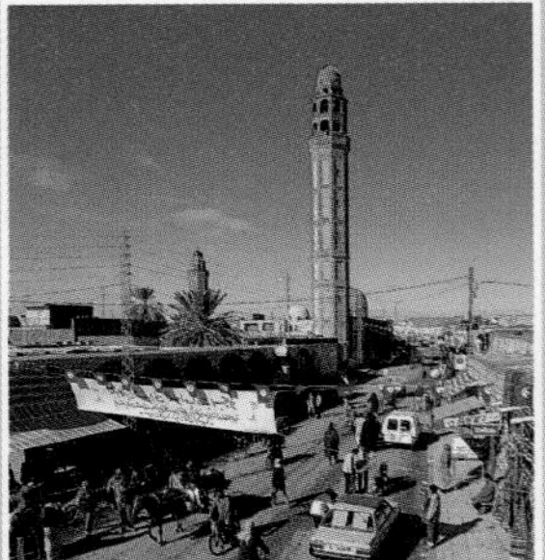

Minaret d'une mosquée dans l'avenue Bourguiba, à Tozeur, ville proche de la frontière algérienne, au nord du Grand Erg oriental.

En 1964, le Néo-Destour devient le Parti socialiste destourien et entreprend la réorganisation de l'économie dasn un sens étatique et autoriatire. Cette politique, menée par le Premier ministre Ahmed Ben Salah, échoue. En 1969, Bourguiba le renvoie (il sera condamné à 10 ans de travaux forcés en 1970). Le parti socialiste-destourien (P.S.D.), qui s'impose comme parti unique, soulève une forte opposition. En 1974, l'agitation étudiante, constante, est réprimée. En 1975, Bourguiba est décrété président à vie. En 1978, l'Union générale des travailleurs tunisiens (U.G.T.T.) déclenche une grève générale. L'armée intervient et son leader syndical, Habib Achour, est condamné. En 1982, la Tunisie, qui tente un rapprochement avec les pays arabes, accueille l'Organisation de libération de la Palestine (O.L.P.), qui a été chassée du Liban ; elle restera à Tunis jusqu'en 1993. En 1983, le multipartisme est rétabli. En 1984, la hausse du prix du pain provoque des émeutes ; elle est annulée, mais le gouvernementcontinue de se heurter à l'U.G.T.T.

En 1987, la répression s'abat sur les militants islamistes. En octobre de cette même année, le chef de la sécurité, le général Zine el-Abidine Ben Ali, est nommé Premier ministre, avant de succéder, le 7 novembre, au président Bourguiba, destitué. Le P.S.D. devient Rassemblement constitutionnel démocratique (R.C.D.), et Ben Ali entreprend de moderniser l'économie, sans renoncer à la lutte contre l'islamisme. En 1989, élu président de la République, il accentue sa politique de fermeté et, en 1994, fort d'incontestables succès économiques, il est réélu. Il en va de même en 1999, mais la constitution tunisienne prévoyant que le président ne peut exercer plus de trois mandats consécutifs, Ben Ali organise en 2002 un référendum et se voit plébiscité pour rester au pouvoir.

Turkestan Ancien nom d'une région de l'Asie centrale, peuplée majoritairement de Turcs, et comprenant les États actuels du Kazakhstan, du Kirghizistan, d'Ouzbékistan, du Tadjikistan et du Turkménistan (*Turkestan russe*), ainsi qu'une partie de l'ouest de la Chine (*Turkestan chinois*, l'actuel Xinjiang). Les Russes, qui donnèrent ce nom à cette immense région, conquirent le *Turkestan russe* au XIXe siècle. Ce territoire forma la République du Turkestan au sein de la République socialiste fédérative soviétique, de 1918 à 1924, avant d'être divisé pour constituer des Républiques autonomes de l'Union soviétique.

turkmène adj. et n. Du Turkménistan. *Désert turkmène. Un(e) Turkmène.* / n. m. LING. Langue du groupe des langues turques, parlée au Turkménistan.

Turkmènes ou **Turcomans** Peuple apparenté aux Turcs qui vit dans le Turkménistan, l'Ouzbékistan, l'Afghanistan et l'Iran.

• **Turkménistan** État d'Asie centrale s'étendant de la mer Caspienne à l'Amou-Daria, qui trace approximativement la frontière du pays avec l'Ouzbékistan.

Turks et Caicos *430 km² 15 000 h.* Archipel des Antilles, au nord d'Haïti, qui constitue une colonie britannique. Capitale *Cockburn Town* (*3 000 h.*), dans l'île Grand Turk (*40 000 h.*). Moins du quart des îles de l'archipel sont habitées. Les ressources sont la pêche, le sel marin, l'agriculture tropicale (dans les îles Caicos), et surtout le tourisme.

turlupiner v. t. [1] Fam. Tracasser (qqn). *Cette histoire me turlupine.*

Naufrage, de **Joseph Turner** (1805, Tate Gallery, Londres).

TURKMÉNISTAN

Superficie : *488 100 km²* – **Nombre d'habitants :** *5 300 000 h.*
Capitale : *Achkhabad* – **Villes principales :** *Tchardjou, Dashovuz, Mary* – **Système politique :** *république* – **Langue(s) :** *turkmène*
Religion(s) : *islam sunnite* – **Monnaie(s) :** *manat*

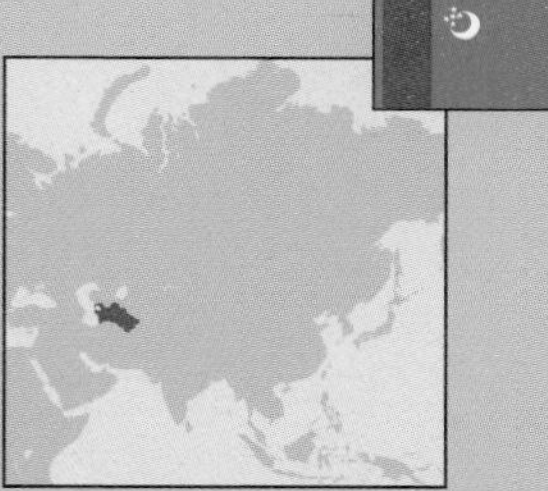

Voir l'Atlas

Edifice public à Achkhabad, la ville la plus peuplée d'un pays en majeure partie désertique.

Géographie physique et humaine

Des déserts et des steppes font place aux montagnes dans le sud. La population n'est pas homogène (Turkmènes, 72 % ; Ouzbeks, 9 % ; Russes, 9 %). On compte aussi des Kazakhs, des Tatars, des Ukrainiens, des Arméniens, des Azéris. L'islam sunnite prédomine largement.

Économie

L'irrigation a permis la culture du coton et des céréales (blé, orge, maïs, riz). Le troupeau ovin atteint 6 millions de têtes. Le pays possède quelques usines chimiques. La ressource principale est constituée par le gaz naturel, que complètent le pétrole et le soufre. Mais l'enclavement du pays freine la pleine exploitation de ses ressources en hydrocarbures : l'utilisation du gazoduc russe et le projet de construction, sous tutelle américaine, d'un gazoduc passant par l'Iran et la Turquie, voire sous la mer Caspienne, posent des problèmes. La récession et l'inflation caractérisent l'économie du Turkménistan depuis l'indépendance (1991).

Monument érigé à Achkhabad à l'époque soviétique.

Histoire

Envahi par Gengis Khan (XIIIe siècle), disputé (XVIIe-XIXe siècle) entre la Perse, les khans de Khiva, les émirs de Boukhara et les seigneurs féodaux afghans, le pays fit ensuite partie de l'Asie centrale russe (conquise au XIXe siècle). Après la révolution de 1917, le Turkménistan forma (avec une grande partie de la région appelée *Turkestan russe*) la république socialiste du Turkestan (1918), qui devint en 1924 une république soviétique agrandie à ses frontières actuelles. Indépendante en 1991, elle a aussitôt intégré la Communauté des États indépendants. En 1992, Separmourad Nyazov, communiste, a été élu président de la République à la quasi-unanimité. En 1994, on a prolongé son mandat, par référendum, jusqu'en 2004. Il a érigé le culte de sa propre personnalité à un degré inconnu partout ailleurs, modifiant le calendrier pour donner aux mois son propre nom, ceux de ses parents ou celui de son œuvre principale, sorte de « code de conduite » figurant aux programmes scolaires.

turlututu ! interj. Exclamation qui exprime la raillerie.

turne ou **thurne** n. f. Fam. Chambre à coucher inconfortable. / (Argot de l'École normale supérieure) Chambre.

Turner (Joseph Mallord William) 1775-1851 Peintre et graveur anglais. Grand maître des effets de lumière, il s'est souvent inspiré de la mythologie pour ses paysages aux atmosphères très travaillées : *Didon et Énée* (1814), *Le Déclin de l'Empire carthaginois* (1817); il a également représenté des sites pittoresques découverts lors de ses voyages en Angleterre (*Le Canal de Chichester*, 1828), puis en France et en Italie, et de nombreuses marines (*Pêcheurs en mer*, 1796). Après 1820, ses recherches sur la couleur et la lumière l'amènent à dissoudre les formes, conférant à ses paysages un aspect irréel : *Pluie, vapeur et vitesse* (1844). Il exerça une influence marquante sur l'impressionnisme.

turnover n. m. (mot anglais) ÉCON. Rotation du personnel ou de la main-d'œuvre ; taux de cette rotation.

turpitude n. f. Litt. Laideur morale ; débauche infâme. / Action, parole particulièrement indigne.

turquerie n. f. (Souvent péjor.) Ouvrage à la manière turque.

• **Turquie** État de l'Asie occidentale (et de l'est de l'Europe).

turquin adj. m. Litt. *Bleu turquin* : bleu foncé. / *Marbre turquin*, bleu à veines blanches.

turquoise n. f. Pierre semi-précieuse, dont la couleur va du bleu clair au bleu-vert (phosphate hydraté naturel d'aluminium ou de cuivre), trouvée pour la première fois en Turquie, et qui se présente en masses compactes ou en rognons, dans des argiles. *La turquoise est très utilisée en joaillerie.*

tussah ou **tussau** n. m. (mot anglais) Soie indienne produite par des chenilles qui ne sont pas celles du bombyx du mûrier. Syn. *soie sauvage*.

tussilage n. m. BOT. Plante vivace à fleurs jaunes de la famille des composées, aux propriétés pectorales. Syn. pas-d'âne.

Turquoise.

T

TURQUIE

Superficie : *779 452 km²* – **Nombre d'habitants :** *66 200 000 h.* – **Capitale :** *Ankara*
Villes principales : *Istanbul, Izmir, Adana* – **Système politique :** *république*
Langue(s) : *turc* – **Religion(s) :** *islam* – **Monnaie(s) :** *livre turque*

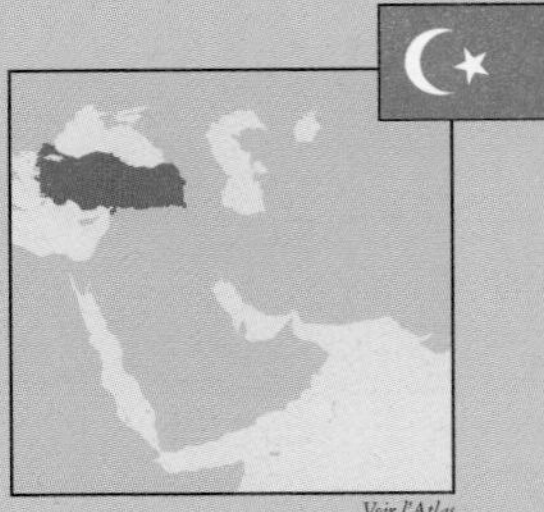

Voir l'Atlas

Géographie physique et humaine

À l'extrémité de la péninsule balkanique, la plaine de Thrace, bordée par deux petits massifs montagneux (Istrandja et Tekir), appartient à l'Europe ; elle couvre moins du trentième du territoire. Le reste du pays s'étend en Asie Mineure. Le plateau d'Anatolie, accidenté par des dépressions (lac Tuz Gölu, *1 620 km²*) et des cônes volcaniques (Erciyas Dag, *3 916 m*) occupe le centre de la péninsule d'Asie Mineure. Une couronne de reliefs élevés l'isole du littoral le plus souvent escarpé et rocheux : chaîne Pontique au nord, monts du Taurus au sud, qui se fondent dans la partie orientale du pays en un vaste ensemble montagneux : l'Arménie turque, dominée par de grands massifs volcaniques (Ararat, *5 165 m*).
Instable, l'Anatolie subit des tremblements de terre meurtriers. Le climat méditerranéen règne sur le littoral de la mer Noire et de la Méditerranée. Au-delà des reliefs côtiers, la sécheresse s'accroît, les hivers sont rigoureux et les étés torrides. Le paysage est steppique ou semi-désertique. La population, composée en majorité de Turcs, comprend des minorités kurde, arabe, arménienne ; elle est musulmane dans sa quasi-totalité. Caractérisée par un taux d'accroissement naturel élevé (2,2 % par an), elle se concentre sur le littoral ; l'exode rural est important, ainsi que l'émigration.

T

Économie

L'agriculture, qui emploie 50 % des actifs, alimente l'exportation et l'industrie : céréales (blé, notamment), betteraves à sucre, pommes de terre, olives, coton, tabac, vigne. L'élevage bovin et surtout ovin (fabrication de tapis) est très développé. Le lignite constitue la seule ressource minérale abondante. Les investisseurs étrangers ont fait décoller l'économie : textile, habillement, notamment. Sous la tutelle du F.M.I., l'État se livre à de grandes privatisations depuis 1988 ; jusqu'alors l'économie était majoritairement étatique. Le tourisme et les fonds envoyés par les émigrés (notamment d'Allemagne) apportent des devises, mais l'inflation est considérable (elle avait atteint des sommets, avant d'être ramenée à moins de 35% en 2002). Les échanges de la Turquie (qui a déposé une demande d'adhésion à la C.É.E. en 1987) avec l'Europe sont très importants ; elle se tourne aussi vers l'Asie centrale (dont de nombreux peuples parlent des langues turques) où elle investit.

Histoire

La Turquie moderne (République de Turquie) est née sur les décombres de l'Empire ottoman, au lendemain de la Première Guerre mondiale. Le traité de Sèvres de 1920 avait morcelé l'ancien Empire ottoman et l'avait placé sous le contrôle des Alliés ; ces humiliations provoquent un sursaut de patriotisme, incarné, notamment, par Mustapha Kemal qui devient chef du gouvernement en 1920 ; en dépit du soutien de la Grande-Bretagne à la Grèce, la *guerre d'indépendance* se termine par la victoire des Turcs sur les Grecs, écrasés et chassés d'Asie Mineure. Le traité de Lausanne (1923) remplace celui de Sèvres et fixe les frontières de la Turquie, qui recouvre alors la Thrace orientale, Imbros, Ténédos et la zone de Smyrne, les Détroits (démilitarisés) ; l'échange forcé des populations est décidé (Grecs d'Asie Mineure contre Turcs de Grèce).
La frontière du sud-est est fixée en 1926 et 1930, respectivement avec l'Iraq et la Syrie. Ayant fait abolir le sultanat puis le califat (1922-1924), Mustapha Kemal, devenu président de la République de Turquie en 1923, entreprend, en exerçant un pouvoir dictatorial appuyé sur un parti unique (le Parti républicain du peuple), de faire de la Turquie un État moderne dont la capitale est fixée à Ankara, au cœur de l'Anatolie. Il impose la laïcisation de l'État et de l'instruction, rendue obligatoire, l'industrialisation et la planification de l'économie ; pour se rapprocher de l'Occident, il adopte le calendrier grégorien, le code civil (abolissant la polygamie), l'alphabet latin, brisant par la force toutes les oppositions et brimant les minorités nationales (Grecs, Arméniens, Kurdes). Sa politique extérieure est pacifique ; la Turquie adhère à la S.D.N. en 1932 et signe avec les pays voisins (Grèce, Bulgarie, U.R.S.S.) des traités qui marquent la réconciliation et règlent les questions en suspens.
À sa mort (1938), Mustapha Kemal devenu *Atatürk* (« le père des Turcs »), laisse à son successeur, Ismet Inönü, un pays complètement régénéré. La Turquie, dont les frontières ont été garanties en octobre 1939 par la France et l'Angleterre, reste neutre pendant la Seconde Guerre mondiale (déclaration de guerre de principe à l'Allemagne et au Japon, en février 1945). À la fin de la guerre, pour résister aux ingérences soviétiques, elle s'appuie sur les États-Unis, adhérant à l'OTAN en 1952. Cédant aux aspirations populaires, Inönü accepte la reconstitution des partis d'opposition ; le Parti démocrate triomphe en 1950, Menderes devient Premier ministre. S'appuyant sur les moyens propriétaires restés profondément musulmans, Menderes pratique une politique de réaction, rétablit l'enseignement religieux obligatoire et contracte des emprunts considérables à l'étranger. Les difficultés financières du pays provoquent un coup d'État militaire qui porte le général Gürsel à la présidence de la République en 1961 ; des procès intentés aux dirigeants démocrates se terminent par des exécutions (notamment celle de Menderes). Ignorant la majorité démocrate, l'armée impose des cabinets de coalition dirigés par Inönü (1961-1965). Leader du parti de la Justice, Süleyman Demirel est plusieurs fois Premier ministre entre 1965 et 1971. À cette date, face au développement d'un vaste mouvement de contestation qui entraîne des émeutes, l'armée le destitue.
En 1974, Bülent Ecevit, leader du Parti républicain du peuple devenu Premier ministre à la suite des élections de 1973, décide l'occupation du nord de Chypre par l'armée turque. Depuis, la division de Chypre n'a reçu aucune solution. Demirel revient au pouvoir de 1975 à 1978, puis en 1979 ; il est à nouveau renversé par l'armée en 1980, alors que la Turquie est déchirée par l'affrontement entre partisans d'extrême gauche et intégristes musulmans, par l'agitation des séparatistes kurdes et par des actions terroristes. L'armée établit une nouvelle Constitution nommant Kenan Evren président de la République et les partis sont interdits. Ils sont à nouveau autorisés en 1983 et de nouveaux partis sont créés. En 1984, la rébellion kurde s'intensifie ; la répression est impitoyable. En 1991, Demirel redevient Premier ministre et il est élu président en 1993. Les islamistes du parti de la Prospérité

Vue du port et du château de Bodrum, l'ancienne ville antique d'Halicarnasse, située au nord du golfe de Cos, dans le sud-ouest de la Turquie.

Issue de projections volcaniques et de plateaux de lave, la Cappadoce, région centrale de l'Asie mineure et de la Turquie, surprend par son paysage lunaire où l'érosion due au vent et au ruissellement des eaux a créé de très nombreuses cheminées de fées.

TURQUIE (SUITE)

remportent les législatives de décembre 1995. Avec de grandes difficultés, ils constituent un gouvernement de coalition (juillet 1996), qui ne résiste pas à la désapprobation de l'armée : les islamistes doivent se retirer (1997) et leur parti est dissout au début de 1998. En 1999, le président Demirel nomme Premier ministre Bülent Ecevit (qui avait gouverné quelque temps dans les années 1970) ; le leader du P.K.K. (principal mouvement indépendantiste kurde), Abdullah Öcalan, est arrêté ; il sera condamné à mort. En 2000, Ahmet Necdet Sezer, soutenu par Ecevit, est élu président de la République. La condamnaton à mort d'Abdullah Öcallan n'est pas exécutée et, en 2002, désireux de se concilier les bonnes grâces de l'Union eurpéenne, le Parlement turc abolit la peine de mort et accorde certains droits culturels à la minorité kurde. Les élections législatives de novembre 2002 ont donné la victoire au parti conservateur musulman Justice et Développement (AKP), l'opposition n'étant plus représentée que par le Parti républicain du peuple, profondément laïc. La Turquie n'a donné aux États-Unis qu'un appui réticent lors de la guerre de la coalition contre l'Irak, en mars 2003.

Littérature

Au XXe siècle, elle a connu un fort développement. Deux noms sont mondialement connus : celui du poète communiste Nazim Hikmet (*Paysages humains*, 1942-1950), et celui du romancier réaliste Yasar Kemal (*Mémed le Mince*, 1955 ; *Le Dernier Combat de Mémed le Mince*, 1985 ; *La Voix du sang*, 1991).

Cinéma

Il naît véritablement en 1949, avec *Frappez la putain !* de Lütfi Akad. Atif Yilmaz réalise *Le Rêve de la mariée* (1957) et bien d'autres films consacrés à la vie rurale : *L'Ouvrier chanceux* (1980).
Le plus grand cinéaste turc est Yilmaz Güney (*Le Troupeau*, 1978), mort en exil en France.

Paysage proche de Yusufeli, dans une région de hautes plaines, au nord du pays.

tussor n. m. Étoffe de tussah. / Par ext. Étoffe de soie légère.

tutélaire adj. Qui apporte sa tutelle. *Ange tutélaire.* / DR. Relatif à la tutelle.

tutelle n. f. DR. Protection légalement exercée par un tuteur sur un enfant mineur ou un incapable majeur ; autorité, charge de tuteur. *Conseil de tutelle.* / *Tutelle administrative* : contrôle exercé par une autorité administrative sur une collectivité, un service public. *Autorité de tutelle.* / *Régime de tutelle* : régime institué par la charte des Nations unies en 1945, confiant à de grandes puissances le soin d'administrer certains pays, généralement d'anciennes colonies. / Fig. Protection. *Se placer sous la tutelle d'un ancien.* / Dépendance, joug pénible. *Se libérer de la tutelle de qqn.*

tuteur, trice n. **I.** n. Personne légalement chargée de veiller sur la personne et les biens d'une personne mineure ou incapable, qu'elle représente dans tous les actes juridiques. *Le tuteur est responsable des intérêts de la personne sur laquelle il exerce sa tutelle et doit en répondre en justice. Subrogé tuteur* : voir *subrogé. Tuteur ad hoc* : personne désignée pour protéger les intérêts du mineur lorsque ces derniers sont en opposition avec ceux du tuteur. / Fig. Protecteur. **II.** n. m. HORTIC. Piquet en bois ou en métal utilisé pour soutenir, redresser une plante.

tutoiement n. m. Fait de tutoyer.

tutorat n. m. Charge de tuteur.

tutoyer v. t. [1] Employer la deuxième personne du singulier pour s'adresser à (qqn). / *Tutoyer l'obstacle* : en parlant d'un cheval, frôler l'obstacle, sans le faire chuter, lors de son franchissement.

tutsi, e adj. et n. Des Tutsis ; membre de cette ethnie.

Tutsi(s) Peuple vivant au Burundi et au Rwanda, constituant 15 % de la population de chacun de ces pays. Classe sociale selon les uns, ethnie (d'origine nilotique) selon les autres, les Tutsis sont entrés avec les Hutus, qui constituent 85 % des populations des deux pays, dans de nombreux conflits qui ont culminé en 1994 avec les massacres du Rwanda. Les deux peuples parlent les mêmes langues (bantoues) et furent unis par des alliances commerciales jusqu'à la fin des années 1950. Une petite communauté tutsie vit dans l'est de la République démocratique du Congo ; en 1996-1997, elle se souleva, derrière son leader Kabila, contre Mobutu.

tutti n. m. inv. (mot italien) MUS. Ensemble de tous les instruments d'un orchestre (par oppos. au solo) ; passage d'une œuvre exécutée par l'orchestre entier.

tutti frutti loc. adj. inv. (mots italiens) Comportant un mélange de divers fruits.

tutti quanti loc. nominale inv. (mots italiens) *Et tutti quanti* : et cetera.

tutu n. m. Costume de ballerine, formé de plusieurs courtes jupes froncées faites de gaze légère, de tulle, de tarlatane.

Tutu (Desmond) 1931 Prélat sud-africain. Noir, archevêque anglican du Cap, il reçut en 1984 le prix Nobel de la paix pour s'être élevé contre l'apartheid.

• **Tuvalu (îles)** (autrefois *îles Ellice*) Archipel d'Océanie, dans le Pacifique, situé à l'est de l'archipel Salomon.

tuvaluan, e adj. et n. Des îles Tuvalu. / n. m. Langue officielle des îles Tuvalu.

tuyau n. m. Canalisation souple ou rigide, de section circulaire variable, utilisée pour l'écoulement des fluides liquides ou gazeux. *Tuyau d'arrosage.* / Pli cylindrique fait à un linge empesé. / MUS. *Tuyau sonore* : tuyau utilisé pour la production des sons, par insufflage d'air à l'aide d'une embouchure conçue spécialement pour chaque instrument à vent, la hauteur du son émis dépendant de la longueur de la colonne d'air vibrant. / *Dire qqch. dans le tuyau de l'oreille*, confidentiellement et à voix basse. / ZOOL. *Tuyau d'une plume* : extrémité creuse d'une plume d'oiseau. / Fig., fam. Renseignement utile. *Un bon tuyau.* (Plaisant) *Un tuyau crevé* : un mauvais renseignement.

tuyautage n. m. Action de tuyauter du linge ; son résultat. / Fig, fam. Fait de tuyauter, de fournir des tuyaux.

TUVALU (ÎLES)

Superficie : *25,63 km²* – **Nombre d'habitants :** *11 000 h.*
Capitale : *Vaiaku* – **Système politique :** *État membre du Commonwealth* – **Langue(s) :** *anglais, tuvaluan*
Religion(s) : *protestantisme* – **Monnaie(s) :** *dollar de Tuvalu*

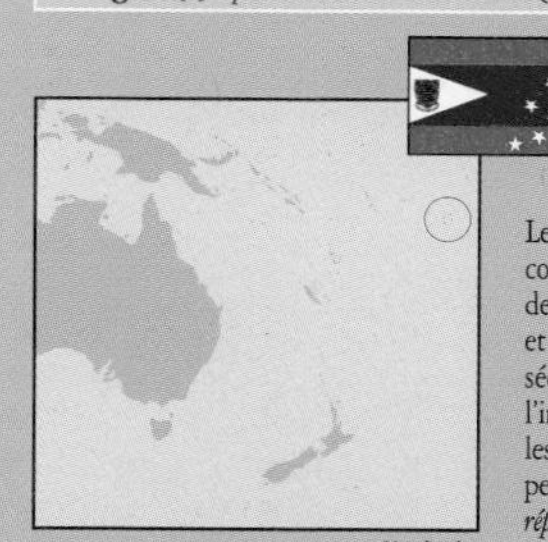

Voir l'Atlas

Les ressources sont la pêche et le coprah. Ces îles faisaient partie de la colonie britannique Gilbert et Ellice. En 1975, Tuvalu a fait sécession ; l'archipel a accédé à l'indépendance en 1978, alors que les îles Gilbert devenaient indépendantes en 1979, formant la *république de Kiribati*.

Mark Twain.

tuyauter v. t. [1] Plisser (du linge) en tuyau. *Tuyauter une collerette.* / Fig., fam. Fournir des tuyaux, des renseignements à (qqn). *Tuyauter un parieur sur la forme des chevaux en course.*

tuyauterie n. f. Ensemble des tuyaux d'une installation (conduites d'eau, chauffage central, canalisations diverses). / Tuyaux apparents d'un orgue.

tuyère n. f. TECHN. Organe de canalisation servant à accroître la vitesse d'un fluide (eau ou gaz). / AÉRON. Dans un moteur à réaction, partie du turboréacteur où se produit, par détente des gaz dans l'atmosphère, l'augmentation de la vitesse. / MÉTALL. Ouverture située à la base d'un haut fourneau qui reçoit le conduit terminal des souffleries, provoquant ainsi le courant d'air nécessaire à la combustion.

TV n. f. Abréviation de télévision.

T.V.A. n. f. Sigle de *Taxe à la Valeur Ajoutée* ; voir *taxe*.

Twa(s) Population pygmée du Burundi, du Rwanda et du Congo. Les Twas qui ne vivent pas dans la forêt se sont parfois intégrés à l'économie des États où ils vivent, en particulier au Rwanda et au Burundi où ils étaient danseurs ou potiers.

Twain (Samuel Langhorne Clemens, dit Mark) 1835-1910 Romancier

T

américain. Fils de pionniers, il est pilote d'un bateau à roues sur le Mississippi, puis devient journaliste et voyage en Europe. Son œuvre, très populaire aux États-Unis, montre des jeunes garçons débrouillards et généreux, dont la vie mouvementée reflète celle de l'auteur : *Les Aventures de Tom Sawyer* (1876), *Les Aventures de Huckleberry Finn* (1884).

tweed n. m. (mot anglais) Tissu (sergé) d'origine écossaise, en laine cardée.

tweeter n. m. (mot anglais) ÉLECTROAC. Haut-parleur affecté à la diffusion des sons aigus.

Twickenham *75 000 h.* Quartier résidentiel du sud-ouest de l'agglomération de Londres, célèbre pour son stade de rugby.

twill n. m. (mot anglais) Tissu en armure sergée. / Très légère étoffe de soie, de rayonne.

twin-set n. m. (mot anglais) Ensemble formé d'un pull-over et d'un cardigan assortis. Pl. Des *twin-sets*.

twist n. m. (mot anglais) Danse d'origine américaine, apparue dans les années 1960, qui consiste en une rotation, tout en restant sur place, des jambes et du bassin, sur une musique très rythmée.

twister v. i. [1] Danser le twist.

Tyard ou **Thiard (Pontus de)** 1521-1605 Poète français de la Pléiade. Évêque de Chalon-sur-Saône, il se consacra essentiellement à la littérature et à la philosophie : *Erreurs amoureuses* (1549-1555) ; *Livre des vers lyriques* (1555) ; *Discours philosophiques* (1587).

tympan n. m. ANAT. Membrane qui sépare l'oreille moyenne (*caisse du tympan*) du conduit auditif externe. *Le tympan est l'élément récepteur des vibrations sonores, qu'elle transmet à la chaîne des osselets de l'oreille moyenne.* / Cavité de l'oreille moyenne limitée extérieurement par la membrane du tympan. / ARCHIT. Surface triangulaire encadrée par la corniche et les deux rampants d'un fronton ; dans les églises romanes et gothiques, espace généralement sculpté compris entre le linteau et les arcs du portail. *Tympan d'un temple grec. Le tympan de la cathédrale d'Autun.* / IMPR. Dans une presse à bras, châssis sur lequel on pose les feuilles. / MÉCAN. Roue hydraulique ; pignon fixé sur son arbre et qui est en prise avec les dents d'une roue.

tympanal adj. et n. m. ANAT. Du tympan. *Os tympanal* ou (n. m.) *le tympanal* : pièce osseuse du conduit auditif externe.

T

tympanique adj. Relatif au tympan de l'oreille.

tympanon n. m. Instrument de musique à cordes de métal que le musicien fait résonner avec deux petites baguettes de bois ou d'acier. Syn. cymbalum.

tympanoplastie n. f. CHIR. Intervention réparatrice du tympan et de l'oreille moyenne, visant à en rétablir le fonctionnement, notam. dans certains cas d'otite chronique.

Tyndall (John) 1820-1893 Physicien irlandais. Il découvrit le phénomène du regel de la glace en 1871 et expliqua ainsi le déplacement des glaciers. Il étudia la diffusion de la lumière par les milieux opaques. *L'effet Tyndall* est une diffusion à angle faible qui accompagne le passage de la lumière dans les suspensions colloïdales, accompagné d'irisations colorées.

tyndallisation n. f. TECHN. Méthode utilisée pour conserver des aliments sans altérer leurs qualités et qui consiste à les chauffer à 80 °C et à les refroidir à plusieurs reprises.

Tyndare MYTH. GR. Roi de Sparte, époux de Léda qui était mère des Dioscures, d'Hélène et de Clytemnestre.

type n. m. Pièce portant une empreinte, destinée à produire d'autres empreintes semblables ; cette empreinte ; caractère d'imprimerie. *Type gothique.* / Modèle idéal présentant les traits essentiels d'un ensemble d'êtres ou d'objets de même espèce. *Sganarelle est le type du valet.* (En appos.) *C'est l'intellectuel type.* / Ensemble de caractéristiques permettant de distinguer un groupe d'êtres ou d'objets d'un autre groupe. *Le type chinois.* / BIOL. Spécimen utilisé pour nommer et décrire une espèce. / BIOL. Taxon considéré comme caractéristique d'un taxon de rang supérieur, et utilisé pour décrire celui-ci. *L'espèce type d'un genre. Le genre type d'une famille.* / Fam. Individu quelconque. *Un brave type.*

typé, e adj. Correspondant à un type, à un modèle du genre. *Personnage typé.* / Spécial. Qui possède toutes les caractéristiques physiques de son peuple, de son groupe. *Cette Provençale est tout à fait typée.*

typhique adj. et n. Relatif au typhus ou à la fièvre typhoïde.

typhoïde n. f. et adj. MÉD. Infection généralisée, due à une espèce de salmonelle (bacille typhique ou bacille d'Eberth), transmise par l'eau ou les aliments, caractérisée par de la fièvre, un état de prostration (le tuphos), divers troubles digestifs. / adj. *La fièvre typhoïde* : la typhoïde.

typhon n. m. Cyclone très violent du Sud-Est asiatique, naissant dans la mer de Chine ou dans le Pacifique, accompagné de vents tourbillonnaires de 200 à 300 km/h et de pluies diluviennes ravageant les côtes.

typhus n. m. MÉD. *Typhus exanthématique* ou *typhus* : maladie infectieuse, contagieuse et épidémique caractérisée par une fièvre élevée, un exanthème généralisé et des troubles nerveux analogues à ceux de la fièvre typhoïde (tuphos). *Le typhus exanthématique est dû à une bactérie (rickettsie), transmise par le pou.* / *Typhus murin* : maladie aux caractéristiques analogues, moins grave, due à une autre espèce de rickettsie, transmise par la puce du rat. / Nom donné à diverses autres maladies caractérisées par un état de prostration. *Typhus amaril* (ou *vomito negro, fièvre jaune*) : maladie infectieuse, fébrile, à manifestations hépatiques et rénales, des régions tropicales (Afrique, Amérique), due à un virus transmis par un moustique.

typique adj. Propre à un type. *Caractère typique.* Ant. atypique.

typo n. Abréviation de typographe, typographie.

typographe n. Spécialiste de la typographie. / (En appos.) *Ouvrier typographe* : ouvrier qui compose en types, en caractères mobiles, un texte à imprimer.

typographie n. f. Composition (d'un texte) avec des caractères mobiles en plomb ; son résultat. / Aspect d'un texte ainsi composé ; aspect d'un texte, qu'il ait été ou non ainsi composé. *Une jolie typographie, une typographie lisible, illisible.* / IMPR. Procédé d'impression à partir d'une forme en relief (caractères et clichés).

Presse à imprimer en **typographie**.

typologie n. f. Étude des différentes caractéristiques des éléments d'un ensemble, dans le but de les regrouper en types et d'établir sur cette base une classification ; la classification ainsi obtenue. *Typologie des maladies.* / PSYCHOL. Branche de la psychologie qui étudie les types humains, en prenant en considération les rapports entre caractères morphologiques et psychologiques.

typomètre n. m. IMPR. Instrument de mesure gradué en points typographiques, utilisé par les imprimeurs.

typon n. m. IMPR. Cliché positif et tramé, destiné au montage d'une plaque offset.

Tyr (aujourd'hui, *Sour*, au Liban) Ancienne ville phénicienne qui devint, à partir du XIe siècle avant J.-C., le principal port de Méditerranée orientale. Port de commerce actif, elle fonda de nombreux comptoirs dont, en 814 avant J.-C., la ville de Carthage. Tyr fut assiégée plusieurs fois par le roi de Babylone (586-573 avant J.-C.), par Alexandre le Grand (332 avant J.-C.), puis incorporée à l'Empire romain. La ville de Sour conserve quelques vestiges phéniciens et romains.

tyran n. m. / ANTIQ. En Grèce, souverain parvenu au pouvoir par la force, et qui l'exerçait de manière absolue. *Denys, tyran de Syracuse.* / Personne qui, dans un État, détient le pouvoir suprême et qui l'exerce de manière despotique, arbitraire et cruelle. / Fig. Personne qui fait abus de son autorité légitime. *La directrice est un vrai tyran.*

tyranneau n. m. Litt. Tyran médiocre, à l'autorité limitée. *Un tyranneau domestique.*

tyrannicide [1] n. m. Meurtre d'un tyran.

tyrannicide [2] n. Meurtrier, meurtrière d'un tyran.

tyrannie n. f. / ANTIQ. En Grèce, régime dans lequel un souverain exerçait le pouvoir absolu en l'ayant usurpé, mais sans en faire forcément mauvais usage. / Régime où le pouvoir est accaparé par un tyran. / Fig. Autorité abusive, oppressive, exercée par qqn. / Fig. Contrainte impérieuse.

tyranniser v. t. [1] Se comporter en tyran envers (qqn) ; traiter (qqn) avec tyrannie.

tyrannosaure n. m. PALÉONT. Grand dinosaure carnivore, bipède, aux membres antérieurs atrophiés, qui vivait au cours du Jurassique et du Crétacé.

Tyrol (en allemand *Tirol*) Région historique d'Autriche et d'Italie. Province de l'ancien Empire autrichien, elle a été partagée entre l'Italie et l'Autriche en 1919. C'est une région montagneuse (l'Ötztal, qui culmine à *3 780 m*, appartient aux Alpes centrales), traversée par l'Inn, la Drave et l'Adige. La beauté des paysages montagneux et des lacs, la douceur du climat (oliviers, vignobles dans le sud) favorisent le tourisme. En Italie, la région du sud du Tyrol forme la Région Trentin-Haut-Adige, où vivent encore de nombreux germanophones.

Tyrol *12 648 km² 658 312 h.* État fédéral d'Autriche, entièrement montagneux. Capitale *Innsbruck*. Outre le tourisme, les ressources sont agricoles (blé, vigne, fruits) et industrielles (exploitation des mines de cuivre, de sel, de magnésite ; bijouterie ; chimie ; électrochimie).

tyrolien, enne adj. et n. **I.** adj. et n. Du Tyrol. *Les montagnes tyroliennes. Un(e) Tyrolien (ne).* **II.** n. f. MUS. Manière de chanter typique du Tyrol, dans laquelle le chanteur (qui jodle) saute de grands intervalles toniques au moyen de notes de poitrine et de tête qui alternent à un rythme rapide. / Danse du Tyrol, exécutée sur un air à la tyrolienne, à trois temps.

tyrosine n. f. BIOCHIM. Acide aminé aromatique, non polaire, présent dans les protéines, et précurseur de nombreuses molécules (adrénaline, noradrénaline, dopamine, thyroxine, mélanine).

tyrrhénien adj. et n. m. De la mer Tyrrhénienne. *Les plages tyrrhéniennes.* / n. m. GÉOL. *Le Tyrrhénien* : la période du Pléistocène supérieur, caractérisée par des niveaux marins différents, intervenus entre les glaciations successives.

Tyrrhénienne (mer) Partie de la Méditerranée baignant la côte occidentale de l'Italie, la Corse, la Sardaigne et la Sicile. L'Arno et le Tibre en sont tributaires.

tytonidés n. m. pl. ZOOL. Famille de rapaces nocturnes (ordre des strigiformes) comprenant les chouettes effraies.

Tyva Voir **Touva**

tzar, tzarévitch, tzarine, tzarisme, tzariste Voir **tsar, tsarévitch, tsarine, tsarisme, tzariste**

Tzara (Tristan Samuel Rosenstock, dit **Tristan)** 1896-1963 Écrivain français d'origine roumaine. Il a fondé le mouvement Dada en 1916, à Zurich ; il créa une revue, *Dada*, organisa des soirées « artistiques et littéraires » qui firent scandale, et écrivit *Sept Manifestes Dada*, publié en 1924 à Paris (où il s'était installé en 1919). Ami de Breton, Eluard, Soupault, il fut par intermittences proche du surréalisme (*L'Homme approximatif*, 1931). Après la Seconde Guerre mondiale, il se détache du nihilisme dadaïste : *Le Poids du monde* (1950). Il a publié notamment : *La Première Aventure céleste de M. Antipyrine* (1916), *Vingt-cinq poèmes* (1918), *De nos oiseaux* (1923), *L'anti-tête* (1933), *La Deuxième aventure céleste de M. Antipyrine* (1938), *Entre-temps* (1946), *De mémoire d'homme* (1951), *La Face intérieure* (1953).

tzigane, Tziganes Voir **tsigane, Tsiganes**

Tyrol : *Pettneu, dans l'ouest de l'Autriche.*

U.A. n. f. (sigle de *unité astronomique*) Voir *unité*.
ubac n. m. Versant d'une montagne, exposé au nord.
ubiquiste adj. Qui a, ou semble avoir, le pouvoir d'ubiquité.
ubiquité n. f. Pouvoir d'être présent en plusieurs lieux au même instant. / RELIG. Faculté attribuée à Dieu d'être présent simultanément en tout lieu.
Ubu Personnage imaginaire, grotesque, lâche, cruel, cupide. Au départ création collective d'élèves du lycée de Rennes inspirée par un professeur de physique, Alfred Jarry a fait du Père Ubu le héros de plusieurs de ses textes, notamment *Ubu roi* (pièce dont la création en 1896 fit scandale dès sa première réplique : « Merdre ! »), *Ubu cocu*, *Ubu enchaîné*.
ubuesque adj. Dont la bêtise, la lâcheté et la cruauté, poussées jusqu'à l'absurde, sont dignes du Père Ubu « (...) *les baudruches, les outres gonflées de suffisance, de cynisme, de couardise et de vent bouffon, ce que résume l'épithète « ubuesque », entrée désormais dans tous les dictionnaires, y compris celui de l'Académie française, où elle fait figure d'autocritique* » (Gabriel Macé).
Uccello (Paolo di Dono, dit **Paolo)** 1397-1475 Peintre, orfèvre, décorateur et mosaïste italien. Sa connaissance de la géométrie apparaît dans l'organisation de ses compositions où l'aspect ornemental est très prononcé et où les détails foisonnent : *Déluge*, *Création* à Florence, *Bataille de San Romano* (1456-1460), dont les trois panneaux sont dispersés (Louvre, Offices de Florence, National Gallery de Londres). Son audace dans l'utilisation des couleurs, son goût de l'innovation et son talent multiforme (outre des travaux d'orfèvrerie, des dessins de vitraux, des portraits, des ouvrages de marqueterie, on lui doit aussi des devants de coffres décorés et la prédelle de la *Légende de la profanation de l'hostie*, à Urbino) en font un parfait représentant de la Renaissance italienne.
Uchida Tomu 1898-1970 Cinéaste japonais dont l'œuvre (*La Terre*) appartient au courant réaliste qui a dominé une partie de la production des années 1930, jusqu'à ce que le gouvernement, engagé dans la guerre avec la Chine, réduise au silence nombre de réalisateurs.

Détail de la Bataille de San Romano, de ***Paolo Uccello****, musée des Offices, Florence.*

U.D.-V[e] ou **UD-V**[e] Voir **Union des démocrates pour la République**
Udaipur *308 571 h.* Ville de l'Inde, dans le Rajasthan, capitale de l'ancien Rajputana, qui conserve de nombreux monuments anciens. C'est aujourd'hui un centre agricole et textile et une destination touristique.
Uderzo (Albert) 1927 Dessinateur français de bandes dessinées, co-auteur, avec René Goscinny, de la série *Astérix* au succès international.
U.D.F. ou **UDF** Voir **Union pour la démocratie française**
U.E. ou **UE** Sigle de *Union européenne.*
Ueda Akinari 1734-1809 Écrivain japonais. Fils naturel d'une courtisane, il fut adopté par un riche marchand. Autodidacte, il influença fortement la littérature japonaise. Son œuvre la plus connue est *Contes de pluie et de lune* (1776), adaptée au cinéma par Mizoguchi sous le titre de *Contes de la lune vague après la pluie.*
Uélé ou **Ouellé** *1 300 km* Rivière qui traverse l'extrême nord de la république démocratique du Congo et s'unit au M'Bomou (venu de la République Centrafricaine) pour former l'Oubangui.
ufologie n. f. Étude des ovnis (en anglais, *UFO*, acronyme pour « Unidentified Flying Objects »), des phénomènes qui leur sont liés.
ufologue n. Spécialiste d'ufologie.
U.F.R. (Sigle d'*unité de formation et de recherche*) Cellule de base de la formation universitaire, remplaçant l'U.E.R. depuis 1985.
Ugarit Voir **Ougarit**
Ugolin (Ugolino della Gherardesca, en français**)** ?-1288 Homme politique italien. Pisan, affilié au parti gibelin, il devint le tyran de la ville. Il fut renversé par un soulèvement et emprisonné avec ses enfants et ses neveux. Selon la légende, mourant de faim, il aurait tenté de les dévorer avant de périr à son tour. Dante s'est inspiré de la légende dans son *Enfer* et Rodin a représenté Ugolin dévorant ses enfants dans *La Porte de l'Enfer* (inachevée).
U.H.F. n. f. Abréviation de *ultra-haute-fréquence*. Voir *fréquence*.
uhlan n. m. (mot allemand) Cavalier des armées de Pologne, de Prusse, d'Autriche ou de Russie (XVIIIe-XIXe siècle), engagé comme mercenaire.
U.H.T. Voir **upérisation**
Uhuru Voir **Kilimandjaro**
Uitlanders (en néerlandais « étrangers ») Colons d'origine étrangère attirés par l'or et le diamant au Transvaal et dans l'État d'Orange (Afrique du Sud) où ils s'implantèrent après les Boers, d'origine hollandaise.
U.K. Sigle de *United Kingdom*, nom anglais du Royaume-Uni.
ukase Voir **oukase**
ukiyo-e n. m. (mot japonais, « image du monde flottant ») BX-A. Mouvement artistique japonais spécialisé dans l'évocation du monde éphémère, de tout ce qui, dans la vie humaine, est transitoire, non permanent, en particulier l'univers du plaisir, du kabuki, des quartiers réservés, et dont le mode d'expression privilégié, à partir du milieu du XVIIe siècle, fut l'estampe.
• **Ukraine** État d'Europe orientale situé au sud de la Biélorussie et à l'ouest de la Russie, riverain de la mer Noire.
ukrainien, enne adj. et n. D'Ukraine. *Agriculture ukrainienne. Un(e) Ukrainien(ne).* / n. m. Langue slave parlée en Ukraine.
ukulélé n. m. (mot hawaïen) MUS. Petite guitare à quatre cordes, originaire d'Hawaï.
Ulbricht (Walter) 1893-1973 Homme politique allemand. Il participa au mouvement spartakiste et à la fondation du parti communiste en 1919. Réfugié à Prague, puis à Paris (1933), enfin en U.R.S.S. (1938), rentré en Allemagne de l'Est en 1945, vice-président (1946-1950), puis (1950-1953) secrétaire général du Parti d'unité socialiste (S.E.D., communiste), premier secrétaire (1953-1971) du S.E.D., il est le vrai chef de la R.D.A. Élu (1960) président du Conseil d'État, organisme collégial exerçant les fonctions de chef d'État, il le reste jusqu'à sa mort.

Walter Ulbricht.

U

UKRAINE

Superficie : *603 700 km²* – **Nombre d'habitants :** *49 100 000 h.* – **Capitale :** *Kiev*
Villes principales : *Kharkov, Dniepropetrovsk, Dnieprodzerjinsk* – **Système politique :** *république*
Langue(s) : *ukrainien, russe* – **Religion(s) :** *christianisme (orthodoxes et catholiques uniates)*
Monnaie(s) : *grivna (ou hryvnia)*

Voir l'Atlas

Géographie physique et humaine

L'Ukraine est une vaste plaine limitée au nord par la forêt de Biélorussie, à l'est et à l'ouest par des plateaux plus pauvres (pays de la Volga) et au sud par la mer Noire, les montagnes de Crimée et la mer d'Azov. Le climat est continental. La richesse du sol fait de l'Ukraine une grande région agricole (blé : 40 % des récoltes de l'ancienne U.R.S.S., betterave, tournesol, maïs, riz, coton) ; la vigne et les arbres fruitiers sont cultivés en Crimée.

L'élevage bovin et porcin est associé à la grande culture extensive. Depuis 1990, la production a baissé dans tous les domaines. L'Ukraine était l'un des premiers foyers industriels de l'U.R.S.S. Grâce à ses abondantes ressources minières et énergétiques (gisement houiller du Donbass, équipement hydroélectrique du Dniepr, du Don et de la Volga, gaz naturel au sud de Lvov, fer de Krivoï-Rog, manganèse de Nikopol) ; l'industrie lourde a pour pôles Lougansk, Gorlovka, à l'est du Donbass, et Dniepropetrovsk, Zaporojie et Krivoï-Rog à l'ouest. Kharkov et Kiev ont des industries mécaniques et alimentaires (raffineries de sucre). Tous ces équipements sont désuets ; la vétusté des centrales nucléaires inquiète la communauté internationale depuis la catastrophe de Tchernobyl (1986). Les accidents du travail sont en augmentation mais la production, qui avait atteint un niveau extrêmement bas, a remonté pour atteindre en 2002 son niveau de 1990. La coopération avec la Russie, en proie aux plus grandes difficultés, est conflictuelle. La catastrophe financière russe de 1998 a été durement ressentie en Ukraine. L'inflation a été à peu près nulle en 2002 et la dépendance énergétique vis à vis de la Russie s'est réduite, le Turkménistan fournissant au pays de plus en plus de gaz. Les investissements étrangers, très faibles, sont en légère augmentation.

Histoire

L'Ukraine (dont le nom signifie « marche » ou « frontière ») fut peuplée de Scythes, puis de Sarmates. La région fut conquise par les Goths, les Huns, les Slaves orientaux et les Khazars, avant de passer sous la domination des Varègues dont, au IXe siècle, le chef Oleg le Sage fonda la principauté de Kiev, à l'origine de la formation d'un État russe. Elle fut détruite au XIIIe siècle par l'invasion mongole (ce qui permit à la principauté de Moscou de se développer).

Au XIVe siècle, une partie du pays fut unie à l'État polono-lituanien né en 1386 de l'union entre Pologne et Lituanie intervenue à la suite du mariage de la reine de Pologne, Hedwige, avec le grand-prince de Lituanie, Ladislas II Jagellon. Persécutés par les Polonais catholiques, de nombreux paysans orthodoxes émigrèrent pour s'installer au-delà du Dniepr, constituant la communauté autonome des Cosaques zaporogues ; ces derniers, pourtant, se mirent au XVIe siècle au service de la Pologne pour défendre l'Ukraine contre les Tatars. Révoltés contre la Pologne sous la conduite de leur hetman Khmelnitski, ils acceptèrent (1667) la suzeraineté du tsar ; celle-ci s'exerça sur une grande partie de l'Ukraine qui devint peu à peu une province russe (mis à part l'ouest, soumis à la Pologne puis à l'Autriche). Catherine II abolit les dernières franchises cosaques et annexa la Crimée ; en 1793, la Russie reçut, au deuxième partage de la Pologne, la totalité de l'Ukraine. La révolution russe d'octobre 1917 divisa le pays, où deux républiques furent proclamées, une république autonome nationaliste en novembre 1917, une république soviétique à Kharkov en décembre de la même année. L'Ukraine fut occupée par les Allemands (1918), puis le dirigeant de la république nationaliste, Petlioura, reprit le pouvoir. Entre 1919 et 1921, l'Ukraine fut le théâtre de violents combats entre les

Vue partielle de Kiev, sur la rive droite du Dniepr : panorama de la ville moderne.

Cathédrale Sainte-Sophie de Kiev, aux coupoles de style byzantin. Datant du XIe siècle, elle a été plusieurs fois restaurée.

« blancs » conduits par Denikine et Wrangel, les soviétiques et les troupes de Petlioura qui s'allia aux Polonais en 1920. En 1921, elle dut abandonner la Galicie à la Pologne, la Bukovine du nord et la Bessarabie à la Roumanie, et la Ruthénie subcarpatique à la Tchécoslovaquie. En décembre 1922, elle entra dans l'U.R.S.S. Pendant la Seconde Guerre mondiale, elle fut durement occupée par l'Allemagne (1941-1942). Après la libération de l'Ukraine par l'armée rouge, Staline se livra à des persécutions contre les nationalistes accusés d'avoir collaboré avec l'occupant. En 1945, l'Ukraine obtint un siège à l'ONU (membre fondateur) et récupéra les territoires perdus en 1921. Elle obtint la Crimée en 1954, alors que la reconstruction avait fait d'elle une puissance agricole et industrielle au sein de l'U.R.S.S. En 1986, la catastrophe de Tchernobyl montra la faiblesse de l'Ukraine et de l'U.R.S.S. En 1990, elle proclama sa souveraineté. En août 1991, elle proclama unilatéralement son indépendance et élut L. Kravtchouk comme président de la République. En décembre de cette même année, elle fut l'un des membres fondateurs de la Communauté des États indépendants (C.É.I.). En 1992, un différend l'opposa à la Russie, concernant la flotte de la mer Noire et la base de Sébastopol. En 1994, l'Ukraine a signé un accord sur sa dénucléarisation, ce qui lui valut une aide des États-Unis, indispensable à sa survie. Cette même année, Leonid Koutchma a été élu président ; il sera réélu en 1999. En 1996, l'Ukraine s'est dotée d'une nouvelle monnaie, la grivna (ou hryvnia) ; en accord avec le F.M.I., elle a mené la lutte contre l'inflation. En 1997, l'Ukraine et l'U.R.S.S. ont signé un accord relatif à la mer Noire : la Russie loue des installations portuaires de Sébastopol et reconnaît la Crimée comme ukrainienne. En 1999, la centrale nucléaire de Tchernobyl a été définitivement arrêtée.

ulcération n. f. MÉD. Lésion de surface, sur la peau ou une muqueuse. / Formation d'un ulcère.

ulcère n. m. MÉD. Plaie ouverte de la peau ou d'une muqueuse avec perte de substance et sans tendance spontanée à la cicatrisation. *Ulcère variqueux.*

ulcéré, e adj. MÉD. Qui est le siège d'une ulcération. / Fig. Profondément blessé.

ulcérer v. t. [1] Produire un ulcère sur (une muqueuse). / Fig. Blesser profondément la sensibilité, l'amour-propre de (qqn).

ulcéreux, euse adj. et n. D'un ulcère. *Plaie ulcéreuse.* / Qui souffre d'un ulcère. / Subst. *Un ulcéreux, une ulcéreuse.*

uléma Voir **ouléma**

Ulfilas, Ulfila, Ulphilas ou **Wulfila** v. 311-383 Évêque goth. Né dans une famille originaire de Cappadoce, il traduisit la Bible en gotique et convertit les Goths au christianisme arien. Ulfilas mourut avant la condamnation définitive de sa doctrine, mais l'arianisme se répandit rapidement parmi les peuples barbares.

Ulm *115 123 h.* Ville industrielle d'Allemagne, dans le Bade-Wurtemberg, sur le Danube, riche en monuments du Moyen Âge (cathédrale du XIVe siècle). L'armée autrichienne de Mack, encerclée par Napoléon Ier, y capitula en 1805.

U.L.M. n. m. (sigle *de Ultra Léger Motorisé.*) Petit avion pour une ou deux personnes, conçu pour un usage sportif.

U.L.M.

Ulster, région historique du nord de l'Irlande dont la capitale est Belfast.

ulmacées n. f. pl. BOT. Famille de plantes dicotylédones arborescentes, dont les feuilles sont souvent légèrement asymétriques. *L'orme est une ulmacée.*

Ulphilas Voir **Ulfilas**

Ulster Région du nord de l'Irlande, divisée entre la république d'Irlande et la Grande-Bretagne. Celle-ci possède toute la partie nord-est qui constitue l'Irlande du Nord. La république d'Irlande possède les parties est (comté de Donegal) et sud (comté de Cavan et de Monaghan), qui forment la province d'Ulster. **Histoire** Puissant royaume du début de l'ère chrétienne, l'Udah (Ulster) fut conquise par le royaume voisin de Midhe (Meath) au IIe siècle et disparut au IVe siècle. Le pays fut dominé pendant sept cents ans par la famille O'Neill qui perdit son pouvoir au XIIe siècle. Jean sans Terre en fit cadeau à un de ses féaux. L'étau anglais se desserra au XVe siècle et les catholiques arrivèrent en nombre au XVIIe siècle ; il leur fallut deux cents ans pour devenir majoritaires. Se sentant menacés, les protestants s'opposèrent fortement aux revendications d'autonomie portées par les catholiques. En 1920, l'Ulster se divisa en deux, division qui perdure.

ultérieur, e adj. GÉOGR. Qui se situe au-delà. *Calabre ultérieure.* Ant. citérieur. / Qui advient après. *Attendre une date ultérieure.* Ant. antérieur.

ultérieurement adv. Plus tard.

ultimatum n. m. Démarche diplomatique par laquelle un État somme un autre État de se conformer à certaines exigences dans un délai bref, faute de quoi les hostilités seront déclenchées. / Proposition contraignante qui impose à quelqu'un une décision ou le choix d'un parti.

ultime adj. Dernier (dans le temps). *Un ultime espoir.*

ultra n. Personne qui adopte des positions extrêmes, en particulier en politique. / HIST. Voir *ultraroyaliste*

ultracentrifugation n. f. TECHN. Centrifugation à très grande vitesse angulaire (50 000 à 100 000 tours/minute).

ultrafiltration n. f. BIOL. Technique permettant la séparation des molécules biologiques par passage, le plus souvent sous pression, à travers des filtres capables de retenir des particules de l'ordre du centième de micromètre.

ultralibéralisme n. m. ÉCON. Tendance issue du libéralisme et prônant la primauté absolue de l'économie de marché, la libre entreprise et la libre concurrence.

ultramicroscope n. m. TECHN. Microscope très puissant où la préparation à examiner est éclairée latéralement, et où les particules très petites, invisibles par éclairage axial, diffractent de la lumière et apparaissent comme des points brillants sur fond obscur.

ultramontain, e n. et adj. HIST. Catholique français partisan de la suprématie de la papauté (Rome étant située par-delà les Alpes [en latin *ultra montes*, « au-delà des monts »]). / adj. *Positions ultramontaines.* ♦ Les ultramontains (parmi lesquels Joseph de Maistre, La Mennais, Louis Veuillot), opposés aux gallicans, considéraient que l'autorité du pape s'imposait toujours au détriment des traditions des Églises catholiques nationales. Leurs campagnes préparèrent la proclamation du dogme de l'infaillibilité pontificale par le premier concile du Vatican (1869-1870).

ultramontanisme n. m. HIST. Doctrine des ultramontains.

ultra-petita adv. et n. m. (mots latins) DR. Au-delà de ce qui avait été demandé. / n. m. Fait de statuer sur ce qui n'avait pas été demandé, de concéder, d'adjuger plus que ce qui avait été demandé.

ultraroyaliste ou **ultra** n. et adj. **A.** n. HIST. Sous la Restauration, partisan de l'Ancien Régime et de la monarchie absolue, opposé aux réformes libérales mises en œuvre au début du règne de Louis XVIII. *Les ultraroyalistes. Les ultras.* **B.** adj. *Une politique ultraroyaliste.* / adj. inv. *Ils sont ultra.*

ultrason n. m. PHYS. Vibration de même nature que le son, de fréquence supérieure à 20 kHz, et donc inaudible pour l'oreille humaine, celle-ci ne percevant que les fréquences supérieures à 20 Hz et inférieures à 20 kHz. (Les ultrasons, se propageant en ligne droite, sont réfléchis par les obstacles ; ils ont de nombreuses utilisations : étude du relief sous-marin, repérage des bancs de poissons, thérapeutique, contrôle de pièces usinées…).

ultraviolet, ette adj. et n. m. PHYS. Se dit des radiations électromagnétiques dont la longueur d'onde est comprise entre celle de l'extrémité violette du spectre (4 000 angströms) et celle des rayons X (100 angströms). / n. m. *L'ultraviolet* : le spectre ultraviolet. *Les ultraviolets sont absorbés par les cellules vivantes qu'ils modifient (brunissement de la peau, multiplication des globules sanguins, parfois mélanomes) et leur action est parfois néfaste ; la couche d'ozone nous en protège.* (Abréviation : U.V.)

ululement Voir **hululement**

ululer Voir **hululer**

Ulysse MYTH. GR. Roi d'Ithaque, fils de Laërte et d'Anticlée, qui participa à la guerre de Troie en conseiller prudent et efficace (il est « l'homme aux milles ruses »). Son retour à Ithaque, conté dans l'*Odyssée*, dura dix années car les dieux accumulèrent les obstacles sur son chemin : plusieurs fois naufragé, il échappa au cyclope Polyphème en lui crevant l'œil, parvint à rester insensible aux Sirènes mais dut demeurer plusieurs années chez la nymphe Calypso. Parvenu à Ithaque, il élimina, avec l'aide de son fils Télémaque, les prétendants qui harcelaient sa femme Pénélope.

Ulysse 1922 Roman de Joyce publié à Paris par l'Américaine Sylvia Beach. L'action se déroule à Dublin le 16 juin 1904 et au début de la nuit suivante. Stephen Dedalus, jeune professeur (Télémaque), et Leopold Bloom, représentant d'âge mûr (Ulysse), vivent chacun une journée ordinaire et se rencontrent dans la nuit, alors que Molly Bloom (Pénélope) attend le retour de son mari. L'œuvre, dont l'influence s'est exercée dans le monde entier, vaut notamment par des monologues intérieurs, télégraphiques et savoureux. L'œuvre fut interdite, pour pornographie, dans de nombreux pays anglo-saxons.

Umar Voir **Omar**

umlaut n. m. (mot allemand) En allemand, tréma indiquant une inflexion palatale de la prononciation d'une voyelle ; cette inflexion elle-même.

Umm Kulthum ou **Oum Kalsoum (Fatima Ibrahim**, dite**)** 1898-1975 Chanteuse égyptienne, célèbre dans tous les pays arabes. Sa voix exceptionnelle couvrait toute la tessiture du chant arabe traditionnel, qu'elle rénova par ses longues chansons qui mêlaient thèmes religieux et profanes. Elle a joué souvent au cinéma (*Wadad*, 1935 ; *Le Chant de l'espoir*, 1936).

UMP Voir **Union pour la majorité présidentielle**

Umm Kulthum.

Miguel de Unamuno.

UMTS n. m. (sigle de l'anglais *Universal Mobile Telecommunications System*, « système universel de télécommunications mobiles ») Norme de téléphonie mobile à haut débit, autorisant de nombreuses applications.

un, une [1] adj. num., adj. qualitatif et n. **A.** adj. num et n. Qui exprime l'unité. *Un écran. Une figue.* / Premier. *Paragraphe un.* / n. m. Le premier des nombres entiers naturels ; une unité. *En chiffres romains, un s'écrit I.* / Chiffre qui représente le nombre un. *Le 1 est effacé.* / PHILO. *L'Un* : l'être unique de qui émane tout ce qui existe. / n. f. *La une* : la première page d'un journal. **B.** adj. qualitatif. Qui n'admet ni division ni pluralité. *Dieu est un. La vérité est une. Ces doctrines sont unes et harmonieuses* (c'est seulement dans ce sens que *un*, *une* admet un pluriel).

un, une, des [2] art. indéf. (Pour désigner tel être, telle chose distincts des autres êtres ou choses de son espèce, mais sans identité particulière) *J'ai vu un chat traverser la rue.* / N'importe quel(le). *Une chaise en plastique est moins coûteuse qu'une chaise en bois.* / Quelque. *Nous nous en contenterons pour un temps*, pour quelque temps, pour un certain temps. / (Pour marquer l'emphase, dans une phrase exclamative) *Elle est d'un snob ! C'est d'un goût !* / (Devant un nom propre) Qui évoque ; qui les mêmes qualités que ; de la famille de ; appartenant à l'œuvre de. *Dans ses envolées oratoires, c'est un Jaurès. Il aurait fallu un Verlaine pour exprimer ces sentiments. Le roi d'Espagne est un Bourbon. Des Rodin de toute beauté.*

un, une ; l'un, l'une ; les uns, les unes [3] pron. indéf. Un, une (au sens de *un [1]*). *C'est un des plus beaux jardins que j'aie vus. L'un d'entre vous. L'une de ces annonces est intéressante.* / (En corrélation avec *l'autre, les autres*) *Les uns et les autres. Les unes sont habillées de rouge, les autres de bleu. L'un l'autre* : réciproquement. Fam. *L'un dans l'autre* : en moyenne. / n. Quelqu'un. *Un de chez vous est passé hier.*

Unamuno (Miguel de) 1864-1936 Écrivain et universitaire espagnol. Ses opinions politiques lui valurent, dans les années 1920, la déportation aux Canaries, puis l'exil à Paris. Revenu en Espagne en 1930, partisan de la république, il condamna avant de mourir les excès du régime. Spiritualiste, individualiste, attentif à la réalité intime de chaque homme en particulier, on lui doit des essais (*Le Sentiment tragique de la vie*, 1912 ; *L'Agonie du christianisme*, 1925), des romans (*Brume*, 1914), des poèmes (*Le Christ de Vélasquez*, 1920) et une tragédie, *Phèdre*.

U

unanime adj. Qui exprime une opinion partagée par tous. *Vote unanime.* / *Être unanimes*: avoir tous la même opinion.
unanimement adv. De manière unanime.
unanimisme n. m. LITTER. École littéraire du début du XXe siècle, dont Jules Romains fut l'initiateur, et qui donnait pour but à la littérature de traduire l'âme collective des groupes humains.
unanimité n. f. Conformité des avis de tous, accord des suffrages de la totalité des membres d'un groupe. *Il a été élu à l'unanimité.* / Caractère de ce qui est unanime, collectif.
unau n. m. (mot tupi) ZOOL. Mammifère appartenant à l'ordre des xénarthres, au pelage gris-brun, qui ne possède que deux doigts aux pattes antérieures et trois doigts aux pattes postérieures. *L'unau est également appelé paresseux à deux doigts.* Plur. *Des unaus.*
underground adj. inv. et n. m. inv. (mot anglo-américain) Se dit d'une création artistique d'avant-garde diffusée en marge des circuits commerciaux normaux.
Undset (Sigrid) 1882-1949 Romancière norvégienne. Tout au long de sa vie, et dès son premier roman (*Marta Oulie et ses voisines*, 1907), elle se montrera le peintre sensible et pénétrant de la réalité féminine. Pour elle, la femme trouve son plein épanouissement dans son triple rôle d'amoureuse, de mère gardienne du foyer et de chrétienne au service de Dieu. Elle développera ces thèmes tant dans ses œuvres de jeunesse (*Jenny*, semi-autobiographique, 1911) que dans ses grands romans historiques (*Christine Lavransdatter*, 1920-1922; *Olav Audunsson*, 1925-1927) et ses romans à sujets contemporains (*Ida Elisabeth*, 1932). Luthérienne convertie au catholicisme après un lent cheminement intérieur, elle communique, dans une langue imagée et sensible, sa vision du monde par l'intermédiaire de personnages vivants, engagés dans l'action, sans jamais tomber dans le moralisme. Après l'occupation de la Norvège par les nazis, elle s'exile en Suède puis se rend aux États-Unis en passant par l'URSS et le Japon. Par ses écrits, elle anime le mouvement de Résistance norvégienne (auquel appartient un de ses fils qui y trouvera la mort). À son retour en Norvège (1945), elle relatera cette odyssée dans *Retour à l'avenir*.
Unesco (acronyme pour *United Nations Educational, Scientific and Cultural Organization*, en français *Organisation des Nations unies pour l'éducation, la science et la culture*) Organisme de coopération intellectuelle internationale, créé à la suite d'une résolution prise à Londres en 1945 et dont le siège est à Paris. L'Unesco appartient aux institutions spécialisées de l'ONU et comprend une assemblée générale composée de tous les membres, un conseil exécutif et un secrétariat général.
unetelle Voir **untel**

*Palais de l'**Unesco** à Paris.*

*La signature du traité de Rome (25 mars 1957) marque la naissance du marché commun européen, préfiguration de l'actuelle **Union européenne**.*

Ungaretti (Giuseppe) 1888-1970 Poète italien. Francophone et francophile, il se lia à Paris avec Apollinaire, Breton et Picasso. Mobilisé en 1914, il tira de son expérience des tranchées *Le Port enseveli* (1917) et *Allégresse des naufrages* (1919). À partir de 1930, ses poèmes adoptent une langue précieuse et savante et offrent des images recherchées (*Sentiment du temps*, 1933; *La Douleur*, 1947, cri d'amour pour son fils mort à 9 ans au cours d'un séjour au Brésil où Ungaretti enseigna plusieurs années). Toutes ses œuvres ont été rassemblées sous le titre *Vie d'un homme* peu avant sa mort.
Ungava (baie d') Baie du nord du Québec, vaste échancrure au sud du détroit d'Hudson.
uni, e adj. Sans différenciation. *Une surface unie.* / *Étoffe unie*, d'une seule couleur. / Où règne une bonne entente. *Un couple uni.*
uniate adj. et n. Se dit des Églises catholiques orientales, des fidèles de ces Églises, qui reconnaissent l'autorité du pape mais conservent les rites et l'organisation qui leur sont propres. *Les Églises uniates de rite byzantin, copte et arménien. Les uniates d'Ukraine.*
Unicef (acronyme pour *United Nations International Children's Emergency Fund*, « Fonds d'urgence international des Nations unies pour l'enfance ») Organisme créé en 1946 par l'ONU pour améliorer les conditions de vie des enfants, en particulier dans les pays en voie de développement; son siège est à New York.
unicellulaire adj. et n. m. BIOL. Se dit d'un organisme vivant formé d'une seule cellule. *Les amibes sont des unicellulaires.*
unicité n. f. Caractère de ce qui est unique. *L'unicité de la personne humaine.*
unicorne adj. Qui n'a qu'une corne. *Rhinocéros unicorne.*
unidirectionnel, elle adj. (En parlant d'appareils radioélectriques ou électroacoustiques) Dont l'action ne s'exerce que dans une seule direction. *Microphone unidirectionnel.* Ant. omnidirectionnel.
unification n. f. Action d'unifier; son résultat.
unifier v. t. [1] Amener à l'unité en rassemblant. *Unifier un pays.* / Rendre homogène, cohérent. *Unifier l'orthographe.* / v. pron. Se fondre en un tout; s'unir étroitement.
uniforme adj. et n. m. **A.** adj. De même forme, de même apparence. *Des maisons à l'architecture uniforme.* / Sans variation. *Étendue uniforme.* / PHYS. *Mouvement uniforme*, de vitesse constante. **B.** n. m. Vêtement réglementaire porté par tous les membres d'un groupe ou d'une catégorie professionnelle. *L'uniforme des scouts, des hôtesses de l'air d'Air France.* / Habit militaire.
uniformément adv. De manière uniforme.
uniformisation n. f. Action d'uniformiser; son résultat. *L'uniformisation des méthodes.*
uniformiser v. t. [1] Rendre uniforme, constant, identique; standardiser.
uniformité n. f. Caractère de ce qui est uniforme. / Monotonie. *L'uniformité d'un paysage.*
Unigenitus Dei Filius (bulle) 1713 Bulle par laquelle le pape Clément XI condamnait le jansénisme propagé notamment par l'oratorien français Quesnel dans son livre *Réflexions morales sur le Nouveau Testament*. Cette bulle déclencha en France de violents conflits entre jansénistes et jésuites.
unijambiste adj. et n. Se dit de qqn qui n'a plus qu'une jambe.
unilatéral, ale, aux adj. Qui n'est que d'un côté. *Stationnement unilatéral.* / Qui n'engage qu'une des parties. *Décision unilatérale.*
unilatéralement adv. De manière unilatérale.
unilingue adj. et n. En une seule langue. *Dictionnaire unilingue.* / Se dit d'un pays qui n'a qu'une seule langue officielle. *La France et l'Allemagne, à l'inverse de la Belgique ou de la Suisse, sont des États unilingues.* / Qui ne connaît, ne pratique qu'une seule langue. *Il est strictement unilingue. Une unilingue.* Syn. monolingue.
uniment adv. D'une manière unie. / *Tout uniment*: tout simplement.
uninominal, ale, aux adj. (En parlant d'un scrutin) Ne menant à l'élection que d'un candidat.
union n. f. Combinaison de deux ou plusieurs éléments en un tout. / Association de personnes, de groupes humains (syndicats, États, partis politiques) liés par des accords, par une communauté d'intérêts. *L'Union départementale des associations familiales. L'Union européenne.* / *Union douanière*: convention entre des pays qui suppriment leurs frontières douanières et uniformisent, vis-à-vis de l'extérieur, leurs tarifs douaniers. / Solidarité. *L'union fait la force.* / Entente affective. / *Union libre*: situation d'un couple qui vit maritalement sans être marié.
Union des démocrates pour la République (U.D.R. ou **UDR)** Nom du parti gaulliste entre 1971 et 1976. Fondée en 1958, l'Union pour la nouvelle République (U.N.R.) devint en 1967 l'Union des démocrates pour la nouvelle République (U.D.-V^e), puis, en 1968, l'Union pour la défense de la République, enfin, en 1971, l'Union des démocrates pour la République. L'UDR a fait place, en 1976, au Rassemblement pour la République (RPR).
Union des républiques socialistes soviétiques Voir **URSS**
Union économique et monétaire (U.É.M. ou **UÉM)** Organisation prévue par le traité de Maastricht (1992); elle groupa, en premier lieu (1997), onze pays qui, satisfaisant aux critères de stabilité exigés par ce traité, furent autorisés à utiliser la monnaie commune, l'euro, à partir du 1er janvier 1999; la Grèce ne put y satisfaire qu'en janvier 2001 et, pour des raisons politiques, le Danemark, le Royaume-Uni et la Suède conservèrent leurs monnaies nationales. La Banque centrale européenne a été créée en mai 1998 pour mener la politique monétaire commune; elle siège à Francfort.
Union européenne (U.E. ou **UE)** Association de 15 États européens, jusque-là regroupés dans la Communauté économique européenne (C.É.E.). Fondée en 1992 par le traité de Maastricht (que compléta le traité d'Amsterdam en 1997), elle entra en vigueur le 1er janvier 1993. Une partie de ses membres se sont regroupés dans l'Union économique et monétaire (U.É.M.) et utilisent l'euro depuis le 1er janvier 1999. En 2002, l'Union européenne s'est élargie à 25 membres (voir Europe).
Union française Communauté créée par la Constitution de 1946, qui groupait la métropole, les départements et les territoires d'outre-mer, dont tous les habitants étaient citoyens français, et les États et territoires associés qui gardaient leur nationalité et leur système politique propres. La *Communauté* remplaça en 1958 l'Union française; son existence a pris fin en 1960, date à laquelle la plupart des colonies ont pris leur indépendance.
Union pour la démocratie française (U.D.F ou **UDF)** Regroupement de plusieurs partis effectué en 1978 pour soutenir l'action du président V. Giscard d'Estaing (1974-1981): le parti républicain (P.R.), libéral, le parti radical (séparé du Mouvement des radicaux de gauche) et le Centre des démocrates sociaux (C.D.S.). En 1997, cette formation s'est amenuisée, une grande partie des libéraux se regroupant dans le parti *Démocratie libérale*, nouvellement créé.
Union pour la majorité présidentielle (UMP ou **U.M.P.)** Rassemblement de partis et de mouvements de droite et du centre droit créé en avril 2002 en vue de l'élection de Jacques Chirac à la présidence de la République.
unionisme n. m. Doctrine des unionistes.
unioniste n. Partisan de la réunion, dans un seul et même État, d'entités nationales et/ou politiques diverses. / HIST. En Irlande, en Angleterre, partisan du maintien de l'Irlande dans le Royaume-Uni.
Union Jack Nom donné au drapeau national du Royaume-Uni.
unipare adj. f. et n. f. (En parlant d'une femelle) Qui n'a qu'un petit par portée.

unipersonnel, elle adj. LING. *Verbe unipersonnel*, qui ne peut être employé qu'à la troisième personne du singulier. / DR. *Entreprise unipersonnelle à responsabilité limitée*, ne comportant qu'un seul associé.
unipolaire adj. Qui n'a qu'un pôle. / ÉLECTR. *Interrupteur unipolaire*, qui n'interrompt qu'un des conducteurs.
unique adj. et n. Seul de son genre, de sa catégorie. *Fille unique. Fait unique.* / Fam. Dont le comportement est singulier. *Vous alors, vous êtes unique!*
uniquement adv. Seulement.
unir v. t. [2] Mettre ensemble, joindre de manière à former un tout. *Unir les pièces d'un puzzle. Unir des voix, des couleurs.* / Par ext. Associer. *Unissons nos forces pour vaincre.* / Établir, créer un lien entre (des personnes). *L'intérêt les unit. Au nom de l'amitié qui nous unit.* / Relier, mettre en communication. *Le tunnel sous la Manche unit la France à l'Angleterre.* / v. pron. S'allier, s'associer. / Se marier. *S'unir devant Dieu.*
unisexe adj. (En parlant d'un vêtement, d'une coiffure) Qui peut être porté indifféremment par les hommes ou les femmes.
unisson n. m. MUS. Accords de plusieurs voix ou de plusieurs instruments qui émettent au même moment des sons de même hauteur. *Jouer à l'unisson.* / Fig. Harmonie des esprits, des cœurs. *Être, agir à l'unisson*, en harmonie.
unitaire adj. Qui constitue une unité, est relatif à l'unité. *Prix unitaire*: prix par unité. / Relatif à l'unité politique, qui tend vers l'unité politique. *Une volonté unitaire.*
unité n. f. **I.** Chacun des éléments semblables qui constituent un nombre; le nombre un; chiffre placé le plus à droite dans un nombre à plusieurs chiffres. *Le nombre cinq est fait de cinq unités. Dans 263, le chiffre 3 est celui des unités* / Élément d'un ensemble. *Unité de formation et de recherche (U.F.R.)*: dans une université, département spécialisé dans telle ou telle discipline. *Unité de valeur*: dans l'enseignement universitaire, élément qui correspond à une discipline faisant l'objet d'un programme inscrit dans une durée déterminée, l'acquisition des connaissances étant sanctionnée par un contrôle. / MILIT. Formation dont la composition, l'armement, les fonctions sont déterminées. *On distingue les petites unités (section, compagnie, bataillon, régiment) et les grandes unités (division, corps d'armée, armée).* / Grandeur utilisée pour mesurer d'autres grandeurs de même catégorie. *Le mètre est l'unité de longueur du système métrique, le gramme est une unité de masse. L'unité astronomique (U.A.) vaut 149 597 870 km.* / Ce qui constitue un tout cohérent. *Unité de production.* **II.** Caractère de qui est un, de ce qui constitue un tout. *L'unité des chrétiens.* / Caractère de ce qui est unique. *Unité de conception, de commandement.* / LITTÉR. *Règle des trois unités*: règle de la tragédie classique formulée au XVIIe siècle par Boileau. *Une pièce de théâtre doit respecter les unités de temps (se dérouler en un seul jour), de lieu (se tenir en un seul lieu), et d'action (ne comporter qu'une seule intrigue).*
• **univers** n. m. PHILO. Ce qui existe. / ASTRON. *L'Univers*, totalité de l'espace-temps dont font partie les galaxies. / La Terre, ses habitants. / Milieu social ou familial. *Vivre dans un univers étouffant.* / Environnement constituant un monde fermé. *L'univers de l'enfance. Les livres sont tout son univers.* / Branche de la connaissance, système organisé. *L'univers de la physique.*
universalisation n. f. Action d'universaliser; son résultat.
universaliser v. t. [1] Rendre universel.
universalisme n. m. Principe qui voit la réalité comme une unicité qui englobe tous les individus et admet pour seule autorité le consentement universel.
universalité n. f. Caractère de ce qui s'étend à la totalité des êtres ou des choses. / LOG. Qualité d'une proposition énonçant une propriété valable pour tous les éléments d'un ensemble, par exemple: « Tous les hommes sont mortels ». / DR. *Universalité juridique*: ensemble de biens formant un tout soumis à des règles particulières.
universaux n. m. pl. PHILO. Notions générales pouvant s'appliquer à un grand nombre d'êtres semblables. *Querelle des universaux.* / LING. Ensemble des lois qui s'appliqueraient à toutes les langues.
♦ Au Moyen Âge, la philosophie scolastique distinguait cinq sortes d'universaux: le *genre*, l'*espèce*, la *différence*, le *propre* et l'*accident*. Le *genre* est la catégorie la plus englobante, l'idée générale qui contient d'autres idées moins générales: l'idée *plante* est un genre par rapport à l'idée *arbre* ou *navet*. L'idée *arbre* est, par rapport à l'idée *plante* (genre), une *espèce*. Dans l'espèce *arbre*, on trouve plusieurs éléments particuliers, ce sont les *différences*: le chêne est différent du poirier. Le *propre* constitue une particularité par rapport à la différence; c'est, ici, par exemple le *chêne rouvre* par rapport aux autres chênes, au chêne en général. Quant à l'*accident*, c'est ce qu'on peut trouver dans l'idée d'espèce sans que cette idée en

L'Assemblée nationale est élue au suffrage ***universel*** *et forme, avec le Sénat, le Parlement.*

soit d'aucune manière modifiée: le chêne peut être foudroyé, ou attaqué par les insectes, cela ne change rien à l'idée d'espèce. Très schématiquement résumée (et, pour partie, outrageusement simplifiée), la querelle des universaux peut s'énoncer ainsi: les universaux ne sont-ils que des noms créés par notre esprit, des mots qui ne correspondent à rien dans la réalité, ou bien sont-ils des choses? Les discussions sur ce sujet sont connues sous le nom de « querelle des universaux ». Cette discussion est au cœur des débats philosophique du Moyen Âge, entre le XIIe et le XIVe siècle.
universel, elle adj. Qui procède de l'univers, s'applique à l'univers. *Gravitation universelle.* / Relatif à l'ensemble considéré. *Principe universel. Suffrage universel*: droit de vote reconnu à tous les citoyens. / Relatif à toute l'humanité. *Gloire universelle.*
universellement adv. PHILO. Dans son universalité. / Sur la Terre entière.
universitaire adj. et n. De l'université. *Enseignement universitaire.* / n. Personne qui enseigne dans une université. *Un universitaire.*
université n. f. Institution chargée de dispenser un enseignement supérieur au sein de différentes unités, appelées unités de formation et de recherche (U.F.R.). / Ensemble des édifices où cet enseignement est donné. / *L'Université*: l'ensemble du corps des maîtres de l'enseignement public. / *Université du troisième âge*: ensemble de cours proposés, dans une université, aux retraités. / *Université d'été*: ensemble de débats proposés pendant l'été par un parti politique à ses militants.
univitellin, e adj. BIOL. Du même ovule. *Jumeaux univitellins*: vrais jumeaux.
univoque adj. Dont le sens est unique, quel que soit le contexte. *Terme univoque.*
U.N.R. ou **UNR** Voir **Union des démocrates pour la République**
untel, unetelle n. *Monsieur Untel, Madame Untel (ou Unetelle)*: n'importe qui. *Une campagne de publicité dont la cible est Monsieur Untel.*
Unterwald Canton montagneux de la Suisse centrale au sud du lac des Quatre-Cantons, divisé en deux demi-cantons: l'Obwald (*491 km² 31 310 h.*, chef-lieu *Sarnen*) et le Nidwald (*276 km² 36 466 h.*, chef-lieu *Stans*). Principales ressources: élevage bovin, exploitation forestière et tourisme. En 1291, le représentant d'Unterwald prêta le serment de Grütli, de sorte qu'Unterwald fit partie de la première Confédération suisse (trois cantons).
Upanishad Ensemble de textes sacrés indiens de la littérature védique, écrits en sanskrit, les plus anciens textes philosophiques de l'Inde.
upas n. m. (mot malais) Arbre des régions tropicales, de la famille des moracées, qui produit un latex toxique, utilisé pour empoisonner la pointe des flèches. / Poison tiré de cet arbre.
Updike (John) 1932 Romancier américain, auteur de romans satiriques et poétiques: *Cœur de lièvre* (1960), *Le Centaure* (1963), *Couples* (1968) qui mettent en scène son double loufoque et malheureux, Harry « Rabbit » Angstrom. *Rabbit est riche* (1981) lui valut le prix Pulitzer.
upérisation n. f. Méthode de stérilisation des liquides que l'on porte, avant conditionnement, à 140 °C pendant 4 ou 5 secondes. On nomme parfois l'upérisation « méthode U.H.T. » (ultra-haute température).
upériser v. t. [1] Faire subir l'upérisation à.
uppercut n. m. (mot anglais) En boxe, coup de poing porté de bas en haut et frappant l'adversaire sous le menton.
Uppsala *181 191 h.* Ville de Suède, centre historique (archevêché créé en 1273, berceau de la dynastie d'Upsal, ancienne capitale du royaume) et culturel (université fondée en 1477).
upsilon n. m. Vingtième lettre (υ, Υ) de l'alphabet grec, équivalant au *u* français et généralement transcrite, en français, par *y*.
Ur ou **Our** Ancienne ville de Mésopotamie, autrefois située à l'embouchure de l'Euphrate, aujourd'hui sise loin de la mer, dans les terres. Capitale de l'Empire sumérien du XXIIIe au XXIe siècle av. J.-C., elle fut souvent reconstruite et particulièrement embellie par Nabuchodonosor. Selon la Genèse, Abraham en serait originaire.

Fragment de L'Étendard d' ***Ur***, *double panneau en mosaïque de coquille, de cornaline et de lapis-lazuli, réalisé vers 2750 av. J.-C. (British Museum, Londres).*

U

UNIVERS

L'Univers est décrit comme une structure d'espace-temps, liée à un contenu matériel fait de matière et de rayonnement dont la dynamique est régie par la théorie de la relativité générale. La première allusion à l'Univers apparaît à Milet avec Thalès et Anaximandre, vers le VIe siècle av. J.-C. Il faudra attendre la publication, en 1731, de *Cosmologia generalis* de Christian Wolff, disciple de Leibnitz, pour que surgisse de nouveau une référence à l'Univers. Aujourd'hui, les cosmologistes retiennent pour modèle celui du *big bang* en tant qu'Univers homogène et en expansion, issu d'un instant vieux de 15 à 20 milliards d'années. Cet *instant* renfermait toute l'énergie, tout le rayonnement, toute la matière, tout l'espace, tout le temps, le tout rassemblé en un point nommé *singularité initiale*.

Quand les cosmologistes tentent de reconstituer l'histoire de l'Univers, ils se heurtent à une frontière temporelle au-delà de laquelle se situent des événements encore inaccessibles à la science. Cette frontière est fixée à un temps estimé à 10^{-12} secondes après l'instant où la température de l'Univers était supposée infinie.

À partir de ce temps, que les physiciens jugent accessible à la science, la température de l'Univers était suffisamment basse pour que les théories de la physique puissent s'appliquer. L'Univers devait être rempli d'une « soupe » composée de gaz, de particules et d'antiparticules de tout type, continuellement créées et annihilées au cours de leurs collisions. L'Univers poursuivant son expansion en se refroidissant, les particules et les antiparticules se produisirent en nombre de moins en moins grand et finirent par disparaître du fait de leur annihilation. Si les électrons et les quarks n'avaient pas été produits en plus grand nombre que les anti-électrons et les antiquarks, les noyaux légers n'auraient jamais pu être formés au cours des trois premières minutes de l'Univers. Quelque 300 000 ans plus tard, l'Univers s'est encore refroidi du fait de son expansion ; les atomes se forment par associations de noyaux et d'électrons, l'Univers est composé en majorité de matière. Il devient transparent du fait du découplage matière/rayonnement, origine du rayonnement cosmologique que nous détectons aujourd'hui. Vers 500 millions d'années, les proto-étoiles se forment, ainsi que les proto-galaxies. Vers 1 milliard d'années, se forment les quasars et les premières galaxies. Vers 10,5 milliards d'années le système solaire se forme avec son cortège de planètes. Aujourd'hui, 4,5 milliards d'années après la formation de la Terre, les télescopes terrestres et spatiaux recueillent la lumière issue des galaxies situées à des milliards d'années-lumière et révélant l'aspect de l'Univers tel qu'il se présentait il y a des milliards d'années, lorsque la lumière de ces galaxies a été émise, et les accélérateurs de particules tentent d'établir les lois physiques qui prévalaient dans l'environnement des hautes énergies du tout début de l'Univers. La théorie du modèle standard du big bang interprète ces données, issues de l'observation et de l'expérimentation, impliquant qu'à grande échelle l'Univers s'est étendu de façon homogène à partir d'un état primordial dense. Einstein a énoncé entre 1919 et 1920 sa loi de la relativité générale qui relie la masse à l'énergie, à l'espace et au temps. Sa théorie s'applique à la répartition homogène de la matière dans l'espace de l'Univers. Il avait arbitrairement supposé que l'Univers était statique et immuable à grande échelle. Mais, en 1922, le physicien A. Friedmann démontra que l'Univers supposé par Einstein était instable et que la moindre perturbation pouvait provoquer son expansion ou sa contraction. Dans l'Univers d'Einstein, l'espace et la répartition de la matière sont intimement liés. L'augmentation des distances entre les galaxies implique une expansion de l'espace lui-même.

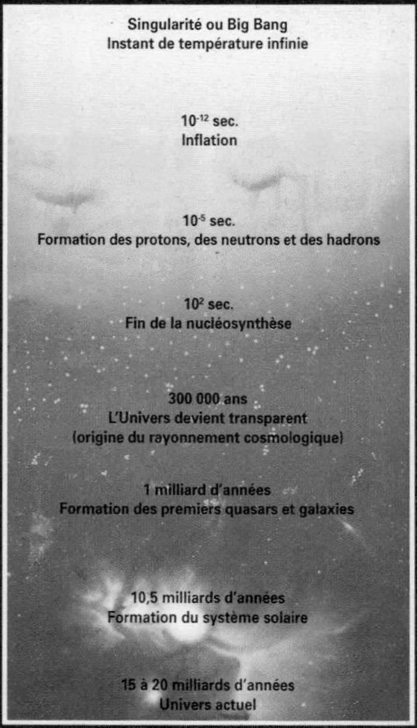

Un Univers qui serait en expansion serait originellement dense. « Si les galaxies s'éloignent les unes des autres en évoluant à partir de formes antérieures, il est possible qu'elles aient été à une époque "fondues" dans un milieu dense de matière et de rayonnement ». Ainsi s'exprimait le cosmologiste G. Lemaître qui avançait, en 1927, que l'expansion de l'Univers devait avoir eu lieu à partir d'un état de la matière extrêmement dense qu'il nomma « super-atome », et que cette densité devait avoir diminué en raison de l'expansion, mais que son rayonnement devait encore subsister. Vers 1930, le physicien R. Tolman, de l'Institut Technologique de Californie, avait montré que la température de l'Univers diminuerait en fonction de son expansion. En 1960, le rayonnement cosmologique pressenti par Lemaître a été détecté par deux ingénieurs des laboratoires Bell, A. Penzias et R. Wilson. Ce rayonnement fossile de l'Univers a deux caractéristiques : 1°) l'intensité de son rayonnement est identique dans toutes les directions ; 2°) le spectre de son rayonnement est très proche de ce que serait la température d'un corps en équilibre thermique à 2,7°k. En 1929, E. Hubble avait montré que la vitesse d'éloignement des galaxies est proportionnelle à leur distance. Quand une galaxie s'éloigne de nous, les raies d'émission de son spectre sont décalées vers le rouge : plus la vitesse d'éloignement de la galaxie est grande, plus son décalage spectral vers le rouge est important. Cette relation est conforme à la théorie d'un modèle d'Univers en expansion uniforme. Hubble avait également effectué le recensement des galaxies visibles dans différentes directions du ciel et découvert que leur répartition était bien uniforme dans toutes les directions.

Les études modernes menées depuis le milieu des années 1970 ont confirmé l'homogénéité à grande échelle de l'Univers. Les astronomes, qui passent au crible les découvertes de Hubble en mesurant les distances des galaxies, admettent que si deux galaxies apparaissent identiques à l'exception de leur éclat (l'éclat de l'une étant, du point d'observation, 8 fois supérieur à celui de l'autre), l'éclat le plus brillant indique que cette galaxie est 4 fois plus proche que l'autre de ce point d'observation. En s'appuyant sur les données du satellite astronomique à infrarouge IRAS, lancé en 1983, les physiciens de l'Institut des Études Avancées de Princeton démontrèrent, en établissant la carte des objets célestes compris entre 300 et 1 000 millions d'années-lumière, que leur répartition en fonction de leur distance était, elle aussi, uniforme dans toutes les directions de l'Univers. Cette hypothèse est aujourd'hui vérifiée pour toutes les distances. De nombreux astronomes pensent que la densité de l'Univers est supérieure à celle que l'on détermine par rapport à la matière visible. Si la loi de Hubble permet de calculer l'âge de l'Univers, le temps écoulé depuis le *big bang* dépend de la valeur actuelle de la constante de Hubble et de ses variations. Or nous ignorons les variations antérieures de la constante de Hubble ; en conséquence, pour estimer cette variation, il faut déterminer la densité moyenne de l'Univers, mais comme la gravité s'oppose à l'expansion, la vitesse à laquelle les galaxies s'écartent l'une de l'autre est ralentie. On en déduit que la variation de la vitesse d'expansion au cours du temps est tributaire de la valeur de l'attraction gravitationnelle, et donc de sa densité. Si toute la masse calculée de l'Univers correspond à celle qui est visible dans les galaxies et autour

UNIVERS (SUITE)

d'elles, l'âge moyen de l'Univers serait évalué à 16 milliards d'années. Cet âge supposé repose sur une estimation de la densité de la matière visible, mais de nombreux astronomes pensent que de la matière dite « sombre » existe dans l'Univers et que, dans ce cas, la densité de l'Univers est juste suffisante pour que la vitesse d'expansion tende vers zéro.

L'âge moyen de l'Univers ne serait plus que de 10 milliards d'années. Pour affiner ces estimations, les astronomes ont mesuré le temps de refroidissement des naines blanches ; ces mesures indiquent que les étoiles les plus vieilles de la Voie lactée sont âgées d'environ 9 milliards d'années, et les mesures estimées du temps d'épuisement du combustible nucléaire du cœur des étoiles indiquent un âge d'environ 15 milliards d'années.

Conjointement, et pour comparaison, les chimistes, par leurs techniques de datation radioactive, ont montré que les éléments chimiques les plus anciens datent eux aussi d'environ 15 milliards d'années. Cette expérience du début des années 1950 jeta un pont entre la physique nucléaire, la chimie et la cosmologie ; l'Univers primordial pouvait être comparé à un gigantesque réacteur thermonucléaire à partir duquel on pouvait tenter de calculer les abondances des éléments légers élaborés pendant la période du *big bang*, de comprendre comment et pourquoi ils ont varié dans le milieu interstellaire et les étoiles. De nombreuses galaxies produisent de nouvelles étoiles, mais nombreuses également sont celles qui ne comportent plus en majorité que des étoiles vieilles. Si l'expansion de l'Univers continue indéfiniment, les galaxies et les étoiles s'écarteront indéfiniment, rendant l'Univers sombre et froid. Si l'expansion actuelle se ralentit et s'arrête, une phase de contraction entrera en action, la masse de l'Univers étant supérieure à celle que nous observons. Sous l'action de la force de gravité, la matière et l'énergie se réchaufferont et se réunifieront. Peut-être, au cours du XXIe siècle, apprendrons-nous que nous vivons dans un Univers en expansion continue, ou bien que cette phase d'expansion sera suivie d'une phase de contraction.

URANUS

Son rayon est de 25 559 km (la Terre : 6 378 km), sa masse est de 15 fois celle de la Terre, sa rotation journalière s'effectue en 17 heures et 14 minutes terrestres, mais dans le sens rétrograde, et sa période de révolution orbitale, en 84 années terrestres. Son inclinaison sur l'écliptique est de 0,8 degré et l'excentricité de son orbite, de 0,046 (la Terre : 0,017). Uranus a été découverte par W. Herschel en 1781, mais elle avait fait l'objet de plusieurs observations antérieures sans jamais avoir été identifiée. La particularité de cette planète est son obliquité ou inclinaison de son axe de rotation (98 degrés) par rapport à son axe orbital (l'obliquité de la Terre est de 23,5 degrés). Le champ magnétique d'Uranus est incliné de 59 degrés par rapport à son axe de rotation et décalé par rapport à son centre. Les anneaux d'Uranus furent découverts par observation télescopique depuis la Terre par occultation d'une étoile par la planète en mars 1977. Le survol d'Uranus par la sonde Voyager II en 1986 confirma la présence d'un système de 9 anneaux dont le plus éloigné et le plus brillant est distant de la planète de 50 000 km. Uranus est entouré de 18 satellites ; la découverte des deux derniers a été faite à l'observatoire du mont Palomar en 1997. Les cinq premiers, les plus gros, ont été découverts eux aussi depuis la Terre : Obéron et Titania en 1787 par W. Herschel, Ariel et Umbriel en 1851 par W. Lassell, Miranda en 1948 par G. Kuiper ; les 11 autres l'ont été par identification sur des photos prises par Voyager II.

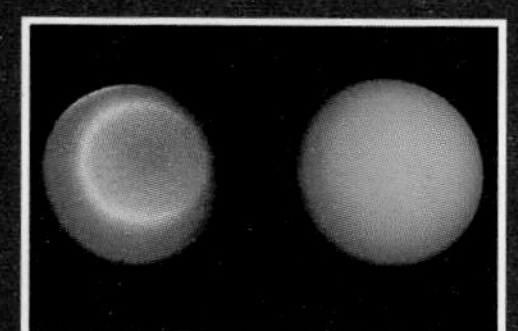

Photographies d'Uranus prises par la sonde Voyager II.

uracile n. f. BIOCHIM. Base pyrimidique entrant dans la constitution de l'acide ribonucléique (A.R.N.).
uraète n. m. Aigle d'Australie dont l'envergure atteint 2,30 m, au plumage brun foncé.
uræus n. m. (mot latin moderne) ANTIQ. ÉGYPT. Emblème du cobra que les dieux et les pharaons portaient sur le front.
uranate n. m. CHIM. Sel dérivé de l'uranium, caractérisé par sa fluorescence.
uranie n. f. Papillon des régions tropicales, aux coloris éclatants, dont les ailes postérieures sont pourvues d'appendices allongés.
Uranie MYTH. GR. L'une des neuf Muses, fille de Zeus et de Mnémosyne. Elle préside à la science des astres.
uranifère adj. Qui contient de l'uranium. *Gisement uranifère.*
uranium n. m. Élément chimique (symbole U), de numéro atomique Z=92, de masse atomique 238,03, de masse volumique 19,07 g/cm^3, qui bout à 3 818 °C et fond à 1 132 °C. *À l'état naturel, l'uranium est un mélange de trois isotopes radioactifs : l'uranium 238, l'uranium 235 et l'uranium 234. L'uranium a des utilisations militaires et civiles (centrales nucléaires).*
uranographie n. f. Vx Science descriptive des phénomènes célestes.
uranométrie n. f. Synonyme ancien de *astronomie de position* ou *astrométrie.*
uranoplastie n. f. CHIR. Opération consistant à reconstituer la voûte du palais, par exemple dans le cas d'une perforation congénitale (bec-de-lièvre).
uranoscope n. m. ZOOL. Poisson osseux des mers tempérées et chaudes, à tête large et aplatie portant les yeux sur sa face dorsale ; il se tient souvent partiellement enfoui dans le sable, les yeux et la bouche étant seuls visibles, et attire ses proies en agitant un tentacule qui ressemble à un ver. *L'espèce méditerranéenne d'uranoscope est connue sous le nom de rascasse.*
Uranus MYTH. GR. Dieu du Ciel chez les Latins, identifié à l'Ouranos des Grecs.
• **Uranus** Planète du système solaire qui, dans l'ordre des planètes gravitant autour du Soleil, occupe la huitième orbite située à 19,5 U.A. (unités astronomiques), soit 2 917 125 000 km de son étoile.
Urartu Voir **Ourartou**
urate n. m. BIOCHIM. Sel de l'acide urique, très peu soluble dans l'eau ; c'est un produit de la dégradation des protéines et des acides nucléiques, rejeté dans les urines.
Urbain Nom de huit papes. **Urbain II (Eudes de Châtillon**, bienheureux**)** v. 1042-1099 Il entra au monastère de Cluny et, devenu pape en 1088, accomplit d'importantes réformes. En 1095, il réunit un concile à Clermont et prêcha la première croisade. **Urbain VIII (Maffeo Barberini)** 1568-1644 Élu pape en 1623, il entérina en 1633 la condamnation de Galilée par l'Inquisition et condamna en 1643 l'*Augustinus* de Jansénius. Cultivé et mécène, il fit travailler le Bernin.
urbain, e adj. Propre à la ville. *Vie urbaine.* / Litt. Qui manifeste de l'urbanité.
urbanisation n. f. Action d'urbaniser ; son résultat. / Phénomène d'intensification de la concentration démographique dans les villes.
urbaniser v. t. [1] Aménager (un site, une région) pour lui donner un caractère urbain. / v. pron. Se concentrer en zone urbaine.
urbanisme n. m. Discipline et technique ayant pour objet l'aménagement de l'espace, rural ou urbain, où vit l'homme. *L'action de l'urbanisme concerne à la fois les infrastructures (services publics, voies de communication et transports), l'aménagement de l'espace et les diverses fonctions de la vie sociale.*
urbaniste n. et adj. Spécialiste de l'urbanisme.
urbanité n. f. Litt. Politesse raffinée attribuée aux citadins qui sont supposés l'acquérir par l'usage du monde.
urbi et orbi loc. adv. (en latin « à la ville [Rome] et à l'univers ») Paroles qui accompagnent une bénédiction du pape à toute la chrétienté, prononcée du balcon de la basilique Saint-Pierre, à Rome. / Fig. et litt. Partout.
Urbino *15 132 h.* Ville d'Italie, dans les Marches. Ancien duché, possession des Montefeltro, Urbino fut un important foyer artistique (céramique) au XVe siècle, et conserve un palais transformé par Laurana.

New York symbolise par son étendue, sa densité et son dynamisme, l'explosion ***urbaine*** *du XXe siècle.*

U

Harold Clayton Urey.

urdu Voir **ourdou**
ure Voir **urus**
uréase n. f. BIOL. Enzyme catalysant l'hydrolyse de l'urée en dioxyde de carbone et en ammoniac.
urédinales n. f. pl. BIOL. Ordre de champignons basidiomycètes qui parasitent divers végétaux et leur communiquent des maladies, les rouilles.
urée n. f. BIOCHIM., MÉD. Diamide de l'acide carbonique. *Résidu du métabolisme des substances azotées, l'urée constitue l'une des formes principales sous lesquelles l'azote est éliminé de l'organisme dans les urines.*
urémie n. f. MÉD. Teneur du sang en urée, en particulier lorsque cette valeur augmente de manière pathologique (la teneur normale étant de l'ordre de 0,3 g par litre). / Ensemble des manifestations pathologiques qui sont liées à une insuffisance rénale sévère.
uretère n. m. ANAT. Conduit reliant le bassinet d'un rein à la vessie.
uréthane ou **uréthanne** n. m. CHIM. Nom générique des esters des acides carbamiques, de formule R-O-CO-NH_2. *Les polyuréthanes sont des polymères d'uréthane.*
urètre n. m. ANAT. Conduit allant du col de la vessie au méat urinaire. *Court et droit chez la femme, l'urètre est long chez l'homme et livre aussi passage au sperme.*
urétrite n. f. MÉD. Inflammation de l'urètre.
Urey (Harold Clayton) 1893-1981 Chimiste américain. Le premier, il conçut, en 1932, la synthèse du deutérium (D), composé de deux atomes d'hydrogène, dont le principal dérivé est l'eau lourde (D_2O ou H_4O). Spécialiste de la séparation des isotopes, il participa, pendant la Deuxième Guerre mondiale, à l'élaboration de la bombe atomique. Il mit au point des méthodes de détermination de la température de l'eau de mer à différentes époques, ce qui permet de reconstituer l'histoire du climat. Il fit ensuite des recherches sur les divers isotopes contenus dans le Soleil, les étoiles et les météorites.

Urfé (Honoré d') 1567-1625 Écrivain français, auteur de *L'Astrée* (1607-1628), roman précieux qui eut un succès considérable. Les personnages (Céladon, Astrée, Hylas), qui vivent dans un monde pastoral et égalitaire, subissent tous les tourments de l'amour.
urgemment adv. En Afrique, immédiatement ; toute affaire cessante.
urgence n. f. Caractère de ce qui est urgent. / MÉD. Cas médical qui doit être traité immédiatement. / loc. adv. *D'urgence* : sans délai. / *Procédure d'urgence* : procédure parlementaire accélérée. *État d'urgence* : régime exceptionnel qui, en cas de troubles graves, étend provisoirement les pouvoirs des autorités civiles.
urgent, e adj. Qui n'admet aucun retard. *Affaire urgente.*
urgentiste adj. et n. Spécialiste de la médecine d'urgence. *Médecin urgentiste. Un(e) urgentiste.*
urger v. impers. [1] Fam. Être, devenir urgent. *Ça urge !*
Uri *1 077 km² 35 876 h.* Canton montagneux (l'altitude dépasse plusieurs fois *3 000 m*) de la Suisse centrale, l'un des trois cantons fondateurs de la Confédération suisse (serment de Grütli). Chef-lieu *Altdorf.* Le tourisme est la principale ressource de ce canton, le moins densément peuplé de tous.
uricémie n. f. MÉD. Taux de l'acide urique dans le sang.
Urie le Hittite XIe-Xe siècle av. J.-C. Officier du roi David. Le roi organisa sa mort au combat pour pouvoir s'emparer de sa femme Bethsabée.
urinaire adj. De l'urine, relatif à l'urine. *Voies urinaires.*
urinal, aux n. m. Récipient permettant aux malades masculins d'uriner en restant alités.
urine n. f. BIOL. Liquide jaune sécrété par les reins, qui renferme des déchets azotés (urée, acide urique) et ne contient ni glucose ni albumine, sauf dans des cas pathologiques (diabète, néphrite). *L'urine est éliminée par les voies urinaires (uretère, puis urètre).*
uriner v. i. [1] Évacuer l'urine.
urinoir n. m. Lieu, petit édicule aménagé pour permettre aux hommes d'uriner.
urique adj. *Acide urique* : trialcool qui possède des propriétés acides et que l'on trouve, à faibles doses, dans le sang et, à teneurs plus élevées, dans l'urine. *L'acide urique est normalement éliminé dans les urines.*
Uris (Leon) 1924 Écrivain américain. Son roman *Exodus* (1957) lui valut une renommée internationale, que ses autres œuvres ont prolongée (*Trinité*, 1964 ; *Jérusalem, le Cantique des cantiques* [avec Jill Uris], 1981 ; *Hadj*, 1984).
URL n. f. (sigle de l'anglais *Uniform Resource Locator*, « localisateur universel de ressource ») INFORM. Adresse dominant la localisation d'une ressource Internet, indiquant le protocole à adopter, le nom de la machine, la voie d'accès et le nom du fichier.
urne n. f. ANTIQ. Grand vase servant à puiser de l'eau. *Urne funéraire* : vase dans lequel on conserve les cendres d'un mort. / Boîte où l'on dépose les bulletins de vote. / BOT. Partie du sporange des mousses fermée par un capuchon qui se détache à maturité.
urobiline n. f. BIOCHIM. Pigment brun dérivé des pigments biliaires et présent dans l'urine.
urochordés ou **urocordés** n. m. ZOOL. Groupe de chordés marins dont seule la larve possède une chorde ; les adultes sont entourés par un tissu protecteur, la tunique, percé de deux orifices qui permettent une circulation d'eau et de particules alimentaires dans la cavité gastrique de l'animal. *Les ascidies sont des urochordés. Certaines espèces d'urochordés sont coloniales.* Syn. tuniciers.

***Urnes** cinéraires d'argile, reproduisant une cabane à plan circulaire avec toit de paille.*

urochrome n. m. BIOCHIM. Principal pigment de l'urine, qui lui donne sa couleur jaune.
urodèles n. m. pl. ZOOL. Ordre d'amphibiens au corps allongé et pourvus d'une longue queue, comme les tritons et les salamandres.
urogénital, ale, aux adj. ANAT. Qui procède du système urinaire et du système génital. *Appareil urogénital.*
urographie n. f. Technique de radiographie des voies urinaires qui consiste à injecter par voie intraveineuse un produit opaque aux rayons X.
urolagnie n. f. PSYCHOPATHOL. Érotisation de la miction.
urologie n. f. MÉD. Spécialité s'attachant au diagnostic et au traitement des troubles et des maladies des voies urinaires chez l'homme et la femme, et des maladies génito-urinaires propres à l'homme.
urologue n. Spécialiste d'urologie.
uromastix n. m. ZOOL. Lézard agamidé des déserts du Moyen-Orient, qui se défend en donnant des coups violents de sa queue pourvue d'épines. Syn. fouette-queue.
uropode n. m. ZOOL. Dernier appendice abdominal des crustacés malacostracés, qui s'associe avec le telson pour former leur nageoire caudale.
uropyge n. m. ZOOL. Croupion des oiseaux.
uropygien, enne adj. ZOOL. *Glande uropygienne* : chez les oiseaux, glande cutanée située au niveau du croupion dont la sécrétion, huileuse et odoriférante, est appliquée par l'animal sur son plumage.
Urraque (en espagnol **Urraca**) v. 1080-1126 Reine de Castille et de León (1109-1122). Fille d'Alphonse VI, roi de Castille et León, elle lui succéda. Veuve de Raymond de Bourgogne dont elle avait eu un fils, le futur Alphonse VII, elle épousa, en 1109, Alphonse Ier le Batailleur, roi d'Aragon et de Navarre, qui revendiqua la Castille. Ce mariage fut annulé par le pape, ce qui permit à Urraque de gouverner personnellement l'Aragon et la Castille. Son fils Alphonse VII, reconnu roi de Castille (1112), lui succéda en 1122.
ursidés n. m. pl. ZOOL. Famille de mammifères de l'ordre des carnivores, adaptée à des régimes alimentaires omnivores ou herbivores, à la démarche plantigrade, formée par les diverses espèces d'ours.
• **U.R.S.S.** ou **URSS (Union des républiques socialistes soviétiques)** Fédération de quinze républiques socialistes qui couvrait l'Europe centrale et orientale, et l'Asie septentrionale.
URSSAF Acronyme pour *Union de recouvrement des cotisations de sécurité sociale et d'allocations familiales*, nom d'organismes départementaux créés en 1960.
Ursule (sainte) Martyre légendaire qui, au retour d'un pèlerinage à Rome, aurait été, avec onze mille vierges, massacrée à Cologne par les Huns pour avoir refusé d'épouser leur roi.
ursuline n. f. Religieuse appartenant à l'une des congrégations placées sous le patronage de sainte Ursule. *Les ursulines de l'Union romaine forment un ordre fondé en Italie, en 1535, par sainte Angèle Merici et voué à l'enseignement des jeunes filles.*
urticacées n. f. pl. BOT. Famille de plantes dicotylédones apétales, telle l'ortie.
urticaire n. f. MÉD. Éruption cutanée aiguë ou chronique caractérisée par des papules œdémateuses rosées, ressemblant à des piqûres d'orties, avec une sensation de brûlure et de démangeaisons.
urticant, e adj. Dont le contact, la piqûre occasionnent des rougeurs, des démangeaisons analogues à celles produites par l'ortie.
urubu n. m. (mot tupi) ZOOL. Vautour du Nouveau Monde dont le plumage et la peau de la tête (déplumée) sont de couleur noire, de la taille d'un corbeau, vivant dans la zone intertropicale. *Les urubus sont courants dans les agglomérations, où ils se nourrissent de détritus.*
Uruguay *1 580 km* Fleuve de l'Amérique du Sud tributaire de l'Atlantique. Il naît au Brésil, constitue la frontière entre le Brésil et l'Argentine puis entre celle-ci et l'Uruguay, et se jette dans le Rio de La Plata.

***Urubu** ; illustration de Victor Adam pour l'édition de 1852 de l'Histoire naturelle de Buffon.*

U.R.S.S.

Géographie physique et humaine

L'URSS était l'État le plus important du monde par sa superficie (*22 400 000 km^2*) et le troisième par sa population (*280 000 000 h.*). Elle s'étendait sur 10 000 km d'ouest en est (allant, à l'ouest, de la Baltique et des frontières de la Pologne, de la Tchécoslovaquie, de la Hongrie et de la Roumanie au Japon à l'est), et sur 5 000 km du nord au sud (de l'océan glacial Arctique au sud de la mer Caspienne). Ce territoire était en majeure partie fait d'un ensemble de plaines et de plateaux bas : plaine de Russie d'Europe et de Sibérie occidentale, plateaux de Sibérie centrale. L'Oural, chaîne d'altitude modeste, traçait la « frontière » entre Europe et Asie. Au nord et à l'ouest, le pays s'ouvrait sur les côtes basses de la Baltique et de l'océan Arctique, au sud, sur la dépression d'Asie centrale ; il était bordé au sud et à l'est par de hautes montagnes (Caucase, 5 600 m ; Pamir, 7 500 m ; Tien-Chan, Altaï, monts de Sibérie orientale). Du nord au sud se succédaient la toundra, la taïga, la forêt de feuillus, la steppe et les terres agricoles du riche tchernoziom, le sud (Crimée et en partie Géorgie) jouissant d'un climat subtropical. La population, très diverse, appartenait à des groupes d'importance numérique inégale : Slaves (plus de 70 %), peuples indo-européens (Baltes, Moldaves, Arméniens), peuples du groupe turco-mongol (Kazakhs, Kirghiz, Ouzbeks, Turkmènes notamment), peuples paléoasiatiques d'Extrême-Orient. Le russe était la langue officielle de l'Union et plus de 120 langues étaient reconnues et (en principe) enseignées dans les diverses républiques où elles avaient le statut de langue(s) officielle(s). En 1990 la structure fédérale groupait 15 républiques fédérées (Arménie, Azerbaïdjan, Biélorussie, Estonie, Géorgie, Kazakhstan, Kirghizistan, Lettonie, Lituanie, Moldavie, Ouzbékistan, Tadjikistan, Turkménistan, Ukraine, Russie), elles-mêmes divisées en républiques autonomes, territoires nationaux, districts nationaux.

Économie

L'URSS était un pays d'économie socialiste : tous les moyens de production étaient propriété de l'État ou des coopératives, à l'exception, à la campagne, de certains lopins individuels. La propriété privée se limitait aux biens de consommation, à certains logements et aux lopins de terre déjà cités. Un organisme central, le Gosplan, élaborait des plans quinquennaux impératifs. Les planificateurs, d'abord uniquement préoccupés de l'industrie lourde, se sont tardivement (1950-1960) intéressés à l'agriculture et aux biens de consommation. Obsolète (sauf dans le domaine militaire et spatial) et peu productive, l'industrie lourde bénéficiait des énormes ressources minières et énergétiques du pays : charbon, pétrole, gaz naturel, électricité, fer, cuivre, bauxite, manganèse, or. Le nucléaire civil fut en progression jusqu'à l'accident de Tchernobyl (1986). L'industrie légère se situait dans les derniers rangs mondiaux. Les communications, vitales pour le développement de cet immense territoire, étaient insuffisantes : mauvaises routes, navigation fluviale et cabotage difficiles ou impossibles en hiver, réseau ferré lent et peu dense, sauf à l'ouest, trafic aérien intense mais surtout dédié au transport de voyageurs. L'agriculture, elle aussi peu productive, reposait sur les kolkhozes (coopératives) et les sovkhozes (fermes d'État) et n'assurait pas l'autosuffisance alimentaire. Le commerce international était faible, les échanges s'effectuant essentiellement avec les pays de l'Est.

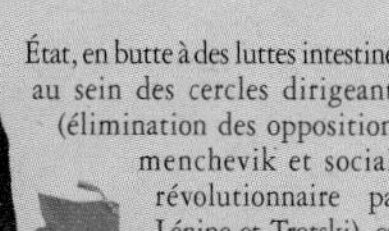

Lénine (1870-1924), sur une affiche de propagande chinoise.

Défilé militaire devant Staline, peu après la révolution de 1917.

Histoire

L'Union soviétique est née de la révolution d'octobre 1917. La révolution de février 1917 (mars dans le calendrier grégorien) renverse le tsar Nicolas II et met en place un gouvernement républicain libéral qui, malgré les désastres militaires, poursuit la guerre dans des conditions catastrophiques. Organisés en soviets d'ouvriers et de soldats groupant des socialistes modérés (mencheviks), des socialistes intransigeants (bolcheviks) et des socialistes révolutionnaires, les classes populaires expriment de plus en plus fortement leur mécontentement. Ce mécontentement profite aux bolcheviks, l'insurrection éclate. C'est la « révolution d'octobre » (6 et 7 novembre dans le calendrier grégorien) et tout le pouvoir revient aux Soviets, en réalité à Lénine qui, dès le 8 novembre, jette les bases du nouveau régime : réforme agraire, contrôle des usines par les ouvriers, reconnaissance du droit des nationalités. Le 3 mars 1918, la Russie signe avec l'Allemagne, l'Autriche-Hongrie et la Turquie le traité de Brest-Litovsk qui l'ampute, à l'ouest, de vastes territoires (Finlande, Pologne, pays Baltes, une partie de la Biélorussie), l'oblige à reconnaître l'indépendance de l'Ukraine et à restituer à la Turquie Kars, Ardahan et Batoum. Deux mois plus tard (traité de Bucarest), les Allemands imposent l'attribution de la Bessarabie à la Roumanie. Le traité de Versailles déclara nuls ces deux traités, mais la Pologne, la Finlande et les pays Baltes ne regagnèrent pas le giron de la Russie. En 1918, le jeune État, en butte à des luttes intestines au sein des cercles dirigeants (élimination des oppositions menchevik et social-révolutionnaire par Lénine et Trotski), est ravagé (1918-1921) par une guerre civile mettant aux prises l'Armée rouge (soviétique) et les armées « blanches » (monarchistes) soutenues par les Français, les Britanniques et les Japonais. Le pays en sort exsangue, la famine décime la population, la révolte gronde (celle des marins de Cronstadt est écrasée par Trotski en 1921), on compte les morts par millions. L'Union soviétique est proclamée en 1922. Le désastre économique et les problèmes politiques conduisent Lénine à libéraliser quelque peu le régime : la NEP (nouvelle politique économique) permet une certaine amélioration des conditions de vie. Les républiques non russes sont absorbées, une constitution est adoptée (1924). Lénine, malade depuis deux ans, meurt en 1924 et Staline, secrétaire général du Parti communiste de l'Union soviétique (PCUS) s'empare du pouvoir, élimine Trotski, l'opposition « de gauche » (1929), puis l'opposition « de droite ». De 1934 à 1939, la police politique, le NKVD, instaure la terreur : emprisonnements, exécutions, déportations en masse vers le sinistre Goulag. Le parti communiste (en particulier le groupe des fondateurs, la « génération d'octobre ») et l'Armée rouge sont décimés (grands procès de 1936-1938). L'économie est réglée par des plans quinquennaux qui exigent de tous un effort important mais ne font pas progresser significativement le niveau de vie, qui demeure bas. La collectivisation des terres s'impose difficilement, les paysans enrichis par la NEP (les koulaks) renâclent : ils sont en bonne partie exterminés, ce qui, joint aux incohérences du plan, désorganise l'agriculture pour de longues années. Les fronts populaires (Espagne, France) ont le soutien du régime soviétique qui, pourtant, ne s'engage pas sur le terrain, à l'exception de l'Espagne où les communistes « orthodoxes » des Brigades internationales

Défilé militaire commémorant la Révolution d'octobre, sur la place Rouge à Moscou, en 1983.

U.R.S.S. (suite)

participent activement aux combats, mais n'hésitent pas à éliminer certains de leurs camarades de lutte (trotskistes du POUM [*Partido obrero de unificacion marxista*], notamment). Le 23 août 1939, Staline signe le pacte germano-soviétique, ce qui permettra à l'URSS d'annexer l'est de la Pologne en septembre, l'isthme de Carélie et les pays Baltes en 1940, et de reprendre la Bessarabie aux Roumains. Envahie par l'Allemagne en 1941, en partie occupée, elle parvient à libérer son territoire et l'Armée rouge s'avance jusqu'à Berlin. Épuisée, l'Union soviétique tente de se relever et installe en Europe de l'Est, y compris dans la zone soviétique d'occupation en Allemagne, des gouvernements vassaux, ce qui suscite de violentes réactions politiques dans le monde occidental : c'est la « guerre froide » (crise de Berlin, guerre de Corée). Aucun conflit armé n'éclate entre l'URSS et ses alliés et les États-Unis et leurs alliés : les deux pays possèdent la bombe atomique, ce qui établit un « équilibre de la terreur » que nul ne songe sérieusement à rompre. À l'intérieur, les mécontents sont victimes d'une nouvelle vague de purges. Mais Staline meurt en 1953 ; Khrouchtchev lui succède au poste de secrétaire général du PCUS. La déstalinisation s'amorce en 1956 tandis qu'à l'extérieur les crises se succèdent (Berlin, Pologne, Hongrie), ce qui remet les préoccupations militaires au premier plan. Les défauts structurels de l'économie rendent toute réforme impossible, la crise de Cuba (1962) accroît la tension avec les États-Unis, la rupture avec la Chine, entamée en 1960, est consommée en 1964 et, la même année, Khrouchtchev est limogé. Lui succède une « troïka », le trio Brejnev-Kossyguine-Podgorny, et Brejnev acquiert presque immédiatement la prépondérance. Il doit faire face à la conjonction d'oppositions diverses ; à l'intérieur, scientifiques et intellectuels exigent de plus en plus fermement le respect des droits de l'homme et, à l'extérieur, leurs revendications et les témoignages sur la difficile situation des Juifs soviétiques rencontrent un écho international. Si le régime cherche de plus en plus activement à coopérer avec l'Occident, il se refuse à envisager toute remise en cause du modèle soviétique où que ce soit : l'expérience libérale tchécoslovaque (1968) est étouffée dans l'œuf. La conférence d'Helsinki (1975) sur la détente en Europe ne porte pas les fruits escomptés, d'autant que l'intervention de l'armée rouge en Afghanistan (1979) provoque une levée de boucliers un peu partout dans le monde (annulation de la participation de nombreux pays aux jeux Olympiques de Moscou en 1980). À Brejnev succèdent Andropov (1982-1984), Tchernenko (février 1984-mars 1985) puis Gorbatchev. Tous sont conscients de la nécessité des réformes et Gorbatchev tente de les mettre en œuvre ; ses maîtres mots sont *glasnost*, « transparence », et *perestroïka*, « restructuration ». Des dissidents sont libérés, la société civile émerge de son apathie, la liberté de parole et, dans une certaine et timide mesure, la liberté de la presse retrouvent droit de cité. Des relations normales sont établies avec l'Occident, les négociations sur le désarmement nucléaire sont relancées avec les États-Unis. Ces réformes elles-mêmes font apparaître de nouvelles contradictions ; on assiste à des manifestations nationalistes aux quatre coins du pays (Baltes, Kazakhs, Tatars, Arméniens, Azerbaïdjanais) ; les Juifs émigrent en masse en Israël (1990) ; l'armée rouge quitte l'Afghanistan (1988), laissant un pays en ruines et déchiré entre divers clans ennemis. Dans les démocraties populaires s'amorce un mouvement d'émancipation que manifestera avec éclat la chute du mur de Berlin (1989). Une nouvelle loi électorale autorisant la pluralité des candidatures, les élections de mars-avril 1989 amènent au Congrès des députés du Peuple des personnalités nouvelles. Le 13 mars 1990, le Congrès vote l'abandon du rôle dirigeant du PCUS, renonce au système de parti unique et adopte un régime présidentiel ; le 15 mars, Gorbatchev est le premier Président élu de l'histoire de l'URSS. Il fait adopter des lois sur la liberté de la presse et la liberté de conscience. Mais le débat économique s'embourbe et la situation continue de se dégrader. Dans le Caucase, les affrontements entre nationalismes se multiplient ; le 11 mars 1990, la Lituanie se déclare indépendante. Le désordre gagne toute l'URSS et le gouvernement central ne peut plus faire face aux revendications indépendantistes, à la baisse du pouvoir d'achat, aux difficultés des entreprises. Le pacte de Varsovie est dissous le 26 février 1991 et le Comecon, le 26 juin. Élu au suffrage universel à la présidence de la Russie, Boris Eltsine engage sa république sur la voie de la souveraineté. Lancé par des militaires et des cadres de haut rang du PCUS, un coup d'État avorte, Gorbatchev démissionne du poste de secrétaire général du PCUS et le Parti est suspendu. Toutes les républiques proclament successivement leur indépendance. Le 8 décembre 1991, l'URSS est dissoute au profit d'une communauté d'États indépendants, la CÉI, à laquelle auront adhéré avant la fin de l'année toutes les républiques fédérées, à l'exception des pays Baltes et de la Géorgie.

Affiche de propagande russe : le peuple, nourri de convictions révolutionnaires, saura vaincre la grande injustice sociale du tsarisme et de l'autocratie.

Mikhaïl Gorbatchev.

Chef d'un État qui n'existe plus, Gorbatchev démissionne le 25 décembre. S'ouvre alors, tant en ex-URSS qu'en Europe de l'Est, une période d'instabilité qui perdurera des années. Les États de la CÉI connaissent une dramatique récession : pauvreté frappant entre 25 % et 30 % de la population, services de santé en ruine, système éducatif à la dérive, montée en puissance de diverses mafias, pensions et retraites non versées, entreprises dépourvues à la fois d'approvisionnements et de débouchés (pour nombre d'entre elles, qui vivaient en vase clos sans se soucier de la productivité ni des clients, le choc du marché s'est révélé fatal) et incapables de rémunérer leurs employés, système fiscal inadapté, système judiciaire inopérant, agriculture désorganisée, transports publics au fonctionnement irrégulier… Malgré l'aide de l'Occident et du FMI, les États de l'ex-URSS peinent à remonter la pente.

URUGUAY

Superficie : *177 414 km²* – **Nombre d'habitants :** *3 400 000 h.* – **Capitale :** *Montevideo*
Villes principales : *Salto, Paysandú, Las Piedras* – **Système politique :** *république*
Langue(s) : *espagnol* – **Religion(s) :** *catholicisme, protestantisme* – **Monnaie(s) :** *peso uruguayen*

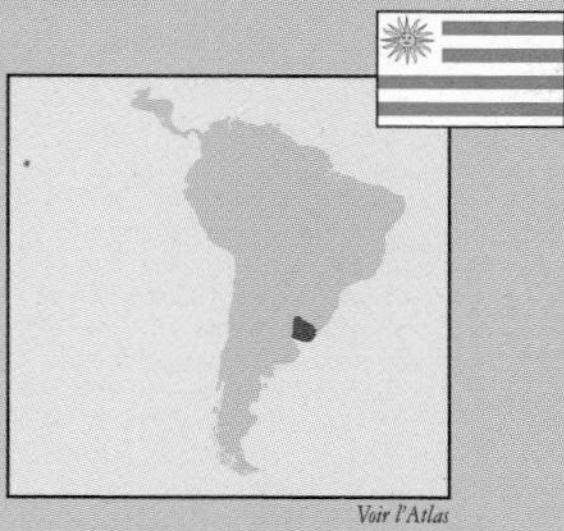

Voir l'Atlas

Géographie physique et humaine

L'Uruguay est un pays de collines, irrégulièrement arrosé, couvert par la pampa (prairie), peuplé en majorité de Blancs d'origine espagnole ou portugaise. Principale ressource du pays, l'agriculture (7 % des sols : riz, céréales) associée à l'élevage (bovin et ovin : 76 % des sols) alimente l'exportation et l'industrie locale. Les ressources minières sont médiocres. Montevideo, sur le Rio de La Plata, est le port principal. L'économie et les finances du pays sont tournées vers les puissants voisins, le Brésil et l'Argentine. L'entrée dans le Mercosur (1995) s'est faite sans dommages. L'inflation (35 % en 1995), qui était passée au-dessous de 10 % en 1998, est fortement remontée (40 % en 2002), tandis que PIB accusait une chute de 11 %.

Histoire

Découvert vers 1515 par l'Espagnol Diaz de Solis, peuplé d'Indiens, le pays fut disputé au XVIIIe siècle entre Portugais et Espagnols. Montevideo fut fondé en 1726 par les Espagnols qui mirent l'Uruguay sous la dépendance de Buenos Aires.
Soulevé (1910), sous la conduite du chef des gauchos de l'intérieur, contre les Espagnols, occupé par les Brésiliens (1816-1828), l'Uruguay devint indépendant grâce au soutien de l'Argentine et de la Grande-Bretagne.

Palais du congrès national, qui abrite le pouvoir législatif, à Montevideo, capitale de l'Uruguay.

Depuis lors, la vie politique de l'Uruguay a été dominée par la lutte entre deux partis : les *colorados* (libéraux) et les *blancos* (conservateurs). Avec l'appui de l'Argentine et du Brésil, les colorados s'emparèrent du pouvoir en 1865 et s'allièrent à ces deux pays contre le Paraguay (1865-1870).
L'Uruguay fut soumis à plusieurs dictatures militaires à la fin du XIXe siècle, puis connut à la fois un gouvernement démocratique et une certaine prospérité sous les présidences de José Batlle y Ordóñez (1903-1907 et 1911-1915). La crise économique de 1929 (venue des États-Unis) aboutit à l'instauration d'une nouvelle dictature (1933-1942). Le sous-développement et les inégalités sociales provoquèrent la révolte des Tupamaros (à partir de 1958) et, par contrecoup, une dictature de l'armée (1973-1984), qui, en 1976, démantela la rébellion. Le pouvoir revint aux civils et le président Julio Sanguinetti (1984-1989 puis 1994-1999) a donné au pays une certaine stabilité. Il ne peut, constitutionnellement, se représenter en 1999 ; l'élection est remportée par Jorge Battle, du Parti Colorado, qui gouverne avec une coalition Colorado-Blanco.

Plage de Montevideo, capitale de l'Uruguay, sur la rive nord du rio de la Plata.

Punta del Este, station balnéaire sur l'océan Atlantique, à l'est de Montevideo, et centre touristique de l'Uruguay.

• **Uruguay (République orientale de l')** État d'Amérique du Sud, bordé par l'Atlantique, entre le Brésil au nord et l'Argentine, à l'ouest.
uruguayen, enne adj. et n. D'Uruguay. *Élevage uruguayen. Un(e) Uruguayen(ne).*
Uruk Voir **Ourouk**
Urundi Ancien nom du Burundi.
urus ou **ure** n. m. ZOOL. Synonyme d'aurochs.
us n. m. pl. Usages. *Les us et coutumes.*
U.S.A. Sigle de *United States of America*, nom anglais des États-Unis d'Amérique.
usage n. m. **I.** Fait d'utiliser qqch. (un objet, un procédé, une faculté). *L'usage d'une machine à laver. Faire de l'usage* : demeurer longtemps en bon état, être longtemps utilisable. / Possibilité d'utiliser. *Perdre l'usage de la parole.* / loc adj. *Hors d'usage* : qui ne fonctionne plus, usé au point d'en devenir inutilisable. *À usage de* : prévu pour (telle utilisation). *Produit à usage externe.* / *À l'usage de* : destiné essentiellement à. *Fournitures à l'usage des collectivités.* / LING., GRAMM. Mise en œuvre effective du langage dans le discours. *Usage écrit, oral.* (Sans comp.) *L'usage* : la façon dont, à une époque et dans un milieu social donnés, se réalisent dans le discours les structures d'une langue. *Le bon usage* : l'usage considéré comme correct par rapport à une norme socioculturelle donnée. **II.** Habitude, coutume. *Respecter les usages du pays. Les usages* : les façons de se conduire qu'une société donnée considère comme correctes. *Respecter, enfreindre les usages. L'usage* : la coutume. *Il n'est, il n'est pas d'usage de...* : il n'est, il n'est pas coutume de. / Litt. Bonnes manières. *Il manque d'usage.* **III.** DR. Droit de se servir d'une chose sans en être propriétaire. *Usages forestiers.*
usagé, e adj. Qui a servi, dont on a usé. *Un livre usagé.*
usager, ère n. Personne qui utilise (un service, un service public). *Les usagers des transports en commun.* / Par ext. *Les usagers d'une langue*, ses locuteurs. / DR. Personne qui a un droit d'usage.
usant, e adj. Qui use les forces, la santé.
usé, e adj. Abîmé, altéré par un usage intensif. *Vêtement usé.* / *Eaux usées*, souillées par l'usage. / Affaibli par un trop long usage. *Théories usées.* / Dont la santé s'est affaiblie, dont les forces ont diminué. *C'est une femme usée par le travail à l'usine.* / Auquel l'usage courant, la répétition ont fait perdre son pouvoir d'évocation. *Plaisanterie usée.*
user v. t. [1] Utiliser, consommer. *User beaucoup d'électricité.* / Détériorer progressivement par un usage prolongé. *User ses souliers.* / Affaiblir, épuiser peu à peu. *User la vue. User la patience de qqn.* / v. t. ind. *User de* : employer ; avoir recours à. *User de toute son influence. User de son droit de veto.* / v. pron. Se détériorer peu à peu. *Le tapis s'est usé.* / Se fatiguer physiquement et moralement.
Ushuaia *29 452 h.* Ville d'Argentine, en Terre de Feu, la ville la plus proche du pôle Sud. C'est un centre de pêche.
usinage n. m. Action d'usiner ; son résultat.
usine n. f. Établissement industriel dans lequel des produits ou des matières premières sont transformés en produits finis. / Fam. Lieu où quantité de personnes s'affairent. *C'est une usine ici !*
usiner v. t. [1] Façonner (une matière brute ou dégrossie) en la soumettant à l'action d'une machine-outil. / Fabriquer en série, industriellement
usinier, ère adj. et n. m. Relatif à l'usine. / Où il y a des usines. *Région usinière.* / n. m. Vx Propriétaire d'une usine.
usité, e adj. En usage, d'usage courant. *Peu usité* : rare.
usnée n. f. BOT. Lichen à thalle très ramifié, poussant sur les vieux arbres et sur les rochers.
Ussel *11 448 h.* Commune de Corrèze, ancienne capitale du duché de Ventadour (XVIe siècle) qui conserve de beaux monuments : cathédrale du XIIe siècle, hôtel des Ducs (XVIe siècle).
ustensile n. m. Objet servant aux usages domestiques ou à l'exercice de certains métiers. *Ustensiles de jardinage, de cuisine.*
ustilaginales n. f. pl. BIOL. Ordre de champignons basidiomycètes parasites des végétaux. *Les ustilaginales déterminent les charbons et la rouille.*
usucapion n. f. DR. Acquisition d'un objet par la possession et l'usage prolongé (trente ans dans le droit français).
usuel, elle adj. et n. m. Qui est dans les us, les habitudes. *Il est usuel d'agir ainsi.* / Qu'on utilise couramment. *Chose usuelle.* / n. m. Ouvrage de référence et de consultation usuelle. *Le rayon des usuels dans une bibliothèque.*
usuellement adv. De façon usuelle.
usufructuaire adj. DR. Propre à l'usufruit.
usufruit n. m. DR. Droit réel accordant à un individu la jouissance d'une chose

U

appartenant à autrui, à condition qu'il en conserve la substance en vue d'une restitution ultérieure; *ce droit* s'éteint nécessairement à la mort de l'usufruitier.
usufruitier, ère n. DR. Personne qui jouit d'un bien en usufruit.
usuraire adj. Qui procède de l'usure, du taux d'intérêt. *Taux usuraire.*
usure [1] n. f. Détérioration d'un objet due à un usage prolongé. / Fig. Action de ce qui dégrade. *L'usure du temps.* / Affaiblissement. *L'usure d'un sentiment.* / *Guerre d'usure*, qui épuise peu à peu les forces de l'ennemi.
usure [2] n. f. Intérêt de l'argent supérieur au taux légal. / Délit qui consiste à percevoir un intérêt qui dépasse celui qui est fixé par la loi.
usurier, ère n. Personne qui pratique l'usure, le prêt par intérêt.
usurpateur, trice n. Personne qui usurpe qqch.
usurpation n. f. Action d'usurper; son résultat.
usurpé, e adj. Illégitime, immérité. *Réputation usurpée.*
usurper v. t. [1] S'approprier illégitimement, par ruse, par fraude ou par violence (un bien, un droit, le pouvoir). *Usurper l'identité d'une personne.*
ut n. m. inv. Première note de la gamme majeure, sur laquelle est fondé notre système de notation musicale. Syn. *do.*
Utah *219 889 km^2 2 059 148 h.* État de l'ouest des États-Unis. Capitale *Salt Lake City.* Cette région de plateaux et de montagnes des Rocheuses, au riche sous-sol (cuivre, or, pétrole, uranium), à l'élevage important (ovins, bovins), fut colonisée au milieu du XIXe siècle par les mormons de Brigham Young. L'Utah entra dans l'Union en 1896.
Utamaro Kitagawa 1753-1806 Graveur japonais d'Edo (Tokyo). Son art est caractérisé par la grâce des silhouettes étirées, l'élégance et la souplesse du trait, le raffinement du coloris (*Légende de l'enfant Kintoki*, *Douze heures des maisons vertes*).
utérin, e adj. De l'utérus. *Douleur utérine.* / DR. *Frères, sœurs utérin(e)s*, nés de la même mère, mais non du même père.
utérus n. m. ANAT. Chez la femme et les mammifères femelles, organe musculaire, creux, de l'appareil génital, entre les trompes de Fallope et le vagin, avec lequel il communique par le col de l'utérus. *L'utérus héberge l'œuf fécondé pendant son développement embryonnaire et fœtal, et l'expulse lors de l'accouchement.*
Uthman Voir **Othman**
utile adj. et n. m. Dont l'usage ou l'action satisfait un besoin, est profitable. Ant. inutile. / Loc. *En temps utile:* au moment opportun. / Utilisable. *Puissance utile.* / n. m. *Joindre l'utile à l'agréable.*
utilement adv. De manière utile.
utilisable adj. Que l'on peut utiliser. Ant. inutilisable.
utilisateur, trice n. Personne qui utilise (qqch.). *Avertissement aux utilisateurs.*
utilisation n. f. Action d'utiliser, emploi.
utiliser v. t. [1] Rendre utile, tirer parti de. *Utiliser de vieux vêtements pour jardiner. Utiliser ses loisirs pour faire du sport.* / Employer, faire usage de (qqch. de spécifiquement adapté à l'usage qu'on veut en faire). *Utiliser une poêle pour faire des crêpes. Utiliser de l'eau.*
utilitaire adj. et n. m. Qui est unique-

Frontispice de la première édition d'**Utopie**, de Thomas More.

ment destiné à être utile, qui est fonctionnel. *Un véhicule utilitaire* ou, n. m. *un utilitaire*: un véhicule à usage commercial. / Dont on escompte un avantage, matériel le plus souvent.
utilitarisme n. m. PHILO. Doctrine d'après laquelle un acte est bon, non pas en lui-même, mais par ses conséquences, lorsque celles-ci contribuent au bonheur. (Pour les tenants de l'utilitarisme, une bonne action est une action « rentable », et la morale devient un calcul d'intérêts individuels ou sociaux. Bentham, Stuart Mill, Spencer ont exposé et défendu cette théorie).
utilitariste adj. et n. Relatif à l'utilitarisme. / n. Tenant de l'utilitarisme.
utilité n. f. Fait d'être utile; qualité de ce qui est utile. *Un livre, une aide d'une grande utilité.* Ant. inutilité. / Commodité, convenance. *Utilité publique*: avantage qu'une déclaration officielle de l'autorité publique reconnaît pourvoir être procuré soit au public, soit au service public (définition juridique officielle). / Au théâtre, rôle secondaire. *Jouer les utilités.* / ÉCON. En parlant d'un bien, capacité à satisfaire un besoin.
Utique (aujourd'hui *Bordj Bou Chateur*) Ancienne ville de Tunisie, au nord-ouest de Carthage, fondée par Tyr, capitale de la province romaine d'Afrique après la ruine de Carthage.

utopie n. f. (mot forgé par Thomas More à partir du grec « lieu qui n'existe pas ») Conception chimérique d'un pays où règnent la justice et l'harmonie. / Conception d'une société idéale, du point de vue de celui qui la conçoit. / Projet idéal, non réalisable.
Utopie (Du meilleur gouvernement et de la nouvelle île d') 1516 Récit philosophique de l'Anglais Thomas More, écrit (1515-1516) en latin. L'œuvre contient une violente critique de la société anglaise et décrit une région imaginaire où tous les hommes sont égaux et où la propriété privée est abolie.
utopique adj. Qui procède de l'utopie. *Idée utopique.*
utopiste n. Personne qui conçoit, imagine des utopies. / Personne peu réaliste.
Utrecht (province d') *1 434 km^2 1 080 000 h.* Province des Pays-bas, à l'est de la Hollande méridionale. Chef-lieu *Utrecht.* C'est une région de collines et de polders où l'on pratique l'élevage et l'horticulture. Les activités tertiaires y sont importantes.
Utrecht *234 352 h.* Ville culturelle (université) et industrielle des Pays-Bas sur le canal qui relie Amsterdam au Rhin, chef-lieu de la province du même nom. L'agglomération d'Utrecht a *537 000 h.* **Histoire** L'Union d'Utrecht (1579) a rassemblé les sept provinces protestantes du nord des Pays-Bas (Hollande, Zélande, Utrecht, Gueldre, Overijssel, Frise, Groningue) contre l'Espagne. Cette union préfigure la formation des Provinces-Unies.
Utrecht (traités d') 1713-1715 Ensemble de neuf traités signés par la France et l'Espagne avec l'Angleterre, les Provinces-Unies et la Prusse qui mirent fin, en partie, à la guerre de la Succession d'Espagne (l'empereur signera avec la France un traité séparé à Rastatt en 1714). Philippe V conservait le trône d'Espagne, renonçant à toute prétention sur le trône de France, cédait à l'Angleterre Gibraltar et Minorque et lui accordait pour 30 ans le privilège de la traite des Noirs avec l'Amérique. Le duc de Savoie recouvrait la Savoie occupée par la France et obtenait une partie du Milanais et la Sicile, avec le titre de roi (plus tard, il échangerait avec les Habsbourg la Sicile contre la Sardaigne). L'Électeur de Brandebourg fut reconnu « roi en Prusse », agrandit ses États et (en tant qu'héritier de Guillaume III

Montmartre de ***Maurice Utrillo***.

d'Orange) remit la principauté d'Orange à la France. Louis XIV s'engagea à ne plus soutenir la dynastie Stuart en Angleterre, remit aux Anglais, en Amérique du Nord, Terre-Neuve, l'Acadie, la baie d'Hudson et, aux Antilles, l'île Saint-Christophe, et rendit à l'Allemagne Brisach, Fribourg et Kehl, détruisant en outre toutes ses fortifications de la rive droite du Rhin. La Hollande obtenait de créer à la frontière française une barrière de 8 forteresses (Furnes, Ypres, Menin, Tournai, Mons, Charleroi, Namur et Gand) qui, tout comme toute ville des Pays-Bas, ne pourraient jamais être cédées à la France. L'empereur Charles VI reçut la plupart des possessions non espagnoles de la couronne d'Espagne et dut restituer tous leurs territoires aux électeurs de Bavière et de Cologne. De ces traités l'Angleterre sortit renforcée et deux États, la Prusse et la Savoie, acquirent une importance internationale nouvelle.
utriculaire adj. BIOL. En forme de petite outre; qui comporte un, des utricule(s), qui est formé d'utricules. / n. f. BOT. Plante carnivore aquatique dont les feuilles sont modifiées en utricules.
utricule n. m. ANAT. Partie du vestibule de l'oreille interne. / BOT. Organe de certaines plantes aquatiques (utriculaires), en forme de petite outre, servant à capturer des proies animales.
Utrillo (Maurice) 1883-1955 Peintre français. Autodidacte, il peignit d'abord des toiles sombres et réalistes, puis adopta, sous l'influence de Pissarro et Sisley, une manière plus aérée et lumineuse. De 1907 date sa « période blanche »; ses représentations de Montmartre et de la banlieue parisienne ont des accents très personnels d'une poésie un peu mélancolique. S'inspirant ensuite de cartes postales, il utilisa des couleurs plus vives, une palette plus variée, des traits plus accentués, se rapprochant ainsi, de quelque façon, de la peinture naïve. Après son mariage avec Lucie Valore, elle-même peintre, sa très importante production a un caractère répétitif et monotone.
Uttar Pradesh *294 411 km^2 139 112 287 h.* État le plus densément peuplé de l'Inde (*472 h./km^2*), dans la plaine du Gange, au pied de l'Himalaya. Capitale *Lucknow.* L'irrigation assure deux récoltes par an, mais les inondations sont parfois désastreuses. L'industrie est encore modeste, mais l'artisanat excelle depuis des temps reculés. Plusieurs centres religieux attirent les pèlerins: Agra, Allahabad, Bénarès.
U.V. [1] n. m. Sigle de *ultraviolet.*
U.V. ou **UV [2]** n. f. Sigle de *unité de valeur*; voir *unité.*
uval, ale, aux. Didac. Relatif au raisin. *Cure uvale*: cure de raisin.
uva-ursi n. m. inv. (mots latins, « raisin d'ours ») BOT. Busserole.
Uvéa ou **Ouvéa** *96 km^2 8 100 h.* La plus grande des îles Wallis.
uvéal, ale, aux adj. ANAT. Relatif à l'uvée.
uvée n. f. ANAT. Tunique vasculaire de l'œil, formée de l'iris, du corps ciliaire et de la choroïde.
uvéite n. f. MÉD. Inflammation de l'uvée.
uzbek Voir **ouzbek**
Uzès *7 649 h.* Commune du Gard. Château des ducs d'Uzès (XIe-XVIe siècle), hôtel de ville (XVIIIe siècle).

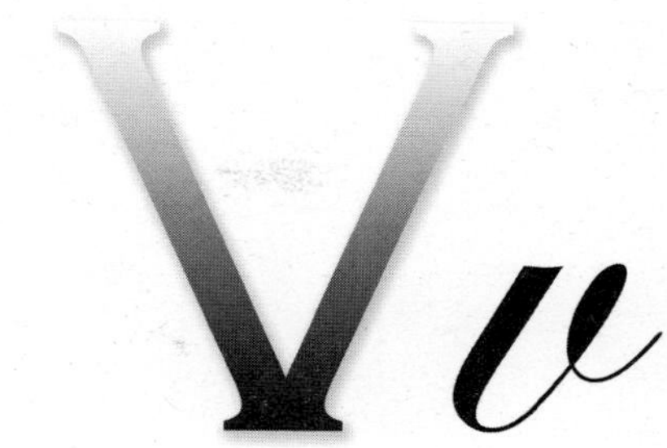

V1, V2 n. m. (initiale du mot allemand signifiant *« arme de représailles »*) Projectile autopropulsé, précurseur des engins guidés modernes, lancé par les Allemands sur Londres et sur Anvers (1944-1945).
va! interj. (Pour accompagner une approbation, une menace, une injure) *Allez, va, je ne t'en veux pas. Va donc, eh crétin!* / loc. adv. *Va pour*: d'accord pour. *Va pour demain.*
Vaal (le) *1 200 km* Rivière d'Afrique du Sud qui, venue de l'est, se jette dans l'Orange à l'ouest de Kimberley. Au sud de Johannesburg, elle forme le lac de Vaal. Les Boers ont nommé *Transvaal* la région située au nord du Vaal. On a bâti sur celui-ci de nombreux barrages.
vacance n. f. Absence momentanée de titulaire à une fonction ou une dignité. *Vacance d'un siège académique.* / Interruption de l'activité de l'État, en cas de changement de gouvernement. *Vacance du pouvoir.* / (Au plur.) Congé accordé aux élèves et aux étudiants des établissements d'enseignement; congé légal des salariés. / DR. Suspension annuelle des séances des tribunaux.
vacancier, ère n. Celui, celle qui prend des vacances, qui est en vacances.
vacant, e adj. Inoccupé. *Il y a des bureaux vacants au sixième étage.* / DR. *Biens vacants*, sans propriétaire. *Succession vacante*, ouverte et non réclamée.
vacarme n. m. Bruit assourdissant; tumulte.
vacataire n. Celui, celle qui occupe temporairement un emploi sans en être titulaire.
vacation n. f. Temps consacré par un tribunal ou un expert à l'examen d'une affaire; rémunération de cette activité. / Temps consacré temporairement à une activité définie; cette activité. *Effectuer plusieurs vacations en pédiatrie.* / (Au plur.) Vacances judiciaires. *Chambre des vacations*: chambre d'un tribunal siégeant, en période de fermeture, pour une affaire urgente.
Vaccarès (étang de) *6000 ha* Étang littoral des Bouches-du-Rhône, en Camargue, séparé de la Méditerranée par une digue, centre d'une réserve botanique et zoologique.
vaccin n. m. MÉD. Virus de la vaccine, utilisé pour immuniser l'homme contre la variole. / (Par ext.) Cour. Substance antigénique qui, introduite dans un organisme, lui confère l'immunité contre un agent pathogène bactérien, viral ou parasitaire. *Les vaccins peuvent être préparés soit à partir d'un agent pathogène tué ou dont la virulence a été atténuée, soit à partir des toxines inactivées de cet agent. Il existe des vaccins contre la variole, la tuberculose (B.C.G.), la typhoïde, la grippe, la poliomyélite, etc.* / Fig. Ce qui préserve, protège (de ce que l'on considère comme un danger). *L'humour est le meilleur vaccin contre la folie du monde.*
vaccinal, ale, aux adj. MÉD. Relatif à la vaccination.
vaccination n. f. Action de vacciner; son résultat.
vaccine n. f. MÉD., VÉTÉR. Maladie infectieuse des bovins et du cheval, caractérisée par l'apparition de pustules, due à un virus proche de celui de la variole. *La vaccine peut se transmettre à l'homme, ou lui être inoculée par vaccination, elle l'immunise alors contre la variole.* / Ensemble des réactions apparaissant chez l'homme après l'inoculation du virus de la vaccine.
vacciner v. t. [1] Immuniser par un vaccin. *Se faire vacciner contre la rage.* / Fig. et fam. *Être vacciné (contre qqch.)*: en être protégé, être prévenu contre, pour en avoir déjà fait l'expérience. *Je suis vaccinée contre ses moqueries.*
vaccinostyle n. m. MÉD. Petit instrument métallique, très fin, utilisé pour prélever quelques gouttes de sang, vacciner par scarification ou provoquer une cuti-réaction.
vachard, e adj. Fam. Méchant.
vache [1] n. f. Femelle adulte du taureau, élevée pour sa production laitière, sa viande et comme animal reproducteur. / Cuir apprêté à partir de la peau de cet animal. / *Le plancher des vaches*: la terre ferme. / Fig. et fam. *Vache à lait*: personne dont on tire abusivement profit. / *Manger de la vache enragée*: être soumis à de dures privations. / Fam. *Peau de vache*: personne dure et méchante, injuste. / *Vache à eau*: récipient de toile ou de plastique dont les campeurs se servent pour y mettre de l'eau. / *Nœud de vache*: nœud employé dans la marine pour réunir deux filins.
vache [2] adj. Fam. Sévère, dur, méchant. *Elle est vache.* / n. *Quelle vache, ce prof!*

***Roger Vadim** et Jane Fonda.*

vachement adv. Fam. Énormément, très. *Je suis vachement surprise.*
vacher, ère n. Celui, celle qui est chargé de la garde et du soin des vaches.
vacherie n. f. Fam. Méchanceté.
vacherin n. m. Fromage de vache fabriqué en Franche-Comté et en Suisse. / Gâteau meringué rempli de glace et décoré de crème Chantilly.
vachette n. f. Jeune vache, petite vache. / Cuir très souple, venant d'un jeune bovin.
vacillation n. f. Fait de vaciller. *Les vacillations d'une ampoule électrique.*
vacillement n. m. Mouvement de qqch. qui vacille. / Syn. de vacillation. / Fig. Hésitation.
vaciller v. i. [1] Chanceler, trembler sur sa base. *Animal blessé qui vacille avant de tomber.* / Éclairer de manière incertaine, fluctuante. *La flamme vacille.* / Fig. S'affaiblir. *Détermination qui vacille devant la difficulté.*
vacuité n. f. Fait d'être vide; état, caractère de ce qui est vide; vide intellectuel. *La vacuité de la vie mondaine, d'un discours.*
vacuolaire adj. BIOL. Qui renferme des vacuoles; relatif aux vacuoles. *La membrane vacuolaire.*
vacuole n. f. BIOL. Cavité du cytoplasme des cellules eucaryotes, limitée par une membrane, contenant diverses substances. *Chez les végétaux, une vacuole centrale occupe la plus grande part du volume cellulaire.* / GÉOL. Petite cavité dans une roche.
vacuome n. m. BIOL. Région du réticulum endoplasmique contenant l'ensemble des vacuoles de la cellule.
vade retro [Satanas]! interj. (mots latins, *« Retire-toi, Satan! »*) Litt. Arrière! (pour repousser une tentation avec indignation).
vade-mecum n. m. inv. (mots latins, *« viens avec moi »*) Petit aide-mémoire que l'on garde à portée de main où que l'on soit.
Vadim (Roger Vadim Plemiannikov, dit **Roger)** 1928-2000 Cinéaste français qui révéla Brigitte Bardot avec *Et Dieu créa la femme* (1956). Il a également réalisé *Les Liaisons dangereuses* (1960); *Le Repos du guerrier* (1962); *Barbarella* (1968).
vadrouille n. f. MAR. Tampon de cordage fixé à un manche qui sert à nettoyer les navires. / Fam. Promenade sans but.
vadrouiller v. i. [1] Fam. Être en vadrouille.
Vaduz *5 017 h.* Capitale du Liechtenstein, sur la rive droite du Rhin, dominée par le château des princes. Centre touristique.
va-et-vient n. m. inv. Mouvement alternatif d'un point à un autre. *Le va-et-vient*

*La ville et le château de **Vaduz**.*

V

Vague *déferlante.*

d'une scie. / Allées et venues continuelles. *Le va-et-vient des voyageurs.* / ÉLECTR. Dispositif qui permet d'allumer et d'éteindre une lampe à partir de plusieurs points. / Double cordage établissant une communication entre un navire et la terre, ou entre deux navires. / Gond de porte muni d'un ressort, permettant l'ouverture dans les deux sens et le retour à la position d'équilibre.

vagabond, e adj. et n. Qui voyage sans cesse, qui erre. *Une vie vagabonde.* / Fig. En parlant de pensées, de rêveries, qui ne se fixe pas sur un objet. *Imagination vagabonde.* / n. Personne qui n'a ni domicile fixe ni ressources sûres.

vagabondage n. m. Fait d'être un vagabond. / Fait de vagabonder. *Ses vagabondages l'avaient conduit au bout du monde.* / Fig. État de rêverie.

vagabonder v. i. [1] Être, vivre comme un vagabond. / Aller sans but, à l'aventure. *Vagabonder de ville en ville.* / Fig. Passer d'un objet à l'autre sans s'y attarder. *Laisser son esprit vagabonder.*

vagal, ale, aux adj. PHYSIOL. Relatif au nerf pneumogastrique.

vagin n. m. ANAT. Partie de l'appareil génital féminin, organe de la copulation constitué d'un conduit reliant le col de l'utérus à la vulve.

vaginal, ale, aux adj. ANAT., MÉD. Qui concerne le vagin. / *Tunique vaginale*: chez l'homme, membrane séreuse qui entoure le testicule.

vaginisme n. m. Contracture douloureuse et spasmodique des fibres de la tunique musculaire du vagin, gênant ou empêchant les rapports sexuels.

vaginite n. f. Inflammation de la muqueuse vaginale.

vaginose n. f. MÉD. Infection de la muqueuse du vagin.

vagir v. i. [2] Pousser des vagissements.

vagissement n. m. Cri de l'enfant nouveau-né. / Cri de certains animaux (lièvre et crocodile, notam.).

vague [1] n. f. Masse d'eau qui se soulève et s'abaisse alternativement à la surface d'une étendue liquide (mer, notamment), sous l'action du vent ou des courants. / Ondulation. *Les vagues des dunes.* / Fig. Phénomène qui se propage et s'amplifie, avant de disparaître. *Vague de tristesse, de chaleur.* / Mouvement de masse subit. *Une vague d'estivants.* / *La Nouvelle Vague*: appellation donnée aux jeunes cinéastes des années 1950 dont les idées novatrices devaient imposer une nouvelle conception du cinéma.

vague [2] adj. et n. m. Inhabité, vacant. *Terrain vague*, ni construit ni autrement exploité ou aménagé. / n. m. *Avoir les yeux dans le vague*, dans le vide.

vague [3] adj. et n. m. **A.** adj. Qui manque de netteté; flou; qui n'est pas ajusté; évasif. *De vagues formes bleues. Ces explications sont bien vagues. Une jupe, une robe vague. Je me suis montrée très vague.* / Difficile à analyser, confus. *J'ai le vague sentiment que les choses ne se passent pas très bien.* / Quelconque, sans valeur. *Il m'a montré une vague attestation de scolarité.* / ANAT. *Nerf vague*: nerf pneumogastrique. **B.** n. m. *Être, rester dans le vague*: ne pas avoir, ne pas donner de précisions. / *Vague à l'âme*: mélancolie irraisonnée, indéfinissable. / ANAT. *Le vague*: le nerf vague.

vaguelette n. f. Petite vague.

vaguement adv. De façon vague, peu précise. / De façon confuse.

vaguemestre n. m. Sous-officier responsable du service postal dans une unité militaire.

vaguer v. i. [1] Litt. Errer. Fig. *Laisser vaguer son imagination.*

vahiné n. f. (mot tahitien) Femme tahitienne.

vaiçya n. m. inv. (mot sanskrit) Membre de la troisième des castes du brahmanisme, constituée par les commerçants, les agriculteurs, les éleveurs. *Les vaiçya accomplissent les sacrifices et les rites domestiques, mais n'ont pas le droit d'enseigner le Veda, ni d'officier comme prêtres.*

vaigre n. f. Planche ou bordage revêtant intérieurement les membrures et les parois d'un navire.

vaillamment adv. Avec vaillance.

vaillance n. f. Litt. Bravoure; courage devant l'adversité.

Vailland (Roger) 1907-1965 Écrivain et journaliste français. Proche des surréalistes, il fut le cofondateur de la revue *Le Grand Jeu* et se consacra d'abord au journalisme. Il participa à la Résistance (1942) et adhéra au Parti communiste français (1952). Dans ses romans, il s'affirme comme un moraliste engagé, ironique et libertin: *Drôle de jeu* (1945); *Les Mauvais Coups* (1948); *Bon pied, bon œil* (1950); *Beau Masque* (1954); *325 000 francs* (1955); *La Loi* (1957); *La Fête* (1960); *La Truite* (1964). Il a également publié des essais: *Laclos par lui-même* (1953); *Éloge du cardinal de Bernis* (1956); *Écrits intimes* (posthume, 1968).

vaillant, e adj. Brave. / Courageux. / (surtout en forme négative) *Ne pas se sentir très vaillant*: ne pas se sentir en forme. / Fig. *Ne pas avoir un sou vaillant*: n'avoir pas du tout d'argent.

Vaillant (Édouard) 1840-1915 Homme politique français. Communard, exilé en Angleterre (1871-1880), il fut l'un des dirigeants de la IIe Internationale (socialiste). Député (de 1893 à sa mort), proche de Jaurès, il se rallia à l'Union sacrée en 1914.

Vaillant-Couturier (Paul) 1892-1937 Journaliste et homme politique français. Député communiste (1919-1928, 1936), il fut le rédacteur en chef de *L'Humanité* à partir de 1928 et l'un des fondateurs de l'Association des écrivains et artistes révolutionnaires.

vain, e adj. et loc. adv. **I.** Vx Vide. DR. *Droit de vaine pâture*: droit de faire paître son troupeau sur des terres appartenant à autrui quand elles ne portent pas de récolte. **II.** Sans valeur, sans profondeur. *De vains plaisirs. De vains propos.* / Futile. *Se montrer vain.* / Dépourvu de sens, illusoire, sans effets. *« La gloire n'est pas un vain mot pour moi »* (Delacroix). *De vains efforts.* / loc. adv. *En vain*: inutilement.

vaincre v. t. [3] Remporter une victoire sur. *Vaincre l'ennemi.* Par ext. *Vaincre un concurrent.* / Fig. Être plus fort que, venir à bout de (qqch.). *Vaincre la maladie, les difficultés, la peur.*

vaincu, e adj. et n. Qui a essuyé une défaite. Ant. invaincu.

vainement adv. En vain.

vainqueur n. m. et adj. m. Celui qui a remporté une victoire, qui a gagné dans une compétition. *Les trophées du vainqueur. Le vainqueur de la course.* / adj. m. Qui témoigne d'une victoire. *Arborer un air vainqueur.*

vair n. m. Fourrure grise et blanche de quelques écureuils, notamment du petit-gris. / HÉRALD. Fourrure dont les émaux sont argent et azur.

Vair (Guillaume du) 1556-1621 Magistrat (garde des Sceaux, 1615) et moraliste (*De la philosophie morale des stoïques*, 1595) français, qui se rallia à Henri IV et dont les écrits influencèrent Malherbe et Corneille.

vairon [1] n. m. ZOOL. Petit poisson d'eau douce de la famille des cyprinidés, à reflets métalliques. *Friture de vairons.*

vairon [2] adj. m. *Personne aux yeux vairons*, dont les deux yeux ne sont pas de même couleur.

Vaison-la-Romaine *5 904 h.* Commune du Vaucluse, sur l'Ouvèze, au pied du mont Ventoux. Ce centre commercial et touristique conserve d'importants vestiges romains: théâtre, portiques, thermes, maisons, pont. Musée. Ancienne cathédrale romane (cloître des XIe et XIIe siècles).

vaisseau n. m. ANAT. Conduit servant à véhiculer le sang et la lymphe dans l'organisme (artère, veine, capillaire, vaisseau lymphatique). / BOT. Conduit servant à véhiculer la sève brute. / MAR. Grand navire à voiles. / Important bâtiment de guerre. *Vaisseau de ligne. Lieutenant de vaisseau, capitaine de vaisseau*: grades d'officiers de la marine nationale. *Brûler ses vaisseaux*: se mettre dans une situation où tout retour en arrière est impossible. / *Vaisseau spatial*: astronef. / ARCHI. Espace intérieur d'un édifice de grandes dimensions. *Le vaisseau de Notre-Dame.*

Vairon *de Chine.*

Vaisseau fantôme (le) 1843 Opéra de Wagner, premier des grands drames wagnériens où apparaît le leitmotiv, composé en 1841 à partir d'une légende qu'un poème de Heine avait popularisée: un marin, le Hollandais volant, est condamné à naviguer sans fin jusqu'à ce que l'amour d'une femme le délivre de son errance; ce sera Pandora, qui sacrifie sa vie pour lui. Cette histoire inspira à l'Américain Albert Lewin (1894-1968) le film *Pandora* (1951), avec James Mason (1909-1984) et Ava Gardner (1922-1990).

vaisselier n. m. Meuble servant à ranger la vaisselle.

vaisselle n. f. Ensemble des récipients destinés aux repas. *Vaisselle plate*: vaisselle d'or ou d'argent faite d'une seule pièce, sans soudure. / Ensemble constitué par ces récipients et les ustensiles dont on se sert pour le repas. *Laver la vaisselle.* / Par méton. *La vaisselle*: l'opération qui consiste à nettoyer la vaisselle. *Faire la vaisselle.*

val n. m. Type de relief jurassien correspondant à un synclinal; dépression entre deux monts. / Vallée. *Aller par monts et par vaux.* / Pl. Des *vals* ou des *vaux*.

valable adj. Qui a les formes requises pour être admis, reconnu, accepté par une autorité. *Diplôme valable. Ticket valable.* / Que l'on peut admettre, prendre en compte. *Objection valable.*

valablement adv. De façon valable.

Valachie Région de Roumanie et ancienne principauté danubienne émancipée de la tutelle hongroise v. 1330, soumise à la Turquie à partir de 1396. La Valachie s'est unie à la Moldavie en 1859 pour former la Roumanie. C'est une région de plaines et de collines drainée par les affluents du Danube, riche en ressources agricoles: céréales, vignobles, fruits, élevage.

Valadon (Marie-Clémentine, dite **Suzanne)** 1865-1938 Peintre français, mère d'Utrillo. Elle posa comme modèle pour Renoir, pour Toulouse-Lautrec et pour Degas qui l'encouragea à peindre. La fermeté de son dessin est accusée par des cernes épais: *Les Lanceurs de filet*, 1914; *Nu à la couverture rayée*, 1922; *La Chambre bleue*, 1923.

Valais *5 225 km² 271 291 h.* Canton suisse dans la vallée du Rhône, encadré par l'Oberland bernois et les Alpes du Valais. Chef-lieu *Sion*. Les deux tiers des Valaisans sont francophones. L'agriculture est orientée vers l'élevage et la polyculture (tabac, céréales, vignes). Industrie fromagère. L'hydroélectricité a favorisé le développement de nombreuses industries. Le tourisme d'hiver et d'été est en essor. Occupé par la France en 1798, le Valais forma une république indépendante (1802) puis un département français, le Simplon (1810); il devint en 1815 un canton de la Confédération suisse.

Valberg *1 669 m* Col des Alpes, dans les Alpes-Maritimes, et station de sports d'hiver (1 500-2 000 m) au pied de la *croix de Valberg* (1 829 m).

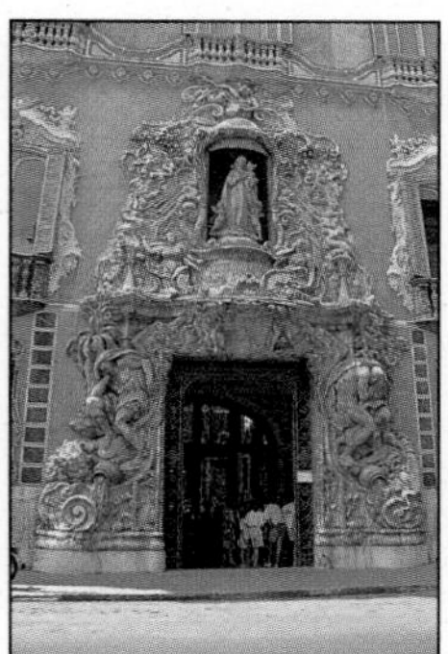

Façade churrigueresque de l'ancien palais du marquis de Dos Aguas, à **Valence**, Espagne.

Valdaï *343 m* Plateau, situé au nord-ouest de la Russie, où la Volga et le Dniepr prennent leur source.
Val-d'Aoste Voir **Aoste (Val-d')**
Val-de-Grâce (le) Ancien couvent de Paris (5ᵉ arrondissement) devenu un hôpital militaire, situé boulevard de Port-Royal. En 1621, Anne d'Autriche acquiert le domaine et y installe des bénédictines ; en 1645, elle charge Mansart de construire une chapelle qui sera achevée en 1665 ; son dôme est inspiré de celui de Saint-Pierre de Rome ; la coupole intérieure a été peinte par Mignard.
valdéisme n. m. RELIG. Doctrine des vaudois.
Val de Loire Partie de la vallée de la Loire, entre Tours et Orléans, réputée pour la douceur de son climat et la richesse de son sol (fruits, pépinières, vignobles). Les villes (Beaugency, Blois) attirent le tourisme.
Valdemar Nom de quatre rois de Danemark. **Valdemar Iᵉʳ le Grand** 1131-1182 Roi en 1157, il défendit l'intégrité du territoire et assura l'unité du pays. **Valdemar II le Victorieux** 1170-1241 Roi en 1202, il conquit le Holstein et annexa l'Estonie. Il codifia les lois et établit un inventaire fiscal du royaume. **Valdemar III le Jeune** v. 1314-1364 Roi en 1326, il fut déposé en 1330. **Valdemar IV** v. 1320-1375 Roi en 1340, il tenta d'unifier la Scandinavie mais se heurta à la coalition des villes de la Hanse.
Val-de-Marne (département du) [94] *245 km² 1 227 250 h.* Département de la Région Île-de-France. Chef-lieu *Créteil*. Le département, créé en 1964, englobe le sud-est de l'ancien département de la Seine et quelques communes de l'ancienne Seine-et-Oise. À l'exception de la vallée de la Seine, jalonnée de foyers industriels (Villeneuve-Saint-Georges, Vitry-sur-Seine, Alfortville, Ivry-sur-Seine), le département est essentiellement résidentiel. De grands ensembles d'habitation ont été construits à Créteil, Cachan, Arcueil. L'aéroport d'Orly et les halles de Rungis animent le sud-ouest du département. L'est est encore agricole (grandes cultures découvertes de Brie) (carte à l'article **Île-de-France**).
Valdés Leal (Juan de) 1622-1690 Peintre, décorateur et graveur espagnol. Installé à Séville (1656), il y contribua (1660) à la fondation de l'Académie dont il devint le président. Ses tableaux, exaltés et tragiques, aux lignes nerveuses, parfois grandiloquents, mettent souvent en scène des sujets macabres (*Hiéroglyphes de nos fins dernières*, vers 1671).
valdinguer v. i. [1] Fam. Tomber brutalement. *Envoyer valdinguer quelqu'un*, le propulser violemment, le renverser brutalement.
Valdo ou **Valdès (Pierre)** 1140 ?- v. 1217 Réformateur religieux français. Marchand lyonnais, il fit vœu de pauvreté et fonda, vers 1175, la communauté chrétienne dite *des Vaudois* (nommés aussi *les pauvres de Lyon*). Excommunié en 1184, il mourut en exil.
Val-d'Oise (département du) [95] *1 246 km² 1 105 464 h.* Département de la Région Île-de-France. Chef-lieu *Cergy*. Créé en 1964, ce département correspond au nord de l'ancien département de Seine-et-Oise. Dans le sud du département et le long des axes de communication (vallées de la Seine et de l'Oise), la proximité de Paris a suscité la prolifération de grands ensembles résidentiels (Sarcelles) et d'usines (industries métallurgiques, mécaniques, chimiques à Argenteuil, Cergy-Pontoise). Le reste du département conserve un aspect rural : riches cultures céréalières et betteravières du Vexin français à l'ouest de l'Oise, grandes cultures sur les plateaux dénudés du pays de France, à l'est, séparé du Vexin français par les forêts de Montmorency et de L'Isle-Adam. L'aéroport Charles-de-Gaulle, à Roissy-en-France, anime l'est du département (carte à l'article **Île-de-France**).
valdôtain, aine adj. et v. Du Val-d'Aoste. *Paysage valdôtain. Un(e) Valdôtain(e).*
valence n. f. CHIM. Nombre de liaisons covalentes que peut établir un atome. *L'atome d'hydrogène et les halogènes ont une valence de 1 (monovalents) ; l'atome d'oxygène a une valence de 2 (bivalent) ; l'atome de chrome a une valence multiple : 3 (trivalent) ou 6 ; l'atome de carbone a une valence de 4 (tétravalent). / Électron de valence*, appartenant à la couche électronique périphérique de l'atome, susceptible d'être engagé dans une liaison covalente. / PSYCHOL. Valeur d'attraction *(valence positive)* ou de répulsion *(valence négative)* qu'un objet, une situation exerce sur le sujet.
Valence *64 260 h.* Chef-lieu du département de la Drôme, sur le Rhône. Valence est une vieille cité (cathédrale romane) aux fonctions administratives, commerciales (cultures fruitières dans la plaine de Valence) et, plus récemment, industrielles (électronique, mécanique de précision, produits chimiques). L'agglomération rassemble plus de *100 000 h.*
Valence *23 305 km² 3 900 000 h.* Communauté autonome de l'est de l'Espagne, qui comprend les provinces de Valence, d'Alicante et de Castellón de la Plana. Capitale *Valence*. Riche région agricole (*huertas* : vin, riz, agrumes) et industrielle (métallurgie, chantiers navals). Tourisme important.
Valence (en espagnol *Valencia*) *749 361 h.* Ville et port important d'Espagne, sur la Méditerranée, capitale de la Communauté autonome du même nom. Ancienne capitale du royaume maure de Valence (1021-1238), sauf pendant le règne du Cid Campeador (1094-1099), reconquise par Jacques Iᵉʳ d'Aragon, elle est riche en monuments : cathédrale gothique (XIIIᵉ-XVIIIᵉ siècle), Lonja de la Seda (halle de la soie) de style gothique flamboyant (XVᵉ siècle), tours de Serranos (restes fortifiés du XIVᵉ siècle), palais baroques.

Napperon en **valenciennes**.

valenciennes n. f. inv. Dentelle extrêmement fine, à l'origine fabriquée à Valenciennes. *Col en valenciennes.*
Valenciennes *41 278 h.* (agglomération *336 951 h.*) Chef-lieu d'arrondissement du département du Nord, sur l'Escaut. La métallurgie est en crise, mais les industries se sont diversifiées (construction automobile, chimie, textile : dentelle réputée). Capitale du Hainaut (XIᵉ siècle), Valenciennes fut prise par les Espagnols en 1567. En 1677, Vauban leur enleva la ville et la fortifia. Elle se développa au XIXᵉ siècle grâce à la proximité de l'industrie houillère. La ville possède un riche musée des Beaux-Arts (œuvres flamandes du XVᵉ au XVIIIᵉ siècle ; œuvres de peintres nés à Valenciennes, notamment Watteau et Pater).
Valens (en latin **Flavius Valens**) 328 ?-378 Empereur romain (364), frère de Valentinien Iᵉʳ, qui l'associa à l'Empire en lui donnant le commandement des provinces de l'Est. Il se rallia à l'arianisme et persécuta les païens. Il mourut dans une bataille contre les Goths à Andrinople (aujourd'hui Edirne, en Turquie d'Europe).
Valentin (saint) ?-270 ? Prêtre romain qui subit le martyre à Rome. La Saint-Valentin (*14 février*) est devenue la fête des amoureux.
Valentinien Nom de trois empereurs romains. **Valentinien Iᵉʳ** (en latin **Flavius Valentinianus**) 321-375 Empereur en 364, successeur de Jovien. Il associa à l'Empire son frère Valens qui gouverna les provinces d'Orient. Il lutta efficacement contre les invasions barbares et s'efforça d'améliorer la condition des classes populaires. **Valentinien II** (en latin **Flavius Valentinianus**) v. 371-392 Empereur en 375. Fils du précédent, il régna sur l'Occident. Son tuteur, le général d'origine franque Arbogast, l'aurait fait assassiner. **Valentinien III** (en latin **Flavius Placidus Valentinianus**) 419-455 Empereur en 425. Successeur d'Honorius, placé sur le trône d'Occident à l'âge de six ans, il laissa d'abord gouverner sa mère et un de ses généraux, Aetius, qu'il assassina en 454. Sous son règne, les Barbares s'emparèrent de la Bretagne, de la Gaule et de l'Espagne, et les Vandales, de l'Afrique. Il fut assassiné.

La **valériane** officinale, ou herbe-aux-chats.

Rudolph Valentino.

Valentino (Rodolfo Guglielmi, dit **Rudolph)** 1895-1926 Acteur américain d'origine italienne. Suscitant dans le public féminin une idolâtrie à laquelle sa mort précoce ne mit pas fin, il fut l'un des premières grandes vedettes d'Hollywood. Il avait joué dans *Les Quatre Cavaliers de l'Apocalypse* (1921) ; *Arènes sanglantes* (1922) ; *Le Cheikh* (1922) ; *Monsieur Beaucaire* (1924) ; *Le Fils du cheikh* (1926).
Valentinois Comté du Dauphiné dont la capitale était Valence, constitué au XIIᵉ siècle, érigé en duché-pairie pour César Borgia au XVᵉ siècle. Le titre de duc de Valentinois appartient depuis le règne de Louis XIII aux princes de Monaco.
valérianacées n. f. pl. BOT. Famille de plantes gamopétales herbacées à laquelle appartient la valériane.
valériane n. f. BOT. Plante dicotylédone herbacée, aux fleurs gamopétales jaunes, roses ou blanches, qui croît dans les zones humides. *Valériane officinale* ou *herbe-aux-chats*, aux propriétés antispasmodiques et sédatives.
valérianelle n. f. BOT. Plante herbacée, proche de la valériane, dont une espèce est consommée en salade sous le nom de mâche ou doucette.
Valérien (en latin **Publius Licinius Valerianus**) ?-260 Empereur romain. Empereur en 253, il associa à l'Empire son fils Gallien à qui il confia l'Occident. Il persécuta les chrétiens. Vaincu par le roi des Perses Châhpuhr Iᵉʳ qui le réduisit en esclavage, il mourut en captivité.
Valérien (mont) *161 m* Butte de la banlieue ouest de Paris (Suresnes), surmontée par un monument qui commémore le sacrifice de nombreux résistants fusillés dans le fort du mont Valérien (construit en 1830) par les Allemands entre 1941 et 1944.

Paul Valéry

Employé au ministère de la Guerre (1895) puis à l'agence Havas (1900-1922), il écrit des poèmes et des essais : *Introduction à la méthode de Léonard de Vinci* (1895), *La Soirée avec Monsieur Teste* (1896).

Il se livre à l'étude des sciences exactes et essaie de découvrir les mécanismes de l'esprit et de la création poétique. En 1917, il donne *La Jeune Parque*, poème symboliste qui le rend célèbre, que suivront les recueils *L'Album de vers anciens* (1920) et *Charmes* (1922), où il suit la voie tracée par Mallarmé.

Il publie de nombreux essais réunis dans les cinq volumes de *Variété* (1924-1944) et des dialogues philosophiques : *Eupalinos ou l'architecte* (1923), *L'Âme et la Danse* (1923). Élu à l'Académie française en 1925, il publie *Regards sur le monde actuel* (1931) et *L'Idée fixe* (1932) avant d'être nommé professeur de poétique au Collège de France, en 1937. Sous l'Occupation, il achève *Mon Faust* (qui paraîtra en 1946, après sa mort), regroupe les textes de *Tel Quel*, réussit à publier *Mauvaises pensées et autres* (1942).

Ses nombreux *Cahiers* (notes prises de 1894 à sa mort), laboratoire de son œuvre, révèlent une réflexion profonde et minutieuse sur l'œuvre d'art et sur le fonctionnement de l'esprit humain.

• **Valéry (Paul)** 1871-1945 Écrivain français, né à Sète, installé à Paris en 1894.

valet n. m. Anc. Jeune écuyer appartenant à la maison d'un seigneur. / Domestique. *Valet de chambre. Valet de pied* : domestique en livrée. (Vieilli) *Valet de ferme* : ouvrier agricole. / Fig. Personne servile et intéressée. / TECHNOL. *Valet d'établi* : pièce de fer coudée permettant de fixer un ouvrage sur l'établi. / Contrepoids qui permet à une porte de se refermer toute seule. / *Valet de nuit* : cintre monté sur pieds où l'on pose ses vêtements quand on se déshabille. / Carte à jouer portant l'image d'un valet (jeune écuyer).

valetaille n. f. Péjor. Ensemble de la domesticité d'une maison. *Toute la valetaille est accourue au bruit.*

Valette (La) *9 128 h.* Capitale de l'État de Malte, port sur la côte orientale de l'île. Cette ville fortifiée attire les touristes.

valétudinaire adj. et n. Litt. Maladif, dépourvu de vigueur.

valeur n. f. **I.** Ensemble des qualités morales ou intellectuelles d'une personne. *C'est un mathématicien de valeur.* / Courage. *Croix de la valeur militaire* : décoration française créée en 1956 pour récompenser les actions de bravoure (notamment dans les opérations de maintien de l'ordre en Algérie). **II.** Ce qui fait l'intérêt d'une chose ; importance que l'on attribue à une chose ; bien-fondé. *Bijou d'une valeur sentimentale. La valeur d'un argument.* / Utilité, efficacité. *La valeur d'une méthode.* / Caractère de ce qui est valable légalement. *Une signature sans valeur.* **III.** Prix d'une chose. *La valeur d'une maison.* / *De valeur* : de prix élevé. *Un tableau de valeur.* / *Mettre un capital en valeur*, le faire fructifier. *Mettre qqn ou qqch. en valeur*, le présenter avantageusement, en mettre en évidence la (les) qualité(s), l'importance. *Cette couleur met les meubles en valeur. Les dernières réunions ont mis le directeur des ventes en valeur.* / ÉCON. *Valeur d'échange d'un objet* : valeur fondée sur le rapport de l'offre et de la demande, sur la quantité de travail nécessaire à la production de cet objet. *Valeur d'usage* : valeur fondée sur l'utilité objective ou subjective de cet objet. / FIN. (Au plur.) *Valeurs (mobilières)* : tous titres négociables. **IV.** Mesure d'une grandeur, d'un nombre ; quantité. / MATH. *Valeur absolue* : nombre désignant une mesure, indépendamment de son signe (+ ou -). / Quantité approximative. *Ajouter la valeur d'un verre de vin et laisser mijoter.* / MUS. Durée relative (d'une note) indiquée par sa figure. *La valeur d'une blanche est deux noires.* / Mesure conventionnelle. *Valeur d'une carte, d'un jeton.* / BX-ARTS Plus ou moins grande intensité des tons, définie par leur saturation. *Jouer avec des valeurs de brun.* **V.** PHILO. *Jugement de valeur* (par opposition à *jugement de réalité*) : assertion qui implique une opinion portée sur ce qui est énoncé comme un fait. *« Les topinambours sont de très mauvais légumes » est un jugement de valeur ; « je déteste les topinambours » est un jugement de réalité.* / Cour. *Jugement de valeur* : assertion émettant une opinion sur l'estime que l'on porte (ou non) à qqn, le goût que l'on éprouve (ou pas) pour qqch. *« Cette fille est charmante ; ce vert est hideux » sont des jugements de valeur.* **VI.** Norme, principe moral. *Échelle des valeurs. Les valeurs humanistes.*

valeureux, euse adj. Plein de courage. *Nos valeureux soldats.*

valgus, valga adj. et n. m. inv. (mot latin) MÉD. Se dit d'un membre, ou d'une partie d'un membre, dévié vers l'extérieur par rapport à sa direction normale. *Genou valgus. Tibia valga* (l'adj. s'accorde dans les locutions latines ; le mot *tibia* est féminin en latin). / n. m. inv. Déviation vers le dehors (d'un membre, d'une partie d'un membre). *Un valgus du genou.* Ant. *varus.*

Valladolid *: Santa María la Antigua.*

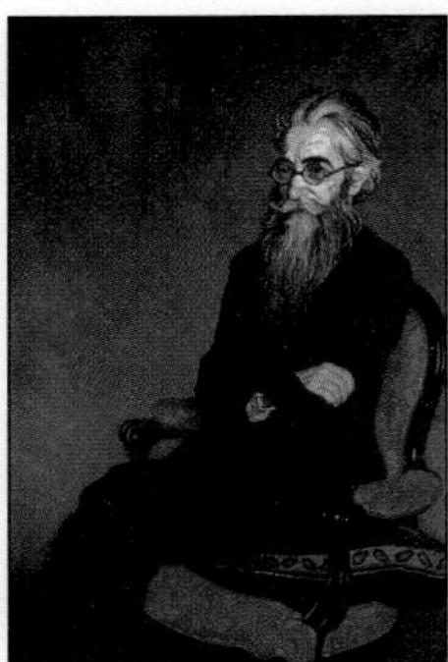

Ramón María de ***Valle Inclán****.*

Vallée *du Sous au Maroc.*

Val-Hall (le) Voir **Walhalla**

validation n. f. Action de valider. / Opération par laquelle on constate qu'une élection, un document est conforme aux exigences légales.

valide adj. **I.** En bonne santé. *Elle est maintenant tout à fait valide.* Ant. invalide. **II.** DR. Qui satisfait aux conditions requises pour produire son effet. *Passeport valide.*

validement adv. De façon valide.

valider v. t. [1] Rendre ou déclarer valide. *Valider un alibi. Valider une élection.* Ant. invalider.

validité n. f. DR. Caractère de ce qui est valide. *Validité d'un acte notarié, d'un titre de transport. Durée de validité.*

valine n. f. BIOCHIM. Acide aminé non polaire, de formule $(CH_3)_2$–CH–CH(NH_2) COOH.

valise n. f. Bagage rectangulaire qui se porte à la main. / *Valise diplomatique* : paquet contenant le courrier d'une ambassade, dont les conventions internationales garantissent le secret ; ce courrier.

Valladolid *331 885 h.* Ville d'Espagne, capitale de la Communauté autonome de Castille-León, sur le Pisuerga, chef-lieu de la province du même nom. Résidence favorite des rois de Castille puis d'Espagne aux XVe et XVIe siècles, c'est une ville historique (cathédrale du XVIe siècle, collèges) qui s'est industrialisée de façon spectaculaire (industries alimentaire et chimique, construction automobile).

Vallauris *25 773 h.* Commune des Alpes-Maritimes réputée pour ses poteries et céramiques, dont Pablo Picasso a rénové la fabrication.

Valle Inclán (Ramón María del) 1869-1936 Écrivain espagnol. Cet aristocrate raffiné a écrit des poèmes de facture moderniste, des récits : *Les Sonates* (1902-1905), des romans satiriques : *Tirano Banderas* (1926), des comédies réalistes : *Le Marquis de Bradomín* (1906), *Divines paroles* (1920), et de courtes pièces en prose nommées *esperpentos* (*« épouvantails »*, 1924-1926). Il a su renouer avec la veine picaresque. Sa trilogie *Les Comédies barbares* (1907-1922) révèle un goût du réalisme violent.

vallée n. f. Dépression creusée par une rivière ou par l'écoulement d'un glacier. *Vallée en auge* : vallée d'origine glaciaire qui présente un profil transversal en forme de U. / *Vallée morte ou sèche* : vallée qui n'est plus parcourue par un cours d'eau. / Région traversée par un cours d'eau. *La vallée du Nil.*

Vallée des Reines Site archéologique égyptien, au sud de la Vallée des Rois, nécropole des reines (et de quelques princes) des XIXe et XXe dynasties (hypogées de Néfertari épouse de Ramsès II, d'Amenherkhopshef et de Khâemouas, fils de Ramsès III).

Vallée des Rois Vallée d'Égypte bordant la vallée du Nil, en face de Louxor, qui fut choisie comme lieu de sépulture par les rois de Thèbes des XVIIIe, XIXe et XXe dynasties, de Thoutmosis Ier à Ramsès XI. Les tombes sont creusées au flanc d'une colline désertique, enfilades plus ou moins longues de chambres s'étendant au cœur de la montagne. Les piliers et les passages sont couverts de peintures illustrant les rencontres des rois et des dieux, les plafonds et les murs sont garnis de dessins ébauchés, de motifs à faible relief soigneusement peints, de gravures violemment coloriées. Les soixante et une tombes connues (à l'unique exception de celle de Toutankhamon) ont été violées, certaines dès la fin du Nouvel Empire, et les Romains les visitaient déjà. Les plus spectaculaires sont celles de Séthi Ier et d'Aménophis II. Proche de la Vallée des Rois, la Vallée des Singes abrite les tombes d'Aménophis III et du général Aï.

Vallès (Jules) 1832-1885 Écrivain et journaliste français. Hostile au Second Empire, il a dénoncé les injustices sociales dans son journal *Le Cri du peuple* et participé à la Commune de Paris. En 1871, il est condamné à mort et s'exile à Londres, d'où il reviendra en 1880. Il a laissé trois romans autobiographiques où il raconte la vie de Jacques Vingtras : *L'Enfant* (1879) ; *Le Bachelier* (1881) ; *L'Insurgé* (posthume, 1886).

Valloire *1 243 h.* Commune de Savoie. Église baroque du XVIIe siècle. Station de sports d'hiver (1 430-2 600 m).

vallon n. m. Petite vallée.

vallonné, e adj. Qui présente des vallons. *Paysage vallonné.*

vallonnement n. m. Relief vallonné.

Vallonnet (le) Grotte des Alpes-Maritimes où furent découverts, en 1962, des vestiges préhistoriques : des outils de pierre et d'os vieux de 950 000 ans, figurant parmi les plus vieux d'Europe.

Vallon-Pont-d'Arc *1 914 h.* Commune de l'Ardèche près de laquelle une grotte, découverte en 1994, contient des peintures rupestres datant d'environ 30 000 ans avant J.-C.

Vallotton (Félix) 1865-1925 Peintre et graveur français d'origine suisse, dont l'œuvre, qui se rapproche de celle des nabis (*La Modiste*), affiche parfois un réalisme acerbe : *La Roumaine à la robe rouge.* Pour diverses publications (*La Gazette de Lausanne, La Revue blanche, Le Rire, Le Courrier français*) il a pratiqué la xylographie où s'affirment la netteté de son graphisme et l'audace de ses mises en page.

Valmy *284 h.* Commune de la Marne. La *bataille de Valmy* (20 septembre 1792) fut remportée par les Français, menés par Dumouriez et Kellermann, sur les Prussiens, conduits par le duc de Brunswick. Elle mit fin à l'invasion de la France révolutionnaire et redonna confiance à la nation française.

valoche n. f. Fam. Valise.

valoir v. i. / v. t. [3] **A.** v. i. En ce qui concerne les personnes, avoir tels mérites. *Il ne vaut rien comme menuisier.* / En ce qui concerne les choses, avoir telle valeur, telle qualité, tel intérêt. *Ce rasoir ne vaut plus rien.* / Être estimé à, correspondre à (tel prix, telle valeur). *Ce pull vaut cent francs. Bientôt, ses peintures vaudront cher.* / Être valable. *Ces règles valent pour tous.* Loc. *Rien qui vaille* : rien de bon. / *Faire valoir* : mettre en valeur, en avant. *Faire valoir ses titres, son droit. Se faire valoir.* / *Vaille que vaille* : tant bien que mal. / (Emploi impers.) *Valoir mieux* : être meilleur, être préférable. *Il vaut mieux que nous partions. Mieux vaut ne pas s'attarder ici.* **B.** v. t. Être équivalent à. *Un homme averti en vaut deux.* (Emploi pron.) *Ces élèves se valent.* / Mériter, justifier. *Ce site vaut le détour, qu'on s'y intéresse.* / Avoir pour conséquence, procurer. *Son imprudence lui a valu des ennuis.*

Valois Région de l'Île-de-France, couvrant l'est du département de l'Oise et le sud du département de l'Aisne, bordée de forêts (forêts de Compiègne, de Villers-Cotterêts) et où prédomine une riche agriculture (céréales, betteraves à sucre, fourrages). Le Valois fut donné par Philippe III le Hardi, en apanage, à son fils Charles, père de Philippe VI de Valois, en 1284.

Valois Dynastie qui régna sur la France de 1328 à 1589. À la mort de Charles IV, dernier des Capétiens directs, l'assemblée des barons appela au trône Philippe VI. Il était le neveu de Philippe le Bel par son père, Charles de Valois. La dynastie se continua avec Jean II le Bon, Charles V, Charles VI, Charles VII, Louis XI, Charles VIII. Lui succéda, en 1498, la branche des *Valois-Orléans*, avec Louis XII, puis, en 1515, la branche des *Valois-Angoulême*, avec François Ier, comte d'Angoulême, petit-cousin de Louis XII, auquel succédèrent Henri II, François II, Charles IX et Henri III. Le trône passa ensuite à la maison de Bourbon.

***Valparaiso**, ville et port du Chili central.*

valorisation n. f. Action de valoriser.

valoriser v. t. [1] Augmenter la valeur marchande, la rentabilité, l'efficacité de. *La réhabilitation du quartier a valorisé nos maisons.* Ant. dévaloriser. / Conférer plus de valeur, plus d'importance à (qqn, qqch.). *Valoriser l'esprit d'initiative.*

Valparaiso *282 168 h.* Ville et principal port du Chili, à 118 km à l'ouest de Santiago, chef-lieu de la province du même nom, grand centre industriel. L'agglomération groupe plus de *600 000 h.*

valse n. f. Danse à trois temps, tournante et très rythmée, qui s'exécute en couple ; air sur lequel on exécute cette danse. *Une valse endiablée. Les valses de Strauss.* / Pièce musicale composée sur un rythme de valse. *Valses nobles et sentimentales* de Ravel. / Fam. et iron. Changement brusque et désordonné. *La valse des directeurs du personnel.* / Instabilité. *La valse des prix.*

valser v. i. [1] Danser la valse. / Fig. Être déplacé, projeté violemment. *La vaisselle a valsé dans la cuisine. Envoyer valser qqn,* le chasser, le congédier sans égards.

valseur, euse n. Celui, celle qui danse la valse. / n. f. pl. Vulg. Testicules.

valve n. f. BIOL. Chacune des parties dures de la coquille, de la carapace, du test d'organismes tels que certains mollusques, certains crustacés, les diatomées. *Les deux valves articulées des mollusques lamellibranches (ou bivalves). Les valves des crustacés cirripèdes. Les valves du test des diatomées.* / BOT. Partie de certains fruits secs déhiscents qui se soulève à maturité pour laisser sortir les graines. / ANAT. *Valves cardiaques* : replis membraneux faisant partie des valvules cardiaques. / TECHNOL. Dispositif régularisant un courant de liquide ou de gaz, généralement en sens unique. / ÉLECTR. Diode permettant de redresser le courant alternatif.

valvulaire adj. Qui présente des valvules ; qui agit comme une valvule. / Relatif à une valvule cardiaque.

valvule n. f. ANAT. Repli d'un vaisseau, d'un organe creux qui empêche le liquide de refluer. *Valvules cardiaques : valvule tricuspide,* mettant en communication l'oreillette et le ventricule droits (fermée pendant la systole) ; *valvule mitrale,* mettant en communication l'oreillette et le ventricule gauches (fermée pendant la systole) ; *valvules sigmoïdes,* mettant en communication les ventricules et les artères (fermées pendant la diastole). *Valvules lacrymales. Valvules de l'intestin grêle.* / BOT. Petite valve. / TECHNOL. Robinet à vanne.

vamp n. f. (mot anglo-américain) Au cinéma, femme fatale, irrésistible.

vamper v. t. [1] Séduire (un homme) en jouant à la vamp. *Il s'est laissé vamper par une starlette.*

vampire n. m. Fantôme qui, d'après des croyances populaires, sortirait de son tombeau la nuit pour aller sucer le sang des vivants. / Fig. Personne qui s'enrichit aux dépens des autres en les exploitant à outrance. / ZOOL. Chauve-souris hématophage d'Amérique tropicale. *Le vampire se nourrit du sang des mammifères (notamment du sang du bétail).*

vampirique adj. Relatif au vampirisme, aux vampires ; qui a les caractères d'un vampire.

vampiriser v. t. [1] (En parlant d'un vampire) Sucer le sang (d'un animal, d'un homme). / Fig. Puiser, accaparer toute la force, toutes les capacités de (qqn). *Personne possessive qui vampirise ses proches.*

vampirisme n. m. Vx Ensemble des comportements attribués aux vampires. / PSYCHOPATHOL. Perversion sexuelle d'un agresseur qui saigne ses victimes. / LITTÉR. Comportement, attitude de qqn de possessif à l'extrême.

van [1] n. m. Corbeille très plate servant à vanner.

van [2] n. m. Voiture ou remorque fermée, aménagée pour le transport des chevaux.

Van *229 000 h.* Ville de Turquie, en Anatolie orientale, à la frontière de l'Iran. Le lac de Van (*3 740 km*[2], à *1 700 m* d'altitude) est entouré de hautes montagnes.

Van Acker (Achille) 1898-1975 Homme politique belge. Il fut Premier ministre (socialiste) en 1945-1946 et 1954-1958.

vanadium n. m. CHIM. Élément métallique de numéro atomique Z = 23, de masse atomique 50,94 (symbole : V). / Métal gris blanc de densité 6,1, fondant vers 1 890 °C, entrant dans la composition de divers alliages (notam. aciers spéciaux, très résistants aux chocs et à l'usure).

Van Allen (James Alfred) 1914 Astrophysicien américain. Dépouillant les informations transmises par les satellites *Explorer I et II* en 1958, il découvrit les zones (*ceintures de Van Allen*) dans lesquelles des particules élémentaires, protons et ions, émises par le vent solaire, sont capturées par le champ géomagnétique.

Van Artevelde (Jacob) 1290 ?-1345 Drapier de Gand. Organisateur d'une révolte contre Louis de Nevers, comte de Flandre, qui s'était allié avec la France au début de la guerre de Cent Ans, il s'allia au roi d'Angleterre Édouard III. Il se heurta au particularisme des villes flamandes et fut tué au cours d'une émeute.

Vancouver (île de) *32 137 km*[2] Île canadienne (Colombie britannique) située dans le Pacifique, au large de Vancouver. Montagneuse (elle culmine à *2 200 m*), forestière, elle recèle de la houille et du fer. Ses autres ressources sont l'élevage et la pêche. L'île attire les touristes. La ville principale, Victoria, est la capitale de la Colombie-Britannique.

Vancouver.

Vancouver *471 844 h.* Ville du Canada (Colombie-Britannique), troisième agglomération du pays (*1 826 800 h.*), et premier port sur le Pacifique, en face de l'île de Vancouver. La ville, moderne et très animée, est un centre industriel (raffineries de pétrole, industries chimiques, métallurgiques, alimentaires), commercial et résidentiel.

vandale adj. et n. Des Vandales, qui concerne les Vandales. / n. Celui, celle qui détruit ou détériore sans raison par sottise ou malveillance. *Les vitrines ont été brisées par des vandales.*

Vandales Peuple germanique. Établis entre la Vistule et l'Oder au IIIe siècle, les Vandales se répandirent dans le sud de l'Europe centrale puis, traversant le Rhin, envahirent la Gaule en 406. Passés en Espagne (409) mais pressés par les Wisigoths, ils franchirent le détroit de Gibraltar sous la conduite de leur roi Geiséric (429). En 439, ayant conquis l'Afrique romaine (est de l'Algérie et Tunisie), ils fondèrent un royaume et firent de Carthage leur capitale. Puis Geiséric s'empara de la Corse, de la Sardaigne, de la Sicile et pilla Rome en 455. Mais, en 534, le général byzantin Bélisaire, envoyé par l'empereur Justinien, vainquit le roi Gélimer et le royaume vandale se disloqua.

vandaliser v. t. [1] Soumettre (des biens) au vandalisme. *Vandaliser un quartier.*

vandalisme n. m. Comportement destructeur du vandale.

Van Dam (Joseph Van Damme, dit **José)** 1940 Baryton belge, créateur du rôle-titre du *Saint François d'Assise* de Messiaen (1983).

Van de Graaff (Robert Jemison) 1901-1967 Physicien américain. Il inventa l'accélérateur de particules électrostatiques et construisit le premier appareil en 1931.

Van den Bosch (Johannes, comte**)** 1780-1844 Homme politique néerlandais. Gouverneur des Indes néerlandaises (1830-1833), il institua, à Java, le système des cultures forcées, obligeant les paysans à consacrer le cinquième de leurs terres et de leurs journées de travail à la culture de produits imposés par les Pays-Bas et achetés à un prix fixé. Ce système devait être aboli en 1877. Van den Bosch fut ensuite ministre des Colonies (1835-1839).

Vanderbilt (Cornelius) 1784-1877 Homme d'affaires américain, fondateur d'une compagnie de navigation, constructeur de lignes de chemin de fer ; surnommé « le roi du rail », il symbolise l'essor du capitalisme et la réussite du *self made man.*

Vandercammen (Edmond) 1901-1980 Poète belge d'expression française, auteur d'ouvrages inspirés par l'observation de la nature : *Le Sommeil du laboureur* (1933) ; *Les Abeilles de septembre* (1959)

Van der Goes (Hugo) 1440 ?-1482 Peintre flamand dont l'œuvre monumentale et pathétique traduit un esprit tourmenté, miné par la folie. *L'Adoration des bergers,* ou *Triptyque Portinari* (sans doute vers 1475), est la seule œuvre dont l'authenticité ne fait pas de doute ; on attribue généralement à Van der Goes, antérieurement à ce triptyque, d'autres tableaux (notamment *Sainte Anne, Vierge, Enfant et donateur*) et,

Johannes Diderik Van der Waals.

postérieurement, *La Dormition de la Vierge*, une autre *Adoration des bergers* et des portraits. Entré dans un monastère comme frère convers en 1478, il continua de peindre jusqu'en 1480.

Van der Helst (Bartolomeus) 1613-1670 Peintre hollandais. Portraitiste soucieux du détail, il devint peintre officiel de la maison d'Orange ; il peignit également de nombreux portraits collectifs et sa *Compagnie du capitaine Roelof Bicker* (1639-1643), pour la guilde des arquebusiers d'Amsterdam, connut un succès immédiat, contrairement à la *Ronde de nuit* de Rembrandt, réalisée pour les mêmes commanditaires.

Van der Meersch (Maxence) 1907-1951 Écrivain français. Issu d'une famille d'industriels, révolté par les injustices sociales, il écrit des romans d'inspiration chrétienne au réalisme proche de celui de Zola : *La Maison dans la dune* (1932) ; *Quand les sirènes se taisent* (1933) ; *L'Empreinte du dieu* (1936) ; *Pêcheur d'hommes* (1940), *Vie du curé d'Ars* (1942), *Corps et Âmes* (1943).

Van der Meulen (Adam Frans) 1632-1690 Peintre flamand. Il s'établit à Paris et, au service du roi, réalisa des tableaux panoramiques célébrant les batailles victorieuses de Louis XIV.

Van der Waals (Johannes Diderik) 1837-1923 Physicien néerlandais. Ses études sur les propriétés thermo-élastiques des gaz l'amenèrent à proposer une équation d'état des fluides qui porte son nom. On a donné son nom à la force de liaison intermoléculaire d'origine électrostatique.

Van der Weyden (Rogier, dit Roger de la Pasture) 1400 ?-1464 Peintre flamand. Peintre officiel de la cité de Bruxelles (1535), il voyagea en Italie vers 1450 (où il travailla pour la famille d'Este) et, à son retour, reçut d'implorantes commandes des ducs de Bourgogne pour lesquels il fit de nombreux portraits. Il peignit dans des harmonies de ton délicates, sur des fonds or ou des paysages, des figures calmes et gracieuses : *Saint Luc peignant la Vierge*, *Portrait de François d'Este*. On le considérait comme le plus grand peintre après Van Eyck et son influence fut considérable.

Van de Velde Famille de peintres hollandais du XVIIe siècle. **Esaias** v. 1591-1630 Il peignit des scènes de genre et des paysages. **Willem le Vieux** 1611-1693 Frère du précédent, il peignit surtout des batailles navales. **Willem le Jeune** 1633-1707, fils et élève du précédent, il peignit également des batailles navales et s'installa à Londres où il travailla pour Charles II.

Van de Velde (Henry Clemens) 1863-1957 Peintre, architecte et décorateur belge. D'abord peintre, il s'intéressa aux arts décoratifs et subit l'influence de W. Morris, ce qui le conduisit à dessiner et construire la totalité du mobilier de sa maison d'Uccle. Partisan d'un art fonctionnel, hostile à la surcharge décorative, il théorisa ses positions (*L'Art futur*, 1895), mais ne rejeta pas les courbes et les lignes souples de l'Art nouveau dont il devint un des principaux représentants (magasin Bing, Paris, 1896 ; Folkwang Museum, Hagen, 1901-1902). L'aménagement du Kunstbewerbeschule de Weimar témoigne d'une évolution vers la simplicité qui annonce le Bauhaus ; il est l'auteur des plans du musée Kroller-Muller, aux Pays-Bas, à l'esthétique strictement fonctionnelle.

Van de Woestijne (Karel) 1878-1929 Écrivain belge de langue néerlandaise, auteur de poèmes en prose et en vers qui traduisent ses conflits intérieurs : *Janus au double visage* (1908) ; *Dieu devant la mer* (1926).

Van Doesburg (Christian Emil Küpper, dit Theo) 1883-1931 Architecte et peintre néerlandais. Créateur, avec Mondrian, de la revue *De Stijl*, il rencontra Tzara, Schwitters et Arp. Avec ce dernier et Sophie Taeuber-Arp, il décora (1926) la brasserie de l'Aubette à Strasbourg. Il étudia les possibilités d'une architecture à la fois plastiquement abstraite et fonctionnelle et donna des conférences au Bauhaus, mais n'y enseigna pas.

Van Dongen (Cornelis Theodorus, dit Kees) 1877-1968 Peintre français d'origine néerlandaise. Installé à Paris en 1897 et au Bateau-Lavoir en 1905, il exposa avec les « fauves » au Salon d'Automne de 1905. Son œuvre atteste un goût pour les couleurs violentes, les éclairages contrastés. À partir des années 1920, il devint un portraitiste à la mode.

Van Dyck (Antoon Van Dijck, sir Antony) 1599-1641 Peintre et graveur flamand. Enfant prodige (son *Autoportrait* de 1613 ou 1614 témoigne d'une exceptionnelle maîtrise), il collabore avec Rubens dès 1620 (plafond de l'église des jésuites d'Anvers). Sa précoce renommée lui vaut une invitation à la cour d'Angleterre (1620), qu'il quittera un an plus tard pour un long voyage en Italie où il s'imprègne de l'art du Corrège, de Raphaël, de Véronèse et (surtout) du Titien. Il ne regagnera Anvers qu'en 1627. Il peint aussi bien des toiles à sujet religieux (*La Vierge et l'Enfant*) ou mythologique (*Vénus et Vulcain*), de tendance maniériste, que des portraits sans raideur, aux couleurs claires (*Pierre Stevens, Portrait présumé de Mytens et de son épouse*). Charles Ier le rappelle en Angleterre et en fait son peintre attitré, le comblant d'honneurs. Ses portraits élégants, aux tons raffinés, en particulier ceux du roi (*Charles Ier à la chasse*, 1635 ; *Charles Ier, trois têtes*, 1636), témoignent de l'épanouissement de son talent. Il prend ses modèles dans l'aristocratie (*Lady Ann Carr, comtesse de Bedford*, vers 1640), traitant ses personnages avec finesse et sensibilité, attentif à leur psychologie, en particulier dans ses portraits d'enfants (*Trois enfants de Charles Ier*).

Vanel (Charles) 1892-1989 Comédien français. D'abord acteur de théâtre, il interpréta au cinéma, à partir de 1912, des rôles très divers : *Les Misérables* de R. Bernard (1933) ; *Le Grand Jeu* de J. Feyder (1934) ; *Le Ciel est à vous* de J. Grémillon (1943) ; *Le Salaire de la peur* (1952) et *Les Diaboliques* (1954) de H. G. Clouzot ; *L'Aîné des Ferchaux* de J.-P. Melville (1962), *Un roi sans divertissement* de F. Leterrier (1963) ; *Trois frères* de F. Rosi (1980). Sa carrière fut d'une exceptionnelle durée : il débuta à 16 ans et joua jusqu'en 1987.

Vänern (lac) *5 546 km²* Lac du sud de la Suède, le plus grand lac de Scandinavie. Il s'écoule dans le Kattegat par l'intermédiaire du Göta älv.

vanesse n. f. Papillon diurne (nom de genre) dont il existe plusieurs espèces arborant toutes des ailes très colorées.

Van Eyck (Hubert) ?-1426 Peintre flamand, frère très probablement aîné de Jan Van Eyck, et dont l'existence même est parfois contestée. Il aurait collaboré au polyptyque de *L'Agneau mystique*. **Jan** 1390 ?-1441 Peintre flamand, frère du précédent. D'abord miniaturiste (on lui attribue des miniatures des *Heures de Turin*, peut-être datées de 1422, livre d'heures ayant appartenu au duc de Berry et disparu dans un incendie en 1904), il entra au service du duc de Bourgogne, effectua plusieurs missions, en Espagne et au Portugal, notamment, puis se fixa à Bruges (1430). *L'Adoration de l'Agneau mystique* (polyptyque, 1426-1432 ; église Saint-Bavon, Gand) marque une coupure par rapport au « gothique international », tant dans le traitement des fonds (l'or est abandonné) que par la maîtrise de la perspective. On doit à Van Eyck des compositions religieuses, prenant très souvent la Vierge pour thème, pleines de douceur et de poésie, où le paysage constitue le décor (*La Vierge au chancelier Rolin*, dite la *Vierge d'Autun*, 1435 ; *La Vierge à la fontaine*, 1439) et des portraits d'une vitalité intense (*L'Homme au turban rouge*, 1433 ; *Jan de Leeuw*, 1436). Le portrait en pied des *Époux Arnolfini* (1434) n'est pas seulement un portrait, mais également une scène d'intérieur dont on n'épuise pas les significations symboliques. Dans les œuvres de Van Eyck, la douceur du modelé, l'élégance des formes, l'éclat lumineux des couleurs, la transparence des tons doivent beaucoup à une nouvelle manière d'utiliser la peinture à l'huile (que Van Eyck n'a pas inventée, contrairement à une opinion largement répandue, mais qu'il a considérablement perfectionnée).

Van Gennep (Arnold Kurr, dit Arnold) 1873-1957 Ethnographe et folkloriste français, pionnier de l'étude du folklore, notamment français (*Manuel du folklore français contemporain*, 1943-1958).

Van Gogh (Vincent) 1853-1890 Peintre néerlandais. Fils de pasteur, profondément croyant, d'esprit mystique, il travaille comme employé dans une galerie de peinture à La Haye, puis à Londres, enfin à Paris (1874-1875). Il mène ensuite (1880), sans aucun succès, une mission d'évangélisation chez les mineurs du Borinage, et cet échec le marquera douloureusement. Pendant plusieurs années, il étudie le dessin et la peinture, travaillant sans relâche à des scènes de la vie paysanne (*Les Mangeurs de pommes de terre*, 1885), à des paysages et à des natures mortes. En 1886, il rejoint à Paris son frère Théo et rencontre Toulouse-Lautrec, Émile Bernard, Gauguin. Sa première manière est d'un réalisme brutal, déjà révélateur de sa sensibilité angoissée et véhémente ; sa palette sombre s'éclaircit lorsqu'il découvre l'impressionnisme et devient de plus en plus lumineuse (*Tournesols*, 1887). En 1888, il part s'installer en Arles où son ami Gauguin vient le rejoindre ; mais, à la suite d'une violente dispute, Gauguin part et Van Gogh, en proie au délire, se mutile l'oreille gauche. Interné un moment à l'asile psychiatrique d'Arles, puis à celui de Saint-Rémy (1889-1890), il continue à travailler, entre ses crises, découvrant dans le Midi le flamboiement des couleurs qu'il restituera sur ses toiles : *Les Blés jaunes au cyprès, La Nuit étoilée, Champ d'oliviers*. En 1890, il rentre à Paris puis s'installe à Auvers-sur-Oise, où vit le docteur Gachet, psychiatre et peintre, ami de Pissarro et de Cézanne. Au bout de quelques mois, il se tire une balle de revolver dans la poitrine et meurt peu après, alors presque inconnu (de son vivant, il a vendu une seule toile). Précurseur des « fauves » et de l'expressionnisme, il a laissé une œuvre abondante et tourmentée, aux coloris ardents, à la touche nerveuse, reflet

La Chambre d'Arles de **Vincent Van Gogh** *(1853-1890). 1888, huile sur toile, 73,6 x 92,3 cm, Institut of Art, Chicago.*

V

Fleur de **vanillier**.

Locomotive à **vapeur**.

de sa vie intérieure. **Théo** 1857-1891 Frère du précédent. Employé (1873) puis (1880) directeur de la galerie de peinture Goupil, à Paris, il entretint avec son frère une très abondante correspondance. Il fut pour Vincent un soutien constant, le seul soutien, en réalité, mais ne put le préserver de ses démons.

Van Goyen (Jan) 1596-1656 Peintre hollandais, paysagiste aux effets de lumière très personnels : *Vue de Dordrecht* ; *Patinage*. Il fut l'élève d'Esaias Van de Velde.

Van Helmont (Jan Baptist) 1577-1644 Médecin et chimiste flamand. Ayant isolé le dioxyde de carbone et découvert la composition de l'air, il donna une description scientifique du gaz (et en inventa le nom).

Van Honthorst (Gerrit) 1590-1656 Peintre néerlandais. Disciple du Caravage après un séjour à Rome, il est l'auteur de scènes de genre populaires (*Le Joyeux Musicien*), d'un réalisme expressif, notamment de nombreux nocturnes éclairés à la bougie (*L'Adoration des Bergers*), et de portraits (*Élisabeth de Bohême*).

Vanikoro (île) Île de Mélanésie, dans l'archipel des îles Santa Cruz (dépendance des îles Salomon). La Pérouse y mourut avec son équipage, lors d'un naufrage, en 1788.

vanille n. f. Fruit du vanillier, allongé, noir à maturité et à l'arôme délicat. *Gousse de vanille* : ce fruit. / Substance aromatique tirée de ce fruit, utilisé en confiserie et en pâtisserie. *Un yaourt à la vanille.* / Vanillier.

vanillé, e adj. Parfumé à la vanille ; qui a la saveur de la vanille.

vanillier n. m. BOT. Orchidée grimpante, cultivée dans les pays chauds pour son fruit, la vanille.

vanilline n. f. CHIM. Principe odorant de la vanille, extrait de ce fruit ou produit par synthèse.

vanité n. f. Caractère de ce qui est vain, d'une personne vaine.

vaniteusement adv. Avec vanité.

vaniteux, euse adj. Plein de vanité.

Van Laar ou **Van Laer (Pieter**, dit **il Bamboccio**, en français **le Bamboche)** v. 1592-1642 Peintre et graveur hollandais. Il se lia, à Rome, avec Poussin et le Lorrain et obtint un grand succès avec des scènes de genre (« bambochades ») truculentes : fêtes populaires, foires, rixes, mettant en scène le petit peuple de Rome et de la campagne romaine.

Van Leeuwenhoek (Antonie) 1632-1723 Naturaliste néerlandais, un des fondateurs de la microbiologie. Il perfectionna le microscope, obtenant des grossissements de 300, et découvrit notamment les spermatozoïdes (« animalcules de la semence »).

Van Loo Famille de peintres français d'origine néerlandaise. **Jean-Baptiste** 1684-1745 Il travailla en Italie, peignit des scènes historiques, bibliques et mythologiques et restaura les fresques du Primatice à Fontainebleau ; il fut un portraitiste apprécié, tant à Paris (*Portrait de Louis XV à cheval*, 1723) qu'à Londres (*Portrait de Walpole*). **Charles-André,** dit **Carle** 1705-1765 Frère et élève du précédent, professeur à l'Académie royale de Paris (1737), il fut nommé peintre du roi en 1762. On lui doit de grandes compositions historiques, mythologiques et bibliques (*L'Adoration des bergers*, église Saint-Sulpice, Paris). **Louis-Michel** 1707-1771 Fils de Jean-Baptiste, il fit carrière à la cour d'Espagne et travailla aussi à Paris (*Portrait de Diderot*). **Charles-Amédée** 1719-1795 Frère du précédent, il exécuta des tableaux mythologiques et historiques pour le roi de Prusse.

vannage n. m. Action de vanner.

vanne [1] n. f. Panneau mobile servant à régler le débit d'un fluide, de quelque chose qui peut s'écouler. *La vanne d'une moissonneuse-batteuse.* / *Vanne à porte coulissante*, établie dans les parois d'un barrage pour modifier la retenue ou le débit. / Sorte de robinet servant à régler le débit d'un fluide dans une conduite (eau, gaz…).

vanne [2] n. f. Fam. Moquerie, parole ironique. *Plaisantin qui passe son temps à dire des vannes.*

vanneau n. m. Oiseau de la famille des charadriidés, à plumage vert foncé et blanc, qui vit par petites colonies dans les prairies, les landes et aux abords des marais.

vanner [1] v. t. [1] Secouer (des grains) dans un van. / Fig. fam. Causer à (qqn) une grande fatigue. *Cette promenade l'a vanné.*

vanner [2] v. t. [1] Pourvoir (qqch.) de vannes. *Vanner des conduits.*

vannerie n. f. Art de fabriquer des objets en osier, rotin, jonc, bambou, raphia. / Ces objets eux-mêmes.

Vannes *51 759 h.* Chef-lieu du département du Morbihan, petit centre industriel (agroalimentaire, pneumatiques) sur le golfe du Morbihan, port de plaisance et centre administratif et touristique aux nombreux monuments : remparts (XIIIe-XVIIe siècle), cathédrale Saint-Pierre (XIIIe-XIXe siècle).

vanneur, euse n. Personne qui vanne le grain. / n. f. Machine à vanner.

vannier, ère n. Personne qui fabrique des objets en vannerie.

Vanoise (massif de la) *3 852 m* au sommet de la Grande-Casse. Massif des Alpes françaises, entre les vallées de l'Arc et de l'Isère, site d'un *parc national* de *52 800 ha*.

Van Orley (Bernard) 1488-1541 Peintre et ornemaniste français. Il peignit des portraits réalistes, des œuvres religieuses et allégoriques italianisantes et tourmentées (*La Vertu de patience*) et réalisa les cartons des tapisseries *Les Chasses de Maximilien*.

Van Ostade (Adriaen) 1610-1685 Peintre et graveur hollandais, auteur de scènes de genre truculentes et réalistes (*Les Joyeux Buveurs*, 1659) et de scènes d'intérieur (*Le Ménétrier de village*, 1673).

Van Parys (Georges) 1902-1971 Compositeur français, auteur de nombreuses chansons, opérettes et musiques de films (*Fanfan-la-Tulipe* de Christian-Jaque, 1952 ; *Casque d'or* de J. Becker, 1952).

Van Scorel (Jan) 1495-1562 Peintre hollandais, l'un de ceux qui firent évoluer la peinture de leur pays sous l'influence italienne.

Vannerie : fabrication artisanale d'un panier.

vantail n. m. Chacun des battants d'une ouverture. / BX-ARTS Panneau mobile d'un triptyque. Syn. battant. Pl. Des *vantaux*.

vantard, e adj. et n. Qui a coutume de se vanter. *Elle n'est pas vantarde.* / n. *C'est un affreux vantard.*

vantardise n. f. Caractère d'une personne vantarde. / Propos, acte de celui qui se vante.

vanter v. t. [1] Louer, parfois de façon exagérée (qqn, qqch.). *Vanter les qualités de son enfant.* / v. pron. Exagérer ses mérites, ses qualités ou s'attribuer des mérites imaginaires. *Se vanter de* : s'enorgueillir de, se targuer de. *Se vanter de ses succès. Se vanter d'être le meilleur.*

Van't Hoff (Jacobus Henricus) 1852-1911 Chimiste néerlandais, l'un des fondateurs de la stéréochimie et de la thermodynamique chimique.

• **Vanuatu** (autrefois, *Nouvelles-Hébrides*) État de Mélanésie, dans le Pacifique sud, au nord-est de la Nouvelle-Calédonie.

vanuatuan, e adj. et n. De l'île de Vanuatu. *Coprah vanuatuan.* / Subst. *Un(e) Vanuatan(e).*

va-nu-pieds n. inv. Personne qui vit dans la misère ; gueux.

Van Velde (Abraham, dit **Bram)** 1895-1981 Peintre néerlandais qui se fixa à Paris en 1924. Influencé par Matisse, il passa, dans les années 1950, du postcubisme vers une abstraction colorée et lyrique. **Geer** 1898-1977 Peintre français, frère du précédent, il demeura attaché au postcubisme.

vapes n. f. pl. Fam. *Tomber dans les vapes* : s'évanouir. *Être dans les vapes* : être inconscient ou à peine conscient.

vapeur n. f. et n. m. **A.** n. f. Réunion de gouttelettes, presque invisibles, mais néanmoins perceptibles, qui se dégagent de la surface de liquides, de lieux ou de corps humides. *Au lever du soleil, un voile de vapeur s'élevait de la rivière.* / Absol. Vapeur d'eau. *Cuisson à la vapeur*, au contact de la vapeur qui se dégage d'une eau en ébullition. / PHYS. État gazeux de la matière obtenu par ébullition ou évaporation d'un liquide, ou par sublimation d'un solide. *Vapeur d'encens, de soufre.* / *Vapeur saturante* : voir *saturant*. *Vapeur sèche*, qui n'est plus en contact avec son liquide d'origine. / loc. adv. *À toute vapeur* : à toute vitesse. / (Au plur.) Vieilli *Avoir des vapeurs* : avoir un malaise. **B.** n. m. Bateau propulsé par une machine à vapeur. Syn. *bateau à vapeur*.

V

VANUATU

Superficie : *12 190 km²* – **Nombre d'habitants :** *186 000 h.*
Capitale : *Port-Vila* – **Villes principales :** *Luganville, Port Orly*
Système politique : *république* – **Langue(s) :** *anglais, français, bichlamar*
Religion(s) : *protestantisme presbytérien, catholicisme, anglicanisme* –
Monnaie(s) : *vatu*

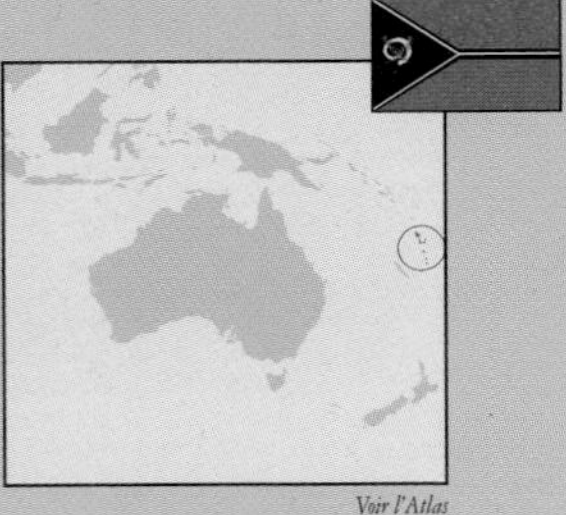

Voir l'Atlas

Statues anthropomorphes.

Géographie physique et humaine

L'archipel, qui s'étire du nord-ouest au sud-est sur 800 km, comprend 60 îles volcaniques dont les principales sont (du nord-ouest au sud-est) : Santo, ou Espiritu Santo (*5 000 km²*), où le mont Tabwémasana culmine à *1 879 m* ; Malekula [ou Mallicolo] (*2 500 km²*), Vaté (*1 000 km²*), Tanna (*1 600 km²*), île située au nord-ouest de Futuna.

Le climat tropical humide explique l'extension de la forêt, qui couvre 75 % du territoire. La population, en majorité mélanésienne, compte aussi des Chinois et des Européens et vit essentiellement sur le littoral. Le coprah constitue la principale ressource, avec l'élevage et la pêche ; le tourisme est en expansion.

Histoire

Découvert par les Portugais en 1606, redécouvert par Bougainville en 1768, nommé *Nouvelles-Hébrides* par Cook en 1774, l'archipel est colonisé tardivement. Français et Britanniques commencent à s'y établir au XIXᵉ siècle. À partir de 1887, la France et la Grande-Bretagne parviennent à s'accorder, de sorte qu'en 1906 elles établissent sur l'archipel un condominium qu'elles ratifient en 1922. L'indépendance, proclamée en 1980, survient lors d'une crise majeure : les minorités francophones s'opposent à la majorité anglophone et tentent de faire sécession, notamment dans les îles de Santo et de Tanna ; cette crise est résolue par une intervention militaire et la république indépendante prend pour nom *Vanuatu*. La vie politique est marquée par l'opposition entre francophones et anglophones.

Le pasteur Walter Lini, à la tête du parti majoritaire, le Vanuaaku Pati, devient Premier ministre en 1980. Après son départ (1991), il est remplacé à la tête du gouvernement par un modéré, Maxime Carlot ; les tensions internes s'atténuent et les relations avec la France s'améliorent. Le francophone J. M. Leye a été élu président de la République en 1994 ; John Bani lui a succédé en 1999.

♦ La vapeur est considérée comme un gaz lorsqu'elle se trouve dans des conditions de température inférieure à la température de fusion. Dans le cas où la vapeur coexiste avec le liquide, elle est considérée comme étant en équilibre avec celui-ci. Elle est dite *saturée* si, par apport de chaleur au milieu liquide-vapeur, le liquide tend à passer à l'état de vapeur. La vapeur est à l'état saturé (à température et pression constantes), lorsqu'on constate une augmentation de volume par évaporation d'une quantité de liquide (la diminution du volume du liquide correspond à la condensation d'une partie de la vapeur en liquide).

vapocraquage n. m. TECH. Craquage d'hydrocarbures en présence de vapeur.

vaporetto n. m. (mot italien) Bateau à vapeur qui assure le transport, en particulier le transport public des passagers, dans la lagune de Venise.

vaporeux, euse adj. Litt. Qui a l'apparence légère de la vapeur. *Une atmosphère vaporeuse.* / Léger, flou, transparent ou translucide (en parlant d'un vêtement). *Un voile vaporeux.*

vaporisateur n. m. Appareil servant à vaporiser. / Appareil servant à produire de la vapeur.

vaporisation n. f. Passage d'une substance de l'état liquide à l'état gazeux. / Pulvérisation d'un liquide.

vaporiser v. t. [1] Faire passer (un liquide) à l'état de gaz. / Projeter, diffuser (un liquide) en fines gouttelettes. *Vaporiser un insecticide.*

vaquer v. i. / v. t. ind. [1] Interrompre momentanément son activité. *L'école vaque tout l'été.* / v. t. ind. *Vaquer à* : s'occuper de, se consacrer à (une activité). *Vaquer à ses occupations.*

var n. m. Unité électrique de puissance réactive des courants alternatifs, qui correspond à un courant de 1 ampère sous une chute de tension de 1 volt.

Var (le) *120 km* Rivière de Provence qui, après avoir traversé les Alpes-de-Haute-Provence et les Alpes-Maritimes, se jette dans la Méditerranée.

Var (département du) [83] *5 973 km²* *898441 h.* Département du sud-est de la France qui fait partie de la Région Provence-Alpes-Côte d'Azur, et où le Var ne passe pas. Chef-lieu *Toulon* (*Draguignan* jusqu'en 1974). La vallée de l'Argens sépare les massifs schisteux et gréseux des Maures et de l'Esterel, couverts de forêts, au sud, des plateaux accidentés et desséchés des Préalpes calcaires, au nord, domaine de l'élevage ovin. Fuyant la montagne pauvre, la population s'est concentrée dans les dépressions où prospèrent, grâce à la douceur du climat, les cultures délicates (fruits, fleurs, primeurs, vigne), et sur le littoral qui, de Toulon à Saint-Raphaël, offre de nombreux abris et des stations touristiques réputées (Hyères, Bandol, Saint-Tropez, Sainte-Maxime, Saint-Raphaël). L'agglomération de Toulon concentre 50 % de la population du département. Si l'on excepte l'extraction de la bauxite (premier gisement français à Brignoles), l'industrie a presque disparu depuis la fermeture des chantiers navals (La Seyne). La pêche décline. Le secteur tertiaire, dynamisé par le tourisme littoral, prédomine.

vara Voir **varus**

varan n. m. ZOOL. Lézard carnivore, dont certaines espèces sont de très grande taille, vivant en Australie, en Asie et en Afrique. *Le varan de Komodo (ou dragon de Komodo) atteint plus de 3 mètres de long.*

varangue n. f. MAR. Dans un navire en bois, pièce courbe fixée perpendiculairement à la quille, et jointe au couple qui lui correspond. / Dans un navire en acier, membrure transversale des fonds.

varappe n. f. Escalade de parois rocheuses abruptes.

varappeur, euse n. Sportif qui pratique la varappe.

Varda (Agnès) 1928 Cinéaste française. Son premier film, *La Pointe courte* (1954), préfigure les œuvres de la Nouvelle Vague. Elle a réalisé notamment *Cléo de 5 à 7* (1962), *Le Bonheur* (1964), *L'une chante, l'autre pas* (1977), *Sans toit ni loi* (1985), et, en hommage à la mémoire de Jacques Demy, son mari, *Jacquot de Nantes* (1991).

varech n. m. Ensemble des algues rejetées par la mer sur les plages (notam. algues brunes : fucus, laminaires, etc.) que l'on utilise comme engrais ou pour en extraire de l'iode.

Varègues Nom des Vikings, qui, entre le VIIIᵉ et le Xᵉ siècles, pénétrèrent en Russie et se livrèrent à un commerce intense par voie fluviale, entre la mer Baltique et la mer Noire. Ce peuple contribua à fonder les premiers États russes (autour de Kiev notamment) et s'assimila aux Slaves.

Varennes-en-Argonne *691 h.* Village de la Meuse, sur l'Aire, où Louis XVI fut arrêté dans sa fuite, le 22 juin 1791, après avoir été reconnu à Sainte-Menehould par le maître de poste Drouet qui avait donné l'alerte.

Varese (Edgar) 1883-1965 Compositeur américain d'origine française. Élève de V. d'Indy, il poursuivit ses études à Berlin et, réformé, ne participa à la Première Guerre mondiale. Installé (1916) aux États-Unis, il y fonda le New Symphonic Orchestra et la Guilde internationale des compositeurs et se consacra à la musique expérimentale, orientant ses recherches vers l'harmonie et le timbre (*Arcana*, 1927). Il a composé pour orchestre (*Hyperprism*, 1923), pour percussions seules (*Ionisation*, 1931). *Déserts* (1954), où il aborde l'électroacoustique, a marqué une date dans l'histoire de la musique contemporaine.

vareuse n. f. Blouse en grosse toile, en laine ou en tissu imperméable, portée par les marins et les pêcheurs. / Veste de certains uniformes militaires. / Veste ample.

Vargas (Getúlio) 1883-1954 Homme d'État brésilien. Avocat, député libéral, il s'empara du pouvoir à la faveur de la crise économique de 1929. Placé à la tête d'un gouvernement provisoire en 1930, il fut élu président de la République en 1934. Gouvernant dictatorialement, il réalisa d'importantes réformes sociales qui le rendirent populaire. Il fut réélu en 1950, après avoir été déposé par un pronunciamiento en 1945. Compromis dans le meurtre d'un journaliste, il se suicida.

Vargas Llosa (Mario) 1936 Écrivain espagnol d'origine péruvienne. En 1962, il décrit avec violence, dans *La Ville et les Chiens*, un collège paramilitaire dont il fut l'élève. *Conversation à la cathédrale* (1970) ; *Tante Julia et le Scribouillard* (1979) poursuivent sa description satirique du Pérou. En 1990, il s'est présenté, sans succès, à l'élection présidentielle de son pays. Il a adopté la nationalité espagnole en 1993.

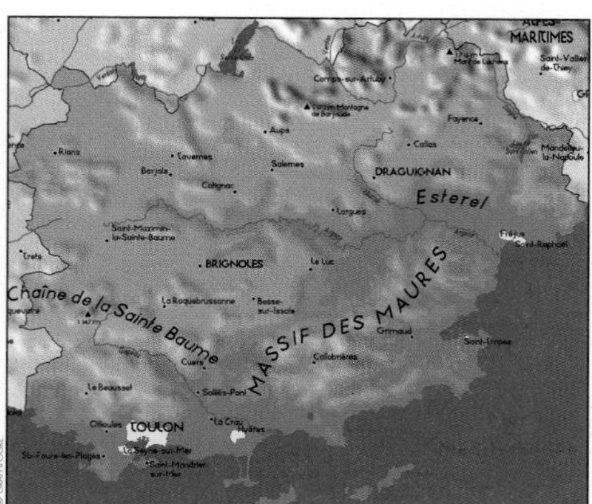

Département du **Var**.

Mario Vargas Llosa.

varheure n. m. Unité électrique d'énergie réactive qui correspond à la mise en jeu, pendant une heure, d'une puissance de 1 var.

variabilité n. f. Caractère de ce qui est variable. / BIOL. Aptitude à présenter de la variation. *La variabilité d'un caractère morphologique, comportemental, génétique.*

variable adj. et n. **A.** adj. Sujet à variations. *Temps variable*, qui n'est pas stable. ASTRON. *Étoile variable*, dont l'éclat varie dans le temps. MATH. *Grandeur, quantité variable*: voir *variable* (n. f.). GRAMM. *Mot variable*, dont la forme varie en fonction de l'énoncé. / Que l'on fait varier à volonté. *Pas variable d'une hélice.* Ant. invariable. **B.** n. m. Zone de la graduation du baromètre correspondant à une pression atmosphérique située entre 755 et 765 mm. de mercure. **C.** n. f. MATH. Quantité à laquelle on peut attribuer diverses valeurs. / LOG. Terme indéterminé susceptible, dans une relation, d'être remplacé alternativement par divers termes déterminés.

variance n. f. STATIS. Dans une série statistique, moyenne des carrés des écarts par rapport à la moyenne, mesure de la dispersion des valeurs prises par le paramètre considéré. / PHYS. Nombre maximal de paramètres indépendants (température, volume, pression, etc.) d'un système thermodynamique à l'équilibre.

variant n. m. Ce qui est voisin (de qqch.), proche de (qqch.) *Variant de la maladie de Creutzfeld-Jakob (vMCJ).*

variante n. f. Texte d'un auteur présentant des différences avec la version courante. / BX-ARTS Version différente d'une même œuvre exécutée par le même artiste. / Forme légèrement différente. *Les variantes d'un jeu, d'une danse, d'une expression.*

variateur n. m. TECH. Dispositif qui permet d'obtenir une grandeur (tension, vitesse, etc.) réglable entre deux limites. ÉLECTR. Système qui sert à faire varier l'intensité du courant alimentant un appareil d'éclairage.

variation n. f. Changement de valeur, d'aspect ou d'état. *Variations du temps, du cours d'une monnaie.* / BIOL. Différence (d'ordre génotypique ou phénotypique) entre individus d'une même espèce. / MUS. Modifications mélodiques, rythmiques ou harmoniques d'un thème donné.

varice n. f. MÉD. Dilatation permanente d'une veine, accompagnée d'altérations de ses parois, et touchant le plus fréquemment les veines superficielles des membres inférieurs.

varicelle n. f. MÉD. Maladie infectieuse infantile, très contagieuse, caractérisée par l'apparition de vésicules, provoquant de vives démangeaisons. *La varicelle, de même que le zona, est provoquée par le virus varicelle-zona, proche de celui de l'herpès.*

varicocèle n. f. MÉD. Dilatation variqueuse des veines du cordon auquel est suspendu le testicule.

varié, e adj. Sans monotonie. *Des lectures variées.* / MUS. *Air varié*, dont le thème reparaît successivement modifié par divers ornements. / PHYS. *Mouvement uniformément varié*, dont la vitesse croît ou décroît suivant une loi constante.

varier v. i. [1] **A.** v. t. Introduire de la variété, de la diversité dans. *Varier ses repas.* / Introduire des variations, des modifications dans. *Varier son allure. Varier un refrain.* **B.** v. i. Présenter des aspects, des caractères différents. *Le temps varie d'une saison à l'autre. Mot qui varie en genre et en nombre.* / Se montrer inconstant, en parlant d'une personne. *Il n'a jamais varié dans ses déclarations. « Souvent femme varie, bien fol qui s'y fie »* (sentence attribuée à François Ier). / Avoir des opinions différentes. *Les ingénieurs varient sur la validité de ces techniques.*

variété n. f. Caractère de ce qui est varié. *Variété de l'œuvre d'un auteur.* / Ensemble de choses variées. *Une variété de gâteaux, de couleurs, de plantes.* / BIOL. Unité taxonomique de rang inférieur à l'espèce (spécial. en botanique). / (Au plur.) Spectacle, émission comprenant des numéros variés, des chansons, des interviews, etc.

variole n. f. MÉD. Maladie infectieuse virale grave, épidémique, très contagieuse. *La variole se caractérise par une éruption de pustules, laissant des cicatrices indélébiles.* Syn. (vieilli) petite vérole. Voir *vaccine.*

varioleux, euse adj. et n. MÉD. Qui souffre de la variole.

variolique adj. MÉD. Qui concerne la variole. *Éruption variolique.*

variolisation n. f. MÉD. Anc. Méthode de prophylaxie qui consistait à inoculer une variole bénigne pour éviter l'apparition d'une variole grave.

variqueux, euse adj. MÉD. Qui a rapport aux varices. *Ulcère variqueux.*

varistance n. f. ÉLECTR. Semi-conducteur dont la résistance électrique varie avec la tension appliquée et qui régule cette tension.

Varlin (Eugène) 1839-1871 Révolutionnaire français, l'un des dirigeants de la Ire Internationale. Élu à la Commune de Paris, il fut fusillé par les versaillais après avoir été lynché et éborgné.

varlope n. f. Grand rabot à poignée et à fût très long, servant à dresser et aplanir le bois.

Varna *307 200 h.* Principal port de la Bulgarie, sur la mer Noire, chef-lieu de la province du même nom et station balnéaire réputée.

varron ou **varon** n. m. MÉD. VÉT. Larve d'une mouche qui provoque des lésions de l'hypoderme des animaux, notam. des bovins; tumeur avec perforation provoquée par cette larve. / MÉD. Abcès sous-cutané provoqué chez l'homme par cette larve.

Varron (en latin, **Marcus Terentius Varro)** 116-27 av. J.-C. Écrivain et érudit latin. Il soutint Pompée contre César dans la guerre civile. Après Pharsale, il se réconcilia avec César qui lui confia la charge d'organiser la première bibliothèque publique de Rome. Il se retira de la politique et se consacra à la rédaction de 74 traités où il déploie une grande érudition. Il ne nous reste de son œuvre que *L'Économie rurale*, le principal traité romain d'agriculture, deux livres du traité de grammaire (*De la langue latine*) et des fragments de ses *Satires Ménipées* et d'*Antiquités.*

varroné, e ou **varoné, e** adj. Percé par le varron. *Du cuir varroné.*

Vars (col de) *2 115 m* Col des Alpes françaises du Sud, près de Guillestre, non loin d'une station de sports d'hiver *(Vars-Sainte-Marie).*

• **Varsovie** *1 643 203 h.* Capitale de la Pologne, sur la Vistule.

VARSOVIE

Presque entièrement reconstruite après 1945, Varsovie est une ville moderne qui conserve de vieux quartiers restaurés (cathédrale du XIIIe siècle) et qui s'entoure d'une banlieue résidentielle et industrielle (industries mécaniques, textiles, alimentaires). La ville, qui s'était développée lentement depuis le XIIIe siècle, devint en 1596 la capitale de la Pologne. Ruinée par les attaques des Suédois durant la guerre du Nord (1656 et 1702), elle fut restaurée sous le règne de Stanislas II Poniatowski et connut une prospérité nouvelle. Envahie par les Russes après le deuxième partage de la Pologne (1793), puis attribuée à la Prusse au troisième partage du pays (1795), Varsovie devint la capitale du grand-duché créé par Napoléon Ier en 1807, puis du royaume dont le tsar de Russie fut le souverain (1815). Elle devint le centre de la résistance à l'oppression russe et se révolta à plusieurs reprises (1830, 1861, 1863, 1905).

Place de la gare, à Varsovie.

Occupée par les Allemands de 1915 à 1918, Varsovie redevint la capitale de la Pologne indépendante en 1918. Bombardée dès l'ouverture de la Seconde Guerre mondiale, en septembre 1939, la ville fut prise rapidement, mais au prix d'une résistance héroïque, par les Allemands. Exécutions et déportations massives se succédèrent durant l'Occupation. Le ghetto, où avaient été rassemblés des milliers de Juifs en 1941, se révolta en 1943, et fut anéanti par les nazis. En août 1944, la capitale se souleva contre les Allemands, mais ceux-ci massacrèrent les habitants sans que les troupes soviétiques, installées sur la Vistule, tentassent la moindre intervention. Celles-ci n'entrèrent dans la ville, alors presque entièrement rasée, qu'en janvier 1945. Varsovie libérée devint le siège du gouvernement provisoire polonais.

Vase *d'époque néolithique. Musée archéologique de Cordoue, Espagne.*

Varsovie (pacte de) Alliance militaire signée le 14 mai 1955 à Varsovie entre l'U.R.S.S. et les États socialistes européens (Albanie [jusqu'en 1968], RDA [jusqu'en 1990], Bulgarie, Hongrie, Pologne, Roumanie et Tchécoslovaquie). Cette alliance, conclue à la suite de l'entrée de la RFA dans l'OTAN (1954), a été dissoute en 1991.

varus, vara adj. et n. m. inv. (mot latin) MÉD. Se dit d'un membre, ou d'une partie d'un membre, dévié vers l'intérieur par rapport à sa direction normale. *Pied bot varus. Coxa vara* (l'adj. s'accorde dans les locutions latines), touchant l'extrémité supérieure du fémur. / n. m. inv. Déviation vers l'intérieur (d'un membre, d'une partie d'un membre). *Un varus du pied.* Ant. valgus.

varve n. f. GÉOL. Dépôt feuilleté formé dans un lac et dû aux différences d'aspect de la sédimentation estivale et hivernale.

Vasarely (Victor) 1908-1997 Peintre français d'origine hongroise. Son art, abstrait et graphique, tend vers des formes de plus en plus pures, le plus souvent en noir et blanc. Il fut un des principaux représentants de l'*art cinétique*.

Vasari (Giorgio) 1511-1574 Peintre, architecte et écrivain italien. Florentin, il travailla pour les Médicis, dans un style peu original qui devint rapidement, en Italie, une sorte d'art « officiel ». Sa renommée est essentiellement due à sa monumentale « histoire de l'art » (*Le Vite de' piu eccelenti pittori, scultori et architettori italiani*, 1550), qui demeure une source d'informations inégalée.

V

Vascons Ancien peuple du nord de l'Espagne, connu dans l'Antiquité, qui, au VIe siècle, s'établit dans le sud-ouest de l'Aquitaine. Ancêtres des Basques, ils donnèrent leur nom à la Gascogne.

vasculaire adj. ANAT., ZOOL. Relatif aux vaisseaux, qui appartient aux vaisseaux (spécialement aux vaisseaux sanguins). *Système vasculaire. Troubles vasculaires.* / BOT. Qui possède des tissus conducteurs de sève différenciés (xylème et phloème). *Les végétaux vasculaires*: les cormophytes.

vascularisation n. f. ANAT. Développement des vaisseaux dans un tissu; augmentation du nombre de vaisseaux dans un tissu. / Disposition des vaisseaux dans un organe.

vascularisé, e adj. ANAT. Qui contient des vaisseaux sanguins. *Organe peu vascularisé.*

vase [1] n. m. Récipient, de formes et de matières diverses, destiné à recevoir divers contenus (liquides, fleurs...), ou à servir d'ornement. *Mettre des tulipes dans un vase. Vase de porcelaine. Vase grec, vase de Sèvres. Vase de nuit*: pot de chambre. / RELIG. *Vases sacrés*, destinés au culte. / (Au plur.) PHYS. *Principe des vases communicants*, selon lequel le liquide contenu dans deux récipients reliés à leur base par un tube arrive à la même hauteur dans les deux récipients, quelle que soit leur forme. / TECH. *Vase d'expansion*: dispositif qui compense la dilatation du liquide que renferme une installation de chauffage (ou de refroidissement) en circuit fermé. / Loc. *En vase clos*: sans contact avec l'extérieur.

vase [2] n. f. Dépôt de fines particules qui se forme au fond des eaux calmes. *Un étang plein de vase.*

vasectomie ou **vasotomie** n. f. CHIR. Résection chirurgicale des canaux déférents des testicules.

vaseline n. f. Graisse minérale translucide, utilisée comme excipient en pharmacie et comme lubrifiant.

vaseux, euse adj. De la nature de la vase; qui contient de la vase. *Terrain vaseux.* / Fig., fam. Qui souffre d'un malaise vague. *Je suis vaseuse.* / Confus, peu clair. *Raisonnement vaseux.*

vasière n. f. Trou de vase. / Dans l'ouest de la France, premier bassin d'un marais salant, où la vase se dépose. / Parc à moules.

vasistas n. m. Partie supérieure ouvrante d'une porte ou d'une fenêtre.

vasoconstricteur, trice adj. et n. m. Qui diminue le calibre d'un, des vaisseau(x). / n. m. *Un vasoconstricteur.*

vasoconstriction n. f. PHYSIOL. Diminution du calibre d'un vaisseau.

vasodilatateur, trice adj. et n. m. Qui augmente le calibre d'un, des vaisseau(x). / n. m. *Un vasodilatateur.*

vasodilatation n. f. PHYSIOL. Augmentation du calibre d'un vaisseau.

vasomoteur, trice adj. et n. m. PHYSIOL. Qui se rapporte aux modifications de calibre des vaisseaux, ou qui les provoque. / n. m. *Les vasomoteurs*: les nerfs vasomoteurs.

vasomoteur, trice adj. et n. m. PHYSIOL. Qui se rapporte aux modifications de calibre des vaisseaux, ou qui les provoque. / n. m. *Les vasomoteurs*: les nerfs vasomoteurs.

vasotomie Voir **vasectomie**

vasouillard, e adj. Fam. Qui vasouille. *Une explication vasouillarde.*

vasouiller v. i. [1] Fam. S'empêtrer en parlant, en agissant. *J'ai lamentablement vasouillé en présentant le projet.*

vasque n. f. Bassin rond ou semi-circulaire, peu profond, qui reçoit l'eau d'une fontaine. / Coupe évasée servant d'élément de décoration. *Une vasque de fruits.*

vassal, e n. et adj. **A.** n. FÉOD. Personne soumise à l'autorité d'un suzerain qui lui concédait un fief et auquel elle était liée par l'obligation de fidélité et d'hommage. / Fig. Personne, province, région assujettie à une autre. / Pl. Des *vassaux*, des *vassales*. **B.** adj. Litt. *Une nation vassale.*

vassalique adj. Relatif à la vassalité.

vassaliser v. t. [1] Mettre sous sa dépendance; asservir.

vassalité n. f. État, condition de vassal. / Fig. État de soumission.

Vassili Chouïski 1552-1612 Tsar de Russie (1606-1610). Il fit renverser le « faux Dimitri » et s'empara du pouvoir avec l'aide de la haute noblesse. En butte à des révoltes paysannes, à des soulèvements cosaques et aux ambitions polonaises, il fit appel à la Suède. Vaincu, il fut emmené en captivité en Pologne où il mourut.

Vassilevski (Aleksandr Mikhaïlovitch) 1895-1977 Maréchal et homme politique soviétique. Officier, il se range dès 1917 aux côtés des révolutionnaires. Devenu général dans l'armée rouge (1935) puis, durant la Seconde Guerre mondiale, chef d'état-major, promu maréchal en 1943, il dirige la campagne contre le Japon (1945). Il a été ministre des Forces armées.

Vassili Nom de plusieurs grands-princes de Moscou. **Vassili Ier** 1371-1425 Grand-prince de Vladimir et de Moscou en 1389, il repoussa Tamerlan et lutta victorieusement contre les Mongols. **Vassili II l'Aveugle** 1415-1462 Grand-prince de Moscou en 1425, fils et successeur du précédent, son pouvoir fut fréquemment contesté jusqu'en 1453. Il amorça l'unité des terres russes, refusa l'union entre Églises grecque et romaine et libéra l'Église russe de la tutelle de Byzance. **Vassili III** 1479-1533 Grand-prince de Moscou en 1505. Il lutta contre les Lituaniens et les Tatars de Crimée, contre les incursions desquels il fit construire des villes fortifiées au sud du pays.

Hommage d'un ***vassal*** *à son suzerain (ici : un seigneur et son roi).*

vaste adj. De grande étendue, de grandes dimensions. *Un vaste panorama. Un vaste jardin.* / Fig. De grande ampleur. *Une vaste intelligence.* / ANAT. *Muscles vastes*: faisceaux musculaires volumineux des triceps et des quadriceps.

Vaté (île) *1 100 km² 30 000 h.* Île de Vanuatu où se trouve la capitale, Port-Vila.

Vatel ?-1671 Maître d'hôtel de Fouquet puis de Condé. De désespoir, parce que le poisson prévu au dîner n'était pas arrivé, il se transperça avec son épée au cours d'un banquet offert au roi.

va-t-en-guerre n. inv. et adj. inv. Personne qui pousse à la guerre, qui ne connaît d'autre mode de solution des conflits que la guerre. / Fanfaron toujours prêt à en découdre, mais en paroles seulement. / adj. inv. *Des hommes politiques va-t-en- guerre.*

• **Vatican (État de la cité du)** État d'Europe (dans Rome, à l'est du Tibre) dont la souveraineté temporelle a été reconnue au pape par le traité du Latran en 1929.

Vatican (palais du) Résidence du souverain pontife, au nord de la basilique Saint-Pierre, qui comprend également des musées et une importante bibliothèque. Le palais, très ancien, a subi de nombreuses transformations dues à des architectes tels que Bramante et le Bernin. Les appartements et les chapelles ont été décorés par Fra Angelico, le Pinturicchio, Botticelli, Michel-Ange, Raphaël.

Vatican (premier concile du) Concile œcuménique de l'Église catholique réuni au Vatican en 1869-1870 par le pape Pie IX. Il promulgua le dogme de l'infaillibilité pontificale.

Vatican (deuxième concile du) Concile œcuménique tenu au Vatican, de 1962 à 1965, sous les pontificats de Jean XXIII et de Paul VI. Les schémas discutés au cours des quatre sessions ont traduit une double intention d'œcuménisme et d'ouverture au monde moderne. Les thèmes principaux furent: l'unité des chrétiens, le renouveau de l'Église, la liberté religieuse, la rénovation de la liturgie.

vaticination n. f. Prédiction, prophétie.

vaticiner v. i. [1] Litt. Prédire l'avenir, prophétiser. / Par ext., péjor. Prophétiser de façon insane.

va-tout n. m. inv. Au jeu, coup où l'on risque tout l'argent qu'on a devant soi. / Fig. *Jouer son va-tout*, le tout pour le tout.

Vauban (Sébastien Le Prestre de) 1633-1707 Maréchal de France. Longtemps simple capitaine, nommé commissaire général des fortifications en 1678 puis fait maréchal en 1703, Vauban perfectionna, durant les campagnes de Louis XIV, les techniques d'attaque des places fortes, ce qui lui permit de remporter de nombreux sièges. Pour protéger les frontières, il bâtit une chaîne de forteresses bastionnées (Rocroi, Lille, Maubeuge, Belfort, Neuf-Brisach). Il mourut disgracié, après avoir publié un *Projet d'une dîme royale*, projet hardi d'impôt sur le revenu, qui déplut au roi.

Vaucanson (Jacques de) 1709-1782 Mécanicien français, créateur de plusieurs machines (pompe pour élever les eaux, premier métier à tisser entièrement automa-

VATICAN (ÉTAT DE LA CITÉ DU)

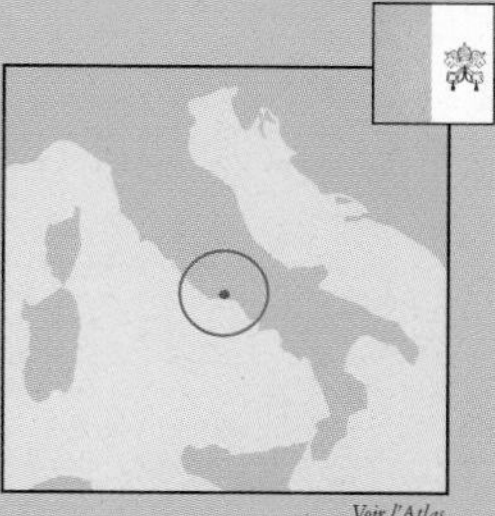

Voir l'Atlas

La coupole de Saint-Pierre de Rome, œuvre de Michel-Ange (1475-1564), achevée par Giacomo Della Porta en 1590.

Superficie : *0,44 km²*
Nombre d'habitants : *780 h.*
Système politique : *monarchie religieuse élective à vie* – **Langue(s) :** *italien, latin (officielles)*
Religion(s) : *catholicisme* – **Monnaie(s):** *euro du Vatican*

Aux 44 ha qui composent le territoire (place et basilique Saint-Pierre, palais et jardins du Vatican) s'ajoutent des édifices qui jouissent du privilège d'extra-territorialité, à Rome (basiliques Sainte-Marie-Majeure, Saint-Paul-hors-les-murs, Saint-Jean-de-Latran) et à Castel Gandolfo (résidence d'été des papes). Le souverain pontife, chef de l'État, exerce ses pouvoirs législatifs et exécutifs par l'intermédiaire d'une Commission pontificale composée d'ecclésiastiques et de laïcs et présidée par un cardinal. Les nonces apostoliques sont les ambassadeurs du Vatican à l'étranger. La citoyenneté vaticane est accordée aux personnes résidant pour des raisons professionnelles dans la cité et à tous les cardinaux romains.

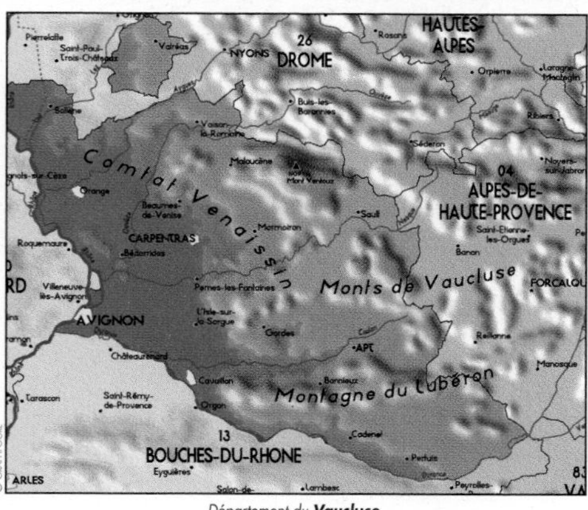

Département du **Vaucluse**.

tique, tour à charioter, perceuse), mais surtout connu pour ses automates. Il a, entre autres, réalisé en 1737 un *Joueur de flûte* dont le souffle modulait les sons de la flûte placée entre ses mains, et, en 1738, un *Canard* qui barbotait, avalait et digérait les graines.

Vaucluse (département de) [84] *3 567 km² 499 685 h.* Département qui fait partie de la Région Provence-Alpes-Côte d'Azur. Chef-lieu *Avignon*. À l'ouest, la plaine du Comtat, enrichie par les alluvions du Rhône et de la Durance, est, grâce à l'irrigation et à la douceur du climat, le domaine d'une agriculture prospère (fruits et primeurs), associée à quelques vignobles (Châteauneuf-du-Pape); à l'est, les hauteurs calcaires, qui constituent les derniers contreforts des Alpes (monts de Vaucluse, Lubéron, Ventoux *1 912 m*), sont tournées vers l'élevage ovin et la culture de la lavande. La population, concentrée dans la plaine (surtout dans la vallée du Rhône), se consacre à l'agriculture; l'industrie (alimentation, chimie, textile, mécanique), favorisée par la centrale hydroélectrique de Bollène, joue un rôle économique moins important que le secteur tertiaire. Le tourisme s'est fortement développé dans l'ensemble du département qui s'est doté, en outre, de festivals d'art dramatique (Avignon, Orange). Les villes (Orange, Carpentras, Cavaillon) sont de prospères marchés agricoles et des centres d'expédition.

Vaucluse (fontaine de) Source située à Fontaine-de-Vaucluse (Vaucluse), qui donne naissance à la Sorgue. La rivière souterraine jaillit d'un gouffre profond de *315 m*. Site touristique, immortalisé par les vers de Pétrarque.

Vaucouleurs *2 289 h.* Commune de la Meuse, sur la Meuse. C'était au Moyen Âge une place fortifiée. Jeanne d'Arc obtint (sans doute en 1429) l'appui de son gouverneur, Robert de Baudricourt, qui lui accorda une escorte pour aller secourir Charles VII.

Vaucouleurs (Gérard de) 1918-1997 Astronome et physicien américain d'origine française. Après avoir émigré en Australie puis aux États-Unis, il étudie les galaxies lointaines; en précisant de nouveau la constante de Hubble, il relance le débat sur l'âge de l'Univers. Sa découverte des amas lointains d'étoiles le conduit à supposer l'existence d'un superamas dont notre Galaxie serait partie intégrante. Le résultat de ces travaux, confirmés par d'autres observations, établit l'existence d'une structure organisée à grande échelle, contredisant ainsi l'hypothèse d'une distribution aléatoire des galaxies et des étoiles.

Vaud *3 212 km² 614 807 h.* Canton suisse, de langue française, situé en bordure du lac Léman et s'étendant jusqu'au lac de Neuchâtel. Chef-lieu *Lausanne*. Ce canton, outre la culture de la vigne, de l'exploitation de la forêt, l'industrie horlogère, les industries de pointe d'Yverdon et de Vevey, trouve d'importantes ressources dans le tourisme. En 1536, les Bernois prirent cette région et y imposèrent par la force le calvinisme. En 1798, la France l'occupa tandis que les Vaudois proclamaient la République lémanique (du Léman). En 1803, celle-ci devint le *canton de Vaud* qui entra dans la Confédération suisse.

vaudeville n. m. Comédie burlesque et légère, riche en rebondissements.

vaudevillesque adj. Qui tient du vaudeville.

vaudevilliste n. Auteur de vaudevilles.

vaudois, e [1] adj. et n. Du canton de Vaud. / Subst. *Un(e) Vaudois(e).*

vaudois, e [2] n. et adj. RELIG. Membre de la secte chrétienne fondée au XIIᵉ siècle par Pierre Valdo à Lyon. / adj. *L'hérésie vaudoise.*

♦ Les vaudois se consacraient à la prédication itinérante, confiée à des laïcs, et mettaient leur vie en accord avec l'Évangile, leur piété s'appuyant en particulier sur le Sermon sur la montagne. Le mouvement se répandit au nord jusqu'en Scandinavie et, à l'est, jusqu'en Pologne. Les premières fraternités étaient soumises aux trois vœux monastiques de pauvreté, chasteté et obéissance. Les vaudois possédaient des hospices qui leur servaient aussi de lieux de réunion et d'enseignement religieux. Leur théologie est restée d'esprit catholique jusqu'à la Réforme, malgré leur rejet des doctrines du purgatoire et des indulgences et de la vénération de la Vierge et des saints. Contestant radicalement la richesse et la corruption de l'Église romaine, ils jugeaient que la société féodale n'était pas réellement chrétienne, se refusaient à prononcer des serments et à verser le sang, même en cas de guerre. Persécutés tout au long du Moyen Âge, condamnés par Rome, ils entrèrent en relation avec les hussites et adhérèrent à la Réforme au XVIᵉ siècle. Réfugiés dans les vallées alpines proches de Turin, ils obtinrent la liberté religieuse au XIXᵉ siècle. Ils ont adhéré au Conseil œcuménique des Églises; on les rencontre essentiellement en Italie et en Amérique du Sud (Rio de la Plata).

vaudou n. m. et adj. inv. **A.** n. m. RELIG. Culte pratiqué à l'origine dans le golfe de Guinée, qui associe des rites animistes et des pratiques de sorcellerie à des éléments du christianisme. *La traite des esclaves a diffusé le vaudou aux Antilles (essentiellement à Haïti) et au Brésil.* / Divinité de ce culte. **B.** adj. inv. *Une cérémonie vaudou.*

Vaugelas (Claude Favre, seigneur de**)** 1585-1650 Grammairien français, auteur de *Remarques sur la langue française* (1647), qui prône le recours à l'usage pour fixer les règles du français.

Vaughan (Sarah) 1924-1990 Chanteuse de jazz américaine. Son registre de voix d'une rare amplitude lui a permis d'interpréter un large répertoire, dépassant le cadre du jazz.

vau-l'eau (à) Voir **à vau-l'eau**

Vauquelin de La Fresnaye (Jean) 1536-1606 Poète français. Il a écrit un *Art poétique français* (publié en 1605), des poésies dans l'esprit de la Pléiade: *Épîtres, Idylles*, et surtout des *Satires* où il se moque gaiement des mœurs de son temps, suivant la tradition d'Horace.

vaurien, enne n. Personne sans scrupule ni morale. / Enfant mal élevé, garnement. / (avec une majuscule) Petit voilier dériveur de plaisance, gréé d'une grand-voile et d'un foc.

vautour n. m. ZOOL. Rapace diurne (ordre des falconiformes), généralement de grande taille, à tête et cou dégarnis de plumes, au bec puissant, charognard. *Vautours de l'Ancien Monde (vautour fauve, vautour*

Vautour.

Veaux.

moine, percnoptère, gypaète, etc.). Vautours du Nouveau Monde (condors, urubus, etc.). / Fig. Homme rapace et intraitable. « *Combien de nos chairs se repaissent ! / Mais, si les corbeaux, les vautours, / Un de ces matins, disparaissent, / Le soleil brillera toujours !* » (E. Pottier).

vautrer (se) v. pron. [1] Se rouler au sol en se couchant. *Porc qui se vautre dans la boue.* / Par ext. S'abandonner paresseusement, se relâcher sans retenue. *Se vautrer sur son lit.* / Fig., péjor. *Se vautrer dans le vice*, s'y complaire.

Vautrin Personnage de Balzac (qui lui avait été en partie inspiré par Vidocq). C'est un forçat évadé, homosexuel, qui jure de prendre sa revanche contre la société. Il finira chef de la Sûreté. Il apparaît dans *Le Père Goriot*, où Rastignac refuse qu'il soit son mentor, et à la fin des *Illusions perdues*, où, sous l'apparence de l'abbé Carlos Herrera, il rencontre Lucien de Rubempré, dont il sera le mentor dans *Splendeurs et misères des courtisanes*. Balzac lui a consacré un drame, *Vautrin* (1840).

Vauvenargues (Luc de Clapiers, marquis **de)** 1715-1747 Moraliste français. Officier, il se lance dans la carrière militaire mais doit y renoncer pour raisons de santé. Il a laissé des *Caractères* inspirés de La Bruyère et des *Maximes et Réflexions*, qui accompagnent son *Introduction à la connaissance de l'esprit humain* (1746) ; admirées de Voltaire, ces *Maximes et Réflexions* exaltent l'action, la volonté, la passion et révèlent un esprit délicat et confiant en l'humanité.

Vaux (Clotilde Marie, Mme de **Vaux**, connue sous le nom de **Clotilde de)** 1815-1846 Dame française. Ruinée par son mari, percepteur, qui avait dilapidé les fonds publics et s'était enfui, elle rencontre (1844) Auguste Comte qui éprouve pour elle un amour dévorant et platonique. Brève passion : devenue, de la part de Comte, l'objet d'un véritable culte dès 1845, Clotilde, tuberculeuse, meurt à trente ans ; le philosophe en fait la déesse, la Vierge-Mère de sa « religion de l'Humanité » dont il pose les règles et les rites dès 1849.

Vaux-le-Vicomte (château de) Résidence de la commune de Maincy (Seine-et-Marne), près de Melun, construite pour le surintendant Fouquet par Le Vau, sur des plans jugés révolutionnaires (1656-1661). La décoration fut confiée à Le Brun, Le Nôtre dessina les jardins. Son architecture préfigure celle de Versailles.

vavassal ou **vavasseur** n. m. FÉOD. Arrière-vassal.

va-vite (à la) loc. adv. Hâtivement, sans soin.

veau n. m. Petit de la vache, de la naissance à l'âge de un an. *Tuer le veau gras* : faire un festin en l'honneur de quelqu'un, par allusion à la parabole évangélique de l'enfant prodigue qui, de retour chez son père après avoir dilapidé son héritage, fut fastueusement accueilli et en l'honneur de qui l'on prépara un festin (Luc, XV, 23). / RELIG. *Veau d'or* : idole élevée et adorée par les Hébreux sur le Sinaï et détruite sur ordre de Moïse. *Adorer le veau d'or* : avoir le culte de la richesse, vénérer l'argent. / Viande de veau. *Une escalope de veau.* / Cuir de veau. *Sac en veau.* / Fam. et péjor. Personne lourde et apathique ; voiture peu nerveuse. / *Veau marin* : phoque.

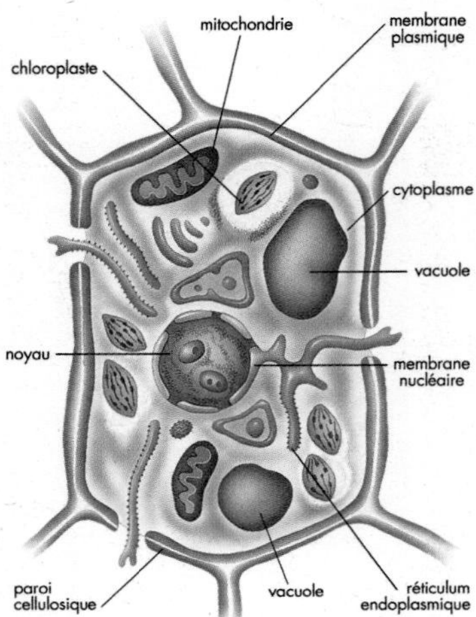

Cellule **végétale**.

vecteur, trice n. m. et adj. **A.** n. m. Ce qui transmet, véhicule qqch. MÉD. Animal (insecte notamment) qui transmet une maladie. *Le moustique est le vecteur du paludisme.* / MATH. Segment de droite ayant une longueur, un sens et une direction déterminés. / MIL. Véhicule de transport et de lancement de charges (nucléaires en particulier). **B.** adj. GÉOM. Rayon vecteur : segment orienté reliant un point fixe à un point mobile sur une courbe donnée.

vectoriel, elle adj. Relatif aux vecteurs. *Espace vectoriel* : structure algébrique définie par deux lois de composition, l'une additive, l'autre multiplicative.

vécu, e adj. et n. m. Qui a eu lieu, ou qui aurait pu avoir lieu ; qui fait référence à la vie réelle, à l'expérience. / n. m. *Le vécu* : l'expérience personnelle.

Veda (mot sanskrit, « savoir ») Ensemble des livres sacrés de l'hindouisme, au nombre de quatre, rédigés en sanskrit et formant, avec les textes qui leur sont rattachés, la littérature védique. Ils comportent des prières, des hymnes et des préceptes sacerdotaux.

Vedanta Courant de pensée (proprement « accomplissement du Veda ») de l'hindouisme, un des six grands systèmes de pensée brahmaniques, voué à la métaphysique, qui se situe dans la droite ligne des Upanishad dont il fait sienne l'équation entre âme individuelle et âme universelle : le soi n'est pas différent de l'absolu. Il est connu en Occident grâce aux réformateurs hindous du XXe siècle (Ramakrishna, Vivekananda, notamment).

Vedda(s) Peuple aborigène de l'est de Sri Lanka, qui a presque entièrement disparu : évalués à 5 300 individus en 1911, le gouvernement ne recensait plus que 800 Vedda en 1964 et, en 1970, ils avaient à peu près cessé d'exister en tant que communauté. C'était une des dernières civilisations du type paléolithique : abrités dans des cavernes, portant des vêtements d'écorce, ils étaient chasseurs de petit gibier (tué à l'aide d'arcs et de flèches), cueilleurs de plantes sauvages et récoltants de miel sauvage. Physiquement proches des tribus dravidiennes de l'Inde du sud, on leur attribue parfois une origine australoïde ; leur religion consistait essentiellement dans le culte des morts, avec lesquels ils entraient en contact par l'intermédiaire de chamans.

vedettariat n. m. État de vedette ; comportement d'une vedette (au sens d'*artiste*).

vedette n. f. Artiste très célèbre. / Acteur qui a le premier rôle dans une pièce. / Personnage célèbre. / *Mettre en vedette*, en valeur, en relief. *Mettre un mot, une phrase en vedette*, les imprimer isolément, en gros caractères. / MAR. Petite embarcation à moteur. / Anc. Sentinelle.

védique adj. Qui concerne les Veda. *Poésie védique.*

védisme n. m. RELIG. Forme la plus ancienne de la religion de l'Inde, issue des Véda.

Védrines (Jules) 1881-1919 Aviateur français, l'un des « as » de la Première Guerre mondiale. En 1919, il parvint à atterrir sur le toit des Galeries Lafayette à Paris. Il se tua peu après lors du raid Paris-Rome.

veduta n. f. (mot italien) BX-A. Dessin, peinture ou gravure représentant un lieu, un bâtiment, un panorama de ville. Pl. Des *vedute*.

védutiste n. BX-A. Peintre de vedute. *Les vedutistes connurent leur plus grande vogue à Venise.*

Véga Étoile de la constellation de la Lyre, la plus brillante du ciel boréal ; voir *constellation*.

végétal, ale, aux n. m. et adj. **A.** n. m. BIOL. Être vivant caractérisé par son mode de nutrition autotrophe, par la présence de chlorophylle, par des cellules entourées d'une paroi de cellulose, et généralement par une absence de mobilité. **B.** adj. Des végétaux ; qui provient des végétaux. *Le règne végétal ; la physiologie végétale. Une huile végétale.*

végétalien, enne adj. et n. Propre au végétalisme. / n. Adepte du végétalisme.

végétalisme n. m. Régime alimentaire qui exclut la consommation de tout produit d'origine animale (viande comme œufs et produits laitiers).

végétarien, enne adj. et n. Propre au végétarisme. *Repas végétarien.* / n. Personne qui ne consomme pas de viande.

végétarisme n. m. Régime alimentaire qui exclut la consommation de viande, mais permet celle de certains produits animaux (lait, beurre, œufs).

végétatif, ive adj. BOT. Relatif à la nutrition et à la croissance des végétaux (par opposition à la reproduction). *L'appareil végétatif. Multiplication végétative* : reproduction asexuée des végétaux (par boutures, stolons, etc.) / ANAT., PHYSIOL. Relatif au système nerveux neurovégétatif (ou *système nerveux végétatif*), composé des systèmes nerveux sympathique et parasympathique, et agissant sur les viscères ; relatif aux fonctions que ce système contrôle. *Fonctions végétatives* : respiration, circulation, digestion, etc. / Fig. Qui évoque la vie végétale, par son absence d'action, de vie intellectuelle. *Une vie végétative.*

végétation n. f. Rare. Croissance, pousse des végétaux. *La période de végétation.* / Ensemble des plantes qui poussent en un lieu. *Une végétation très fournie. La végétation méditerranéenne.* / MÉD. Formation tumorale se développant essentiellement à l'extérieur des tissus. (Au plur.) *Les végétations adénoïdes* ou (absol.) *les végétations* : les formations lymphoïdes se développant dans la partie supérieure de pharynx, en arrière des fosses nasales.

végéter v. i. [1] Se développer, croître, en parlant d'un végétal. / Fig. Subir avec passivité une existence sans intérêt ; ne pas évoluer, stagner.

véhémence n. f. Impétuosité.

véhément, e adj. Qui a une force impétueuse. *De véhémentes protestations.*

véhémentement adv. Avec véhémence ;

véhiculaire adj. Se dit d'une langue utilisée par des groupes humains de langues maternelles différentes pour communiquer entre eux. *Le swahili est une langue véhiculaire.*

véhicule n. m. Moyen de transport. *Véhicule automobile.* / Moyen de transmission. / OPT. Dispositif composé de prismes et de lentilles, qui a la propriété de redresser une image. / PHARM. Excipient liquide. / Fig. Moyen de communication, support. *La presse, véhicule de l'information.* / RELIG. (Avec une majuscule.) Voie du salut dans le bouddhisme. *Petit Véhicule, Grand Véhicule.*

véhiculer v. t. [1] Transporter. / Fig. Servir de véhicule à. *Le langage véhicule la pensée.*

Véies Ancienne ville d'Italie, en Étrurie, située près du Tibre, au nord de Rome, et dont les nombreux vestiges témoignent de

Autoportrait de **Diego Vélasquez**.

Vénus au miroir, de **Diego Vélasquez** (1650, huile sur toile, 122,5 x 177 cm, National Gallery, Londres).

l'importance de la civilisation étrusque. Ennemie de Rome et symbole de la puissance étrusque, elle fut prise par les Romains après un siège de dix ans, au début du IVe siècle avant J.-C.

Veil (Simone Jacob, Mme Antoine **Veil**, connue sous le nom de **Simone)** 1927 Femme politique française. Déportée à Auschwitz à quinze ans, magistrat, elle fut la première femme secrétaire générale du Conseil supérieur de la magistrature (1970). Ministre de la Santé (1974-1979), elle fit voter en 1975 la loi autorisant l'interruption volontaire de grossesse (I.V.G.). Elle fut ensuite le premier président du Parlement européen (1979-1982), puis ministre des Affaires sociales, de la Santé et de la Ville (1993-1995). Elle est devenue membre du conseil constitutionnel en 1998.

veille n. f. **I.** État de celui qui ne dort pas. / Moment sans sommeil pendant la nuit. / Garde assurée pendant la nuit. / (Au plur.) Moments de la nuit consacrés à une activité. *Passer ses veilles à lire.* **II.** Jour précédant celui dont on parle.

veillée n. f. Temps qui s'écoule entre le dîner et le coucher. / Réunion de personnes qui passent la soirée ensemble, en particulier à l'occasion d'une fête. *La veillée de Noël.* / Action de veiller un malade ou un défunt. / *Veillée d'armes*: nuit de prière passée par le chevalier avant d'être armé; (au fig.) soirée précédant une action importante.

veiller v. i. / v. t. [1] **A.** v. i. Rester éveillé pendant un temps normalement consacré au sommeil. *Veiller tard.* / Être de garde. / Être éveillé, vigilant. **B.** v. t. Passer la nuit auprès de (un malade ou un mort). / v. t. ind. *Veiller à (qqch.)*, en prendre soin. *Veiller aux intérêts, à l'éducation de qqn.* / *Veiller à* (+ inf.), *à ce que* (+ subj.): faire attention à, prendre garde à ce que. *Veiller à ne pas se salir. Veillez à ce qu'il ne s'enfuie pas.* / *Veiller sur (qqn, qqch.)*: prendre soin de, surveiller attentivement. *Veiller sur un enfant, sur son sommeil.*

veilleur, euse n. Personne qui veille. *Veilleur de nuit*: employé chargé de veiller à la sécurité d'un immeuble, d'une entreprise, d'un secteur. / Employé de la réception d'un hôtel, la nuit.

veilleuse n. f. Petite lampe éclairant faiblement et n'empêchant pas le sommeil. / Petite flamme d'un appareil à gaz ou à mazout, que l'on peut laisser brûler en permanence et qui permet l'allumage des brûleurs. / Feux de position d'une automobile. / Fig. *Mettre une affaire en veilleuse*, en réduire provisoirement l'activité, cesser provisoirement de s'en préoccuper.

veinard, e adj. et n. Fam. Chanceux. *Elle est veinarde. C'est un veinard.*

veine n. f. **I.** ANAT. Vaisseau qui conduit le sang des organes (où le système circulatoire prend la forme de capillaires) vers le cœur, alors que les artères conduisent le sang du cœur aux organes. *À l'exception de la veine pulmonaire, qui conduit le sang oxygéné des poumons vers l'oreillette gauche du cœur, les veines contiennent un sang appauvri en oxygène et enrichi en dioxyde de carbone. Veine cave, veine coronaire*: voir *cave, coronaire. Veines jugulaires*: grosses veines latérales du cou. *Veine porte*, comportant des capillaires à chacune de ses extrémités, qui amène le sang des viscères de l'abdomen vers le foie. *S'ouvrir les veines*: se trancher les veines du poignet pour se suicider. *Se saigner aux quatre veines*: épuiser toutes ses ressources. / (Par ext.) Cour. Vaisseau sanguin. / BOT. Nervure saillante d'une feuille. / Trace longue, parfois sinueuse dans le bois, la pierre, le marbre. / Filon de minerai. **II.** (Sens abstrait) *Être en veine de*, disposé à. *Être en veine de confidences.* / Inspiration. *La veine poétique d'un écrivain.* / Fam. Chance. *Avoir de la veine.* Ant. déveine.

veiné, e adj. Dont la surface présente des veines. / Dont la surface offre un décor sinueux qui évoque les veines du bois.

veineux, euse adj. Qui a rapport aux veines. *Circulation artérielle et circulation veineuse.*

veinotonique adj. et n. m. Qui tonifie les vaisseaux sanguins. *Médicament veinotonique.* / n. m. *Un veinotonique.*

veinule n. f. Petite veine.

veinure n. f. Réseau de veines, de nervures sur une matière quelconque. *Les veinures du marbre.*

vêlage ou **vêlement** n. m. Action de vêler.

vélaire adj. et n. f. PHON. Se dit de phonèmes dont le point d'articulation est situé à la hauteur du voile du palais. *Consonnes vélaires.* / n. f. *Une vélaire*: une consonne vélaire.

Vélasquez (Diego Rodriguez de Silva y Velazquez, en français **Diego)** 1599-1660 Peintre espagnol. Son art, influencé par les œuvres du Greco et de peintres italiens comme Véronèse, se fonde sur une culture solide. À Séville, il renouvelle la peinture religieuse, d'une part en accordant de l'importance aux personnages du premier plan, jusqu'alors négligés (types populaires), d'autre part en reléguant parfois à l'arrière-plan, reflété dans un miroir, le sujet principal (*Le Christ chez Marthe et Marie*). À Madrid, peintre du roi (1623), il exécute de nombreux portraits (*Philippe IV*, 1623; *Portrait de l'infant Carlos*, 1626). Rubens, en mission diplomatique à Madrid, le pousse à se rendre en Italie (1629) où il peint des sujets mythologiques (*La Forge de Vulcain*) ou bibliques (*Jacob recevant la tunique de Joseph*). C'est en Italie, au contact de l'art de Titien, que sa manière gagne en souplesse et ses couleurs en luminosité. Ses toiles, rigoureusement construites, utilisent des harmonies de tons subtiles, obtenues en superposant divers plans colorés: *Femme à l'éventail* (1646); *Les Ménines* (ou « les demoiselles d'honneur », 1656); *Les Lances* (titre courant de *La Reddition de Breda*, 1635); *Vénus au miroir* (1650), l'un des rares nus de la peinture espagnole. Ses dernières années, alors qu'il est couvert d'honneur, sont essentiellement occupées à peindre les princes et les princesses de la cour, avec une extrême liberté, et à assurer des fonctions officielles de plus en plus lourdes.

Velay Région du Massif central, consacrée à l'élevage bovin laitier et à la culture de blé et de lentilles. Les monts volcaniques du Velay, qui jalonnent des plateaux granitiques, entre la haute vallée de la Loire et celle de l'Allier, dominent le bassin effondré du Puy.

veld ou **veldt** n. m. (mot néerlandais) GÉOG. Steppe du nord-est de l'Afrique du Sud.

Vél d'Hiv Abréviation populaire de *Vélodrome d'hiver*, palais des sports installé à Paris (XVe arrondissement) dans la Galerie des machines de l'exposition de 1889. Inauguré en 1910, le Vél d'Hiv a été, de 1913 à 1958, consacré à la course cycliste sur piste, spectacle populaire haut en couleurs, à des tournois de boxe et à des réunions politiques. *Vél d'Hiv (rafle du)* Arrestation (16 au 16 juillet 1942) par la police française, sur l'ordre des autorités nazies, de 12 884 Juifs (dont 5 802 femmes et 4 051 enfants) qui furent rassemblés dans l'enceinte du Vélodrome d'Hiver avant d'être déportés.

vêlement Voir **vêlage**

vêler v. i. [1] Mettre bas, en parlant de la vache.

Velez de Guevara (Luis) 1579-1644 Écrivain espagnol, auteur d'un roman picaresque qui a inspiré Lesage: *Le Diable boiteux* (1641), et de nombreuses pièces de théâtre, parmi lesquelles un drame: *Régner après sa mort*, qui raconte l'histoire d'Inès de Castro.

vélin n. m. Peau de veau mort-né qui ressemble à un très fin parchemin. / *Papier vélin* ou *vélin*: papier de luxe imitant le vélin.

véliplanchiste n. Personne qui pratique la planche à voile. (Abrév.: planchiste.)

vélite n. m. ANTIQ. ROM. Soldat de l'infanterie légère. / HIST. *Vélite de la garde*: soldat d'un corps spécial de la garde consulaire puis impériale, créé par Napoléon. *Les meilleurs vélites pouvaient entrer à l'École militaire spéciale ou devenir officier de la garde impériale.*

Velléda Ier siècle Prêtresse des Germains. Elle soutint la révolte des Bataves contre les Romains (69-70 ap. J.-C.). L'empereur Vespasien soumit les Bataves et Velléda fut emmenée prisonnière à Rome, où elle figura dans un triomphe et où elle mourut.

velléitaire adj. et n. Qui ne fait pas preuve de volonté. / n. *Un(e) velléitaire.*

Les **Vendanges** *de Goya, carton de tapisserie.*

velléité n. f. Intention vague qui n'est pas suivie de décision ou de réalisation, tentative hésitante qui n'aboutit pas.
vélo n. m. (abrév. de *vélocipède*) Bicyclette. *Un vélo de course.* / *Faire du vélo*: aller à bicyclette.
véloce adj. Rapide.
vélocipède n. m. Ancêtre de la bicyclette qui avançait grâce au mouvement des pieds sur le sol, et fut ensuite équipé de pédales fixées au moyeu de la roue avant.
vélocité n. f. Rapidité. / MUS. Agilité extrême pour jouer d'un instrument dans un passage rapide.
vélodrome n. m. Stade dont la piste est aménagée pour les courses cyclistes.
vélomoteur n. m. Petite motocyclette dont la cylindrée est inférieure à 125 cm^3.
velot n. m. Peau de veau mort-né, utilisée pour faire le vélin.
velours n. m. Étoffe dont l'envers montre l'armure et dont l'endroit présente des poils courts, droits et très serrés, donnant de l'épaisseur et de la douceur au tissu. / Ce qui donne une impression de douceur. *Un regard de velours.* / *Le chat fait patte de velours*, rentre ses griffes pour se laisser caresser. / Fig. *Faire patte de velours*: dissimuler de noirs desseins sous un air charmeur. / *Jouer sur le velours*: miser au jeu sans risque; faire en sorte d'obtenir facilement ce que l'on désire.
velouté adj. et n. m. **A.** adj. Qui a le doux toucher du velours. *La peau veloutée d'une pêche.* / Qui donne la même impression de douceur que le velours; onctueux. *Potage velouté.* / Se dit d'un papier, d'un tissu imitant le velours. **B.** n. m. Qualité de ce qui a l'aspect ou la douceur du velours. *Le velouté d'une peau de bébé.* / *Le velouté d'un vin*, son moelleux. / Potage velouté. *Velouté d'asperges.*
velouter v. t. [1] Donner l'apparence du velours à (qqch.) / Rendre onctueux.
Velpeau (Alfred) 1795-1867 Chirurgien français, auteur de travaux d'anatomie, de pathologie et de clinique chirurgicale (notamment *De l'opération du trépan dans les plaies de la tête*). Il a créé les bandes de contention qui portent son nom.
velu, e adj. Couvert de poils. Syn. poilu.
velum ou **vélum** n. m. (mot latin) Grande pièce de tissu qui abrite un espace dépourvu de toit, ou simule un plafond, en diffusant la lumière. / ZOOL. Membrane du bord de l'ombrelle de certaines méduses.
velux n. m. (nom déposé) Fenêtre sur un toit en pente.
venaison n. f. Chair du gros gibier (cerf, sanglier, chevreuil). / VÉNER. Graisse du cerf, du sanglier.
vénal, ale, aux adj. Qui s'acquiert à prix d'argent. *Valeur vénale*: valeur commerciale. HIST. *Charge vénale*, que l'on pouvait acheter. / Péjor. Qui se vend; qui se laisse acheter. *L'amour vénal*: la prostitution. *Un homme vénal.*
vénalité n. f. HIST. Le fait de pouvoir être obtenu, cédé moyennant finances. *Vénalité des offices.* / Caractère d'une personne vénale.
venant, e adj. et n. Vx *Bien venant*: qui pousse bien. / n. m. Litt. *Les allants et les venants*: ceux qui vont et viennent. *À tout (tous) venant(s)*: à tous ceux qui se présentent, à tout le monde. / *Le tout-venant*: voir *tout-venant*.
Vence *16 982 h.* Chef-lieu de canton du département des Alpes-Maritimes, bâti sur un piton rocheux, centre commercial et artisanal (céramique, sculpture sur bois) qui attire de nombreux touristes (anciens remparts, cathédrale en partie romane, chapelle conçue et décorée par Matisse).
Venceslas Voir **Wenceslas**
vendable adj. Que l'on peut vendre.
vendange n. f. (Souvent au plur.) Récolte du raisin lorsqu'il est mûr. / Le raisin lui-même. / Époque de cette récolte.
vendanger v. t. [1] *Vendanger la vigne*, en récolter le raisin. / (Absol.) Faire la vendange.
vendangeur, euse n. Personne qui fait les vendanges.
vendangeuse n. f. Rég. (sud-ouest de la France) Aster.
Vendée (département de la) [85] *6 720 km² 539 664 h.* Département de l'ouest de la France, baigné par l'Atlantique, qui fait partie de la Région Pays-de-la-Loire. Chef-lieu *La Roche-sur-Yon*. Ce département s'étend sur l'ancien bas Poitou. Le *haut Bocage* (*288 m* au mont Mercure) flanqué de plateaux plus bas (les *Mauges* à l'est, le *bas Bocage* au sud-ouest) domine, au sud, la Plaine, où les céréales ont laissé la place à l'élevage bovin laitier. Cette dorsale sépare le Marais breton, au nord-ouest, du Marais poitevin au sud-ouest, anciens golfes colmatés transformés en polders. La côte basse, régularisée, faite de grandes plages de sable, est animée par la pêche (sardine, thon) et le tourisme (Les Sables-d'Olonne, les îles d'Yeu et de Noirmoutier, Saint-Jean-de-Monts). Peu tournée vers la mer, la Vendée est essentiellement agricole et peu urbanisée, mais l'industrie s'est développée. Terre d'émigration dans le passé, elle connaît un certain essor démographique.
• **Vendée (guerres de)** Nom de l'insurrection catholique et royaliste qui se développa contre la Convention, dans l'ouest de la France, au cours de l'année 1793.
vendéen, enne adj. et n. De la Vendée. / HIST. Relatif aux guerres de Vendée. *Insurrections vendéennes. Les Vendéens*: les insurgés des guerres de Vendée.
vendémiaire n. m. Premier mois du calendrier républicain, allant du 22, 23 ou 24 septembre au 21, 22 ou 23 octobre.
vendémiaire an IV (journée du 13) Journée (5 octobre 1795) au cours de laquelle Bonaparte, appelé la veille par Barras, réprima une insurrection royaliste provoquée par le décret visant à maintenir les deux tiers des membres de la Convention dans la future assemblée. Les insurgés assiégèrent la Convention; Bonaparte rétablit l'ordre en faisant tirer sur eux au canon.
venderesse n. f. DR. Celle qui vend, a vendu un bien.
vendetta n. f. (mot italien; du corse) Poursuite de la vengeance d'une injure, d'un meurtre, qui se transmet dans les familles de génération en génération.
vendeur, euse n. Personne dont la profession consiste à vendre des marchandises. / DR. COMM. Personne physique ou morale qui procède à une vente de biens (voir *venderesse*).
Vendôme *17 707 h.* Chef-lieu d'arrondissement du Loir-et-Cher, sur le Loir, important centre monastique au Moyen Âge, grâce à l'abbaye bénédictine de la Trinité fondée au XIe siècle. Cette petite ville, dotée de quelques industries, possède de beaux monuments: vestiges du château (XIIe-XVe siècle), église abbatiale de la Trinité (XIe-XVIe siècle, dotée d'un clocher roman haut de *82 m* et d'une façade flamboyante).
Vendôme (César de Bourbon, duc de**)** 1594-1665 Prince français, fils légitimé d'Henri IV et Gabrielle d'Estrées, qui prit part aux conspirations de la noblesse sous Louis XIII. **Louis Joseph de Bourbon, duc de Vendôme et de Penthièvre** 1654-1712 Petit-fils du précédent; ce fut un général de valeur qui se distingua pendant la guerre de Succession d'Espagne: il fut vaincu à Oudenaarde (1708), mais remporta en 1710, en Espagne, une victoire décisive qui assura le trône à Philippe V. **Philippe**, dit le **Grand Prieur de Vendôme** 1655-1727 Frère du précédent. Membre de l'ordre de Malte, il en fut prieur et groupa autour de lui, au Temple, à Paris, une société de libertins.

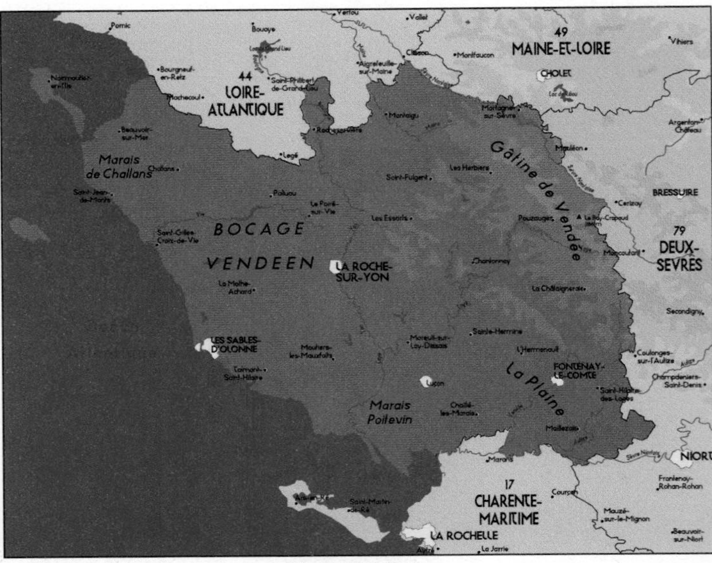

Département de la ***Vendée****.*

VENDÉE (GUERRES DE)

Chouan (© Triskell - Concarneau).

Ce soulèvement contre-révolutionnaire fut déclenché par le décret voté par la Convention en février 1793, décidant la levée de 300 000 hommes, et plus profondément par les difficultés économiques et la politique religieuse révolutionnaire (Constitution civile du clergé). Essentiellement paysanne, l'insurrection trouva rapidement ses chefs, nobles comme La Rochejaquelein, d'Elbée, Lescure, Charette, ou roturiers comme Stofflet et Cathelineau. Ce dernier fut nommé généralissime. Après une période initiale un peu désordonnée, caractérisée par des victoires brillantes mais de faible importance (prise de Machecoul, Jallais, La Roche-sur-Yon, bataille de Chemillé en mars 1793), les insurgés furent vainqueurs d'une résistance républicaine plus sérieuse à Thouars et Fontenay (en mai).

Le mouvement se structura par la création d'un Conseil supérieur en mai 1793. L'armée importante ainsi constituée prit ensuite Saumur et Angers, mais échoua à Nantes (juin 1793) où Cathelineau fut tué. Les républicains, sous les ordres de Westermann, incendièrent les châteaux de Lescure et de La Rochejaquelein. L'armée vendéenne, sous les ordres de d'Elbée, fut encore battue à Luçon (août 1793) et Kléber, arrivé à la tête de l'armée de Mayence, l'écrasa à La Tremblaye et à Cholet (octobre 1793) où d'Elbée fut grièvement blessé. Les insurgés passèrent alors la Loire et, commandés par La Rochejaquelein, prirent Château-Gontier et Laval pour échouer devant Granville en novembre 1793.

Après des victoires rapides à Pontorson, La Flèche, les Vendéens entrèrent au Mans (décembre 1793) d'où ils furent vite chassés. Poursuivis jusqu'à Laval, ils tentèrent de repasser la Loire et furent complètement défaits et massacrés à Savenay, le 23 décembre 1793. Les républicains organisèrent alors l'extermination des vendéens : plus de 2 000 personnes furent noyées à Nantes par Carrier ; les *colonnes infernales* de Turreau massacrèrent la population de janvier à avril 1794. Si le soulèvement de la Vendée avait été, dans l'ensemble, réprimé à la fin de 1793, certains insurgés poursuivirent la lutte.

Après Thermidor, des négociations entre Hoche et Charette aboutirent à la convention de La Jaunaye (février 1795) accordant amnistie et liberté du culte. Mais, en accord avec les émigrés qui essayèrent, en vain, de débarquer à Quiberon en juin 1795, Charette et Stofflet reprirent la lutte. Faits prisonniers, ils furent condamnés à mort et exécutés (1796). Hoche acheva la pacification du pays. Trois tentatives d'insurrection se produisirent encore, en Vendée, en 1799, en 1815 (pendant les Cent-Jours) et, enfin, en 1832.

Elbée. Lescure. Cathelineau. La Rochejaquelin

Stofflet.

Charette.

V

Vénétie 18 759 km² 4 440 955 h. Région d'Italie qui comprend les provinces de Bel- Venger un innocent. Venger l'honneur de sa famille. Sa décadence nous a vengés. / Réparer viner ses intentions. / Venir à : parvenir à, arriver à (telle hauteur, tel niveau, tel stade **vénitien, enne** adj. et n. De Venise. / n. Habitant(e) de Venise.

Vendôme (place) Place parisienne si-

bonneur. Vendre son corps : se prostituer. / Tra-

vénéneux, euse adj. Qui contient un

Amerigo Vespucci.

aux théories traditionnelles de Galien. Son traité d'anatomie, illustré de planches gravées détaillant le corps humain, préconise la méthode expérimentale. Il fut condamné à mort par l'Inquisition, qui l'accusait d'avoir disséqué des hommes vivants ; Philippe II commua sa peine en un pèlerinage à Jérusalem ; il périt en mer sur le chemin du retour.

vesce n. f. BOT. Plante papilionacée herbacée, à feuille composée, à vrilles, dont il existe un grand nombre d'espèces. *Certaines vesces fournissent un excellent fourrage.*

vésical, e adj. ANAT. De la vessie. *Bilharziose vésicale.*

vésicant, e adj. Qui produit des vésicules sur la peau.

vésicatoire adj. et n. m. Qui produit des ampoules sur la peau. / n. m. *Un vésicatoire* : un produit vésicatoire.

vésicule n. f. ANAT. Petit sac membraneux ; organe glandulaire formant une petite cavité. *Vésicule biliaire* : réservoir membraneux dans lequel la bile est stockée entre les repas. *Vésicule séminale* : l'une des glandes génitales mâles, qui sécrète un liquide visqueux entrant dans la composition du sperme. / MÉD. Boursouflure de l'épiderme emplie de sérosité, de pus. / BOT. Cavité close, notam. cavité emplie d'air servant de flotteur chez certains végétaux aquatiques. *Les vésicules du fucus vésiculeux.*

vésiculeux adj. En forme de vésicule. / Contenant, portant des vésicules.

Vesoul *17 168 h.* Chef-lieu du département de la Haute-Saône, sur le Durgeon (affluent de la Saône). Petit centre industriel (constructions mécaniques, textiles).

Vespasien (en latin **Titus Flavius Vespasianus)** 9-79 Empereur romain (69-79). Proconsul d'Afrique, chargé par Néron de la guerre contre les Juifs (66), il fut proclamé empereur par l'armée d'Orient (69). Il associa au gouvernement son fils Titus, fit entrer des provinciaux au Sénat. D'origine modeste et de goûts simples, il restaura les finances par ses mesures d'économie. Fondateur de la dynastie flavienne, il lutta contre la décadence de la société romaine et mourut en stoïcien, déclarant : « Un empereur doit mourir debout ».

vespasienne n. f. Urinoir public.

vespéral, ale, aux adj. et n. Litt. Du soir. *Brume vespérale.* / n. m. LITURG. CATHOL. Livre de l'office du soir.

Vespucci (Amerigo) 1454-1512 Navigateur italien qui fit plusieurs voyages au Nouveau Monde découvert par Christophe Colomb. Au service du Portugal, il découvrit en 1502 la baie de Rio de Janeiro ; puis, servant Ferdinand le Catholique, il explora l'isthme de Panamá. Le cartographe allemand Waldseemüller, lui attribuant par erreur la découverte du Nouveau Monde, baptisa (1507) l'*Amérique* d'après le prénom de Vespucci.

vesse n. f. Vent intestinal, silencieux et malodorant.

vesse-de-loup n. f. BIOL. Champignon basidiomycète se présentant sous la forme d'une outre, dont s'échappent à maturité des spores brun jaune. Pl. Des *vesses-de-loup.*

vessie n. f. ANAT. Sac musculo-membraneux recevant, par l'intermédiaire des deux uretères, l'urine excrétée par les reins, et communiquant avec l'urètre. / Vessie d'animal desséchée et gonflée d'air. / Fig., vx Chose sans valeur. Loc. *Prendre des vessies pour des lanternes* : prendre une chose pour une autre sans rapport, commettre une erreur grossière, locution qui est l'altération de très anciennes expressions, « vendre vessie pour lanterne », ou « faire de vessie lanterne », la vessie gonflée d'air valant encore moins que la lanterne, également sphérique (ou d'une forme proche de la sphère) et translucide. / ZOOL. *Vessie natatoire* : poche abdominale remplie de gaz, chez certains poissons.

Vesta MYTH. ROM. Déesse du foyer, identifiée à l'Hestia des Grecs, dont le culte était assuré par des vierges.

vestale n. f. ANTIQ. ROM. Prêtresse de Vesta. / Vieilli ou plaisant. Femme parfaitement chaste.

veste n. f. Vêtement à manches, ouvert sur le devant, qui couvre le buste et s'arrête à la taille ou aux hanches. / Fam. *Retourner sa veste* : adopter une opinion contraire à celle que l'on avait précédemment. / Fam. Échec. *Ramasser une veste.*

Vesterålen (archipel) *45 000 h.* Îles rocheuses de la Norvège septentrionale, dans la mer de Norvège, vouées à la pêche (hareng, morue).

vestiaire n. m. Lieu où l'on dépose, à l'entrée d'un établissement, les vêtements ou accessoires que l'on ne garde pas avec soi. / Local dans lequel on change de tenue avant de pratiquer un sport ou une activité nécessitant des vêtements particuliers. / Ensemble des objets que l'on a déposés au vestiaire.

vestibulaire adj. ANAT. Relatif au vestibule de l'oreille interne.

vestibule n. m. Entrée d'une maison, d'un édifice dans laquelle donnent les autres pièces. / ANAT. Cavité. *Vestibule buccal. Vestibule (membraneux, osseux) de l'oreille interne,* important dans l'équilibration.

vestige n. m. Reste de ce qui est détruit ou a disparu. *Les vestiges d'une ville, d'une civilisation. Les vestiges d'une gloire passée.*

vestigial, e adj. Réduit à l'état de vestige. / BIOL. Se dit d'organes, de structures anatomiques qui se sont atrophiés au cours de l'évolution, dont il ne reste plus que des traces (non fonctionnelles). *Une population de drosophiles à ailes vestigiales.*

vestimentaire adj. Qui a rapport aux vêtements.

veston n. m. Veste d'un complet d'homme.

Vestris (Gaétan) 1729-1808 Danseur italien. Il s'illustra dans les ballets de Rameau (*Les Indes galantes*) et de Lully (*Armide*). Il fit carrière à l'Opéra de Paris dont il devint (1770) maître de ballet. **Marie Jean Augustin**, dit **Auguste** 1760-1842 Fils du précédent. Il débuta à 12 ans, aux côtés de son père, et dansa ensuite dans des ballets de Gossec, Grétry et Mozart (*Les Petits Riens*). D'une remarquable virtuosité, il était redouté par la violence de son caractère ; sa carrière se déroula aussi bien à Londres qu'à Paris et il consacra la fin de sa vie à l'enseignement.

Vésubie (la) *48 km* Rivière des Alpes-Maritimes qui creuse des gorges pittoresques avant de se jeter dans le Var.

Vésuve *1 280 m* Volcan actif de l'Italie du Sud (à *8 km* au sud-est de Naples). Ses flancs portent de riches cultures sur des sols d'origine basaltique (vignes, qui donnent le *lacryma christi*, fruits). Son éruption, en 79 après J.-C., ensevelit les villes d'Herculanum et de Pompéi.

vêtement n. m. Tout ce qui est destiné à couvrir le corps. / HÉRALD. Réunion de quatre triangles situés aux coins de l'écu.

vétéran n. m. ANTIQ. ROM. Soldat qui, après avoir servi entre seize et trente années dans l'armée, recevait un congé honorable ainsi que des privilèges. / Soldat ayant de longs états de service ; ancien combattant. / Homme expérimenté dans un métier ou une activité quelconque. / SPORT Athlète de plus de 40 ans (homme) ou de plus de 35 ans (femme).

vétérinaire adj. et n. Relatif à l'élevage et aux maladies des animaux. *Médecine vétérinaire.* / n. Personne qui exerce la médecine vétérinaire.

Le **Vésuve**.

vétille n. f. Chose sans aucune importance.

vétilleux, euse adj. Qui s'arrête à des vétilles. *Un contrôle vétilleux.*

vêtir v. t. [3] Mettre un, des vêtements à. *Vêtir un enfant.* / Mettre sur soi (un vêtement). *Vêtir une robe.* / (Emploi pron.) S'habiller.

vétiver ou (litt.) **vétyvier** n. m. BOT. Plante de la famille des graminées dont la racine odorante est utilisée en parfumerie ; le parfum tiré de cette racine.

veto n. m. inv. (mot latin *« je m'oppose »*) ANTIQ. ROM. Formule par laquelle les tribuns romains refusaient d'entériner les décrets du sénat. / DR. Droit accordé à une autorité quelconque de s'opposer à ce que soit promulguée une loi, à ce que soit adoptée une résolution. *Veto absolu*, qui écarte la décision définitivement. *Veto suspensif*, qui la suspend provisoirement. / Fig. Refus, opposition.

vêtu, e adj. Habillé.

vêture n. f. Vx ou litt. Vêtement. / RELIG. Prise d'habit d'un religieux, d'une religieuse catholique.

vétuste adj. Abîmé, détérioré par le temps. *Un appartement vétuste et inconfortable.*

vétusté n. f. Caractère de ce qui est vétuste.

vétyvier Voir **vétiver**

veuf, veuve adj. et n. **I.** Dont le conjoint est décédé et qui ne s'est pas remarié. *Elle est veuve depuis longtemps.* (Subst.) *Un veuf, une veuve.* / Fig., litt. *Veuf de* : privé de. **II.** ZOOL. n. f. Passereau d'Afrique à très longue queue, au plumage presque entièrement noir, fréquemment élevé en volière. / *Veuve noire* : araignée extrêmement venimeuse, noire à taches rouges.

Veuillot (Louis) 1813-1883 Journaliste et écrivain catholique français. Il devint en 1848 rédacteur en chef du journal *L'Univers*, dont il fit un puissant organe de défense du parti ultramontain. Il prôna l'infaillibilité pontificale et critiqua la politique italienne de Napoléon III, qui interdit le journal durant plusieurs années. Louis Veuillot a publié notamment *Rome et Lorette* (1841), *Les Odeurs de Paris* (1866).

veule adj. Sans énergie morale ; mou et faible.

veulerie n. f. Fait d'être veule ; caractère d'une personne veule.

veuvage n. m. Situation d'un veuf, d'une veuve.

Vevey *19 000 h.* Ville de Suisse, dans le canton de Vaud, sur le lac Léman, petit centre industriel et haut lieu touristique.

vexant, e adj. Qui vexe, qui blesse. *Il s'est montré vexant.* / Contrariant. *Je rate toujours ce tour de carte, c'est vexant.*

vexation n. f. Blessure d'amour-propre, brimade.

vexatoire adj. Qui le caractère d'une vexation.

vexé, e adj. Blessé dans son amour propre, sa fierté ; humilié.

vexer v. t. [1] Blesser (qqn) dans son amour propre, sa fierté. / v. pron. Être vexé. *Il se vexe pour un rien.*

Vexin Ancienne province française du Bassin parisien, ce pays de plateaux calcaires, domaine de riches cultures (blé, betterave à sucre) et de l'élevage bovin, est divisé depuis le traité de Saint-Clair (911) en deux parties séparées par l'Epte : le *Vexin français* (dé-

Pauline Viardot.

partements du Val-d'Oise et de l'Oise) à l'est, le *Vexin normand* (département de l'Eure) à l'ouest.
Vézelay *429 h.* Chef-lieu de canton du département de l'Yonne situé au sommet d'une colline dominant la vallée de la Cure. Vézelay, qui a pour origine un monastère bénédictin (fondé au IXe siècle, ruiné par la guerre de Cent Ans), fut au Moyen Âge un haut lieu de pèlerinage à la basilique dédiée à sainte Marie-Madeleine. La *Madeleine de Vézelay* (consacrée au XIIe siècle, restaurée par Viollet-le-Duc) est l'un des plus beaux monuments romans de Bourgogne : narthex intérieur abritant des portails richement sculptés (la Pentecôte et la mission des Apôtres), chœur romano-gothique. Saint Bernard prêcha à Vézelay la deuxième croisade en 1146.
Vézère (la) *192 km* Rivière du Limousin, née sur le plateau de Millevaches, qui se jette dans la Dordogne. Elle est le cœur d'une région touristique (gorges pittoresques, sauts de la Virole et du Saumon, sites préhistoriques de Lascaux et des Eyzies).
V.H.F. adj. et n. f. (sigle de *very high frequency*, « très haute fréquence ») TECH. Qui reçoit, qui émet des ondes très courtes, donc de très haute fréquence. *Poste V.H.F.* / n. f. Émetteur, récepteur V.H.F. *Une V.H.F.*
V.H.S. (sigle de *video home system*, « système de vidéo à usage privé [ou du grand public] ») TECH. Système de vidéo dont la bande (340 mm), logée dans une cassette, contient 4 heures de programme.
via prép. (mot latin) En passant par. *Paris-Marseille via Lyon.*
viabiliser v. t. [1] Doter (un terrain) des équipements collectifs propres à le rendre constructible.
viabilité [1] n. f. Qualité de ce qui est viable.
viabilité [2] n. f. État d'une route, d'une voie où l'on peut circuler. / Ensemble des travaux qui doivent être exécutés sur un terrain avant une construction (voirie, gaz, eau, égouts, électricité).
viable adj. Qui peut vivre. *Un enfant né viable.* / Fig. Qui peut s'épanouir, durer. *Une entreprise viable. Ce n'est pas viable* : cela ne peut fonctionner.
viaduc n. m. Ouvrage d'art construit au-dessus d'une vallée large et profonde pour le passage d'une route ou d'une voie ferrée.
viager, ère adj. et n. m. Se dit de ce dont une personne jouit toute sa vie, mais qui disparaît à sa mort. *Rente viagère.* / n. m. Rente viagère.
Vialatte (Alexandre) 1901-1971 Écrivain français. Traducteur de Kafka, romancier (*Les Fruits du Congo*, 1951), nouvelliste, il fut, sa vie durant, chroniqueur de presse à *La Montagne* de Clermont-Ferrand ; ses chroniques ont été réunies après sa mort (*Dernières nouvelles de l'homme* ; *Almanach des quatre saisons*).
Vian (Boris) 1920-1959 Écrivain français. Il a publié sous le pseudonyme de Vernon Sullivan *J'irai cracher sur vos tombes* (1946), un pastiche des romans noirs américains, et *Et on tuera tous les affreux* (1948). Ingénieur, il était aussi trompettiste et critique de jazz, parolier et compositeur (*Le Déserteur, La Java des bombes atomiques*), et a laissé des pièces de théâtre (*L'Équarrissage pour tous*, 1950, *Le Goûter des généraux*, 1950), des recueils de poèmes (*Cantilènes en gelée*, 1950, *Je voudrais pas crever*, 1959) et des romans poétiques qui accordent une large place à l'invention verbale, à l'humour et à l'absurde : *L'Automne à Pékin* (1947) ; *L'Écume des jours* (1947), *Les Fourmis* (1949), *L'Herbe rouge* (1950), *L'Arrache-Cœur* (1953).
viande n. f. Chair des mammifères et des oiseaux consommée par l'homme. / *Viande rouge*, de bœuf, de mouton, de cheval. / *Viande blanche*, de veau, de porc, de lapin, de volaille. *Viande noire*, de certains gibiers (cervidés, sanglier, bécasse). / Pop. Corps humain. *Pousse ta viande !* / Fam. *Sac à viande* : drap cousu en forme de sac, que l'on glisse à l'intérieur d'un sac de couchage.
Viardot (Pauline Garcia, Mme **Viardot**, connue sous le nom de **Pauline)** 1821-1910 Cantatrice française. Sœur de la Malibran, elle créa à Paris la Fides de Meyerbeer (*Le Prophète*) et la Sapho de Gounod et fut ovationnée dans l'*Orphée* de Gluck. Liée à Tourgueniev, proche de George Sand, elle fut intimement mêlée à la vie littéraire et artistique de la deuxième moitié du XIXe siècle.
viatique n. m. Vx Argent, provisions donnés à quelqu'un pour un voyage. / RELIG. Sacrement de l'eucharistie administré à un mourant. / Fig. Soutien.
Viau (Théophile de) 1590-1626 Poète français, épicurien et libertin. S'opposant à Malherbe par son refus des règles classiques, il a écrit des poésies légères (*Le Parnasse satyrique*, 1622) et une tragédie baroque (*Pyrame et Thisbé*, 1621).
vibrage n. m. TECHN. Série d'impulsions qui mettent un corps en vibration. *Le vibrage du béton.*
vibraphone n. m. MUS. Instrument à percussion constitué de lames métalliques accordées, surmontant des tubes de résonance ; dans ces tubes, des opercules en rotation, mus électriquement et contrôlés par une pédale, produisent un effet de vibrato.
vibrateur n. m. TECH. Appareil qui produit ou transmet des vibrations. / Appareil qui vibre le béton.
vibratile adj. Doué d'un mouvement de vibration. BIOL. *Cils vibratiles* : expansions cytoplasmiques mobiles de certaines cellules (cellules épithéliales, protozoaires), dont le mouvement assure un flux à la surface de la cellule ou permet la locomotion.

Vibraphone.

vibration n. f. Oscillation périodique rapide autour d'une position d'équilibre. / Trépidation. *Vibration d'un marteau piqueur.* / Tremblement, modulation. *Vibration d'une voix.* / *Vibration de l'air* : phénomène provoqué par la chaleur, par lequel l'air semble trembloter.
vibrato n. m. (mot italien) MUS. Variation rapide de la hauteur du son émis par un instrument de musique, ou par la voix.
vibratoire adj. Fait d'une suite de vibrations. *Mouvement vibratoire.*
vibrer v. i. / v. t. [1] Être agité d'une vibration. *La maison vibre au passage des camions.* / Fig. Ressentir une émotion intense. *Vibrer en écoutant l'hymne national.* / (Emploi transitif) *Vibrer le béton*, le soumettre à des vibrations pour le rendre plus compact.
vibreur n. m. ÉLECTR. Appareil fait d'une lame que met en vibration un courant électrique.
vibrion n. m. BIOL. Bactérie ciliée, à gram négatif, incurvée en forme de virgule, vivant dans l'eau. *Vibrion cholérique*, responsable du choléra. *Certains vibrions sont également responsables d'intoxications alimentaires.* / Fam. Personne agitée.
vibrionner v. i. [1] S'agiter en tous sens, en parlant d'une personne.
vibrisse n. f. ANAT. Poil de l'intérieur des narines chez l'homme. / ZOOL. Chez certains mammifères, long poil tactile (« moustaches » du chat, de la souris). / Chez les oiseaux, plume filiforme, souvent de petite taille et peu visible à l'œil nu.
vibromasseur n. m. Appareil électrique de massage par vibrations.
vicaire n. m. RELIG. Chez les catholiques, prêtre adjoint au curé d'une paroisse. *Vicaire général* : prêtre adjoint à un évêque. *Le vicaire de Jésus-Christ* : le pape. *Vicaire apostolique* : évêque placé à la tête d'un territoire de mission qui n'est pas encore érigé en diocèse.
vicariat n. m. Charge d'un vicaire ; durée de cette charge ; territoire sur lequel s'exerce la juridiction d'un vicaire.
vice n. m. Penchant au mal. / Défaut grave, conduite perverse, contraire à la morale. *Le vice* : la débauche. / Travers, habitude nuisible dont on ne peut se défaire. *Vice du jeu.* / Fam. Bizarrerie. *Pousser les recherches à ce point, ce n'est pas de la conscience professionnelle, c'est du vice.* / Imperfection rendant un objet impropre à sa destination. *Vice de construction.* / DR. *Vice de forme* : erreur qui entache un acte de nullité. *Vice rédhibitoire* : défaut d'un animal ou d'une chose qui peut entraîner l'annulation de la vente.
vice-amiral n. m. Officier général de la marine, dont le grade est directement supérieur à celui de contre-amiral.
vice-consul n. m. Celui qui seconde un consul ; celui qui remplit les fonctions de consul dans un lieu où il n'y en a pas.
vicelard, e adj. Fam. Vicieux.
Vicence *108041 h.* Ville d'Italie, en Vénétie, chef-lieu de la province du même nom. Elle possède de nombreux édifices de la Renaissance, dus à l'architecte Palladio qui y mourut en 1580 : théâtre Olympique, basilique, villas et palais.
Vicente (Gil) 1470?-1537? Poète dramatique portugais, qui écrivit en espagnol et en portugais. Auteur d'un des premiers drames religieux (*autos*), il a composé des pièces religieuses et satiriques (*La Trilogie des barques*, 1516-1519), mais aussi comiques et profanes (*La Comédie du veuf*, 1514) et des farces (*Ines Pereira*, 1523), qui font de lui le créateur du théâtre portugais.
vice-présidence n. f. Charge, durée de la charge, lieu de résidence d'un vice-président.
vice-président, e n. Celui, celle qui seconde un(e) président(e) ; celui, celle qui remplit les fonctions d'un(e) président(e) en cas d'absence ou de vacance.
vice-reine n. f. Femme exerçant la même autorité qu'un vice-roi ; épouse d'un vice-roi.
vice-roi n. m. Celui à qui un roi, un empereur, a délégué son autorité pour gouverner en son nom un État qui a, ou a eu, le titre de royaume. *Vice-roi des Indes.*
vice-versa loc. adv. Réciproquement.
Vichnou Voir **Vishnu**
vichnouisme Voir **vishnouisme**
vichy n. m. Eau minérale de Vichy ; toile de coton à petits carreaux ou rayée, non pas imprimée mais faite de fils teints.
Vichy *26528 h.* Chef-lieu d'arrondissement du département de l'Allier, sur l'Allier, très importante station thermale : les eaux bicarbonatées de Vichy soignent les maladies du foie.
Vichy (gouvernement de) Nom donné au gouvernement du maréchal Pétain, chef de l'État français de 1940 à 1944. L'Assemblée nationale réunie à Vichy confia au maréchal Pétain, le 10 juillet 1940, le soin de promulguer une nouvelle Constitution (qui ne vit jamais le jour). Le lendemain, le maréchal s'investit de la totalité du pouvoir législatif et exécutif. Il instaura un régime autoritaire, antisémite et anticommuniste, avec pour devise « Travail, Famille, Patrie » et pour emblème la francisque. Il pratiqua la collaboration avec l'Allemagne, dont Laval, président du Conseil à partir d'avril 1942, fut le principal artisan : rafles et déportations massives de juifs, création d'une milice chargée de lutter contre la Résistance. Quand l'Allemagne envahit la zone libre, en novembre 1942, le gouvernement de Vichy, de plus en plus soumis à l'occupant, perdit de son crédit auprès des Français. Le gouvernement s'effondra après la Libération.
vichyssois, e adj. et n. De Vichy. / HIST. Relatif au gouvernement de Vichy.
vichyste adj. et n. Du régime de Vichy. Syn vichyssois. / Partisan du gouvernement de Vichy. *Elle était vichyste. Les vichystes.*
vicier v. t. [1] Rendre défectueux, nul. *Vicier un acte notarial.* / Par ext. *La pollution vicie l'air*, le rend nocif.
vicieusement adv. De manière vicieuse.
vicieux, euse adj. et n. **I.** Qui est intrinsèquement défectueux. *Locution vicieuse, tour (de langage) vicieux*, incorrects. / LOG. *Cercle vicieux* : voir *cercle*. / MÉD. *Cal vicieux*, qui se forme dans une mauvaise position. **II.** Qui a un, des vices ; qui a de mauvais penchants. *Un enfant vicieux.* / Rétif, imprévisible, en parlant d'un animal. *Un cheval vicieux.* / En sport, se dit de ce qui recèle un piège, qui est conçu pour leurrer. *Balle vicieuse.* / Pervers. *Il est vicieux.* / n. *C'est un vicieux.*
vicinal, ale, aux adj. Qui sert aux villages. *Chemin vicinal*, qui relie des villages.
vicinalité n. f. Ensemble des voies de communication entre des villages. / Qualité de ces voies de communication dont l'entretien est à la charge des communes.

Victor-Emmanuel II achève l'unification de l'Italie en entrant dans Rome en 1870.

Victoria Ire.

vicinité n. f. PHILO. Proximité entre des notions, des concepts.
vicissitude n. f. (Souvent au plur.) Succession de situations, d'événements variés, heureux ou malheureux. / Ennuis, épreuves.
Vico (Giambattista) 1668-1744 Philosophe et historien italien. Sa conception de l'histoire et des cycles des civilisations annonce Hegel : *Principes d'une science nouvelle concernant la nature des nations* (1725, traduit en français en 1835 par Michelet sous le titre *Principes de la philosophie de l'histoire*).
vicomte, esse n. HIST. Sous les Carolingiens, suppléant du comte, lieutenant du comte. / Mod. Titre de noblesse qui se situe entre celui de baron et celui de comte. / n. f. Épouse d'un vicomte.
vicomté n. f. HIST. Titre de noblesse attaché aux terres dont le seigneur est un vicomte, une vicomtesse ; ces terres.
victime n. f. Être vivant sacrifié à une divinité. / Personne qui subit de mauvais traitements, des injustices. / Personne qui souffre des conséquences de quelque chose. *Victime de sa crédulité. Victime du chômage.* / Personne qui meurt ou subit des dommages à la suite d'une catastrophe, d'un accident. / (En attribut) *Être victime d'un accident.*
victimologie n. f. Didac. Branche de la criminalité qui s'attache à l'étude du statut psychologique et social des victimes de crimes et délits.
victoire n. f. Succès remporté à la guerre, dans une lutte, dans une compétition. / Fig. *Victoire sur soi-même* : triomphe remporté sur ses impulsions, ses faiblesses.
Victor Nom de trois papes et deux antipapes. **Victor Ier** (saint) ?-199. Pape en 189. Il tenta, sans succès, de trouver, pour la célébration de la fête de Pâque, une date compatible avec la tradition roamine et celle des Églises orientales. **Victor II (Gebhard)** v. 1022-1057 Pape en 1054, tuteur du jeune empereur Henri IV. **Victor III** (saint) **[Dauferius**, dit **Desiderius**, de son nom de moine] v. 1027-1087. Abbé du Mont-Cassin, pape en 1086. **Victor IV (Gregorio Conti)** ?-ap. 1140 Antipape deux mois en 1138. **Victor IV** ou **V (Ottaviano di Monticello)** 1095-1164 Antipape de 1159 à 1164, soutenu par Frédéric Barberousse.
Victor (Paul-Émile) 1907-1995 Explorateur français. Il séjourna plusieurs fois chez les Eskimos en Laponie et au Groenland, entre 1934 et 1939, puis créa en 1947 les Expéditions polaires françaises et dirigea des expéditions au Groenland et en terre Adélie jusqu'en 1976. Il est l'auteur de nombreux ouvrages : récits, souvenirs, travaux ethnographiques.
Victor-Amédée Nom trois ducs de Savoie. **Victor-Amédée Ier** 1587-1637 Duc de Savoie en 1630 ; il épousa Christine de France, sœur de Louis XIII. **Victor-Amédée II** 1666-1732 Duc de Savoie (1675-1730), roi de Sicile (1713-1720) puis de Sardaigne (1720-1730). Tour à tour allié et adversaire de Louis XIV, il obtint, après la guerre de Succession d'Espagne, la Sicile qu'il échangea contre la Sardaigne. Il fut emprisonné après avoir tenté de reprendre le trône qu'il avait abandonné à son fils en 1730. **Victor-Amédée III** 1726-1796 Roi de Sardaigne en 1773, adversaire malheureux de la Révolution, il dut céder à la France la Savoie et Nice (1796).
Victor-Emmanuel Nom d'un roi de Sardaigne (également duc de Savoie) et de deux rois d'Italie. **Victor-Emmanuel Ier** 1759-1824 Roi de Sardaigne en 1802, il récupéra la Savoie et le Piémont (1815), mais, impopulaire, abdiqua après l'insurrection de 1821. **Victor-Emmanuel II** 1820-1878 Roi de Sardaigne en 1849, il succéda à son père, Charles-Albert, qui avait abdiqué après le désastre de Novare. Il soutint son ministre Cavour dans sa politique de lutte contre l'Autriche pour l'unification de l'Italie, unification qui fut réalisée en 1861 (sauf Venise et Rome qui furent réunies au royaume en 1866 et 1870). Il prit alors le titre de roi d'Italie. **Victor-Emmanuel III** 1869-1947 Roi d'Italie (1900-1946). Il succéda à son père Humbert Ier, assassiné. Énergique en 1917, après le désastre de Caporetto, il ne fit rien, en 1922, pour barrer la route à Mussolini, qui lui enleva tout pouvoir réel. Il reçut le titre d'empereur d'Éthiopie (1936) et de roi d'Albanie (1939). Après les défaites militaires de 1943, il fit arrêter Mussolini en juillet et, confronté à l'invasion allemande en septembre, se plaça sous la protection des Alliés. Néanmoins, compromis par vingt années de collaboration avec les fascistes, il abdiqua en faveur de son fils Humbert le 9 mai 1946, et s'exila. Mais la monarchie était discréditée. Le 2 juin, par référendum, les Italiens se prononçaient pour la république, obligeant Humbert II à s'exiler.
victoria n. f. Ancienne voiture hippomobile découverte à quatre roues.
Victoria (Tomás Luis de) v. 1549-1611 Compositeur espagnol. Sa vie est mal connue. Après des études à Rome, où il fut ordonné prêtre (1575), il s'installa à Madrid (1596) où il fut chanteur, puis organiste au carmel des « Royales-Déchaussées » où vivait l'impératrice Marie, sœur de Philippe II. On ignore tout de ses dernières années. Son œuvre, austère et mystique, est entièrement faite de pièces de musique religieuse : messes, motets, hymnes, psaumes, cantiques, litanies, antiennes, chants sacrés.
Victoria Ire 1819-1901 Reine de Grande-Bretagne et d'Irlande en 1837, impératrice des Indes en 1876. Elle succéda à son oncle Guillaume IV et épousa en 1840 son cousin Albert de Saxe-Cobourg-Gotha, qu'elle éleva à la dignité de prince consort en 1857 et qui fut pour elle un conseiller écouté. Elle se plia aux règles du régime parlementaire, mais entra plusieurs fois en conflit avec ses ministres (Palmerston, Gladstone). La mort de son époux, en 1861, la laissa inconsolable ; il fallut toute l'habileté de son ministre Disraeli, qui la fit impératrice des Indes en 1876, pour qu'elle reprît sa place sur la scène politique et retrouvât sa popularité. Durant son long règne, Victoria, malgré les problèmes nombreux qui se posèrent alors, et en particulier la question de l'Irlande, restaura le prestige de la Couronne. Son règne coïncida avec la prospérité et la puissance accrue de la Grande-Bretagne sur le plan international. Son fils Édouard VII lui succéda.
Victoria *227 600 km² 4 670 000 h.* État du sud-est de l'Australie, baigné par l'océan Indien. Capitale *Melbourne*. Riche région agricole (blé, élevage) située au nord d'une chaîne montagneuse, dont les plaines et les collines du littoral sont consacrées à l'élevage ovin et bovin. Melbourne et sa banlieue concentrent la population.
Victoria *675 000 h.* Ville principale de l'île de Hong Kong, ancienne capitale officielle quand ce territoire (rattaché en 1997 à la Chine) était une colonie britannique.

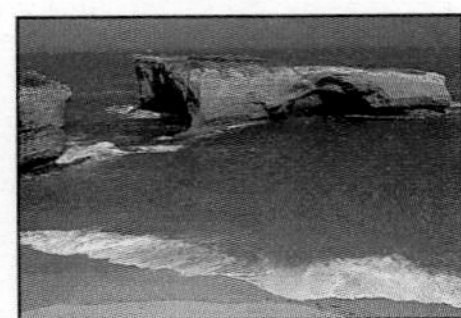

Récifs sur la côte de l'État de ***Victoria****.*

Victoria *71 228 h.* Ville et port du Canada, capitale de la Colombie-Britannique, sur l'île de Vancouver. Centre administratif et résidentiel, industrie du bois, constructions navales. Université.
Victoria (chutes) Chutes du Zambèze, sur la frontière du Zimbabwe et de la Zambie. Le fleuve y plonge d'une hauteur de *108 m*.
Victoria (lac) *68 100 km²* Grand lac de l'Afrique équatoriale partagé entre l'Ouganda, le Kenya et la Tanzanie, situé à *1 134 m* d'altitude. Il est traversé par le Nil (Nil Victoria), nommé ensuite Nil Blanc.
Victoria (terre) *212 000 km²* Grande île de l'archipel Arctique canadien, partagée entre les Territoires du Nord-Ouest et le Nunavut.
victorien, enne adj. Relatif à la reine Victoria, à son règne. *La société victorienne. Une maison victorienne*, caractéristique du style de cette époque. / Par ext. Qui possède les caractères de la société de cette époque (rigidité, puritanisme, notam.). *Une éducation victorienne.*
victorieusement adv. En remportant la victoire.
victorieux, euse adj. Qui a remporté une victoire. *Le grand Condé, victorieux à Rocroi.* / Qui exprime la victoire. *Un ton victorieux.*
victuailles n. f. pl. Aliments, provisions de bouche.
Vidal de la Blache (Paul) 1845-1918 Géographe français. Il donna le premier un caractère scientifique à la géographie et étudia les rapports entre géographie physique et géographie humaine : *Tableau de la géographie de la France* (1903) ; *Principes de géographie humaine* (posthume, 1922). Il traça le plan et engagea les auteurs de la *Géographie universelle* (1927-1948), ouvrage collectif de synthèse dont Gallois devait prendre la direction.
vidame n. m. FÉOD. Représentant d'un évêché ou d'une abbaye dans certaines fonctions temporelles.
vidange n. f. Action de vider un réservoir, un appareil, une fosse d'aisances. *En vidange* : en train d'être vidé. / Dispositif servant à l'écoulement des eaux. *La vidange d'une baignoire.* / (Au plur.) Matières retirées d'une fosse d'aisances. / En Belgique, verre consigné.
vidanger v. t. [1] Faire la vidange de.
vidangeur n. m. Celui qui vide les fosses d'aisance.
vide adj. et n. **A.** adj. Qui ne contient rien. *Une boîte vide.* / Inoccupé. *Une chaise vide.* / Non garni. *Un mur vide. Une maison vide*, sans mobilier. / Inemployé (en parlant d'un laps de temps). *Des soirées vides.* / Fig. Creux, insignifiant, sans intérêt ; sans expression. *Des discours vides. Des yeux vides.* / *Vide de* : dépourvu de. *Paroles vides de sens.* **B.** n. m. PHYS. Milieu dans lequel la densité de la matière est très faible. *Vide absolu* : milieu théorique d'où la matière est totalement absente. / Diminution très importante de la pression d'un gaz à l'intérieur d'une enceinte close. *Faire le vide dans un récipient.* / Espace qui ne contient rien. *Se pencher au-dessus du vide.* / Espace, surface vide. *Impossible de trouver un vide dans ce placard, il est totalement plein.* / CONSTR. *Vide sanitaire* : espace ménagé entre le plancher d'une construction et le sol pour permettre le passage des canali-

V

Vielle.

sations d'assainissement. / Fig. Néant, absence d'intérêt. *Le vide de ses journées.* / Manque. *Ressentir un grand vide.* / loc. adv. *À vide*: sans contenir quoi que ce soit; au fig., sans produire aucun effet.

vidéaste n. Réalisateur de films vidéo. / Technicien de la vidéo.

vide-gousset n. m. Vx ou plaisant. Voleur; voleur à la tire.

vide-greniers n. m. inv. Manifestation durant laquelle les particuliers peuvent vendre les objets dont ils n'ont plus l'usage.

vidéo adj. inv. et n. f. **A.** adj. Se dit de ce qui permet la transmission d'images à distance, par la télévision. / Se dit des techniques grâce auxquelles des images et des sons peuvent être enregistrés sur un support magnétique. *Jeu vidéo.* **B.** n. f. Installation vidéo; enregistrement en vidéo. *Avoir la vidéo. Passer une vidéo.*

vidéocassette n. f. Cassette qui contient une bande magnétique sur laquelle sont enregistrés des images et des sons, et qui peut être projetée sur un écran de télévision par l'intermédiaire d'un magnétoscope.

vidéoclip voir **clip [2]**

vidéoconférence Voir **visioconférence**

vidéodisque n. m. Disque sur lequel on enregistre des signaux vidéo.

vide-ordures n. m. inv. Dispositif qui permet, à chaque étage d'un immeuble, de jeter les ordures ménagères dans un conduit qui les déverse dans des récipients collectifs.

vidéosurveillance n. f. Surveillance par caméra vidéo.

vidéothèque n. f. Collection de documents vidéo.

vidéotransmission n. f. Transmission de documents vidéo.

vide-poches n. m. inv. Corbeille, boîte, ou tout autre récipient, où l'on dépose les objets qu'on a dans les poches.

vider v. t. [1] Rendre vide (un contenant). *Vider un bassin. Vider un cadavre d'animal*, en ôter les viscères. / Évacuer. *Vider un lieu public.* / Fam. Expulser (qqn d'indésirable). *Vider un contradicteur dans un meeting politique.* / Fig. *Vider une querelle*, lui mettre un terme, la régler. / v. pron. Devenir vide.

videur, euse n. Rare Celui, celle qui vide. *Une videuse de poulets.* / n. m. Fam. Personne chargée, dans un établissement ouvert au public, de mettre dehors les indésirables.

vide-vite n. m. inv. TECH. Dispositif permettant une vidange rapide. *Vide-vite d'une barque, d'un canot pneumatique.*

Vidocq (François) 1775-1857 Policier français. Ancien bagnard évadé, il a été chef de la Sûreté à Paris (1809-1827). Ses *Mémoires,* publiés en 1828, connurent un vif succès (mais Vidocq n'en serait pas l'auteur). Il inspira à Balzac le personnage de Vautrin.

Vidor (King) 1894-1982 Cinéaste américain, auteur de films à grand spectacle: *La Grande Parade* (1925); *La Foule* (1928); *Hallelujah!* (1929); *Notre pain quotidien* (1934); *Duel au soleil* (1946); *Guerre et Paix* (1956).

viduité n. f. Veuvage (surtout en parlant d'une femme). / DR. *Délai de viduité*: période de 300 jours imposée à une veuve ou à une divorcée avant de pouvoir se remarier.

vie n. f. Ensemble des phénomènes qui entretiennent le développement et la conservation des organismes végétaux et animaux, de la naissance à la mort. *Apparition de la vie sur Terre.* / Existence; en particulier, existence humaine. *Donner la vie. Vers la fin de sa vie.* / Durée de l'existence. *Une longue, une courte vie. Espérance de vie*: durée de vie statistiquement probable. / Ensemble des événements et des activités d'une existence. *Une vie exemplaire.* / Manière de vivre. *Mener joyeuse vie, une vie d'artiste.* / Part spécifique de l'activité humaine. *La vie militaire, la vie conjugale, la vie privée.* / Ensemble des moyens matériels de subsistance. *Gagner sa vie. Niveau de vie*: voir *niveau.* / Condition humaine. *C'est la vie!* / Activité, vitalité. *Une personne pleine de vie.*

Vie, mode d'emploi (la) 1978 Roman de Georges Perec consacré aux multiples occupants d'un immeuble parisien, dont les moindres pièces, recoins, meubles, bibelots, tableaux sont décrits avec une minutie hallucinatoire. Par son ampleur, sa construction, ses inventions burlesques et farfelues, ce roman teinté d'ironie élabore un réalisme baroque.

vieil, vieille Voir **vieux**

vieillard n. m. Homme très vieux. / (Au plur.) Personnes âgées.

vieille n. f. ZOOL. Synonyme de *labre.*

vieillerie n. f. Chose vieille, usée (habits, meubles...) *Il faut jeter ces vieilleries.* / Sujet, concept rebattu. *Ce théâtre ne joue que des vieilleries.*

vieillesse n. f. Dernière période de la vie qui succède à la maturité. / Sénescence. / Ensemble des personnes âgées. / Fig. Ancienneté, grand âge de quelque chose.

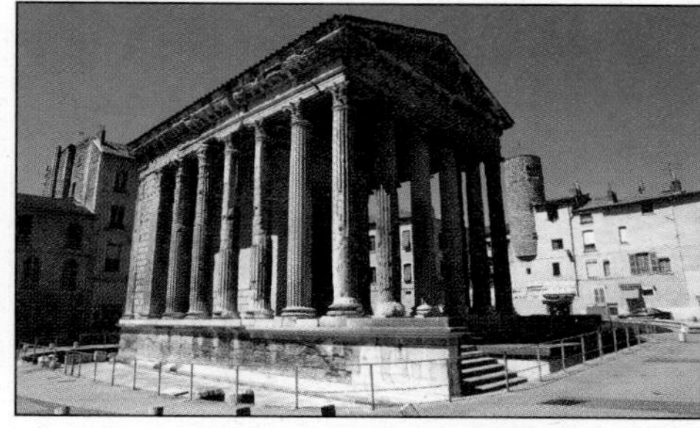

Le temple d'Auguste et Livie à ***Vienne*** *(Isère).*

vieilli, e adj. Marqué par le vieillissement. *Une personne prématurément vieillie.* / D'un autre temps. *Idées vieillies. Tournure vieillie*, qui n'est plus guère en usage.

vieillir v. i. / v. t. [2] **A.** v. i. Prendre de l'âge. *Elle vieillit.* / Subir les atteintes physiques, physiologiques ou morales dues au vieillissement. *Il a beaucoup vieilli ces derniers temps.* / N'être plus guère en usage; être démodé, ou dépassé du point de vue technique. *Ce film n'a pas vieilli.* / Acquérir certaines qualités sous l'effet de méthodes de vieillissement ou de conservation particulières. *Vin qui vieillit en cave.* **B.** v. t. Rendre (qqn) plus vieux; faire paraître (qqn) plus vieux. *La maladie l'a vieilli. Sa coiffure la vieillit.* / Rendre plus vieux (qqch.), lui donner l'aspect du vieux. *Vieillir un bois.* / v. pron. S'arranger, se vêtir de manière à paraître plus vieux; s'attribuer un âge plus avancé qu'il ne l'est réellement.

vieillissement n. m. Fait de vieillir. *Vieillissement de la population*: augmentation de la proportion des gens âgés dans la population. / Façon particulière donnée à un objet pour qu'il acquière un aspect. *Vieillissement d'un meuble.* Syn. patine. Évolution, dans le temps ou par un procédé approprié, au cours de laquelle une chose perd ou accroît ses qualités. *Certaines peintures résistent mal au vieillissement. Le vieillissement du vin.*

vieillot, otte adj. Suranné, démodé. *Un salon vieillot.*

Vieira da Silva (Maria Elena) 1908-1992 Peintre français d'origine portugaise, qui s'établit à Paris en 1928. Elle travailla la peinture notamment avec Léger. Ses compositions abstraites sont formées de réseaux, d'entrelacs, de lignes à multiples points de fuite et, quoique non figuratives, évoquent souvent l'espace urbain labyrinthique.

vielle n. f. Instrument de musique à cordes frottées par une roue faisant office d'archet, actionnée par une manivelle. *La vielle produit un son nasillard.*

Vien (Joseph Marie) 1716-1809 Peintre français, initiateur du néoclassicisme, patron de David.

Vienne (la) *372 km* Rivière du centre-ouest de la France, née au plateau de Millevaches dans le nord-ouest du Massif central. Le bassin supérieur de cette rivière encaissée, à pente forte, produit de l'hydroélectricité. Après avoir traversé Limoges et Châtellerault, la Vienne arrose Chinon et se jette dans la Loire.

Vienne *29 975 h.* Ville du département de l'Isère, sur le Rhône. Industrie textile et mécanique, travail du cuir, chimie. **Histoire** Cité très ancienne (romaine depuis le Ier siècle, tôt christianisée, elle fut le siège d'un évêché dès le IIIe siècle et d'un archevêché au Ve siècle), elle conserve de son passé des monuments romains (temple d'Auguste et de Livie, théâtre), d'importantes églises (Saint-Pierre, fondée au Ve siècle; Saint-André-le-Bas, en partie romane) et un cloître roman. Après avoir été soumise aux Burgondes, aux Francs, puis aux Lombards, elle fut unie à la France avec le Dauphiné en 1349. Elle fut ravagée pendant les guerres de Religion.

Vienne (département de la) [86] *6 990 km² 399 024 h.* Département du centre-ouest de la France qui fait partie de la Région Poitou-Charentes. Chef-lieu *Poitiers.* Il s'étend sur le seuil du Poitou (haut

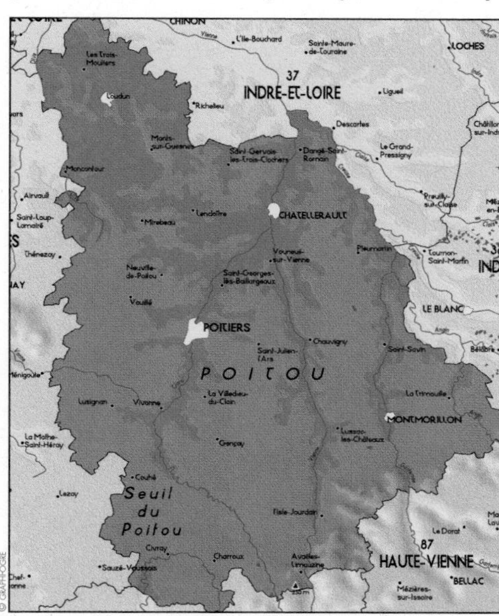

Département de la ***Vienne.***

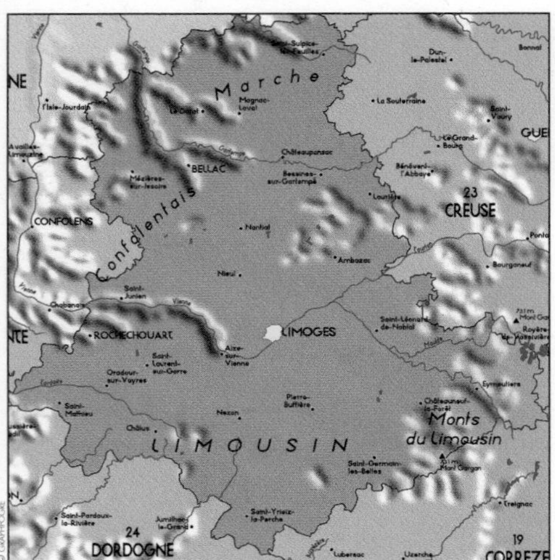

Département de la **Vienne (Haute-)**.

Poitou), pays de plateaux calcaires découpés par les vallées de la Vienne, du Clain et de leurs affluents. Sur les terres médiocres de *brandes* (sables et argiles) domine l'élevage de porcs et de bovins. Sur les bonnes terres de *groie*, on cultive le blé (autrefois la vigne, détruite par le phylloxéra) et les plantes fourragères. L'industrie est secondaire (25 % de la population active), représentée par d'anciennes activités mécaniques, textiles, électriques (Châtellerault, Poitiers). Un parc d'attractions axé sur la haute technologie, le Futuroscope, a été ouvert en 1987 près de Poitiers. Le faible développement industriel et urbain explique la stagnation démographique (*344 000 h.* en 1911).

Vienne (département de la Haute-) [87] *5 520 km² 353 893 h.* Département du centre de la France qui fait partie de la Région Limousin. Chef-lieu *Limoges*. Il est situé tout entier, au nord-ouest du Massif central, sur les plateaux du Limousin, hautes terres battues par les vents, arrosées, découpées par les profondes vallées de la Vienne et de la Gartempe. L'élevage bovin (pour la viande), associé à la culture des céréales (seigle, sarrasin, blé) et des châtaigniers, est la principale ressource d'une population qui émigre vers les centres les plus importants ; l'agglomération de Limoges, centre commercial doté d'abattoirs ultramodernes et concentrant l'essentiel de l'activité industrielle du département, regroupe presque la moitié de la population du département. Secondaire, l'industrie est fondée sur les ressources locales (gisements d'uranium de Bessines-sur-Gartempe dans les monts d'Ambazac) et les traditions artisanales : porcelaine (née de la présence du kaolin à Saint-Yrieix), travail du bois, du cuir. La filière des télécommunications constitue un bon exemple du dynamisme de la technopole de Limoges.

• **Vienne** *1 560 471 h.* Capitale de l'Autriche, située sur la rive droite du Danube.

Vienne (cercle de) École néopositiviste fondée à Vienne, peu après la Seconde Guerre mondiale, par Moritz Schlick. Ses membres, philosophes, logiciens et savants allemands, développèrent une pensée rigoureuse qui s'inspirait des méthodes de la logique mathématique. Wittgenstein, leur contemporain, exerça sur eux une influence certaine.

Vienne (congrès de) 1814-1815 Congrès réuni à Vienne et présidé par Metternich, qui procéda à la réorganisation de l'Europe après la chute de Napoléon Ier. Plusieurs souverains y assistèrent : François Ier d'Autriche, le roi de Prusse Frédéric-Guillaume III, le tsar de Russie Alexandre Ier. Les puissances étaient représentées par Castlereagh (Grande-Bretagne), Nesselrode (Russie), Hardenberg et Humboldt (Prusse), Talleyrand (France). Leur préoccupation essentielle était de rétablir l'Ancien Régime dans toute l'Europe ; cette *Europe du Congrès de Vienne* étouffa les nationalités et ne prit pas en compte les aspirations des peuples, qui se réveillèrent brutalement en 1848.

viennois, e adj. et n. **I.** De la ville de Vienne, capitale de l'Autriche. *Le climat viennois. Un(e) Viennois(e).* / CUIS. *Chocolat, café viennois*, servis chauds nappés de crème Chantilly. **II.** De la ville de Vienne, en Isère. *La population viennoise. Un(e) Viennois(e).*

viennoiserie n. f. Ensemble des produits vendus en boulangerie qui ne sont ni du pain ni des gâteaux (croissants, pains au chocolat, brioches, etc.). / Magasin qui vend ce type de produits.

Vientiane *environ 540 000 h.* Capitale du Laos, sur le Mékong. Centre commercial et industriel, port fluvial.

vierge adj. et n. f. **A.** adj. Qui n'a jamais eu de rapports sexuels ; en parlant d'une femme, dont l'hymen est intact. *Elle, il est vierge.* Syn. (fam.) puceau, pucelle. / BIOL. *Ovule vierge*, non fécondé. / Qui n'a jamais été utilisé. *Cahier vierge. Cassette vierge.* / Qui n'a jamais été exploité. *Terre vierge. Forêt vierge.* / *Huile vierge*, obtenue par pression à froid. / *Vierge de* : exempt de. **B.** n. f. Jeune fille vierge. / *La (Sainte) Vierge, la Vierge Marie* : Marie, mère du Christ. / Représentation de la Vierge. *Une Vierge à l'Enfant.*

Vierge Constellation zodiacale ; voir *constellation*. / Signe du zodiaque (22 août-22 septembre).

Vierge (Daniel Urrabieta, dit Daniel) 1851-1904 Peintre et dessinateur espagnol, illustrateur fécond (*Histoire de France, Histoire de la Révolution*, de Michelet ; *Don Quichotte*, de Cervantès).

Vierge aux rochers (la) Tableau de Léonard de Vinci (1483-1486) dont l'artiste a réalisé une seconde version (1506-1508), représentant la Vierge, un ange, Jean-Baptiste enfant et l'Enfant Jésus près de rochers. Le travail sur la lumière et la composition de cette œuvre (jeux de regards et de mains formant une mise en scène complexe) est remarquable. La plus ancienne version est conservée au Louvre ; la plus récente, inachevée, à la National Gallery (Londres).

Îles Vierges *britanniques : Road Town.*

Îles Vierges *américaines : Charlotte Amalie.*

Vierges (îles) (en anglais, *Virgin Islands*) Archipel des Petites Antilles, à l'est de Porto Rico, comprenant une centaine d'îles et d'îlots et partagé entre les États-Unis (*355 km² 101 809 h.* Chef-lieu *Charlotte Amalie*, dans l'île Saint Thomas) et la Grande-Bretagne (*151 km² 16 644 h.* Chef-lieu *Road Town* dans l'île de Tortola). L'agriculture (canne à sucre, fruits, légumes) apporte peu de ressources. Le tourisme est important.

Viêt-cong ou **Vietcong** Nom que le gouvernement de Saigon donna en 1959 à ses adversaires communistes qui, avec leurs al-

VIENNE

Vienne, ville résidentielle très étendue (*414 km²*), constitue un Land. Centre industriel aux activités variées (industries mécaniques, chimiques à la périphérie, artisanat de luxe, édition, vêtements, porcelaine, instruments de musique), Vienne est un centre commercial et culturel (université fondée en 1365), capitale de la musique et de l'opéra, pourvue de nombreux musées. Le tourisme est une source de revenus importante. Très endommagée par la Seconde Guerre mondiale, Vienne conserve de magnifiques ensembles architecturaux baroques : palais et jardins impériaux (châteaux du Belvédère et de Schönbrunn du XVIIIe siècle), églises (Saint-Charles-Borromée, XVIIIe siècle), majestueuse ordonnance des avenues et des parcs (Prater). La cathédrale Saint-Étienne date des XVe-XVIe siècles.

À Vienne, le clocher (113 mètres) de la cathédrale Saint-Étienne, domine le panorama de la capitale autrichienne.

Histoire

Ancienne cité romaine (*Vindobona*), Vienne est incorporée à l'empire carolingien (IXe siècle). Les Habsbourg qui la prennent au XIIIe siècle en font la capitale de leur empire. Le XVIe siècle est marqué par la lutte contre la Réforme et contre les Turcs, qui assiègent la ville à plusieurs reprises et dont la menace n'est définitivement écartée qu'à la fin du XVIIe siècle. Vienne est au XIXe siècle l'un des principaux foyers culturels d'Europe. Elle devient en 1918, après l'effondrement de l'Empire, la capitale de la République d'Autriche. En 1938, elle est occupée par les Allemands. En avril 1945, les troupes soviétiques y pénètrent, et la ville est divisée en quatre secteurs, occupés par chacun des Alliés jusqu'en 1955.

liés, se groupèrent en 1960 sous le nom de Front national de Libération (FNL). Le FNL, avec l'appui du gouvernement de Hanoi, réclama le retrait des troupes étrangères, la reconnaissance de la pleine indépendance du Vietnam du Sud et son union avec le Vietnam du Nord. En 1961, une armée de libération du Sud y fut intégrée et, en 1962, un parti révolutionnaire du peuple. Ce mouvement d'opposition comprenait aussi des non-communistes. Créé en 1969, un gouvernement révolutionnaire provisoire (GRP), porte-parole du FNL, participa, à Paris, aux négociations de paix qui aboutirent, en 1973, à un cessez-le-feu théorique.

Viète (François) 1540-1603 Mathématicien français. Juriste, conseiller d'Henri IV, il se consacra à l'algèbre pour son plaisir; créateur du calcul algébrique moderne, il utilisa des voyelles pour désigner les inconnues et, le premier, des consonnes pour désigner les données. Il donna la solution géométrique de l'équation du troisième degré, la valeur du nombre π avec dix décimales exactes, et établit la forme définitive de la trigonométrie.

Viêt-minh ou **Vietminh** Organisation politico-militaire vietnamienne née (1941) de la volonté de Hô Chi Minh d'exiger de la France l'indépendance du Vietnam et, du Japon, la fin de l'occupation. Le gouvernement qu'elle avait formé à Hanoï en 1945 négocia avec la France en 1946, mais, la France ayant refusé de reconnaître la pleine indépendance du pays, le Vietminh souleva la population contre les Français et leurs alliés. Transformé en armée régulière (1951), il battit les troupes françaises en 1954.

• **Vietnam** ou **Viêt Nam** État de l'Asie du Sud-Est, dans la péninsule indochinoise, situé au sud de la Chine et à l'est du Laos et du Cambodge.

vietnamien, enne adj. et n. Du Vietnam. *Cuisine vietnamienne.* / Subst. *Un(e) Vietnamien(ne).* / n. m. Langue parlée au Vietnam.

vieux ou **vieil, vieille, vieux** (*vieux* se transforme en *vieil* devant un nom commençant par une voyelle ou un *h* muet) adj. et n. **A.** adj. Qui a vécu longtemps (en parlant d'êtres humains ou d'animaux), qui n'est plus jeune. *Un vieux monsieur. Une vieille dame. Un vieux chat. Vieux garçon, vieille fille, vieille demoiselle*: célibataire qui n'est plus jeune. / Par ext. *Vieux jours*: vieillesse. *Il garde cette maison pour ses vieux jours.* / Âgé. *Elle est plus vieille que lui.* / Qui existe, qui est tel depuis longtemps. *Un vieil antagonisme. Un vieux camarade.* / Ancien. *Une vieille grange, sans doute du XVIIe siècle.* / Usé. *De vieilles robes.* / Auquel on a donné une nuance assourdie, évoquant une couleur passée. *Un gilet vieil or.* **B.** n. Péjor. Personne âgée. *Les vieux. Ce n'est qu'un vieux.* / Fam. (terme d'amitié) *Salut, mon vieux!* / Pop. *Mon vieux, ma vieille, mes vieux*: mon père, ma mère, mes parents. / n. m. Ce qui est vieux. *Faire du neuf avec du vieux.* / Fam. *Coup de vieux*: subit vieillissement. *Prendre un coup de vieux.*

vieux-catholique, vieille-catholique adj. et n. Se dit des chrétiens qui se séparèrent de l'Église catholique aux Pays-Bas (XVIIIe siècle), davantage pour des raisons de discipline ecclésiastique (refus par Rome de ratifier le choix de son évêque par le chapitre d'Utrecht) que pour des raisons théologiques. / Se dit des catholiques allemands qui refusèrent le dogme de l'infaillibilité du pape promulgué en 1870 par le concile Vatican I. / n. *Un vieux-catholique.*

vieux-croyant n. m. RELIG. Chrétien orthodoxe russe opposé aux réformes du patriarche Nikon. Pl. Des *vieux-croyants.*

vif, vive adj. et n. m. **A.** adj. Vivant. *Être brûlé vif. Mort ou vif.* / Plein de vitalité. *Enfant très vif. Haie vive*, en pleine végétation. *Air vif*, vivifiant. *Eau vive*, qui coule, qui ne stagne pas. / Fig. Brusque. *Vous avez été trop vif, vous l'avez contrarié.* / Intense. *Vif plaisir. Couleurs vives.* **B.** n. m. DR. Personne vivante. *Acte entre vifs.* / BX-ARTS, PHOTO. *Sur le vif*: naturellement, sans pose. / Fig. *Le vif d'un sujet*: l'essentiel. *Le vif d'une pierre*, sa partie la plus dure. / Chair vivante. *Trancher dans le vif.* (Au fig.) *Il faut trancher dans le vif*: il est nécessaire d'intervenir sans craindre de faire souffrir. / PÊCHE Appât vivant. / *À vif*: avec la chair à nu. *Plaie à vif.* / Fig. *Avoir les nerfs à vif*: être dans un état d'irritabilité extrême. / *Piqué au vif*: blessé dans son amour-propre, atteint au point sensible.

vif-argent n. m. Nom donné autrefois au mercure à cause de sa couleur, de son brillant et de son extrême mobilité. Pl. Des *vifs-argents.*

VIETNAM

Superficie : *331 040 km²* – **Nombre d'habitants :** *79 500 000 h.* – **Capitale :** *Hanoi*
Villes principales : *Hô Chi Minh-ville, Haiphong* – **Système politique :** *république*
Langue(s) : *vietnamien* – **Religion(s) :** *bouddhisme, taoïsme* – **Monnaie(s) :** *dông*

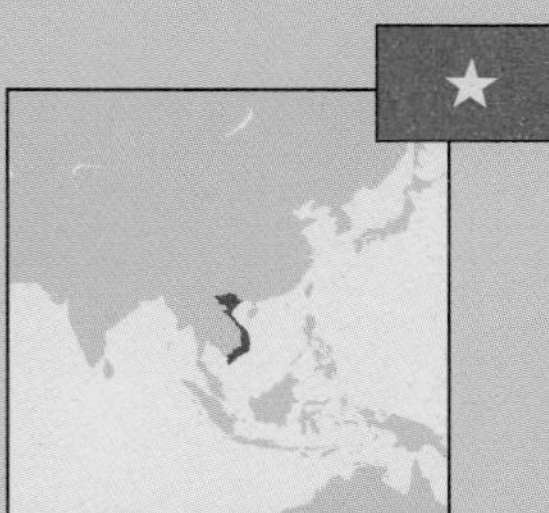

Voir l'Atlas

Géographie physique et humaine

Bordé à l'est par la mer de Chine méridionale, le Vietnam, qui s'étire du nord au sud sur plus de *1 500 km* et dont le littoral est entaillé par une multitude de caps et de baies, compte *3 000 km* de côtes. Le Bac Bô (Tonkin), au nord, montagneux, s'ouvre au nord-est sur le delta du fleuve Rouge (ou Sông Hông), qui forme une plaine de *15 000 km²*. Le Trung Bô (Annam), au centre, comprend la Truong Son (cordillère Annamitique) et d'étroites plaines côtières. Le Nam Bô (Cochinchine), au sud, comprend le delta du Mékong, plaine de *67 000 km²*.

Le pays est soumis au régime des moussons, avec d'importantes variations selon la latitude et l'altitude. Les pluies se produisent d'août à novembre. Le fleuve Rouge, aux crues redoutables, est bordé de digues. La population, en majorité rurale et bouddhiste, se concentre dans les régions basses. Une cinquantaine de minorités, qui représentent environ 15 % de la population totale, vivent dans les montagnes. Les deux tiers de la population active se consacrent à l'agriculture, qui fournit plus du tiers du P.N.B. En 1986, avec la libéralisation de l'économie, l'exploitation familiale a succédé aux exploitations collectives; depuis lors, la production de riz paddy a presque doublé.

Dans le sud, les défoliants répandus par l'armée américaine ont provoqué des dommages durables. Charbon, fer, bauxite et phosphates (au nord), pétrole offshore (au sud), hydroélectricité constituent des atouts, mais l'industrie, encore peu développée, souffre du manque d'infrastructures et de capitaux. Le secteur secondaire emploie 12 % de la population pour 20 % du P.N.B. Le développement du secteur privé et l'investissement étranger ont maintenu une croissance de près de 10 %, mais, les investisseurs étant surtout asiatiques, la crise de 1997 a retenti sur le Vietnam: en 1998, la croissance a été de 5 %. De même, le tourisme, jusqu'alors en expansion, s'est ralenti. Le déficit de la balance commerciale a peu évolué: il demeure supérieur à 40 %.

L'agriculture occupe 67% de la population active du Vietnam. Les marchés y sont toujours très animés.

L'hôtel de ville de Hanoi.

Histoire

Le Vietnam demeura jusqu'au Xe siècle sous la domination des empereurs de Chine. Profitant de la chute des Tang (907), un État se constitua dans le pays viet (que les Chinois nommaient Annam), qui se libère définitivement du joug chinois en 939. Sous les dynasties des Lê (980-1009) et des Ly (1010-1225), cet État s'étendit de l'embouchure du fleuve Rouge à celle du Mékong. Puis le Bac Bô (Tonkin) se sépara de l'Annam au XVIe siècle, la famille des Lê (sous la suzeraineté des Trinh) régnant au nord et celle des Nguyên au sud. En 1773 la révolte des trois frères Tây Son, au Tonkin, les rendit maîtres de toute la péninsule pendant vingt ans. Ils furent expulsés par un descendant des Nguyên qui, bénéficiant de l'appui d'un évêque missionnaire français, Mgr Pigneau de Behaine, devint l'empereur Gia Long, maître de tout le Vietnam qu'il réorganisa (1802-1820).

L'hostilité aux missions catholiques manifestée par ses successeurs entraîna une intervention de la France, qui aboutit à l'occupation du Nam Bô

VIETNAM (SUITE)

Situation politique du Vietnam après les accords de cessez-le-feu de 1954 et premières implantations américaines après 1957.

(Cochinchine), à partir de 1859, puis à la reconnaissance par l'empereur Tu Duc du protectorat de la France sur l'Annam et le Tonkin (1883), protectorat que la Chine, après une courte guerre, accepta par le traité de T'ien-tsin (1885). En 1887, la France réunissait les trois pays (deux colonies, la Cochinchine et le Tonkin, et l'Annam) dans une Union indochinoise (qui comprenait aussi les protectorats du Cambodge et du Laos) dirigée par un gouverneur général. À partir de 1918, le gouvernement français eut à faire face à une opposition nationaliste et révolutionnaire dirigée par Nguyên Ai Quoc, le futur Hô Chi Minh, qui, en 1930, fonda le Parti communiste indochinois. En 1932, la France plaça sur le trône l'empereur Bao Daï (âgé de 19 ans). Elle donna un certain essor à l'économie, mais la population est pauvre, analphabète, sujette à la mortalité infantile. Pendant la Seconde Guerre mondiale, la France fait des concessions au Japon pour se maintenir, alors qu'Hô Chi Minh fonde, en 1941, le Front pour l'indépendance du Vietnam (*Vietminh*).

Quand le Japon capitule (août 1945), le Vietminh proclame l'indépendance du Vietnam (2 septembre). Bao Daï est contraint à l'abdication, Hô Chi Minh devient président de la République. La France occupe le Nam Bô (Cochinchine) et organise, dans l'été 1946, la conférence de Fontainebleau : elle reconnaît le nouvel État mais refuse d'y inclure la Cochinchine. Ce refus et le bombardement de Haiphong par la flotte de l'amiral Thierry d'Argenlieu, à la suite d'un conflit douanier, déclenchent la guerre entre la France et le Vietminh (décembre 1946). En 1949, la France rappelle à la tête du Vietnam, proclamé nation indépendante au sein de l'Union française, l'empereur Bao Daï. Mais, après la reddition de ses troupes à Diên Biên Phu devant celles du général Giap (7 mai 1954), la France doit accepter, à la conférence de Genève (avril-juillet 1954), le partage du Vietnam en deux zones provisoires (des élections étant prévues dans les deux ans pour réunifier le pays) : le Vietnam du Sud, avec pour capitale Saigon, et le Vietnam du Nord, avec pour capitale Hanoi, de part et d'autre du 17e parallèle.

Au Nord-Vietnam s'instaure, sous la présidence de Ho Chi Minh, une République démocratique alliée à l'URSS et à la Chine. Au Sud-Vietnam, Ngô Dinh Diêm dépose Bao Daï (1955), proclame une République du Sud-Vietnam et gouverne de façon autoritaire avec le soutien des États-Unis. Il doit réprimer la guérilla des opposants au régime. En 1960, ceux-ci constituent le Front national de libération (F.N.L., ou *Vietcong*), soutenu par le Nord communiste. Ngô Dinh Diêm fait appel aux États-Unis : il obtient de Kennedy, à partir de 1961, l'envoi en masses de troupes (le corps d'intervention américain comprendra 600 000 hommes en 1968). En 1963, l'assassinat de Ngô Dinh Diêm ouvre une période d'instabilité politique. En 1965, les États-Unis interviennent directement dans la guerre aux côtés des Sud-Vietnamiens, et entreprennent des bombardements systématiques du Nord. Le F.L.N. (qui reçoit une aide massive de l'U.R.S.S.) tient bon. Il lance en janvier 1968 l'offensive du Têt contre les grandes villes du Sud. Les présidents américains, Johnson puis Nixon, entament des négociations qui aboutissent aux accords de Paris en janvier 1973 : les États-Unis retirent leurs troupes. Toutefois, la guerre se poursuit.

En janvier 1975, le gouvernement révolutionnaire provisoire du Sud-Vietnam, appuyé par l'armée nord-vietnamienne, organise une offensive décisive qui se conclut, le 30 avril, par la prise de Saigon, qui ne se défend pas, et sera bientôt rebaptisée Ho Chi Minh-Ville. Les États-Unis imposent leur embargo. En juillet 1976, le Vietnam est officiellement réunifié et devient une République socialiste (avec pour capitale Hanoi), qui ne parvient pas à enrayer l'exode massif de nombreux opposants au régime, fuyant sur des bateaux errants ; la presse mondiale les nomme *boat-people*. En 1978-1979, le Vietnam, qui a renouvelé son alliance avec l'URSS, envahit le Cambodge et participe à la chute du régime des Khmers rouges, au pouvoir depuis 1975 ; un conflit armé oppose alors la Chine et le Vietnam, mais la situation ne dégénère pas.

Gravement touché par la guerre, le Vietnam réunifié voit sa situation économique empirer ; en 1986, le gouvernement renonce à la collectivisation, la production agricole redémarre. En 1989, le Vietnam retire ses dernières troupes du Cambodge. En 1994, les États-Unis lèvent leur embargo. En 1995, les deux pays établissent des relations diplomatiques ; le Vietnam adhère à l'Association des nations du Sud-Est asiatique (ANSEA). En 1997, après de nouvelles élections, tous les cadres dirigeants sont changés ; le rajeunissement est notable : Trân Duc Luong devient président et Phan Van Khai Premier ministre. Cette même année, Hanoi accueille le sommet de la Francophonie.

En 1998, le général Lê Kha Phieu, secrétaire général du Parti communiste et donc le véritable chef du pays (bien que l'ombre de son prédécesseur, le général Do Muoi, soit présente), affirme que les réformes entreprises en 1986 vont se poursuivre, mais le Sud-Est asiatique est économiquement trop faible pour que le Vietnam, redevenu une puissance régionale, puisse voir sa croissance s'accélérer.

La **vigne**.

Alfred de **Vigny** en hussard (Archives Mondadori).

Vigée-Lebrun (Louise Élisabeth Vigée, Mme**)** 1755-1842 Peintre français. Elle a réalisé de nombreux portraits de Marie-Antoinette et de diverses personnalités de son époque : lord Byron, Mme de Staël. Émigrée en 1789, elle voyagea à travers l'Europe. Elle a publié ses mémoires : *Souvenirs* (1835-1837).

Vigeland (Gustav Adolf Thorsen, dit **Gustav)** 1869-1943 Sculpteur norvégien. Néoclassique, la rencontre de Rodin le fait évoluer vers le naturalisme. L'essentiel de son œuvre (bronze et granite) est rassemblé dans le parc Frogner, à Oslo (deux cents groupes aux multiples figures).

vigie n. f. Sur un grand voilier, marin placé en observation, généralement dans la mâture. / Poste d'observation. / Tâche de celui qui observe. *Être en vigie.*

vigil, e adj. MÉD. Qui se produit en état de veille. *Coma vigil*, dans lequel on observe des réactions à des stimuli sensoriels.

vigilance n. f. Surveillance soutenue, soin attentif.

vigilant, e adj. Qui fait preuve de vigilance. *Une garde vigilante.* / Qui dénote de la vigilance. *Regard vigilant.*

vigile [1] n. m. ANTIQ. À Rome, garde chargé de la surveillance nocturne. / Veilleur de nuit. / Personne chargée de la surveillance de certains lieux publics, de certains immeubles.

vigile [2] n. f. RELIG. Chez les catholiques, veille de grande fête. *Vigile de Noël.* / Office célébré un jour de vigile.

Vigne (Daniel) 1942 Réalisateur français. Il a tourné notamment *Le Retour de Martin Guerre* (1982) pour le cinéma et *Fatou la Malienne* (2000) pour la télévision.

vigne n. f. Arbuste sarmenteux, de la famille des ampélidacées, ou vitacées, grimpant et muni de vrilles, cultivé pour son fruit (raisin). *Un cep de vigne. Un sarment de vigne.* / Terrain où l'on cultive la vigne, vignoble. *« Les raisins de nos vignes on les a vendangés »* (Apollinaire). Loc. *Être dans les vignes du Seigneur*, être ivre. / *Vigne vierge* : plante grimpante de la famille des vitacées, dont les feuilles prennent à l'automne une couleur rouge vif. / *Pêche de vigne*, provenant de pêchers cultivés en plein vent, à l'origine au milieu d'un vignoble. / *Vigne blanche* : clématite. / BX-ARTS *Feuille de vigne* : feuille stylisée servant à dissimuler le sexe des personnages nus, en peinture et en sculpture.

vigneau Voir **vignot**

Vigneault (Gilles) 1928 Chanteur, compositeur et écrivain québécois, d'expression française. Il contribua au développement du sentiment indépendantiste : *Mon pays* ; *Les Gens de mon pays.*

Vignemale (pic de) *3 298 m* Point culminant des Pyrénées françaises (Hautes-Pyrénées), près de la frontière espagnole.

vigneron, onne n. Personne qui cultive la vigne.

vignetage n. m. PHOTO. Assombrissement des bords ou des angles d'une image photographique, due à un défaut du matériel de prise de vues.

vigneter v. i. [1] PHOTO. Produire un vignetage.

vignette n. f. Ornement de livre en haut de page, en tête ou en fin de chapitre, en marge. / Petite image. / Étiquette détachable prouvant le paiement d'un droit, d'une redevance. *Vignette automobile. Vignette d'un médicament* : étiquette attestant que le médicament prescrit a été acheté et peut être remboursé par la Sécurité sociale.

vignoble n. m. Terrain planté de vignes. / Ensemble des vignes d'une région, d'un pays.

Vignole (Iacopo Barozzi da Vignola, en français **le)** 1507-1573 Architecte et théoricien italien, auteur d'un *Traité des cinq ordres de l'architecture* (1562) qui exerça une influence durable. Il réalisa à Rome la villa Giulia avec Vasari et une partie du palais Farnèse. Dans l'église romaine du Gesù (1568), il combina le plan central de la Renaissance avec le plan basilical ; la conception de cet édifice répandit le *style jésuite* dans toute l'Europe catholique.

Vignon (Claude) 1593-1670 Peintre et décorateur français. Influencé par le Caravage au cours d'un séjour en Italie, il voyagea en Espagne et, en France, fit des travaux de décoration pour la cour, des cartons de tapisserie, des illustrations de livres et peignit nombre de tableaux religieux, dans un style heurté et souvent théâtral.

vignot ou **vigneau** n. m. ZOOL. Bigorneau.

Vigny (Alfred, comte **de)** 1797-1863 Écrivain français. Issu d'une famille aristocratique, il rêve de gloire militaire, mais il est déçu par la vie monotone de garnison qu'il décrit dans *Servitude et grandeur militaires* (récits, 1835). Il démissionne de l'armée en 1827. Ses *Poèmes antiques et modernes* (1826), son roman historique *Cinq-Mars* (1826) et son drame *Chatterton* (1835) obtiennent un succès qui le font considérer comme l'un des chefs du mouvement romantique. Après sa rupture avec l'actrice Marie Dorval (1837), il se retire dans son manoir en Charente. C'est là qu'il écrit *Les Destinées*, poèmes philosophiques dont l'inspiration est stoïcienne *(La Mort du loup)*, chrétienne *(Le Mont des oliviers)*, épique *(La Bouteille à la mer)* ou lyrique *(La Maison du berger)*, et qui montrent un homme pessimiste mais croyant en la puissance des idées. Ce recueil fut publié après sa mort, en 1864, ainsi que le *Journal d'un poète* (1867), composé d'après ses notes personnelles. Son roman *Stello* (1832) témoigne de la solitude morale du poète.

Vigo *276 109 h.* Ville et port d'Espagne, en Galice, sur l'Atlantique, centre industriel (conserveries, automobiles). La pêche y est active.

Vigo (Jean) 1905-1934 Cinéaste français. Il débuta avec un documentaire, *À propos de Nice* (1930), satire sociale, puis réalisa un film de moyen métrage sur la vie malheureuse d'enfants d'un pensionnat face au monde hostile des adultes, *Zéro de conduite* (1933), qui fut longtemps interdit, enfin *L'Atalante* (1934), œuvre pleine de sensibilité sur la vie d'un couple de mariniers.

vigogne n. f. ZOOL. Petit lama de la taille d'un mouton, vivant dans les Andes, en haute altitude (entre 3 500 et 4 500 m), et dont la laine est très recherchée. / Laine, douce et fine, de cet animal ; tissu fait de cette laine.

Vigogne.

vigoureusement adv. Avec vigueur.

vigoureux, euse adj. Plein de vigueur.

vigueur n. f. Force physique d'un être en pleine santé. / Énergie dans l'action, dans l'expression. *Réagir avec vigueur. Un dessin plein de vigueur.* / loc. adj. *En vigueur* : appliqué au moment où l'on parle ; en usage. *Une loi toujours en vigueur.*

viguier n. m. HIST. Officier de justice, en Provence et en Languedoc, sous l'Ancien Régime. / Mod. Magistrat, en Andorre.

V.I.H. ou **VIH** n. m. (Sigle de *virus d'immunodéficience humaine*) Virus responsable du sida, dont la dénomination internationale (anglo-saxonne) est H.I.V. pour *Human Immunodeficiency Virus.*

Viita (Lauri Arvi) 1916-1975 Écrivain finlandais d'expression finnoise. Il fut d'abord charpentier avant, à la suite du succès de son ouvrage *Le Meunier de béton* (1947), de se consacrer à la littérature. Peintre de la classe ouvrière (*La Moraine*, 1950), il mourut accidentellement avant d'achever une trilogie.

Vijayanagar Capitale d'un ancien empire du même nom (1336-1565), dans le sud de l'Inde, qui atteignit son apogée au début du XVIe siècle. Cet empire hindouiste lutta durant deux siècles contre l'islam (qui s'était imposé à Dehli) ; sa capitale fut prise en 1565 par les sultans musulmans du Dekkan. Il reste des ruines de remarquables monuments sur le site.

Vijayavada *845 300 h.* Ville du sud-est de l'Inde, dans l'Andhra Pradesh, centre industriel alimenté par un barrage sur la Krishna. Sanctuaires hindouistes et bouddhistes.

Vikings Voir **Normands**

vil, vile adj. Vx De peu de valeur. *À vil prix* : à bas prix. / Litt. Méprisable. *Une âme vile.* / Bas, sans noblesse. *De viles besognes.*

vilain, e [1] adj. et n. Vil, méprisable. *Une vilaine action.* / Indocile, désobéissant. *Les enfants qui auront été vilains seront privés de gâteau.* (Subst.) *Vous êtes de petits vilains.* / Laid. *Un vilain nez.* / Fig. Fâcheux, désagréable. *Vilain temps. Une vilaine blessure* : une blessure inquiétante. / n. m. En loc. *Ça va faire du vilain*, causer des troubles.

vilain [2] n. m. FÉOD. n. m. Paysan libre (par opposition au *serf*).

Vilaine (la) *225 km* Fleuve de Bretagne, né à l'est de Rennes, qui arrose Vitré, Rennes, Redon et se jette dans l'Atlantique.

vilainement adv. De vilaine manière ; de façon laide, sordide.

Vilar (Jean) 1912-1971 Acteur et metteur en scène de théâtre français. Élève de Dullin, il mit son talent d'interprète et de metteur en scène au service du Théâtre national populaire qui, sous sa direction (1951-1963), rendit accessibles à un très large public les œuvres d'auteurs contemporains, tel Brecht, ainsi que les classiques. Fondateur du festival d'Avignon (1947), il y a créé notamment *Le Cid* (Corneille) et *Le Prince de Homburg* (Kleist) avec Gérard Philipe.

vilayet n. m. (mot turc) HIST. Unité administrative de l'Empire ottoman.

Vildrac (Charles Messager, dit **Charles)** 1882-1971 Écrivain français, fondateur, avec son beau-frère Georges Duhamel, du *groupe de l'Abbaye* (Créteil), et auteur de pièces de théâtre intimistes (*La Brouille*,

Pancho Villa.

1930). On lui doit également de nombreux livres pour enfants (romans, pièces de théâtre, livres « de lecture » pour la classe, etc.) pleins de charme et de vivacité.

vilebrequin n. m. Outil servant à faire tourner une mèche pour percer un trou, ou une clef pour serrer un écrou. / Organe des moteurs à explosion, relié aux pistons par les bielles, dont il transforme le mouvement alternatif en un mouvement continu de rotation.

vilenie n. f. Action méprisable et basse. / Caractère vil.

vilipender v. t. [1] Décrier, exprimer son mépris de.

villa n. f. HIST. Domaine rural. *La Villa Hadriana, maison de campagne de l'empereur Hadrien.* / Luxueuse maison de plaisance de mécènes italiens de la Renaissance. *La villa Borghèse à Rome, la villa d'Este à Tivoli.* / Maison individuelle entourée d'un jardin. / Impasse bordée de maisons particulières.

Villa (Doroteo Arango, dit **Pancho)** 1878-1923 Révolutionnaire mexicain. Issu de la paysannerie misérable, il commença par voler du bétail aux riches propriétaires puis constitua une armée de cavaliers qui harcela les forces gouvernementales à partir de 1910, dans le nord du Mexique, Zapata soulevant le sud. En 1914, il prit Mexico. Le gouvernement fit appel à l'armée américaine, qui ne parvint pas à le capturer. Il se rallia finalement au président Obregón (1920). Il mourut assassiné.

Villa-Lobos (Heitor) 1887-1959 Pianiste et compositeur brésilien. Il créa l'Académie brésilienne de musique et le Conservatoire national pour le chant choral. Ses œuvres (opéras, ballets, compositions religieuses, symphonies, concertos, quatuors à corde, pièces pour guitare et pour piano, mélodies) sont marquées par la musique populaire de son pays, qu'il s'efforce de concilier avec sa passion pour Bach (*Bachianas brasileiras*, 1939-1945).

Villafranca di Verona *27 000 h.* Ville d'Italie, en Vénétie, où Napoléon III signa en juillet 1859 l'armistice mettant fin à la campagne d'Italie : l'Autriche cédait la Lombardie au Piémont.

village n. m. Petite agglomération rurale. / Ensemble des habitants d'un village. *Tout le village était à la fête.* / *Village de toile* : terrain de camping.

villageois, e adj. et n. Du village, d'un village. *Kermesse villageoise.* / n. Habitant(e) d'un village.

villanelle n. f. Anc. Chanson, danse villageoise. / LITTÉR. Poème constitué de tercets de vers de sept syllabes, sur deux rimes, dans lequel le premier et le troisième vers du premier tercet reviennent en refrain, alternativement, à la fin de chaque tercet, puis ensemble à la fin de la strophe finale (qui est un quatrain). *De nombreuses villanelles ont été composées au XVIe siècle.*

Villanueva (Juan de) 1739-1811 Architecte espagnol. Théoricien du néoclassicisme, il devint architecte principal des palais royaux (1789) et directeur de l'Académie royale (1792). On lui doit notamment, à Madrid, la Casita del Principe du Pardo et, au palais de l'Escurial, la Casa de Infantes.

Villard de Honnecourt XIIIe siècle Architecte et dessinateur français. On connaît de lui un manuscrit de 33 pages (il en contenait sans doute une soixantaine à l'origine) comprenant 325 dessins (plans de machines de guerre, relevés de bâtiments [notamment des plans et des détails de décoration des cathédrales de Laon, Reims, Cambrai, Meaux, Chartres, Lausanne], dessins de mobilier d'église, d'animaux, de personnages, etc.). Ce manuscrit est un témoignage irremplaçable sur le métier d'architecte au Moyen Âge.

Villars (Claude Louis Hector, duc **de)** 1653-1734 Maréchal de France. Lieutenant général de Louis XIV, il s'illustra contre les Autrichiens lors de la guerre de Succession d'Espagne et remporta de nombreuses victoires, dont celle de Denain (1712) qui permit à la France d'obtenir de meilleures conditions de paix lors du traité de Rastatt (1714).

ville n. f. Agglomération d'une certaine importance, dont les habitants exercent en majorité des activités dans les domaines secondaires ou tertiaires. / Ensemble des habitants d'une ville. / Administration d'une ville. / Vie citadine. *Les distractions de la ville.* / *En ville* : dans la ville, en particulier dans le centre-ville où se trouvent les commerces. / *Dîner en ville*, hors de chez soi. / *Tenue de ville*, que l'on porte dans l'habitude de la vie (par oppos. à tenue de *sport*, de *soirée*, de *travail*).

villégiature n. f. Séjour de vacances dans un lieu de plaisance ; ce lieu.

Villehardouin (Geoffroi de) 1148 ?-1213 ? Chroniqueur français. Maréchal du comte de Champagne, il fut l'un de ceux qui conduisirent la 4e croisade en Terre sainte mais celle-ci conquit Constantinople et mit la ville à sac (1204). Il raconte son voyage dans l'*Histoire de la conquête de Constantinople.* Villehardouin est un écrivain réaliste ; son style dépouillé, qui rappelle Tacite, fait de lui l'un des premiers historiens français.

Villèle (Jean-Baptiste, comte **de)** 1773-1854 Homme d'État français. Leader des ultras, il crée le journal *Le Conservateur* ; ministre des Finances en 1821, président du Conseil en 1822, il se rend impopulaire en faisant voter des lois réactionnaires (milliard d'indemnisation aux émigrés) et doit démissionner en 1828 après la victoire électorale des libéraux.

Villeneuve (Pierre Charles de) 1763-1806 Vice-amiral français. Commandant l'escadre de Toulon, il fut suivi par la flotte anglaise de l'amiral Nelson alors qu'il effectuait une fuite stratégique vers Cadix, où il aurait reçu l'appui de la flotte espagnole ; il engagea la bataille et fut vaincu par Nelson, dans l'Atlantique, en face du cap Trafalgar. Cette bataille fut un désastre pour la France. Capturé par les Britanniques, puis libéré, il se suicida.

Villeneuve-lès-Avignon *11 791 h.* Commune du Gard, séparée d'Avignon par le Rhône. Église Notre-Dame du XIVe siècle. Chartreuse du XIVe siècle. Musée abritant notamment *Le Couronnement de la Vierge*, d'Enguerrand Quarton. Fort du XIVe siècle.

Villequier *808 h.* Village de la Seine-Maritime, sur la Seine. Léopoldine, fille de Victor Hugo, et son mari Charles Vacquerie, s'y noyèrent dans la Seine en 1843. Hugo intitula *À Villequier* l'un des poèmes, écrits en mémoire de sa fille, du recueil *Les Contemplations* (1856).

Villermé (Louis René) 1782-1863 Médecin et sociologue français. Son enquête sur le monde ouvrier, *Tableau de l'état physique et moral des ouvriers dans les fabriques de coton, de laine et de soie* (1840), a inspiré la loi de 1841 limitant le travail des enfants.

Villers-Cotterêts *9 839 h.* Commune de l'Aisne située dans la forêt de Villers-Cotterêts, ou de Retz (*13 020 ha*). François Ier, qui y fit reconstruire le château (donné ensuite par Louis XIV à la famille d'Orléans), y promulgua en 1539 une ordonnance imposant le français (au lieu du latin) pour la rédaction des actes officiels et de justice.

Epitaphe dudit Villon
Freres humains qui apres nous vivez
Nayez les cueurs contre nous endurcis
Car se pitie de nous povres avez

Illustration de la Ballade des pendus, *de* **François Villon.**

Villette (la) Ancienne commune de la banlieue parisienne, intégrée à Paris au XIXe siècle et comprise dans le 19e arrondissement. Reconstruits en 1962, les abattoirs de la Villette ont été abandonnés en 1974, ce qui a donné lieu à un réaménagement important à partir de 1979 : le parc de la Villette abrite la Cité des Sciences et de l'Industrie, inaugurée en 1986, la Cité de la Musique (musée et Conservatoire national supérieur de musique et de danse), la Géode (salle de cinéma dotée d'un écran géant hémisphérique), le Zénith (salle de spectacles), etc.

Villeurbanne *124 215 h.* Commune du Rhône, dans la banlieue lyonnaise, aux industries variées et actives, et qui possède un grand dynamisme culturel : Théâtre national populaire, musée d'Art contemporain.

Villiers de L'Isle-Adam (Auguste, comte **de)** 1838-1889 Écrivain français. D'origine aristocratique, persuadé de sa mission de poète, il crée une œuvre ésotérique, peu appréciée de son vivant, qui dénigre le pouvoir de la science et de l'argent. Cette œuvre comprend une satire aiguë des mœurs du temps (*Contes cruels*, 1883), un roman d'anticipation (*L'Ève future*, 1886), un drame (*Axel*, posthume, 1890). Il fut l'ami de Mallarmé et de Baudelaire.

Villon (François de Moncorbier ou **des Loges,** dit **François)** 1431 ?- apr. 1463 Poète français, né à Paris. Orphelin de père, il est élevé par le chapelain Guillaume de Villon et s'inscrit à la faculté des Arts d'où il sort maître ès arts. Il fréquente le Quartier latin, peuplé alors de filous et de bohèmes en tout genre, et mène une vie aventureuse. Ses accointances avec les *coquillards*, les tire-laine de l'époque, lui valent une sérieuse connaissance de l'argot et plusieurs séjours en prison. Après 1463, on perd sa trace. Ses poèmes, où il opère un savant mélange des tons, du trivial au lyrique, contiennent des œuvres enjouées ou mélancoliques, parfois poignantes, comme le *Testament* (ou *Grand Testament*, 1461), bilan amer de sa vie où il décrit la mort de façon réaliste et bouleversante. L'auteur du *Lais* (ou *Petit Testament*, 1456) et de *L'Épitaphe Villon* (dite *Ballade des pendus*, 1463) est considéré comme le premier en date des grands poètes modernes.

Villon (Gaston Duchamp, dit **Jacques)** 1875-1963 Peintre et graveur français. Proche du cubisme dans les années 1911-1912, il évolua vers l'abstraction dont il fut l'un des fondateurs en France, réalisant des tableaux composés de lignes et de plans colorés où les formes tendent à perdre tout aspect identifiable : *Soldats en marche* (1913), *Les Moissons* (1943).

villosité n. f. BIOL., ANAT. Rare. État d'une surface velue. / ANAT. Chacune des petites saillies de la paroi de certaines muqueuses auxquelles elles donnent un aspect velu. *Les villosités de l'intestin grêle.*

Vilnius *581 500 h.* Capitale de la Lituanie, polonaise de 1920 à 1939 (*Wilno*). Vilnius possède une université de fondation ancienne (1578) et de nombreux monuments (cathédrale du XIVe siècle avec des chapelles du XVIIe siècle ; églises baroques Sainte-Thérèse et de Tous-les-Saints, aujourd'hui musée). C'est un centre industriel et culturel.

Viminal (mont) Une des sept collines de Rome, située dans l'est de la ville, qui portait dans l'Antiquité les thermes de Dioclétien, transformés en Musée national.

vin n. m. Boisson alcoolique obtenue par fermentation du jus de raisin. *Vin rouge*, qui s'obtient par fermentation du jus de raisins noirs avec leur peau. *Vin blanc*, qui provient du jus de raisins, noirs ou blancs, fermentés sans leur peau. *Vin de table*, de qualité ordinaire. *Vin nouveau*, que l'on consomme dès la fin de la fermentation. / Apéritif à base de vin, d'alcool et d'un autre ingrédient. *Vin de noix. Vin d'orange.* / Boisson alcoolique obtenue par fermentation d'un produit végétal autre que le raisin. *Vin de palme.* / *Vin d'honneur*: petite réception en l'honneur de quelqu'un où l'on boit du vin, des apéritifs. / Fig. Ivresse. *Il a le vin gai.* / *Mettre de l'eau dans son vin*: oublier ses prétentions, s'accommoder d'une situation. / LITURG. L'une des deux espèces sous lesquelles se fait la consécration.

vinaigre n. m. Produit issu du vin ou d'un liquide alcoolique que la fermentation acétique a rendu aigre, employé comme condiment, comme assaisonnement. *Vinaigre balsamique*: voir *balsamique*. / Fam. *Faire vinaigre*: se hâter. / *Tourner au vinaigre*: prendre une mauvaise tournure.

vinaigrer v. t. [1] Assaisonner avec du vinaigre.

vinaigrerie n. f. Fabrique de vinaigre; production et commerce du vinaigre.

vinaigrette n. f. Sauce froide faite d'huile, de vinaigre et, éventuellement, de divers autres condiments. / Ancienne petite voiture à deux roues tirée à bras d'homme.

vinaigrier n. m. Fabricant, marchand de vinaigre. *Les vinaigriers d'Orléans.* / Récipient qui contient du vinaigre. *Un vinaigrier en grès.*

vinasse n. f. Fam. Mauvais vin.

Vincennes (bois de) Parc public qui fait partie du 12ᵉ arrondissement de Paris. Il abrite notamment un jardin tropical, un parc floral, un hippodrome, des terrains de sports et plusieurs théâtres (dans l'ancienne cartoucherie).

Vincennes *43 595 h.* Ville de la banlieue parisienne, à l'est de Paris, dans le Val-de-Marne, en bordure du *bois de Vincennes*. Le premier *château de Vincennes* a été construit par Philippe Auguste, et Saint Louis y séjourna souvent. Sur son emplacement, Philippe VI, Jean le Bon et Charles V édifièrent un nouveau palais que Le Vau transforma au XVIIᵉ siècle. La sainte chapelle (fin du XIVᵉ-début du XVIᵉ siècle) a des vitraux Renaissance. Le donjon fut, aux XVIIᵉ et XVIIIᵉ siècles, une prison où l'on enferma notamment Sade et Mirabeau. Napoléon Iᵉʳ fit du château un arsenal; le duc d'Enghien fut fusillé en 1804 dans les fossés de Vincennes. Le château abrite aujourd'hui le Service historique de l'armée de terre, de l'armée de l'air et de la marine.

Vincent (Hyacinthe) 1862-1950 Médecin militaire français. Il a réalisé des découvertes considérables dans le domaine de la bactériologie et de l'épidémiologie; il a isolé le bacille responsable de *l'angine de Vincent* et découvert un vaccin contre la typhoïde et un traitement contre la gangrène gazeuse.

Vincent de Paul (saint) 1581-1660 Ecclésiastique français, canonisé en 1737. Fils de paysans gascons, il fit des études chez les cordeliers de Dax et fut ordonné prêtre en 1600. Aumônier général des galères (1619), il voulut soulager les misères des pauvres gens et il fonda en 1625 la «Société des Prêtres de la Mission» (ou lazaristes), puis l'œuvre des Enfants trouvés, organisa des retraites spirituelles pour le clergé et institua en 1633, avec le concours de Louise de Marillac, l'ordre des Filles de la Charité.

Vincent Ferrier (saint) 1350-1419 Prédicateur espagnol de l'ordre des dominicains. Alors que l'Église était en proie au grand schisme d'Occident, il alla prêcher dans de nombreuses régions d'Europe pour apaiser les esprits. Il mourut à Vannes (Morbihan).

vindicatif, ive adj. Porté à la vengeance. / Qui exprime un sentiment, une volonté de vengeance. *Discours vindicatif.*

vindicte n. f. DR. *Vindicte publique*: punition des crimes au nom de la société. / Fam. ou litt. *Désigner qqn à la vindicte publique*, le présenter publiquement comme coupable et devant être puni.

vineux, euse adj. Qui a la couleur, la saveur, l'odeur du vin rouge. *Une teinte vineuse. Haleine vineuse.* / Vx Riche en vignobles, en vin. *Campagne vineuse.* / Riche en alcool. *Vin vineux*, puissant.

vingt adj. num. et n. m. inv. Deux fois dix. / Vingtième. *Chapitre vingt.* / Ellip. *Le 20 mars*: le vingtième jour du mois de mars. / n. m. Nombre qui indique qu'il s'agit de deux dizaines. / Les deux chiffres (2 et 0) qui représentent le nombre vingt.

vingtaine n. f. Nombre de vingt. *Compter de vingtaine en vingtaine.* / Ensemble d'environ vingt éléments. *Un lot d'une vingtaine de serviettes.* / Environ vingt. *Il y aura une vingtaine de personnes.*

vingtième adj. num. et n. Qui occupe le rang désigné par le nombre vingt. *Le vingtième étage est entièrement occupé par une étude de notaire.* / n. *Le, la vingtième.* / n. m. Chacune des parties d'un ensemble divisé en vingt éléments égaux.

vingtièmement adv. En vingtième lieu.

vinifère adj. Didac. Qui produit du vin.

vinification n. f. Ensemble des opérations permettant l'élaboration du vin à partir du raisin.

vinifier v. t. [1] Transformer (du raisin) en vin.

Vinland Pays découvert vers l'an 1000 par les Vikings, à l'est de l'Amérique du Nord; il s'agit peut-être de Terre-Neuve et du littoral de la Nouvelle-Écosse.

Vinogradov (Ivan Matveïevitch) 1891-1983 Mathématicien russe. Principal représentant de l'école soviétique en théorie des nombres, il y a apporté des solutions nouvelles.

vinyle n. m. CHIM. Radical monovalent de formule $CH_2{=}CH{-}$. / Nom donné aux composés contenant ce radical. *Chlorure de vinyle, qui donne par polymérisation le polychlorure de vinyle (matière plastique couramment utilisée).* / (Par ext.) Fam. Disque microsillon enregistré sur un support résine vinylique. *Écouter un vinyle* (par opposition à un CD).

vinylique adj. CHIM. Contenant le radical vinyle. *Peinture vinylique.*

viol n. m. DR. Acte de violence sexuelle avec pénétration, perpétré sur une personne par contrainte. / Fait d'entrer dans un lieu interdit. *Viol d'un sanctuaire.* / Transgression d'une loi.

violacé, e adj. D'une couleur tirant sur le violet.

violacées n. f. pl. Famille de plantes dicotylédones dialypétales comprenant de nombreuses espèces (violette, pensée).

violation n. f. Action de violer la loi, de pénétrer dans un lieu sacré ou protégé par la loi, de profaner.

viole n. f. Instrument de musique à cordes frottées, précurseur du violon et du violoncelle. *La viole de gambe, ainsi nommée parce qu'on la place entre les jambes («gamba» en italien) compte six ou sept cordes; la viole d'amour est munie, en plus, du même nombre de cordes sympathiques.*

violemment adv. Avec violence.

violence n. f. Force irrésistible et impétueuse. *Violence du vent. Violence d'un sentiment.* / Contrainte imposée à quelqu'un par force ou intimidation. *Faire violence.* / (Au plur.) Actes brutaux. / Fig. Outrance. *Violence d'un langage.*

violent, e adj. et n. Qui agit avec violence. *Vent violent.* / Très intense. *De violents efforts. Une violente douleur.* / Brutal. *Une violente altercation.* / *Mort violente*, brutale et due à un acte de violence ou à un accident. / (En parlant d'un être humain) Irascible, emporté. *Un homme violent.* / n. *Attention, c'est un violent.*

violenter v. t. [1] Litt. Faire violence à. *Violenter la loi.* / *Violenter qqn*, le violer.

violer v. t. [1] Commettre un viol sur (qqn). / Ne pas respecter, transgresser. *Violer la loi. Violer la paix.* / Ouvrir ou pénétrer de force dans (un endroit sacré ou protégé par la loi). *Violer un temple. Violer une frontière. Violer un domicile.* / *Violer les consciences*, en forcer les secrets, les contraindre à adopter certaines idées.

***Viole** de gambe.*

*Archet et **violon**.*

***Violette**.*

violet, ette adj. et n. m. D'une couleur faite d'un mélange de bleu et de rouge. / n. m. Cette couleur. *Un violet un peu foncé.* / ZOOL. Coquillage comestible de la Méditerranée, au goût d'iode prononcé.

violette n. f. BOT. Plante herbacée de la famille des violacées, à petites fleurs violettes (rarement blanches) très parfumées. / *Bois de violette*: palissandre.

violeur, euse n. Celui, celle qui commet un viol.

violine adj. D'une couleur pourpre tirant sur le violet.

Viollet-le-Duc (Eugène) 1814-1879 Architecte et théoricien français. Il collabora à la restauration de monuments religieux médiévaux: Sainte-Chapelle de Paris, Notre-Dame de Paris, Saint-Germain-des-Prés, abbatiale de Vézelay, basilique de Saint-Denis, cathédrales de Chartres et de Reims, et il fut chargé de la réfection de la cité de Carcassonne et du château de Pierrefonds. Sa conception rationaliste de l'architecture gothique le conduisit à prendre des partis (ajouts et suppressions d'éléments) qui ont été ensuite violemment critiqués. Inspecteur général des édifices diocésains, il contribua largement à la redécouverte de l'architecture du Moyen Âge; il publia un *Dictionnaire raisonné de l'architecture française du XIᵉ au XVIᵉ siècle* (1854-1868) et des *Entretiens sur l'architecture* (1863-1872) qui font de lui un pionnier du fonctionnalisme.

violon n. m. **I.** Instrument de musique à archet, muni de quatre cordes accordées de quinte en quinte à partir de la plus grave, le sol, jusqu'à la plus aiguë, le mi, et dont l'étendue normale est de trois octaves et une quinte. *Le violon est composé de la caisse de résonance formée par deux tables réunies par des éclisses, du manche terminé par une volute, des cordes fixées au cordier, sur la table, et aux chevilles, fixées sur la volute, qui permettent de les tendre.* / Musicien jouant de cet instrument dans un orchestre. Syn. violoniste. / Fig. *Accorder ses violons*: se mettre d'accord. / *Violon d'Ingres*: activité artistique assidûment exercée en marge d'une quelconque profession (par allusion au fait qu'Ingres était un violoniste de talent). **II.** Fam. Prison voisine d'un poste de garde (peut-être parce que les barreaux des prisons évoquent les cordes du violon).

violoncelle n. m. Instrument de musique apparenté au violon, mais beaucoup plus grand et de son plus grave, qui se joue en position assise, l'instrumentiste le tenant entre les jambes. *Le violoncelle a quatre cordes*

V

Vipère à cornes.

accordées depuis le do de quinte en quinte. / Musicien jouant de cet instrument dans un orchestre. Syn. *violoncelliste.*

violoncelliste n. Celui, celle qui joue du violoncelle.

violoneux n. m. Violoniste de musique folklorique.

violoniste n. Celui, celle qui joue du violon.

viorne n. f. BOT. Arbrisseau de la famille des caprifoliacées, à fleurs blanches, à baies rouges ou noires, dont il existe plusieurs espèces, notam. l'obier (ou viorne obier) et le laurier-tin (ou viorne tin).

VIP ou **V.I.P.** n. m. inv. (sigle de l'anglais *Very Important Person*, « personnage très important ») Personnalité de grand renom, personnage de marque.

vipère n. f. ZOOL. Serpent venimeux solénoglyphe de la famille des vipéridés, à queue courte, à la tête triangulaire. *Les vipères sont ovovivipares. Vipère péliade, vipère aspic*, vivant en Europe occidentale. *Vipère des sables. Vipère à cornes*: céraste. / Fig. Personne méchante, sournoise. *Avoir une langue de vipère*: se plaire à médire, à calomnier. / Par ext. *Langue de vipère*: personne très médisante.

vipereau, vipéreau ou **vipériau** n. m. ZOOL. Petit de la vipère.

vipéridés n. m. pl. ZOOL. Famille de serpents venimeux, à corps souvent massif, dont font partie les vipères et les crotales. *Les vipéridés vivent en Europe, en Amérique et en Asie.*

vipérin, e adj. et n. f. **A.** adj. ZOOL. Qui a rapport à la vipère. *Couleuvre vipérine*: couleuvre qui ressemble à la vipère, vivant près des cours d'eau. / Fig. Qui évoque la méchanceté et la sournoiserie traditionnellement attribuées à la vipère. *Des sous-entendus vipérins.* **B.** n. f. BOT. Plante de la famille des borraginacées, poussant dans le sable et les lieux incultes, qui offre un aspect velu et porte des fleurs bleues et roses.

virage n. m. Changement de direction d'un véhicule, d'un skieur. / Partie courbe d'une voie de circulation. / Fig. Brusque changement d'orientation politique, de comportement. / MÉD. *Virage d'une cuti-réaction*: moment où la réaction d'un individu à la tuberculine devient positive. / PHOTO. Traitement destiné à faire changer la couleur d'une épreuve. / CHIM. Changement de teinte d'un indicateur coloré au cours d'une analyse.

virago n. f. Femme autoritaire et hargneuse, aux manières et au physique masculins.

viral, ale, aux adj. Qui a rapport à un virus, qui est dû à un virus. *Méningite virale.*

virée n. f. Fam. Déplacement, voyage, promenade rapide. *Faire une virée en Espagne.*

virelai n. m. LITTÉR. Nom donné à diverses formes poétiques du Moyen Âge, caractérisées par l'utilisation du refrain. *Un virelai de Guillaume de Machaut.*

virement n. m. FIN. Transfert de fonds d'un compte à un autre. *Virement budgétaire*: transfert d'un crédit voté pour un chapitre du budget sur un autre chapitre. / MAR. Action de virer de bord.

Virgile.

virer v. i. / v. t. [1] **A.** v. i. Tourner sur un axe, autour d'un axe. *Une voiture qui vire bien.* / Faire un virage. *La voiture a viré trop large au carrefour.* / MAR. *Virer de bord*: changer le bord offert au vent. **B.** v. t. *Virer une somme*, la transférer d'un compte à un autre. *Virer qqn*, le congédier, l'expulser. / PHOTO. *Virer une épreuve*, lui faire subir un virage. / v. t. ind. Devenir. *Virer à l'aigre.*

virevolte n. f. Action de pivoter sur soi-même avec rapidité. / Fig. Changement brusque et total d'opinion, de stratégie.

virevolter v. i. [1] Faire une, des virevolte(s).

Virgile (en latin, **Publius Vergilius Maro**) v. 70-19 av. J.-C. Poète latin. Ayant souffert des troubles de la guerre civile, il aspire à l'ordre et à la paix. Ses premières œuvres, les *Bucoliques* (42-39), les *Géorgiques* (39-29), exaltent la vie douce et heureuse des bergers et des paysans. Devenu l'ami d'Octave (le futur Auguste) et de Mécène, il commence un poème épique à la gloire de Rome, *L'Énéide.* L'auteur, qui souhaite égaler Homère, raconte les aventures du prince troyen Énée, ancêtre légendaire de Romulus et Remus, puisque, à la fin de l'épopée, il épouse la fille du roi du Latium. Les six premiers livres montrent ses errances à travers la Méditerranée, et notamment sa rencontre avec Didon, reine de Carthage. Les six derniers évoquent les guerres qui ont précédé la fondation de Rome. Au moment de sa mort (survenue à Brindisi au retour d'un voyage en mer), il voulut détruire cette œuvre, car elle était inachevée, mais elle fut publiée sur l'ordre de l'empereur Auguste et devint une épopée nationale. Virgile a exercé une grande influence sur toutes les littératures occidentales.

virginal, ale, aux [1] adj. Propre à une vierge. *Candeur virginale.* / Immaculé. *Une nappe d'un blanc virginal.*

virginal [2] n. m. ou **virginale** n. f. MUS. Épinette rectangulaire en usage aux XVIe et XVIIe siècles, principalement en Angleterre.

Virginie *105 586 km² 6 187 000 h.* État de l'est des États-Unis, sur l'Atlantique. Capitale *Richmond.* Les plantations de tabac ont en partie laissé la place au coton et aux céréales. Les gisements de houille ont favorisé l'industrialisation sur la côte atlantique. Les premiers colons arrivèrent en 1607. Fondée en 1624, la colonie anglaise doit son nom au surnom d'Élisabeth Ire, dit la *reine vierge.* Elle prit, avec le Massachusetts, la tête de la guerre d'Indépendance, qui s'acheva par la capitulation des Britanniques à Yorktown, en Virginie (1781). Elle fit sécession en 1861, et Richmond devint la capitale des sudistes, mais les comtés de l'Ouest s'en séparèrent pour former la Virginie-Occidentale.

Virginie-Occidentale *62 759 km² 1 815 787 h.* État du centre-est des États-Unis. Capitale *Charleston.* Situé dans la zone des Appalaches, cet État au sol boisé et peu cultivable se consacre surtout à l'élevage, mais produit aussi des céréales et du tabac. Sa richesse provient des mines de houille qui ont contribué à l'industrialisation de la région, mais sont aujourd'hui en déclin.

virginité n. f. État d'une personne vierge. / Fig. Pureté.

virgule n. f. Signe de ponctuation (,) marquant une légère pause et servant à séparer les divers membres d'une phrase. / MATH. Signe situé avant la partie décimale d'un nombre décimal. / *Bacille virgule*: vibrion agent du choléra.

viril, e adj. Qui appartient à l'être humain de sexe masculin. *Membre viril*: pénis. / Qui appartient à l'homme fait. *Âge viril*: âge adulte d'une personne de sexe masculin. / HIST. *Toge virile*: dans l'Antiquité romaine, vêtement que l'on revêtait au sortir de l'enfance. / Qui a les qualités que la tradition attribue aux hommes (énergie, courage, etc.); qui témoigne de ces qualités. *Une attitude virile. Une virile résolution.*

virilement adv. À la manière d'un homme, d'un être humain de sexe masculin.

virilisation n. f. MÉD. Apparition chez la femme, après la puberté, de caractères sexuels secondaires masculins.

viriliser v. t. [1] Donner un caractère viril à. Syn. masculiniser.

virilisme n. m. MÉD. État caractérisé par la présence chez la femme de caractères sexuels secondaires masculins (hirsutisme, hypertrophie musculaire, hypertrophie du clitoris, voix grave, etc.) *Le virilisme est causé par une sécrétion excessive d'hormones androgènes.*

virilité n. f. Ensemble des caractéristiques physiques et sexuelles masculines. / Puissance sexuelle masculine. / Énergie, courage associés à l'image de l'homme adulte. / Vx Âge adulte (d'une personne du sexe masculin).

virilocal, ale, aux adj. ANTHROP. Qualifie la résidence des couples lorsqu'elle est fonction de la résidence du groupe du mari.

virole n. f. Anneau de métal enserrant le bout d'une canne, d'un manche d'outil, de couteau, pour maintenir ce qui est fixé, ou protéger le bois. / Moule d'acier portant des caractères en creux qui se place sur le pourtour d'une pièce de monnaie, d'une médaille, pour imprimer des reliefs sur la tranche. / Anneau de tôle constituant un élément de chaudière, de réservoir.

virologie n. f. Étude des virus.

virologique adj. Relatif à la virologie;

virologistes ou **virologue** n. Spécialiste de virologie.

virose n. f. Infection due à un virus.

virosé, e adj. Qui souffre de virose.

virtualité n. f. Possibilité. / Caractère de ce qui est virtuel.

virtuel, elle adj. Qui n'existe pas encore, qui est seulement possible, réalisable. / PHYS. Qualifie une grandeur, un objet, un phénomène non réels. / OPT. Image virtuelle: image donnée par une lentille ou un miroir lorsqu'elle n'a pas d'existence réelle, mais est observable lorsque l'œil est dans le prolongement des rayons réfractés ou réfléchis. / INFORM. Qui apparaît de manière fonctionnelle pour l'utilisateur, indépendamment du matériel ou du logiciel utilisé.

virtuellement adv. En puissance. / Par ext. *À peu de chose près.*

virtuose n. et adj. Personne d'un talent exceptionnel. / Spécial. Musicien, musicienne à la technique parfaite. / adj. *Pianiste virtuose.*

virtuosité n. f. Talent de virtuose; technique du virtuose.

virulence n. f. Pouvoir infectant et pathogène d'un agent infectieux. / Fig. Violence, dureté. *La virulence d'une discussion.*

virulent, e adj. Doué de virulence. / Fig. Violent, âpre, dur. *Une virulente mise en cause de sa gestion.*

Virunga (chaîne des) Massif volcanique qui s'étend sur le nord-ouest du Rwanda (où il culmine au mont Karisimbi, volcan éteint, *4 507 m*), sur l'ouest de l'Ouganda, et qui déborde sur l'est de la république démocratique du Congo (où se trouve le parc naturel du Virunga).

virus n. m. BIOL. Micro-organisme parasite intracellulaire, constitué d'une enveloppe protéique (capside) renfermant une molécule d'acide désoxyribonucléique (virus à A.D.N.) ou d'acide ribonucléique (virus à A.R.N.), et qui utilise pour se multiplier la machinerie cellulaire de la cellule hôte. *Les virus peuvent être responsables des nombreuses maladies, bénignes ou graves (grippe, varicelle, hépatite, sida, etc.).* / INFORM. Instruction indésirable introduite dans le programme d'un ordinateur dont elle peut perturber le fonctionnement ou endommager le disque dur. / Fig. Ce qui se communique par contagion morale. *Le virus de la haine.* / Passion qui se développe avec excès. *Le virus de la politique.*

vis n. f. Pièce cylindrique ou conique filetée que l'on enfonce dans un matériau en la faisant tourner sur elle-même. *Pas de vis*: tour de spire d'une vis. / Pièce mécanique servant à transformer un mouvement circulaire en un mouvement rectiligne. *Vis de tire-bouchon, de pressoir.* / *Vis d'Archimède*: cylindre incliné dont l'intérieur est cloisonné en spirale, utilisé pour élever de l'eau. / *Vis sans fin*, dont le filet entraîne les dents d'une roue qui a son axe perpendiculaire à celui de la vis. / *Escalier à vis*: escalier en spirale. / TECHN. *Vis platinée*: pièce de fermeture d'un circuit électrique (notamment du circuit électrique d'allumage d'un moteur à

V

Jean Marais et Maria Schell dans Nuits blanches de **Luchino Visconti**.

explosion) dont les parties en contact sont protégées de la corrosion due aux étincelles de rupture par un dépôt de métal inaltérable (platine en particulier).

visa n. m. (mot latin, «*choses vues*») Attestation, cachet ou signature apposés sur un acte pour le valider. / Cachet apposé sur un passeport par les services diplomatiques d'un pays et donnant au possesseur du passeport l'autorisation de se rendre dans ce pays. / Fig. Accord. *Donner son visa pour une sortie en ville.*

visage n. m. Face de l'être humain. / *Faire bon visage*: avoir une expression aimable. / Personne. *Un visage nouveau.* / Fig. Aspect d'une chose.

visagisme n. m. Ensemble des techniques utilisées pour mettre en valeur la spécificité d'un visage, par la coiffure et le maquillage notamment.

visagiste n. Spécialiste du visagisme.

vis-à-vis adv., loc. prép. et n. m. **A.** adv. Face à face. *Nous étions vis-à-vis à table.* **B.** loc. prép. En face (de). *La mariée est placée vis-à-vis de son père*, lui fait face. / Par comparaison avec. *Vis-à-vis de vos diplômes, les miens sont bien modestes.* / Envers. *Elle est toujours injuste vis-à-vis de lui* (emploi critique). **C.** n. m. Situation de deux personnes, de deux choses placées face à face. *Être en vis-à-vis.* / Personne placée dans cette situation. *Mon vis-à-vis fumait sans arrêt.* / Petit fauteuil bas, à deux places, en forme de S, qui permet à deux personnes de se parler face à face.

viscéral, ale, aux adj. ANAT. Qui tient aux viscères, qui concerne les viscères. / *Chirurgie viscérale.* / Fig. En parlant de sentiments, qui vient du plus profond de l'âme. *Horreur viscérale du mensonge.*

viscéralement adv. De façon viscérale; profondément.

viscère n. m. ANAT. Organe contenu dans l'une des cavités (crânienne, thoracique ou abdominale) du corps, tels le cerveau, le cœur, le foie, les poumons, les intestins. / Cour. (Au plur.) *Les viscères*: les organes abdominaux.

Vischer (Hermann l'Ancien) ?-1488 Sculpteur et bronzier allemand, auteur des fonts baptismaux de Wittenberg. **Peter l'Ancien** 1460?-1529 Fils du précédent, auteur, avec ses fils, de la châsse de saint Sebald (église Saint-Sebald, Nuremberg). **Hermann le Jeune** v. 1486-1517, **Peter le Jeune** 1487-1528, **Hans** 1489-1550 Fils et collaborateurs du précédent. De leur atelier sortirent des plaques tombales, des grilles de clôture (pour la chapelle funéraire des Fugger à Augsbourg, pour le tombeau de l'empereur Maximilien à Innsbruck), des statues (le roi Arthur et le roi Théodoric), le tombeau de Frédéric le Sage (Wittenberg). Hans collabora avec Dürer.

Visconti Famille milanaise qui domina la ville de Milan du XIIIe au XVe siècle. **Ottone** v. 1208-1295 Archevêque de Milan, il fit élire son neveu capitaine du peuple. **Matteo Ier** 1255-1322 Neveu du précédent. Capitaine du peuple (1287), chassé (1302), il revint au pouvoir et s'empara de nombreuses villes. **Galeazzo Ier** ?-1328 Fils du précédent. Après avoir battu l'armée pontificale, il fut emprisonné par l'empereur Louis de Bavière (1327). **Azzo** 1302-1339 Fils du précédent, il étendit les conquêtes de Matteo Ier à la presque totalité de la Lombardie. **Luchino** 1287-1349 Oncle et successeur du précédent, il s'empara de Parme, Asti et Locarno. **Giovanni** 1290-1354 Frère du précédent. Archevêque de Milan, il s'empara de Bologne et de Gênes; il fut lié à Pétrarque. **Matteo II** v. 1319-1355 Neveu du précédent, il régna sur une partie des terres familiales et fut assassiné par ses frères. **Galeazzo II** ?-1378 Neveu de Giovanni, il fit construire le château et l'université de Pavie. **Bernabo** ?-1385 Neveu de Giovanni, il triompha des coalitions fomentées contre lui et voulut régner seul à la mort de Galeazzo, mais fut empoisonné par son neveu Gian Galeazzo. **Gian Galeazzo** 1351-1402 Neveu du précédent. Il agrandit fortement son territoire, fit construire la cathédrale de Milan et la chartreuse de Pavie, réorganisa le gouvernement et maria sa fille Valentine à Louis d'Orléans, frère de Charles VI et grand-père de Louis XII qui s'appuya sur cette filiation pour faire valoir ses droits sur le Milanais. **Giovanni Maria** 1389-1412 Frère du précédent; il fut assassiné. **Filippo Maria** 1392-1447 Grâce à des condottieri, il rétablit la puissance de sa maison; il maria sa fille naturelle Bianca Maria à Francesco Sforza et fut le dernier membre de la famille ducale des Visconti.

Visconti (Ludovico Tullius Joachim) 1791-1853 Architecte français d'origine italienne. Il est l'auteur du tombeau de Napoléon Ier aux Invalides, de plusieurs fontaines parisiennes (dont les fontaines Molière et Saint-Sulpice) et des plans des bâtiments reliant le Louvre aux Tuileries.

Visconti (Luchino) 1906-1976 Cinéaste et metteur en scène de théâtre italien. Il débuta au cinéma comme assistant de Jean Renoir. Son premier film, *Ossessione* («Les Amants diaboliques», 1942), est considéré comme le premier film néoréaliste; suivent, dans un style plus élaboré mais avec un même goût de l'étude psychosociale, *La Terre tremble* (1948); *Senso* (1953, hommage à l'Italie du Risorgimento); *Nuits blanches* (1957); *Rocco et ses frères* (1960); *Le Guépard* (1963, qui narre la chute d'une famille princière sicilienne au temps de Garibaldi et exalte l'unité italienne); *Sandra* (1965). Ses trois derniers films, *Les Damnés* (1969); *Mort à Venise* (1971); *Ludwig, le Crépuscule des dieux* (1972), témoignent, avec un lyrisme pathétique et une mélancolie accentuée par la somptuosité des décors, de sa fascination pour ce qui meurt, se dégrade, fuit, s'efface.

viscose n. f. CHIM. Liquide épais à base de cellulose, utilisé pour la fabrication de fibres (rayonne) et de films (cellophane) synthétiques.

viscosité n. f. Caractère de ce qui est visqueux. / PHYS. Propriété qu'a fluide de s'opposer à l'écoulement; mesure du caractère plus ou moins grand de cette propriété (exprimée en poiseuilles). / ÉCON., POLIT. *Viscosité de la main-d'œuvre*: réticence de la population active à changer de profession ou de lieu de travail.

visée n. f. Orientation donnée à la vue, à une arme, à un instrument d'optique. *Angle de visée.* / Fig. (surtout au pl.) Objectif à atteindre. *Avoir des visées sur qqch., qqn*, vouloir l'acquérir, obtenir ses faveurs.

viser [1] v. t. / v. i. [1] Diriger une arme, un objet vers (un objectif à atteindre). *Viser le gibier avec son fusil.* (Absol.) *Viser avant de tirer.* / Fam. Regarder fixement, intensément (qqn, qqch.). *Vise-moi cette nana! Vise ce chapeau!* / Fig. (sujet nom de chose) S'adresser, s'appliquer à, concerner (qqn, qqch.). *C'est lui que vise cette critique.* / Chercher à obtenir, briguer. *Viser un poste, la présidence.* (Emploi intransitif) *Viser haut*: avoir de grandes ambitions. / v. t. ind. *Viser à*: avoir en vue de, chercher à. *Viser à atteindre qqch. Viser à la réussite.*

viser [2] v. t. [1] Examiner (un acte, un document) et lui apposer une signature, un cachet qui le rend valide. *Viser une autorisation de sortie.*

viseur n. m. Dispositif optique de visée. / Dispositif servant à apprécier le champ embrassé par l'objectif d'un appareil photographique ou d'une caméra.

vishnouisme ou **vichnouisme** n. m. RELIG. Ensemble des doctrines et des pratiques des fidèles de Vishnu.

• **Vishnu** ou **Vichnou** Dieu de la triade divine, ou Trimûrti («triple forme») hindoue, qui groupe Brahma, Vichnou et Rudra-Çiva.

visibilité n. f. Caractère de ce qui est visible. / Possibilité de voir plus ou moins bien, plus ou moins loin. Ant. invisibilité.

visible adj. et n. m. **A.** adj. Qu'il est possible de voir. Ant. invisible. / *Il est visible que*, manifeste, évident que. / Prêt à recevoir un visiteur. *Savez-vous vers quelle heure madame sera visible?* **B.** n. m. Ce que l'on perçoit par les sens, par la vue. / OPT. L'ensemble des

VISHNU

Considéré par ses dévots comme le dieu suprême, immuable, omniprésent et capable de se développer indéfiniment dans l'espace, de l'intérieur, il soutient et régit tout ce qui existe. Chaque fois qu'apparaît le désordre dans le monde, le dieu intervient, en s'incarnant pour rétablir l'harmonie et l'équilibre: ce sont des *avatara* (avatars), dix selon la tradition classique: avatara du poisson, de la tortue, du sanglier, de l'homme-lion, du nain, de Rama à la hache, de Rama, époux de Sita, de Krishna, du Bouddha, de Kalki.

Une divinité féminine lui est souvent associée, Lakshmi, déesse agraire, qui personnifie tout ce qui est favorable. Protecteur du monde, Vishnu est un dieu essentiellement bienveillant. On le représente souvent assis sur l'aigle Garuda qui lui sert de monture. Il fait l'objet d'un culte très ritualisé. Sa représentation figurée est objet d'adoration, sans qu'on puisse parler d'idolâtrie: une parcelle du dieu est incarnée dans l'image, c'est à elle, et non à l'image de pierre, de bois ou de métal, que s'adresse le culte.

La statue est considérée comme vivante, chaque matin, on la baigne, on l'habille, on lui offre à manger et, chaque soir, on la déshabille, selon un cérémonial précis. Les jours de fêtes solennelles, une réplique, plus légère, est sortie du temple et promenée dans les rues, généralement sur un char traîné par les fidèles.

Les dévots portent sur le front une marque de cendre, faite de trois lignes verticales, réservée à ceux qui ont reçu la consécration qui suit une initiation. L'initié qui se consacre à l'adoration du dieu mène une vie très réglementée: méditations, ablutions rituelles, étude des textes saints, culte proprement dit, prières se succèdent dans un ordre précis tout au long de la journée.

Vishnu sur l'aigle Garuda.

La **Visitation** de Raphaël, musée du Prado, Madrid.

radiations lumineuses que perçoit l'œil humain, dont les longueurs d'onde vont de 0,4 à 0,8 mm.
visiblement adv. De façon perceptible par la vue. / Manifestement.
visière n. f. Partie mobile à l'avant d'un casque. / Partie d'une coiffure abritant le front et les yeux. *Visière d'une casquette.*
visioconférence ou **vidéoconférence** n. f. Conférence à l'aide d'un système de télécommunication, permettant à des participants situés à des endroits différents de se voir sur un écran de télévision, de s'entendre, de se transmettre des documents.
vision n. f. Faculté de percevoir le monde extérieur par l'organe de la vue. / Fait de voir, de regarder. *La vision des blessés l'a bouleversé.* / Image irréelle produite par la fièvre, le rêve, l'imagination. / Perception d'origine surnaturelle. / Conception. *Avoir une saine vision des choses.*
visionnaire adj. et n. Qui a ou croit avoir des visions d'ordre surnaturel. / Doué d'une imagination lui permettant de pressentir l'avenir. (Subst.) *Un(e) visionnaire.*
visionner v. t. [1] Regarder (des diapositives, un film) à la visionneuse. / Regarder (un film, un programme de télévision) à titre professionnel, avant sa distribution.
visionneuse n. f. Appareil agrandissant les diapositives de petit format. / Appareil utilisé pour l'examen des films au cours du montage.
visitandine n. f. RELIG. Religieuse de l'ordre de la Visitation.
Visitation n. f. RELIG. Visite de la Vierge Marie à sa cousine Élisabeth, alors enceinte de saint Jean-Baptiste. / Fête commémorant cette visite. / BX-ARTS Tableau représentant l'événement. / *Ordre de la Visitation*: ordre religieux de femmes fondé en 1610 à Annecy par saint François de Sales et sainte Jeanne de Chantal.
visitatrice n. f. RELIG. CATHOL. Religieuse qui visite les couvents de son ordre.
visite n. f. Action d'aller voir quelqu'un chez lui. *Visite d'amitié.* / Consultation donnée par un médecin au domicile du malade. *Visite médicale*: examen médical systématique pratiqué dans un cadre officiel. / DR. *Droit de visite*: en cas de divorce, droit reconnu au parent d'un enfant mineur qui n'en a pas la garde de le voir régulièrement. / Personne reçue. *Avoir une visite.* / Action de visiter (un endroit, un monument) pour son plaisir. / Examen professionnel d'un endroit. / DR. *Visite domiciliaire*: perquisition faite au domicile d'un prévenu. / MAR. *Droit de visite*: contrôle exercé sur les navires de commerce par les navires de guerre pour éviter la contrebande.
visiter v. t. [1] Se rendre dans (un lieu), le parcourir pour découvrir ce qui en fait l'intérêt. *Visiter un pays, un musée.* / Inspecter, contrôler soigneusement, méthodiquement (un lieu, un objet). *Visiter un appartement avant de l'acheter.* / Se rendre auprès de (qqn) à titre privé ou professionnel. *Aller visiter des parents. Médecin qui visite ses malades.*
visiteur, euse n. Celui, celle qui rend visite à quelqu'un. *Visiteur, visiteuse des prisons*: bénévole qui rend régulièrement visite aux prisonniers. / Celui, celle qui visite pour son plaisir un lieu donné. *Versailles accueille chaque année des millions de visiteurs.*
Visiteurs du soir (les) 1942 Film français de Marcel Carné. Le scénario, de Jacques Prévert, emprunte au Moyen Âge son pittoresque et son fabuleux; cette œuvre de divertissement, réalisée durant l'Occupation, est aussi une allégorie de la Résistance, symbolisée par un couple amoureux qui déjoue les pièges du diable (figurant Hitler). La distribution réunit Alain Cuny, Arletty, Jules Berry, Fernand Ledoux, Marie Déa. Trauner a signé les décors, Kosma la musique.
vison n. m. ZOOL. Petit mammifère de la famille des mustélidés, voisin du putois, au corps fin et étiré, à la fourrure très recherchée. *Vison d'Europe. Vison d'Amérique. Un élevage de visons.* / Fourrure de cet animal. / Manteau fait en cette fourrure.
visqueux, euse adj. Qui s'écoule mal; collant. *Une matière visqueuse.* / CHIM., TECH. À viscosité élevée. *Huile visqueuse.* / Poisseux, gras. *Certains poissons ont une peau visqueuse.* / Fig., péjor. Répugnant, d'une extrême bassesse. *C'est un personnage visqueux.*
vissage n. m. Action de visser. Ant. dévissage.
visser v. t. [1] Fixer avec une ou plusieurs vis. *Visser une serrure, une étagère.* Ant. dévisser. / Serrer, fermer en faisant tourner sur un pas de vis. *Visser un boulon, un couvercle.* / Fig. et fam. Traiter (qqn) avec rigueur, avec sévérité.
visserie n. f. Entreprise qui produit des objets comportant un pas de vis (vis, boulons, écrous, etc.); ensemble de ces objets.
Visser t'Hooft (Willem Adolph) 1900-1985 Théologien protestant néerlandais. Pasteur, il s'est montré particulièrement actif au sein du Conseil œcuménique des Églises dont il fut le secrétaire général.
Vissotski (Vladimir Semenovitch) 1938-1980 Acteur, chanteur et poète soviétique qui connut un grand succès populaire en interprétant lui-même ses chansons (*Poèmes et chansons*, posthume); l'actrice Marina Vlady, qui fut son épouse, a consacré un livre à sa vie ardente, joyeuse, mélancolique et déchirée (*Vladimir ou le vol arrêté*).
Vistule (la) (en polonais, *Wisla*) *1 090 km* Le plus grand fleuve de Pologne, qui baigne Cracovie, Varsovie, reçoit les eaux du Bug et se jette dans la Baltique, dans la baie de Gdansk.

Vison.

visualisation n. f. Action de visualiser. / INFORM. Présentation à l'écran du résultat d'une manipulation.
visualiser v. t. [1] Rendre visible (un phénomène qui ne l'est pas par nature). / INFORM. Afficher sur un écran (des données, les résultats d'un traitement). / Se représenter mentalement (une image visuelle). *Visualiser un pas de danse.*
visuel, elle adj. et n. m. **A.** adj. Relatif à la vue. / Qui fait appel à la vue. **B.** n. m. (Dans le langage des métiers de la communication) Aspect visuel. *Le visuel d'une publicité.* / INFORM. Dispositif d'affichage sur un écran du résultat du traitement de données.
visuellement adv. Par le sens de la vue.
vit n. m. Vx ou litt. Pénis.
vital, ale, aux adj. Qui a rapport à la vie. *Énergie vitale.* / Essentiel à la vie. *Les fonctions vitales.* / Fig. D'une importance fondamentale. *C'est vital pour nous.*
vitalité n. f. BIOL. Ensemble des fonctions qui permettent aux organismes vivants de se développer, de se reproduire. / Cour. Énergie, dynamisme. *Un enfant plein de vitalité.*
• **vitamine** n. f. BIOCHIM. Substance organique, sans valeur énergétique propre, indispensable, à doses faibles, au métabolisme de l'organisme. *Les vitamines sont des molécules apportées par l'alimentation à l'organisme, qui est incapable de les synthétiser lui-même.*
vitaminé, e adj. Qui contient des vitamines; dont la teneur en vitamines est élevée.
vitaminique adj. Qui se rapporte aux vitamines.
vite adv. Rapidement; en hâte. *Il faut agir vite.* / Bientôt. *Il sera vite de retour.*
vitellin, e adj. BIOL. Du vitellus; qui a rapport au vitellus.
Vitellius (en latin, **Aulus Vitellius**) 15-69 Empereur romain. Proclamé empereur par son armée à la mort de Galba en 69, il ne fut pas accepté par le peuple qui le massacra.
vitellus n. m. (mot latin) BIOL. Ensemble des substances de réserve accumulées par l'ovocyte. *Le vitellus sert à la nutrition de l'embryon et à son développement.*
vitesse n. f. Rapidité dans le déplacement, dans l'action, promptitude. / *Gagner quelqu'un de vitesse*, le dépasser dans l'exécution d'une action. / Allure à laquelle quelqu'un ou quelque chose se déplace. / PHYS. Rapport entre la distance parcourue et le temps mis pour la parcourir, qui s'exprime en mètres par seconde, ou en kilomètres à l'heure. / MÉCAN. *Boîte de vitesses*: série d'engrenages permettant de varier le rapport entre la vitesse du moteur et celle des roues motrices d'un véhicule. / ASTRONAUT. *Vitesse de libération*: vitesse minimale d'un projectile pour qu'il échappe à l'attraction d'un astre.
Vitez (Antoine) 1930-1990 Acteur, metteur en scène et directeur de théâtre français. Il dirigea le Théâtre national de Chaillot (1981-1988) puis fut nommé administrateur général de la Comédie-Française (1988-1990). Attentif au texte, audacieux et engagé, il a fait évoluer, par ses recherches, la formation et le travail de l'acteur. Il a mis en scène des classiques (*Électre* de Sophocle, *Phèdre* de Racine, *Le Misanthrope* de Molière,

TABLEAU DES PRINCIPALES VITAMINES

PRINCIPALES VITAMINES	MOLÉCULES	PRINCIPALES CONSÉQUENCES DES CARENCES
Vitamine A	Rétinol	Troubles de la vision (héméralopie, xérophtalmie)
Vitamine B_1	Thiamine	Béribéri
Vitamine B_2	Riboflavine	Troubles cutanés, muqueux
Vitamine B_3 (ou **PP**)	Amide nicotinique, acide nicotinique	Pellagre
Vitamine B_5	Acide pantothénique	Troubles de croissance
Vitamine B_6	Pyridoxine	Troubles cutanés, neurologiques (polynévrites, convulsions), digestifs, hématologiques (anémie)
Vitamine B_8 (ou **H**)	Biotine	Troubles cutanés
Vitamine B_9 (ou **M**)	Acide folique	Anémie
Vitamine B_{12}	Cobalamine	Anémie
Vitamine C	Acide ascorbique	Scorbut
Vitamine D_2	Ergocalciférol	Troubles de la calcification, notam. rachitisme
Vitamine D_3	Colécalciférol	
Vitamine E	Tocophérol	Troubles de la fertilité
Vitamines F	Acides gras indispensables	Troubles cutanés
Vitamine K_1	Phylloquinone	Hémorragies
Vitamine K_2	Ménaquinone	
Vitamine K_3	Ménadione	

Façade de la cathédrale de **Vitoria-Gasteiz**.

Hernani de Victor Hugo) et des œuvres contemporaines (*Le Soulier de satin* de Claudel, *La Vie de Galilée* de Brecht).

viticole adj. Relatif à la viticulture.

viticulteur, trice n. Personne qui pratique la viticulture.

viticulture n. f. Culture de la vigne.

vitiligo n. m. (mot latin, « tache blanche ») MÉD. Affection de la peau qui se caractérise par la présence de taches non pigmentées, parfois limitées par une bordure à pigmentation intense.

Vitoria-Gasteiz *208755 h.* Ville d'Espagne, capitale des Provinces basques et chef-lieu de la province d'Álava. Centre industriel. Cathédrale gothique du XIVe siècle. La bataille de Vitoria, remportée par Wellington sur les Français le 21 juin 1813, chassa ceux-ci d'Espagne.

Vitrac (Roger) 1899-1952 Poète et auteur dramatique français. Proche des surréalistes, il s'intéressa rapidement au théâtre, ce qui lui valut d'être exclu du groupe en 1926. Ami d'Antonin Artaud, il fonda avec lui le théâtre Alfred-Jarry qui monta ses deux pièces les plus célèbres: *Les Mystères de l'amour* (1927); *Victor ou les Enfants au pouvoir* (1928). Sa pièce *Coup de Trafalgar* (1934) en fait le précurseur du théâtre de l'absurde.

vitrage n. m. Action de garnir de vitrer. / Ensemble des vitres d'une fenêtre, d'une pièce, d'un bâtiment. / Châssis garni de vitres.

vitrail n. m. Assemblage décoratif de morceaux de verre coloré, enchâssés dans une résille de plomb. Pl. Des *vitraux.*

vitre n. f. Panneau de verre garnissant une fenêtre ou toute autre ouverture, laissant ainsi passer la lumière tout en isolant de l'air extérieur.

vitré, e adj. (et n. m.) Garni de vitres. *Fenêtre vitrée.* / ANAT. *Humeur vitrée* ou (n. m.) *le vitré*: liquide transparent et visqueux contenu dans la cavité oculaire, en arrière du cristallin. Voir *œil.*

vitrerie n. f. Technique de la fabrication et de la pose des vitres. / Commerce du vitrier. / Ensemble des marchandises du vitrier.

vitreux, euse adj. Qui a l'aspect du verre. / Fig. Dont l'éclat est inerte comme celui du verre. *Yeux vitreux.*

vitrier n. m. Celui qui coupe, vend et pose les vitres, les vitrages.

vitrification n. f. Action de vitrifier; fait de se vitrifier; son résultat.

vitrifier v. t. [1] Transformer en verre (une matière). *Vitrifier des silicates par fusion.* (Emploi pron.) *Lave qui se vitrifie en refroidissant.* / Revêtir (une surface) d'une couche protectrice transparente. *Vitrifier un parquet.*

vitrine n. f. Devanture vitrée d'un magasin. / Espace derrière cette vitre, aménagé pour exposer la marchandise. / Petit meuble vitré dans lequel sont exposés des objets de collection.

vitriol n. m. Vx Sulfate. / *Vitriol* ou (vx) *huile de vitriol*: acide sulfurique concentré. / loc. adj., fig. *Au vitriol*: se dit de propos ou d'écrits très virulents.

vitriolage n. m. Action de vitrioler; son résultat.

vitrioler v. t. [1] Passer (qqch.) au vitriol. *Vitrioler une toile,* la débarrasser de ses impuretés en la trempant dans un bain sulfaté. / Blesser (qqn, une partie du corps de qqn) en l'arrosant de vitriol. *Vitrioler qqn au visage, vitrioler le visage de qqn.*

vitrocérame n. m. ou **vitrocéramique** n. f. Matériau alliant les caractéristiques de la pierre et celles du verre, obtenu par cristallisation d'un mélange de minerai de fer et de sable.

Cathédrale de Canterbury ; **vitrail** des miracles de saint Thomas Beckett : scènes de guérison qui nous renseignent sur la médecine et la chirurgie du Moyen Âge.

vitrophanie n. f. Etiquette autocollante que l'on applique sur une vitre et qu'on lit par transparence.

Vitruve (en latin, **Vitruvius Pollio)** Ier siècle av. J.-C. Architecte romain qui construisit des machines de guerre et sans doute la basilique de Fanum (aujourd'hui Fano, sur l'Adriatique). Il rédigea un traité, *De architectura*, dédié à Auguste, qui influença les architectes de la Renaissance.

Vitry (Philippe de) Voir **Philippe de Vitry**

Vittel *6117 h.* Station thermale des Vosges. Usine d'embouteillage, tourisme.

Vittorini (Elio) 1908-1966 Écrivain italien. Traducteur de romanciers américains modernes, tels Faulkner et Caldwell, il a publié des romans violents et satiriques, manifestant de fortes préoccupations sociales: *Conversation en Sicile* (1941); *Les Hommes et les Autres* (1945); *Les Femmes de Messine* (1949-1964).

Vittorio Veneto *32000 h.* Ville d'Italie, en Vénétie, où l'Italie vainquit l'Autriche-Hongrie en octobre 1918 et put ainsi imposer l'armistice.

vitupération n. f. Fait de vitupérer. / n. f. pl. Propos de celui, celle qui vitupère.

vitupérer v. t. [1] Blâmer, critiquer sévèrement (qqn, qqch.). / Élever des protestations, des invectives (contre qqn, qqch.).

vivable adj. Qui peut être vécu. *Une coexistence vivable.* Ant. invivable. / Où l'on vit agréablement. *Cet appartement est petit, mais vivable.* / De commerce agréable, d'humeur égale. *Elle n'est pas vivable. Il est distrait, nul en cuisine, mais tout à fait vivable.*

vivace [1] adj. Plein de vitalité, robuste. *Un enfant vivace.* / Qui subsiste dans toute sa force, qui dure longtemps sans s'affaiblir. *Une haine vivace.* / BOT. *Plante vivace* ou (n. f.) *vivace*: plante herbacée qui vit plusieurs années. Ant. (plante) annuelle.

vivace [2] adj. inv. (mot italien) MUS. Vif et enlevé.

vivacité n. f. Caractère subit et rapide d'une action. / Promptitude d'un individu à comprendre, à se mouvoir, à agir. / Tendance à l'emportement. / Intensité. *La vivacité d'une émotion.*

Vivaldi (Antonio) 1678-1741 Violoniste et compositeur italien. Ordonné prêtre à Venise, il ne put assurer son ministère pour raisons de santé et fut nommé maître de violon, puis maître de chapelle au séminaire musical de l'Ospedale della Pietà de Venise. Bien que sa charge fût lourde et lui imposât une présence constante et l'obligation de composer quasi quotidiennement, il réussit à faire des tournées en Italie et à voyager en Europe (Allemagne, Autriche, Pays-Bas), se produisant comme virtuose, chef d'orchestre et metteur en scène de ses opéras. À son retour à Venise (1740), il quitta son poste et partit pour Vienne, où il mourut pauvre et oublié, laissant une œuvre immense (plus de huit cents pièces: des centaines de compositions instrumentales, des dizaines d'opéras, des oratorios, des sérénades, des cantates et un volume entier de musique sacrée). En matière de musique instrumentale, son influence a été considérable. Il n'a pas créé le concerto pour soliste, mais en a exploité toutes les possibilités.

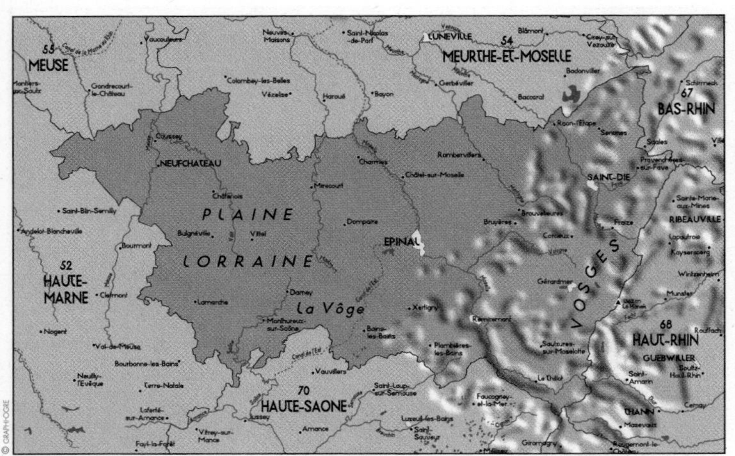

Département des **Vosges**.

Place des Vosges.

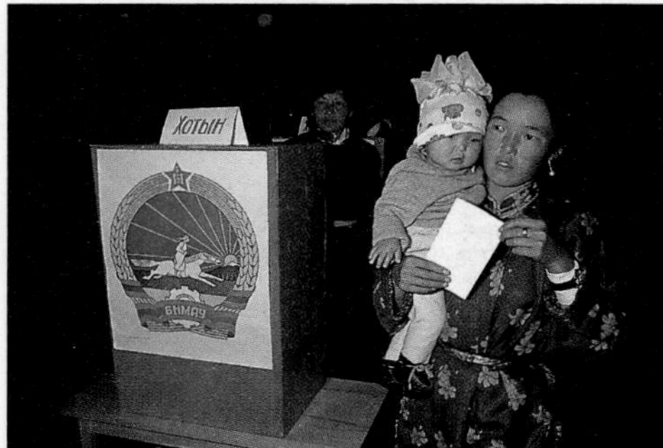

Vote : *femme mongole déposant son bulletin dans l'urne.*

gréseuses, au nord et à l'ouest, moins élevées et couvertes de sédiments. Nombreux sont les traces glaciaires, les vallées en U, les lacs (lac de Gérardmer) et les rivières, descendant en pente douce sur le versant lorrain (Meurthe, Moselle), tandis que de courts torrents dévalent le versant alsacien en escalier (Doller, Thur). Le climat, rude, aux hivers rigoureux et neigeux, est plus humide à l'ouest qu'à l'est. Peuplées, malgré l'altitude et la médiocrité des conditions naturelles, les Vosges ont une économie développée et équilibrée. La forêt et l'élevage laitier l'emportent sur l'agriculture (céréales, arbres fruitiers, vigne dans les vallées et sur les collines sous-vosgiennes du versant alsacien). Le thermalisme est important : Vittel, Contrexéville. L'industrie, ancienne, est née de l'abondance de la main-d'œuvre locale : industries du fromage (géromé, munster), du bois, industrie textile (lin, coton) aujourd'hui en crise, cristalleries (Baccarat).

Vosges (département des) [88] *5 874 km² 380 952 h.* Département de l'est de la France qui fait partie de la Région Lorraine. Chef-lieu *Épinal.* Il s'étend sur le versant occidental des Vosges cristallines et descend en pente douce vers le plateau lorrain, gréseux et calcaire. L'humidité du climat favorise l'élevage laitier et l'exploitation forestière qui sont les principales ressources de la zone montagneuse. Le plateau lorrain est le domaine de la polyculture céréalière, aujourd'hui en recul devant l'élevage. Les industries anciennes connaissent une crise profonde. Le thermalisme est développé : Vittel, Contrexéville, Plombières-les-Bains.

Vosges (place des) (autrefois, *place Royale*) Place parisienne située dans le quartier du Marais. Henri IV en fit entreprendre la construction en 1605 ; elle fut achevée sous Louis XIII, en 1612. De plan carré, elle est bordée de maisons en brique et en pierre, avec une galerie à arcades au rez-de-chaussée. Une statue équestre de Louis XIII est érigée au centre du jardin qui occupe la quasi-totalité de la place.

Vostok Nom donné à une série de satellites soviétiques lancés à partir de 1961 et qui emportaient des êtres humains : le premier d'entre eux fut Youri Gagarine ; *Vostok VI*, lancé le 16 juin 1963, transporta la première cosmonaute, Valentina Terechkova.

vote n. m. Choix, avis exprimé par les membres d'une assemblée ou d'un groupement humain. / Opération permettant d'exprimer ce choix, cet avis. *Procéder au vote. Bulletin de vote.* / Fait de voter, manière de voter. *Vote par correspondance, par procuration. Vote direct, indirect.*

voter v. i. / v. t. [1] Exprimer son opinion, son choix par un vote. *Voter pour un candidat, contre la peine de mort.* / v. t. Adopter par un vote. *Voter une loi.*

votif, ive adj. Destiné à acquitter un vœu. *Offrande votive. Autel votif.* / *Messe votive* : dans la liturgie catholique, messe dite à une intention particulière, et qui n'est pas la messe du jour.

votre, vos adj. poss. de la deuxième personne du plur. Qui est à vous. *Votre chaise. Vos livres.*

vôtre, s adj., pron. poss. de la deuxième personne du plur. et n. **A.** adj. Qui vous appartient. *Cette opinion est vôtre.* **B.** pron. poss. *Le, la, les vôtre(s)* : ce qui vous appartient ; ce qui vous tient à cœur. *Cette commode est la vôtre, pas la mienne.* **C.** n. m. pl. *Les vôtres* : vos proches. *Tous nos vœux pour vous et les vôtres.* / n. f. pl. Fam. *Vous avez encore fait des vôtres*, des sottises comme vous en faites d'habitude.

vouer v. t. [1] RELIG. Consacrer (à Dieu, à un dieu, à un saint par un vœu). *Vouer un enfant à la Vierge le jour de son baptême.* / Consacrer (sa vie, son activité, ses forces) à. *Vouer sa vie au service de Dieu, à la recherche scientifique.* / Engager durablement ou solennellement (un sentiment). *Vouer son amitié à qqn. Je lui voue une haine impitoyable.* / Destiner (qqn ou qqch.) à (généralement avec un sens passif ou dépréciatif). *Jardin voué à l'abandon.* / v. pron. *Se vouer à* : se consacrer à ; se destiner à.

Vouillé *2 774 h.* Commune de la Vienne où Clovis infligea en 507 une défaite décisive à Alaric II, roi des Wisigoths.

vouivre n. f. Rég. Dans l'est de la France, serpent fabuleux.

vouloir [1] v. t. [3] **A.** Avoir la volonté, l'intention de ; désirer ardemment. *Je veux m'en aller. Vouloir la paix. Sans le vouloir* : involontairement. / (Emploi absol.) Avoir de la volonté. *Vouloir c'est pouvoir.* / Fam. *En vouloir* : avoir beaucoup de volonté, avoir de l'ambition. / Demander péremptoirement, exiger. *Je veux qu'on m'obéisse. Ils veulent une rançon.* / Demander (tel prix) pour telle marchandise. *Il veut mille francs de ce tapis.* / Attendre (qqch.) de qqn ; avoir (telle intention) à l'égard de qqn. *Que veut-il de nous ? Vouloir du bien, du mal à qqn.* / Pour exprimer à qqn son impuissance, sa résignation. *Que voulez-vous que je réponde à cela ?* / Accepter, concéder, consentir à. *Veux-tu bien me suivre. Veuillez agréer... Si tu veux* : si cela te fait plaisir. / Être capable de ; entraîner par voie de conséquence ; exiger. *La voiture ne veut pas démarrer. C'est l'époque qui veut ça. L'usage veut que...* / *Vouloir dire* : voir *dire.* **B.** v. t. ind. *Vouloir de* : être disposé à recevoir, à accepter (qqn, qqch.). *Je ne veux pas de lui chez moi.* / *En vouloir à qqn*, s'en prendre à lui ; éprouver du ressentiment, de la rancune à son égard. *En vouloir à qqch.* : avoir des visées sur, essayer d'en profiter. **C.** v. pron. Se donner pour, prétendre être tel. *Il se veut équitable.* / *S'en vouloir de qqch.*, se le reprocher.

vouloir [2] n. m. Vx ou litt. Acte de la volonté. / *Bon, mauvais vouloir* : bonne, mauvaise volonté.

voulu, e adj. Nécessaire, requis. *En temps voulu.*

vous pron. pers. m. et f. de la deuxième personne du plur. (En fonction de sujet).

V

Voûte en ogive.

Sonde spatiale **Voyager** (© NASA).

Vous êtes en avance. Avez-vous reçu ma lettre ? (En fonction de complément) *Je vous trouve bien sûrs de vous. Je vous ai envoyé, à tous les trois, le compte-rendu de la réunion.* / (Dans des verbes essentiellement pronominaux) *Vous vous pavaniez dans vos plus beaux atours.* / (Pour remplacer *votre, vos*) *Vous vous en mordrez les doigts* : vous en mordrez vos doigts. / (Employé pour *tu, toi*, avec un adj. ou un attribut au singulier, dans tous les cas où l'on veut marquer du respect à la personne à laquelle on s'adresse) *Vous en êtes certain ? Vous êtes une mère pour moi. Vous, si attentive à autrui...*

voussoir ou **vousseau** n. m. ARCHIT. Pierre en forme de coin constituant un élément d'un arc ou d'une voûte. Syn. claveau. / Élément préfabriqué en forme de cintre, utilisé en particulier dans les travaux publics.

voussure n. f. ARCHIT. Courbure d'une voûte. *Dans l'architecture médiévale, les voussures, formées de plusieurs arcs concentriques, constituent l'archivolte du portail et sont généralement sculptées.* / MENUIS. Cintre surmontant une baie de porte ou de fenêtre.

voûte n. f. ARCHIT. Assemblage, en forme de cintre, de pierres taillées en voussoirs qui relient deux murs ou deux piliers (piédroits). *Voûte en ogive, en anse de panier, en plein cintre. Voûte en berceau* : voir *berceau*. *Voûte d'arête*, formée par l'intersection de deux voûtes en berceau. / Partie supérieure d'une courbe. *La voûte d'un tunnel.* / Fig. Tout ce dont la forme rappelle une coupole. *Voûte de feuillage. La voûte céleste.* / ANAT. *Voûte crânienne* : partie supérieure du crâne. *Voûte palatine* : paroi osseuse de la partie supérieure de la cavité buccale. Syn. palais osseux. *Voûte plantaire* : concavité naturelle de la plante du pied, dont l'affaissement détermine le pied plat.

voûté, e adj. Qui comporte une voûte. *Crypte voûtée.* / Courbé comme une voûte. *Dos voûté.*

vouvoiement n. m. Action de vouvoyer.

vouvoyer v. t. [1] Dire « vous » à (une personne seule), employer la deuxième personne du pluriel (qui marque la politesse) pour s'adresser à elle.

vox populi n. f. (mots latins, « voix du peuple ») Litt. Opinion de la masse.

voyage n. m. Déplacement d'une personne d'un lieu à un autre, assez éloigné. / Allées et venues entre deux endroits voisins. *Il faudra faire plusieurs voyages pour débarrasser la cave.* / Fam. État produit par l'absorption de certaines drogues.

Voyage au bout de la nuit (le) 1932 Roman de Louis-Ferdinand Céline. Le narrateur, Ferdinand Bardamu, ravi de rejoindre le front en 1914, déchante rapidement face aux horreurs de la guerre. Blessé, en proie au délire, il se fait réformer et fuit le massacre pour entreprendre un long voyage autour du monde, avant de s'établir comme médecin à Paris. Ce roman, mêlant l'absurde au réalisme, l'horreur au grotesque, et révélant un usage original des tournures orales et de l'argot, a marqué la littérature de l'entre-deux-guerres.

voyager v. i. [1] Accomplir un voyage, des voyages. / Être transporté, acheminé. *Les fruits ont voyagé en camion. Voyager bien, mal* : supporter bien, mal le transport.

Voyager Sondes spatiales automatiques, lancées par les États-Unis en 1977, et dont les observations firent considérablement progresser les connaissances sur Jupiter et Saturne (Voyager 1 et 2, 1977-1981) et sur Uranus et Neptune (Voyager 2, 1986-1989).

voyageur, euse n. et adj. Celui, celle qui voyage. / Vieilli *Voyageur de commerce* : représentant de commerce. / adj. *Pigeon voyageur*, dressé à porter des messages.

voyagiste n. m. Personne, entreprise qui organise et vend des voyages.

voyance n. f. Don de seconde vue (que prétendent posséder certaines personnes).

voyant, e adj. et n. **A.** adj. Qui attire la vue. *Couleurs voyantes.* / Fig. Ostentatoire. *Une discrétion voyante.* **B.** n. Personne qui jouit du sens de la vue. *Les voyants et les non-voyants.* / Personne qui possède ou prétend posséder le don de seconde vue. **C.** n. m. Signal lumineux destiné à attirer l'attention. / Plaque bicolore servant de mire dans les opérations de nivellement. / MAR. Partie apparente d'une bouée.

voyelle n. f. Son du langage produit uniquement par les vibrations des cordes vocales, la bouche étant plus ou moins ouverte. / Lettre représentant le son d'une voyelle. *L'alphabet français a six voyelles : a, e, i, o, u, y.*

voyer n. m. et adj. m. Anc. Officier chargé des voies publiques. / adj. Anc. *Agent voyer* : ingénieur du service vicinal.

voyeur, euse n. Celui, celle qui prend plaisir à observer autrui, poussé(e) par une curiosité malsaine et impudique.

voyeurisme n. m. Comportement de voyeur.

voyou n. m. et adj. **A.** n. m. Enfant, jeune homme mal élevé ; jeune vagabond ; jeune délinquant. / Homme de moralité douteuse, personnage grossier. **B.** adj. Propre aux voyous (le féminin *voyoute* est rare). *Ça mange pas de pain ; 400 expressions familières ou voyoutes de France ou du Québec* (ouvrage de J. Cellard).

voyoucratie n. f. Fam. Pouvoir exercé par des voyous, des personnes corrompues.

Voznessenski (Andrei Andreïevitch) 1933 Poète russe. Ses œuvres novatrices (*Les Antimondes*, 1964 ; *Le Cœur d'Achille*, 1968) marquèrent le début du « dégel » littéraire poststalinien.

VPC ou **V.P.C.** n. f. COMM. Sigle de *vente par correspondance*.

vrac (en) loc. adv. et n. m. Sans conditionnement. *Pommes de terre en vrac.* / Au poids. *Acheter du riz en vrac.* / Fig. En désordre. *Jeter ses affaires en vrac.* / n. m. TECH. Ensemble de marchandises ainsi commercialisées. *Transporter du vrac.*

vrai, vraie adj., n. et adv. **A.** adj. Conforme à la vérité (par oppos. à *faux*). *C'est vrai.* / Qui est exactement ce qu'il paraît être. *Un vrai savant.* / Réel. *La vraie raison de son abstention.* **B.** n. m. Vérité. *Discerner le vrai du faux.* / loc. adv. *À vrai dire, à dire vrai* : pour parler sincèrement. **C.** adv. Conformément à la vérité, à la réalité. *Une exclamation de surprise qui sonne vrai.*

vraiment adv. En vérité. *Je vous crois vraiment.*

vraisemblable adj. Qui a les apparences de la vérité. *Le vrai peut quelquefois n'être pas vraisemblable* (Boileau). Ant. invraisemblable. / Probable. *Il est vraisemblable que l'affaire ne se fera pas.*

vraisemblablement adv. Probablement.

vraisemblance n. f. Caractère de ce qui est vraisemblable. Ant. invraisemblance.

Vrangel Voir **Wrangel**

vraquier n. m. Navire qui transporte des marchandises en vrac.

vrille n. f. BOT. Organe d'une plante en forme de filament, qui s'enroule en spirale autour d'un corps étranger et qui lui permet de grimper. *Vrilles de pois, de vigne.* / TECHNOL. Petit outil de métal dont l'extrémité a la forme d'une vis et qui, enfoncé par rotation, fait des trous dans le bois. / Mouvement d'un avion qui, en perte de vitesse, pique vers le sol en tournant sur lui-même. / *En vrille* : en spirale.

vriller v. i. / v. t. [1] **A.** v. i. Se rouler en vrille. *Un ruban qui vrille.* / Spécial. (En parlant de ce qui vole) S'élever dans les airs ou descendre en tournoyant. **B.** v. t. Percer (qqch.) à l'aide d'une vrille de métal. Loc. fig. *Vriller les tympans*, soumettre l'oreille à une stridence très intense. *Un cri qui vrille les tympans.*

vrillette n. f. Petit insecte coléoptère dont la larve creuse des galeries dans le bois.

vrombir v. i. [2] Produire un son strident et vibrant dû à un mouvement vibratoire. *Frelon qui vrombit. Entendez-vous vrombir le moteur ?*

La Forge de **Vulcain**, *de Diego Vélasquez, musée du Prado, Madrid.*

vrombissement n. m. Son produit par ce qui vrombit.

V.R.P. ou **VRP** n. m. (sigle de *voyageur, représentant, placier*) Vieilli. Voyageur de commerce.

V.T.T. ou **VTT** n. m. (Sigle de *vélo tout terrain*). Bicyclette à roues épaisses et à pneus aux sculptures profondes que l'on peut utiliser sur des terrains accidentés.

vu, vue [1] adj. et n. m. **A.** adj. Perçu par les yeux ou (fig.) par l'esprit. *Choses vues.* Loc. *Ni vu, ni connu*: sans que personne ne s'en aperçoive. *C'est tout vu*: c'est un fait, c'est indiscutable. *Être bien vu, mal vu,* bien, mal considéré par autrui. **B.** n. m. (En loc.) *Au vu et au su de chacun*: ouvertement. *C'est du déjà vu*: ce n'est pas nouveau, ce n'est pas original. *C'est du jamais vu*: c'est nouveau, c'est original.

vu [2] prép. Étant donné. *Vu la situation.* / DR. Après examen de. *Vu les décrets du 30 avril 1910 et du 12 mai 1935…* / loc. conj. Fam. *Vu que*: étant donné que. *Vu que tu n'es jamais à l'heure…*

Vuarnet (Jean) 1933 Skieur français qui découvrit la position de recherche de vitesse dite *en œuf.*

vue n. f. Sens permettant, grâce aux yeux, de percevoir la lumière, les couleurs et les formes. *Perdre la vue*: devenir aveugle. / Manière de percevoir. *Avoir une bonne vue.* / Par méton. Organe de la vue. *S'user la vue,* les yeux. / Action de voir. *À la vue de son cadeau, son visage s'est illuminé. Détourner la vue,* le regard. *À perte de vue*: aussi loin que le regard porte. *À vue* d'œil: de façon immédiatement perceptible; rapidement. *Le ciel s'assombrit à vue d'œil. Garder à vue, ne pas perdre de vue*: surveiller attentivement. *Changement à vue*: au théâtre, changement de décor fait devant le spectateur. / Fam. *À vue de nez, de pif*: approximativement. / FIN. *Payable à vue*, sur présentation. / Manière dont qqch. se présente. *Vue de face. En vue*: visible; célèbre, important. *La terre est en vue. Personnalité politique en vue.* / Ce qui est vu d'un endroit donné. *Une belle vue, une vue panoramique.* / Représentation, image. *Une vue de Venise.* / (Au plur.) *Prise de vues*: action de filmer, de photographier. / Fig. Manière de concevoir. *Profondeur de vues. C'est une vue de l'esprit*, qui ne tient pas compte de la réalité. / *Seconde, double vue*: faculté de représentation mentale, que prétendent avoir certaines personnes, d'un événement dont elles ne sont pas témoin oculaire. / (souvent au pl.) Intention, dessein. *Cela entre, n'entre pas dans mes vues: cela est, n'est pas conforme à ce que je désire, à ce que je prépare. En vue de*: dans l'intention de. *Avoir des vues sur*: convoiter.

Vuillard (Édouard) 1868-1940 Peintre français. Membre du groupe des Nabis, il s'intéressa aux arts décoratifs et travailla pour le théâtre. Sa manière évolua vers un style intimiste, aux tons nuancés, avec des aplats cernés par des traits souples; sa mise en page témoigne de l'influence exercée par les artistes japonais sur les peintres de sa génération.

Vulcain MYTH. ROM. Dieu du Feu et du Travail des métaux, fils de Jupiter et de Junon. Il a été assimilé à l'*Héphaïstos* grec: dans son atelier, sous un volcan, il forge les armes divines avec l'aide des Cyclopes.

vulcanisation n. f. TECHNOL. Traitement du caoutchouc ou d'un élastomère par action du soufre à chaud pour améliorer son élasticité.

vulcanisé, e adj. Soumis à la vulcanisation. *Pneu vulcanisé.*

vulcanologie, vulcanologue Voir **volcanologie, volcanologue**

vulgaire adj. et n. m. **A.** adj. Vieilli ou litt. Du type le plus courant, le plus répandu. *Langue vulgaire*, parlée par le plus grand nombre, par oppos. à *langue littéraire.* / BIOL. *Nom vulgaire* (d'une plante, d'un animal): nom vernaculaire. / (Avant le nom) Du genre le plus courant, par oppos. à qqn, qqch. du genre considéré comme supérieur. *Une vulgaire chaise de cuisine.* / Péjor. Dépourvu de toute distinction, de toute élégance. *Elle est sotte et vulgaire.* **B.** n. m. Litt. *Le vulgaire*: le commun des mortels.

vulgairement adv. Avec vulgarité. *Elle rit vulgairement.* / Dans le langage courant. *Le cynorhodon, vulgairement appelé gratte-cul.*

vulgarisation n. f. Action de vulgariser; son résultat. *La vulgarisation scientifique.*

vulgariser v. t. [1] Répandre, diffuser dans un large public (un produit, une idée, un savoir); spécial., adapter (des connaissances scientifiques ou techniques) pour les mettre à la portée de tous. *Vulgariser les arts. Vulgariser un ouvrage d'astronomie.* / Rendre vulgaire, banal, grossier.

vulgarité n. f. Manque de distinction dans la tenue, les manières ou le langage. / Caractère ordinaire, grossier d'une chose.

Vulgate (la) Traduction latine de la Bible réalisée par saint Jérôme, d'après le texte hébreu, à la fin du IVe siècle. Révisée plusieurs fois, elle attendit le VIIe siècle pour s'imposer et fut proclamée la seule version authentique par le concile de Trente en 1546. Le pape Clément VIII en promulgua en 1592 le texte définitif, reconnu comme la version officielle de la Bible catholique; cette notion de « version officielle » est tombée en désuétude.

vulgum pecus n. m. (mots latins) (Plaisant) Commun des mortels.

vulnérabilité n. f. Caractère vulnérable (de qqch. ou de qqn). *Vulnérabilité d'une place forte. Vulnérabilité d'une personne sensible aux moqueries.* Ant. invulnérabilité.

vulnérable adj. Qui peut être facilement blessé. *La seule partie vulnérable du corps d'Achille était son talon.* Ant. invulnérable. / Qui résiste mal aux attaques, physiquement ou moralement. *Une position militaire mal défendue et vulnérable. Son amour pour sa fille la rend vulnérable.*

vulnéraire adj., n. m. et n. f. Vx Qui guérit les plaies. / n. m. Médicament qui a cet effet. / n. f. Plante herbacée des prés et des terrains vagues, aux fleurs jaunes, qui passait pour guérir les plaies.

vulvaire [1] adj. ANAT. De la vulve; relatif à la vulve.

vulvaire [2] n. f. BOT. Plante herbacée des décombres, de la famille des chénopodiacées, dont les feuilles répandent une odeur fétide. Syn. arroche puante.

vulve n. f. ANAT. Ensemble des organes génitaux externes de la femme.

vulvite n. f. MÉD. Inflammation de la vulve.

vulvovaginite n. f. MÉD. Inflammation du vagin associée à une infection de la vulve.

Vyborg *75 000 h.* Ville et port de Russie, point stratégique sur le golfe de Finlande. Commerce du bois, industrie alimentaire. La Finlande céda cette ville à la Russie en 1947.

Vychinski (Andrei Ianouarevitch) 1883-1954 Homme politique soviétique. Procureur général de l'URSS (1936), il joua, pendant le procès de Moscou, son rôle d'accusateur public avec une sévérité implacable. Adjoint (1940) de Molotov au Commissariat aux Affaires étrangères, il contribua, après la Deuxième Guerre mondiale, à l'instauration d'un régime communiste en Roumanie et en Bulgarie. Il succéda à Molotov en 1949, mais fut écarté après la mort de Staline (1953), Molotov reprenant sa place. Pendant la guerre froide, il s'est signalé par sa brutalité et son intransigeance.

Vulnéraire.

Wace (Robert) 1100-1175 ? Poète anglo-normand. Il écrivit le *Roman de Brut* (1155), en vers octosyllabiques romans, à partir d'une chronique anglaise en latin ; c'est la première œuvre qui évoque la Table ronde. Brut, d'après lui, est un Troyen (Brutus), petit-fils d'Énée, qui émigra dans les îles Britanniques et serait l'ancêtre des Bretons.

Waddington (William Henri) 1826-1894 Archéologue et homme politique français. Il participa à la fondation de l'École des hautes études et poursuivit une carrière politique et diplomatique : député, sénateur, ministre de l'Instruction publique (1873, 1877), puis des Affaires étrangères (1877-1879), il fut brièvement président du Conseil (1879) et, ensuite, ambassadeur à Londres.

Wade (Abdoulaye) 1927 Homme politique sénégalais. Après de nombreuses années passées dans l'opposition (il était le fondateur du Parti démocratique sénégalais), il a été élu président de la République en 2000.

Wafd (en arabe « *délégation* ») Parti nationaliste égyptien créé en 1919. Il obtint en 1922 l'indépendance de son pays, mais la Grande-Bretagne utilisa l'antagonisme entre le Wafd et le roi pour maintenir son influence. Le parti dirigea l'Égypte de 1927 à 1952. Les partis furent interdits par Nasser ; le Wafd fut finalement autorisé à se reconstituer (1978) sous le nom de Néo-Wafd.

WAGNER (RICHARD)

Malgré de puissants amis et protecteurs (Liszt, Louis II de Bavière), il doit souvent s'exiler, tantôt pour des raisons politiques, tantôt poussé par la misère. Il poursuit une carrière mouvementée de chef d'orchestre dans plusieurs capitales d'Europe et rencontre à Paris Heine, Liszt et Berlioz. En 1842, il triomphe avec son troisième opéra, *Rienzi*, achevé lors de son séjour parisien. Maître de chapelle à la cour de Saxe (1843), il fait jouer (1843) *Le Vaisseau fantôme*, entièrement composé à Paris, qui est un échec, et *Tannhauser*, qui n'est qu'un demi-succès. En 1849, il participe au mouvement révolutionnaire de Dresde et doit s'exiler à Weimar, où Liszt l'accueille, puis à Paris, enfin à Zurich (1849) où il restera une dizaine d'années tout en faisant plusieurs séjours hors de Suisse (Paris, Londres, Venise). En 1861, *Tannhauser* est joué à Paris ; c'est un dramatique échec, fruit d'une cabale montée à la fois par des aristocrates français et par des musiciens allemands menés par Meyerbeer, malgré l'appui de nombreux autres musiciens (Gounod, Rossini, Saint-Saens) et d'écrivains (Gautier, Baudelaire, Barbey d'Aurevilly). Pour Wagner, c'est une blessure morale et un désastre financier ; il entreprend alors une longue tournée européenne où son talent lui vaut de grands succès. En 1864, Louis II l'appelle à la cour de Bavière. En 1870, il épouse en secondes noces (il était divorcé de la cantatrice Minna Planer et s'était séparé de Mathilde Weisenstock à qui l'avait lié une profonde passion) une des deux filles de Liszt et de Marie d'Agoult, Cosima (1869-1930), qui contribuera à sa gloire posthume. Installé à Bayreuth, il dessine, suivant une technique révolutionnaire pour l'époque, les plans du théâtre qui sera inauguré en 1872 et où sera créée la tétralogie, *L'Anneau du Nibelung*. Si les idées de Wagner théoricien sont contestables, si le recours à une mythologie germanique et guerrière se révéla plutôt néfaste par la suite, son apport en tant que musicien reste immense : il a élargi l'orchestre romantique et utilisé de nouveaux instruments, créé un « drame musical » d'un type nouveau ; en outre, par l'invention et le jeu des leitmotive, la polyphonie wagnérienne a abouti à un chromatisme exacerbé qui sera à l'origine des écoles modernes atonales. Il a composé pour le piano, mais ses chefs-d'œuvre restent ses opéras : *Le Vaisseau fantôme* (1841) ; *Lohengrin* (1841-1847) ; *L'Anneau du Nibelung* (*L'Or du Rhin*, 1854 ; *La Walkyrie*, 1856 ; *Siegfried*, 1859 ; *Le Crépuscule des dieux*, 1874) ; *Tristan et Isolde* (1857-1859) ; *Les Maîtres chanteurs de Nuremberg* (1862-1867) ; *Parsifal* (1877-1882).

***Wagon**-citerne transportant du lait.*

• **Wagner (Richard)** 1813-1883 Compositeur et dramaturge allemand.

Wagner (Otto) 1841-1918 Architecte autrichien. Principal représentant de l'art nouveau à Vienne, où il construisit en 1892 la Majolika Haus, il embrassa en 1901 le fonctionnalisme : les conceptions qu'il appliqua à la construction de la Caisse d'épargne postale, à Vienne (1904-1906), en font un des pionniers de l'architecture moderne.

wagnérien, enne adj. De Richard Wagner ; relatif à Richard Wagner, à son œuvre.

wagon n. m. (mot anglais) Véhicule tracté sur voie ferrée, dans lequel on transporte des animaux, des marchandises (par oppos. à *voiture* qui sert au transport des personnes). *Wagon-citerne, wagon-réservoir*, équipé pour le transport des liquides. *Wagon-poste*, dans lequel on trie et transporte le courrier. / Par ext. Voiture de voyageurs. *Wagon-lit*, équipé d'une ou deux couchettes. *Wagon-bar*, aménagé en bar. *Wagon-restaurant*, aménagé en restaurant. Pl. Des *wagons-citernes*, des *wagons-réservoirs*, des *wagons-poste*, des *wagons-lits*, des *wagons-bars*, des *wagons-restaurants*. / Contenu d'un wagon. / CONSTR. Tuyau de terre cuite dont l'assemblage forme des conduits de fumée.

wagonnet n. m. Petit wagon employé dans les mines ou les travaux de terrassement, déchargé par basculement.

Andrzej Wajda.

Lech Walesa.

Wagram *4 300 h.* Village d'Autriche, situé au nord-est de Vienne, où Napoléon, en battant l'archiduc Charles, reprit, le 6 juillet 1809, l'avantage perdu à la bataille d'Essling en mai.
wahhabisme n. m. RELIG. Doctrine des wahhabites.
wahhabite adj. et n. RELIG. Relatif à la doctrine professée par Muhammad ibn Abd al-Wahhab ; tenant de cette doctrine.
♦ Le rigorisme wahhabite se répandit en Arabie à la fin du XVIIIe siècle. Ses partisans entendaient établir un État théocratique dont les institutions seraient fondées sur une interprétation littérale du Coran. Muhammad ibn Abd al-Wahhab s'allia avec un chef bédouin, Muhammad ibn Séoud, dont les vues étaient conformes aux siennes. Les Ottomans réagirent brutalement (1813-1819), mais un descendant de Muhammad ibn Séoud, Abd al-Aziz ibn Séoud, rassembla sous son autorité la majeure partie du territoire de la péninsule arabique et imposa le wahhabisme sur ce qui allait devenir (1932) le royaume d'Arabie Séoudite.
Wajda (Andrzej) 1926 Cinéaste polonais dont les tendances lyriques se manifestent dès ses premiers films, y compris ceux réalisés sous le régime socialiste (*Génération*, 1954). En 1959, *Cendres et diamant* remporte un succès immédiat. Suivront *La Terre de la grande promesse* (1975) ; *L'Homme de marbre* (1976) ; *L'Homme de fer* (1981) ; *La Semaine sainte* (1996) ; *Pan Tadeusz* (2000).
Wake (île de) *7,8 km² 2 000 h.* Île du Pacifique, au nord des îles Marshall, annexée par les États-Unis en 1900. Occupée par les Japonais peu après l'attaque de Pearl Harbor, elle fut reprise par les Américains en 1945.
Wakhevitch (Georges) 1907-1984 Décorateur français d'origine russe. Décorateur de théâtre à partir de 1934, il s'affirma ensuite au cinéma (*Les Visiteurs du soir*, de Carné, 1942 ; *L'Aigle à deux têtes*, de Cocteau, 1948 ; *Les Fêtes galantes*, de Clair, 1965 ; *Le Roi Lear*, de Brook, 1971), où son talent inventif et sa virtuosité firent merveille.
Waksman (Selman Abraham) 1888-1973 Microbiologiste américain d'origine russe. Ses travaux sur les antibiotiques aboutirent à la découverte de la streptomycine (1943), efficace notamment contre la tuberculose.
Walburge Voir **Walpurgis**
Walcott (Derek) 1930 Poète antillais d'expression anglaise. Fondateur, à la Trinité, d'une troupe de théâtre, il donna de nombreuses œuvres dramatiques (*Dream on Monkey Mountain and Other Plays*, 1971) et acquit une réputation internationale avec ses recueils de poèmes (*The Arkansas Testament*, 1987).
Waldeck-Rousseau (Pierre) 1846-1904 Avocat et homme politique français. Député en 1879, ministre de l'Intérieur en 1881 et 1883, sénateur en 1894, il pratiqua, en tant que président du Conseil (1899-1902), une politique de défense républicaine ; il lutta contre les nationalistes, adversaires de la révision du procès Dreyfus (révision qu'il imposa), et fit voter la loi de 1901 sur la liberté d'association.
Waldheim (Kurt) 1918 Homme politique autrichien. Secrétaire général de l'ONU (1972-1981), il fut accusé d'avoir embrassé la cause nazie quand il avait dû servir, après l'Anschluss, dans l'armée allemande. Il fut toutefois président de la République (1986-1992).
Walesa (Lech) 1943 Homme politique polonais. Ouvrier à Gdansk, il est à la tête des grévistes en 1980 et contribue à fonder, le 22 septembre, le syndicat Solidarnosc (« Solidarité »), qu'il préside. Le 10 novembre, il obtient la légalisation de Solidarnosc, mais, en novembre 1982, ce syndicat libre est interdit. En 1988, Walesa accepte de négocier avec le gouvernement, qui lève l'interdiction et promet des élections libres. En 1989, Solidarnosc les remporte ; un de ses dirigeants, T. Mazowiecki, devient premier ministre et Walesa est élu président de la République en 1990. Il le restera jusqu'en 1995, date à laquelle il est battu par un social-démocrate, A. Kwasniewski.
Walewska (Marie Laczynska, comtesse Colonna Walewska, dite **Marie)** 1786-1817 Dame polonaise. Épouse (1804) du comte Colonna Walewski, maîtresse de Napoléon Ier lorsque celui-ci passa à Varsovie en 1806, elle eut de cette liaison un fils, Alexandre. Veuve, elle épousa en secondes noces (1817) Philippe Antoine d'Ornano. **Walewski (Alexandre Colonna**, comte**)** 1810-1868 Homme politique français, fils de la précédente. Reconnu par le comte Walewski, il prit la nationalité française et joua un rôle diplomatique et politique en France sous le Second Empire.
Walhalla ou **Val-Hall (le** ou **la)** Dans la mythologie nordique et germanique, demeure céleste où les guerriers tués au combat, reçus par les Walkyries, combattent pendant la journée pour s'entraîner au combat final qu'ils livreront contre les démons, et, la nuit, se livrent à des beuveries sans fin.
wali n. m. (mot arabe) En Algérie, fonctionnaire qui administre une wilaya.
walkman n. m. (mot anglais, nom déposé) Lecteur portatif de cassettes audio ou de disques compacts, muni d'un casque d'écoute. Syn. baladeur.
Walkyrie ou **Valkyrie** Divinité féminine qui joue un grand rôle dans la mythologie scandinave. *La Chanson des Nibelungen* (écrite vers 1200 par un auteur anonyme) fait intervenir la Walkyrie Brünhild, reine d'Islande, qui épouse Gunther, roi des Burgondes, et affronte Kriemhild, sœur de Gunther aimée par Siegfried. La haine de Brünhild sera fatale à Siegfried. Cette histoire a inspiré à Wagner *La Walkyrie* (1856), deuxième partie de la tétralogie *L'Anneau du Nibelung* (1854-1874).
wallaby n. m. (mot d'une langue d'Australie) ZOOL. Petit kangourou, dont il existe plusieurs espèces. Pl. Des *wallabies.*
Wallace (Alfred Russell) 1823-1913 Naturaliste britannique. Recensant la faune et la flore de l'Indonésie et de l'Australie, il parvint aux mêmes conclusions que Darwin, portant notamment sur la sélection naturelle. L'envoi à Darwin de son essai *The Tendency of Varieties to Depart Indefinitely from Original Types* conduit ce dernier à présenter à la fois un résumé de son *Origine des espèces* et l'ouvrage de Wallace devant la Linnaean Society de Londres. Pionnier de la biogéographie, il a tracé entre les deux îles indonésiennes de Bali et Lombok une ligne imaginaire (*ligne de Wallace*) qui figure la séparation entre les faunes d'Asie et d'Australie.
Wallace (sir William) 1270-1305 Héros populaire écossais. Édouard Ier d'Angleterre ayant conquis l'Écosse, Wallace libéra son pays par la victoire de Stirling en 1297. Mais, défait par Édouard à Falkirk en 1298 et livré aux Anglais après quelques années de lutte, il fut conduit à Londres et exécuté.
Wallace (sir Richard) 1818-1890 Philanthrope anglais. Il consacra sa fortune à des œuvres humanitaires, notamment à Paris où il a fait construire des fontaines qui portent son nom.
Wallace (Edgar) 1875-1932 Écrivain américain d'origine britannique, auteur de près de 200 romans policiers (*Les Quatre Justiciers*, 1905 ; *La Terreur*, 1930), de nouvelles et de pièces de théâtre. Il est également l'auteur du scénario de *King Kong.*
Wallenstein ou **Waldstein (Albrecht Eusebius Wenzel von Wallenstein,** duc de **Friedland)** 1583-1634 Général allemand d'origine tchèque qui s'illustra au service de l'empereur Ferdinand II. Aventurier de grande envergure, il amassa une immense fortune et mit ses régiments à la disposition de l'empereur pendant la guerre de Trente Ans. Ses victoires sur les Danois et les Allemands du Nord lui valurent le duché de Mecklembourg. Ayant comploté avec le roi de Suède, il fut abandonné par son armée, puis assassiné par quelques-uns de ses officiers. Schiller en a fait le héros d'une trilogie (1798-1799).
Waller (Thomas, dit **Fats)** 1904-1943 Pianiste de jazz américain, également chanteur et compositeur (*Ain't Misbehavin*, *Black and Blue*).
Wallis (John) 1616-1703 Mathématicien anglais. Ce prêtre anglican fut l'un des fondateurs du calcul infinitésimal. Il a donné son nom à une intégrale qui donne une expression de p sous la forme d'un produit infini.
Wallis-et-Futuna *255 km² 14 166 h.* Petit archipel de l'océan Pacifique (Océanie), au nord-est des Fidji qui fut découvert par l'Anglais Wallis en 1767. Protectorat français en 1886 (Wallis) et 1887 (Futuna), l'archipel est depuis 1959 un territoire français d'outre-mer. Les îles Wallis (*159 km²*) comprennent l'île principale du TOM, Uvéa, volcanique, et des îlots coralliens. Futuna est la plus importante des îles Horn (*115 km²*). La population du TOM est polynésienne et de religion catholique. Les faiblesses des ressources poussent à l'émigration en Nouvelle-Calédonie.
wallisien, enne adj. et n. De Wallis-et-Futuna. *Le gouvernement wallisien. Un(e) Wallisien(ne).*
wallon, onne adj. et n. De Wallonie. *La plaine wallonne. Un(e) Wallon(ne).* / n. m. LING. Dialecte gallo-roman parlé majoritairement dans le sud de la Belgique.
Wallon (Henri Alexandre) 1812-1904 Historien et homme politique français. Élu député en 1871, il siégea au centre droit. Le 30 novembre 1875, il fit voter l'amendement Wallon qui remplaçait dans un texte officiel « le maréchal de Mac-Mahon » par « le président de la République ». Ce vote, remporté à une seule voix de majorité, instaurait la IIIe République. En effet, jusque-là, une majorité monarchiste dominait l'Assemblée.
Wallon (Henri) 1879-1962 Psychologue français. Agrégé de philosophie, médecin, il anime (1908-1931) une consultation pour enfants arriérés mentaux et atteints d'agitation motrice, expérience qui sera le sujet de sa thèse sur *L'Enfant turbulent* (1925). Fondateur (1922) du laboratoire de psy-

Wall Street.

chobiologie de l'enfant, il est (1937-1949) professeur au Collège de France. Attentif aux liens entre psychologie et pédagogie, il est, après la Seconde Guerre mondiale, à l'origine de la réforme de l'enseignement (plan Langevin-Wallon, 1946). Membre du parti communiste, résistant, il est secrétaire général à l'Éducation nationale (1944) et député (1945-1946) à l'Assemblée constituante. Ses travaux portent essentiellement sur le développement de la pensée chez l'enfant (*De l'acte à la Pensée. Essai de psychologie comparée*, 1942; *Les Origines de la pensée chez l'enfant*, 1945).

Wallonie Partie méridionale et orientale de la Belgique. Ses habitants, les Wallons, d'origine celto-romaine, se sont unis aux Flamands, d'origine germanique, pour former la Belgique. Aujourd'hui, dominés numériquement et économiquement par les Flamands, les Wallons francophones défendent leur autonomie culturelle. En 1970, la Belgique s'est donné une nouvelle structure: trois communautés, trois régions, la Région wallonne, la Région flamande, la Communauté germanophone.

wallonne (Région) *16 844 km² 3 293 352 h.* Région administrative du sud de la Belgique, comprenant cinq provinces: Hainaut (chef-lieu *Mons*), Liège, Luxembourg (chef-lieu *Arlon*), Brabant wallon (chef-lieu *Wavre*) et Namur. Capitale *Namur*. Avec Bruxelles, capitale qui constitue une Région distincte, elle forme *la Communauté française de Wallonie-Bruxelles* (la région flamande formant la Communauté flamande, la troisième communauté étant la Communauté germanophone). C'est une région agricole (céréales, betterave à sucre, pomme de terre) et une terre d'élevage (bovins). L'industrie, fondée sur le charbon, a durement ressenti, dans les années 1950, les mutations économiques qui ont fait du charbon, dont les gisements étaient en voie d'épuisement et que l'on a cessé d'exploiter à partir de 1960, une source d'énergie coûteuse et considérée comme obsolète. Le secteur textile est également en difficulté. On a tenté de rénover ce tissu industriel en implantant des activités à haute valeur ajoutée (aérospatiale, chimie fine, électronique), mais les friches industrielles sont plus nombreuses en Wallonie que partout ailleurs en Belgique. Le tourisme joue un rôle de plus en plus important.

Wall Street Rue, au sud de Manhattan, où se trouve la Bourse de New York. C'est le plus grand centre financier des États-Unis et du monde. Elle doit son nom à une muraille que les Hollandais édifièrent pour se protéger contre les Amérindiens.

Walpole (Robert, 1er comte **d'Oxford)** 1676-1745 Homme d'État britannique. Député whig à la Chambre des communes en 1701, il occupa différentes fonctions ministérielles, avant d'être chancelier de l'Échiquier (1715) et le principal ministre de George II de 1721 à 1742. Habile et dépourvu de scrupules, il utilisa tous les moyens à sa disposition, corruption comprise, pour rallier la petite noblesse à la dynastie hanovrienne. Il transforma profondément le fonctionnement de la vie politique anglaise, les ministres devenant responsables devant le Parlement, et non plus devant le souverain. Attaché à la paix, il dut pourtant, poussé par l'opinion, faire la guerre à l'Espagne et à la France (1739-1740). Ayant perdu beaucoup de son crédit, il démissionna en 1742. **Horace** 1717-1797 Écrivain britannique. Fils du précédent, il abandonna rapidement la politique pour la littérature, voyagea en Europe et se lia avec Mme Du Deffand avec qui il entretint une importante correspondance. Il est l'auteur du *Château d'Otrante* (1764), qui annonce le roman noir.

Robert Walser.

Walpurgis ou **Walburge** (sainte) 710?-779 Religieuse bénédictine anglaise. Saint Boniface la fit venir en Germanie où elle mourut. Au IXe siècle, sa dépouille fut transférée à Eichstätt (Souabe) qui devint un lieu de pèlerinage. *Nuit de Walpurgis*: selon une légende, pendant la nuit précédant le 1er mai, fête de sainte Walpurgis, sorciers et sorcières se réunissaient sur le Blocksberg (ou Brocken, massif du Harz).

Walser (Robert) 1878-1956 Écrivain suisse d'expression allemande. Il publia trois romans, sinon autobiographiques, du moins nourris par son expérience de l'instabilité personnelle et professionnelle, *Les Enfants Tanner* (1907); *Le Commis* (1908), *L'Institut Benjamenta* (1908), où l'on enseigne le mépris de soi et l'effacement. Après son dernier recueil (*La Rose*, 1925), souffrant de schizophrénie, il entra spontanément dans un asile psychiatrique et vécut interné jusqu'à sa mort.

Walsh (Raoul) 1887-1980 Cinéaste américain. Vétéran de l'âge d'or de Hollywood (il a joué dans *Naissance d'une nation*, 1915), il a réalisé de grands films d'action: *La Grande Évasion* (1941); *Gentleman Jim* (1942); *Les Nus et les Morts* (1958); *La Charge de la huitième brigade* (1964).

Waltari (Mika Tolmi) 1908-1979 Écrivain finlandais d'expression finnoise. Romancier intéressé par les années folles (*La Grande Illusion*, 1928), par le développement urbain d'Helsinki (*De père en fils*, 1942), par la vie paysanne (*Un inconnu vient à la ferme*, 1937), il connut le succès avec ses romans historiques (*Sinouhé l'Égyptien*, 1945). Il est également l'auteur de nouvelles, de récits, de romans policiers, de romans d'aventures (pour lesquels il a utilisé des pseudonymes) et de comédies.

Walter (Bruno Walter Schlesinger, dit **Bruno)** 1876-1962 Chef d'orchestre américain d'origine allemande, interprète, notamment, de Mahler (il créa, après la mort du musicien, *Le Chant de la Terre*, en 1911, et la *Neuvième Symphonie*, en 1912). Après l'Anschluss, il quitta l'Autriche pour la France, puis pour les États-Unis (1939).

Walther von der Vogelweide (en français, *Guillaume des oiseleurs*) v. 1170-v. 1230 Poète allemand. Il aborde aussi bien la chanson d'amour, dans la tradition de l'art courtois du *Minnesang*, que les thèmes moraux, religieux et politiques.

Walvis Bay ou **Walfish Bay** *1 124 km² 25 135 heures* Territoire de Namibie, important centre de pêche de l'Atlantique Sud et port de commerce. Il appartint à l'Afrique du Sud jusqu'en 1994.

Wang Meng ou **Wang Mong** 1310?-1385 Peintre, écrivain et calligraphe chinois, paysagiste d'une grande originalité aux puissantes compositions généralement verticales, où la couleur souligne les nuances de l'encre.

Wang Wei 700?-759 Peintre, poète, calligraphe, musicien et fonctionnaire chinois, considéré comme le créateur du paysage monochrome au lavis (*Neige au bord de la rivière*); ses œuvres qui subsistent ne peuvent être ni identifiées de manière certaine, ni datées avec précision; on les connaît par des copies. Poète, il s'est fait le chantre de la vie paysanne (*Les Fermes du val de la Wei*), de l'heure changeante et des impressions fugitives (*Nuit d'automne dans la montagne*).

wapiti n. m. (mot anglo-américain, de l'algonquin) ZOOL. Grand cerf d'Amérique du Nord, atteignant 1,70 m au garrot.

Warens (Louise Éléonore de La Tour du Pil, baronne **de)** 1700-1762 Dame française. En 1732, elle accueillit le jeune Jean-Jacques Rousseau dans sa propriété des Charmettes, près de Chambéry, où il passa avec elle les plus heureuses années de sa vie.

wargame n. m. (mot anglais) Jeu de société où les joueurs sont les protagonistes de batailles militaires, historiques ou fictives, et dont les règles relèvent des principes de la tactique et de la stratégie.

Warhol (Andy) 1928-1987 Peintre et cinéaste américain. Tenant du pop'art, dont il fut un des principaux représentants, il considéra l'art comme le résultat d'une technique objective, proche de la publicité et réalisé en équipe. Il se plut dans des séries (visages de Marilyn Monroe, de Mao, boîte de soupe Campbell, chaise électrique). Réalisateur de films underground (*Chelsea Girls*, 1966), il fut aussi parfois producteur.

warning n. m. (mot anglais) Feux de détresse (d'une automobile).

Waroquier (Henry de) 1881-1970 Peintre, graveur et sculpteur français, au style éclectique (il tenta de concilier fauvisme, cubisme et apports de la Renaissance italienne) et au dessin très contrasté. On lui doit une décoration murale du palais de Chaillot (*La Tragédie*, 1937).

warrant n. m. (mot anglais) COMM. Titre délivré lors du dépôt d'une marchandise dans des magasins généraux et qui est négociable comme un effet de commerce permettant au déposant d'obtenir un prêt gagé sur cette marchandise. / FIN. Titre d'emprunt permettant à un souscripteur en Bourse d'acquérir d'autres titres.

Wartburg (Walther von) 1888-1971 Linguiste suisse d'expression allemande. Il composa, avec Oscar Bloch, le monumental *Dictionnaire étymologique de la langue française* (en allemand, 1932), le plus important travail de ce genre réalisé jusqu'à présent.

Warwick Voir **Neville**

Washington (George) 1732-1799 Général et homme d'État américain. Il participa à la guerre franco-anglaise (1754-1758), puis commanda en chef les insurgés américains lors de la guerre d'Indépendance (1775-1781). Alors qu'il s'était retiré dans son vaste domaine de Mount Vernon, il fut envoyé par la Virginie à la Convention de Philadelphie dont il devint président et par laquelle il fit voter la Constitution de 1787. Élu président de la Fédération en 1789, il fut réélu en 1792. Après avoir proclamé, face à l'Europe en guerre, la neutralité des États-Unis (1793), il signa un traité avec l'Angleterre en 1795. Ayant refusé un troisième mandat, il se retira à Mount Vernon en 1797. Après sa mort, le Congrès décida que la capitale fédérale porterait son nom.

George Washington accepte la reddition de l'armée britannique (1781). (John Trumbull, Gal. de l'université de Yale).

Washington: le Capitole.

Washington *176 479 km² 5 610 362 h.* État situé à l'ouest des États-Unis, sur le Pacifique à la frontière canadienne. Capitale *Olympia*. L'intérieur, vide d'hommes (chaîne des Cascades et plateau de la Columbia), s'oppose au littoral, siège d'activités agricoles et industrielles (métallurgie, aéronautique); l'exploitation forestière et les ressources minérales et hydroélectriques sont importantes. La côte comporte des ports très actifs. Seattle est la première ville de l'État.

Washington *567 094 h.* Capitale fédérale des États-Unis, siège, depuis le 3 juin 1800, des organes fédéraux: le Congrès *(Capitole)* et la présidence *(Maison Blanche)*. Fondée sous la présidence de George Washington, sur le Potomac, Washington constitue le district fédéral de Columbia (*178 km²*), mais

W

Napoléon à la bataille de ***Waterloo***.

l'aire métropolitaine en déborde, comprenant plus de *4 millions d'habitants.* L'ordonnance classique de la ville est l'œuvre du Français Pierre Charles L'Enfant.

Washington Post (the) Quotidien américain créé en 1877. L'enquête menée par deux de ses journalistes contribua fortement à la démission du président Nixon, à la suite de l'affaire du Watergate.

washingtonia n. m. BOT. Grand palmier d'Amérique du Nord, aux grandes feuilles en éventail.

wasp n. inv. et adj. inv. (acronyme pour *White Anglo-Saxon Protestant*) Aux États-Unis, celui, celle qui appartient à une couche de la population blanche, d'origine anglo-saxonne et de religion protestante, qui constituait autrefois (et continue, dans une certaine mesure, de constituer) la classe dirigeante de la société.

Wassermann (August von) 1866-1925 Médecin allemand. Il mit au point une méthode de diagnostic de la syphilis, à partir du sang du sujet (réaction de Bordet-Wassermann).

wassingue n. f. (mot flamand) Serpillière, dans le nord de la France.

Wassy *3 294 h.* Chef-lieu de canton de la Haute-Marne. Le 1er mars 1562, un massacre de protestants par les troupes des Guise marqua le début des guerres de religion.

water-closet(s) n. m. pl. (mots anglais) Vieilli. Lieux d'aisances.

Watergate (affaire du) 1972-1974 Affaire qui entraîna la démission du président Nixon en août 1974. Au siège du parti démocrate, à Washington, dans un immeuble nommé Watergate, la police surprit des individus qui posaient des micros, le 17 juin 1972. Longtemps après, des journalistes du *Washington Post* fournirent au public les résultats de leur enquête, incriminant le parti républicain. Sommé de s'expliquer, Nixon déclara mensongèrement qu'il n'était pas au courant. Confondu, il dut démissionner.

Waterloo *27 860 h.* Commune de Belgique, dans le Brabant wallon, au sud de Bruxelles, où Napoléon Ier livra sa dernière bataille, le 18 juin 1815.

water-polo n. m. (mot anglais) SPORT Jeu de ballon pratiqué dans l'eau entre deux équipes de sept joueurs, chacun tentant d'envoyer le ballon dans le but de l'autre, et la partie se disputant en quatorze minutes dans un espace de vingt mètres sur trente environ.

waterproof adj. inv. et n. m. (mot anglais) Qui résiste à l'eau. / n. m. Vx Manteau imperméable.

waters n. m. pl. (mot anglais) Abrév. de water-closet(s).

waterzoï n. m. (mot flamand) CUIS. Mets fait de poissons d'eau douce cuits au court-bouillon, lié à la crème. / Par ext. Mets ainsi préparé, même s'il n'est pas à base de poisson. *Waterzoï de poulet.*

Watson (James Dewey) 1928 Biologiste américain. En 1953, il proposa, en collaboration avec F. Crick, et en se fondant sur les travaux de M. Wilkins, un modèle de structure tridimensionnelle de la molécule d'acide désoxyribonucléique (constituée de deux brins enroulés en double hélice ; voir *désoxyribonucléique*) et souligna les conséquences de ce modèle sur la transmission de l'information (génétique) au sein du vivant, ouvrant la voie à la biologie moléculaire moderne. Par la suite, ses recherches dans le domaine de la génétique moléculaire portèrent en particulier sur les mécanismes de la synthèse protéique.

Watson-Watt (sir Robert Alexander) 1892-1973 Physicien écossais. Il eut l'idée d'utiliser les ondes hertziennes pour la détection et la localisation d'obstacles, découverte qui aboutit au radar (1938).

watt n. m. PHYS. Unité de puissance du système international mettant en jeu une énergie de 1 joule par seconde (symbole : W).

Watt (James) 1736-1819 Ingénieur et mécanicien écossais. Ses travaux portèrent surtout sur le perfectionnement de la machine à vapeur. Il imagina, notamment, le condenseur (1765), la machine à double effet et le régulateur à boules.

Watteau (Antoine) 1684-1721 Peintre français. Arrivé à Paris en 1702, il travaille chez le peintre Gillot et découvre les personnages de la comédie italienne, un de ses thèmes favoris. Chez son protecteur, le financier Crozat, riche collectionneur, il se familiarise avec la peinture italienne, en particulier avec l'art de Venise, et assiste à des bals, des fêtes champêtres, d'où naîtront ses fêtes galantes aux atmosphères lumineuses et irréelles. Reçu à l'Académie en 1712, il ne présente qu'en 1717 son tableau de réception, *L'Embarquement pour Cythère.* Il allie dons de coloriste et dons de dessinateur, tant dans ses personnages isolés, où la mélancolie affleure souvent (*L'Indifférent, Pierrot* [ou *Gilles*]), que dans ses scènes galantes (*L'Assemblée dans un parc*). Après un bref et décevant séjour à Londres, Watteau, désenchanté, épuisé par la tuberculose, s'installe chez le marchand de tableaux Gersaint et peint pour lui *L'Enseigne de Gersaint* (1721), très peu de temps avant sa mort. On lui doit aussi des esquisses à la sanguine et des dessins au crayon qui témoignent de sa virtuosité et de son art à saisir l'instant qui passe.

Gilles, *d'****Antoine Watteau***.

John Wayne.

watt-heure n. m. PHYS. Unité de travail équivalant à 3 600 joules (symbole : Wh).

wattman n. m. Vx Conducteur de tramway. Pl. Des *wattmen*.

wattmètre n. m. ÉLECTR. Appareil servant à mesurer la puissance consommée par une portion de circuit alimentée en courant constant ou alternatif.

Waugh (Evelyn Arthur St John) 1903-1966 Écrivain britannique. D'abord humoriste, auteur de romans (*Grandeur et décadence*, 1928) narrant d'hilarantes aventures avec un inébranlable sérieux, il se tourna vers la satire, du journalisme (*Scoop*, 1938) ou de l'Amérique (*Le Cher Disparu*, 1948). Après sa conversion au catholicisme, apparaissent des thèmes nouveaux : nostalgie de la vieille Angleterre (*Retour à Brideshead*, 1945), lutte entre le bien et le mal (*Officiers et gentlemen*, 1952-1961, trilogie sur le temps de guerre).

Wavre *25 000 h.* Ville de Belgique, sur la Dyle, chef-lieu du Brabant wallon.

wayang n. m. (mot javanais) En Indonésie, théâtre de marionnettes inspiré par le Mahabharata et le Ramayana.

Wayne (Marion Michael Morrison, dit John) 1907-1979 Acteur de cinéma américain, présent dans de nombreux films de John Ford, tour à tour cow-boy, shérif, colonel nordiste, il est un des acteurs les plus populaires du cinéma d'aventure : *La Chevauchée fantastique* (1939) ; *Rio Bravo* (1958) ; *Le Grand Sam* (1959) ; *Le Dernier des géants* (1976).

W.-C. Abrév. de water-closet(s).

Weaver (Warren) 1894-1978 Mathématicien américain. Il assista Shannon dans

la rédaction de *Théorie mathématique de la communication* (1949).
web Voir **world wide web**
Webb (Philip Speakman) 1831-1915 Architecte britannique, constructeur de maisons particulières dans l'esprit du retour aux traditions gothique et classique (Red House, dans le Kent, pour son ami William Morris).
Webb (Sidney James, baron **Passfield)** 1859-1947 Économiste anglais, l'un des fondateurs de la Fabian Society (1889). Travailliste, placé à la tête de son parti (1915), député (1922), il présida à deux reprises le Board of Trade (ministère du Commerce).
Beatrice Potter 1858-1943 Épouse du précédent. Elle contribua, avec son mari, à la diffusion en Grande-Bretagne des idées travaillistes ; ils écrivirent ensemble des ouvrages d'économie politique.
webcam n. m. (anglicisme) Caméra numérique reliée à un ordinateur, qui diffuse des images vidéo sur Internet.
weber n. m. ÉLECTR. Unité de mesure de flux magnétique du système international (S.I.) équivalant au flux magnétique qui, traversant un circuit d'une seule spire, y produirait une force électromotrice de 1 volt si on l'amenait à zéro en 1 seconde, par décroissance linéaire (symbole : Wb).
Weber (Carl Maria von) 1786-1826 Compositeur allemand. Cousin germain par alliance de Mozart (dont l'épouse était née Constance Weber), fils du directeur d'une compagnie théâtrale itinérante, il parcourut l'Allemagne dans sa jeunesse, d'abord avec son père, puis seul (Karlsruhe, Stuttgart, Mannheim, Munich, Berlin, Prague), avant d'être nommé (1816) maître de chapelle à l'opéra de Dresde dont il deviendra le directeur. Esprit universel, précurseur de Wagner, il fut le créateur de l'opéra romantique allemand. Son opéra *Der Freischütz* (1821) remporta à Dresde un triomphe, tout comme, à Vienne, *Euryanthe* (1823), et, à Londres, *Obéron* (1826). Ce fut son dernier opéra : il mourut dès son retour à Dresde. Il se montra également novateur dans ses œuvres pour piano (dont *Invitation à la valse*, 1819 qui fut orchestrée par Berlioz en 1841), sa musique vocale, ses pièces pour orchestre et sa musique de chambre.
Weber (Ernst Heinrich) 1795-1878 Anatomiste et physiologiste allemand. Il découvrit que la différence perceptible entre deux grandeurs auxquelles l'homme est sensible par l'intermédiaire de l'un de ses sens est une fraction constante de ces grandeurs (*loi de Weber*).
Weber (Wilhelm) 1804-1891 Physicien allemand. Il étudia les chaleurs massives des solides, perfectionna les appareils de mesure magnétoélectriques, mesura, avec la participation de Kohlrausch, le rapport des unités électrostatiques et électromagnétiques et élabora une théorie des phénomènes électromagnétiques. Avec Gauss, en 1834, il testa un télégraphe électrique dont l'émetteur et le récepteur étaient distants de trois kilomètres, afin d'effectuer des mesures du magnétisme terrestre ; ils inventèrent le premier télégraphe électrique.
Weber (Max) 1864-1920 Philosophe allemand, auteur d'ouvrages de sociologie religieuse ; son étude, publiée dans une revue, intitulée *L'Éthique protestante et l'Esprit du capitalisme* (1904-1905 ; traduction française 1964), eut un grand retentissement, tout comme ses ouvrages de sociologie (*Écrits de sociologie religieuse*, 1921 ; *Écrits de sociologie et de politique sociale*, posthume, 1922), d'économie (*Économie et Société*, posthume, 1922) ou de politique (*Le Savant et le Politique*, posthume, 1929).

Kurt Weill.

Webern (Anton von) 1883-1945 Compositeur autrichien qui, toute sa vie, cultiva une concision extrême. Adepte de la musique atonale dès 1913 (*Six Bagatelles pour quatuor à cordes*), il appliqua avec rigueur le dodécaphonisme dès 1924 (trois *Lieder populaires*) ; à ces pièces brèves ont succédé des morceaux plus amples (*Concerto pour neuf instruments*, 1936). Ses recherches trouvent leur aboutissement dans *Quatuor à cordes* (1938) et atteignent une extrême perfection formelle avec les œuvres créées au tournant des années 1940 (*Première Cantate*, 1939 ; *Deuxième Cantate*, 1943). Il fut tué par erreur par une sentinelle américaine, à la libération de l'Autriche.
Webster (John) 1580 ?-1624 ? Dramaturge anglais, un des maîtres du théâtre élisabéthain avec *Le Démon blanc* (1612) et *La Duchesse d'Amalfi* (1614), œuvres mélodramatiques puissantes et pleines de verve poétique.
Webster (Noah) 1758-1843 Linguiste américain. Instituteur, il prit tôt conscience de la nécessité de produire des ouvrages de référence (dans le domaine pédagogique, notamment) d'un modèle différent du modèle anglais. Ses réflexions sur la langue aboutirent à l'édition d'un dictionnaire qui fait toujours référence, *An American dictionary of the English Language* (1806 et 1828).
Wedeking (Frank) 1864-1918 Dramaturge allemand. Tenant de l'expressionnisme, il conteste, dans son théâtre, la société bourgeoise et ses tabous sexuels, avec une violence qui a longtemps déconcerté. Créateur du personnage de Lulu, dont la liberté sauvage a fait scandale, on lui doit plusieurs pièces au ton sarcastique (*La Boîte de Pandore*, 1901 ; *La Danse de mort*, 1906).
Wedgwood (Josiah) 1730-1795 Industriel britannique qui mit au point une faïence de couleur crème, ainsi qu'une faïence fine dite « pâte de la reine ».
Weegee (Arthur Felling, dit**)** 1899-1968 Photographe américain d'origine hongroise. Après quelques années de « petits boulots », il photographie les faits divers pour les journaux new-yorkais, en permanence relié à une radio de la police (crimes, incendies, braquages, refuges de nuit, accidents, arrestations). Il tire de cette expérience un livre d'une extrême dureté, *Naked City* (1945), avant de quitter New York pour Hollywood où il se recycle dans la photo de stars, dépourvue de la spontanéité et de la cruauté de ses premiers travaux.
week-end n. m. (mots anglais) Fin de la semaine comprenant le samedi chômé et le dimanche. Pl. Des *week-ends*.
Wegener (Alfred) 1880-1930 Explorateur, météorologiste et géophysicien allemand. Il énonça en 1912 la théorie de la dérive des continents, à laquelle la tectonique des plaques apporta, dans les années 1970, une confirmation éclatante. Il périt lors d'une exploration au Groenland.
Wehrmacht (*« force de défense »*) Nom donné à l'armée allemande de 1935 à 1945. Elle était placée sous les ordres directs de Hitler, Keitel étant chef d'état-major à partir de 1938.
Wei Nom de plusieurs dynasties chinoises, notamment de celle qui régna de 220 à 265.
Weierstrass (Karl) 1815-1897 Mathématicien allemand. Parmi ses innombrables travaux, figure son énonciation, en 1870, d'une fonction continue (dite de Weierstrass) qui n'est dérivable en aucun point.
Weigel (Helene) 1900-1971 Comédienne autrichienne. Épouse de Brecht, elle le suivit en exil et interpréta nombre de ses pièces (*Grand Peur et Misère du troisième Reich*, 1938) ; à leur retour à Berlin après la guerre, elle fonda avec lui le Berliner Ensemble, continuant à être son interprète (*Mère Courage*). À la mort de son mari, elle prit la direction du théâtre, montant à la fois des pièces de Brecht (*La Résistible Ascension d'Arturo Ui*) et des pièces d'autres auteurs, Shakespeare notamment.
Weil (André) 1906-1998 Mathématicien français, frère de Simone Weil, un des fondateurs du groupe Bourbaki ; il a travaillé notamment sur la géométrie algébrique et la théorie des nombres.
Weil (Simone) 1909-1943 Philosophe française. Mettant en accord sa vie quotidienne et sa pensée, tendue vers la solidarité avec les opprimés et la recherche de la justice, elle est ouvrière chez Renault (1934-1935), membre des Brigades internationales pendant la guerre d'Espagne (1936), ouvrière agricole (1941). En 1942, elle s'exile à New York, puis à Londres, où elle rejoint les bureaux de la France libre qu'elle quitte en 1943, en désaccord avec certains aspects de la politique du général de Gaulle. Tuberculeuse, elle tient à partager les souffrances des Français restés en France occupée, refusant tout privilège dans le domaine alimentaire et dans celui de la santé, et meurt dans un sanatorium. Sa philosophie, proche du mysticisme, trouve sa source aussi bien dans la tradition juive de son éducation que dans le christianisme dont (bien qu'elle ne se soit pas convertie) elle est très proche (*Lettre à un religieux*, posthume, 1951), la pensée grecque, l'hindouisme et le gnosticisme. Ses œuvres ont été publiées après sa mort (*La Pesanteur et la Grâce*, 1947 ; *L'Enracinement*, 1950 ; *La Condition ouvrière*, 1951 ; *La Source grecque*, 1953 ; *Écrits historiques et politiques*, 1960).
Weill (Kurt) 1900-1950 Compositeur américain d'origine allemande. Il a beaucoup travaillé avec Brecht et il a su unir la tradition populaire, le jazz et la musique sérielle, composant notamment la musique de *L'Opéra de quat'sous* (1928).
Weimar *70 000 h.* Ville d'Allemagne, en Thuringe, qui fut le centre d'une vie culturelle intense sous l'égide de Goethe, protégé du duc Charles-Auguste de Saxe-Weimar. En 1919 l'Assemblée constituante y rédigea la Constitution, promulguée le 11 août 1919, du nouvel État allemand, nommée couramment « république de Weimar » (1919-1933).
Weinberg (Steven) 1933 Physicien américain. En collaboration avec Salam, il aborde dans le même formalisme l'interaction électromagnétique et l'interaction faible. Cette théorie a trouvé sa confirmation au CERN, en 1973, avec la mise en évidence des courants neutres faibles dans des réactions neutrinos/antineutrinos.
Weismann (August) 1834-1914 Biologiste allemand. Par ses travaux sur les mécanismes de l'hérédité, ancrés dans la théorie darwinienne (il s'opposa à la théorie lamarckienne de l'hérédité des caractères acquis), il fut l'un des premiers à étudier le rôle des chromosomes.
Weiss (Pierre) 1865-1940 Physicien français. En 1907, il publia sa théorie du champ moléculaire : tout corps ferromagnétique est constitué de domaines (*domaines de Weiss*) spontanément aimantés ; l'intervention d'un champ magnétique extérieur provoque le retournement de ces domaines.
Weiss (Louise) 1893-1983 Écrivain et femme politique française, pionnière de l'idée européenne avec l'hebdomadaire *L'Europe nouvelle* (qu'elle avait fondé en 1918 et qu'elle dirigea jusqu'en 1934). Féministe, elle défendit vigoureusement les droits de la femme, exigeant notamment que lui fût accordé le droit de vote. Romancière (*Délivrance*, 1938), elle fut aussi mémorialiste (*Mémoires d'une Européenne*, 1970).
Weiss (Peter) 1916-1982 Écrivain suédois d'origine allemande. Sa pièce *La Persécution et l'assassinat de Jean-Paul Marat* (1964), plus couramment nommée « *Marat-Sade* », fit date.
Weissmuller (Peter John, dit **Johnny)** 1904-1984 Nageur et acteur américain. Il fut champion olympique en 1924 et 1928 puis interpréta au cinéma le personnage de Tarzan de 1932 à 1948.
Weizmann (Chaïm) 1874-1952 Homme d'État israélien. Chimiste en Suisse, puis en Angleterre, il contribua à la mise au point de la déclaration Balfour (1917) et présida l'Organisation sioniste (1920) puis l'Agence juive (1929). De 1949 à 1952, il fut le premier président de la république d'Israël.

Johnny Weissmuller
dans le rôle de Tarzan.

W

Mae West.

Weizsäcker (Carl Friedrich, baron von**)** 1912 Physicien allemand. Il a développé un modèle de description des noyaux atomiques lourds, dit « modèle de la goutte liquide », proposé antérieurement par Gamow. Ce modèle, à la formule empirique, renferme, entre autres termes, ceux de l'interaction nucléaire, de la capillarité et de la répulsion électrique des protons. En même temps que H. Bethe, il énonce les cycles des réactions thermonucléaires pour tenter d'expliquer l'origine de l'énergie du Soleil. En 1944, il propose une théorie sur la formation des planètes que Fred Hoyle complétera pour expliquer leur rotation autour du Soleil. **Richard**, baron von **Weizsäcker** 1920 Frère du précédent, il fut président de la République fédérale d'Allemagne (1984-1994).

welche ou **welsche** adj. et n. Péjor. Pour les Allemands, étranger (notamment étranger de langue latine, Français ou Italien, en particulier).

Welhaven (Johan Sebastian) 1807-1873 Écrivain norvégien. Écartelé entre son désir de donner à la Norvège une littérature nationale originale et son respect de la tradition danoise (*Crépuscule de la Norvège*, 1834), il trouva son inspiration au lyrisme musical dans les légendes populaires (*La Chevauchée des Valkyries*).

Welland *50 000 h.* Ville du Canada, dans l'Ontario, centre agricole et industriel, sur le canal de Welland. Celui-ci, long de *44 km*, mène les eaux du lac Érié dans le lac Ontario et se substitue ainsi (partiellement) aux chutes du Niagara.

Welles (Orson) 1915-1985 Acteur et cinéaste américain qui s'intéressa à tous les moyens d'expression : théâtre, radio, télévision. Il donna au cinéma des œuvres qui ont marqué leur époque : *Citizen Kane* (1941); *La Splendeur des Amberson* (1942); *La Dame de Shanghaï* (1947); *Macbeth* (1948); *Othello* (1952); *Monsieur Arkadin* (1955); *La Soif du mal* (1958); *Le Procès* (1962); *Falstaff* (1965). Comme acteur, son interprétation la plus célèbre est celle d'un criminel dans *Le Troisième Homme* (1949).

Wellington *153 800 h.* Port industriel sur le détroit de Cook et capitale de la Nouvelle-Zélande. La ville, fondée en 1840, a des industries mécaniques et textiles. L'agglomération rassemble plus de *300 000 habitants.*

Wellington (Arthur Wellesley, 1er duc de**)** 1769-1852 Général et homme d'État britannique. Il servit aux Indes (1797-1805), puis commanda contre les Français l'armée anglaise au Portugal (1808-1813). Après la victoire de Vitoria (1813), en Espagne, il s'avança jusqu'à Toulouse (1814). Il représentait l'Angleterre au congrès de Vienne, lorsqu'il fut chargé par les Alliés de combattre Napoléon rentré en France et remporta la victoire de Waterloo (juin 1815). Plusieurs fois ministre de gouvernements tories, il fut Premier ministre de 1828 à 1830.

wellingtonia n. m. BOT. Séquoia.

Wells (Herbert George) 1866-1946 Écrivain britannique. Autodidacte, il parvint à entrer à l'université de Londres où il fit des études scientifiques, enseigna un certain temps, puis écrivit des romans d'anticipation (*La Machine à explorer le temps*, 1895; *L'Île du docteur Moreau*, 1896); *L'Homme invisible* (1897); *La Guerre des mondes* (1898). Socialiste, membre de la Fabian Society, marqué par la Première Guerre mondiale, il a milité pour la paix dont il pensait qu'elle serait garantie par un gouvernement mondial (*Le Monde de William Clissold*, 1928; *La Science et la Vie*, trilogie, 1929).

welsche Voir **welche**

weltanschauung n. f. (mot allemand) PHILO. Conception métaphysique du monde qui inspire la conception de la vie.

welter n. m. SPORT En boxe, athlète de poids mi-moyen (de 61,2 à 66,6 kg pour un professionnel).

Welty (Eudora) 1909-2001 Écrivain américaine. D'abord photographe (1933-1936), elle publie de nombreuses nouvelles (*Death of a travelling statesman*, 1936). C'est dans cette forme d'expression qu'elle excelle; *Golden Apples* (1949; traduction française *Les Pommes d'or*, 1995) lui vaut une bourse Guggenheim pour un voyage en Europe. D'autres recueils de nouvelles suivront, mais elle n'a été que tardivement connue en Europe, notamment en France : *The Bride of the Innisfallen and others stories* (1955) est traduit en 1992 (*La Mariée de l'Innisfallen*).

Wembley Banlieue de Londres, au nord-ouest de la ville, où se trouve un grand stade de football.

Wenceslas Nom de plusieurs ducs et rois de Bohême. **Wenceslas** (saint) v. 907-929 Duc de Bohême, il favorisa le christianisme et prêta serment à l'empereur, suscitant ainsi un mécontentement nobiliaire; il fut assassiné par son frère. **Wenceslas Ier** 1205-1253 Roi de Bohême en 1230. Son fils mena plusieurs révoltes contre lui. **Wenceslas II** 1271-1305 Roi de Bohême en 1283. Son mariage lui valut la couronne de Pologne. **Wenceslas III** 1289-1306 Roi de Bohême en 1305. Il fut assassiné et la couronne passa à la maison de Luxembourg. **Wenceslas IV** (ou **Wenzel**) 1361-1419 Roi de Bohême (1363), roi des Romains (1376), empereur germanique (1378-1400). Incapable à la fois d'imposer son autorité et de surmonter la crise spirituelle et politique qui agitait la Bohême au temps de Jean Hus, il fut déposé.

wende adj. (et n.) Des Wendes; relatif aux Wendes. / n. m. LING. Syn. de sorabe.

Wendel (de) Famille française, originaire de Bruges, qui créa au XVIIIe siècle une fabrique d'artillerie, puis les forges du Creusot (1781).

Wenders (Wilhelm, dit **Wim)** 1945 Cinéaste allemand. Ses meilleurs films, écrits par Handke, sont construits autour du thème de l'errance : *L'Angoisse du gardien de but* (1971); *Alice dans les villes* (1973); *Faux Mouvement* (1975); *Au fil du temps* (1976). Tourné aux États-Unis, *Paris, Texas* (1984) connut le succès. Ses films ultérieurs sont plus « littéraires » : *Les Ailes du désir* (1987), *Lisbonne Story* (1995).

Wendes Nom que les Allemands donnaient, au Moyen Âge, aux Slaves d'Allemagne (Polabes et Sorabes, notamment).

Wergeland (Henrik Arnold) 1808-1845 Écrivain norvégien. Chef de file du romantisme nationaliste norvégien, il publie en 1830 *La Création, l'Homme et le Messie*, long poème épique d'une puissante inspiration. Devenu le symbole de la liberté, il donne des œuvres lyriques et rêveuses (*Les Fleurs de Jan Van Huysum*, 1842), des poèmes qui expriment ses préoccupations humanitaires (*Le Juif*, 1842), des farces (*Arlequin virtuose*) et des textes à visée pédagogique (*Manuel de lecture pour la jeunesse*).

Werner (Alfred) 1866-1919 Chimiste suisse. Il fit progresser les connaissances sur la liaison chimique, introduisant en 1892 les notions de valence et de covalence. Il étudia les métaux de transition.

Wertheimer (Max) 1880-1943 Psychologue américain d'origine allemande, un des fondateurs de la Gestalttheorie.

Werther (les Souffrances du jeune) 1774 Roman de Goethe. Épris de la vertueuse Charlotte, qui est fiancée, Werther éprouve tous les tourments de l'amour impossible. Revenu auprès du couple après le mariage de Charlotte, il comprend que la vie n'a aucun sens pour lui et se suicide. L'œuvre, écrite sous forme de lettres, a créé le type du jeune homme passionné et mélancolique, en proie au vague à l'âme, père d'une longue lignée de héros romantiques.

Weser (la) 480 km Fleuve d'Allemagne, né de la réunion de la Werra et de la Fulda, qui arrose Münden, Brême et se jette dans la mer du Nord.

Wesley (John) 1703-1791 Théologien anglais, fondateur du méthodisme qui provoqua un réveil de la foi dans son pays et aux États-Unis. Il parcourut l'Angleterre en prêchant l'Évangile. Ses sermons et ses notes réunis en plusieurs volumes forment l'essentiel de la doctrine méthodiste.

Wessel (Johan Hermann) 1742-1785 Écrivain norvégien d'expression danoise, aux œuvres pleines d'humour (*L'Amour sans bas*, parodie des imitations de la tragédie française, 1772; *Récits comiques*, publiés dans son journal *Votre serviteur Otiosus*, 1784-1785).

Wesselmann (Tom) 1931 Peintre américain. Tenant du pop art, il peint des nus considérés comme des symboles sexuels, dans un environnement volontairement banal (*Great American Nude*), des natures mortes et des portraits.

Wessex Ancien royaume saxon du sud de l'Angleterre, fondé au Ve siècle, qui avait Winchester pour capitale; son roi Egbert Ier le Grand (802-839) annexa les autres royaumes de l'Heptarchie.

West (Benjamin) 1738-1820 Peintre américain néoclassique qui s'établit à Londres où il fit de nombreux portraits officiels, des peintures d'histoire et des peintures religieuses.

West (Mae) 1892-1980 Actrice américaine qui interpréta au cinéma des rôles (imaginés par elle-même) de vamp provocante : *Lady Lou* (1932); *Je ne suis pas un ange* (1933); *Fifi peau de pêche* (1938).

West End Quartiers résidentiels situés dans la partie ouest de Londres.

• **western** n. m. (mot anglais) Genre cinématographique spécifiquement américain ayant pour cadre historique la conquête du Far West par les pionniers, au cours de la seconde moitié du XIXe siècle.

Westinghouse (George) 1846-1914 Ingénieur et métallurgiste américain, inventeur du frein à air comprimé utilisé dans les chemins de fer.

Westminster Quartier central de Londres qui a pour cœur l'abbaye de Westminster (XIe-XVIIIe siècle) où furent couronnés et ensevelis de nombreux rois d'Angleterre. Sur l'emplacement de l'ancien palais des rois normands s'élève aujourd'hui le palais construit à partir de 1840 par Charles Barry pour abriter le Parlement.

Weston (Edward) 1850-1936 Ingénieur britannique. Il invente la pile qui porte son nom dont l'électrolyte est formé de sulfate de cadmium, avec la première électrode en mercure et la deuxième en cadmium; cette pile, qui fournit une tension de 1,0186 volt, est utilisée comme étalon du voltage.

Weston (Edward) 1886-1956 Photographe américain. Portraitiste, il ouvre (1922) un studio à Mexico, où il rencontrera Rivera, Siqueiros et Orozco, mais ses photographies se vendent très mal, notam-

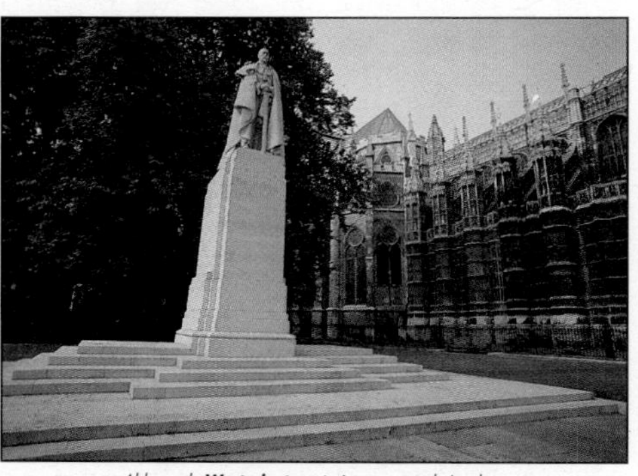

Abbaye de ***Westminster****, située au centre de Londres.*

WESTERN

Depuis *Les aventures de Tom Mix* (1910-1914), d'innombrables films ont été composés sur ce thème, utilisant les types légendaires du shérif, du cow-boy et de l'Indien, les chevauchées et les attaques de diligences. T. H. Ince donna au western ses premières lettres de noblesse, et John Ford a été, durant quarante ans, le maître du genre : *La Patrouille perdue* (1934), *La Chevauchée fantastique* (1939), *L'Homme qui tua Liberty Valance* (1962). Dans les années 1950, l'héroïsme spectaculaire fait place à des personnages angoissés (rebelles ou shérifs) aux prises avec la société. Le western a donné lieu à des parodies et des imitations, en particulier en Italie, avec le *western-spaghetti*, né dans les années 1960, qui a voulu donner une nouvelle authenticité aux personnages en n'édulcorant plus leurs sentiments et en insistant sur leur violence viscérale. Sergio Leone (*Pour une poignée de dollars*, 1964 ; *Il était une fois dans l'Ouest*, 1969) a eu de nombreux imitateurs, mais le genre western dépérit. Les dernières réalisations sont des contestations des valeurs américaines sur lesquelles il naquit (*Little Big* Man, 1970, de A. Penn ; *Jeremiah Johnson*, 1972, de S. Pollack, avec R. Redford). C. Eastwood a tenté de le ressusciter, dans un esprit mélancolique, comme crépusculaire (*L'Homme des hautes plaines*, 1973 ; *Pale* Rider, 1985), et K. Costner, dans *Danse avec les loups* (1990), prend violemment parti pour les civilisations indiennes contre les conquérants blancs.

ment aux États-Unis. Il lui faudra attendre 1937 pour recevoir une bourse Guggenheim (la première décernée à un photographe). La guerre interrompt ses activités, auxquelles la maladie de Parkinson mettra définitivement fin en 1948.

Westphalie (en allemand, *Westfalen*) Région d'Allemagne, d'abord peuplée de Saxons qui résistèrent aux Francs jusqu'en 785. Rattachée au duché de Saxe jusqu'en 1180, elle fut morcelée en principautés laïques et ecclésiastiques dont la plus importante fut le duché de Westphalie, fief de l'archevêque de Cologne, tandis que quelques villes firent partie de la Hanse. Au XVIe siècle, fut créé un cercle de Westphalie (ou du Bas-Rhin) tombé, à partir du XVIIe siècle, sous l'influence des Hohenzollern. Napoléon Ier créa de toutes pièces, pour son frère Jérôme, un royaume de Westphalie qui disparut en 1813 et dont la plus grande partie passa à la Prusse. La Westphalie est aujourd'hui entièrement englobée dans le Land de Rhénanie-du-Nord-Westphalie.

Westphalie (traités de) 1648 Ensemble de traités qui conclurent la guerre de Trente Ans (1618-1648). Après quatre ans de négociations, l'empereur Ferdinand III signa avec la France, à Münster, et avec la Suède, à Osnabrück, les traités dits « de Westphalie » qui consacraient l'affaiblissement des pouvoirs de l'empereur en Allemagne. Celle-ci (qui avait perdu 10 de ses 16 millions d'habitants) était morcelée en 350 États quasi indépendants qui devaient accorder la liberté de conscience et de culte aux luthériens comme aux calvinistes. L'Espagne perdait les Provinces-Unies, dont l'indépendance était définitivement reconnue ; la Suède recevait la Poméranie occidentale, et la France les Trois-Évêchés (Metz, Toul, Verdun) ainsi que l'Alsace, moins Strasbourg et Mulhouse.

West Point Académie militaire des États-Unis formant des officiers des armées de terre et de l'air, créée dans l'État de New York en 1802.

West Side Story 1957 Drame musical de Leonard Bernstein sur un livret de Stephen Sondheim avec une chorégraphie de Jerome Robbins. Il emprunte son thème à *Roméo et Juliette* pour le transposer dans un quartier de New York où s'affrontent Américains et Portoricains. En 1961, Robert Wise porta cette œuvre à l'écran.

Weygand (Maxime) 1867-1965 Général français. Après avoir secondé Foch de 1914 à 1918, il succéda à Pétain comme généralissime des armées françaises en 1931. Rappelé en 1939, il remplaça Gamelin (mai 1940) mais ne put que recommander l'armistice (12 juin). Représentant du gouvernement de Vichy en Afrique française, il fut, en 1942, emprisonné par les Allemands et interné en Allemagne. Traduit devant la Haute Cour à son retour en France (1945), il obtint un non-lieu en 1948.

wharf n. m. (mot anglais) MAR. Jetée construite perpendiculairement à la berge, où les navires peuvent accoster et être amarrés des deux côtés, pour le chargement et le déchargement.

Wharton (Edith Newbold Jones, Mrs Wharton, connue sous le nom d'**Edith)** 1862-1937 Romancière américaine. Subissant l'influence de H. James, elle étudia avec intelligence et sensibilité les mœurs et les comportements de la haute société américaine à laquelle elle appartenait par la naissance, et dont elle se différenciait par son non-conformisme (*Ethan Frome*, 1911 ; *L'Âge de l'innocence*, 1920 ; *La Récompense d'une mère*, 1925).

Wheatstone (sir Charles) 1802-1875 Physicien anglais. En 1837, il établit la première liaison télégraphique, en Écosse, avec sir William Fothergill Cooke (1806-1879).

West Side Story.

Wheeler (John Archibald) 1911 Physicien américain. Professeur de physique à Princeton, il a, avec N. Bohr, développé un modèle nucléaire dans lequel les neutrons sont absorbés par l'uranium, prévoyant ainsi la production de plutonium 239 à partir d'uranium 238. Il participe aux côtés de E. Teller au projet Manhattan. En 1967, pour désigner le dernier stade d'effondrement d'une étoile massive, il introduit le formalisme de trou noir, puis émet l'hypothèse d'un Univers fermé, en imaginant la notion de *big crunch*, symétrie inverse du *big bang* dans laquelle, sous la force de la gravitation, les galaxies implosent.

whig n. m. et adj. (mot anglais) HIST. Nom donné à partir de 1679 aux parlementaires opposés à la succession d'un catholique, le duc d'York (le futur Jacques II d'Angleterre), à la Couronne. / adj. *Le parti whig*.
♦ Les whigs, champions des droits parlementaires et de la tolérance religieuse envers les groupes protestants non anglicans, prirent une part active à la révolution de 1688 qui renversa Jacques II. Au milieu du XIXe siècle, le parti whig, acquis au libre-échange, forma le parti libéral. Aux États-Unis, un parti whig fut formé en 1834 contre les démocrates, et fut remplacé en 1856 par l'actuel parti républicain.

Whilhelmine 1880-1962 Reine des Pays-Bas. Elle succéda à son père Guillaume III, d'abord sous la régence de sa mère (1890-1898). Réfugiée à Londres de 1940 à 1945 avec son gouvernement, elle fut accueillie en triomphe à son retour ; elle abdiqua en faveur de sa fille Juliana en 1948.

whipcord n. m. (mot anglais) TEXT. Tissu très serré, à côtes obliques parallèles.

whisky n. m. (mot anglais) Eau-de-vie de grain (orge, seigle, avoine) fabriquée dans les pays anglo-saxons. / Par méton. *Un whisky* : un verre de whisky.

whist n. m. (mot anglais) Jeu de cartes d'origine anglaise, introduit en France sous Louis XIV, qui a été supplanté par le bridge dont il est l'ancêtre.

Whistler (James Abbott McNeill) 1834-1903 Peintre américain. D'abord proche du naturalisme de Courbet, il se lia, à Londres, avec Rossetti et peignit des portraits mélancoliques et gracieux dans le style préraphaélite (*La Jeune Fille en blanc*, 1863). Ses recherches sur la lumière le conduisirent à peindre en Normandie (*Courbet à Trouville*, 1865) et à alléger sa palette tout en construisant ses toiles avec une rigueur proche de l'abstraction (*Miss Cecily Alexander*, 1872-1873 ; *Nocturne en bleu et or*, 1872-1875). On lui doit aussi des paysages, des scènes d'intérieur et des marines.

White (Patrick) 1912-1990 Écrivain australien. Son œuvre romanesque, imprégnée d'un profond amour pour la nature australienne encore sauvage, met en scène des personnages volontaires animés de violentes passions (*Une ceinture de feuilles*, 1976 ; *Les Incarnations d'Eddie Twyborn*, 1979).

White Hall Ancien palais situé au cœur de Londres, dont il ne reste qu'une grande salle, Banqueting Hall. Sur son emplacement a été percée une importante avenue.

Whitehead (Robert) 1823-1905 Ingénieur anglais. Au service de l'Autriche, il réalisa la première torpille marine (1867).

Whitehead (Alfred North) 1861-1947 Mathématicien et logicien américain d'origine anglaise, collaborateur de B. Russell.

W

Oscar Wilde (© Sarony, New York, 1882).

Tennessee Williams.

white spirit n. m. (mots anglais) Produit issu du pétrole et utilisé comme solvant ou comme diluant des peintures en remplacement de l'essence de térébenthine. Pl. Des *white spirits.*

Whitman (Walter, dit **Walt)** 1819-1892 Poète américain. Longtemps journaliste, il a mené une vie aventureuse. Auteur d'un seul et unique recueil de poèmes, *Feuilles d'herbe* (1855, constamment retravaillé jusqu'à la mort du poète), son œuvre, inclassable, est à la fois quête du moi et hymne à la beauté et à la majesté du monde.

Whitney (mont) *4418 m* Sommet le plus élevé des États-Unis (si l'on excepte l'Alaska) dans la sierra Nevada.

Whitney (William Dwight) 1827-1894 Linguiste américain. Son étude des langues indo-européennes l'amena à préciser les méthodes de la grammaire comparée, que d'autres linguistes mettaient au point à la même époque: *Grammaire sanskrite* (1879).

Whittle (sir **Franck)** 1907-1996 Ingénieur anglais. Il adapta aux moteurs d'avions les possibilités de la turbine à gaz, inventant le turboréacteur (1941).

Whymper (Edward) 1840-1911 Alpiniste et explorateur britannique, auteur de nombreuses « premières » dans les Alpes, dont celle du Cervin en 1865. Il partit ensuite pour le Groenland et l'Amérique du Sud.

Widal (Fernand) 1862-1929 Médecin français. Il mit au point une méthode sérologique pour diagnostiquer la fièvre typhoïde et étudia les affections rénales.

Widukind ou **Witikind** ?-après 785 Chef saxon qui lutta contre Charlemagne (778) avant de se soumettre et d'accepter le baptême (785).

Wieland (Christoph Martin) 1733-1813 Poète allemand. Fils de pasteur, élevé dans un milieu austère et pieux, il se familiarisa avec les œuvres de Milton, de Shakespeare (qu'il traduisit) et de Diderot, qui nuancèrent son sentimentalisme moralisateur de gaieté et d'ironie (*Contes comiques*, 1765). *Agathon* (1767), *Bildungsroman* (« roman d'apprentissage ») qui utilise le cadre de la Grèce antique pour conter la formation d'un jeune homme, annonce *Les Années d'apprentissage de Wilhelm Meister* de Goethe. Devenu (1772) précepteur du fils du duc de Saxe-Weimar, Charles-Auguste, il fait de la petite ville de Weimar un foyer culturel (il y accueillera Goethe et Schiller) et dirige une importante revue littéraire, le *Teutscher Merkur* (*Mercure allemand*). Son œuvre très diverse (*Lady Johanna Gray*, tragédie; *Obéron*, poème inspiré de l'histoire de Huon de Bordeaux; *Les Abdéritains*, conte philosophique; *Musarion ou la Philosophie des grâces*, poème didactique) constitue un jalon important dans l'histoire des lettres allemandes.

Wien (Wilhelm) 1864-1928 Physicien allemand. En 1893, il énonça la loi établissant la relation entre la température d'un corps et la couleur de son rayonnement. Ayant défini le corps noir, il proposa une formule décrivant son spectre complet d'émission, qui permettra à M. Planck de résoudre complètement la question à l'aide de la mécanique quantique. *Loi de Wien*: la longueur d'onde moyenne émise par un corps chaud est inversement proportionnelle à sa température.

Wiene (Robert) 1881-1938 Acteur et cinéaste allemand, rendu célèbre par son film expressionniste, *Le Cabinet du docteur Caligari* (1919).

Wiener (Norbert) 1894-1964 Mathématicien américain. Théoricien de l'information, il est considéré comme le principal fondateur de la cybernétique, dont il exposa les principes en 1950.

Wiesbaden *266081 h.* Ville d'Allemagne, capitale du Land de Hesse, importante ville thermale.

Wiesel (Elie) 1928 Écrivain américain d'origine hungaro-roumaine et d'expression française. Déporté par les nazis, il écrivit *La Nuit* (1960); *Le Testament d'un poète juif assassiné* (1980). Son œuvre exalte la mémoire du peuple juif et, loin de faire appel à la revanche, est tout entière dirigée vers un avenir de paix et de concorde.

Wight (île de) *381 km² 124700 h.* Île britannique de la Manche, au large de Portsmouth, constituant un comté. Chef-lieu *Newport*. C'est un lieu touristique (château d'Osborne) et balnéaire et un centre de navigation de plaisance.

wigwam n. m. (mot anglais, de l'algonquin) Hutte des Indiens de l'Amérique du Nord.

wilaya ou **willaya** n. f. (mot arabe) En Algérie, division administrative équivalant à un département. / HIST. Pendant la guerre d'Algérie (1954-1962), unité territoriale combattante.

Wilde (Oscar Fingall O'Flahertie Wills, dit **Oscar)** 1854-1900 Écrivain britannique, né à Dublin. Après des études à Oxford, il écrit des poèmes sous l'influence de Ruskin, et mène une vie de dandy, excentrique et raffinée. Il est devenu célèbre par ses comédies: *L'Éventail de lady Windermere* (1892); *Une femme sans importance*; *Un mari idéal*; *De l'importance d'être constant* (1895) et par ses contes et ses romans: *Le Crime de lord Arthur Saville*; *L'Heureux Prince*; *Le Portrait de Dorian Gray* (1891). Sa tragédie *Salomé* (1896), interdite à Londres, a inspiré à Richard Strauss un opéra. Après une carrière étincelante, il est condamné pour homosexualité et passe deux ans en prison (*Ballade de la geôle de Reading*, 1898). Cruellement éprouvé, il s'installe en France à sa libération; il y mourra dans la pauvreté et la solitude.

Wilder (Billy) 1906-2002 Cinéaste américain d'origine autrichienne. Il aborda la « comédie américaine » (*Certains l'aiment chaud*, 1959; *Irma la Douce*, 1963) et le drame (*Assurance sur la* mort, 1944; *Boulevard du crépuscule*, 1950).

Wilhelm Meister Roman de Goethe qui raconte les expériences d'un jeune homme dans une troupe de comédiens (*Les Années d'apprentissage*, 1796) et dans un cercle d'aristocrates cultivés (*Les Années de voyage*, 1821, revu en 1837). L'œuvre est un des premiers « romans de formation » ou « d'apprentissage » (*Bildungsroman*).

Wilkins (Maurice Hugh Frederick) 1916 Biophysicien britannique, spécialiste de l'analyse cristallographique aux rayons X de l'acide désoxyribonucléique (A.D.N.). Ses travaux permirent à F. Crick et J. Watson de déterminer la structure tridimensionnelle de la molécule d'A.D.N. (1953).

Wilkins (sir **George Hubert)** 1888-1958 Explorateur australien qui, en 1928-1929 survola l'Antarctique.

Willette (Adolphe) 1857-1926 Peintre et dessinateur français. On le connaît surtout par ses dessins, ses lithographies et ses pastels qui figurèrent dans de nombreuses revues, entre autres *Le Pierrot* qu'il avait fondé.

william(s) n. f. *Poire williams*: poire de forme allongée, à peau lisse et jaunâtre, juteuse et parfumée.

williamine n. f. Eau-de-vie de poire williams.

Williams (William Carlos) 1883-1963 Écrivain américain. Poète d'abord proche des écrivains de la « beat generation » (il fut le préfacier de Ginsberg), il donne un long poème épique qui est un hommage au pays où il exerce la médecine (*Paterson*, inachevé, 1946-1958). Il est également romancier (*Mule blanche*, *La Fortune*, *Le Succès*, cycle, 1937-1952), nouvelliste et essayiste; on lui doit aussi une *Autobiographie*.

Williams (Thomas Lanier Williams, dit **Tennessee)** 1911-1983 Écrivain américain, auteur de pièces de théâtre, *La Ménagerie de verre* (1945); *Un tramway nommé Désir* (1947); *La Rose tatouée* (1950); *La Chatte sur un toit brûlant* (1955) où il décrit l'atmosphère lourde du sud des États-Unis, et dont plusieurs ont été adaptées au cinéma. Il fut aussi romancier (*Le Printemps romain de Mme Stone*, 1950) et scénariste de film (*Baby Doll*).

Willibrod ou **Willibrord** (saint) 658-739 Moine anglo-saxon. Il prêcha l'Évangile aux Frisons et fonda l'abbaye d'Echternach, au Luxembourg.

Willy (Henri Gauthier-Villars, dit**)** 1859-1931 Écrivain français. Critique musical, auteur de romans humoristiques et licencieux, il épousa Colette (1893) et collabora avec elle à la série des *Claudine* (1900-1903) qu'il publia sous son nom, ce qui lui permit, après leur divorce, d'en conserver les droits d'auteur.

Wilson (mont) *1731 m* Sommet des Rocheuses, en Californie (États-Unis), surmonté par un grand observatoire.

Wilson (Thomas Woodrow) 1856-1924 Homme d'État américain, 28e président des États-Unis. Avocat, universitaire, il fut élu président démocrate des États-Unis en 1912, et réélu en 1916. Bien que défenseur de la neutralité des États-Unis, il déclara, en accord avec le Congrès, la guerre à l'Allemagne (avril 1917), lorsque les Allemands, qui avaient coulé le *Lusitania* en 1915, reprirent (février 1917) la guerre sous-marine. Il ne put faire accepter par le Sénat le pacte en « quatorze points » exprimant sa doctrine de maintien de la paix. Les Alliés n'en retinrent que la fondation de la Société des nations (SDN).

Wilson (Charles Thomson Rees) 1869-1959 Physicien anglais. Il construisit un appareil, appelé *chambre de Wilson*, capable de matérialiser, par condensation de fines gouttelettes, les trajectoires de certaines particules: lorsqu'un volume de gaz saturé de vapeur est brusquement refroidi, la condensation s'effectue de préférence sur les ions et les électrons produits lors du passage de la particule chargée. On visualise les trajectoires au moyen d'une lampe flash stroboscopique.

Wilson (sir **Harold)** 1916-1995 Homme politique britannique. Universitaire, député travailliste en 1945, leader du Labour Party (1963-1976), Premier ministre de 1964 à 1970 et de 1974 *à* 1976, il tenta de lutter contre la crise économique.

Wilson (Robert Woodrow) 1936 Après des études à Houston, puis à l'Institut californien de technologie (Caltech) de Pasadena où il soutint sa thèse en radioastronomie en 1962, il rejoignit (1963) Arno Penzias aux laboratoires de la compagnie Bell dans le New Jersey. Trois ans plus tard, ils découvraient presque par hasard le rayonnement fossile de l'explosion primordiale. George Gamow avait compris, dès 1948, que l'Univers avait été dominé par un intense rayonnement électromagnétique aux époques primordiales, et qu'un fond thermique équivalant au rayonnement d'un

La cathédrale de **Winchester**.

Le château de **Windsor**.

corps noir porté à la température de quelque 5 °K devait en constituer la trace. Au début des années 1960, la recherche du rayonnement fossile fut remise à l'ordre du jour par l'équipe de Zeldovitch à Moscou et celle de Dicke à Princeton. En 1965, Penzias et Wilson remarquèrent, après avoir calibré leur antenne radio directionnelle de 6 m de long et leur récepteur d'onde à 7,5 cm, qu'un « bruit » de quelque 3,5 °K subsistait, quelle que fût l'orientation de l'antenne pointée vers le ciel. Quelques mois plus tard, le groupe de Princeton confirmait cette découverte à une longueur d'onde de 3,2 cm et montrait que le spectre d'énergie du rayonnement suivait la loi des corps noirs. Wilson a maintenu sa collaboration avec Penzias, en particulier dans la recherche de l'hydrogène intergalactique ; leurs études ont, en outre, permis d'établir les abondances interstellaires de nombreux isotopes. En couronnant (1978) la découverte du rayonnement fossile, le prix Nobel de physique soulignait la pertinence de la théorie du big bang ; la cosmologie était devenue une science dont les modèles pouvaient être confrontés à des observations.

Wilson (Robert, dit **Bob)** 1941 Homme de théâtre américain. Ses spectacles accordent plus d'importance au corps qu'à la parole (dans *Le Regard du sourd* [1971], le héros est sourd-muet) et font appel à la chorégraphie et à la musique (de John Cage, de Philip Glass, notamment). Ils mettent en scène de grandes figures mythiques (*Einstein on the Beach*, 1976) et mettent l'accent sur des modes de communication qui échappent au langage. Wilson est aussi metteur en scène d'opéras (*La Flûte enchantée*, 1991).

Wimbledon Quartier de la banlieue sud-ouest de Londres, où se disputent les tournois de tennis sur gazon.

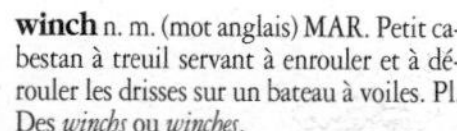

winch n. m. (mot anglais) MAR. Petit cabestan à treuil servant à enrouler et à dérouler les drisses sur un bateau à voiles. Pl. Des *winchs* ou *winches*.

winchester n. m. (mot américain) Carabine à répétition, de calibre 10,7 mm, fabriquée aux États-Unis, et qui a servi durant la guerre de Sécession.

Winchester *35 000 h.* Ville d'Angleterre, dans le Hampshire ; la cathédrale, bâtie au XIe siècle, remaniée au XIVe siècle, est, après Saint-Pierre de Rome, la plus longue d'Europe. La ville garde de son passé d'autres importants monuments (Wolvesey Castle, St Cross Hospital) et un établissement d'enseignement (Winchester College) dont la fondation remonte au XIVe siècle.

Winckelmann (Johann Joachim) 1717-1768 Archéologue et historien allemand. Partisan d'un retour à l'art antique, dont il admirait la simplicité et qu'il opposait au style rococo (*Réflexions sur l'imitation des œuvres des Grecs en peinture et en sculpture*, 1755), il partit pour l'Italie poursuivre ses recherches d'histoire de l'art. Converti au catholicisme, il fut bibliothécaire du Vatican. À son retour en Allemagne, il fut assassiné par un escroc qui voulait s'emparer de sa collection de monnaies. Ses travaux historiques (*Histoire de l'art de l'Antiquité*, 1764) ont exercé une grande influence ; ce fut, en outre, un pionnier de l'archéologie.

Windischgraetz (Alfred, Prinz **zu)** 1787-1862 Général autrichien. Nommé maréchal après avoir écrasé l'insurrection de Prague, il reprit Vienne aux révolutionnaires en 1848 mais, ayant échoué contre les Hongrois, il perdit son commandement.

Windsor ou **New Windsor** *27 800 h.* Ville d'Angleterre, sur la Tamise, qui conserve un château construit par Édouard III au XIVe siècle. Pendant la Première Guerre mondiale, en 1917, la famille royale d'Angleterre adopta le nom de *Windsor*, qui remplaça celui de Hanovre-Saxe-Cobourg-Gotha.

windsurf n. m. (mot anglais et nom déposé) SPORT Planche à voile.

Windthorst (Ludwig) 1812-1891 Homme politique allemand. Opposé à l'annexion du Hanovre par la Prusse, il fut cependant député au Reichstag (1867) où il fut chef du parti catholique du centre. Adversaire déclaré du Kulturkampf, ses succès électoraux obligèrent Bismarck à abroger certaines lois sur l'enseignement catholique et les congrégations.

Robert Wise.

Winkelried (Arnold de) ?-1386 Soldat du canton suisse d'Unterwald ; selon la tradition, son héroïsme aurait conduit les confédérés suisses à remporter sur Léopold III de Habsbourg la victoire de Sempach (1386).

Winnicott (Donald Woods) 1896-1971 Pédiatre et psychanalyste britannique, spécialiste de l'enfance. Il étudia les relations de la mère et du nourrisson et la façon dont l'enfant construit la réalité extérieure, notamment par des jeux.

Winnipeg (lac) *24 514 km^2* Lac du Canada central, s'écoulant dans la baie d'Hudson par le Nelson.

Winnipeg *616 790 h.* Ville du Canada, capitale du Manitoba. Premier carrefour ferroviaire canadien, capitale mondiale du blé (Bourse du blé), cœur de la *Prairie canadienne*, la ville est industrialisée.

Wintherhalter (Franz Xaver) 1805-1873 Peintre allemand. Peintre à la cour de Léopold de Bade, il s'installa ensuite à Paris où, apprécié par Louis-Philippe, puis par Napoléon III et l'impératrice Eugénie, il devint le portraitiste de la haute société (*L'Impératrice Eugénie et ses dames d'honneur*). Il connut le même succès à la cour de Londres et à la cour de Vienne.

Wisconsin *1 006 km* Rivière des États-Unis, affluent du Mississippi.

Wisconsin *145 436 km^2 5 169 677 h.* État du centre des États-Unis, arrosé par le fleuve du même nom. Capitale *Madison*. Situé entre le Mississippi, le lac Supérieur et le lac Michigan, cet État, spécialisé dans l'élevage laitier, connaît une vie industrielle active sur les rives du lac Michigan, notamment à Milwaukee. Le Wisconsin entra dans l'Union en 1848.

Wise (Robert) 1914 Cinéaste américain (*Nous avons gagné ce soir*, 1949 ; *La Tour des ambitieux*, 1954 ; *La Mélodie du bonheur*, 1965). Avec *West Side Story*, 1961, il a donné un nouvel élan à la comédie musicale ; *Le Mystère Andromède* (1971) est une œuvre de science-fiction.

Wiseman (Nicholas Patrick) 1802-1865 Prélat britannique, artisan du renouveau catholique en Grande-Bretagne. Recteur du collège anglais de Rome de 1828 à 1835, de retour au Royaume-Uni, il y réorganisa la presse catholique. En 1849, Pie IX le nomma vicaire apostolique ; lorsque la hiérarchie catholique fut rétablie en Angleterre, il devint archevêque de Westminster, puis cardinal (1850). Son roman

Le **Wisconsin**, affluent du Mississippi.

édifiant sur les débuts du christianisme, *Fabiola ou l'Église des catacombes* (1854), eut un énorme succès.

wishbone n. m. (mot anglais) MAR. Vergue en forme d'anneau ou d'arceau servant à manœuvrer une voile.

wisigoth, othe adj. et n. Des Wisigoths; membre de ce peuple. *Art wisigoth. Un(e) Wisigoth(e).*

wisigothique adj. Syn. de wisigoth. *Architecture wisigothique.*

Wisigoths Fraction de la nation des Goths installée sur les côtes de la mer Noire entre le Danube et le Dniepr. Après des incursions dans l'empire d'Orient, leur roi Alaric pénétra en Italie et s'empara de Rome en 410. Son successeur, Athaulf, s'établit en Gaule entre la Loire et les Pyrénées. Puis les Wisigoths occupèrent une partie de l'Espagne. Après la victoire de Clovis à Vouillé, où fut tué Alaric II, ils perdirent la majeure partie de leurs possessions en Gaule (507) et se cantonnèrent en Espagne où ils choisirent Tolède pour capitale. Le royaume wisigothique arien, puis catholique (600), se perpétua jusqu'à la conquête de la péninsule par les Arabes en 711.

Wismar *58 000 h.* Port industriel d'Allemagne dans le Mecklembourg-Poméranie-Antérieure, sur la Baltique. Il fut en 1945 le point de jonction des armées soviétiques et anglaises.

Witikind Voir **Widukind**

witloof n. f. (mot néerlandais) Variété de chicorée qui fournit l'endive.

Witt (Johan ou **Jan De)** 1625-1672 Homme d'État hollandais. Représentant de la bourgeoisie républicaine, grand pensionnaire de Hollande (1653), De Witt fit voter par les états l'interdiction à la maison d'Orange d'exercer le stathoudérat (1667). Mais, rendu responsable de l'invasion des Pays-Bas par Louis XIV en 1672, il fut massacré ainsi que son frère Cornelis, au cours d'une émeute, à La Haye, par les partisans de Guillaume d'Orange, qui reprit le pouvoir, la fonction de stathouder ayant été rétablie.

Witte (Sergueï Ioulievitch, comte**)** 1849-1915 Homme d'État russe. Ministre des Transports (1892), puis des Finances (1893-1903), il s'attacha à la modernisation de la Russie (construction du Transsibérien, industrialisation), puis, président du comité des ministres, il négocia (1905) la paix avec le Japon; Premier ministre la même année, il fut à l'origine des lois instaurant la première douma d'État, mais fut disgracié dès 1906.

Wittelsbach Famille ducale, puis royale, qui régna sur la Bavière du XIIe siècle à 1918. Napoléon Ier fit du duché de Bavière un royaume et nomma roi le duc Maximilien Joseph.

Wittenberg *54 000 h.* Ville industrielle d'Allemagne, en Saxe-Anhalt, sur l'Elbe, qui vit naître au XVIe siècle la Réforme: en 1517, Luther afficha sur la porte de l'église ses 95 thèses. En 1520, il y brûla publiquement la bulle d'excommunication.

Wittgenstein (Ludwig Josef) 1889-1951 Philosophe britannique d'origine autrichienne. Élève de B. Russell à Cambridge, il y devint (1939) titulaire de la chaire de philosophie après avoir exercé en Autriche différents métiers, dont celui d'instituteur. Son *Tractatus logico-philosophicus* (1921) exerça une grande influence sur l'école de Vienne.

Église de Santa Comba de Bande (VIIe siècle), en Galice.

Porte d'accès au cloître du monastère de San Juan de la Peña, en Aragon.

Cindeswinthe, roi wisigoth.

Broche et croix en or et pierreries d'époque wisigothique.

Reliefs de l'ermitage de Santa Maria de Lara, dans la province de Burgos (Castille-et-Léon).

WISIGOTHS

Adversaire de toute métaphysique, il a cherché à clarifier la pensée en définissant la logique du langage. Ses *Investigations philosophiques* ont été publiées en 1953, après sa mort, et *Le Cahier bleu et le cahier brun* (cours des années 1933-1935), en 1958 (traduction française 1965).

Witwatersrand Région aurifère d'Afrique du Sud, qui possède également des gisements d'uranium et qui est devenue la plus importante région industrielle du pays.

Witz (Konrad) 1400 ?-1445 ? Peintre souabe, actif à Bâle (*Retable du Salut*, v. 1434; *Retable de saint Pierre*, 1444-1446; *La Pêche miraculeuse*, 1444).

Wodehouse (sir Pelham Grenville, dit P. **G.)** 1881-1975 Écrivain britannique. Ses romans tournent en dérision les mœurs de l'aristocratie anglaise de son temps, en narrant, avec un imperturbable sérieux et un humour corrosif, les aventures cocasses d'un jeune célibataire bien né, oisif comme il se doit et particulièrement maladroit, Bertie Wooster, et de son valet de chambre, l'inénarrable Jeeves (*Le plus beau cochon du monde*; *Allez-y, Jeeves !*; *Merci, Jeeves*).

Woëvre Dépression humide de Lorraine, dominée par les Côtes de Meuse.

Wöhler (Friedrich) 1800-1882 Chimiste allemand. Il réalisa la première synthèse organique in vitro (synthèse de l'urée; 1828). On croyait jusque-là que les composés organiques ne pouvaient se former qu'in vivo, grâce à une « force vitale ». Cette découverte capitale permit à la chimie organique de se développer comme une discipline à part entière. Il découvrit le phénomène de l'isomérie, ainsi que l'existence des radicaux organique. Il isola de nombreuses substances, en particulier l'aluminium (1827), le béryllium (1828), le bore. On lui doit également un procédé de synthèse de l'acétylène par action de l'eau sur le carbure de calcium (1862).

wok n. m. (mot chinois) CUIS. Poêle profonde, souvent à deux anses, utilisée dans la cuisine asiatique.

Wolf (Hugo) 1860-1903 Compositeur autrichien. Ses nombreux lieder ont donné une vigueur nouvelle à ce genre, bien qu'il soit demeuré fidèle à l'esprit de Schubert. Il écrivit deux opéras (*Der Corregidor*, 1895; *Manuel Venegas*, inachevé), un poème symphonique (*Penthésilée*, 1893), un quatuor à corde et une *Sérénade italienne* (1887). Souffrant de troubles mentaux, il fit plusieurs séjours en hôpital psychiatrique et puis fut interné définitivement en 1897, après une tentative de suicide.

Wolf (Christa) 1929 Romancière allemande. Elle a passé toute sa vie en République démocratique allemande, s'interrogeant dans ses romans (*Le Ciel partagé*, 1963; *Christa T.*, 1968; *Les Modèles de l'enfance*, 1976; *Cassandre*, 1983), d'une manière directe ou voilée, sur les rapports entre l'individu et une société aliénante.

Wolfe (James) 1727-1759 Général anglais. Il affronta et vainquit Montcalm dans les Plaines d'Abraham, devant Québec. Les deux adversaires trouvèrent la mort dans cette bataille décisive.

Wolfe (Thomas Clayton) 1900-1938 Écrivain américain. Ses quatre romans autobiographiques traitent de l'exil et du retour (en Caroline du Nord), notamment *Au fil du temps* (1935); *Vous ne pouvez revenir à nouveau* (posthume, 1940).

Thomas Wolsey.

Virginia Woolf.

Wolfe (Thomas Kennerly Jr, dit **Tom)** 1931 Journaliste et écrivain américain. Il se livra à des enquêtes sur la société américaine en mêlant le reportage et la fiction romanesque (*L'Étoffe des héros*, 1979).

Wolff ou **Wolf (Christian von)** 1679-1754 Mathématicien et philosophe allemand. Son rationalisme dogmatique, dérivé de Descartes et de Leibniz, cherche à unir la raison humaine et Dieu : *Philosophie première* (1729) ; *Ontologie* (1730) ; *Théologie naturelle* (1737).

wolfram n. m. MINÉR. Wolframite. / CHIM. Vx Syn. de tungstène.

Wolfram von Eschenbach 1170 ?-1220 ? Poète allemand, auteur de poésies courtoises (*Parzival*, adapté de Chrétien de Troyes ; *Willehalm*, adaptation d'une chanson de geste française, *La Chanson des Aliscans* ; *Sigurd et Schionatulander*, dit parfois *Titurel*, inachevé).

wolframite n. f. MINÉR. Principal minerai de tungstène, tungstate de fer et de manganèse.

Wollstonecraft (Mary, Mrs Godwin**)** 1759-1797 Écrivain britannique, une des premières féministes (*Revendication des droits de la femme*, 1792).

wolof ou **ouolof** adj. et n. (mot de cette langue) Des Wolofs. *Les traditions wolof(es). Un Wolof.* / n. m. LING. Langue du groupe atlantique occidental, qui est langue nationale au Sénégal.

Wolof(s) ou **Ouolof(s)** Peuple du centre du Sénégal où ils constituent l'ethnie dominante. Divisés en castes, les Wolofs sont des agriculteurs (parfois des éleveurs) musulmans affiliés à une confrérie fondée à la fin du XIXe siècle. Leur langue est utilisée comme langue véhiculaire au Sénégal et dans les pays voisins.

Wols (Alfred Otto Wolfgang Schulze, dit**)** 1913-1951 Peintre allemand, auteur d'aquarelles et de gouaches dont les traits noirs, dispersés sur un fond clair, évoquent l'éclatement des formes. Il illustra des œuvres de Paulhan, d'Artaud et de Sartre.

Wolsey (Thomas) 1473 ?-1530 Prélat anglais. Archevêque en 1514, il se rendit impopulaire par sa vie fastueuse et par son rapprochement avec la France. L'échec de ses négociations avec le pape en faveur du divorce d'Henri VIII entraîna sa disgrâce.

wombat ou **vombat** n. m. (mot d'une langue d'Australie) ZOOL. Gros marsupial fouisseur, dont la silhouette trapue évoque celle d'un ours.

Wood (John l'Aîné) 1704-1754 Architecte britannique, fortement influencé par Palladio dont il adapta le style en Angleterre (Prior Park, près de Bath ; plan de la ville de Bath). **John le Jeune** 1728-1781 Architecte britannique, fils du précédent. Il travailla essentiellement à Bath, prolongeant l'œuvre que son père n'avait pu achever (Royal Crescent, en demi-cercle).

Wood (Robert Williams) 1868-1955 Physicien américain qui découvrit la lumière noire (dite aussi lumière de Wood) : le rayonnement ultraviolet rend fluorescents de nombreux corps. *Lampe de Wood* : lampe à vapeur de mercure dont on filtre le rayonnement pour ne laisser apparaître que l'émission ultraviolette ; ce rayonnement, appelé « lumière noire », a la propriété d'exciter certaines fluorescences et de les rendre visibles.

Woolf (Virginia Stephen, Mrs Leonard Woolf, connue sous le nom de **Virginia)** 1882-1941 Romancière anglaise. Fille d'un critique littéraire, elle vécut au sein de l'élite intellectuelle britannique, réunit ses amis écrivains dans sa maison de Bloomsbury (le groupe de Bloomsbury) et fonda, avec son mari, la maison d'édition Hogarth Press. Elle a écrit des romans impressionnistes où toute l'action se passe dans la conscience des personnages (*La Chambre de Jacob*, 1922 ; *Mrs. Dalloway*, 1925 ; *La Promenade au phare*, 1927) ; *Orlando*, 1928, inspiré par son amie Vita Sackville-West ; *Une chambre à soi*, 1929, qui évoque l'émancipation de la femme ; *Les Vagues*, 1931 ; *Entre les actes*, 1941, inachevé. Craignant de sombrer dans la folie, supportant mal son isolement dû à la guerre, elle se suicida. Son journal (*Journal d'un écrivain*) a été publié après sa mort.

Worcester *74 790 h.* Ville d'Angleterre, chef-lieu du Hereford and Worcester, sur la Severn, qui conserve une cathédrale du XIIIe siècle.

Wordsworth (William) 1770-1850 Poète britannique. Ses *Ballades lyriques* (1798) ont été écrites en collaboration avec Coleridge. Dans tous ses poèmes, réunis et édités à des dates différentes entre 1798 et 1850 (*Le Prélude* est même posthume), il a exprimé son sentiment de la nature et chanté la beauté des lacs anglais (il fut le chef de file des lakistes).

world music n. f. (mots anglais « *musique du monde* ») Courant musical de la fin des années 1980, marqué par le jazz, la musique pop et les musiques ethniques de diverses régions du monde.

world wide web, www ou **web** n. m. (mots anglais) INFORM. Système hypermédia d'organisation de l'information sur le réseau Internet. *Se connecter sur le web. Une page web. Un site web.*

Worms *76 000 h.* Ville d'Allemagne, dans le Land de Rhénanie-Palatinat, sur le Rhin, ville commerciale et industrielle qui conserve de beaux monuments (cathédrale romane ; églises du XIIIe-XVIe siècle), la plus ancienne synagogue d'Allemagne (1034). **Histoire** En 1122, l'empereur Henri V et le pape Calixte II signèrent à Worms le concordat qui mit fin à la querelle des Investitures. L'édit de Worms (1521) proclama la mise hors la loi de Luther par Charles Quint.

Worth (Charles Frédéric) 1825-1895 Couturier français d'origine britannique. Il apporta plusieurs innovations en faisant présenter ses modèles par des mannequins et en créant chaque année une nouvelle collection.

Woyzeck 1836 Drame inachevé de Büchner : Woyzeck, dont la vie de soldat est humiliante, égorge sa femme, Marie, qui le trompe. La pièce ne fut représentée qu'en 1913. Alban Berg en fit un opéra (1925), dont il écrivit le livret, *Wozzeck*.

Wrangel ou **Vrangel (Piotr Nicolaïevitch**, baron de**)** 1878-1928 Général russe. Compagnon de Denikine, en Ukraine, il le remplaça, dans la guerre contre les bolcheviks, en 1920 et fonda une « république d'Ukraine ». Cette même année 1920, les bolcheviks l'emportèrent.

Wren (sir **Christopher)** 1632-1723 Mathématicien et architecte anglais. Homme de science, il occupa une chaire d'astronomie à Londres, puis à Oxford, et contribua à la fondation de la Société royale des sciences. Après l'incendie de Londres (1666), il élabora un plan d'urbanisme concentrique, qui ne fut pas adopté, et donna les plans de plusieurs dizaines d'églises paroissiales où l'on note l'influence d'Inigo Jones ; ces plans, d'une grande sobriété, ne font des concessions à la fantaisie que dans le dessin des clochers et des lanternons. À partir de 1675, il reconstruisit la cathédrale Saint-Paul, s'inspirant à la fois de Saint-Pierre de Rome et de Saint-Louis des Invalides. Il édifia également la bibliothèque de Trinity College à Cambridge, l'hôpital de Chelsea, à Londres, l'hôpital de Greenwich, transforma le palais de Hampton Court et agrandit la résidence royale de Kensington.

La cathédrale Saint-Paul de Londres, due à l'architecte **Christopher Wren**.

Wresinski (Joseph) 1917-1988 Prêtre français. Né dans une famille très pauvre, soucieux de partager le sort des plus démunis, il s'installe (1956) au camp de Noisy-le-Grand, bidonville peuplé de familles misérables dont il s'attache à restaurer la dignité. Fondateur (1958) du mouvement non confessionnel « Aide à toute détresse », qui deviendra « ATD-Quart Monde », il poursuit un travail de terrain en concertation avec les familles (fondation de lieux d'enseignement, de loisir, de prière ; installation de fontaines, d'ateliers) et un travail théorique sur les causes et les caractéristiques (sanitaires, culturelles, sociologiques, psychologiques) de la grande pauvreté et les moyens non de soulager la misère, mais de l'éradiquer. En 1979, il est nommé au Conseil économique et social et l'influence de son mouvement, qui rassemble des volontaires de plus en plus nombreux, s'étend au monde entier.

Wright (Franck Lloyd) 1867-1959 Architecte et théoricien américain. Il se fit connaître par les « maisons de la prairie », caractérisées par la libre circulation entre les espaces intérieurs, leur intégration dans le paysage et l'emploi de matériaux naturels (Willitts House, Highland Park, Illinois, 1902 ; Robie House, Chicago, 1909). Il utilisa ensuite le béton armé qui changea considérablement son style (Kaufmann House, Bear Run, Pennsylvanie, 1936-1939 dite aussi Maison sur la cascade, aux audacieux porte-à-faux ; bureaux de la Johnson Wax, Racine, Wisconsin, 1936-1939, édifice aveugle dont certains murs sont ondulés ; musée Guggenheim, New York, 1956-1959, sur un plan en escargot, ce qui engendre un espace continu en pente douce). Son imagination féconde lui fit concevoir de nombreux projets, dont beaucoup n'ont jamais été réalisés (gratte-ciel de 528 étages, 1956) et il publia plusieurs ouvrages théoriques et une autobiographie.

Wright Nom de deux frères, aviateurs et constructeurs américains, **Wilbur** (1867-1912) et **Orville** (1871-1948). Pionniers de la construction aéronautique, ils commencèrent par des essais de vol plané, puis dotèrent leur planeur d'un moteur de 16 ch actionnant deux hélices, avec lequel Orville effectua, le 17 décembre 1903, à Kitty Hawk (Caroline du Nord), le premier vol mécanique (l'*Éole* d'Ader n'avait parcouru qu'une cinquantaine de mètres en 1890).

Wright (Richard) 1908-1960 Romancier noir américain, qui a décrit avec réalisme la vie des Noirs aux États-Unis : *Les Enfants de l'oncle Tom* (1938) ; *Un enfant du pays* (1940) ; *Black Boy* (1945).

Wroclaw (en allemand, *Breslau*) *641 386 h.* Ville de Pologne, en Silésie, chef-lieu de la voïvodie du même nom. Fondée au Xe siècle, cette ville, longtemps allemande, est un centre d'industries métallurgiques.

Wuhan *2 600 000 h.* Capitale de la province chinoise du Hu-pei, port fluvial et centre industriel de grande importance, où

s'implantèrent en 1955 les premières coopératives agricoles de type socialiste.
Wulfila Voir **Ulfilas**
Wuppertal *383 776 h.* Ville d'Allemagne, en Rhénanie-du-Nord-Westphalie, sur la Wupper, qui fait partie du foyer industriel de la Ruhr.
Würm (le) Rivière de Bavière qui donne son nom à une glaciation du quaternaire.
Wurtemberg Ancien État de l'Allemagne sud-occidentale, couvrant en partie la Forêt-Noire et en partie la plaine de Souabe-Franconie, qui forme aujourd'hui, avec le pays de Bade, le Land de Bade-Wurtemberg, région touristique aux stations réputées (Baden-Baden). Royaume à partir de 1805, rattaché à l'Empire allemand de 1871 à 1918, devenu une république, le Wurtemberg est annexé par le Reich en 1934.
Wurtz (Charles Adolphe) 1817-1884 Chimiste français. Ses travaux contribuèrent à fonder la théorie atomique. Il réalisa la synthèse de nombreux composés organiques (première synthèse des amines, 1849). Il inventa également un procédé de synthèse des hydrocarbures par action du sodium sur des composés halogénés (*synthèse de Wurtz*, 1845).
Würzburg *127 946 h.* Ville d'Allemagne, en Bavière, sur le Main, centre de l'industrie vinicole franconienne. Elle conserve de nombreuses églises du Moyen Âge et un château du XVIIIe siècle, résidence des anciens ducs-évêques.

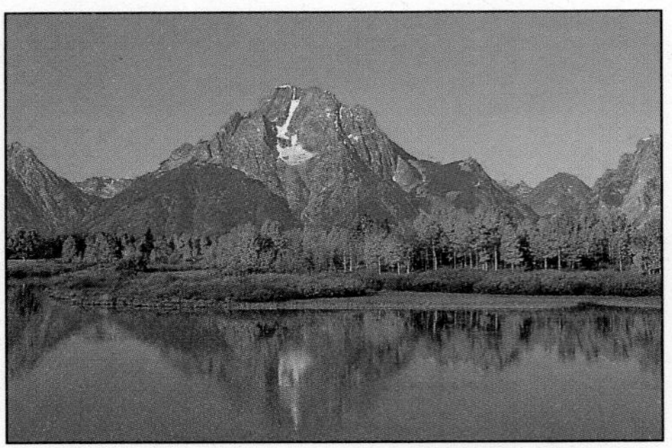

Parc national du Grand Teton, important site touristique, à l'ouest de l'État du ***Wyoming****.*

www Voir **world wide web**
wyandotte n. et adj. Poule ou coq d'une race américaine; cette race. / adj. *Poule wyandotte.*
Wyatt ou **Wyat** (sir **Thomas**) 1503-1542 Diplomate et poète britannique. Soupçonné d'avoir été l'amant d'Anne Boleyn, il fut emprisonné, avant d'être chargé de conduire une ambassade auprès de Charles Quint. Poète, il s'inspire de Dante et de Pétrarque pour exprimer son lyrisme (*Certains psaumes mis en vers anglais*, 1551, recueil posthume, comme toute son œuvre). **Wyatt le jeune** (sir **Thomas**) v. 1520-1554 Fils du précédent. Instigateur d'une rébellion au moment du mariage de Marie Tudor et de Philippe II d'Espagne, il échoua et fut exécuté.
Wyclif ou **Wycliffe (John)** 1320 ?-1384 Réformateur religieux anglais. Professeur à l'université d'Oxford, il prit parti contre l'influence grandissante de la papauté. Il fit paraître une traduction anglaise de la Bible, critiqua les indulgences et certains dogmes de l'Église, annonçant ainsi la Réforme.
Wyler (William) 1902-1981 Cinéaste américain, d'origine suisse. Son œuvre inégale comporte de nombreuses réussites: *Le Vandale* (1936); *L'Insoumise* (1938); *Les Hauts de Hurlevent* (1939); *Les Plus Belles Années de notre vie* (1946); *L'Héritière* (1949); *Vacances romaines* (1953), *Ben Hur* (1959); *L'Obsédé* (1965).
Wyoming *253 326 km² 479 743 h.* État du nord-ouest des États-Unis, riche en parcs nationaux (celui de Yellowstone est le plus grand du pays). Cet État couvert de forêts est peu peuplé. On se livre à l'élevage extensif sur les hauts plateaux. Entré dans l'Union en 1890, cet État fut le premier, sur le territoire des États-Unis, à accorder le droit de vote aux femmes.
Wyss (Johann David) 1748-1818 Écrivain suisse de langue allemande. Pasteur, il écrivit pour la jeunesse *Un Robinson suisse* (1812-1817), ouvrage moralisateur à l'imitation de Robinson Crusoe qui connut un grand succès.
Wyszynski (Stefan) 1901-1981 Prélat polonais. Primat de Pologne en 1948, cardinal en 1952, opposant déterminé au régime communiste, il fut arrêté en 1953 et maintenu en résidence surveillée jusqu'en 1956. Sa force de conviction, sa constance dans l'adversité, son charisme ont fait de lui le chef incontesté de l'Église polonaise et le meilleur soutien de Solidarnosc.

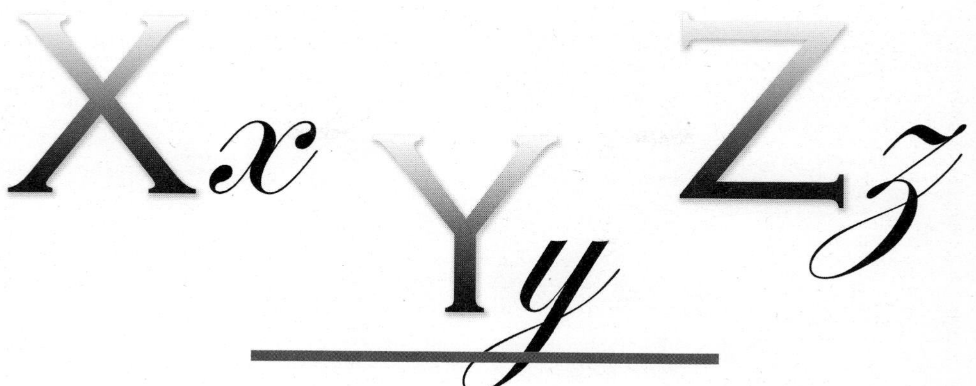

Xaintrailles (Jean Poton, seigneur de**)** 1400-1461 Maréchal de France. Gentilhomme gascon du parti armagnac, grand écuyer de Charles VII, compagnon de Jeanne d'Arc à Patay (1429), il contribua à libérer la Normandie et reprit la Guyenne aux Anglais (1451-1453).

xanthine n. f. BIOCHIM. Base purique, dérivée de la guanine. / n. f. pl. *Les xanthines*: groupe de molécules, dérivées de la xanthine, à effet stimulant, bronchodilatateur et diurétique. *La caféine est une xanthine.*

Xanthippe Ve siècle avant J.-C. Épouse de Socrate, dont Platon note le caractère acariâtre.

xanthoderme adj. et n. ANTHROPOL. Dont la peau est jaune, tire sur le jaune. / n. *Les xanthodermes.*

xanthomatose n. f. MÉD. Dysfonctionnement du métabolisme se traduisant par des dépôts diffus de lipides dans l'organisme.

xanthome n. m. MÉD. Tache ou nodule dermique, de couleur jaunâtre, lié à la présence de cellules chargées de lipides.

xanthophycées n. f. pl. BOT. Groupe d'algues brunes (phéophycées) de couleur jaune, à flagelles inégaux.

xanthophylle n. f. BIOCHIM. Pigment caroténoïde de couleur jaune qui est associé à la chlorophylle chez les plantes vertes.

Xenakis (Yannis) 1922-2001 Compositeur français d'origine grecque. Mathématicien et architecte (il est dix ans l'assistant de Le Corbusier), il se consacre ensuite uniquement à la musique, étudiant la composition avec Honegger, Milhaud et Messiaen. Sa critique de la musique sérielle le conduit à utiliser le calcul des probabilités pour obtenir les résultats sonores qu'il recherche (*Pithoprakata*, 1956, pour quarante-six instruments à cordes et un trombone). Il fait également appel à la théorie des jeux (*Duel*, 1959; *Stratégie*, 1962, pour deux orchestres) et à l'algèbre des ensembles (*Herma*, 1961, pour piano seul). L'architecte qu'il était demeure fasciné par l'espace, espace sonore d'abord (*Terretektorh*, 1966), puis espaces plastiques et sonores construits avec des câbles métalliques (*Polytope de Cluny*, 1972, qui fait appel à des rayons laser et à des lampes à éclats). Théoricien (*Musiques formelles*, 1972), il enseigne à Bloomington (Indiana) et à Paris I (où il est professeur après y avoir obtenu un doctorat d'État en lettres et sciences humaines) et fonde à Paris l'E.M.A.Mu (Équipe de mathématique et d'automatique musicales) qui deviendra le C.E.M.A.Mu (Centre d'études de mathématique et d'automatique musicales). En 1975, il met au point un appareil nommé U.P.I.C. (unité polyagogique informatique du C.E.M.A.Mu) qui permet de créer tout événement sonore à partir d'un dessin, et qui obtient un immense succès: tout un chacun peut ainsi imaginer des sons et en jouer. Ses œuvres ultérieures témoignent de la même rigueur formelle, qu'il s'agisse d'œuvres pour orchestre (*Jonchaies*, 1977; *Aïs*, 1980; *Roaï*, 1991), pour piano (*Kegrops*, 1986) ou pour la voix (*Pu wijnnej we fyp* pour chœur d'enfants, 1992).

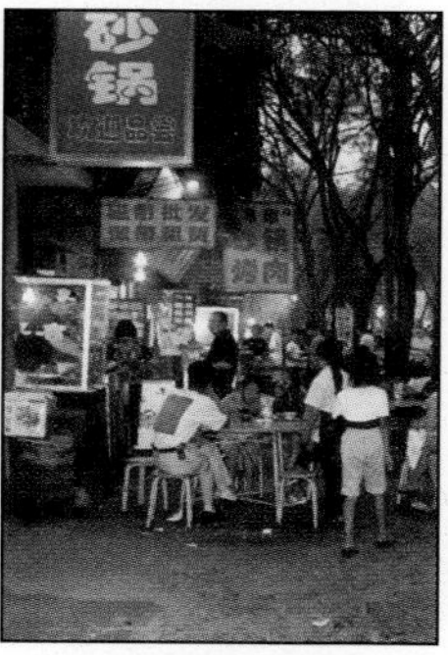

Le quartier musulman de ***Xian***.

xénarthres n. m. pl. ZOOL. Ordre de mammifères euthériens d'Amérique du Sud, comprenant le tatou, le paresseux et le fourmilier.

xénogreffe n. f. CHIR. Greffe effectuée sur un organisme d'une espèce différente; spécial. greffe sur l'homme d'un organe, d'un tissu provenant d'un animal.

xénon n. m. CHIM. Élément de numéro atomique Z=54, de masse atomique 131,3, appartenant au groupe des gaz rares (symbole: Xe). / Gaz inerte, de densité 4,5. *Le xénon, de faible conductivité thermique, est utilisé dans les ampoules à incandescence.*

Xénophane de Colophon VIe ou Ve siècle av. J.-C. Philosophe grec. Considéré comme le fondateur de l'école d'Élée, il a été le maître de Parménide. Il ne reste de lui que des fragments de ses élégies et de son poème *De la nature des choses.*

xénophile adj. et n. Qui aime les étrangers.

xénophilie n. f. Sympathie pour les étrangers.

xénophobe adj. et n. Qui déteste les étrangers.

xénophobie n. f. Hostilité ou haine à l'égard des étrangers.

Xénophon 430?-352? av. J.-C. Historien et philosophe grec. Appartenant à une famille noble et riche, il suit l'enseignement de Socrate, puis conduit une armée de mercenaires en Perse pour aider Cyrus contre son frère Artaxerxès. Il raconte dans *L'Anabase* leur pénible retraite (dite « retraite des Dix Mille ») après la mort de Cyrus. Il met ensuite ses mercenaires au service de Sparte et fait campagne en Asie Mineure. Banni d'Athènes, il se retire dans la propriété que lui avaient donnée les Spartiates, jusqu'à la levée de son bannissement, en 367. Il a écrit des mémoires historiques (*Les Helléniques*, suite de l'*Histoire de Thucydide*; *La Cyropédie*, vie romancée de Cyrus), une *Apologie* de Socrate, des ouvrages d'économie (*L'Économique*, *Des revenus*) et de politique (*La République des Lacédomoniens*, à la louange du régime spartiate), et des traités techniques (*La Chasse*, *De l'équitation*, *L'Hipparque*).

Le ***Xi jiang***.

xérès n. m. Vin blanc espagnol, récolté aux environs de Jerez de la Frontera.

xérodermie n. f. MÉD. Forme d'ichtyose caractérisée par une desquamation légère.

xérographie n. f. TECHN. Procédé de reprographie utilisant les propriétés photorésistantes des semi-conducteurs. (On projette l'image à reproduire sur une plaque couverte de sélénium chargée positivement, les parties éclairées se déchargeant proportionnellement au flux lumineux qu'elles reçoivent).

xérophile adj. BOT. Qui est adapté aux conditions de vie en milieu aride. *Les cactus sont des plantes xérophiles.*

xérophtalmie n. f. MÉD. État de sécheresse de la conjonctive et de la cornée entraînant l'opacité de celle-ci et une cécité plus ou moins complète. *La xérophtalmie peut être due à une carence en vitamine A.*

xérophytes n. f. pl. BOT. Plantes xérophiles.

xérus n. m. ZOOL. Petit mammifère de l'ordre des rongeurs, à longue queue, vivant dans les zones arides d'Afrique. Syn. écureuil palmiste, rat palmiste.

Xerxès Ier 519?-465 av. J.-C. Roi de Perse. Fils et successeur de Darios Ier (486), il voulut venger la défaite de son père à Marathon et engagea, contre les Grecs, la seconde guerre médique (480). Après quelques succès, sa flotte fut détruite à Salamine, cette même année, puis son armée battue à Platées (479). Après avoir écrasé des révoltes en Égypte et en Babylonie, il supprima le statut de relative autonomie dont jouissaient ces deux territoires et fit de la Babylonie deux satrapies (Syrie et Babylonie proprement dite). Il poursuivit la construction de Persépolis et fut, à la fin de sa vie, en butte à plusieurs complots; il fut assassiné. Son fils Artaxerxès Ier lui succéda.

Xi jiang (le) *2 100 km* Fleuve du sud de la Chine, qui, né dans le Yunnan, arrose Canton et se jette dans la mer de Chine méridionale.

xi ou **ksi** Quatorzième lettre (ξ, Ξ) de l'alphabet grec.

Xian ou **Si-ngan** *1 960 000 h.* Ville de Chine, capitale du Shaanxi. Importants sites archéologiques dans la ville et aux environs, datant des dynasties Han, Tang et Ming;

La Naissance de Jésus, ***xylographie*** *du* XVIIIe *siècle.*

mosquées (la ville abrite une communauté musulmane); musée provincial (Forêt des Stèles, dont la stèle nestorienne qui commémore en 781 la fondation d'un lieu de culte chrétien en 638); musée historique (fresques venues des tombes des environs); aux environ, tumulus et armée de terre cuite de Qin Shi Huangdi. Industries diverses. Artisanat. Tourisme. Université. **Histoire** Ancienne capitale des Han, des Sui et des Tang, la ville, au départ de la route de la Soie, était un centre culturel, artistique et commercial important, dont le plan en damier inspira celui de plusieurs villes d'Asie, en Corée et au Japon notamment.

Xianyang *744 500 h.* Ville de Chine, dans le Shaanxi, ancienne capitale des Qin. Nécropole impériale. Musée où sont conservés les milliers de statuettes de soldats découvertes en 1965.

Xinjiang ou **Sin-kiang** *1 600 000 km² 17 480 000 h.* Région autonome du nord-ouest de la Chine, que les Occidentaux nommaient Turkestan chinois. Capitale *Urümqi.* Le centre est occupé par les monts Tianshan, qui culminent à *7 439 m*, aux confins du Kirghizistan. Au nord, s'étend une steppe, la Dzoungarie, que borde au nord-est l'Altaï; au sud, un désert, le Taklamakan. De hauts massifs entourent l'ensemble; le Taklamakan est bordé à l'est par le Pamir et au sud par l'Himalaya. Ce pays inhospitalier comprend une mosaïque de peuples turco-mongols: Ouïgours, Kazakhs, Mongols, etc., ainsi que des Chinois, de plus en plus nombreux. Jusqu'en 1950, la seule activité était l'élevage des chameaux, des ovins et des caprins. Depuis, on extrait du pétrole, du charbon et du fer; les gisements sont importants mais l'isolement et l'ingratitude de la région ne favorisent pas l'exploitation. La Chine y effectue ses essais nucléaires. Les Ouïgours se sont soulevés à de nombreuses reprises; les soulèvements ont été durement réprimés.

Xiongnu Anciens peuples d'Asie, peut-être apparentés aux Huns, originaires de la Chine du nord. Après des siècles de guérilla avec le pouvoir impérial chinois, une partie d'entre eux se sinisèrent et d'autres émigrèrent vers l'ouest.

xiphoïde adj. ANAT. *Appendice xiphoïde*: partie terminale du sternum.

xiphoïdien, enne adj. ANAT. Relatif à l'appencie xiphoïde.

xiphophore n. m. ZOOL. Petit poisson téléostéen du Mexique, dont la nageoire caudale du mâle possède un lobe inférieur allongé, en forme d'épée.

xoanon n. m. (mot grec) ANTIQ. GR. Statue de l'art grec archaïque, en bois, aux bras peu détachés du tronc dans lequel elle était sculptée. / Statue (bois, pierre) aux bras peu détachés du corps.

xylème n. m. BOT. Tissu des végétaux vasculaires, constitué de cellules allongées à paroi lignifiée, qui assure le transport de la sève brute de la racine aux feuilles. *On distingue le xylème primaire et le xylème secondaire (gymnospermes, angiospermes dicotylédones), qui constitue le bois.* Voir *liber, phloème.*

xylocope n. m. ZOOL. Insecte hyménoptère non social, de la famille des apidés, de couleur noire bleutée, qui fait son nid dans le bois mort. Syn. abeille charpentière.

xylographie n. f. TECHN. Gravure sur bois en taille d'épargne, où le fond est enlevé en réservant un relief qui sera encré, et donc imprimé. / Texte ou estampe ainsi obtenus.

xylographique adj. TECHN. Relatif à la xylographie.

xylophage adj. et n. ZOOL. Qui se nourrit de bois; qui creuse le bois. *Les longicornes sont des insectes xylophages.* / n. m. *Les xylophages*: les insectes dont les larves ou les adultes vivent dans le bois et s'en nourrissent

xylophone n. m. Instrument de musique à percussion, formé de plaquettes de bois, ou parfois de métal, de longueur inégale, montées sur deux traverses, et constituant un clavier sur lequel on frappe avec deux baguettes de bois.

Les termites sont des insectes ***xylophages.***

Xylophone.

y adv. et pron. **A.** adv. À cet endroit. *J'y suis. Nous nous y rendrons par le train.* / Y être: être chez soi. *Nous n'y sommes pour personne.* / adv. pron. *Il y a*: il existe. *Il y a trois classes de seconde dans ce lycée. Y être pour qqch., pour rien*: être (ne pas être) impliqué dans, avoir (ne pas avoir) une responsabilité dans. *Ce ratage n'est pas surprenant, il y est pour beaucoup. Il y va de*: ce dont on parle est engagé dans (telle affaire). *Il y va de sa santé.* **B.** pron. pers. inv. À cela. *Je n'y vois rien de mal.* / À lui, à elle. *Il n'abandonnera jamais sa femme, il y tient.* / (Pour remplacer un complément régulièrement précédé d'une préposition autre que *à) J'y compte*: je compte sur cela. / (En locutions) *S'y prendre bien ou mal*: agir de façon adroite, maladroite. *S'y entendre, s'y connaître*: avoir des compétences dans (tel domaine).

yacht n. m. (mot néerlandais) Embarcation de plaisance à voiles ou à moteur.

yacht(s)man n. m. (mot anglais) Vieilli. Adepte du yachting. Pl. Des *yacht(s)men.*

yacht-club n. m. (mots anglais) Association d'adeptes du yachting.

yachting n. m. (mot anglais) Navigation de plaisance.

yack ou **yak** n. m. (mot anglais, du tibétain) ZOOL. Grand bovidé des hauts plateaux d'Asie centrale, atteignant près de 2 m au garrot. *Domestiqué, le yack est élevé comme animal de bât, ainsi que pour son lait, sa viande, son épaisse toison.*

Yahvé Nom sous lequel Dieu se révéla à Moïse sur le Sinaï. Il signifie: *Je suis qui je suis.* Il est interdit de prononcer le mot *Yahvé* et de l'écrire; pour le désigner, on utilise quatre lettres de ce nom, qui forment un *tétragramme*: YHWH. En ajoutant les voyelles qui figurent dans le mot *Adonaï* (« mon Seigneur »), les chrétiens ont forgé le mot *Jéhovah.*

yakusa n. m. (mot japonais) Membre de la mafia japonaise.

Yale (université) Université américaine située dans l'État du Connecticut à New Haven. Elle porte le nom d'un de ses bienfaiteurs, Elihu Yale (1648-1721), ancien gouverneur de la Compagnie des Indes orientales.

Yalta *89 000 h.* Ville d'Ukraine, station thermale et balnéaire, située en Crimée, sur la mer Noire. Churchill, Staline et Roosevelt y discutèrent du sort de l'Europe après la fin de la guerre (4-11 février 1945). Ils réglèrent l'assaut final contre les nazis et décidèrent de créer l'Organisation des Nations unies, mais ils ne purent s'entendre sur le sort de l'Allemagne, malgré les concessions faites à Staline qui promit d'intervenir contre le Japon. La France, absente de Yalta, obtint, grâce à Churchill, d'être associée à l'occupation de l'Allemagne.

William Butler Yeats.

Yamamoto Isoroku 1884-1943 Amiral japonais. Commandant la flotte japonaise, il organisa l'attaque de Pearl Harbor (1941) et dirigea avec succès la guerre du Pacifique. Il trouva la mort dans un avion abattu par les Américains.

Yamoussoukro *env. 150 000 h.* Capitale de la Côte-d'Ivoire, au nord-ouest d'Abidjan, ville natale du président Houphouët-Boigny devenue capitale en 1983. La basilique Notre-Dame-de-la-Paix, construite sur le modèle de Saint-Pierre de Rome, est la plus grande église de la chrétienté.

Yamuna ou **Jamna** *1 370 km* Rivière de l'Inde, affluent du Gange.

Yan'an *300 000 h.* Ville du nord de la Chine, dans le Shanxi. En 1935, au terme de la Longue Marche, Mao Tsé-toung s'y installa jusqu'à la victoire de 1949.

yang n. m. (mot chinois) Dans le taoïsme, principe vital essentiel, régissant tout ce qui existe, en complémentarité indissociable avec le yin. *Le yang équivaut à l'énergie, au mouvement, à la lumière, à la chaleur, à la sécheresse, à la positivité, à la virilité et à l'activité.*

Yangzijiang ou **Yang Tsé Tiang** ou **fleuve Bleu** *5 800 km* Le plus long fleuve de Chine et le 4e du monde. Né au Tibet à *5 000 m* d'altitude, il traverse, par des gorges étroites, le Yunnan et les Alpes du Sichuan avant de pénétrer dans le Bassin rouge (appelé ainsi à cause de la couleur de sa terre très fertile). À nouveau resserré, il s'étale en Chine centrale où il traverse le grand lac de Dongting, qui contribue à régulariser le débit du fleuve. Le Yangzijiang arrose Wuhan et Nankin, et se jette dans la mer de Chine par un vaste estuaire sur lequel est établie la forte concentration urbaine de Shanghai. Le Yangzijiang et ses affluents constituent un réseau de communication vital pour la Chine. En 1998, ses inondations ont causé un désastre sans précédent dont les déforestations hâtives ont été jugées responsables.

yankee n. (et adj.) (mot anglo-américain) HIST. Pour les Anglais, au XVIIIe siècle, habitant de la Nouvelle-Angleterre révolté contre la Couronne britannique. / Surnom donné par les Sudistes aux Nordistes, pendant la guerre de Sécession. / Habitant ou citoyen des États-Unis, par rapport aux autres Américains. / adj. *La civilisation yankee.*

Yaoundé *775 729 h.* Capitale du Cameroun, à l'intérieur du pays, reliée par chemin de fer à Douala. Bâtie entre des collines et un lac artificiel, c'est un centre administratif, commercial, industriel et culturel. Depuis 1969, la *Convention de Yaoundé* régit les relations économiques de dix-neuf pays africains avec la Communauté économique (puis Union) européenne.

yaourt ou **yogourt** n. m. (mot bulgare) Lait caillé au moyen de ferments lactiques.

yaourtière n. f. Appareil servant à faire des yaourts.

yard n. m. (mot anglais) Unité de longueur anglo-saxonne (0,914 m).

Yassou 1898-1935 Prince éthiopien, petit-fils de Ménélik II. Choisi comme héritier par l'empereur, il lui succède (1913), puis, soupçonné de s'être converti à l'islam, il est destitué (1916). Après quelques années d'errance, il est capturé (1921), s'évade, et, repris, meurt en captivité au Harrar.

yatagan n. m. (mot turc) Sabre turc dont la lame décrit une ligne courbe en deux sens opposés.

yawl n. m. (mot anglais) Voilier à deux mâts dont le plus petit, l'artimon, est fixé à l'arrière.

yazidi ou **yézidi** n. et adj. RELIG. Membre d'une communauté irakienne qui pratique une religion syncrétique dont les éléments sont empruntés aux trois religions monothéistes. / adj. *Communauté yazidie.*

♦ Les yézidis, autrefois (et faussement) nommés « adorateurs du diable », nient l'existence du Malin ; selon leurs croyances, Lucifer se serait repenti, Dieu lui aurait pardonné et lui aurait rendu sa place au paradis. Là, sous le nom de Yazid, il siégerait à la tête de la compagnie des anges. Établis dans des montagnes du nord-ouest de l'Irak, non loin de la frontière syrienne, les yézidis sont des agriculteurs de langue kurde au particularisme affirmé ; on en rencontre aussi au Kurdistan.

yearling n. m. (mot anglais) Cheval pursang âgé d'un an.

Yeats (William Butler) 1865-1939 Écrivain irlandais. Par ses poèmes *(Les Errances d'Oisin,* 1889 ; *La Tour,* 1928 ; *L'Escalier tournant,* 1929) et son théâtre *(La Comtesse Cathleen,* 1892 ; *Deirdre,* 1907), il a animé le renouveau littéraire irlandais. Sa rencontre avec la très riche lady Gregory lui permit de fonder l'Abbey Theatre, à Dublin, où furent créées certaines de ses pièces et celles d'autres dramaturges, Synge notamment. Marqué par la tragédie de la Première Guerre mondiale et par l'échec du soulèvement nationaliste de 1916, déchiré par un amour malheureux, il épousa (1917) une très jeune femme médium et s'adonna au spiritisme. La philosophie que lui révélèrent les « esprits » et la découverte du nô inspirèrent ses dernières œuvres. Il fut sénateur (1922-1928) et publia une autobiographie spirituelle (*Autobiographies,* 3 volumes, 1925).

yèble Voir **hièble**

Yellowstone (le) *1 600 km* Rivière du nord-ouest des États-Unis. Née dans les montagnes Rocheuses, elle traverse le *parc national de Yellowstone (9 000 km²),* dans le Wyoming, et se jette dans le Missouri.

• **Yémen** État du Moyen-Orient, au sud-ouest de la péninsule d'Arabie, baigné par la mer Rouge.

yéménite adj. et n. Du Yémen. *Coutumes yéménites. Un(e) Yéménite.*

yen n. m. Unité monétaire du Japon.

Yermak Timofeïevitch ?-1585 ? Chef militaire russe. Hetman des cosaques du Don, il fait la conquête de la Sibérie en se rendant maître du chef tatar Koutchoulou et remet ces terres à Ivan le Terrible (1581) : ainsi, la Russie s'étend jusqu'à l'Irtych. Les Tatares finirent, néanmoins, par le vaincre.

Yersin (Alexandre) 1863-1943 Bactériologiste français d'origine suisse. Entré à l'Institut Pasteur en 1886, il découvrit, avec É. Roux, la toxine diphtérique et, à Hong Kong, en 1894, le bacille de la peste. Installé en Annam, à Nha Trang, il y fonda un laboratoire et, pour le financer, introduisit la culture de l'hévéa, puis, pour soigner les paludéens, celle du quinquina. Il ne quittera son laboratoire (devenu Institut Pasteur de Nha Trang) que très brièvement, pour fonder l'École de médecine d'Hanoï (1903-1904), inspecter l'Institut Pasteur de Saigon dont il est le directeur et rendre une visite annuelle à l'Institut Pasteur parisien. Après sa mort, les Vietnamiens ont construit, en son honneur, une pagode près de sa maison.

yeshiva n. f. (mot hébreu) École spécialisée dans l'enseignement du Talmud. Pl. Des *yeshivot.*

yéti n. m. (mot tibétain) Animal légendaire, anthropomorphe, supposé vivre dans l'Himalaya, aussi appelé « abominable homme des neiges ».

Vue partielle du port de ***Yokohama.***

yeuse n. f. BOT. Chêne vert. *L'yeuse a des feuilles persistantes.*

yézidi Voir **yazidi**

yiddish n. m. et adj. inv. (mot anglais) Langue des communautés juives d'Europe centrale et orientale. *Proche de l'ancien haut allemand, le yiddish fait de nombreux emprunts à l'hébreu et à plusieurs langues slaves.* / adj. *Isaac Bashevis Singer est un écrivain d'expression yiddish.*

Yijing ou ***Yi king*** VIIe siècle av. J.-C. Le plus ancien des grands classiques (jing) chinois, dit souvent en français *Livre des mutations.* Il détaille les combinaisons des principes mâles (yang) et femelle (yin). 54 hexagrammes résultent des combinaisons, que le livre commente d'une façon mystérieusement poétique.

yin n. m. (mot chinois) Dans la pensée taoïste, principe vital essentiel, régissant tout ce qui existe, en complémentarité indissociable avec le yang. *Le yin correspond à la nature féminine, à l'immobilité, à l'élément nocturne, à l'humidité, à la négativité et à la passivité.*

ylang-ylang ou **ilang-ilang** n. m. (mot d'une langue des Moluques) BOT. Arbre cultivé dans les régions tropicales, des fleurs duquel on tire une essence utilisée en parfumerie. / Cette essence.

Ymer ou **Ymir** Géant de la mythologie scandinave, ancêtre des trois Ases (Thor, Baldur et Frigg).

yod n. m. (mot hébreu) PHONÉT. Nom donné à la semi-consonne palatale transcrite par [j], existant dans des mots tels que *bille* [bij], *caillot* [kajo].

yoga n. m. (mot sanscrit) Philosophie hindoue et ensemble de pratiques ascétiques visant à atteindre la libération de l'esprit par la maîtrise des mouvements du corps et des rythmes de l'organisme. / Méthode de culture physique qui reprend les exercices de respiration et les postures du yoga.

yogi n. m. (mot sanscrit) Ascète pratiquant le yoga.

yogourt Voir **yaourt**

Yohannès IV (Kassa, empereur sous le nom de**)** 1832 ?-1889 Empereur d'Éthiopie. Chef de guerre, il se proclame empereur en 1872, au moment où flambe la guerre civile qui a suivi la mort de Théodoros. Il doit lutter à la fois contre les Égyptiens (il les écrasera en 1876), les convoitises de la France, de l'Italie et de l'Angleterre et les mahdistes. Au terme de confuses batailles et de provisoires alliances qui, ultérieurement, permettront aux puissances occidentales de s'implanter dans la corne de l'Afrique, Yohannès triomphe des mahdistes à Metemma, à la frontière soudanaise, mais meurt de ses blessures.

yohimbehe n. m. (mot bantou) BOT. Arbre du Cameroun dont le bois est employé dans les chemins de fer, les mines et les constructions navales, et la décoction de l'écorce comme tonique et aphrodisiaque.

yohimbine n. f. Alcaloïde extrait de l'écorce de yohimbehe.

Yokohama *3 300 513 h.* Port du Japon, dans l'île de Honshu, sur le Pacifique, au sud de Tokyo. Village de pêcheurs vers 1850, il devint le grand port de la soie à la fin du siècle et chef-lieu de ken ; il appartient aujourd'hui à l'ensemble industriel très puissant *Yokohama-Kawasaki* (pétrochimie, construction navale, etc.).

YÉMEN

Superficie : *527 968 km²* – **Nombre d'habitants :** *18 000 000 h.* – **Capitale :** *Sanaa*
Villes principales : *Aden, Taïz, Hodeïda* – **Système politique :** *république*
Langue(s) : *arabe* – **Religion(s) :** *islam* – **Monnaie(s) :** *riyal*

Voir l'Atlas

Géographie physique et humaine

Le Yémen s'étend sur une plaine côtière aride et chaude, en bordure de la mer Rouge, et sur un plateau intérieur où se concentre la population. Il culmine à l'ouest *(3 760 m)* et s'abaisse vers l'est, aux confins du sultanat d'Oman. L'abondance des précipitations (c'est l'*Arabie heureuse*) y favorise la culture du café (moka), du coton et de la qat (plante aux propriétés hallucinogènes). Sur le littoral aride, la plaine d'Aden bénéficie de l'irrigation. La balance commerciale est largement déficitaire. La production de pétrole a doublé de 1992 à 1995, mais la chute des cours en 1998 a constitué une catastrophe nationale. Le travail des Yéménites immigrés dans les pays pétroliers du golfe Persique constitue une importante source de devises. Le P.N.B. par habitant ne constitue pas le douzième de celui d'Oman.

Histoire

Au XIᵉ siècle av. J.-C., des pistes caravanières parcouraient le Yémen et une brillante civilisation naquit de l'exploitation et du commerce de l'encens, de la myrrhe et des aromates. Des cités-États groupèrent les tribus enrichies et cinq royaumes (dont l'Hadramaout et le Saba) se constituèrent. Le royaume de Saba domina la région à partir du VIIIᵉ siècle, puis céda la prépondérance au royaume d'Himyar. En 525, le pays fut envahi par les Éthiopiens, venus au secours des chrétiens auxquels un roi d'Himyar voulait imposer le judaïsme, puis fut dominé par les Perses (575-628). Au VIIᵉ siècle, le Yémen fut islamisé, mais les seigneuries conservèrent leur indépendance et certaines embrassèrent le chiisme zaïdite (alors que les califes abbassides étaient sunnites).

Des minorités religieuses se sont maintenues jusqu'au milieu du XXᵉ siècle : les juifs du Yémen n'ont émigré en Israël qu'à partir de 1949. Au XVIᵉ siècle, le pays tomba sous la domination ottomane et y resta soumis jusqu'en 1636. La Grande-Bretagne s'empara d'Aden en 1839, les Turcs réoccupèrent le Yémen en 1850 (en se heurtant à des soulèvements sporadiques : Sanaa ne fut réduite qu'en 1871) et demeurèrent en place jusqu'en 1919, date du démantèlement de l'Empire ottoman. Fondateur du Yémen moderne, l'imam Yahya fut assassiné en 1948, son fils lui succéda, ne put régler les conflits opposant sunnites et chiites et fit adhérer son pays à la République arabe unie (Égypte et Syrie). À sa mort, son fils Badr lui succéda et, une semaine après son avènement, un coup d'État inspiré par l'Égypte mit fin à la monarchie. La Grande-Bretagne organisa une Fédération d'Arabie du Sud à partir d'Aden, alors que le Yémen du Nord proclamait la république.
Une guerre civile déchira alors ce dernier pays : l'Arabie Saoudite soutint les royalistes, l'Égypte les républicains jusqu'en 1967 (l'accord de paix ne fut conclu qu'en 1970). Cette même année 1967, le Front national de libération du Yémen du Sud, socialiste et pro-soviétique, s'empare du pouvoir et proclame la république. Les deux républiques du Yémen, qui vont s'affronter, ont des dimensions fort différentes. La république arabe du Yémen (Yémen-du-Nord) a (sans doute) *11 861 000 h.* et *195 000 km²* ; sa capitale est Sanaa. La république démocratique et populaire du Yémen (Yémen-du-Sud) a *2 972 000 h.* et *332 968 km²* ; sa capitale est Aden. Le Nord demeure attaché à ses positions pro-occidentales. Le Sud élit en 1969 un président marxiste, Salim Ali Rubayyi, devenant le seul État marxiste du monde arabe.
En septembre-octobre 1972, les deux pays se font la guerre. Des affrontements épisodiques se produiront ultérieurement. En juin 1978, le président du Nord est assassiné. Trois jours après, le président du Sud (Rubayyi) est renversé et exécuté par l'armée. Dans le Nord, le lieutenant-colonel Ali Abdallah Saleh devient président de la République. Il réunifiera le pays (1990), qu'il gouverne encore aujourd'hui. Les épisodes furent multiples : guerre entre les deux Yémen en mars 1979 ; soutien soviétique au Nord à partir de 1980, alors que le nouveau président du Sud, Ali Nasser Mohamed, se dit marxiste. En 1986, il est renversé ; la guerre civile (au Sud) fait plus de 10 000 morts en quinze

Le souk de Sanaa, et les hautes maisons en terre au décor blanc très élaboré.

jours. L'U.R.S.S. incite son successeur à se rapprocher du Nord. L'unification du pays se produit en mai 1990. Le parti (socialiste) du président Saleh remporte les élections générales de 1993, contre le parti (socialiste lui aussi) du Sud, dont le leader, Ali El-Bid, devient vice-président de la République. En 1994, il tente une nouvelle sécession, durement réprimée, et les hommes du Sud sont éliminés des postes gouvernementaux. Lors des législatives de 1997, le parti du Nord conclut avec les islamistes un accord que dénoncera Saleh en 1998, les islamistes manifestant leur hostilité à l'austérité imposée par le F.M.I. Le président a été réélu en 1999, à l'issue d'une élection au suffrage universel, et a fixé ses frontières avec l'Arabie Séoudite par un traité signé en 2000. . Le pays demeure fragile ; à partir de 1979, des combattants yéménites avaient été formés en Afghanistan à la lutte contre les Soviétiques et nombre d'entre eux ont, plus tard, rejoint la mouvance de Ben Laden. En 2000, un navire de guerre américain, l'*USS Cole*, a été la cible d'un attentat ; en octobre 2002, c'est le tour d'un pétrolier français, le *Limbourg*. Ces deux attentats témoignent de la difficulté de la lutte que mène Saleh contre les islamistes radicaux et, en outre, le dernier attentat a réduit le transit international dans les ports yéménites (les assurances ont renchéri) et considérablement réduit le tourisme, déjà mis à mal à partir de septembre 2001.

yole n. f. (mot danois) Embarcation légère, tout en longueur, propulsée à l'aviron.
Yom Kippour n. m. inv. (mots hébreux) RELIG. Fête juive, célébrée en automne dix jours après celle du nouvel an juif, et qui est marquée par le jeûne et la pénitence. Syn. fête du Grand Pardon.
Yonne *295 km* Rivière du Bassin parisien. Née dans le Morvan, l'Yonne s'écoule sur des terrains imperméables (d'où la brutalité de ses crues, auxquelles des barrages ont remédié), traverse Auxerre et Sens, et se jette dans la Seine à Montereau.
Yonne (département de l') [89] *7 427 km² 323 096 h.* Département qui fait partie de la Région Bourgogne, au sud-est de Paris. Chef-lieu *Auxerre*. Le département s'étend sur les plateaux calcaires de basse Bourgogne, domaine de l'élevage et des céréales, et, au sud et au nord-ouest, sur des pays argileux et boisés (Puisaye, pays d'Othe). La population se concentre dans les riches vallées de l'Yonne (Sens, Auxerre) et de l'Armençon qui portent de prospères cultures de fruits, de légumes, de betterave et de vigne (Tonnerre, Chablis). L'industrialisation (relative) et la multiplication des résidences secondaires ont arrêté l'émigration jusqu'alors importante.
York *103 000 h.* Ville d'Angleterre, dans le North Yorkshire. Nombreux monuments qui témoignent d'une histoire ancienne (la ville fut d'abord un camp romain, Eboracum) : cathédrale (1220-1472), témoin des trois stades (primitif, décoré et perpendiculaire) du gothique anglais ; enceinte ; maisons anciennes (XIVᵉ et XVᵉ siècles) ; églises du XVᵉ siècle.
York (maison d') Famille noble anglaise issue d'Edmond de Langley, duc d'York (1341-1402), cinquième fils d'Édouard III.
Richard, duc **d'York** 1411-1460 Petit-neveu d'Edmond de Langley, arrière-petit-fils d'Édouard III à la fois par son père et par sa mère (issue du deuxième fils d'Édouard III), il fut régent de France pour le compte d'Henri VI, de la branche de Lancastre, puis se tourna contre lui. De ce conflit est née la sanglante guerre des Deux-Roses, à la suite de laquelle les Lancastre furent remplacés sur le trône d'Angleterre par les York, Édouard IV, Édouard V et Ri-

Département de l'**Yonne**.

chard III, détrôné par Henri Tudor, descendant des Lancastre (1485). Ce dernier, Henri VII, en épousant l'héritière de la maison d'York, mit fin à la guerre des Deux-Roses.

Yorkshire Ancien comté du nord-est de l'Angleterre, divisé en trois comtés en 1974 : le *South Yorkshire*, rural (chef-lieu *Barnesley*) ; le *West Yorkshire* (chef-lieu *Wakefield*), industriel (avec Sheffield, Bradford et Leeds) ; le *North Yorkshire* (chef-lieu *Northallerton*), qui possède le plus important bassin houiller de Grande-Bretagne.

yorouba adj. et n. D'une ethnie d'Afrique de l'ouest (ouest du Nigeria, Bénin, Togo). *Masques yorouba. Un(e) Yorouba.*

Yoroubas ou **Yorubas** Peuple établi au Bénin et dans l'ouest du Nigeria. Ils parlent une langue nigéro-congolaise du groupe kwa. Dans les maisons, les cours et les galeries couvertes rappellent les patios méditerranéens. La sculpture yorouba (bois, bronze, ivoire) présente une grande originalité. Le Nigérian W. Soyinka a largement puisé dans la culture yorouba.

Yosemite *9 000 km²* Parc national des États-Unis, situé dans la sierra Nevada, en Californie.

yougoslave adj. et n. De Yougoslavie. *Gouvernement yougoslave. Les Yougoslaves.*

• **Yougoslavie (République fédérale de)** République fédérale du sud-est de l'Europe, dans les Balkans, qui a regoupé la Serbie et le Monténégro de 1992 à 2003.

Youlou (Fulbert) 1917-1972 Homme politique congolais. Prêtre catholique (qui sera suspendu et se mariera), il est maire de Brazzaville (1956) puis (1959) président de la République du Congo-Brazzaville. Il gouverne en dictateur, sans s'attaquer à la corruption ; une émeute le renverse en 1963. Interné, il s'évade, se réfugie au Congo-Kinshasa, puis à Madrid, où il meurt en exil.

Young (Edward) 1683-1765 Écrivain anglais, auteur de *Plaintes ou Pensées nocturnes sur la vie, la mort et l'immortalité* (1742-1745), poème plus couramment nommé *Les Nuits*, inspiré au poète par la mort de sa femme et de sa fille et qui annonce le romantisme. Mme de Stael et Diderot admiraient cette œuvre, traduite en français dès 1769. Avant ce poème, Young avait écrit une œuvre de circonstance (*Sur la mort de la feue reine et l'accession au trône de Sa Majesté*, 1714), un poème satirique (*La Passion universelle*, 1725) et des pièces de théâtre (*Busiris, roi d'Égypte*, 1719).

Young (Arthur) 1741-1820 Écrivain anglais. Agronome, il visita l'Irlande (*Voyage en Irlande dans les années 1776 et 1779*) et la France peu avant la Révolution (*Voyages en France*, publié en 1791) ; il en donna une description précieuse, bien qu'il n'ait en rien deviné qu'une révolution puisse y éclater. On lui doit également plusieurs ouvrages théoriques.

Young (Thomas) 1773-1829 Physicien et médecin anglais. Polyglotte (il parle une dizaine de langues, tant anciennes que modernes), c'est un esprit universel : mathématicien, philosophe, botaniste, géographe, ingénieur et musicien, il s'attaque au déchiffrement des hiéroglyphes. Docteur en médecine, il consacre d'importants travaux à la fièvre jaune et au rôle du cœur et des artères et s'attache à établir une classification des maladies. Son apport scientifique majeur concerne la physiologie de la vision ; il est le premier (1793) à démontrer que l'accommodation est due à la déformation du cristallin. Il formule en 1801 une théorie sur la perception des couleurs : cette perception est assurée par trois nerfs de la rétine, respectivement excités par le rouge, le vert et le violet, et les troubles de la vision des couleurs sont dus à un dysfonctionnement de l'un de ces nerfs. Cette théorie, dite trichromatique, sera ultérieurement vérifiée par Helmholtz. Reprenant la théorie des ondes lumineuses de Huygens, il découvre le phénomène de l'interférence lumineuse, à la base de la théorie ondulatoire de la lumière.

Young (Brigham) 1801-1877 Chef religieux américain, successeur de Joseph Smith à la tête de la secte des mormons. Il fonda avec ses compagnons la *Nouvelle-Sion* (futur Salt Lake City), capitale de l'*État du Désert* (futur Utah) dont il devint gouverneur en 1850.

Young (Lester Willis) 1909-1959 Saxophoniste de jazz américain. Il se produisit longtemps dans l'orchestre de Count Basie.

Young (plan) 1929 Plan relatif au paiement des réparations dues par l'Allemagne à la suite de la Première Guerre mondiale. Rédigé par l'Américain Owen D. Young (1874-1962), il faisait suite au plan Dawes, mais n'eut pas plus de succès. L'Allemagne ne s'acquitta pas des trente-sept annuités qu'il fixait pour la réparation des dommages de guerre.

Yourcenar (Marguerite de Crayencour, dite **Marguerite)** 1903-1987 Écrivain français. Elle naquit à Bruxelles, mais eut la double nationalité française et américaine. Traductrice de poèmes grecs (anciens et modernes, Pindare comme Cavafy), d'écrivains anglo-saxons (V. Woolf, H. James) et de negro-spirituals, auteur d'essais et de poèmes en prose et en vers, elle fut révélée au public par un roman historique, *Mémoires d'Hadrien* (1951), que suivirent *L'Œuvre au noir* (roman qui a pour thème l'émergence de l'humanisme de la Renaissance, 1968), et des récits autobiographiques (*Souvenirs pieux*, 1974 ; *Archives du Nord*, 1977 ; *Quoi ? l'éternité*, posthume, 1988). Elle fut la première femme élue à l'Académie française (1980).

yourte n. f. Tente conique, en feutre, des nomades d'Asie centrale. / Hutte conique des Kirghiz, des Samoyèdes.

youyou [1] n. m. Vieilli. Petit canot utilisé pour rendre divers services (navette entre le quai et les navires au mouillage, transport de faibles charges).

youyou [2] n. m. Exclamation de joie poussée par des femmes arabes, en certaines circonstances. *Des youyous accompagnaient le cortège de la mariée.*

yo-yo n. m. inv. Jeu consistant à faire monter et descendre un disque évidé le long d'un fil attaché à son axe.

ypérite n. f. Sulfure de chloréthyle, produit fondant à 14 °C et bouillant à 217 °C, toxique et vésicant, d'abord employé comme gaz de combat en 1917 dans le secteur d'Ypres.

Ypres *35 000 h.* Ville de Belgique en Flandre-Occidentale, centre textile depuis le Xe siècle. Très endommagée pendant la Première Guerre mondiale, la ville a été entièrement reconstruite avec ses monuments du Moyen Âge (halle au drap des XIIIe-XIVe siècles, collégiale des XIIIe-XVe siècles).

Ypsilanti Famille grecque phanariote qui faisait remonter son origine aux empereurs Comnène. **Alexandre** 1792-1828 Officier dans l'armée russe, lié au tsar Alexandre Ier, il présida une société secrète de patriotes grecs et tenta de fomenter, dans les provinces danubiennes, une insurrection anti-ottomane (1821). Mais il fut lâché par le tsar et se heurta aux patriotes roumains de Moldavie et de Valachie. Il fut vaincu par les Turcs et emprisonné (1823-1827) en Autriche où il s'était réfugié. **Démétrios** 1793-1832 Frère du précédent, il participa aux combats de l'indépendance grecque.

Marguerite Yourcenar.

X Y Z

YOUGOSLAVIE

La république fédérale de Yougoslavie, qui ne groupait plus que la Serbie et le Monténégro, a subi une mutation radicale en mars 2002 : un accord a jeté les bases de l'État de Serbie-et-Monténégro, officiellement né le 4 février 2003. Jusqu'en 1991 (date à laquelle l'éclatement de la Yougoslavie se révéla irréversible), la république fédérale regroupait six républiques socialistes : la Serbie, pauvre mais qui dominait politiquement la Fédération ; la Croatie et la Slovénie, plus riches ; la Bosnie-Herzégovine, à la population disparate ; la Macédoine, où les Macédoniens (65 %), slaves orthodoxes, coexistent avec 20 % d'Albanais et 5 % de Turcs, musulmans ; le Monténégro.

Histoire Bien que l'idée de créer un État réunissant les Slaves du Sud soit née au milieu du XIXe siècle, ce n'est qu'au lendemain de la guerre de 1914-1918 qu'elle a pu se réaliser. La Yougoslavie, d'abord appelée *royaume des Serbes, Croates et Slovènes*, est placée sous l'autorité du roi de Serbie Pierre Ier Karadjordjevic (décembre 1918). Le nouvel État connaît une existence difficile et agitée : ses frontières, établies par les traités successifs de Neuilly, de Saint-Germain, de Trianon et de Rapallo, englobent d'importantes minorités nationales (Allemands, Hongrois, Albanais, Roumains) qui représentent 15 % de sa population, cependant que 400 000 Slovènes d'Istrie demeurent en Italie ; les peuples qui le composent, soumis dans le passé à des dominations diverses (Empire austro-hongrois, Empire ottoman), diffèrent par leur religion (Serbes et Monténégrins orthodoxes, Croates et Slovènes catholiques, Albanais musulmans, Bosniaques en partie musulmans) et par l'inégalité de leur développement économique, social et culturel.

L'exaspération des passions politiques conduit Alexandre Ier, roi depuis 1921, à instaurer en 1929 un régime non parlementaire qui lui permet de mener, à l'intérieur, une politique centralisatrice : en 1931, il nomme son pays « royaume de Yougoslavie » et le divise en 9 *banovines* ; à l'extérieur, il se rapproche de la France et se réconcilie avec les États voisins (Entente balkanique, 1934). De passage à Marseille, il est assassiné en 1934 par l'Oustacha, organisation terroriste croate créée en 1930 par Ante Pavelic ; son fils Pierre II étant mineur, c'est le frère du roi assassiné, le prince Paul, qui gouverne. Sous la pression des puissances de l'Axe, il mène une politique qui leur est de plus en plus favorable ; l'accord germano-yougoslave de mars 1941 provoque une révolution à Belgrade : Pierre II prend le pouvoir et signe un traité avec Moscou ; mais l'armée allemande envahit la Yougoslavie, dont les forces sont vaincues en quelques jours. Les Allemands démembrent la Yougoslavie, s'emparant d'une partie de la Slovénie, donnant à l'Italie une partie de la Slovénie et de la Dalmatie, remettant le Kosovo à l'Albanie et la Macédoine à la Bulgarie et divisant le reste du pays en États fantoches (Croatie, dirigée par Ante Pavelic, Serbie). Ils exacerbent le sentiment national qui suscite des mouvements de résistance dont les principaux sont les *tchetniks* (serbes) du colonel Mihajlovic et les *partisans* communistes de Josip Broz, dit Tito.

Sveti Stefan, sur un îlot fortifié de l'Adriatique, aujourd'hui résidence hôtelière.

La Yougoslavie, dévastée, perd un dixième de sa population mais immobilise 15 divisions allemandes. Soutenus par l'avance de l'armée rouge, les partisans libèrent le pays (Belgrade dès octobre 1944) ; le gouvernement provisoire rompt bientôt avec le roi Pierre II réfugié à Londres depuis 1941. La République populaire fédérative (devenue en 1963 République socialiste fédérative) de Yougoslavie est proclamée le 29 novembre 1945 par l'Assemblée constituante élue sur la liste unique du Front populaire, dirigé par les communistes. Pendant que l'État règle ses relations avec ses voisins et mène rapidement la reconstruction, les dirigeants (Tito, Kardelj, Djilas) nationalisent toutes les grandes ressources et lancent un premier plan quinquennal qui tend à un fort développement industriel. Mais, brusquement, les rapports se tendent avec l'U.R.S.S., au point de provoquer la rupture et la condamnation par le Kominform des dirigeants yougoslaves accusés de déviationnisme (juin 1948).

L'opinion soutient Tito, ce qui lui permet de résister aux pressions auxquelles il est soumis : s'il accepte l'aide économique de l'Occident et surtout des États-Unis, il est l'un des leaders des nations non alignées et organise progressivement un type original de socialisme, fondé sur l'autogestion et une large décentralisation politique (Constitution de 1953). Après la mort de Staline (1953) intervient la réconciliation avec Moscou qui reconnaît le droit de Belgrade à une politique autonome. L'économie ne « décolle » pas et la crise économique qui frappe l'Occident à partir de 1973 se répercute sur la Yougoslavie. L'agriculture (demeurée privée à 85 %) est peu rentable. L'autogestion est un mot qui masque le pouvoir de la bureaucratie, les dissidents sont persécutés, mais aucun conflit n'oppose les divers peuples : Croate entouré de Serbes, Tito (élu président à vie en 1974) parvient à maintenir soudée la mosaïque ethnique et religieuse. Après sa mort (1980), la direction de la Fédération est collégiale. Les chefs des diverses Ligues communistes (serbe, croate, etc.) acquièrent de l'autonomie.

En 1986, Slobodan Milosevic est élu président de la Ligue communiste de Serbie. En 1989, il est élu président de la République de Serbie. Celle-ci domine l'armée yougoslave (la révision constitutionnelle de 1988, qui avait tenté de partager les pouvoirs fédéraux entre les diverses républiques socialistes, avait été un échec). Alliant communisme et nationalisme serbe, Milosevic mène au Kosovo (dont il abolit l'autonomie relative dont il jouissait) une politique violemment discriminatoire vis-à-vis des Albanais. Les premières élections libres, en 1990, confirment la montée des nationalistes. Ainsi, en Croatie, le leader communiste est vaincu par le nationaliste Franjo Tudjman. En Slovénie, le parti du renouveau démocratique (ex-communiste) n'obtient pas la majorité, mais son leader est élu président de la République. Le 25 juin 1991, il proclame l'indépendance du pays ; Belgrade ouvre les hostilités, mais sans insistance. Au contraire, quand la Croatie proclame son indépendance, en juillet 1991, des haines ancestrales se réveillant, les Serbes assimilent le nationalisme de Tudjman au régime pro-nazi des oustachis de Pavelic. La guerre fait rage, mais, en janvier 1992, l'indépendance des deux républiques est reconnue par la Communauté économique (aujourd'hui Union) européenne. La reconnaissance internationale de l'indépendance de la Macédoine interviendra en 1993. À la suite de la proclamation d'indépendance (1991) et de sa reconnaissance internationale, un terrible conflit éclate en la Bosnie-Herzégovine, car la minorité serbe y est importante. Le 27 avril 1992, Milosevic fonde une nouvelle république fédérale de Yougoslavie, qui comprend la Serbie et le Monténégro. Province serbe peuplée à 80 % d'Albanais, le Kosovo, qui constitue le sud de la Serbie, organise des élections clandestines et se donne pour président de la République Ibrahim Rugova.

À partir d'août, une conférence internationale (à Londres, puis à Genève) réunit les représentants des diverses communautés de Bosnie-Herzégovine, alors que la purification ethnique se déchaîne, organisée par les Serbes (mais aussi par les Croates et les Bosniaques musulmans). En août 1994, un plan de paix est accepté par tous, sauf par le président des Serbes de Bosnie, contre lequel Milosevic se tourne alors. En 1995, à Dayton (dans l'Ohio), tous les belligérants signent des accords de paix, que nul ne remettra en question. Des experts publient alors leurs statistiques concernant l'ensemble de la Yougoslavie : depuis 1991, quatre millions de personnes ont été contraintes au déplacement. Cette même année 1995, la Croatie reconquiert militairement le territoire de Krajina, qui, peuplé par des Serbes, avait fait sécession ; en novembre 1995, un accord serbo-croate entérine cette reconquête.

En 1997, Milosevic, qui ne peut briguer un troisième mandat en Serbie, fait élire président un de ses fidèles, Milan Milutinevic, après s'être fait élire président de la Yougoslavie. En mars 1997, des émeutes éclatent au Kosovo ; les Albanais s'arment, la répression serbe est impitoyable. En février 1999, une commission internationale réunit en France les représentants de la Serbie et de la communauté alba-

YOUGOSLAVIE (SUITE)

naise. Un accord est à peine signé que Milosevic intensifie la répression au Kosovo. En mars, l'OTAN, sans consulter le Conseil de sécurité de l'ONU, se livre au bombardement des installations militaires en Serbie et au Monténégro. La Yougoslavie est contrainte de donner au Kosovo une large autonomie, que garantit une présence militaire internationale ; le Kosovo est placé sous administration provisoire de l'ONU qui tente de remettre de l'ordre et de préparer des élections (elles auront lieu en 2001). En 2000, le leader de l'Opposition démocratique, V. Kostunica, est élu président de la République de Yougoslavie : la dictature de Milosevic a pris fin.
Le pays est admis à l'ONU où il occupe le siège de l'ancienne Yougoslavie. Les discussions se sont poursuivies entre la Serbie et le Monténégro, qui souhaitait rompre ses liens avec la Serbie et devenir totalement indépendant, jusqu'à ce que, sous l'égide l'Union européenne, un accord intervienne en mars 2002 ; les clauses de l'accord étant entrées en vigueur en février 2003, la Yougoslavie n'a plus d'existence internationale, elle a fait place à l'État de Serbie-et-Monténégro.

Ys Cité légendaire du pays d'Armor, qui aurait été submergée par les flots au IVe ou au Ve siècle. Elle devait s'élever sur les côtes du Finistère.

Ysaye (Eugène Auguste) 1858-1931 Compositeur, violoniste et chef d'orchestre belge. Sa précoce virtuosité lui valut de faire de nombreuses tournées en Europe et aux États-Unis. Il fonda un quatuor, fut maître de chapelle à la cour de Belgique et professeur au conservatoire de Bruxelles. On lui doit des pièces pour violon et un opéra en wallon.

Yser *78 km* Fleuve de Belgique, né en France, tributaire de la mer du Nord, près duquel les Alliés arrêtèrent les troupes allemandes (octobre-novembre 1914).

ysopet ou **isopet** n. m. Au Moyen Âge, recueil de fables. *Le mot « ysopet » tire son nom du fabuliste Ésope.*

ytterbium n. m. CHIM. Élément métallique de numéro atomique Z=70, de masse atomique 173,04, appartenant à la famille des lanthanides (symbole : Yb). / Métal blanc argenté de la famille des terres rares, mou, malléable, ductile, entrant en fusion à 819 °C.

yttrium n. m. CHIM. Élément de numéro atomique 39, de masse atomique 88,9 (symbole : Y). / Métal de couleur grise, aux propriétés voisines de celles des métaux des terres rares, entrant en fusion à 1 522 °C.

Yuan Che-k'ai ou **Yuan Shikai** 1859-1916 Homme d'État chinois. Organisateur de la première armée chinoise moderne, il soutint l'impératrice Ts'eu-hi (Ci Xi) contre les réformistes. Exilé à sa mort (1908), rappelé par la Cour en 1911, Premier ministre, il obligea l'empereur (qui n'avait que sept ans) à abdiquer (1912) et fut élu président de la République en 1913. La révolte du Sud l'empêcha de rétablir l'empire en sa faveur (1915). Il mourut de façon mystérieuse.

yuan n. m. (mot chinois) Unité monétaire de la Chine.

Yucatán *39 340 km² 1 362 940 h.* État du Mexique s'étendant sur la péninsule du même nom. Capitale *Mérida*. Cette presqu'île plate et trapue qui s'avance entre le golfe du Mexique et la mer des Caraïbes est formée de plateaux couverts de steppes arides au nord, de forêts au sud. La civilisation maya s'y épanouit avant la conquête espagnole. Dans le Nord, une pyramide s'élève sur le site de Chichén Itzá, capitale des Toltèques qui, venus du Mexique central, pénétrèrent en pays maya au Xe siècle.

yucca n. m. Plante arborescente de la famille des liliacées, d'origine américaine, et qui est cultivée dans les zones tempérées pour ses qualités ornementales.

Yukawa Hideki (Ogawa Hideki, dit**)** 1907-1981 Physicien japonais. Il obtint le prix Nobel de physique en 1949 pour avoir prévu, par la théorie, l'existence des mésons, dès 1935, à partir de l'étude des forces qui s'exercent dans le noyau atomique.

Yukon (le) *2 550 km* Fleuve d'Amérique du Nord, qui traverse l'ouest du Canada, l'Alaska et se jette dans la mer de Béring.

Yukon *483 450 km² 30 600 h.* Territoire du nord-ouest du Canada. Capitale *Whitehorse*. Plateau au climat rigoureux, entouré par de hautes montagnes, la chaîne Saint-Élie culmine au mont Logan *(6050 m)*. Les principales ressources sont la pêche, la chasse, l'exploitation de la forêt et des mines (or, argent, plomb, tungstène). Le Yukon est resté dans l'histoire comme le site de la *ruée vers l'or* en 1897-1898. Il devint alors (1898) un territoire fédéral (administré par Ottowa).

Yungang Localité de la Chine du Nord, dans le Chansi, où un monastère bouddhique, installé dans des grottes, renferme des sculptures des Ve et VIe siècles.

Yunnan *394 000 km² 39 390 000 h.* Province montagneuse du sud-ouest de la Chine. Capitale *Kunming*. La région, riche en gisements miniers (étain), est en voie de développement. Les vallées sont fertiles, celle du Mékong, notamment. La province, tardivement sinisée, abrite de nombreuses minorités ethniques.

Yunus Emre ?-1320 ? Poète mystique turc. On ne sait à peu près rien de sa vie, sauf qu'il appartenait à une confrérie de derviches chiites. Sa poésie, d'une extrême simplicité de vocabulaire et d'un extrême raffinement, fixe la langue turque au moment où les élites parlent persan. Ses vers (dont les premiers recueils, dans lesquels il est impossible de discerner ce qui lui appartient et ce qui appartient à d'autres, datent du XVe siècle) sont encore récités en Turquie.

yupik n. et adj. (mot inuit) LING. Langue des Eskimos de Sibérie, des îles de la mer de Béring et de la côte sud-ouest de l'Alaska, qui possède cinq variantes. / adj. *Vocabulaire yupik.*

yuppie n. (mot anglo-américain, acronyme de *Young Urban Professional*, avec allusion plaisante à *hippie*) Jeune cadre dynamique, travailleur et ambitieux. Pl. Des *yuppies*.

Yuste Localité d'Espagne, en Estrémadure, où se situe le monastère où Charles Quint vécut en solitaire les derniers mois de son existence (1556-1558).

Yvain (Maurice) 1891-1965 Compositeur français d'opérettes et de chansons (notamment *Mon homme*, interprété par Mistinguett).

Yvelines (département des) [78] *2 285 km² 1 307 150 h.* Département qui fait partie de la Région Île-de-France ; il a été créé en 1964 et correspond à l'ouest de l'ancien département de Seine-et-Oise. Chef-lieu *Versailles*. La proximité de Paris explique l'extension des villes résidentielles (Versailles, Saint-Germain-en-Laye, Chevreuse), en bordure des forêts de Saint-Germain et de Marly, et la création de Saint-Quentin-en-Yvelines en 1972. Le développement industriel est moins important. L'ouest du département est resté rural : l'extrémité de la Beauce au sud, les plateaux limoneux au nord, séparés par la forêt de Rambouillet, sont voués à la culture des céréales. La vallée de la Seine est moins industrialisée qu'en amont de Paris. Elle porte des cultures délicates (fruits, fleurs, légumes). Les villes qui la jalonnent ont un caractère résidentie (carte à l'article **Île-de-France**).

Zabaleta (Rafael) 1907-1960 Peintre espagnol influencé par le constructivisme et l'expressionnisme.

Zabulon Fils de Jacob et de Lia, ancêtre éponyme d'une des tribus d'Israël.

Z.A.C. n. f. Sigle de *zone d'aménagement concerté*.

Zacharie VIe siècle av. J.-C. Prophète d'Israël qui prêcha, au cours d'un bref ministère (520 à 518) la réconciliation nationale autour de la reconstruction du Temple, après l'exil à Babylone.

Les Semeuses de *Rafael Zabaleta*.

Zacharie (saint) Ier siècle av. J.-C.-Ier siècle ap. J.-C. Selon l'évangile de Luc, prêtre de Jérusalem à qui l'ange Gabriel annonce la naissance d'un fils qui devint saint Jean-Baptiste.

Zadar (en italien, *Zara*) *76 343 h.* Ville de Croatie. Sa position sur l'Adriatique fit de cette ancienne capitale dalmate un poste très convoité par la Hongrie et Venise. Églises préromane (Saint-Donat, début du IXe siècle) et romanes (Sainte-Marie, Sainte-Anastasie).

Zadig ou la Destinée 1747 Conte de Voltaire. Zadig est un jeune Babylonien, riche et intelligent, mais il endure tous les malheurs : sa fiancée le quitte, il est accusé d'impiété ; devenu vizir, il doit fuir la Cour parce qu'il aime la reine Astarté. Enfin, un ermite lui révèle le secret du bonheur : se soumettre aux décrets de la Providence.

Zadkine (Ossip) 1890-1967 Sculpteur français d'origine russe. Influencé par Rodin et la sculpture africaine, il découvre le cubisme et tente de transposer en sculpture les expériences de décomposition de la forme menées par les peintres. Sans jamais renoncer totalement à la forme, il évite l'abstraction pure dans des statues aux thèmes mythologiques (*Orphée*), allégoriques (*Homo sapiens*) ou religieux (*Saint Sébastien*) pour lesquelles il utilise les matériaux les plus divers : le bois qu'il taille directement, la terre qu'il modèle, le bronze. Son style lyrique devint,

Place du marché à **Zagreb**.

après la Deuxième Guerre mondiale, plus expressionniste et plus tragique (*Monument pour une ville détruite*, Rotterdam, 1948-1951).

Zagreb *867 717 h.* Capitale de la Croatie, sur la Save, important foyer commercial et industriel. La cathédrale Saint-Étienne, construite au XIe siècle, a subi des transformations importantes jusqu'au XIXe siècle.

Zagros (le) *4 270 m* Montagne d'Irak et d'Iran, formée de chaînons parallèles orientés nord-ouest-sud-est qui se dresse au nord du golfe Persique. C'est une région d'élevage nomade.

Zahir ou **Zaher Chah** 1914 Roi d'Afghanistan (1933-1973). Monté sur le trône à la mort de son père, il engagea son pays sur la voie de la modernisation. Renversé par son cousin et beau-frère Mohammed Daoud, il s'exila à Rome. Les événements de l'automne 2001 ont redonné à ses partisans (sinon à lui-même) un rôle politique dans l'Afghanistan libéré du régime taliban. Il a finalement renoncé à jouer personnellement un rôle politique actif.

zaïbatsu n. m. inv. (mot japonais) Dans l'économie japonaise, groupe de sociétés relevant de secteurs divers et qui sont liées entre elles par des participations croisées dans leur capital.

zaïdisme ou **zaydisme** n. m. RELIG. Courant philosophique et religieux de l'islam chiite qui tire son nom de Zayd ben Ali, un descendant de l'imam Hussein qui se sépara des autres chiites en 740.

zaïdite ou **zaydite** adj. et n. Relatif au zaïdisme ; du zaïdisme. *Émirat zaïdite.* / n. *Un zaïdite.*

♦ Sur le plan politique, les zaïdites allient sunnisme et chiisme ; l'imam est choisi librement, mais ce choix ne peut s'exercer que dans la descendance du Prophète : il faut choisir un descendant d'Ali et de Fatima qui soit le meilleur et le plus apte à faire reconnaître son pouvoir par la force. Au Yémen, l'émirat zaïdite a duré de la fin du IXe siècle (il a été implanté entre 897 et 911) à 1962.

zain adj. m. En parlant de chevaux, de chiens, dont la robe, le pelage est d'une couleur uniforme et entièrement dépourvu(e) de poils blancs.

Zaïre Nom que Mobutu donna au fleuve Congo et à la république démocratique du Congo (1971-1997).

Zaïre 1732 Tragédie de Voltaire. Le prince musulman Orosmane aime la chrétienne

ZAMBIE

Superficie : *752 618 km²* – **Nombre d'habitants :** *10 300 000 h.* – **Capitale :** *Lusaka*
Villes principales : *Ndola, Kitwe-Nkana, Mufulira* – **Système politique :** *république*
Langue(s) : *anglais, langues bantoues* – **Religion(s) :** *catholicisme, protestantisme, animisme*
Monnaie(s) : *kwacha*

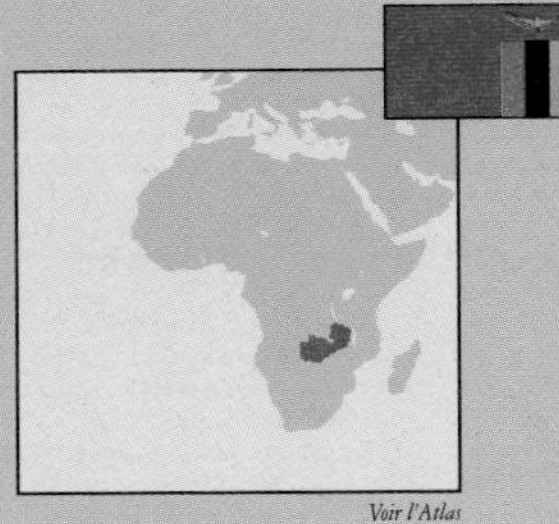
Voir l'Atlas

Géographie physiquet et humaine

Le pays s'étend sur des plateaux granitiques dont l'altitude varie entre *1 000* et *1 500 m*, et que creusent les vallées marécageuses des affluents du Zambèze. Le climat tropical, moins humide dans le sud, est tempéré par l'altitude, notamment dans les monts Muchinga de l'est, qui culminent à *2 068 m*. On dénombre 70 ethnies, qui parlent toutes des langues bantoues. Les Bembas constituent plus du tiers d'une population qui a triplé depuis l'indépendance. 40 % de la population est urbanisée.

Économie

L'élevage bovin et l'agriculture (maïs, manioc, sorgho, etc. sur 7 % des sols) sont modestes. L'importance des ressources hydroélectriques pourrait promouvoir l'industrialisation. La Zambie est le 5e producteur mondial de cuivre. Les années 1990 ont connu une modeste croissance qui ne s'est pas maintenue au-delà de 1997. La mortalité infantile a doublé entre 1980 et 1999, l'aide internationale (530 millions de dollars en 1998) ne permet même plus au pays de survivre de façon précaire. La situation a encore été aggravée par la sécheresse qui sévit depuis 2000 ; une grande partie de la population est victime de la famine.

Histoire

Riche en vestiges préhistoriques (l'« Homme de Rhodésie », dont le crâne a été exhumé au nord de Lusaka en 1921 remonte peut-être à 100 000 ans), la région a été habitée par des Bochimans, qui ont laissé des peintures rupestres, et furent rejoints, au début de l'ère chrétienne, par des tribus peules de langue bantoue qui apportèrent la métallurgie, l'agriculture et l'élevage. Les Portugais pénétrèrent, au XVIe siècle dans le pays divisé en chefferies et des tribus zouloues s'installèrent près du lac Malawi. Livingstone explora la vallée du Zambèze (1851) et découvrit (1855) des chutes qu'il baptisa Victoria. Quand la conférence de Berlin (1884-1885) autorisa la Grande-Bretagne à coloniser la région, celle-ci confia ce soin à Cécil Rhodes, propriétaire de la British South Africa Company (B.S.A.C.), qui se livra à l'exploitation du cuivre.

Occupé dans sa totalité en 1899, le pays constitua le nord de la Rhodésie, relié au Cap par une voie ferrée en 1904. Il devint en 1911 une colonie à part, la Rhodésie-du-Nord. En 1924, la Grande-Bretagne résilia le contrat de la B.S.A.C. et administra la colonie, qui se peupla de Blancs, surtout dans les années 1940. Ceux-ci exigèrent la réunion des deux Rhodésie et du Nyassaland en une Fédération d'Afrique centrale (1953), en pensant y appliquer un régime d'apartheid. Le principal opposant à cette politique, Kenneth Kaunda, fut emprisonné. En 1963, la Fédération fut dissoute. Le 24 octobre 1964, la Rhodésie-du-Nord devint indépendante, sous le nom de Zambie, mais elle dépendait économiquement de la Rhodésie-du-Sud, blanche (qui ne devint le Zimbabwe indépendant qu'en 1980). Kaunda devint président de la République. Il durcit son régime à partir de 1970, faisant de son parti le parti unique. En 1975, Lusaka et Dar es-Salaam furent unis par une voie ferrée, et l'économie zambienne se tourna vers la Tanzanie.

Parc naturel du Luangwa.

Pont sur le fleuve Zambèze. C'est un passage frontalier entre la Zambie et le Zimbabwe.

En 1990, Kaunda instaura le multipartisme et substitua aux fermes d'État les exploitations familiales. Une petite croissance se dessina. En 1991, le chef de l'opposition, Frederik Chiluba, fut élu président. Il édicta des mesures d'austérité qui suscitèrent des émeutes, brutalement réprimées, et fut réélu en 1996.

Après un coup d'État manqué, en octobre 1997, il fit arrêter Kaunda en décembre. Les défenseurs des droits de l'homme, notamment Mandela, obtinrent sa libération en 1998 et l'aide internationale reprit. Les élections présidentielles de 2001 ont porté Lévy Patrick Mwanawasa au pouvoir.

ZANZIBAR

Dans sa majorité, la population a pour religion l'islam sunnite et parle le swahili (qui est la langue officielle, avec l'anglais, de la Tanzanie). L'île est grande productrice de clous de girofle (1er rang mondial), d'agrumes, et le centre d'un commerce actif depuis des temps immémoriaux, comme l'attestent les monuments (mosquées, palais du sultan) de la ville de Zanzibar. L'île de Pemba *(320 000 h. 984 km²)*, corallienne, en dépend.

Histoire

Zanzibar fut une escale capitale pour des commerçants venus de Malaisie, d'Inde, du Moyen-Orient, à la recherche d'or, d'ivoire et d'esclaves. Les Portugais furent maîtres de ce commerce de 1503 à 1730. À cette date, un sultanat arabe s'établit. La Grande-Bretagne lui imposa son protectorat en 1890 et lui accorda l'indépendance en 1963. Le sultan fut renversé en janvier 1964, la population arabe massacrée et la république proclamée. En mars 1964, Zanzibar s'unit au Tanganyika pour former la Tanzanie.

Palais du sultan sur l'île de Zanzibar, dans l'océan Indien.

***Zapotèques** : ruines de Monte Alban, dans la région d'Oaxaca, Mexique.*

Zaïre. Il croit qu'elle le trompe et la poignarde. Constatant son erreur, il libère tous les prisonniers chrétiens.

zaïrois, e adj. et n. Du Zaïre, ancien nom de la République démocratique du Congo.

zakouski n. m. pl. (mot russe) CUIS. Hors-d'œuvre variés, chauds et froids, caractéristiques de l'ordonnance d'un repas russe.

Zama Ancienne localité située à *150 km* au sud de Carthage, où Scipion l'Africain remporta sur Hannibal une victoire décisive en 202 av. J.-C. La deuxième guerre punique s'achevait. Carthage cédait l'Espagne à Rome.

Zambèze (le) *2 660 km* Fleuve du sud de l'Afrique. Né aux confins de l'Angola et de la Zambie, il traverse l'ouest de la Zambie du nord au sud, sert de frontière entre la Zambie et le Zimbabwe, franchit des chutes de *115 m*, puis traverse le centre du Mozambique et se jette dans le canal du Mozambique (océan Indien). Ses ressources hydroélectriques sont considérables. Le bassin du Zambèze excède *1 200 000 km²*.

• **Zambie** État enclavé d'Afrique subtropicale, à l'est de l'Angola.

zambien, enne adj. et n. De Zambie. *Le gouvernement zambien. Un(e) Zambien(ne).*

Zamenhof (Lejzer Ludwik) 1859-1917 Médecin polonais, créateur en 1887 de l'espéranto.

zamia ou **zamier** n. m. BOT. Arbre gymnosperme des régions équatoriales, à l'aspect de palmier, dont on tire une farine amylacée, le sagou.

Zanussi (Krzysztof) 1937 Cinéaste polonais. À la fois physicien, philosophe et cinéaste (*La Structure de cristal*, 1969 ; *Vie de famille*, 1977 ; *L'Impératif*, 1982), il s'intéresse en priorité aux conditions à la fois biologiques et sociologiques qui permettent à chaque individu de s'immerger dans la société polonaise contemporaine.

zanzibar ou **zanzi** n. m. Fam. Jeu de hasard qui se joue avec trois dés. *« Tous les jours entre deux apéros / Il va dans un p'tit bar / Faire une partie d'billard / Une belote ou même un zanzibar »* (Charlys). / Les trois dés et le cornet utilisés dans ce jeu.

• **Zanzibar** *1 660 km² 444 000 h.* Île d'Afrique orientale, dans l'océan Indien, unie au Tanganyika dans la république fédérale de Tanzanie. Capitale *Zanzibar (170 000 h.)*.

Zao Wou-ki 1921 Peintre français d'origine chinoise. D'abord adonné à la peinture chinoise traditionnelle, il découvre le Picasso de la période bleue et s'expatrie en France (1948) pour tenter de faire la synthèse entre la tradition chinoise et la peinture occidentale moderne. Il a produit des œuvres élégantes, abstraites, faites de lavis aux nuances raffinées parcourus de signes sombres et fulgurants (*Incendie*, 1954-1955).

Zaouditou ou **Zaoditou** 1876-1930 Impératrice d'Éthiopie. Fille de Ménélik II, elle monta sur le trône en 1916 et régna jusqu'à sa mort avec Ras Tafari (futur Haïlé Sélassié) comme régent.

zaouïa ou **zawiya** n. f. (mot arabe) Au Maghreb, établissement qui groupe à la fois un centre d'enseignement, une mosquée et une hôtellerie.

Zapata (Emiliano) 1880-1919 Révolutionnaire mexicain. Au début de la guerre civile, ce paysan indien souleva les paysans en leur promettant des terres (1910) et conquit tout le sud du pays et Mexico, alors que Pancho Villa contrôlait le nord. Il fut assassiné par un de ses officiers. Le souvenir de celui qui donna leur terre aux paysans demeure très vif dans le sud du Mexique, où un mouvement zapatiste a attiré l'attention du monde en 1994.

zapateado n. m. (mot espagnol) Danse espagnole à trois temps, scandée à coups de talon.

Zaporogues Voir **Cosaques**

Zaporojie *899 500 h.* Ville industrielle d'Ukraine, port sur le Dniepr, chef-lieu de province. Grâce à l'aménagement hydroélectrique du fleuve, elle est devenue un centre électrométallurgique (aluminium, aciers spéciaux).

Zapotèques Population précolombienne qui a vécu à partir du IVe siècle dans la partie sud-ouest du Mexique. Avant que leur pays soit conquis par les Toltèques, au XIIe siècle, les Zapotèques furent fortement influencés par la civilisation maya à laquelle ils empruntèrent numération et hiéroglyphes. De leur art, il subsiste des éléments architecturaux et des urnes funéraires.

zapper v. t. [1] Passer fréquemment d'une chaîne de télévision à une autre au moyen de la télécommande.

zapping n. m. Action de zapper.

Zarathoustra Voir **Zoroastre**

Zarlino (Gioseffo) 1517-1590 Compositeur et théoricien de la musique italien. Il donna un traité en quatre volumes, *Institutioni armoniche* (1558), qui exerça une forte influence. Sa gamme, construite à partir d'accords parfaits majeurs, est aujourd'hui à peu près abandonnée.

Zarqali (Abu Ishaq Ibrahim ibn-Yahya al-) v. 1030-1100 Astronome arabe qui vécut dans l'émirat de Cordoue. Inventeur d'instruments d'observation du ciel, il est l'auteur des *Tables tolédanes* qui permettaient de calculer la durée de la rotation sidérale de la Terre.

zarzuela n. f. (mot espagnol) Genre musical, créé en Espagne au XVIIIe siècle, où alternent la déclamation et le chant populaire.

Zassoulitch (Vera Ivanovna) 1849-1919 Révolutionnaire russe. En 1878, elle tire un coup de revolver sur le grand maître de la police de Saint-Pétersbourg et le manque. Elle n'est pas condamnée et émigre à Genève, où elle se lie avec Plekhanov dont elle adopte les positions politiques.

Zátopek (Emil) 1922-2000 Coureur de demi-fond tchécoslovaque. Il remporta de nombreux titres olympiques sur 5 000 et 10 000 m ainsi que le marathon à Helsinki, en 1952. Il établit le record du monde de l'heure (20,052 km/h).

Zavattini (Cesare) 1902-1989 Écrivain italien. D'abord journaliste et auteur de récits de fiction appuyés sur l'observation de la vie quotidienne, il se consacra au cinéma à partir de 1934, avec le scénario de *Je donnerai un million* (Mario Camerini). Pendant la guerre, il rencontre De Sica ; les deux hommes ne cesseront pas de travailler ensemble (*Quatre pas dans les nuages*, 1943 ; *Sciuscià*, 1946 ; *Le Voleur de bicyclette*, 1948 ; *Miracle à Milan*, 1950 ; *Umberto D*, 1952), donnant des œuvres sensibles et critiques un peu facilement étiquetées « néoréalistes ».

zawiya Voir **zaouïa**

Zay (Jean) 1904-1944 Homme politique français. Radical-socialiste, ministre de l'Éducation nationale (1936-1940), il mit en œuvre les réformes du Front populaire dans le domaine de l'instruction publique. Arrêté, sur les ordres du gouvernement de Vichy, au Maroc où il s'était exilé dans l'espoir d'y susciter une résistance aux Allemands, interné à la prison de Riom, il en fut extrait par la Milice qui l'assassina.

zaydisme, zaydite Voir **zaïdisme, zaïdite**

zazou n. À la fin et au lendemain de la Seconde Guerre mondiale, jeune homme, jeune fille passionné(e) de jazz, à l'élégance excentrique.

Zeami (Yusaki Saburo Motokiyo, dit à la scène**)** 1363-1443 Acteur, metteur en scène et écrivain japonais. Formé par son père, Yusaki Saburo Kiyotsugu, dit à la scène *Kanami* (1333-1384), il adapta avec lui un divertissement populaire pour en faire le nô, la forme théâtrale la plus raffinée et la plus complexe du monde. Il écrivit un grand nombre de livrets pour le nô et plusieurs traités, dont *Recueil de seize opuscules de Zeami* (seulement publié au XXe siècle).

zèbre n. m. ZOOL. Mammifère ongulé d'Afrique de la famille des équidés, plus petit que le cheval, et dont la robe claire est

Zèbre.

X Y Z

Pieter Zeeman.

rayée de bandes noires ou brunes. / Fig. et fam. Individu (généralement avec une nuance d'étrangeté). *Un drôle de zèbre l'aborda dans la rue.*

zébrer v. t. [1] Marquer de raies évoquant la robe du zèbre.

zébrure n. f. Raie, ensemble de raies évoquant la robe du zèbre. / Marque laissée sur la peau.

zébu n. m. ZOOL. Mammifère ruminant domestique, de la famille des bovidés, possédant sur le garrot une bosse adipeuse. *Les zébus vivent en Asie et en Afrique tropicales et à Madagascar.*

Zédé (Gustave) 1825-1891 Ingénieur français qui conçut le premier sous-marin réalisé en France, le *Gymnote* (1887).

Zeebrugge Port de Belgique, sur la mer du Nord, dépendant administrativement de la ville de Bruges à laquelle il est relié par un canal de *10 km*. Pendant la Première Guerre mondiale, les Allemands en firent une base navale.

Zeeman (Pieter) 1865-1943 Physicien néerlandais. En 1896, il découvrit l'*effet Zeeman* : un champ magnétique décompose les raies spectrales d'un atome, au sein duquel les niveaux d'énergie sont remplacés par des *sous-niveaux Zeeman*.

zèf n. m. Fam. Vent.

Zehrfuss (Bernard) 1911-1996 Architecte français. Il a construit le *palais du Cnit (Centre national des industries et techniques)* à la Défense (en collaboration avec Mailly et Camelot).

Zélande *1 796 km² 365 846 h.* Province maritime des Pays-Bas, entre les estuaires ramifiés de l'Escaut. Chef-lieu *Middelburg*. Le plan Delta (1958-1968) a aménagé cette région par la construction de digues et de barrages, dont la longueur excède *400 km*. On y pratique l'agriculture et l'élevage.

zélateur, trice n. Ardent partisan, adepte zélé.

Zeldovitch (Yakov Borisovitch) 1914-1987 Physicien soviétique. Après des travaux consacrés à l'étude des propriétés des particules élémentaires dans le couplage rayonnement/matière au cours du big bang et à la détection des neutrinos, il propose (1964) une étude systématique du cœur des galaxies afin de détecter la présence de trous noirs responsables d'une intense activité dans l'absorption progressive des étoiles. Il étudie (1965) les rayons X émis par une étoile lors de l'accrétion de son compagnon dans un système binaire. Il contribue à la théorie de l'inflation de l'Univers, puis établit le rôle du couplage entre radiation et matière dans l'évolution des galaxies primitives.

zèle n. m. Vif empressement à servir une cause, une personne, une religion. / *Faire du zèle* : manifester une application excessive dans l'accomplissement d'une tâche. *Grève du zèle*, qui consiste à appliquer de façon étroite et vétilleuse les consignes de travail, de manière à ralentir l'activité.

zélé, e adj. Qui fait montre de zèle.

Zellidja Centre d'extraction du plomb, au Maroc oriental, sur les hauts plateaux, à la frontière algérienne.

zellige n. m. (mot arabe maghrébin) Petit morceau de brique émaillée utilisé en décoration, au Maroc.

zélote n. m. HIST. Membre d'un mouvement juif nationaliste qui, sous l'empereur romain Titus, défendait l'indépendance nationale en prônant la violence. *Les zélotes jouèrent un rôle actif dans la révolte contre l'occupation romaine, ce qui aboutit à la ruine de Jérusalem en 70 après Jésus Christ.*

Zeman (Karel) 1910-1989 Cinéaste tchèque, auteur de films d'animation : *Rêve de Noël* (1945) ; *Le Baron de Crac* (1961).

Zemlinski (Alexander von) 1871-1942 Compositeur et chef d'orchestre autrichien. Après avoir dirigé des orchestres à Vienne, à Berlin et à Prague, il émigra aux États-Unis en 1938 et travailla avec des musiciens de l'école viennoise. On lui doit une *Symphonie lyrique* (1924, sur des poèmes de R. Tagore), des lieder, des quatuors à cordes et des opéras (*Le Nain ou l'Anniversaire de l'infante*, 1922, d'après O. Wilde).

zemstvo n. m. (mot russe) HIST. Dans la Russie des tsars, assemblée rassemblant des personnes appartenant à toutes les classes de la société. *Les zemstvos jouèrent un rôle important dans la modernisation du pays.*

zen n. m. et adj. inv. (mot japonais) Mode de vie et école de pensée bouddhistes, nés en Inde (*dhyana*), développés en Chine (*chan*) puis, à partir du XIIᵉ siècle, au Japon (*zen*). / adj. *Un jardin zen.*

♦ Le zen consiste en une patiente ascèse du corps et de l'esprit, au moyen de divers apprentissages et initiations, qui se font de maîtres à élèves, et par le biais de disciplines également diverses (exercices physiques, peinture, arts martiaux, arts des jardins et des arrangements floraux, etc.). Cette ascèse exigeante, par-delà toute spéculation philosophique, a pour but ultime l'illumination (*satori*) et l'acquisition d'une sagesse pratique se traduisant, l'une comme l'autre, par la maîtrise des passions, le libre exercice de la volonté et la paix intérieure.

zénana n. m. (mot hindi) Chez les musulmans de l'Inde, gynécée. / Par ext. Étoffe cloquée, de soie ou de coton, utilisée pour les vêtements d'intérieur.

zend n. m. LING. Syn. d'*avestique*.

Zénètes Populations berbères des Aurès et de l'est du Maroc, auquel elles donnèrent deux dynasties entre le XIIIᵉ et le XVIᵉ siècles.

zénith n. m. ASTRON. Point où la verticale ascendante, s'éloignant de la surface de la terre en un lieu donné, rencontre la sphère céleste. / Fig. Sommet, apogée. *Son pouvoir est au zénith.*

zénithal, e adj. ASTRON. Relatif au zénith. *Distance zénithale* : angle formé par la direction d'un astre avec celle du zénith.

Zénobie (en latin, **Septima Zenobia**) ? -après 272 Reine de Palmyre de 266 à 272. Elle étendit sa puissance jusqu'en Égypte et en Asie Mineure et s'entoura d'une élite intellectuelle. Mais Aurélien prit Palmyre et captura Zénobie en 272. Elle mourut deux ou trois ans après, à Tibur (aujourd'hui Tivoli).

Zénon d'Élée Vᵉ av. J.-C. Philosophe grec, disciple de Parménide. Doué d'un esprit subtil et paradoxal, il a cherché à prouver que le mouvement est impossible, et que, parti d'un point, on ne peut jamais arriver à un autre point car il reste toujours un espace plus petit à parcourir (arguments d'Achille et de la tortue, de la flèche qui vole).

Zénon de Cition 335 ?-264 ? av. J.-C. Philosophe grec qui professa à Athènes où, vers 300 av. J.-C., il fonda la première école stoïcienne.

zéolithe ou **zéolite** n. f. MINER. Groupe d'aluminosilicates naturels présents dans des roches volcaniques, et dont la structure cristalline offre des lacunes occupées par des molécules d'eau et des ions métalliques alcalins très mobiles. On les utilise comme échangeurs d'ions et dans certaines méthodes d'analyse chromatographique.

Z.E.P. n. f. Sigle de *zone d'éducation prioritaire.*

zéphyr n. m. Litt. Vent printanier doux et léger. / Fine toile de coton.

Zéphyr MYTH. GR. Dieu du vent d'Ouest, fils d'Éos, l'Aurore. On le représentait sous la forme d'un jeune homme aux ailes de papillon, à la physionomie riante.

zeppelin n. m. Ballon dirigeable dont l'armature métallique assurait à la carcasse une extrême rigidité et qui fut utilisé par les Allemands du début du XXᵉ siècle à 1939.

Zeppelin (Ferdinand, comte von**)** 1838-1917 Aéronaute allemand. Ayant occupé des postes militaires et diplomatiques importants, il prit sa retraite en 1890 pour se consacrer à la construction des dirigeables rigides qui portent son nom.

Zermelo (Ernst) 1871-1953 Mathématicien allemand qui se livra à une formalisation rigoureuse de la théorie des ensembles.

zéro n. m. et adj. **A.** n. m. Symbole numéral (0) qui représente une valeur nulle et qui, placé à la droite d'un chiffre, le multiplie par dix (dans le système décimal). / Valeur, quantité nulle. *Réduire qqch. à zéro*, l'anéantir. *Avoir le moral à zéro* : se sentir très déprimé. / Point de départ d'une quelconque échelle de grandeur. / PHYS. *Zéro degré Celsius (0 °C)* : température correspondant au point de fusion de la glace à la pression atmosphérique normale. *Zéro absolu*, équivalant à -273,16 °C, soit 0 °K. / Chiffre le plus bas, dans une évaluation, une notation. *Un zéro en français.* / Fig. Personne sans valeur. *C'est un zéro.* **B.** adj. numéral cardinal inv. Aucun. *Zéro point. Zéro faute.*

Zeroual (Liamine) 1941 Général et homme politique algérien. Ministre de la Défense (1993), il fut nommé chef de l'État par le Haut Conseil de sécurité en janvier 1994, alors que ce poste n'était plus occupé depuis l'assassinat de Mohammed Boudiaf en juin 1993. En novembre 1995, il a remporté l'élection présidentielle. Il a créé un parti distinct du F.L.N. (mais assimilé à celui-ci par l'opposition), le Rassemblement national démocratique, qui a remporté les législatives de 1997. Son mandat s'est achevé en 1999 sur un constat d'échec total.

zeste n. m. Écorce du citron, de l'orange et de divers agrumes ; cette écorce découpée ou râpée, qu'on utilise pour aromatiser une préparation culinaire. / Fig. Infime quantité ; faible nuance. *Un zeste de dédain dans la voix.*

zester v. t. [1] Détacher le zeste de. *Zester un citron.*

zêta n. m. Sixième lettre (ζ, Z) de l'alphabet grec.

Zetkin (Clara Eisner, Mᵐᵉ Ossip **Zetkin**, connue sous le nom de **Clara)** 1857-1933 Révolutionnaire allemande. Militante féministe, elle rejoint le groupe spartakiste et participe aux luttes du parti communiste allemand. Son dernier discours, au Reichstag, en 1932, est un violent réquisitoire contre le nazisme. Elle meurt en exil, en URSS, peu après.

zeugma ou **zeugme** n. m. RHÉT. Figure de rhétorique qui consiste à ne pas répéter un adjectif ou un verbe qui a été exprimé dans une proposition immédiatement précédente. *Un précepte est aride, il le faut embellir; / Ennuyeux, l'égayer; vulgaire, l'ennoblir* (Delille).

zeugopode n. m. ZOOL., ANAT. Segment du membre chiridien correspondant à l'avant-bras ou à la jambe (cuisse non comprise).

Zeus MYTH. GR. Le maître suprême des dieux et des hommes, fils de Cronos et de Rhéa. Il détrôna son père, chassa les Titans et régna sur l'Olympe, armé de la foudre et du tonnerre. Il épousa sa sœur Héra, mais ses amours divines et humaines sont nombreuses. Les Latins l'ont identifié à *Jupiter.*

Zeuxis Vᵉ siècle av. J.-C. Peintre grec. Rien n'a subsisté de son œuvre que l'on connaît seulement par des descriptions littéraires. Il aurait composé avec réalisme des sujets mythologiques.

zeuzère n. f. ZOOL. Papillon de nuit aux ailes blanches ponctuées de noir ou de bleu. *La chenille de la zeuzère cause des dégâts aux arbres des vergers et des forêts en creusant des galeries dans leurs troncs.*

Zévaco (Michel) 1860-1918 Écrivain français, auteur de romans de cape et d'épée : *Le Capitan* (1907) ; *Les Pardaillan* (1907).

zézaiement n. m. Défaut de prononciation de ceux qui zézaient.

zézayer v. i. [1] Prononcer le son [s] comme le son [z].

Zhao Ziyang 1919 Homme politique chinois. Ami de Deng Xiaoping, il fut Pre-

Restes d'une **ziggourat** (XIIIᵉ siècle av. J.-C), près de Suse (Iran).

X Y Z

mier ministre de 1980 à 1987, mais c'est Deng qui gouverna.

Zhengzhou *1 752 374 h.* Ville du centre de la Chine, capitale du Henan, centre industriel (l'agglomération excède les *2 millions d'h.*).

Zhou ou **Tchéou** XIe siècle-221 av. J.-C. Dynastie royale qui régna sur la Chine, dont les diverses provinces étaient des seigneuries en lutte constante. Au cours de cette longue période, l'agriculture et l'artisanat se développèrent et l'art du bronze connut son âge d'or.

Zhou Enlai ou **Chou En-lai** 1898-1976 Homme politique chinois. Communiste, il est (1930-1934) un des dirigeants de la République communiste du Jiangxi et participe à la Longue Marche. Il se lie avec Mao Zedong et (1949) devient Premier ministre, poste qu'il occupera jusqu'à sa mort, tout en dirigeant la politique extérieure de la Chine au ministère des Affaires étrangères jusqu'en 1959. Il s'attacha à modérer les positions extrémistes de Mao, obtint la réhabilitation de Deng Xiaoping et désigna ce dernier comme son successeur.

Zhoukoudian ou **Choukoutien** Localité du sud-ouest de la Chine, où des fouilles exhumèrent, en 1920, les fragments d'un *homme de Pékin* (*Homo erectus pekinensis*) ou sinanthrope, qui aurait vécu il y a 300 000 ou 500 000 ans.

Z.I. n. f. Sigle de *zone industrielle.*

Zia ul-Haq (Mohammad) 1924-1988 Homme politique pakistanais. En 1977, il renversa Ali Bhutto qu'il fit juger en 1978 et exécuter en 1979. Élu président de la République en 1978, il gouverna de façon très autoritaire jusqu'à sa mort, survenue dans un accident d'avion. En 1987, il avait fait adopter par référendum une Constitution islamique.

zibeline n. f. ZOOL. Petit mammifère de la famille des mustélidés, voisin de la martre, vivant en Sibérie et au Japon et dont la fourrure brun noir est très appréciée. / Cette fourrure elle-même.

zidovuline n. f. PHARM. Syn. de azidothymidine.

Ziem (Félix François) 1821-1911 Peintre français, auteur de vues de Venise et de Constantinople, passionné d'orientalisme au point d'en recréer l'atmosphère dans ses demeures parisienne et marseillaise.

zieuter ou **zyeuter** v. t. [1] Pop. Regarder avec attention, avec insistance.

zig ou (rare) **zigue** n. m. Pop. Individu. *Qu'est-ce que c'est que ce zig ?* Syn. mec.

ziggourat n. f. (mot assyrien) ARCHÉOL. Tour de Mésopotamie faite d'étages en retrait les uns par rapport aux autres, à usage de temple. *On a découvert des vestiges de ziggourats en Irak (Nimroud) et en Syrie (Mari).*

zigoto ou **zigoteau** n. m. Fam. Zig. *Faire le zigoto*, le malin.

zigouiller v. t. [1] Pop. Tuer.

zigue Voir **zig**

zigzag n. m. Ligne brisée dont les droites forment entre elles des angles tour à tour rentrants et saillants. Par anal. *Marcher en zigzag*, tantôt vers la gauche, tantôt vers la droite. / Fig. Caractère de qqch. qui évolue irrégulièrement, par à-coups. *Résultats scolaires en zigzag.*

zigzaguer v. i. [1] Décrire des zigzags.

Zimbabwe Site archéologique d'Afrique australe, dans le sud-est de l'actuel Zimbabwe. Les ruines sont impressionnantes.

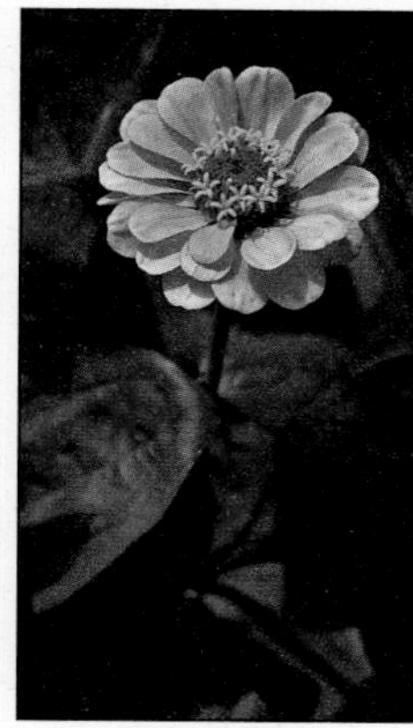

Zinnia.

La construction la plus spectaculaire est un enclos en forme d'ellipse qui entoure une tour conique ; c'était peut-être un temple, aux murailles en pierre sèche dont certaines sont hautes de 9 m et épaisses de 5 m. Les habitants se livraient à la métallurgie de l'or. Ils avaient des relations avec l'Asie (Perse, Inde, Chine). Cette ville appartenait très probablement au royaume du Monomotapa (déformation, par les Portugais, des mots *mwene Mutapa*, « roi du Mutapa »). Il aurait été fondé au IXe siècle. D'autres experts penchent pour une fondation plus tardive (XIe-XIIe siècle). Tous voient son apogée au XVe siècle et son déclin au XVIe siècle.

• **Zimbabwe** État d'Afrique australe, situé au sud-est de la Zambie, à l'ouest du Mozambique et au nord de l'Afrique du Sud.

zimbabwéen, enne adj. et n. Du Zimbabwe. *Le parlement zimbabwéen. Un(e) Zimbabwéen(ne).*

Zimmermann (Dominikus) 1685-1766 Architecte allemand. Il construisit à Steinhausen et à Wies (où il mourut) des églises caractéristiques du baroque bavarois.

Zimmermann (Bernd Alois) 1918-1970 Musicien allemand. D'abord tenant de la musique sérielle, il a élaboré une technique musicale « pluralistique », destinée à traduire la conception que le musicien se fait du temps, simultanéité perpétuelle du passé, du présent et de l'avenir (*Die Soldaten*, opéra, créé en 1965). On lui doit aussi une sonate, un concerto pour violoncelle et des pièces de musique électronique.

zinc n. m. CHIM. Élément métallique de numéro atomique Z=30, de masse atomique 65,38 (symbole : Zn). / Métal blanc bleuâtre, de densité 7, 1, fondant à 419 °C. (Peu altérable, le zinc exposé à l'air s'oxyde superficiellement, en se recouvrant d'une couche protectrice. On l'emploie pour la couverture des toitures et la protection du fer [fer galvanisé]. Il intervient dans la fabrication de divers alliages : laiton, maillechort. L'oxyde de zinc est utilisé en peinture comme pigment blanc). / Fam. Comptoir d'un café. *Consommer au zinc.* / Par ext. Débit de boisson.

zincage ou **zingage** n. m. TECH. Procédé qui consiste à plonger de l'acier ou du fer dans du zinc fondu (galvanisation) ou à pulvériser le zinc au pistolet (métallisation).

zingaro, zingara n. (mot italien) Vx Bohémien, tzigane. Pl. Des *zingari*, des *zingaras.*

zingibéracées n. f. pl. BOT. Famille de plantes angiospermes monocotylédones des régions tropicales, dont de nombreuses espèces sont utilisées comme épices. *Le gingembre et le curcuma sont des zingibéracées.*

zingueur n. m. Ouvrier qui travaille le zinc. / (En appos.) *Plombier zingueur.*

zinjanthrope n. m. PALÉONT. Australopithèque fossile remontant à environ 1,5 million d'années, découvert en 1959 dans la zone d'Oldoway, en Tanzanie.

zinnia n. m. BOT. Plante herbacée, d'origine mexicaine, appartenant à la famille des composées. *Il existe de nombreuses variétés de zinnias aux coloris les plus divers.*

Zinoviev (Grigori Ievseïevitch Radomyslski, dit) 1883-1936 Homme politique soviétique. Bolchevik dès 1901, il fut président de la IIIe Internationale (communiste) de 1919 à 1927. Allié à Staline et à Kamenev contre Trotski (*troïka*), il forma (1926), avec Kamenev et Trotski, l'*opposition unifiée* (contre Staline). Il fut exclu du parti communiste en 1927, fit son autocritique, fut réintégré et finalement condamné à mort en 1936.

zinzin adj. et n. m. **A.** adj. inv. Fam. Un peu fou. *Elle est complètement zinzin.* **B.** n. m. Fam. Objet quelconque. *Qu'est-ce que c'est que ces zinzins dans le couloir ?*

zinzinuler v. i. [1] Chanter, en parlant de la fauvette, de la mésange.

zinzolin, e n. m. et adj. Couleur rouge tirant sur le violet. / adj. *Une jupe zinzoline.*

zircon n. m. MINER. Silicate de zirconium, principal minerai de ce métal, utilisé en bijouterie et pour la fabrication des matériaux réfractaires.

zirconium n. m. CHIM. Élément métallique de numéro atomique Z=40, de masse atomique 91,22 (symbole : Zr). / Métal gris, ductile et malléable, de densité 6,5, fondant à 1 860 °C. (Réactif à haute température, en présence de l'oxygène et de l'azote, le zirconium est employé dans l'industrie des tubes électroniques. En raison de sa résistance à la corrosion et de son faible pouvoir absorbant pour les neutrons, il est très utilisé dans l'industrie nucléaire).

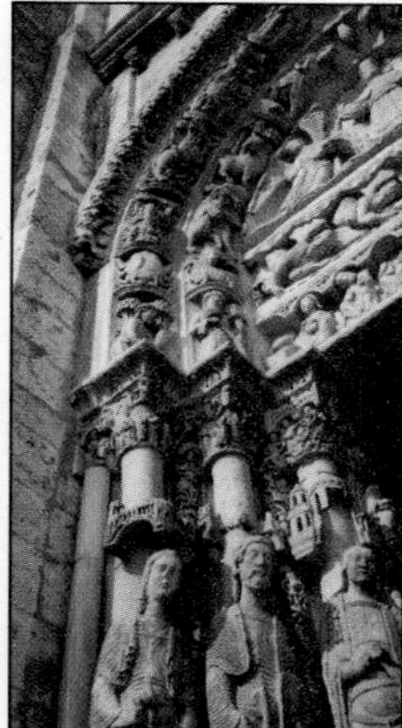

Voussures de la cathédrale de Chartres : bestiaire fanstastique représentant les signes du ***zodiaque***.

Zirides Dynastie berbère fondée par Bulukkin ibn Ziri qui régna sur la Tunisie et l'est de l'Algérie à partir de 972. Son pouvoir fut incertain. Vers 1160, les Almohades s'emparèrent du pays.

zizanie n. f. Mésentente, discorde. *Semer la zizanie.*

zizi [1] n. m. ZOOL. Bruant d'Europe occidentale, noir, jaune, brun et vert olive. *« Le zizi a presque toujours le bec terreux »* (Buffon). / Appos. *Un bruant zizi.*

zizi [2] n. m. Fam. Pénis, partic. d'un petit garçon. / Sexe de la femme.

zizi [3] n. m. Fam. Chose, truc. *Il y a des tas de machins, dans le grenier, des zinzins, des zizis, tout un bric-à-brac.*

Zizim Voir **Djem**

Zizka (Jan) 1365-1424 Patriote tchèque, l'un des chefs des hussites après la mort de Jan Hus (1415). Il mena la révolte hussite et combattit vaillamment contre l'empereur Sigismond jusqu'à sa mort (due à la peste).

zloty n. m. (mot polonais) Unité monétaire de la Pologne.

Zochtchenko (Mikhaïl Mikhaïlovitch) 1895-1958 Écrivain soviétique. Membre du groupe des Frères Sérapion, il fit des réalités révolutionnaires une peinture pleine d'humour (*Histoire d'une vie*, 1934) qui lui valut, en 1946, l'interdiction d'écrire, ses œuvres ayant été jugées par le Comité central « étrangères à l'esprit de la littérature soviétique ».

zodiac n. m. (nom déposé) Canot pneumatique pouvant être propulsé par un moteur hors-bord.

zodiacal, e adj. ASTRON. Qui appartient au zodiaque. *Lumière zodiacale* : lueur visible à l'est avant le lever du Soleil, et à l'ouest après son coucher, produite par la diffusion de la lumière solaire sur un nuage de poussières interplanétaires en forme de lentille qui entoure le Soleil.

zodiaque n. m. ASTRON. Zone de la sphère céleste dans laquelle le Soleil, la Lune et les planètes (sauf Pluton) paraissent se mouvoir parmi les constellations.

♦ Le zodiaque, espace conventionnel imaginé par les Anciens, s'étend à environ 8 degrés de part et d'autre de l'écliptique. Il est divisé en 12 parties égales par des cercles perpendiculaires à l'écliptique et chacune de ces parties, qui furent à l'origine des 12 mois de l'année, porte le nom de la constellation qu'elle délimite. En parcourant l'écliptique dans le même sens que le Soleil et à partir du point vernal (correspondant à l'équinoxe de printemps), on trouve, pour les quatre saisons : le Bélier, le Taureau, les Gémeaux, le Cancer, le Lion, la Vierge, la Balance, le Scorpion, le Sagittaire, le Capricorne, le Verseau et les Poissons. En astrologie, ces constellations correspondent aux signes du zodiaque traditionnellement utilisés pour les prédictions divinatoires.

zoé n. f. ZOOL. Stade larvaire propre au développement de certains crustacés décapodes.

ZIMBABWE

Superficie : *390 757 km²* – **Nombre d'habitants :** *12 800 000 h.* – **Capitale :** *Harare*
Villes principales : *Bulawayo, Chitungwisa, Gweru* – **Système politique :** *république*
Langue(s) : *anglais, shona, matabélé* – **Religion(s) :** *animisme, christianisme* – **Monnaie(s) :** *dollar du Zimbabwe*

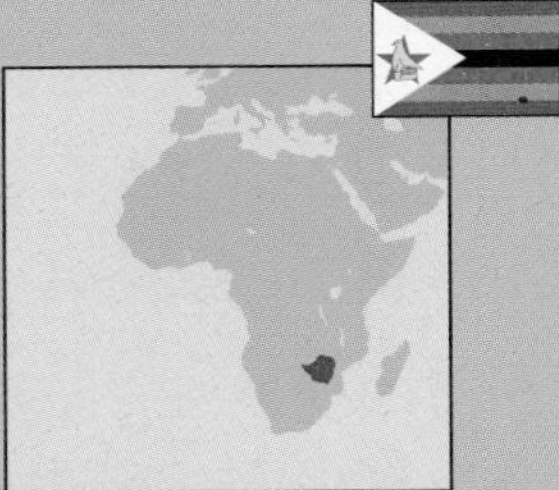

Voir l'Atlas

Géographie physique et humaine

Un immense plateau central *(1 200-1 500 m* d'altitude) s'abaisse vers le Zambèze, au nord, le Limpopo, au sud, se redresse au nord-est, où il culmine à *2 592 m*. Savane et prairie couvrent le pays. Le climat, tempéré sur les hauts plateaux, qui sont plus arrosés, est plus chaud ailleurs, où la sécheresse peut sévir. La croissance démographique atteignant 3 %, l'urbanisation s'est accélérée dans les années 1990 (32 % en 1999). Le sida frappe durement cette population.

Économie

La culture du tabac (2e production mondiale) fournit l'essentiel des ressources agricoles. On cultive aussi le maïs et le millet. La balance agricole est excédentaire. Le cheptel bovin rassemble entre 5 et 6 millions de têtes. On extrait de l'or, du nickel, de la houille. Le platine offre de grands espoirs. L'industrie manufacturière s'est développée. Jusqu'en 1997, la croissance était soutenue, malgré un taux de chômage, qui culmine aujourd'hui à 50 %.

Histoire

Le pays a tiré son nom du site de Zimbabwe. On a découvert dans la région de nombreux sites préhistoriques dont certains vestiges datent de 500 000 ans avant notre ère. On attribue aux Bochimans, installés là avant l'arrivée de peuples de langues bantoues, des peintures rupestres, nombreuses dans le centre du pays et la vallée du Limpopo. C'est sans doute aux Bantous qu'on doit l'épanouissement de la civilisation née autour du site de Zimbabwe. Les Portugais explorèrent la région aux XVIe et XVIIe siècles.

Le pays fut, au XVIIIe siècle, submergé par une invasion d'ancêtres des Zoulous. Au début du XIXe siècle, chassés par les Boers, une fraction du peuple zoulou, les Ndébélés s'installent dans la partie occidentale du Zimbabwe en soumettant ses habitants. À l'issue du congrès de Berlin (1884-1885), la Grande-Bretagne eut le droit de coloniser le pays. Elle confia ce soin, en 1889, à la British South Africa Company (B.S.A.C.) de Cecil Rhodes, qui possédait déjà le sud-ouest du pays. À la fin du siècle, la Rhodésie comprenait le Zimbabwe (Sud) et la Zambie (Nord) actuels.

En 1911, le Nord fut détaché, mais sa main d'œuvre contribuait à l'exploitation des mines du Sud (et de l'Afrique du Sud). En 1923-1924, la Grande-Bretagne retira sa charte à la B.S.A.C. ; la Rhodésie-du-Sud (1923) et la Rhodésie-du-Nord (1924) devinrent des colonies britanniques. En Rhodésie-du-Sud s'établirent un grand nombre de colons, en majorité britanniques, qui dominèrent totalement la vie politique, bien que la colonie, jouissant d'un régime d'administration interne, possédât un Parlement et un gouvernement. La fin de la Deuxième Guerre mondiale vit le renforcement des mouvements anticolonialistes et, en 1953, sous la pression des colons (essentiellement les colons de Rhodésie-du-Nord et du Nyassaland, bien moins nombreux que dans la Rhodésie-du-Sud), la Grande-Bretagne forma la Fédération d'Afrique centrale (FAC) en réunissant les deux Rhodésie et le Nyassaland (futur Malawi).

En 1961, une Constitution fédérale accorda aux Noirs une certaine représentation, sur la base d'un suffrage censitaire et d'un double collège électoral. Les nationalistes s'étaient groupés dans deux organisations, la ZAPU (Zimbabwe African People Union) de Joshua Nkomo, et la ZANU (Zimbabwe African National Union) de Sithole, qui boycottèrent les élections de décembre 1962, attitude qui amena au pouvoir les Blancs les plus conservateurs. En 1964, la FAC éclata ; la Rhodésie-du-Nord devint la Zambie et le Nyassaland, le Malawi deux États noirs indépendants. En 1965, Ian Smith, Premier ministre (Blanc, partisan d'une politique de ségrégation), proclama l'indépendance de la Rhodésie-du-Sud sous le nom de Rhodésie (tout court), contre la volonté de Londres et contre celle de l'ONU, qui décréta l'embargo. De nombreux pays (blancs mais aussi noirs) ne le respectèrent pas. En 1966, les mouvements de libération s'unirent et lancèrent la guérilla.

En 1970, Ian Smith fit du pays une république. En 1976, sous les pressions internationales, Ian Smith accepta d'instaurer la règle de la majorité avant deux ans cependant que s'installerait un gouvernement intérimaire à majorité africaine assisté d'un Conseil d'État composé, à parité, de Noirs et de Blancs. En contrepartie, l'ONU acceptait de lever l'embargo et des garanties étaient accordées aux Rhodésiens blancs. Mais les mouvements nationalistes noirs étaient dominés par des chefs radicaux, Joshua Nkomo et Joseph Mugabe, et Ian Smith dut finalement accepter (janvier 1979) un référendum constitutionnel (seuls les Blancs purent voter) et des élections qui, en 1979, donnèrent le pouvoir à un prélat noir modéré, Mgr Muzorewa. Aux termes d'un accord signé en Angleterre à la fin de décembre 1979 entre le gouvernement rhodésien de fait et les mouvements nationalistes (respect de la loi majoritaire, Noirs et Blancs confondus ; recherche d'une solution politique durable ; garanties constitutionnelles pour la minorité blanche ; organisations d'élections libres sous contrôle international ; rejet de la Constitution adoptée en janvier 1979), des élections furent organisées, que remporta la ZANU en février 1980.

Parc national de Mana Pools.

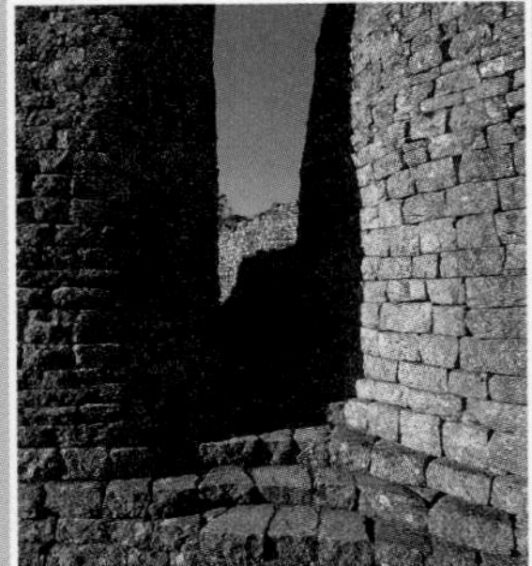

Murailles des ruines du site de Zimbabwe.

Mugabe proclama l'indépendance du Zimbabwe le 18 avril 1980 et fut élu président de la République. Il laissa leurs terres aux fermiers blancs et pratiqua un socialisme modéré. Réélu en 1985, il vit sa majorité s'effriter : les élections de 1990 donnèrent lieu à des violences contre l'opposition ; celle-ci prescrivit un boycott et fut suivie. Mugabe libéralisa le régime. En 1992 et en 1997 (après avoir été réélu en 1996), il édicta une réforme agraire que le F.M.I. l'empêcha de radicaliser, de sorte que les fermiers blancs ont majoritairement conservé leurs terres. En décembre 1997, le F.M.I. l'incita à augmenter le prix du maïs, nourriture de base, ce qui entraîna, en janvier 1998, des émeutes qu'il réprima dans le sang. En août 1998, il prit la tête de la coalition (comprenant l'Angola et la Namibie) qui aidait Kabila contre les rebelles du sud de la république démocratique du Congo. Pour tenter de calmer le mécontentement grandissant causé par la ruine de l'économie, il a nationalisé en 1998 une partie des terres des Blancs et, en 2000, a favorisé (ou, tout au moins, laissé s'étendre) un mouvement de « récupération » des terres des colons qui a donné lieu à des violences ayant fait des dizaines de morts. Robert Mugabe a été réélu en 2002, au terme d'un scrutin dont l'opposition a contesté la régularité (violences diverses, assassinat de membres de l'opposition, pressions exercées sur la presse). Le président Mugabe est aujourd'hui au ban de la communauté internationale, tandis que le Zimbabwe sombre dans le chaos et la misère (production agricole en chute libre, investissements étrangers réduits à zéro, doublement du prix des denrées alimentaires, inflation à 140 %, chômage touchant 70 % de la population).

Émile Zola.

Zoé Porphyrogénète v. 978-1050 Impératrice d'Orient en 1028. Fille de Constantin VIII, contrainte d'épouser le vieux Romain III, elle le fit assassiner et éleva à la pourpre son amant Michel le Paphlagonien (Michel III). Veuve, elle adopta Michel le Calfat (Michel V) qui la destitua et l'enferma dans un couvent. Délivrée par une insurrection populaire qui avait renversé Michel V, elle régna quelques mois avec sa sœur Théodora, prit un nouvel amant, l'associa au trône (Constantin IX Monomaque) et l'épousa (1042); il lui survécut.

Zog Ier (Ahmed Zogu, roi sous le nom de) 1895-1961 Roi d'Albanie (1928-1939). Élu président de la République en 1925, il se fit proclamer roi en 1928 et s'exila quand les Italiens occupèrent le pays, en 1939.

Zohar Traité ésotérique juif, dû à Moïse de León, mystique de Grenade, pour une partie, et sans doute à ses disciples, pour l'autre partie. Les textes les plus anciens (la version imprimée comprend cinq volumes), dont Moïse de León est l'auteur, datent vraisemblablement des années 1270-1300, les autres sont d'un auteur (ou de plusieurs auteurs) inconnu(s). Destiné à combattre le courant rationaliste qui exerçait une forte influence sur le judaïsme espagnol, c'est le texte le plus important de la kabbale; mystique, ésotérique et symbolique, il a été violemment contesté par les écoles rationalistes du XIXe siècle, mais retrouve une place éminente dans l'étude de la philosophie juive.

Zola (Émile) 1840-1902 Écrivain français. Il passe son enfance en Provence où il a pour condisciple le peintre Cézanne. Pendant plusieurs années, il gagne sa vie comme employé aux écritures à la librairie Hachette, puis comme journaliste, cependant que ses conceptions littéraires se précisent: il veut observer l'homme et la société comme le naturaliste étudie les végétaux et les animaux. Influencé par Taine et les savants de l'époque, il veut démontrer que l'individu est le résultat de son hérédité et de son milieu. *Thérèse Raquin* (1867) est le premier de ces romans «naturalistes». C'est seulement en 1880 que le recueil collectif, *Les Soirées de Médan*, constituera le manifeste de naturalisme, qui exerça une influence internationale. Zola voudrait faire pour le second Empire ce que Balzac avait fait pour la monarchie de Juillet. Ce sera *Les Rougon-Macquart*, qui constituent l'*Histoire naturelle et sociale d'une famille sous le Second Empire* et dont les vingt volumes paraîtront de 1871 (*La Fortune des Rougon*) à 1893 (*Le Docteur Pascal*), suscitant la méfiance ou le mépris de la critique traditionnelle par leur violence et leur réalisme. Il se penche sur l'alcoolisme populaire (*L'Assommoir*, 1877), sur l'amour vénal (*Nana*, 1880), sur la condition des mineurs (*Germinal*, 1885), sur la misère des paysans (*La Terre*, 1887). Citons aussi *Au bonheur des dames* (1883), *L'Œuvre* (1886, à la suite de quoi il se brouille avec Cézanne, qui s'est reconnu dans un peintre raté), *Le Rêve* (1888); *La Bête humaine* (1890). Vient ensuite le cycle des *Trois Villes*: *Lourdes* (1894); *Rome* (1896); *Paris* (1897). Lors de l'affaire Dreyfus, il prend parti pour Dreyfus (*J'accuse*, lettre ouverte au président de la République dans *L'Aurore* du 13 janvier 1898), ce qui lui vaut d'être condamné pour outrage à l'armée. Il se réfugie en Angleterre (1898-1899). Le cycle des *Quatre Évangiles* exprime sa foi dans l'homme et dans le progrès: *Fécondité* (1899); *Travail* (1901); *Vérité* (1903); *Justice* (inachevé). Il meurt asphyxié par les émanations d'un poêle; on a parfois donné à cette mort une origine criminelle.

Zollverein (Deutscher) Union douanière instituée en 1834 et regroupant la Prusse, la Bavière, le Wurtemberg, la Saxe et les États de Thuringe contre l'Autriche. Plusieurs autres États s'y joignirent jusqu'en 1842. Cette ligue fut, pour la Prusse, l'instrument primordial de l'unification allemande.

zombi ou **zombie** n. m. Selon certaines croyances vaudou des Antilles, revenant, le plus souvent malintentionné. / Fam. Personne molle, apathique; personne si fatiguée qu'elle en perd tout ressort.

zona n. m. MÉD. Maladie infectieuse due à un virus proche de celui de l'herpès, également responsable de la varicelle, caractérisée par une éruption cutanée unilatérale de vésicules, accompagnée de douleurs plus ou moins intenses.

zonage n. m. En urbanisme, délimitation de zones spécifiques aux diverses activités prévues sur un territoire déterminé (habitations, secteur industriel, espaces verts, etc.).

zonard, e n. Fam. Celui, celle qui zone.

zone n. f. Étendue plus ou moins déterminée d'un territoire; portion d'un pays, d'une ville. *Zone interdite à la circulation.* / Ensemble de terrains réservés à une activité donnée. *Zone industrielle (Z.I.). Zone d'aménagement concerté (Z.A.C.)*, aménagée et équipée par un organisme public avant d'être cédée à des utilisateurs particuliers. *Les Z.A.C. remplacent, depuis 1975, les zones à urbaniser par priorité (Z.U.P.). Zone d'éducation prioritaire (Z.E.P.)*, à laquelle l'État accorde des moyens supplémentaires pour y réduire le taux d'échec scolaire. / FIN. Groupe de pays utilisant la même monnaie pour leur commerce. *Zone euro, zone dollar.* / DR. *Zone franche*: région frontalière dans laquelle les droits de douane sont réduits pour tout ou partie des produits commercialisés. / MIL. *Zone des armées*: en temps de guerre, région placée sous l'autorité militaire. *Zone de défense*: appellation des régions militaires divisant la France depuis 1962. *Zone militaire*: ensemble des terrains situés autour des ouvrages militaires ou des champs de tir et dont l'accès est interdit aux civils. / Fig. Domaine particulier, abstrait ou matériel. *Les zones érogènes du corps*, susceptibles d'être sexuellement excitées. / Domaine dans les limites duquel s'exerce une activité. *Zone d'influence, d'investigation, de recherche.* / Absol. *La zone*: les faubourgs qui s'étendaient au-delà des anciennes fortifications de Paris (zones militaires); par ext., faubourg, quartier misérable. *C'est la zone, ici.* / GÉOM. Sur une sphère, surface délimitée par deux plans parallèles qui la coupent. / GÉOGR. Chacune des cinq grandes divisions du globe terrestre délimitées par les tropiques et les cercles polaires, et déterminant les principaux climats. *Les deux zones polaires, les deux zones tempérées et la zone tropicale, ou intertropicale.*

zoner v. i. [1] Mener une existence précaire, marginale. *Adolescents qui zonent.*

zoo n. m. Jardin zoologique.

zoolâtre adj. et n. Adorateur d'animaux.

zoolâtrie n. f. Adoration d'animaux divinisés.

zoolithe ou **zoolite** n. f. PALÉONT. Débris d'animal ou d'une partie d'animal fossile pétrifié.

zoologie n. f. Branche de la biologie consacrée à l'étude scientifique des animaux. *La zoologie constitue un vaste champ scientifique, auquel contribuent de nombreuses disciplines, telles que l'anatomie, l'anatomie comparée, la physiologie, l'éthologie, l'embryologie, la génétique, la systématique, la biogéographie, l'écologie, etc.*

zoologique adj. Qui a rapport à la zoologie, aux animaux. *Jardin, parc zoologique. Philosophie zoologique*: ouvrage de Lamarck, paru en 1809.

zoologiste n. Scientifique spécialiste de la zoologie.

zoom n. m. (mot anglo-américain) Objectif à focale variable d'un appareil de prise de vue. / Effet visuel de rapprochement ou d'éloignement progressifs, plus ou moins rapides, qu'on obtient au moyen de cet appareil.

zoomer v. i. [1] Utiliser un zoom pour photographier, filmer.

zoomorphe adj. Qui représente, qui figure un animal.

zoomorphisme n. m. Recours aux formes animales dans la représentation et la figuration humaines (en peinture, sculpture, etc.).

zoonose n. f. MÉD. Maladie susceptible de se transmettre des animaux à l'homme (et réciproquement).

zoophilie n. f. PSYCHIATR. Perversion qui consiste à avoir des rapports sexuels avec les animaux.

zooplancton n. m. BIOL. Plancton animal.

zoospore n. f. BIOL. Spore mobile, flagellée, intervenant dans le cycle reproductif de certains protozoaires, algues et champignons.

zootechnie n. f. Étude scientifique des animaux domestiques, de leur élevage, de leur sélection, en vue d'améliorer les races, de façon à en obtenir le meilleur rendement (fourniture de produits divers, force de travail).

Zorastre ou **Zarathoustra** v. 1000 av. J.-C.? Réformateur religieux iranien. Le nom de Zarathoustra est mentionné pour la première fois au Ve siècle avant Jésus-Christ par l'historien grec Xanthos, sous la forme *Zôroastrès*, Zoroastre. Dans la très ancienne langue qu'on nomme zend ou avestique, proche du sanscrit et aujourd'hui disparue, Zarathoustra signifie «celui qui a de vieux chameaux». Il naît peut-être mille ans avant notre ère, quelque part en Iran. C'est un prêtre; de sa pensée et de son action religieuse nous ne connaissons que ce qui nous est transmis dans un mince recueil, l'*Avesta*, dont on lui attribue une partie, les *Gâthâs*, les chants. Le mythe, plus que le personnage, de Zarathoustra a inspiré à Nietzsche *Ainsi parlait Zarathoustra*, ouvrage dont Richard Strauss s'est, à son tour, inspiré pour un poème symphonique.

Le Masque de **Zorro**, une des innombrables aventures cinématographiques du justicier masqué.

zoreille n. Fam. Personne originaire de France métropolitaine, installée depuis peu dans un département ou territoire d'outre-mer.

zorille n. m. ZOOL. Mammifère africain de la famille des mustélidés, proche des moufettes, dont la fourrure est noire à bandes longitudinales blanches.

zoroastrien, enne adj. et n. Relatif à Zoroastre, au zoroastrisme. / n. *Un zoroastrien*: un adepte de Zoroastre.

zoroastrisme n. m. Syn. de mazdéisme.

Zorro Héros latino-américain (dont le nom signifie renard en espagnol) imaginé par l'Américain Johnston McCulley dans un roman publié en 1919. Vengeur masqué, Zorro châtie des notables corrompus en imprimant un Z avec son fouet ou son épée sur leur personne. Dès 1920, un film américain fut réalisé par Fred Niblo (1874-1948) et interprété par D. Fairbanks: *Le Signe de Zorro*. Des films et séries télévisées se sont succédé jusqu'à nos jours.

zouave n. m. Soldat d'un corps d'infanterie indigène formé en 1830, pendant la conquête de l'Algérie, puis exclusivement français, et qui a été dissous en 1962. / Fig. *Faire le zouave*: faire le crâneur ou l'imbécile.

Zoug (lac de) *38 km²* Lac du centre de la Suisse qui occupe une partie du canton de Zoug et baigne la ville de Zoug.

Zoug (canton de) *239 km² 96 500 h.* Canton du centre de la Suisse, germanophone et en majorité catholique. Chef-lieu *Zoug*. Le secteur tertiaire (services rendus aux entreprises) domine l'économie et un régime fiscal très libéral en fait le canton le plus riche de la Suisse.

Zoug *22 700 h.* Ville de Suisse, sur les rives du lac du même nom, chef-lieu du canton de Zoug. Achetée par les Habsbourg en 1273, c'est une ville ancienne et pittoresque qui résista à la Réforme et conserve de son passé de beaux monuments (hôtel de ville, église gothique).

Zoulouland ou **Zululand** Nom donné par les Britanniques au territoire occupé par

Femmes **zoulous** exécutant une danse rituelle.

les Zoulous et qui fut annexé au Natal en 1880.

Zoulous Peuple d'Afrique du Sud de langue bantoue. Dans les années 1810, le jeune chef Chaka organisa un empire puissant dans le nord du Kwazulu-Natal actuel et chassa vers le nord les autres peuples de ces régions. Il fut renversé et assassiné en 1828 par son demi-frère Dingaan qui défendit le Zululand contre les Boers ; ces derniers, commandés par le général Pretorius, remportèrent une victoire décisive à Blood River. La lutte des Zoulous se poursuivit sporadiquement jusqu'en 1879. Jaloux de leur indépendance, ils se sont opposés à l'A.N.C. de Mandela (alors emprisonné) dès 1985. En 1994, leur leader, Buthelezi, se réconcilia avec Mandela, et les premières élections libres d'Afrique du Sud se déroulèrent sans incident, mais les Zoulous constituent une entité à part.

zozo n. m. Fam. Niais, naïf. *Ne me prends pas pour un zozo.*

zozotement n. m. Fait de zozoter.

zozoter v. i. [1] Zézayer.

Zsigmondy (Richard) 1865-1929 Chimiste autrichien. Il obtint le prix Nobel de chimie en 1925 pour ses études sur les solutions colloïdales.

Zugspitze *2963 m* Point culminant d'Allemagne, situé dans les Préalpes bavaroises, aux confins de l'Autriche.

Zuiderzee ou **Zuyderzee** *220000 ha* Ancien golfe des Pays-Bas, dans la mer du Nord. Depuis 1932, une digue de barrage, longue de *30 km*, isole le Zuiderzee (rebaptisé *IJselmeer*) de la mer.

Zuloaga y Zabaleta (Ignacio) 1870-1945 Peintre espagnol. Établi à Paris (1892), il est influencé par l'impressionnisme et le symbolisme et se lie avec Degas, Rodin et Maurice Barrès. Connu comme portraitiste mondain, il utilise souvent des effets pathétiques en relation avec les paysages de son pays natal (*Barrès devant Tolède*). Nombre de ses toiles se rattachent à la tradition espagnole du XVIIe siècle par le choix des sujets (nains, mendiants, infirmes).

Zululand Voir **Zoulouland**

Z.U.P. n. f. Sigle de *zone à urbaniser par priorité.*

Zurbarán (Francisco de) 1598-1664 Peintre espagnol. Actif à Séville, il travaille pour les couvents de la ville (*Histoire de saint Pierre Nolasque*, couvent de la Merced calzada, 1628-1630) avant de s'établir dans la ville. Ses tableaux religieux, baignés d'une lumière caravagesque, sont d'une grande pureté de lignes, d'un grand naturel dans le traitement des détails et, parfois, d'une grande austérité (*Saint François en méditation*). En 1634, il se rend à Madrid pour travailler sous la direction de Vélasquez, peint, pour la première fois, des tableaux mythologiques (*Travaux d'Hercule*) et des scènes de bataille (*Défense de Cadix*) et se voit attribuer le titre de peintre du roi. De retour à Séville, il se consacre presque exclusivement à la représentation de fondateurs d'ordres, de saints et de saintes (*Sainte Casilde*, *Sainte Marguerite*) qui, par l'attitude, la parure, l'expression sont souvent plus proches de portraits profanes que de tableaux religieux, et de scènes de la vie monastique, sans négliger totalement, toutefois, des sujets tirés de l'Écriture (*Scènes de l'enfance du Christ* ; série d'*Immaculée Conception*).

Zurich (canton de) *1729 km²* *1175457 h.* Canton du nord de la Suisse, germanophone et protestant. Chef-lieu *Zurich*. Le canton comprend le nord du plateau suisse, irrigué par les nombreux affluents du Rhin, qui borde le nord du canton. Polyculture et élevage mobilisent la faible population des hauteurs. Le reste des habitants constitue l'agglomération de Zurich, métropole industrielle. En 1351, le territoire entre dans la Confédération suisse. Riche centre textile, il acheta des fiefs voisins et renforça sa puissance. En 1519, Zwingli y introduisit la Réforme et voulut la répandre dans toute la Suisse. Le canton et la ville connurent, à partir du XIXe siècle, un remarquable essor industriel et financier.

Zurich (en allemand, *Zürich*) *342804 h.* La plus grande ville de Suisse, dans le nord du pays, chef-lieu du canton du même nom. L'agglomération groupe *940622 h.* Premier centre industriel de Suisse, foyer commercial, bancaire et culturel (*Polytechnicum*), Zurich est une place financière d'importance mondiale. Située sur la Limmat (affluent de l'Aar) à la sortie du lac de Zurich. (*88 km²*) et sur l'axe du Rhin au Saint-Gothard, la ville apparaît comme la capitale économique de la Confédération. Elle a de nombreux monuments médiévaux, notamment le *Grossmünster*, cathédrale des XIIe-XIIIe siècles, et la *Fraumünster*, église d'un couvent de femmes des XIIe-XVe siècles, et de nombreux musées.

zut! interj. et n. m. Exclamation qui exprime la colère, l'agacement, le dépit. / n. m. *J'ai eu droit à un zut exaspéré pour toute réponse.*

zutique adj. LITTÉR. *Cercle zutique* (ou Cercle des Vilains Bonshommes) : groupe d'artistes (en particulier poètes, mais également musiciens, peintres), qui se réunissaient au début des années 1870, et composèrent un livre d'or (l'*Album zutique*), contenant notam. de nombreux pastiches, dans lesquels ils disaient « zut ! » à tous et à tout. *Ch. Cros, J. Richepin, P. Verlaine, A. Rimbaud firent notamment partie du Cercle zutique.*

Zweig (Stefan) 1881-1942 Écrivain autrichien, auteur de romans où se révèle l'influence de la pensée freudienne (*La Confusion des sentiments*, 1926 ; *La Pitié dangereuse*, 1928 ; *Vingt-Quatre Heures de la vie d'une femme*, 1934), de nombreux essais littéraires et des biographies romancées (*Marie-Antoinette*, 1932). L'écrivain quitta l'Allemagne en 1935, profondément frappé par la montée du nazisme, et s'établit au Brésil. Les victoires de Hitler le poussèrent au suicide, avec sa femme, en 1942.

Zwicky (Fritz) 1898-1974 Astrophysicien américain d'origine suisse. Dès 1935, il conçut l'existence probable d'étoiles à neutrons, stade ultime de la vie des étoiles. Il dressa un catalogue des galaxies.

Zwingli (Ulrich) 1484-1531 Réformateur religieux suisse. Ordonné prêtre en 1506, il fait plusieurs séjours en Italie. Les abus de la Cour pontificale et l'influence d'Érasme font de lui un réformateur. Nommé prédicateur à Zurich, à partir de 1519, il convainc ses habitants, notamment la bourgeoisie qui gouverne la ville, et édicte en 1523 soixante-sept thèses qui constituent la Bible de l'Église locale (sous le nom *Brève Instruction*). Il veut alors répandre le protestantisme dans toute la Suisse, mais les cantons catholiques se liguent contre lui et il est tué à la bataille de Kappel (localité située entre les lacs de Zurich et de Zoug).

Zworykin (Vladimir Kosma) 1889-1982 Ingénieur américain d'origine russe. Il inventa l'*iconoscope* (tube cathodique), perfectionna le microscope électronique et fonda un centre d'électronique médicale à l'Institut Rockefeller de New York.

zyeuter Voir **zieuter**

zygoma n. m. ANAT. Os zygomatique.

zygomatique adj. et n. m. ANAT. *Os zygomatique* (ou *os malaire*) : os pair de la face, qui constitue le squelette de la pommette et intervient dans la constitution de l'orbite oculaire et de la fosse temporale. *Muscles zygomatiques* ou (n. m.) *les zygomatiques* : muscles qui relient l'os zygomatique à la commissure des lèvres, et interviennent lors du sourire.

zygomycètes n. m. pl. BIOL. Groupe de champignons siphomycètes dont la reproduction sexuée se fait par fusion de deux gamètes identiques, non libres. *Les moisissures du pain sont des zygomycètes.*

zygote n. m. BIOL. Cellule diploïde issue de la fécondation, produit de l'union des gamètes mâle et femelle.

zymase n. f. BIOCHIM. Enzyme de la levure de bière catalysant la transformation du glucose en alcool dans la fermentation alcoolique.

Zyrianes Voir **Komis (république des)**

zythum ou **zython** n. m. ANTIQ. Boisson de l'Égypte antique, analogue à la bière, à base d'orge germée.

zyzomys n. m. ZOOL. Rat à queue blanche qui vivait en Australie, dont l'espèce s'est récemment éteinte.

Apothéose de saint Thomas d'Aquin, de **Zurbarán**.

Atlas

Hémisphère nord 1635
Planisphère physique 1636-1637
Arctique 1638
Antarctique 1639
Europe (Nord-Ouest) 1640
Europe (Nord-Est) 1641
Europe (Sud-Ouest) 1642
Europe (Sud-Est) 1643
Afrique (Nord-Ouest) 1644
Afrique méridionale et Océan Indien 1645
Moyen-Orient 1646
Sibérie 1647
Asie centrale 1648
Asie du Sud-Est 1649
Australie 1650
Océanie et Nouvelle-Zélande 1651
Détroit de Béring et Alaska 1652
Canada 1653
États-Unis / Mexique Amérique centrale 1654
Amérique du Sud 1655-1656
Départements français d'Outre-Mer 1657-1658
Territoires français d'Outre-mer 1659-1660

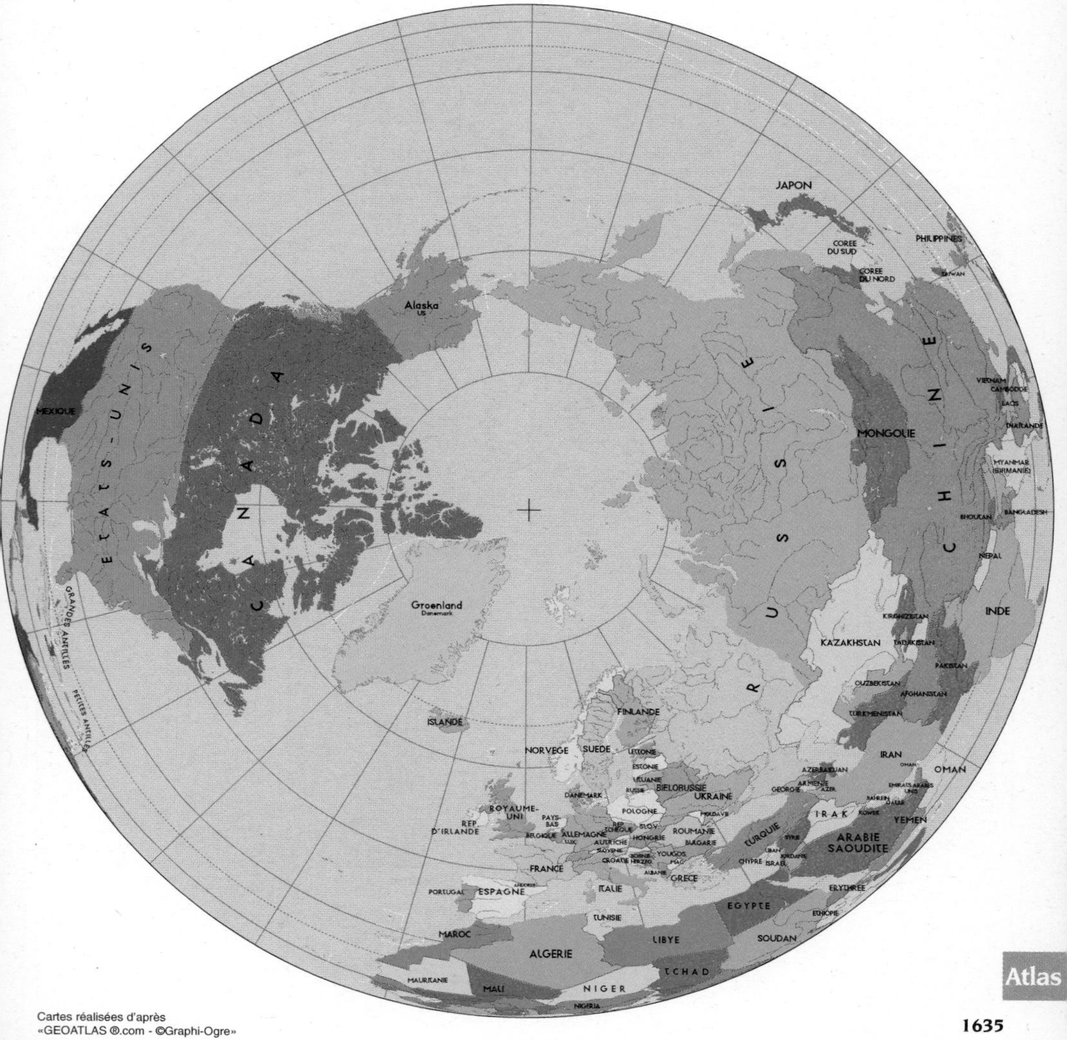

OCEAN GLACIAL ARCTIQUE
MER DE LINCOLN
Iles de la Reine Elisabeth
Iles Sverdrup
Ile d'Ellesmere
Terre de Knud Rasmussen
GROENLAND
(Kalaallit Nunaat)
DANEMARK
Terre du Roi-Christian X
Terre du Roi-Christian IX
MER DU GROENLAND
Svalbard
NORVEGE
Spitsberg
MER DE NORVEGE
Jan Mayen
MER DES TCHOUKTCHES
MER DE BEAUFORT
Ile Melville
Ile Devon
Passages du Nord-Ouest
Ile Banks
Ile Victoria
Baie de Baffin
Ile de Baffin
Détroit de Davis
Bassin de Foxe
CERCLE POLAIRE ARCTIQUE
ALASKA
ETATS-UNIS D'AMERIQUE
Détroit de Béring
CANADA
Baie d'Hudson
Détroit du Danemark
ISLANDE
MER DE BERING
Golfe d'Alaska
Ile Kodiak
Iles Aléoutiennes
Montagnes Rocheuses
MER DU LABRADOR
NORVEGE
SUEDE
ROYAUME-UNI
Iles Britanniques
IRLANDE
POLOGNE
ALLEMAGNE
FRANCE
ESPAGNE
PORTUGAL
ITALIE
Ile de Terre-Neuve
Nova Scotia
OCEAN PACIFIQUE NORD
ETATS-UNIS D'AMERIQUE
OCEAN ATLANTIQUE NORD
Açores
Madère
MAROC
ALGERIE
LIBYE
MER MEDITERRANEE
Iles Canaries
SAHARA OCCIDENTAL
TROPIQUE DU CANCER
Golfe du Mexique
MEXIQUE
BAHAMAS
CUBA
Grandes Antilles
Iles Hawaii
MER DES ANTILLES
MAURITANIE
MALI
NIGER
TCHAD
CAP-VERT
SENEGAL
NIGERIA
VENEZUELA
GUYANA
SURINAME
GUYANE FRANCAISE
COLOMBIE
EQUATEUR
Iles Galapagos
EQUATEUR
KIRIBATI
Bassin de l'Amazonie
PEROU
BRESIL
Iles Marquises
Polynésie Française
Iles Cook
Iles Australes
BOLIVIE
PARAGUAY
TROPIQUE DU CAPRICORNE
OCEAN ATLANTIQUE SUD
Golfe de Guinée
GABON
CONGO
REP. DEM. DU CONGO
ANGOLA
NAMIBIE
AFRIQUE DU SUD
CHILI
URUGUAY
ARGENTINE
OCEAN PACIFIQUE SUD
Iles Falkland
(Iles Malouines)
Détroit de Magellan
Ile Grande de la Terre de Feu
Géorgie du Sud
Cap Horn
Iles Shetland du Sud
CERCLE POLAIRE ANTARCTIQUE
CHILI
ROYAUME-UNI
Péninsule Antarctique
Terre de Palmer
MER DE BELLINGSHAUSEN
MER AMUNDSEN
MER DE WEDDELL
Terre d'Ellsworth
ANTARCTIQUE
LE MONDE
PROJECTION DE MERCATOR
0 km 1000 2000 3000 km
échelle à l'Equateur
GEOATLAS® - © Graphi-Ogre

Atlas

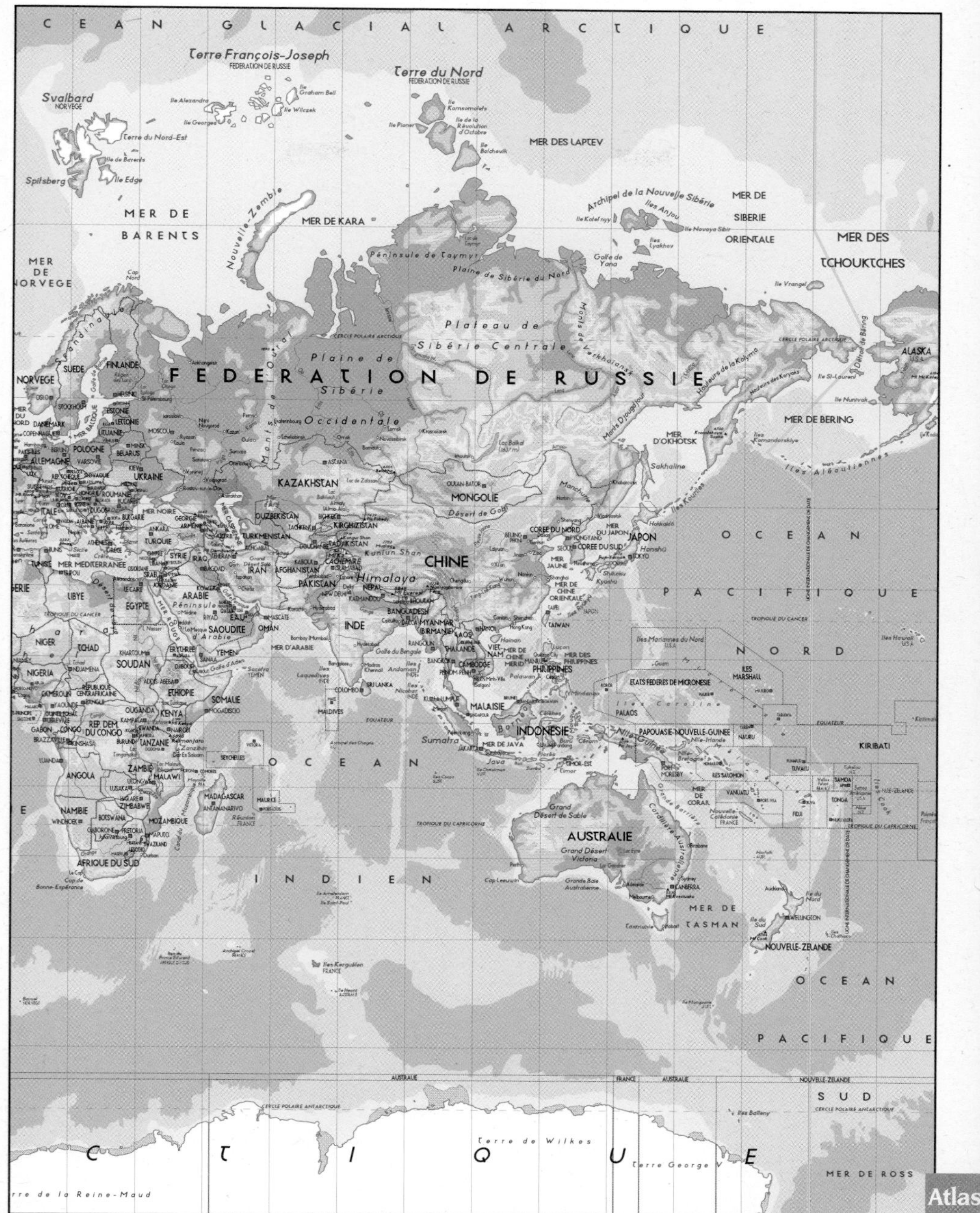
OCEAN GLACIAL ARCTIQUE
Terre François-Joseph
FEDERATION DE RUSSIE
Terre du Nord
FEDERATION DE RUSSIE
Svalbard
NORVEGE
Spitsberg
MER DES LAPTEV
MER DE BARENTS
MER DE KARA
Nouvelle-Zemble
MER DE NORVEGE
Archipel de la Nouvelle Sibérie
MER DE SIBERIE ORIENTALE
MER DES TCHOUKTCHES
Péninsule de Taymyr
Plaine de Sibérie du Nord
Plateau de Sibérie Centrale
Plaine de Sibérie Occidentale
FEDERATION DE RUSSIE
FINLANDE
SUEDE
NORVEGE
ALASKA
MER DE BERING
MER D'OKHOTSK
Sakhaline
KAZAKHSTAN
MONGOLIE
Désert de Gobi
UKRAINE
POLOGNE
ALLEMAGNE
MER NOIRE
TURQUIE
OUZBEKISTAN
TURKMENISTAN
KIRGHIZISTAN
TADJIKISTAN
AFGHANISTAN
PAKISTAN
IRAN
CHINE
Himalaya
INDE
JAPON
COREE DU NORD
COREE DU SUD
MER MEDITERRANEE
LIBYE
EGYPTE
ARABIE SAOUDITE
OMAN
YEMEN
MER D'ARABIE
Golfe du Bengale
BANGLADESH
MYANMAR
THAILANDE
VIET-NAM
CAMBODGE
PHILIPPINES
TAIWAN
MALAISIE
INDONESIE
OCEAN PACIFIQUE NORD
ILES MARSHALL
ETATS FEDERES DE MICRONESIE
PALAOS
PAPOUASIE-NOUVELLE-GUINEE
KIRIBATI
NIGER
TCHAD
SOUDAN
NIGERIA
ETHIOPIE
SOMALIE
KENYA
REP DEM DU CONGO
TANZANIE
ANGOLA
ZAMBIE
MALAWI
NAMIBIE
BOTSWANA
ZIMBABWE
MOZAMBIQUE
MADAGASCAR
AFRIQUE DU SUD
SEYCHELLES
MALDIVES
SRI LANKA
OCEAN INDIEN
Sumatra
Java
MER DE JAVA
AUSTRALIE
Grand Désert de Sable
Grand Désert Victoria
MER DE CORAIL
VANUATU
FIDJI
SAMOA
TONGA
MER DE TASMAN
NOUVELLE-ZELANDE
OCEAN PACIFIQUE SUD
Iles Kerguelen
FRANCE
CERCLE POLAIRE ANTARCTIQUE
Terre de Wilkes
Terre George V
MER DE ROSS
Terre de la Reine-Maud
ANTARCTIQUE

OCEAN PACIFIQUE NORD
Iles Aléoutiennes
Iles Komandorskiye
MER DE BERING
MER D'OKHOTSK
Golfe d'Alaska
Détroit de Béring
Ile Vrangel
MER DE SIBERIE ORIENTALE
AMERIQUE DU NORD
MER DE BEAUFORT
MER DES TCHOUKTCHES
Ile Banks
Archipel de la Nouvelle Sibérie
Ile Victoria
MER DE LAPTEV
OCEAN GLACIAL ARCTIQUE
Iles de la Reine-Elisabeth
Terre du Nord
Pôle Nord
Baie d'Hudson
Terre François-Joseph
MER DE KARA
Ile de Baffin
Baie de Baffin
GROENLAND (Kalaallit Nunaat)
MER DU GROENLAND
Nlle-Zemble
Svalbard
MER DE BARENTS
Détroit de Davis
Cap Nord
MER DU LABRADOR
Jan Mayen
Détroit du Danemark
MER DE NORVEGE
Islande
ASIE
OCEAN ATLANTIQUE NORD
EUROPE
AFRIQUE

Cartes réalisées d'après
«GEOATLAS ®.com - ©Graphi-Ogre»

Iles Shetland
R.U.
Iles Orcades
Lewis
ECOSSE
Rockall
Iles Hébrides
Iles Britanniques
Glasgow
Edimbourg
Perth
Aberdeen
Grande-Bretagne
ULSTER
Belfast
Newcastle
ROYAUME-UNI
IRLANDE
DUBLIN
Liverpool
Manchester
PAYS DE GALLES
ANGLETERRE
Birmingham
Cork
Cardiff
Bristol
LONDRES
MER CELTIQUE
Southampton
Plymouth
La Manche
Iles Anglo-Normandes
Le Havre
Seine
Ile d'Ouessant
Brest
Rennes
Nantes
Belle-Île
Ile de Noirmoutier
Ile d'Yeu
Ile de Ré
Ile d'Oléron
Golfe de Gascogne
Bordeaux
MER DU NORD
Bergen
OSLO
Drammen
Boknafjorden
Stavanger
Kristiansand
Skagerrak
Vänern
Vättern
Göteborg
Kattegat
DANEMARK
COPENHAGUE
Malmö
Iles de la Frise
Hambourg
PAYS-BAS
AMSTERDAM
BERLIN
Elbe
Weser
Rotterdam
Anvers
Düsseldorf
Leipzig
BELGIQUE
ALLEMAGNE
Lille
BRUXELLES
LUX.
Francfort
Rhin
Stuttgart
Danube
PARIS
Strasbourg
Munich
FRANCE
BERNE
SUISSE
Genève
Loire
Lyon
4808
Mt Blanc
Milan
Pô
Turin
Venise
LJUBLJANA
Alpes
Massif Central
Rhône
Florence
ST-MARIN
Nice
MONACO
Toulouse
Montpellier
Marseille
ITALIE
Hendaye
Bilbao
Pyrénées
3404
ANDORRE
Golfe du Lion
Corse
VATICAN
ROME
Vigo
Valladolid
Pic d'Aneto
Saragosse
Ebre
Barcelone
Naples
Porto
Douro
Coimbra
MADRID
Tage
Valence
Iles Baléares
Minorque
Majorque
Sardaigne
PORTUGAL
LISBONNE
ESPAGNE
Ibiza
MER
Palerme
Sierra Morena
Cordoue
3323
Etna
Séville
3482
Mulhachén
ALGER
Annaba
TUNIS
Málaga
Chlef
Constantine
GIBRALTAR R.U.
CEUTA ESP.
MELILLA ESP.
Oran
2236
TUNISIE
Détroit de Gibraltar
Tanger
Tlemcen
Sfax
RABAT
Fès
Saharien
0
500
1000 km

Cartes réalisées d'après
«GEOATLAS ®.com - ©Graphi-Ogre»

0 500 1000 km

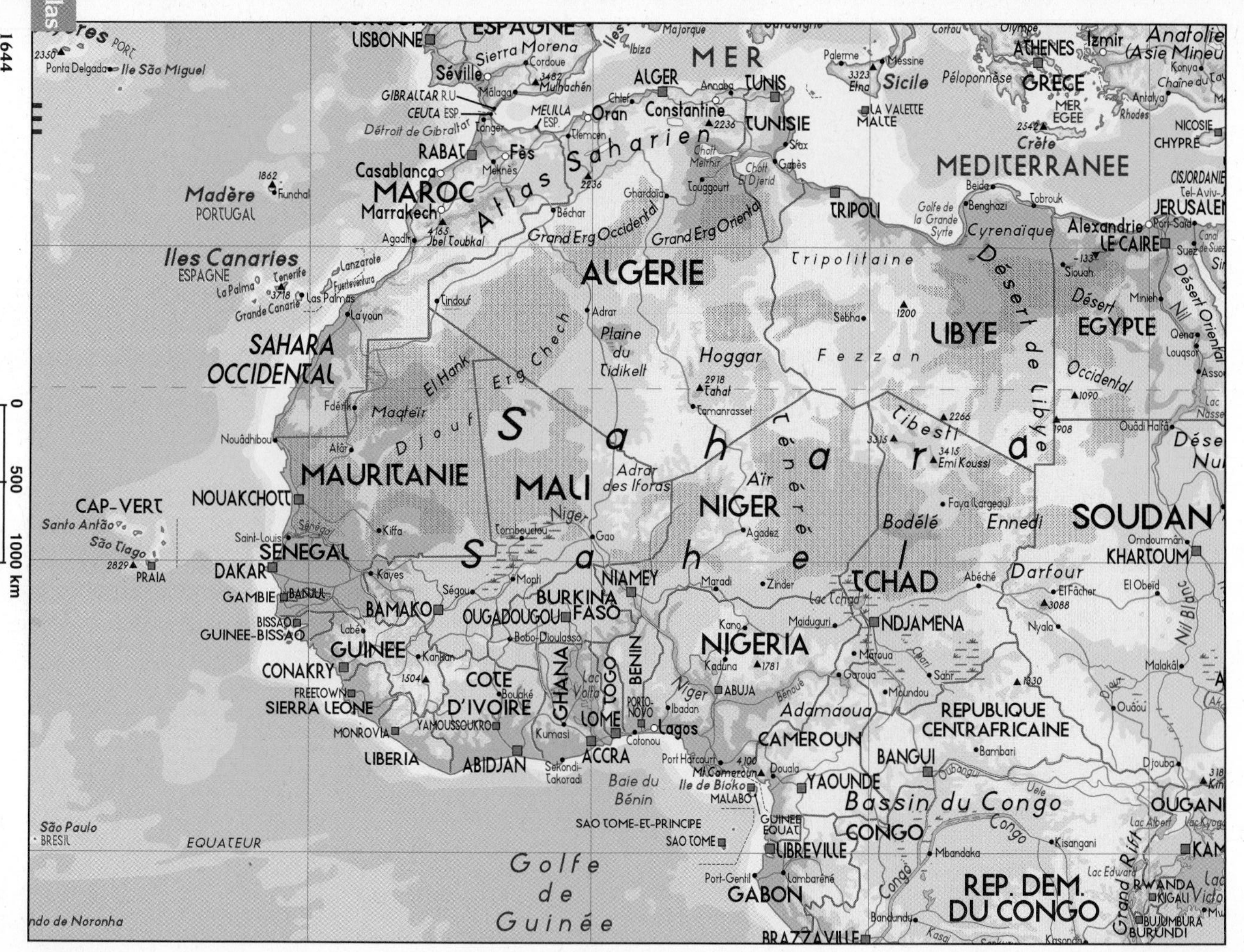
MER MEDITERRANEE
ESPAGNE
LISBONNE
Séville
Sierra Morena
Cordoue
Mulhachén
Málaga
GIBRALTAR R.U.
CEUTA ESP.
MELILLA ESP.
Détroit de Gibraltar
Tanger
RABAT
Casablanca
Fès
Meknès
MAROC
Marrakech
Atlas
Jbel Toubkal
Agadir
ALGER
Oran
Constantine
Annaba
Ibiza
Majorque
TUNIS
TUNISIE
Sfax
Gabès
Chott Melrhir
Chott El Djerid
Sicile
Palerme
Messine
Etna
LA VALETTE
MALTE
GRECE
ATHENES
Péloponnèse
Crète
MER EGEE
Izmir
Anatolie
Rhodes
CHYPRE
NICOSIE
JERUSALEM
CISJORDANIE
Port-Saïd
Suez
Alexandrie
LE CAIRE
EGYPTE
Désert Oriental
Désert Occidental
Nil
Siouah
Minieh
Qena
Louqsor
Ouadi Halfa
SOUDAN
KHARTOUM
Omdourmân
Nil Blanc
El Obeïd
Malakâl
Nyala
El Fâcher
Darfour
TRIPOLI
Tripolitaine
LIBYE
Désert de Libye
Cyrénaïque
Benghazi
Beïda
Tobrouk
Golfe de la Grande Syrte
Fezzan
Sebha
Tibesti
Emi Koussi
Faya (Largeau)
Ennedi
Bodélé
Abéché
TCHAD
NDJAMENA
Lac Tchad
Chari
Sahr
Moundou
ALGERIE
Atlas Saharien
Grand Erg Oriental
Grand Erg Occidental
Ghardaïa
Touggourt
Béchar
Tlemcen
Chlef
Adrar
Plaine du Tidikelt
Hoggar
Tahat
Tamanrasset
Sahara
Erg Chech
Tindouf
SAHARA OCCIDENTAL
La'youn
Iles Canaries
ESPAGNE
Lanzarote
Fuerteventura
Tenerife
La Palma
Las Palmas
Grande Canarie
Madère
PORTUGAL
Funchal
Ponta Delgada
Ile São Miguel
MAURITANIE
NOUAKCHOTT
Nouâdhibou
Atâr
Fdérik
Maqteïr
El Hank
Djouf
Kiffa
MALI
Tombouctou
Gao
Mopti
Ségou
BAMAKO
Kayes
Niger
Adrar des Iforas
Aïr
Ténéré
NIGER
NIAMEY
Agadez
Zinder
Maradi
Sahel
SENEGAL
DAKAR
Saint-Louis
Sénégal
GAMBIE
BANJUL
GUINEE-BISSAO
BISSAO
GUINEE
CONAKRY
Labé
Kankan
SIERRA LEONE
FREETOWN
LIBERIA
MONROVIA
COTE D'IVOIRE
YAMOUSSOUKRO
ABIDJAN
Bouaké
BURKINA FASO
OUGADOUGOU
Bobo-Dioulasso
GHANA
Lac Volta
Kumasi
Sekondi-Takoradi
ACCRA
TOGO
LOME
BENIN
PORTO-NOVO
Cotonou
Baie du Bénin
NIGERIA
ABUJA
Lagos
Ibadan
Kaduna
Kano
Maiduguri
Bénoué
Port Harcourt
CAMEROUN
Adamaoua
Garoua
Maroua
Douala
Mt Cameroun
YAOUNDE
Ile de Bioko
MALABO
GUINEE EQUAT.
SAO TOME-ET-PRINCIPE
SAO TOME
GABON
LIBREVILLE
Port-Gentil
Lambaréné
CONGO
BRAZZAVILLE
REPUBLIQUE CENTRAFRICAINE
BANGUI
Bambari
Oubangui
Bassin du Congo
REP. DEM. DU CONGO
Mbandaka
Kisangani
Bandundu
Kasaï
Uele
Djouba
Lac Albert
Lac Edouard
RWANDA
KIGALI
BURUNDI
BUJUMBURA
Grand Rift
Golfe de Guinée
EQUATEUR
CAP-VERT
PRAIA
Santo Antão
São Tiago
São Paulo
BRESIL
0 500 1000 km

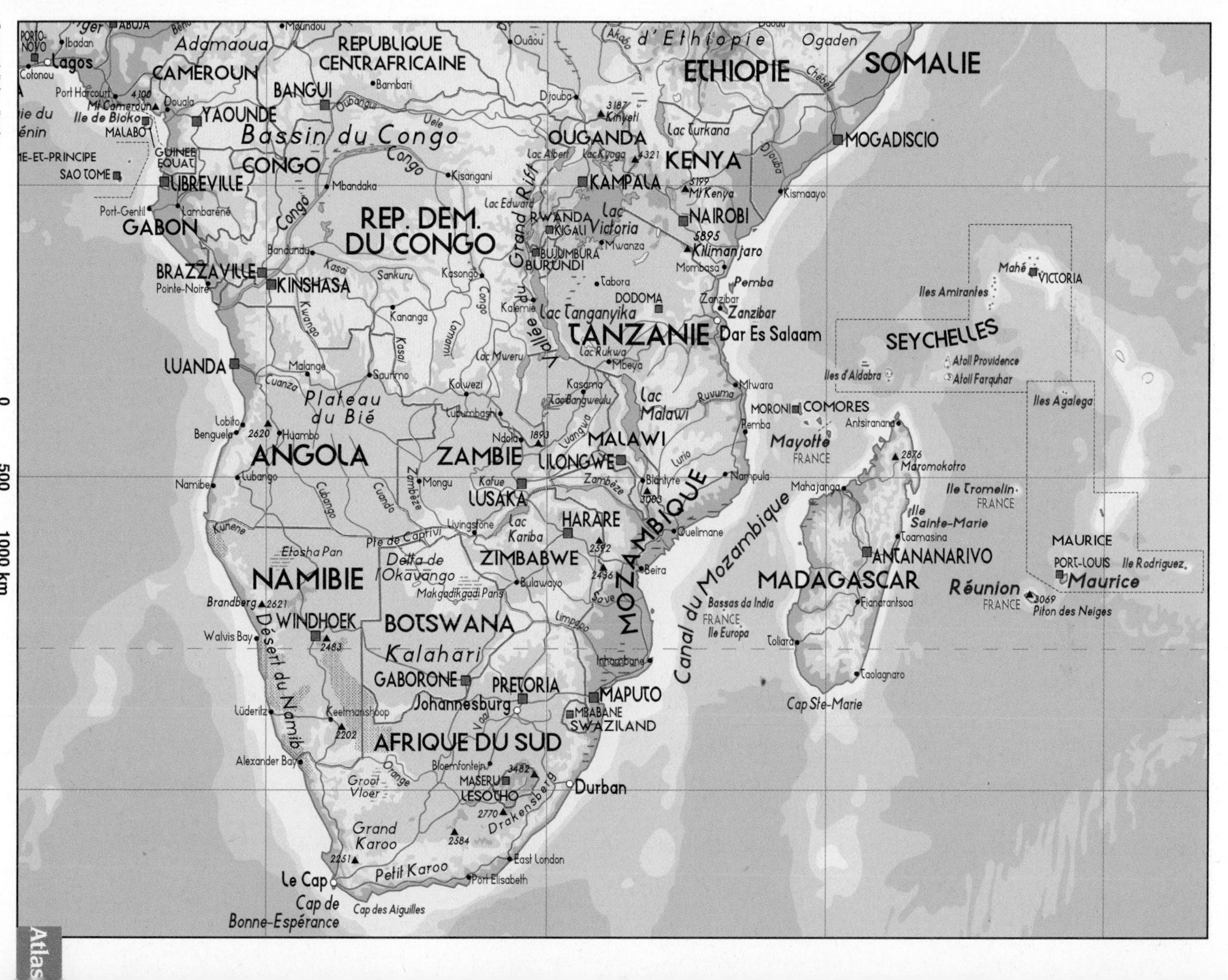

Cartes réalisées d'après
«GEOATLAS ®.com - ©Graphi-Ogre»

0 500 1000 km

Atlas

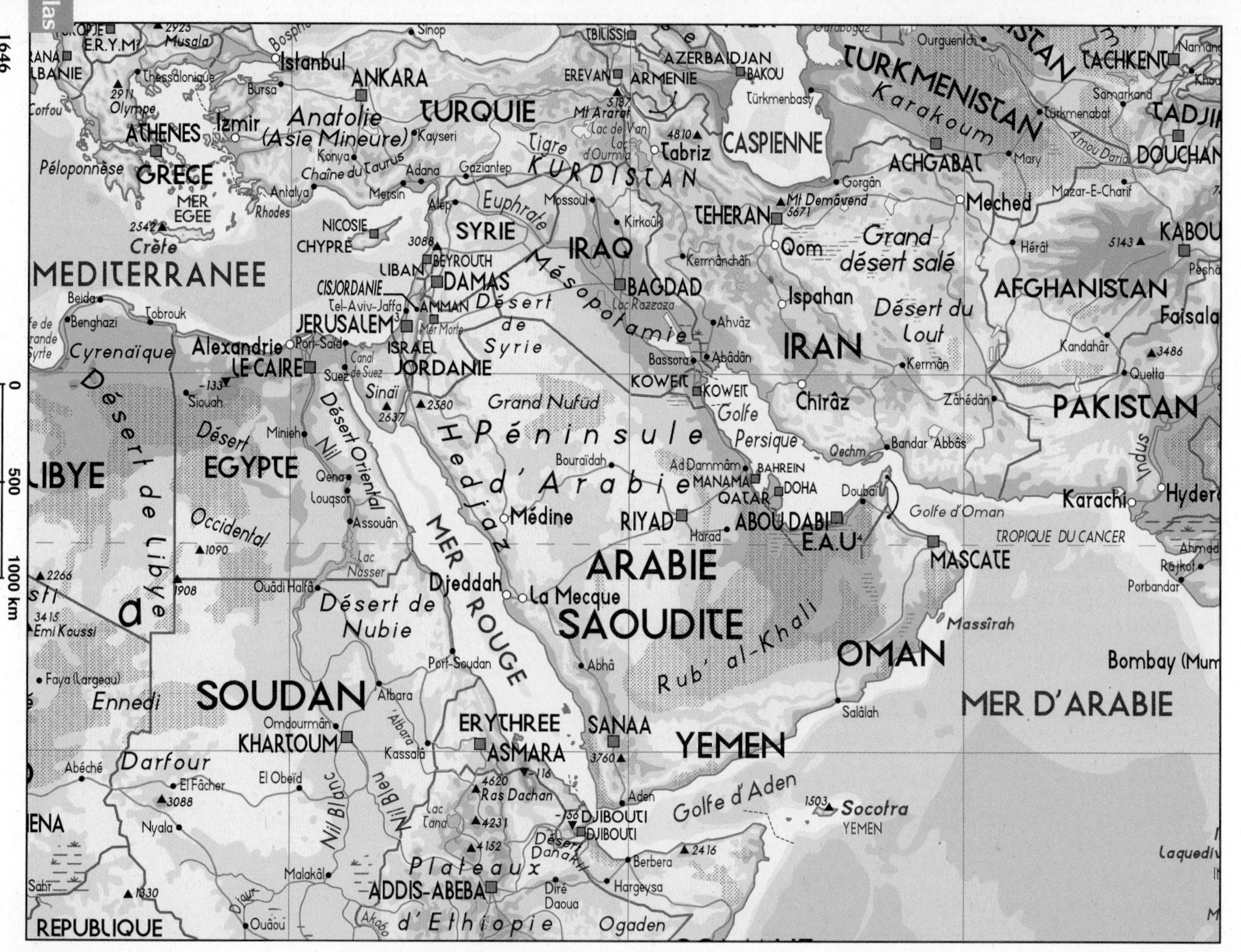

0 500 1000 km

Atlas

Cartes réalisées d'après
«GEOATLAS ®.com - ©Graphi-Ogre»

0 1000 2000 km

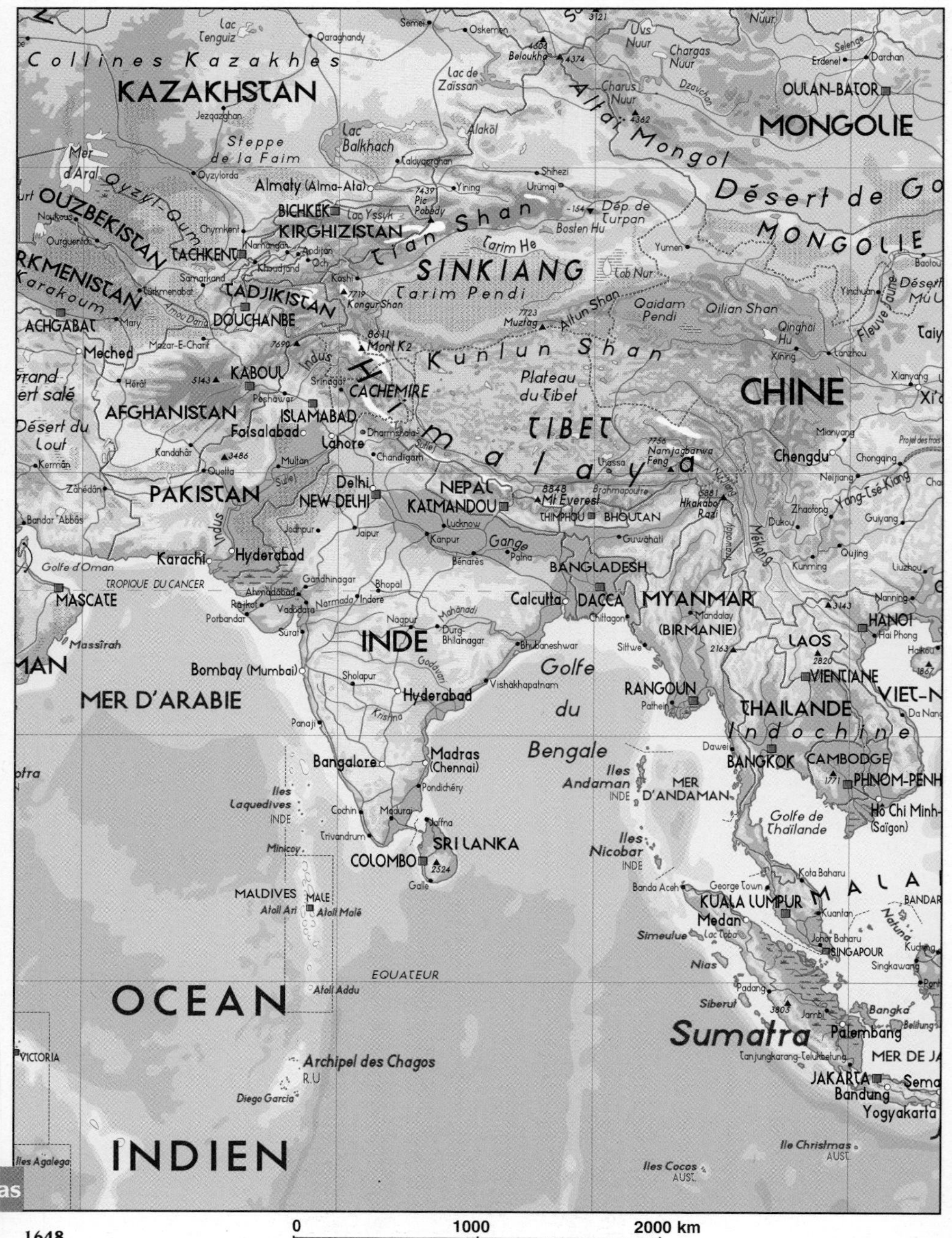

0 1000 2000 km

Cartes réalisées d'après «GEOATLAS ®.com - ©Graphi-Ogre»

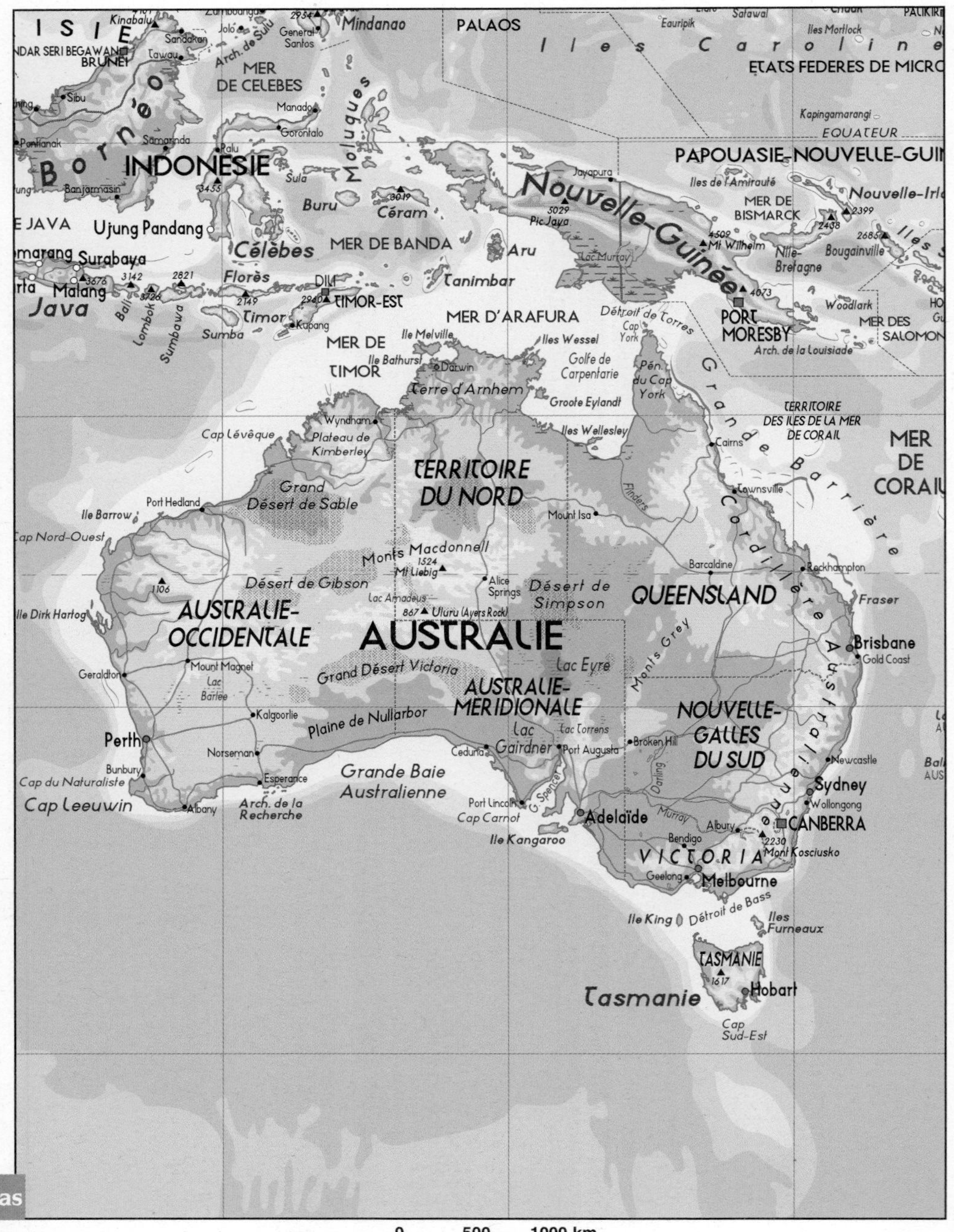
Mindanao
PALAOS
Iles Carolines
ETATS FEDERES DE MICRO
Eauripik
Satawal
Iles Mortlock
Kapingamarangi
EQUATEUR
Kinabalu
Sandakan
Jolo
Tawau
BRUNEI
NDAR SERI BEGAWAN
Arch. de Sulu
General Santos
MER DE CELEBES
Sibu
Bornéo
Samarinda
Pontianak
Balikpapan
Palu
Manado
Gorontalo
Moluques
INDONESIE
Banjarmasin
Sula
Buru
Céram
3019
3455
Ujung Pandang
JAVA
Célèbes
MER DE BANDA
Aru
Semarang
Surabaya
Malang
Java
3676
3142
2821
3726
Bali
Lombok
Sumbawa
Florès
Sumba
2149
Timor
DILI
TIMOR-EST
2960
Kupang
Tanimbar
MER D'ARAFURA
Jayapura
Nouvelle-Guinée
5029
Pic Jaya
4509
Mt Wilhelm
Lac Murray
4073
PORT MORESBY
PAPOUASIE-NOUVELLE-GUI
Iles de l'Amirauté
MER DE BISMARCK
Nouvelle-Irl
2399
2438
2685
Bougainville
Nlle-Bretagne
Woodlark
Arch. de la Louisiade
MER DES SALOMON
Détroit de Torres
Cap York
MER DE TIMOR
Ile Melville
Ile Bathurst
Darwin
Iles Wessel
Golfe de Carpentarie
Terre d'Arnhem
Groote Eylandt
Pén. du Cap York
Grande Barrière
TERRITOIRE DES ILES DE LA MER DE CORAIL
MER DE CORAIL
Wyndham
Cap Lévêque
Plateau de Kimberley
Iles Wellesley
Cairns
TERRITOIRE DU NORD
Grand Désert de Sable
Port Hedland
Ile Barrow
Cap Nord-Ouest
Townsville
Flinders
Mount Isa
Cordillère Australienne
Monts Macdonnell
1524
Mt Liebig
Barcaldine
Rockhampton
1106
Désert de Gibson
Alice Springs
Désert de Simpson
QUEENSLAND
Fraser
Lac Amadeus
867
Uluru (Ayers Rock)
Ile Dirk Hartog
AUSTRALIE-OCCIDENTALE
AUSTRALIE
Monts Grey
Brisbane
Gold Coast
Geraldton
Mount Magnet
Lac Barlee
Grand Désert Victoria
Lac Eyre
AUSTRALIE-MERIDIONALE
NOUVELLE-GALLES DU SUD
Kalgoorlie
Plaine de Nullarbor
Lac Gairdner
Lac Torrens
Perth
Norseman
Ceduna
Port Augusta
Broken Hill
Darling
Newcastle
Bunbury
Cap du Naturaliste
Esperance
Grande Baie Australienne
G. Spencer
Sydney
Wollongong
Cap Leeuwin
Albany
Arch. de la Recherche
Port Lincoln
Cap Carnot
Adelaïde
Murray
Albury
CANBERRA
2230
Mont Kosciusko
Ile Kangaroo
Bendigo
VICTORIA
Geelong
Melbourne
Ile King
Détroit de Bass
Iles Furneaux
TASMANIE
1617
Hobart
Tasmanie
Cap Sud-Est
0
500
1000 km

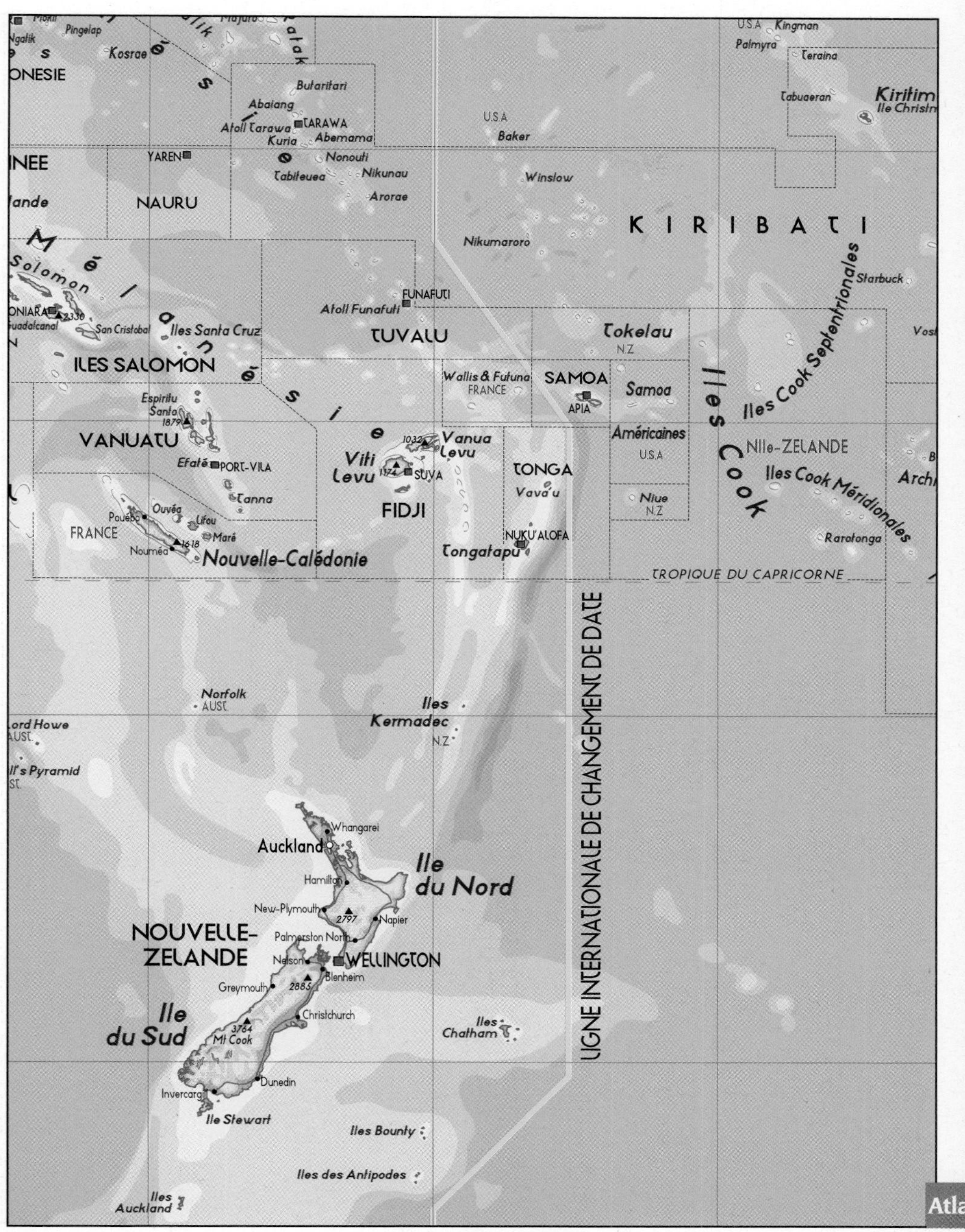

Cartes réalisées d'après
«GEOATLAS ®.com - ©Graphi-Ogre»

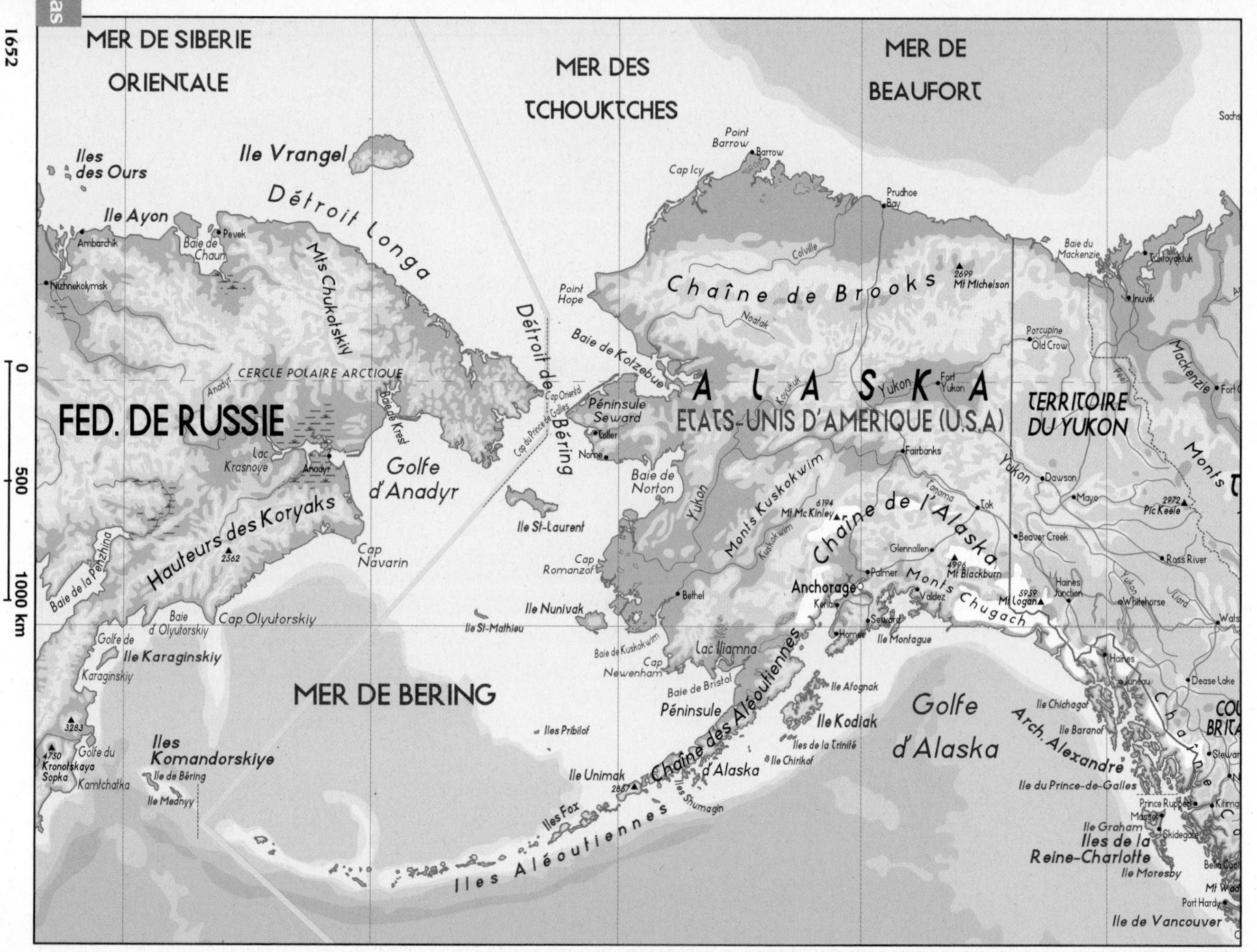
MER DE SIBERIE ORIENTALE
MER DES TCHOUKTCHES
MER DE BEAUFORT
MER DE BERING
Golfe d'Alaska
ALASKA
ETATS-UNIS D'AMERIQUE (U.S.A)
FED. DE RUSSIE
TERRITOIRE DU YUKON
Chaîne de Brooks
Chaîne de l'Alaska
Monts Chugach
Monts Kuskokwim
Chaîne des Aléoutiennes
Iles Aléoutiennes
Détroit de Béring
Détroit Longa
Ile Vrangel
Mts Chukotskiy
Golfe d'Anadyr
Hauteurs des Koryaks
Iles Komandorskiye
Ile de Béring
Ile Mednyy
Ile Karaginskiy
Iles des Ours
Ile Ayon
Péninsule Seward
Baie de Kotzebue
Baie de Norton
Péninsule d'Alaska
Ile Kodiak
Ile Afognak
Arch. Alexandre
Iles de la Reine-Charlotte
Ile Graham
Ile Moresby
Ile de Vancouver
Ile St-Laurent
Ile Nunivak
Ile St-Mathieu
Iles Pribilof
Ile Unimak
Iles Shumagin
Iles Fox
Lac Iliamna
Baie de Bristol
Baie de Kuskokwim
Point Barrow
Point Hope
Cap Icy
Cap Navarin
Cap Olyutorskiy
Cap Romanzof
Cap Newenham
Cap Oriental
Cap du Prince de Galles
Baie de Krest
Baie de Chaun
Baie du Mackenzie
Lac Krasnoye
CERCLE POLAIRE ARCTIQUE
Anchorage
Fairbanks
Nome
Barrow
Prudhoe Bay
Bethel
Juneau
Whitehorse
Dawson
Inuvik
Anadyr
Pevek
Ambarchik
Nizhnekolymsk
6194 Mt McKinley
5959 Mt Logan
4996 Mt Blackburn
2699 Mt Michelson
2972 Pic Keele
Yukon
Mackenzie
Kuskokwim
Monts

0 500 1000 km

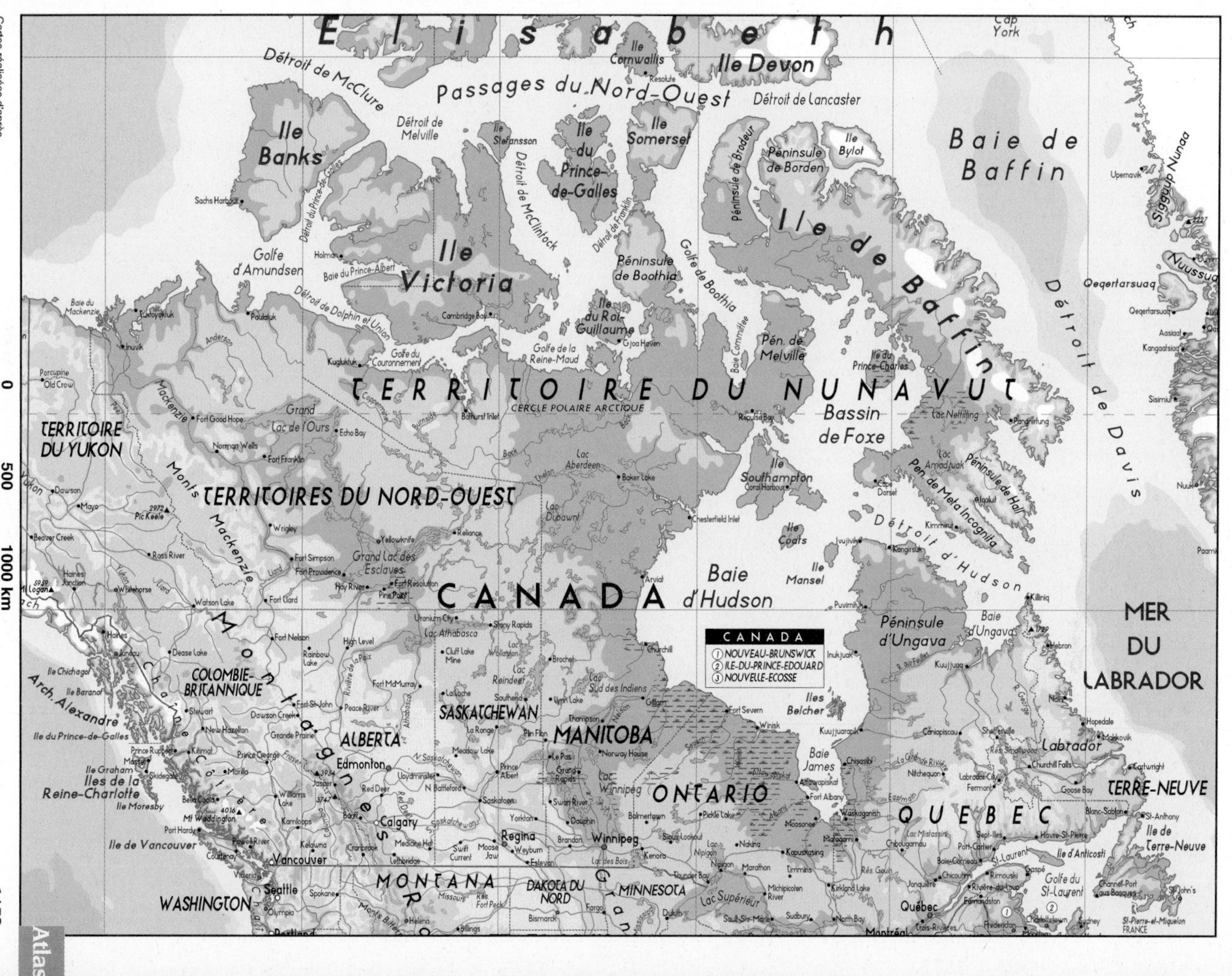

Cartes réalisées d'après
«GEOATLAS ®.com - ©Graphi-Ogre»

0 500 1000 km

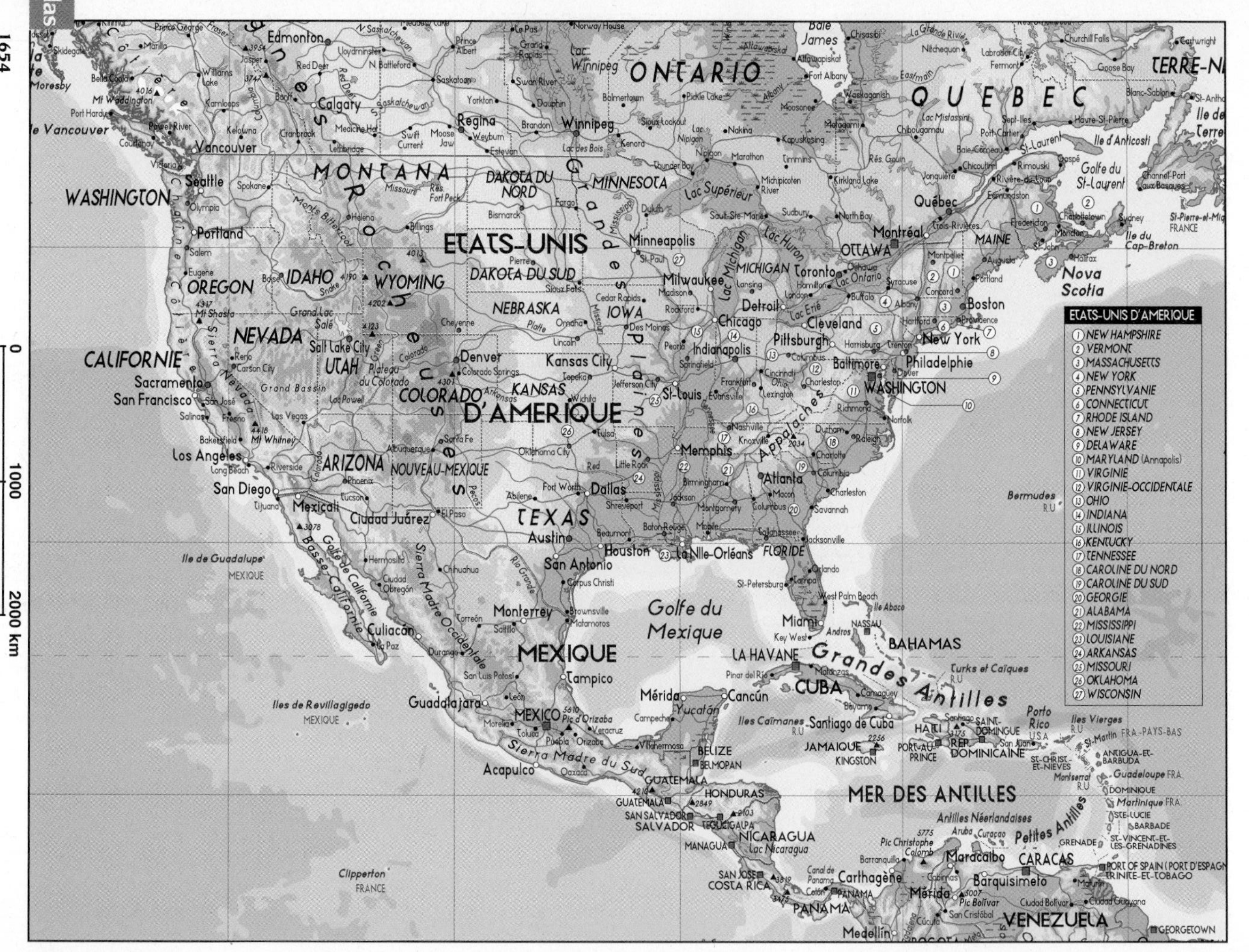

ETATS-UNIS D'AMERIQUE
1 NEW HAMPSHIRE
2 VERMONT
3 MASSACHUSETTS
4 NEW YORK
5 PENNSYLVANIE
6 CONNECTICUT
7 RHODE ISLAND
8 NEW JERSEY
9 DELAWARE
10 MARYLAND (Annapolis)
11 VIRGINIE
12 VIRGINIE-OCCIDENTALE
13 OHIO
14 INDIANA
15 ILLINOIS
16 KENTUCKY
17 TENNESSEE
18 CAROLINE DU NORD
19 CAROLINE DU SUD
20 GEORGIE
21 ALABAMA
22 MISSISSIPPI
23 LOUISIANE
24 ARKANSAS
25 MISSOURI
26 OKLAHOMA
27 WISCONSIN
ONTARIO
QUEBEC
Baie James
Golfe du St-Laurent
Nova Scotia
Bermudes
OTTAWA
Montréal
Québec
Toronto
WASHINGTON
New York
Boston
Philadelphie
Baltimore
Pittsburgh
Cleveland
Detroit
Chicago
Milwaukee
Minneapolis
Indianapolis
St-Louis
Memphis
Atlanta
La Nlle-Orléans
Houston
Dallas
San Antonio
Austin
FLORIDE
Miami
BAHAMAS
Grandes Antilles
CUBA
LA HAVANE
JAMAIQUE
HAITI
REP. DOMINICAINE
Porto Rico
Petites Antilles
MER DES ANTILLES
Golfe du Mexique
MEXIQUE
MEXICO
Monterrey
Guadalajara
Acapulco
Mérida
Cancún
Tampico
BELIZE
GUATEMALA
HONDURAS
SALVADOR
NICARAGUA
COSTA RICA
PANAMA
VENEZUELA
CARACAS
Carthagène
Medellín
Maracaibo
TEXAS
Grandes Plaines
Rocheuses
Appalaches
MINNESOTA
DAKOTA DU NORD
DAKOTA DU SUD
NEBRASKA
IOWA
KANSAS
MICHIGAN
MAINE
MONTANA
WYOMING
IDAHO
COLORADO
UTAH
NEVADA
ARIZONA
NOUVEAU-MEXIQUE
CALIFORNIE
OREGON
WASHINGTON
Seattle
Portland
Vancouver
Calgary
Edmonton
Winnipeg
Regina
Lac Supérieur
Lac Michigan
Lac Huron
Denver
Salt Lake City
Los Angeles
San Diego
San Francisco
Sacramento
Mexicali
Ciudad Juárez
Culiacán
Basse-Californie
Golfe de Californie
Sierra Madre Occidentale
Sierra Madre du Sud
Clipperton FRANCE
0 1000 2000 km

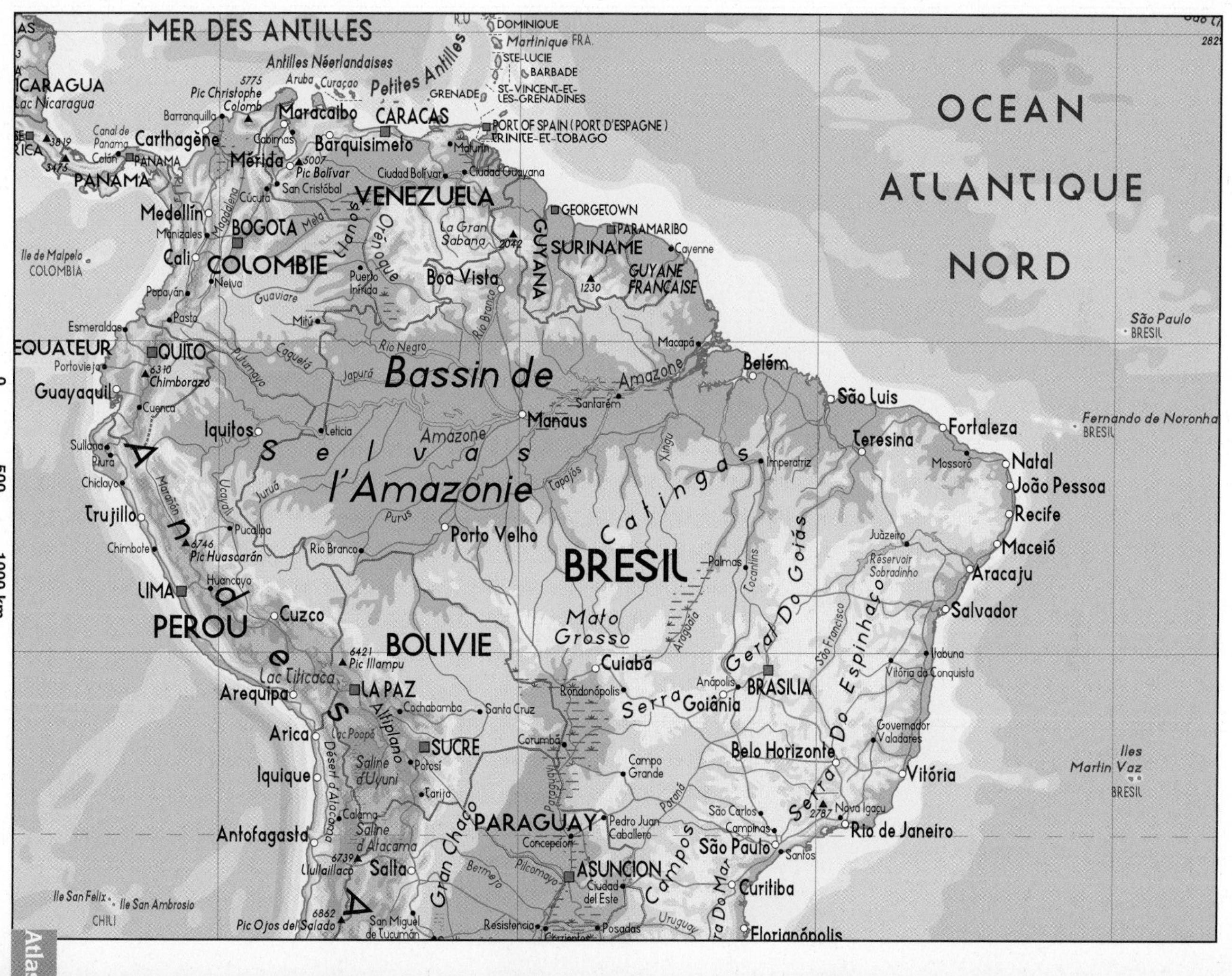

Cartes réalisées d'après
«GEOATLAS ®.com - ©Graphi-Ogre»

0 500 1000 km

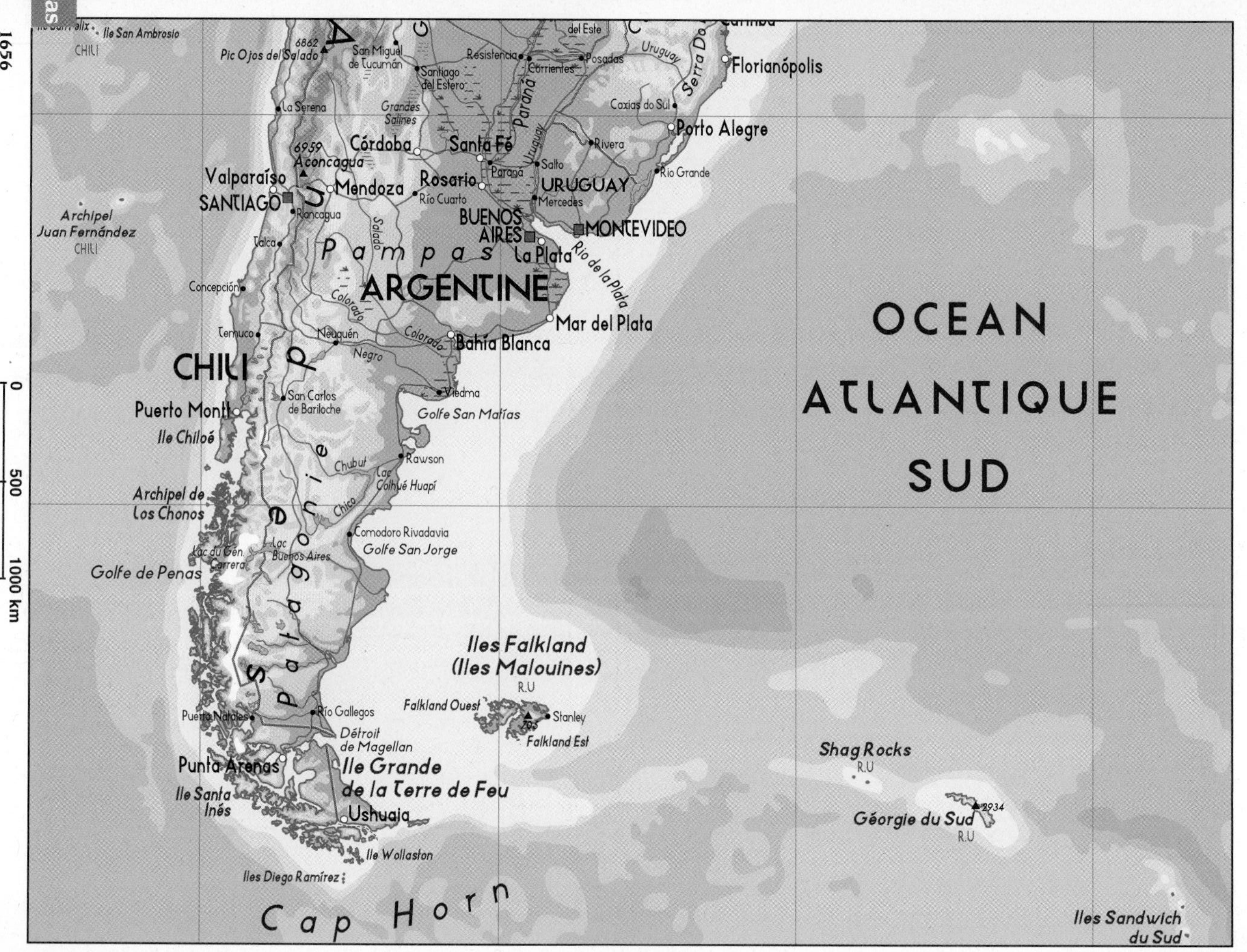
OCEAN
ATLANTIQUE
SUD
ARGENTINE
CHILI
URUGUAY
Pampas
Patagonie
Cap Horn
Ile San Ambrosio
CHILI
6862
Pic Ojos del Salado
San Miguel de Tucumán
Santiago del Estero
Resistencia
Corrientes
Posadas
del Este
Uruguay
Serra Do
Florianópolis
La Serena
Grandes Salinas
Paraná
Caxias do Sul
Porto Alegre
6959
Aconcagua
Córdoba
Santa Fé
Rivera
Salto
Paraná
Rio Grande
Valparaíso
Mendoza
Rosario
URUGUAY
SANTIAGO
Río Cuarto
Mercedes
Rancagua
BUENOS AIRES
MONTEVIDEO
Archipel Juan Fernández
CHILI
Salado
Talca
La Plata
Río de la Plata
Concepción
Colorado
Mar del Plata
Temuco
Neuquén
Colorado
Bahía Blanca
Negro
San Carlos de Bariloche
Viedma
Puerto Montt
Golfe San Matías
Ile Chiloé
Chubut
Rawson
Lac Colhué Huapí
Archipel de Los Chonos
Chico
Comodoro Rivadavia
Golfe San Jorge
Lac du Gén. Carrera
Lac Buenos Aires
Golfe de Penas
Iles Falkland
(Iles Malouines)
R.U
Falkland Ouest
Stanley
Falkland Est
Puerto Natales
Río Gallegos
Détroit de Magellan
Shag Rocks
R.U
Punta Arenas
Ile Grande de la Terre de Feu
Ile Santa Inés
Ushuaia
2934
Géorgie du Sud
R.U
Ile Wollaston
Iles Diego Ramírez
Iles Sandwich du Sud

0 500 1000 km

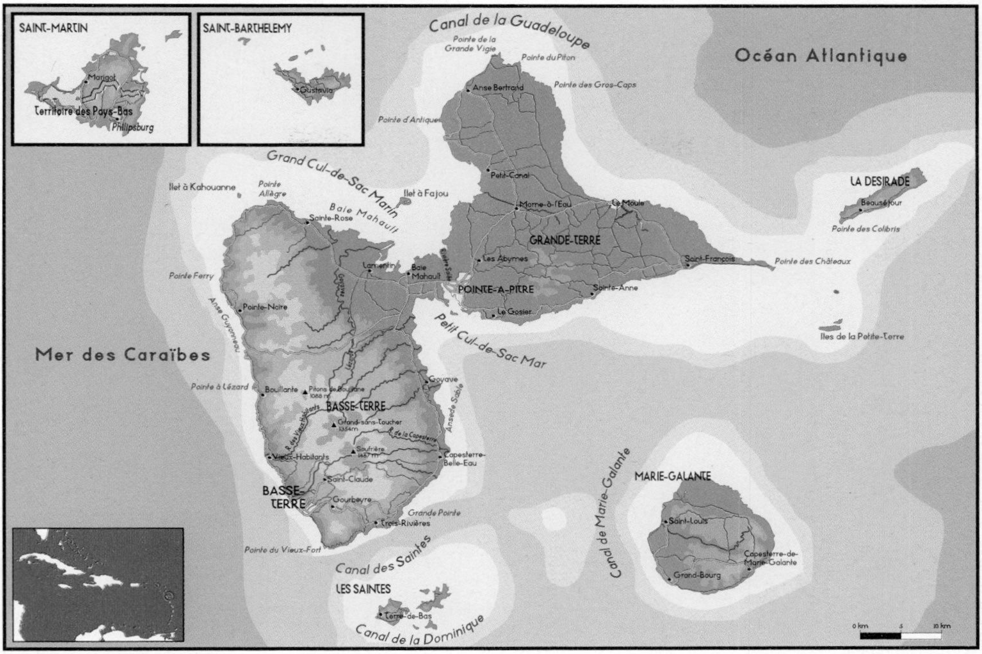

SAINT-MARTIN
Marigot
Territoire des Pays-Bas
Philipsburg

SAINT-BARTHELEMY
Gustavia

Canal de la Guadeloupe
Pointe de la Grande Vigie
Pointe du Piton
Océan Atlantique
Anse Bertrand
Pointe des Gros-Caps
Pointe d'Antigue
Grand Cul-de-Sac Marin
Petit-Canal
Ilet à Kahouanne
Pointe Allègre
Ilet à Fajou
Baie Mahault
Sainte-Rose
Morne-à-l'Eau
Le Moule
LA DESIRADE
Beauséjour
Pointe des Colibris
GRANDE-TERRE
Les Abymes
Saint-François
Pointe des Châteaux
Pointe Ferry
Lamentin
Baie Mahault
POINTE-A-PITRE
Sainte-Anne
Le Gosier
Anse Guyonneau
Pointe-Noire
Iles de la Petite-Terre
Petit Cul-de-Sac Mar
Mer des Caraïbes
Goyave
Pointe à Lézard
Bouillante
Pitons de Bouillante 1088 m
BASSE-TERRE
Grand-sans-Toucher 1354 m
Anse de Sable
Soufrière 1467 m
Capesterre-Belle-Eau
Vieux-Habitants
Canal de Marie-Galante
MARIE-GALANTE
Saint-Claude
BASSE-TERRE
Gourbeyre
Grande Pointe
Trois-Rivières
Saint-Louis
Capesterre-de-Marie-Galante
Pointe du Vieux-Fort
Canal des Saintes
Grand-Bourg
LES SAINTES
Terre-de-Bas
Canal de la Dominique

971 - Guadeloupe

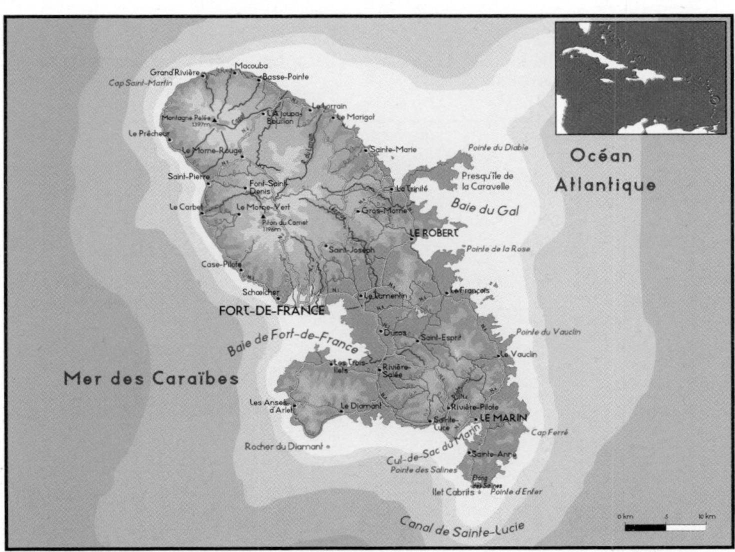

972 - Martinique

Atlas

Cartes réalisées d'après
«GEOATLAS ®.com - ©Graphi-Ogre»

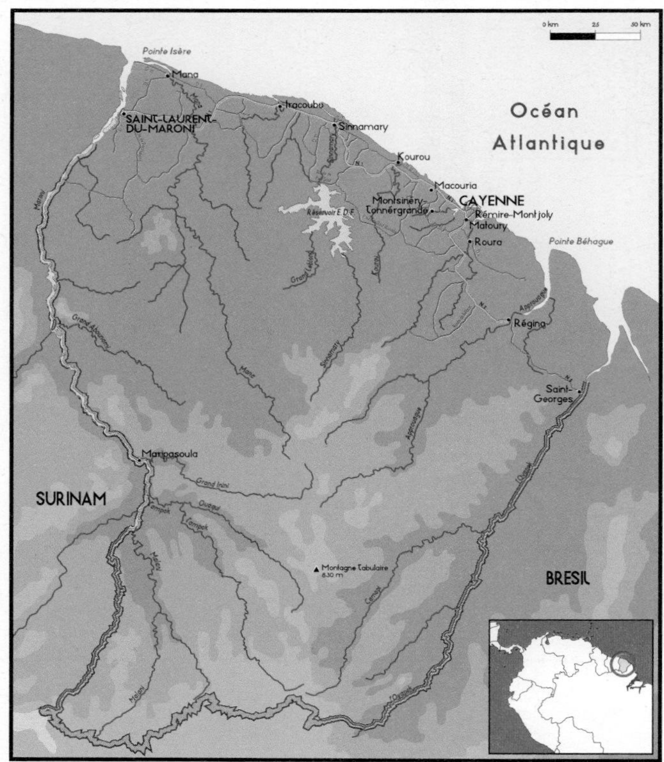

973 - Guyane Française

974 - La Réunion

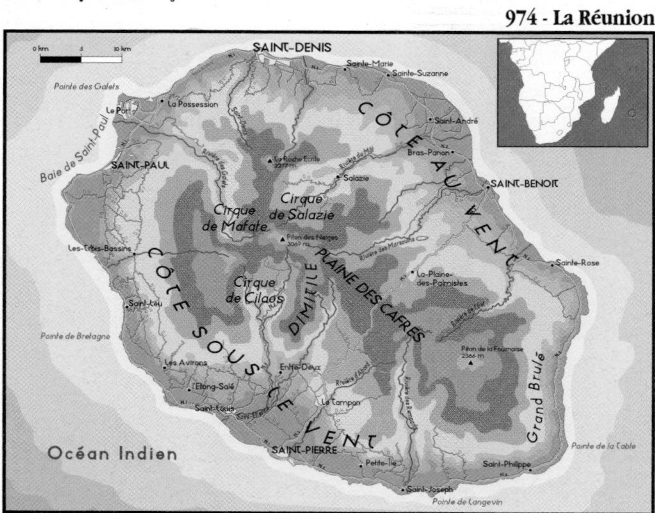

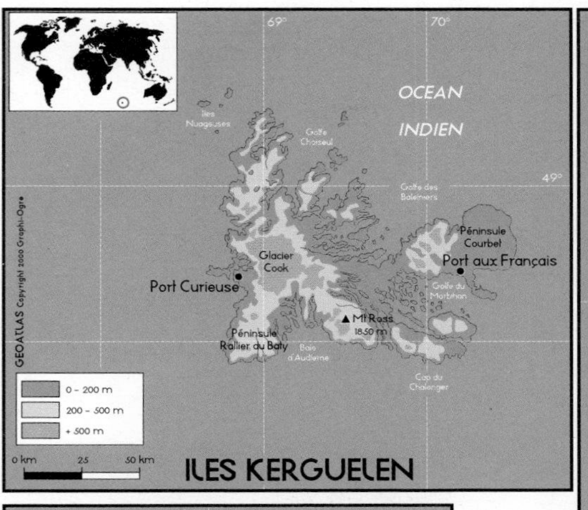

69°
70°
OCEAN
INDIEN
49°
Golfe Choiseul
Golfe des Baleiniers
Péninsule Courbet
Port aux Français
Glacier Cook
Port Curieuse
Golfe du Morbihan
Mt Ross 1850 m
Péninsule Rallier du Baty
Baie d'Audierne
Cap du Challenger
0 - 200 m
200 - 500 m
+ 500 m
0 km
25
50 km
ILES KERGUELEN
GEOATLAS Copyright 2000 Graphi-Ogre

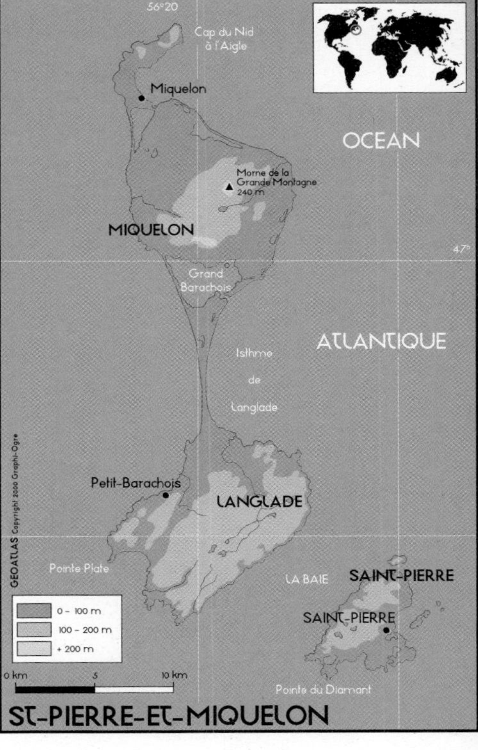

56°20
Cap du Nid à l'Aigle
Miquelon
OCEAN
Morne de la Grande Montagne 240 m
MIQUELON
47°
Grand Barachois
Isthme de Langlade
ATLANTIQUE
Petit-Barachois
LANGLADE
Pointe Plate
LA BAIE
SAINT-PIERRE
SAINT-PIERRE
0 - 100 m
100 - 200 m
+ 200 m
0 km
5
10 km
Pointe du Diamant
ST-PIERRE-ET-MIQUELON
GEOATLAS Copyright 2000 Graphi-Ogre

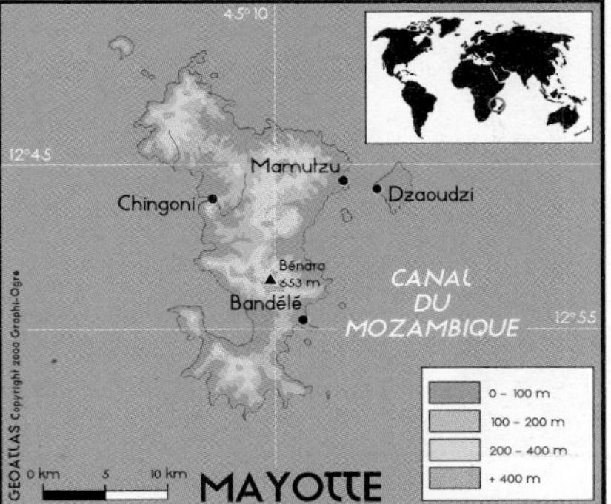

45°10
12°45
Mamutzu
Dzaoudzi
Chingoni
Bénara 653 m
Bandélé
CANAL DU MOZAMBIQUE
12°55
0 - 100 m
100 - 200 m
200 - 400 m
+ 400 m
0 km
5
10 km
MAYOTTE
GEOATLAS Copyright 2000 Graphi-Ogre

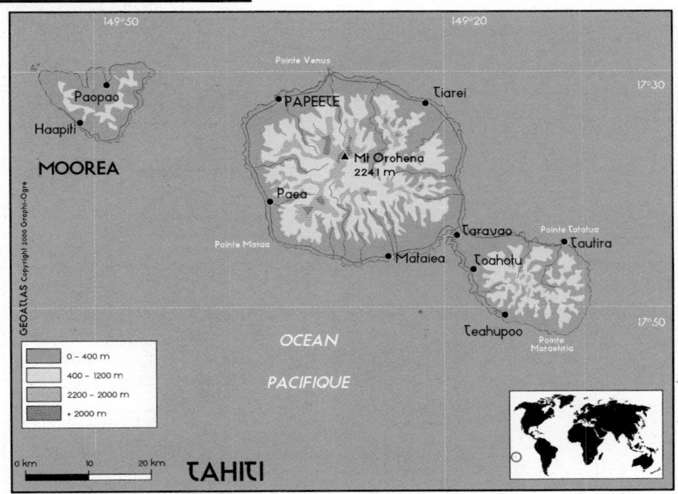

149°50
149°20
Pointe Venus
Tiarei
17°30
Paopao
PAPEETE
Haapiti
MOOREA
Mt Orohena 2241 m
Paea
Taravao
Pointe Tatatua
Tautira
Pointe Maraa
Mataiea
Toahotu
Teahupoo
17°50
Pointe Maraetiria
OCEAN
PACIFIQUE
0 - 400 m
400 - 1200 m
2200 - 2000 m
+ 2000 m
0 km
10
20 km
TAHITI
GEOATLAS Copyright 2000 Graphi-Ogre

Cartes réalisées d'après
«GEOATLAS ®.com - ©Graphi-Ogre»

Atlas

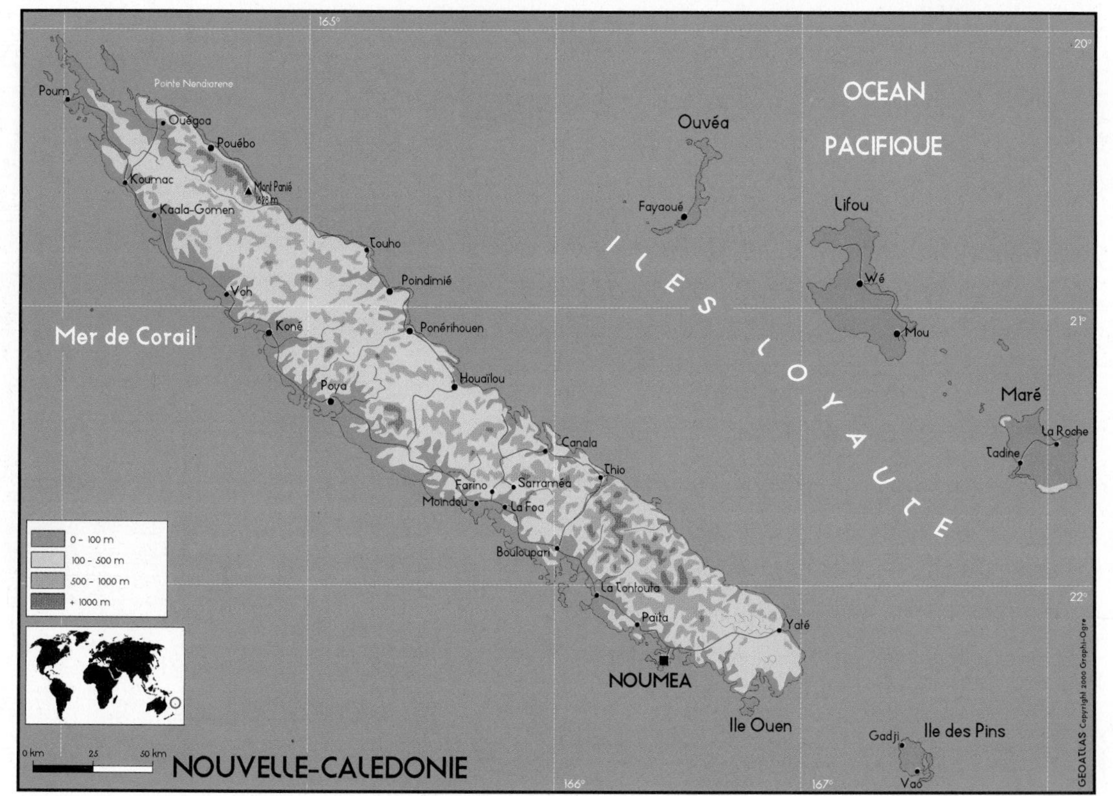

Cartes réalisées d'après
«GEOATLAS ®.com - ©Graphi-Ogre»

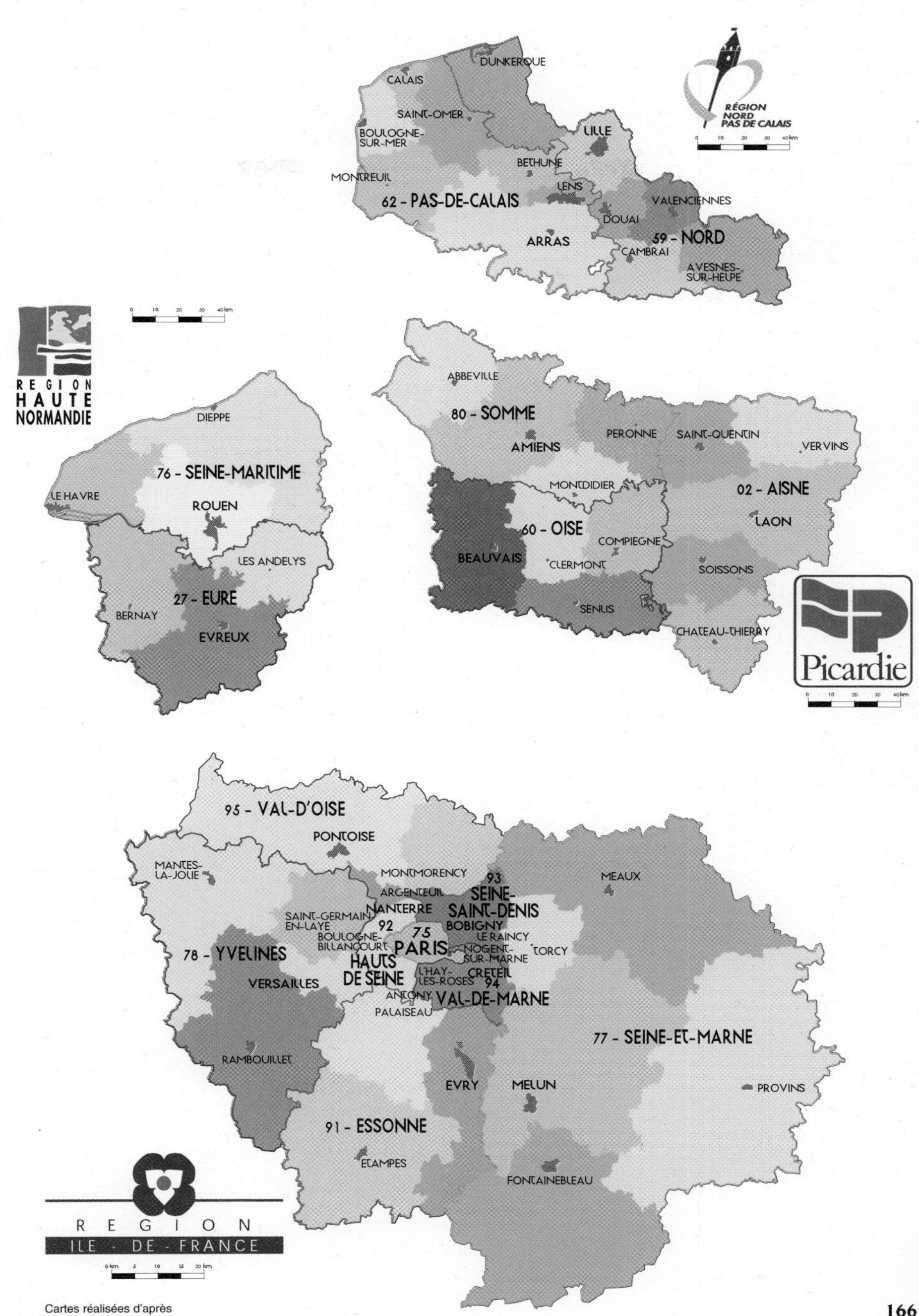

Cartes réalisées d'après
«GEOATLAS ®.com - ©Graphi-Ogre»

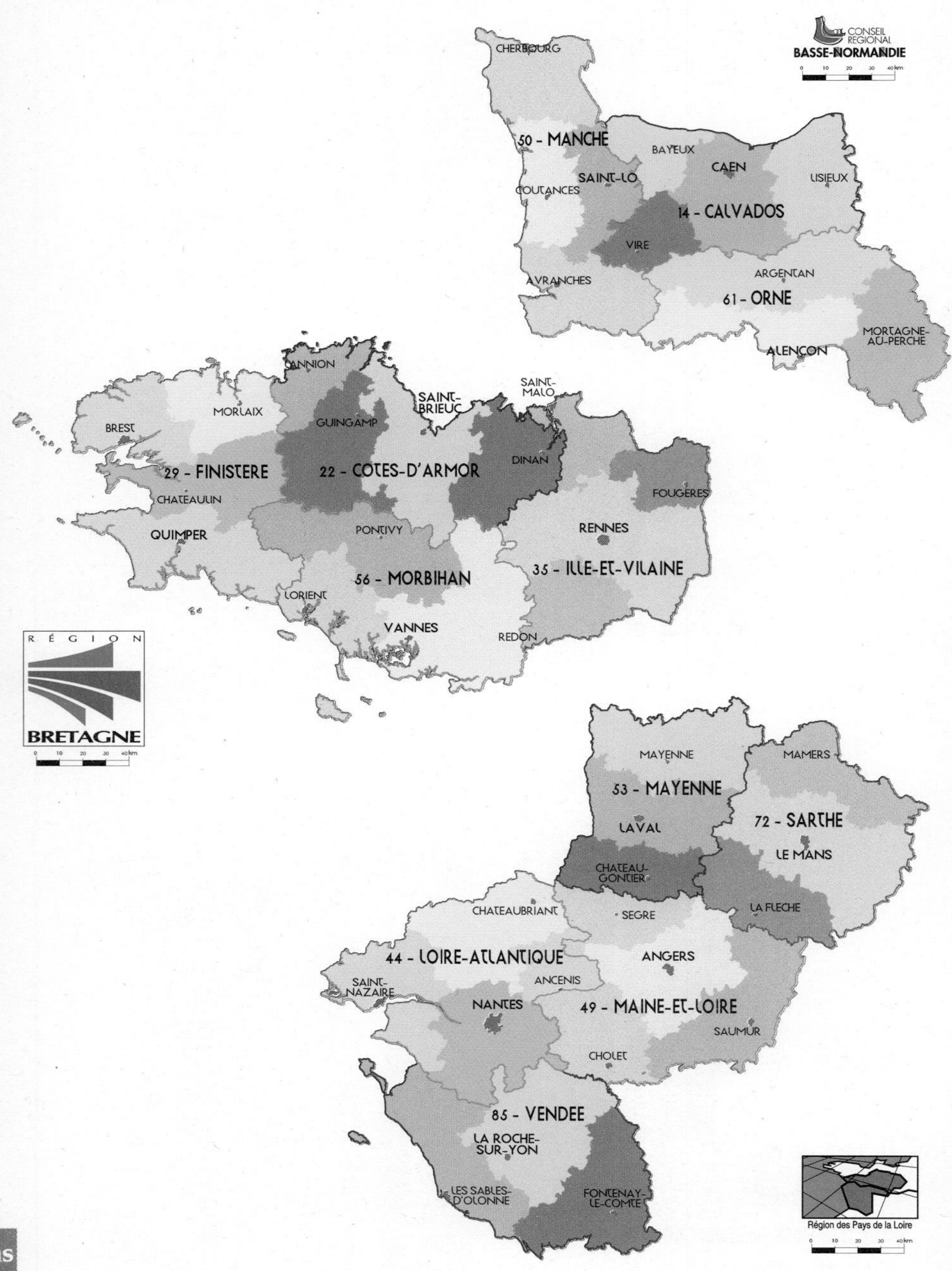
CONSEIL REGIONAL
BASSE-NORMANDIE
0 10 20 30 40 km
CHERBOURG
50 - MANCHE
BAYEUX
CAEN
SAINT-LO
LISIEUX
COUTANCES
14 - CALVADOS
VIRE
ARGENTAN
AVRANCHES
61 - ORNE
MORTAGNE-AU-PERCHE
ALENÇON
LANNION
SAINT-MALO
SAINT-BRIEUC
MORLAIX
BREST
GUINGAMP
29 - FINISTERE
22 - COTES-D'ARMOR
DINAN
CHATEAULIN
FOUGERES
QUIMPER
PONTIVY
RENNES
56 - MORBIHAN
35 - ILLE-ET-VILAINE
LORIENT
VANNES
REDON
RÉGION
BRETAGNE
0 10 20 30 40 km
MAYENNE
MAMERS
53 - MAYENNE
72 - SARTHE
LAVAL
LE MANS
CHATEAU-GONTIER
CHATEAUBRIANT
SEGRE
LA FLECHE
44 - LOIRE-ATLANTIQUE
ANGERS
SAINT-NAZAIRE
ANCENIS
NANTES
49 - MAINE-ET-LOIRE
SAUMUR
CHOLET
85 - VENDEE
LA ROCHE-SUR-YON
LES SABLES-D'OLONNE
FONTENAY-LE-COMTE
Région des Pays de la Loire
0 10 20 30 40 km

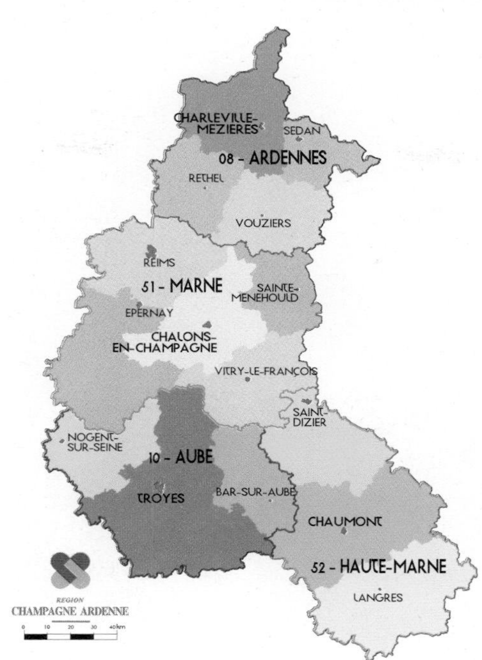
CHARLEVILLE-MEZIERES
SEDAN
08 - ARDENNES
RETHEL
VOUZIERS
REIMS
51 - MARNE
SAINTE-MENEHOULD
EPERNAY
CHALONS-EN-CHAMPAGNE
VITRY-LE-FRANÇOIS
SAINT-DIZIER
NOGENT-SUR-SEINE
10 - AUBE
TROYES
BAR-SUR-AUBE
CHAUMONT
52 - HAUTE-MARNE
LANGRES
REGION
CHAMPAGNE ARDENNE
0 10 20 30 40 km

THIONVILLE
BRIEY
BOULAY-MOSELLE
FORBACH
VERDUN
METZ
SARREGUEMINES
57 - MOSELLE
55 - MEUSE
CHATEAU-SALINS
COMMERCY
NANCY
BAR-LE-DUC
TOUL
SARREBOURG
LUNEVILLE
54 - MEURTHE-ET-MOSELLE
NEUFCHATEAU
SAINT-DIE
EPINAL
88 - VOSGES
région
lorraine
0 10 20 30 40 km

WISSEMBOURG
HAGUENAU
67 - BAS-RHIN
SAVERNE
STRASBOURG
MOLSHEIM
SELESTAT
RIBEAUVILLE
COLMAR
GUEBWILLER
THANN
MULHOUSE
68 - HAUT-RHIN
ALTKIRCH
Alsace
Conseil Régional
0 10 20 30 40 km

Atlas

Cartes réalisées d'après
«GEOATLAS ®.com - ©Graphi-Ogre»

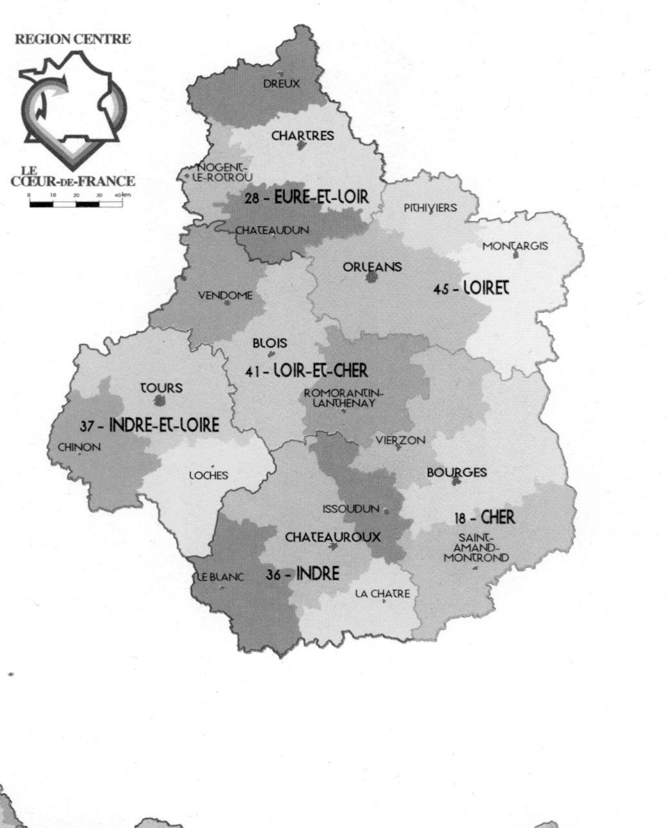
REGION CENTRE
LE CŒUR-DE-FRANCE
DREUX
CHARTRES
NOGENT-LE-ROTROU
28 - EURE-ET-LOIR
CHATEAUDUN
PITHIVIERS
MONTARGIS
ORLEANS
45 - LOIRET
VENDOME
BLOIS
41 - LOIR-ET-CHER
TOURS
ROMORANTIN-LANTHENAY
37 - INDRE-ET-LOIRE
CHINON
VIERZON
LOCHES
BOURGES
ISSOUDUN
18 - CHER
CHATEAUROUX
SAINT-AMAND-MONTROND
LE BLANC
36 - INDRE
LA CHATRE

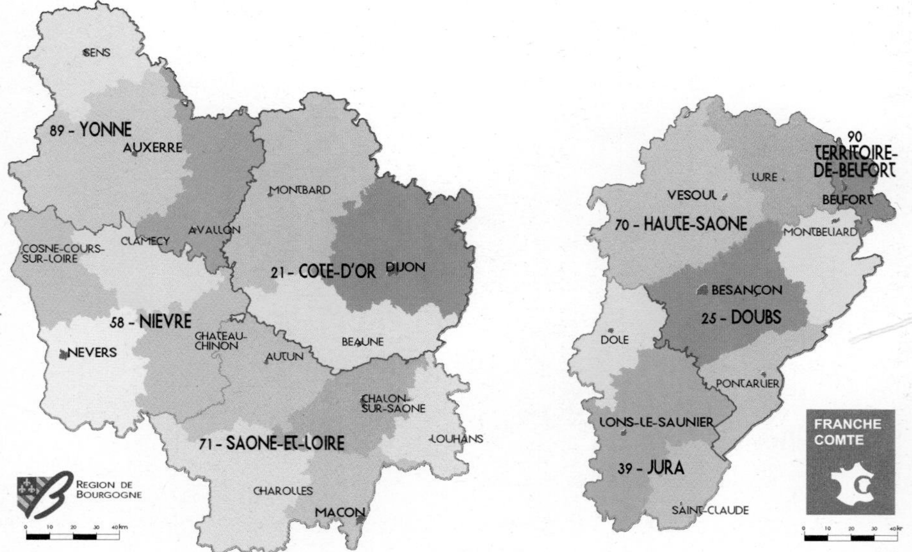
SENS
89 - YONNE
AUXERRE
MONTBARD
AVALLON
CLAMECY
COSNE-COURS-SUR-LOIRE
21 - COTE-D'OR
DIJON
58 - NIEVRE
CHATEAU-CHINON
NEVERS
AUTUN
BEAUNE
CHALON-SUR-SAONE
LOUHANS
71 - SAONE-ET-LOIRE
REGION DE BOURGOGNE
CHAROLLES
MACON
90 TERRITOIRE-DE-BELFORT
LURE
VESOUL
BELFORT
70 - HAUTE-SAONE
MONTBELIARD
BESANÇON
25 - DOUBS
DOLE
PONTARLIER
LONS-LE-SAUNIER
39 - JURA
SAINT-CLAUDE
FRANCHE COMTE

MOULINS
03 - ALLIER
MONTLUÇON
VICHY
RIOM
THIERS
CLERMONT-FERRAND
63 - PUY-DE-DOME
ISSOIRE
AMBERT
BRIOUDE
MAURIAC
43 - HAUTE-LOIRE
15 - CANTAL
YSSINGEAUX
AURILLAC
SAINT-FLOUR
LE PUY-EN-VELAY
AUVERGNE
0 10 20 30 40 km

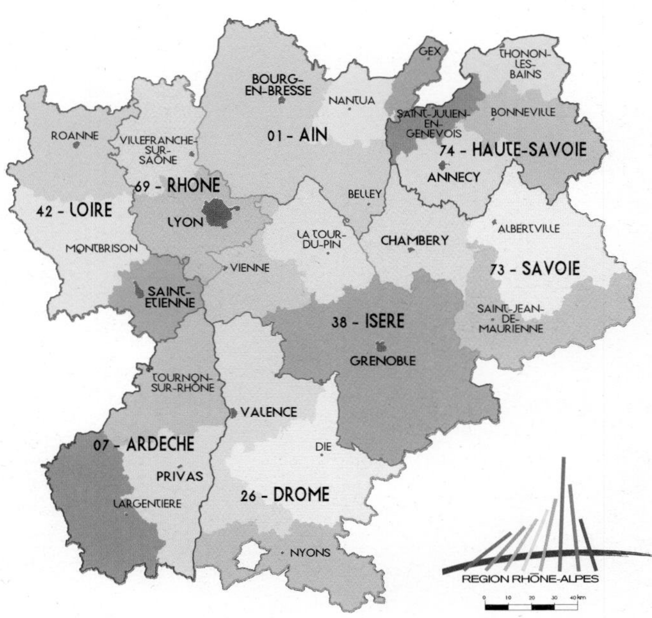
GEX
THONON-LES-BAINS
BOURG-EN-BRESSE
NANTUA
SAINT-JULIEN-EN-GENEVOIS
BONNEVILLE
ROANNE
VILLEFRANCHE-SUR-SAONE
01 - AIN
74 - HAUTE-SAVOIE
ANNECY
69 - RHONE
BELLEY
42 - LOIRE
LYON
ALBERTVILLE
LA TOUR-DU-PIN
CHAMBERY
MONTBRISON
VIENNE
73 - SAVOIE
SAINT-ETIENNE
38 - ISERE
SAINT-JEAN-DE-MAURIENNE
GRENOBLE
TOURNON-SUR-RHONE
VALENCE
07 - ARDECHE
DIE
PRIVAS
26 - DROME
LARGENTIERE
NYONS
REGION RHÔNE-ALPES
0 10 20 30 40 km

Atlas

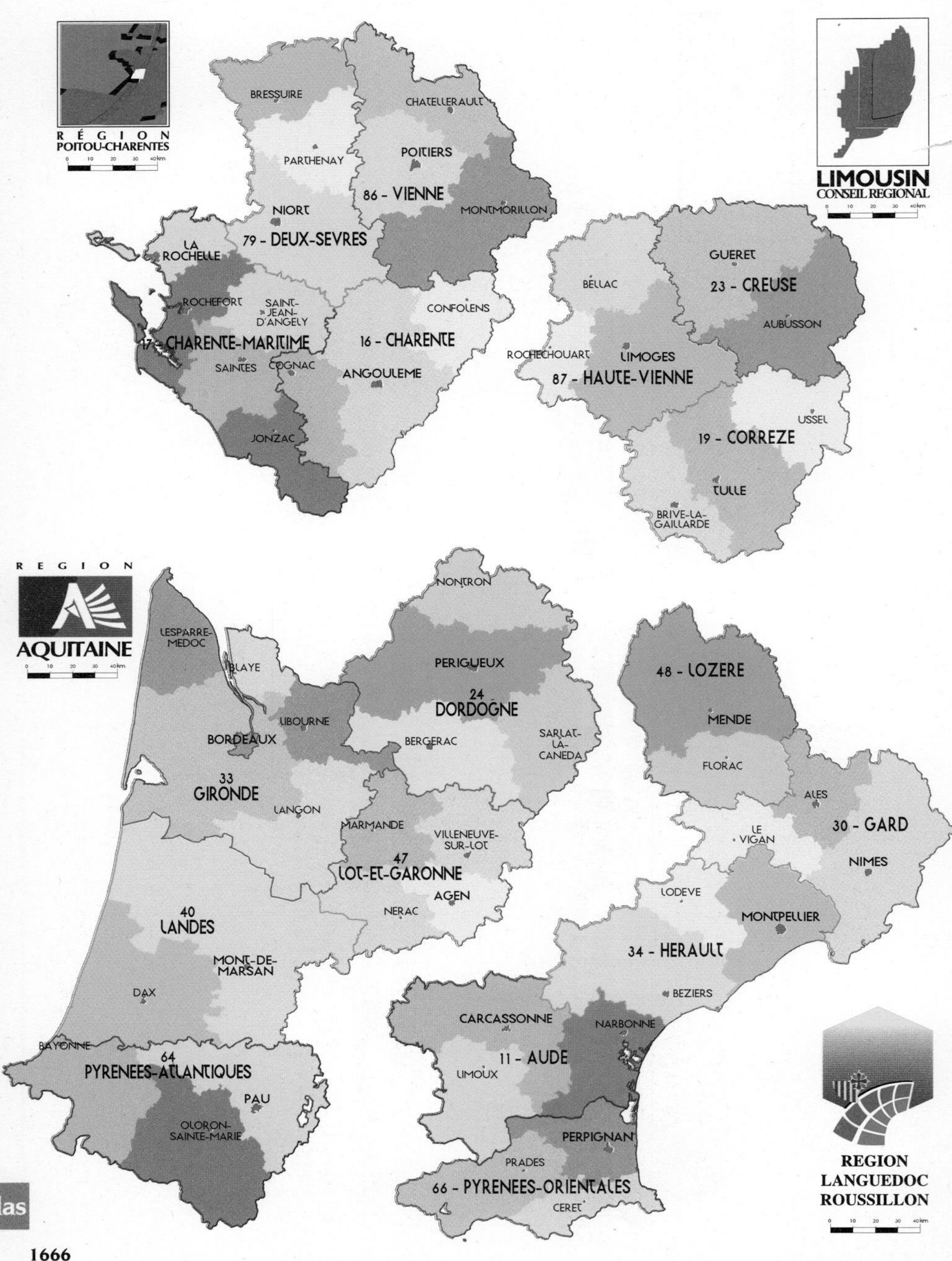
RÉGION
POITOU-CHARENTES
0 10 20 30 40 km
BRESSUIRE
CHATELLERAULT
PARTHENAY
POITIERS
86 - VIENNE
MONTMORILLON
NIORT
79 - DEUX-SEVRES
LA ROCHELLE
ROCHEFORT
SAINT-JEAN-D'ANGELY
CONFOLENS
17 - CHARENTE-MARITIME
16 - CHARENTE
SAINTES
COGNAC
ANGOULEME
JONZAC
LIMOUSIN
CONSEIL REGIONAL
0 10 20 30 40 km
GUERET
BELLAC
23 - CREUSE
AUBUSSON
ROCHECHOUART
LIMOGES
87 - HAUTE-VIENNE
USSEL
19 - CORREZE
TULLE
BRIVE-LA-GAILLARDE
REGION
AQUITAINE
0 10 20 30 40 km
NONTRON
LESPARRE-MEDOC
BLAYE
PERIGUEUX
24
DORDOGNE
LIBOURNE
BORDEAUX
BERGERAC
SARLAT-LA-CANEDA
33
GIRONDE
LANGON
MARMANDE
VILLENEUVE-SUR-LOT
47
LOT-ET-GARONNE
AGEN
NERAC
40
LANDES
MONT-DE-MARSAN
DAX
BAYONNE
64
PYRENEES-ATLANTIQUES
PAU
OLORON-SAINTE-MARIE
48 - LOZERE
MENDE
FLORAC
ALES
LE VIGAN
30 - GARD
NIMES
LODEVE
MONTPELLIER
34 - HERAULT
BEZIERS
CARCASSONNE
NARBONNE
11 - AUDE
LIMOUX
PERPIGNAN
PRADES
66 - PYRENEES-ORIENTALES
CERET
REGION
LANGUEDOC
ROUSSILLON
0 10 20 30 40 km

REGION
MIDI
PYRENEES
0 10 20 30 40 km
46 - LOT
GOURDON
FIGEAC
CAHORS
12 - AVEYRON
VILLEFRANCHE-DE-ROUERGUE
RODEZ
MILLAU
82 - TARN-ET-GARONNE
CASTELSARRASIN
MONTAUBAN
CONDOM
32 - GERS
AUCH
MIRANDE
ALBI
81 - TARN
TOULOUSE
CASTRES
MURET
31 - HAUTE-GARONNE
TARBES
SAINT-GAUDENS
ARGELES-GAZOST
BAGNERES-DE-BIGORRE
65 - HAUTES-PYRENEES
PAMIERS
SAINT-GIRONS
FOIX
09 - ARIEGE

Région
Provence-Alpes
Côte d'Azur
0 10 20 30 40 km
BRIANÇON
05 - HAUTES-ALPES
GAP
BARCELONNETTE
DIGNE-LES-BAINS
06 - ALPES-MARITIMES
CARPENTRAS
84 - VAUCLUSE
04 - ALPES-DE-HAUTE-PROVENCE
AVIGNON
FORCALQUIER
CASTELLANE
APT
NICE
GRASSE
ARLES
DRAGUIGNAN
13 - BOUCHES-DU-RHONE
ISTRES
AIX-EN-PROVENCE
83 - VAR
BRIGNOLES
MARSEILLE
TOULON

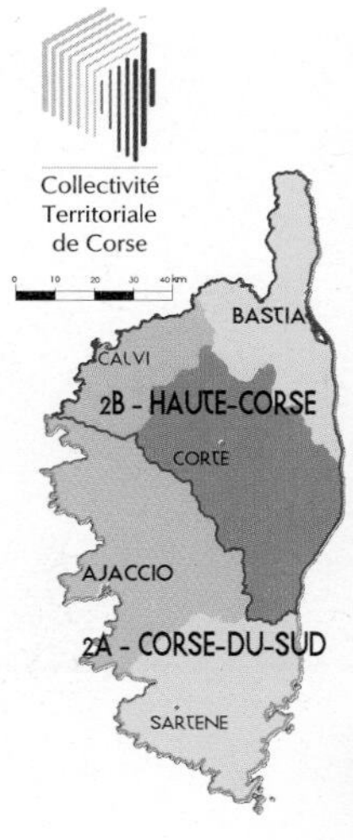
Collectivité
Territoriale
de Corse
0 10 20 30 40 km
BASTIA
CALVI
2B - HAUTE-CORSE
CORTE
AJACCIO
2A - CORSE-DU-SUD
SARTENE

Atlas

Cartes réalisées d'après
«GEOATLAS ®.com - ©Graphi-Ogre»

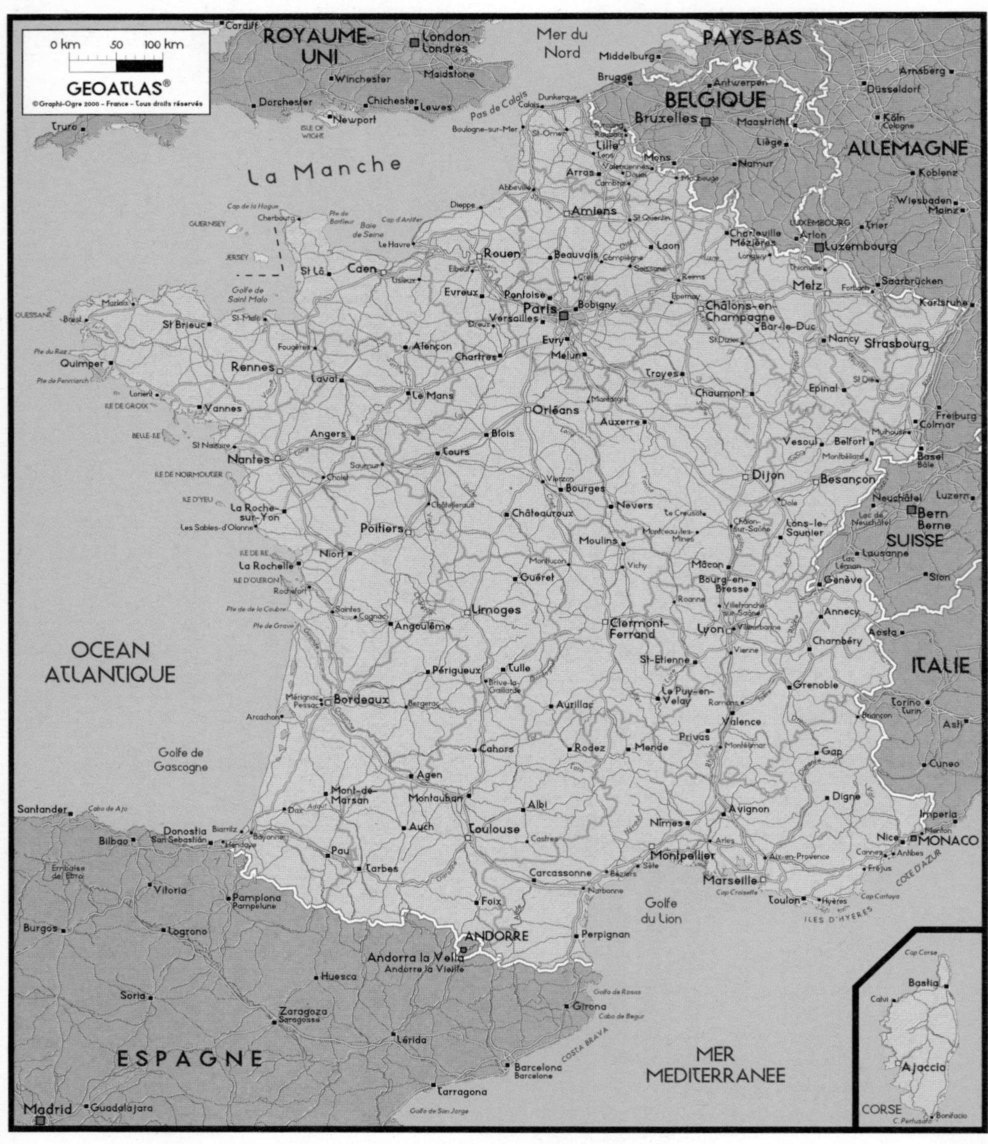

0 km 50 100 km
GEOATLAS®
©Graphi-Ogre 2000 - France - Tous droits réservés
Cardiff
ROYAUME-UNI
London
Londres
Mer du Nord
PAYS-BAS
Middelburg
Arnsberg
Winchester
Maidstone
Brugge
Antwerpen
Düsseldorf
Dorchester
Chichester
Lewes
Pas de Calais
Dunkerque
Calais
BELGIQUE
Newport
ISLE OF WIGHT
Bruxelles
Maastricht
Köln
Cologne
Truro
Boulogne-sur-Mer
St-Omer
Lille
Liège
ALLEMAGNE
La Manche
Mons
Namur
Arras
Koblenz
Abbeville
Cambrai
Cap de la Hague
Dieppe
Amiens
Wiesbaden
Mainz
GUERNSEY
Cherbourg
Pte de Barfleur
Baie de Seine
Cap d'Antifer
St Quentin
LUXEMBOURG
Trier
Arlon
Charleville
Mézières
Le Havre
Luxembourg
Rouen
Beauvais
Compiègne
Laon
JERSEY
Elbeuf
Soissons
Longwy
St Lô
Caen
Thionville
Creil
Reims
Metz
Forbach
Saarbrücken
Golfe de Saint Malo
Evreux
Pontoise
Epernay
Châlons-en-Champagne
Morlaix
Paris
Bobigny
Karlsruhe
OUESSANT
Brest
St Brieuc
St-Malo
Versailles
Dreux
Bar-le-Duc
Evry
St Dizier
Nancy
Strasbourg
Pte du Raz
Fougères
Alençon
Quimper
Chartres
Melun
Rennes
Pte de Penmarch
Laval
Troyes
St Dié
Lorient
Le Mans
Epinal
Chaumont
ILE DE GROIX
Vannes
Montargis
Orléans
Freiburg
Auxerre
Colmar
Mulhouse
Angers
Blois
BELLE-ILE
St Nazaire
Vesoul
Belfort
Tours
Basel
Bâle
Nantes
Montbéliard
Saumur
ILE DE NOIRMOUTIER
Cholet
Dijon
Besançon
Vierzon
Bourges
Neuchâtel
Luzern
ILE D'YEU
Châtellerault
Nevers
Le Creusot
Dole
Bern
Berne
La Roche-sur-Yon
Châteauroux
Lac de Neuchâtel
Poitiers
Chalon-sur-Saône
Lons-le-Saunier
Les Sables-d'Olonne
Montceau-les-Mines
Moulins
SUISSE
ILE DE RE
Niort
Lausanne
La Rochelle
Montluçon
Vichy
Mâcon
Lac Léman
Sion
ILE D'OLERON
Guéret
Bourg-en-Bresse
Genève
Rochefort
Roanne
Pte de la Coubre
Saintes
Limoges
Villefranche-sur-Saône
Cognac
Annecy
Pte de Grave
Angoulême
Clermont-Ferrand
Lyon
Villeurbanne
Aosta
OCEAN ATLANTIQUE
Chambéry
Vienne
St-Etienne
Périgueux
Tulle
ITALIE
Brive-la-Gaillarde
Grenoble
Le Puy-en-Velay
Mérignac
Pessac
Bordeaux
Bergerac
Aurillac
Romans
Torino
Turin
Arcachon
Valence
Briançon
Asti
Privas
Golfe de Gascogne
Cahors
Rodez
Mende
Montélimar
Gap
Cuneo
Agen
Mont-de-Marsan
Montauban
Digne
Santander
Cabo de Ajo
Albi
Avignon
Dax
Adour
Imperia
Donostia
San Sebastián
Biarritz
Bayonne
Auch
Toulouse
Nîmes
Menton
Bilbao
Hendaye
Castres
Arles
Nice
MONACO
Pau
Montpellier
Antibes
Cannes
Aix-en-Provence
Embalse del Ebro
Tarbes
Sète
Fréjus
Carcassonne
Béziers
Marseille
COTE D'AZUR
Vitoria
Pamplona
Pampelune
Narbonne
Cap Croisette
Foix
Golfe du Lion
Toulon
Hyères
Cap Camarat
ILES D'HYERES
Burgos
Logrono
ANDORRE
Perpignan
Cap Corse
Andorra la Vella
Andorre la Vieille
Bastia
Huesca
Calvi
Soria
Golfe de Rosas
Girona
Cabo de Begur
Zaragoza
Saragosse
COSTA BRAVA
Lérida
ESPAGNE
MER MEDITERRANEE
Barcelona
Barcelone
Ajaccio
Tarragona
Madrid
Guadalajara
Golfe de San Jorge
CORSE
C. Pertusato
Bonifacio

Conjugaisons

I. Les verbes
1. Les groupes de verbes 1669
2. Les verbes du premier groupe 1670
3. Les verbes du deuxième groupe 1672
4. Les verbes du troisième groupe 1674
5. La conjugaison passive 1681
6. La conjugaison pronominale 1682

II. Les auxiliaires
1. Les auxiliaires et les verbes modaux 1683
2. La conjugaison de Avoir 1684
3. La conjugaison de Être 1685
4. La conjugaison de Aller 1686

III. La concordance des temps 1687

I. Les verbes

1. Les groupes de verbes

Les verbes français se répartissent en trois groupes :

A. Premier groupe

1° Il se distingue des autres par sa désinence d'infinitif *-er* **et par la première personne du singulier du présent de l'indicatif présent se terminant par un** *-e* **muet.**

Chanter, jouer, aimer. *(Infinitif.)*
Je chante, je joue, j'aime. *(Présent de l'indicatif.)*

2° Ce groupe rassemble environ quatre mille verbes. Il est intéressant de préciser que la plupart des verbes qui se créent aujourd'hui appartiennent au premier groupe.

Shooter, téléviser, magnétoscoper, etc.

B. Deuxième groupe

Il se distingue par sa désinence d'infinitif *-ir* **et l'intercalation de** *-iss* **à l'imparfait de l'indicatif, au présent du subjonctif et au participe présent.**

Finir, pétrir, jaunir. *(Infinitif.)*
Finissait, pétrissait, jaunissait. *(Imparfait de l'indicatif.)*
Finisse, pétrisse, jaunisse. *(Présent du subjonctif.)*
Finissant. Pétrissant. Jaunissant. *(Participe présent.)*

C. Troisième groupe

Il regroupe tous les verbes qui n'appartiennent pas aux deux premières catégories. On y trouve des :

1° Verbes en *-ir* **qui se distinguent des verbes du deuxième groupe par l'absence de** *-iss***.**

Courir, mourir, tenir... *(Infinitif.)*
Courait, mourait, tenait... *(Imparfait de l'indicatif.)*

2° Verbes en *-re***.**

Mettre, prendre, vaincre... *(Infinitif.)*
Mettait, prenait, vainquait... *(Imparfait de l'indicatif.)*

3° Verbes en *-oir***.**

Pouvoir, mouvoir, falloir... *(Infinitif.)*
Pouvait, mouvait, fallait... *(Imparfait de l'indicatif.)*

4° Cas particulier

Le verbe **maudire**, bien que du troisième groupe, se conjugue comme **finir**.

D. Le verbe « aller »

Aller **est une exception : c'est le seul verbe en** *-er* **qui ne fasse pas partie du premier groupe.**

2. Les verbes du premier groupe en *-er*

Aimer

INDICATIF

temps simples

Présent	Imparfait	Passé simple	Futur
J'aime	J'aimais	J'aimai	J'aimerai
Tu aimes	Tu aimais	Tu aimas	Tu aimeras
Il, elle aime	Il, elle aimait	Il, elle aima	Il, elle aimera
Nous aimons	Nous aimions	Nous aimâmes	Nous aimerons
Vous aimez	Vous aimiez	Vous aimâtes	Vous aimerez
Ils, elles aiment	Ils, elles aimaient	Ils, elles aimèrent	Ils, elles aimeront

temps composés

Passé-composé	Plus-que-parfait	Passé antérieur	Futur antérieur
J'ai aimé	J'avais aimé	J'eus aimé	J'aurai aimé
Tu as aimé	Tu avais aimé	Tu eus aimé	Tu auras aimé
Il, elle a aimé	Il, elle avait aimé	Il, elle eut aimé	Il, elle aura aimé
Nous avons aimé	Nous avions aimé	Nous eûmes aimé	Nous aurons aimé
Vous avez aimé	Vous aviez aimé	Vous eûtes aimé	Vous aurez aimé
Ils, elles ont aimé	Ils, elles avaient aimé	Ils, elles eurent aimé	Ils, elles auront aimé

SUBJONCTIF

temps simples: Présent	temps simples: Imparfait	temps composés: Passé	temps composés: Plus-que-parfait
Que j'aime	Que j'aimasse	Que j'aie aimé	Que j'eusse aimé
Que tu aimes	Que tu aimasses	Que tu aies aimé	Que tu eusses aimé
Qu'il, elle aime	Qu'il, elle aimât	Qu'il, elle ait aimé	Qu' il, elle eût aimé
Que nous aimions	Que nous aimassions	Que nous ayons aimé	Que nous eussions aimé
Que vous aimiez	Que vous aimassiez	Que vous ayez aimé	Que vous eussiez aimé
Qu'ils, elles aiment	Qu'ils, elles aimassent	Qu'ils, elles aient aimé	Qu'ils, elles eussent aimé

CONDITIONNEL

temps simple: Présent	temps composés: Passé 1re forme	temps composés: Passé 2e forme
J'aimerais	J'aurais aimé	J'eusse aimé
Tu aimerais	Tu aurais aimé	Tu eusses aimé
Il, elle aimerait	Il, elle aurait aimé	Il, elle eût aimé
Nous aimerions	Nous aurions aimé	Nous eussions aimé
Vous aimeriez	Vous auriez aimé	Vous eussiez aimé
Ils, elles aimeraient	Ils, elles auraient aimé	Ils, elles eussent aimé

IMPÉRATIF

temps simple: Présent	temps composé: Passé
Aime	Aie aimé
Aimons	Ayons aimé
Aimez	Ayez aimé

PARTICIPE

temps simple: Présent	temps composé: Passé
Aimant	Aimé, ayant aimé

INFINITIF

temps simple: Présent	temps composé: Passé
Aimer	Avoir aimé

Particularités des verbes en *-er*

1° Verbes en *-cer, -ger*

a) Les verbes en **-cer** prennent une cédille devant les voyelles **a** et **o**.
b) Les verbes en **-ger** prennent un **e** après le **g** devant **a** et **o**.

		Placer	Manger
indicatif	Présent	Je place, il place, nous plaçons, ils placent	Je mange, il mange, nous mangeons, ils mangent
	Imparfait	Je plaçais, nous placions	Je mangeais, nous mangions
	Futur	Je placerai, nous placerons	Je mangerai, nous mangerons
participe	Présent	Plaçant	Mangeant
	Passé	Placé	Mangé

2° Verbes en *-yer*, *-ayer*

a) Les verbes se terminant par **-yer** changent le **y** en **i** devant un **e** muet.
b) Les verbes se terminant par **-ayer** conservent ou peuvent changer le **y** en **i** devant un **-e** muet.

		Nettoyer	Payer
indicatif	Présent	Je nettoie, il nettoie, Nous nettoyons, ils nettoient	Je paye (ou paie), il paye (ou paie), nous payons, ils payent (ou paient)
	Imparfait	Je nettoyais, nous nettoyions	Je payais, nous payions
	Futur	Je nettoierai, nous nettoierons	Je payerai (ou paierai)
participe	Présent	Nettoyant	Payant
	Passé	Nettoyé	Payé

3° Verbes en *-eler*

Les verbes se terminant par **-eler** redoublent le **l** devant une syllabe contenant un **e** muet, sauf : **celer, congeler, ciseler, déceler, démanteler, écarteler, geler, marteler, modeler, peler,** qui changent le **e** muet de l'avant-dernière syllabe de l'infinitif en **è** (ouvert).

		Appeler	Peler
indicatif	Présent	J'appelle, il appelle, nous appelons, ils appellent	Je pèle, il pèle, nous pelons, ils pèlent
	Imparfait	J'appelais, nous appelions	Je pelais, nous pelions
	Futur	J'appellerai, nous appellerons	Je pèlerai, nous pèlerons
participe	Présent	Appelant	Pelant
	Passé	Appelé	Pelé

4° Verbes en *-eter*

Les verbes en **-eter** redoublent le **t** devant une syllabe contenant un **e** muet.
Sauf : **acheter, corseter, crocheter, fureter, haleter, racheter,** qui changent le **e** muet de l'avant-dernière syllabe de l'infinitif en **è** (ouvert).

		Jeter	Acheter
indicatif	Présent	Je jette, tu jettes, il jette, nous jetons, ils jettent	J'achète, il achète, nous achetons, ils achètent
	Imparfait	Je jetais, nous jetions	J'achetais, nous achetions
	Futur	Je jetterai, nous jetterons	J'achèterai, nous achèterons
participe	Présent	Jetant	Achetant
	Passé	Jeté	Acheté

5° Verbes ayant un *e* muet ou un *é* fermé en avant-dernière syllabe de l'infinitif.

a) Les verbes ayant un **e** muet en avant-dernière syllabe de l'infinitif changent l'**e** muet en **è** ouvert devant une syllabe muette, y compris devant les terminaisons du futur et du conditionnel **(ex. semer)**.
b) Les verbes ayant un **é** fermé à l'avant-dernière syllabe de l'infinitif changent l'**é** fermé en **è** ouvert devant une syllabe muette et conservent l'**é** fermé au futur et au conditionnel **(ex. révéler)**.

		Semer	Révéler
indicatif	Présent	Je sème, il sème, nous semons, ils sèment	Je révèle, il révèle, nous révélons, ils révèlent
	Imparfait	Je semais, nous semions	Je révélais, nous révélions
	Futur	Je sèmerai, nous sèmerons	Je révélerai, nous révélerons
participe	Présent	Semant	Révélant
	Passé	Semé	Révélé

3. Les verbes du deuxième groupe en *-ir*

Finir

INDICATIF

temps simples

Présent	Imparfait	Passé simple	Futur
Je finis	Je finissais	Je finis	Je finirai
Tu finis	Tu finissais	Tu finis	Tu finiras
Il, elle finit	Il, elle finissait	Il, elle finit	Il, elle finira
Nous finissons	Nous finissions	Nous finîmes	Nous finirons
Vous finissez	Vous finissiez	Vous finîtes	Vous finirez
Ils, elles finissent	Ils, elles finissaient	Ils, elles finirent	Ils, elles finiront

temps composés

Passé-composé	Plus-que-parfait	Passé antérieur	Futur antérieur
J'ai fini	J'avais fini	J'eus fini	J'aurai fini
Tu as fini	Tu avais fini	Tu eus fini	Tu auras fini
Il, elle a fini	Il, elle avait fini	Il, elle eut fini	Il, elle aura fini
Nous avons fini	Nous avions fini	Nous eûmes fini	Nous aurons fini
Vous avez fini	Vous aviez fini	Vous eûtes fini	Vous aurez fini
Ils, elles ont fini	Ils, elles avaient fini	Ils, elles eurent fini	Ils, elles auront fini

SUBJONCTIF

temps simples / **temps composés**

Présent	Imparfait	Passé	Plus-que-parfait
Que je finisse	Que je finisse	Que j'aie fini	Que j'eusse fini
Que tu finisses	Que tu finisses	Que tu aies fini	Que tu eusses fini
Qu'il, elle finisse	Qu'il, elle finît	Qu'il, elle ait fini	Qu'il, elle eût fini
Que nous finissions	Que nous finissions	Que nous ayons fini	Que nous eussions fini
Que vous finissiez	Que vous finissiez	Que vous ayez fini	Que vous eussiez fini
Qu'ils, elles finissent	Qu'ils, elles finissent	Qu'ils, elles aient fini	Qu'ils, elles eussent fini

CONDITIONNEL

temps simple / **temps composés**

Présent	Passé 1re forme	Passé 2e forme
Je finirais	J'aurais fini	J'eusse fini
Tu finirais	Tu aurais fini	Tu eusses fini
Il, elle finirait	Il, elle aurait fini	Il, elle eût fini
Nous finirions	Nous aurions fini	Nous eussions fini
Vous finiriez	Vous auriez fini	Vous eussiez fini
Ils, elles finiraient	Ils, elles auraient fini	Ils, elles eussent fini

IMPÉRATIF

temps simple — Présent	temps composé — Passé
Finis	Aie fini
Finissons	Ayons fini
Finissez	Ayez fini

PARTICIPE

temps simple — Présent	temps composé — Passé
Finissant	Fini, ayant fini

INFINITIF

temps simple — Présent	temps composé — Passé
Finir	Avoir fini

Particularités des verbes en *-ir*

Trois verbes du deuxième groupe ont des formes particulières :

1° **Haïr** garde le tréma à toutes les formes, sauf aux trois personnes du singulier de l'indicatif présent et à la deuxième personne du singulier de l'impératif.

2° **Fleurir**, au sens figuré de prospérer, forme son imparfait et son participe présent sur le radical **flor-**.

3° **Bénir** dont le participe passé est **béni**. Mais on écrit : eau bén**ite** et pain bén**it**. La conjugaison de ce verbe est régulière.

Haïr

indicatif	Présent	Je hais Tu hais Il, elle hai**t** Nous haïssons Vous haïssez Ils, elles haïssent
	Imparfait	Je haïssais
	Passé simple	Je haïs
	Futur	Je haïrai
subjonctif	Présent	Que je haïsse
impératif	Présent	Hais Haïssons Haissez
participe	Présent	Haïsant
	Passé	Haï

Fleurir (figuré)

indicatif	Présent	Je fleuris Tu fleuris Il, elle fleurit Nous fleurissons Vous fleurissez Ils, elles fleurissent
	Imparfait	Je **florissais**
	Passé simple	Je fleuris
	Futur	Je fleurirai
subjonctif	Présent	Que je fleurisse
impératif	Présent	Fleuris Fleurissons Fleurissez
participe	Présent	**Florisant**
	Passé	Fleuri

OFFRIR

INDICATIF

temps simples

Présent	Imparfait	Passé simple	Futur
J'offre	J'offrais	J'offris	J'offrirai
Tu offres	Tu offrais	Tu offris	Tu offriras
Il, elle offre	Il, elle offrait	Il, elle offrit	Il, elle offrira
Nous offrons	Nous offrions	Nous offrîmes	Nous offrirons
Vous offrez	Vous offriez	Vous offrîtes	Vous offrirez
Ils, elles offrent	Ils, elles offraient	Ils, elles offrirent	Ils, elles offriront

temps composés

Passé-composé	Plus-que-parfait	Passé antérieur	Futur antérieur
J'ai offert	J'avais offert	J'eus offert	J'aurai offert
Tu as offert	Tu avais offert	Tu eus offert	Tu auras offert
Il, elle a offert	Il, elle avait offert	Il, elle eut offert	Il, elle aura offert
Nous avons offert	Nous avions offert	Nous eûmes offert	Nous aurons offert
Vous avez offert	Vous aviez offert	Vous eûtes offert	Vous aurez offert
Ils, elles ont offert	Ils, elles avaient offert	Ils, elles eurent offert	Ils, elles auront offert

SUBJONCTIF

temps simples: Présent	Imparfait	temps composés: Passé	Plus-que-parfait
Que j'offre	Que j'offrisse	Que j'aie offert	Que j'eusse offert
Que tu offres	Que tu offrisses	Que tu aies offert	Que tu eusses offert
Qu'il, elle offre	Qu'il, elle offrît	Qu'il, elle ait offert	Qu'il, elle eût offert
Que nous offrions	Que nous offrissions	Que nous ayons offert	Que nous eussions offert
Que vous offriez	Que vous offrissiez	Que vous ayez offert	Que vous eussiez offert
Qu'ils, elles offrent	Qu'ils, elles offrissent	Qu'ils, elles aient offert	Qu'ils, elles eussent offert

CONDITIONNEL

temps simple: Présent	temps composés: Passé 1re forme	Passé 2e forme
J'offrirais	J'aurais offert	J'eusse offert
Tu offrirais	Tu aurais offert	Tu eusses offert
Il, elle offrirait	Il, elle aurait offert	Il, elle eût offert
Nous offririons	Nous aurions offert	Nous eussions offert
Vous offririez	Vous auriez offert	Vous eussiez offert
Ils offriraient	Ils auraient offert	Ils, elles eussent offert

IMPÉRATIF

temps simple: Présent	temps composé: Passé
Offre	Aie offert
Offrons	Ayons offert
Offrez	Ayez offert

PARTICIPE

temps simple: Présent	temps composé: Passé
Offrant	Offert, ayant offert

INFINITIF

temps simple: Présent	temps composé: Passé
Offrir	Avoir offert

VERBES DU TROISIÈME GROUPE EN *-IR*

		OUVRIR	**ASSAILLIR**	**CUEILLIR**	**ACQUÉRIR**
indicatif	**PRÉSENT**	J'ouvre	J'assaille	Je cueille	J'acquiers
		Tu ouvres	Tu assailles	Tu cueilles	Tu acquiers
		Il, elle ouvre	Il, elle assaille	Il, elle cueille	Il, elle acquiert
		Nous ouvrons	Nous assaillons	Nous cueillons	Nous acquérons
		Vous ouvrez	Vous assaillez	Vous cueillez	Vous acquérez
		Ils, elles ouvrent	Ils, elles assaillent	Ils, elles cueillent	Ils, elles acquièrent
indicatif	**IMPARFAIT**	J'ouvrais	J'assaillais	Je cueillais	J'acquérais
	PASSÉ SIMPLE	J'ouvris	J'assaillis	Je cueillis	J'acquis
	FUTUR	J'ouvrirai	J'assaillirai	Je cueillerai	J'acquerrai
conditionnel	**PRÉSENT**	J'ouvrirais	J'assaillirais	Je cueillerais	J'acquerrais
subjonctif	**PRÉSENT**	Que j'ouvre	Que j'assaille	Que je cueille	Que j'acquière
		Que tu ouvres	Que tu assailles	Que tu cueilles	Que tu acquières
		Qu'il, elle ouvre	Qu'il, elle assaille	Qu'il, elle cueille	Qu'il, elle acquière
		Que nous ouvrions	Que nous assaillions	Que nous cueillions	Que nous acquérions
		Que vous ouvriez	Que vous assailliez	Que vous cueilliez	Que vous acquériez
		Qu'ils, elles ouvrent	Qu'ils, elles assaillent	Qu'ils, elles cueillent	Qu'ils, elles acquièrent
impératif	**PRÉSENT**	Ouvre, ouvrons	Assaille, assaillons	Cueille, cueillons	Acquiers, acquérons
participes	**PRÉSENT, PASSÉ**	Ouvrant, ouvert	Assaillant, assailli	Cueillant, cueilli	Acquérant, acquis

		SERVIR	**MENTIR**	**TENIR**	**DORMIR**	**FUIR**
indicatif	**PRÉSENT**	Je sers	Je mens	Je tiens	Je dors	Je fuis
		Tu sers	Tu mens	Tu tiens	Tu dors	Tu fuis
		Il, elle sert	Il, elle ment	Il, elle tient	Il, elle dort	Il, elle fuit
		Nous servons	Nous mentons	Nous tenons	Nous dormons	Nous fuyons
		Vous servez	Vous mentez	Vous tenez	Vous dormez	Vous fuyez
		Ils, elles servent	Ils, elles mentent	Ils, elles tiennent	Ils, elles dorment	Ils, elles fuient
indicatif	**IMPARFAIT**	Je servais	Je mentais	Je tenais	Je dormais	Je fuyais
	PASSÉ SIMPLE	Je servis	Je mentis	Je tins, nous tînmes	Je dormis	Je fuis
	FUTUR	Je servirai	Je mentirai	Je tiendrai	Je dormirai	Je fuirai
conditionnel	**PRÉSENT**	Je servirais	Je mentirais	Je tiendrais	Je dormirais	Je fuirais
subjonctif	**PRÉSENT**	Que je serve	Que je mente	Que je tienne	Que je dorme	Que je fuie
		Que tu serves	Que tu mentes	Que tu tiennes	Que tu dormes	Que tu fuies
		Qu'il, elle serve	Qu'il, elle mente	Qu'il, elle tienne	Qu'il, elle dorme	Qu'il, elle fuie
		Que nous servions	Que nous mentions	Que nous tenions	Que nous dormions	Que nous fuyions
		Que vous serviez	Que vous mentiez	Que vous teniez	Que vous dormiez	Que vous fuyiez
		Qu'ils, elles servent	Qu'ils, elles mentent	Qu'ils, elles tiennent	Qu'ils, elles dorment	Qu'ils, elles fuient
impératif	**PRÉSENT**	Sers, servons	Mens, mentons	Tiens, tenons	Dors, dormons	Fuis, fuyons
participes	**PRÉSENT, PASSÉ**	Servant, servi	Mentant, menti	Tenant, tenu	Dormant, dormi	Fuyant, fui

		MOURIR	**VÊTIR**	**COURIR**	**PARTIR**	**SORTIR**
indicatif	**PRÉSENT**	Je meurs	Je vêts	Je cours	Je pars	Je sors
		Tu meurs	Tu vêts	Tu cours	Tu pars	Tu sors
		Il, elle meurt	Il, elle vêt	Il, elle court	Il, elle part	Il, elle sort
		Nous mourons	Nous vêtons	Nous courons	Nous partons	Nous sortons
		Vous mourez	Vous vêtez	Vous courez	Vous partez	Vous sortez
		Ils, elles meurent	Ils, elles vêtent	Ils, elles courent	Ils, elles partent	Ils, elles sortent
indicatif	**IMPARFAIT**	Je mourais	Je vêtais	Je courais	Je partais	Je sortais
	PASSÉ SIMPLE	Je mourus	Je vêtis	Je courus	Je partis	Je sortis
	FUTUR	Je mourrai	Je vêtirai	Je courrai	Je partirai	Je sortirai
conditionnel	**PRÉSENT**	Je mourrais	Je vêtirais	Je courrais	Je partirais	Je sortirais
subjonctif	**PRÉSENT**	Que je meure	Que je vête	Que je coure	Que je parte	Que je sorte
		Que tu meures	Que tu vêtes	Que tu coures	Que tu partes	Que tu sortes
		Qu'il, elle meure	Qu'il, elle vête	Qu'il, elle coure	Qu'il, elle parte	Qu'il, elle sorte
		Que nous mourions	Que nous vêtions	Que nous courions	Que nous partions	Que nous sortions
		Que vous mourriez	Que vous vêtiez	Que vous couriez	Que vous partiez	Que vous sortiez
		Qu'ils, elles meurent	Qu'ils, elles vêtent	Qu'ils, elles courent	Qu'ils, elles partent	Qu'ils, elles sortent
impératif	**PRÉSENT**	Meurs, mourons	Vêts, vêtons	Cours, courons	Pars, partons	Sors, sortons
participes	**PRÉSENT, PASSÉ**	Mourant, mort	Vêtant, vêtu	Courant, couru	Partant, parti	Sortant, sorti

		BOUILLIR	**FAILLIR**	**GÉSIR**	**SAILLIR (DÉPASSER)**
indicatif	**PRÉSENT**	Je bous	*inusité*	Je gis	*inusité*
		Tu bous	*inusité*	Tu gis	*inusité*
		Il, elle bout	*inusité*	Il, elle gît	Il, elle saille
		Nous bouillons	*inusité*	Nous gisons	*inusité*
		Vous bouillez	*inusité*	Vous gisez	*inusité*
		Ils, elles bouillent	*inusité*	Ils, elles gisent	*inusité*
indicatif	**IMPARFAIT**	Je bouillais	*inusité*	Je gisais	Il, elle saillait
	PASSÉ SIMPLE	Je bouillis	Je faillis	*inusité*	*inusité*
	FUTUR	Je bouillirai	Je faillirai	*inusité*	Il, elle saillera
conditionnel	**PRÉSENT**	Je bouillirais	Je faillirais	*inusité*	Il, elle saillerait
subjonctif	**PRÉSENT**	Que je bouille	*inusité*	*inusité*	*inusité*
		Que tu bouilles	*inusité*	*inusité*	*inusité*
		Qu'il, elle bouille	*inusité*	*inusité*	Qu'il, elle saille
		Que nous bouillions	*inusité*	*inusité*	*inusité*
		Que vous bouilliez	*inusité*	*inusité*	*inusité*
		Qu'ils, elles bouillent	*inusité*	*inusité*	*inusité*
impératif	**PRÉSENT**	Bous, bouillons	*inusité*	*inusité*	*inusité*
participes	**PRÉSENT, PASSÉ**	Bouillant, bouilli	*inusité*, failli	Gisant, *inusité*	Saillant, sailli

Les verbes du troisième groupe en *-re*

Rendre

INDICATIF

temps simples

Présent	**Imparfait**	**Passé simple**	**Futur**
Je rends	Je rendais	Je rendis	Je finirai
Tu rends	Tu rendais	Tu rendis	Tu finiras
Il, elle rend	Il, elle rendait	Il, elle rendit	Il, elle finira
Nous rendons	Nous rendions	Nous rendîmes	Nous finirons
Vous rendez	Vous rendiez	Vous rendîtes	Vous finirez
Ils, elles rendent	Ils, elles rendaient	Ils, elles rendirent	Ils, elles finiront

temps composés

Passé-composé	**Plus-que-parfait**	**Passé antérieur**	**Futur antérieur**
J'ai rendu	J'avais rendu	J'eus rendu	J'aurai rendu
Tu as rendu	Tu avais rendu	Tu eus rendu	Tu auras rendu
Il, elle a rendu	Il, elle avait rendu	Il, elle eut rendu	Il, elle aura rendu
Nous avons rendu	Nous avions rendu	Nous eûmes rendu	Nous aurons rendu
Vous avez rendu	Vous aviez rendu	Vous eûtes rendu	Vous aurez rendu
Ils, elles ont rendu	Ils, elles avaient rendu	Ils, elles eurent rendu	Ils, elles auront rendu

SUBJONCTIF

temps simples		temps composés	
Présent	**Imparfait**	**Passé**	**Plus-que-parfait**
Que je rende	Que je rendisse	Que j'aie rendu	Que j'eusse rendu
Que tu rendes	Que tu rendisses	Que tu aies rendu	Que tu eusses rendu
Qu'il, elle rende	Qu'il, elle rendît	Qu'il, elle ait rendu	Qu'il, elle eût rendu
Que nous rendions	Que nous rendissions	Que nous ayons rendu	Que nous eussions rendu
Que vous rendiez	Que vous rendissiez	Que vous ayez rendu	Que vous eussiez rendu
Qu'ils, elles rendent	Qu'ils, elles rendissent	Qu'ils, elles aient rendu	Qu'ils, elles eussent rendu

CONDITIONNEL

temps simple	temps composés	
Présent	**Passé 1re forme**	**Passé 2e forme**
Je rendrais	J'aurais rendu	J'eusse rendu
Tu rendrais	Tu aurais rendu	Tu eusses rendu
Il, elle rendrait	Il, elle aurait rendu	Il, elle eût rendu
Nous rendrions	Nous aurions rendu	Nous eussions rendu
Vous rendriez	Vous auriez rendu	Vous eussiez rendu
Ils, elles rendraient	Ils, elles auraient rendu	Ils, elles eussent rendu

IMPÉRATIF

temps simple	temps composé
Présent	**Passé**
Rends	Aie rendu
Rendons	Ayons rendu
Rendez	Ayez rendu

PARTICIPE

temps simple	temps composé
Présent	**Passé**
Rendant	Rendu, ayant rendu

INFINITIF

temps simple	temps composé
Présent	**Passé**
Rendre	Avoir rendu

VERBES DU TROISIÈME GROUPE EN -RE

		TENDRE	**VAINCRE**	**BATTRE**	**CRAINDRE**
indicatif	**PRÉSENT**	Je tends	Je vaincs	Je bats	Je crains
		Tu tends	Tu vaincs	Tu bats	Tu crains
		Il, elle tend	Il, elle vainc	Il, elle bat	Il, elle craint
		Nous tendons	Nous vainquons	Nous battons	Nous craignons
		Vous tendez	Vous vainquez	Vous battez	Vous craignez
		Ils, elles tendent	Ils, elles vainquent	Ils battent	Ils, elles craignent
indicatif	**IMPARFAIT**	Je tendais	Je vainquais	Je battais	Je craignais
	PASSÉ SIMPLE	Je tendis	Je vainquis	Je battis	Je craignis
	FUTUR	Je tendrai	Je vaincrai	Je battrai	Je craindrai
conditionnel	**PRÉSENT**	Je tendrais	Je vaincrais	Je battrais	Je craindrais
subjonctif	**PRÉSENT**	Que je tende	Que je vainque	Que je batte	Que je craigne
		Que tu tendes	Que tu vainques	Que tu battes	Que tu craignes
		Qu'il, elle tende	Qu'il, elle vainque	Qu'il, elle batte	Qu'il, elle craigne
		Que nous tendions	Que nous vainquions	Que nous battions	Que nous craignions
		Que vous tendiez	Que vous vainquiez	Que vous battiez	Que vous craigniez
		Qu'ils, elles tendent	Qu'ils, elles vainquent	Qu'ils, elles battent	Qu'ils, elles craignent
impératif	**PRÉSENT**	Tends, tendons	Vaincs, vainquons	Bats, battons	Crains, craignons
participes	**PRÉSENT, PASSÉ**	Tendant, tendu	Vainquant, vaincu	Battant, battu	Craignant, craint

		SUIVRE	**VIVRE**	**METTRE**	**PRENDRE**	**MOUDRE**
indicatif	**PRÉSENT**	Je suis	Je vis	Je mets	Je prends	Je mouds
		Tu suis	Tu vis	Tu mets	Tu prends	Tu mouds
		Il, elle suit	Il, elle vit	Il, elle met	Il, elle prend	Il, elle moud
		Nous suivons	Nous vivons	Nous mettons	Nous prenons	Nous moulons
		Vous suivez	Vous vivez	Vous mettez	Vous prenez	Vous moulez
		Ils, elles suivent	Ils, elles vivent	Ils, elles mettent	Ils, elles prennent	Ils, elles moulent
indicatif	**IMPARFAIT**	Je suivais	Je vivais	Je mettais	Je prenais	Je moulais
	PASSÉ SIMPLE	Je suivis	Je vécus	Je mis	Je pris	Je moulus
	FUTUR	Je suivrai	Je vivrai	Je mettrai	Je prendrai	Je moudrai
conditionnel	**PRÉSENT**	Je suivrais	Je vivrais	Je mettrais	Je prendrais	Je moudrais
subjonctif	**PRÉSENT**	Que je suive	Que je vive	Que je mette	Que je prenne	Que je moule
		Que tu suives	Que tu vives	Que tu mettes	Que tu prennes	Que tu moules
		Qu'il, elle suive	Qu'il, elle vive	Qu'il, elle mette	Qu'il, elle prenne	Qu'il, elle moule
		Que nous suivions	Que nous vivions	Que nous mettions	Que nous prenions	Que nous moulions
		Que vous suiviez	Que vous viviez	Que vous mettiez	Que vous preniez	Que vous mouliez
		Qu'ils, elles suivent	Qu'ils, elles vivent	Qu'ils, elles mettent	Qu'ils, elles prennent	Qu'ils, elles moulent
impératif	**PRÉSENT**	Suis, suivons	Vis, vivons	Mets, mettons	Prends, prenons	Mouds, moulons
participes	**PRÉSENT, PASSÉ**	Suivant, suivi	Vivant, vécu	Mettant, mis	Prenant, pris	Moulant, moulu

		PARAÎTRE	**NAÎTRE**	**CROÎTRE**	**COUDRE**	**ABSOUDRE**
indicatif	**PRÉSENT**	Je parais	Je nais	Je croîs	Je couds	J'absous
		Tu parais	Tu nais	Tu croîs	Tu couds	Tu absous
		Il, elle paraît	Il, elle naît	Il, elle croît	Il, elle coud	Il, elle absout
		Nous paraissons	Nous naissons	Nous croissons	Nous cousons	Nous absolvons
		Vous paraissez	Vous naissez	Vous croissez	Vous cousez	Vous absolvez
		Ils, elles paraissent	Ils, elles naissent	Ils, elles croissent	Ils, elles cousent	Ils, elles absolvent
indicatif	**IMPARFAIT**	Je paraissais	Je naissais	Je croissai	Je cousais	J'absolvais
	PASSÉ SIMPLE	Je parus	Je naquis	Je crûs	Je cousis	inusité
	FUTUR	Je paraîtrai	Je naîtrai	Je croîtrai	Je coudrai	J'absoudrai
conditionnel	**PRÉSENT**	Je paraîtrais	Je naîtrais	Je croîtrais	Je coudrais	J'absoudrais
subjonctif	**PRÉSENT**	Que je paraisse	Que je naisse	Que je croisse	Que je couse	Que j'absolve
		Que tu paraisses	Que tu naisses	Que tu croisse	Que tu couses	Que tu absolves
		Qu'il, elle paraisse	Qu'il, elle naisse	Qu'il, elle croisse	Qu'il, elle couse	Qu'il, elle absolve
		Que nous paraissions	Que nous naissions	Que nous croissions	Que nous cousions	Que nous absolvions
		Que vous paraissiez	Que vous naissiez	Que vous croissiez	Que vous couriez	Que vous absolviez
		Qu'ils, elles paraissent	Qu'ils, elles naissent	Qu'ils, elles croissent	Qu'ils, elles cousent	Qu'ils, elles absolvent
impératif	**PRÉSENT**	Parais, paraissons	Nais, naissons	Croîs, croissons	Couds, cousons	Absous, absolvons
participes	**PRÉSENT, PASSÉ**	Paraissant, paru	Naissant, né	Croissant, crû	Cousant, cousu	Absolvant, absous, -te

		RÉSOUDRE	**RIRE**	**CONCLURE**	**NUIR**
indicatif	**PRÉSENT**	Je résous	Je ris	Je conclus	Je nuis
		Tu résous	Tu ris	Tu conclus	Tu nuis
		Il, elle résout	Il, elle rit	Il, elle conclut	Il, elle nuit
		Nous résolvons	Nous rions	Nous concluons	Nous nuisons
		Vous résolvez	Vous riez	Vous concluez	Vous nuisez
		Ils, elles résolvent	Ils, elles rient	Ils, elles concluent	Ils, elles nuisent
indicatif	**IMPARFAIT**	Je résolvais	Je riais	Je concluais	Je nuisais
	PASSÉ SIMPLE	Je résolus	Je ris	Je conclus	Je nuisis
	FUTUR	Je résoudrai	Je rirai	Je conclurai	Je nuirai
conditionnel	**PRÉSENT**	Je résoudrais	Je rirais	Je conclurais	Je nuirais
subjonctif	**PRÉSENT**	Que je résolve	Que je rie	Que je conclue	Que je nuise
		Que tu résolves	Que tu ries	Que tu conclues	Que tu nuises
		Qu'il, elle résolve	Qu'il, elle rie	Qu'il, elle conclue	Qu'il, elle nuise
		Que nous résolvions	Que nous riions	Que nous concluions	Que nous nuisions
		Que vous résolviez	Que vous riiez	Que vous concluiez	Que vous nuisiez
		Qu'ils, elles résolvent	Qu'ils elles rient	Qu'ils, elles concluent	Qu'ils, elles nuisent
impératif	**PRÉSENT**	Résolus, résolvons	Ris, rions	Conclus, concluons	Nuis, nuisons
participes	**PRÉSENT, PASSÉ**	Résolvant, résolu	Riant, ri	Concluant, conclu	Nuisant, nui

Verbes du troisième groupe en -*re*

		Conduire	**Écrire**	**Croire**	**Extraire**
indicatif	**Présent**	Je conduis	J'écris	Je crois	j'extrais
		Tu conduis	Tu écris	Tu crois	Tu extrais
		Il, elle conduit	Il, elle écrit	Il, elle croit	Il, elle extrait
		Nous conduisons	Nous écrivons	Nous croyons	Nous extrayons
		Vous conduisez	Vous écrivez	Vous croyez	Vous extrayez
		Ils, elles conduisent	Ils, elles écrivent	Ils croient	Ils, elles extraient
indicatif	**Imparfait**	Je conduisais	J'écrivais	Je croyais	J'extrayais
	Passé simple	Je conduisis	j'écrivis	Je crus	inusité
	Futur	Je conduirai	J'écrirai	Je croirai	J'extrairai
conditionnel	**Présent**	Je conduirais	J'écrirais	Je croirais	J'extrairais
subjonctif	**Présent**	Que je conduise	Que j'écrive	Que je crois	Que j'extraie
		Que tu conduises	Que tu écrives	Que tu croies	Que tu extraies
		Qu'il, elle conduise	Qu'il, elle écrive	Qu'il, elle croie	Qu'il, elle extraie
		Que nous conduisions	Que nous écrivions	Que nous croyions	Que nous extrayions
		Que vous conduisiez	Que vous écriviez	Que vous croyiez	Que vous extrayiez
		Qu'ils, elles conduisent	Qu'ils, elles écrivent	Qu'ils, elles croient	Qu'ils, elles extraient
impératif	**Présent**	Conduis, conduisons	Écris, écrivons	Crois, croyons	Extrais, extrayons
participes	**Présent, Passé**	Conduisant, conduit	Écrivant, écrit	Croyant, cru	Extrayant, extrait

		Repaître	**Sourdre**	**Suffire**	**Dire**	**Lire**
indicatif	**Présent**	Je repais	*inusité*	Je suffis	Je dis	Je lis
		Tu repais	*inusité*	Tu suffis	Tu dis	Tu lis
		Il, elle repaît	Il, elle sourd	Il, elle suffit	Il, elle dit	Il, elle lit
		Nous repaissons	*inusité*	Nous suffisons	Nous disons	Nous lisons
		Vous repaissez	*inusité*	Vous suffisez	Vous dites	Vous lisez
		Ils, elles repaissent	Ils, elles sourdent	Ils, elles suffisent	Ils, elles disent	Ils, elles lisent
indicatif	**Imparfait**	Je repaissais	*inusité*	Je suffisais	Je disais	Je lisais
	Passé simple	Je repus	*inusité*	Je suffis	Je dis	Je lus
	Futur	Je repaîtrai	*inusité*	Je suffirai	Je dirai	Je lirai
conditionnel	**Présent**	Je repaîtrais	*inusité*	Je suffirais	Je dirais	Je lirais
subjonctif	**Présent**	Que je repaisse	*inusité*	Que je suffise	Que je dise	Que je lise
		Que tu repaisses	*inusité*	Que tu suffises	Que tu dises	Que tu lises
		Qu'il, elle repaisse	*inusité*	Qu'il, elle suffise	Qu'il, elle dise	Qu'il, elle lise
		Que nous repaissions	*inusité*	Que nous suffisions	Que nous disions	Que nous lisions
		Que vous repaissiez	*inusité*	Que vous suffisiez	Que vous disiez	Que vous lisiez
		Qu'ils, elles repaissent	*inusité*	Qu'ils, elles suffisent	Qu'ils, elles disent	Qu'ils, elles lisent
impératif	**Présent**	Repais, repaissons	*inusité*	Suffis, suffisons	Dis, disons	Lis, lisons
participes	**Présent, Passé**	Repaissant, repu	*inusité*	Suffisant, suffi	Disant, dit	Lisant, lu

		Oindre	**Poindre**	**Frire**	**Boire**	**Taire**
indicatif	**Présent**	J'oins	*inusité*	Je fris	Je bois	Je tais
		Tu oins	*inusité*	Tu fris	Tu bois	Tu tais
		Il, elle oint	Il, elle point	Il, elle frit	Il, elle boit	Il, elle tait
		Nous oignons	*inusité*	*inusité*	Nous buvons	Nous taisons
		Vous oignez	*inusité*	*inusité*	Vous buvez	Vous taisez
		Ils, elles oignent	*inusité*	*inusité*	Ils, elles boivent	Ils, elles taisent
indicatif	**Imparfait**	J'oignais	Il poignait	*inusité*	Je buvais	Je taisais
	Passé simple	J'oignis	Il poignit	*inusité*	Je bus	Je tus
	Futur	J'oindrai	Il poindra	Je frirai	Je boirai	Je tairai
conditionnel	**Présent**	J'oindrais	Il poindrait	Je frirais	Je boirais	Je tairais
subjonctif	**Présent**	Que j'oigne	*inusité*	*inusité*	Que je boive	Que je taise
		Que tu oignes	*inusité*	*inusité*	Que tu boives	Que tu taises
		Qu'il, elle oigne	Qu'il, elle poigne	*inusité*	Qu'il, elle boive	Qu'il, elle taise
		Que nous oignions	*inusité*	*inusité*	Que nous buvions	Que nous taisions
		Que vous oigniez	*inusité*	*inusité*	Que vous buviez	Que vous taisiez
		Qu'ils, elles oignent	*inusité*	*inusité*	Qu'ils, elles boivent	Qu'ils, elles taisent
impératif	**Présent**	Oins, oignez	*inusité*	Fris, *inusité*	Bois, buvons	Tais, taisons
participes	**Présent, Passé**	Oignant, oint	Poignant, inusité	*inusité*, frit	Buvant, bu	Taisant, tu

		Faire	**Clore**	**Éclore**	**Enclore**
indicatif	**Présent**	Je fais	Je clos	*inusité*	J'enclos
		Tu fais	Tu clos	*inusité*	Tu enclos
		Il, elle fait	Il, elle clôt	Il, elle éclôt	Il, elle enclôt
		Nous faisons	*inusité*	*inusité*	inusité
		Vous faites	*inusité*	*inusité*	inusité
		Ils, elles font	*inusité*	Ils, elles éclosent	inusité
indicatif	**Imparfait**	Je faisais	*inusité*	*inusité*	inusité
	Passé simple	Je fis	*inusité*	*inusité*	*inusité*
	Futur	Je ferai	Je clorai	Il éclora, ils écloront	J'enclorai
conditionnel	**Présent**	Je ferais	Je clorais	Il éclorait, ils écloraient	J'enclorais
subjonctif	**Présent**	Que je fasse	Que je close	*inusité*	Que j'enclose
		Que tu fasses	Que tu closes	*inusité*	Que tu encloses
		Qu'il, elle fasse	Qu'il, elle close	Qu'il, elle éclose	Qu'il, elle enclose
		Que nous fassions	Que nous closions	*inusité*	Que nous enclosions
		Que vous fassiez	Que vous closiez	*inusité*	Que vous encloriez
		Qu'ils, elles fassent	Qu'ils, elles closent	Qu'ils, elles éclosent	Qu'ils, elles enclosent
impératif	**Présent**	Fais, faisons	*inusité*	*inusité*	*inusité*
participes	**Présent, Passé**	Faisant, fait	*inusité*, clos	*inusité*, éclos	*inusité*, enclos

Recevoir

INDICATIF

temps simples

Présent	Imparfait	Passé simple	Futur
Je reçois	Je recevais	Je reçus	Je recevrai
Tu reçois	Tu recevais	Tu reçus	Tu recevras
Il, elle reçoit	Il, elle recevait	Il, elle reçut	Il, elle recevra
Nous recevons	Nous recevions	Nous reçûmes	Nous recevrons
Vous recevez	Vous receviez	Vous reçûtes	Vous recevrez
Ils, elles reçoivent	Ils, elles recevaient	Ils, elles reçurent	Ils, elles recevront

temps composés

Passé-composé	Plus-que-parfait	Passé antérieur	Futur antérieur
J'ai reçu	J'avais reçu	J'eus reçu	J'aurai reçu
Tu as reçu	Tu avais reçu	Tu eus reçu	Tu auras reçu
Il, elle a reçu	Il, elle avait reçu	Il, elle eut reçu	Il, elle aura reçu
Nous avons reçu	Nous avions reçu	Nous eûmes reçu	Nous aurons reçu
Vous avez reçu	Vous aviez reçu	Vous eûtes reçu	Vous aurez reçu
Ils, elles ont reçu	Ils, elles avaient reçu	Ils, elles eurent reçu	Ils, elles auront reçu

SUBJONCTIF

temps simples: Présent	Imparfait	temps composés: Passé	Plus-que-parfait
Que je reçoive	Que je reçusse	Que j'aie reçu	Que j'eusse reçu
Que tu reçoives	Que tu reçusses	Que tu aies reçu	Que tu eusses reçu
Qu'il, elle reçoive	Qu'il, elle reçût	Qu'il, elle ait reçu	Qu'il, elle eût reçu
Que nous recevions	Que nous reçussions	Que nous ayons reçu	Que nous eussions reçu
Que vous receviez	Que vous reçussiez	Que vous ayez reçu	Que vous eussiez reçu
Qu'ils, elles reçoivent	Qu'ils, elles reçussent	Qu'ils, elles aient reçu	Qu'ils, elles eussent reçu

CONDITIONNEL

temps simple: Présent	temps composés: Passé 1re forme	Passé 2e forme
Je recevrais	J'aurais reçu	J'eusse reçu
Tu recevrais	Tu aurais reçu	Tu eusses reçu
Il, elle recevrait	Il, elle aurait reçu	Il, elle eût reçu
Nous recevrions	Nous aurions reçu	Nous eussions reçu
Vous recevriez	Vous auriez reçu	Vous eussiez reçu
Ils, elles recevraient	Ils, elles auraient reçu	Ils, elles eussent reçu

IMPÉRATIF

temps simple: Présent	temps composé: Passé
Reçois	Aie reçu
Recevons	Ayons reçu
Recevez	Ayez reçu

PARTICIPE

temps simple: Présent	temps composé: Passé
Recevant	Reçu, ayant reçu

INFINITIF

temps simple: Présent	temps composé: Passé
Recevoir	Avoir reçu

Verbes du troisième groupe en *-oir*

		Décevoir	Devoir	Mouvoir	Asseoir (ie, ey)
indicatif	Présent	Je déçois	Je dois	Je meus	J'assieds
		Tu déçois	Tu dois	Tu meus	Tu assieds
		Il, elle déçoit	Il, elle doit	Il, elle meut	Il, elle assied
		Nous décevons	Nous devons	Nous mouvons	Nous asseyons
		Vous décevez	Vous devez	Vous mouvez	Vous asseyez
		Ils, elles déçoivent	Ils, elles doivent	Ils meuvent	Ils, elles asseyent
indicatif	Imparfait	Je décevais	Je devais	Je mouvais	J'asseyais
	Passé simple	Je déçus	Je dus	Je mus	J'assis
	Futur	Je décevrai	Je devrai	Je mouvrai	J'assiérai ou asseyerai
conditionnel	Présent	Je décevrais	Je devrais	Je mouvrais	J'assiérais ou asseyerais
subjonctif	Présent	Que je déçoive	Que je doive	Que je meuve	Que j'asseye
		Que tu déçoives	Que tu doives	Que tu meuves	Que tu asseyes
		Qu'il, elle déçoive	Qu'il, elle doive	Qu'il, elle meuve	Qu'il, elle asseye
		Que nous décevions	Que nous devions	Que nous mouvions	Que nous asseyions
		Que vous déceviez	Que vous deviez	Que vous mouviez	Que vous asseyiez
		Qu'ils, elles déçoivent	Qu'ils, elles doivent	Qu'ils, elles meuvent	Qu'ils, elles asseyent
impératif	Présent	Déçois, décevons	Dois, devons	Meus, mouvons	Assieds, asseyons
participes	Présent, Passé	Décevant, déçu	Devant ; dû, due	Mouvant ; mû, mue	Asseyant, assis

		Asseoir (oi, oy)	Surseoir	Savoir	Vouloir	Valoir
indicatif	Présent	J'assois	Je sursois	Je sais	Je veux	Je vaux
		Tu assois	Tu sursois	Tu sais	Tu veux	Tu vaux
		Il, elle assoit	Il, elle sursoit	Il, elle sait	Il, elle veut	Il, elle vaut
		Nous assoyons	Nous sursoyons	Nous savons	Nous voulons	Nous valons
		Vous assoyez	Vous sursoyez	Vous savez	Vous voulez	Vous valez
		Ils, elles assoient	Ils, elles sursoient	Ils, elles savent	Ils, elles veulent	Ils, elles valent
indicatif	Imparfait	J'assoyais	Je sursoyais	Je savais	Je voulais	Je valais
	Passé simple	J'assis	Je sursis	Je sus	Je voulus	Je valus
	Futur	J'assoirai	Je surseoirai	Je saurai	Je voudrai	Je vaudrai
conditionnel	Présent	J'assoirais	Je surseoirais	Je saurais	Je voudrais	Je vaudrais
subjonctif	Présent	Que j'assoie	Que je sursoie	Que je sache	Que je veuille	Que je vaille
		Que tu assoies	Que tu sursoies	Que tu saches	Que tu veuilles	Que tu vailles
		Qu'il, elle assoie	Qu'il, elle sursoie	Qu'il, elle sache	Qu'il, elle veuille	Qu'il, elle vaille
		Que nous assoyions	Que nous sursoyions	Que nous sachions	Que nous voulions	Que nous valions
		Que vous assoyiez	Que vous sursoyiez	Que vous sachiez	Que vous vouliez	Que vous valiez
		Qu'ils, elles assoient	Qu'ils, elles sursoient	Qu'ils, elles sachent	Qu'ils, elles veuillent	Qu'ils, elles vaillent
impératif	Présent	Assois, assoyons	Sursois, sursoyons	Sache, sachons	Veuille, veuillons	inusité
participes	Présent, Passé	Assoyant, assis	Sursoyant, sursis	Sachant, su	Voulant, voulu	Valant, valu

		Seoir	Pleuvoir	Falloir	Pouvoir	Voir
indicatif	Présent	*nusité*	*inusité*	*inusité*	Je peux ou puis	Je vois
		inusité	*inusité*	*inusité*	Tu peux	Tu vois
		Il, elle sied	Il pleut	Il faut	Il, elle peut	Il, elle voit
		inusité	*inusité*	*inusité*	Nous pouvons	Nous voyons
		inusité	*inusité*	*inusité*	Vous pouvez	Vous voyez
		Ils, elles siéent	*inusité*	*inusité*	Ils, elles peuvent	Ils, elles voient
indicatif	Imparfait	Il, elle seyait	Il pleuvait	Il fallait	Je pouvais	Je voyais
	Passé simple	Il, elle siéra	Il plut	Il fallut	Je pus	Je vis
	Futur	Il, elle siérait	Il pleuvra	Il faudra	Je pourrai	Je verrai
conditionnel	Présent	*inusité*	Il pleuvrait	Il faudrait	Je pourrais	Je verrais
subjonctif	Présent	*inusité*	*inusité*	*inusité*	Que je puisse	Que je voie
		inusité	*inusité*	*inusité*	Que tu puisses	Que tu voies
		Qu'il, elle siée	Qu'il pleuve	Qu'il faille	Qu'il, elle puisse	Qu'il, elle voie
		inusité	*inusité*	*inusité*	Que nous puissions	Que nous voyions
		inusité	*inusité*	*inusité*	Que vous puissiez	Que vous voyiez
		Qu'ils, elles siéent	*inusité*	*inusité*	Qu'ils, elles puissent	Qu'ils, elles voient
impératif	Présent	*inusité*	*inusité*	*inusité*	*inusité*	Vois, voyons
participes	Présent, Passé	Seyant, séant ; sis	Pleuvant, plu	*inusité*, fallu	Pouvant, pu	Voyant, vu

		Prévoir	Déchoir	Choir	Échoir
indicatif	Présent	Je prévois	Je déchois	Je chois	*inusité*
		Tu prévois	Tu déchois	Tu chois	*inusité*
		Il, elle prévoit	Il, elle déchoit	Il, elle choit	Il échoit
		Nous prévoyons	*inusité*	*inusité*	*inusité*
		Vous prévoyez	*inusité*	*inusité*	*inusité*
		Ils, elles prévoient	Ils, elles déchoient	*inusité*	*inusité*
indicatif	Imparfait	Je prévoyais	*inusité*	*inusité*	*inusité*
	Passé simple	Je prévis	je déchus	Je chus	il échut
	Futur	Je prévoirai	*inusité*	Je choirai ou cherrai	il écherra
conditionnel	Présent	Je prévoirais	*inusité*	Je choirrais ou cherrais	*inusité*
subjonctif	Présent	Que je prévoie	Que je déchoie	*inusité*	*inusité*
		Que tu prévoies	Que tu déchoies	*inusité*	*inusité*
		Qu'il, elle prévoie	Qu'il, elle déchoie	*inusité*	*inusité*
		Que nous prévoyions	Que nous déchoyions	*inusité*	*inusité*
		Que vous prévoyiez	Que vous déchoyiez	*inusité*	*inusité*
		Qu'ils, elles prévoient	Qu'ils, elles déchoient	*inusité*	*inusité*
impératif	Présent	Prévois, prévoyons	*inusité*	*inusité*	*inusité*
participes	Présent, Passé	Prévoyant, prévu	*inusité*, déchu	*inusité*, chu	Échéant, échu

5. La conjugaison *passive*

Pour ce tableau, les conjugaisons sont répertoriées uniquement au masculin.

Être aimé

INDICATIF

temps simples

Présent	Imparfait	Passé simple	Futur
Je suis aimé	J'étais aimé	Je fus aimé	Je serai aimé
Tu es aimé	Tu étais aimé	Tu fus aimé	Tu seras aimé
Il est aimé	Il était aimé	Il fut aimé	Il sera aimé
Nous sommes aimés	Nous étions aimés	Nous fûmes aimés	Nous serons aimés
Vous êtes aimé(s)	Vous étiez aimé(s)	Vous fûtes aimé(s)	Vous serez aimé(s)
Ils sont aimés	Ils étaient aimés	Ils furent aimés	Ils seront aimés

temps composés

Passé-composé	Plus-que-parfait	Passé antérieur	Futur antérieur
J'ai été aimé	J'avais été aimé	J'eus été aimé	J'aurai été aimé
Tu as été aimé	Tu avais été aimé	Tu eus été aimé	Tu auras été aimé
Il a été aimé	Il avait été aimé	Il eut été aimé	Il, elle aura été aimé
Nous avons été aimés	Nous avions été aimés	Nous eûmes été aimés	Nous aurons été aimés
Vous avez été aimé(s)	Vous aviez été aimé(s)	Vous eûtes été aimé(s)	Vous aurez été aimé(s)
Ils ont été aimés	Ils avaient été aimés	Ils eurent été aimés	Ils auront été aimés

SUBJONCTIF

temps simples: Présent	temps simples: Imparfait	temps composés: Passé	temps composés: Plus-que-parfait
Que je sois aimé	Que je fusse aimé	Que j'aie été aimé	Que j'eusse été aimé
Que tu sois aimé	Que tu fusses aimé	Que tu aies été aimé	Que tu eusses été aimé
Qu'il soit aimé	Qu'il fût aimé	Qu'il ait été aimé	Qu' il eût été aimé
Que nous soyons aimés	Que nous fussions aimés	Que nous ayons été aimés	Que nous eussions été aimés
Que vous soyez aimé(s)	Que vous fussiez aimé(s)	Que vous ayez été aimé(s)	Que vous eussiez été aimé(s)
Qu'ils soient aimés	Qu'ils fussent aimés	Qu'ils aient été aimés	Qu'ils eussent été aimés

CONDITIONNEL

temps simple: Présent	temps composés: Passé 1re forme	Passé 2e forme
Je serais aimé	J'aurais été aimé	J'eusse été aimé
Tu serais aimé	Tu aurais été aimé	Tu eusses été aimé
Il serait aimé	Il aurait été aimé	Il eût été aimé
Nous serions aimés	Nous aurions été aimés	Nous eussions été aimés
Vous seriez aimé(s)	Vous auriez été aimé(s)	Vous eussiez été aimé(s)
Ils seraient aimés	Ils auraient été aimés	Ils eussent été aimés

IMPÉRATIF

temps simple: Présent	temps composé: Passé
Sois aimé	Aie été aimé
Soyons aimés	Ayons été aimés
Soyez aimé(s)	Ayez été aimé(s)

PARTICIPE

temps simple: Présent	temps composé: Passé
Étant aimé	Été aimé, ayant été aimé

INFINITIF

temps simple: Présent	temps composé: Passé
Être aimé	Avoir été aimé

6. La conjugaison *pronominale*

Pour ce tableau, les conjugaisons sont répertoriées uniquement au masculin.

Se pencher

INDICATIF

temps simples

Présent	Imparfait	Passé simple	Futur
Je me penche	Je me penchais	Je me penchai	Je me pencherai
Tu te penches	Tu te penchais	Tu te penchas	Tu te pencheras
Il se penche	Il se penchait	Il se pencha	Il se penchera
Nous nous penchons	Nous nous penchions	Nous nous penchâmes	Nous nous pencherons
Vous vous penchez	Vous vous penchiez	Vous vous penchâtes	Vous vous pencherez
Ils se penchent	Ils se penchaient	Ils se penchèrent	Ils se pencheront

temps composés

Passé-composé	Plus-que-parfait	Passé antérieur	Futur antérieur
Je me suis penché	Je m'étais penché	Je me fus penché	Je me serai penché
Tu t'es penché	Tu t'étais penché	Tu te fus penché	Tu te seras penché
Il s'est penché	Il s'était penché	Il se fut penché	Il se sera penché
Nous nous sommes penchés	Nous nous étions penchés	Nous nous fûmes penchés	Nous nous serons penchés
Vous vous êtes penché(s)	Vous vous étiez penché(s)	Vous vous fûtes penché(s)	Vous vous serez penché(s)
Ils se sont penchés	Ils s'étaient penchés	Ils se furent penchés	Ils se seront penchés

SUBJONCTIF

temps simples: Présent	temps simples: Imparfait	temps composés: Passé	temps composés: Plus-que-parfait
Que je me penche	Que je me penchasse	Que je me sois penché	Que je me fusse penché
Que tu te penches	Que tu te penchasses	Que tu te sois penché	Que tu te fusses penché
Qu'il se penche	Qu'il se penchât	Qu'il se soit penché	Qu'il se fût penché
Que nous nous penchions	Que nous nous penchassions	Que nous nous soyons penchés	Que nous nous fussions penchés
Que vous vous penchiez	Que vous vous penchassiez	Que vous vous soyez penché(s)	Que vous vous fussiez penché(s)
Qu'ils se penchent	Qu'ils se penchassent	Qu'ils se soient penchés	Qu'ils se fussent penchés

CONDITIONNEL

temps simple: Présent	temps composés: Passé 1re forme	temps composés: Passé 2e forme
Je me pencherais	Je me serais penché	Que je me fusse penché
Tu te pencherais	Tu te serais penché	Que tu te fusses penché
Il se pencherait	Il se serait penché	Qu'il se fût penché
Nous nous pencherions	Nous nous serions penchés	Que nous nous fussions penchés
Vous vous pencheriez	Vous vous seriez penché(s)	Que vous vous fussiez penché(s)
Ils se pencheraient	Ils se seraient penchés	Qu'ils se fussent penchés

IMPÉRATIF

temps simple

Présent
Penche-toi
Penchons-nous
Penchez-vous

PARTICIPE

temps simple

Présent
Se penchant

temps composé

Passé
S'étant penché

INFINITIF

temps simple

Présent
Se pencher

temps composé

Passé
S'être penché

II. Les auxiliaires

1. Les auxiliaires et les verbes modaux

Les auxiliaires sont des formes verbales qui peuvent perdre leur propre signification et servir à l'expression de certains modes et de certains temps d'autres verbes. On distingue deux catégories d'auxiliaires :

- **Les auxiliaires proprement dits : avoir et être.**
- **Les verbes modaux.**

A. Les auxiliaires *avoir* et *être*

1° L'auxiliaire **avoir** s'emploie pour la formation des temps composés des verbes transitifs (voix active) et des verbes intransitifs.

Nous **avons** vu des enfants courir.
Il **a** dormi chez nous.
Il **a** sauté la barrière.

2° L'auxiliaire **être** s'emploie pour la formation des temps simples et des temps composés des verbes passifs, les temps composés des verbes pronominaux et de certains verbes intransitifs (*mourir, devenir, naître, partir, aller...*).

Il **est** pris dans la tempête.
Le chat s'**est** sauvé.
Mon fils **est** né.

3° Récapitulation

a) À la forme **non pronominale** :
– lorsque le verbe est **transitif**, il admet l'auxiliaire **avoir** ;
– lorsque le verbe est **intransitif**, il admet l'auxiliaire **avoir** ou **être**.

b) À la forme **pronominale** : le verbe admet l'auxiliaire **être**.

Le verre s'**est** cassé.
Elle s'**est** frotté le dos.

Remarque

Lorsqu'un verbe s'utilise à la fois intransitivement et transitivement (**monter** en grade et **monter** les escaliers), on respecte la règle, soit :

Il **est** monté en grade.
Il **a** monté les escaliers.

B. Les verbes modaux

En français, il existe des constructions telles que *être sur le point de faire*, *pouvoir faire*, où le verbe principal a son sens modifié par un autre verbe. Le verbe modificateur est appelé **verbe modal** parce qu'il indique la manière dont l'action est considérée. Le verbe modal apporte une nuance au mode et au temps :

1° Pouvoir, devoir, vouloir expriment la possibilité, la nécessité ou le souhait.

Je **peux** nager.

2° Venir de + infinitif : achèvement précédant immédiatement l'énonciation.

Je **viens de** nager.

3° Être en train de + infinitif : action en cours de réalisation ou d'exécution.

Je **suis en train de** nager.

4° Aller + infinitif : futur proche, intention.

Je **vais** nager.

Remarque

Le verbe **faire**, utilisé dans un sens particulier, celui de la **factitivité**, joue le rôle d'un verbe modal.

Je **fais** faire mon travail.

2. La conjugaison de *avoir*

Avoir

INDICATIF

temps simples

Présent	Imparfait	Passé simple	Futur
J'ai	J'avais	J'eus	J'aurai
Tu as	Tu avais	Tu eus	Tu auras
Il, elle a	Il, elle avait	Il, elle eut	Il, elle aura
Nous avons	Nous avions	Nous eûmes	Nous aurons
Vous avez	Vous aviez	Vous eûtes	Vous aurez
Ils, elles ont	Ils, elles avaient	Ils, elles eurent	Ils, elles auront

temps composés

Passé-composé	Plus-que-parfait	Passé antérieur	Futur antérieur
J'ai eu	J'avais eu	J'eus eu	J'aurai eu
Tu as eu	Tu avais eu	Tu eus eu	Tu auras eu
Il, elle a eu	Il, elle avait eu	Il, elle eut eu	Il, elle aura eu
Nous avons eu	Nous avions eu	Nous eûmes eu	Nous aurons eu
Vous avez eu	Vous aviez eu	Vous eûtes eu	Vous aurez eu
Ils, elles ont eu	Ils, elles avaient eu	Ils, elles eurent eu	Ils, elles auront eu

SUBJONCTIF

temps simples: Présent	temps simples: Imparfait	temps composés: Passé	temps composés: Plus-que-parfait
Que j'aie	Que j'eusse	Que j'aie eu	Que j'eusse eu
Que tu aies	Que tu eusses	Que tu aies eu	Que tu eusses eu
Qu'il, elle ait	Qu'il, elle eût	Qu'il, elle ait eu	Qu' il, elle eût eu
Quenous ayons	Que nous eussions	Que nous ayons eu	Que nous eussions eu
Quevous ayez	Que vous eussiez	Que vous ayez eu	Que vous eussiez eu
Qu'ils, elles aient	Qu'ils, elles eussent	Qu'ils, elles aient eu	Qu'ils, elles eussent eu

CONDITIONNEL

temps simple: Présent	temps composés: Passé 1re forme	temps composés: Passé 2e forme
J'aurais	J'aurais eu	J'eusse eu
Tu aurais	Tu aurais eu	Tu eusses eu
Il, elle aurait	Il, elle aurait eu	Il, elle eût eu
Nous aurions	Nous aurions eu	Nous eussions eu
Vous auriez	Vous auriez eu	Vous eussiez eu
Ils, elles auraient	Ils, elles auraient eu	Ils, elles eussent eu

IMPÉRATIF

temps simple

Présent
Aie
Ayons
Ayez

PARTICIPE

temps simple

Présent
Ayant

temps composé

Passé
Eu, eue, ayant eu

INFINITIF

temps simple

Présent
Avoir

temps composé

Passé
Avoir eu

3. La conjugaison de *être*

ÊTRE

INDICATIF

temps simple

Présent	**Imparfait**	**Passé simple**	**Futur**
Je suis	J'étais	Je fus	Je serai
Tu es	Tu étais	Tu fus	Tu seras
Il, elle est	Il, elle était	Il, elle fut	Il, elle sera
Nous sommes	Nous étions	Nous fûmes	Nous serons
Vous êtes	Vous étiez	Vous fûtes	Vous serez
Ils, elles sont	Ils, elles étaient	Ils, elles furent	Ils, elles seront

temps composés

Passé-composé	**Plus-que-parfait**	**Passé antérieur**	**Futur antérieur**
J'ai été	J'avais été	J'eus été	J'aurai été
Tu as été	Tu avais été	Tu eus été	Tu auras été
Il, elle a été	Il, elle avait été	Il, elle eut été	Il, elle aura été
Nous avons été	Nous avions été	Nous eûmes été	Nous aurons été
Vous avez été	Vous aviez été	Vous eûtes été	Vous aurez été
Ils, elles ont été	Ils, elles avaient été	Ils, elles eurent été	Ils, elles auront été

SUBJONCTIF

temps simple		temps composés	
Présent	**Imparfait**	**Passé**	**Plus-que-parfait**
Que je sois	Que je fusse	Que j'aie été	Que j'eusse été
Que tu sois	Que tu fusses	Que tu aies été	Que tu eusses été
Qu'il, elle soit	Qu'il, elle fût	Qu'il, elle ait été	Qu'il, elle eût été
Que nous soyons	Que nous fussions	Que nous ayons été	Que nous eussions été
Que vous soyez	Que vous fussiez	Que vous ayez été	Que vous eussiez été
Qu'ils, elles soient	Qu'ils, elles fussent	Qu'ils, elles aient été	Qu'ils, elles eussent été

CONDITIONNEL

temps simple	temps composés	
Présent	**Passé 1re forme**	**Passé 2e forme**
Je serais	J'aurais été	J'eusse été
Tu serais	Tu aurais été	Tu eusses été
Il, elle serait	Il, elle aurait été	Il, elle eût été
Nous serions	Nous aurions été	Nous eussions été
Vous seriez	Vous auriez été	Vous eussiez été
Ils, elles seraient	Ils, elles auraient été	Ils, elles eussent été

IMPÉRATIF

temps simple

Présent
Sois
Soyons
Soyez

PARTICIPE

temps simple

Présent
Étant

temps composé

Passé
Été, ayant été

INFINITIF

temps simple

Présent
Être

temps composé

Passé
Avoir été

4. La conjugaison de *aller*

ALLER

INDICATIF

temps simples

Présent	Imparfait	Passé simple	Futur
Je vais	J'allais	J'allai	J'irai
Tu vas	Tu allais	Tu allas	Tu iras
Il, elle va	Il, elle allait	Il, elle alla	Il, elle ira
Nous allons	Nous allions	Nous allâmes	Nous irons
Vous allez	Vous alliez	Vous allâtes	Vous irez
Ils, elles vont	Ils, elles allaient	Ils, elles allèrent	Ils, elles iront

temps composés

Passé-composé	Plus-que-parfait	Passé antérieur	Futur antérieur
Je suis allé(e)	J'étais allé(e)	Je fus allé(e)	Je serai allé(e)
Tu es allé(e)	Tu étais allé(e)	Tu fus allé(e)	Tu seras allé(e)
Il, elle est allé(e)	Il, elle était allé(e)	Il, elle fut allé(e)	Il, elle sera allé(e)
Nous sommes allé(e)s	Nous étions allé(e)s	Nous fûmes allé(e)s	Nous serons allé(e)s
Vous êtes allé(e)s	Vous étiez allé(e)s	Vous fûtes allé(e)s	Vous serez allé(e)s
Ils, elles sont allé(e)s	Ils, elles étaient allé(e)s	Ils, elles furent allé(e)s	Ils, elles seront allé(e)s

SUBJONCTIF

temps simples: Présent	temps simples: Imparfait	temps composés: Passé	temps composés: Plus-que-parfait
Que j'aille	Que j'allasse	Que je sois allé(e)	Que je fusse allé(e)
Que tu ailles	Que tu allasses	Que tu sois allé(e)	Que tu fusses allé(e)
Qu'il, elle aille	Qu'il, elle allât	Qu'il, elle soit allé(e)	Qu' il, elle fût allé(e)
Que nous allions	Que nous allassions	Que nous soyons allé(e)s	Que nous fussions allé(e)s
Que vous alliez	Que vous allassiez	Que vous soyez allé(e)s	Que vous fussiez allé(e)s
Qu'ils, elles aillent	Qu'ils, elles allassent	Qu'ils, elles soient allé(e)s	Qu'ils, elles fussent allé(e)s

CONDITIONNEL

temps simple: Présent	temps composés: Passé 1re forme	temps composés: Passé 2e forme
J'irais	Je serais allé(e)	Je fusse allé(e)
Tu irais	Tu serais allé(e)	Tu fusses allé(e)
Il, elle irait	Il, elle serait allé(e)	Il, elle fût allé(e)
Nous irions	Nous serions allé(e)s	Nous fussions allé(e)s
Vous iriez	Vous seriez allé(e)s	Vous fussiez allé(e)s
Ils, elles iraient	Ils, elles seraient allé(e)s	Ils, elles fussent allé(e)s

IMPÉRATIF

temps simple

Présent
Va
Allons
Allez

PARTICIPE

temps simple

Présent
Allant

temps composé

Passé
Allé(e), allé(e)s

INFINITIF

temps simple

Présent
Aller

temps composé

Passé
Être allé(e), allé(e)s

III. La concordance des temps

Proposition principale	Proposition subordonnée	Exemples
Indicatif **présent** ou Indicatif **futur**	Subjonctif **présent** *action présente* *ou future*	Je **souhaite** qu'il **vienne**. Je **voudrai** qu'il s'en **aille**.
Indicatif **présent** ou Conditionnel **présent**	Subjonctif **passé** *action* *antérieure*	Je **souhaite** qu'il **soit** déjà **arrivé**. J'**aimerais** qu'il **ait réussi** à son examen.
Indicatif **passé** ou Conditionnel **passé**	**imparfait** du Subjonctif *action simultanée* **plus-que-parfait** du Subjonctif *action antérieure*	Je **voulais** (ou **voudrais**) qu'il **fût** malade. J'**avais** peur qu'il ne **fût recalé** à son examen.

Achevé d'imprimer
juin 2003
par Partenaires Livres - France